[657]

GLOSSARIUM

MEDIÆ ET INFIMÆ LATINITATIS.

TOMUS IV.

SIGLÆ BENEDICTINORUM :

¶ *Præponitur vocabulis de novo additis.*

☞ Præponitur explicationibus quibus aut apertius Cangii sententia explanatur, aut emendatur opinio.

[ ] Includuntur quæ in ipsum textum Cangii inserta sunt.

SIGLÆ NOSTRÆ :

* Additamenta CARPENTERII separatim posita.

[*] Additamenta CARPENTERII Cangiano textui inserta.

** Voces novæ quæ in hac editione accesserunt.

[**] Additamenta Editoris suis locis inserta.

Iis quæ sunt Adelungii subjectum ADEL.

GLOSSARIUM
MEDIÆ ET INFIMÆ LATINITATIS

CONDITUM A CAROLO DUFRESNE

DOMINO DU CANGE

CUM SUPPLEMENTIS INTEGRIS

MONACHORUM ORDINIS S. BENEDICTI

D. P. CARPENTERII

ADELUNGII, ALIORUM, SUISQUE

DIGESSIT

G. A. L. HENSCHEL.

Tomus Quartus.

PARISIIS,

EXCUDEBANT FIRMIN DIDOT FRATRES,

INSTITUTI REGII FRANCIÆ TYPOGRAPHI.

1845.

GLOSSARIUM

AD SCRIPTORES

MEDIÆ ET INFIMÆ LATINITATIS.

Littera numeralis, quæ 5o. denotat, unde versus :

Quinquies L. denos numero designat habendos.

Eidem literæ si recta linea superaddatur, 5o. millia significat.

L. *in superscriptione cantilenæ, levare lætatur.* Ita Notkerus Balbulus Opusc. *Quid singulæ literæ significent in superscript. cantilenæ.* Vide *A.*

* L *littera interdum pro D ponitur, ut Latum pro Datum, Calamitas pro Cadamitas. Pro N vetustissimi Græcorum scribebant; unde signum Quinquaginta, quod illi per N, nos per L scribimus : Limpha pro Nimpha.* Glossar. vetus ex Cod. reg. 7613.

* L pro R sæpius occurrit; *Blanda, Blando,* pro *Branda,* **Brando, etc.*

Λ. Græcum pro L. occurrit in aliquot vett. Inscript. 98. 2. 793. 5. 741. 9.

* **LAANCCHIL**, perperam pro *Launechild*, Reciprocum donum, seu pretium quodammodo rei donatæ. Vide *Launechilde.* Charta ann. 1095. tom. 1. Cod. Ital. diplom. col. 1534 : *Et ad hanc confirmandam promissionis cartulam accepi ego, qui supra Fulco, exinde Laancchil a te jam dicto Ugo crosinam unam, ut hæc mea promissio in te, cui supra Ugo tuisque heredibus, per omnibus temporibus firma permaneat.*

* **LAASUM** dicitur Parisiis locus, ubi constructa ecclesia parochialis S. Andreæ, in Charta ann. 1228. ex Chartul. AD. S. Germ. Prat. : *Sanctus Andreas in Laaso.* Alia ann. 1250 ibid. habet, *in arcubus.* Denique in alia ann. 1254. ibidem legitur : *Porochia S. Andreæ in assiciis.*

* **LABACENSIS**, Moneta Carinthiæ. Comput. decimæ collectæ ann. 1278. pro subsidio T. S. ex Cod. reg. 5376. fol. 228. v° : *Marchas xliij. et denarios xxxix. ad computum in Vrisacensibus, Labacensibus et aliis diversis monetis Carinthiæ.*

* **LABAMNI**, *nunc Libies, quondam putei vocabantur.* Glossar. vetus ex Cod. reg. 7613.

LABANDAGO. Lucifer Calaritanus lib. Moriendum esse pro Dei Filio pag. 337 : *Nihil refert.... an securi caput auferas, an ad palum me, an ad crucem alliges, igne torreas, an vivum humo condas, saxo præcipites, an in maria mergas, Labandagine magnis viribus conatus uno vastissimo ictu longe a me meum caput excutias, etc.* Ubi Tillius Meldensis Episcopus : *Dictio barbara, pro forma quadam instrumenti, quod vi ducebatur : unde etiam apud nos illud, quo balistæ tenduntur, vocatur Bendage.* Sed vocis Gallicæ istius alia est originatio, de qua in *Binda.* Quid si legas, *an a pendigine*, i. e. a reliquo corpore : est enim *pendigo* idem quod πῆγμα, compago, ita ut bifariem hic sumi possit id vocabuli, vel pro machina lignea, seu tabulato, quod πῆγμα etiam Græci vocant, a quo caput longius excutiatur : vel pro ipsa reliqui corporis compactione, a qua caput evellatur : (quemadmodum catapulta *tortilibus nervis*, ut est apud Ammianum lib. 15.) qua postrema notione *Pendiginem* interpretatur Salmasius apud Arnobium lib. 6 : *O utinam liceret in simulacri alicujus medias introire Pendigines : immo utinam liceret Olympiacos illos et Capitolinos Joves deducere.... in membra solutos, omnesque illas partes, quibus summa concluditur corporum, discretas ac singulas contueri.* Gariopontus lib. 5. Passionarii cap. 23. Pendiginem strictius interpretatur, ubi de apostemate : *Si vero non dissolutum et solutum videris apostema factum, id est, quod non facile possit adhærere, fit enim per nimiam suppurationem, quando cutis ipsi ut pannus contritus nimium succum vivacem emittit, et dicitur colpus, id est, quasi sinus quidam pendens intus, non in suo tempore sectus... tunc debemus mulsa lavare aquata, ut Pendiginem vel colpum ipsum purges, etc.* Infra : *Ideoque utilissima sunt talia ad paracolesin, vel Pendiginum, vel aliorum vulnerum.* Qua notione vocem usurpasse videtur Vegetius lib. 2. Artis veterin. cap. 44 : *Quod si jumento* *scapulæ fuerint dissolutæ, diligenter inspicias, ne quas inter nervos et commissuras Pendigines faciat.* Ad priorem significationem referri potest locus iste ex Paulo Warnefrido lib. 5. de Gest. Longobardor. cap. 8 : *Jussu Imperatorum caput ejus abscissum est, atque in belli machina, quam Petrariam vocant, in urbem projectum est.* Matth. Silvatic. : *Pendigo, id est colopus vulneris.* Vide *A pendice cedri.*

¶ **LABANDRIA**, *Ad lavandum data*, in Vocabulario Sussannæi et in Amalthea. Melius *Lavandria.* Vide *Lavanderius.*

* **LABARDI.** Liber cens. eccl. Rom. : *Quidam milites, qui dicuntur Labardi, Crossetanensis diocesis, tenentur solvere annuatim xx. solidos Pissanorum, pro Buriano et quibusdam aliis castris.*

LABARUM, Signum militare Romanorum, pensile, ex panno aut serico confectum, fimbriis ac aliis ornamentis instructum, et transversario antennæ specie ligno affixum a suprema conti parte pendens. Glossæ MSS. : *Labarus, lata lancea vel vexillum.* Glossæ Isonis : *Labarum, vexillum vel frenum.* Id vero non nuperum, et Constantini dumtaxat ævo cognitum, quo appellationem ejusmodi vexilli tum primum apud Scriptores constat reperiri, sed et Republica stante et sub Imperatoribus Romanis, ut in nummis Consulum et Imperatorum passim videre est : quod quidem velum, *siparum vexillorum* vocat Tertullianus in Apologetico. Ita porro appellatur præsertim sub Constantino vexillum, in quo Christianus factus, Christi monogramma describi curavit : quod quidem τῶν ἄλλων τιμιώτερον, *cæteris pretiosius ac sanctius* haberi, Imperatorem semper præcedere, et a militibus adorari, et in præliis a fortioribus exercitus militibus ambiri et stipari præcepit, ut habent auctor Vitæ Constantini lib. 2. cap. 8. et Sozomenus lib. 1. cap. 4. quos quidem milites eos esse plerique autumant, quos *Præpositos Laborum* vocat Codex Theodosianus. Nam quod *Labarum* Ambrosius lib. 6. Epist. 29. Prudentius lib. 1. contra Symmachum, et alii, *Laborum* vocant Sozomenus loco citato, veteres Glossæ apud Turnebum lib. 15. cap. 16. Acta secundæ Synodi Nicenæ, Althelmus de Laud. virginit. etc.

Sed unde utraque hæc nomenclatura ortum habeat, multa multi hariolati sunt, nec quicquam certi aut sani tradidere. Hos consule, si lubet, et quod de Labaro scribi potest, in iis inspice, ne aliorum dicta hic congeram, Turnebum loco laudato, Fullerum lib. 2. Miscell. sacror. cap. 1. lib. 4. cap. 12. Stewechium ad Vegetium lib. 3. cap. 17. *d'Orleans* ad 1. Annal. Taciti, Baronium ann. 312. n. 23. et seq. Gretzerum lib. 1. de Sancta Cruce cap. 4. Tristanum tom. 3. Commentar. pag. 484. denique Jacobum Gothofredum ad tit. Cod. Th. de Præpositis laborum. (6, 25.)

Verum si cum aliis licet conjecturæ indulgere, ut Labarum veterum Germanorum, Dacorum, Pannonum et Armeniorum fuisse vexillum prorsus existimo, ita et vocabulum. Ut sic putem, faciunt Imperatorum numismata, in quibus ferme semper inter earumdem gentium spolia effingitur, cum eo clypeorum genere, quod iis proprium fuisse satis iidem nummi declarant : atque in primis Augusti, Neronis, Claudii Drusi, Domitiani, Nervæ, Trajani, Antonini, Veri, etc. Apud Jacobum Biæum post Augustini Dial. pag. 10. 17. 24. 31. 34. 40. 46. 50. adeo ut ab iis gentibus illud mutuatos Romanos prorsus existimandum sit. Certe *Labarum* Danorum vexillum appellatum fuisse, videtur innuere auctor miraculorum S. Bertini lib. 2. cap. 11 : *Pagani in antefati collis cacumine principale vexillum, quod Labarum vocari fertur, alto stipiti pro terrore infixerunt.* Subdam præterea quædam de Labaro ab aliis omissa : ac primum ex Althelmo de Laude Virgin. cap. 10 :

> Cuspide vexilli scrobem sulcare memento,
> Labara sic equitans per terram tendito dextra.

Cap. 4 :

> Denique cum voti remeasset compos ad urbem,
> Compta triumphorum sortitus Labbara princeps,
> Inclita Romanis revehens ex hoste trophæa.

Et cap. 44 :

> Attamen ad cœli scandunt spiracula sedes,
> Absque chao densis gestantia Labbara turmis.

Addo etiam Labari Romani figuram servatam postmodum in vexillis nostris Ecclesiasticis, quibus perinde *Labari* nomen tribuit Eckeardus Junior de Casibus S. Galli cap. 3 : *Sonatur continuo ad concursum et laudes Cæsaris abituri : arripit ille infelix futurus Labarum eo die ordinis sui dominum antecedendi, etc.* Sed et *Labarum* pro hasta usurpavit Anselmus in Actis S. Guigneri et sociorum n. 4.

☞ Scrieckius in Originum Indice 2. Miscello *Labarum* deducit a *Lab-hair* vel *Hair-lab* : quod luce clarius, inquit, Celtis est *Panniculus exercitus.*

Labarus, mascul. gen. dixit S. Fulgentius Homil. 60. de S. Laurentio : *Super Labaros fulget terreni Regis triumphus Martyris Confessoris ; non enim in triumpho ejus fulgent margaritæ et gemmæ, sed corruscant cæci videntes, et satiati panibus indigentes. O Labarum dominicæ Crucis, quem portabat cervicibus suis, et imponebat oculis clausis, portas aperiens cæcitatis. Labarum enim non gemmis infixis pannum habebat purpureum, sed cum vulneribus Salvatoris in sanguine uvæ pallium purpuratum.*

¶ Labarum, nude pro Cruce sive Crucis signo sæpius usurpant Scriptores inferioris ævi ; atque hinc est quod signum Crucis in literis sive diplomatibus hac ætate apponi solitum Labari nomine donabant. Vita S. Cassiani metro descripta apud Ill. Fontaninum de Antiq. Hortæ pag. 360.

> Felix cœlitibus postquam fuerat comitatus,
> Saxo candenti mandatis artubus ejus,
> Insculpsit Labarum roseo fulgore decussum.
> .... Res hic arcana probatur :
> Candor enim lapidis splendorem corporis albi
> Præclue stema Crucis roseo fulgore rubentis.

Vita S. Romani Archiep. Rotom. itidem metrice scripta, apud Marten. tom. 3. Anecd. col. 1656 :

> Territus exanguis vis illico perdidit anguis
> Ad Christi Labarum quo deposuit dominatum.

¶ Labarum Imperiale, in Epitome Chron. Casinens. auctore Anastasio Biblioth. apud Murator. tom. 2. pag. 365 : *Dans ei potestatem bibendi in auro, et lectum ipsius unius coloris operire purpura; et in processionibus ante se ferre hastam puram deargenteam, et Labarum Imperiale, id est, Crucem auream cum gemmis et unionibus.*

* **LABATORIUM.** Vide infra *Lavatorium* 1.

¶ **LABCEAP.** Vide *Landceap.*

¶ **LABDACISMUS** *est, si pro uno L duo pronuntientur, ut Afri faciunt, sicut Colloquitum pro Conloquium ; vel quoties unum L exilius, duo largius proferimus, quod contra est ; nam unum largius, duo exilius proferre debemus.* Isid. lib. 1. cap. 31. Adde Martianum Capellam lib. 5. et Papiam.

¶ **LABDAREUS**, seu Lamdareus, Species machinæ bellicæ ad instar *Labdæ* seu *Lambdæ* Græcorum ex ligno constructæ et ad sustinendam saxorum atque missilium vim accomodæ. Hero lib. 1. de Machinis bellicis cap. 1 : *Adversus hæc autem repugnantes murices ligneos construere oportet quinque cubitorum, Labdareos a quibusdam vocatos : quorum unumquodque crus gyrum quasi duorum pedum habeat, ne frangantur vel disrumpantur ; sed resistant ponderibus, quæ deorsum feruntur.* Hujuscemodi machinas ad resistendum delineavit Franciscus Barocius ad hunc Heronis locum.

* **LABEA**, Tegulæ ligneæ species. Stat. Montis-reg. pag. 271 : *Item statutum est, quod dom. vicarius teneatur facere, quod omnes furni seu ædificia in quibus sunt, debeant cooperiri per illos fornarios qui eos tenent, de copis, tegulis, vel scandalis vel Labeis, etc.*

¶ **LABELINTUS**, Ital. et Hisp. *Laberinto*, Johanni de Janua, *Laberintus*, Labyrinthus. Litteræ ann. 1345. tom. 2. Hist. Dalphin. pag. 513 : *Ne forsan dispersus populus, destitutus pastore, in scandalosum caderet Labelintum, etc.*

¶ **LABELLULUS.** Vide in *Lablellus.*

¶ 1. **LABELLUM**, vel Labellus, Loculus, arca sepulcralis, Ital. *Lavello.* Acta S. Bernardi Menthonensis, tom. 2. Junii pag. 1085 : *Inter cetera quidam civium Labellum sibi donavit, in quo sancta membra reconderentur.* Vide *Lavellum.*

2. **LABELLUM.** Veteres Chartæ apud Ughellum tom. 7. pag. 396. et 397 : *Et palmentum, et Labellum, seu et una cisterna.* Ubi idem Ughellus pag. 411 : *Labellum ad mustum recipiendum a labendo dictum est, locus ex palmento seu torculari labens ; est autem Labellum instar piscinæ, et ab aliis locus dicitur Amalfico vocabulo Labellum.*

Labellum sumitur pro *Canthara*, in quo reponitur aqua benedicta. Vetus Inquesta apud Puricellum in Ambrosiana Basilica pag. 1157 : *Et multoties vidi custodes Monachorum, et non alios accendere, et extinguere cicendile... et portare aquam in Labello, qui est in Ecclesia S. Satyri.*

¶ **LABELLUS**, Parmæ limbus tesserarius, Gall. *Lambel*, Angl. *Label.* Charta ann. 1394. apud Rymer. tom. 7. pag. 763 : *Habeat justum titulum hereditarium ad portandum procresta sua unum leopardum de auro, cum uno Labello albo.* V. *Lablellus* et *Lambellus.*

¶ **LABELULUS.** Vide in *Lablellus.*

¶ 1. **LABEO**, Cui magna sunt labia, Plinio lib. 11. cap. 37. *Tabernarius vel leccator,* Joan. de Janua ; *Tavernier ou Lecheur*, in Glossis Lat. Gall. Sangerman. Papias editus : *Labeones dicuntur qui sæpe per injuriam cadunt*. Melius in MS. *Qui sæpe in perjuria cadunt*; quod posterius *Tabernariis* et *Leccatoribus* haud male convenit. Vide *Labio*.

* 2. **LABEO**, Piscis genus. Tract. MS. de Pisc. cap. 116. ex Cod. reg. 6838. C. : *Labeo, nostris chaluc, labra crassa, spissa, prominentia habet, unde Labeonis nomen. Lineas nigricantes a branchiis ad caudam, æqualibus spatiis distantes, protensas habet; unde vergadelle a quibusdam vocatur.*

¶ **LABERNA**, *Ferramenta latronum, vel grassatorum, vel furum*. Gloss. Isid. ubi rursus : *Laberna, Gladiator. Laberna, latro aut qui filios alienos seducit. Laberna* scribitur pro *Laverna*, Dea latronum satis nota. Vide Martinium. Pro *Ferramentum* legendum videtur *Dea*, vel *Dæmonium*, et pro *Gladiator* restituendum *Grassator* secundo loco; nisi, inquit Grævius, *Gladiator* hic accipias pro sceleratissimo homine, ut sæpissime accipitur apud Ciceronem. *Qui filios alienos seducit*, i. e. seorsum ducit ad auferendum : quod non male congruit Plagiario seu furi alienorum operum, ut apud Ausonium ubi de Poeta plagiario :

Nec jam post metues ubique dictum :
Hic est ille Theo Poeta falsus,
Bonorum mala carminum Laverna.

LABES, Clades. Glossæ antiquæ MSS. : *Labina, hoc est calamitas, Labes, ægritudines, morbus*. Aurelius Victor Schotti in Vespasiano : *Cum satis constet ærarii inopia, ac Labe urbium, novas eum neque aliquandiu postea habitas, vectigalium pensiones exquisivisse*. In Severo : *Labes publica*. In Gallieno : *Quas Labes Mursina reliquos fecerat*. Usum etiam Ennium et Plautum observatum ab aliis.

Labes, pro *Lapsus*, habetur in Vita S. Deicoli Abbatis Lautrensis n. 45. [et in Vita S. Sulpitii Pii, tom. 2. Jan. pag. 174.]

¶ **LABIALIS** Possessio, Ore tantum firmata, non scripto. Compendiosa beneficiorum expositio fol 57 : *Labialem, non realem, nec corparalem possessionem tradere debent.*

LABILICIDIUM, *Gallice corba, vel tricidium*. Ita Glossæ MSS. ad Disticha Magistri Cornuti.

* **LABILIS** Porta, Cataracta, vulgo *Herse*. Vide infra in *Porta* 6.

* **LABILITAS**, Levitas, inconstantia, instibilitas. Joan. de Cardalh. serm. in Natav. Dom. : *Secundo attende homo ad vitæ instabilitatem et Labilitatem, cum dicit : Brevi vivens tempore*. Andr. Bilii hist. apud Murator. tom. 19. Script. Ital. col. 37 : *Incertum facit quid in his probem ipsa fortunæ varietas, tum nostræ spei Labilitas. Labilitas memoriæ*, in Stat. crimin. Saonæ cap. 31. pag. 62. B. de Amoribus in Speculo sacerdot. MS. cap. 28 :

Si bene concernas mundanam Labilitatem.

LABINA, [* Idem quod *Pasturagium*, Pascuum, pratum. Lit. remiss. ann. 1352. in Reg. 81. Chartoph. reg. ch. 274 : *Cum in Labina seu pasturagio ac communi dictæ villæ, spaciamentum causa spatiandi ivissent, etc.*] Vide *Lavina*.

LABIO, *Tabernarius, vel Leccator*, apud Ugutionem. [Vide *Labeo*.]

* **LABIUM**, perperam pro Labrum, Gall. *Bord*. Bulla Lucii III. PP. ann. 1181. inter Probat. tom. 2. Annal. Præmonst. col. 413 : *A prato Bovini, sicut dictat Labium nemoris, quod dicitur Forest, usque ad viam ovium; . . . . ab eodem prato Bovini, sicut dictat Labium Chelme, usque ad fontem Beliardis.*

LABLELLUS, seu potius *Labellus*, nam sic legendum apud Helgaldum in Roberto Rege : *Qui non obliviosus factus ornamentum quod erat in sex uncis auri dependens a genibus, et quod nos lingua rustica Lablellos vocamus, ipso conspiciente, cultello diripuit quantocius discessurus*. Ita appellabant nostri lacinias, quæ a sago militari pendebant, vulgo *Lambeaux*, vel *Labeaux*, quas *Pittaciola* nuncupat Monachus Sangallensis lib. 1. de Carolo M. cap. 36. quod *pittaciorum* formam, de qua suo loco, referrent. Fortescutus de Laudibus Legum Angliæ cap. 51. describens habitum *Servientium ad legem* : *Serviens ad legem ipse existens roba longa ad instar Sacerdotis cum capitio penulato circa humeros ejus, et desuper collobio, cum duobus Labelulis, qualiter uti solent Doctores legum in Universitatibus quibusdam, cum supra descripto birreto vestiebantur*. [Sermo Rabodi Episc. Noviom. de Annuntiatione ann. 1081. in veteri Lectionario S. Eligii : *In conspectu adstantium Labellulo vinculum misericorditer excussit*.] A *Limbis* vox videtur deducta, quos *sagis* militaribus adscribit Sidonius lib. 4. Epist. 20 : *Viridantia saga Limbis marginata puniceis*. Vide quæ de *Labellis* observamus in Dissert. 1. ad Joinvillam pag. 139.

1. **LABOR**, Vexillum ita dictum quidam eruditi censent, cujus meminit Gregorius Nazianzenus Orat. in Julianum, quod vim habeat solvendorum laborum. Exstat in Cod. Theod. lib. 6. titulus (25.) *de Præpositis Laborum*, ubi sic : *Præpositi Laborum nostro judicio et stipendiorum sudoribus promoventur*. Atque ita legi in omnibus Codd. MSS. observant viri docti, licet quidam reponant *labarorum*, eoque versus hosce Tertulliani, Carmine de Jona referendos putant :

Palpitat antenna stridens, Labor horret ab alto,
Ipsa etiam infringi dubitans inflectitur arbor.

Vide *Labarum*.

2. **LABOR**, Quod quis *labore* suo ac industria quæsivit, quæsitum, acquisitum, *Aquest*. Lex Longobard. lib. 2. tit. 23. [** Liutpr. 133. (6, 80.)] : *Nam si de illo Labore comparaverit, quod postea laboravit aut fecit, postquam in ipsa causa ad censum reddendum introierit, in ipso cespite dimittat, ubi laboravit*. Traditiones Fuldenses lib. 2. trad. 15 : *Trado ad Monasterium S. Bonifacii... pecuniam meam, quicquid fuerit in domibus, ædificiis, et omnem Laborem meum, totum et integrum, et unum puerum nomine Otger cum omni Labore suo*. Tradit. 35 : *Cum mobilibus et immobilibus, cum omni adjacentia eorum, et cum Monasterio superposito, quæ ego ipsa proprio Labore construxi et ædificavi, etc.* Quod vero hic *Labor*, Tradit. 119. *Acquisitio* dicitur : *Trado ancillam ad S. Bonifacium... cum omni Acquisitione sua, etc.*

Laborare, Acquirere, *labore* suo ac industria acquisitionem facere. Formulæ vett. : *Et quidquid pariter in conjugium positi Laboravimus*. Alia : *Et quidquid Laborare potuerint, cessum habeant*. Alibi : *Peculiare quod habet, aut inantea Laborare potuerit, cessum in perpetuum habeat*. Vide Gregor. Turon. de Gloria Confess. cap. 82. Gesta Regum Francor. cap. 13. Formulam 7. ex Baluzianis, etc.

Elaborare, Eadem notione. Lex Salica tit. 47. § 2 : *Et si ibi aliquid Elaboravit, quia legem noluit audire, amittat*. Vita S. Desiderii Episc. Cadurc. cap. 18 : *Aurum et argentum, quod ex successione parentum habeo, vel quod in Regis aula et in principum Elaboravi*.

Elaboratus, Idem quod *Labor* : quod quis sua industria acquisivit, comparavit. Tradit. Fuld. lib. 1. trad. 15 : *Quicquid mihi pater meus et mater mea et fratres hæreditaverunt, et proprio Elaboratu acquisivi*. Occurrit ibi pluries trad. 59. 68. 93. 109. 128. lib. 2. trad. 26. 40. 42. 68. 120. 175. 235. et in Fragm. Capit. editis a Baluzio cap. 9.

Elaboratum, in iisdem Traditionibus lib. 1. trad. 23. Charta Adalasiæ Comitissæ ann. 1075 : *Dum et offero a præsenti die... medietatem de manso uno cum omnibus rebus ac medietatem ipso manso pertinentem, jacet in vico Pinoralio, vel in ejus territorio, prope Ecclesiam sancti Martini, et est rectum Elaboratum.*

Laboratus, in Capitulari Caroli M. ann. 807. cap. 7. in Capitulari Pipini Regis Italiæ cap. 4. in Chartis Alamannicis Goldasti cap. 74. in Lege Longob. lib. 3. tit. 4. § 5. [** Pippin. 16.]

Laborarium, Quæsitum. Charta Adalberti Episcopi Pergamensis : *Sive sint de meis propriis domicultibus præsentibus, sive colendis futuris, sive de meis successoribus, Coepiscopis, vel et de meis, seu et omnium ipsorum successorum meorum Laborariis.*

¶ Lavoratio, Acquisitum. Charta xi. sæc. ex Archivo S. Victoris Massil. Armar. Forojul. n. 10 : *Omne decimum suæ Lavorationis amplo animo tribuit S. Victori Goirandus de Gonfanono*. Vide *Laboratio* in *Labor*, 3.

Conlaboratio, Acquisitio, quæ fit a conjugibus stante matrimonio; Gallis *Conquest*. Lex Ripuariorum tit. 37 : *Tertiam partem de omni re, quam simul Conlaboraverint, sibi studeat evendicare*. Capit. Caroli M. lib. 4. cap. 9 : *Volumus, ut uxores defunctorum post obitum maritorum tertiam partem Conlaborationis, quam simul in beneficio Conlaboraverunt, accipiant*. Tradit. Fuld. lib. 2. cap. 11 : *Quantum nobis genitores nostri dimiserant, et nos ipsi Conlaborati habemus, donamus atque transcribimus, et post nostrum amborum discessum, quantum Conlaboravimus, etc.* Tertiam porro *conlaborationis* partem uxoribus cessisse testantur præterea Appendix Gregor. Turon. cap. 85. Aimoinus lib. 4. cap. 36. Marculfus, Gesta Dagob. cap. 47. Can. 5. Synodi Meldensis, etc.

Conlaboratio. *Decimæ conlaborationum*,

in Capitul. Caroli C. tit. 41. cap. 11. Vide *Conlaboratio* seu ordine.

COLLABORATUS, COLLABORATUM, Eadem notione. Polyptychus S. Remigii Remensis : *Donant araticum de omni Conlaboratu.* Hincmarus Laudun. ad Remensem : *Obsecrantes et contestantes nihilominus, ut nihil de suo Collaborato perciperet.* Capitulare de Villis cap. 6 : *Volumus, ut judices nostri decimam ex omni Conlaboratu pleniter donent ad Ecclesias.* Adde cap. 30. Vita S. Winoci Abb. cap. 11. *Adeo erat devotus, ut impensas magna ex parte ex Collaboratu proprio pro restaurando sancti viri administraret Oratorio.* Vide in *Labor*, 3.

3. **LABOR,** Agri cultura, Gall. *Labeur.* Virgilius :

Sternit agros, sternit sata læta, boumque Labores.

Pactus Legis Salicæ tit. 10. § 6 : *Si cujus pecora de damno, cum alios Labores vastantur, aut inclaudantur, aut in domum minantur.* § 8. *Si quis... in quemlibet Laborem pecora immiserit, ille cujus est Labor, testibus eum convincat, etc.* Capitulare de Villis cap. 5 : *Quando judices nostri Labores nostros facere debent, seminare, aut arare, messes colligere, etc. Laborem suum facere*, in Lege Longob. lib. 1. tit. 17. § 4. [** Liutpr. 134. (6, 81.)] *Faire son Labeur*, Agrum suum colere. Hist. Wambæ Regis : *Collecta dein manu, cives depopulantur, Labores exhauriunt, omnisque provincia Galliæ deprædatur.* [S. Sturmii Consuetud. Fuld. : *Secunda feria eunt cum cruce et patrocinio et aqua sancta per singulos Labores.*] *Cultura Laboris*, apud Gregor. M. lib. 7. Ind. 2. Epist. 66. Vide Leg. Bajwar. tit. 16. cap. 1. § 2. Legem Longob. lib. 1. tit. 15. § 3. tit. 16. § 7. [** Roth. 29. Liutpr. 146. (6, 93.)] Leges Luitprandi Regis tit. 65. 115. [** 89. (6, 36.)] Gregor. Turon. lib. 7. cap. 22. etc. Hinc vulgaris formula in Bullis PP. pro Monasteriis : *Sane Laborum vestrorum, quos propriis manibus, aut sumtibus colitis... nullus decimas a vobis exigere præsumat.* Vide Chron. Reichersp. pag. 172.

TERRA LABORIS, Campania felix, in Italia ita nuncupata, quod agriculturæ, seu *labori* peridonea sit. Appellationem istam haud adeo recentem arguit S. Martinus PP. in Epistola de exilio suo : *Et pervenimus Kl. Junii Messanam, in qua erat navis id est, carcer; non autem Messanæ tantum, sed in Terra Laboris; et non tantum in Terra Laboris, quæ subdita est magnæ urbi Romanorum, sed et in plurimis insularum, in quibus ne nos transissemus, peccata impedierunt, nullam compassionem adeptus sum.*

¶ LABORABILES TERRÆ, Arabiles, culturæ idoneæ, Gall. *Terres labourables.* Index MS. beneficiorum Eccl. Constant. fol. 3 : *Cum 36. virgatis terræ, vel eo circa Laborabiles.* Charta ann. 1482. ex Archivo B. M. de Bono-Nuntio Rotomagens. : *Quod si omnes terræ Laborabiles ejusdem parochiæ sine cultura manerent, etc.*

¶ LABORANTICIÆ TERRÆ, Eodem significatu, in Chartario Ecclesiæ Auxitanæ cap. 136.

¶ LABORATICIA TERRA, in Chronico Farfensi apud Murator. tom. 2. part. 2. col. 591.

LABORATORIÆ TERRÆ, apud Petrum de Vineis lib. 5. Epist. 65. [in Addit. ad Chronicon Casaur. apud Murator. tom. 2. part. 2. col. 940. Adde Tabul. S. Cyrici Nivern. n. 7. Nicol. de Jamsilla, apud eumd. Murator. tom. 8. col. 558. etc.]

LABORIOSÆ, in veteri Charta apud Sammarthanos in Abbatibus S. Trinitatis Exaquensis : *Silvam de Catis, et terram Laboriosam et inlaboriosam, molendinum, etc.*

¶ LABORAGIUM, Terræ cultæ. Charta ann. 1455. ex Archivo S. Victoris Massil. : *Prior deportabit decimas Laboragii et pastorgagii.* Vide vocem suo loco.

¶ LABORANTIA, Eadem notione. Consuet. Auscicorum ann. 1301. MSS. art. 54 : *Item est consuetudo ibidem, quod homines de Auscio habeant usum et expletam.... depascendi cum animalibus suis... per omnes pertinentias et Laborantias civitatis.* Rursum occurrit art. 85. [* Charta ann. 1177. in Chartul. Cluniac. : *Item partem suam de tasquis et decimis, quæ sunt in terminio de Caunis, . . . excepta Laborantia sua* (concedit). Vide supra *Laboragium* 1.]

¶ LABORANTIA, f. Agrarium, campipars, terragium, Gall. *Champart, terrage.* Litteræ Officialis Vabrensis ann. 1342 : *Item dixit præfatus nomine quo supra quintum et Laborantiam campi mansi S. Johannis de Balmis cum omnimoda jurisdictione ad dictum prioratum de Roserio pertinere.*

¶ LABORANZA, Ager cultus, apud Moretum Antiq. Navarræ pag. 413 : *Offero Deo et S. Juliano de Labasal monasterio ego Tota Regina matre de Rege Garsea Sancionis, illa decima et primitia de tota illa Laboranza, quæ laborant homines de Ardenes.* Testam. Ranimiri Regis Aragon. æra 1099. in Hist. Pinnatensi lib. 2. cap. 38 : *Similiter de pane et vino de meas Laboranzas, et radizes et totos meos peculiares, etc.*

LABORARE, Agrum colere, *Labourer. Laborare terram*, in Lege Longob. lib. 1. tit. 9. § 22. [** Liutpr. 91. (6, 38.)] Capitul. Caroli C. tit. 23. cap. 14 : *Laborent et excolant terras et vineas in tempore cum debita sollicitudine : salvent et dispensent Laborata cum fideli discretione, facient nutrimenta congrua et necessaria.* Præceptum Caroli M. pro Hispanis ann. 812 : *Dicunt etiam, quod aliquas villas, quas ipsi Laboraverunt, Laboratas illis eis abstractas habeatis. Locus Laboratus*, in Constit. Sicul. lib. 3. tit. 38. § 4. Odoarius Episcopus Lucensis, de Restauratione ejusdem urbis a se facta : *Fecimus de nostra familia possessores per undique partes, et dedimus illis boves ad Laborandum.* Infra : *Exivimus per terras civitatis ad inquirendum, ut Laborassent illas.* [Charta ann. 1038. ex Archivo S. Victoris Massil. : *Dono foris ista termina de terra erma, quantum homines supradicte Ecclesie potuerint Laborare.* Alia ann. 1455. ex eodem Archivo : *Laborando et cultivando terram hermam.*] Petrus de Vineis lib. 5. Epist. 85 : *Certas possessiones ipsorum secure et quiete Laborandi, et ex iis fructus et redditus percipiendi, etc.* Vide Franciscum Mariam in Mathildi lib. 3. pag. 117. Probat. Histor. Sabaud. pag. 15.

LABORICARE, pro *Laborare*, in laudato Præcepto Caroli M. pro Hispanis.

¶ LABORATIO, Aratio, Gall. *Labourage. Poterunt... facere eorum culturas et Laborationes*, in Litteris ann. 1413. apud Rymer. tom. 8. pag. 772.

¶ LABORATIO, Ager cultus. Charta Bettonis Episcopi Lingon. ann. 794. inter Instrum. tom. 4. Gall. Christ. col. 128 : *Et de villis unde nonæ et decimæ domui homines reddere debent... per legem et consuetudinem de ipsis rebus, sicuti exactum fuit, id est, omnes Laborationes, vinum, annonas, etc.* Rolandinus de factis in marchia Tarvisina lib. 5. cap. 10. apud Murator. tom. 8. col. 240 : *Devastatæ sunt arbores et vineæ et Laborationes cunctæ. Decimæ Laborationum*, apud Moretum Antiq. Navarræ pag. 657. [** Fruges agri culti. Adalh. Stat. S. Petri Corb. lib. 2. cap. 9 : *Quidquid in diversis Laborationibus quolibet modo acquiritur .... similiter fenum vel quæ in arboribus gratis nascuntur, etc.* Infra : *Si omnis illa Laboratio quæ per manipulos decimari potest, etc.*]

LABORATORES, Agricolæ, coloni. [Gall. *Laboureurs.* Saisimentum Comitatus Tolosani ann. 1271. apud *la Faille* in Probat. Annal. Tolos. pag. 19 : *De quolibet Laboratore habente aratrum boum, unam eminam frumenti.* Occurrit in Chronico Farfensi apud Murator. tom. 2. part. 2. col. 491. in Histor. Dalphin. tom. 1. pag. 64. *Laborator vinearum*, in Charta ann. 1351. ex Regesto 80. Chartophylacii Regii.] Vide *Medium plantum* in *Complantum.*

¶ LABORIOSUS, Eadem notione. Miracula S. Stanislai Episc. tom. 2. Maii pag. 278 : *Valentini Golay Laboriosi in Pistravin Sebastianus filius animam agens, etc.*

¶ LABORIOSÆ BESTIÆ, Quæ deputantur agriculturæ. Ordinatio Curiæ Caroli Regis Siciliæ ann. 1278. ex MS. D. *Brunet* fol. 68. v°. : *Ille extraneus possit in tenemento Arelatis tenere bestias Laboriosas necessarias agriculturæ.*

* 1. **LABORAGIUM,** Ager cultus, seu agri fructus. Charta Guill. archiep. Senon. pro libert. villæ S. Julian. ann. 1259. in Reg. 30. Chartoph. reg. ch. 561 : *Nullus de burgensibus .... solvet tonleium vel coustumam de nutritura sua, nec minagium de suo Laboragio.* Vide in *Labor* 3.

* 2. **LABORAGIUM,** Labor, opus quodvis, Gall. *Ouvrage, travail*, alias *Labourage.* Lit. remiss. ann. 1357. in Reg. 89. Chartoph. reg. ch. 65 : *Qui serviens, dum esset certa die in dicta villa, non invenit ibidem nisi dumtaxat mulieres, quia earum viri iverant ad eorum Laboragia facienda.* Aliæ ann. 1391. in Reg. 141. ch. 171 : *Drievet Potée poure jeune homme vivant du mestier et Labourage de mer etc.* Stat. ann. 1382. tom. 7. Ordinat. reg. Franc. pag. 744. art. 10 : *Les gardes le pourront et son Labourage aussi bien visiter comme ailleurs.* Vita J. C. MS. :

En sa cambre avoit une ymage,
Quant aloit à son Labourage
Cascun matin, si l'aouroit.

Labour, eodem sensu, ibid. :

Jouste la mer de Galilée
Trouva trois freres pescheours,
Illuec faisoient lor Labours.

* *Labourage* præterea appellatur Tributum, quod pro doliis vinariis e nave in-

terram adductis episcopo Noviomensi pensitabatur. Charta Caroli VI. reg. Franc. ann. 1408. : *Tantost que les vins amenez par ladite riviere et arrivez audit port* (du Pont l'évêque) *sont tirez et mis hors des nefs ou des bateaulx, et assis à terre sur ledit port, nostre dit conseiller doit avoir et a accoustumé recevoir, pour chacune piece de vin, trois poitevines de Labourage.*

¶ **LABORANTES**, Vespillones. Vetus Interpres Epistolæ S. Ignatii ad Antiochenos : *Saluto hypodiaconos, lectores, janitores, Laborantes, exorcistas, confessores.*

¶ 1. **LABORARE**, Acquirere. Vide in *Labor* 2.

¶ 2. **LABORARE**, Agrum colere. Vide *Labor* 3.

3. **LABORARE**, Negotium alicui facessere : Galli dicunt, *Travailler quelqu'un.* Anonymus Barensis in Chron. ann. 1012 : *Mesardoniti Laboravit castello Domnico.* An. 1034 : *Bisantius Archiepiscopus dirupavit Episcopum Barinum, et cœpit Laborare.* Vide Miracula S. Ludgeri Episc. Mimigard. n. 57.

* Sic nostri *Labourer* dixerunt. Lit. remiss. ann. 1380. in Reg 118. Chartoph. reg. ch. 1 : *Pour la présumption et renommée, qui contre lui Labouroient estre coulpable et participant de la perpétration dudit fait. Atraveiller*, eodem sensu, in Consolat. Boëtii MS. lib. 1 :

Encor ne te dois merveiller,
Se mauvais te portent envie,
Et s'il te font Atraveiller.

4. **LABORARE**, Fatigari, *Travailler.* Innocentius III. PP. in Gestis ejusdem pag. 110 : *Cum difficile sit tuæ jurisdictioni subjectis pro singulis quæstionibus ad sedem Apostolicam Laborare super appellationibus, etc.* Eadem Gesta pag 129 : *Laborans ultra misit ad utramque partem viros venerabiles, etc.* id est, cum multo labore ac cura. Infra : *Laboravimus interim adinvenire viam pacis, etc.*

5. **LABORARE**, Periclitari, in periculo esse, in l. 2. D. ad Leg. Rhod. (14, 2.) et in l. 4. Cod. Th. de Operib. publ. (15, 1.) Siculus Flaccus de Condit. agror. : *De superioribus vicinisque agris defluentes aquas excipiunt, ne inferiores terræ Laborent.*

6. **LABORARE**, Operari, fabricare, conficere, *Travailler.* Constitut. Siculæ lib. 3. tit. 36. § 1 : *Nullus in Regno nostro Laboret aurum, quod per libram de puro auro minus habeat, quam octo uncias, etc.*

* Hinc *Pain bien labouré*, in Stat. ann. 1372. tom. 5. Ordinat. reg. Franc. pag. 554. art. 1. Vide supra *Laboragium* 2.

Laborare Aliquem, Operi faciendo destinare, vel ad laborem mittere, *Envoyer au travail*, ut vulgo dicimus. Statuta Corbeiensia lib. 2 : *Ut Fratres, qui eos Laborare debent, sine molestia, vel aliqua incommoditate inhonesta possint in eis officium sibi commissum ad communem explere utilitatem : constituimus, etc.*

LABORARIUM, *Locus laborantium*, Ugutioni : operatorium, officina, ἐργαστήριον. [Vide alia notione supra in *Labor* 2.]

LABORARIUS, Operarius, Anglis, *a Labourer.* Amalarius lib. 3. de Eccl. Offic. cap. 5 : *Operarii et Laborarii Christi.* Knyghton. ann. 1340 : *Exceptis mendicis, et Laborariis ad prædictam quintamdecimam non taxatis.* Alibi : *Rex fecit attachiare Laborarios quamplures, et misit eos in carcerem.*

¶ **LABORATIO**. Vide in *Labor* 3.

* **LABORATIVUS**, Arabilis, culturæ idoneus. Charta ann. 1358. apud Corbinel. inter Probat. Hist. domus *de Gondi* pag. 156 : *Item plures petias terrarum Laborativarum, etc. Terras buschivas, saldivas, prativas, neque Laborativas spectantes*, in Stat. castri Redaldi lib. 3. pag. 49. r°. Vide in *Labor* 3.

* **LABORATOR**, Opifex, Gall. *Ouvrier.* Stat. Cadubr. pag. 52. r°. : *Item quod nullus buscherius et Laborator lignaminis, etc. Laboureur de vins*, Qui vineas colit, in Lit. remiss. ann. 1373. ex Reg. 105. Chartoph. reg. ch. 3. *Labourier*, pro *Laboureur*, Agricola, colonus, in Reg. 13. Corb. sign. *Habacuc* ad ann. 1513. fol. 207 : *Ont accordé qu'il puist commettre et ordonner un Labourier pour entretenir, labourer et messonner les terres et choses dessusdites.*

¶ **LABORATORES**, Agricolæ. Vide in *Labor* 3.

¶ 1. **LABORATORIUM**, ut *Laborarium.* Buschius de Reformatione Monast. apud Leibnitium tom. 2. Scriptor. Brunsvic. pag. 868 : *Quomodo in claustro et dormitorio, in ambitu et Laboratorio se habere deberent, declaravi.* Gall. *Laboratoire.*

* 2. **LABORATORIUM**, Opus quodvis. Charta ann. 1347. apud Lamium in Delic. erudit. inter not. ad Hodoepor. Charit. part. 1. pag. 62 : *Quæ quidem constructio fiat et fieri debeat expensis communibus dictorum communium Florentini et S. Miniatis. Et quod habentes seu habituri terrena seu ædificia, quæ prædicto Laboratorio occuparentur, etc.* Vide *Laborerium* 1.

¶ **LABORATUM**, Acquisitum. Vide in *Labor* 2.

¶ **LABORATUS**, Labor humilis, servilis opera. Miracula S. Zitæ tom. 3. Aprilis pag. 525 : *Quia debebat... trebbiare milium et alios eorum Laboratus facere.*

¶ **LABORERIA**, Officina, Gallic. *Manufacture.* Mantissa adjecta ad Chron. Mon. Patavini, apud Murator. tom. 8. col. 739 : *Quo anno facti fuerunt fulli omnium Sanctorum et Laboreriæ pannorum lanæ et papyri chartarum.*

1. **LABORERIUM**, Italis *Lavoriero*, Opus agriculturæ, vel quodvis aliud. Statuta Venetor. ann. 1242. lib. 2. cap. 5 : *Si opus vel Laborerium factum fuerit supra possessione, etc.* Adde lib. 3. cap. 57. lib. 6. cap. 13. Vitam B. Justinæ de Aretio num. 8. Vitam B. Ægidii Minoritæ num. 5. et Rollandinum in Summa Notariæ cap. 8. Sumitur præterea pro quovis opere, ut in Hist. Cortusiorum lib. 8. cap. 2. 5. Sanutus l. 1. part. 1. cap. 3 : *Laboratur etiam Laborerium solius serici : et quamvis sericum cum nullis partibus non nascatur, tamen ipsum linum, et Laboreria ac mercimonia supradicta ad partes Tramontanæ... deportantur.* [Regimina Paduæ apud Murator. tom. 8. col. 385 : *Completum fuit Laborerium castri Baldi.* Adde Memoriale Potestatum Regiens. ad ann. 1233. ibid. col. 1108. Chronicon Estense apud eumdem Murator. tom. 15. col. 404. etc. *Bestiamina a Laborerio*, Aratorii boves vel equi, in Chronico Bergom. tom. 6. col. 979. Gall. *Bêtes de Labour.*] Vide Hist. Eccles. Placent. lib. 15. pag. 77.

* 2. **LABORERIUM**, Opificium, artificis opera. Charta ann. 1351. in Reg. N. Chartoph. reg. ch. 26 : *Item unum nappum seu ciphum a tribus pedibus cum tribus servientibus, et unam cuppinam de argento ejusdem facturæ et Laborerii, etc.*

* 3. **LABORERIUM**, Officium, obsequium, Gall. *Service.* Mirac. B. Margar. Favent. tom. 5. Aug. pag. 853. col. 1 : *Cum vindemiarum tempore per civitatem et comitatum Florentiæ pro Laborerio monasterii ambularet, etc.*

* **LABORIA**, Ager cultus, territorium. Charta ann. 1157. inter Probat. Hist. Occit. tom. 2. col. 565 : *Ego Sicardus de Laurac et uxor mea donamus et concedimus Deo et S. Mariæ et tibi Gausberto abbati Candelii et monachis.... quidquid habemus in Laboria de Lagajaria.* Vide in *Labor* 3.

LABORIOSUS, Æger, invalidus : *qui patitur laborem*, inquit Ugutio : qui multo labore victum sibi quærit, μογθηρός, in Gloss. Græc. Lat. In Lat. Gr. κακοπαθής. Occurrit apud Avitum Vienn. Ep. 39. 77. et aliis locis. Vide Savaron. lib. 3. Ep. 9. [et supra in *Labor* 3]

¶ Laboriosus Sermo, Oratio de Passione Domini. Rob. *Goulet* in Compendio Jurium et Consuetud. Universitatis Paris. fol 10 : *Fit die Veneris Sancta Laboriosus sermo ad populum per Doctorem Theologum de Passione Domini, et est sermo Universitatis, ubi tenetur dominus Rector adesse.*

LABORITIUM, ut *Laborerium*, in Vita B. Ægidii n. 7. 10. [et in Actis S. Isidori Agricolæ, tom. 3. Maii pag. 518.]

¶ Lavoritium, Eadem notione. Acta S. Franciscæ Rom. tom. 2. Martii pag. 146.* : *Voluit quod ille secundus Angelus mutaret suum Lavoritium.*

* **LABORITIUS**, Arabilis, culturæ idoneus. Charta ann. 1181. inter Probat. tom. 3. Hist. Occit. col. 151 : *Ego Elisiarius Poscheriensis .... dono D. Deo et B. Mariæ Francarum vallium .... omnes terras Laboritias, quas habeo et possideo in territorio de Villanova.* Vide supra *Laborativus.*

LABORIVUM, Ager cultus, *Terre à labeur.* Pactum nuptiale Guillelmi Montispessulani cum Mathilde filia Ducis Burgundiæ, 5. Kal. Mart. 1156 : *Dono et mitto tibi eidem Matildi uxori meæ in sponsalitium seu donationem propter nuptias, Castrum scilicet de Monteferrario... et totum meum Laborivum de Arneir.*

LABRA. Vide in *Laura.*

¶ **LABRATORIUM**, πλύσιμον, *Balneare labrum*, apud Janum in Supplemento Antiquarii.

LABRATUM. Vide *Lavratum.*

¶ **LABRORES**, Armigerorum genus apud Anglos. Charta ann. 1284. apud Rymer. tom. 2. pag. 265 : *Recepimus de pecunia domini nostri Regis Angliæ illustris 2270. libras Turon. pro soldo 41. Militum, de quibus erant septem Bancreti ; et pro soldo 50. Labror. et 9. Scuteriorum pro 60. die-*

bus... dando 8. solidos Turon. pro Milite et 6. solidos pro Scutario.

LABROSUS, πρόχειλος, in Gloss. Græc. Lat.

¶ **LABRUM**, Isidoro lib. 20. cap. 6. *vocatum, eo quod in eo lavationem solitum est fieri infantum, cujus diminutivum Labellum. Idem et Alveum, quod in ablutionem fieri solitum sit.* Vox Latinis non ignota, et ab Anastasio in S. Silvestro PP. usurpata ad indicandam fontis baptismalis concham, in qua continebatur aqua ad baptismum necessaria; ab Ambrosio autem ad significandum vas sepulcrale aptum condendo cadaveri. Sic S. Doctor Epist. 34: *Est hic porphyreticum Labrum pulcherrimum et in usus hujusmodi aptissimum; nam et Maximianus Diocletiani socius ita humatus est.* Ead. notione Leo Ostiensis lib. 2. Chron. Casin. cap. 9: *Otho II. Romam rediens eodem tempore defunctus est, atque in Labro porphyretico sepultus in atrio Ecclesiæ B. Petri Apostoli.* Vide *Lavellum*. Pro fossa *Labrum* dixit Ausonius :

Mœniaque in valli formam circundata Labro.

* **LABRUSCETUM**, *Locus ubi multa labrusca*, apud Laur. in Amalth. ex Catholico, ubi scribitur *Labrustetum*, *Labrustosum*. Hinc *Labruscus*, pro Stolidus, agrestis.

¶ **LABRUSCUS**, Stolidus, agrestis. Epistola ann. 1466. in Actis SS. Maii tom. 2. pag. 273: *Sane ruditati meæ hunc per te de Vita B. P. nostri Stanislai editum disertissime libellum dignatus es dedicare, meque Labruscum, nedum lectorem, magis rigidum per omnia delegisti censorem.*

¶ **LABS**, *Olla ænea*. Papias MS. Bituric.

LABULUM. Vita S. Hermelandi Abbat. num. 25: *Instigatus facinore cupiditatis quidam rusticus Labulum de sella viri Dei præcidens, in sinum abdidit.* Ubi viri docti ad marg. an *Lapillum?* Forte pro *Labellum*, i. vasculum, vel potius pro *Labellum*, i. lacinia. Vide *Labellus*.

¶ **LABURA**, Cultura. *Terra ad Laburam*, Gall. *Terre en Labeur*, Arvum, ager cultus, in Tabulario S. Petri de Cella-Froini Engolism. Vide *Labor* 3.

LABUS, pro *Labor*. Columella in Horto :

Ne Labus hausturis tendentibus ilia vellat.

Utitur et Vegetius lib. 3. de Re veterin. cap. 23.

LABYRINTHUS, una ex notis apponi solitis marginibus librorum, de quibus Isidorus, qua locum difficilem esse ostendit. Marius Mercator. pag. 164. Edit. Baluzianæ: *Ad cujus loca pervidenda, quæ hic exponere curavimus, signa Labyrinthorum apposita Lector inveniet.*

LAC Aufferre per veneficium, lactiferis scilicet animalibus in Addit. 2. Lud. Imp. cap. 18. [** Vide Grimm. Mythol. Germ. pag. 605.]

¶ **LACA**, Lacca, Gall. *Lacque*, Ital. *Lacca*, Hisp. *Lacra*, Species resinæ, de qua Salmasius ad Solinum, Martinius in Lexico, et Dictionarium Universale in voce *Lacque*. Epistola Bajuli Regis Majoricæ ad Massiliensis ann. 1327: *Fecit caricari... tria pondera de mostayla, et duas sarrias de orchica, et 2. duodenas de Laca, et duas botas de aleofol.*

* **LACANVANDA**, Vox lectu difficilis et, ut opinor, corrupta, cujus sensum, quanquam nihil melius mihi præsto sit, haud intellexisse videtur D. *Secousse*, cum de præstatione, quæ domino feudi exsolvitur pro facultate alienandi fundum, explicat. Libert. Salvet. ann. 1369. tom. 5. Ordinat. reg. Franc. pag. 694. art. 2: *Concedimus quod ipsi consules et universitas dicti loci possint et valeant ædifficare quandam ecclesiam in dicto loco, et cloquerium, in quo sint campanæ; Lacanvanda ecclesiæ prædictæ reddantur ex integro dictæ ecclesiæ libere.* Rursum eædem Literæ occurrunt in Reg. 163. Chartoph. reg. ch. 223. ubi voci *Lacanvanda* præponitur particula *et;* sed distinctius non scribitur.

¶ **LACATISMUS**. Vide *Laquetismus*.

LACCA. Auctor Mamotrecti ad 15. Judic. *Sura, est tibia sive Lacca.* Vox Italica. [Vegetio *Lacca in gambis*, nodus est in cruribus: hunc vide lib. 1. cap. 27. lib. 3. cap. 19. Vide *Laca.*] [** Conf. Murator. Antiq. Ital. tom. 2. col. 1236. et infra *Lagi.*]

LACCARIUS, qui *Laccam* conficit, in Gloss. vet. λακκάριος, alias λακκαῖος. De lacca, fuse Salmasius ad Solinum. Adde Meursium in Λάκκα. Vel

Laccarius idem est ac λακκόποιος, *Lacunarius*. Est enim in iisdem Glossis, et apud Græcos, λάκκος, *lacuna*, fossa. Sic Cujacius *Laccarios*, qui fossas vel puteos fodiunt, interpretatur in l. 1. Cod. de Excusat. artific. lib. 10. (66.)

* **LACCIA**, Piscis genus. Vide supra *Alosa*.

* **LACCIUOLUS**, Laqueus, pedica, tendicula, Ital. *Lacciuolo*, Gall. *Lacet*. Stat. ant. Florent. lib. 3. cap. 177. ex Cod. reg. 4621: *Nullus capiat cum rete, vel Lacciuolo, vel aliquo alio artificio aliquos columbos, vel starnas, etc.*

* **LACCIZZA**, Piscis genus. Vide infra *Pastinaca*.

LACEATUS. Vide *Laqueatus*.

LACEBRA, pro *Illecebra*. Althelmus de Virgin. :

Qui modo dirumpunt connubia nexa thororum,
Et demum proprias devota mente Lacebras.

Vossius *latebras* legendum putat.

¶ **LACERABILIS**, Qui lacerari facile potest, apud Ausonium Idill. 15. 17.

¶ **LACERAMEN**, Laceratio. Gloss. Lat. Gall. Sangerman.: *Laceramen*, *Decopemens*, *Dessicemens*.

¶ Lacerositas, Eadem notione, Joh. de Janua.

¶ **LACERATOR**, Qui lacerat, S. Augustino de mor. Eccl. Cath. cap. 1. *Laceratrix*, Macro l. 2. cap. 6.

¶ **LACERDUS**, *Clades imaginaria*. Papias. [* Rectius, *Clades inguinaria*, in vett. Glossar. ex Codd. reg. 7613. et 7641.]

¶ **LACEROLUS**. Ignota vox, in *Torsatorum*.

LACERTI, Vires, Copiæ militares. Isidorus Pacensis Episcopus in Chron. æra 754: *Hujus tempore Alaor per Hispaniam Lacertos judicum mittit, atque debellando et pacificando pæne per 3. annos Galliam Narbonensem petit, etc.* Utitur præterea semel.

LACERTINA Avis. Andreas aulæ Regiæ Capellanus in Amatoriis: *Licet falco a Lacertina quandoque ave fugetur, nihilominus tamen falco inter falcones, et Lacertina avis inter Lacertinas computabitur, etc.* Infra: *Inter Larcentinas* (sic) *fertur aves nasci quasdam, quanquam quæ sua ferocitate capiunt perdices, etc.*

* **LACERTIOR**, Latior. Lit. Phil. Pulc. ann. 1289. inter Consuet. Genovef. MSS. fol. 35. v°.: *Omnia alia ingenia piscatoria, qui de filo sunt, volumus quod fiant ad modulum nostrum, videlicet ad amplitudinem unius Turonis grossi quælibet medella; poterunt tamen fieri Lacertiora propter grossos pisces capiendos.*

* **LACERUS**, Laceratus, discerptus. Hymn. de S. Potito tom. 1. Jan. pag. 765. col. 1 :

Carcerum vinclis puer arctus, uncis
Pectinum clavis Lacerus, lebetem
Intrat ignitum.

¶ **LACESSITIO**, Actus lacessendi, apud Ammianum lib. 19. et 25. edit. Valesii.

¶ **LACHA**, ut *Laca*. Charta pro Communia Balneoli ex Schedis D. *Lancelot: De quintali Lachæ* IV. *denar.*

¶ **LACHALIS** Avera, Animal ex quo lac exprimiturir. Charta ann. 1330. ex Archivo S. Victor Massil. armar. Aq. n. 37: *Primitiæ dentur de caseis et de toto lacte unius guiræ integræ totius averæ Lachalis.*

** **LACHANA**, Olera, e Gr. Λάχανα, apud Liutpr. Antapod. lib. 5. cap. 23: *Dulces adsunt fabæ, Lachana porrique recentes*, ubi Glossa *i. e herbæ*.

¶ **LACHINONES**. Vide *Lacinones*.

* **LACHRIMABILITER**, Lachrymas fundendo. Gloss. super tres lib. Salom. in Bibl. Heilsbr. pag. 62. *Flens Lachrimabiliter, Cum gemitu clamare.* Vide *Lacrymabiliter*.

LACHUS, [Teuton. *Lachen*, ut est apud Schilterum, in *Lachbuche*, Incisio arborum, divisio, scil. agrorum, qui hisce incisionibus terminantur. Donatio Cancronis Comitis Rhenensis ann. 770. apud Tolnerum Hist. Palatinæ pag. 4. Probat. et] Chron. Laurishamense pag. 57: *Sicut ipsa incisio arborum in ipsa die facta fuit, quæ vulgo Lachus appellatur, sive divisio.* Mox: *Et inde per ipsam incisionem arborum sive Lachum.* Rursum: *Quidquid infra illam divisionem arborum, seu Lachum, sive divisionem.* [Diploma Conradi II. Imp. apud Eccardum Hist. geneal. Landgraviorum Turing. col. 314: *Omnia quæcumque his Lachis et terminis circumdata sunt cum villulis infra positis, etc.* Præceptum Henrici IV. Imper. ann. 1103. in Vindemiis Litter. pag. 109: *Prædium unum concedentes... quod his Lachis concluditur, etc.* Aliud ejusd. Imp. Præceptum ann. 1111. ibid. pag. 112: *Quod* (*prædium*) *suprascriptis Lachis circumseptum videtur.*] Spelmannus ejusdem originis censet, cujus *Laha*, de qua voce infra. Vide *Arbor finalis*. [** Grimm. Antiq. Jur. Germ. pag. 544. et Graff. Thesaur. Ling. Franc. tom. 2. col. 100. voce *Lah.*]

LACINA Via. Titulus 34. Pacti Legis Salicæ, est *de Via Lacina*, ubi editio Pithœi habet *de Viæ Lacina*, ut et titulus 82. Legis Ripuariæ apud Heroldum, quo loco

Editio Lindenbrogii tit. 80. habet *de Via Lacinia.* In hisce Legibus *Via Lacina*, aut *Lacinia*, aut *Viæ Lacina*, *obstaculum viæ*, seu itineris esse dicitur. In Lege Salica d. tit. : *Si quis Baroni viam suam obstaverit, aut impinxerit*, etc. Lex Ripuaria : *Si quis ingenuus ingenuum Ripuarium de via obstaverit*, etc. Ita *viam Lacinam facere*, est impedire viam, et eunti moram facere, quod Græca interpretatio vetus Legis Longobardicæ, ait Salmasius, ὁδοςατοῦν vertit. Hinc *Lacinosa vestis*, ὁδοςατοῦσα, eidem. Pactus Legis Salicæ tit. 16. § 4. *Restare facere*, sistere habet : ubi Editio Pithœi, *Viam Lacinam facere.* Eadem Editio tit. 15. § 4 : *Si quis hominem præceptum Regis habentem contra ordinationem Regis adsalire, vel viæ Lacinam ei facere præsumsperit*, etc. Editio vero Heroldi : *Si quis hominem, qui alicubi migrare disponit, et dirigere habet præceptum Regis, et si aliunde ierit in mallum publicum, et aliquis extra ordinationem Regis restare eum facit, aut adsalire præsumpserit*, etc. [*Lacina* vel *Lachina*, idem est Eccardo ac *Laging* vel *Legung*, Positio, impedimentum, a *Legen*, Ponere, impedire.] Wendelinus purum putum esse Theutonismum, ait, *weghe laghen*, i. viæ obstaculum, quod fit per latrones aut improbos homines insidiantes : unde *weghe laeghen* dicuntur insidiæ viarum. Utcunque sit de Wendelini conjectura, vix crediderim ad *lacinias* Agrimensorum pertinere, licet id rentur viri magni : *in laciniis* enim *assignari* agri dicuntur apud auctorem de Coloniis, qui non per universitatem, sed viritim et per portiunculas assignantur. Gloss. Lat. Gr. : *Lacinia*, ἀπόσπασμα. [** Vide Grimm. Antiq. Jur. Germ. pag. 632.]

* Aperto sensu Codex Estens. Leg. Sal. tit. 15. cap. 4. apud Murator. tom. 2. Antiq. Ital. med. ævi col. 287. pro *Si quis hominem etc. adsallire vel viæ Laciniam ei facere præsumpserit;* habet : *Adsalierit vel violentiam ei facere præsumpserit.*

LACINA, Eadem, ut videtur, notione, in Lege Ripuar. tit. 71 : *De quacunque causa fistuca intercesserit, Lacina interdicatur se cum sacramento ideonare.* Edit. Heroldi tit. 73. : *De quacumque causa fistuca interfecerit, Lacina interdicatur; sed cum sacramento se idoneare.* Perperam : Legis enim sensus est, ut si de quacumque re traditio intervenerit, omnis via intercludatur ei, qui ut suam repetit, per sacramentum id affirmandi. *Lacinam* Suavorum aut Sueonum quemdam Regem habent Annales nostri tom. 3. Hist. Francor. pag. 345.

LACINONES, LACHINONES. Concilium Tolosanum ann. 1228. cap. 36. Edit. Acherianæ : *Nullus etiam latrones, ruptarios, vel Lachinones recipiat, sed ab omnibus abjiciantur.* Nupera ex MSS. Editio habet *Lacinones*; [Stephanotius in Fragmentis MSS. tom. 10. pag. 54. *Lathiniones.*] Vide an hoc loco *Lacinones* sint latrones, qui in viis publicis transeuntibus insidias tendunt ac struunt. [Id asserit Eccardus ad Pactum Legis Salicæ pag. 40. Vide *Lacina.*]

* Balistariorum seu sagittariorum genus; iidem qui *Alacays*, *Alagues*, *Halagues*, *Lacays* et *Laquaiz* appellabantur. Lit. remiss. ann. 1470. in Reg. 196. Chartoph. reg. ch. 222 : *En l'année derniérement passee, ou derrenier voiage de l'armée de Catheloigne, le suppliant eut charge de par son cappitaine de mener et conduire certain nombre de gens arbalestiers, appellez Laquaiz, oudit voiage.* Aliæ ann. 1477. ex Reg. 201. ch. 56 : *Deux hommes de guerre, qui selon l'usage du temps présent en fait de guerre, on nomme Halagues.* Infra : *Alagues*, *Alacays* et *Lacays.* Unde a voce Gallica *Alecret*, lorica, thorax, vel a *Laches*, eadem acceptione, quod laminis ferreis, *Laisches* dictis, contexta esset lorica, sic nuncupati videntur. Chron. Caroli VIII. ad ann. 1515. fol. 120. v°. : *Plusieurs Alecrets et utencilles pour le fait de la guerre.* Lit. ann. 1459. ex Reg. 189. ch. 369 : *Les supplians ficherent leurs espieux en la poitrine d'icellui le Vaque, sachans que en sadite poitrine ilz ne le pouoient gueres blecer, pour ce qu'ilz savoient bien qu'il avoit tousjours vestu ung Laches ou armures.* An quis *Lacinones* mallet accersere a Gallico *Lancegaye*, quæ spiculi seu jaculi species erat, qua ii fortean in prælio potissimum utebantur? Vide infra *Lancea.*

* *Alquant* vero militem vel famulum sonat, in Fragm. traduct. Passion. D. N. J. C. tom. 17. Comment. Acad. Inscript. pag. 725 : *Dons encommencerent li Alquant scupir en lui.* Ubi S. Marcus cap. 14. v. 65 : *Et cœperunt quidam conspuere eum.*

LACOPUM. Leges Ethelredi Regis apud Wanetyngum editæ § 3 : *Et Landcopum, et domini donum, quod per rectum habeat dari, et Lacopum, et Witword, Gewitnessa, hoc ita permaneat, ut nullus evertat.* Ubi Somnerus *Lacopum* vocem formatam existimat ex Saxon. lag, Lex, et ceape, emptio. Ita *Lacopum* erit *redemptio Legis*, seu purgationis : nisi (subdit ille) sit pactio de litibus redimendis vel componendis inita. Vide *Lagam emere.* [** Thorpio ad hunc locum *Lahcop* est Redemptio privilegiorum, quæ per *utlagationem* fuerint amissa. Schmidius vertit *Inlagatio.*]

LACORA. Vide *Lacus.*

* **LACRIMA.** Charta ann. 1320. in Reg. 59. Chartoph. reg. ch. 376 : *Super duobus molendinis, sitis et positis supra pontem Xantonensem, ante Lacrimas dicti pontis*, etc. Vox architectonica, Supercilium, nostris *Larme* vel *Larmier.*

* **LACRIMABILITER**, Deploranda ratione. Chron. W. Godelli tom. 10. Collect. Histor. Franc. pag. 260 : *Johannes vero XVI. papa Romanus post decem menses Lacrimabiliter satis vitam finivit.*

* **LACRIMALE**, Glandula oculi, per quam exprimuntur lacrymæ, ut notant docti Editores ad Mirac. S. Fiacrii tom. 6. Aug. pag. 616. col. 2 : *In parochia S. Michaelis de Divione Isabellis neptis Haymonini de Moolani aurifabri habebat fistulam in Lacrimali.*

¶ **LACRYMABILITER**, Lacrymas effundendo, apud S. Hieronymum lib. 2. adv. Rufinum cap. 7. et Epist. 139. in Cantatorio MS. Monasterii S. Huberti fol. 17. etc.

¶ **LACRYMATOR**, Qui lacrymatur, S. Augustino.

1. **LACRYMATORIUM**, *Locus lacrymarum*, Johan. de Janua; *Ploreux*, in Gloss. Lat. Gall. Sangerm.

* 2. **LACRYMATORIUM**, Linteum, quo oculi absterguntur. Stat. MSS. eccl. S. Petri Insul. ann. 1388. ex Tabul. ejusd. : *Nullus etiam existens in sacris præsumat.... manus tergere ad manutergia altarium aut ad Lacrymatoria sacerdotum, sub pœna privationis chori.*

¶ **LACRYMATORIUS**, *Quasi tristis, lacrymas commovens*, eidem de Janua; *Pleurables, tristes*, in iisdem Glossis Lat. Gall. Sangerman.

LACTA, Defectus ponderis in moneta, ut *Lactare*, deficere in pondere. Assisa ann. 6. Joannis Regis Angl. de moneta : *Assisum est de moneta, quod vetus moneta currat, unde quælibet libra sit Lacta 2. sol. 6. den. ad plus : et illa libra, quæ plus Lactavit, et denarii, qui plus Lactaverint, perforentur et reddantur, sicut alias provisum est.*

LACTUM, Eadem notione. Leges Ethelredi Regis editæ apud Wanetyngum § 28 : *Et diximus de mercatoribus, qui falsum et Lactum afferunt ad portum,... vel eadem lada se innoxient, quam prædiximus, quod in ipsa pecunia nil immundum sciebant, unde suam negotiationem exercuerunt.* Ex his emendandus locus in Fleta lib. 1. cap. 22. § 6 : *Sunt monetarii Regis, qui ultra assisam licitam argento Lacum imponunt, quidam autem debitum pondus libræ non apponunt.* Legendum enim *Lactum*, Anglis *Lacke*, est defectus : *to Lack*, deficere, unde forte vocis origo.

¶ **LACTÆ**, Asserculi. Vide *Lattæ.*

LACTAMIA. Charta ann. 1246. in Tabulario Comitatus Tolosæ Cameræ Comput. Paris. fol. 114 : *Leudis, pedagiis, bannis, laudimiis, et terrenis servitiis, censibus, dominiis seu dominationibus, vel dominicaturis, et feudis, et feudatiis, firmanciis, justitiis sanguinis, et commissionibus.... et Lactamiis, adultiis*, (f. adulteriis) *et in omnibus ad me vel ad dictam senioriam pertinentibus*, etc.

* **LACTANEUS**, *Nutritores Lactanei*, Qui infantes lactant vel nutriunt, in vet. Inscript. apud Murator. tom. 3. Inscript. pag. 1477. 2.

LACTANS, Papiæ, *quæ lac præbet : Lactens, cui præbetur.* Lex Alem. tit. 72. § 2 : *Alia autem jumenta de grege, quæ Lactantia sunt, etc.* Gloss. Gr. Lat. : Γαλαθηνός, *Lactantia*, *Lactans.* In aliis Glossis περὶ χρεῶν : *Caro porcina*, χοιρεῖον. *Lactantia*, γαλαθηνόν. Ubi *Lactans* est tener porculus, quomodo a Lampridio et S. Hieronymo usurpatam hanc vocem docuit Salmasius ad eumdem Lampridium pag. 203. [eadem notione usurpatur in Libertatibus Habitantium villæ de Villereys ann. 1253. apud Acherium tom. 9. Spicil. pag. 193.]

* Nostris *Laictiere*, eodem intellectu. Lit. remiss. ann. 1480. in Reg. 208. Chartoph. reg. ch. 118 : *Deux beufs, trois vaches, ... une desdittes vaches qui estoit Laictiere, etc. Boeuf arable ny vache Laictiere*, apud Math. de Couciaco in Carolo VII. pag. 610. *Leciere* vero, quæ lac sugit, in Lit. Phil. ducis Aurel. ann. 1361. ex Reg. 124. ch. 357 : *Iceulx habitans.... peuent mettre et avoir dès la feste S. Michier jusques au jour de Noël, une truye et sa signance d'une Leciere, née depuis le Noël*

précédens ou deux pourceaulx tant seulement.

LACTANTIA, ita Lactaria et Lacticinia, seu cibos ex lacte confectos vocant Celsus lib. 2. cap. 7. et Apicius lib. 7. cap. 10. Eadem notione

LACTATUM, Joanni de Janua, *Cibus, qui fit ex Lacte amygdalorum.* [Gloss. Lat. Gall. Sangerman. : *Lactatum, Viande faicte de laict comme d'amendres ou d'autres.*] Papias : *Lactentia, quasi succo lacteo plena.* At Isidoro lib. 20. cap. 3. *Lactatum*, est *Potio e lacte.* [Hinc emendandus Papias; apud quem perperam : *Laptatum, Potio e lacte.*]

* Glossar. Provinc. Lat. ex Cod. reg. 7657 : *Lactatum, quod ex lacte fiat amicdalarum, et omnis cibus sic factus potest sic dici, Anenat, Prov.*

LACTARII, Qui *Lactaria*, de quibus Cornelius Celsus, seu opus pistorium, vel cibos ex lacte conficiunt. Lampridius in Heliogabalo : *Dulciarios et Lactarios tales habuit, ut quæcumque coqui de diversis edulibus exhibuissent, vel structores, vel pomarii, illi modo de dulcitis, modo de Lactariis exhiberent.*

LACTARIUS, γαλακτοπώλης, in Gloss. Gr. Lat.

LACTENA, *Malleum*, in Glossis Isid. *Lactina*, in Exceptis Pithœan. [Chironeum ulcus est, inquit Grævius, cui ego sanando non sum.]

* **LACTENDERIUM**, Jus tendendi laqueos animalium capiendorum causa. Charta Mariæ reg. Sicil. ann. 1399. ex Reg. Cam. Comput. Prov. sign. *Lividi* fol. 52 : *Cum dicti castri* (de Turretis) *fortalicio, hominibus, vassallis,..... silvis, nemoribus, arbustis, micelletis,* (f. nucelletis)... *piscationibus, venationibus, Lactenderiis, etc.*

* **LACTENUS**, Lacteus, in Regula S. Cæsarii tom. 1. Jan. pag. 734. col. 1. et 2. ubi *Lactinus* legit Cangius. Vide in hac voce et *Laius*. Hinc *Laitisse*, Pellitii genus, a colore *lacteno* sic dictum, in Lit. remiss. ann. 1370. ex Reg. 100. Chartoph. reg. ch. 915 : *Un timbre de vairs, quatre Laitisses et deux bourses.* Costumæ Paris. ex Reg. sign. *Noster* Cam. Comput. fol. 35. v° : *Peleterie... Le cent de Letices et ermines, iiij. den. Lettice* et *Lettiche*, in Pedag. Peron. ann. 1295. ex Chartul. 21. Corb. fol. 355. v°. *Lestiche*, in Lit. remiss. ann. 1454. ex Reg. 184. ch. 476.

* **LACTICINA** CARO, Junior, tenerior, Gall. *Viande de lait.* Stat. Cadubr. cap. 4. pag. 54 : *Quod aliquis terrigena non possit nec debeat vendere nec alio modo dare alicui forensi carnes Lacticinas, videlicet agnos, ædos, vitulos, etc. Laictanz*, nude, appellantur in Libert. villæ *de Tannay* ann. 1352. tom. 6. Ordinat. reg. Franc. pag. 63. Vide *Lactans*.

¶ **LACTICINIA**, Lactaria, Gall. *Laitage*, in Laudibus Papiæ apud Murator. tom. 11. col. 37. in Epistola Sixti IV. PP. ann. 1475. apud Marten. tom. 2. Ampliss. Collect. col. 1480. in Concilio Hisp. ann. 1512. in Charta ann. 1550. apud Rymer. tom. 15. pag. 207. Adde pag. 210. et 211. Vide *Lactantia*. [** Gloss. Philox. : *Laticina*, ὀόγαλα. Acad. Matrit. : *Lacticinio, cibus ex lacte.* Vox sæpe occurrit in dispensationibus quoad cibos per quadragesimam.]

¶ **LACTICOLOR**, in Excerptis vett. Auctorum apud Leibnitium tom. 2. Scriptor. Brunsvic. pag. 59 :

> Flammivolum vincens rutilans in curribus aurum
> Strato solo recubat, Lacticolor Amati.

Id est, Amethysti. Vide *Lactinus*.

LACTICULARIUS, Gloss. Gr. Lat. : Λειπογάλακτος, *Laticularius, Laticulosus.* Sic in MS. Sed legendum *Lacticularius* et *Lacticulosus*. In Gloss. Lat. Gall. Gr. *Lactigulosus* perperam scribitur, [Pro λειπογάλακτος Martinius legit ἀπογάλακτος : quod eodem redit quoad significationem; utraque enim Græca vox eum indicat vel qui caret lacte, vel qui parum lactis habet.]

¶ **LACTINA**. Vide *Lactena*.

LACTINUS COLOR, in Regula S. Cæsarii cap. 12. et aliorum, qui *Lactineus* dicitur in Vita S. Fulgentii Episc. Rusp. cap. 18 : *Casulam pretiosam... ut ipse habuit, nec Monachos suos habere permisit. Subtus casulam nigello vel Lactineo pallio circumdatus incessit.* Ausonius. :

> Aut cunctis pariter versibus oblinas
> Fulvam Lacticolor spongia sæpiam.

Vide *Laius* et *Pseudolactinus*.

* **LACTIS**, *Laitanse de poisson.* Glossar. Gall. Lat. ex Cod. reg. 7684. *Leste de hurenc*, in altero Lat. Gall. ex Cod. 7692.

LACTORONES. Ruffinus in Vitis Patrum lib. 3. n. 200 : *Unus quidem deferebat nuces, alius Lactorones.* Ubi forte leg. *Lactoriones*, ut fuerint fructus arboris, quam *Lactorim* vocat Plinius l. 24. cap. 18 : *Æque nota Lactoris vulgo est, plena lactis, quod degustatum vomitationes concitat.*

¶ **LACTOSUS**, γαλακτώδης. Gl. Lat. Gr. Lacteus.

* **LACTRUM**, Vasis genus. Charta Eduardi reg. Angl. pro castro Bellim. in agro Petragor. in Reg. 198. Chartoph. reg. ch. 266 : *De onere vierrorum* (f. vitrorum) *videlicet de onere hominis, unum denarium, aut unum Lactrum valens unum denarium.*

¶ **LACTUCATUS**, Crispatus ad instar lactucæ capitatæ. Synodus Limensis ann. 1582 : *Nec* (Clerici) *manicas thoracis gerant oculis expositas aut Lactucatas seu crispas.* Alia Tarracon. ann. 1591 : *Nullus Clericus subuculam collari et manicis rugatis seu Lactucatis deferat.*

* **LACTUCELLA**, Lactuca tenerior. Alex. Iatrosoph. MS. lib. 1. Passion. cap. 32 : *Succos ptysanæ dabis et vitella ovorum et malvas juscellatas et Lactucellas.*

LACTUM. Vide *Lacta*.

¶ **LACTURCIA**, Dea lactescentium frumentorum, apud S. Augustinum de Civit. Dei l. 4. cap. 8. Vide *Lacturnus*.

¶ **LACTURIUS**, Porcellus nondum ablactatus, apud Lindenbrogium in Glossis ad Codic. Leg. antiquarum.

LACTURIUS. Vide *Lectarium*.

¶ **LACTURNUM** *Pagani aiunt, dum messis adhuc lactescens est.* Gloss. Sangerman. n. 501.

¶ **LACTURNUS**, *Deus qui præest segeti lactanti.* Johannes de Janua. Vide *Lacturcia*.

¶ **LACUALIS**, Qui habitat in lacubus. *Aves Lacuales et morinæ*, in Opusculo Gualvanei Flammei apud Murator. tom. 12. col. 1011.

* *Lacualis et infernalis eques*, in Vita S. Walth. tom. 1. Aug. pag. 264. col. 2.

LACULATA VESTIS, Isidoro lib. 19. cap. 22. et Papiæ, *Quæ lacus quadratos quosdam cum pictura habet intextos,... aut additos acu.* Sunt autem *Lacus*, Columellæ lib. 1. cap. 6. spatia quædam quadrata, quibus distinguuntur granaria, ubi separatim reponuntur quæque legumina. Vide Salmasium ad Vopiscum pag. 513.

¶ **LACUM**. Vide *Lactum* in voce *Lacta*.

¶ 1. **LACUNA**, pro *Lacunar*, ut videtur. Litteræ Regis Angliæ ad Innocentium V. PP. apud Rymer. tom. 2. pag. 63 : *Rex Regum... personam vestram, tamquam lampadem oleo sacræ doctrinæ refertam, in ejus* (*Ecclesiæ*) *Lacuna sublimiori constituit, ut igne divinæ charitatis accensa, non diutius lucerna ipsius claritatis sub minoris status modio celaretur abdita, sed ut luceat, etc.* Lampades Ecclesiarum e lacunari vulgo dependentes attendit. Glossar. Græc. Lat. : Ὀροφή, *Lacunar, laquearium, fastigium, culmen.*

¶ 2. **LACUNA**, LAGUENA, Lagena, vas vinarium. Chronicon Farfense apud Murator. tom. 2. part. 2. col. 545 : *Hordei et speltæ modium 1. musti Lacunas* XX. Et col. 564 : *Ad pensionem in menses septem Lacunas* LX. *musti mundi.... de vindemia musti mundi Laguenas* X. *justas et operas tres.* Vide *Lagena*.

3. **LACUNA**, Festo, *Aquæ collectio.* Will. Brito in Vocabul. MS : *Lacuna, quæ alio nomine dicitur Lacus, est receptaculum aquarum.* Ugutio et Jo. de Janua : *Lacuna, quæ alio nomine dicitur Lacus, et est fossa, ubi remanent aquæ post effusionem imbrium, vel ad quem confluunt immunditiæ : Et est proprie intra fores, sicut forica extra.* Gloss. Græc. Lat. : Λάκκος, *Lacuna, lacus, cisterna.* Alibi : Ὑδροςάσιον, *stagnum, Lacuna.* S. Augustin. l. 3. contra Crescon. cap. 48 : *Fustibus cæsus, in Lacuna lutulenta volutatus.* Charta Caroli C. ann. 23. Ind. 10. in Tabulario S. Dionysii n. 31 : *Videlicet ad pisces comparandos, vel in piscatoriis seu Lacunis congruenti ingenio acquirendos.* Charta Philippi Comitis Flandrensis pro Cœnobio Marcianensi apud Buzelinum pag. 351 : *Excepto eo, quod ibi habet Aquicintensis Ecclesia a rascia Pomerii, usque ad rasciam Rullagii, et quod domino Warlemii in angulo suo licet habere tres tantummodo Lacunas, talis* (f. palis) *et viminibus compositas; sed nullam ex jure licet ei exercere piscationem per decurrentes aquas.* [*In aliqua spirituali Lacuna procul a tempestatibus conquiescere*, in Epistola Gozechini Scholastici sub ann. 1060. apud Mabillon. tom. 4. Analect. pag. 372. *Lacuna ventris*, in Charta Roberti Fr. Regis apud Doubletum Histor. San-Dionys. pag. 825. *Ingluvies et Lacuna avaritiæ*, apud Rolandinum Patav. de factis in Marchia Tarvisina lib. 11. cap. 17. tom. 8. Muratorii col. 340. ubi Cl. Editor annotat *Latrocinium* haberi in uno Codice Ambrosiano.]

Interdum *Lacuna* est aqua viva, non vero restagnans. Incertus Agrimensor : *Stagnum finale aliquoties direximus, et Lacunam, quæ interpretabitur aqua viva, unde ipsum stagnum exiet.*

LACUNARIUS, Qui lacunas expurgat. Julius Firmicus lib. 8. Math. cap. 21 : *Opera-*

riois faciet, *Lacunarios*, *et perpetuo infelicitatis onere gravatos*. Lib. 4. cap. 6 : *Aut jubebuntur assidue Lacunas cloacasque purgare.* in Gloss. Græc. Lat. : *Lacunarius*, exponitur λακκόποιος, [Qui lacunas effodit.]

¶ **LACUNARIUM**, ὀρόφωσις *Laquear*, in Supplemento Antiquarii. In aliis Glossis : *Lacunarium*, λίμνη, (Lacus) ὀρόφωσις. Genitivo plurali *Lacunariorum* usus est Vitruvius lib. 4. cap. 3.

** **LACUNULA**, Parva lacuna. Versus de Excid. Aquileiæ apud Endlich. Catal. Bibl. Vindob. tom. 1. pag. 301 :

Semper ibi colubres et ranæ degent in Lacunulis.

LACUS, Piscina. Glossæ Isidori : *Terripiscinæ*, (ita Papias MS. pro *terrigiponæ*) *quæ terra capiunt*, *id est*, *piscinæ*, *quas et Lacus rustici vocant.* Sulpitius Severus lib. 1. Hist. de Josepho : *Sed obsistente Ruben*, *cui a tanto facinore abhorrebat animus*, *in Lacum demissus*, *etc.* ubi Gen. 37. habet in *Cisternam*. Sanctus Hieronymus in cap. 6. Ezechiel : *Hoc autem Latinus lector intelligat*, *ut semel dixisse sufficiat*, *Lacum*, *non stagnum*, *sonare juxta Græcos*, *sed cisternam.* Græc. λάκκος est fovea, fossa, τάφρος. Vide *Lacta* [et *Laisseria*.]

Lacora, pro *Lacus*, enuntiatione Longobardica. Charta Aistulfi Reg. Longobard. ann. 753. apud Ughell. tom. 2. pag. 106 : *Et omnes Lacoras usque ad grumam seu silvam*, *etc.* Vide Bullarium Casinense tom. 2. pag. 17. Vett. Glossæ editæ ab H. Stephano pag. 327. [et Janus Laurenberg. in Supplemento Antiquarii,] *Læcorus*, λίμνη, leg. *Lacorus*.

1. **LADA**, Purgatio, qua quis per legem se purgat ab illato crimine. Est enim *Lada*, idem quod *lex*; quæ vox posterior pro ipsa purgatione canonica et vulgari crebro usurpatur, ut in voce *Lex* docemus. Capitula Ethelredi Regis § 1 : *Et si domino ejus accusetur*, *quod consilium ejus fregerit*, *et antea malum fecerit*, *assumat secum* 5. *Thainos*, *et idem sit sextus*, *et laidat se : et si Lada procedat*, *sit weræ suæ dignus : si non procedat*, *habeat Rex weram*, *et sit ipse fur utlagatus apud populum.* Mox : *Si Laga frangat ei*, *etc.* Idem Ethelredus in Legibus apud Wanetyngum editis § 17 : *Et ubi Thaynus habet duas optiones amicitiæ vel Lagæ*, *et amicitiam elegerit*, *stet hoc ita firmum sicut et ipsum judicium.* [** Vide Phillips. Hist. Jur. Anglici tom. 2. pag. 264. sqq. Grimm. Antiq. Jur. Germ. pag. 856. et 908.]

Lada autem seu *purgatio*, alia simplex, alia triplex. Simplicem vocabant, quæ adhibebatur in levioribus criminibus, vel quæ exigebatur a viris nullo antea crimine infamatis : ita ut qui sacramenti seu juramenti judicium subibat, siquidem vir erat famæ integrioris, aut de leviori accusaretur crimine, solus juraret : si vero antea fuisset de aliquo crimine incusatus, aut si accusaretur de graviori delicto, tunc cum certo *consacramentalium* definito numero jurabat. Hæc distinctio utriusque ladæ diserte habetur in Legibus Henrici I. cap. 64 : *Sacerdos qui regularem vitam ducat*, *in simplici accusatione solus*, *in triplici cum duobus sui ordinis juret .... et sit homo credibilis*, *qui non fuit accusationibus infamatus*, *et neutrum ejus fregerit*, *vel juramentum*, *vel ordalium in hundredo simplici Lada dignus. In credibili*, *eligatur simplex Lada in tribus hundredis*, *et triplex Lada tantum late sicut ad ipsam Curiam obedietur*, *vel eat ad ordalium*, *et judicatur simplex Lada simplici præjuramento*, *triplex Lada perjuratione*, *et nullum unquam antejuramentum condonetur.* [** Legendum *Incredibili eligatur*, *etc.* Vide Philips. de Jur. Anglos. not. 515.] Quæ quidem obscuriora sic interpretor, *Ladam simplicem* in credibili et non infamato, seu, qui nec in juramento, nec in purgatione vulgari reus inventus est, requiri : id est, ut in tribus *hundredis*, sive locis juridicis sacramento edito solus a se crimen diluat : quod repetitur cap. 67 : *Sit omnis homo qui non fuerit accusationibus infamatus*, *simplici Lada dignus*, *sicut prædiximus*, *in credibili eligatur simplex Lada in tribus hundredis.* Mox hæc de triplici lada ingeruntur, ex quibus percipi forteau poterunt, quæ habentur dicto cap. 64 : *Triplex Lada tam late sicut ad ipsam Curiam obeditur*, *et de omnibus unde accusatus juraret se sexto*, *sit judicium* 20. *solidorum. In triplici Lada ferrum judiciale triplex sit*, *i.* 60. *solid.* quam *triplicem Ladam* intelligit Spelmannus de triplici ordalio, scilicet de ferro calido pensante 60. solid. id est, 3. libras. Verum *triplex Lada* non solum examen ferri candentis spectavit; sed et quamvis purgationem, atque adeo etiam purgationem per juramentum, quod cap. 65. *triplex accusatio* appellatur, in qua nulla fit mentio ferri candentis : *Sacerdos*, *qui regularem vitam ducit*, *in simplici accusatione solus*, *in triplici cum duobus ordinis sui juret*, *etc.* Ubi *simplex accusatio* est, quod mox *simplex Lada* dicitur, quæ *judicatur simplici perjuramento*, seu præjuramento. Eodem cap. 65. *simplex* et *triplex ordalium* appellatur : *Si quis adeo sit incredibilis hundredo*, *et a tribus tunc incusetur*, *tunc nihil aliud interveniat*, *quin ad triplex ordalium eat*, *et eligat accusatus alterutrum quod velit sive simplex ordalium*, *sive jurisjurandum unius liberi in tribus hundredis super triginta denarios : et si jurare præaudeant cum eo*, *eat ad triplex ordalium*, *et inducatur* (f. *judicatur*) *triplex ordalium hoc modo : sumat quinque*, *et ipse sit sextus*, *si dominus compelletur*, *quod suorum aliquis prælatorum consilio suo fugerit*, *et antea malum fecerit*, *et assumat secum quinque credibiles Thaynos*, *et idem sit sextus*, *et inde se purget. Si quis amicis destitutus*, *vel alienigena ad tantum laborem veniat*, *ut amicum non habeat*, *in prima accusatione ponatur in Hengen*, *et ibi sustineat*, *donec ad Dei judicium vadat.* Et cap. 66 : *Si quis a Vicecomite*, *vel Justitia Regis legitime implacitetur de furto*, *de incendio*, *de robaria*, *vel similibus*, *ad triplicem Ladam jure sit applicandus*, *tunc oportet ut die congruo* 30. *Consacramentales habeat*, *quorum nullus in aliquo reculpandus sit*, *et cum quindecim ex eis*, *quos Justitia elegerit*, *sextus decimus juret*, *sicut eam dictabit.* Ubi observandum, *triplicem Ladam* subiisse graviorum criminum reos. Neque aliter *simplex* et *triplex ordalium* intelligunt Leges Saxonicæ, a Lambardo ediæ, in quibus *simplex ordalium* occurrit in Legibus Æthelstani §. 7. Ethelredi §. 1. et Canuti cap. de Jurib. politicis §. 20. 27. *triplex* vero in Legibus ejusdem Ethelredi §. 1. in Legibus Canuti eod. cap. §. 27. 54. quod *triplex accusatio* dicitur in Legibus Edmundi. Frustra autem his locis Lambardus et Spelmannus *simplex ordalium*, ferrum unius libræ, *triplex*, ferrum trium librarum interpretantur. Nam *triplex ordalium*, vel *triplex Lada*, spectavit quasvis purgationes, ac purgationem quidem per juramentum, ut ex locis laudatis satis constat, quæ quidem *perjuratio* dicitur dicto capite 64. extremo Legum Henrici I. ubi definitur *judicari simplicem Ladam Præjuramento*, *triplicem Ladam perjuratione.* Perperam enim *perjuramento* editum, quod mox *antejuramentum* vocatur, id est, sacramentum a solo reo factum, cum *perjuratio* appelletur sacramentum, quod reus cum Consacramentalibus peragit.

Atque ut in purgatione per juramentum in triplici lada vel ordalio augebatur Consacramentalium numerus, pro gravitate criminis, vel infamatione personæ, ita in purgatione per ferrum candens augebatur ferri igniti pondus. Leges Henrici cap. 67. laudato : *Et de omnibus unde accusatus juraret se sexto*, *sit judicium* 20. *solid. in triplici vero Lada*, *ferrum judiciale triplex sit*, *i.* 60. *solid.* Quorum quidem verborum eum esse sensum arbitror, ut simplex lada adhibeatur in criminibus, quæ eluuntur compositione simplici, quæ fuit 20. solidorum; triplex vero in majoribus delictis pro quibus mulcta triplex, 60. scilicet solidorum, irrogari solet a judice, quam *triplam compositionem* appellatam alibi ostendimus.

Jam vero ferri pondus auctum in triplici lada docet præterea Formula adjurationis ferri candentis apud Lindenbrogium et alios : *Incipit adjuratio ferri vel aquæ ferventis*, *in simplo unum pondus*, *in triplo tria ferrum æquiparet pondera*, *etc.* Quod vero *pondus* hoc loco, *pensa* appellatur in Decretis S. Ladislai Regis Hungar. lib. 1. cap. 28.

Sed et in judicio aquæ ferventis lapis fune suspensus in cacabum et aquam ferventem altius immittebatur, si triplex lada esset, quem reus extraheret. Eadem formula : *In aqua fervente accipiat homo lapidem*, *qui per funem suspendatur in simpla probatione per mensuram palmæ*, *in tripla autem unius ulnæ; manus vero sigilletur*, *et aperiatur*, *ut supra diximus in consecratione ferri.*

Lada Plena, Eadem, quæ *triplex*. Leges Henrici I. Regis Angl. cap 11 : *Qui ordinatum occiderit*, *et malignaverit*, *emendet ei sicut rectum sit*,... *vel plena Lada neget.* Cap. 65 : *Si quis furem gratis dimittat*, *emendat secundum weram ipsius furis*, *aut plena Lada perneget*, *quod cum eo falsum nescivit.* Et cap. 18 : *Francigena compellatus*, *juret se sexto : Anglicus liber triplici Lada*, *plane*, (f. *plana*) *vel simplici exigenti*, *vel judicio neget.* Ubi quod *plena Lada* dicitur, *plener lei*, appellatur in Legibus Willelmi Nothi vernaculis cap. 48.

Vide easdem Leges Henrici cap. 64. 66. et 70.

LADARE, LAIDARE, LADIARE, Purgare, a Saxon. l a d i a n, Purgare, per translationem Excusare, crimen eluere. Capitula Ethelredi Regis Angliæ cap. 1 : *Et si domino ejus accusetur, quod consilium ejus fregerit, et antea malum fecerit, assumat secum quinque Thaynos, et idem sit sextus, et Laidat se : et si Lada procedat, sit weræ suæ dignus*, etc. Infra : *Et si dominus accusetur, quod consilio suo fugerit, Laidiet se cum quinque Thaynis, et ipse sit sextus*. Leges Henrici I. cap. 65 : *Si quis audito clamore, non exierit, reddat owersenesse Regis, aut plane se Ladiet.*

A *Lada*, et *Ladare*, vel *Laidare*, deductæ voces nostris olim familiares, *Laid*, et *Lait*, *Laidir*, et *Laidange*. *Laid* enim et *Lait*, turpitudinem seu potius *injuriam* notat; sic *faire lait à quelqu'un*, est injuriam alicui inferre. Injuriam enim infert, qui alium accusat, et ad *Ladam*, id est, ad purgationem adigit. Usatici MSS. urbis Ambianensis : *Quiconques che soit à qui on fache Lait, et chil à qui on fait le Lait, se deffent encontre chelui qui li fait le Lait, il ne doit point d'amende portant qu'il li ait fait le Lait, ne fourfait, ne cose qui monte à plus haute amende, n'a plus haut furfait, que chil li avoit anchois fait*, etc. Alibi : *Cil amendera pour tous les Laids, et pour tous les fourfais, pour la cuellée qui ara esté faite*, etc. Charta ann. 1247. in Tabular. Campaniæ ex Bibl. Regia fol. 343 : *S'aucuns dit Lait à l'autre dans la ville .... il paiera pour l'amende*, etc. [Le Roman *d'Athis* MS. :

Et je ainsi le vous ottroy,
Dites sans mesparler de moy,
Ne tenroye pas à raison
Dire moy Lait en ma maison.]

Assisiæ Hierosol. MSS. cap. 88 : *Mettre sus moult de Lait et de vilainie*. Cap. 209 : *Ou consent ou seufre que il fu ferus, ou Laidis, et le peut defendre.* Le Voyage d'outremer du Comte de Pontieu MS. : *Petit demora aprés ke li Soudans ot afaire, car un Soudans, qui à lui marcisoit, si li feist sa terre Laide, et il pour vengier manda gent*, etc. Ita etiam *Laidir*, pro aliquem maledictis incessere usurpat le Roman *de Garin :*

Sire, dist ele, con poés le sofrir,
Que li véez vos Chevalier Ledir.

Hinc *Laidange*, injuria, convicium. [Ordinatio Galterii Domini Commerciaci ann. 1263. ex MS. ejusd. urbis fol. 90 : *Item la femme qui dira Laidange à l'aultre ... payera v. sols à nous, IV. sols au Maire.* Chartularium Calense pag. 32 : *De legiere bateure sans sanc, de Ledenges, comme de vilaines paroles dire ... de la Lesdengeure l'Abesse connoitra en sa court.*] Guill. *Guiart* ann. 1298 :

Vers Ipre chemineut grant erre,
Pour faire au Comte Gui Laidanges.

Le Miroir : *Soufri mout de Laidanges et de reproches vilaines.* Adde veterem Consuetud. Normanniæ cap. 86. Monstrelletum 1. vol. cap. 40. et Consuetud. Normanniæ cap. 51. 53. 86. et Pictavens. art. 17. *Laidanger*, in Chronico Flandriæ cap. 60. Le Roman *de Garin :*

Sire, fit ele, dant Bernard de Nessil
M'a Lesdangiée devant le Roy Pepin.

* Annal. regni S. Ludov. edit. reg. pag. 216 : *Si lor firent et dirent moult de Laidure et de blasphêmes. Vituperes et Laidures*, in Vita ejusd. reg. ibid. pag. 305. *Laidoier*, apud Petr. de Font. cap. 11. art. 2. pag. 88 : *Et ne quit pas aucuns amparliers ke s'onneurs soit amenuisiée, s'il est Laidoiés pour soustenir loiaument le droiture de se partie. Lédangier*, in Lit. remiss. ann. 1409. ex Reg. 163. Chartoph. reg. ch. 483 : *Lesquelx compaignons se prindrent à défouler, vitupérer et Lédangier de paroles le suppliant. Deslengier*, eodem sensu, in Lit. remiss. ann. 152. ch. 290 : *Laquelle Jehanne eust Deslengiés lesdittes trois jeunes filles, pour ce qu'elles mengeoient du fruit de ladite Jehanne.*

2. LADA, pro Via. Vide *Leda* 3.

¶ 1. LADARE, LADIARE. Vide in *Lada* 1.

* 2. LADARE, perperam pro *Lodare*, quod Italis Laudare, probare sonat, in Decreto ann. 1191. inter Stat. Saonæ pag. 98 : *Lectis etiam dictis litteris, quibus Ladat proclama in sententiam dictæ formulæ fieri et publicari*, etc. f. mendum est pro *Laudat*.

¶ LADMEN, LADMONES, f. *Corvata*, seu opera, quam dominis suis debent mulieres servæ, a Saxon. L a d e, Onus et M e n n e n, Verna, ancilla. [** Guerardo in Glossar. Irminon. *Ladmo* est Pensum textile, mulieribus *lidis* vel obnoxiis impositum, velut confectio camsilium et sarcilium. Conf. *Lidimonium* in *Litus*.] Breviarium villarum ex MS. Folquini compilatum in Archivo S. Audomari : *Faciunt in hebdomada 3. dies, et ancillæ sex Ladm. 6. aliæ ingenuæ faciunt unaquæque Ladm.* $\frac{1}{2}$. Infra : *Ancillæ 12. faciunt Ladm. 12.* Infra : *Ancillæ 9. faciunt Ladm. 9. ... et de ingenuis feminis 10. veniunt Ladm. 5.* Rursus : *Ancillæ 7. faciunt Ladm. 7. .... ingenuæ feminæ, unaquæque facit Ladm.* $\frac{1}{2}$. Iterum : *Ancillæ 2. faciunt Ladm. 2 .... et de ingenuis feminis veniunt Ladmen. 5.* Rursum : *Ancillæ quæ faciunt Ladm. 2. et aliæ ingenuæ feminæ, unaquæque facit Ladmen.* $\frac{1}{2}$. Denique : *Ancillæ 3. faciunt Ladmones 3. ... aliæ ingenuæ faciunt unaquæque Ladmones* $\frac{1}{2}$. [** Vide post Irmin. pag. 292. sqq.]

LADRIDUS, *Cucumer amarus*, in Gl. Arabico-Lat.

¶ LADULA, Species vasis. Joh. Longinus in Vita B. Kingæ tom. 5. Julii pag. 706 : *Indicibili lacrymarum perfundebatur imbre, ut Ladulam non mediocrem, quæ imaginem passionis Christi sustinebat, fletibus lacrymarum inundaret et rigaret .... vas illud trina voce fletuum*, etc. Vide ibi Sollerium. [** Chart. ann. 1360. in Guden. cod. diplom. tom. 3. pag. 448 : *Antiquissimam Ladulam repertam in quadam cista sive archa .... eandem Ladulam aperiens, thesaurum subscriptum cum sufficienti litterarum testimonio invenit.* Germ. *Lade* est Arca, capsa.]

¶ 1. LADUS, Eadem, ut videtur, notione. Guibertus de Laude B. M. cap. 10 : *Qui ocius sumto Lado cellarium reserat, sed, priusquam in vas vina deponebat*, etc.

* 2. LADUS, adject. f. pro Latus. Invent. bonor. Joan. de Madalhano ann. 1450 : *Item plus xij. scudellas Ladas stangni ponderis xv. librarum.*

* LÆAMEN, Fimus, idem quod *Lætamen*. Vide in hac voce. Stat. Taurin. ann. 1360. cap. 94. ex Cod. reg. 4622. A : *Item quod nulla persona ponat Leamen, paleam,... vel aliquid aliud sordium projiciat in mercatum vel in vias publicas solatas.* Vide infra *Litamus*.

LÆCASIN. Fragmentum Petronii : *Sed cum mulsi pultarium obduxi, frigori Læcasim dico.* Ex Gr. λαικάζειν, *fellare*, apud Martialem. Vide *Lecator*.

¶ LÆCORUS. Vide *Lacora* in *Lacus*.

LÆDAMEN, in Statutis Mediolanensibus 2. part. cap. 258. Vide *Lætamen*.

¶ LÆDARE, pro *Ladare :* de quo in *Lada* 1. Diploma Rodulphi Rom. Regis apud Ludewig. tom. 2. pag. 240 : *Qui alium vulneraverit, non Lædabitur.*

¶ LÆDIA. Vide in *Leudes*.

LÆDORIUM, ex Gr. τὸ λοιδορόν, vel λοιδορία, convicium, *Brocard*. Silvester Giraldus in Descript. Cambriæ cap. 14 : *Facetiam in sermone plurimam observant, dum vel sales, vel Lædoria, nunc levi lingua, nunc mordaci, sub æquivocationis vel amphiboliæ nebula... emittunt.*

LÆNA. Strabo lib. 4. densa Gallorum saga λαίνας vocari scribit : nempe *Læna* idem quod χλαῖνα Græcis. Charta securitatis plenariæ sub Justiniano scripta, apud Brisson. lib. 6. Formul. : *Mappa valente asprionis siliqua una, Lena vetere una*, etc. Gregorius M. lib. 12. Epist. 16 : *Misimus Lænas 15. rachanas 30. lectos 15.* Ennodius lib. 9. Ep. 17 : *Lænam et racanas, cum volueritis, coloris rubei aut fusci mihi cum celeritate mittite.* Vide *Linna*.

* LÆRNUM, *Simulacrum*, ἄγαλμα. Reg. *Larvum, statua Dei*. Castigationes in utrumque Glossar. Vide infra *Lernum*.

¶ LÆSCIA, *Tegumenta corporis omnia, quæ manu sustineantur.* Vocabul. Sussannæi.

¶ LÆSIVERPUM, LÆSOVERPIRE. Vide in *Laisus*.

¶ LÆSOR, Qui *lædit* seu infert damnum. Statuta Eccles. Nannet. apud Marten. tom. 4. Anecd. col. 747 : *Vero domino facienda est restitutio... et Læsor possit solvere.* Bis recurrit col. seq.

LÆSURA. Conradus II. Rex Siciliæ, in Charta ann. 1326. in Metropoli Salisburgensi tom. 2. pag. 162 : *Declaramus, quod Læsuræ nomine non lætalis, contineri volumus quamcunque offensam, verbis, jurgiis, blasphemiis, colaphis, alapis, et qualitercunque illatam dicto et facto, ex qua mors non fuerit subsecuta.* [Vetus Inscriptio apud Gruterum 567. 8 : *Quæ vixit mecum annis* XVII. *m.* II. *d.* III. *sine ulla animi Læsura. Læsura divitiarum*, Detrimentum, apud Tertull. lib. de Patientia cap. 7.]

LÆTAMEN. Isidorus lib. 17. cap. 1 : *Et dictus fimus, quod fiat imus, quod vulgo Lætamen vocatur, eo quod suo nutrimento læta faciat germina, reddatque pinguia arva et fœcunda.* Papias ex eod. Isidoro : *Stercorare, est Letamine aspergere. Stercus dictum, quod sternitur in agris; Idem est et fimus, quod vulgo Letamen dicitur.* Ugutio : *Fimus, stercus, quod per agros jacitur, quod vulgo Letamen vocatur.* Utuntur Plinius lib. 18. cap. 16. Palladius lib. 9. cap. 5. etc. Vide Chron. S. Sophiæ Benevent. pag. 606.

Lætare Arbores, apud eumdem Palladium lib. 1. cap. 6.

** **LÆTAMEN**, Lætities, Lætitia. Virgil. Grammat. pag. 9 : *Qum dicimus lætitiam, jucunditatem animi significamus stabilem et quodammodo perennem, at Lætitiem si dicamus subitam esse intelligimus; et Lætamen gratiam cujusdam additæ gratulationis judicamus.*

¶ **LÆTANIA**. Vide *Litaniæ*.

¶ **LÆTASTER**, Qui lætum se ostendit, apud Festum in *Obstrudant* : ubi Scaliger consulendus.

¶ **LÆTI**, Læticus. Vide in *Leti*.

¶ **LÆTIFER**, Afferens lætitiam, in Actis SS. Junii tom. 5. pag. 280. de SS. Arialdo et Herlembaldo : *Vox Lætifera, id est, lætitiæ plena, loco nostro insonuit.*

* **LÆTIFICE**, Læte. *Liément*, apud Joinvil. edit. reg. pag. 81. Lit. remiss. ann. 1355. in Reg. 84. Chartoph. reg. ch. 509 : *Cum dictus exponens die festi assumptionis B. Mariæ Virginis... aliquos ex amicis suis in domo sua, ob dicti festi reverentiam, invitasset, et eisdem de bonis et epulis suis dare gloriose et Lætifice præposuisset, etc.* Nostris *Léesce*, a Lætitia. Le Roman *de Robert le Diable* MS. :

De grant pitié et de Léesce,
Cascuns à Dieu les mains en dresce, etc.

Léesche, in Chron. S. Dion. tom. 3. Collect. Histor. Franc. pag. 167. Unde *se Léesser*, pro *se réjouir*, Gaudere, lætari, in Chron. Bert. Guescl. MS. :

Quant la dame l'oy forment s'en Léesse.

Resléeschier, Lætificare, læte excipere, in iisd. Chron. ibid. pag. 167. et 225. *Esléechier*, eodem sensu, apud Guignevil. in Peregr. hum. gen. MS. :

Et de quanques saus vous fait ai,
Vous deuschiés plus Esléechier,
Che me samble, que courouchier...
Esléechiés vous ou courouchiés,
Se volés etc.

* Ejusdem originis videtur vox Gallica *Lesse*, pro *Air, chanson*, Cantilena, apud Joinvil. edit. reg. pag. 140 : *Il attendoit à oir ses graces tant que le ménestrier eust fait sa Lesse.*

¶ **LÆTIFICUS**, Lætus. *Ut sicut nos alternorum osculorum impensione Lætificos effecit*, in Concilio Tolet. XVI. inter Hispan. tom. 2. pag. 735.

LÆTITIUS, Adjectivum, ex voce *lætitia* formatum, Plenus lætitia. Commodianus Instruct. 26 :

Sed vita privati juvenes senescere forte,
Lætitias dies, perfruique ipsi parabant.

¶ **LÆTRUM**, ἀριστερόν, *Lævum sinistrum*, apud Janum in Supplemento Antiquarii.

* 1. **LÆTUS**, Cui de debito factum est satis. Charta ann. 1372. in Reg. Joan. ducis Bitur. ex Cam. Comput. Paris. fol. 86. v° : *Idem venditor se habuit et tenuit pro contento, Læto et bene pacato.*

* 2. **LÆTUS**, Vigilans, attentus, Gall. *Alerte*. B. de Amoribus in Speculo sacerd. MS. cap. 57. *de Vigilia* :

Non vigilantes reprobantur, sed dormientes;
A sponso Lætæ sunt adveniente receptæ.

LAEYA, Silva, Gall. *Laie*, unde *S. Germain en Laie*, id est, vicus S. Germani in Silva. Charta ann. 1294. apud Augustinum *du Pas* in Stemmatibus Armoricis part. 1. pag. 149 : *Asserebat habere debere in Plesseya et Lacya et aliis nemoribus usuagium suum, etc.* [* Vide infra *Laia* et *Laya* 1.]

LAFORDSWIC, Domini proditio, infidelitas erga dominum, in Saxonicis Legibus Canuti politicis cap. 61. (65.) et in Legibus Henrici I. Regis Angl. cap. 12. ubi ita emendat Spelmannus, ex Saxon. hlaford dominus, et swice, proditio.

1. **LAGA**, Lagha, Lex, a Saxon. Lag, quod idem sonat : unde Angli *Law*. Capitula post Concilium Grateleanum ann. 928 : *Aliquando fuit in Anglorum Laga, quod populus et leges* (f. Reges) *consilio regebantur, etc.* Leges Henrici I. cap. 2 : *Murdra... quæ amodo facta fuerint emendentur secundum Lagam Regis Eduardi.* Infra : *Lagam regis Edwardi vobis reddo cum illis emendationibus quibus pater meus eam emendavit consilio Baronum suorum.* Eadem habentur in Charta Johannis Reg. apud Matth. Paris ann. 1213. et Ricardum Hagulstad. de Gestis Reg. Stephani ann. 1135. Eædem Leges cap. 54 : *Ubi vero aliquis eorum optionem habet per justitiam amicitiæ, vel Lagæ, et amicitiam eligit, fiet hoc ita firmum ut ipsum judicium.* Cap. 66 : *Si quis ordinatorum aliquem verberibus vel vinculis, vel aliquatenus affligat, emendet ei sicut rectum sit, et Episcopo emendationem altaris, Regi vel domino plenam mundbreche, vel plena Laga perneget.* Cap. 66 : *Laga Anglorum, Denelaga, etc.* Vide *Lada, Lex.* [** et Phillips. de Jure Angloss. not. 300.]

Lagha, Eadem notione. Charta Guillelmi Comitis Flandriæ ann. 1127. super confirmatione Consuetudinis villæ S. Audomari : *Laghas seu consuetudines suprascriptas perpetuo eis concedo, et ratas permanere præcipio.* Eadem habentur in Charta Theodorici Comitis Flandriæ ann. 1128.

Lagam Emere, Redimere, soluta aliqua pecunia, vel mulcta definita legis compotem se reddere, vel *idoneare* et *adlegiare se*. Leges Ethelredi apud Wanetyngum § 6. de accusatis : *Et omnis emat sibi Lagam 12. oris, dimidium Landefrico, dimidium Wapentako.* Et § 11. *Et omnis monetarius, qui infamis sit, redimat sibi Lagam 12. oris.* Vide *Lacapum*.

* 2. **LAGA**, *La spada*, in Glossar. Lat. Ital. MS.

* **LAGAANNUM**, ut *Lagan* seu *Laganum*, Jus quod dominis feudalibus competebat in rebus, quas ad littus ejiciebat maris æstus. Charta Joannæ reg. Castel. et comit. Pontiv. ann. 1257. in Reg. 82. Chartoph. reg. ch. 303 : *Damus Ferrando primogenito et hæredi nostro Noellam super Summam,... et quidquid ibi habebamus... in salinis, in sale, in waresco seu Lagaanno.*

* **LAGAMA**, Idem quod *Laga*, Lex, consuetudo. Mirac. S. Auctor. tom. 4. Aug. pag. 50. col. 2 : *Fratres disciplinate surgunt ab accubitu, et directo per Lagamam gradiuntur in ordine, sanctuarium intraturi et gratiarum actiones Deo et Sanctis ejus pro impensis beneficiis relaturi.*

LAGAMANNUS, Legalis, *homo legis*, non exlex : ex Saxon. Lagh, *Lex*, et Man, *homo; Lahman*, in Senatusconsulto de Monticulis Walliæ cap. 3. apud Lambardum. [** Judices vel scabini sunt Phillipsio de Jur. Angloss. not. 543. et Thorpio in Glossar. voce *Lah-man*.] Leges Edwardi Confess. c. 38 : *Postea inquisisset Justitia per Lagamannos et per meliores homines de burgo vel de villa.* Domesdei : *Comes Picot... habet hereotum de Lagemannis, 7. lib. et 1. palefridum et arma unius Militis.* Apud Edwardum Cokum ad Littletonem sect. 73. lego, *Lageman*, i. *habens socam et sacam super homines suos*, seu juris dicendi potestatem : atque ita hanc vocem accipi debere censet Somnerus in Glossario Saxonico, *Thainos* nempe seu Barones, qui *Socam* et *Sacam habent*. De Lagemannis Danicis agit Jus aulicum Norvegicum vetus cap. 33. et ejus interpres Janus Dolmerus, ut et Joan. Stiernhoockus lib. de Jure Sueonum vetusto pag. 18. 34. et alibi. Vide *Legalis*.

¶ Langemannus, Eadem notione, apud Thom. *Blount* in Nomolexico ex Domesdei tit. Lincolnscire : *Item in ipsa civitate erant 12. Langemanni, i. habentes socam et sacam.*

LAGAN, seu Laganum, Jus illud appellabant, quod dominis feudalibus competebat in rebus, quæ ad litus ejiciebat maris æstus : ratione cujus, quidquid navis, naufragium passa, contineret, eorum erat. Licet porro vox hæc prorsus barbara sit, nec cognita nisi posterioribus sæculis, jus tamen in naufragiis, quod ea exprimitur, haud novitium recensve est. Atque ut prolixiori, nec fortean injucundo parergo res minus trita, vocisque hactenus incertum etymon illustretur, ab ipsis antiquioribus Scriptoribus juris ipsius origo videtur repetenda. Legimus apud Sopatrum et Syrianum in Hermogenem pag. 107. Curium Fortunatum lib. 1. Art. Rhetor. pag. 46. et alios, qui varias judiciis terminandas controversias proponunt, non res duntaxat naufragio deperditas, sed et quæ naves naufragium passæ continerent, Publicanorum fuisse, tanquam quæ ad Fiscum pertinerent : unde Juvenalis Sat. 3. *Res fisci est ubicunque natat.* Quod quidem adeo verum est, ut omni licet humanitati repugnaret, miserosque ac afflictos insuper durius attereret, in omnibus fere tamen regionibus jus istud receptum fuerit, quod nec Leges ipsæ subinde a Principibus latæ abolere potuerunt. Atque id quidem factum inde arbitror, ut, quod barbaræ nationes, quibusque nihil erat cum humanioribus moribus commercium, lucri causa induxerant, sibi etiam eorum exemplo licitum putarent religiosi et probi Principes : *scilicet legem deputantes, quod pagani per tyrannidem faciebant :* ut ait Simeon Dunelm. lib. 2. Hist. Dunelm. cap. 16. seu, ut loquitur Honorius IV. PP. apud Odoricum Raynaldum ann. 1295. num. 30 : *Dum opinantur forsitan licita, quæ ab illis audiverant tam longis temporibus usurpata.*

Scribit Paulus Venetus lib. 3. cap. 33. in regno, nescio quo, *Eli* vocato, *si quando navis aliqua onerata præter vectorum ejus intentionem ad illam provinciam appulerit, puta tempestate aut alia necessitate id cogente, habitatores ejus rapere quidquid in navi inveniunt, gubernatoribusque ejus dicere : Instituebatis ad aliam divertere provinciam, cum mercibus vestris, sed Deus noster et fortuna vos ad nos direxit; et idcirco accipimus, quod Deus et fortuna nobis miserunt.* [** Vide Mitterm. Princip. Jur. Germ. § 162. Murator. Antiq. Ital. tom. 2. col. 15. sqq.]

Quemadmodum igitur inductus passim iste in naufragiis abusus aboleri non potuit, quod apud omnes fere nationes obtineret, factum inde, ut pro lege in mari recepta haberetur. Atque ita intelligendam putant plerique celeberrimam Leg. 9. D. ad Leg. Rhodiam (14, 2.), ex Volusio Mœciano, ubi porrectis Antonino Augusto libellis supplicibus a quibusdam, qui in Ægeo mari naufragium erant passi, et a Cycladum Publicanis expilati fuerant, Imperator hæc verba subintulit: *Ego quidem mundi Dominus, Lex autem maris*, subdens, velle se, ut controversia Lege Rhodia dirimeretur, ubi Imperii Legibus contraria non esset. In quo quidem Antonini responso, per se obscuro, enodando, insudarunt celebriores Jurisconsulti, Scriptoresque alii, atque in iis Alciatus lib. 2. Disput. cap. 5 Samuel Petitus lib. 3. Miscell. cap. 11. Seldenus lib. 1. de Maris dominio cap. 25. Isaacus Pontanus lib. 2. Discuss. Histor. cap. 15. Jo. Bapt. Burgus lib. 1. de Dominio maris Ligust. cap. 14. Claud. Salmasius de Modo usurarum cap. 5. etc. qui in varias abiere sententias. Sed eorum potior videtur, qui Imperatorem dixisse volunt : *Licet mundi dominus sit, hanc tamen obtinere Legem maris*, velleque se, ut controversia per Legem Rhodiam dirimatur, ubi Imperii Legibus non adversaretur. Atque huic explicationi non minime favet vox *Lagan*, quæ idem quod *Laga*, id est, *Lex*, sonat, cujus jure naufragorum res ac bona in dominorum postestatem cedebant; quæ quidem vox etiam cum *maris* adjuncto interdum scribitur; adeo ut quæ *Laga maris* primitus, postmodum nude *Laga* dicta fuerit. In Charta enim Philippi Regis Franciæ, de qua mox, ita appellatur: *Quitamus et remittimus in perpetuum le Lagan maris.* Ex quo haud ægre emendari possunt Leges Henrici I. Regis Angl. cap. 10. ubi jura regia recensentur : *Hæc sunt jura, quæ Rex Angliæ solus, et super omnes homines habet in sua terra, ... thesaurus inventus, naufragium, maris algarum, violentus concubitus, etc.* Nemo enim non videt, restituendum *maris laganum* pro *algarum*, quod nihili est. Scio, Spelmannum aliud etymon voci *Lagan* arcessere, a Saxonico scilicet Lagan, jacere, ut *Lagan* idem valeat quod *ejectus*.

Id porro in naufragio jus, quod *Wreccum* etiam appellatum suo loco ostendemus, in Lewellini, Gervasii filii Nortwalliæ Principis, Charta pro Abbatia Aberconweyensi ita esse dicitur : *Concessi etiam eisdem* (Monachis) *ut uti et gaudere possint naufragio in omnibus terris suis et littoribus, meliori modo, quo in terris meis utar : videlicet quæcunque bona seu res per submersionem, aut per fractionem, seu per aliud infortunium ad terras suas, seu ad littora terris suis conjuncta de mari evenerint, ipsa bona totaliter et integre sint ipsorum Monachorum.*

Neque dumtaxat naves ipsæ fractæ et naufragium passæ, resque in iis contentæ dominorum erant : sed et homines ipsi, qui in iis vehebantur : adeo ut et per vim caperentur, et persoluto pretio a captivitate liberari cogerentur. Hujusce pravi moris usum firmat Albertus Stadensis ann. 1112. scribens, *secundum prisci juris rigorem tam homines quam res, Regiæ ditioni mancipatos :* hominesque ipsos, qui in navigiis istis naufragis vehebantur, *sub prætextu naufragii* captivatos. Sed præ cæteris inhumanæ prorsus consuetudinis exemplum insigne in Haraldo, qui postea Angliæ Rex fuit, præbuit Guido Pontivi Comes, qui eumdem Haraldum in littoribus suis naufragium passum detinuit aliquandiu, rebus omnibus suis direptis, *pro ritu loci, pro more gentis insito*, ut est apud Eadmerum lib. 1. Novor. Simeonem Dunelmensem, et Willelmum Malmesbur. lib. 2. de Gest. Angl. cujus hæc sunt : *Barbarum et effrænatum morem regionis esse, ut qui evaserant in mari naufragium, in terra invenirent periculum.* Eddius Stephanus in Vita S. Wilfridi Episcopi Eboracens. cap. 13. de eodem Wilfrido, quem tempestas in Australium Saxonum oras ejecerat : *Gentiles autem cum ingenti exercitu venientes navem arripere, prædam sibi pecuniæ dividere, captivos subjugatos deducere, resistentesque gladio occidere, incunctanter proposuerunt.* Et infra : *Dicentes superbi, sua esse omnia, quasi propria, quæ mare ad terras projecit.* Quibus consona sunt, quæ habent Gesta Guillelmi Nothi : *Docuit enim avaritiæ calliditas Galliarum quasdam nationes execrandam consuetudinem barbaram, et longe ab omni æquitate Christiana alienam. Illaqueant potentes aut locupletes, trusos in ergastula afficiunt contumeliis, tormentis. Sic varia miseria prope ad necem usque contritos ejiciunt sæpissime venditos magno.*

Verum lex ista maris non Francorum modo propria fuit, sed ab omnibus ea ætate nationibus recepta, licet identidem, nec semel, annixi sint Principes, ut omni prorsus contrarium humanitati abrogarent. Quippe Adrianus et Antoninus leges edidere, quibus cuique res naufragio deperditas recolligere excluso fisco liceret, leg. 12. D. de Incend. (47, 9.) et leg. 1. Cod. de Naufrag. (11, 6.) ubi Antoninus legis suæ rationem hanc reddit : *Quod enim habet jus fiscus in aliena calamitate, ut de re tam luctuosa compendium sectetur?* Quo ista referri possunt Euripidis in Helena, v. 456 :

Ναυαγὸς ἥκω, ξένος, ἀσύλητον γένος.

Exinde Jurisconsulti passim decrevere, res, quas mare ad littus ejecisset, vel quæ navis levandæ gratia pro vitando naufragio in ipsum mare essent projectæ, non pro derelictis, sed pro perditis haberi debere, ita ut si inveniantur, earum possessoribus restitui debeant. L. 21. D. de Amitt. possess. (41, 2.) l. 44. de Acquir. rer. dom. (41, 1.) l. 1. 3. etc. de Incend. (47, 9.) Atque ejusmodi Jurisconsultorum et Imperatorum decreta ac statuta intelligit Honorius II. PP. apud Hildebertum Cenoman. Epist. 67 : *Priorum namque Imperatorum evanuit auctoritas, ut etiam earum rerum, quæ in tempestate maris, levandæ navis ejiciuntur, non amittatur dominium : non enim eas quis eo animo abjicit, quod habere nolit, sed quod periculum effugere possit. Et qui res ipsas lucrandi animo abstulerit, furtum committit.* Testatur tamen Paulinus Epist. 37. pravum hunc sua adhuc et Theodosii M. ætate obtinuisse morem, quod Publicanorum fiscalium, atque adeo ipsorum Præfectorum avaritiæ ac prædationibus plerique attribuunt, qui jus a vicinis sibi nationibus receptum et perceptum dimittere ægre poterant. Communi denique Theologorum sententia definitum, ejusmodi prava Regum statuta ab restitutione non excusare. Summula Raymundi :

> Qui bona naufragium patienti, sive ruinam,
> Tollit, vel reperit, ubicunque sit, nisi reddat,
> Est reus æternæ pœnæ : præcepta, statuta,
> Nec consuetudo terræ, nec Principis illum
> Excusat : deponatur, si Clericus hic est.

Neque minori diligentia ac cura adhibita usum hunc abrogare annixi sunt Summi Pontifices, ac inprimis Gregorius VII. in Concil. Romano ann. 1078. Alexander III. cap. 24. ipsique Imperatores Occidentis, maxime Fridericus II. in Statutis, quæ habentur in 5. Compilat. Decret. tit. 3. cap. 4. in Charta Privilegiorum urbis Ratisponensis ann. 1230. et in Constitut. Sicul. lib. 1. cap. 27. Nam licet in iisdem Constitutionibus lib. 1. cap. 58. § 2. *Naufragiorum quæ curiæ debentur*, mentio agatur, id de iis intelligendum, quæ a nemine repetuntur. Idem Imperator in Charta ann. 1237. pro Viennensibus Austriæ apud Lambecium lib. 2. Comment. de Biblioth. Cæsar. pag. 81 : *Quandocumque aliquis Viennensium civium naufragium incurrerit, res suas, quas ab impetu torrentis manus hominis asportavit, libere possit repetere et habere a quolibet detentore, cum indignum penitus conseamus immisericorditer reliquias naufragii detineri per hominem, quibus rapacis fluminis unda pepercit.*

Verum iis statutis, Publicanorum et Provinciarum Præfectorum prædationes in Regni Siculi ac Neapolitani littoribus non ita extinctæ, ut identidem non exercerentur. Exstat enim Honorii IV. Constitutio apud Rainaldum in Annalib. Eccl. ann. 1285. n. 40. qua prohibentur. Isaacium Tyrannum Cyprium ex hac tum ubique fere recepta *maris lege*, in Ricardi Regis Angliæ navigia naufragium passa, et ad Cypri insulæ littora, tempestatis ac procellarum vi ejecta, manus violentas injecisse plerique arbitrantur. Quæ quidem sententia eo verosimilior videtur, quod ex Niceta in Andronico lib. 2. n. 5. docemur, in omnibus Orientalis Imperii provinciis usurpatam, eumdemque Andronicum Comnenum Tyrannum ejusmodi deprædationes inhibere conatum fuisse, gravissimis propositis pœnis in eos, qui naufragorum bona diriperent.

Quod de Guidonis Pontivensis Comitis facinore supra annotavimus, satis declarat, in Gallia idipsum obtinuisse : quod etiam omnino firmat Hildebertus Cenomanensis Epist. 65. scribens, Britanniæ Comitem id sibi juris asseruisse in suis littoribus : *Præterea quidquid evadebat ex naufragiis, totum sibi fiscus vindicabat patriæ, passosque naufragium miserabilius violentia Principis spoliabat, quam rapina.* Verum Concilii Nannetensis Patrum suasionibus pravo huic juri renuntiavit Comes, quod postmodum ab Honorio II. PP. firmatum tradit Hildebertus Epist. 67.

Comitis Armorici exemplo, Philippus Augustus Franciæ Rex, Comes Flandriæ, Comitissa Boloniæ, Comes Pontivensis, Bernardus San-Valericensis et Guillelmus Cayocensis Toparchæ, qui eodem singulatim in littoribus suis jure gaudebant in naufragos, Willelmi Campaniensis Remensis Archiepiscopi precibus et suasionibus, eidem perinde nuntium dixere. Binæ super hac re exaratæ habentur Tabulæ ann. 1191. quarum prior Philippi Augusti ea, quæ supra attulimus, verba præfert, qua præterea *Laganum maris* prorsus se dimittere profitetur, quemadmodum dimiserat Flandrensis Comes tum fato functus. Altera est Willelmi Archiepiscopi Remensis, qua prædictam Regis Philippi et Comitum ac Baronum cessionem confirmat, et anathema decernit in eos, qui hanc *detestabilem consuetudinem* (sic *Laganum* appellat) in posterum reducere conarentur : *Ad hoc dominum ac nepotem nostrum carissimum Philippum Francorum Regem cum cæteris, quos prænominavimus, Baronibus efficaciter induximus, quod ipse dominus Rex illud Langan ex toto quittavit, et libere in perpetuum remisit, sicut scripto ipsius patet authentico : similiter et omnes prænominati Barones pro salute animarum idem Lagan quittaverunt.* Charta Rainaldi Comitis Bononiæ et Idæ conjugis ann. 1206. ex Tabulario Regio : *In perpetuum quitos clamavimus a Lagano maris burgenses S. Audomari, et eorum res, quæ in terram nostram de Bolonesio et in terram nostram de Merc venient ad Laganum.*

Cum porro *Laganum* abrogarunt in terris suis supradicti Principes, id intelligendum de prava illa, quam descripsimus, consuetudine, qua et homines naufragi, et res naufragio ad littus ejectæ, licet repetitæ, eorum erant : non vero de iis quæ a nemine repeterentur. Proinde ita capienda Charta Florentii Abbatis S. Judoci et Willelmi Comitis Pontivi ann. 1203. in Tabul. ejusdem Monasterii S. Judoci : *Sciendum quoque, quod si Laganum evenerit in Comitatu B. Judoci, et homines de tenemento ejusdem Sancti fuerint accusati apud Comitem de Lagano, Abbas S. Judoci debet eos submonitos in Curiam suam vocare, præsente Comite, vel ejus Serviente, et ibidem, si potuerit, pacem facere. Quod si querela ad voluntatem et arbitrium Comitis non potuerit ibi terminari, Abbas S. Judoci accusatos super usurpatione Lagani usque Monsterolum debet conducere, et non alibi, et ibi querela eorum judicio ejusdem villæ debet terminari.*

Sed et *Lagani* nomen longe post hæc tempora haud omnino extinctum docent Computa domaniorum Comitatuum Pontivi et Bononiæ annorum 1369. 1405. 1465. et 1474. in quibus fit recepta *des Lagans, des grans et petits Lagans*, et *des gros Lagans* : ubi grandiora *Lagana* esse dicuntur, quæ 60. solidorum pretium excedunt. Sed ex ipso contextu satis apparet, has voces sumi tantum pro *ejectibus maris*, iisque rebus, ad littus a mari remissis, quæ nullius domini sunt, et a nemine repetuntur. In Computo ann. 1369. habentur *les Lagans venus par marée à Thormont*; id est, res, quas adversus maris æstus ad littus invehit.

Posterioribus tamen sæculis videtur id nomenclaturæ potissimum attributum rebus in mari deperditis, vel ejectis, adhuc fluctuantibus, necdum ad littus appulsis, quæ inventoris sunt. Quæ est sententia Bractoni lib. 3. tract. de Corona cap. 2. § 5 : *Quæ si in mari longius a littore inveniantur, ita quod constare non possit, ad quam terram vel regionem essent applicandæ, tunc quicquid ita inventum fuerit, erit inventoris, eo quod in nullius bonis esse dicantur, et dicitur a nautis Lagan, et quod ideo occupanti conceditur, quia non est aliquis, qui inde privilegium habere possit, Rex non magis quam privata persona, propter incertum rei eventum.* Ex quo quidem jus naufragii triplex esse dixerunt : primum quod *innatans*, seu *flutans*, Angli *Flotson*, vocant : alterum, quod *ejectitium*, sive quod a mari fluctibusque in terram ejicitur, iisdem Anglis *Jetson*; tertium denique, quod *submersum* dicunt, sive quod in fundo maris inventum est, quod *Lagon* iidem Angli appellant, a Saxonico, ut aiunt, sive Germanico *Liggen*, vel *Leggen*, non vero a ligando, ut voluit Cookius. At cum ex antedictis satis appareat, *Laganum* acceptum pro quovis naufragii jure; id est, tum pro rebus in mari deperditis, e mari ejectis adhuc fluctuantibus, tum pro iis, quæ ad littora ab æstu invehuntur : dicendum est, complexum esse id genus naufragii, de quo Bracton. quomodo *wreccum* usurpant Statuta Alexandri II. Regis Scotiæ cap. 25. Consuetudo Normanniæ 1. part. sect. 2. cap. 5. Bretius lib. 4. de Regis supr. dom. cap. 4. ubi etiam *Lagani* meminit, et alii.

Reges denique Angliæ, qui id perinde juris in suis obtinuere, seu usurpavere, littoribus, ut est in Legibus Henrici I. loco laudato, ut illud omnino tollerent, curas etiam suas contulere, uti patet ex aliquot eorum diplomatibus, quæ describuntur in Monast. Anglic. tom. 1. pag. 237. et 920. Primus vero ex iis Ethelredus in Fœdere, quod cum exercitu Anlavi pepigit, cap. 2. 3. et 4. Edit. Saxonicæ, apud Lambardum pacem ac securitatem indixit navibus et hominibus naufragium passis in dominii sui provinciis : deinde sub primos regni annos pravam istam consuetudinem abrogare tentavit Henricus II. ut auctor est Willelmus Neubrig. lib. 3. cap. 26 : *Antiquam*, ait ille, *inhumanam circa naufragos consuetudinem in ipsis regni sui initiis eximia pietate correxit : atque ejusmodi hominibus ab æquoreo discrimine liberatis humanitatis officium exhiberi præcipiens, graves in eos pœnas sanxit, qui forte illis in aliquo molesti esse, vel de rebus eorum quippiam usurpare præsumerent.* Cui simile aliud exaratum est ab Ricardo I. filio, cum iter Hierosolymitanum est aggressus, Messanæ in Sicilia anno 1190. ut habent Rogerus Hovedenus et Bromptonus; quod firmatum est alio Henrici III. Statuto dato Merewelli anno regni 28. quod descriptum legitur in Regesto Constabulariæ Burdegal. fol. 195. non modo pro naufragiis, quæ ad Angliæ, sed etiam Aquitaniæ et Pictavorum littora acciderent : in quibus quidem Regum Angliæ Statutis jus istud *Wrecci* nomine donatur. Neque tamen ita abolitum, ut non aliquatenus revixerit in Aquitaniæ locis maritimis. Testatur quippe Jacobus Billius lib. 1. Observ. Sacrar. cap. 6. sua ætate in Insulis Rupellæ vicinis omnibus oris illis maritimis viguisse crudelissimam illam Consuetudinem, ut si gravior quædam tempestas navem aliquam multis ante detrimentis affectam, magnaque ex parte fractam in littus ejecisset, tantum abest, ut ii, ad quos delata erat, ejusmodi calamitate commoverentur, ut eos ipsos, quod miseri essent, hostium loco et numero haberent, atque id omne, quod fluctuum rabies ipsis reliqui fecerat, confestim deriperent : imo ne ab ipsorum quidem corporibus, si sua tueri ac retinere conati essent, manus interdum abstinerent. Certe fatendum, non humane modo in hisce occasionibus sese etiamnum gerere provinciarum maritimarum præfectos. [** Vide Ludov. XIV. Ordin. de rebus marit. ann. 1681. lib. 4. tit. 9.] Id porro Juris Christiernus II. Daniæ Rex etiam dimisit, licet plus centum aureorum nummorum esset, ut auctor est Isaacius Pontanus. Vide Leges Scanicas Andreæ Suenonis lib. 8. cap. 2. et Histor. Segov. Colmenarezii cap. 18. § 2.

* Inter principes, quibus inhumana prorsus visa est isthæc consuetudo, annumerandus Casimirus III. rex Poloniæ, qui pravo huic juri renuntiat Literis ann. 1454. inter Leg. Polon. tom. 1. pag. 177 : *Nos, qui rex catholicus sumus, sortem hujusmodi naturali et divino jure, sedisque Apostolicæ decreto damnatam, velut crudelem et injustam execramur, pollicemurque quod res et bona, cujuscumque ponderis vel valoris existant, earum personarum quæ maris naufragio periclitabuntur, nunquam per nos aut officiales nostros, velut nostras aut juris nostri petemus aut requiremus; sed illas absque diminutione per eos, quorum ante naufragium fuerunt, aut eorum propinquiores demonstratione evidenti propinquitatem probantes et in usus convertendas beneplacitos, decernimus colligendas. Contrariæ consuetudini aut juri, vel potius corruptelæ pro nobis et successoribus nostris renuntiantes; nisi forte nullus bonorum hujusmodi extaret justus hæres et successor, quoniam in casu illo bona ex naufragio habita nostræ potestati volumus subjacere.* Huic præiverat Barnimus dux Pomeraniæ Charta ann. 1274. inter notas ad Orig. Pomeran. pag. 331 : *Notum esse volumus... quod nos omnes velificatores, cum omnibus rebus ipsorum, ita si naufragium passi fuerint, quod absit, ubicumque circa partes dominii terræ nostræ contingat, recepimus in nostram protectionem et defensionem, volentes omnibus modis ipsos cum universis bonis et rebus ipsorum esse liberos et securos, nec ab aliquo advocatorum vel ministerialium nostrorum ullatenus indebite gravari vel molestari.* Vide *Laganum.*

Multa hoc loco alia addi possent ad hunc firmandum inhumanum morem, quæ consulto prætereo, cum jam instituti rationem excesserim. Addo tantum, juris *Langan* mentionem adhuc fieri in Historia Ecclesiastica Abbavillensi lib. 1. pag. 469. et apud nostrates olim usurpatum vocabulum pro eo, quod late patet et excurrit, ut sunt res, quæ in mari fluctuant, nullos intra fines coercitæ. Philippus *Mouskes* in Theodorico :

Si fist de sou tresor Lagan.

Et in Philippo Augusto :

Li Rois vot traire par Lagan,
Vers la Rocielle au Roi Jean.

Inter bona Ecclesiæ Trajectensis apud W. Hedam pag. 246. 1. Edit. recensetur *decima navium, quæ illuc procellarum impetu feruntur, ac inventionis*. Vide Jacobum Godofredum in Tract. de Imperio, deque Jure naufragii colligendi, et Thesim in Academia Cantabrigiensi agitatam hoc tit. editam Londini ann. 1657 : *Naufragia publicanorum esse, nec jus, nec rationem permittere.*

* Nostris *Lagan* præterea, idem quod Abundantia, copia, multitudo. Chron. Franc. ad ann. 1287. apud D. *Le Beuf* tom. 1. Dissert. pag. clij :

Cele année furent vin bon,
Et blé si fu à grant Lagan,
Pour quatre sols avoit l'ere tel
Qui fist bon pain en grant ostel.

Phil. *Mouskes :*

I ot ocis à grant Lagan,
Dont la terre fu pis en l'an.

Hinc *Faire lagan* ex eodem Philippo supra laudato, est Abunde, liberaliter dare.

* **LAGDAGE**, Ejusdem notionis et originis atque *Lagedayum*, Dies legis, dies juridicus. Leg. Danicæ apud Ludewig. tom. 12. Reliq. MSS. pag. 185 : *Teneatur advocatus, sub pœna trium marcarum, assumptis secum quatuor fide dignis, ad domicilium convicti accedere et bondoni justitiam facere et regi; ita tamen quod prius servaverint ibi tria Lagdage.*

LAGEDAYUM, Dies Legis, dies juridicus, ex Saxon. L a g, Lex, et D a y, dies : Anglis, *Lawday*. Charta Almerici de Lucy, apud W. Thorn. ann. 1280. § 12 : *Una cum omnibus sectis Lagedayorum, quæ Prior de Ledes, et omnes alii eorum tenentes debuerunt ad Laghedaya mea de Newenton per tenementa, quæ de ipsis tenent in hundredis prædictis.* Monasticum Anglic. tom. 1. pag. 279 : *Sunt quieti de secta illius hundredi,... excepto, quod villani sui ter in anno venient ad* la laghday *ad præsentandum Placita Coronæ sine occasione.*

¶ **LAGEMANNUS**. Vide *Lagamannus.*

LAGENA, Mensuræ species apud Anglos, quæ sic describitur in Assisa Davidis Regis Scotiæ de Ponderibus et mensuris § 8 : *Lagena debet continere 12. libras aquæ, videlicet 4. libras de aqua marina, et 4. libras de lacu vel stagno, et 4. libras de aqua currente et clara. Lagena debet esse in profunditate 6. pollices cum dimidio pollicis. In latitudine inferiore debet esse 8. pollicum, cum dimidio pollicis, et cum spissitudine ligni utriusque partis : et in rotunditate partis superioris debet esse 27. pollicum : et in rotunditate inferiore debet esse 23. pollicum.* Statuta Hospitalis S. Juliani, in Additam. ad Matth. Paris pag. 163 : *Habeant... qualibet septimana 14. Lagenas cervisiæ.* Vide Iter Camerarii Scotici cap. 10. § 8. [** *Lagena arvinæ*, in chart. Belg. ann. 1315. apud Lappenb. Orig. Hans. in indice.]

Fuit etiam *Lagena* non liquidorum dumtaxat, sed et aridorum mensura. Fleta lib. 2. cap. 12. § 1 : *Sciat, quantum bladum teneat Lagena, et quantum bussellos. Lagena butiri*, lib. 2. cap. 76. § 12. cap. 87. § 1. [** *De quolibet tonello seu Lagena varii operis*, in chart. Belg. ann. 1357. apud Lappenb. Orig. Hans. pag. 440. *Una Lagena* (al. *tunna*) *cum opere*, in chart. Novogorod. ann. 1298. ibid. pag. 159.]

Laguna, pro *Lagena*. Vetus Inscriptio 578. 1 : *A potione, item a Laguna, etc.* Alia ibid. : *A veste, item a Laguna*. [Chronicon Farfense apud Murator. tom. 2. part. 2. col. 482 : *Ad pensionem musti Lagunas 11. et grani modia 11.*]

¶ Laguenæ *de musto*, ibidem col. 570. [** 6. *Laguenas de oleo*, in Ratpert. Cas. S. Galli apud Pertz. Script. tom. 2. pag. 73.]

Laguenna. Charta Rogerii Regis Siciliæ ann. 1137. apud Ughellum tom. 7 pag. 564 : *Plateaticum quoque piscium, quos Salernitani capiunt, eis iterum dimittimus, et præcipimus, ut pro mensura Laguennæ nihil persolvant.* Alia ann. 1207. ibid. pag. 594 : *Debent dare omni anno tempore vindemiarum 8. laurnas de musto mundo, quorum quæque habeat 8. Languenas juste cartatorias, etc.*

Lagena. Chronicon Montis Sereni ann. 1196 : *Cum redire disponeret, Imperatoriis insidiis adeo arctatus est, ut publice navem ingredi non auderet; sed a fidelibus suis Lagena inclusus, et navigio illatus, sicque, donec in altum navis procederet, occultatus est.*

Lagenares vel Orculares Termini, In quibus sunt lagenæ vel orculæ, apud Vitalem et Arcadium Agrimensores pag. 258. Caius et Theodosius pag. 260 : *Lagenas et orculas in finibus posuimus, etc.*

Lagunculа, Idem quod *Lagena*. Synodus Sodorensis in Mannia : *Si vir vel mulier cervisiam vendendam pandoxaverint,.... Lagunculam decimalem Ecclesiæ persolvant.* Gobelinus Persona in Cosmodromio ætate 6. cap. 80 : *Laguncula, quæ vulgo barile dicitur, pro granis 5. vænivit.* [** Isai. cap. 5. vers. 10. Vulgat. : *Decem enim jugera vinearum facient Lagunculam unam*. Hebr. בַּת.]

Lagena. Charta Friderici II. Imp. ann. 1211. pro Ecclesia Panormitana apud Rocchum Pirrum tom. 1. pag. 144 : *Et de vineis musti nupti puri Lagenas magnas 200. et de pede Lagenas centum.*

¶ **LAGETA** Gallinarum, nempe censualium, in Tabulario Solemniacensi.

* **LAG-FESTE-MEN**, Consacramentalis homo. [** Homo *Legalis*, bonus, integer. Conf. Rosenving. Histor. Jur. Dan. § 75.] Vide in *Juramentum*. Leges Danic. apud Ludew. tom. 12. Rel. MSS. pag. 187 : *Item quicumque cognatos non habet infra regnum, juret solus per Sanctos, quod cognatos non habet infra regnum, et postea defendat se manu duodena hominum, qui dicuntur Lagfeste-men.* Vide *Lada* 1.

LAGHA. Vide *Laga.*

¶ **LAGHDAY**. Vide *Lagedayum.*

LAGHSLIT. Leges Presbyterum Northumbrensium cap. 20 : *Si quis apud Ecclesiam mercaturam exerceat, Lagslit, id est, Legis violatæ pœna esto.* Ex Saxon. l a g h, Lex, et s l i t e, scissura. [Vide *Lahslita.*]

LAGI. Leges Rotharis Regis Longob. tit. 121. § 7 [** 387.] : *Si coxam ruperit super genuculum, hoc est, Lagi, componat solidos 20.* Vide *Largica*. [** Conf. Graff. Thesaur. Ling. Franc. tom. 2. col. 222. voce *Lancha*. Angli hodie *Leg*. Vide *Lacca*.]

LAGIA. Charta ann. 857. apud Ughellum tom. 1. Ital. sacr. pag. 815 : *Et per jam dictum collem descendit in fossatum,... deinde pergit in Lagia, et per decursus jam dictæ Lagiæ descendit in furcam, quæ vocatur, etc.* Ubi *Lagia* videtur esse semita, quam *Lee* dicimus. Vide *Lada.*

* **LAGINA**, Cadus, dolium. Tract. MS. de Re milit. et mach. bellic. cap. 101 : *Mittantur in caratellis sive Laginis, alias barilibus, etc.* Vide *Lagena.*

* **LAGOLETTA**, Leg. distinctis vocibus *La Goletta*, Arcis nomen, vulgo *La Goulette*. Pactum inter reg. Tunetan. et Pisan. ann. 1398. tom. 1. Cod. Ital. diplom. col. 1121 : *Item si acciderit, quod curia regiæ majestatis concederet alicui Christiano aliquo modo, quod barcæ vel ligna ejus venirent ad Lagolettam Tunisii, seu usque ad dohanam, teneatur ipsa regia majestas similiter concedere ipsis Pisanis.* Vide *Colax.*

LAGONA. Fridegodus de Vita S. Wilfridi cap. 43 :

Tandem vafrinos blandis suggestibus astus
Increpitans, Italas suadebat credere chartas.
Ethnica sed nullis molliri corda Lagonis
Cædebant, virusque tegunt sub mente nocivum.

LAGUENNA, Lagunculа. Vide *Lagena.*

¶ **LAGUNA**, ut supra *Lacuna*, Lacus, palus, Ital. et Hisp. *Laguna*. Charta Edwardi I. Regis Angl. apud Rymer. tom. 2. pag. 19 : *Prout semita transit per medium loci ejusdem, et versus Lagunam curvam... et ex hinc versus, etc.* Vide alia notione in *Lagena.*

* **LAGUS**. Comput. ann. 1399. inter Probat. tom. 3. Hist. Nem. pag. 155. col. 1 : *Pro quatuor intorticiis,... ponderis xvj. librarum ceræ, dando pro libra viij. albos, assendunt ij. francos, x. grossos, x. denarios Turon. de quibus deducantur pro viij. libris ceræ Lagæ de intorticiis habitis die. Eucharistiæ Domini.*

LAGUZADERA, vox Occitanica. Charta ann. 1231. in Regesto Tolosano Cameræ Comput. Paris. fol. 24 : *Concessit eidem Abbati medietatem eorum, quæ percipit idem Comes in dictis villis occasione de Laguzaderas. Verumtamen si dominus Comes dimittat vel derelinquat Laguzaderas, quod facere poterit, si voluerit, habebit medietatem illius servitii quod facient detentores earum hac de causa domino Comiti.* Vide *Agusadura.*

LAHA, Signum, positio, positura, ex Germanico *Laeghe*. Traditiones Fuldenses lib. 2. cap. 47 : *Exinde in album fontem, et sic per nostra signa,* (*id est Laha*) *in Win-*

dimonseo. [Apud Aremoricos *Lech*, *Lach* et *Liah* lapides aliquot sunt juxta vias in desertis locis tribus aliis lapidibus nullo modo elaboratis impositi, qui aperto latere uno utcumque speciem referunt altaris aut cellulæ.] [** Vide *Lachus*.]

¶ **LAHMAN.** Vide *Lagamannus*.

LAHSLITA, LAGSLIT, etc. vox Saxonica, *Ruptio Legis*, transgressio Legis, pœna violatæ Legis : Lah enim et lagh, est Lex, slit, Ruptio, violatio. Sed præsertim Anglos-Danos ejusmodi pœna spectavit, seu potius vox ipsa, ex eorum forlean Legibus desumpta, ut *wera*, et *wita* Anglos. In Gloss. Saxonico post Lambardum edito, Lahslite, exponitur, *duodecim oræ* : sunt autem *oræ*, seu ore, Anglo-Saxonibus *unciæ*, quarum 12. libram faciunt sterlingorum. Ita *Lahslite* mulcta fuit unius libræ monetariæ : varia ac diversa tamen fuit mulcta ista pro personarum discrimine, ut discere est ex textu Roffensi, laudato a Somnero : *In Lege Danorum erit reus forisfacturæ, quam Dani vocant Lahslit. In Lege eorum liberalis Lahslit vocant decem dimidiæ marcæ, hoc est, quinque marcæ. Hominis alodium* (Bocland) *habentis* 6. *dimidiæ marcæ. Villani Lahslit, quem Angli vocant Ceorlman* 12. *oræ*. Fœdus Edwardi et Guthurni Regum cap. 3 : *Si Presbyter ad rectum terminum sacrum Chrisma non perquirat, vel Baptismum neget ei, cui necesse sit, reddat witam cum Anglis, et cum Danis Lahslit, hoc est,* 12. *oras*. Adde § 6. et 9. Leges Henrici I. Regis Angl. cap. 11 : *Si quis Dei rectitudines per vim teneat, solvat Lashlite cum Danis, plenam weram cum Anglis, aut neget cum* 12. Infra : *Qui ordinis infracturam faciet, emendet hoc secundum ordinis dignitatem, wera, wita, et Lashlita, et omni misericordia.* Adde cap. 24. 66. et Leges ejusdem Canuti § 35. Perperam vero *Laxlite* scribitur in Legibus vernaculis Willelmi Nothi cap. 41. quod dispunximus, et sumus interpretati in nupera Editione Operum S. Anselmi Cantuar. Archiepisc. quam viro eruditissimo Gabrieli Gerberono debemus. [** Vide Thorp. Glossar. in hac voce.]

LAHSUS, Piscis species. Liber donationum Ecclesiæ Ratisponensis in Metropoli Salisburgensi tom. 1. pag. 246 : *Qui interrogatus... respondit, quod de Juvanensi Sede per totius anni circulum in ipso supra nominato lacu, una navis fieri deberet ad piscationem, alia de Castello sursum, tertia de Maninseo, excepto autumnali tempore, quando patuli pisces, quos vulgo Lahsos vocant, coire debent, etc.* [** Esox, salmo, Germ. olim *Lahs*, hodie *Lachs*. Vide Graff. Thesaur. Ling. Franc. tom. 2. col. 163.]

* **LAHUTUM**, Naviculæ species, vulgo *Lahut*. Form. MSS. ex Cod. reg. 7657. fol. 36. r°. : *Dictus delatus... quamdam mulierem accepit,... et contra voluntatem ipsius ascendere fecit quamdam barcham sive Lautum* (sic), *cum quo Lahuto ipsam portavit ad locum de Casico.* Lit. remiss. ann. 1461. in Reg. 198. Chartoph. reg. ch. 78 : *Cum quadam navicula sive barcha, vulgariter nuncupata Lahut,... piscando venerunt.* Vide *Laudus*, 1.

LAIA. [* Chartul. S. Joan. Angeriac. fol. 63. r°. : *Addita magna parte ipsius sylvæ, secundum quod percalcatio facta est et Laia facta sunt in arboribus.* Ex quibus colligitur *Laia* proprie appellari arborum incisiones, quibus agrorum termini vel silvæ portio cædenda designabantur. Vide *Lachus*. Hinc *Laier un bois* est silvam vel illius partes ejusmodi terminis definire, in Charta ann. 1307. ex Chartul. Pontiniac. pag. 172 : *Les trois parz* (dudit bois) *qui demeurent ausi comme elles sont arpentées, guiées, departies et Laiées, etc.* Reg. 13. Corb. sign. *Habacuc* ad ann. 1510. fol. 36 : *En prendant sur les marchans, quant on Layera lesdiz bos, de chacun quartier xij. den. Alayer*, eodem intellectu, in Chartul. S. Joan. Laudun. : *Chacun an, au temps que ly bois s'Alayront, ly dits abbé et couvent penront une moitié à leur chois, et l'autre moitié desdits taillis à nous appartiendra.* Vide infra *Laya* 1. et] in *Leda* 3.

* **LAICALITER**, LAICATUS. Vide infra in *Laicus*.

* **LAICIVA**, Lixivia, Gall. *Lessive*. Charta ann. 1334. ex Tabul. D. Venciæ : *Item quod nulla persona faciat Laicivam aliquam in fonte dicti castri.* Vide *Lexiva*.

LAICUS. Eucherius : *Laicus, Popularis.* [Addit Job. de Janua : *Et dicitur a Laos,* (λαός) *Populus; vel potius a Laos* (λᾶς, λᾶος) *Lapis. Inde Laicus i. Lapideus; quia durus et extraneus a scientia litterarum.* Charta ann. 1084. in Chronico Andrensi tom. 9. Spicil. Acher. pag. 350 : *Hoc autem totum factum est in generalibus placitis apud Gesnes præsentibus Militibus et Laicis regionis Gisnesnis.* Albertinus Mussatus de Gestis Henrici Imp. apud Murator. tom. 10. col. 412 : *Ex civitatum ceterarum legatis aderant et Paduani quatuor, Rolandus de Plaziola, Jacobus de Alvarotis, Johannes Henricus de Capite vaccæ, Judices, et Albertinus Mussatus Laicus.* Recte Pignorius : *Laicus hic opponitur Judicibus et Jurisconsultis, quod videlicet non esset adeptus gradum, ut vocant, doctoratus : quo sensu apud Joan. Villanum legitur lib. 9. cap. 135. de Dante Aligerio :* Questi fu grande letterato, quasi in ogni scienza, tutte fosse Laico. *Mirum enim admodum esse videbatur, tot litteras callere, et doctrinis fere omnibus imbutus esse, neque tamen ad magisterii apicem pervenisse; alioqui Laicus alibi distinguitur a Clerico.*] Salvianus lib. 1. de Gubernat. Dei : *Ut omnes Laici intelligerent quantum iram Dei timere deberent, cum a præsenti pœna filios Sacerdotis, nec meritum parentis eriperet, etc.* Idem lib. 5 : *Atque hoc videlicet Laici tantummodo, non quidam etiam Clericorum sæculares, non multi etiam religiosi, etc.*

* Charta ann. 944. apud Ughel. tom. 1. Ital. sacr. edit. ann. 1717. col. 551 : *Ego Eudo episcopus cum voluntate et consensu de sacerdotes nostros, cardinales, presbyteros seu venerabiles Laicos, etc.*

* LAICUS, Illiteratus, indoctus. Guillel. Neubrig. lib. 4. rer. Anglic. cap. 3 : *Laici estis, si percipere non potuistis vim verbi.* Goffrid. Vindocin. lib. 3. epist. 8 : *Ad cujus objecta monachus, quia Laicus est, non Latina, quam non didicit, lingua, sed materna respondet.* [** Vide Haltaus. Glossar. German. col. 1209. voce *Lay*.]

¶ LAICA COMMUNIO. Vide *Communio* 4.

¶ LAICA LINGUA, Vulgaris, vernacula. Fundatio Tolosani Collegii Cisterciensis ann. 1286. inter Anecd. Marten. tom. 1. col. 1213 : *Clero et populo Latinis verbis et Laica verba* (sic) *vel lingua verbum Dei proponere valeant et etiam prædicare.* Inquesta ann. 1440. ex Archivo Abbatiæ Cassaniæ in Bressia : *Articuli lingua Laica et intelligibili voce expositi.* Sententia arbitralis inter Dominos et Communitatem Calliani ann. 1497 : *Præsentaverunt quandam Cedulam in lingua Laica descriptam.* [* Doctrin. Alex. de Villa Dei qui vivebat ann. 1240 : *Atque legens pueris Layca lingua reserabit.* Ubi Glossa : *id est, Vulgari.* Vide infra in *Lingua*.]

LAICI, dicti in Monasteriis, qui vulgo *Conversi, Oblati, Donati*. Vide Haeftenum lib. 3. Disquisit. Monast. tract. 1. disq. 8. et Menardum ad Concordiam Regular. pag. 1028.

¶ LAICALIS, ut *Laicus*, pertinens ad laicum. *Laicalis habitus*, in Capitul. Caroli C. tit. 1. *Regalis et Laicalis potestas*, apud Gerohum de corrupto Ecclesiæ statu ad Eugenium III. PP. tom. 5. Miscell. Baluz. pag. 180. *Laicalia imperia*, in Charta ann. 863. apud D. Calmetum Hist. Lotharingiæ tom. 1. col. 307. *Laicalis persona*, in Chron. Andrensi tom. 9. Spicil. Acher. pag. 386. *Laicalis patronus*, in Litteris ann. 1410. apud Rymer. tom. 8. pag. 633. *Laicalia officia*, in Bulla Pauli III. PP. ann. 1549. tom. 1. Maceriarum Insulæ Barbaræ pag. 255.

LAICALITAS, *Proprietas, qua quis dicitur laicus, vel laicorum congregatio.* Jo. de Janua.

¶ LAICALITER, Johanni de Janua, More laicali; *Layement*, in Glossis Lat. Gall. Sangerman. [* Charta Guill. episc. Paris. ann. 1245. in Chartul. S. Dion. pag. 492. col. 1 : *Girardus presbyter de Sereniis recognovit coram nobis se tenere Laicaliter tantum, quod est dicere, sicut laicus et ad usus et consuetudines, quibus laici tenent, etc.* Stat. synod. eccl. Corisopit. MSS. : *Prohibemus omnibus et singulis viris ecclesiasticis nostrarum civitatis et diocesis, ne se Laicaliter ingerant in vestibus aut capillis, gestu vel sermone.*]

¶ LAICATUS, Laicalis conditio, distincta a clericali. Consuetud. Tolos. MSS. fol. 36 : *Si non in possessione clericatus sit, penes Episcopum erit, donec quæstio Laycatus.... fuerit terminata.* [* Charta vet. apud Murator. tom. 5. Antiq. Ital. med. ævi col. 455 : *Terra vestra scripti sancti vestri monasterii, qui fuit quondam Timothei monachi vestri, qui in Laicatum Taurus vocabatur, etc.*]

** LAICARE, Clericatus ordinem abjicere. Chart. ann. 1218. apud Guden. Cod. Dipl. tom. 2. pag. 35 : *Si filius fratris mei, quod absit, Laicaverit.* Alia ann. 1292. ibid. pag. 271 : *Si contingat Reinhardum viam ingredi carni, universæ, vel monachari vel Laicari, etc.*

LAIDARE, LAEIDIA. Vide in *Lada*, 1.

* **LAIGNERIUM**, LAYGNERIUM, Vectura lignaria, cui obnoxii erant tenentes seu mansionarii, quam interdum pecunia redimebant; nostris *Laignier* et *Loingnier*, a vocabulo *Laigne* et *Loingne*, quo lignum quodvis ad comburendum significatur. Charta ann. 1318. in Reg. 56. Chartoph.

reg. ch. 533 : *In capponibus et redditibus caponum, censibus pecuniariis quibuscumque, Laignerio, vinagiis, corveis, etc.* Alia ann. 1319. in Reg. 59. ch. 56 : *Item* (concedimus) *Laygnerium extimatum sex solidos Parisienses valere per annum in villis de Bosco et de Parigniaco;... et in summa omnium prædictorum, tam in pecunia quam Laygnerio, corveis, caponibus, etc.* Charta Odon. ducis Burg. ann. 1325. in Reg. 93. ch. 43 : *Item les bois de Tremblay,... ouquel bois le chastellain de Brancion veut faire un Loignier pour soy chauffer chascun an.* Infra : *Laignier.* Libert. villæ de Borbon. ann. 1204. in Reg. 61. ch. 306 : *Ma courvée dou bruil,.... et mon Leignier chascun an à feste Touzsainz.* Charta ann. 1321. ibid. ch. 123 : *Li habitans de ladite ville doient à leurdit seigneur le charroi de leurzdiz chivaus par chascun an deus jours, pour son Leingnier charier. Loignier,* in alia ann. 1312. ex Reg. 60. ch. 220. *Lengnier,* in Stat. Joan. dom. *de Comercy* ann. 1336. Libert. Jonvil. ann. 1354. tom. 4. Ordinat. reg. Franc. pag. 297. art. 23 : *Chascuns hernoiz de chevaux nous devrait amener une chartée de Loignes une foiz en l'an, prise en nos bois de Jonville, pour faire nostre Loingnier à Nouel. Loingner,* in Lit. ann. 1357. tom. 6. earumd. Ordinat. pag. 631. art. 4. Charta ann. 1339. in Chartul. eccl. Lingon. ex Cod. reg. 5188. fol. 281. r°. : *La taille acoustumée à paier en argent chascun an de mes hommes,... et le charoy dou Laignier du Noel.* Charta vernacula Joan. comit. Pontiv. ann. 1177. in Lib. albo domus publ. Abbavil. fol. 167. v°. : *Le quesne et ossi hestre et toutes les autres Laignes, etc.* Lit. remiss. ann. 1361. in Reg. 84. Chartoph. reg. ch. 266 : *En laquelle maison je ay mis ma Laigne et fagos,... licet dictus exponens aliqua ligna vel fagotos in eadem domo non haberet* Stat. pro bono publ. ex Lib. rub. fol. magn. Abbavil. art. 16 : *Que toute le Laigne, le merieng et le carbon qui vient par karette en le ville,... et que le Laigne qui vient en navel etc. Une busche, que l'en nomme communément à Abbeville une Laigne,* in Lit. remiss. ann. 1451. ex Reg. 184. ch. 184. Fabul. tom. 1. pag. 17 :

Li vilains a demandé Laingne.

* Hinc *Laigner* et *Laignier*, pro *Bucher*, Cella lignaria. Lit. remiss. ann. 1391. in Reg. 142. ch. 97 : *En entrant en icelle taverne l'exposant chey à un genoul en Laigner d'icelle.* Aliæ ann. 1431. in Reg. 175. ch. 108 : *Le suppliant print ou Laignier de l'hostel une busche ou baston etc.* Vide *Lignarium* 1. et 2.

* Aliud vero sonat verbum *Laigner*, Obmurmurare scilicet vel increpare, in Lit. remiss. ann. 1366. ex Reg. 97. Chartoph. reg. ch. 525 : *Après plusieurs paroles, sa femme il féry, et non contempt de ce, vint à Ysabeau sa chamberriere, laquelle Laignoit ou respondoit despiteusement.*

¶ **LAINARIUS**, LAINERIUS. Accipitris genus, vulgo *Lanier.* Vide *Falco* 1. et *Lanarii* 2.

¶ **LAIRISCUM.** Vide in *Larricium.*

LAIRWITA, LEYRWITA, LEGERWITA, etc. Stupri, seu concubitus illegitimi mulcta. Vide Spelmannum.

LEJERWITE. Leges Henrici I. Reg. Angl. cap. 81 : *Quidam villani et qui sunt ejusmodi Lejerwitam et blodwitam, et hujus minora forisfacta emerunt a dominis suis, etc.*

LERWITE, in Charta ejusd. Henrici I. Reg. Angl. pro Monasterio S. Catharinæ Rotomag. in Regesto Norman. sign. P. in Camero Comput. Paris. : *Quietas, liberas et solutas, de shiris, et de hundredis, et placitis, et querellis et de mudris, et de warpent, et scutagio, et gildis, et danegildis, et assisitis, et hidagiis, et de operationibus pontium et castellorum, et de Lerwite, et de hegelwite, et de fleantineswite, etc.*

LEJEWITE, in Charta Regis Henrici II. tom. 2. Monast. Angl. pag. 283.

LEGERWITA, Eadem notione. Bromptonus : *Legerwite*, (perperam Edit. *Letherwithe) est emenda pro corruptione nativæ.* Ex Saxon. læ g a r, Concubitor, et v i t e, Mulcta. Leges Henrici I. Reg. Angl. cap. 23. de Forestis : *Si quis blodwitam, fintwitam, Legerwitam, et hujusmodi forisfaciat, et inde veniat sine dividitatione vel calumnia, placitum domini sui est.*

LAISCUM. Lex Longob. lib. 1. tit. 19. § 8. [** Rothar. 305.] : *Si quis roborem, aut quercum, seu cerrum, quod est modo Laiscum... inciderit.* Edit. Heroldi tit. 101. § 62. *Seu quercum, quod est medula Ischal, etc.* [Muratorii, *Quod est modula Iscol.* Cod. Mutin. *Quod est Modolaisclo;* Estens. *Quod est modula Hisclo.*]

* *Leson*, nostris, haud scio unde, Scamni genus. Lit. remiss. ann. 1385. in Reg. 128. Chartoph. reg. ch. 228 : *L'exposant qui se apoioit à un banc, appellé Leson, qui estoit emmi la maison, etc.*

* **LAISSA**, Donatio, legatum, Gall. *Legs*, alias *Lais.* Vide in *Divisa* 1. *Les*, apud Bellom. Ms. cap. 12. pag. 30. Glossar. Provinc. Lat. ex Cod. reg. 7657 : *Layssas, Prov. Leguatum, quod in testamento dimittitur.* Charta Matth. episc. Trec. ann. 1174. in Chartul. Arremar. : *Ecclesia S. Johannis habebit.... medietatem omnium oblationum, tam in omnibus Laissis mortuorum, quam in omnibus oblationibus vivorum.* Vide in *Laxare* 2.

* **LAISSAMENTUM**, Cessatio, ab aliqua re discessio, Gall. *Désistement, délaissement.* Charta senesc. Ruthen. ann. 1310. in Reg. 49. Chartoph. reg. ch. 80 : *Dicti macellarii..... debent ipsum macellum tenere intus et extra,..... quilibet in perpetuum et sine excusatione partis, sive diminutione seu Laissamento causæ.*

¶ **LAISSERIA**, Lacus, piscina. Charta Curiæ Suession. ann. 1240 : *Recognoverunt etiam quod in lacu vel Laisseria dictorum Jacobi et Eremburgis, quod contiguum est dicto vivario S. Medardi piscari non poterunt.*

LAISUS, Sinus. Pactus Legis Salicæ tit. 49 : *Et sic festucam in Laisum jactet.* Forma traditionis, et transferendi dominii. De vocis origine vide conjecturam Wendelini, [** Grimm. Antiq. Jur. German. pag. 122. et Eichhorn. Histor. Jur. German. § 59.]

LÆSIVERPUM, Cessio, gurpitio : *Læsoverpire*, Cedere, transferre, quasi in *Læsum*, id est, sinum alicujus *werpire*, festuca, quæ est signum traditionis, in *Laisum* seu sinum jacta, secundum Legem Salicam tit. 48. Habetur apud Marculfum lib. 1. for. 13 : *Præceptum de Læsiverpo*, [Baluz. *Læsiuverpo*, melius *Læsiwerpo*] *per manum Regis*, ubi vocis *Læsoverpire* notio indicatur : *Quod ipsas villas in suprascriptis locis nobis voluntario ordine visus est Læsoverpisse, vel condonasse.* [Eccardus in suis ad Pactum Legis Salicæ notis pag. 92. legit *Leuseverpisse*, observatque veteres etiam scripsisse *Lesoverpire*, et *Leisoverpire* pro *Laisoverpire.* Baluzius habet *Leuseuverpire.*]

LAITIHUNT. Vide in *Canis.*

LAIUS. S. Cæsarius in Regula ad Monachos cap. 26 : *Vestimenta alio colore non induatis, nisi Laia, lactina et nigra nativa.* Idem in Regula ad Virg. cap. 40 : *Omnia vero indumenta simplici tantum et honesto colore habeant, nunquam nigra, non lucida, sed tantum Laia, vel lactina.* Cap. seq. : *Tinctura in Monasterio nulla alia fiat, nisi, ut supra dictum est, Laia et lactina.* Idem repetit Cæsarius in Recapitul. cap. 7. ut et S. Aurelianus in Reg. ad Virg. cap. 22. et S. Donatus in Reg. cap. 63.

* **LAIXA**, ut supra *Laissa.* Charta ann. 1202. inter Instr. tom. 6. Gall. Christ. col. 50 : *Quicunque homo vel femina aliquam Laixam vel donum de honore, vel auro, vel rebus suis pro amore Dei et salute animæ suæ ibi fecerit, illam Laixam vel donum, quodcunque sit, dono et confirmo ego per me et meos omni tempore valituram et firmam.*

¶ **LALANGULA**, *Crustula.* Laurent. in Amalthea.

¶ **LALLARE**, *Lac trahere*, apud Papiam. Fusius Joh. de Janua : *Lallare, Dormire vel lac sugere, lactere, et est verbum fictitium, i. de sono tractum. Cum enim nutrices pueris plorantibus præcipiunt dormire vel lactere, dicunt la la la, i. dormi vel lacte : et est tractum a sono qui fit in ore pueri lactantis, scil. la la la : et inde tractum est Lallare, i. lactere.* Persius :

Iratus mammæ, Lallare recusas,

Gloss. Lat. Græc. : *Lallare*, βαβάζειν, Inarticulatam vocem edere. Scaliger de causis Ling. Lat. cap. 38 : *L quoque facillima fuit, atque inter primas reponenda; lactentis enim ætatis est.*

¶ LALLUS, Nutricum cantiunculæ *la la*, ut somnus pueris inducatur Auson. Epist. 16 :

Nutricis inter lemmata
Lallique somniferos modos
Suescat peritis fabulis.

Turnebus lib. 18. Advers. cap. 34. Deum interpretatur, qui præerat næniis illis balbis, quas nutrices pueris occinunt; secus vero Scaliger et alii.

1. **LAMA.** Festus : *Lama, Lacuna.* Gloss. Lat. Græc. : *Lamæ*, πηλώδεις τόποι. Ugutio et Joan. de Janua : *Lama, mæ, est locus voraginosus, vel lapis in via abruptus. Lama, i. frustum auri, vel argenti, vel alterius metalli.* Papiæ, *Lamæ sunt confractiones viarum, quæ fieri solent pluvia interveniente.* Vita S. Mauri Episc. Cæsenatis n. 5 : *Locus scilicet nec præruptis cacuminibus sublimius ad alta porrectus, nec omnino depressus in ima, ad arvalis Lamæ videbatur planitiem coæquatus.* [Ennius : *Silvarum*

saltus, latebras Lamasque lutosas.] Paulus Warnefridus lib. 1. de Gest. Longobardor. cap. 15. *Piscinam* Longobar. lingua *Lamam* appellari auctor est. [Papias : *Lama, Piscina dicitur a quibusdam Barbaris.*] Charta Alfonsi VII. Regis Hisp. æræ 1182. apud Yepez tom. 7 : *Et exinde per eam Lamam degenerari. Lama*, Danti in Infer. cant. 20. usurpatur pro valle. Inde *Lamina, parva Lama*. Vide Ughellum tom. 6. pag. 845. tom. 7. pag. 1273. tom. 9. pag. 206. Chronic. S. Bartholomæi de Carpineco lib. 2. pag. 1242. etc. [** Vide Forcellin.]

* Stat. Mutin. rubr. 212. pag. 39. v° : *Fossata, quæ vadunt et sunt juxta stratam Ganaceti, serrentur et serrata teneantur, ita quod aqua discurrat in Lamam.* Italis, *Lama* est planicies, campus. Idem quod Torrens monte præcipiti devolutus, in Vita B. Cicchi tom. 1. Aug. pag. 661. col. 1 : *Diabolus serpens ejus felicibus actibus invidens, aquarum violentia et pestilentiæ inauditæ ita fortiter Lamam cimæ superioris induxit et irruit in ecclesiam prælibatam, etc.* Haud scio quid *Lame* significet, nisi sit mendum pro *Sanctæ*, vel *Lunæ*, in Charta ann. 1309. ex Reg. 13. Chartoph. reg. ch. 164 : *Pro facienda quadam elemosina annis singulis in prima die Lame Quadragesimæ pauperibus ad ecclesiam seu villam de Chanzeyo dicta die anno quolibet undecimque confluentibus.*

2. **LAMA**, Dæmonum species. Apud Gervasium Tilleberiensem MS. lib. 3. de Otiis Imperial. cap. 87. Lamæ dicuntur esse *mulieres, quæ noctu domos momentaneo discursu penetrant, dolia * relent* [f. *deplent*,] *cofinos, catinos, et ollas perscrutantur, et infantes ex cunis extrahunt, luminaria accendunt, et nonnunquam dormientes affligunt.* Quo loco *Lamæ* aliæ videntur a Lamiis, de quibus ita cap. seq. : *Lamias, quas vulgo mascas... vocant,... dicuntur autem Lamiæ... vel potius laniæ a laniando quia laniant infantes.* Eucherius Lugdunensis : *Lama, in Esaia, genus monstri, ut quidam affirmant.* Vide Nilum Mon. lib. 2. Epist. 205. et infra in voce *Striga*, et Ughellum tom. 8. pag. 712. [* Glossar. Lat. Gall. ex Cod. reg. 4120 : *Lamia, genus monstri, Gall. Mare, vel animal.*] [** Vide Grimm. Mythol. German. pag. 597.]

¶ 3. **LAMA**, Lamina, Gall. *Lame*, Ital. *Lama*. Translatio Crucifixi qui S. Johanni Gualberto caput inclinavit, in Actis SS. Julii tom. 3. pag. 453 : *Jussit insuper, ut suis sumptibus tota crux argentea tela, quam Lamam vulgo appellant, convestiretur.* Papias : *Lamæ, fracturæ cujuslibet metalli* in latitudinem ductæ. [* Lit. remiss. ann. 1354. in Reg. 82. Chartoph. reg. ch. 351 : *Ipsum. ensem..... apprehendit nuda manu per alemellam sive Lamum.*] Vide *Lama* 1.

¶ **LAMBARE**, pro *Lumbare. Crucifixum argenteum aureum habentem Lambare pretiosis lapidibus intextum*, in Diariis Trevoltianis ann. 1714. pag. 1327.

¶ 1. **LAMBELLUS**, Transversa in capite scuti gentilitii tænia, vulgo *Lambel*. Conventiones Ludovici Regis Siciliæ cum Arelatensibus ann. 1386. ex MS. D. *Brunet* fol. 1. v°. : *Arma dicti D. Regis florum lilii cum tribus Lambellis desuper.* Vide *Labellus*.

* 2. **LAMBELLUS**, Ornamenti genus, diminut. fortassis a *Limbus*. Chron. Guill. Bardini inter Probat. tom. 4. Hist. Occit. col. 13 : *In qua* (tabula) *erant descripta eorum nomina, qui in parlamento Tolosano sedere debebant, quorum præconisatione facta,... acceperunt a fæcialibus regis vestimenta solemnia, pallia coccinea herminacea, Lambellos*, (alias *Cambellos*) *pileos ex denso panno serico cum circulo aureo.* Vide infra *Lambus*.

¶ **LAMBITIO**, Actus lambentis. Vita S. Richardi Episc. Cicest. tom. 1. April. pag. 286 : *Et sicut ex fluida materia ignis beneficio sal in solidam petræ materiam, animalium infirmorum Lambitioni profuturum vertitur, sic etc.*

LAMBITTA. Chronicon Trudonense lib. 1. pag. 350 : *Item clavicellam ex auro, Lambittas duas argento textas, vexilla quatuor, etc.* [Legendum *Cambuttas* probabiliter conjectat Mabillonius tom. 3. Annal. Benedict. pag. 163.]

* **LAMBOYA**, Fluvius, qui in Venenam labitur. Charta Henr. comit. Trec. ann. 1172. in Chartul. Pontiniac. ch. 72 : *Concessi quod infra fines illos, quos claudit Lamboya fluvius, sicut in Vennam fluvium defluit et Venna versus Senonis currit,.... nec ego nec alius.... villam amodo constituemus.*

* **LAMBRECLA**, f. Imbrex, stillicidium, Gall. *Goutiere*. Charta ann. 1293. apud Muratør. tom. 4. Antiq. Ital. med. ævi col. 669 : *Edificium cujusdam domus longitudinis viginti septem pedum et largitudinis decem pedum et dimidii, scilicet cupos, Lambreclas, columpnas, spondas, mureas, positas in ea.* Vide infra *Lambrus*.

¶ **LAMBRICARE**, Lacunare, Gallice *Lambrisser. Lambrices*, Lacunar, Gall. *Lambris*. Vide *Jambricare*.

Lambroficare. Tabular. Fossatense : *Apud Euriacum fecit Abbas appentitia, quæ sunt juxta portam domus super vineas, fecit Lambroficari, et caminum in eadem, et in altero solio fieri caminum ad opus suum et sociorum suorum, etc.* Forte idem quod apud nos *Lambrisser*, in lacunar camerare.

¶ Lambrucatus, Laqueatus, Gall. *Lambrissé*, Fundatio Monast. Cœlestinorum Suession. apud Marten. tom. 6. Ampliss. Collect. col. 608 : *Claustrum cum pilaribus duri lapidis pulcre compositum, et mire desuper ligno Lambrucatum.*

¶ Lambruchium, Lacunar, Gall. *Lambris*. Computus ann. 1202. apud D. Brussel de Feudorum usu ad calcem tom. 2. pag. CXLII. col. 2 : *Pro palicio reficiendo x. sol. pro Lambruchio domus Fratris Garini* XII. *solid.*

¶ Lambruscare, Lacunare. Vetus Charta apud Lobinell. tom. 2. Histor. Britan. col. 550 : *Postquam fuit Dux Britannie fecit eamdem Ecclesiam Lambruscari.*

* Lambroissare, Lacunare, Gall. *Lambrisser*, alias *Lambroissier* et *Lembroissier*. Reg. A. 2. Cam. Comput. Paris. ad ann. 1321. fol. 50. r° : *Rex mandavit.... viridario forestæ de Brotona, quod ipse deliberaret fratribus Prædicatorum Rothomagensium dimidium arpentum bosci.... pro Lambroissando eorum dormitorio et pro ardere.* Lit. remiss. ann. 1412. in Reg. 166. Chartoph. reg. ch. 296 : *Un chariot couvert afiertré et Lembroissié de boys.* Mirac. Mss. B. M. V. lib. 1 :

> Lors moustiers tiennent ors et sales,
> Et lor cambres et lor grans sales
> Font Lambroissier, paindre et pourtraire.

A voce *Lambrois*, Lacunar, tabulatum, vulgo *Lambris, plancher*. Lit. remiss. ann. 1389. in Reg. 135. ch. 220 : *Jehan de Vendosme chevalier, nostre chambellan et seigneur de Feuillet, desirant de tout son cœur savoir la verité du cas, fist mettre et tapir sécrétement sur le Lambroiz de sa chambre un de ses varlés.* Cost. Paris. in Reg. sign. *Noster* Cam. Comput. fol. 37. v° : *Le millier de Lambrois, ij. den.* Reg. sign. *Pater* ejusd. Cam. fol. 249. v° : *Item pour le millier de Lambruiz de ij. piés, et de ij. piés et demi l'un parmi l'autre, iiij. den. Lambru*, eadem notione, unde *Lambrucher*, Contabulare, in Lit. remiss. ann. 1379. ex Reg. 115. ch. 162 : *Le suppliant se tint dessus la chambre, où gisoit son pere, qui est Lambruchée;.... une des fois qu'il estoit sur ladite chambre, il vit par un pertuis, qui estoit ou Lambru d'icelle etc.* Pedag. prior. S. Gondulfi ann. 1314 : *Le millier de Lambrus, iiij. den.* Vide *Lambricare*.

* **LAMBRUC**. Vox contracta et forte mendosa, cujus tamen sensus satis est apertus, in Libert. Brianc. ann. 1343. tom. 7. Ordinat. reg. Franc. pag. 726. art. 11 : *Considerans... quod in recognicione per ipsas universitates vel singulares personas dictæ baillivie Brianczonesii, de juribus dalphinalibus facienda,.... multi possent incidere in Lambruc. ex ignorancia,, simplicitate, vel rusticitate, etc.* Id est, in errorem, quapropter mulctam falsæ declarationis incurrerunt.

* **LAMBRUS**, Tegulæ species, imbrex. Stat. Vercel. lib. 4. pag. 82. v° : *Item quod fornasarius faciat seu fieri faciat lapides, cupos, Lambros et cugnolios, cujuscumque modi sint, bene coctos.*

* **LAMBUS**, Ornamenti genus, idem videtur quod Diadema. Elog. Ludov. Pii tom. 6. Collect. Histor. Franc. pag. 266 :

> Non temet, mi Rex, Lambus non aureus inflat;
> Non diadema micans mentis in arce sedet.

Vide supra *Lambellus* 2.

¶ **LAMDAREUS**. Vide supra *Labdareus*.

LAMENTATIO, Querela, actio, calumnia. Charta Hugonis Hugonis Archiepiscopi Genuensis ann. 1184. apud Ughellum : *Si vero ante alium judicem Lamentatio tractabitur, donationis a nobis factæ testimonium perhibebimus.* Occurrit præterea in Charta ann. 1161. apud P. Mariam Campum in Hist. Ecc. Placent. in Reg. 2. part. Charta 17.

Lamentatio Mensurna. Histor. Offæ Regis Merciorum, ex MS. S. Albani : *Offanus autem* (Offæ filius, qui et Offa II. dicitur) *oculos patris sui pie claudens, Lamentationes Mensurnas cum magnis ejulatibus, lacrymis, et specialibus planctibus, prout moris tunc erat Principibus magnificis, lugubriter pro tanto favore continuavit, obsequiisque magnifice iam in Ecclesia quam in locis forinsecis completis, apparatu regio et celeberrimo in eminentiori Ecclesia penes Gloverniam urbem, egregiam eidem exhiberi jubet sepulturam.* Ex Spelmanno in *Monthday*. Vide *Mensurnum*.

LAMENTATRICES. Vide *Cantatrices*.

* **LAMENTELA**, Querela, Gall. *Plainte*.

Lit. Joan. march. Montisfer. ann. 1355. ex Bibl. S. Germ. Prat. : *Dicebatis quod de nobis habebatis causam et verum materiam Lamentelæ : tamen istud seu causam quare, dicere seu exprimere nolebatis.*

* **LAMENTUM**, Acta S. Sebaldi tom. 3. Aug. pag. 772. col. 2 : *Quod cernens devota mulier, quæ pœnitentium jam vitam agebat, quia circulum ferreum in Lamentum gestabat ad brachium.* Id est, ut addunt docti Editores, in signum pœnitentiæ vel doloris de suis peccatis. Vide *Circuli ferrei* in *Circulus.*

* **LAMERA**, Lamina, Ital. *Lamiera.* Hist. belli Forojul. apud Murator. tom. 3. Antiq. Ital. med. ævi col. 1204 : *Et unus venit ad portam cum una hasta, super quam erat una Lamera ferrea cum sagittis accensis, putans ignem in porta infigere.*

* **LAMERIA**, Thorax, Ital. *Lamiera.* Stat. datiar. Riper. cap. 12. fol. 4. v° : *De qualibet soma calybis, ferri soldi, Lameriarum et pectoralium, de pensibus duodecim, pro introitu soldi sex.*

* **LAMIA.** Vide supra *Lama* 2.

LAMIARI, *Fascinari*, [Leonardo] in Additionibus ad Vitam S. Antonini.

¶ **Lamiaria**, Fascinatrix. Vide *Facturari.*

1. **LAMINA**, ut *pix, tæda*, inter βασάνους, in sanctorum Martyrum Actis recensetur passim. [** Lamina ferrea aut ærea candens corpori admovebatur. Vide Forcellinum.]

¶ **Laminares Nummi**, Qui constant ex tenuissimis laminis, de quibus consulendus Joh. Christoph. Olearii Isagoge ad Numophylacium Bracteatorum etc. Jenæ 1694.

¶ **Laminatus**, Laminis tectus, ornatus, Ital. *Laminato.* Testam. Gregorii XI. PP. apud Acher. tom. 6. Spicil. pag. 681 : *Item legamus dicto monasterio Casæ-Dei unum valde pretiosum jocale de auro et de argento et lapidibus pretiosis Laminatum et elaboratum, in quo est reconditum brachium S. Andreæ Apostoli.*

* 2. **LAMINA**, Locus, ut videtur, ubi arundines seu cannæ crescunt; *Lame* quippe cannam dixerunt nostri, teste Cotgravio. Charta ann. 1258. in Chartul. eccl. Lingon. ex Cod. reg. 5188. fol. 234. v° : *Robelinus* (debet) *vj. denarios de Lamina boisseriæ.... Simon li tannieres iij. den. de Lamina et iij. den. et obol. de boisseria. Laurentius Coque iij. den. de eadem Lamina.* Hinc forte

* **Lamina Candelæ**, quod instar cannæ sit candela. Inquisit. forestæ *de Lyons* in Reg. 34. bis Chartoph. reg. part. 2. fol. 118. r°. col. 1 : *Abbas S. Audoeni.... quitus de pasnagio propriorum porcorum per unum sextarium avenæ,.... et quinquaginta Laminas candelæ de dimidio pedis longas.* Nisi Candelarum fasciculos intelligas, quomodo *Lame de gerbes*, spicarum manipulus appellatur, in Lit. remiss. ann. 1371. ex Reg. 100. ch. 885 : *Lesquelx suppliant ont pris un porcel, une brebis,.... certaine Lame de gerbes, etc.*

* 3. **LAMINA**, Locus subterraneus, quod in longum, instar laminæ, protendatur, sic dictus. Consuet. Neapolit. Mss : *In domo conducta non licet conductori tenere vel habere paleam vel fenum,.... nisi locus conductus sit cripta vel Lamina.*

* 4. **LAMINA**, Segmen, Gall. *Lambeau.* Alex. Iatrosoph. Ms. lib. 2. Passion. cap. 73 : *Deinde si incancrierint ulcera, deponunt stercora varia et nigra, cum aliquibus Laminis putridarum carnium.*

¶ **LAMIRO**, *Blandus*, in Glossis Isid. f. a Græco λαμυρός, Disertus, facetus, scurrilis.

¶ **LAMISIO.** Papias : *Lama, Piscina dicitur a quibusdam Barbaris; inde Lamisio proprium. Sic multa sunt occulta.*

* **Lamissio.** Chron. Mss. S. Vict. Paris. ex Bibl. reg. fol. 10. r° : *Lamissio dictus est, eo quod a lama, id est vorangine fuit extractus.* Vide *Lama* 1. [** *Lamisio secundus rex Langobardorum*, apud Pertz. Scriptor. tom. 3. pag. 217. lin. 42. ex vet. Catal. regum in cod. legum Langobard. Vatican.]

¶ **LAMITABILIS**, Lamentabilis. *Eventus dolorosus et Lamitabilis*, apud Rymer. tom. 2. pag. 1075.

LAMNA, pro Lamina. Vett. Glossæ : *Lamna*, λεπίς. Gloss. Gr. Lat. : Ἔλασμα χρυσίου, ἢ ἄλλης ὕλης, *Lamna, Lamella.* Eædem : λάμνα. Vincentius Belvac. lib. 30. cap. 79 : *Armati sunt autem coriis superpositis Lamnis ferreis conjunctis, Lamnisque vel corio brachia cooperiunt.* Silvester Giraldus lib. 1. de Expugn. Hibern. cap. 21 : *Undique ferro vestiti : alii loricis longis, alii Laminis ferreis arte consutis.* Vide Meursii Gloss. in Λάμνα. Occurrit etiam apud Ulpianum et alios.]

¶ **LAMNISCA**, *Fasciolæ*, apud Papiam; sed legendum *Lemnisci*, ut apud Livium et alios.

¶ **LAMOSUS**, *Voraginosus, plenus lamis*, apud Johannem de Janua. Vide *Lama* 1.

LAMPABILIS. Theodericus Monachus in Historia Inventionis S. Celsi Episc. Trevir. n. 5 : *Vir virtutum Egbertus Archimandrita Lampabilis.* Fridegodus in S. Wilfrido cap. 48 :

Archanus Michael nitido Lampabilis ore.

Dignus forte, qui ut vir sanctus lampadibus ante illum accensis colatur. Italis *lampo* et *lampa*, est spendor, *lampeggiare*, resplendere; vel potius, quod ut lampas effulgeat. [** *Lampare*, Splendere, apud Cassiod. Instit. Divin. Lect. 21. Complex. Apocal. 26. A Gr. Λάμπω. *Lampabilis* apud eund. in præf. Psalter. : *Sermo Lampabilis.* Vide Furnalett. Append. 1. ad Forcell. Lexic.]

¶ **LAMPADA**, f. pro *Lampetra*, Gall. *Lamproie*, Muræna. Chronicon S. Trudonis tom. 7. Spicil. Acher. pag. 509 : *Frequentissime magnæ portiones strutionum, tempore quo Lampadæ in usu sunt, inter duos una; sed et crassus piscis, quæ Balena dicitur, frequenter abunde ministratur.*

LAMPADÆ, pro Lampades, a Pollione usurpari, ex MSS. Codd. observavit Salmasius. [Tabular. S. Albini de Nemore : *Monachi debent unam Lampadam facere ardere nocte et die ante S. Corpus Domini.* Sed et apud Plautum : *Tene hanc Lampadam.*]

LAMPADARE, Lampades supponere lateribus : tormenti species, quo in Martyres sæviebant Pagani. Vita S. Politi Mart. cap. 3. n. 17 : *Tunc Imperator jussit eum in equuleo appendi, et Lampadari.* Alia ejusdem S. Vita cap. 6 : *Jussit eum in equuleo suspendi, et Lampades ardentes lateribus applicari.* Acta S. Marcelli PP. cap. 4. n. 19 : *Date Flammas ad latera ejus.* Prudentius lib. περὶ ςεφάνων, in S. Eulalia : *Ultima carnificina dehinc, non laceratio vulnifica crate tenus, nec arata cutis; flamma, sed undique Lampadibus in latera, stomachumque furit.* Theoderetus lib. 8. Græcar. affect. pag. 112. de Martyribus : Προθεῖναι δὲ τὰ νῶτα τοῖς ἐθέλουσι μαςιγοῦν, καὶ λάμπασι, καὶ ὄνυξι τὰς πλευρὰς, καὶ τοὺς αὐχένας ὑποθεῖναι τοῖς ξίφεσι, etc. Vide Lactantium lib. de Mortib. Persecut. n. 21. Palladium in Vita Chrysostomi pag. 198. Acta SS. Marii, Marthæ et al. n. 18. Acta S. Asclæ n. 5. Acta S. Dorotheæ n. 9. 17. S. Eulaliæ Virg. Barcinon. 7. Vitam B. Faustini et Iovitæ Mart. n. 1. Menologium Basilii in S. Crescente 13. 16. April. Martyrolog. Rom. 24. Novemb. Baron. ann. 259. n. 17. ann. 285. num. 5. etc.

Lampadare, Fulgere. Cassiodor. in Psalmum 43 : *Ecce nobis Dominicus ordo domino revelante Lampadavit.* Vide *Lampabilis.*

LAMPADARII, officiis ac ministris inlustrium dignitatum vulgo accensetur, tametsi de eorum munere haud constet : maxime vero Præfectis Prætorio, et Magistris officiorum adscribuntur apud Julianum Antecessor. Constit. 37. et in Notitia Imperii, ac deinde inferioribus etiam Magistratibus ex Imperatorum indulto, ut Quæstoribus seu Præfectis insularum, apud eumdem Julianum loco laudato : et aliis, in Constitutione Leonis M. et Zenonis, Cod. de Diversis Offic. Concessum etiam Pontici tractus Vicario, ut et Præcone et Lampadibus quatuor uti posset, Justiniani Edicto 8. § 4. unde patet, plures fuisse Lampadarios majoribus Magistratibus, quorum princeps, *Primicerius Lampadariorum* dicitur in Novella Valentiniani 34. ex Theodosianis, quas edidit Pithœus, Opilioni Magistro officiorum inscripta. [Ii porro δαδοῦχοι videntur appellari in veteri Inscriptione apud Sponium tom. 3. Itiner. part. 2. pag. 18 : Προνοίᾳ Φλάβιου Πομ. δαδούχου τοῦ διασημοτάτου καὶ ἀποχομίτων.] [* Ibi de Ministris sacrorum Cereris aut Proserpinæ, qui in iis sacris faces deferre solebant, agitur. Vide Polluc. Castell. de Ludis Græc. Meurs. de Eleusin. et Vandal. Dissert. 6. cap. 5. pag. 500. et seqq.] Cum igitur lampades quatuor concedantur Vicario Pontici tractus, satis apparet, *Lampadarios* non fuisse, qui lampadum Palatii curam haberent, ut accenderentur et niterent : quod volunt Brissonius, Pancirolus, et alii. Neque plures quam quatuor lampades habuisse magistratus ex eo colligo, quod inter insignia Præfectorum Prætorio, in Notitia Imperii totidem depingantur : ubi lampades, non lucernæ oleariæ sunt, quod quidam volunt; sed candelabra cereis suis candelis instructa. Adest præterea inter ea insignia Imperatoris imago, quæ aut Magistratui præferebatur, ut observare est ex Senatore l. 6. in formula Consularitatis 20. adeo ut lampades iis concessas par sit credere ob ejusmodi imagines, cum deferri μετὰ κηρῶν, et μετὰ κηραφίας, solerent, ut docent Acta Synodi VII. act. 1. et Chronicon Alexandrin. in Phoca. Neque id summis Magistratibus proprium fuit, cum et Imperatoribus præferrentur, quod produnt Herodianus in Commodo et in Antonino, Tertullianus in Apologetico cap. 34. et ad Uxorem cap. 2. et aliquot alii. Inde vero fluxisse, ut cum faculis et acclamationibus, cum urbes ingrederentur, Imperatores Occidentis exciperentur, quod tradit Lambertus Schafnaburgensis ann. 1077. non ausim affirmare. Verum ut sese res habeat, hinc videtur ortus apud Orientales Augustos qui invaluit, ritus, ut a Lampadario in sacris liturgiis præcederentur μετὰ διβαμπούλου καὶ τῆς λαμπάδος, ut auctor est Codinus de Offic. cap. 6. n. 4. 31. 41. cap. 7. n. 24. [quod etiam attigit Balsamon de Privileg. Patriarch. pag. 445.] Matthæus Monachus de Offic. aulæ CP. κἀν ταῖς ἑορταῖς λαμπαδηφόρος ἄλλος. Sed cur Lampadarii *Mensoribus* adjungantur in Notitia Imperii, et in d. l. ult. C. de Divers. offic. (12,59.) rationem aliam non perspicio, nisi quod ex Mensorum ordine essent, vel quod ut ii, Imperatorem et Magistratus præcederent. Vide Henric. Valesium ad Euseb. de laudib. Constant. cap. 1.

Habuit etiam Ecclesia Græcanica suos Lampadarios, qui scilicet lampades ac faces præferebant Patriarchæ in Liturgiis, ut est apud eumdem Codinum de Offic. pag. 9. Edit. Reg. Quo etiam jure gaudebant Metropolitani αὐτοκέφαλοι, apud Balsamonem de Privileg. Patriarch. [pag. 444. et 445.] Meminit Pachymeres lib. 4. cap. 16. λαμπαδαρίου τοῦ Βασιλικοῦ κλήρου, qui scilicet in Palatinis Ecclesiis lampadem Imperatori forte, aut ipsi Patriarchæ, vel alii Metropolitano, in iis sacra facienti, præferebat. Docet præterea idem Pachymeres lib. 2. cap. 15. βακτηρίαν καὶ τὸ λαμπαδοῦχον, symbola fuisse Patriarchicæ dignitatis, quæ ab Arsenio Patriarcha repetiit Michael Palæologus, cum eum abdicavit. Διβάμπουλον dicitur eidem Pachymeri l. 7. cap. 28. quod duplici constaret lampade, de quo Meursius et Gretzerus ad Codinum. [Vide Gloss. mediæ Græcit in Διβάμβουλον et in Λαμπαδάριος, col. 300. et 785.]

Lampadarii Pensiles, *Plures sustinentes lampades* in Ceremoniali Episcopor. lib. 1. cap. 12.

¶ **LAMPADARIUM**, Candelabrum sustinendis lampadibus in Ecclesiis. Bulla Innocentii VIII. PP. ann. 1484. in Continuatione magni Bullarii Rom. pag. 288. col. 2 : *Inter magnum altare et Lampadarium.*

* **LAMPADARIUS**, Lampas, lucerna, Gall. *Lampe*, alias *Lampier*. Invent. S. Capel. Paris. ann. 1376. ex Bibl. reg. : *Item tres Lampadarii argenti pendentes in navi capellæ prope portam.* Aliud Gallic. : *Item trois Lampiers d'argent pendans devant la grant porte.*

** **LAMPADITAS**, apud Virgil. Gramm. pag. 122 : *Lapides dicuntur de sua Lampaditate, quia ex eis lampades ignis accenduntur.* Vide *Lampabilis.*

¶ **LAMPARE**, Illustrare. Vita S. Turiani tom. 3. Julii pag. 619 : *Miraculorum complurium nomine clarissimo totam vitam suam quasi quamdam in Ecclesia lucernam mirabili fulgore Lampavit.* Vide *Lampabilis.*

¶ 1. **LAMPAS**, Solstitium æstivum. Papias : *Lampas ideo solstitium æstivum dicitur, quia tunc Lampas solis claritatem et calorem majorem accipiat.*

¶ Lampas Olei, Mensura olearia, continens quatuor libras in pagis Lugdunensi et Bellijocensi; in aliis vero vicinis locis tres tantum libras, seu *quarterones*, ut libras vocant vulgari idiomate. Charta Sacristæ Montis Bertodi in Dumbis ann. 1467 : *Sub servitio dimidiæ Lampadis olei, etc. Sub servitio novem Lampadarum olei, mensuræ Villæ-francæ.*

* 2. **LAMPAS**, sic apud Jacobitas vocatur Olei unctio variis in casibus adhibita, ut colligitur ex vet. Ordin. apud Asseman. tom. 2. Bibl. Orient. pag. 503 : *Ordo Lampadis seu unctionis oleo, juxta ritum Syrorum et Ægyptiorum, in quinque officia divisus. Officium 1. pro infirmis. 2. pro iter agentibus. 3. pro quacunque necessitate. 4. pro gratiarum actione. 5. pro catechumenis, energumenis et pœnitentibus.*

* **LAMPAX**, Idem quod supra *Lampadarius*. Testam. Guill. de Meleduno archiep. Senon. ann. 1376. in Reg. 108. Chartoph. reg. ch. 338 : *Item volumus et ordinamus, quod sumptibus et expensis nostræ executionis, ponaturquædam Lampax in uno lampadario argenti, quæ perpetuo ardebit coram Crucifixo.* Glossar. Provinc. Lat. ex Cod. reg. 7657 : *Lampesa, Prov. lampas, candela, fax.*

LAMPENA, Vehiculum splendidum, λαμπήνη, [Hesychio et] Polluci, cui est *currus regius*. Esaias juxta versionem Hieronymi cap. 66. 20 : *Adducent fratres vestros de cunctis nationibus donum Domino cum equis et rhedis in Lampenis mulorum, cum umbraculis in sanctam civitatem Hierusalem, dicit Dominus.* Editio vulgata : *In equis, et in quadrigis, et in Lecticis, et in mulis, et in carrucis.* Joan. de Janua, *Lapenæ*, seu potius *Lampenæ*, sunt *stellæ fulgentes*. Italis *Lampana*, est lampas.

* **LAMPERIUS**, ut *Lampadarius*, in Append. de B. Gandol. tom. 5. Sept. pag. 726. col. 2 : *Ei obtulerunt et præsentaverunt Lamperium magnum argenteum.*

¶ 1. **LAMPESERIUS**, f. Candelabrum ad sustinendas *lampades*. Charta ann. 1329. n. 286. armar. Forojul. ex Archivo S. Victoris Massil. : *Item 4. cruces de cupro, et aliam de fusto. Item 1. ferratum. Item 2. Lampeserios de ferro.*

* 2. **LAMPESERIUS**, adject. Ad *lampeserium*, candelabri genus, spectans, Occit. *Lampesier*. Leudæ min. Carcass. Mss : *Item de duodena cordarum dardenarum, j. den. et de cordis Lampeseriis, j. obol.*

¶ **LAMPETRA**, Mustela, muræna. Onomast. Gr. Lat. : Μύραινα, *Lampetra*. Gall. *Lamproie*. Perottus : *Mustelæ, quas a lambendis petris vulgo nunc Lampetras nominant.* Medicina Salern. : *De mustelis quoque, quæ vulgato jani nomine Lampetræ dicuntur,* etc. Vide mox *Lampreda* et Martinii Lexicon in *Mustela.*

LAMPIFICUS, Splendidus. Stephanus Africanus in cap. 8. Vita MS. S. Amatoris Episcopi, [nunc edita tom. 1. SS. Maii pag. 54.] : *Ipso autem die Dominicæ Resurrectionis, utpote neophyta, ad sanctam Ecclesiam Lampificis ornamentis obsita processit.*

LAMPIUM, *Pulpitum, analogium.* Glossæ Isid.

* **LAMPRAGIUM**, Præstatio quæ ex *Lampredis* seu murænis percipitur, vel locus iis capiendis aptus. Charta Ric. reg. Angl. in Reg. 81. Chartoph. reg. ch. 473 : *Concedimus eis* (monachis de Oratorio) *medietatem rias et vineas de Balu, et piscarias suas de Salta, et Lampragium suum de Cenomannis.*

¶ **LAMPREA**, ut mox *Lampreda*. Vide locum in *Atachia.*

¶ 1. **LAMPREDA**, Mustela, muræna, Gall. *Lamproye*, Hisp. *Lamprea*, Ital. *Lampreda*, Germ. *Lamprid*, a λαμπυρίς, si credimus Salmasio ad Tertullianum de Pallio, quia colorem habet λαμπυρόν; non a *lambendis petris*, ut volunt alii. Bernardi Monachi Ordo Cluniac. part. 1. cap. 17 : *Pro signo Lampredæ in maxilla cum digito simula punctos tres vel quatuor, propter illos punctos, quos Lampreda sub oculos habet.* Occurrit apud Limborchium Sentent. Inquisit. Tolos. pag. 105. in Charta ann. 1212. apud Marten. tom. 1. Ampliss. Collect. col. 1102. in alia ann. 1215. ex Archivo Monasterii Villæ-novæ, in alia ann. 1243. ex Archivo Ecclesiæ Lugdun. in Litteris ann. 1406. apud Rymer. tom. 8. pag. 429. in aliis ann. 1422. apud eumd. tom. 10. pag. 175. et alibi. Vide *Lampetra* et Menagii Etymol. Gallic. voce *Lamproie.*

¶ Lampredonius. Eadem notione. Diarium Joh. Bruchardi in Probat. Commentariorum *de Comines* tom. 3. pag. 483 : *Ordinasse cum quodam cive suo amico, ut Conventui mitteret Lampredonium optime paratum, veneno tamen imposito.... et de pisce illo Lampredonio... dedisse gatto, qui gattus parte piscis sumpta cecidit et mortuus est.*

* 2. **LAMPREDA**, sic appellatur in ecclesia Carnotensi Distributio annua ex proventibus fortuitis *dignitatum*, ut vocant, ejusdem ecclesiæ, quæ fit in capitulo generali post Purificationem B. M. V. inter canonicos illius percipiendæ capaces. Inter multa ea de re edita statuta, quæ mecum perhumaniter communicavit abbas D. *Courbon du Terney*, canonicus et archidiaconus Carnotensis, antiquius est illud, quod descripsit ex Reg. capitul. ad ann. 1313 : *Die Jovis post Purificationem declaratum fuit per Capitulum generale, quod quicumque canonicus Carnotensis, qui non fecit et complevit primam residentiam consuetam in ecclesia Carnotensi, nihil percipere debet de Lampreda in crastino festi Purificationis B. M. V. Item declaratum fuit quod infirmi canonici nihil debent percipere in Lampreda. Item declaratum est quod canonici, qui non fuerint præsentes in capitulo generali in crastino festi Purificationis B. M. V. antequam computatores in pleno capitulo super querellos, ubi consuetum est incipere ad computandum, de computo recesserint, nihil percipere debent in dicta Lampreda.* Ibidem : *xvij. Februarii die Lunæ an.* 1499. *multæ in priscis temporibus declarationes et statuta factæ fuerunt de et super modo lucrandi et distributiones Lampredæ quolibet anno in capitulo generali festi Purificationis B. M. V. quibus visis et attentis statutis et consuetudinibus ecclesiæ ab antiquo observatis, declaratum et observatum per capitulum, quod de cætero nullus canonicus aliquid percipiet in Lampreda, quæ solet distribui assistentibus quolibet anno in eodem capitulo generali festi Purificationis B. M. V. nisi talis canonicus sit in sacris ordinibus constitutus, qui suum fecerit et perfecerit stagium seu suam primam residentiam, et qui habeat domum*

canonialem, secundum consuetudinem ecclesiæ, et in Augusto præcedente habuerit suum grossum in manu sua. Sequiori vero ætate nonnihil in iis statutis immutatum est, quod usus hodiernus docet. Hinc *Lamprillon* vulgo vocant quod *Lampredæ* additur ex solutis reliquis computi præcedentis. Vocis originem aliis perquirendam relinquo : certe non a *Lampreda*, pisce ; cum Carnoti rarissima sit aut etiam nulla. Vide infra in *Revodum* et *Roburga.*

* **LAMPREDO**, Muræna, Gall. *Lamproie*. Consuet. MSS. monast. S. Crucis Burdeg. ante ann. 1305 : *Item quando dictus cellerarius dat Lampredones seu lucia in Adventu, debet recipere dictus abbas xxv. Lampredones.* Vide *Lampreda.*

* **LAMPRESIS**, Eadem notione. Comput. ann. 1495. inter Probat. tom. 4. Hist. Nem. pag. 61. col. 2 : *Pro emendo murænas sive Lampreses etc.*

¶ **LAMPROBIUS**, *Splendidus*, apud Papiam, ex λαμπρός, Splendidus et βίος, Vita.

¶ **LAMPROIA**, Eodem intellectu, a Gall. *Lamproie*. Charta ann. 1170. ex Chartul. S. Sever. Burdeg. : *Cum ecclesia B. Severini conquereretur de Arnaudo Garciæ, qui duodecim Lamproias, quas ei censualiter debebat,... auferre non verebatur.*

1. **LANA**, seu Decimæ de lanis, in Anglia. Charta Edw. III. Reg. Angl. tom. 2. Monast. Angl. pag. 387 : *Sicque dicti Magister, fratres, et sorores, de decimis, quintisdecimis, nonis, Lanis, et auxiliis et aliis oneribus... quieti et exonerati.*

¶ **Lana**, Vellus, Gall. *Toison*. Chronicon Farfense apud Murator. tom. 2. part. 2. col. 441 : *Exinde dare debeat ei grani tritici modia* xxx. *vini decimatas* L. *casei formas* xxx. *porcos in lardo* xx. *Lanas* c.

¶ **Lana Reginæ**, f. Eadem quæ nostris *Laine mere*, vel *Laine prime*, ut habetur apud D. *Secousse* tom. 3. Ordinat. Reg. pag. 254. in Edicto Johannis Franc. Regis ann. 1358. Lana scilicet recentior, quæ de ipsa ove detondetur, et alii dudum tonsæ præstantior est. Charta Willelmi Reg. Angliæ ex Chartulario SS. Trinit. Cadom. : *Ad cameram autem et ad ligna dederunt in Anglia Filestedem... et decimam de Lana reginæ.*

* **Lana Grossa** vel **Prima**, Prioris scilicet conditionis, Gall. *Laine-prime* vel *Lainemere*. Inquisit. ann. 1385. in Reg. 139. Chartoph. reg. ch. 133 : *Per ordinationes regias cavetur, quod nullus... sit ausus a regno Franciæ extrahere... Lanas grossas vel primas.*

* **Lana Persa**, Ad cæruleum colorem accedens. Pactum ann. 1257. in Lib. nig. 1. S. Vulfr. Abbavil. fol. 19. r°. : *Super prædictis pannis, Lana persa et rubea, et expensis præfatis.... duximus ordinandum.... in hunc modum, videlicet quod dicti decanus et capitulum pro pretio Lanæ Persæ et panni rubei etc.*

Lanam Carpere, seu *Carminare*, lib. 1. Capit. Carol. M. cap. 81. [** 75.] Gloss. : *Carpit*, ξαίνει, ἐξανθίζει, σπαράσσει. Gloss. Gr. Lat. : Ξάνας, *carptus*. Plaut. in Menæch. : *Inter ancillas sedere jubeas, Lanam carpere.* Quidam Codd. habent *carere*, de qua voce Salmasius ad Solin. pag. 398.

¶ **Lanare**, Lanam ferre, gerere, nutrire. Gloss. Lat. Gr. : *Lano*, ἐριοφορέω.

* 2. **LANA**, Præstationis species. Charta Theob. comit. Bles. ex Chartul. S. Joan. de Valle : *Cepistis octo solidos exactionis, quod vulgariter Lana dicitur, in terra S. Johannis de Valleia.* Sed leg. fortassis *Lada* vel *Leda*. Vide in *Leudis.*

* **LANAGIUM**, Laneum opificium, lanificium, vel merces lanea, Gall. *Lainage*. Charta ann. 1316. in Reg. 53. Chartoph. reg. ch. 334 : *Plures panni lanei fiebant in villa Tholosæ per nonnullos textores, in quibus pannis texendo immiscebantur filaturæ, vocatæ tramadas sive filaturæ falsi Lanagii, propter quod dicti panni fiebant et erant viciosi... Nam tales filaturæ, vocatæ tramadas seu falsi Lanagii, colores tincturarum capere non poterant commode.* Libert. castri Montis-reg. ann. 1319. in Reg. 59. ch. 313 : *Item quod ponderagium lanarum et Lanagiorum et aliarum rerum possint ipsi consules concedere certis personis gratis.*

* **LANAIUOLUS**, Lanarum artifex aut negotiator, lanarius, Ital. *Lanaiuolo*. Stat. ant. Florent. lib. 4. cap. 5. ex Cod. reg. 4621 : *Investigare* (teneatur potestas) *quoscumque mercatores et artifices, campsores, Lanaiuolos, etc.* Vide *Lanarii* 1.

* **LANALIS**, Laniger, Gall. *Bête à laine*. Inquisit. ann. 1268. ex schedis Pr. *de Mazaugues* : *Requisitus quæ pignora portabant, dixit quod bestias, videlicet bestias Lanales, scilicet oves et multones.* Rursum ibid. : *Vidit quod... deportaverunt duas bestias Lanales.* Vide infra *Lanaris.*

* Nostris vero *Laner* est Lanam præparare vel tractare. Lit. Phil. VI. ann. 1334. in Reg. 69. Chartoph. reg. ch. 1 : *Filler, tressir, fouler, Laner et taindre, comme de toutes autres choses, qui à mistere de drapperie appartient. Lanner*, in aliis Lit. ann. 1402. tom. 8. Ordinat. reg. Franc. pag. 514. At *Lenner*, in Stat. ann. 1388. tom. 7. earumd. Ordinat. pag. 217. est Lanam seu pilos carduis erigere, vulgo *Chardonner.*

* **LANARIA**, Lanificium. Leg. reipubl. Genuens. ann. 1576. part. 1. cap. 3. tom. 2. Cod. Ital. diplom. col. 2158 : *Declaramus artes infrascriptas... nihil præjudicare nobilitati : artes scilicet serici, lanæ et pannorum, quas vulgus seateriam, Lanariam... vocat. Lainerie* vero, pro foro ubi lana divenditur, in Charta Renaldi vicecom. Fales. ann. 1295. ex Lib. rub. Cam. Comput. Paris. fol. 242. v°. col. 2 : *Item la peleterie et Lainerie en ladite ville, pour dix livres.*

1. **LANARII**, Lanarum artifices aut negotiatores, *Lainiers*, in Statutis Leodiensibus. *Lanarius pectinarius*, in veteri Inscript. qui λανάριος et κτενιστής dicitur Scholiastæ Apollonii, qui lanas pectit. *Lanarius coactiliarius*, in alia Inscript. coactilium artifex. [Vide *Lanista.*]

* 2. **LANARII**, **Lanerii** et **Laynerii**, Falconum species, nostris *Laniers*. Silvester Giraldus in Topogr. Hibern. dist. 1. cap. 18 : *Falcones Hibernia præter generosos non habet : degeneres enim illi desunt, quos vulgari vocabulo Lanerios vocant.* Describuntur a Friderico II. l. 2. de arte venandi cap. 28. Adalberto Magno lib. 23. de Animal. et a Jacobo Augusto Thuano lib. 1. de Re accipitraria, qui a *Laniena* eis nomen arcessit :

> Hic verna est nobis, ubi fercula inempta parare
> Nobilium mensis, atque exercere culinam
> Dicitur; inde etiam ab Laniena est indita origo
> Nominis.

[Alii a pilis lanæ similibus etymon deducunt.] Certe *Laniarii* dicuntur Bromptono ex eodem Giraldo : *Desunt etiam degeneres falcones, quos Laniarios vocant. Sweymer* Germanis appellari ait Albertus Magnus cap. 9. Ita porro ejusmodi falcones forlean dixerunt nostri, quod ita degeneres et ignavos vocarent, qui ut feminæ *Lanarum* pensis operam darent. Le Roman *de Girard de Vienne* MS. :

> Car teuz est poures qui a corage fers,
> Et teuz est riches qui a le cœur Laner.

Le Roman *de Garin* MS. :

> On dira l'en que est mauvais et Laniers.

Le Caton *en Roman* MS. :

> Garde que tu sois de cheus,
> Qui Lanier sunt et perecheus.
> Qui perecheus est et Laniers,
> De nouveauté est parchonniers.

* **LANARIS**, ut supra *Lanalis*. *Lanares pecudes*, Gall. *Bêtes à laine*, in Lit. remiss. ann. 1364. ex Reg. 108. Chartoph. reg. ch. 179.

¶ **LANARUS**, *Reciarius*. Gloss. Sangerman. MS. n. 501. Puto legendum *Laniarius*, qui idem sit ac *Lanista*, Gladiator, de quo infra. *Retiarii* dicti olim gladiatores qui adversus mirmillones pugnabant, quod rete gererent sub scuto, ut eos involverent.

LANASSARIA, Mulier, quæ lanas vendit, in Consuetudinibus Tolosæ part. 2. Rubr. de Debitis.

* **LANATOR**, Lanarum artifex, nostris alias *Laneur* et *Lanneur*. Arest. ann. 1305. in Reg. *Olim* parlam. Paris. fol. 109. v°. : *Cum inter textores ex una parte, et fullones et Lanatores pannorum Pruvinensium ex altera, quæstionis materia... mota esset etc.* Lit. remiss. ann. 1377. in Reg. 112. Chartoph. reg. ch. 113 : *Jaquemin Hermin de Nielle le Chastel Lanneur de draps, lequel Lanneur requist etc.* Aliæ ann. 1391. in Reg. 140. ch. 208 : *Robin Trebut poure varlet Laneur de la ville d'Evreux etc. Lasneur*, in aliis ann. 1450. ex Reg. 180. ch. 122 : *Henri Roche foulon et lasneur de draps à Péronne, etc. Layneux*, eadem acceptione. Lit. remiss. ann. 1474. in Reg. 195. ch. 1043 : *Glaude Fouacier foulon et Layneux de draps... demourant à Troyes etc.*

¶ **LANÇARE**, Hisp. *Lançar*, Gall. *Lancer*, Jacere, mittere. Charta ann. 1351. Armar. Forojul. num. 55. ex Archivo S. Victoris Massil. : *Et tunc Lançavit contra ipsos lapidem.*

* Hinc *Lance à feu* appellatur Machina bellica, quæ ignem emittit. Lit. remiss. ann. 1472. in Reg. 197. Chartoph. reg. ch. 222 : *Lesquels archiers allerent en la ville de Dieppe pour querir des Lances à feu et autres choses* [*nécessaires*, *pour la tuition et deffense de la place d'Arques.* Vide infra *Lanceare* 2.

LANCEA, teste Diodoro Siculo l. 5. Gallicum est vocabulum : προβάλλονται λόγχας, ἃς ἐκεῖνοι λαγκίας καλοῦσι. Varro apud Gellium lib. 15. cap. 20. Hispanicum verbum esse asserit: et apud Nonium Sisenna videtur ad Germanos referre : *Galli*, inquit, *materibus*, *Suevi Lanceis configunt*. [Isidor. lib. 18. Orig. cap. 7 : *Lancea est hasta*, *amentum habens in medio; dicta autem Lancea*, *quia æqua lance*, *id est*, *æquali amento ponderata vibratur*. Huic Etymo utcumque favet Servius cum ait : *Amentum*, *lorum*, *quo hasta media religatur*.] Festus denique a voce Græca λόγχη, *Lanceam* dictam vult. Gloss.: *Lancea*, λόγχη. Hispani *Lanza* dicunt, Galli *Lance*, Germani *Lanz*, unde *Lanzknecht*, militem peditem et lancearium vocant. Vide Cluverium lib. 1. Germ. ant. cap. 44. Lancearum mentio est in Legibus Wisig. lib. 9. tit. 2. § 9. Burgund. tit. 18. § 2. Ripuar. tit. 36. § 11. Capitul. 2. ann. 805. cap. 5. Capit. 2. Capitul. 3. ann. 806. cap. 1. Capit. 2. ann. 813. cap. 9. Capit. Pipini Regis Italiæ cap. 36. Leg. Longob. lib. 1. tit. 37. § 2. l. 2. tit. 4. § 2. [** Carol. M. 20......] Henrici I. Reg. Angl. cap. 83. in Vita S. Eucherii Lugdun. p. 78. Edit. Chifflet. Apuleius l. 10. *Lanceam longissimo hastili conspicuam*, dixit pro ferro seu cuspide lanceæ : ubi lanceam, pro λόγχη, posuit, unde forsan et originem trahit. [Lanceis prævaluisse Francos nostros docuimus in Notis ad Alexiadem. Vide Silvestrum Giraldum in Itiner. Cambr. l. 2. cap. 5. et supra in *Arma*, et *Flammulum*.

* Unde nostris *Lancegaye*, Spiculi seu jaculi species. Lit. remiss. ann. 1389. in Reg. 137. Chartoph. reg. ch. 63 : *Icellui Jehan Doulcet embeu de l'ennemi à tout une Lancegaye*, *dague*, *coustel ou espée*, *etc. Dart ou Lancegaye*, in aliis ann. 1393. ex Reg. 145. ch. 9 : *Lance genetaire ou javeline*, eodem sensu, in aliis Lit. ann. 1474. ex Reg. 195. ch. 1033.

Lancea, pro Milite, qui *Lancea* utitur in bello, cujusmodi sunt, qui *Militum* dignitate et nomine gaudent. Gobelinus Persona in Cosmodromio ætate 6. cap. 77 : *Alii enim ex centenis*, *alii ex sexagenis Lancearum millibus*, *alii ex tot millibus armatorum eam* (gentium multitudinem) *constitisse contendunt*. Adde pag. 283. 292. 293. etc. [Descriptio apparatus bellici apud Marten. tom. 2. Itin. liter. pag. 379 : *Lancea autem quælibet continet equites ternos.... Summa omnium equitum Lancearum quatuordecim millia.*] Chronicon. Flandr. cap. 103 : *Et estoient nombrez à quatrevints mille Lances et dix mille archers.* Cap. 114 : *Or estoit la somme des gens d'armes nombrée à dix huit mille Lances*, *de gens tous receus et escrits à gaing du Roi*, *sans les autres Lances*, *et disoit-on qu'il y avoit bien* 200. *mille chevaux*. Lanceis uti vetantur servi, lib. 6. Capit. cap. 271. novæ Edit.

* Confœder. inter Carol. VI. reg. Franc. et Florent. ann. 1396. ex Reg. D. Chartoph. reg. ch. 6 : *Commune Florentiæ teneatur mittere*, *tenere et supplere mille Lanceas*, *computando tres equites pro una lancea*. Steph. de Infestura MS. ubi de Innoc. PP. VIII : *Fertur ad papam fuisse transmissas litteras regis Franciæ*, *quibus continebatur... se missurum... centum Lanceas more antiquo*, *quarum unaquæque dicitur habere quinque milites vel homines*.

* Lancea, Vexillum, signum militare, quod hastæ seu *Lanceæ* affigi solebat. Lit. remiss. ann. 1451. in Reg. 185. Chartoph. reg. ch. 257 : *Comme le suppliant nous a servi comme archier soubz la Lance de nostre amé et féal Jehan de Lezay chevalier*, *seigneur des Maroys*. Hodie diceremus, *sous la banniere ou drapeau*.

Ad Fusum a Lancea Transire. Vide *Fusus*.

Lancea Caroli Magni. Scribit Ingulfus, et ex eo Willelmus Malmesbur. l. 2. de Gestis Angl. cap. 6. inter alia cimelia, quæ ab Hugone Rege Francorum ad Adelstanum Regem Anglorum missa sunt, fuisse partem dominicæ Crucis, ensem Constantini M. vexillum S. Mauricii, *et Lanceam Caroli Magni non apud Francos exigui pretii* : seu, ut habet Malmesburiensis, *quam Imperator invictissimus*, *contra Saracenos exercitum ducens*, *siquando in hostem vibraverat*, *nunquam nisi victor abibat* : *ferebaturque eadem esse*, *quæ dominico lateri Centurionis manu impacta*, *pretiosi vulneris hiatu paradisum miseris mortalibus aperuit*. Vide Knyghtonem pag. 2321. [* Et quidem etiamnum extat inter S Capellæ Paris. reliquias hujus lanceæ potior pars, de qua ita Steph. de Infestura MS. in Bibl. S. Germ. Prat. : *Die ultimo mensis Maii* 1492. *in die Ascensionis intravit urbem orator magni Turci*, *qui donavit Lanceam vel ferrum lanceæ Longini*, *cum quo fodit latus Domini nostri Jesu Christi in cruce*, *et fuit recepta a pontifice et toto clero processionalmente ab ecclesia S. Mariæ de populo usque ad S. Petrum*; *et erat inclusum dictum ferrum in quodam tabernaculo pulcherrimo cristalli*, *cum pede et aliis ornamentis puri auri*; *et fuit res magnæ æstimationis*; *et forma ejus est designata*, *et forma propria ipsius et cuspis ejus est apud regem Franciæ*, *prout ipsemet Turcus nuntiavit per prædictum ambasciatorem*]

Lancea Constantini M. inter Cimelia et Symbola Imperatoria vulgo recensetur. Cujusmodi autem illa fuerit, et quomodo ad Imperatores Germanicos pervenerit, narrant Conradus Uspergensis et Albertus Stadensis ann. 922 : *Burgundionum Rex Rudolphus*, *qui nonnullis annis Italicis imperabat*, *Lanceam quandam ibi a Sansone quodam Comite dono acceperat*, *quam Constantini Magni*, *sanctæ Helenæ filii*, *fuisse dicebant*, *quæ excepta cæterarum specie Lancearum*, *novo quodammodo opere*, *novaque elaborata arte et figura*, *juxta medium spinam habuit*, *utrobique quasi fenestram*, *et in media spina cruces ex clavis*, *manibus et pedibus Salvatoris nostri Domini Jesu Christi affixis*, *etc.* [** Ex Liutpr. Antap. lib. 4. cap. 24. (12.)] Mox subdunt, ut lanceam istam Henrico Imperatori largitus fuerit Rudolphus, et ut ab Ottone I. in prælio contra Lotharingos et Hungaros, ab Henrico IV. ann. 1089. Lausannæ Episcopo eam deferente, elata fuerit, quæ quidem lancea exinde, ut dixi, inter symbola Imperatoria præcipue habita est. Idem Uspergensis ann. 1106. de eodem Henrico IV : *Regalia vel Imperialia insignia*, *crucem scilicet et Lanceam*, *sceptrum*, *globum*, *atque coronam filii* (Henrici V.) *potestati tradidit*. Adde Chronic. Reichersp. ann. 1004. et Sigebert. Luithprand. Knyghtonem pag. 2321. Epistolam Henrici Imp. tom. 2. Spicilegii Acheriani pag. 391. 393. Vitam S. Gerardi apud Surium 3. Octob. etc. Constantinum vero Magnum μετὰ λόγχης, *cum Lancea*, quam alii σκῆπτρον vocant, stetisse supra columnam porphyreticam Constantinopoli, ex Scriptoribus docuimus ad Alexiadem pag. 383. At

Lancea S. Mauricii, non Constantini, dicitur Ademaro Cabanensi p. 182. ubi de electione Conradi Imperatoris : *Et tradiderunt ei sceptrum et coronam et Lanceam S. Mauricii*. Quam quidem lanceam S. Mauricii, *in qua videtur impressa quædam dominici ligni sanctæ Crucis portio*, *quam Angelus Dei impressit*, in Cœnobio Melicensi asservatam tradit Historia istius Monasterii. Hanc pariter lanceam *S. Mauricii* indigitat Sugerius in Ludovico VI. pag 288. ubi de Henrico Imperatore, quam a Rodulfo Rege Burgundiæ donatam Conrado Imper. cum Regno Burgundiæ scribit Hugo Flaviniacensis in Chron. pag. 185 : *Rodulfus vero Rex*, *absque liberis existens*, *Conrado Imperatori Burgundiæ regnum dereliquit*, *dans ei Lanceam S. Mauricii*, *quod erat in signo regni Burgundiæ*. Denique Gregorius IX. PP. lib. 1. Epist. 142. ad Fridericum II. Imp. videtur existimasse, lanceam istam Imperatoriam fuisse eam, qua Christi latus transfixum est : *Crux*, *ubi est lignum Domini*, *et Lancea*, *ubi clavus ejus consistit*, *ante te in Processionibus solennibus deportantur*. Mox : *Lanceam considera diligenter*, *cujus acumen latus ejus aperuit*, *de quo Christus largiter sacramenta tuæ salutis effudit*. Hisce suffragatur Charta Caroli *Regis Francorum atque Italicorum*, *nec non et Alemannorum*, *et uxoris Hirmintrudis data Arelate an. Imperii* 15. in Tabulario Ecclesiæ Viennensis fol. 7 : *Notum sit omnibus Christianitatis titulo insignitis præsentibus et futuris*, *quod in expulsione atque ejectione nostra*, *in qua Dei judicio a Lodoico fratre de regno sumus expulsi*, *votum Deo vovisse*, *ut si nobis Davidicam diutius optatam misericordiam fecisset intercessione et meritis B. Mauricii præcipui Martyris*, *cujus corona et Lancea nos ubique victores non dubitamus*, *donamus prædicto Sancto*, *etc.* Quæ quidem Charta falsitatis nota non caret, licet Tabularium istud scriptum sit circa ann. 1150. Hanc descripsere Joannes a Bosco et Joannes *le Liévre* in Vienna. Vide *Festum Coronæ*, et Notas nostras ad Alexiadem. pag. 345. Albertum Stadensem ann. 939. Ditmarum lib. 4. pag. 44. etc. [** De lanceis Imperator. German. vide Chron. Gottwic. pag. 111. et Pfeffing. ad Vitriar. tom. 1. pag. 245. sqq. lib. 1. tit. 2. § 10. not. *h*. v. 6]

Lancea Regalis, Regum Bohemiæ. Monachus Pegaviensis, ex eo Conradus Abb. Uspergensis et Albertus Stadensis ann. 1079 : *Bellum fuit inter Henricum IV. et Rudolphum in loco qui dicitur Fladecheim*, *ubi in primo congressu Saxones terga vertunt*. *Ibi Vratislaus Dux et Rex Bohemiæ regalem Lanceam adeptus est*, *quæ exinde permissione Imperatoris semper quemvis illius gentis ducatu insignem in omni festiva Processione præcedit*.

Lancea S. Olai, ab Regib. Danis in præliis contra ethnicos deferri solita. Vide Janum Dolmerum ad Jus aulicum vetus Norvagicum pag. 413.

Lancea, Ἁγία λόγχη Græcis, Cultellus, quo hostia consecranda a tota panis massa separatur. Humbertus Cardinalis Dial. contra Græcos : *Nec quomodo Græci habent Lanceam ferream, qua scindunt in modum crucis ipsam oblationem, id est, proscomidem.* Θεία λόγχη, in Nomocanone, edito a Joan. Baptist. Cotelerio cap. 130. Vide Goarum ad Euchologium Græcorum pag. 116. ubi ejus figuram dedit.

Lancea Emendari, Pœnæ nobiliorum species. Lactantius de Mortib. Persecut. n. 22 : *Domestici et administratores Lancea emendabantur : in causa capitis animadversio gladii admodum paucis quasi beneficii* (loco) *deferebatur, etc.* Galli dicunt, *Passer par les piques.*

Lancea Fixa *vel sella posita, vel erecto clypeo sibi Hospitium quietis eligere*, apud Andream Suenonis lib. 5. Legum Scaniæ cap. 17.

Lanceam Figere. Statuta Willelmi Regis Scotiæ cap. 27. § 1 : *De ipso duellum haberi potest, et illud bellum potest sic remitti, scilicet cum fixerint Lanceas suas, potest calumniatus concedere delictum, et facere pacem.* Et § 3 : *Sanguis extractus subtus anhelitum, quando fixerunt Lanceas suas potest defensor concedere sanguinem, etc.* [** Vide Grimm. Antiq. Jur. Germ. p. 163.]

* Lanceam vel Palum Figere in signum adeptæ possessionis alicujus castri diruti. Hujus moris mentio fit in Consuet. Catal. MSS. cap. 4 : *Qualiter datur potestas castri, si castrum est dirutum.... Et si non est aliqua turris* (ex qua nomen domini possessionem adipiscentis conclametur, ut mos erat) *vel fortitudo, seu habitatio castri, quia castrum dirutum est totaliter, ut in pluribus contingit, tunc dominus vel alius, qui nomine suo recipit potestatem, intrabit terminos castri, et dominus ponet duos, vel tres, vel quot voluerit, homines de familia sua in domo alicujus rustici, sive in aliquo fundo alto ipsius castri, qui altis vocibus advocent nomen domini sui, figendo palum in fundo illo, vel Lanceam, vel aliquid tale in signum receptæ potestatis.* Vide in *Feudum reddibile.*

¶ Lancea Geldaria. Le Roman *de Rou* MS. :

Archiers trovent villainz, dont la terre est planiere...
Qui porte arc et qui bache, qu'il grant Lance Geldiere

Lancea Sartatoria, Mensuræ agri species. Charta Gerardi de S. Auberto ann. 1193. in Tabul. Abbatiæ Montis S. Martini : *Concesserunt mihi quandam indaginem sui proprii nemoris, latam decem Lanceis sartatoriis.* Alia Philippi Comitis Flandr. ann. 1180. in eodem Tabul. : *A via, quæ ducit de Brancort Harchias 10. Lanceas sartatorias in latum, et in longum prout nemus se extendit.* In eodem Tabul. et Charta Galcheri de Torota Castellani Noviomensis ann. 1272 : *Et la contrée de le fowée* XXXIII. *moyes et* XII. *Lances.* Alia ann. 1223 : *Et de Lanceis, quæ remanserunt in diversis campis super mencaldatas prædictas, tantum terræ colligitur, quod inde fit una mencaldata.* Est autem *Lancea sartatoria*, quod nostri *Lechefrite* vocant, unde et nomen. Vide *Asta.*

* Charta ann. 1268. ex Tabul. eccl. Camerac. : *Vingt mencaudées de terre et xix. Lances et demie ke je tenoie à Vieslis en deux piéces.* Aliam hujusce nuncupationis originem proponit D. *de la Monoye* in Glossar. Burg. *Lanceam* scilicet appellari, quod longitudine esset unius lanceæ ; *Sartatoriam* vero a *Sartare*, terram incultam colore, deducit.

Lancea. Charta Hugonis Ducis Burgundiæ ann. 1184. in Reg. Feodorum Burgundiæ : *Permisit, ut castrum Tilecastri firmaret hoc modo, ipsum vero castrum muro claudi, cujus altitudo a ripa exteriori sit unius Lanceæ absque batalliis.* Vide Thomasserium in Consuetud. Bituric. pag. 431.

¶ Lancea Solis, Radius. Tertullianus de Pudicitia cap. 7 : *Quibus exquirendis, non lucernæ spiculi lumine, sed totius Solis Lancea opus est.*

1. Lanceare, Hastiludio, seu lancearum ludicro sese exercere. Ordericus Vitalis l. 3 : *Dum... cum consodalibus suis sese Lanceando exercuisset.* [Tertullianus adv. Judæos cap. 9 : *Infantes... qui ante norint Lanceare, quam lancinare.*] *Lanceari jaculis*, lancea vulnerari, apud Matth. Paris. pag. 119. Hesychius : Δοράζει, λογχάζει. Δορατιζόμενοι, δόρασι μαχόμενοι. Vide Dissert. 6. ad Joinvill. pag. 167.

* Hinc *Courre de lance*, eadem acceptione, apud Guiartum :

Sans Courre de lance de fresne
Fust un an entier à Biauquesne.

Lanceatus. Ictus, confossus lancea. Firmicus : *Quicumque habuerunt horoscopum in* XXI. *parte Tauri, Lanceati moriuntur.* Hist. Paparum apud Bern. Pez tom. 1. Anecd. part. 3. col. 380. (Bonifacius VII.) *subitanea morte præventus, odio suorum post mortem cæsus et Lanceatus, etc.* Chronic. Siciliæ apud Marten. tom. 3. Anecd. col. 52 : *Multi Messanenses fuerunt Lanceati et gladio interfecti.*

* *Lancegé*, eodem intellectu, in Lit. remiss. ann. 1457. ex Reg. 187. Chartoph. reg. ch. 282 : *Pierre du Treg dist au suppliant que son frere, en levant les dismes de l'évesque de Comminge, avoit esté playé et Lancegé;... il avoit eu ung cop de lance par les eschines.* Vide in *Lancea.*

* 2. Lanceare, a Gallico *Lancer*, Jacula mittere, sagittare. Lit. remiss. ann. 1360. in Reg. 89. Chartoph. reg. ch. 446 : *Dicti juvenes concordarunt, quod duo ex ipsis cum aliis duobus, secundum sortem partituræ quam facerent, causa spaciandi sagittarent sive Lancearent de suis sagittis, visuri sic ludendo quæ partitura eorumdem sagittaret sive Lancearet magis prope intersignium.* Hinc fenestricula oblongior et strictior in urbium et castrorum muris, per quam sagittarii vel balistarii sagittas suas aut tela in obsidentes *lanceabant* seu emittebant, *Lanceoui* appellatur, in Charta Guid. de Ruppe ann. 1314. ex Reg. 56. ch. 424 : *Concedimus... quod idem magister* (Arnaldus Leutardi) *aut sui heredes.... possint ædificare... domum fortem,... cum necessariis muralibus, cranellis, portalibus, archeriis et dictis Lanceours, fossatis et fortaliciis.* Vide supra *Lançare.*

* 3. Lanceare, Lanciare, Hastam, gladium vel cultellum in aliquem intorquere. Chartul. Major. monast. pro pago Vindoc. ch. 91 : *Quem* (hominem) *ob calumniam illam voluit occidere coram illo, Lanceans illi sex vicibus suam hastam.* Lit. remiss. ann. 1357. in Reg. 85. Chartoph. reg. ch. 74 : *Plures ictus de gladiis et cutellis contra et super ipsos projecerunt et Lanciaverunt. Donner une Lançade*, eodem intellectu, in aliis Lit. ann. 1460. ex Reg. 190. ch. 151 : *Le suppliant donna à icellui Bernart une Lançade par la poitrine, etc.* Vide infra *Lansare.*

Lancearius, [Miles gerens lanceam. Ammian. lib. 21 : *Iter suum præire cum Lanceariis et Matthiariis et catervis expeditorum præcepit.*] Libellus precum Maximi et Faustini : *Ita ut aliquoties solum intempesta raptum per Lancearios de urbe sustulerit.* [Albertinus Mussatus apud Murator. tom. 10. col. 624 : *Lanceariorum cum hastis longissimis, quas zaldas vocant Itali,* 11. *millia.* Lancearios in Italiam ab Anglis primum fuisse ductos tradit Matth. Villan. lib. 11. cap. 81 : *Ed eglino furono i primi, che recarono in Italia il condurre la gente da cavallo, sotto il nome di Lancie, che prima si conducevano sotto di barbute e bandiere.* Ubi id quoque notandum inter equestres copias Lancearios recenseri.]

¶ Lancerius, Eadem notione. Chronic. Siciliæ apud Marten. tom. 3. Anecd. col. 79 : *In quo* (castro) *fuerunt viri pedites balistrerii, et Lancerii trecenti Panormitanenses. Lancerius*, Artifex lancearum, in Catalogo Sodalium B. Mariæ Deauratæ Tolos.

¶ Lanciarius, λογχοφόρος, qui gestat lanceam. Gloss. Lat. Græc. MSS. Sangerm.

¶ Lancifer. Hist. Cortus. lib. 2. apud Murator. tom. 12. col. 794 : *Milites interclusi de Lanciferis suis cum lanceis longis numero decem millibus.*

LANCEOLA, Scalpellus, Gallis, *Lancette.* Willel. Brito in Vocabulario MS. : *Lanceola dicitur subtile ferrum acutum, cum quo minutores aliqui pungendo venam aperiunt in minutione : aliqui cum flebotomo venam percutiunt, unde et flebotomia dicitur minutio.* Apud Capitolinum in Maximino Juniore, *Lanceola*, est minor lancea : *Lanceola sic fissa est fulmine, ut tota etiam per ferrum scinderetur, etc.* [Le Roman *de Florence et de Blanche Flore* MS. :

J'ai les Hacetes à seigner.]

* **LANCEOLATA** *vocatur platago minor secundum Macrum.* Glossar. medic. MS. Simon. Januens. ex Cod. reg. 6959.

LANCEOLUM. Anonymus in Gestis Constantini M. pag. 484. ait, Anastasio Imp. Eunomianam hæresim amplexo, acclamatum in Ecclesia : *In Trinitate Lanceola non mittis.* Sed legendum, *in Trinitate Lanceolam mittis.* Quibus verbis carpebatur ejus hæresis Ariana, cum Eunomius eadem, quæ Arius sentiret. Διατομῖται appellabantur Ariani, ut est apud Joan. Damascenum de Hæresib. Editionis Cotelerii, quod divinitatem sanctamque Trinitatem nefario ausu discinderent.

* **LANCETTA.** Vide infra *Lanzetta.*

LANCETUS, Lancetta, Colonorum species apud Anglos, præstationibus et operis obnoxia. Monasticum Anglicam. tom. 1.

pag. 387 : *Et parvum nemus..., et decem homines Lancetos in Sutwode, juxta prædictam Wicam, et 12. libras terræ arabilis, ... octoginta acrias 40. Lancetis, et tenementis eorum in eadem villa.* Custumarium Prioris Lewensis in Anglia apud Spelmann.: *In Socha de Hecham sunt 24. Lancetæ. Consuetudo eorum est, unusquisque eorum debet operari a S. Michaele usque ad Autumnum unaquaque hebdomada per unam diem, sive cum furca, sive cum besca, vel flagello ad libitum domini, cum corredio ad Nonam, et uno pane ad Vesperam, etc.* Spelmannus vocis etymon a Germanico *Land-seet*, arcessit i. indigena, inquilinus, *in terra residens*, ut *Cotseta*, in cota residens. Apud Somnerum in Gl. Saxon. Land-sitend man, exponitur *terram possidens*, vel *in terra residens.*

* **LANCEYA**, Lanseya, pro *Lancea.* Proces. crimin. ann. 1488. ex Tabul. D. Venciæ : *Cum viginti hominibus armatis curassis, targuetis, Lanseys, plumbatis, balistis bendatis et aliis diversorum generum armis.* Infra : *Lanceya.*

* **LANCHRINA**, Piscis genus. Tract. MS. de Pisc. cap. 132. ex Cod. reg. 6838. C : *Locusta, a nostris Langouste, a Liguribus alagousta nuncupatur; ab aliis dicitur Lanchrina.*

¶ 1. **LANCIA**, pro Lanx, bilanx, Formulæ Andegav. form. 36 : *Tu cum ipsis æqualis Lanciæ dividere facias.*

* 2. **LANCIA**, vox Italica, Lancea. Stat. Vercel. lib. 3. pag. 102. r°. : *Targiæ, scuta, brazarolicæ, coffini, cassiæ, sellæ et Lanciæ etc. Et si forte sagitam, telum, Lanciam, etc.* in Stat. crimin. Saonæ cap. 35. pag. 76.

* **LANCIARE.** Vide supra *Lanceare* 3.

¶ **LANCIARIA**, Navis bellicæ genus. Maffeius Histor. Ind. lib. 7 : *Lanciarias tres confestim expediri jubet; correptisque quæ fors obtulit telis, in singulas aptas instructasque remigio, centum et quinquaginta armatos imponit.* Itali *Lancia* vocant navem expeditam et celerem; verum ea nihil ad Indicam, inquit Carolus de Aquino in Lexico militari.

¶ **LANCICULA**, Lanx parva. Arnob. lib. 2: *Trulla, Lancicula, candelabrum. Lancula* dixit Vitruvius eadem notione.

* **LANCIETUS**, diminut. a *Lancia.* Stat. Cadubr. lib. 3. cap. 22 : *Et si spatam vel Lancietum sive cultellum, aut alia hujusmodi arma suum evaginaverit, etc. Lanssot*, in Lit. remiss. ann. 1398. ex Reg. 153. Chartoph. reg. ch. 433 : *Jehan Guillory tenoit en sa main un petit dart ou Lanssot.*

¶ **LANCIFER.** Vide in *Lancea.*

LANCINARE, [*Bellicare, trucidare, lacerare*, apud Papiam. Gloss. Sangerm. MS. n. 501 : *Lancinare, Bellicare, trucidare, lacessere, laniare.* Joh. de Janua : *Lancinare, a Lancea, Lanceis ludere, vel confligere, vel lancea percutere, vel lanceare.* Gloss. Lat. Gall. Sangerman. MS. : *Lancinare vel Lanceare, Lancerer, c'est ferir ou jouer de lance.*] Gloss. Lat. Gr. : *Lancinat*, κατακνίζει. [Aliæ Græc. Lat. : Κατανίζω, *Lanio.* Verbo *Lancinare*, pro lacerare aut vexare usi sunt Solinus, Plinius, Catullus, Seneca, Tertullianus et alii recentiores.]

Lancinator, Carnifex. Flodoardus lib. 4. Hist. Remens. cap. 52 : *Eodem tempore, quo hæc sacra virgo passa est, Lancinator ejus Riciovarus per urbem Remensem transiens, ... trucidari præcepit.*

LANCIOLA, Incertus de Limitibus : *E. in scamnum jacet per jugum in Lanciolam; habet ad pedem aquam vivam, etc.* Ubi Rigaltius f. *Laciniola.* Vide *Lacina.*

LANCLA, λεκάνη, in vett. Glossis pag. 316. [*Lanx, patina*, in Supplemento Antiquarii, ubi perperam legitur λεπάνη pro λεκάνη.]

¶ Lancula, πλάςιγξ, *Lanx*, in eod. Supplemento. Utitur Vitruvius. [* Adde post Cujac. ex Castigat. in utrumque Glossar. *Lancula, ancula.*]

* **LANCUS**, pro *Laneus.* Vide infra in hac voce.

¶ **LAND.** Acta MSS. S. Petroci : *Venit S. Petrocus ad cellam Wethenoci Episcopi, qui eum suosque honorifice excepit. Ab eo Petrocus petiit habitandi ibi licentiam. Votis Episcopus annuit suamque ei cellam dedit, ea tamen conditione ut suo nomine eam nominaret. Unde etiam lingua gentius illius Land-Wethinoc dicitur.* Hoc est, si bene conjecto, Cella Wethinoci, ab Armorico *Leandi*, Monasterium, cella. Vide *Lanna.*

1. **LANDA**, Planities inculta, et vepribus obsita, Hispanis *Llana*, nostris *Lande; Landa*, Danti in Infer. cap. 14. in Purgat. cap. 27. vox ex Saxonico aut Germ. *Land*, Terra. Vita S. Leonis Archiep. Rotomag. : *Iter suum carpserunt usque ad Landas nobilium, quæ terra dicitur infertilis et deserta.* Charta ann. 1145. apud August. *du Pas* in Stemmate Dolensi : *Donavimus etiam quandam partem forestæ nostræ ipsi Hermitagio contiguam, cum Landis, pratis, etc.* Occurrit crebro. Vide Hist. Beneharnensem Marcæ pag. 223. 224. 233. Fletam lib. 2. cap. 41. § 15. Monast. Anglic. tom. 1. pag. 400. etc. Notissimæ sunt Landæ Burdegalenses, *les Landes de Bordeaux*, de quibus Turpinus de Vita Caroli M. cap. 11 : *Tunc omnes exercitus in Landis Burdegalensibus coadunantur.* Has *silvestres saltus Burdegalæ* vocat Baldricus Burguliensis pag. 270. *Mettre le feu aux Landes ou boscages*, in Consuetud. Solensi tit. 3. art. 21.

¶ 2. **LANDA**, f. pro *Lamina* vel *Banda.* Translatio S. Angeli Mart. tom. 2. Maii pag. 60 : *Eripuerunt a prædicta vetere arca Landas argenteas, adeo quod Reliquiæ prædictæ minime videri possent, etc.*

¶ **LANDAGRAVA.** Vide in *Landgravius.*

LANDBOC, Landbok. Vide *Liber.*

LANDCEAP et Labceap, Voces Saxonicæ, de quarum notione Somnerus in voce Land-ceap, [et Thomas *Blount* in Nomolexico, ubi : *Forte, Pretium fundi pacto datum vel debitum.*] Leges Presbyterorum Northumbresium cap. 56. [** 67.] : *Et volumus, ut Landceap et Labceap, et responsa prudentium, et verum testimonium et justum judicium et falloc et frum tallu, firma permaneant.* [** Wilk. et Thorp. pro *Labceap* habent *Lahceap.* Vide *Lacopnm.*]

* **LANDCOP**, Legitima emptio, ex Saxon. lag, Lex, et ceape, Emptio. Vide *Lacopum.* [** Emptio terræ; *land*, terra.] Charta Philip. comit. Fland. ann. 1187. in Chartul. S. Bert. pag. 96 : *Ad hoc faciendum legitimam emptionem terræ, quæ vulgo dicitur Landcop, infra villam et extra, ut ecclesia habeat præcepi.*

LAND-COPUM. Vide *Lacopum.*

LANDEA, vel Landia, vox in palustribus nota regionibus : Fossa nempe in paludum margine circumducta aquarum excipiendarum gratia, quæ a vicinis et montanis tractibus derivantur : easdemque, aut in mare, aut in fluvium celebrem deducens, ne paludes opprimant scaturientes : a *Land* terra, et *Eia*, aqua, ut *aquam terrestrem* suscipiens. Ordinatio Marisci Rumeiensis : *Vere judicia et awarda faciat de valliis, Landeis, watergangis, seweris, gutteris, fontibus, etc.* Infra : *Non liceat alicui de cætero facere dummas, aut fordas, aut alia impedimenta in aliquibus Landeis, watergangeis, fossatis, sivi aquagiis communibus in marisco prædicto, etc.* Ex Spelmanno.

LANDEFRICUS. Leges Ethelredi editæ apud Wenetingum § 6 [** 3.] : *Et omnis emat sibi lagam 12. oris, dimidium Landefrido, dimidium wapentako.* Ubi Somnerus emendat *Landesrico*, id est, terræ domino, ex Saxon. Landrica, vox composita a Land, terra, et rica, Rector, dominus. [** Ita in Saxon. et Latin. apud Thorp. multis locis. Vide ibi Indicem.]

LANDEGANDMAN, Custumariorum genus, seu inferiorum Tenentium manerii, *lancetis*, ceu permanentibus forte contrarium. *Gaend-man* enim, ut docet Kilianus, *viatorem* et *transeuntem* significat. Occurrit vox in Custumario de Hecham pag. 15. Spelman. [** Land ægende man est Homo terram possidens.]

¶ **LANDEGRAVUS.** Vide in *Landgravius.*

¶ **LANDER**, vox Aremorica, Gall. *Landier*, Canterius focarius. Locum vide in *Retrofocilium.*

* **LANDESTHING.** Vim vocis explicat Charta Voldem. reg. Danor. ann. 1354. apud Ludewig. tom. 12. Reliq. MSS. pag. 196 : *Item si aliquis aliquem super bonis sive terris, violenter sibi ablatis, incusare voluerit, ipsa causa debito processu, videlicet placito sui hareth, sysel et terre, quod Landesthing dicitur, coram dapifero nostro justitiario seu nobis, si justiciam prius consequi non valuerit, ventilari debeat et finiri.* [** Placitum rurale. Vide Rosenving. Histor. Jur. Dan. § 72.]

¶ **LANDEVEVA**, Lex patriæ, regionis, a Saxon. vel Germ. *Land*, Terra, regio, patria, et *Ewa*, Lex. Occurrit *Landeveva* in Pactu Legis Salicæ tit. 19. *Landoveva*, tit. 20. et tit. 21. *Landeofa* tit. 31. alibi *Landofeva.* Vide *Ewa.*

LANDFRID, Pax terræ, vox Germanica. Froissart. 3. vol. cap. 97. de Carolo IV. Imp. : *Institua le Duc Wincelant de Boheme; et le fit souverain regard d'une Institution et Ordonnance, qu'on dit en Alemagne la Languefride; c'est à dire, tenir les chemins couverts et seurs, et que toutes manieres de gens peussent aller, venir, et chevaucher de ville en autre seurement.* Infra : *Seigneur et souverain de la Languefride.* [* Chron. Noriberg. apud Oefelium tom. 1. Script. rer. Boicar. pag. 325. col. 2 : *Tandem rex Wenceslaus fecit communem pacem (Lant-*

frid.) Vide infra *Landtfride.*][** Vide Eichhorn. Histor. Jur. Germ. § 262. Pfeffing. ad Vitriar. lib. 1. tit. 2. § 15. not. *b.* et 2. Pertz. Leg. vol. 2. in Indice voce *Pax.*]

LANDGABLE, Census, qui a prædio, seu agro debetur : *agrarium* : a Saxon. Land-gable i. *terræ census* vel *reditus.* Occurrit in Domesdei. [** Land-gafol in Rectitud. singul. person. cap. 2. et 3.]

Langabulum dicitur in Histor. Norwicensis Cœnobii in Monastico Angl. tom. 1. pag. 20 : *Et ulterius illi non sunt de Villa Norwici, nec cum eis respondent in Lott, nec in Slott; sed solummodo tenent de Ecclesia S. Trinitatis, cui solvunt Langabulum.* Idem Monastic. tom. 3. pag. 226 : *Debeo acquietare dictum messuagium adversus Willelmum Martel de una libra piperis per annum, et adversus dominum Regem de uno denario de Langabulo de Porttocha ad Festum S. Martini.* Ibid. pag. 267 : *Solutam et quietam de Longabulo et parcagio, etc.* [Charta Radulfi Grassi apud *Madox* Formul. Anglic. pag. 279 : *Reddendo inde annuatim ad Langabulum prædicti burgi octo denarios ad Nativitatem S. Jo. Baptistæ pro omni servicio.* Recurrit ibid. in Charta subsequenti.]

LANDGERICHT, vox Germanica, cujus notio exponitur in Charta Friderici II. Imp. ann. 1215. in Metropoli Salisburgensi tom. 1. pag. 380 : *Super jure patronatus... super advocatia fori in sancto Yppolito, super generali terræ judicio, quod Landgericht nominatur, quod idem Dux in quibusdam bonis Pataviensis Ecclesiæ suæ juri vindicabat.* [Concil. Salisburg. ann. 1456. apud Hansizium tom. 2. German. sacræ pag. 497 : *Majori modo contrahitur sub specie dotis et donationis propter nuptias sub obligatione jurium forensium, vulgariter Landgericht, et propter non solutionem in termino promisso dotis vel donationis propter nuptias.*]

¶ **LANDGRAFIUS**, ut mox *Landgravius*, in Charta ann. 1228. apud Ludewig. tom. 4. pag. 394. et in Charta ann. 1282. ibid. pag. 401.

LANDGRAVIUS, Comes Provincialis, ex Germ. *Land*, terra, provincia, et *Grave*, Comes, ut *Marcgravius*, Comes Marcæ seu limitis, vel Marchio, *Burgravius*, Comes Castrensis. Historia Hierosolymitana pag. 1165 : *De Germania quoque vir quidam illustris et potens accedit, quem lingua Theutonica Landegravum dicunt, quod juxta rationem nominis Terræ Comes, quasi per excellentiam dictum sonare videtur.* Rigordus ann. 1208 : *Quidam Comes Palatinus, qui Landagrava vocabatur, id est Comes Palatii.* Vide *Comes Provincialis.* [** Conf. Eichhorn. Histor. Jur. Germ. § 234. a.]

* *Comes patriæ* etiam appellatur in Charta ann. 1139. apud Leuckfeld. in Antiq. Walckenried. part. 1. cap. 13. Vide supra in *Comes* 2.

* **LANDHOUDER**, Officii municipalis nomen. Vide supra *Handhouder.*

* **LANDIA**. Vide supra *Landea.*

¶ **LANDICA**, ἐσχαρίδιον, *Thuribulum*, in Supplemento Antiquarii. Exponerem *Canterius focarius*, Gall. *Landier.* Ἐσχαρίδιον ab ἐσχάρα, Focus, melius, ut puto, quam ἐσχαράδιν Glossarum S. Benedicti, ubi : ἐσχαράδιν, *Landica.* In Valesianis pag. 93. laudatur Glossar. Gr. Lat. ubi : ἐσχάρα γυναικός. Vide *Andena.* [* Adde ex Castigat. in utrumque Glossar. Leg. ἐσχάρα γυναικεῖα, Vulc. alibi ἐσχάρα exponitur *Craticula.* Hinc *Landie*, totum scilicet pro parte, in Lit. remiss. ann. 1395. ex Reg. 149. Chartoph. reg. ch. 175 : *Le fournier les avoit envoyez à la Landie leur mere: Jehannin Faulchon dist au suppliant qu'il alast à le Landye sa mere*, in aliis ann. 1456. ex Reg. 189. ch. 44. *Landra* Italis, meretrix. Vide supra *Batarum* et infra *Laterna* 2.]

* **LANDICUM**, Landitum, nostris *Landit*, Nundinæ Sandionysienses. Arest. ann. 1334. 9. Apr. in Reg. *Olim* parlam. Paris. : *Portarius monachus S. Dionysii erat in possessione veniendi anno quolibet, prima die Landiti, armatus et cum gentibus suis armatis ad processionem B. Mariæ Parisiensis ibidem ad dictam diem causa benedictionis faciendæ anno quolibet accedentem, conducendique dictam processionem cum armis, ut præmittitur, a quodam loco vocato Puincta Lisiardi in via quæ venit de Clihencourt apud S. Dionysium et per quam itur de Parisiis apud S. Dionysium prædictum, faciendo transitum de subtus montem Martyrum, ad locum in quo dictæ duæ viæ faciunt dictam puinctam, in tantum quod si dictus portarius et ejus gentes prædictæ non venirent ibidem, dicta processio rediret Parisios, nec fieret ibi benedictio illo anno... Portarius monachus dicti monasterii et ejus gentes omnes armati possunt venire... ad occursum processionis prædictæ,.... ad præservandam dictam processionem a pressura populi et conducendum camdem, movendumque populum ad devotionem.* Lit. remiss. ann. 1356. in Reg. 84. Chartoph. reg. ch. 562 : *Cum die Martis in festivitatibus Penthecostes ultimo præteritatæ præfatus Guillelmus.... ivisset ad Landicum* (sic) *et deinde apud S. Dionysium, etc.* Locum nundinarum hic intellige. Memor. C. Cam. Comput. Paris. fol. 137. r°. : *Erat fidejussor et obligatus regi pro ix^c. florenis ad scutum debitis regi ratione impositionis Flamingorum, quam dicti Flamingi debebant regi pro Landito ultimo præterito de pannis per eos ibi venditis.* Consule D. *Le Beuf* tom. 3. Hist. diœc. Paris. pag. 246. et vide *Indictum* 3.

* Lenditum, Eadem notione. Charta Joan. reg. Franc. ann. 1354. ex Bibl. reg. : *Cum religiosi S. Dionysii constituerint Guernerium Allegrin,... in officio militis gueti in Lendito, ... qui quidem miles ad causam sui officii habet conducere secum plures homines armatos incedentes die ac nocte ad custodiam dicti Lenditi.* Lit. remiss. ann. 1387. in Reg. 130. Chartoph. reg. ch. 198 : *Cum Robinetus..... certam auri summam pro pannis emendis in tunc futuro Lendito realiter tradidisset, etc.*

LANDIMERA, Terræ limes, vel meta : a Saxon. Land gemære, g, ut solet in j verso; Land autem Terra : gemære, Finis, terminus : unde hodie agrorum partitiones *meires* Angli vocant. Fœdus Alvredi et Guthurni Regum cap. 1 : *In primis de nostris Landimeris sursum in Thamisia, et tunc superius in Ligam usque ad exortum ejus, etc.* Sic Codex MS. Cottonianus, Codex vero Spelmanni : *Inprimis de nostris Landimeris commarchionibus sursum, etc.* ubi *commarchionibus*, idem valet ac *confiniis.* Vide *Marcha*, 1.

¶ **LANDIS**, ut *Landa* 1. Terra sterilis et dumis abundans, Gall. *Lande.* Charta ann. 1233 : *Hugo Dominus Feritatis Bernardi cum assensu Isabellæ uxoris meæ vendidi Abbati et Conventui* LXXVI. *arpenta terræ... partim in nemoribus, partim in brueriis, in Landibus de Coudreis.*

LANDLEITA. Vide *Landtleita.*

LANDMANNUS, Terræ incola, ex Saxon. Landesman, vox formata ex Land, terra, et man, homo. Occurrit in Pacto Ethelredi cum Analavo et aliis § 9. [** 7.]

* **LANDON**, vox Gallica, Fustis brevior et crassior, qui canibus ad collum appenditur ne excurrant, vulgatius *Billot.* Charta ann. 1320. in Reg. 62. Chartoph. reg. ch. 309 : *Lequel sergent commandoit à ceus qui avoient chienz, que il meissent Landons à leurs chiens, en la saison que il appartient à mettre Landon.* Lit. remiss. ann. 1411. in Reg. 165. ch. 171 : *Il avoit esté signifié que chacun qui auroit chiens, leur mist à chacun un baston, appellé Landon, au col, à ce qu'ilz n'entrassent ne feissent dommage ès vignes.* Mirac. Mss. B. M. V. lib. 2 :

Vous li feissies d'un eavestre
Un Lando faire et un coler,
Traire en un bois et décoler.

¶ **LANDOEFA**, Landoveva. Vide *Landeveva.*

¶ **LANDPHENNIGE**, Denarius provinciæ, terræ, regionis, a Germ. *Land*, Terra et *Pfennig*, Denarius, nummulus, teruncius. *Denarii qui dicuntur Landphennige*, in Chronico Mellicensi pag. 144. col. 1.

* **LANDRERIUS**, Tripus, Gall. *Trépied.* Inventar. ann. 1476. ex Tabul. Flamar. : *Item plus duos tripodes sive Landrerios ferri, quemlibet cum tribus pedibus.*

LANDRIDDER, Eques, Miles, vir equestris ordinis ac dignitatis, vox Germanica, ex *Lanz*, Lancea, et *Ridder*, vel *Ritter*, Eques : quasi Eques lanceatus, ut *Lansknecht*, pedes miles lanceatus. [** *Land*, Provincia. Conf. supra *Equites* et vide Warnkœnig. Histor. Jur. Fland. tom. 2. pag. 66. et chart. ann. 1110. num. 179. ibid.] Charta Philippi Comitis Flandr. ann. 1190. [in Tabulario S. Bertini et] apud Malbrancum lib. 10. de Morinis cap. 28 : *Sciendum tamen, quod Comes in eadem* (villa de Poperinghes) *debet habere Equites, qui Landridderes vocantur ad expeditionem suam secundum patriæ consuetudinem, etc.*

* *Landridres* edidit Miræus tom. 2. fol. 1333. ubi Chartul. 1. Fland. fol. 10. ex Cam. Comput. Insul. habet, *Landrudres.*

¶ **LANDSASSIUS**, vox Germanica quam explicat Ludewig. in Præfat. tom. IV. pag. 27 : *Quod enim de Silesiæ Principibus hodieque dicitur, illos esse Landsassios, id est, in suis tractibus, pagis, latifundiis, eminentiora jura, quæ regalia dicimus, illos nonnisi ex Bohemiæ Regum benevolentia et privilegio affirmare libet.* [** Vide Haltaus. Glossar. German. voc. *Landsasse*, col. 1178. et Mitterm. Princip. Jur. German. § 109.]

¶ **LANDSCRIBA**, Scriba provinciæ, a German. *Land*, Terra, regio, et Lat.

Scriba. Charta Alberti Ducis Austriæ ann. 1342. apud Steyerum in Commentariis pro Hist. Alberti II. col. 65 : *Inhibemus universis et singulis Comitibus, Baronibus, Ministerialibus, Militibus, Clientibus, Burggraviis, Landscribis, Judicibus, Officialibus vel aliis quibuscunque personis, etc.* Vide *Landschreibe.*

¶ **LANDSECLES**, Species colonorum, ut videtur, eadem forte quæ *Lancetorum* apud Anglos. Chartul. SS. Trinit. Cadom. fol. 51. v°. : *Homines de Delegate tres solidos, et quisque tres dies in autumpno... et* XXVII. *Landsecles habentur præter istos prædictos.*

* **LANDSEDELE**, Terræ ususfructus, ni fallor, seu jus in ea *sedendi* vel manendi. Charta ann. 1278. tom. 1. Amœnit. liter. pag. 193 : *Hoc adtendentes quod cultores prædictorum ortorum, sive possessores, nihil juris habent in jam dictis ortis, nec eos habere protestamur, nisi hoc solum, quod vulgariter dicimus Landsedele.* [** Vide Haltaus. Glossar. German. voce *Landsiedel*, col. 1182.]

** **LANDSERVIENTES.** Vocem interpretatur Placit. Cumbr. ann. 5. reg. Joh. rot. 5. in Abbrev. Rotul. pag. 42 : *Dicit etiam quod debet habere 4. Landservientes, custodes scilicet pacis patriæ .... duos debet ipse hospitari et pascere et invenire eis sectam ad testandum malefacta pacis.*

* **LANDTFRIDE**, Pax terræ, vox Germanica. Charta ann. 1344. tom. 2. Hist. Trevir. Joan. Nic. ab *Hontheim* pag. 156. col. 1 : *Cum nos de treugis, quæ Landtfride nuncupantur, de novo prorogatis..... gaudere desideremus, etc.* Vide supra *Landfrid.*

LANDTLEITA, Popularis circuitio, ex Germ. *Land*, terra, et *Leyde*, ductus, tractus, transitus, meatus, Kiliano. Charta Marcuardi Abb. Fuld. apud Brower. lib. 3. Antiq. Fuld. cap. 18 : *Circumlustrando terminos finium, tam silvarum, quam agrorum, pratorum atque camporum, reperique sic, ac requisivi cum populari circuitione, quæ dicitur Landtleita, quamplures mansos, agros... injuste detractos.* [Iterum refertur hic locus in Addition. in calce secundi voluminis primæ editionis ubi *Landleita* non male.] [** Vide Haltaus. in hac voce col 1168. et voce *Umfart* col. 1920. Grimm. Antiq. Jur. Germ. pag. 546.]

1. **LANDULA**, Alauda, apud Petrum de Crescentiis lib. 10. de Agricult. cap. 13. 20. et alibi.

¶ 2. **LANDULA**, Parva *Landa*, seu agellus sterilis et incultus. Charta Monasterii Savigneiensis : *Guido Forestarius dedi Monachis de Savigneio totum pratum de Fonte Cheots et Landulam juxta illud, excepta recognitione* XVIII. *denariorum mihi singulis annis reddendorum.* Vide *Landa* 1.

¶ **LANDWERC**, Operæ, quas præstant subditi totius districtus, a German. *Land*, Terra, territorium et *Werc*, Opus, opera. Vide locum in *Banwerc* et *Uthlandes.* Schilterus eadem notione legit *Lantwerk* in Glossario Teuton. voce *Bann.*

¶ **LANEFICIUM**, *Lanificium*, Opificium lanæ, in vett. Canon. Pœnitent. tom. 11. Spicil. pag. 73.

LANEOTUS, Pannus laneus, seu *sagum* vel stragulum ex lana confectum. Vita Willelmi Abbatis Roschild. cap. 14 : *In lectulo suo nihil præter Laneotum straminibus impositum... habebat.*

¶ **LANERIUS.** Vide *Lanarii*,

¶ **LANERUM**, Festo, *Vestimenti genus ex lana succida confectum.*

LANESTRIS, Laneus. Vopiscus in Aureliano : *Pallium breve purpureum Lanestre.*

¶ 1. **LANEUS**, ut *Laneotus*, Pannus seu stragulum e lana. Institutio Vallis-Scholarum ann. 1215. inter Instrum. tom. 4. Gall. Christ. col. 200 : *Hospites etiam jacebunt sine culcitris, Laneis contenti sicut et cæteri Fratres.* Constitut. Sororum Pœnitent. S. Magdalenæ art. 9. apud Raim. Duellium lib. 1. Miscell. pag. 189 : *Super culcitras non dormiant Sorores nostræ, nisi infirmæ. Cum tunica cinctæ dormiant super straminia, et super Laneos et saccones dormire licebit.* Alium locum vide in *Wanbisius* post *Gambeso.*

* 2. **LANEUS**, Polonis et Bohemis idem quod apud nostros *Mansus*, Certa scilicet agri portio cum æde coloni. Charta Ottocari reg. Bohem. ann. 1234. inter Probat. tom. 1. Annal. Præmonstr. col. 523 : *Tres Laneos ecclesiæ adjudicamus possidendos in bonis sæpe nominatis, quos a quodam Teutonico Ottone contra justitiam detentos, coram nobis rationabiliter præpositus obtinuit et evicit.* Alia ann. 1379. ibid. tom. 2. col. 49 : *Quosdam tres Laneos nostros in villa Kalendorff, adjacentes ad curiam nostram colonariam, ibidem sitam, de jure pertinentes.... vendidimus.* Stat. Vladisl. Jagel. ann. 1433. inter Leg. Polon. tom. 1. pag. 92 : *Hortulanis non habentibus nec colentibus agros, hoc est mansos seu Laneos integros vel medios duntaxat exceptis.... Si autem prædictorum..... aliquis integrum Laneum agrorum coluerit : tunc ad solutionem duorum grossorum; si vero medium Laneum, ad solvendum unum grossum.... sint adstricti.* Charta fundat. Cartus. Pragens. ann. 1342. apud Pez. tom. 6. Anecd. part 3. pag. 37. col. 1 : *Prædictæ quoque fundationi nostræ partem nemoris nostri, dicti Wirde, quæ viginti quatuor Lanços* (leg. *Lanceos*) *contineat.... conferimus.* Alia ann. 1467. ibid. pag. 221. col. 2 : *Unam etiam curiam allodialem cum tribus Laneis agrorum, etc.* [** Vide Haltaus. Glossar. German. voce *Scholshube*, col. 1640.]

LANGABULUM. Vide *Landgabulum.*

* **LANGAGIUM**, Lingua, idioma, Gall. *Langage.* Lit. remiss. ann. 1364. in Reg. 96. Chartoph. reg. ch. 146 : *Duo famuli qui præsumebantur esse Anglici, eo maxime quod male loquebantur et tam alienum Langagium, quod non poterant intelligi.* Vide *Linguagium* 2.

* **LANGANA**, Idem forte quod *Laguna*, Palus, lacus. Placit. ann. 920. inter Probat. tom. 1. Hist. Nem. pag. 19. col. 1 : *De ipsos campos unde Geosaldus interpellavit jam dicto Ansemiro presbitero, ante domno Ucberio episcopo, et de voles minores usque in ipsa Langana et ad ponte majore, ipsas decimas etc.*

¶ **LANGELLUM**, Infantiles fasciæ, Gall. *Langes.* Computus ann. 1202. apud D. Brussel tom. 2. de Feudorum usu pag. CLVI. col. 2 : *Expensa puerorum Pissiaci.... Pro uno Langello et pro capellis et pro ftesell.* X. *sol.* Vide mox in *Langeolum.*

¶ **LANGEMANNUS.** Vide in *Lagamannus*,

LANGEOLUM, Vestis interior lanea Monachorum ad genua usque pertingens, sic dicta, quod *lanea*, unde laneos panniculos, quibus infantes circumvolvuntur, *Langes* etiamnum appellamus. Monasticum Angl. tom. 1. pag. 419 : *Ad vestiendum autem suscipiunt, quicunque annum ibi compleverint, capam, tunicam, et pallium : duo etiam Langeola, et omnia lanea.* Mox : *Ad pallium 2. ulnas et quarterium, ad Langeolum duas ulnas et quarterium.*

¶ **LANGERE.** Epistola Concilii Pisani ad Benedictum XIII. ann. 1409. inter Concil. tom. 3. pag. 641. col. 1 : *Hoc schisma pestiferum... ab erroribus quam plurimis Ecclesiæ fidem Langentibus intromissis ortum habuit.* Suspicor legendum *frangentibus* vel *tangentibus.*

* **LANGETUM**, Pannus laneus, quo monachi lectum sternunt, nostris alias *Langeul.* Constit. Carmelit. Mss. part. 1. rubr. 6 : *Utantur fratres lodicibus laneis seu Langetis, et aliis coopertutis religiosis, sine picturis, simplicibus et honestis.* Lit. remiss. ann. 1391. in Reg. 142. Chartoph. reg. ch. 66 : *Un Languel à lit, qui bien valoit dix solz. Langais*, eadem forte notione, in Comput. redit. comitat. Pontiv. ann. 1554 : *Des proffiets des gros Langais dudit lieu de Rue, qui se soulloient bailler afferme* (sic) *pour trois ans.* Vide *Blanchetum.*

* **LANGIARIUS**, Mercator lintearius, Gall. *Linger.* Charta Phil. Pulc. ann. 1313. in Reg. 49. Chartoph. reg. ch. 63 : *Cum mercatores freperii, pelliparii, tapiceru et Langiarii civitatis Paris. etc.*

LANGOBARDI, qui alias *Longobardi*, populi Septentrionales, qui Italiam pervaserunt, de quorum appellatione sic Paulus Warnefrid. lib. 1. de Gestis Langob. cap. 9 : *Certum est Langobardos, ab intactæ ferro barbæ longitudine, cum primitus Winili dicti fuerint, ita postmodum appellatos. Nam juxta illorum linguam, Lang, longam, baert, barbam significat.* Guntherus lib. 2. ex Ottone Frising. lib. 2. cap. 13. de Gestis Friderici :

Dicitur a longis ea Longobardia barbis.

Epitaphium Doctruiæ seu Doctrulfi, gente Suevi, unius ex primis Ducibus Langobardis, apud Rubeum in Hist. Ravennate lib. 5. sub ann. 586 :

Terribilis visu facies, sed corda benigna,
Longaque robusto pectore barba fuit.

Vide Fredegar. Epit. cap. 65. Alii a *Bardis* Saxoniæ populis dictos volunt. Plura de iis habent Cluverius lib. 3. Germ. antiq. cap. 26. et viri doctissimi ad Vitam S. Antonini Abbat. Surrentini 14. Febr. [Adde Schilteri Glossar. Teutonicum.]

LONGOBARDI, seu LOMBARDI, appellati potissimum in Francia, mercatores Itali, qui magno numero eo confluebant exercendi commercii gratia : quibus etiam Reges nostri complura subinde indulsere privilegia, atque adeo ut civitatem sibi deligere liceret, in qua negotia sua ac mercimonia agerent, mercesque distraherent. Exstat in veteri Regesto Charta 19. Febr. ann. 1277.

Indict. 6. firmata Parisiis in Regio Palatio 2. Mart. ann. 1278. continens pactum factum cum Reg. Franciæ *a Fulcone Cacio cive Placentino, Capitaneo universitatis mercatorum Lombardorum, et Tuscanorum, habente etiam potestatem et speciale mandatum a Consulibus mercatorum Romanorum Januæ, Venetiarum, Placentiæ, Lucæ, Bononiæ, Pistorii, Astensium, Albæ, Florentiæ, Senarum, et Mediolanensium, tractandi cum domino Rege Franciæ super translatione facienda ad civitatem Nemausensem, etc.* Quo quidem pacto *Lombardis* mercatoribus facultatem concedit, urbem Nemausensem sibi deligendi ad sua exercenda commercia : protectionem suam indulget, eademque, quibus Parisienses gaudent, privilegia : præterea ut extra Nemausensis Judicis Regii jurisdictionem trahi non possint ; ut decedentium bona hæredibus serventur, *sine reclamatione manus mortuæ :* ut a civitatis excubiis et *talliis*, et ab *hoste* seu exercitu sint immunes, ita tamen, ut ordinarias præstationes pro mercibus exsolvant, uti in urbe Monpessulana solebant : ut Capitaneum, seu Rectorem, et Consules in eadem urbe habere iis liceat, et in tota Bellocadrensi Senescallia, quemadmodum habent in nundinis Campaniensibus, qui in suæ societatis mercatores rebelles jus habeant animadvertendi secundum patriæ suæ leges et statuta : quod si quis ex iis mercatoribus naufragium in Regiis oris patiatur, quidquid ex eo Princeps percipere solet, indulget, etc. Ex quibus docemur, Lombardos, antequam Nemausum transferrentur, in urbe Monpessulana commercia sua exercuisse : e qua excessere anno 1268. Chronicum MS. Consulum Monpessulan. hoc anno : *En aquel an issiron li Lombart de Montpeslier la vespra de Totsans.* [In Computo ann. 1272. apud Lobinell. tom. 2. Hist. Britan. col. 413. memorantur *Lombardi de Guengamp, de Quemper, de Kemperleg, de Nanneto;* et in alio Computo Castri Nannet. ann. 1273. *Lombardi de Dinanno.*]

* Hinc *Lombarderie* dicitur Vectigal, quod ab iis mercatoribus in nundinis Campaniæ pensitabatur, in Chartul. Latiniac. fol. 246. v°. : *Ce sont aucunes fermes, qui estoient de prouffit à l'abbaye de Laigny es foires de Champaigne et Brye à Laigny sur Marne.... La Lombarderie, iiijxx. livres.*

At quod ii non commercia duntaxat, sed et usuras illicitas exercerent, horum nomen in malam partem postmodum transiit, universimque *Lombardorum* appellatione dicti fere publici Fœneratores ac *Usurarii :* in quos identidem a Principibus nostris sævitum legimus. Concil. Senonense ann. 1269. cap. 2 : *Prohibentes ne quis in domibus, vel in locis aut terris Ecclesiarum Lombardos vel alios advenas, qui vulgariter.... dicuntur, usurarios manifestos recipere audeat.* Ubi in lacuna *Caorcini*, reponendum puto : [uti liquet ex Statutis Eccles. Meld. apud Marten. tom. 4. Anecd. col. 908. ubi eadem legnntur.] Statutum Philippi III. contra *Usurarios*, in Regesto Carcassonensi Cameræ Comput. Paris. : *Extirpare volentes de finibus Regni nostri usurariam pravitatem, quam quosdam Lombardos et Caorsinos aliosque quamplures alienigenas in eodem Regno publice intelleximus exercere, etc.* [Præiverat S. Ludovicus similibus Litteris ann. 1268. quas edidit *de Lauriere* tom. 1. Ordinat. pag. 96.] Aliud Caroli II. Regis Siciliæ, datum Andegavi 8. Decemb. ann. 1289 : *Præcipimus, ut expulsio* (Judæorum) *prædicta ad omnes Lombardos, Caturcinos, aliasque personas alienigenas, usuras publice exercentes, etc.* Vide *Caorcini.*

¶ **LANGONES**, sic vulgo dictas fuisse libras Lingonenses nos docet Valesius pag. 279. Notitiæ Galliarum col. 2. ubi hæc profert : *Cette vendue fu faire pour trois cens Langones;* et ex Litteris ann. 1255. x. *livres d'Estevenans ou de Langoines*, id est, Lingonensium ab urbe Lingone seu *Langone*, ut ibidem legitur ex Litteris ann. 1225.

* **LANGOR**, Labor, cura, sollicitudo, Italis *Langura.* Comput. ann. 1362. inter Probat. tom. 2. Hist. Nem. pag. 253. col. 2 : *Pro sex caponibus præsentatis domino thesaurario Franciæ, quia laboravit pluries et plures Langores fecit et habuit, pro utilitate reipublicæ dictæ civitatis.*

¶ **LANGRAVIUS**, ut *Landgravius.* Utitur Cardinalis de Aragonia apud Muratorium tom. 3. pag. 580. col. 2.

¶ **LANGUEFRIDE.** Vide *Landfrid.*

* **LANGUELLA**, Lagena. Vita S. Joan. episc. tom. 3. Aug. pag. 511. col. 2 : *Affer nobis Languellam aquæ fluminis, ut operariis ecclesiæ ad potandum distribuamus. Langeau*, eodem sensu, in Lit. remiss. ann. 1406. ex Reg. 160. Chartoph. reg ch. 333 : *Une chopine, six escuelles et un Langeau barré.* Vide in *Lagena.*

¶ **LANGUENA.** Vide *Laguenna* in *Lagena.*

* **LANGUETA**, Lingula, examen trutinæ, Gall. *Languette.* Stat. Avellæ cap. 107. ex Cod. reg. 4624 : *Quælibet persona; quæ aliquid alicui ponderabit, ... debeat..... taliter tenere balancias, ... quod Langueta.... ponderis eorumdem possit libere sine aliquo impedimento currere seu ponderare hinc et inde.*

¶ **LANGUIDATUS**, Marcidus; item adductus in languorem, frigescens. Joan. Longinus in Actis S. Stanislai Episc. tom. 2. Maii pag. 222. col. 2 : *Tantum videns assidue malorum labem, tanta quotidie flagitia cumulari, sic omnia confusa, sic omnia resoluta, ut tabo pessimo viderentur Languidata, etc.* Ibid. pag. 258. col. 1 : *Negotio itaque canonizationis viri Dei Stanislai Languidato, et ab omni spe et cura dilapso, etc.*

* **LANGUIDUS**, Immunitus, aut parum munitus. Gesta Consul. Andegav. tom. 10. Collect. Histor. Franc. pag. 255 : *Interea Conanus ... filiis suis ut Andegavum discurrerent et interim Languidiora terræ ut explorarent, præcepit.*

* **LANGUINAGLIA**, Pestis inguinaria. Mirac. S. Rosæ tom. 2. Sept. pag. 456. col. 2 : *Cum mulier quædam... gravissime infirmaretur eo morbo, qui vulgariter dicitur Languinaglia, etc.*

LANGUITUDO, Languitas, Languor. Vide *Ægrimonium.*

* Nostris alias *Languine.* Lit. remiss. ann. 1443. in Reg. 176. Chartoph. reg. ch. 273 : *A l'occasion desquelz coups icellui Ancel a esté en grant Languine.* Neque aliud videtur significare vox *Lougaugues*, in aliis Lit. ann. 1388. ex Reg. 135. ch. 120 : *Comme le suppliant a esté et encores est si malades de Lougaugues, qu'il en a esté bien souvent en grant fureur pour la vuidance de la teste etc.*

LANGUOSUS, Languidus. Florentius Wigorniensis ann. 1115 : *Rex Guillelmus junior... vehementi percussus infirmitate... per totam Quadragesimam Languosus jacuit.* Id est, in languore.

* **LANGURIRE**, *Glutire, Empassar, Prov.* Glossar. Provinc. Lat. ex Cod. reg. 7657.

LANGUS. Aldhelmus de Laudibus Virginitatis :

> Loth quoque qui Langos sceleratos vixerat inter
> Hospes hospitibus præbens umbracula tecti.

Ubi *Langus* idem valet quod Græcis λαγγών. Glossæ Gr. Lat. : Λαγγών, *Reses, Trico.* Glossæ Lat. Græc. : *Tricosus*, ἀργέλιος, ἔκλυτος, λαγγών.

LANGUSTA, Herbæ species, quæ in Syria nascitur, qua vesci solitum sanctum Joannem Baptistam aiunt, pro qua *locustas* manducasse postea persuasum. Vide Jacobum de Vitriaco in Hist. Hierosol. cap. 53.

* 1. **LANIA.** Terra Laniæ, Arena, Gall. *Sable, gravier.* Charta ann. 1264. in Chartul. eccl. Lingon. ex Cod. reg. 5188. fol. 210. v°. : *Perreriæ pro trahendo lapide et Laniæ terra pro faciendo mortario, omnia communia.*

* 2. **LANIA**, *La striga*, in Glossar. Lat. Ital. Ms. pro *Lamia.* Vide *Lama* 2.

* **LANIARE**, Rumpere, frangere, Gall. *Briser.* Charta Rob. comit. Alenc. ann. 1211. in Reg. forest. comitat. Alenc. etc. ex Cam. Comput. Paris. fol. 13. v°. : *Et si ferramenta sua Laniata fuerint in servicio meo, de meo proprio reficientur.*

¶ **LANIARIUS.** Vide in *Lanarii.*

LANIATORIUM, *Macellum, ubi laniantur carnes.* Joann. de Janua; [*Boucherie*, in Gloss. Lat. Gall. Sangerman.]

¶ **LANICUS**, *Laneus*, Johanni de Janua; *de Laine*, in Glossis Latino-Gallic. Sangerman.

¶ **LANICUTIS**, Cujus cutis Lanigera est. *Aries Lanicutis*, Laberio apud Tertullian. de Pallio cap. 1.

* **LANIFERIUM**, f. pro Lanificium, laneum opificium, vel merx lanea, Gall. *Lainage.* Libert. Regalis-mont. ann. 1341. tom. 7. Ordinat. reg. Franc. pag. 195. art. 10 : *Ipsi tamen sunt in usu pacifico et longævo carnes salsas, Laniferium, sagimina, et alia liquorem habencia in pondere domini nostri regis ponderare.* Vide supra *Lanagium.*

¶ **LANIFICINA**, Lanificium. Synodus Limæ ann. 1582 : *Sciunt etiam Parochi Indorum mineralium officinas sive ingenia, pannorum quoque Lanificinas, cæterasque quæstarias artes sibi esse penitus interdictas.*

** **LANILEGUS**, Lanarius, qui lanam tractat. Rein. Vulp. lib. 4. vers. 8 :

> Quorum (*dentium*) exauditur longe collisio, tanquam
> Lanilegus pecten pectine crebra sonans.

¶ **LANILUTOR**, ἐριοπλύτης, Fullo, quilavat lanas, in Gloss. Lat. Græc. in aliis Græc. Lat. ἐριοπλύτης, *Lanitor*.

¶ **LANIO**, ut *Lanius*, in Concilio Hispal. ann. 1512. et apud Marten. tom. 2. Ampliss. Collect. col. 1400.

LANIOLA, in Glossis Isonis Magistri, *locus, ubi Medici faciunt medicinas, et laniant carnes infirmorum*. Laniena.

LANIPENDIUM, Locus in Sanctimonialium Monasteriis, ubi reponuntur lanæ ad Monacharum lanificia, vel etiam ad vestes laneas. Regula S. Cæsarii ad Virgines cap. 28 : *Ad cellarium, et ad posticium, vel Lanipendium tales a seniore eligantur, etc.* Adde cap. 30. et Regulam S. Donati cap. 62.

LANIPENDIA, Quæ *lanipendii* curam gerit, apud eumdem Cæsarium cap. 25 : *Omnis lanificii cura, unde vestimenta sanctis Sororibus ministrentur, ad sollicitudinem Præpositæ, vel Lanipendiæ pertinebit.*

LANIPENDIUS, in Gloss. Lat. Gr. exponitur ςαθμοῦχος ἐριδίων, *Qui lanam pendit ac distribuit*. Gloss. Gr. Lat. : Σταθμοῦχος, γυνὴ ἡ τὸν ςαθμὸν παρέχουσα ταῖς ἄλλαις, *Lanipendia*. Vox occurrit apud Paul. in leg. 31. D. de Donat. vir. et ux. (24, 1.) Vetus interpres Juvenalis ad illud Sat. 6.

> ...... periit libraria, ponunt
> Cosmetæ tunicas, etc.

Librariam, *Lanipendiam* interpretatur. Et infra, ad illud :

> Est in concilio materna, admotaque lanis
> Emerita quæ cessat acu.

Lanipendia matris, facta ornatrix, quasi magistra. Vide Cujacium lib. 9. Observat. cap. 30.

¶ **LANISCA**, LANISCUS. Papias in MS. Bituric. : *Fasces erant Laniscæ, id est, Fasciolæ, etc.* Editus habet *Lanistæ*, perperam. Jo. de Janua : *Laniscus, Fasciola ex lana facta*. Latinis *Lemniscus* est Vitta, tænia, pro quo nostri Glossatores dixisse videntur *Lanisca* et *Laniscus*. Vide *Lamniscæ*.

¶ **LANISTA**, LANISTRA. Isid. lib. 10. Orig. : *Lanista, Gladiator, id est, carnifex Tusca lingua appellatus, a laniando scilicet corpora.* Lanista Latinis non est gladiator unde, sed proprie gladiatorum magister, qui cæteris præerat, et tirones erudiebat in arte gladiatoria. Gloss. Lat. Gr. : *Lanista*, λουδοτρόφος, μονομαχοτρόφος, ἐπιςάτης μονομάχων. Aliæ : *Lanistæ*, γυμναςαί. Λουδοτρόφος ille est qui ludum alit seu familiam ludis gladiatoriis destinatam : quod erat Lanistarum. Gloss. ejusd. Isid. : *Lanistra*, *Lanarius*. Grævius annotat retinendum *Lanistra*, quæ antiqua est, inquit, scribendi ratio. Papias : *Lanista, laniarius carnifex a laniando corpora, gladiator, macellarius, qui carnes laniat ferro*. Gloss. Sangerm. MS. n. 501 : *Lanisia, Laniarius. Lanistæ, Macellarii, quoqui et lanii*. Joh. de Janua : *Lanio, Qui laniat. Lanista et lanius Carnifices, vel homicidæ et macellatores a laniando scil. carnes.* Pro *Lanista* legitur tom. 2. Annal. Benedict. pag. 333. in Actis SS. Junii tom. 3. pag. 445. col. 2. ubi de S. Raynerio, etc. Pro quodam virorum bellatorum genere, mihi non satis noto, *Lanistæ* sumuntur ab Odone de varia Ernesti Bavariæ Ducis fortuna, apud Marten. tom. 3. Anecd. col. 372 :

> Deinde viros acres ducens ad bella ducentos,
> Et quadringentis dans emolumenta Lanistis,
> Assiduis armis Agarenos concutit, urbes
> Obruit, et villas flamma populatur et arva.

* Vide Salmas. ad Florum pag. 88. et ad Hist. Aug. pag. 328. et Coteler. ad Constit. Apostol. pag. 319.

¶ **LANISTERIUM**, Lanificium. Agnellus in Vita S. Severi Pontif. apud Murator. tom. 2. pag. 44. col. 2 : *Quadam die Lanisterii opere prægravatus cum esset ipse cum conjuge sua, lanificium, ut dixi, nearent officium, ait ad conjugem, etc.*

¶ **LANISTERUM**, Lanicium, ut conjecto. Gregor. Mon. in Chronico Farfensi apud eumdem Murator. tom. 2. part. 2. col. 545 : *Concessit in villa S. Viti de casale dominici ad quartam omnium frugum, excepto paniclo et semunclo, et musti mundi tertiam, et olivarum medietatem, et quintum de Lanistero, et operas.*

LANITOR, ἐριοπλύτης, in Gloss. Gr. Lat. [Habetur supra *Lanlutor*.]

¶ **LANIUS**, pro *Laneus*. *Pannum Lanium viridis coloris*, in Mandato Ricardi II. Regis Angl. ann. 1282. apud Rymer. tom. 7. pag. 356. col. 1.

LANNA. Vita S. Gildæ : *Quæ insula usque in hodiernum diem Lanna Hilduti vocitatur*; [hoc est, terra, ditio, ager. *Lanna* enim Armoricis, qui *d* post *n* mutare solent in alterum *n*, idem est quod populis Septentrionalibus *Landa*, duplicis notionis vox, quæ et terram incultam significat, et territorium, regionem, dominium. Hinc emendanda sequentis vocis expositio; *Lanna* quippe nusquam Monasterium significavit apud Armoricos, sed *Leandi*, a *Lean*, Monachus vel cœlebs et *ti*, Domus. Vide *Land* et *Leanes*.]

LANNA, Monasterium, veteribus Armoricis. Occurrit in Vita S. Pauli Episc. Leonensis n. 28.

¶ **LANNÆ**, λοβοί, *Lobi, faseoli*, in Supplemento Antiquarii, pro *Lamnæ* aurium, seu ima auricula, inquit Valesius in Valesianis pag. 94.

¶ **LANNECHILD**, pro *Launechild*, in Legibus Rotharis : quod vidit Muratorius tom. 1. part. 2. pag. 28. col. 2.

* **LANNERIUM**, Perperam pro *Laygnerium*, in Reg. 59. Chartoph. reg. ch. 155. ex Charta ann. 1319. laudata supra in voce *Laignerium*. Vide ibi.

* **LANOSITAS**, Lanugo. Tertul. de Pallio cap. 3 : *Nam et de mari vellera, quæ muscosæ Lanositatis lautiores conchæ comant.* Vide ibi Salmas. pag. 175. et in Exercitat. Plin. ad Solin. Polyhist. cap. 53. tom. 2. pag. 792.

* **LANQUENA**, pro *Languena*, Lagena. Testam. ann. 1274. tom. 2. Hist. Cassin. pag. 502. col. 1 : *Relinquo.... de oleo Lanquenas sex.* Vide supra *Languella*.

¶ **LANSA**, Lancea, ut puto, Gall. *Lance*, Hisp. *Lança*. Charta Ecclesiæ Brivat. ann. 1362 : *Informatio facta per Hugonem Jorda Locum-tenentem super quandam Lansam quam amiserant li Espanhol in platea de la Feneria.*

¶ **LANSAGIUM**, Leodiensibus *Lansage*, Alienatio; *Lansager*, Alienare; *Lansagers*, Qui ex alienatione domini jus habent dominii vel hypothecæ. Consuetudo Leod. cap. 6. art. 4 : *Toutefois les parens peuvent departir leurs heritages à leurs enfans en Lansage à l'un plus qu'à l'autre, sans aller à la justice.* Ibid. art. 28 : *Feumain ne peut Lansager heritages d'enfans, dont il est feumain*. Cap. 15. art. 17 : *Tous treffonciers et Lansagers peuvent deminer pour faute de relief.*

* **LANSARE**, Jacere, jaculari, Hisp. *Lanzar*, Gall. *Lancer*. Lit. remiss. ann. 1362. in Reg. 93. Chartoph. reg. ch. 168 : *Cum quadam funda contra dictum Bertrandum duos lapides Lansavit.* Form. Mss. ex Cod. reg. 7657. fol. 35. v°. : *Unum magnum cutellum evaginavit repente et.... ictus quamplures contra eum Lansando.... percussit.* Vide supra *Lançare* et *Lanceare* 3.

¶ **LANSCEA**, pro *Lancea*. *Item* VIIIm. *cadrelli*. *Item* CCC. *Lanscee*, in Informationibus Civitatis Massil. pro passagio transmarino ex MS. Sangerman.

* **LANSEYA**. Vide supra *Lanceya*.

* **LANSISSA**, Tabulatum superius. Form. Mss. ex Cod. reg. 7657. fol. 42. r°. : *Per cujus* (domus) *Lansissam, seu supernum solarium, idem talis dictæ tali scienter dedit maticum et accessum.*

LANSITICUS. Observantiæ Regni Aragon. lib. 8. de Homicidio § 14 : *Si quis se occiderit, vel suspenderit, et fuerit Lansiticus, vel insensatus, vel dæmoniacus, vel consimilis, etc.* An *Lunaticus?*

¶ **LANSKENETUS**, Pedes, Gall. *Piéton*, *fantassin*, Germ. *Landsknecht*. [* Miles lanceatus. Vide *Lancea* et *Landtidder*.] *Duo millia peditum Lanskenetorum*, in Conventionibus ann. 1543. apud Rymer. tom. 14. pag. 776. [** Vide Eichhorn. Histor. Jur. German. § 437.] Hinc apud nostrates *Lansquenet*, Ludus quidam pictorum foliorum a Germanis *Lanskenetis* advectus in Galliam.

* **LANSOLATA**, LANSSOLATA, Matta, storea, quia solo sternitur, sic dicta, Gall. *Natte*. Comput. ann. 1372. inter Probat. tom. 2. Hist. Nem. pag. 319. col. 1 : *Item solvi pro viij. Lanssolatis palearum positarum in solo hospicii comunis propter frigus, de qualibet Lansolata ij. albos.*

¶ **LANTEGRAVISSA**, Uxor *Landgravii*, in Litteris ann. 1382. apud Rymer. tom. 7. pag. 343.

* **LANTERNA**, LANTERNERIUS. Vide *Laterna* 1.

* **LANTGERICHTE**, Idem quod *Landgericht*, Terræ judicium seu jus potestatem judiciariam in aliquo territorio exercendi. Charta ann. 1189. apud Meichelbec. tom. 1. Hist. Frising. pag. 380 : *Cum dux Austriæ Leopoldus ejusque filius Fridericus omnem majestati nostræ resignassent justitiam, quam per dominicalia Frisingensis episcopi quondam ab imperio possederant in Austria, id est marchrecht et Lantgerichte et burchwerch, quæ specialiter ad jus ipsorum respiciebant.*

¶ **LANTIGRAVIUS**, ut supra *Landgravius*. *Lantigravius de Turinga*, apud Rolandinum Patavinum de factis in Marchia Tarvisina, tom. 8. Muratorii col. 244.

* **LANTINC**, Placitum provinciale, ex Germ. *Land*, terra, provincia, et *Tag* vel

Ting, conventus. Charta Leopoldi ducis Aust. ann. 1181. apud Pez. tom. 6. Anecd. part. 2. pag. 89. col. 2 : *Cum enim varias et diversas justitias in terra nostra jure requirere debeamus, nos tamen redditus ipsius ecclesiæ ab omni jure nostro, tam a placito provinciali, quod vulgo Lantinc dicitur, quam a pabulo.... penitus excepimus.*

* **LANTSCHREIBE**, Provincialis scriba, a Germ. *Land*, provincia, et *Schreiber*, scriba; vir non vulgaris dignitatis, ut videre est in *Scribones*. Charta Freder. III. imper. ann. 1444. apud Pez tom. 6. Anecd. part 3. pag. 296. col. 1 : *Volumus quoque quod capitanei nostri, Lantschreibe, castellanei, judices quicunque aut quævis alia secularis potestas etc.* Vide *Landscriba*.

* **LANTSCOEF**, proprie Reditus ex terra, Agrarium. Tabular. Audomar. : *Dividitur namque tota terra de Eska.... in soestis, quæ Flamingæ dicitur mente; in terrage, quod Flamingæ dicitur Lantscœf.* Rursum : *Terragium, quod dicitur Lantscœf, jacet in pluribus diversis locis.* [** Vide infra *Soestes*, et *Terragium*, 1. terræ elocatæ erant jure medietario, *meente*, aut sub conditione præstandi terragii, *Lantscaep*. Confer *Waterscap*, Aquagium.]

¶ **LANTUMIÆ**, vox dubia. Vide *Cautumæ*.

LANTWERI. Conventus apud Marsnam cap. 2 : *Nisi talis regni invasio, quam Lantweri aicunt, quod absit, acciderit.* Ubi Sirmondus : vox hæc in usu etiamnum Alamannis, qua regionis fines significant. Sive hinc igitur originem arcessas, quod in fines incurratur, sive aliud etymum fingas, dubium non est, publicum et communem belli motum designari. At Sicama ad Legem Frision. tit. 18. *terræ defensionem* interpretatur, cui consonat vetus nota ex Codice Remensi apud Steph. Baluzium ad Capitul. : *Et quia in hostem aut propter terram defendendam, aut propter terram acquirendam itur, de Lantweri, id est de patriæ defensione non aliter nisi secundum istum modum, in Lege aut in Capitulis Imperatorum scriptum habemus etc.*

☞ Genuina vocis origo Teutonica, *Land* scilicet vel *Lant*, Terra, regio, provincia, et *Weri* seu *Were*, Arma : quæ tam pro incursione quam pro defensione capi possunt.

¶ **LANTWERK**. Vide *Landwerc*.

LANULA. Fridericus II. Imper. lib. 1. de Arte venandi cap. 45 : *Pullis namque noviter genitis primo innascuntur illæ, quæ nec sunt ut pili, neque ut Lanulæ, sed habent naturam inter utrumque, quæ cooperiunt, et a frigore quoquo modo defendunt. Secundo innascuntur aliæ, quæ dicuntur Lanulæ, a quibusdam dumæ; hæ sunt exiles et molles, densiores et longiores primis, etc.* Adde lib. 2. cap. 31. Vide *Duma*.

¶ **LANUTUS**, *Lanosus, lanam habens vel lana abundans*. Joh. de Janua; *Habundant de laine ou qui a laine*, in Gloss. Sangerman. *Animal Lanutum ovinum*, in Sententia ann. 1339. ex Schedis Pr. *de Mazaugues*. *Lanutum avere*, in Transactione ann. 1490. ex iisdem Schedis. *Lanutæ pelles*, apud Rymer. tom. 2. pag. 1051.

* *Peaux lanues*, in Stat. ann. 1358. tom. 3. Ordinat. reg. Franc. pag. 254. art. 2.

LANZARIUS. Charta Alfonsi III. Reg. Portugall. ann. 1289. apud Brandaonum tom. 4. Monarch. Lusitan. pag. 279. v°. : *Item omnis laborator, qui non fuerit Lanzarius, stet in pace, et nullus mactet eum.*

* Hispan. *Lanzado*, a verbo *Lanzar*, Ejicere, expellere.

* **LANZETTA**, LANCETTA, Ornamenti genus in vestibus in formam *lanceolæ*; unde nomen. Stat. ann. 1342. inter Monum. eccl. Aquilej. cap. 90. col. 903 : *Item quod in pannis et in vestibus non possint portare ornamenta, ... exceptis Lanzettis seu maspillis circa pectus...... Quæ tamen Lancettæ vel maspilli non excedant valorem unius marchæ denariorum.*

* **LANZO**, LANZONUS, Acad. Crusc. *Lancione*, Grandis lancea, contus. Stat. Ferrar. ann. 1268. apud Murator. tom. 2. Antiq. Ital. med. ævi col. 515 : *Si quis de nocte inventus fuerit portare falzonem de Cavezo, bordonem, Lanzonem, etc. Verumtamen licitum sit cuilibet de civitate Ferrariæ portare impune, eundo et redeundo ad villas, spatam, cultellum de ferire, lanceam seu Lanzonem.* Stat. Mantuæ lib. 1. cap. 55. ex Cod. reg. 4620 : *Ad dictum incendium destruendum et extinguendum, cum instrumentis aptis ad illud et armis, videlicet scuto, ... lancea sive Lanzono.... vadant.* Decreta Placent. ad calcem statut. fol. 108. r° : *Primo pro una lancea, sive gieverina, seu Lanzono lib. l.*

¶ **LAODIUM**. Vide in *Laudare* 5.

* **LAORATIVUS**, pro *Laborativus*, Arabilis. Charta ann. 987. inter Probat. tom. 2. Hist. Occit. col. 141 : *Imprimis dono ad alodem illam meam boriam Laorativam, quam huc usque tenui in dominio.* Vide supra *Laborativus*.

¶ **LAOS**, λαός, Populus, turba. Acta S. Cassiani apud Ill. Fontaninum in Appendice ad Antiq. Hortæ pag. 350 :

Ardet abire dehinc, propriamque relinquere terram,
Cumque Laon patulas istud percelleret aures.

Id est, populorum, pro Græco λαῶν.

* 1. **LAPA**, Vestimenti genus. Stat. Conc. Trevir ann. 1238. tom. 1. Hist. Trevir. Joan. Nic. ab *Hontheim* pag. 721. col. 1 : *Nullam cordam vel nodum in tunica vel supertunicali habeant* (clerici) *non solum in Lapa.*

* 2. **LAPA**, LAPPA, Cardui species. Glossar. Lat. Gall. ann. 1352. ex Cod. reg. 4120 : *Lapa vel Lapatium, Cherdons.* Hist. translat. S. Corn. apud D. *Le Beuf* tom. 1. Collect. var. script. pag. 362 : *Rite etenim cautaque provisione actum est, ut subductis Lappis, paliuris et carduis, tali in loco ecclesiæ erigerentur maceriæ.* Vide alia rursus notione infra in *Lappa* 1.

* **LAPADINA**, vox Italica. Serm. Barel. in fer. 6. hebdom 4. Quadrag. *Si vis equum emere, prius illum vides si habet la Lapadina, si oculos gibbos, si bonam cropam.*

* **LAPANUM**, pro *Langanum*. Vide supra *Crespellæ*.

LAPAS, *atis, secundum Magistrum in historiis, est cibus ex oleribus confectus : ita dicit in libro Judith.* Jo. de Janua. [Idem infra : *Lappates, scilicet lib. Judith c.* 10. *dicitur cibus ex oleribus confectus, unde quidam :*

Lappates cibus est et olus componit eumdem.

Hugo vero dicit : Lappates, caricæ, ficus siccæ. Ex eodem fonte Gloss. Lat. Gall. Sangerm. : *Lapates, Cibus ex oleribus confectus, Viande confitte de chos.* Perperam ubique; legendum enim *Palathæ*, ut habet vulgatus Interpres laudato cap. 5. a Græco παλάθη, Massa ficorum et pinguium caricarum, quas in morem laterum figurantes, ut diu illæsæ permaneant, calcant atque compingunt.]

¶ **LAPATICA**, *Quædam herba quæ in cibo sumpta confortat stomachum, venerem reprimit, urinam provocat, ructum excitat, et dicitur a Lapa.* Joh. de Janua. Vide *Lapistrus*.

* **LAPATIUM**. Vide supra *Lapa* 2.

¶ **LAPATUM**, pro *Lupatum*, Frenum durius ad domandos equos ferociores. Vide *Scispadum*.

¶ **LAPENÆ**, *Stellæ fulgentes*. Joh. de Janua; *Estelles resplendissans*, in Gloss. Lat. Gall. Sangerm.

¶ **LAPETUM**, *Locus ubi lapæ abundant vel crescunt*. Joh. de Janua; *Lieu où croissent gletons*, in Gloss. Lat. Gall. Sangerman.

¶ **LAPICEDIA**, *Locus vel domus, ubi lapides cæduntur*. Johan. de Janua; *Lapicidina* Latinis.

LAPICEDIUS, *Lapidis cæsor*, Ugutioni.

¶ LAPICIDINARIUS, λαξευτής. Gloss. Lat. Græc. Sangerman.

¶ LAPICIDINUS, Idem. Vide locum in *Macio*.

* **LAPICIDA**, LAPISCIDA, Ædificiorum structor, Gall. *Maçon*. Pactum inter Guigon. *de Jarente* dom. de Montecl. et habit. ejusd. loci ann. 1392 : *Et deinde idem dom. de Montecluro habebit Lapicidas sive muratores, qui turrim ipsam et anambarrium murabunt et ædificabunt.* Instr. ann. 1304. inter Probat. tom. 2. Hist. Nem. pag. 49. col. 2 : *Item dicti commissarii fecerunt vocari.... Lapiscidas, qui fuerunt missi per dictos dominos commissarios ad castrum Calvissionis ad extimandum ædificia duarum turrium et hospicii regii Calvissionis; qui Lapiscidæ seu massoni etc.* Vide in *Lapis*.

LAPIDARE, Conviciis insectari. Hieronym. Epist. 2. ad Nepotianum : *Lapidato jam Virginitatis libello, quem sancto Eucherio Romæ scripseram.* Spartianus in Pescennio : *Inter Lapidationes execrationesque omnium.* [Macrob. lib. 2. Saturn. cap. 7 : *Quo dicto universitas populi ad solum Cæsarem oculos et ora convertit, notantes impotentiam ejus hac dicacitate Lapidatum.*]

1. **LAPIDARIUS**, LAPIDICINARIUS, λαξευτής, λιθουργός, in Gloss. Græco-Lat. Hermas lib. 3. Pastor. : *Quid facimus de his lapidibus? et ego dixi : Domine nescio :... ego, inquam, artem hanc non novi, nec Lapidarius sum.* [Ulpianus leg. 5. § 7. Dig. Commodati (13, 6.) : *Si servus Lapidario commodatus sub machina perierit, etc.*]

* 2. **LAPIDARIUS**, Ad *lapidem*, hoc est, in jus vocatus; formula loquendi a sedibus lapideis, quibus judices sedebant, deducta. Charta Phil. comit. Fland. pro libert. castel. Brug. ex Cam. Comput. Insul. : *Homo liber submonitus ad lapidem,...*

scoutetæ respondebit.... Omne injustum deponet comes, sive de nummis notarii, sive de nummis cricwardiæ, sive Lapidarii, sive de alia qualibet re. Ubi etiam intelligi potest is, qui mulctas a judicibus statutas percipiebat. Vide infra in *Lapis*.

LAPIDATUS, Qui super lapidem sedet. Gualt. Hemingford. de gest. Eduardi I. reg. Angl. ad ann. 1292. pag. 37. edit. Hearn. : *Rege itaque nóvo in lapide posito, missarum sollempnia incepta peraguntur, et præterquam in elevatione sacri Dominici Corporis, semper Lapidatus mansit.* Thronum lapideum hic designari, monere superfluum videtur.

¶ **LAPIDEUS** Ignis. Vide *Ignis*.

¶ **LAPIDIA**, Lapicidina. *Lapidiam sua sollicitudine compleverat*, apud Leibnitium Scriptor. Brunsvic. tom. 2. pag. 442. ex Chronico Monast. Marienrod.

¶ **LAPIDICÆSOR**, λάτομος, *Lapicida.* Supplem. Antiquarii.

¶ Lapidicinarius, Idem. Vide in *Lapidarius*. [* Occurrit præterea in vet. Inscript. apud Gudium cxl. 4. edit. ann. 1731.]

* **LAPIDIFICATURUS**, Qui in lapidem convertere vim habet. Arnald. de Villanova in Rosar. Ms. : *Multiplicando virtutes minerales Lapidificaturas et coagulativas et indurativas.*

¶ **LAPIDIFODINA**, Lapicidina, apud Leibnitium tom. 2. Scriptor. Brunsvic. pag. 360. ex Chronico Clusino Henrici Bodonis.

* **LAPIDISCINIUM**, Lapicidina, in Bulla Lucii PP. ann. 1184. inter Instr. tom. 12. Gall. Christ. col. 139.

* **LAPIDOSITAS**, Lapidibus producendis habilitas. Tertul. de Habitu mulieb. : *Aiunt et de frontibus draconum gemmas erui, sicut et in piscium cerebris Lapidositas inest.*

1. **LAPILLUS**, Lapis in terminum positus. Innocentius Gromaticus : *De arca usque ad Lapillum, hoc est, terminum.* Auctor incertus : *Lapilli natura tornatiles, sive alia factura breviores, etc.*

¶ 2. **LAPILLUS**, Calculi morbus, Gall. *la Pierre*. Vita S. Gerardi Abb. Bron. sæc. 5. Benedict. pag. 270 : *Continuis namque cruciatibus macerabat eum calculus, intolerabilis videlicet morbus, qui urinam inhibens nuncupatur vulgo Lapillus.*

¶ Lapillus Albus, Idem qui *Calculus albus*, quo olim Thraces notabant singulos anni currentis faustos dies, calculum album in urnam immittendo, vel atrum si infelices, ut scirent anno exacto quot fuissent læti dies, quot infausti : ad hunc morem respiciens Scriptor Hist. Beccensis MS. ait ad ann. 1152 : *Hic annus albo notandus Lapillo Beccensibus, quo videlicet Joannes Romanus... Monachus Becci perrexit Romam, et inde rediens caput B. Felicis Mart. socii Adaucti attulit secum, et gratuito dono dedit illud Ecclesiæ Beccensi.*

* **LAPIS**, pro quadam locorum distantia, milliare, quod lapide vel columna lapidea notaretur. S. Victric. episc. Rotomag. de Laude SS. apud D. *Le Beuf* tom. 2. Collect. var. script. pag. xvj : *Ignoscere ergo debetis, quadragesimo tantum Lapide pene tardus occurri.*

Lapis, Ponderis vel mensuræ species. [* Charta Andr. reg. Hungar. ann. 1233. apud Cencium inter Cens. eccl. Rom. : *Ecclesiæ vero retinebunt de salibus suis ad usus suos hoc modo : ... Præpositus Oriodiensis cum capitulo suo duo millia Lapidum.*] Vide *Petra*. [** Germ. *Stein*.]

* lapis Ardesius, Gall. *Ardoise*. Vide supra *Ardesius*.

* Lapis Calcinarius, Ex calce. Vide supra *Calcinarius*.

Lapides Catenatos Ferre, Pœnæ species, feminis potissimum indicta. Charta MS. Henrici Ducis Brabantiæ et Henrici primogeniti ann. 1229. pro Communia Bruxellensi : *Si mulier mulierem percusserit solvet 20. sol. si convicta fuerit, vel portabit Lapides catenatos a sua Parochia ad aliam.* Charta ann. 1247. Tabul. Campaniæ fol. 343 : *La fame qui dira vilonie a autre, si come de putage, paiera 5. sols, ou portera la Pierre toute nuë en sa chemise à la procession, etc.* Joann. Stiernhookus de Jure Sueonum vetusto lib. 1. pag. 19 : *Ignominiosa Lapidum illa civitatis gestatio in confusionem flagitiosi concubitus toties celebrata, quæ etiamnum extat, etc.* Idem pag. 326. de pœna adulterii : *Jus nostrum municipale sola ignominia et relegatione contentum est; sed ignominia, qua major adulteris excogitari non potest. Asservabant enim in Curiis duos Lapides quos Lapides publicos seu civitatis, vocabant*, Stadzens Stena. *Hi scapulis adulteræ impositi sunt, ac deinde funiculus ad genitale adulteri membrum adstrictus, quo sic onerata sessorem suum per oppidum publice circumducebat, etc.* Vide *Putagium*.

* Lapis Finilis, Qui vice finis ponitur, terminalis, in Charta ann. 1265. in Reg. S. Ludov. ex Chartoph. reg. fol. 22. v°.

* Lapis Griseus, Silex, Gall. *Grais* vel *Grès*. Comput. fabr. S. Petri Insul. ann. 1483 : *Johanni Wyot mercatori griseorum Lapidum Bethuniensium, pro Lapidibus griseis ad cooperiendum muros atrii ecclesiæ, xxj. lib. iv. sol.*

Lapis Ignitus, quo cum focili ignis excitatur. Guigo II. Prior Cartusiens. in Statutis ejusdem Ordin. cap. 28. § 5 : *Ad ignem focile, esca, Lapis ignitus, securis, signa.*

Lapides Inchores, Nativi. Vide *Enchori*.

¶ Lapides Inscripti. Vide *Inscriptus*.

Lapides Liberi. Silvester Giraldus lib. 1. Itiner. Cambriæ cap. 3 : *Id etiam... quasi pro miraculo duximus, quod in summis, quibus clauditur undique montium verticibus non petrosis aut saxosis, sed mollibus potius et herbosis, Parii lapides reperiri soleant, qui Liberi vulgo dicuntur, quia secabiles ferroque quodammodo polibiles, sese quasi liberaliter præstant, ex quibus Ecclesia ipsorum jam extat egregie constructa.* Est autem *Parius lapis candoris eximii*, ut est apud Isidor. lib. 16. cap. 5.

¶ Lapis Lunæ, Lapis Specularis, *ad modum vitri perspicuus.* Vide *Gypseæ fenestræ*.

¶ Lapides Mensurariæ. Vide *Carteria*.

Lapis Mutus. Hygenus : *Lapides sine inscriptione, quos ideo quia nulla significatione apparent, Mutos appellant.* His opponuntur *Petræ notatæ et signatæ.* Ita *Lapidum scriptura*, apud Dolabellam Agrimensorem. Charta Ordonii II. Regis Navarræ æræ 950. apud Anton. *de Yepez* tom. 4 : *Et sunt ipsæ Ecclesiæ cantatæ in toto gyro per petras erectas et scriptas.*

Lapides Nativi, in ipso solo nati. Vide Agrimensores.

¶ Lapis Neronianus, *miræ viriditatis ac splendoris*, apud Gregorium Turon. lib. 1. Miracul. Smaragdus.

Lapis Ordinarius. Vetus interpres Juvenalis Sat. 10. de Babylone : *Quam condidit urbem Semiramis Nini uxor, et coctili latere munivit, quem hodie dicimus Ordinarium Lapidem.*

Lapis Pacis, Qui inter Missæ solennia post consecrationem osculandus fidelibus defertur, quo tum tempore, olim mutuis se osculis, quæ *pacis* appellabant, prosequebantur. Statuta Ordinis de Sempringham : *Ipsa quoque Sacrista vel alia matura recipiat ad fenestram aquam benedictam, et Lapidem pacis, quem circumferat Monialibus sororibus incipiens semper pacem dare in dextro choro, etc.* Vide *Osculum Pacis*.

¶ Lapis Physicus, Rocho *le Baillif* in Dictionario Spagyrico, *est Medicina illa per quam veteres transmutarunt metalla et morbos omnes sanaverunt.*

* Lapis Piscium, Locus, ubi pisces divenduntur. Inquisit. ann. 1371. in Access. ad Hist. Cassin. part. 1. pag. 428. col. 2 : *Lapis piscium, quæ valet annuatim unciam unam, tarenos sex.*

Lapis Portatilis, pro Altari portatili, in Synodo Bajocensi anno 1300. cap. 20

* Lapis Sacrus, Sacris agendis destinatus, altare portatile, nostris *Pierre d'autel.* Inventar. ann. 1449. ex Tabul. D. Venciæ : *Una capsia de sap, in qua consistunt ornamenta capellæ B. Joannis; et primo, Lapis sacrus.* Vide in *Altare* 1.

* Lapis Vitreus, Gemma factitia. Invent. ann. 1371. apud Cl. vir. Garamp. in Disquisit. de sigil. Garlagn. pag. 88. in nota : *Una mitra cum Lapidibus vitreis et grossis perlis oculorum piscium..... Viginti Lapides, qui videntur zaffiri; sed magister Ricardus dixit eos esse vitreos vel cristallinos.*

Lapis Vivus, apud Gratium in Cynegetico, et apud Agrimens. pag. 273. qui πυρίτης, ut est apud Turnebum lib. 6. Advers. cap. 9. *Ignifer*, apud Agrimensor. pag. 311. Statuta Mediolanensia 2. part. cap. 329 : *Fiant scalæ Lapidum vivorum, etc.*

¶ Guerpire cum Lapide, Singularis modus rei alicujus dimittendæ memoratus in Transactione ann. 1085. ex Archivo S. Victoris Massil. armar. Forojul. num. 7.

* Lapides Projicere per tres primos anni menses vetant Stat. ant. Florent. lib. 3. cap. 167. ex Cod. reg. 4621 : *Nullus major duodecim annis audeat de mensibus Januarii, Februarii et Martii projicere Lapides versus aliquam personam in aliqua vel per aliquam viam seu vicum aut plateam civitatis Florentiæ, aut super aliquo ponte ipsius civitatis etc.*

* Venire ad Lapidem quid significet, explicat Charta Phil. Pulc. ann. 1291. ex Cam. Comput. Insul. : *Per præceptum quod fecerunt et adhuc intendunt facere de veniendo dicto Johanne ad Lapidem, hoc est dicere, in prisionem venire compellunt, etc.* Vide supra *Lapidarius* 2.

¶ **LAPISCIDA**, pro Lapicida, in Notis obituum et fundationum ad marginem Martyrologii MS. S. Salvatoris Aquensis. [* Vide supra *Lapicida*.]

LAPISTA, *Genus vasis lapidei et aquarii, dicti a Lapis.* Jo. de Jan. et Glossæ MSS.

¶ **LAPISTRUS**, Lapatium, Oleris species, de qua Isid. lib. 17. cap. 10. scribit : *Hæc in cibo sumpta stomachum confortat, venerem reprimit.* Vide *Lapatica*.

¶ **LAPITIDIS.** *Supplicatio* (an. 1328.) *facta domino Vicario Massil. per Guill. Codoliti magistrum Lapiditem deputatum ad curam barqueliorum*, in Schedis D. *le Fournier*. Videtur legendum *Lapicidam*.

¶ **LAPOSUS**, *Plenus lapis* (lappis,) Johanni de Janua; *Plein de gletons*, in Gloss. Lat. Gall. Sangerm.

* 1. **LAPPA**, *Gloutonnier, vel rosel staterœ.* Glossar. Lat. Gall. ex Cod. reg. 7692. Aliud Gall. Lat. ex Cod. 7684 : *Gleteron ou gloton, Lapa.*

* 2. **LAPPA**, Cardui species. Vide supra in *Lapa* 2.

* **LAPPACIUM**, pro Lapathum, ut post Echardum monent docti Editores ad Acta S. Domin. tom. 1. Aug. pag. 619. col. 2 : *Æs viride, pylatrum, Lappacium, et succum porri.* Ital. *Lapazio.* Vide *Lapistrus.*

¶ **LAPSABUNDUS**, Ruinosus, caducus. *S. Apri antiquum monasterium vetustate Lapsabundum*, in Notitia ann. circiter 1031. inter Probat. Hist. Tull. pag. LXX. et Hist. Lotharing. tom. 1. col. 407.

LAPSANIUM, *Herba sale condita*, qua Ægyptii Monachi vescebantur, ut auctor est Cassianus lib. 4. de Monach. cap. 11. et 22. vox forte a *Lapsana* deducta, quæ Plinio lib. 20. cap. 9. olus silvestre fuisse dicitur.

LAPSI, Qui a Fide discedentes Paganismum aut hæresim amplectebantur, et postea per pœnitentiam redibant ad Ecclesiam. Concil. Agathense can. 60. et Epaonense can. 29 : *Lapsis, id est, qui in Catholica Fide baptizati sunt, si prævaricatione damnabili post in hæresim transierint, grandem redeundi difficultatem sanxit antiquitas.* Adde Aurelian. IV. can. 8. Valentin. can. 3. Sententias Conc. Tolet. XVII. can. 13. Baron. ann. 253. n. 103. et Jacobum Gothofred. ad l. 5. Cod. Th. de Apostatis. (16, 7.) *Negatores* etiam dicebantur, quod Christum negassent, ut colligitur ex S. Paciano Barcinonensi Ep. 3.

Lapsi præterea dicuntur, qui aliquod delictum commisere, ex quo pœnitentiæ publicæ subjacere debeant. Gregorius M. l. 1. Ep. 42 : *Et in iisdem Monasteriis ad pœnitentiam eosdem Lapsos trade.*

¶ **LAPSILE**, γλισχρόν, *Lubricum, lentum*, apud Janum in Supplemento Antiquarii.

* **LAPSINA**, *Lapsus*, in vet. Glossar. ex Cod. reg. 7641. Sed forte legendum *Lapsiva*, dicitur in *Lapsivosus.*

* **LAPSINOSUS**, in Gloss. Lat. Gr. ex Cod. S. Germ. Prat. ubi aliæ habent *Lapsivosus.* Vide in hac voce.

¶ **LAPSITUDO**, Lapsus, defectio. Epistola Conradi Imp. apud Marten. tom. 2. Ampliss. Collect. col. 1211 : *Hortamur attente, quatenus non expectans, ut solaminis remedia tibi Lapsitudo mœroris indulgeat.*

LAPSIVOSUS. Gloss. Græc. Lat. : ὀλισθηρός, *Lapsivosus, lubricus.* Apud Papiam *Lapsina*, est *Lapsus*, ubi forte legendum *Lapsiva.*

LAPSUS, Aquæ divortium, quo se pisces recipiunt : *Chute d'eau.* Gregorius Turon. de Vitis Patr. cap. 17 : *Abierunt ad Lapsum, et aspicientes invenerunt eum ita refertum piscibus, ut decem viri quæ reperirant, vix exhibere potuissent.* Infra : *Lapsus noster, in quem pisces decidere soliti sunt, prorsus desertus habetur.* Idem lib. de Gloria Confessor. cap. 5 : *Surrexitque e lectulo, invenitque immanem esocem in Lapsum suum, quem ubi jussus fuit, exhibuit.* [* Vide supra *Capsum* 2.]

LAPUS. Vide *Canis.*

¶ **LAQUATUS.** Statutum Guidonis Episc. Traject. ann. 1310. Bataviæ sacræ pag. 174 : *Item prohibemus, ne Sacerdotes vel Clerici calceos vel sotulares portent Laquatos.* Lege *Laqueatos* et vide *Laqueatæ vestes* et *Calceus Laqueatus.*

* **LAQUEARE**, Laqueis seu lorulis astringere, Hisp. *Lacear.* Gall. *Lacer;* Laqueus seu cingulum ad astringendas vestes, et *Lasseure*, Vestis pars, ubi laquei alligantur. Lit. remiss. ann. 1395. in Reg. 148. Chartoph. reg. ch. 284 : *Et lors ycelui exposant.... d'une paire de cousteaux à trenchier pain qu'il avoit pendus aus Lassieres de sa cote etc.* Aliæ ann. 1475. in Reg. 195. ch. 1566 : *Le suppliant cousturier dist qu'il lui failloit des crochets et des portes pour mettre à la Lasseure des robes d'icelle fille.* Lit. remiss. ann. 1374. in Reg. 105. ch. 601 : *Guilebertus de Boura de cubili surgens, tunicam seu superpunctum suum Laqueando et nodando, nudus capite et pedibus perrexit cum dicto domino de Morebeque locuturus.* Stat. Henr. abb. Cluniac. ann. 1308. apud Menag. in Diction. etymol. v. *Lacer* : *Inhibemus ne fratres portent vestes Laqueatas seu boutonatas.* Vide *Laqueatæ vestes.*

LAQUEARII, *Tectorum tignarii*, in Glossis MSS. apud Salmasium. [*Architecti, Laquearii, etc.* in leg. 2. Cod. Theodosiani de excusat. Artif. (13, 4.)]

* Nostris *Lasceure*, vulgatius *Lassiere*, Intertignium, manipulorum locus in horreo. Lit. remiss. ann. 1409. in Reg. 164. Chartoph. reg. ch. 134 : *Le suppliant monta en une Lasceure ou travée de granche pour descendre du feurre.*

LAQUEATÆ Vestes, Laqueis, seu lorulis, exornatæ, vel astrictæ : nostri ejusmodi laqueolos, *Las* et *Lassets*, vocant : perperam enim *Lacets* quidam scribunt. Regula Templariorum cap. 29 : *De rostris et Laqueis, manifestum est esse gentile : et cum abominable hoc agnoscatur, prohibemus... ut aliquis ea non habeat.* Bromptonus ann. 1188 : *Ibi statutum fuit in Anglorum gente, ne quis escarleto, sabelino, vario, vel griseo, aut vestimentis Laqueatis... uteretur.* Gervasius Dorobern. eodem anno : *Et quod nullus habeat pannos decisos et Laceatos.* Male *laceratos* habet Neubrigensis Picardi lib. 3. cap. 23. extremo. Regula Fratrum Hospitalis S. Juliani in Anglia : *Habeant tunicam et supertunicam de russeto, cum capucio de eadem secta : ita quod manubria tunicæ sint clausa usque ad manum, non nodulis vel filo ad modum secularium Laqueata.* Liber Niger Capituli Parisiensis : *Statutum fuit in Capitulo generali ann. 1325. in crastino festi Nat. S. Joan. B. quod aliquis de Ecclesia Paris. non deferret sotulares consutitios, seu ad Laqueos, aut caligas alterius coloris quam nigri.* [Le Roman d'*Athis* MS. :

Ou tel semblant, promesse ou don,
Ou manche, ou Las, ou confanon.]

Vide *Laquatus.*

¶ **LAQUEATORES**, Retiarii, *Laceurs*, in Glosis Lat. Gall. Sangerman. Isid. lib. 18. cap. 56. *de Laqueatoribus : Laqueatorum pugna erat fugientes in ludo homines injecto laqueo impeditos consecutosque prostrare, amictos umbone pelliceo.* Utitur Vegetius lib. 3. cap. 22. Non in ludis solum, sed et in quibusvis certaminibus laqueis usos fuisse plerosque populos docent passim Scriptores, Pausanias de Sarmatis lib. 1. Hegesippus de Alanis lib. 5. cap. 1. Valerius Flaccus lib. 6. de Anchatibus, Herodotus de Persis lib. 7. quorum omnium verba refert Carolus de Aquino in Lexico Militari v. *Laqueus.*

¶ **LAQUEATURA**, Fascis, manipulus. Charta ann. 1253 : *Omnia quæ pertinent ad grangiam... excussores ligare tenebuntur, de quibus Religiosi habebunt unam Laqueaturam.*

LAQUETISMUS, *Tendicula, quasi laqueus tensus.* Jo. de Janua. Gloss. Isid : *Lacatismus, laqueus, decipula.* [Gloss. Lat. Gall. Sangerman. : *Laquetismus*, *Tendue de Las.*]

¶ 1. **LAQUEUS**, f. Corona collaris, Gall. *Collier.* Testament. Yzeu Dominæ *d'Anio* ann. 1293. apud Baluz. tom. 2. Hist. Arvern. pag. 704 : *Item sepulturam meam eligo in cimiterio Fratrum Minorum Viennæ; quibus Fratribus jocalia mea, videlicet Laqueos et garlandas do et lego, ut exinde perpetuo ibidem faciant anniversarium meum annuatim.* Vide *Laqueatæ vestes.*

Laqueos Feris Prætendere, in Lege Wisigoth. lib. 8. tit. 4. § 23. in Lege Saxon. tit. 12. § 3. tit. 13. § 2. et l. 29. D. ad Leg. Aquil. (9, 2).) et l. 55. de Acq. rer. dom. (41, 1.)

* 2. **LAQUEUS**, Zona, cingulum. Inventar. monast. Cassin. ann. 1497. tom. 2. Hist. ejusd. pag. 599. col. 2 : *Camisi undecim cum stolis et manipulis, Laqueis et amictis etc.*

¶ **LAQUIRIUM.** Vide in *Loquericium.*

¶ 1. **LAR**, Princeps, Hetruscis, ut docet Scaliger ad Propertium. *Lar, Lartis*, Dux vel Rex, ut interpretatur Turnebus lib. 17. cap. 1. ubi narrat Viridomarum Gallorum Ducem, quem interfecit Marcellus, cuique opima spolia detraxit, Aremoricum Lartem, id est, Gallicum Ducem appellari ab Ausonio :

Tertia opima dedit spoliatus Aremoricus Lar.

Hinc, nisi me fallo, Johannes de Janua : *Lar fuit quidam Rex; sed tunc facit genitivum Lartis, interposita t, causa differentiæ.* Sussannæus in Vocabulario : *Larthes, Summus regum.*

* 2. **LAR.** Vita S. Schetzel. tom. 2. Aug. pag. 178. col. 2 : *Diversorium tamen ipsius ingredi recusabat : reclinato capite quiescebat in Laribus domatis, vel potius in me-*

dio curtis. Id est, Lateribus, ut notant docti Editores. At minus bene, ni fallor: pars enim domus seu locus, ubi ignis accenditur, videtur esse, ut colligitur ex Lit. remiss. ann. 1353. in Reg. 82. Chartoph. reg. ch. 83: *Item ipsa existens nuper in domo sui hospitis prædicti, invenit in Lare tres grossos Turonenses argenti, de lege et tempore beati Ludovici.*

** Lar, ut *Focus*, Domus. Chart. Lothar. III. Imperat. ann. 1134. apud Erath. Cod. Quedling. num. 3. pag. 80: *Villico de unoquoque Lare obolum reddant.* Vide Forcellinum.

Larem Fovere dicuntur, qui in aliquo loco domicilium habent. Charta Philippi Reg. Franc. ann. 1310. pro libertatibus Bastidæ in Petragoricis, ex 47. Regesto Tabul. Reg. n. 38: *Si vero contigerit ipsos nobiles fovere vel non fovere Larem vel domicilium in ipsa bastida, tenebuntur duntaxat pro rebus quas acquisierint in pertinentiis et honore dictæ bastidæ ad contribuendum, ut cæteri, prout tenebantur illi a quibus dictas res vel possessiones acquisiverint.* [Edictum Philippi IV. Franc. Regis ann. 1302. ex Chartulario S. Vandregisili tom. 2. pag. 1851: *Inhibentes insuper ne morentur seu Larem foveant in prædictis terris.* Eadem habentur in edicto Philippi VI. Franc. Regis ann. 1344. tom. 2. Ordinat. Reg. pag. 199. Occurrit alibi non semel.] Vide *Focus*, *Ignis*.

* Larem Tenere, Domicilium habere. Libert. civit. Ruthen. ann. 1371. tom. 5. Ordinat. reg. Franc. pag. 411. art. 3: *Quod nullus serviens regius possit nec debeat moram continuam facere, nec tenere domicilium, hospicium vel Larem in dictis civitate et burgo Ruthenæ.* [** Vide Haltaus. Glossar. German. voce *Rauch*, col. 1507.]

* 3. **LAR**, Alia notione, in Consuet. Perpin. Mss. cap. 37: *Item possunt* (homines Perpiniani) *habere duas foguacerias de lena et duas de Lari ad vendendos panes cum voluerint.* Vide supra *Foguaceria* et infra *Lena* 4.

* **LARANTOLA**, Piscis genus. Vide infra *Lichuda.*

¶ **LARCERIUM**, Pharetra, Gall. *Carquois*, quasi *Arcerium*, adjuncto *L*, vice articuli. Computus ann. 1336. Hist. Dalph. tom. 2. pag. 306: *Item pro* MCCCC. *carellis quos dicti balistarii portaverunt apud Avinionem cum cordis, flethonibus et Larcerio, in quo fuerant ligati...* LIV. *sol.* VI. *den.* Le Roman *de la Rose*:

> Ja nel besasse pour l'Archiere,
> Ne pour l'Arc, ne pour le brandon.

* **LARCUS**, *Falsidico.* Glossar. Lat. Ital. Ms.

¶ **LARDALIS** Porcus, Pinguis, opimus, in Chr. Farfensi apud Murator. tom. 2. part. 2. col. 402.

¶ 1. **LARDARE**, Lardo suffigere, Gall. *Larder*. Joh. de Janua: *Lardare, Lardo impinguare, vel guttatim lardo assare, vel lardatum facere. Pulli assati et Lardati*, in Pancharta titulorum S. Stephani de Vallibus prope Xantones Ch. 66. Metaphorice Menotus Sermon. fol. 8: *Nunquid hodie Cardinalatus et Archiepiscopatus sunt, Lardati de Episcopatibus, et Episcopatus pluribus Abbatiis et Prioratibus? Ad omnes diabolos talis modus faciendi.*

* 2. **LARDARE**, metaphorice, quomodo vulgari locutione *Larder* dicimus, pro Configere, Gall. *Piquer, percer.* Lit. remiss. ann. 1361. in Reg. 91. Chartoph. reg. ch. 128: *Qui pusticerius ... respondisse dicitur, quod ipse pro dicto præposito suo non promitteret quin Lardaret dictum Gilotum.* Vide supra *Interlardare.*

¶ **LARDARIOLUS**, Vox incertæ notionis. Vide in *Sigitula.*

¶ **LARDARIUM**, etc. Vide mox in *Lardum.*

* Nostris *Lardier* et *Lardage*. Charta ann. 1313. in Reg. 49. Chartoph. reg. ch. 74: *Item apud Viriacum in Viromandia, ratione quorumdam redditum, qui vulgariter dicuntur le Lardier, centum solidos Paris. annui redditus.* Charta Ludov. comit. Fland. ann. 1331. ex Chartul. 2. Fland. ch. 573. in Cam. Comput. Insul.: *De nos briefs dou Lardier de Bruges,.... trois livres et trois solz.* Alia ejusd. ann. in Reg. 66. ch. 518. pro Lauduno: *Le droit que il* (l'évêque) *demandoit et se disoit avoir par point de chartre.... ou Lardage où fu le berfroy.*

* **LARDARIUS** Porcus. Vide mox in *Lardum* 2.

* **LARDATORIUM**, Veruculum lardarium, Gall. *Lardoire.* Glossar. Lat. Gall. ex Cod. reg. 7692: *Lardatorium, Lardouere. Lardouer*, pro Locus, ubi lardum servatur, in Lit. remiss. ann. 1416. ex Reg. 169. Chartoph. reg. ch. 324: *Le suppliant.... prinst en la cuisine un jambon, de porc, qui estoit pendu ou Lardouer.* Vide *Lardarium* in *Lardum.*

* **LARDELLUS**, Animalis genus, ab Italico *Leardo*, albus. Stat. datiar. Riper. fol. 4. r°: *De qualibet fodra seu mantello Lardellorum, zibellinorum, foinorum et aliarum sufultrarum, etc.* Vide *Lareones.*

* **LARDERIA**, Funis species. Comput. ann. 1363. inter Probat. tom. 2. Hist. Nem. pag. 259. col. 2: *Solvit... dicto Philiberto Giri pro una Larderia necessaria ad timpanum signi excubiæ nocturnæ etc.* Infra: *Solvit, dicto mandato, Philiberto Giri campderio, pro duabus Larderiis necessariis pontibus Prædicatorum et S. Anthonii, pro stangandis de nocte pontibus, com levati sunt, ne per aliquos a parte possit tirari, etc.*

* **LARDERIUM**, Locus ubi *lardum* et aliæ carnes servantur, Gall. *Gardemenger.* Charta Henr. Hosati inter Probat. tom. 1. Annal. Præmonstr. col. 535: *Præterea dedi eisdem in dotem prædictæ ecclesiæ... decimam de carnibus Larderii mei.* Vide *Lardarium* in *Lardum.*

* **LARDIVUS**, perperam pro *Lardinus*, ut emendat Cangius in v. *Oleum.* Vide ibi.

1. **LARDUM**, Laridum. S. Augustinus lib. 2. de Moribus Manichæor. cap. 13: *Ut huic cœnanti oluscula cum exiguo Lardo apponantur, eodem Lardo uncta atque condita, etc.* Zacharias PP. Epist. 13. ad Bonifac. Moguntinum: *Post quantum temporis Lardum debet comedi.* Ita etiam usi Ovidius, et aliquot alii e Latinis. Observat Casaubonus ad Wulcatium veteres *Lardum* scribere, non *Laridum*, λάρδιον, dixit Nicetas Chron. in Alexio lib. 2. n. 5. Vide Gabrielem Humelbergium ad Apicium lib. 7. cap. 9.

¶ Lardus. S. Willhelmi Constitut. Hirsaug. lib. 1. cap. 97: *Accipiunt Lardum, qui cum aliquando coctus fuerit cum oleribus, exprimunt inde saginem fabis superfundendum.* Vide *Oleum Lardinum.* Menoti Sermones fol. 77: *De Carne fit bonus Lardus.* [** Vide Glossar. med. Græc. in Λάρδος, col. 790.]

* 2. Lardum, et nostris *Lart*, Porcus saginatus, ustulatus et salitus. Lit. remiss. ann. 1352. in Reg. 81. Chartoph. reg. ch. 275: *Hostium cujusdam domus fregit et ibidem medietatem unius Lardi seu baconis sub valore* xx. *solidorum Paris. cepit.* Aliæ ann. 1357. in Reg. 85. ch. 187: *Ipse supplicans, qui tunc, considerata caristia bladorum, non habebat de quo possit sibi et uxori suæ de victualibus providere, fuit consors et particeps, una cum aliis duobus pauperibus hominibus,.... de furando unum porcum salsatum sive Lardum in domo prioris de Calceya.* Aliæ ann. 1398. in Reg. 153. ch. 294: *Lesquelz prisdrent cinq boisseaux ou entour et la moitié d'un bacon ou Lart. L'exposant leur promist donner une queue de vin et un Lart pour batre ledit Perrot*, in aliis Lit. ann. 1402. ex Reg. 157. ch. 69.

* Lardarius Porcus, Eadem acceptione. Tradit. 101. Ebersperg. apud Oefelium tom. 2. Script. rer. Boicar. pag. 29: *Mansum.... dedit..... ob id, ut ipse annuatim pro eo.... accipiat Lardarium porcum, cerevisiam plenam, quinque modios sigalis et unum modium tritici.*

Lardarium, Ugutioni et Joanni de Janua, *Locus ubi lardum servatur et retinetur*: atque adeo carnes cæteræ. [*Lardier*, in Glossis Lat. Gall. Sangerman.] Chronicon S. Trudonis lib. 10. pag. 465: *Quod si in Lardario Abbatis aut in curti invenirentur,* (carnes) *aut in curti inde acciperet, quod ipsis infirmis convenire videretur.* Fleta lib. 2. cap. 72. § 8: *Debet* (Senescallus) *a præposito de Lardario... per talliam recipere unumquodque genus carnium et piscium, et quod in sua præsentia fercula scindi faciat.* Monasticum Angl. tom. 2. pag. 935: *Concedimus... 20. porcos ad sumptus communes domus, pro eorum Lardario faciendo* Adde pag. 114. [In veteri Charta apud Ægid. Gelenium in Colonia pag. 169. male scribitur *Cardarium* pro *Lardarium*, vel *Carnarium.*] Le Roman *du Renard*:

> Trois bacons avoit en un mont
> Chez un preud'home en un Lardier.

Est etiam

Lardarium, Certum vectigal quod pro lardo quod venum exponitur exsolvitur. Charta Ludovici VII. Reg. Franc. ann. 1177. pro Communia Laudunensi: *Rotagii, tolonei, cambii, Lardarii, jalagii.* Alia S. Ludovici ann. 1241. pro Lauduno: *Justitia de teloneo, rotagio, jalagio, Lardario, cambio, et loco in quo fuit Berfredus in foro Laudunensi.* Charta Rogeri Comitis Herefordiæ tom. 1. Monast. Angl. pag. 321: *Et decimam Lardarii de Haga.* Adde tom. 2. pag. 262.

Lardarium præterea appellabant diem Martis Carnisprivii. Gaufredus Vosiensis 2. part. cap. 12: *Die Martis* (quem) *Larda-*

rium, eo quod carnes plurimæ a quibusdam devorantur, vulgus appellat.

¶ **Larderum**, Cadus salsamentarius, Gall. *Saloir.* Chartularium S. Cornelii Compendiensis : *Hæc sunt nomina utensilia de Ruminiaco... unum tapetum, tria scrinia ferrata, unum bufetum et unum Larderum.*

¶ **Lardatio**, Actio lardi figendi. *Lardatio hominis cum lardo et cera*, inter atrocia cujusdam Archiepiscopi facinora recensetur in Epistola Innocentii III. PP. tom. 3. Concil. Hispan. pag. 415.

¶ **Lardosus**, *Plenus lardo*, Johanni de Janua; *Lardeux*, *habundant en lard*, in Gloss. Lat. Gall. Sangermanensibus.

Lardarius, in Legibus Malcolmi II. *Regis* Scotiæ cap. 6. § 9. [et *Lardarius dispensator*, in Libro nigro Scaccarii pag. 46.] idem qui

Larderarius, aliis, Præfectus lardario. Eadmerus lib. 3. Hist. Novor. pag. 66 : *Rogerium Larderarium suum Pontificatu Herefordensi... investivit.* Eadem habent Wigorniensis, Hovedenus, et Simeon Dunelmensis ann. 1102. Fleta lib. 2. cap. 14. § 3 : *Item duos Magistros Coquorum, Larderarium, Poletarium, Scutellarium, etc.* Et § 4 : *Marescalli autem de Servientibus debent inferiori Marescallo testimonium perhibere : Hostiarius Miles, Hostiariis aliis de numero ferculorum : Larderarius coquo, Camerarius Hostiario Cameræ Regis, etc. Lardirarius Regis*, tom. 1. Monast. Angl. pag. 75.

¶ **Lardenarius**, pro *Larderarius*, in Libro nigro Scaccarii pag. 346 : *Lardenarii, qui per vicem serviunt, consuetudinarium cibum et homini suo III. ob. in die.*

LAREONES, dicuntur esse animalia latentia sub lapidibus interpreti Joannis de Gallandia in Synonymis :

Dant pelles pallis, Morder, Bever, Cyrogrillus,
Id quoque cuniculus, cisimus dant et Lareones.

[* Vide supra *Lardellus.*]

¶ **LARERIUS**, Layrerius Salis, Idem quod *Saumata salis*, Tantum salis, quantum ferre solet jumentum. Inquisitio ann. 1330. tom. 2. Hist. Dalphin. pag. 230. col. 2 : *Item levavit idem Johannes Raymundi... pro qualibet navigiata salis... continente infra 50. saumatas salis unum Larerium ipsius, seu saumatam unam... et pro qualibet navigiata salis supra 50. saumatas... duos Lareríos seu saumatas salis prædictis.* Et col. seq. : *Ad quas* (sex libras) *communi extimatione reducti fuerunt Layrerii seu saumatæ salis.*

* **LARESUS**, Arboris species, larix, Ital. *Larice.* Stat. datiar. Riper. cap. 12. fol. 5. v° : *De quolibet vase doarum Laresi, castaneæ, ruperis albaræ, et cujuslibet alterius lignaminis de septem quartis, pro introitu denarii octo.*

* **LAREXINA**, Gummi ex larice. Stat. crimin. Cumanæ cap. 204. ex Cod. reg. 4622. fol. 110. r° : *Nemini spiziario seu apotecario.... liceat facere.... vel vendere.... aliquos dupplerios,.... cum mixtion. Larexinæ, etc.*

LARGAGIUM, Tributi species, cujus mentio in Charta Ivonis Abbatis S. Dionysii in Francia ann. 1170. ex ejusdem Monasterii Chartulario : *Mathæus de Bellomonte Comes, etc. Injustas etiam et pessimas consuetudines quas in villa Morenciaco habebat omnino Ecclesiæ B. Dionysii dimisit, videlicet talliam, moltunagium, Largagium, herbagium, messionem Præpositi sui de Bellomonte, et quasdam alias perniciosas exactiones, nullam omnino consuetudinem in prædicta villa retinens, præter viaturam, et tensamentum et molturam hominum ejusdem villæ justam et rationabilem.* Nisi *Lardagium* legendum sit, a lardo seu larido. Vide *Lardarium* in *Lardum.*

* **LARGATUM**, Eadem notione, vel Terebinthina resina. Correct. stat. Cadubr. cap. 36 : *Non sit licitum alicui forensi colligere Largatum seu terbentinam in nemoribus Cadubrii, sine licentia consilii generalis Cadubrii; et qui contra fecerit, cadat de libris xxv. et perdat Largatum.* Stat. Riper. cap. 12. fol. 5 : *De quolibet pense Largati, pro introitu denarii sex.*

¶ **LARGEARE**, vel Largeari, pro Largiri, in Actis Henrici VIII. Angl. Regis ann. 1515. apud Rymer. tom. 13. pag. 519 : *Concedendi et Largeandi, quemadmodum prius Cancellarius Parisiensis concedebat et largiebatur.*

¶ **LARGENS**, *Domesticus.* Gloss. Isid. Emenda post Grævium : *Lar, Genius domesticus.*

* **LARGIAMENTUM**, Id quo domus laxior et amplior est. Charta ann. 1352. in Reg. 81. Chartoph. reg. ch. 829 : *Affectans aisiamenta seu Largiamenta et spaciamenta sui ospitii.... augmentare.*

LARGICA. Lex Longob. lib. 1. tit. 6. § 6 : *Si vero coxam ruperit super genuculum, hoc est, Largicam, componat sol. 6. si autem subtus genuculum, quod est tibia, componat sol. 6.* Ubi Edictum Rotharis Reg. tit. 121. § 7. [** 387.] *hoc est, Lagi.* V. in hac voce.

¶ **LARGIFLUUS**, *Largus*, Johanni de Janua. Juvencus in caput 1. Lucæ :

Largifluis humiles opibus ditavit egentes.

Rolandinus Patav. de factis in Marchia Tarvisina lib. 6. cap. 6. apud Murator. tom. 8. col. 263 : *Juvenem quidem affabilem et decorum, Militem Largifluum et benignum, multa strenuitate prudentem, etc. Largifluus imber*, apud Ciceronem ex veteri Poeta.

¶ **LARGIMENTUM**, Munus, donum. Fulgentius lib. 2. Mythol. : *Non hominis, sed divinum est Largimentum.*

* **LARGIRE**, Ampliorem facere, Gall. *Elargir.* Comput. ann. 1244 : *Pro peliçone suo Largiendo et pro suo gardecorsio similiter Largiendo xx. sol.*

¶ **LARGITAS**. Vide mox *Largitudo.*

* **LARGITIO**, Latitudo, Gall. *Largeur*, alias *Largesse* et *Layeur.* Charta ann. 1207. ex Chartul. S. Joan. in Valle : *Domum.... ædificabunt in platea, quam liberam et quietam ab omni consuetudine domui ædificandæ assignabo, cum competenti Largitione et spatio.* Lit. remiss. ann. 1373. in Reg. 105. Chartoph. reg. ch. 15 : *Icelui Arondiaux sacha son coutel.... sans férir ledit Malprivé, ne aussi férir ne le peust, obstant la petitesse dudit coutel et Largesse de la table d'entr'eux. Larguesche des votes et chemins*, apud Bellom. Ms. cap. 25. Reg. 13. Corb. sign. *Habacuc* ad ann. 1512. fol. 132 : *Laquelle voyerie se comporte et estend en la Layeur, qui est présentement entre les anchiens solins desdites masures et les murs de ladite forteresse. Léesse*, eodem sensu, in Charta ann. 1290. ex Chartul. S. Vinc. Laudun. : *Comme descort fussent meut.... sur la Léesse et la justice dou chemin,.... sommes venut à acort..... C'est assavoir que li chemin.... demourra doresenavant à tousjours de telle Léesse, comme il est ore tous esbondés.*

LARGITIONES, Thesaurus publicus, fiscus. Scholiastes Basilic. lib. 7. tit. 1 : Τρεῖς εἶσαν τὸ παλαίον αἱ τοῦ βασιλέως πορτουσίαι, λαργιτίωνες, πριβάτα, καὶ πατριμονιάλιαι. Lactantius de Mortibus Persecut. n. 7 : *Idem insatiabili avaritia thesauros nunquam minus volebat, sed insuper extraordinarias opes ac Largitiones congerebat, ut ea quæ recondebat integra atque inviolata servaret.* Vide *Comes Largitionum* et Glossar. med. Græc. voce Λαργιτίωνες, col. 790.

¶ **Largitionalis**, Largitionum minister, Præfectus ærarii privati, apud Vopiscum in Carino cap. 20. *Largitionales tituli*, leg. 12. Cod. Theod. de Vectigal. (4, 12.) *Largitionale aurum*, leg. 13. Cod. de Suscept. (11, 17.)

* 1. **LARGITUDO**, ut *Largitio.* Lit. Caroli VI. ann. 1384. in Reg 125. Chartoph. reg. ch. 106 : *Jussit fieri per magistros prædictos lapicidas duos murtos sive aleyas Largitudinis sive spissitudinis trium palmorum.*

2. **LARGITUDO**, Largitas, δαψίλεια, in Glossar. Græc. Lat. δαψιλέστερος, *Largitor*, in eisdem. δαψιλεύομαι, *Largo, indulgeo.* δαψιλής, *Largus, Largitor.* ἀφειδὴς ἐπὶ δαψιλείας, *Largus. Largitates Principis, largitas principalis*, in Cod. Th. Vide Nonium.

* **LARGITUS**, Largitio, munus, donum. Epist. Joan. PP. VIII. tom. 9. Collect. Histor. Franc. pag. 170 : *Divino quia Romanum pontificium Largitu enitet universis, illud luce clarius constat largita defendere cunctis.* Vide *Largimentum.*

* **LARGIUM**, Idem quod *Largitio.* Charta Eustach. dom. *de Conflans* ann. 1242. in Chartul. Campan. ex Cam. Comput. Paris. fol. 380. v°. col. 2 : *Ipse* (Theobaldus) *mihi concessit quod ego possim ipsam* (domum) *perfirmare de plenis muris sine turribus et de fossatis habentibus spatium viginti quinque pedum in Largio.*

* **LARGOR**, Eadem notione. Contract. navig. inter reg. Franc. et Venet. ann. 1268. in Reg. sign. *Noster* Cam. Comput. Paris. fol. 284. r°. : *Navis, quæ vocatur Sancta Maria, est longa pedibus cviij. quæ longitudo est de pedibus lxx. in columba, et in Largore proræ et puppis est de pedibus xxxviij.*

* **LARGUS**, Amplus, diffusus. Hist. invent. S. Baudel. inter Probat. tom. 1. Hist. Nem. pag. 4. col. 1 : *Quod sepulchrum gloriosum, etiam a Gregorio Turonensi episcopo, miraculorum scriptore egregio, inter Largissima scripta celebratum.* Confirm. privil. episc. Mimat. ann. 1372. tom. 5. Ordinat. reg. Franc. pag. 604 : *Quod ratione libertatum antiquarum dictæ ecclesiæ, bullæque aureæ et pariagii, de quibus supra fit mentio, dicta declaratio fieri non potuit; quin ymo Largior erat et magis ampla, quam essent dicta pariagium et bulla super quibus fundabatur.* [** *Syllaba Larga*, in Donat. proviuc. pag. 171. et alibi.] A Lat-

Largus, genuino sensu, nostri *Large*, pro *Liberal*, dixerunt. Hinc Henricus comes Campaniæ *le Large* cognominatus est; cujus appellationis rationem ita subdit Joinvilla in Hist. S. Ludov. edit. reg. pag. 20 : *Ce Henri desus dit fust conte de Champaingne et de Brie, et fu appelé le conte Henri le Large; et dut ainsi estre appelé, car il fu Large à Dieu et au siecle*. Le Doctrinal Ms. :

Se vous estes cortois, et Larges et métans.

* AD LARGUM VADERE, Huc et illuc libere vagari, Gall. *Aller çà et là*. Charta ann. 1330. in Reg. 66. Chartoph. reg. ch. 426 : *Cum sit res mali exempli, quod homo accusatus de morte duorum hominum, ita vadat ad Largum, etc.*

¶ AD LARGUM MODUM FACERE *misericordiam*, id est, Largiter, large, benigne, in Chron. Danduli, apud Murator. tom. 12. col. 489.

LARICINIUM, Latrocinium, ex Gallico *Larrecin*. Cowellus lib. 4. Instit. tit. 3. § 2 : *Felonia quæ jure communi talis dicitur, et bona tantum spectat, Latrocinium appellatur, vel potius Laricinium, quod est fraudulenta bonorum mobilium vel personalium, absente et invito domino, subductio*.

¶ LARICIUM. Vide mox *Larricium*.

LARICULA. Mamotrectus ad 7. Proverb. : *Cancellus aliquando dicitur Laricula sive appodiatio*. Legendum *Loricula*.

¶ LARIDUS; ξηρός, *Aridus*. Supplement. Antiq.

¶ LARISSA. Bernardus Thesaurarius de Acquisitione T. S. cap. 192. apud Murator. tom. 7. col. 828 : *Et sic resumptis viribus cum defensoribus turris, gladiis, Larissis, clavis et aliis instrumentis viriliter pugnaverunt*. An *Lanceis*?

¶ LARNA, *Rasorium*. Gl. Isid. Grævius suspicatur legendum esse : *Larva, Dæmonium*. Vide *Larvæ*.

¶ LARNAX, Gr. λάρναξ, Urna, capsa. Vita S. Martinæ Virg. et Mart. tom. 1. Januarii pag. 17 : *Adduxerunt sanctum corpus.... et posuerunt in onychinum Larnacem*.

* LARRERIUS, Ager incultus, a Gall. *Larris*, idem quod *Larricium*. Charta ann. 1320. in Reg. 60. Chartoph. reg. ch. 225 : *Item quadraginta solidi.... super medietate Larreriorum, vocatorum supra Blavetonem, quos debet annuatim Jacobus Nevelons de Verberia*.

* LARRETIUM, Eadem notione. Charta ann. 1229. in Chartul. Buxer. part. 14. ch. 4 : *Quousque exartatum sit* (illud nemus) *prædicti homines in Larretio illo, ubicumque nemus fuerit, habebunt usuagium et cursum suum*.

LARRICIUM, Ager incultus, ex Gall. *Larris*. Charta Philippi Augusti ann. 1215 : *Circiter arpenum et dimidium de Larricio quod habemus apud Bestins de feodo Valesii*. Alia anni 1219 : *Damus et concedimus totum Larricium quod est supra stagna, etc.* in Regesto Philippi Aug. Herouvalliano f. 98. Alia ann. 1266. ex Chartulario S. Arnulphi Crispeiacensis : *Apud Glavam quamdam peciam vineæ, et unum Laricium et unum pratum, etc.* Le Roman *de Garin le Loherans* MS. :

Sanglante en est l'herbe et li Larris,
Del sanc vermeil qui des Sarrazins ist.

Guill. *Guiart* ann. 1304 :

Se vont loger sous Mons en Pelve,
Tout au lonc d'un Larris sauvage
Plein de fossés, prés de boscage.

[Charta ann. 1268. ex Chartulario Domus-Dei Pontisar. : *Demandoient le conduit... des vins... que marcheant estrange amainent de dehors par les Larris*.]

¶ LARRICUM. Charta Curiæ Suession. ann. 1259 : *Habebat annuum et perpetuum censum super Larricum Wiardi Mignot situm apud Mincyacum super Axonam*. Et infra : *Ita quod tenentes Larricum supradictum pro quo debetur dictus census*. *Larritium*, in altera Charta ejusdem Curiæ ann. 1262. *In quodam Lairisco sito desuper Monasterium de Mincy*, in alia ann. 1230. *Larriscum*, in Charta ann. 1212. tom. 2. Hist. Eccl. Meld. pag. 303.

* LARRICIUS, Pari intellectu. Charta ann. 1218. ex Chartul. B. M. de Josaphat : *Hernaudus de Bosco miles Guarino fratri suo et hæredibus suis vendidit... valles et omnes Larricios ex utraque parte*.

¶ LARSUS, χαροπός, *Venustus, glaucus*, in Supplemento Antiquarii. Martinio legendum videtur *Lætificus*, Lætitiam vultu afferens, quod hæc vis sit vocis Græcæ. Quid si legeretur *Larvus*, ut ex Gloss. idem Martinius habet infra : χαροπός, *Cæsius, Larvus*. A *Larva*, Persona, ficta facies, *Larvus* dictus, quasi *Larvatus*, Larva ornatus, sicque jocosam vultu prodens lætitiam, vel eam afferens oculis aliorum : quod significat vox Græca χαροπός, vel χάρωψ. [* Adde ex Castigat. in utrumque Glossar. in aliis Gloss. *Cæsius, Larvus*; ubi vir doctus *Ravus* emendat.]

¶ LARTHES. Vide in *Lar*.

LARVÆ, Dæmones aerii, *Esprit follets*. [Apuleius de Deo Socratis : *Qui vero ob adversa vitæ merita, nullis bonis sedibus incerta vagatione ceu quodam exilio, punitur, inane terriculamentum hominibus bonis, ceterum noxium malis, id genus plerique Larvas putabant*. Isid. lib. 8. cap. ult. sub finem : *Larvas ex hominibus factos dæmones aiunt, qui meriti mali fuerint, quarum natura esse dicitur terrere parvulos in angulis tenebrosis*. Adde Papiam et Johannem de Janua. Gloss. Lat. Græc. : *Larva*, δαιμόνιον, εἴδωλον. Aliud Græc. Lat. : Εἴδωλον, *Simulacrum, Larva*. Rursus : Φάντασμα, *Larva, vana visio, ostentum*. Gloss. Sangerm. MS. n. 501 : *Larva, Umbra, maleficus, aut incantator*. Utitur Plautus.] [* Glossar. Lat. Gall. ex Cod. 7692. *Larva, fauce cultiveure*. Castigat. in utrumque Glossar. *Larva*, δαιμόνιον. Addit reg. *vel divina ira*.] Monachus Sangallensis lib. 1. de Carolo M. cap. 25 : *Tunc dæmon, qui dicitur Larva, cui curæ est ludicris hominum vel illusionibus vacare, fecit consuetudinem ad cujusdam fabri ferrarii domum venire, et per noctes malleis et incudibus ludere*. Vide *Folleti* in *Follis* 3. et *Gobelinus*. [** Grimm. Mythol. German. pag. 284. et 511.]

¶ LARVARE, *Larvam induere; Larvatus, Larva indutus, vel a dæmone possessus*. Joh. de Janua. Firmicus lib. 3. cap. 14 : *Fascinantes mulieres, quæ etiam ipsos artus Larvari ac fascinari faciant*. Furiosos olim et mente captos *Larvatos* dicebant, quod crederent larvarum visu homines in furorem agitari, unde Festus : *Larvati, furiosi et mente moti, quasi larvis exterriti*.

¶ LARVARIUM. Statuta Eccl. Æduensis ann. 1468. apud Marten. tom. 4. Anecd. col. 506 : *Larvaria, Gallice Charivari, de cetero fieri prohibentur sub pœna excommunicationis et centum solidorum eleemosynæ dicti reverendissimi Patris applicandorum. Ne faciant Larvas seu carivaria super matrimoniis faciendis*, in Statutis Capituli Ambian. apud eumd. Marten. tom. 7. Ampliss. Collect. col. 1271. Vide *Charivarium*.

* LARVALIS, εἰδωλοδόνης, in Castigat. ad utrumque Glossarium.

¶ LARUNDA, *Quidam Lamiam dicunt*. Papias : *Larunda* sive *Lara* Dea Paganorum fuit, ex qua a Mercurio compressa geniti sunt fratres gemini, a matris nomine *Lares* appellati. Ausonius in Idylliis :

Nec genius domuum Larunda progenitus Lar.

¶ LARUS, *Animal tam in terra quam in aqua, volat enim et natat*; (noc et vole, in Glossis Lat. Gall. Sangerm.) *parva avis, ut fertur, nigra et pinguis, semper habitans juxta aquas : nec potest longe volare; unde et agiles homines frequenter eam capiunt*. Joh. de Janua. Inter aves prohibitas memoratur *Larus* Levit. 11. 16. et Deuter. 14. 15. Fulicam interpretatur Sussannæus in Vocabulario, non ita male, λάρος enim Fulicam vel Gaviam reddunt. Quod hæc avis sit voracior dictum proverbium, *Larus hians*, pro homine avido et rapace. Vide Gesneri Historiam avium et Lexicon Martinii.

LARWA. Doctor; ex Saxonico L a r e o v, Doctor, magister, dogmatistes. L a r e, vel l æ r e, Dogma. Anonymus de Miraculis S. Wilfridi Eboracensis cap. 15 : *Vocabatur Alvredus... quem etiam ob doctrinæ et sapientiæ gratiam Alvred Larwa, id est, doctorem, nominabant*.

** LASASSUS. Chart. Adolf. Roman. reg. ann. 1292. apud Guden. Cod. Dipl. tom. 1. pag. 861 : *Castrum Sunnenberg cum Lasassis hominibus, etc.* Forte *Landsassis*.

¶ LASAVERIUM. Computus ann. 1336. tom. 2. Hist. Dalphin. pag. 306. col. 2 : *Item, apud Massiliam tradidit pro Lasaveriis de sepo pro Domino, x. d. gr.* In Regesto Comput. Graisivod. fol. 149. pro *de sepo* legitur *de seya*. Lubentius legerem *de sapone*, ita ut *Lasaverium* sit nostrum *Savonette*, Sapo tonsorius, smegmaticus globulus, quo barbam lavant et emolliunt tonsores, ut facilius radant. Vide *Lascivium* et *Lesavium*.

LASCIA. Gregorius Turon. lib. 4. Hist. cap. 26 : *Aspicit hunc* (lanarium artificem) *Lascias regias componentem*, ubi ad marginem, *al. lanas. f. fascias*. Credo *lascias* fuisse funiculos ad vestium ornatum, quomodo *lesses* dicimus. [Laurent. in Amalthea : *Lascia, Ornatus ad vestitum spectans*.] Vide *Lexa*.

* Restis species, in Charta Raym. Gauffredi dom. *de Trez* : *Vendidimus... octavam illam partem, quam habuimus vel tenemus pro indiviso in civitate Massiliæ... in ferro quintalis, et in Lasciis et in corda, etc.*

* LASCIVIA, Superflua copia. Hist. translat. S. Taur. tom. 2. Aug. pag. 645. col. 2 : *Sed jam ad rem, de qua tractandum*

proposuimus dimissa verborum Lascivia, Deo juvante perveniamus.

* **LASCIVIETAS**, Lascivia, ad generationem habilitas. Adloc. in consecrat. Hermintr. regin. tom. 7. Collect. Histor. Franc. pag. 672 : *Jam enim et Abraham presbyter merito vocabatur, et defecerant muliebria, id est omnis Lascivietas, Sarræ. Lacivieux*, pro *Lascif*, Lascivus, in Lit. remiss. ann. 1404. ex Reg. 158. Chartoph. reg. ch. 443 : *Pour ce qu'il sembloit au suppliant que sa femme estoit de trop Lacivieuse et fole maniere, etc.*

¶ **LASCIVIUM.** Species *lixivii* vel potius sapo tonsorius, nostris *Savonette. Pro Lascivio ad abluendum caput Domini*, VI. *gr.* in Computo ann. 1333. tom. 2. Hist. Dalphin. pag. 275. Vide *Lesavium et Lasaverium.*

LASCIVUS, Languidus. [Glossæ vett. MSS. : *Lascivus, Solutus, vanus.*] Vita MS. S. Arigii Episcopi Vapiscensis : *Misit... operarios in prædia sua : et cum ad horam sextam venisset, unus ex operariis inerti animo, corde impedito, dicendo se Lascivum corpus pertrahere, etc.* Sugerius in Ludovico VI. pag. 298 : *Erat enim Ecclesiarum liberalis ditator, et eleemosynarum dapsilis dispensator, sed Lascivus parcere.* Id est, raro parcebat, si quis in eum offendisset. At contra Latini hanc vocem usurpant, *Lascivosque* πραῦνατεῖς interpretantur. Glossæ Græc. Lat. et Spartianus, *Lascivum cunctatori* opponit. Vide ibi Salmasium pag. 41.

* *Las*, eodem sensu, in Mirac B. M. V. MSS. lib. 3 :

> Bien laist langir et afamer
> En son Las cors sa Lasse d'ame,
> Qui del dous non de Nostre Dame
> Entre ses dens sovent ne suche.

¶ **LASCOPITIUM**, pro *Laserpitium*, ut puto, Planta vel succus plantæ sæpius dictus *Laser* : quod duplex distinguitur, *Laser cyrenaicum*, vulgo *Asa dulcis odorata*, et *Laser medicum* vel *Syriacum*, vulgo *Asa fœtida*. Miracula B. Raymundi, tom. 5. Junii pag. 690 : *Non zibethi, moschi, ambræ, Lascopitii, thuris, opobalsami, rosarum, violarumque et aromatum, nec aliorum quorumcumque odorum odorificantium.*

¶ **LASENA**, f. Ala, Italis, *Ascella*, Gallis, *Aisselle.* Chronicon Mutin. apud Murator. tom. 15. col. 613 : *Dimiserunt ipsam in mari descendere usque ad Lasenas absque confessione, quæ cum tot tormenta ferre non valeret, horribilia fuit confessa.*

¶ **LASHLITA.** Vide *Lahslit.*

* **LASINA**, Serva, ancilla; et *Lase*, vel *Lasse*, servus, mancipium, in not. Eccardi ad Leg. Sal. tit. 11. art. 4.

* **LASIO** f. ab Italico *Laccio*, Laqueus. Stat. ant. Florent. lib. 3. cap. 168. ex Cod. reg. 4621 : *Qui vero abstraxerit.... hostium de domo alterius aut etiam Lasiones.... condempnetur in libris quinquaginta.* f. Cardo, Gall. *Gond*, quo porta firmatur et illigatur. Vide infra *Lassus* 2.

¶ **LASSAAIA**, Genus cibi. Vide *Cuetella.*

LASSANUM, *Vasis genus, in quo exoneratur venter.* Papias. [Videtur sic dictum quod in eo *laxetur anus.*]

¶ **LASSAR**, pro Laser, ut puto, Succi genus, de quo in *Lascopitium.* Vide *Crema.*

¶ **1. LASSARE**, vox Italica, Relinquere, dimittere, Gall. *Laisser.* Vita S. Francæ, tom. 3. April. pag. 393 : *Situlam... ad altare prædictum portavit et obtulit, ibique Lassavit.* Vide *Laxare.*

* Lit. Soldani apud Lam. in Delic. erudit. inter not. ad Hist. Sicul. Bonincont. part. 1. pag. 199 : *Fecerunt nobis preces, ut qualiscumque homo de eorum gente in terra nostra obiisset, in toto nostro regno, et Lassasset aliquam pecuniam aut merces, ut* (a) *sociis eorum apprehenderentur et ad parentes eorum deferrentur. Lescier*, eodem sensu, in Ch. ann. 1320. Phil. comit. Ebroic. ex Tabul. archiep. Paris. : *Comme nostre très-chier seigneur et pere monseigneur Loys de bonne mémoire, jadis conte d'Evreus, que Diex absoille, eust Lescié en son testament etc.*

* **2. LASSARE**, pro Laxare, in Comœd. sine nomine act. 1. sc. 5. ex Cod. reg. 8163 : *Fortius Lassate fibras, altius extollite odas.*

LASSATINUS, perperam pro *Assasinus*, apud Walsinghamum ann. 1271. Vide *Assasini.*

¶ **LASSATIO**, Lassitudo, apud Martianum Capellam et in Adnuntiatione Caroli C. ad Edictum Pistense.

* Nostris alias *Lasté.* Vitæ SS. MSS. ex Cod. 28. S. Vict. Paris. fol. 372. r°. col. 1 : *Li sainz Apostres estoit un pau endormi en la nef pour la grant Lasté.* Vitæ Patrum MSS. ad calcem Mirac. B. M. V. :

> Pour chou me met en abandon
> Et à mesaise et en Lastés,
> Ensi voel vivre en povertés.

LASSI. Nithardus lib. 4 : *Gens Saxonum omnis in tribus ordinibus divisa consistit. Sunt enim inter illos Edelengi, sunt qui Frilingi, sunt qui Lassi illorum lingua dicuntur : Latina vero lingua hoc sunt nobiles, ingenui, et serviles.* Vide Pontanum lib. 6. Orig. Franc. cap. 15. [Infra legitur *Lazzi.*]

* Teschenmach. Annal. Cliv. part. 1. pag. 74. Unde apud Saxones *Lassen*, apud Sicambros *Lathen*, apud Frisios *Liten*, ejusdem etymi vocabula, quod scilicet primo capti, et postea ex commiseratione in agris relicti, nec ejecti, aut venditi essent, dicti sunt. Vide Schilt. in Praxi J. R. in foro Germ. tom. 1. pag. 52. Quo spectare videtur vox Gallica *Las*, qua Vir obnoxiæ conditionis, rusticus significatur in Libert. Joinvil. ann. 1354. tom. 4. Ordinat. reg. Franc. pag. 301 : *Renoncens en cest fait pour nous, pour noz hoirs et successeurs à toutes exceptions... à toutes autres choses et aides faisans pour les nobles contre les Las ou lours subgis.* [** Vide Grimm. Antiq. Jur. German. pag. 306.]

¶ **LASSICIUS**, *Mus, animal*, in Amalthea.

¶ **LASSO**, Species salmonis, Germ. *Lax* vel *Lachs.* S. Wilhelmi Constitut. Hirsaug. lib. 1. cap. 8 : *Pro signo Lassonis idem quod et salmonis, addito signo similitudinis.*

* **1. LASSUS** SEDÆ, Filium sericum, cui sigillum in Chartis appendebatur, a vulgari dictione *Las de soie.* Charta ann. 1347. in Reg. 77. Chartoph. reg. ch. 316 : *Sigillo magno regio cera viridi in Lassu sedæ sigillata, etc.*

* **2. LASSUS**, Vinculum. Gualt. Hemingford. de gest. Eduardi II. reg. Angl. ad ann. 1307. pag. 243 : *Apprehensis capillis utraque manu, dilaceraverit eos in quantum potuit, et in Lassus ejecit eum.* Vide supra *Lasio.*

* **3. LASSUS**, pro Lapsus. Form. MSS. Senens. ann. 1414. ex Cod. reg. 4726. fol. 1. v°. : *Et hoc post Lassum et cursum temporis quatuor annorum.*

¶ **1. LASTA**, pro *Lastra*, de qua mox. Agnellus in Vita Damiani Pontif. apud Murator. tom. 2. pag. 156. col. 1 : *Lapides Ecclesiæ, columnæ et Lastæ atque lateres, tegulæ, etc.*

2. LASTA, LASTUS, LESTUS, LAST, LEST, voces Onus, pondus, sarcinam in genere denotantes; sed quæ in specie certis quibusdam mensuris ac ponderibus aptantur. Fleta lib. 2. cap. 12. § 2. ex Statuto Henrici III. de Ponder. et mens. : *Duodecim Wayiæ lanæ faciunt unum saccum, et 12. sacca faciunt unum Lestum. Lestus autem alleciorum consistit ex 10. milliar. et quodlibet milliare consistit ex decies centum, et quodlibet centum ex sexies viginti. Item Lastus coriorum consistit ex 12. dacris, etc.* In Statuto Henrici VIII. Reg. Angl. : *Le Last osmunds cineris, et picis liquidæ continet 14. barillos. Lasta coriorum*, in Statutis Gildæ Scoticæ cap. 21. et apud Knyghtonum. *Lasta frumenti*, apud Pontan. lib. 7. Hist. Danicæ pag. 416. Knygthon. ann. 1385 : *Cepit 48. naves... quarum duæ onustæ cum speciebus, et quædam cum alece albo ad summam quadringentarum Lastarum.*

* Charta Phil. II. Rom. reg. ann. 1208. tom. 2. Hist. Leod. pag. 389 : *In civitate Leodiensi vir, cujus est officium illuc vendere, non debet ille plus quam summam illam, quæ Last vulgariter dicitur, similiter emere, aut in solarium suum reponere. Un Lest de cuirs*, in Lit. ann. 1350. tom. 2. Ordinat. reg. Franc. pag. 440. Mensuram annonariam designat in Charta ann. 1226. tom. 5. Cod. diplom. Polon. pag. 11. col. 2 : *Reddat magister episcopo novem Last siliginis pro primo anno, quo percepit episcopi partem, retento decem Last pro duobus dimidiis, etc.*

LASTALECHIUM, pro *Lasta alecium*, in Charta ann. 1230. pro Monasterio Marquetano apud Buzelinum lib. 2. Gallo-Fl. cap. 30 : *Dedimus præterea in eleemosynam ipsi Monasterio unum Lastalechium, quod singulis annis in festo S. Martini debet accipere apud Mardic.* [Miræus tom. 1. pag. 577. Legit *Last halecium* distinctis vocibus.] Quot vero milliaribus constiterit, observatum supra ex Fleta.

¶ LESTA ALECIUM, in Charta Philippi Flandriæ Comitis ann. 1188. tom. 1. Anecd. Marten. col. 632.

LASTAGIUM, LASTADIUM, Onus, quod navi imponitur, ut solidior sit, ne nimium fluctuet, quod ut plurimum ex lapidibus, vel sabulo constat; nostris *Lestage*, Anglis *Lastage*, Belgis *Lastagie*, a Saxon. hlæstan, vel behlæstan, Onerare. Unde Anglis *Ballace*, Belgis *Ballast*, Sabulum, quo naves onerari solent. [** Vide Ihrii Glossar. Sueo-Goth. in hac voce. Danis *Baglast*, forte a *bag*, retro, ito ut sit Onus quod in reditu vehitur.] Compositio inter Nicolaum Abbatem S. Augustini Cantuariensis et homines de Stonore ann. 1283 :

Item quod nullus de eadem communitate in wallis contra mare inter Stonore et Clyvesende petram colligat de cætero, nec asportet, nec Lastagia navium capiat, nisi sub pleno mare in communibus fluctibus, inter fluctum altissimum et fluctum infimum. Charta Woldemari. Reg. Daniæ ann. 1326. apud Pontanum lib. 7. Hist. Dan. : *Item liceat ipsis Lastadia sumere in fluctibus maris, ubi volunt.*

Lastagium, Lestagium, Bromptono pag. 957. dicitur *consuetudo exacta in nundinis et mercibus.* Rastallo, *est quietum esse de quadam consuetudine exacta in nundinis et mercatis, pro rebus cariandis, ubi homo vult.* Fleta lib. 1. cap. 47. § 11 : *Lestinge, est quietantia Lestagii.* Leges Henrici I. Reg. Angl. cap. 2 : *Omnes homines London sint quieti et liberi, et omnes res eorum per totam Angliam, et per portus maris, de thelonio, et passagio, et Lestagio, et omnibus aliis consuetudinibus, etc.* Charta Philippi Aug. ann. 1204 : *Dedimus et concessimus burgensibus nostris de Falesia et hæredibus suis quitanciam per totam terram nostram, excepta Medunta, de passagio, pontagio, pedagio, et Lestagio, etc.* Computum de Domanio Comitat. Pontivi ann. 1369 : *Du Liestage des nefs arrivez cet an au Crotoy.* Adde Monasticum Anglic. tom. 1. pag. 193. 310. 316. 317. 503. 689. 922. tom. 2. pag. 184. 193. 264. 317. etc. [** Abbr. Placit. ann. 16. Edw. I. Linc. rot. 3. pag. 280. et ann. 19. fin. ejusd. Norf. Lynn. rot. 15. p. 285. Huc etiam pertinet chart. ann. 1099. apud *Madox* Formul. Anglic. num. 285. p. 176. in qua male Schœnemannus in Glossar. lat. Codic. Diplom. vocem *Lestagium* interpretatur Locum ubi naves constituuntur et ædificantur ; quamvis hodie in portubus septentrionalibus eam significationem obtinere scribat Lappenb. in Orig. Hans. pag. 367. not. 3.]

* **LASTINGHA**, Vectigalis species, idem quod *Lastagium. Letaige*, in Comput. redit. comitat. Pontiv. ann. 1554 : *Des revenus des Letaiges de nefs, etc.* Pro *Lestaiges.* Charta Phil. comit. Fland. ann. 1163. ex Chartul. 1. Fland. in Cam. Comput. Insul. ch. 325 : *Lastingha navium justitiarii est, et qui eam habuerit, fures suspendet.*

¶ **LASTRA**, vox Italica, Tabula lapidea vel bractea tenuis, quo modo secari solent marmora ad pavimentum vel ad parietes inducendos. Acta S. Richardi Episc. tom. 2. Junii pag. 248 : *Post illam quoque particulam, sicut parvimentum fuisset, lapidea Lastra continebatur, in qua crux in ipso lapide manebat.* Translatio S. Prosperi, tom. 5. Junii pag. 59 : *Frangi et aperiri fecit altare præd. et arcam magnam ultra communem staturam, in ipso sub una Lastra marmorea positam.* Alius locus exstat in *Bisalus.* Vide *Lastrum.*

LASTRUM, Basis, seu pes columnæ. Vide Wadding. ann. 1230. pag. 417. tom. 1. Italis *Lastra*, est *pietra larga et sottile, la quale serve per tegoli da tetto.* Utitur Joannes Villaneus lib. 10. cap. 168. lib. 12. cap. 20. hinc *Lastricare*, Sternere, munire viam, eidem Villaneo lib. 6. cap. 27.

1. **LASTUM**, Læstum, ex Saxon. Læðe, et Læþ, unde Angli *a Lathe*, portio Comitatus major, tres vel plures hundredos continens. Ernulfus in Textu Ecclesiæ Roffensis, in Itinerario Cantii : *Sexta pera debet fieri de Holingburna, et de toto illo Lasto, quod ad hoc pertinet.* Ordinatio Marisci Romeneiensis : *Si aliquis super hoc convincatur per testimonium Baillivi et Juratorum in communi Lasto, amercietur in* 10. *solidis.* Interpres vertit *in common assembly.* Willelmus Thorn de Elfredo Rege Angliæ : *Hic constituit Hundred et Lestes.* Vide *Leta.*

* 2. **LASTUM**, Mensura frumentaria. Chron. Danic. ad ann. 1445. apud Ludewig. tom. 9. Reliq. MSS. pag. 77 : *In illa ipsa hyeme Lastum hordei aut siliginis quadraginta Daleris venundaretur, etc.* Vide supra *Lasta* 2.

¶ **LASTUS.** Vide *Lasta* 2.

LASURIUS, Lasurus. Vide in *Lazur.*

¶ 1. **LATA**, Mulcta debitori, qui statuto tempore non solvit, imposita. Domino debetur per nudam expositionem postulationis creditoris in acta publica relatam, hac tamen conditione ut, si actor male suam exposuerit postulationem, reus mulctam hanc possit repetere. Triplicatur, si fraudulenter a debitore debitum denegatur. Charta ann. 1296. ex Archivo S. Victoris Massil. : *Ex antiqua consuetudine in possessione erat Monasterium S. Victoris non dandi Latam pro causis quas movet, movit et moverentur coram Judicibus, quod confirmat magnificus vir R. de Baucio Miles, Dominus Podii Ricardi, Vicarius Massiliensis.* Charta ann. 1293. tom. 1. Histor. Dalphin. pag. 37. col. 1 : *Item quod dictus Raymundus et successores sui expensas et sportulas, Latas, nec aliquid aliud pro causis suis solvere minime teneantur, nec ipsi Domino Dalphino vel ejus successoribus, nec Judici nec Assessori eorum.* Alia ann. 1300. ibid. pag. 55. col. 1 : *Jurisdictio, cognitio ac definitio questionum hujusmodi (realium) et Latæ, ac quidquid emolumenti ex iisdem quæstionibus, vel ipsarum occasione provenerit, ad præfatos dominum Episcopum et Comitem debeant communiter pertinere.* Alia ann. 1317. ibid. pag. 61. edit. Paris. : *Cum omnibus juribus.... trezenis, lesdis, Latis, sportulis, etc.* Adde aliam ann. 1338. tom. 2. edit. Genev. pag. 372. col. 2. et ibi vide pag. 374. nota h. Jacobum *Morgues* in Statuta Provinciæ pag. 399. et 400. Bonifacium tom. 2. Arrest. ejusd. Provinciæ part. 3. lib. 2. tit. 10. cap. 1. et 2.

* Rectius definit Margaletus in Stat. Aquens. curiæ submiss. lib. 2. cap. 5. pag. 126 : *Mulcta proprie Lata est, quam ideo statim incurrit debitor cum die solutionis dicta creditori non solvit, qui perjurus esse videtur et fidem datam non præstitit; quæ quidem mulcta, quia principi et fisco applicatur, Lata nuncupatur, quasi ad principem Lata pecunia.* A *Leta* forte accersendam hanc vocem opinatur Cangius. Vide in *Leta.* Quæ mulcta ex usu et consuetudine inducta describitur in Reg. *Pergamenorum* fol. 201. unde transcripta a Claperio caus. 57. qu. un. Hinc

* Latare, In registrum *latarum*, quod *Latarium* vel *Laterium* vocabant, inferre. Stat. curiæ submiss. lib. 1. art. 16. pag. 58. apud eumd. Margalet. : *Item quod dicti notarii... debeant fideliter Latare seu registrare clamores fiendos in camera prædicta, antequam litteræ citatoriæ expediantur.* Ibid. pag. 59 : *Ordinamus quod notarii statim lata sententia decisionem causæ in Laterio suo loco describere teneantur.* Et lib. 2. art. 4. pag. 125 : *Descripto prius in libro, quem Latarium appellant, die clamoris expositi, etc.* *Lattier* nuncupatur in Arest. ejusdem curiæ.

* 2. **LATA**, Latus. Epist. Alph. reg. Aragon. ann. 1432. apud Marten. tom. 8. Ampl. Collect. col. 192 : *Statueramus.... aridum mare juxta Latam pontis seu molis navigare.*

* Lata Culpa, Aperta, manifesta. Libert. Dalph. ann. 1349. ex Reg. Cam. Comput. Paris. sign. *Vienne* fol. 10. r°. : *Item et quandocumque contingeret aliquem ex eis (baronibus) emere equm pro guerra dalphinali, quod qualitercumque equs moreretur, etiam in stabulo, dum tamen sine dolo et fraude et sine Lata culpa ipsius cujus esset, ipse dictus dalphinus et successores sui emendare debeant dictum equm.* [** Vide JC.]

LATÆ, Minutiores asseres, sectiles, qui supra cantherios ponuntur, quibusque aptantur tegulæ, nostris *Lates* : quidam *Templa* esse Festi ac Vitruvii putant, de qua voce consule Bernaldinum Baldum. Glossæ veteres MSS. : *Asser, Lata tecti.* Papias : *Asseres, Latas, Latinum est.* Idem alibi *Lactas* habet : *Asseres, pali vel paxilli, vulgo Lactæ dicuntur.* Gloss. Saxon. Ælfrici : *Asseres*, L a t t a. Charta Raimundi Comitis Tolosani ann. 1181. apud Catellum : *In qua fusta intelligimus arcas, vel vasa sive vinaria, vel alia, et circulos, et Latas, et scamna, etc.* [Charta Petri de Roteys Vicarii Tolos. ad Bajulos de conditione materiæ ann. 1272. ex Libro MS. Consuetud. Tolos. f. 27. e Bibl. D. Abbatis *de Crozat* : *Et quod cayrones... habeant* 12. *palmos de longo et medium pedum de amplo et unum durnum de spisso, et quod Latæ habeant* 12. *palmos de longo et unum digitum de spisso.* Statuta Arelatens. MSS. art. 33 : *Qui dampnum dederit, seu erradicaverit plansonos... seu etiam Latam de cepibus diviserit, etc.* Hic *Lata* videtur axiculus transversus, affixus parti palorum superiori, quo firmius colligantur.] Le Roman *de Rou* MS. :

Les couvertures des mésons,
Et les Lates et les quevrons.

Cambro Britannis *Llath* et *Llhaten* est virga, pertica tres pedes longa, qua quid mensuratur, mensura trium pedum.

¶ **LATALIA**, Diploma Ferrandi Castellæ Regis ann. 1224. apud Marten. tom. 1. Anecd. col. 916 : *Dono... medietatem omnium hereditatum et donorum, quæ habeo in Latalia de Ferrus.* Et mox : *Ad faciendum insuper vobis cortigium Altalaya de Ferrus.* Idem videntur *Latalia* et *Altalaya*; sed utraque vox mihi perinde ignota, nisi forte legendum sit divisis vocibus *Lata lia, Alta laya*, et *Lia* vel *Laya* idem sit quod nostris *Lée* vel *Laye*, Via, vel silva; sed hæc divinando. Vide *Leda* 2.

¶ 1. **LATARE**, *In latum extendere, ampliare, et tunc derivatur a latus, a, um.* Joh. de Janua. Derivatum idem verbum a *Latum* supino verbi ferre, eidem de Janua est *Frequenter ferre.* Glossar. Lat. Gall. Sangerman. : *Latere, Faire ample, eslargir. Latatus, Amples, eslargis.*

* 2. **LATARE**, *Latas* seu minutiores asseres ponere, Gall. *Latter*; unde *Lateur*, in Lit. remiss. ann. 1447. ex Reg. 176. Chartoph. reg. ch. 513 : *Danel Chevalet poure homme Lateur de maisons, etc.* Comput. fabr. S. Lazari Æduens. ann. 1295. ex Cod. reg. 10396. 2 : *Item carpentariis, qui Lataverunt ecclesiam beati Lazari, x. lib. viij. sol. iiij. den.* Alius eccl. Paris. ann. circ. 1381. ex Bibl. S. Germ. Prat. : *Item dicto Rotier, pro duobus millearibus latarum... pro Latando granchiam loci, vij. francos auri.* Vide *Latæ.*

* 3. **LATARE**, LATARIUM. Vide supra in *Lata* 1.

LATEBRARE, Latebras quærere. Vita S. Fructuosi Archiep. Bracarensis num. 7 : *Nunc etiam rupibus, quæ solis ibicibus perviæ sunt, Latebrando latitans, etc.*

¶ **LATEIRA**. Vide *Lecteria.*

LATENA, Navigii species. Messianus Presbyter lib. 2. de Vita S. Cæsarii Episc. Arelat. : *Antequam ipsa lux diei claresceret, tres naves, quas Latenas vocant, majores, plenas tritico dixererunt.* Vide *Lautomia.*

LATERALES, Comites, socii, familiares, qui lateri alicujus vel domini adhærent. Petrus Diac. lib. 4. Chr. Casin. cap. 40 : *Comes Albertus de Blanderada, et cæteri Imperatoris Laterales, etc.* Ita usurpant Ivo Carnot. Epist. 109. Joannes Sarisber. lib. 7. Polycr. cap. 19. Guibertus lib. 3. de Vita sua cap. 8. et alii.

COLLATERALES, Simili notione. Petrus Valissarn. cap. 9 : *Misit enim dominus Papa unum de Collateralibus suis Clericis ad partes Provinciæ, nomine Milonem. Familia Collateralis*, apud Matthæum Paris pag. 648. Præsertim vero Cardinales *Collaterales* suos videntur appellasse Summi Pontifices. Innocentius III. Papa in Gestis ejusdem Pontificis pag. 118 : *Episcopum Sabinensem unum ex septem Episcopis, qui nobis in Ecclesia Romana Collaterales existunt.* Vide *Legatus a latere.*

LATERALIS, Qui ad latus est alicujus, apud Silvestrum Giraldum in Itiner. Cambr. lib. 1. cap. 5. et 12. in Translat. S. Isidori Hispalensis n. 12. etc. [*Lateralis porcellus*, Lactens, qui matris lateri adhæret, apud Schannatum Vindem. Litter. pag. 45.]

1. **LATERALIA**, Ornamenta marginum in libris et Codicibus MSS. apud Justum Urgelitanum. Locum vide in *Desistere.*

¶ 2. **LATERALIA**, vel LATERARIA, Capsulæ ad ephippium utrinque suspensæ, in quibus ea quæ sunt iter facientibus necessaria reconduntur, lib. 32. Dig. leg. 102.

LATERALITER, Ad latus. Liber ordinis S. Victoris Parisiensis MS. cap. 31 : *Quando Fratres in claustro sedent, ii qui in una parte sederint, nec dorso ad dorsum, nec facie ad faciem, sed Collateraliter sedere debent.* Will. Brito lib. 10. Philipp. :

> In Scala Regis Regi Lateraliter hærent.

Utitur et pag. 227. ut et Ordericus Vitalis lib. 4. pag. 514. [necnon Robertus *Goulet* in Compendio Jurium Universitatis Paris. fol. 13. v°. : *Episcopus et Rector semper Lateraliter incedunt.*] Item, ex obliquo, *de costé.* Pseudo-Ovidius de Vetula lib. 2 :

> ..... Lateraliter intrans
> Explorante manu, cameram lectumque requiro.

COLLATERALIS, COLLATERALITER, Eadem notione, apud Silvestrum Girald. in Topogr. Hibern. dist. 1. cap. 2. 5. in Itiner. Cambr. lib. 1. cap. 3. lib. 2. cap. 7.

LATERATIM, Eadem notione, apud Will. Briton. lib. 7. Philipp. v. 112. [Vide infra.]

LATERALIUM, in Gloss. Græco-Lat. ὑπομάσχαλον.

LATERANEUS, Agnatus, *qui est du costé et ligne*, in Statutis Venetor. ann. 1242. lib. 1. cap. 33. lib. 3. cap. 11. 12. etc. Hinc *Collateranitas*, agnatio, ibidem.

¶ **LATERARE**, *Jungere, aliquid lateri apponere*, Johanni de Janua; *Joindre au costé*, in Glossis Lat. Gall. Sangerman. Maxime dicitur de agris collateralibus. Testamentum Ermengaudi Episc. Agathensis ann. 1149 : *Relinquo... Pontio naturali filio fratris mei* XV. *modios frumenti et campum unum de ripa, cui se Laterat via, quæ discurrit, etc.* Vide *Lateratio.*

¶ **LATERARIA**. Vide *Lateralia* 2.

¶ **LATERATIM**, Super latus. S. Wilhelmi Constitut. Hirsaug. lib. 1. cap. 71 : *Quocunque modo recumbens jaceat, videlicet vel supernus, vel Lateratim, sive contractis genibus, nemo vituperet.* Vide in *Lateraliter.*

¶ **LATERATIO**, Finis, terminus, quo ager alteri *lateratur* seu conjungitur, circumscriptio. Histor. MS. S. Cypriani Pictav. pag. 136 : *Habent Laterationes ex tribus partibus alodus prædicti Ricardi Sacerdotis, quarto vero fronte alodus Yldegarii.* Rursum occurrit pag. seq. ut et in præcepto Caroli C. tom. 3. Concil. Hispan. pag. 143. col. 2. et in Appendice Marcæ Hispan. col. 784. in Charta Willelmi Ducis Aquitaniæ in Instrum. tom. 2. Gall. Christ. col. 465. etc. Vide *Laterare.*

LATERATUM, in Gloss. πλινθίον, Laterculum.

¶ 1. **LATERCULUS**, Parvus later; vox nota. *Turris Laterculis ligneis cooperta*, id est, scandulis, Gall. *Bardeaux*, in Chronico Andrensi tom. 9. Spicileg. Acher. pag. 421. *Laterculus pedis unius in latitudine et* 24. *unciarum in longitudine*, apud Papiam. De *Laterculis* seu Codicibus dignitatum tam militarium quam civilium consule Carolum de Aquino in Lexico Militari.

¶ 2. **LATERCULUS**, Parvum latus. Gocelinus in Translatione S. Augustini Cantuar. tom. 6. Maii pag. 423 : *Infans... pavimento extenditur, manus et Laterculi in regulam suam diriguntur.*

* 3. **LATERCULUS** TESSERARIUS, Sigillum. Testam. Heriberti Viromand. comit. ann. 1059. in Suppl. ad Miræum pag. 304. col. 2 : *Hanc chartam propria manu subtus signavi et Laterculi mei tesserarii impressione corroborari præcepi.*

¶ **LATERE**, Notione activa, Occultare, abscondere. Gononus in Vita S. Angeli Carmel. tom. 2. Maii pag. 830 : *Precor ut ad domum Margaritæ festinanter adire debeatis, eamque Latere ne differatis, ne iste Berengarius eam interficiat.*

* Nostris *Lataument* a Latenter, vulgo *secretement.* Lit. ann. 1404. tom. 9. Ordinat. reg. Franc. pag. 44 : *Lataument et en appert.*

LATERENSES, Comites, Collaterales, qui a latere sunt. Tertullianus lib. 4. advers. Marcion. cap. 43 : *Sed et duo ibidem angeli apparuerunt, tot fere Laterensibus uti solebat, in duobus testibus consistens Dei sermo.*

¶ **LATERES**. Statuta Ludovici Regis Franc. ann. 1154. apud Marten. tom. 1. Anecd. col. 439 : *Judæi cessent ab usuris et blasphemiis, sortilegiis; Lateribus; et tam Talemut, quam alii libri, in quibus inveniuntur blasphemiæ, comburantur.* Characteres magicos suspicor in coctilibus lateribus exaratos. Scripturas quasdam hujusmodi lateribus olim fuisse consignatas testes sunt Plinius lib. 7. cap. 56. ubi narrat, Babylonios Leges et Instituta publica coctilibus laterculis tradere consuevisse; et Diogenes Laertius, qui refert Cleantem ossibus in tegula adnotasse, quæ a Zenone audierat.

* Emendandus Martenius ex tom. 1. Ordinat. reg. Franc. pag. 75. art. 32. ubi pro *Lateribus*, legitur *Caracteribus.*

* **LATERGERIUS**, Qui laternam gerit. Tract. MS. de Re milit. et mach. bellic. cap. 11 : *De victoria optinenda cum lumigeriis et Latergeriis tempore noctis... Latergerii in astis portent laternas intus lumina habentes.*

¶ **LATERINA**, Lateraria, officina in qua lateres fiunt. Tertull. adv. Marc. lib. 2. cap. 20. ubi de Hebræis et Ægyptiis : *Mercedes pro Laterinis deductis.*

* **LATERIUM**, Registrum seu liber *latarum.* Vide supra in *Lata* 1.

LATERNA, LANTERNA, interdum reponitur inter vasa ac ministeria sacra, ut in Chronico Casin. lib. 3. cap. 57 : *Laternam argenteam librarum* 8. Capit. ult. : *Duæ Laternæ argenteæ magnæ, et una cotidiana.* Ibidem : *Laternam argenteam magnam librarum* 5. *cum nigello.* Statuta Ægidii Episcopi Sarisber. ann. 1255 : *Provideat etiam* (Sacerdos) *de phialis honestis ad vinum et ad aquam, de thuribulo, de candelabris, et Lanterno, et tintinnabulo deferendo ante Sacerdotem in visitatione infirmorum.* [Conc. Tolet. IV. inter Hispanica tom. 2. pag. 144 : *Lampades et Lanternas in accendendo seu in extinguendo pervigil existat* (custos Ecclesiæ.)]

LATERNA VITREA. S. Altelmus de Laude Virginum num. 1 :

> Nec Laterna tibi vilescat vitrea, Virgo,
> Tergore vel rasso, et lignis compacta salignis,
> Seu membranarum tenui velamine facta,
> Quamlibet ærata præcellat forte lucerna.

LANTERNA, φανός, in Gloss. Græc. Lat. Isidor. lib. 20. cap. 10 : *Lanterna dicta, quod lucem habeat interius clausam. Etenim ex vitro intus recluso lumine, ut venti flatus adire non possit, et ad præbendum lumen facile ubique circumferatur.* Historia Trevirensis : *Cum per mulierem, quæ ei Lanternam præbere videbatur, proditus fuisset, etc.* Gaufridus Grossus in Vita B. Bernardi Abbat. Tiron. n. 91 :

> Grandem Lanternam radianti lumine plenam
> A nullo ferri vidit, etc.

[*Lanterna cum candela accensa*, in veteri Ceremoniali MS. B. Mariæ Deauratæ.]

¶ Lanterna, Carcer monachicus, ubi delinquens *latere* cogitur. Statuta Cisterc. ann. 1276. apud Baluzium tom. 6. Miscell. pag. 505.: *Lusores monachi cum taxillis sententiam excommunicationis ipso facto incurrant, et nihilominus gravissime per quinque dies sint in custodia vel Lanterna quousque fuerint absoluti.*

Lanterna Pixalis, in Vitis Abbatum S. Albani pag. 32 : *Lanternam quoque pixalem cum candela in choro, noctibus, ut sic desides ac somnolentos excitaret, circumferri constituit. Pro gravioribus autem culpis, Lanternam majorem a reo et agente pœnitentiam, in edito censuit anteferri.* Ubi observanda pœna monachica. Le Roman *de Girard de Vienne* MS. :

Feu et Lanterne lor ot devant porté.

Laternarum cornearum nescio cur inventionem adscribat Ælfredo Regi Anglo-Saxonum Asserus lib. de illius rebus gestis pag. 20. cum earum Plautus et alii meminerint : *Excogitavit, unde talem ventorum sufflationem prohibere potuisset, consilioque artificiose atque sapienter invento, Lanternam ex lignis et bovinis cornibus pulcherrime construere imperavit; bovina namque cornua alba ac in una tenuiter dolabris erasa, non minus vitreo vasculo elucent, etc.* Vide Salmasium ad Plinium pag. 166.

Laternarum vero militarium, quarum scilicet usus est in conducendis per noctem exercitibus, inventionem Manueli Comneno Imperatori tribuit Cinnamus, a quo describuntur lib. 5. n. 2. Vide Julium Africanum de Apparatu bellico cap. 70. apud Casaubonum ad Sueton. in Julio cap. 31. Vide *Latergerius.*

* Lanterna Ambulatoria, Caveæ species, machina bellica. Tract. MS. de Re milit. et mach. bellic. cap. 23 : *De cabia et Lanterna ambulatoria... Lanterna, alias cabbia, in ea homines præliantes stabant.* Hinc *Lanterne* appellatur, locus cancellis ligneis septus, in Lit. remiss. ann. 1394. ex Reg. 146. Chartoph. reg. ch. 139 : *Icelui sergent entra de fait en un petit cabaret, que on dit la Lanterne, par où l'en va ou celier dudit hostel.*

* Lanternerius, Qui *Lanternam* seu facem præfert alicui. Stat. ant. Florent. lib. 3. cap. 191. ex Cod. reg. 4621 : *Tres Lanternerii domini potestatis et duo Lanternerii domini executoris ordinamentorum justitiæ, etc. Lantrenier* vero Lanternarum artifex, in Pedag. *de Cappi* ex Chartul. 21. Corb. : *Uns Lantreniers portans ouvrée nœufve, doit un denier.*

Laterna. Tabularium sanctæ Genovefæ Paris. ann. 1226 : *Cum controversia esset inter I. Abbatem S. Victoris, et Conventum, ex una parte, et censarios illos, qui tenebant censivam S. Genovefæ super ripam Beveris, ex alia, de quibus conquerebantur quod impediebant cursum aquæ, tum propter Laternam quam fundaverant, tum propter ædificia, quæ construxerant super ripam, etc.*

* Idem quod Latrina, ut colligitur ex Lit. ann. 1388. tom. 8. Ordinat. reg. Franc. pag. 284. art. 6 : *Aygueriis, theatis* (l. cloacis) *Laternis, etc.* Ibid. art. 7 : *Coathorum* (l. cloacarum), *ayguerianum, Latrinarum, etc.* Hinc pudendum muliebre, nostri *Lanterne* vocabant. Lit. remiss. ann. 1397. in Reg. 151. Chartoph. reg. ch. 324 : *L'exposant dist qu'il s'en alast à la Lanterne sa mere; et adonc ledit Deschamps lui dist, mais va à la Lendrie ta mere.* Ubi legendum *Lendie*, ut videre est supra in *Landica.* Quæ apertius efferuntur in aliis Lit. ann. 1472. ex Reg. 195. ch. 791 : *Icellui Cathelaire dist au suppliant qu'il estoit ung sot coquart, et qu'il alast à la vulve immunde de sa mere.* Unde *Lanterner*, pro ejusmodi convicio aliquem lacessere. Lit. remiss. ann. 1392. in Reg. 142. ch. 287 : *Icelli Jehan dist au suppliant moult de villenies en l'appellant pluseurs foiz filz de putain et en le Lanternant. Leidesce*, eodem sensu, in Stat. eccl. Turon. ann. 1396. cap. 77. ex Cod. reg. 1237 : *Neque obtractaverit turpitudinem feminarum.* Ubi versio Gallica : *Ne n'atoucheras la Leidesce des femmes.*

LATERSICINIUM, Gloss. Saxon. Alfrici : *Monodia* g. *Latersicinium : quasi salicinium.* wat is anes sones, i. quasi unius cantus.

¶ **LATEX** *proprie liquor fontis est, dictus Latex quod in venis terræ lateat*, Isidoro lib. 13. cap. 20. pro quolibet humore sumunt Latini. Papias in MS. Bituric. : *Latex, Vinum etiam dictum quod in vasis lateat. Laticum honor* (f. humor) *id est, vinum. Latex Lyæus*, Virgilio vinum est.

LATHE. Vide *Lastum.*

¶ **LATHINIONES.** Vide *Lacinones.*

¶ **LATHOMARE**, Sectis lapidibus instruere, sepire, munire. Statuta MS. S. Audomari : *Executores faciant foveam debite murari seu Lathomari.* Melius scriberetur *Latomare*, a λατόμος, Lapicida. Vide *Latomus.*

* **LATHONIARIA**, Opificium ex *latone* seu orichalco. Vide infra *Lato.* Invent. S. Capel. Paris. ann. 1376. ex Bibl. reg. : *Quædam spongia supra unum pedem argenti deauratum de factione Lathoniariæ, quæ cotidie ponitur super majus altare in magna Missa.*

¶ **LATHOS.** Vide *Latos.*

LATHRUD, vox Wallica, Boxhornio in Lexico Cambrico *Llathlud*, vel *Llathrud*, raptus mulierum. Occurrit in Legibus Hoeli Boni cap. 21. Ita etiam legendum videtur cap. 10 : *Alterum de treis, id est, de raptu, etc.*

LATI. Vide *Lassi, Leti* et *Litus.*

¶ **LATIÆ**, *Munditiæ*, apud Janssonium in Auctario Glossarum Isidori. Legendum *Lautiæ.* Johan. de Janua : *Proprie Lauciæ vel Lauticiæ dicuntur deliciosi et delicati cibi, vel mundiciæ.* Festus : *Lautia, Epularum magnificentia, etc.* Livius dixit *Lautia, orum*, neutro genere.

¶ **LATIALITER**, Latine, apud Sidonium Carm. 23. v. 225. Martian. Capellam lib. 5. Mabillonium tom. 4. Annal. Benedict. pag. 719. tom. 5. pag. 98. et in Actis SS. Benedict. sæc. 5. pag. 13. Colloquium Ælfrici ad pueros apud Wanleium de antiq. Litter. Septemtr. pag. 196 : *Nos pueri rogamus te magister, ut doceas nos loqui Latialiter recte, quia idiotæ sumus.* [** *Latiariter*, apud Richer. lib. 3. cap. 85.]

¶ **LATIBULOSUS**, Latebrosus, in Capitulis Caroli C. tit. 48. cap. 7. et in Actis S. Petri Mart. tom. 3. April. pag. 679.

* **LATIBUSIS**, *Lo fabro*, in Glossar. Lat. Ital. MS.

¶ **LATICULARIUS**, Laticulosus. Vide *Lacticularius.*

LATIFUNDUS, *Late possidens*, Gloss. antiq. MSS.

¶ **LATIGRADUS**, Qui late graditur, seu multa brevi tempore peregrat spatia; hinc metaphorice Notkerus Balbulus de Interpretibus Scripturæ cap. 4. apud Pezium tom. 1. Anecd. part. 1. col. 5 : *In Lucam soligradum* (*tibi sufficiat*) *Beda Latigradus adeo ut omne quod ipsum reperit Evangelium, volumen compingeret in unum.*

¶ **LATILOQUENS**, πλατυλόγος. Gloss. Græc. Lat.

LATINARE, Latine loqui. Gloss. Gr. Lat. : Ῥωμαΐζω, *Latino.* Ugutio : *Latinari et Latinizare, more Latinorum se habere et loqui : unde excellentius ille dicitur proprie Latinari, qui congrue loquitur literis Latinis : nam Laici et Italici quasi barbari dicti sunt respectu Literatorum.* Apud Cælium Aurelianum Siccensem lib. 5. Tardar. passion. cap. 6. *Latinare*, est in Latinam linguam vertere. Hinc *Latinator* dictus apud Will. Tyrium lib. 13. cap. 27. Petrus Monachus, aut quia linguam Latinam probe callebat, aut quia interpretis munus obibat. *Latinistam*, qui Latine loquitur, vocat Cæsarius Eistersbach. lib. 3. cap. 2. [ut et Buschius de Reformatione Monasteriorum, apud Leibnitium tom. 2. Scriptor. Brunsvic. pag. 869.]

LATINARIUS, Interpres : Latiæ enim linguæ peritum, inquit Seldenus, cæteras, quæ in usu, ita calluisse existimabant, ut generale interpretis nomen non immerito ei inde donandum putarent. Domesdei apud eumdem : *Godwinus Accipitrarius, Hugo Latinarius, Milo Portarius. Latinier*, eadem notione apud nostros Scriptores. Le Roman *de Garin* MS. :

Un Latinier vieil ferant et beau,
Mult sot de plet, et moult enresnié fu.

Alibi :

Latinier fu, si sot parler Romau,
Englois, Gallois, et Breton, et Norman.

Maistre Vacces *au Roman des Ducs de Normandie* MS. :

L'Archevesque Franches à Lumeges ala,
A Rou et à sa gent par Latinier parla.

Le Voyage d'outre-mer du Comte de Pontieu : *Le fist requerre par Latiniers, qu'ele li dist de quel linaige ele estoit.* Utitur etiam Froissartes 4. vol. cap. 87. et 89.

¶ **LATINERI**, ut *Latinari*, Latine loqui. Miracula S. Amalbergæ tom. 3. Julii pag. 111 : *Quidam fullo, purus laicus, qui numquam didicerat solam literam, obsessus per quindenam, ita congrue Latinebatur, quod vix aliqui Clericorum sibi respondere valuerunt.*

LATINI, Christiani Occidentales, qui Ecclesiam Latinam agnoscebant, dicti. Vide Seldenum ad Origines Eutychii pag. 154. 155. 1. Edit.

Latini, appellati Indigenæ, seu veteres incolæ, vel coloni, in iis regionibus, quæ a barbaris gentibus pervasæ sunt. Speculum Saxonicum lib. 1. art. 6. § 3 : *Per testimonium 72. bannitorum, aut totidem legitimorum Latinorum, prout juris ratio exposcit, etc.* ubi ad marginem, al. *Originalium.* Et lib. 3. art. 44 : *Et cum in numero essent pauci, ita quod agros culturæ tradere commode non possent, fugatis et interfectis dominis Thuringorum, reliquam gentem, ut operaretur terra, vivere permiserunt, talia imponentes eis jura, quemadmodum adhuc consistunt in conditionibus Latinorum. Et ex his, qui juri derogant suo, deditiliorum conditioni subjiciebantur.* Et art. 45. § 9 : *Werigeldus* 10. *talenta* 20. *solidi et* 6. *nummi cum quadrante, emenda est Latinorum.* Ad marginem, al. *agricolarum.* Vide *Romani.* [** In textu Germ. *Laten.* Vide *Lassi, Leti* et *Liti.*]

¶ **LATINIOSUS**, Verbosus, ut videtur. Marculfus lib. 2. form. 1 : *Multa quidem et alia, quæ Latiniosa sunt prosequi, pro eleemosynis faciendis testimonia in Scripturis sanctis reperimus; inter quibus vel ex quibus illam ego existimo potiorem sententiam quæ ait :* Sicut aqua extinguit ignem, sic eleemosyna extinguit peccatum.

¶ **LATINISTA.** Vide in *Latinare.*

¶ 1. **LATINITAS**, Occidens, ubi Latina lingua in usu in divinis officiis, et ubi Christiani Latinam agnoscunt Ecclesiam. Ordericus lib. 10 : *Urbanus* (II. PP.) *generali sanxerat auctoritate et apostolico jussu inviolabiliter teneri coegerat in omni Latinitate, ut universi qui Christi crucem acceperant, nec iter in Jerusalem pro defectione voluntatis peregerant, in nomine Domini reciprocum callem inirent, aut anathemate percussi extra Ecclesiam pœnas luerent.*

* 2. **LATINITAS**, Jus *Latinorum* seu indigenarum et veterum colonorum. Justin. imper. in L. unic. § 1. C. de Latin. libert. tollenda : *Cum enim Latini liberti ad similitudinem antiquæ Latinitatis, quæ in coloniis missa est, videntur esse introducti.* Et infra § 3 : *Jus Latinum, quo quædam coloniæ gaudebant.* De eo consulendi Sigon. de Antiq. jure etc. et Everard. Otto de Ædilibus coloniarum et municipiorum cap. 14. n. 4. pag. 503. edit. Lips. ann. 1732. Vide in *Latini.*

LATINIZARE, in Latinam linguam vertere, apud Cælium Aurelianum lib. 2. Acut. cap. 1. 10.

* **LATINUS** Pons, Navalis, ex navigiis, quæ *Latenæ* vel *Lautomiæ* dicebantur, compactus. Vide in *Pons.*

* **Latina Sufficientia**, Scientia navalis, ut videtur. Elmham. in vita Henr. V. reg. Angl. cap. 63. pag. 174. edit. Hearn : *Viris nobilibus ad hoc prælectis, quantum Latina permisit sufficientia, oneratæ festinis remigiis Sequanam transcurrebant classiculæ. Latin* vero intellectum sonat in Bestiar. MS. :

Et encore en autre Latin,
Diex loue ouvriers au matin,
Quant il prent un homme d'enfance
En bonne foi et en créance.

¶ **LATIO.** Concilium Senon. ann. circiter 834. tom. 2. Spicil. Acher. pag. 581 : *Lausa cum adjacentiis suis, hoc est, vico S. Sidronii cum territoriis, et sylvis, et simul Lattone... Caprenciis cum territoriis et sylvis, et simul puteolis.* Italicum *Latione* portum significat.

* Nomen est loci, qui in Chartis vernaculis teste D. *Le Beuf*, appellatur *S. Sidroine de Laçon* vel *Lasson*; quod nomen ab Italico *Latione*, portus, deductum vix putem, licet ibi exstet portus species.

LATITIA, Latitudo, ut *Longitia*, Longitudo : utitur Innocentius de Casis litterarum pag. 237. 248. etc. Vide *Latura.*

¶ **LATO**, Laton, Metallum factitium ex cupro et cadmia, orichalcum, Gall. *Laiton*, olim *Laton*, ut nunc Hispanis, a Belgico *Latoen*, Anglis *Latten* : quod idem significat; vel, ut quibusdam placet a Græco ἐλατρὸν, unde Hesychius, Ἐλατρεύς, ὁ τρίτην πύρωσιν ἔχων τοῦ σιδήρου παρὰ τοῖς μεταλλεῦσιν. Charta ann. 1054 : *Donamus duos bacinos de Latone.* Nicolaus Bertrandi in Vita B. Guillelmi Erem. Augustin. tom. 4. Maii pag. 199 : *Disciplinabat enim se catenis tribus electri vel de Latone.* Vide *Laton* et *Latonum.*

¶ Lato, f. Moneta ex *Latone.* Charta ann. 1337. apud Ludewig. tom. 6. Reliq. MSS. pag. 13 : *Cum magnificus Princeps dominus Joannes Boemiæ Rex nobis indulsit, ut in civitate a bonis civium et hominum Sittaviensium de marca qualibet unum Latonem grossum... exigeremus, etc.* Sed f. leg. *Loto*, ut infra.

* Haud scio an emendanda sit vox *Blaton*, eadem notione, in Lit. remiss. ann. 1394. ex Reg. 146. Chartoph. reg. ch. 185 : *Ouquel chastel trouverent... certaine quantité de Blatons ou morceaux de cuivre à fourme de gettons non signez.*

¶ **LATOMIÆ.** Vide *Lautumiæ.*

¶ **LATOMUS**, λατόμος, Lapicida. Joh. de Janua : *Lathomus, Cæsor lapidum, Lathomia, Lapidis cæsio. Latomus sive lapicida*, in Epitome Constitut. Eccl. Valent. tom. 4. Concil. Hisp. pag. 186. *Carpentarii ac Latomi*, apud Marten. tom. 2. Ampliss. Collect. col. 1392.

¶ **LATON**, Latonia, ut *Lato.* Charta ann. 1382. apud Rymer. tom. 7. pag. 357 : *Tresdecim candelabra de Latonia; duo vasa de eodem metallo.* Vox *Laton* habetur in *Cogina.*

¶ **LATONIUS**, pro *Latomus*, in Charta Dumbensi ann. 1497. et in Computo ann. 1347. ex Commentariis ad Hist. Dalphin. pap. 89 : *Joanne de Parena Maçoneto, Latonio de Gratianopoli.*

¶ **LATONUS**, ut *Lato.* Inventarium ann. 1377. ex Archivo S. Victoris Massil. : *Item duos platellos cum armis Domini Franciæ de Latono fino bono et sufficiente. Caligæ* (militares) *de Latono*, in Computo ann. 1333. tom. 2. Hist. Dalphin. pag. 278. hoc est, Tibialia laminis e *latono* tecta.

LATONUS. Vide *Latus* in *Litus.*

LATOPLAGA, Planities, ager planus. Tabularium Casauriense ann. 19. Lud. Imp. Lot. fil. : *Cum silvis, stalariis, ripis, rupinis, ac patulibus, montibus, Latoplagis.* [Edidit Murator. tom. 2. part. 2. col. 931.]

* **LATORALIS.** Charta ann. 1322. in Reg. 61. Chartoph. reg. ch. 60 : *Viginti libras Parisienses census annui, Latoralis super plures hæreditates.* Id est, ut opinor, assignati, exigendi super, etc.

¶ **LATOROBUM**, *Genus navis, sed latrociniorum.* Gloss. Isid. Grævius conjicit scribendum : *Latena, Genus navis, sed latrocinantium*, ex superiori voce *Latena* : quam vide.

¶ **LATOS**, *Navis.* Gloss. Isid. Papias : *Lathos, Arboris genus.* Legendum *Lotus*, Græc. λωτός, Arbor frequens in Africa; ubi *Celtis* dicitur. De *Loto* arbore multa Salmasius in Exercitationibus Plinianis.

* **LATRANUM.** Vide infra *Leatorium.*

¶ 1. **LATRIA**, (λατρεία) *Servitus quæ soli Deo debet exhiberi... Latriensis, Qui Latriam impendit.* Joh. de Janua. Vox notissima Scriptoribus Ecclesiasticis.

* Glossar. Lat. Gall. ex Cod. reg. 7692 : *Latria, cultiveure de Dieu.* Pro cultu etiam Sanctis exhibendo legitur in Mirac. S. Auctor. tom. 4. Aug. pag. 54. col. 1 : *Quibus subjugatis hactenus dominati estis et ammodo dominabimini, si in Latria ipsius profeceritis et obsequiosum cultum memorati patroni vestri B. Auctoris antiquitus celebriter institutum, moderno tempore et imposterum non diminueritis.*

* 2. **LATRIA**, *Aournemens*, in jam laudato Glossar.

* Nostris a Latino Latrare, *Lattrer*, pro *Abboyer*, dixerunt. Lit. remiss. ann. 1380. in Reg. 117. Chartoph. reg. ch. 35 : *Le suppliant oy leur chien Lattrer et abahier très-fort, etc.*

* **LATRINA** Ligni, Sella lignea ventri exonerando accommoda, vulgo *Chaise percée.* Consuet. MSS. S. Crucis Burdegal. ante ann. 1305 : *Infirmarius habet tenere cameras infirmorum.... bene garnitas archalectis lignorum, tabulis, scamnis et sedilibus et Latrinis lignorum. Latrina, Longuaigne*, in Glossar. Lat. Gall. ex Cod. reg. 7692. a longo canali latrinæ fortassis sic dicta; quam vocem minus bene de canali vel stagno interpretatus est Editor Fabul. tom. 2. pag. 160 :

Noiez soit en une Longaigne.

* Pro Cloaca, apud Joinvillam edit. reg. pag. 120. Unde convicii loco usurpatur ibid. pag. 89. ubi *Longaingne* legitur.

¶ **LATRIX**, Portatilis. Vita B. Caroli Comitis Flandriæ, tom. 2. Martii pag. 194 : *Intro conscenderunt per subtiles scalas et Latrices.*

LATRO, Cognitio de latrone, quæ ad eum pertinet, qui in feudo suo *magnam justitiam*, seu jus gladii habet. Charta Willel. Comitis Pontivi ann. 1149. pro Monasterio Persiniensi : *Concedo etiam ipsis Monachis duellum suum et sanguinem suum, et Latronem suum et catalla Latronis si fugerit, vel deprehensus fuerit.* Charta ann. 1060. apud Louvetum in Hist. Bellov. : *Nihilque sibi omnino retinuit in villa, nec justitiam, nec sanguinem, nec Latronem, nec talliam, etc.* [Charta Balduini Comitis Hannoniensis ann. 1086. apud Miræum tom. 1. pag. 268 : *Locum illum ab omni sæculari lege vel consuetudine liberum, banno scilicet, Latrone, inventione, furto, foro... tradidi S. Petro Principi Apostolorum, Cœnobii Hasnoniensis, sub manum Abbatis.*] Charta Brunonis Abbat. Dervensis in Tabul. Persin. Monaster. : *Quod neque bannum, neque corvadam neque ullam ibi accipiet-*

consuetudinem, vel justitiam, vel Latronem, nisi forte, quod absit, castelli sui proditorem. Exstat Charta Goffridi Ducis Normann. et Comitis Andegaviæ, in Tabul. Andegav. qua concedit prædia aliquot Ecclesiæ S. Laudi, *cum sanguine et Latrone, cum incendio, et raptu, et murtro.* Alia Willelmi Nothi : *Sciatis, quod Abbati Ailisi socam, teloneum et Latronem... habere concedo.* Occurrit non semel. Le Roman de Rou MS. :

> Et tant franchise leur donna,
> Come le Duc en sa terre a,
> Ils ont le murdre et le Larron,
> Le rap, l'omecide, l'arson.

[Idem auctor alibi *Lerrés* vocat latronem seu prædatorem :

> Hastainz li Lerrés l'essilla,
> L'avoir emprist, puis l'aluma.]

LATROCINIUM, Eadem notione. Charta Henrici I. Reg. Angl. apud Spelmannum : *Sacam et socam habere in totam terram suam et Latrocinium*, etc. Chronicon Besuense : *Clamantem in atrio S. Martini de Montusca justitiam et Latrocinium.*

JUSTITIA LATRONUM. Hugo Flaviniacensis in Chron. pag. 132 : *Justitiamque Latronum, qui in bannum inciderunt, et sanguinis, qui effusus fuerit, sive Vicedominarium placitum... concessimus.* Aresta ann. 1257. in 1. Reg. Parlam. f. 5 : *Item dicit, quod habet justitiam Latronis, et potest Latronem capere et justitiare, etc.* Vide Stabilimenta S. Ludovici lib. 1. cap. 38. et ibi Notas nostras, Consuetud. S. Audomari art. 7. Hemeræum in Aug. Viromand. in Regesto pag. 47. etc.

LATRONIS REDDITIO. Charta Ludovici Regis ann. 1144. in Tabul. S. Dionysii : *Corveias, omne carretum, palagium, expeditionem, Latronis redditionem, fossatorum castelli sui relevationem, etc.* Charta Philippi Regis ann. 1275. ex Tabular. S. Germani Paris. : *Et quot homines seu hospites ipsorum Abbatis et conventus.... de conducendis et adducendis Latronibus et aliis malefactoribus, quando ex parte ipsius Præpositi nostri de Castro forti super hoc requirebantur, quod quidem ipsi homines facere consueverant, de cætero sint quiti, liberi et immunes.*

¶ LATRONIS REDEMPTIO. Charta Anselli Episc. Bellovac. ann. 1099 : *In molendinis ad Capitulum pertinentibus et in aliis quibus conceditur cavalla aut alia substantia seu redemptio Latronis.*

JUSTITIA *de suo Latrone residente*, in veteri Inquesta in Regesto Philippi Aug. Herouvalliano fol. 130.

JUDICIUM *de Latronibus cum manuopere captis*, apud Will. Thorn. ann. 1283. id est, qui in flagranti delicto capiuntur, cum ipso furto, *furtum habentibus in manibus* : forensibus Anglis, *a thiefe taken with the manuer.* Ubi pro *manu opere*, *manu habere*, restituit Somnerus. Vide *Furtum*.

* Latronis pœnam haud vulgarem indicit Charta Rich. reg. Angl. apud Rymer. tom. 1. pag. 65 : *Latro autem de furto convictus, tondeatur ad modum campionis, et pix bulliens super caput ejus effundatur, et pluma pulvinaris super caput ejus excutiatur ad cognoscendum eum, et in prima terra, qua naves applicuerint, projiciatur.* Severius æquo quibusdam in locis animadversum in latrones domesticos, cum de leviori furto agebatur, judicavit S. Ludovicus ex Reg. *Olim* parlam. Paris. ad ann. 1260 : *Intimatum fuit domino regi quod in baillivia Turonensi erat prava quædam consuetudo, videlicet quod quando aliquis homo vel aliqua mulier furabatur domino suo, de cujus familia erat, unum panem, vel unam gallinam, vel unum potum vini; si posset inde convinci, aliquod membrum propter hoc amittebat. Dominus rex amovit istam consuetudinem.* Nostris *Lerre*, Latro; unde *Lererie*, latrocinium. Glossar. Lat. Gall. ann. 1352. ex Cod. reg. 4120 : *Deprædatio, Lererie sive roberie.* Le Roman de Garin :

> Lerres, traitres et briseres de chemins.

Chron. Bertr. Guesel. :

> Sires, font les bourgois, c'est un lerre prouvez.

Liers, in Vita J.C. MS. :

> Pour chou nel dist Judas niant
> Qu'il ait cure de poure gant,
> Mais Liers ert et usuriers.

Liarre et *Lierre*, apud Joinvill. edit. reg. pag. 87. et 150.

LATRO MANCIPIORUM. In Pacto Childeberti et Chlotarii Regum cap. 7 : *Qui mancipia aliena injuste tenet.*

LATRO, Proditor, *Traitre*. Charta Guidonis de Rupe ann. 1205 : *Quia pro eo, quod locutus sum cum Galtero de Mundrevilla de proditore et Latrone domini mei Regis Franciæ, et propter probrum, quod dixit eidem Galtero, qui proditor erat domini Regis Franciæ, etc.* Capit. 3. Caroli M. ann. 806. cap. 2. et lib. 3. cap. 23 : *Si hoc jurare non potuerit, et ab alio convictus fuerit, quod Latronem in hospitio suscepisset, quasi Latro et infidelis judicetur : quia Latro infidelis est nostro regno Francorum, et qui illum suscepit, similis est illi.*

¶ **LATROCINALIS**, Spectans latronem, rapax, prædatorius. *Latrocinalis invasit manus*, apud Apuleium lib. 2. Miles. *Latrocinalia castra perrupit*, apud Ammianum lib. 27. cap. 2. *Latrocinales globi vicina acrius incursabant*, lib. 31. cap. 16.

¶ LATROCINALITER, More latronum, apud Martian. Capellam lib. 6 : *Latrocinaliter intermere.*

* Nostris, *Larrechineusement* et *Larrecineusement*. Lit. remiss. ann. 1366. in Reg. 97. Chartoph. reg. ch. 143 : *Icelle Ysabel prist Larrechineusement en l'ostel dudit Guillaume trois mitons de fourment.* Aliæ ann. 1390. in Reg. 138. ch. 175 : *Jeanne la Mongnesse.... emporta Larrecineusement une cote de pers. Larroncineusement*, in aliis an. ejusd. ibid. ch. 187.

LATROCINIUM. Vide *Latro*, et *Conciliabulum*.

LATROCINIUS, Latro. Pactus pro tenore pacis Childeberti et Clotharii Regum cap. 1 : *Id ergo decretum est, ut apud quemcunque, post interdictum, Latrocinius comprobatur, vitæ incurrat periculum.*

¶ **LATROISMUM**, pro *Latrocinium*. Charta ann. 1123. apud D. Calmetum Hist. Lotharing. tom. 2. col. CCLXXI : *Si bannalis eorum pacem fregerit, vel Latroismum fecerit, extraneus quoque si super bannum eorum fugerit, prædictus Dominus sine licentia Abbatis et conductu ministerialis capere eum non poterit.*

¶ **LATROLABON**, *Forfex medicinalis*, ut ex Gloss. exponitur in *Vertibella*. Ibrida vox, ut videtur, a *Latro* et λαβών deducta.

¶ **LATRONA**, Mulier quæ latrocinatur, Gall. *Larronesse*. Consuetud. Brageriaci art. 83 : *Si quis bonus homo et boni status propter importunitatem cujusdam vilis personæ motus dixerit seu vocaverit dictam vilem personam, seu modici status, ribaldam seu ribaldum, latronem seu Latronam, aut tales injurias verbosas in eos intulerit, dum tamen manus injectio non interveniat, talia verba et injuriæ minima reputabuntur.*

* **LATRONALIS**, Ad latronem spectans. Mirac. S. Martial. tom. 5. Jun. pag. 555. col. 2 : *Latronali custodiæ eum mancipandum ira sæviente proclamant.* Vide *Latrocinalis*.

¶ **LATRONICULATOR.** Vide *Latrunculator*.

¶ **LATRONICUS**, Qui Latronis est. *Latronica licentia*, Sallas Malaspinæ de Rebus Siculis, apud Stephanum Baluzium tom. 6. Miscell. pag. 312.

* **LATRONISSA**, Latro femina, Gall. *Larronnesse*. Charta Nicol. Andegav. episc. ann. 1275. in Chartul. priorat. de Guilcio fol. 50. v°. : *Si caperent aliquos latronem, Latronissam, latrones aut Latronissas, etc.* Vide *Latrona*.

LATROPRÆDARI. Gloss. MS. Reg. 1197: *Grassatur, Latroprædatur.*

¶ **LATRUNCIAT**, *Per naves pugnat.* Gloss. Isid.

LATRUNCULATOR, ληστοδιώκτης, vox Ulpiano nota. Julianus Antecessor Constit. 15 : *Cumque in provinciis Præsides justi mittuntur, superfluum est Latrunculatores mittere, et eos quos Biocolytas, id est, qui violentias prohibent, vel aphoplistas vocant,... mittere.* [Perperam in Glossis Lat. Græc. : *Latroniculator*, ληστοδιώκτης.] [** Vide Glossar. med. Græcit. in hac voce col. 808.]

LATRUNCULI, Excursores, præcursores exercitus, seu potius milites, qui in insidiis latent. Thwroczius in Andrea Rege Hungar. cap. 43 : *Is autem qui ferebat litteras, captus est a Latrunculis Andreæ Regis, et ad eum ductus. Latrunculos* vocat Miscella anno 23. Leonis Isauri, quos Theophanes μονοζώνους, ubi de Solimanno : Λοχίζων ἐν μυρίοις μονοζώνοις τὰ τῆς Ἀσιάτιδος γῆς μέρη. Ubi μονοζώνους, *milites levis armaturæ* reddit Goarus. Vide Nonium in *Latrocinari*.

* **LATRUNCULUS**, Miles stipator. Vita S. Lugid. tom. 1. Aug. pag. 343. col. 2 : *In illa hora filius regis Felanus, filius Dimma, cum suo Latrunculo, per eamdem viam venit.* Vide *Latrunculi*.

¶ **LATTUNATUS**, Factus vel tectus ex *Latone* seu aurichalco. Computum ann. 1333. tom. 2. Hist. Dalphin. pag. 278 : *Item, solvit pro gamberiis, cossalis bracheriis pro ante et retro et gantis Lattunatis, unc. III. taren. XII.* Vide *Lato*.

¶ **LATUBRIS.** Glossæ Isidori : *Palla Latubres.* Legendum *Pallæ lugubres*, quæ eædem sunt ac *Pallæ sepulcrales*, de quibus suo loco.

* **LATUM**, pro Latus. Charta ann. 1152. apud Lam. in Delic. erudit. inter not. ad

Hodoepor. Charit. part. 3. pag. 1161 : *Latum unum tenet in terra Iscialchi filii quondam Morandi, aliud Latum tenet in terra Angirelli, etc.* Alia ann. 1053. apud Murator. in Antiq. Estens. pag. 202 : *Cum meam portione, quæ est medietatem de una petia de terra,... quæ... Lato uno tenet in Simitula, et alio Lato tenet etc.* Non semel ibi.

¶ **LATUMIÆ.** Vide *Lautumiæ.*

LATURA, Quod pro onere ferendo accipit bajulus, Salmasio : φορὰ ἐργάτου, in Gloss. Græc. Lat. unde emendandus locus alter, ἐργάτου φορά, *laticia.* Gloss. Lat. Græc. : *Latura*, φόρετρον. *Vectura*, φόρετρον. Vetus interpres ad Juvenalis Sat. 19. v. 142.

... Et duo fortes.

Lecticarios ait, quorum Laturas locem, et securus Circenses expectem. Ita enim legendum, pro *Laturus.*

LATURARIUS, Bajulus, qui fert onus. Papias : *Corbulo gestator manualis, Laturarius.* Ita Codex MS. pro *Latuarius.* S. Augustinus Serm. de Temp. 50. cap. 8 : *Quid sint pauperes, quibus damus, nisi Laturarii nostri per quos in cælum de terra migramus? Da, Laturario tuo das, ad cælum portat quod das.* Eadem habet Serm. 245. cap. 7. Occurrit etiam apud Firmicum et S. Fulgentium Homil. 60.

1. **LATUS.** Juxta, *Lez.* Pactus legis Salicæ tit. 8. § 1 : *Si quis vero pomarium domesticum, aut perarium deintus curte, aut Latus curte furaverit, aut capulaverit.* Ubi Glossa marginalis, *aut extra clausuram. Lez et costé*, in Consuet. Sanpaulensi art. 36. 41. Atrebat. art. 105. 119. Lillensi art. 83. Hannoniensi cap. 77. et Bononiensi art. 172. 174. Vide *Delatus* et *Legati a latere.*

¶ 2. **LATUS**, *us*, Latitudo. Charta ann. 1251. e Chartulario S. Vandregesili tom. 1. pag. 1127 : *Sicuti se præportat integre, longo et Latu, a kemino Regis, qui ducit apud Calidum-beccum.* [** *Abentes finis de uno latu et uno capu bia publica*, in chart. ann. 849. apud de Blasio, Series princip. Salern. num. 2. pag. 10. et passim in chartis Longobard.] Gall. *En long et en large; En long et en Lei*, in Charta ann. 1310. ex eodem Chartulario S. Vandregisili tom. 1. pag. 20. Vide *Leda* 3.

* 3. **LATUS**, Vectigalis species, idem forte quod *Lastagium.* Capit. pacis ad calcem Statut. Massil. MSS. cap. 59 : *Item quod cives Massiliæ... sint perpetuo quitii et liberi de facto Latuum navium et galearum... Item quod occasione Latuum navium seu galearum vel aliorum lignorum nichil solvere teneantur et hac perpetuo gaudeant libertate.* Vide supra *Lastingha.* [** Confer *Laudus*, 1.]

* 4. **LATUS**, Pars. Stat. Mutin. rubr. 278. pag. 53. v°. : *Cum sit quod homines de Villanova a Latere mane situlæ exinde habeant maximam utilitatem, etc.*

* 5. **LATUS**, Panni vel telæ latitudo, Gall. *Lé.* Lit. remiss. ann. 1353. in Reg. 82. Chartoph. reg. ch. 83 : *Duo paria linteaminum, quodlibet de duobus Latis etc.* Necrolog. Paris. MS. : *Unum lectum cum pulvinari, quatuor lintheaminibus de duobus Latis quodlibet lintheamen.* Hinc nostri *Lé*, pro *Large*, Latus, planus, dixerunt. Christ. Pisan. in Carolo V. part. 1. cap. 17 : *De corsage estoit hault et bien formé, droit et Lé par les épaules.* Acuto opponitur in Lit. remiss. ann. 1400. ex Reg. 155. ch. 370 : *Deux mesgles, que l'en dit pioches, à labourer ès vignes, l'une Lée et l'autre ague.*

* 6. **LATUS** Grossus, f. Qui in usu circumfertur. Charta ann. 1457. inter Leg. Polon. tom. 1. pag. 187 : *Quæ quidem quinquaginta millia marcarum Latorum grossorum ab eodem dom. Casimiro rege... percepisse præsentibus recognoscimus.* Vide supra *Grossus* 3.

* 7. **LATUS.** A Latere, Seorsim, separate, Gall. *A part.* Lit. remiss. ann. 1417. in Reg. 170. Chartoph. reg. ch. 20 : *Jacobus Lietart venit locutum a Latere et secrete dicto reo, etc.*

* 8. **LATUS**, pro Elatus, celebratus. Vita S. Caii tom. 7. Sept. pag. 396. col. 1 : *Sanctum virum totis præconiis Latum anhelo spiritu sæpissime requirebant.*

* **LATUSCA**, pro Lactuca, Gall. *Laitue.* Glossar. Lat. Gall. ex Cod. reg. 7692 : *Latusca, Letue.*

¶ **LATUSFINIS**, Limes lateralis. Vide *Caput-finis.*

¶ **LATZONIUM**, *Hastile*, in Amalthea.

¶ **LAVACRIUS**, vel f. *Levacrius*, Idem quod infra *Levamen*, *Relevium.* Tabularium Calense pag. 127 : *Noveritis quod in nostra constitutus præsentia dictus Gaufridus de Milliaco, magistro Philippo fratri suo quitavit Lavacrios de omnibus et de terra venerabilis dominæ Abbatisse de Kala sitis in Castolaria de Milliaco... Actum an. D. MCCXXXIX.*

¶ **LAVACRUM**, Vas vinarium. *Duo Lavacra ad tenendum vinum argentea*, in Charta ann. 1406. apud Rymerum tom. 8. pag. 428.

¶ **LAVADOR**, apud Arvernos, idem quod Sudarium. Inventarium Ecclesiæ Aniciensis ann. 1444 : *Item duos Lavadors, sive sudaria telle* (telæ) *pro mortuis et unum sandale nigrum pro sepulturis.*

¶ **LAVANCHIA**, Nivis moles excidens e montibus, *Lavange* apud Dalphinates, quibusdam aliis *Avalange* vel *Avalanche.* Charta ann. 1323. tom. 1. Hist. Dalphin. pag. 41. col. 2 : *Item, quod idem Guigo Czuppi Castellanus nemus Domini desuper burgum S. Laurentii scindi, destrui et colligi fecit in maximum præjudicium D. Dalphini, et in magnum damnum et periculum parrochiæ S. Laurentii et domus D. Dalphini, quæ est et remansit in magno periculo Lavanchiarum et ruinarum propter destructionem nemoris prædicti.*

LAVANDARIUS, Lavandaria. Papias : *Fullo, Lavandarius, decorator.* [Chron. Senoniense lib. 4. cap. 19. tom. 3. Spicil. Acher. pag. 396 : *Ecclesia Senoniensis duos carpentarios haberet, unum coquum, adcratatorem unum, Lavandarium unum, sutorem unum, piscatores duos.* Ibidem recurrit lib. 5. cap. 8. pag. 427.]

Lavander, Idem, qui Lavandarius : unde Gallis Nostratibus *Lavandier.* Versus descripti in Grammatica MS. Smaragdi :

Ille est Siniscalcus vere, Buticlarius ille,
Ille Lavander adest, etiam Focarius ille.

¶ Lavanderius. Consuetud. Tolosæ rubrica de debitis art. 1 : *Nec Lavanderii, vel filanderiæ lini vel lanæ, pannos, nec vestes, nec sericum, nec filata sibi tradita non possunt vendere nec pignori obligare.*

* Lavandarus, ut et *Lavandarius*, Servus pannis eluendis addictus. Charta ann. 1092. apud Murator. tom. 5. Antiq. Ital. med. ævi col. 217 : *Insuper et quatuor manuales personas ad serviendum dedit, scilicet pistorem, cocum, Lavandarum et bifulcum.* Alia ann. 867. ibid. col. 514 : *Donamus ibidem alios servos nostros manualesles ministeriales... Gottefredo Lavandarius cum Froumberga uxore sua.*

* 1. Lavanderia, Lotura, Gall. *Lavanderie.* Testam. Guill. de Meled. archiep. Senon. ann. 1376. in Reg. 108. Chartoph. reg. ch. 338 : *Item legamus... Arnoleto Dorezeaus domum nostram, in qua moratur lotrix nostra, et in qua fit Lavanderia nostra.* Pro Lotrix, vide mox *Lavanderia*, 3.

* 2. Lavanderia, Officium in ecclesia Lugdunensi, cujus est pannis ecclesiæ eluendis invigilare. Acta MSS. capit. ejusd. eccl. ad ann. 1346. fol. 124. v°. col. 1 : *Cum dominus Hugo de Givorgio presbyter, tenens officium Lavanderiæ in ecclesia Lugdunensi etc.*

¶ 3. Lavanderia, Lotrix, Gall. *Lavandiere.* Computus ann. 1333. tom. 2. Hist. Dalphin. pag. 280 : *Pro cannis duabus de panno pro tunica Lavanderiæ domini Andreæ, flor. 11.* Rursum occurrit infra pag. 334.

¶ Lavendaria, Loturæ officium. Charta ann. 1260. e Chartul. S. Vandreg. tom. 1. pag. 859 : *Ego Laurentius, dictus de Atrio, Burgensis de S. Vandregesillo vendidi... Conventui ejusdem loci pro centum solidis Turon. decem solidos annui redditus... assignatos supra ministerium meum Lavendariæ, quod habeo in Abbatia eorumdem Religiosorum.*

Lavandarium. Tabular. Casauriense ann. 969 : *Et fine fluvio Gomano, et ipsa via, quæ pergit ad Leguniano, quomodo venit ad ipsum vadum de illo Lavandario in fluvio Gomano.* Regino de Ecclesiast. disciplina; cap. 68. de Corporali : *Et quando abluitur a Sacerdote, Diacono vel Subdiacono, primo in Ecclesia in loco et vase ad hoc præparato abluatur, eo quod ex dominico Corpore et Sanguine infectum sit : post hæc a Lavandario in nitido loco paretur. al. reponatur.* Ubi *lavandarium*, idem est quod

Lavandaria, Lavacrum, *Lavanderie*, in quo panni eluuntur, quæ vox occurrit in Notis Tyronis pag. 184. et in Statutis Corbeiensib. pag. 2. [** ubi *Lavendaria*, apud Guerard. post Irmin. pag. 307.]

* Lavandria, Locus ubi panni eluuntur. Chartul. Virzion. fol. 7 : *Solaria duo, cellarium, coquina, fenile, Lavandria, pistrinum, etc.*

¶ **LAVANHÆ**, Purgamenta, elutia, Gall. *Lavures.* Capitul. Gener. MS. S. Victoris Massil. ann. 1322 : *Ordinamus quod Helemosinarius fragmenta sive reliquias mensarum Abbatis et ubicumque in Monasterio fiant, et Lavanhas coquinarum et furni percipiat.* In altero exemplari habetur *Lavaycha.*

¶ **LAVANTAILLE.** Usus Sangerman. in Probat. Hist. ejusdem Monasterii pag. 143. col. 1 : *Duo monachi in flosculis suis accipient cereos de manibus Conversorum, et* *ibunt per Lavantaille.* An locus *ante alam*, seu Latus Ecclesiæ, Gall. *Aile?*

LAVARCHA. Ugutio : *Stiricios, vel strucios, herba est, quam quidem vocant Lavarcham, quia plerique ex ea lanam lavant.* Leg. *Lanariam*, ut est in Cod. Navarr.

LAVARI dicuntur capita monachorum, cum raduntur, in Pœnitentiali S. Columbani cap. 9 : *Pœnitentes fratres quamvis opera difficilia et sordida efficiant, non Lavent capita nisi Dominica, id est, octava : si autem 15. diebus, aut certe propter fluentium capillorum incrementum, arbitrio senioris unusquisque in Lavando utatur.* Cumeanus Abbas de Mensura Pœnitentiarum cap. 12 : *Lavacrum capitis potest esse in Dominica, et in lixivio pedes Lavare licet, etc.* Vide Regulam S. Pachomii cap. 52. 54.

¶ **LAVARIUM**, Pelvis ad lavandans manus, Gall. *Bassin.* Coronatio Regis Hungariæ apud Ludewig. tom. 6. pag. 341 : *Ad mensam prandenti suæ Majestati hi servibunt : Lavarium porriget dominus Andreas Dozy ; mantile porriget dominus Palatinus.*

* **LAVASSERIUS**, Fullo. Charta ann. 1335. in Reg. 70. Chartoph. reg. ch. 239 : *Convocatis etiam suprapositis omnium ministeriorum Carcassonæ, scilicet... Lavasseriorum, aluderiorum, pellipariorum, etc.* Vide *Lavandarius.*

* **1. LAVATOR**, Eodem intellectu. Charta ann. 1230. apud Cenc. inter Cens. eccl. Rom. : *In quo consilio etiam interfuerunt capitanei Lavatorum S. Petri majoris, et capitanei illorum de S. Christoforo, etc.*

* **2. LAVATOR** inter servientes monachorum recensetur, in Charta Henr. III. imper. ann. 1056. tom. 1. Hist. Trevir. Joan. Nic. ab *Hontheim* pag. 400. col. 2 : *Servientes vero... vel pistores, bavarii, aut piscatores, coci aut Lavatores, etc.*

1. LAVATORIUM, πλύστηριον, in Gloss. Lat. Græc. [* In edit. πλύσιμον, *Labatorium*, ex mutatione *v* in *b*. Leg. vero πλυσμός.] Will. Britto in Vocab. MS. : *Luter, dicitur Lavatorium, et quodcumque vas purgandis sordibus deputatum.* Ita *Lavoir* Picardi nostri vocant vasa, in quibus panni eluuntur. Pro tonstrina monachorum videtur usurpare Eckeardus Junior de Casib. S. Galli cap. 11 : *Veniunt in pyrale, et inde Lavatorium, nec non proximum pyrali scriptorium, et has tres regularissimas præ omnibus, quas unquam viderint, asserebant esse officinas. Lavatoria et domus lavatoria*, in Chron. Trudon. lib. 10. pag. 470. et 473. neque enim Goldasto assentior, qui *Lavatorium* apud Eckeardum, *vaporarium* aut *sudatorium* interpretatur. *Lavatorii domus*, apud Matth. Paris in Vitis Abbat. S. Albani. Bernardus Monach. in Consuetudin. Cluniac. MSS. cap. 54 : *Sumptoque urceo abluendis manibus præparato, Lavatorium petit : primitus quidem manus et faciem lavat, etc.*

LAVATORIUM, ubi manus lavant Monachi, priusquam eant ad refectorium. Liber Ordinis S. Victoris MS. cap. 35. de Refectorio : *Quando percutitur cymbalum, si Fratres in Ecclesia fuerint, exeant cum Processione ad Lavatorium.*

¶ **LAVATORIUM**, Cornu altaris ubi Sacerdos lavat manus sacra faciendo. Charta ann. 1503. apud *Madox* Formul. Anglic. pag. 339 : *Presbiter... celebrans post Evangelium cujuslibet Missæ prædictæ, antequam ad Lavatorium se divertat, Psalmum* De profundis *alta et audibili voce dicet cum orationibus consuetis.*

* **2. LAVATORIUM**, Vas fundendo aquam ad manus lavandas aptum. Inventar. ann. 1420. inter Probat. tom. 2. Annal. Præmonst. col. 591 : *Duas pelves argenteas, tria Lavatoria argentea, duas ewers argenteas, etc. Pot lavoir* vero in Pedag. Peron. ann. 1295. ex Chartul. 21. Corb. fol. 355. v°. aliud esse videtur, vas nempe in quo panni eluuntur, ex Lit. remiss. ann. 1416. in Reg. 169. Chartoph. reg. ch. 324 : *Le suppliant.. print en la ville de Therouenne deux chauffrettes, que on nomme au lieu Pos lavoirs.* Aliæ ann. 1470. in Reg. 196. ch. 293 : *Le suppliant print ung Lavouer de terre qu'il trouva sur le bort de la riviere.* Inventar. S. Capel. Paris. ann. 1376. ex Bibl. reg. : *Una pelvis sive bacinus cum uno Lavatorio pro servitio custodum nocturnorum. Un bacin et un Lavoer*, in Inventario Gallico.

* **3. LAVATORIUM**, Locus, ubi equi lavantur et adaquantur, Gall. *Abreuvoir.* Necrol. eccl. Paris. MS.: *Dedit nobis manerium suum de Spedona, situm ante ecclesiam S. Beati, prout in latitudine et longitudine se comportat, cum virgulto, in quo est equorum Lavatorium.* Charta Ludov. junior. reg. Franc. ann. 1157. inter Probat. tom. 2. Hist. Occit. col. 562 : *Usque ad medium flumen Atacis et usque ad Lavatorium Coriani etc.*

* **LAVATORIUS**, ut infra *Lavatura*, in Bonacossa de servis quæst. 261 : *Quod si ancilla projicit Lavatorios per fenestram etc.*

* **LAVATREIUM**, Ubi manus lavant monachi, priusquam eant ad refectorium. Chartul. Gellon. : *Hoc factum fuit circa Lavatreium S. Guillelmi anno ab incarnatione Domini* MCCX. Vide in *Lavatorium* 1.

LAVATRINA, Idem quod *Lavatorium* : Locus scil. in fluvio pannis eluendis addictus. Charta Aistulfi Regis Longob. ann. 753. apud Ughellum tom. 2. pag. 105 : *Et ne ullus inferioris magnæve potestatis homo molendina vel portum cum sandonibus, aut naves in ipso fluvio, vel* (in) *Lavatrinam ædificare audeat, aut piscationem facere, etc. Lavatorium*, eadem notione in Spicilegio Acheriano tom. 13. pag. 317. [Varro de Lingua Lat. lib. 8. cap. 41 : *Domi suæ quisque ubi lavatur, Balneum dixerit... cum hoc antiqui non Balineum, sed Lavatrinam appellare consuevissent.* Idem lib. 11. de Anal. : *Cum brevitatis caussa nomina contraherent, quo essent aptiora, pro Lavatrina Latrinam nominaverunt.* Ubi *Latrina* non foricam significat, sed balneum. Nonius : *Latrina et Lavatrina, quod nunc Balneum dicitur.* Duplex igitur, ut hic obiter dicam, distinguenda videtur originatio ut et notio vocis *Latrina.* Cum balneum significat, contracta est ex *Lavatrina ;* si foricam, potius a *latendo* deduxerim, quod sese abdant homines, cum alvum evacuant. Vide Etymologicon Vossii.]

* *Lavaiche*, eodem sensu, in Lit. remiss. ann. 1472. ex Reg. 197. Chartoph. reg. ch. 218 : *Lesquelles femmes et filles traveillans en ladite mare ou Lavaiche pour la nestoier etc.*

* **LAVATURA**, Aqua, qua aliquid lotum est, Gall. *Lavure.* Stat. MSS. S. Vict. Paris. part. 1. cap. 19 : *Ipse sacrista lavans, singulas Lavaturas in piscinam projiciat*, Vide *Lavanhæ.*

¶ **LAVAYCHÆ**, Purgamenta. Vide *Lavanha.*

LAUBIA, [Porticus, *Gallerie.*] Vide *Lobia.*

¶ **LAUCA**, pro *Leuca*, tom. 3. Ordinat. Reg. pag. 206.

* **LAUCET** et **LAUSSET**, Voces vernaculæ, quibus significatur Pretium, quod pro acuendis instrumentis rusticis solvitur. Charta ann. 1266. ex Tabul. monast. Montisol. inter schedas Mabill. : *Dedimus ad acapitum Bernardo Escot totam fabricam suam loci de Brossis acuendi vomeres, relhas et pics, et totum Lausset, et alia quæ ad dictam fabricam pertinebant,... ita quod nullus præter eum et successores ejus haberet licentiam... recipiendi Laucet seu habendi quod pro acuendis vomeribus seu relhis debet recipi.* Alia ann. 1343. in Reg. 74. Chartoph. reg. ch. 232 : *Fiat* (assignatio) *in.... fabrica sive Lauset* (infra *Lauzet*) *dictorum locorum de Monteguiscardo, de Villafranca et Campinasio.* Vide supra *Acumentum.*

¶ **LAUCIA**, ἐνδομενίαι, *Supellectile*, apud Janum Laurenberg. in Supplemento Antiquarii.

* **LAUCUS.** Vide infra *Laudus* 1.

¶ **1. LAUDA.** Charta ann. 1399. apud Rymer. tom. 8. pag. 95 : *Cum... pratis, pasturis, boscis, parcis, chaceis, Laudis, warennis, assartis, etc.* Puto legendum *Landis.* Vide *Landa* 1.

¶ **2. LAUDA**, Pars officii Gothici. Vide Officium Mozarabicum de S. Pelagio, tom. 5. Junii pag. 216. Occurrit alia notione in *Laudare* 5.

LAUDABILIS, Approbatus. Ita vocem hanc usurpat Cod. Th. leg. 3. de Testim. (7, 21.) leg. 41. de Episc. (16, 2.) leg. ult. de Itiner. munit. (15, 3.) Marculfus lib. 2. form. 37 : *Adstante viro illo Laudabili defensore.* [*Laudabile bladum*, Genuinum, sincerum, legitimum, in Charta ann. 1202.]

LAUDABILITAS, Titulus honorarius Præsidum, Consularium, etc. de quo copiose Brissonius in Formul. pag. 355. Epistola Severi ad Paulinum, in tom. 5. Spicilegii Acheriani pag. 354 : *Oportet Laudabilitatem vestram bonis favere propositis, etc.*

¶ **LAUDABIS**, pro *Laudabilis*, ut legendum omnino videtur : *Rogo te, Laudabis vir Defensor*, apud Marten. tom. 1. Ampliss. Collect. col. 58.

* **1. LAUDAMENTUM**, Judicium, sententia arbitri. Charta ann. 1284. apud Lam. in Delic. erudit. inter not. ad Hodoepor. Charit. part. 2. pag. 412 : *Qui videant diligenter sententiam et Laudamentum seu arbitrium prædictum ; et si viderint quod in dicta sententia seu Laudamento sit aliquid iniquum, cassent illud.* [** Constitutio Lothar. Imper. ann. 1133. pr. et § 3. apud Pertz. Leg. tom. 2. pag. 184.] Vide *Laudum* 2.

* **2. LAUDAMENTUM**, Consilium, consensus, ut infra *Laudum* 3. Pactum ann. 1150. inter Probat. tom. 2. Hist. Occit. col.

532 : *Laudamentum et consilium dederunt super hoc etc.* Testam. Raym. Trenc. ann. 1154. ibid. col. 550 : *Et infractiones quas ego in eadem terra ecclesiis* (feci),... *quod homo redrecet eis cum Laudamento episcopi de Helna.* Aliis notionibus, vide in *Laudare* 4.

¶ 3. **LAUDAMENTUM**, Laudaminium. Vide infra in *Laudare* 5.

LAUDANÆ. Vide *Laudunæ.*

¶ 1. **LAUDARE**, Arbitrari, arbitrii sententiam ferre. Vide in *Laudum* 2. *Laudare testes.* Vide *Laudator.*

2. **LAUDARE**, Consilium dare, seu potius persuadere. Leges Edwardi Confess. cap. 39 : *Et Laudatum est Regi quatenus consuetudines justas.... non aufferret.* Hugo de Cleeriis : *Laudaverunt Comiti Fulconi, ut per quendam, quem Rex cognosceret, Regi responderet.* Gaufridus Monemuthensis lib. 1. cap. 6 : *Laudo igitur, ut ab eo suam filiam primogenitam petatis Duci nostro conjugem.* Adde lib. 2. cap. 1. 3. 4. 6. Utuntur etiam Ordericus Vitalis lib. 6. pag. 624. lib. 8. pag. 711. lib. 10. pag. 771. 802. lib. 12. pag. 880. Thwroczius pag. 59. et alii. Vide Reinhartum Robigium lib. 11. Robigal. cap. 16. Vacces *en son Roman de Rou* MS. :

> Volontiers, ce dist, retornast,
> Se son barnage li Loast,
> Mes ne Loent que il n'i past.

Philippus *Mouskes :*

> Et Loa qu'il tenist justice
> Seur bas et haut, et pauvre et rice.

Villharduinus n. 42 : *Sire, nos vos Loons que vos le preigniés, et si le vos prion.* Chronicon Flandr. cap. 72 : *Et pour ce Loüoiton qu'on tint le Roy d'Angleterre à Amy.* Adde cap. 77. sub finem.

Laus, Consilium. Rogerus Hoveden. pag. 729 : *Rex Angliæ assignabit ei in terra sua ad Laudem et consilium Regis Franciæ et Archiepiscopi Remensis* 50. *libratas Andegavensium, etc.*

Dislaudare, Dissuadere. Godefridus Vindocin. Abb. lib. 3. Epist. 13 : *Et vos illuc tendere penitus Dislaudamus.* Le Roman *du Renard* MS. :

> Nous ne vous savons Deslouer,
> Que vous nel faciés encrouer.

[Le Roman *de la Guerre de Troyes* MS. :

> Le combatre ont Desloé,
> En autre s'en fust tost allé.]

3. **LAUDARE**, Concedere. Vetus Charta apud Jo. Columbum : *Comes concessit eis, et Laudavit terras et feuda eorum ad suam fidelitatem et servitium.* [Charta Comitis Ceritaniensis in Diario Ital. D. *de Montfaucon* pag. 7 : *Dono et Laudo supradictum monasterium Domino Deo et S. Mariæ Crassæ, et Abbati et Monachis.*]

Laus, Donatio, seu potius *Concessio.* Charta ann. 1150. apud Ruffium in Comitibus Provinciæ pag. 133 : *Facta est hæc Laus sive concessio in claustro sancti Marii de Manuasca, etc.*

Laudari et Collaudari dicitur, qui ritu solemni ad supremam aliquam dignitatem eligitur aut evehitur, cui nempe *laudes* dicuntur. Occurrit passim in Chron. MS. Andreæ Danduli. Tabularium Monasterii S. Theofredi in diœcesi Aniciensi : *Ut nullus Abbas in eodem cœnobio Landetur aliquando a fratribus, aut ordinetur ab Episcopo, nisi prius, etc.* [** *In dominum Laudatur*, apud Dietmar. lib. 5. cap. 18.] [Vide *Collaudare* suo loco.]

4. **LAUDARE**, Approbare, consentire. Chronicon Besuense pag. 583 : *Donum... super altare posuit, et filiam suam Laudare fecit.* Vide Parerga Alciati lib. 1. cap. 45. [Leges Monspelienses MSS. cap. 71 : *Quilibet habitator Montispessuli pro domo vel locali suo, cujuscumque sit pretii, debent salvare cuppas et lesdas, et Bajulus Montispessulani debet ei Laudare illam domum vel locale.* Litteræ Philippi Franc. Regis ann. 1279. insertæ in Litteris Johan. Reg. ann. 1350. apud D. *Secousse* tom. 4. Ordinat. Reg. pag. 45. art. 3 : *Si quis emerit vel permutaverit domum vel possessiones in villa vel territorio dicti loci* (Aquarum mortuarum,) *que possessiones de nobis teneantur, Vicarius vel Bajulus loci teneantur Laudare emptori; ita quod Bajulus vel curia nostra dicti loci non possit sibi retinere vel alium preferre; nec recipiat pro laudimio ultra vicesimam partem precii, et semper emptor laudimia solvere teneatur.* Charta ann. 1201. ex Tabulario Maurigniacensi : *Jaquelina uxor præfati Anselli coram nobis constituta hanc venditionem Laudavit, voluit et concessit.* Adde Chartam ann. 1254. tom. 2. Hist. Eccl. Meld. pag. 162. aliam ann. 1063. tom. 6. Spicil. Acher. pag. 441. Statuta Massil. lib. 1. cap. 30. Chartam ann. 1297. inter Instrum. tom. 4. Gall. Christ. col. 253. etc.]

** Laudare, Promittere, Germ. *Geloben*, apud Dietmar. lib. 4. cap. Ruodlieb. fr. 2. vers. 43. 61. 116. 158. 177. 183. 199. fr. 3. vers. 36. fr. 5. vers. 85. fr. 8. vers. 64. fr. 14. vers. 21. Vide Haltaus. Glossar. German. col. 633. voce *Gelœbnis-Geld*, et col. 1273. voce *Loben.*

* Laudare, *Laudes* pro alienando fundo percipere. Libert. Florent. ann. 1369. tom. 5. Ordinat. reg. Franc. pag. 389. art. 7 : *Concedimus quod habitatores dictæ villæ Florenciæ et imposterum habitaturi, valeant perpetuo bona sua retrofeudare, et dum bona retrofeudata vendentur, Laudare et vendas eorumdem recipere.*

Laus, Consensus. Ditmarus lib. 2. pag. 22 : *Præsentia et Laude Imperatricis et filii, etc.* Lib. 7. pag. 98 : *Prædictum civitatem fratris suimet filio... ea ratione dedit, ut cum Laude sua, quia hæres suimet fuit,... liceret sibi tribus filiabus prædium omne quod remansit tradere.* Charta ann. 1174. apud Columbum : *Hanc vero permutationem Comes Willelmus* (Forcalcariensis) *dicebat non valere, quia facta erat sine sua Laude et voluntate.* Charta Heriberti Comitis Viromand. ann. 1047 : *Illam terram Laude mea et Laude D. Henrici Francorum Regis.... dedit idem Herembaldus, etc.* [Charta ann. 1184. inter Instrum. tom. 4. Gall. Christ. col. 23 : *Dederunt et concesserunt.... libertatem acquirendi sine aliqua fraude* (Laude) *et consensu, et sine aliquo usiatico et dominio.*] Vide Beslium pag. 440. Hemeræum in Regesto Augustæ Viromand. pag. 35. 36. 40. 44. [Le Roman *de la Guerre de Troyes* MS. :

> Soit esleuz au Los de tos,
> Tiel qu'il soit sages et pros.]

* Arbitrium, voluntas. Charta commun. Bullarum in Belvac. ann. 1181. art. 27 : *Quicumque de communia obstiterit deliberationi parium, pares suam justitiam de corpore suo et de rebus suis facient,... et quicquid de forefactaris acceperint, ad Laudem nostram ad villam firmandam mittent.* Charta ann. 1245. ex Tabul. S. Apri Tull. : *Willermius le fiz mousignor Perron de Rossoil par Lous et lo créante son pere etc. Lausisme*, in Lit. ann. 1389. ex Reg. 146. Chartoph. reg. ch. 223 : *Sans obtenir Lausisme ne licence du souverain. Loenge*, eadem acceptione, in veteri versione Chartæ ann. 1177. ex Tabul. archiep. Camerac. : *On vendra vin en le ville* (de Bousies) *à le Loenge ou condition préfixe des eskievins ou jurés.* Vide supra *Laudamentum* 2.

Laudes, pro eo, quod domino feudi [sive territorii] exsolvitur, pro facultate, seu consensu, quem præstat vassallo, pro alienando feudo, [seu alio quovis tenemento,] nostris, *Los et ventes.* Charta Ludovici D. Bellijocensis pro Libertatibus Villæ Bellijoc. ann. 1274 : *Si burgensis Bellijoc. emerit aliquam rem, terram, vel possessionem, tenentur de tertio decimo denario, et non plus, de Laudibus.* Tabular. S. Theofredi in Vellavis, ann. 1159 : *Item si alii donent, vel vendant, jam dictus Abbas vel successores ejus pro Laude vel vendis inde exigant.* Tabularium S. Flori in Arvernis ann. 1282 : *Confitentes, nos inde habuisse pro Laudibus et vendis, et investitura 12. libr. Turon.* Occurrit non semel in Charta apud Guichenonum in Probat. Histor. Bress. pag. 24. 64. 106. etc.

* Charta ann. 1352. in Lib. pitent. S. Germ. Prati fol. 101. v°. : *Domus de xij. solidis in parvis censibus portantibus Laudes et ventes etc.* Quod varie a nostris exprimitur. Charta ann. 1328. inter Probat. ult. Hist. Trenorch. pag. 243 : *La tierce partie des Louz, que l'on doit pour raison des vendues et des gagies que l'on fait à Tournus.* Alia ann. 1368. tom. 6. Ordinat. reg. Franc. pag. 104 : *Lauduminies, censives, rentes, etc.* Pariag. inter reg. et monast. S. Severi ann. 1461. in Reg. 198. Chartoph. reg. ch. 273 : *Item retindrent iceulx religieux à eulx appartenans toutes les leides, péages, coustumes, veues, Lausimes, etc.* Lit. remiss. ann. 1462. ibid. ch. 536 : *On impose à icellui Jehan Aubert que lui estant viguier de Baignolz, avoit approprié à lui plusieurs Lauzemes de ladite viguerie, sans en rendre aucun compte.*

¶ Lauda, Laudia, ut mox *Laudes.* Tabular. Prioratus S. Johan. Tolos. : *Et retinuit dictus Procurator.... in dictis rebus et processione censum antiquum et consuetum, cum vendis, Laudis.... et recognovit se habuisse vendas et Laudiam et alia devecia usque in hunc præsentem diem.* Charta ann. 1256. tom. 1. Hist. Dalphin. pag. 59 : *Item, si domus, pedæ vel alia res immobilis infra terminos subsequentes vendatur, debemus inde Laudas et vendas habere et percipere.*

Laudationes, Eadem notione, in Charta Philippi Aug. ann. 1185. in Hist. Vastinensi pag. 707 : *Laudationes, et venditiones, sicut hactenus habitæ sunt, reddentur.*

[Charta ann. 1308. apud Baluzium tom. 2. Hist. Arvern. pag. 782 : *De possessionibus venditis debet dari domino, de cujus dominio movet de solido unus denarius pro vendis, et alius denarius pro Laudationibus seu pro servitio ipsius, et non amplius*. Hic observandum *Laudationes* exsolvi in professionem vassallatus sive servitii.]

¶ Laudemia, Eodem intellectu. Epitome Constitut. Eccl. Valent. tom. 4. Concil. Hispan. pag. 167 : *In quibuscumque administrationibus, pro Laudemiis non valeat fieri aliqua gratia ultra tertiam partem*. Rursum occurrit ibid. pag. 146. ut et in Franchisiis Lugdun. ann. 1320. apud Menesterium in Probat. Hist. ejusdem urbis pag. 95. col. 2.

¶ Laudaminium. Consuetud. Ausciorum MSS. ann. 1301. art. 41 : *Item est consuetudo ibidem, quod pro aliqua pignoratione, vel venditione, vel alienatione, vel permutatione, non datur aliquid ratione venditionis, vel impignorationis, vel alienationis, nec permutationis, nec Laudaminium, nec retrocapita, nec vendæ, nec pignorationes, etc.*

¶ Laudemium. Præceptum Ludovici X. Franc. Regis ann. 1315. apud *de Lauriere* tom. 1. Ordinat. pag. 554 : *Item, concessimus quod de feodis et retrofeodis in emphitheosim vel acapitum per Ecclesiasticas personas datis, et translatis in personas innobiles, nulla financia debeatur, nisi fuerint castra, ville, seu loca alia, cum justitia alta, que a nobis in feodum, vel homagium, seu ad servitium aliud teneantur, de quibus alienationem fieri nolumus sine nostro Laudemio, aut nostra gratia speciali*. [** Vide Haltaus. Glossar. German. voce *Lehnware*, col. 1234. et *Gelœbnis-Geld* col. 633. Mitterm. Princip. Jur. Germ. § 496.]

Laudimia, Pari perinde significatu. Charta Rotroci Comitis Perticensis ann. 1136 : *Equitaturas, Laudimia, relevamenta, tallias, corveias, biannos, etc.* [Pactum inter Jacobum Aragon. Regem et Berengarium Magalonæ Episc. ann. 1271 : *Est etiam sciendum quod de supradictis excipiuntur usatica, Laudimia, consilia, etc.* Occurrit supra in v. *Incariare*, ut et in Charta ann. 1241. apud Acherium tom. 10. Spicil. pag. 181. Adde Hist. Dalphin. tom. 2. pag. 15. etc.] *Laudisme*, in Foris Beneharn. Ad ejusmodi *laudes* et consensus dominorum pro alienandis feudis spectant, quæ habet Guntherus lib. 8. Ligurini :

Si quis habens feudum, pretio seu vendere totum,
Seu pro parte velit, dominique licentia desit,
Seu dare, seu vadio supponere cogitur, ille
Qui dedit, amittet; non, qui suscepit, habebit.

Tabularium Vindocinense : *Eo quod Suthardus ille de fevo Comitis firmam donationem facere non potuisset sine auctoritate Comitis, de quo beneficium illud tenebat : id quoque ab omnibus judicatum est fieri non posse sine Legum aut Consuetudinum regionis præjudicio*. Tabular. Priorat. Neronisvillæ : *Hoc donum Laudavit Adam Maringotus, de cujus feodo erat*. Alibi : *Quam eleemosynam calumniabatur Hugo de Dongione, et omnimodis tali dono resistebat : asseverabat enim, hanc eleemosynam de suo jure esse et de suo feodo, nec se vel aliquem suorum Laudasse, etc.*

¶ Laudumінia, ut *Laudumia*. Charta Clementis PP. pro Monasterio S. Johannis Angeriac. e Chartulario ejusd. Monasterii pag. 397 : *Super nonnullis censibus, Lauduminiis, redditibus et legatis ratione quorumdam prædiorum*. Occurrit rursus pag. 398.

¶ Laudium, Laudum. Eadem rursus notione. Charta Guill. de Bellavaura Episc. Cabilon. ann. 1297. inter Instrum. tom. 4. Gall. Christ. col. 253 : *De pecunia et de Laudo, seu remuagio pro venditionibus contingentibus debitis, quartum denarium dictis Canonicis solvere tenebuntur. Si vero Decanus et Capitulum, vel terrarii dictorum locorum, res quæ vendentur sibi retinuerint, vel retinere voluerint, nomine dictæ Ecclesiæ Cabilonensis... nec etiam terrarii locorum aliquid nomine Laudii percipient vel habebunt*. Litteræ Johannis Franc. Regis ann. 1362. apud D. *Secousse* tom. 3. Ordinat. Reg. pag. 597 : *Si fiat permutatio vel excambium in dicta villa rerum immobilium, non interveniente pecunia, nihil debetur de Laudo; si vero pecunia intervenerit, dabitur Laudum ad similitudinem venditionis*.

¶ Laodium, Eodem intellectu. Charta ann. 1322. apud Menesterium in Probat. Hist. Lugdun. pag. LII. col. 2 : *Nec impedient eos uti pedagiis suis ubique per terram et aquas, Laodiis, censibus, jure quod ad ipsos pertinet, etc.*

¶ Laudimium, Consensus. Statuta Massil. lib. 1. cap. 30 : *Si quis in Massilia emit vel emet rem aliquam vel jura aliqua, unde fieri debeat publicum instrumentum, in quo vel in quibus necessarium sit Laudimium Domini vel consensus, a quo tenentur res illæ ad censum aliquem inde dandum, etc.* Recurrit eodem cap. ut lib. 2. cap. 1. § 37. et 38. cap. 29. § 2. lib. 3. cap. 11. cap. 30. § 12. cap. 34. et 35. § 2.

Laudamentum, Copia, facultas, *Permission*. Chronicon Besuense pag. 550 : *Et quia ipsum Castrum cum adjacenti terra de casamento nostræ diœceseos noscitur esse, per Laudamentum nostrum concedit S. Mameti commutationem prædictæ terræ, etc.* [Consuet. Ausciorum MSS. ann. 1301. art. 93 : *Item consuetudo est ibidem, quod quicumque ex civibus prædictis possint emere prædia, domos et possessiones, et quæcumque alia a nobilibus cum consensu Domini et Laudamento*. Charta ann. 1162. apud Sponium Histor. Genev. tom. 2. pag. 30 : *Inde Wirziburgensis Episcopus.... sententiam cum Laudamento et assensu communi protulit, etc.* Le Roman *de la Guerre de Troyes* MS. :

Iceus de l'ost trives ont quises
Au Roi Prians par tel devises,
Qil les dona au Loement
De ses dos fils et de sa jant.]

Item *Pactum*, conventio. Gerhohus Reichersp. lib. 1. de Investigatione Antichristi : *Duplicem autem eis conspirationem vel conjurationem objiciunt, unam, qua Augustale Imperium Friderici Imp. et contra Laudamentum in verbo Domini factum, cum Siculo Willelmo... fœderati sint*. [Apologetica Henrici Regis Epistola ann. 1235. apud Schanattum Vindem. Litter. pag. 198 : *Exercitum collegimus iterato contra eumdem, arctantes ipsum dare obsidem filium suum, tali adhibito Laudamento, quod nunquam se opponere attemptaret imperatoriæ vel regiæ Majestati*. Le Roman d'*Athis* MS. :

Aydiés moy par tel convenant,
Que tout à vostre Loement.]

¶ Laudamentum, Charta conventionis. Instrumentum ann. 1096. apud Mabillon. Diplom. pag. 618 : *Laudamentum hoc jussu prænominati Richardi... Gotafredo Episcopo dictante Pontius scripsit*.

* 5. LAUDARE SE DE ALIQUO, Phrasis Gallica, *Se louer de quelqu'un*, Alicujus benevolentiam erga se prædicare. Instr. ann. 1210. inter Probat. tom. 1. Hist. Nem. pag. 48. col. 2 : *Ipse vero respondit quod non juvaret ei, quia non Laudabat se de eo*. At vero *Se louer*, pro Queri, expostulare; unde *Louenge*, querela, in Lit. remiss. ann. 1416. ex Reg. 169. Chartoph. reg. ch. 283 : *Laquelle fille respondi que elle s'en Loueroit à son maistre; pourquoy et en despit duquel Louenge icelui Jacotin lui donna une grant buffe sur le visaige*.

LAUDATICUM, in veteribus Chartis Regum nostrorum primæ et secundæ stirpis passim occurrit inter tributa, a quibus eximuntur Monasteria, nulla alia notionis indicatione. In Vita Aldrici Episcopi Cenom. num. 56. apud Doubletum in Hist. Sandionys. pag. 656. Beslium in Episc. Pictavens. pag. 28. Chiffletum in Trenorch. pag. 193. Baluzium in Appendice ad Capitul. n. 21. 47. et alios. *Lode*, in Consuetud. Britannica art. 317. et Senonensi art. 20.

☞ His addere juvat *Laudatici* mentionem constanter fieri, ubi enumerantur tributa, quibus eximuntur naves a Principibus concessæ ad *utilitatem et necessitatem* Monasteriorum. Exemplum unum referre sufficiet; eadem enim ubique formula. Præceptum Ludovici Pii ann. 816. apud Baluzium in Appendice ad Capitularia col. 1412 : *Quatuor naves quæ per fluvium Ligeris, vel per cætera flumina intra ditionem imperii nostri ob utilitatem et necessitatem ipsius Monasterii discurrunt, ad quascumque civitates, castella, aut portus, vel cætera loca accessum habuerint, nullus ex eis aut hominibus qui eas prævident, nullum teloneum, aut ripaticum, aut portaticum, aut pontaticum, aut salutaticum, aut cispaticum, aut cœnaticum, aut pastionem, aut Laudaticum, aut tranaticum, aut pulveraticum, aut ullum occursum, vel ullum censum aut ullam redibitionem accipere, vel exigere audeat*.

¶ 1. **LAUDATIO**, Jussus vel consensus, Charta ann. 1075. vel 1076. inter Instrum. tom. 4. Gall. Christ. col. 283 : *De terris vero arabilibus et planis, quia divisæ non erant, judicatum est, ut si alii illas laborarent per Laudationem et præceptum, obedientiales, vel ministri ejus atque ministri illius Hugonis illas haberent, et redditus earum inter se dividerent*. Alia ann. 1063. tom. 6. Spicil. Acher. pag. 440 : *Concedo omnipotenti Deo et S. Mariæ atque S. Stephano* (Nivernensi)... *et Canonicis ibidem Deo servientibus ac servituris, per Laudationem D. Hugonis Episc. et D. Goffridi Autissiod. Præsulis, etc.* Alia ann. 1201. e Tabulario Maurigniacensi : *Promiserunt quod contra Laudationem et concessionem de cetero non venient*.

* Item, Concessio. Charta ann. 1145. inter Probat. tom. 2. Hist. Occit. col. 508 : *Et nos omnes suprascripti... laudamus atque concedimus... tibi domino Bernardo Atoni... alteram medietatem omnium usaticorum et omnium leddarum, quæ ab ipsis nundinis... exierint. Hanc concessionem et Laudationem in perpetuum facimus tibi etc.* Quo sensu etiam intelligenda Charta ex Tabul. Maurign. laudata. Vide *Laudare* 3.

¶ 2. **LAUDATIO**, Conventio, pactum. Forma juramenti a Tolosanis præstiti Legatis Innocentii III. PP. apud Catellum cap. 6. Hist. Comitum. Tolos. pag. 236. et in Actis SS. Martii pag. 412 : *Qui omnes pro seipsis et pro omnibus eorum sociis, qui tunc erant de Capitulo, et pro universis hominibus et feminis Tolosæ, præsentibus et futuris, hoc mandatum, confirmationem et Laudationem a præfatis Legatis receperunt.*

* 3. **LAUDATIO**, Quod domino feudi pro facultate alienandi fundum, exsolvitur. Charta ann. 1221. in Chartul. Arremar. ch. 82 : *Cum querela verteretur... super sexta parte Laudationum et ventarum pertinentium ad censum de la Chape; quas videlicet Laudationes et ventas nos petebamus etc.* Inventar. MS. ann. 1366 : *Item quod rector comitatus Veneyssini possit committere Laudationes clavariis.* Vide supra *Laudes* in *Laudare* 4.

¶ **LAUDATOR**, Arbiter. Vide in *Laudum* 2.

¶ LAUDATOR TESTIUM, Qui testes *laudat* seu approbat, firmans eos esse viros probos et dignos, quibus fides habeatur. Leges Ludovici Pii [** Formul. ad cap. 3.] apud Murator. tom. 1. part. 2. pag. 127 : *Martinus dedit vadimonium de probare, et modo est paratus cum testibus et testium Laudatoribus. Tunc testibus et Laudatoribus adstantibus ibi interrogetur adversarius antequam testes laudantur, si vult aliquem testium criminari. Si dixerit Nolo; tunc interrogetur unusquisque Laudatorum, quid sapiat de testibus, etc.*

* **LAUDELA**, Eodem intellectu. Charta ballivi Constant. ann. 1294. in Reg. 58. Chartoph. reg. fol. 58. r°. : *Concessit ad firmam perpetuam.... medietatem laudarum, quæ vocantur laudæ de Piron, cum Laudelis de Folata etc.* Vide *Lauda* in *Laudare* 4.

* **LAUDERIA**, Census, præstatio. Testam. Sibueti de Viriaco ann. 1491. in Reg. 3. Armor. gener. part. 2. pag. xxj : *Item dat... medietatem omnium garnimentorum suorum domus castre Fabricarum, exceptis et reservatis Lauderiis, ultra id quod domina mea Fabricarum.... de dictis bonis percipiet.*

¶ 1. **LAUDES**, Jus ratæ emptionis, Gall. *Lots et ventes*. Vide in *Laudare* 5.

¶ 2. **LAUDES**, Pars officii divini; Acclamationes publicæ. Vide in *Laus* 2.

¶ 3. **LAUDES**, Retis genus. Litteræ Renati Comitis Provinciæ ann. 1479. in Privilegiis Piscatorum Massil. : *Vestra prædicta ordinatione, et cessando corre ad tonairas, de Laudes fecerunt senchas in magna quantitate.*

¶ 1. **LAUDIA**, ut *Laudes* 1. Vide in *Laudare* 4.

* 2. **LAUDIA**, Panni species, f. a Laudensi urbe, vulgo *Lodi*, sic appellata. Testam. Phil. episc. Sabin. ann. 1372. ex Cod. reg. 9612. A. F : *Item mantellum de assana de Memba, mantellum Laudiæ de obscuro, cum duobus magno et parvo capuctis.*

LAUDIDIGNUS, unica voce, ἐπαίνου ἄξιος, in Glossar. Græc. Lat.

LAUDIFICARE, ὑμνεῖν, in Glossis Græc. Lat.

¶ **LAUDIFLUUS**, Laudum plenus. Vita S. Isidori Hispal. tom. 1. Aprilis pag. 363 : *Cantione Laudiflua prosequentes Te Deum laudamus, prorumpimus magna voce. Laudifluas gratiarum actiones rependere*, in Epistola Stephani VI. PP. tom. 3. Concil. Hispan. pag. 161. col. 2.

¶ 1. **LAUDIS**, Compositio, mulcta. Vide in *Leudis*. [* Locus ibi allatus, eodem sensu intelligendus quo *Laudis* 3.]

2. **LAUDIS**, Cithara, testudo, ex Germ. *Laute*, uti hoc a *Lauten*, *Sonare*, *resonare*, *tinnire*. Gallis *Luth*. Certe apud Fortunatum in Epist. ad Gregor. Turon. ad lib. 1. Poem. *Leudus*, sonum significat : *Apud quos nihil dispar erat, aut stridor anseris, aut canor oloris, sola sæpe bombicans, barbaros Leudos harpa relidebat.* Godefridus Viterb. part. 9. Chron. :

Mira videre meat, celebri plaudente chorea,
Laude, tuba, cithara, festa canuntur ea.

LEUTUM dixit Petrarcha in Testamento : *Thomæ Bombasiæ de Ferraria lego Leutum meum bonum, non, ut eum sonet pro vanitate sæculi fugacis, sed ad laudem Dei æterni.* Italis, *Luto*, et *Liuto*. Josephus Scaliger ad Manil. ab Arabico *Allaud* etymon accersit, ut et Bochartus lib. 1. de Colon. Phœnic. cap. 2. Vide Turcogræciam Crusii pag. 210.

¶ 3 **LAUDIS**, ut mox *Laudum*, Sententia arbitri. Literæ Ludovici VII. ann. 1145. pro Bituricensibus, apud *de Lauriere* tom. 1. Ordinat. pag. 10 : *Quod si infra urbem aliquid forifecerint, pro Laude Baronum ipsius civitatis emendabunt.* In Litteris Ludovici VIII. ibid. pag. 49. ubi istæ confirmantur pro *Laude Baronum* habetur *Laude proborum hominum* : quod eodem redit.

¶ **LAUDISONUS**, ut *Laudifluus*, vel Laudes canens. De S. Yvone Episc. Persæ tom. 2. Junii pag. 290 : *Preces et hymni Laudisoni aera gratificant.*

* **LAUDISSA**, A vulgari Provinciali *Lauvisse* vel *Louisse*, Domus pars quæ tecto subest; nisi idem sit quod *Lobia*. Vide in hac voce. Charta ann. 1383. ex Tabul. Massil. : *Dom. Bartholomeus Bonivini amiratus denuntiavit obsidibus civitatis Massiliæ infrascriptis, existentibus in quadam Laudissa palatii regii Barchinoniæ etc. Actum in quadam Laudissa palatii Barchinoniæ.*

* **LAUDOCIA**, *La navita expectata*. Glossar. Lat. Ital. MS. Vide *Laudus* 1.

¶ **LAUDOSIÆ**, inter ornamenta muliebria numerantur infra in voce *Liliolum*.

¶ 1. **LAUDUM**, Clarigatio, repræsaliæ, Gall. *Represailles*, Jus recipiendi quod suum est, atque ob id manum injiciendi in bona vel corpus debitoris; item, Charta qua cuipiam illud jus conceditur, Gall. *Lettres de marques*. Statuta Massil. lib. 2. cap. 30. de *Laudo* concedendo civibus Massiliæ : *Si aliquis extraneus... Massiliensi... aliquid abstulerit... et ille qui jurisdictionem habet super debitorem vel ablatorem... dicto Massiliensi justitiam non faciat exhiberi... Rector vel Consules ad petitionem dicti Massiliensis Laudum concedat vel concedant sibi super omnibus rebus dicti debitoris vel ablatoris, et etiam super rebus aliorum hominum, qui essent sub jurisdictione illius qui deberet, et nollet dicto Massiliensi justitiam exhibere.* Annales Mutinens. ad ann. 1204. apud Murator. tom. 11. col. 56 : *Mutinenses compromiserunt se in Bononiensibus, qui tulerunt iniquum Laudum de confinibus Mutinæ.* Charta ann. 1416. ex Archivis Massil. : *Super altercationem, quæ est inter Massilienses et Flosculinos... in causa cujusdam marchæ repræsaliarum sive Laudum laxatorum per olim Vicarium Massiliæ contra ipsos Flosculinos.* Haud satis scio an eadem notione Chronicon Siciliæ, tom. 3. Anecd. Marten. col. 28. et 29 : *Interea communi Messanenses retinentes se sub dominio dicti Regis Caroli et nolentes in prædictis sequi vestigia prædictorum Panormitanensium... venerunt cum hominibus et galeis partium principatus ad portum Panormi, extollentes seu alta voce clamantes in eodem portu Laudum sive Lausum dicti Regis Caroli.*

2. **LAUDUM**, Breviloquo, est *sententia arbitri*. Nicol. Trivettus ann. 1293 : *Rex Angliæ dicto eorum* (arbitrorum) *et Laudo sub certa obligatione se submittet.* Charta ann. 1345 : *Non contra facere, vel venire de jure vel de facto... omni Laudo, arbitrio, dito, diffinitioni, et pronuntiationi ejus, etc.* Adde Walsinghamum pag. 60. Rollandinum in Summa Notariæ cap. 6. Jo. Lucium de Regno Dalmat. pag. 184. etc. *Laud* in Foris Benehárneus. Rubr. *Deus arbitres* art. 1. Vide Turneb. lib. 14. Adv. cap. 12. et Alciatum lib. 1. Parerg. cap. 45. Vide *Laudamentum*, 1.

LAUDARE, Arbitrari, arbitrii sententiam proferre apud eumd. Rollandinum, V. *Arbitrator*. Henric. Knyghton. pag. 2527. et Cujac. ad lib. 2. Feudor. tit. 20. [Sententia anni circiter 1080. ex Bibl. Colbert. : *Laudamus nos, quod Vicecomitissa recuperaret totam ipsam partem quam Bernardus de Aviniaco et uxor sua habebant in castello de Montadino.... Laudamus iterum Imbertum reddere Bernardo de Aviciano ipsum avere, quod in ipso castello... inventum fuerat* Bis aut ter recurrit infra.] [** Constit. Lothar. Imper. ann. 1133. apud Periz. Leg. tom. 2. pag. 185. § 4 : *Nisi convicta culpa, quæ sit Laudata per judicium parium suorum.*]

LAUDATOR, Arbiter. Idem Knyghton. pag. 2526. [Vita B. Johannis Nepomuceni, tom. 3. Maii pag. 670 : *In causis difficillimis, quæ per sententiam judicum diu finiri non poterant... B. Johannes arbiter atque, ut illi loquuntur, Laudator eligitur. Arbitros, arbitratores, Laudatores seu amicabiles compositores*, in Charta ann. 1273. apud Baluzium tom. 2. Hist. Arvern. pag. 275.]

* 3. **LAUDUM**, Consensus, approbatio, ut supra *Laudamentum* 2. Charta ann. 1455 : *Pro eodem consensu, Laudo, auctoritate et approbatione etc. Los*, in Lit. ann. 1231. tom. 5. Ordinat. reg. Franc. pag. 550. Pro fama vero legitur in Stat. ann. 1388. tom. 7. earumd. Ordinat. pag. 216. Lit. remiss. ann. 1367. in Reg. 97. Chartoph. reg. ch. 425 : *Pour diffamer l'estat*

d'icellui suppliant,... le clama... coup, en reputant la femme dudit suppliant.... pour ribaude;... lequel suppliant moult doulens et courciez du Los que lui alevoit ledit Cuvelier etc. Ubi convicium sonat. Vide *Elogium* 1.

* 4. **LAUDUM**, Statutum, decretum. Correct. statut. Cadubr. cap. 79 : *Ad majorem utilitatem et commodiorem gubernationem communium sancimus, quod quælibet regula et commune Cadubrii possit... Lauda sua formare ac reformare; quibus dispositionibus et Laudis factis, formatis et reformatis, ipsa communia et regulæ dicta Lauda teneantur et debeant exhibere et præsentare domino vicario etc.*

¶ **LAUDUMINIA**. Vide in *Laudare* 5.

LAUDUNÆ, Papiæ, *Ecclesiastica vasa.* Anastasius in Hadriano PP. pag. 110 : *Fecit in Basilica B. Hadriani cerostata argentea pens. libr.* 12. *simulque et Laudanas duas ex argento pens. libr.* 8. *quas posuit super rugas de presbyterio, ubi arcus de argento existit.* Sed ibi, ut apud Papiam, Codices alios *Laudunas* præferre monent Editores. Proinde evanescit Bulengeri conjectura, qui *Laudanas* ait fuisse ornamenta aurea, vel argentea, quasi virgas, quæ suspendebantur ante altaria, aut rugis imponebantur *a laudando* dictas, quia in laudem et honorem Martyrum ponebantur : frivolum sane etymon. [Apud Muratorium tom. 3. pag. 188. *Laudinas* legitur ad marginem.] [** Idem Anastas. in Stephan. IV. PP : *Fecit et regulares argenteos super rugas, etc.* Vide *Regulares*, 1.]

¶ 1. **LAUDUS**, Species navis. Charta ann. 1357. ex Archivo Episcopatus Massil. : *Cum esset super quodam Laudo, quem ibi naulizavit et cepit, cujus erat dominus et patronus, etc.* Mox recurrit ibi; sed forte legendum *Lembus* utrobique.

* Quæ *Leouge* Massiliensibus nuncupatur; nihil ergo ibi emendandum : at perperam *Laucus*, pro *Laudus*, in Charta ann. 1337. ex Tabul. Massil. : *Dicti ambassiatores Massiliæ portentur apud Avinionem super unum de galeis tunc armatis hujus universitatis, vel super unum Laucum armatum, prout melius et promptius fieri poterit.* [** Confer *Lahutum* et *Latus*, 3. Vide Jal. Antiq. Naval. tom. 2. pag. 162.]

2. **LAUDUS**, pro *Lautus.* Charta S. Karilefi in Actis Episcopor. Cenom. pag. 82 : *Nullas functiones vel exactiones neque exquisita et Lauda convivia... de præscripta facultate penitus requirant.* Occurrunt eadem verba pag. 90.

¶ **LAVELLUM**, vel **LAVELLUS**, Loculus, arca sepulcralis, Ital. *Lavello.* Vita S. Anselmi Abb. Nonantul. sæc. 4. Benedict. part. 1. pag. 12 : *Tunc flentes Fratres et psallentes super B. viri corpus... condiderunt illud in marmoreo Lavello, infra oratorium B. Dei Genitricis et Virginis. Mariæ.* Miracula S. Zitæ, tom. 3. Aprilis pag. 510 : *Ante corpus et Lavellum S. Virginis.* Chronicon Cremonense apud Murator. tom. 7. col. 638 : *Vitæ suæ diem clausit extremum et apud Ecclesiam majorem in Lavello lapideo est reclusus.* Rursum occurrit in Chron. Bergom. apud eumdem Murator. tom. 16. col. 925. Vita S. Mercurialis Episc. n. 23. tom. 3. Aprilis pag. 756 : *Duas illi tribuit Ecclesias baptismales, S. Martini scilicet, quæ vocatur in Lavello, sed melius in Lavacro, et S. Cassiani.* Quo in loco vas lavatorium intelligo, non sepulcrum. Vide *Labrum.*

¶ **LAVENDARIA**. Vide in *Lavandarius.*

* **LAVERIA**, Lapicidina unde lapides, *Laviæ* dicti, eruuntur. Charta ann. 1336. in Chartul. eccl. Lingon. ex Cod. reg. 5188. fol. 105. r°. : *Eadem domina habeat et teneat quamdam Laveriam sive lapidicinam, quæ est in nemore supradicto, una cum duobus arpantis dicti nemoris circa lapidicinam prædictam, in quibus duobus arpantis eadem lapidicina sive Laveria computari et includi debebit; sed nichilominus jurisdictio omnimoda eidem dicto episcopo et successoribus in dicta Laveria remanebit.*

* **LAVEZIA**, Italis *Laveggio*, Lebes, cacabus. Stat. Astæ pro Intrat. portar. : *Laveziæ de petra solvant pro qualibet somata libras xx.*

* **LAVEZIUM**, Vestimenti genus. Testam. Math. Calbani ann. 1197. apud Hier. Zanetti in Dissert. de Orig. et antiq. monetæ Venet. ex Diar. exot. ann. 1754. mens. Jun. pag. 11 : *Lego Stanæ ancillæ meæ... unum meum mantellum, et unum seclum, et unum Lavezium.*

LAVEZOLUM, Charta ann. 1148. apud Puricellum in Ambrosiana Basilica pag. 704 : *Et habuerunt refectionem... in secundo pullos plenos, et carnem porcinam cum piperata, et turtellam de Lavezolo, etc.*

* **LAUFETUS**, Armorum species. Form. MSS. ex Cod. reg. 7657. fol. 24. v°. : *Diversis armorum generibus prænominati, ut puta gladiis, platis, paviseriis, servelleriis, Laufetis, etc.*

* Aliud vero sonat vox *Lauffaiz*, Filum nempe texendæ telæ accommodum, in Lit. remiss. ann. 1416. ex Reg. 169. Chartoph. reg. ch. 223 : *Ouquel celier les supplians prindrent,... douze livres de Lauffaiz à faire toille.*

* **LAUFFEN**, vox Teutonica, Decursus. Acta S. Reginswind. tom. 6. Collect. Histor. Franc. pag. 331 : *Quem* (locum) *incolæ ob impetum pervalidum Neckaris fluvii egregii comitis Rheni, lingua Theutonica Lonfum* (leg. *Lauffen*) *id est decursum appellant.*

LAUGHELESMAN, Exlex, *Utlagatus.* Bracton : *Pro exlege tenebitur, cum Principi non obediat, nec legi : et tunc utlagabitur, sicut ille, qui est extra legem, sicut Laughelesman.*

¶ **LAUHUNDREDUM**. Vide *Lawehundredum.*

* **LAVIA**, Lapidis species, vulgo *Lave.* Charta ann. 1265. in Chartul. eccl. Lingon. ex Cod. reg. 5188. fol. 206. v°. : *Perreriæ pro trahendo lapide et Laviæ, terra pro faciendo morterio, totum commune.* Alia ann. 1276. ibid. fol. 255. v°. : *Et si abbas et conventus prædicti voluerint domificare aut domum suam de Pusaco reparare et reædificare, ipsi poterunt lapides et Lavies in finagio de Maresco capere.* Vide supra *Laveria* et infra *Lausa* 2.

* **LAVIARIA**, *Prov. Velocitas, celeritas.* Glossar. Provinc. Lat. ex Cod. reg. 7657 : *Laugier, Prov. Pernix proprie pedibus.* Ibid.

1. **LAVINA**, **LABINA**. Glossæ Isidori : *Lavina, Lapsum inferens.* [Perperam in Excerptis Pithœanis, *Lubina.*] Idem lib. 16. Orig. cap. 1 : *Labina, eo quod ambulantibus lapsum inferat, dicta per derivationem a labe.* Glossæ ejusd. : *Lubricum, lutum cum Labina.* Gloss. Longobard. S. Germani Paris. : *Labina, lapsus inferens, aquæ pervium, alluviones.* S. Hieronymus Epist. 113 : *Cæterum amat Deus hominem, ut artifex fabricam; sed odit mala opera, quibus fabrica vergit in lapsum, et cogitur in Lavinam.* Infra : *Sicuti aliquem securis incessibus gradientem repentino casu, aut marmoris lævitas, aut Lavina pavimenti, subversa pedum tutela, contorsit, etc.* Paulus Warnefrid. de Gestis Longob. lib. 3. cap. 23 : *Eo tempore fuit aquæ diluvium in finibus Venetiarum,... factæ sunt Lavinæ possessionum seu villarum, hominumque pariter et animantium magnus interitus.* Hinc *Labina*, pro paludoso loco. *Terra Labilis*, dicitur in Glossis MSS. ad Disticha Magistri Cornuti. Joanni de Janua, est *terra aquosa et mobilis, et labilis, in qua quis facile labitur.* [Papias : *Labina, lapsum inferens, dicitur alluvio. Labina, terra aquosa et mobilis, in qua quis labitur, dicta a labe, vel quasi lapsum inferens.*] Charta Henrici VI. Regis Angl. tom. 2. Monast. Angl. pag. 372 : *Jamque diversi ligei nostri, juxta prædictum Hospitale tempore hiemali et noctanter transeuntes, si ipsi ibidem hospitalitatem non haberent, in aquis, Labinis, et mariscis sæpissime periclitarentur.* Rhæti etiamnum hanc vocem retinent : conglomeratas enim nivium moles de summis Alpibus decidentes, *Lowin*, id est, *Lavinas* vocant, uti observatum a Stumpfio et Simlero. [** *Lawina*, in chart. ann. 1302. apud Kopp. Histor. Fœder. Helvet. pag. 54 : *Horridam et execrabilem cladem Lowinarum.* Vide ibid. pag. 55. et 56.] Atque inde forte perinde apud nos vox *Lavine* seu *Ravine*, Occitanis *Labassi*, qua aquarum ex nivibus confectarum, et ex montibus in agros excurrentium copiam denotamus.

* 2. **LAVINA**, apud Mabill. tom. 2. Musei Ital. pag. 202. ex Ordine Romano Cencii; ubi Codex MS. Bibl. reg. sign. 4188. habet *Savinam* : unde *Saumam* emendare facile est.

* **LAVIRE**, Humectare, aqua aspergere. Glossar. Lat. Gall. ex Cod. reg. 7692 : *Lavare, laver. Lavire, amouetir;*

Non bene se lavit, qui sua membra Lavit.

¶ **LAVITIUS**. Vide *Panis lavitius.*

* **LAUMIUM**, pro *Laudimium*, Quod domino feudi pro facultate alienandi fundum exsolvitur. Charta ann. 1212. ex Cod. reg. 4659 : *In accaptis, in Laumiis, trecenis, mutationibus, etc.* Vide in *Laudare* 4.

* **LAUNA**, vulgo *Laune*, Fluvii brachiolum, passim in Recognit. burgi S. Andeoli. Hinc diminutivum *Launestellus.*

LAUNECHILDE, et **LAUNEGILT**, Reciprocum donum, seu pretium quodammodo rei donatæ, ἀντίδωρον. *Donatio rei similis, sive remuneratio*, Boherio. Papias : *Launechild, id est, talio.* [Placitum ann. 814. apud Murator. tom. 2. part. 2. col. 362 : *Scaptolfus sua sponte cessit et perdonavit eis ipsos exc. mancos, et suscepit ab eis Launechild similiter manicias par unum.* Vide ibid. col. 930.] Pactum initum a Gregorio Duce Neapolitano an. Chr. 911. apud Camillum Peregrinum : *Nos vero omnem compositionem et legem et justitiam, quæ parti nostræ facere debet auctor ille, donamus omnia ea parti vestri Langobardorum per Launegilt receptum a vobis exiguum.* Tabularium Casauriense ann. Lud. Imp. F. Lotharii 14 : *Et in tali tenore accepimus a vobis per Missum vestrum Adegerium Launechild caballum unum.* Alibi : *Unde Launegilt recepi ego Urso.. a te, Romane Abbas, pro hac mea donatione confirmanda comcam unam.* Rursum : *Et recepi ego Sicelperga a te Aimerico Abbate Launegild argentum solidos quinque ipsum memoratum donum in ipso sancto Monasterio confirmandum, sicut in lege nostra continetur.* Alia Charta donationis ann. 1051. ibid. : *Et pro Launegild imputo mercedem meam, quia D. Luitprandus in suo Capitulari affixit, quia in casis Sanctorum, aut in Synodochio Launegild impedire non debet.* Alia ann. 1064. ibid. : *Et sicut D. Luithprandus Rex in suo Capitulo replicavit, ego nullum Launegild requiro, nisi remedium salutis animæ nostræ.* Charta Richildæ Comitissæ ann. 1025. in Bullario Casinensi tom. 2. pag. 77 : *Et hanc confirmandam promissionis cartulam, accepi ego qui supra Richalda Comitissa per Misso pars ipsius Ecclesiæ exinde Launechild aureum annulum unum, etc.* Occurrit passim hac notione in Legib. Longobard. lib. 2. tit. 1. § 6. tit. 15. § 4. tit. 18. § 3. tit. 20. § 1. tit. 36. § 2. lib. 3. tit. 18. [** Rothar. 184.' 175. Aist. 3. Liutpr. 64. (6, 11.) 43. (5, 14.)] in vett. Tabulis apud Puricellum in Basilica Ambrosiana pag. 581. Ughellium tom. 4. pag. 1073. tom. 5. pag. 652. 1483. etc. Ex his patet, nullam fidem habendam veteri Glossario apud Lindenbrogium, ubi, *Launechild, sine solennitate testium*, vertit. De vocis etymo, vide Somneri Glossarium Saxonicum in *Lean*.

* **LAUNESTELLUS**, in Charta Joan. dalph. Vienn. ann. 1316. ex Reg. 87. Chartoph. reg. ch. 84 : *Territorium castri et mandamenti Sechillinæ duret et protendatur a parte castri et mandamenti Visiliæ, usque ad Launestellum, vulgariter appellatum Launesteluer,... et usque ad aquam, quæ exit de dicto Launestello.* Vide *Launa*.

¶ **LAVORATIO**, Quæsitum. Vide in *Labor* 2.

* **LAVORIA**, Fructus cujusvis generis ex agris cultis. Charta ann. 1398. in Reg. 156. Chartoph. reg. ch. 118 : *Item quod præfati decanus, canonici et capitulum* (B. Mariæ Diensis) *possint et valeant extrahere et extrahi facere propria ipsorum frumenta, blada, Lavoria et legumina.* Vide supra *Laboria*.

¶ **LAVORITIUM**, Opus. Vide in *Laboritium*.

* **LAVORIVUS**, Arabilis, Gall. *Labourable*. Charta ann. 1076. ex Tabul. S. Vict. Massil. : *Damus in plano de Saleta sex modiatas de terra Lavoriva.* Vide supra *Laborativus*.

¶ **LAUPIA**, Porticus species. [* Charta ann. 1262. inter Instr. tom. 6. Gall. Christ. col. 307 : *Rayno de Usetia præcepit Pontio Macario civi Uticensi sub pœna 20. librarum Turonensium, quod ipse diruet Laupiam, quam fecerat ante hospitium ipsius Pontii.... infra triduum a receptione dicti præcepti computandum; a quo præcepto dictus Pontius Macarius... in scriptis appellavit, et appellatione pendente, dictus Rayno diruit seu dirui fecit ligna prædictæ Laupiæ.*] Vide in *Lobia*.

¶ **LAUPREDA**, Mustela, ut videtur, Gall. *Lamproie*, apud Petrum Damiani Opusc. 20. cap. 4. Vide *Lampedra* et *Naupreda*.

LAURA, Monasterium, apud Anastasium in Hist. Ecclesiastica, et apud Paulum Diac. in Histor. Miscella lib. 24. pag. 762. in Itinerar. S. Willibaldi n. 20. etc. quemadmodum λαύρα usurpatur apud Græcos Scriptores, Africanum apud Syncellum pag. 107. Joannem Patr. Hierosol. in Vita S. Jo. Damasceni pag. 245. 255. 263. 268. Edit. Rom. Photium cod. 119. Joannem Moschum cap. 3. et 4. S. Antiochum Epist. ad Eustathium, Theophanem pag. 239. 423. Constantinum de Adm. Imper. cap. 22. Joannem Phocam cap. 15. 16. Pachymer. lib. 5. cap. 28. Cantacuzenum lib. 1. Hist. cap. 31. Perdiccam (cujus meminit idem Pachymeres lib. 6. cap. 24.) in Descript. Terræ Sanctæ, et aliquot alios, a Meursio laudatos, [et ab ipso Cangio in Glossario mediæ Græcitatis, col. 792.]

Differebat tamen *Laura* a Monasterio, quod, ut ait Cyrillus in Vita S. Sabæ, in Cœnobiis illi viverent, qui vitam exercebant communem : in *Lauris* vero, qui a congressione separatam et quietam. In *Laura* igitur vitam exigebant Anachoretæ, suis quique distincti cellis, unique suberant Abbati. Idem Cyrillus in Vita S. Euthymii num. 45. et 48. tradit in Laura S. Euthymii unicuique ædificatam fuisse cellam, et cellas Fratrum fuisse a se invicem in media solitudine sejunctas. Et S. Gerasimus in medio Lauræ Cœnobium collocavit, in quo Monachi primo exercebantur, quos, cum ad perfectionis mensuram pervenerant, in cellis Lauræ collocabat, eosque Anachoretas appellabant : in quorum sortem admissi tantum Monachi provectioris ætatis, exclusis juvenibus et adolescentibus, ut est apud Cyrillum in Euthymio n. 40. 88. 89. ut apud nos *Inclusi*.

Horum ea erat vivendi forma, ut 5. dies hebdomadæ unusquisque in cella manens sileret, nihil gustans nisi panem et aquam et dactylos : Sabbato autem et Dominica veniret in Ecclesiam, percepta Eucharistia cocto uteretur in Cœnobio, et sumeret parum vini. Hæc pluribus Cyrillus d. num. 89. et 90. quem etiam consule ad vocis *Lauræ* vim num. 42. 45. 98.

Quidam existimant vocem esse puram putam Græcam : nam λαῦραν, Grammatici exponunt ῥύμην, vel δημοσίαν ὁδὸν, id est, *viam publicam*, quia δι' αὐτῆς οἱ λαοὶ ῥέουσι, *per eam populus fluit seu commeat;* interdum, ut Suidas, ῥύμην στενὴν ἢ στενωπὸν, *vicum angustum*, aut *angiportum*, Hesychius, τόπον πρὸς ὑποχώρησιν ἀνειμένον, *locum ad ventrem exonerandum*, uti quidam hunc locum interpretantur, vel potius *ad secessum* et *recessum*, ita ut ad similitudinem τῶν λαυρῶν in urbibus exstructæ fuerint Monachorum cellæ, quæ cum ab invicem sejunctæ essent, angiportus ac vias quodammodo formabant, ac referebant. Ita Fullerus lib. 2. Miscell. sacr. cap. 1.]** Vide Henr. Stephan. Thesaur. Ling. Gr. in hac voce edit. Didot. tom. 5. col. 135.]

LABRA, pro *Laura*, habet Concilium Lateranense sub Martino PP. pag. 423. Edit. 1618. quomodo λάβρα Epiphanius contra Arianos.

* **LAURAGIUS**, Lauracus vel Lauriacensis, Gall. *de Lauraguais*. Charta ann. 1316. in Reg. 53. Chartoph. reg. ch. 74 : *Item quod in dicta villa de Alta-ripa judex Lauragius, seu alius judex domini regis, non teneat assisias, nisi esset per dictum regem seu dom. senescallum Tolosæ et per dictos condominos institutus.*

¶ **LAURARIUS**, pro *Labrarius* seu *Laborarius*, Colonus, agricola, Gall. *Laboureur*. Charta Ausoldi Abb. Compend. e Tabulario ejusdem Cœnobii : *Ad festum S. Johannis manuoperarius debet* III. *denar. et Laurarius* V. *De Mesvillare manuoperarius* VII. *denar. ad festum S. Remigii et Laurarius* XIII. *si habet carrucam integram; si dimidiam* VI. *et obolum.* Vide *Labor* 3.

LAURATUM, LABRATUM, Imago Principis, *Thoracida*, στηθάριον, quod, ut plerique censent, laurea caput cingeretur. Multiplex autem fuit lauratarum usus; sed præcipuus fuit in Imperatorum inaugurationibus. Statim enim atque augustam adepti erant dignitatem, mittebantur in provincias eorum statuæ, in signum adeptæ dignitatis, et ut a populis exciperentur : *Perfecta enim devotio, hoc debet imagini, quod et Regi.* Philostorgius lib. 12. cap. 10 : Αἱ δὲ τοῦ Κωνσταντίνου εἰκόνες, ὡς ἔθος ἦν τοῖς ἄρτι παρελθοῦσιν εἰς βασίλειαν πράττειν ἀναπέμπονται πρὸς τὴν ἕω. De eodem Constantino Lactantius de Mortibus persecutor. n. 25 : *Paucis post diebus Laureata imago ejus allata est ad malam bestiam, deliberavit, an susciperet... suscepit itaque imaginem admodum invitus, etc.* Adde n. 42. 43. Chronicon Alexandrinam pag. 748 : Τούτῳ τῷ ἔτει ἐβασίλευσεν ὁ Ἀνθήμιος, καὶ ἀπῆλθεν εἰς Ῥώμην, καὶ εἰσῆλθεν τὰ λαβράτα αὐτοῦ ἐν Κωνσταντίνου πόλει διὰ Φερεντίου ἐπάρχου τῆς πόλεως. Concilium Chalcedonense act. 3 : Τῶν γὰρ θείων λαυράτων ἐπ' εὐτυχίᾳ οἰκουμενικῇ εἰσερχομένων, καὶ ἐν τῇ μεγαλοπόλει Ἀλεξανδρείᾳ, etc. Adde Gregorium Dialogum tom. 3. Concil. pag. 460. Edit. 1618. et apud Baron. ann. 726.

Quomodo vero eæ imagines a populis exciperentur, discere est ex lib. 10. Epistolarum Gregorii M. : *Venit autem icona supra scriptorum Phocæ et Leontiæ Augustorum Romam* VII. *Kal. Maii, et acclamatum est ei in Lateranis in Basilica Julii ab omni Clero vel Senatu : Exaudi Christe : Phocæ Augusto et Leontiæ Augustæ vita. Tunc jussit ipsam iconam dominus Beatissimus et Apostolicus Gregorius Papa reponi in Oratorio S. Cæsarii Martyris, intra palatium.* Præterea ex septima Synodo act. 1. pag. 483 : Εἰ γὰρ βασιλέων λαυράτοις καὶ εἰκόσιν ἀποστελλομέναις ἐν πόλεσι καὶ χώραις ἀπαντῶσι λαοὶ μετὰ κηρῶν καὶ θυμιαμάτων, οὐ τὴν κηρόχυτον σανίδα τιμῶντες, ἀλλὰ τὸν βασιλέα. Vetus Interpres : *Lauratis et iconibus, quæ mittuntur ad civitates vel regiones, obvii adeunt populi cum cereis et incensis, non cera perfusam tabulam, sed Imperatorem honorantes.* Quæ verba perperam Meursius et alii tanquam Optati laudarunt. Chrysostomus Serm. 60. in Paulum Apost. ait, Lauratas istas præcessisse tubicines et militum catervas, gestatasque a gerulis munde vestitis auroque ornatis. Imagines vero ita erant effictæ, quod idem Scriptor alibi ait, ut in summitate hastæ efferrentur, et infra victoriæ, triumphi, resque bello præclare gestæ describerentur : exceptæ autem a populis festum diem agentibus et adoratæ : quo spectant ista ex L. 4. Cod. Th. Ne quid publ. lætit. (8, 11.) : *Sacros vultus inhiantibus si forte populis inferemus.*

Alius Lauratorum usus fuit in Amphitheatris, dum Circenses peragerentur. Narrat quippe Theophanes ann. 5. Phocæ, celebratis Domentiæ Augusti filiæ cum Prisco Patricio nuptiis, actisque equestribus ludis, a principibus factionum locatas in Circo Crispi et Domentiæ imagines cum Imperatoriis imaginibus : Σὺν τῶν βασιλικῶν λαυράτων ἔστησαν Πρίσκου καὶ Δομεντζίας λαυράτα. Quo loco Nicephorus CP. εἰκόνας habet. In Circum vero inferebantur cum cereis et funalibus, a viris candida veste indutis. Chronic. Alexandr. de eodem Phoca : Καὶ ἐκαύθη εἰς τὸ ἱππικὸν, μετὰ τῆς εἰκόνας Φωκᾶ, ἥν τινα εἰσῆγον ἐν τῇ ζωῇ αὐτοῦ εἰς τὸ ἱππικὸν μετὰ κηραψίας ἀσπροφοροῦντες οἱ μάταιοι γὰρ ἀνθρώπων.

Lauratarum denique usus obtinuit inter præcipua illustrium dignitatum insignia, seu Magistratuum, ante quos præferebantur in auctoritatis ac potestatis a Principe collatæ symbolum. Senator de formula Consularitatis lib. 6. Var. 20 : *Vultus quia etiam regnantium geniata obsequii pompa præmittit, ut non solum summi judicis, sed etiam dominorum reverentia cumulatus orneris, et mox de Principum imagine metuendus.* Atque eæ sunt Imperatorum imagines, quæ inter insignia Præfecti Prætorio cum binis cereis describuntur ac effinguntur in Notitia Imperii. Nam imagines istas cum cereis et funalibus prælatas, supra observavimus, ubi de Lampadariis egimus. Erant denique *Laurata*, vel certe εἰκόνες βασίλειοι inter vexilla militaria, ut est apud Dexippum in Legat. pag. 8.

Varie autem hæc vox scribitur apud Græcos Scriptores, λαυράτον habent Theophanes, Gregorius Dialogus Epist. ad Leonem Isaurum, septima Synodus, Concil. Calchedonense, etc. λαβράτον, Chronicon Alexandr. Joan. Damascenus lib. 3. de Imag. pag. 155. libri Basilicῶν etc. Ex priori lectione tanquam *laureatas*, quod adstruit locus Lactantii, ex posteriori velut *laboratas*, seu probe effictas, vel denique a *labris* dictas istas imagines plerique censent : et *laboratas* quidem, quomodo fossas ad terminos agrorum λαβράτα appellatas, auctor est Pediasimus apud Rigaltium ad Agrimensores, quod sint *laboratæ*, inquiunt Glossæ Basil. Alii a *labris* dictas volunt, quod osculis et adorationibus exciperentur a populis, eoque referunt quod habet Gloss. Lat. Græc. : *Labratum*, φίλημα βασιλικὸν, ἀσπαστικὸν βασιλέως. Hæc expendat cui per otium licet : interim consulat Cujac. lib. 11. Obs. cap. 27. Lindenbrogium ad lib. 22. Ammiani, Salmasium ad Vopiscum, Jac. Gothofredum, [** Glossar. med. Græcit. col. 793.] et alios.

LAUREA. Vide *Corona Ferrea.*

¶ **LAUREARE**, Decorare, coronare. S. Petrus Chrysologus, Serm. 66 : *Ubi postes tuos suis ulceribus Laureavit* (Lazarus,) *ubi saniæ sua pinxit micas tuas?* Johan. Sarisber. Epist. 298 : *Ecclesia Martyrum sanguine Laureatur.* Vita S. Bibiani Episc. Sancton. apud Marten. tom. 6. Ampliss. Collect. col. 774 : *Æternæ gloriæ sertis honorifice Laureatur.*

LAUREATÆ Literæ, Victoriarum indices. [Plinius lib. 15. cap. ult. : *Laurus præcipue lætitiæ victoriarumque nuncia additur literis, et militum lanceis pilisque.*] Schol. Juv. Sat. 4 : *Si victoriæ nunciabantur, laurus in epistola fiebatur : si autem aliquid adversi, pinna fiebatur.* Ammianus lib. 16. de Juliano Imp : *Et si verbi gratia, eo agente tunc in Italia, dux quidam egisset fortiter contra Persas, nulla ejus mentione per longissimum textum facta, Laureatas literas ad provinciarum damna mittebat, se inter primores versatum cum odiosa sui jactatione significans.* Vide Theodorum Marcilium ad Persium, Demsterum lib. 10. Antiq. Romanar. [Carolum de Aquino in Lexico Militari v. *Nuncii militares.*] etc.

LAUREOLUM, Ferramenti Chrirurgici species, apud Cælium Aurelian. lib. 5. Chron. cap. 2. Scalpreolum, σμίλιον.

* **LAURETEA** Placa, Chirotheca laminis contecta. Stat. senesc. Bellic. ann. 1320. inter Probat. tom. 4. Hist. Occit. col. 162 : *Item quicumque portaverit arma deffensiva, ut pote haubergerium,... capellum ferreum, placas Laureteas, etc.* Vide in *Plata* 1.

LAURIENDRUM, ῥοδοδάφνη, in Gl. Gr. Lat. MS. Editum habet, *Taxus, Lauria, andrum, viburna* : sed videtur legendum *Lauridendrum*, ῥοδοδάφνη enim ῥοδόδενδρον etiam Græcis dicitur.

LAURNA, Mensuræ species, in Charta ann. 1207. apud Ughellum tom. 7. pag. 594. nisi mendum subsit. [Locus exstat in *Cartatoria.*] Vide *Lagena.*

LAUROS Operire, Maleficii aut sortilegii species. Pirminii Excerpta de Libris Canonicis : *Non vulcanalia et Kalendas observare, Lauros operire, pedem observare, effundere super truncum frugem, etc.*

¶ 1. **LAUS.** Charta Roberti Comitis Arverniæ ann. 1284. apud Baluz. tom. 2. Hist. Arvern. pag. 134 : *Nec permittemus ædificari a nobis seu ab aliquo alio aliquod molendinum batiffol seu Laus seu malleos infra confines superius nominatos.*

* Nostris *Los*, Piscariæ species. Lit. ann. 1295. in Memor. E. Cam. Comput. Paris. fol. 302. r°. : *Une maniere de pescheries, que l'en appelle Los, qui prenent toute maniere de petits poisson, doivent estre abatues.*

2. **LAUS**, Laudes, Pars ultima officii nocturnalis : seu Psalmus 148. et duo sequentes, qui post Matutinos et Benedictiones cantantur, ut est in Regula S. Benedicti cap. 12. et olim etiam cantabantur ab Ægyptiis Monachis, ut monet Cassianus lib. 3. de nocturnis oration. cap. 6. Hugo a S. Victore lib. 2. de Offic. Eccl. cap. 10 : *Laudes matutinæ noctis partem sibi vendicant ultimam, quartam videlicet vigiliam, quæ ad solis ortum usque protenditur, etc.* Durandus lib. 5. Ration. cap. 4 : *Dicuntur autem Laudes, quod illud officium laudem præcipue sonat divinam, quam ei facimus pro eo quod a tenebris erroris nos ad lucem, seu viam veritatis, reduxit, etc.*

¶ Laudes, dictum *Alleluia* quod post Epistolam decantatur. Concil. Toletanum IV. can. 12 : *Laudes post Apostolum decantari, priusquam Evangelium prædicetur, dum canones præcipiunt post Apostolum, non Laudes, sed Evangelium annuntiari.* Ubi *Alleluia* significari probat Mabillonius lib. 1. De Liturg. Gall. cap. 4. ex Isidoro qui de divinis officiis cap. 13. scribit : *Laudes, hoc est, Alleluia canere;* et ex Walafrido Strabo, quem vide loco Liturg. Gall. citato.

¶ Laus et Sonus, in Breviario Mozarabico appellantur *Responsoria* quæ in nocturno officio decantant Mozarabes; teste Mabillonio in disquisitione de cursu Gallicano num 16.

Laus Divina, officium Ecclesiasticum. Vita B. Stephani Abbatis Obasin. lib. 1. cap. 7 : *Excepto quod aut lectio, aut Laus sibi vendicabat divina.* Vide *Acæmeti*, ubi *de laude perenni.*

Laudes etiam dictæ acclamationes publicæ quæ fiebant Principibus, cum inaugurabantur, vel in Theatris, aut in Ecclesia, atque adeo in celebrioribus ceremoniis : Græcis Byzantinis, εὐφημία; Eunapio in Ædesio pag. 41. ἔπαινοι. Mamotrectus ad lib. 1. Machab. cap. 5 : *Fausta acclamantes, i. Laudes de felicitate et prosperis successibus decantantes.* Ammianus lib. 17. extremo : *Post hunc dicendi finem* (Constantii ad milites orationem) *concio omnis alacrior solito aucta spe potiorum et lucris, vocibus festis in Laudes Imperatoris assurgens, denique ex usu testata, non posse Constantium vinci, tentoria repetit læta.* Corripus l. 2. de Justini jun. Imper. inauguratione v. 167 :

Laudibus innumeris Regnantum nomina tollunt,
Justino vitam ter centum vocibus optant,
Augustæ totidem Sophiæ plebs tota reclamat,
Mille canunt Laudes, vocum discrimina mille.

Et lib. 4. vers. 155 :

Tunc oratorum geminæ facundia linguæ
Egregias cecinit solenni munere Laudes.

Paulus Diaconus de Gestis Longobard. lib. 3. cap. 15 : *Mauricius indutus purpura, redimitus diademate, ad Circum processit, acclamatisque sibi Laudibus, largitus populo munera, primus ex Græcorum genere in Imperio confirmatus est.* Gregorius Turon. lib. 6. cap. 11 : *Ingrediuntur utrique civitatem, Dux scilicet et Episcopus, cum signis et Laudibus, diversisque honorum vexillis.* Versus Hadriani PP. ad Carolum M. : *Nimis Laudibus hymnisque populo celebratur ab omni.* Eginhardus de Carolo M. ann. 801 : *Leo Papa coronam capiti ejus imposuit, cuncto Romano populo acclamante, Karolo Augusto a Deo coronato magno et pacifico Imperatori Romanorum vita et victoria. Post quas Laudes a Pontifice more antiquorum Principum adoratus est.* Chronicon Francicum editum a Lambecio lib. 1. Comment. de Bibl. Cæsarea pag. 372. de eodem Carolo : *Rex vero alia die cum hymnis et Laudibus ingrediens* (Papiam) *thesauros Regis ibidem repertos dedit exercitui suo.* Anastasius in Hormisda : *Occurrerunt..... cum gloria et Laudibus.* In Adriano pag. 107. de Carolo M. : *Et dum appropinquasset fere unius milliario a Romana urbe, direxit universas scholas militiæ, una cum patronis, ... deportantes omnes ramos palmarum atque olivarum, Laudesque omnes canentes, cum acclamationum earumdem vocibus ipsum Francorum susceperunt Regem.* Infra : *Laudem Deo et ejus excellentiæ decantantes.* Ibidem pag. 108 : *Pontifex Missarum solennia celebrans Deo omnipotenti, et præfato Carolo excellentissimo Regi Francorum et Patricio Romanorum Laudes reddere fecit.* Adde pag. 59. 176. Concilium Triburiense ann. 821. c. ult. : *Omnes Galliæ et Germaniæ Principes,.... et Ecclesiasticus Ordo, Deo et Principibus Laudes referentes, hymnum Te Deum laudamus decantabant.* Theganus cap. 16. de Ludovico Pio : *Qui cum diu oraverunt, erexit se Pontifex, et excelsa voce cum Clero suo fecit ei Laudes regales.* Annales Francorum Fuldenses de Arnulfo Imp. : *Regem honorifice cum Laudibus et hymnis suscipientes ad urbem perduxerunt.* Luithprandus lib. 3. cap. 7 : *Ad Palatium autem minime transfretavit, Laudesque juxta consuetudinem Porphyrogenito minime decantavit.* Idem in Legatione, de Nicephori Phocæ Imp. patre cap. 28 : *Cui itidem et filio Græci in Laudibus, immo in ventis suis, Deus annos ut multiplicet, conclamant.* [** Vide ibid. cap. 9.] Panegyricus Berengarii Imp. :

......Carolum sic advenientem
Suscepit, Laudum modulamina dulcia cantans.

Ubi *Laudes* non fuere carmina in Laudem Principis composita, quod volunt viri docti, sed meræ acclamationes. Guillelmus Apuliensis lib. 4. de Gestis Normannorum pag. 40 :

......Laus personat Imperialis.

Paulus Diac. lib. 4. Chron. Casin. cap. 39. de Imp. : *Qui cum equo delapsum ad sancti Petri Gradus, cum Laudibus deduxerunt.* Ditmarus lib. 4. *Hac in festivitate a suis publice Rex appellatur, Laudibus divinis attollitur.* Infra : *Romuleas pervenit ad arces ubi ab Apostolico cœterisque Coepiscopis, magnis Laudibus suscipitur.* Et lib. 6 : *Et a primis regionis illius susceptus, cum admirabili Laude ad Ecclesiam ducitur.* Eckehardus junior de Casibus S. Galli cap. 3 : *Sonatur continuo ad concursum et Laudes Cæsaris abituri.* Leo IX. PP. Epist. 1. cap. 23. ad Patr. CP : *Ad quid vestro Imperatori Latinæ Laudes, et in Ecclesia Græcis recitantur Latinæ lectiones?* Gesta Innocentii III. PP. de ejusdem electione in Summum Pontificem : *Et publicata electione, cum Laudibus ductus est a multitudine Cleri ac populi... ad Constantinianam Basilicam.* Infra : *Factaque Laude tam in Ecclesia S. Petri, quam ante Lateranense Palatium, etc.* Ceremoniale Cencii Cardinalis : *Notandum quod Laudes ab Archidiacono cum Cardinalibus, subdiaconis et scriniariis dicuntur,* in coronatione Papæ. Sententia Innocentii IV. lata in Concilio Lugdunensi contra Fridericum II. Imp. : *Et nuper nuncios Soldani Babyloniæ... fecit per regnum Siciliæ cum Laudibus ad ejusdem Soldani extollentiam, et sicut fertur, honorifice suscipi, et magnifice procurari.* Laurentius Leodiensis in Episcopis Virdunensibus : *Metasque ductus de manu Regis baculum Pontificii suscepit, et rediens cum Trevirorum Archiepiscopo susceptus est cum Laudibus.* Acta Concilii Lugdunensis ann. 1274 : *Quo symbolo finito, idem Patriarcha, Archiepiscopi, et Logotheta cum aliis cantaverunt Laudes solennes in lingua Græca domino Papæ.* Adde Ottonem a S. Blasio cap. 40.

Jam vero cujusmodi fuerint *Laudes* istæ, seu acclamationes ex verbis Corippi, Eginhardi et Luithprandi supra laudatis percipitur : victoriæ scilicet vel vitæ diuturnioris adprecationes, quas πολυχρονίου voce indigitant Scriptores Græci, et labentibus potissimum sæculis, in ipsis Ecclesiis inter sacræ Liturgiæ solennia acclamabant, Psaltis seu Cantoribus, interdum Canonarcha incipientibus, ut est apud Codinum de Offic. cap. 6. et alibi non semel. Anselmus Episcop. Havelbergensis lib. 3. Dialog. cap. 12 : *Eodem tempore Joannes Episcopus Portuensis Dominicorum die octava Paschæ in Ecclesia sanctæ Sophiæ publicas Missas coram Principe et Patriarchis Latine celebravit, et unanimiter in Laudes et victorias piissimorum Imperatorum Latinis vocibus omnes acclamaverunt.* [** Vide Glossar. med. Græcit. in Εὐφημεῖν, col. 450.]

A Græcis ad Latinos idem mos postmodum derivatus, ut in ipsis Litaniis Principibus *Laudes* dicerentur, et iis acclamaretur, quod etiamnum in Dalmaticis Ecclesiis obtinere observat Joannes Lucius lib 2. de Regno Dalmat. cap. 6. Charta Petri Ziani Ducis Venetiar. ann. 1211. de Venetis Cretensibus, apud Georgium Pilonum in Histor. Bellunensi pag. 109 : *Laudes nobis et successoribus nostris in Archiepiscopatu et Episcopatibus decantare facietis quater in anno, in Nativitate Domini, in Pascha Resurrectionis, in festo S. Marci, et in festo majoris Ecclesiæ Cretensis.* Andr. Dandulus in Chron. MSS. ann. 998 : *Insuper Episcopi eisdem sacris confirmaverunt, quod feriatis diebus, quibus Laudis pompam in Ecclesia depromere solebant, istius principis nomen post Imperatorem Laudis præconiis glorificarent.*

Litaniarum cum acclamationibus, seu potius faustis adprecationibus, formulæ exstant aliquot, præsertim apud Canisium tom. 5. Antiq. lect. pag. 735. 736. et Goldastum tom. 2. Rerum Aleman. pag. 175. et Baluzium lib. 2. Miscellan. pag. 143. ex quo concini solitas colligimus ad sacræ Missæ Liturgiam, post hymnum Angelicum, quo finito, Sacerdos ter dicebat, [ut etiamnum fit in Ecclesia Remensi, majoribus festivitatibus, Archiepiscopo sacra faciente,] *Christus vincit*, ut et Clerus; Tum *pro summo Pontifice Nicolao, Ludovico Rege, Hemma Regina, prole regia, judicibus*, id est, Comitibus, *et exercitu Francorum et Alemannorum, etc.* Sancti ac Sanctæ invocantur, ut ab eorum precibus adjuventur. Antiquissimam aliam hic describemus ex Codice MS. Ecclesiæ Arelatensis, argenteis et eburneis laminis tecto :

CHRISTUS vincit, CHRISTUS regnat, CHRISTUS imperat.

Exaudi CHRISTE. Summo Pontifici et universali Papæ vita.

SALVATOR mundi,	Tu illum adjuva.
Sancte Petre,	Tu illum adjuva.
Sancte Paule,	Tu illum adjuva.
Sancte Andrea,	Tu illum adjuva.

Exaudi CHRISTE. N. Pontifici, Clero, et populo sibi commisso salus et gloria.

REDEMPTOR mundi,	Tu illum adjuva.
Sancte Ferreole,	Tu illum adjuva.
Sancte Antidi,	Tu illum adjuva.
Sancte Desiderate,	Tu illum adjuva.

Exaudi CHRISTE. N. Regi Excellentissimo, Magno, et Pacifico, a Deo coronato, vita et victoria.

PROTECTOR mundi,	Tu illum adjuva.
Sancte Maurici,	Tu illum adjuva.
Sancte Sigismunde,	Tu illum adjuva.
Sancte Victor,	Tu illum adjuva.

Exaudi CHRISTE. N. Inclytæ Reginæ lux et gratia.

LUX mundi,	Tu illam adjuva.
Sancta Perpetua,	Tu illam adjuva.
Sancta Lucia,	Tu illam adjuva.
Sancta Walburgis,	Tu illam adjuva.

Exaudi CHRISTE. Omnibus Judicibus, cuncto exercitui Christianorum, vita et victoria.

SALVATIO nostra,	Tu illos adjuva.
Sancte Georgi,	Tu illos adjuva.
Sancte Theodore,	Tu illos adjuva.
Sancte Mercuri,	Tu illos adjuva.

CHRISTUS vincit, CHRISTUS regnat, CHRISTUS imperat.

Rex noster : Christus vincit.

.....ia nostra : Christus vincit.

Auxilium nostrum : Christus vincit.

Liberatio et redemptio nostra : Christus vincit.

Victoria nostra : Christus vincit.

Arma nostra invictissima : Christus vincit.

Murus noster inexpugnabilis : Christus vincit.

Defensio et exaltatio nostra : Christus vincit.

Lux, via et vita nostra : Christus vincit.

Ipsi soli imperium, gloria et potestas per immortalia sæcula sæculorum, Amen.

Ipsi soli honor et jubilatio per infinita sæcula sæculorum, Amen.

Ipsi soli virtus, fortitudo, et victoria per omnia sæcula sæculorum, Amen.

CHRISTE audi nos, CHRISTE audi nos, CHRISTE audi nos.

Kyrie eleison, Christe eleison, Kyrie eleison.

Te Pastorem	Dominus elegit.
In ista Sede	Dominus conservet.
Annos vitæ	Dominus multiplicet.

Feliciter, Feliciter, Feliciter.

Tempora bona habeas, Tempora bona habeas, Tempora bona habeas.

Multos annos, Multos annos, Multos annos.

☞ Similes habentur Litaniæ in MS. S. Martialis Lemovic. canendæ diebus Paschalis et Pentecostes. Prior invocatio pro Ecclesia his verbis exprimitur : *Exaudi Christe, Ecclesiæ sanctæ Dei salus et defensio perptua. Christe Redemptor mundi, tu illam adjuva. S. Maria, tu illam adjuva. S. Michael, tu illam adjuva. S. Petre, tu illam adjuva.* Cetera fere ut in Litaniis hic exhibitis, excepto *Christe audi nos*, quod omnino prætermittitur usque ad finem.

* Inter *Kyrie* et *Gloria* decantatas docet Pontificale MS. ecclesiæ Elnensis : *Laudes sive rogationes sequentes dicuntur in præcipuis sollempnitatibus, videlicet in diebus sollempnibus, vel in quibus pontifex sedet post altare; quod fit hoc modo. Præcentor cum quatuor bonis cantoribus et cum totidem*

pueris bene cantantibus, *immediate post* Kyrie eleyson, *incipit post altare*, Christus vincit, Christus regnat, Christus imperat. *Et chorus respondet idem in eodem tono. Et cantores*, Gloria nostra. *Chorus*, Christus vincit. *Cantores*, Hunc diem. *Chorus*, Læti ducamus. *Cantores*, Summo pontifici N. integritatem fidei. *Chorus*, Deus conservet. *Cantores*, Istam sedem. *Chorus*, Deus conservet. *Cantores*, Populum Christianum. *Chorus*, Feliciter, feliciter, feliciter. *Cantores*, Tempora bona habeant, *ter. Chorus simpliciter respondet*, Feliciter, etc. *ut supra. Cantores*, Multos annos. *Chorus*, Christus in eis regnet. *Cantores*, In Christo semper vivant. *Chorus*, Amen. *Et immediate pontifex incipit*, Gloria in excelsis Deo.

* Laudes Regiæ, Eodem sensu, memorantur in vetust. Cerem. MS. eccl. Carnot : *Missa*, Puer natus est, *cum tropis*. Kyrie eleison *quem volueris et Laudem similiter. Dicantur regiæ Laudes.*

* In episcoporum quoque inaugurationibus seu inthronizationibus faustas acclamationes, quæ *Laudis* nomine significantur, adhibitas fuisse testatur Charta Frider. II. imper. ann. 1211. apud Cencium inter Cens. eccl. Rom.: *Antequam assensus regius requiratur, non intronizetur electus, nec decantetur Laudis sollempnitas, quæ intronizationi videtur annexa.*

* *Laudes* seu acclamationes Romæ fieri solitas exhibet Codex MS. ecclesiæ Cameracensis sæculo XIII. ineunte scriptus, quas ob styli barbariem hic referre supersedeo. Harum specimen videsis supra in *Cornomannia*.

* 1. **LAUSA**, pro Alausa vel Alosa, piscis, Gall. *Alose*. Charta ann. 1310. in Reg. 70. Chartoph. reg. ch. 212 : *In usu et possessione.... venandi,.... et piscandi Lausas.*

* 2. **LAUSA**, Lauza, Lapidis species, qua domibus cooperiendis et sternendis solariis utuntur, Gall. *Dalle*. Charta ann. 1356. inter Probat. tom. 2. Hist. Nem. pag. 185. col. 1 : *Lapides pro provisione dictæ reparacionis, et etiam Lausas vos aut duo vestrum capiatis seu capi faciatis.* Comput. ann. 1363. ibid. pag. 259. col. 1 : *Et portandis quibusdam Lausis necessariis ad complendum l'aleya dicti portalis.* Libert. Petræ assisiæ ann. 1341. in Reg. 74. Chartoph. reg. ch. 647 : *Item quod habitatores dictæ bastitæ possint et sit eis licitum capere Lauzam, arenam et petram de dicto loco.... ad ædificandum et construendum in dicta bastida; dum tamen satisfiat domino possessionis, de qua dicti lapides, Lauzæ et arena percipientur.* Reparat. factæ in senescal. Carcass. ann. 1435 : *Pro quatuor sarcinatis de Lauza etc.* Hinc

* Lausa, pro Lapicidina, unde *Lausæ* eruuntur, in Charta ann. 1261. ex Reg. S Ludov. Chartoph. reg. fol. 55. v°. : *De dicta meta usque ad ulmatellos et usque ad Lausam de Dompnova.* Vide supra *Lavia*.

¶ **LAUSANTES**, *Lavantes*. Papias editus et MS. Forte legendum *Laudantes*. Vide mox *Lausare*.

LAUSARE, *Laudare*, Joanni de Janua : [qui addit, *Lausans*, *Laudans*. Vide *Lausantes*.]

* Glossar. Provinc. Lat. ex Cod. reg. 7657 : *Lausar, Prov.* laudare, *Lausare frequentativum*, *canere*, *commendare*. *Lausor, Prov. Lausor, oris, laus.*

* **LAUSATUM**, Solarium *lausis* stratum. *Actum Massiliæ anno Domini* 1346. *die* 8. *Januarii... in Lausato domus eleemosinæ S. Victoris*, in Chartul. ejusd. abbat. ubi pluries occurrit.

LAUSE, Occitanis *Lauze*, Census, laudimium, *laus*, uti supra in voce *Laudare* 5. monuimus. Charta Ildefonsi Comitis Tolosani ann. 1144. pro Montalbanensibus, apud Catellum in Hist. Occitanica pag. 324 : *Carbonellus faber habeat de laboratoribus suis suum censum, qui vulgo vocatur Lause, etc.* Vide *Laudare* 4.

LAUSERA. Versus Eucheriæ, lib. 4. Epigr. vet. pag. 188:

> Nectareum vitiet nunc Lausera terra rosatum,
> Mellaque cum fellis sint modo mixta malis.

Ubi legendum videtur, *vitient nunc Lasera.*

* **LAUSIACUS**. *Historia Lausiaca* a Palladio sic inscripta ab illius nomine, cui nuncupatur. [** Vide Glossar. med. Græcit. voce Λαυσαϊκόν, col. 794.]

¶ **LAUSISSA**. Regestum Guillel. Ferandi Notarii Massil. : *Actum in quadam Lausissa palatii Regis Barchinoniæ.* Vide *Lobia*. [* Leg. *Laudissa*. Vide supra in hac voce.]

* **LAUSOR**. Vide supra in *Lausare*.

* **LAUSSET**. Vide supra *Laucet*.

LAUSUS, Idem quod *Laus*, Consilium. Tabular. Fossatense fol. 138 : *Ad Lausum duorum hominum.* Vide *Laudare* 2.

* **LAUTIA**, Lautitia, *Delicatives viandes. Lautiositas*, *délicateté*. Glossar. Gall. Lat. ex Cod. reg. 7684.

¶ **LAUTITAS**, πολυτέλεια, in Gloss. Græc. Lat.

¶ **LAUTITIA**, *Aqua farina conspersa*. Gloss. Isidor. Festus habet : *Lautitia, Farina appellatur ex tritico aqua consperso.* Suetonio Lautitia dicitur elegantia, munditíes in cibo et vestitu. *Lautitius cibus*, delicatior, cupediæ, in Vita B. Helenæ Utin. tom. 3. April. pag. 257.

LAUTOMIA, [Species navis.] Fridegodus in Vita S. Wilfridi cap. 46 :

> Carpebant placida libratis æquora velis,
> Figitur et notis vehemens Lautomia arenis.

* **LAUTOR**, Lavator. Carm. Adalber. tom. 10. Collect. Histor. Franc. pag. 69 :

> Non sunt Lautores, contemnunt fervere vestes.

* **LAUTUM**. Vide supra *Lahutum*.

¶ **LAUTUMIÆ**, ut libri melioris notæ præferunt, quasi λαοτομίαι, vel, ut in aliis habetur, *Latomiæ*, *Latumiæ*, *Latumnæ*, *etc.* Lapicidinæ generatim, specialim vero Carcer Syracusanus, quem descripsit Tullius Orat. 5. in Verrem cap. 27. ubi ait : *Quæ sunt hæ custodiæ?... Lautumias Syracusanas omnes audistis; plerique nostis. Opus est ingens, magnificum Regum ac tyrannorum : Totum est ex saxo in mirandam altitudinem depresso, et multorum operis penitus exciso. Nil tam clausum ad exitus, nihil tam septum undique, nihil tam tutum ad custodias nec fieri, nec cogitari potest.* Varro lib. 4. de Lingua Lat. : *Quod Syracusis, ubi simili de caussa custodiuntur, vocantur Latomiæ et de Latonia translatum* : ubi Turnebus lib. 2. cap. 17. recte corrigit, *exinde Lautumia translatum.* Gloss. vet. apud eumd. Turnebum lib. 28. cap. 6 : *Lautumiæ, Carceres apud Siracusas.* Hinc *Lautumiæ* ad quosvis carceres translatæ. Ulpianus leg. 1. § ult. de Aleatoribus (11,5.) : *In Lautumias vel vincula publica ducatur.* Gloss. Sangerman. MS. n. 501 : *Lautomia, custodia carceris.* Papias *Lautumia*, *Carcer.* Isid. lib. 5. cap. ult. : *Lautumna, Supplicii genus ad verberandum aptum, inventum a Tarquinio Superbo ad pœnas sceleratorum. Iste enim prior Lautumnas, tormenta, fustes, metalla atque exilia adinvenit, et ipse prior ex Regibus exilium meruit. Lautumnæ* seu *Lautumiæ* hic sunt Lapicidinæ, ad quas mittebantur scelerati, ut olim ad fodinas metallorum. Illas autem Isidorus definit *Supplicii genus ad verberandum aptum*, quod in eis desidiosi verberibus adigerentur ad laborem. De hujuscemodi *Lautumiis* seu lapicidinis Plautum intelligo cum ait : *Vel in Lautumiis vel in pistrino mavelim ætatem agere.*

* **LAUTUS**, Cithara, testudo, Ital. *Liuto*, Gall. *Luth*. Stat. crimin. Cuman. cap. 83. ex Cod. reg. 4622. fol. 84. v°. : *Nulla persona audeat ire per civitatem Cumanam.... post tertium sonum campanæ usque ad diem, cum viola nec Lauto, nec aliquo instrumento sonandi. Lou*, eodem sensu, in Lit. remiss. ann. 1448. ex Reg. 176. Chartoph. reg. ch. 613 : *Auquel esbatement icellui de Beaumont avoit joué de l'instrument du Lou, duquel il se scet aucunement entremettre. Luz*, in aliis ann. 1413. ex Reg. 167. ch. 156 : *Le varlet d'icelui aveugle, qui en sa main portoit un instrument, nommé Luz etc.* Vide *Laudis* 2.

LAWEDAY, quasi *Dies legis*, ex Angl. *Law*, lex, et *Day*, dies : alias dicitur de *visu franci plegii*, vulgo *leta* : alias de *Curia Comitatus*, juxta Stat. ann. 1. Edw. IV. cap. 2. Ita Spelmannus. Charta Henrici I. Regis Angl. in Monastico Anglic. tom. 1. pag. 502 : *Quietæ sint de sectis Comitatuum et Hundredorum nostrorum, de visu franci plegii, et Lawedaiorum, de turno et auxilio Vicecomitum, etc.* Ibidem pag. 977 : *Habeant letas suas et Lawdayes cum omnibus ad letas et Lawdayes spectantibus de omnibus hominibus et tenentibus suis.*

¶ **LAWEHUNDREDUM**, Lauhundredum, Lex *Centenæ* seu partis comitatus vel regionis, ab Anglico *Law*, Lex, et *Hundred*, Centum; unde *Hundredus*, *Centena*, de quibus supra. Charta ann. 1258. apud *Madox* Formul. Anglic. pag. 161 : *Dictus vero Ricardus et hæredes sui.... warantizabunt dictis Abbati et Conventui* (de Brueria)... *ab omnimodis sectis Curiarum, Hundredorum et Lauhundredoram, et ab omni servicio, consuetudine et demanda sæculari.* Alia incerti anni ibid. pag. 162. pro eodem Monasterio : *Ego Joannes Tylli... et hæredes mei... warantizabimus... prædictis Abbati et Conventui... prædictas tres dimidias acras... de omnibus sectis Curiarum, Hundredorum, Lawehundredorum, Syrorum, et ab omnibus serviciis, consuetudinibus et demandis.*

* **LAUZA**. Vide supra *Lausa* 2.

* **LAUZENGA**, Adulatio seu falsa laus, Ital. *Lusinga*, Hisp. *Lisonja*. Charta ann. 1197. inter Probat. tom. 3. Hist. Occit. col. 182 : *Raymundus per Dei gratiam dux*

Narbonæ, comes Tolosæ,.... promisit omnibus hominibus Moyssiaci,... quod eos non capiat,.... nec malam consuetudinem eis mittat, nec mitti faciat, nec aliquam Lauzengam de eis credat, usque dum ille qui Lauzengam dixerit, in præsentia sua et hominum Moyssiacensium illam præsentialiter tenuerit et dixerit. Eadem rursum leguntur ibid. col. 271. Vide *Losinga*.

LAXA, Lorum, habena. *Laxa leporariorum*, Gallis, *une Laisse de Levriers*, in Charta Walteri *de Gant* Comitis, apud Edw. Bisseum in Notis ad Uptonum pag. 86. [Vide alio significatu in *Laxare* 2.]

* Hinc *Eslaissier*, Lorum seu copulam rumpere, in Lit. remiss. ann. 1429. ex Reg. 174. Chartoph. reg. ch. 293 : *Lesquelz deux mastins se Eslaissierent et coururent à iceulx moutons.*

LAXAMENTUM Pretii, nostris, *Rabais*, in leg. 2. Cod. Th. Tributa in ipsis speciebus etc. (11, 2.)

LAXAMINA, *Habenæ*, in Glossis Isidori et Pithœanis : vox videtur ejusdem notionis quæ *Lessia*, funiculus. Vide *Lexa*.

☞ Grævius suspicatur scripturam hanc esse mendosam ex eo Papiæ loco : *Laxamentum, spatium, requies, intermissio.* Sed si mendo caret, inquit, *Laxamina* dictæ sunt habenæ, quia possunt laxari. Recte; sic enim χαλινός Græci a χαλᾷν, Laxare deduxerunt.

¶ 1. **LAXARE**, nude pro *Laxare* ventrem, Alvum ducere, purgare. Chronicon Anonymi Salern. apud Murator. tom. 2. part. 2. col. 212 : *Et ego denique cras ad Laxandum potionem potabo.*

* *Lesser de l'eaue*, pro *Lacher de l'eau, pisser*, Urinam facere, in Lit. remiss. ann. 1412. ex Reg. 166. Chartoph. reg. ch. 312 : *A un arrest que fist icellui Domyne pour Lesser de l'eaue etc.*

2. **LAXARE**, Dimittere, sinere, Gall. *Laisser*. Gesta Purgationis Felicis : *Dico illi ego : Molestus es mihi, tu homo immissus es : Laxa hinc te a me*, id est, *recede*. Galli dicerent : *Laissez moi là*. Gregorius Tur. lib. 2. Hist. cap. 41 : *Quod minarentur sibi cæsariem ad crescendum Laxare.* Adde lib. 7. cap. 32. Acta Martyrii S. Vassii Mart. n. 1 : *Cœpitque vir beatissimus omnia sua pauperibus erogare, et omnem suam familiam liberam Laxare, etc.* Tabularium Abbat. S. Amantii Inculism. : *Petrus Robertus de Ambairiaco in vitæ suæ fine fuit Monachus S. Amantii, et Laxavit S. Amantio totum quod habebat in terra, etc. aliam vero partem jam dudum Laxaverat.* Tabul. Abbat. Belliloci in Lemovicib. num. 87 : *Dono Bordariam meam quam senior meus Bernardus Laxavit S. Petro.* Chronicon Ademari Caban. : *Vurpivit Vanascum boscum, et Laxavit duo candelabra argentea, etc.* Tabular. Caturcense : *Ego Geraldus de Castro Gordonis Miles volens ire ad S. Sepulcrum... Laxo totam terram meam Americo filio meo, etc.* Adde Catellum in Hist. Tolosana pag. 189. et in Histor. Occitan. pag. 787. Beslium pag. 424. etc

Item pro Relinquere, dimittere, *Lascher*. Idem Gregorius lib. 4. cap. 16 : *Omne quod circuivi, Laxare non potero, sed sub mea hoc potestate... cupio retinere.* Lib. 6. cap. 8 : *Et cur hodie induratus hominem, pro cujus vita rogaveram, non Laxasti?* Cap. 11 : *Et graviter injuriatus, tandem Laxatus est.* Commodianus Instruct. 85 :

> Si quidam doctores, dum expectant munera vestra,
> Aut timent personas, Laxant singula vobis.

Testamentum S. Fulcranni Episc. Lutevensis sub finem : *Vineas quas Aldegerius et Focedisclus, Laxaverunt mihi, dono Gontardo, etc.* Baldricus Noviom. lib. 1. cap. 17 : *Ut militiæ cingulo posthabito, Laxatoque conjugio, monastico habitu sumpto, sub sanctæ conversationis regula se constringeret.* Sic enim restituendum puto, pro *Laxoque*.

* Hinc *Faire lasche*, Remissius agere, indulgentius habere, in Gest. Ludov. Pii cap. 17. tom. 6. Collect. Histor. Franc. pag. 155 : *Quant il* (Pepin) *fu là menez* (à Treves en prison) *cil qui garder le devoient, le firent si grant Lasche, ou apenséement ou par négligence, que il s'en eschapa par nuit.* Ubi Vita ejusd. Ludov. ibid. pag. 112 : *Quo cum duceretur, et indulgentius haberetur, a suis custodiæ noctu subducitur.*

¶ Laxare Votum. Le Roman *de Vacce* MS. :

> A l'Apostole ont envoyé,
> Cil a du vou le Roiz Laschié.

Laxa, Donatio, legatum. Charta Raymundi Comitis S. Ægidii, apud Catellum [et inter Instrument. tom. 2. Gall. Christ. col. 230.] : *Qui impugnare præsumpserint donationes et Laxas quas illi faciunt, qui ad dominici Sepulcri liberationem vadunt.* Alia Fulconis Comitis Andegav. apud Sammarthanos tom. 4. Gall. Christ. pag. 822 : *Concessit etiam omnes Laxas quæ Monachis S. Sergii fient absque toto fevo Militum suorum.* [Alia ann. circiter 924. apud Baluz. Hist. Tutel. col. 323. inscribitur : *Laxa Immonis et Itiburgis quam fecerunt S. Martino.*]

Lexia, Vox ejusdem notionis et originis, nisi a *Lez*, vel *Legs*, Legatum, etymon ducatur. Charta Jacobi Regis Aragon. ann. 1272. qua Jacobo filio regnum Majoricanum concedit : *Volumus etiam quod donationes et Lexiæ quas fecimus de Castris et aliis rebus, habeant plenariam firmitatem.* Libertates concessæ Barcinonensibus a Petro Rege Arag. ann. 1283 : *Concedimus quod Vicarii et Bajuli possint facere compositiones, gratias, et Lexias de juribus Curiarum, sicut antiquitus fieri consuetum est.*

Lessa, Eodem perinde significatu, in Monast. Angl. tom. 1. pag. 562 : *Eleemosynas quas mei homines facient de suis decimis, atque Lessas de suis substantiis, Deo et S. Nicolao concedo.* Charta ann. 1164. ex Tabulario S. Germani Pratensis : *Ea conditione tamen interposita, quod beneficia parrochianorum in infirmitate facta, et Ecclesiæ S. Georgii collata, ubicunque sepulti fuerint, beneficia, inquam, quæ vulgari nomine Lessa nuncupantur, Monachis S. Germani et Ecclesiæ S. Joannis ex æquo dividentur. Determinatum quoque est, quod Lessa servorum S. Germani de Patrimonio facta nunquam nisi assensu Monachorum a Canonicis recipiantur, etc.* Charta alia ibidem : *De dimissis, id est Lessis, habebunt monachi medietatem unam, etc.*

Lessum, item, in Charta Manassis Episcopi Aurelianensis, ann. 1142 : *Et duas partes omnium Lessorum mobilium rerum.*

Læssa, Cowello et Anglis JC. significat locationem terrarum vel tenementorum alicui factam. Vox, ni fallor, ejusdem originis.

¶ 1. **LAXATIO**, Emissio e custodia, Gallis *Elargissement*. Chartular. Turenæ ann. 1334. apud Baluz. tom. 2. Hist. Arvern. pag. 189 : *Ipsum Johannem* (furti accusatum) *licentiavimus justitia mediante... post suam Laxationem, etc.*

Laxatio Retium. Vide *Tragal.*

* 2. **LAXATIO**, Cessio, rei possessæ dimissio. Charta ann. 1063. ex Tabul. Gellon. : *Facta est hæc guirpitio vel Laxatio etc.* Vide *Laxare* 2.

* 3. **LAXATIO** Carnis, Tempus, quo carnium esus *laxatur* seu iis vescendis finem imponunt fideles, *Carniprivium*. Charta Vital. ducis Venet. ann. 1094. tom. 4. Cod. Ital. diplom. col. 1536 : *Dare nobis.... debeatis pullos tres et denarios tres per annum, unum scilicet ad Nativitatem Dominicam cum denario suo, alterum ad carnis Laxationem cum denario suo, tertium vero in Pascha cum denario suo.* Vide supra *Carnem Laxare*.

* **LAXATIVA**, nude, Medicina, purgatio. Glossar. Provinc. Lat. ex Cod. reg. 7657 : *Laxativa, medecina, Prov.*

¶ **LAXATIVUS**, Vox medica, Gall. *Laxatif*. Qui movet alvum. Usi sunt Cæl. Aurel. lib. 2. Tard. cap. 3. et Apul. de Herbis cap. 60.

¶ **LAXIATUS**, Dimissus, interruptus. Gesta Manfredi et Conradi Regum apud Murator. tom. 8. col. 607 : *Jamjam omnino volens irruere denuo... Laxiatum fremebat et anxiebatur aggredi bellum.* Vide *Laxare* 2.

* 1. **LAYA**, Silvæ portio cædenda, signatis arboribus designata. Charta Ingerrani dom. de Marign. pro fundat. eccl. colleg. Escoiar. ann. 1310 : *Insuper do prædictis canonicis videlicet cuilibet xij. quadrigatas bosci.... percipiendum anno quolibet in foresta de Basquevilla juxta boscum arduum* (leg. cæduum) *sive Layam.* Ubi versio Gallica habet, *Dans la forest de Basqueville au bois de coupe ou ventes.* Charta Phil. V. ann. 1320. in Reg. 59. Chartoph. reg. ch. 473 : *Pro hujusmodi capiendo usagio ad ædificandum et ardere certa et sufficiens assignabitur Laya, ... extra quam Layam nichil omnino pro ædificando vel ardere reclamare poterunt.* Vide *Laia* et in *Leda* 3.

* 2. **LAYA**, Lamina, Gall. *Lame*. Stat. Avellæ ann. 1496. cap. 124. ex Cod. reg. 4624 : *Nulla persona.... portare audeat.... aliquem cultellum.... seu aliquem gladium.... majorem et longiorem uno pede et dimidio, ... tam in manubrio quam in ferro seu Laya, ac inter manubrium et Layam.*

¶ **LAYCATUS**. Vide *Laicatus* in *Laicus*.

* **LAYDA**, Quævis præstatio, vel quodvis tributum, maxime quod pro mercibus penditur. Charta ann. 1318. inter Instr. tom. 12. Gall. Christ. col. 405 : *Percipiunt dimidiam partem omnium obventionum communiter, quæ prætextu Laydæ dicti fori et nundinarum evenient, vel evenire possent in futurum.* Vide in *Leudis*.

¶ **LAYETA**, Capsa, capsula, Gall.

Layette. Inventarium Ecclesiæ Noviom. ann. 1419 : *Una parva Layetta, in qua sunt plures peciæ argenteæ omnes vel deauratæ.* Potissimum dicitur de capsulis archivorum, in quibus per ordinem distribuuntur et asservantur instrumenta MSS. hacque notione passim occurrit in Catalogis MSS. chartarum S. Bertini. Vox ducta a *Lagena*, si credimus Borello, si Menagio a *Capsula*.

* **LAYGNERIUM.** Vide supra *Laignerium.*

* **LAYNAGIUM**, Jus ligna exscindendi in nemoribus ad usum suum, pro quo certa præstatio domino exsolvebatur. Charta admort. Caroli V. ann. 1375. in Reg. 108. Chartoph. reg. ch. 274 : *Laynagium, vulgariter le Laynage, de Waubento, valoris centum solidorum rendualium quolibet anno; quod quidem nemus ac Laynagium a nobis.... tenentur, dare et assignare proponit.* Vide *Lignagium.*

* **LAYRANH**, Certa quantitas, sic dicta a vase hujus nominis, in quo res ipsa continetur : nisi vecturæ nomen sit. Martyrol. eccl. SS. Steph. et Sebast. Narbon. : *Remigia, ... quæ dimisit ecclesiæ S. Stephani j. Layranh vindemiæ pro suo anniversario de mallolo de asperis Narb. de quo pater ejus dimisit eidem ecclesiæ unam saumatam et mater sua j. Layranh.*

¶ **LAYRERIUS.** Vide *Larrerius.*

* **LAYRONERIA**, Spelunca latronum, Gall. *Repaire des voleurs.* Lit. remiss. ann. 1379. in Reg. 117. Chartoph. reg. ch. 37 : *Ad caput castri Clarismontis accesserunt clamando et vociferando, apperiatis, apperiatis januas castri, ut possimus intrare, et tradatis nobis proditores infra Layroneriam reclusos. Larronnaille* vero pro vili multitudine, in Lit. remiss. ann. 1373. ex Reg. 105, ch. 120. *Lairrenaille,* eodem intellectu, in aliis ann. 1384. ex Reg. 125. ch. 46 : *Icellui Thomas dist plusieurs grans injures et vilenies, en les appellant Lairrenaille, etc.*

* **LAYSANÆ**, Immunditiæ, Gall. *Ordures.* Ordinat. ann. 1352. inter Probat. tom. 2. Hist. Nem. pag. 150. col. 2 : *Item quod nulla persona sit ausa aliquas Laysanas jacere seu projicere juxta portalia.*

* **LAYSSA**, Lorum, habena, Gall. *Lesse.* Charta ann. 1361. in Reg. 103. Chartoph. reg. ch. 78 : *Petrus Gosini de Caramanno.... tenetur facere quoque anno pro amparantia unum morulum parvum cum sonnulis argenteis et Layssis de cirico pro quibusdam bonis sitis prope villam Montis-Galhardi, sine aliqua alia servitute.* Vide *Laxa.* Alia notione occurrit supra in voce *Laissa.*

¶ **LAZANA** Nemoris, Portio silvæ longior, quam latior. Codex censualis MS. Humberti de Villaribus Domini Castellarii in pago Dumbensi ann. 1391 : *Johannes Champagnon fuconerius et burgensis Castellarii tenet unam Lazanam nemoris sitam juxta nemus Petri de Montferrandi domicelli.* [* Vide an non idem sit quod supra *Laia* 1.]

LAZARI, Leprosi, Gallis *Ladres* : sic dicti, quod eorum domus seu Ecclesia extra muros Hierosolymitanæ civitatis sita, *sancto Lazaro* dicata esset. De hac mentio fit in Monastico Anglic. tom. 2. pag. 397. et 399. Charta Ludov. Regis, ex Tabul. S. Cornelii Compendiensis : *De infirmis qui et leprosi, vulgo autem Lazarii nominantur.* Charta ann. 1146. in Miscellan. Labbei tom. 2. pag. 610 : *Concedo Lazaris de Belloloco decimam molendini, etc.* Statuta Hospitalis S. Juliani in Anglia : *Lazaros congregavit, ad eorumque sustentationem, etc.* Laurentius Leodiensis in Episcopis Virdunensibus : *Ut enim taceam quantos Lazaros cæteris abhorrendos cum sua conjuge, officio Deo vere officioso, domi abluerit, cooperuerit, et foverit etc.* Adde idem Monasticum Anglican. pag. 376. et Thwroczium in Hist. Hungar. pag. 33. [** Vide Murator. Antiq. Ital. med. ævi tom. 1. col. 907.] Leprosorum vero olim magnam habuisse curam Episcopos arguunt Concilia Aurel. V. cap. 21. et Lugdun. III. cap. 6. Exstat S. Ildefonsi Toletani Carmen in Xenodochium a parentibus suis conditum :

> Livia cum Stephano genetrix : sed avunculus illum
> Compulit Eugenius Præsul ad hospitium.
> Lazarus hoc mendicus habet sub mœnibus urbis,
> Qua via Complutum cursibus apta patent.

¶ **LAZARRAZINA**, Annulus forte sic dictus a lapide *Lazurio* sive cæruleo. Testam. Olivarii *de Pennart* Aqu. Archiep. ann. 1481. inter Instrum. tom. 1. Gall. Chr. pag. 70 : *Baga auri nominata Lazarrazina sistente in arca mea.*

¶ **LAZIA**, f. Idem quod *Leda* 3. Via lata. Memoriale Potestatum Regiens. ad ann. 1218. apud Murat. tom. 8. col. 1102 : *Christiani... ordinaverunt qualiter poterat capi civitas* (Damiata) *et diviserunt totam gentem, et præceperunt custodire Lazias et carbonaria.*

* **LAZOLUS**, Laqueus, pedica, tendicula, Ital. *Laccio* et *Lacciolo.* Stat. Mantuæ lib. 1. cap. 115. ex Cod. reg. 4620 : *Nullus de civitate Mantuæ et districtu capiat leporem vel lepores ad Lazolos vel ad taiolas.*

* **LAZUR**, Lazurius, Lazulum, vulgo *Azur* : Constantino Africano lib. de Gradibus, et Arabibus *Lapis Lazuli.* Matth. Silvaticus : *Lapis Lazuli Latinis, Arabibus, Hager Alzenar sive Alzanar.* Ubi *Hager* lapidem sonat. Alibi : *Lauzud, Arab. Azurinum, lapis Lazuli.* Mox : *Lazud, i. lapis Lazuri.* Alii aiunt *zul* Arabibus *cæruleum* sonare. Palladius de Architectura : *Colorum... medii, rubeus, viridis, croceus, purpureus, prasinus, Lazur, indicus.* Frotharius Episcop. Tull. Epist. 20 : *Peto ut nobis mittas ad decorandos parietes colores diversos,... videlicet auri pigmentum, folium Indicum, minium, Lazur atque prasinum.* Chronicon Constantiense : *Venetiarum namque Episcopus modium plenum Graici coloris, qui Lazurius dicitur, etc. Sericum Lazurium,* apud Krantzium in Metrop. cap. 8. [Joh. Iperius in Chronico S. Bertini apud Marten. tom. 3. Anecd. col. 497 : *Hic arma detulit auri et Lazuri distincta pyraminibus in umbonis... scuto aureo junctis.* Agitur de Liederico *egregio Milite* initio regni Caroli Mag. unde quæ hic dicuntur de insignibus ejus gentilitiis præ nimia antiquitate merito sunt suspecta; hujuscemodi enim virorum nobilium et familiarum insignia ante annum 1000. non agnoscunt doctiores critici.]

Lazulum. Paulus Venetus lib. 1. cap. 34 : *Suppeditat quoque mons alius in hac provincia Lazulum, de quo fit azurum optimum.* Adde cap. 64. Annonymus de locis Hieros. cap. 14 : Καὶ ὁ ναὸς ἔναι μὲ τρούλλην ἔναι, καὶ ζωγραφισμένη μετὸ λαζούρη.

Lazulum Acconense non semel commendat Octavianus *de S. Gelais* in Viridario honoris :

> D'azur d'acre grand bardes azurées.

Alibi :

> Chevaulx houssez de veloux de drap d'or,
> Bardez d'acier d'azur d'acre et pointure.

De Lazulo consule quæ habent Leonardus Fuchsius lib. 1. Paradoxor. medicin. cap. 12. Philander ad Vitruvium lib. 7. cap. 11. et Salmasius ad Solinum pag. 1153. Vide præterea Meursium in Λαζούριον, [et Glossar. med. Græcit. in eadem voce.]

LAZZI. Nithardus lib. 4. de Saxonibus : *Quæ gens omnis in tribus ordinibus divisa consistit. Sunt enim inter illos qui Edhilingi, sunt qui Frilingi, sunt qui Lazzi illorum lingua dicuntur. Latina vero lingua hoc sunt, nobiles, ingenuiles, atque serviles.* [Supra habetur *Lassi.* Eosdem esse quos alii, sublato medio sibilo, *Lætos, Letos, Lidos* vel *Litos* appellant, haud male adnotat Eccardus ad Pactum legis Salicæ tit. 11. § 4. Vide *Litus.*]

* **LEA**, a Gallico *Laie*, Aper femina. Lit. Alfonsi comit. Pictav. ann. 1269. in Reg. 11. Chartoph. reg. fol. 40. r°. : *Venari faciat et apros et Leas capi in majori quantitate quam poterit, usque ad ducentos vel circa, et eos bene faciat salsari ad defferendum ultra mare.* Charta ann. 1317. in Reg. 54. fol. 41. v°. : *Concessum est domino Johanni Saladin Dangleure, quod ipse in foresta de Otha singulis annis sex apros et octo Leas seu sues venari cum canibus.... valeat.*

LEAFGABULUM, [f. Reliquus census, a Saxon. Laf, Lafe, Reliquum et gafel, Census, tributum, reditus.] Vetus Charta apud Somnerum in Tractatu de *Gavelkynd* pag. 27 : *Et de 12. lib. 4. den. ob. de annuo redditu assis. Cum Leafgabulo ad terminum S. Martini, etc.* Vide *Lyef-yeld.*

* **LEAGIUM**, Jus signandi arbores cædendas, vel quæ pro terminis notantur. Charta Rotroci Catalaun. episc. ann. 1196. ex Bibl. reg. : *Albricus filius Roberti militis de Belesma.... dedit ecclesiæ B. Mariæ de Cheminon.... quicquid habebat in foresta de Luirz, tam in nemore quam in plano, et in Leagio sive in alio jure.*

* Aliud vero est jus quod *Léage* dicitur et explicatur in Recognit. feud. dom. de Veteri-ponte pro castell. *de Buri* ann. 1366 : *Item le Léage en la ripviere de la Cisse;... lequel Léage est tel, que chascun molin nouvellement fait ou rédiffié, jasoit ce que icellui molin autresfoiz ait esté; cil ou ceulx qui faire ou rédiffier le font, ne doivent et ne peuent mettre le fust granier esdiz molins, ne en aucun, sans appeller noz gens et officiers.*

¶ **LEALDADIS**, Fidelitas, Hispan. *Lealtad*, Gall. *Loyauté.* Vide locum in *Filiare.*

* **LEALIS**, Qui domino feudali fidelitatis sacramento adstrictus est, idem qui *Ligius.* Libert. loci de Stagello ann. 1331. in Reg. 69. Chartoph. reg. ch. 174 : *Ber-*

nardus et uxor ejus et infantes eorum et omnis posteritas ipsorum sint Leales et firmigarantes ad S. Mariam Crassam et ad ejus monachos omni tempore sine engan.

LEALS, Mensuræ liquidorum species, apud Arvernos. Tabularium Brivatense ann. 1274 : *Qui solvebat tibi occasione ejusdem vineæ tres Leals vini annuatim*. Occurrit ibi non semel.

* **LEAMEN**. Vide supra *Læamen*.

LEANES, in vetustissimo Glossario Britannis dictas Moniales et Sanctimoniales, auctor est Camdenus in Britan. [Vide *Land* et *Lanna*.]

¶ **LEAR**, f. Vervex vel aries, Gall. *Belier*. Codex MS. Irminonis Abb. Sangerman. fol. 41. v°. col. 1 : *Solvit porcum* I. *crassum, Learem* I. *denar.* XII. *pastas* III. *ova* LX. Et fol. 108. v°. col. 2 : *Iterum ad* III. *annum non solvit oviculam, sed solvit Learem* I. *de denar.* IIII. *et solvit omni anno de vino mod.* II.

* Hinc *Léasse*, Pellis arietina vel vervecina, in Lit. remiss. ann. 1380. ex Reg. 118. Chartoph. reg. ch. 233 : *Ysabeau de Dampnemarie..... et Guillaume Huet.... furent serviteurs en l'ostel de Pierre de Néelle escuier, et là.... prindrent.... un seurcot de mabre fourré de gros ver à manches fourrées de Léasses.*

¶ **LEARIUS**, *Leonis filius*, apud Papiam.

* **LEATORIUM**, Locus lege defensus et prohibitus; nisi forte legendum sit, ut paulo ante *Latranum*, in Charta Hug. comit. Emporit. ann. 1079. in Append. ad Marcam Hisp. col. 1170 : *Iterum dono Domino Deo et prædicto cœnobio et habitatoribus loci illius in ipsa nostra defensa, quæ dicunt in Latrono, in ipsa mare omni tempore, ut Caynovo dominicus et alii homines in eodem Leatorio piscari sibi faciant piscationem.*

* **LEAUDA**, Idem quod *Leuda*, Tributum, quod pro mercibus penditur. Libert. S. Rom. de Tarno ann. 1322. tom. 8. Ordinat. reg. Franc. pag. 477 : *Emolumentum Leaudarum et aliorum jurium occurrencium per gentes regias levandum et exigendum etc.* Vide in *Leudis*.

¶ **LEBANTARE**, ab Hispanico *Levantar*, apud venatores Excire, excitare feras, Gall. *Faire lever le gibier*. J. Moretus Antiq. Navarræ pag. 324. ex Tabulario Pinnatensi : *Exivit una die cum suos varones et Lebantaverunt unum aper, et sequentes illum venerunt etc.*

¶ **LEBEDIUM**, *vel Scapha, Vaisseau à vomir.* Sussannæus. Vas ad vomitum. Est λεβέτιον Græcorum, Parvus lebes.

¶ **LEBES**, f. Cacumen, apex, Gall. *La pointe*. Guill. Armoricus de Gestis Philippi Aug. apud Duchesnium tom. 5. pag. 92 : *Frequenterque tenuit in illis diebus, adeo ut in crastino Nativitatis B. Mariæ fulmen desursum veniens in campanariam turrim B. Dionysii, quæ miræ erat altitudinis, gallum auratum cum Lebete deaurato prostraverit de turris summitate in terram.* [* Mallem de globulo, vulgo *Pomme*, intelligere; ad lebetem quippe seu ollam proprius accedit.]

¶ 1. **LEBETA**, *Olla, fem. gen. Lebetinæ, Popinæ.* Papias MS. Editus habet *Lebetinæ*; Glossar. Sangerman. MS. num. 501 : *Lebitinæ.*

2. **LEBETA**, Lebetes. Vide *Levitonarium.*

¶ **LEBETIÆ**, *Lecania, scaphæ, pelves*, apud Laurentium in Amalthea.

¶ **LEBETINÆ**, Lebitinæ. Vide *Lebeta*. 1.

¶ **LEBITO**, etc. Vide *Levitonarium.*

¶ 1. **LECA**, Præceptum Ludovici Transmarini ann. 938. Marcæ Hispan. col. 850 : *Qui pergit per ipso riulo usque in rivolo, qui descendit de ipsas Lecas et injungit in torrentes.* Forte nomen proprium. [* Glossar. Provinc. Lat. ex Cod. reg. 7657 : *Leca, Prov. muscipula, decipula.*]

* 2. **LECA**, Lecacitas, *La giotonia, e lecardia*, in Glossar. Lat. Ital. Ms. Vide mox

LECATOR, Leccator, Catillo, scurra, Gallis [olim] *Lichard*, Belgice *een lecker oft lekspet.* Gloss. Isidori : *Leccator, gulosus.* [Alibi, *Leno, Lecator, mediator.*] Ugutio : *Scurra, Lecator, vaniloquus.* Brito in Synon. :

Est epulo, scurra, Leccator vel parasitus.

Idem in Vocabulario : *Ganeus dicitur Leccator. Ganea, Leccatrix, meretrix.* Alibi : *Monile ornamentum est pectoris, a munio dictum, quasi munile, quod munit pectus mulieris, ne Leccatores possint immittere manum in pectus ejus.* Breviloq. : *Ambrones, dicuntur homines devorantes et Leccatores.* Ugutio : *Ardelio, qui ardens est in Leccacitate, Ganeo qui moratur in tabernis, ubi fit Leccacitas. Item ganea, Leccacitas.* Idem Ugutio et Jo. de Janua : *Lecca est proprietas lingendi : inde Leccacitas et Leccator et Leccatrix : nam talium est lingere.* [Gloss. Lat. Gall. Sangerm. : *Lecca, Leccacitas, Lecherie; Leccator, Lecheur; Leccatrix, Lecherresse.* Alibi ut et aliud] Gloss. Lat. Gall. : *Ambro, nis, Lescheur.* Vocis origo Græca. Lexic. Gr. MS. Reg. Cod. 2062 : Λαικάζω, τὸ ἀπατῶ, ἀπατητικαὶ γὰρ αἱ λαικαςρίαι ἢ πόρναι. Chron. Medardi Suession. ann. 1225 : *Quidam rusticus Lecator... finxit se esse Comitem Flandriæ Balduinum.* Charta Philippi Aug. Regis Fr. ann. 1209. pro Communia Ambianensi : *Qui pugno aut palma aliquem de Communia præterquam consuetudinarium, vel perturbatorem, vel Lecatorem percusserit, etc.* Eadem Gallicis verbis concepta in Homagio Episcopi Amb. pro Regalib. ann. 1302. in Camera Comput. Paris. : *Qui fiert de puing ou de paume aucun qui est de commune, se n'est glouton ou Lecheeur, etc.* Cæsarius Heisterbac. lib. 4. cap. 6 : *Quidam Monachus, ante conversionem Leccator opere, vino et tesseris deditus.* Adde Ordericum Vital. l. 12. pag. 865. Rigordum in Philip. Aug. ann. 1185. Guibertum lib. 3. de Vita sua cap. 5. 15. Albertum Stadensem pag. 184. Concil. Herbipolense ann. 1287. cap. 34. Vitam S. Willelmi Abbat. Roschild. n. 24. etc. [*Si aliquis Licator vel meretrix*, in Libertatibus Moirenci ann. 1164. tom. 1. Hist. Dalphin. pag. 16.] Phil. *Mouskes* MS. de Poetis Provincialibus verba faciens :

Quar quant li buens Rois Karlemaigne
Ot toute mise à son demaine
Provence, qui mult iert plentive
De vins, de bois, d'aigue, de rive,
As Leceours, as menestreus,
Qui sunt auques luxurieus,
Le donna toute et departi.

Le Caton en Roman MS. :

N'ailles pas ò Lecheours,
Mais toujours avoec les meillours.

Le Roman *de Garin* MS. :

Par Lecheor est pruedome engignies,
Et riches Princes trais par losengier.

[Anonymus e Bibliotheca Coisliniana :

En son lit mist le Lecheor,
Puis ovri l'uis à son seignor.]

Hinc *Leccacitas*, pro scurrilitas apud Balbum in Catholico. Ugutio : *Lecacitas vel Leccitudo, officium lenonis.* [Gloss. Isid. : *Lenocinium, Lecacitas.*] Ordericus Vitalis l. 9. pag. 752 : *Incontinentes de Leccacitate sua redarguebantur.* [Chron. S. Trudonis tom. 7. Spicil. Acher. : *Lethargicumque cerebrum ejus fœtido adulationis suæ oleo impinguantes interius Leccatriæ suæ sic cum eo satisfaciebant.*] *Lescherie*, apud Willelm. *Guiart* in sancto Ludovico :

Cil sains Rois se relargissoit
A autres gieus que Lescherie.

[Le Roman *de la Rose* MS. :

A regarder lores me pris
Les cors, les façons, et Leschieres,
Les semblances et les manieres
Des gens q'ilec karoloient.]

[** Ubi legendum *les chieres.*]

* Et nostris *Lécherie*, pro *Boufonnerie*. Vita S. Ludov. edit. reg. pag. 370 : *Onques en sa vie ne li oy dire parole de Lécherie, ni oiseuse.* Sed et pro Voluptas, luxuria, interdum usurpatur. Lib. de Just. et Plac. ibid. in Glossar. : *Cil fet péchié de char, qui tient franche fame par cause de Lécherie, et ne mie de mariage.*

** Leccanter, More *leccatorum*, scurriliter. Chart. ann. 1371. in Guden. Cod. Diplom. tom. 3. pag. 503 : *Turpiter et Leccanter vivendo, nec studio vacare velint.*

* **LECCADA**, Certum onus vel pondus, idem quod *Lasta* 2. Vide in hac voce. Charta ann. 1226. inter Probat. tom. 3. Hist. Occit. col. 204 : *Ego Bermundus dominus Ucetiæ et Armasanicarum dono duas Leccadas de anguillis in aquis de Iscla.* Vide mox *Leclia*.

¶ **LECEBRA**, Illecebra, a *Lacere*, quod usurparunt quidam inter antiquos. Gloss. MS. Sangerman. n. 501 : *Lecebra, Seductio vel occulta blandicio.*

LECH. Fœdus Edwardi et Guthurni Regum, apud Spelmannum : *Habeant se omnes in Flokesmoth, et in Shiremoth, et in Hundred, et in Wapentac, et in Trething, et in Lech, secundum consuetudinem patriarum et provinciarum.* Ubi *Lech*, idem quod *Lath*, quod vide in *Lastum* et *Leda*, 3.

* **LECHAN**, Piscis species. Tract. Ms. de Pisc. cap. 104. ex Cod. reg. 6838. C : *Lyra, a nostris grouau vel grougnant, quod grunniat more suis, a Ligurbus organo, ob sonum quem edit, a Gallis rouget, a Germanis inferioribus Lechan, quasi gallus marinus.*

* **LECHITUS**, pro *Lecythus*. Glossæ ad Doctr. Alex. de Villa-Dei : *Lechitus, vas olei ad luminanda.*

¶ **LECHUGUILLA**, Hisp. Parva lactuca; unde pro quodam ornatu vestis parvæ lactucæ formam utcumque referente usurpatur in Concilio Limæ ann. 1582 : *Remo-*

veniuntur vero a clericali usu nova quædam inventa indumentorum, aut ornatus, quæ milites, non Clericos decent; qualia sunt quæ patrio more vocare solent Lechuguillas, polaynas, punctas, etc. [* Academ. Hispan. in Diction.: Collare plicatum in lactucæ formam.]

* LECLIA, f. Pondus vel mensura, idem quod Lasta 2. quomodo etiam forte legendum est. Vide in hac voce. Charta ann. 1172. ex Chartul. archiep. Bituric. fol. 119. v°.: Sciant omnes quod cum controversia esset inter nos et Rabellum militem, scilicet de justitia omnium hominum, de furno, de Lecliis panis, vini et carnium et vivorum animalium, etc. Vide supra Leccada.

¶ LECNA, Planta palustris, Gall. Nenuphar. Charta ann. 1436. apud Ludewig. tom. 4. pag. 307: Dinastæ de Auguzdez, qui originem suam ex Kauniczüs traxere, quique in suis insigniis duas nymphæas albas, vulgo Lecnas, e radicibus prodeuntes gerunt.

LECTARIUM, Apparatus et instrumentum lecti. [** Guerardo in Glossar. Irminon. id quod Lectisternium, scilicet Instragulum, thorale, Gall. Courte-pointe.] Formula Andegav. 1: Cido tibi bracile valente solidus tantus, toneneas tantas, Lectario ad lecto vestito valento solidus tantus, etc. Regula S. Fructuosi cap. 4: Quicquid in vestimentis, calceamentis, vel Lectariis Monachorum vetustum fuerit, ... pauperibus erogetur. Cap. 10. de Hospitibus: Lectaria, Lucerna, et stramina mollia exhibenda. [Testamentum Ermentrudis apud Mabill. de Liturg. Gall. pag. 463: Lectaria ad lecto uno qui melior fuerit.] Adalardus in Statutis antiq. Corbeiensib. lib. 1. cap. 3: Cottum aut Lectarium, sive sagum in tertio anno accipiant. Capitulare de Villis cap. 4: Ut unaquæque villa intra cameram Lectaria, culcitas, plumatias, ... habeat. Vita S. Benedicti Anian. Abb. cap. 3: Ut impigrum depellerent frigus, Lectariis utebantur. Vita S. Paterni Episc. Abrincens. cap. 9: Lectulum nunquam habens, Lectaria nesciens. Tradit. Fuldens. lib. 2. cap. 38: Omnia vero alia quæ remaneant, ita dividentur, ut prædixi, id est, Lectaria, sive villosi, sive manutergia, sive canifelli, sive cujuscumque sint vestimenta, linea vel lanea.

Lectaria, feminino genere. Formulæ veteres Bignonii cap. 37: Tantas Lectarias condignas ad lectos. Perperam lecturios apud Lindenbrog. form. 77. pro lectarios; Lectarios condignos ac lectos tantos. [* Charta fundat. abbat. Aquilar. ann. 832. inter Probat. tom. 1. Annal. Præmonst. col. 104: Duodecim lectos cum sua Lectaria etc. Vide Lectarium.]

Leteira. Testam. Sancii I. Reg. Portag. tom. 4. Monarch. Lusit. pag. 260: Ut post mortem meam habeat totam meam Leteiram et meas annulos et sortilias, etc. [** Meum Lectum cum tota sua Literia, in Testam. Urraccæ Fernandez ann. 1254. apud S. Rosa de Viterbo Elucidarii tom. 2. pag. 91. in hac voce.]

¶ Lectariola, diminut. Vita S. Walarici tom. 1. April. pag. 22: Cujus lectus ex virgis contextus vili satis Lectariola tegebatur.

LECTARIUS, Lectorum artifex, confector, κλινόποιος, in Gloss. Græc. Lat. Vide Lectarium.

¶ 1. LECTERIA, f. Lectica, species vehiculi, Gall. Litiere. Computus ann. 1333: Item pro una Lecteria facta pro domina Dalphina, taren. XVIII.

2. LECTERIA, Stramentum pecuarium ex fœno et paleis, quod vice lecti est, unde vox Litiere nostris, Littiera Italis. Charta fundationis Monasterii Orbisterii ann. 1007. [Apud Stephanot. tom. 4. Antiq. Pictav. MSS. pag. 632.]: Propria, animalia,... et Lecterias ad opus eorundem animalium per totam forestam meam.

Litera, Eadem notione. Monasticum Anglican. tom. 2. pag. 32: Pro iis dicti Canonici reddunt per annum... duo corrodia duorum Canonicorum et 5000. turbarum ad ad comburendum, et tres carretatas Literæ. Fleta lib. 2. cap. 20: Clerici Marescalciæ est emere fœnum, avenam, Literam, et ferramenta, etc. Adde cap. 14. § 4. cap. 74. § 3.

Literia. Charta fundat. Prioratus Montis-Guidoni a Juhello D. Meduanæ ann. 1098: Eorumdem hominum animalia quocunque nomine censeantur, exceptis capris, possunt nutriri et pasci in eadem foresta, et (habebunt) Literiam quæ dictis hominibus necessaria fuerit. [* Lecteriam legit Menagius Provincialibus Lichiero, eadem acceptione.]

* 3. LECTERIA, Lecti fulcrum, fulcimentum, Ital. Lettiera. Stat. Astæ collat. 17. cap. 83. pag. 62. v°.: Item providerunt quod potestas civitatis Astensis, ejus judices et milites non debeat fieri facere.... in domo habitationis ipsius potestatis nec Lecterias, nec banchas, nec aliquid aliud opus lignaminis, expensis communis Astensis. Vide mox Lectica 3.

* LECTERITUM. Vide infra Lectritum.

¶ 1. LECTICA, Lectus. Guidonis Disciplina Farfensis cap. 22: Mox ut sonuerit custos Ecclesiæ signum, surgant omnes e Lecticis, et provideant indigeriis suis, et conveniant.

2. LECTICA, Feretrum, quo defuncti cadaver effertur: in lecticis enim ac lecticulis elata honestiorum cadavera pluribus docuit Jo. Kirchmannus lib. 2. de Funerib. Roman. cap. 9. S. Hilarius Arelat. in Vita S. Honorati pag. 32. 1. Edit.: Pro magno munere habitum est, Lecticæ manum admovisse. Fortunatus in Vita S. Medardi cap. 17: Deinde Pontificum primi nobiliumque secundi... beati funeris Lecticam per gaudia mixta pudori sustulerunt. Hariulfus lib. 4. Chronici Centulensis cap. 32: In eodem quo pausaverat sarcofago invenit Lecticam ligneam coriatam domini Nithardi filii ejus, Abbatis et Comitis corpus continentem sale perfusum.

Maxime vero ita appellabant Sanctorum feretra quæ in Ecclesiis colenda exponebantur. Helgaudus in Roberto Rege Franc.: Lecticam ipsius S. Aniani a fronte auro bono et optimo, et lapidibus pretiosis... præoccupavit. Hariulfus lib. 3. cap. 24: Fecerat Arnulfus Comes beatissimis Confessoribus Lecticas argenteas, ubi cum honore corpora eorum sancta condiderat. Sugerius in Ludovico VI. pag. 313: Sacras enim venerabiles sacratissimorum corporum Lecticas argenteas, quæ altari principali superpositæ, etc. Adde eumdem de Consecratione Ecclesiæ S. Dionysii, Librum Miracul. S. Mauri Abb. cap. 19. etc.

* 3. LECTICA, ut supra Lecteria 3. Stat. colleg. Fuxens. Tolos. ann. 1457. ex Cod. reg. 4223. fol. 210. v°.: Cum cameras ipsius collegii rotis, Lecticis et scamnis studentibus necessariis fulciri fecerimus, volumus ut lectum condecentem et garnitum sibi quisque portet. Vide infra Letica. Potest tamen et Pulpitum intelligi, atque tunc leg. Lecticum.

* 4. LECTICA, Leçon, in Glossar. Lat. Gall. ex Cod. reg. 7692.

* LECTICALIA, Lecti apparatus. Stat. S. Vict. Paris. Mss. cap. 5. part. 1: Vestimenta ejus (abbatis) calceamenta et Lecticalia nec colore, nec pretio, nec forma ab habitu cæterorum differre debent. Vide Lectisternium.

LECTICALIS, qui lectulos facit, in Gloss. Isid. [et in Glossario Sangerman. MS. num. 501.]

LECTICARIA, Prædium, ad quod lectica pervenitur. Anastasius Bibl. in S. Had. pag. 111: Monasterium B. Laurentii.... simulque et Lecticariam quæ vocatur Asprula.

LECTICARII, Qui mortuos in lecticis efferebant, de quibus Novella Justiniani 43. Vide Vitam S. Alexandri Acœmeti Abb. cap. 6. n. 41.

* LECTICARIUS, Lectorum opifex. Glossar. Gall. Lat. ex Cod. reg. 7684: Lecticarius, faiseur de liz. Vide Lecticalis.

¶ LECTICIUS Porcus, Lactens, Gall. Cochon de lait, in Chartular. S. Vincentii Cenoman. fol. 46. Legendum Lacticius.

LECTICOCESSIUM, in Notis Tyronis pag. 158. ubi forte leg. Lecticotectum, κατάστεγον φορεῖον, quod tectam nude dici quidam volunt in Glossis Isidori: Basterna, tecta manualis: vel certe Lecticapsum, est enim, capsus, vel capsum eidem Isidoro lib. 20. carruca undique contecta, ita ut Lecticocapsum medium tenuerit inter lecticam et capsum.

LECTICULÆ, inquit Durandus lib. 5. Ration. cap. 2. n. 50. a quibusdam dictæ diurnæ lectiones in officiis Ecclesiasticis quod breves sint, a pluribus vero Capitula, eo quod ut plurimum de Capitibus Epistolarum illorum dicrum, quibus dicuntur, sumuntur. Hæc siquidem post psalmos et antiphonas in singulis Horis dicuntur, prout statutum est in Concil. Agathensi.

¶ LECTIFLORUM, Collectio florum seu rerum præcipuarum et selectarum. Chronica, quæ dicitur Lectiflorum, quam composuit Gaschapinus Cremonensis, in Opusculo Guavalnei Flammei apud Murator. tom. 12. col. 1008.

LECTILE, Junceum, in Glossis Lat. MSS. Reg.

¶ 1. LECTIO. Charta Henrici Regis Angl. tom. 4. Hist. Harcur. pag. 1411: Sicut teneo cum murdro et morte hominis, et plaga nichaim, et sanguine et duello et Lectione et aqua et rapo, et cum omnibus aliis regiis libertatibus. Habetur Lacone tom. 3. pag. 183. sed utrobique legendum Latrone. Vide Lectiones.

* 2. LECTIO, pro Scriptura Sacra.

Vita metr. S. Germ. Autiss. tom. 7. Jul. pag. 238. col. 2 :

> Mixtaque apostolicis vernacula verba loquelis,
> Concina sermonem testatur Lectio castum.

* 3. **LECTIO**, Scriptum quodvis. Audachri constit. in Append. ad tom. 3. Annal. Bened. pag. 675. col. 1 : *Placuit nobis et dignum duximus inserere Lectioni qualiter etc.* Vide infra *Lectum.*

1. **LECTIONARIUS**, Lectionarium, Liber continens lectiones Ecclesiasticas, quem a S. Hieronymo compositum scribunt Honorius August. l. 1. Gemmæ animæ cap. 88. et Berno Augiensis l. de Missa cap. 1. [S. Bonifacius Mogunt. Ep. 85. ad Egbertum Eboracensem : *Flagitamus, ut... destinare curetis, id est de tractatibus quos spiritalis Presbyter et investigator sanctarum Scripturarum Beda reserando composuit : maxime... super Lectionarium anniversarium et Proverbia Salomonis.*] Maxime vero ita appellatur liber continens lectiones ex Epist. S. Pauli, quæ ad missam leguntur. Anastasius in Benedicto III. PP : *Textum scilicet voluminis, in quo constant veræ prædicationis, Pauli videlicet Apostoli, et aliorum Apostolorum Epistolæ, atque Prophetarum ordinabiliter constitutæ Lectiones, quæ a Subdiaconibus leguntur per cunctas Ecclesiarum stationes, more solito, sursum in ambone, etc.* Flodoard. l. 3. Hist. Rem. cap. 5 : *Librum quoque Sacramentorum, sed et Lectionarium quos scriberefecit, ebore argentoque decoravit.* Et cap. 9 : *Sed et Lectionarium ad Missas librum pari decore venustatum ibidem contulit.* Rathbertus de Casib. S. Galli cap. 9 : *Lectionarium ad Basilicam sine Evangelio.* Cap. 10 : *Lectionarium elephanto et auro paratum.* Adde Capit. Caroli M. l. 1. c. 109. [** 103.] [Acta Murensis Monast. apud Eccardum in Orig. Habsburgo-Austriac. p. 207. Baluzium in Notis ad Capitul. tom. 2. col. 1155. et 1156.] Vide *Comes* 1. Exstat Constitutio Caroli M. de Emendatione librorum et officiorum Ecclesiasticorum, qua Lectionarium de novo conficiendi Paulo Diacono Aquileiensi curam se demandasse scribit, *quia ad nocturnale officium compilatas quorumdam casso labore, licet recto intuitu, minus tamen idoneo, reperisset lectiones, quæ et sine auctorum suorum vocabulis essent positæ, et infinitis vitiorum anfractibus scaterent, etc.* [** Vide Glossar. med. Græcit. voce Ἀναγνώσεις, col. 66.]

2. **LECTIONARIUS**, qui crebro legit. Alexander Iatrosophista MS. lib. 1. Passionum : *Ego quidem vidi quendam Lectionarium incurrisse hanc passionem*, scil. epilepsiæ.

1. **LECTIONES**, Excerpta ex SS. Patribus, quæ in singulis horis tam nocturnis, quam diurnis dicuntur : ita vero appellantur, quia non cantantur, ut Psalmus vel Hymnus, sed leguntur tantum : illic enim modulatio, hic sola pronuntiatio quæritur. Ita Durandus lib. 5. Ration. cap. 2. n. 43. Harum usus in Ecclesia antiquissimus, in officio præsertim nocturno, ut liquet ex Cassiano lib. 2. de Cœnob. Instit. cap. 6. et aliis quos laudat Gazeus ad hunc Scriptorem. Sigebertus ann. 807 : *Carolus Imperator per manum Pauli Diaconi sui decerpens optima quæque de scriptis Catholicorum Patrum, Lectiones unicuique festivitati convenientes, per circulum anni in Ecclesia legendos compilari fecit.* Agobardus de Correctione Antiphonarii cap. 29 : *Habet et* (Ecclesia) *librum Lectionum ex divinis libris congrua ratione collectum.* Vide *Lectionarius.*

2. **LECTIONES**, Auctoritates, allegationes, testimonia Jurisconsultorum legum quæ adducuntur ad confirmandam aliquam sententiam. Vide Jacob. Gothofredum ad leg. 9. Cod. Th. de Infirm. his quæ sub tyr.

¶ **LECTIS**, *Filia fratris*, apud Papiam, pro *Neptis.* Vide *Leptis.*

* **LECTISTERIUM**, Perperam pro *Lectisternium*, in Glossar. Lat. Gall. ex Cod. reg. 7692 : *Lectisterium, drap en lit.*

LECTISTERNIUM, Lecti apparatus et Instrumentum, vel lectus ipse. Gloss. Ælfrici : *Lectisternium*, bed-reaf, i. vestis lecti. Papias : *Pulvinus, privati hominis cervical : pulvinar vero principum : vel Lectisternium, quod sternebatur in templis.* Jo. de Janua : *Lectisternium, lectus stratus et præparatus, vel locus in quo lectuli sternuntur, i. præparantur, vel locus in quo homines sedere vel jacere consueverunt.* Vita S. Geremari Abbat. cap. 4 : *Consilium inter se acceperunt, ut cultellum sub Lectisternio ponerent.* Vita S. Winwaloei Abbat. n. 15 : *Pro laneo aut lineo indumento, caprinis usus est pellibus : pro plumis, aut Lectisternis, arboreis utebantur corticibus.* Vita S. Gilberti de Sempringham pag. 682 : *Lectisternio laneo mediante sic super stramenta residebat.* [Charta Odonis Abb. Sandionys. ann. 1231. e MS. B. Mariæ de Argentolio : *Prior... fratribus suis in vestibus laneis et lineis, capuciis, botis, pelliciis et in Lectisterniis regulariter provideat*] *Lectisternia caprina*, in Ep. 9. S. Bonifacii Arch. Moguntini, *Lectisternia et acu tapetia confecta*, in Miscella ann. 17. Heraclii, ubi Theophanes νακκοτάπητα καὶ ταπήτια. Sed legendum νακτοτάπητα, ex coactilibus confecta lectisternia. Ita usurpant S. Benedictus in Regula cap. 29. Gregorius M. lib. 6. Epist. 23. lib. 11. Ep. 20. lib. 12. Ep. 16. Beda in Vita S. Cuthberti n. 57. Florentius Wigorn. pag. 631. Vita S. Findani Confess. cap. 4. apud Goldastum, Eckeardus jun. de Casib. S. Galli cap. 5. [Guido in Disciplina Farfensi cap. 45. Albertinus Mussatus, apud Murator. tom. 10. col. 649.] etc. Adde Probat. Hist. Luxemburg. Duchesnii pag. 35. De veterum lectisterniis agunt Savaro ad Sidon. lib. 4. Ep. 15. Menard. ad Concord. regul. D'Orléans, ad 15. Annal. Taciti, et alii. Vide *Lectarium.*

* **LECTISTERTICIUM**, Stramentum pecuarium ex feno et paleis, Gall. *Litiere.* Hug. Metelli canon. epist. 8. tom. 2. Monum. sacr. antiq. pag. 339 : *Moleste itaque fert præsepium mulæ perdidisse solatium; abundat siquidem pabulo plurimoque Lectistertitio.* Vide *Lecteria* 2.

LECTISTITIUM, *Statio lecti*, in Gloss. Isid. [Grævius emendat : *Lectisternium, Stratio lecti.*]

¶ **LECTITARE** Terram, Terram pro lecto habere, humi jacere. Matt. Massius in Vita S. Gerii, tom. 6. Maii pag. 160 : *Gerius nimia oppressus et gravatus infirmitate... terram Lectitavit, a qua surgere non potens, etc.*

* **LECTIVAGIUM**, Lactis venditio, ut videtur. Charta ann. 1346. ex Cod. reg. 8387. 4. fol. 27. r° : *Impositiones aliquas in dicta villa* (Liburniæ) *super certis causis* (major et jurati) *imposuerunt, videlicet super venditione vinorum, salis, rumagio, Lectivagio, mensuris bladii, etc.*

¶ **LECTIUM**, *Analogium super quo legitur*, in Amalthea. Lege et vide *Lectrum.*

1. **LECTOR**, Secundus gradus Ordinis Ecclesiastici. Marcellinus Comes de Joanne Chrysostomo : *Joannes Antiochiæ natus, ibique a Meletio ejusdem civitatis Episcopo, eodemque Confessore, Lector Ecclesiæ ordinatus, per singulos officii Gradus ascendit.* Lectorum munus erat *Lectiones pronuntiare, et ea quæ Prophetæ vaticinarunt, populis prædicare*, ut est apud Isidorum juniorem in Epist. ad Luitfredum : præterea Lectiones desumptas ex Evangeliis et Epistolis S. Pauli, ut colligitur ex S. Cypriano Ep. 33. et 34. et Concilio Toletano I. can. 2. et 4. Gregor. Turon. lib. 2. de Mirac. cap. 16. de Miracul. S. Martini cap. 49. etc. Acta Passionis SS. Martyrum Cibalitanorum n. 2 : *Præses dixit : Quod officium geris? Pullio respondit : Primicerius Lectorum. Probus Præses dixit : Quorum Lectorum? Pullio respondit : Qui eloquentiam divinam populis legere consueverunt.* [** Ἀρχιαναγνώστης, in Concil. Antioch. et Calched. act. 14. Vide Glossar. med. Græcit. col. 66.] Non tamen Evangelium et Epistolam in ipsa sacræ Missæ Liturgia legebant, quod velle videntur viri docti. Similia porro de Lectorum officio produnt S. Eulogius in documento Martyrii, Isidorus lib. 2. de Eccl. offic. cap. 11. lib. 7. Orig. cap. 12. Alcuinus lib. de Offic. divin. cap. de Eccles. ord. et cap. de Tonsura Cleric. Amalarius lib. 2. de Eccl. offic. cap. 8. Rabanus lib. 1. de Instit. Cleric. cap. 11. Ivo Carnot. Serm. 2. de Excellent. sacror. ord. Honorius Augustod. lib. 1. cap. 176. Steph. Eduensis Episc. lib. de Sacram. cap. 2. Baron. ann. 253. n. 93. Menardus ad lib. Sacram. etc.

Iis etiam incumbebat sacrorum Codicum servandorum cura, ut indicant Acta Purgationis Cæciliani et Felicis apud S. Augustinum.

Olim et Cypriani ævo, ut habetur in citatis illius Epistolis, et nonnullis aliis, solis provectæ ætatis hominibus, meritis et doctrina insignibus Lectoris munus demandabatur. At postmodum, cum e primis is esset Ordinis Ecclesiastici gradibus, ad illud admissi impuberes, et infantuli, ut colligitur ex iis quæ habentur in Concilio Carthag. III. can. 4. Valensi II. can. 1. Wormaciensi ann. 868. can. 68. ex Ferrando Diac. cap. 129. Victore Uticensi lib. 4. Histor. Vandal. Paulino lib. 4. de Vita S. Felicis, Sidonio lib. 4. Ep. 25. Ennodio in Vita S. Epiphanii Episc. Ticin. [Siricio PP. Epist. ad Himerium cap. 9. Zosimo Epist. ad Hesychium cap. 3. S. Augustino Epist. 209. ad Cælestinum PP. n. 3. Hibern. Canon. lib. 1. cap. 9. tom. 9. Spicil. Acher. ac pro Oriente ex Cyrillo in Vita Euthymii tom. 1. Analect. Græc. etc. At suo tempore vetuit Justinianus Novella 123. ne Lectores ante annum duodevigesimum ordinarentur.]

Ordinantur autem Lectores ab Episcopo per traditionem sacri Codicis, ut est in Ordine Romano, et in libro Sacramentor. Gregorii: quæ quidem ceremoniæ in ejusmodi ordinationibus, quæ etiamnum servantur, desumptæ sunt e Concilio Carthag. IV. can. 8. Preces alias in Lectoris ordinatione olim recitari solitas habet D. Clemens lib. 8. Constit. cap. 28.

Lectorum seu Ἀναγνωςῶν mentio fit in Canonibus Apostolor. can. 43. in Epist. S. Ignatii ad Antioch. in Ep. Cornelii PP. apud Euseb. lib. 6. Hist. Eccl. cap. 35. An vero ii diversi fuerint a *Psalmistis* seu *Cantoribus*, vide Menardum ad librum Sacrament. pag. 62. 63.

In septima Synodo data facultas Abbatibus Lectores faciendi in proprio Monasterio. Vide Doubletum pag. 569. Alia de Lectoribus suggerunt Concilia Calchedon. can. 14. Braccarense I. can. 11. Hipponense cap. 2. Vasense I. cap. 1. Nicenum II. cap. 14. etc.

¶ 2. **LECTOR**, Cancellarius, Scriba, Notarius. Charta 69. apud Goldastum : *Ruodo laicus Lector scripsi. Clericus et Lector*, in Charta 77. Charta Theodetrudis sæc. VII. apud Doubletum pag. 659 : *Ego Recomarus Lector rogante et præsente supradicta Theodetrude hanc donationem scripsi.* Sic sæc. VIII. *Sicbrannus Lector* et *Dodo Lector*, in Monasterio S. Benigni Divion. apud Perardum in Burgund. pag. 10.

¶ 3. **LECTOR**, Præceptor, in Monasteriis. Ethelwolfus de Abbatibus Lindisfarnensibus sæc. 4. Benedict. part. 2. pag. 320 :

> Sederat in scamno Doctor Lectorque beatus
> Higlac, indutus nimium qui vestibus albis, etc.

Eadem notione in Epistola Alcuini inter Hibernicas 18. *Colcu Lector* appellatur, et *Presbyter et Lector* a Symeone Dunelm. de Gestis Reg. Angl. ad ann. 794. Hodieque apud Monachos plerosque viget *Lectoris* nomen ad Professorem Philosophiæ ac Theologiæ significandum. Vide *Lectura* et *Legere*.

4. **LECTOR** in Ecclesiis Cathedralibus, cujus dignitas *Lectoria* nuncupatur in Historia Episcoporum Autisiodor. cap. 59 : *In majori, scilicet Cathedrali, Ecclesia, præter alia quæ ibi provide fecit, vel liberaliter contulit, Lectoriam et Succentoriam, per quas totum in legendo, cantandove servitium dispensatur,... reditibus ampliavit.* Charta anni 1213. in Tabul. Episc. Autiss. : *Hugo Altissiodorensis Archidiaconus omnibus P. L. I. Sal. Noverint universi, etc. Quod cum ad officium dignitatis Archidiaconalis spectaret Ecclesiæ nostræ providere Lectorem, qui totum legendi officium ordinaret, nec inveniretur propter reddituum paucitatem, qui onus vellet subire Lectoris, quoniam laborem stipendia non sequebantur condigna; unde Ecclesiæ servitium non modicum turbabatur, etc.*

☞ *Lector* laudatis in locis, saltem in priori, dici videtur is, qui legenda in choro disponebat; at secus aliis in Cathedralibus; Lector enim dicebatur Theologus Professor, quem vulgo *Theologal* appellamus : id patet ex Bulla Innocentii PP. ann. 1353. tom. 2. Hist. Eccl. Meld. pag. 229. ubi Lectoris officia sic describuntur : *Qui Lector ipsius Ecclesiæ nuncupatur, in dicta Ecclesia personaliter resideat, et sermones, ut moris est, facere, et tribus diebus, videlicet secunda et quarta et sexta feriis in ebdomada sacram legere Scripturam, nisi ex alia rationabili causa fuerit impeditus; quo casu lectiones omissas propter impedimentum ejusmodi supplere et reddere in aliis feriis sequentibus, prout decenter et commode poterit, teneatur, studii Parisiensis circa hoc se consuetudini conformando.* Vide *Lectoria*.

¶ LECTOR ETHICORUM. Rob. *Goulet* in Compendio jurium et consuetud. Universitatis Paris. fol. 8. verso : *De abrogatione publici Ethicorum Lectoris. Fuit retroactis temporibus generalis et publicus Ethicorum Lector super examinandos in utroque examine licentiandos, etc.*

LECTOR MENSÆ, Qui in Refectorio legit. Liber Ordinis S. Victoris Parisiensis MS. cap. 48 : *Mensæ Lector apte et distincte, et tractim legat, et dum legit, aurem accommodet Priori, ut si quando emendaverit, intelligere possit, etc.* Vadianus lib. 1. de Colleg. Germ. ait, in Monasteriis *Lectorem* appellatum, *qui fratribus, vel discumbentibus quiddam ex sacris prælegebat* : præterea exstitisse *Ecclesiasticos Lectores, qui officio suo nonnisi in sacris peragendis, veteri more, fungebantur.* De officio Lectoris ad mensam, vide [Regulam S. Benedicti cap. 38. *de hebdomadario Lectore*,] Consuetudines Cluniacens. Udalrici lib. 2. cap. 34. Adde præterea quæ congessit Nicol. Serrarius ad Vitam S. Romarici cap. 4. de hoc religioso more legendi ad mensam.

SCHOLÆ LECTORUM. Ledradus Archiepiscopus Lugdunensis in Epist. ad Carolum M. : *Habeo Scholas Cantorum, ex quibus plerique ita sunt eruditi, ut alios etiam erudire possint. Præter hæc vero habeo Scholas Lectorum, non solum qui officiorum Lectionibus exercentur, sed etiam in divinorum librorum meditatione spiritalis intelligentiæ fructus consequantur : ex quibus nonnulli de libro Evangeliorum sensum spiritalem jam ex parte adipisci possunt. Plerique vero librum Prophetarum secundum spiritalem intelligentiam adepti sunt : similiter libros Salomonis, vel libros Psalmorum, atque etiam Job.* [** Vide Monach. Sangall. de vita Carol. M. lib. 1. cap. 7. Einhard. cap. 26.]

PRIMICERIUS SCHOLÆ CLARISSIMÆ MILITIÆQUE LECTORUM, in Epistola S. Remigii Remensis ad Falconem Episc. Tungrensem : qui scilicet Lectorum Scholæ præerat. Vide Codinum, lib. de Offic. cap. 1.

PRIMICERIUS LECTORUM, in Actis Passionis SS. Martyrum Cibalitanorum n. 1. qui apud Petrum de Natalibus *Prior Lectorum.* In Conc. Calchedonensi Act. 14. ἀρχιαναγνώςης, in veteri versione, *Primicerius Lectorum* redditur.

LECTORARIUS, *Lector*, ἀναγνώςης, apud veterem Interpretem Concilii CP. Agapeto PP. act. 1. et Concilii CP. sub Menna act. 5.

* **LECTORATA**, Modus agri. Chron. monast. S. Petri Anic. ad ann. circ. 1015. inter Probat. tom. 2. Hist. Occit. col. 7 : *Insuper tres Lectoratas de episcopali prato eidem monasterio contiguas donavit.*

LECTORATUS, Lectoris dignitas et officium, in Concilio Braccarensi ann. 563. cap. 20. et apud Martinum Braccarensem cap. 43. [necnon in Bulla Innocentii PP. ann. 1353. tom. 2. Hist. Eccl. Meld. pag. 229.]

¶ **LECTORIA**, Officium Lectoris seu Professoris Theologiæ in collegiis Canonicorum. Epitome Constitutionum Eccl. Valent. tom. 4. Concil. Hispan. pag. 184 : *Vacante Lectoriæ Theologiæ officio in Ecclesia, ad illud adsumatur... Canonicus ejusdem Ecclesiæ, si reperiatur idoneus.* Vide *Lector* 4. et *Lectorium* 1.

LECTORIALE, Idem quod *Lectorium*, 1. Gillebertus Lunicensis Episcopus de Usu Ecclesiastico : *Absconsa etiam sub candela, et Lecturiale sub libro.* Vide Puricellum in Basilica Ambrosiana pag. 1093.

* **LECTORILE**, Pluteus vel pulpitum, analogium. Inventar. Ms. thes. Sedis Apost. ann. 1295 : *Item unum Lectorile argenti deauratum.... ad tenendum librum super altari.* Charta ann. 1349. tom. 2. Hist. monast. Cassin. pag. 546. col. 1 : *Item promisit dictus magister Johannes facere Lectorile in medio chori notabile et pulchrum cum armariis pro libris.* Ita etiam legendum pro *Lectorilium*.

¶ **LECTORILIUM**, Eadem significatione. Laudes Papiæ apud Murat. tom. 11. col. 41 : *Habet... duo Lectorilia lapidea, unum pro Evangelio, aliud pro Epistola.*

* **LECTORINUM**, Eadem notione. Ordo eccl. Ambros. Mediol. ann. circ. 1130. apud Murator. tom. 4. Antiq. Ital. med. ævi col. 863 : *Ostiarius ebdomadarius semper cooperit Lectorinum pannis sumtis de camera archiepiscopi.* Nostris *Lectrin* et *Letrin*. Hist. chronol. Caroli VII ad ann. 1451. pag. 463 : *Et laisserent iceux seigneurs en entrant dedans le chœur de ladite église* (de Bordeaux) *au Lectrin une des bannieres du roy.. Letrins volans ou à cygoignes sur les chaeses*, in Cerem. Ms. eccl. Brioc. Vide infra *Legium*.

¶ **LECTORINUS**, f. Pannus quo tegitur et ornatur *Lectorium*. Annales Mediolan. apud Murator. tom. 16. col. 810 : *Lectorinus unus zenotini albi; planeta una drappi ultramarini fodrata zandali nigro.*

1. **LECTORIUM**, Analogium, *Ambo*, pulpitum in quo legitur in Ecclesia. S. Audoenus in Vita S. Eligii, ex Edit. Duchesnii : *Lectorium quoque et ostia diligenter auro vestivit.* [* Ubi lubens cum Felibiano in Hist. Sandion. pag. 11. intelligerem de feretro S. Dionysii. Vide *Lectica* 2. et *Lectus* 1.] Acta Concilii Pontigonensis ann. 876 : *Lectorio superpositis sacrosanctis Evangeliis.* Hariulfus lib. 2. cap. 10 : *Lectoria auro, argento, et marmoribus parata duo.* Lib. 3. cap. 3 : *In eisdem Ecclesiis sunt Lectoria tria ex marmore, argento et auro fabricata.* Anastasius in Vitis PP. pag. 134 : *Fecit lucernas fusiles duas,... et hoc constituit, ut dominicorum dies, vel in sanctis solemnitatibus, hinc inde juxta Lectoriam consisterent, et ad legendum sacras lectiones luminis splendore refulgerent.*

Pag. seq. habetur, *Lectorium : Fecit vero ubi supra Lectorium ex argento purissimo, etc.* Ita pag. 144. 195. 198. et 207. [Bernardi Mon. Ordo Cluniac. part. 1. cap. 64 : *Lectorium etiam festivo ornatum velamine præparat.*]

Lectoriolum, in Vita S. Basoli. cap. 22.

¶ 2. **LECTORIUM**, Lecti apparatus vel lectus ipse. Statuta Bertrandi de Turre Episc. Tullensis ann. 1359. apud Baluzium tom. 2. Hist. Arvern. pag. 860 : *Circa vero abdicationem, castitatem... silentium, cibos et vestimenta, Lectoria, focularia et capucia, etc.* Vide *Lectarium.*

¶ **LECTRALE**, ut infra *Lectuale*, ni sit ita legendum. Institutio Ordinis Vallis-Scholarium ann. 1215. tom. 4. Gall. Christ. Instrum. col. 200 : *Habebunt Lectralia culcitris et linteis carentia, dormientes succincti tunica et calceati caligis.*

LECTRICIUM, Pulpitum, analogium. Ægidius Aureævallis Monach. in Radulpho Episcopo Leodiensi cap. 53 : *Lectricium auro et gemmis pretiosis insigniter fabrefactum exportatum est.* Utitur etiam Rupertus lib. 1. de Livin. offic. cap. 36.

¶ **LECTRICUM**, pro *Lectricium.* Ordinarium Canonicorum Regul. ad calcem libri Johan. Abrinc. de Offic. Eccl. pag. 267. Edit. 1679 : *Redditoque textu Subdiacono ad Lectricum inter chorum et altare honeste præparatum... accedat.*

LECTRINUM, Eadem notione, nostris *Lectrin.* Brompton. : *Cirotecas suas, dum oraret, super Lectrinum posuit.* Adde Statuta Ecclesiæ Leichefeldensis in Monastico Anglic. tom. 3. pag. 243. [et Bullam Innocentii VII. PP. ann. 1484. in Continuatione magni Bullarii Rom. pag. 288. col. 2.]

* Locum ex Bromptono, ut et Gallicum *Lectrun* in voce *Lectrum*, de precationis pluteo intelligo, vulgo *Prie-Dieu*; cantorum vero pulpitum significat in Stat. S. Capel. Bitur. ann. 1407. ex Bibl. reg. : *Ordinamus insuper quod pro dicendis matutinis, a festo S. Remigii usque ad Pascha, matricularii distribuent quatuor Lectrinis capellanorum et vicariorum dictæ capellæ quatuor candelas.*

Letrinum, in Charta ann. 1247. in Hist. Monast. S. Mariæ Suession. D. Mich. Germani pag. 454.

* **LECTRITUM**, Ambo, analogium. Ordinar. Ms. S. Petri Aureæ-val. : *Et accedens prædictus diaconus ad Lectritum sive ambonem, incenset prædictum textum apertum, et postea incipiat legere more unius lectionis prædictum Evangelium.* Infra : *Lecteritum.* Vide *Lectricum* et infra *Letricum.*

LECTRIX, Quæ legit. Alcuinus Poem. 3. [**S. Aldhelm. de basilic. ædific. a Bugge vers. 58. apud Maium Classic. Auctor. tom. 5. pag. 389.]

Unusquisque novum comat cum voce sacellum,
Et Lector Lectrixve volumina sacra resolvat.

LECTRUM. Glossæ Isid : *Lectrum, analogium super quo legitur.* Eædem Glossæ : *Pulpitum, analogium, Lectrum.* Jo. de Janua : *Lectrum et hoc legium, pro eodem, scilicet pro pulpito.* [Le Roman de *Vacce* MS. :

Devant l'autel s'agegnoilla,
Sour un Lectrun ses ganz jeta.

Dubium est an eadem notione sumatur in Charta anni 1405. apud Rymerum tom. 8. pag. 384. ubi recensentur utensilia cujusdam castri, quod in castris rarior usus sit analogii.]

LECTUALE, Instrumentum lecti, proprie *stragulum.* Possidius in Vita S. Augustini cap. 22 : *Vestis ejus et calceamenta et Lectualia ex moderato et competenti habitu erant.* Regula S. Cæsarii ad Virgines cap. 41 : *Lectualia ipsa simplicia sint : nam satis indecorum est, si in lecto religioso stragula sæcularia, aut tapetia picta resplendeant.* *Lectualia sternere*, in libro Ordinis S. Victoris Parisiensis MS. cap. 37. Regula Solitarior. cap. 50 : *Ita etiam in lectisterniis modum tenere debent discretionis, id est, non pretiosa velint habere Lectualia, sed vilia, etc.* Regula Templarior. cap. 70 : *Lectualia vel lectisternia moderata dispensatione Magistri unusquisque habeat.* Occurrit apud Crodogangum Metensem Archiep. in Regula Canonicor. cap. 54. Vide *Panellum.*

Lectuolus, Idem quod *Lectuale.* Charta Adelgastri, filii Sylonis Regis Ovetensis, ann. 781. apud Sandovallium : *Mantas sex, quinque feltros, et septem Lectuolos, et tres scanos.*

Lectualis Morbus, Quo quis in lecto detinetur, κλινικός. Vide Salmasium ad Histor. August. pag. 57.

LECTUARIUM, Idem quod *Lectuale*, et *Lectarium.* Gregor. Turon. de Vitis Patr. cap. 6 : *Lectulum sancti Sacerdotis expetiit, in quo decubans, a lectuaria ipse opertus paululum obdormiens, ita sanatus est, etc.* Legendum forte pro *a lectuaria*, nude *lectuaria.* Capitula ad Legem Alamannor. cap. 29 : *Et si maritum supervixerit, tota Lectuaria ei concedantur.* Infra : *Lectaria partiant æquale.* Vita S. Lupicini Abbat. Jurens. n. 2 : *Lectuaria vero aut lectum nunquam perhibetur habuisse in usum.* Regula S. Aureliani cap. 27 : *Lectuaria sæcularia de coloribus facta in usu non habeatis.* Fortunatus in Vita S. Paterni num. 6 : *Lectulo nunquam utens, Lectuaria nesciens, etc.* Testamentum S. Aredii : *Boves, porcos, Lecturia, utensilia, etc.* Vide *Lectarium.*

¶ **LECTULA**, Lectulus. Vide mox in *Lectus.*

* **LECTULUS**, Pala, Gall. *Chaton*, quod in ea jaceat gemma. Descript. tumbæ S. Wencesl. tom. 7. Sept. pag. 806. col. 2 : *In superiori monili illius rigæ deficit Lectulus unus cum perlis.... In superiori riga sunt triginta quatuor gemmæ; deficit una, Lectulo remanente.* Vide alia notione in *Lectus* 1.

¶ **LECTUM**, Charta, Scriptura, sic opinor dicta quod palam lecta fuerit ad confirmationem. Charta Agoberti Carnot. Episc. tom. 4. Annal. Bened. pag. 751 : *Quod etiam ut in inconcussum et irrefragabile in sæculum perseveret, in Capitulo Dominæ nostræ Virginis perpetuæ Mariæ, coram Canonicis nostris, quibus præsentavimus illud Lectum, testimonio cunctorum approbatum et corroboratum est.* [* Vide supra *Lectio* 2. Potest tamen accipi pro participio passivo verbi legere.]

LECTUMSTRATUM, Lectisternium. Gregorius M. lib. 7. Ind. 1. Epist. 6 : *Calicem argenteum... sindones 2. cooperterium super altare unum, Lectastrata numero 10. etc.* Lib. 10. Epist. 13 : *Argenti libras, Lectumstratum unum, etc.* Vide Turnebum lib. 7. Advers. cap. 24.

LECTUOLUS. Vide *Lectuale.*

¶ 1. **LECTURA**, Lectio, Gallice *Lecture.* Charta ann. 1454. ex Schedis D. *Lancelot* : *Audita Lectura dictarum litterarum exequutoriarum confirmationis, dixit non consentire dictæ confirmationi.* Juramentum Cantoris S. Capellæ Paris. apud Lobinell. tom. 3. Hist. Paris. pag. 151 : *Ut in Lectura et pronunciatione non interveniat defectus.* Occurrit alibi.

* Ordinar. Ms. S. Petri Aureæ-val. : *In capitulo legatur lectio consueta et in libris ad hoc deputatis, ut moris est; et fiat Lectura per bachalarium vel per alium religiosum.*

¶ Lectura, Ars vel actus legendi seu docendi scientias. Litteræ ann. 1340. tom. 2. Hist. Dalphin. pag. 424 : *Guigonem Galberti Decanum Ecclesiæ Diensis, probatum scientia et venustis moribus perornatum... ad Lecturam extraordinariam Decretalium consulto meditamine duximus admittendum.* Notificatio de inchoatione Studii Lovan. ann. 1426. tom. 1. Anecdot. Marten. col. 1772 : *Doctores, Licentiati et Magistri Lecturas suas, quilibet in sua facultate, ac alios consuetos actus scholasticos secunda die mensis Octobris proxime futura inchoabunt.* Adde Glossarium Lobinelli tom. 3. Histor. Paris.

* 2. **LECTURA**, Habilitas ad legendum. Acta Mss. capit. eccl. Lugdun. ad ann. 1341. fol. 171. r°. col. 2 : *Pro ipso electo* (in abbatem S. Regneberti) *examinando, ipsum adduxerunt ad capitulum, et ipsum introduxerunt in domo thesauri; ubi ipsum, præsentibus dictis dom. Guidone et Hugone, in litteratura, videlicet Lectura, cantu et quæstione juris examinaverunt.*

* 3. **LECTURA**, Commentarium, et præsertim juri illustrando scriptum; quod ex diurnis jurisconsultorum lectionibus componatur, sic appellatum; nostris etiam *Lecture*, eadem acceptione. Testam. Simon. de Drocis ann. 1329 : *Item lego magistro Petro Eccliruchier, olim dilecto socio meo, meam Lecturam Ostiensem.* Cerem. Rom. Ms. fol. 3. v° : *Hortamur reverendissimos dom. cardinales, ut cum electionis negotium imminebit, secundum consilium Hostiensis in sua Lectura, diligenter revideant pontificum et conciliorum statuta de electione Romani pontificis et doctorum super ea re interpretationes.* Annal. Victor. Mss. ad ann. 1337 : *Johannes Andreæ doctor eximius, qui librum sextum Decretalium glosavit, et super ipso et Decretalibus Lecturam utilissimam fecit, quæ Novella appellatur.... Item Paulus de Lazanis etiam doctor profundissimus Decretorum, qui super Clementinas valde notabilem Lecturam composuit.* Annal. Placent. ad ann. 1464. apud Murator. tom. 20. Script. Ital. col. 915 : *In legibus Bartholi Lecturas, Baldi, Angeli* (transcripsit). Testam. Theob. *Le Moine* episc. Carnot. ann. 1441. ex Chartul. ejusd. episc. : *Je donne à mon neveu Alexis Bouin ma Lecture de Geoffroy de Saligny, et mon breviaire à l'usage d'Angers.* [** Vide Savin. Histor. Jur. Ro-

man. med. tempor. tom. 3. cap. 23. § 168. et 198.]

* **LECTURIRE.** Glossar. Provinc. Lat. ex Cod. reg. 7657 : *Legir, Prov. legere, Lecturire, desiderativum.* Utitur Sidon. lib. 9. epist. 7.

¶ **LECTURIUM**, ut *Lectuarium*. Vide in hac voce.

¶ **LECTURIUS.** Vide *Lectaria* in *Lectarium*.

1. **LECTUS**, Feretrum in quo defunctorum cadavera efferuntur tumulanda, apud Julianum Antecessor. Constit. 53. ubi etiam *maximorum*, vel *deauratorum lectorum* fit mentio, in quibus ad majorem pompam deferebantur magnatum ac procerum cadavera, quique in sceuophylacio Ecclesiæ asservabantur. Epiphanius κατὰ ἀνομοιῶν : Κλίνας ἐποίησε τοῖς σώμασιν τῶν ἐξοδευόντων ποιῆσαι ἐν ἀριθμῷ τινί, καὶ ἄνευ τῶν ὑπ' αὐτοῦ ἐπιτεταγμένων οὐκ ἐξεκομίζετο σῶμα τῶν τελευτώντων. Tabularium Monasterii S. Andreæ Viennensis : *Notum sit omnibus hominibus, quod Abbas Galterius dedit Bosoni Presbytero de Ponte præ Capellania sua tertiam partem de appenditiis Ecclesiæ S. Laurentii de Ponte, de oblationibus, de primiciis, de decimis, de sepultura, excepto Lecto in quo defunctus ad Ecclesiam deportatus fuerit*, etc. [Vide Glossarium mediæ Græcit. in Κλινάριον.]

Lectus, Feretrum in quo Sanctorum corpora quiescunt, apud Adrevaldum de Miraculis S. Benedicti cap. 29 : *Fatentur facinus, seque ob id Ecclesiam ea hora ingressos, ut omne aurum atque argentum cum gemmis a S. Benedicti Lecto extrahentes auferrent.* Vita S. Willibrodi cap. 28 :

> Inque loco sancti quo stant sacra Lectula Patris
> Sæpius ætherium lumen venisse videtur.

Guill. Bibliothecarius in Stephano VI. PP. sub finem : *Oratorium B. Gregorii, ubi ejus Lectus habetur.* Adde librum de Miraculis S. Lamberti Episcopi Trajectensis, Historiam Translat. S. Gorgonii cap. 14. Thietfridum Epternac. in Florib. l. 3. cap. 7. etc. Vide *Lectica*.

¶ Lectulus. Descriptio Ecclesiæ Gemeticensis : *Introrsus domus alma fulget, habitantibus digna, ab Euro surgens Ecclesia, crucis instar erecta : cujus apicem obtinet alma virgo Maria, ante altare faciem Lectuli condente beatissimo Filiberto, pictum gemmarum lumine, comtum auri et argenti congerie.* Hunc in locum adnotat Mabillonius lib. 1. de Liturg. Gallic. cap. 8. n. 3. *Lectus* seu *Lectulus* vocabulis aliquando altare, aliquando Sancti tumulum significari. In Actis S. Anstrudis Abbatissæ Laudun. n. 33: sæc. 2. Benedict. pag. 983. Adalsinda, quæ ei successerat, cælitus admonetur, *Ut Lectum citius faciat ædificari :* quod cum ab alia Sanctimoniali, cui id revelatum fuerat, audisset, *intellexit Lectum illum significare altare.* At in Actis S. Trudonis num. 25. ibid. pag. 1084. quidam *ante Lectum piissimi Patris*, id est, ante ejus tumulum, se prostrasse dicitur : quo sensu passim apud auctores mediæ ætatis reperitur, ut apud Gregorium lib. 1. de Miraculis S. Martini cap. 33. ubi *Lectuli* S. Martini pro tumulo meminit. Hinc conficit Vir eruditus omnino dici posse *Lectulum* hoc loco esse mensam ipsam altaris, cujus summa pars *Altare* appellatur ab hoc Auctore, qui sæculo septimo florebat.

¶ Lectus. Testamentum Sauræ de Medullione uxoris Petri Izoardi Domini de Aysio ann. 1286. tom. 2. Hist. Dalphin. pag. 61 : *Imprimis eligo mihi sepulturam in cimeterio Fratrum Prædicatorum de Avenione, ubi relinquo Lectum meum honorifice ornatum et completum condecenter.* Hic observat Cl. Historicus consuetudinem hanc olim obtinuisse, præsertim apud nobiliores matronas, ut Lectum suum omnibus ornamentis instructum Ecclesiis, in quibus sepeliebantur, legarent, ad instar virorum, qui sæpius equum, arma aliosque suos apparatus bellicos Ecclesiis largiebantur, eumque usum ita deinceps invaluisse, ut ab Ecclesiasticis viris tanquam debitum exigeretur, atque inter Ecclesiæ redditus annumerarentur : hinc lecti aliquando pecunia redemti. Testamentum Agnetis Fucigniaci, matris Beatricis Dalphinæ, ann. 1262. ibid. pag. 62 : *Je doin ma courtre pointe et mon cuverture lai où je serai sevelie, et mon Lit de plumes ensemble.* Testamentum Clementiæ Ludovici Hutini viduæ : *A la grand Maison Dieu de Paris, si nous mourons en France, le Lit ou nous jarrons à l'heure de nôtre mort, ou si nous mourrons autrepart quatre-vintz livres Parisis.* Libertates concessæ Viennensibus per Johannem Archiep. ejusdem urbis, et ab Innocentio IV. PP. confirmatæ ibidem : *Et si ex consuetudine ad aliquas* (Ecclesias) *pertinet Lectus morientis, non melior si plures habeat, sed mediocris duntaxat exigatur.* Notitia Eccl. Diniensis ad ann. 1320. pag. 83. Edit. Paris. ann. 1654 : *Bona, proventus... Præpositurae consistunt.... in Lectis mortuorum et in guagiis spiritualibus.* Sententia Aldefonsi Comitis Tolosani ann. 1131. de controversia inter Bermundum Episc. Biterr. et Rogerium et Raimundum Trencavellum Vicecomites : *Conquerebatur prædictus Episcopus... de cartis sponsaliciis et de Lectis mortuorum... quæ omnia prædicta tam ipsi fratres quam Burgenses villæ Bitter. Domino Deo et Ecclesiæ Biterrensi auferebant... de calcheriis et mortuorum Lectos et cereos usaticos in villa Biterr. habeat, sicut Arnaldus, modo Archiepiscopus, cum esset Episcopus, habuit.*

* Lectus Funerorum appellatus is, qui ecclesiæ a morientibus concedebatur, et sæpius pecunia redimebatur ab hæredibus. Charta ann. 1427. in Tabul. Gellon. : *Item quod hæredes seu successores patrum et matrum familias parrochiarum ejusdem loci, habentium in bonis usque ad valorem 300. mutonum auri, dent et solvere teneantur ipsi abbati et ejus successoribus pro Lecto funerorum duos mutones auri, quorum novem valeant unam marcham argenti. Lectus firmarius*, perperam pro *Funerarius*. Vide supra *Fimarius*.

* Huc spectat hodiernus etiam usus ecclesiæ Parisiensis ab anno 1168. inductus, et post quampluribus arestis firmatus et maxime 8. Apr. ann. 1683 tom. 5. Diar. Audient. edit. ann. 1707. pag. 11. quo lectus archiepiscopi et cujuslibet canonici decedentis vel dignitatem abdicantis, ad xenodochium Parisiense ex jure pertinet.

Lectos Rectorum, seu Curionum, decedentium sibi *de consuetudine* arrogasse Archidiaconos et Archipresbyteros in diœcesi Turonensi, docemur ex Concilio Andegavensi ann. 1365. cap. 11. quo id juris lecti ad certam pecuniæ summam redigitur.

* Idem jus archiepiscopo Lugdunensi in decanum capitulumque suæ ecclesiæ competebat, quod iis remittit Charta ann. 1376. ex Reg. 108. Chartoph. reg. ch. 327 : *Remittit* (archiepiscopus) *dictis decano et capitulo et successoribus suis.... omnia jura et emolumenta Lectorum decani, dignitatum, canonicorum, custodum, militum, incorporatorum et capellanorum perpetuorum dictæ ecclesiæ decedentium.*

¶ Lectus Obsequiorum, Mausoleum seu lectus ad pompam funebrem ornatus. Extractum Computi ann. 1334. tom. 2. Hist. Dalphin. pag. 282 : *Item magistris qui laboraverunt in opere Lecti obsequiorum quondam bonæ memoriæ domini Guigonis Dalphini gros. XIV.*

* Lectus Mortalis, Quo quis moriens jacet, nostris *Lit mortel*, vulgatius *Lit de la mort.* Assis. apud Cadom. ann. 1234. ex Cod. reg. 4653. A. : *Bene potest quilibet dare de hæreditate sua in Lecto mortali.* Charta ann. 1355. tom. 2. Hist. Leod. pag. 421 : *Item se ung homs mariez veut porteir héritaige fours de ses mains au Lit mortel de sa femme, faire le puet.* Lit. remiss. ann. 1396. in Reg. 151. Chartoph. reg. ch. 247 : *Laquelle défuncte estant en son Lit mortel et recordant son tort, pardonna audit suppliant pluseurs foiz sa mort.*

** Lectulus Ægritudinis, Eodem intellectu. Chart ann. 1271. in Guden. Cod. Dipl. tom. 2. pag. 178 : *In Ægritudinis lectulo positus ... meum sub hac forma condidi testamentum.* Vide Haltaus. Glossar. German. voce *Bett-bret*, col. 159.

* Lectus Partus, In quo puerpera jacet. Charta ann. 1207. ex Chartul. S. Petri Insul. sign. *Decanus* ch. 56 : *Omnia parrochialis juris officia tenebitur sicut prius parrochialis presbyter adimplere, videlicet baptismata parvulorum, sollempnia nuptiarum, receptiones post Lectum partus ad Missarum sollempnia mulierum, visitationes infirmorum et mortuorum pariter sepulturas.*

* Lectum Mariti Observare vel Lectum suum Custodire dicitur uxor, quæ fidem priori marito datam servat, ad secundas nuptias non convolando. Charta ann. 1113. apud Lam. in Delic. erudit. inter not. ad Chron. Leon. Urbevet. part. 2. pag. 315 : *Tunc prædicta Cæcilia habeat de omnibus prædictis rebus ususfructus, donec Lectum mariti sub casto ordine observaverit; sic prædictus Ugo comes judicavit et confirmavit in ea infirmitate, in qua mortuus fuit.* Testam. Joan. de Luxemb. comit. Cupers. ann. 1395. ex Bibl. reg. : *Item..... fecit tutrices et ballias dominorum filiorum et filiarum suarum dominam Johannam de Sancto Severino comitissam Cupersani socrum suam et præfatam comitissam Cupersani consortem suam, donec dicta domina comitissa consors sua Lectum suum custodierit et ad secunda vota non convolaverit.*

Lectus Plumalis, *Lit de plume*, nostris, in Legibus Burgor. Scoticor. cap. 125. § 1.

¶ Lectus Vestitus, Omnibus ornamentis instructus. Formulæ Andegav. art. 53 : *Transcribo ad ipsa per hanc epistola atque cessione, hoc est, casa cum curte vel omni circumcincto suo, hoc est, mobile et immobile, Lecto vestito, campo ferente modius tantus, etc.*

** Lectus Ferreus, Catasta, tormentum ad cruciandos captivos comparatum, in quo jacebant supini manibus pedibusque ligatis. Chron. Mont. Seren. apud Mencken. tom. 2. pag. 168 : *Eumque captum et in castro Kirchberg custodiæ traditum, Lecto Ferreo et multis malis usque ad mortem suam oppressum detinuit.* Vide Haltaus. voce *Bette.*

* Lectus Justitiæ, vulgo *Lit de justice*, Tribunal judiciarium, cui rex præest. Arest. ann. 1416. in Memor. H. Cam. Comput. Paris. fol. 82 : r° : *Quæ per nos in nostro magno consilio* [*ordinata extiterant, et in Lecto Justitiæ revocata et adnullata extiterant, etc.*

¶ Lectus, *ûs*, in Actis Monasterii Murensis, si tamen librarii mendum non est, apud Eccardum in Orig. Hasburgo-Austriac. pag. 221.

¶ Lectus, Alveus, Gall. *Lit d'une riviere.* Chron. Parmense apud Murator. tom. 9. col. 789 : *Flumina episcopatus Parmæ creverunt et exierunt de Lectis suis.* Recurrit ibidem col. 792.

* 2. **LECTUS**, Pluteus precatorius, vel Tapes super terram stratus. Pontif. Senon. ad usum eccl. Paris. : *Cum autem venerit episcopus in medium ecclesiæ, fiant ibi letaniæ et prosternat se episcopus super Lecto aut solio ibidem præparato.*

* **LECUM**, f. Operculum. Proces. verbal. ann. 1438. inter Probat. tom. 3. Hist. Nem. pag. 260. col. 1 : *Fuerunt restituta dictis poteriis sequentia. Primo duæ pitalfæ cum Leco.*

* **LECZTA**, Tributum, quod pro mercibus penditur, idem quod *Lesda.* Vide in *Leudis.* Charta Phil. V. ann. 1317. pro habitat. villæ de Sangossa in Reg. 56. Chartoph. reg. ch. 195 : *Pro pedagio et Leczta solvere consueverunt pro quintallo quatuor denarios cum obolo Morlanorum.* Vide mox *Ledium.*

¶ 1. **LEDA**, Præstatio, tributum. Vide *Leudis.*

2. **LEDA**, Leth, Tertia pars Comitatus, apud Anglos, alias *Trithinga*, continens 3. vel 4. hundredos seu centurias. Fœdus Alvredi et Godwini Regum : *Sint omnes... et in Fridgild juxta conditiones et professiones suas, et in Folkesmoth, et in Schiremoth, et in Handred, et in Wapentoc, et in Treting, et in Leth secundum consuetudines patriarum et provinciarum, et Comitatuum Regni.* Alias *Lech* habetur. Leges Edwardi Confess. cap. 34. quod inscribitur *de Trithengis et Ledis : In quibusdam vero provinciis Anglice vocabantur Leth, quod isti dicunt Trithinge.* Vide *Lastum, Trithinga.*

3. **LEDA**. Charta Eustachii D. *de Campainies* in tractu Bononiensi in Morinis ann. 1216. in Chron. Andrensi : *Dedi totam partem maresci... jacentem inter marescum de Gisnes et marescum S. Wilmari de nemore, ultra Ledam de Gisnes, ab orientali parte ipsius Ledæ, etc.* Alia anni 1136. in Probat. Hist. Guinensis : *Terram, alnetum, paludem, quæ jacent inter Ledam de Alardesbroc et slusam molendini prædicti Comitis, etc.* Ubi *Leda* videtur esse via latior, Gallis *Lée*, quomodo in silvis semitas grandiores etiamnum vocamus : unde denique *la lée*, perperam postmodum *alée*, pro *la lée*, semita in hortis et silvis dicta. Vox formata a *lata*, via; vel quod lateri agri aut silvæ adjaceat, *lez* enim est *latus*, seu potius *ad latus.* Itaque ager qui alteri agro adjacet, *lez*, seu prope illum agrum esse dicitur. *Lée* autem pro *lata* usurpat *le Roman de Garin :*

La Lande fu et belle, et grande, et Lée.

Id est, *lata.* Ita vicissim *lée*, pro latitudine usurpatur in Charta Normannica apud Spelmannum : *En Lunghure 27. perches, et en Lée douze perchés.* Et *Leed*, in alia Charta in Monastico Anglic. tom. 1. pag. 478 : *Et la culture del Heighe, et undecim parches del bois en Leed, et 26. acras versus Orientem de Halech, et versus Occidentem Halgh, tredecim perches de Leed, et 25. in longum de prato, etc.*

Lada, Simili significatu. Monasticum Anglic. tom. 1. pag. 854 : *Unde placitum fuit inter eos in curia domini Regis, scilicet quod omnes Ladæ quas Monachi de Saltreia fecerant in illo marisco, obstupabuntur : excepta illa magna Lada, quæ vadit de Wittlesmare, versus Saltreiam, quæ remanebit aperta, per quam ipsi Monachi de Saltreia adducent lapides et cætera necessaria ad constructionem Monasterii sui, etc.* Charta Edw. Confessor. in lib. Rames. sect. 102 : *Ex parte scilicet orientali ipsius Ladæ, usque ad locum qui dicitur Gangstede.* Ubi *Lada*, non est canalis ad derivandam aquam e paludibus, uti censuit Spelmannus, quod satis ex loco proxime laudato colligitur. [Le Roman *d'Athis* MS. :

Sur son cheval que moult tost vait
Perithous couro le Lait.]

* Aquæductum seu canalem, quo aqua derivatur, hac voce interdum significari haud dubie colligitur ex Charta Margar. comit. Fland. in Suppl. ad Miræum pag. 363. col. 2 : *Ex parte australi terminus est aquæductus, qui vulgariter dicitur Leda.* Cui notioni plura ex allatis conveniunt.

Leia, Eadem notione, in Monastico Anglic. tom. 2. pag. 483 : *De dono Aylenæ... terram de bosco, longam Leyam, curtam Leyam, Croftam Harduini, etc.* [Consuetud. Furn. MSS. ex Archivo S. Audomari : *Et post hæc Comes potest eos ducere et ponere ubicumque voluerit inter Leiam et mare sine ferro et compedibus.*] Charta Philippi I. Reg. Franc. in Tabular. Ferrariensi : *Brancas etiam de Leia, quantum necesse fuerit ad focum Monachorum.* Ubi *Leia* accipitur pro silva cædua. Charta de divisione boscorum ann. 1219. in Regesto Philippi Augusti Herouvalliano fol. 170 : *Concedunt metas et Leias factas et positas per prædictos.*

Lia, Simili pariter significatu, in Charta Jo. *de Lacy*, Constabularii Cestriæ apud Spelmannum : *Confirmavi Deo et S. Joanni Hospitalis Hierosol.... 22. acras terræ in villa de Altancotes, infra Lias divisas, scilicet de Orientali latere de Stenwood usque ad semitam, quæ, etc.* Hinc *Laier les bois*, in Consuet. Aurelian. cap. 1. art. 82. est silvam per *vias* dividere ; *Laie* in aliis pars silvæ viis suis definita : unde *S. Germain en Laie*, id est, in ipsis silvis situm suburbanum, non vero a *Letis* populis uti opinatur Jacobus Gothofredus ad leg. 12. Cod. Th. de Veteranis. Vide Consuetud. Lodunensem cap. 13. art. 3. At *Laiam* pro cæduo usurpare videtur Charta fundationis Collegii Canonicor. in Ecclesia Parochiali Escoiarum diœcesis Rotomag. ab Ingerranno de Marigniaco mense Jan. ann. 1310. ex 47. Regesto Tabularii Regii n. 64 : *Insuper de prædictis Canonicis videlicet cuilibet 11. quadrigatas bosci seu buchiæ pro ardendo, videlicet quamlibet quadrigatam ad 3. equos percipiendo anno quolibet in foresta de Basquevella juxta boscum cæduum, sive Layam, quæ fuit novissime mensurata.*

Laia, Ligna signata, seu arbores signatæ in silvis, ad earum vias scilicet. Charta Adelæ Reginæ Fr. ann. 1205. in Tabul. Abb. Barbellensis n. 62 : *Idem Milo quitavit ligna signata quæ vulgo dicuntur Laia, et quicquid nemoris continetur intra prædicta ligna et jam dicta fossata, etc.* Occurrit præterea in Charta 113.

¶ 4. **LEDA**, Femina servilis. Vide in *Litus.*

LEDDA, Mulcta vel tributum. Vide *Leudis.*

* **LEDERKOP**. Charta ann. 1284. apud Ludewig. tom. 11. Reliq. Mss. pag. 613 : *Item prædicti sutores, scilicet ipsorum magistri custodiant et illud jurati, cautela ad hæc adhibita ne cui pco* (sic) *bovinarum pellium, quod dicitur Lederkop, prohibeatur inter illos et calceos faciendos.*

LEDGRAVIUS, vel Leidgravius, Comes *Ledæ* præpositus, præfectus, ex *Led*, de qua supra, et *Greve*, præfectus. *Leidgrevii*, in Legibus Henrici I. cap. 8.

¶ **LEDIA**, Mulcta vel tributum. Vide *Leudis.*

LEDIGH-MAN. Charta Ottonis *de Benthem* ann. 1253. apud Frederic. Sandium in Consuet. feudal. Gelriæ tit. 1. cap. 7. § 12 : *Et proinde effecti sumus ligius homo, quod Teutonice dicitur Ledighman, ejusdem Comitis Gelriensis contra quoslibet, etc.* Charta alia, ibid. n. 27 : *Et ipsius domini nostri Comitis prædicti et suorum hæredum erimus homines legii dicti Ledigman.* [Schiltero in Glossario Teutonico, *Lethig, Ledig*, est Vacuus, in Latinum, inquit, receptum *Ligius*; *Ledighman*, Homo *ligius*, qui uni soli homagio obligatus. Vide ejusdem Comment. in Jus feud. Alem. et infra *Ligius*,] [** Haltaus. Glossar. German. in hac voce col. 1220.]

LEDILIS. Vide in *Mansus.*

* **LEDIUM**, Idem quod supra *Leczta.* Libert. Villæ-novæ *de Coynau* ann. 1312. tom. 8. Ordinat. reg. Franc. pag. 109. art. 19 : *Statuimus et ordinamus quod homines nunc et in futurum habitatores dictæ villæ vel terminorum ejusdem, nobis vel nostris pedagium, Ledium vel pontanagium alicubi in nostris comitatibus, dare vel solvere nullathenus tenerantur.*

LEDO, Ledona. Gloss. Isidori : *Ledo, maris æstuatio.* Papias : *Ledona, æstus maris dicitur.* Alibi : *Euripus, est deductio maris, vel aquarum, quod fit secundum cre-*

mentum, vel decrementum Lunæ : et majus, Malina; minus, Ledona vocatur. Glossarium Saxon. Ælfrici : Ledona, Nep-flod, vel Ebba. Vocis postremæ notionem mox indicat idem Scriptor : Accessus, flod. Recessus, Ebbe. Sic fallitur Joannes de Janua, qui Ledoni adscribit quod Malinæ fuit : Ledo, onis, fem. gen. i. maris exundatio, sicut Malina est ejusdem retractio, et dicitur a lædo, dis. Beda de Natura rerum cap. 28 : Æstus crescentes Malinas, decrescentes autem placuit appellare Ledones. Glaber Radolfus lib. 3. Hist. cap. 3 : Cujus etiam maris (Oceani) excrementum Malinas, decrementum quoque Ledones nuncupant. Simeon Dunelmensis de Gestis Regum Angl. ann. 793 : Lindis dicitur flumen quod excurrit in mare, duorum pedum altitudinem habens, quando Ledon fuerit, id est, minor æstus, et videri potest; quando vero Malina fuerit, id est, major æstus maris, tunc nequit Lindis videri. Eadem verba habet Roger. Hovedenus 1. part. pag. 405. Willibaldus in Vita S. Bonifacii Archiep. Moguntini tom. 2. Antiq. lect. Canis. : In loco ubi quondam pretiosus sancti Martyris effusus est sanguis, cum consilio populi Fresonum, structura cujusdam tumuli, propter immensas Ledonis et Malinæ irruptiones, quæ diverso inter se ordine, maris æstu, Oceanique recursu, sed et aquarum diminutione, infusioneque commoventur, ab imo in excelsum usque construeretur, etc. Vetus Scriptor in Appendice ad tom. 3. S. Augustini in lib. 1. de Mirabilib. sacræ Scripturæ cap. 7 : Hæc namque quotidiana inundatio bis in die a tempore ad tempus per horas 24. semper peragitur, et per alternatas hebdomadas Ledonis et Malinæ vicissitudo comitatur. Sed Ledo sex horas inundationis et totidem recessus habet; Malina vero grandis per quinque horas ebullit, et per septem horas littorum dorsa retegit, etc. Vita S. Condedi Monachi Fontanellensis cap. 6 : Hanc (Insulam Belcinnacam in Sequana) unda marina tempore Malinæ ac Lidonis ter per revolutionem diei ac noctis undique ambiendo invisere non negligit : quæ tanto sui vigoris impetu agitatur, ut ultra hanc Insulam ad orientalem plagam sexaginta millibus et amplius per lympham Sequanæ retrorsum incedens, usque ad locum qui dicitur Pistas, accedat, cum a mari usque ad hanc Insulam lymphaticum iter 30. fere millibus æstimetur. Sicque hoc rheuma, quod de umbilico, sive charybde maris egreditur, bis in die fluctus absorbet, et rursum evomit, etc. Martyrologium vetus a Furmerio laudatum in Orat. adversus Ubbonem Emmium : Frisones in loco ubi Martyrum sanguis erat effusus, aggesta terra collem exaltarunt, propter Lidonis et Malinæ quotidianas eruptiones, ex maris æstu quotidiano prævenientes, ubi Ecclesiam extruxerunt. Est igitur Ledo, seu Ledona, æstus maris languidior, qui per 4. pæne dies, tam ante, quam post secundam atque ultimam Lunæ quadraturam, mense unoquoque accedit, cum certis diebus languidius et minore aquarum cumulo terræ oras adlambit, Malinæ contrarius, quæ fit cum effusius et majori æstuum quantitate in littus proruit et effunditur. Uti enim Lunam potentiorem credimus in conjunctione et oppositione Solis, debilem in aspectu ejus sextili et trino : ita æstus pariter fieri turgentiores vel depressiores, motum et affectum Lunæ cum Sole exactius prosequentes. Idem Beda : Æstus Oceani Lunam sequitur, tanquam ejus aspiratione retrorsum trahitur, ejusque impulsu retracto refunditur : quod quotidie bis adfluere et remeare, unius semper horæ et dodrante et semiuncia transmissa, videtur : ejusque omnes cursus in Ledones et Malinas, id est, in minores æstus dividuntur et majores. Sed Ledon a quinta et vicesima Luna inchoans, quot horis occurrit, tot et recurrit. Malina autem a 13. et 28. incipiens, citior in accessu, sed tardior in recessu, 7. diebus et 15. horis perseverat. In medio sui semper Lunam primam et decimam quintam ostendens, et per æquinoctia vel solstitia solito validius exæstuans : per octonos autem annos, ad principia motus, et paria incrementa, certissimo Lunæ revocantur ambitu : illa semper Aquilonia tenente mitiores, quam cum in Austro, digressa propiore nisu vim suam exercet, æstus adfluere naturalis ratio cogit. De his agit pluribus idem Scriptor cap. 27. Cui adjungenda quæ Procopius lib. 1. de Bello Gothico cap. 1 extremo, Mela lib. 3. cap. 1. Vegetius lib. 5. cap. 12. Plin. Will. Brito lib. 8. Philipp. pag. 184. et alii tradunt de causis reciproci æstus ad Lunæ affectus crescentis aut decrescentis.

Ledonum meminit etiam Ermentarius lib. 5. de Vita et translat. S. Philiberti cap. 1 : Quia ipsa Insula Ledonibus maxime impedientibus non semper accessibilis esse potest nostratibus : cum Normannis cunctis temporibus quibus mare tranquillatur, inaccessibilis esse minime dignoscatur. Ingulphus pag. 902 : Mane exorta maxima tempestas, similiter et Ledone in naviculam irruente, etc. Et Willelmus Malmesbur. lib. 2. de Gestis Reg. cap. 10 : Eodem anno (979.) fluctus marinus, quem Græci Euripum, nos Ledonem vocamus, mirum in modum excrevit, quantum nulla hominum memoria potest attingere, ita ut villas ultra milliaria submergeret, et habitatores interemptos necaret. Sed hisce locis Ledo pro Malina perperam usurpatur. Vita S. Theodulphi Abbat. n. 2 : Sed et in vita eorum et in morte stupenda fiunt miracula : quorum alia Malinas æquiparant immensitate, Ledones alia numerositate. Vita S. Hermelandi : Omnes cursus maris in Ledones et Malinas, id est minores et majores æstus dividi.

De vocis Ledo, vel Leduna etymo variæ sunt Scriptorum sententiæ. Bridefertus Ramesiensis vetus Bedæ Interpres Malinam a majore Luna, Ledonam quasi læsam undam, dictam putavit. Alii Ledunas, quasi lætas Lunas, dici volunt, quia cum mare subsidet, temperatius est, et placidius. Unde Vegetius lib. 5. cap. 11. de Luna : Lætus orbis ac lucidus serenitatem navigiis repromittit. Contra vero Malinam, quasi malam vel malignam Lunam, quia cum mare intumescit, ventis magis obnoxium sit. Josephus Scaliger lib. 2. de Emendat. temp. pag. 170. et Spelmannus Ledunam a Saxonico Leid, quod est Lenis, deducunt, quod Leduna tempore mare lenius appareat : idque eliciunt ex Beda lib. de Rat. temp. cap. 15. qui ait veteribus Anglis Lidam, vocari menses Junium et Julium, quod sint blandi et navigabiles, et in utroque mense et blanda sit serenitas aurarum, et navigari soleant æquora. Olaus Wormius in Fastis Danicis lib. 1. cap. 11. Ledunam et Malinam voces esse adstruit Danicas seu Runicas, Malinam nempe a Magle, id est, magnus, dictam, quasi maglinam : quia Oceani intumescentis æstus majori copia aquas in littus effundit : Ledunam vero a Liden, id est, parvus, eo quod decrescente æstu parvum ac minus reddatur mare, quam antea erat : proindeque Bedam hæc nomina secum ex Cumbria in Angliam detulisse. Neque ab hac sententia procul abest Josephus Scaliger loco citato, scribens, Danos et Saxones πλημμύρας majores, Malinas; minores autem, Ledunas, vel Lidunas vocasse : tametsi hæc nomina tribuisse Malinis ac Ledunis quæ fiebant in pleniluniis amborum æquinoxiorum scribat. At longe ante Bedam isthæc nota esse vocabula constat, cum Marcellus Empiricus, qui in Gallia Theodosio seniore imperante vixit, utriusque ita meminerit, ut non tam æstui maris, quam Lunæ ipsi tribuisse videatur : Lidunam enim Lunam veterem, seu decrescentem, vocat. Sic quippe cap. 16 : Herba quæ Gallice Calliomarcus, Latine equi ungula vocatur, collecta Luna vetere Liduna die Jovis, etc. Et cap. 25 : Colligitur die Jovis Luna vetere Liduna ante prandium, etc. Eodem cap. : Conficitur vetere Luna et Liduna a mense Martio, etc. Lidunæ autem alio loco Malinam opponit : Conficitur 12. Kal. Julias; non interest quo die, vel Luna, vel Malina, dummodo supradictus dies observetur. Ubi indubie pro Luna, legendum Liduna. Unde nescio an non conjiciendum sit potius voces esse veterum Gallorum, quas ii Lunæ decrescenti ac plenæ tribuerint; ita ut postea ad ipsos maris æstus decrescentes et crescentes secundum Lunæ ipsius affectus transtulerint.

Prædictis addo quæ habet Cleiracus de vocabulis rei navalis : Au renouveau et au plain de la Lune, les eaux de la mer marinent et inondent au plus haut, et lors c'est Chef d'eau, Malina, id est, major æstus : A suite et trois jours aprés le renouveau, ou le plain à chasque retour de marée, les eaux décroissent, et n'avancent si avant, et ce depuis le troisiéme jour de la Lune nouvelle, jusques au premier quartier, et depuis le troisiéme jour du plain jusques au dernier quartier, et pendant cette langueur ou décroissement, sont eaux mortes, Ledon, minor æstus : De sorte qu'à ce premier quartier, et jusqu'au dixiéme jour de la Lune, c'est Basses eaux. L'onziéme jour qui est aprés le premier quartier, les marées commencent à surmonter la marée suivante plus que la précedente, et lors sont eaux vives. Ce qui procede jusques au plain et trois jours aprés que derechef, c'est Chef d'eau continuant de la mesme revolution d'eaux mortes, jusqu'au dernier quartier, et de là viennent eaux vives jusques au renouveau. Cæterum exstat in Bibl. Regia Cod. 1121. Tractatus de Malina et Leduna.

LEDORIA, Convitium, ex Gr. λοιδορία. Joan. Sarisb. Epist. 212 : Quid autem scripsit, ut Ledorias et scommata, id est, patentes morsus et figuratos taceam, etc. [* Vide in Lada 1.]

LEDTCHET. Charta Henrici Abbatis

Fiscanensis in Tabular. Fisc. f. 34 : *Hominibus nostris de Ria et eorum hæredibus in perpetuum relaxavimus Ledtchet, Childwitefeld, et vendendæ domus consuetudinem, etc.*

¶ **LEDUNA.** Vide in *Ledo, Ledona.*

¶ **LEDUS**, Servus ascriptitius. Vide *Litus.*

¶ **LEES**, Pascuum, a Saxonico Læsve: quod idem significat. Antiquit. Ambrosden. ad ann. 1325 : *Dimidia acra bi Lese-morside juxta terram domini de Bigenhull.* Ead. notione *Leys* ibidem legitur pag. 624. Commune pascuum exponit Kennettus in Glossario; unde, inquit, pleraque Cantii ericeta, quæ communia sunt *Leeses* appellantur. Vide *Lessylver.*

** **LEFA**, Apri femina, Gall. *Laie.* Chart. Henr. II. Imp. ann. 1017. in Alsat. Diplom. num. 189. tom. 1. pag. 150 : *Ita vero ut nullus ibi cervum vel cervam, ursum aut ursam, aprum vel Lefam, capreos vel capreas . . . capiat* Vide *Leha.*

* **LEFFRUS**, f. Ager pascuus. Charta S. Ludov. ann. 1226. ex Cod. reg. 5149. fol. 1. v° : *Quittavimus partem illam, quam habebamus in castenearia S. Martini in colle,.... et haiam et Leffros quos habebamus ibidem, videlicet quatuor arpenta ad eandem perticam. Leffre* vero, pro *Levre*, Labrum, in Lit. remiss. ann. 1400. ex Reg. 155. Chartoph. reg. ch. 360 : *Icellui Jehangetta un voire plain de vin ou visaige dudit Gieffroy, tellement que la Leffre dudit Gieffroy fut entamée et en sailli un pou de sang.*

1. **LEGA**, Locus. Lelando, *Hurstlega*, *Locus silvestris*, hyrst enim Saxonibus est silva.

2. **LEGA**, Gradus, bonitasque metallorum. Gall. *Aloy; Allay*, in Articulis super Cartas editis ann. 28. Edw. I. cap. 10. Decreta Alberti Regis Hungar. : *Cudantur obuli in eadem Lega, qua ipsi majores denarii cudantur.* Vide *Lex.*

* Hinc inter monetæ Florentinæ officiarios recensetur *Approbator monetæ argenti seu Legarum*, in Charta ann. 1317. apud *Manni* de Sigil. tom. 4. pag. 77.

¶ 3. **LEGA**, pro *Leuca*, Gall. *Lieue. Piscatio per Legas tres*, in Tabulario S. Vitoni Virdun.

¶ 4. **LEGA**, vox Ital. Gall. *Ligue*, Fœdus, societas. Chron. Dominici Gravinæ apud Murator. tom. 12. col. 570 : *Dux idem Ligam maximam fecerat cum Comitibus et Magistratibus regni.* Recurrit ibid. *Qui Legam et amicitiam cum prædicto Rege inire voluerint*, apud Lobinell. tom. 2. Hist. Britan. col. 441.

* Item, Induciæ, pax. Annal. Placent. ad ann. 1443. apud Murator. tom. 20. Script. Ital. col. 879 : *Die 18. mensis Octobris hora 23. cum dimidia publice clamata fuit treuga seu Lega inter illustr. dominium Venetorum et magnificam communitatem Florentiæ et Legas cum illustr. D. duce Mediolani ac Januæ domino.* Rursus ad ann. 1475. ibid. col. 950. : *Die 25. Augusti inter Francorum regem et Mediolani ducem proclamata fuit pax et Lega.*

* **LEGAIA**, Mensura itineraria, idem quod *Leuca.* Vide in hac voce. Chartul. S. Sulpit. Bitur. fol. 47 v° : *Concessimus iterum quod si ego vel aliquis filiorum vel successorum nostrorum intra viginti Legaias ab urbe Bituricensi mortui fuerimus, ad præfatum Nevensis monasterium nos deferri faciemus, et ipsi in claustro inter patres nostros honorifice sepelient.*

LEGALIS, in Jure Anglicano, dicitur, qui stare juri idoneus est, cui opponitur *Exlex*, utlagatus. Papias : *Legalis, rectus, talis qualem lex præcipit.* Brito in Vocab. : *Legalis qui legem servat et fidem.* Nostris, *Leal*, pro *fidelis.* Leges Edwardi Confess. cap. 19 : *Expurgent se judicio Dei, quas si clementia Dei et innocentia sua salvaverit, remaneant Legales cum dotibus suis et maritagiis.* Leges Henrici I. Regis Angl. cap. 45 : *Si quis diligiatus* (exlex) *Legalem hominem accuset, funestam dicimus vocem ejus.* Tabular. Vindocinense Ch. 242 : *Hugo filius Odonis Dublelli, honorem Montis Dublelli obtinuit a Comite Gaufredo cogn. Martello, rogatu Hugonis patrui, de quo revestitus fuit in Curia Baronum, Militum, Legaliumque virorum.* Ibidem Ch. 411 : *Ad quos missi sunt quatuor Legales homines qui de prædictis alodiis auctoramentum audierunt ex ore ipsorum.* S. Bernard. Epist. 121 : *Neque enim et perjurus esse, et Legalis simul munere poterit.* Matth. Paris ann. 1244 : *Affirmantibus quod Legalis factus fuerat precibus et muneribus fratris sui Andreæ versus Regem, etc.* Idem ann. 1249 : *Qui Legales et boni viri reputabantur.* Historia fundationis Prioratus Dunstaplensis in agro Bedfordiensi : *Locus autem ille.... extitit undique nemorosus et latronibus sic repletus, ut vix posset ibi Legalis pertransire, quin per eosdem necaretur.* [Litteræ Willelmi Rotomag. et Suffraganeorum ad Philippum IV. Franc. Regem tom. 6. Spicil. Acher. pag. 483 : *Eligent bona fide Presbyteros et Milites fideliores et Legaliores, quos poterunt invenire.* Firmicus lib. 5 cap. 7 : *Docti, sapientes, Legales et qui optimo legum ac judiciorum discursu omnia pertractant.*] Occurrit non semel in legibus Scotorum, et alibi passim.

¶ Legales Antiqui Homines, Ætate, fide et probitate laudabiles, quorum auctoritas plurimum valet. Charta ann. 1181. apud Lobinell. tom. 2. Hist. Britan. col. 134 : *Sex Legales antiqui homines, jurati dixerunt, etc.* Charta ann. 12. Henrici IV. Regis Angl. apud *Madox* Formul. Anglic. pag. 15 : *Noveritis nos inquisisse tam per quamplurimas cartas, quam per examinationem antiquorum proborum et Legalium hominum, etc.*

¶ Legalis, Legitimus, juxta leges. *Legale concannium*, seu *concambium*, legitima permutatio, in Chartulario S. Sulpitii Bituric. fol. 14. *Legalis hæres, Legalis uxor*, in Charta ann. 1034. ex Archivo S. Victoris Massil. *Legalis moneta*, Proba, legi consentanea, in Charta ann. 1345. apud *Madox* Formul. Anglic. pag. 32. *Legalis potestas*, Legitima, in Litteris ann. 1469. apud Ludewig. tom. 6. pag. 77. *Legalis ratio*, in Schedis Præsidis *de Mazaugues*; *Legalis vestitura*, Legitima missio in possessionem, in Charta ann. 1096. apud D. Calmet. tom. 1. Hist. Lotharing. col. 503.

Legalis Filius, Legitimus, in Tabulario Prioratus Paredi f. 57 : *Si Filium Legalem non habuerit.*

¶ Legales Milites. Vide in *Miles.*

Legalis Plaga, *Plaie Lejau*, in Consuet. S. Severi tit. 18. art. 1. 2. Vide *Plaga.*

1. **LEGALITAS**, Probitas, ratione cujus quis juri stare potest, idoneus est, ac legalis. Hugo Flaviniacensis in Chron. pag. 257 : *Legatis e diverso respondentibus.... accusatorum esse probare quod objecerint, si legitimi sunt, vel in causa simoniæ, ubi nulla requiritur Legalitas, eo quoque qui accusatur, Romanam Sedem appellante, etc.* Ordericus lib. 11 : *Legalitatis, et futuræ derogationis immemor.* Lex Friderici I. Imp. apud Conradum Usperg. : *Universo jure, honore et Legalitate privatus habeatur, ita ut ferendo testimonio, vel ad judicandum de cætero nequaquam sit admittendus.* Vide Waddingum ann. 1347. n. 7. et Mauritium Episcop. Catanensem de Translatione S. Agathæ virg. num. 12.

Legalitatem Suam Redimere, in Legibus Canuti Regis § 34. dicitur Judex qui pravo judicio edito exlex, legalitatem redimit, seu idoneitatem, mulcta definita Regi exsoluta. Vide *Lagam redimere.*

¶ 2. **LEGALITAS**, Fidelitas, fides, probitas. S. Bernardus Epist. 39. ad Theobald. Comitem Campaniæ ann. 1127 : *Non quidem pro ipsorum jure precor; in tantum quippe de vestra justitia et Legalitate confidens, ut nec hosti vestro in vestra curia placitanti de suo jure timendum esse existimem.* Votum Jacobi Regis Aragon. tom. 3. Concil. Hispan. pag. 496 : *Promittimus in fide de nostra Legalitate, quod si Deus, etc.* Chartularium Cenoman. fol. 154 : *Proinde Legalitatem suam in manu domini sui Gaufridi Decani Brittonis secundum ordines suos loco Abbatis dedit, ut per hoc fiducialiter daret intelligi, se nobis hoc pactum semper legaliter servaturum.* Ordinatio Ludov. Reg. Siciliæ ann. 1359. ex MSS. D. *Brunet* f. 104 : *Propter ipsorum constantiam Legalitatis et fidei merita.* Tabul. B. M. Piperacensis : *Quod nostræ Legalitati videbitur faciendum. Fidelis et maximæ legalitatis vir*, lib. 1. Annal. Genuens. apud Murator. tom. 6. col. 279. Adde tom. 8. col. 272 : *Juraverunt Legalitatem et obedientiam*, in Chronico Estensi apud eumdem Murator. tom. 15. col. 464. Codex Legum Normann. cap. 13. apud Ludewig. tom. 7. pag. 177 : *Ligantiam autem sive Legalitatem de omnibus hominibus tocius provincie debet habere*; id est, *fidelitatem* ei debent omnes. Vide *Fidelitas.*

¶ 3. **LEGALITAS**, Gradus bonitasque monetæ. Charta Galteri Archiep. Senon. ann. 1231 : *Comes in civitate Autissiodorensi non poterat facere cudi monetam nisi ad pondus et Legalitatem* XVI. *solidorum et* VIII. *denariorum.* Vide *Lega* 2.

¶ 1. **LEGALITER**, Legitime, juxta leges, regulariter. *Legaliter provocare*, Senatori lib. 4. Epist. 37. *Nunquam stat Legaliter sine appare*, in Chronico Farfensi, apud Murator. tom. 2. part. 2. col. 552.

¶ 2. **LEGALITER**, Fideliter, Gall. *Loialement. Legaliter et fideliter*, in Charta ann. 1311. apud Murator. tom. 10. col. 370. *Legaliter custodire*, in Charta ann. 1355. apud Ludewig. tom. 5. pag. 453. Vide *Legalitas* 2.

* *Léaument*, in Charta Guil. de Veteri-

ponte ann. 1289. ex Chartul. S. Joan. in Valle.

¶ LEGALIUS. Placitum ann. 862. inter Instrum. novæ Hist. Occit. tom. 1. col. 114 : *Ego exinde scripturam emptionis habeo, exactorem nomine Petrone, qui ipsas res in Legalios autorisare debet.* Id est juxta leges, ut ex similibus loquendi formulis conjecto.

** LEGAMEN, Legati mandatum vel negotium. Ruodl. fragm. 2. vers. 22 :

En regis vestri domini nostri vel amici
Dulcia narravi fidei Legamina plena,
Quam pie tractavit, merito quos perdere quirit.

¶ 1. LEGARE, pro *Ligare.* Leges Rotharis art. 377. tom. 1. Muratorii part. 2. pag. 47 : *Si eum batiderit, aut Legaverit simili modo componat.* Habetur in MS. *Et si battitus fuerit, aut si Ligatus, similiter componatur.*

¶ 2. LEGARE, Includere. *Lapidem preciosum... auro Legatum vel non Legatum*, in Litteris ann. 1391. apud Rymer. tom. 12. pag. 460.

¶ LEGARIOL. Charta Philippi Fr. Regis ann. 1215. apud Labbæum Miscell. pag. 641 : *Prædicti etiam homines ad firmandum castrum adducunt pallum et Legariol, et debent auxilium ad adducendum ramentum ad faciendum capitale ædificium domini de Nonancourt rationabiliter, quando opus erit, et erunt submoniti.* Legendum *Le gariol* distinctis vocibus, ut *le* articulus sit, et *Gariol* idem quod supra *Garrolium*, Repagulum, ut ibi conjectatum.

¶ LEGARIUM, Legumen. *Legarii sextarium*, in Charta ann. 1070. ex magno Chartulario S. Victoris Massil. Varro de Re Rust. lib. 1 : *Serendum viciam, lentem, circerculam, ervilam, cæteraque, quæ alii legumina, alii, ut Gallicani quidam, Legaria appellant.*

LEGATARIÆ CHARTÆ, quibus res ac prædia Monasteriis et aliis *legantur*, ac donantur. Fulcuinus de Gestis Abbatum Lobiensium cap. 4 : *Multa Ecclesiæ nostræ prædia collata sunt, quæ describerentur, si non in promptu essent donationes, et Chartæ Legatariæ.*

¶ LEGATARIÆ EDITIONES, Testamento mandatæ, apud Tertullianum de Spectaculis cap. 6.

1. LEGATARIUS, Legatus, missus, πρεσβευτής; ita *Legatarium* reddit apud Theophanem auctor Miscellæ. Lex Ripuarior. tit. 65. § 3 : *Si quis Legatarium Regis, vel ad Regem, seu in utilitatem Regis pergentem hospitio suscipere contempserit, etc.* Gesta Dagoberti Regis Fr. cap. 27 : *Dirigens itaque Dagobertus Sicharium Legatarium ad Samonem, etc.* Fredegarius cap. 45 : *Hi duodecim Duces, singulique Legatarios destinant, pacem et patrocinium Imperii petentes.* Occurrit passim. Vide Epistolas 25. 26. 27. 30. 31. 32. 33. 34. 35. 36. 37. etc. quæ habentur tom. 1. Hist. Franc. Flodoardum lib. 1. Hist. Rem. cap. 25. Aimoinum lib. 3. Hist. Franc. cap. 77. etc. [** Glossar. med. Græcit. col. 797. in Ἀγάτος.]

LEGATORIUS, Walafrido Strab. in Vita S. Galli Abbatis cap. 3.

2. LEGATARIUS, Executor testamenti, in 1. Testamento Widradi Abbatis Flaviniacensis : *Perinluster vir Amalsindo quem in hac pagina testamenti nostri Legatarium institui.* [Marculfus lib. 2. formula 17 : *Viros illos, quos in hac pagina testamenti nostri Legatarios instituimus.* Similia leguntur apud Lindenbrogium formula 72. et Baluzium formula 28. tom. 2. Capitul. col. 571.] [** Cui aliquid legatum est.]

¶ LEGATARIA, Exsecutrix, testamenti, apud Ludewig. tom. 1. pag. 278 : *Nos Hardewigis... ejusdem* (Siffridi) *testamentaria et Legataria, prout ab ipso in commisso recepimus, seriam bonam voluntatem effectui mancipamus.*

¶ 1. LEGATIA, LEGATIO. Vide in *Legatus.*

* 2. LEGATIA, Pecuniæ qualitas, doctis Editoribus; malim ab Italico *Legaccia*, Vinculum, ligamen : modica quippe pecunia sic in ligaculis asservari a pauperibus solet. Mirac. B. Margar. Favent. tom. 5. Aug. pag. 853. col. 1 : *Cum dicta soror Margarita.... non haberet nisi paucos denarios pro his operibus faciendis, in quibusdam Legatiis in unica sua capsula colligatos, etc.*

¶ LEGATIO, Munus, donum, Gall. *Present.* Gesta Consulum Andegav. tom. 10. Spicil. Acher. pag. 414 : *Venite ergo ad donationis confirmationem, ad benedictionem et ad nuptiarum celebrationem domini dominæque vestræ, et facite Legationem eis : quod et] factum est.* [** i. e. mittite eis legatos. Vide in *Legatus.*]

¶ LEGATIVUM, Legatorum viaticum. Ulpianus leg. 2. Dig. de Legationibus (50, 7.) : *His, qui non gratuitam legationem suscipiunt, Legativum ex forma restituatur.*

¶ 1. LEGATOR, Legatus, missus. Litteræ Johannis XI. PP. in Histor. MS. Monasterii S. Cypriani Pictav. pag. 119 : *Frater noster Frotherius Episcopus missis Legatoribus suis ad nos, etc.* Charta ann. 990. ex Archivo Montis S. Michaelis : *In probatione hujus cartulæ Mainardus Præpositus et Heroardus Decanus fuerunt Legatores hujus facti, apud Comitem missi a Mainardo Abbate.*

** 2. LEGATOR. Meichelb. Hist. Frising. tom. 2. part. 1. pag. 13. in tradit. ann. 1234 : *Per manum Legatoris qui vulgo dicitur Salman.* Vide *Salamannus.*

LEGATORIUM, Ugutio : *Pulpitum, analogium, legium, lectrum, Legatorium, in quo publice legitur.*

¶ 1. LEGATORIUS, Missus. Vide *Legatarius* 1.

¶ 2. LEGATORIUS, Legatarius, cui aliquid testamento legatur et donatur, Gall. *Legataire.* Testamentum ann. 1317. tom. 2. Hist. Dalph. pag. 154 : *Ad requisitionem dictorum Legatoriorum Jocerandi et Beatrisitæ prædictas clausulas institutionis et legatorum, prout in prædicto testamento jacent, in hanc formam publicam redegi.*

¶ LEGATRIX, Precatrix, quæ pro alio intercedit. Vita S. Agnetis de Monte-Politiano, tom. 2. Aprilis pag. 803 : *Sed cum illa oraret et eamdem visionem Dominus vice quadam replicaret, nec dicta Legatrix hoc intelligeret, etc.*

¶ 1. LEGATUM. Edictum Philippi Aug. Fr. Regis ann. 1219. tom. 1. Ordinat. Reg. pag. 38 : *Si mulier sine herede decesserit, parentes ipsius mulieris non participabunt cum marito suo, ex hiis quæ ipsa et maritus suus simul acquiesierunt, dum ipsa viveret, in mobilibus, nec in tenementis, ymo quiete remanebunt marito ipsius mulieris, salvis rationabilibus Legatis ipsius mulieris. Parentibus vero mulieris accedet id quod ipsa secum attulit in matrimonium, salvo Legato suo, quod ipsa potuit facere per jus.* Cl. Editor. *de Lauriere* Legatum hic interpretatur Res in usus pios testamento relictas, observatque id olim usu receptum fuisse, ut nemo, nisi prius expetito hæredum consensu, de rebus suis disponeret, quod et de bonis acquisitis intelligendum non raro volebant hæredes. Ubi vero invaluit consuetudo, ut sacrosancto Viatico, delictorum absolutione atque ecclesiastica sepultura privarentur ii, qui nullam bonorum suorum partem in Ecclesiarum pauperumve favorem distribuerent, usus etiam obtinuit, ut de bonis pro ratione facultatum suarum disponere cuique liberum esset, quod deinceps ad quintam usque partem rerum propriarum licitum fuit. Vide *Intestatio* et *Mortuarium.*

* Hinc nostris *Légat* et *Légater*, a verbo legare. Lit. remiss. ann. 1450. in Reg. 184. Chartoph. reg. ch. 78 : *Lequel fief avoit esté laissié au suppliant à charge de paier ung Légat de cent livres et autres sommes laissiées ou Légatées à pluseurs.* Charta ann. 1470. ex Chartul. 21. Corb. fol. 125. v° : *Laquelle terre icellui Caradot et dame Marie de Quinquempois qui fu sa femme donnerent, Legaterent environ a soixante ans à laditte église et monastere de Corbie,.... soubs aucunes conditions et charges apposées oudit Légat, au moyen duquel Légat etc.*

* 2. LEGATUM, Pars decimæ, ut videtur, quam percipiebat is, qui ligandis manipulis vincula ministrabat. Charta ann. 1263. in Chartul. eccl. Lingon. ex Cod. reg. 5188. fol. 146. v° : *Recognoverunt se quittasse penitus.... Guidoni episcopo Lingonensi et ejus successoribus episcopis Lingonensibus tractum et Legatum, sive aliud jus quod dicebant se habere in tertia parte decimæ de Champigneyo.* Vide *Tractus* 3.

* LEGATURUS, Italis *Legatura*, Ligamentum, zona, cingulum. Acta Mss. notar. Senens. ad ann. 1284. ex Cod. reg. 4725. fol. 27. v° : *Si dicta uxor mea vellet ad matrimonium devenire, habeat supra dotes suas et antifatium, lectum suum fornitum sicut erit, et omnia paramenta ad sui dorsus et Legaturos.*

LEGATUS, *Missus*, seu qui in provincias a Principe ad exercenda judicia mittebatur. Annales Franc. Tiliani ann. 799 : *Legatos regios, qui tunc ad justitias faciendas apud eos commorabantur, comprehendunt.* Annales alii Francor. : *Saxones occasione nacta, Legatos Regis qui ad eos ob justitias faciendas missi erant comprehensos interficiunt.* Eginhardus ann. 814 : *Ad justitias faciendas, et oppressiones popularium relevandas, Legatos in omnes regni sui fines misit.* Frotharius Tullensis Epist. 25. nomine *Hetti Archiepiscopi Trevirensis, necnon et Legati Ludovici serenissimi Imperatoris : Notum sit tibi, quia terribile imperium ad nos pervenit Domini Imperatoris, ut omnibus notum faceremus, qui in nostra lega-*

tione manere videntur, quatenus universi se præparent, etc. Vide Adonem in Chron. ann. 796. 815. Ratpertum de Casib. S. Galli cap. 5. et Capitul. 3. ann. 812. cap. 8.

Legatus, pro nuntio privati alicujus hominis. Occurrit in lib. Rames. sect. 265.

Legati a Latere, seu Apostolici, a Romano Pontifice in provincias cum amplissima auctoritate delegati, quæ ejusmodi est, ut toto legationis tempore non secus ac Pontifex ipse, honorentur, et suprema in rebus Ecclesiasticis potestate gaudeant, et ad Apostolicam sedem factas appellationes ipsi judicent, ut est in cap. 1. extr. de officio Legati. Gregorius VII. PP. in Epist. qua Legati munus Amato Episcopo Oloronensi impertit : *Romana Ecclesia hanc consuetudinem habuit ab ipsis suæ fundationis primordiis, ut ad omnes partes quæ Christianæ religionis titulo prænotantur, suos Legatos mitteret, quatenus ea quæ gubernator et rector ejusdem Romanæ Ecclesiæ per suam præsentiam expedire non prævalet, vice sua Legatis concessa, monita salutis, ac morum honestatem per eos cunctis per orbem terrarum constitutis Ecclesiis nuntiaret, easque Apostolica doctrina in omnibus quæ sacræ Religioni conveniunt, diligenter instrueret.* Vide Ep. 1. et 26. Joannis VIII. PP. ex iis quas Sirmondus edidit, præterea Petrum Morinum lib. 1. Exercitat. cap. 20. et Andream Saussaium in Libello apologetico cap. 2. [Baluzium in Additionibus ad librum 5. Marcæ de Concordia Sacerdotii et Imperii,] et supra *Lateralis*.

Generatim porro *a latere* mitti ac delegari quivis Legati dicuntur, qui ex familia mittentis sunt. Possidius in Vita S. Augustini cap. 13 : *Propter quod perficiendum etiam a suo Latere... ad Africam judicem miserat.* Concilium Sardic. can. 5 : Εἰ... ἀπὸ τοῦ ἰδίου πλευροῦ πρεσβυτέρους ἀποστείλοι. Gregorius M. lib. 12 : *A quo cum veneritis, quem a Latere nostro transmiserimus eas possit accipere.* Monachus Sangall. lib. 2. cap. 9 : *Tunc ex Latere Cæsaris directi sunt, qui eos honorifice introducerent.* Epistola Bonifacii PP. I. in Synodo Rom. sub Bonifacio II. edita ab Holstenio : *Quas* (litteras) *a nobis per Severum Apostolicæ Sedis Notarium... e nostro Latere destinatum videatis esse directas.* Concilium Carthag. VI. cap. 13 : *Deprecatione sua moverit Episcopum Romanum, ut e Latere suo Presbyterum mittat.* [Episcopi Africani in Epistola ad Cælestinum PP. n. 4 : *Nam ut aliqui tanquam a tuæ Sanctitatis Latere mittantur, in nulla invenimus Patrum synodo constitutum.* Ignorabant canonem 5. Sardicensem, quem Romani Pontifices Synodo Nicenæ, ubi frustra quærebatur ab Afris, falso tribuebant.] Concilium Dusiacense I. part. 6 : *Vel si decreveritis mittere a Latere vestro habentes auctoritatem vestram, qui cum Episcopis judicent, etc.* Victor III. PP. lib. 1. Dial. : *Optimos ex Latere suo viros Capuam mittere placuit Pandulpho Principi.* Silvester Girald. in Præfat. ad Topogr. Hiberniæ ad Regem Angliæ : *Placuit Excellentiæ vestræ... me cum dilecto filio vestro Joanne in Hiberniam a Latere vestro transmittere.* Vide Juretum ad Epistolam Ivonis 36.

Legati Apostolici a Latere munus Regibus etiam indultum a summis Pontificibus legimus. Scribit enim Hovedenus ann. 1164. Henrico II. Regi summum Pontificem concessisse ; ut *Legatus esset totius Angliæ :* quod ille munus certis de causis abnuit.

Legati Nati, Archiepiscopi vel Episcopi, qui jure Legatorum Apostolicæ Sedis in suis diœcesibus ac provinciis gaudent. Bulla Urbani PP. ann. 1378. de Cantuariensi Archiepiscopo : *In suis civitate et diœcesi ac provincia Cantuariæ, in quibus Apostolicæ Sedis Legatus Natus existit, etc.* Eoque jure a potestate et ditione Legatorum ab Apostolica Sede in Angliam delegatorum immunes erant, ut est apud Gervasium Dorobernensem in Actis Pontificum Cantuar. in Willelmo pag. 1663.

Legatus Imperii, Qui alias *Vicarius.* Exstat Ottonis Imp. Diploma ann. 1209. apud Corium in Histor. Mediol. part. 2. quo Wolphgero Patriarchæ Aquileiensi legationem totius Italiæ committit, ubi hæc habentur : *Volentes quod ipse vice et loco nostro et Imperii Legati, et quidquid ipse ibi de honore nostro et Imperii tractaverit, nos per omnia sumus habituri.*

Legatia, Districtus Legati, intra quem jurisdictionem suam exerceret, apud Matth. Paris ann. 1217. et Bromptonum ann. 1214.

Legatio, Munus et officium Legati. Chronicon Reichersperg. ann. 936 : *Agapitus PP. dedit Pallium et Legationem cum privilegio Gerahardo* Episcopo *Lauriacensi.* Ann. 971 : *Hic Benedictus PP. dedit Pilgrimo Lauriacensi Archiepiscopi Pallium, et commisit Legationem cum privilegio.* Alexander PP. successor Evaristi, ad Episcopos : *Si quis autem Legationem vestram impedit, non unius, sed multorum profectum avertit.* [Supposititia est hæc Alexandri Epistola.] Vide Capitul. 5. ann. 819. cap. 1. Concicilium Triburiense ann. 895. cap. 9. etc.

¶ Legatio Libera, Cum Legatus omnimoda auctoritate ejus a quo mittitur, gaudet, in Cod. African. cap. 93. 94. [** Vide Forcellinum.]

Legatio, Provincia ubi Missi dominici legatio obitur, quæ et *Missaticum* dicitur in Capitul. 3. ann. 812. cap. 7. Capit. ann. 828. cap. 3. 4. etc. Charta Will. Siciliæ Reg. ann. 1156. apud Baron. : *In Apulia et Calabria, et partibus illis quæ Apuliæ sunt affines, Romana Ecclesia libere Legationes habebit. Illi tamen qui ad hoc a Romana Ecclesia fuerint delegati possessiones Ecclesiæ non devastent.* [** *Legatio* apud Widuk. lib. 2. cap. 9. et Thietm. lib. 2. cap. 1. videtur esse Munus et officium missi i. e. comitis limitum, quem *legatum* dicit idem Widuk. lib. 1. cap. 36.]

Legatio, Epistola formata. Concilium Rotomagense ann. 1050. cap. 9 : *Ut Episcopus alterius diœcesis Clericum, nisi sub Legatione, aut probabilibus signis ordinare præsumat.*

* **LEGAULUS**, *Lo gatto*, in Glossar. Lat. Ital. Ms.

* **LEGDUS**, pro Lædus, Gall. *le Loir.* Vita S. Arnulphi tom. 6. Sept. pag. 97. col. 2 : *Sub nomine sanctæ et individuæ Trinitatis per Legdum fluvium Vindocini monasterium est constructum.*

* **LEGEANCEA**, Sacramentum fidelitatis, quod domino suo vassallus præstat, idem quod *Ligantia.* Vide in *Ligius.* Chron. Angl. Th. *Otterbourne* edit. Hearn. pag. 240 : *Qui sub conjuratione eorum prætendentes se non proposuisse aliquid agere contra Legeanceam suam, vel fidelitatem regi præstitam, etc.* Vide infra *Legia* 3.

1. **LEGENDA**, Legendarius, Liber acta Sanctorum per anni totius circulum digesta continens, sic dictus, quia certis diebus *legenda* in Ecclesia et in sacris synaxibus designabantur a moderatore Chori : unde a Græcis συναξάρια appellantur. Beletus cap. 60. et ex eo Durandus lib. 6. Rat. c. 1. n. 29 : *Legendarius vocatur liber ille, ubi agitur de vita et obitu Confessorum, qui legitur in eorum festis, Martyrum autem in Passionariis. Leggenda,* Joanni Villaneo lib. 4. cap. 16. Braulio Cæsaraugustanus in Vita S. Æmiliani in Epistola ad Fromianum : *Libellum de ejus Sancti vita conscripsi, ut possit in Missæ ejus celebritate quantocius Legi.* Joannes Neapolitanæ Ecclesiæ Cimeliarcha in præfat. ad Vitam S. Joannis Episcopi Neapolitani : *Et cum vita ejus, et qualiter fuerit ad Episcopum assumptus et in eo laudabiliter conversatus, in Chronica haberetur antiqua : nec tamen Legenda, quæ ad honorem ejus in festivitate sua legeretur, scripta aliquatenus appareret, etc.* Utuntur Philippus Eystetensis in Vita S. Wilibaldi cap. 20. 28. Rainerus contra Waldenses cap. 5. et alii.

* Nostris *Légendier.* Lit. remiss. ann. 1449. in Reg. 179. Chartoph. reg. ch. 304 : *Icellui Balins disoit publiquement.... qu'il avoit osté ung calice d'argent de l'église de Donfront,.... et si osteroit le Légendier,.... afin que le curé ne chantast plus, ne deist ses heures.*

* 2. **LEGENDA**, Alia notione, quæ explicatur in Testam. Audoyni card. Ostiens. ann. 1363. ex Cod. reg. 4223. fol. 138. v° : *Item lego conventui monialium S. Laurentii infra civitatem Avenionensem turrim et cavam meas quas feci ædificari,.... sub illa conditione,.... ut dictæ moniales.... faciant unum anniversarium pro me et anima mea, cum Legenda seu matutinis mortuorum in vigilia diei obitus mei solemniter.*

* **LEGERARE**, f. pro *Legatare*, Legatum mittere. Glossar. Lat. Gall. ex Cod. reg. 7692 : *Legerare, envoier.*

¶ 1. **LEGERE**, Docere, profiteri, Gall. *Enseigner, Professer.* Beda in Epistola ad Egbertum : *Memini me hesterno dixisse anno, cum tecum aliquot diebus Legendi gratia in monasterio tuo demorarer, etc.* Bulla Gregorii X. PP. ann. 1272. pro Cisterciensibus Collegii S. Bernardi apud Lobinell. tom. 3. Histor. Paris. pag. 161 : *In prædicando publice, si fueritis requisiti, et Legendo ordinarie in Theologia.... omnimoda utamini libertate.* Litteræ Humberti II. Dalphin. ann. 1345. tom. 2. Hist. Dalphin. pag. 520. col. 2 : *Item, in Consilio nostro Gratianopoli residente esse volumus Consiliarios infra scriptos, videlicet D. Guillelmum de Manso Legum Doctorem Cancellarium dicti Consilii, Legentemque in studio, etc.* Jacobus Gelu Archiep. Turon. in Vita sua, tom. 8. Anecd. Marten. col. 1947 : *Martii 29. ann. Dom. 1402. incœpi Legere ordinarium Parisiis in facultate De-*

cretorum. Vide supra *Lector* 3. [** Consul. Savin. Histor. Jur. Roman. med. temp. tom. 3. cap. 23. § 198. et cap. 25. § 221. not. e.]

* 2. **LEGERE**, pro Colligere, sacco condere, in Compul. ann. 1488. inter Probat. tom. 4. Hist. Nem. pag. 47. col. 1 : *Item pariter solverunt Johanni du Vray, seu Jacobo Sobeyrani pro viginti quatuor sacis, emtis pro Legendo bladum dictæ caritatis et apportando ad molendinum pro molendo.*

* 3. **LEGERE**, idem quod supra *Legenda* 1. Cerem. vet. Ms. eccl. Carnot.: *Sexto Calendas Martii ad matutinas lectio sexta de illo Legere, quod ita incipit : Post etc.* Ibidem : *Legitur abreviatum Legere, etc.* Rursum infra : *Festum trium lectionum de proprio Legere.*

LEGERGILDUM, Mulcta irrogata ei qui fugitivum servum excipit, et cubile, quod Saxones Leger-bedd vocant, præbet. Leges Henrici I. cap. 11 : *Si quis Dei fugitivum habeat injuste, reddat ei ad rectum, et persolvat ei cujus erit, et Regi emendet secundum Legergildum.* Somnerus perperam scriptum putat, pro *Weregildum.* [** Ita habet Thorpius.]

LEGERWITA. Vide *Lairwita.*

LEGESPEND, apud Manwodum et Cowellum, pro *Lespegend.* Vide in hac voce.

¶ **LEGEUS**, pro *Ligius*, de quo infra, apud Rymerum tom. 8. pag. 236.

¶ **LEGI HOMINES**, pro *Legis homines*, hoc est, Legis Judaicæ sectatores, perperam legitur, tom. 4. Anecd. Marten. col. 1142. ut satis patet ex dictis in voce *Cagoti.*

1. **LEGIA**, *Parva navis*, Joan. de Janua, nostris *Alege*. In Gl. Lat. Gall. : *Legia, Nef, ou le gras de l'oreille.* At posterior significatio voci *Legula*, convenit. Ebrardus in Græcismo cap. 10 :

> Ossis cartilago, sed Legia dicitur auris;
> Cartilago tamen amborum dicitur esse.

Aurium Legulas dixit vetus Scriptor. [Adde Sidonium lib. 1. Epist. 2.]

* Glossar. Lat. Ital. Ms. *Legia, la nave de passare.* Altera notione, in Glossar. Prov. Lat. ex Cod. reg. 7657 : *Legia, teneritas aurium.*

2. **LEGIA**, apud Gosselinum in Vita S. Wereburgæ n. 12. idem est quod *Leuca.*

* 3. **LEGIA**, Sacramentum fidelitatis, quo vassallus domino suo obnoxius est, idem quod supra *Legeancea.* Charta ann. 1226. in Chartul. eccl. Lingon. ex Cod. reg. 5188. fol. 221. r° : *Regnierus miles..... recognovit se accepisse a domino Hugone Lingonensi episcopo in feodum et casamentum ligium quicquid habet in villa Choigne,..... salva Legia domini S. Clarimontis et dom. R. Nogenti et dom. S. Castrivillani.* Vide in *Ligius.*

¶ **LEGIAMENTUM**, Legiatio. Vide *Ligius.*

¶ **LEGIBILE**, εὐαναγνωςόν, in Glossis Lat. Græcis.

¶ **LEGIBILIS** Dies, Quo habentur scholæ. Rob. Goulet in Compendio jurium et consuetud. Universitatis Paris. fol. 4. v°. : *Electio autem Rectoris fit quater in anno in dicta Ecclesia S. Juliani, scilicet ultima die Legibili ante festum Nativitatis Domini. Alia electio fit ultima die Legibili, etc.* Pluries occurrit ibi, ut et apud Lobinellum tom. 3. Hist. Paris. in Glossario. Vide *Legere.*

¶ **LEGIBILITER**, Ita ut legi possit. *Scheda Legibiliter descripta*, in Actis SS. Junii tom. 1. pag. 266.

¶ **LEGICREPA**, Rabula, qui crepat leges. Varro Atacinus apud Fulgentium :

> Legicrepæ tradunt, latrant fora, classica turbant.

Supplem. Antiquarii : *Legiscrepa*, νομοδίφας, *Legisperitus.* Hinc emendandus Papias editus, qui legit *Legiorecar, Legisconsultor*; et MS. ubi, *Legiprecar.*

LEGIDES. Pactum MS. inter Clericos Ecclesiæ Lugdunensis, et Guigonem Comitem Forensem ann. 1167 : *Legides fori et feriarum communes, et clamores atque banni communes, exceptis Clericis et familiis eorum domesticis.* Forte pro *Leudæ*, seu præstationes. Vide in *Leudis.*

* **LEGIETAS**, ut *Legia*, 3. Charta Rener. dom. Nogenti ann. 1206. ex Bibl. reg. : *Accepi de episcopo Lingonensi in feodo et in casamento in perpetuum quicquid habeo vel habere potero.... Super hoc feci Legietatem episcopo Lingonensi, salva tamen Legietate dominæ comitissæ Campaniæ.* Vide in *Ligius.*

LEGIFERI Provinciarum, apud Suecos, non semel occurrunt in Erici Upsalensis Historia Suecor. lib. 3. pag. 57. 74. 79. 80. 96. 99. 111. 119. Horum districtus Legiferatus dicitur lib. 2. pag. 44. ibid. : *Non advertit patriæ consuetudinem, et privilegia regionis, quibus cavetur ne Rex sine comitiva antiquitus designata, Legiferatum aliquem Regni intrare præsumeret. Sic enim laudabilis Regni decernit antiquitas, ut unusquisque Regni districtus Regem per suos limites propriis viris et armis salvum perducat, et juxta positis deducendum assignet.*

LEGILE, Analogium. Vide Ceremoniale Episcop. lib. 1. cap. 11. ubi *instar Legilis* esse dicitur Presbyter qui Episcopo sacra facienti de libro ministrat.

¶ **LEGILOQUUS** Liber appellantur Capitularia in versibus Ansegisi collectioni præscriptis in antiquis Codicibus :

> Legiloquum quisquis librum recitaveris istum
> Principibus nostris, dic, Miserere Deus.

¶ **LEGIMEN**, Electio. Vita S. Materniani, tom. 3. Aprilis pag. 759 : *Cœperunt pro digni Pastoris Legimine diutinam studiosissimamque vigilias et obsecrationibus habere concertationem.*

* **LEGIMUS**, Hac una voce Chartis suis subscribere consuevisse Ravennates archiepiscopos, atque hujus consuetudinis exempla non pauca in Archivo Estensi se vidisse testatur Muratorius tom. 5. Antiq. Ital. med. ævi col. 176.

* **LEGIO**, Sacramentum, quo aliquod dictum seu promissum, quasi *legione*, firmatur et munitur. Charta ann. 1239. ex Chartul. AD. S. Germ. Prat. fol. 104. r°. col. 2 : *Quicquid in eisdem habeat vel habere poterat ratione dotalitii, vel alio modo, sub ejusdem fidei Legione quittavit penitus et expresse.*

¶ **LEGIORECAR**, Legiprecar. Vide *Legicrepa.*

¶ **LEGIRUPA**, *Qui legem rupit*, Martinio : recte. Carmen de Laudibus Berengarii Aug. apud Muratorium tom. 2. pag. 399. col. 1 :

> Vix proprios tetigit fines Rex ille verendus,
> Legirupis en Wido tubis rediviva resumit.

¶ Legirupio, Eadem notione, παράνομος, apud laudatum Martinium in Lexico.

¶ **LEGISCREPA**. Vide *Legicrepa.*

* **LEGISDOCTUS**, Disciplina Christiana eruditus. Charta ann. 1125. ex Tabul. prior. S. Mart. de Camarc. : *Helvisa Legisdocta dedit Deo et beato Martino ecclesiam B. Johannis de Camarcio, quæ dicitur de Albania, cum omni decima ad eam pertinente, et tres arpennos terræ in cimiterio ejusdem ecclesiæ; quod concessit Robertus Legisdoctus filius ejus.*

LEGISFALCK. Throwczius 1. part. Chr. Hungar. cap. 5 : *Ibidem in montibus hujus deserti griphones nidificare, et aves Legisfalck, quæ vulgo Kerechet vocantur, pullos generare posuerunt.* Forte intelligit eam falconum, seu accipitrum speciem, quam *cercerellas* nostri vocant.

LEGISTA, *Qui docet leges, vel qui vacat legibus*, Ugutioni [et Johanni de Janua; *Legistres*, in Glossis Sangerman.] Anonymi liber Revelationum cap. 21 : *Iste autem suo tempore inter eos, quos Legistas et Decretistas vocant, peritissimus habebatur.* Tidericus Langenius in Saxonia :

> Illic doctores Decretorum meliores,
> Sunt ibi Legistæ multi, pariterque Sophistæ.

Jo. Fortescutus de Legibus Angl. cap. 8 : *Denominari Legista mereberis, si legum principia et causas usque ad elementa, discipuli more, indagaveris.* [Lambertus Prior S. Vedasti Atrebat. de Divinis Officiis :

> Allegat Legista potens sermone potenti,
> Postulat Orator, utpote Sermo Dei.

Occurrit passim. *Advocatus Legista*, in Constitutionibus ann. 1251. in Appendice Marcæ Hispan. col. 1439.] Martialis Parisiensis in Arestis amoris :

> Apres y avoit les Deesses,
> En moult grand triomphe et honneur,
> Toutes Legistes et Clergesses,
> Qui scavoient le Decret par cœur.

* Nostris etiam *Légistre.* Le Roman *de Robert le Diable* MS. :

> Des grans plaintes de ce mal homme
> Vinrent à l'Apostole de Romme,
> Qui moult en fu dolans et tr stres.
> Par le conseil de ses Légistres,
> Mist en escumeniement
> Le duc et tout son tenement.

LEGISTERIUM, Jus, Juris et Legum scientia. Ericus Upsalensis lib. 6. Hist. Suecicæ : *Habebat autem Rex Carolus Præfectos nequissimos... qui sub specie justitiæ conservandæ, et injustitiæ puniendæ, erant in Legisterio doctissimi. In tantum autem Legisterium pertractabant, ut vix inveniretur in Regno unus rusticus, qui non esset a præfecto suo in pecunia et rebus aliis tallatus.* Supra eod. lib. pag. 195 : *Consedentibus igitur cunctis, qui vocem in electione Regis habere putabantur, non tantum secundum formam Legisterii, datis scruta-*

toribus, duobus scilicet Episcopis, et duobus Militibus, tres electi fuerunt.

¶ **LEGITIMA**, nude, Pars hæreditatis Legibus constituta, Gall. *La legitime.* Charta ann. 1273. tom. 1. Hist. Dalphin. pag. 198 : *Ita quod* (Anna filia Dalphini Guigonis) *non possit aliquid plus in prædictis bonis et hæreditate et terra dicti Domini, ratione frareschiæ vel Legitimæ, vel supplementi Legitimæ.* Alium locum vide in *Advenimentum.* [** Legitima Portio. Vide JC. *Legitima* nude pro *Uxore legitima*, passim occurrit, ut apud Schann. Hist. Wormat. tom. 1. pag. 172. Chart. ann. 1325. apud Guden. Cod. Diplom. t. 3. p. 240 : *Cum Elizabeth nunc Legitima mea secundaria*, i. e. quam secundis nuptiis duxerat.]

¶ **LEGITIMÆ**, f. Appendices, Gall. *Dependances.* Traditio Liodrici *de Mekerias* pro monasterio Sithiensi : *Dono igitur, donatumque in perpetuum esse volo legaliter per festucam et andelaginem, rem proprietatis meæ nuncupante Mekerias... una cum ipsorum locorum perviis, Legitimis et wadriscapis.*

¶ **LEGITIMARE**, Legitimo connubio prognati jus spurio tribuere, Gall. *Legitimer*, Hisp. *Legitimar.* Jacobus Aragoniæ Rex in Concilio Turiasonensi ann. 1229 : *Si Legitimatione indigere aliquatenus videatur* (Alfonsus ex matrimonio dubio prognatus,) *nos auctoritate et potestate regia Legitimamus ad omnia, ad quæ Legitimari potest auctoritate regia, et hæredem et successorem regni nostri constituimus et declaramus.* Rursum occurrit in Charta ann. 1416. apud Baluz. tom. 2. Hist. Arvern. pag. 359. et alibi.

¶ Legitimare Pondera et Mensuras, Ea cum aliis authenticis collata comprobare et legitima declarare. Statuta Arelat. MSS. art. 74 : *Commune habeat pondera, quæ erunt in Arelate, et a libra inferius, cum quibus Legitimentur omnia pondera.* Et art. 99 : *Commune habeat mensuram cupream, qua Legitimentur barralia.*

** Legitimare Dote Ecclesiam, apud Gerhard. in vita S. Oudalrici cap. 20. Vid. Decr. pars. 3. de Consecr. dist. 1. cap. 9.

Legitimatio *per subsequens matrimonium* inducta primitus fuit ex lege a Constantino M. lata, quam restituit Zeno leg. Divi (5.) Cod. de Natur. lib. (5,27.) ac deinde Justinianus Nov. 12. 84. 117. etc. receptaque in jure Pontificio, ex rescripto Alexandri III. PP. in Append. ad Concilium Lateran. ann. 1181. part. 33. cap. 1. et cap. 6. extr. Qui filii sint legitimi. Ab Anglis tamen non admissa, nisi quantum ad gradus Ecclesiasticos : quoad vero successionem in bona paterna, omnino repudiata, Statuto præsertim Mertonensi ann. 1235. cap. 9. 20. quod etiam observatum a Bractono lib. 2. cap. 29. § 4. Fortescuto de Laudibus Legum Angliæ cap. 39. auctore Fletæ lib. 1. cap. 15, § 3. et lib. 6. cap. 39. § 34. et Seldeno in Disertat. ad Fletam cap. 9. Vide *Pallium.* [** Vide Haltaus. Glossar. German. voce *Buch-kinder.* Grimm. Antiq. German. pag. 463.]

* Singulares prorsus, ut pote ab usu et consuetudine alienas et legibus repugnantes, sed ad Glossarii institutum aptissimas, hic perscribendas censui Literas legitimationis ex Reg. 82. Chartoph. reg. ch. 40 : *Johannes Dei gratia Francorum rex. Ad perpetuam rei memoriam. Et si princeps æternus in generationibus hominum culpam nascentibus non opponat, sed potius frequenter gratiam infundat; eodem exemplo terrenus princeps vestigia superni principis insequendo, suam gratiam subditis illa egentibus consuevit infundere quantum potest, ne minister dicatur esse tenax, ubi dominus noscitur esse largus. Sane ad nostrum nuper devenit auditum, quod ex dilecto et fideli thesaurario nostro Ingeranno de Parvo-celario, qui diu et fideliter prædecessoribus nostris regibus et nobis multa et diversa servicia utilia ac sibi meritoria impendit et adhuc impendere non desistit, et ex Margareta dicta de Pommolain domicella, fuit quidam filius procreatus, qui Bernardus vulgariter et communiter nominatur, dicto Ingeranno pro tunc et nunc existente conjugato, ac dicta Margareta pro tunc existente moniali professa, a qua professione, sicut accepimus, per Sedem Apostolicam extitit postmodum absoluta, quodque idem filius, quem prædicti pro eorum communi filio cognoverunt et cognoscunt, et qui adhuc in infantia nunc existit, non solum pro moderno tempore posset carere naturalibus alimentis; verum etiam pro futuro victualibus opportunis, licet genitorum ipsius possent cum Dei gratia suppetere facultates, si non deficerent voluntates, et non insultarent ad contraria proles vel successores utriusque, sicut solet facere mos humanus. Quare nos dictorum Ingeranni et Margaretæ facultatibus et voluntatibus præattentis, considerantes etiam ipsorum, præcipue in aliis, multiplicem honestatem, et quod dicto Ingeranno non est multa liberorum copia lineæ masculinæ, ac volentes eidem infanti de benigno Misericordiæ et pietatis intuitu subvenire, præmissorum nobis veritate relata, nostro mero et proprio motu, non habentes respectum ad preces vel supplicationem alicujus, sed solum ejusdem infanti* (sic) *compacientes deffectui ac ejus necessitatibus præsentibus et futuris, ut cum ad ætatem pervenerit suaque discretio viderit temporalis gratiæ munere se præventum, ad meliores actus amplioris gratiæ se festinet, præfatum Bernardum ab ipsis conjugato et professa moniali taliter ex prohibita copula generatum ad omnes honores, gradus, officia et actus legitimos et civiles, potestates et dignitates, tam in minoribus et mediocribus, quam majoribus, seculares et temporales, ad quos et ad quas potest accedere et ascendere filius legitimus ac de legitimo matrimonio procreatus, tenore præsentium de plenitudine et auctoritate regiæ potestatis ac etiam absoluta specialique gratia et ex certa scientia Legitimanus et habilitamus ac etiam Legitimationis et habilitationis titulo, gratia et nomine decoramus, et illo Legitimationis nomine ipsum uti et gaudere volumus, quo filius legitimus ex carne dicti Ingeranni in uxorem suam propriam procreatus uteretur, ac ab eodem quacumque procedente linea possent uti, ita quod ipsius Ingeranni patris cognomen perferat, ac si idem Bernardus certus, legitimus filius ejus esset, restituentes ipsum Bernardum plenarie ad natalia legitima ac ipsum habilem et legitimum facientes et reddentes ad omnia et singula, ad quæ filius legitimus et legitime natus habilis reputatur, delentes et abolentes totaliter omnem geniture et illegitimitatis ac inhabilitatis maculam atque nomen, ita quod de sua nativitate vel illegitimatione, in quocumque actu vel contractu gratiæ vel justitiæ, officii vel dignitatis assecutione aut aliter, non teneatur quomodolibet facere mentionem; concedentes eidem ac cum eo dispensantes de regia auctoritate et absoluta potestate, speciali gratia et scientia prælibatis sibi et suis successoribus vel hæredibus, quos eidem ex nunc decernimus posse et debere succedere, tam in recta linea quam collateraliter, ac si in omnibus ab initio originis legitimus extitisset; ut in hæreditatibus et bonis quibuscumque paternis et maternis, nec non paterni et materni generis, tam mobilibus quam immobilibus, in quibus non esset jus alii acquisitum, et in quibus de jure vel consuetudine sive usu succederet aut posset succedere vel deberet in recta vel collaterali linea, si de legitimo fuisset matrimonio procreatus, succedat, et ea, tanquam legitimus hæres vel successor, possit et debeat vendicare, adipisci et retinere ac pacifice possidere sine impedimento quocumque, et de ipsis disponere tanquam successor legitimus in eisdem. Concedimus insuper quod sua proles de legitimo procreata matrimonio et procreanda in universis bonis suis mobilibus et immobilibus, acquisitis vel acquirendis ac obveniendis quoquo modo succedat, dum tamen aliud quam deffectus prædictus natalium non repugnet, hujusmodi natalium deffectu non obstante. Decernimus quia omnia supra et infra scripta valere et tenere constitutione, ordinatione, statuto vel lege editis, et consuetudine vel usu generali vel locali regni nostri ad hoc contrariis vel in contrarium facientibus non obstantibus quibuscumque, quarum vim et potestatem et auctoritatem, quathenus contentis præsentibus litteris omnibus et singulis repugnarent, viribus omnino vacuamus, et non obstante etiam quod dictus Bernardus non ex simplici fornicatione, sed ex spurioso, incestuoso et dampnato cohitu genitus sit et natus, et quod nati ex talibus nefariis amplexibus, de jure, consuetudine vel aliter inhabiles sint et reputentur ac censeantur indigni ad suscipiendum titulum, nomen et dignitatem legitimationis cujuscumque per principem, vel aliam legitimationem qualemcumque seu præsentem gratiam duximus faciendum, non vocatis dictis parentibus seu aliis, quos tangere potest et poterit in futurum; quæ omnia et alia qualiacumque quæ nostræ præsenti gratiæ, quam vim sanctionis et decreti habere volumus et jubemus, possent quomodolibet nunc vel in futurum obici vel opponi et ipsius effectum gratiæ impedire vel differre, volumus omnino non obstare et reici, perinde ac si expresse et sigillatim essent specificata præsentibus et expressa. Volumus etiam quod prædictæ confessiones seu recognitiones dictorum Ingeranni et Margaretæ genitorum, per quas dictum Bernardum carnali copula ex se generasse et suscepisse cognoscunt, de quibus quidem recognitionibus nobis constat, vim, auctoritatem et effectum plenæ probationis, filiationis pro præsentis gratiæ concessioni* (sic) *et exhibitioni obtineant, et pro omni probatione sufficiant, absque eo quod idem*

Bernardus, seu posteritas sua vel causam ab eo in futurum habituri, onere alterius probationis quomodolibet adstringantur. Volumus etiam et ex uberiori gratia concedimus quod idem Bernardus sit capax omnium donationum et gratiarum, quæ sibi fient vel jam factæ sunt inter vivos, vel causa mortis, sive titulo legatorum, vel fideicommissorum ex testamento vel codicillo, aut aliter ultima voluntate, sive fiant a patre vel a matre, vel a quibuscumque personis, proximis vel extraneis, ipsumque capacem et habilem ad adipiscendum et acquirendum omnia donata et legata, mobilia vel immobilia sibi facta et facienda a quibusvis personis, facimus, ordinamus, constituimus et decernimus per præsentes de plenitudine regiæ potestatis, nonobstantibus lege vel statuto, consuetudine locali vel generali, super quibus, quantum ad hoc, de speciali gracia dispensamus, firmiter inhibentes universis et singulis justitiariis nostris et successorum nostrorum ac quibuscumque depatatis et deputandis a nobis vel successoribus nostris, ne quis eundem Bernardum vel prolem suam, vel successores aut posteros, vel causam seu titulum ab eis habituros, in bonis quibuslibet ejusdem acquisitis vel acquirendis, seu undecumque obvenientibus, occasione deffectus natalium ipsius Bernardi, contra præmissa impetere, perturbare aut molestari quoquo modo præsumant. Præmissa autem omnia et singula sic certæ plenitudine potestatis absolutæ et regiæ magestatis facimus, concedimus, statuimus et præcipimus inviolabiliter perpetuo observari, eisque quoad observantiam eorumdem nostram auctoritatem per præsentes interponimus et decretum, nostro in aliis et alieno in omnibus jure salvo. Quod ut firmum et stabile permaneat in futurum præsentibus litteris nostrum fecimus apponi sigillum. Datum Parisius anno Domini 1353. *mense Aprilis post Pascha. Al sic signata. Per regem. Seris, et correcta per vos in cancellaria. J. Royer.*

* In præallatis vero Literis a recepto jure si nonnihil ex indulgentia discessum est, scrupulosioris contra juris observantiæ exemplum produnt aliæ legitimationis Literæ, quibus liberi ex legitimo matrimonio procreati, quod eorum mater ætatis octo annorum sacrum religionis velum accepisset, nullo licet dehinc voto obstricta, legitimi declarantur. Lit. Phil. V. ann. 1317. in Reg. 53. Chartoph. reg. ch. 190 : *Philippus etc. Notum.... quod nos dilecti nostri Johannis de Efficuria, domini de Arentanis, militis, devotis supplicationibus annuentes, ipsius liberis ex Margareta filia Guillelmi de Monsterella armigeri sua conjuge procreatis, constante matrimonio inter ipsos in facie ecclesiæ solempniter celebrato, ut ipsi eorum quilibet, eo nonobstante quod prædicta Marguareta mater ipsorum, dum esset ætatis octo annorum vel circa, prioratum monialium de Valle Donnæ ordinis S. Benedicti diœcesis Cathalaunensis intrasse et tanquam monialis velata, non tamen benedicta, nec alias expresse professa, moram in eodem monasterio diuturnam fecisse dicitur, in hæreditatibus, conquestibus aliisque bonis ac rebus quibuslibet, tam mobilibus quam immobilibus, dictorum parentum suorum succedere et ad omnem aliam quamcumque successionem venire, necnon ad quoslibet legitimos actus admitti valeant, jure aut consuetudine quibuslibet contrariis nonobstantibus, concedimus de gratia speciali, et ipsos quoad hoc Legitimamus de plenitudine regiæ potestatis, si et quacumque legitimatione indigeant occasione prædicta.* Ex quibus ultimis verbis facile effici potest hujusmodi usum nulla lege apud nos stabilitum fuisse. Et quidem non alia hac de re mihi nota est, præter legem Liutprandi, de qua infra in *Velamen.*

* Neque silentio prætereundum est in hujusmodi literis patrum et matrum nomina non rato omitti; quod cancellarii vel notarii arbitrio tribuendum opinor : id enim, ut eorum famæ parceretur, factum fuisse haud versimile est; siquidem illorum nomina interdum appellantur, quæ religionis causa tacenda erant, ut in Lit. ann. 1370. ex Reg. 100. Chartoph. reg. ch. 616. quibus legitimatur quidam Antonius *Filius Johannæ de Chenerio religiosæ in monasterio Paracleti juxta Nogentum supra Sequanam et Henrici quondam episcopi Trecensis.* Ejusdem tenoris sunt tres subsequentes literæ ad totidem eorumdem parentum filias spectantes.

¶ **Legitimitas**, Ortus, nascentia ex legitimo thoro. Statuta Eccl. Aurelian. art. 59. apud Marten. tom. 7. Ampliss. Collect. col. 1279 : *Inquirat Sacerdos... de Legitimate sponsi et sponsæ.* Alibi est actio qua nothus declaratur legitimus. Vide tom. 3. Concil. Hispan. pag. 492. col. 1.

1. **LEGITIMUS**, ex Lege idoneus ad aliquid agendum. Lex Longob. lib. 2. tit. 29. § 1. [** Liutpr. 19. (4, 1.)] : *Hoc prospeximus ut intra* 18. *annos non sit Legitimus homo ad res suas alienandas, etc.* [Charta ann. 1277. ex Chartulario S. Vandregisilli tom. 1. pag. 306 : *Vendidi ... pro* LXIV. *sol. Tur. quos a prædictis Religiosis viris legitimis præ manibus recepi.* Suspicor legendum esse, *Quos a prædictis Religiosis viris Legitimos.... recepi.*] Vide *Legalis.*

* Vel Probus. Charta pro monast. de Fontaneto in Reg. 106. Chartoph. reg. ch. 371 : *Electi sunt quatuor Legitimi viri communi assensu, qui omnia hæc, quæ prædicta sunt, recordati sunt, et se illa verissime recordatos fuisse super sanctum Evangelium juraverunt.* Ubi *Legitimi* viri, iidem videntur qui alibi *Boni homines* appellantur. Vide in hac voce.

* 2. **LEGITIMUS**, Ingenuus. Charta apud Meichelbec. tom. 2. Hist. Frising. pag. 529 : *Tradidit eadem matrona... suum servientem Herimannum, ea ratione ut ipse cum omni sua posteritate Legitimorum servientium uteretur jure.* [** Vide Hæberlin. de Histor. Frising. tom. 1. pag. 164.]

* **LEGITORIUM**, Pulpitum, pluteus, analogium. Glossar. Prov. Lat. ex Cod. reg. 7657 : *Letrier, Prov. legium, lectrum, Legitorium, analogium.* Acta capit. MSS. eccl. Brioc. : *Cantor.... tenetur.... suis propriis sumptibus habere coram Legitorio.... duas magnas tædas ceræ ardentes.* Vide *Legium.*

LEGIUM, seu **Legivum**, in Gloss. Lat. Gall. : *Pulpitre, Letrin à mettre livre sus.* Ugutio : *A lego, lectrum et Legium, pulpitum.* Leo Ostiensis lib. 3. Chr. Cas. cap. 31. (al. 33.) : *Legivum quoque perpulcrum et eminens in eo constituit.* Cap. seq. : *Legivum quoque pulcherrimum auro atque coloribus pictorum ingenio decoratum ibidem extrui jussit.* Λογεία et *Logea* Græci vocabant ejusmodi pulpita, non ea duntaxat in quibus recitabantur comœdiæ, ut auctor est Vitruvius lib. 5. cap. 8. sed et Tribunalium juridicorum et Ecclesiarum. Hesychius : Βῆμα, πλείονα μὲν σημαίνει· κοινότερον δὲ οὕτως, καὶ τὸ λογεῖον, ὥσπερ ἐν ἐκκλησίᾳ καὶ δικαστηρίῳ. Sed hic pro οὕτως, quod nihili est, videtur legendum οὖδας, *solum, pavimentum*, editius scilicet. [** Hæc correctius leguntur apud Grammat. Bekker. pag. 219. 28. Vide Henr. Stephan. Thesaur. Ling. Græc. voce Βῆμα edit. Didot. tom. 2. col. 230.]

LEGIUS. Vide *Ligius.*

¶ **LEGNAGIUM**, ut infra *Lignagium*, Jus exscidendi lignum in silvis, vel Præstatio pro hujusmodi jure, *Legnagium et carbonagium*, in Regesto Philippi Aug. f. 87. e Chartophylacio Regio.

* **LEGNAJUOLUS**, Faber lignarius, Ital. *Legnaiuolo*, in Stat. ant. Florent. l. 5. c. 19.

¶ **LEGNEIRARE**, **Leignerare**, ut infra *Lignare*, Lignum in silvis exscindere. Sententia arbitralis inter Dominos et Communitatem Calliani ann. 1497 : *In antiquissima et vera possessione pastorgandi, eyssartandi, Legnerandi, fusteiandi, glandeiandi, etc.* Infra legitur : *Legneirandi.*

* **LEGOY**, **Ligoy**, Distinctis vocibus leg. *le Goy* et *li Goy*, Instrumentum ligno scindendo aptum. Vide supra *Goia* 1. Consuet. Domb. MSS. ann. 1325. art. 27 : *Quod si repertatur in tallia dicti nemoris, tres solidos Viennenses solvere teneatur vel Legoy; et si dictus Ligoy non valebit tres solidos prædictos, quod dictus scindens dictos tres solidos solvere et perficere teneatur et in emenda parti.*

¶ **LEGUA**, Hisp. *Leuca*, Gall. *Lieue.* [* *Legua* etiam Hispanis, Provincialibus *Legue.*] Concil. Dertusanum ann. 1429 : *Cum itaque locus S. Matthæi non distaret a castro Paniscolæ nisi per tres Leguas.* Codex MS. Irminonis Abb. Sangerman. fol. 25. v°. col. 1 : *Silva que habet in totum Leguam* 1. *et dimid. ubi possunt saginari porci* cc. Recurrit fol. 116. col. 1. Vide *Leua* et *Leuca.*

LEGULA. Ælfricus : *Legula, vel Coclea, vel Code, Mete-lacca.* Ubi Somnerus : *Legendum forte, loculus, vel locellus, Metesacca, vel Codde.* Sed hic *Legula*, est pro *Ligula*, quæ est mensura Medicis et aliis nota, de qua Marcellus Empiricus pag. 47. 122. Glossæ vett. Κοχλιάριον, *cochliarium, Ligula.* Μύστρον, *Legula.* [Vide alia notione in *Legia.*]

LEGUMENARIUS, ὀσπροπώλης, in Gl. Gr. Lat. [Alii præferunt *Leguminarius*, Qui vendit legumina.]

* **LEGUMENIUM**, **Legumentum**, Legumen. Consuet. MSS. monast. S. Crucis Burdegal. ante ann. 1305 : *Item hortolanus... debet tenere hortum conventus valide garnitum... de cunctis herbis et Legumeniis... Item duo furnerii recipiunt.... a dicto cellerario pisces, carnes et Legumena.*

** **LEHA**, Apri femina. Vide *Etleha* et *Lefa.*

LEHEN. Charta Rudolfi Imp. ann. 1277. in Metropoli Salisburg. tom. 1. pag. 390 : *Idem in villa Hollern sex mansos et dimidium* *mansum, qui Lehen vulgariter nominatur, 14. libras solventes, quos ibidem dominus noster nunc habuit liberos et solutos, etc.*

LEHENRECHT, Jus feudale : vox Germanica ex *Lehen*, feudum, et *Recht*, jus, rectum. Gesta Marcwardi Abbatis Fuldensis : *Abbatis totius utilitas in Laicorum manu posita fuit, et si aliquis eis contradicere vellet Abbatum, ac judiciali lege placitum faciens, justitiam ab eis exquirere cœpisset, ingeniosa et callida argumentatione juris sui, Lehenrecht nominant, anguis more de manibus elapsi, per anfractus sermonum sine suo discrimine effugiebant.* [Diploma Friderici II. Imp. ann. 1219. apud Tolnerum in Probat. Hist. Palat. pag. 68 : *Item nullus dominus aliquem Nurembergensem compellere debeat ad jus, quod appellatur Lehenrecht.*]

LEIA. Videsis in *Leda* 3.

LEIBO, Leibunculus, Panis crassior, et relictis furfuribus minus candicans, Goldasto. Ephemerides Monasterii S. Galli tom. 1. Rerum Alam. : 16. *Kl. Dec. Eodem die dantur carnes, pisces, casei et ova cum stoupo, et maximo Leibone et minore Leibunculo de Stanheim.* Occurrunt passim ibi 15. Kl. Martii, 3. Non. April. etc. Vide Joann. Winckelman. in Notitia Saxo-Westphalic. pag. 458. [** Graff. Thesaur. Ling. Franc. tom. 4. col. 1111. voce *Hlaib.*]

LEIDA, Leidarius. Vide in *Leudis*.

¶ **LEIDGRAVIUS**, Leidgrevius. Vide *Ledgravius*.

* **LEIDIS**, Tributum, quod pro mercibus exigitur. Pactum inter eccl. Lugdun. et comit. Forens. ann. 1167. ex Bibl. reg. : *Leides fori et feriarum, communes sunt.* Vide in *Leudis*.

LEJEWITE, Legerwite. Vide *Lairwita*.

¶ **LEIGIALIS** Terra, Quam tenet homo *Ligius*. Vide locum in voce *Terra*.

LEIGIUM. Charta Henrici Regis Franciæ ann. 1060. pro Ecclesia S. Martini de Campis : *De redditibus quidem pastionis vieriæ, silvæ, atque Leigii, omnem decimam.... concedo.* Occurrunt eadem verba in alia Charta Ludovici VII. ann. 1137. Idem videtur quod *Alegium*. Vide in hac voce.

¶ **LEIGNAGIUM**, Jus lignationis. Vide *Lignagium*.

¶ **LEIGNERARE**. Videsis in *Legneirare*.

LEIOSTREA, [Lævis ostrea.] Vide *Aspratilis*.

LEIPA, Fuga, vox incertæ originis. Leges Henrici I. Regis Angl. cap. 43 : *Si quis a domino suo sine licentia discedat, ut Leipa emendetur, et redire cogatur.* [** Lege *Utleipa* et vide *Utlep*.]

LEIRWITA. Vide *Lairwita*.

¶ **LEISIVERPIRE**. Vide *Læsiverpum* in *Laisus*.

* **LEITA**, Minutissimæ monetæ ex latone vel cupro species. Charta ann. 1320. in Reg. C. Chartoph. reg. ch. 25 : *Vendit.... quatuor modios frumenti boni, novi, sicci et legalis ad mensuram Pontis Ligeris Turon. duobus denariis, minus de Leita, quodlibet sextarium (de) meliori frumento.* Vide *Lato* et *Loto*.

LEITIHUNT, etc. Vide *Canis Leitihunt*.

LEITO. Charta Alfonsi III. Reg. Portugalliæ apud Brandaon. tom. 4. pag. 279. v. : *Gallinam, caponem, capritum, anxerem, aut Leitonem.*

¶ **LEIXARE**, Permittere, sinere, Gallis, *Laisser*. Charta Lusitanica apud Brandaon. lib. 14. Monarchiæ Lusitan. cap. 16 : *Mando vobis ipsum torrem et portum, et non Leixetis ibi morare aliquem hominem de illis, qui ibi erant, quando Infans Dominus Alfonsus eam filiavit.* Alius exstat locus in *Crebantare*. [* Vide *Laxare* 2.]

* **LELEX**, Jurisconsultus, legis peritus, advocatus. Charta ann. 1152. inter Probat. tom. 2. Hist. Occit. col. 539 : *Istius rei est testis Guillermus de S. Felice vicarius Carcassonæ et Guillelmus de Durban et Gauzbertus de Avalino et Petrus Raymundi de Altopullo et Willermus de Isla ambo Leleges, et Petrus de Vilario vicarius Redensis.*

LEM, [Teuton. *Leme* et *Læme*, Læsio, mutilatio, a *Lam*, Mutilus, Schiltero.] Vide *Arata*.

* **LEMA**, *La voragine*. Glossar. Lat. Ital. MS. pro *Lama* 1. Vide ibi.

* **LEMBULUS**, diminut. a *Lembus*, Navis genus, in Glossar. Provinc. Lat. ex Cod. reg. 7657.

¶ **LEMBUS**, *Vestis regia*, Papiæ. An *Limbus*, Fimbria ad ornatum vestibus assuta? Agnellus in libro Pontif. apud Murator. tom. 2. pag. 178. col. 2 : *Ornaveruntque diversis palliis exanime corpus, et Lembum (MS. Loibum) a barba usque ad caput innodatus erat, quod illi sua ex auro Basilii miserat mater.*

LEMIGA. Vita S. Pardulfi Confessoris in Cod. MS. et apud Labbeum tom. 2. Biblioth. pag. 601 : *Quidam ex rusticis vulgaribus, dum ligna ad usum ignis cæderet, ut adsolet, in vetusta arbore, bolidos, quos vulgo Lemigas vocant, adhærentes reperit; et cum eas collegisset, decrevit ut eas ad virum Dei Pardulfum deferret, etc.* Mox : *Sciscitatus ab eo cui has deferret Lemigas, Tunc homo confitendo dixit, quod ad virum Dei Pardulfum, qui nihil carnium, nec volatilium edebat.* Occurrit ibi semel ac iterum : ubi *bolidus*, ponitur pro *boletus*, uti haberi in MS. Compendiensi monet Mabillonius, fungus, *Champignon*. Sic *Lemiga*, idem erit quod *boletus*.

¶ **LEMINALATGE**, f. *Heminagium*, seu præstatio ex quacumque hemina frumenti aut alterius grani. Chartularium Gratianopol. f. 41. n. 33 : *Sextam partem leydæ hujus civitatis de sale et denariis, et tertiam partem de linguis vaccarum sive boum, et tertiam de Leminalatge cum tertia parte lanarum, et cum omnibus rebus minutis quæ de lezda exeunt.* Vide *Hemina*.

* **LEMMA**, in Charta Caroli M. ann. 774. apud Mabill. Diplom. pag. 645. pro *Lemmia*. Vide in hac voce.

LEMMANE. Gregorius Turon. lib. 1. Miracul. cap. 84 : *In illis autem diebus cum jam semina triturarentur, et sicut Lemmane vestitum segetibus nudum habetur, a silvis intercedente gelu, cum non esset unde ignis accenderetur, ab ipsis paleis focos sibi adhibuerant excussores.* Ita præferunt tres Editiones : qua voce pars Arvernorum agri intelligitur plana et fertilitate nota, quæ vulgo *Limaigne* dicitur, quamque *Lemane Arvernam* vocat idem Gregorius lib. 3. Histor. cap. 9. *Limane*, lib. 5. cap. 35. quam vocem quidam ab *alimonium* deducunt; vel quod ea animalia usui rustico necessaria nutriat, quæ Hispani *alimana* vocant. Vide Jacobum *Bourgoing* de Origine et usu vulgarium vocum pag. 76. et infra in *Limania*.

¶ **LEMMONES**. Vide *Lemnones*.

¶ **LEMNA**, Vectigal in urbis exitu vel introitu pro mercibus solvendum, forte sic dictum a *limen*. Statuta S. Severi in Capite Vasconiæ circa ann. 1100. tom. 1. Anecd. Marten. col. 280 : *Statutum etiam fuit, quod si extranei, causa vendendi, in animalibus vel in plaustris aliquid abstraxerint, in exitu portarum Lemnam persolvant. Idem dicimus de corariis, quod Lemnam debeant dare. De burgensibus villæ statutum est, quod in exitu non debeant dare Lemnam, nisi de ferro, sale et piscibus. Verumtamen quamdiu nundinæ duraverint, jam dicti burgenses, sicut ceteri homines, Lemnam persolvent.* Vide alia notione in *Lemnia*.

¶ Lemnarius, Portitor, exactor *lemnæ*, ibid. col. 279 : *Extranei vero, si aliquid venale ad villam attulerint, sive in præsenti sive in futuro, vendiderint in introitu portarum, Lesdam persolvant, vel securitatem non vendendi Lemnario faciant.* Ex hoc loco patet *Lemnam* idem esse quod *Lesdam*; unde proclive esset suspicari ubique scribendum fuisse *Lesdam*, vel *Leudam*, ut *Lesdario* seu *Leudario*, pro *Lemnario*, si vox *Lemna* toties non repeteretur.

LEMNIA, Lemna, Lempna, Silva. Tabular. S. Eparchii Inculism. : *Ego dono... et ad ignem et ad alia necessaria omnes arbores Lemniarum mearum de Pontos, præter chaisnum et fraxinum.* Charta Aimerici de Ronconio, ibid. : *Dono Deo et S. Eparchio lo chaufatgha in Lempnis meis de Marcillac, etc..... et accipiant de Lempnis meis, quantum eis opus fuerit ad suum chaufatgha.* Rursum f. 870 : *In illa terra, quæ est trans la Lemna de Palirs, juxta mansum Brolii.*

¶ **LEMNIÆ**, Homines monstrosi et fabulosi quos sic describit Isidorus lib. 11. Orig. cap. 2 : *Lemnias in Libya credunt truncos sine capite nasci, et os et oculos habere in pectore; alios sine cervicibus gigni, oculos habere in humeris.* Odo de varia Ernesti Bavariæ Ducis fortuna, tom. 3. Anecd. Marten. col. 362.

Sunt alii setis hirci, mirabile dictu,
Non caput est, nec vultus eis, humerisque retrusi
Ignescunt oculi, parvum pro nare foramen
Pectus habet, rictusque loco parvissimus oris;
Lempnias appellant; crudis de more tomallis
Vescuntur, salsaque maris potantur ab unda.

* **LEMNISCÆ**, *Fasciolæ purpureæ*. Glossar. vet. ex Cod. reg. 7613. Vide *Lamniscæ*.

¶ **LEMNIUS**, *Luctuosus dicitur*. Papias.

¶ **LEMNONES**, *Larvæ, animæ mortuorum*. Papias. In Gloss. Sangerman. MS. n. 501. habetur *Lemmones* : an pro *Lemures*?

¶ **LEMNUNCULUS**, pro Lembunculus, apud Papiam. *Lemnunculum, lembum*, in Glossis Sangerm. MSS. num. 501.

¶ **LEMOCIA**, Lemona. Vide *Barbarini*.

* **LEMOISSELLUS**, Lemuissellus, Lemussellus, Globus, Gall. *Peloton*. Munit. castr. dom. reg. ex Cod. Phil. Aug. in Chartoph. reg. sign. 34. bis part. 1. fol. 93. r°. 5 : *Losdunum... x. fundæ et vij. Lemusselli fili... Chinon. xx. Lemusselli fili.* Et fol. 94.

r°. col. 1 : *Decem globi, id est, Lemusselli, de filo.* Ibid. fol. 97. v°. : *Quatuor targiæ, duo Lemoisselli fili.* Rursum part. 2. fol. 3. v°. col. 1. et 2 : *ij. Lemuisellos fili.* Ubi Guido de Dampetra in epist. ad Phil. Aug. apud Marten. tom. 1. Ampl. Collect. col. 1114. habet, *Glomos fili.* Vide infra *Loisellus.*

¶ **LEMONIUM**, Malum citreum minus, Gall. *Limon*, apud Bern. *de Breydenbach* Itiner. Hierosol. pag. 226.

¶ **LEMOSINA**, *Eleemosyna*, Italis, *Limosina*, apud Laurentium in Amalthea.

¶ **LEMPNA**. Vide in *Lemnia.*

¶ **LEMPNIÆ**. Vide *Lemniæ.*

1. **LENA**, apud Petrum de Crescentiis lib. 10. cap. 37. *Suber* seu *Liege* vertitur a veteri Interprete Gallico.

¶ 2. **LENA**, Pannus laneus qui culcitræ supersternitur. Guido Discipl. Farf. cap. 47 : *In lectulo ad unumquemque deputetur Lena cum pellicula investita, sagum laneum, capitale.* Bernardus Ord. Cluniac. part. 1. cap. 17 : *Pro signo strati quod substernitur, et Lena vocatur a S. Benedicto, etc.* S. Willelmus lib. 1. Constitut. Hirsaug. cap. 16 : *Pro signo stragulæ quæ substernitur, et Lena vocatur a S. Benedicto* : scilicet in Regula, cap. 55. ubi : *Stramenta autem lectorum sufficiant, matta, sagum, Lena et capitale* Willelmus Mon. in Vita Sugerii Abb. lib. 2. sub finem : *Hic illi quiescenti pro pluma erat palea, pro mollitie lini substernebatur lanea parum levis Lena.* Latinis *Læna* pallii genus est, quod ceteris vestimentis super induebatur, præsertim hiberno tempore et ad iter faciendum, hocque intellectu *Lenam* accipio in Statutis Cisterc. ann. 1183. tom. 4. Anecd. Marten. col. 1256. ubi : *In Lenis artificiose fiunt varietates colorum in Monasteriis nostris; quod ne ulterius fiat modis omnibus prohibemus : sed si contigerit quod fimbrias tinctas emerint, non nisi unius coloris in una Lena ponant.* Vide *Cozzo.*

* Pro panno serico legitur in Charta ann. 1019. apud Murator. tom. 4. Antiq. Ital. med. ævi col. 768 : *Posuimus autem super ipsum altare una Lena serica Constantinopolitana.*

* 3. **LENA** Panis, Frustum, offella, Gall. *Leche.* Testim. de S. Domin. tom. 1. Aug. pag. 646. col. 1 : *Nec etiam vidit eum comedere ultra unam Lenam panis.*

* 4. **LENA**, Fascis virgeus, lignum calefaciendo furno accommodum, Hisp. *Leña*, Gall. *Bourrée.* Consuet. Mss. Perpin. cap. 37 : *Item homines Perpiniani possunt habere Lenas suas ad coquendum panes ad opus suum.... Item possunt habere duas foguacerias de Lena et duas de lari ad vendendos panes cum voluerint. Lenchas* vero Occitanis paxillum sonat. Lit. remiss. ann. 1413. in Reg. 167. Chartoph. reg. ch. 372. bis : *Pierre Sture print un pien de haye, dit au pays* (Languedoc) *Lenchas, ... et bailla un grant cop dudit pieu ou Lenchas au suppliant parmi le front.*

* **LENAGIUM**, in Reg. Phil. Aug. ex Chartoph. reg. sign. 34. bis fol. 69. r°. col. 2. part. 2. pro *Legnagium*, ut legitur ibid. part. 1. fol. 46. v°. col. 1. Vide in hac voce.

¶ **LENARE**, Lenocinari, lenocinium facere. Salmasius ad Vopiscum ex veteri Epigrammate :

> Lenandi callidus arte.

Et ex alio inedito :

> Quod si formosas rodens Lenare puellas,
> Et dederit quæstus cottidiana Venus.

Vetus Scholiastes Juvenalis ad illud Satyræ 2 :

> Illa docet, missis a corruptore tabellis,

adnotat : *Socius filiam suam Lenat et docet eam mœchis caute rescribere.* Laurentius in Amalthea ex vet. Glossis : *Lenare, Lenire.*

¶ **LENARIA**, Quæ facit lenocinium. Miracula S. Cuneræ, tom. 2. Junii pag. 564 : *Blasphemando... dixit : B. Cunera videtur esse Lenaria, quia leni et lenæ qui invicem copulari non possunt, veniunt hic ad B. Cuneram, ut ibidem fornicari possint.*

¶ **LENAYRARE**. *Pro pascayrando vel pasqueria sumendo cum eorum averi grosso et minuto, pro Lenayrando, et Lenayra faciendo*, in veteri Charta Massil. ex Schedis D. *le Fournier*, id est, pro lignis in silva exscindendis. Vide *Lignerare* et *Legneirare.*

¶ **LENCIO**, ἐν τοῖς πένθεσιν ὀρχούμενος, *Tempore luctus saltans.* Supplem. Antiquarii. Vide *Lentio.*

LENCIUS. Testamentum Sancii I. Regis Portugalliæ æræ 1217. apud Brandaon. tom. 3. pag. 260 : *Habeat et meas cintas, et meas scarlatas, et penas varias, arrancanes et Lencios*, id est, *Lintea.* [In Actis SS. Junii tom. 3. pag. 477. habetur *Lincios.*] [* Lintea supellex. Vide infra *Lensia.*]

¶ **LENDEX**, *Tarmus*, (tarmes) *vermis in lardo*, Johanni de Janua, *Vert de Lart*, in Glossis Sangerm.

* **LENDITUM**. Vide in *Landicum.*

* **LENEUS**, *Lo vino*, in Glossar. Lat. Ital. Ms. pro *Lenæus*, ut legitur Georg. lib. 2. v. 4. et lib. 3. v. 509. et 510.

¶ **LENGLISH**, Species monetæ Flandricæ. Charta ann. 1342. apud Rymer. tom. 5. pag. 315 : *Duo millia librarum monetæ vocatæ Lenglish in Flandria currentis.*

* **LENGUETA**, Lingula, Gall. *Languette*, Ital. *Linguetta.* Stat. sabbat. Carcass. ann. 1402. in Reg. 157. Chartoph. reg. ch. 320 : *Non sit ausus immiscere.... corium mutonis cum corio vaquæ seu de cordoa, nec e converso, nisi esset tamen horlæ vel Lengueta.* Male *Vengueta* editum tom. 8. Ordinat. reg. Franc. pag. 560. art. 7.

¶ **LENHACERIUS**, Qui carminat lanam, Gallis, *Cardeur* in veteri Catalogo MS. Sodalium confraternitatis B. Mariæ Deauratæ.

¶ **LENHAIRRARE**, Lignum in silvis exscindere. Charta ann. 1289 : *Jus exsartandi... laborandi et fusterandi, et Lenhairrandi, etc.* Vide *Lignerare.*

¶ **LENHAYRAGIUM**, Jus lignorum in silvis exscindendorum. Conventio Ludovici Regis Siciliæ cum Arelatensib. ann. 1385. ex MS. D. *Brunet* : *Item retinet dicta Universitas patuum Castelleti Montis-mojoris et Auriculæ, et quecumque alia, tam piscationes quam venationes, Lenhayragia et explechias quorumcumque patuorum.*

LENICANARIUM, Vestis species. Catholicon Armoricum : *Huclien, Gallice, Huquet de toile, Lat. hoc Lenicanarium. Item prætexta, Gall. Hucquete à genes enfans. Hucpillotet, Gall. Hucque pillotée, Lat. hæc lacerna.* [Forte melius legeretur *Hoclenicanarium*, pro *Huclien canab*, Gall. *Huquet de toile de chanvre.*]

* **LENIS**, pro Lævis, planus, ut monent docti Editores ad Mirac. S. Annem. tom. 7. Sept. pag. 747. col. 2 : *In quo cum nullum visus appareret vestigium, erat enim oculorum locus Lenis, ut cætera facies, etc.*

* **LENITIVUS**, Lenis, Ital. *Lenitivo.* Charta Henr. VII. imper. ann. 1311. apud Lam. in Delic. erudit. inter not. ad Hist. Sicul. Boninc. part. 3. pag. 210 : *Volentes tamen consideratione pii ac benigni patris et domini, filios et subditos devios a via perditionis retrahere, Lenitivo modo et de plano, etc.*

LENONIA, Lenocinium, *Maquerelage.* Eckehardus Junior de Casib. S. Galli cap. 1. extremo : *Ad amplexus Arnolfi Regis clam dum peteretur, respondisse fertur Leoniæ procis, etc.* Statuta MSS. Caroli I. Regis Sicil. cap. 205 : *La poine de Lenoine et de lecherie, etc.*

* **LENSIA**, Lintea supellex. Charta Caroli IV. imper. ann. 1357. tom. 1. Cod. Ital. diplom. col. 2467 : *Præterea studii Senensis scholares.... una cum familiis, equitaturis, arnisiis, Lensiis, vallisiis, et rebus suis omnibus liberos esse decernimus.* Vide *Lencius.*

¶ **LENTACULUM**, *Crustatia*, apud Papiam.

LENTARE, pro Morari, non semel usurpat Gregorius M. lib. 2. Ind. 11. Epist. 1. 42. lib. 10. Epist. 35. Papias : *Lentare, tardare.* [Gloss. Sangerman. MS. n. 501 : *Lentandus, tardus.* S. Ambrosius lib. 10. in Lucam num. 149 : *Ergo ne tanquam inerti gubernatori in arenis littoris mihi hæreat sermo, tamquam in vada cæca Lentandum iter quam præcipitandum arbitror, etc. Fata Lentata*, id est, tardata, apud Trebellium Pollionem in Claudio cap. 6. Virgilius Æneid. 3.

> Ante et Trinacria Lentandus remus in unda est.

Id est, lente aut diu ducendus, nisi *Lentare remum* simpliciter hic sit navigare, quia, ut habet Turnebus lib. 4. cap. 22. cum remiges magnis viribus remigant, *Lentant*, id est, curvant et flectunt panduntque remos. S. Orientius lib. 1. Commonitorii :

> Hirta tibi melius pallia præbet ovis,
> Quam quæ, Lentato per lubrica fila metallo,
> Alternos frangit vestis onusta gradus.

Ubi *Lentatum per lubrica fila metallum*, aureum intelligit argentumve textum, Gallis, *Galon*, quo vestes ornantur et onerantur, nullo induentium commodo.] Vide *Adlentare.*

LENTEA, *Fovea.* Papiæ.

¶ **LENTENA**. Charta vetus apud Stephanotium Antiq. Petragor. MSS. pag. 89 : *Res sitas in pago Petragorico, in Lentena Albucense et villa quæ dicitur Milucus, etc.* Sed legendum *Centena*, Pars comitatus vel regionis : de quo in *Centena* 2.

1. **LENTERNA**, *Vincula modica.* Papiæ [et veteri Glossatori Sangerman. MS. num. 501.]

¶ 2. **LENTERNA**, Species vasis. Acta S. Samsonis MSS. : *Samson, quem in cella tua posuisti, omnia bona, quæ congregas, inaniter dispergit, et maxime Lenternas melle plenas fundo tenus evacuavit. Dubritius introivit in cella et introiens vidit omnia vasa summo tenus plena.*

* **LENTESCERE**, dicitur de colle declivi, in Mirac. S. Germ. Autiss. tom. 7. Jul. pag. 274. col. 1 : *Erat locus naturali quodam situ commodissimus; atque a parte orientali, clivo montis paulatim Lentescente, competenter adcline pendulus.* Galli diceremus, *s'Adoucissant insensiblement.*

¶ 1. **LENTIA.** Annales Genuenses apud Murator. tom. 6. col. 349 : *Et facto proinde consilio sic * Lentiam, quæ Rempublicam annue nituntur augere, ad creandam militiam, Deo auspice, profecturam, lætiores solito authoritatem hilari mente præstarunt.* Vox ignota ac forte mendosa, hincque locus perobscurus.

* 2. **LENTIA**, Ital. *Lenza*, Ager in longum protensus. Charta ann. 1083. apud Murator. tom. 2. Antiq. Ital. med. ævi col. 1034 : *Quas* (terras) *detinet Bonaccio massario ad manum sua* (sic) *ad laborandum, et de una alia Lentia ibi posita etc.* Vide infra *Lesa.*

LENTIACUM, Præstatio, ex *lentibus.* Vide *Mestivarius* in *Mestiva.*

LENTIARIUS, pro *Lintearius* Gl. Gr. Lat.: Ὀθονιακός, *Lentiarius.* Sic etiam in Gloss. S. Bened. pag. 266. λέντιον, dixere Pisides in Hexaemero v. 1747. Palladius in Hist. Lausiaca cap. 52. Germanus Patr. CP. pag. 150. et alii quos laudat Meursius.

¶ **LENTICLA**, dimin. *Lentis.* Vide *Lenticularia.*

1. **LENTICULA**, Eucherio Lugdun. : *Vasculum ex ære habens oleum quo ungebantur in regnum.* Lib. 1. Reg. cap. 10. 1. lib. 4. cap. 9. ubi Græc. Interpr. φακὸς ἐλαίου. [Isid. lib. 2. cap. 7 : *Lenticula, medicum* (modicum) *vas æneum vel argenteum, quadrangulum, in latere apertum, quod et Lichitum,* (*Lecythum*) *est enim vas olei, quo Reges et Sacerdotes ungebantur, a liniendo dictum.* Alii *Lenticulam* dictam volunt, quod lentis formam quodammodo referret. Vide Plinium lib. 18. cap. 12. et Martinium in Lexico.]

¶ 2. **LENTICULA**, Genus placentæ. Pelagius Diac. de Vita SS. Patrum cap. 4. n. 59 : *Fecit de farinula Lenticulam et zippulas.*

* 3. **LENTICULA**, Lentigo, macula. Mirac. S. Rosæ tom. 2. Sept. pag. 454. col. 2 : *Itaque omnia signa in ea mortem sibi initiari videbantur; præsertim cum per totum ejus corpus signa, quæ vulgariter Lenticulæ cognominantur, apparuissent.* Et pag. 455. col. 1 : *Cum jam signa mortis in ea apparerent, quæ vulgariter Lenticulæ cognominantur.*

LENTICULARIA, Ager lenticulis consitus. Lex Salica tit. 29. § 13 : *Si quis in napinam, in fabariam, in Lenticulariam, vel his similia ad furtum faciendum ingressus fuerit, etc.* Gloss. *Lenticla*, φακῆ.

¶ **LENTICUM**, Præstatio pro vendendis Lentibus. Vide ocum in *Sandalis.*

¶ **LENTIGAMEN.** Gesta Archiepiscoporum Trevir. apud Marten. tom. 4. Ampliss. Collect. col 426 : *Dominus Cuno submisit se ad fossatum castri per arctam fenestram cum Lentigamine, et sic evasit.* Videtur legendum *Ligamen*, nisi *Lentigamen* dictum sit, quod ligamen fuerit ex linteo textum.

¶ **LENTILAT**, vox vernacula, Lens, species leguminis nota, Gall. *Lentille.* Necrologium Carnotense : *Aquisivit etiam apud Menuesin generaliter quicquid Major habebat in granica Capituli, scilicet duos trituratores, vechiat, pesiat, Lentilat, favat.*

LENTIO, ὁ ἐν τοῖς πένθεσιν ὀρχούμενος. Vide Salmasium ad Vopiscum pag. 504. et Joan. Kirchmannum lib. 2. de Funerib. cap. 7. [Supra habetur *Lencio*, Tempore luctus saltans.]

* **LENTIOLUM**, Linteolum. Vita S. Ubaldi tom. 3. Maii pag. 637. col. 1 : *Solvens autem Lentiolum ita sanam* (fistulam) *reperit, ut nec aliquod signum apparet cicatricis.* Vide *Lenzonum.*

¶ **LENTIPES**, Lento seu tardo gradiens pede. Ausonius Epist. 21 :

Spondeus illi Lentipes ibat comes.

¶ **LENTIS**, *Navis pusilla.* Papias et Gl. Sangerman.

¶ **LENTISMA**, *Mastiche, lentisci resina.* Laurentius in Amalthea ex Onomastico.

¶ **LENTIUM**, σάβανον, Gloss. Lat. Græc. Sangerm. Sabanum, sudarium. Vox ducta ex λέντιον, quod Græci recentiores formarunt ex Latino *Linteum.*

¶ **LENTRUS**, Linteum lecti, Gall. *Linceul.* Charta æræ 1060. apud Anton. *de Yepez* in Chron. Benedict. tom. 5. pag. 435 : *Quatuor plumacios, literius 3. Lentros de leno* (i. e. *de lino*) 3. *duos etiam pares de sabanes.* Sed videtur legendum *Lentios.* Vide *Lencius.*

¶ **LENUM**, pro *Linum.* Videsis in *Lentrus.*

LENWAR. Vetus Charta Danica, apud Isaacum Pontanum lib. 7. Hist. Danicæ pag. 389 : *Ita tamen quod iidem ratione receptionis bonorum prædictorum, Ecclesiæ nostræ homagio adstringantur, secundum quod cæteri vassalli Ecclesiæ ratione suorum Lenwar receptorum ab Ecclesia, affecti fuerint ab antiquo.* [** Laudemia. V. in *Laudare*, 4. et Haltaus. Glossar. German. col. 1233.]

¶ **LENZA**, Ital. Fascia. Miracula B. Henrici Baucen. tom. 2. Junii pag. 386 : *Fortiter claudicabat ab utroque latere, quia ipsa ludente cum Lenza, sibi hoc evenit.*

¶ **LENZIOLUS**, Linteum lecti, Gall. *Linceul.* Miracula S. Zitæ, tom. 3. April. pag. 525 : *Et eam in quodam Lenziolo ad domum deportaverunt.*

¶ Lenzolus, Eadem notione. Chron. Bergom. apud Murator. tom. 16. col. 918 : *Maxima quantitas hominum et mulierum... fuit congregata super montem de Fara... omnes induti et indutæ,.. unanimiter et ibidem... prædicatum fuit coram prædictis sic indutis de Lenzolis,* seu *pannis albis lini*, ut col. seq.

* **LENZONUM**, Linteum, Ital. *Lenzuolo.* Charta ann. 1019. tom. 1. Hist. Cassin. monast. pag. 81. col. 2 : *Duo Lenzona linei operati propter altaria, etc. Eslese*, pro *Alese*, in Lit. remiss. ann. 1435. in Reg. 175. Chartoph. reg. ch. 346 : *Deux draps à lit et une Eslese de drap linge.* Vide *Lenziolus.*

* **LEO**, Aper, ut videtur. Charta ann. 1035. inter Instr. tom. 11. Gall. Christ. col. 328 : *Ipse idem Guillelmus comes dedit sanctæ Mariæ cœnobii Villarensis decimam nemorum vicecomitatus Fiscanni..... et decimam silvestrium bestiarum sive Leonum.*

* **LEO** Mitis, *Lion pacifique*, Cognomen Ludovici VIII. regis Francorum, qui vulgatius *Cor Leonis* nuncupatur, in Obituar. eccl. Ambian. ex Cod. reg. 5535. ad xv. diem Nov. : *Eodem die obitus Ludovici, qui dictus est Leo mitis, regis Franciæ, Philippi fortunatissimi filii.*

¶ **LEOA**, Leuca, Gall. *Lieue.* Codex Irminonis Abb. Sangerman. fol. 12. recto col. 1 : *Habet ibi de silva in totum gyro Leoas* v. *ubi possunt saginari porci mille.*

¶ **LEOCRYSUS**, Lapis pretiosus, *colore aureo interveniente candida*, ut habet Isid. lib. 16. cap. 13. Jo. de Janua præfert *Leocrisis* vel *Leochrisis*, Papias *Leochysus.* Legendum cum Plinio *Leucochrysus* a Græco λευκόχρυσος.

* **LEODA**, Tributum, maxime quod pro mercibus penditur, interdum quævis præstatio. Charta Raym. Trencavel. vicecom. Biter. ann. 1163. in Chartul. Gemund. : *Concedo.... ut ex sale, quod ad proprios usus domus præfati monasterii transportabitis, in omni terra mea Leoda vobis non requiratur.* Vide *Leudis.*

¶ **LEODARDI**, Leudardi, melius quam *Leodasdi*, ut recte monet Eccardus in Notis ad Pactum Legis Salicæ tit. 6. Voces frequenter occurrentes in eadem Lege, quas arcessit Schilterus ex *Leoden*, sive *Leudan*, *Leiten*, Ducere, scil. testes, et *Ardi*, *Art*, Genus, species. Nimirum inquit, duo genera vel species sunt condemnandi reum, aut per modum confessionis aut per modum convictionis per testes, etc. in quo posteriori genere locum habet pœna inficiationis, utroque et Romano et Germanico jure usitata. Luculentus textus Juris Francici est in Legis Salicæ titulo 10. § 1 : *Si quis animal, aut caballum, vel quodlibet pecus in messe sua invenerit, penitus eum vastare non debet, quod si fecerit, capitale loco restituat, ipse vero debilem ad se recipiat. Si vero Confessus non fuerit, et ei fuerit Adprobatum, Malb. Leodardi* DC. *denar. qui faciunt sol.* xv. *excepto capite et delatura.* Hinc infert Vir eruditus, *Leodardi* alteram esse speciem condemnationis ad mulctam, si quis non confessus, sed inficiatus factum, desuper convictus fuerit. Quod confirmat ex ejusdem tituli § 4. ubi : *Si negaverit et tamen convictus fuerit, Malb. Leodardi*, ut et seq. § et ult. ibi : *Testibus eum convincat.* Et tit. 2. § 3 : *Et ei fuerit adprobatum, Malb. Leodardi.* Tit. 27. § 2 : *Et ei fuerit approbatum, Malb. Leudardi.* Tit. 33. § 6. tit. 68 : *Si negat et convictus fuerit Malberg. Leudardi, solidos* xv. *componat.* Concludit tandem laudatus meritoque laudandus Scriptor, ex iis locis, quæ manifesta sunt, cetera, quæ obscuriora sunt, esse interpretanda. Alio prorsus modo, sed nobis minus probabili, rem expedire conatur Eccardus loco laudato : quem, si vis, consule.

¶ LEODE. Vide *Leudis.*

¶ LEODICUS, LEODIGUS, LEODIUS, Fiscalis, regalis, publicus, ut Valesius exponit pag. 270. Notitiæ Galliarum, a *Leudibus* vel *Leudis*, *Leodis*ve, quæ populum significat veteri Germanico. Litteræ Hugonis Regis ann. 4. regni pro Arnulfo Episc. Aurel. : *Leodiæ quoque silvæ venationem, sicut antecessores ejus visi sunt habuisse, eidem matri Ecclesiæ habere concedo.* Robertus Hugonis filius eamdem silvam, *Leodigam* appellat, in Litteris, quas citat Valesius loco laudato : ubi etiam observat, *Leodicum vicum publicum* a plerisque nostris Annalium et Chronicorum veteribus auctoribus appellari, nomine Germanico, vicum illum qui initium fuit percelebris civitatis *Leodium* hodie dictæ; unde conficit eam *Leodicum* potius esse nuncupandam. *Leudicam* vocat Carolus C. in Capitulis ann. 854. eodem etymo deducta voce. Plura videsis apud eumdem Valesium pag. 270. et seq. et apud Lipsium lib. 1. Poliorceticon Dialog. 2.

* LEODIENSIS Monetæ mentio fit in Charta Adalber. Leod. episc. ann. 1124. ex Chartul. Cluniac. ch. 401 : *Unum aureum denarium Leodiensis monetæ in Pascha ipsi fratres persolvant.*

¶ LEODIS, LEODUS. Vide *Leudes* et *Leudis.*

¶ LEOFWINUS, Anglorum lingua, *Carus amicus*, in Translatione S. Cuthberti sæc. 4. Benedict. part. 2. pag. 295. a Saxonico Leof, Dilectus et vin, Fortitudo, unde terminationes nominum propriorum, *Alwin, Baldwin, etc.* [** Vine, Amicus, etc.

¶ LEONA, Ital. *Leæna*, Gall. *Lionne.* Utitur Boncompagnus apud Murator. tom. 6. col. 932. et Chronographus Parm. tom. 9. col. 826. etc.

¶ LEONATUS, Coloris leonini. *Vela serica Leonata*, Anastasio in Vitis Paparum apud Murator. tom. 3. pag. 272. col. 1. Concil. Tolet. ann. 1582 : *Nec* (Clerici) *in vestibus laneis alios usurpent colores præter quatuor modestos et obscuriores, nempe nigrum, violaceum, cinericium, hoc est pardum, et castaneum, hoc est Leonatum.* Vide *Leoninum Pallium.*

1. LEONES, Nummi aurei Francici. Vetus Regestum : *A 1. Febr. 1336. ad 14. Novemb. 1338. fiebant Leones ponderis 48.* Vide infra *Moneta.*

*Lit. remiss. ann. 1455. in Reg. 189. Chartoph. reg. ch. 34 : *La suppliant requist à icellui Saunier qu'il voulsist lui prester... cent escus, tant en Lyons de moderez saluz, nobles et rides.*

Ita etiam appellati nummi aurei Comitum Flandriæ ac Ducum Burgundiæ, quod in iis effictus esset Leo. Horum typum exhibet Hautinus in lib de Monetis Francicis pag. 95. Magnum Chronicon Belgicum ann. 1456 : *Insuper declaratum est, quod eidem Gusberto pro suis expensis tribueretur summa 50. millium Leonum.* Inseram hoc loco quod de *Leonibus*, et cæteris ejusve ævi Flandricis et Belgicis aureis habet Regestum urbis Ambianensis, a Joanne *Bargoul*, Clerico ejusdem urbis, descriptum, fol. 113. 114. ne posteritati pereat.

Empirance faite pour l'œuvre du Denier d'or appellé Lions de Flandres, qui est à 23. karats d'or fin, en aloy 57. demy de pois sur le mark de Troies, duquel la trattie du mark d'or fin est de 60. d'iceux Flourins pour mark d'or fin, dont l'en donra à tous marchans 58. livres 16. sols, ledit Flourin compté pour 20. sols de la monnoie du Maistre, et de tout autre or à l'avenant.

Mars 1453.

Primo *pour le mark d'or fin alijer convient 6. Estrelins, 2. tierch d'aloy qui peut valoir environ une maille de ladite monnoye pour chascun Estrelin, et est pour chascun mark d'or fin 6. sols 8. den. vaut l'Estrelin.*

Le viez Escu de France de 64. sur le mark Empirance 5. den. 53. gros 21. mites.

Couronnez au grand Escu de 64... 7. den. 53. gr. 9. mites.

Couronnez Augustins de 64... 13. den. 48. gr. 14. mites.

Couronnez à l'Aignelet de 68... 24. d. ob. 46. gr. Couronnez à la Trangumué de 68... 2. s. 9. d. ob. 43. gr. 6. mites.

Couronnez à la Croix S. Andrieu de 68... 2. s. 7. den. 42. gr.

Couronnez à le droite Croix de 68. et demy. 4. s. 2. den. 39. gr.

Le premier Piectre de Namur de 67. et demy... 3. s. 10. d. 40. gr.

Escu Guillermus seconde de 68... 4. s. 2. d. 39. gr. 9. mites.

Premiers et deraiers Pietres de Brabant de 68. et demy... 4. s. 8. den. 37. gr. et demy.

Premier Clinquart de Gand de 68. et demy... 5. s. 9. den. ob. 34. gr. 3. mites.

Clinquart à point dessous le D. 68. et demy... 6. s. 1. d. 33. gr.

Clinquars à le droite Croisette 68. demy, ... 6. s. 9. d. 31. gr. 3. mites.

Clinquars à 3. Agnelets de 68. et demy... 7. s. 1. d. 30. gr. 6. mites.

Mailles d'Utrecht Frederic et de Baviere de 74... 6. s. 5. d. 28. gr. 9. mites.

Mailles à Ernouldus des tierches qui sont des derraines. de 78. s. 3. den... 22. gr. 6. mites.

Mailles de Mens et de Bethune 78... 7. s. 9. d. 22. gr.

Nobles de Gand de 35. et demy... 17. d. ob. 95. gr. 8. mites.

Mailles de Rin vieses de 71... 3. s. 3. d. 40. gr.

Mailles Poustulas les premieres de 75.... 4. s. 8. d. ob. 32. gr. 19. mites.

Mailles à l'Estoilette de 75... 5. s. 22. gr.

Mailles ou bon Trieuron de 75... 5. s. 4. d. 31. gr.

Mailles au bon T. de 76... 6. s. 10. den. ob. 25. gr. 6. den. ob.

Mailles au mauvais T. de 76... 7. s. 3. den. 24. gr. 7. den.

2. LEONES. Vide *Mare Leonis.*

LEONIFERI, a Petro Diac. lib. 4. cap. 37. al. 39. inter Vexillarios Eccl. Rom. recensentur. *Aquiliferos, Leoniferos, Lupiferos, Draconarios, etc.* [Sic dicuntur ob leones depictos in vexillis : *Albertus portator vini sive Leonifer,* in Chronico Parmensi, apud Murator. tom. 9. col. 791.]

LEONINI VERSUS. Sic forte nuncupati, quod inventi fuerint a quodam Leone Poëta, qui circa tempora Ludovici VII. vel Philippi Augusti Regum Franciæ vixit, cujus meminit Ægidius Parisiensis in Karolino lib. 3 :

> Nec minus in sacris melico sermone Leonem,
> Ludentem historiis, et quem intepuisse dolemus.

Quæ est etiam sententia Stephani Paschasii lib. 7. Disquisit. Francicar. cap. 2. ubi complures ejusdem versus descripsit perelegantes, in iisque aliquot ex iis quos Leoninos appellamus, vel Rythmicos, et ὁμοιοτελεύτους. Thierricus Valliscoloris in Vita Urbani IV. Papæ :

> Iis replicans clare tres causas explico, quare
> More Leonino dicere metra sino.

Episcopus Senogall. in Itinerario Gregor. XI. PP. : *Mihi quoque indulgeatis, meæque imbecillitati ac imperitiæ ascribatis, quia passus Leoninos et Rhetoricas prosequutus non fui.* Guillelmus Guiartus :

> Et cils qui ne set en sa rime,
> Qu'est consonant, ou Lionime, etc.

Et alibi :

> Contre celui un en feroie,
> Ou leur hobes adreceroie,
> Et feroit come Lionime,
> De la rais jusques en la cime.

Vide Chronicon Augustanum part. 2. cap. 2. et Fauchetum lib. 1. de Poetis Francicis cap. 6.

* Vel potius a Leonio celebri ecclesiæ Parisiensis cononico, ut scribit D. *Le Beuf* tom. 1. Dissert. pag. 268. et seqq. Alia est Muratorii tom. 3. Antiq. Ital. med. ævi col. 687. sententia, cui repugnare difficillimum est; nequaquam scilicet ejusmodi versuum inventionem illi Leonio tribuendam esse, cum versus ejusdem consonantiæ longe antiquiores habeamus, quos utrum perfecerit ille etiam incertum est; nisi quod poetæ priores in una tantum syllaba consonante cum altera, hic vero in duabus concentum suorum metrorum collocaverit, atque idcirco illius poema concinnius cæteris omnibus visum fuerit. Et certe nostri pro eleganter versificare, *Leonimer* dixerunt. Regula S. Aug. Gallice reddita a Th. Bened. ann. 1392. laudata in Comment. Acad. Inscrip. tom. 17. pag. 744 :

> La rime en maint lieu n'est pas gente ;
> Mes miex vault rudement rimer
> Ou sens de l'acteur et entente,
> Qu'en autre son Leonimer.

LEONINITAS. Metulinus ad Ebrardum Betun. in Græcismo cap. 15 : *Forte dicit ita, ut haberet Leoninitatem in versu.*

* LEONINUM PALLIUM, Coloris leonini. Codex S. Mart Lemov. in Bibl. reg. sign. 7887. fol. 3. r°. : *vij. Idus Januarii* (obiit) *Galterius : hic fecit signum quod vocatur vox Domini et unum pallium Leoninum.* Cerem. vet. Ms. eccl. Carnot. : *Dum vadit processio, tegitur altare pallio Leonino.* Ibidem infra : *Chorus non paratur, sed frons ecclesiæ tantam Leoninis dorsalibus.* Vide *Leonatus.*

LEONISTÆ, Hæretici, qui alias Valdenses, a quodam *Leone*, uti vult Goldastus, vel ut Illyricus Centur. 12. cap. 8. Freherus, ipse quoque Gretzerus, a Lugdunensi civitate, quæ *Lion* dicitur, appellati. Horum mentio in Constitutione Friderici contra hæreticos, [quam approbat Ludovicus X. Franc. Rex Litteris 15. Dec. ann. 1315. datis,] et apud Reinerum libro contra Valdenses cap. 4. qui ita in Alemannia potissimum indigitatos observat, et cap. 5. hanc originationem firmat : *Secta pauperum de Lugduno, qui etiam Leonistæ dicuntur.* *Lugdunenses* vocat Guillel. de Podio Laurentii in Chron. in Præfatione *Valdenses sive Lugdunenses.*

* **LEOPARDI**, Monetæ Anglicæ species leopardo insignita. Consuet. Mss. monast. S. Crucis Burdegal. ante ann. 1305 : *Omnibus festis duplicibus prior claustralis tenetur capitulare vesperos, matutinos, et celebrare Missam Tertiæ, nomine abbatis, si abbas non potest præsens interesse in istis festis; et ideo abbas tenetur sibi dare xij. Leopardos auri.* Charta ann. 1366. ex Tabul. S. Petri de Reg. : *Jordanus de Cairans... dedit cœnobio divi Petri centum aureos, centum Leopardos aureos, quartallum bladi, etc.* Occurrit præterea apud Rymer. tom. 6. pag. 553.

¶ **LEOTUM**, Latum, Gall. *Large.* Statuta Massil. lib. 3. cap. 18 : *Lapides de cara habeant duos palmos de longo, et unum palmum de alto, et ad minus unum tornum de Leoto, et lapides Le miliario unum palmum de longo, et unum tornum de alto a torno usque ad unum palmum de Leoto.*

LEPA, Mensuræ species apud Anglos. Vox formata a Saxonico L e a p, Calathus, corbis. Extenta de *Garingges*, apud Spelmannum : *Debet triturare tres bussellos frumenti, et dimidium Lepæ, vel 5. bussellos fabarum, pisarum, vel vescarum.* Extenta alia Manerii *de Cerring* in agro Sussexiensi ann. 5. Edw. I. in Archivo Archiepisc. Cantuar. : *Willelmus le Cuperc tenet ferlingum unius virgatæ, continentem 14. acras pro 18. den. solvend... et colliget de nucibus in bosco comini tertiam partem unius mensuræ, quæ vocatur Lepe, quod est tertia pars 2. bussellorum, et valet quadrantem.*

** **LEPERIA**, Lepræ. Rot. 4. Northumb. ann. 7. Edw. I. in Rot. Abbr. t. 1. p. 33 : *Adam de Gangy, qui de rege tenuit in capite, Leperia percussus est, quod ad presenciam regis ad homagium suum regi faciendum commode accedere non potest, mandatum est Thomæ de Normanvill seniori, quod de fidelitate predicti Adæ de terris et tenementis predictis loco et vice regis capiat, etc.* Conf. Specul. Saxon. lib. 1. art. 4. ubi leprosos in feuda succedendi capaces non esse statuitur.

* **LEPIDA**, *La imagine di santi padri.* Glossar. Lat. Ital. Ms.

* **LEPISCUM**, *Lo vaso dal vino*, in eod. Glossar. Vide *Lepista.*

LEPISTA, *Genus vasis*, in Gloss. Lat. MS. Reg. diminutivum forte a *Lepa.* [Vox est Græcæ originis : λεπαστή, vel λεπαστὴ κύλιξ, Athenæo dicitur de poculo ampliore, et λεπαστίς Hesychio οἰνοχοή et εἶδος κύλικος. Hinc *Lepastæ* apud Varronem lib. 1. de Vita Populi Rom. et *Lepista*, *Genus vasis aquarii*, apud Festum. Gloss. vetus Sangerm. *Episcum*, (Lepistam) *Vas vinarium antiqui ita nuncupabant* ; ex quibus emendari debet laudatus Varro lib. 4. de Lingua Lat. ubi perperam *Depesta* pro *Lepesta*, ut a Scaligero jam monitum. Gloss. Latin. Græc. Sangerman. : *Lepistra*, εἶδος χύτρας. Laurentius in Amalthea : *Lepaste, Poculum in formam ollæ, quod una ansa apprehenditur*, ex Clemente Alexandrino. Plura Martinius in Lexico voce *Lepasta.*]

¶ **LEPITUDO**, *Epifora.* Papias. Legendum *Lippitudo*, vitium lacrymantium oculorum *Epiphora* dictum medicis, a Græco ἐπιφορά, Humor irruens vel influens in aliquam partem corporis.

* **LEPO**, Piscis genus. Vide supra *Fuca* 2.

¶ **LEPORA**. Lambertus Ardensis apud Ludewig. tom. 8. pag. 486 : *Rubescente aurora, promptiori animo corniculum auscultat venatoris quam campanam Sacerdotis, avidius vocem Leporarum quam Capellani.* Videtur legendum *Leporariorum*, nisi forte *Lepora* sit Vertagus femina, nostris *Levrette.* Vide *Canis Leporarius.*

¶ **LEPORALIS**. Vide *Canis Leporarius.*

LEPORAREATORIA. Chronic. Pisanum ab Ughello editum, ann. 1159 : *Fecerunt quinque galeas ad custodiam maris, et fossam magnam in Leporareatoria, usque prope petraria de Trifi, etc.* Vereor ne mendum subsit, pessime enim Ughelliana Italia impressa est. Legendum forte *Leporaria.*

* **LEPORARIUS**, Qui canes leporarios curat. Lib. nig. scacar. edit. Hearn. pag. 356 : *Et unicuique Leporario, obolum in die.* Vide *Canis leporarius.*

LEPORETA, dicta arva inculta, ubi lepores morari amant. Hinc sumpsit appellationem *Alebretorum* nobilis familia in Vasconibus, quorum sedes præcipua in *Landis*, seu arvis eremis et incultis Vasconum exstat, qui in veteribus tabulis Latinis *de Leporeto*, apud Froissartem *de Lebret*, fere semper cognominantur. Vide Historiam Abbatiæ Condomensis pag. 447. 468. et Marcam in Hist. Beneharn. lib. 7. cap. 10. n. 3.

** **LEPORICUS**, Leporia. Virgil. Grammat. pag. 112. et 113 : *Rhetores ac Leporici.* Ibid. : *Philosophiæ artes sunt multæ, quarum studia principalia sunt poema, rhethorica, grammatica, Leporia, dialectica, geometria, etc.* Sermo nitidus et ornatus.

LEPORIUM, Locus ubi lepores asservantur. Monasticum Anglic. tom. 2. pag. 1035 : *In turbariis, in vivariis, et Leporiis, in Ecclesiis, et capellis, etc.* Videtur legendum *leporariis.* Gloss Gr. Lat. : Λαγωτροφεῖον, *leporarium*, in MS. Cod. λαγωτρόφιον.

¶ **LEPRARIUS** Canis, ut *Leporarius*, Gall. *Levrier*, in Constitutionibus Frederici Regis Siciliæ cap. 115.

LEPRATICUS, Lepra infectus, apud Stephanum African. in Vita S. Amatoris num. 28.

* **LEPROSALIS**, Ad leprosum spectans. *Leprosalis habitus.* Vide mox in *Leprosi.*

¶ **LEPROSARIA**, nude, Domus leprosorum, in Charta ann. 1237. tom. 1. Chartularii S. Vandregisili pag. 150. et in Chartulario S. Crucis Kemperleg. *Leprosarias* extra urbes fuisse patet ex lib. 4. Reg. cap. 7. quod etiamnum conspicimus. De his loquitur Clementina de Relig. Dom. Matthæus Paris Hist. Angl. pag. 63. affirmat suo tempore fuisse *Leprosarias* 1900. in toto orbe Christiano. In Galliis Leprosariæ concessæ sunt Equitibus Ordinis S. Lazari et B. Mariæ de Monte Carmelo, Edicto Regio ann. 1664. quod denuo confirmatum est ann. 1672. [** Vide Murator. Antiq. Ital. med. ævi tom. 1. col. 906. sqq. Glossar. med. Græc. voce Λωβοί, col. 834. al.]

Leprosariæ Domus, in Histor. Episcopor. et Comitum Engolism. cap. 35. extremo.

¶ Leprosarium, Eadem notione : *Domos religiosas, aut hospitalia, vel Leprosaria*, in Charta Ludovici II. Regis Siciliæ ex MS. D. *Brunet* fol. 115.

¶ Leprosarius, Rector domus leprosorum, in Epistola Sixti PP. ann. 1477. ad Abbatem S. Faronis, ex Archivo Hospitalis Meldensis.

¶ Leprosia, ut *Leprosaria*, in Charta ann. 1239. ex Archivo Cameræ-fontis, in alia ann. 1236. ex Archivo S. Martini Pontisarensis, in Litteris P. Archidiaconi Paris. ann. 1250. e Tabulario S. Clodoaldi, et in Statutis Eccl. Meld. tom. 4. Anecd. Marten. col. 918.

* **LEPROSI**, Morbo lepræ infecti, ab hominum consuetudine multis cum ceremoniis ecclesiasticis segregabantur, quas hic referre nostri esse instituti duximus. Officiar. curator. diœc. Clarom. et S. Flori edit. ann. 1490 : *De modo separandi Leprosos. In ecclesia ante altare pannus niger, si habeatur, supponatur duobus tretellis disjunctis, et juxta stet infirmus genibus flexis inter tretellos, subtus ponitur similitudinem mortui gerens, quamvis vivat corpore et spiritu, Deo donante; et sic ibi devote missam debet audire...... Presbyter ad Leprosum : ... Si vis bibere, haurias aquam cum tuo busillo vel aliquo vase.... Item defendo tibi, ne de cætero vadas sine habitu Leprosali, ut cognoscaris ab aliis ; et noli decalciatus esse extra domum tuam, etc.* Stat. eccl. Tull. Mss. fol. 103. r°. : *Si contingeret quod canonicus Leprosus ad hoc a Domino esset ductus et inspiratus, quod causa humilitatis faceret se projici palam, id est manifeste; tunc fieret officium tallium solemniter, in modum qui sequitur. Post primam venirent congregationes et pulsaretur appellatio, et postmodum a toto conventu iretur eum quæsitum ad suum hospitium cum cruce; et canonicus Leprosus sit indutus robis nigris vel albis cum superlicio et almutia, more aliorum, et solus procedat post crucem et sic perveniat in choro. In medio autem chori sit cathedra cooperta tapeto, et ipse desuper sedeat, et cantetur missa solemnis de Requiem, et fient exequiæ super eum. Officio expleto, conducatur ab omnibus et cum cruce usque ad murotum ante ecclesiam, ubi sit quadriga parata super quam ascendere debet infirmus et conduci debet usque ad suum habitaculum, cruce semper antecedente, uno canonico eques sacerdoti* (leg. f. equite sacerdote) *qui ipsum in habitaculum recludat. Insequi etiam debent ipsum amici sui per totam viam, etiam si esset una dieta a civitate et amplius.*

* Leprosi etiam dicti qui *Leprosorum* curam agebant. Charta ann. 1320. in Reg. 58. Chartoph. reg. fol. 63. r°. : *Cum presbiteri Leprosi et condonati leprosariæ S. Michaelis de Constanciis annuos redditus.... acquisivisse dicantur, etc.*

¶ **LEPROSITAS**, Lepra, morbus Leprosi. Vita S. Odiliæ apud Eccardum Orig. Hasburgo-Austriac. col. 88 : *Nec prioris Leprositatis aut fœtoris nota in illo apparuit.*

LEPROSORIUM, Domus leprosorum, in Chronico Colmariensi part. 2. ann. 1293.

LEPTIS, *Filius fratris*, in Glossis antiquis MSS. [Puto legendum, *Neptis*, *Filia fratris*. Vide *Lectis*.]

¶ LEPTYNTICOS, λεπτυντικός, Vim habens attenuandi et gracilem reddendi. Th. Priscianus de Diæta cap. 10 : *Ceparum virtus Leptyntica.*

LEPUDIUM. Glossæ antiquæ MSS. : *Homo elegans et mollis, facetus, Lepudium vocatus.*

* LEPUS, Leporis captio recensetur inter forisfacta, quorum cognitio ad dominum feudalem reservatur, in Charta ann. circ. 1080. ex Tabul. S. Alb. Andegav. : *Constringentes nos ad antiquam sex forsfactorum consuetudinem, quæ sunt, raptum et incendium, sanguis ac furtum, Lepus et pedagium.*

LEPUSCULA. Gloss. Saxon. Ælfrici : *Tesseræ, vel Lepusculæ*, federscite tæfel, apud Somnerum, tæfl, est alea, tessera, talus. [Isid. lib. 18. cap. 63 : *Tesseræ vocatæ, quia quadræ sunt ex partibus omnibus. Has alii Lepusculos vocant, eo quod exiliendo discurrunt.*]

¶ LERETICÆ, *a lertæ i. invectio*, Papias. In MS. : *Lerretice, alerte, i. e. invectio.*

* LERIA, *Lo palio*, in Glossar. Lat. Ital. Ms.

¶ LERNUM, Simulacrum, ἄγαλμα, in Glossis Lat. Græc. Sangerman. MSS. [* Adde ex Castigat. in utrumque Glossar. *Larvum.* Vide Barthium lib. 42. Adv. cap. 6. Vide supra *Lærnum.*]

LERWITA. Vide *Lairwita.*

* LESA, Lesia, Idem videtur quod supra *Lentia* 2. Ager in longum protensus, qui alterius lateri adjacet. Charta ann. 1407. in Reg. feud. comitat. Pictav. fol. 129. r°. ex Cam. Comput. Paris. : *Item prata du mareys et duas Lesias terræ apud Cuni.... Item unam Lesam orti ante domum de la Salpreniere.* Vide infra *Leza* 2.

¶ LESÆ, Species vinearum ad muros subruendos, quas Cedrenus λέσας vocat in apparatu bellico Sultani adversus Romanos, quasque ex eo sic describunt Lipsius lib. 1. Poliorceticon Dialog. 7. et Carolus de Aquino in Lexico Militari : *Tabernacula quædam habens ex viminibus texta, et superne bovillis coriis operta, quibus et rotæ erant subjectæ basibus columnarum (vocant autem id genus machinas, [Lesas) has inquam machinas habens, implevit eas copia militum, quos jussit bidentes, dolabras, aliaque agrestia instrumenta ferre; existimans scilicet, paulatim admovere muris Lesas, atque ita subfodere assidue et secure ipsa fundamenta.*

¶ LESAVIUM, Smegmaticus globulus barbæ lavandæ et emolliendæ, antequam radatur; Gall. *Savonnette*, vel ipsa Lotio. Computum ann. 1333. tom. 2. Hist. Dalphin. pag. 274 : *Barberio pro emendo uno sacco, pro faciendo Lesavio pro Domino, duabus quartariis et uno cantaro, taren.* 1. Vide *Lascivium.*

* 1. LESCA, Eadem forte notione; nisi idem sit quod *Lesda*, Præstatio, tributum. Charta ann. 1155. in Chartul. Raym. VII. comit. Tolos. pag. 288 : *Promitto etiam quod dominos et homines de Montilio Lescam tuam, quam auferunt, tibi reddere faciam.*

* 2. LESCA, Optio, Gall. *Choix*. Testam. Isaac medici Carcass. Judæi ann. 1305. ex Chartoph. reg. Montispess. : *Item lego Reginæ filiæ meæ.... centum solidos Turonenses in pecunia numerata, vel unum annulum cum lapide dicto saphir, ad Lescam seu optionem ipsius Reginæ.*

¶ LESCHERIA, Locus palustris, ubi junci et herbæ palustres nascuntur, unde *Lesche* rusticis Dumbensibus, Fœnum crassius in hujusmodi locis natum.

* Charta ann. 1267. in Reg. 3. Armor. gener. part. 2. pag. v. : *Item recognosco me tenere a dicto domino Alberto de Turre.... quidquid habeo.... ultra Lescheriam S. Theuderii a parte castri de Cremieu.*

¶ LESCIVIA, Lixivium, Gall. *Lescive*, in Mirac. S. Gibriani, tom. 7. Maii pag. 650 : *Caldarium pendens Lescivia plenum et bulliens, etc.*

LESDA, [Quævis præstatio.] Vide *Leudis.*

* LESDARE, *Lesdam* seu tributum, quod pro mercibus penditur, exsolvere. Charta de pedagio salis et *Lesda* civitatis Avenionis ann. 1215. ex Cod. reg. 4659 : *De blado vero vendito et Lesdato semel in cociis, nichil amplius percipiatur pro eadem venditione.*

* LESEVEE. Bulla Greg. IX. PP. ann. 1234. inter Instr. tom. 11. Gall. Christ. col. 145 : *Lesevee etiam omnium hominum vestrorum ibidem morantium; et si iidem homines vestri naves habuerint in mari piscatorias, quidquid ad regem de illis navibus pertinet.* Ubi legendum forsan *Le wreck.* Vide infra *Le wareck* et *Wreckum.*

¶ LESGRINI. Index MS. Beneficiorum Eccl. Constant. fol. 15 : *Habet omnes decimas bladorum, lini et canabi, duas partes lane et duas partes de toto Lesgrini.* An legumen? An potius pro Gallico *de tous les grains*, de omnibus granis? Quo posteriori posito vox *bladorum* de solo tritico deberet intelligi.

¶ LESHA. Polyptychum Fiscam. ann. 1235 : *In eadem Ecclesia reddit Presbyter ad Purificationem B. Mariæ tres Leshas cere pro candela.* Si vera lectio est, videtur species ponderis; sed suspicor leg. *libras.*

* 1. LESIA, *Lo paradiso*, in Glossar. Lat. Ital. Ms. Glossar. vet. ex Cod. reg. 7641. *Lesia, paradisum.*

* 2. LESIA, Alia notione. Vide supra *Lesa.*

* LESINA, vox Italica, Subula. Acta B. Amad. tom. 2. Aug. pag. 578. col. 1 : *Habebat ille caldirarius unam Lesinam in bulga, quam ipse pater accipere volens, ut ea operaretur pro suenda veste sua, quam multum laceratam habebat, et accipiens ipsam Lesinam, etc.*

* LESINEUS, an Electus, selectus, ab Italico *Lezione*, electio? Charta ann. 1133. apud Murator. tom. 2. Antiq. Ital. med. ævi col. 353 : *De grano starium unum, et gallinam unam, et de lino gramulato Lesineo triginta.* Nisi sit Certum pondus aut fasciculus lini. Vide *Lasta* 2.

¶ LESOVERPIRE. Vide *Læsiverpum* in *Laisus.*

LESPEGEND. Constitutiones Canuti Regis de foresta cap. 2 : *Sint sub quolibet horum quatuor ex mediocribus hominibus, (quos Angli Lespegend vocant : Dani vero Yoong mon vocant) locati, qui curam et onus tum viridis, tum veneræ suscipiant.* Ubi Spelmannus legit *Lesthegen*, [** Thorp. Lespegenes.] id est, *Theinum*, seu *Baronem minorem. Theinorum* enim duo erant genera, majores, quos *Theinos Regis* appellabant, et *Theini* simpliciter, seu *Theini* minores, qui iidem erant qui *Barones minores*, et nonnunquam *libere tenentes* nuncupantur.

1. LESSA, JC. Anglis, significat locationem terrarum vel tenementorum alicui factam : ex Gallico *Laisser*, relinquere, nostris *Bail à ferme*. Cowel. Vide *Laxa* in *Laxare* 2.

* 2. LESSA, Pascuum, idem quod *Lees*. Vide in hac voce. Can. Hibern. apud Marten. tom. 4. Anecd. col. 18 : *Nullus alterius silvam, Lessam et algam devorat.*

* LESSIA. Vide supra *Lesia* 1.

** LESSYLVER, Pascuarium, tributum quod pro pascuis præstatur, ab Anglos. læs, pascuum et sylver, argentum. Placit. Essexi. rot. 6. ann. 15. Edw. I. in Placit. Abbr. pag. 212 : *Item de omnibus prædictis et aliis pascentibus mariscum prædictorum demaniorum de pecoribus, pro quolibet equo 2. den. pullano 2. den. bove 2. den. bovelo 1. den. quinque bidentibus 1. den. quæ præstacio vocatur Lessylver.* Vide *Lessa*, 2.

* LESTA, Præstatio, tributum, maxime quod pro mercibus penditur, idem quod *Lesda*. Vide in *Leudis*. Charta ann. 1324. in Reg. 62. Chartoph. reg. ch. 184 : *In negotio tangente universitatem burgi S. Saturnini Pampilonensis.... ratione Lestæ piscium et carnium nobis debitæ.*

* *Leste* vero Vestimenti genus sonat in Charta Ludov. comit. Clarom. dom. Borb. ann. 1315. ex Bibl. reg. ubi de eleemosyna pauperibus eroganda : *Lesquelz vicaires donneront à chacun drap pour faire un Leste à la valeur de cinq sols chacun une paire de soler.*

LESTA. Vide *Leta.*

LESTAGIUM. Vide *Lastagium* in *Lasta* 2.

¶ LESTES. Vide *Lastum.*

¶ LESTINGE, Lestus. Vide in *Lasta* 2.

LETA, JC. Anglis, est quædam jurisdictio, quam Vicecomes (Regius) de certis minoribus criminibus et aliis causis infra Comitatum, ut Regis Officialis, exercet : quam quidem jurisdictionem habent etiam alii intra limites sui manerii, dummodo eam vel Charta Regis, vel præscriptione ad se pertinere ostendant. Ita Cowellus. Vulgo *a leete*, vel *a court-leete*. Tenebatur vero *Leta* in singulis villis semel quotannis, hoc est juxta Magnam Chartam cap. 36. sub festum S. Michaelis : interdum ad semestre spatium renovabatur; sed tunc *Leta* posterior *Residuum letæ* nuncupabatur. Bis teneri letam docet etiam Charta Edwardi III. ann. 1358 : *Visus franci plegii, cum omnibus ad hujusmodi visus pertinentibus, et in Letis suis in quolibet hundredorum prædictorum bis per annum tentis.*

Scribit Spelmannus *Letam* Anglo-Normannis *visum franci plegii* appellari, quod conscribi hic soleant liberiores villæ, seu designatæ stationis, homines, pacis regiæ fidejussores. Est perinde, subdit ille, hæc

Curia prisca quæ inter Saxones ad *Friborgos*, *Decanias*, *Tenmentalas* pertinebat, et cognoscit, non de læsa Majestate, sed de aliis omnibus transgressionibus et delictis contra pacem regiam, regiam dignitatem, et bonum publicum, et statuta plurima infra præscriptam contingentibus ditionem. Animadvertit tamen non in hæc omnia, sed propemodum in leviora : gravioribus, utpote feloniis, etc. ad Justitiarios Assisarum e Statuto ann. 1. Edw. III. relegatis. [** Abbr. Placit. pag. 291. ann. 22. Edw. I. Norf. rot. 2 : *Et quia predicta transgressio (scilicet præstacio faldæ apud Burnham) magis sonat injuria senescalli quam injuria eorum qui fuerunt præsentatores, nec præsentacio in Leta alicujus facta, est fundamentum judicii, eo quod illi super quos præsentacio facta fuerit, habent responsionem suam ad ea quæ super eos præsentata sunt, etc.*]

Quando autem et quo auctore facta sit hæc *Letarum* distributio, incertum est, nisi referatur ad Alvredum qui *friborgas*, id est, *francos plegios*, de quibus hæc Curia cognoscit, instituebat, licet *Letæ*, aut *visus franci plegii*, vocabula in Anglo-Saxonum, vel Anglo-Normannorum Principum tabulis minime deprehendantur : sed discretis appellationibus concedi inter privilegia, *Grithbrich*, *Fithwite*, *Bloodwit*, *Hamsoke*, *Forstall*, *Weif*, *Stray*, et plurima hujusmodi, quæ collective sub *Letæ* nomine continentur. De vocis etymo nihil certi traditur a Spelmanno et Somnero, qui, ut solent, a Saxonico deducunt. Hos consule, si lubet : nam cum res perspicua non sit, eorum sententiis recensendis tædet immorari.

Leta interdum sumitur pro *emendis*, seu mulctis quæ in *letarum* judiciis irrogantur. Charta Ricardi II. Regis Angl. tom. 1. Monast. Angl. pag. 538 : *Terras, tenementa, redditus, Letas, servitia, feoda Militum, etc.* Et pag. 576 : *Cum wardis, maritagiis, releviis, escaetis, curiis, lestis*, (leg. *Letis*) *hundredis, etc.* Alia tom. 2. pag. 275 : *Et de omnibus amerciamentis... tam pistorum, braciatorum, quam cæterorum... quæ eidem Rogero vel hæredibus suis qualitercunque, in quocunque defectu in Leta ejusdem villæ... competere seu pervenire potuerunt.* A *leta* forte hoc significatu Provinciales nostri hausere suum *late*, pro ea emenda pecuniaria quæ debetur pro contestatione.

LETABUNDUS, pro *Lethalis*. Vita S. Guthlaci num. 27 : *Arrepta lunali bipenne, tria virorum corpora Letabundis ictibus humi sternens mori coegit.*

* **LETAGA**, Lactuca. Glossar. Lat. Gall. ex Cod. reg. 7692 : *Letuga*, *Létue*. Vide supra *Latusca*.

* **LETAGIO**, Morte dignus vel capite damnatus, a voce *Letum*. Charta ann. 1339. in Reg. 72. Chartoph. reg. ch. 45 : *Cui* (Guillelmo) *imponebant ipsum receptasse aliquos Letagiones seu malefactores, et ad locum de Fenolhaco addussisse, ad finem interficiendi aliquos homines de Galliaco.*

* **LETAGIUM**, Merx lactea, Gall. *Laitage*. Arest. ann. 1365. 1. Apr. in vol. 5. arestor. parlam. Paris. : *Ven ditio caseorum, ovorum, Letagiorum, prunorum, pomorum, etc.*

¶ **LETALES MANSI**, Qui a *Letis*, excolebantur. Vide *Mansi Lidiales* in *Mansus*, et mox vocem *Leti*.

¶ **LETAMEN**, pro *Lætamen*. Vide in hac voce.

LETANIA. Vide *Litania*.

¶ **LETARIUM**, Necrologium, Kalendarium, a *Letum*, Mors, sic dictum. Ita Kalendarium suum inscribit Johannes de Paguera, teste Mabillonio Diplom. lib. 2. cap. 23. num. 7.

¶ **LETAVIA**. Vide mox in *Leti*.

¶ **LETDA**, LETDARIUS. Vide in *Leudis*.

¶ **LETERINUM**, Pluteus, analogium, Gall. *Lutrin*, *Pupitre*. *Circa Leterinum seu pulpitum*, in Gestis Guillelmi Majoris Episc. Andegav. tom. 10. Spicil. Acher. pag. 251.

* Hinc *Leteri* vel *Leteril*, pro Suggesto, Gall. *Tribune*, apud Villehard. paragr. 17 : *Li bon dux de Venise, qui mult ere sages et proz, monta el Leteri et parla au pueple.* Infra : *Leteril*. Vide supra *Lectorile*.

* **LETEUM**, *Lo povero*. Glossar. Lat. Ital. MS.

¶ **LETGIUS**. Videsis infra in *Ligius*.

LETH. Vide *Lech*, *Lastum*, et *Leda* 2.

LETHA. Vita S. Carthaci Episcopi n. 12 : *Et ipse solus egrediens duas Lethas libris plenas suis humeris imposuit.* Clitellas interpretantur viri docti.

¶ **LETHANIA**. Vide *Litania*.

¶ **LETHARDUS**. Miracula S. Vedasti Episc. sæc. 4. Benedict. part. 1. pag. 602 : *Ecce moritur Lethardus secundum nomen suum, si ita volueritis, compositum ex Latino et Teudisco, Mors dura, quam non sibi optamus.* Teutonibus *Hart*, Durus, fortis, ut Schilterus exponit.

* **LETHERIA**. Charta Guill. de Guerchia tom. 1. Probat. Hist. Brit. col. 908 : *Dedi etiam eis* (fratribus de Fonte-Haruys) *parvum nemus viride ad faciendum parva sine monstra et Letherias per totam forestam prædictam.* Forte, Tortiles ex virgultis laquei.

LETHERWITHE. Vide *Legerwita*.

¶ **LETHUM**, ut infra *Letum* 1. Justitia de homicidio. Charta Arnulfi Archiep. Rem. ann. 1008. tom. 4. Annal. Benedict. pag. 690 : *Neque de banno, neque de latrone, neque de sanguine, neque de Letho partem aliquam ab illis hominibus requireret.* Loci similes exstant in Charta Rainaldi Archiep. Rem. ann. 1127. tom. 1. Anecd. Marten. col. 368. et in Charta Geraldi Tornac. Episc. ann. 1152. ibid. col. 432.

LETI, sive LÆTI, Populi Septentrionales, qui cum Francis aliisque nationibus barbaris in Gallias et Germaniam irrumpentes, ibi tandem Imperatorum concessione consedere, acceptis ad excolendum agris, ita ut delectibus et servitio militari obnoxii essent. Ex Eumenio quippe, et Panegyrico dicto Constantino Cæsari, constat *arva jacentia* et prædia, in Gallia, *Francis*, *Letis*, populisque aliis barbaris excolenda data, unde eruebantur postmodum militum cohortes, quæ ab locorum, in quibus domicilia sua fixerant, denominatione appellationem sortiebantur, adjecta *Letorum* nomenclatura. Ita passim in Notitia Imperii, *Letos Batavos*, *Contraginenses*, *Nemetacenses*, *Francos*, *Suevos*, *Lingonenses*, *Nervios*, *Teutonicianos*, *Lagenses*, observare est. Quod vero maxime in Galliis habitarent, Gens Gallica, ἔθνος Γαλατικόν, dicuntur Zozimo pag. 696. Sed et inde Armoricam provinciam *Letaviam* dictam auctor est Camdenus, quod in ea potissimum consederint : qua quidem *Letaviæ* appellatione utitur Scriptor Vitæ S. Gildæ Sapientis n. 16. quæ in Lexico Cambro-Britannico *Llydaw* nuncupari dicitur. Ejusmodi *Letorum* præterea mentio est in l. 10. et 12. Cod. Th. de Veteranis (7,20.), et l. 12. de Erogat. milit. ann. (7,4.) et apud Ammianum Marcellinum lib. 16. et 20. De iis vero copiose egere Henricus Valesius ad eumdem Ammianum, et Jacobus Gothofredus ad d. l. 12. de Veteranis. Porro agri iis in Gallia et alibi assignati. [* Consule *Dubos* tom. 1. Hist. crit. 2æ. edit. pag. 94.] [** Vesmii librum *Vicende della proprieta in Italia* pag. 48. Grimm. Antiq. Jur. German. pag. 307.]

LÆTICÆ TERRÆ appellantur in l. 9. eod. Cod. de Censitoribus (13,11.), quarum ratione *Leti* obnoxii erant servitio militari : unde haud insulse opinantur viri doctissimi feudorum inde apud nos fluxisse originem, vel certe servitii militaris, ita ut cum obnoxiæ quodammodo essent conditionis ob id oneris, pro servis et conditionalibus habiti deinceps fuerint, dictique sint agri omnes iis adstricti servitiis *liti*, ac *litales*, et *mansi lidiales*. Nam *litos* appellarunt nostri, quosvis *conditionibus* obnoxios, sed maxime militaribus servitiis, quod etiam observavimus in Dissert. 17. ad Joinvillam ; indeque omnimodum servitium seu obsequium militare, *ligium* appellatum, utpote agrorum istorum possessoribus nude et immediate a dominis suis pendentibus, iisque ratione servitii militaris prorsus obnoxiis. Vide *Ligius*.

A *Lætis* denique videtur deducta vox Theutonica *Laet*, et *Laeten*, pro Colono seu conductore fundi, vel iis quos, inquit Miræus in Diplomatib. Belgicis pag. 548. *Hospites* vulgo vocamus, qui scilicet dominicis obsequiis obnoxii sunt, uti in hac voce docuimus. *Laet*, ut ait Kilianus, Colonus dicitur, cui ager colendus permittitur, qui fundum villamque conducit. Vide in *Litus*.

* **LETIA** ex abbreviatione pro *Leteria*, Lectica, species vehiculi. Comput. MS. ann. 1239 : *Pro domino Carolo portando in Letiam a Parisiis usque ad Vincennam et pro elemosyna, xlv. sol.* Vide *Lecteria* 1.

* **LETICA**, Lecti fulcrum, fulcimentum, Gall. *Bois de lit*. Comput. ann. 1482. inter Probat. tom. 4. Hist. Nem. pag. 19. col. 2 : *Fecerunt dicti domini consules.... apportari ad dictum hospitale militum lectos sequentes, captos in aliis hospitalibus. Primo de hospitali Magdalenes, duas Leticas fustæ.* Pluries ibi. Vide supra *Lectica* 3.

¶ **LETIMONIUM**. Vide infra in *Litus*.

* **LETIS**, Pars carri, nescio quæ. Vide supra *Haia carrucæ*. Chartul. Norman. ex Cod. reg. 4653. A. fol. 83 : *Costumarii* (habent).... *unum festum ad hospitandum per liberationem, et hayam carucæ, et Letes, et charretii, si habuerint quadrigam.*

LETISSA, Canicula, Gallis *une Lisse*. Ebrardus in Græcismo :

Nascitur ibris aper, si porca domestica nubit,
Patre lupo gaudet, matre Letissa cane.

Regestum censuum Carnotensis urbis ann. 1302. fol. 19. de Tannatoribus : *Item il est accoustumé que nul Taneeur ne puet ne ne doit taner nul cuir de chien ne de Lisse.*

¶ **LETO**, vel LETON, Metallum ex cupro et cadmia compositum, Gall. *Leton*, in Statutis Massil. lib. 2. cap. 38. § 2. [* Inventar. ann. 1476. ex Tabul. Flamar. : *Item unam bassinum Letonis.*] Vide *Lato*.

* **LETONUS**, Eadem notione. Inventar. honor. Raym. de Villanova ann. 1449. ex Tabul. D. Venciæ : *Item unum speculum cum quinque canitis, garnitum de Letono.*

* **LETRATUS**, an Tapes, quo pluteus cooperitur? Charta fundat. abb. Aquilar. ann. 832. inter Probat. tom. 1. Annal. Præmonst. col. 104 : *Tuli inde.... illos duos Letratos et tres parelios de tacalesias Letratos, et duos vassos argenteos.* Nisi forte legendum sit *Listatus*, limbo ornatus. Vide *Lista*.

¶ **LETRICUM**, Pluteus, analogium, Gall. *Lutrin*. Usus Culturæ Cenoman. MSS : *Letricum de Capitulo sit paratum... Diaconus ponat Textum super Letricum, et ferat thuribulum Abbati.* Vide *Lectricum*.

* Nostris alias *Létri* et *Létrun*. Reg. sign. *Noster* Cam. Comput. Paris. fol. 196. r°. : *Ci sont les choses bailliées à mons. Eude mestre de la chapele royal de Paris.... Item un dras reiez pour le Létri et autre à couvrir l'autel.* Chron. S. Dion. tom. 7. Collect. Histor. Franc. pag. 142 : *Li tiextes des évangiles fu mis sur un Letrun droit devant le siege ou li empereres devoit séoir.* *Lettrin* præterea appellatur Tabulatum quoddam seu tumulus honorarius, in Arest. parlam. Paris. ann. 1380. ex Lib. nig. prior. S. Petri Abbavil. fol. 150. v°. : *Les marregliers..... en signet et par maniere de représentation mirent et estendirent un drap d'or ou poile bordé de noir sur un Lettrin assis sur la fosse dudit feu Jacques.*

LETRUVII. Charta libertatum de Moneto in Biturigib. ann. 1269. apud Thomasserium pag. 96 : *Letruvii, textores villæ et textrices habent reponere fænum meum in grangiam meam, etc.*

¶ **LETTEKETEL**, Lebes cupreus, a Belgico *Ketel*, Lebes, et *Lattoen*, Species cupri, Angl. *Latten*, Gall. *Leton*. Jura SS. Bertini et Audomari in theloneo Audomarensi, ex Archivo Eccl. ejusd. civitatis : *Unus brouketel IV. den. unus Letteketel II. den... venditor cacaborum, etc.*

¶ **LETTERIA**, Stramentum, Gall. *Litiere*. Ordinatio ann. 1340. tom. 2. Hist. Dalphin. pag. 394. col. 2 : *Item, ipsos equos fretari, estriliari, acomari, Letterias eis fieri et bene estachari facere teneatur per valletos ipsorum.* In MS. D. *Lancelot* habetur *Lettoria*, minus recte. Vide *Lecteria*, 2.

* **LETTRA**, vox Hispanica, Litera, syngraphum nummularium. Charta Aldef. reg. Aragon. pro habitat. Tutelæ æra 1165. in Reg. 53. Chartoph. reg. ch. 295 : *Mando vobis quod non donetis Lettras in tota mea terra, nisi ad illos portos sicut jam antea fuit presum et constitutum inter me et vos.*

1. **LETUM**, Justitia de homicidio. Charta Simonis Episcopi Noviomensis ann. 1139. in M. Pastorali Eccles. Paris. Ch. 7 : *In Leto et sanguine nihil habet Advocatus... et si debitor Leti vel sanguinis in tali loco erit, vel ad talem dominum confugerit, ut advocatus Letum vel sanguinem habere non possit, etc.* Charta Ludovici VII. Regis Franc. ann. 1156. in 30. Regesto Archivi Regii Ch. 399 : *Nos quoque concedimus jure perpetuo*, (Monasterio S. Crispini Suession.) *scilicet manum mortuam, et sanguinem, et Letum, et licentiam accipiendi uxores in hominibus B. Crispini extra castrum Bistisiaci manentibus.* Vide *Lethum*.

2. **LETUM**, Alia notione, Gall. *Relief*. Charta Ivonis Episcopi Carnotensis in Tabul. Ecclesiæ Carnot. n. 42 : *Et faciebant sibi parari sæpe ingentia prandia tam Præpositi quam servientes sine licentia Capituli : Leta capiebant, et de hominibus Ecclesiæ relevationem terrarum, de conjungendis feminis, venditiones, et plurima carricia faciebant, quod non licet, exceptis duobus, etc.* Alia ann. 1218. ibid. num. 228 : *Dicimus etiam quod percipiant de Vulciensibus tam pro præbenda Abbatis, quam pro annualibus in denariis de chamera, ita etiam quod Leta et relevamenta sint de chamera.* Vide *Levamen*.

¶ **LETURGICUS**, pro *Lethargicus*. Vita 2. S. Bonifacii Archiep. et Mart. tom. 1. Junii pag. 481 : *Quos ira phreneticos, odium chephalagricos, error stomachicos, impietas insanos, superbia epilepticos, socordia Leturgicos fecerat... saluti restituebat.*

* 1. **LETUS**, Panni vel telæ latitudo, Gall. *Lé*. Lit. remiss. ann. 1357. in Reg. 85. Chartoph. reg. ch. 86 : *In ea archa cepit dictus Sarracenus duo tableria, duas mappas et quatuor linteamina de duobus Letis.* Vide supra *Latus* 5.

* 2. **LETUS** ALECIUM, Certa halecum quantitas. Arest. ann. 1386. 12. Maii in vol. 7. arestor. parlam. Paris. : *Petebant prædictos defensores ad sibi reddendum et restituendum dictos quinquaginta sex Letos alecium..... condemnari.* Vide *Lasta* 2.

¶ **LEUA**, Leuca, Gall. *Lieue*. Codex MS. Irminon. Abb. Sangerman. fol. 29. col. 1 : *Habet ibi de silva, sicut æstimatur totum in gyro, Leuus II. et dimid.* Vide *Legua*.

¶ 1. **LEVA**, Cataracta, Gall. *Ecluse*. Tabularium Casauriense : *Donavimus medietatem de uno molino... cum Leva et pausa sua.*

2. **LEVA**, Collecta, tributum quod exigitur et *levatur*. *Levage*, in Consuetudine Andegavensi art. 9. 10. 30. et Cenomanensi art. 10. 11. 35. Chronicon Casin. lib. 2. cap. 97 : *Seditiones, quas dicunt Levas, seu prædationes... ne ulterius fierint severissime interdixit.* Bulla Innocentii III. PP. in Bullario Casinensi tom. 1. pag. 29 : *Omnes omnino seditiones, quas Levas dicunt, seu direptiones... interdicimus.* Adde aliam Honorii III. PP. tom. 2. pag. 246. Charta ann. 1274. apud Paradinum in Hist. Lugdun. lib. 2. cap. 52 : *Circa Levas insuper sicut collectas id volumus et determinamus observari : ut si quando Levis sicut collectis communibus in civitate prædicta faciendis Archiepiscopus auctoritatem præstare voluerit, etc.* [Alia ann. 1270. apud Menesterium in Probat. Histor. Lugdun. pag. 10. col. 1 : *Præterea super articulo Levarum confessi sunt dicti cives... quod si in civitate Lugduni fieri contigerit collectam aliquam seu Levam, ad eos non pertinet coertio.* Adde Hist. Dalphin. tom. 1 pag. 116.]

¶ LEVADA, Eadem notione. Jura Comitis Biterr. in Civitate Albiensi ann. 1252 : *Si aliqui detinent Levadas seu pedagia, vel alia jura ad dictum Regem pertinentia, etc.*

¶ LEVAGIUM, Collectio frugum et partitio inter dominum et colonum. Charta Prioratus S. Triverii in Dumbis ann. 1420 : *Sub servitio 6. den. fortium et 1. cuppæ messis ad quodlibet Levagium cum tachia septima talis bladi, qualis crescet in dicta terra tachabili.* Vide *Carbonagium*.

LEVARE, Exigere, tributum imponere, Gallis *Lever*. Charta ann. 1283 : *Consuetudines suas ibidem sine calumnia et impedimento Levare.* Vide suo ordine *Levare* 3.

* 3. **LEVA**, Recensio, index, Gall. *Rôle*. Comput. ann. 1479. inter Probat. tom. 3. Hist. Nem. pag. 338. col. 1 : *Ut constat quittancia dicti Malheti in fine Levæ sive rotuli emprumptorum hujusmodi expensarum descripta.*

* 4. **LEVA**, Rebellio. Chron. Sublac. apud Murator. tom. 4. Antiq. Ital. med. ævi col. 1052 : *Philippus cum Oddone fratre suo cum hominibus abbatiæ Levam fecit, et Pontiam et Effidem abstulerunt.* Et col. 1053 : *Philippus, qui tunc in Augusta habitabat cum quodam milite, Recaldo nomine, qui roccam Canterani tenebat, contra abbatem Levam fecit. Itaque fere totam abbatiam contra eum irritavit.*

* **LEVADA** PISCIUM, Jus ex piscibus captis aliquot *levandi* seu exigendi. Vide in *Levata* 4. Charta Hugon. de Bauciis ann. 1184. in Reg. sign. *Rubei* ex Cam. Comput. Aquens. : *Concessi piscariam.... ad censum unius denarii in festivitate Omnium Sanctorum, et ad Levadam piscium, sicut in aliis piscariis habetur.* Alia notione, vide in *Leva* 2.

* **LEVADISSUS** PONS, Versatilis Plinio, Gall. *Pontlevis*, Hisp. *Levadizo*. Charta ann. 1370. in Tabul. Massil. : *Pro reparatione paramurorum et pontis Levadissi de porta Gallica.* Lit. Caroli VI. ann. 1384. in Reg. 125. Chartoph. reg. ch. 106 : *Jussit fieri..... unum pontem, vocatum Levadiz, per quem intrare et exire possit.* Vide *Levatilis* et *Pons levator*.

* **LEVADORIUS** PONS, Pari intellectu, in Chron. Tarvis. ad ann. 1379. apud Murator. tom. 19. Script. Ital. col. 774.

* **LEVAGIUM**, Vectigal pro mercibus, quæ importantur vel exportantur, exsolvendum; *Levage* in Consuet. Andegav. art. 9. 10. 30. et Cenoman. art. 10. 11. 35. Charta fundat. prior. S. Crucis de Rupe-Derrian. tom. 1. Probat. Hist. Brit. col. 640 : *Præterea supradictis canonicis donavimus Levagium nostrum, id est, redditum illum, quem de sale et vino recepimus, quæ de portu nostro et tota villa nostra... transportantur.* Charta Will. Aquit. ducis ann. 1087. apud Besl. in Comit. Pictav. pag. 404 : *Dederam in civitate de Levagio salis duas partes.* Alia Ludov. Jun. ann. 1146. in Reg. A. Chartoph. reg. ch. 33 : *Damus eidem ecclesiæ* (S. Joan. Pictav.) *atque concedimus ut deinceps proprium ponat et habeat servientem, qui de Levagio salis accipiat debitam et consuetam partem suam.* Charta Nic. episc. Andegav.

ann. 1275. in Chartul. prior. de Guilcio fol. 50. v°. : *Costumæ, chargiagia, aut Levagia, aut aliæ servitutes qualitercumque nominentur etc.* Homag. ann. 1332 : *Habeo et teneo et avoo in feodo sub homagio ligio a nobili et potenti DD. Amalrico de Credonio... unam ollam de Levagio in undinis* (sic) *de Marcilhanis.* Vide alia notione in *Leva* 2.

* LEVATGIUM, Eodem intellectu. Chartul. S. Joan. Angeriac. fol. 185. v°. : *Gislebertus de Rochefort do et concedo.... ecclesiæ S. Joannis Angeliacensis.... ex integro Levatgium et ribatgium ab esterio Sebilio usque ad mosnerium de Labessa de ponte natali.*

LEVAMEN, quod alias *Relevium* in re feudali. Charta de Parœciis Corbeiensis urbis ex Bibl. S. Germani Paris. Cod. 564 : *Faciunt homagium Abbati vel fidelitatem, et solvunt pro Levamine 60. sol. vel amplius.*

¶ 1. **LEVAMENTUM**, Gall. *Levain.* Papias : *Fermentum, Levamentum, a fervore dictum, etc.*

2. **LEVAMENTUM**, Minus navigium, onerariæ navi, illius *levandæ* gratia, adjunctum. Lex 4. D. de Lege Rhodia (14,2.) : *Navis onustæ Levandæ causa, si quædam merces in scapham trajectæ sunt.* Vide Cujacium ad lib. 4. Instit. tit. de Societate. Nostris vulgo *Aleges* ejusmodi scaphæ dicuntur, quod *allevientur* seu leviores fiant. Hist. de exilio S. Martini PP. et Martyris pag. 79 : *Et nonnisi cum sex puerulis, et uno cauculo eduxerunt nos ex urbe; et cum immisissent in unum eorum quæ dicebantur Levamenta, circa horam plus minus quartam diei ad portum pervenimus.* Occurrit ibi semel ac iterum. Hinc.

LEVAMENTARIUS, in l. 1. Cod. Th. de Navicular. (13,5.) *Levamentorum navicularius.* Vide *Alegium.*

¶ **LEVANS**, Oriens, Ital. *Levante*, Gall. *Levant.* Annal. Genuens. ad ann. 1283. apud Murator. tom. 6. col. 581 : *Quum quotidie esset ventus ad Levantem vel Sirochum; nostri vero versus Levantem ire non poterant ullo modo.*

LEVANTES ET CUBANTES, nostris *Levans et Couchans*, Mansionarii, Manentes, qui in dominorum prædiis sedem fixere, iis obnoxii : quibus opponuntur *Albani*, seu Alienigenæ. Statutum de Decimis Saladinis apud Rigordum ann. 1188 : *Et si nullum dominum ligium habebit, ei in cujus feudo manserit Levans et Cubans, dabit decimam de suo proprio mobili.* Bracton. lib. 1. cap. 10. § 3 : *Quamdiu manentes fuerint in villenagio Levantes et Cubantes.* Apud Rastallum in Expositione vocabulorum Legum Anglicarum : *Levant et Couchant, est dit, quant les beastes ou catel d'un estranger, sont venue en la terre d'un autre home, et la ont remainé un certaine bone espace de temps.* Vide Stabilimenta S. Ludovici lib. 2. cap. 32. Petrum Fontanum in Concil. cap. 3. § 1. et Consuetudines Melodunens. art. 209. 330. Stampensem art. 87. Bituric. tit. 1. art. 1. 2. et alibi.

LEVANUM, Fermentum, ex Gall. *Levain*, quod farina fermento imbuta intumescat, ac *levetur.* Occurrit in Fleta lib. 2. cap. 10. Vide *Levamentum*, 1.

1. **LEVARE**, Germina producere, Gall. *Lever.* Pactus Legis Salicæ tit. 37. § 2 : *Si quis per alienam messem, postquam Levaverit, herbice traxerit, etc.* Ubi Editio recentior tit. 36. *postquam germina produxerit*, habet.

2. **LEVARE**, Auferre, furari, Gallis, *Lever, Enlever.* Sidonius lib. 7. Epist. 2 : *Levat divitem pauper adamatus.* Id est, ait Savaro, abducit : ubi ille plura ex Gregorio Turon. lib. 6. cap. 45. lib. 7. cap. 4. et ex Lege Wisig. l. 3. tit. 3. § 4. l. 6. tit. 4. § 2.

3. **LEVARE**, Tributum exigere, *Lever des imposts.* Edictum Pistense § 21 : *Et quoniam audivimus quosdam plus a pauperibus accepisse, quam bannus Levet, etc.* [Oratio Legatorum Regis Fr. coram Pio II. PP. ann. 1459. tom. 9. Spicil. Acher. pag. 321 : *Nam cum denarii sint Principis supremi, Levari nequeunt publica cessante auctoritate prædicti Principis supremi.* Index MS. Beneficiorum Eccl. Constant. f. 20 : *Levat dictus Rector cimiterium cum pertinenciis una cum altalagium.* Hoc est, percipit oblationes pro humatione et altari factas. Charta ann. 1064. apud Miræum tom. 1. pag. 63 : *Theodericus Mediomatricæ sedis Episcopus.... donavit eidem Ecclesiæ* (S. Trudonis)... *scrutum ejusdem oppidi, hoc est, potestatem ponere et deponere illum qui materiam faceret unde Levarentur cervisiæ, et de singulis cervisiis, quæ brasciarentur in oppido nostro, sex picarios ad opus fratrum suscipere.* Ubi *cervisias levare*, est illud tributum exigere seu percipere, quod pro cervisiis pensitatur, situm hoc loco in certis cervisiæ mensuris.] [** *Levare* hoc ultimo loco est Conficere vel fermentare. Vide *Levanum et Scrotum.*] Vide *Leva* 2.

** SUBLEVARE, Accipere, sumere. Chart. Otton. Archiep. Bremens. ann. 1405 : *Vendidimus pro 60. florenis... per nos effectualiter receptis et Sublevatis et in usum et utilitatem ecclesiæ nostræ conversis, etc.* Vide Haltaus. Glossar. German. voce *Upbœren*, col. 56. et infra *Sublevare* suo loco.

4. **LEVARE**, Paulus Diaconus Emeritensis in Vita S. Masonæ Emerit. Episcopi cap. 2 : *Si quis... vas parvulum in quo Levaret, exhibuisset.* Hispanismus, *en que llevarlo* valet *in quo deferret.*

¶ 5. **LEVARE**, Ædificare, exstruere. Breviarium Historiæ Pisanæ, tom. 6. Muratorii col. 186 : *Anno 1173. Lucenses cum magno exercitu Levaverunt castrum Mutronis cum ædificiis magnis, et Pisani iverunt illuc et turpiter fugaverunt eos et castrum destruxerunt.* Et col. 191 : *Eodem anno* (1157.) *Lucenses cum Januensibus Levaverunt castrum Viaregii, et per conventionem pacis illud destruere promiserunt, et facta pace destruxerunt.*

¶ 6. **LEVARE**, Ascendere. *Et in capite marcasii Levat fossa per montem Huelgoret*, in veteri Charta, apud Lobinell. tom. 2. Hist. Britan. col. 250.

* 7. **LEVARE**, Acquirere, comparare. Stat. Palavic. lib. 2. cap. 65. pag. 125 : *Ordinatum est quod nulla persona..... præsumat portare, tenere, seu aliqualiter uti in terris præfati domini aliquo sale, nisi fuerit de sale Levato et habito de dounis præfati domini.*

* 8. **LEVARE**, Educere, abducere, Gall. *Emmener, enlever*, alias *Lever.* Charta Ferdin. reg. Castel. inter Acta SS. tom. 6. Jul. pag. 56. col. 2 : *Et quicumque cum uxore sua ad suas hæreditates ultra Serram ire voluerit, relinquat cavallerum in domo sua..... Si vero uxorem non Levaverit, non relinquat cum ea cavallerum.* Lit. remiss. ann. 1426. in Reg. 173. Chartoph. reg. ch. 606 : *Icellui Carrier Leva icelle femme d'avecques le suppliant son mary, et l'emmena ou bon lui sembla. Liéver* vero, pro *Louer*, Conducere, in aliis ann. 1386. ex Reg. 129. ch. 214 : *Comme le suppliant eust Liévé un varlet.... pour lui servir en son hostel, etc.*

* 9. **LEVARE**, Italis, In navem imponere, Gall. *Prendre sur son vaisseau.* Form. MSS. ex Cod. reg. 7657. fol. 38. r°. : *Super quoddam lignum suum dictum talem presbyterum de partibus Tholosanis quem receperat, vulgo Levaverat, etc.* Vide infra in *Levatorium* 2.

* 10. **LEVARE**, nostris *Lever*, Aliquem expedire, debito liberare. Lit. remiss. ann. 1384. in Reg. 125. Chartoph. reg. ch. 144 : *Disant.... que qui auroit son amy en icelle compaignie que il l'en Levast, c'est assavoir que il paiast pour son amy.*

¶ LEVARE SE, Regnum invadere. Idatius in Fastis Consularibus : *Valentinianus Junior apud Viennam est interfectus, et Levavit se Eugenius tyrannus. Levare in Regem*, dixerunt Scriptores mediæ ætatis, ex usu Francis, Gothis aliisque populis quibusdam recepto, quo Reges Ducesve suos futuros imponebant scuto humerisque attollebant : qua de re consulendi Pithœus lib. 2. Advers. cap. 6. et Lipsius lib. 4. ad Hist. Taciti pag. 519. [** Glossar. med. Græcit. voce Ἐπαίρειν, Append. col. 71.]

¶ LEVARE CAMPUM, Castra movere, Gall. *Lever le camp*, apud Parisium de Cereta in Chron. Veron. tom. 8. Muratorii col. 623. *Movere se de campo*, in Annal. Genuens. tom. 6. ejusd. Murat. col. 475.

** LEVARE CARTAM, Vide Grimm. Antiq. Jur. Germ. pag. 557.

* LEVARE FERIAM, Nundinas instituere. Vide supra in *Feriæ* 3.

* LEVARE FIDEM. Vide supra in *Fides.*

¶ LEVARE HOMINES, Milites cogere, conscribere, Gall. *Lever des troupes*, in Litteris Edwardi III. Angl. Regis ann. 1337. apud Rymer. tom. 4. pag. 781.

LEVARE JUDICEM, Accedere ad Judicem, jus ab eo requirere. Vita S. Fructuosi Episc. Bracarens. cap. 17 : *Sicque de præsentia Regis Lebavit judicem, qui inter eos examinaret judicii veritatem.* Ubi vir doctus ad marginem reponit, *Levavit.* Edit. Bollandina habet *Levavit*, num. 16.

¶ LEVARE LAUDEM, f. Signa proponere, vexilla figere, erigere, Gall. *Lever*, seu *Arborer l'étendart.* Annal. Genuens. ad ann. 1266. apud Murator. tom. 6. col. 537 : *Tandem facto conflictu Rex Carolus Manfredum et ejus exercitum devicit; in quo conflictu D. Manfredus fuit interfectus. Quo devicto et mortuo, Magnates terræ, et loca, et civitates regni Siciliæ D. Regi Carolo laudem Levaverunt, et universaliter sine prælio et labore aliquo ad ejus mandata devenerunt.* Ed ad ann. 1283. ibid. col. 583 : *Et in die Martis steterunt usque ad Tertiam Levando laudem Communis Januæ, et illos, qui erant in turribus, balistando, turrim etiam Veronicæ diruentes.* [** Acclamare. Vide in *Laus*, 2.]

[* Vel Alicujus laudem promulgare, in vulgus spargere : qua notione *Levar voce* dicunt Itali, et nostri *Lever bruit*, ut apud Joan. *de Saintré* mihi pag. 145. pro Rumorem excitare.]

* Levare Nemora, Ligna excissa exportare, Gall. : *Enlever le bois, vuider les ventes*, vox forestaria. Charta ann. 1202. ex Chartul. Campan. fol. 237. col. 2 : *Emptores autem tenentur empta nemora Levare infra quatuor annos.*

¶ Levare Psalmum, Præcinere, Gall. *Entonner*. Statuta Eccl. Valentinæ, tom. 3. Concil. Hispan. pag. 511. col. 2 : *Et ubi plures Clerici fuerint, semper unus Levet Psalmum.* Sic *Levare antiphonam*, in Vita S. Wiboradæ Virg. et Mart. sæc. 5. Bened. pag. 50.

Levare Seditionem, Excitare, in Lege Bajwar. tit. 2. cap. 3. § 1. et Longob. lib. 1. tit. 18. § 1. [** Liutpr. 36. (5, 6.)]

Levare de Sacro Fonte, dicitur qui alias *susceptor*, seu patrinus. Anastasius in S. Silvestro PP. : *Hic et hoc constituit ut baptizatum liniret Presbyter Levatum de aqua propter occasionem transitus mortis.* Ordo Roman. : *Ut autem surrexerint a fonte, illi qui eos suscipiunt, Levantes ipsos infantes in manibus suis, offerunt eos uni Presbytero. Ipse vero Presbyter facit de chrismate crucem cum pollice in vertice eorum.* Capitulare Attonis cap. 77 : *Nec de sacro fonte aliquem Levare.... audeat.* Adde Leg. Longob. lib. 2. tit. 8. § 5. [** Luitpr. 35. (5, 5.)] Acta S. Stephani PP. apud Baron. ann. 259. n. 23. Theganum cap. 33. etc. Philippus *Mouskes* MS. :

Un fil ot de ceste par nom
Le fist apeler Phelipon.
Li Queus Felippies le Leva
De Flandres, et si li douna
Son nom, et promist grant onor.

Le Roman *d'Amile et d'Amy* MS. :

Et enz un fons baptizé et Levé.

Le Roman *de Jourdain de Blaye* MS. :

Cil le Leva des sains fons et de l'aigue.

* Le Roman *de Robert le Diable* MS :

Li dus tous les vesques mande,.....
Qu'il viegnent pour son fils Lever....
Cil sont venu qui l'enfant prisent,
Et Crestiens adonc le fisent :
Son propre nom li cuséelent
Et Robiert par droit nom l'apielent.

Levari Supra Chorum, dicitur Canonicus qui ad altiora Chori subsellia, quæ *formas* vocant, admittitur. Statuta Ecclesiæ Lugdun. cap. 16 : *Supra Chorum antequam Subdiaconus fiat, nullus recipiatur, et ante nec vocem habet in Capitulo, nec aliquid percipit in divisione terrarum. Cum autem aliquis Levandus fuerit supra Chorum, habito super hoc tractatu in Capitulo, et licentia obtenta, si fuerit de dextro Choro, Levatur a Præcentore, si de sinistro fuerit, a Cantore. Ordo Diaconatus Levat omnes Canonicos supra Chorum... Ordo sacerdotalis Levat omnes supra Chorum.*

¶ Levare Terram, Agrum noviter colere, arare. Concordia Capituli Æduensis cum Domino de Perreria ann. 1257 : *Tenent quidam terras Levatas pro quibus debent bladum et alia servitia consueta... Qui vero terram Levavit de novo debet* xxx. *denarios... qui autem terram alias Levatam* xv. *den. debet.* Et paulo post : *In quibus* (nemoribus) *si quis extirpaverit, in terris sic extirpatis habent tertias Decanus et Capitulum antequam factæ fuerint terræ novæ vel Levatæ ... postquam vero factæ sunt terræ novæ vel Levatæ debebit hic qui Levavit, bladum et alia servitia consueta.* Vide *Terra nova*.

* Levare a Terra, Monachum ob culpam humi comedentem a pœna absolvere. Regula Hospit. S. Jac. de Alto passu ann. circ. 1240. cap. 61 : *Frater si pro aliqua offensa ... mittatur ad aliquam domum ad justitiam faciendam, præceptor illius domus, vel quilibet frater, potestate inferior ipso magistro vel priore, non debet ipsum fratrem ad teram* (l. a terra) *Levare, quamvis festivitates intervenian. Si vero aliquis prælatus vel quælibet secularis potestas superveniens fratrem a terra erexerit, ad mensam fratrum sedere poterit, donec magister redeat, qui pro suo beneplacito sibi debet indulgere. Verumptamen si præceptor, priore inferior, aliquem fratrum in justitiam miserit, si absens fuerit, locum ejus tenens fratrem a justitia poterit Levare.*

* Levare Testem, *Lever un tesmoin*, apud Bellom. MS. c. 6. p. 19. v°. col. 2. Testem ejurare, vulgo *Recuser*. V. in *Testis*.

* **LEVARIA**, Agger, Gall. *Levée*, seu jus quod ex aggeribus percipitur. Charta Joan. de Monte-reg. ann. 1224. inter Probat. tom. 2. Hist. Burg. pag. 8. col. 2 : *Damus præterea ipsis fratribus piscationem perpetuam in omnibus aquis nostris a dicta domo, et insulam et Levariam.* Vide *Levata* 3.

* **LEVARIUS**, Vectis, Gall. *Levier*, Ital. *Leva*. Lit. remiss. ann. 1350. in Reg. 80. Chartoph. reg. ch. 20 : *Accepit unum magnum baculum, dictum Levarium cadrigæ,... et percussit eumdem supplicantem de dicto Levario. Quemdam baculum vocatum Levier*, infra ch. 27. Vide infra *Levatorium* 2.

¶ 1. **LEVATA**, Exta, viscera et quævis animalium intestina, ut cor, jecur et alia hujusmodi, Gall. *Issue*. [* a Provinciali *Levado*, unde diminut. *Levadetto*, nostris *Fressure*.] Statuta S. Victoris Massil. ann. 1591. per Cardinalem Trivultium : *Debet pitanciarius dare de duobus in duobus Religiosis unam Levatam, sive unum jecur, vel unum caput cabrici.* Miracula MSS. Urbani IV. PP. : *Offerret unam libram ceræ in figura unius Levatæ sive viscerum.*

¶ 2. **LEVATA**, f. Pars, portio. Ordinatio ann. 1340. tom. 2. Hist. Dalphin. pag. 417. col. 1 : *Possintque dicti Magistri monetarum in deliberationibus faciendis facere tres Levatas, et de qualibet Levata tria pondera, et eligere quamlibet voluerint ipsi Magistri ex eisdem, tam in ponderibus quam Levatis.* Alia Ordinatio ann. 1342. pro Magistris Monetarum, ibid. pag. 420 : *Remedia vero ligæ et ponderis punctas, Levatas, essayamenta et alia jura, et privilegia habeatis, quæ in nostris monetis antea habebatis.*

3. **LEVATA**, Agger, *Levée* nostris. Papias : *Mantipara, Levata.* Charta ann. 1271. in Regesto 30. Tabularii Regii Ch. 220 : *Calciata seu Levata, quæ ducit ad Motam.* Occurrit præterea in alia Charta apud Gariellum et Sammarthanos in Episcopis Magalon. n. 17. [*Levatæ molendinorum*, in Charta ann. 1308. apud Baluz. tom. 2. Hist. Arvern. pag. 783.]

Levatarius, Qui *Levatas*, seu aggeres curat. Conventio Caroli I. Comitis Andegaviæ et Provinciæ, cum Arelatensibus ann. 1251. art. 5 : *Item debet dominus Comes vel ejus Vicarius Levatarios cives Arelatis eligere pro Levatis aptandis et faciendis, et etiam custodiendis.* Ubi versio Gallica habet *Levadiers*. [Statuta Arelat. MSS. art. 87 : *Receptacula cyrogrillorum... destruantur quolibet mense semel per Levatarios, et ipsi Levatarii possint cyrogrillos, quos in Levatis invenerint capere impune.* Ibid. art. 162 : *Si aliquis habet fronteriam in riparia Arelatis et voluerit eam plantare, Levatarii illius territorii teneantur dare, si commode fieri poterit, cum consilio Militum et proborum virorum illorum territoriorum, ut* (ubi) *fieri debent dicte plantate, medietatem lignorum, que necesse fuerint ad plantandum per duas cannas mensurandas a pede vallati Levatarum et versus Rhodanum, etc.*]

4. **LEVATA**, Exactio, nostris *Levée*. Charta ann. 1216. apud Guesnaium in Annalib. Massiliensib. : *Habeat pleno jure dominationem, piscationem, et lanæ, et pabuli, et piscium, et Levatæ, et omnium quæ quondam habuerat.* [Codex MS. reddituum Episcopatus Autiss. : *Qualibet cucufaria debet unum denarium et duas Levatas ad manum.* Quidnam sint hic *Levatæ*, non satis liquet.] Vide *Leva* 2. et *Levatio* 1.

* 5. **LEVATA**, Frugum fructuumque perceptio, Gall. *Récolte*. Form. concessionis ad firmam inter Form. Instr. fol. 70. v°. : *Inde ad novem annos extunc continue sequentes complendos et successive numerandos per novem Levatas et collectas.* Vide infra *Leveata*.

* At vero *Levée*, Onus carri significat, in Lit. remiss. ann. 1391. ex Reg. 141. Chartoph. reg. ch. 17 : *Comme Thevenart eust fait ou fait faire de bois à chaufage environ une Levée à bœufs, etc.*

¶ Levata Piscium, Piscatus, piscium captura. Charta Guillelmi Episc. Autissiod. ann. 1219 : *Dedit insuper aisamenta terræ et lapidum in terra sua ad opus exclusarum molendinorum dictarum Monialium apud Arsiacum sitorum, et Levatam piscium ipsorum molendinorum.* Alia Ottonis Ducis Aquit. inter Instrum. tom. 2. Gall. Christ. col. 478 : *Amplius confirmo eis annuam Levatam anguillarum in fluvio Carontonæ... et sicut burgenses Xantonenses de consuetudine ibant ad submonitionem Comitis cum navibus suis ad Levatam illius faciendam, similiter faciant ad submonitionem de Sabloncellis.* Compositio inter Universitatem villæ Mari et Fr. Raymundum Payladam Procuratorem Monasterii Silvæ-regalis ann. 1321. ex Schedis Præsidis *de Mazaugues* : *Ipsi possint facere Levatam piscium semel in septimana sine dampnificatione retium piscatorum.*

¶ Levator Piscium, ibidem : *Piscatores seu Levatores possint facere Levatam Piscium, et pisces, quos capient, dividantur.*

* **LEVATARIA**. Vide mox in *Levator* 2.

¶ **LEVATARIUS**. Vide in *Levata* 3.

* **LEVATGIUM**. Vide supra in *Levagium*.

¶ **LEVATILIS** Pontus, Pons qui ductariis catenis attollitur, Gall. *Pont levis*, Ital.

Ponte levatoio, in Chronico Petri Azarii, apud Murator. tom. 16. col. 365. Vide in *Pons*.

¶ 1. **LEVATIO**, ut *Levata*, Exactio, collectio, Gall. *Levée*. Mandatum Edwardi Regis Angl. ann. 1302. apud Rymer. tom. 2. pag. 912 : *Cujus quidem auxilii Levationis, pro dictæ Communitatis aisiamento, huc usque supersedimus*. Charta ann. 1321. apud Thomasserium in Biturig. pag. 731 : *Omnes et singulæ Levationes bladorum a mense Augusti ultimo præterito dictæ terræ de Borbonio*.

¶ 2. **LEVATIO**, Egressus e lecto, Gall. *Le lever*. Charta ann. 1309. tom. 1. Chartul. S. Vandreg. pag. 926 : *Quod campanæ parochialis Ecclesiæ prædictæ nullatenus pulsarentur quousque ad horam Levationis Monachorum*.

* 3. **LEVATIO** Sacramenti, Sacræ Hostiæ sublatio; nostris etiam *Lévation*, pro *Elévation*, eodem sensu. Charta ann. 1399. ex Chartul. episc. Carnot. : *Porro ut populus valeat Levationis Sacramenti dictæ majoris Missæ habere noticiam, incœptionis dictæ Missæ perpetua qualibet die dicendæ ad altare S. Nicholai, dum incipietur cantari Sanctus, pro sacramento dictæ majoris Missæ una campanularum super medio chori appensarum pulsabitur cum tintignamento usque ad Elevationem Corporis Christi, et dum Christi Corpus elevabitur, pulsabitur ad plenum* Alia Caroli VI. reg. Franc. pro capel. Pissiac. : *Livrer luminaires, cierges et torches pour lesdites Messes, et pour la Lévation du benoist Saint Sacrement. Lévéement*, pro *Elévation*, excelsitas, in Lit. ann. 1371. tom. 5. Ordinat. reg. Franc. pag. 418.

* 4. **LEVATIO** Anguillarum, ut supra *Levada*, Jus ex anguillis captis aliquot *levandi* seu exigendi. Charta ann. 1106. ex Chartul. S. Eparchii Engolism. : *Dono iterum illam Levationem anguillarum, quam habebam in anguillariis de Visnaco*. Vide *Levata piscium* in *Levata* 4.

LEVATITIA Aura. Vide in *Aura*, 1.

¶ 1. **LEVATOR**, Exactor, coactor. Charta Philippi Pulcri ann. 1307. apud Menesterium in Probat. Hist. Lugdun pag. 42. col. 1 : *Si vero fiat aliqua injuria vel rescoussa Levatoribus emolumentorum, etc.* Charta Eccl. Brivat. ann. 1365 : *Antonius Torrent Levator et receptarius emolumentorum curiæ Præpositatus, etc.* Charta ann. 1338. tom. 2. Hist. Dalphin. pag. 372. col. 2 : *Etiam et super redemptionibus factis per subditos, ne per Levatores signarentur vel caperentur animalia sua*. Vide *Levator Piscium* in *Levata* 4.

* 2. **LEVATOR**, Magistratus qui *levatas* seu aggeres curat; cujus officium *Levataria* appellatur. Instr. ann. 1234. apud Vir. Cl. Garamp. in Disquisit. de Sigil. Garfagn. pag. 27 : *In quo etiam consilio interfuerunt capitanei Levatorum S. Petri majoris, etc.* Charta ann. 1351. ex schedis Pr. *de Mazaugues : Elegerunt in Levatores, rectores et gubernatores levatarum prædictarum ad unum annum tantum etc. Et incontinenti prænominati Levatarii.... prædictum officium Levatariæ in se gratis suscipientes, juraverunt..... se dictum officium bene, fideliter et legaliter exercere*. Ubi promiscue *Levatores* et *Levatarii* non semel nominantur. Vide in *Levata* 3.

* 3. **LEVATOR** Exercitus, Qui milites *levat* seu delectum habet, vel rei bellicæ præpositus, Gall. *Intendant d'armée*. Charta ann. 1468. apud Pez. tom. 6. Anecd. part. 3. pag. 222. col. 1 : *Mathias D. G. rex Hungariæ etc. fidelibus nostris capitaneis, belliducibus, Levatoribusque et sollicitatoribus præsentis exercitus nostri etc.* Vide *Levare homines* in *Levare* 6.

1. **LEVATORIUM**, *Locus in quo levatur, vel plantatur aliquid*. Joan. de Janua. Gloss. Lat. Gall. : *Levatorium*, *Leveur*. (sic) [*Levement*, in MS. Sangerm.]

* 2. **LEVATORIUM**, Levatorius, Vectis, Gall. *Lévier*. Tract. MS. de Re milit. et mach. bellic. cap. 38 : *Levatorius ambulatorius est utilissimus levandi et inclinandi sursum et deorsum, componendi super currum bombardas et omnia alia pondera*. Et cap. 154 : *Levatorium super barcharum pontem causa palos fictos in aqua debarbandi Levatur*. Vide supra *Levarius*.

¶ **LEVATORIUS**, *Leveur*, in Glossis Lat. Gall. Sangerman. *Levatorius pons*, in Chron. Petri Azarii apud Murator. tom. 16. col. 322. Idem qui *Levatilis*. Vide in *Pons*.

* **LEVATUM**, Fermentum, Gall. *Levain*. Stat. Vercel. lib. 3. pag. 72. v°. : *Teneatur fornarius facere et habere Levatum pulchrum et mundum; videlicet ad panem frumenti, Levatum puri frumenti, et ad panem siliginis, puræ siliginis*. Glossar. Provinc. Lat. ex Cod. reg. 7657 : *Levame, Prov. fermentum, zima*. Vide *Levamentum* 1.

* 1. **LEVATURA**, nostris *Leveure*, Locus, ut videtur, ædificandæ domui aptus, Gall. *Emplacement*. Chartul. Casal. Bened. : *Evroinus et filius ejus concesserunt monachis Casalis Benedicti octo nummos, pro qua concessione monachi dederunt eidem Evroino Levaturam unius domus*. Lit. admort. ann. 1464. in Reg. 199. Chartoph. reg. ch. 424 : *Trois Leveures d'un festre de maison neufve couverte de tuille séant audit Troyes en la rue de la grant taverne,.... affrestant de son long selon ladite rue, contenant les dites trois Leveures trente pieds de largeur,.... tenant d'une part à une autre Leveure d'icellui festre*. (sic) Vide *Levare* 5. et *Levatorium* 1.

* 2. **LEVATURA**, Collecta, tributum. Charta Henr. I. reg. Franc. ann. 1042. inter Instr. tom. 10. Gall. Christ. coll. 284 : *Quinquaginta carrutæ ligni et duo modia vini, cum quinque solidis et decima Levaturæ cervisiarum*. Vide *Leva* 2.

¶ **LEVATURA** Portæ, Cataracta, cratis ferrea ad portas urbium. Vide *Saracenesca*.

1. **LEUCA**, Leuga, Lewa, Vox et Mensura itineraria Gallica, 1500. passuum, uti passim testantur Scriptores, [Armoricis *Lew*, vel, ut pronunciant *Leo*.] Hesychius : Λεύγη, μέτρον τι Γαλατικόν. Jornandes de Rebus Geticis : *Leuga autem Gallica mille et quingentorum passuum quantitate metitur*. Vita S. Remacli cap. 20 : *Dicitur autem Leuca apud Gallos spatium mille quingentorum passuum, id est 12. stadiorum*. Vetus Agrimensor : *Miliarius et dimidius apud Gallos Lewam facit, habentem passus mille quingentos*. Adde Isid. lib. 15. cap. 16. [Hieronymum in Joel cap. 3.] Ammianus lib. 15. de Lugduno : *Qui locus exordium est Galliarum; exindeque non millenis passibus, sed Leugis itinera metiuntur*. Tabula Peutinger. : *Lugdunum caput Galliarum; usque hic Leugas*. Vide *Rasta*. Ita perinde Leuga, in veteri Inscript. 1078. 7. Lex Bajwar. tit. 1. cap. 14. § 4 : *Angarias cum carro faciant usque 50. Leugas*. Gilo Parisiensis lib. 4. Viæ Hieros. :

Emensisque tribus Leugis, aliisque duabus.

Leuca Usualis, *Mensura terram metentium apud Francos constat de duobus millibus passuum*. Ingulphus pag. 910.

Leuga Anglica *duodecim quarenteinis confici* dicitur in Monastico Angl. tom. 1. pag. 313. Vide *Quarentena*.

Lewa, apud Bedam lib. de Numeror. divisione, in Chartis Sigeberti apud Henschenium 1. Febr. pag. 234. Caroli Cal. apud Doublet. pag. 706. apud Nithard. lib. 2. et 3. pag. 365. 369. 371. 373. 378. Ivonem Carnot. Epist. 101. et 259. etc. Gloss. Ælfrici : *Milliarium*, Leove, mile. Usurpatur autem pro *Banleuca* in cit. Chartis Sigeberti, Caroli, et apud Ivonem Carnot. ut observavit Sirmondus ad Goffridum Vindocin. Charta fundat. Monasterii de Bello in Anglia a Will. Notho, apud Prynneum in Libertat. Angl. tom. 1. pag. 1192 : *Concedo etiam eidem Ecclesiæ Leugam circumquaque adjacentem liberam et quietam ab omni geldo, et scoto, et hydagio, et denegeldis, et opere pontium, et castellorum, et parcorum, etc.* [Charta ann. 1179. tom. 2. Hist. Eccl. Meld. pag. 656 : *Si quis alicui Meldis ad mercatum venienti infra Leugam ejusdem villæ forisfecerit, audito inde clamore, communia inde ei auxilium conferet*.] Vide *Bannum Leugæ*, et *Quinta*.

Levia, Joanni de Janua et Ugutioni.

Lewia, in Chron. Besuensi pag. 572. ubi pariter pro *banleuca* usurpatur. Hisce prædictis addo verba Jo. Marianæ lib. de Ponderib. et mensuris cap. 21 : *Leuca duplex est : legalis quinque millium virgarum, nempe continens passus* 3000. *pedes* 15000. *Leuca communis et usitata unius mensuræ non est, sed variæ pro regionum varietate. Consentiunt tamen auctores quatuor fere Italica millia efficere. Ildefonsus de viris illustribus in Asturio, Complutum Toleto distare ait ferme* 60. *passuum millibus : et sane* 15. *hodie Leucæ recta numerantur*. Infra : *Leuca* (Toletana) *continet... passus* 5000 ..... *pedes* 25000.

Leucata, Spatium quantum continet leuca. *Infra Leucatam villæ*, apud Bromptonum pag. 1183. Charta Edw. III. Reg. Angl. tom. 1. Monast. Angl. pag. 768 : *De bosco de Shepehet continente unam Leucatam in latitudinem, et dimidiam in longitudine*. Le Roman *de Garin* :

D'une Loée les peut-on bien oir.

Alibi :

N'est loin d'ilesques que demi Loée.

Leuca Molendini, in Consuetudine Andegavensi art. 22. Cenomanensi art. 23. et Lodunensi art. 9. *Lieue de molin*.

* Cujus vocis etymon proponitur tom. 21. Comment. Acad. Inscript. pag. 66. *Leuga* vel *Leouga*, a Celtico *Leoug* vel *Leak*, lapis; quod ejusmodi spatia itineraria lapide distinguerentur sic dicta; unde hunc

usum Gallis notum fuisse ante Romanorum invasionem probabile mihi videtur.

* 2. **LEUCA**, Horæ spatium, nostris quoque *Lieue*, eadem acceptione. Arest. ann. 1333. 2. Dec. in Reg. *Olim* parlam. Paris. : *In camisiis et brachis in pilorio semel apud Soigny,... in die qua tenetur ibi plenum mercatum, per spatium unius Leucæ tenebuntur.* Lit. remiss. ann. 1352. in Reg. 81. Chartoph. reg. ch. 543 : *Hora tarda spatio fere duarum Leucarum, noctis, etc.* Aliæ ann. 1358. in Reg. 86. ch. 412 : *Die Martis post Natale Domini circiter duas Leucas in nocte etc.* Aliæ ann. 1376. in Reg. 109. ch. 191 : *L'exposant estant couchié en son lit avec sa femme, vint environ trois Lieues de nuit un appellé Jehan Coanne à l'huys dudit exposant.* Aliæ ann. 1380. in Reg. 118. ch. 431 : *Doubtant que ledit chastel ne fust escheliez celle nuit par lesdiz Anglois,.... se releva environ une Lieue devant le jour etc.* Denique aliæ ann. 1400. in Reg. 155. ch. 391 : *Pour ce qu'il estoit bien tart environ deux Lieues ou heures de nuit, etc.* Libert. Engolism. ann. 1373. tom. 5. Ordinat. reg. Franc. pag. 679. art. 3 : *Le Dimenche devant Pasques fleuries,... le maire fait sonner à journée haulte le grand sain de la commune bien l'alent d'une Lieue.* Ubi ita legendum pro *Lalent*.

¶ **LEUCAS** *significat cucullum*, Papiæ.

* **LEUCIUS**, Telæ vel panni species, a colore albo sic dicta; *Leuce*, ex Gr. λευκός, albus, candidus, apud Rabelais. lib. 1. cap. 12. Acta MSS. Inquisit. Carcass. ann. 1308. fol. 29. v°. : *Dedit Guillelmo Auterii hæretico prædicto duas cannas de Leucio, et Jacobo Auterii hæretico dedit quædam manutergia.* Leudæ min. MSS. Carcass. : *Item pro duodena de Leuciis et traliciis, obolum.*

* **LEUCOCUNUS**, *Aqua et oleum*. Glossar. vet. ex Cod. reg. 7613.

* **LEUCOFLANCIA**, pro quo legendum esse *Leucophlegmatia* opinantur docti Editores ad Vit. S. Walth. tom. 1. Aug. pag. 272. col. 2 : *Quatuor quidem secundum physicos sunt hydropisis species; quarum duæ, scilicet Leucoflancia et hyposarcha sunt in initio, antequam radicentur et roborentur, curabiles, etc.*

* **LEUCONIUM**, Gossipium, a colore albo sic appellatum. *Leuconii cujuscumque; de cotton de toute sorte*, 2. *sol. Tur.* in Stat. Avenion. lib. 1. rubr. 19. pag. 60.

LEUCOPORPHYRUS, Ex purpura alba. Charta donationis Ecclesiæ Cornutianæ edita a Suaresio : *Vela tramoserica Leucoprasina* 2. [Hoc est, ex viridi seu porraceo dilutiori, a λευκός, Candidus, et πράσον, Porrum.]

LEUCORHODINUS, ibidem, Ex roseo colore dilutiore.

¶ **LEUCROY**, Vox mendosa. Vide *Leveroy*.

1. **LEUDA**, *Compositura in longum*, Papiæ. *Lé* vocant agrimensores nostri latus agri, qua parte in longitudinem porrigitur. Idem porro valet quod *Latus, ta, tum*; vel certe idem quod *latus, teris*. Nescio an huc respexerit Papias.

2. **LEUDA**, Tributum, præstatio. Vide in *Leudis*.

* **LEUDABILIS**, Tributo, quod *Leuda* nuncupatur, obnoxius. Charta Phil. V. ann. 1319. in Reg. 59. Chartoph. reg. ch. 318 : *Item pro leuda, quam habebamus in dicto loco ab hominibus venientibus de versus montaneas cum rebus Leudabilibus, l. sol. Turon.* Lit. ann. 1237. tom. 8. Ordinat. reg. Franc. pag. 46. art. 20 : *Tam per Lautricum, quam par alia loco Lautrici et Lautriguesii, viatores cum rebus mercimonialibus Leudabilibus, aliter transitum faciant, etc.* Vide in *Leudis*.

¶ 1. **LEUDARIUM**, Districtus *Leudis*, seu viri nobilioris, territorium, tractus. Litteræ Philippi VI. Franc. Regis ann. 1338. tom. 2. Ordinat. pag. 127 : *Concedimus quod Nobiles habentes ab antiquo pedagia in terris et fluminibus suis, non impediantur per aliquem seu per aliquos de officialibus nostris, quin illa levare possint a mercatoribus per eorum Leudarium seu districtum transeuntibus, prout hactenus consueverunt.*

* 2. **LEUDARIUM**, Occitanis *Laudaire* vel *Leudaire*, dicitur Liber seu Charta continens *Leudas* seu vectigalia exigenda. *Leudæ* vero appellantur non modo eæ præstationes, quæ pro mercium transitu penduntur; sed etiam quæ ab iis qui venum exponunt et ab emptoribus exiguntur. *Leudas majores, Leudes mages*, Carcassonæ vocant, quæ pro mercibus transeuntibus solvuntur; *minutas* vero, quæ pro mercibus minutatim venditis. Ejusdem est originis vox Gallica *Leuderie*, pro Locus, ubi *leudæ* percipiuntur, in Lit. remiss. ann. 1451. ex Reg. 185. Chartoph. reg. ch. 177 : *Devant les boutiques de la Leuderie et blanquerie de Besiers.* Vide in *Leudis*.

* **LEUDATARIUS**, Qui *leudas* seu vectigalia colligit. Lit. ann. 1368. tom. 5. Ordinat. reg. Franc. pag. 409 : *Mandamus... singulis prædictarum senescalliarum justiciariis, officiariis, imposicionariis, Leudatariis, gabellarum, redibenciarum, barragiorum et aliorum quorumcumque subsidiorum levatoribus, collectoribus etc.* Vide in *Leudis*.

* **LEUDERIUS**, Pari significatu. Lit. ann. 1390. tom. 7. Ordinat. reg. Franc. pag. 380 : *Portuum et passagiorum custodibus, reveriis, Leuderiis et coustumeriis, etc.* Occurrit præterea in Charta Caroli VI. ann. 1400. ex Reg. Cam. Comput. Paris. alias Bitur. fol. 11. v°. Hinc *Laideur* in Libert. villæ *d'Aigue-perse* ann. 1374. ex Reg. 198. Chartoph. reg. ch. 360 : *Item le Laideur qui tindra et portera la quarte du blé,.... ne doye prandre riens pour bailler la quarte, fors laide tant seulement.* Vide infra *Leydarius*.

LEUDES, Vassalli, subditi; Saxonibus Leoð; Germanis, *Lieden, luden, luyden* et *leute*, homines dicuntur. Vide Joan. Gryphiandrum de Weichbildis Saxonic. cap. 14. n. 9. et Fredericum Sandium ad Consuetudines feudales Gelriæ pag. 16. [* Quæ definitio minus accurata videtur D. *Bouquet* tom. 1. Jur. publ. Franc. pag. 94. et seqq. cui *Leudes* ii sunt, qui ad stipendia principis vel alicujus ex proceribus militabant, atque adeo nec inter vassallos, nec inter subditos accensendi. Ipsum consule et vide an tanti sint, quæ ab ipso proferuntur argumenta, ut a doctiorum virorum hactenus recepta opinione discedas.] [** Qui fidem principi obligabant et subjectionem, Murator. Antiq. Ital. tom. 1. col. 553. B. Vide in *Trustis*.] Lex Wisigoth. lib. 4. tit. 5. § 5 : *Inter Leudes quicunque nec Regiis beneficiis aliquid fuerit consecutus.* Occurrit passim in Addit. 1. ad Leg. Burgund. tit. 1. § 2. apud Gregor. Turon. lib. 2. Hist. cap. 42. lib. 3. cap. 23. lib. 8. cap. 9. lib. 9. cap. 20. Fredegar. in Chron. cap. 1. 27. 41. 42. 46. 53. 54. 56. 58. 61. 87. 109. in Chronic. Francor. Mossiacensi ann. 641. Chron. Besuensi, etc.

Maxime vero *Leudes* dicuntur vassalli nobiliores, cujusmodi sunt Barones. Lex Longob. lib. 2. tit. 22. § 1. [** Carol. M. 76.] : *De omnibus debitis solvendis, sicut antiquitus fuit consuetudo, per* 12. *denarios solidi solvantur per totam Legem Salicam : excepto, si Leudes, id est, si Saxo aut Friso Salicum occiderit, per* 60. *denarios solidus solvatur.* Nam *Salici* nobilissimi Francorum dicuntur Ottoni Frisingensi. [** Vide Capit. 3. Mabill. cap. 5. et Grimm. Antiq. Jur. German. pag. 652.]

¶ LEODES ET FIDELES, in Edicto Chlotarii II. in Synodo Parisiensi V. apud. Gregor. Turon. lib. 3. Hist. cap. 23. Gesta Regum Francorum cap. 13 : *Vivat Rex, qui tales habet Leodos.*

LEUDI. Fredegarius Nibelungi ann. 768 : *Rex Pepinus... Comites suos scaritos, et Leudos suos ad perquirendum Waifarium transmisit.* Adde Aimoinum lib. 3. cap. 81. 92. lib. 4. cap. 8. 15. Chronicon S. Benigni pag. 387. Chartas Pipini Regis apud Doubletum pag. 695. 701. Dagoberti apud Miræum lib. 2. Diplom. Belgic. etc.

LUIDI. Charta Dagoberti Regis apud Browerum lib. 7. Annal. Trevir. pag. 422. 1. Edit. : *Manu id propria cum Luidis nostris subter firmavimus.* Vide Vignerium in tract. de Minori Britannia pag. 159. 160.

LEUDESAMIUM. Formula 39. apud Lindenbrogium sic inscribitur : *Ut Leudesamia promittantur Regi.* Mox : *Rex Comiti illi.... jubemus ut omnes pagenses vestros... congregare faciatis, quatenus... fidelitatem præcelso filio nostro vel nobis, et Leudisamium per loca Sanctorum... debeant promittere et conjurare.* Eadem Marculf. lib. 1. cap. ult. habet : *Ut Leude samio promittantur Regi.* Ipse vero contextus, *vel nobis et Leode et samio per locus, etc.* Sed non dividi debet vox; est enim *Leudesamium*, servitium [vel juramentum, ut exponit Eccardus ad Legem Salicam pag. 94.] quod *Leudes*, id est, subditi, Principi suo debent, ut *Litimonium*, servitium quod *Liti* dominis suis.

* **LEUDINIA**, Legi serviens, ingenua, in not. Eccardi ad Leg. Salic. tit. 28. § 4.

LEUDIS, LEUDUM, Compositio, mulcta pro homicidio. *Compositio homicidii*, in Lege Frision. tit. 14. § 3. 4. est forte *compositio leudis*, id est, hominis liberi. Lex Salica tit. 37. § 8 : *Si servus ingenuum hominem occiderit, ipse homicida pro medietate compositionis hominis occisi parentibus tradatur, et aliam medietatem dominus servi se noverit soluturum : aut si legem intellexerit, poterit se obmallare ut Leudem non solvat.* Tit. 43. § 11 : *Si autem qui præcipitatus est, mortuus fuerit, tota Leude sua componat.* Vide tit. 55. § 6. 7. Lex Angl. tit. 6. § 5 : *Ad quemcunque hæreditas terræ* *pervenerit, ad istum vestis bellica, i. e. lorica et ultio proximi, et solutio Leudis debet pertinere.* Formulæ vett. cap. 51 : *Exinde taliter ab ipsis bonis hominibus fuit judicatum, ut illam Leudem, ut lex erat, ipsi illi solvere deberet.* Formula 7. et 8. ex Parensalib. : *Ut post hunc diem nec ipsi illi, nec ullus in causa ipsorum, nec ulla opposita persona de præfata morte illius quondam, nec de ipso homicidio, nec de ipsa Leude nullam reclamationem nec nullum impedimentum pontificium non habeant ad faciendum.* Hincmarus Remensis in Epistola ad Carolum C. Regem Franc. edita tom. 2. Spicilegii Acheriani; de quodam Liudone qui homicidium perpetrarat : *Cum judicatum fuerit, ut eisdem Leudem renuntiaret; et homines vestri faidam juravent.* Rectius Editio Cellotii, *Leudem rewadiaret.* Charta Nicolai PP. ex Tabulario S. Vitoni Virdun. de Advocato : *Et de residuo suum tertium habeat de Leude, et de sanguine facto, etc.* Adde Legem Frision. tit. 2. § 3. 4. 5. 6. 7. tit. 5. § 2. tit. 14. § 4. Capitul. Caroli M. 5. ann. 803. cap. 12. Capitul. Caroli C. tit. 12. § 5. tit. 39. § 2. etc. [** Vide Grimm. Antiq. Jur. Germ. pag. 652. Philips. de Jure Anglosax. § 31.]

Leode, in Pacto Legis Salicæ tit. 44. et form. 125. apud Lindenbrogium; *Leodis*, in Capitul. 3. ann. 813. cap. 11. 29. et in Capit. 3. ann. 819. cap. 7.

Liudis. Capitulare triplex ann. 808. cap. 2. Edit. Baluzianæ : *Et si de ipsa morte evaserit, ipse ipsam Liudem recipiat, et liber postea remaneat.*

¶ Laudis. Litteræ Ludovici Jun. Regis Franc. ann. 1145. tom. 1. Ordinat. pag. 10 : *Quod si infra urbem aliquid forifecerint, pro Laude Baronum ipsius civitatis emendabunt.* [** Vide in *Laudum*, 2.]

Leudum. Vett. Glossæ : *Leudum, compositio, sive Widrigilt.* Lex Longob. lib. 1. tit. 9. § 28. [** Pipin. 11.] : *Et qui ex ipsis peregrinis ausus fuerit occidere, 60. sol in sacro palatio nostro componat : et insuper compositio ipsa fiat de ipso homicidio, cui legibus Leudum ipsum pertinuit.* Adde § 35. Transiit postea hæc vox ad quasvis præstationes; nam etiamnum

Leuda, Lesda, Leda, etc. [Gall. *Laude, Louade, Leude*,] appellatur quævis præstatio, vel quodvis tributum, maxime quod pro mercibus penditur : frustra enim Expillius actione forensi 15. ait ita in Dalphinatu appellari tributum quod pro *plassagio*, seu loco ubi venum exponitur *bladum*, et ejusdem *bladi* mensuratione exsolvitur, cum constet id nominis passim pro quovis tributo usurpari. Neque felicius scripsit Chopinus lib. 1. de Domanio tit. 9. n. 1. *Leudam* dici a *laudanda venditione rerum publice venalium* : id est, pro facultate venum merces exponendi : sed non ego credulus illi. [A voce Teutonica *Leysten, Leystan*, quæ præstare significat apud Willeramum in Cantica Canticorum pag. 70. num. 31. *Leudam* accersit Gravelor. in notis ad Rocheflavinum, ubi addit *Leude* apud Occitanos, id potissimum appellari, quod a rusticis aliquid in foro vendentibus carnifici præstatur et exsolvitur.] Varie autem hæc vox effertur.

Leuda, in Rescripto Alphonsi Regis Aragonum apud Saxium in Pontificio Arelat. *Leuda vel pedaticum.* Libertates Salvæterræ in Ruthenis ann. 1284 : *Nullus habitans in dicta villa det Leudam de re quam vendat, vel emat.* Curia Generalis Cataloniæ celebrata in villa Montissoni ann. 1289. sub Alphonso Rege Aragon. : *Et quod aliqua barca, vel aliquod aliud vexellum quod vadat per aquam, non compellatur nec teneatur applicare, nisi in illis locis in quibus debeat Leuda persolvi.* Charta R. Abbatis Caroffensis ann. 1308. ex 2. Regesto Philippi Pulcri Regis in Tabulario Regio n. 11 : *Quicunque Leudam furatus fuerit, in decem solidis puniatur.* Charta anni 1370. in Probat. Hist. Turen. : *Pedagia, botagia, dralhas, quidagia, aspergia, Leudas, etc.* [Occurrit vox *Leuda*, in Charta Raymundi Berengarii Comitis Barcinon. ann. 1067. Marcæ Hisp. col. 1135. in Testamento Raymundi Comitis Ceritaniæ ann. 1095. ibid. col. 1194. in alio Testam. ann. 1131. ibid. col. 1274. Statutis Massil. lib. 2. cap. 1. § 33. Charta Raymundi Comitis Tolosani ann. 1222. Litteris Philippi Pulcri pro Tolosanis ann. 1303. tom. 1. Ordinat. Reg. pag. 394. Charta Richardi Regis Angl. ann. 1190. tom. 1. Anecd. Marten. col. 637. Statutis Edwardi ann. 1283. apud Rymerum tom. 2. pag. 262. etc.] Vide Catellum in Hist. Talosana pag. 31. 89. et Gariellum in Episcop. Magalon. pag. 154.

Lauda. Consuet. loci *de Troi* in Biturigib. art. 6. apud Thomasserium : *Et sur chascun desdits habitans non ayans beufs, 2. den. Tourn. et s'appelle ledit droit, le droit de Laude.*

¶ Leusda, in Charta Massil. ann. 1202 : *Pedaticum, guidaticum, Leusdam vel alium usaticum.*

Leuzda, in Charta Mariæ D. Montispessulani ann. 1205. tom. 8. Spicileg. Acher. pag. 220.

¶ Lezda, in Chartulario Gratianop. fol. xli.

¶ Lezna. Sententia ann. 1208. apud Marten. tom. 7. Ampliss. Collect. col. 96 : *De aliis Leznis et pedagiis, dicimus, etc.* Forte legendum *Lezdis*.

Lezta, in Charta Sanctii Regis Aragon. æræ 1090. apud Martinezium in Hist. Pinnatensi lib. 3. cap. 10.

Lesda, in Charta Libertatum Villefrancæ apud Gallandum : *Quidquid ibi vendiderint, non dabunt Lesdam excepto sale.* Ibidem : *Lesda annonæ et salis.* Fori Morlanenses art. 26 : *Si quod non tenentur solvere Ortesii Lesdam, neque pedagium, neque aliud deverium pro eisdem.* [Rursus habetur in Tabulario S. Martialis Lemovic. in Libertatibus Moirenci concessis ann. 1164. et confirmatis ann. 1209. tom. 1. Hist. Dalphin. pag. 17. col. 1. Charta Raymundi Comitis Provinciæ ann. 1173. inter Instrum. tom. 1. Gall. pag. 67. bis terve in Consuetudinibus Lugdun. ann. 1206. apud Menesterium in Probat. Hist. ejusd. civitatis pag. 97. col. 1. in Charta ann. 1216. ex parvo Chartul. S. Victoris Massil. fol. 157. v°. Charta ann. 1223. apud Baluzium tom. 2. Hist. Arvern. pag. 256. Charta ann. 1268. ex Archivo Episcopatus Massil. Alia ann. 1297. ex Archivo Piperac. Tabulario Diniensi ann. 1320. apud Gassendum in Notitia Eccl. Diniensis pag. 83. Charta ann. 1429. ex Archivo Piscatorum Massiliensium etc.]

Lisda, In Charta Hugonis Regis Italiæ ann. 928 : *Et cum Lisdis et curvatis, et cum omni districtu suo, etc.*

¶ Lisida. Dotatio Ecclesiæ S. Nicolai juxta mare ann. 1056. apud Stephanotium tom. 10. Fragment. MSS. pag. 283 : *Donamus illi Ecclesiæ Lisidas de omni labore, quem laboraverint homines, qui ibi stabunt; et donamus illi mansionem unam, quæ est in mercato juxta ecclesiam S. Pauli et medietatem Lisidæ de Feira.*

Lidia, in Charta libertatum oppidi de Moneto in Biturigibus ann. 1269.

Leda. Charta Raimundi Comitis S. Ægidii ann. 1164 : *Et in Leda et corda de mercato medietas erit mea, et medietas illorum, excepta Leda lumborum et linguarum, et excepta Leda ubiarum, et omnium fructuum, qui ad sextarium non vadunt.* [Hominium Guidonis Vicecomitis Lemov. Abbati S. Martialis ann. 1245. tom. 2. Fragm. Hist. Stephanotii MSS. : *Abbas et Conventus S. Martialis jus dominii, districtum et jurisdictionem temporalem se habere dicebant, et etiam asserebant, quod in Leda sive pedagio totius vini, quod apportatur Lemovicas a quibusdam deforis villam, et reponitur in tabernis vel venditur in plateis... quod pedagium sive Leda ipsorum locorum ad ipsos pertinet.*] Vide Gariellum in Episcopis Monpessulanis pag. 63. 64. 110. [et Statuta Massiliensia lib. 1. cap. 15. § 2.]

¶ Læda, in Confirmatione privilegiorum Civitatis Aquensis ann. 1291. apud Pittonem Hist. ejusd. urbis pag. 170.

Leida, Leyda. Charta Ademari Vicecomitis Lemovic. ann. 1184. in Tabul. Dalonensi fol. 11 : *Pedagia et Leidas rerum suarum, sive alias consuetudines, quæ a vendentibus et ementibus exigi solent.* Charta anni 1222. apud Chopinum lib. 3. de Sacra Polit. tit. 2. n. 18 : *Immunes et absoluti ab omni questa, et tolta, et ab omni Leida.* Alia anni 1231. in Regesto Tolosan. f. 38 : *Item habebit in foro S. Andreæ medietatem Leidæ integræ de omnibus venalibus quæ ibi veniunt, vel deferuntur.* Libertates urbis Montisregalis in Sebusiis : *De pomis, piris, castaneis et similibus, et minutis fructibus non debet Leyda levari.* [Libertates Belli-visus de Marco ann. 1256. tom. 1. Histor. Dalphin. pag. 58 : *Leidam autem bladi, vini, animalium, et cannabis, et aliarum rerum venalium levare debemus, secundum quod in civitate Viennæ levari hactenus consuevit.*] Adde Libertates urbis Seysellensis ann. 1285. [Chartam ann. 1262. apud Baluzium tom. 2. Hist. Arvern. pag. 268. aliam ann. 1308. ibid. pag. 783. Hist. Dalphin. tom. 1. pag. 78. 97. etc.]

Ledda. Charta ann. 1165. tom. 13. Spicileg. Acher. pag. 317 : *Et de omnibus omnino rebus, de quibus Ledda vel usaticus dari solet.* Occurrit præterea in Charta Raimundi Comitis Tolosani ann. 1149. apud Gallandum de Franco alodio pag. 197. et in alia ann. 1242. apud Baluzium in Notis ad Concilia Narbon. pag. 90. [in Charta ann. 1067. Marcæ Hisp. col. 1132. in Litteris ann. 1128. ibid. col. 1262. etc.] Perperam *Jedda* scriptum reperitur pro *Ledda* facili lapsu in Charta Oldegarii Episc. Barcin. in illius Vita num. 36.

¶ LEDDIS. Charta Rengardis Comitissæ Biterr. ann. 1070. Marcæ Hispan. col. 1153 : *Census, redditus, mercata, telonea, Leddes, etc.* Eadem habentur ibid. col. 1160.

LIDDA, in Charta ann. 1066. in Notis ad Concilia Narbon. pag. 79.

LÆDIA, in Charta Humberti D. Bellijoci pro libertatib. Bellevillæ ann. 1233. [tom. 9. Spicil. Acher. pag. 185.] : *Quicunque extraneus ad forum Bellevillæ venerit, si in foro Lædias dederit, de pedagio non tenetur.* [Ibid pag. 182. *Lædia*, et *Ledia* leguntur.]

¶ LIDIA, in Charta ann. 1269. apud Thomasserium in Consuetudinibus Bituric. pag. 96.

¶ LETIA, in Charta Willelmi Domini Montispessulani ann. 1103 apud D. *Brussel.* tom. 2. de Feudorum usu pag. 728.

¶ LETDARIUS, ut mox *Leidarius*, ibidem.

LEIDARII seu LEUDARII, Collectores *Leidæ*, in Statutis Montispessulani. [*Leudatarii*, in Præcepto Johannis Franc. Regis ann. 1363. tom. 3. Ordinat. Reg. pag. 624. *Leyderius*, in Charta ann. 1308. apud Baluzium tom. 2. Hist. Arvern. pag. 793.]

LESDARII, in Consuetudinibus Barcinonensibus, in Charta ann. 1273. apud Gariellum pag. 286. et in Tabulario S. Flori in Arvernis, [nec non in Epistola Bajuli Reg. Majoricæ ad Massilienses ann. 1327 : *Noveritis nobis constare per albaranum Lesdariorum tabulæ laudæ civitatis Majoricæ, etc.*] *Laiders* et *Læders*, in Libertatibus villæ *de Perouse* ann. 1260. apud Thomas. in Consuet. localib. Bitur. pag. 66.

¶ LEYDATOR, in Charta ann. 1309. tom. 1. Hist. Dalphin. pag. 86.

¶ LEUDOISMUS, Idem quod *Leuda*. Charta Arnaldi Episc. Barcinon. pro Magistro Ordinis S. Jacobi de Spata : *Teneamini vendere infra sex menses salvo Leudoismo.*

¶ 1. **LEUDUS**, Vassallus. Vide in *Leudes*.

2. **LEUDUS**, Cantus, ex Germanico *Lied*, Cantilena. Fortunatus in Epist. ad Gregor. Turon. Episc. præfixa lib. 1. Poemat. : *Apud quos nihil dispar erat, aut stridor anseris, aut canor oloris, sola sæpe bombicans barbaros Leudos harpa relidebat, etc.* Et lib. 7. Poem. 8 :

> Nos tibi versiculos, dent barbara carmina Leudos,
> Sic variante tropo laus sonet una viro.

[** Vide Graff. Thesaur. Ling. Franc. tom. 2. col. 199.]

¶ **LEVE**, Facile, proclive. Sallas Malaspinæ de Rebus Siculis, apud Baluzium tom. 6. Miscell. pag. 303 : *Dummodo ampla pugnandi trahatur deliberate cupedine, Leve est audere quod placeat.* Jacobus Episc. Accon. in Epist. ad Honorium III. PP. : *Dictum est quod si viriliter institissent, de Levi castrum acquisissent.* [* *De levi*, phrasis Gallica, *De légier*. Charta ann. 1406. ex Bibl. reg. : *La revenue s'en prant sur landes sauvages et bruyeres, qui peuent de Légier par cas de fortune de mortalité ou autrement estre délessiez.*]

¶ **LEVEA**, Exactio, collecta, Gall. *Levée*. Pactum matrimonii inter Carolum Reg. Aragon. et Marguaritam filiam Caroli II. Regis Siciliæ, tom. 1. Anecdot. Marten. col. 1239 : *Nos inde percipiemus sex millia librarum ejusdem monetæ ad opus nostrum, ex primis Leveis emolumentorum prædictorum.* Vide *Leva* 2.

¶ LEVEIA, Eadem notione. Tabularium Casense pag. 344 : *Deliberabitur dictis Religiosis saisina dictorum bonorum una cum* LXX. *libris Paris. pro exitibus et Leveiis dictorum bonorum, qui per* VII. *annos a tempore captionis citra levati fuerunt.* Regestum Parlamenti ann. 1379. apud Baluzium tom. 2. Hist. Arvern. pag. 164 : *Et insuper ad reddendum et tradendum dicto avunculo nostro fructus, Leveias, census, redditus, etc.* Vide suo loco.

* **LEVEATA**, Frugum fructuumque collectio, Gall. *Récolte*. Charta ann. 1293. ex Bibl. S. Germ. Prat. : *Petrus de Gorgeto dominus de Meeille confessus est se vendidisse.... fructus, exitus et Leveatas totius gahagneriæ suæ de Meeille.* Vide supra *Levata* 5.

* **LEVEIA**, Eodem intellectu. Arest. ann. 1277. in Reg. *Olim* parlam. Paris. : *Cum petiisset dictus vicecomes fructus et Leveias dicti castri et pertinentiarum a tempore commodati facti usque ad tempus litis motæ in nostra curia.* Quo sensu accipienda etiam quæ proferuntur in hac voce sub *Levea*.

** **LEVERIUM**. Abbrev. Placit. pag. 36. ann. 4. Joh. Sommers. rot. 12 : *Ipsa veniet sine domino suo, sicut ipsa perquisivit breve de Leverio suo, postquam languor ei adjudicatus fuit, etc.* Legendum videtur *Relevio*.

¶ 1. **LEVERIUS**, Vectis. Gall. *Levier*. Munitiones Castri Sommeriæ ann. 1260 : *Item tres Leverios de ferro; item* v. *paria anulorum; item sex martellos.*

¶ 2. **LEVERIUS**, Species panni feralis. Testamentum ann. 1365. apud Baluzium tom. 2. Hist. Arvern. pag. 716 : *In die sepulturæ meæ supra corpus meum ponantur duo panni aurei, quorum unus sit bornatus de sandali nigro... et unus Leverius... unus detur capellæ Oliergii, et alter pannus et Leverius supradicti dentur Fratribus Minoribus pro faciendo vestimenta sacerdotalia.*

LE VE ROY. Lex Vervinensis ann. 1233. cap. 13 : *Quod si neque Scabinos, neque Juratos habuerit, per Le ve Roy eum vocabit, id est, sola manu faciet jusjurandum.* Occurrunt eadem verba in Lege *de Solers* ann. 1235. Ubi Thomasserius hæc verba *per verum Regem* interpretatur, quod vix probem, tametsi quod divinem, animo nihil vero simile oboritur. Ita etiam præfert [Charta Blanchæ Comitissæ Trecensis ann. 1212. tom. 1. Anecd. Marten col. 830. nisi quod pro *Leveroy* habetur *Leucroy*, et] apographum Duchesnianum, ubi vir doctus margini adscripsit, *id est, per verum Regem, id est, Deum.* Sed malim hæc verba sonare, *per verum*, Gall. *Par le vray*.

¶ **LEVESCERE**, Levius fieri. Gocelinus in Translatione S. Augustini Cantuar. tom. 6. Maii pag. 428 : *Solet enim languor magis in noctem gravescere, in diem Levescere.*

* **LEUGA**, Locus vacuus domui ædificandæ aptus. Instr. ann. 1294. inter Probat. tom. 1. Hist. Nem. pag. 121. col. 1 : *Concessiones seu accapita Leugarum ad hedificandum dictis hominibus factas seu facta totaliter revocare etc.* Vide alia notione in *Leuca* 1.

* **LEVI** FERRE, Flocci facere. Vita metr. S. Germ. Autiss. t. 7. Jul. p. 228. col. 1 :

> Sæpius ista viri præsul stillabat in aurem;
> Ille Levi ferre, et cœptis instare superbis.

Vide supra *Leve*.

¶ 1. **LEVIA**, Mensura itineraria. V. *Leuca*.

¶ 2. **LEVIA**, Idem videtur quod *Feuda* seu prædia *feudaliter* tenta. Catalogus feudorum Castellaniæ de Glane ann. 1262. e Chartulario Æduensi : *Item D. Perreria debet esse in homagio domini de Glane de tribus Levibus, de quibus Estam est jurabile et etiam reddibile.... Item dominus de Chastul debet esse in homagio domini de Glane super omnia Levia, et Chastul jurabilis, reddibilis cum appendiciis suis.* Vereor ne mendum sit in hac voce. [* Leg. *Fevium* vel *Fevum*, pro *Feudum*. Vide in hac voce.]

¶ **LEVIARE**, *Levare, levem facere, vel exonerare, pondus auferre vel diminuere*, Johanni de Janua; *Alleger, faire leger*, in Gloss. Sangerm. Lat. Gall. MS. *Monetam in lege vel pondere Leviare*, in Charta ann. 1188. tom. 8. Fragm. MSS. Stephanotii pag. 37. *Usuras Leviare et debita minorare*, in Charta ann. circiter 1197. apud D. *Calmet* tom. 1. Hist. Lotharing. col. 248. *Gravedinem carnis per abstinentiam Leviare*, in Vita S. Alferii, tom. 1. April. pag. 99. Libellus de remediis peccatorum ante annos 800. exaratus; tom. 7. Ampliss. Collect. Martenii col. 37 : *Adolescens si cum virgine peccaverit, annum unum pœniteat; si semel et fortuito, Levietur et tamen usque ad annum.* Adde Statuta Canonicorum Regul. sæcul. XIII. apud Raymundum Duellium tom. 1. Miscell. pag. 92.

* **LEVICUS**. Philippi reg. Aleman. epist. ad Innoc. III. PP. inter not. Cangii ad Villehard. pag. 278 : *Si omnipotens Dominus regnum Græcorum mihi vel Levico meo subdiderit etc.* Mendum est, pro *Leviro*, ut videtur; atque pro Genero hic accipiendum opinor : de Othone enim qui Philippi filiam in uxorem duxerat loqui Philippum existimo.

* **LEVIDENSIS**. *Vestis raro filo, leviterque densata.* Glossar. vet. ex Cod. reg 7613.

¶ **LEVIDIS**, vel LEVIS, *idis*, Plaga, vulnus, ut videtur, a Gallico *Livide*, Lividus. Charta ann. circiter 1060. D. *Calmet* in Probat. Histor. Lotharingiæ col. 451 : *De Livide vero et sanguine facto, aliisque injuriis, etc.* [** Pro *Livido*.]

* **LEVIDO**, Mansuetudo. Charta Prior. Teffordiæ in Chartul. Cluniac : *Mittemus ad vos sollempnem nuntium nostrum ad implorandam vestræ misericordiæ Levidinem.*

LEVIGA, Ugutioni et J. de Janua, *Instrumentum Levigandi, quod etiam Complanatorium dicitur;* Gall. *un Polissoir*. [Gloss. Lat. Gall. Sangerm. : *Leviga, idem quod Planatorium, Plaine ou Rabot.*] Annales Francorum Bertiniani ann. 862 : *Vestitum lineum, quod Camisium vulgo vocant, Levigare, [id est Lexivio lavare,] incipiens.... ad primum initium quo Levigam imprimens* *traxit, vestimentum sanguineum est effectum. Sicque quotiens idem mancipium Levigam traxit, sanguis est subsecutus.* Hinc *Levigare*, Polire. *Homines divellere ac Levigare*, apud Capitolinum.

☞ Ex vocabulis a Cangio prætermissis [** non sunt apud Pertz. Script. t. 1. p. 458.] et a nobis nostro more inter uncinos adjectis, conjicimus *Levigam* in hoc Annalium Bertin. loco Lexivium esse, cui notioni belle cohærent hæc verba : *Levigam traxit, sanguis est subsecutus*, quæ nonnisi improprie admodum *politorio* possunt accommodari. Vide *Levigare*, 3.

¶ **LEVIGABILIS**, qui potest alleviari, seu levior fieri. Bulla Johannis PP. ann. 1276. apud Rymer. tom. 2. pag. 66 : *Onus ex humano defectu importabile, divina tamen omnipotentia Levigabile.*

* **LEVIGABILITAS**, Alleviatio, levamen, Gall. *Soulagement.* Mirac. S. Majoli tom. 2. Maii pag. 695. col. 2 : *Hic igitur rex* (Hugo) *ad S. Majoli expetendum auxilium veniens, super infirmitatis suæ gravitudinem invenire promeruit aliquantulam Levigabilitatem.* Vide mox

¶ **LEVIGARE**, Bitumine linire, apud Papiam in MS. Bitur. Vide *Leviga.*

¶ 2. **LEVIGARE**, Sublevare, alleviare, levius reddere. *Judæos conversos a pensionibus Levigat*, in Vita S. Gregorii PP. tom. 2. Martii pag. 147. Supplementum ad Vitam S. Medardi, tom. 2. Junii pag. 84 : *Extollunt super ulnas beatissimi funeris sarcinam adeo Levigatam, ut putares pro æris gravedine stipulæ accessisse levitatem. Levigare delictum grave*, apud Nicolaum de Jamsilla de Gestis Frederici II. Imper. tom. 8. Muratorii col. 520.

* Hinc *Aleger*, pro Sanari, valetudinem recuperare, in Chron. S. Dion. tom. 8. Collect. Histor. Franc. pag. 327 : *Là* (à Tours le roy) *fu très durement malades, que l'on cuida bien que il en deust morir : mais la merci notre Segneur, il Aléja de cele maladie.* Ubi Annal. Bertin. ad ann. 878. ibid. pag. 28 : *Aliquantulum convalescens etc.*

* 3. **LEVIGARE**, in Annal. Bertin. ad vocem *Leviga* laudatis exponitur Lexivio lavare; minus bene, ut opinor : videtur enim idem esse quod Ferro levigare, Gall. *Repasser au fer.* [** Vel Lintea tormento, quod phalangis subjectis movetur, premere, Gall. *Calandrer.*]

¶ **LEVIORATIO**, f. Animi levitas, inconstantia, mutatio. [* Melius D. *Bouquet* tom. 4. Collect. Histor. Franc. Levamen.] Præceptum Theodorici Reg. Fr. apud Mabillonium tom. 3. Analect. pag. 206 : *Et res ad prædictum Monasterium monemus, ut neque nos, neque successores nostri... auferre aut alienare a jure et dominatione jam dictæ matris Cenomannicæ urbis Ecclesiæ, aut propter benevolentiam vel Levioratíonem, seu servitii præfati domni et apostolici viri Aigliberti Episcopi aliqua succedat occasione, aut qualiter calliditate vel malo ingenio machinetur.*

¶ **LEVIS**, ut mox *Levita* 2. Osbernus in Vita sancti Dunstani Episc. tom. 4. Maii pag. 360 : *Commendantes puerum in templo, ut esset Levis Domino, et portio illius Dominus existeret.*

¶ **LEVISATA**, *Tunica militaris.* Gloss. Isid. Conjectat Grævius legendum *Lacerna* ex Isidoro lib. 19. cap. 34. ubi *Lacernam* dicit fuisse *Pallium fimbriatum, quo olim soli milites utebantur.*

* **LEVISSATA**, *Genus armorum*, in Gloss. vet. ex Cod. reg. 7641. V. *Levisata.*

1. **LEVITA**, *Vasa ænea*, apud Papiam. Forte pro *Lebita*, seu *Lebetes.*

2. **LEVITA**, Diaconus. Isid. lib. 7. cap. 12 : *Levitæ ex nomine auctoris vocati : de Levi enim Levitæ exorti sunt, a quibus in templo Dei mysteria explebantur. Hi Græce Diaconi, Latine Ministri dicuntur, etc.* Epistola Remigii Episc. Remensis ad Fulconem Episc. : *Cum Levitas feceris, Presbyteros consecraris, Archidiaconos institueris, etc.* Vita S. Sulpitii Pii Bitur. Episc. cap. 2 : *Leviticam sortem indeptus Ecclesiæ ministravit. Levitica dignitas*, Sidonio lib. 5. Ep. 1. *Leviticum ministerium*, Maximo Taurinensi, [*Levitalis honor*, Johanni Diacono in Vita S. Athanasii Episc. apud Murator. tom. 2. part. 2. col. 1046.] Ita usurpant Concil. Tolet. II. cap. 1. Carthag. III. cap. 4. Agathense cap. 16. 17. Arelat. III. cap. 1. Wormac. cap. 69. Capitul. Caroli M. lib. 5. cap. 34. [** 36.] lib. 6. cap. 41. 242. [** 315.] Gregor. M. lib. 1. Epist. 42.

Levita Sedis Apostolicæ consecratus Valentinus II. PP. antequam Pontificiam dignitatem consequeretur, apud Anastasium in ejus Vita.

Levitissa, *Femme de Diacre.* Gloss. Lat. Gall.

LEVITIANA. Vita 2. S. Carthaci Episc. num. 2. S. Mochuda ad prædictum *S. Colmanum venit in suo Monasterio Lainneala manentem ut veniens secum Levitianam signaret in suo Monasterio Raithin : quia mos S. Colmano erat, cum angelis loca Levitianarum signare, et donatum est a Domino S. Colmano, ut filii mortis non assurgerent in Levitianis, quas ipse signaret.* Infra : *Exivi ad Levitianam cum angelis signare, revertere, et sicut videbis signa minima constituta per senem in Australi plaga cellæ tuæ, ita constituit Levitianam : et ne tibi videatur modica, qui ab alia tibi major ab angelis in tua alia civitate in australi Hiberniæ regione signabitur. Et reversus S. Carthagus ita invenit Levitianam signatam, sicut S. Colmanus dixit.* Hic benedictionem cœmeterii auguratur editor; [cui utcumque favet Vita S. Declani Episc. tom. 5. Julii pag. 608 : *Cujus sacrum corpusculum... debito honore in sua civitate Ardmor in Levitiana, quam ipse jussione angelica signavit, sepultum est.* Sollerius interpretatur sacellum, in quo sepeliri voluerit vir sanctus, aut habitum seu vestem in qua sepultus sit; malim cœmeterium. Vita S. Coemgeni, tom. 1. Junii pag. 317 : *Levitianaque monachorum tuorum tam sancta erit, ut nullus eorum introiens sub humo, tormenta inferni pertulerit.*]

* **LEVITALIS**, Ad *Levitam* seu diaconum spectans. Acta S. Januar. tom. 6. Sept. pag. 874. col. 2 : *Nulla parentum ipsius, nec pontificis saltem, qui eum redimitione Levitali dicaverat, mentio inerat.* Vide *Levita* 2.

* **LEVITATES**, Crepundia, Gall. *Babioles.* Barel. in serm. de Choreis : *O vanæ mulieres! Deferunt secum mille fatlugæ; ex una parte Levitates, ex alia coralla, etc.*

* **LEVITO**, Idem quod mox *Levitonarium.* Apophtheg. S. Poemen. tom. 6. Aug. pag. 34. col. 2 : *Audiit aliquando presbyter Pelusii de quibusdam fratribus, quod assiduo in urbe versarentur, lavarent, negligerent se; quocirca veniens ad collectam, sustulit ab iis habitum monachalem. Sed postea corde se tactum sensit, ac pœnitentia ductus est. Accessit ergo ad abbatem Poemenem, velut cogitationibus ebrius, portans etiam Levitones fratrum; remque seni annunciat.* Vide Glossar. med. Græcit. v. Λεβητών.

LEVITONARIUM, Lebitonarium. Isidorus lib. 19. Orig. cap. 22. et ex eo Papias, ex Vita S. Pachomii cap. 14 : *Levitonarium est colobium lineum sine manicis, quali Monachi Ægyptii utuntur.* Suidas : Λεβητωνάριον, χιτὼν μοναχικὸς ἐκ τριχῶν συντεθειμένος. S. Hieronymus de Tabennensib. Monachis : *Nihil habet in cellulis præter psiathium et duo Lebitonaria, quod Ægyptiis Monachis genus est vestimenti absque manicis. Levitonarium* occurrit non semel in Regula S. Pachomii cap. 2. 67. 81. et in doctrina S. Oresii cap. 22. 26. λεβιτών, apud Palladium in Hist. Laus. cap. 38. 52. et Metaphrast. in Vita S. Apollinaris Syncleticæ n. 7. Vide Menardum ad Concord. Regular. [* Glossar. Gall. Lat. ex Cod. reg. 7684 : *Levitonarium, i. Collobium lineum sine manicis, i. dalmatica, Tenicle.* Sic pro *Tunique.* Vide *Levito.*]

¶ Lebiton. Vita, Doctrina et Perfectio SS. PP. cap. 20. tom. 3. Bibl. Asceticæ pag. 424 : *Narraverunt de quodam solitario, quia exivit in eremum vestitus lineo sacco tantum.... Frater autem ille projecit Lebitonem, quo erat indutus.* Rursum occurrit in Vita S. Jonæ Monachi tom. 2. Febr. pag. 520. et alibi.

¶ Levitorium, apud Papiam MS. Bituric.

Lebetes. Ruffinus de Vitis Patrum lib. 2. cap. 7 : *Indumentum ejus stuppeum colobium erat, quod apud illos Lebetes appellatur.* Idem cap. 9 : *Cui ille cum habitum Monachorum, hoc est, Lebetam, et cucullam, ac melotem, quæ est caprina pellis, imposuisset, etc.*

* **LEVIUS**, Potius, Gall. *Préférablement.* Charta ann. 1056. inter Probat. ult. Hist. Trenorch. pag. 125 : *Alodium autem ejusdem ecclesiæ supradictis monachis habere concessi, eo tenore quod ipsi fevatores, qui tunc temporis reliquas partes ejusdem ecclesiæ tenebant, vel subsequaces eorum tenerent, cum monachis supradictis, omnibus aliis postpositis emptoribus, Levius concordarent.* Alia ann. 1188. ex Chartul. Cluniac : *Si proximus repetere voluerit terram defuncti, Levius eam debet ei prior concedere quam alteri... Si homo de valle terram suam vendere voluerit, prius eam submonebit priori : si prior emere voluerit, Levius emet.*

* **LEUN**, vox vernacula, Grani seu leguminis species. Vita S. Ludov. edit. reg. pag. 336 : *Le saint roy Loys... li commanda que il widast les nés et getast en l'iaue les chars, les Leuns et les autres vivres qui i estoient.* Charta ann. 1257. in Chartul. S. Corn. Compend. fol. 182. v°. : *Par les choses devant dites je leur cuite toutes les parties que j'avoie en tous grains, en tous Leuns*

de le devant dite dimes, sans ce que se lins ou chanve croist en la devant dite disme, je i averat le tierche partie, et li abbés et li convens les deus pars; et se en aucun lieu, là où il ait eu lin ou chanve, croissoit bles ou avaine ou autres Leuns, il emporteroient tout. Reg. Comitat. Clarim. ex Ch. Radul. comit. ann. 1290 : *Je ay donné à ichelli prestre,... deux mines de Leun à prenre en me grange à Creilg ou mois d'Aoust chascun an.* Lib. pedag. Paris. ex Reg. Cam. Comput. fol. 1. v°. : *Toute maniere de Leun, nois, pois de Vermendois en char, ne doivent paier que deux deniers de chaussée.* Vitæ SS. MSS. ex Cod. 28. S. Vict. Paris. fol. 65. r°. col. 2. Ubi de S. Greg. : *Une escuele d'argent, laquele estoit de sa mere, qu'il li avoit accoustumé d'envoier Leun ou autre potaige encele.* Ubi vita Lat. : *Quæ cum infusis leguminibus mitti solita erat.* Guill. Guiart. ad ann. 1251 :

Son frere Alfons en France envoie
Querre fin or, non pas Leun.

LEVRERII, Canes leporarii. *Levrerii ad leporem, et vulpem et catum et texon*, in Regesto Herouvalliano Philippi Aug. f. 159. Ex Gallico *Levriers*.

* **LEURMEL**, Tributi species; cujus nomenclaturæ ratio explicatur in Redit. comit. Campan. ex Cod. reg. 8312. 5. fol. 88. v°. : *Il* (le Comte) *a marché, pour raison duquel le sire prent le rouilz des toilles et le pois; et se appelle Leurmel : car il se prent devant la maison de Lormel.*

¶ **LEUS**, *Navis pusilla.* Gloss. Sangerm. MS.

¶ **LEUSEVERPIRE**, LEUSEWERPIRE. Vide *Laisus*.

¶ 1. **LEUTUS**, Ascriptitius servus. Vide *Litus*.

¶ 2. **LEUTUS**, Testudo, cithara. Vide *Laudis* 2.

¶ **LEUVA**, vel LEWA. Vide in *Leuca*.

¶ **LEUZDA**. Vide in *Leudis*.

¶ **LEWAREC**, Terra novalis, quæ alternis annis requiescit, *Warectum*, Gall. *Gueret*. Charta ann. 1181. tom. 2. Hist. Britan. col. 133 : *Villa Lupellorum cum omnibus pertinentiis suis, et Plougar cum angulis suis, et anguli de Ros cum tota riveria et tota brueria, que est inter Coisnon et castellum de Noes, et totum Lewarec et magni pisces sicut Lesturjon, salmon, balena et alii magni pisces sunt de dominico Archiepiscopi.* Vocem *Lewarec* aliter exponit Lobinellus in Glossario : quod, si vis, consule. [* Distinctis vocibus *le Warec* legendum puto. Vide supra *Lesevee*.]

¶ **LEWENHANTVATE**, Vas Lavandis manibus, Buschio apud Leibnitium tom. 2. Scriptor. Brunsvic. pag. 888 : *Amphoras de stanno habuerunt 150.... cacabos et messinc becken simul 50. Lawenhantevate 2. ferra ad coquendum tortas 12. etc.*

LEWYTHEIL. Vitæ Abbatum S. Albani pag. 99 : *Fecit triturare omnia blada Romanorum per eos qui vocantur Lewytheil.* Hic hæret Watsius.

LEX. Hæc vox varie sumitur in Legibus antiquis : interdum enim pro jure scripto, ut sunt Leges Salicæ, Burgundionum, Bajoariæ, et similes : interdum pro judicio, vel pro judicis sententia, vel etiam pro mulcta judiciaria. Ac

LEX quidem pro jure scripto, vel recepta consuetudine, ut in veteribus Chartis, in quibus passim occurrit, *secundum Legem Salicam, Romanam, etc.* quæ quidem *Lex loci* dicitur in Lege Ripuar. tit. 33. Vetus formula : *Sicut Lex est et nostra consuetudo.* Hinc *La Loy de la Ville*, in Consuet. Insulensi art. 30. 31. 52. 98. 106. 125. *La Loi de Cambrai*, apud Monstrelletum 1. vol. cap. 88. *La Loi d'Amiens*, in Consuetud. Ambian. Similia passim occurrunt in nostris Consuetudinibus municipalibus, quæ collegit Raguellus. [* *Lex villæ*, in Charta libert. Peron. ann. 1207. tom. 5. Ordinat. reg. Franc. pag. 160. art. 8 : *Si quis alicujus domum, nisi per Legem villæ, assilierit, etc.* Vide infra *Legem facere*.] Lex Bajwar. tit. 2. cap. 15. § 2 : *Comes vero secum habeat judicem, qui ibi constitutus est judicare, et librum Legis, ut semper rectum judicium judicet.* [** Vide Haltaus. Glossar. voce *Recht*, col. 1512. sqq.]

Differebant autem *Leges* a *Capitulis*, quod Leges solius populi consensu olim editæ essent; [cui tamen accedebat Regis constitutio. Capitul. Caroli Calvi ann. 864. tom. 2. Capitularium col. 177 : *Et quoniam Lex consensu populi fit et constitutione Regis.*] Capitula vero vel Capitularia a Regibus et Principibus, sed populi item consensu. Luitolphus [** Einhardus] ann. 819 : *Conventus Aquisgrani post Natalem Domini habitus; in quo multa de statu Ecclesiarum, et Monasteriorum tractata atque ordinata sunt : Legibus etiam Capitula quædam necessaria, quia deerant, conscripta atque addita sunt.* Theganus [** Anonymus auctor vitæ Ludovici Pii] de eodem Conventu : *Interea Capitula quædam in Legibus superaddidit, in quibus causæ forenses claudicare videbantur, quæ hactenus veluti pernecessaria servantur.* Hincmarus Remensis in Admonit. pro Carolomanno apud Sparnacum cap. 15. de malorum Comitum rapacitate : *Quando enim sperant aliquid lucrari, ad Legem se convertunt, quando vero per Legem non æstimant acquirere, ad Capitula confugiunt : sicque interdum fit, ut nec Capitula pleniter conserventur, sed pro nihilo habeantur, nec Lex.* Sed postmodum Capitula ipsa in legem abierunt. Capit. Ludovici Pii : *Generaliter omnes admonemus, ut Capitula quæ præterito anno Legi Salicæ cum omni consensu addenda esse censuimus, jam non ulterius Capitula, sed tantum Leges dicantur, imo pro Legibus Salicis teneantur.* Carolus Calvus in Conventu apud Carisiacum ann. 873. cap. 8 : *Capitula avi et patris nostri, quæ Franci pro Lege tenenda judicaverunt, et fideles nostri in generali placito nostro conservanda decreverunt.* [** Vide Savin. Histor. Jur. Roman. tom. 1. cap. 3. § 37. et 47.]

Enimvero post Burgundiorum, Francorum et Gothorum in Galliam, atque adeo in Italiam, et Hispaniam irruptiones, excusso Romanorum jugo, cœpere hæ provinciæ ab diversarum nationum populis incoli, quibus, Legibus suis antiquis regi et vivere concessum est a victoribus Principibus. Chronicon laudatum a Catello in Hist. Occitanica pag. 538 : *Anno 759. Franci Narbonam obsident, datoque sacramento Gothis, ut si civitatem traderent partibus Pepini, permitterent eos Legem suam habere : quo facto Gothi Saracenos occiderunt, et civitatem partibus Francorum reddiderunt.* Concilium Meldense ann. 845. cap. 3 : *Legem vero unicuique competentem, sicut antecessores sui tempore nostrorum prædecessorum habuerunt, in omni dignitate et ordine, favente domino, nostram Magnificentiam observaturam promittimus.* Capitulare Pipini Regis Italiæ cap. 37 : *Quia omnino voluntas domni Regis est, ut unusquisque homo suam Legem pleniter habeat conservatam.*

Ita porro sua lege quisque vivebat, ut secundum eam avitas et paternas successiones adiret, conficeret Chartas, sacramenta ederet, et de statu ingenuitatis se defenderet : juxta legem tamen illius cui injuria facta erat, componeret : *de cæteris vero causis communi Lege viveret, quam Princeps per Capitula sua ediderat.* Ita Lex Longob. lib. 2. tit. 56. [** Pippin. 46. 28. 29.] Constitutio Chlotarii Regis tom. 1. Concil. Gall. pag. 318 : *Inter Romanos negotia causarum Romanis Legibus præcipimus terminari.* Fredegarius in Chr. cap. 53. de Chlotarii et Dagoberti filii dissidio : *Electi sunt ab his duobus Regibus 12. Franci, ut eorum disceptatione hæc finiretur intentio.* Vita Ludovici Pii ann. 820 : *In palatio quoque Bera Comes Barcinonensis, quum impeteretur a quodam Sunila, et infidelitatis argueretur, cum eodem secundum Legem propriam, utpote quia uterque Gothus erat, equestri prælio congressus est et victus.* Hinc frequens formula

LEGEM SUAM COMPONERE, pro mulctam, quæ a sua lege definita est, exsolvere. Nam quilibet reus in alieno solo deprehensus, *sicut Lex loci ubi natus erat, respondebat : et si damnaretur, secundum Legem propriam,* non secundum legem loci *sustinebat*, ut est in Lege Ripuar. tit. 31. § 3. 4. Capitula ad Legem Salicam : *Si vero per dexteras aliqua conspiratio firmata fuerit, si liberi sunt, aut jurent cum idoneis juratoribus hoc pro malo non fecisse; aut si facere non potuerint, eorum Legem componant.* Id est, secundum quod ea lege qua vivunt, statuitur. Adde Capitulare 4. ann. 805. cap. 10. Legem Longobardorum lib. 1. tit. 30. § 13. lib. 2. tit. 6. § 3. [** Ludov. P. 17. 12.] Eadem Lex lib. 1. tit. 25. § 68. [** Carol. M. 86.] : *Constituimus ut dominus servi illius, secundum Legem, cui furta facta fuerunt, solvere debeat. Secundum Legem suam delictum emendare*, in Capitulari de Villis cap. 4.

Hinc etiam formula, *in sua Lege conscriptus; scilicet qui Legem qua vivere statuit*, professus est. Charta vetus Hugonis Episcopi Tolosani apud Sammarthanos : *De repetitione vero, quam minime fieri credimus, si quis... contra hanc convenientiam venditionis aliquam calumniam inferre tentaverit, hoc quod accepit, non vindicet sibi, sed in sua Lege conscriptus, componat ei qui litem intulerit tantum, et aliud tantum quantum ipsæ supradictæ Ecclesiæ habebant.* Quæ verba idem sonant, quod illa quæ habentur in Charta alia Islonis Episcopi Tolosani, apud eosdem Sammarthanos : *De repetitione vero, si nos aut ullus de hæredibus nostris, aut quislibet homo fuerit, qui contra hanc chartam venditionis ista inquietare voluerit, quali Lege vivit, tale componat, et postea se taceat, et aliis tacentibus faciat.*

Quod si inter homines qui diversis viverent legibus, emergerent controversiæ, a judicibus earumdem legum simul convenientibus dirimebantur, ut docent Senator lib. 7. Variar. Epist. 3. et Lex Burgundionum non uno loco.

Ut plurimum vero liberi patrum legem sequebantur, ex Lege Longob. lib. 2. tit. 5. tit. 7. [** Liutpr. 153. 127. (6, 100, 74.)] Dixi, ut plurimum; nam sæpe liberum erat cuique qua vellet lege vivere, seu avita unde ei prima natalium erat origo, seu illa quæ in ea in qua degebat provincia, obtinebat: quod quidem coram testibus et publice, et in ipsis tabulis cogebatur profiteri. Constitutio Hlotarii Imp. edita ab Holstenio cap. 5: *Volumus etiam ut omnis Senatus et Populus Romanus interrogetur quali vult Lege vivere, ut sub ea vivat, eisque denuntietur, quod procul dubio si offenderint contra eandem, eidem Legi quam profitebuntur,... subjacebunt.* Totidem et iisdem pæne verbis habentur in Lege Longob. lib. 2. tit. 57. [** Lothar. I. 37.] et apud Goldast. tom. 1. Constit. Imp. pag. 188. Adde Capitul. 1. Caroli M. incerti anni cap. 48. et Capit. Pipini Reg. Ital. cap. 37. Vetus Notitia ex Tabul. Persiensi, apud Perard. pag. 35: *Tunc interrogatum fuit jam dicto Maurino sub quale Lege vivebat, et ipsius sibi a Lege Salica adnuntiavit, etc.* Ita tamen ut semel accepta lege, ab ea recedere non liceret. Charta Alrici Episc. Ast. ann. 1029. apud Fr. August. *de la Chieza* in Hist. Ecclesiæ Pedemont. pag. 243: *Et ideo quod ego qui supra Alricus Episcopus honorem sacerdotalem habeo, et Legem Romanam nunc vivere videor, quamvis ex natione, ut supra, Salicus'sim, nec mihi liceat ullo tempore nolle quod volui, sed quod a me semel factum vel conscriptum est, inviolabiliter observare, promitto, etc.* Legem nempe Salicam dimiserat Alricus Episcopus factus, quod Lex Romana Ecclesiæ et Ordinis Ecclesiastici esset propria.

Feminæ vero lege conjugum vivebant, ex Lege Longobardorum lib. 2. tit. 7. [** Liutpr. 127. (6, 74.)] Charta a Sigonio laudata: *Maria quæ professa sum Lege vivere Romana, sed nunc pro ipso viro meo Lege Longobardorum vivere videor, qui professus est ex natione sua Lege vivere Longobardorum.* Alia ann. 1054. apud Chiffletium in Luminibus Salicis cap. 6: *Constat nos Clarizo, filio bonæ memoriæ Raineri et Rotilda, qui Gilda vocata, jugalibus, filia Tebaldi, qui professa sum ego ex natione mea Lege vivere Saliga, similiter ex nunc pro ipso viro meo Lege vivere Longobardorum, etc.* Alia ann. 1156. in Bibl. Sebusiana cent. 1. cap. 93: *Nos Guillelmus Marchio* (Monteferratensis) *filius quondam Rainerii, itemque Marchionis, et Julitta jugalis filia quondam Leopoldi Marchionis de Austria,.... nos itaque supradicti jugalis, qui professi sumus ex natione nostra Lege vivere Sallica, sed ego Julitta mea Lege vivere videor Alamannorum, etc.* Quæ quidem postrema verba ita capienda existimaverim, non quod profiteatur Julitta se vivere lege Alamannorum, sed ut indicet quod ea lege viveret, nisi conjugio esset illigata. Nam

Feminæ, maritis fato functis, ab eorum lege erant absolutæ, ex Lege Longobard. lib. 2. tit. 7. § 2. [** Lothar. I. 14.] ita tamen ut liberum iis esset lege viri extincti vivere, quod eo casu profiteri tenebantur. Charta Mathildis Comitissæ ann. 1076. apud Franciscum Mariam lib. 3. pag. 105: *Ego Mathilda Marchionissa et Ducatrix, relicta bonæ memoriæ Bonefacii, qui fuit similiter Dux et Marchio, quia ego qui supra Mathilda Marchionissa professa sum, ex natione mea Legem vivere videor Lantgobardorum, sed nunc modo pro parte supradicti viri mei, qui fuit viro meo, Legem vivere videor Saligam, etc.* Alia ejusdem Comitissæ ann. 1078: *Quia ex parte supradicti viri mei, qui fuit Salichus, Lege videor vivere Saliga, etc.* Adde pag. 156.

Si pater post natos filios Clericus effectus esset, ii lege patris vivebant, qua ipse vivebat cum eos genuerat, ex Lege Luitprandi Regis tit. 116. [** 153. (6, 100.)] non vero Romana, qua Clerici vivebant.

Liberti legibus dominorum suorum vivere debebant, secundum qualiter a suis dominis concessum fuerat. Ita Lex Longob. lib. 2. tit. 34. § 2. [** Rothar. 229. Vide Savin. l. l. § 40.]

☞ Servi quemadmodum et *homines de generali placito*, hoc est qui *talliæ* obnoxii erant, uxores extra Legem suam ducere nullatenus poterant; hinc servus, si secus fecerat, bonis suis omnibus privabatur: alter vero in arbitrio domini erat pro mulcta solvenda. Charta ann. 1070. apud Mabill. tom. 5. Annal. pag. 28: *Licentiam vero conjugia ineundi ab ejusdem monasterii Abbate, vel ab ejus ministris accipiat,* (unusquisque servus,) *et pro mortua manu, si uxorem duxerit non de sua Lege, quidquid habuerit vel possederit, in jus monasterii veniat.* Constitutio Leduini Abb. S. Vedasti Atrebat. an. circ. 1020. apud D. *Brussel* tom. 2. de Usu feud. pag. 789: *Homo de generali placito.... si extra Legem suam uxorem acceperit, illicitam rem operatus est; tantum dabit quantum deprecari poterit. Si liberam feminam uxorem duxerit, nihil dabit quia libertatem uxoris suæ ad Legem suam convertit.*

Advenæ, seu extranei, lege vivebant illius regionis in qua sedem figebant, nisi legem aliam a Principe impetrassent, ex eadem Lege Longobard. lib. 3. tit. 15. [** Rothar. 390.]

Chartas complures in quibus Legem, qua is vivebat qui eas conficiebat, *profitetur*, proferunt Scriptores: verbi gratia, qui *Lege Salica*, [Andr. Dandulus in Chron. MS. ann. 976.] Franciscus Maria in Mathildi Comitissa lib. 3. pag. 44. Gallandus lib. de Franco alodio pag. 317. 318. Guichenonus in Probat. Hist. Sabaud. pag. 14. 16. 17. 18. 19. 22. 23. in Bibl. Sebus. cent. 2. cap. 3. Fr. August. *de la Chieza* in Histor. Eccl. Pedemont. pag. 220. 232. 238. Chiffletius in Vindiciis Hispan. pag. 247. 248. 249. etc. *Lege Romana*, Guichenon. in Probat. Hist. Sabaud. pag. 27. Ughellus tom. 5. pag. 636. 691. Galland. pag. 319. *Lege Alemannorum*, Gallandus pag. 318. 319. *Lege Ripuariorum*, idem Franciscus Maria lib. 3. Hist. Mathildis pag. 48. [** De hisce *professionibus*, quas dicunt, videatur Savin. l. l. § 41. sqq.]

Præterea testes qui chartas et diplomata subscribebant, qua lege viverent, vel ex qua natione essent, in ipsis subscriptionibus declarabant: cujus moris exempla proferunt Ughellus tom. 5. Italiæ sacræ pag. 636. Guichenonus in Hist. Sabaudica locis laudatis, et Chiffletius in Luminibus Salicis pag. 248.

Jam vero posterioribus longe etiam sæculis, ut qua viverent lege, denotarent, qui chartas seu tabulas exarabant, obtinuisse probant Chartæ aliquot, atque in iis Charta Ludovici Comitis Lonensium ann. 1155. apud Chiffletium in Vindiciis Hispanicis pag. 39. Charta anni 1156. apud Guichenonum in Bibl. Sebus. cent. 1. cap. 93. et alia ann. 1254. ex Tabulario Sandionysiano apud Gallandum pag. 321. [Adde Statuta MSS. Caroli I. Regis Siciliæ cap. 141.]

Sed et expugnata a Christianis urbe Hierosolymitana, totaque Syria, cum ex variis ac procul diversis habitaretur nationibus, suas quique leges servavere. Will. ab *Oldenborg* in Itinerario Terræ sanctæ, de Antiochia: *Ipsa etiam civitas divites et plurimos habet inhabitatores, Francos et Surianos, Græcos et Judæos, et quilibet eorum suas Leges observant.* Ita Franci nostri in Regno Siculo, sub Andegavens. Regibus, *Legem Francorum* observabant, uti docemus in Historia nostra Franco-Byzantina lib. 8. n. 9. Apud Byzantinos etiam, ipsos Veneti, Pisani, et Genuenses, qui in hac urbe primaria commercii causa sedes fixerant, suis quique legibus regebantur.

Cum igitur variæ essent leges quibus regebantur, unusquisque originis suæ appellationem servabat, ita ut si lege Romanorum, *Romanus*; si Salica, *Salicus*; si Gundobada, *Burgundus*; si Wisigothorum, *Gothus*, diceretur; quod potissimum observare est ex iisdem Legibus, ex Gestis Dagoberti cap. 35. etc. Leo Ostiens. lib. 2. cap. 26: *Adam etiam, cognomento Salicus, obtulit, etc.* qui quidem Adam se esse *de gente Francorum* profitetur in Instrumento quod asservatur Casini. Ita etiam in Chartis aliquot apud Chiffletium in Luminibus Salicis cap. 6. qui *Lege Salica vivere* se profitentur, *Salici* et *Saligi* dicuntur. Neque alia ratione Conrado Imperatori *Salici* cognomen inditum, quam quod esset ex gente et natione *Salica*. Adde Sammarthanos tom. 3. Gall. Chr. pag. 649.

Verum diversitatem hanc legum, ut concordiæ et quieti publicæ contrariam, improbat Agobardus Lugdunensis lib. adversus Legem Gundebadam cap. 14. hisce verbis: *Atque utinam placeret omnipotenti Deo, ut sub uno piissimo Rege una omnes regerentur Lege, ea ipsa qua quam et ipse vivit, et proximi ejus respondent. Valeret profecto multum ad concordiam civium Dei, et æquitatem populorum. Sed quia hoc grande est, et forsitan homini impossibile, saltem una hæc,* (Gundebada) *de qua sermo est, non solum ut inutilis, sed etiam ut noxia, de medio auferretur.* At quam improbat Agobardus legum sui temporis diversitatem, eamdem quæ hodie obtinet, in municipalibus civitatum et provinciarum Franciæ consuetudinibus, qui perinde minime probarent, non desuere; adeo ut iis prorsus abrogatis, unica omnes lege vivere debere existimarent. Verum ut Agobardus sua id tempestate impossibile censuit, ita hac nostra, cum re sæpius frustra tentata et in Consilium Regium adducta, receptas ab omni fere memoria a populis leges abrogare haud tutum, facileque visum fuisset, eas duntaxat emendari et corrigi Principes nostri curarunt: Caroli M. exemplo, qui cum tot quæ sua ætate vigebant, leges omnino abolere nec vellet nec posset, eas recensuit, et emendavit, additisque Capitulis auxit. Chronicon Moissiacense ann. 802: *Sed et ipse Imperator interim quod ipsa Synodus facta est, congregavit Duces et Comites, et reliquum populum Christianum, cum Legislatoribus; et fecit omnes Leges in Regno suo legere, et tradere unicuique homini Legem suam, et emendare ubicunque necesse fuit, et emendatam Legem scribere, ut judices per scriptum judicarent, et munera non acciperent: sed omnes homines pauperes, et divites in Regno suo justitiam haberent.* Poeta Saxonicus lib. 5. de Gestis Caroli M.:

In quibus antiquas Leges correxit, in ipsis
Uniri mandans dissona quæ fuerant.
Cunctorumque sui Regni Leges populorum
Collegit, plures inde libros faciens.

Lex, nude, pro Novellis Justiniani ex versione Juliani Antecessoris, non semel usurpatur apud Abbonem Floriacensem in Canonibus cap. 11. 13. 14. 22. 32. etc.

Lex Alamannorum, e patriis consuetudinibus primum redacta in scriptis a Theodorico Francorum rege, Chlodovæi filio, emendata deinde a Childeberto: denique *temporibus Chlotarii Regis una cum Principibus suis, id sunt*, 33. *Episcopis et* 34. *Ducibus, et* 72. *Comitibus, vel cætero populo, constituta est*, ut ejusdem Legis præfert Epigraphe. Scribit Agathias lib. 1. pag. 18. Edit. Reg. Alamannos, Justiniano imperante, in reipublicæ administratione τὴν φραγκικὴν πολιτείαν secutos; id est, leges a Francorum Regibus conditas.

Lex Angliorum et Werinorum, *hoc est, Thuringorum*, qua usi dicuntur Angli veteres *in Germania, a Carolo M. postmodum confirmata.* Anglos ad Albim statuunt Geographi, Varinos ad flumen *Warne*, quod Rostochium adluit. Thuringi etiamnum nomen servant. Vide Cluverium lib. 3. Germaniæ antiq. cap. 27. Alia est

Lex Anglorum, in Britannia scilicet majori, a veteribus illis Anglo-Germanis seu Anglo-Saxonibus et Danis, qui Insulam hanc occuparunt, primitus condita: quæ quidem triplex potissimum fuit, nempe Westseaxnalaga, Myrcnalaga, Denelaga, i: *Lex Occiduorum Saxonum, Lex Merciorum*, et *Lex Danorum*, de quibus sigillatim agemus.

Omnium autem quos novimus Leges in scriptis primus edidit Ethelredus Cantii Rex, qui regnum iniit ann. 561. fideique Christianæ nomen dedit, sed breves illas et satis rudes. Huic proximus suas edidit Occiduorum Saxonum Rex Inas, qui regnare cœpit ann. 712. Exhinc Offa Merciorum Rex, qui regnavit ann. 758. suas pariter edidit, ac demum Auluredus, Alvredus vel Alfredus, Rex item West-Saxiæ, seu Occidentalium Saxonum, cujus Angli omnes et Saxones ultro dominio sese subdidere, recognitis Ethelredi, Inæ, atque Offæ legibus, quidquid in iis dignum observatione censuit, omissis aliis, *inter stridores lituorum et inter fremitus armorum*, ut ait Willel. Malmesburiensis, in suas transcripsit: unde in libro Ramesiensi sect. 5. *Anglicarum Legum conditor* appellatur: obiit ille ann. 900. Atque ea est Lex quam Westsexnelagam vocant, quæ potissimum obtinuit in novem australibus provinciis, quas Tamesis fluvius a reliqua parte Angliæ secernit. Tandem Danis in Anglia dominantibus Lex alia emanavit, quæ *Denelaga*, i. Lex Danica dicta fuit, qua Lege quindecim olim provinciæ orientales et boreales judicabantur.

De supradictis tandem Legibus, videlicet Merciorum, Saxonum Occiduorum, et Danorum, Edwardus III. qui et Confessor, *Legem communem* edidit, quæ *Lex Edwardi* vulgo appellatur, tametsi illius auctorem primarium Edgarum fuisse prodant quæ in ipsa Lege leguntur cap. 35: *Postquam Rex Edwardus venit ad Regnum, consilio Baronum Angliæ Legem* 68. *annis sopitam excitavit, excitatam reparavit, reparatam decoravit, decoratam confirmavit. Confirmata vero vocata est Lex Regis Edwardi, non quod ipse primus adinvenisset eam, sed cum prætermissa fuisset, et oblivioni penitus dedita a diebus avi sui Regis Edgari, qui* 17. *annos regnavit, et qui primus ejus inventor fuisse dicitur, usque ad sua tempora, videlicet, ut prædictum est*, 68. *annos, post dies ipsius Edgari, ipse Edwardus, quia justa erat et honesta, a profundo abysso exstruxit eam, et renovavit, et ut suam observandam contradidit.* Hinc porro Edwardus *Anglicarum Legum legitimus restitutor* dicitur Willelmo Gemet. l. 6. cap. 9.

Denique Willelmus Nothus Normanniæ Dux subacta Britannia, populis non tam novas leges dixit, quam veteres firmavit, maxime legem Edwardi, cui quædam addidit. Nam cum Noricorum et Danorum Legem, ut est in cap. 35. Legis Edw. cæteris præferre decrevisset, quod ipse præcipuique e Normannicis Baronibus e Dania traxissent originem, rogatus a Regni incolis, ut suis vivere Legibus liceret, tandem concessit, hoc est, Edwardi Confessoris, quod et traditur in Chronico Lichfeldensi, non abrogatis tamen omnino Merciorum, Saxonum Occiduorum, et Danorum Legibus, maxime quoad mulctas et compositiones, ut ex variis capitibus Legis Edwardi, et iis quas ipse edidit, colligitur. Exstant quippe ejusdem Willelmi Leges quas Anglis dixit, vetere Francico idiomate descriptæ, quas excipiunt capita aliquot alia Latino exarata. Has primus edidit Seldenus in notis ad Eadmerum, ac deinde Welocus in collectione Legum Anglicarum, addita versione Latina ejusdem Seldeni, quæ cum vernaculi idiomatis vim non omnino exprimeret, tum propter depravatas et male descriptas ac intellectas voces, perperamque observatas interpunctiones, ut hanc recenserem, rogatus sum a viro doctissimo Gabriele Gerberono Benedictino, qui Anselmi Cantuariensis opera, atque adeo Eadmerum Seldenianum, qui ejus gesta fusius prosequitur, in lucem edebat. Hanc ille, non omissa tamen Seldeniana, eidem operi inseruit. Novas denique Leges descripsit Henricus I. quas idem edidit Welocus, et excepere deinde varia Regum Statuta, quæ in eo volumine, quod *Magna Charta* inscribitur, edita sunt Londini ann. 1618.

Lex Antiqua, in Pacto Legis Salicæ tit. 58. quæ ante Salicam conditam ac scriptam apud Salios vel Francos vigebat.

Lex Bajuvariorum, de qua sic in ejus Prologo: *Theodericus Rex Francorum, cum esset Catalanis elegit viros sapientes qui in Regno suo Legibus antiquis eruditi erant. Ipso autem dictante jussit conscribere Legem Francorum, et Alamannorum et Bajwariorum, unicuique genti, quæ in ejus potestate erat, secundum consuetudinem suam. Addidit quæ addenda erant, et improvisa et incomposita resecavit, et quæ erant secundum consuetudinem paganorum, mutavit secundum Legem Christianorum. Et quicquid Theodericus Rex propter vetustissimam paganorum consuetudinem emendare non potuit, post hæc Childebertus Rex inchoavit, sed Chlotarius Rex perfecit. Hæc omnia Dagobertus Rex gloriosisssimus per viros illustres, Claudium, Chadum, Indomagum et Agiluifum renovavit, et omnia vetera Legum in melius transtulit, et unicuique genti scripta tradidit, quæ usque hodie perseverant. Hoc decretum est apud Regem et Principes ejus, et apud cunctum populum Christianum, qui infra Regnum Merwungorum consistunt.* Iisdem Legibus additum postea Decretum Tassilonis Ducis Bajoariorum, addita etiam Capitula aliquot Caroli M. Vide Ottonem de S. Blasio cap. 50. et Metropolim Salisburgensem tom. 1. pag. 464.

Lex Barbarica. Vide *Barbarus.*

Lex Caroli. Joan. Hocsemius in Adolpho a Marka Episc. Leodiensi cap. 5: *Erat namque Lex quædam per abusum longis temporibus observata, quæ Lex Caroli dicitur, inter cætera continens, quod si quis hominem interficeret, etiam videntibus Villico et Scabinis, nisi Villicus factum hoc verbaliter poneret in custodia Scabinorum, etiamsi malefactor caput interfecti sub sua veste portaret, ad judicium accusatus, nullis probationibus convinci poterat, sed suo se juramento purgans absolutus recedebat impune. Contra quam Legem Episcopi ex alto dominio contra maleficos introducta rationabili consuetudine, inquisitione facta per testes, excessus secundum facti merita puniebant, sed hac solum contra miseros utebantur: nam quoties potens in terra deliquerat, Carolinæ Legis auxilium implorabat, et sic delicta plurima frequenter impunita manebant.* Ubi *Lex Caroli*, liber forte Capitulorum innuitur, vel certe Lex a Carolo M. inducta, sed perperam intellecta, cum nihil ejusmodi statutum uspiam reperiatur, sacramentaque recepta tantum fuerint in casibus in quibus probationes ac testes deerant. Sed potius videtur esse *Jus* illud quod *Caroli* vocat Wichbild Magdeburgense. Vide *Jus Caroli.*

Leges Castrenses. Vide *Leges Danorum.*

Lex Catholica, *Lex Christiana*, *Lex sanctissima*, *Lex venerabilis*, passim in

Cod. Theod. pro Christiana Religione.

Lex Christiana, Episcopalis audientia, Curia Christianitatis. Constit. 17. in Appendice Cod. Theod. : *Judex pro sua sollicitudine observare debebit, ut si ad Episcopale judicium provocetur, silentium accommodetur; et si quis ad Legem Christianam negotium transferre voluerit, et illud judicium observare, audiatur.*

Legem Communem vocat Lex Longobard. lib. 2. tit. 56. [** Pippin. 46.] eam quæ a Principe statuebatur, in casibus præsertim qui in legibus privatis non erant definiti; cujusmodi sunt Capitula Regum et Imperatorum, quibus interdum legibus privatis derogabatur. Edictum Pistense cap. 20 : *In illis autem regionibus in quibus secundum Legem Romanam judicantur judicia, juxta ipsam Legem committentes talia judicentur : quia super illam Legem vel contra ipsam Legem, nec antecessores nostri quodcunque Capitulum statuerunt, nec nos aliquid constituimus* Ita Leges appellari voluit Carolus M. Capitula quæ Legi Salicæ addidit, in Legibus Longob. lib. 3. tit. 31. [** Carol. M. 143.]

Lex Communis, *Common ley*, apud Anglos dicitur Consuetudo generalis, quæ per universum Regnum æque custoditur; ut *particularis*, quæ in diversis Comitatibus, civitatibus, burgis, etc. vim habet. Cowell. lib. 1. Instit. tit. 2. § 7. et Rastallus in Exposit. vocum Leg. Anglic. eadem quæ *Lex terræ*, de qua infra. Anonymo in 1. Rhetoric. Aristot. pag. 20. κοινὸς νόμος dicitur, ὁ ἄγραφος, καὶ πᾶσιν ὁ αὐτὸς ὁμολογούμενος, contra ἴδιος νόμος, ἐγγράφως τεθεὶς, καὶ κυρωθεὶς παρὰ νομοθετῶν καὶ τῆς πολιτείας σοφῶν.

Lex Communis Anglorum, dicitur ea quam S. Edwardus Confessor edidit. Bromptonus de Edwardo : *Qui leges Communes Anglorum genti tempore suo ordinavit, quia per ante Leges nimis partiales editæ fuerant.* Simeon Dunelmensis ann. 1099. et Florentius Wigorniensis ann. 1122. de Henrico I. Rege Angl. : *Legem etiam Regis Edwardi omnibus in Commune reddidit, cum illis emendationibus, quibus pater suus illam emendavit.* Vide in *Laga*.

Lex Danorum, Saxonice *Danelaga*, qua scilicet Dani Anglici vivebant, cum Angli lege Anglorum viverent, ex quo ii in Angliam transierunt ann. 790. eamque obtinuerunt, Lex scilicet Canuti Regis edita a Lambardo et Weloco, quæ *Lex Danorum*, in Leg. Edwardi cap. 10. 19. etc. *Danelaga* cap. 12. etc. *Denelaga*, in Legibus Henrici I. cap. 6. *Denelae*, in Legibus Willelmi Nothi vernaculis cap. 3. appellatur. Brompton. pag. 956 : *Tandem Danis in terra* (Anglia) *dominantibus, tertia Lex emanavit, quæ Denelaga, id est, Lex Danica, sive Danorum Lex dicebatur. Qua Lege olim 15. Schiræ Orientales et Boreales judicabantur, etc.*

* Cencius in Reg. cens. eccl. Rom. apud Murator. tom. 5. Antiq. Ital. med. ævi col. 827 : *Hoc est scriptum, quod magister Synitius cameræ domini Papæ clericus, nuntius Apostolicæ sedis in Anglia, ad curiam asportavit. Incipit Lex, quæ Angliæ.Danelaye vocata est, Latine vero Lex Dacorum est interpretata, ab invictissimo et glorioso rege Anglorum, Dacorum, Noragenorum, Suenonum, Kennutio instituta et diligenter custodita consilio principum suorum et sapientum.* [** Canut. Leg. Eccl. cap. 9. Vide *Denarius S. Petri.*]

Habuere præterea Danici Reges (in Dania scilicet) Legem propriam pro aulæ suæ ministris, quam *Castrensem sive Militarem, vel Legem Curiæ* vocat Sueno, a Kanuto Magno Rege Suenonis filio, quam ille peculiari libello descripsit, editam a Stephano Stephanio : eamdem quam sub nomine Juris aulici Norwagici vernacule et Latine edidit Petrus Delmerus : *Quarum formidine*, inquit Sueno cap. 4 : *nullus alterum quibuslibet injuriis lacessere auderet.* Ejusdem etiam Legis præcipua capita perstringit Saxo Grammaticus l. 10. Hanc *Witherlogh* appellant Dani, ut auctor est Sueno in iisdem Legib. cap. 1. et 11. quasi *Witarum* seu *Jutharum* Legem, ut conjicit Stephanius : qui vero ea vivebant, seu aulici, vel *Ministri*, seu *Milites*, qui etiam et *Thayni*, *Witherlogmanni* appellabantur, quasi homines Legis aulicæ, ut est apud eumdem Suenonem cap. 8. Edidit præterea Arnolfus Huitfeldius ann. 1589. Hafniæ Leges Scaniæ, a Valdemaro I. cogn. Magno conditas circiter ann. 1163. de consensu ordinum provincialium Scaniæ, quas ex Danico in Latinum sermonem, non quidem ad verbum, sed sensum et materias sub certis titulis comprehendens, vertit Andreas Suenonis filius Archiepiscopus Lundensis, cui Historiam suam Danicam dicavit Saxo Grammat.

Lex Dioecesana. Charta R. Belvacensis Episcopi ann. 1240 : *Abbas et Conventus S. Joannis Angeliaci in Pictavia Prioratum seu domum de Bruriaco, in qua manebant duo Monachi, sitam in diœcesi Belvacensi, et sic jure communi, et Lege diœcesana, ut dicebat, Episcopo Belvacensi in omnibus spiritualibus subjectam.* Ex Tabular. Cluniac. Ch. 227.

¶ Lex Divina, Canones sacri. Capitul. Caroli C. tit. 37. ex Epistola Episcoporum Provinciarum Rem. et Rotomag. ad Ludovicum Germanicum ann. 858 : *Sed et Divinis Legibus, quas et vos observaturos cum vestris fratribus nobis denuntiastis, cautum esse dinoscitur, quia sicut nec Archiepiscopi sine Coepiscopis, ita nec Coepiscopi sine Archiepiscoporum consensu vel jussu, nisi quæ ad proprias pertinent parrochias, debent præsumere.* Leges dividebant in divinas sive ecclesiasticas et humanas sive civiles, ut observat Baluzius ad hunc locum.

* Lex Falcidia. Vide *Falcidia*.

Lex Francorum, seu *Francica*, Eadem est quæ *Salica* : si quidem Franci Orientales Salii appellati, ut recte observatum a Sigonio lib. 4. de Regno Italiæ. Unde *Francorum Lex Salica* dicitur apud Hincmarum Remensem in Vita S. Remigii. Charta Caroli M. Regis ann. 797. edita a Mabillonio : *Fuerunt namque aliqui in nostra præsentia convicti, et secundum Judicium Francorum dijudicati.* Vide Prologum ad legem Bajwariorum, et Dominicum in Assertore Gallico cap. 5. Descripsit Heroldus primam Capitularium Caroli M. editionem ab Abbate Lobiensi confectam sub titulo *Legis Francicæ per Carolum M. editæ*, libris 4. comprehensam. Vide quæ de hac congessit Stephanus Baluzius. Adde præterea Ottonem de S. Blasio cap. 51. et Historiam nostram Franco Byzantinam lib. 8. num. 9.

Lex Frisionum, inter Leges antiquas locum obtinet, de qua consulendus Sibrandus a Sikama in Commentariis in eam Legem editis.

* Lex Giselerii. Annal. Placent. ad ann. 1445. apud Murator. tom. 20. Script. Ital. col. 890 : *Post vero palatium ipsius* (Baptistæ) *in ruinam dederunt, et Giselerii ibi Lex dicta est, Ne quis audeat ædificare, sed locus sit immunditiatus.*

¶ Lex Gotha, Quæ in Gothia, id est, Narbonensi Gallia, vigebat. Charta incerti anni tom. 1. Gall. Christ. inter Instr. pag. 3 : *Multum declarat auctoritas et Lex Romana, et Gotha, sive Salica, ut qualiscumque homo res suas proprias in Dei nomen licentiam habeat donandi vel cedendi.* Videsis infra *Lex Wisigothorum.*

* Lex Gotica, ut et *Romana*, in causis secularibus apud Aragonios non admittitur. Stat. Jac. I. reg. Aragon. ann. 1251 : *Item statuimus... quod Leges Romanæ et Goticæ, Decreta vel Decretales in causis secularibus non recipiantur, admittantur, indicentur vel allegentur.* Vide *Lex Romana.*

Lex Gundebada, seu Burgundionum, a Gundebaldo eorum Rege, qui vixit eo ipso tempore quo Theodoricus in Italia, et Chlodovæus in Francia, circa ann. 501. Gregorius Turon. lib. 2. Hist. cap. 33. de Gundebaldo : *Ipse vero regionem omnem quæ nunc Burgundia dicitur, in suo dominio restauravit, Leges mitiores instituit, ne Romanos opprimerent.* Agobardus lib. adversus legem Gundebadi n. 6 : *Quæ utilitas est ut propter Legem quam dicunt Gundobadam, cujus auctor extitit homo hæreticus, et fidei Catholicæ vehementer inimicus, cujus Legis homines sunt perpauci, non possit super illum testificari alter etiam bonus Christianus?* Lex Longob. l. 2. t. 55. § 22. [** Car. M. 39.] : *Ut infantes qui sine rationabili ætate sunt, non jurare cogantur, sicut Gundebada Lege viventes.* Ubi Capit. Caroli M. l. 1. c. 63. [** 61.] : *Et ut parvuli qui sine rationanbili ætate sunt, non cogantur jurare, sicut Gundebodingi faciunt.* Hincm. de coercend. raptor. cap. 12 : *Tamen si Christiani sunt, sciant se in die judicii nec Romanis, nec Salicis, nec Gundobadis, sed Divinis et Apostolicis Legibus judicandos.* Exstat hæc Lex Gundebada in corpore Legum antiquarum, cum hac inscriptione : *Liber Constitutionum, de præteritis et præsentibus atque in perpetuo conservandis, editus sub die 4. Kal. April. Lugduni.*

Lex Longobardorum, primo a Rothari Rege in ordinem digesta est, hoc titulo, apud Heroldum : *Incipiunt Leges Longobardorum quas Rotharis Rex sola memoria et usu retinebat, et composuit, jussitque Edictum appellari, anno 77. ex quo Longobardi in Italiam venerant.* Id etiam observatum ab Hermanno Contracto ann. 637 : *Per hæc tempora Rotharius Rex Longobardorum, quamvis Arianus, justitiæ tamen amator, Leges Longobardorum scripsit.* Exhinc Grimoaldus, anno regni sui 6. Luithprandus anno regni 1. Ratchis et Aistulphus Reges, Legem hanc emendarunt, novaque Statuta addiderunt, quæ in Editione Heroldina suis distincta capitibus habentur. Denique Carolus M. Ludovicus Pius, Lotharius, Pipinus, Guido, Otto, Henricus, Conradus Imperatores pauca quædam adjecere, totusque Codex in tres libros dispertitus est, tametsi de tempore non constet. In hac autem recentiori Lege complura habentur ex Capitularibus Caroli M. desumta Capitula, quæ indicavit in nupera ac accurata Capitularium Editione Stephanus Baluzius.

* Lex Marinalis, Eadem quæ *Oleroniana*. [** Minime.] Charta Ric. reg. Angl. ex Cod. reg. 8387. 4. fol. 66. v°. : *Concesserunt.... terras et hæreditates, quæ fuerunt Gailardi de Goot domini de Roaillac... apud Pessac marinali Lege et alibi in Burdelois.*

** Lex Marisci, Consuetudines, quæ circa locos palustres in comitatu *Essex* obtinebant. *Recognitores qui Legem sciant Marisci*, in Abbrev. Placit. pag. 33. ann. 3. Joh. reg. rot. 9. et pag. 74. ann. inc. ejusd. rot. 6.

Lex Martiana. Galfridus Monemuthensis de Orig. Britannor. lib. 1. cap. 20 : *Post illum Guintelinus diadema regni suscepit. Erat ei nobilis mulier Martia nomine, omnibus actibus erudita : hæc inter multa et inaudita, quæ proprio ingenio invenerat, invenit Legem quam Brittones Martianam vocaverunt. Hanc etiam Rex Alvredus inter cæteras transtulit, quam Saxonica lingua Marchehelage vocavit.* Eadem

Lex Merciorum, et *Merchenelaga* dicta : *Merchenelae*, in Legibus vernaculis Willelmi Nothi cap. 1. 3. 4. Jo. Bromptonus pag. 956 : *Marcia Regina Britonum, uxor Gwitelmi, a qua provincia Merciorum putatur denominata, Legem edidit discretione et justitia plenam, quæ Lex Mercia vocatur. Has duas leges* (Merciam et Molmuciam) *Gildas Historicus de Britannico transtulit in Latinum, et sic vulgariter Merchenelaga, i. Lex Merciana, sive Lex Merciorum, postea dicebatur, qua lege olim octo Schiræ, i. provinciæ judicabantur, etc.*

Lex Molmutina, a Molmutio primum in Anglia edita. Willelmus Westmonast. ætate 5. cap. 2 : *Succedente tandem tempore suscitavit probitas juvenem quendam, filium scilicet Clothonis Regis Cornubiæ, qui Dunwallo Molmutius vocabatur.... hic Leges Molmutinas statuit, quæ usque hodie inter Anglos celebrantur.* Brompton : *Primo Leges in Britannia edidit Dunwallo Molmucius, cujus Leges Molmucinæ dicebantur, usque ad tempora istius Regis Edwardi* (Confessoris) *satis celebres.* Gervasius Tilleberiensis de Dungallo Rege Angliæ : *Hic primus sibi fecit diadema ex auro. Hic fecit Leges Mulmucias, quæ adhuc servantur in Anglia.* Galfridus Monemuthensis lib. 1. cap. 16 : *Hic Leges, quæ Mulmutinæ dicebantur, inter Britones statuit, quæ usque ad hoc tempus inter Anglos celebrantur. Statuit siquidem inter cætera, quæ multo tempore post beatus Gildas scripsit, ut templa deorum, et civitates talem dignitatem haberent, ut quicunque fugitivus sive reus ad ea confugerit, veniam coram inimico suo haberet. Statuit etiam ut viæ quæ ad prædicta templa et civitates ducebant, necnon et aratra colonorum, eadem Lege confirmarentur.* Idem cap. 18 : *Si quis autem scire voluerit omnia quæ de eis statuerit, legat Mulmutinas Leges, quas Gildas Historiographus de Britannico in Latinum, Rex vero Alveredus in Anglicum sermonem transtulit.*

** Lex Mercatoria. Vide *Mercatum*, Nundinæ.

Lex Mundana, Terrena, in Excerpt. Egberti cap. 130. Civilis, quæ *Extrinseca* dicitur in Concilio Calchedon. can. 18. in Capitulari Aquisgran. ann. 787. cap. 28. cui opponitur *Christiana*, *Ecclesiastica*. Præfatio ad Concilium Moguntiacum ann. 813 : *In tertia denique turba sederunt Comites et judices in Mundanis Legibus decertantes, vulgi justitias perquirentes, omniumque advenientium causas diligenter examinantes, etc.* [** Capitul. ann. 802. cap. 5. apud Pertz. Leg. tom. 2. pag. 16 : *De legibus Mundanis ut unusquisque sciat, qua lege vivat vel judicat.*] Epitaphium Romualdi filii Arichis Principis Beneventani apud Camillum Peregrinum :

Gromati pollens, Mundana Lege togatus,
Divina instructus nec minus ille fuit.

Occurrit passim, in Concilio Toletano VII. cap. 1. Hispalensi cap. 1. 3. Parisiensi ann. 829. lib. 2. cap. 7. in lib. 1. Capitul. cap. 101. in Capit. Caroli Calvi tit. 43. part. 2. cap. 2. in Synodo Ticinensi ann. 850. cap. 22. in Tricassino tit. 7. in Fragmentis Capitular. editis a Baluzio cap. 10. apud Auxilium de Ordinationibus Formosi Papæ lib. 1. cap. 30. Scriptorem Vitæ Aldrici Episc. Cenoman. pag. 119. Hincmar. de Coerc. raptor. cap. 12. in Visione Wettini Monachi Augiensis n. 9. in Annal. Franc. Bertin. ann. 862. in Form. 16. Baluziana, apud Ivonem Carnot. Epist. 280. Fulbertum Epis. 41. etc. [** Vide Savin. Histor. Jur. Rom. med. temp. tom. 1. § 38.]

¶ Lex Mundanalis, Eadem notione. Charta ann. 1000. Marcæ Hispan. col 957 : *Sicut Legibus decretum est mundanalibus et Ecclesiastici Canones docent.*

Leges Oleronianæ, seu *Leges maris*, quarum Ricardum I. Angliæ Regem auctorem asserit Seldenus in Dissert. ad Fletam pag. 532. et 539. et lib. 2. de Maris dominio cap. 24. quæ quidem sententia, a Dionysio Morisoto lib. 2. et Cleyraco, a quo Leges editæ sunt Rothomagi, deinde Burdigalæ ann. 1647. refellitur, asserentibus ab Eleonora Aquitaniæ Ducissa post reditum ex Syria conditas, iisque *Rotuli Oleronis* inditam appellationem, quas postmodum idem Ricardus I. Eleonoræ filius auxit. Nec scio an eæ additiones diversæ fuerint ab Ricardi Charta continente *Statuta illorum qui per mare ituri erunt*, quam descripsere Hovedenus pag. 666. Matthæus Paris pag. 111. et alii. Leguntur etiam eædem Leges in Anglicum sermonem versæ: nos Gallicas manuscriptas habemus. [** Vide *Pardessus* Collect. Leg. Marit. tom. 1. pag. 288.]

** Leges Papaticæ, Canonicæ. Chart. ann. 962. apud Pertz. Leg. tom. 2. Append. pag. 162 : *Confusis vero Papaticis Legibus et jam abjecta ecclesia Romana.*

* Leges Partitarum. De iis ita Academici Madritenses in Diction. Hispan. v. *Partidas. Por excelencia se llaman las Leyes de Castilla, que mando recoger el santo rey D. Fernando a los mas sabios jurisconsultos de su tiempo, cuya obra se concluyo y perficiono en tiempo de su hijo el rey D. Alonso el xj.*

Lex Ripuariorum, quando constituta, dictum supra, ubi de Lege Bajwariorum. Laudatur autem tit. 70. § 4. Legis Ripuariæ in Legibus Henrici I. Regis Angl. cap. 90. Vide *Ripuarii*.

Lex Romana, Cathwlpho in Epistola ad Carolum M. Imp. dicitur *totius mundi prima*. Hoc nomine postea donatum Codicis Theodosiani Breviarium, quod Tholosæ 20. Alarici anno collectum, biennio post per Anianum Aduris editum fuit, ut patet ex subscriptione Commonitorii Alarici ad Timotheum huic Collectioni præfixi. Qui quidem Codex interdum in MSS. *Auctoritas Alarici Regis*, interdum, *Liber legum*, sed crebrius *Lex Romana* appellatur, ut in Codice Bibliothecæ Regiæ 1197 : *Incipit Lex Romana. In hoc corpore continentur libri Legum Romanarum libri 13. Novellarum libri 5. etc.* [In Bibliotheca Ottoboniana, teste Brencmanno lib. 1. Hist. Pandect. alter exstat Codex MS. membranaceus, *Lex Romana* palam inscriptus, qui Theodosianum Codicem, hoc est potissimam Legis Romanæ partem cum Novellis Theodosii, Valentiani et Majoriani complectitur, addita Juris epitome, quique circa annum 1000. exaratus videtur; tum addit idem Brencmannus unum alterumque simile volumen a se visum fuisse in selecta Christinæ, Suecorum quondam Principis, Bibliotheca, quæ partem facit Vaticanæ haud ignobilem. Quod ideo monendum fuit, inquit, ne Legis Romanæ mentio ad Pandectas et Justinianeum systema imprudenter extendatur, ut a quibusdam factum.] [** Vide Savin. l. l. § 37.] Hac porro lege utebantur præsertim Galli Romani, id est, qui a veteribus Galliæ incolis, qui Romanis, antequam Burgundionibus ac Francis parerent, ortum ducebant. Constitutio Chlotarii Regis cap. 4 : *Inter Romanos negotia causarum Romanis Legibus præcipimus terminari.* Hac prætera Lege vivebant provinciæ Galliæ quæ Gothis paruerant. *Regiones in quibus judicia terminantur secundum Legem Romanam*, in Edicto Pistensi cap. 13. 16. 20. *Regiones quæ Legem Romanam sequuntur*, cap. 31. *Illi qui secundum Legem Romanam vivunt*, in eodem Edicto cap. 29. 34. Vide Legem Wisigoth. lib. 2. tit. 1. § 9.

Sed et Legem Romanam in causis Ecclesiasticis observatam potissimum docent Concilium Aurelianense ann. 511. can. 1. Concil. Turonense ann. 567. can. 20 21. Lex Ripuar. tit. 58. § 1. Gesta Dagoberti Regis Franc. cap. 35. Vita S. Præjecti ex Cod. Atrebat. tom. 1. Hist. Franc. pag. 673. Annales Francor. Bertiniani ann. 868. Lex Longob. l. 3. t. 1. § 37. [** Lud. Pii 55.] Capitul. Caroli M. l. 7. c. 37. Add. 4. c. 29. [** 45.] Adrevaldus l. 1. de Mirac. S. Bened. c. 25. Atto Vercellensis Episc. Epist. 3. ex iis quas edidit Lucas Acherius : Ivo Carnotensis Epist. 280. Cap. *Super specula*, Extra de Privileg. etc. Adde Joan. Sarisberiensem lib. 8. Policrat. cap. 22. extremo. Vide Innocentium Cironum ad 5. Compilat. Decretor. lib. 5. tit. 12. cap. 3. et Steph. Baluzium in Notis ad Capitul. Reg. pag. 995. [** Savin. l. l. § 40.]

¶ LEX SÆCULARIS, Eadem quæ *Mundana*, cui opponitur *Ecclesiastica*, in Concilio apud S. Mariam Orreæ in territorio Bigorritano, de quo Mabillonius tom. 5. Annal. Benedict. pag. 71.

LEX SALICA, duplex fuit : prior quæ ante susceptum Christianismum obtinuit, quamque eam esse putant, quæ ex Fuldensi Codice ab Heroldo edita est sub titulo *Pacti Legis Salicæ*, et quam postmodum Gotefridus Wendelinus erudito commentario illustravit. Qui ejus auctores fuerint, docet Præfatio Legi ipsi præfixa : *Franci uti cœperunt legibus, et Legem Salicam dictaverunt per quatuor gentis suæ proceres, electos de pluribus, his appellatos nominibus, Wisogast, Bosogast, Salogast, Widogast, in villis Germaniæ Salechaim, Bodochaim, Wingehaim. Hi quatuor proceres per tres mallos convenientes, causarum origines sollicite tractantes, de singulis discutiendo, sicut Lex Salica jubet, judicare decreverunt.* Adde Gesta Regum Francorum, Chronicon Moissiacense, Adonem Viennensem, Sigebertum, Ivonem Carnotensem et Ottonem Frisingensem lib. 4. Chron. cap. 32.

Altera Legis Salicæ editio illa est recentior, et a Regibus Francis Christianis emendata et correcta, quam publicarunt Tilius, Pithœus, et Lindenbrogius, quibus indidem addita Capitula Caroli M. et Ludov. Pii. Multa de utraque Lege congesserunt Gotefridus Wendelinus ad Legem Salicam, et Dominicus in Assertore Gallico cap. 5.

Mansit etiam in Anglia Salicæ Legis memoria, secundum quam delicta quædam eluebantur, ut est in Legibus Henrici I. Regis Angl. cap. 87. et 89. ubi inter alia caput 45. Legis Salicæ, indicatur.

SALICI HOMINES, Qui Lege Salica vivunt. Lex Salica tit. 43. § 1 : *Si quis ingenuus Francum, aut hominem barbarum occiderit, qui Lege Salica vivit, etc. Salicus Francus*, in Capit. ad eamdem Legem, in Decreto Childeb. § 14. et lib. 4. Capit. cap. 75. *Salica persona*, in Notitia Tabul. Casaur. ann. 8. Ludov. Imp. Lotharii Filii.

SALICÆ LEGIS JUDICES, apud Adrevaldum Floriacensem lib. 1. Miracul. S. Benedicti cap. 25.

SALICA TERRA. Pactus Leg. Salicæ tit. 62. § 6 : *De terra vero Salica in mulierem nulla portio hæreditatis transit, sed hoc virilis sexus acquirit : hoc est, filii in ipsa hæreditate succedunt. Sed ubi inter nepotes aut pronepotes, post longum tempus, de alode terræ contentio suscitatur, non per stirpes, sed per capita dividantur.* Ubi Lex Salica tit. 62. § 6 : *De terra vero Salica nulla portio hæreditatis mulieri veniat, sed ad virilem sexum tota hæreditas perveniat.* Charta Alamannica Goldasti 28 : *Hoc est, in Mechingen cum Salica terra, et hobis quæ Canonicis pertinebant : et in Heminofun cum Salica terra et hobis : et in Goldahun cum Salica terra, simul cum illa hoba quæ illi adjacet, etc.* Et Charta 64 : *Et in Witunouva marcha, tam marchis, quam ædificiis, excepta domo Salica, curtilibus, terris, pratis, etc.* Infra : *Et ille a nobis accipiat in beneficium... quod habemus in Maingas, excepta Salica terra, nisi 4. jugera ex ipsa.* Joachimus Vadianus in Epist. ad Henricum Bullingerum, ait *terràs Salicas* dici, quæ ab omni servitute vacabant, quæque a Germanis *Frygelehengut* vocantur, easque solos masculos spectasse, nulla prorsus parte ad mulieres attinente, ut est in Lege Salica. Addit Wendelinus Salicam terram fundum esse vel prædium quod Salicus homo possidet, qui ut nobilis est ac liber, ita et bona sua possidet libera alode, *en franc aleu.* Sed rectius, opinor, uterque dixisset, primitus ea conditione datas Saliis vel Salicis hominibus, terras ejusmodi, ut qui eas possiderent, militare officium vel servitium exhiberent, cujus cum mulieres haud capaces essent, ab earum successione eæ submotæ sunt Lege ipsa Salica, ut et in Lege Ripuaria tit. de Alode. Proinde terra Salica intelligi debet apud Marculfum lib. 2. form. 12. cum ait, *diuturnum, sed impiam consuetudinem* apud Francos teneri, *qua de terra paterna sorores cum fratribus portionem non habent.* Vide Dissert. 17. ad Joinvill. [** Grimm. Antiq. Jur. Germ. pag. 493. Pardessus. in Commentariis Legis Salicæ nuper editis pag. 704. infra *Terra Salica* in *Terra*.]

☞ *Salicam terram* felicius interpretatur Eccardus ad titulum laudatum Pactus Legis Salicæ, Terram scilicet quæ ad *Salam*, hoc est, ut exponit ipse, ad domum *curtis* præcipuam pertinet; cum enim in *curte* plures essent domus, præcipua dicebatur *Sala*, seu *Domus salica*, ut habetur in Charta Goldasti 64. et *terra* ad eam pertinens domum vocabatur *Salica*, deducta voce a Germanico *Sala*, non a Francis Saliis, ut vulgo creditur. In Glossis MSS. Florentinis *Terra salica* redditur *Selilant*, qua posteriori voce, ut docet idem Eccardus, intelligi debet terra spectans domum *curtis* præcipuam, quam etiam adnotat nulli censui obnoxiam fuisse, quod *alodii* pars esset. Catalogus MS. redituum Abbatiæ Fuldensis : *In Isinesheim terræ Salicæ agri* CXXII. *mansi censuales* XXVII. *vineæ mansuales* XII. *aliæ* IV... *in Medebach mansi censuales* VI. *et dimidiu censualis* VIII. *terræ Salicæ* LVII. *agrorum; in Chaltebach terræ Salicæ in uno campo* LXXX. *agri, in alio* XC. *in tertio* XL. *mansi censuales* XVII. *vinearum agri* X. Donatio Caroli M. facta Ecclesiæ Tigurinæ : *In Honica duos mansos et dimidium, præter Salicam terram, de nostra propria manu in suam manum, ut justum est, percepit.* Traditio MS. S. Henrici ad Monasterium Fuldense : *Cum omni utilitate, quæ pertinet ad eum locum, mancipiis, hubis, terra Salica, pratis, pascuis, molendinis, etc.* Alia Traditidio Fuld. MS. : *Dedit illi beneficium, quod prædicta tenuit Acela, excipiens unam curtem Mulinhusen vocatam, ejus scilicet terram Salicam, cum* XXXIII. *hubis.* Vide *Decimæ*.

LEX SAXONUM, quæ in Collectione legum antiquarum descripta legitur, videtur ea esse qua utebantur ante Carolum M. qui iis subditis patrio jure uti ultro concessit. Poëta Saxonicus lib. 4. de Carolo M. ann. 803. :

> Tum sub judicibus, quos Rex imponeret ipsis,
> Legatisque suis, permisit Legibus uti
> Saxones patriis, et libertatis honore.

Vide Lindenbrogium in Prolegomenis ad Leges antiquas. Alia, ni fallor, Lex Saxonica intelligitur in Diplomatibus Ottonis M. Imp. ann. 952. et Ottonis III. ann. 997. apud Hermannum Stangefolium lib. 2. Annal. Circuli Westphal. pag. 185.

* LEGES TAURI, Altera legum Hispanicarum collectio, quam commentariis illustravit Gomesius. Vide infra *Majoratus* 1.

LEX WESTSAXONUM, in Anglia, *Westsaxenelaga* dicta, ab Ina et Alvredo Regibus subinde edita : *Qua Lege antiquis temporibus* 9. *australes Schiræ, i. provinciæ, quatenus flumen Thamesiæ eas a reliqua parte Angliæ secuerit, judicabantur, etc.* Brompton. pag. 956. a quo Latine eæ editæ, ut Saxonice a Lambardo et Wenloco. Vide Leges vernaculas Willelmi Nothi cap. 3. 4. 8. 25. et Leges Henrici I. cap. 6. 9.

LEX WISIGOTHORUM, ab Eurico Rege composita æra 504. ut testatur Isidorus Hispalensis in Chronico, cum antea tantum moribus et consuetudine tenerentur. Hanc correxit Leuvigildus, plurimasque adjecit Leges, plerasque superfluas auferens, ut idem scribit æra 608. Postmodum Chindaswindus et Receswindus plenissimum robur huic Codici dederunt, abolitis aliis omnibus aliarum gentium Legibus, ut est in Lege Wisigothorum lib. 2. tit. 1. § 1. 5. 7. 9. Novissima denique omnium recensio a Fl. Egica facta fuisse videtur, quam etiam in Concilio Toletano XVI. a Patribus confirmari postulavit. Hinc usus ejus in Hispania et Gothia, id est, Narbonensi Gallia, frequens, et quidem tantæ auctoritatis, ut ex illa in Capitulare Caroli Mag. quædam inserta legantur lib. 6. cap. 269. lib. 7. add. 4. cap. 1. Liber Legis Gothicæ vocatur a Joanne PP. VIII. apud Ivon. part. 3. cap. 98. Hæc fere ex Lindenbrogio, Catello lib. 3. Rerum Occitan. pag. 474. Marca lib. 1. Hist. Beneharn. cap. 15. n. 1. et aliis. Adde Chronic. Regum Gothorum n. 1. 9. 19. in tom. 1. Hist. Francor. pag. 818. 819.

LEX, Monetarum in metallo probitas *a lege* requisita ac definita : Italis *Lega*, nostris *Loy*, *Aloy*. Chron. Alexandrin. ann. 22. Heraclii : Τούτῳ τῷ ἔτει γέγονεν ἀπὸ νόμου νόμισμα ἑξάγραμμον ἀργυροῦν. Concilium Remense ann. 813. can. 41 : *Ne solidi qui in Lege habentur, per 40. denarios discurrant.* Charta ann. 1212. in Hist. Episcoporum Cadurcensium n. 87 : *Monetam istam non mutabimus, nec minuemus de pondere et Lege omnibus diebus vitæ nostræ.* Alia ann. 1213. ibid. : *Et sex denarii debent esse ejusdem Legis et ponderis, cujus unus denarius.* Alia ann. 1265. n. 130 : *Cum nos fecissemus operari monetam in Lege trium denariorum argenti, et in pondere 20. solidorum et 4. denariorum pro qualibet marcha, etc.* Adde n. 105. et Perardum in Burgundicis pag. 276. Charta Petri Regis Aragon. ann. 1285 : *Unusquisque denarius cudatur et fiat ad Legem undecim denariorum et oboli, etc.* Charta Jacobi Regis Aragon. ann. 1312 : *Noverint universi... quod pater noster tradidit nobis mutuo 60. millia Turonens. argenti S. Ludovici sanctæ memoriæ Regis Franciæ, optimæ Legis, quæ sibi confessi sumus debere.* [Vide *Liga* 3.]

LEX, pro Judicio. *Legem audire*, intel-

ligere, in Pacto Legis Salicæ tit. 38. § 7. tit. 48. § 1. *In jus venire. Estre Legibus*, ibidem tit. 76. pro *Juri stare*. [Charta incerti anni apud Lobinell. tom. 2. Hist. Britan. col. 69 : *Deinde per tempus voluit Catweten istam elocutionem disfacere, et venerunt simul in Lege ante Jarnithin et filios suos.*] *Jour de loi*, dies juridicus quo judex pro tribunali sedet, in Consuetud. Hannoniensi cap. 50. *Jugement de Loi*, ibid. cap. 17. et in Montensi cap. 12. 13.

¶ Lex, Jus civile. *Studium generale quinque Facultatibus, Theologia videlicet, Lege, Decretis, Medicina et Artibus compositum*, in Confirmatione Academiæ Cadomensis a Carolo VII. Franc. Rege ann. 1452. apud Acherium tom. 6. Spicil. pag. 500.

Lex, Sententia Judicis. Pactus Legis Salicæ tit. 59 : *Si quis alterum per Legem vicerit*. Tit. 60 : *Dicite nobis per Legem Salicam*, id est, pronuntiate sententiam secundum Legem Salicam. [Leges Rachis cap. 7. apud Murator. tom. 1. part. 2. pag. 88 : *Habeat licentiam causam agere et usque ad Legem perducere.*]

* Lex, Æquum, jus, Gall. *Equité, justice*. Leg. Lusit. sub Alph. reg. tom. 1. Probat. hist. geneal. domus reg. Portugal. pag. 11 : *Si maritus non vult quod cremetur mulier de malfairo, non cremetur vir, qui fecit malfairo; sed vadat liber, quia non est Lex vivere illam, et matare illum.*

* Lex, Officium municipale, corpus civitatis. Reg. 2. sign. R. domus publ. Duac. ad 8. Jun. ann. 1439. fol. 26. v°. : *Item fu alé audevant d'elle* (M^e. de Charolois) *par les officiers de M. le Duc, le Loy et gens notables; etc.* Lit. ann. 1447. pro civit. S. Audom.: *Est ordonné que dez-cy-en-avant chacun an, pour faire cesser lesdits abus, laditte Loy de S. Omer se fera et renouvellera en la maniere qui s'ensuit... Item que avant que l'on procede à faire laditte élection desdits mayeur, echevins et jurés etc.*

¶ Lex, Legitima pars hæreditatis legibus constituta. Leges Grimoaldi [** cap. 5.] Regis Longobard. apud Murator. tom. 1. part. 2. pag. 50. col. 1 : *Similiter etsi filiæ legitimæ una aut plures, aut filii naturales unus aut plures fuerint, habeant Legem suam, sicut in hoc Edicto legitur : quia inhumanum et impium videtur nobis esse, ut pro tali causa exhæredentur filii ab hæreditate patri sui... etsi legitimi non fuerint, et naturales inventi fuerint, habeant Legem suam, id est tertiam partem.*

Leges, Exactiones, tributa. Gregor. Turon. lib. 9. cap. 30 : *Ille cum juramento promisit, ut Leges consuetudinesque novas populo non infligeret, etc. Leges tortæ*, pravæ exactiones, *male toltæ*, in Charta Fulcon. Abb. Corbeiensis ann. 1055. in Tabul. ejusdem Monast. Vide *Tortitudo*, 2.

* Lex Augusti, Eadem notione, qua supra *Bannum Augusti*, Jus scilicet *bannum* quo messibus cavetur promulgandi, vel eo tempore vinum particulatim dividendi. Charta ann. circ. 1244. in magn. Chartul. nigro Corb. fol. 97. v°. : *Li recommant et les Loix d'Aoust sont à l'église, dont mesires Jehans fait tort à l'église.*

* Lex Christiana, Quicquid ex jure curionibus a parochianis exsolvendum est. Concamb. Ebersperg. apud Oefelium tom. 2. Script. rer. Boicar. pag. 45. col. 1 : *Quatenus ab illius* (ecclesiæ) *sacerdote omnem Christianam Legem percipiant*. Infra : *Ut quicquid inhabitantes hæc loca debent exsolvere Lege Christiana, in S. Sebastiani persolvant ecclesia.* Alia notione occurrit supra pag. 84.

* Lex Conditionalis, Servitus, conditio servilis. Charta manumis. ex Chartul. S. Alb. Andegav. in Bibl. reg. : *Quemdam mei juris collibertum, nomine Robertum, Frogerii filium,... ab omni jugo servitutis absolvo,... et liberum eum facio a Lege conditionali ab hoc die in ævum, cum filiis et filiabus deinceps ex illo generandis, ac si ab ingenuis parentibus fuisset progenitus... Si vero ullus ex meis hæredibus... hanc libertatis chartulam supranominati Roberti de servili conditione liberationem.... infringere temptaverit.* Vide supra *Conditionati*.

* Lex Decenna, Decalogus. B. de Amoribus in Speculo sacerdot. MS. cap. 39 :

Serva præcepta Moysi data Lege decenna.

Lex Excommunicationis, Jus excommunicandi vel puniendi per excommunicationem. Charta Anselli Episcopi Belvacensis anno 1099 : *Damus insuper potestatem et licentiam Ecclesiæ S. Petri, ut Canonici excommunicent, et absolvant de suis propriis forisfacturis, et Legem excommunicationis habeant : sic tamen ut de casatis et de servientibus Episcopi, si Ecclesiæ injuriam fecerint, ad Episcopum proclament, etc.*

** Lex Inoperationis, Qua certis diebus omnia placita cessant. Vide *Inoperatio*.

** Lex Investituræ, Pactum in *investitura* feudali conventum. Vide Feudistas.

** Lex Jurata, i. e. communitatis. Vide in *Chora* et Haltaus. Glossar. German. col. 1119. voce *Kore*.

* Lex Monitoria, vim vocis explicat Laur. Bonincont. in suis Annal. ad ann. 1379. apud Murator. tom. 21. Script. Ital. col. 36 : *Erat Lex monitoria, qua qui admoniti erant, ad magistratus gerendos quasi inhabiles habebantur.*

** Lex Murdratorum. Vide *Murdrum* in *Morth* et *Englescheria*.

¶ Lex Muta, Præscriptio. Hieratium juris Pontificii pag. 60 : *Sicut et tutor feudum sui pupilli nullis Legibus pendente tutela, verum etiam Mutis, quæ Præscriptiones vocantur, sibi arrogare nequit, etc.* [** Vide *Muta*.]

* Lex Mutata, Gall. *Loy muée*, Lex vetus emendata et illustrata. Pactum inter clerum et cives Leod. ann. 1287. tom. 2. Hist. Leod. pag. 401 : *Li maire l'évesque et le sergeant... doent aller sur le weriscaps à plus près del enclostre, là où cil sera demeurant, qui la paine aura forfait; et li doent commander qu'il le paie dedans le terme, qui est et sera contenu en la Loy muée... Laquelle Loy muée notredit révérend pere et sire à notre requete nous a ottrié et donné à durer cinque cens ans etc. Ly Loy muée, ly novelle loy*, in Charta ann. 1424. ibid. pag. 445.

¶ Leges Poenitentium, Bernardo Constantiensi Presbytero lib. de Reconciliatione lapsorum pag. 285. Liber ecclesiasticus, in quo continentur quæ spectant pœnitentiam peccatoribus imponendam et pœnitentes reconciliandos.

** Lex Publica, Instructio Legator. Papæ ann. 1220. apud Pertz. Leg. tom. 2. pag. 242 : *Studeatis ut capitularia, quæ vobis mittimus præsentibus interclusa, sub competentibus verbis servata sententia, sub nomine regio in Leges Publicas redigantur, nobisque mittantur regiæ bullæ roborata munimine.* Romanis Leges Publicæ sunt quibus per pactiones derogare privatis non licet, Gall. *Loix d'ordre public*; hic vero eadem esse videtur quæ *Lex Mundana*. Henric. Imper. ann. 1022. apud Pertz. ibid. pag. 563. Papæ respondet : *Omnia quæ ... instituit et reformavit paternitas tua ..... inter publica jura semper recipienda et Humanis Legibus solenniter inscribenda ... corroboramus.*

¶ Lex Satura, *Quæ de pluribus simul loquitur rebus, dicta sic a copia rerum et quasi a saturitate*, in veteri Vocabulario juris utriusque.

* Lex Statutaria, Statuto communi magistratuum firmata et promulgata. Annal. Placent. ad ann. 1467. apud Murator. tom. 20. Script. Ital. col. 921 : *Dum una conventum esset... pro templo Divæ Virginis restaurando, quod jurejurando annis quasi ducentis, Lege statutaria et municipali ita ostendente, et civitas promiserat instaurare.* Vide *Statutarii*.

Lex Tricenaria, Præscriptio 30. annorum, in veteri Charta sub Carolo M. Locum habes in *Perportare*. Vide Jacob. Gothofredum ad leg. 7. Cod. Th. de Act. certo tempore finiendis. [* *Triccnalia*, apud Baluz. lib. 7. Capitul. cap. 248.]

Lex Villana, Qua reguntur *villani*, rustici, manentes, mansionarii : alia enim est virorum nobilium lex. Consilium Petri *de Fontaines*, cap. 3. § 6 : *Si catel et ses convenances sont justichables par Loi Vilaine, et s'il nest mie Gentixhoms de linguage, etc.* Et infra : *Et se il est autrui frans hom, et il est coukans et levans en ton vilenage, kil tient de toy, lor convenroit il ke tu le menaisses par la Loi Vilaine.*

* Lex Vinagii, Præstatio certæ vini mensuræ pro vineis, ex jure domino fundi solvenda. Charta ann. 1253. tom. 4. Ordinat. reg. Franc. pag. 632 : *Quod si die illa non reddiderint, proxima die sequenti et censum et consuetam vinagii Legem persolvant; ac si nec censum nec Legem reddere voluerint, etc.* Vide *Vinagium* 2.

* Lex Ultrata, vulgo *Loi outrée*, Judicium, quo jus seu lex impugnatur. Arest. scacar. Norman. ex Cod. reg. 4651 : *Puer non potest petere recordationem assisiæ, nisi de Lege ultrata, puta de duello, vel stabilita, vel recordatione.*

Legem Amittere dicitur infamis, perjurus, exlex : *quia* inquit Bracton. lib. 3. Tr. 1. cap. 19. § 2. *non est ulterius dignus lege. Legis beneficium et terræ amittere*, in Regiam Majest. lib. 1. cap. 14. §. 5.

Legem Apostatare, Contra legem agere, legi contraire. Leges Henrici I. Regis Angliæ cap. 12 : *Qui Legem apostatabit, weræ suæ sit reus prima vice : si secundo fecerit, reddat bis weram suam, qui tertio præsumat, perdat quidquid habet.*

Legem Facere, Illud agere quod lex

postulat, jurare nimirum summam petitam et unamquamque ejus partem esse indebitam, et alios secum adducere, qui vere juratum esse sacramento de credulitate sua suscepto affirment. Cowel. lib. 3. Instit. tit. 30. § ult.

* Legem Facere. Quod justum est et secundum legem judicare. Charta ann. 1012. pro monast. Florin.: *Si super aliquo de familia vel bonum ecclesiæ tenentibus clamaverit* (advocatus) *quindecim diebus, et postea octo ab abbate justitiam expectabit; post hæc si abbas ei Legem non fecerit, per se justitiam accipiet.* Libert. Peron. ann. 1207. tom. 5. Ordinat. reg. Franc. pag. 160. art. 7: *Si aliquis majori incedenti propter Legem villæ faciendam, dedecus fecerit, decem libras dabit communiæ.* Libert. ann. 1370. pro commun. Tornac. ibid. pag. 375. art. 7: *Les trante eswardeurs.... feront avant toute euvre serement solennel.... que il feront la Loy de la ville aussi bien au povre comme au riche.* Hinc *Prendre la Loy de la ville*, Legibus municipalibus se subjicere, ibid. pag. 377. art. 23.

* Legem Habere, Ex jure suo aliquid agere. Lit. remiss. ann. 1389. in Reg. 138. Chartoph. reg. ch. 98: *Evrart estant sergent du guet à cheval de nuit,... avoit Loy d'aler par nuit sous ombre de son office etc.*

Legem Wadiare, Spondere se ad diem judicialiter assignatum in Curiam venturum, et legem facturum, apud Cowellum lib. 3. Institut. tit. 30. § ultimo.

Legem Vadiare, *Contravadiare, Facere. Legis vadiatio*, dicitur modus tollendæ obligationis: verbi gratia si quis super simplici contractu pecunias ab alio vendicet, potest ille *vadiare legem* contra eum, id est, potest spondere se ad diem sibi judicialiter assignatum in Curiam venturum, et legem facturum. Est autem *legem facere* in hoc casu, agere quod lex postulat, seu juramento firmare rem petitam esse indebitam, et alios adducere qui hunc vere jurasse sacramento suo asserant. Ita Cowellus lib. 3. tit. 30. § 6. lib. 4. tit. 13. § 4. Skeneus ad Regiam Majestatem lib. 3. cap. 1. v. 24. et Rastallus verbo *Lex*. Leges Henrici I. cap. 46: *Et si Lex domino vadietur, differat cætera placita, donec lex deducatur per burgi legem, nisi de furto vel capitalibus, etc.* Cap. 53: *Legem vel rectum domino suo vadiaverit.* Bracton. lib. 5. tract. 5. cap. 13. § 3: *Et quo casu vadiet Legem quilibet se 12. manu, qua vadiata et plegiis inventis de Lege facienda, dabitur eis dies ad Legem faciendam, etc.* § 4. *Formantur autem verba legis secundum formam recordi, sicut in omnibus aliis Legibus faciendis observatur, etc.* Adde lib. 3. tit. 2. cap. 37. § 4. 9. 10. Vet. Consuetud. Normanniæ cap. 85: *Se cil qui est querellé, enchiet de la Loy qu'il a gagée, il doit amender le mesfait à celui à qui il le fist, et à la Court.* Vide *Bannum revadiare.*

Legibus Hæreditare, Legitimam et quæ ex *legibus* debetur, hæreditatem adire, in vet. Notitia ann. 2. Ludov. Imp. apud Perardum pag. 35. Acta Episcoporum Cenomanensium pag. 178: *Possessionibus suis, quas dudum aliis Ecclesiis et propinquis minime tradiderat, per strumenta cartarum multis subscribentibus Episcopis, ... et nobilibus Viris, Legibus contradidit sanctæ Cenomannicæ matri Ecclesiæ, etc.* Charta Theoderici Regis, ibid. pag. 198: *A memorato Aghilberto et a suis ministris sunt Legibus evindicata.*

Legibus Invenire, Per vel secundum Leges. Lex Longob. lib. 2. tit. 55. § 21. [** Carol. M. 38.]: *Cum 6. electis aut sibi 12. esse debeant, quales potuerint Legibus invenire, et sic juret, etc.* Ita in leg. 1. Cod. Th. de Religione (16,11.): *Quæ ad ordinarios cognitores, vel ad usum publici juris pertinent, Legibus oportet audiri*, id est, secundum leges.

Legem Alicui Judicare, Secundum legem scriptam jus ei dicere, in Capitular. Caroli Mag. lib. 5. cap. 14. [** 16. Vide Capitul. Pippin. ann. incerti cap. 7. Pertz. pag. 31. Adde Leg. Rachis. cap. 6.]

Legum Domini, Qui aliis *Doctores Legis* dicuntur. Otto de S. Blasio cap. 14: *Quod a Principibus et Legum Dominis diligenter examinatum, generali omnium sententia judicatur.* Vide *Doctor.* [** Savin. Histor. Jur Rom. med. temp. tom. 3. cap. 21. § 64. et 77.]

In Una vel Altera Lege Eruditi, formula sat frequens in Statutis Regum Angliæ. Statutum Henrici IV. apud Westmonast. ann. 1: *Ac illis, qui de consilio suo existunt, tam spiritualibus, quam temporalibus in una Lege vel altera eruditis, etc.* [** Canonica scilicet atque mundana.]

¶ Legis Terminus, Spatium temporis lege vel consuetudine constitutum. Charta ann. 43. regnante Chunrado Rege Alamandorum atque Provinciarum; ex Chartulario Eccl. Apt. fol. 25. v°.: *Donat ipsam terram per talem convenientiam, ut ille Allaldus illam terram ad terminum Legis, i. e. per septem annos bene plantare vitis et propagare, atque ædificare studeat, et cum ad ipsum terminum bene advineata fuerit, prænominatus Episcopus* (Teudrichus) *unam medietatem de ipsa vinea recipiat, aliam autem medietatem ipse Allaldus et uxor ejus pro sua ædificatione habeant.*

Ad Legem Cadere. Charta Alexandri Comitis Cupersanensis ann. 1102. apud Ughellum tom. 7. pag. 864: *In captionem vos non mittet, nec mitti faciet, excepto si aliquis in capitalibus deprehensus fuerit, qui fidejussores idoneos invenire non possit, aut nisi aliquis ad Legem ceciderit, et facta lege sit solutus.*

Lex, Judicium Dei: purgatio canonica vel vulgaris, *a Lege*, barbarica nempe, inducta, ac per sententiam judicis indicta. De utraque enim vox hæc usurpatur, quomodo *Lada* apud Anglo-Saxones. Leges Henrici I. Regis Angl. cap. 62: *Ab Adventu Domini, usque ad octavas Epiphaniæ, ... non est tempus Leges faciendi, i. vel jusjurandum pro fidelitate domini, vel concordia, vel bellum, ferri, vel aquæ, vel alias Leges examinationis tractari. Idoneum Legis examen*, cap. 87. Adde cap. 48. extremo. Landulfus de S. Paulo in Chron. Mediolanensi cap. 11. de Petro Igneo, qui judicium ignis subierat, *Presbyter Liprandus causam, quam adversus Grosulanum habuit, pure notificavit, ut Apostolicus non Legem per ipsum Presbyterum datam et sacramento et igne notatam laudavit, sed gratiam et officium presbyteratus in illo firmavit.* Will. Thorn. ann. 1194: *Quod Abbas de S. Augustino Cant. debet habere, et quod antecessores ejus habuerunt, libertatem Legis, scilicet judicii aquæ, et ignis, et duelli, et quod pertinet ad regalem justitiam in Curia sua de hominibus suis de terris suis.* Tabular. S. Amantii Inculism. fol. 79: *Et propter calumniam illam judicio Almerici... Legem accepimus. Cum autem ad tempus Legis venirem, habui hominem meum paratum ad Legem perpetrandam, defecit calumniator ille qui Legem acciperet.* Quoniam Attachiamenta cap. 5. § 5: *Et si non habeat probationem, pars negans suum debitum faciat Legem suam ad proximum Curiam cum se sexto.* Adde Regiam Majest. lib. 2. cap. 12. § 12. [Charta incerti anni apud Lobinell. tom. 2. Hist. Britan. col. 242: *Relatis itaque dictis decreverunt judices, ut monachi per unum sacramento firmarent ita esse ut dicebant, et deinde judicium ferri calidi portaret; quod monachi concedentes plegios in ipsam Legem peragendam miserunt.*]

Legem Facere, Judicium Dei subire, apud Landulfum de S. Paulo in Chronico Mediolanensi cap. 11. *Post Legem de eo factam ignitam*, cap. 26.

Lex Apparens, Gall. *Loi apparoissant*, vel *apparissant*, in veteri Consuetud. Normann. cap. 81. nova art. 60. 61. 62. ubi opponitur legi simplici, *Loi simple*, seu potius simplici juramento, quod *simplicem ladam* vocant Leges Henrici I. Regis Angl. Est autem *Lex apparens*, quæ et *aperta*, et *paribilis*, purgatio seu judicium divinum, cujus eventu rei controversæ ac dubiæ veritas elucescit, evidenter *apparet*, vel *aperitur, se découvre. Querelarum* autem aliæ sunt *simplices*, aliæ *apparentes. Simplices dicuntur querelæ, possessionales, quando per simplicem Legem processus earum terminatur. Apparentes autem, quando per Legem apparentem, vel per duellum, vel per inquisitionem patriæ, quæ Recognitio dicitur, earum processus terminatur.* Verba sunt Juris Normannici cap. 87. Fieri autem vetantur *Leges simplices et apertæ*, iis diebus quibus nuptiarum celebratio interdicitur, cap. 81. Regiam Majestatem lib. 4. cap. 4. § 2. de eo qui occultat thesaurum fraudulose: *Ob infamiam autem illius criminis non solet quis juxta Legem terræ per Legem apparentem se purgare, licet aliter per assisam id fieri possit, nisi prius convictus vel confessus fuerit, ... si enim super hoc convictus fuerit in Curia, præsumptione contra eum faciente, tenetur se purgare per Legem terræ se nihil amplius invenisse, vel ab alio recepisse.* Bracton. lib. 3. tract. 2. cap. 11. § 3: *Non autem appellum habet femina nisi de morte viri sui inter brachia sua interfecti, vel de corpore suo proprio, per quod alicui indici debeat Lex apparens.* Et cap. 29. § 1: *Sciendum quod non nisi in duobus casibus* (femina appellum habet) *per quod alicui Lex apparens debeat adjudicari, scilicet non nisi de injuria et violentia corpori suo illata. Loy aperte*, in Cons. Norm. Tabul. S. Joan. Andeg.: *Et si quis dixerit vineam suam esse ædificatam ante mortem Gaufridi Comitis, probabit hoc Lege aperta.* Charta alia: *Quod in Curia S. Ma-*

riæ ante Richildim Abbatissam veraces sublimesque personæ... aperta Lege probandum fore judicaverunt. [Vide *de Lauriere* in Glossar. Juris Gallici v. *Loy*, et mox *Lex paribilis* et *Lex plenaria*.]

☞ Neque a *Lege apparente* differt illa quæ *Loi outrée* dicitur in vet. Consuetudine Norman. cap. 43. quamvis eadem quæ *Lex duelli* primum videatur, ut ibidem probat idem *de Lauriere* : quem consule.

¶ Lex Campalis, qua duellum in *campo* ineundum decernitur. Charta Henrici Leodiensis Episcopi ann. 1081. in Appendice ad Histor. Monasterii S. Laurentii Leod. apud Marten. tom. 4. Ampliss. Collect. col. 1175 : *Tota villula et totus Comitatus sit omnino in districtu Abbatis, quicumque allodium ibi habeat, sit falsa mensura et latro, et Lex campalis, et sturma et burma et cetera ad Comitatum appendentia.* Vide *Campus* 3.

Lex Dei, quomodo *Judicium* Dei. Lex Longob. lib. 1. tit. 9. § 20. [** Liutpr. 21. (4, 3.)] : *Et si dominus ejus negaverit, quod per ipsius consilium factum non fuisset, purificet se ad Legem Dei, etc.*

Lex Duelli. Sugerius in Lud. VI. cap. 18 : *Rex vero ratione et Lege duelli nunquam se pepigisse, per Ansellum Dapiferum suum, ubicumque secure vellent defendere.* [Charta ann. 1256. apud D. *Brussel* de Usu feudorum tom. 2. pag. 1019 : *Et si aucuns prent Loi, et il ne puet assouvir à jor qu'il la doit faire, il paye vint sols.*]

¶ Lex Ignea, Judicium ignis, cum quis ad comprobandam veritatem per ardentem rogum transire compellitur, in Vita S. Johannis Gualberti cap. 33. 62. 63. et 64.

Lex Judicialis, proprie Purgatio per judicium ferri, in Leg. Henrici I. Reg. Angl. cap. 9. quæ nude *judicium* dicitur cap. 45. 49. et alibi. Vide *Judicium*.

Lex Legalis, Purgatio vulgaris a lege inducta. Tabul. Vindocin. Thuani Ch. 172 : *Convenerunt itaque ipse et dominus Severtus monachus noster, et prædictus calumniator, Dado scilicet, apud Castrum Raynaldi ante multos Barones, et ibi paratus fuit Hilgoldus probare omni Lege Legali, nec Dadoni, nec alii cuiquam se dedisse, nec vendidisse terram illam, nisi S. Martino, etc.*

* Lex Manifesta, Eadem quæ *Apparens* vel *Aperta*, Purgatio nempe canonica vel vulgaris, in Reg. S. Justi ex Cam. Comput. Paris. fol. 35. vº. col. 2. Vide *Brussel* tom. 2. de Usu feud. pag. v. art. 37.

* Lex Paribilis, Eadem quæ *Apparens*, Cujacio auctore, in Constit. Sicul. lib. 2. tit. 31. [Johan. Skenæus de verborum significatione pag. 97 : *Lex apparens... significat legem latam de singulari certamine... vocatur etiam Lex parabilis, a parium seu campionum pugna vel concertatione.*] Statuta MSS. Caroli I. Reg. Sicil. cap. 22 : *En tel maniere les prouves ordinaires cessans ou fait, et les extraordinaires cest assaveir de Bataille Paribile, etc.* Ita cap. 28. Rursum cap. 114 : *Ça en arier estoit une loi, laquele l'en apeloit Lois paribile. Cele loi nos volons oster.* Infra : *Par la Loi devant dite cuidoient eschaper til qui estoient acusé d'aucun crime. Car l'en metoit le fer eschaufer, et le faisoient prendre à l'acusé : s'il ardoit, il estoit coupable; s'il ne s'ardoit, il estoit quites, etc.*

* Alias *Parilis;* sic dicta, ut volunt interpretes Constit. Sicul. quia manifeste apparebat per eas leges de reatu vel innocentia alicujus ex opinione vulgi. Charta Bern. abb. ann. 1267. in Access. ad Hist. Cassin. part. 1. pag. 305. col. 2 : *Quia vero duella et Leges paribiles Deo sunt odibiles, et sanctorum patrum constitutionibus contrariæ, hac nostra constitutione renovamus et confirmamus, ut nullus vestrum in curia nostra vel eorum, qui nostra auctoritate curiam tenebunt in quacumque causa per pugnam fatigetur, nec judicetur, set neque per ferrum calidum, neque per aquam calidam vel frigidam.*

Lex Patriæ. Regiam Majestatem lib. 4. cap. 1. § 4 : *Inquiretur rei veritas, et ex verisimilibus rerum indiciis et conjecturis, nunc pro eo, nunc contra eum qui accusatur facientibus, per Legem patriæ puniendus est, aut omnino ab imposito crimine purgandus est.* Ubi Skenæus, ex § 12. seq. *per legem patriæ, duellum* interpretatur, *vel per assisam Parium, quæ lex propterea vocatur Lex Paribilis. Pares vero convassallos ejusdem domini qui de eodem domino feuda sua tenent. Loi de bataille*, in Consuetud. Norman. cap. 117. 120. etc. Idem Bracton. d. lib.

Lex Plana. Concilium Islebonense ann. 1080. cap. 41 : *Si plana Lex erit facienda, ibi fiat ubi placitum prius fuit.* Vide *Lada*.

Lex Plenaria, Idem quod *Lex apparens*. Leges vernaculæ Willelmi Nothi cap. 48 : *E ki larun encontre, e sans qui a ancient li leit aler, si l'amend à la vailance de larun, ú se purge per plener Lei, qui il laron nel sout, e ki le cri orat, et sursera, la sursise li Rei amend, ú s'en espurget.* Quorum verborum notionem poterat expiscari eruditus Seldenus ex Legibus Henrici I. cap. 65. ubi totidem Latine habentur : *Si quis furem gratis dimittat, emendet secundum weram ipsius furis, aut plena Lada perneget, quod cum eo falsum nescivit : si quis audito clamore non exierit, reddat werseunesse Regis, aut plane se ladiet.* Ubi *Lada*, idem valet quod *Lex*. Adde cap. 12. *Lex Sacramentalis, plena*, in iisdem Legibus Henrici I. cap. 9.

Lex Probabilis, Qua aliquid probatur per *Sacramentales*. Gall. : *Loy probable et monstrable.* Jura et Consuetudines Normanniæ cap. 25 : *Est quædam lex, quæ probabilis sive monstralis in laicali curia nuncupatur, per quam quis probare in curia nititur, quod intendit... Sciendum ergo est, quod fiat Lex probabilis quandoque per sacramentum probantis, quandoque per sacramentum duorum, quandoque trium, quandoque quinque, quandoque septem recipitur in curia laicali.*

Lex Sacramentalis, Purgatio per sacramentum. Leges Henrici I. Reg. Angl. cap. 9 : *Differt etiam an aliquis cum suo, vel alterius homine, causam suam agat, et si quid in actu, vel in sola tilha consistat, et si quid bello, vel Lege Sacramentali, plena vel frangenti, vel etiam judiciali repetatur.* Adde cap. 45. 49. *Passer par la Loi, venir à la Loi*, in Consuetud. Pontivensi art. 86. Vide *Juramentum*.

Lex Terræ, Lex et Consuetudo Regni, a Lege Cæsarea, civili vulgo dicta, distincta, inquit Seldenus in Dissertat. ad Fletam cap. 9. § 3. Charta Libertatum Angliæ : *Nec cum in carcere mittemus, nisi per legale judicium Parium suorum, vel per Legem terræ. Juxta Legem terræ, per legem apparentem se purgare*, in Regiam Majestatem lib. 4. § 2. *Purgare se per Legem terræ*, § 5. [** Vide supra *Lex Patriæ*.]

* Lex Vera, Judicium quo lis terminatur. Charta ann. 1185. apud Lam. in Delic. erudit. inter not. ad Hist. Sicul. Bonincont. part. 2. pag. 337 : *Et si opportunum fuerit licentiam habeatis una cum cartula ista finem ponendum, responsum reddendum, ei usque ad veram Legem perducendum.*

Lex, Mulcta, *emenda* a lege definita, statuta. Lex Salica tit. 42. § 13 : *Quod si adhuc major culpa fuerit quæ servo requiritur, dominus servi non ut servus, sed ut ingenuus totam Legem super se soliturus accipiat.* Charta Caroli Magni pro Monasterio Sandionysiano, apud Doubletum : *Quod si homines illi ex judiciaria causa aliquid persolverint, quod nos Leges vocamus, in tres partes dividetur, quarum duas Præpositus, et tertiam Advocatus habebit.* [Diploma Caroli Simplicis ann. 917. apud Mabill. Diplom. pag. 563 : *Quod si quis hanc auctoritatem nostram adversari, et nostræ uxoris Friderunæ contradictionem refragari conatus fuerit, Legem quam statuit Pipinus Rex.... coactus exsolvat.*] Baldricus in Chron. Camerac. lib. 3. cap. 44 : *Hæc omnia ei dimisi, et de his quæ emendavit, omnes Leges perdonavi.* Adde cap. 45. Chronicon Besuense : *Monachi vero quoquo modo aut ipsi aut sui famuli, scienter vel nescienter damnum fecerint, damnum sine Lege prorsus restituant.* Notitia de Rogero Episcopo Belvacensi, apud Loisellum : *Commisit supra memoratum alodum præfato Othoni... dans ei medietatem Vicecomitatus, et dimidias Leges de forensibus hominibus, ita ut minister Episcopi et minister Comitis justificent reos, et Leges æqualiter dividant.* Tabularium Vindocinense fol. 48 : *Liber ab omni redditione, vel vicarietatis, vel alterius Legis, excepta decima.* Alia Petri Abbatis S. Luciani Bellovac. : *Quod si Ecclesia S. Luciani summam prædictam statuto tempore et termino non persolverit, persolvet Legem 10. solidorum.* Alia ex Tabulario Majoris Monasterii Ch. 14 : *Mihi vero forisfacto emendato Legem et districtum persolvat.* Tabularium Carnotensis Ecclesiæ ann. 1179. n. 101 : *Poterit ab hominibus nostris censum exigere, et annonæ conductum, et pro transgressione termini Legem quæ vulgo appellatur secundum quod unicuique convenerit, a singulis transgressoribus poterit exigere.* Huc etiam spectant ista ex Visione Wettini Monachi Augiensis n. 9. de Comitibus : *Munerum præventione cæcati pro mercede futurorum nihil agunt : sed cum mundanas Leges pro coercenda mali audacia administrant, damna legalia quæ debitoribus infligunt, absque misericordia, et quasi sibi ex jure debita suæ avaritiæ reponunt.* Vide Foros Morlanenses art. 32. Perardum in Burgund. pag. 428. Probat. Hist. Monmorenciac. pag. 48. Probat. Hist. Sabaud. pag. 26. [Acherium tom. 2. Spicil. pag. 593. D. *Brussel* tom. 2. de Usu feudorum pag. 789.] etc. Ita vocem *Loy* hac notione usurpant passim Consuetudines nostræ municipales, ubi et interdum *emende de loi*, *loi et emende*, et *emende en loi* scribitur. Locos collegit Raguellus. [* Libert. villæ *de Tannay* ann. 1352. tom. 6. Ordinat. reg. Franc. pag. 60. art. 6 : *Toutes amendes, qui selon droit ou coustume sont appellées Loy, etc.*]

Lex Major, Major mulcta, quæ ob majora crimina et delicta irrogari solet : *Grande amende*, *Ley major*, in Consuetud. Solensi tit. 8. art. 3. et in Foris Beneharn. tit. *de Jugiament*, art. 3. 4. 5. Chronicon Besuense : *Ita tamen ut si aliquod scelus a suis vel ab aliis hominibus illic comitteretur, isdem ad Abbatem Besuensem clamationem faceret, et pro ullo patrato scelere, si etiam homicidium aut adulterium esset, quorum Lex major esse dignoscitur aliis sceleribus, ultra quinos solidos lege rectitudinis inde quippiam haberet.* Charta Hlotarii et Ludovici Regum Franciæ in 9. Regesto Philippi Pulcri Reg. in Tabulario Regio Ch. 7 : *Et si forte calliditate judicis, aut alicujus personæ ipsæ emunitates alicubi irruptæ fuerint, priscorum Lege, id est, solid.* DC. *multetur.* Ubi *priscorum Lege* Salica intelligitur, in qua major mulcta est 600. solid.

Lex Alta et Infima, nostris *Grande et petite amende*. Charta Caroli Comitis Flandriæ ann. 1125. in Tabul. Monasterii S. Bertini : *Concedens ut proprios Scabinos Abbas ibidem habeat, per quos tam de alta quam infima Lege libere et sine contradictione placitaret. Lex duplex*, mulcta duplex. Libertates urbis Seysellensis ann. 1285 : *Qui insultat aliquem in domo sua, duplicem Legem debet. Lex triplex*, mulcta triplex. Synodus Pontigonensis ann. 876. cap. 6. et 10 : *Transgressoribus autem indicimus injuste præsumpta restituere, et sicut præfixum est, triplicem Legem, et triplex bannum nostrum persolvere.* Vide *Bannum* 1. et *Lada* 2. *Compositio.*

* Lex Plena, Eadem quæ *Vulgalis*. Libert. loci de Allodiis ann. 1174. tom. 7. Ordinat. reg. Franc. pag. 276 : *Ab aliis omnibus consuetudinibus et exactionibus liberi et immunes imperpetuum erunt per totam terram nostram, excepta plena Lege, quæ duodecim tantum denariis emendabitur.*

* Lex Vulgalis, Mulcta consueta. Charta Sugerii abb. ann. 1145. ex Chartul. S. Dion. fol. 476 : *Leges autem Vulgales, quas plenas dicunt inter se, decem nummorum constituimus.* Vide supra *Lex plena.*

¶ 1. **LEXA**, *Luxuriosa, quasi laxa, id est, inutilis*, apud Papiam.

2. **LEXA**, Funiculus, Gall. *Lesse*, vox ut videtur ex *licia, orum*, formata, stamina, vel fila quibus in telis textrices implicant stamina. Gaufridus Malaterra lib. 3. cap. 28 : *Venetianus autem in adjutorium Ducis (ex funibus per) Lexas advenientibus hostibus de muro dependentes porrigit.* Ubi unco inclusa delenda existimaverim. Λέτα, eadem notione habet Constantinus Porph. de Administr. Imp. cap. 51. pag. 196. ubi πλέκη et πλόκος exponitur. Vide infra *Liciæ.*

¶ **LEXALIS**, pro *Localis*, Locus ubi domus potest ædificari. [* Locus vacuus, a verbo fortassis *Laxare*, Dimittere. Vide in hac voce.] Donatio ann. 1062. Monasterio S. Victoris Massil. apud Marten. tom. 1. Ampliss. Collect. col. 459 : *Et decimam suæ præbosdiæ* (in MS. S. Victoris Massil. : *prebodiæ*) *concedit et cameram adhærentem Ecclesiæ, et unum Lexalem qui ei adhæret, in quo magna domus construatur, et in paxeria supradicti molini* (MS. *molendini*) *unam piscatoriam.* Vide *Locale.*

¶ **LEXENA**, Subula, Ital. *Lesina*, Hisp. *Lesna*, Gall. *Aléne. Lexena ad suendum sotulares*, in Miraculis B. Simonis Eremitæ Augustin. tom. 2. SS. Aprilis pag. 825.

LEXIA, [Donatio, legatum.] Vide *Laxare* 2.

* **LEXIO**, pro Læsio, offensa, noxa, Ital. *Lesione*. Tract. MS. de Re milit. et mach. bellic. cap. 3 : *Ipsi hostes non curaverint amplius de insultu et aggressura, viso quod eis Lexionem non recipiunt.*

LEXIVA, pro *Lixivia*, vel *Lixivium*, quomodo *Lexive* dicimus, apud Eddium Stephanum in Vita S. Wilfridi cap. 62.

* **LEXIVIA**, Lintea, quæ lixivio purgantur. Tabul. Fossat. fol. 5 : *Item quædam mulier furata fuit quamdam Lexiviam sive buée, etc.*

¶ **LEXUIUM**. Elogium Petri Fortii Anachoritæ x. circiter sæculo exaratum, apud Stephanotium tom. 1. Antiq. Occitan. MSS. pag. 482 : *De pilis camelorum induebatur et tunica, utebatur pane duro Lexuio compósito.* An panis quasi Lixivio subactus, ut nullus in eo superesset gratus sapor?

* **LEXUS**, Elixus, aqua coctus, Ital. *Lesso*. Tract. MS. de Re milit. et mach. bellic. cap. 9 : *Fingat* (dux) *aliquem casum habere, propter quem est sibi necesse accipere fugam, et dimittat in dicto loco caldarias et ollas cum brodo et carnibus coctis, Lexis et axis.*

¶ **LEYDA**, Leydator. etc. Vide in *Leudis.*

* **LEYDARIUS**, Leyderius, Vectigalis, *Leyda* nuncupati, collector. Libert. Laudosi ann. 1392. tom. 8. Ordinat. reg. Franc. pag. 200 : *Et quot Leydarius, qui leydam in dicto loco percipit diebus fori et nundinarum, se exponere debebat et exhibere ad levandum leydam suam, etc.* Stat. Perus. pag. 56 : *Statutum est quod nulla persona audeat mensurare aliquid pro quod debeatur leyda, præterquam ad sextarium vel eminam, aut alias mensuras Leyderii, nisi fuerit de voluntate ipsius Leyderii.* Charta Ludov. Clarim. ann. 1315. pro S. Capell. Borbonii Archemb. : *Ils auront et recevront sur la Layde et sur le four de la ville franche de Bourbon douze livres, sur les halles de Bourbon huit livres, et sur la Layde de la boucherie de Limoire cent sols.* Pluries ibi. Vide in *Leudis.*

* **LEYHA**, a Gall. *Layette*, Arcula, capsula. Inventar. ann. 1476. ex Tabul. Flamar. : *Item plus unum dressaderium corralli cum duobus armariis et duobus tiretis sive Leyhas fusti, munitum de suis sarralhiis et clavibus.* Vide *Layeta.*

* **LEYN**, Feudi species. Gloss. Cæsar. Heisterbac. in Reg. Prum. tom. 1. Hist. Trevir. Joan. Nic. ab *Hontheim* pag. 671. col. 1 : *Sunt autem ibi pictiren 58. qui mansi appellantur ibidem, sed non sunt veraciter mansi; feoda enim sunt, quæ aliis in locis appellantur vulgo Leyn : quæ videlicet Leyn habent singulas areas.*

LEYRWIT, Tributi species apud Anglos, occurrit in Monastico tom. 2. pag. 807. Vide *Lairwita.*

LEYSON. Hermannus *de Lerbecke*, in Chron. Comitum Schawenburg. pag. 35 : *Eodem tempore Benedictus XI. Papa, Ordinis Prædicatorum, consecratur, et secta quædam fatuorum, dicti Fratres Leyson fuerunt. Unde versus :*

> Anno milleno trecenteno quoque deno
> Secta fuit ficta Leyson fratrum maledicta.

Sic dicti ii forte, quod crebrius *Kyrie eleison* inclamarent.

¶ **LEYTERIA**, Lectica, Gall. *Litiere*. Computus ann. 1335. tom. 2. Hist. Dalphin. pag. 297 : *Item pro Leyteria Dom. portanda apud Balmam*, LXI. *solid.* VIII. *den.*

1. **LEZA**. Charta ann. 1256. in Metropoli Salisburgensi tom. 2. pag. 581 : *Cum navis Ecclesiæ ad Austriam deducitur, procurator ipsius dabit Mutario* (Telonario) *nostro pro Leza* 12. *denarios, et servis suis duos denarios : et si in ea fuerit aliquid quod ad Ecclesiam non pertineret, unde muta* (telonium) *dari debet, de hoc solvetur muta. Cum vero reducitur navis de Austria, iterum dabuntur Mutario nostro pro Leza* 12. *den.* Ubi *Leza*, forte idem est quod *Lesda*, vel *Leuda*, tributum. Vide in *Leudis.*

¶ 2. **LEZA**, Lemovicibus, Agellus strictior, qualis est areola, pulvinus. Obituarium S. Geraldi Lemovic. f. 18 : *Anno Domini* 1502. *et die* 14. *Aprilis Yvers legavit unum sextarium frumenti anno quolibet levandi et percipiendi supra* 17. *Lezas ei pertinentes.* Iterum occurrit fol. 33. et 41.

* Idem quod supra *Lesa*, vulgo *Leze.* Charta ann. 1401 : *Dictus domicellus... assensavit perpetuo... dicto Johanni... duas Lezas ortorum, scitas apud Brinhacum.* Vide *Vismeria.*

* **LEZARE**, *Lezatam* compingere; est autem *Lezata*, ut videtur, carri species. Stat. Montis-reg. pag. 204 : *Item statutum est quod aliqua persona non audeat vel præsumat capere aliquod alienum banchum causa Lezandi, vel faciendi bicocham, vel aliud simile; et qui se Lezaverit super alieno bancho, vel bichocham, seu aliud simile de alieno bancho fecerit, solvat bannum incontinenti solidorum decem, et emendet banchum in duplum, si banchum deterioraretur.* Ibid. pag. 308 : *Item statutum est quod quilibet qui contrafecerit in prædictis vel aliquo prædictorum, incurrat pœnam pro qualibet somata solidorum viginti, pro qualibet carrata seu Lezata solidorum centum.* Vide mox *Lezia.*

* **LEZCA**, Præstatio, tributum. Ordinat. pro reformat. regni Navar. ann. 1322. ex Cod. reg. 8406. fol. 303. v°. : *Item est ordinatum, ne fiat carniceria, ubi sunt stalla ad vendendum carnes et pisces;.... de quibus rex habeat tributum suum et Lezcam.* Vide *Lesda* in *Leudis.*

¶ **LEZDA**, Lezna, Lezta. Vide in *Leudis.*

* **LEZIA**, Carri species. Stat. Perus. pag. 54 : *Si quis furatus fuerit fœnum in fœnerio seu motta de die, solvat pro banno solidos quinque; et si cum curru vel Lezia cœperit de die, solvat pro banno solidos*

decem. Occurrit rursum infra. Vide supra *Lezare*.

* LEZNA, Eadem notione, qua supra *Lezca*. Sent. Navar. episc. Conseran. ann. 1208. apud Marten. tom. 7. Ampl. Collect. col 93 : *Jus quoddam, quod vulgo dicitur Lezna, de quibusdam, quæ extra villam in foro pacis tempore vendebantur, et pedagium salis etc.*

* LHIEVRARE, LHIVRARE, Præbere, tradere, dare, Gall. *Livrer*; unde *Lhievratio*, traditio, nostris *Délivrance*. Charta ann. 1324. in Reg. 71. Chartoph. reg. ch. 109 : *Dixit Lhievrationem eidem factam non valere de jure,... prædicta bona omnia et singula... tanquam plus offerenti Lhuevravit seu Lhievrari fecit.* Alia ann. 1407. ex Tabul. Flamar. : *Et regestra ejusdem hospitii..... eidem Aymerico tradere et Lhivrare debet.* Vide *Liberare* 2.

1. LIA, *Amurca*, Papiæ : Gallis *Lie*. Joannes de Garlandia in Hortulano cap. 21 : *Alii Liam, id est, fæces vini calcinati.*

2. LIA, Alia notione. Vide in *Leda* 3.

* 3. LIA, Jus in vina minutatim vendita, a *Lia*, seu amurca sic dictum. Charta Mathild. comit. Nivern. ann. 1226. inter Probat. Hist. Autiss. pag. 48. col. 1 : *Concessimus centum solidos redditus cursualis monetæ in cryeria et Lya Autissiodorensi annuatim in perpetuum percipiendos.* Vide mox *Liagium*.

¶ LIACULUM, Λιαντήρ, *Vitiligo*, in Supplemento Antiquarii. Aliter mox in *Liare*.

* LIAGIUM, Ejusdem originis et notionis, cujus *Lia*, 3. vulgo *Liage*, recensetur inter jura dignitati majoris Franciæ buticulariiannexa ; quod non ex vinis tantum, quæ minutatim divendebantur, sed ex iis etiam, quæ ad usum quorumdam monasteriorum erant, percipiebatur. Charta Phil. Pulc. ann. 1311. in Glossar. Jur. Gall. ad hanc vocem : *Mandamus tibi quatenus... Guidonem comitem S. Pauli et buticularium Franciæ, ac gentes suas pro Liagio, ac aliis juribus, franchisiis et libertatibus, justitia et cognitione ad officium prædictæ buticulariæ spectantibus, gaudere libere et uti pacifice in villa Par. et alibi permittas, prout ipsum et prædecessores suos buticularios quondam Franciæ antiquitus et hactenus legitime gavisos et usos noveris extitisse.* Et in Lit. præpos. Paris. ann. 1321. ibid. : *Avoit droit pour cause de ladite bouteillerie de avoir la moitié des lies de tous les vins que l'en vendoit à broche en plusieurs celliers en la ville de Paris.* Jura buticul. ex Reg. sign. *Pater* Cam. Comput. Paris. fol. 155. v°. col. 2 : *Item le jour de sainte Genevieve celui qui tient ledit Liage, il convient qu'il soit en l'abbaye de S. Genevieve ou nom dudit bouteillier et qu'il preigne et reçoive un muy de vin de la tonne ou du tonniau de quoy le convent boit, et des deux autres pieces emprès prent ledit muy de vin duquel qu'il veult... Item le jour de la S. Vincent à S. Germain des prez en l'abbaye, celui qui tient ledit Liage, prent un muy de vin, etc.* Charta ann. 1368. in Reg. 99. Chartoph. reg. ch. 369 : *Lesquelx habitans sur la riviere de Marne ne soloient paier à Paris pour queue de vin.... que l'en dist Liage à Paris.* Quæ præstatio alia est ab ea, quæ buticulario debebatur, ut et in Lib. pedag. Paris. ex ead. Cam. Comput. fol. 10. v°. : *La nef qui va à Compiengne et maine vin,... chascune navée doit iiij. liv. et vj. s. vj. den. au roy : laquelle coustume l'en appelle le Liage.* Vide Chopin. in Consuet. Andegav. lib. 1. cap. 8. pag. 178.

* LIAGULA, Ligula, Gall. *Jartiere*. Glossar. Provinc. Lat. ex Cod. reg. 7657 : *Liacamba, Prov. Liagula, subliguor.* Ibidem : *Liame, Prov. liguatura, ligula, corrigia.*

* LIALIS, Idem quod *Ligius*. Vide supra *Feudum Liale*.

¶ LIAIRUS, ut mox *Liardus*. *Mula Liaira*, in Notitia Ecclesiæ de Vancio, tom. 6. Miscell. Baluzii pag. 434.

1. LIARDUS, Color equi, *Gris pommelé*, nostris : *Leardo* Italis, apud Claudium *Corte* Italum lib. 1. *Del Cavalerizzo* cap. 13. ubi eumdem colorem in sex alios dividit, scil. *Leardo rotato, o pomelato, l'armelino o candido, il moscato nero e rosso, l'argentino, il mellatto, et il stornello.* Jul. Scaliger exercit. 325. in Cardanum num. 15. ubi de colore cinericio : *Grisum vulgus vocat, Itali Bretinum voce Gothica, nostri Germani Ghrau, Columella in asino Murinum, in equis Glaucum Virgilius, Leardum vulgus Italiæ.* Versus de Ricardo I. Rege Angl. apud Nicol. Uptonum de Militari Offic. lib. 5. pag. 131 :

En Saffadinus vidit quando Saladinus
Ictu Ricardi petiit postrema Liardi.

Id est, equi liardi. Le Roman *d'Aubry* MS. :

..... Richard siet sor un destrier Liart.

[Le Roman *de Blanchandin* MS. :

Lors brosche le destrier Liart.

Le Roman *d'Athis* MS. :

Athis y vint sur un Liart,
Et Prophilius d'autre part.]

¶ 2. LIARDUS, Moneta minutior, teruncius, Gall. *Liard*. Vide *Moneta regia argentea*.

* Stat. Avenion. lib. 4. pag. 370 : *Pro custodia carcerati exigere possit singulo die unum Liardum seu sex denarios parvos.* Charta ann. 1523. in Reg. 3. Armor. gener. part. 2. pag. xlix : *Accensavit.... quandam platheam ad construendum domum, sitam in loco Anconæ,.... sub censu annuo seu canone perpetuo duorum Lyardorum.*

LIARE, Polire, Græcis, Λιαίνειν. Glossæ : Λίον ποιῶ, *Polio*, Tectorio polire. *Liare cisternam*, apud Tertullianum. Hinc *Liaculum* exponitur in Gloss. Lat. Græc. Λιαντήρ, instrumentum quo subigebant ac fricabant tectorium opus inductum calci et arena, quibus parietes linebant. Utitur Vitruvius lib. 2. cap. 4. et lib. 7. Vetus Inscriptio : *Calce harenata lito politoque.*

* LIASONUS, Lignum quoddam, ut videtur, ad usum molendini. Pedag. castri *de Les* ann. 1263. ex Cod. reg. 4659 : *In xlij. peciis Liasoni cujuslibet molendini percipiuntur quinque solidi Melgorienses.*

¶ LIATOR, in veteri Catalogo Sodalium Confraternitatis S. Mariæ Deauratæ, vel Qui polit, vel potius Qui in fasciculum colligat, aut Qui facit capsas, Gall. *Layetiers*, Hispanis *Liar*, ut et Italis *Liare*, Ligare est, Gallis *Lier* ; unde *Liator* deducere malim, quam a *Liare*, Polire. Sed hæc meæ conjecturæ.

¶ LIAVES, *Ruina*, apud Papiam.

* LIAURECH, Picardis, Aquosus. Charta ann. 1331. ex Chartul. 23. Corb. : *A loco qui dicitur le vier du cherisier usque ad calceiam de Sailliaco aquoso.* Quæ in ead. Ch. vernacule scripta sic redduntur. ibid. : *Depuis le vier du chérisier jusque à le cauchié de Sailly Liaurech.*

LIBA, pro *Libamen* vel *Libamentum* : ex Græc. λοιβή. Joannes Scotus in Areopagiticis :

Hanc Libam sacro Græcorum nectare factam,
Advena Joannes spondo meo Carolo.

¶ LIBACUNCULUS, Parvum libum. Tertull. de Spectac. cap. 27 : *Stillicidium mellis de Libacunculo venenato.*

LIBANINUM, Henricus de Knyghton ann. 1270 : *Præconizatum est voce publica, quod Edwardus cum peregrinis suis partem torniamenti teneret contra omnes advenire volentes. Concurrerunt itaque multi ex omni parte regionis illius, inter quos pedestres multi, et etiam equestres conjurati sunt ad invicem in spoliationem Anglorum, prœ manibus vendentes et equos et arma, et libentes unum Libaninum in spoliationem captivandorum.* Forte *Libamen*.

* LIBANRE. Libert. Vernol. tom. 4. Ordinat. reg. Franc. pag. 640. art. 27 : *Faciat in sua platea, si Libanverit, plures domos.* forte pro *Libanvere*.

* LIBANUM, Massiliensibus *Liban*, Restis crassior. Inventar. ann. 1363. ex Tabul. Massil. : *Item unum Libanum de offa trium cannarum, vel circa.*

¶ LIBASSIUS, *Liber*, apud Papiam.

¶ LIBATIO. Diploma ann. 1345. apud Ludewig. tom. 5. pag. 535 : *Quam quidem pecuniæ summam... absque Libatione quacunque, reddere et solvere totaliter promittimus.* Vereor ne legendum sit *dilatione*. Si retinenda vox *Libatio* intelligi potest Detractio, diminutio, a *Libare*, Excerpere.

¶ LIBATORIUM, *Coxale*. Gloss. Isid. Sed hic restituendum puto *Lumbatorium*, ut jam in *Coxale* dictum. Alibi *Libatorium* est Crater ad effundendum libamen in sacris, qua notione sumitur lib. 3. Esdræ 2. 13. et lib. 1. Macch. 1. 23. Epistola Gaufredi Canonici Regul. tom. 1. Anecd. Marten. col. 497 : *Ibi odoramenta orationum in Libatorio vasis aurei.* Joannes de Janua : *Libatorium, locus ubi sacrificatur.*

¶ 1. LIBELLA, Parva libra, seu libra parvorum denariorum, qui ære et argento misti *Parvi* vocabantur, unde eorum libra Libella dicta, quæ 20. denariorum parvorum erat, quemadmodum libra vulgaris 20. denariorum argenteorum. Parthenoni *Thura* dictæ, diœcesis Namurcensis, centum *Libellas* annuas delegasse legitur Jacobus *de Croy* Episcopus Camerac. in nova Gall. Christ. tom. 3. col. 618. Vide *Libra* et *Moneta*.

* Est etiam *Libella* dimidia chœnicis pars. Vide Lex. jurid. Calvin. in hac voce.

* 2. LIBELLA, Piscis genus. Tract MS. de Pisc. cap. 33. ex Cod. reg. 6838. C. : *Libellam Massilienses peis jouzion appellant, non a fœditate, sed a tegumenti capitis similitudine, quo Judæi olim in Provincia utebantur, Hispani peis limo, limada*

totlandalo. Malim vocem *Jouziou* a Gr. Ζόγαινα, quo nomine Græci illum piscem designant, deducere; quod Massiliensibus non est insolens.

¶ 1. **LIBELLARE**, *Libellum* dare. Vide *Libellus.*

2. **LIBELLARE**, Arca, in qua reconduntur libri. Gregorius Turon. lib. 4. Hist. cap. 41 : *Loricam, ut ferunt, in Libellari, quo chartæ abdi solitæ sunt, recondidit.*

* *Libellarium*, eadem acceptione seu pro Codex, dixit Cicero in Orat. pro Milone : *Exhibe libellarium illud legum vestrarum.*

¶ **LIBELLARIA**. Vide paulo post in *Libellus.*

LIBELLARII, Servi per *libellum*, seu per *chartam* manumissi. *Libellarii antiqui, vel noviter facti*, in Lege Longob. lib. 2. tit. 44. § 2. [** Carol. M. 100.] Adde lib. 3. tit. 5. § 2. [** Pippin. 17.] et Capitulare Pipini Regis Italiæ cap. 6. Charta Ludovici II. Imp. in Chronico Farfensi pag. 654 : *Cum piscatoribus suis, servis, ancillis, Libellariis, curtulatis, offertis, etc.* Alia Caroli Imp. ibidem pag. 658 : *Tam ingenuos, quam servos, Libellarios, aldiones et aldianas, seu Clericos, vel cartulatos et offertos, etc.* Adde pag. 667. [Albertinus Mussatus lib. 12. de Gestis Ital. apud Murator. tom. 10. col. 765 : *Viduarum, pupillorum, pauperum civium, qui inquilini, vassalli, Libellarii erant, ac improprietariorum quibuslibet titulis uterentur, etc.*] Vide *Commendatus.* [** Muratorio Antiq. Ital. med. ævi tom. 3. col. 244. *Libellarii* sunt Emphyteutæ, qui *libellario* jure possident. Vide in *Libellus.* Libellarios ante Caroli M. tempora præbet Speciosi Episc. Florent. charta ann. 724. apud Brunett. Cod. Diplom. Tusc. tom. 1. pag. 469 : *Trado suprascripta curte quamque et omnibus rebus ad ipsam pertinentibus, Libellariis, angarialibus, vineis, silvis, etc.*]

¶ **LIBELLARIS SENTENTIA**, **PROFESSIO**, Sententia vel professio libello seu scripto declarata. Concil. Tolet. I. : *Omnes decem et novem isti sunt, qui et aliis gestis adversus Priscilliani sectatores et hæresim quam adstruxerit, Libellarem direxere sententiam.* Epistola Gerberti tom. 1. Ampliss. Collect. Marten. col. 351 : *Acceptis ab eo terribilibus sacramentis et Libellari professione, pro fide suis Regibus conservanda, quam viva voce in conventu Ecclesiæ recitavit, et propria manu subscribendo roboravit.*

¶ **LIBELLARIUM**. Vide in *Libellus.*

1. **LIBELLARIUS**, Notarius. Testamentum Ephibii Abbatis : *Simplicius Quæstor, Senator, Notarius, Libellarius publicus dictavi, subscripsi anno 2. Childeberti Regis.*

¶ 2. **LIBELLARIUS**, Alia notione, in *Libellus.*

LIBELLATICI, dicti Christiani qui Gentilibus Christum abnegare et diis sacrificare adacti, libello per se, vel per alium judici porrecto, quo ingenue Christianos se esse profitebantur, ob idque sacrificare sibi non licere, præmium seu pecuniæ summam aliquam offerebant et porrigebant, ne quod iis non licebat, facerent. Ita quidem censent Cypriani Interpretes ad Epist. 52. et lib. de Lapsis. At Baronius ann. 253. n. 19. *Libellaticos* dictos censet ex ejusdem Cypriani verbis, Epist. 31. non quod libellos darent magistratui, sed quod acciperent. Horum præterea meminit Epist. 15. 21. Libellaticorum culpam, etsi *Sacrificatorum*, seu Christianorum, qui pœnæ metu sacrificarent idolis, longe minorem statuat, in eos tamen graviter invehitur, ut qui *etsi nefandis sacrificiis manus non contaminaverant, libellis tamen conscientiam polluerant, etc.* Vide S. Augustin. Epist. 164.

☞ Potior videtur Baronii sententia. Et quidem si S. Cypriani verba in Epistola ad Fortunatum spectes, videtur libellus quo pecunia data a sacrificio sese eximebant Libellatici, his fere verbis constitisse, ut eos scilicet diis sacrificasse Imperatorumque mandatis obtemperasse significaretur; quem libellum a magistratu accepisse longe probabilius est quam eumdem ipsi tradidisse.

¶ **LIBELLATICUM**. Vide in *Libellus.*

LIBELLENSIS, Magistratus apud Siculos, [* et alios, ut colligitur ex leg. 32. Cod. de Appellat. (7, 62.) Vide Calvin. Lex. jurid.] qui aliis *Magister libellorum*, qui scilicet libellos supplices subditorum excipiebat, examinabat, et de iis ad Principem referebat, in Constitutionibus Siculis lib. 1. tit. 38. § 2. [** Vide Glossar. med. Græcit. in Λιβελλίσιος, col. 809.]

LIBELLIFIUS, **LIBELLIFICUS**, Qui libellos facit, qui reorum confessiones et testium responsa describit; *Greffier.* Hist. de Exilio S. Martini PP. apud Anastas. in Collectan. pag. 97 : *Dirigitur ab Imperatore ad Diomedis custodiam ad magnanimum Papam Demosthenes Rescriptor et Collaborator sacellarii, et Libellifius cum eo.* Quo loco Baronius habet *Libeltitius.*

LIBELLIO, Notarius, Meneæ ad 10. Maii in S. Alphæo : Ἐρωτῶνται οὖν πρῶτον παρὰ λιβελλίονός τινος ἐκ Ῥώμης μετὰ γραμμάτων βασιλικῶν πεμφθέντος. [*Libellionem ut tabellionem*, apud Nonium ex Varrone. *De capsa miseri Libellionis*, apud Statium, hoc est pauperis bibliopolæ, qui minutos libros vendit. Gloss. Sangerman. MSS : *Libellio*, βιβλιοπώλης. Aliæ apud Martinium : Βιβλιογράφος, *Libellio;* βιβλιοπώλης, *Libellio.* Onomast. apud eumdem : *Libelliones*, γραμματεῖς, Scribæ.]

* **LIBELLIUM**, *Uno fiore*, in Glossar. Lat. Ital. MS.

1. **LIBELLUS**, Charta qua prædium in emphyteusin conceditur, quæ quidem contractus ac pactionis species frequens olim fuit in prædiis Ecclesiasticis : sub vulgari ac recepta nomenclatura, *Precariæ* et *Prestariæ.* Gerbertus Epist. 2 : *Nescio quibus codicibus, quos Libellos vocant, totum sanctuarium Domini venundatum est. Libellum facere* de prædiis, etc. frequens formula in Chron. Casin. lib. 1. cap. 50. 57. 59. 63. lib. 2. cap. 6. 7. 13. 20. 26. 58. 65. 67. 74. lib. 3. cap. 59. lib. 4. cap. 28. etc. *Sub specie Libellorum possidere*, apud Gregorium M. lib. 8. Ep. 61. *Factis Libellis locare*, lib. 9. Epist. 14. *Tenere per Libellum*, in Charta ann. 1179. exarata Papiæ : *Et omnes alias res quas tenent per allodium, vel per Libellum, vel per feudum, sive alio modo.* [*Per Libellum habere*, in Chronico Farfensi, apud Muratorium tom. 2. part. 2. col. 427.] *Per Libellum concedere*, apud Leon. Ost. lib. 2. cap. 91. et in vet. Charta apud Ughell. tom. 5. pag. 684. *Dare ad Libellum*, in Statutis Venetis ann. 1242. lib. 1. cap. 4. id est, in precariam aut emphyteusin. *Libelli rerum immobilium*, ibid. cap. 5. Vide lib. 4. cap. 11. Godefridus Monachus S. Pantaleonis ann. 1168. de Imperatore : *Bonos usus urbis, et locationis Libellos tertii et quarti generis conservabit.* Id est, precarias ad tertiam vel quartam generationem concessas. Rollandinus in Summa Notariæ cap. 1. rubr. de Notulis Ecclesiarum, ubi de Emphyteusi : *Et contractus iste secundum diversas terrarum consuetudines diversis nominibus nuncupatur : dicitur enim Emphyteusis, Precaria, Libellus, Census, Fictum, etc.* Vide Zazium de Feudis parte 9. § 36.

* *Libellum* et *Præstariam* idem fuisse luculenter probat Instr. ann. 870. apud Murator. tom. 3. Antiq. Ital. med. ævi col. 155 : *Priscarum legum auctoritates concesserunt, ut qualiscumque persona res ecclesiasticas sub usu beneficii in suis necessitatibus procurandis vel adsequendis adquirere voluerit, sub ipsius munificentia, qui caput ecclesiæ præesse dinoscitur, in nomine præstariæ sive Libelli, eas tenere sub censo decem et novem annis debeat, atque his expletis aut ipsum Libellum renovare studeat, aut rector ecclesiæ ipsas res in suo jure ac dominatione recipiat.... Et postea vos, illustrissima Ingelberga augusta, a nobis expetistis, ut ipsam villam cum omnibus ad se appendiciis pertinentibus in nomine Libelli sive præstariæ vobis concedere deberemus. Ad Libellum perpetualem*, in Ch. ann. 1199. ibid. col. 161. Qui *Libellus* regis aut superioris domini consensu firmabatur. Charta Chunradi reg. ex Chartul. eccl. Vienn. : *Priscorum norma et cunctarum legum patet auctoritas, ut quicumque res ecclesiæ per Libellum habere voluerit, videlicet xxix. annis, ipsius petat suffragium et tuitionem, in quibus videtur habere dominationem. Quapropter ego in Dei nomine Chuonradus nutu Dei omnipotentis rex.... tibi et ad unum tuum hæredem per Libellum sub usu beneficii concedo etc.*

LIBELLARIO vel *Emphyteuticario jure dare*, vel *possidere*, in Synodo Pontigon. ann. 876. cap. 10. *Libellario jure* dare in Chronico Casin. lib. 1. cap. 50. *Libellarium placitum constituere*, ibidem lib. 2. cap. 3. *Libellario titulo dare*, apud Senatorem lib. 5. Epist. 7. *Sub specie Libellorum possidere*, apud Gregor. M. lib. 8. Epist. 8. *In terra aliena Libellario nomine residere*, in Lege Long. lib. 1. tit. 9. § 22. [[** Liutpr. 91. (6, 38.) *Libellario nomine in feudum dare*, lib. 1. Feud. tit. 5. §1. lib. 2. tit. 9. § 1. *Libellario nomine* concedere apud Gregor. M. lib. 2. Ind. 1. Epist. 1. Petrum Damian. lib. 4. Epist. 12. Ratherium Veronensem de Qualitatis conjectura pag. 211. Leonem Ost. lib. 1. Chron. Casin. cap. 47. in Chartis veteribus apud Ughellum tom. 1. pag. 874. 896. 1100. tom. 5. pag. 676. 677. tom. 7. pag. 1294. etc.

LIBELLARIUS, pro *Libellus*, seu *Precaria.* Charta Podionis Episcopi Florentini apud Ughellum tom. 3. pag. 56 : *Neque volo ut aliquis de ipsis Canonicis habeat potestatem de ipsis rebus Libellarios facere, aut aliquid donare.*

¶ Libellarium, Eadem notione. Charta Ottonis III. Imp. ann. 999. apud Murator, tom. 2. part. 2. col. 503 : *Monasterium ipsum teneat cum omnibus privilegiis quæ ab antiquis tamporibus illi pertinere visa sunt, et quæ noviter per chartulas homines illic contulerunt, aut per Libellaria in toto territorio Tuschano aut Centumcellensi.*

Libellariæ Leges, apud Gerbertum Epist. 12 : *Contemnetur Imperialis Majestas, cum in me, tum in se ipsa, in divisione sanctuarii secundum Leges Libellarias facta, quia consentire nolo, etc.*

Libellaria, Prædium *libellario nomine*, vel *titulo*, concessum. Gerbertus Epist. 6 : *De beneficiis et Libellariis, ex parte nostrum velle ex voto domini nostri Cæsaris executi sumus.* Charta Huberti Marchionis Savonæ ann. 1061. apud Guichenonum in Bibl. Sebusiana cent. 1. cap. 76 : *Contentionem autem vel litemprædii vel Libellariæ, vel cujuscunque rei, etc.*

* Feudo opponitur et pro allodio usurpatur passim in Libris feud. Consule Calvin. Lex. jurid. Vide mox in *Libellus.*

Libellare, per *libellum* dare. Charta ann. 1053. apud Puricellum in Monumentis Ambrosianæ Basilicæ pag. 429 : *Alicui dare, vel commutare, seu Libellare, vel venundare, etc.*

Libellaticum, Concessio et datio ad *libellum*, seu emphyteusin, vel potius pensio quæ pro *libellariis prædiis* quotannis exsolvitur. Gregor. M. lib. 1. Ep. 42 : *Sed ipsa etiam Libellatica, prout summa pensionis fuerit, moderentur.*

¶ 2. Libellus, Causidici scriptum in litigiis. Statuta Massil lib. 1. cap. 20. § 11 : *Si qua persona litigans in curia Communis Massiliæ perdiderit causam suam per Libellum seu occasione Libelli male dictati, ille qui fuit dictator Libelli teneatur illi perdenti reddere, quod nomine salarii inde acceperat.*

* Latius patet hæc definitio, proprior est, quam proponit Calvin. in Lex. Jurid. : Quædam scriptura, in qua continetur nomen actoris et rei, res quæ petitur et causa petendi. Has *Libelli*, Gall. *Requête, demande*, conditiones his versibus exprimit Hostiensis :

Quis, quid, coram quo, quo jure petatur, et a quo,
Recte compositus quisque Libellus habet.

Libellus Anathematis, Excommunicationis bulla. Anastasius in S. Agapeto : *Hic ortu Episcopatus sui Libellos Anathematis, quos invidiæ dolo extorserat.... incendio consumpsit.*

* Libelli Appellatorii. Vide Calv. Lex. jurid.

¶ Libellus Confessionis, Quo quis reatum suum confitetur, et ab eo absolvi flagitat. Vide in *Pœnitentes.*

* Libellus Conventionalis, Charta conventionum. Charta ann. 1210. ex Chartul. S. Vinc. Laudun. ch. 159 : *Tandem idem comes Libello conventionali super prædictis omnibus.... quædam specialiter ad jus ecclesiæ pertinere recognovit. Libellus conventialis*, in Consuet. Carcass. ex Reg. L. Chartoph. reg. ch. 3.

* Libellus Divortii, in L. fin. pœnituit ff de Divortiis (24, 2.), qui et *Libellus repudii*, apud S. Matth. cap. 5. v. 31. quo matrimonium dissolvitur.

¶ Libellus Famosus, Gall. *Libelle diffamatoire.* Capitul. lib. 6. cap. 316 : *Si qui inventi fuerint Libellos famosos in Ecclesia ponere, annathematizentur.* Et lib. 7. cap. 361 : *Qui in alterius famam in publico scripturam aut verba contumeliosa confinxerit, et repertus scripta non probaverit, flagelletur. Et qui ea prius invenerit, rumpat, si non vult auctoris facti causam incurrere.* Adde cap. 200. ejusd. lib. ubi exilio mulctantur ejusmodi libellorum auctores : et Concil. Terracon. ann. 1329. apud Marten. tom. 4. Anecd. col. 288. ubi eadem excommunicationis sententia atque *conspiratores* innodantur.

* Eadem, quæ in Capitulis regum nostrorum statuitur pœna adversus hujusmodi libellorum auctores divulgatoresve, legitur etiam in Legibus Poloniæ a Prilusio collectis pag. 448 : *Si quis famosum Libellum, sive domi, sive in publico vel quocumque loco, ignarus repererit : aut corumpat priusquam alter inveniat, aut nulli confiteatur inventum. Si vero non statim easdem chartulas vel corruperit, vel igni consumpserit, sed vim earum manifestaverit; sciat se quasi authorem hujusmodi delicti severæ sententiæ subjugandum.* Extat titulus de *Famosis libellis* in Cod. Justin. lib. 9. tit. 36. Vide Dissert. de iis ad calcem Diction. Baylii.

* Libellus Funeralis. Vide supra *Funeralis.*

* Libellus Osculi, Charta donationis propter nuptias. Vide in *Osculum.* Charta dotalit. Teuthelinæ ann. circ. 1020. ex museo D. *de Clairambault : Hæc omnia suprascripta examantissima conjux mea per hunc Libellum osculi tibi cedo ad habendum, tenendum et possidendum. Si autem aliquis fuerit qui contra hunc osculum venire aut ulla repetitione infrangere temptaverit, quod petit non vindicet.*

* Libellus Pensionarius, Quo *pensio* seu præstatio annua reservatur. Charta ann. 952. apud Murator. tom. 1. Antiq. Ital. med. ævi col. 164 : *Quod si quolibet modo quispiam Chartam pro quavis modis vel tenore fecerint absque Libello Pensionario, hanc Charta inane et vacuam decerno permanere, et ipsa res sine omni obstaculo ad me meosque heredes redeat potestate.*

¶ Libellus Poenitentiæ seu *Pœnitentialis*, Quo quis imposita et indicta pœnitentia, a reatu, quem ultro fatetur, absolvitur, aut absolvendus reservatur et Ecclesiæ reconciliandus. Qui quidem libelli repudiantur in Addit. 3. ad Capitul. tom. 1. col. 1199 : *Repudiatis ac penitus eliminatis Libellis quos Pœnitentiales vocant; quorum sunt certi errores, incerti auctores.* Vide in *Pœnitentes.*

¶ Libellus Præceptorius, Scripti obligatio, Gallis, *Obligation.* Statuta Arelat. MSS. art. 161 : *Consules Arelatis recipiant omnes Libellos Preceptorios a conquerentibus, et satisfieri faciant creditoribus.* Haud scio an melius legerim, *Precatorios*, Libellus quo quis aliquem de re quapiam precatur.

* Nihil mutandum esse probant Statuta Avenion. ann. 1243. cap. 19. ex Cod. reg. 4659 : *Statuimus quod nullus inantea, nisi sit notarius, faciat Libellos præceptorios ad lx. solidos superius, inferius tamen possint illos facere scriptores jurati a curia.* Eodem sensu dicimus, *Un billet à ordre.*

¶ Libellus nude, Eadem notione. Statuta eadem art. 139 : *Neque clavarii.... possint... Libellum facere super bona communis... nisi de voluntate totius Consilii.* Litteræ Philippi Pulcri ann. 1292. insertæ Litteris Johannis Franc. Regis ann. 1362. tom. 3. Ordinat. pag. 611 : *Quod habitatores dicti loci non teneantur Libellum reddere infra quantitatem 50. solidorum, nec usque ad dictam quantitatem; nec de aliqua quantitate de quo perceptum exstet a Curia dicti loci sigillo dicte Curie sigillatum.*

¶ Libellus Professionis, Charta qua quis monasticæ vitæ nomen dedit. Vita S. Bernardi edit. 1690. col. 1221 : *Post decessum beati viri simul in uno loco reperti Libelli Professionum octingenti octoginta octo, exceptis quam pluribus aliis, qui negligentia et longinquitate temporis dilapsi, non poterant inveniri.* Vide *Libellaris Sententia.*

¶ Libelli Oblatio, In jus vocatio, Gall. *Assignation*, prima litis actio. Charta ann. 1329. in Chartul. Æduensi : *Omnia et singula quæ et prout superius sunt expressa tenenda firmiter, attendenda, complenda.... inviolabiliter observanda de plano absque strepitu et figura judicii, absque Oblatione Libelli, contestatione litis, et sine copia litterarum præsentium facta parti alteri.* [* *Libelli oblatio* non est vocatio in jus, sed ipsa scriptura judici porrecta, cujus titulus est in Decretalibus.]

* Libellus Recusationis, Quo judex vel testis recusatur, in L. apertissimi Cod. de jud. (3, 1.)

Libellos Dare. Tradit S. Augustin. lib. 22. de Civitate Dei cap. 8. *Fideles*, in quibus Deus miraculum quodpiam operatus esset, libellos dare solitos Episcopo, qui rem prout gesta esset, continerent, et populo recitarentur. Exempla ejusmodi libellorum profert idem Augustinus Ser. 31. et 39. de Diversis : morem vero etiam attigit Evodius Uzalensis Episcopus lib. 2. de Mirac. S. Stephani cap. 1.

¶ **LIBELTITIUS**, Vide *Libellifius.*

LIBER, Saxonice Land-boc, vel Bocland, id est, *terra ex scripto*, quasi *terra libraria, terra testamentalis*, in Legibus Kanuti Reg. cap. 32. apud Bromptonum. *Terra hæreditaria*, in Legibus Alvredi cap. 20. et ejusdem Kanuti cap. 104. apud eumdem Bromptonum. Fundum, inquit Lambardus, veteres aut ex scripto, qui Bocland : aut sine scripto, qui Folcland dicebatur, possidebant. Quæ fuit ex scripto possessio, commodiori erat conditione, hæreditaria, libera, atque immunis. Fundus sine scripto, censum pensitabat annuum, atque officiorum servitute erat obligatus. Priorem viri plerumque nobiles, atque ingenui, posteriorem rustici fere et pagani possidebant. Illam Angli vulgo *Frechold*, et per Chartam; hanc *ad voluntatem Domini* appellant.

Ejusmodi autem fuit conditionis Bocland, ut ad hæredes transire necessario deberet, proindeque alienari non posset, nec vendi. Leges Henrici I. cap. 70 : *Si Bocland habeat, quam ei parentes dederint, non mittat eam extra cognationem suam.* Quod etiam statui in Legibus Alvredi cap. 37. observat Spelmannus, etsi aliam legis sententiam fuisse contendat Somnerus, nempe, alienari non posse, si testamento, aut alio scripto, id prohibitum fuerit. V. Leges Edwardi Senioris c. 3. et Henrici I. c. 13. Epistola Gauffridi Supprioris et Monachorum Ecclesiæ Cantuariensis ad Regem Henricum II. apud Somnerum in Tractatu de Gavelkind, pag. 210 : *Sed et hoc attestantur scripta vetustissima, quæ lingua Anglorum Landbokes, id est, terrarum Libros vocant.* Concilium Clovesohense ann. 822 : *Huic reconciliationi consensit, ea conditione, ut præfata Abbatissa prænominatam terram scilicet centum manentium, cum libris quos Angli dicunt* Landboc, *et cum eadem libertate quam ante habuerat, in perpetuam hæreditatem tradere.* Mox : *Ista quoque reconciliatio nec hac vice rata fuit, quia post hæc præmissio 12. mensibus imperfecta remansit. Retenti sunt enim tres manentes de prædicta conditione, et Libri quinquaginta septem manentium, Liber de Bockland, Liber de Wambelea, Liber etiam Herferdingland.* Rursum : *At illa coram posita Concilio, suffusa leni pudore, omnia quæ deerant, humiliter promisit se reddituram. Libros etiam quarundam terrarum quos ante non promiserat, cum terris in eodem Concilio Archiepiscopo libenti animo reddebat... terram quoque 30. manentium ubi dicitur Cumbe, cum libello ejusdem terræ, pro emendatione Archiepiscopo dedit.* Conventiculum Clovesohense ann. 824 : *Habuit autem Episcopus ante nominatus terram cum Libris, sicut Æthelricus ante præcepit, ut ad Wigorniensem Ecclesiam redderetur. Statuta autem atque decreta ab Archiepiscopo et ab omni sancta Synodo illa consentienti, ut Episcopus qui Monasterium et agellum cum Libris haberet, cum juramento Dei servorum,... sibi in propriam possessionem terram illam cum adjuratione adjurasset.* Unde porro Angli et Dani *boc* et *bog* pro libro usurparint, vide conjecturam Olai Wormii in Literatura Runica cap. 1. [** Grimm. Antiq. Jur. German. pag. 493.]

¶ Liber Censualis, seu *Polyptychum*, in quo summa cujusque Ecclesiæ seu Monasterii possessionum exhibebatur. Nullum antiquiorem novimus Codice MS. Irminonis Abb. Sangerman. regnante Carolo M. exarato.

* Libri Claustrales, De vita monastica agentes. Testam. Alani episc. Autiss. ann. 1182. inter Instr. tom. 12. Gall. Christ. col. 137 : *Dedit nobis præterea septem calices et omnes Libros suos, tam claustrales quam ecclesiasticos.*

Libri Deifici. Ita Christianorum libros sacros vocabant gentiles. Vide Passionem S. Felicis Episcopi Tubizacensis, et gesta purgationis Felicis Episcopi Aptungitani.

¶ Libri Judicum, Codex legum Gothicarum apud Navarros Antiq. Navarræ pag. 421 : *Cindasuinctus Rex. Recesuinctus Rex. Egica Rex. Urraca Regina. Sancio Rex. Ranimirus Rex. Sarracinus socius. Vigila Scriba. Garsea discipulus. Hi sunt Reges qui abtaverunt Librum Judicum... In tempore horum Regum atque Reginæ perfectum est opus libri hujus discurrente* T. XIIII. id est, 1014. Moretus vertit : *Estos son los Reyes, que ajustaron el Libro del Fuerojuzgo.*

¶ Libri Lintei, In tela linea descripti, de quibus Titus Livius aliique Romanarum scriptores. Horum hic meminimus tantum ut moneamus telam hanc lineam aliam prorsus fuisse a charta nostra, quæ usus est longe recensioris. Vide Mabill. lib. 1. Diplom. cap. 8. num. 16.

¶ Liber Mixtus, si sic legendum, videtur esse genus esculenti cibis in Monasterio ministrari consuetis superadditum. Necrologium Parthenonis sancti Petri de Casis : IV. *Augusti obiit D. Petrus Estrelatz, qui dedit Conventui unum Librum mixtum et unam crelhat apres lo mas pro pitancia.* l. *Libum.*

¶ Liber Ordinalis, Ordinarius, Ordinis, Liber in quo ordinatur modus celebrandi officii divini. Vide *Ordinale.*

Libri Nigri, de Necromantia, apud Eckehardum de Casib. S. Gall. cap. 2 : *Ne miremini, si diabolus a quo nigros Libros noctibus discunt, fascinatorum suorum calices, ne offenderentur, continuit.* Martianus Capella lib. 2 : *Erantque quidam* (libri) *sacra nigredine colorati, quorum literæ animantium credebantur effigies.*

¶ Liber Ordinarius, In quem quotidie referuntur acceptum et expensum. Leges Palatinæ Jacobi II. Regis Majoricæ inter Acta Sanctorum Junii tom. 3. pag. 1 : *Habeat etiam tertium librum, qui vocetur Liber ordinarius, in quo scribat omnes receptas nostras et datas.*

* Liber Provincialis, Liber censuum, qui in diversis provinciis ecclesiæ Romanæ pensitabantur. Apocha census Romæ persoluti inter Probat. Hist. S. Emmer. Ratisbon. pag. 15 : *Sicut in Libro provinciali sive censuali Romanæ ecclesiæ vidimus contineri.*

* Liber Sacramentorum, Liber ecclesiasticus, in quo continetur Missarum officium, idem quod *Missale* 2. Chartul. S. Joan. Angeriac. fol. 172. v°. : *Hujus rei ipsa Aldeardis et filii sui cum Libro sacramentorum, qui vulgo dicitur Missalis, donum super altare sancti Petri fecit.* Vide in *Sacramentum.*

* Liber Sacrificiorum, Eadem acceptione. Vide infra in *Sacrificium.*

¶ Liber Sæcularis, A profano et gentili auctore scriptus. S. Wilhelmi Constitut. Hirsaug. lib. 1. cap. 21 : *Pro signo Libri sæcularis, quem aliquis composuit Paganus, generali præmisso signo Libri, hoc adde, ut aurem cum digito tangas, sicut canis cum pede pruriens solet; quod nec immerito tali animanti infidelis comparatur; quod etiam signum est canis.*

Liber Pacis, qui, ni fallor, osculandus offertur Sacerdoti a Diacono vel Subdiacono. Charta ann. 1247. in Hist. Monasterii S. Mariæ Suession. pag. 445 : *Relictoque thuribulo in Choro, Diaconus offeret librum pacis, et hora consueta Subdiaconus portabit Librum pacis ad Abbatissam et Priorissam, et ad tenentes chorum, et ad alias Dominas, et exibit cum thuribulo et Libro pacis, alia quæ ad celebrationem Missæ pertinent, officiabitur faciendo.* Infra : *De modo incensandi ad Vesperas, de processione diei, de Pace et textu portandis, et de tota Missa, etc.*

* Libri Plenarii Evangeliorum, Integer quatuor Evangeliorum textus, in Mirac. S. Emmer. tom. 6. Sept. pag. 499. col. 1.

* Liber Sermocinalis, Qui *Sermones* continet. Vide infra *Sermocinalis.*

* Liber Signorum, Qui, ut videtur, notis scriptus est. Stat. Vercel. lib. 3. pag. 49. r°. : *Item statutum est quod omnia fodra, banna et condemnationes imposita et facta, et quæ de cætero fient et imponentur per commune Vercellarum.... scribi debeant per notarios cameræ librorum communis Vercellarum in eorum libro, qui appellatur Liber Signorum.* Vide *Signum* 7.

¶ Liber Temporum, id est, Paralipomenon, apud S. Hieronymum lib. 2. in Ruffinum cap. 8.

Liber Vitæ, *Martyrologium*, ad cujus calcem scribuntur nomina benefactorum. Testament. Bertichramni Episcop. Cenoman. : *Sic quoque ut nomina illorum in Libro Vitæ in ipsa Basilica recitentur.* Infra : *Post meum obitum ipsa S. Ecclesia in honore sancti Stephani ad suam revocet ditionem, et nomen meum in Libro vitæ inibi, qui tunc tempore Pontifex fuerit scribi jubeat.* [Charta ann. 1219. apud Kennettum Antiq. Ambrosden. pag. 189 : *Et cum de hac vita migraverimus, facient nomina nostra scribi in Martirologio suo.* Vide *Martyrologium.*]

☞ Ritus iste adscribendi in *Libro vitæ* seu Martyrologio nomina Fratrum, benefactorum et eorum qui ex condicto in societatem admissi erant, ab ineunte sæculo sexto invaluit, uti colligere est ex laudato Bertichramni testamento. Ejusdem rei testes Litteræ Theodetrudis matronæ, quæ eodem tempore, anno scilicet XLIII. Chlotharii Regis ob donationes Dionysiano cœnobio factas postulat, ut *nomen suum in Libro vitæ conscriberetur.* Insignis hac eadem de re locus eodem ævo exstat apud Bedam in Epistola ad Eadfridum Episcopum et ad Congregationem Lindisfarnensium Monachorum. Observandum vero quod benefactores aliique non adscribebantur inter Monachos, sed inter *Familiares*; unde vetus Necrologium S. Benigni, ut docet Mabillon. tom. 3. Analect. pag. 488. ita dispositum est, ut in duplici aperti codicis pagina iidem dies utrimque repetantur, et in uno quidem loco Fratres, in alio Familiares recenseantur. Plura vide apud Mabill. ibid. pag. 485. et seqq.

¶ Liber Viventium, In quo quotidianæ Monachorum *præbendæ*, seu cibi et potus portiones diurnæ, unde *Liber viventium* dictus, recensentur. Charta incerti anni apud Mabillon. tom. 5. Annal. Bened. pag. 678 : *Præbendas aliasque administrationes, prout ab antecessoribus nostris accepimus, in hoc Libro qui dicitur Viventium, fecimus adnotari, quatenus Fratres liberiores in divino Officio peragendo redderemus, sublata totius murmurationis tinea.*

¶ 1. **LIBERA**, pro *Libra*. Charta Chlodovæi III. ann. 692. apud Felibian. Hist. Sandion. p. XII : *Milli quingentas Liberas.* Charta Harvichi tom. 1. Ampliss. Collect. Marten.

col. 56 : *Insuper etiam inferat in partibus ipsius Monasterii... auri Liberas duas, argento pondo quinque.* Vide *Libra.*

. *. 2. **LIBERA**, Hedera, ni fallor, Gall. *Lierre.* Charta Hugon. de Gornayo pro monast. Belb. in Reg. 155. Chartoph. reg. ch. 378 : *In cunctis nemoribus suis herbagium, pasnagium, felgam et Liberam ad fenum faciendum.*

LIBERA WARA. Vide *Wara.*

LIBERALIS HOMO, Saxonibus Ѣegen, unde vox *Thainus*, Baro, vir nobilis. Leges Kanuti Regis Angl. ex textu Roffensi : *Si in domo Liberalis, quem supra Thegen nominavimus, et quidam dicunt Twelfhændman, hoc fit, etc.* Vide *Thainus.*

* Charta Balduini comit. Hann. ann. 1147. in Chartul. Clarifont. ch. 16 : *Præsentis scripti paginam sigilli nostri impressione firmamus et Liberalium virorum subnotatione roboramus. Testes comitis Balduini. S. Teoderici de Waslers. S. Teoderici filii ejus. S. Lodeuuici de Frana.* In alia ann. 1170. ibid. ch. 38. *militibus* præponuntur *viri Liberales.* [** *Servis... exceptis si qui Liberalis Mulieres acquirant, eorum filii nullum censum reddant*, in chart. Dagobert. ann. 675. apud Brequin. num. 380. novæ edit.]

1. **LIBERALITAS**, *Libertas.* Ita Glossæ MSS. ad Concil. Carthag. can. 32.

* Ita et nostri *Libéral*, pro *Libre*, Qui libero solutoque animo est, sui compos. Lit. remiss. ann. 1410. in Reg. 165. Chartoph. reg. ch. 149 : *La suppliante doubtant que un sien ami ne la voulsist délaissier, se complaigny à une femme lors demourant en la ville de la Rochelle, qui se savoit entremettre et estoit experte en la science et art d'enchantemens, sortiléges et conjuremens de herbes, et lui pria qu'il lui pleust lui pourveoir; laquelle femme lui respondi qu'elle lui bailleroit une telle herbe, que se elle en pouoit toucher son ami, il l'ameroit et seroit plus ardent de son amour qu'il n'avoit oncques esté et ne s'en pourroit départir sans le consentement de la suppliante : et de fait icelle femme lui bailla ledit jour de l'erbe, appellée prouvenche, toute conjurée,.... et lui ordonna que sur icelle herbe elle deist premiérement et avant toute euvre certain nombre de patenostres et Ave Maria; ce que fist la suppliante, et toucha son ami de ladite herbe; lequel n'a point sceu, trouvé ne congneu que ladite herbe ait ouvré en sa personne : ains se sent et tient si Libéral de soy, qu'il n'a plus cure de la suppliante. Libéralement* vero, idem quod Sponte, libenter. Math. de Couciaco in Carolo VII. pag. 699 : *Lesquelles choses iceluy comte de Sainct-Paul ne faisoit pas bien Libéralement ny de bon cœur.* Lit. remiss. ann. 1450. in Reg. 185. ch. 31 : *Laquelle fille, qui avoit grant affection de s'en aler avecques lesdiz compaignons, s'en sortist Libérallement et sans contrainte hors de ladite chambre.*

** 2. **LIBERALITAS**, Artes *liberales.* S. Bened. Grisp. poemat. medic. apud Maium classic. auctor. tom. 5. pag. 391 : *Septiformis facundiæ Liberalitate ditavi.*

* **LIBERALIUS**, Liber, immunis. Charta ann. 1483. ex schedis D. *Chaix* adv. Aquens. : *Possessiones francas et Liberalias ab omni onere et servicio.*

1. **LIBERARE**, Mittere, remittere, *Expedier, envoyer, renvoyer.* Vetera Statuta Corbeiensis Monasterii pag. 1. et 2. ubi de Monachis qui ad Cellas, vel ad ministeria sua mittuntur : *Vel si alii adhuc mittantur Clerici vel Laici, non tamen ad illum numerum 150. adjungendi sunt, sed semper separatim habendi, et tunc Liberandi sunt secundum quod temporis ille qui præest eis singulis dare jusserit. Isti vero 150. uno semper tenore in nostris diebus Liberandi sunt, sicut hodie per singulas officinas Liberantur.* Ita *liberari* dicitur, qui causam suam prosecutus coram judice, prolata sententia ab eo domum remittitur. Leges Luithpranpi Regis Longob. tit. 70. § 1. [** 95. (6,42.)] : *Si quis... vivente eo* (judice) *requisierit dicendo, quod Liberatus non sit, faciat illi justitiam, post quantoscunque annos requisierit. Causam liberare*, judicium conficere, proferre, ibidem tit. 20. § 9. tit. 52. § 1. [** 27. (4,9.) 73. (6,20.)]

* Hoc posteriori sensu legitur in Charta Roger. castel. Insul. ann. 1225. ex Tabul. S. Petri Gand. : *Quod si eos* (captos) *Liberare nescientes* (Scabini) *et magisterium suum consulere et inquisitionem veritatis habere voluerint, abbas et castellanus eis et magisterii sui consilium et inquisitionem veritatis faciet exhiberi.*

2. **LIBERARE**, Præbere, dare, Gall. *Livrer, délivrer.* Capitula Caroli C. apud Carisiacum : *Dedit omnibus licentiam... redeundi ad propria, exceptis his quos specialiter pro specialibus causis considerandis, vel pro dona Liberanda secum aliquantis diebus manere præcepit.* Hugo de Cleeriis de Majoratu Franciæ : *Senescallus præparare et Liberare faciet hospitium.* Matth. Paris ann. 1257 : *Rex interim Francorum fecit optime communiri Castra Normanniæ, et a personis suspectis amovit custodias et Magistratus, et Liberavit eas suis Francigenis et Normannis.* [Charta Conventionum inter Henricum Regem Angl. et Willelmum Regem Scot. in Libro nigro Scaccarii pag. 38 : *Liberavit Rex Scotorum domino Regi castellum de Rokesburc.* Infra : *Liberavit... David fratrem suum in obsidem.* Charta ann. 1337. apud Rymer. tom. 4. pag. 735 : *Præfatus comes... Liberatus fuit in prisona... detinendus.*]

¶ **LIBRARE**, Eadem notione. Bernardus in Ordine Cluniac. part. 1. cap. 12 : *Hospitibus et omnibus qui in monasterio ad equos præbendam recipiunt, ipse Librat eam.* Computus ann. 1333. tom. 2. Hist. Dalph. pag. 277 : *Item Libravit per manus Jacobi de Riveria usseriis regiis... taren.. v. gran.* xvi. Charta ann. 1392. tom. 2. Maceriarum Insulæ Barbaræ pag. 665 : *Sacrista et successores sui in perpetuum teneantur et debeant Librare singulis Canonicis...* xii. *denarios monetæ in dicta Ecclesia Librari consueta.* Occurrit in veteri Calendario Ecclesiæ Claromant. apud Baluzium tom. 2. Hist. Arvern. pag. 508. in Epistola Clementis IV. PP. tom. 2. Anecd. Marten. col. 478. etc.

¶ **LIVRARE**, Eodem perinde significatu, a Gallico *Livrer.* Charta vetus apud Lobinellum tom. 2. Hist. Britan. col. 836 : *Dux tenebitur assignare, tradere et Livrare eidem Comitissæ* x. M. *librarum reditus.* Alia ann. 1381. ibid. col. 1615 : *Episcopus incontinenti tradidit et Livravit eidem Laurentio... dictum equum.* Occurrit alibi.

¶ LIVERARE, LIVERATIO. Statuta Vercell. l. 1. f. 15. v°. : *Qui ostenderint ipsius Liverationis instrumenta, quæ facta fuerint de jure, solvatur eis precium pro quo Liverata sunt.*

¶ LIBERARE SE, Gall. *Se livrer*, Sese tradere. Ogerii Panis Annales Genuens. ad ann. 1203. tom. 6. Muratorii col. 403 : *Papienses vero cum magna multitudine militum duxerunt illum* (Regem Siciliæ) *ultra Lambrum, ibique expectatus a Cremonensibus et Marchione de Este, eis se Liberavit, et cum maximo gaudio Cremonam intravit.*

¶ LIBERARE, notione passiva non semel occurrit in Processu de Miraculis B. Simonis Erem. Aug. tom. 2. Aprilis pag. 628. et 629 : *Cursius Liberavit*, id est, Liberatus fuit. Infra : *Ejus filius Liberavit.*

¶ LIBERARE IN SACRARIO, Incerta notione legitur in Capitulis Adalhardi inter Acta SS. Benedict. sæc. 4. part. 1. pag. 758. XLVII : *De miscendo in sacrario et cito Liberando.* XLVIII : *De tepide cantando.*

DELIBERARE, Idem quod *Liberare.* Gall. *Délivrer.* Porrigere, in manus tradere, in Capit. Caroli M. lib. 6. cap. 285. [** 370.] Capitul. Caroli C. tit. 43. extremo, apud Gaufredum Malaterram lib. 4. cap. 27. in Epistola 40. inter Sugerianas, etc. [Vide *Deliberare* suo loco.]

DELIBERATIO, Gallis *Délivrance*, in Chartis Parensalib. form 9. apud Ægidium de Roya ann. 1395. in Monast. Anglic. tom. 1. pag. 324. etc. *Charta deliberationis*, id est, traditionis, in Privilegio S. Amandi tom. 2. SS. Ord. S. Benedicti pag. 1094.

DELIBERARE. Concilium Dusiacense I. part. 2. cap. 33 : *Hincmarus autem respondit, quia febris illum tangebat, et statim deinde vellet Deliberari, ut sanguinem posset minuere*, quo loco *Deliberare* est egredi.

¶ LIBRARE EQUOS, Pabulum, et quidquid nomine *fodri* significabatur, equis ministrare. Charta ann. circ. 1296. in Instrum. tom. 4. Gall. Chr. col. 35 : *Et quia dictus locus patens est omnibus viatoribus, et posset ab hospitibus maxime in Librando equos multipliciter gravari; nolumus quod in dicto Monasterio ministretur Libra equorum ibidem hospitantibus.* Vide *Fodrum.*

¶ LIBRAGIUM HERBÆ, Jus exigendi *librationem herbæ* seu fœni pro equis. Pacta ann. 1300. tom. 1. Hist. Dalph. pag. 54. col. 1 : *Ordinamus quod dictus Consolatus et jus civaeri, bladorum, legunumum et aliorum, prout et de quibus soliti sunt præstari, Libragium herbæ ac salinagium, quod olim dicebatur esse de juribus Consolatus prædicti.* Vide *Herbagium* et *Forragium* in *Fodrum.*

¶ LIBRARE FESTUM, Die festo pecuniam distribuere. Kalendarium Claromont. apud Duchesnium in Notis ad Bibl. Cluniacens. : *Quarto Nonas Jan. Octava S. Stephani et Odilonis Abbatis et Confessoris, pro quo festo Librando Odilo de Mercorio Canonicus Claromontensis... promisit* XL. *solidos censuales aut reddere semel* XL. *libras, et debent Librari in Missa et Vesperis dicti festi.*

¶ LIBRARE NOBILES ET FRANCOS in Dalphinatu dicebantur Castellani, qui nobilibus et Francis ad bellum profecturis, ac militaturis sumtibus Dalphini, cibaria necessaria providebant : hinc in Litteris ad Castellanos missis pro bellica citatione, ut observatur tom. 1. Hist. Dalphin. pag. 48. sæpius occurrunt hæc verba : *Castellani provisi per unum mensem Librare Nobiles et Francos Castellaniarum suarum.* Charta ann. 1340. apud Duchesnium in Probat. Hist. Dalphin. Vienn. pag. 63 : *Ut primo allocetur et Libretur in exercitu et cavalcatis Dalphinalibus ipse* (Aynardus Claromont.) *et sua comitiva post D. Dalphinum.* Alia ejusd. anni tom. 1. Hist. Dalphin. pag. 53 : *Parati Nobiles et Francos vestræ Castellaniæ Librare per omne tempus et modum in aliis nostris Litteris dicti mandi insertum.* Vide mox *Liberatio.*

* Liberare, Auctione facta adjudicare, occurrit in Charta ann. 1442. ex schedis Pr. de Mazaugues : *Quod dictus nuntius pro qualibet incantatione et incantu faciendo per eum, recipiat denarios sex de rebus Liberatis seu ad incantationem venditis pro libra et non ultra; et ubi non Liberarentur res seu bona quæ incantarentur, pro ipso eodem incantu tres denarios recipiat.* Vide infra *Librare* 3.

Liberatio, Quidquid in pecunia, vel cibo, et potu, vel vestimentis a domino domesticis, aut *Officialibus* quotannis, vel certis ac definitis anni tempestatibus *liberatur*, seu præbetur. Hugo de Cleeriis de Majoratu Franciæ : *Tunc Panetarius mittet Comiti duos panes atque vini sextarium, et coquus frustum panis et vini haustum : hæc est enim Liberatio Senescalli illo die.* Charta Roberti Ducis Norman. filii Ricardi : *Habens una quaque die... de Liberatione 6. panes et 6. fercula coquinæ, et unum sextarium vini, etc.* Ricardus Hagustaldensis de Episc. Hagustald. : *In prædicta Eboracensi Ecclesia unam portionem de communi eorum pro Liberatione ipsius illi dedit.* Rogerius Hovedenus pag. 738 : *Cum autem Rex Scotiæ ad Curiam Regis Angliæ venerit, quandiu ipse in Curia Regis Angliæ moram fecerit, habebit quotidie de Liberatione 30. sol. et 12. wastellos dominicos, et 12. simenellos dominicos, et 4. sextaria de dominico vino Regis, etc.* Brompton : *Et dedit unicuique eorum vadia sua, et Liberationem ab illo die usque ad proximum Pascha sequens.* Constitutiones Ottoboni Cardinalis apud Lindwodum, seu Concilium Londinense ann. 1268. cap. 49 : *Quidam Abbates, Priores, interveniente pretio... ad certum tempus vel ad vitam illorum quibus fit concessio, certum quid, quod communiter Liberationes appellant, communiter vendunt, et assignant pro vitæ necessariis singulis diebus, vel certis temporibus exsolvendum.* [Charta ann. 1270. tom. 1. Chartularii S. Vandregesili pag. 767 : *Scilicet in pane, potu, cibo... oblationibus, carnibus et aliis omnibus Liberationibus.* Alia ann. 1318. apud *Madox* Formul. Anglic. pag. 316 : *Concessimus Johanni dicto piscatori unam Liberationem annuam in domo nostra quoad vixerit capiendam; videlicet qualibet septimana septem panes qui vocantur Prikelings, et septem lagenas cervisiæ.* Adde Chartam fundationis Sacræ Capellæ Paris. ann. 1245. apud Lobinell. tom. 3. Hist. Paris. pag. 121. col. 2. et aliam Philippi V. Franc. Regis ann. 1318. ibid pag. 128. col. 1.] *Liberationes diurnæ*, in Fleta l. 2. cap. 27. § 5. Ita usurpant Ricardus Hagustaldensis cap. 8. et alii. Le Roman *de Florimont* MS. :

Si ont pris del Roi congié,
Et li Rois leur a moult proié,
Li povres perdu prend congié
Qui prennent de lui Livraison,
Et il et tuit si compagnon.
Et il respond, Nou prendrai mie,
Livrer nous doit li Rois d'Ongrie.

Le Roman *de Vacce* MS. :

A ceux qui voudront promit terres,
Si Angleterre peut conquerre :
A plusieurs promit Livraisons,
Riches soudoiers et bons dons.

Maxime vero ita appellabant nostri vestes, quæ certis anni tempestatibus ac festis a Regibus nostris, (atque adeo etiam proceribus aliis) liberis, domesticis ac officialibus quotannis præbebantur : idque *Livrées* vocabant. Computum Stephani Fontani Argentarii Regii ann. 1351 : *Ledit Argentier n'a rien délivré lesdits jeunes enfans de France, excepté pour Messeigneurs Jean et Philippes de France, et Loys de Bourbon, lesquiex furent vestus de Livrée avec Monsieur le Dauphin le jour de Noël, et retenus en sa compagnie : quar il fu ordené qu'ils seroient faits Chevaliers nouveaux à la feste de l'Estoile prochainement ensuivant.* Alibi : *Des dras que Madame la Royne et pour sa Livrée de myaoust, et aussi de la touture et de la façon des robes d'icelle Livrées, l'Argentier en fait mise en son compte precedent.* Rursum in alio cap. : *Dras de laine pour le corps de Mons. le Dauphin, et de ceux de sa compagnie; c'est à savoir le Duc d'Orliens, le Comte d'Anjou, les Comtes d'Alençon et d'Estampes, et le Duc de Bourgogne, et aussi pour Mess. Jean et Philippes de France, et Loys de Bourbon, de leurs robes qu'ils orent de Livrée ensemble, et à part eus à la myaoust, et en compagnée avec lesdits Seigneurs, depuis qu'ils furent ostez du Gouvernement de Madame la Roine, des robes qu'ils orent à leur Chevalerie, et ceux aussi qui furent faits Chevaliers ensemble avec eux, c'est à savoir Messire Philippe et Loys de Navarre et Charles d'Artois, et des habits que ledit Mess. Charles ot avec lesdits Seigneurs et Comtes à la feste de l'Estoille.* Hæc et similia quæ apud Scriptores nostros crebro occurrunt, docent cur pedissequi seu famuli *Liberatas*, seu *les Livrées*, dominorum suorum deferre dicantur : de quibus præterea agimus in vocibus *Pallium* et *Roba.*

¶ Librata, Eadem notione. Charta ann. 1394. ex Archivo S. Victoris Massil. : *Johannes Abbas erat obligatus in 300. flor. auri causa emptionis pannorum diversorum colorum in butigia drapariæ, tam pro suo vestiario, quam et pro vestiario seu Librata scutiferorum.* Alia ann. 1480. ex eodem Archivo : *Quidam verberavit acriter servitorem... portantem Libratam civitatis,*

Manet id nominis, tæniolis ac lemniscis, quos pileis apponunt adolescentes, aut quibus se adornant mulierculæ : sed et eo referunt Rigaltius et Meursius quod habet Constantinus Porphyrogenitus in Tacticis, ubi præcipit ut milites cassides habeant pulcre samiatas, in earumque cono τουφία μικρὰ, ἤγουν λιβρία, id est, uti interpretantur, *des Livrées.* Quod si ita est, istius vocis usum perantiquum esse dicendum erit, tametsi vix putaverim Constantini ætate nostris ejusmodi tæniolas nuncupatas. Præbebantur autem *Liberatæ* seu robæ in festo Christi natalitio, et in Assumtione Deiparæ, quas *Livrées de Noel et de la Myaoust* appellabant.

¶ Librata, Hospitiorum præbitio seu designatio. Litteræ Clementis VII. PP. ann. 1382. tom. 10. Spicil. Acher. pag. 242 : *Ad hæc si Romanus Pontifex, qui pro tempore fuerit, vellet cum sua curia in aliqua civitatum... regni Adriæ morari, hoc possit libere et absque impedimento quocumque... et tam circa Libratas ordinandas, cancellos f[illegible]ta, rationes domorum, jurisdictione Marescalli libera et aliorum officialium curiæ Romanæ.* Ordinatio Johannis XXII. PP. supra ordinandis Libratis Cardinalibus in Civitate Avenionis, apud Sebastianum *Lantoni* tom. 1. Histor. Avenion. pag. 164 : *In Librata superiori domus episcopalis assignata sunt hospitia infrascripta.* Et infra : *Istud hospitium exemptum fuit a dicta Librata, et loco ipsius hospitii fuit assignata ipsi Librata quædam cava seu volta lapidea, quæ est subtus ipsum hospitium.*

¶ Liberatio, Merces, salarium. Charta Henrici Regis Angl. ann. 1155. apud D. *Brussel* tom. 2. de Usu feudorum pag. iv : *Nullus Vicecomes, vel Baillivus noster, vel alius capiat equos vel caretas alicujus pro cariagio faciendo, nisi reddat Liberationem antiquitus statutam; sed et pro careta ad tres equos x. denarios per diem, et pro careta ad tres equos, xiii. den. per diem.*

¶ Liberatio, Voluntas, sententia, consilium. Testamentum Bertichramni Episc. Cenoman. tom. 3. Analect. Mabill. pag. 127 : *Ergo quia votus, et Liberatio, et deliberatio mea est, ut etc.*

¶ Liberatio, Securitas, cautio. Conventio inter Henricum Reg. Angl. et Theodorum Comitem Flandriæ in Libro nigro Scaccarii pag. 30 : *Si Rex eos* (obsides) *tamdiu retinere voluerit ad Liberationes Regis, etc.*

Clericus Liberationis, in Legibus Malcolmi II. Regis Scotiæ cap. 5. qui *Liberationibus* annotandis et describendis præest.

Liberata, Præbitio, *Livrée.* Tabularium Dunstapulense : *Liberata bosci quam habet Prior in Bocwood.* Infra : *Liberata prati in le South-Maede.* Statuta Henrici IV. Regis Angl. Apud Westmonast. ann. 1. inter cætera statuitur, *quod nullus Archiepiscopus, Episcopus, Abbas, vel Prior, nec aliquis alius Ecclesiasticus, vel temporalis cujuscumque status seu conditionis existat infra Regnum Angliæ, det aliquam Liberatam panni, nisi solummodo familiaribus et officiariis suis, ac illis, qui de consilio suo existunt tam spiritualibus, quam temporalibus in una lege, vel in altera eruditis, etc.* Vide *Capitium.*

Liberata, Idem quod *Liberatio.* Nicol. Upton. lib. 1. de Militari officio cap. 17 : *In Anglia quando Rex aliquem nobilitat, solet una cum feudo signum, hoc est, Liberatam suam nobilitando condonare, etc.* Vide Sebastian. Fantinum Castruccium in Hist. Avenionensi pag. 288.

¶ Breve de Liberate, Chartula liberationis. Mandatum Henrici III. Regis. Angl. ann. 1262. apud Rymer. tom. 1. pag. 751 : *Mandamus vobis quod scrutatis rotulis Cancellariæ nostræ, faciatis habere venerabili Patri R.. Carent. Archiep. Breve suum de Liberate de termino S. Michaelis... de annuo feodo suo, quod percipit ad scaccarium nostrum.*

¶ Liberatura, ut *Liberata*, Præbitio. Statuta Ricardi II. Reg. Angl. ann. 1380. apud Rymer. tom. 7. pag. 242 : *Item, quod quilibet scholarium prædictorum de Liberatura sua sibi fieri faciat robam talarem, decentem et honestam pro statu clericali.* Charta Henrici VIII. ann. 1545. apud eumd. Rymer. tom. 15. pag. 76 : *Damus... licentiam specialem quod ipse deinceps annuatim quolibet anno.... dare possit viginti Liberaturas panni... dabit Liberatas seu Liberaturas panni.*

¶ Libratura, Eadem notione. *D. Episcopus Cabilonensis pro procuratione Prioratus de Chievres percipit sex libras Viennenses et unam thuris libram in festo S. Vincentii; delatori vero debet Præsul unum candelæ cereæ cubitum et unam Libraturam avenæ*, tom. 4. Gall. Christ. col. 909.

¶ Libratio, ut *Liberatio*, Præbitio, distributio. Jura et reditus Ecclesiæ Nobiliac. apud Stephanotium tom. 3. Antiq. Pictav. MSS. pag. 527 : *In festo B. Juniani accipit Abbas a Priore unum bovem ad faciendas Librationes.* Charta Guidonis Comitis Nivern. apud Baluzium tom. 2. Hist. Arvern. pag. 31 : *Dominus de Thierno petebat sibi præstari talem Librationem, qualem uni ex Canonicis præstatur in pane et vino et denariis.* Testamentum ann. 1337. ibid. pag. 311 : *Lego ecclesiæ Camaleriæ perpetuo duas Librationes vini et panis quolibet anno.* Charta ann. 1223. ibid. pag. 490 : *Assedimus... XL. solidos Claromont. debitales in redditibus villæ nostræ de Mona percipiendos in perpetuum annuatim... ad Librationem dicti anniversarii faciendam.* Pro quodam annuo reditu sumi videtur in Charta ann. 1239. tom. 1. Chartular. S. Vandreg. pag. 1119 : *Quidquid de Libratione percipiebamus annuatim ratione dicti molendini.*

¶ Libratio Claustri, Libratio Superpellicii. Hæc distributio est quæ singulis fit Clericis, qui divinis intersunt officiis; illa vero quæ iisdem fit ratione *præbendæ*. Epist. Clementis IV. PP. pro Eccl. Aniciensi ann. 1267. tom. 2. Anecd. Marten. col. 478 : *Clericuli omnibus Horis intersint, et si duabus Horis diurnis vel nocturnis defecerint, priventur Libratione superpellicii ipsa die. Et si succentor negligens fuerit circa correctionem eorum, die illa qua non correxerit negligentes, claustri Libratione puniatur.* Et col. 479 : *Quilibet qui in Canonicum ejusdem Ecclesiæ fuerit receptus, vel dignitatem seu personatum adeptus, nihil percipiat de Librationibus superpellicii vel præbendæ, prima Libratione dumtaxat excepta, doneo, etc.* Hinc

¶ Libratus Canonicus dicitur, qui hujusmodi *Librationes* percepit. Bulla Innocentii VIII. PP. pro Canonicis Genevensibus ann. 1484. in Continuatione magni Bullarii Rom. pag. 291. col. 1 : *Ordinarunt quod singula nomina Canonicorum per ordinem secundum eorum receptionem in libro regulæ scribantur... et ille prior vel primus esse dicatur et senior, qui primum manualiter in choro extiterit Libratus, licet alius forte primo extiterit installatus et receptus, sed non Libratus.*

Livreia, ex Gallico *Livrée*. Charta Philippi Reg. Franc. ann. 1316. ex Tabulario S. Wandregesili : *Significatum est nobis forestam nostram... multipliciter devastari sub umbra Livreiæ, quam percipiunt Abbas et Conventus S. Wandregesili, etc.*

* 1. **LIBERATA**, Tessera vestiaria, Gall. *Livrée*. Elmham. in vita Henr. V. reg. Angl. edit. Hearn. cap. 10. pag. 20 : *Post tanta regalis convivii solemnia, novelli milites ipsa pallia exuentes, vestes de Liberata regia ejusdem sectæ preciosas nimium induebant.* Vide in *Liberare* 2.

* 2. **LIBERATA**, Acceptilatio, Gall. *Décharge*. Pactum inter Ludov. XI. dalph. et ducem Sabaud. ann. 1445. apud Guichen. pag. 356 : *Quod ipse debeat nobis seu nuncio nostro aut procuratori mandatum sufficiens et potestatem a nobis habentem recipiendi, recepisse confitendi, acquitationem dandi et Liberatam faciendi, etc.* Hinc

* **LIBERATARIUS**, Qui *liberatas* seu acceptilationes potest legitime dare. Vide supra *Appaltor*.

¶ **LIBERCULUS**, Libellus. Acta B. Andreæ Hispellati tom. 1. Junii pag. 365 : *Summarium ex Liberculo Fr. Thomæ de Hispello.*

LIBERI, Qui nulli servituti obnoxii sunt, ingenui. Duplex autem fuit liberorum ordo, eorum scilicet qui *Liberi* et *Nobiles*, et aliorum qui *Liberi* quidem essent, sed *non nobiles*. Lex Frision. tit. 11. § 2 : *Si nobilis Liberum occiderit, etc.* § 4. *Si Liber nobilem occiderit, etc.* Adde § 13. 14. In Lege Angliorum tit. 1. § 1. nobilis, *Adalingus* dicitur, cujus interfecti compositio longe major esse dicitur quam liberi. [* Consule Muratorium de Liberorum conditione disserentem tom. 1. Antiq. Ital. med. ævi col. 713.] [** Grimm. Antiq. Jur. Germ. pag. 281. sqq. Guerard. Chartul. S. Petri Carnot. § 26.]

Ita apud Saxones, *Liberos* a *Nobilibus* fuisse distinctos observat Adam Bremensis cap. 5. *Liberi* autem proprie dicti videntur, qui ab antiquo ex servis manumissis originem traxerant. Theganus de Gestis Ludovici Pii cap. 44 : *Fecit te Liberum, non nobilem, quod impossibile est post libertatem.* Ita *nobiles* sunt, qui nulla originis ac servitutis macula coinquinantur. *Liberi* autem *homines* sub patrocinio alicujus esse debebant, nec omnino sui juris erant. Charta divisionis Imperii Caroli M. cap. 3 : *Præcipimus ut quemlibet Liberum hominem, qui dominum suum contra voluntatem ejus dimiserit..... neque Rex suscipiat,... hoc non solum de Liberis, sed etiam de servis fugitivis statuimus ordinandum.* Et cap. 5 : *Et unusquisque Liber homo post mortem domini sui licentiam habeat se commendandi, etc.* Similia habentur in Conventu apud Marsnam in Adnuntiatione Caroli cap. 2. ex quibus Concilium Tricassinum ann. 878. cap. 6 : *Nemo alterius Liberum hominem... recolligere præsumat, sine illis causis, quas leges mundanæ præcipiunt.* [Chron. Novalicense apud Murator. tom. 2. part. 2. col. 751 : *Et volo ut omnis liberti nostri, quos et quas parentes nostri fecerunt Liberos, et nos postea fecimus, ut ad ipsam heredem meam Ecclesiam S. Petro aspiciant, et obsequium et impensionem, sicut ad parentes nostros et nobis juxta legis ordine debetur impendere, ita et inantia ad ipsa herede meam S. Petro Novalicis monasterii constructa facere debeant. Quod si contumacis aut ingrati... steterint, liceat Agentes... eos cum pietatis ordine cohercere, etc.*] Eosdem esse cum *Commendatis*, de quibus supra, satis colligitur. Similia habentur in divisione Regni Ludovici Pii cap. 4. 6. et in Conventu I. apud Marsnam pag. 69. qua notione *Liberi* intelliguntur in Charta ejusdem Ludovici pro Hispanis. Vetus Charta apud Guillimannum lib. 2. Rerum Helvetic. : *Ego Henricus dictus Schuden, vir Glaronensis, Liberæ conditionis, una cum filiis meis, etc.*

¶ Liberi per Chartulas, Libertate donati, manumissi. Greg. Turon. lib. 9. Hist. Franc. cap. 26 : *Ingoberga Regina, Chariberti quondam relicta..... migravit a sæculo, multos per chartulas Liberos derelinquens, septuagesimo, ut arbitror, vitæ anno, relinquens filiam unicam.* Vide *Manumissio*.

Liberi, Coloni. Lex Alamannorum cap. 1. tit. 9 : *Quicunque Liberum Ecclesiæ, quem Colonum vocant, occiderit, etc.* Leo Ost. lib. 1. cap. 61 : *Eo etiam tempore octo familias Liberorum hominum in cella S. Benedicti de Caudis eodem Abbate rogante concessit.* Fori Bigorrenses cap. 15. *Censuales rustici vel Liberi non in expeditione Comitem sequantur, etc.* Cap. 37 : *Si quilibet Liber dominum suum morte interveniente prodiderit, etc.* Mox : *Lege Liberi originalis possidere.* Ubi *Liberi*, iidem qui *Manentes*, *Hospites*, *Mansionarii*, qui lege *originis* dominis subduntur, a servis tamen et libertis, ac maxime ab *hominibus de corpore* sejuncti. Charta Communiæ S. Quintini ann. 1195 : *Illi homines nostri Liberi, qui non sunt homines nostri de corpore, si venerint in Communiam, poterunt esse cum omnibus rebus suis illuc secum allatis.* Vide *Colonus*. Potioris tamen esse conditionis *Liberi* dicuntur in Capit. Caroli C. tit. 12. cap. 5 : *Si Liber homo fuerit, bannum domin cum componat; et si colonus fuerit, 60. ictus accipiat.* Adde tit. 31. cap. 15. 23. tit. 39. cap. 2. ubi coloni servorum loco habentur.

* Liberi *ex omni costa*, Qui ab operibus immunes sunt, vel qui ex omni parte sunt liberi et ingenui. Vide supra *Costa* 4.

* Liberi Forestæ, Quibus foresta uti liberum est. Chartar. Norman. ex Cod. reg. 4653. A. fol. 69 : *Dicunt quod abbas de Noa habet singulis diebus unam quadrigatam brancarum sine liberatione, et nemus fractum et irradiatum; dum tamen famuli abbatis ibi veniant antequam alii Liberi forestæ.*

Liberi Homines apud Alemannos nobiliores dicuntur, *Freyherren*, quorum scilicet majores nullam, quod sciatur, servierunt servitutem, et hi, proprie *Nobiles*. Nam qui ex servitute manumissi libertatem consequebantur, *Ingenui* dicti, et ab Alemannis *Semperfry*, ex formula manumissionis, *Semper Ingenuus atque securus existat*. Ita Goldastus ad Eckeardum Junior. cap. 9. Bruno de Bello Saxonico : *Fridericum de Monte qui inter Liberos homines vel nobiles eximius habebatur, famulum suum esse asseruit*. Infra : *Et hominibus advenis vestra bona largiens vos ipsos Liberos et ingenuos ignotorum hominum præcipiet servos esse*. Idem alibi : *Dicebant ex persona Ottonis et Herimanni Comitis, se solos ex Liberis hominibus... beneficio fugæ in Saxonia relictos*. Christianus Archiepisc. Moguntinus in Chron. : *Principibus, Comitibus, Baronibus, et Liberis, et ab omni populo venerabilis habebatur*. Conradus Usperg. ann. 1168 : *Milites quippe Teutonicos in dignitatibus Italiæ constituit : nam quendam Liberum Bideluphum Ducem Spoleti effecit*. Acta Murensis Monasterii pag. 3 : *Habuerunt vero hic quidam divites Liberique homines curtim, etc*. Mox tamen id tituli tribuitur rusticis : *Cæteri rustici qui erant Liberi, et in ipso vico constituti, etc*. Ita rursum pag. 45. Charta Andreæ Episcopi Traject. ann. 1134. apud Miræum in Diplomat. Belg. lib. 1. cap. 52 : *Folcodus de Berma vir Liber et dives*. Hanc subscribunt *ex Liberis hominibus Arnoldus juvenis Comes de Cleve, Gerungus de Asper et Guilielmus filius Comitis Guilielmi*. Adde cap. 53. Chronicon Trudonense lib. 7. pag. 428 : *Habebat Herimannus nepotem quendam Gualterum nomine de Harchs, Liberum quidem hominem, et plurima in prædiis et feudis possidentem*. Specul. Saxon. lib. 1. art. 3. § 2. et lib. 3. art. 45. § 2 : *Spectabiles, nobiles, et Liberi domini*. Vide Chartam ann. 1128. in Biblioth. Cluniac. pag. 1387. [** Eichhorn. Histor. Jur. German. § 337.]

Liberi Sagittarii, in Chronico Beccensi ann. 1467. qui vulgo nostris *Francsarchers*.

LIBERIA, pro *Libraria*, Bibliotheca, Gall. *Librairie*, in Hist. Australi ann. 1259. [Vide *Librarium*.]

¶ **LIBERITAS**, pro *Libertas*, apud D. *Secousse* tom. 3. Ordinat. Reg. pag. 116.

¶ **LIBERRIA**, Vita S. Godelevæ, tom. 2. Julii pag. 417 : *In finem usque in se conservari intemeratam Liberriam lætatur*. Cl. Editor monet sic legi in MS. putatque non licere substituere *Libertatem*, cum potius, inquit, indicetur castimonia. Sed quid si *libertas* hic significaret cœlibatum? Quæ cœlebs vivit, libera est seu a *lege viri liberata*, ut loquitur Apostolus 1. Cor. 7. 39. Potius ergo crediderim legendum *libertatem*, quam retinendum esse barbaram vocem *Liberriam*, qua *fortasse insinuare voluerit Scriptor S. Godelevam a liberis abhorruisse*, ut habet laudatus vir eruditus.

1. **LIBERTARE**, Manumittere, libertatem impertiri, liberum facere. Lex Burgund. tit. 87. § 1 : *Minorum ætati ita credidimus consulendum, ut ante 15. ætatis annos eis Libertare, nec vendere, nec donare liceat*. Concilium Ticinense sub Benedicto VIII. in Præfat. : *Servos Libertant, licet non possint*. Occurrit in Concilio Hispalensi I. can. 1. [in Lege Ripuar. tit. 58. § 1.] in Legibus Wisigoth. lib. 12. tit. 2. § 14. in Chron. S. Sophiæ Benevent. pag. 618. in veteri Charta apud Ughell. tom. 7. pag. 865. d. etc.

Libertare, Libertatem et immunitatem loco alicui conferre. Liber de Fundat. Monasterii Gozecensis pag. 233 : *Quod Cœnobium isdem Comes in honore B. Joannis Evangelistæ constructum sub Apostolicæ Sedis auctoritate Libertavit*. Chronicon Senoniense lib. 4. cap. 6 : *Oppidum quod Nuremberg dicitur, munivit et Libertavit*. [Privilegium Mathiæ Regis Hungariæ pro Monasterio Dobirlucensi, apud Ludewig. tom. 1. pag. 511 : *Et etiam a quavis molestia eximimus, Libertamus et absolvimus gratiose, exemtosque, Libertatos et absolutos decernimus per præsentes*.]

* 2. **LIBERTARE**, Libere et publice agere. Libel. supplex a Bohemis concilio Basil. ann. 1438. exhibitus : *Supplicamus quatenus vestræ paternitates dignentur permittere ad minus evangelia, epistolas et symbolum in vulgari in Missis et ecclesiis coram populo ad excitandam devotionem Libertari, legi et decantari : nam in nostro linguagio Sclavico ex indulto ecclesiæ olim ab antiquo in vulgari suo exercetur, etiam in nostro regno*.

LIBERTAS, Districtus loci alicujus, intra quem incolæ *libertate*, privilegio, ac jure civitatis gaudent : *Franchise*, nostris. Chronicon Trudonense lib. 4. pag. 391 : *Acer quidem erat, constansque... tanquam generose natus de Libertate et familia Lovaniensium*. Bracton. lib. 3. Tract. 2. cap. 25. § 1 : *Ubi liber homo captus fuerit et imprisonatus contra pacem in Curia, vel infra Libertatem alicujus*. Adde cap. 35. et lib. 5. Tract. 5. cap. 32. § 6. 7. Fori Bigorrenses art. 8 : *Si Monasteria quamlibet terram de Libertatibus acquisierint,.... in legalibus exercitibus faciant servitium unius legalis Militis, etc*. [Charta ann. 1227. apud Thomasserium in Biturigibus pag. 85 : *Si quis hujusmodi Libertatem exire voluerit, ad terminum nominatum censam suam pagabit et quittabit, et in eodem statu quo erat remanebit*. Alia ann. 1251. ibid. pag. 90 : *Dono et concedo mansionariis S. Kartesii hujusmodi Libertatem, videlicet quod omnes homines et feminæ manentes infra Libertatem et metas Libertatis S. Kartesii, quitti penitus et immunes erunt a talleis, charreis, falcationibus, fenacionibus et omnimodis bienniis, salvis mihi exercitibus et cavalgariis meis, in quibus me sequentur per tres dies tantum*.] Charta Franchisiarum *d'Aix* in Biturigibus, Henrici D. Solliaci ann. 1301 : *Omnes autem illos qui in dicta Libertate manserint, qui mihi talliam debent, vel debebunt, volo esse immunes ab omni tallia et questa Præpositorum, etc*. Charta Theobaldi Comitis Campan. ann. 1228. pro franchisiis hominum de Viconovo, in Chart. Camp. Thuani fol. 155 : *Concessi etiam dictis hominibus meis et illis qui venient manere in Libertatem eorum, talem justitiam, videlicet, etc*. Monasticum Anglic. tom. 1. pag. 47 : *Cum pertinentiis infra patriam et præcinctum vocatum Episcopatum et Libertatem regalem sancti Cuthberti Dunelm. inter aquas de Tyne et Tese*. Historia Abbatiæ Condomensis pag. 489 : *Ato de Euglada dedit Libertatem quandam nomine Anerdat de Tauran*. Et pag. 493 : *Garsias nomine quandam Libertatem S. Petro moriens donaverat*. Infra : *Alteram Libertatem S. Joannis vocatam de Guarderas datis 30. solidis... comparavit*. Adde tom. 2. Monast. Angl. pag. 183. Matth. Paris pag. 638. 677. Lindanum in Teneræmund. pag. 220. Matth. Westmon. ann. 1259. pag. 367. etc.

Libertas, Charta ingenuitatis, manumissionis. Testamentum Widradi Abbatis Flaviniac. : *Volumus etiam ut ingenuos eos fecimus, aut inantea fecerimus, quanticunque in ipsa loca manent... inspectas eorum Libertates super ipsas terras pro ingenuis commaneant*.

Libertas, Præstatio quæ pro tuitione datur : alias *Salvamentum* dicitur. Ch. Willelmi Comitis Pontivi ann. 1205. in Histor. Ecclesiast. Abbavillensi cap. 26 : *Capellæ sanctæ Crucis 13. libras, et dimidiam Libertatem in festo Pentecostes*.

¶ Libertas, Immunitas. Charta ann. 1271. tom. 1. Chartul. S. Vandreg. pag. 819 : *Pro hiis autem donatione, dimissione et concessione dederunt mihi prædicti Religiosi et concesserunt Libertatem manerii mei de Estaintot de omnibus consuetudinibus ac servitiis*.

¶ Libertas, Licentia, consensus. Charta Ludovici Regis Franc. ann. 1160. e Chartulario Montis-martyrum : *Insuper ipsum conquestum... et herbergarium quod in conquestu fecerat mea Libertate*.

Libertas Decembrica. Joannis Sarisberiensis Proœmio ad Polycraticum : *Sic dum corrigatur, Horatius etiam servis, ut Decembri Libertate utantur, indulget*. Adde eumdem lib. 7. cap. ult. Vide *Kalendæ*, et Horat. lib. 2. Sat. 6.

Libertas Ecclesiastica vel Canonica. Hincmarus Remensis Ep. 7. ex Labbeanis : *Deinde Sigebertus cui illud beneficium dederam*, (sic legendum) *secundum antiquam consuetudinem Clericum petiit, qui in ipsa Ecclesia a te ordinaretur : cui secundum consuetudinem antecessorum meorum, et secundum regulas Ecclesiasticas, ac synodalia Capitula, Clericum de potestate Ecclesiæ nostræ ea conditione concessi, ut si tu illum probabilem judicares, ego illi Libertatem Ecclesiasticam darem : et sic demum illum regulariter ordinares*. Infra : *Sed quia mihi pro honore Coepiscoporum nostrorum ipsarum sedium complacuit, ut illis decedentibus Clericos ordinandos in eisdem Ecclesiis Episcopis propriarum Ecclesiarum dirigerem cum Libertate Ecclesiastica, et literis meis ordinandos Presbyteros, in præfatis Ecclesiis misi, etc*. Rursum : *Et si eundem Clericum in eadem Ecclesia vis ordinare, scribe mihi secundum morem, et ego illi Libertatem Ecclesiasticam dabo*. Denique : *Si autem ipse Clericus, cui per tanta tempora ipsam Ecclesiam in Follanæbraio habere, et in ea laborare consensisti, non placet, et per rationem, aut pro crimine, aut pro indocibilitate illum rejeceris, quem contra regulas sine mea licentia, et sine Libertate canonica ordinasti, ostende, et alterum inveniemus, etc*. Quibus in locis *Libertas Ecclesiastica* et *Canonica*, est facultas quam habet Episcopus nominandi ac præsentandi Presbyterum alteri Episcopo, in cujus diœcesi Ecclesiam habet a sua dependentem, qui ab eo ordinetur, ut in ea sacra munia obeat.

¶ Libertas Romana, Immunitas ab Ordinarii jurisdictione, quæ fit ut quædam Ecclesiæ ad Sedem Rom. nullo medio pertineant. Bulla Urbani II. PP. ann. 1096. tom. 6. Spicil. Acher. pag. 22 : *Sancimus... ne quis ulterius Archiepiscopus aut Episcopus adversus eamdem Ecclesiam audeat excommunicationis aut interdictionis proferre sententiam, quatinus idem Monasterium ex ipsius B. Ægidii traditione sanctæ Romanæ Ecclesiæ propria subditum, Romanæ semper Libertatis gratia perfruatur.*

LIBERTAS ROMANA, Jus civium Romanorum, jus civitatis, jus immunitatis. Vita S. Adelheidis Imperatricis cap. 7 : *Ante duodecimum circiter annum obitus sui, in loco qui dicitur Salsa, urbem decrevit fieri sub Libertate Romana, quem affectum postea ad perfectum perduxit effectum.* [** Vide Mitterm. Element. Jur. Germ. § 134. not. 2. ult.]

LIBERTAS. Gretzerus in Episcopis Eystetensib. cap. 45 : *Hujus Bercloldi est sanctio illa, qua coërcet eorum improbitatem, qui Sacerdotum defunctorum bona libere invadebant ac diripiebant, conceditque singulis Clericis liberam testandi facultatem, ea tamen conditione, ut quotannis per decurias seu decanias distributi certo in loco conveniant, remque divinam faciant, quod etiamnum fit, vocaturque vulgo talis conventus Libertas, quod Sacerdotes libere de suis rebus disponendi libertatem obtineant.*

LIBERTATICUM, Obsequium ac servitium, quod Libertus patrono suo debet ratione libertatis concessæ, et quod ille sibi reservavit in Charta ingenuitatis. Olim enim apud Romanos Liberti patronis donum, munus, ac operas debebant, toto Tit. de Oper. Libertor. in Digest. (38,1.) Formula vetus 48. ex Bignonianis : *Nec ulli hæredum meorum nullum impendas servitium, nec hominium, nec Libertaticum, nec ullum obsequium, nec patronaticum.* Apud Marculfum lib. 2. form. 32. *Libertinitatis obsequium* appellatur.

LIBERTATIO, pro *Libertas, facultas*, in Charta Ursonis Archiep. Bar. apud Ughell. tom. 7. pag. 853.

¶ **LIBERTATUS**, Libertate donatus. Charta ann. circiter 805. apud Murator. tom. 2. part. 2. col. 746 : *Una cum ministrale nostro Johanne et infantes suos, Libertato cum infantes suos.* Alter exstat locus in *Libertare*.

LIBERTI, a servitute manumissi. Ut enim Romani cum conditione operarum præstandarum servos suos manumittebant, ut patet ex toto Tit. de Oper. Libert. (38,1.) quas etiam extraneis elocabant, ut earum lucrum pretiumve caperent, leg. Patronis Dig. eod. Tit. ita Wisigothi, Franci nostri et Longobardi servos suos a ditione sua et potestate duris fere semper conditionibus relaxant, adeo ut non tam libertatem consecuti, quam servitutem mutasse viderentur : quod satis colligitur ex Lege Wisig. lib. 5. tit. 7. § 14. [Greg. Monachus in Chronico Farfensi, tom. 2. Muratorii part. 2. col. 398 : *Constituit ipsius Libertos... ut ipsas res cultarent et meliorarent et annualiter persolverunt hordei modia* x.] Atque inde cautum legimus in Concilio Aurelianensi IV. cap. 9. ut Liberti, quos de servis Ecclesiæ Episcopus fecisset, in ingenuitate conservarentur, ita ut ab officio Ecclesiæ non recederent : et in Aurelianensi V. can. 6. ut Libertos sine voluntate illius qui eos absolvit, ordinare non liceret. Sed et meminit Ivo Carnotensis Epist. 132. Statuti ejusdem Ecclesiæ *de non admittendis ad Clerum Libertis* : [Nec mirum, cum ad servitutem revocari potuerint ab iis qui illos libertate donaverant. Index vet. Canonum, tom. 3. Concil. Hisp. pag. 29 : *De superbis Ecclesiæ Libertis, ut ad servitium revocentur.*]]** Vide Murator. Antiq. Ital. Dissert. 15. tom. 1. col. 841.]

Erant igitur Liberti, vel manumissi sub obsequii conditione, in familia, et ex familia Patroni, seu manumissoris : ita ut ii, eorumque liberi professionem edere identidem tenerentur, qua et manumissorum conditionem, et se ex familia manumissoris esse profiterentur, ut est in Concilio Toletano IV. can. 70. Tolet. VI. can. 9. Cæsaraugustano III. can. 4. et in Legibus Wisig. lib. 5. tit. 7. § 21.

Tantum vero aberat ut ingenuitatem plenariam adipiscerentur, ut ne cum ipsis siquidem ingenuis matrimonio copulari iis liceret. Quod si ejusmodi nuptiæ contraherentur, nati ex ea conjunctione liberi, libertinæ conditionis existebant, uti statuitur in Concilio Toletano IX. can. 13. 14. 15. 16. et in Legibus Wisigoth. lib. 5. tit. 7. § 17. Sed et a Palatinis officiis arceantur in Statuto Ervigii Regis Gothor. Hispan. quod præfigitur Concilio Toletano XIII. et can. 6. ejusd. Concilii. Ad testimonia perinde ac servi non admittebantur, etsi id eorum liberis liceret, ex Legibus Wisigoth. d. tit. § 12. et Capit. Caroli M. lib. 6. cap. 157. [** 159.] Si absque liberis, et *inordinati* decederent, ad patronos redibat eorumhæreditas, cap. 14. et in L. Bajw. tit. 58. § 4. Vide *Patrocinium*.

¶ **LIBERTICA** RES. Vide *Libertinitas*.

* **LIBERTICARE**, Libertatem et immunitatem conferre. Charta ann. 1123. in Tabul. Absiens. : *Et omnes terras.... ab omnibus consuetudinibus et servitiis mihi et hæredibus meis pertinentibus Libertico.* Vide in *Libertare* 1.

¶ **LIBERTINENSIS** VILLA. Sic translatis civibus Edicto Ludovici XI. Regis Franc. per aliquod tempus vocitata est Atrebatensis civitas in rebellionis vindictam. Charta ann. 1482 : *Propter hoc personaliter constitutus honorabilis vir Joannes de Beaumont alter Scabinorum villæ Libertinensis, prius Atrebatensis nuncupatæ.*

* 1. **LIBERTINI**, Iidem qui *Liberti*, a servitute manumissi, cum conditione operarum exhibendarum. Charta Andr. reg. Hungar. ann. 1214. inter Probat. tom. 2. Annal. Præmonst. col. 21 : *Contulit etiam jobbagionem, nomine Bera, obtentu fidelitatis suæ ita ex omni jugo servitutis exemptam, ut nulli omnino servili conditioni subjaceat; nisi ipse vel sui posteri ab ecclesia se alienare voluerint. Libertinos contulit minoris libertatis, quorum officium est præstare ad omnem nutum præpositi vel fratrum.* Alias *Libertini* appellantur ex *Libertis* nati.

* 2. **LIBERTINI**, in Act. Apostol. cap. 6. v. 9 : *Surrexerunt autem quidam de synagoga, quæ appellatur Libertinorum, etc.* Circumvicini, qui sunt ad latus utrumque, ut exponitur in Comment. Trevolt. ann. 1701. mens. Jun. pag. 119. Ubi pro Λιβερτίνων, legendum Λιβυςίων observatur in Longuer. part. 2. pag. 103.

LIBERTINITAS, Liberti conditio, vel prædium et possessio liberti. Charta Abbonis pro fundatione Monasterii Novalicensis, ex Tabulario Ecclesiæ Gratianopolitanæ fol. 51 : *Volo ut ipse per testamento nostrum libertus fiat, et ipsas colonicas sub nomine Libertinitatis habeat, et ad hæredem meam*, (Ecclesiam) *sicut liberti nostri aspiciunt, ita et ipse sic facere debeat.* [Hanc Chartam edidit Muratorius tom. 2. part. 2. col. 745. seqq. sub cujus finem *Libertica res* legitur eadem notione qua *Libertinitas.* Locum ipsum profero : *Dono liberta mea ad herede meam Ecclesia S. Petro nomine Fredberga uxore Tasculum cum nepotes ipsius Fredbergæ in Etone et Pureliano maneie videntur, ut Liberticum eorum res ad ipsa Ecclesiæ aspiciant, volo et jubeo.*] [* Vide notam Mabillonii ad Chartam Abbonis ab ipso editam lib. 6. Diplom. num. 62.]

** **LIBERULUS**, Parvus liber, in proleg. Vitæ S. Wolfkangi apud Pertz. Script. tom. 4. pag. 525. lin. 16.

* **LIBERZOLUS**, Libellus. Stat. datiar. Riper. cap. 12. fol. 14. v°. : *Quilibet officialis..... teneantur et debeant vinculo sacramenti describere super Liberzolo sibi dando per dictum emptorem omnes et singulas bulletas et licentias, quas per ipsum officialem fieri et concedi contigerit alicui personæ, communi, collegio vel universitati pro dicto datio.*

* **LIBIS**, pro Lebes. Glossar. vet. ex Cod. reg. 7613 : *Libis, olla ænea.*

* **LIBISTITA.** Glossar. Provinc. Lat. ex Cod. reg. 7657 : *Faula, Prov. fabula, fatera, Libistita.*

LIBLACUM, LIBLACUS. Vox formata a Saxonico Lyblac, quod artem veneficam vel maleficam sonat, maxime speciem ejus quæ fascinatione constat, inquit Somnerus vel *ligaturis*, ex lib. *obligamentum.* [** Vide Graff. Thesaur. Ling. Franc. tom. 2. col. 77. voce *Luppi.*] Lambardus *barbarum sacrificium* reddidit in Legibus Athelstani. Hinc Lyblecan, talia factitantes sacrificia. Leges ejusd. Athelstani Regis § 6 : *Decrevimus etiam de sortilegis, et Liblacis, et sortem dantibus, etc.* Leges Edmundi Reg. editæ apud Londonium § 6 : *Qui falsum jurabunt, vel Liblacum facient, sint in æternum a consortio Dei segregati.*

¶ 1. **LIBOR**, LIBUS, ςβοή. Glossæ Cyrilli apud Martinium, qui observat ςβοή idem esse quod φθίσις, Tabes; φθίς autem esse speciem libi seu placentæ : sic ergo videtur legendum.

¶ 2. **LIBOR**, ῥεῦμα ἐπὶ ποδάγρας, *Fluxus*, apud Janum in Supplemento Antiquarii.

¶ 3. **LIBOR**, pro *Livor. Principis Libor exarsit, et eum disperdere nitebatur e terra*, apud Camillum Peregrin. in Hist. Principum Langobard. tom. 2. Muratorii pag. 266. col. 1.

¶ 1. **LIBRA**, pro *Lepra*, apud Felibian. Hist. San-Dion. pag. xi. in Testamento ann. circiter 690 : *Et a Deo Libra percussi, fiat uxor ejus vidua, ut cognoscatur potentia Dei qui talem tribuit vindictam.*

¶ 2. **LIBRA**, Præbitio, Gall. *Livrée.* Vide *Librare equos* in *Liberare* 2. et *Libra servientalis* in *Libra* 3.

* Acta capitul. MSS. eccl. Lugdun. ad ann. 1343. fol. 91. v°. col. 2 : *Residentes in Lugduno mutuent librationes suas, et alii non residentes tradant et solvant qualibet septimana.... tantum quantum Libra ipsorum ascendet et ascendere poterit; et capitulum ipsis librationes sibi solvet seu recompensabit in subventionibus suis.* Ubi forte *Libra* est Distributio quotidiana, *Libratio* vero, Annuus præbendæ redditus. Vide infra *Libratio*.

3. **LIBRA** Auri, Const. M. ævo 84. solidorum fuit, quot denariorum libra apud Romanos, uti observatum a Scaligero lib. de Re nummaria pag. 64. ex leg. 1. Cod. Th. de Pond. et auri inlat. (12, 7.) Postmodum ea imminuta et ad 72. solidos redacta a Valentiniano Seniore, ut est in leg. 13. eodem Cod. de Suscept. præpos. et arc. (12, 6.) et l. un. de Oblat. vot. (7, 24.) quæ posterior.

Libra Occidua appellatur in Actis S. Marcelli PP. et Synodo Suessana, locis a Baronio anno 302. Scaligero, et aliis passim allatis, qui de vocis *Occiduæ* nomenclatura vix inter se conveniunt. Sed copiose ac erudite de utraque libra, et de hac voce disseruit Jacobus Gothofredus ad d. leg. un. de Oblat. vot. ubi expensis aliorum sententiis eo tandem concedit, ut *Occiduam libram* Valentiniani appellatam veluti *imminutam*, quomodo *Occiduum* a Scriptoribus inferioris ætatis usurpatum aliquot locis probat. Hunc consule si lubet : nam pudet ab aliis annotatis librum infarcire.

Libra Auri puri ac cocti duodecim denariorum argenteorum libris æstimatur, in Edicto Pistensi cap. 24 : *Ut in omni Regno nostro non amplius vendatur Libra auri purissime cocti, nisi 12. libras argenti de novis et meris denariis.* Charta Dagoberti Reg. apud Doubletum : *Unusquisque pro semetipso Libras 30. ex auro purissimo partibus S. Dionysii componat.* Alia ejusd. Reg. pag. 661 : *Si quis vero contra hoc meæ Majestatis decretum præsumpserit,... legibus artatus auri purissimi decem Libras, ac argenti probatissimi pondo 20. ad pensum nostri Palatii solvere cogatur.* Chronic. Moguntinum Chunradi Archiepiscopi : *Huic Cruci inscriptus erat versus iste :*

Auri sexcentas habet hæc Crux aurea Libras.

Et nota quod una Libra habet duas marcas auri.

Libra Gallica. Vetus Agrimensor, de Ponderibus : *Juxta Gallos vigesima pars unciæ denarius est, et 12. denarii solidum reddunt : ideoque juxta numerum denariorum tres unciæ 5. solidos complent. Sic et 5. solidi in 3. uncias redeunt : nam 12. unciæ Libram 20. solidos continentem efficiunt. Sed veteres solidum, qui nunc Aureus dicitur, nuncupabant.* Annales Fuldenses ann. 882 : *Munera autem talia erant : in auro et argento bis mille Libræ et 80. vel paulo plus : quam Libram per 20. solidos computamus expletam.* Adde Joannem VIII. apud Ivonem part. 3. c. 98. et Speculum Saxon. l. 2. art. 53. § 3.

Libra Monetaria. Synodus Vernensis ann. 755. c. 27. [**Pertz. Capit. incert. ann. cap. 5. pag. 31.] : *De moneta constituimus similiter, ut amplius non habeat in Libra pensante nisi viginti duos solidos, et de ipsis viginti solidis Monetarius habeat solidum unum, et illos alios reddat.*

Libra Ponderalis Argenti, apud Scotos, erat viginti quinque solidorum, ut est in Statutis Roberti III. Regis Scotiæ cap. 22. § 3. et in Assisa Davidis de ponderibus § 3. sed propter imminutionem monetarum, interdum fuit 26. solidorum et 4. denariorum. Vide Fletam lib. 2. cap. 12. § 1.

Libra Anglo-Normannica, 20. pendebatur solidis : solidus autem interdum 16. denariis, sed plerumque 20. ex argenti uncia conflatis. Hinc in Domesdei crebro : tale *manerium reddit* 10. 20. *vel* 30. *Libras denariorum de* 20. *in ora*, ut de specie constet solutionis. Hæc igitur libra duplex fuit, scilicet majoris unciæ, et minoris : vel majorum denariorum, et minorum.

Libra Denariorum illa frequentior est in Domesdei, et perinde sub illo sæculo, de 20. denariis in uncia, tit. *Oxenfordscire Rex Oxenford : Reddit de moneta* 20. *Lib. denariorum de* 20. *inora.* Ibid. : *Pro canibus*, 23. *Lib. denariorum de* 20. *in ora*, Tit. *Herefordscire Rex Lene. : Præpositus... veniente domina sua in manerium, præsentaret ei* 18. *oras denariorum, ut esset ipsa læta animo.* Spelm.

Libra Anglo-Saxonica continebat solidos 48. argenteos : solidus vero 5. tantummodo denarios. Exstant certa rei monumenta, ut Lambardus refert, in denariis argenteis, tempestate Ethelredi Regis excusis. Spelm.

¶ Libra Annorum, Numerus annorum 72. sic dictus, quod *Libram occiduam* dividerent in totidem solidos. Sic *Libra testium* pro numero testium 72. non semel occurrit in veteribus instrumentis.

Libra Arsa, [Conflata, purgata.] Vide *Arsura*.

¶ Libra Chapotensis vel *Chipotensis*. Charta Edwardi II. apud Rymer. tom. 3. pag. 626 : *Recipient.... triginta millia Librarum Chipotensium seu Burdigalensium, valentium viginti quatuor millia librarum parvorum Turonensium.* Vide *Chapotensis*.

* Libra Carnassaria, Qua carnes appenduntur, a Simplici libra et communi pondere distincta. Lit. remiss. ann. 1382. in Reg. 121. Chartoph. reg. ch. 173 : *Carnes recentes quorumcumque animalium grossorum et minutorum vendendo in macello loci de Laurano ad pondus Libræ carnassariæ, et carnes falsas* (l. salsas) *ad pondus communis seu simplicis libræ.*

* Libra Imperialis, Moneta imperatorum, quæ in Italia currebat. Charta prior. S. Maioli de Papia in Chartul. Cluniac. : *Ab Olivario priore de Rodingo xiv. Libras imperiales extorsit, et postea ipsum deposuit et aliam ibi instituit, qui ei dedit xv. Libras imperiales.* Pluries ibi. Vide *Imperialis*.

¶ Libra Lucensis, Apud Lucenses in usu, in Charta Innocentii IV. Papæ ann. 1243. apud Illustr. Fontaninum ad calcem Antiquit. Hortæ pag. 485.

¶ Libra Marcazana, Ferrariensibus nota, ut patet ex Constitutione Eugenii IV. Papæ ann. 1438. in Bullario Carmelit. pag. 196. col. 1.

Libra Mercatoria apud Anglos constat. 15. unciis. Fleta lib. 2. cap. 12. § 1 : *Libra vero auri, argenti, lectuariorum et hujusmodi apothecariorum confectorum, consistit solummodo ex pondere* 20. *solidorum sterlingorum.* Ibid. § 4.

¶ Libra ad Numerum, Numerata, nec ponderata. Vide mox *Libra pensa* et *Arsura*.

Libra Numerata, in Domesdei. Currebant in primis pecuniæ (ut hodie argenteæ) solummodo numeratione : accepitque inde hæc libra nomen, denarios veteres 120. numeranti exhibens. Spelm.

* Libra de Obolis. Chartul. S. Joan. Angeriac. fol. 171. v°. : *Pro trecentis solidis Pictavensibus et quatuor Libris de obolis.* Vide *Obolus*.

¶ Libra Octonaria, Octo unciarum, auri fabris et monetariis propria, Gall. *Livre de marc.* Non semel memoratur in veteribus instrumentis.

Libra Panis, in Regula S. Benedicti Monachis præscripta in refectionibus cap. 39. Concilium Aquisgran. sub Ludov. Pio cap. 57 : *Ut libra panis triginta solidis per* 12. *denarios metiatur.* Ubi constare dicitur solidus 12. denariis. Leges Franc. tit. 4. 5. 106 : *Ut inter Francos per* 12. *denarios solidus componatur.* Charta ann. 1159. apud Jofridum in Episcopis Niciensibus : *Si autem cum eis comedere noluerit, Libra ei et justitia cum pulmentis, quibus Clerici vescuntur, deforis mittantur.* Sic libra panis 30. solidorum conficiebat libram et dimidiam, cum 20. solidi 12. uncias conficerent. Capitula Caroli M. lib. 3. cap. 14 : *Triginta solidi id est Libra et dimidia.* Adde Chron. Casin. lib. 1. cap. 2. Haeftenum lib. 10. Disquisit. Monast. tract. 3. disq. 2. Menardum ad Concordiam regular. et Dissertat. Gallicam de Hemina vini et libra panis in Regula S. Benedicti edita ann. 1667. § 27. et seq. [Martenium in Commentario ad eamdem Regulam pag. 515. et seqq.]

¶ Libra Parisiensis 25. solidis constabat; *Turonensis* vero 20. Sed id omnibus notum.

Libra Pensa, seu *Pensata*, in Domesdei. Cum multa essent ubique locorum *cuneagia*, (nam illustriores plurimæ civitates, villæ, Episcopi, proceres, sua habuere) factum est ut leves sæpe denarii a *cuneatoribus* et falsariis cuderentur, detonsique sæpe alii in publicum proreperent. Venit igitur in usum, non solum *libram* numerare, sed (ut aureos hodie) ad pensum trutinare. Domesdei : *Reddit nunc* 30. *Libras arsas et pensatas, etc.* Alibi : *De tertio denario habet Rex* 30. *sol. ad pensum, de cremento* 10. *libr. ad pondus.* Rursum : *Hoc manerium reddit* 70. *Libras ad pensum : sed ab Anglis non appretiatur, nisi ad* 60. *libras ad numerum.*

Libra Pensans, in Capit. sub Pipino Rege § 5 : *De moneta constituimus, ut amplius non habeat in Libra pensante, nisi* 22. *solid. et de ipsis* 22. *sol. monetarius accipiat solidum unum, et illud aliud domino cujus sunt, reddat, ut immunitates conservatæ sint.*

¶ Libra *ad magnum et parvum pondus.* Charta ann. 1185. ex Tabulario Meldensi : *Semel in anno debetur Episcopo Meldensi ab Ecclesia S. Germani procuratio sub hac forma*, LX. *panes de pane Conventus... tres-*

Libræ ceræ ad parvum pondus vel una ad magnum pondus. Eadem occurrunt in Charta Falconis Abbatis S. Germani. Minoris quoque fuit ponderis libra, qua in ponderandis aromatibus utebantur in quibusdam provinciis. Consuetudo Lemovic. art. 70 : *Libra est et esse debet* XIV. *unciarum et dimidia, salva Libra de speceria, quæ debet esse et est* XII. *subtilium unciarum.* Vide *Libra mercatoria.*

** Libra Pragensis. Rudolph. I. Imper. Pactum cum Ottocaro ann. 1277. apud Pertz. Leg. tom. 2. pag. 420. lin. 25.

Libra Prima 20. solidis constans apud Occitanos, quibus etiamnum *Livre prime* dicitur. Vetus Placitum circa ann. 1200. apud Catellum in Hist. Occitan. lib. 5 : *E contra vero omnes Judæi allegabant asserentes, quod non debebant eam ceram dare ad commune pondus Tolosæ, sed ad quoddam speciale pondus, quod est 20. solidorum, quas Libras primas vocabant.*

¶ Libra Provincialis, scilicet 20. solidorum, in Venditione villæ Hiersi Carolo I. Comiti Provinciæ ex Schedis Præsidis *de Mazaugues.*

Libra ad Scalam. Vide *Scala.*

Libra Servientalis. Consuetudines Monasterii de Regula, tom. 2. Bibl. Labbei pag. 744 : *Habeat Ecclesia duos homines vel feminas cum sarculis unoquoque anno ad segetes purgandas, et dabitur unicuique una Libra Servientalis, et alio tempore in manu una torta de furno, et vinum, et in nocte una Libra.* Id est, libra carnis qualis *servientibus* dari solet, [nisi forte intelligendum sit id omne quod in cibo et potu domesticis a domino datur : de quo more supra dictum in *Liberatio.*]

** Libra Stephani, in chart. ann. 1245. et 1260. in Alsat. Diplom. tom. 1. pag. 390. et 430. Comitatus Burgundiæ moneta a comite Stephano nomen habebat. Vide Dunod. Histor. Eccles. Bisunt. tom. 1. Probat. pag. 145. Hæc Schœpfl.

Libra Sterlingorum, Eadem olim fuit quæ libra denariorum de 20. in uncia : nam *denarius* alias dicebatur *sterlingus* et *esterlingus.* Confecerunt autem sequentes Reges *sterlingorum* libram ex denariis de 40. in uncia : novissimi, de 62. vel eo amplius, retinentes tamen *sterlingorum* appellationem, utpote jam pecuniam legalem significantem. Prisca igitur *Libra sterlingorum* ex 320. denariis constabat, pondo æqualis gravitate : media ex 480. hodierna ex 722. et quidpiam supra. Sterlingorum autem nulla, quod sciam, in Domesdei mentio, cum recentioris sit originis vocabulum. Hæc Spelmannus.

Libræ Subtiles et Grossæ. Charta Raymundi Gauffredi Domini *de Tretz : Vendidimus... octavam illam partem quam habuimus vel tenemus pro indiviso in civitate Massiliæ et ejus territorio et districtu, in mari, in insulis, in venationibus, et in ferro Quintalis, et in lascits, et in corda, et vicesimo quinto, et in Libris subtilibus et grossis, et in marchis, et in millairolis vini et olei, et in sextariis, et in cocis, etc.* Liber Rubeus Archiepiscopatus Aquensis ex Bibl. Regia : *Judæi Aquenses faciant seu facere tenentur in festo Paschatis duas Libras subtiles piperis D. Archiepiscopo pro cymetario eorundem, etc.* [Memoriale Potestatum Regiens. ad ann. 1271. apud Murator. tom. 8. col. 1333 : *Vendebatur... Libra grossa de carnibus porcinis* XIV. *et* XVI. *et* XVIII. *imperiales.*] Habent etiam Itali *Libras subtiles*, de quibus ita F. Otbertus pag. 6 : *Il quinto* (*de pesi*) *et ultimo chiamato della bilancia sotile, che Libre* 106. *un quarto, desso sono Libre* 100. *dell susdetto della bilancia grossa.*

* *Livre soutive*, quod pro mercibus subtilibus seu aromaticis esset, sic dicta, ut colligitur ex Stat. ann. 1312. tom. 1. Ordinat. reg. Franc. pag. 512. art. 1 : *Nous abatons et ostons du tout la Livre soutive, et ordenons et commandons que sur paine de corps et d'avoir, nul ne vende à celle Livre soutive, ne à autre livre ou pois, par lesquels tous baras et decevances puissent estre faits, comme ont esté faits par cette Livre soutive, fors que à phisiciens et surgiens tant seulement, et en cas et non autres où il en auroient à faire por leur médecinées et sirurgiées, estimées et ajustées par les escriptures anciennes au pois de cette Livre soutive.* Stat. Avenion. ann. 1243. cap. 151. ex Cod. reg. 4659 : *Curia habeat marcham et Libram subtilem ad quas aliæ marchæ et libræ, quæ current in civitate Avinionis, legitimentur.* Vide *Subtilis.*

Libra Terræ, et Librata Terræ, quid sit in veteribus Chartis, video plane controverti : quidam enim existimant, atque in his Cowellus, ut libra dividitur in 20. solidos, *solidus* in 12. denarios, *denarius* in 2. obolos, *obolus* denique in duos *quadrantes*, ita in terrarum æstimatione eosdem observatos gradus : ac *quadrantatam* de quarta parte acræ, *obolatam* de dimidia, *denariatam* de ipsa acra, *solidatam* de 12. acris, *libratam* denique de vicies 12. hoc est, 240. acris intelligi. Quam sententiam minime probat Spelmannus, qui ait vetus quoddam computationis genus, memoriæ causa, ab agrimensoribus excogitatum. Siquidem, inquit, acram terræ marcæ argenti assimilantes, totidem in hac denarios numerant, quot in illa perticas, in utraque scilicet 160. dividentesque perticas, in dimidia et quarterios : his opponunt utique obolos et quadrantes argenteos, sic ut acra contineat 160. *denarios* 320. *obolos*, et 640. *quadrantes.* Cui quidem Spelmanno utcunque hac in re assentitur Sirmondus, qui in Notis ad Gaufridum Vindocinensem, *Libratam terræ jugerum terræ integrum* aut *arapennem* esse contendit. *Libram*, et *libratam terræ*, alii volunt esse modum agri aut prædii ad valorem annuum pecuniarii reditus, et ad certum librarum monetæ currentis numerum exactum et æstimatum : adeo ut qui certum numerum librarum terræ alteri daret, ad hoc teneretur arbitrio et judicio boni viri, certam agrorum mensuram, quæ in reditu tot nummorum libris valeret, dare; cum, ut est in Consuetudine Turonensi art. 353. in dominiois et prædiis nulla fixa sit æstimatio, quia pluris aut minoris æstimantur pro valore ac bonitate ipsorum prædiorum, et ut est apud Senecam l. 3. de Benef. et in L. Pretia. D. ad Legem Falcid. (35,2.) *pretium cujusque rei pro tempore est.* Unde a viris expertis æstimatio fieri solet, quam *prisée et assiette de terre* vocant Consuetudines, Trecensis tit. 11. art. 1. Turonensis, Andegavensis, Arvernensis, Burbonensis, et aliæ. Atque ita *Liberatæ terræ* fere semper videntur intelligi, saltem apud nostros : quibus sæpe adjungitur vox *reditus*, ex qua non certum ac definitum agri modum esse colligitur. Bromptonus ann. 1173 : *Cui pro illo homagio et fidelitate dedit* 1000. *Libratas reditus in Anglia per annum.* Mox : *Et concessit ei* 50. *Libratas redituum Andegavensium*, i. 50. librarum monetæ Andegavensis reditum annuum : quomodo in veteri Charta apud Menagium : *Mille Libratas ad Turonenses*, i. Turonensis monetæ ubi perperam editum *adturonenses*, et *attournois*, junctis vocabulis. Charta Odonis Comitis Nivernensis ann. 1258 : *Et se ces deux dites terres ne valoiient, aux jours que li mariages sera fez,* 8000. *Livrées de terre à Tournois, nous sommes tenus de parfaire en autre terre avenantment.* Charta ann. 1239 : *Item dedit dictæ Margaritæ filiæ suæ in maritagium quingentas Libratas terræ ad monetam Divionensem.* Testamentum Roberti Ducis Burgundiæ ann. 1297 : *Je veux que Odoz mes fils pour lui et pour ses hoirs hait en heritage* 4000. *Livrées à Digeonnois en Justice et Seigneurie grant et petite assises à Grinon, etc.* [Donatio Anceli Jovillæ Domini ann. 1333. Monasterio S. Urbani ex Archivo ejusdem loci : *Dix Livres de terre à Tournois à penre chascun an sur et en nostre assise de Joinville à la* XVme. *de la Nativité N. S.* Charta ann. 1301. tom. 3. Hist. Eccl. Meld. pag. 191 : *En la somme de* 22. *Livrées de terre chascun an, que nous leur devions asseoir.* Alia ann. 1322. tom. 4. Gall. Chr. Instrum. col. 257 : *Octies viginti Libratas terræ ad Turonenses parvos, quas assidemus super res inferius annotatas.*] Joannes de Condato, de Eugueranno de Marigniaco :

> Trente mil Livrées de terre
> Avoit, u plus, au Parisis.

Libratarum terræ passim est mentio, apud Goffridum Vindocin. lib. 2. Epist. 30. l. 3. Ep. 10. 15. Matth. Paris. ann. 1212. Bromptonum in Stephano Rege, Chiffletium in Beatrice pag. 77. etc.

☞ Ut ex præmissis locis jam satis constare videatur, *Libras* vel *Libratas terræ* æstimatas fuisse ex valore agri, non ex ipsius quantitate, ac proinde nihil aliud fuisse quam agros certi numeri librarum annui redditus, aut certum librarum numerum ex agris perceptum : ne quis tamen restet scrupulus, juvat hanc sententiam novis testimoniis, iisque luculentis, confirmare. Charta Philippi Fr. Regis pro Edwardo Rege Angl. ann. 1286. apud Rymer. tom. 2. pag. 338 : *Concedimus et promittimus nos daturos, et in certis locis et competentibus, cum omni justitia alta et bassa, nos assignaturos dicto Regi Angliæ, pro se et suis hæredibus, tria millia Librarum Turonensium rendalium.* Et in sequenti Charta de eadem re ibidem : *Cum dilectus et fidelis noster... Edwardus Rex Angliæ nobis tradi fecerit Litteras suas inter cætera continentes quod pro tribus milibus Libratis terræ ad Turon. quas eidem tenemur assidere, etc.* Unum et idem sunt, ut satis patet, *Libræ Tur. renduales* prioris Chartæ, et *Libratæ terræ ad Turon.* posterioris. Illud ipsum

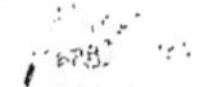

clarius patet in Charta ann. 1272. qua Philippus Audax Fr. Rex confirmat fundationem Parthenonis B. Mariæ de Gersiaco, apud Lobinell. tom. 3. Hist. Paris. pag. 292 : *Concedimus 500. Libras Paris. annui redditus percipiendas ab eis in cofris nostris... donec eas in assisia terræ alibi duxerimus assignandas, computatis duntaxat in dictis 500. Libratis terræ, 110. Libratis, 5. solidatis et 9. denariatis terræ ad Turon. annui redditus, quas dictæ Moniales ex dono dicti patrui nostri jam possident in parrochia de Gastinis, et 52. Libratis et 5. solidatis terræ ad Turon. annui redditus, quas habent in parrochia de Gersiaco, quas deduci volumus de summa 500. Librarum prædictarum.* Liber de modo tenendi Parlamentum tempore Edwardi Regis, filii Ethelredi : *Comitatus constat ex 20. feodis unius Militis, quolibet feodo computato ad 20. Libratas... unum feodum constat ex terris ad valentiam 20. Librarum.* Hic non quantitas, sed valor æstimatur. Liber niger Scaccarii pag. 95 : *Ego de feodo pro servitio unius Militis teneo. 20. Libratas terræ*, id est terras 20. librarum annui redditus. Charta ann. 1297. apud Rymerum tom. 2. pag. 767 : *Qui habent* xx. *Libratas terræ et redditus per annum, etc.* Vide *Librata* 1. [** et Mœser. Histor. Osnabr. tom. 1. sect. 4. § 5. not. f.]

Libræ porro *terræ* olim æstimatam sortem principalem vicesimo denario docet Charta Roberti Archiepiscopi Lugdun. ann. 1233. ex Regesto Feodor. Ecclesiæ Lingonensis : *Et ipsi tenebuntur ponere uterque ipsorum, videlicet* 200. *Libras in emptione* 10. *Librarum terræ, quas assignabunt et tenebunt in feodum in perpetuum ab Episcopo Lingonensi.* Vide *Denarius.*

☞ Aliud omnino sonat vox *Libra* in sententia arbitrali ann. 1292. inter Abbatem et Consules de Gimonte in Occitania : *Pronunciaverunt quod perticus, cum quo mensurantur arpenta et terræ, vineæ et alii honores, habeat in perpetuum et habere debeat decem palmos bonos et largos de longo, ut hacteuus habere consuevit, et arpentum computetur de centum duabus Libris et octo scaquis, et concada terræ computetur de* LXXIV. *Libris et* X. *scaquis ad perticum superius memoratum.* Hic *Libras* intelligo frumentarias, *arpentumque de centum duabus Libris et octo scaquis computatum*, modum agri in quo seminentur frumenti pondo 102. et 8. *scaquæ*. Est autem *scaqua*, si bene interpretor, pugillus frumenti, Occitanis *Escach*, quod proprie significat paululum illud frumenti, quod superesse solet mercatoribus forensibus, qui cum in urbem veniunt frumentum vendituri, plusculum advehunt quam mensura capiat, ne quid desit in mensurando.

¶ Libra Testium. Vide *Libra Annorum*.

Libra Vini, *Libra cervisiæ*, in Regula Canonicorum in Synodo Aquisgran. cap. 122. in Regula Sanctimonialium, ibid. cap. 13. Vide veterem Agrimensorem *de mensuris in liquidis* pag. 333. et supra in *Hemina*.

¶ Libra Ursa, perperam pro *Arsa*, apud Kennettum Antiq. Ambrosden. pag. 165. Vide *Arsura*.

** Libra, Instrumentum quo res ponderentur, quomodo differat a *Pondario* vide apud Lappenb. Orig. Hanseat. Docum. pag. 40. not. 1. pag. 202. not. 2.

* **LIBRABILIS** Moneta, Eadem quæ Usualis seu justi ponderis. Instr. ann. 1361. tom. 7. Ordinat. reg. Franc. pag. 435. art. 53 : *Tresdecim denarios monetæ Librabilis in ecclesia Viennæ.*

¶ **LIBRAGIUM.** Vide in *Liberare* 1.

¶ **LIBRALE**, χοινιξ, *Modiolus*. Supplem. Antiq.

* Librale, Mensuræ frumentariæ species. Inventar. ann. 1476. ex Tabul. Flamar. : *Et in orreo sive granerio dicti hospitii, videlicet quadraginta duo Libralium frumenti puri.... Item plus triginta et unum Libralium speutonis.... Item tria Libralia ordei. Item plus tria Libralia milhii; totum ad communem mensuram dicti loci.* Vide infra *Livrale*.

¶ 1. **LIBRARE**, Tradere. Vide in *Liberare* 2.

2. **LIBRARE**, pro *Ponderare*. Vide in hac voce.

* 3. **LIBRARE**, Per auctionem adjudicare, Gall. *Adjuger*. Lit. ann. 1411. tom. 9. Ordinat. reg. Franc. pag. 600. art. 6 : *Quod captis pignoribus in causam judicati et in executionem dicti sigillati, debent incontinenti ad incantum venalia et distrahenda exponi, et ipsis debite incantatis et plus offerenti Libratis, lapsis postea decem diebus, pignora mobilia sic Librata expediuntur et debent expediri realiter emptori.* Vide supra *Liberare* 2.

* 4. **LIBRARE** Festum, Pecuniam pro officio alicujus festi præbere. Acta capitul. MSS. eccl. Lugdun. ad ann. 1337. fol. 32. r°. col. 2 : *Mandant dom. Johanni de Faverjon capellano perpetuo in ecclesia Lugdunensi, ut si quid habet residui de payo vel de pensione monasterii Bellævillæ, quod Libret festum crastinum beati Mathiæ apostoli.* Vide in *Liberare* 2.

LIBRARIA, ut *Librarium* 2. Martianus Capella lib. 1 : *Utpote Librariæ superum archivique custos.* Histor. Australis ann. 1295 : *Per totum claustrum et ante Librariam... intravit.* Ita emendo pro *Libertam*. [Descriptio Monasterii Caroli-loci apud Marten. tom. 2. Ampliss. Collect. col. 1393 : *Libraria quoque incomparabilis, quam cum introeo, videre videor sine reliquis, omnes Ecclesiæ Doctores omnibus libris suis et tractatibus comitatos invitantes, etc.* Adde Glossar. Lobinelli tom. 3. Hist. Paris. Utitur Gellius lib. 5. cap. 8.] Vide *Librarium*, 3.

1. **LIBRARIUM**, ζυγοςάσιον, in Glossis Græco-Latinis, Librile.

2. **LIBRARIUM**, Bibliotheca, Gall. *Librairie*. Gl. Saxon. Ælfrici : *Librarium*, bochus. i. Librorum domus. Monachus Altisiod. ann. 960 : *Claustrum quoque Canonicorum crematum est, Librariumque et ornamenta Ecclesiæ.* Will. Thorn. in Chron. cap. 21. § 16 : *D. Abbas... instituit ut singulis annis in perpetuum in principio Quadragesimæ, die qua Librarium defertur in Capitulum, vivorum animæ commendentur, et absolvantur animæ defunctorum, per quos Librarium hujus Ecclesiæ fuerit aliqualiter emendatum.* Vide *Libraria*.

* Glossar. Provinc. Lat. ex Cod. reg. 7657 : *Libradoyra, Prov. bibliota. Livraire*, in Mirac. MSS. B. M. V. lib. 2 :

A saint Maart el biau Livraire,
Truis un bel Livre dont biau traire
Vous voel encor bele matere.

LIBRARIUS, Librorum descriptor. Isidor. lib. 6. cap. 14 : *Librarii iidem qui Antiquarii vocantur. Sed Librarii sunt qui et nova et vetera scribunt, Antiquarii qui tantummodo vetera, unde et nomen sumpserunt.* Petrus Damianus lib. 7. Epist. 19 : *Cum alio Monacho,... litteris æque perito, atque Librario.* Supra : *Et quoniam scribendi peritus extitit, non pauca nobis librorum volumina pollucibiliter exaravit.* Ordericus Vitalis lib. 9. pag. 718 : *Nulla unquam, ut reor, Sophistis in bellicis rebus gloriosior materia prodiit, quam nostris nunc Dominis Poëtis atque Librariis tradidit.* Vita S. Guthlaci Anachoretæ cap. 32 : *Habuit siquidem in comitatu suo virum Librarium Wilfridum, etc.* [Acta S. Samsonis MSS : *Quodam die festo dum ad Ecclesiam convenirent, et ibi sermocinationem inter multos de Librario quodam in longinquam Aquilonis terram habitante, et quamdam præcantationis artem hominibus exercente audirent, ad quem de multis provinciis innumera multitudo frequentare consueverat, quia omnia quæ illis dicebat, pro certo et sine dubio eveniebant.* Haud satis certa Librarii notio hocce in loco. Posset intelligi vir litteratus, qui librorum lectione hanc creditam acquisierat rerum futurarum præscientiam. De *Librariis* sive Scribis, variisque eorum generibus disserit Brencmannus lib. 2. Hist. Pandect. cap. 5.] [** Murator. Antiq. Ital. tom. 3. col. 849. Savin. Histor. Jur. Roman. med. temp. tom. 3. cap. 25. § 218.]

Librarii, Qui describendis actis judicialibus operam dabant, in Cod. Th. leg. 1. de Lucris offic. (8,9.) leg. 1. de Decur. urb. Romæ, (14,1.) apud JC. Symmachum, etc. *Librarius Cos. Librarius Quæstorius trium decuriar. Librarius Tribunicius*, in vett. Inscript. 541. 10. 544. 6. 625. 6. 627. 5. [* Inscript. vett. Joan. Vignol. pag. 301 : *Q. F. Librarius a Manu, vel ad Manum*, ut apud Gruter. pag. 580. 11.] Hinc

Librarius, pro *Notario*, apud Rollandinum in Summa Notariæ : [qua notione *Librarius* dictus videtur Hilduinus Abbas Sithiensis apud Mabillonium tom. 3. Annal. Benedict. pag. 123. neque enim hic Hilduinus alius videtur ab eo qui in quodam Præcepto quod exstat tom. 12. Spicileg. Acher. pag. 109. Imperialis aulæ *Archinotarius* appellatur.]

Librarius, Dignitas Ecclesiastica in Ecclesiis Cathedralibus, eadem forte quæ *Cantoris*, qui et *Armarius* dicitur. Charta Henrici III. Imp. ann. 1056. apud Meurissium in Episcopis Metensibus pag. 360 : *Videlicet ut electionem Primicerii faciant, sive Decani, Cantoris, Librarii, atque Custodis Ecclesiæ S. Stephani.*

¶ Librarius, Librorum custos in Monasteriis. Regula Mellicensis ann. 1451. in Chronico ejusd. Cœnobii pag. 414 : *Et eodem die etiam de Bibliotheca solent a Librario libri postulari.*

¶ Librarius, in veteri juris utriusque Vocabulario : *Qui in libra apponendo pondera, causas rerum determinat; vel est libros vendens et custodiens.*

¶ 1. **LIBRATA**, Libra pecuniaria redditus annui. Charta ann. 1208. tom. 2. Chartul. S. Vandreg. pag. 1903 : *Beneficium valens* XIII. *Libratas annui redditus.* Testamentum Herwei Comitis Nivern. tom. 1. Anecd. Marten. col. 867 : *Conferimus decem Libratas redditus pro anniversariis nostris annuatim in perpetuum faciendis.* Charta ann. 1247. ex Tabular. S. Nicasii Rem. : *Contuli Conventui Ecclesiæ S. Nichasii Remensis* X. *Libratas Paris. annui redditus.* Alia ann. 1250. tom. 2. Hist. Eccl. Meld. pag. 154 : *Legavit... circiter* IV. *Libratas perpiendas in forestagio et piscatione quadam.* Charta S. Lodovici ann. 1269. apud Lobinell. tom. 3. Hist. Paris. pag. 270 : *Notum facimus quod cum Guillelmus Barberius dictus Ad pedem ferreum acquisivisse dicatur....* X. *Libratas et* XV. *solidatas incrementi census annui redditus, etc.* Vide *Libra terræ* in *Libra* 3.

¶ 2. **LIBRATA**, Præbitio; Famularis vestis, vulgo *Livrée*. V. supra in *Liberare* 2.

¶ **LIBRATIM**, Per libram, ad amussim. Vita sancti Guthlaci, tom. 2. April. pag. 38 : *Nec tandem ea quæ scribsi, sine subtilissima indubiorum testium cautione, Libratim scribenda quibusdam dare præsumpsi.*

¶ **LIBRATIO**, LIBRATURA, LIBRATUS. [* Annua præstatio. *Livroison*, eodem sensu, in Lit. admort. pro eccl. Vivar. ann. 1445. ex Reg. 177. Chartoph. reg. ch. 151 : *Item sur ung hostel.... assis en ladite cité* (de Viviers) *deux Livroisons.* Pluries ibi.] Vide in *Liberare* 2. et *Libra* 2.

* **LIBRETUS**, diminut. a Liber, libellus, Ital. *Libretto*. Inventar. MS. ann. 1366 : *Item est quædam informatio facta in duobus Libretis papiris de tempore domini Clementis Papæ VI. etc.*

¶ **LIBRIAS**, πλακοῦς, *Placenta*, in Glossis Sangerm. MSS. et in Supplemento Antiquarii.

LIBRILLA. Joan. de Janua : *Librilla, est baculus cum corrigia plumbata ad librandum carnes. Dicitur etiam instrumentum librandi, i. percutiendi lapides in castra, scil. manganus. Unde librillo, as, tali instrumento projicere, vel percutere, vel infestare.* [Festus habet : *Librilla*, vel ut restituit Scaliger. *Librilia, appellantur instrumenta bellica, saxa scilicet ad brachii crassitudinem in modum flagellorum loris revincta.*] Henricus Rosla in Herlingsberga :

> Non hic unigena fabricatur machina, nomen
> Hæc Librilla tenet; quasi saxea pondera librans.

Librilium meminit Cæsar lib. 7. de Bello Gallico : *Fundis, Librilibus, sudibusque, etc.* Iis qui utebantur, *Libratores* dicuntur Tacito 2. et 3. Annal. Vide *Manganum*.

* **LIBRORIUM**, Mensuræ frumentariæ species, vulgo *Livrot*; unde *Libroriata*, modus agri, cui seminando *Librorium* satis est. Terrear. S. Maurit. in Fores. ann. 1472 : *Item dictus confitens tenetur solvere unum Librorium siliginis.* Ibidem : *Dictus confitens tenetur solvere.... in quadam Libroriata orti etc.* Vide supra *Librale* et infra *Livrale*.

¶ **LIBRUNCULUS**, Parvus liber. Præfatio in Vitam S. Samsonis Episc. Dolensis : *Poscimus quisquis es, qui hunc legis Libranculum mea me imperitia habeas excusatum.*

LIBUM, Genus præstationis, vox Latinis Scriptoribus notissima, *Gasteau, Tarte.* Charta Hugonis Castellani Vitriacensis ann. 1224. apud Perardum pag. 407 : *Cum perciperem in molendinis de Chausseio... Libum unum, quotiescunque ad villam de Chausseio me venire contingebat, quidquid juris habebam in percipienda Liba memorata legavi in eleemosynam, etc.*

☞ Morinensis Ecclesiæ Canonicis et Capellanis *Liba* distribui solebant certis diebus, ac præsertim iis, quibus celebrantur *obitus* seu defunctorum anniversaria, ut passim cernere est in ejusd. Ecclesiæ Obituario MS. Sic fol. 2 : *Item in obitibus bursæ obituum, in quorum fine scribitur Cum Libis tantummodo sine alia distinctione, Canonici et Capellani percipiunt quilibet duo Liba, quolibet Libo valente* IV. *den.* Fol. 8 : *Item in nocte Circumcisionis Domini et vigilia Epiphaniæ Domini distribuuntur cuilibet canonico residenti duo Liba, ponderis quodlibet* 48. *unciarum.* In Tabulario Calensi pag. 140. pro molendino inter cetera redditur *Libum de valore* XII. *denar. Paris.*

LICA, Cylindrus, Gall. *Lisse.* Vide *Lischa*.

¶ **LICATOR**, Catillo, scurra. Vide in *Lecator*.

¶ **LICCINIUM**. Vide infra in *Lichinus*.

1. **LICENTIA**. Joan. de Janua : *Licentia, dicitur commeatus, quod vulgariter commeatio : unde Licentiare, vulgo commeare.* Ugutio, a quo hausit : *Licentia dicitur commeatus, vel vulgariter dicitur cognatum, unde Licentio, as, cognatare, vulgo.* Ubi forte legendum *Congeatum*, et *Congeare*. Est igitur

LICENTIARE, Facultatem et licentiam abeundi dare, dimittere, Gall. *Licentier, congedier.* Gauterius Cancellarius de Bell. Antioch. pag. 451 : *Licentiatis Baronibus quiete recreari, etc.* Willel. Brito lib. 7. Philipp. :

> ..... Utque velint exire Licentiat omnes.

Chronicon Fossænovæ ann. 1209 : *Ibi eum benedixit, Licentiavit, etc.* Petrus Blesensis Epist. 52 : *Jamque Licentiatus, et accepta vestræ benedictionis gratia recedebam.* Chronicon Andrense : *Et data benedictione me ad egrediendum Licentiavit.* Adde Matth. Paris pag. 481. 671. Thwroczium in Ladislao cap. 59. [Annales Genuens. tom. 6. Muratorii col. 453. 479. 498. Chronicon Andreæ Danduli tom. 12. ejusd. Murat. col. 455. Acta SS. Junii tom. 1. pag. 787. Chartam ann. 1334. apud Baluzium tom. 2. Hist. Arvern. pag. 189.] Joan. Gersenium de Imit. Christi lib. 2. cap. 8. § 5. etc.

* LICENTIARE, Dimittere, expellere, Gall. *Renvoyer, chasser.* Correct. stat. Cadub. cap. 8 : *Quodlibet centenarium mittere debeat de melioribus et sufficientioribus consiliariis sui centenarii; qui sic electi possint Licentiari de dicto consilio, si videbitur domino capitaneo, domino vicario et dicto consilio minus idonei et sufficientes.*

ILLICENTIATUS. Thom. Walsinghamus ann. 1296 : *Illicentiatus clam discessit, tanquam fugitivus*, non impetrata ac petita missione.

LICENTIA, quæ ab Abbate Monachis conceditur aliquid faciendi. Liber Ordinis S. Victoris Parisiensis cap. 38 : *Duobus modis Licentiæ accipi possunt, scilicet aut verbo, aut signo. Qui verbo Licentiam petunt, manifeste dicant quid facere velint; qui autem signo petunt Licentiam, si non possunt per signum illud quod aperte volunt significare, debent postea, cum opportunum fuerit, a quo Licentiam acceperunt, quid fecerint indicare.* Infra : *Licentia decantandi Missam, de egressu, etc.* Eckeardus Junior de Casib. S. Galli cap. 7 : *Regulam quotidie audire et facere; Licentias interdum, quæ etiam irregulares essent, tanquam Novitiis dare, arcum tendere, ac laxare.* Statuta antiqua Cartusiensia 2. part. cap. 6. § 21. de Priore : *Cum conversis manens Licentias donat, ad eum pertinet Licentia generalis vini, casei, silentii et hujusmodi.*

LICENTIARE, Facultatem dare rei cujuspiam faciendæ. Cæsar. Heisterb. lib. 2. de Mirac. cap. 10 : *Dixitque juveni : Vis ut ostendam Abbati? et Licentiavit ei.* Vide eumdem lib. 3. cap. 14. lib. 6. cap. 5. Speculum Saxon. lib. 2. art. 63. § 6. Albertum Stadensem ann. 1248. Vitam S. Amasii Episcopi Teanensis cap. 3. Statuta Synodalia Odonis Parisiensis, [Concilium Trevir. ann. 1227. apud Marten. tom. 7. Ampliss. Collect. col. 109.] etc.

LICENTIA MAJOR. [* Canonicalium exercitiorum vacatio, Gall. *Vacances.*] Tabularium Cisoniense ann. 1266 : *Statutum est etiam ut quilibet Canonicus durante majori Licentia, quæ semel in anno concedi consuevit, æstimationem præbendæ vini sui habeat in pecunia numerata.*

MALA LICENTIA, Longobardis dicta facultas peccandi uxori a marito indulta. Leges Luitprandi Regis tit. 101. [** 130. (6, 77.)] : *De mala Licentia mulieri data.* Mox : *Si quis conjugi suæ malam Licentiam dando dicat : Quin vade, et concumbe cum tali homine; aut si dixerit ad hominem, Veni et fac cum muliere mea carnis commixtionem, etc.* Adde Legem Longob. lib. 1. tit. 32. § 6. Nam cum adulterio uxoris matrimonium solveretur, mariti interdum qui uxores remittendi quærebant occasionem, eas ad perpetrandum adulterium impellebant : quo statim probato, ab iis divellebantur. Quod attigit Matthæus Monachus in quæstionibus matrimonialibus lib. 8. Juris Græcorum pag. 508. ubi de Causis dirimentibus matrimonium : Ἐὰν τῇ τῆς γυναικὸς σωφροσύνῃ ἐπιβουλεύων, ἄλλοις αὐτὴν εἰς τὸ μοιχευθῆναι ἐπιχειρήσῃ προδοῦναι. Huc etiam spectat, quod habet Achmes Onirocrit. cap. 267. Unde in Capitulari ann. 757. cap. 1. et lib. 5. Capitul. cap. 21. ubi illi, cujus uxor adulterium commisit, aliam uxorem accipere facultas conceditur in Cod. Thuano : *Si absque ejus conscientia factum fuerit illud adulterium, et si ab ea abstinuit postquam rescivit, nam cum illa reconciliari (non) potest.* Vide *Cugucia*.

LICENTIA, Facultas data Doctoribus seu Professoribus profitendi publice in Academiis. M. Robertus de Sorbona in Serm. de Conscientia : *In isto libro eris solum examinatus, quando petes Licentiam legendi Parisius.* Joannes de Deo in Pœnitentiario lib. 5. cap. 14 : *De Magistris scholarum : Peccant... primo, quia vendunt Licentias docendi, etc.* Marsilius Patav. in Defensore pacis 2. part. cap. 10 : *Quibus docendi aut operandi talia in civitate per principantem data est auctoritas, quam in disciplinis liberalibus consueto vocabulo Licentiam appellamus.* Vide eumdem cap. 21. pag. 322. 326. 1. Edit. [*Recepi Licentiam in legibus in studio Aurelianensi*, Jacobo *Gelu* in Vita sua tom. 3. Anecd. Marten. col. 1947.] [** Vide Savin. Histor. Jur. Roman. med. tempor. tom. 3, cap. 21. § 79. sqq.]

LICENTIARI, *Licentiatus ad magisterium*, in Chron. Nicolai Trivetti ann. 1282. Idem Rob. de Sorbona : *Multis enim magnatibus fit aliquando gratia, et Licentiantur sine examinatione.* [Non semel occurrit in Statutis Academiæ Paris. tom. 6. Spicil. Acher. pag. 384. ut et apud Robertum *Goulet* in Compendio jurium ejusd. Academiæ fol. 8. etc.]

¶ LICENTIATURA, Eadem notione. *Licentiaturæ gradus in universitate studii generalis*, in Bulla Pii IV. PP. tom. 4. Gall. Christ. Instrum. col. 345.

LICENTIA MATRIMONIORUM, MARITALIS, LICENTIA nude. Vide *Maritagium.*

* LICENTIA, Practicis nostris, *Congé de deffaut*, Actus quo defensor, provocatore non comparente, a petitione dimittitur et absolvitur. Arest. parlam. Paris. 11. Jan. ann. 1364. tom. 8. Ordinat. reg. Franc. pag. 542 : *Quare petebant præfati archiepiscopus et vicecomes Narbonæ ac consules Biterrenses pronunciari præfatos de Narbona audiri ad præmissa non debere nec admitti per viam supplicacionis nec imploracionis officii, ex quo nolebant se facere partem, et quod requesta eorum rejecta, concederetur Licencia et expensæ dictis archiepiscopo et vicecomiti Narbonensibus, ac consulibus Biteris.*

* LICENTIARE, Facultatem et auctoritatem dare, Gall. *Autoriser.* Charta ann. 1406. in Reg. 3. Armor. gener. part. 1 : *Ipso Guillelmo Licentiato, ut asseruit, in hac parte a nobili et potenti viro dom. Guillelmo de Chamborancto milite patre suo etc.*

** LICENTIARE, Auctoritatem dare possidendi. Chart. ann. 1326. apud Pistor. Amœnitat. Litter. tom. 3. pag. 520 : *Pro hujusmodi donariis idem H. Licentiavit ipsum G. et suos veros heredes in dimidiam partem mansi sui siti in campo etc.* Vide Haltaus. Glossar. German. voce *Einwæltigen*, col. 308.

* LICENTIARE, Liberius agere, Gall. *Se Licencier.* Steph. de Infestura MS. ubi de Innoc. PP. VIII. : *Cum stetisset* (imperator Turcarum) *coram pontifice aliqua ad invicem dixerunt, mediante interprete; non tamen fuerunt audita nisi a circonstantibus : et tandem volens cum papa Licentiare, Læta fronte et alacri visu cupiens eum osculari in facie etc.*

* 2. **LICENTIA**, Relaxatio, oblectamentum, Gall. *Divertissement, récréation*, vel Congratulatio; sed leg. forte *Liencia.* Vide infra in hac voce. Reg. visitat. Odon. archiep. Rotomag. ex Cod. reg. 1245. fol. 613 : *xviij. Kal. Decembris accessimus personaliter.... ad Montem leprosorum et ad hospitale B. M. Magdalenæ Rothomagensis, et accepimus in ipsis locis Licentiam, indeque regressi fuimus ad Dei-villam.... xv. Kal. Decembris prædicavimus in ecclesia Rothomagensi, et accepimus Licentiam a clero et populo, habuimusque nobiscum totum capitulum ipsa die.*

* **LICENTIOSITAS**, Licentia abeundi. Stat. ann. 1496. inter Leg. Polon. tom. 1. pag. 259 : *Providentes Licentiositati, tam adolescentum plebeiorum, quam desertationi bonorum,.... statuimus quod tantummodo unus filius de villa a patre recedere possit ad servitia.*

LICENTIOSUS. Gloss. Græc. Lat. : Αὐτεξούσιος, *Licentiosus, suæ potestatis, emancipatus, sui juris.* [Supplement. Antiquarii : *Licentiosus*, παῤῥησιαςικός, *Libere loquens.*]

¶ **LICERA.** Charta Monasterii S. Vincentii *del Pino* tom. 2. Concil. Hisp. pag. 168. col. 1 : *Si quis... homo contra hunc factum insurgere voluerit, si quis superviam facere tam Regia potestas quam Pontificum majestas, simulque populorum diversitas, nec vocem enim habeant nec licentia, et fronte propriis careat Liceris, non videant quæ bona sunt in cælestem Hierusalem. Fronte propriis careat Liceris* idem esse puto quod Frons propriis privetur luminibus seu oculis; sed quid *Licera* proprie significet, aut unde oriatur, non satis percipio. An pro *Lucerna* scriptum, aut pro *Visera*, Hisp. Cassidæ conspicilium, quo barbarus scriptor oculos seu videndi facultatem vel actum exprimere voluerit, ut vocem *Visiere* quandoque Galli etiamnum usurpant in jocoso atque familiari colloquio.

¶ **LICERCERIS**, *Centurio.* Gloss. Isid. Additur in Pithœanis, *Luceres*; erant autem *Luceres* vel *Lucerenses pars tertia populi Romani, appellati a Lucero Ardeæ Rege, qui auxilio fuit Romulo adversus Tatium bellanti*, si Festo fidem habeamus. A Lucumone *Luceres* dictos ait Junius.

* **LICERE**, IS, Licentia, facultas. Charta ann. 1065. apud Murator. tom. 1. Antiq. Ital. med. ævi col. 198 : *Et quia acquiebimus ipsum rogatum vestrum, et hecce in presentis concedimus tibi.... scripta Icaba.... cum scriptos duos passus de scripta terra, qualiter superius legitur, una cum omnem Licerem et pertinentia... Iterum concedimus et damus tibi Licerem et licentiam abeant omni tempore hominibus, qui laborant ipsa terra, etc.* Nostris alias *Loer*, et *Loir*, pro Licere. Stat. ann. 1263. ex Tabul. Commer. : *Item au taverne, en sa maison tant seulement, Loèra prandre gaige de ce qu'il vendra; mais fors de sa maison, ne luy Loet pas.* Charta ann. 1339. ex Tabul. S. Joan. Laudun. : *Accordé est qu'il Loira ausdiz religieux etc. Estre leu*, eodem intellectu, in Libert. villæ *d'Aigueperse* ann. 1374. ex Reg. 198. Chartoph. reg. ch. 360 : *Item voulons et octroions que lesdiz consoulz et conseillers.... puissent et leur soit Leu etc.* Aliæ ann. 1427. in Reg. 179. ch. 42 : *Item qu'ilz puissent et leur soit Leu de acquerir de nos hommes.*

¶ **LICENTIRE.** Charta ann. 1222. e Chartulario S. Medardi Suess. : *Insuper etiam Licentiebamus super mortua manu Boveti, qui fuit homo de eleemosina.* Idem quod *Dissentire*, ut liquet ex alia ejusd. Chartul. Charta ann. 1226. ubi : *Insuper etiam Dissentiebant partes prædictæ super mortua manu Boveti, etc.*

¶ **LICHA**, f. Idem quod *Lischa*, Machina poliendis et lævigandis telis et holosericis accommoda, Gall. *Calandre.* In Codice censuali MS. Eccl. Atrebat. ann. 1261. N. tenens domum unam in territorio Ecclesiæ debere dicitur eidem Ecclesiæ certam pecuniæ summam *pro Lichis suis*, quia forte telas expoliendi artem exercebat : quod Galli dicimus *Calandrer.* Vide *Lischa.*

* Nostris *Liche*; unde *Licheur*, qui illo instrumento utitur. Lit. ann. 1410. tom. 9. Ordinat. reg. Franc. pag. 536 : *Enguerran Flomenes.... qui avec ce qu'il estoit drappier, estoit tondeur, Licheur, pareur de draps, etc. Lisseur*, in Lit. remiss. ann. 1445. ex Reg. 176. Chartoph. reg. ch. 370. Vide supra *Licinitorium.*

¶ **LICHERA**, LICHERIA, Lectica, Gall. *Litiere.* Miracula MSS. Urbani V. PP. : *Ipsum portaverunt in domum suam in una Lichera.* Statuta Monialium S. Salvatoris Massil. : *Post mortem quando Monialis portabitur in Licheria.* Pro Lecti apparatu usurpari videtur vox *Licheria* in Charta ann. 1500. apud D. *Calmet* tom. 3. Hist. Lotharingiæ col. CCCXXXI : *Quatuor lectorum munitorum sive garnitorum... Licheriis, enleihibus, pulvinaribus, bassaghiis, linteaminibus, ludicibus, coperturis, cortinis pendentibus, etc.* Vide *Lectarium.*

* Glossar. Provinc. Lat. ex Cod. reg. 7657 : *Lichiera, Prov. basterna. Licheria* vero ex Ch. ann. 1500. hic laudata de lecti fulcimento, Gall. *Bois de lit*, videtur intelligenda. Vide supra *Lecteria* 3. et infra *Lichiera.*

* **LICHERIUS**, Ad *lichias* seu repagula pertinens, hinc *Justicia licheria*, jurisdictio quæ intra *lichias* exercetur. Vide supra in *Justitia* 1.

* 1. **LICHIA**, Septum, repagulum, Gall. *Lice.* Charta official. Noviom. ann. 1318. in Reg. 61. Chartoph. reg. ch. 488 : *Item dictus reus cum suis complicibus disrupit Lichias seu clausuras nemoris religiosorum virorum abbatis et conventus B. Mariæ de Vermando.* Vide *Liciæ.*

* 2. **LICHIA**, Licium, Gall. *Lisse.* Lit. remiss. ann. 1352. in Reg. 81. Chartoph. reg. ch. 646 : *Cum dictus Matheus operas dicti Laurentii rei conduxisset seu locasset ad operandum in arte seu opere pannorum altæ Lichiæ, etc.*

* **LICHIERA**, Lecti fulcrum, Gall. *Bois de lit, couchette.* Inventar. ann. 1449. ex Tabul. D. Venciæ : *In camera paramenti unum lectum,.... cum Lichiera novi et scamno.... Quædam Lichiera garnita talatio et plumari pleno lanæ.* Vide supra *Lichera.*

¶ **LICHINA**, Species tubæ. Vide *Licina.*

LICHINUS, Idem quod *Ellychnium.* Papias : *Lichini, cicendelia lucernæ.* Ordericus Vital. lib. 6. pag. 615 : *Incolis alia curantibus, flamma* (candelæ) *Lichinum usque ad mappulam altaris absumpsit.* Miracula S. Ludgeri Episcopi Mimigard. n. 20 : *Extincta candela carbunculum de Lichino emunxit, ut nihil prorsus in eo lucis remaneret.* Ubi *carbunculus* est flamma quæ exsufflata candela in ellychnio restat. Vide Fridegodum in Vita S. Wilfridi cap. 46.

* Adjective sumitur, nimirum pro po-

quod ad *Lichinum* componendum aptum est, in Charta ann. 1350. ex Reg. 78. Chartoph. reg. ch. 246 : *Item quod omnes et singulæ faces sive torquæ, intorticia, candelæ..... habeant fieri taliter, quod quatuor partes sint de bona et sufficienti cera, et quinta de pabilo Lichino vel cotone.*

Lichinius. Constantinus Africanus lib. 2. de Morbor. curat. cap. 7 : *In auriculas cum Lichinio infusio mittatur.* Adde cap. 13. 15. etc. *Linteolis vel Licinio addito*, apud Vegetium lib. 2. de Arte veterin. cap. 22.

Licinus, apud Hugonem Farsitum lib. de Miraculis S. Mariæ Suession. cap. 19. [Joh. de Janua : *Cicendulum, Thuribulum vel Licinus; et ponitur pro candela.* Gloss. MS. Sangerm. Lat. Gall. : *Licinium vel Licinus, Limechon de chandelle.*]

Licinius. Papias et Gloss. Arabico-Lat. ex Isidoro lib. 20. cap. 10 : *Licinius, quasi Lucinius, quia lumen dat, est enim cicindela lucernæ.* Glossæ Isid. : *Licini, candelæ, lucernæ, vel cicindilia.* Ado Viennensis in Martyrol. 5. Id. Jan. : *Oleoque infuso Liciniis manus et pedes eorum ligantur, etc.* [Linteamina perperam interpretatur Vir doctus tom. 1. SS. Januarii pag. 587.] Constantinus Afric. lib. 1. de Morbor. curat. cap. 16 : *Fumigatio fiat cum Licinio bombycino prius accenso et extincto.* Adde ejusdem lib. de Chirurgia cap. 24.

Liccinium, *Quod de candela vel lucerna emungitur*, in Glossis MSS.

¶ Lychinus. Miracula S. Etheldredæ, tom. 4. Junii pag. 551 : *Ite, Lychinum facite... et postea Lychino ceram superponentes, candelam facite. Sicut enim Lucerna oleo et Lychino præparata lucet*, tom. 3. Bibl. Patrum Ascet. pag. 333.

¶ Lychnium, in Vita S. Humilianæ num. 15.

** Lychnus. Reinard. Vulp. lib. 3. vers. 2323 :

> Inter sacrilegas Lychnis stolulisque gehennæ
> Devovere tuum bis caput octo patres.

i. e. candelis projectis. Vide *Excommunicatio* et *Stola et banno interdicere* in *Stola*, 2.

* **LICHUDA**, Cammarus. Tract. MS. de Pisc. cap. 133. ex Cod. reg. 6838. C. : *Gammarum Galli et Normanni appellant homar,.... Genuenses lombardo,.... Constantinopolitæ Liczuda vel Lichuda, Illyrici larantola, nostri langrout et escrevice de mer.*

* **LICIA**, Palus, pertica. Arest. Parlam. Paris. ann. 1304. in Reg. *Olim* fol. 68. v°. : *Religiosos dictos in dicta saisina piscandi impediebant injuste, et de novo vadum faciendo et Licias ibidem ponendo, peterentque dicti religiosi dictum impedimentum amoveri.* Hinc *Lice*, Agger palis constructus appellatur, in Charta Rob. de Veteri-ponte ann. 1330. ex Chartul. S. Joan. de Valle : *Le prieur ou couvent de leur droit peuent et pourront prendre mote et motage en touz noz frouz pour la réparation de touz leurs molins, Lices et chauciés sanz contredit de nous et de nos gens.* Inde etiam *Lice* dicitur Pugna ludicra, hastiludium, quod in campo *liciis* seu palis clauso perageretur. Lit. remiss. ann. 1362. in Reg. 91. Chartoph. reg. ch. 157 : *En la parroisse de Blaqueville en la viconté de Caudebec, en un manoir appartenant aux religieux de Sainte Katherine, acoustumé est.... que les gens du pais s'y assemblent le jour de la Nostre Dame mi-Aoust pour faire Lices, caroles, dances et plusieurs autres esbatemens.* Vide in *Liciæ* 1.

1. **LICIÆ** Castrorum aut urbium repagula, vulgo *Lices*, a *Liciis*, seu staminibus, vel funiculis dicta quod ea primitus ex funibus conficerentur, vel quod ut stamina junctim erigantur. [Epist. Anonymi de capta urbe CP. ann. 1204. apud Marten. tom. 1. Anecd. col. 786 : *Exercitum nostrum grossis palis circumcinximus et Liciis.* Computus ann. 1202. apud D. *Brussel* tom. 2. de Feudorum usu ad calcem pag. CXLVII : *Pro veteri garrulio reficiendo et pro Liciis* LII. *s.* Et pag. CXCVI : *Pro Liciis circa fossatos faciendis, etc.*] Godefridus Monach. S. Pantaleon. ann. 1219 : *Muri firmati sunt ligneis castellulis ac Liciis.* Jacobus de Vitriaco in Histor. Orientali ann. 1219 : *Et ad jactum jaculi extra Licias Saracenis equitantibus relictum exposuerunt.* Idem in Epist. de Captione Damiatæ : *Cum ex parte Liciarium nostrarum et fossati nostri plures impugnassent nos Saraceni.* Oliverius Schol. : *Fossatum... transeuntes, et Licias violenter rumpentes, etc.* S. Ludovicus in Epist. de Captione sua : *Destructis Saracenorum machinis, Licias fecimus ad pontes navales.* Porro *Licias* legendum tom. 8. Spicilegii Acheriani pag. 364. pro *Lictas.* [*Liciæ duelli*, Locus *Liciis* clausus ad singulare certamen, apud Lobinell. tom. 2. Hist. Britan. col. 851.] Vide Vincent. Belvac. lib. 32. cap. 99. Matth. Paris pag. 211. 213. Gesta S. Ludov. pag. 355. etc. Will. *Guiart* MS. :

> Là tendent les tentes faitices,
> Puis environnent l'ost de Lices.

Le Roman *de Garin* :

> Devant les Lices commence li hustins.

[Le Roman *de la guerre de Troyes* MS. :

> Eissuz resont cels de la cité...
> La Lice passerent forsine,
> Puis s'espandent par l'araine.

Guillelmi Archiep. Tyr. continuata Hist. Gallico idiomate, tom. 5. Ampliss. Collect. Marten. col. 620 : *Car quant li Chrestiens vindrent devant Alixandre, le Baillif les fist herbergier, et faire bones Lices entor eux.*] Vide Willhard. n. 11. 88. 92. 93. 207. et Hemricurtium de Bellis Leodiensib. cap. 24. Λέσσαι dicuntur Scylitzæ pag. 381. *Lizæ*, in Consuetudinibus Catalaniæ MSS. Vide *Lexa* et *Masoverius* in *Mansionarii.*

* Charta ann. 1280. ex Tabul. S. Autberti Camerac. : *Munitiones validas, quæ Liches et barbakanes vulgariter nuncupantur, et castrum de lignis super dictis munitionibus fecerunt.*

☞ Carolus de Aquino in Lexico Militari vocis etymon non a *Liciis*, staminibus seu funiculis censet esse derivandum, sed potius a *sublicis* vel *subliciis*, quæ perticæ sunt ad pontes potissimum struendos et sustinendos : ex quo pontes ipsi dicti Sublicii : vel cum Ferrario in voce *Lizza*, a palis, quibus septus est ficti vel imaginarii certaminis, aut munimenti castrensis vel urbani locus. A palis enim, inquit, fit palicium, et hinc licium. Idem censet Menagius. Itali similia repagula lignea ex palis indiscriminatim dicunt *Lizza* vel *Liccia.*

* 2. **LICIÆ**, Atria ecclesiarum *Liciis* seu repagulis plerumque clausa. Chartul. S. Eligii Paris ann. circ. 1300 : *Ante Licias S. Gervasii, ubi venduntur pisces et anseres decoquuntur.* Lit. remiss. ann. 1381. in Reg. 119. Chartoph. reg. ch. 434 : *Jehan de Dinant vist passer par devant son hostel ledit Jehan Ternue, et le poursui jusques au Lices de l'église de Nostre Dame de Reins.*

¶ **LICIANI**, *Prophetæ.* Gloss. Isid. An a *Licinio* aut *Luce*, ut intelligatur *Videns*, inquit Martinius, illuminatus homo, qui plus aliis videt, futura prævidet? Conjectura non placet Grævio, qui et ipse conjicit forte legendum, *Linigeri*, *Prophetæ*, quod Ægyptiorum Sacerdotes linigeri fuerint et Prophetæ dicti.

LICIATORIUM, Ugutioni, et Mamotrecto ad 1. Paralip. cap. 8. *Lignum in quo licium involvitur, et laquens qui de filo solet fieri.* Joannes Monachus Majoris Monasterii lib. 1. Hist. Gaufridi D. Norm. : *Vir ille humanæ virtutis modum excedens, lanceam quasi Liciatorium habens, Andegavensem impetit.* Vide 1. Reg. cap. 17. lib. 2. cap. 21. lib. 1. Paralip. cap. 11. etc. Occurrit præterea hæc vox nude in Gloss. Arabico-Latin.

¶ **LICIATUS**, Obvolutus licio. S. August. lib. 30. de Genesi ad litteram num. 23. metaphorice : *Et quodammodo Liciata primordia futurorum animalium, quæ de corruptionibus talium corporum pro suo quæque genere ac differentiis erant exortura.* Simili prorsus ratione rursum utitur lib. 22. de Civit. Dei. cap. 14.

LICINA. Matth. Westmonast. : *Tunc Rollandi cantu inchoato, vexillis erectis et evolutis, tubis cum Licinis perstrepentibus, etc.* Ita utraque Editio : sed legendum videtur *bucinis* pro *buccinis*, quomodo Græci recentiores βούκινον dixere. Hist. Apollonii Tyrii : εἶπεν τοὺς καὶ τὰ βούκηνα, νὰ πέξου νὰ σκολάσουν. Vide Gloss. Rigaltii et Meursii [necnon mediæ Græcit. in Βούκινα.]

☞ Crediderim tamen retinendum esse *Licinis*, quod Nicolaus Specialis lib. 1. de Rebus Siculis cap. 14. apud Murator. tom. 10. col. 933. ambas voces *Lichinis* et *buchinis* usurpet : *Alii*, inquit, *strepebant pedibus in propugnaculis, alii percutiebant fustibus tabulata, conchas æreas et lebetes, nonnulli tubis et tibiis, Lichinis et buchinis, aliisque similibus terribiliter intonabant.*

¶ **LICINÆ**, Tenue filum textum, apud Martinium in Lexico.

* **LICINITORIUM**, Idem quod supra *Licha.* Glossar. Lat. Gall. ann. 1348. ex Cod. reg. 4120 : *Licinitorium, Gall. Liche.* Vide *Liciatorium.*

¶ 1. **LICINIUM**, Genus vestis, Isidoro lib. 19. cap. 22. *vocatum, quod textura ejus ligata sit in totum, quasi diceret Liginum, c pro g littera commutata.* Melius a *Licio* deducit Martinius. Vide *Licinius* in *Lichinus.*

¶ 2. **LICINIUM**, Lignum lucens. Isid. lib. 19. cap. 19 : *Lignum vocatur Græca* *etymologia, quia incensum in lumen convertitur et in flammam; unde et Licinium dicitur quod lumen det.* Similia rursum habet lib. 17. cap. 16. Vide *Lichinus* et *Lucinium.*

¶ **LICINIUS**, Licinus, Idem quod *Ellychnium.* Vide supra in *Lichinus.*

¶ **LICINUS**, ἀνάθριξ, in Glossis : Qui capillos sursum versos habet, ut apud Servium *Licini boves* dicuntur qui habent cornua sursum versum reflexa. Martinii Lexicon consule.

* **LICIPPIUM**, Vestis genus videtur. Chron. Danic. ad ann. 1389. apud Ludewig. tom. 9. Reliq. MSS. pag. 115 : *Quoniam juraverat* (Albertus rex Suecorum) *se non portaturum caputium, antequam reginam regnis Daniæ et Norwegiæ privasset; ideo ipsa fecit ei fieri caputium de bucello* (l. burello) *xv. ulnarum, cum Licippio xix. ulnarum.* [** Forte *Liripipio*, Gall. *Mèche.*]

* **LICITARE.** Pariag. inter reg. et abbat. Magniloci ann. 1312. in Reg. 56. Chartoph. reg. ch. 276 : *Nec compelli possint venire Licitare seu respondere etc.* Sed leg. prorsus *Litigare*, ut habetur in aliis eadem de re Chartis.

¶ **LICITATOR**, *Gladiator, apparitor, occisor, cui multa licent.* Gloss. Isid. Omissa et turbata sic recte corrigit Grævius ex Constantiensi, qui nihil prætermitit : *Licitator, Gladiator, occisor*, a *Licitari*, Congredi, pugnare, ut apud Nonium. *Lictor, Apparitor. Licentiosus, cui multa licent.*

* **LICITUM**, Idem videtur quod alias *Jubilum* dicitur, Cantus scilicet species, quo non voces, sed vocum toni longius cantando diducuntur et protrahuntur, quod quia licentius fit, *Licitum* appellatum opinor. Stat. S. Capel. Bitur. ann. 1407. ex Bibl. reg. : *Ordinamus quod præfatum collegium juxta ordinationem præfati domini ducis fundatoris teneatur prima die cujuslibet mensis.... unam Missam de S. Spiritu,... et post ejus decessum, loco illius, solemnes vigilias defunctorum et in crastinum Laudes, Commendationes et Versiculos cum magno Licito atque pausa, et postmodum Missam fidelium defunctorum pro salute animæ domini fundatoris præfati.*

* **LICITUS**, Licentia, venia. Ermold. Nigel. Carm. de Reb. gest. Ludov. Pii tom. 6. Collect. Histor. Franc. pag. 63 :

> Navibus æquatis tandem, velisque novatis,
> Cum Licitu Heroldus intrat honore ratem.

¶ 1. **LICIUS**, *Negotiator.* Gloss. Isid. Grævio videtur scribendum *Licitator;* quia negotiatorum est emere ac licitari, quæ postea carius vendant.

¶ 2. **LICIUS**, f. pro Ilex, arbor nota; Dicta S. Ægidii, tom. 3. Aprilis pag. 242 : *Et signa præcipua excisa sunt ex arbore Licii prope eamdem cellam excrescente, sub quæ sæpius oranti Christus apparuit.*

* **LICOISUS**, Legis custos. Liber de div. ordin. et profes. eccl. apud Marten. tom. 9. Ampl. Collect. col. 1028 : *Deinde rursum incipientes ab inclusis, et ab his qui continenter vivunt, et nec canonici, nec monachi, nec eremitæ, nec inclusi, sed Deicolæ vel Licoisi, id est quasi legis custodes possunt dici.*

¶ **LICTÆ**, pro *Liciæ* in hac voce.

* **LICTATORIE**, ut ad Lictorem pertinet; nisi sit pro *Licteratorie*, Cum literis. Instr. ann. 1294. in Reg. 2. *Olim* parlam. Paris. fol. 2 v°. : *Duos nostros alios servientes per senescallum nostrum Tholosanum Lictatorie missos,..... pro quibusdam requisitionibus ex parte nostra faciendis etc.* Vide mox

* **LICTERATORIE**, Per literas, scripto. Sent. contra Florent. ann. 1311. apud Lam. in Delic. erudit. inter not. ad Hist. Sicul. Bonincont. part. 3. pag. 202 : *Guidonem della Turre de Mediolano proditorem, rebellem et fere bannitum ipsius domini regis et sacri Romani imperii scienter et appensate receptantes contra voluntatem et mandatum eisdem Florentinis super hoc Licteratorie destinatum.* Vide *Literaliter* 2.

* **LICTERATORIUM** Mandatum, Scripto datum. Comput. ann. 1503. inter Probat. t. 4. Hist. Nem. pag. 82. col. 1 : *Mandato Licteratorio dicti domini sancti Valerii, etc.*

* **LICTERIUM**, Analogium, pulpitum, ut supra *Lectorinum.* Charta ann. 1019. tom. 1. Hist. Cassin. pag. 81. col. 2 : *Duo lenzona linei operati propter altaria, et unum propter Licterium.*

* **LICTIRE**, *Detrere*, in Glossar. Lat. Gall. ex Cod. reg. 7692. Nostris alias *Détraire*, pro *Médire*, detrahere.

1. **LICTORES**, Lutræ, Gall. *Loutres.* Charta ann. 1158. in Metropoli Salisburgensi tom. 2. pag. 263 : *Venationes bestiarum, cervorum, castrorum*, (lege *castorum*) *et Lictorum in flumine Ambre, etc.*

2. **LICTORES**, *Ecclesiæ assertores. Hi laici sunt, et in choro inter Clericos in Missa Apostolum legunt : vel quod Subdiacones faciunt, et hi faciunt. Hos Africa vel reliquæ regiones habent.* Papias in ordine. lit. *Li.* tametsi videatur de *Lectoribus* agere. [** *Ecclesiæ assertores* forte sunt *Actores.*]

LICTORIA, *Decuria Consularis*, in leg. 1. Cod. Th. de Lucris offic. (8,9.) Vide ibi Jacob. Gothofredum.

¶ **LICTRA**, Zona funebris. Vide *Litra* 2.

* **LICTRINUM**, Ambo, analogium. Charta Joan. comit. Droc. ann. 1330. ex Tabul. capit. Carnot. : *Quoddam altare in ecclesia Carnotensi situatum prope Lictrinum ante pillum juxta allogias a dextris dictæ ecclesiæ, in honore ipsius Genitricis Dei.* Vide supra *Lectritum.*

* **LICTUS**, Derelictio, bis occurrit in Obituar. eccl. Paris. edito ad calcem Brevis ejusd. eccl. ad Sabbat. ante Domin. Passion. et Domin. 1. Advent. : *Missa de Beata pro Lictu Officii parvi.*

¶ **LICUBUS** Piceus, Species arboris, ut conjecto, ac forte Pinus vel Abies, unde pix expromitur. Rolandinus Patavinus de factis in Marchia Tarvisina lib. 8. cap. 13 : *Pugnatum est etiam ad portam S. Stephani, et exinde ad pontem Altinatem, per murum illum, quia planior erat murus et Licubi picei assidibus coadjutus, et inde spissiores intrinseci defendentes.*

¶ **LICULMEN**, *Gari species ex intestinis piscium*, apud Laurentium in Amalthea. Vide *Liquamen.*

* **LICZ**, Danis, et alias *Lyde*, Cicatrix, auctore Ludewigo ad Leges Danic. tom. 12. Reliq. MSS. pag. 170 : *Item si aliquis clericum læserit et convictus fuerit, solvat regi jus suum; pro blodwide Licz, episcopo solvat jus suum.*

* **LICZUDA.** Vide supra *Lichuda.*

* **LID.** Charta ann. 1070. in Chartul. S. Petri Gand. ch. 17 : *De internicione etiam extraneorum debitum, quod plebeia lingua Lid dicitur, teneat.*

¶ 1. **LIDA**, Ancilla, Serva. Vide *Litus.*

¶ 2. **LIDA**, Hisp. *Lid*, Tumultus rixantium, contentio, jurgium. Fori Alcaçonenses Alfonsi Regis Portugalliæ æra 1267 : *De cavallos qui. se perdiderint in algara vel in Lida, etc.* [* Vide infra *Lidis* 2.]

* 3. **LIDA**, ut mox *Lidda.* Reg. episc. Nivern. ann. 1287 : *Costuma ferri valet xx. libras, et minutæ Lidæ xij. libras.*

LIDDA, [* Præstatio, tributum præsertim quod pro mercibus penditur. Charta ann. 1156. inter Instr. tom. 6. Gall. Christ. col. 40 : *Concedo.... medietatem videlicet Liddæ octo denariorum.... Hac itaque ratione habes in Lidda duodecim denarios, medietatem et sex denarios, duos utique quos habebas, et duos quos tibi reddo, atque duos altos, quos domnus de Casulis per te habet et possidet; quod si Lidda ista aliquando excreverit, etc.* Infra : *Medietatem Liddæ salis.*] Vide in *Leudis.*

LIDDI, Liddones. Vide in *Litus.*

¶ **LIDEMLAJO.** Vide mox in *Lidolaip.*

* **LIDEMONIUM.** Vide *Litimonium* in *Litus.*

LIDERE, pro Allidere, et humo infligere, in Lege Bajwar. tit. 21. § 9 : *Si ligneum est, Lidat eum terris.*

¶ **LIDHILAHIBUM.** Vide mox in *Lidolaip.*

¶ 1. **LIDIA**, Ancilla, serva. Vide *Litus.*

¶ 2. **LIDIA**, Præstatio, tributum. Vide *Leudis.*

¶ **LIDIALES** Mansi, Qui a *Litis* seu servis excolebantur. Vide in *Mansus.*

¶ **LIDIMONIUM.** Vide in *Litus.*

¶ **LIDINLAIB.** Vide mox in *Lidolaip.*

* 1. **LIDIS**, Eodem significatu quo supra *Lidda.* Charta ann. 1266. in Chartul. Cluniac. ch. 326 : *Homines de Marcigniaco non tenentur solvere Lidem in foro de Sinemuro, nec homines de Sinemuro in foro de Marcigniaco.*

* 2. **LIDIS**, Prælium, certamen, Hisp. *Lid*, unde iisdem *Lidiar*, Certare, pugnare. Leg. Lusit. sub Alph. reg. tom. 1. Probat. hist. geneal. domus reg. Portugal. pag. 11 : *Nobiles si fugerint de Lide;... si non liberaverint regem aut filium ejus, aut pendonem pro suo posse in Lide,.... non sint nobiles.* Vide *Lida* 2.

LIDISCARTI. Vox confecta ex Germ. *Lid*, membrum, et *Schart*, fissura. Lex Bajwar. tit. 3. cap. 1. § 21 : *Si autem maculaverit, ut exinde turpis appareat, quod Lidiscarti vocant, etc.* [** Vide Graff. Thesaur. Ling. Franc. tom. 6. col. 528.]

¶ **LIDO**, Maris æstus. Vide in *Ledo.*

LIDOLAIP. Lex Longobard. lib. 2. tit. 15. § 2. [** Rothar. 173.] : *Si quis res suas alii thingaverit, et dixerit in ipso thinx Lidolaip, id est qui in die obitus sui reliquerit, non dispergat ipsas res postea doloso animo, nisi fruatur cum ratione.* Editio Heroldi habet *Lidhilahibum*. [Codex Cathedr. Mutin. teste Muratorio, *Lidinlaib, id est, quod etc.* Ambrosianus, *Lindila*, Estensis *Lindemlajo*. Schilterus *Lidolaip* reddit *Lih to leib*, Concedo ad vitam, vitalitium, ususfructus, in verbo *Lihen*, dare, concedere, largiri.]

LIDORIUM. Monachus Altisiod. ann. 1091 : *Reperta sunt in ipsis Ecclesiæ fundamentis sepulcra plena sarcophagis et loculis saxeis, plumbeis, gypseis, sectisque ac complanatis Lidoriis, quæ omnia erant plena corporibus.* Idem videtur quod *Leviga*, de qua voce supra, seu *Lævigatorium*.

☞ *Lidorium* laterem hic significat, ut in Chronico S. Petri Vivi ad annum 1068. apud Acherium tom. 2. Spicil. pag. 746 : *Inventum est quoque in quodam Lidorio hoc scriptum : Hic positus est Tetulfus ante sepulchra Martyrum fabricator hujus Ecclesiæ.* Laurentius in Amalthea : *Lidoron, Later longitudine sesquipedalis, latitudine pedis.*

LIDUNA, Maris æstus. Vide in *Ledo*.

LIDUS, Idem qui *Litus*. Vide in hac voce.

LIDUWAGI. Lex Frision. tit. 22. § 35 : *Si quilibet digitus ex 4. longioribus in superioris articuli junctura ita percussus fuerit, ut humor ex vulnere decurrat, quod Liduwagi dicunt, 2. sol. componat.* Additio Sapientum ad eamdem Legem cap. 3. § 32 : *Si quis in junctura membrum cujuslibet ita percusserit, ut humor ex vulnere decurrat, quem Lidwagi dicunt, ter 4. sol. componat.* Ubi Sibrandus a Sicama legendum censet *Lidwater*, ichor, serum sanguinis, et humor aquosus ex nervosis articulorum partibus læsis emanans. Est autem Germannis *Lidt*, membrum vel articulus, *Water*, aqua humor.

☞ Nihil necessarium est, ut emendetur *Lidwater*, cum rectum esse possit *Lidwagi* a Teutonico *Wage* vel *Woge*, Fluctus. Vide Martinium et Schilterum in Lexicis suis.

* **LIEA**, a Gallico *Lie*, Amurca, fæx. Arest. ann. 1345. 6. Aug. in vol. 2. arestor. parlam. Paris. : *Scancionarius vero vina doliorum ad duos digitos vel circa subtus barram tartaraque seu Lieas et dolia vacua, etc.* Vide *Lia* 1.

* **LIEGANCIA**, Sacramentum fidelitatis, quod vassallus domino suo præstat, nostris alias *Liégece*. Joan. de *Trokelowe* Annal. Eduardi II. reg. Angl. pag. 55 : *Prædictus Thomas hoc perpendens, scilicet cum aliis prædictis proditoribus, exiit villam prædictam usque in campum ibidem vexillis explicatis, et acies suas bellicosas direxit hostiliter ad debellandum ipsum dominum regem contra homagium, fidelitatem et Ligeanciam suam, quibus eidem domino erat astrictus.* Charta Ferrici ducis Lothar. ann. 1270. ex Chartul. Campan. in Cam. Comput. Paris. : *Après l'omage, la féauté et la Liégece qu'il a faite à nobles barons le duc de Loheregne et le conte de Toul.* Vide *Ligantia* in *Ligius*.

* **LIEMERIUS**, Canis indagator, Gall. *Limier*. Comput. ann. 1244 : *Pro duobus Liemeriis conductis ad Chaperonem, vj. sol.* Vide *Liemarius*.

¶ **LIEGNE**, Lignum. Chartular. S. Vedasti Atrebat. not. V. pag. 264 : *Hospitarius ibidem debet.... fascem de furro et duos fasces de Liegne.*

¶ **LIEMARIUS**, Liber niger Scaccarii pag. 357 : *Ductor Liemarii* 1. *d. et Liemarius ob.* Ubi Hearnius Canem interpretatur sic dictum a loro, *Liemer*. Latine *Leviarium* et *Lorarium* nominavit Caius de Canibus Britan. fol. 11. qui et canem medium esse notat inter sagacem et leporarium.

* **LIENTILE**, Mensura frumentaria. Charta ann. 1303. in Reg. 74. Chartoph. reg. ch. 308 : *Item acquisierunt* (religiosæ S. Saturnini Tolos.) *titulo emptionis..... quatuor cussones ad allodium, tenentes tria sextaria et unum Lientile frumenti ad mensuram Bazani.* Vide supra *Librale*.

¶ **LIENA**, Manipulus. Transactio ann. 1493. ex Archivo S. Justi Lugdun. : *De decem Lienis canapis unam Lienam.* Vide *Gelina*.

* **LIENAGIUM.** Lit. remiss. ann. 1386. in Reg. 129. Chartoph. reg. ch. 5 : *Certaine somme d'argent restant à payer pour Lienage de maison.* Sed legendum videtur *Louage*, Locationis pretium. V. *Locagium*.

* **LIENCIA**, Lætitia, gaudium. Lit. remiss. ann. 1380. in reg. 118. Chartoph. reg. ch. 83 : *Peregre ibit infra brandonos ad Beatam Mariam de Liencia, et ibi offeret unum cereum duarum librarum ceræ.* Vulgo *Notre-Dame de Liesse*.

* A verbo autem Ligare, Gall. *Lier*, *Liense* appellant Lemovicenses aliique Lorum, quo jugum ad cornua boum alligatur. Lit. remiss. ann. 1462. in Reg. 198. ch. 410 : *Le suppliant print une coignée et alla copper les Lienses et les choses des beufz ;.... lesdiz Simon et filz voyans lesdites Lienses coppées vindrent etc.*

* **LIENTERIA**, *Flu de ventre, foire, menoison. Lienteriosus, foireus.* Glossar. Gall. Lat. ex Cod. reg. 7684. Occurrit *Menoison*, eo sensu, apud Joinvil. edit. reg. pag. 2. Vide ibi Glossar. in hac voce.

** Gr. Λειεντερία, Lævitas intestinorum, Cœliaca passio, dysentaria, in Chronic. Regin. ad ann. 867. Vita Walæ Abbat. Corb. lib. 2. cap. 6. et alibi. Isidor. Orig. lib. 4. cap. 7. sect. 37.

¶ **LIENZUS**, Tela linea. Hispan. *Lienço*. Privilegium Ferdinandi Gonzalez Principis Castellæ, tom. 3. Concil. Hisp. pag. 177. col. 1 : *Per omnes domos, singulos cubitos de Lienzos.*

* **LIERIS**, Ligeris, Gall. *la Loire*. Vita fabul. S. Adelph. tom. 6. Aug. pag. 507. col. 1 : *Beatus igitur Adelphus in Aquitaniæ provincia ultra fluvium, qui Lieris dicitur, ex nobilissimis atque in rebus seculi potentissimis natus fuit, etc.*

¶ **LIERNUS**, pro *Liardus*, de quo supra, Scutulatus, Gall. *Gris pommelé*. Charta ann. 1097. pro Monasterio S. Vincentii Cenoman. tom. 1. Ampliss. Collect. Marten. col. 564 : *Dedit mihi jam dictus Abbas et Monachi* XL. *sol. et unum palefridum Liernum.*

* **LIEVREIA**, Præbitio, Gall. *Livrée*. Arest. ann. 1279. in Reg. *Olim* parlam. Paris. fol. 47 : *Ordinatum fuit quod usuagiarii forestæ de Leonibus capient per Lievreiam; et sint Lievreiæ in tot locis, quod sufficere debebit et in locis propinquis sibi.* Vide *Liberata* in *Liberare* 2.

* **LIEVUS.** Via Lieva, Agger, Gall. *Levée*. Charta Boson. Cathal. episc. in Chartul. Cluniac. ch. 232 : *A prædicto fonte sit meta et Lieva via Roberti Spaniæ usque ad caladiam de Roncheriis, etc.* Vide *Levata* 3.

LIFERENT, Reditus et emolumenta prædialia, quæ quis percipit aut ad terminum vitæ, aut ad vitæ sustentationem. Skenæus ad Quoniam Attach. cap. 18. § 5 : *Nota quod eschaeta terrarum felonis, post annum et diem (videlicet his Liferent) ipso vivente computatur inter bona mobilia.*

1. **LIGA**, Confœderatio, fœdus quo quis cum alio *ligatur*, vincitur : *Ligue* nostris, *Liga* Italis. Albertus Argentinensis in Chron. ann. 1337 : *Inter Principem et Francum, interpositis juramentis et confectis litteris, Liga perpetuo confirmata* Et infra : *Marchio cum Mastino Veronensi Ligam contraxit.* Adde pag. 132. 146. 159. *Liga seu conspiratio*, apud Gobelinum Personam in Cosmodromio ætate 6. cap. 73. Occurrit apud eumdem non semel, in Historia Cortusiorum, in Conc. Ravennensi ann. 1311. cap. 26. apud Waddingum ann. 1356. n. 9. in Itiner. Gregorii XI. PP. pag. 311. apud Massonum, apud Ericum Upsalensem lib. 3. Hist. Suecor. pag. 58. in Chron. Mindensi Meibomii pag. 6. 40. [Adde Chronicon Danduli apud Murator. tom. 12. col. 473. 474. 477. 479. Chronicon Modoetiense ibid. col. 1108. Chartam ann. 1478. apud D. *Calmet* tom. 3. Hist. Lothar. col. CCLXXXVI. etc.]

* Hinc *Loyanche*, Pactum, obligatio. Charta ann. 1424. tom. 2. Hist. Leod. pag. 446 : *Et que celle filhe deseagié ne puisse faire Loyanche qui vailhe, jusques à tant qu'il arat xv. ains accomplis.*

2. **LIGA**, Ligamen, *Lien*, [*Laniere*, in Glossis Lat. Sangermán.] *Garba de trium Ligarum longitudine*, in Synodo Sodorensi.

* Alias *Loyeure*, ut legitur in Lit. remiss. ann. 1401. ex Reg. 156. Chartoph. reg. ch. 158.

¶ 3. **LIGA**, ut supra *Lex*, Monetarum in metallo probitas *a lege* requisita ac definita, Gall. *Loi*, *Aloi*, Ital. *Lega*. Extractum Computi ann. 1339. tom. 1. Hist. Dalphin. pag. 95 : *Primo videlicet, quod fierent denarii curribiles pro duobus denariis Vienn. de Liga duorum denariorum, et de pondere viginti solidorum pro qualibet marcha ipsorum denariorum, sub forma et cunho ac remediis Ligæ et ponderis sibi concessis in opere monetarum sibi alias concessarum.* Pluries occurrit ibi, ut et in Chartis ann. 1327. tom. 2. pag. 214. et 215. in alia ann. 1340. pag. 416. et 417. in alia ann. 1345. pag. 515. 516. etc.

** 4. **LIGA**, pro *Ligo*, Instrumentum rusticum purgando agro aptum, Gall. *Râteau*. Ruodlieb. fr. 7. vers. 28 :

Calciamenta sua, quæ jam fuerant nimis arcta
Cum soccis laxa, Liga ceu stant ante supina,
Sustollunt luti nimium calcando limosi.

¶ **LIGACIA**, Fasciculus chartarum, Gall. *Liasse*. *Ligatia litterarum*, tom. 3. Hist. Harcur. pag. 63.

* Memor. D. Cam. Comput. Paris. fol. 44. r°. : *Die xxj. Aprilis 1362. facta fuerunt tria transcripta quarumdam litterarum re-*

giarum retentarum in camera et positarum in Ligacia litterarum.

1. **LIGAMEN.** Charta Rudolfi Imp. ann. 1276 in Metropoli Salisburgensi tom. 1. pag. 392 : ..... *Fuerint in quieta et pacifica possessione seu quasi, juris recipiendi mutam seu theolonium in Obernperge a transeuntibus navibus in fluvio qui Enus in vulgari nomine dicitur, sal et alia mercimonia deferentibus, de talento quolibet majoris Ligaminis scilicet* 13. *solidos longos, et* 10. *denarios usualis monetæ Pataviensis, etc.* Alia ann. 1298. ibid. tom. 2. pag. 34 : *Quod quilibet Abbas ejusdem Monasterii, qui pro tempore fuerit tria talenta majoris Ligaminis, et duodecim minoris salium semel in anno, quocunque tempore voluerit, deducere valeat,... absque exactione cujuslibet thelonei sive mutæ, etc.* Charta Ottonis et Stephani Ducum Bavariæ ann. 1302. ibidem pag. 573 : *Nos sub ejusdem tenoris gratia* 60. *cuppas salis majoris Ligaminis pro domo ipsorum, quod vulgariter Mussalz dicitur, specificantes semel tantum in anno ipsis deducere libere indulgemus.* Adde paginas 569. 572. 573. [Privilegium ann. 1249. apud Ludewig. tom. 4. pag. 44 : *Nos Hermannus Dei gratia Dux Austrie.... hujus scripti testimonio scire volumus universos, quod Abbati et Conventui in Zweil indulsimus de gratia speciali, ut duo talenta salis majoris Ligaminis transducant in Danubio per terre nostre districtum.* Similia leguntur in Privilegio Alberti Ducis Austriæ ann. 1286. ibidem pag. 266. et in alio Henrici et Ottonis Comitum Palatinorum ann. 1328. ibid. pag. 167. Angelus Rumplerus in Hist. Formbacensi, apud Pezium tom. 1. Anecd. part. 3. col. 434 : *Sed nec Duces Bavariæ nostri Monasterii immemores fuerunt : concesserunt nobis multa et potissimum libertatem salis... Nam cum primo quatuor Ligamina majora salis tradidissent, tum duo addiderunt. Sic et de minori Ligamine censendum est.* An saccus in quo certa quantitas salis, quique duplex fuerit, major et minor?] Vide *Ligatura.*

* Quid hic per *Majus ligamen* intelligendum est, explicat Charta Berth. episc. Patav. ann. 1252. apud Pez. tom. 6. Anecd. part. 2. pag. 101. col. 1 : *Concessimus ut in omni possessionis nostræ loco, naves duo talenta salis de Ligamine, quod schonsband dicitur, deferentes singulis annis per Danubium descendentes, ab omni exactione sint liberæ.* Est autem Germanis *Schœn*, pulcher, eximius, et *Band*, vinculum, ligamen. *Talenta salis majoris Ligaminis, sicut reponi in navibus consueverunt*, in Ch. Henr. ducis Bavar. ann. 1285. ibid. pag. 140. col. 1.

¶ 2. **LIGAMEN**, Detentio, inclusio in custodia. Tituli 35. Pactus Legis Salicæ, et 41. Legis Ripuariorum inscribuntur, *De Ligaminibus ingenuorum* : quod sic exprimitur in Lege Salica eod. tit. 35 : *De eo qui hominem ingenuum sine causa Ligaverit.* Quo in titulo verbum *Ligare* bis terve sumitur pro Comprehendere, seu manum in aliquem injicere.

* 3. **LIGAMEN**, Sacramentum fidelitatis, quo vassallus domino suo *alligatur*, ut mox *Ligascia.* Lit. Eduard. I. reg. Angl. in Chron. Th. *Otterboune* edit. Hearn. pag. 102 : *Facient regi Angliæ homagium et fidelitatem et Ligamen, ut legio domino, contra omnes homines. Liget*, eodem sensu, in Charta ann. 1348. ex Chartul. Godefr. dom. Asperim. fol. 25. v°. : *Comme nous aiens entendu qu'il est à present escheus à releveir... uns fiefs tenus dou chastel de Lievraing,.... et que li hoirs et estanchies doudit fief a refuseit et débatu à délivrer Liget pour le cause doudit fiés à noble home no chier et bien ameì mons. Aubert Turk chevalier, etc.* Vide *Ligantia* in *Ligius.*

¶ **LIGAMENTUM**, Pactum, ut *Liga* 1. Jos. Moretus in Antiquit. Navarræ pag. 574 : *Ut det de jure directum ad Regem Sancium Garcez de Pampilona et ad Comitem Urgelensem Ermengaudum de Taligissa, sicut confirmatum est in illorum convenientia et illorum Ligamento. Ligamentum dilectionis*, Amicitiæ vinculum, in Charta ann. 1327. apud Ludewig. tom. 5. pag. 479. Vide mox *Alligaturæ* in *Ligaturæ.*

* **LIGAMENTUM** Saccorum, Præstationis species. Charta Adelæ de Montiaco ann. 1120. ex Chartul. S. Mart. Pontisar. : *Dederunt ecclesiæ S. Martini Pontisarensis quidquid in ecclesiis Umblevillæ et in eadem villa habebant, præter decimam et feodum Ansculfi de nova rua, et præter Ligamentum saccorum.*

¶ **LIGANTIA.** Videsis infra *Ligius.*

¶ 1. **LIGARE**, Comprehendere. Vide *Ligamen* 2.

Ligare Duellum, De duello convenire, quomodo dicimus *Lier une partie.* Charta Galcherii Comitis Regitestensis ann. 1255. pro libertatibus villarum de *Raucourt* et de *Heraucourt* : *Si duellum Ligatum fuerit coram Præposito per testimonium Scabinorum.* Et infra : *Sciendum est quod duellum Ligari non poterit.*

** Ligare Crinibus. Histor. Archiep. Bremens. de Johann. vers. 88. Lappenb. pag. 28 :

Bremensis ecclesia curiæ vacabat
Per mortem Florencii, qui hanc aspirabat,
Bernardi præpositi, qui sponte cessabat;
Hos discors electio Crinibus Ligabat.

Ligare Ecclesiam. Vide *Obligati* 2.

* 2. **LIGARE**, Librum compingere, concinnare, Gall. *Relier.* Stat. synod. eccl. Castr. ann. 1358. part. 2. cap. 2. ex Cod. reg. 1592. A. : *Rectores ecclesiarum faciant Ligari libros ecclesiarum suarum et tabulari, qui ligatura indiguerint.* Vide in *Ligatura.*

* *Lier un espée* est ensis capulum filis instruere; in Stat. ann. 1330. inter Consuet. Genovef. MSS. fol. 2. v°. : *Item nulz fourbeur ne puet, ne ne doit Lier espée, se elle n'est avant Liée de fil quel qu'il soit sur les tenans, se elle n'est Liée de soie.*

¶ **LIGARIA.** Agnellus in Vita S. Joannis Episc. Ravenn. tom. 2. Muratorii pag. 68. col. 2 : *Etiamsi vox mea excreverit adamantina, et æreum pectus, et centeni mei versus in Ligariis fuerint, sic nec omnia facta vestrorum narrare possum.* An esse *in ligariis* idem est quod adunari, in unum cogi, colligari, ita ut nervi omnes simul contendantur.

* **LIGASCIA**, Sacramentum fidelitatis, quo vassallus domino suo *alligatur*, nostris alias *Legée* et *Ligée.* Bened. abb. Petroburg. de gest. Henr. II. edit. Hearn. tom. 1. pag. 4. ad ann. 1170 : *Et fecit* (rex) *eos* (comites et barones) *super sanctorum reliquias jurare illi Ligascias et fidelitates, contra omnes homines, salva fidelitate sua.* Charta Otton. comit. Burg. ann. 1242. inter probat. tom. 2. Hist. Burg. pag. 15. col. 2 : *Dovent audit dux de Bergoigne faire faauté et Legée de ces quatre chastiaus.* Alia ann. 1256. ex Cartul. Campan. fol. 465 : *J'ay mis en fié et an hommage lige à monseignor Thiebaut,... après le Liége an que il est tenus au conte de Borgoingne,... vinz livrées de terre.* Cum autem vassallus fidelitatis sacramentum pro *retrofeudo* homagium præstabat, se se *Demi-liges* tantum profitebatur. Charta ann. 1272. ex Tabul. S. Autberti Camerac. : *Jou Robiers castelains de Bapaumes, sires de Biaumés... sui hons Demi-liges à l'abbé et à l'église de saint Aubiert de Cambrai dou fief de Ramincourt et d'Aussimont, c'on tient de mi et ke jou en ai fait bien et loiaument hommage,... si com leur hons Demi-liges.* Vide supra *Ligamen* 3.

LIGASSA Lini, Fasciculus lini, *Liasse* Gall. in Consuet. Monasterii de Regula, apud Labbeum tom. 2. Biblioth. pag. 745.

¶ **LIGATI**, Fœdere conjuncti, Gall. *Liguez, Alliez.* Laur. Bizynius de Orig. belli Hussitici ann. 1421. apud Ludewig. tom. 6. pag. 175 : *Aiunt se non posse sine consensu aliarum civitatum, cum quibus sunt Ligati, aliquam inire concordiam.* Vide *Liga* 1.

* **LIGATIA**, Fasciculus, Gall. *Paquet.* Invent. MS. thes. Sedis Apostol. ann. 1295 : *Una Ligatia, in qua sunt amatistæ, etc.* Vide supra *Ligacia.*

* **LIGATICIUS**, Ligaminibus instructus. Constit. Carmelit. MSS. rubr. 14 : *Habeant* (semifratres) *habitum distinctum ab aliis fratribus,.... et calciamenta Ligaticia, sicut fratres.* Solea, vulgo *Sandale.*

1. **LIGATIO**, Idem quod *Liga* 1. Fœdus, pactum. Notitia Ecclesiarum Hispaniæ a Resendio edita ex veteri Codice : *Domine, si vis, faciam stabilitatem inter nos, et Ligationem firmissimam, ut non sit soluta usque in finem seculi.* [Eadem habentur in Statutis Ecclesiæ Londinensis.]

Colligatio, pariter, in Concilio Tolosano ann. 1229. cap. 38. Avenionensi ann. 1281. cap. 8. etc.

* 2. **LIGATIO**, Funium apparatus, Gall. *Cordage.* Pedag. castri *de Les* ann. 1263. ex Cod. reg. 4659 : *In navi, galea et in corbis* (l. cordis) *et Ligationibus navis arbitrio pedagerii.*

¶ **LIGATIONES**, ut mox *Ligaturæ.* Statuta Eccles. Valentinæ, tom. 3. Concil. Hisp. pag. 510 : *Item dicimus sub pœna excommunicationis, ne sortilegia fiant, nec maleficia, nec Ligationes, quæ fiunt per maleficas mulieres.*

* Hinc *Lier*, pro *Ensorceler, nouer l'aiguillette*, Fascinare, in Lit. remiss. ann. 1408. ex Reg. 162. Chartoph. reg. ch. 240 : *Pour se qu'il estoit voix et commune renommée que Bernart de la Tapie.... avoit ensorcelé et Lié Guillaume Fors et sa femme, telement que icellui Fors ne povoit avoir compaignie avec sa ditte femme.*

* **LIGATOR** Balarum, Compactor, consarcinator, Gall. *Emballeur.* Stat. pro lanif. et pannif. ann. 1317. ex Reg. A. Cam. Comput. Paris. fol. 196. v°. : *Item quod ali-*

quis Ligator balarum seu troussellorum..... pannos crudos, filum de lana seu telas laneatas non audet ponere in bala seu trossello, seu ad modum aliorum pannorum adaptatorum ligare.

LIGATORES, Qui libros compingunt, vulgo *Relieurs*. Statuta Ecclesiæ Londinensis : *Utque libri omnes ad Decanum et Capitulum pertinentes sumptibus Ligatoris librorum ligentur, tegantur, et hamulis suis claudantur.* [*Ligator et coopertor librorum*, in *Talmut* seu Codice MS. pensionum S. Victoris Massil. ann. 1337.] Ita libros *Ligari* dixit Isidorus Pelusiota lib. 1. Epist. 129 : Καὶ αὐταὶ γὰρ σητῶν μητέρες καὶ τροφοί, ὅταν δέδενται, γίνονται.

1. **LIGATURA**, Fascis ligatus. Leo Ostiensis lib. 2. cap. 8 : *Pro censu super singulos annos quatuordecim Ligaturas sepiarum, quadraginta bonas sepias per singulas Ligaturas habentes.* [** Chart. Eigilmar. Comit. ann. 1108. in Jung. Histor. Benthem. cod. Dipl. num. 3 : *Nonaginta Ligaturas anguillarum in nativitate S. Mariæ ad Aldenburg præsentandas.*]

¶ Ligatura, Libri compactio, Gall. *Reliûre*. Ad calcem duorum codicum Bibliorum Monasterii Stabulensis visitur hæc inscriptio, quam exhibet Martenius tom. 2. Itinerarii pag. 149 : *Codices hi ambo, quia continuatim et tamen morosius scripti sunt per annos ferme* IIII. *in omni sua procuratione, hoc est, scriptura, illuminatione, Ligatura uno eodemque anno* (1097.) *perfecti sunt ambo.*

Ligatura Navium. Charta Berengarii et Adelberti Regum Italiæ ann. 950. apud Ughell. tom. 2. pag. 129 : *Teloneum quoque et curaturam, et redhibitionem ipsius ripariæ, et Ligaturam navium*, etc. Vide *Anchoragia*.

* 2. **LIGATURA**, Lignum minutum in fascem colligatum. Charta Boleslai ducis Oppol. ann. 1309. inter Probat. tom. 1. Annal. Præmonst. col. 491 : *Insuper Ligaturas sive congeries lignorum vel ædificiorum... donamus.* Charta ann. 1375. in Reg. 108. Chartoph. reg. ch. 286 : *Habeant dicti pauperes singulis noctibus, a festo omnium sanctorum usque ad festum brandonum, duos fasciculos de Ligatura de Ostricourt.*

LIGATURÆ, Καταδέσεις, Platoni lib. 2. de Legibus, καταδεσμοί, Eusebio de Laudibus Constantini cap. 13. et Artemidoro lib. 1. cap. 79. Amuleta quædam ad arcendos et depellendos morbos, quæ aut ad collum suspendebantur, aut circa alias corporis partes alligabantur, qualium magna mole refersisse scripta sua Xenocratem Aphrodisiensem et Pamphilum quemdam refert Galenus lib. sexto simplicium pharmacorum : cujusmodi etiam subinde prodere non dubitavit Plinius, ut et Medici aliquot ex veteribus, Marcellus Empir. cap. 29. pag. 207. Horatianus lib. 4. pag. 93. Serenus Sammonicus cap. 49. Alexander Iatrosophista, Trallianus lib. 2. cap. 232. Dioscorides lib. Parabil. cap. 156. Nicolaus Myrepsus de Antidot. cap. 405. et alii quas quidem *incantationes, adjurationes*, et *colli suspensiones* non omnino improbat Constantinus Africanus, licet Christianus et Monachus, in Epistola ad filium; nec ipse Galenus, cujus verba affert idem Trallianus Edit. Græc. lib. 9. cap. 4 : Ἔνιοι γοῦν οἴονται τοῖς τῶν γραῶν μύθοις ἐοικέναι τὰς ἐπῳδάς. ὥσπερ κἀγὼ μέχρι πολλοῦ. τῷ χρόνῳ δὲ ὑπὸ τῶν ἐναργῶς φαινομένων ἐπείσθην εἶναι δύναμιν ἐν αὐταῖς. Sed has prorsus derident Medici saniores et probatiores, ut ait Joannes Sarisber. lib. 2. Polycrat. cap. 1. atque in iis Cælius Aurelianus Siccensis in Præfat. ad libros Chronion, et lib. 1. cap. 4. pag. 21. Quinetiam sub Caracallo, *damnatos, qui remedia quartanis tertianisque collo annexa gestarent*, tradit Spartianus, et sub Constantio Ammianus lib. 19. Præsertim vero ea amuleta, Phylacteria et characteres ad depellendos morbos, ut magiæ effectus et Paganismi reliquias non semel proscripsit Ecclesia Christiana. Isidorus lib. 8. cap. 9 : *Ad hæc omnia pertinent Ligaturæ execrabilium remediorum, quæ ars Medicorum condemnat, sive in præcantationibus, sive in characteribus, vel in quibuscunque rebus suspendendis atque ligandis : in quibus omnibus ars dæmonum est ex quadam pestifera societate hominum et Angelorum malorum exorta. Unde cuncta vitanda sunt a Christianis, et omni penitus execratione repudianda atque damnanda.* S. Audoenus lib. 2. Vitæ S. Eligii cap. 15 : *Nullus ad colla vel hominis, vel cujuslibet animalis Ligamina dependere præsumat, etiamsi a Clericis fiant, etsi dicatur quod res sancta sit, et lectiones divinas contineat, quia non est in eis remedium Christi, sed venenum Diaboli.* Gregorius Turon. lib. 2. de Mirac. cap. 45 : *Incantationes immurmurat, sortes jactat, Ligaturas collo suspendit.* Et lib. 4. de Mirac. S. Martini cap. 36 : *Quæ adveniens ad ægrotam, eamque visitans, amotisque Ligaminibus quæ stulti indiderant, oleum beati sepulcri ori ejus infudit.* S. Bonifacius Episcop. Moguntin. in Epist. ad Zachariam PP. apud Othlon. lib. 2. cap. 1 : *Dicunt quoque se vidisse ibi mulieres pagano ritu phylacteria et Ligaturas, et in brachiis, et cruribus ligatas habere, etc.* [** Placit. ann. 11. Joh. reg. Wapent. de Calwat. rot. 1. in Abbrev. Rotul. pag. 71 : *Radulfus etc... qui rectati sunt de Ligatura Roberti Code et uxoris ejus, et per* 12. *juratos et per* 4. *villatas proximas crediti, etiam similiter de aliis maleficiis, purgent se aqua.*]

Alligaturæ, apud Bedam in Vita S. Guthberti Episc. n. 16. Reinerum in Catalogo Hæreticor. pag. 92. *Ligamenta*, apud Cælium Aurelian. locis laudatis. *Obligamentum magicum*, Eutropio lib. 3. *Obligatores*, qui ejusmodi ligaturas ad depellendos morbos ægrotis porrigebant, in Capitulari Aquisgran. ann. 787. cap. 63. et in lib. 1. Capitul. cap. 62.

Suballigaturæ, apud Gaudentium Brixiens. Tract. 4 : *Veneficia, præcantationes, Suballigaturæ, vanitates, auguria, sortes, etc.* Vide Fabium Victorinum in 1. Ciceron. Rhetoricor. Apuleium de Virtut. herbar. cap. 17. 18. S. Augustin. Serm. de Divers. cap. 8. lib. 2. de Doctr. Christ. et Epist. 73. Legem Salic. tit. 21. § 3. Nicolaum I. PP. in Respons. ad Consulta Bulgar. cap. 79. Martinum Bracarensem cap. 59. Capitula Caroli M. lib. 6. cap. 72. Concil. Turonense III. cap. 42. Addit. 3. Ludov. Pii § 60. Hincmarum de Gestis habitis super divortio Thietbergæ, Laurentium Melliflunm in Orat. de Chananæa pag. 28. etc. præterea Olaum Wormium lib. 3. Fastor. Danic. cap. 18. et quæ annotantur in vocibus *Breve* et *Phylacterium*. [** Grimm. Mythol. German. pag. 629.]

¶ **LIGEANTIA**, Ligecia, Ligeitas, etc. Vide in *Ligius*.

* **LIGENSIA**, Sacramentum fidelitatis quo vassallus domino suo *alligatur*. Charta ann. 1244 : *Ego Galterus Broncuis notum facio, quod ego et hæres meus Ligensiam et stagium sex mensium vicedomino Pinconii et hæredi suo.... debemus.* Vide supra *Ligascia*.

* **LIGENUM**, f. Linum. Chartul. S. Dion. Exoldun. : *De quolibet equo portante... pannos, merceriam, et omne quod vocatur Avoir de pois exceptis.... ferro, plumbo, acier, ficubus, Ligeno, etc.*

* **LIGETE**, Præstationis species. Charta ann. 1247. in Chartul. Barbel. pag. 405 : *Magister Petrus de Roclosis... recognovit se dedisse in puram et perpetuam elemosinam ecclesiæ sacri Portus redditum, qui vocatur la Ligete... apud Reclosas.*

¶ **LIGIA**, Confœderatio, fœdus. Chron. Trivetti ad ann. 1213. tom. 8. Spicileg. Acher. pag. 553 : *Johannes Rex Angliæ videns Barones suos contra se insurgere, utpote qui cum Rege Francorum per litteras Ligias fecerant.* Vide *Liga* 1.

* **LIGIALITER** Tenere, Sub *ligietate*, seu sacramento fidelitatis possidere. Charta Eustach. dom. de *Conflans* ann. 1242. in Chartul. Campan. Cam. Comput. Paris. fol. 380. v°. col. 2 : *Ego teneo domum meam de Maruel de domino Theobaldo D. G. rege Navarræ, Campaniæ et Briæ comite palatino Ligialiter.* Vide in *Ligius*.

* **LIGIETAS**, Sacramentum fidelitatis, quo vassallus domino suo *alligatur*. Chartul. S. Vinc. Laudun. ch. 211 : *Verum quia idem Gilebertus Ligietatem homagii nobis debere dinoscitur, etc.* Vide supra *Ligascia*.

* **LIGIO**, Eadem notione. Charta ann. 1224. in Chartul. S. Dion. pag. 223. col. 1 : *Ego Hugo de Pompona miles salva Ligione domini regis,.... homo sum ligius abbatis beati Dionysii.*

* **LIGITUDO**, Vassalli *ligii* conditio. Chartul. Masciac. fol. 127 : *Abbas et conventus Masciacensis debent et tenentur recipere Aliciam feminam ligium, ut durabit Ligitudo. Præterea voluit et concessit abbas et conventus, quod dicta Alicia teneat et possideat ad vitam eu, quæ ad ipsam devenire possent ratione eschaetæ secundum Ligitudinem supradictam.*

LIGIUS, Is dicitur qui domino suo ratione feudi vel subjectionis fidem omnem contra quemvis præstat. Leges Henrici I. Reg. Angl. cap. 32 : *Nemo dominum suum judicet, vel judicium proferat super eum, cujus Ligius est.* Cap. 43 : *Quantumcunque dominos aliquis habeat, vel quantumcunque de aliis teneat, ei magis obnoxius est, et ejus residens esse debet, cujus Ligius est. Si multis homagium fecerit, et ab aliquo eorum captus et implacitatus sit, ille cujus residens et Legius est, erga quoslibet alios jure potest eum plegiare, nec debet ei denegari.* Eadem ferme habentur cap. 55. Baldricus lib. 3. Chron. Camerac. cap. 66 : *Cujus Legius* *miles erat. Homo Ligius*, in Charta Philippi Regis Fr. ann. 1076. et in alia Henrici Episcopi Suession. in Chronico S. Joan. de Vineis pag. 44. 56. cum ante hæc tempora voces istæ rarius occurrant. Will. Brito lib. 9. Philipp. :

Præsulis et Regis homo Ligius, et feodali
Jure tenens ab eis terrarum quicquid habebat.

Le Roman *du Rou* MS. :

Tu dois, dit le messager, ton Seigneur honorer,
Ses homs es, et li dois foi et amor porter,
Et s'honor et sa vie et ses membres sauver,
Et lui dois au besoin ni faillir, ni fausser,
Tu es ses Liges hons, si nel veus avouer.

Dupliciter autem aliquis dicitur esse *Ligius* domini sui. Nam alia est *Ligeitas* nuda ac principalis, in qua nemo excipitur. In nuda *Ligeitate*, vassallus dominum *contra omnes qui possunt vivere et mori*, adjuturum se profitetur. Ejusmodi fuit non tam hominium, quam pactum initum inter Carolum M. et Stephanum IV. PP. in Cod. Carolino Epist. 1 : *Excellentiam vestram oportet meminisse ita vos beato Petro et præfato Vicario ejus* (Stephano III.) *vel ejus successoribus spopondisse se amicis nostris amicos esse, et se inimicis inimicos, sicut et nos in eadem sponsione firmiter dignoscimur permanere.* Ea enim fuit ligeitatis præcipua conditio. Hujus professionis formula hisce concipitur verbis in Assisiis MSS. Hierosol. cap. 198 : *Quant home ou fame fait homage au chief Seignor dou Roiaume de Hierusalem, doit estre à genouls devant luy, et mettre ses mains entre les soües, et dire li : Sire, je deviens vostre home Lige de tel fié, et vous promets je à garder et à sauver contre tous ceaus et toutes riens qui vivre et mourir puissent. Et le Seigneur li doit respondre, et je vous en reçoi en Dieu foi et la moie de vos droits, sauve les miens. Et le doit baiser en la bouche en foi.* Adde cap. seq. Ejusmodi est Edwardi II. Regis Angliæ professio, quam edidit Diplomate suo in *Echon* exarato 12. Martii ann. 1331. quod habetur in Tabulario Regio, et ex parte apud Froissartem 1. vol. cap. 25. nam cum pro Ducatu Aquitaniæ hominium præstitisset, hacce verborum formula, *Come ses ancestres Rois d'Angleterre et Ducs de Guienne avoient fait pour la mesme Duchié à ses devanciers Rois de France* : Philippus Franciæ Rex, ut *Ligium* esse istud hominium agnosceret, a Rege Angliæ expetiit, quod ille præstitit in hæc verba : *Nous reconnoissons par les presentes lettres que ledit hommaige que nous feismes à Amiens au Roy de France, combien que nous le feissions par parolles generalles, est et doit estre entendu Lige, et que nous devons foi et loyauté porter. Et pour ce que ou tems à venir de ce jamais ne soit contens ne descort à faire ledit hommaige, nous prometions en bonne foi par nous, et nos successeurs Ducs de Guienne, entrerons et entreront à l'hommage du Roy de France, et de ses successeurs qui seront pour le tems : l'hommaige se fera par telle maniere. Le Roy d'Angleterre Duc de Guienne tiendra ses mains entre les mains du Roy de France, et cil qui parlera pour le Roy de France, addressera ses parolles au Roy d'Angleterre Duc de Guienne et dira ainsi : Vous devenez homme Lige du Roy de France, et lui promettés foi et loyauté porter; dites, Voire. Et ledit Roy et Duc et ses successeurs Ducs de Guienne, diront, Voire. Et lors le Roy de France recevra ledit Roy d'Angleterre et Duc audit hommaige Lige à la foi et à la bouche, sauf son droit et l'autrui.*

Alias *ligeitas* est quæ a vassallo domino feudi præstatur, *ligeitate* quam priori domino ratione alterius feudi debet, excepta : adeo ut qui semel *fidelitatem Ligiam* alicui domino juravit aut præstitit, alteri, si forte feudum aliquod ei obvenerit, eamdem *fidelitatem Ligiam* præstare non possit, nisi priori excepto domino : etiamsi prior dominus vassallus sit posterioris : quod attigit etiam Bodinus l. 1. de Republ. cap. 9. adeo ut, ait ille, si duo domini antiquitate pares habeantur, neutrum, si inter illos bellum intercedat, juvare teneatur. Assisiæ Hierosolymitanæ MSS. cap. 198 : *Se celui qui fait homage* (lige) *au chief Seignor, a fait avant homage à home ou à fame, qui ne soit home dou chief Seignor, il le doit sauver à l'omage faire : pour ce que nul qui est home d'autrui, ne peut aprés faire homage à autre, se il ne sauve son premier, ou se il ne le fait par son congé, que il ne mente foi vers celui de qui il fu avant home. Et qui fait homage de chose qui soit à Roiaume à autre que au chief Seignor, il le doit faire en la maniere dessus devisée, mais que tant il ne li doit pas faire ligesse : pource que nul home ne peut faire que une ligesse, et que tous les homes des homes dou chief Seignor dou Royaume li doivent faire ligesse par l'Assise. Et puis que l'en li doit ligesse, l'on ne la peut faire à autre sans mesprendre à lui : et home et feme qui fait homage à autre, est tenus à son Seignor par la foi que il li doit, et par l'omage que il li a fait, de lui garder et sauver contre toutes riens que vivre et mourir puissent.*

Prostant passim hujusmodi *reservationum* exempla in veteribus Tabulis : sed insigne illud est quod habet Pachymeres lib. 12. cap. 12. MS. Regii : ubi cum Berengerus *Entenza* nobilis Catalanus, *Magnus Dux*, id est, Regiarum Triremium Præfectus, ab Andronico Palæologo Seniore dictus fuisset, ab eoque sacramentum exigeretur, quod a cæteris aulæ CPolitanæ officialibus præstari in usu erat, videlicet ut φίλον τῶν τοῦ Βασιλέως φίλων, ἀντίπαλον δὲ τῶν ἀντιπάλων, *amicum amicorum, et inimicum inimicorum*, futurum se juraret, id prorsus abnuerit, id se facere non posse dictitans, quin Fridericus Siculorum Rex, cui hominium ligium præstiterat, exciperetur : Δῆλος ἦν ἐξαίρειν τὸν Φευδερίχον τῶν λοιπῶν πολεμίων. φθάσαι γὰρ καὶ παρ' ἐκείνων ὁρκώσεις πράξαι, καὶ οἷ δουλεῦσαι, ὃν οὐ δίκαιον μηδὲν τῶν συγκειμένων αὐτοῖς ἀθετήσαντα εὐθὺς ἐπαρθεῖν, καθάπαξ τῶν φίλων φανέντα καὶ δεσποτῶν.

Istiusmodi autem reservationis is est effectus, ut si bellum inter duos dominos *ligios* intercedat, vassallus eum juvare teneatur, cui absque ulla reservatione est *ligius*, etiam contra alium dominum cui *ligeitatem* juravit cum reservatione : quod exertis verbis habetur in Statutis Hierosol. cap. 97. et cap. 214. ubi de officio vassalli erga dominum. Ibi enim vassallum contra dominum suum bellum facere non posse statuitur, nisi in comitatu domini sui superioris, cui ante illum fide ligia obstrictus est. Ita tamen si *bellum proprium dominus Ligius*, non vero pro suis affinibus aut fœderatis suscipiat. Priori vero casu, id est si *bellum proprium* sit, vassallus feudum suum quod a secundo domino tenet, ut et vassallos et castra, si quæ habet, eidem dimittere tenetur, quibus sese in bellis suis juvare possit. Alias si *bellum proprium* habeat secundus dominus, eum juvare tenetur vassallus contra quoscumque exceptis iis quibus *ligeitatem* antea juravit. Bracton. l. 2. tract. de Acquirendo rerum dominio cap. 35. § 5 : *Poterit quis de pluribus tenementis plura facere homagia uni domino simul vel successive, vel diversis et pluribus; et sic poterunt plures domini plura capere homagia ratione plurium tenementorum, dum tamen unus ex pluribus dominus sit præcipuus et legitimus, quia feoffator primus, et propter primum feoffamentum et capitale. Et talis semper habebit maritagium hæredum, propter primum feoffamentum, nisi tenens in capite tenuerit de domino Rege, prout inferius inter custodias provisum est per statutum. Et si inter dominos suos capitales oriantur inimicitiæ, in propria persona semper stabit cum eo, cui facit Ligeanciam et per attornamentum cum aliis, vel salvo eis forinseco servitio, in quo eis tenetur de tenemento quod de eis tenet.* Similia habet Nicolaus Uptonus lib. 1. de Militari officio cap. 18. In Tabulario Campaniæ, Simon de Rupeforti fit homo ligius Blanchæ Comitissæ Campaniæ, et Theobaldi filii ex *escheeta* Comitatus Barri super Sequanam, *salva*, inquit ille, *ligeitate D. Ducissæ Burgundiæ, et salva ligeitate D. Galteri de Wangionis-rivo, et eis juravi super Sanctos quod eos juvabo bona fide et sine malo ingenio contra omnem creaturam quæ possit vivere et mori, præterquam contra duos prædictos, Ducissam videlicet et Galterum, quos etiam non juvarem contra Comitissam et Comitem supradictos, nisi ipsi guerriarent in capite, et pro guerra sua propria. Sed si ipsi pro guerra sua propria guerriarent, ego ipsos juvarem; Comitissæ tamen et Comiti memoratis dimitterem totam terram meam de escheta prædicta de Militibus et hominibus meis de illa terra tanquam de suis gentibus se juvarent. Præterea sciendum est, quod si duos hæredes habuero, ego alteri eorum dabo portionem prædictam, et ipse inde faciet homagium Ligium prædictis Comitissæ et Comiti contra omnes, et jurare tenebitur quod ipsos juvabit bona fide contra omnem creaturam quæ possit vivere et mori. Act. ann. 1220. mense Julio 4. Kal. Aug.*

Exstat in eodem Tabul. Campaniæ simile Diploma, ex quo ligeitatis conditiones percipere licet : *Ego Joannes de Tulla not. fac. quod ego Ligius homo sum dominæ Beatricis Comitissæ Trecensis et carissimi domini mei Th. Comitis Campaniæ nati ejus contra omnem creaturam quæ possit vivere et mori, salva ligeitate D. Ingerrandi de Cociaco, D. Joannis de Arceiis, et Comitis Grandisprati. Si autem contingeret Comitem Grandisprati guerram habere in capite, et pro querela propria contra Comitissam et Comitem Campaniæ, ego in propria persona juvarem Comitem Grandisprati, et mitterem Comitissæ et Comiti Campaniæ, si me submonerent, Milites ad deserviendum feodum quod teneo.*

de ipsis. Si vero Comes Grandisprati Comitissam et Comitem Campaniæ guerriaret pro amicis suis, et non pro querela propria, ego juvarem in persona propria Comitissam et Comitem Campaniæ, et Comiti Grandisprati mitterem unum Militem pro feodo deserviendo, sed non irem in terram Comitis Grandisprati ad forefaciendum, etc.

☞ Iis a D. Cangio allatis Diplomatibus alterum ann. 1219. ex eodem Campaniæ Tabulario addere juvat, ut pote eidem rei illustrandæ aptissimum : *Ipse Bartholomæus propter hoc devenit homo noster Ligius, salva ligeitate domini Episcopi Lingonensis, domini Ducis Burgundiæ, Galteri de Wangionis-rivo, et Renardi de Choisolio, ita quod nos tenetur juvare bona fide de se et de suis, sicut dominos suos Ligios, contra filios Comitis Henrici et contra hæredes ipsarum, et contra omnes homines et feminas, præterquam contra quatuor prædictos, quorum quemlibet, etiam contra nos, tenetur juvare pro guerra sua propria, etsi corporaliter præsens esset; ita quidem quod in juvamine illo contra nos vel alterum nostri, non haberet secum nisi tantum unum militem : quam cito autem recessisset ab illo, veniret ad nos, si inde esset requisitus, ad nos juvandos sicut dominos suos Ligios de se et de suis gentibus bona fide. Si vero illi quatuor quos juvare tenetur contra nos, vel aliquis illorum non esset præsens in propria persona, vel si contra nos guerram propriam non haberet, ipse non juvaret contra nos.*

Ejusdem usus ac moris exemplum aliud edidimus ad Joinvillam Dissert. 30. pag. 355. in quo Nunius Sancius Ruscinonis et Ceritaniæ Comes S. Ludovico hominium ligium præstat pro Vicecomitatu Fenolhedensi et Petræ Pertusæ, reservata ligeitate quam debebat Regi Aragonum : ita ut si bellum inter utrumque Regem excitaretur, Nunius Aragonensem juvare posset, traditis Francico terris quas ab eo tenebat, durante bello : quo confecto, eæ ad ipsum vel ad ejus hæredes sine contradictione reverterentur.

Ligeitatis istiusmodi conditiones plurimos Scriptores induxere, ut existimarent nulli alii posse ligeitatem præstari, quam Regi ac superiori domino, maxime Carolum Molineum in Consuet. Paris. art. 1. Gloss. 5. verb. *Fief*, § 9. et 11. quia in Francia nullum esse feudum ligium putat, quod non nude a Rege pendeat : cum rationi omnino contrarium sit, ut quis Regem suum in hominio ligio non excipiat, cui fidelitatem ante omnes dominos debet. Ex quo post Baldum elicit feudum ligium magis esse personale, quam patrimoniale, seu *Ligeitatem* magis personam spectare, quam feudum, ratione cujus debetur. Nec obstare subdit ille Consuetudines municipales Andium et Cenomanensium, quæ ligeitates in feudis dominorum inferiorum admittunt, cum in iis *Ligeitatis* vox abusive sumatur, et usurpetur tantum, ut *Ligia feuda* a *simplicibus* discernantur.

Tametsi Molineus hæc ex more hodierno scripserit, ac revera illius sententia vera sit secundum rerum præsentium statum, longe tamen aliter durante feudorum usu sese res habuit : quod etiam observatum a Curtio 1. part. Feud. q. 8. n. 23. Constat quippe ex infinitis hominiis ligiis quæ vassalli dominis suis præstitere, nusquam Regem aut superiorem Dominum exceptum : sed nude *ligios* sese dominorum suorum agnovisse, in Regestis potissimum Campaniæ, Tolosæ, Carcassonæ, Andegav. etc. quæ infinita, ut dixi, Comitibus Campaniæ, Tolosæ, et Andium Comitibus exhibita ligia hominia subministrant. Quod quidem adeo certum est, ut in bellis quæ majores vassalli contra Regem Franciæ habuere, verbi gratia Comites Tolosæ, Aquitaniæ, Britanniæ, Flandriæ, Campaniæ, etc. qui nude a Regia pendebant Corona, nullam unquam *feloniam* ab inferioribus procerum istorum vassallis committi existimatum sit, cum et Regum ipsorum se esse vassallos, atque illis fidem ullam debere prorsus denegarent, ut pluribus ostendimus ad Joinvillam Dissert. 13.

Sane in Regno Hierosolymitano id induetum legimus in Statutis MSS. Hierosol. cap. 136. ut Regi soli hominium ligium, non ab iis duntaxat qui nullo medio prædia a Rege possidebant, sed et ab eorumdem vassallis deberetur, ac præstaretur : quod quidem intelligendum colligere licet ex variis eorumdem Statutorum locis, si bellum in Regem ab ejus vassallis excitaretur : cum cæteroquin ubi Regia auctoritas salva erat, *Ligeitas* locum haberet : *Et fu celle Assise ensi faite de establie, que tous les homes des homes dou chief Seignor du Royaume fissent la ligesse par l'Assise au chief Seignor et fié que il tenoient de ses homes, et que tous ceaus qui auroient fait homage au chief Seignor, ou ligesse, fu par l'Assise, ou autrement, fussent tenus les uns aux autres, et aussi les homes de chascune Court pour soi.* Sed et in Anglia videtur id obtinuisse ex peculiari Statuto, ut qui a Rege ratione feudi nude penderet, nulli alii *Ligeitatis* ratione obnoxius esse posset, ex Bractono l. 2. cap. 35. § 5. Quod etiam testatur Charta sub Edw. I. ann. 6. scripta, apud Prynneum in Libertatib. Eccles. Angl. tom. 3. pag. 201 : *Quod cum Dominus Rex ratione Regiæ dignitatis et coronæ suæ tale habeat privilegium, quod nullus in regno suo, de aliquo, qui sit de regno Angliæ, alicui homagium sive fidelitatem ab aliquo recipere debeat, nisi facta mentione de fidelitate, eidem Domino Regi observanda, etc.*

☞ Præter allatam superius *Ligeitatis* distinctionem, aliam infert D. *Brussel* de Usu feudorum lib. 1. cap. 11. ubi *Ligeitatem* in *personalem* et *realem* distribuit. Hæc ob tenementa in feudum ligium concessa præstabatur, quam qui tenebatur exhibere, *Ligium de feodo* vocant Chartularia 12. sæculi. Altera vero quæ etiam *de corpore et persona* dicitur, fit ob annuam pensitationem quæ sub titulo feodali conceditur. Huic autem præstandæ teneri omnes successores masculos hæreditario jure probat Salvaingus, ex Charta ann. 1421. quam loco citato refert D. *Brussel*, unde etiam qua ratione exhibita fuerit hæc *Ligeitas* discere licet : *Recognoverunt palam et manifeste tamquam si essent in judicio, seipsos et utrumque ipsorum, suosque in futurum successores, esse, velleque, et debere esse, et suos prædecessores fuisse homines ligios nobiles et fideles de corpore et persona ejusdem domini Cassenatici et suorum successorum præ cæteris dominis, et ante omnes alios homines et dominos hujus mundi, et... pro se et tota sua posteritate de corpore et persona, homagia nobilia corporalia et personalia ac fidelitates ligias ante omnes alios homines et dominos totius hujus mundi, dicto domino præsenti et recipienti pro se et suis, præstiterunt, nobilium more stando pedes, tenentes manus suas junctas inter manus ejusdem domini, et osculo pacis inter dictum dominum ac dictos Johannem et Ludovicum.... præstito.* Verum isthæc distinctio non diu perseveravit : mediante enim sæculo 13. *Ligeitas personalis* a *reali* minime distinguebatur, ut ex Regesto Campaniæ ann. 1256. constat, in quo unusquisque ligius, *ligius de feodo* inscribitur.

* Ligius Terræ, subditus, indigena. Joan. *de Trokelowe* Annal. Eduard. II. reg. Angl. pag. 6 : *Perpendentes postea Ligii homines terræ quod, eis contemptis, rex alienigenam et ignobilem magnatibus præposuit universis, adeo quod tota terræ dispositio post eum ivit, etc.* Libert. Dalph. ann. 1349. tom. 5. Ordinat. reg. Franc. pag. 43. art. 18 : *Voluit, concessit et declaravit ipse dominus delphinus, quod homines Ligii ecclesiarum, nobilium et valvassorum, non debeant neque possint compelli ad faciendum domino delphino coroatas, etc.*

* Ligius dicebatur etiam dominus feudi, cui vassallus *ligie* subjectus erat. Charta ann. 1203. in Chartul. Campan. fol. 200. v°. : *Ego Hugo castellanus Vitriaci notum facio... quod ego in plegium misi dominam meam Ligiam Blancham illustrem Comitissam etc.* Alia Erardi de Chacenaio ann. 1221. ibid. fol. 49. v°. : *Veni ad fidelitatem dominæ meæ Ligiæ Blanchæ comitissæ Trecensis palatinæ et domini mei Ligii Theobaldi nati ejus comitis Campaniæ et Briæ palatini, et eisdem feci homagium ligium.*

* Interdum *homagium ligium* absque *ligentia* erat, hoc est, ni fallor, absque obligatione dominum in bello juvandi; vel ea conditione præstitum, ut alteri domino fidem suam dare possit. Vide supra in *Hominium*. Charta ann. 1403. in Reg. feud. comitat. Pictav. fol. 209. v°. ex Cam. Comput. Paris. : *Je Regnault de Vivonne chevalier, seigneur des Exars, tiens et advouhe à tenir à foy et hommaige lige sans Ligence, garde ne estage et à rachapt, quant le cas y advient etc.*

Ligeus, pro *Ligius*. *Ligeum hominium, ligea fidelitas*, apud Matth. Westmonaster. pag. 324. Thomam Walsingham. pag. 270. Bractonum lib. 4. tract. 7. cap. 4. § 1. Nicolaum Uptonum lib. 1. cap. 18. in Vitis Abbat. S. Albani pag. 4. etc.

¶ Litges, in Charta ann. 1163. apud Justellum in Hist. Turen. pag. 34. et in Homagio præstito a Silvione de Crista Ecclesiæ et Episcopo Diensi ann. 1207. *Home Litge*, in Charta vernacula ann. 1178. apud eumdem Justellum ibid. pag. 35.

Ligantia, Ligentia, Ligeitas, etc. Dominium, seu jus quod Dominus habet in vassallum, qui ligio hominio obnoxius est : vel sacramentum fidelitatis quod is domino suo præstat. Radulfus de Diceto :

Homagium Regi fecit, fidelitatem juravit, et rursum in suam Ligantiam rediit. Alii : *Redierunt in homagium et Ligantiam meam.* Rogerus Hovedenus in Ricardo I. pag. 662 : *Eum et omnes hæredes suos clamavit liberos et quietos ab ipso et Regibus Angliæ in perpetuum de omni Ligantia et subjectione de Regno Scotiæ.* Infra : *Reddidimus etiam ei Ligantias hominum suorum, etc.* Matthæus Westmonast. ann. 1152 : *Comites et Barones Angliæ fecerunt Ligantiam et fidelitatem Eustachio filio Regis Stephani.* Adde eumdem ann. 1189. 1214. et Matth. Paris. pag. 59. 845. etc. [*Ligantiam autem sive Legalitatem de omnibus hominibus tocius provincie debet habere* Princeps Normanniæ, in Codice Legum Norman. apud Ludewig. tom. 7. pag. 177.]

Ligeancia, Eadem notione, apud Glanvillam lib. 7. cap. 10. lib. 9. cap. 1. in Regiam Majest. lib. 2. cap. 61. et apud Bractonum lib. 2. de Acquir. rer. domin. cap. 35. § 5.

Ligeancia, in Regiam Majest. lib. 2. cap. 12. § 15. ubi dominus dicitur amittere *Ligeanciam* servi sui nativi, si per septem annos pacifice super terram alicujus sederit. Item districtus illius sub quo quis manet, et cui *Ligeanciam* debet. Littletonus sect. 198 : *Un alien que est née hors la Ligeance notre Seignior le Roi, etc.* Vet. Consuet. Norman. MS. part. 2. sect. 1. cap. 2 : *Le Duc doit avoir la Liance de loyauté garder de tous ses hommes et de toute la contrée, par quoy ils sont tenus à donner luy conseil et ayde de leur propre cors contre tous hommes qui poent vivre et mourir, et garder len d'injure, de traison, etc.* Et paulo post : *Et pour cen nus ne doit recevoir homage de nullui, ne feelté, fors sauve la feelté del Prince, laquelle chose doit estre especiament exceptée au recevoir l'homage.*

Ligiantia. Willelmus Neubrig. lib. 2. cap. 37 : *Regi Anglorum, tanquam principali domino, hominium cum Ligiantia*, i. solenni cautione standi cum eo et pro eo contra omnes homines.

Ligencia. Tabular. S. Victoris Paris. ch. 20 : *Homagium cum Ligencia facere. Ligence*, in Consuetud. Andegav. art. 135. 136. Cenomanensi art. 146. Britanniæ art. 329. 330. 332.

¶ Litgensa. Consuetud. MSS. S. Augustini Lemovic. fol. 23 : *D. Abbas V. Ecclesiæ S. Aug. Lemov... accepit in pace perpes hominium et Litgensa et juramentum fidelitatis a Falcone Milite.*

Ligeitas. Charta Stephani de Monte S. Johannis apud Gollutum lib. 7. cap. 3 : *Rogavit me per homagium suum ligium, et per Ligeitatem, qua ei obligatus eram, submonuit, etc.* [Charta ann. 1209. tom. 2. Macer. Insulæ Barbaræ pag. 426 : *Salva Ligeitate domini Ansæ acceptis ab eis viginti libris fortium.*] Charta Jo. de Vergiaco ann. 1273 : *Par tele condition, que ge et mi hoir en serons si home lige devant tous homes, sauves les Ligeitez que je doi à l'Evesque de Langres, etc.*

¶ Ligianitas. Regestum Campaniæ fol. 54. apud D. *Brussel* de Usu feud. tom. 1. pag. 124 : *Similiter Gibuinus devenit homo ligius D. Comitissæ, et quicquid habebat apud Argier cepit ab ea Ligianitatem.*

Ligiatio. Charta ann. 1237. apud Chiffletium in Beatrice : *Devenit homo ligius noster ante omnes, salva Ligiatione aliorum dominorum suorum.* [Gesta Consulum Andegav. tom. 10. Spicil. Acher. pag. 477 : *Qui terram illam tali pacto suscepit homagio et Ligiatione Consuli facta.*]

¶ Legiatio. Charta ann. 1232. ex Archivo Bonæ-vallis : *Ego eum ab omni fidelitate et Legiatione... quitavi penitus et absolvi.* [** *Recta Legiatio*, in chart. ann. 1236. Chartul. S. Petri Carnot. pag. 691.]

Ligeia. Charta Matthæi de Marliaco ann. 1202 : *Pro quo mihi Matheo fidelitatem et Ligeiam fecit.*

Ligiamentum. Cistrensis lib. 2. cap. 23 : *Quod ipse et successores sui et homines Scotiæ facerent homagium, Ligiamentum, et hominium Regibus Angliæ.*

¶ Legiamentum. Charta Alienordis Reginæ Angliæ ann. 1199. tom. 4. Hist. Harcur. pag. 1377 : *Homagia et Legiamenta prædicti feodi.*

Ligecia. Regestum Philippi Aug. Herouvallianum fol. 165 : *Et 2. feoda quæ Garinus de S. Leodegario tenet de ipso, et duas Ligecias, et feodum de Mantvilla, etc.*

Ligium, Idem quod *Ligeitas*. Charta Simonis D. Joinvillæ ann. 1218. in Tabulario Campaniæ : *Ego autem redii ad fidelitatem eorum, quod est Ligium contra omnem creaturam quæ possit vivere et mori. Fief tenu à plein Lige*, in Consuet. San-Paulana art. 10.

¶ Ligie Tenere, Sub *Ligeitate*, seu sacramento fidelitatis tenere. Stabilimentum Philippi Regis Franc. ann. 1209. tom. 6. Spicil. Acher. pag. 465 : *Quidquid tenetur de domino Ligie, vel alio modo, si contigerit per successionem heredum, vel etc.*

¶ Ligietarie Recipere, Simili notione. Charta ann. 1292. in Hist. Lossensi part. 2. pag. 20 : *Recipimus et relevavimus Ligietarie in feudum et in homagium domum nostram de Pietersheim, turrim, propugnacula, superius et inferius, integraliter prout se extendunt, nobili viro charo nostro Arnoldo Comite de Loz.*

De vocis *Ligius* origine ac etymo plures habentur Scriptorum sententiæ. Guido Papæ decis. 309. Gloss. in Clement. *Pastorales*, de Sentent. et re judic. Nicol. Uptonus de Militari offic. cap. 18. et alii, a *ligare* effictam volunt, quod *hominio* ac *professione fidei* strictius domini servitio *alligetur* vassallus. Ad quam sententiam referri possunt ista Guillelmi Apuliensis lib. 3. de Gest. Norman. :

Sed tandem fidei jurando jure Ligatus.

Et Willelmi Armorici lib. 2. Philippid. :

Esse tenebatur homo ligius atque fidelis,
Et tanquam domino jurando jure Ligari.

Lib. 3 :

Cum foret Anglorum feodali jure Ligatus.

Infra :

Ipsis nullius feudi ratione Ligatus.

Lib. 19 :

Hervæusque Comes nobis est jure Ligatus
Jurando.

Infra :

Solus noluerat vires promittere Regi,
Nec se cum reliquis jurando jure Ligare :
Quippe juratus erat per ligamenta Johanni.

Guillelmus *Guiart* in Philippo Augusto :

Qui en celui Reaume furent,
A Seigneur Lige le receurent;
Par leur fois à lui se Lacierent,
Et le Roy Jehan en chacierent.

Alia est Joviani Pontani lib. 2. de Gestis Ferdinandi sententia : *Dicti*, inquit, *ligii, quod ligatis Reges pollicibus illos fidei imperiisque sic suis vinciant, atque obnoxios statuant.* Quo spectant ista Dudonis lib. 2. de Morib. et Actis Normann. : *Dedit omnem terram suæ ditionis filio suo Willelmo, Popæ filio; atque inter manus Willelmi adolescentis manus suas mittentes Principes colligavit illi conjurationis sacramento.* Vox autem *Conligare* eadem fere notione occurrit in Synodo Tullensi apud Saponarias cap. 5 : *Et qui sibi pro hoc ipso inimici sunt quos ipse voluerit, si potuero, Conligare eidem procurabo.*

Cujacius ad lib. 1. Feudor. Vignerius in Tract. de Minori Britan. pag. 159. et Bignonius ad Formulas Marculfi lib. 1. cap. ult. vocem *lige*, ejusdem esse originis volunt, qua *leudis*, *leodis*, id est, fidelis : quemadmodum ex *Leodium*, urbe nota in Eburonibus, *Liege* dicimus.

☞ Sua est etiam D. *Brussel* in Tract. de Usu feud. tom. 1. pag. 116. sententia; censet enim a *liga*, quod idem ac fœdus, confœderatio, sonat, accersendam vocem *Ligius*. Et certe fidei professio, quæ in *homagiis* præstabatur, reciproca erat : nam ut fidelitatem domino vassallus, ita et vassallo dominus protectionem tutelamque pollicebatur : in cujus rei exemplum Chartam Philippi Augusti ann. 1198. profert idem D. *Brussel* ibid. in qua legitur : *Theobaldum Comitem Trecensem recepimus in hominem nostrum ligium contra omnem creaturam quæ vivere possit aut mori.* Et infra : *Nos quoque propria manu eidem Comiti Theobaldo juravimus, quod nos ipsum contra omnem creaturam quæ possit vivere et mori, tanquam hominem nostrum ligium juvabimus.* Alia exempla vide in *Hominium*.

Sed probabilior longe videtur eorum sententia, qui a *Litis* accersunt, quos mox ostendemus ita appellatos *Ascriptitios* quosdam, qui dominis suis ratione servitii obnoxii erant : adeo ut qui ejusmodi servitiis ratione prædiorum, beneficiorum, ac feudorum nobiles tenerentur, *litgium* servitium debere dicerentur : quod omnino suadent Tabulæ veteres aliquot, in quibus *Litge* scribitur. Charta Rainaldi Vicecomitis *de Gimel* ann. 1163. apud Justellum in Hist. Turen. pag. 34 : *Pro isto vero feudo idem Rainaldus fuit homo Litges prædicti Vicecomitis Raimundi.* Alia vernacula ann. 1178. ibid. pag. 35 : *Devan sor Senior, cui home Litge ero pel do que Coms d'Alvernge avia faith al Vesconte de Torena de tota la seniora que avia en lor in el Castel, etc. Litgantia*, in Charta Arcembaldi Vicecomitis Comborn. ann. 1229. in Regesto Carcassonensi pag. 53 : *Salvo in omnibus jure domini Lemovicensis Episcopi, cui hominium et Litganciam debemus.* Erant igitur *Ligii* vel *Litgii*, dominis suis omnino et in solidum obnoxii, adeo ut ab iis unde penderent. Unde *hominium solidum* ab iis exhiberi dicebatur, uti supra observatum in voce *Hominium*. Ita qui *ligius* est, totus est domini sui, familiaris, domesticus, atque, ut verbo dicam, vassallus. Neque aliter hanc vocem intellexere Græci ac Byzantini Scriptores, quibus λίζιος, idem est quod οἰκεῖος, ut apud Moschopulum περὶ σχεδῶν pag. 166. οἰκέτης, apud Ann. Comnenam lib. 13. Alex. pag. 406 : Ὅςε λίζιον γένεσθαι τοῦ σκήπτρου σου ἄνθρωπον, καὶ ἵνα σαφέςερον εἴποιμι, καὶ φανερώτερον, οἰκέτην καὶ ὑποχείριον. Ἴδιος, apud Pachymerem lib. 5 : Ἄλλως δὲ παρέσπα, καὶ ἰδίους ἐποίει, λιζίους εἶπεν ἄν τις, ἐκείνων ταῖς εὐμενείαις. λίζιον etiam dixit Nicetas in Joanne cap. 7. et in Manuale lib. 7. cap. 1. [Vide Glossarium mediæ Græcit. in Λίζιος.]

Sed et hac ferme notione vocem hanc in aliis quam hominiorum occasionibus usurpatam legimus. Leges Edw. cap. 29 : *Judæi... sub tutela et defensione Regis Ligea debent esse*, id est, sola et omnimoda. Ita *Ligia residentia*, integra, solida, omnimoda, *continua*, uti appellatur in Charta P. Episcopi Meldensis ann. 1239. in Tabulario ejusdem Eccles. fol. 50. Honorius III. PP. : *Juramentum præstitisti de facienda residentia, quæ Ligia nuncupatur, in Ecclesia S. Martini Turon. in qua Præposituram obtines.* Juramentum eorumdem Præpositorum, ex Tabul. Eccles. S. Martini : *Et Ligiam faciam secundum interpretationem Dom. Innocentii Papæ mansionem.* [Charta ann. 1272. tom. 2. Chart. S. Vandreg. pag. 1798 : *Capellani ibidem instituendi personalem et Ligiam facient residentiam.*] *Lige estage, Garde Lige*, in Consuet. Andegav. art. 134. 174. et Cenomanensi art. 144. 194. id est, perpetua residentia. *Ligia potestas, et viduitas*, qua uxor defuncto marito tota sui juris est. Monasticum Anglican. tom. 2. pag. 10 : *Ego Juliana quondam uxor Willelmi le Bret.... in Ligia potestate et viduitate mea tetigi et inspexi, etc.* Ita pag. 53. 329. Alia pag. 247 : *Ego Beatrix quæ fui uxor Ruoldi de Calva, post mortem ejus in Ligia potestate mea, etc.* Alia pag. 644 : *In pura viduitate nostra.* Pag. 811 : *In libera viduitate mea, et in Ligia potestate mea.* Adde tom. 1. pag. 763. et Bractonum. lib. 4. tract. 7. cap. 4. § 1. Ita *Ligia voluntas*, in veteri Charta apud Augustinum *du Pas* in Stemmatib. Britannic. part. 2. pag. 455 : *In propria et Ligia voluntate mea do et concedo, etc. Ligia fidelitas*, est omnimoda fides quam vassallus domino, nemine excepto, præstat. *Foi Lige*, in Consuetud. Lodunensi, Andegavensi, Cenomanensi, etc. Concil. Claromont. ann. 1095. cap. 17 : *Ne episcopus vel sacerdos regi vel alicui laico in manibus Ligiam fidelitatem faciat.* Willel. Tyrius lib. 13. cap. 21 : *Fidelitatem Ligiam in palatio suo illi exhibuerunt.* S. Bernardus Epist. 230 : *Omnes simul se humiliaverunt ad pedes domini Papæ, et facti homines ejus ligii juraverunt ei Ligiam fidelitatem.* Hac notione passim occurrit vox *Lige* apud Froissartem : *Ville Lige*, 2. vol. cap. 109. *Vous estes de Tournay, laquelle est toute Lige au Roi de France.* Cap. 127 : *Ceux de Bruges se rendoient purement et Ligement à toujours mais Liges au Roi de France.* Vol. 3. cap. 85 : *La ville de Berci sans moien est toute Lige à l'Evesque d'Utrect.* Ita cap. 77 : *Quitterent Ligement et franchement, etc.* Cap. 127. et 1. vol. cap. 112. *Purement et Ligement.* Quod *purement et sans reservation* dixit 3. vol. cap. 98. [Eodem sensu in Chart. Bressiæ et Dumbarum : *Homo Ligius, quittus, etc.* et in alia Nicolai Episc. Noviom. *Quiete, Ligie et libere tum pro venditionibus dicti vendagii non solutis.* Adde Cod. MS. redituum Episcop. Autiss. an. circiter 1290 : *Magnum pondus Autissiodorense est Ligium Comitis;* hoc est, ad Comitem pure omnino pertinet. Vide *Ledigh-man.*]

¶ **LIGNA.** Litteræ Philippi Franc. Regis pro Ecclesia Constant. ann. 1319. ad calcem Indicis beneficiorum ejusd. Eccles. : *Decima Lignarum crassi piscis totius ripariæ maris, etc.* Sed puto legendum *Lignorum*, a *Lignum*, Lembus : *Naves ad crassum piscem* memorantur in *Craspiscis.* [* Melius forte *Lingua* subtitueretur, ut videre est infra in *Lingua balenæ*. Vide supra *Cenus.*]

¶ **LIGNAGERIUS** Parens, Cognatus transverso gradu, Gallis, *Parent en ligne collaterale.* Regestum Parlamenti ann. 1450. apud Baluzium tom. 2. Hist. Arvern. pag. 390 : *Quoniam secundum consuetudinem jam superius allegatam... parens Lignagerius alicujus defuncti ex latere et linea maternis, in bonis vel hereditagiis, quæ eidem defuncto ex latere et linea paternis obvenerant, nullatenus succedere poterat.*

1. **LIGNAGIUM**, Jus lignum exscindendi in nemoribus. Leges Henrici I. Regis Angl. cap. 90 : *Inde pensandum de eo cui hoc licuit, an qui læsus est, herbagium vel Lignagium, vel causam aliquam in nemus habeat, unde jure debeat promoveri.*

Lignagium, interdum sumitur pro ea præstatione quæ exsolvitur pro facultate exscindendi ligna in silvis. Vide *Ovagium, Buscagium.*

¶ Leignagium, Eadem notione. Polyptychum Fiscamn. ann. 1235 : *Hæc vavassoria debet per annum duo carma de Leignagio.* Chartularium SS. Trinitatis Cadom. f. 61 : *Debent 1. acram araturæ et herciaturæ et precarias et* XII. *Andegavenses de Leignagio.*

¶ Lignairagium, ut *Lignagium*, Jus lignum exscidendi. Conventio Regis Ludovici II. Comitis Provinciæ cum Arelatensibus ann. 1385. art. 19 : *Item retinet dicta Universitas pactua Castelleti Montis-majoris et Auriculæ, et quæcumque alia tam piscationes quam venationes, Lignairagia, et explechas quorumque pactuorum territorii Arelatensis.*

* Nostris *Laignier.* Charta ann. 1325. in Reg. 64. Chartoph. reg. ch. 65 : *Item pro usagio nemoris, quod dicitur le Laignier.*

* 2. **LIGNAGIUM**, Vectura lignaria, cui obnoxii erant tenentes seu mansionarii, idem quod supra *Laignerium.* Vide ibi. Charta ann. 1207. ex Chartul. S. Aviti Aurel. : *Item quod ducerent paxillos ad vineas..... apud Balgentiacum, et circa natale Domini et redderent Lignagium.* Alia ann. 1210. ibid. : *Et circa natale Domini ducerent ligna ejusdem Hamelini ad domum suam apud Balgentiacum, quod dicitur Lignagium.* Vide *Lignartium* 2.

* 3. **LIGNAGIUM**, a Gallico *Lignage*, Genus, familia, cognatio. Charta Theob. comit. Campan. ann. 1228. in Chartul. Campan. Cam. Comput. Paris. : *Contra Galcherum de Estrepeio, Robertum de Wanou, qui rei fuerunt de morte dicti Eustachii et amicos coadjutores eorum, videlicet comitem Rociaci, comitem Regitestensem,.... et Lignagia sua.... Et omnes supradicti ex parte sua et Linagia* (sic) *sua jurabant, quod ipsi non juvabunt aliquo modo dictos Robertum et Galcherum.... Et omnes alii supradicti ab utraque parte pro se, amicis et coadjutoribus suis et Linagiis suis tenenda firmiter juraverunt.* Assisia apud Cadom. ann. 1237. ex Cod. reg. 4651 : *Judicatum fuit, quod si fecero pacem cum eo, qui primus vult retrahere ventam a me per Lignagium, et nullus de Lignagio contra me postea audietur. Hoc contradicitur a multis, et falsum est.* Arest. ann. 1344. 10. Jan. : *Proximior in gradu consanguinitatis et Lignagii etc.* Chartul. prior. de Guilcio fol. 7. r° : *Marcoardus nepos Rainardi de Dalmeriaco cum.... curtem de Guilcio, quam per Lignagium clamabat, recuperasset, etc. Lignage*, Homines ejusdem familiæ, in Lit. remiss. ann. 1405. ex Reg. 160. Chartoph. reg. ch. 48 : *Ung Lignage, appellé les Boursmakerez, estoient en l'ostel de Jehannin en la ville de Saint Omer.* Hinc *Alignaiger* et *Alinagier*, pro Familiæ originem atque seriem et cohærentiam monstrare. Libert. Jonvil. ann. 1354. tom. 4. Ordinat. reg. Franc. pag. 299. art. 33 : *Toutes successions, tant meubles comme héritages, venrront et escherront par succession aus prochiens ou prochien, qui Alinagier se pourroit.* Aliæ villæ *d'Aigue-perse* ann. 1374. in Reg. 198. ch. 360 : *Item si homs ou femme de laditte ville et franchise meurt sans hoir apparessant, nostre chastellain doit..... faire inventoire des biens, et bailler à garder à gens souffisanz,..... lesquelz les doivent tenir et garder quarante jours; et si dedans lesditz quarante jours nul ne s'est Alignaigé, ils seront vendus, ainsi comme il est acoustumé. Enlignager*, eadem acceptione, in Stabil. S. Ludov. cap. 4. tom. 1. earumd. Ordinat. pag. 249 : *Mon pere, ou mon frere, mon cousin, ou mon parent, mourut sesis... de tel héritage,.... et cil tiendra à tort lesdites choses, dont je requiex à avoir la sésine, et bien m'en Enlignageray envers luy, se il le me nie.* Vide infra *Linea* 3.

¶ **LIGNALE**, Species facis. Vide *Funalia.*

* **LIGNAMARE**, Lignari, Ital. *Legnare.* Stat. Montis-reg. pag. 243 : *Statutum est quod prædicti camparii seu aliquis eorum non debeat..... Lignamare seu facere lignamen aliquod in alienis boschis.* Vide mox *Lignarare.*

* **LIGNAMBULUS**, Qui calceis ligneis utitur. apud Gramm. in Descript. Taxand. in pago Boscodun. *Estre cauchié au lignolet* vero est Calceamenti elegantioris specie calceari, apud Guignevil. in Peregr. hum. gener. ubi de exquisitiori cura corporis :

> Pour toi servir baillé te fu,
> Et tu ses sers es devenu.
> Au Lignolet le veus cauchier,
> Et neuve robe li ballier,

1. **LIGNAMEN**, Materia ex ligno, in Lege Longob. lib. 1. tit. 25. § 28. [** Rothar. 288.] Bulla Clementis IV. PP. ann. 1265. pro Regno Siciliæ : *Exponet per septennium pro*

Lignaminibus omnia nemora ipsius Regni... et omnem materiam ad ædificia opportunam. Alia Joannis XXII. ann. 1321. apud Wadding. : *Et nunc est via qua traducuntur Lignamina et lapides ad opus constructionis dicti Monasterii.* Adde Codicem Carolinum Epist. 61. Concilium Lateranense III. ann. 1179. cap. 24. Matth. Paris pag. 275. 455. [Capitul. Caroli M. Francoford. ann. 794. cap. 24. Bullam Nicolai IV. PP. apud Rymer. tom. 2. pag. 513. Constitutiones Frederici Regis Siciliæ cap. 83. Annales Genuens. apud Muratorium tom. 6. col. 261. 580. Chronicon Veron. apud eumd. Murator. tom. 8. col. 649. Hist. Cortus. tom. 12. col. 806. Acta S. Francisci de Paula, tom. 1. April. pag. 166. etc.]

¶ LIGNAMENTUM, Eadem notione. Chron. Farfense tom. 2. Muratorii part. 2. col. 407 : *Licentiam haberet prædictus Episcopus et ejus homines in ipso monte Lignamenta ad mansionem vel ad alias causas incidere.*

* 2. LIGNAMEN, Navigium, Ital. *Legno.* Stat. Cadubr. cap. 22. pag. 56. v° : *Deliberatum fuit quod, etiam tempore feriarum, quilibet homo de Cadubrio sequestrari facere possit, quod mercatores forenses non possint ligare zattas, vel aliud Lignamen, nisi solverint id quod tenentur sibi.* Vide *Lignum* 2.

* LIGNARARE, Lignari. Charta ann. 1378. ex Tabul. Massil. : *Recepta informatione summaria de pignoratione facta in loco et territorio Giniaci, prætextu Lignarandi, pascayrandi, fuit de facto gajaria concessa etc.* Vide supra *Lignamare.*

1. LIGNARE, Jus ligna exscindendi in silvis. Charta Adelfonsi Imperator. Hispaniæ æræ 1166. apud Oyhenartum in Notitia Vasconiæ pag. 86 : *Similiter dono vobis Lignare, et tayllare, et pascuere in illos montes, etc.* Vetus Charta apud Marcam lib. 9. Hist. Benebarn. cap. 9 : *Cum... portibus, aquis, silvis, Lignaribus, etc.* Observantiæ Regni Aragon. lib. 7. tit. de Pascuis § 3 : *Jus depascendi, Lignandi, et adaquandi potest præscribi titulo, etc.*

¶ 2. LIGNARE, Ligna ad comburendum colligere. Transactio inter Abbatem S. Mariæ de Ulmeto et Consules villæ de Mari ann. 1233. ex Schedis Præsidis *de Mazaugues : Asseruerunt quod homines villæ de Mari usi fuerunt prædicta sylva, accipiendo et scindendo ligna virida ad mansionandum, et sicca ad Lignandum et comburendum.* [* Charta ann. 1341. in Reg. 72. Chartoph. reg. ch. 438 : *Nobis denuntiatum fuerat ipsos.... Lignasse ligna et ramas scindisse.*]

* 3. LIGNARE CANEM, Lignum ad canis collum appendere. Inquisit. pro capit. S. Petri Suession. Reg. 30. Chartoph. reg. ch. 565 : *Item quod quilibet canem suum Lignaret, ne vineas intraret.*

* LIGNARIA, Vectura lignaria. Gloss. Cæsar. Heisterbac. in Reg. Prum. tom. 1. Hist. Trevir. Joan. Nic. ab *Hontheim* pag. 665. col. 1 : *In Rumersheim mansus xxx. solvunt..... durascuuas similiter cl. Lignarias xxx,* Vide supra *Lignagium* 2.

¶ LIGNARICIA, Jus, ut autumo, lignorum exscindendorum in silvis ad annuum usum pro quo Tenentes certam pensitationem domino exsolvebant. [* Vel potius, Tempus quo lignatio a tenentibus advehitur. Vide supra *Laignerium.*] [** Guerardo est et Vectura lignaria, et Tributum plerumque pecunia exsolutum pro vectura ejusdem generis redimenda. Hæ autem præstationes, addit vir doctissimus, domino debebantur a subjectis in illius silvis jus lignorum cædendorum ad usum annuum habentibus. Vide *Lignarium,* 2.] Codex MS. Irminonis Abb. Sangerman. fol. 79. col. 2 : *Solvit.... de vino in pastione modios* II. *in Lignaricia denar.* IV. *de carratione pedalem* I. *scindolas* L.

¶ LIGNERICIA, Eadem notione. Idem Codex fol. 11. v°. : *Solvunt omni anno ad hostem carra* VI. *ad tertium annum sogales* CVIII. *ad alterum annum vervices cum agnis* CVIII. *de vino in pascione modios* CCXL. *de argento in Lignericia sol.* XXXX. Fol. 20. col. 1 : *Solvit... de vino in pascione mod.* III. *de Lignericia dñr.* IIII.

1. LIGNARIUM, *Locus lignorum, vel lignorum acervus,* Ugutioni et Joanni de Janua. Vetus Glossarium : *Lignarium,* ξυλοθήκη. Aliud Gloss. : Ξυλόβολον, ἤγουν ξυλοθήκη, *Cella lignaria, Lignarium.* Rursum : Ξυλικόν, *Lignarium. Ligne,* et *Lignier,* Andegavensibus, ut *Legnerat* Occitanis. Charta ann. 1445 : *Et encore vous dois une autre charette garnie de* 4. *bœufs pour aider à charier le bois de vostre Lignier de nouvel.* Lex Longob. lib. 1. tit. 25. § 26. [**Roth. 286.] : *Si quis de Lignario alterius lignum furatus fuerit, etc.* Charta ann. 871. pro Monast. S. Medardi Suession. : *Et habeat Cauciacum simul cum Lignariis de Pirone.* [Charta Caroli C. ann. 866. tom. 2. Miræi pag. 933 : *Eo modo ut silvæ et Lignarii et volatilia cum ovis, quæ ex eisdem villis exeunt, Fratrum usibus deserviant, et ad Præposituram pertineant.* Infra : *De omnibus Lignariis omnium villarum quæ ad Præposituram sive ad Cameram pertinent, carrum decimum ad præfatum hospitale detur.* Hincmarus in Charta ann. 870. tom. 1. ejusd. Miræi pag. 134. col. 2. ubi præcedentem Caroli C. donationem exscribit, sed non ad verbum, pro *Carrum decimum* habet *carros decem.* Verum in his duabus Chartis *Lignarium* non videtur simplex acervus, sed illud omne lignum quod in silvis exscindi et confici solebat ad annuam lignationem : cujus pars attribuitur hospitali memorato.] [** Adalbard. Statut. S. Petri Corbeiens. lib. 1. cap. 1 : *Gararii duo ad Lignarium, in pistrino unus.* Ubi Guerardo *Lignarium* valet Ligna quibus calefit furnus ad panem coquendum.]

* Glossar. Provinc. Lat. ex Cod. reg. 7657 : *Lenhiar, Provinc. Lignarium. Lignier* vero, aut fasces lignorum aut ligna ad focum accommoda significat, in' Lit. remiss. ann. 1448. ex Reg. 179. Chartoph. reg. ch. 328 : *Lequel Dinat dist à Pierre Boisserie qu'il avoit fait bruler certain Lignier de bois qu'il avoit mis en ung monsseau.* Pro lignatione autem usurpatur in Charta ann. 1306. ex Reg. 56. ch. 137 : *Item chascun home de laditte église de Beauvais, qui a cheval, doit une coarvée au prévost pour amener son Lignier.* Quo sensu intelligenda quoque est Charta ann. 1445. supra laudata. Vide supra *Laignerium, Lignaricia* et mox *Ligneria.*

2. LIGNARIUM, Vectura lignaria, cui obnoxii erant Tenentes seu Mansionarii. Baldricus in Chr. Camerac. lib. 3. cap. 72 : *Factum est autem hoc Lignarium ab Hugone Castellano in civitate Cameracensi, et positum est in inclaustro S. Autberti.* Supra : *In civitate domini sui, in foro ejus, Lignarium per angariam colligit.* Tabular. S. Remigii Remensis : *Lignarium* I. *habente circunquaque pedes* 5. *ad manum.* Alibi : *Infra villam, Lignar.* 43. *scindulas* 4. *etc.* Ibid. : *De bannis pro pastione, carra* XII. *sunt simul exceptis Lignariis et carris quæ in ipsis villis fiunt,* 866. Charta ann. 937. in Tabular. Augustodun. Ecclesiæ : *Pro Lignario, Missa S. Andreæ, den.* 2. Sugerius lib. de Administr. sua cap. 11 : *Cum Lignaria sua bis aut ter in anno, carrucarum villæ dispendio, aggregaret.* Vide *Lignaria.*

3. LIGNARIUM, Idem quod *Lignagium,* Facultas exscindendi ligna in silvis. Charta Caroli C. ann. 22. Ind. 10. in Tabul. S. Dionysii n. 31 : *Necnon et villas quæ vocantur Linerolas et Ferruciacum, cum Lignariis earum, in pago Milidunensi sitas.* Infra : *Et pro* 40. *modiis saponis, pro* 25. *libris argenti, quæ pro Lignario solvebantur, et pro* 20. *unctis qui dabantur Fratribus per singulos annos ad Cordovesos eorum, etc.* Vetus Charta in Vita Aldrici Episcopi Cenoman. n. 56 : *Et debentur* 7. (solidi) *de carnatico arietes* 15. *sine lana, de Lignario sol.* 26. Regestum Philippi Aug. fol. 125 : *Capiebat in foresta de Rest Lignarium suum ad ardendum.* Tabular. Campan. : *Decanus Meldensis habet Lignarium in nemore quantumcunque ducere poterit Meldis per unam diem cum quadrigis, etc.*

* 4. LIGNARIUM, Lignum. Tract. Ms. de Re milit. et mach. bellic. cap. 6 : *Faciat Lignaria incidere, de quibus fiant in diversis locis foci in die suæ discessionis, et accensis catastis lignorum, statim discedat cum suo exercitu.*

¶ LIGNARIUS, in vett. Glossis, ξυλοπώλης, Venditor lignorum : item, ξυλοκόπος, ὁ κόπτων ξύλα, Qui cædit ligna. Isid. lib. 19. cap. 19 : *Lignarius generaliter ligni opifex appellatur.* Usurpavit Livius hac notione.

LIGNATICUM, Idem quod *Lignarium,* priori notione. Polyptychus Floriacensis : *De Lignatico carradas* 3. *etc.* Alibi : *Debet unusquisque de Lignario in latum pedes* 5. *in altum pedes* 6. *etc.*

* LIGNATURA, Lignatio, jus capiendi lignum ex carris qui ligna adducunt. Bulla Anast. IV. PP. ann. 1154. inter Instr. tom. 10. Gall. Christ. col. 315 : *Apud Verton hospites et salinas et terram arabilem et Lignaturam ex dono regis Roberti Francorum,... ex omnibus carris et quadrigis, asinis et navibus, et ex omnibus qui vendunt ligna in eodem castro.*

¶ LIGNEA, pro *Linea,* Gall. *Ligne.* Ordinatio ann. 1223. e MS. D. *Brunet* : *Et procedatur recta Lignea a camino, qui est a parte meridiei ad Rodanum.*

* Charta Math. dom. Montismor. ann. 1200. in Chartul. S. Dion. pag. 305. col. 1 : *Illas xij. libras.... de primis redditibus montagii aquæ per dictam Ligneam.... recipiet.*

¶ LIGNERARE, ut *Lignare,* Ligna in silvis exscindere. Charta Barrali de Baucio pro Parthenone S. Pontii ann. 1263. ex

Schedis D. *de Mazaugues : Damus... immunitates... pasqueriorum et juris bosquerandi seu etiam Lignerandi per totam terram nostram ad opus ædificiorum vestrorum et domorum, et etiam cremandi.* Vide *Lignarare.*

¶ Lignebatio, Lignatio seu jus lignorum in silvis exscindendorum. Homagium ann. 1268. ex Schedis Præsidis *de Mazaugues : Immunitates et Libertates... in Lignelatione et in lignis incidendis, et colligendis, et deferendis, et deportandis.*

* **LIGNERIA**, Locus ubi lignum servatur, cella lignaria, Gall. *Bucher.* Stat. ann. 1381. inter Probat. tom. 3. Hist. Nem. pag. 47. col. 2 : *Item visitando dictum fortalicium et veniendo ad turrim Ligneriæ abbatiæ seu monasterii S. Egidii, ordinavit quod de dicta turri Ligneriæ*, etc. Stat. Avellæ ann. 1496. cap. 52. ex Cod. reg. 4624 : *Quæ ceperit vel exportaverit aliqua aliena ligna.... de Ligneriis vel teysis, seu alio amasso seu fassinerio lignorum ubicumque sit*, etc. Vide supra *Lignarium* 1.

¶ **LIGNERICIA.** Videsis in *Lignaricia.*

* **LIGNERII**, Tenentes seu mansionarii, qui vecturæ lignariæ domini sui obnoxii erant. Libert. castri Theodor. ann. 1301. in Reg. 38. Chartoph. reg. ch. 77 : *Item volumus quod Lignerii, qui tenebantur semel in anno deferre ligna pro nobis, a prædicta redibencia sint liberi et immunes.* Vide supra *Laignerium.*

¶ **LIGNETUM**, Nemus, silvula. Joh. Buschius de Reform. Monast. apud Leibnitium tom. 2. Scriptor. Brunsvic. pag. 482 : *Monasterium situm est in convalle inter duos montes altos; et in circuitu suo agros habet in Ligneta.*

¶ **LIGNIARE**, ut *Lignerare.* In Gallia Christ. tom. 3. col. 1300. Robertus de Rupecula Abbas S. Pontii annis 1447. et 1460. transegisse dicitur cum civibus Niciensibus de jure pascendi et *Ligniandi*, hoc est ligna cædendi, in variis partibus territorii ejusdem urbis.

* **LIGNIBOLINUM**, Ludus, quo globus ligneus tudicula propellitur. Lit. remiss. ann. 1416. in Reg. 169. Chartoph. reg. ch. 450 : *Bernardus de Castro-novo et nonnulli alii in studio Tholosano studentes ad ludum Lignibolini sive chucarum luderunt.* Vide supra *Bola* 3. et *Choulla.*

LIGNICISIMUS, *Ferrum quo virgæ et frutices reciduntur*, in Gloss. MSS. ubi Isidori perperam habent *Linguiscisinus.* [Existimo post Barthium lib. 7. Advers. cap. 13. legendum *Lignicisivus.*]

* **LIGNIFABER**, Faber lignarius. Reg. forest. de Broton. ex Cod. reg. 4653 : *Talis est usus forestæ Brotonniæ, quod omnes illi, qui reddunt pro consuetudine forestæ avenas et garbas,.... debent capere.... residuum gloerii, et Lignifabri, et caronnii*, etc. Charta ann. 1372. ex Tabul. Aux. : *Dixit ipse loquens cum operaretur suo officio fustariæ, cum sit Lignifaber seu fusterius*, etc.

* **LIGNIFABRILIS**, Ad artem lignariam spectans. Elmham. in vita Henr. V. reg. Angl. edit. Hearn. cap. 125. pag. 326 : *Rex.... quandam turrim ligneam.... pro postibus navium malos fortes et altos, in modum quadrati sitos et erectos habentem Lignifabrili subtilissimo artificio construxit.*

* **LIGNIGERIUM**, Fulmentum focarium, Gall. *Chenet.* Proces. Egid. *de Rays* ann. 1440. fol. 170. r°. ex Bibl. reg. : *Interrogatus de modo combustionis ipsorum, respondet quod super Lignigeria in camino dictæ cameræ ligna grossa, et supra ea corpora mortua, deindeque sicci fasciculi ponebantur.*

¶ **LIGNILE**, ξυλῶν, Martinius ex Onomastico, ut *Lignarium* 1. Locus ubi servantur ligna ad comburendum.

* **LIGNOLIA**, Instrumentum piscandi. Charta Bonæ princ. Sabaud. ann. 1424. inter Stat. Perus. pag. 31 : *Eis licitum sit die noctuque, ac libere et impune piscari et facere ad rette, navissam, trubiam, Lignoliam,.... et alia quævis ingenia.*

¶ **LIGNORARE**, ut *Lignerare*, Ligna in silvis cædere. Charta Ludovici Regis Siciliæ ano. 1359. ex MS. D. *Brunet : Jura Lignorandi et pastorigandi in prædicta tota villa Baucii.*

1. **LIGNUM**, Cippus, quo reorum colla et pedes constringuntur. Arator lib. 2. Hist. Evangel. :

> ...... tunc agmina raptim
> Fustibus innumeris, eliso corpore Pauli,
> Conveniunt, ubi carcer erat, quem sedibus imis
> Includunt, comitante Syla, vestigia quorum
> Ligno mersa cavo vinclis tenuere beatis.

Acta Martyrum Scillitanorum : *Detrudantur in carcerem, ponantur in Ligno in diem crastinum.* Paulinus lib. 5. de Vita S. Martini :

> Ast alii sursum porrecti robora Ligni
> Triste ministerium furioso corde parabant,
> Ut caro distentis propere male pendula membris
> Tortori laceros crucianda exponeret artus.

Vita S. Blasii : *Jussit eum in Ligno suspendi, et cum ferreis pectinibus carnes ejus carminari.* Hist. S. Apollinaris Martyr. : *Apollinarem vero cum gravissimo pondere ferri jussit in carcerem horrificum claudi, et in Ligno extendi, et nihil ei ministrari, ut deficeret.* Sed his locis videtur pro Equuleo sumi. Ordericus Vitalis lib. 2 : *In interiorem carcerem missi sunt, eorumque pedes in Ligno constricti sunt.* Ἐν τῷ ξύλῳ δεδέσθαι, dixit Lysias Orat. 1. contra Theomnest. pag. 117. Joannes Diac. in Vita S. Josephi Hymnographi num 22 : Ὁ δὲ τῷ ξύλῳ τὸν πόδα ἐκπιεζόμενος, καὶ τοῖς κλοιοῖς τὸν τράχηλον καταχαμπτόμενος, etc. Ξύλον βασανιστήριον [S. Basilio in S. Barlaam, et] in Menæis 11. Novemb. in S. Theodoro Studita; κολαστήριον ξύλον, 18. Novemb. in S. Zacharia Diacono. Vide Hesychium in ἐγκαλοσκελεῖς, et Dissert. 19. ad Joinvillam, [Glossarium mediæ Græcit. in Ξύλον,] et supra in *Cippus.* Apud Bractonum lib. 3. de Corona cap. 25. § 1. *in Ligno* detineri, et in *cippo*, idem sonant. Gobelinus Persona in Cosmodromio ætate 6. cap. 69 : *Quendam lucum debitorem suum ab emunitate Monasterii SS. Petri et Pauli Paderborn. vi abstraxit, et eum ad domum suam ductum in Lignum detrusit*, etc. Adde cap. 82. [** Vide Haltaus. Glossar. Germ. voce *Stock*, col. 1746.]

* Lignum, nude, Patibulum. Instr. ann. 1059. inter Probat. tom. 2. Hist. Occit. col. 234 : *Unum ex eis* (militibus) *qui erat consanguineus meus, pependit in Ligno et cocisit morte crudeli quasi cleptem.*

¶ Lignum Latronis, Patibulum. Ratherius suo de Contemptu Canonum libro inscriptionem hanc præmittit : *Volumen perpendiculorum Ratherii Veronensis, vel visus cujusdam appensi cum aliis multis in Ligno Latronis.*

Lignum Cadaveri *humo condito superponere.* Lex Bajwar. tit. 18. cap. 6. § 2 : *Quia aliquoties conspicimus cum cadaver humo immissum fuerit, et Lignum superpositum cunctis adstantibus, ut requiratur dominus cadaveris, et primus terram superjiciat.* Ex quibus eruitur Bajoarios cadavera non in *locellis*, sed nuda aut linteis involuta humo condidisse, ac postea lignum, id est, asseres superposuisse, antequam terra superinjiceretur.

¶ Lignum Paschale, f. Buxus ita dictus, quod buxo pro palmis uti soleamus Dominica palmarum, vulgo *Pâque fleurie* nuncupata. Litteræ Geraldi Tornac. Episc. pro Monasterio Elnonensi ann. 1152 : *Sylva adjacens villæ ex regia munificentia libera possessio est B. Amandi, quercus, malus, fagus, nespilus et Lignum quod vocatur Paschale, tali lege sub Abbatis potestate consistunt, ut neque ministeriali neque alicui liceat illa excedere.*

Ligna Jacentiva. Vide in *Arbor* 1.

** Ligna Ignacea, Cremia, alimenta ignis. Chart. ann. 1274. in Guden. Cod. Diplom. tom. 2. pag. 960 : *Inhibentes novellacionem, secucionem et omnem usufructum .... annuentes eosdem Ligna tantum Ignacea cum moderamine secare.*

2. **LIGNUM**, Phaselus, vel Lembus : *Legno* Italis, et apud Joan. Villaneum lib. 7. cap. 69. 91. 93. lib. 9. cap. 61. et in Alfonsinis part. 2. tit. 25. leg. 7. *Lenys*, apud Raimundum Montanerium in Chron. Regum Aragon. cap. 131. et in Hist. Expugnat. Minoricæ f. 83. Cambro-Britannis *Llon.* Philippus Eystetensis in Vita S. Willibaldi cap. 36 : *Quidam volentes visitare limina B. Willibaldi, se conduxerunt in quodam Ligno, quod dicitur Lloze.* Germanis *Floss* est ratis. Walafridus Strabo in Vita S. Galli cap. 17 : *Illi navicula conscensa, totis nisibus ire festinantes, Ligno natatili profundi terram sulcante, nocte proxima pervenerunt ad Ducem.* Epistola Fr. Paschalis Minoritæ apud Waddingum ann. 1342 10 : *Inde ascendentes unum Lignum, per Mare nigrum, profecti sumus usque ad Chazariam.* [*Lignum cum quo navigabat*, in Chronico Siciliæ tom. 3. Anecd. Marten. col. 29. *Ligna navigabilia*, ibidem col. 69. et 79. *Ligna navalia armata*, in Bulla Clementis VI. PP. ann. 1345. tom. 2. Hist. Dalphin. pag. 526.] Utuntur passim Scriptores Italici, Tho. Archid. in Hist. Salonit. cap. 33. 36. Chronica Pisana ann. 1177. Statuta Venetor. lib. 6. cap. 68. Historia Cortusior. lib. 8. cap. 16. Joannes Carmesonus in Vita S. Petri Thomasii cap. 4. Charta in Probat. Hist. Franco-Byzantinæ pag. 11. [Annales Genuens. tom. 6. Muratorii col. 303. 385. 389. 401. 584. etc. Adde Statuta Arelat. MSS. art. 105. et 144. e Codice D. *Brunet* fol. 42. et 48. Statuta Massil. lib. 4. cap. 1. 6. 7. 16. et alibi passim; Historiam Dalphin. tom. 2. pag. 278. etc.] *Lin*, nostris, olim. Vetus Comput. Theobaldi *de Chepoy* ann. 1310. in Camera Comp. : *Quand Roqueford fu pris, Messire de Chepoy retint* 2. *galies et*

1. *Lin, quant les autres s'en allerent à Venise, pour ce que cil de Salonique armoient 5. Lins pour nous destourner les vivres.* Thomas Walsinghamus pag. 318 : *Duæ grandes galeiæ, et aliud genus ratis quod vocatur Line, et una bargia, et 7. balingariæ periclitatæ sunt ante villam de Collesa.*

¶ 3. **LIGNUM**, Ligneæ tabulæ in quibus descriptum est testamentum. Tryphonius lib. 37. Dig. tit. 4. leg. 19 : *Quod vulgariter dicitur liberis datam bonorum possessionem contra Lignum esse, etc.* Vide Cujacium lib. 11. Observ. cap. 14.

* 4. **LIGNUM**, interdum nude, sæpius *Lignum domini* vel *Dominicum*, pro Crux. Stat. pro lanif. et pannif. ann. 1217. ex Reg. A. Cam. Comput. Paris. fol. 197. v° : *In Narbona vero.... in parte dextra ejusdem primi capitis panni tenetur Lignum, id est, Crux duplex, in medio unius flos lilii.* Instr. ann. 1059. inter Probat. tom. 2. Hist. Occit. col. 234 : *Cœnobium Loci electi, ubi mirificum habetur Lignum Dominicum etc.* Inventar. ann. 1218. inter Probat. tom. 1. Hist. Nem. pag. 66. col. 1 : *Lignum Domini rotundum cum pede, et alia duo Ligna cum pedibus.* Charta ann. 1242. inter Instr. tom. 6. Gall. Christ. col. 488 : *Unum calicem parvum argenti, et unum Lignum Domini, etc.*

LIGONISARE, in Gloss. Lat. Gall. *Hover ou Fossoyer*, Ligone fodere. [Joan. de Janua : *Ligonizare, Sarpere, ligone terram vertere.* Verbum notum Columellæ.]

* **Ligonizare**, Ligone fodere. Charta ann. 1269. tom. 1. Probat. Hist. Brit. col. 1019 : *Et debent dicti fratres Ligonizare in saltibus disparibus.* Stat. Saluc. collat. 3. cap. 90 : *Nemo audeat.... Ligonizare seu foveam facere per spatium unius trabucchi versus murum.* Vide *Ligonisare.*

¶ **Ligonizatio**, Pastinatio, fossio. Georgii Stellæ Annal. Genuens. ad ann. 1318. tom. 17. Muratorii col. 1031 : *Ligonizationem et fossas mirabiles cum lapidum fractione fecerunt.*

LIGORIUS, Unicornis, Gallis, *Licorne.* Michael Scotus de Physionomia cap. 20 : *Quædam* (animalia) *fortia et audacia, ut leo, ursus, draco, canis, Ligorius.* [* Leg. forte *Ligornis.*]

* **LIGOY**, Vide supra *Legoy.*

¶ **LIGUA**, ut supra *Liga*, 1. Gall. *Ligue*, Fœdus : societas fœdere confirmata. Requesta magno Provinciæ Senescallo data ann. 1391. ex Schedis D. *le Fournier : Et primo fieri propositionem Liguæ et rassæ factis inter gentes domini Raimundi de Turena ex una* (parte) *et circumvicinos Massilienses ex altera.*

* **LIGUARE**, pro *Ligare*, Jungere. Stat. ann. 1357. inter Probat. tom. 2. Hist. Nem. pag. 195. col. 2 : *Murus quatuor palmorum.... Liguabitur cum muro subsequente.*

* **LIGUATURA.** Vide supra *Liagula.*

1. **LIGULA**, **Ligulatus.** Joan. de Janua : *Ligula, parva fascia, vel corrigia : Ligulatus, i. coquus, cui multæ Ligulæ sunt necessariæ propter veteres pannos quos induit.* Vide *Legula.*

* *Ligote*, eodem intellectu, in Poem. Alex. part. 1. Ms. :

Ainz jougleur n'en chanta e li harpe, n'en citole,
Et iert mon escu fret environ la Ligote,
Et mon haubert derout aussi comme viez cote.

Unde *Eslingoere*, pro *Courroie, Longe*, in Instr. ann. 1309. tom. 1. Probat. Hist. Brit. col. 1222 : *Eslingoere de cuer et de mailles de haubert etc.*

2. **LIGULA**, Mensuræ genus, quod alio nomine Cochlea dicitur et est octava pars cyathi. Vide Gabrielem Humelbergium ad Apicium.

3. **LIGULA.** Victor Vitensis lib. 1. de Persec. Vandal. : *Dum ad Massalitanum littus exisset, quod Ligula vulgi consuetudine vocatur. Ligulas* vocat Cæsar lib. 3. de Bello Gall. loca in longum a continente in mare exporrecta, *Linguas* Latini : unde deflexa vox *Ligula.* Festus : *Lingua est promontorii genus non excellentis, sed molliter in planum devexi.* Hac notione *Linguam* usurparunt Pacuvius apud A. Gell. lib. 4. cap. 17. Livius lib. 37. et 40. Ammianus lib. 14. etc. Ovid. lib. Metam. de Sicilia :

.... Tribus hæc excurrit in æquora Linguis.

Γλώσσας Græci etiam vocant. Vide Alexiadem lib. 3 pag. 9.

* **LIGULARE**, *Attacher de esguillettes.* Glossar. Gall. Lat. ex Cod. reg. 7684.

¶ **LIGULATI Calcei.** Vide *Foliati.*

LIGURA, Ligatura, Gall. *Liure.* Anonymus Haserensis apud Gretzerum in Episcopis Eystetensibus pag. 430 : *Ille apprehensum per Liguras accipitrem, ter et quater in faciem Clerici percussit.*

¶ **LIGURGITO**, Gulosus, vorax, helluo. S. Odo Cluniac. in Collatione laudata tom. 3. Annal. Benedict. pag. 346 : *An ventrem colere non est apostasia, cum flens Paulus protestetur, quod Ligurgitones inimici S. Crucis sunt, et ventrem pro Deo habent?*

¶ **LIGURINUS**, *Garrulus*, apud Sussannæum.

¶ **LIGURIO**, Λιγνὸς (pro λίχνος) λίμβος, *Helluo, gluto.* Supplem. Antiquarii. Vide *Ligurius* 1.

LIGURITOR. Leges Politicæ Kanuti Regis § 29 : *Liguritores, mendaces, rapaces, raptores, Dei gravamen habeant, etc.* Ubi Editio Saxon. § 7. habet Licceras, id est, Assentatores, adulatores. Ita Somnerus, qui in Gloss. Saxon. Liccera, gulosum etiam et helluonem interpretatur. Vide *Leccator.*

¶ 1. **LIGURIUM**, Oleris genus, Isidoro lib. 17. cap. 11 : *A regione nomen accepit ; nascitur enim plurimum in Liguria, odore aromatico et gustu acre.*

* 2. **LIGURIUM**, f. pro *Tugurium.* Glossar. Lat. Gall. ex Cod. reg. 7692 : *Ligurium, Loge.*

¶ 1. **LIGURIUS**, Λίμβος, *Gulo.* Supplem. Antiquarii. Aliæ Glossæ quas laudat Martinius : Λίχνος, *Gulosus, Ligurius, Catillo.* Vide *Ligurio.*

¶ 2. **LIGURIUS**, Lapis pretiosus, cujus mentio est Exodi 28. 19. et 39. 12. *Ligurii* quoque meminit Isid. lib. 12. cap. 2. et ex eo Johannes de Janua. Hunc lapidem pretiosum uterque confundit cum *Lyncurio*, quem Plinius lib. 8. cap. 38. ait esse Gemmam carbunculo similem. Sed *Lyncurium* nemo vidit unquam, illum saltem quem somniant ex urina lyncis glaciata efformari. Vide Martinium in Lexico.

* **LIGUSTRUM**, Flosculus vernus, Gall. *Prime-vere.* Idem Glossar. : *Ligustrum, primerole.*

LILAHAN. Tradit. Fuldenses lib. 1. trad. 93 : *Mappæ 2. manutergia 1. bechin 1. pelvis 1. Lilahan 1. coopertorium 1.* [Teutonibus *Lahhan* pallium est et linteum : qua posteriori notione *Lilahan*, ut reor, accipitur. Vide Schilteri Glossarium.] [** et Graff. Thesaur. Ling. Franc. tom. 2. col. 157.]

* **LILIA**, Lilium, flos lilii, scutum Francicum. Inventar. Ms. thes. Sedis Apost. ann. 1295 : *Item unam aliam cupam cum coperculo, habentem xviij. esmalta ad vj. folia exterius, in quibus sunt scuta ad Liliam.*

¶ **LILIARDI**, Iidem qui infra *Lollardi.*

¶ **LILIATI**, Regum Francorum stirpe oriundi, sic dicti a liliis in scuto gentilitio depictis. Responsio Pii II. PP. ad Oratores Gallicanos tom. 8. Spicil. Acher. pag. 302 : *Fuissent et alii qui hoc oneris* (regni Siculi) *cum tanto honore et emolumento suscepissent cupide, sed Liliatos, ut vos appellatis, præferendos censuit Apostolica majestas.* Oratio Legatorum ipsorum coram eodem Papa, tom. 9. ejusd. Spicil. pag. 319 : *Nulli dubium est illustrissimum illum Principem* (Ducem Burgundiæ) *a prosapia Liliatorum descendisse, consanguineum proximum et subditum Christianissimæ Majestatis fore, etc.*

¶ **LILIETUM**, κρινών, Locus liliis consitus. Martinius ex Onomastico.

* **LILIFER**, Epithetum regis Francorum. Codex precum Ms. ad usum Ludov. XI. ex Bibl. reg. : *Orationes B. Mariæ, quæ pro rege dicuntur qualibet die Dominica in regali missa SS. Trinitatis, fundata in ecclesia B. M. de Monvilla prope Rothomagum anno Dom. 1468. et admortisata per Liliferum regem nostrum Ludovicum 1471.*

LILIOLUM, περιαυχένιον, in Gloss. S. Benedicti cap. de Aureis. [Cervici circumpositum. Inter ornamenta muliebria recenset Agnellus in Vita Damiani Episc. Raven. apud Murator. tom. 2. pag. 155. col. 2 : *Projecerunt a se inaures, et annulos, et dextralia,... et pereselidas, et monilia, et olfactoria, et acus.... et Liliola, præsidia, et laudosias, et omnia jucunda et concupiscibilia projecerunt.*]

* **LILIOSUS**, Ad regium genus Francicum pertinens. Charta Ludov. reg. Sicil. ann. 1382. ex Reg. Cam. Comput. Paris. sub Joan. duce Bitur. fol. 27. r° : *Considerantes quod regnum nostrum Siciliæ, ad cujus fastigium summa Dei providentia denuo nos provexit, speciali quadam prærogativa retroactis temporibus Liliosæ generositatis principum meruit dominio decorari.* Hinc regiæ stirpis principes nude *Fleurs de lis* nuncupantur, in Stat. ann. 1355. tom. 3. Ordinat. reg. Franc. pag. 35. art. 39. Lit. quibus Carolus VI. Joan. *Galeaz* ejusque successoribus concedit ut insignia Franciæ una cum suis deferant ann. 1393. in Reg. 145. Chartoph. reg. ch. 433 : *Concedimus quatinus insignia seu arma nostra Liliosa in duobus quarteriis armorum suorum.... deferant.* Eadem prærogativa donatur Petrus *de Medicis* a Ludovico XI. Lit. ann. 1465. in Reg. 194. ch. 23 : *En memoire de la grande, louable et recommandable renommée de feu Cosme de Medici son pere.*

1. **LILIUM**, Epistyliorum, et aliorum operum ornamentum, formam *lilii* referens : κρίνον, Anonymo in Descript. S. Sophiæ. 3. Reg. cap. 7 : *Capitella autem quæ erant super capita columnarum, quasi opere Lilii fabricata erant, etc.* Gaufridus Grossus in Prologo ad Vitam S. Bernardi Tironensis : *Et candelabri calamos, scyphos, spherulasque et Liliorum repansiones.* Leo Ost. lib. 3. cap. 28. (al. 26.) : *Columnas, bases, ac Lilia, nec non et diversorum colorum marmora abundanter coemit.* Gregorius M. lib. 1. Epist. 66 : *Id est, in argento calices duos, coronas cum delphinis duas, et de aliis coronis Lilios, etc.* Vetus Charta Cornutiana edita a Suaresio : *Cantharos æreos majores 6. minores 12. et Lilia ærea 2. et stantaria ærea* 13. Ardo Monach. in Vita S. Benedicti Abbat. Anianæ n. 23 : *Septem scilicet candelabra fabrili arte mirabiliter producta, de quorum stipite procedunt hastilia, sphærulæque, ac Lilia, calami ac scyphi, etc.* Vide Anastasium in Vitis PP. pag. 34. 143. 189. et quæ notavimus in Descript. Ædis Sophaniæ num. 59. [necnon Annales Mediolan. ad ann. 1389. tom. 16. Muratorii col. 807. ubi memorantur *Collana auri cum botonis* XXXII. *merenatis et Liliis* V. *albis cum certis perlis, etc.*]

* 2. **LILIUM**, Munitionis species; cujus nomenclaturæ rationem prodit Cæsar de Bello Gall. lib. 7. cap. 67 : *Hujus generis octoni ordines ducti, ternos inter se pedes distabant : id, ex similitudine floris, Lilium appellabant.*

* **LILIUM-CORONA**, Rex ipse. Instr. ann. 1384. inter Probat. tom. 3. Hist. Nem. pag. 76. col. 2 : *Item ponunt quod, exigente nobili et præcipua justicia Lilium-coronæ, ut decuit, prospicere volendo indempnitati sui ipsius et subditorum ipsius civitatis regiæ peculiaris Nemausi, distulit repentinam exequtionem et incivilem præoptatam per dictos nobiles, in hoc exheredare volendo Lilium-coronam, si processum fuisset repentine.*

* **LILII FLOS** in signum *salvæ gardiæ* apponebatur. Charta ann. 1312. ex Bibl. reg. : *Præpositus Regalis-montis, ut gardiator specialis, auctoritate regia.... gardiam ibidem posuit et signum floris Lilii in demonstrationem ejusdem gardiæ.*

* **LIMA**, *Genus gladii*, ξυήλη. Reg. in Castigat. ad utrumque Glossar. Charta Phil. Pulc. ann. 1303. in Lib. rub. Cam. Comput. Paris. fol. 136. v°. col. 2 : *Quæ omnia et singula, tam ipse Richardus Fichon archerius noster, quam hæredes et successores sui.... tenebunt de nobis exinde reddendo quolibet anno ad festum Penthecostes unum arcum, duodecim sagittas ferratas, unam Limam et unum cultellum de nemore.*

¶ **LIMACA** *et Limax pro eodem verme dicitur a Limus quia in limo moratur, vel de limo nascitur, vel quia totus est immundus vel limosus.* Johan. de Janua. Vide Isidorum lib. 12. cap. 5.

* Gall. *Limaçon*, alias *Lympson*. Adrian. de Veteri-busco de Reb. Leod. ad ann. 1481. apud Marten. tom. 4. Ampl. Collect. col. 1374 : *Leodii erat magna caristia, fuitque Augustus totus frigidus et pluviosus, et testudines, Gallice Lympson, comederunt totam navetam seminatam.*

¶ **LIMACES AUREI.** Chronographus Fontanell. inter dona quæ S. Ansegisus obtulit Cœnobio Luxoviensi, recenset *Hanapum argenteum optimo opere factum, habentem Limaces aureos quatuor, in fundo exterius sibi annexos*, sæc. 4. Bened. part. 1. pag. 633.

¶ **LIMACEUS**, E limo. Tertull. de Resurrectione carnis cap. 49 : *Primus homo de terra choicus, id est Limaceus.*

* **LIMADA.** Vide supra *Libella* 2.

¶ **LIMALIS.** Vide *Lupalis*.

* **LIMAMENTA**, Compedes. Andr. Floriac. MS. lib. 3. Mirac. S. Bened. : *Bolonis villæ procurator, nomine Durandus, a quodam milite, vocabulo Gauterio, captus, atque Parisius custodiæ traditur ; deinde ligneis compedibus arctatus, rupe maximi ponderis quantitatisve supponitur.... At vigilia Purificationis matris nostri Redemptoris, arctissimo, ut dictum est, ergastulo clausus, aggere lapidum sepultus, vigilum munimine septus, diu frequenti iteratione Genitricis Dei levamen precatus, lignea Limamenta resolvuntur.* Sed leg. forte *Ligamenta*.

LIMANIA. Tabularium Conchensis Abbatiæ in Ruthenis Ch. 313 : *Uno manso in Berniagio ubi Rainaldus manet, in Floriago, ubi Guarinus manet, et in Bargus illas Limanias quæ de Amblardo conquistavi, etc.* Agros forte cultos et planos, unde *Limania* Arvernensis. [Charta Guillelmi de Hala, apud Baluz. tom. 2. Hist. Arvern. pag. 281 : *In castellania de Champelhs et de Vodabula et de Plauzac, et in Limania tamen dictarum castellaniarum.*] Vide *Lemmane*.

LIMARE, Limis [seu obliquis oculis] intueri. Vita S. Theodulfi Abb. n. 12 : *Typoque superbiæ ignitus Limat circumstantes, etc.* [Sigebertus in Vita S. Guiberti fundatoris Gemblac. num. 10 : *Quidam, qui bona fidelis Christi Guiberti obliquo oculo Limabant, aures Cæsaris adversus eum appellant.* Vide mox *Limari*.]

* Nostris alias *Limer*, eodem sensu. Vitæ Patrum MSS. :

Et la mere vient d'autre part,
Qui m'assaut et laidenge et Lime,
Comme feme qui tousjours rime.

LIMARI, pro *Rimari*, Scrutari, investigare. Gloss. Lat. Gr. : *Limatur, Rimatur, Terit*, (l. quærit.) ζητεῖ. Lex 32. Cod. Th. de Navicular. (13, 5.) : *Necnon etiam aliis quæ tuæ cognitionis Limavit examen.*

¶ **LIMARIUS**, *Retiarius, a Limus.* Joan. de Janua. Melius alii *Linarius*, ut infra.

LIMAS, *atis, Vestis quæ protenditur ab umbilico usque ad pedes, qua publice utebantur servi et coqui.* Ita Jo. de Janua : [qui addit : *Eadem vestis dicitur Limus*, Virgilio scilicet et aliis; unde Isid. lib. 19. cap. 22 : *Limus, vestis quæ ab umbilico usque ad pedes producitur : hæc autem vestis habet in extremo sui purpuram limam, id est, flexuosam; nam limum obliquum dicimus.* Idem lib. 15. cap. 14 : *Limus, Cingulum, quo servi publici cingebantur, obliqua purpura.* Gl. Lat. Gall. Sangerman. : *Limas, atis, Une maniere de vestemens, qui est dez le ventre jusqu'aux piés, comme devantier à cuisiniers ou à feme.*]

* **LIMATA**, Lacus, aquarum congregatio, ut videtur, a Limo, sic appellata. Charta ann. 1224. tom. 2. Hist. monast. Cassin. pag. 452. col. 1 : *Concedimus ad præsens in perpetuum omnes redditus provenientes de ecclesia S. Salvatoris, et de tribus Limatis, quas Jonatas de S. Angelo nobis in sua ultima voluntate reliquit.* Alia Frider. imper. ann. 1221. in Access. ad eamd. Hist. part. 1. pag. 291. col. 1 : *Limitam juxta Melfim, et duas startias ibidem, thorum et Limatam in valle Rivitellana.* Vide *Limatus*.

¶ **LIMATUS**, Limosus. Bern. *de Breydenbach* Itin. Hieros. pag. 213 : *Nylus qui et Gyon, fluvius Mesopotamiæ de paradiso exiens : et dicitur Limatus vel terreus : quia turbidus est et limosus.*

¶ **LIMBATUS**, Ornatus limbo. Statuta Cisterc. ann. 1199. tom. 4. Anecd. Marten. col. 1293 : *Prohibetur ne in altaribus nostris habeantur mappæ Limbatæ. Limbatas chlamydes* etiam dixit Trebellius Pollio in Claudio cap. 17.

* **LIMBELLUS**, diminut. a *Limbus*. Glossar. Provinc. Lat. ex Cod. reg. 7657 : *Biondis, Prov. limbus, Limbellus, dim. orarium.* Vide *Limbus* 3.

¶ **LIMBURI.** Chartularium SS. Trinit. Cadom. fol. 56. v°. : *Wlvericus Wilde dimidiam virgatam operatur, et pro Limburi x. denarios solvit.*

1. **LIMBUS**, Locus in quo SS. Patrum ac piorum animæ ante Christi mortem consistebant : ubi etiam infantium, qui absque baptismo moriuntur, consistere animas aiunt. Jo. de Janua : *Limbus ponitur pro quadam parte inferni, quatuor enim sunt loca inferni, scilicet Infernus damnatorum, Limbus puerorum, Purgatorium, et Limbus Patrum.* [Eadem fusius habet Durandus in l. 3. dist. 22. quæst. 4.] Petrus Chrysologus Serm. 66 : *Adjecit autem Abraham dicens : In his omnibus inter nos et vos chaos magnum firmatum est, ut qui volunt hinc transire ad vos, non possint, neque inde huc transmeare. Dicendo sic, tam justos quam injustos ante adventum Domini apud inferos fuisse declarat, et discretos locis tantum, non regionibus aperit fuisse divisos, etc.* [Gennadius de Dogmatibus Eccl. cap. 78 : *Ante passionem et resurrectionem Domini omnes animæ Sanctorum in inferno sub debito prævaricationis Adæ tenebantur, donec auctoritate Domini per indebitam ejus mortem a servili conditione liberarentur.*] Petrus Comestor in Hist. Scholast. cap. 87. Gen. : *Erat enim in inferno quidam locus beatorum, semotus a locis penetralibus, qui ob quietem et separationem ab aliis, Sinus dicebatur, sicut sinum maris dicimus. Et dictus est etiam Sinus Abraæ, quia etiam Abraam ibi erat in sui tentatione usque ad mortem Christi.* Marsilius Patavinus in Defensore pacis 1. part. cap. 6 : *Et in loco, quem Limbum vocant, privati manserant usque in Christi adventum.* De vocis etymo nondum vidi qui aliquid dixerit. Sunt tamen qui putant sic appellatum, quod is locus veluti sit *Limbus* inferorum. Ita enim Anonymus de Miracul. S. Thomæ Cantuar. editus a Stapletono cap. 37 : *Noli igitur pati, ut hujus abortivi anima ad Limbum inferorum abeat.* Sic *Limbum Angliæ*, pro ora dixit Matthæus Westmonast. ann. 1132. [*Limbum Galliæ* Scriptor Translationis S. Genulfi circa ann. 870. sæc. 4. Benedict. pag. 230. n. 15. *Orbis oceani Limbo circum-*

septus, apud Orosium lib. 1. cap. 2.] Vide Jacobum Usserium Armachanum in Disput. *De Limbo Patrum et descensu Christi ad inferos*, in quam nondum incidi.

¶ 2. **LIMBUS**, *Tunica militaris quam vulgo Wapenrok* (Paludamentum) *dicebant*. Barthius in Glossario ex Guiberti Hist. Palæst.

¶ 3. **LIMBUS**, *Navis piratica, vel clavus in veste regia, sive ipsa vestis*. Gloss. Isid. ad quas Grævius adnotat legendum *Lembus, Navis piratica*. Notus est *Lembus* de quo supra; sed Isidorus lib. 19. cap. 1. habet : *Limbus, navicula brevis, quæ alia appellatione dicitur et Cymba et Caupolus : sicut et lintris, id est, Carabus, quo in Pado paludibusque utuntur*. Quod spectat cætera, negat idem Grævius *Limbo clavum* significari; quod *clavi* a summa ora usque ad imam tunicæ descenderent; *Limbi* vero imam oram vestis ambirent, qualis est prætexta. Aliquid tamen similitudinis admittit *limbum* inter et *clavum*, quod ejusdem formæ sit *limbus* in ima ora, cujus est *clavus* in media veste, ad instar fasciæ oblongæ. Neque prætermittit laudatus Scriptor, Salmasium ad Lampridium ostendisse, *Limbo* notari etiam vestem ipsam muliebrem, quæ aliter *Cyclas* dicitur, et a Vopisco sic vocatum fuisse pallium imperiale purpureum, quo Zenobia utebatur, ut docet idem Salmasius ad Trebellium Pollionem. Vide et Ruenium de Re vestiaria lib. 5.

LIMEN, Ecclesia. Vetus Inscriptio allata a Catello in Historia Occitanica pag. 738. et Stephano Baluzio ad Salvianum et Capitular. ✠ Do. ET. XPO. MISERANTE. LIM. HOC C. L. K. T. E. (conlocatum est) ANNO III. CS. VALENTINIANO. AUG. III. KL. D. XVIIII. ANNO EPUS. RUSTI... Infra, quod hic limen, *Ecclesia* appellatur : quomodo *Limina Apostolorum, aut Sanctorum visitare*, formula frequens apud Scriptores de iis qui peregrinationes ad Sanctorum memorias instituunt, de qua quædam diximus in Descript. Ædis Sophianæ, ubi de *solea* : multa vero Savaro ad Sidon. lib. 1. Epist. 5. et Rosweidus ad Paulinum. Adde Turneb. lib. 12. Adversar. cap. 5. Epistola 22. ex iis quæ tom. 1. Histor. Franc. habentur : *Sed nec illum insulutatum relinquo, cujus gressibus indesinenter Sanctorum Limina visitantur. A Liminibus Ecclesiæ separari*, pro excommunicari, lib. 2. Hist. Casin. cap. 43. 48. lib. 4. cap. 32. 57. 88. 94. 109. Anacletus PP. Epist. 1 : *Peracta consecratione omnes communicent, qui noluerint Ecclesiasticis carere Liminibus*. [Le Roman *de Partonopex* MS. ead. notione vocem *Lime* usurpat in his versibus :

Si vait bien ains au mostier
Illuec font lor afflictions,
O larmes et o oraisons,
Et si demeurent trusqu'à prime,
Tant mainent ceste seinte Lime,
Que de Dieu sont enluminées.]

Limina, pro templis, usurpasse etiam paganos Scriptores alii observarunt, Martialem, Statium, etc. Vide *Solium*.

☞ Hinc emendanda Charta ann. 1232. apud Rymer. tom. 1. pag. 324. ubi perperam pro *Limina*, bis legitur, *Lumina B. Thomæ Martyris*.

* Unde nostris *Lintier*, eadem acceptione. Vitæ SS. ex cod. 28. S. Vict. Paris. fol. 67. r°. col. 2 : *Com l'abbé Jehan venist à Rome por visiter les Lintiers de Apostres etc.*

LIMINA PORTARUM, *Loca mortuorum*, [vel potius *Martyrum*, ut Grævius emendat] in Gloss. Isidori : quæ firmant conjecturam nostram in Descript. Ædis Sophianæ super hac re allatam.

- **LIMENARCHA**. Gloss. Gr. Lat. : Λιμενάρχης, *Portitor*. [*Qui portubus præest*, in Amalthea.] *Limenarchus Cypri*, in Inscr. 427. 9.

¶ LIMINARCHA, LIMITARCHA, in ead. Amalthea, *Famulus liminis præfectus cubiculique custos : item miles imperii finibus præpositus*. Vetus Vocabularium utriusque juris : *Liminarchæ dicuntur Principes locorum, in quibus sunt diversarum provinciarum aut regnorum diversorum limites et termini. Interdum etiam dicuntur Collimarchæ, qui confinia oppida vel civitates tenent trans limitem locorum*. Christophori Mulleri Introductio in Hist. Canoniæ Sand-Hippolyti apud Raim. Duellium lib. 1. Miscell. pag. 274 : *Novasque leges et Principes qui Austriam adversus barbaros orientales tuerentur et ob id olim Liminarchæ, sive Præfecti limitanei, hodie vulgariter* Marchgraffen *dicerentur, admisere*.

¶ **LIMES** CELESTIS, f. Pannus cæruleus, sed quare sic dictus? Gesta MSS. Innocentii III. PP. ab Illustr. Fontanino laudata ad calcem Antiq. Hortæ pag. 401. Dono dedit *Ecclesiæ Ortannæ unam planetam de examito rubeo cum aurifrigio decenter ornatam : tunicam de Limite celesti et unam dalmaticam et unum aufrigium*; quæ verba desunt in editione Baluzii pag. 88. n. CXLIV.

* Leg. forte *de Lumine celesti*, id est, de colore cœlesti vel cæruleo seu violaceo, quales antiquitus fuisse tunicas post Durandum lib. 3. docent Macri fratres in Hierolex. voce *Tunicella*. [** Malim *de dimito* aut *trimito celesti*.]

1. **LIMINARE**, Loculus cavus, in quo locantur statuæ : nidulus nostris, *Niche*. Acta S. Thyrsi Mart. cap. 4 : *Ceciditque Apollo de Liminari suo, et comminutus est*. Et cap. 9 : *Appollinis et Veneris simulacra de suis Liminaribus acta*.

LIMINARE ECCLESIÆ, Anastasio in Hadriano PP. pag. 117. et apud Petrum Diacon. lib. 4. Chron. Casin. cap. 93. idem esse quod *vestibulum altaris et confessionis*, apud eumd. Anastasium, et *Solea* apud Græcos recentiores, docuimus in Descript. S. Sophiæ num. 83.

LIMINARE DOMUS, Limen, in Lege Bajwar. tit. 10. § 3. [Charta ann. 14. regni Caroli M. ex Chartulario magno S. Victoris Massil. fol. 24. v°. : *Villas casis adstantibus vel disruptas, una cum stillicidiis et Liminaribus earum, etc*. Joh. de Janua : *Liminare, idem quod limen*. Gloss. Lat. Gall. Sangerman. : *Limen, Soleil, entrée de luiys. Liminara, idem*.]

2. **LIMINARE**, *Visitare*, in Gloss. Arabico-Lat. ubi perperam *Luminare* habetur.

¶ **LIMINARIS** EQUUS, Qui temonem sustinet, Gall. *Limonier*, in Monastico Anglic. tom. 1. pag. 788. col. 2. Puto legendum *Limonaris*. Vide *Limonerius*.

LIMINIUM, pro *Postliminium*. Paschasius Radbertus in Epitaphio Walæ lib. 1. in Præfat. : *Sæpe mecum frater Severe, tacitus multumque admiror, Liminio tanti luctus expleto, quid novi acciderit, etc.*

☞ Ex *Postliminio* pariter *Liminium* finxerunt Glossatores sed alia notione, quam exponunt ipsi. Gloss. Isid. : *Liminium, Servitium mortiferum, captivitas*. Papias : *Liminium, Captivitas, servitium, quando quis de limine asportatur*. Johan. de Janua : *Liminium, a limes, Captivitas, exilium, expulsio extra Liminium vel extra domum. Postliminium, reversio de exilio ad jura quæ amiserat, vel jus quod quis vindicat super rebus suis post reversionem de exilio*. Hinc patet fictionis causa. Noverant *Postliminium* esse reversionem de exilio ad pristinum statum, *limitium* finxerunt pro *exilium*; sed potius dicere debuissent *Eliminium*. *Postliminium* non a simplici *liminium* sed a *limen* derivatur, ut docet Tullius in Topicis ad Trebatium ex Scævola. Cæterum vocem *Liminium* Glossarum notione legimus in Charta ann. 16. imperante Ludovico filio Bosonis Regis ex Chartulario Aptensi fol. 134 : *Si Deus filiis aut filiabus nostris de Liminio vel de captivitate revertere jubet, donamus illis etc*. Gloss. Lat. Gall. Sangerman. : *Liminium, Exil, captivité, expulsion*.

* **LIMITA**, Limes, finis, meta. Charta Steph. comit. Sacricæs. ann. 1162 : *Concessi similiter.... prata Costableii, non Segaudi et exclusam ipsius prati, sicut Limitæ terminant*. Alia ann. 1205. ex Chartul. S. Austreg. fol. 9. v°. : *Amelius de Carentonio fabricavit novam capellam apud Chambvim, infra Limitas parochiæ S. Justi, de voluntate capituli S. Austregesili de castro Bituricensi*. Vide mox *Limitatum*.

¶ **LIMITANEI** MILITES. Vide in *Miles*.

¶ **LIMITARCHA**. Videsis *Liminarcha*.

* **LIMITARE** MENSURAS, Eas ad exemplar exigere, Gall. *Echantillonner*. Pactum inter reg. episc. et consules Caturc. ann. 1351. in Reg. 80. Chartoph. reg. ch. 487 : *Quæ quidem mensuræ, molles et pondera.... debebunt...., Limitari seu scandillari per consules prædictos*.

¶ **LIMITARII**, in veteri juris utriusque Vocabulario, *dicuntur qui constituti sunt inter castra et civitates, vel confinia oppida, ut limites defendant et colant*. Vide *Milites Limitanei*.

¶ **LIMITATES**, pro Limites. *Limitates racionis excedere*, in Edicto ann. 1358. apud D. *Secousse* tom. 3. Ordinat. Reg. pag. 336.

* **LIMITATUM**, ut supra *Limita*. Libert. Dalph. ann. 1349. tom. 5. Ordinat. reg. Franc. pag. 44. art. 23 : *Declaravit dictus dominus delphinus, quod quicunque seu aliqui magnerii vel familiares curiæ delphinalis non possint nec debeant infra castra, villas seu mandamenta baronum, bannerelorum, aut aliorum nobilium delphinatus et habentium jurisdictionem, merum et mixtum imperium Limitata, quamcumque executionem facere*. Vide infra *Limium*.

* **LIMITATUS**, Designatus. Chron. Joan. Whethamst. edit. Hearn. pag. 445 : *Concedimus eciam secundo eidem celsitudini regiæ vestræ collectam*, Deus, in cujus manu corda sunt regum etc : *dicendum quotidie... apud altaria Missæ majoris, Missæ Mariæ*

Virginis et Missæ Albani Anglorum prothomartiris, per fratres Limitatos sive intabulatos pro celebratione earumdem. Vide *Tabulæ officiales.*

** LIMITATI AGRI. Vide Savin. Histor. Jur. Roman. med. temp. tom. 2. cap. 7. § 11.

* **LIMITOGROSUS**, f. pro *Limitrophus*, Limitaneus, finitimus. Pactum inter reg. et prælat. Portugal. ann. 1330. ex Cod. reg. 5956. A. fol. 133. v° : *Quod si bladum vel alia victualia propter imminentem guerram capiantur in locis Limitogrosis sive quæ sunt in confinio, etc.* Vide *Limitrophi.*

¶ **LIMITROPHI**, Qui in imperii limitibus sunt, ut exponit Drosæus. *Limitropi fundi*, Agri, quorum possessores tenebantur alere milites in limitibus excubantes, ut in titul. Cod. de fundis limitrophis (11,60.) exponit Cujacius : qui ad leg. 13. de fundis patrimonialibus (11,62.) observat *legendum Limitotrophos, non Limitrophos. Cujus verbi vitium*, inquit, *pervenit ad Gallos, qui fundos in limitibus constitutos vocant Limitrophos. Loca esponderia seu Limitropha*, id est, Finitima, in Statuto Humberti II. ann. 1349. tom. 2. Hist. Dalphin. pag. 587. qua notione *Limitrophe* hodie dicimus quidquid contiguum est et finitimum.

* **LIMITROSUS**, pro *Limitrophus*, in Libert. Delphin. ann. 1349. ex Reg. Cam. Comput. Paris. sign. *Vienne* fol. 11. r°. ubi *Limitrophus* editum tom. 2. Hist. Delph. pag. 587. et tom. 5. Ordinat. reg. Franc. pag. 42. art. 15.

¶ **LIMITUS**, pro *Limitatus*, ut arbitror, *Limité, fixé.* Charta ann. 1559. apud Rymer. tom. 15. pag. 500 : *Nobis per leges.... datorum, legatorum, unitorum, annexorum, appunctuatorum sive Limitorum existentium etc.* [* Ut supra *Limitatus.* Vide in hac voce.]

* **LIMIUM**, Limes, finis, Ital. *Limite.* Stat. Montis-reg. pag. 228 : *Ut si oriretur contentio inter partes seu consortes de Limiis, dominus jusdicens dictæ civitatis, cum consilio eorum qui sibi videbuntur, debeat ire ad videndum dicta Limia, et secundum quod dom. jusdicens de dictis Limiis definierit, observetur et executioni mandetur.* Vide supra *Limitatum.*

¶ **LIMMA**, Hesychio λῆμα, Consilium, voluntas, propositum animi. Fridegodus in Vita S. Wilfridi Episc. sæc. 4. Benedict. part. 1. pag. 724.

Corruit, et subitus perculsit Limmata morbus.

Alias *Limma*, a λεῖμμα, defectum sonat et apud Platonem semitonum in Musica, ut testatur Macrobius lib. 2. in Somnium Scipionis cap. 1. Vide Lexicon Martinii.

¶ **LIMNISCUS**, Isidoro lib. 1. cap. 20 : *Virgula inter duos punctos jacens : apponitur in iis locis, quæ sacræ Scripturæ interpretes eodem sensu, sed diversis sermonibus transtulerunt.* Joh. de Janua : *Liminiscus, a Limo, i. obliquo ; quia ex traverso jacet.*

¶ **LIMO**, Malum citreum. Vide *Limones.*

LIMOGIA, *Opus de Limogia*, seu Lemovicinum, in Charta ann. 1197. apud Ughellum tom. 7. Ital. Sacr. pag. 1274 : *Duas tabulas æneas superauratas de labore Limogiæ.* Alia ann. 1231. apud Catellum in Historia Occitan. pag. 901 : *Duo bacini qui sunt de opere Lemovitico.* Synodus Wigorniensis ann. 1240. cap. 1 : *Duæ pyxides, una argentea vel eburnea, vel de opere Lemovicino, in qua hostiæ conserventur.* Monasticum Anglic. tom. 3. pag. 310 : *Duo candelabra cuprea de opere Lemovicensi.* Pag. 313 : *Duæ coffræ rubeæ de opere Lemovicensi, etc.* Pag. 331 : *Una crux de opere Limoceno.* Vetus Scheda ex Camera Computor. Parisiens. : *Item l'an 1317. en 11. jour de Juillet envoya Monsieur Hugues d'Angeron au Roi par Gutart de Pontoise un chanfrain doré à testes de liepars de l'euvre de Limoges à deux crétes, du commandement le Roi, pour envoier au Roi d'Armenie.* Ita vocant encausticen, vulgo *Email*, qua imprimis præcellunt Lemovices, quorum urbs *Limodia* dicitur in veteribus Annalibus Francor. et in Hist. Rotonensis monast. lib. 1. cap. 9. de qua quædam attigit Andreas Felibienus lib. 1. de Elementis Architecturæ, etc. cap. 10. Vide *Smaltum*, et *Ventilabrum.*

* Sed et in tumulis adhibitum testatur Testam. Guill. de Haric. ann. 1327. ex Reg. 65. Chartoph. reg. ch. 229 : *Item je lais huit cent livres pour faire deux tonbes hautes et levées de l'Euvre de Limoges ; l'une pour moy et l'autre pour Blanche d'Avaugor ma chere compaigne.*

¶ **LIMONAGIUM**, Merces ejus qui trabebat *Limonerium* ad trahendum currum. Chartul. S. Vandreg. tom. 2. pag. 1288 : *Duos quoque quartarios ordei præfatus Gubertus vel hæredes ejus prædictæ Ecclesiæ annuatim persolvent... Pro commutatione equi, quem Gubertus singulis annis ex consuetudine in Augusto ad decimam monachorum trahendam administrabat. Limonagium etiam quod de decima habuerat et naucos qui bubulcis ejus dabantur, jam dictæ Ecclesiæ in perpetuum condonavit.*

LIMONERIUS, Equus ad currus temonem, Gall. *Limonier.* Regestum Castri Lidi in Andibus fol. 45 : *Quadriga onerata de pelliparia, Limonerius 4. den. ad tractum quadrigæ, alii equi 2. den.* Occurrit ibi non semel.

* *Cheval cheviller ou Lymonnier*, in Lit. remiss. ann. 1476. ex Reg. 195. Chartoph. reg. ch. 1646. Pro currus temone, Gall. *Limon*, usurpari videtur in Comput. ann. 1494. inter Probat. tom. 4. Hist. Nem. pag. 63. col. 1 : *Item pro certis cordis, et quibusdam tirans ferri, emptis pro Limonerio dicti charrioti, solverunt quinque solidos Turonenses.*

LIMONES, Citrea Limonia, Gall. *Limons.* Jacobus de Vitriaco in Hist. Hierosol. cap. 85 : *Sunt præterea aliæ arbores fructus acidos, pontici videlicet saporis, ex se procreantes, quos vocant Limones : quorum succo in æstate cum carnibus et piscibus libentissime utuntur, eo quod sit frigidus et exsiccans palatum, et provocans appetitum.* [Litteræ ann. 1380. apud Rymer. tom. 7. pag. 223 : *Duas magnas ollas zinziberis viridis, unam vergentam zinziberis facti cum aqua Limonis.*]

* **LIMPHARI**, Vinum lympha seu aqua diluere. Glossar. Gall. Lat. ex Cod. reg. 7684 : *Limphari, mesler eau avec vin ou avecques autre chose.* Vide *Lymphare.*

¶ **LIMPA**. Acta S. Bartholomæi Erem. tom. 4. Junii pag. 835 : *Pisciculum qui a vulgo Limpa dicitur, loco statuto ad refectionem detulit.* [* Ubi docti Editores : *Limpon*, Belgis *Lomp*, Mytilus, piscis.]

¶ **LIMPHASEUS**, Aquaticus, a *Lympha*, aqua. Acta S. Cassiani Mart. apud Illust. Fontaninum ad calcem Antiq. Hortæ pag. 348 :

Qualis Limphasea perlautus Lucifer unda,
Cum surgens croceo subtexit sidera polo.

* **LIMPHATICUS**, Aquarius. Elmham. in vita Henr. V. reg. Angl. edit. Hearn. cap. 82. pag. 235 : *Hoc enim castrum erat duplici muro fortissimo circumcinctum, aliis eciam in tantum defensivis munimentis roboratum, ut ipsis annexæ villæ partibus, quibus Limphaticæ defensionis defuere suffragia, vicina et tuta, cum necessitas ingrueret, exhiberet auxilia.*

LIMPIDARE, LIMPIARE, Polire. Gloss. Lat. MS Regium : *Limpidat, Olimat*, leg. *Oblimat.* Infra : *Oblimat, Limpidat.* [Papias : *Oblimat, Limpidat, sulcos obducit, limo replet.* Item : *Olimininat, Limpidat.*] Ugutio : *Lævigare, applanare, Limpidare, lævem facere vel planum.* Alibi : *Limpidare, limpidum facere, purificare, clarificare, Limpidantur* lapides qui poliuntur, *limpidi lapides*, politi. Dolabella in Agrimensorum Fragmentis : *Omnis terminus ab Oriente Limpidum latus habet : ab Occidente ruspidum latus habet.* Ubi *limpidum* pro polito et lævigato ponitur. Vetus liber Medicinæ : Κατουλωτικὰ *sunt quæ cicatrices comedendo æquant et Limpidant.* Vide Vegetium lib. 2. Artis veterinariæ cap. 58.

DELIMPIDARE. Anastas. in S. Leone II. PP. : *Luna ecclipsim pertulit, post Cœnam Domini nocte pæne tota in sanguineo vultu elaboravit, et nisi post galli cantum cœpit paulatim Delimpidare, et in suum reverti respectum.*

ELIMPIDARE. Vincentius Lirin. Commonit. 1. de Origene : *Quæ non ille persuasu difficilia disputandi viribus Elimpidavit?*

LIMPIDATORIA, Matthæo Silvat. *Mundificativa.*

¶ LIMPIDISSIMA MAJESTAS, Titulus honoris ab Hanza Teutonica concessus Henrico IV. Angliæ Reg. ann. 1404. apud Rymer. tom. 8. pag. 354.

LIMPIARE, pro *Limpidare*, apud Anonym. Salernitanum part. 6. de quodam machinarum bellicarum Architecto : *Strenuusque vir ad Limpianda ligna.* Infra : *Exinde exiit, et machinam, quam nos petrariam nuncupamus,.... construxit.* Joan. de Garlandia in Synonymis chymicis : *Alumen liquidum, id est, Limpiatum ;* ita legendum pro *limparum.* Hispani *Limpiar*, et *alimpiar* dicunt, pro *mundare.*

¶ **LIMPOR**, a *limpidus* vox ficta, Splendor, claritas. Concil. Toletan. XI : *Fidei catholicæ Limpor evidens declaratur.* Cardinalis *de Aguirre* ad marginem scribit *norma.*

LIMPSANUM, λείψανον, apud veterem Interpretem Procli Patriarch. Constantinopolit. Orat. 5. [*Inclyti Martyris Tiburtii pretiosa nos tueantur Limpsana*, in veteri Sermone apud Marten. tom. 3. Anecd. col. 1683.]

LIMPUS, in veteri Gloss. Saxonico, hopsteort. [** *Limbus*, Vestium extremitas.]

LIMSTA. Charta Grodegangi Episcopi

Metensis ann. 765. apud Meurissium : *Si quis vendiderit aut cambiverit jugerum de terra quæ dicitur Limsta, dabit inde ad curtim* 12. *denarios et Advocato sex. De illa autem terra nullus audeat allodium facere.*

¶ **LIMULA**, *Larva*. Gloss. Isid. An *parva lima*, inquit Græviusj; an *Lingula, Parva lingua*, ut apud Papiam?

¶ **LIMUNCELLUM**, Malum citreum, Gall. *Limon. Fructus arangariarum et Limoncellorum*, in Computo ann. 1333. tom. 2. Hist. Dalphin. pag. 276.

¶ 1. **LINA**, Modus agri. Charta Gerardi de Balluel, qua concedit Monasterio Strumensi *dimidietatem pensæ butiri super* IV. *Linas terræ... ex illis* IV. *Linis duæ in orientali parte... unam pensam butiri super sex et dimidiam Linas terræ*. Vide *Linea*, 1.

* 2. **LINA**, *Lo saxo quadro*, in Glossar. Lat. Ital. MS.

¶ 1. **LINAGIUM**, Præstatio pro lino. Charta ann. 1141. apud Lobinell. tom. 2. Hist. Britan. col. 293 : *Ego... dedi in dotem Ecclesiæ partem stalagiorum... ac decimam Linagiorum et censum de burgo*, etc.

* 2. **LINAGIUM**, pro *Lignagium*. Vide supra in hac voce num. 3.

LINAR, vel LINARIS, Ager lino consitus, Hisp. *Linar*. Charta Garciæ Sancii, cogn. de *Najara*, Regis Navarræ, æræ 1087. apud *Yepez* in Chronico Ord. S. Benedicti, tom. 3 : *Terras, vineas, pomifera, ortos, Linares, molinos, etc.* Infra : *Vineis, ortis. pomaribus, Linares, pratis, etc.* Adde tom. 5. pag. 445. et Sandovallium in Episcopis Pampilonensibus pag. 29.

1. **LINARIA**, Eadem notione. Monasticum Angl. tom. 1. pag. 572 : *Cum Linaria quæ jacet juxta prædictum mesuagium.* [Thomas *Blount* in Nomolexico scribit *Linario*,] Johanni de Janua, *Linearium*, est *locus ubi abundat linum, vel semen lini*. [Utitur Columella.]

¶ 2. **LINARIA**, *Retia; Linarius, Retiarius*, apud Papiam, Joh. de Janua et in Gloss. Sangerman. MS. n. 501. Cassides *Lina* Latini vocaverunt. Gloss. Isid. etiam habent : *Linarius, Retiarius*. Perperam alibi *Linivia, Retia* et *Liniarius, Retiarius*. Glossar. Cyrilli : Λινοπλόκος, λινοποιός, Qui linum parat et vendit. Hac notione usus est Plautus.

* **LINARIUS**, *Faiseur de cordes ou de roiz*. Glossar. Gall. Lat. ex Cod. reg. 7684. Vide *Linaria*. 2.

¶ **LINATA**, Idem, ut puto, quod *Linagium*, Præstatio pro lino. Charta ann. 2. Imperii Philippi Regis Franc. ex Archivo Solemniacensi : *Reliquit receptum de festivitate S. Petri et saumerium et civatam, excepto* XX. *modios et* XII. *sol. pro sepias, et* II. *sol. pro Gallinas, et modium* XXIIII. *sextariorum et Linatum.*

LINATICA, quæ est Muscadellus, vitis species, de qua Petrus de Crescentiis lib. 4. cap. 4.

LINATUS, pro *Lineatus*, vel *Limbatus*, Gall. *Bordé*, Monasticum Anglic. tom. 3. part. 2. pag. 95 : *Capis nigris cum capuciis de sindone vel taffata Linatis utentur.* Infra : *Præter Linaturam capuceorum et amuceorum, etc.*

¶ **LINCA**, Lynx femina. Joh. de Janua : *Linx, gen. incerti, et hæc Linca pro eodem animali, quod vulgo dicitur Lupus cervarius, et dicitur a Licos* (λύκος, Lupus,) *quia in luporum genere numeratur*. Turnebus lib. 28. Advers. cap. 6. ex veteri Glossario : *Linces, Lupi cervarii*. Hinc patet non adeo recentiorem esse sententiam eorum, qui Linces nolunt a Lupis cervariis distingui.

* **LINCARE**, Lyncum vox. Glossar. Provinc. Lat. ex Cod. reg. 7657 : *Lincare lincum. Ululare, luporum.*

* **LINCHINUS**, Candela, ellychnium. Translat. S. Bausil. ann. 878. inter Probat. tom. I. Hist. Nem. pag. 4. col. 2 : *Votum... mente concepit, candelam pro munere præparavit, ecclesiam qua sancti honorabantur adiit, et fide non vacuus Linchinum, quem manu gestabat, accendit*. Vide *Lichinus*.

¶ **LINCIUS**, Linteum, *Linceul*. Vide *Lencius*.

* **LINCTAIA**, Culcitæ vel pulvinaris tegumen lineum, aut lintea ad lectum supellex. Charta ann. 1328. in Reg. 65. Chartoph. reg. ch. 261 : *Extorsit ab eadem relicta tres lectos plumæ munitos, præter Linctaiam, valoris quindecim librarum*. Vide supra *Lectaria*.

¶ **LINCTOR**, λίχτης, Qui lingit, in Glossis.

LINCUS, Animalis species, apud Fridericum II. Imper. lib. 1. de Venat. cap. 1. [Vide *Linca*.] [** Ruodl. fr. 3. vers. 99 :

Insuper et Lincum de vulpe lupoque creatum.]

LINDEBOOD. Andreas Suenonis lib. 5. Legum Scaniæ cap. 10 : *Aut si talem recusare voluerit satisfactionem, vitæ suæ consulere per fugæ præsidium non omittat. Et hæc emendatio in vulgari nostro Lindebood appellatur.*

* **LINDEGARIUS**, *Delator*, in Glossis Estens. ad Leg. Salic. tit. 32. cap. 7. apud Murator. tom. 2. Antiq. Ital. med. ævi col. 289. cujus interpretationis rationem eruditis Germanis permittit vir doctus.

¶ **LINDILA**. Vide supra in *Lidolaip*.

¶ **LINDOWIS**. Confirmatio emtionis silvæ *Scarthove* apud Ludewig. tom. 2. pag. 415 : *Sed et colonis ipsis, qui prescriptam silvam inhabitant, jus Lindowis quod eligunt, inconcusse tenere decernimus.*

LINE, [Genus ratis.] Vide in *Lignum* 2.

1. **LINEA**, Regula qua longitudines explorantur. Frontinus : *Quidquid in agro mensori operis causa ad finem rectum fuerit, rigor appellatur : quicquid ad horum imitationem in forma scribitur, Linea appellatur.* Apud Auct. de Limit. agror. crebro reperire est, *Lineas mensurales, consortales, normales, finitimas, etc. Linearios limites, Linearios lapides, Linearios rigores.* Inde forte *lineæ* nomenclatura certo agri modo attributa apud Trevirenses [et alios.] Charta ann. 964. ex Tabular. S. Petri Trevir. apud Duchesn. in Hist. Luxemburg. pag. 5 : *Dedi ad altare S. Petri... Lineam in eadem Marcha, et in Comitatu Bedensi arabilem unum, etc.* [Litteræ Officialis Morin. ann. 1269. e Tabulario S. Audomari : *Quatuor Lineas terræ suæ sitas in una petia.* Charta ann. 1368. apud Miræum tom 2. pag. 1328 : *Et primo* IX. *mensuras*, 1. *Lineam et* 3. *virgas terræ... videlicet* 18. *mensuræ et* 2. *Lineæ... Item* 2. *Lineæ*, 89. *virgæ... Item* 10. *Lineæ*, 88. *virgæ... Item* 8. *Lineæ*, 52. *virgæ... Item* 4. *Lineæ et* 13. *virgæ*. Pluries occurrit in hac Charta, ubi observari potest triplex agri mensura, major, minor et minima. Major *mensura* nude dicitur, minor vero *Linea* : quam suspicor centum vel circiter virgis constitisse ac proinde idem fuisse quod Jugerum. Certe plures quam 89. virgas continebat *Linea;* frustra namque divideretur modus agri in 2. *Lineas et* 89. *virgas*, si minus spatium quam 89. virgæ complecteretur. Vide *Lina*.]

LINEATOR, Mensor. Leges Burgorum Scotic. cap. 10 : *Præpositus debet eligere Lineatores... et jurabunt quod fideliter lineabunt, tam in longitudine quam in latitudine, secundum rectas divisas burgorum, et lineabunt prius frontem, deinde partem posteriorem*. Cap. 123 : *Si utraque parte præsente terra aliqua sit lineata per Bailliyum,... et metæ positæ fuerint.*

2. **LINEA** in Pictura, est penicilli ductus. Ita Plin. lib. 35. cap. 10. 13. et alii. Unde *Linearis pictura*, eod. lib. cap. 3. *Lineamentnm*, et *Liniamentum*, vultus et corporis *tractus*. [*Liniamentum, disposicion, figure de similitude ou similitude*, in Gloss. Sangerman. Lat. Gall.] *Lineare*, apud Apuleium lib. 10. exprimere, pingere. Eckeardus Jun. de Casib. sancti Galli cap. 10 : *Et quos ad litterarum studia tardiores vidisset, ad scribendum occupaverat, et Lineandum : quorum amborum ipse erat potentissimus, maxime in capitularibus litteris, et auro, ut apparet in versibus fornicis Galli, quos fecit,... has ille litteras cultello concisas illic liniverat.*

LINEATOR, Pictor. Narrat Theophanes ann. 7. Phocæ, in Circensibus ludis Prisci Patricii et Domentiæ uxoris, Tyranni filiæ, elatas imagines cum ipsius Phocæ imaginibus : indignatum Tyrannum Factionum duces rogasse, cujus consiliis id attentasent : eos vero respondisse, ὅτι κατὰ συνήθειαν οἱ γραμμιςαὶ τοῦτο πεποιήκαν, etc. Ubi Paulus Diaconus et Anastasius γραμμιςὰς *lineatores* vertunt. [** Vide Glossar. med. Græcit. in hac voce col. 265.]

LINEÆ MARGARITARUM. Vide Juretum ad Symmachum lib. 6. Epist. 79.

3. **LINEA** sanguinis et cognationis, qua cognati inter se cohærent, apud JC. Gregorius VII. PP. lib. 6. Ep. 29 : *Servando tam in moribus normam justitiæ, quam etiam Lineam nobilitatis in sanguine*. Lib. 7. Epist. 21 : *Unde videris nobilissimi sanguinis Lineam trahere*. Adde lib. 8. Epist. 16. Hinc nostris vox *Lignée*, pro stirpe, usurpata. [In Tabulario Majoris monasterii exstat Charta Mainonis, ubi se ipse dicit *in tertia Linea* ratione avi sui Mainonis, hoc est, tertio et recto generationis gradu esse. *Linea directa*, Gall. *Ligne directe*, in Regesto Parlamenti ann. 1450. apud Baluzium tom. 2. Hist. Arvern. pag. 390. Le Roman *de Vacce* MS. :

Mez je dis et si sur et por voir le destin,
Que j'a n'i entrera ne homme de son Lin.]

* Hinc *Ami de ligne*, qui ejusdem generis est, appellatur in Lit. remiss. ann. 1442. ex Reg. 176. Chartoph. reg. ch. 252 : *L'umble supplication des poures parens et amis de Ligne de Jehan de Compiengne* etc.

Inde etiam *Enlignaige*, pro *Aparenté*, Cognatione conjunctus, in Charta ann. 1413. ex Reg. 167. ch. 147 : *Bien Enlignaigez, de grant et noble estat.* Vide supra *Lignagium* 3.

* LINEA MATRIMONIALIS. Charta S. Ludov. ann. 1234. ex Reg. M. Chartoph. reg. ch. 2 : *Quod si dictus comes* (Theobaldus) *decederet sine hærede ab ipso Linea matrimoniali descendente etc.* Alia Aelidis regin. Cypri ejusd. ann. ex Chartul. Campan. fol. 113. v°. : *Concedo Theobaldo comiti Campaniæ et Briæ palatino et hæredibus suis, quos habet et habiturus est ab ipso et uxore sua et uxoribus, jam habitis vel habendis Linea matrimoniali descendentibus etc.* Ubi aliæ Chartæ habent, *Legitimo matrimonio*.

¶ LINEARIS SUCCESSIO, Quæ alicui contingit per *lineam directam*, in Charta ann. 1402. apud Rymer. tom. 8. pag. 263.

* LINEA usurpatur etiam pro Familia monachali. Stat. Cisterc. ann. 1311. cap. 5. ex Cod. S. Jac. Leod : *Abbatissæ de Canera, Zalosin... dicentes se ad Lineam Cistercii nullatenus pertinere, etc.*

4. **LINEA**, Vestis interior, stricta, ex *lino* confecta, unde nomen. Willelmus Brito in Vocab. MS : *Linea dicebatur camisia. Totum corpus operit, et ita strictis manicis adhærebat corpori, ut nulla esset ruga, et descendebat usque ad pedes, unde Poderis Græce, id est, talaris.* Vide Eucherium de variis vocab. Acta Passionis S. Cypriani : *Postquam se dalmatica expoliasset, et Diaconibus tradidisset, in Linea stetit, speculatorem sustinens.* [* Potior mihi videtur Cangii interpretatio loci ex actis passion. S. Cypriani hic laudati, quam Baronii, qui ad ann. 261. § 40. *Lineam* ibi intelligit de communi episcopis omnibus indumento, quod ab aliquibus *Ephod* appellatur; licet huic sententiæ adstipuletur Molinetus in Disquisit. de Habitu canonic. pag. 4. Consule novam S. Cypriani operum editionem.] [Acta S. Philippi Episc. Adrianop. apud Mabillon. tom. 4. Analect. pag. 146 : *Cumque ei ipsa Linea corporis fuisset ablata, ait Præses, etc.*] S. Audoenus in Vita S. Eligii lib. 1. cap. 12 : *Habebat quoque zonas ex auro et gemmis comptas, necnon et bursas eleganter gemmatas, Lineas vero metallo rutilas, orasque * sarcarum auro opertas, etc.* Petrus Comestor in Histor. Scholast. cap. 63 : *Quod Crotomone, 1. lineum dicebatur quam nos Lineam strictam, sive camisiam, vel subuculum dicimus, Linea sive subucula*, apud Innocentium III. PP. lib. 1. Myster. Missæ cap. 11.

¶ **LINEALITER**, Recta. *Lineallter procedere*, in Litteris ann. 1249. apud Rymer. tom. 1. pag. 450. *Directe et Linealiter coaptatus*, in Litteris ann. 1230. inter Probat. Hist. Sangerman. pag. 56. *Linealiter ordinatus*, apud Bern. Thesaurarium de Acquisitione T. S. cap. 195. tom. 6. Muratorii col. 481.

¶ **LINEAMENTUM**, ut *Linea* 3. Series cognationis et affinitatis. *Lineamentum affinitatis*, in Synodo Tolet. II. tom. 2. Concil. Hisp. pag. 266. *Liniamenta generis*, in vet. Collectione Canonum Pœnit. tom. 11. Spicil. Acher. pag. 68.

¶ **LINEAQUIA**, *Vestis ex lino tota*, Papiæ in MS. Bituricensi.

* **LINEARE**, Lineam subducere, lineis circumdare; unde *Lineatura*, pro Lineæ sic ductæ. Stat. Montis-reg. pag. 32 : *Quod omnes reformationes consiliorum Lineentur et Lineari debeant per notarium, qui eas scripserit incontinenti, quando erunt scriptæ in dicto libro consiliorum, desuper et circumquaque, ita quod si aliquid scriptum fuerit intra dictas Lineaturas, seu desuper in glossa, vel alio modo, non valeat nec teneat.*

¶ **LINEARIUS** LIMES, etc. Vide *Linea* 1.

* **LINEATIM**, Directe, idem quod *Linealiter*, Ital. *Linealmente*, Gall. *En droite ligne*. Charta ann. 1267. in Chartul. prior. S. Oricoli Sindun. fol. 16. v°. : *Ab illo lacu recta linea usque ad arrellun,.... et ab illo arrello Lineatim usque ad lacum de Arguenibois.* Nostris *Ligner*, Lineam rectam dirigere. Charta ann. 1343. in Chartul. S. Vinc. Laudun. : *Nous avons aisement de herber à la main et au sarpillon,.... excepté de la bonde assise au ploit dou chemin, qui va de Bucy au dessous de Muiremont, Lignant de bonde en bonde au travers des champs à une bonde assise à un buisson.* Vide infra *Liniare*.

¶ **LINEATOR**, Mensor, vel Pictor. Vide in *Linea* 1. et 2.

* **LINEREA**, Ager lino consitus. Stat. Avellæ ann. 1496. cap. 46. ex Cod. reg. 4624 : *Quæ extraxerit seu exportaverit alienum canapum vel linum in et de aliena canaperia, Linerea, etc.*

* **LINERISIUM**, Eodem intellectu. Dipl. Caroli C. ann. 864. inter. Instr. tom. 12. Gall. Christ. col. 98 : *Mansus unus in Silviaco cum terris et vineolis et Linerisiis.*

* **LINETUM**, Eadem notione, in Glossar. Lat. Gall. ex Cod. reg. 7692 : *Linetum, Lignere.*

* **LINEYA**, Linificium. Charta 160. in Reg. 59. Chartoph. reg. inscribitur : *Confirmatio cujusdam sententiæ datæ a præposito Parisiensi tangentis ministerium Lineyarum.* Sententia vero ann. 1319. sic habet : *Mestre et gardes jurés dou mestier de Linieres.* Vide infra *Linifex*.

* **LINFARI**, pro Lymphari, in Mirac. S. Rosæ tom. 2. Sept. pag. 475. col. 2 : *Eos ut furibundos Linfantes, ligatos catenis etc.* Vide *Lymphare*.

* **LINFATUM**, Potionis species, vinum aqua mixtum, ab Italico *Linfa*, aqua. Stat. Vercel lib. 3. pag. 87. v°. : *Qui duxerint Linfatum, illud ducant in mercato blavæ undecumque sint. Qui autem duxerit vinum Linfatum in mercato novo vel alibi vendendum ipsum, pro puro solvat etc.* Vide supra *Limphari*.

* **LINFERCIUM**, Vas coquinarium, quo carnium torrentium adeps excipitur. Glossar. Lat. Gall. ann. 1352. ex Cod. reg. 4120 : *Linfercium, Lechefriste.*

¶ **LINGA**, vel LINGUA, Tænia, Gall. *Bande, bandelette.* Hujus nominis tænias rubeas falsi testes ante et retro deferre cogebantur ab Inquisitore, ut habetur apud Limborch. Sentent. Inquisit. Tolos. pag. 66 : *Et insuper falsum testem prædictum cum duabus Linguis rubeis unius palmi et dimidii in longitudine et trium digitorum in latitudine ante in pectore, et duabus inter spatulas pendentibus... mandantes eidem quod... portet perpetuo dictas Lingas.... quod si neglexerit adimplere dictas Lingas non portando, etc.* Adde pag. 182.

¶ **LINGAGIUM**, *Langage.* Vide *Lingua-gium*.

* **LINGARELLA**, Gall. *Lingarelle*, Teniæ seu fasciæ species, alias *Linga* vel *Lingua* aut *Lingula* dicta, cujus usus est etiamnunc certis anni temporibus in ecclesia Aniciensi. Consule Mercur. Franc. vol. 1. mens. Dec. ann. 1736. pag. 2611. Vide *Linga*.

* **LINGERIUS**, a Gall. *Linger*, Lintearius. Charta Phil. Pulc. ann. 1313. in Reg. 49. Chartoph. reg. ch. 104 : *Super halam Lingeriorum, quæ nunc est Johannis Parvi civis Parisiensis, centum et quindecim solidos Paris.*

¶ **LINGIARIA**, Quæ præest lineæ supellectili, Gall. *Lingere. Perinæ.... Lingiariæ serenissimæ D. N. Reginæ*, in Actis SS. April. pag. 153.

¶ **LINGIUS**, Linteus. *Nunquam utar vestibus linteis seu Lingiis*, in Inquisitione MS. pro Canonisatione S. Yvonis.

* Lit. remiss. ann. 1354. in Reg. 82. Chartoph. reg. ch. 652 : *Quam* (peregrinationem) *nudus pedes et sine robis Lingiis facere tenebitur.* Aliæ ann. 1357. in Reg. 89. ch. 55 : *Vestes Lingias eidem supplicanti amoverunt. Recognovit illud* (furtum) *quodam panno Lingio involutum*, in aliis ann. 1382. ex Reg. 122. ch. 185. *Lange*, eodem sensu, apud Joinvil. edit. reg. pag. 27 : *A pié deschaus et en Langes.* Mirac. S. Ludov. ibid. pag. 414. *Nuz piez et en Langes.* Vide ibid. Glossar. ad calcem. *Meslinge* Linteus mediocris pretii, in Lit. remiss. ann. 1461. ex Reg. 198. ch. 121 : *Deux pieces de drap gris et demie aulne de Meslinge, etc.* Quod linteum tenuis materiæ sit, *Linge* nostri dixerunt quidquid tenue est et exile. Hist. Joan. *de Saintré* cap. 1 : *Combien que sa personne estoit et fut toujours Linge et menu.* Hinc forte *Lingeané*, dicitur de moneta levioris ponderis, in Lit. remiss. ann. 1346. ex Reg. 75. ch. 532 : *Il avoit usé et usoit de fausse et maulvaisses monnoies, Lingeanées, et contrefaites.* Nisi malis intelligere de intrinseca monetarum bonitate, Gall. *Alloy*. Vide *Liga* 3.

* **LINGO**, inter illa, quæ operarii præter mercedem exigebant, recensetur in Stat. ann. 1302. ex Tab. Massil. : *Nihil plus recipiant* (operarii) *seu petant publice vel occulte, nec de Lingonibus, nec de vino, nec de alio avantagio etc.* An pro Ligonibus? qua voce instrumenta quævis operaria significare voluerint.

* **LINGOTUS**, a Gallico *Lingot*, Auri vel argenti massa in longum ad modum linguæ porrecta. Proces. Egidii *de Rays* ann. 1440. fol. 151. r°. ex Bibl. reg. : *Magnam auri monstravit quantitatem, et inter alia unum auri Lingotum; sed dicebat ipse reus quod non viderat diabolum neque Lingotum jam dictum.*

LINGUA, pro natione : quo spectat illud Aratoris lib. 1. in Acta Apostol. : *Gentem Lingua facit.* Willel. Tyrius lib. 22. cap. 23 : *Hoc autem debent observare in his omnibus... cujuscunque Linguæ, cujuscunque nationis, cujuscunque fidei etc.* Histor. fundationis Monasterii S. Vincentii Lisbonens. : *Adversus urbem castra metantes, singuli tamen per generationes et Linguas suas.* Will.

de Podio Laurentii cap. 19 : *Abhorrere cœpit consortia militum nostræ Linguæ.* Eckehardus Junior de Casib. S. Galli cap. 1 : *Remanserat Episcopus cum paucis suæ Linguæ apparitoribus.* Charta Raimundi Comitis Tolosani ann. 1220 : *Quicunque homines nostri idiomatis, videlicet de Lingua nostra.* Decreta Colomani Regis Hung. lib. 2. cap. 1 : *Ut nullus Judæus præsumat Christianum mancipium cujuscunque Linguæ vel nationis emere.* Ita γλῶσσα Scriptoribus Græcis recentioribus interdum usurpatur. Acta SS. XL. Martyrum num. 9 : Ἐπὶ τούτοις ζῆλος αὐτὴν καταλαμβάνει τὴν βασιλεύουσαν, οὐκ Ἰσμαελιτῶν μόνον, ἀλλὰ καὶ Ἀβάρων καὶ ἑτέρων γλωσσῶν. [Occurrit in Apocalypsi cap. 5. 7. 10. 11. 13. 14. et 17.] Vide Bedam lib. 3. cap. 6. 25. Joannem Sarisber. Epist. 24. Eckeardum Minimum in Vita Notkeri Balbuli cap. 7. Albertum Stadensem pag. 183. etc.

Sic pariter a Scriptoribus nostris *Langue* passim usurpatur. Assisæ Hierosol. cap. 94 : *Le ban doit estre crié tel à 4. cantons dou champ, que il n'y ait nul si hardy, de quelque Langage qu'il soit, qui ose faire, ne dire chose, etc.* Et cap. 134 : *Il est atteint de fausseté, et est en la merci dou Seignor de perdre quanque il y a en la Langue.* Le Roman *de Garin* MS. :

Là sembla la gent de meint Langage.

Li Lusidaire MS. :

Aprés envoiera messages,
Par les terres par les Langes.

Charta Caroli Comitis Vadensis ann. 1348 : *En toute notre terre assise en laditte Langue de Normandie.* Hinc *Languedoc*, et *Languedoil*, dictæ Provinciæ Franciæ, in quibus *oc*, et *oil*, seu, *ouy*, pro *ita*, vulgo usurpatur, ut censet Catellus in Hist. Occit. lib. 1. pag. 39. 40. *Lingua Occitana*, in Charta Ludovici Hutini ann. 1315. [atque Edwardi III. Regis Angl. ann. 1347.] et aliis ab eodem Catello laudatis, quam *tortam Linguam* dictam fuisse scribit Joinvilla in Hist. S. Ludovici : cujus nomenclaturæ rationem nemo adhuc prodidit. Sed legendum forte, *Corte langue*, vel *Curta lingua*, quæ est Novempopulaniæ, seu Provinciæ Auscensis Occitanæ conterminæ, appellatio in aliquot Notitiis MSS. quas laudant Bosquetus ad lib. 14. Innocentii III. Epist. 32. et Oyhenartus lib. 3. Notit. Vasconiæ cap. 5. ad discrimen majoris Vasconiæ seu Provinciæ Burdegalensis. [** *Corte Laingue*, eadem appellatur, pro *Curta*, id est brevi, apud Joinvil. edit. reg. pag. 121. ubi in margine minus bene adnotatur legendum *Torte Laingue*.] Sed et *Linguam Auxitanam*, quam alii *Occitanam*, vocat Diploma Philippi Pulcri Regis Franc. in Regesto Chartophylacii Regii, ab urbe primaria Novempopulaniæ *Auch.* Constans tamen est sententia, *Occitaniam* dictam, quod *oc* et *och*, pro *ita* passim in ea usurpetur.

* Lingua Gallicana, sic *Langue d'oyl* redditur in inscriptione Literarum ann. 1362. quibus regimen Occitaniæ Carolo delphino committitur, tom. 3. Ordinat. reg. Franc. pag. 602. inter notas : *Copie litterarum domini regis, qualiter fecit dominum ducem Normanniæ primogenitum suum, dalphinum Viennensem, suum locum-tenentem generalem in partibus Linguæ Gallicanæ, committendo sibi totum regimen dictarum partium.* Ne temere autem omnino putes Occitaniam, quantumvis improprie, ab illo scriba hic appellari *Linguam Gallicanam*, moneo provincias omnes, in quibus Lingua Gallica in usu erat, *Langue-d'oyl*, vice versa, aliquando nuncupatas fuisse. Quod legere est in Lit. remiss. ann. 1382. ex Reg. 121. Chartoph. reg. ch. 318 : *Comme d'ancienneté ait esté usé et acoustumé oudit païs de baillier enfant pour enfant de la Langue d'oyl à celle de Flandres, et de celle de Flandres à celle d'oyl, pour aprendre les langaiges, et à ce tiltre (Pierre de Grandfeurre né et demourant en nostre bonne ville de Tournay) eust baillé un sien enfant par eschange pour un autre enfant, filz d'un laboureur de la ville de Gand, etc.*

* *Lingua Gallica*, ab idiomate Picardico distinguitur in Lit. remiss. ann. 1388. ex Reg. 133. Chartoph. reg. ch. 106 : *Icellui de Chastillon cognut au parler que icellui Thomas estoit Picart; et pour ce par esbatement se prist à parler le langage de Picardie, et ledit Thomas qui estoit Picart, prist à contrefaire le langage de France; et parlerent ainsi ensemble longuement, et tant que ledit Thomas se prist à courcier de ce que ledit Chastillon contrefaisoit son langage, et l'appella pour lui faire desplaisir, sires homs, en lui disant que c'estoit à dire en langage de leur pays, coux.*

* Lingua Italicana, Italia. Memor. G. Cam. Comput. Paris. fol. 192. v°. ad ann. 1412 : *Guillelmus de Mesnillo.... stabilitus generalis consiliarius super facto juvaminum pro guerra ordinatorum et partibus Linguarum Italicanæ et Occitanæ.*

* Lingua Laycalis, Vulgaris, vernacula. Stat. synod. eccl. Attrebat. cap. 5. ex Cod. reg. 1610 : *Instruant* (parochi) *matronas et obstetrices qualiter impellente necessitate pueros habeant baptizare, videlicet sub hac forma et non alia, sive Lingua Laycali sive Latina : Ego baptizo te etc.* Vide supra in *Laicus.*

Lingua Sancta, Hebræa, sic vulgo appellata, inquiunt Rabini, quod in ea nulla nisi pudica vox reperiatur, in qua propria nomina partium illarum, quibus quisque nostrum aut vir est, aut femina, aut quibus alvum deoneramus, desiderantur.

Lingua Limosina, Romana, Rustica, etc. Vide Præfationem nostram ad hoc Gloss.

Medietas Linguæ, Anglis, *Med lingue*, dicitur apud Stanfordium lib. 3. Placitorum Coronæ cap. 7. Controversia quæ inter alienigenas et regnicolas vertitur : tunc enim testes qui in inquestis deponunt, debent esse ex utraque lingua, ita ut tot sint ex una, quot ex altera. Vide Leges Henrici I. Regis Angl. cap. 31.

Linguæ Permutatio, Perjurium, *lors qu'on change de langage.* Decreta S. Ladistai Regis Hungar. lib. 3. cap. 1 : *Si... ita perjuri inventi fuerint, pro permutatione Linguæ decem pensas persolvant, et canonice pœniteant.*

Linguas Dirigere. Formulæ veteres apud Bignonium for. 29 : *Et duodecim conlaudantes juraverunt; et Linguas eorum legibus direxerunt.* Id est, secundum Legem testimonium dixerunt.

Linguam Suam Mulctare. Speculum Saxonicum 1. 1. art. 59. § 5 [** 1.] : *Qui sub banno regali cognoscit, et investituram banni ab ipso Rege nondum postulavit, suam pro eo mulctet Linguam.* Id est, amittat jurisdictionem suam seu facultatem jus dicendi. [** Amittat linguam aut redimat.]

Sine Lingua Obire, Intestatum decedere. Willelm. Tyrius lib. 12. cap. 25 : *Insuper ubi Veneticus ordinatus vel inordinatus, quod nos sine Lingua dicimus, obierit.* Leges Partitæ seu Alfonsinæ part. 1. tit. 13. lib. 6 : *Finando alguno sin Lingua, de maniera que non fiziesse testamento, etc.* Ita parte 5. tit. 18. lege 8. Vide *Fabula, Inordinatus*, et Notas nostras ad Statuta S. Ludovici pag. 181.

Lingua, Promontorium. *Prominens terrarum Lingua*, apud Ammianum lib. 14. ubi Valesius. *Lingua Phari Messanæ*, in veteri Charta apud Rocchum Pirrum tom. 2. pag. 368. Johannes Phocas in descript. T. S. num. 4 : Καὶ γὰρ ἐκ τοῦ Αἰβάνου λεπτὸν ῥαχίον κατερχόμενον γλωσσοειδῶς τῇ θαλάσσῃ ἐμφέρεται. Vide *Ligula.*

Lingua, Glossa. Abbo in Præfat. ad libros de Bello Parisiaco : *Nam cleronomos, tametsi angustum maneat situm, decentissime ornat, tum scholasticis ambientibus glosas suis in commentis obnixe complacet, allegoria vero aliquantisper, cui per semet, quoniam mutis* (i. obscuris) *inhæret verbis, propria manu Linguas superjeci.* Mira Latinitas.

Lingua, Pars vestis Clericalis, quæ plicis suis tot linguas conficit. Honorius Augustod. lib. 1. cap. 332. de veste Clericali : *Est talaris, Lingua hujus vestis est Lingua Clericalis, quæ debet Dominum laudare.* Et cap. 233 : *In veste Clericali Lingua formatur, quia tunica Domini inconsutilis sic formata dicitur.* Apud auctorem Mamotrecti ad cap. 13. Numer. : *Fimbria dicitur etiam Lingua, in veste joculatoris.*

¶ Linguata Vestis. Dialogus Cluniac. inter et Cisterciensem, apud Marten. tom. 5. Anecdot. col. 1643 : *Quia prædicatores esse volunt* (Canonici Regul. Ordinis S. Augustini,) *quod Linguatæ vestes eorum ostendunt, debent illam regulam observare, quam egregius Prædicator observavit; et prædicatoribus observandam proposuit, dicens :* Castigo corpus meum, etc. Vide *Linguatæ vestes* infra.

¶ Linguæ (suppl. *Boum*) inter exactiones numeratæ, in Charta ann. 1164. ex Schedis D. *Lancelot* : *Excepta lesda lumborum et Linguarum.* Sic inter jura Comitis Biterr. ann. 1252 : *In civitate Albiensi recensentur omnes Linguæ vaccarum quæ occiduntur in singulis tabulis carnificum.* Vide *Bos* et *Linguagium* 1.

* Lingua Balenæ. Charta Guill. Norman. comit. ex Tabul. Major. monast. : *Concedo jure perpetuo Deo et S. Martino, monachis scilicet, qui apud Majus monasterium sub Alberto abbate Deo deserviunt, per annos singulos Linguam integram balenæ unius.* Vide supra *Cenus.*

* Lingua Bovis, Hastæ seu spiculi species. Lit. remiss. ann. 1441. in Reg. 176. Chartoph. reg. ch. 15 : *Icellui Perrinet s'en ala en la ville de Hebonnieres* (sic) *atout une guisarme ou Langue de beuf. Ung baston*

appellé javeline ou Langue de beuf, in aliis ann. 1450. ex Reg. 185. cap. 5.

¶ LINGUA CAMPANÆ, Clava, Gall. *Batant.* Regula Toribii Archiep. Limæ, tom. 4. Concil. Hispan. pag. 662 : *Ministri sacrarii specialem curam habebunt, ut campanæ et earum Linguæ et funes bene habeantur.* [* Instr. ann. 1092. apud Murator. tom. 5. Antiq. Ital. med. ævi col. 223 : *Et corrigias Linguis campanarum non dabat nec funes.*]

¶ LINGUA STATERÆ, Examen, Gall. *Languette, Aiguille.* Liber niger Scaccarii pag. 369 : *Item, in omni ponderacione de stagno, quod Lingua stateræ judicet inter pondus et stagnum : ita quod pro voluntate emptoris non trahatur Lingua stateræ versus stagnum ultra judicium æquitatis stateræ.*

* *Langue*, in Stat. ann. 1403. tom. 8. Ordinat. reg. Franc. pag. 600. art. 8 : *Que nul ne pourra peser chandelle, se ce n'est en bellance perchié entre banq et Langue.*

LINGUA VEXILLI, quod scilicet in formam linguæ desinit. Henricus Huntindonensis l. 7. Hist. : *Et semper Linguæ vexilli ejus volitabant super capita Turcorum.* Vide *Flammulum.* [* Le Roman d'*Alexandre* MS. part. 1 :

Les Langues de l'enseingne vont au vent baloiant.]

¶ LINGUACIO, γλωσσοτομία, *Linguo*, γλωσσοτομῶ, in Supplemento Antiquarii. Γλωσσοτομεῖν l. 2. Macab. cap. 7. Linguam amputare, elinguare : pro quo *Linguare* dixit Glossator, ut *Linguacio*, vel *Linguatio*, pro *Elinguatio*, Linguæ amputatio.

¶ 1. LINGUAGIUM, ut *Linguæ* boum. Consuetud. Tolos. MSS. e Bibl. D. Abbatis de Crozat : *Nec solvunt albergam, nec Linguagium, nec fromatgium, nec ovagium.*

2. LINGUAGIUM, Lingua, idioma, Italis *Linguaggio*, Gall. *Langage.* Chronicon Aulæ Regiæ cap. 23 : *Variis quoque Linguagiis inconsuetis nostri plurimi jam loquuntur.* Joan. de Janua : *Lingua ponitur pro Linguagio.* [Occurrit in Epistola Johannis de Varennis, tom. 7. Ampliss. Collect. Marten. col. 568. *Lingwagium*, in Donatione ann. 1222. tom. 6. Ludewig. pag. 130.] *Lingagium*, in Vita S. Leonis Arch. Rotomag.

* 3. LINGUAGIUM, Natio. Acta ad Conc. Basil. ann. 1432. apud Marten. tom. 8. Ampl. Collect. col. 355 : *Sabbato ante purificationis festum doctor quidam monachus fratrum Prædicatorum Linguagii nostri, contra articulum primum per me positum loqui cœpit.* Vide *Lingua* et *Linguarium.*

¶ LINGUANIUS, *Eloquens.* Gl. Sangerm. n. 501.

LINGUARE, *Lingua lambere*, apud Burchardum lib. 5. cap. 47. Vide *Linguacio.* [** Lingua donare, in Sigeberti Vita Deoder. I. Episc. Metens. apud Pertz. Scriptor. tom. 4. pag. 464 :

Tu Linguans mutos, elinguans atque disertos.]

¶ LINGUARIS, Loquax. Formula 14. ex Baluzianis : *Non est homo hic, miser talis latrat, sed non ut canis, psallat de trapa ut Linguaris dilator magis.*

¶ LINGUARIUM, ut *Lingua*, Natio, Regio, ubi eadem lingua. Vita B. Kingæ, tom. 5. Julii pag. 676 : *Felicem Polonorum rempublicam, si in eorum nationem vel Linguarium tam illustrissimam feminam optimus Deus faveret transferri.*

* LINGUATA, Piscis species. Tract. de Pisc. MS. cap. 93. ex Cod. reg. 6838. C : *Solea, in tota Gallia sole, in Hispania linguado, Romæ Linguata... dicitur.*

LINGUATÆ, et *incisæ vestes ab inferiori parte*, Laicis perinde ac Clericis interdicuntur in Concilio Monspeliensi ann. 1195. [Vide *Linguata vestis* in *Lingua.*]

¶ LINGUATUS, Linguax, loquax. *Non litiges cum homine Linguato*, Eccli. 8. 4. *Linguata mulier*, ibid. 25. 27. Tertull. de Anima cap. 3 : *Athenis expertus* (Apostolus) *Linguatam civitatem*, i. e. Eloquentem, facundam. Le Roman *de Vacce* MS. :

Richart i ert beaux et sages et de bele fachon,
Bien fu Enloconez et de bele raison.

* Ital. *Linguuto*, nostris alias *Langageur, Langagier* et *Langart.* Lit. remiss. ann. 1393. in Reg. 144. Chartoph. reg. ch. 285 : *Guillot le Champenoys, qui est homme de petit gouvernement, yvrongne et grant Langageur, etc.* Aliæ ann. 1459. in Reg. 189. ch. 303 : *Icellui Enguerran, qui est homme de dur renom et Lengagier, dist et divulga en plusieurs lieux publicquement etc. Jehan Senault fort Langart et accoustumé de parler*, in aliis ejusd. an. ibid. ch. 359. *Quaqueterel*, eadem acceptione, in Lit. remiss. ann. 1475. ex Reg. 195. ch. 1493 : *Adonc dist ledit Jehan le Clerc audit Jehannin Joly qu'il se teust,.... et que ce n'estoit que ung Quaqueterel.* A verbo *Quaqueter*, pro *Caqueter, Garrire*, in aliis Lit. ann. 1394. ex Reg. 146. ch. 43. Hinc *Etre de haut et grand langage*, pro Elate, arroganter loqui. Lit. remiss. ann. 1370. in Reg. 100. ch. 914 : *Icellui Bisot, qui estoit homs de grant Langage et esmouvens, parlast audit marchant par plusieurs fois de grosses paroles en l'appellant ribaut, garçon, pillart.* Aliæ ann. 1391. in Reg. 142. ch. 6 : *De ce débat qui estoit et fu grant et de hault Langage entre lesdiz compaignons etc.* Unde *Mallangagier*, in Lit. remiss. ann. 1393. ex Reg. 145. ch. 483 : *Robin le mareschal, l'un des sergens ou commis sur le fait des aides,... homme tres rioteux et Mal-langagier.* A verbo *Langager*, Loqui. *Qui parloit et Langageoit pour lui*, apud Froissart. vol. 1. cap. 232. *Enlangager* vero, pro Obscœna dicere, in Stat. eccl. Turon. ann. 1396. cap. 77. ex Cod. reg. 1237 : *Si quis lingua lascivus fuerit, triduana pœnitentia expietur.* Ubi versio Gall. : *Si aucun en Enlangage, trois jours* (de pénitence). Quo nescio an pertineat vox *Languebault* ex Lit. remiss. ann. 1467. in Reg. 195. ch. 7 : *Ostelet Guisot esturqua ou bouta aucunement contre la mahutre Colin marchant,... et à ceste cause dist : pourquoy m'as tu esturquée? en disant oultre, waite, quel Languebault... A quoy ledit Ostelet respondi, les Languebaulx ta mere sont ilz si faitz?* At vero *Meschantement parler* dicitur de aliquo elocutionis vitio, in aliis Lit. ann. 1416. ex Reg. 169. ch. 447 : *Pour ce que icellui prestre estoit moult chargié de vin ou de cidre, en besgoiant ou autrement en Meschantement parler etc.*

¶ LINGUISCISINUS. Vide *Lignicisimus.*

¶ LINGUITRI, *Sulcis trifariam divisis.* Gloss. Isid. Legendum, ut in Excerptis : *Linguis trisulcis, Trifariam divisis*, ex hoc Virgilii loco :

Arduus ad solem et Linguis micat ore trisulcis.

¶ LINGULA PALLII, Scissura; scissas quippe vestes, quas *Habits tailladez* vocabant, ferre nostris fuit in usu. Cæsarius Heisterbach. lib. 10. Mirac. cap. 11 : *Concedam tibi Lingulam pallii mei.* Vide *Cultellare.*

¶ LINGULATUS, Habens lingulam, Vitruvio l. 8. cap. 7. *Lingulati socci, quos nos foliatos vocamus*, apud Isidorum lib. 91. cap. 34. sub finem.

1. LINGUOSITAS, Multiloquium, apud Ursum S. R. E. Subdiaconum in Vita S. Basilii Cæsar. cap. 2.

¶ 2. LINGUOSITAS, Lingua, vulgaris sermo. Nicol. de Jamsilla de Rebus Friderici III. Imp. apud Murator. tom. 8. col. 616 : *Qui vocati in partibus illis vexilla ferebant, appellati vulgari Linguositate Fœtentes.* Lege *Ferentes*, ut in hac voce scribitur.

* LINGUOSUS, Mimus, scurra. Glossar. Lat. Gall. ex Cod. reg. 7692 : *Linguosus, genglour.*

¶ LINGUS, λύγξ, θηρίον, *Linx.* Supplem. Antiq.

* LINGUTIA, dimin. a *Lingua*, Lingula Inventar. MS. thes. Sedis Apost. ann. 1295 : *Ipsa autem rama est de corallo, in qua pendent xij. Lingutiæ in castoncellis de argento.*

¶ LINGWAGIUM. Vide *Linguagium.*

¶ LINHOLUM, f. Corona muri, Gallis, *Cordon.* Consilium Massil. ann. 1383 : *Turris S. Nicolai debet habere a primo Linholo usque ad altius tres cannas.*

* LINIA, *El stagno de aqua.* Glossar. Lat. Ital. MS.

* LINIALITER, Directe, idem quod supra *Lineatim.* Charta Joan. reg. Angl. inter Probat. tom. 1. Annal. Præmonst. col. 412 : *Ac etiam donationem,..... de quatuor bovatis terræ in villa de Gairstang a vado de Belamespoc,.... et sic sequendo Rinersic Linialiter ultra mussam usque ad vadum etc.* Vide *Linealiter.*

¶ 1. LINIAMENTUM, Linitus. Papias : *Mundum muliebre Liniamentum mulierum dicitur, quod multo tempore ungere se debebant pigmentis.*

2. LINIAMENTUM. Vita S. Eligii Noviom. lib. 2. cap. 32 : *Vidit ex fronte Basilicæ S. Medardi parietem ex parte dissipatum, rupturamque imminentem, ac ruinam minitantem instare : jussit ergo continuo artificem vocari, et parietis infirmitatem illico cum Liniamentis solidare.* Ubi vir doctus, *f. cum lignamentis.* Malim *Ligamentis.*

¶ 3. LINIAMENTUM, ut *Linea* 3. Gradus consanguinitatis. Vide *Lineamentum.*

* LINIARE, Lineam rectam dirigere. Glossar. Lat. Gall. ex Cod. reg. 7692 : *Liniare, Ligner.* Vide supra *Lineatim.*

¶ LINIARIUS. Vide *Linaria*, 2.

** LINATA, LINIATI VERSUS. Virgil. Grammat. pag. 110 : *Quædam enim (cantilenæ) prosa, quædam Liniata, quædam etiam mederia, nonnulla perquam extensa ponuntur..... Liniati versus quinque semper metris metiri debent, etc.*

* **LINICENDENIA**, *La lucerna*, in Glossar. Lat. Ital. MS. Vide in *Cicindela.*

¶ **LINIFEX**, *Qui facit vel operatur linum; Linificium, Ipsa lini operatio; Linificare, Linum facere;* Johanni de Janua et ex eo in Glossis Lat. Gall. Sangerm.

* *Linier*, in Stat. ann. 1299. inter Consuet. Genovef. MSS fol. 12. v°. : *Il puet estre Liniers en la ville de Paris qui veult,... il puet et doit vendre son lin en gros, par poignies, par pesiaus, par quartiers et botelettes de Betisy.* Glossar. Gall. Lat. ex Cod. reg. 7684 : *Linificare, ouvrer de lin. Linificium, ouvrage de lin.* Vide supra *Lineya* et mox *Linigium.*

** **LINIFICIUM**, Materia linea ad pannos texendos apta. Polypt. Irmin. Br. 13. sect. 109 : *Istæ, si datur eis Linificium, faciunt camisiles.*

¶ **LINIFICUS**, ut *Linifex* leg. 13. Cod. de Murileg. et Gynec. (11, 8.) et in Cod. Theod. eod. tit. (10, 20.) l. 8. et 16. ut plerique legunt.

LINIFIONES, Linifarii, seu potius Linyfiones, Lini textores. Gloss. Græc. Lat. : Λίνυφος, *Linteo.* Ita in l. 8. Cod. Th. de Murilegulis, qui initio *Linteones*, infra *Linyfi* dicuntur. Et leg. 16. eod. : *Si quis ex corpore... Lineariorum sive Linyfariorum, etc.* Vopiscus : *Linifiones cujusque artis.* Λινουφείων meminit Sozomenus lib. 1. cap. 8. ubi recte λινοψείων restituunt viri docti. Differunt autem *Linyfiones* a lineariis : quippe *Linyfiones* sunt linteæ vestis artifices; *Lintearii* vero linteæ vestis negotiatores. Vide Turnebum lib. 30. Advers. cap. 20. et Salmasium ad Vopiscum pag. 455.

* **LINIGIUM**, Linum seu opus quodvis ex lino. Charta ann. 1375. in Reg. 108. Chartoph. reg. ch. 286 : *Omne Linigium seu lineum,... quod dictus Johannes habebit in die obitus et decessus sui. Lignuis* vero est Lini semen, in Lit. remiss. ann. 1420. ex Reg. 171. ch. 402 : *Un sac plain de Lignuis ou semence de lin.* Vide *Linifex* et *Linosa* 2.

* **LINILE**. Charta ann. 1047. tom. 1. Hist. Trevir. Joan. Nic. ab *Hontheim* pag. 384. col. 1. et 2 : *Decretum est ut... hamam vini, quæ dicitur Pippini,.... persolvant.... Item cum præfata hama vini, quæ dicitur Pippini Linile, quoque cautissime statutum est etc.* Hæc parum sana esse vidit Cl. Editor, quanquam ita præferat autographum, unde legendum opinatur *Luide*, quasi *liti* seu adscriptitii coloni fundorum a Pipino provenientium. Simplicius ego *Linile*, per abbreviationem aut mendose scriptum existimo, pro *Similiter* aut quodvis aliud, locumque sic restituo, *Item cum præfata hama vini, quæ dicitur Pippini. Similiter quoque cautissime statutum est etc.*

LINIPEDIUM, *Lineum calceamentum*, Joanni de Janua. [*Chaucement de lin*, in Glossis Sangerm. Lat. Gall. Vide *Lintepium.*]

¶ **LINISTEMA**. Vide *Linostimus.*

¶ **LINITEPIUM**. Vide *Lintepium.*

¶ **LINIVIA**, *Retia.* Gloss. Isid. Vide *Linaria* 2.

¶ **LINIUNCULA**, Lineola, lineamentum. Vita B. Bernardi Pœnit. tom. 2. April. pag. 679 : *Nihil in eo maculæ nisi rubeas quasdam Liniunculas in collo reperit.*

LINNA, Vestis Gallorum, quæ eadem cum *læna* videtur. Gloss. Ælfrici : *Linna* : Hnysce hvitel, i. molle sagum. *Linna* Diodoro est σάγος ψιλὸς, Varroni *mollis sagus.* Isidorus. l. 19. Orig. cap. 23 : *Quibusdam autem nationibus sua cuique propria vestis est, ut Parthis sacrabara, Gallis Linnæ, Germanis renones, Hispanis striges.* Et mox : *Linnæ, Saga quadra, et mollia sunt, de quibus Plautus, Linnæ cooperta est textrino Galliæ.* At Glossæ ejusd. Isidori et Pithœanæ : *Luma, sagum quadrum.* Sicque legendum contendit Salmasius ad Hist. Aug. pag. 319.

* **LINOCUS**, Palea linea, ut videtur. Stat. civil. Cumanæ cap. 30. ex Cod. reg. 4622. fol. 132. v°. : *Si aliquis massarius de cetero derelinquerit aliquod massaritium,... non possit nec debeat exportare de ipso massaritio... paleam meliacham, nec culmum, nec Linocum.*

LINODELLA, Vitis species, de qua Petrus de Crescentiis lib. 4. cap. 4.

* **LINOPHA**, *Lo cucho*, in Glossar. Lat. Ital. MS. Vide *Linosa* 1.

1. **LINOSA**, *vulgo avis quæ dicitur curuca*, Papiæ. Vide Joann. de Janua in *Curuca.*

* 2. **LINOSA**, vox Italica, Semen lini. Stat. Astæ ubi de Intrat. portar. *Linosa, id est Semen lini, solvat pro qualibet mina libram* 1. Stat. Vercel. lib. 3. pag. 72 : *Item quod omnes molendinarii teneantur pensare omne granum, præter Linosam.* Vide supra *Linigium.*

¶ **LINOSIUM**, f. Linteum, Gall. *Linge.* Chartul. SS. Trinit. Cadom. fol. 83 : *Portant linum ad aquam et carwam, et referunt et reddunt præsto, et Linosium.*

LINOSTIMUS. Papias : *Linostima vestis dicta, quod linum in stamine habeat, lanam in trama.* Ex Isidoro lib. 19. cap. 122. [Joan. de Janua scribit *Linistema*, ac post eum Glossator Sangerman. Lat. Gall. qui habet : *Linistema, Drap, ouvrement de lin et de laine meslez.* Alius itidem Sangerm. MS. n. 501. legit *Linostemas.*] Gloss. Sax. Ælfrici : *Linostema.* Linenvearp, *vel* vyllenab, i. *stamen lineum.* [Gr. λίνου στήμων, vel στῆμα, unde vocis origo.] Anastasius in S. Silvestro : *Constituit ut Diaconi Dalmatica uterentur in Ecclesia, et pallio Linostimo læva eorum tegeretur.* Vide eumdem in S. Zosimo. Regula Magistri cap. 81 : *In æstate vero habeant paraturam Linostimam, non satis grossam propter laborem et sudorem : et habeant pallios Linostimos, subtiles non satis, propter æstus sudoris.* [Odo de varia Ernesti Bavariæ Ducis fortuna, tom. 3. Anecd. Marten. col. 372. ubi de Matronis Parisinis :

> Linostema alias tegit, aut præanutia vilis
> Constringit fuco velatas tempora peplo.]

Vide Rabanum lib. 1. de Instit. Cleric. cap. 7.

¶ **Linostina Palla**, in Synodo Valentina ann. 1590. Mantile, Gall. *Essui-main.* Locus exstat in *Fons* 2. Rursum vide *Pallæ linostimæ* in *Palla* 2.

¶ **LINOSUM**, ut mox *Linsad*, Semen lini. Charta Willelmi D. Montispessul. ann. 1103 : *Sestairale dono vobis de omni blado, de omni legumine, de farina, de Linoso, de cannaboso... si mensurantur cum sestairale.*

LINSAD, Semen lini, Belgis *Linsaet.* Thelon. Mon. S. Bertini : *Rasera de Linsad, 4. den.* Vide *Linusa.*

¶ **LINSOLATA de Paleis** recensetur in Inventario supellectilis ann. 1294. Mattam intelligo, deducta voce a Gallico *Linceul* vel Italico *Linzuola*, Linteum lecti.

¶ **LINTA**, Linteum, Gall. *Linge.* Mandatum Henrici IV. Regis Angl. ann. 1401. apud Rymer. tom. 8. pag. 634 : *De qualibet centena Lintæ, telæ, canevacii, pannorum, etc.*

LINTEATOR, in Gloss. Græc. Lat. : Linitextor, Λινοῦφος, leg. λινοῦφος. *Linio*, l. *Linteo*, vel *Lintio*, (ut est apud Joannem Sarisber. lib. 9. Polycrat. cap. 2.) λινουργός. *Linteatores* linteæ vestis negotiatores, ut *linyfarios* linteæ vestis artifices et linteorum artifices interpretatur Salmasius ad Vopiscum. *Linteatorum* meminit lex 7. Cod. de Excusat. muner. (10,48.) ex emendatione Cujacii pro *Linteonum.*

* **LINTELLUS**, a Gallico *Linteau*, Limen superius, alias *Licteau.* Comput. eccl. Paris. an. circ. 1381. ex Bibl. S. Germ. Prat. : *Item magistro Jacobo Cornuti pro uno Lintello merreni ponendum supra portalle novum, iiij. sol.* Lit. remiss. ann. 1480. in Reg. 206. Chartoph. reg. ch. 594 : *Lequel Roland de son espée frapa ung cop après icellui Jehannin; duquel cop il assena le Licteau de la maison, en laquelle ledit Jehannin se sauva. Luyteau*, in aliis ejusd. ann. ex eod. Reg. ch. 612 : *Avecques ce tirerent d'un autre pan de mur ung Luyteau ou couverture de huys.*

LINTEPIUM, *Lineus pannus tegens pedes.* Papias MS. Editus habet *Linitepium.* [Vide *Linipedium.*]

* **LINTERIA**, pro *Lienteria.* Vide in hac voce supra. Glossar. Provinc. Lat. ex Cod. reg. 7657 : *Foyra, Prov. Linteria.*

¶ **LINTEUM**, Indusium, tunica interior linea. Vita S. Segolenæ sæc. 3. Benedict. pag. 544 : *Cilicium etiam semper interius mœrens habebat pro Linteo.*

¶ **Linthea** *non dubitatur velum appellari*, in vet. Vocabulario juris utriusque. Virgilius hac notione dixit *Linteum.*

¶ **Lintheari**, ibidem, *Qui Lintheas navis vel navium vel Linthearcorum negociacionem exercent. Linthearia, talis negociatio. Linthearlosa vel Linthearium, Negotiacio Lintheariorum. Lintearios* dixerunt antiqui eos qui lintea faciunt aut vendunt. [** Vide Forcellin.]

¶ **Lintheamen**, fem. gen. *Super altare non habeat nisi unam Lintheamen*, in Usibus Culturæ Cenoman.

** **Linthiamen**, Lineum, pannus lineus, in chart. ann. 1359. apud Lappenb. Orig. Fœder. Hanseat. pag. 465.

* **LINTORNIA**. Vide infra *Luitornia.*

¶ **LINTRUM**, Lintrus, pro *Linter.* Supplem. Antiquarii : *Lintrum*, σκαφή, *Alveum, scafa. Lintrus*, μονόξυλον, *Linter, scapha.*

* Unde nostris *Lentrongneur*, qui lintre fluvium trajicit. Lit. remiss. ann. 1369. in Reg. 100. Chartoph. reg. ch. 190 : *Icellui Guillaume séjourna et demoura deux jours et une nuit aus champs, et illeuc le trouva*

un appellé Watier Lentrongneur dudit barc à Bery.

LINUM INCISUM, Quo sigilla tabulis ac litteris clausis apposita muniuntur. Primum Testamentum Widradi Abb. Flavin. : *Testamentum meum condidi, ... ut quando dies legitimus post transitum meum advenerit, recognitis sigillis, Inciso Lino*, (perp. edit. *ligno*) *ut legis decrevit auctoritas, perinluster vir Amalsindo, quem in hac pagina testamenti nostri legatarium institui, gestis reipublicæ municipalibus titulis, ut ab ipsis ejus prosecutione muniatur, etc.* Habetur eadem formula apud Marculfum lib. 2. form. 17. *Agnitis signis, rupto Lino, aperiatur et recitetur, etc.* apud Paulum lib. 4. Sentent. tit. 6. ubi de testamento. Adde formulam 28. ex Baluzianis. Quomodo vero *Linum* testamentis et contractibus privatis et publicis inderetur docet idem Paulus l. 5. tit. 25 : *Amplissimus ordo decrevit eas tabulas quæ publici vel privati contractus scripturam continent, adhibitis testibus ita signari, ut in summa marginis ad mediam partem perforatæ, triplici Lino constringantur, atque impositum supra Linum, ceræ signa imprimantur, ut exteriores scripturæ fidem interiori servent : aliter tabulæ prolatæ nihil momenti habent.* Λινοτομεῖν, *Linum incidere*, apud Scol. Harmenopuli lib. 1. tit. 15. § 20. Vide Plautum in Bacchidib. act. 4. scen. 4. Pseud. act. 1. scen. 1. Auson. Epist. 23. Sueton. in Nerone cap. 17. Collationem Legis Mosaicæ cap. 16. Brisson. de Formul. pag. 571. Salmasium de Modo usurar. cap. 11. etc.

LINUM TERRENUM, ut in *terra* nascitur, nativum, non colore imbutum. Anastasius in S. Silvestro : *Hic constituit ut sacrificium altaris non in serico nec in panno tincto celebraretur, nisi tantum in linteo ex terreno Lino procreato, sicut corpus Domini nostri J. C. in sindone lintea munda sepultum est.*

¶ **LINURA**, Linum. Litteræ ann. 1432. apud Rymer. tom. 10. pag. 523 : *Propter caristiam panni, pelluræ et Linuræ.* Recurrit in Litteris ann. 1466. tom. 11. pag. 566. sed pro veste seu tunica linea : *Pro una roba et Linura.*

LINUSA, Semen lini; *Linosa* Italis : Picardis *Linuise*. Judicatum ann. 1250. apud Rocchum Pirrum in Notitia Eccles. Pactensis : *De hordeo salmas 14. item de Linusa salmas 15. quas extimat tarenos 60. item de vino salmas 180. etc.*

* **LINXIA**, *La dea bestiarum, e splendore*, in Glossar. Lat. Ital. Ms.

¶ **LINYPHARII**, LINYFIONES. Vide *Linifiones.*

* **LINZOLATA**, Fascis, quantum uno linteo, Italis *Lenzuolo*, contineri potest. Stat. Avellæ an. 1496. cap. 49. ex Cod. reg. 4624 : *Si aliqua persona ceperit alienum fenum,.... solvat.... pro qualibet Linzolata et quolibet fasso.... solidos xx. fortium.* Rursum occurit infra. Vide supra *Lenzonum.*

* **LIOIA**, an idem quod supra *Laia* et *Saya* 1. Charta an. 1339. in Reg. 75. Chartoph. reg. ch. 21 : *Item* (vendit) *omnes census accordales, quos habet in parrochia sanctæ Solengiæ,.... super quibuscumque rebus et bonis debeantur, sive sint in territorio de parva Lioia, sive sint in territorio magnæ Lioiæ, sive alibi.* Forte etiam legendum *Liora* qua voce mensura significatur. Est enim

* **LIORALE**, Gall. *Lioral*, Mensura vinaria, vel liquidorum, quæ vulgo *Pot* nuncupatur. Reg. parlam. Tolos. ad ann. 1458. 10. Jun. ex Cod. reg. 9879. 6 : *La cour condamne ledit André à rendre et paier audit abbé* (de la Chaize-Dieu) *tant qu'il sera habitant et faisant feu et lieu audit lieu de Boschet et fera aucunes nopces, six Lioralz ou potz de vin à la mesure dudit lieu.*

* **LIORARE**, vitio enuntiationis, pro *Livrare*, Tradere, dare. Vide *Liberare* 2. Permut. inter Joan. de Pontibus et Heliam de Rupe ann. 1339. in Reg. 73. Chartoph. reg. ch. 201 : *Ipse Johannes de Pontibus,... nomine scambii seu permutationis perpetuæ tradidit, Lioravit, dimisit etc.* Legitur rursum infra.

* Ad sebi vero liquationem pertinet vox Gallica *Liozel*, cujus notio haud satis mihi perspecta est. Constit. civit. Tull. ann. 1297. in Reg. A. Chartoph. reg. ch. 1 : *Quiconques seroit trouvez saien fondant faisant Liozel dedans la ville, ou cusant char de murie, paieroit cinq sols, etc.*

* **LIPARIS**, Piscis genus. Tract. MS. de Pisc. cap. 15. ex Cod. reg. 6838. C : *Illæ* (sardanellæ) *in lacubus ita pinguescunt, ut cum in craticula assantur, pinguitudo veluti oleum distillet, a qua pinguitudine sunt, qui Liparim appellant.*

LIPERUS, Papiæ, *Tener, mollis, delicatus.* Hesych. : Λιπαρόν, καλόν, ἐλαφρόν, λευκόν, γλίσχον, εὐόσμον. [Johan. de Janua scribit *Lipperus*, et a *Lippus* deducit.]

¶ **LIPIT**, *Lipuit, labit, dolore afficit.* Laurentius in Amalthea ex Glossis.

¶ **LIPITES**, *Arcturus*, in eadem Amalthea.

* **LIPIUM**, Labrum projectum, Gall. *Lippe*; unde *sotulares ad lipium* appellabantur ii, quorum pars anterior in labrum seu rostrum desinebat. Stat. synod. Joan. episc. Nannet. ann. 1389. tom. 2. Probat. Hist. Brit. col. 564. art. 60 : *Solutares* (l. sotulares) *aut ocreas ad poulentiam seu Lipium more laicorum* (non gerant clerici). Vide *Poulainia* et *Rostra calceorum.*

* Hinc nostris *Faire la lippe*, Labrorum projectu aliquem irridere. Lit. remiss. ann. 1457. in Reg. 189. Chartoph. reg. ch. 174 : *Icellui Mulot par maniere de desrision commença à faire la Lippe ou la moe aux supplians.*

LIPOTOSMIA, Λειποθυμία, Animi defectio. Ordericus Vitalis lib. 8 : *Lethaliter in capite percussus est, deinde per breve spatium de Lipotosmia rediit.* [Papias : *Lipotomia, Stomachi defectio, vel animæ angustia.* Vide *Malfactio.*]

¶ **LIPPA**, Buccea, bolus, Gall. *Lippée*, a Germanico vel Flandrico *Lep* aut *Lip*, Labium. Processus de Vita S. Yvonis, tom. 4. Maii pag. 558 : *Quadam die Veneris, qua comedebat solum panem et aquam... dedit eidem dominæ unam Lippam fractam in aqua, quam comedit.*

¶ **LIPPERUS**, Tener, mollis, etc. Vide *Liperus.*

* **LIPPIDO**, *Borgnete. Lippire, Borgnier. Lippus, Borgne.* Glossar. Lat. Gall. ex Cod. reg. 7692.

LIPSANA, æ, Λείψανον, λείψανα, numero multitudinis, Reliquiæ Sanctorum. Glossæ MSS. : *Lipsana, monumenta, vel reliquiæ corporis.* [Papias : *Lipsana, Reliquiæ.*] Victor Utic. lib. 3. extremo de Persecut. Vandal. : *Humatæ sunt igitur cum hymnis solennibus Lipsanæ beatæ Sanctorum in Monasterio Biguæ, etc.* Vita S. Popponis Abbat. n. 17 : *Ante B. Cyrici Lipsanas... pernoctante.* Occurrit ibi semel, et in Vita S. Gudilæ Virg. cap. 6. *Lipsana*, secunda producta, dixit Auctor Vitæ S. Eusebiæ Abbatissæ Hamaticensis :

..... Eo ferre satagens Lipsana beatæ.

LIPSANUM dixit S. Eulogius in Apologet. et Paulus Diacon. in Miscella. [Adde Johan. de Janua, et vide Glossarium mediæ Græcit in Λείψανον.]

¶ LYPSANUM, in Dedicatione Eccl. Stabulensis apud Marten. tom. 2. Ampliss. Collect. col. 61.

¶ LIPSANOTHECA, Theca Reliquiarum, in Actis SS. Junii tom. 2. pag. 747. ubi de Reliquiis S. Antonii de Padua.

* **LIPTARIA**, *La febre lenta*, in Glossar. Lat. Ital. MS.

* **LIQUA**, Gall. *Lique*, Navigii species, apud Froissart. vol. 1. cap. 85 : *Si se mect en un vaissel, que on nommoit Lique.*

LIQUABILIS, Qui liquescere potest, τηκτός. Utitur Apuleius in Apologia.

LIQUADOS. Epitaphium Landulphi Principis Capuæ, apud Camillum Peregrinum lib. 1. Histor. Longobard. pag. 249 :

Unde quadraginta felices vidit aristas,
E quibus et Princeps octo fuit Capue.
Cumque nono patitur Liquados scire Kalendas,
Augusti mensis dans animam superis.

Ita lapidem præferre asseverat idem Camillus, testemque laudat Holstenium.

LIQUAMEN, Liquor, quem Græci γάρον vocant. Est autem liquamen, quod ex porcino adipe fit pingue. Jo. de Janua, ex Isid. lib. 20. cap. 3 : *Liquamen proprie dicitur piscium, quod soluti in salsamentum pisciculi, eundem humorem linquant, cujusmodi liquor dicitur salsugo vel muria. Sed proprie muria dicitur aqua sale permixta, et effecta gustu in modum maris.* Gloss. Gr. Lat. : Γάρον, *Liquamen.* Alibi : Ἐλαιόγαρον, *Garum et Liquamen.* Gloss. Ælfrici : *Liquamen vel Garum*, fisc-bryne. Cælius Aurelian. lib. 2. Chronicon cap. 3 : *Immissione medicaminum ex garo confectorum, quod vulgo Liquamen appellant.* S. Hieronym. in Epitaph. Paulæ cap. 8 : *Ut ex hoc uno æstimetur, quid de vino et Liquamine, piscibus, et lacte, et melle, et ovis, et reliquis, quæ gustui suavia sunt, judicavit.* Hoc autem modo fit, ut ait Gabriel Humelbergius : adeps minutatim conciditur, et in vasa ad ignem lentum, sive carbones ignitos sine fumo liquefit, adjecto salis modico, seu etiam nullo; deinde liquefactum antequam refrixit, in ollam repositoriam colatur, et ad usum reponitur, ut ubi voles, eo uti liceat, usuique toto fere anno est. Robertus Constantinus in Supplemento Linguæ Latinæ in *Apua* : Est etiam ex apuarum genere, quæ vulgo *Anchoie*, Aristoteli, ἐγκρασίχολος, et λυκόστομος Æliano : ex qua liquamentum atque elæogarum optimum ad excitandam appetentiam, addito oleo, vino, aceto, totus piscis (qui muria conditus asservabatur) subjectis prunis liquatur, nec spinæ vestigium permanet, quod ego sæpius non sine admiratione expertus sum. Occurrit passim apud Apitium in libris de re culinaria. Vide Cujac. lib. 9. Observ. cap. 9.

Liquaminarius, Liquaminis venditor, γαροπώλης, in vet. Glossis. [*Liquaminarii, Qui ex corporibus piscium humorem liquent*, in Gloss. Sangerman. num. 501. voce *Cetarii*.]

Liquamen, Liquor, potus ex liquore. Regula S. Pachomii cap. 45 : *Vinum et Liquamen absque loco ægrotantium nullus contingat.* Cap. 54 : *Non gustabunt Liquamen, nec vinum bibent.* Capitulare de Villis cap. 45 : *Pomatium, sive piratium, vel aliud quodcunque Liquamen ad bibendum aptum fuerit.* Pyrorum liquor, *Liquamen* appellatur a Palladio in Februario mense, ubi et ipsius conficiendi modum tradit.

¶ Liquamen Olei, in Vita S. Antidii Episc. tom. 5. Junii pag. 44 : *Balsamiticum consecravit chrisma oleique sanctificavit Liquamina.*

¶ Liquaminatus Porcellus, Liquamine perfusus, conditus, apud Apitium lib. 8. cap. 7.

¶ Liquaminosus, Liquamine plenus. *Res salsæ et Liquaminosæ*, Marcello Empyrico cap. 5.

* **LIQUAMENTUM**, *La salamora*, in Glossar. Lat. Ital. MS. Vide *Liquamen.*

* 1. **LIQUARE**, pro Linquere. Glossar. Lat. Gall. ex Cod. reg. 7692 : *Liquare, Remetre. Liquescere, idem.*

** 2. **LIQUARE.** Reinard. Vulp. lib. 1. vers. 1079 :

Efflua nascentes, lingua feriente parumper
Aera, deformat spuma Liquatque modos.

i. e. quasi eliquando paulatim et veluti guttatim vocem effundit. Conf. Persium satyr. 1. vers. 34.

¶ **LIQUARIUM**, Species syrupi, Gall. *Syrop.* Richalmus de Insidiis dæmonum apud Pezium tom. 1. Anecdot. part. 2. col. 416 : *Nam revera est hoc, quod esum multum stomachum mentis impinguat, confortat rosa...* (f. rosarium) *sive Liquarium zuchari.*

** **LIQUASTER**, forte Leccator, Gr. Λαικαστής. Reinard. Vulp. lib. 1. vers. 229 :

Qui Satan insanis? Sine me pausare Liquaster!

LIQUATIO, χώνευσις. Vopiscus in Aureliano.

¶ **LIQUATORIUM**, Colum. Cæl. Aurel. lib. 2. Acut. cap. 39 : *Non aliter quam si vinum sine fæce per Liquatoria fundatur.* Vide *Colatorium* in *Colum* 3.

* **LIQUEFACTIBILIS**, Qui Liquescere potest. Leonard. in Speculo lapidum lib. 1. cap. 1 : *Sed cum mineralia duplicia sint, aliqua fluxibilia seu Liquefactibilia, etc.* Vide *Liquabilis.*

* **LIQUEFACTOR**, Liquefaciendi metalli artifex, Gall. *Fondeur.* Comput. fabr. S. Petri Insul. MS. ann. 1495 : *Johanni Maldenner Liquefactori Tornacensi, pro omnibus columnis et arquetis de electro, servientibus ad clausuram capellæ B. Mariæ de Trillia, etc.*

LIQUEPATERE, pro *Patere.* Vetus Charta apud Columbum pag. 544 : *Liquepateat cunctis, etc.* Gloss. Gr. Lat. : Ἐμφανῆ ποιῶ, *Liquefacio.*

* **LIQUERE**, Manifestum reddere, demonstrare. Epist. Bern. scholast. tom. 10. Collect. Histor. Franc. pag. 494 : *Ea quidem* (miracula) *quæ ætate nostra non sunt antiquiora, quorumque testes in promptu, non fabulosam, sed evidentissimam veritatem Liquerint, etc.*

¶ **LIQUESCENTIA**, *Apparentia, vel defectus vel liquiditas*, Johanni de Janua; *Decovrance, apparence, deffaillance*, in Gloss. Sangerm Lat. Gall.

* **LIQUESCERE.** Vide supra *Liquare.*

* **LIQUIDARE**, vox Italica, Purgare vel probare rationes, nostris etiam *Liquider*, eodem sensu. Stat. castri Redaldi lib. 1. pag. 12. v°. : *Ordinatum est quod non possit fieri de bonis alicujus districtualis castri Redaldi ullum saximentum ex parte alicujus officialis, nisi primo Liquidatum fuerit debitum.* Correct. stat. Cadubr. cap. 138 : *Dummodo tales obtulerint se, et velint solvere pedagium conveniens dictis dominis Liquidandum per duos probos homines.*

* **LIQUIRIA**, *Rigolice*, in Glossar. Lat. Gall. ex Cod. reg. 7679. Vide *Liquiritia.*

¶ **LIQUIRITIA**, Glycyrrhiza, Gall. *Reglisse, Regolitia*, in Medicina Salern. pag. 240. edit. 1622. Albertinus Mussatus de Gestis Ital. apud Murator. tom. 10. col. 695 :

Tritaque in hoc multum valuit Liquiricia potu.

¶ **LIQUIS.** Vetus auctor loquens de figuris et lineamentis apud Scaligerum ad Festum : *Omnem autem summitatem metiendi observationes sunt duæ : enormis et Liquis. Enormis quæ in omnem actum rectis angulis continetur. Liquis quæ minuendi laboris causa, et, salva rectorum ratione angulorum, secundum ipsam extremitatem extenditur.* An a linquo, inquit Martinius, ut causa appellationis sit, quia in eo, ut compendiario, aliquid linquitur? aut a liqueo, ut sit, quod liquidum et planum est, minus ambigiosum?

¶ 1. **LIRA**, vox Italica, Libra. *Mille Liras vetustæ monetæ Ravennatis*, in Vita B. Francisci Fabriani, tom. 3. Aprilis pag. 90.

* 2. **LIRA**, apud Breviloquum, *Sulcus et proprie ratri, et producit primam. Unde :*

Pollice tango Lyram, facio cum vomere Liram.

Hinc pro Agri modo, in Charta ann. 1286. ex Chartul. Buxer. part. 5. ch. 4 : *Item quatuor Liras juxta altam ripam, sitas juxta terram domini abbatis S. Benigni Divionensis.. Item in Painperdu sex Liras, sitas juxta terram Guillermi Carpentarii.* Sed et pro Mensura agraria legitur, in Charta ann. 1302. apud Pez. tom. 6. Anecd. part. 2. pag. 200. col. 1 : *Amodo sese omnes* (agri) *quatuor conjunctim extendentes in latitudinem ducentarum viginti Lirarum, et longitudine usque ad limites villæ Schlawitz.*

¶ **LIRAMENTUM**, ut *Deliramentum. Liramenta confirmare*, apud vet. Interpretem S. Irenæi lib. 2. cap. 42.

¶ **LIRATIO**, Occatio, a *Lirare*, Semina in agrum dejecta operire. Rumplerus lib. 1. Histor. Monasterii Formbac. apud Pezium tom. 1. Anecd. part. 3. col. 429 : *Monasterium habet et horrea annexa, ubi et trigæ et currus asservantur, et quidquid ad Lirationes aut proscissiones necessarium fuerit.*

¶ **LIRICEN**, *Cum lira canens.* Joh. de Janua. Scribe *Lyricen* a *Lyra*, et vide *Harpa* 1.

* **LIRIDA**, in Vita S. Neoti tom. 7. Jul. pag. 327. col. 1. ubi *Lyrida* edidit Mabillonius. Vide in hac voce.

LIRIPIPIUM, Epomis, unde Belgis *Liire-Piipe*, seu potius longa fascia, vel cauda caputii. Henricus de Knyghton de Event. Angl. lib. 4 : *Dominarum cohors affuit quasi comes interludii in diverso et mirabili apparatu virili.... in tunicis partitis... cum capuciis brevibus, et Liripipiis* (male *Liripiis* edit.) *ad modum cordarum circa caput advolutis, etc.* Chronicon Windesem. lib. 1. cap. 44 : *Liripipium sive tympam retro latam duplicem et oblongam habens per dorsum descendentem.* Lib. 2. cap. 40 : *Longa tunica vestitus, nigro caputio, cum grandi Liripipio collo indutus.* [Epist. obscurorum virorum pag. 96 : *Est autem habitus Magistrorum* (in jure) *caputium magnum cum Liripipio.* Adde pag. 11.] Charta R. Cardinalis S. Steph. in Monte Cœlio Legati Apost. ann. 1215. pro reformatione Universitatis Paris. : *Sotulares non habeat sub cappa rotunda laqueatos, nunquam Liripipiatos.* Vide Menagium in Origin. Linguæ Gall.

* **LIRIQUICIA**, *dicitur Gallice rigolice*, in Glossar. Lat. Gall. ann. 1348. ex Cod. reg. 4120. Pro *Liquiricia.* Vide in hac voce et supra *Liquiria.*

LIS, Bellum vel prælium initum inter hostes. Pelagius Episcopus Ovetensis in Veremundo II. Rege Hispan. : *Genuit Comitem Rudericum Munionis, qui postea mortuus fuit in Lite de Sacralias, etc.* Idem in Ferdin. : *Iterum stabilierunt Litem in Golpeliera, et ibi captus est pugna Adefonsus Rex, etc.* Lucas Tudensis in Chronico : *Ex hac genuit Sancium, qui fuit mortuus in Lite de Ucles.* Theodorus Campedonensis in Vita S. Magni cap. 6 : *Lis facta est inter Theodericum et Theodebertum juxta Tulbiacense Castrum, ibique prælio initio infinita hominum multitudo periit.* [Lex Alaman. tit. 26 : *Si quis in exercitu Litem commiserit, ita ut cum clamore populus concurrat cum armis, et ubi pugna orta fuerit inter proprium exercitum, et aliqui ibi occisi fuerint, ipse homo qui hoc commisit vitam perdat, aut in exilium eat, et res ejus infiscentur in publico.*] Adde Chronic. Pisanum Ughellianum ann. 1124. Wipponem de Vita Chunradi Salici pag. 432. Will. Britonem lib. 12. Philipp. v. 847. etc.

¶ Lis Civilis, Bellum civile. Annales Genuens. Murator. tom. 6. col. 327 : *Etenim per plebia nostra rixæ et factiones semper tempore Litis civilis aderant.*

Lis Campalis, quod alii Scriptores *Bellum Campale* et *campestre* efferunt, in Charta Alfonsi Regis Aragon. apud Hieron. Blancam : *Et habent fueros infançones de Aragone qui non tenet honore de seniore, quod vadat ad Lite campale, et a sitio de*

Castellum cum pane de tres dies. Etiamnum hodie Hispani vocem *Lid*, pro prælio, atque etiam duello usurpant. Vide Leges Alfonsinas seu Partitas part. 7. tit. 4. qui inscribitur *De las Lides*, seu de probatione per duellum. Hinc

Litigare, pro Bello contendere, Præliari, apud Dudonem lib. 3. de Morib. Norman. pag. 97 : *Nec ausus est contra eum Litigare ullus.* Pag. seq. : *Cœperunt Franci contra eum Litigare, multisque modis eum opprimere.* Adde pag. 114. Leo Ost. lib. 1. cap. 25 : *Cœperuntque ad invicem totis nisibus Litigare.*

Breves Lites, Practicis nostris, *Plaits sommaires.* Synodus Exoniensis ann. 1287. cap. 45 : *Considerantes in causis matrimonii juris solennitatem non esse per omnia observandam, quæ breves Lites alio nomine appellantur, eo quod in ipsis breviter sit procedendum, id est, summarie debeant terminari, etc.*

LISA, Papiæ, *Longa.*

LISÆ, Σφαγίτιδες. Celso lib. 4. cap. 1. *Sunt autem Lisæ*, teste Donato, venæ majores gutturis, quibus intersectis, animal confestim emoritur. Unde *Elisum*, quicquid ex tali causa mortuum est.

LISCA. Papias : *Carex, herba acuta, vulgo Lisca.* MS. præfert *Lista.*

** **LISCERE**, Gliscere, vehementer cupere. Ecbasis vers. 360 :

Perdere nos Liscunt, ac morti tradere quærunt.

1. **LISCHA**, Lisca, Instrumentum quo quid politur, cylindrus veteribus, Gallis *Lisse.* Liber Ordinis S. Victoris Parisiensis MS. cap. 20 : *Cum petra vitrea, quæ vulgo Lischa vocatur.... corporalia poliat.* Usus antiqui Ordin. Cisterciensis cap. 114. habent hoc loco *Lisca.* Vide *Leviga.*

Lica, in Statutis Ordinis Præmonstratensis dist. 2. cap. 8 : *Indutus alba vel superpelliceo, cum Lica corporalia poliat, etc.*

* 2. **LISCHA**, Festuca, Ital. *Lisca.* Stat. Astæ collat. 13. cap. 19. pag. 41. r°. : *Statutum est quod si aliquis inciderit vel asportaverit boschum aut gorretum aut Lischam gorreti etc.*

* **LISCINIUM**, Ellychnium, Gall. *Lumignon, meche.* Necrol. eccl. Paris. MS. ad calcem : *Cerei qui sunt circa altare ceræ laudabilis et ardentis bene Liscinii.* Vide supra *Lichinus.*

¶ **LISDA**, Lisida. Vide in *Leudis.*

* 1. **LISERIA**, Finis, limes, Gall. *Lisiere.* Charta ballivi Constant. ann. 1294. in Reg. 58. Chartoph. reg. fol. 58. r°. : *Concessit ad firmam perpetuam... nundinas de Guiboudi fovea in die festi S. Sansonis et Liseriam ejusdem loci etc.* Nisi legendum sit *Livreiam.* Vide infra in hac voce.

* 2. **LISERIA**, Ora, limbus panni, Gall. *Lisiere.* Arest. ann. 1344. 12. Febr. in vol. 3. arestor. parlam. Paris. : *Cum ballivus S. Dionysii inhibuisset tinctoribus ejusdem villæ ne texere facerent... pannos in lania, factura et Liseria similes pannis factis in dicta villa pro vendendo ibidem.* Vide *Lisura.*

* **LISPUNT**, Polonica vox. Charta ann. 1454. tom. 5. Cod. diplom. Polon. pag. 139. col. 1 : *Pro eo ipsi debent nobis annuatim ad diem S. Martini tres libras piperis, vulgariter Lispunt, in recognitionem expedire atque dare.* [** Lubecæ *Lispunt* est quatuordecim et sedecim librarum.]

LISSA Halecum, seu *tunna : une tonne de harens, que on appelle Lisse : le somme que on appelle Lisse*, in Charta Philippi II. Regis Romanor. ann. 1208. descripta in Magno Recordo Leodiensi pag. 11. 12. [Vide *Lasta* 2.]

* **LISSES**, *La caligine*, in Glossar. Lat. Ital. MS.

LISTA, Ora, limbus : Villaneo et Petrarchæ *Lista.* Vocis etymon ab Anglo-Saxonico List, et Listan, Fascia, limbus, margo ; accersit Spelmannus. At in Gloss. Lat. Gr. occurrit, exponiturque, ἡ ἐπὶ τοῖς ἀριθμοῖς χαμπή. Γραμμή. [Supplem. Antiquarii : *Lista*, γραμμή, *Linea.*] Charta Benedicti VIII. PP. ann. 1023. in Bullario Casinensi tom. 1. pag. 7 : *Similiter et pluviale diasprum cum Listis auro tertis.* S. Odilo Cluniac. Abbas Epist. 1. tom. 2. Spicilegii Acheriani : *De auro quod ad nos veniens secum detulit, duas Listas tabulæ majoris altaris, dextram videlicet et sinistram, quæ destructæ erant, sicut scitis, jam perfecit.* Chron. Casinense lib. 1. cap. 21 : *Tunicam item cum Lista aurea, et circulos aureos, et Listam auream margaritis insignitam.* Lib. 2. cap. 44 : *Planetam diapistim Listis aureis ornatam.* Adde lib. 3. cap. 19. lib. 4. cap. 13. 29. [Constitutiones Frederici Regis Siciliæ cap. 97 : *Mulieres... possint uti vestimentis earum, quæ habent ad præsens... dummodo sint sine frisis, Listis de auro et perlis.*] Utitur passim Anastasius et Guillelmus Biblioth. in Vitis PP. pag. 128. 129. 132. 134. 143. 144. 165. 184. 188. 198. 206. Edit. Reg. Ita etiamnum limbos pannorum vocant Germani, et Angli, *Leisten*, et *Leists.* Matth. Paris in Vitis Abbat. S. Albani : *Latitudo pannorum duæ ulnæ infra Listas.* Charta ann. 1213. apud Ughell. in Ital. Sacr. tom. 7. pag. 289 : *Cappam unam de examito rubeo, cum Lista de aurofriso.* Historia Cortusior. lib. 5. cap. 34 : *Dominabus Paduæ donavit multas Listas, histrionibus pulcras vestes, etc.* Adde lib. 10. cap. 9. [Vitam S. Athanasii Episc. Neapolitani tom. 2. Muratorii part. 2. col. 1046.] Ab hac voce nomen *Listæ* manet etiamnum, non modo pro lacinia, vel tænia aut vitta, sed etiam pro catalogo aut elencho, quod ejusmodi indices in pergameni aut chartæ laciniis longioribus perscribi soleant. [Concil. Hispal. inter Hispanica tom. 4. pag. 14 : *Transmittant ad nos* (Episcopos) *seu nostros provisores quolibet anno, tempore quo transmittuntur Listæ, relationem de his* (Clericis,) *quos repererint commisisse nonnulla delicta.*] Vide Scaligerum ad Catalecta pag. 260. [et Vossium de Vitiis sermonis pag. 238.]

¶ Lista Terræ, Modus agri longior quam latior, in Charta Domini *de Lurtac* in Foresio ann. 1417. *Lista vineæ*, in Charta Saviniac. ann. circiter 1000. ex Chartulario ejusdem loci fol. 101. [* Chartul. Celsinian. ch. 93 : *Cedo.... quatuor Listas de vinea et in monte Roio duas operatas de vinea.*]

Listatus, Limbo ornatus. Charta Joannis Archiep. Capuani ann. 1301. in Sanctuario Capuano pag. 262 : *Tobaleam unam de seta Listatam de auro.* [Statuta Massil. lib. 2. cap. 39 : *Sine clamide et tunica Listatis per forsiam cum seta.* Occurrit in Inventario MS. ornamentorum Sacristiæ S. Victoris Massil. ex Archivo ejusd. Monasterii, in Synodo Pergam. ann. 1311. apud Murator. tom. 9. col. 547. in Annalibus Mediolan. ad ann. 1268. apud eumdem Murator. tom. 16. col. 670. in Testamento ann. 1367. tom. 1. Anecd. Marten. col. 1525. et alibi.] *Ameto* pag. 41 : *Lenzuola sottilissime Listata di seta.* Chronic. Bertrandi Guesclini MS. :

Et boutent radement sur les escus Listez.

Alibi :

Et pendent à leur col maint fort escu Listé.

Alius Poeta Anonymus :

Lors ralie ses gens, et refait son conrois :
Le ban de Macidoine, qui fu Listé d'orfrois,
Fait devant lui porter, ainsi comme il est drois
La se raliotent Grieu et li Macidonois.

Listarum ejusmodi confectores *Limbularios textores* vocat Plautus in Aulularia.

* Listadus, ut *Listatus*, Limbo ornatus. Lit. ann. 1375. in Reg. 108. Chartoph. reg. ch. 68 : *Item... unam coopertam Listadam.* Hinc *Deslitelé*, dicitur de panno, cujus limbus resecatur seu inciditur in signum reprobati artificii. Stat. ann. 1399. tom. 8. Ordinat. reg. Franc. pag. 338. art. 20 : *Et autres draps, qui par l'eswart de ladicte ville seront coppez ou Deslitelez.*

¶ Listiatus, ut *Listatus*, in Testam. ann. 1518. apud Pirrum Siciliæ sacræ pag. 187.

Listæ, Campi in quo duellum peragebatur, repagula, sic dicta, quod campum et aream clauderent, et instar *listarum* panni essent. Henricus Knyghton ann. 1349 : *Venit dies prœlii, et intraverunt Listas, vidente Rege Franciæ, etc.* Infra : *Ante ingressum in Listas, etc.* Idem : *Pugnavit infra Listas.* Walsinghamus de duelli apparatu : *Interim præparantur duello necessaria in curia apud Westmonasterium, limites videlicet, quas Listas vocant, de lignis fortissime fabrefactis, tanquam perpetuo duraturæ.* Nostri *Lisses* vocabant, non *listes* ejusmodi repagula. Vide *Licia.*

Listella, diminutivum a *Lista.* Histor. Episc. Autisiodor. cap. 25 : *Aliud recentarium pens. lib. 1. et unc. 9. habet in medio Listellam et feras.*

* **LISTO**, Idem quod *Lista*, Ora, limbus. Stat. pro pannif. Carcass. ann. 1308. in Reg. 201. Chartoph. reg. ch. 121 : *Item quod quilibet pannus... habebit aurerias sive Listones de blavo colore vel burello notino.* Vide supra *Liseria* 2.

LISTRA, [Idem quod *Lista*, Ora.] Vide *Litra.*

* **LISTRIGANA**, *La gente pessima*, Glossar. Lat. Ital. MS.

LISURA, Ora, limbus panni ; nostris, *Lisiere.* Matth. Paris ann. 1198. pag. 134. et Rogerus Hovedenus pag. 774 : *Lanei panni ubicunque fiant, fiant de eadem latitudine, scilicet de duabus ulnis infra Lisuras.*

¶ **LITÆ**, ut *Listæ*, Campus clausus repagulis, Gall. *Lisses.* Chronic. Ricobaldi Monachi Ferrar. inter Fragmenta MSS. Stephanotii tom. 7 : *Conradus condito testamento et confessione acta vi. Kal. Nov. 1268. urbe Neapoli in Litas ducitur ; mortis sententia legitur : Conradus superius vesti-*

mentum exuit, et genibus flexis orando, cervicem lictori porrexit.

* **LITAMUS**, Fimus, Ital. *Litame*. Stat. Montis-reg. pag. 208 : *Quod aliqua persona non debeat ponere paleas in platea vel ruatis dictæ civitatis pro Litamo faciendo, etc.* Vide supra *Læamen.*

LITANIÆ, Letaniæ, Preces et supplicationes in sacris Synaxibus, seu in Ecclesia, ut in leg. 30. Cod. Th. de Hæret. (16, 5.) [unde *Kyrie eleison, quod in Missa dicitur etiam appellatum fuit Litania, ex eo quia supplicatio sit*, ut observant Macri fratres in Hierolexico.] Concilium Clovesboviense ann. 747. cap. 16 : *Litaniæ, id est, Rogationes.* Ordo Romanus : *Litania, Græce, Latine Rogatio dicitur, inde et Rogationes.* [Additio 3. ad Capitul. cap. 120 : *Letaniæ autem Græco nomine appellantur, quæ Latine dicuntur Rogationes. Inter Letanias autem et exomologesim hoc differt, quod exomologesis pro sola peccatorum confessione aguntur; Letaniæ vero, quæ indicantur propter rogandum Deum et impetrandam in aliquo misericordiam ejus, sed nunc jam utrumque vocabulum sub una designatione habetur.* Johannes de Janua : *Letania, Rogatio vel invocatio, proprie pro mortuis facta.* Hinc in Gloss. Sangerman. : *Letania, Rogacion, priere, et proprement pour mort Letanie.*] [* Glossar. Lat. Gall. ex Cod. reg. 7679 : *Letania, a lætor, quia læta voce cantatur.*] Walafridus Strabo lib. de rebus Ecclesiast. cap. 28 : *Notandum autem Litanias non tantum dici illam recitationem nominum, qua Sancti in adjutorium vocantur infirmitatis humanæ, sed etiam cuncta quæ supplicationibus fiunt, orationes* (al. *rogationes*) *appellari. Litania autem Sanctorum nominum postea creditur in usum assumpta, quam Hieronymus Martyrologium, secutus Eusebium Cæsariensem, per anni circulum conscripsit, ea occasione ab Episcopis Chromatio et Heliodoro illud opus rogatus componere, quia Theodosius religiosus Imperator in Concilio Episcoporum laudavit Gregorium Cordubensem Episcopum, quod omni die Missas explicans, eorum Martyrum quorum natalitia essent, nomina plura commemoraret.* Cum autem *Litaniæ* in Processibus publicis fere semper concinerentur, quousque ad Ecclesiam in qua fiebat *Statio*, vel ad locum statutum perveniretur,

Litania, ipsa Processio appellata est. Anastasius in Sergio PP : *Constituit ut diebus Annuntiationis Domini, Nativitatis, et Dormitionis sanctæ Dei Genitricis,... Litania exeat a sancto Adriano, et ad sanctam Mariam populus occurrat.* Ita etiam in Honorio I. Stephano III. Gregorio I. etc. et ipsemet Gregorius M. lib. 11. Epist. 2. Aimoinus lib. 1. Histor. Franc. cap. 25. et alii. Sed et Græci Byzantini λιτανίαν hoc sensu usurpant : locos Scriptorum dedimus in CPoli Christiana ubi de Tribunali Hebdomi. Vide Cujac. ad Novell. Justin. 123.

Litaniarum vero seu precum, quæ in hisce Processionibus cantabantur, formulas veteres descripsere Menardus in Notis ad librum Sacramentorum Gregorii pag. 156. Henr. Meibomius post Witikindum pag. 137. 138. Guill. *le Peirat* lib. de Capella Regia pag. 749. Mabill. tom. 2. Analect. pag. 682. et Baluz. in Appendice ad Capit. n. 95. Quæ haud multum differunt ab hodiernis nostris Litaniis. Rythmicas aliquot etiam [Rabani Browerus in ejusdem Poem. n. 71.] Harthmanni et Notkeri edidit Canisius tom. 5. Antiq. lect. pag. 732. 746. Quæ quidem Litaniæ prorsus diversæ censeri debent ab iis quæ Acclamationum specie efferebantur, de quibus egimus in voce *Laudes*, tametsi laudes ejusmodi crebrius intersererentur. [** Vide Heumann. de Diplom. Carol. M. § 60.]

* Extat singularis *Litaniarum* formula in Libro precum circa finem xv. sæculi Parisiis edito et illustrato, ubi invocantur *Sancti Gabriel, Raguel, Raphael, sanctæ Fides, Spes et Charitas.* Quisnam ille sit *Raguel* inter Angelos cooptatus, nesciunt prorsus viri doctiores de eo interrogati, nisi idem putetur qui *Raziel* nuncupatur Seldeno in suis Otiis theologicis et Cabalistis, quem Adami præceptorem fuisse somniant. Vide Calmet. in Dissert. de bonis et malis Angelis.

* *Litaniam* a *Letania* distinctam vult Papebrochius in Comment. ad S. Leonem PP. III. tom. 2. Jun. pag. 579. col. 2. Prior enim, inquit vir doctus, aut pro supplicatione populariter instituta, vel pro certa Dei Sanctorumque ex ordine invocandorum formula accipitur. Letania vero lætum ac festivum diem significat, ut patet ex Regesto Gregoriano lib. 4. epist. 54. ubi papa *Letanias solennes*, id est dies solenniter festos enumerat, quibus archiepiscopo licet pallio uti : atqui nunquam is utitur pallio extra ecclesiam; et extra illam fiunt *Litaniæ.*

Litania Major, a Gregorio M. instituta 7. Kl. Maii ann. 590. Ordo Romanus in Ordine in Litania majore : *Hanc autem legimus statutam a S. Gregorio propter imminentem cœlestis iræ mucronem. Jussit autem fieri in eodem die Litaniam septenam, ita præcipiens : Litania Clericorum exeat ab Ecclesia B. Joannis Baptistæ : Litania virorum ab Ecclesia S. Marcelli Martyris : Litania Monachorum ab Ecclesia SS. Martyrum Joannis et Pauli : Litania ancillarum Dei ab Ecclesia BB. Martyrum Cosmæ et Damiani : Litania feminarum conjugatarum ab Ecclesia B. Petri et Martyris Stephani : Litania viduarum ab Ecclesia B. Martyris Vitalis : Litania pauperum et infantum ab Ecclesia B. Martyris Ceciliæ.* Quæ quidem desumpta sunt ex ejusdem Gregorii Epist. 2. lib. 11. cui

Litania Septiformis, et *Litania major*, dicitur in eadem Epist. et lib. 2. ante Epist. 1. [* Chron. Pontif. Leon. Urbevet. in Greg. I. apud Lam. Delic. erudit. pag. 105 : *Hic instituit per Septiformen Litaniam placare iram Dei : septiformis autem ideo dicta est, quia in primo choro fuit omnis clerus, in secundo abbates cum monachis, in tertio abbatissæ cum congregationibus suis, in quarto omnes infantes, in quinto omnes viduæ, in sexto omnes laici, in septimo omnes conjugatæ.* Quod hæc ab Ordine Romano nonnihil discrepent idcirco exscripsi. Codex MS. 28. S. Vict. Paris. fol. 118. v°. col. 2 : *La premiere Létanie en trois manieres est apelée. Au premier, Létanie gregnour. Au secont est dite Procession de sept fourmes. Au tierz est dite Croix noires.*] Eadem

Litania Romana, Herardo Archiepiscopo Turon. in Capit. cap. 194. Capitula Caroli M. lib. 6. cap. 73 : *Ut Letania major more Romano ab omnibus in 7. Kl. Maii celebretur.* [Vetustissimum Calendarium MS. e Bibl. Colbertina : vII. *Kal. Maii Nat. S. Marci Evangelistæ. Letania major.* Inter præcipuas festivitates recensetur lib. 1. Capit. cap. 158.] De hac agunt passim Scriptores, Gregor. Turon. lib. 10. Hist. cap. 1. Paulus Warnefrid. lib. 3. de Gest. Langob. cap. 25. Amalarius lib. 1. de Eccl. offic. cap. 37. et lib. 4. cap. 24. Walafrid. Strabo lib. de Reb. Eccles. cap. 28. Rupert. lib. 9. de Divin. offic. cap. 5. Microlog. cap. 57. Honorius Augustod. lib. 3. cap. 138. Vita S. Anselmi Lucensis Episc. n. 40. Petrus Damian. lib. 6. Epist. 35. Beletus cap. 122. Durandus lib. 6. Ration. cap. 102. etc. [Adde Glossarium Pithœi ad Capitularia.]

Litania Major, dicitur etiam in libro Sacramentor. Gregorii M. quæ alias *Rogationum*, et in triduo ante Ascensionem Domini celebratur, a Mamerto Viennensi instituta. Anastasius in Leone III. PP. pag. 123 : *In Litaniis, quæ ab omnibus Majores appellantur.* [Capitul. lib. 5. cap. 150 : *Placuit nobis ut Letania major observanda sit a cunctis Christianis diebus tribus.*] Vita MS. S. Gaugerici Episcopi Camerac. lib. 2. cap. 2 : *Eodem tempore, cum de more Gallico Letaniarum, id est rogationum solemnia agerentur, etc.* Eadem et

Litania Gallicana dicitur, ut a *Romana* distinguatur : quæ

Litania Minor, in Ordine Romano appellatur. Vide *Rogationes.*

Litaniæ in Kalendis Januarii institutæ ad calcendas gentilium spurcitias, in Concil. Turon. II. can. 17.

Litaniæ quas prima noni mensis hebdomada, hoc est, ante diem Dominicam quæ prima in ipso mense illuxerit, sicut ante Ascensionem Domini, sancti Patres fieri decreverunt : deinceps ab omnibus Ecclesiis, seu Parochiis, celebrari statuit Concilium Lugdun. II. cap. 6. Adde Concil. Gerundense sub Hormisda cap. 3.

Litaniæ in principio Quadragesimæ, in Concilio Bracarensi II. cap. 9.

Litaniæ per singulos menses pro statu Ecclesiæ et incolumitate Principum, in Concilio Toletano XVII. can. 6. In Martyrologio Adonis, singulis mensibus, legi hæc verba in Codd. MSS. *Litaniæ indicendæ*, monet Rosweidus. *Litanias omni tempore bis in mense a se faciendas spondet* Episcopus recens consecratus summo Pontifici, in Diurno Romano cap. 3. tit. 7. Extr.

¶ Litania *Septena, Quina, Terna.* Ordo Romanus : *Interim schola jussa facit Litaniam ad fontem ante altare, primo Septenam; et spatio facto, faciunt alteram quinam; ita enim inchoatur. Stat primicerius unus in dextro choro, et dicit cum ipso, Kyrie eleison : et respondet secundicerius cum sinistro choro, Kyrie eleison usque ter. Deinde Christe eleison usque ter. Hoc fiunt septem vices repetitæ : unde et Septenæ dicuntur. Post hæc Christe audi nos! usque septies, et sic per ordinem. Hoc ordine, intervallo facto, sequuntur, ut prædictum est, Litaniæ Quinæ, id est, quinquies repetitæ:*

Acta Udalrici Episc. Augustensis: *Baptizatis tribus pueris cum Septena Litania.*

* In qua septies, quinquies, ter, invocationes repetuntur. Cerem. vet. MS. eccl. Carnot. in Sabbato S.: *Incipiant in medio choro Letaniam Septenariam et ibidem finiant,... qua letania finita usque ad ordinem Virginum, duo alii canonici de grandi statu incipiant Quinnariam;... hac letania ibi terminata,.... duo de majoribus ecclesiæ incipiant Ternariam Letaniam.*

* Letania Plana, ad discrimen illius, in qua pluries invocationes repetuntur, dicta, in vet. Cerem. MS. eccl. Carnot. ubi de Rogat.: *Letaniam planam et consuetam cantant duo pueri, succentore eos docente.*

¶ Litaniam in singulis Sabbatis instituit Stephanus PP. III. de quo Anastasius in Vitis Paparum apud Murator. tom. 3. pag. 167. inscribit: *Hic beatissimus vir pro salute provinciæ et omnium Christianorum omni Sabbatorum die Lætaniam omni postposito neglectu fieri statuit.* Idem de Honorio PP. I. refertur infra.

☞ Ejusmodi vero *Litaniæ* seu supplicationes fieri maxime consueverant cum aliquod a Deo beneficium impetrare, aut pro impetrato gratias agere vellent. Cum primum, jejuni et discalceati procedebant. Epistola Caroli M. tom. 1. Capitul. col. 256: *Nos autem Domino adjuvante tribus diebus Litaniam fecimus, id est, Nonis Septembris, quod fuit Lunis die, incipientes, et Martis, et Mercoris, Dei misericordiam deprecantes ut nobis pacem et sanitatem atque victoriam et prosperum iter tribuere dignetur... Et a vino et carne ordinaverunt Sacerdotes nostri, qui propter infirmitatem aut senectudinem aut juventudinem abstinere poterant, ut abstinuissent.... et interim quod ipsas Litanias faciebant, discalceati ambulassent.* At in solemni gratiarum actione jejunium non indicebatur. Constitutio Pippini Regis ann. 764. ibid. col. 186: *Et ob hoc atque pro aliis causis nostris opus est nobis illi gratias agere.... Sic nobis videtur, ut absque jejunio indicto unusquisque Episcopus in sua parrochia Letanias faciat, non cum jejunis, nisi tantum in laude Dei.* Hæc erat etiam Ecclesiarum pia consuetudo, ut *jejunio Litaniarumque obsecrationibus* vacarent, priusquam de eligendo pastore convenirent. Vide Epistolam Hincmari Remensis ad Clerum et plebem Cameracens. tom. 2. Capitul. col. 596.

Litaniæ Privatæ, *quas Patres nostri*, inquit Concilium Turonense II. can. 17. *in Kalendis Januarii fieri statuerunt ad calcandam Gentilium consuetudinem.* Vide Concil. Toletan. IV. can. 11.

Letaniam Evertere, in Capitul. Caroli M. lib. 6. cap. 127. [** 129.] dicitur qui Officium divinum interturbat, aut impedit.

¶ Vexillorum Usus in *Litaniis* seu processionibus meminit Will. Brito lib. 11. Philipp. ubi de celebri vexillo Sandionysiano:

> Ast Regi satis est tenues crispare per auras
> Vexillum simplex, cendato simplice textum
> Splendoris rubei, Lethania qualiter uti
> Ecclesiana solet certis ex more diebus.

¶ Litaniæ Sanctorum pro moribundis recitatæ ann. 704. ut videre est in Vita S. Austrebertæ Abbatissæ, sæc. 3. SS. Benedict. part. 1. pag. 36. et 39.

* Stat. Gaufr. abb. Rivipull. ann. 1157. ex Cod. reg. 5132. fol. 102. r°: *Obmissis vij. psalmis et Letania, missa pro eisdem defunctis in consentu celebranda, nunquam intermittatur.* Testam. Guill. Arnaldi de Bellovidere civis Tolos. ann. 1472: *Ordinavit dictus testator quod die suæ sepulturæ .... dicatur sive cantetur Letania vocata* Exaudis.

¶ In Litaniis, f. Ordinatim, per seriem ut in Litaniis. Index veterum Canonum tom. 3. Concil. Hisp. pag. 10: *Quod parochianis Presbyteris, quum ordinantur, officialis libellus debeat dari; et iidem Presbyteri in Litaniis sint de officio requirendi;* id est, si recte interpretor, de singulis ad eorum officium pertinentibus interrogentur ordinate.

¶ Letanice Procedere, Ordine processionali Litanias concinendo. Anonymus de Vitis PP. apud Stephanotium tom. 7. Fragm. MSS. pag. 136: *Honorius I. natione Campanus.... constituit ut omni Sabbato procederent Letanice ad S. Petrum.*

LITARE. Vetus scriptura ann. 952. in Monasterio S. Martini *de Castañeda*, apud Ambrosium Moralem lib. 16. cap. 23: *Hic locus antiquitus Martinus sanctus est honore dicatus, brevi opere instructus, diu mansit dirutus, donec Joannes Abbas e Corduba venit, et hoc templum Litavit, Ædis ruinam a fundamentis erexit, etc.* Ubi forte legendum *dicavit*: nisi *litavit*, sit *lapideam fecit* ex Gr. λίθος. [Forte barbarus Scriptor *Litare* dixerit pro Consecrare, dicare, ut pro nudo sacrificare dixerunt quidam ex antiquis. *Quem autem honorem*, inquit Tertull. de Patientia cap. 7. *Litabimus Domino Deo?* id est, dicabimus, offeremus.]

* **LITARGIA**, pro *Lethargia*, in Annal. Victor. MSS. ad annum 1216.

¶ **LITARGIRUM**, *Spuma argenti*, in vet. Glossario Sangerman. MS. num. 501. Est pro Græco λιθάργυρος, quod idem significat.

* **LITARGURIUM**, *La Schuma de argento, o altro metallo.* Glossar. Lat. Ital. MS. Vide *Litargirum.*

* **LITAZINUM**, Lithargyrium. Stat. Placent. lib. 5. fol. 64. r°.: *Nullus artifex operetur de argento vel auro nisi secundum ligam et modum eis datum,... nec in annulis ponat Litazinum sub lapidibus annulorum, vel aliud per quod fraus aliqua committatur.*

* **LITEA**, Tænia, fascia, vexillulum. Lit. remiss. ann. 1353. in Reg. 82. Chartoph. reg. ch. 83: *Item quod furata fuerat ... unam Liteam sericam, cum quodam parvo baculo auri.*

¶ **LITEIRA**, Apparatus et instrumentum lecti. Testamentum Sancii I. Regis Portugall. apud Brandaonem tom. 4. Monarch. Lusitan. pag. 260: *Post mortem meam habeat totam meam Liteiram* (*Liteicam* male tom. 3. SS. Junii pag. 477.) *et meos annulos et sortilias, exceptis duobus annulis, quos mando dari filio meo Regi donno Alfonso.* Vide *Lectarium.*

¶ **LITELLUS**, Gualvaneus Flammæ apud Muratorium tom. 12. col. 1012:

> Hydra cuniculis reptat ditata Litellis.

1. **LITERA**, Stramentum. Vide *Lecteria* 1.

¶ 2. **LITERA**, nude, Latina lingua. Epistola Ademari de Apostolatu S. Martialis ann. 1028. apud Mabill. tom. 4. Annal. Bened. pag. 726. col. 1: *Ego sum Prior de Clusa, et bene scio facere sermonem de Litera.* Ademarus Priorem hunc inducit ut Grammaticum de Latina lingua continuo gloriantem. Vide *Literaliter* 1. et *Literate.*

LITERÆ, Diplomata, Scripturæ tabellionum, qua notione vocem *Lettres* usurpamus. Julius Firmicus lib. 4. cap. 5: *Si vero per noctem a Sole defluens Luna ad Mercurium feratur, faciet Publicos vel Tabelliones, et qui his Literis quærunt vitæ subsidia.* Ita etiam usurpant interdum JC. Instit. lib. 3. tit. 22. Julianus Antecessor Nov. 66. l. 19. C. de Fide instrum. (4,21.) sed et Cicero Orat. pro Flacco, etc.

¶ Literæ Abolitæ, Deletæ, cancellatæ. *Literæ non abolitæ non cancellatæ, nec aliqua sui parte viciatæ*, in Charta ann. 1225. tom. 1. Chartul. S. Vandreg. pag. 939. Similes formulæ passim occurrunt alibi. Vide *Cancellare.*

* Litera Adquietancialis, Qua quis a debito quietus seu absolutus declaratur. Vide supra *Adquietancialis.*

* Literæ Agravatoriæ, Reagravatoriæ, Voces fori ecclesiastici, iterata et repetita excommunicationis sententia. Proces. ann. 1448. inter Probat. tom. 3. Hist. Nem. pag. 273. col. 2: *Litteras fortiores, agravatorias, et reagravatorias, contra ipsum dominum abbatem excommunicatum, etiam in divinis, ut dicitur, se immiscentem, meruerit obtinere.* Vide *Aggravatio.*

** Litera Annalis. Chart. ann. 1218. apud Neugart. in Cod. Alem. tom. 2. pag. 137. num. 902: *Hæc commutatio facta fuit anno dominicæ incarnationis* 1218. *anno decem novenalis cicli* 3. *indict.* 6. *F. Annuali Littera, epactis* 22. *concurrentibus* 7. *G. littera dominicali, etc.* Adde ibid. num. 904. ann. 1219. Hæc nota chronica, scribit Neugartus, in diplomatibus alias inusitata, litteram martyrologii denotat, quæ per integrum annum decurrit, ac lunam designat, ante diem currentem in lectione martyrologii exprimendam. Videatur dissertatio Martyrol. Roman. præmissa.

¶ Literæ Apertæ. Vide *Literæ Patentes.*

* Literæ Apostolicæ qua reverentia acceptæ fuerint, docet nos formulare MS. Instr. fol. 52: *Executor præfatus dictas Litteras Apostolicas extracto pileo reverenter exequi recepit et earum præsentationem admisit.*

* Litera Attinentiæ, Gall. *Lettre d'attainte*, Chirographaria assignatio. Vide supra *Assidatio.*

** Literæ Autorizabiles, Mandati litteræ. Vide Haltaus. Glossar. German. voce *Macht-Brief*, col. 1286.

* Litera Beneventana, Character Longobardicus, ut opinantur docti Editores, ad Vit. S. Gratæ tom. 2. Sept. pag. 250. col. 2: *Aut in quibusdam scriptis de Litera Beneventana, quæ a paucis legi poterant.* Inventar. MS. thes. Sedis Apost. ann. 1295: *Item quidam liber antiquus de Littera Beneventana.* [** Vide Marin. Papir. Diplom. pag. 226. not. 6.]

* Litera Bononiensis, Character apud Italos, et maxime Bononiæ, in usu, a litera, quam *Formæ* dicebant, non multum dissimilis. Acta MSS. Inquisit. Carcass. ann. 1308. fol. 64. r°. : *Ostenderunt mihi quemdam librum valde pulcrum et cum obtima Littera Bononiensi et peroblime illuminatum de adhurio et minone* (sic) *ubi erant Evangelia in Romancio et Epistolæ beati Pauli.* Inventar. bonor. Joan. ducis Bitur. ann. 1416. fol. 52. r°. ex Cam. Comput. Paris.: *Item un tres bel décret escript de Lettre Boulonnoise.* [** Vide Savin. Histor. Jur. Romani. med. temp. tom. 3. cap. 25. § 212.]

¶ Literæ Cambiales, Cambitoriæ, Gall. *Lettres de change*, Quæ dantur a mensariis ad pecuniam alibi numerandam. Vide *Cambiare* et Brencmannum Dissertat. 1. de Rep. Amalphitana pag. 19. ubi contendit verbum *Cambiare*, deduci a κάμπτειν, Flectere, vertere, atque ideo eas Literas dici *cambiales*, quibus pecunia *versatilis* quodammodo, variis in locis plus minus dissitis, jubetur persolvi.

¶ Literæ Canonicæ, Canonibus et regulis ecclesiasticis consentaneæ. Harum mentio est in Formulis antiquis promotionum episcopalium, apud Baluz. tom. 2. Capitul. col. 597. et aliis in locis, laudatis in *Canonicæ Literæ.*

* Ea nomenclatura potissime donabantur Epistolæ, quibus metropolitani episcopum recens consecratum, juxta canones et ecclesiasticas regulas electum et inauguratum fuisse, clero et populo ejusdem ecclesiæ mandabant. Vide supra *Canonicæ Literæ.*

** Litteba Capitularis, Grandis, quæ est in principio Gall. *Capitale.* Ekkeh. IV. Casus Sangall. cap. 1 : *Lineandi et Capitulares Litteras rite creandi præ omnibus gnarus.* Vide *Linea*, 2.

** Litteræ Caudatæ. Vide *Caudæ Chartarum* post *Cauda*, 2.

¶ Literæ Citatoriæ, vel *Citatoriales*, Quibus quis in jus citatur. Ordinatio Comitis Provinciæ super officio Tabellionum ann. 1254. e MS. D. *Brunet* fol. 60 : *Item de Literis citatoriis, vel pro debito exhigendo, seu de aliis litteris cum sigillo*, III. *den.* Vide *Citatio.*

¶ Literæ Clausæ. Vide *Literæ Patentes.*

* Literæ Clericales, si fides Auctoribus novi Tract. diplom. tom. 1. pag. 243. S. Cypriano dicuntur illæ, quæ a clero ecclesiæ pastore suo viduatæ scribuntur.

¶ Literæ Commendatitiæ. Vide *Commendatitiæ Literæ.*

* Literæ Communes, Auct. nov. Tract. Diplom. testibus, appellabantur literæ, quæ monachis, monasterio suo relicto, ad aliud proficiscentibus concedebantur.

¶ Literæ Communicatoriæ. Vide *Communicatoriæ Literæ.*

¶ Literæ Compulsoriales, *Compulsoriæ*, Gall. *Compulsoires.* Vide in *Compulsare*, et mox *Literæ Monitoriæ.*

* Literæ Confessoriæ vel *Confessionis.* Vide *Confessoriæ Literæ.*

* Litera Contumacialis. Vide supra in *Contumacia.*

* Litera Coronæ. Vide supra *Corona Clericalis.*

¶ Literæ Credentiæ, vel *Credentiales*, Gall. *Lettres de creance.* Vide *Credentia* 4.

* Litera Cursalis, Gall. *Lettre de court*, Character quotidiani et communis usus. Inventar. bonor. Joan. ducis Bitur. ann. 1416. fol. 52. v°. ex Cam. Comput. Paris. : *Item un livre des trois Maries et de leur sainte lignée, escript en François de Lettre de court.* Lit. remiss. ann. 1457. in Reg. 87. Chartoph. reg. ch. 274 : *Ung petit livre escript en Lettre de Court, ouquel sont contenu vigilles, les sept psalmes et plusieurs oroisons.*

¶ Literæ Dimissoriæ, Gall. *Dimissoires*, in Concilio Complut. ann. 1347. tom. 3. Concil. Hispan. pag. 613. Vide *Dimissoriæ Litteræ.*

Literæ Dominicales, Quæ Bedæ *laterculum septizonii* appellantur, A. B. C. D. E. F. G. quæ quotannis mutantur ordine retrogrado, G. F. E. D. C. B. A. etc. Vide Canones Isagogicos Scaligeri pag. 181. et Compotistas.

* Litera Dominicalis, quæ a domino ad inferiorem scripta est. Charta ann. 1438. ex Tabul. D. Venciæ : *Paratum me obtuli ipsas dominicales Literas et omnia contenta in eis exequi, facere et adimplere.*

¶ Literæ Ecclesiasticæ, Eædem quæ *Communicatoriæ*, in Addit. 4. ad Capitular. cap. 36. ex Concilio Arelat. I. can. 7. Vide *Ecclesiasticæ Litteræ.*

* Literæ Emancipatoriæ. Vide in *Emancipatio* 2.

* Literæ Expectatoriæ, Vox fori, quibus nempe vadimonium procrastinatur. Lit. remiss. ann. 1382. in Reg. 122. Chartoph. reg. ch. 52 : *Icellui Pierrot fist citer en la court de Cambray ledit Gilet, contre lequel Pierrot ledit Gilet prist Lettres expettatoires, et le fist citer à veoir tauxer les despens à certain jour.*

* Litera Formæ, Gall. *Lettre de forme*, Character, qui impressa *forma* pingebatur, quo præsertim utebantur xiv. sæculo in libris ad ecclesiæ usum scribendis. Inventar. ann. 1319. ad calcem Necrol. MS. eccl. Paris. : *Item unum bonum breviarium et pulcrum, notatum, ad usum Parisiensis ecclesiæ, scriptum in pergameno abortivo de Littera Formæ.* Aliud ann. 1492. ibid. : *Item ung collectaire par cayers, escrit en parchemin, Lettre de forme.* Inventar. bonor. Joan. ducis Bitur. ann. 1416. fol. 52. r°. ex Cam. Comput. Paris. : *Item une très belle Bible en François, escripte de Lettre de fourme.*

¶ Literæ Formales. Vide *Formales Epistolæ.*

¶ Literæ Formatæ, seu *Canonicæ*, in Epistola Teutgaudi Trevirens. Archiepiscopi apud Marten. tom. 1. Ampliss. Collect. col. 155. Vide *Formatæ.*

* Litera Francica, Ad usum scilicet Francorum; quam *Capetianam* vocant Auctores novi Tract. diplom. t. 3. pag. 323. Inventar. bonor. Joan. ducis Bitur. fol. 52. r°. ex Cam. Comput. Paris. : *Item une autre Bible en François, escripte de Lettre Françoise.*

* Litera Garngniæ. Vide supra *Gaengnia.*

Litera Gothica, quæ et *Toletana*, apud Rodericum Toletanum lib. 6. Hist. Hisp. cap. 25. 30. quam Gulfilas Gothorum Episcopus adinvenit, ut auctor est Jornandes de Reb. Getic. Isidorus in Chronico : *Gulfilas eorum Episcopus. Gothicas Literas adinvenit, et Scripturas sacras in eamdem linguam convertit.* Hac Hispani usi sunt, donec abrogata est a Bernardo Toletano Primate in Concilio Toletano æræ 1117. in quo statutum ut *Litteris Gallicis* uterentur. Literam porro Gothicam eamdem esse cum Runica pluribus contendit Olaus Wormius lib. de Literatura Runica.

* Duplex erratum hic emendare proponunt Auctores novi Tract. diplom. tom. 3. pag. 323. id enim factum fuisse docent in concilio Legionensi æræ 1129. hoc est, ann. 1091. Literam denique Gothicam distinguendam omnino a Toletana et Runica probant ibid. pag. 321. Ipsos consule.

* Litera Hæreditatis, Charta, qua quis aliquid possidet. Lit. remiss. ann. 1397. in Reg. 152. Chartoph. reg. ch. 216 : *Lesquelz alerent en la ville d'Arcueil près de Paris, pour querir une Lettre de héritage, qui appartenoit audit Hemon le Bouquaut, pour cause de une piece de vigne, que icellui Hemon avoit achetée, afin que icelle Lettre feust enregistrée en papier et registre d'icelle ville d'Arcueil où ledit contrat de vendition avoit esté fait.*

* Litera Impressionis, Character typographicus. Inventar. ann. 1492. ad calcem Necrol. eccl. Paris. MS. : *Item ung autre pontifical de Ordinibus en petit volume, escrit en parchemin Lettre d'impression.*

* Litera Judicialis, Sententia judicis. Lit. ann. 1411. tom. 9. Ordinat. reg. Franc. pag. 602. art. 15 : *Quod secundum stilum dictæ curiæ* (Viennesii) *consueverunt concedi Litteræ judiciales, querelosæ et etiam compulsoriæ, tam super legatis testatorum, quam super testamentis.*

* Litera Legenda, simplici opponitur, in Formul. MS. Instr. fol. 40 : *Ad impetrandum in audientia domini papæ privilegia et indulgentias et Litteras, tam simplices quam legendas, gratiam et justitiam continentes etc.* Occurrit passim in iisdem Formulis. An *Legenda* publicam literam indicat, et *Simplex* privatam ?

* Literæ Lithostratæ, Tessellatæ. Vide in *Lithostrotum.*

¶ Literæ *Minutæ, Minutissimæ, Rotundæ*, Ejusd. formæ cum *Uncialibus*, sed non ejusdem magnitudinis. Vide Mabillonium lib. 1. de Re Diplom. cap. 11. num. 4.

* Litera Monitoria vel *Monitorialis*, Qua aliquid a judice injungitur sub certis subsequentibus pœnis. Proces. ann. 1448. inter Probat. tom. 3. Hist. Nem. pag. 273. col. 1 : *Ipse dominus abbas legitime et canonice monitus fuerit, ut sub pœna excommunicationis infra certum competentem ac perhemptorium terminum, in aliis nostris Litteris monitorialibus speciffficatum, solvere haberet etc. Litteræ monitoriæ*, eodem sensu in Comput. ann. 1479. ibid. pag. 342. col. 1. Pro Literis vero judicis ecclesiastici, quibus fideles sub pœna excommunicationis, ut crimen ipsis notum patefaciant, monentur, occurrit passim.

¶ Literæ Monitoriæ, *Præceptoriæ, Executoriæ, Compulsoriæ*, Varia et successiva Rom. Pontificum mandata, quibus collatores ad conferenda certis ac designatis personis beneficia compellebant. Vide *Executoriæ Litteræ.*

¶ LITERÆ DE NISI, Quibus quis ita obligatur, ut *nisi* in iis literis contenta adimpleverit, pœnis jure statutis subjaceat. Statuta Eccl. Æduensis ann. 1468. apud Marten. tom. 4. Anecd. col. 515 : *Monitiones, confessiones, et obligationes seu Literæ de nisi, quæ certum diem habent, ea possint executioni demandari. Ordinamus igitur quod cum prædictæ Literæ de Nisi, seu obligationes sub curia nostra receptæ, adjudicationes, monitionesque per curiam nostram declaratæ fuerint, infra sex menses a die ibi designato et effluxo executioni demandentur absque difficultate quacumque.* Vide in *Nisi.*

¶ LITERÆ OBEDIENTIALES, Gall. *Obediences*, in Concilio Limano II. tom. 4. Concil. Hispan. pag. 657.

** LITTERÆ OBTRUNCATÆ, Divisæ, ut in chirographis et indenturis. Chart. ann. 1163. in Alsat. Diplom. num. 308 : *Presentemque kartam et aliam huic consimilem, sigilli sui impressione signari curavit, et Obtruncatis ad cauthelam in fine Litteris unam suis fratribus, alteram L. commendavit.*

¶ LITERÆ PAGANICÆ, f. Quæ pagenses seu censuales, qui apud Saxones *pagani* vocabantur, spectant; vel etiam Litteræ quibus servi glebæ, *pagenses* dicti, manumittuntur. Ludewig. tom. 4. Reliq. MSS pag. 250 : *Donatio Henrici Regis qua confirmat Literas Paganicas Julii et Neronis Cæsarum et concedit advocatiam Episcopatus Juvaviensis et Laureacensis Ernesto Marchioni anno* 1058.

* LITERA PASSUS, Qua liber transitus asseritur. Hist. desponsat. Frider. III. imper. cum Eleon. Lusit. ann. 1451. tom. 1. Probat. hist. geneal. domus reg. Portug. pag. 603 : *Prædictis oratoribus salvum conductum et Literam passus dedit* (Regina Aragonum.)

LITERÆ PATENTES, id est, *Apertæ*, et in totam papyri vel pergameni latitudinem expansæ, quæ *Clausis* opponebantur, cum istæ *sigillo* publico, hæ *sigillo* quod *Secreti* vocabant, sigillarentur : vulgo *Lettres Patentes.* [Stephanus Tornac. Ep. 157. ab Archiepiscopo Lundensi *Litteras patentes et pendentes* postulat ad reddendum depositum.] Willelm. Brito lib. 6. Philippid. :

Firmius et Scripto firmat nova pacta patenti.

Et lib. 9:

Cui cum firmasset per Scripta patentia pactum.

* De ejusmodi Literis hæc exscribenda censui ex Cod. reg. 9824. 7. fol. 709. r°. : *Litteræ patentes semper sic incipiunt Latine : Karolus D. G. Fr. rex. Notum facimus universis, tam præsentibus quam futuris, etc. De patentibus Litteris, aliquæ vocantur Cartæ, Gallice Chartres, quæ sigillantur cera viridi et filis sericeis; et hæc fiunt ad perpetuitatem. Aliæ sunt Litteræ, quæ sigillantur in cera alba et cauda duplici; et hoc fit quando materia, de qua fiunt illæ Litteræ, est ad vitam, ut donationes officiorum vel similia : et incipiunt, Karolus etc. Universis præsentibus Litteras inspecturis, salutem. Aliæ sunt Litteræ, quæ sigillantur etiam in cera alba et simplici cauda; et istæ fiunt de singularibus et particularibus negotiis singulorum, non ad vitam, sed ad tempus. Fiunt etiam quandoque aliæ Litteræ, quæ nec vocantur clausæ nec apertæ; sed vocantur le Scau plaqué; et fit hoc in retenutis, quando rex aliquem in notarium, vel in servientem armorum, vel alium servientem in hospitio suo retinet.*

LITERÆ APERTÆ, Eadem notione, in Epistola synodali Concilii Viennensis ad Paschalem PP. II : *Cujus confirmationis argumentum per apertas nobis Literas significare dignemini.* Gregorius VII. PP. lib. 2. Epist. 10 : *Has autem Literas idcirco aperte sigillari præcipimus, ut certiorem vobis auctoritatem præberemus.*

¶ LITERÆ PEREGRINORUM, Eædem quæ *Communicatoriæ* in Capitulari 6. ann. 806. cap. 12.

LITERA PISANA, dicitur character vetus quo scripti sunt Pandectarum libri, apud Pisanos aliquando conservati : hos, cum Amalphin cepisset Lotharius Imp. a Wernhero inventos, honorario munere Pisanis dedit : ii postea Florentiam delati in Bibliotheca Magni Ducis asservantur.

* Bis peccat hæc definitio, teste Brencmanno lib. 2. Hist. Pandect. cap. 2. pag. 108. Primo, quia communem eorum sæculorum scripturam, peculiarem et propriam facit Pandectis Florentinis; dein, quod imprudenter abutitur eleganti circumscriptione exemplaris Pandectarum, quod Pisis eo tempore asservabatur : nunc vero non in Bibliotheca Magni Ducis, sed palatii reipublicæ. [** Vide Savin. Histor. Jur. Roman. med. temp. tom. 3. cap. 22. § 157. sqq. 168. not a.]

☞ Alia docet probatque idem Brencmannus lib. 1. Hist. Pandect. nempe libros illos non fuisse a Pisanis asportatos ann. 1137. quo Amalphin cepit Lotharius, sed ann. 1135. quo Pisani soli eam urbem invaserunt Imperatore tum in Germania exsistente. Fabulosa itaque est hujus Imperatoris donatio, cujus instrumentum nullibi comparet. Neque magis verum est, quod vulgo dicitur, ab eodem Lothario sancitum fuisse, ut ex uno jure civili Romano posthac judicia fierent, ceteris abrogatis, aut a Wernhero, seu Irnerio, ut frequentius appellatur, repertos fuisse libros Pandectarum, ut ait Cangius : eos quidem primus exposuisse dicitur Bononiæ, sed primus reperisse nullibi legitur.

¶ LITERÆ PLACETI, Quibus *placet* adscribitur, ut petitio vim habeat. Vide *Placetum.*

¶ LITERÆ POENITENTIALES, Idem quod *Libellus Pœnitentiæ.* Vide in *Pœnitentes.*

* LITERÆ PRÆDICATIONIS nuncupabantur illæ, quæ ab episcopo concedebantur, ut per vicos suæ diœcesis deferrentur Reliquiæ ad corrogandas pecunias, ecclesiarum restaurationi vel ædificationi insumendas. Lit. Honor. PP. : *Venerabilis frater noster Laudunensis episcopus gravem nobis obtulit quæstionem, quod cum Remense capitulum nuper postulasset ab eo, ut pro reparanda ecclesia Remensi eis per Laudunensem diocesim Litteras prædicationis concederet, unum annum indulgentiæ continentes, expresso quod eorum nuncii per totam ipsam diocesim cum processione reciperentur a clero et populo, et dies adventus eorum tanquam Dominicus haberetur, et cum venirent ad locum interdicto suppositum, divina libere celebrarentur ibidem, quamdiu ibi essent, et statuerentur pro ipsius ecclesiæ opere confraria. Et idem episcopus attendens hæc manifeste obviare statuto Concilii generalis, eis ejusmodi litteras denegasset, ac benigne eis obtulisset literas competentes, illis eas recipere contemnentibus etc.* Vide in *Reliquiæ* 1.

* LITERÆ DE NON PRÆJUDICIUM, Quibus scilicet alterius damno cavetur. Reg. 13. Corb. sign. *Habacuc* ad ann. 1513. fol. 191. v° : *Lesquels archevesques et évesques non vollans desroguier ne aller au contraire desdits priviléges et exemption, ont baillié par plusieurs et diverses fois soubz leurs seaulx Lettres de non préjudice.*

* LITERA PURGATIONIS, Qua quis crimine purgatur. Charta ann. 1396. in Reg. 151. Chartoph. reg ch. 228 : *Nous veismes unes Lettres de purge saines et entieres etc.*

¶ LITERÆ QUADRIVIALES, f. Mathematica sic dicta ex quatuor ejus partibus, Arithmetica, Geometria, Musica, Astronomia. Hist. Monasterii Villariensis, tom. 3. Anecd. Marten. col. 1278. de Valtero Abbate : *Cum esset vir nobilis genere et delicatus in sæculo, optime Literis et maxime Quadrivialibus institutus.*

* LITERA QUERELOSA, Petitio juridica. Vide supra *Litera Judicialis.*

¶ LITTERA QUITTATORIA, Gall. *Quittance*, Acceptilatio, apocha, in Charta ann. 1340. tom. 2. Hist. Eccl. Meld. pag. 218.

* LITERA RATIONIS, id est, Accepti et impensi. Stat. ann. 1338. ex Tabul. S. Vict. Massil. : *Ordinamus ad ejusdem conventus humilem et supplicem requisitionem de Litera Rationis consueta sive confirmata conventui, quod fiant duæ scripturæ similes per alphabetum divisæ.*

¶ LITERÆ DE RATO, in vet. Vocabulario juris utriusque *dicuntur Procuratoriæ, quod constituens procuratorem semper adjicit in fine quod quicquid procurator fecerit super causa ad quam dantur, habebit Ratum et gratum; ut in ca. cum dilectus de relig. domi. in gloss.* (Dtal. lib. 3. tit. 36. cap. 8.)

* Charta ann. 1184. in Chartul. S. Cornel. Compend. fol. 103. v°. col. 1. : *Ansoldus abbas Compendiensis ecclesiæ et Gislebertus prior et Richardus subprior Litteras de rato pro toto capitulo exhibentes, etc.*

* LITERÆ REFUSORIÆ, Eædem quæ cessionis, apud Sidon. lib. 9. Epist. 10. tom. 1. novi Tract. diplom. pag. 260.

* LITERA REGARDI, Eadem quæ *placeti*, Cui *placet* adscribitur. Lit. remiss. ann. 1482. in Reg. 209 Chartoph. reg. ch. 254 : *Le suppliant demourant en nostre ville d'Abbeville.... fut cité..... pour comparoir devant l'official de Beauvais, par vertu des Lettres de regard ou placet données de l'official d'Amiens.*

* LITERÆ REGIÆ, Quæ a rege alicui inscribuntur. De earum formulis hæc habet Codex reg. 9824. 7. fol. 709. r° : *Sunt aliqui secretarii, qui dicunt quod rex neminem salutat in fine Litterarum, præter papam, imperatorem et aliquos reges; hoc est, quod non ponitur in fine litterarum illa clausula :* Notre Seigneur vous ait en sa garde. *Sed per multos antiquos vidi contrarium; videlicet quod in litteris cardinalibus directis in fine semper ponitur illa clausula :* Très-cher

et féal ami, nostre Seigneur vous ait en sa garde. *In cauda autem pro suprascriptione ponitur sic* : A nostre très-cher et féal ami le Cardinal de la Tour; *vel si sit de genere regis sic debet dici* : A nostre très-cher et féal cousin le Cardinal etc.

* LITERÆ REGULARES. Vide *Canonicæ Epistolæ*.

* LITERÆ REMISSIONIS, vulgo *Lettres de grâce*. Charta vendit. comitat. Montispenc. ann. 1385. in Reg. Joan. ducis Bitur. ex Cam. Comput. Paris. fol. 108. v°. : *Dictus dominus dux* (Bitur.) *debebat atque tenebatur tradere et deliberare dicto dom. comiti* (Venthadorensi) *Litteras remissionis seu indulgentiæ sive de pardonnance*.

* LITERÆ RETENTIONIS. Vide infra *Retentio* 3.

* LITERÆ REVERENDÆ et *Reverentiales*, Eædem quæ *Dimissoriæ*. *Litteras dimissorias seu Reverendas, ut aliqui vocant*, in Conc. Trid. cap. 10. de Reform. sess. 7. Vide Bernardin. Ferrar. lib. 1. cap. 8.

¶ LITERÆ REVERSALES, Quibus quis suscipiens munus vel possessionem, declarat se servaturum conditiones consuetas vel conventas. Vide *Reversales*.

¶ LITERÆ DE ROGAMUS, Sic dictæ a verbo *Rogamus* iis inseri solito. Statuta Eccl. Æduensis ann. 1468. apud Marten. tom. 4. Anecd. col. 510 : *Omnibus et singulis Ecclesiarum rectoribus civitatis et diœcesis auctoritate dicti D. Cardinalis Æduensis Episcopi inhibetur, ne aliquas Literas de Rogamus, aut quascumque alias litteras extranei judicis exsequi præsumant absque ipsius D. Card. Episcopi aut Vicariorum seu Officialis ejus speciali mandato*.

* LITERA ROGNOSA, Incisa, apud Mabill. Diplom. lib. 1. cap. 11.

* LITERA ROTUNDA, Ejusdem formæ atque *Uncialis*, sed minoris magnitudinis. Inventar. ann. 1492. ad calcem Necrol. eccl. Paris. Ms. : *Item ung petit journal, escrit en parchemin Lettre ronde*. Consule Mabill. ibid.

* LITERA RUBEA in subscriptione adhibita. Charta ann. 1020. apud Murator. tom. 1. Antiq. Ital. med. ævi col. 1013 : *Et in qua ipse domnus Paldolfus princeps per Literas rubeas roborato erat, et ab anulis ipsorum principum de intus et foris in cera sigillato erat*.

LITERÆ SACERDOTALES, Hieroglyphicæ. Ruffinus lib. 11. Histor. Eccles. cap. 26 : *Jam vero Canopi quis enumeret superstitiosa flagitia? Ubi prætextu Sacerdotalium Litterarum, (ita enim appellant antiquas Ægyptiorum literas) magicæ artis erat pene publica schola*.

¶ LITERÆ SACRÆ, Quæ proprio motu ad particulares a summo Pontifice scribebantur, ut habet Bleynianus Institut. pag. 82. Vide *Sacra*.

* LITERÆ SALUTATIONIS, Quibus quis alicui salutem impertit. Lit. remiss. ann. 1359. in Reg. 90. Chartoph. reg. ch. 197 : *Abbatissa S. Nicholai de Barro super Album Literas seu epistolas salutationis vel aliter cuidam certo homini, tunc temporis de parte hostium nostrorum existenti, dicebatur scripsisse*. Vide *Salutatoriæ Epistolæ*.

¶ LITERÆ SANGUINIS, *Lettres de sanc*, Quibus fit gratia iis qui sanguinem fuderint, in Literis ann. 1359. tom. 3. Ordinat. Reg. pag. 388.

¶ LITERÆ SCABINALES, Datæ a *Scabinis* seu Consulibus, in Literis ann. 1376. apud Knyppenbergum Hist. Eccl. Ducatus Gelriæ pag. 104.

* LITERA SIMPLEX, f. Privata. Vide supra *Litera Legenda*.

LITERÆ SOLUTORIÆ, Characteres magici, quorum ea vis erat, ut qui eos ferebant, nullo modo vinciri vel ligari possent. Beda lib. 4. Hist. Angl. cap. 22 : *Quarum celebratione factum est, quod dixi, ut nullus eum possit vincire. Interea Comes, qui eum tenebat, mirari et interrogare cœpit, quare ligari non posset, an vero Literas solutorias, de quibus fabulæ ferunt, apud se haberet*.

* LITERA SPARSA, Character amplus, spatiosus, intervallis distinctus, Gall. *Espacé*. Stat. Massil. pag. 122 : *Hoc autem provideant* (notarii) *quod translata prædicta faciant per competentem abreviaturam, et non de Litera nimis sparsa*.

* LITERÆ STATUS, Gall. *Lettres d'Estat*. Lit. ann. 1366. tom. 4. Ordinat. reg. Franc. pag. 661 : *In dicta tamen appellationis causa, prætextu quarumdam Litterarum status etc. Litteris gracits* (l. gratiæ) *vel aliis.... super statu vel respectu*, in Lit. ann. 1382. tom. 6. earumd. Ordinat. pag. 663.

* LITERÆ SUBREPTICIÆ, Dolose et subrepta ratione impetratæ, in Lit. ann. 1360. tom. 4. Ordinat. reg. Franc. pag. 207.

* LITERÆ TESTAMENTALES. Vide *Testamentales Litteræ*.

* LITERA TIRATA, Producta. Vide *Tirare* 4.

* LITERA TONSA, *Barbatæ* opponitur, id est Characteri variis acuminibus quasi pilis instructo. Bulla Gregor. PP. IX. ann. 1228. laudata tom. 2. novi Tract. diplom. pag. 86. inter notas : *Easdemque, causa discretionis, tonsis Literis exarari jussit*.

* LITERÆ TORNATÆ, Inflexæ. Assis. Hierosol. cap. 4 : *Lesquels assises et usages et costumes estoient escris chascun par soy de grans Lettres tournées*. [** Vide Nov. Tractat. Diplom. tom. 2. pag. 84. Sensus esse videtur, uniuscujusque assisiæ vel sectionis principium litteris grandibus scriptum fuisse, neque vero omnem assisiarum chartam talibus litteris exaratam exititisse.]

* LITERÆ VASCONICÆ, Quibus utebantur Vascones. Inventar. bonor. Joan. ducis Bitur. ann. 1416. fol. 55. r°. ex Cam. Comput. Paris. : *Item un petit livre en papier, escript de Lettre de Gascoigne*.

* LITERÆ DE VIDISSE, Apographum a notario descriptum. Charta ann. 1471. ex Bibl. reg. cot. 19 : *Officialis Ebroicensis..... Notum facimus quod nos vidimus, tenuimus et legimus Litteras de vidisse nobilis viri dom. Roberti d'Estouteville etc*.

LITERA UNCIALES, [quæ et *Cubitales, Grandes, Quadratæ*,] Majusculæ. S. Hieronymus Ep. 113 : *Habeant qui volunt veteres libros, vel in membranis purpureis auro argentoque descriptos, vel Uncialibus, ut vulgo aiunt, Literis, onera magis exarata quam codices*. Lupus Ferrariensis Epist. 5 : *Scriptor regius Bertrandus dicitur antiquarum literarum duntaxat earum, quæ maximæ sunt, et Unciales a quibusdam vocari existimantur, habere mensuram descriptam. Itaque si penes vos est, mittite mihi eam per hunc, quæso, pictorem, cum redierit*. Ita porro appellantur, quod unciæ, quæ pars est 12. pedis, altitudinem habeant.

* LITTERÆ, nude, ut videtur, pro Statuta, constitutiones, Gall. *Arretés*. Stat. Universit. Aurel. ann. 1341. ex Cod. reg. 4223. A. fol. 60. v° : *Item quod Litteras seu summas Facultatum prædictarum per se ipsius non emet nec retinebit pro pretio quocumque, sub prætextu aut colore petiarum de ipsis faciendarum, aut quovis alio quæsito colore*.

¶ **LITERALE** AMINICULUM, Charta vel chirographum, quo aliquid quasi adminiculo roboratur et confirmatur. Charta vetus : *Ego Pontius qui hoc Literali aminiculo mea persona firmo et ab aliis pluribus firmari adopto*,

Ut incorrupta coemptio
Suo servata pretio
Perduret hæc impensio.

¶ **LITERALIS**. Vide *Literatoria Ars*.

¶ LITERALIS SIMPLEX, Scripturæ genus. Vide in *Scriptura*.

¶ 1. **LITERALITER**, Latine. Concil. Toletan. ann. 1339. tom. 3. Conc. Hispan. pag. 610 : *Nullus clericus ad sacros Ordines promoveatur, nisi saltem Literaliter sciat loqui*. Scramb. in Chronico Mellicensi pag. 329 : *Prior autem ut expedire viderit exponat vel Literaliter vel vulgariter quæ fuerint dicenda circa materiam*. [* Gabr. Barel. serm. Domin. in Sexag. : *Unde in confessione loquuntur Literaliter* (mulieres) : *Confiteor Deo etc*. Unde in Glossar. Lat. Gall. ex Cod. reg. 7692 : *Litterate, Clergeaument*.] Vide *Literate*.

¶ 2. **LITERALITER**, Scripto, Gallic. *Par écrit*. Charta ann. 1367. apud Ludewig. tom. 6. pag. 501 : *Ut omnis dubietatis scrupulus de re certa funditus resecetur, expediet modum et formam geste rei Literaliter cum testibus exarari*.

LITERALIUM. Glossarium Græc. Lat. : Χαρτόπηρον, *Chartarium, Literalium*.

LITERARE, Mandare literis. Acta S. Marcelli PP. in Prologo : *Qualiter ad nos sit transitus... æquum duro posteris Literare*. [Miracula S. Ursmari tom. 2. Aprilis pag. 573 : *Ut posteris studeamus Literare qualiter etc*. Joh. de Janua : *Literare, Litera instruere, vel literas conjungere, combinare*; in Gloss. Lat. Gall. Sangerm : *Instruire des lettres, assembler lettres*.] Gloss. Gr. Lat. : ϛοιχειῶ, *Litero*. *Literarius sermo*, in Epist. 2. Tarraconensium Episcop. ad Hilarium PP.

LITERARIOS Philosophos vocat Seneca Ep. 72. qui in apicibus litterarum syllabisque aucupandis operam insumebant : *Erige te, Lucili virorum optime, et relinque istum ludum Literariorum Philosophorum, qui rem magnificentissimam syllabas vocant, qui animum minuta docendo dimittunt, et conterunt*, etc. Ita enim legi in MS. Codd. non *literarium*, monet Petrus Faber Sanjorianus ad. l. 1. de Just. et jure. Quæ quidem in Philosophos, quos *Nominales* vocavit ætas posterior, quadantenus quadrant.

¶ **LITERATA** MONIALIS, Choro addicta,

Sœur de Chœur. Vide locum in *Literatus.*

LITERATE, Latine. Gesta Alexandri III. PP. apud Baron. ann. 1177 : *Verba ipsa quæ ipse Literate proferebat, fecit per Patriarcham Aquileiæ in lingua Theutonica evidenter exponi :* ubi ad marginem, *al. Latine.* Chronicon. Trudonense lib. 8 : *Et eodem anno fecit eos Literate facillime intelligere quidquid volebat eis legere.* Ciceroni *Literate*, est docte, eleganter.

LITERATIM, Per literas, sive epistolam. Fulbertus Carnot. Epist. 108 : *Mandando mihi, ut Literatim describerem vobis quid mihi videtur de vestra... conversatione.* Vide *Epistolatim.*

LITERATOR, Qui primis literis pueros imbuit, *primus informator literarum*, Tertulliano lib. de Pall. Ugutio et ex eo Jo. de Janua : *Literator, vel Literatus non dicitur ille qui habet multos libros, et inspicit et revolvit : sed ille dicitur Literator vel Literatus, qui ex arte de rudi voce scit formare literas, et conjungere in syllabam, et syllabam in dictiones, et dictiones in orationes, et orationes scit congrue proferre et accentuare. Ut Hieron. super Matth. Literator, inquit erat, qui Grammaticus Græce dicitur.* Tria sunt genera Grammaticorum, ait Scaliger Epist. 451. alii τεχνικοί, alii ἱστορικοί, tertium genus κριτικοί vocantur. Τεχνικοὶ elementa et primores literas docent : item partes orationis, structuram verborum, et similia : eos Græci γραμματιστὰς potius, quam γραμματικούς, et Latini *Literatores*, non *Literatos* vocant. Catullus :

Munus dat tibi Sylla Litterator.

Ars autem non *Grammatica*, sed *Litteratura*, etc. Apuleius : *Prima cratera Literatoris, ruditatem eximit; secunda Grammatici, doctrina instruit; tertia Rhetoris, eloquentia armat.* S. Augustinus Ep. 56 : *Nomen Anaxagoræ propter literatam vetustatem omnes, ut militariter loquar, Literatores libenter sufflant.* Rufinus Antiochenus, qui de *Metris* scripsit, *clarissimus literator* dicitur in libri titulo. Capitolinus in Antonino Philosopho : *Usus est magistris ad prima elementa Euphormione Literatore.* Lampridius in Commodo : *Habuit Literatorem Græcum Onesicritum.* [Alphius Avitus lib. 2. Excellentium Virorum, apud Priscianum lib. 8 :

Tum Literator creditus
Ludo, Faliscum liberos
Causatus in campi patens,
Extraque muri ducere,
Spatiando paulatim trahit
Hostilis ad valli latus.]

Adde Capitolinum in Maximino juniore. Arnoldus Abbas Bonæ-vallis de Operibus sex dierum, carpens Origenem quod in interpretatione S. Scripturæ verba aucuparetur, *literatorem* vocat, id est, Grammaticum. Joan. Sarisber. Epist. 155 : *Miraris fortasse cum populo, et cum amicis doles, quod pacem quæ mihi a serenissimo Rege Angliæ oblata dicitur esse, non recepi, præsertim cum Literatores et meliores viri non modo admiserint, sed aviditate rapuerint eam.* Ubi *Literatores*, sunt non modo disciplinis et literis imbuti, sed viri prudentes.

LITERATORIA Ars, Grammatica, apud Ordericum Vitalem lib. 8. pag. 702. Vita B. Mariani Abb. Ratispon. n. 14 : *Dum enim B. Martianus.... ad elementa Literatoriæ artis, ac divinæ legis cognitionem... destinaretur.* Laxius pro literis omnibus usurpat Asserus de Ælfredi rebus gestis ann. 884 : *Acerrimi ingenii virum, et in omnibus disciplinis Literatoriæ artis eruditissimum.* *Literalis ars*, apud Antenorem in Vita S. Silvini Episc. n. 1. *Literales scientiæ*, apud Gregorium VII. PP. lib. 9. Epist. 2. [Joh. de Janua : *Literalis scientia, Quæ de literis tractat, vel quæ efficit literatum.*] *Literales disciplinæ*, apud Baldricum Noviom. lib. 1. cap. 29. 87. et Fulbertum in Vita S. Autberti cap. 1. Adde Joan. Sarisberiensem lib. 1. Metalogici cap. 13. [*Literalis lectio*, apud Cælium Aurel. lib. 1. cap. 5.] Vide *Literatura.*

* **LITERATORIA** Notio, Grammaticæ seu literarum scientia, eruditio. Glab. Rodulph. tom. 10. Collect. Histor. Franc. pag. 55 : *Scientes non deforе mihi locum quempiam commanendi, tantum ob Litteratoriam notionem.*

LITERATORIE, Latine. Capitula Synodalia Laurentii Archiep. Strigon. cap. 5 : *Ut Canonici in claustro, et Capellani in curia Literatorie loquantur.*

Interdum, per literas, per epistolam. Mat. Westmonast. ann. 1174 : *Hostes perterritos in fugam coegerunt. Quod Imperator Senatui Litteratorie significans, victoriam suam Christo gaudenter attribuit.* Idem ann. 1256 : *Ipsi Litteratorie supplicaverant.* [Charta ann. 1258. ex Archivis monast. Melereii : *Procurator ejusdem loci Abbatis et Conventus Litteratorie destinatus.*] Ita usurpant Concil. Carthagin. V. cap. 10. apud Gratianum dist. 18. cap. 10. Celestinus III. lib. 3. Decretal. cap. 21. Matth. Paris pag. 553. Ericus Daniæ Rex apud Pontanum lib. 9. Rerum Danicar. pag. 571. Bromptonus pag. 1195. Willelm. Thorn ann. 1305. etc. Guilliel. Prynneus in Libertat. Angl. tom. 3. pag. 989. Statuta Ord. Præmonstr. dist. 4. cap. 1. et Probat. Histor. Blesensis pag. 24.

LITERATURA, Grammatica, ars quæ literas docet. Seneca in Epist. 88 : *Quemadmodum prima illa, ut antiqui vocabant, Literatura, per quam pueris elementa traduntur, non docet liberales artes, sed mox percipiendis locum parat*, etc. Quintilianus lib. 2. cap. 1 : *Grammatice, quam in Latinum transferentes Literaturam vocaverunt.* S. Augustinus de Ordine lib. 2. cap. 12 : *Poterat jam perfecta esse Grammatica, sed quia ipso nomine profiteri se literas clamat, unde etiam Latine Literatura dicitur, factum est ut quidquid dignum memoria literis mandaretur, ad eum necessario pertineret.* Idem lib. 1. contra Cresconium cap. 14 : *Grammaticam Literaturam Latine viri utriusque linguæ doctissimi appellaverunt.* Ita usurpant Cicero, Quintilianus, et alii, quibus addo Martianum Capellam lib. 3. γραμματικὴ *dicor in Græcia, quod* γραμμὴ *linea, et* γράμματα *literæ nuncupentur, mihique sit attributum literarum formas propriis ductibus lineare. Hincque mihi Romulus Literaturæ nomen adscripsit, quamvis infantem me literationem voluerit nuncupare. Sic apud Græcos* γραμματιστικὴ *primitus vocabar.* Vide Quintilianum lib. 2. cap. 15. et supra *Literator.*

☞ Nostris vox *Literature* Grammaticam artem non significat, sed eruditionem; hinc in Historia critica Reipublicæ Litterariæ carpitur Ferrandus, quod tom. 2. Observationum in Religionem Christianam pag. 256. Latinam vocem *Literaturam* per Gallicam *Literature* reddidisset, non per *Grammaire* : quo circa hic obiter observabo *Litteraturæ* vocabulo haud ita Grammaticam significari, ut nunquam eruditionem indicet, ut patet ex hoc Ciceronis loco, ubi de Cæsare : *Fuit in illo ingenium, ratio, memoria, Literatura, cogitatio, diligentia.*

* Nostris *Letreure* alias, pro *Littérature*, scientia, eruditio. Prolog. ad Chron. S. Dion. tom. 3. Collect. Histor. Franc. pag. 152 : *Pour ce que sa Letreure et la simplece de son engin ne souffist pas à traitier d'œuvre de si haute estoire, etc.* Eadem Chron. lib. 5. cap. 12. ibid. pag. 290 : *Et pour ce que* (Eracles) *estoit grans clers et de parfonde Letreure, etc.* Ubi Aimoin. lib. 4. cap. 22 : *Cum litteris abunde esset instructus etc.*

Literatura Solidi, Characteres qui in nummo exarantur. Auctor Queroli : *Quid tam simile quam solidus solido est? Etiam hic distantia quæritur in auro, vultus, ætas, et color, nobilitas, Literatura, patria, gravitas usque ad scriptulos : quæritur in auro plus quam in homine.*

Literatura, Epistola. Occurrit in libro Epistolar. S. Bonifacii Archiep. Moguntini, Ep. 79.

Literatura, *Apocha*, Papiæ.

Literatura, pro *Litura.* Testamentum Abbonis Patricii pro fundatione Abbatiæ Novaliensis : *Et si qua karaxatura aut Literatura in hac pagina testamenti mei repertæ fuerint, nos eas fieri rogavimus, etc.*

1. **LITERATUS.** Charta Rainaudi Archiepiscopi Lugdun. ann. 1213. apud Joan. Mariam *de la Mure* in Hist. Ecclesiast. Lugdun. pag. 321 : *Statuimus ut Ecclesia sit Conventualis, habens Priorissam cum Conventu aliarum decem et novem Monialium, quarum duodecim sint Literatæ, et septem Conversæ, etc.* Id est, quæ sciant literas, seu legere. [Choro addictæ.]

* *Literati* in monasteriis, laicis fratribus seu *conversis* opponuntur. Charta ann. 1220. inter Instr. tom. 6. Gall. Christ. col. 445 : *Diaconi vero et cæteri quilibet in monasterio Litterati unum psalterium; conversi vero et alii laici confratres monasterii 150. vicibus orationem Dominicam decantabunt.* Occurrit præterea in vita S. Berth. tom. 6. Jul. pag. 479. col. 1.

Literati, pro *Clericis*, usurpat Gregorius X. PP. in Epist. ad Philippum Regem Francorum ann. 1273. apud Petrum Mariam Campum in Histor. Eccles. Placentinæ part. 2. pag. 424 : *Quod nonnulli Literati terræ tuæ habitu et tonsura relictis, publice ducunt uxores, etc.*

2. **LITERATUS**, pro *Listatus.* [Charta Adelgastri æræ 818. tom. 3. Conc. Hispan. pag. 90 : *Damus... quinque pallas et sex sabanas, duas Literatas et quatuor sine serico.*] Charta Hispan. æræ 1016. apud *Yepez* in Chronico Ord. S. Benedicti tom. 5 : *Cum plumatos paleos et Græciscos, et suas sabanas Literatas, et sateles alfanegues.* Monasticum Anglic. tom. 3. pag. 320 : *Casula... de sameto purpureo, aliquantum san-*

guineo, cum pectorali Literato. Vide *Lista* et *Litifatus.*

¶ **LITERBIA.** Conc. Avenion. ann. 1337. apud Baluzium in Conciliis Narbon. pag. 353 : *Vel portandum Literbiam seu ferret.* Sed D. *le Fournier* nos benevole monuit legendum ex autographo Ecclesiæ Massil. : *Ad portandum Libitinam seu feretrum.*

¶ **LITERIA**, Stramentum. Vide *Lecteria.*

LITERIO, Qui literarum cognitionem affectat. Ammianus lib. 17. de Juliano tum Cæsare : *Ut hirsutum Julianum carpentes, appellantesque loquacem talpam et purpuratam simiam, et Literionem Græcum.* [Eadem notione usurpat S. Augustinus Ep. 118. ad Dioscorum num. 26. et lib. 1. contra Adversarium Legis.]

¶ **LITGANTIA**, LITGENSA. Vide *Ligius.*

* **LITHERIA**, Feretrum, quo defuncti cadaver effertur. Testam. ann. 1389. ex Tabul. S. Anton. Massil.: *Item volo.... quod dictum corpus meum portetur ad sepulturam prædictam super una Litheria, coopertum de una sturia etc.* Form. Mss. ex Cod. reg. 7657. fol. 32. r° : *Recipientes corpus sive cadaver dicti defuncti, ipsum in quadam Litheria fustea ad domum dicti domini vicarii cum furore maximo deportaverunt.* Vide *Lectica* 2.

¶ **LITHOGONIA**, *Lapidis generatio*, in Amalthea ex Onomastico, a λίθος, lapis, et γονός, Generatio.

LITHOSTROTUM. Will. Brito in Vocab. : *Lithostrotos dicitur varietas pavimenti vel variatio colorum in pavimento, vel congeries lapidum diversorum colorum, vel pavimentum, vel quodcunque aliud opus, dummodo sit ex lapidibus diversorum colorum.* Addit Joannes de Janua : *Fit autem parvulis crustis, ac taxillis, i. quadratis lapillis tinctis in varios colores.* [Quæ mutuatus est ab Isid. lib. 19. cap. 14. ubi pro *taxillis* habetur *tessellis.*] Varro lib. 3. de Re rust. cap. 1 : *Cum enim villam haberes operi tectorio, et intestino, ac pavimentis nobilibus Lithostrotis spectandam, etc.* Ita quidem Latini. Vide Philandrum ad Vitruvium lib. 4. cap. 6. Postea vox usurpata pro quovis pavimento. Hist. Translat. S. Severini Noric. Episc. num. 22 : *Lampas de candelabro in Lithostroto concidens extincta est.* Denique pro via lapidibus strata usurpatur in Capitul. Caroli M. lib. 5. cap. 201. [353] : *Si quis viam publicam, aut Lithostrotum, vel viam communem alicui clauserit contra legem, etc.* [Baluzius scribit *Litostratum*, sicque apud veteres legi ait. Gloss. : *Delapidata*, λιθόςρωτα.] [** *Via æqualis* dicitur in Leg. Bajuv. tit. 9. cap. 13.]

¶ LITHOSTRATÆ LITERÆ, Tessellatæ. Agnellus apud Murator. tom. 2. part. 1. pag. 2 : *Ad latera vero ipsius Basilicæ Monasteria parva subjunxit, quæ omnia novis tessellis auratis, simulque promisquis aliis calci infixis mirabiliter apparent, super capitaque omnium columnarum ipsius Maximiani nomen sculptum est. Monasterio vero parte virorum sex literas Lithostratas invenietis; ignorantes ad errorem perducuntur, nam scientes ibidem esse scripta, MV. SI. VA. esse intelligunt.* Vide *Musivum opus.* [** et Murat. Antiq. Ital. tom. 2. col. 364.]

¶ **LITHUS**, λίθος, Lapis. Vita S. Columbæ, tom. 2. Junii pag. 221 : *Mirumque in modum contra naturam Lithus in aquis supernatat.*

LITIDIUM, [Servitium a *Lito* debitum.] Vide *Litus.*

LITIFATUS. Charta Aldegastri, filii Sylonis Regis Ovetensis ann. 781. apud Sandovallium : *Ad ornamentis Ecclesiæ damus octo vestimentis, et tres mantos, et sex stolas, quinque manipulos, quatuor corporalia, quinque pallia, et sex sabanas, duas Litifatas, et quatuor sine serico, et tres acelexas, et duas stacatas, et una capa serica, etc.* Quo loco Sandovallius recte, opinor, legit, *Litisatas* seu *Listatas.* Ubi vero est *acelexias*, reddit *aceletas.* [Vide *Literatus* 2.]

¶ **LITIGABILIS** DIES, Dies fastus, seu fori legitimi, Gall. *Jour plaidoiable.* Litteræ ann. 1467. apud Lobinell. tom. 3. Hist. Paris, pag. 259 : *Habeant audientiam quolibet die Litigabili.*

LITIGARE, Præliari. Vide *Lis.*

* **LITIGIUM** GENERALE, Judicium domini feudalis, ad quod vassalli omnes convenire tenentur debita domino persoluturi. Charta Relici abb. S. Faron. ann. 1269. ex Chartul. Campan. fol. 286. col. 1 : *Concesserunt nobis ac monasterio nostro in perpetuum nomine excambii quindecim sextaria avenæ annui redditus, quadraginta duos solidos Turonenses debitos de minuto censu et de Litigio generali, quos dicti armigeri habebant in villa et territorio de Chanconnino.* Vide in *Placitum.*

LITIMIA, Papiæ, *Patientia calcata, vel crudelitas infixa.* Editus [cum MS. Bitur.] habet *Lituma.*

LITIMONIUM, [Obsequium *liti.*] Vide *Litus.*

* **LITINICES**, perperam pro *Liticines, cornices, qui cornu canunt*, in vet. Glossar. ex Cod. reg. 7613.

¶ **LITISPENDENTIA**, Lis sub judice. Charta ann. 1409 : *Volumus, quod quicunque* (f. cum) *aliquis in judicio ecclesiastico conventus fuerit, et Litispendentiam vel transactionem aut alium modum, per quem lis finitur, coram ecclesiastico judice allegaverit vel exceperit, etc.... nec judex ecclesiasticus amplius de tali causa judicare presumat Litispendentiam.*

LITIUM, ex Gr. λίθος, λίθιον, Lapis, lapillus. Hincmarus in Capitulis datis ann. 12. Episcopatus cap. 3. de Altari portatili, seu Tabula itineraria : *Tabulam quisque Presbyter, cui necessarium fuerit, de marmore, vel nigra petra, aut Litio honestissimo, secundum suam possibilitatem honeste affectatam habeat, et nobis ad consecrandum afferat, etc.* Quidam *litium* hoc loco esse censent quod vulgo *ardesiam* appellamus. Vide infra *Loys.* Sed et eadem notione usurpatam vocem hanc puto in Charta Eadredi Regis Angl. in Monastico Anglic. tom. 1, pag. 210 : *Cum 2. corceolis pretiosissimis et crusto aureo, columnis de Liciis* 96. *etc.* Perperam editum unica voce *deliciis.* Vide Festum in *Delicia.* Lapidem λίτζι, seu λάπις λίτζι non semel habet Nicolaus Myrepsus, ubi sumitur pro lapide pretioso, seu viridi, ut sect. 1. cap. 30. 31. Et cap. 37. meminit λίθου πρασίου, ὃς λέγεται παρὰ Ἰταλοῖς λάπις λίτζι. Rursum cap. 111. Λάπις λίτζι, τουτέςι λίθου λαζουρίου. Alibi : Λίτζι, τὸ λαζούριον ἢ λίθος πράσιος. Et cap. 465. et 480. distinguitur a lapide *Lazuli*, qui λάπις λαζουλι, λίθος κυάνεος appellatur, quomodo etiam cap. 486. Adde sect. 32. cap. 7. Vide Gloss. med. Græcit. in Λίτζι.

LITO, Vasis species, inter ministeria sacra recensetur, in Charta Rudesindi Episc. Dumiensis æræ 930. apud *de Yepez* tom. 5. Chron. Ord. S. Benedicti pag. 424 : *Concedimus etiam phialas argenteas Franciscas 2. soparia exaurata, lopas exauratas cum coopertoriis 2. Litones 2. scalas exauratas 6. Litones 7. moyolos exauratos 3. calice ex auro et gemmato 1. dente elefantino, et soparias bubalinas 2. servitio mensæ argenteo integro, vasa ænea, hydrias 4. et 5. cerbu ; concos imaginatos 7. casticales 2. vasea vitrea, concas aciralis 2. arrodomas, sicacyralis 9. et orabecela, viçach, szutas de mensa, etc.*

LITONES, LITONICA BONA. Vide *Litus.*

¶ **LITORARE**, Appellere, litus vel portum capere. Ogerii Panis Annal. Genuens. ann. 1219. tom. 6. Muratorii col. 416 : *Sed quum ipsam* (navem) *forent aliquantulum sequuturi, ab insequutione obscuro noctis articulo destiterunt, redeuntes ad terram et sperantes, quod deberent ipsa nocte vel summo mane aquarum deficientia Litorare.*

¶ **LITORES**, Servi glebæ, Ascriptitii. Vide *Litus.*

* **LITORIA**, *La nave*, in Glossar. Lat. Ital. Ms.

¶ **LITOSTRATUM**, LITOSTROTUM. Vide in *Lithostrotum.*

1. **LITRA**, Mensura liquidorum, ex Gr. λίτρα, *Libra.* Constitutio Odonis Legati in Syria contra Simoniacos ann. 1254 : *Item cum propinqui defuncti faciunt fieri aliquod monumentum lapideum in cœmeterio subtus terram, coguntur solvere unum Litram olei, quæ continet 4. quarteronos, vel aliud pretium, etc.*

2. **LITRA**, Limbus, ora. Monachus Sangallensis lib. 2. cap. 27 : *Cum pelliciis... Tyria purpura, vel diacedrina Litra decoratis... procedebant.* Vox contracta ut videtur, ex *Litura.* Quippe *Litura*, uti limbus, lineam quamdam efficit. Papias : *Litura, dicta quod liniendo teratur.* Nazarius in Paneg. : *Venerandarum imaginum acerba dejectio, et divini vultus Litura deformis.* Ex *Litra* formata vox

LISTRA, Eadem significatione. Historia Episcopor. Autisiodor. cap. 20 : *Item cochlearem unam pensantem lib. 1. et uncias 10. habet in medio rotellam nigellatam, et in gyro Listram.*

Hinc origo vocis *Listre* vel *Litre*, apud nos vulgo usurpatæ, pro *lituris* nigris, quæ illinuntur parietibus Ecclesiarum in tæniæ aut limbi speciem, intus et extra, cum domini feudales, qui jure Castellaniæ aut patronatus gaudent, decedunt : tunc enim illinuntur parietes Ecclesiarum nigro colore, et lituris apponuntur depicta per certa intervalla eorum arma et insignia. Quo pertinent, quæ narrat Philostratus de Herode Attico, qui mortua conjuge, totam domus faciem mutavit, et parietum picturas velis nigris induxit : ὁ δὲ καὶ τὸ σχῆμα τῆς οἰκίας ἐπ' αὐτῇ ὑπήλλαξε, μελαίνων τὰ τῶν οἴκων ἄνθη παραπετάσμασι καὶ χρώμασι καὶ λίθῳ Λεσβίῳ, κατηφὴς δὲ ὁ λίθος καὶ μέλας. Hinc igitur ortus videtur mos is, qui etiamnum obtinet, velis nigris ædium parietes obducendi in funeribus. De *listris*, sic Consuetudo Turonensis art. 60. et Juliodunensis cap. 5. art. 2 : *Le Seigneur Chastellain est fondé d'avoir la preéminence devant ses vassaux és Eglises estans en et de sa Chastellenie, comme d'avoir et retenir Listres à ses armes et timbres au dedans et dehors desdites Eglises.* Vide Altaserram de Ducib. et Comitib. Provinc. lib. 3. cap. 3. A *Listra*, deducta etiam, opinor, vox alia ejusdem notionis *Lista*, de qua suo loco.

* *Liere*, eadem acceptione, bis legitur in Lit. remiss. ann. 1466. ex Reg. 194. Chartoph. reg. ch. 237 : *Hardi le Roux en son vivant chevalier, pere du suppliant, ala de vie à trespassement, et fut ensepulturé en l'église de Courron, en laquelle le suppliant fist faire Liere et paindre ses armes allentour d'icelle, comme il est de coustume de faire en tel cas.*

¶ Lictra, Eadem significatione. Petrus Nannet. Episc. in Statuto ann. 1481. tom. 4. Anecd. Marten. col. 1016. invehens in hujusmodi vana et sæcularia templorum ornamenta ait, *Nefandum et Deo injuriosum ac ignominiosum esse, armorum scuta seu insignia ad modum circuli, zonæ, Lictræ, et aliis quam plurimis exquisitis modis in fenestris, ostiis, vitris, parietibus, altaribus, et quod dictu indignum est, Christi Corporis sacrariis, imprudenter* (f. *impudenter*) *depingere, etc.*

* **LITRIALEPRA**, *La scaya de lepra, o de rognia.* Glossar. Lat. Ital. Ms.

* **LITRINUM**, Ambo, pulpitum. Vide supra *Aulogiæ*.

¶ **LITTERÆ** cum derivatis suis. Vide *Literæ*.

LITTORARIA, Littus, ora maritima, Italis *Riviera*, ex *Riparia*. Adrianus PP in Epist. 65. Cod. Carolini : *In Littoraria Langobardorum semper navigaverunt.* Leo III. Ep. 6 : *Ut... Littoraria nostra et vestra ab infestatione paganorum et inimicorum nostrorum tuta reddantur atque defensa.* Utitur semel antea Epist. 3. extrema. Anastasius in S. Vitaliano : *Venit Constantinus Augustinus de Regia urbe per Littoraria in Athenas, etc.*

* **LITTUS** Sumere, Appellere. Inventar. Chart. reg. ann. 1482. fol. 288 : *Inquesta facta super quadam exactione per Januenses noviter imposita, videlicet quinque solidorum pro libra super quolibet vase maritimo onus apud Aquas-mortuas sumenti et apud Genuam applicanti sive Littus sumenti. De anno 1312.* Vide *Litorare*.

¶ **LITUA**, σάλπιγξ, *Tuba*, in Supplemento Antiquarii, Latinis *Lituus*.

¶ Lituare, Lituo canere. Gloss. Lat. Græc. Sangerman.: *Tubo, Tubicino, Lituo*, σαλπίζω. Adde Supplementum Antiquarii.

¶ **LITUCHUS**, *Liturgus, habens curam rei sacræ.* Amalthea.

¶ **LITUM**, ut supra *Litium*, Lapis, lapillus. Opusculum Gualvanei Flammæ, tom. 12. Muratorii col. 1047 : *Et præcedere debent quatuor viri de Litis, elevantes lapides de terra, ne pes equi Archiepiscopi offendat ad lapidem pedem suum.*

¶ **LITUMA**, *Patientia çalcata, etc.* Vide *Litimia*.

LITURA. Walafridus Strabo lib. de Reb. Eccl. cap. 8 : *Videmus aliquando simplices et idiotas, qui verbis vix ad fidem gestorum possunt perduci, ex pictura Passionis Dominicæ, vel aliorum mirabilium ita compungi, ut lacrymis testentur exteriores figuras cordi suo quasi Lituris impressas.* Ubi quidam legunt *literis* : malim *Liniaturis*, quippe *Liniatura*, χρίσις, exponitur in vett. Glossis. Vide *Litra*.

☞ De Lituris, quæ nonnumquam reperiuntur in sinceris autographis, animadvertendum cum Mabillonio lib. 2. Diplom. cap. 1. n. 12. eas, sicut et adjectas voces primaria manu, maxime dum aliquanti erant momenti, ab iis qui religiosius se gerebant, comprobatas fuisse et ratas habitas : cujus rei plura profert exempla, quibus unum addo ex Testamento S. Irminæ Abbatissæ ann. 698. tom. 1. Ampliss. Collect. Marten. col. 10 : *Hæc sunt quæ huic testamento annectere volui : Si quæ Lituræ, vel caranaturæ* (caraxaturæ) *adjectionis factæ sunt, ego feci fierique jussi, dum mihi mea sæpius recenseretur voluntas.* Illud addam post eumdem Mabillonium, spatia pro nominibus propriis postmodum adjiciendis vacua non semel reperiri in primariis instrumentis, quod exemplis etiam probatur loco citato.

LITURARE, Delere, inducere, expungere. Onomasticum : *Lituro*, περιγράφω. Sidonius lib. 9. Ep. 2 : *Tunc enim certius te probasse reliqua gaudebo, si Liturasse aliqua cognovero.*

LITURARII, Scaligero lib. 2. Auson. lect. cap. 13. sunt codicilli in quibus prima concepta scriptionis nostræ conscribimus, et quæ displicent inducimus, ut postea chartæ puræ commendentur : quod olim fiebat in Palimpsestis tabellis. Idem Auson. in Præfat. in Centonem : *Hoc die uno, et addita lucubratione properatum modo inter Liturarios cum reperissem, etc.* Priscianus lib. 11. *Litura*, ἡ ἀπαλείψουσα, καὶ ἡ ἀπαλοιφή.

LITURGI. λειτουργοὶ, in leg. ult. Cod. Th. de Patrocin. vicorum, (11, 24.) ita dicti, ministerium aliquod publice præbentes, in Ægypto præsertim, operis publicis, seu *corveis* obnoxii. Vide Jacob. Gotofredum.

¶ Liturgi, *Ministri Ecclesiæ*, apud Papiam; apud Græcos Patres λειτουργοὶ nude, Diaconi, ut apud Basilium Epistol. 289. et apud Dionysium Areopagitam dictum Eccles. Hierarch. cap. 2. et 3. part. 2. Sed idem Basilius, Gregorii Nazian. et Nyss. Chrysost. et alii, omnes Ecclesiæ ministros, præsertim vero Presbyteros et Episcopos, vocant λειτουργοὺς τοῦ Θεοῦ, vel τοῦ θυσιαστηρίου, vel τῆς καινῆς διαθήκης, vel τοὺς τὴν λειτουργίαν τοῦ θυσιαστηρίου πεπιστευμένους, ut refert Suicerus in Thesauro Eccl. Adde Glossarium mediæ Græcit. in Λειτουργεῖν, col. 799.

* **LITURIA**, pro *Liturgia*. Pontif. vetustissimum ex Bibl. reg. : *Post hæc induat se pontifex cum sacris ordinibus suis, et ornata ecclesia, bis senisque accensis et introductis luminaribus præfatis, sollempnem sic inchoet Lituriam. Antiph.* Terribilis est locus etc.

1. **LITUS**, Lidus, Ledus, Ascriptitius, servus glebæ. Glossæ interlineares Legis Salicæ : *Litus, fiscalinus, vel sanctuarius*, id est, qui in publicis, privatis, aut Ecclesiarum fiscis seu prædiis degit. Charta ann. 794. apud Henschenium ad Vitam S. Ludgeri Episc. : *Id est, totam terram illam, quam Landulfus Litus meus incolebat et proserviebat.* Lex Longob. lib. 3. tit. 20. [** Carol. M. 83.] : *Aldiones vel aldiæ ea lege vivunt in Italia in servitute dominorum suorum, qua fiscalini vel Liti vivunt in Francia.* Vide Papianum lib. Respons. tit. 46.

☞ Ex hoc Legis Longob. titulo Muratorius infert eamdem fuisse *Litorum* conditionem, quæ fuit *Aldiorum*, ac proinde *Litos* potius dicendos esse *Libertos colonos*, quam *Servos glebæ*. *Liti* quidem, inquit, non erant integra libertate donati, sed a dominis sive patronis suis incolendum aliquod prædium suscipiebant, et stato eis tributo persoluto, immunes a multis aliis servitutis oneribus vivebant. Verum sive *Libertos colonos* cum Muratorio, sive *Servos glebæ* cum Cangio *Litos* vocaveris, constat eos fuisse potioris conditionis, quam servi infimi ordinis, ut mox docet ipse Cangius, durioris vero quam vulgus colonorum, a quibus manifeste distinguuntur in Charta Ottonis Regis apud Eccardum in Probat. Histor. Marchionum Orientalium col. 137 : *Ad nutrimen Dei famulorum, qui ibidem Deo servire cernuntur, quæ subnotantur in proprietatem damus, hoc est in pago Northuringa in comitatu Dithmari, in loco ita nominato in Magdeburg Litorum et servorum* xx. *colonum unum, in Rodhardesdorph familias Litorum* xviii. *et* iii. *colonos; Hartradestorff familias Litorum, in Suldorff familias colonorum* iiii. *Litorum, in Intesleve Litorum* xxiiii. *col.* xv. *in Firosa familias Litorum* xi. *etc.* Cæterum quibus servitiis et præstationibus adversus dominos seu patronos obstringerentur *Liti*, discimus ex Codice MS. Irminonis Abb. Sangerm. fol. 27. v°. col. 1. ubi : *Radoardus Lidus et uxor ejus Lida nomine solvunt denarios* viii.... *tenent mansum ingenuilem* 1. *habent de terra arabili bunnaria* vii. *de vinea arpen.* 1. *solvunt in pastione de vino modios* iii. *faciunt in vinea arp.* iiii. *in unaquaque ebdomada curvadas* ii. *manop. carop. quantum ei injungitur.* Ex quibus posterioribus verbis cernere est quam dura fuerit Litorum conditio. De mulieribus ea legimus ibid. fol. 72. v°. col. 3 : *Iste sunt Lidie. Teudrada, Hostravolda, Teutberga, Framengadis, etc. Omnes iste aut faciunt camsilos de octo alnis, aut solvunt denarios* iiii. Quæ omnia complectitur et illustrat Teschenmacherus Annal. Cliv. part. 1. pag. 74. ubi de *Litis* hæc habet : *Non tantum certis mensium et hebdomadarum diebus curiæ domino vel seniori, ligone, equo, bigis vel quadrigis, aut etiam pedibus operas præstabant, sed etiam certam peculiolam census nomine inferebant, quin et aliquando decimas omnium fructuum, tam humentium quam aridorum pendebant; unde apud Saxones* Lassen, *apud Sicambros* Lathen, *apud Frisios* Liten, *ejusdem etymi vocabulis, quod scilicet primo capti, et postea ex commiseratione in agris relicti nec ejecti aut venditi essent, dicti sunt.* Significant autem Lassen, *Lathen* vel *Liten*, Servare; ut igitur apud Latinos *Servi* a *servare* dicti, sic apud laudatos populos a verbo, quod idem significat, dicti

Liti, licet non essent servi omnium infimi. Vide *Lassi*.

Differebant *Liti* a servis, eorumque potior erat conditio. Lex Ripuar. tit. 62. § 1 : *Si quis servum suum tributarium aut Litum fecerit, etc.* Lex Saxon. tit. 10 : *Quidquid servus aut Litus jubente domino perpetraverit.* Capitulatio Caroli M. pro partibus Saxoniæ cap. 15 : *Et inter centum viginti homines nobiles, et ingenuos, similiter et Litos, servum et ancillam eidem Ecclesiæ tribuant.* Adde cap. 17. 18. 19. 20. et Capitul. 3. ann. 813. cap. 4. et alibi. Id potissimum observare est ex compositione pro lito et servo occisis, quæ major erat in lito quam in servo. Lex Frision. tit. 15 : *Compositio hominis nobilis libræ* 11.; *liberi, libræ* 5. *et dimidia; Liti, libræ* 2. *et unciæ* 9. *ex qua duæ partes ad dominum pertinent, tertia ad propinquos ejus. Compositio servi, libra* 1. *et unciæ* 4. *et dimidia.* Vide Addit. ad eamdem Legem tit. 3. § 71. Capitul. 3. ann. 813. cap. 4. 21. etc. Horum passim meminit Lex Salica tit. 14. § 6. Pactum Childeberti et Chlotarii cap. 8. Lex Ripuar. tit. 36. § 5. Lex Saxon. tit. 1. § 8. tit. 2. § 3. 4. 5. Lex Frision. tit. 1. § 3. 6. 9. 10. 12. 13. 14. tit. 2. § 2. 3. 6. 7. 8. tit. 6. tit. 9. § 7. tit. 15. § 3. Adde Chartam Lud. Pii apud Henschenium ad Vitam S. Anscharii Hamburgensis Archiep. § 16. Chartam Angilranni Episc. Metensis apud Meurissium pag. 175. præterea Chartas alias Impp. ann. 937. 1003. 1014. in Monumentis Paderbornensib. pag. 114. apud Stangefolium in Annalib. Westphalic. lib. 2. pag. 215. in Privilegiis Ecclesiæ Hamburgensis pag. 149. 155. 156. apud Goldast. tom. 2. Constit. Imp. pag. 43. Pontanum lib. 6. Orig. Francic. cap. 15. et Fredericum Sandium ad Consuetudines Feudales Gelriæ pag. 8. [** Murator. Antiq. Ital. tom. 1. pag. 866. Grimm. Antiq. Jur. Germ. pag. 305. num. 11. Pardessus. ad Leg. Salic. Guerard. ad Irmin. Polypt, et alios quos laudat Mittermaier. Princip. Jur. Germ. § 47. Confer supra *Lassi, Leti, Latini*.]

Litus Regis. Lex Saxon. tit. 17.

Litimonium, Lidimonium, Obsequium et servitium cui *Litus* vel *Lidus* erga dominum obnoxius est. Chartæ Ludovici Imper. et Caroli Calvi apud Hariulfum lib. 3. cap. 2. 7 : *Aut paratas, aut Lidimonium, aut hostilicium, aut alias quaslibet redhibitiones exigere aut exactare præsumat.* Testamentum Widradi Abb. Flaviniacensis : *Volumus etiam ut ingenuos eos fecimus, aut inantea fecerimus,... aliubi commanendi nullam habeant potestatem : sed ad ipsa loca sancta debeant sperare, et nullus de ipsis Lidemonium nostris hæredibus reddant, etc.* Ita scriptum invenitur in formula 27. Baluziana.

Litidium, pro *Litimonium*, habetur in Charta Longobardica in Bullario Casinensi pag. 19 : *Quod nunquam in posterum requisitionem facio in jam dicto venerabili Monasterio S. Paulo, vel suos servitores, aut Litidium, neque per interpositas personas facere jubeo, etc.* Margarinus pro *Litigium* haberi existimat.

¶ Letimonium. Formula concedendæ libertatis apud Baluzium tom. 6. Miscell. pag. 550 : *Nihil debeant servitio, nec Letimonium, nec onus patronati, nec nulla obedientia ipsius non requiratur, nisi eant et maneant ubicumque voluerint, portæ apertæ, cives Romanæ se esse cognoscant.* Similia recurrunt in Formula seq. ibidem.

Lidus, Lida, Eadem significatione usurpant Lex Salica tit. 14. § 15. tit. 28. § 1. tit. 37. § 5. tit. 44. § 4. tit. 52. § 1. Recapitul. Legis Salicæ § 27. 30. Capitul. 3. ann. 813. cap. 4. 21. Annales Franc. Petaviani et Moissiacenses ann. 780 : *Et Saxones omnes tradiderunt se illi, et omnium accepit obsides, tam ingenuos, quam et Lidos.* Sic distinguendæ hæ voces. [** *Puellas militunias vel Litas*, in Constitut. Chlodov. apud Pertz. Leg. tom. 2. pag. 4. tit. 7. § 2. *Militunias vel Letas*, ibid. tit. 11. § 9.]

¶ Leuti, in Præcepto Ludovici Pii ann. 823. apud Mabillonium Diplom. pag. 515.

Luiti, pro *Liti*, in Charta Caroli Martelli apud Wilelmum Hedam in S. Willebrodo, [et Miræum tom. 1. pag. 491. col. 1.]

Litones. Albertus Stadensis ann. 917 : *Plures autem se eis dedere proprios, qui ab eis vivere sunt permissi, et Litones sunt vocati.* Occurrunt ii apud Crantzium in Metrop. lib. 3. cap. 8. et in Chartis Germanicis in Chronico Episcopor. Mindensium pag. 737. 739. 741.

¶ Litores. Privilegium Monasterii Reichesperg. ann. 1315. apud Ludewig. Reliq. MSS. tom. 1. pag. 275 : *Recognoscimus publice litteram per præsentem, quod in claustro S. M. Virginis in Reichenberg, ac in bonis... et in aliis quibusdam mansis, qui liberi sunt a jure advocatie, et in dicte Ecclesie Litoribus nullum jus advocatie habemus.*

Liddones, in Charta Caroli M. in Monumentis Paderbornensibus pag. 325.

Ledus, Leda, Testamentum Widradi Abb. Flaviniac. : *Et illa Colonica in Ariaco, quæ fuit Anseberto, cum ipso homine qui supra commanet, nomine Sigeberto, et uxore sua Leda nostra, vel infantes eorum, etc.*

** Lati, in chart. ann. 824. apud Wigand. de Judic. Femic. pag. 220. Vide Warnkœnig. Histor. Jur. Flandr. tom. 3. pag. 46. sqq.

¶ Litonica Bona, Prædia ubi degunt *Litones* Informatio quædam super impetitionibus bonorum Ecclesiæ Gandesianæ, apud Leibnitium tom. 2. Scriptor. Brunsvic. pag. 345 : *Si dicit bona esse emphyteotica, ostendat formam contractus, qui in eo est comprehensus. Si dicit bona Litonica, designet officium, ad quod spectent et pertineant.*

** Litoniloquium, Litiloquium, Conventus annuus *Litorum*. Vide Haltaus. Glossar. Germ voce *Hof-Sprache*, 3. col. 941.

** Lidilis Mansus. Vide *Mansus*.

* 2. **LITUS**, Alveus, Gall. *Lit de riviere.* Charta ann. 1455. ex Cod. reg. 5956. A. fol. 238. v° : *Dictus fluvius, Vidassoa vocatus, fluit et Litum facit per aliquam partem dictarum parochiarum.*

* *Litis* vero, pro *Lithuantens*, Lithuani, et *Letau*, pro Lithuania, nostri alias dixerunt. Diar. Mss. Guill. *de Lannoy* dom. *de Villerval* ad ann. 1404 : *De Zeghewalde me parti pour m'en aller veoir le royaume de Letau, devers le duc Vuicolt roy de Letau et de Samette* (Samogitie) *et de Russie.* Le Roman *de Garin* :

> Combatus ert as Seurs, as Litis,
> Et as Danois, et as Amoraviz.

* **LIUDA**, Piscis genus. Tract. Ms. de Pisc. cap. 51. ex Cod. reg. 6838. C. : *Ruia levis, ab Hispanis dicitur Liuda, a cute levi et pellucida.*

LIUDIS, [Præstatio vel mulcta.] Vide *Leudis*.

* **LIVELARE**, ad Libellam exigere, Ital. *Livellare*, Gall. *Niveler.* Charta ann. 1327. in Chartul. Arremar. ch. 7 : *Dicta molendina sive aquæductus prædictus erunt per carpentarios... et alios probos viros, ad hoc per nos et ipsos religiosos monasterii Arremarensis electos, communiter metata et fideliter Livelata.* Vide infra *Livellum*.

* **LIVELARIUS** vel Livellarius, Emphyteuta, qui sub emphyteusi possidet, Ital. *Livellario.* Decreta Placent. ad calcem stat. fol. 88. v° : *Item judex ecclesiasticus ad quem spectat, possit cognoscere contra emphitheutas, Livelarios, massarios et fictabiles ecclesiarum etc. Pensionarius, Livellarius, vel superficiarius etc.* in Stat. Genuæ lib. 1. cap. 34. pag. 61. v°. Vide *Libellus*.

* Livellarius, Idem quod *Libellarius*, Emphyteuticus. Stat. Mantuæ lib. 2. cap. 69. ex Cod. reg. 4620 : *Res aliqua quæ vendi contigerit,.... non sit nec esse intelligatur libera a servitute seu servitutibus, quibus subjacebat ante ipsam venditionem; et intelligatur etiam res Livellaria subjacere servituti.* Stat. Vercell. lib. 3. pag. 85. r° : *Si concessa vel investita fuerit in perpetuum, vel Livellario nomine de novem annis in novem annos etc.* Vide mox *Livellus* 2.

* **LIVELLUM**, Libella, Gall. *Niveau.* Charta Edm. abb. de Ripatorio ann. 1327. in Chartul. Arremar. ch. 7 : *Et sciendum est quod dictum solum aquaticum sive seuleerauz ex nunc et imposterum reficietur.... secundum Livellum, quod per operarios et alios probos viros..... nobis traditum fuerit.* Vide supra *Livelare*.

¶ 1. **LIVELLUS**, Libella, Gall. *Niveau*, Ital. *Livello.* Papias MS. Bituric. : *Livellus, Liveolus de plumbo.* Editus habet, *Luvellus, Livolus de plumbo.*

* 2. **LIVELLUS**, Idem quod *Libellus*, Charta, qua prædium in emphyteusin conceditur, canon emphyteuticus, Ital. *Livello.* Stat. Vercel. lib. 6. pag. 140. v° : *Ita tamen quod sedimen et terras, quas tenebat a domino ad fictum vel Livellum, vel alio modo, absolute dimittere teneatur, etc.* Stat. Cadubr. lib. 2. cap. 93 : *Si Livellus vel locatio alicujus rei ad non modicum tempus facta etc.* Correct. eorumd. Stat. cap. 134 : *Jubemus ac mandamus, ne pauperes opprimantur, quod dom. vicarius cuicunque condolenti de Livellorum exactione nimia et excessiva summarie et sine strepitu judicii jus et justitiam ministret.*

¶ **LIVENTIA**, Livor. *Corpora tumida præ fame et Liventia*, apud Matth. Paris ann. 1258.

¶ **LIVERARE**, Liveratio. Vide *Liberare* 2.

LIVERCINUS, Avis species. Frideric. II. Imp. lib. 1. de Venat. cap. 12 : *Livercini vero comedunt sæpius scarabeos, bruchos,* et hujusmodi. Adde cap. 2. 13. 14. 18.

¶ **LIVEREUM**, Vectis, Gall. *Levier*, Ital. *Liviere*. Translatio S. Prosperi, tom. 5. Julii pag. 59 : *Muratores non sine maximo labore cum Livereis ferreis et malleis, coram cunctis prædictis et aliis adstantibus, frangi et aperiri fecit altare, etc.*

¶ **LIVIA**, Columba agrestis, a livido colore, apud Martinium in Lexico.

1. **LIVIDARE**, Damnare, quasi *livore*, vel invidia. Baldricus Dolensis in Prologo MS. ad Vitam B. Hugonis Archiep. Rotomag. : *Librum autem illum vel laudare, vel Lividare supersedeo; corrigere vero non præsumo.*

* 2. **LIVIDARE**, Dedecus imprimere, quasi livore inducere, Gall. *Flétrir*. Gesta Consul. Andegav. tom. 10. Collect. Histor. Franc. pag. 252 : *Memor esto, obsecro, parentum nostrorum, ne Lividemus in aliquo titulum Francorum.*

¶ **LIVIDITAS**, Livor, invidia. *Lividitas invidiæ*, in Actis SS. Aprilis pag. 148. ubi de B. Ida.

¶ **LIVIDO**, Livor, color lividus. Canones Hibern. tom. 4. Anecd. Marten. col. 13 : *Si quis alapam alteri impegerit, nec sanguis nec Livido appareat*, v. *solidos argenti exsolvat*. Recurrit ibid. col. seq. *Livedo* dixit Apuleius hac notione.

* **LIVIDUM**, Color lividus, subniger. Testam. ann. 1392. inter Probat. tom. 3. Hist. Nem. pag. 160. col. 2 : *Item lego Petro, filio dicti Jacobi de Podio, cotardiam meam de Livido, quam de præsenti porto indutam.* Vide *Lividus Pannus*.

¶ **LIVIDUS** Pannus, Subniger, in Testamento ann. 1367. apud Marten. tom. 2. Anecd. col. 1522. *Livida tela*, ibidem col. 1523.

* **LIVISSUS**, Lividus, color equi. Tabul. colleg. S. Mart. Tolos. ex Cod. reg. 4223. fol. 82. r°. : *Mostra nobilis Guillelmi de Falguario.... Dictus Guillelmus cum equo bayardo modicum stellato, tribus pedibus Livissis.*

LIVITILA, [*Parva lingua, quæ foramen linguæ recludit*, Papiæ.] Vide *Sublinguium*.

¶ **LIVIVI**. Leges Calenses apud Marten. tom. 1. Ampliss. Collect. col. 1353 : *Item de ictu levi sine sanguine, et de Livivi, et de verbis contumeliosis procedetur, prout de sanguine superius et expressum.* Forte legendum *de Livore*; saltem eadem est notio. Vide mox *Livor*. [* Legendum puto, *de levi vi*.]

¶ **LIVOLUS**, Gall. *Niveau*. Vide *Livellus*.

LIVOR, Vulnus inflictum, ex quo *livor* apparet. Auctor Mamotrecti : *Livor, invidia, vel nigredo quæ remanet ex percussione baculi vel virgæ.* Vetus Formula cap. 30. apud Bignon. : *Violenter super ipsum evaginato gladio venit, unde Livores, vel capulaturæ atque colaphi manifesti apparent.* Infra : *Et postquam istos præsentes Livores recepit.* Charta Hispanica æræ 1016. apud Anton. de Yepez in Chronico Ord. S. Benedicti tom. 5. pag. 444 : *Et si fuerint omnes de istas villas jam nominatas, et de istos Monasterios ad alias villas ad pignora, cum lanceas et scutos, et lapides, et ibi bellum contigerit, Livores et homicidium fecerunt, etc.* Auctor Queroli : *De livoribus in quadrantem solidi illius, de tumoribus in trientem pœna transibit : quod si et tumor fuerit et Livor solidi unius, bessem jure optimo consequetur.*

Livor, Justitia vel cognitio de *Livore*. Charta ann. 1207. apud Ughellum tom. 1. pag. 398 : *Concedimus videlicet sanguinem, Livorem, et bandasiam, potestatem, et judices, etc.*

¶ Livoramentum, Percussio. Chron. Modoet. tom. 12. Muratorii col. 1120 : *Contigit autem per universam terram de Modoetia videri una die per aera innumerabilia capita nigra, alba... et quasi cohortes armatæ audiebantur moveri, et congressiones et Livoramenta cum scutorum motione, etc.*

Livorare, Livores inferre, vulnerare, contundere. Gesta Regum Franc. cap. 17 : *Sed propter loricam qua indutus erat, non Livoraverunt eum.* Marculfus l. 1. form. 29 : *Quasi vos nulla manente causa in via adsalissetis, et graviter Livorassetis.* Adde form. 37. et formulas vett. secundum Legem Romanam cap. 30. 33.

¶ Livorosus, Lividus. Vita S. Columbæ Abbat. tom. 2. Junii pag. 228 : *Sanctum percussit flagello, cujus Livorosum in ejus latere vestigium omnibus suæ diebus vitæ permansit.*

¶ **LIVOT**. Charta Dumbensis ann. 1407 : *Juxta quoddam Livot aut Jonchay.* Si particula *aut* explicativa sit, ut interdum alibi, *Livot* Juncetum significat, sed si disjunctiva, ut revera mihi videtur, *Livot* credo esse quasi *Rivot*, litera *r* in *l* mutata, ut alibi non semel, et *Livot* vel *Rivot* significare Rivum vel rivulum.

* **LIVRALE**, Livralis, Idem quod supra *Librale*, Mensura frumentaria, nostris *Livrouer*. Charta ann. 1341. in Reg. 72. Chartoph. reg. ch. 408 : *Item pro annuo censu seu obliis nobilibus debitis de frumento, xliiij. sestaria, iij. ponhaderiæ, ij. Livrals* (sic), *detractis inde per correctionem de novo factam viij. Livralibus, et per detractionem hujusmodi additis iij. Livralibus de novo revelatis, etc.* Alia ann. 1361. in Reg. 103. ch. 78 : *Petrus Donati servire tenetur quinque punherias et unum Livralem frumenti census..... Hæredes Raimundi de S. Romano..... serviunt decem Livrales frumenti pro quadam petia terræ.... Item duo Livralia frumenti pro tribus carteriatis terræ.* Lit. remiss. ann. 1393. in Reg. 145. ch. 198 : *Le suppliant print et emporta un Livrouer de froment.* *Liévart* et *Liévrade*, Modus agri, unde *Livrale* æstimari licet, in Lit. admort. pro eccl. Tolos. ann. 1471. ex Reg. 197. ch. 159 : *La seconde piece contient ung arpent et ung Liévart, qui est la quarte partie d'un arpent de pré.... La quatrième piece contient trois mailheres et une Lievrade de pré.* Vide *Livratorium* et *Livroriata*.

* **LIVRAMENTUM**, Compensatio, justa et pensata æstimatio et partitio. Lit. ann. 1416. tom. 10. Ordinat. reg. Franc. pag. 401, art. 5 : *Non solvent seu contribuent, solvereque* (seu) *contribuere non tenebuntur in talliis et oneribus prædictis, nisi pro uno et eodem Livramento, etc.* Vide supra *Alibramentum*.

* **LIVRARE**, Subministrare, Gall. *Fournir, procurer*. Stat. Vercel. lib 3. pag. 96. v°. : *Item quod nullus de civitate Vercellarum vel districtu Livret aliquem zuglarium, vel aliquem hominem de curte, vel zuglarissam in aliqua curia, vel nuptus, vel in aliquo convivio, vel festo. Et qui contrafecerit, solvat pro banno libras decem Pap. Et si ille qui Livratus fuerit vel Livrata aliquid ei dederit, solvat pro banno solidos 60. Pap.* Vide in *Liberare* 2.

* **LIVRARIA**, ut mox *Livrora*. Vide in hac voce.

¶ **LIVRATORIUM**, Mensura frumentaria continens unum *bichetum* quibusdam in locis, in aliis vero dimidium tantummodo bichetum, ex Adversariis D. *Aubret*. Vide *Livroriata*.

* **LIVREA**, a Gallico *Livrée*, Præbitio. Inventar. Chart. reg. ann. 1482. fol. 305 : *Litteræ abbatis et conventus S. Wandregesili, Rothomagensis diocesis, super quictatione Livreæ sive coustumæ, quam percipere solebant in foresta de Tractu. De anno* 1321. Vide *Livreia* in *Liberare* 2.

* **LIVREIA**, Districtus, territorium, finis, limes. Vide supra *Liseria* 1. Charta Phil. III. reg. Franc. ann. 1283. in Reg. 61. Chartoph. reg. ch. 389 : *Dimisimus majori et communitati villæ de Vernolio emendas et cognitiones, quas in dicta villa et ejus Livreis habebamus in casibus infra scriptis, videlicet etc.* Nisi malis idem esse quod supra *Livramentum*. Vide alia notione in *Liberare* 2.

* **LIVRORA**, Mensura agraria, eadem quæ *Livroriata*. Pactum inter Guichard. dom. Bellijoci et Guichard. de Marziaco ann. 1317. in Reg. 56. Chartoph. reg. ch. 474 : *Pro dimidia Livrora terræ, sita en la Rotella juxta terram Martinit Delmont.... Pro una Livraria de feugeria, sita el Pron juxta lo feugerey Stephani de la Buffenderi... Pro una Livrora et dimidia terræ sitæ en Azolates.* Vide supra in *Livrale*.

¶ **LIVRORIATA**, Livrorium. Charta Bellijocensis ann. 1424 : *Debet unum Livrorium ordei super quadam terra continente tres Livroriatas terræ.* *Livrorium* idem est quod *Livratorium*; *Livroriata* vero fortean est modus agri, in quo seminari potest unum *Livrorium* frumenti, nisi sit idem quod *Librata terræ*, de qua dictum in *Libra* 2. quod posterius mihi videtur minus probabile. [* Vide supra *Librorium*.]

LIUSIVA, Lixivia, nostris *Lessive*. Capitula S. Bonifacii Archiep. Mogunt. cap. 23 : *Lavacrum capitis potest esse in dominica die, et in Liusiva pedes lavare.* [Eadem occurrunt in Capitulis Theodori Cantuar. tom. 9. Spicil. Acher. pag. 55.]

¶ **LIX**, *Caper*, apud Papiam. Quidam pro *ircus* seu *hircus*, *Lix* scriptum suspicantur : malim pro Αἴξ Græco, pro quo Glossator legerit Λὶξ ob similitudinem scripturæ; unde *Lix* Latinum finxerit.

¶ **LIXA**. Vide *Lixe*.

LIXABUNDUS, *Qui latis incedit passibus ad modum lixæ*. Joan. a Janua. [Gloss. Isid. : *Lixabundus ambulat, qui voluptatis causa ambulat.* Festus habet : *Lixabundus, Iter libere ac prolixe faciens.*]

LIXARE, Lixivia eluere, mundare, *Lixiviare*, nostris *Lessiver*. Constantinus Afric. lib. 5. Pantech. cap. 32 : *Omne lineum, cum induitur, refrigerat corpus, et maxime si Lixetur.* [Joh. de Janua : *Lixare*, *In aqua* sola coquere. Gloss. Lat. Gall. : *Lixare*, *Cuire en yaue*, *a Lixeo*, *Etre cuit en yaue.*]

¶ Lixatura, Lixamen, Lixamentum, *Coctio in aqua*, eidem Johanni de Janua. Primam vocem usurpavit Sidonius eadem notione, Apicius ambas posteriores.

¶ **LIXE**, *Aquum, quæ per milites ambulant, antiqui lixum dixerunt.* Gloss. Isidor. Jansonius in Collectaneis existimat veram lectionem fuisse : *Lixa*, *quum* (vel *qui*) *per milites ambulant*, *antiqui lixam dixerunt.* Aliter emendare tentat Grævius : *Lixa*, *Aqua. Lixæ*, *qui per milites ambulant. Aquam Antiqui Lixam dixerunt.* Sed contendit post Vossium in *Elixus* et *Lixa*, aquam non dictam fuisse *Lixa*, sed *Lix*; mallem igitur emendare : *Lix*, *Aqua... Aquam antiqui Licem dixerunt.* Quod spectat *Lixas*, dici potuerunt, *per milites ambulare*, ut scilicet aquam ferrent, ut mox dicuntur.

¶ Lixiones, *Aquarum portitores*, in iisd. Glossis.

¶ **LIXUS**, *In aqua coctus*, Johanni de Janua; *Cuit en yaue*, in Gloss. Lat. Gall. Sangerm. Ordinatio super numero et ordine mensarum, tom. 2. Histor. Dalphin. pag. 311. col. 2 : *Serviatur de uno rotulo bovis et dimidio rotulo mutonis in aqua Lixis.* Latini dixerunt *Elixus*. Vide *Lixare*.

LIZA, Idem quod *Licia*. Vide *Masoerius*, in voce *Mansionarii*.

* **LIZANCHIA**, Sacramentum fidelitatis, quo vassallus domino suo *alligatur.* Charta ann. 1244 : *Ego Radulphus de Bacoel miles, notum facio quod ego et hæres meus Lizanchiam et stagium unius anni cum hominibus meis apud Pinconium*, etc. Alia ann. 1214 : *Ego Eustachius de la Leuttillie, notum facio quod ego et hæres meus Lizanchiam et stagium unius anni annuatim vicedomino et hæredi suo cum uxoribus nostris apud Pinconium.... debemus.* Vide supra *Ligensia*.

* **LIZDA**, Tributum quodvis, sed præsertim illud, quod pro mercibus penditur. Charta ann. 1111. inter Probat. tom. 2. Hist. Occit. col. 379 : *Consentio tibi medietatem Lizdarum, exceptis fevis de ipsa Lizda, quos proprios retineo.* Vide in *Leudis*.

* **LIZZUS**, Meichelbecko tom. 1. Hist. Frising. pag. 112. Germanis *Lüsz* et cultius *Lœsz*, Sortitio; qua voce significatur quidquid ex sortitione obvenit.

¶ 1. **LO**, Lex Gall. *Loi*, in Pactu Legis Salicæ tit. 48. § 1. cujus verba *Widresa Thalo*, ut *Widrestha Lo*, restitit legi, redduntur ab Eccardo : quem, si tanti est, sonsule.

2. **LO**, pro Ille. In veteribus Litaniis sub Carolo M. a Mabillonio editis tom. 2. Analect. pag. 687. hæc verba non semel occurrunt *Redemptor mundi, Tu Lo adjuva. Sancte Petre, Tu Lo adjuva, etc.* Unde etiamnum *Lo*, retinuere nostri in aliquot provinciis, et *Le*, in aliis.

¶ **LOBA**. [* Vox Hispanica, Tunica talaris, tunica non præcincta, in Diction. Acad. Hispan.] Concil. Mexic. ann. 1585. tom. 4. Concil. Hisp. pag. 389 : *Chlamyde videlicet, vel mantello seu pallio, quod vulgariter Loba nuncupatur o manteo, clauso vel aperto, ad terram protensis.*

* **LOBEGELD**, Vectigalis nomen apud Polonos. Charta ann. 1424. inter Leg. Polon. tom. 1. pag. 88 : *Item quod omnes mercatores et incolæ regni Poloniæ..... a solutione cujusdam pecuniæ, vulgariter Lobegeld nuncupatæ, quæ a frumento in Gdansk recipiebatur, perpetuo sint liberi et exempti. Lobegal*, eodem significatu, in Pace Brestensi ann. 1436. ibid. pag. 121. Vide supra *Fyrken*.

LOBIA, Laubia, Lobium, Porticus operta ad spatiandum idonea, ædibus adjuncta, *Galerie* : ex *Laub* Theuton. Folium, quod ejusmodi deambulatoria in prædiis rusticis, foliis obducantur et operiantur. [** Vide Graff. Thesaur. Ling. Franc. tom. 2. col. 66. vove *Lauba* et Murator. Antiq. Ital. tom. 2. col. 168. D.] Jo. de Janua, et Breviloq. : *Deambulatorium, quod proprie dicitur Lobium, quod fit juxta domos ad spatiandum.* Fulcuinus de Gestis Abbatum Lobiensium cap. 1 : *In quo loco rivulus delabitur in Sambram : quem Laubacum vocant, eundemque putant loco nomen dedisse : licet sint aliqui qui pro opportunitate capiendarum ferarum : undique enim saltu cingitur, vicinaque erat Liptinas fisco tunc regio et prisco nomine permanente Forestis adhuc dicitur, eo quod Rex pergens venatum, ibi sibi fieri jusserat obumbraculum ad temperandum solis æstum, quod Lobiam vocant. Inde putant locum dictum nomine permanente, rivulumque a loco, non locum a rivulo nomen traxisse, quod videtur magis verisimile esse. Teutones hoc astipulare videntur : nam locus ille eorum lingua* Lobach *dicitur; et* Lob *quidem vocant obumbrationem nemorum*, Bach *autem rivum : quæ duo si componantur, faciunt obumbraculi rivum.* Ita *Lobia* usurpatur in Charta Guntranni Reg. apud Sanjulianum in Cabilone pag. 382 : *Solarium vero cum caminata illi de Gergeiaco et de Alciaco faciant : illi autem de Mercuries et de Canopis Lobiam ædificent.* Chronic. Abb. S. Trudonis lib. 10 : *Domus infirmorum habens fumariam, sive focariam, capellulam, Lobiam, cameram dispensatoriam, etc.* Charta ann. 1201. apud Puricellum in Ambrosiana Basilica pag. 1164 : *Item peto, ut tectum seu Lobiam removeant penitus et auferant, quam fecerunt, vel fieri fecerunt juxta murum Ecclesiæ, etc.* *Tectum* nude appellatur pag. 1169. Charta alia pag. 1170 : *Et etiam Lobiam per quam intrant Canonici Ecclesiam S. Ambrosii.* [Gualvaneus Flammæ apud Murator tom. 12. col. 1015 : *Juxta Lobiam marmoriam, Lobiam sub diversis arcubus complevit, ubi subtus sunt plura campsorum habitacula.*] Occurrit præterea in aliquot Chartis apud Ughellum tom. 4. pag. 1090. et tom. 5. pag. 650. [Adde Murator. tom. 16. col. 435. etc.]

Laubia, in Polyptycho S. Remigii Remensis : *Habet mansum dominicatum, casam cum Laubia et cellario, et caminata, et quoquinam*, Infra : *Habet mansum dominicatum, casam cum solario, et cellario, et caminata, Laubia, horrea 2. etc.* Placitum Ludovici IV. Imp. ann. 904. apud Ughellum tom. 1. pag. 851. quod peractum dicitur *in palatio quod est fundatum juxta Basilica beatissimi Principis Apostolorum, in Laubia magiore ipsius Palatii, etc.* Papias : *Tempes, Laubia vulgo dicitur.* [Rolandinus Patav. apud Murator. tom. 8. col. 270 : *Qui Frassapaja die quadam, sicut mos est in vicinils per contratas, stabat sub frascata seu Laubia quadam, quæ erat prope ad domum Pontis-Altinati.*]

¶ Laupia, Provincialibus. Statuta Arelatens. art. 107. ex MS. D. *Brunet* : *In muro quem Commune facit vel faciet... nullus sit ausus onerare, nisi primo det Communi v. sol... idem dicimus de Laupia.* Glossar. Mons. pag. 332 : *Loupa, Umbraculum, Loupun*, Idem, pag. 344. Gloss. Florentinæ : *Louba, Umbraculum.* Aliæ Anonymi : *Louba, Hutta*, apud Schilterum in Glossario Teuton. v. *Loube*, Locus ubi cives consultant, ut ipse definit, ex Chron. Konigsh. v. 132.

Lobium, aliis. Liber Ordinis S. Victoris Parisiensis MS. cap. 15 : *Postquam autem descenderint, ducent eos in Lobium ante hospitale.* Galbertus in Vita Caroli Comit. Flandr. n. 51 : *Obsessi stabant ad Lobium Comitis.* Adde n. 70. 75. præterea Godefridum Monach. ann. 1208. et Albertum Argentin. ann. 1365. [* Charta ann. circ. 1190. in Chartul. Buxer. part. 8. ch. 3 : *Canonicis S. Stephani dedi Lobium unum, quod est in foro juxta Lobium ipsorum.* Haud scio an eadem notione apud Cenc. inter Cens. eccl. Rom. MSS. : *In festo S. Marci xxv. libras bonorum Proveniensium pro presbiterio crucium, et lectorum, et Lobii.*]

** Lubium, Jura Eccles. Ripens. juxta Ratisp. apud Haltaus. in Glossar. German. col. 556. voce *Furlaube* : *Nullus ante fores suas Lubium, quod vulgariter Vorlauben statuet, nisi eidem ex speciali licentia præpositi concessum fuerit.*

¶ Lobium, Suggestum, locus editior. Buschius de Reformatione Monast. apud Leibnitium tom. 2. Scriptor. Brunsvic. pag. 831 : *Ibi intra ostia chori ferrea et cancellata Lobium factum fuerat, et super illud cathedræ tres, pro tribus Doctoribus, in altitudine a pavimento chori ad hominis pene altitudinem.* Bis terve recurrit ibi.

* **LOCA**. Charta ann. 1222. ex Cod. reg. 10197. 2. 2. fol. 21. v°. : *Quemcumque dux de jure, sicut tenetur, citaverit; ille si citatus non comparet ad primam citationem, emendam solvere tenetur, quæ Loca vocatur.* Mulcta ergo est ob desertum vadimonium.

LOCA Venerabilia, Ecclesiæ, Monasteria, Xenodochia, seu quæ Christianorum venerationi dicata sunt. Willelmus Tyrius lib. 18. cap. 6 : *Multa de iis Locis, quæ dicuntur Venerabilia, tam Monasteria quam Xenodochia... ad optata perduxerunt incrementa.* Passim in Cod. in Capitul. 1. ann. 806. cap. 15. in Capitul. 1. ann. 819. cap. 6. in lib. 4. Capitul. cap. 19. in Lege Longob. lib. 2. tit. 18. § 3. [** Aist. 3.] etc. [*Loca pia*, in Charta ann. 1239. t. 1. Maceriarum Insulæ Barbaræ pag. 152.]

¶ 1. **LOCAGIUM**, Gall. *Louage*, *Loyer*, ut mox *Locarium*. Charta ann. 1271. ex Chartulario S. Vandreg. tom. 2. pag. 1964 : *Willelmus Gabart... tradidi in Locagium usque ad finem quinque annorum.... pro* xx. *solidis Tur. dimidiam acram terræ meæ.* Charta ann. 1320. tom. 4. Hist. Paris. pag. 526 : *Ipsi sunt in saisina, quod si inveniant hominem... qui non teneat dictum ministerium a dicto Imberto, vel in Locagio ab aliquo dictorum magistrorum*, etc. Charta ann.

1499. ibid. tom. 5. pag. 720 : *Domus annui Locagii valoris circiter* 16. *francorum*. Charta ann. 1309. tom. 1. Hist. Dalphin. pag. 97. col. 1 : *Item duo operatoria... quæ valent de Locagio per annum* 28. *solidos*. Ibid. recurrit pag. 98. col. 2. Pro quavis mercede sumitur in Statutis Eccles. Ambian. apud Marten. tom. 7. col. 1229 : *Præterea nullus Sacerdos Locagium recipiat, vel pacta de mercede habenda, pro aliquibus prophanis sive sæcularibus operibus exercendis.*

* 2. **LOCAGIUM**, Domus vel habitatio, quæ sub conductionis pretio aut ex concessione ad tempus occupatur, nostris *Louage*. Lit. ann. 1377. in Reg. 111. Chartoph. reg. ch. 255 : *De quadam grangia cum jardinis, curte, Locagiis, ædificiis, et pertinentiis suis Parisius, in loco nuncupato ad Pouleyas, prope portam dictam Gallice Barbette.* Aliæ ann. 1404. tom. 9. Ordinat. reg. Franc. pag. 17 : *Nonobstant gaiges ordinaires, Louages en nostre chastellet, ne autres dons quelzconques, etc.* Vide ibi notam docti Editoris. Lit. remiss. ann. 1456. in Reg. 183. ch. 213 : *Le suppliant et un autre entrerent de nuit en la maison ou Louage d'un marchant.* Aliæ ann. 1468. in Reg. 195. ch. 121 : *En deux chambres ou Louaiges de l'ostel de Pierre Albert barbier assiz à Paris en la rue S. Jacques. Une maison.... contenant plusieurs estages ou Louages.... assise en la ville de Rouen*, in Lit. admort. ann. 1477. ex Reg. 201. ch. 24. Vide infra *Locaris*.

LOCALE, Localis, Logalis, Ubi domus ædificari potest, nostris *Masure*, a voce Latina *Locus*, ni fallor. [Charta ann. 1058. ex Archivo S. Victoris Massil. : *Donamus Locales aptos ad faciendum molendinum.*] Tabularium Conchense in Ruthenis Ch. 24. sub Philippo Rege : *Et Locale ad habitandum inter Ecclesiam et stratam, sicut... in præsentia illius terminavimus.* Charta ann. 1167 : *Ego Guillelmus Dominus Montispessulani... concedo Deo et S. Mariæ et Ordini Cistertiensi... illud Locale terræ cum introitibus, exitibus et suis pertinentiis, in quo est ædificatum oratorium, etc.* Alia Will. D. Montispess. ann. 1103 : *Qui habent Logalem pro domo facienda.* Alia ann. 1309. in 2. Regesto Philippi Pulcri Regis Franc. n. 75. ex Tabulario Regio : *Item quoddam Locale infra castrum ejusdem loci.* Alia ann. 1231. in Regesto Comitat. Tolosæ fol. 39 : *Item restituit dominus Comes Localia circa turrim, etc.* Alia fol. 46 : *Domus et Localia domorum, ædificia et bastimenta, etc.* Consuetudines Montispessuli : *Quilibet habitator Montispessuli pro domo vel Locali suo,.. debet solvere lesdas et cupas, et Bajulus Montispessul. debet ei laudare illam domum, vel illud Locale, salvo suo consilio, si dominus habebit ibi laudimium.* [Charta Geraldi de Sentis ex Archivo D. Marchionis *de Flamarens* : *Tradiderunt... totam illam domum et Localem in quo est.* Charta ann. 1300. tom. 2. Hist. Dalphin. pag. 100 : *Localia ubi morabantur milites... non removeantur.*] Vide tom. 11. Spicilegii Acheriani pag. 339. et Ughellum tom. 4. pag. 1211.

* **LOCALIA**, Usus et consuetudines loci alicujus. Constit. MS. Petri III. reg. Aragon. ann. 1380 : *In recipiendo salarium suum servabit consuetudines seu Localia Barchinonæ.*

¶ **LOCALITAS**, Circumscriptio, qua quis in loco est. Claudianus Mamertus de Statu animæ lib. 3. cap. 4. in hæc verba : *Deus meus, quare me dereliquisti*, sic argumentatur, ut probet animam *illocaliter* e corpore discedere : *Si enim non discessit, non dereliquit, si dereliquit, utique discessit. Objice nunc igitur Localitatem Deo.* Utitur etiam cap. 3. S. Benedictus Anian. adv. Felicianam impietatem, apud Baluz. tom. 5. Miscell. pag. 35 : *In terra erat tunc temporis Localitate inter homines homo, et in cœlo se esse dicebat filium hominis; quia qui filius hominis erat Localitate, idem Filius erat Dei immensitate.*

* **LOCALITER**, Facile vel commode. Glossar. Lat. Gall. ex Cod. reg. 7692 : *Localiter, aisément.*

¶ **LOCAR**, *Locus apud urbem Romam.* Gloss. Isidor. Grævius censet legendum ex Festo : *Lucar, Æs quod ex luco captatur, qui est apud urbem Romam.* Hinc quoque in iisd. Glossis Isid. : *Lucar, Vectigal, erogatio, quæ fiebat in lucis.* Vide Festum in vocibus *Lucar* et *Lucaria*.

¶ 1. **LOCARE**, Conducere, Gallis, *Louer.* Lex Salica tit. 30. *de Locationibus : Si quis furtim aliquem Locaverit, ut hominem interficiat, et pretium propter hoc dederit, etc.* Sic *Locare se*, Mercede conduci, in Statutis Arelat. art. 154. e MS. D. *Brunet* fol. 50 : *Quilibet mercenarius tenetur se Locare et stare sub hac forma, etc.* Byzinio de Origine Belli Hussitici, apud Ludewig. tom. 6. pag. 146 : *Locare se in monasterio S. Ambrosii*, i. e. Hospitari, habitare, *Loger.*

* Hinc *Berchiers Looaiz*, pastor conductus, qui alienas oves curat, in Chron. S. Dion. tom. 7. Collect. Histor. Franc. pag. 132. ubi *Mercenarius* habent Annal. Bertin. ad ann. 869. ibid. pag. 108.

* 2. **LOCARE**, f. Commodare, vel commendare artifici aliquid resarciendum. Libert. Figiaci ann. 1318. tom. 7. Ordinat. reg. Franc. pag. 666. art. 33 : *Si vero textor, parator, tonsor,.... seu quicumque alius ministralis seu artifex res sibi Locatas aut ad operandum juxta sui ministerium eidem traditas, aliis extraneis quibuscumque tradiderint aut obligaverint, etc.*

* 3. **LOCARE**, Cubiculum se recipere. Mirac. S. Berth. tom. 6. Jul. pag. 491. col. 1 : *Domino autem domus Locato, et familia ejus soporis gratiâ Locata, etc.*

* **LOCARIS**, Domus, ædes. Charta ann. 1166. inter Probat. tom. 2. Hist. Occit. col. 606 : *Dodo comes Convenarum.... dedit et absolvit Atoni abbati Lezatensi et Guillelmo præposito S. Germerii ipsos sex denarios, quos debebat ei facere pro servicio in die omnium Sanctorum per ipsum Locarem in quo habitant.* Vide supra *Locagium* 2.

LOCARIUM, Pretium conductionis, locationis. Testamentum Bertichramni Episcopi Cenom. : *Sic quoque ut de tabernis, quæ infra domum esse noscuntur, Locarius ille, qui annis singulis inde speratur, in Sacrosancta Ecclesia... inferatur. Naves Locario jure conducere*, in Annalibus Francor. Bertinianis ann. 862. Vox nota Varroni libro 4. de Lingua Latina. Postea pro quavis pensione, vel agrorum assignatione. Iidem Annales ann. 864 : *Lotharius... de omni Regno suo* 4. *denarios ex omni manso colligens, summam denariorum, cum multa pensione farinæ atque pecorum, nec non vini et siceræ, Radulpho Normanno Herioldi filio, ac suis, Locarii nomine tribuit.* Et anno 882 : *Venientes autem primores partis illius Regni, quæ ipsi Ludovico in Locarium data fuerat, etc.* Adde formulam 143. Lindenbrogii.

* **LOCATA**, Locus vacuus domui ædificandæ aptus. Charta ann. 1319. in Reg. 61. Chartoph. reg. ch. 80 : *Item vendo.... quamdam Locatam meam,.... sitam in gravario Atacis Carcassonæ juxta murum et juxta domum prædictam muro in medio.... jam dictas vero domum et Locatam sic superius confrontatas etc.* Libert. castri de Casulis ann. 1342. in Reg. 68. ch. 413 : *Universitas seu major pars loci ipsius domum communem, locum seu Locatam pro ea inibi facienda seu ædificanda, emere et acquirere in dicto castro possint et valeant.* Lit. admort. Caroli. VII. reg. Franc. in Reg. Cam. Comput. Paris. alias Bitur. fol. 146. v°. : *Item super quadam domo cum Locata eidem contigua,.... vij. den. Tolos..... Item super una Locata sive tendali ad Carentenas,.... ij. den. obol. Tur. Item super una Locata tendæ, sita ad Carentenas,..... sempict.* Vide *Locale.*

¶ **LOCATENENTES**, passim apud Rymerum. Vide *Locumtenentes* in *Lociservator.*

LOCATIM, Suo loco. Utitur Alvarus in Vita S. Eulogii Presb. et Mart. num. 11. [Barthius in Glossario ex Histor. Palæst. Fulcherii Carnot. : *Locatim, Hinc inde, diversis locis.*]

¶ 1. **LOCATIO**, Conductio, supra in *Locare*. Papias aliter : *Locationes, Fundamenta, positiones.*

* 2. **LOCATIO**, Structura. Glab. Rodulph. tom. 10. Collect. Histor. Franc. pag. 31 : *Quam videlicet ecclesiam illico tam mira Locatione permutavit, etc.*

¶ **LOCATITIUM**. Vide *Loquaticum.*

* **LOCATUR**, Vox in examinandis rationibus adhibita, Adscripta ad marginem annotatio. Stat. ann. 1388. tom. 7. Ordinat. reg. Franc. pag. 261. art. 19 : *Que aucuns desdits douze clers ne presume de soy entremettre, en l'examen desdits comptes ordinaires ou extraordinaires, de faire quelque radiation en iceux; combien que la cause ou la matiere soit claire; si ce n'estoit par deffaut de quittance; mais fasse les Locatur et arrestez appartenans à la matiere. Loquatur*, eadem acceptione, in aliis Lit. ann. 1394. ibid. pag. 796.

LOCATURA. Vetus Interpres Moschionis : ἡ μήτρα, *Locaturæ.* Varro lib. 4. de Ling. Lat. : *Loci muliebres, ubi nascendi initia consistunt.* Vide *Loci.*

¶ **LOCATUS**, Procurator, pro alio agens. Charta ann. 1218. apud Lobinell. tom. 2. Hist. Britan. col. 160 : *Omnes autem redditus et exitus terræ meæ ad solutionem prædictarum librarum coram Locato meo mittentur, exceptis expensis, quæ sæpe fatus Vicecomes vel Locati fecerint rationabiliter circa negotia mea.* Vide *Allocatus.*

¶ Locatus Homo, Incola, cultor loci. Tabulæ pacis ann. 1337. apud Ludewig. tom. 5. pag. 591 : *Ipsis Locatis hominibus pacificis, ipsa pro se et terrarum defensione reservare.*

¶ **LOCELLUM**, Prædium, territorium. Formula 37. ex Baluzianis : *Propterea donamus et donatum in perpetuum esse volumus ad jam nominato monasterio sancti illius, vel ad Abbate illo ipsum locum ubi ipse monasterius est constructus, cum omnibus adjacentiis et appendiciis suis, et Locella seu colonicis in villas illas in pago illo.* Epistola ann. 804. apud Marten. tom. 1. Ampliss. Collect. col. 57 : *Caritatis tuæ injungo, ut Andecavis civitate accidere facias, et illa epistola quem* (sic) *de Locella mea nuncupantes Odane cum appenditio suo, cui vocabulum est ad Illotilio-Leobodo, quem ego ad casa S. Salvatoris confirmavi.* Præceptum Caroli Imp. ibid. col. 60 : *In loca nuncupantes Stivale sive Caucina, et in Turicas et in Villa-nova, et intra tota illa Locella manentes* XIX. *una cum terris, domibus, ædificiis, etc.* Concordia Bethtæ cum Monasterio S. Vincentii Cenoman. apud Baluzium tom. 3. Miscell. pag. 168 : *Dum cognitum est quod Bethta Deo sacrata portione aliqua in Locella nuncupantia Soliaco, Mansione, etc.* Chron. Fontanell. tom. 3. Spicileg. Acher. pag. 204 : *Anno quinto regnante Dagoberto juniore Rege quidam Presbyter nomine Leutbertus, vir valde dives, contradidit eidem venerabili Patri prædium, quod vocatur Bodardi villa... necnon et Locella alia, id est, Taunaco, Luneraco, etc* Adde Marculfum lib. 1. formula 30.

¶ **LOCELLUS**, Ædicula Deo sacra. Statutum Capituli S. Martini Turon. ann. 966. apud Marten. tom. 1. Anecd. col. 88 : *Mansiones insuper quas ipse juxta præfatum Oratorium B. Georgii construxit, similiter ibidem condonavit, eo scilicet tenore præfatus Vivianus præmissas res jam dicto Locello S. Georgii pro remissione suorum criminum parentumque tradidit.* Auctoritas Arduini Arch. Turon. ann. 973. ibid. col. 92 : *Convenit præsentiam nostram domnus Teutbaldus Comes postulans, ut Locellum ad rationem nostræ matris Ecclesiæ pertinentem, ubi S. Lupantius requiescit, etc.* Libellus de Successoribus S. Hildulphi cap. 17. Hist. Mediani Monasterii pag. 216 : *Numerosis Locellus idem deinceps diffamatus est miraculis.* Agitur de *Oratoriolo* sancti Hildulphi. Vide alia significatione in *Loculus.*

LOCERDECH, Collectores rerum fugitivarum, in Decretis S. Ladislai Hungar. Regis lib. 3. cap. 13.

* **LOCETUS**, Cadivus pessulus, Gall. *Loquet.* Comput. ann. 1358. ex Tabul. S. Petri Insul. : *Item pro Serraturis, clavibus et Locetis, xiiij. sol.* Hinc *Loqueter*, ejusmodi pessulum agitare. Lit. remiss. ann. 1393. in reg. 145. Chartoph. reg. ch. 233 : *Lequel huys ilz trouverent fermé et pour ce hurterent et Loqueterent encontre.*

¶ **LOCH** CABALLIS, f. Stabulum, equile, a Saxonico *Loc* vel *Loce*, Clausura; vel potius Celtico *Lloce*, Boxhornio in Orig. Gall. : *Caula, angiportus, angulus.* Lobinell. tom. 2. Hist. Britan. col. 73. ex vet. Charta : *Sine censu, et sine renda, et sine opere, et sine Loch caballis ulli homini*, hoc est, si recte opinor, sine obligatione equis excipiendis ministrandi pabulum necessarium. Vide *Lodrum.* [* Hanc interpretationem optime confirmat alia Charta tom. 1. Probat. novæ Hist. Brit. col. 299 : *Sine tributo, sine pastu caballi et canum.*]

¶ **LOCHEA**, Cochlear, Gall. *Cuiller*, Eburonibus *Lousse.* Acta apocrypha SS. Cyrici et Julittæ, tom. 3. Junii pag. 30 : *Facies quoque Locheas duas et ollam æneam, et pones ibi trullas duas. Hæc erunt nobis vasa tormentorum.*

* Nostris alias *Louche.* Invent. jocal. Eduard. I. reg. Angl. ann. 1297 : *Item sayze Louches d'or.* Testam. ann. 1448. ex Chartul. 21. Corb. fol. 277. v°. : *Auquel Pierre Estoquart, ou cas qu'il aidera à mettre mon testament à exécution, je donne pour sa paine et traveil une Louche d'argent.* Hinc dimin. *Louchete*, in Inventar. eccl. Camerac. ann. 1371. Lib. rub. fol. parvo domus publ. Abbavil. ad ann. 1391. fol. 162. v°. : *Un hanepel d'argent et une petite Louchette.* Unde *Loucet* et *Louchet*, baculus pastoralis dictus, quod formam cochlearis referat. Lit. remiss. ann. 1393. in Reg. 144. ch. 472 : *Le suppliant osta audit bergier sa houlete ou Louchet etc.* Aliæ ann. 1409. in Reg. 163. ch. 434 : *Un baston ferré, appellé Loucet de berchier. Loucés ou maquet de bregier*, in aliis ann. 1443. ex Reg. 176. ch. 279.

* Aliud vero sonat vox *Louche* inter Redit. comit. Namurc. ann. 1289. ex Reg. sign. *Le papier aux aysselles* in Cam. Comput. Insul. fol. 74. r°. : *Encor i a li cuens le thounier et les Louches en le hale de le bleit.* Ubi intelligenda præstatio ex bladis venum expositis, quæ forte cochleari percipiebatur, unde *Louche* appellata.

* Haud scio an huc spectet vox Gallica *Locque* vel *Loque*, qua fustis armorumve species significatur. Lit. remiss. ann. 1361. in Reg. 91. Chartoph. reg. ch. 181 : *Pierre le Maire d'aventure trouva en la maison un baston, que l'en appelle Loque,.... dont il féru ledit Jehan... Pour lequel fait ou coup de laditte Loque etc.* Aliæ ann. 1463. in Reg. 199. ch. 215 : *Icellui Jehan entra en sa chambre, print ung baston appellé Locque etc.* Hinc *Plançon loquetez*, in aliis Lit. ann. 1443. ex Reg. 176. ch. 313 : *Lesquelx compaignons commancerent à ruer de plançons Loquetez l'un contre l'autre.*

LOCHERUS, *Apum custos.* Ita in Gloss. Saxon. exarato sub Edwardo III.

* **LOCHIA**, f. Rivulus, aquæ portio; unde nomen. Charta ann. 1215. ex Chartul. Fiscan. : *Debent plenarie consuetudines aquaticorum et Lochiarum, sicuti aliæ ejusdem villæ.* Vide in *Locia.*

* **LOCHMENECH**, *id est, Locus monachorum*, in Vita S. Gildæ tom. 9. Collect. Histor. Franc. pag. 136.

LOCI, Mulieris uterus, vulva, matrix, *ubi nascendi initia consistunt*, Varroni. Glossar. Lat. Gr. : *Loci muliebres*, ὕστρα. Sic leg. pro ὕπερα. Occurrit non semel apud Sextum Platon. de Medicina animal. lib. 1. cap. 2. n. 7. cap. 6. n. 2. lib. 2. cap. 4. 11. Anton. Musam de Vettonica n. 29. Apuleium lib. 1. de Virtutib. herb. cap. 121. et alios Medicos. [Utitur etiam Plinius lib. 11. cap. 37.] Vide *Locatura.*

LOCIA, LOCHIA. Charta ann. 1235. in Archivo Regio, Reg. 7. qua *Mathildis Comitissa Boloniæ ratas et gratas habuit tres Locias, quas pro eo fecerunt Matthæus de Tria et Simon de Levîs, Milites de Comitatu Moritoli et terra Damfrontis : et gratum habuit et accepit quod pro ea receperunt ratione tertiæ Lochiæ nomine dotalitii sui, Moritolium cum pertinentiis ejus sine forteritia, quæ remansit in manu Ludovici.* Videtur hæc vox accipi pro *portione*, Gall. *Lot.* Vide in hac voce.

* Charta ann. 1235. in Reg. 31. Chartoph. reg. fol. 93. r°. col. 2 : *Fit ista Locia cum omnibus feodis, personagiis et aliis pertinentiis. Domina comitissa cepit istam Lociam. Hæc est tertia Locia.* Arest. ann. 1386. 28. Nov. in vol. 10. arestor. parlam. Paris. : *Quod ad cessandum de cætero tenendo curiam in certo loco suæ partis seu Lociæ, ad partem.... condemnaretur....* Vide infra *Lothica.*

* **LOCIMARIA** *dicuntur Gallice Sommiés.* Glossar. Lat. Gall. ann. 1348. ex Cod. reg. 4120. Gallicum vero *Lieumage* nomen generium videtur, quo legumina quævis significantur. Lit. remiss. ann. 1432. in Reg. 174. Chartoph. reg. ch. 166 : *Comme le suppliant feust fermier de la disme des blez et Lieumages de la parroisse de Treauville etc.*

LOCISERVATOR, Qui loco alterius est, *Vicarius*, τοποτηρητής. Lex Longobard. lib. 1. tit. 25. § 70. [** Carol. M. 88.] : *Si quis furem vel latronem ad præsentiam Judicis aut Comitis qui in loco præest, vel Lociservatoris, qui missus est Comitis, adduxerit.* Apud Bonitum Subdiac. Eccl. Neapolit. in Actis S. Theodori Ducis, occurrit *Gregorius Parthenopensis Lociservator*, sub ann. 1116. in Collatione S. Maximi cum Theodosio Cæsareæ Episc. et apud Julianum Antecess. Constit. 124. § 18. *Lociservator Prætoris.* Adde Scholiastem ejusdem Juliani ad cap. 84. et Gregor. Mag. lib. 12. Epist. 30. Idem Gregorius lib. 4. Dial. cap. 52 : *Joannes vir magnificus in hac urbe Locum Præfectorum servans.* Concil. Suessionense ann. 853. Act. 1 : *Et recitavit idem Sigloardus servans Locum Archidiaconi Remensis.* Quidam vocem Græcam τοποτηρητής servarunt. Lupus Protospata in Chron. ann. 1018 : *Ligorius Topoteriti fecit prælium, etc.* Chronicon Anonymi Barensis ann. 1041 : *Et Arduino Lanbardo intravit in Melfi, erat Topoteriti de ipso Catepano.* [** Vide Murator. Antiq. Ital. tom. 1. col. 531. et Savin. Histor. Jur. Rom. med. temp. tom. 1. cap. 5. § 122.]

LOCISERVATORES, Summorum Pontificum in Conciliis Legati potissimum dicti. Anastasius in Præfat. ad Concil. VIII. œcumenic. : *Lociservantes Præsules; Lociservatores Apostolicæ Sedis. Locum obtinentes Papæ Leonis*, qui mox *Legati Sedis Apostolicæ*, apud Liberatum Diac. cap. 12. Vide Diurnum Romanum cap. 1. tit. 1. cap. 5. tit. 5. Glossar. Fabroti ad Cedrenum, et Notas nostras ad Alexiadem pag. 273.

LOCISERVATURA, Vicarii dignitas vel officium. Synodus Lateran. sub Martino I. PP. : *Sergius Joppensis Episcopus Lociservaturam sedis Hierosolymitanæ arripiens... ibidem aliquos Episcopos ordinavit.*

LOCOPOSITUS, Eadem notione. Theganus cap. 6 : *Ducibus, Comitibus, Locopositis, etc.* Cap. 13 : *Comites et Locopositi.* Lex Longob. lib. 1. tit. 25. § 73 : *Sculdasii, Decani, Saltarii, vel Locopositi.* [** Pippin. 10.] Lib. 3. tit. 12. § 5 : *Nemo Comes, neque Loco ejus positus.* [** Guido 3.]

Locumtenentes Generales, appellantur etiam apud nos provinciarum Gubernatores, non omnium, sed earum præsertim quæ in *provinciæ* formam redactæ sunt a Regibus nostris. Distributum enim fuit Regnum Franciæ in certarum provinciarum numerum, quibus cæteræ minores subsunt. Habetur in 5. vol. Ordinationum Francisci I. fol. 91. in Regestis Parlamentariis, Edictum Francisci I. Regis 6. Maii ann. 1545. quo Gubernatores omnes vetantur *Locumtenentium Generalium* titulum sibi arrogare, in quibus excipiuntur *Gubernatores Normanniæ, Occitaniæ, Provinciæ, Delphinatus, Bressiæ, Sabaudiæ, Pedemontii, Burgundiæ, Campaniæ et Briæ, Burgundiæ, Picardiæ, et Insulæ Franciæ*, salvo tamen cæterorum Gubernatorum jure, quibus magistratibus suis fruendi secundum decessorum morem facultas conceditur. Postmodum Henricus II. Joanni de Albone, S. Andreæ domino, Lugdunensis, Bellijocensis ac Dombensis provinciarum ac tractuum indulsit administrationem, cum *Locumtenentis Generalis* titulo 21. Maii ann. 1547. Idem Rex Literis suis 2. Sept. subsequenti, Parlamento injunxit, ut Santandraneum dominum in Locumtenentem Generalem dictarum provinciarum admitteret, non obstante Francisci I. Regis Edicto, in quo eæ non comprehendebantur : ex 1. volum. Ordinat. Henrici II. fol. 39.

Locumtenentes, nostris *Lieutenans*, Baillivorum, seu Judicum Vicarii proprie appallabantur. In *Gravaminibus* Nobilium Campaniæ ann. 1297. contra Magistratuum Regiorum usurpationes, quæ descripta leguntur in Regesto Magnorum Dierum Trecensium, istud est : *Li Bailli qui or sunt en Champagne, ne laissent nullui en leur lieu et en leur baillie, quant il s'en partent pour leur Leu tenir; et quant il avient que li Prevost et li Sergent prennent des biens aux Gentilshommes, ou de leurs hommes, ils n'en puent avoir recreance jusques à tant que li Bailli reviennent, et par ceste maniere sunt li hommes aux Gentilshommes destruit, etc.* Quibus querelis hæcce reposuere Magistri Magnorum Dierum Trecensium : *L'en commendera au Bailli que il laisse tel pour lui qui puisse faire recreance là où elle afferra.* Statutum Philippi Pulcri ann. 1302. pro reformatione Regni, præcipit, ut Baillivi et Senescalli *Officia sibi commissa per seipsos, personaliter exerceant, nec sibi substitutos, aut Locumtenentes facere præsumant, nisi in casu necessitatis, utpote valetudinis et consilii : in quo et cessante causa necessitatis ad commissa sibi Officia redeant sine fraude et sub debito juramenti. Cum autem eos contigerit in prædicto casu absentari, constituant aliquem virum idoneum et honestum de patria seu provincia cui præcipue noscuntur, usque ad suum reditum, quem cito accelerent. Qui siquidem substitutus, non sit Advocatus, nec aliis arduis negotiis, nec amicorum multitudine oneratus : caventes, sibi sic substituentes, quod pro administratione porro, seu gestione substitutorum suorum, si quid in eis commiserint, tenebuntur, prout de jure fuerit, respondere : et jurabunt prædicti substituti quod quandiu præerunt Officio prædicto, illud bene et fideliter exequentur.*

¶ Locumtenentia, Dignitas vel territorium *Locumtenentis*. Charta Caroli Fr. Regis ann. 1368. apud Baluzium tom. 2. Hist. Arvern. pag. 428 : *Cum plura ex suis criminibus sive major pars extra Locumtenentiam et potestatem dicti carissimi fratris nostri Ducis Bituricensis et Alverniæ fuerint perpetrata.* Mandatum Ricardi II. Angl. Regis ann. 1393. apud Rymer. tom. 7. pag. pag. 746 : *Vobis mandamus quod tunc sitis nostrum Locum tenens in hac parte, ad id, quod vobis per viam Locumtenentiæ in hujusmodi casu pertinet, faciendum. Locumtenentia Hiberniæ*, in Charta ann. 1406. tom. 8. pag. 431.

* *Lieutenancie*, in Lit. ann. 1372. tom. 5. Ordinat. reg. Franc. pag. 594. *Luoctenent*, pro *Lieutenant*, in Instr. ann. 1472. inter Probat. tom. 3. Hist. Nem. pag. 5. col. 1. Sed et *Lieutenant* nostris dictus est presbyter, qui curionis locum tenet seu vices gerit, *vicarius*. Lit. remiss. ann. 1403. in Reg. 158. Chartoph. reg. ch. 84 : *Jehan le Mousseur prestre, Lieutenant du curé de la ville de Pesq en Tournesis etc.* Aliæ ann. 1452. in Reg. 184. ch. 305 : *Simon de Lisle prestre, Lieutenant du curé de l'eglise parroichial de S. Ligier ou bailliage de Tournesis etc.*

* **LOCIVERIS**, Officialis in forestis, idem videtur qui *Viridarius*. Vide in *Viride* 1. Charta Phil. Pulc. ann. 1300. in Lib. rub. Cam. Comput. Paris. fol. 117. r°. col. 2 : *Mandamus tibi* (ballivo Aurelianensi) *quod Petro Charrerii exhibitori præsentium, qui officium Lociveris, quod in foresta nostra Vitriaci obtinere solebat, propter senium et debilitatem corporis totaliter dimisit, sex denarios Paris. per diem.... de denariis nostris solvas et deliberes.*

* **LOCIUM**, *La lixia*, in Glossar. Lat. Ital. MS. f. pro *Lotium*, *la lisciva*. Vide *Lotricium*.*

¶ **LOCLAMENTUM**, Διάφραγμα, in Glossis Lat. Græc. Sangerm. quod intersepit, et separat intersepiendo.

¶ **LOCOPOSITUS**. Videsis in *Lociservator*.

* **LOCRECTARE**, *Vox arietum*. Glossar. ex Cod. reg. 7657. *Lorettare* et *Orectare* legitur in *Baulare*. Vide *Lorethare*

* **LOCTO**. Vide infra *Loto*.

* **LOCULAMENTUM** Sepulchrale, apud Murator tom. 3. Inscript. pag. 1654. 6. Vide *Loculus* et *Locus*.

¶ **LOCULATUS**. Vide mox in *Loculus*.

LOCULENTUS, εὔλαλος, *Loquax, eloquens, effabilis*, in Gloss. Gr. Lat. [Vulcanius suspicatur legendum *Loculeius*, vel *Locutuleius*. Gell. lib. 1. cap. 15 : *Homines in verba provectos Locutuleios et blaterones et linguaces.*]

1. **LOCULUS**, Feretrum, in quo cadaver mortui deponitur. Isidorus lib. 20. Orig. cap. 9 : *Loculus, ad aliquid ponendum in terra factus locus, seu ad vestes vel pecuniam custodiendam.* Will. Brito in Vocab. MS. : *Loculus, parvus locus, bursa, feretrum.* Plinius lib. 7. cap. 11. de Pyrrhi pollice : *Quem cremari cum reliquo corpore non potuisse tradunt, conditumque Loculo in templo.* Idem lib. 7. cap. 16 : *Et ipsi vidimus in Loculo asservatos.* Gregorius Turon. lib. 4. Miracul. cap. 33 : *Requirentes vero in Loculo, nihil de pignoribus sanctis, quod fama ferebat, reperimus.* Anastasius in S. Silvestro PP. : *Cujus Loculum cum corpore S. Petri recondidit, etc.* In S. Agapeto : *Cujus corpus in Loculo plumbeo translatum est, etc.* Walafridus Strabus de Vita S. Galli cap. 30 : *Invenit autem corpus viri sancti jam involutum, et in Loculo repositum : aperiensque sarcofagum, et exanime amici cadaver inspiciens, etc.* S. Bernardus de Vita et Morib. Relig. cap. 11 : *Auro tectis reliquiis saginantur oculi, et Loculi aperiuntur.* Vita S. Eusebiæ Abbatissæ Hamaticensis :

> .....Discedens, pignora sacra,
> Gertrudisque suæ Loculum devectat ab inde.

Ubi ut plurimum *loculi* sumuntur pro *feretris* in quibus conduntur Sanctorum cadavera et reliquiæ. *Loculus gestatorius*, apud Adrevaldum de Miraculis S. Benedicti lib. 1. cap. 28. et 34. Adde Fortunatum in Vita S. Medardi cap. 17. Odilonem Cluniac. lib. 2. de Vita S. Geraldi cap. 17. Chronicon Casinense lib. 2. cap. 34. Rodericum Toletan. lib. 2. de Reb. Hisp. cap. 20. Simeon. Dunelmens. lib. 2. de Eccles. Dunelmensi cap. 6. 10. etc.

Loculatus, in *Loculo* seu sepulcro conditus, apud S. Zenonem Veronens. Serm. de Lazaro.

Locellus, diminutivum a *Loculus*, ejusdemque notionis. Paulus Warnefridus de Gestis Longob. lib. 2. cap. 10 : *Cujus corpus positum in Locello plumbeo... CPolim est perlatum.* Herkempertus in Hist. Longob. : *Cujus Carlomanni in Locello aureo corpus... ad dictum Monasterium in Casino remissum est.* Flodoardus lib. 3. Hist. Rem. cap. 5 : *Locellum etiam quendam, hoc est, capsam majorem, quæ a duobus Clericis ferri solet, fieri fecit.* Usurpant passim Scriptores, Anastasius in S. Sergio PP. pag. 61. Glaber Rodulph. in Vita S. Guillelm. Abb. Divion. cap. 7. num. 22. Baldric. Noviom. lib. 1. cap. 30. Leo Ostiens. lib. 1. Chron. Casin. cap. 7. Chronicon. S. Petri Vivi ann. 869. et 1015. Chronic. Fontanell. cap. 7. Ægid. Aureæ vallis cap. 51. etc.

Lucellus, pro *Locellus*. Gloss. Gr. Lat. MS. : Γλωσσοκόμιον, *Lucelli; pluraliter tantum declinatur.* Edit. habet γλωσσόκομοι, *Luculli*, γλωσσοκόμιον, *Lucullum*, γλωσσοκόμιον, *Lucellum*. Edit. habet γλωσσοκόμιον. Atque inde *Luseau* eodem significatu mutuati Galli. Ita *Lucos*, pro *locos* dixit Aggenus : *Nam Lucos frequenter in trifinio invenimus, sicut in suburbanis, et circa publica itinera constitutum esse perspicimus.* Nihil igitur mutandum, quidquid dicat Salmasius, qui *locum* pro sepulcro usurpatum a veteri Scholiaste Juvenalis, Ulpiano JC. Anastasio, et aliquot aliis, observat.

* 2. **LOCULUS**. Acta S. Vamnis mart. tom. 3. Aug. pag. 288. col. 1 : *Statim comes jussit eum nudari veste; et dum in Loculum nudus stetisset, interrogavit eum si audiret jussionem regis.* Ubi docti Editores : hic forte sumitur *Loculus* pro umbilico vel scroto, quo usque martyris corpus nuda-

tum fuerit. Quam conjecturam mirum in modum firmat Chron. Th. *Otterbourne* edit. Hearn. pag. 243 : *In primo bello* (comes Douglas) *amisit oculum ; in ista* (f. isto) *verenda transfixus perdidit Loculum.* Eodem sensu *Bourses* dicimus.

* 3. **LOCULUS**, diminut. a Locus, parva sedes. Charta ann. 994. tom. 10. Collect. Histor. Franc. pag. 562 : *Qui abbas ipsum Loculum si sua forte industria, aut bonorum hominum munificentia, plus octo monachorum ampliaverit, etc.*

¶ **LOCUMSERVANS**, Locumtenens, Locumtenentia. Vide in *Lociservator.*

¶ **LOCUPLECITAS**, Divitiæ, in Charta Henrici VI. Angl. Regis ann. 1457. apud Rymer. tom. 11. pag. 385.

1. **LOCUS**, pro sepulcro, seu loco sepulcri, occurrit passim in vet. inscriptionibus, præsertim apud Thomam Reinesium. Vide Gloss. med. Græcit. in Τόπος et *Loculus*, 1.

¶ Locus, Græcis etiam τόπος, Latrina, Gall. *Les lieux*, ut interpretatur Salmasius apud Tertullianum de Pallio, ubi : *Inmundiorem Loco cervicem monilibus consolatur.* Fortassis alter interpretabitur *sepulcrum.*

¶ Locus Monachorum, Oppidulum pagi Venetensis in Armorica, vulgo dictum *Loh-mine* pro *Loc-menach*, Locus monachorum. *Johannes de Loco-monachorum Archidiaconus et Electus Ecclesiæ Venetensis* memoratur in Mandato Edwardi III. Regis Angl. ann. 1362. apud Rymer. tom. 6. pag. 361.

¶ Locus Venerabilis, Pius. Vide *Loca.*

Ad Locum. Sic olim notare solebant particulas, quas ex constitutione aliqua aut recitabant, aut exscribebant, adjectis etiam interdum primis constitutionis verbis : cujus moris plures sunt in Theodosiano Codice reliquiæ, quibus etiam accidit, ut ea verba, nescio quomodo, in textum ipsum irreperent, et excerpti partem occuparent, ut in leg. 3. de Postul. (2,10.) et Novella Majoriani de Episcopali judicio. Hæc Petrus Pithœus ad Collationis Legis Mosaicæ tit. 15. hæc verba : *Extat denique decretum divi Pii ad Pacatum Legatum provinciæ Lugdunensis, cujus rescripti verba, quia multa sunt, de fine ejus ad Locum hæc pauca subjecit, etc.*

Locum Dare, Loco excedere. Gregorius M. lib. 2. Dialog. cap. 23 : *Cumque in eadem Ecclesia Missarum solemnia celebrarentur, atque ex more Diaconus clamaret, Si quis non communicat, det locum, etc.*

* 2. **LOCUS**, Vices, seu ordo quo quisque vice sua aliquid agit. Lit. remiss. ann. 1388. in Reg. 134. Chartoph. reg. ch. 67 : *Cum plures socii convenissent pro ludendo ad paletum,... et Locus seu turnus dicti Petri per ordinem projiciendi advenisset etc.* Unde *Molere sine loco* est non sua vice suove ordine molere, sed simul atque ad molendinum advenerint, in Charta ann. circ. 1080. inter Instr. tom. 11. Gall. Christ. col. 231 : *Ad usum monachorum dedi... in molendino villæ sancti Salvatoris ut molant monachi omnem annonam suam sine Loco et sine moltura.*

* 3. **LOCUS**. *De Loco gondalæ, vini*, id est, pro gondala, vino. Vide supra *Gondala.*

* **LOCUSTA**, Machinæ bellicæ species, qua aggredientes teguntur. Tract. MS. de Re milit. et mach. bellic. cap. 48 : *Locusta ambulatoria : intus homines ducentes eam, possunt se hærere muro aut prope murum castelli et defendere se a saxis hostium ac missilibus.*

* **LOCUTA**, Domus, ubi cives congregantur de rebus civitatis locuturi. Charta ann. 1328. in Reg. 65. Chartoph. reg. ch. 250 : *Ut dicti consules possent Locutam seu domum acquirere vel construere, ... in qua tractare et audire ac etiam examinare valerent negotia villæ.* Vide in *Locutorium.*

** **LOCUTE.** Virgil. Grammat. pag. 72 : *Nec non etiam ex communibus ac deponentibus adverbia venire, nullus peritorum negare potest, siquidem dicamus deosculate, suspicate, Locute.*

LOCUTORIUM, Gallice *Parloir*, Locus in Monasteriis in quibus Monachis invicem colloqui licebat, uti et Sanctimonialibus cum in aliis silentium indictum esset. Ejusmodi *Locutorii* quod *Regulare* appellatur, crebra mentio est in libro Ordinis S. Victoris Parisiensis MS. cap. 19 : *Quod si aliquid eis specialiter dicendum fuerit, quod nec illic significari possit, nec usque ad tempus Locutionis differri, poterit Armarius usque in Locutorium regulare educere eos, et illic breviter quod dicendum est, intimare.* Adde cap. 27. Ibidem pag. 34 : *In Locutorium nullus eat, nisi vocatus ab Abbate vel Priore.* Et cap. 38 : *Nullus Locutorium regulare sine licentia intrare debet, excepto Priore, et Subpriore, et his qui officiis deputati sunt. Ii autem qui officiis deputati sunt, possunt quidem intrare Locutorium, et de his quæ necessaria sunt, sibi invicem loqui : sed tamen claustrales nullo modo sine licentia ibidem vocare debent. Ipsi etiam ministri quando pro aliqua necessitate ibi ad loquendum ingrediuntur non debent diutius stare, vel sedere, sed quod necessarium habent breviter dicant, et statim exeant... qui autem accepta licentia Locutorium ingrediuntur, non diu ibi sedeant, nec alte loquantur, nec plures ibi conveniant, nisi ad plus quatuor, etc.* Rursum : *Nullus extraneus vel Canonicus in Locutorium regulare ad loquendum ducatur. Fratres qui licentiam loquendi ad invicem quærunt, in nullo loco nisi in regulari Locutorio loqui possunt. In cæteris Locutoriis nullus vocet aliquem de claustralibus, nisi solummodo Abbas et Prior.* Adde cap. 67. sub finem. Tabularium Vindocinense Ch. 60 : *Quæ donatio primum facta in Locutorio, quod est juxta præscriptorum Capitulum Monachorum.* [Charta ann. 1110. apud Lobinell. tom. 2. Hist. Britan. col. 155 : *Feci hoc donum per cultellum Radulphi Prioris Castri Joscel. in manu D. Willelmi Abb. Majoris-monasterii, in Locutorio ante introitum cameræ ejus.* Adde eumdem Lobinell. in Glossario Hist. Paris. tom. 3.] Petrus Damianus lib. 7. Epist. 5 : *Quid ad hæc dicent qui de Ecclesia non oratorium, sed Locutorium, et non oraculum, sed conciliabulum faciunt.* Vide Regulas Clarissarum, Damianitarum, etc. Matth. Paris pag. 631. 661. etc.

Locutorium Interius vel Privatum, in eodem libro Ordinis S. Victoris cap. 66.

Locutorium Commune, ibidem.

¶ Locutorium, bis in Necrologio MS. Fratrum Minorum Silvanectensium.

Locutorium Sacristarum. Tabul. Vindocin. Thuani Ch. 182 : *Venit in Locutorium Sacristarum conductu domni Stephani Monachi.* [Alia Charta apud Lobinellum tom. 2. Hist. Britan. col. 337 : *Quas* (areas) *dominus Gualterius deveniens Monachus noster dederat nobis... in Locutorio Sacristarum.*]

Locutorium Forinsecum, In quo cum sæcularibus Monachis vel Sanctimonialibus loqui licet. Thomas Walsinghamus pag. 257 : *Interim ribaldi cum instrumentis claustrum ingredientes, de Locutorio forinseco lapides molares.... levaverunt.* Adde pag. 272. Bulla Urbani IV. PP. ann. 1263. pro Clarissis, apud Waddingum : *Locutorium vero fit ex crebris et spissis laminis ferreis, et forti opere fabricatis. Locutoria autem ad Confessiones fiant in Ecclesia, vel alio loco competenti.* Vide Ingulfum pag. 867.

¶ Locutoria Fenestra, Clathri in *locutoriis* Sanctimonialium, Gall. *Grille de parloir.* Buschius de Reform. Monast. apud Leibnitium tom. 2. Scriptor. Brunsvic. pag. 903 : *Frequenter eis feci collationem in Ecclesia ante chorum suum, in Monasterio et ante Fenestram Locutariam.*

Locutorium seu Parlatorium Parisiense, in Charta ann. 1293. apud Renatum Chopinum lib. 1. de Moribus Parisiorum tit. 2. § 18. vulgo *le Parloir aux Bourgeois*, in quo examinabantur et discutiebantur articuli usaticorum et consuetudinis ejusdem civitatis coram Præposito Mercatorum et Scabinis.

LOD, Semuncia, dupondius. Vide *Lotum.*

¶ 1. **LODIA**, ut *Lobia*, de quo supra, Porticus. Acta B. Augustini Novelli, tom. 4. Maii pag. 622 : *Inter imagines Sanctorum diversorum in Lodia dictæ Ecclesiæ vidimus imaginem in pariete pictam.* Regimina Paduæ ad ann. 1267. apud Murator. tom. 8. col. 461 : *Et eo anno facta fuit Lodia cum podiolis Communis Paduæ.*

2. **LODIA**, Tugurium, ex German. *Loodse.* Chron. Abbat. S. Bavonis ann. 941. apud Duchesnium in Probat. Hist. Guinens. pag. 54. 55 : *Comes coacto in unum exercitu, quem Herehem novimus, erectis Lodiis, fixisque tentoriis, in longo tempore obsedit Castellum.* Infra : *Lambertus petitis et acceptis quibusdam militibus, tubisque quasi ad pugnam interciso sonitu clangentibus revertitur, Lodias instaurat, armat in pugnam milites, etc.* Vide *Logium.*

* Hinc forte *Loudier*, qui tugurium habitat; vox contemtus. Lit. remiss. ann. 1372. in Reg. 103. Chartoph. reg. ch. 350 : *Laquelle Raoulle dist au suppliant qu'il estoit un malvais Loudier.* Aliæ ann. 1389. in Reg. 138. ch. 8 : *Pierre dit aux invaseurs, que faites vous Loudiers?* Aliæ ann. 1390. ibid. ch. 168 : *Aucunes de ces personnes donnerent plusieurs coups orbes de bastons,... en disant : ferez sur ce Loudier Pierret.* Vide infra in *Loranum.*

¶ **LODICH**, Species ponderis vel monetæ. Charta ann. 1326. apud Leibnitium tom. 2. Scriptor. Brunsvic. pag. 349 : *Abbas Lutholphus tredecim jugera agrorum... hæreditario censu locavit Henningk Jor-*

dens, sex videlicet lotonibus et dimidia Lodich argenti, quotannis.... solvendis. Et mox : *Ipsos agros medio fertone Lodich argenti sibi comparet.* Vide *Lotum.*

***LODIGIA**, *Genus navigii ex arborum assuto cortice compacti, quo Russi utuntur ad valrussorum piscium et balenarum adipem, et anseres pingues colligendos*, apud Thuanum lib. 115. Hist. num. 2.

*** LODIS**, Semuncia, sexta decima pars marcæ. Charta authent. Phil. comit. Fland. ann. 1167. in Tabul. S. Petri Gand. : *Prœterea quicquid de venditione terræ, scilicet de singula marca, firto dimidius, vel de invadiatione terræ, scilicet de singula marca, Lodis accipitur.* Vide infra *Lood* et *Loto.*

*** LODONENSIS** Moneta. Vide infra in *Moneta Baronum.*

*** LODRAMENTUM**, an pro *Lodiamenmentum*, Porticus, vel *Logiamentum*? Vide infra in hac voce num. 1. Testam. Joan. Fr. de Gonzaga march. Mantuæ ann. 1444. tom. 3. Cod. Ital. diplom. col. 1804 : *Item lego et relinquo illustri Paulæ consorti meæ pro sua habitatione illam partem palatii mei, quam ipsa elegerit, et possit mutare Lodramenta in dicto meo palatio.* Vide supra *Lobium* et infra *Lozamentum.*

¶ **LŒDORIA**, λοιδορία. Macrob. lib. 7 : *Sunt alia duo apud Græcos nomina, Lœdoria et Scomma; quibus nec vocabula reperio, nisi forte dicas, Lœdoriam exprobationem esse ad directam contumeliam.*

¶ **LŒMODES**, λοιμώδης, Pestilens. Ammian. lib. 19 : *Prima species luis Pandemus appellatur... secunda Epidemus.... tertia Lœmodes, quœ itidem temporaria est, sed volucri velocitate lethabilis.*

¶ **LOERIUM**, Pretium conductionis, Gall. *Loyer.* Constitutiones Jacobi Regis Siciliæ cap. 20 : *Equitaturam seu bestiam... justo et competenti Loerio a patronis ipsas volentibus locare, conducant.* Computum Graisivod. ann. 1332 : *Pro Loerio operatorii, in quo tenentur curia communis per unum et tres menses*, IV. *sol. gross.* Ordinatio ann. 1340. tom. 2. Hist. Dalphin. pag. 395. col. 1 : *Res non emat quæ convenienter et utiliter poterunt ad rationabile Loerium reperiri.* Le Roman *de Vacce* MS. vocem *Loier* usurpat pro munere, quod ab eo datur, qui alterius benevolentiam captat :

> Quant l'avoir des Flamenz out li Roiz recheu,
> Et chescun de ses Dus out son Loier eu.

Infra :

> Les Barons de la court a Louez et proiez.

*** LOETUM**, Locatio, conductio, Gall. *Loyer.* Stat. Astæ collat. 20. cap. 44. pag. 69. v°. : *Statutum est quod aliquis laborator qui laboret ad Loetum, non audeat aporture aliquas sarmentas, vel bropas, vel alia ligna absque expressa licentia illius, cujus laborat. Ad Loetum sive mercedem*, ibid. collat. 13. cap. 11. pag. 40. v°. *Louier*, in Chron. S. Dion. tom. 3. Collect. Histor. Franc. pag. 247. Vide *Loerium* et *Logaderius* 2.

LOFMASTER. Vide Hist. Cortusior. lib. 8. cap. 14.

¶ **LOGA**, Ædicula, Gall. *Loge.* Vide *Logium* 3.

*** LOGADATGIUM**, Locarium, *Loyer.* Privil. civit. Caturc. ann. 1344. in Reg. 68. Chartoph. reg. ch. 312 : *Item habent quandam domum communem, vocatam cameram d'Amors; et inde Logadatgia seu proventus percipiunt a personis ibi tenentibus res venales.* Vide *Logerium.*

¶ **1. LOGADERIUS**, Conductor vel locator. Leges Palatinæ Jacobi II. Regis Majoric. in Actis SS. Junii tom. 3. pag. XIII : *Ut ab omnibus officialibus botelleriæ et coquinæ... et a marescallo et civaderio, et illis de stabulis, tam domesticis quam Logaderiis... nobilis major domus, aut alius major domus servitia faciens, homagium juramento subnixum recipiant.* Hic recte Sollerius *Logaderium* exponit, Qui locatam in aula habitationem tenet, eoque eximitur a jurisdictione magistratus civilis, vel Qui suam suorumve jumentorum operam locat ejus rei præfecto *Zamblerio.*

*** 2. LOGADERIUS**, Operarius, qui operam suam alteri locat. Libert. Petræ assisiæ ann. 1341. in Reg. 74. Chartoph. reg. ch. 647 : *Item quod consules dictæ villæ... possint compellere habitatores dictæ bastitæ... ad solvendum salaria debita omnibus Logaderiis pro affanagio.* Stat. ann. 1352. inter Probat. tom. 2. Hist. Nem. pag. 153. col. 2 : *Item quod quicumque brasserit seu Logaderii, singulis diebus quibus operabuntur cum alio pro pecunia, etc.* Vide supra *Loetum.*

*** 3. LOGADERIUS**, Habitabilis, Gall. *Logeable.* Charta ann. 1310. in Reg. 46. Chartoph. reg. ch. 88 : *Item una domus bassa in qua sunt quinque estatgia Logaderia confrontata cum orto et cum domo supradictis.* Alia ann. 1315. in Reg. 53. ch. 57 : *Item quædam domus Logaderiæ et stationes domorum sitæ Caturci in parrochia S. Petri.* Vide *Logium* 3.

*** LOGAL**, Locus vacuus, ubi domus ædificari potest. Charta ann. 1151. ex Tabul monast. Caun. : *Omnes alii fratres S. Petri de Caunis illum Logal, qui Petri Maurel in villa de Caunis fuit,... tradunt.* Alia ann. 1168. ibid. : *Berengarius Caunensis abbas Bernardo... unum Logar (sic) in villa de Caunis, ut molendinos ibi draperios et bladerios ædificent,... concessit.* Vide *Locale.*

LOGALIS. Vide supra in *Locale.*

LOGAN. Vide *Lagan.*

¶ **LOGARIASTES**, λογαριαστής, Computator, Præfectus ratiociniorum in Aula CPtana. Huic incumbebat numerare milites illisque solvere stipendia, ut docet Codinus cap. 5. Innuit vero Nicetas in Manuele lib. 1. functionem ejusce Dignitatis circa vectigalia et tributa fuisse, ut dicitur in Glossario mediæ Græcit. voce Λογάριον. Vide *Longaristis.*

¶ **LOGEA**, Logeamentum. Vide *Logium* 3.

*** LOGELLUM**, diminut. a *Logium* 3. Ædes, habitatio, porticus, officina. Necrol. B. M. de Medunta fol. 21. v°. : *Robertus du Moley.... dedit quatuor solidos Paris. annui redditus sitos super Logellum et supra petram juxta dictum Logellum.* Vide mox *Logeta.*

¶ **LOGER**, f. Præsidium, a *locando* dictum, ut nostrum *Loger.* [* Idem videtur quod Lucrum vel fruitio, possessio, Hispan. *Logro.* Vide infra *Logro.*] Conventiones Raymundi Comitis Barcinon. cum Ermengaudo Comite Urgell. ann. 1058. Marcæ Hispan. col. 1111 : *Et si ad supradicto Comite Ermengaudo aut ad suos homines dederit Deus de ista hora in antea de Alchagib de Saragoza castros aut terras, habeant in eos et eas jam dicto Comite Raymundo... duas partes, et Comite Ermengaudo suam tertiam partem. Et ipsos castros mittat Ermengaudus Comes tertiam partem de opera et de Loger et de guarda, quæ in eis erit necesse.*

LOGERIUM, Locarium, Gall. *Loyer.* Usatici Regni Majoricarum MSS. : *Et pro Logerio sive mercede domorum non soluto tempore statuto, possit dominus portas claudere, etc.* Curia generalis Catalaniæ ann. 1359. habita Cervariæ, de militibus fugitivis : *Nec etiam sustinere aliquem qui cum solido Logerio fugerit.* [Charta ann. 1374. ex Schedis D. *Lancelot* : *Dant ad Logerium perpetuum sive annuam pensionem octo sol. quoddam hospitium, etc.* Occurrit in Capitulis generalibus MSS. S. Victoris Massil. et alibi.]

¶ Loguerium, Eodem intellectu, in Statutis Massil. lib. 2. cap. 28. 41. lib. 4. cap. 15. etc. in Legibus Palatinis Jacobi II. Regis Majoric. inter Acta SS. Junii tom. 3. pag. LXXXII. et alibi non semel.

Loquerium, Eadem notione. Charta ann. 1242 : *Decem solidos Melgorienses habuit... de Loquerio tabularum civitatis.* Occurrit præterea in Consuetud. Tolosæ part. 2. Rubr. de Locato. [in Statutis Massil. lib. 1. cap. 33. lib. 4. cap. 29. in Statutis Arelat. MSS. fol. 25. et 145. codicis D. *Brunet*, in Statutis Capituli Glandatensis ann. 1327. et alibi pluries.]

¶ Loherium, Loheria, Eodem significatu, in Computo ann. 1333. tom. 2. Hist. Dalphin. pag. 278 : *Item, pro Loherio unius barcæ... retinuit patronus taren.* 1. Ibid. pag. 279 : *Pro Loheria trium barcarum... taren.* IX. Recurrit ibid. *Loherium* pag. seq.

*** LOGETA**, Ædicula, ædium appendix, diminut. a *Logia*, nostris *Logette.* Charta ann. 1373. in Reg. 105. Chartoph. reg. ch. 158 : *Sub quibusdam parvis domunculis seu Logetis, quinque solidi Turon.* Reg. 13. Corb. sign. *Habacuc* ad ann. 1513. fol. 168. v°. : *Le prendeur sera tenu de faire faire à ses despens une Logette etc.*

¶ **1. LOGIA**, *Collecta pauperibus sublevandis*, in Amalthea, ex Apostolo 1. Corinth. 16 : Περὶ δὲ τῆς λογίας τῆς εἰς τοὺς ἁγίους, *De Collectis autem quæ fiunt in sanctos, etc.*

¶ **2. LOGIA**, Logiae, etc. Vide *Logium* 3.

*** 1. LOGIAMENTUM**, Habitatio, domicilium, Gall. *Logement.* Lit. remiss. ann. 1382. in Reg. 121. Chartoph. reg. ch. 92 : *Dictum grangerium nequaquam a manibus eum detinentium habere potuerunt, cum unus ipsorum prædonum cum dicto grangerio suo prisionario ad Logiamentum suorum aliorum complicum prius recurrisset.* Vide *Logium* 3.

*** 2. LOGIAMENTUM**, Hospitium, quo milites excipiuntur. Pactum inter reg. et Saonæ habitat. ann. 1461. in Reg. 198. Chartoph. reg. ch. 97 : *Item quod nulla persona Saonensis teneatur dare sive concedere hospitium,... proviso quod per ancianos dictæ civitatis... de hujusmodi Logiamentis, tam* *personarum quam equorum, convenienter..., provideatur.*

* **LOGIARE.** Libert. Laudos. ann. 1392. tom. 8. Ordinat. reg. Franc. pag. 205. art. 35 : *Licebit* (habitantibus) *tenere in diebus fori et nundinarum tabulas sive afficciones in plateis publicis pro vendendo suas denariatas, aut extraneis Logiare.* Ubi Cl. Editor emendat, *Locare.* Vide *Logiare* in *Logium*, 3.

¶ **LOGICALIA**, Quæ pertinent ad Logicam, in Statutis Collegii Cluniac. ann. 1308. apud Lobinell. tom. 3. Hist. Paris. pag. 281. col. 1. et in Statutis Collegii Burgundici ann. 1335. tom. 5. ejusdem Hist. pag. 638. col. 1.

LOGICARE, Ratiocinari, argumentari. Petrus Cellensis lib. 9. Epist. 9 : *Et ironico typo subsannans hic bonum dormitasse Homerum Aristotelico more Logicat.*

* **LOGICIUM**, Hospitium, domus, Gall. *Logis.* Codicil. 2. Car. Andegav. comit. Prev. ann. 1481 : *Item pariter legavit dom. noster rex.... Demenjour de Casaveteri, manescallo Logiciorum dom. nostri regis, summam trecentorum scutorum.*

LOGISTÆ, Curatores et Patres Reip. Gloss. Gr. Lat. : Λογιστής, *Curator. Logista civitatis splendidissimæ Nicomediens.* in veteri Inscriptione 389. 2. Vide Cujac. ad tit. de Excusat. leg. 15. ad leg. 30. de Decur. et ad leg. 4. C. de Tabular. lib. 10.

¶ **LOGISTERIUM**, *Locus in quo recensebantur exercitus, et militibus stipendia numerabantur*, in Vocabulario Sussannæi, a Græco λογιστήριον, Locus ubi sedebant λογισταί, seu Calculatores.

1. **LOGIUM**, S. Eucherio lib. de Variis vocabulis, *quod et Rationale, est pannus exiguus ex auro, gemmis, coloribusque variis, qui superhumerali contra pectus Pontificis annectebatur.* Vide Isidorum, Papiam, et alios.

2. **LOGIUM** in Glossis antiquis MSS. est *Manuale*, id est, analogium. Vide *Manuale.*

3. **LOGIUM**, Logia, Ædes, habitatio domicilium, Gallis, *Logis* : sed maxime *Andronem*, xystum seu porticum ita nuncupabant, quomodo *Loggia* Itali usurpant. Lambertus Ardensis : *Item a domo in Logium quod bene et procedente ratione nomen accepit. Ibi enim sedere in deliciis solebant ad colloquendum, a logos, quod est sermo, derivatum, item de Logio in oratorium.* [* Acta S. Hugon. tom. 2. Aug. pag. 559. col. 2 : *Domum episcopalem de novo ædificavit lapideam amplam, et tegulis texit, et in illa parte ejusdem domus, quæ respicit ad Orientem, stationem quamdam construxit, quæ vulgari lingua Logis appellatur, plurimum in aspectu delectabilem, cum pulcherrimis columnis exornatam super murum civitatis, unde et fluvius subtus potest videri, et vineæ et agri.*] Neque insulsum omnino Lamberti etymon : videntur enim id nominis nostri a Græcis mutuati, qui λογεῖον appellabant pulpitum editius, in quo recitabantur Comœdiæ. Gloss. Gr. Lat. : Λόγιον, τὸ τοῦ θεάτρου, *pulpitum. Logeum* hac notione dixit Vitruvius lib. 5. cap. 8. qui illius altitudinem non minus debere esse ait pedum decem, non plus duodecim. Unde vero simile est, hanc vocem primitus nostros usurpasse pro superiore domus contignatione, quam postmodum toti attribuere ædificio, aut certe superioribus, vel quibusvis porticibus, seu andronibus, quibus ædificia invicem junguntur ac connectuntur; quomodo *Logia* usurpatur in Historia Episcopor. Autissiod. cap. 63 : *Fecit insuper appendicia inter aulam et capellam hospitibus et familiæ necessaria, Logiasque magnæ habilitatis ab aula in Capellam, et e converso ducentes.* Qua etiam notione habetur in Charta ann. 1252. in Histor. Prioratus S. Martini Campensis : *Erant Consiliarii prædicti in Logiis domus Regiæ juxta curiam ab opposito portæ Regis.* [*Actum Utini sub Logia Communis Utini*, in Actis SS. Junii tom. 1. pag. 779. Litteræ Consulis Massil. ann. 1332 : *Quædam domus ædificata de tabulis et tegulis in Logia. Logia domus villæ*, Gall. *Hôtel de ville*, Massiliensibus *La loge*, in Ingressu Caroli VIII. Regis Franc. ann. 1494. Massiliæ generaliter celebrato. *Logiæ monasterii*, in Statutis S. Claudii pag. 78.] [* Minus accurate additur, domum publicam seu *l'Hôtel-de-ville* a Massiliensibus *la Loge* appellari; sic quippe vocant forum argentarium seu locum ubi negotiatores congregari solent, alibi *Bourse* dictum.]

Logia, Logea, Lotgia, Ædicula, ædium appendix, Gallis *Loge.* Catholicon Armorioum : *Log, Gall. Loge, tugurium, magale, cabana.* Gloss. Græc. Lat. ex Cod. MS. Reg. 85 : Στοά, *Porticus, Logia, testudo.* Vita Clementis VI. PP. : *Ordinavit quod dicti Cardinales possint a cætero in dicto conclavi existentes habere cortinas, cum quibus claudantur eorum Lotgiæ, quando dormient seu quiescent.* Ita etiam appellantur apothecæ mercatorum, ubi merces suas venum exponunt, maxime in nundinis. [Sic intelligenda Charta Willelmi Regis Siciliæ ann. 1160. apud Murator. tom. 6. col. 624 : qua Messanensibus concedit facultatem in omnibus sibi subjectis locis Terræ S. *Logias ubicumque voluerint ædificare, Consulem statuere, etc.*] Charta Conradi Imperat. ann. 1187. tom. 3. Ughelli pag. 487 : *Et confirmo eis placeam portus undique liberam, ut nihil in ea possit ædificari extra muros.... in mari vel in terra, Logia eorum excepta.* Charta Philippi Augusti ann. 1218 : *Item de injuria, quæ fit hominibus meis apud Indictum, quia volo quod habeant Logias suas pro eodem pretio, quo solent eas habere antiquitus.* Alia ejusdem ann. 1215. apud Doubletum pag. 899 : *Eidem Præposito debeat denuntiare, quod ipsi volunt capere plateas suas, et signare Logias suas ad opus Indicti, quantum eis necesse fuerit.* [Computus ann. 1261. apud D. *Brussel* tom. 1. de Usu Feud. pag. 475 : *Pro Logiis faciendis in nundinis S. Lazari* VI. *lib.* X. *sol. Logiæ feriarum*, in Charta ann. 1148. e Tabulario Monasterii de Charitate. *Logiæ et stallagia*, in Litteris Bonifacii PP. recensentur inter jura Ecclesiæ Dolensis, ex Archivo ejusdem Eccles. suntque tributum ab iis, qui *Logias* in nundinis tenent, exsolvendum. Eadem, ut puto, notione Charta ann. 1214. in Tabulario S. Bartholomæi Bethun. f. 22. v°. : *Jam dictus Robertus salvam debet habere careiam suam sicut solet esse. Logia debet manere sicut est posita.* Fortean pro nundinis ipsis accipienda eadem vox in Charta Philippi Aug. ann. 1211. ubi de Privilegiis S. Martini Turon. apud Marten. tom. 1. Ampliss. Collect. col. 1101 : *Quamdiu Logia manet in explenta, quæ dicitur Regis Francorum, habet B. Martinus dimidium et Comes dimidium pro custodia; et neuter potest inde dare seu vendere sine alio.*]

Logea, in Chronico Cambriæ, tom. 1. Monastici Anglicani pag. 400.

¶ Loga, ut *Logia.* Computus ann. 1202. apud D. *Brussel* tom. 2. de Usu feud. pag. CXC. col. 1 : *Pro turre Musterioli facienda et de granariis et Logis ad mangenellos* IIII. *l. et* VI. *s.*

¶ Logeamentum, Hospitium, quo quis oppidanus milites debet excipere, Gallice *Logement.* Charta Massil. ann. 1481 : *Placeat regiæ Majestati vestræ præservare vestram civitatem ab juseantiis, Logeamentis, subjornatis et stationibus armigerorum peditum et equitum.*

¶ Logiare, Habitare, diversari, Gall. *Loger.* Charta ann. 1264 : *Guillermus de Charmentre civis Paris. recognovit se recepisse a venerabili viro et religioso Abbate S. Germani de Pratis Paris. nundinas dicti Abbatis ville S. Germani... sub conventionibus .. quod dictus Guillermus predictas nundinas Logiare tenetur, et omnia que ad eas pertinent de omnibus coustamentis facere.* Litteræ ann. 1380. apud Rymer. tom. 7. pag. 259 : *Ad Logiandum et morandum secure in campis.* Chron. Astense ad ann. 1440. apud Murator. tom. 11. col. 276 : *Multi erant, qui non sciebant ubi Logiare.*

¶ Logiarius, f. Portitor seu exactor portorii. Charta Philippi Aug. Regis Franc. ann. 1211. tom. 1. Collect. Ampliss. Marten. col. 1101 : *Vinum autem alicujus Canonicorum speciale liberum transitum habebit per Ligerim dando secundum consuetudinem Logiarii unam lagenam vini et duas nummatas panis. Omnes Clerici B. Martini... liberum habent transitum, nihil dando nisi festagia, quæ a Præposito de Nogento pontonariis debentur.* Si pro *Logiarius* quis mallet legere *Logiarium*, tunc portorium intelligerem, non ipsum portitorem.

4. **LOGIUM**, λόγιον, *Logion*, Oraculum. *Logia personare*, apud Martianum Capellam lib. 1. *Incultum Logium*, inculta oratio, apud Cummianum Hibernum de Controversia Paschali.

¶ Logya Parva, Sermo tenuis, vel minor dicendi facultas. Odo de varia Ernesti Bavariæ Ducis fortuna, tom. 3. Anecd. Marten. col. 317 : *Quem tanto eloquio ditavit ab omnibus, illa pauperis ingenii mater facundia parvæ adjutrix Logyæ, etc.*

LOGOGRAPHI, in Cod. Th. et Just. Tabularii, Notarii, Librarii ita nuncupati. De iis vide Jacobum Gothofred. ad leg. 1. Cod. Th. Ne conlatio per logographos celebretur. (11,4.)

LOGOTHETA, vox Græca, quæ ad Latinos inferioris ævi etiam transiit. Apud Græcos quidem, Byzantios præsertim, varie accipitur : sed veram ejus notionem habet Gloss. Gr. Lat. : Λογοθέτης, *Ratiocinator, discussor, disputator.* λογοθετῶ, *Ratiocinor.* λογισμὸς λογοθεσίου, *Ratiocinium* : est enim *Logotheta*, qui rationes accepti et depensi expendit ac discutit, quomodo dicuntur apud Procopium lib. 3. de Bello Gothico cap. 1. et 21. Magistratus aulæ Constantinopolitanæ : qui id nominis cum adjuncto habuere, ut λογοθέται τοῦ δρόμου, λογοθέται τοῦ γενικοῦ, de quibus agimus in CPoli Christiana, λογοθέται τῶν οἰκειακῶν apud Pachymerem lib. 2. cap. 21. lib. 6. cap. 34. λογοθέται τοῦ στρατιωτικοῦ λογοθεσίου, de quibus VI. et VII. Synodus, et Procopius in Hist. arcana pag. 104. 1. Edit. λογοθέται τῶν ἀγελῶν, de qua dignitate Pachymeres lib. 1. cap. 17. lib. 2. cap. 13. et λογοθέται τῶν σεκρέτων, qui iidem fuere qui τοῦ γενικοῦ, ut ad lib. 3. Alexiadis docuimus. Expendebant enim ii rationes cursus publici, ærarii generalis, ærarii privati, seu largitionum privatarum, ærarii militaris, gregum seu armentorum Imperatoris, de quibus singulis Magistratibus multa dixere Meursius in Gloss. et Gretzerus ac Goarus ad Codinum. Vide Theosterictum in Vita S. Nicetæ Hegumeni n. 11. [et Glossarium mediæ Græcitatis. col. 821. sqq.]

Primi autem ex his Logothetis, quem λογοθέτην τοῦ δρόμου appellabant, licet primo officium circa *cursum publicum* versatum fuerit, idque muneris gesserit, quod apud nos *le General des Postes*, alia tamen labentibus sæculis functio fuit : ut qui Edicta et aureas Imperatorum Bullas subscriberet, idque prorsus muneris obiret, quod apud nos *Cancellarius*, uti exerte habet Nicetas in Man. lib. 7. n. 1. unde Nicephoro CP. dicitur ὁ τῶν δημοσίων πραγμάτων τὰς ὑπομνήσεις διακομίζων. Gloss. antiqu. MSS. : *Logotheta Græco eloquio dicitur, qui sermonem facit in populo, id est, qui Edictum Imperatoris foris populo nuntiat.* Eadem ferme habet Papias. Glossar. Ælfrici : *Logotheta*, gemot-man, id est, ad verbum, *homo conventus*, alias orator, qui conventui publico præsidet ex parte Regis. Rogerus Hovedenus : *Qui fuerat Cancellarius Imperatoris, quem Græci vocant Logothetam.*

A Græcis, inquam, istud nominis mutuati sunt Latini Principes. In Chronico Casinensi lib. 4. cap. 68. 117. et 126. (vel secundum Editionem Angeli a Nuce cap. 66. 116. et 125.) Petrus Diaconus Casinensis a Lothario Imperatore *Logotheta Italicus, Exceptor, Cartularius, et Capellanus Imperii Romani constitutus* fuisse dicitur, id est, *Logotheta et Protonotarius* quomodo appellabantur apud Siculos Normannos Reges, qui Chartas Regias subscribebant, ut passim ex Tabulis Siculis colligere est. Alia tamen fuit in eo Regno et diversa prorsus dignitas a *Magni Cancellarii* dignitate. *Logotheta* enim, qui et *Protonotarius*, *Primi a Secretis*, seu Protosecretarii munus obibat, et gradu, Magno Cancellario major erat, etsi neuter neutri subesset, ut ait Ammiratus tom. 1. Stemmatum Neapolit. pag. 48 : *Essendo piu preminente uficio quello del Protonotario di quello del Gran Cancelliere, se ben l'uno al altro non e sottordinato.* Formula porro qua Regia diplomata subscribebant Logothetæ et Protonotarii Siculi, hæc erat, ex Waddingo ann. 1347. n. 8 : *Data Neapoli per... Logothetam et Protonotarium Regni Siciliæ anno, etc.*

* **LOGRA**, vel **Logrum**, ab Hispanico, ut videtur, *Logro*, Fruitio, possessio. Charta ann. 1214 : *Ego Guillelmus de Chauvigny, dominus castri Radulphi, do et concedo cellerario Dolensi quoddam cellarium in burgo Dolensi situatum, pro sexaginta solidis monetæ Dolensis, quos mihi dictus cellerarius donavit, et centum solidos pro Logris.* Vide in *Laudare* 4.

¶ **LOGRÆ**, Idem quod mox *Logres*, sed metaphorice, ut *Leurre* sæpius apud Gallos, Deceptio, illusio. Consuetud. Lemovic. art. 46 : *Emptor et venditor debent venire quilibet cum uno probo homine coram Consulibus et dicere veritatem de pretio bona fide, (sine) dolo et fraude, et sine Logris.*

¶ **LOGRES**, Accipitris illicium plumatile, Gall. *Leurre*, Hisp. *Lura*, Ital. *Logoro.* Leges Palatinæ Jacobi II. Regis Majoric. in Actis SS. Junii tom. 3. pag. xxiv. de Falconerio majori : *Nec ignoret ejus curæ pertinere omnia eis (avibus ad venandum) necessaria procurare; veluti Logres, capucia, longas et alia arnesia ad rostrum et manus ipsarum præparandas.* Vide *Loyrum.*

¶ 1. **LOGUERIUM**, Gall. *Loyer.* Vide *Logerium.*

¶ 2. **LOGUERIUM**, Ordo manipulorum hac arte coacervatorum, ut plures in cumulo sint ordines, alii aliis superiores, quos Massilienses *Louges* vocant lingua patria. Hi ordines certo constant atque definito manipulorum numero, ut decima facilius percipiatur. Charta ann. 1218. ex parvo Chartulario S. Victoris Massil. fol. 134. v°. : *De universis terris, quas proprio colunt aratro, de tribus saumatis cujuslibet bladi sive leguminum unam eminam, et de duobus Logueriis unam garbam Ecclesiis memoratis nomine decimarum conferant.*

¶ **LOGYA Parva.** Vide supra in *Logium* 4.

¶ **LOH**, ut infra *Lok*, Tomentum. Constitutiones Coriariorum Sand-Hippolit. apud Duellium lib. 2. Miscell. pag. 443 : *Item extra civitatem nullus vendat Loh aut alium apparatum. Item ubi duo socii sunt simul, tantum alter eorum emat Loh.* [** Cortex Coriarius.]

¶ **LOHERIA**, **Loherium.** Vide *Logerium.*

* **LOJA**, ut supra *Logium* 3. Chartul. Buxer. part. 5. ch. 2 : *Factum est hoc Divioni... in Loja, scilicet ante aulam domini Hugonis ducis Burgundiæ, ipso præsente.* Charta ann. 1280 : *Nobilis vir Pontius Bremundi, dominus castri de Caslario, ... concessit... sex cannas terræ seu localis quadratas prope ripam ipsius aquæ in allodium liberum, in quo locali possit fieri seu construi domus seu Loja, in qua domo seu Loja possit inhabitare ille, qui recipiet pedagium.*

¶ **LOIBUS.** Vide *Lembus.*

* **LOIDERIA**, Idem quod *Lesda*, Tributum, quod pro mercibus penditur; unde *Loiderius*, hujus tributi exactor. Chartul. S. Sulpit. Bitur. fol. 81. r°. ch. 123 : *Medietas consuetudinis de cordoano et de coreis tannatis pertinet ad Loideriam, et eam habebit Loiderius; uterque autem Loiderius habebit duas michas frumenti in unaquaque dominica. Et sciendum quod Loideriam nostram nemo tenebit, nec tenere potest nisi laicalis persona.* Vide in *Leudis.*

* **LOIGIA**, ut supra *Loja.* Inquisit. ann. 1340. ex Bibl. reg. : *Idem Poncius comparuit in Loigiis bassis domus episcopalis Lingonensis, præsentibus ibidem dom. Rembaudo de Scarampis, Guillelmo de Chatenayo..... contestibus secum juratis et aliis.* Vide *Logia* in *Logium* 3.

* 1. **LOIRA**, Glis, Gall. *Loir.* Libert. Florent. ann. 1339. tom. 8. Ordinat. reg. Franc. pag. 96. art. 33 : *De pelle vulpis et Loiræ, de qualibet unum Turonensem, etc.*

* 2. **LOIRA**, Ligeris, Gall. *la Loire.* Annal. Laur. Bonincont. ad ann. 1429. apud Murator. tom. 21. Script. Ital. col. 136 : *Quum igitur Britones Aurelianensem urbem obsiderent, ut Loira fluvio facilius potirentur etc.*

¶ **LOISELLUS Fili**, in Computo ann. 1202. apud D. *Brussel* tom. 2. de Usu feudorum pag. ccxviii. Glomus, Picardis *Loinseau de fil*, Gall. *Peloton*, alias *Luissel*, ut habet Ovid. MS. apud Borellum :

Cest Luissel de filé tendray.

* Alias *Loinselet*, *Loissel* et *Luissel.* Lit. remiss. ann. 1389. in Reg. 138. Chartoph. reg. ch. 133 : *Le suppliant rompy ledit petit coffre où il trouva... un Loinselet de fil pers.* Aliæ ann. 1398. in Reg. 154. ch. 97 : *Huit toisons de laine et deux Loisseaulx de fil de lin. Un Luissel de fil*, in Chron. S. Dion. tom. 7. Collect. Histor. Franc. pag. 148. Vide supra *Lemoisellus* et mox *Lomellus.*

LOISMUS. Observantiæ Regni Aragon. lib. 6. tit. de Generalib. privil. § 23 : *Quam* (hæreditatem) *alienare potest cum prædicto tributo tributarius, et onere, sine consensu domini, nisi dominus habeat fatícam vel Loismum, nec tenetur talis tributarius vel emphyteota firmare res in posse talis domini, etc.*

¶ **LOITHIHUNT**, ut in Notis ad Leg. Salic. legit Bignonius, Canis ductor. Vide *Canis Leithihunt.*

¶ **LOK**, Floccus, Gall. *Floccon*, Angl. a *Loch of wool*, Floccus lanæ, a Saxonico *Loca*, *Locca*, Flocci, tomenta : omnia a Latino *Floccus*, ut vult Skinner. Hinc *Lochus* apud Kennettum in Antiq. Ambrosden. ad ann. 1425. pag. 572 : *De 11. sol. receptis de lana fracta, videlicet Lokys collecta in tonsura ovium, etc.* Vide *Clack.*

¶ **LOKKA**, Lacus, a Græco λάκκος, Fovea, lacuna, fossa, ut Skinner. habet in voce *Logh* : quæ frequens est, inquit in terminis locorum Scoticis et Hibernicis ab Anglo-Saxonico *Luh.* Literæ ann. 1509. apud Rymer. tom. 13. pag. 243 : *Pro ripariis, gurgitibus, stangnis, pilis, Lokkis, etc.* Armorici *Loc'h* et *Louc'h*, Palus : qui non minus quam Lacus convenit loco laudato.

¶ **LOLIETUM**, Locus obsitus lolio. Willelmus Brito lib. 5. Philippidos :

Per Bajocarum Lolieta, per arva Caletum.

LOLLARDI, **Lullardi**, ita nuncupati hæretici quidam, qui sub initium sæculi xiiii. in Germania et Belgio exorti sunt. Joannes Hocsemius ann. 1309 : *Eodem anno quidam hypocritæ gyrovagi, qui Lollardi, sive Deum laudantes vocabantur, per Hannoniam et Brabantiam quasdam mulieres nobiles deceperunt, etc.* Trithemius in Chron. ann. 1315. ait, ita appellatos a Gualtero *Lolhard* Germano quodam. [*Liliardi* dicuntur in Genealogia Comitum Flandriæ ad ann. 1302. tom. 3. Anecd.

Marten. col. 408. Vide Hansizium tom. 1. Germ. sacræ pag. 455.]

* De iis ita Elmham. in vita Henr. V. reg. Angl. edit. Hearn. cap. 16. pag. 30 : *Hoc eodem primo regni ejusdem regis anno hæreticorum secta execrabilis, catholicæ fidei inimici, satores lollii, hostes ecclesiæ, reipublicæ eversores, in pluribus partibus regni Angliæ latitabant, habentes præfectum Johannem Oldecastle militem, ipsius detestandæ sectæ dominum et magistrum.*

Wicleffi etiam sectatoribus, id nominis inditum in Anglia. Thomas Walsinghamus ann. 1377 : *Hi vocabantur a vulgo Lollardi, incedentes nudis pedibus, etc.* Pag. 327. 328 : *Wicleffensibus, quos Lollardos quidam vocant.* Et pag. 339 : *Lolardi sequaces Joannis Wiclif.* Ita Will. Thorn. pag. 2646. 2662. 2663. Sic etiam hodie hæreticos quosvis, vel qui novæ religioni adversantur, vocant Angli.

Quod vero hæretici isti Wiclefiani *vestiti pannis vilibus* incederent, ut ait Walsinghamus, viles ac despecti passim *Lollardi* nuncupati. Jo. Buschius in Chronico Windesem. lib. 2. cap. 41 : *Qui hujusmodi fratres devotos a mundo tunc despectos tanquam Lullardos deputabant.* Thomas a Kempis in Vita Florent. cap. 9 : *Elegit potius abjectus Lullardus vocari quam dominus.* Vide Odoricum Rainaldum ann. 1318. n. 44. De hac voce habet Kilianus : *Lollaerd, mussitator, mussitabundus. Lollaerd, Lollebroeder, Broeder-Lollaerd, Lollardus, Alexianus Monachus. Lollaerd, reus læsæ fidei, vel læsæ religionis, vulgo Lolardus, Angl. Lolard. Lolardus quoque dicitur hæreticus Valdensis.*

* Extant etiam nunc in pluribus inferioris Germaniæ civitatibus ejusdem nomenclaturæ viri quidam religiosi, panno nigro et caputio vestiti, quorum præcipuum officium est tempore pestis mortuos sepelire : iidem qui a Leodiensibus *Freres Célist*, id est Fratres Cœlestes appellantur.

Lollardia, Hæresis Wicleffiana, quæ Angliam diu infecit. Provinciale Cantuariensis Eccles. lib. 5. tit. 5 : *Nostra provincia variis et infructuosis doctrinis inficitur, ac nova ac damnabili Lollardiæ nomine maculatur.* [Litteræ ann. 1460. apud Rymer. tom. 11. pag. 445 : *De quibuscumque proditionibus, insurrectionibus, rebellionibus, feloniis, transgressionibus, Lollardiis, etc.*]

LOMBARDI. Vide *Langobardi.*

¶ **LOMBARE.** Vide *Lumbare.*

* **LOMBARDO**, Cammarus. Vide supra *Lickuda.*

* **LOMELLUS**, ut supra *Loisellus.* Lit. remiss. ann. 1353. in Reg. 82. Chartoph. reg. ch. 83 : *Furata fuit in domo dicti Reginaldi... unum Lomellum fili, de mensura et pondere consuetis.*

¶ **LOMENTARE**, σμήχειν, in Glossis Lat. Græc. Sangerman. Abstergere *Lomento*, vel smegmate. *Lomentarias*, σμηγματοπώλης, in iisdem Glossis, Qui lomentum conficit aut vendit. Vide *Smegma.*

* **LONA.** Chartul. majus S. Vict. Massil. : *De una parte infrontat via publica quæ vadit de Tarascone ad Laurata, de alia parte Lona de Rubiano.* Vox fortean vulgaris, quæ idem sonat quod nostrum *le long*, secus.

¶ **LONDA.** Scacarium ann. 1212. apud Falesiam tom. 2. de Feudorum usu pag. 840. col. 2 : *Judicatum est quod decima terræ, quæ est infra metas Londæ... donetur Ecclesiæ cujus Londa illa dignoscitur pertinere.* D. *Brussel* loco citato Gallice vertit *Londe*, sed quid sit non explicat. Conjecto legendum *Landa*, Gall. *Lande*, Terra sterilis et vepribus obsita, de qua dictum suo loco.

* *Londa* minime mutandum esse in *Landa*, monitus fui, cum etiamnum Rotomagi extet domus DD. *de Bigars*, cujus cognomen est *de la Londe*, haud dubie a loco seu domanio quodam in Normannia acceptum.

* **LONDRA**, f. Naviculæ species, linter. Charta ann. 1011. apud Murator. tom. 1. Antiq. Ital. med. ævi col. 195 : *Ut licentiam et potestatem habeatis vos et posteri vestri suprascripti monasterii venerabilis et sancti, ponere et habere una paratura ad piscandum cum duas Londras in medietate nostra.*

* **LONFUS.** Vide supra *Lauffen.*

1. **LONGA**, Corrigia, qua ligantur et retinentur falcones ad sedem suam quamcunque, quæ sua longitudine comparata ad partes, meretur dici *Longa*, Falconariis *Longe.* [Occurrit in Legibus Palatinis Jacobi II. Regis Majoric. tom. 3. SS. Junii pag. xxiv.] Vide Fridericum II. lib. 2. de arte venandi, in Prologo, et cap. 27. 39.

* *Loire*, eodem sensu, [** Illicium. Vide *Loyra.*] in Mirac. MSS. B. M. V. lib. 3 :

Faucons qui ne revient au Loire,
De sa priveté me despoire.

* 2. **LONGA**, Lumbus Gall. *Longe.* Charta ann. 1221. tom. 1. Hist. Cassin. pag. 317. col. 1 : *Beneficium dictu mulici* (leg. forti dictum Ulici) *debet facere hominium et fidelitatem, in Nativitate spalla cum Longa, etc.* Vide *Lonza* 1.

¶ **LONGÆVARE**, Ad longum tempus producere. *Theodeberti Regis nostri felicitatem pro sua pietate Longævet*, in vita S. Medardi Episc. tom. 2. Junii pag. 81.

¶ **LONGÆVITAS**, Longum ævum, apud Macrobium lib. 7. Saturn. cap. 5. et 10. in Charta Pipini Regis ann. 763. apud D. *Calmet* tom. 1. Hist. Lotharingiæ col. 278. et alibi.

LONGALE, Longum lignum, quod est inter rotas priores et posteriores. Ita interpres Joannis de Garlandia in Synonymis :

Temo, Longale, trabale, furcale, forale.

LONGANEA, Longania, Angilbertus Abbas Centulensis l. de Diversitate officiorum : *Quod si ratio aeris hoc non permiserit, de S. Maria per Longaniam terratenus usque ad ascensorium ipsius longaniæ, qua sursum ascenditur, veniant.* Vetus Charta ann. 941. apud Francisc. Mariam in Mathildi lib. 3. pag. 43 : *In solario ipsius curtis, ubi dominus Ugo et Lotharius filio ejus gloriosissimis Regibus præerant in Capitela, ubi est Longanea solarii, prope Ecclesiam S. Benedicti, etc.* Videtur idem esse quod μάκρων, porticus oblongior, *Galerie.* Vide *Macroma.*

LONGANIMIS, μακρόθυμος. *Longanimitas*, μακροθυμία, in Gloss. Gr. Lat. Gloss. Lat. MS. Regium : *Durabilis, Longanimis.* Glossæ antiquæ MSS : *Longanimis, placidus.* Ugutio : *Longanimus, quasi nullis passionibus perturbatus, sed ad universa sustinenda est patiens, cui contrarium est pusillanimus.* Italis *Lunganimo.* Occurrit in Notis Tyronis pag. 198. in libris sacris, et alibi passim.

☞ Eadem notione quidam e nostris usurparunt voces *Longanime*, *Longanimité*, ut Scripturæ verba scrupulosius redderent, sed et pro Longinquitate sumta vox *Longanimité* in Præcepto Philippi VI. Franc. Regis ann. 1330. tom. 2. Ordinat. pag. 59. ubi : *Et voudrions bien que au plus prés vous pourez, vous eussiez consideration et avis, selon la Longanimité des pays, etc.*

LONGAO, Longano, Longum intestinum, Vetus Moschionis interpres : Φύση, *Longao.* Gloss. Lat. Gr. : *Longao*, κωλέντερον. Papias MS : *Colum, vel Longio quoddam intestinorum.* Editum habet *Longior.* Apitius lib. 4. de Re culin. cap. 2 : *Longanones porcinos ex jure Tarentino farsos.* Vide Gariopontum l. 3. Passionarii cap. 19. 21. Varroni *Longa* dicitur.

* **LONGARA**, pro *Longanea*, ni fallor, Porticus oblongior. Charta ann. 1182. apud Ughell. tom. 1. Ital. sacr. edit. 1717. col. 1238 : *Hortum, qui est ante portam prædictæ civitatis Signinæ cum plaigis et Longara et omnibus utilitatibus suis.*

LONGARE, Longum facere, unde *prolongare*, μακρύνειν, in Onomastico. [Joh. de Janua : *Longare, Longum facere, differre.* Fortunatus :

Tempore Longatur, sed variatur amor.

Miracula B. Henrici Baucen. tom. 2. Junii pag. 382 : *A pueritia contracta et guttosa in anchis; restaurata sunt ossa cum magno dolore : sanata est in totum et Longata et vadit recta.*]

* Hinc *Mettre longuement*, eodem sensu in Lit. remiss. ann. 1408. ex Reg. 163. Chartoph. reg. ch. 170 : *La dame de Falny commanda à son bailli qu'il feist prisonnier son sergent et y pourveist d'un autre sergent, lequel bailli... y mist Longuement, cuidant que ladite dame se deust raviser.*

* Ejusdem originis videtur vox Gallica *Loinjonneur*, qua pannis dimetiendis præpositus significatur, in Lit. remiss. ann. 1363. ex Reg. 92. Chartoph. reg. ch. 300 : *Comme les Loinjonneurs des plains draps, qui sont fais en nostre ville de Rouen fussent venuz en l'ostel de Ricart le Roux et eussent trouvé xxiiij. draps séellés du séel, duquel l'en séelle les draps de longueur, etc.* Unde etiam *Longon* appellatus Clavus ferreus vel ligneus, vulgo *Cheville*, in Lit. remiss. ann. 1395. ex Reg. 149. ch. 72 : *Longons, autrement nommez chevilles.* Et *Longuamis*, Fabæ longæ species, in Contin. Hist. belli sacri apud Marten. tom. 5. Ampl. Collect. col. 591.

LONGARIA, id est, *Longa scriptura.* Papias.

LONGARII, Ligna transversaria, quæ equos in stabulis discernunt, ne inter se pugnare possint, apud Petrum de Crescentiis l. 9. cap. 2. extremo.

LONGARISTIS Ploas, apud Luithprandum l. 6. cap. 5. ubi legendum *Logariastes ploas*, Officium aulæ CPolitanæ, ex Græc. λογαριαστὴς τῆς πλώας, qui classis rationes expendebat : λογαριαστὴν enim λογιστὴν Græci recentiores interpretantur. At istius magistratus nulla, aut fallor, occurrit, apud

Scriptores Byzantinos mentio, tametsi alios λογαριαςὰς passim recenseant. [Vide *Logariastes.*] [** Apud Pertz. *o Delongáris tis ploós.* Forte Drungarius.]

¶ **LONGARIUS**, Longissimus, diuturnissimus. Charta Philippi III. Franc. Regis ann. 1273. apud Stephanotium tom. 1. Antiquit. Occitan. MSS. pag. 405 : *Per decursum cujuscumque temporis, longi, longioris, longissimi vel Longarii.*

LONGELLUS. Will. Thorn ann. 1311 : *Quod singulis annis in perpetuum augeantur 20. stragulæ, quinque coopertoria, 5. Longelli ultra antiquam liberationem. Ita videlicet quod sint 40. stragulæ pro 20. fratribus, et 15. coopertoria, 15. Longelli ad distribuendum fratribus secundum quod fieri consuevit.* Forte legendum *Loudelli*, ex Gallico *Loudiers*, species straguli. Vide *Lutherium.*

¶ **LONGELUS**, Diutinus. Accordum inter Dominum Turnon. et Priorem de Uyon ann. 1336 : *Per aliquem usum vel actum contrarium, quantumcumque longum, vel consuetudinem Longelam exercitatum vel usitatum præscribi non possit.* Puto legendum *Longævam.*

¶ **LONGERIA**, Mappa multo longior quam latior, quales sunt altarium. Inventarium ann. 1341. ex Archivo S. Victoris Massil. : *Quatuor mappas et 4. Longerias.* Testamentum ann. 1392. in Maceriis Insulæ Barbaræ tom. 2. pag. 672 : *Lectos garnitos bonos et sufficientes... cum linteaminibus et 12. mantilia cum totidem Longeriis semel dat et legat.* Statuta Monialium S. Salvatoris Massil. ann. 1400 : *D. Abbatissa tenetur tradere mapas, Longerias et manutergia pro refectorio.* Statuta Collegii Sagiensis ann. 1427. tom. 5. Hist. Paris. pag. 696 : *Reponantur sub inventario mappæ, Longeriæ et cætera lintea.* Statuta Cardinalis Trivultii Abb. S. Victoris Massil. ann. 1531 : *Elemosinarius tenetur providere... ad lavandum pedes pauperum... de Longeria quæ ponitur ante pectus dictorum pauperum.* Qui usus etiamnum servatur.

* Nostris *Longiere.* Glossar. Provinc. Lat. ex Cod. reg. 7657 : *Longiera, Prov. gausapes, mantile, manupiarium.* Lit. remiss. ann. 1389. in Reg. 138. Chartoph. reg. ch. 145 : *XXI. draps de lit, quatre touailles, deux Longieres, etc. Six touailles ou Longieres*, in aliis ann. 1394. in Reg. 146. ch. 237. Stat. eccl. Turon. ann. 1396. cap. 15. ex Cod. reg. 1237 : *Juxta et ad altare ad minus tria manutergia habeantur.* Ubi versio Gallica : *Et ait de cousté l'autel trois Longieres.*

* **LUNGERIA**, Eadem notione, in Inventar. ann. 1363. ex Tabul. S. Vict. Massil. *Lingiero*, Provincialibus hodiernis.

¶ **LONGETUS**, Placentæ genus. Johan. Demussis Chron. Placent. apud Murator. tom. 16. col. 582 : *Secunda die in nuptiis dant primo Longetos de pasta cum caxeo et croco et zibibo et speciebus.*

¶ **LONGI**, *Cantiones*, apud Papiam, pro *Logi*, Fabulæ Gall. *Chansons.*

¶ 1. **LONGIA**, Fenile, f. sic dictum, quod longiora fere sint fenilia, nisi tamen quis malit *Longia* esse pro *Logia* : de qua in *Logium.* Assignatio hospitiorum ann. 1321. apud Fantonum Hist. Avenion. pag. 178 : *Item una Longia sive fenaria Nicolai de Sabaudia sita prope portale de infirmeriis.*

2. **LONGIA**, [Lumbus, Gall. *Longe.*] Vide *Lonza* 1.

* 3. **LONGIA**, Lorum, Gall. *Longe.* Comput. MS. ann. 1239 : *Pro una Longia et una curreia, xxxj. sol.*

¶ **LONGICOLLUM**, seu **LONGICOLUM**, Vox ibrida, quæ idem sonat ac *Macrocollum*, seu *Macrocolum*, Major charta, papyrus regia. Lexicon Græc. Lat. : Τὰ μακρόκολα, *sunt majores et longiores chartæ, quas Catullus regias vocat.* Simili modo dicta πρωτόκολα. Goclenius in Lexico Philos.

¶ **LONGILATERUS**, Longis lateribus. Miracula S. Servitii Episc. tom. 3. Maii pag. 225 : *Dum Longilatero extensus et obtectus asportaretur feretro.*

¶ **LONGILOQUIUM**, Sermo prolixior, apud vet. Interpretem Irenæi l. 3. cap. 12.

* **LONGINGITAS**, pro Longinquitas. Charta Rudolfi I. imper. ann. 1273. inter Probat. jur. domus Bavar. pag. 11 : *In perpetuum Longingitate temporis plerumque accidit, ut et gesta hominum et contractuum efficacia in oblivionem veniant.* Vide infra *Longuanimitas.*

LONGINQUARE, Longius abire, vel amandare, Gall. *Eloigner.* Claudianus Mamertus l. 1. de Statu animæ cap. 1 : *Non mirandum est si vel de Deo, vel de homine, probe non sentiant, qui utramque a se odio mediante Longinquant.* [Utitur etiam Tertull. de Pudicitia cap. 5.]

* Alias nostris *Loignier.* Poem. reg. Navar. tom. 2. pag. 140 :

> Quant me convient, Dame, de vous Loignier,
> Onques certes plus dolant hom ne fu.

* Hinc *Loingnier* de feodo dixerunt, pro partem feudi in *retrofeudum* concedere, qua ratione feudum a domino capitali quodammodo elongatur. Charta Guill. dom. Salionis ann. 1281. ex Chartul. eccl. Lingon. fol.° 18. v° : *Quæ feoda ego vel mei hæredes non possimus plus Loingnier de feodo dicti episcopi et ejus successorum, quam nunc sunt.* Ibid. fol. 19. v° : *Et est sciendum quod ego vel mei hæredes non possumus aut debemus dictum feodum plus Longnier de feodo dicti dom. episcopi et successorum suorum quam nunc est.* Quæ in aliis eadem de re Chartis ibidem sic redduntur : *Nec possum nec debeo facere retrofeodum de prædictis.* Vide supra *Feudum Dividere.*

¶ **LONGINTANUS**, Diuturnus. *Et jam per Longintana tempora ipsæ parietinæ marcuissent*, in Actis SS. Junii tom. 2. pag. 573. de S. Leone PP. III.

¶ **LONGIO.** Vide supra *Longao.*

¶ **LONGISECUS**, ἄποθεν, in Glossis Lat. Græc. Sangerman. E longinquo, eminus, procul. [* Adde ex Castigat. in utrumque Glossar. Germ. *Longe, secus.* Reg. *eminus, longius. Loignet* et *Loingnet*, nostris, eadem acceptione. Lit. remiss. ann. 1379. in Reg. 116. Chartoph. reg. ch. 148 : *L'exposant, qui de leur emprise ne sçavoit rien, les suivit de Loignet.* Aliæ ann. 1394. in Reg. 146. ch. 75 : *Lesquelx trouverent ladite Margot et l'emmenerent Loingnet d'ilec. Longuet*, eodem intellectu, in aliis Lit. ann. 1372. ex Reg. 103. ch. 306 : *Icellui coup esglinda et eschappa devers ledit Berthelemot, qui estoit assez Longuet de costé hors du tray. Lointieu* vero, pro *Eloigné*, Disjunctus, remotus, in Stat. ann. 1376. tom. 6. Ordinat. reg. Franc. pag. 235. art. 49 : *Pour ce que lesdis bois et buissons à tiers et donger, sont en divers lieux et aucuns Lointieux des forez royaus et en diverses vicomtez, etc.*]

¶ **LONGISTRORSUS**, Longe, procul. Acta S. Hucberti Monachi, tom. 7. Maii pag. 275 : *Tædium expectorat, cogitationemque pravam Longistrorsus avertit.* Apud Festum : *Longitrorsus sic dicitur, sicut dextrorsus, sinistrorsus.*

LONGITIA, vox agrimensorum, pro longitudine, ut *latitia, plantia*, iisdem. Occurrit apud Innocentium de Casis litterar. non semel. [et Auctorem de Limitibus pag. 271.]

LONGITORIA. Vita S. Frontonis edita a Bosqueto pag. 10 : *Orabat pro eis indesinenter, ne multa fieret probatio temporis in Longitoria, et ne turbatio averteret quosdam eorum retrorsum.* [Hoc est, ut opinor, Deinceps, in longum seu futurum tempus.]

¶ **LONGITUDO**, Species oblationis, ac forte cerei certa ratione in longum elaborati. Statuta S. Germani a Pratis in Probat. Hist. ejusdem Monasterii pag. 174. col. 2 : *Item omnes oblationes factæ in candelis, in candelis tortuosis, votis, Longitudinibus, cereis... sunt capicerii dicti Monasterii ad faciendum suam utilitatem.* Forte legendum *Longitudinibus cereis*, sublata virgula.

¶ **LONGITURNUS**, Johanni de Janua, *Diuturnus*; *Longiturnitas, Diuturnitas. Baruch.* IV. *cap. In Longiturnis diebus, et in* III. *cap. Ut scias ubi sit Longiturnitas vitæ; vel secundum aliam Literam, Ubi sit Longiturna vita.* Occurrit vox *Longiturnus* apud Ebbonem in Vita S. Ottonis, tom. 1. Julii pag. 438.

LONGIVIVAX, Longævus, qui diu vivit, apud veterem interpretem Juvenalis Sat. 14. [Hinc emendanda Laurentii Amalthea, ubi *Longivax, Cervina Senectus.*]

¶ **LONGOBARDI.** Vide *Langobardi.*

¶ **LONGUA**, Lumbus, Gall. *Longe.* Charta Petri Abb. de Talemundo ann. 1366 : *Item quod dictus aquarius de dicto castrato faciet octo fercula dumtaxat et de Longa bovis tria fercula tantum.* Vide *Lonza* 1.

* **LONGUANIMITAS**, Longinquitas, diuturnitas, Gall. *Longueur de tems.* Acta dissolut. matrim. Ludov. XII. ex Bibl. reg. fol. 127. v° : *Ambo erant valde juvenes, et hoc scit propter Longuanimitatem temporis, quo dictum matrimonium dicitur fuisse factum.* Ita et *Longanimité*, pro Distantia, intervallum, vulgo *Eloignement*, in Lit. ann. 1330. tom. 2. Ordinat. reg. Franc. pag. 59.

* **LONGUETUS**, Longulus. Inventar. incerti anni S. Capel. Paris. ex Bibl. reg. : *Item unum Longuetum et strictum scriniolum argenteum, sigillatum in duobus locis parvo signeto domini nostri regis.*

LONGUS, Procerus statura, quomodo Ludovicus X. cognominatus est *Longus*, ob staturæ proceritatem, interdum *Magnus.* Gloss. Gr. Lat. : Μῆκος τοῦ ἀνθρώπου, *statura, longitudo. Longitudo corporis*, apud Capitolinum in Maximinis duobus. Sidonius in Panegyr. Anthemii :

Si cernas equites, sic Longi sæpe putantur,
Si sedeant.

Homo Longissimus, apud eumdem in Max. et Balbino. Ditmarus l. 7. de quodam rustico : *Et hic erat tantæ Longitudinis, ut omnes qui eum viderant, nimis admirarentur.* Philipp. *Mouskes* de Philippo Aug. :

Grans et biaus fu, et drois, et Lons.

Vide Ottonem Morenam pag. 124. 125. sic μακρούς Græci dicunt. Theodorus Lector lib. 2. μακρὸς ὤν. Sozomenus l. 6. cap. 29. l. 9. cap. 12. et Socrates l. 6. cap. 7. de quibusdam monachis Ægyptiis : Οὗτοι αὐτάδελφοι ἦσαν, οἱ μακροὶ δὲ ἐκ τοῦ σώματος ὠνομάζοντο. Vide *Magnus*.

* **LONIGA.** Glossar. Provinc. Lat. ex Cod. reg. 7657 : *Planon, Prov. Loniga, scobs.*

¶ 1. **LONZA**, vox Italica, Lumbus, Gall. *Longe*. Bulla Alexandri III. PP. ann. 1179. apud Ughellum tom. 1. Ital. Sacr. pag. 512 : *In obitu suo reliquit, videlicet spallam cum Lonza, et sarcinam musti, cum hominio et fidelitate hæredum suorum.*

Longia dicitur in Miraculis B. Simonis Tudertini num. 37. [Vide *Longua*.]

2. **LONZA**, Hyæna. Acta SS. Junii pag. 436. de S. Raynerio : *In ipso deserto reperit duas hyænas, quas vulgus vocat Lonzas, leone velociores et audaciores.*

¶ Lonzanus, Ead. notione. Jac. de Vitriaco l. 3. Hist. Orient. apud Marten. tom. 3. Anecd. col. 279 : *Sunt ibi leones, pardi, ursi, dami, capri silvestres, et aliud quoddam sævissimum, quod appellatur Lonzani, a cujus sævitia nullum animal potest esse tutum : et ut dicunt, terret leonem.*

* 3. **LONZA**, Lorum, Gall. *Longe*, in Comput. Ms. ann. 1364. monast. Clareval. fol. 37. v° : *Pro una Lonza empta xiv. gros.* Vide supra *Longia* 3.

* **LOOD**, Idem quod supra *Lodis*, Semuncia, sexta decima pars marcæ, Belgis *Loot*. Charta ann. 1469. in Supplem. ad Miræum pag. 206. col. 2 : *Solvent mihi vel successoribus meis pro tempore unam unciam argenti puri seu duo Lood, vel valorem ejus, etc.* Vide infra *Loto*.

LOPA. Charta Rudesindi Episcopi Dumiensis æræ 930. apud Anton. de *Yepez*, in Chronico Ord. S. Benedicti tom. 5 : *Concedimus etiam phialas argenteas Franciscas 2. soparia exaurata, Lopas exauratas cum coopertoriis 2. litones 2. scalas exauratas 6. etc.*

¶ **LOPADIUM**, f. Frustum, segmentum, Gall. *Lopin*, a *Lobinus* diminut. vocis *Lobus*, ut Nicottus affirmat. Acta apocrypha S. Eleutherii Episc. et Mart. tom. 2. April. pag. 530 : *Ne iram deorum incurras, et quasi unum Lopadium in ista sartagine exfrigaris.* Aristophani λοπάδιον est parva patella : quod loco relato non videtur posse convenire.

* Ad agros etiam accommodata est vox Gallica *Lopin*, eodem sensu, quo dixerunt *Une piece, un morceau de terre*, Agellus. Lib. cens. terræ *d'Estilly* ann. circ. 1430. fol. 5. v° : *Deux deniers assis sur un Lopin de terre et boys, contenant une boicellée.* Ibid. fol. 25. r° : *Ung Loppin de terre planté en saulaye contenant une boicellée et demie.* Pro ictus, percussio Gall. *Coup*, occurrit in Lit. remiss. ann. 1407. ex Reg. 161. Chartoph. reg. ch. 306 : *Icellui Pesiere print une congnée,.... de la teste de laquelle il donna à l'exposant un Loppin parmi la teste; duquel Loppin il l'abbati à terre.* Aliæ ann. 1416. in Reg. 169. ch. 238 : *Icellui Cherchemeau donna au suppliant de la paulme en la joue un très gros Loppin.*

* **LOPES** Conni, Trutinæ species. Pactum inter abbat. et consul. Aureliac. ann. 1350. in Reg. 78. Chartoph. reg. ch. 246 : *Item quod omnes balancæ, ad quas seu cum quibus res venditæ et vendendæ ponderabuntur in dicta villa, fiant ad similitudinem earum, quæ vocantur Lopes conni.*

* **LOPPA**, Loupa, a Gallico, *Louppe*, Gemma imperfecta. Inventar. S. Capel. Paris. ann. 1363. ex Bibl. reg. : *Item unus alius textus Evangeliorum ornatus gemmis, in quo a longo tempore deffliciunt sex Loppæ saphirorum, et de tempore ejusdem Buchet tres Loppæ saphirorum.* Aliud ann. 1376 : *Sex Loupæ saphireæ, et de tempore defuncti thesaurarii Beuchet* (sic) *tres aliæ, ac de novo deficit una Loupa saphirea. Une louppe de saphir*, in altero Invent. Gallico. *Louppe*, alia rursum notione, nodus nempe, pars rei alicujus prominens. Lit. remiss. ann. 1456. in Reg. 189. Chartoph. reg. ch. 120 : *Le suppliant féri ung coup d'un goy, autrement appellé vougesse, dequoy l'en arrache les buissons, de la Louppe qui est devers le dos d'icellui goy, sur le front dudit Jehan.*

LOPPARE, Tondere, resecare, amputare, vox Anglica, *to Lop*. Modus tenendi hundredum pag. 124 : *Dicit, quod prædicta ligna fuerunt crescentia in dicta foresta, et quod eadem ligna fuerunt Loppata de arboribus in eadem foresta crescentibus.* Occurrit ibi pluries. Vide *Shredare*.

* Nostris alias *Lopiner*, in frusta seu partes dividere. Vide Rabelais. initio prol. ad lib. 3. et Comment. Cond. tom. 1. pag. 614. edit. ann. 1743.

LOQUACITARE, Garrire, σπερμολογεῖν, in Onomastico.

LOQUACITAS, Usus vocis, facultas loquendi. Liber 2. Miraculor. S. Richarii cap. 14 : *Demptis linguæ obstaculis, Loquacitatem meruit obtinere.*

¶ Loquacitas, Eloquentia, facundia. Abbo in Præfatiuncula sermonibus selectis præfixa, tom. 9. Spicil. Acher. pag. 79 : *Noveris, lector, sive auditor, quicumque es mediocris Loquacitatis dives, sed Latinitatis indigens, hoc opusculum nudo nuditer factum, etc.* Expositio Liturgiæ Gallic. tom. 5. Anecd. Marten. col. 94 : *Pastor Ecclesiæ apertiori sermone populo prædicet, ita arte temperans, ut nec rusticitas sapientes offendat, nec onesta Loquacitas obscura rusticis fiat.*

* Hac duplici acceptione *Loquence* nostri usurparunt. Lit. remiss. ann. 1375. in Reg. 107. Chartoph. reg. ch. 155 : *Lequel Mahieu est affolez d'un bras et d'une jambe et de la parleure ou Loquence.* Prol. ad Chron. S. Dion. tom. 3. Collect. Histor. Franc. pag. 152 : *Li défaut de la letreure et de Loquence etc.*

* **LOQUAQUIS**, εὔλαλος ἐπὶ ὀρνέου, in Castigat. ad utrumque Glossar. ex Gloss. Mss.

LOQUATICUM, ἐκδόχιμον, in Gloss. Gr. Lat. MS. Edit. *Locatitium* præfert.

* **LOQUATUR.** Vide supra *Locatur*.

LOQUELA, JC. Anglis et Cowelo, idem est, quod placitum, causa, aut causæ prosecutio judicialis; actio juris. Charta Regis Ricardi I. apud Radulfum de Diceto ann. 1196 : *De Loquela versus Dominum Regem Francorum, scilicet de quietatione Clericorum et Laicorum, sermonem habeatis cum eo.* Vide Magnam Chartam Angl. cap. 28. Glanvillam lib. 2. cap. 3. Regiam Majestat. lib. 3. cap. 21. § 4. 6. etc. Ita *Loqui*, pro litem movere, in Legibus Henrici I. cap. 65. 42. 74. quod qui litem intendit, cum eo cum quo agit, de jure suo *loquatur*, et agat in jure; atque inde *Parlamenta* appellatas judiciales Curias quidam censent, de qua voce suo loco.

* Charta ann. 1125. pro monast. Becc. in Reg. 205. Chartoph. reg. ch. 202 : *Is cui injuria illata est, clamabit se in curia abbatis Becci et ibi audiet judicium suum, et non poterit Loquelam suam ponere in alia curia, nisi pro deffectu justitiæ curiæ Beccensis.*

Loquela Privatus, Qui in extremis est, nec loqui potest, *qui a perdu la parole*, in Histor. Cortusior. lib. 8. cap. 1. Gloss. Lat. Gr. : *Loquela*, λαλιά.

LOQUERICIUM. Antiquæ definitiones Ordinis Cisterciensis distinct. 15. cap. 2 : *Nulla quoque Monialis loquatur cum aliquo nisi per fenestram bene et spissę ferratam, vel Loquericium modo simili præparatum, etc.* ubi legendum forte *Loquerium*, ex Lat. loqui : sic enim etiamnum *Parloirs* dicuntur ejusmodi clatratæ fenestræ. [Perperam omnino *Laquirium* habetur in Statutis ejusdem Ordinis ann. 1242. apud Marten. tom. 4. Anecd. col. 1378. Vide *Locutorium*.]

¶ **LOQUERIUM**, Gall. *Loyer*. Vide *Logerium*.

¶ **LOQUTORIUM.** Vide supra in *Locutorium*.

* **LOQUTORIUM**, Locus Parisiis, in quo examinabantur et discutiebantur articuli usaticorum et consuetudinis ejusdem civitatis, coram præposito mercatorum et scabinis. Memor. D. Cam. Comput. Paris. fol. 58. v° : *Die vij. Octobris 1363. Moisonnet serviens Loqutorii, Gallice Parlouer, civium Parisiensium etc.* Vide in *Locutorium*.

LORA, Potionis mellitæ genus, Cælio Aureliano lib. 3. Vide Jacobum Cardinal. Papiensem Ep. 554. et Cujac. lib. 11. Observ. cap. 30.

LORAMENTUM, *Ligamentum*, in Gloss. Arabico-Lat. Auctor Mamotrecti ad cap. 22. Ecclesiast. : *Loramentum, i. concatenatio lignorum quæ solet fieri in fundamentis ædificiorum.* [* Adde ex Gloss. Bibl. Mss. *ubi non potest inveniri terra solida ad fundandum ædificium.* Architectis nostris *Pilotis*.] Jo. de Janua : *Loramenta dicuntur plura lora, vel laquearia, vel in parietibus tabulæ, vel aliqua ligna quæ nectuntur.* [Testamentum Tellonis Episc. Curiensis ann. 15. Pippini Regis, tom. 2. Annal. Benedict. pag. 710. col. 1 : *Æramentis, ferraturis, Loramentis, vasis, utensilibus, etc.* Sed et Justinus lib. 11. cap. 7 : *Cum capita Loramentorum inter nodos abscondita reperire non posset, gladio Loramenta cædit.*]

Lorenum, seu [Lorenus,] *Lorain*,

Scriptoribus nostris vernaculis. Diarium Thesauri Regii ann. 1299. 5. Febr. : *Pro sabutis, Lorenis, palefredis, et aliis necessariis ad equitandum, etc.* [Arestum Parlamenti Paris. ann. 1321 : *Item Lorenos garnitos de serico, seminatos de boutonis et camahelis pretii* 20. *sol.*] Computum Stephani de la Fontaine 26. April. ann. 1350 : *Pour trois sembues, l'une d'escarlate azurée armoiée de Navarre et d'Evreux, et l'autre à arçons azurez semez de perles, et l'autre de veluyau noir semé de rosettes d'or, avec* 2. *Lorrains.* Guill. *Guiart* ann. 1304 :

Estriers, Lorains, frains netelés.

Le Roman *de Garin* :

Li Palefroi sor coi la Dame seist,
Estoit plus blans que nule flor de lys,
Li Lorrains vaut mille sols Parisis.

Alibi :

Sele ot d'ivoire, li Lorains sont d'ormier.

Id est, ex mero auro. [Adde Borellum in Thesauro. Le Roman *de la Rose* MS. :

Et autres biens qui sont forain
N'as tu vaillant un viés Lorain.

Videtur esse monetæ genus.]

¶ Loranum. Rotulus computi ann. 1255. apud D. *Brussel* tom. 1. de Feudorum usu pag. 470 : *Pro Loranis, coffris, Lemovicensi tela,* xxvii. *equis palefridis, carro, etc.* Sic lego, non ut Cl. Editor. *Loranis coffris*, sublata virgula; quæ lectio, si bene asserta, de *coffris* seu arcis certa ratione loris constrictis, videtur intelligenda.

* Lorum, habena. Comput. Ms. ann. 1239 : *Pro uno Lorano ad dominum Alfonsum etc.* Haud scio an inde vox *Lorandier*, qua servus aratorius significatur, in Lit. remiss. ann. 1472. ex Reg. 197. Chartoph. reg. ch. 294 : *Jehan Rode bouvyer, Lorandier, serviteur et varlet.... pour suivre les beufz et labourer la terre en la baronnie d'Apchon.* Vide supra in *Lodia* 2.

¶ Lorea Bursa, in Computo ann. 1333. tom. 2. Hist. Dalph. pag. 285 : *Item pro una bursa Lorea pro portanda targia Domini* 11. *s.* vi. *d. Vienn.* Habetur *Loreus funis* apud Catonem cap. 12.

¶ **LORANDRUM**, Arbor similis foliis Lauri, ut dictum in *Arodandrum* sive in *Arodandarum*, ut male editum est.

LORARIUS, *Tortor*, Ugutioni. Addit Joannes de Janua, *qui servis vendendis præest.* [Gellius lib 10. cap. 3 : *Hi sequebantur magistratus, tanquam in scenicis fabulis Lorarii, et quos erant jussi vinciebant, aut verberabant.* Lictores et tortores a *Loris*, quibus reos constringebant, dicti *Lorarii.*]

¶ **LORCUM**, pro *Lorum.* Vide in *Cucurba.*

* **LORDA**, f. pro *Loida* vel *Lesda*, Tributum, quod pro mercibus penditur. Chartul. S. Vict. Massil.: *Retinendo sibi medietatem census villæ et medietatem Lordæ mercati.* Vide supra *Loideria.*

LORDICARE, Dorso incurvato incedere, ex Gr. λορδός, Incurvatus, ligno innixus, corpore pendens. Apud Hesychium : Λορδόν, ὑποκύρτον, ἀπεξυλωμένον, συγκεκαμμένον τῷ σώματι. Hinc nostri *Lourds* et *Lourdauts* appellant, qui ægre incedunt præ gravitate : unde ad ingenii defectum translata vox, qui tardo sunt ingenio *qui ont l'esprit pesant.* Regula Magistri cap. 1 : *Cæditur, pungitur, ustulatur, Lordicat miser asellus, et non vadit.* Infra : *Monasteria ipsa aut cellulas falce exeunt, Lordicanda de ficta infirmitate, absconsi secure, quod sanitatis gressus sint ab ipse limine reformantes.*

* **LOREMERIA**. Vide infra *Lormarius.*

LORENUM, Lorrus. Vide *Loramentum.*

¶ **LORETHARE** dicitur de arietino clamore, apud Ugutionem. Vide *Baulare.*

LORICA, Militum, quos *Chevaliers* dicimus, armatura maculis ferreis contexta. Gloss. Lat. Gall. : *Lorica, Haubert; Loricatus, Vestu de Haubert.* Avitus lib. 5. Poem. :

Hi Loricarum vasto sub tegmine gaudent,
Intexit creber sibimet quas circulus hærens.

Denique Guntherus lib. 2. Ligurini, ut cæteros prætercam :

. . . . . Neque casside clausus
Tempora nec chalybum munitus pectora Textu.

Vide Cluver. lib. 1. Germ. antiq. cap. 44. Maxime vero usurpatur pro ipso Milite loricato. Helmodus lib. 2. cap. 13. *Cum mille, ut aiunt, Loricis venit Aldenburg, etc.* Adam Bremensis in Histor. Eccl. : *Habuit etiam in comitatu suo sex millia Loricarum exceptis balistariis, etc.* Fulcherius Carnot. lib. 1. Hist. Hierosol. cap. 4 : *Tunc de exercitibus plurimis unus illic exercitus effectus est, quorum centum millia Loricis et galeis muniti erant.* Will. Tyrius lib. 16. cap. 19 : *In solo domini Imperatoris comitatu ad* 70. *millia fuerunt Loricatorum... in exercitu vero Dom. Regis Francorum virorum fortium Loricis utentium numerus ad* 70. *millia... æstimabatur.* Conradus Usp. ann. 1158 : *Imperatorem subsequuntur Henricus videlicet Dux Saxonum circa Pentecostem cum Imperatore in mille ducentis Loricis : Welfo vero circa festum S. Michaelis cum trecentis Loricatis.* Porro de loricis squamatis vide Henric. Valesium ad lib. 17. Ammiani, [et Carolum de Aquino in Lexico Militari.] [* Munit. castr. dom. reg. in Reg. 34. bis Chartoph. reg. part. 1. fol. 93. v°. col. 1 : *Quædam Lorica integra et goniculares ferreæ.... Tres Loricæ ad cuffas, tres sine cuffis... una Lorica sine coiffa.*] [** Chart. Dagobert. reg. ann. 675. apud Brequin. nov. edit. num. 380 : *Prædicti liberales nullum famulatum domino illius loci vel regi exhibeant, nisi ex eis beneficia habeant, ita tamen ut unusquisque Loricatus vir* 10. *mansus possideat.* Fides hujus chartæ merito suspecta.]

Loricati, dicti Monachi sanctioris vitæ, qui pro *mortificatione*, ut vocant, loricam ferream jugiter ad cutem induebant, nec pro quavis necessitate deponebant. Hos inter eminuit S. Dominicus cognomento *Loricatus*, a lorica ferrea quam per annos 15. ad carnem detulit, de quo Petr. Damianus in illius Vita, et in Epistolis non semel. De *Loricatis* istis qui plura volet, consulat Autbertum Abbatem in Vita S. Paldonis et Socior. Vitam S. Raynerii Solitarii n. 2. Stephanum Episc. Redonensem in Vita S. Guillelmi Firmati n. 21. Vitam S. Stephani Abbat. Obazin. n. 5. Vitam S. Petri Episcopi Policastrensis apud Ughellum tom. 7. Ital. Sacr. pag. 765. Hist. fundationis Ordin. Grandimontensis § 3. Vitam S. Stephani Muretensis apud Labbeum tom. 2. pag. 676. Theodoricum in Supplemento Vitæ S. Elizabet apud Lambec. lib. 2. Comment. de Bibl. Cæsarea pag. 884. etc.

Lorica. Lex Angliorum et Werinor. tit. 6. § 5 : *Ad quem hæreditas terræ pervenerit, ad illum vestis bellica, id est, Lorica, et ultio proximi, et solutio leudis debet pertinere.* Constitutio Henrici III. Imp. de Justitia Babenbergensium Militum, apud Golnastum lib. Constit. Imperal. : *Si absque liberis obierit, et uxorem prægnantem habuerit, expectetur dum pariat. Et si masculus fuerit, ille habeat beneficium patris. Si non, proximus agnatus defuncti Loricam suam, vel equum quem meliorem habuerit, domino suo offerat, et beneficium cognati sui accipiat. In expeditionem iturus ex suo sumptu ad dominum veniat : deinceps ex ejus impensa alatur. Si expeditio in Italia est, per singulas Loricas unum equum det, et tres libras.* Vide *Hereotum.*

Loricæ Murorum, *Pavimentorum*, voces Vitruvio et aliis notæ. Vetus Inscriptio : *Podium cum Lorica aditus vivos fecit.* Charta Communiæ Suessionensis : *Si mercator in istam villam ad mercatum venerit, et aliquis ei aliquid fecerit infra Loricam istius villæ, etc.* [** Chart. ann. 1215. in Alsat. Diplom. num. 398. tom. 1. pag. 328 : *Marcam argenti ad emendandam Loricam ejusdem villæ burgensibus contulerit.*] Lexicon MS. Reg. : Θωρακεῖον, τὸ τεῖχος. Θωρακίοις, προμαχῶσι, δρυφάκτοις ἢ λωρικίοις.

Loricula, περίβολος, Munimentum quod urbium obsessores ultra jactum teli ædificant, etc. S. Hieronym. in cap. 26. Esaiæ : *Pro eo, quod nos vertimus antemurale, Symmachus firmamentum interpretatus est, ut ipsi muri munitionibus cincti sint, et vallo fossaque et aliis muris, quos in ædificatione castrorum solent Loriculas dicere.* Beda in libr. Reg. quæst. 13 : *Tabulatis vel muris, vel cancellis, cum ad tutelam viæ ponuntur, vulgus Loricularum nomen indidit.* Vide Philandrum ad lib. 7. Vitruvii cap. 1.

Lorica Galiverti Medici, Proverbium apud Ratherium Veronensem in Qualitatis conjectura pag. 207. cujus notionem nondum sum assecutus. Locum vide in *Rogatarius.*

Loricale, quod vulgo nostri *Laubergeon* vocabant. Libertates villæ de Moneto ann. 1269. apud Thomasserium in Consuetud. localib. Biturigens. cap. 65 : *Qui de mobili minus* 20. *librarum habebit de mobili, tenebitur habere loricam et Loricale; et capellum ferreum, et lanceam.* Occurrit etiam in Libertatib. oppidi *dss Ais* ann. 1301. apud eumdem cap. 71. Vide *Halsberga.*

Loricare, Lorica munire : Θωρακίζειν, in Glossar. Gr. Lat. Architectis est tectorio, crusta, corio inducere. Vide Scriptorem veterem de Re architectonica cap. 19. leg. 79. D. de Verb. signific. Philandrum ad Vitruvium lib. 7. cap. 1. et alios. [* Glossar. Lat. Gall. ex Cod. reg. 7692 : *Loricare, hauberjonner, vel armer et mettre haubert.*]

Loricarius, Loricarum confector, Θωρακοποιός, in eodem Glossario.

Loricifer, θωρακοφόρος, ibidem.

Lobicatus, Lubicatus. Donatio facta Ecclesiæ Cornutianæ edita a Suarezio : *Item alium holosericum Luricatum.* Infra : *Vela Loricata melinoporphyra uncinata duo.*

Loricus, pro *Lorica*, in Charta Hucberti Militis de Salmuro Castro, Roberto Rege regnante, apud Labbeum tom. 2. Miscellan. pag. 554 : *Fuit etiam unus Loricus in pretio valde bonus, et unus caballus.* Nisi legendum sit *boricus*, vel *buricus*. Vide ibi.

* Loricula. Munit. castr. dom. reg. in Reg. 34. bis Chartoph. reg. part. 1. fol. 94. r°. col. 2 : *Decem Loriculæ, quinque scuta, etc.* Vide *Loricale*.

* Lorica, Pars molendini. Reparat. factæ in Senescal. Carcass. : *Pro faciendo et ponendo in dicto molendino.... unam Loricam, unum goffonem, etc.* Idem forte quod infra *Lorigrie* vocatur : *Pro uno ferro, vocato Lorigrie de metal, super et per quem una mola dictorum molendinorum sustinetur et vertitur.*

** **LORIFRANGERE.** Ruodl. fr. 2. vers. 226 :

> Cum sat Lorifregi, quæ porrexere recepi
> Commoda, etc.

Vide Schmeller. ibid. pag. 239.

* **LORILARDUM,** Hastile, spiculum, Gall. *Epieu*; sed jocose fortassis sic appellatum. Lit. remiss. ann. 1415. in Reg. 168. Chartoph. reg. ch. 287 : *Jehan le Pannetier demanda à icellui Vincent, que feras-tu de ce Lorilart, c'est assavoir dudit espie.* Vide supra *Lardare* 2.

* **LORIPPIUM,** *Poulaine*, in Glossar. Gall. Lat. Cod. reg. 7684. V. *Liripipium*.

¶ **LORIUM,** mendose pro *Corium*, in Libertatibus Moirenci ann. 1164. et 1209. edit. Paris. pag. 18 : *De Loriis infra quinque sol. obolum.* Recte in editione Genev. pag. 17. *De Coriis, etc.*

¶ **LORMARIUS,** Gall. *Lormier*, Faber minutorum operum ferrariorum vel æneorum, quæ inserviunt frænis, ephippiis et aliis hujusmodi. *Lormariorum magistrorum* titulo in suis literis donantur ephippiorum, calcarium et clavorum artifices, inter quos, cum nonnulla sit necessitudo, non semel excitatæ lites, quæ variis supremi Senatus decretis fuerunt compositæ. Aresta duo primum ann. 1304. alterum ann. 1321. profert Lobinellus in suo Glossario tom. 3. Hist. Paris. ubi passim occurrit vox *Lormarii* exposita notione. Adde Literas Joannis Franc. Regis ann. 1357. et Statuta eorumdem Lormariorum apud D. *Secousse* tom. 3. Ordinat. pag. 183. et seq. Unde vero *Lormarii* dicti ejusmodi operum artifices, vide in *Merus*.

* Cujus ars *Lormoirie* dicitur in Lib. 1. Stat. artif. Paris. ex Cam. Comput. fol. 347. v° : *Item que nulz ne puisse tenir ne lever le mestier de la Lormoirie, se il n'est Lormier ou cousturier, qui affiere au mestier dessus dit. Loyemerie* vero ejusdem artis opificium, in Pedag. Peron. ex Chartul. 21. Corb. fol. 339 : *Item le cheval qui porte Loyemerie doit v. den.*

*Lormeria, Loremeria, Regio urbis Autissiodorensis seu vicus, ubi *Lormarii* habitant. Tabul. capit. Autiss. : *Dedit talem reditum supra domum sitam in Lormeria.* Obituar. ejusd. eccl. : *Loremeria habet septem stagia : valent per annum xxxviij. libras, vj. solidos.*

¶ **LORPES,** pro *Loripes*, qui tortum habet pedem instar lori. Vide *Eripes*.

* Glossar. Lat. Gall. ex Cod. reg. 7692 : *Lorpes, tort.*

LORRA. Charta Guidonis Episcopi Lingon. ann. 1267. apud Roverium : *Quod in tota riparia piscationem habeant cum rete, Lorra, et artificiis, seu ingeniis piscatoriis quibuscunque.* Ita in alia anni 1235. In Charta vero vernacula Theobaldi Regis Navarræ, qua firmatur prædicta Charta : *Retiennent encore la pescherie de la rivière à Loerre, et à tous engins, tant comme l'Abbé sera en la ville.* Ubi Roverius *Loerre*, idem esse censet, quod in aucupio *Leurre* : hacque voce intelligi piscationem quæ fit per inescationem piscium per offas soporiferas et medicatas, quam etiamnum hodie Armoricis *Livrée* dici auctor est. Vide *Loyrum*.

* **LORRIA,** Idem quod *Lorra*, Modus piscandi per offas soporiferas. Charta Math. dom. Montismor. ann. 1208. in Chartul. S. Dion. pag. 311. col. 2 : *Non sunt ausi piscari cum Lorria et cum aliis ingeniis, quæ solent facere antiquitus.*

1. **LORUM,** Vestis Imperatoriæ et Consularis species. Anastasius ex Cod. MS. Mazarino pag. 12. et 255. ubi de Donatione Constantini M. : *Deinde diadema, videlicet coronam capitis nominis nostri, simulque Phrygium, necnon et superhumerale, videlicet Lorum, quod Imperiale circundare assolet collum.* Leo Grammaticus in Basilio pag. 472 : Ἐνθρονίζεται καὶ ἐγκαινίζεται ἡ ἐκκλησία, ἣν ἔκτισεν ὁ βασιλεύς, καὶ ἐκαλλώπισε κοσμῷ πολλῷ, παρὰ Φωτίου Πατριάρχου, τοῦ Βασιλέως ἐν τῷ αὐτῆς καινισμῷ λῶρον φορέσαντος, καὶ χρήματα πολλὰ δόντος, etc. Quid sit *Lorum*, seu λῶρον, quivis deprehendet ex Diptychis Consularibus Compendiensi, Bituricensi, et Leodiensi, apud Sirmond. et Wilthemium, et ex numismatibus posteriorum Imperatorum, maxime Mauricii, in quibus effinguntur Imperatores et Consules cum toga Imperatoria vel Consulari, et fascia desuper, cujus pars a dextro humero, circa pectus ad pedes usque descendit, eumdemque circumvolvens, sinistrum humerum amplectitur, ac circa dorsum delabens, rursum a dextro latere pectus circumfundit, et infimam sinistri brachii partem, qua manus conjungitur, involvit, reliqua fasciæ parte retro pendula. Hæc fuit *lori* forma, cujus mentio est in Instrumento donationis Constantini perantiquo, licet fictitio : ex quo tandem percipitur ejusmodi ornatus nomenclatura, eumdemque esse cum summorum Pontificum pallio; quod ii ab Imperatoribus accepere, ut et CPolitani, et cæteri fortean Patriarchæ et Archiepiscopi, maxime Græci, quibus id genus ornatus ὠμοφόριον dicitur. Plura de hac veste annotamus in Dissertatione de Imperatorum Constantinopolitanorum nummis. [Vide Glossarium mediæ Græcitat. in Λῶρος, Vestis, etc.]

¶ 2. **LORUM,** f. Percussio absque sanguinis effusione, ut fit cum quis loris cæditur. Gesta Abbatum Lobiens. tom. 6. Spicil. Acher. pag. 603 : *In Loris, in sanguinis fusura, in manumissuris, in licentia maritandi, in mortua manu, nihil debet habere Advocatus, nisi etc.*

* **LOSA,** Tegulæ species, later quadratus. Stat. Montis-reg. pag. 267 : *Item statutum est quod quilibet ferrarius et cauderarius cooperiat in directo suæ fusinæ quatuor canteratas vel circa coporum seu Losarum, aut maneant discopertæ.*

* **LOSBOAT,** Navis species. Charta Phil. comit. Fland. ann. 1163. ex Chartul. 1. Fland. ch. 325. in Cam. Comput. Insul. : *De nave, quæ dicitur Losboat, octo denarios.*

* **LOSENGINA,** Lozengia Gall. *Losenge.* Tessella scutaria. Inventar. S. Capel. Paris. ann. 1363. ex Bibl. reg. : *Item una pulcra infula de narcisso albo, cujus aurifrasus est ad Losenginas Franciæ et Navarræ et quasdam alias Losenginas. Item alia pulcra infula de narcisso Yndo, cujus aurifrasus est ad aquilas aureas et Losenginas albas. Item unchasuble [cendre, dont l'orfroiz est Losengé aux armes de France et de Navarre. Item un autre bel chasuble de narcisse Ynde, dont l'orfroiz est à aigles d'or et à Losenges blanches*, in Invent. Gall. Aliud ann. 1376 : *Una alia pulchra casula de panno dicto nactis, habens aurifrazium ad aquilas auri, et Lozengias albas.* Hinc

* Lozangiatus, in eod. Inventar. ann. 1376 : *Item una casula sive cinerea, habens aurifrazium Lozangiatum ad arma Franciæ et Navarræ.*

LOSINGA. Joannes Brompton. pag. 991 : *Herbertus Losynga, id est, adulator, Episcopatum de Tedfordia emit a Rege.* De hoc Herberto versus aliquot exstant apud Godwin. in Episcopis Norwicensibus :

> Surgit in Ecclesia monstrum genitore Losinga.

Est autem *Losinga*, vox Gallica *Losenge*, adulatio, seu falsa laus : quippe Galli *los*, dicebant pro laude. Hinc *los et ventes*, laudimia etiamnum appellantur, ut suo loco docemus. *Alozer*, pro *laudare*, dixit Theobaldus *de Mailli*, vetus Poeta Gallicus apud Falcetum l. 2. de Poetis Franc. c.

> Dans Renaut de Pompone, qui moult fut Alozez.

Gloss. Theotiscum Lipsii : *Losenga*, *Dolos* interpretatur. Guill. *Gutart* :

> Par dons d'aucuns, ne pour Losange.

[* Le Roman *de Robert le Diable* Ms. :

> Sire, ne suy pas homs estraignes,
> Ne ne vos sai servir de blanges,
> Ne de Losenges, ne de fables.

Vide supra *Lausenga*.] Liber Moralitatum MS. : *Li faus ami qui servent de Losengerie en lieu de conseil, n'entendent qu'à dechevoir en blandissant.* Hinc *Losenger*, pro adulatore, qui falsas laudes ingerit. Hugo *Plagon* in versione Gallica MS. Willelmi Tyrii hæc ex lib. 14. cap. 20 : *Subdolus et in via sua multiplex*, sic reddit, *faus Losengiers et deslaux.* Le Roman *de Guillaume au Court-nez* MS. :

> Car bien doit Lozengier qui mestier a d'aide.

Le Roman *de Garin* MS. :

> Cil appella sept de ses Pautonniers
> Ne sont pruedome, ainçois sont Losengiers.

Guiotus de Pruvino vetus Poeta Gallicus :

> Ce niert pas bible Lozengiere,
> Mais fine et voire droituriere.

Galterus Metensis in Mappa mundi MS. :

Faus Losengeour estre estut
Celui qui monde plaira veut.

Vide tom. 2. Monast. Anglic. pag. 218. Alanum Charterium pag. 709. 88. etc. A nostris igitur hausere Itali *Lusinga*, *Lusingaria* pro Adulatio; *Lusingare*, pro Adulari, quibus vocabulis non semel utuntur Petrarcha et Bocacius. Vide Jac. *Bourgoing* de Orig. et usu vulgarium vocum pag. 32.

¶ LOZANIA, Vox ejusdem originis, Hisp. *Loçania*, Illusio, dolus, in Testamento Ramiri Regis ann. 1059. apud Morettum Antiq. Navar. pag. 589 : *Pro Lozania quam fecit, fuit enim se in terram de Mauris.* Quæ hic Hispanice reddit idem Morettus : *Por la Loçania que hizo, por que se fue a tierra de Moros.* Nothus Ramiri, genitore relicto, transfuga secutus fuerat partes Maurorum; ideoque Ramirus illusus hunc testamento privavit iis, quæ jam donaverat.

¶ LOSSA, Idem, ut puto, quod alias Hispanis *Loza*, Vas fictile. Inventarium Barcinon. ex Archivo S. Victoris Massil. : *Septem dolia, IV. cupos, et VIII. caffia de vino, II. tripodes, III. asters, et II. Lossas, et I. camisele.* Eburonibus *Lousse*, cochlear majus.

¶ LOSUNGE, Species exactionis apud Germanos. Locus exstat in *Gramlus.* Vide *Lot.* [** et Haltaus. Glossar. German. col. 1277.]

LOT, LOTTUM, Sors, Anglo-Saxonibus Hlot, Germanis *Loss*, Gall. *Lot*, tributum, census quem quis tenetur præstare vel pro capite, vel pro fundo aut mercibus. Statuta Willelmi Nothi : *Omnis Francigena qui tempore Edwardi propinqui nostri fuit in Anglia particeps consuetudinum Anglorum, quod dicunt* Anehlod *et* anscote, *persolvatur secundum legem Anglorum.* Charta Stephani Regis Angl. ann. 1159. in Monastico Anglic. tom. 1. pag. 779 : *Clamo quietum eis in perpetuum manerium illud quod se pro una hida defendebat, quietum dico et liberum de scotto et Lotto, et geldo et danegeldo, etc.* Leges Burgorum Scoticorum cap. 59 : *Et sciendum est quod stallangiator non potest habere Lot, cut, vel cavel, ullo tempore de aliquo mercimonio, cum Burgense, nisi infra nundinas.* Curia 4. Burgorum Scoticor. cap. 1. § 4 : *Item quod nullus Burgensis rure manens habeat Lot, neque cavil, æqualiter cum Burgensibus inhabitantibus.* Statuta Gildæ Scotiæ cap. 20 : *Neque Lot, neque cavil habeat cum aliquo confratre nostro... extraneus mercator.* Adde cap. 43. Will. Thorn. ann. 1268 : *Quin illi qui mercandisas faciunt, sint in Lot et scot, et in tallagio, etc.* Et ann. 1364 : *Et dicunt quod dicti Barones contributionem in Lottis... facere recusant.* Nostris *Lot*, est portio. *Lot et portion*, in Consuetud. Meldunensi : *Lots et partages*, in Remensi art. 250. et aliis passim. [Pro bonis seu facultatibus Le Roman *de la Rose* MS. :

Maint y preudront, bien dire l'os,
Sens, temps, chatel, cors, ame et Los.]

* Hinc *Geter los* est Sortiri, in Stat. ann. 1355. tom. 5. Ordinat. reg. Franc. pag. 511. art. 16 : *Le journée que on gete Los ou marquiet au pain, quiconques apporte sen pain ou sen harnas, ains que il maires ait geté Los ou marquiet, quatre deniers doit au majeur.* Ubi sermo est de loco unicuique forensi mercatori sorte assignando.

☞ *Lot* vel *Loth*, quod Rex Angliæ percipiebat ex plumbi fodinis sitis in territorio regio, erat decimum tertium vas, uti patet ex duobus Instrumentis a Thoma *Blount* laudatis in Nomolexico, quorum prius ann. 9. Edwardi I. sic habet : *Rad. de Wyne fecit quandam purpresturam in solo domini Regis in Tatington et Prestelive, faciendo mineram plumbi, unde Rex solebat percipere le Lot mineris, i. tertium decimum vas.* Posterius vero ann. 16. ejusd. Regis : *Et de minera lucrata in hujusmodi opere in feodo domini Regis, Dominus Rex habebit pro dominio suo tertium decimum discum, qui dicitur le Loth.* Vide *Loz.*

* LOTA, Gall. *Lote.* Glossar. vet. ex Cod. reg. 7613 : *Squilla, genus piscis delicati; hæc vulgo Lota dicitur.*

* LOTERIA, Gall. *Loterie*, apud Bornit. de Rerum sufficientia tract. 3. cap. 18. edit. ann. 1625. pag. 246. et 247. ubi *Ollas sortiarias* et *Ollas fortunæ* vocat laudatque Delr. in Disquisit. mag. Hæc post D. *Falconet. Ludus ollæ* aliis dicitur, a vase in quo schedæ sortiendæ mittebantur, ut vult Simon Majolo episc. Vultur. in Ludis Canicul. ex Coudreto in Tract. theol. *des Loteries.* Vide Menest. Tract. hac de re Lugd. edit. ann. 1700. Exstant in Cam. Comput. Insul. Literæ ann. 1595. quibus Joanni *Goinart* Antuerpiensi mercatori licentia conceditur ejusmodi schedarum sortitionem instituendi, cujus caput erat 1500. florenorum.

* LOTGIA, Porticus, Gall. *Galerie.* Comput. ann. 1380. inter Probat. tom. 3. Hist. Nem. pag. 32. col. 2 : *Solvi cuidam pauperi homini, qui portavit dictas entorcas de domo dicti pictoris supra Lotgiam, duos patacos.* Vide in *Logium* 3.

¶ LOTH, ut supra *Lot.* Tabular. Rothon. : *Salomon dedit unam virgadam cum terris et sine censu, sine tributo et sine opere et sine Loth ulli hominum.*

* LOTHEREGNIA, a veteri Gallico *Loheregne*, nunc *Lorraine*, Lotharingia. Charta Marsiliæ abbat. B. M. Suession. ann. 1164. ex Chartul. S. Joan. Laudun. ch. 125 : *Salvo servitio pro feodo nobis debito, equo videlicet ducendo singulis annis in Lotheregnia pro redditibus nostris.* Vide infra *Lutheringus.*

LOTHERWIT. Rastallus : *Lotherwit, hoc est, quod capiatis emendas ab ipso qui corrumpit vestram nativam sine licentia vestra.* Vide *Lairwita.*

* LOTHICA, Pars, portio, Gall. *Lot*, alias *Lotaige.* Charta Caroli IV. ann. 1327. in Reg. 64. Chartoph. reg. ch. 676 : *Concedimus quod dicti conjuges..... prædictum redditum percipere et habere portionesque seu divisiones aut Lothicas æquales inter se exinde facere perpetuo possint.* Lit. remiss. ann. 1476. in Reg. 206. ch. 1065 : *Certains Lotaige de partaiges furent faits des héritaiges, etc.* Vide *Locia* et *Lothum* 1.

¶ LOTHO. Vide mox *Loto.*

¶ LOTHOSELA, Piscatoribus Massil. Species veneni necandis piscibus. Charta Massil. ann. 1306 : *Pisces cum tays, Lothosela et alio veneno sive poisono in mari occidunt... causa tayssandi sive toxicandi pisces... toxicandi vel Lothoselandi pisces.*

¶ 1. LOTHUM, Portio, Gall. *Lot.* Charta ann. 1217. ex Archivo B. M. de Bono-nuncio Rotomag. : *Ego Ricardus de Mara vendidi... totam meam partem unius Lothi, quam habebam in parochia S. Aniani de Buris.* Vide *Lot.*

¶ 2. LOTHUM, Mensura liquidorum. Charta Curiæ Suession. ann. 1261 : *Item tres sextarios vineæ uno Lotho minus.* Pro *vineæ* forte leg. *vini*, nisi *tres sextarii vineæ* sint vinea, unde totidem sextarii vini censualis percipiebantur. *Lothum vini*, in Literis ann. 1352. tom. 4. Ordinat. Reg. pag. 114 : *Super quolibet Lotho vini, singulam pictavinam.* Vide *Lotum.*

¶ LOTHUS, Idem, ut videtur, quod supra *Lot*, Census, tributum. Polyptyc. Fiscamn. ann. 1235 : *Item tenet tres acras, sed nihil reddit propter Lothos datos ecclesie Fiscanensi.*

* LOTIUM, Aqua, unde aliquid lavatum est. Suppl. ad vit. S. Bonif. tom. 1. Jun. pag. 476. col. 1 : *Cumque corpus viri Dei ex more lavatur, quasi noviter facta vulnera ejus, sanguinem profuderunt. Sed et Lullus Lotia in testaceum vas collocavit.* Vide infra *Lotura.*

¶ LOTO, vel LOTHO, ut mox *Lotum*, Semuncia, Sexta decima pars marcæ, non Quarta, ut habetur apud Ludewig. in Indice tom. 1. Reliq. MSS. Schilterus in Glossario Teuton. : *Mark, Marca, Portio argenti, auri*, XVI. *Loth.* Charta ann. 1270. apud eumd. Ludewig. tom. 1. pag. 105 : *Cujus mansi annuam pensionem, scilicet quinque fertones... decrevimus annis singulis dividendam, velut inferius continetur. Marca dimidia cedat monasterio B. Virginis in Eylwastorp, ut exinde librorum defectus, si quis fuerit, reparetur. Dimidius autem ferto dabitur Confratribus dicti claustri, ut in die, quo agi solet anniversarius Bertrandis quondam uxoris militis pretacti, emendationem prebende seu consolationem habeant specialem. Tres Lotones dabuntur Sacerdoti cuicunque officianti predictam capellam... ferto cedet ad luminaria... Custos... recipiet reliquos tres Lotones.* Semuncias, quæ sexdecim sunt in *marca* et quatuor in *fertone*, in hac distributione *Lotones* dici, nemo est qui computet et non videat. *Lotones* rursum memorantur variis in Chartis apud eumd. Lud. tom. 1. pag. 84. 140. 299. 342. et 391. ubique eadem notione. *Dimidius Lotho synodalis* archidiacono persolvendus ibid. pag. 348. statuitur in Charta Alberti Halberstad. Electi ann. 1350. Vide *Synodalis Census*, in *Synodus.*

* *Lot*, in Obituar. S. Petri Insul. : *Obitus Burgæ de Bapalmis, j. Lot. fini argenti supra domum Jacobi figuli.... Obitus Nicholai de S. Mauritio canonici et presbyteri, j. marcq et demi fierton, v. Los fini argenti.*

* LOCTO, Eadem notione, in Comput. decimæ in Italia collectæ ann. 1278. pro subsidio T. S. ex Cod. reg. 5376. fol. 243. v° : *Item marchas xviij. fertones v. et uncias xv. et dimid. et quartam unam et octavam j. et Loctones ij. et dimid. ad pondus.* Vide supra *Lodis* et *Lood.*

* LOTONNUS, LOTTONUS, Metallum ex cupro et cadmia compositum, Gall. *Le-*

ton. Lit. offic. Senon. ann. 1336. in Reg. 82. Chartoph. reg. ch. 22 : *Quatuor duodenæ cum dimidia duodena corregiarum de sirico ferratarum de Lotonno.* Stat. Vercel. lib. 3. pag. 86. r° : *Item quod non liceat alicui ex prædictis emendo et vendendo pensare ad pensam lapidis plumbi vel stagni, sed ad pensam ferri, Lottoni, bronzii vel arami tantum.* Occurrit præterea in Stat. Montisreg. pag. 288. Vide supra *Letonus.*

¶ **LOTORIUM**, Emissarium, vel locus ubi lavatur, Gallis, *Lavoir.* Necrologium FF. Minorum Silvanect. : IV. *Idus Januarii Beleta la Poline beguina obiit... Jacet ubi fuit Lotorium.* Christophorus Mullerus apud R. Duellium lib. 1. Miscell. pag. 350 : *Illud enim vulgi solum opinione olim circumferebatur, domum pervetustam, cujus rudera restaurata nuper Lotorio nostro impendimus, domicilium Prædicatorum dictam fuisse.*

* **LOTPENNINGE**, Census, qui pro domo persolvitur. Charta Alberti ducis Brunsvic. ann. 1303. apud Walther. in Lex. diplom. tab. 18 : *Recognoscimus et testamur quod censum, qui vulgariter dicitur Lotpenninge, consuetum dari de casa, etc.* Vide *Lot* et *Penningus.*

* **LOTRA**, pro *Lorra* vel *Lorria.* Vide supra in hac voce. Charta ann. 1211. in Chartul. S. Dion. pag. 263. col. 1 : *Confessi sunt quod sibi in dicta aqua* (Sequanæ) *nec falesias frangere neque cum Lotris piscari, sine licentia abbatis sive coquinarii beati Dionysii, aliquatenus licebat.* Legitur rursum infra.

¶ **LOTRICIUM**, LOTRITIUM, Lixivia, Gallis, *Lessive.* Menotus Serm. fol. 54 : *Si sit macula in nasitergio tuo oportet ponere in Lotritio.* Fol. 71 : *Oportet lavare faciem et facere unum bonum Lotricium.*

* **LOTTA**, vox Italica, Lucta. Stat. crimin. nova Cumanæ cap. 24. ex Cod. reg. 4622. fol. 69. r° : *Si aliquis puer.... fecerit bellum cum alio in civitate Cumana vel infra confinia de Lottis, lapidibus,... solvat pro banno.... soldos decem.*

* **LOTTONUS.** Vide supra *Lotonnus.*

¶ **LOTTUM**, Census, tributum. Vide *Lot.*

* **LOTTUS**, Mensura liquidorum, Gall. *Lot.* Arest. parlam. ann. 1532. in Lib. rub. S. Vulfr. Abbavil. fol. 215. r° : *Cum camberiis et brassatoribus præceptum fieri fecissent sex Lottos, Lallice Lots, bieræ.... solvendi etc.* Vide in *Lotum.*

LOTUM, et LOD, Semuncia, dupondius : *Loot*, Kiliano. Charta Willelmi Castellani S. Audomari in Tabulario Monasterii S. Bertini : *Porro gallinæ quæ... debentur, sub annua pensione quinque firtonum et unius Loti redactæ sunt.* Charta W. Domini *de Renti* Militis ann. 1225. in eodem Tabulario : *Decem marchas, et septem Lod cursualis monetæ, etc.* Decret. Ludovici Regis Hungariæ ann. 1351. cap. 3 : *Grossorum unus, 6. denarios cameræ nostræ in valore et quantitate 6. Lotorum Viennensium valet.* Est etiam apud nos mensura liquidorum, vini, etc. vulgo *Lot*, vel *Lotz*, uti scribitur in Foris Benebarn. Rubr. de *Pées et mesuras.* [Chronicon Bonæ spei pag. 345 : *Pridie cujuslibet anniversarii procurentur Binchio pro collatione quatuor Lota vini pretiosioris, et octo Lota similis vini, piscesque marini, etc.*]

☞ Eadem vox *Lot* inter minores siccorum mensuras etiam recensetur in pago Atrebatensi atque vicinis in locis. Hinc in Chartulario M. S. Vedasti Atrebat. fol. 225. ubi de variis mensuris, legitur : *Le boisseau au bled contient* 10. *Lots* 3. *pintes.* Iis autem in regionibus *Lotum* continet quatuor *pintas*, *pinta* quatuor *marcas*, et *marca* mensurarum minima est.

SEMILOTUM, apud Anonymum de Miraculis S. Thomæ Cantuar. editum a Stapletono, cap. 68 : *Supra Semilotum calculorum ad instar arenæ maximæ emisit.* [*Cum dimidio Loto vini*, in Litteris Agnetis Abbatissæ Strumensis in Artesia ann. 1217. *Demilot*, in quibusdam locis Belgii, ubi idem est quod *Pinta* Parisiis.]

¶ LOTUS, ut *Lotum*, Liquidorum mensura, vulgo *Lot.* Descriptio bonorum domini *de Eska* ex Archivo S. Audomari : *Debet habere foragium vini... a quolibet dolio* IV. *Lotos.* Sententia arbitralis ann. 1446. ex Tabul. Corbeiensi : *Quæ decimæ vinorum in dictis villa et territorio solvi et colligi consueverunt hoc modo ; videlicet quod de seu pro* XVII. *Lotis vini, unus Lotus pro decima solvi et recipi consuevit.* Exstat alter locus in *Caritas* 3.

* **LOTURA**, Aqua, unde aliquid lavatum est, Gall. *Laveure.* Mirac. S. Rosæ tom. 2. Sept. pag. 450. col. 1 : *Cum furore angustians.... non potuit pati ut videret dictum corpus, neque biberet Loturam manuum dictæ Virginis, etc.* Vide supra *Lotium.*

* 1. **LOTUS**, Schedarum sortitio, Gall. *Loterie.* Stat. Genuens. lib. 4. cap. 17. pag. 124 : *Non possint fieri Loti sine licentia Senatus sub pœna scutorum centum et amissione raubarum seu rerum positarum ad Lotum.* Vide supra *Loteria.*

* 2. **LOTUS**, Quod domino feudi pro facultate alienandi feudum, exsolvitur. Vide supra in *Laudare* 4. Charta Caroli VI. ann. 1400. in Reg. 155. Chartoph. reg. ch. 18 : *Item censivas argenti.... portantes Lotos et ventas.* Pluries ibi. Occurrit alia notione in *Lotum.*

* **LOVA**, vox Italica, *Lupa*, Machinæ bellicæ species. Acta reipubl. Mutin. ad ann. 1306. apud Murator. tom. 2. Antiq. Ital. med. ævi col. 474 : *Ballistum, quod appellatur la Lova, valoris et exstimationis circa trecentarum librarum Mutinensium etc.* Vide *Lupus* 2.

* **LOVANIENSIS** MONETÆ mentio fit in Charta ann. 1173. inter Instr. tom. 4. Gall. Christ. col. 297 : *Aureum denarium annui census et Lovaniensis monetæ. Louvegnois*, in Charta ann. 1265. ex Reg. sign. *Le papier velu* ex Cam. Comput. Insul. fol. 30. v°. *Livres de Louvignis*, in alia ann. 1284. ex Chartul. 1. Fland. ibid. ch. 407.

* LOVISENSES SOLIDI, Eadem notione, in Charta ann. 1374. pro monast. S. Nicolai prope Tornacum ex Reg. 105. Chartoph. reg. ch. 523.

* **LOUATUS.** Reg. forestæ de Broton. ex Cod reg. 4653 : *Monachi Gemeticis duos fagos et unum furon, et iterum ad Louatus suorum baccorum sex haistriaux et duos furons.* Id est, ni fallor, ad dolia religanda.

* **LOUETE.** Glossæ Cæsarii Heisterbac. in Reg. Prum. tom. 1. Hist. Trevir. Joan. Nic. ab *Hontheim* pag. 662. col. 2 : *Dauretwæ sunt cortices, qui excoriantur de arboribus, quas vulgariter appellamus Louete ; et de corticibus istis dabit mansus quinque fasciculos.*

* Aliud sonat *Louete* in Lib. rub. fol. par. domus publ. Abbavil. ad ann. 1350. fol. 66. r° : *Il buvoient ensaulle u solier environ deux lieues après Louete sonnée.* Ibid. ad ann. 1375. fol. 135. v° : *Le samedi vij^e. jour de March.... environ heure de cœuvre-feu et Louete, etc.* Qua voce significari videtur Tempus, quod *Entre chien et loup* vulgo appellatur, crepusculum. Vide *Horatarda.*

¶ **LOVI**, Nomen proprium gladii Regis Daniæ, de quo in voce *Curtana.*

¶ **LOVIA**, pro *Labia*, Porticus, de quo supra. Electio Potestatis urbis Hortanæ ann. 1359. apud Ill. Fontaninum ad calcem Antiquit. ejusd. urbis pag. 417 : *Et die carnisprivii tenetur ponere in Lovia, quæ est ante ecclesiam S. Mariæ, homines, ut hactenus extitit consuetum.*

* **LOVISENSIS.** Vide supra *Lovaniensis.*

* **LOUPA.** Vide supra *Loppa.*

¶ **LOUPUS.** Vide infra in *Lupus* 2.

* **LOUVAGIUM**, Præstatio pro rei alicujus usufructu. Arest. parlam. Paris. ann. 1300. in Reg. *Olim* fol. 45. v° : *Proponebatur etiam pro eis, quod hoc eis licebat, titulo donationis eis factæ a quodam rege Franciæ, et a dominis qui antiquitus fundaverunt dictas villas, super subsidia seu aisantias pasturagiorum nemorum prædictorum ; et quod pro dictis pasturagiis, illi qui habebant bestias, solvebant singulis annis redibentiam, videlicet quodlibet hospitium unum denarium de Louvagio.*

LOWBOTE, *Emenda pro morte hominis occisi per cohortem*, in Glossar. Saxon. exarato sub Edvardo III. Somnero Hlov-bote, est compensatio damni turmæ dati.

LOWINA. Vide *Lavina.*

¶ **LOYCA**, pro *Logica.* Rolandinus Patav. de factis in Marchia Tarvis. lib. 12. cap. 19 : *Erant quoque tunc temporis Regentes in Padua viri venerabiles Magister Agnus... in Physica et scientia naturali, Mag. Tredecimus in Loyca providus indagator et doctor.*

¶ **LOYERUM**, Præmium, merces, Gall. *Loyer.* Sententia arbitralis ann. 1303 : *Nec sibi teneantur dare salarium, Loyerum vel mercedem.* Vide *Logerium* et *Loerium.*

¶ **LOYESTAS.** Obituarium MS. Ecclesiæ Morin. fol. 19 : *Kal. Septembris. Hic compotus minutorum brevium et Loyestatum.* Ubi legendum videtur *Layetarum*, hoc est, capsarum seu schedarum, in quibus erant rationes accepti et expensi. Vide *Layeta* suo loco.

* **LOYRA.** Stat. civit. Astæ ubi de reva vini : *Quod omnes vendentes vinum in grosso, quod vinum appellatur vinum mixtum sive Loyram, vel quod sit vinum pro medietate vel minus, solvant et solvere teneantur dicto emptori ad rationem solidi unius denarios sex Astenses pro quolibet stario. Loire* vero, pro Cupa, in Lit. remiss. ann. 1356. ex Reg. 85. Chartoph. reg. ch. 119 : *Item d'avoir emblé... en la Loire doi pressouir de Acy.... six sestiers de vin.*

LOYRUM, Esca, seu *plumatile lorum*,

ui vocatur a Thuano, quo aves rapaces revocantur, ex Gallico *Leurre*, quod id *loro religetur* : unde accipitres et falcones *Oiseaux de leurre* dicuntur. Fridericus II. Imp. lib. 2. de Arte venandi, in Prologo : *Loyrum cum carnibus et sine carnibus, et alia cum quibus revocantur ad homines.* Vide *Lorra* [et *Logres*.]

LOYS, Species lapidis. Visitatio Thesaurariæ sancti Pauli Londinensis ann 1295 : *Unum superaltare de Loys.* Idem videtur quod *litium*, de qua voce supra.

¶ **LOZ**, ut supra *Lot*, Census, tributum. Codex MS. redditunm Episcopatus Autissiod. : *De coriis cum pilis debet li Loz* IIII. *den. Episcopo et Comiti : et si non fuerit li Loz cor. debet ob. Corium cervi debet* I. *den. Episcopo et Comiti.*

¶ **LOZA.** Regimina Paduæ apud Murator. tom. 8. col. 379 : *Hoc anno* (1200.) *Loza communis Paduæ facta fuit.* Idem videtur quod *Logia*, de qua in voce *Logium*.

* **LOZAMENTUM**, Ædes, domus. Chron. Tarvis. apud Murator. tom. 19. Script. Ital. col. 848 : *Quumque potestas et provisor Lozamento comitis applicuissent, notum faciunt comiti etc.* Vide supra *Logium* 3.

¶ **LOZANIA**, Illusio. Vide in *Losinga*.

¶ **LOZENGIA**, Rhombus, quadratum duos habens angulos acutos et duos obtusos, Gall. *Losange* vel *Losenge*. Inventarium Ecclesiæ Noviom. ann. 1419 : *Item de B. Theodoro Mart. in quodam vase ad modum Lozengiæ.* Ibidem : *Item quoddam brachium B. Eligii argentatum, et fuit Episcopi Andreæ, in quo deest quædam Lozengia esmaillata.* Varias afferunt originationes, quas videre potes apud Menagium, et in Dictionario universali Trivoltiano. Magis arridet Hispanicum *Losas*, vel Italicum *Losa*, Later quadratus, quod hujus figuram referant *Lozengiæ*. Vide *Losengina*.

¶ **Lozinga**, Eadem notione. Vide in *Gobonatus*.

* **Lozangiatus**. Vide supra *Losengina*.

* **LOZTA**, Vectigal, tributum. Charta Adef. reg. Aragon. pro habitat. Tutelæ æra 1165. in Reg. 53. Chartoph. reg. ch. 295 : *Per tali conditione quod vos similiter guardetis meas Loztas et meas monetas et totas meas renditas.* Vide in *Leudis*.

* **LUAIGA**, Locus vacuus, ut videtur, domui ædificandæ aptus. Charta Eckberti Bamberg. episc. ann. 1236. inter Probat. tom. 1. Annal. Præmonst. col. 618 : *Sylvam inter Griven et ipsam ecclesiam sitam et Luaigam unam sitam in loco, qui dicitur Lumerave.* Vide infra *Luega*.

¶ **LUBELLUM**, *per diminutionem dictum a globo corrupte, quasi globellum.* Papias.

* **LUBELLUS**, *Barbeil*, in Glossar. Lat. Gall. ann. 1352. ex Cod. reg. 4120.

* **LUBERNA**, Panthera. Lib. 2. tit. 19. ordinat. super artif. Paris. in Cam. Comput. fol. 22. r° : *Peaulx de Lubernes, peaulx de martrines, etc.*

¶ **LUBIA**, Pluvia, Hispan. *Lluvia*. Sicardus Episc. Cremon. tom. 7. Muratorii col. 636 :

Septembris Lubia vites submersit et uvas.

¶ **LUBINA**, pro *Labina*. Vide in *Lavina*.

* **LUBINUS**, *Pois Lombar*, in Glossar. Lat. Gall. ann. 1352. ex Cod. reg. 4120.

¶ **LUBITUS**, ut Libitum. *Pro ipsorum Lubitu*, in Diplomate ann. 1335. apud Ludewig. tom. 5. pag. 598.

¶ **LUBRICA**, *Vallum, imo fossa.* Gloss. Isid. In Excerptis, *Vallum sine fossa.* Hinc La Cerda emendandum censet, *Ludicrum vallum, sine fossa.* Ita Grævius.

¶ **LUBRICAMENTUM**. Vide mox in *Lubricus*.

¶ **LUBRICARE**, Vacillare. *Lubricant gressum ambulantium per eam*, in Actis SS. Junii tom. 3. pag. 630. de S. Elisabetha Schonaug. Alias *Lubricare* est Lubricum efficere, ut apud Juvenalem :

Qui Lacedæmonium pytismate Lubricat orbem.

* Glossar. Provinc. Lat. ex Cod. reg. 7657 : *Eslenegar, Prov. labi, Lubricare, labare.* Aliud Lat. Gall. ex Cod. 7692 : *Lubricare, escoulourier. Lubricus, escoulouriable.*

¶ **LUBRICE**, Effuse, prodige. Chronic. Farfense apud Murator. tom. 2. part. 2. col. 571 : *Pro mortuis quoque oblationes huic monasterio oblatas Dei servis auferentes, vel in sæcularibus sumtibus Lubrice expendentes, referebat sacrilegos apud Deum fore et pauperum necatores.*

* **LUBRICOSE**, Verbose, effuse. Lit. remiss. ann. 1356. in Reg. 84. Chartoph. reg. ch. 561 : *Ipsa Perrota, quæ erat fortis conditionis et status et interdum Lubricose ac muliebriter loquebatur, etc.* Vide *Lubrice*.

* **LUBRICUM** Carnis, Stuprum. Lit. Phil. Audac. ann. 1277. pro mercator. Ital. tom. 4. Ordinat. reg. Franc. pag. 671. art. 6 : *Nec pro Lubrico carnis aliquis eorum punietur, nisi fuerit de raptu vel adulterio, accusatione legitima præcedente, convictus.*

¶ **LUBRICUM**, *Lutum cum labina*, in Glossis Isidori. Vide supra vocem *Lavina*.

LUBRICUS, Impudicus, salax, Gallis, *Lubrique*. Johannes de S. Victore, de Adversitate prosperitatis cap. 2 : *Est enim velut meretrix... quæ Lubricos et infames quosque parasitos ad suum amorem... allicit.* Papias : *Lubrica, lena, meretrix.* S. Hieronymus : *Dignitate per flagitia publica sublimentur, quos vulgo Lubricos appellant.* Sed leg. *buricos* contendit Cujacius lib. 11. observ. cap. 16. [Menotus Serm. fol. 138 : *De Lubrico nullam faciunt mentionem, licet lex utrumque condemnaret.*] *Lubricamentum*, lubricitas, utitur Stephanus Africanus in Vitas S. Amatoris num. 16.

LUBRUM, Papiæ, *Rasile lignum.* Vide *Interrasilis*.

* An inde *Lubre* appellata monetæ Burgundicæ species. Lit. remiss. ann. 1424. in Reg. 172. Chartoph. reg. ch. 619 : *Des blans Bourguignons, appellez Lubres, qui lors avoient cours.*

LUCA. Decreta Stephani Regis Hungar. lib. 2. cap. 10 : *Si quis in sexta feria ab omni Christianitate observata carnem manducaverit, per unam hebdomadam Lucæ inclusus jejunet.* Ad marg. *tenebris.* Forte vox hæc carcerem sonat.

* Chron. Bohem. apud Ludewig. tom. 11. Reliq. Mss. pag. 147 : *Quinta* (provincia) *in medio eorum Luca dicebatur, pulcerrima visu, usu fertilis ; nomen traxit a re quia Boemice, Luca dicitur pratum.*

1. **LUCANAR**, *Fovea in luco*, Ugutioni.

* 2. **LUCANAR**, *Foramen in domo, Gall. Lovier*, in Glossar. Lat. Gall. ex Cod. reg. 521. Aliud ex Cod. 7692 : *Lucanar, fenestre.* Unde *Luquenne*, eodem intellectu, in Lit. remiss. ann. 1391. ex Reg. 141. Chartoph. reg. ch. 305 : *A la lueur de la lune, qui entroit en sa maison par un Luquenne etc.* Vide infra *Luquerna*.

¶ **LUCANUM**, f. Idem quod *Lucerna*, quæ mox recensetur inter ministeria sacra. Necrologium Remense : *Petrus Clericus, qui dedit Lucanum S. Mariæ.* Laurentius in Amalthea : *Lucanum, Quod pertinet ad lucem.*

¶ **LUCANUS**, Aurora. *Lucanus, Splendor matutinus*, in Amalthea. Vita S. Pamph. Ep. Sulmon. tom. 3. Apr. pag. 586 : *Contra statuta nostra Dominicis diebus ante Lucanum te Missas celebrare.* [** Leg. *Antelucanum*.]

* **LUCAR**, *Lucus aptus, vel Vectigal vel æs, quod ex lucis contrahitur*, in vet. Glossar. ex Cod. reg. 7613. Aliud Lat. Gall. ex Cod. 521 : *Lucar, forestage.* Glossar. Provinc. Lat. ex Cod. 7657 : *Lucarius, hoc Lucar, aris, quod sit videlicet pretium* (balnei) *Banhlar, Prov.* Vide infra *Luchar*.

¶ **LUCARDILLUS**, Species carduelis, Ital. *Lucarino*, vel *Luganello*, Gall. *Tarin*, θραυπίς. Computus ann. 1333. tom. 2. Hist. Dalphin. pag. 279 : *Item, apud Nicziam pro quadam ave, quæ vocatur Lucardillus, taren.* VI.

* **LUCARIDIS**. Vide infra *Lucaudis*.

1. **LUCARIUS**, Luci vel silvæ custos. Miracula S. Opportunæ n. 16 : *Ecce ipsius silvæ custos, quem Lucarium vocant.*

* Glossar. Lat. Gall. ex Cod. reg. 521 : *Lucarius, et hic et hæc Lucarista, forestier ou verdier.* Vide supra in *Lucar*.

¶ 2. **LUCARIUS**, θωρακοποιός, *Armorum* (Thoracum) *faber*, in Supplemento Antiquarii.

* **LUCATUS**, Gall. *Lucquois*, Moneta Lucensis. Charta ann. 1386. ex Tabul. Massil. : *Placuit consilio civitatis requirere dominum vicarium, quod floreni auri boni Florentiæ et floreni cameræ dom. nostri papæ et Lucati et Joannini auri boni et justi currant.* Alia ann. 1011. apud Murator. in Antiq. Estens. pag. 196 : *De denarios libras centum boni expendibilis de moneta de Luca, abentes pro unaquaque libra denarios ducenti quadraginta, etc.* Vide *Lucensis*.

* **LUCAUDIS**, *vel* Lucaridis, *apud Avicennam est Lapis Ægyptius, quo fullones utuntur ad dealbationem pannorum.* Glossar. medic. Ms. Simon. Januens. ex Cod. reg. 6959.

* **LUCCA**, Ludi genus. Stat. S. Flori Mss. fol. 2 : *Ad aleas et taxillos, vel etiam cum laicis ad Luccas ludere nolite, vel ludis hujusmodi interesse.*

* **LUCELLUM**, *Lo picolo guadagno*, in Glossar. Lat. Ital. Ms.

1. **LUCELLUS**, Feretrum. Vide in *Loculus*.

* Nostris *Lusel*. Inventar. eccl. Camerac. ann. 1371 : *Item un drap lequel on suet mettre as exeques des mors sur le Lusel ou autre représentation du corps.*

* 2. **LUCELLUS**, pro *Libellus*, Charta, qua prædium in emphyteusin conceditur, quamvis pluries occurrat, in Chartul. Ravennat. : *Super bonis quæ possident a Raven-*

natensi ecclesia ad Lucellum seu emphyteosin. Vide *Libellus.*

LUCENNA, *Æreorum armorum splendor*, Papiæ MS. Edit. habet *Lucerna.*

¶ **LUCENSIS**, Species monetæ, sic dicta ab Italiæ urbe Luca. Bulla Nicolai IV. PP. de censibus Ecclesiæ Rom. apud Marten. tom. 2. Ampliss. Collect. col. 1303 : *Monasterium S. Wulmarici unum bisantium, Monasterium S. Mariæ de Capella duodecim Lucenses.* Occurrit alibi. Vide *Luculensis Moneta.*

¶ **LUCERIUS**, Ζεύς, *Jupiter.* Supplem. Antiq. Lege *Lucetius.* Festus : *Lucetium Jovem appellabant, quod eum lucis esse causam credebant.*

¶ 1. **LUCERNA**, *Genus cocullæ*, in Glossis Isidori ; sed legendum *Lacerna.*

2. **LUCERNA**, Fenestra, sed proprie ea quæ in domus tecto est : *Lucarne*, in Consuetud. Remensi art. 379. Libertates concessæ urbi Barcinonensi a Petro Rege Arag. ann. 1283. MSS. : *Est consuetudo in Lucernis positis in pariete proprio vel communi illius qui lucem accipit per ipsas Lucernas, si ipsæ Lucernæ extiterint per* 30. *annos in pace et continue, ipsæ Lucernæ non possint claudi a parte adversa.* Adde caput sequens. Alibi : *In pariete proprio vel communi nemo debet facere fenestram vel Lucernam.*

Lucerna Boeta. Synodus Exoniensis ann. 1287. cap. 12. ubi de Ministeriis sacris : *Campanella deferenda ad infirmos, et ad elevationem Corporis Christi : Lucerna boeta, campanellæ ad mortuos, etc.* Ubi *Lucerna boeta*, ea est, ni fallor, quæ in majori pyxide, forte vitrea, quam *boetam* nostri dicunt accensa includitur, ne, dum in plateis effertur, extinguatur. [Vide *Boeta.*]

Lucernæ, inter ministeria sacra. Charta Gennadii Episcopi Astoricensis æræ 953. apud Anton. *de Yepez* tom. 4 : *Vasa autem altaris calicem argenteum cum patena, et coronam, signum, crucem, et Lucernam æream.* Occurrit ibi pluries, et in aliquot aliis tabulis Hispanicis apud eumdem Scriptorem. Alia Rudesindi Episcopi Dumiensis æræ 930. ibid. tom. 4 : *Ministeria Ecclesiæ .... coronas argenteas tres, ex quibus unam gemmis et auro comptam : Lucerna, id est, Turibulorum ex auro, cum sua offerturia, capsas argenteas, etc.* Vide *Absconsa.*

Lucernæ, Oculi. Charta æræ 979. apud Anton. *de Yepez* in Chron. Ord. S. Benedicti tom. 5 : *In primis sit a Domino maledictus, et... arreptus a diabolo currat, et a fronte Lucernis careat, Gisei lepra sit percussus, etc.* Occurrit crebro hæc formula in Chartis Hispanicis.

1. **LUCERNARIA**, Eadem notione qua *Lucerna.* Gervasius Tilleberiensis MS. in Otiis Imperialib. parte 1 : *Eadem hora per fenestram domus ipsius civis in culmine patentem, quam Lucernarium Angli nominant, ad mensam coram uxore civis positam cultellus infigitur.*

¶ 2. **LUCERNARIA**, Herba, verbascum apud Marcellum Empiricum cap. 20.

1. **LUCERNARIUM**, Papiæ, *Candelabrum* : Ugutioni : *Candelabrum quod sustinet Lucernam.*

2. **LUCERNARIUM**, Officium vespertinarum precum, quod vespere occaso sole peragi solet, quando scilicet accenduntur lucernæ. Λυχναψία, *Lucernarum accensio*, in Gloss. Gr. Lat. λυχνῶν ἀφαί, apud Herodotum lib. 7. Annam Comnenam non uno loco, Pachymerem lib. 8. cap. 25. lib. 10. cap. 1. etc. Officium ipsum *Lucernarem horam* vocat Cassianus lib. 3. de Institut. cap. 3. *Lucernariam devotionem*, Uranius Presbyter de obitu S. Paulini Episcopi Nolensis, *Lucernariam* nude, Regula Magistri cap. 34. 36. 41. 44. et 50. *Lucernarium* S. Augustinus in Regula Canonicor. S. Hieronymus ad Psalm. 119. Concil. Toletan. I. can. 9. Concilium Emeritense can. 2. Regula S. Aureliani Arelat. post cap. 54. *de Ordine psallendi*, Regula Tarnatensis cap. 9. Regula S. Isidori cap. 7. Cyprianus et Messianus in Vita S. Cæsarii Arelat. etc. Λυχνικόν Palladius in Hist. Lausiaca cap. 38. sexta Synodus cap. 90. Hist. Miraculi S. Gregorii in puero Paphlagone, Euchology. Eustathius in Vita S. Eutychii P. CP. n. 93. 95. etc. Acclamationes populares in Concilio CP. sub Menna Act. 5 : Τὴν σύναξιν κήρυξον, τὸ λυχνικὸν ἔσω ποίησον. Infra : Τὸ μέν τοι λυχνικὸν τῷ σαββάτῳ ἑσπέραν ἐν τῷ ἁγίῳ εὐκτηρίῳ οἴκῳ τῆς ἁγίας Θεοτόκου ποιούμεθα. Λυχνικὴ ὑμνολογία, dicitur in Martyrio Bacchi junioris pag. 68. Vide Clementem lib. 8. cap. 36. 37. De *Lucernario* egere pluribus Durandus lib. 3. de Ritibus Ecclesiæ, Baronius ann. 51. num. 70. Gazæus ad Cassianum, Usserius ad Symbolum Apostol. Menardus ad Concordiam Regular. et alii. Vide præterea Notas nostras ad Alexiadem pag. 342. et *Luminaria* in *Luminare*, 1.

3. **LUCERNARIUM**, Alia notione, in Bulla Benedicti IX. PP. ann. 1033. in Italia sacra pag. 119 : *Et inde per limitem, et per viam et Lucernaria quæ sunt in eodem limite.*

¶ 1. **LUCERNARIUS**, λυχνοῦχος, *Qui tenet lucernam*, apud Martinium in Lexico. *Lucernarius*, adject. *Ad lucernam pertinens*, apud eumdem.

* 2. **LUCERNARIUS**, Qui ad *Lucernarium* seu officium vespertinarum precum præest. Ordo eccl. Ambros. Mediol. ann. circ. 1130. apud Murator. tom. 4. Antiq. Ital. med. ævi col. 876 : *Clavicularius ebdomadarius canit cantus, et Lucernarius ad Vesperas.* Vide *Lucernarium* 2.

¶ **LUCERNATUS**, Lucernis illustratus. Tertull. lib. 2. ad uxorem cap. 6 : *Janua laureata et Lucernata.*

¶ **LUCERNULA**, Parva lucerna. *Ad lumen Lucernulæ*, apud S. Hieronymum sub finem Epistolæ 47. de vitando suspecto contubernio.

LUCEUS, Luteus, Lutius, Piscis quem *Lucium* Latini vocant, apud Michaelem Scotum lib. 4. Mensæ Philosophicæ cap. 6. 28. 31.

* Nostris *Luz.* Lit. remiss. ann. 1390. in Reg. 138. Chartoph. reg. ch. 183 : *En laquelle huche à poisson emblerent deux grans Luz et trois ou quatre grans truittes.* Unde diminut. *Lusel*, in Stat. ann. 1388. tom. 7. Ordinat. reg. Franc. pag. 779. art. 47. *Lussel*, in alio ann. 1402. tom. 8. pag. 536. art. 72. Charta Bereng. I. reg. ann. 899. apud Murator. tom. 2. Antiq. Ital. med. ævi colon. 161 : *Pro benedictione in Quadragesima majore quadraginta Luceos etc.*

* **LUCHA**, vox Hispanica, Lucta, luctatio, Gall. *Lutte.* Comput. ann. 1351. inter Probat. tom. 2. Hist. Nem. pag. 143. col. 1 : *Item de voluntate dominorum consulum, in adjutorium panni pro Luchis factis Nemausi die festi nativitatis beatæ Mariæ etc.* Glossar. Provinc. Lat. ex Cod. reg. 7657 : *Lochador, Prov. luctator, athleta. Lochar, Prov. luctari, palestrare.*

* **LUCHAR**, Locus lavationi accommodus, Gall. *Bain.* Charta Guill. comit. Pontiv. ex Reg. forest. comitat. Alenc. in Cam. Comput. Paris. fol. 13. r° : *Terram lucrabilem et locum faciendi scamnum, ibique molendinum et Luchar nemoris stobarum.... concessi.* Vide supra *Lucar.*

¶ **LUCHETUM**, Sera catenaria, Ital. *Luchetto*, Gall. *Cadenas.* Translatio S. Juvenalis Episc. Narniensis, tom. 1. Maii pag. 400 : *Fuit clausa dicta porta ferrea ejusdem sacelli, clavibus et Lucheto, ita ut a nemine posset aperiri.*

* *Luquet*, in Inventar. ann. 1449. ex Tabul. D. Venciæ : *Unum Luquet de metallis. Lucet* vero ligonem, vulgo *Pioche*, sonat in Lit. remiss. ann. 1394. ex Reg. 146. Chartoph. reg. ch. 353 : *Un oustil à pionnier, nommé Lucet.... Icellui varlet hauça ledit Lucet et voult férir le suppliant.*

¶ **LUCIA**, Animalis genus, quod facile prærupta ascendit. Hist. Cortusiorum apud Murat. tom. 12. col. 809 : *Videntes ergo Paduani prædicti dominum Canem equum ascendisse et omnes milites suos vigorose pertransire et ascendere ripam, quam prius non putassent Lucias aut muscipulas facere posse, etc.*

¶ **LUCIALIS.** Vide *Lucius.*

¶ **LUCIBILIS**, *Aptus ut luceat*, Johanni de Janua ; *Luysable*, in Glossis Lat. Gall. Sangerman. Utitur Servius ad lib. 6. Æneid.

LUCIBRUM, Gall. *Lumiere ou chandelle à veiller de nuit, ou Chouloil, ou Engasse, Britannice Creuseul.* Ita Catholicon Armoricum. [Domnus Lud. *le Pelletier* pro *Creuseul* scribit *Cleuzeur* aut *Cleuzer*, in suo Dictionario Britan. necdum edito, ubi etiam addit vocem *Chouloil* inter Aremoricas numerari posse, si scribatur *Goulou* vel *Coulou*, i. e. Candela, luminare. Vide *Lucubrum.*]

* **LUCICOMUS**, Solis epithetum, cujus lucet coma. Translat. S. Sebast. tom. 6. Collect. Histor. Franc. pag. 324 : *Sequente noctis umbra cogitatu sedulo Lucicomum desiderabam cernere sidus.*

** **LUCIDA**, Lychni dependentes laquearibus, Gall. *Lustre.* Vita S. Oudalrici Ep. cap. 1. apud Pertz. Script. t. 4, pag. 387 : *Intus et forinsecus positiones ecclesiæ caute perlustrans, parvitatem Lucidæ, criptæque vilitatem sibi nimis displicere conquestus, etc.* Ibid. cap. 31 : *Criptaque congruenti occidentalem partem ecclesiæ decoravit.... et non tardavit, donec imbricibus eam ex toto cooperuit, et interius ædem ecclesiæ laquearibus vestivit et Lucida decoravit, etc.*

¶ **LUCIDABILIS**, Laudabilis, gloriosus. Abdicatio Clementis VIII. PP. dicti ann. 1429. inter Concilia Hispan. tom. 3. pag. 648 : *Quanto validiora, certiora, firmiora* *sunt in hujusmodi apostolatus officio jura nostra, tanto Lucidabilius ea ducimus pro pace ac reintegritatione Religionis Christianæ relinquere.*

¶ **LUCIDARE**, *Lucidum facere, aperire, exponere, declarare, manifestare*, Johanni de Janua; *Eclairer, exposer, manifester*, in Glossis Lat. Gall. Sangerm. *Lucidare obscura*, apud S. Petrum Chrysologum Serm. 112. [** *Ut cuncta suo ordine discussa nobis relationis obsequio Lucidentur*, apud Cassiod. lib. 3. ep. 31. *Lucidatio*, apud eund. Instit. Divin. Litter. cap. 28. Vide Furlanetton. Append. Lexic. Forcell. in his vocibus.]

LUCIDARIUS, *sive Elucidarius*, *liber in quo multa elucidantur.* Ugutio. [Joh. de Janua præfert *Lucidarium*; hinc in Glossis Lat. Gall. Sangerman. : *Lucidarium*, *Lucidaire, un livre.*]

* Charta fundat. Vallis-bonæ ann. 1242. inter Instr. tom. 6. Gall. Christ. col. 488 : *Et vitas patrum et Lucidarium, etc.*

LUCIFICARE, Lucem facere, illustrare. Vett. Glossæ apud Vossium : *Lucifico*, φωθίζω.

¶ **LUCIFLUUS**, Fluens luce. Prudentius Psych. v. 625. edit. Weitz. :

Quærite Lucifluum cælesti dogmate pastum.

Juvencus in Matthæum cap. 24 :

Gens omnis habebit
Testem Lucifluo sanctæ sermone salutis.

Bern. *de Breydenbach* Itin. Hierosol. pag. 183 : *Præcessit me velociter, distorquens filum Luciflui glomeris, duxit in profundissimas valles igneas, etc.* [** Hincmar. Remens. Annal. ad ann. 868 : *Picturam destruxit imaginemque dejecit, quam beatissimus papa Benedictus atque egregius restauravit et Luciflůis coloribus decoravit.*]

* **LUCIFUGA**, *Avis quædam*, *Fresaie Gallice*, in Glossar. Lat. Gall. ex Cod. reg. 521. *Frésoie*, in altero ex Cod. 7692.

* **LUCIGNIUOLUS**, Ellychnium, Ital. *Lucigniuolo.* Stat. ant. Florent. lib. 3. cap. 191. ex Cod. reg. 4621 : *Si in quolibet dictorum casuum ipsorum dopplerium habuerit Lucigniuolos sive papiros accensos, etc.* Vide supra *Lichinus.*

¶ **LUCILLI**, γλωσσόκομοι, *Loculi.* Suppl. Antiq.

¶ 1. **LUCINA**, Dies, ni fallor, a luce sic dicta : unde et Lucina Dea nomen habet ut notum est. Agnellus in Vita S. Maximiani Episc. apud Murator. tom. 2. pag. 106. col. 2 : *Tunc jussu Pontificis nocte una tanta allata sunt omnia paramenta, calces et latercula, petras... quanta vix in undecim Lucinis laborare potuerant.*

2. **LUCINA.** Diurnus Romanus cap. 7. num. 17 : *Sed dispensator qui pro tempore fuerit, in eadem venerabili diaconia, id est quando Lucina perficitur, in eadem diaconia pro remissione peccatorum nostrorum omnes diaconites et pauperes Christi, qui ibidem conveniunt, Kyrie eleison exclamare studeant.* Ubi forte leg. *Litania* : vel potius *Lucerna*, aut *Lucernarium*, officium scilicet vespertinum de quo supra : nisi *Lucina* idem sonet.

¶ **LUCINARE**, *Suadere.* Papias. Addit Johannes de Janua, *vel quasi Luci vicinare.* Glossar. Sangerman. MS. num. 501 : *Lucinantes, suadentes.*

* Glossar. Lat. Gall. ex Cod. reg. 521 : *Lucinare*, *Ajorner.* Id est, Illucescere.

LUCINIUM. Glossarium Camberonense : *Lucinium dicitur illud quod de licinio candelæ ardentis in fumo extinguitur.* [Johan. de Janua : *Lucinium*, *Cincendela lucernæ*, *quod det lumen, et dicitur a luce.* Gloss. Lat. Gall. Sangerman. : *Lucinium*, *Meche de lumiere.*] Vide *Lichinus*, [et *Licinium* 2.] [* Glossar. cod. reg. 521 : *Lucinium*, *candela magna*, *Gallice*, *Tortis.*]

¶ **LUCINOSUS**, et LUCINUS, φωτεινός, *Lucidus*, in Supplemento Antiquarii.

¶ **LUCISATOR**, Auctor lucis, Prudentio.

¶ **LUCIUM**, οὖρος, in Glossis Lat. Græc. Sangerman. MSS. Ventus secundus.

LUCIUS, LUCIALIS, Κενεών, apud veterem Interpret. Moschionis cap. 41. Imus venter.

* **LUCOSUS DENARIUS**, NUMMUS. Vide supra in *Denarius.*

1. **LUCRARI**, [Arare. *Lucrari cum carrucis*, in Charta ann. 1117. apud Lobinellum tom. 2. Hist. Britan. col. 290.] *Lucrabiles terræ*, [Arabiles, cultæ, in Charta ann. 1236. tom. 1. Chartularii S. Vandreg. pag. 51. et in Histor. MS. Monasterii Becc. pag. 469.] Vide *Gagnagium.*

* 2. **LUCRARI**, Gall. *Profiter*, Nummos ponere in fenore. Testam. Isaac medici Carcass. Judæi ann. 1305. ex Chartoph. reg. Moutispess. : *Item lego Jussono de Portaliis.... et Meriano.... nepotibus meis centum solidos æquis portionibus, quos volo et mando quod ponantur in deposito sive commenda penes aliquem amicorum eorumdem nepotum meorum, et quod Lucrentur ad opus eorumdem Jussoni et Meriano.* Hinc

* LUCRARI ANIMAM SUAM dicebantur, qui salutis suæ intuitu bona ecclesiis conferebant. Tradit. 180. Ebersperg. apud Oefelium tom. 2. Script. rer. Boicar. pag. 38 : *Quidam liber homo nomine Roudolf iturus Jerusalem et volens Lucrari animam suam, tradidit Deo, etc.*

¶ **LUCRATURA**, Redditus terræ *Lucrabilis* seu cultæ. Charta ann. 1185. ex Tabulario Corbeiensi : *Inter nos et quendam Andream de Popincort querela vertebatur super Lucratura totius terræ nostræ, quam ibidem habemus; dicebat enim prædictus Andreas medietatem illius Lucraturæ, hereditario jure, se tenere debere.*

¶ LUCRIDUCERE, Lucro apponere, in lucro deputare; Tertulliano lib. 5. adv. Marc. cap. 20.

¶ LUCRIFICARE, Lucrifacere. *Paulus factus omnibus omnia, ut omnes Lucrificaret*, apud eumdem Tertullianum de Præscript. cap. 24.

¶ LUCRIHABITUS, Qui victus est et manus dedit. *Lucrihabita anima*, Tertulliano de Corona militis cap. 11.

* **LUCRETIA** SALTATIO. Vide infra *Paduana.*

* **LUCRIFACTUS**, Pecunia acquisitum, Gall. *Acquet.* Charta Roger. Bern. comit. Fux. ann. 1163. inter Probat. tom. 2. Hist. Occit. col. 591 : *Dono vobis quidquid acquirere poteritis in dicto bosco et ejus terminiis et terra mea,.... et omnem vestrum Lucrifactum, quem modo ibi habetis vel habebitis in futuro.* Alia Raym. Rog. comit. Fux. ann. 1198. ibid. tom. 3. col. 186 : *Dono vobis in omni comitatu meo omnem meum Lucrifactum vel conquisitum, quem modo ibi habetis.*

* 1. **LUCRUM**, Redditus terræ *lucrabilis* seu cultæ. Charta ann. 1056. inter Instr. tom. 11. Gall. Christ. col. 225 : *Cum aliis rebus quæ ad illam ecclesiam pertinebant, de Lucris et de aliis exitibus de illo manere.* Vide *Lucratura.*

* 2. **LUCRUM**, Mulcta judiciaria. Vide infra *Perlucrum.*

* 3. **LUCRUM** DONATIONIS. Vide supra in *Antefactum.*

LUCTATORIUM, *Ubi luctatores meditant*, ut est in Glossis Arabico-Latinis. Legendum forte *peditant*, [vel *militant.*]

* **LUCTATUS**, Pro præmio luctæ assignatus. Comput. ann. 1372. inter Probat. tom. 2. Hist. Nem. pag. 318. col. 1 : *Item die festi S. Laurentii de voluntate dominorum consulum, tradidi Philipono macellario de Nemauso pro uno mutone, qui fuit Luctatus ad luctas S. Laurentii.*

LUCTIVAGUS, Mœstus, luctuosus. Stephanus Africanus in Vita S. Amatoris n. 31 : *Ibi profecto Luctivagæ voces emittendæ sunt, ubi meliori deterior fuerit successurus.*

¶ **LUCTUARE**, *Flere*, Johanni de Janua.

¶ 1. **LUCTUOSA**, ut definit Garsias de expensis et meliorationibus cap. 9. de sumptibus qui consequuntur funus n. 2 : *Est onus illud Luctuosum in Hispania, quod solvitur domino e bonis vassalli demortui, inveterata consuetudine, vestis scilicet, bos, aut mula, vel equus.* Synodus Compostell. ann. 1114. can. 8 : *His qui servilis conditionis jugum sustinent, vel qui quadragesimalia tributa persolvunt, redditus solitos qui fossatoria et Luctuosa nuncupantur, relaxamus, si patrum parentumve suorum hæreditates incolunt.* Vide *Abbadia* 1. et *Heriotum.*

¶ 2. **LUCTUOSA**, Hereditas defuncti. Dadila in Testamento, quod laudat Mabillon. pag. 615. Diplom. et tom. 2. Annal. Bened. ad ann. 813. pag. 406. tradit Monasterio Psalmodiensi quidquid in Saligniacio et Salignanello villis territorii Magdalonensis possidebat *de Luctuosa quondam filiæ suæ Dadanæ*, cætera vero quæ sibi obvenerant ex *Luctuosa* alterius filiæ suæ Pauletæ reservari jubet. Charta ann. 878. Marcæ Hispan. col. 802 : *Nam et ego Amarella facio immeliorationem de ipsa Luctuosa filiorum meorum, de hereditate illorum, quod habere videntur de patre illorum Principio.* Alia ann. 879. ibid. col. 808 : *Portionem quam ibidem habebat per scripturam emptionis vel Luctuosa filii sui ab integre in dominibus, curtes, hortos, etc.*

* *Hæreditas liberi, quæ obvenit parenti, turbato ordine mortalitatis, contra votum parentum*, ut utar verbis L. 15. ff de Inofic. testam. (5, 2.) *Luctuosa portio* dicitur in L. 28. Cod. de Inofic. testam. (3, 28.) *Tristis successio* § 2. Inst. de S. C. Tertul. (3, 3.) Vide Diction. Acad. Hispan. in hac voce.

¶ **LUCTUOSUM**, Eadem notione. Charta Chrotildis ann. 670. apud Mabill. Diplom. pag. 468 : *Trado atque transfundo* (Parthenoni B. M. apud Brogarias in pago Stampensi) *duas partes de ipsa villa, tam ex*

Luctuoso quam undique ad nos pervenit. Pluries occurrit ibi. Alia ann. 1070. Marcæ Hispan. col. 1153 : *Ego Rangardis Comitissa* (Biterr.)... *vendo vobis* (Raimundo Comiti Barcin.) *omnes voces... quas ego habeo... per fevos vel per alodia, vel per bajulias, sive per convenientias, vel per dimissiones, vel jactitiones, seu Luctuosum, sive decimum, vel per qualescumque voces, etc.*

LUCUBLANDUS, i. *Lucens blande*, Jo. de Janua.

* **LUCUBRATIO**, Aurora, ut videtur. Translat. S. Guthl. tom. 2. Apr. pag. 57. col. 2 : *Mane post Lucubrationem etc.* Glossar. Lat. Gall. ex Cod. reg. 521 : *Lugubrea, mane.*

* **LUCUBROS** *est Herba lucernalis, eo quod apta sit ad lumina accendenda, quem Latini bethastum vocant.* Glossar. medic. Ms. Simon. Januens. ex Cod. reg. 6959. Vide supra *Lucigniuolus.*

¶ **LUCUBRUM** *dictum quod luceat in umbra; est enim modicus ignis, qui solet ex tenui stupa ceraque formari*, apud Papiam. Joh. de Janua : *Lucubrum, Modicum lumen vel modicus ignis, etc.* Gloss. Lat. Gall. Sangerman. : *Lucubrum, Lumiere ou chandele pour veiller.* [* Glossar. Lat. Gall. ex Cod. reg. 521 : *Lucubrum, crasset, Gallice.*] Vide *Lucibrum* et Thesaurum Fabri.

LUCULENSIS Moneta, apud Albertum Aquens. lib. 3. cap. 52. quam *Lucensem* vocat lib. 4. cap. 34 et lib. 8. cap. 21. ut et Raimundus *de Agiles* pag. 165. *Lucæ* nempe in Italia urbis notissimæ. [Vide *Lucensis.*]

¶ **LUCULENTIA**, Splendor, nitor. Arnob. lib. 3. adv. Gentes : *Verborum Luculentias sumere a Cicerone.* Pro munditia sumit Vegetius lib. 3. Mulomed. ubi de bobus : *Cum vero de via vel pastu redeunt, Luculentia adhibita, priusquam deducantur ad bovile, aqua abluendi pedes, ne inhærentes corpori sordes ulceræ generent, etc.*

¶ **LUCULLEUM** Marmor *nascitur in Choo insula, cui Lucullus Consul nomen dedit, qui delectatus illo primum Romam invexit, solumque pene hoc marmor ab amatore nomen accepit.* Isid. lib. 16. Orig. cap. 5. et ex eo Joh. de Janua qui scribit *Luculeum.* Gloss. Lat. Gall. Sangerman. : *Luculleum, Une maniere de marbre blanc.*

¶ **LUCULLUS**, Vide *Lucellus* in *Loculus.*

¶ **LUCUS**, Lignum. Sigillum seu Charta Philippi Regis Franc. anno 1072. apud Marten. tom. 1. Ampliss. Collect. col. 489 : *Brancas etiam de Luia quantum necesse fuerit ad focum monachorum, necnon et mortuum Lucum, etc.* Vide *Lucellus* in *Loculus.*

* **LUCUSTINUS**, *Attactus*, in vet. Glossar. ex Cod. reg. 7613.

¶ 1. **LUDARIUS**, *Locus deceptorius, ubi quis cito labitur*, in Glossis Isid. Viri docti emendant, *Lutosus locus, etc.*

2. **LUDARIUS**. Vita S. Aidani Episc. Fernensis in Hibernia n. 26 : *Quidam leprosus petiit ab eo eleemosynam, tum Rex Ludarium calvum et fulvum dedit in eleemosynam.* Occurrit ibi iterum. Osullevanus vervecem interpretatur.

LUDAS, *Perjurus*, in Legibus Hungar. Sambucus.

¶ **LUDATOR** *super instrumenta musica*, Gall. *Joueur d'instrumens*, in Charta Henrici VIII. Regis Angl. apud Rymer. tom. 14. pag. 703.

** **LUDER**, Lutra. Vita antiq. S. Galli apud Pertz. Scriptor. tom. 2. pag. 15 : *Inmanis piscis territus a duabus bestiis, quæ Luder*[illegible] *nuncupatur, etc.* Vide *Luter*, 2.

* **LUDERE**, Habere rem cum muliere. Passio S. Serap$_{u}$ tom. 6. Aug. pag. 502. col. 1 : *Invoca eum* (Christum) *propter juvenes illos, ut reddatur illis sanitas pristina, et dicent si Luserunt tecum per noctem aut non. Ego certissime scio, quia ideo illos quibusdam maleficiis dementes fecisti, ne te de turpitudine tua detegerent.* Vide supra *Jocare.*

LUDIARIA Vestis, *Histrionica tunica.* Ita emendat Salmasius in Glossis Isid. At Pithœanæ, *Vestis Ludiaria, histrionica, levis.* Vide eumdem Salmasium ad Hist. Aug. pag. 278.

¶ **LUDIBILIS**, *Aptus ludo vel ad ludendum*, Joh. de Janua; *Convenable à joer*, in Glossis Lat. Gall. Sangerman.

¶ **LUDIBRIS**, Jocosus. Vita S. Guthlaci, tom. 2. Aprilis pag. 46 : *Hilari vultu subridens Ludibri famine inter alia ab illis sciscitabatur dicens, etc.*

¶ **LUDIBUNDA**, *Adolescens*, apud Papiam.

LUDICES, *Meretrices*, in Glossis Isidori. Glossæ antiquæ MSS. : *Ludices, sagos.*

☞ Explicat Isidorus lib. 19. cap. 26 : *Ludices a ludis, id est, theatris, vocatas existimant. Cum enim egrediebantur de ludi prostibulo juvenes, horum velamento tegebant caput et faciem, quia solebant erubescere, qui lupanar introissent.* Cum in illo capite de stragulis agatur, ut recte adnotat Grævius, satis patet *Lodices* intelligi, pro quo dixerunt tum temporis *Ludices*, decepti falsa etymologia : *Ludices, vestes a ludis theatri*, inquit Joh. de Janua Isidorum secutus; sed melius a *Lotum*, quia subinde eas lavari opus erat, deducit Vossius, qui existimat Isidorum allusisse ad illud Juvenalis Satyra 6 :

> Ζωὴ καὶ ψυχὴ modo sub Lodice relictis
> Uteris in turba.

Glossæ Lat. Gall Sangerman. : *Ludix, vetement de jeu.* Occurrit etiam *Ludix*, pro *Lodix*, Gall. *Loudier*, in Charta ann. 1500. apud D. *Calmet* tom. 3. Hist. Lothar. col. cccxxxi : *Pulvinaribus, bassaghiis, linteaminibus, Ludicibus, coperturis, etc.*

LUDICRA, τὰ παίγνια, *Jocalia, Joyaux.* Lambertus Ardensis : *Bellica arma, et equum, canes, et volucres, et quæcumque Ludicra habebat sæcularia, erogavit.* Testamentum Philippi Augusti : *Item donamus et legamus Abbatiæ S. Dionysii, in qua sepulturam elegimus, omnia Ludicra nostra, cum lapidibus pretiosis, etc.* Martyrolog. S. Evodii Brenensis in Hist. Drocensi pag. 307 : *Dedit etiam nobis in aliis Ludicribus valens circiter* 40. *libr. Turon.*

¶ **LUDIFICATORIUS**, Qui illudit ac decipit. *Ludificatoria imaginatio*, apud S. Aug. de Civit. Dei lib. 11. cap. 46.

¶ **LUDILO**, f. Lodix, Gall. *Loudier.* Descriptio censuum S. Emmerammi apud Pezium tom. 1. Anecd. part. 3. col. 76 : *Operantur* iv. *dies in hebdomada, fœminæ eorum trinæ,* 1. *Ludilonem, duæ autem camisile* 1. *reddunt verniculi coppos* 2. Vide *Ludices.*

LUDIMENTUM. Gloss. Gr. Lat. : Παίγνιον, *Lusorium, hic ludus, hic lusus, ludibrium, Ludimentum.* Infra : Παίδια, τὸ παίγνιον, *Lusus, hoc Ludimentum.*

* **LUDIPES**, Ludi genus, in quo pila pede propulsatur; unde *Ludipedire* et *Ludipilare.* Lit. remiss. ann. 1354. in Reg. 83. Chartoph. reg. ch. 21 : *Cum Johannes dictus le Carton cum pluribus aliis personis ad Ludipedem seu ad quemdam ludum, vocatum Gallice soule,.... extitisset; ad quam quidem Ludipedem sive ludum accidit, quod præfatus Johannes adversus quemdam, nuncupatum Johannem Fremin, ludebat aut Ludipediebat, etc.* Glossar. Gall. Lat. ex Cod. reg. 7684 : *Ludipedium, soule à jouer au pied.* Aliud Lat. Gall. ex Cod. 7692 : *Ludipilare, jouer à la pelote. Ludipilus, jeu de pelote.* Vide supra *Choulla.*

LUDIS. Vetus Charta apud Ughell. tom. 5. pag. 1538 : *Ecclesia beati Petri quæ ponitur inter duos Ludes.* Infra : *Casa terrina, cubucelas* 2. *et pergula inter duos Ludes.*

¶ **LUDIUM**. Charta Pipini Regis ann. 763. tom. 1. Hist. Lotharingiæ col. 280 : *Præcipimus, ut nulla præjudicia atque gravamina a nullo Episcoporum vel sæcularium inferantur, et hæredes nostri per nullas artes cum Ludium, etc.* Legendum puto *per nullas artes, conludium*, seu dolum. Vide *Conludium.*

¶ **LUDIX**, pro Lodix. Vide *Lodices.*

¶ **LUDRIA**, Lutra, Gall. *Loutre*, Hisp. *Lodra*, Ital. *Londra*, vel *Lontra*, legitur infra in *Præmidiones* ex Concilio Budensi ann. 1279. Concilium Dertusanum ann. 1429. cap. 1 : *Neque* (Clericus) *folleratus deferat pellium de marthis, de fagnes, de vebres, de Ludries, etc.*

* **LUDRICUS**, *Zugeuole*, in Glossar. Lat. Ital. MS.

LUDUS, pro *Ludius*, usurpatum, docet pluribus Salmasius ad Historiam Aug. pag. 328.

* **Ludus Boucleri**, vulgo *Jeu du bouclier*, Ludicræ pugnæ species. Vide supra *Bouclarius.*

* **Ludus Cartorum**. Inquisit. ann. 1371. in Access. ad Hist. Casin. part. 1. pag. 428. col. 1 : *Platea et passus est dicti officii* (cellararii) *et Ludus cartorum.*

* **Ludus Christi** et **Dei**, Actio Christi scenice expressa. Chron. Forojul. in Append. ad Monum. eccl. Aquilej. pag. 28. col. 1 : *De repræsentatione Ludi Christi. Anno Domini* 1298. *die* 7. *exeunte Maio, videlicet in die Pentecostes et in aliis sequentibus duobus diebus, facta fuit repræsentatio Ludi Christi; videlicet passionis, resurrectionis, ascensionis, adventus Spiritus sancti et adventus Christi ad judicium, in curia domini patriarchæ Austriæ civitatis honorifice et laudabiliter per clerum Civitatensem.* Ibid. pag. 30. col. 1 : *De repræsentatione passionis Christi et Ludi Dei, ut ita dicam. Anno Domini* 1304. *facta fuit per clerum sive per capitulum Civitatense repræsentatio, sive factæ fuerunt repræsentationes infrascriptæ. In primis de creatione primorum parentum, deinde de annuntiatione beatæ Virginis, de partu et aliis multis.* Sequuntur eædem quæ

supra, quibus additur, *et de antichristo et aliis.* Comput. ann. 1455. ex Tabul. S. Vulfr. Abbavil. fol. 9. r°. : *A Capellanis hujus ecclesiæ pro parte sua hourdi, Ludi passionis et doni lusoribus dicti Ludi dati, iiij. lib. xvj. sol.* Fol. 13. r°. : *Item lusoribus Ludi passionis etc.* Comput. ann. 1537. ex Tabul. S. Petri Insul. : *Item succentori ecclesiæ pro membrana ad rescribendum Ludum resurrectionis Domini, tres solidos.* Lit. remiss. ann. 1384. in Reg. 125. Chartoph. reg. ch. 7 : *Comme les habitans de la ville d'Aunay et du pays d'environ eussent entrepris que le Dimenche après la nativité S. Jehan Baptiste, ilz feroient uns Jeux ou commémoration du miracle qui à la requeste de la Vierge Marie fust fait à Theophile ; ouquel Jeu avoit un personnage de un qui devoit getter d'un canon.* Vide infra *Personagium.*

* LUDUS dictus *au dringuet.* Vide supra *Dringuet.*

* LUDUS HASTICUS, Idem quod *Hastiludium.* Hist. Fr. Sfort. ad ann. 1435. apud Murator. tom. 21. Script. Ital. col. 242 : *Ut satisfaceret populo, hasticos Ludos et præclara spectacula edidit.*

* LUDUS JOCOSUS, Chorea, Gall. *Danse.* Lit. remiss. ann. 1386. in Reg. 129. Chartoph. reg. ch. 222 : *Reperierunt dictam Johannetam venientem de choreis seu Ludis jocosis, qui.... fiebant in quadrivio.*

* LUDUS S. MEDERICI, Ludi ad *merellas* seu calculos genus. Lit. remiss. ann. 1412. in Reg. 167. Chartoph. reg. ch. 87 : *Jehan Aysmes qui avoit joué aux marelles à six tables, appellé le jeu saint Marry, etc.*

* LUDI MILITARES, *quæ Torneamenta dicuntur,* in Charta ann. 1202. ex Tabul. archiep. Camerac.

* LUDUS NATALIS, Qui ad natale Christi agebatur. Lit. remiss. ann. 1381. in Reg. 120. Chartoph. reg. ch. 225 : *Jehan Dupont.... et pluseurs autres, qui avoient soupé ensamble.... en la ville de Esquiqueville, parlerent entre eulz de faire aucun jeu par maniere d'esbatement; et advint que ledit Jehan Dupont et ledit Jehan Lestont se efforserent de tirer un baston l'un contre l'autre, selon ce que on a accoustumé à faire aux Jeux de Noel ou païz par delà par maniere d'esbatement.* Nisi *Ludi natales,* Gallice *Jeux de Noel,* appellentur ii, qui diebus lætitiæ publicæ habentur; quod videntur innuere Lit. remiss. ann. 1393. in Reg. 145. ch. 186 : *Icellui Augier aloit de jour et de nuit par les tavernes de cervoise boire, mengier, jouer aux Jeux de Noel, et faire plusieurs autres excès.* Vide *Natale* 3.

* LUDUS NUCUM, Gall. *Jeu des noix.* Lit. remiss. ann. 1380. in Reg. 117. Chartoph. reg. ch. 51 : *Jehan de Houdenc ala regarder le Jeu des noix, où les femmes et filles de la ville de Neufchastel se esbatoient.* Aliæ ann. 1394. in Reg. 146. ch. 418 : *Comme pluseurs compaignons se feussent assemblez pour jouer aux noix, à mettre per ou non-per en une fosse, etc.*

* LUDUS OLLÆ. Vide supra *Loteria.*

LUDUS PARTITUS. Vide *Jocus partitus.*

* LUDUS PERSONARUM, Gall. *Jeu de personnages.* Lit. remiss. ann. 1403. in Reg. 157. Chartoph. reg. ch. 333 : *Comme la vieille de la S. Fremin les jeunes gens de la ville d'Amiens ont acoustume de soy jouer et esbatre et faire Jeux de personnages, Jehan le Corier se feust acompaigné avec plusieurs jeunes enfans de ladite ville, qui faisoient un Jeu de personnaige,..... l'un desdis jeunes gens deguisé tenant, comme un messager, un glaviot en sa main, etc.* Vide infra *Personagium* 3.

LUDUS PUERORUM. Chronicon Montis-Sereni ann. 1137 : *Accidit ut in Ludo, qui vocatur puerorum, cui ipse intererat, puer quidam conculcatus moreretur, etc.*

* LUDUS AD PULLANUM, Aleæ species. Lit. remiss. ann. 1383. in Reg. 122. Chartoph. reg. ch. 232 : *En la taverne en la ville de Rennes.... se prindrent à jouer aux dez et au poullain, etc.*

LUDI DE REGE ET REGINA. Synodus Wigorniensis ann. 1240. cap. 38 : *Prohibemus etiam Clericis ne intersint ludis inhonestis, vel choreis, vel ludant ad aleas vel taxillos : nec sustineant Ludos fieri de Rege et Regina, nec arietes levari, nec palæstras publicas fieri.* Videtur innui ludus quem vulgo *Chartarum* dicimus, siquidem ea ætate notus fuerit.

Quod in dubium jure venire potest, cum in quodam Caroli Regis Franciæ Statuto 23. Maii ann. 1369. quod descriptum legitur in libro rubeo Castelleti Parisiensis fol. 87. inhibeantur ludi omnes, præterquam ii, qui armorum exercitiis inserviunt, in quibus recensentur duntaxat *tous jeus de dez, de tables, de paume, de quilles, de palet, de soule, de billes, et autres jeux, qui ne cheent point à exercer ne habiliter nos sujets à fait d'armes à la défense de nostre Royaume, etc.* [* Vide *Regineta.*]

* LUDUS SARRACENICUS, Acris pugna. Le Roman *d'Alexandre* MS. part. 1 :

> Tholomer le regrete et le plaint en Grijois,
> Et dist que s'il eussent o eulz telz vingt et trois,
> Il nous eussent fet un Jeu Sarrazionois.

* Forum aleatorium apud Tornacenses carnifici sub pensione annua concessum legimus in Lit. remiss. ann. 1382. ex Reg. 121. Chartoph. reg. ch. 309. bis : *Pierre Damaulx executeur de justice, qui avoit pris à cense la secque table, Brelengh et jeu de dées de la ville de Tournay, etc.* Vide infra in *Ribaldi.*

* Quoad ludorum vero origines explicationesve, consule Meursium *de Ludis Græcorum* et Th. *Hydes de Ludis Orientalium.* [** Murator. Dissertat. 29. *De spectaculis et ludis publicis medii ævi,* Antiq. Ital. tom. 2. col. 831.]

* LUDUS, Sors, caput, Gall. *Principal.* Charta Durandi episc. Cabilon. ann. 1221. apud Sanjul. pag. 405 : *Dictores vero illum solum fœneratorem intelligunt, qui solidum vel libram per hebdomadam, vel mensem, vel annum pro denario, vel denariis ejusdem monetæ, vel alterius accommodat, Ludo excepto.*

¶ **LUEGA**, Cloaca, latrina. Vetus Statutum Massil. : *Ut quilibet habeat vel in futurum habebit plateas sive Luegas juxta dogas vallatorum murorum dictæ civitatis.*

* Male; est enim Locus vacuus domui ædificandæ aptus, ut supra *Luaiga.* Charta ann. 1460. ex Tabul. S. Vict. Massil. : *Dominus abbas dedit ad acapitum unam Luegam ad ædificandam unam domum, confrontatam cum Luega magistri Johannis Roque et cum itinere publico.* Vide *Locale.*

* LUERE BANNUM, Edictum promulgare. Charta ann. 1136. apud Murator. in Antiq. Estens. pag. 287 : *Præterea offerimus atque donamus.... jurisdictionem plenam dictæ terræ nostræ Cavallili.... ponendi angarias et parangarias, banna, Luendi ea, ea absolvendi, et condemnandi omnes, qui in dictis bannis eeciderint, etc.*

LUGDUS, Sacer ignis. Matth. Paris ann. 1249 : *Ipsemet Fredericus* (*Imp.*) *percussus est morbo, qui dicitur Lugdus, vel sacer ignis.*

* **LUGENFELD**, Campus mentitus, Locus inter Brisacum et Illum, qui primum dictus est *Rotfelth,* id est, Campus rubeus; hodie *Rotleube,* hoc est, Rubeum lobium seu umbraculum in foresto, ex Joan. Schilt. epistola ad Mabill. laudata tom. 6. Collect. Histor. Franc. pag. 195. inter notas.

¶ **LUGENTES**, Iidem qui *Hyemantes,* supra.

** **LUGERUS**, Custos, curator rebus vendendis præpositus, a Germ. *Lugen,* observare. Stat. antiq. Mulhus. : *Lugerus non habebit penesticam pro uxore.* Vide Haltaus. Glossar. Germ. voce *Luger,* col. 1284.

¶ **LUGIES.** Gloss. Isid. *In Lugiem, in luctum.* Grævius emendat : *Illuviem, Squalorem in Luctu.* Sed forte *Lugies* a *Lugeo* dictum, ut sequens

LUGIUM, Luctus, a *Lugeo.* Commodianus Instr. 29 :

> Adluitur ibi pœna spiritalis æterna,
> Lugia sunt semper, nec permoreris in illa, etc.

LUGOSITAS, Luctus. Petrus de Vineis lib. 4. Ep. 4 : *Lugubrem filii tui casum vulgaris famæ fortassis Lugositate præcognitum,... infesto tibi stylo describimus.*

¶ **LUGUBRARE**, Lugubres voces edere. Acta S. Athanasii Episc. Neapol. tom. 4. Julii pag. 82 : *Commota est tota civitas, atque aerem miserrimis verberabat vocibus Lugubrans : Væ miseris nostris.*

¶ **LUGUBRERE**, *Studere de nocte,* in Glossis S. Andreæ Avenion. MSS. XIII. sæc. est pro *Lucubrare.*

¶ **LUGUBRITAS**, Luctus, molestia. Concil. Tolet. XIII. inter Hispanica tom. 2. pag. 699 : *Si consueta luminariorum sacrorum obsequia de templo Dei subtraxerit, vel extingui præceperit, aut quodcumque Lugubritatis in templo Dei induxerit.*

¶ **LUGUS**, Celtis Corvus, ut ex Clitophonte observat Plutarchus lib. de fluminibus; unde *Lugdunum* quasi *Lugodunum,* Mons corvi : *Dunum* montem significat ut dictum suo loco. Vide Valesium Notit. Gall. pag. 292.

¶ **LUH**, Dictio Aremorica, incertæ mihi notionis. Vide in *Dicofrit.*

LUI, pro Ipse, ille : ex quo hodie manet apud nos eadem notione. Marculfus lib. 1. form. 20 : *Dum divisio, vel exæquatio inter illam et illum, seu consortes eorum, de alode Lui aut de agro illo celebrari debet, etc.* Form. 21 : *Memoratus ille vir omnes causas Lui, ubicunque prosequi vel admallare deberet, etc.* Form. 26 : *Nunc ad nostram veniatis præsentiam, ipsi Lui ad hoc dandum* *responsum*. Form. 35 : *Vel ab antecessoribus Abbatibus, seu et a domno Lui ibidem est legaliter adquisitum, etc.* Ita lib. 2. Form. 1. Formulæ vett. cap. 17. 19. 21. 32. 51.

¶ **LUICIO**, ἔκτισις, *Pensio*, Supplem. Antiq. Est pro *Luitio*, Solutio; vox Jurisconsultis nota. Glossæ Lat. Græc. : *Luitio*, ἀπόδοσις, Redditio, persolutio.

¶ **LUIDI**, Vassalli, subditi. Vide *Leudes*.

¶ **LUIDUS**, *Maculosus vel lue i. tabe fluens; et dicitur a Lues : lividus etiam invenitur pro eodem.* Jo. de Jan.

* **LUITORNIA** vel **LINTORNIA**, an Forum, ubi merx lintea venditur? Redit. præposit. Ambian. in Reg. 34. bis Chartoph. reg. part. 1. fol. 91. r°. col. 2 : *In estelagio quod in Sabbato colligitur, lx. sol.... In Luitornia, xv. sol.*

LUITRINUM, Lectrum, nostris, *Lutrin*, in Testam. Heccardi Augustod. Comitis. Vide *Brusdus*.

¶ **LUITUR**, Servi genus. Vide in *Litus*.

LULLARDUS. Vide *Lollardi*.

¶ **LUMA**, pro *Linna*. Vide in hac voce.

* **LUMA**. Vide infra *Lumis*.

¶ **LUMBARDA**, Hisp. *Lombarda*, pro *Bombarda*, de qua fusius suo loco; Græcis λουμβάρδα, et λομπάρδα, ex Latino corruptum, ut habet Martinius : quem, si vacat, consule.

LUMBARE, **LUMBATORIUM**, [*Braier*, in Gloss. Lat. Gall. Sangerman.] Isidorus lib. 19. cap. 22 : *Lumbare vocatur, quod lumbis religetur, vel quod lumbis hæreat. Hoc in Ægypto et Syria non tantum feminæ, sed et viri utuntur,*] *unde et Hieremias (cap. 13.) trans Euphratem tulit Lumbare suum, etc. Hoc a quibusdam Renale dicitur quod renibus alligetur.* Papias : *Lumbare, bracæ modicæ. Lumbatorium, Coxale.* Ugutio : *Lumbare et Lumbar, Cingulum circa lumbum, quod lumbis religetur, vel quod lumbum cohibeat, quod dicitur Coxale.* Idem : *Campestria alio nomine dicuntur Lumbaria,* [*succinctoria, et perizomata.* Glossæ Isidori : *Lumbar, coxale.* Perperam editum *Limbat.* Eædem Glossæ : *Lumbare, subligar. Lumbones, cingula circa lumbos.* Brito in Vocab. : *Lumbare, cingulum lumborum.* Ælfricus : *Lumbare vel Renale*, Lendensidreaf, i. *Lumbo et lateri assuta vestis.* Gloss. Gr. Lat. : Περίζωμα, *Cinctum, Lombare, ventrale.* Ditmarus lib. 7 : *Rex prædictus habuit Lumbare venereum, innatæ fragilitatis majus augmentum.* Petrus Bles. Ep. 66 : *De zona aurea, et Lumbari serico, et samito, etc.* Joann. Monachus lib. 1. Histor. Gaufredi Ducis Norman. pag. 101 : *Extracta Gerardus de Lumbari suo clave parvula, scrinium quo ejus scripta servabantur, reserat.* Anonymus in Vita S. Cuthberti Ep. lib. 2. num. 3 : *Appropinquans ad mare ingressus est usque ad Lumbare in mediis fluctibus.* Occurrit præterea in Statutis Ordinis Carthusiensis tom. 1. Monast. Anglic. pag. 954. apud Guigonem in Statutis ejusdem Ordinis cap. 28. § 1. cap. 46. § 1. cap. 57. § 1. in Statut. antiq. 2. part. cap. 16. § 2. 3. part. cap. 10. § 16. cap. 11. § 1. cap. 23. § 1. et Saxonem Grammaticum lib. 6. apud Matthæum Paris ann. 1234. pag. 277. bis, etc.

* Glossar. Provinc. Lat. ex Cod. reg. 7657 : *Lumbatorium, bracale, Brayer, Prov. renale, idem.* Hinc *Enumber* dicitur de Christo, qui in *lumbis* B. M. Virginis humanam carnem induit, in Testam. Ludov. reg. Jerus. et Sicil. ann. 1383. apud Marten. tom. 1. Anecd. col. 1606 : *Et de toutes rentes qui nous appartiendroient et devroient appartenir pour cause de iceluy royaume de Jherusalem, lesquelles seroient où nostre Seigneur Enumbea en la glorieuse Vierge Marie, où il naquit, et autres saints Lieux, etc.*

¶ **LUMBARIUM**, Eadem notione. Vide *Cerare*.

* **LUMBELLUS**, diminut. a *Lumbus*. Vide *Lumbi*. Charta ann. 1270. in Access. ad Hist. Cassin. part. 1. pag. 312. col. 1 : *Quicumque de eodem castro occidit ad tallam porcum seu scrofam,.... tenetur de porco seu scrofa prædictis præstare Lumbellum eorumdem animalium.* Vide supra *Filectum*.

LUMBI, Pernæ porcorum, [vel potius imbrices, seu frusta e dorso, lumbis renibusve secta, Gall. *Echignées*, ut vertit D. *Brussel* tom. 2. de Usu feudorum pag. 728. ex Charta Willelmi Montispessulani ann. 1103.] ubi : *Et dono vobis omnes Lumbos de omnibus porcis, qui occisi erunt in toto Montepessulano pro vendere.* Chron. Farfense apud Murator. tom. 2. part. 2. col. 563 : *Concessit.... in Nativitate Domini Salvatoris spallam et Lumbum.* Libertates Moirenci ann. 1164. tom. 1. Hist. Dalphin. pag. 17. col. 1 : *Qui porcum ad marcellum vendiderit, Lumbos vel denarium dabit.*] Charta Raimundi Comitis S. Ægidii ann. 1164. ex Tabulario Cluniacensi : *In leda et mercato medietas erit mea, et medietas illorum, excepta leda Lumborum et linguarum, et excepta leda ubiarum, etc.* Charta alia sub Philippo I. Rege, apud Gariellum in Episcopis Magalon. pag. 90 : *Sexteyralium, Lumbos, et quintalem,.... ita dedit, etc.* [*Linguas boum et Lumbos porcorum*, in Charta ann. 1216. ex parvo Chartulario S. Victoris Massil. fol. 157.] Vide *Friscinga*.

¶ **LUMBO**. Vide supra in *Lumbare*.

¶ **LUMBOLUS**, Parvus *lumbus* seu imbrex porci. Charta ann. 1148. apud Puricellum in Ambrosiana Basilica pag. 704 : *Pullos rostidos et Lumbolos cum panitio atque porcellos plenos.* Vide *Lumbi*, *Lumbulum* et *Numbulus*.

* **LUMBRICIUS**, *Lo verme de la terra*, in Glossar. Lat. Ital. MS. pro *Lumbricus*.

¶ **LUMBRUS**, ἕλμινς, κέςρος, *Lumbricus*, apud Janum in Supplemento Antiquarii. [* ubi ἕλμιγξ restituit Vulc. ex Castigat. in utrumque Glossar.]

¶ **LUMBULUM**, *Super lumbos jacens caro*. Papias. Vide *Lumbolus*.

¶ **LUMBULUS**, *Parvus lumbus*. Joan. de Janua.

¶ 1. **LUMBUS**, f. Vertex, montis jugum, pro Hispano *Loma*, Collis. Morettus Antiq. Navar. pag. 547 : *Deinde per medium monte de Calcanio per summo Lumbo.... ad flumen Tera.*

** 2. **LUMBUS**, Liudprand. Antap. lib. 4. cap. 24 : *Lancea ... habens juxta Lumbum medium utrobique fenestras. Hæ pro pollicibus perpulcræ duo acies usque ad declivum medium lanceæ extenduntur. Quæ media in spina, quam Lumbum superius nominavi ex clavis manibus pedibusque domini et redemptoris nostri Jesu Christi adfixis, cruces habet.* Spiculi, formæ, quam *fleur de lys* vulgo appellant, mediam partem *lumbum*, laterales vel moras *pollices* dicit, sumpta a vitibus nomenclatura. Vide Forcellinum in his vocibus.

¶ 1. **LUMEN**, Luminare, cerei vel lampades ædis sacræ : *IV. solidi et VI. denarii ad Lumen S. Mariæ*, apud *Madox* Formul. Anglic. pag. 132. passim occurrit.

* 2. **LUMEN**, Fenestra, apertura, nostris *Lumiere*. Necrol. eccl. Paris. MS. : *Nec alia Lumina sive fenestræ poterunt fieri in muro dictæ masuræ.* Lib. rub. fol. parvo domus publ. Abbavil. fol. 35. r°. : *Il est eswardé que cascuns mauniers doit traire son relais le Samedi à Noune sonnant et remettre le Diemenche à solais esconsant, et auue ne doit courre sor semaine, fors par une Lumiere.*

* 3. **LUMEN**, Alia notione, f. Alumen, ab Italico *Lume*, eadem acceptione. Stat. datiar. Riper. cap. 12. fol. 4. r°. : *De qualibet soma Luminis feciæ, soldi duo. De qualibet soma Luminis rotiæ pensium viginti, soldi quinque.*

LUMENTUM, *Vitrum*, Papiæ. [Legendum, ut in Glossis Isid. *Lumentum, Nitrum*; ubi Grævius adnotat communius esse *Lomentum*. Gloss. Lat. Gr. Sangerman. MSS. : *Lumentum*, ἐρεγμοῦ λέπος. Literæ Philippi VI. Franc. Regis ann. 1347. tom. 2. Ordinat. Reg. pag. 260. n. 30 : *Item, Lumenta non fient, nisi in terminalibus; et tunc nisi ubi debent fieri de consuetudine, vel de jure.* A Papia deceptus D. *de Lauriere*, *Lumenta* reddit vitra, *des verres*, et *terminalia*, fornaces, *des fournaises*, ubi vitra fabricantur. Crediderim potius *terminalia* nihil aliud esse quam terminos, fines, ubi *nitra* eruebantur. Vide *Terminalis*.]

* **LUMERA**, Lucerna, vas in quo lumen accenditur, nostris etiam *Lumiere*, eodem sensu. Hist. belli Forojul. in Append. ad Monum. eccl. Aquilej. pag. 50. col. 2 : *Et unus veniens ad portam cum una hasta, super quam erat una Lumera ferrea cum sagittis accensis, putans ignem in portu castri infigere, etc.* Charta ann. 1338. in Reg. 75. Chartoph. reg. ch. 54 : *Derechief quatre Lumieres de cuivre, c'est assavoir une grant et troiz petites.* Lit. remiss. ann. 1419. in Reg. 171. ch. 165 : *Le suppliant getta une Lumiere qu'il tenoit en sa main, où il avoit de l'uille et une mesche ardant,.... et cheut le lusseron, qui estoit soubz laditte Lumiere, à terre.* Aliæ ann. 1471. in Reg. 195. ch. 608 : *Les supplians prindrent en l'hostel d'icellui mosnier une Lumiere, etc.* *Lumette* vero dicitur Calamus cannabinus, quia facile accenditur, in Lit. remiss. ann. 1478. ex Reg. 206. ch. 82 : *Le suppliant pour y veoir cler, getta des chenevotes ou Lumettes en son feu, qui tantost furent alumées.* Vide *Lumeria* et *Luminare*.

LUMERIA, [Fax, lanterna, Ital. *Lumiera*, Gall. *Flambeau, falot.* Chronicon Parmense apud Murator. tom. 9. col. 878 : *Juravit regimen ad Ecclesiam majorem ad offerendum ipsa nocte in publica concione more solito ad lumen cereorum et Lumeriarum.* Chronicon Estense apud eumdem Murator. tom. 15. col. 346 : *Præparaverunt se ad bellum cum Cremonensibus Canibus, et cum circa quingentis Lumeriis accensis* cum panadellis igne comburendo dictam civitatem et Canes. Rursum occurrit tom. 16. col. 395. 381. et infra] in *Pavenses*.

¶ **LUMIA**, Limonium, malum citreum, Gall. *Limon*, Ital. *Limone*. [* Ital. *Lomia* et *Lumia*.] Hugonis Falcandi Histor. Sicula apud Murator. tom. 7. col. 258 : *Videas ibi et Lumias acetositate sua condiendis cibis idoneas.*

* **LUMIGENUS**, Ellychnium, Gall. *Lumignon* et *Limeignon*, in Stat. ann. 1312. tom. 1. Ordinat. reg. Franc. pag. 513. art. 5. Stat. Saluciar. collat. 5. cap. 151 : *Teneantur omnes facientes candelas facere Lumigenos candelarum, videlicet medietatem de bombace et aliam medietatem canapæ.* Vide supra *Lucigniuolus*.

* **LUMIGERA**, Lanterna, fax ; unde *Lumigerius*, qui eam portat. Tract. MS. de Re milit. et mach. bellic. cap. 11 : *De victoria optinenda cum Lumigeriis et latergeriis tempore noctis.* Et cap. 37 : *Eques armatus tenens Lumigeram in manu, aliam Lumigeram super collum equi bardati, est utilissimus rupturam hostibus dare in tempore diei et magis tempore noctis.* Vide *Lumeria*.

¶ **LUMINA**, pro *Limina*. Vide in *Limen*.

¶ **LUMINAMENTUM**, χαράκτηρ, in Glossis Lat. Gall. Sangerm. *Vultus, character*, in Suppl. Antiq. [[* Adde ex Castigat. in utrumque Glossar. Germ. *Hoc Liniamentum*.]

1. **LUMINARE**, Gall. *Luminaire*. *Luminaria*, φωταγωγοί, in Glossis Græc. Lat. Candelæ, lucernæ Ecclesiarum, in Legibus Wisigoth. lib. 12. tit. 1. § 3. in Lege Longob. lib. 3. tit. 3. § 3. [** Carol. M. 61] in Capit. Caroli M. lib. 5. cap. 71. l. 6. cap. 191. [** 194.] et alibi passim. *Oleum ad Luminaria concinnanda*, Exodi cap. 25. et 35. Sed et nescio, an a paganis luminum et cereorum in Ecclesiis usum, ut pleraque alia, acceperint Christiani. S. Hieronym. in c. 57. Esaiæ : *Ipsaque Roma orbis domina in singulis insulis domibusque, Tutelæ simulacrum cereis venerans ac lucernis, quam ad tuitionem ædium isto appellant nomine, ut tam intrantes quam exeuntes domus suas inoliti semper commoneantur erroris.*

Luminaria Arboribus Facere, [vetat Carolus M. Capitul. 1. ann. 799. cap. 63. et lib. 1. Capitul. cap. 62 : *Item de arboribus, vel petris, vel fontibus, ubi aliqui stulti Luminaria vel alias observationes faciunt, omnino mandamus, ut iste pessimus usus et Deo execrabilis, ubicumque invenitur, tollatur et destruatur.*] Vide *Arbores sacrivi* in *Arbor* 1.

¶ Luminaria, Lucerna. Charta Caroli Crassi Imperat. ann. 884. apud Miræum tom. 1. pag. 650. et Tolnerum in Probat. Hist. Palat. pag. 12 : *Eo scilicet rationis tenore, ut perpetuo Monachis ibidem* (in Laureshamensi monasterio) *Deo famulantibus in usibus deputentur, atque indeficiens Luminaria exinde in Ecclesia, ubi præfati viri requiescunt, habeatur.* Mox dicitur *Luminaria inextincta*.

Luminaria, Preces lucernales, seu *Lucernarium*, apud Rufin. lib. 2. de Vit. Patr. num. 5. [** Vide Glossar. med. Græcit. voce Λυχνικόν, col. 833. et *Lucernarium*, 2.]

Luminaria, Ecclesiarum, uti vocant, fabricæ, seu Ecclesiasticorum æedituorum et matriculariorum fisci. Nam *Luminiers*, in Consuetud. Arvern. cap. 2. art. 7. cap. 22. art. 16. dicuntur Matricularii, Procuratores Fabricarum, Syndici : quod penes eos *luminarium concinnandorum* cura esset [** Chart. Chilper II. ann. 716. apud Brequin. num. 495 : *Quicquid exinde forsitan fiscus noster sperare potuerat, in Luminarebus vel estipendiis pauperum ipsius monastirie . . . sit concessum.*] Charta vetus apud Guesnaium in Annalibus Massiliensib. pag. 335 : *Ego . . . concedo Deo et Luminariæ B. Mariæ de Puilobier... quandam ferraginem meam, etc.* Tabularium Prioratus de Paredo fol. 71 : *Quidquid ipse et sui in dicta silva cum terra pertinente habebat vel habere debuerat, ad Luminariam Ecclesiæ de Paredo, pro remedio animæ suæ dedit.* Tabularium Conchensis Monasterii in Ruthenis Ch. 83 : *Dant in quolibet anno 60. solidos Ruthenenses, de quibus habeat Abbas 20. solidos, et ad Luminariam sint alii 20. etc.* [Testamentum Florentii de Castellana ann. 1398. ex Schedis Præsidis *de Mazaugues* : *Legavit Luminariæ Ecclesiæ S. Marii de Andono solidos* 40. Hac notione *Luminari* etiamnum dicunt Provinciales. Statuta Ecclesiæ Biterr. ann. 1368. apud Marten. tom. 4. Anecd. col. 638. art. 65 : *Ut prophana in Ecclesiis non ponantur.... archiis operis et Luminariæ et confratriæ dumtaxat exceptis.* Mox recurrit, ut et col. 799. in Statutis Eccl. Tutel. ann. 1328. in Testamento ann. 1202. apud Baluzium tom. 2. Hist. Arvern. pag. 268. etc.] Nata porro vox, quod dos quæ Ecclesiæ confertur, *ad usum luminarium et ministrorum* facta dicatur. Vide vet. Chartam editam a Jacobo Petito post Pœnitentiale Theodori pag. 383. De usu vero primario *luminarium* in Ecclesiis quædam attigit idem Petitus, in Notis ad eumdem Theodorum pag. 134. [** Murator. Antiq. Ital. tom. 3. col. 724.]

* 2. Luminare, Ecclesiæ vel piæ alicujus societatis fiscus. Charta ann. 817. inter Instr. tom. 12. Gall. Christ. col. 297 : *Placuit nobis institui, ut si ullus quilibet rector de Luminaribus vel dictione ipsius sancti loci abstrahere aut alicubi beneficiare voluerit, omnino id agendi pertimescat.* Stat. sabbater. Carcass. ann. 1402. tom. 8. Ordinat. reg. Franc. pag. 563. art. 13 : *Teneantur in Domino exhortare illum testatorem.... ut habeat in memoria sanctum Luminare ministerii supradicti, quodque ibi scilicet dicto Luminari leget amore Dei quod sibi placuerit et in devocionem habebit.* Pluries ibi. Vide *Luminariæ*. [** Luminare etiam est pecunia in fiscum ecclesiæ eroganda. Vide Guerard. in Indic. Irmin. Polypt.]

* 3. Luminare, Funebris cereorum pompa. Testam. ann. 1517 : *Vult Luminare suum fieri de sex thedis seu torchiis ceræ, quilibet unius libræ ponderis et sex ciergiis ceræ.*

* Luminaria, Festiva accensio cereorum, Gall. *Illumination*, ut volunt docti Hagiographi, vel Solemnis processio, in qua luminaria deferri solent. Stat. commun. Urbini inter Acta SS. tom. 1. Jun. pag. 149. col. 1 : *Item quod per eosdem dominos priores, cum assistentia potestatis et civium, alia fiat Luminaria et oblatio in honorem S. Pilingotti, die ultima Maii de sero, honorifice discedendo ab ecclesia S. Augustini et eundo ad ecclesiam S. Francisci, ubi illius sanctissimum corpus residet.* Mirac. B. Anton. Ripol. tom. 6. Aug. pag. 540. col. 1 : *Deinde duci se fecit super uno equo ad locum Ripolarum ad visitandum dictus corpus beati Antonii : ubi fecit certam Luminariam.* Pro Lucerna, vide in *Luminare* 1.

¶ 1. Luminarii, Procuratores *luminariæ*. Charta Hincmari ann. 870. apud Miræum tom. 1. pag. 134. col. 2 : *Has villas cum mancipiis et omnibus ad se pertinentibus in usus Luminariorum, matriculariorum... deputavit.* Charta Bellijocensis ann. 1424 : *Petrus Murardi Luminarius Ecclesiæ parochialis de Parigniaco pro et nomine dictæ Luminariæ tenere recognoscit, etc.*

¶ 2. Luminarii, vel Luminaria, etiam dicti homines servilis vel libertinæ conditionis, qui censum capitis in cera vel certa pecuniæ quantitate pro *luminari* exsolvebant. Breviarium villarum ex Archivo S. Audomari : *In Kelmis habent monachi ecclesiam 1. et bunar. 12. et mancipia 6. Luminaria 4. unusquisque solvit de cera valente denar. 1.* Infra : *Luminarii 11. solvunt inter omnes sol. 7. den. 8.* Et mox : *In Ahona est Ecclesia ad quam solvunt 7. homines de Lumine unusquisque de cera valente den. 2.* Rursum : *Sunt ibi prebendarii 6. Luminarii 90. solvunt inter omnes lib. 1. sol. 5.* Pluries ibi recurrunt. Vide *Cerarii*.

* **LUMINATOR**, Æedituus, matricularius, fisci ecclesiæ alicujus procurator. Stat. synod. Claromont. ann. 1537 : *Curati seu eorum vicarii omni anno audiant compota Luminatorum.* Vide *Luminarii* in *Luminare* 1.

* **LUMINATUS**, Accensus, Ital. *Lumato*. Lit. ann. 1366. tom. 4. Ordinat. reg. Franc. pag. 678. art. 15 : *Quod bajulus et alii officiarii nostri dicti loci, præconizare faciant,... quod tempore necessitatis quaslibet lampades de nocte habeant facere Luminatas.*

¶ **LUMINIUM**. Giraudus in Vita S. Johannis Episc. Valentinensis apud Marten. tom. 3. Anecdot. col. 1699 : *Ad quem cum novitatem miraculi fama transportasset, votivum collo circumdat Luminium et ad Sanctum Dei deferri sitibundus accelerat.* Infra col. 1702 : *Illi vero propter instantem vigiliam* (*S. Johannis*) *de suis interulis fecere Luminia, collisque circumdantes, fenestram illam* (*custodiæ*) *sic opitulatam fiducialiter sublevant, seseque unus post alium saltu ad pedem turris*, Sancte Johannes adjuva, *conclamantes, præcipitant, nihilque mali passi... desideratæ affuerunt vigiliæ.* Videtur esse species ornamenti collo annexi, quo sese ab aliis distinguebant Sanctorum tumulos visitaturi. [* Ellychnium, Gall. *Mèche*. Vide supra *Lumigenus*.]

¶ **LUMINOSITAS**, Claritas, splendor. *Disciplinæ monasticæ Luminositate præradians* dicitur Monasterium S. Gisleni in Hannonia, in Charta Rudolphi I. Imp. ann. 1274. apud Miræum tom. 1. pag. 591.

¶ **LUMINOSITER**, Clare, palam. Vita S. Eulogii tom. 2. Martii pag. 94 : *Nonnulli enim qui fidem Christi tantum menti-*

bus retinebant, instinctu Dei, quod celaverant, Luminositer et patule proferebant.

* **LUMIS**, Luma. Pactum inter Bonon. et Ferrar. ann. 1193. apud Murator. tom. 2. Antiq. Ital. med. ævi col. 894 : *Scilicet de omnibus drappis de batilicio, de Lume zucarina, de grana de brasile, etc.* Aliud inter Mutin. et Lucens. ann. 1281. ibid. col. 902 : *Setæ, unde fiunt sedasii, cineris de cetro, guadi, Lumæ rosæ, de soma tres solidi Mutinenses auferantur.* Vide supra *Lumen* 3.

¶ 1. **LUNA**, Nota chronologica veteribus Chartis apposita. Vide *Annus* pag. 291.

¶ Luna, Martyrologium post Primam in Monasteriis recitari solitum, ubi lunæ quota dies sit, annunciatur. Consuetud. MSS. S. Augustini Lemovic. Feria V. in Cœna Domini : *Dicta prima submissa voce, ut mos est, recitent pueri Lunam in claustro, et postea Presbiteri celebrent Missas.* Feria VI : *Surgant nudis pedibus et eant ad Primam, et Prima dicta eant omnes in claustrum et assumant libros Psalmorum et dicant simul Psalterium cum letania, qua dicta recitant pueri Lunam submissa voce, et postea eant calciare se in dormitorio.* In die S. Paschæ : *Reliqui Presbiteri dicant Missas ad alia altaria post recitationem Lunæ.* Hinc

Lunam Pronuntiare, in Statutis Ordinis Præmonstrat. dist. 2. cap. 5 : *Extra vero* (Ecclesiam) *nusquam præsumat* (Cantor) *nisi in Capitulo Lunam et breve pronuntiantes pronuntiare.*

Luna Incensa, Plenilunium. Cyrillus Alexandrinus Patr. in Epist. de Paschate apud Bucherium : *Communem annum facitis de embolismo, dum observatis Lunam incensam in 3. Nonas Martias juxta regularem Latinorum, etc.* Vide Rabanum lib. de Computo cap. 83.

Lunam Clamoribus Invocare, Superstitio vetus damnata a Christianis : de qua Juvenalis Satyra 6 :

...... Jam nemo tubas, nemo æra fatiget,
Una laboranti poterit succurrere Lunæ.

Ubi vetus Interpres : *Sonitum fieri adsolet, quando Luna deficit.* Vide Schol. Theocriti Idyll. 2. v. 36. Turnebum lib. 22. Advers. cap. 24. et lib. 18. cap. 24. Meursium ad eumdem Theocrit. Scaligerum ad Manilium lib. 1. etc. Hinc *Lunæ labores* pro eclipsi. Hist. Archiepisc. Eboracensium :

Ast alios fecit præfatus nosse magister
Harmoniam cæli, Solis Lunæque labores.

Pirminius Abbas in Excerpt. de libris Canon. : *Luna, quando obscuratur, nolite clamores emittere.* Pœnitentiale MS. Thuanum : *Si observasti traditiones paganorum, quas quasi hæreditario jure, diabolo subministrante, usque in hos dies patres filiis reliquerunt, id est, ut elementa, colores, Lunam, solem, aut stellarum cursum, novam Lunam, aut defectum Lunæ, ut tuis clamoribus, aut auxilio, splendorem ejus restaurare valeres, etc.* S. Audoenus lib. 2. Vitæ S. Eligii cap. 15 : *Nullus si quando Luna obscuratur, vociferare præsumat, quia Deo jubente certis temporibus obscuratur.*

* 2. **LUNA**, Piscis genus. Vide infra *Mola* 6.

* 3. **LUNA**, Panni species; sed mendose scriptum suspicor pro *Lana.* Charta ann. 1447. in Suppl. ad Miræum pag. 700. col. 1 : *Omnium quoque funeralium undecumque, et qualitercumque venientium, sive in cereis, sive in pannis, de auro, serico, bisso, bucrano, veluto, Luna vel lino consistant, præfati religiosi ac curati unam medietatem recipient.*

¶ **LUNALIS** Bipennis, f. Bipennis Lunata, formam lunæ crescentis quodammodo referens. Vita S. Guthlaci, sæc. 3. SS. Benedict. part. 1. pag. 276 : *Arrepta Lunali bipenne tria virorum corpora letabundis ictibus humi sternens mori coegit.* In Actis SS. Aprilis tom. 2. pag. 45. habetur *Limalis.*

* **LUNARE**, vel Lunaris, Locus in portu, ubi naves fluctuantes servantur, Gall. *Bassin*, a forma lunæ lunatæ seu crescentis sic dictus. Charta ann. 1090. apud Murator. tom. 1. Antiq. Ital. med. ævi col. 223 : *Casale Liciniani cum omnibus hominibus et pertinentiis suis,... portum cum Lunare et passagio, hac cannitias pro piscibus capiendis in fluvio Silaris... damus.*

* Lunaris Pelta ab eadem figura dicitur scutum brevissimum, in Carm. Adalber. tom. 10. Collect. Histor. Franc. pag. 67 :

Lunaris pendere prius debet tua pelta.

¶ **LUNARES**, Lunarii, Homines servilis conditionis, hinc forte dicti, quod singulis *lunis* seu mensibus operas domino præstare vel agros *Lunares* dictos arare tenerentur. Breviarium villarum ex Archivo S. Audomari : *Habet ibi Lunares 13. Luminarios 10. solvunt inter omnes sol. 2. den. 2.* Infra : *Prebendarii* 5. *Lunarii* 36. *luminarii* 60. Sæpius ibi *Lunarii* adjunguntur *Præbendariis* et *Luminariis*; sed nihil additur ex quo eorum conditio clarius innotescat. [** Guerardo in Glossar. Polypt. Irminon. magis placet Homines esse, qui singulis mensibus sportulas quasdam vel eleemosynas accipiebant; et quidem provendarios *pensam per mensem accipere* dicitur in Stat. Adalh. lib. 2. cap. 8.]

LUNARIS, Modus agri, quantum quis arare potest per mensem Lunarem. Charta Herivei Episc. Augustod. Ind. 9. ann. 24. post obitum domni Odonis quondam Regis regnante Karolo glorioso Rege, in Tabul. ejusd. Eccl. : *Sunt autem hæ ipsæ res sitæ in Comitatu Belnensi, in villa quæ dicitur Grandis-Campus, mansus videlicet unus, et Lunares juxta æstimationem inquirentium quinque.*

Lunaticum, Eadem notione. Charta ex Archivo Abbatiæ Abundantiæ in Bibliot. Sebusiana Cent. 1. cap. 40 : *Donat Robertus Comes de aloto suo, hoc est, terram dominatam in pago Genevense, et in villa de Peloniaco cum decimis, quam Canonici tenent, de Peloniaco mansos 12. et in Rumblatis mansum 1. et Lunaticum unum, etc.* Infra : *Decimam de uno Lunatico, etc.*

LUNARITER, Per menses lunares, quibus utuntur Arabes et Saraceni. S. Eulogius lib. 1. Memorialis Sanctorum : *Et quod Lunariter solvimus cum gravi mœrore tributum.* Idem Eulogius lib. 3. cap. 5. de Mahumeto Arabum Hispanorum Principe : *Hic idem inauditis cupiditatum facibus ardens, militum annonas demutilat, tributorum coarctat donaria, Lunaremque prœmiorum discursum imminuit.* Leovigildus Cordubensis Presbyter lib. de Habitu Clericorum : *Quem inquisitio, vel census, vel vectigalis, quod omni Lunari mense Christi nomine solvere cogitur, retinuerit, etc.*

¶ **LUNATICA**, *Quod fit plenilunio.* Gloss. Isid. Epilepsiam seu *Lunatici* morbum intelligo, *qui*, ut habet Johannes de Janua in *Lunaticus*, *singulis lunationibus contingit, cum luna est plena.*

LUNATICUM, Modus agri. Vide *Lunaris.*

LUNATICUS, Σεληνιαζόμενος, Matthæo cap. 4. 24. et Cæsario Dial. 2. cap. 112. ἐπιληπτικός, aliis. Matth. Silvaticus : *Lunaticus, Epilenticus.* Apuleius lib. de Herbar. virtut. cap. 9. *Ad Lunaticos qui cursum Lunæ patiuntur.* Brito in Vocab. : *Epilepsia fit ex melancholico humore quoties exuberavit, ad cerebrum reversus fuerit. Hæc passio caduca dicitur, eo quod cadens æger spasmos patiatur. Hos etiam Lunaticos vulgus vocat, quod per Lunæ cursum comitentur hos insidiæ dæmonum.* [Addit Joan. de Janua : *Nota quod ex vitio lunæ non patiuntur Lunatici, sed dæmones eos vexant his temporibus, ut per lunam infament lunæ creatorem.* Hæc ex Hieronymo in 4. Matth. ubi *Lunaticos* exponit *non vere Lunaticos, sed qui putabantur Lunatici ob dæmonum fallaciam, qui observantes lunaria tempora creaturam infamare cupiebant, ut in creatorem blasphemiæ redundarent.*] Ebrardus Betun. in Græcismo cap. 13 :

Dicitur a Luna Lunaticus hac ratione,
Quod certis mensis temporibus fuerit ille,
Ast Lymphaticus est, cerebrum cujus malor humor
Turbat et illidit, sed non sub tempore certo.
Est Evergumenus quem dæmon possidet unus.
Sunt Arrepticii vexati dæmone multo.
Is Maniticus est qui se perimit sine causa.

Odo Cluniac. lib. 4. de Vita S. Geraldi cap. 3 : *Ancilla cujusdam viri Lamberti Lunatica per somnium monita est.* Constantinus Presbyter lib. 2. Vitæ S. Germani Episcopi Autissiodor. : *Hujusmodi dæmonio vexabatur, quod per menstruum tempus redeuntibus incrementis Lunaribus, captivos suos caduca allisione prosternit.* Alexander Iatrosoph. lib. 1. Passion. : *Cum servus ejus Lunaticus coram eo cecidisset.* Occurrit non semel apud Firmicum lib. 3. cap. 3. 5. 6. lib. 4. cap. 1. 2. etc. Vide Cæsarium in Quæstionibus Theologicis quæst. 50. Silvestrum Girald. in Topogr. Hiberniæ distinct. 2. cap. 3. Scorsum ad Homil. 23. Theophanis Ceramei, Nic. Fullerum lib. 2. Miscell. sacr. cap. 17. et Turnebum lib. 11. Advers. cap. 5.

* Glossar. Provinc. Lat. ex Cod. reg. 7657 : *Lunategue, Prov. Lunaticus, caducus.*

Lunaticus, Stultus, demens. Rupertus l. 8. de Divin. offic. cap. 4 : *Etiamsi Lunaticus sit, id est, stultus : stultus quippe ut Luna mutatur.* Hoc sensu *mulier Lunatica,* dicitur apud Gauterium Cancellar. de Bellis Antioch. pag. 451. Existimabant quippe olim veteres Lunam dementes aut dæmoniacos facere. S. Audoenus leg. 2. Vitæ S. Eligii cap. 15 : *Deus ad hoc Lunam fecit, ut tempora designet, et noctium tenebras temperet, non ut alicujus opus impediat, aut dementem faciat hominem, sicut stulti pu-*

tant, qui a dæmonibus invasos a Luna pati arbitrantur. Quo spectant, quæ habentur in Consultatione Zachæi et Apollonii lib. 1. cap. 30 : *A quibusdam* (dæmonibus) *sub incremento Lunæ augetur insania, et tanquam de pleniludine luminis captorum labes veniat, sub quadam mali dimensione aut exaggeratur, aut incipit.*

* *Lunage*, eodem sensu, in Mirac. MSS. B. M. V. lib. 1 :

Au siecle es sos, fax et Lunages,
A Dieu soutiex, discrés et sages.

Ibidem lib. 2 :

Qui moult fu lourdiaus et Lunages,
Et moult lorgnes et moult sauvages.

LUNATIM, Per menses. Alvarus in Vita S. Eulogii : *Dum inter cæteros palatinum Lunatim mansionis servitium ageret.* [Vide *Lunariter.*]

¶ **LUNATIO**, Menstruus lunæ cursus, Ital. *Lunatione*, Gall. *Lunaison*. Miracula S. Catharinæ Sueciæ, tom. 3. Martii pag. 528 : *Statim eadem Lunatione, post dictæ dominæ Catharinæ invocationem, insensato sensus integre redeunt.*

Lunationes, Dies Lunæ, Gall. *Lunaisons.* Concilium Coloniense ann. 1260. cap. 7 : *Item raro vel nunquam in Capitulo ipso legi Lunationes mensium, aut Kalendas, seu obitus fidelium, etc.* [Concil. Trevir. ann. 1310. apud Marten. tom. 4. Anecd. col. 258 : *Dies quoque Ægyptiaci, constellationes, Lunationes, calendas Januarii, initia mensium, dies mensis, cursus solis, lunæ, superstitiose observari non debent.*]

* **LUNATUS**. Vita B. Altman. tom 2. Aug. pag. 373. col. 1 : *Hic* (Mars) *gladium habuit longe aliis dissimilem nostræ ætatis, inexperta arte fabricatum, incredibili chalybis duritia Lunatum.* Alias *Limatum* : sed leg. forte *Duratum*. Vide alia notione supra in *Calceus.*

LUNCHUS, Lancea, hasta, ex Græc. λόγχος, vel λόγχη. Tertullianus de Corona militis : *Incumbens et requiescens super Luncho, quo perfossum est latus Christi.*

LUNDA, Ponderis genus apud Anglos, in Fleta lib. 2. cap. 12. §7 : *Lunda anguillarum constat ex 10. stikis... Lunda pellium continet 2. timbria, etc.*

* **LUNGERIA**, pro *Longeria*. Vide supra in hac voce.

* **LUNGUIDIUM**, an Lumbus? Charta ann. 1221. tom. 1. Hist. Cassin. pag. 318. col. 1 : *Guillelmus de Venano debet... ad fontem de Beozano Lunguidium tiniosu, unum ammiscere de carne et sex panes.* Vide supra *Longa* 2.

* **LUNIGER**, Bos, a jugo vel cornibus, quod lunæ crescentis formam referant, sic appellatus. Andr. Floriac. MS. lib. 3. Mirac. S. Bened. : *Dum autem in his insudet homo pestifer, mirabile dictu, retrogrado calle Lunigeri excedentes, etc.*

* **LUNIS**, Menstruus lunæ cursus, Gall. *Lunaison*. Codex MS. 163. Bibl. S. Germ. Prat. fol. 260. v°. laudatus tom. 3. novi Tract. Diplom. pag. 353 : *Incipiunt dies Ægyptiaci. VIII. kalendas Aprilis illa die Lunis observandus est per omnia. Intrante Augusto illa die Lunis cum omni diligentia observandus est. Exeunte Decembrio illa die Lunis observandus est.*

¶ **LUNONUS**, pro *Limonus*, ut conjecto, Gall. *Limon*, Temo. Hinc pro *Equus Lunonorum*, ut ex Charta ann. 1235. habetur in *Scartio*, puto legendum *Equus limonorum*, qui idem sit ac *Limonerius*, de quo supra, Gall. *Limonier*, Equus ad currus temonem.

1. **LUNULA**. Ephemerides S. Galli prid. Kl. Dec. : *Dat Hospitarius 10. fercula... et in vespera stoupum, Lunulas, et oblatas de Linkinwiller.* Ubi *Lunulæ* videntur dici *fermentati orbes*, S. Paulino Epist. 3. pag. 46.

* 2. **LUNULA**, *Idem quod speculum*, in Glossar. Lat. Gall. ex Cod. reg. 521. *Lunette*, Cassidis species vel ejusdem pars, in Lit. remiss. ann. 1408. ex Reg. 163. Chartoph. reg. ch. 179 : *Icellui Clavet sacha un baselaire et en féry ledit Nicaise sur la teste et lui abati une Lunette de fer, dont il avoit la teste armée.*

LUNULÆ Isidoro lib. 19. cap. 31 : *Sunt ornamenta mulierum in similitudinem lunæ, bullulæ aureæ dependentes.* Quæ hausit ab Hieronymo in cap. 3. Isaiæ. Aldhelmus de Laudibus virginitatis : *Crepundia collo gemmiferis Lunulis pendentia.* Occurrunt hac notione Isaiæ cap. 3. ubi Gr. μηνίσκοι, apud Tertull. de Cultu femin. S. Cyprianum, in Vita 1. S. Brigidæ virginis n. 103. in Monastico Cisterciensi pag. 354. etc.

¶ **LUNUS**, Dies, pro *Dies Lunæ. Cunctis diebus Lunis*, in Chartulario Monasterii S. Sulpitii Bituric. fol. xi. verso.

LUPÆ, Latinis aliquot Scriptoribus puellæ dictæ quæ pecorum pastui invigilant, ut quæ, inquit Auctor Chronici Alexandrini pag. 268. et Cedrenus, cum lupis in montibus vitam exigant. Prudentius lib. 1. in Symmach. :

Scortator nimius, multaque libidine suetus,
Rusticulas vexare Lupas.

Alias *Lupæ* meretrices dicuntur. Vide Joannem Priceum ad Apolog. Apuleii. Sed incertum cur in eodem Chronico Alexandrino pag. 784. dicatur a Justiniano inscripta Tabula Hypatii, qui tyrannidem arripuerat, tumulo, cum hisce verbis : Ἐνθάδε κατάκειται ὁ βασιλεὺς λούππας.

¶ **LUPAL**, *Lupanar*, in Glossis Isidori. Ut a *Lupercus*, *Lupercal*, a *Minerva*, *Minerval*, sic a *Lupa* dictum *Lupal*, si tamen hæc vox usquam legitur, ut habet Grævius.

LUPANÆ Feminæ, Lupæ, meretrices, lupanarium sectatrices. Commodianus Instr. 59 :

In feminas congruit cultura Lupanas.

Martialis lib. 1. Epigr. 35 :

Abscondunt spurcas hæc monumenta Lupas.

¶ **LUPANANS**, *Lupanaribus deditus*, apud Barthium in Glossario ex Baldrici Hist. Palæst. Ordericus Vitalis lib. 9. Hist. Eccles. : *Asperasque minas Lupananti multitudini adjecit.*

* **LUPANARIA**, Lupa, meretrix. Acta S. Afræ mart. tom. 2. Aug. pag. 56. col. 1 : *Contigit Afram, quam notam habebat facies publica quod esset Lupanaria, a persecutoribus comprehendi.* Vide *Lupanæ feminæ.*

LUPANATUM, *Molinellum lupati*, Ugutioni.

¶ **LUPARA**, Palatium Regium Parisiis, vulgo *Louvre*, apud Miræum tom. 1, pag. 120 : *Datum in Lupara prope Parisios die 2. Junii ann.* 1364. Sic fere scribitur; interdum tamen, *Lupera*, *Luppara* et *Luppera. Apud Lupparam prope Parisios ann.* 1358. in Regesto 87. Chartophylacii Regii. *Apud Lupperam*, in Fundatione Capellaniæ SS. Nicolai et Ludovici in S. Capella Paris. ann. 1031. Vocis etymon quidam arcessunt a Saxonico Leovar, Castellum; Sauvallius tom. 2. Antiq. Paris. a loco *Louve* vel *Louvre* nuncupato, alii a Palatio ibi sito Domini *Luparæ*, oppidi in pago Parisiaco.

LUPARIUS, Ugutioni, est *canis, qui lupum prosequitur, et ad hoc officium est præcipuus.* Gloss. Lat. Gall. : *Luparius, Chien à chasser le loup.*

Luparius, Qui lupos venatur. Servius ad. l. 1. Georg. : *Constat Luparios carnibus tinctis veneno lupos necare.* Nos *Luparios* seu *Louvetiers*, perinde appellamus, qui lupos ex instituto, vel ex indicto officio insectantur ac venantur. Galliam enim a luporum homines avide devorantium incursionibus *fœde olim vexatam* tradunt Annales Francor. Bertiniani ann. 846. Frotharius Tullensis Epist. 20. 26. Odilo Abb. Cluniac. in Vita S. Majoli in Bibl. Cluniac. pag. 290. Vincentius Belvac. lib. 29. cap. 16. etc. ut Germaniam, Chronicon Hildesheimense ann. 1119. ac Italiam sub Rege Berengario Chronicon Novalicense, tom. 3. Hist. Francor. pag. 638. Quod quidem accidisse arbitror ex vastitate quam Septentrionales gentes in Europam crebis subinde incursibus intulerant : qui quidem ut omnino delerentur, non semel subditis suis præcepere Reges nostri, ut eos insectarentur ac venarentur. Nam præter quod habetur in Lege Burgund. tit. 46. ita Capitulare de Villis cap. 69 : *De lupis omni tempore nobis annuntient, quantos unusquisque comprehenderit, et ipsas pelles nobis præsentare faciant : et in mense Maio illos lupellos perquirant, et comprehendant tam cum pulvere et hamis, quam cum fossis et canibus.* Capitulare 2. ann. 813. cap. 8 : *Ut Vicarii Luparios habeant unusquisque in suo ministerio duos,.... et ipsæ pelles luporum ad nostrum opus dentur.* Ex pellibus lupinis quippe conficiebantur tunicæ, perinde ac lutrinis. Hinc cognomentum *Pel-de-leu*, inditum Radulfo cuidam nobili apud Albertum Aquensem lib. 2. cap. 9. de quo quædam a nobis observata ad Alexiadem pag. 240. quod scil. tunica lupina indutus esset. Landulfus de S. Paulo in Chron. Mediolanensi cap. 10 : *Suamque lupi tunicam* * *pelles pro lignis pignoravit.* Ejusmodi fere imperantur servientibus lupariis, (*aux Sergeans Louvetiers*) in Statutis de Forestis ann. 1597. art. 37. et ann. 1601. art. 7.

Sed et proposita iis præmia, a quibus caperentur, docent Computa Ballivorum Franciæ, in quibus fit ratio expensi *pro lupis et lupellis captis per balliam*, ut præ cæteris Computa de termino Ascensionis ann. 1305. et 1306. Diarium Thesauri ann. 1297 : *Lupelli* 12. 60. *sol. per compotum super Regem*; ubi etiam *vadia Lupariorum* recensentur, [ut et in Computo ann. 1202. apud D. *Brussel* tom. 2. de Feudorum usu pag. CXL. et CLXII.] Diarium ann. 1312 : *Petrus le Mengnicier pro 4. Lupellis captis per eum in foresta Halatæ, et redditis vivis in Ca-*

mera Denariorum tunc ibidem, 20. *sol.* Vide Statuta Mediolan. 2. part. cap. 448. et Joannem Stiernhookum lib. 2. de Jure Sueonum vetusto cap. 8.

Instituti deinde *Luparii* in singulis forestis : legi quippe Chartam originalem Nicolai *Choiseul* ann. 1331. ubi inscribitur *Chaceleu nostre Sire le Roy en sa forest de Breval.* Sed maxime in singulis provinciis, appellatique *Luparii*, *Louvetiers*, vel *Louviers*, uti nuncupantur in Consuetudine Hannoniensi cap. 99. ubi eorum officium et jura describuntur. His præest Magnus Franciæ Luparius, *le Grand Louvetier de France*, qua dignitate cohonestari solent magnates, ut Lupariorum in provinciis viri etiam nobiles.

In Anglia vero nullos esse lupos aiunt, ex quo deleti sunt ab Edgaro Rege, ut auctor est Willelmus Malmesburiensis lib. 2. cap. 8 : *Quomodo enim ausus hominum præteriret, qui etiam omnis generis feras sanguinis avidas ex regno exterminare cogitaret, Ludwaloque Regi Wallensium edictum imposuerit, ut sibi quotannis tributum trecentorum luporum pensitaret, quod cum tribus annis fecisset, quarto destiiit, nullum se ulterius posse invenire professus.* Id Ethelstano Regi videtur adscribere Historia fundationis Hospitalis S. Leonardi infra civitatem Eboracensem tom. 2. Monastic. Anglic. pag. 368. Exinde, subdit Fortescutus de Laudib. Legum Angliæ cap. 29. ut et Camdenus in Ordovicibus, numerosi ovium greges in Angliæ montibus errant, a luporum periculo securi. Extitisse tamen lupos in Anglia longe post Edgarum, ex legibus Henrici I. art. 90. arguitur. [** Placit. ann. 18. Edw. I. (1290.) Wygorn. rot. 50. in Abbreviat. Rotul. pag. 283 : *Will. Poer fecit parcum apud Farley, et quod pater comitis Gilberti de Clare comes Gloucestriæ dedit ei quasdam feras ad prædictum parcum instaurandum, quæ feræ per Lupos destruebantur.*]

* **LUPASSO**. Vide infra *Lupus* 3.

LUPATRIA, Lupa, meretrix. Fragmentum Petronii : *Ipse nescit quid habeat, adeo saplutus est. Sed hæc Lupatria providet omnia.* [** Al. *Eupatria.*]

LUPAX, Luporum instar rapax, crudelis. Anastasius de Exilio S. Martini : *Erant enim primi ingredientes* (testes) *nomine quidem milites, Lupaces autem et bestiales sententia.*

* **LUPELLUS**, diminut. a Lupus. Comput. MS. ann. 1239 : *Pro centum Lupellis apportatis ad Meledunum in Penthecostes, xxv. sol.* Vide in *Luparius.*

¶ **LUPERA**, Gall. *le Louvre.* Vide *Lupara.*

* **LUPERCUS**, Instrumentum rusticum, f. Ligo. Vide supra *Luchetum.* Regist. episc. Nivern. ann. 1287 : *Usagium de securibus et de potariis et de Lupercis solent valere xv. lib.*

¶ **LUPERIA**, Locus ubi sunt lupi. Statuta Arelat. art. 85. ex MS. D. *Brunet : Et idem intelligimus de lupis magnis et parvulis interfectis et captis seu extractis de Luperia in tenemento Triboucii.*

¶ **LUPIA**, vox Italica, Gall. *Louppe.* Miracula S. Raimundi de Penna forti, tom. 1. Januarii pag. 421 : *Cum spatio duorum annorum supercrescentiam carnis maximam, vulgo dictam Lupiam... habuisset, etc.*

¶ **LUPICELLUS**, Parvus lupus, apud S. Bernardum Epist. 230. Edit. 1690.

****LUPICIDA**, Lupi interfector, ut Parricida; in Reinard. Vulp. lib. 3. vers. 317.

LUPIFERI, a Petro Diac. lib. 4. Chr. Casin. cap. 37. (al. 39.) inter vexillarios Ecclesiæ Romanæ recensentur : *Aquiliferos, Leoniferos, Lupiferos, Draconarios, etc.* Luporum figuras inter Romanorum vexilla militaria delatas pridem annotavit Plinius lib. 10. cap. 4.

¶ **LUPINARII.** Lampridius in Alex. Severo : *Corpora omnium constituit vinariorum, Lupinariorum, caligariorum, et omnium artium.* Cum ignotum omnino sit corpus illud *Lupinariorum*, Casaubonus suspicatur legendum esse *Popinariorum.* [** Alii *Lupanariorum.* Vide Forcellinum.]

* **LUPINUS**, *Semen notum ; multi fabam Ægyptiacam dixerunt, pro pondere eo utentes.* Glossar. medic. MS. Simon. Januens. ex Cod. reg. 6959.

* **LUPIRE.** Vide supra *Baulare.*

* **LUPONUS**, Lupus, figurate pro Vorax, helluo. Barel. serm. de paucitate salvandorum : *Si pauper venit ad divitem, mutuat pecunias cum usuris ; o Lupone, video te.*

* **LUPPA**, Panni species, ut videtur. Charta ann. 1019. apud Murator. tom. 4. Antiq. Ital. med. ævi col. 770 : *In die festivitatis unum purpurea et unam Luppa.*

¶ **LUPPARA**, Luppera. Vide *Lupara.*

* **LUPPARIUS**, Qui lupos ex instituto, vel ex indicto officio venatur, nostris alias *Louveteur.* Vadia official. reg. ann. 1328. in Reg. sign. *Noster* Cam. Comput. Paris. fol. 405. r°. : *Lupparius bosci Ogerii, per diem x. den. Turon.* Lit. remiss. ann. 1394. in Reg. 146. Chartoph. reg. ch. 370 : *Comme Jehan de Serain escuier et Louveteur fust venus.... chascier aus Loups etc.* Vide *Luparius.*

¶ **LUPULUS**, Lupus salictarius, Gall. *Houblon.* Medicina Salern. pag. 226 : *Quinta* (cerevisiæ proprietas) *est quod urinam provocet, quæ proprietas claris maxime convenit cerevisiis, quibus plurimum incoctum est Lupuli, qualis est Embeccensis ; ea namque ob Lupuli copiam celerrime penetrat, et urinam provocat.* [* Charta ann. 1328. apud Schlegel. de Nummis Salfeld. : *Venditio omnium quæ habuit ordo Teutonicus Salfeldiæ, sive pagi fuerint, sive Lupuli, sive vineæ, sive prata, etc.*]

¶ 1. **LUPUS**, Carcinoma, cancer crurum, Gallice *Loup.* S. Eraclius Episc. Leodicensis in Charta fundationis Collegii Canonicorum S. Martini ejusd. urbis, circa ann. 963. apud Miræum tom. 1. pag. 653 : *Morbo qui Lupus dicitur graviter attritus et fere ad mortem deductus... Morbi locus, quem patiebatur in natibus, non est inventus : tamen in signum cicatricis quædam lineola rubea remansit*, postquam miraculo sanatus est ad tumulum S. Martini Turon. Eodem *Lupi* vocabulo utitur Hebernus in Miraculis sancti Martini apud Baluzium tom. 7. Miscell. pag. 170. ubi divinam ejusdem Eraclii, quem Hildricum vocat, sanationem enarrat. Rursum occurrit tom. 4. Gall. Christ. col. 844. in Actis SS. Junii tom. 4. pag. 844. ubi de B. Joanne Opilione. Menotus in Sermon. fol. 185. v°. : *Cibos regios sequuntur morbi regii ; ut Lupus et gutta, qui non libenter quiescunt in hominibus parcis et laboriosis.*

2. **LUPUS**, Harpagonis species, *quo arietes avertuntur aut suspenduntur, ita ut impetum non habeant feriendi*, Vegetio lib. 2. cap. 25. lib. 4. cap. 23. sic dictus quod velut *Lupus* dentes ferreos exerat, arietemque apprehendat. Describitur etiam a Procopio lib. 1. de Bello Gotthico cap. 21. Extr. Diversa videtur machina ab ea quæ

Lupus Belli appellatur a Matth. Westmonaster. ann. 1304 : *Jussit Rex arietem fabricari, quem Græci Nicontam vocant, quasi vincentem omnia, et Lupum belli. Verum aries indecens et incompositus parum aut nihil profuit : Lupus autem belli, minus sumptuosus inclusis plus nocuit.* Ubi per *Lupum belli*, ni fallor, expressit Gallicum *Louvel*, id est, *Lupulus.* Vide Procopium lib. 1. Gotbic. cap. 21.

☞ Non dubitat Carolus de Aquino Nicontam arietem in Matthæi Westmon. et fortasse aliorum historiam irrepsisse ex Josepho lib. 6. ubi legitur ejusdem fere nominis ariete alio usos fuisse Romanos ad quatiendos muros Hierosolymorum.

¶ Lupus, nude, in Chronico Estensi apud Murator. tom. 15. col. 359 : *Unum maximum Lupum cum quo capiebat fortilitias domini Marchionis.*

¶ Loupus. Mandatum Ricardi II. Regis Angl. ann. 1394 : *Necnon ad quoscumque defectus, tam in muris, portis, turellis, Loupis, pontibus, barreris et fossatis, quam in domibus.* Harpagones intelligo.

* 3. **LUPUS**, Piscis genus. Tract. MS. de Pisc. cap. 16. ex Cod. reg. 6838. C. : *Lupus piscis, hodie a Romanis dicitur lupasso et spigola ; a Liguribus louvazzo, a Venetis varolo, a solis Hetruscis araneo, ab Hispanis lupo, a Gallis lubin, pro lupin, a lupo,... sunt etiam luporum ὠὰ ζαρισγα quæ etiam botargues vulgus vocat.*

* 4. **LUPUS**, *Vela nigra ; et vocatur ista vela sic, eo quod, ut lupus, occulte incedit navis cum illa.* Glossæ Fr. Barber. ad Docum. *d'amor.*

Lupum Proclamare. Thwroczius in Alberto Rege Hungar. cap. 27 : *Hungari vero ex longa campestralis hospitii mora tædio affecti,... Lupo juxta antiquam ipsorum consuetudinem proclamato, invito Rege sparsim et confuse relictis regiis Castris recedentes abierunt.* Nos diceremus *Crier au Loup*, quod facere solent, qui fugam alicui suadere volunt.

Lupinum Caput Gerere. Vide *Caput.*

* Lupus Moninus. Vide *Moninus.*

Lupa Cervalis. Glossæ MS. : *Linx, lupa cervalis, quæ fertur dormiendo videre.*

* Lupus Ramagius, Idem videtur qui *Cervarius.* Consolat. Boet. MS. lib. 4 :

La grant ardeur de son courage
Le fait semblant à Loup ramage.

Ibidem :

Ours, ou lions, ou Loups ramages,

* *Loup beroux*, idem qui *Loup-garou* vulgatius appellatur, in Lit. remiss. ann. 1415. ex Reg. 169. Chartoph. reg. ch. 204 : *Ribault prestre, champiz, Loup-beroux, etc.* Haud scio an eadem acceptione *Leu waste*

legitur in aliis Lit. ann. 1355. ex Reg. 84. ch. 65 : *Quamplurima verba injuriosa de dictis Johanne et ejus uxore dixit Johannes Cosset, et specialiter dictum Johannem vocavit Leu wasté et ejus uxorem ribaude.*

* **LUQUERNA**, Fenestra, a vulgari *Lucarne*, apud Basset. tom. 2. arest. parlam. Delphin, pag. 24 : *Curia ordinavit Luquernam... fore et esse demoliendam, ipsamque reducendam et reponendam prout erat ante ædificium.* Vide supra *Lucanar* 2.

¶ **LUQUETUS.** Obituarium MS. Eccl. Morin. fol. 2 : *In plenis obitibus quos bursæ celarii, minutorum brevium, cotidianæ, Luqueti, fabricæ ac novarum acquestarum solvunt, Canonici et magni Capellani lucrantur quilibet 2. solidos.* Fol. 8 : *Duo Capellani Luqueti habent in quolibet mense tres picotinos bladi.* Fol. 40 : *Et hæc omnia onera solvet bursa Luqueti, cujus bursarius accipiet pro suis laboribus tres solidos Turon.* Fol. 13 : *Feria 2. post Ascensionem Domini fit semper ad majus altare obitus Domini Simonis Luqueti.* Ex quo posteriori loco conjicere est *Luqueti bursam* ab hoc Simone Luqueto dictam fuisse, quod fortassis in ea primum concluderentur redditus ex hujus Luqueti legatis provenientes, quibus alii subinde potuerunt adjungi, retento semper *Luqueti* vocabulo.

* **LURA**, *Os culei sive utris ; unde Luridum*, apud Festum. Glossar. Lat. Gall. ann. 1352. ex Cod. reg. 4120 : *Lura, roie de cus.*

** **LURCULUS**, Parvus Lusus, apud Virgil. Grammat. pag. 94. ut vult Maius.

LURDUS, Ital. *Lordo*, spurcus, impurus, immundus : vel potius stolidus, quomodo nos *Lourdaut* dicimus. Landulfus de S. Paulo in Chron. Mediolan. cap. 1 : *Armanus autem ille in tanta perturbatione, in Ecclesia S. Ambrosii ait populo suo congregato : Vobis fiet, prout proverbium dicit, Populo stulto, Episcopus Lurdus.* Vide *Lordicare.*

* *Lours*, ultima notione, in Consolat. Boetii MS. lib. 4 :

Quant aucuns est trop paresseus,
Enturlez, Lours et oublieus, etc.

* Sed et *Lurdus* dicitur de opificio rudi arte fabricato, Gall. *Grossiérement fait.* Lit. remiss. ann. 1450. in Reg. 186. Chartoph. reg. ch. 39 : *Supplicans quemdam cutellam cepit,... et ipso accuto cum quodam lapide, cum esset Lurdus sive grosso modo fabricatus, etc.*

* **LURGO**, pro *Lurco.* Glossar. vet. ex Cod. reg. 7613 : *Lurgo, Gluto, devorator.*

* **LURICA**, pro *Lorica*, vestis militaris, inter Tradit. Monseens. num. 31. apud Pez. tom. 6. Anecd. part. 1. col. 30 : *Et iterum firmavit cum sua sella cum auro parata et suam Luricam.*

LURICULA, Luricatus. Vide *Lorica.*

¶ **LURIDATUS**, Squalidus, luridi coloris. Tertull. adv. Marcion. lib. 4. cap. 8 : *Qui, retro Luridati delinquentiæ maculis et nigrati ignorantiæ tenebris.*

¶ **LURITATUS**, *Laridatus.* Vide *Cassioticus.*

LUSA Diabolica. Capit. Caroli M. lib. 6. cap. 196 : *Illas vero balationes et saltationes, canticaque turpia ac luxuriosa, et illat Lusa diabolica non faciat.* [Vide *Lusum.*]

¶ **LUSCINUS**, ἀηδών. Gloss. Lat. Græc. Luscinia.

1. **LUSCUS**, Strabus, nostris, *Lousche.* Vet. Gloss. : Στραβός, *Strabus, luscus.* Althelmus de Laude Virginum cap. 24 :

Mutos et mancos, claudos surdosque repertos,
Luscos ac strabos, qui torta luce fruuntur.

Ita quidem sequiore Latio : at purioribus Latinis *luscus* dicitur, qui altero privatus est oculo, Martiali lib. 3. Epigr. 8. lib. 4. Epigr. 65. lib. 9. Epigr. 59. et aliis sine numero. Sic qui apud Ammianum lib. 20. *Arimaspi homines Lusci*, apud Solinum *gens unocula* dicuntur. Gloss. Gr. Lat. : Μονόφθαλμος, *Luscus* ; μονόφθαλμον ποιῶ, *Elusco.* Alibi : Ἐκτυφλῶ, *Excæco, obcæco, Elusco.* Vetus interpres Juvenalis ad illud Sat. 3. v. 128 :

. . . . Et statua meditatur prælia Lusca.

Cujus oculus introrsus cedit, id est, cujus oculus alter non videtur. [** Vide Forcell. edit. Germ.] Vita S. Valarici Abb. Leuconaensis cap. 24 : *Sed tamen oculum quidem amisit, et Luscus per tempora vixit.* Chronicon Montis-Sereni ann. 1137 : *Gerardus, licet Luscus, plures libros ipsi Ecclesiæ scripsit.*

* Qua ultima notione Itali *Losco* vel *Lusco*, et nostri *Lours* et *Lousque* usurpant. Stabil. S. Ludov. ann. 1270. cap. 168. tom. 1. Ordinat. reg. Franc. pag. 345 : *Se aucuns hons, ou autres qui fussent mehaingniés,... et un autre qui soit sours ou Lours etc.* Le Roman *de Robert le Diable* MS. :

Tout entour lui oste les mousques,
Plusours en fait et clos et Lousques.

* 2. **LUSCUS**, dici videtur de colore minus fulgenti, ab. Ital. *Losco*, hebes. Charta ann. 761. apud Murator. tom. 2. Antiq. med. ævi col. 407 : *Pro quibus datum est in ipsa venerabilia loca in primis suprascripto pontifici pallio uno de blata melella : similiter Sabationi archipresbitero alio pallio de blata Lusca.*

¶ **LUSDI**, Species operis muliebris; an lodix, Gall. *Loudier* vel *Lodier*? Chartularium SS. Trinit. Cadom. fol. 55 : *Feminæ eorum trahent bidentes et habebunt mesge cum bercariis, et unaquæque operabitur 1. Lusdi post festum S. Michaelis usque ad tempus quo incipiet trahere oves.* Eadem repetuntur fol. 60.

* Vel potius *Corvatæ* species, forte unius diei opera, ut colligitur ex eodem Chartul. fol. 53 : *Ricardus et Robertus Walensis dimidiæ virgatæ opus et unum Lusdi, pro xij. denariis... Elmarus auceps pro uno Lusdi vj. den.* Et fol. 54 : *Alpicus pro domo sua unum Lusdi in Aug.*

LUSHBOROW, et Lushburne, Vilius monetæ genus, quod in partibus transmarinis ad similitudinem Anglicanæ effictum ævo Edwardi III. hic distrahebatur, quodque Statuto 5. anni ejusdem Regis est prohibitum. Knyghton ann. 1347 : *Eodem anno defertur in Angliam per alienigenas et indigenas mercatores falsa moneta, quæ Lushburne appellata est ; unde apud Londonias multi mercatores et alii plures sunt tracti et suspensi.* Chaucerus *Lusheburghs* habet in Præludio Hospitis ad Fabellam Monachi.

* **LUSOR**, Actor scenicus. Vide supra *Ludus Christi.*

LUSORES, *Falsi testes*, in Glossis antiquis MSS. et apud Papiam, [necnon in Glossis Isid. In Excerptis Pithœanis additur *Collusores*, quasi qui colludunt in falso testimonio dando.]

LUSORIÆ vel Lusuriæ, Navigiorum bellicorum species, quæ in fluviis majoribus, qua Romanorum fines disterminabant, discurrebant ad limitum custodiam : quæ ita appellata volunt, vel quod in fluviis *luderent*, seu discurrerent, vel quod ex eorum navigiorum genere essent, quibus utebantur ad delicias, ludos, lasciviamque et luxuriam. *Lusoriarum Danubii* mentio est apud Vegetium lib. 4. cap. ult. et intit. Cod. Th. de Lusoriis Danubii (7,17.) : *Rheni Lusoriarum*, apud Ammian. lib. 18. pag. 125. et Vopiscum in Bonoso : *Mosæ Lusoriarum*, apud eumdem Ammianum lib. 17. pag. 97. denique *Lusoriarum per Orientem*, in Nov. Theodosii de Ambitu, de quibus omnibus copiose egit Jacobus Gothofredus ad d. tit. de Lusoriis Danubii. Adde Petr. Pithœum lib. 1. Adversar. cap. 14. Salmasium in Notis ad Hist. Aug. pag. 382. 475. et de Jure Attico pag. 740. 751. et alios.

* **LUSORIE**, Irridendo. Epist. 21. Nicol. PP. I. ann. 865. tom. 7. Collect. Histor. Franc. pag. 405 : *Verum hæc Lusorie nobis illi vel dicunt, vel operantur, etc.*

LUSORIUM, Theatrum, sedes ludorum, ubi ludi fiunt. Salvianus lib. 6. de Gubern. Dei : *Longum est nunc dicere de omnibus, amphitheatris, scilicet odeis, Lusoriis, pompis, athletis, petaminariis, etc.* Hujus vocis mentio est apud Lamprid. in Heliogabalo, in Descript. CP. apud vet. interpretem Juvenal. Sat. 4. et Lactantium. Vide Constantinopolim nostram Christianam. [** Privatum amphitheatrum, ubi gladiatores et venatores exhibebantur, Furlanettono id Forcell. Lexic.]

¶ **LUSSUM.** Statuta Eccl. Argent. ann. 1435. apud Marten. tom. 4. Anecd. col. 550 : *Item ornatum extra mittentem, qui dicitur* Ussum em gebraensel ; *item appropendicias manicarum, quæ dicuntur* Lussum, *excedentes manicas tunicæ inferioris.... sub pœna excommunicationis* (Monialibus) *inhibemus.*

LUSTER. S. Eulogius lib. 2. Memorial. SS. cap. 11 : *Confini vici Lejulensis, qui a Corduba distat quinque milliarios Lustros.* Ubi Ambrosius Moralis, *viginti milliaria* innui ait.

LUSTISIUM. Vita 2. S. Carthaci Episc. n. 25 : *Cum 30. vaccis et tauro, et duobus armentariis, et cum duobus Lustisiis et vasis ad Civitatem Raithin perrexit.* An *Justitiis*, seu vasis vinariis, de quibus infra, an vero vox Hibernis peculiaris, incertum. [Henschenius in Onomastico ad calcem tom. 3. SS. Maii suspicatur esse *mulctras* seu vasa, in quibus mulgetur : quod non male convenit loco, ubi de vaccis et lacte agitur.]

* **LUSTRA**, *Lupanaria loca vel abdita.* Glossar. vet. ex Cod. reg. 7613.

¶ **LUSTRAMENTUM**, *Fætor, putor, ole-*

lum, *fœtulentia*, in Glossis Isidor. *Lustramentum* Grævio non solum est purgamentum, sed et locus, ut putat, in quem purgamenta fœtentia ejiciebantur. Lex 3. §. 3. Dig. ad Legem Cornel. de Sicar. et Venef. (48.8.) : *Ut pigmentarii, si cui cicutam, salamandram, aconitum, pityocampas, aut bubrostim, mandragoram, et id quod Lustramenti causa, dederint cantharidas, pœna teneantur hujus legis.* Ubi per *Lustramentum* intelligunt purgamentum. Sed Hottoman. de Verb. Jur. de intemperanti et effrenata rei venereæ cupiditate intelligit, cum cantharidum ea vis sit, ut ad illam incitent. Vide Cujacium lib. 15. Observ. cap. 27.

¶ 1. **LUSTRARE**, Illustrare, ornare. Jacobus Cardinalis de Coronatione Bonifacii VIII. PP. apud Murator. tom. 3. col. 652 :

Hoc illi ; verum populus Lustraverat urbem
Arcubus, in morem veterem, etc.

* 2. **LUSTRARE**, Initiare, quo sensu a purioribus Latinis usurpatur : unde a Glossario amandassem, nisi aliter intellexissent viri docti. Acta S. Gratil. tom. 2. Aug. pag. 728. col. 2 : *Cumque adductus fuisset ante comitem, arripuit comes hos sermones, dicens : Cur, stultissime, religionis Lustratus es Christianorum magorum, ut audio, et tu magus effectus es?*

** **LUSTRIVAGUS**, Qui vitam agit in *Lustris*, i. e. sordidis locis. Occurrit apud Liudpr. in Legat. cap. 10 : *Rustice, Lustrivage, capripes, cornute, etc.*

** **LUSTROSÆ** Silvæ, in quibus ferarum cubilia sunt, in Ecbasi vers. 329. *Invia Lustra* Virgilio.

¶ 1. **LUSTRUM**, Fenestra. Jacobus Cardinalis in Vita S. Petri Cœlestini :

Illic et Lustrum, ferri quod retia claudunt,
Imminet; unde Pater residens admittere gentes
Alloquiis fuerat solitus, etc.

¶ 2. **LUSTRUM**, Annus. Fridegodus in Vita sancti Wilfridi sæc. 3. Benedict. part. 1. pag. 175 :

Sero quidem rediit, verum tria Lustra peregit
Hospite cum prisco, etc.

Pro quo Eadmerus habet pag. 200 : *Eique tribus annis fida societate adhæsit.* Vocem *Lustrum* pro uno anno etiam usurpavit Reginoldus, ut probat Mabillonius sæc. 3. Benedict. part. 2. pag. 390. in Notis.

LUSTRUS, *Frater mariti.* Gloss. Arabico Lat. [infra habetur *Lusus.*]

LUSUM, Lusus, Ludus. Pirminius Abbas in Excerpt. ex libris Canonic. : *Nec in nullo loco ballationes, cantationes, et saltationes, jocos et Lusa diabolica facere non præsumat.* Supra : *Viri vestes femineas, feminæ vestes viriles in ipsis Kalendis, vel in alia Lusa quam plurima nolite vestire.* [Vide *Lusa diabolica.*]

* **LUSURIA**, Jus utendi aliqua re. Charta tom. 1. Probat. Hist. Brit. col. 779 : *Maino cognominatus Chaort... dedit decimas suas de Chastellerio de terris cultis et colendis et etiam de omnibus bocis Lusuriam.*

LUSUS, *Frater mariti*, Papiæ, et Glossis antiquis MSS. [Supra legitur *Lustrus.*]

* **LUTA**, pro Lucta, pugna ludicra. Comput. ann. 1399. inter Probat. tom. 3. Hist. Nem. pag. 154. col. 2 : *Pro una canna panni de Sguiracio, data pro Lutis factis sive faciendis die beati Ludovici, quæ fiunt in Nemauso, ut est moris, etc.* Occurrit rursum in altero ann. 1482. ibid. tom. 4. pag. 20. col. 2. ubi et *Lutator* pro Luctator.

¶ **LUTANA**, Testudo, cithara, Gall. *Lut.* Acta S. Godelevæ, tom. 2. Julii pag. 415 : *Fractis vocibus auditum demulcere Lutanæ et fistulæ.*

¶ Lutanista, Citharista. Bernardus *de Breydenbach* Itin. Hierosol. pag. 210 : *Hac tamen conditione, ut unus ex familia Dominorum Lutanista... secum pergeret, quia et Trutzelmannus ipse in ejusmodi instrumentis musicalibus erat peritus.*

¶ **LUTARE**, *Luere, lavare*, πλύνειν, in Glossis Lat. Græc. Sangerm. Gloss. Cyrilli : Πλύνω, *Luo, Luto, labo*, (*Lavo.*) *Lutare*, pro Solvere, luere, legitur apud Nonium ex Varrone. Aliis *Lutare* est Luto oblinire, maculare.

1. **LUTER**. S. Eucherius : *Luteres, in Regnorum, conchæ, vel canthari aquarii.* [Papias : *Luteres in Regnorum libro, Conchæ vel canthari aquarum dicuntur.* Idem Papias : *Luter, Vas æneum 40. batos capiens, a luendo dictus.* Ugutio : *Luter etiam dicitur lavatorium et quodcumque vas purgandis sordibus deputatum.* Gloss. Lat. Gall. Sangerman. : *Luter, un vase ou lavoir.* Johanni de Janua, ut et] Willel. Britoni in Vocab. dicitur *Concha, vel cantharus.* Sic etiam ferme Gl. Lat. MS. Reg. Cod. 1013. ex Gcæco λουτὴρ, quo vocabulo *baptisterium* intelligit Anonymus in Descript. S. Sophiæ. Hist. Miscella in Rhinotmeto ann. 10 : *Multitudo vero civitatis tumultuata ad Luterem Ecclesiæ congregata est.* Ubi Theophanes λουτῆρα habet. [S. Hieronymus adv. Jovinianum : *Luter in tabernaculo funditur.*] Vide Reg. 3. cap. 7. et lib. 4. cap. 16.

2. **LUTER**, Lutra, Animal amphibium, quod κύνα ποτάμιον vocant Ælianus et Aetius : Galli *Loutre.* Walafridus Strabus lib. 1. de Vita S. Galli cap. 28 : *Viderunt piscem magnum in aquæ collectione natantem, duosque illum insequi Lutros, etc. Lutra*, Plinio, et aliis. Beda in Vita S. Cuthberti Episc. n. 18 : *Venere de profundo maris quadrupeda, quæ vulgo Lutræ vocantur.* Epist. 89. inter eas, quæ sub Bonifacii Archiep. Moguntini nomine editæ sunt : *Gunnam de pellibus Lutrarum tuæ fraternitati misi.* Occurrit etiam apud Fridericum lib. 1. de Arte venandi cap. 7. Vide Fullerum lib. 1. Miscell. sacror. cap. 18. et Brunsfeldium in voce *Fiber.* [*Erminium et Lutria*, in Constitutionibus Catalaniæ laudatis in *Cultellare.*] *Roccus martrinus et Lutrinus*, in Capitulari ann. 808. cap. 5. Vita Caroli M. : *Ex pellibus Lutrinis thorace confecto humeros ac pectus hieme municbat.* *Loutriers* dicti in Consuetud. Hannon. cap. 100. qui lutras venantur.

¶ **LUTERIUM**. Vide paulo post *Lutherium.*

¶ **LUTES**, *Splendentes*, apud Papiam.

¶ 1. **LUTEUS**, Species vasis, idem quod *Luter*, si non ita legendum. Pontificale vetus Eccl. Bisunt, apud Marten. de antiqua Eccl. Disciplina in divinis celebrandis officiis pag. 311 : *Interim dum legitur Evangelium præparentur Luteus, et manutergia, et præcinctoria, et cetera vasa quæ necessaria sunt ad abluendos pedes.*

¶ 2. **LUTEUS**, Lucius piscis. Vide *Luceus.*

¶ 3. **LUTEUS**, adject. *Roseus vel rubens, rubicundus vel croceus*, apud Papiam. Idem fere Johannes de Janua. Isid. lib. 19. cap. 28 : *Luteus, Color rubicundus, quod est croceus; nam crocus Lutei coloris, ut Croceo mutataque vellera luto.* Perottus : *Luteus est dilutior rutilus, qualis est color auri; unde Luteus dictus videtur, quasi dilutus. Hinc violæ hujus coloris Luteolæ appellatæ, et Lutea herba, qua chrysocolla tingitur et vitellum in ovo Luteum appellamus.* Hadrianus Junius : *Luteus, quale est ovi vitellum, quo colore flammeum novis nuptis tingebatur.* Plinius lib. 21. cap. 8 : *Lutei video honorem antiquissimum in nuptialibus flammeis totum fœminis concessum.* Fusiora hæc de re nota, quam ne prætermitteremus, nostri Glossatores effecere. Vide *Lutum.*

* Testam. ann. 1500. in Reg. 3. Armor. gener. part. 2. pag. 6 : *Dedit atque erogavit Katherinæ Brachete nepti suæ suam tunicam Luteam et descarlatam.*

* **LUTHERINGUS**, pro Lotharingus, vulgo *Lorrain*, in Vita S. Ludmil. tom. 5. Sept. pag. 354. col. 2. Vide supra *Lotheregnia.*

LUTHERIUM, Straguli lectarii species; nostris *Lodier* vel *Loudier.* Ordericus Vital. lib. 4. pag. 539 : *Guthlacus Lutherio melotinæ, in quo solebat orare, ipsum circumdedit.* Eadem habentur in Vita ejusdem Sancti cap. 31. [tom. 2. April. pag. 46. nisi quod ibi *Luterium* scribatur pro *Lutherium.*]

¶ **LUTHIAMEN**, pro Linteamen, Linteum. *Cum duobus blanketis et duo paria Lutheaminum pro capite*, in Testamento ann. 1415. apud Rymer. tom. 9. pag. 277. Intelligo linea pulvinaris tegumina, Gall. *Tayes d'oreiller.*

¶ **LUTIFIGULUS**, pro quo aliis figulus nude, apud Leibnitium tom. 2. Scriptor. Brunsvic. pag. 386. ubi de fundatione Monasterii Hilgenthal. Ord. Præmonstrat.

* **LUTINA**, Testudinis species. Locus est supra in *Fidella.* Vide *Lutana.*

* **LUTIO**. Charta Frider. II. imper. ann. 1219. apud Murator. tom. 2. Antiq. Ital. med. ævi col. 876 : *Terram scilicet arabilem, prata, silvas, saliceta, Lutiones, venationes, piscationes cum omnibus suis pertinentiis et adjacentiis etc.* An jus piscandi lucios? Vide supra *Luceus.*

¶ **LUTIUS**, Lucius piscis. Vide *Luceus.*

¶ **LUTOR**, πλύτης, in Glossis Lat. Græc. Gloss. Cyrill. : Πλύτης, *Lutor, lavator.* Aliæ : *Lutor*, ἡλιαστής, Qui insolat, seu pannos aliave soli exponit, ut siccentur vel albescant. Melius, ut putat Martinius, scriberetur, *Lotor*, a *Lavo*; *Lutor* enim a *Luo* ducendum.

¶ **LUTRA**, Lutria, Lutrinus. Vide *Luter*, 2.

* **LUTRIUS**, Idem quod *Luter* 2. Gall. *Loutre.* Pactum inter Bonon. et Ferrar. ann. 1193. apud Murator. tom. 2. Antiq. Ital. med. ævi col. 894 : *De Agnellinis, de curionibus, de Lutriis, de martiris, etc.*

¶ **LUTULENTIA**, *Feculentia, fetiditas, sordiatio*, Johanni de Janua; *Ordure de boe*, in Glossis Lat. Gall. Sangerm.

LUTUM, Hispanis *Tapia*, nostris *Muraille de terre, Cloison de mortier.* [*Lutamentum*, Catoni de Re Rust. cap. 128.] Epitaphium Adelfonsi V. Regis Hispan. in Monasterio et Ecclesia Pinnatensi : *Hic jacet Rex Adelfonsus, qui populavit Legionem, post destructionem Almançor, et dedit ei bonos foros, et fecit Ecclesiam hanc de Luto et latere,.. obiit era* 1065. *etc.* Alia Inscriptio ibidem : *Hic, quam cernis, aulam S. Joannis Baptistæ olim fuit Luteam, quam nuper excellentissimus Fredenandus Rex et Sanctia Regina ædificarunt lapideam, etc.* Epitaphium ejusdem Ferdinandi Magni æræ 1103 : *Et fecit Ecclesiam hanc lapideam, quæ olim fuerat Lutea.* Adde Inscriptionem aliam apud Ambrosium Moralem lib. 10. cap. 12. Græcis recentioribus πηλός, quæ vox *Lutum* sonat, *Cretam* significat.

LUTO vel CŒNO NECARE. Lex Burgund. tit. 34. § 1 : *Si qua mulier maritum suum, cui legitime nupta est, dimiserit, necetur in Luto.* Quo referunt, quæ habet Tacitus de Moribus German.: *Ignavos et imbelles et corpore infames Cœno et palude, injecta insuper crate mergunt.* Vide *Cenitus, Fossa.*

* LUTUS, *Genus ligni*, in vet. Glossar. ex Cod. reg. 7641.

¶ LUVELLUS, pro *Livellus.* Vide in hac voce.

* LUX DEI, Dies Dominica. B. de Amoribus in Speculo sacerdot. MS. cap. 7 :

Luce Dei manda subjectis festa colenda,
Morem servando patriæ bene notificando,
Quære novam lunam post Nonas Martis, et inde
Luce Dei trina celebrare ordine pascha.

[** Pro omni hebdomadis die, in Rein. Vulp. lib. 3. vers. 857 :

Septima cras Lux est, nunc sexta nec utor in istis
Carne domi, etc.

* Gallicum vero *Luxe*, Pellitii genus, in Lit. remiss. ann. 1391. ex Reg. 140. Chartoph. reg. ch. 238 : *Six milliers de Luxe, etc.* [** Lynx.]

¶ LUXIARDUS, Dignitatis genus apud Januenses. Annal. Genuens. Georgii Stellæ apud Murator. tom. 17. col. 1017 : *Baptista de Franchis olim Luxiardus Januensis, qui regius Capitaneus dicebatur, etc.*

¶ LUXORIUS, pro Lusorius, in Gestis Hugonis Episc. Cenoman. apud Mabillon. tom. 3. Analect. pag. 352.

LUXURIA, Stupri peccatum. *Luxus venereus*, apud Aurelium Victor. in Epitom. in Constantino; *Luxuriæ concubinaticæ*, in Concilio Meldensi cap. 74. Concilium Aquisgranense III. ann. 860 : *Canones cum de incestis præscribunt, de conjugatis loquuntur, non de his qui non licite passim coëunt, quos vel Luxuriosos, vel adulteros vocari manifestum est.* Mox : *Cæterum vel qui nondum nupti sunt, vel qui intercedente morte separati sunt; si concumbant cum alieno, non tales adulterio, sed Luxuriæ crimine denotantur.* Concilium Arelatense ann. 1267. c. 12 : *Item illi, qui Luxuriam expleverunt, cum matre, sorore, vel cum alia consanguinea sua, etc.* Vetus Interpres Novellæ 77 : *Ut non Luxurientur homines contra naturam.* Vide Reginonem lib. 2. cap. 35. Occurrit passim.

LUXUS, pro *Luxatione* membrorum. Utitur Apuleius lib. de Virtutib. herbar. cap. 31. § 4.

* LUYTA, pro Lucta, luctatio, in Comput. ann. 1503. inter Probat. tom. 4. Hist. Nem. pag. 80. col. 1. Vide supra *Luta.*

* LUZ, Pars hæreditatis sorte acquisita. Vide *Lot.* Charta ann. 826. apud Meichelbec. tom. 2. Hist. Frising. pag. 261 : *Trado... domui sanctæ Mariæ in loco Ismaninga jugeres vj. et de pratis unum, quod dicimus Luz.* Nisi sit mensuræ agrariæ nomen.

* LYA. Vide supra *Lia* 3.

¶ 1. LYARDUS, ut supra *Liardus*, Equus coloris cinerii scutulis distinctus, Gall. *Cheval gris pommelé.* Testamentum ann. 1328. tom. 2. Hist. Dalphin. pag. 225 : *Donavit duos equos suos, videlicet Lyardum et bayardum, etc.*

* 2. LYARDUS, Moneta minutior. Vide supra *Liardus* 2.

¶ LYCHINUS, LYCHNIUM. Vide in *Lichinus.*

¶ LYCISCA, *quod est genus canum jubis inflexis villosum atque fortissimum*, in Actis Ven. Ezonis, tom. 5. Maii pag. 57. Sic dicitur a λύκος, Lupus, quod sit lupo similis et quasi ex lupo et cane nata, ut habet Eugenius Tolet. Carm. 22 :

At lupus et catula formant coeundo Lyciscam.

Eadem ex Plinio refert Isidorus lib. 12. cap. 2. ubi *Lyciscos* vocat hujusmodi canes; sed *Lycisca*, non *Lyciscus*, habent Virgilius, Ovidius, etc.

* LYDA, Præstatio, tributum, ut supra *Lidda.* Reg. episc. Nivern. ann. 1287 : *Lydæ panetariorum episcopi valent circa quadraginta libras.* Vide in *Leudis.*

* LYDE. Vide supra *Licz.*

LYEF-YELD. Vetus Charta apud Somnerum in Tractatu de Gavelkynd pag. 27 : *Tenentes de Waldis non possunt arare terras suas ab æquinoctio autumnali usque festum B. Martini sine licentia, et ideo reddunt annuatim dimidiam marcam ad festum S. Martini, sive fuerit pessona, sive non; et vocatur Lyef-yeld.*

¶ LYGIUS, pro *Ligius*, de quo supra. *Lygium homagium*, in Opusculo Gualvanei Flammæ, tom. 12. Muratorii col. 1032.

¶ LYMPHARE, Adaquare, lympham præbere. Vita S. Johannis Abb. Pulsan. tom. 4. Junii pag. 58 : *Per desertum vitæ hujus gregem sibi subditum manna pavit ac Lymphavit. Lympharc vinum*, Vinum lympha seu aqua diluere, in Processu de B. Petro Luxemburgensi tom. 1. Julii pag. 539.

¶ LYPSANUM, SS. Reliquiæ. Vide *Lipsana.*

¶ LYRCUS, pro *Lucus*, a Græco λύκος, Lupus, bis legitur in Vita MS. S. Winwaloei e Bibl. Landevennecensi.

LYRIDES. Vita S. Neoti Abbat. n. 24 : *Igne supposito panes, sartagini ad coquendum commiserat, quos nonnullir Lyidas appellant.* Sed legiendum *Collyridas.* Vide in hac voce.

LYRIZARE, Lyram pulsare, apud Falcon. Benevent. in Chron. ann. 1119.

¶ LYTÆ, Qui tribus annis Legum studio impensis quartum adjungebant : de his Justinian. ad Antecessores § 5 : *Sed quia solitum est anni quarti Studiosos Græco et consueto quodam vocabulo λύτας, appellari; habeant quidem, si maluerint, hoc cognomen.* Sic autem dictos volunt quidam, quod exacto illo studiorum curriculo jamjam solvendi essent, ac legendi libertate, nullo interprete magistro, donarentur : Turnebus vero lib. 8. Advers. cap. 19. sic dictos mavult, quasi *Solutores, qui civili sapientia tantum promoverunt, ut Legum ænigmata possint subtiliter et accurate dissolvere*, juxta illud Juvenalis Sat. 8 :

Qui juris nodos legumque ænigmata solvat.

¶ LYTANIÆ, pro *Litaniæ*, in Chronico Mellicensi pag. 326. Vide *Litaniæ.*

¶ LYTRUM, λύτρον, Pretium redemtionis, quod pro redemtione solvitur. S. Maiolus a Sarracenis cum suis comprehensus ad Cluniacenses pro *Lytro* scribens ait : *Redemptionis pretium, si placet, mittite pro me et his qui una mecum capti tenentur*, apud Mabillon. tom. 3. Annal. Benedict. pag. 614.

LITTERA numeralis, quæ mille denotat. Unde versus :

> M. caput est numeri, quem scimus mille tenere.

Eidem litteræ si recta linea superaddatur, mille millia significat.

M. in superscriptione cantilenæ, mediocriter melodiam moderari mendicando, memorat. Notkerus Balbulus Opusc. *Quid singulæ litteræ significent in superscriptione cantilenæ.* Vide *A*.

* **MAAGIUM**, Præstatio, ut videtur, pro facultate exscindendi in silva arborem Maialem. Inquisit. jur. Bellifort. in Reg. 34. bis Chartoph. reg. part. 1. fol. 89. v°. col. 1 : *Præpositus Bellifortis... habet in foresta Valeiæ herbagium et Maagium.* Vide infra *Maius*.

¶ **MAAGNEYA**, Familia, domus. Regestum. LIII. Philippi V. Reg. Fr. ann. 1316. et 1317. fol. 129. tit. 310. in Chartophylacio regio : *Videlicet in villa de Meniz* XXVIII. *Maagneye hominum. In villa de Senoncourt due partes* XXIX. *Maagneyarum hominum.*

MAALMAN, Saxonibus, Homines famulatum, servitium facientes. Anglo-Saxonibus Male, est vectigal, tributum; Man, homo. Ita *Maleman*, seu *Maalman*, est homo tributo obnoxius. At *Malman*, Germanis *Mahelman*, fideles Ecclesiarum, et Ministeriales interpretatur Goldastus. [Eccardus vero ad Leg. Salicam pag. 32. Homines certa conditione et pacto cuidam addictos. Schilterus in Gloss. Teuton. Hominem ad certum mallum pertinentem subditum.] [** Quibus jus erat in *mallis* interesse, Grimm. Antiq. Germ. pag. 768. Vide Mittern. Princip. Jur. Germ. § 82. not. 12.] Charta Caroli M. in Monumentis Paderbornensib. pag. 325 : *Omne regale vel sæculare judicium super suos servos, et liddones, et liberos Malman et mundman et omnes utriusque sexus homines, etc.* Charta Ottonis M. Imp. ann. 961. in Chr. Episcop. Miudensium pag. 734 : *Hominibus quoque famulatam ejusdem Monasterii facientibus, qui Saxonice Malman dicuntur, prædictum mundeburdum et tuitionem nostram constituimus.* Charta Henrici III. Imp. in eod. Chr. : *Homines ipsius Ecclesiæ francos, liberos, Ecclesiasticos, litones, Maalman, vel servos cujuslibet conditionis.* Quæ verba occurrunt iterum in Diplomatib. Conradi Salici et Henrici IV. pro eod. Monasterio, et in Edicto Henrici II. apud Goldastum tom. 3. Constitut. Imper. pag. 311.

☞ Si quid ex præallatis locis conjicere licet, videtur voce *Maalman* eos potissimum significari qui Ecclesiæ vel Monasterii alicujus servitio erant mancipati; ex quibus alii conditione servi erant, alii servituti ultro susceptæ tantum obnoxii. Horum vero quidam ita se suaque servituti addicebant, ut ingenuitate retenta, annuum censum tantum pensitarent; nihilominus tamen *homines* vel servi Ecclesiæ, cui ultro sese obtulerant, vocabantur. *Maalman* ergo dicti quod homines erant tributo obnoxii. Fuere etiam apud Romanos ejusmodi homines qui alicujus Numinis servitio mancipati sumtibus suis sacras illius functiones sustinebant, a quo onere cum se pecunia redemissent, ejusdem Dei liberti dicebantur. Vide *Oblati* 2.

¶ **MAANELLUS**, Campana mediocris. Charta Ægidii Archidiac. Morin. de oneribus Matriculariorum Eccl. Autissiodor. ann. 1235. ex Tabular. ejusd. Eccl. : *Concessit etiam eis quod ad pulsationem campanarum quæ chori appellantur, et aliarum quæ mediocres sive Maanelli appellantur, quandiu vixerint minime teneantur.* Has vulgus etiamnum vocat *Meneaux* et *Moineaux*, a Gall. *Meneur*, minor, *Moindre*. Vide *Meenellum* et *Monellus*.

¶ **MAB**, Filius, idiomate Aremorico, Hibernis *Mac*. Tabular. Kemperleg. : *Rivallon Mab Moam, gravi infirmitate detentus, monachalem habitum suscepit.* Ibidem : *Kadou Mab David. Killæ Mab Gusfredi, etc.* Vide *Mak*.

¶ **MABRANA**, pro Membrana, charta. Tabular. Majoris Monast. : *Ego Conanus minoris Britanniæ Comes, magnæ scilicet potestatis sub Dei ordinatione minister... manu propria signum S. Crucis in Mabrana ista effigiavi.*

* **MABRUS**, *Mars*, in Glossar. Cassin. ann. circ. 700. inter schedas D. de Montefalcone.

¶ **MAC**. Vide *Mab* et *Mepe*.

¶ **MACA**, a veteri Gallico *Macaut*, Pera, *Poche, besace*. Menoti sermones fol. 139 : *Cognoscitis quod non possumus semper habere uxores juxta nos appensas ad zonam nostram, vel potius ferre in Maca nostra;* nisi legendum sit *Manca*, Gall. *Manche*.

* **MACAGNATUS**, pro *Magagnatus*, Mutilus, corruptus, vitiatus, Ital. *Magagnato*. Stat. Pistor. ann. 1107. apud Murator. tom. 4. Antiq. Ital. med. ævi col. 562 : *Et sicut ipsi arbitri fuerint arbitrati de equis mortuis, et de tantum Macagnatis..., tenear emendare.* Vide in *Mahamium*.

* **MAÇANA**, MASANA, Acad. Hispan. in Diction. Ensis Indicus ligneus. Testam. reg. Mafaldæ ann. 1256. tom. 1. Probat. hist. geneal. domus reg. Portug. pag. 33 : *Mando ei* (infanti) *unam Masanam alambre optimam.* Infra : *Unam Maçanam de alambre.* Vide *Maçanum*.

MAÇANUM. Charta Lusitan. apud Brandaon. tom. 5. Monarch. Lusitan. pag. 304. v : *Unam copam deauratam in Maçanis, et circa bibitorium et circa pedem.* Vide *Circa*.

* **MACARELLUS**, Piscis species nota, vulgo *Maquereau*. Charta Phil. comit. Fland. ann. 1163. in Chartul. 1. Fland. ch. 325. ex Cam. Comput. Insul. : *Mille Macarelli duos denarios.* Vide *Maquerellus*.

¶ **MACARIA**. Sugerius in Vita Ludovici Grossi : *Tympanis et Macariis et aliis instrumentis horribiliter resonabant.* Sed legendum *Anacaris*, ut emendat Meursius. Sunt autem ἀνάκαρα tympana inferiori parte rotunda. Ita Martinius in Lexico.

MACARII, Secta quædam Manichæorum, de qua Augustinus lib. de Hæresib. cap. 46. et auctor Prædestinati lib. 1. Hæresi 46.

* **MACATURA**, Livor, contusio, Hisp. *Macado*, Gall. *Meurtrissure*; *Coup machat* supra in *Ictus*; quod *Macha* seu clava maxime fiat, sic fortassis dicta. Lit. remiss. ann. 1334. in Reg. 69. Chartoph. reg. ch. 236 : *Item probare intendit dictus Alquerius... quod* (Petrus) *in fine suo et post finem corpus suum seu cadaver erat et fuit et apparuit omnibus qui viderunt, palpaverunt et tenuerunt absque aliquo vulnere et absque aliquo ictu, truncatura, vel Macatura, vel læsura.* Stat. castri Redaldi lib. 2. pag. 42. v°. : *Si vero non exiverit sanguis et fecerit lividum vel Macaturam, puniatur in soldis quinquaginta. Macheure*, eodem sensu, in Lit. remiss. ann. 1472. ex Reg. 197. ch. 260 : *Il n'y eut point de sang espandu, mais seulement Macheure. Machure* ex Consuet. Nivern. in *Maceratura*. [** Vide S. Rosa de Viterbo Elucidar. tom. 2. pag. 100. voce *Maçaduras*. Acad. Matrit. *Mazada*, Clavæ ictus, unde scribendum videtur *Maçatura* in locis supra allatis.]

¶ **MACCARONES**, Genus edulii delicati. Acta B. Guillelmi Eremit. tom. 1. Aprilis pag. 383 : *Invitaverat Guillelmum ad prandium... eique apposuerat Maccarones seu lagana cum pastillis.*

¶ **MACCECARIUS**. Vide *Mavecharius*.

MACCLA. Charta Pandolfi et Landolfi, Ducum Beneventan. apud Ciarlantum in Samnio pag. 241 : *Abinde quomodo incipitur ipse mons, qui est super vallem frigidam et silva vadit per verticem ipsius montis usque in Maccle, qui dicitur de Godini. De secunda parte a Maccle, qui dicuntur de Godini, usque in fluvio, qui dicitur Trinio majore, etc.* [** Silva. Vide Murator. Antiq. Ital. tom. 2. col. 151. A.]

¶ MACCONES, Bollandistis videntur esse Vermes fabis infesti. Miracula S. Zitæ tom. 3. Aprilis pag. 518 : *Pro fugandis tempestatibus et Mucconibus quod non apparerent et damnum non facerent in supra dicta terra et blavis, etc.*

¶ MACECONICI, Italis *Maceconchi*, Ecclesiastici inferioris gradus et subsellii. Processionale Mediolan. edit. S. Caroli pag. 5 : *In sancto Victore, Maceconici dicunt ter Kyrie eleison submissa voce, et Veglones alternatim.* Iidem videntur esse qui in Ecclesia S. Laurentii Genuensis *Massaconici*, in Parisiensi *Macicoti*, Gall. *Machicots*, et in aliis *Ecotiers* appellantur. Vide Menag. ad vocem *Machicots* et infra *Massicoti*.

* MACELATOR, Idem qui *Macellator*, Carnifex. Chron. Forojul. ad ann. 1305. in Append. ad Monum. eccl. Aquileg. pag. 30. col. 2 : *D. Johannes cepit.... boves et armenta et castros bene in magna quantitate Macelatorum de civitate, quæ erant... in pascuis ipso die. Maceclier*, eodem sensu, in Charta Margar. comit. Fland. ann. 1274. ex Chartul. 1. Fland. ch. 264. Reg. Cam. Comput. Insul. sign. *Papier velu : La hale des Machecliers, lequele li Macheclier meismes tiennent.* Terrear. Hannon. ex ead. Cam. : *Et li Machecliers qu'il ne puist wagnier au pourchiel tuer ke six deniers. Mecelier*, in Lit. remiss. ann. 1410. ex Reg. 165. Chart. reg. ch. 76. Vide *Machecarii* et *Massellarius*.

* MACELINUS, an pro *Marabotinus*, Monetæ species? Vide in hac voce. Necrol. S. Genov. Paris. ex schedis D. *Le Beuf* : *ix. Cal. Jul. obiit Petrus Ruffus diaconus de monte S. Genovefæ : dedit nobis librum Abel, librum scintillarum et 200. Macelinos et 1. domum sitam in clauso S. Symphoriani.*

¶ 1. MACELLA, pro Macellum, *Boucherie*. Charta ann. circ. 1439. apud *Madox* Formul. Angl. pag. 392 : *Situatis in parochia sancti Nicholai ad Macellas London.* Massiliæ, *lou Masseou.*

¶ 2. MACELLA. Charta Johannis Episc. Ruthen. ann. 1375. inter Instr. tom. 1. novæ Gall. Christ. pag. 52 : *Cum pro tuitione et defensione villæ Ruthenæ fiat seu incepta fuerit per vos quædam barbacana cum quodam portali,... cumque urgente necessitate oporteat Macellam sinistram exitus dicti portalis dictæ barbacanæ, et parietem ipsius Macellæ construi et ædificari infra cimiterium dictæ Ecclesiæ, dictumque parietem conjungi cum pariete ipsius Ecclesiæ ad filum cum Macella dextra exitus dicti portalis dictæ barbacanæ, etc.* Mendum est, ni fallor : legendum enim videtur *Manica*, qua voce ædificium alterius latus veluti efficiens, significatur. Vide *Manica* 3.

* MACELLANUS, pro *Macellarius*, Carnifex. Charta ann. 1260. inter Instr. tom. 6. Gall. Christ. col. 372 : *Præterea liceat episcopo in parte sua tres furnos facere, et unum macellum, in quo tamen sint seu esse possent septem Macellanorum tabulæ et non ultra.* Vide supra *Macelator*.

¶ 1. MACELLARE, Papiæ : *Occidere, inde macellum locus, et macellarii homines.* Vocabul. utriusque juris : *Macellare est mactare vel trucidare. Inde dicuntur macellarii qui pecora vel quadrupedia mactant.* Statuta Arelat. MSS. art. 42 : *Et idem statuimus in eo qui vendidit Christianis carnes interfectas vel Macellatas a Judæis.* Idem occurrit in Statutis Avenion. MSS. Rolandinus Patav. de factis in marchia Tarvis. lib. 8. cap. 285 : *Sarraceni autem locum defendentes sagittis, et ipsi sagittis et lanceis sunt occisi, et ut bruta animalia Macellati.* Hinc emendandum Chron. Siciliæ ad ann. 1316. apud Marten. tom. 3. Anecd. col. 79. ubi *macerandum* pro *macellandum* legitur.

* 2. MACELLARE, In macello venum exponere. Charta ann. 1307. in Reg. 42. Chartoph. reg. ch. 4 : *Verumptamen ad Macellandum et vendendum tales carnes vobis dicto Petro et aliis macellariis concedimus etc.* Vide infra *Macellum facere*.

* 3. MACELLARE, Exenterare, purgare; quo sensu *Habiller* dicimus. Charta ann. 1336. in Chartul. eccl. Lingon. ex Cod. reg. 5188. fol. 103. r° : *Debet major prædictæ villæ domino utili dictæ villæ imperpetuum omni anno in crastino festi nativitatis Domini unum porcum totum Macellatum, visceribus vacuatum et paratum ad quoquendum.*

MACELLARIA, Vide *Missellaria*, in *Miselli*.

¶ MACELLARIUS, Qui carnes, interdum, etiam obsonia lautiora, in macello vendit. Artemidorus lib. 3. cap. 37. scribit, *Macellarios et lanios carnem conscindentes et vendentes periculorum et damni significativos esse.* Charta ann. circ. 984. tom. 2. novæ Gall. Christ. inter Instr. col. 46 : *Dedimus autem iterum iis omnes emendationes et omnia vadimonia omnium satisfactionum omnium ibidem consistentium, et consuetudines Macellariorum et paletariorum in alodum illum habitantium.* Adde Chron. Farfense ann. 1077. Catalogum MS. ann. 1328. Confratern. B. M. Tolos. Constit. Frederici Reg. Sicil. cap. 38. [** Guerard. in Proleg. Chartul. S. Petri Carnot. pag. 63.] Vide mox *Macellator*.

* MACELLATA, Idem quod infra *Mesailhata*, Modus agri. Vide in hac voce. Lit. admort. pro eccl. Tolos. ann. 1454. in Reg. 187. Chartoph. reg. ch. 111 : *Item plus quatuor Macellatas prati,... confrontatas ab una parte cum honore Bernardi Bissa de Castaneto etc.* Vide mox in *Macina* 2.

MACELLATOR, Macellarius, carnifex, κρεοπώλης, *Negotiator artis macellariæ*, in veteri Inscript. Lugdunensi. Ugutio : *Carnifex, homicida, vel Macellator.* Alibi : *Macellarius, qui pecora mactat, vel carnes vendit.* Gloss. Lat. Græc. : *Macellarius*, ὀψωνοπώλης. [*Macellarius, Maiselier, boucher*, in Gloss. Lat. Gall. Sangerm.] Occurrit in Charta ann. 1250. in Notis ad Concilia Narbon. Baluzii. Vide Meursium in Μακελλάρης, et Salmasium ad Capitolinum pag. 173. [Vide *Macellarius*.]

MACILLARIUS, pro *Macellarius*. Joan. Bromptonus pag. 1012 : *De quibus omnibus nullus evasit, nisi vanus rusticus Macillarius, etc.*

* MACELLINOGIUM. Charta Guil. comit. Pontiv. ann. 1049. ex Reg. forest. comitat. Alenc. in Cam. Comput. Paris. fol. 9. v°. : *Insuper concedo eis* (monachis S. Mart. de Sagio) *et confirmo Macellinogium, quod est in nemore Stoparum.*

* MACELLO, Macellarius, carnifex. Stat. synod. eccl. Tornac. ann. 1366. pag. 49 : *Hæc sunt officia clericis interdicta quæ volumus omnino scire, puta campsoris, tabernarii, carnificis per semet, quod vulgariter dicitur Macello sive makelen.* Vide supra *Macelator*.

* MACELLUM FACERE, Carnes in macello venum exponere. Vide supra *Macellare* 2. Inventar. ann. 1233. ex Cod. reg. 4659 : *Habet commune Avinionis bancagium, scilicet duos cavos multonis in quolibet macellario faciente Macellum.* Nostris alias *Macel*, *Masel* et *Mazel*, pro *Boucherie*, Laniarium. Lit. remiss. ann. 1388. in Reg. 133. Chartoph. reg. ch. 24 : *Icellui Hugonin s'estoit mucié ou grant Masel ou boucherie de la ville de Chalon.* Aliæ ann. 1460. in Reg. 192. ch. 84 : *Laquelle femme le suppliant trouva en la boucherie ou Macel.* Glossar. Provinc. Lat. ex Cod. reg. 7657 : *Mazel, Prov. macellum, carnificina. Mazellar, Prov. macellare. Mazelier, Prov. macellarius, carnifex. Mazel*, in Charta ann. 1368. tom. 5. Ordinat. reg. Franc. pag. 704. art. 5.

¶ 1. MACELLUS, Dies qua merces in foro venum exponuntur, Gall. *Jour de marché.* Charta Bolconis Ducis Silesiæ ann. 1337. apud Ludewig. tom. 6. Reliq. MSS. pag. 42 : *Quod in eisdem villis et etiam aliis a dicta civitate infra milliare circumferentialiter situatis non debeat haberi taberna aliqua, nec aliquis operarius nocivus civitati, sicuti pistores, carnifices, sartores et fabri, et præcipue in Cirla ubi taberna ab antiquo habita quatuor Macellis est exempta.*

* 2. MACELLUS, Macellarii mensa, Gall. *Etal.* Libert. bastidæ de Solomn. ann. 1327. in Reg. 65. Chartoph. reg. ch. 20 : *Banqui seu Macelli pro carnibus scindendis etc.* Vide infra *Massellus*.

* 3. MACELLUS, Præstatio, quæ a macellariis fit; vel a quocumque qui merces in macello venum exponit. Charta ann. 1356. in Reg. 84. Chartoph. reg. ch. 569 : *Pedagia sive leudas, Macellos, forgia, corrogia, albergua et alias quascumque possessiones et bona... concessimus.*

* MACENATA, Familia, idem quod *Maisnada*. Stat. Ferrar. lib. 2. rubr. 107. apud Murator. tom. 1. Antiq. Ital. med. ævi col. 809 : *Et de eo, quod habet femina de Macenata pro dote, vel alio modo, non solvat collectam.* Vide infra *Macinata* 2.

MACEPEDICULUM. Tabularium S. Petri Generensis, apud Marcam lib. 4. Hist. Benearn. cap. 10 : *Dedit Dominicaturam quandam... quam habebat in Algar, et apud Idronium quoddam nassale, quod antiqui Macepediculum appellavere.* [* Piscariæ species videtur.]

MACERA, MACERIA, Macellum. Papias : *Machera vocabatur locus in macello. ubi maxime actiones fiebant commercii, unde et macellum dicitur.* Ugutio et Joan. de Janua : *Macera, i. macellum. Inde macerarius, macellarius.*[*Macera, Boucherie, maiseliere*, in Gloss. Lat. Gall. Sangerm.] Charta Gerardi Camerac. Episcop. ann. 1089. apud Lindanum in Teneræmunda, et Miræum in Cod. Donat. Belg. : *Alodium de Lietsinis cum moneta, cum teloneo et Macera, et districto, cum molendinis, etc.* Alia Ottonis Imp. ann. 922. apud eumdem Miræum in Dipl. Belg. lib. 1. cap. 17 : *Similiter mercatum, percussuram monetæ, Macheriam.* Alia Henrici Ducis Brabant. ann. 1081. in Cod. Donat. Piar. cap. 65 : *Cum teloneo et Maceria*, [alias *Madheria*,] *cum molendinis et curtibus.* Quæ verba idem sonant cum iis, quæ habent varia Imper. Diplomata : *Insuper et bannum nostrum et monetam, teloneumque sive Macellum publicum ibi construi liceat.* Occurrit præterea in Chronico Mindensi pag. 738. 739. 740. 750. [* In locis ex Miræo hic allatis legendum est *Matera, Materia* et *Matheria*, ut videre est infra in *Maeria* 4. ubi et genuinus harum vocum sensus expouitur.]

Machæra, pro *Macera*, apud Papiam loco laudato, et in Charta Ottonis Imp. anni 946. apud Sammarth. in Abbatib. pag. 462. Vide *Machecarii.*

Maceram vero pro *Machæra*, usurpavit Aldhelmus. [Legitur etiam in Vita MS. S. Winwaloei metrice scripta :

> Ancipitem fugiens duro cum dente Maceram.]

¶ **MACERARE**, mendose pro *Macellare*, quod vide.

¶ **MACERARIUS**. Vide *Macera.*

¶ **MACERATIO**, Clades. Gasparis Barthii Gloss. ex Hist. Palæst. Roberti monachi apud Ludewig. tom. 3. Reliq. MSS. pag. 109 : *Facta autem est Maceratio hæc Turcorum, etc.* Ubi idem Barthius legendum censet *Massacratio*; mallem ego *Macellatio*. Vide *Macellare.*

MACERATURA Lini, in Novella 15. Theodosii et Valentiniani de Tributis Fiscal. [*Macerare, Combrisier, dilanier, despecier, debiliter, mollifier*, in Gloss. Lat. Gall. Sangerm.] Hinc forte vox *Machure*, in Consuet. Nivernensi cap. 1. art. 20 : *Pour injure reelle, ou il y a grand'effusion de sang, ou enorme Machure.* Vide *Macatura.*

¶ 1. **MACERIA**, Quævis materia lignea ædibus ædificandis idonea, Gall. *Merrin.* Chartular. Monast. Accincti pag. 25 : *Guido de Tyl dedit usuaria quoque in campis et in nemoribus de Bonbellum et de Gysir ad pecora fovenda, ad porcos pascendos, ad Maceriam capiendam, et ad ea quæ sunt apta faciendis ignibus capienda.* Ibid. non semel occurrit. Interdum usurpatur pro ipsa materia elaborata. Vita S. Ansegisi sæc. 4. Benedict. part. 1. pag. 634 : *Continentur in ipsa domo desuper fenestræ vitreæ, cunctaque ejus fabrica, excepta Maceria, de materia quercuum durabilium, condita est.* Vide *Materia*. [* Purum putumque mendum pro *Materia*. Vide in hac voce.]

¶ 2. **MACERIA**, Macellum. Vide *Macera*. [* Male, ut videre est infra in *Maeria* 4.]

¶ 3. **MACERIA**. Joh. de Janua : *Maceriæ dicuntur longi parietes, quibus vineæ vel aliud clauduntur. Longues parois de quoi vignes ou autres choses sont closes, c'est Maisiere*, in Gloss. Lat. Gall. Sangerm. Chron. Dom. de Gravina apud Murator. tom. 12. col. 619 : *At omnes suspicabamur imboscatos esse... ut omnes foras euntes capere possent in Maceriis et campis.* Le Roman *de Vacce* MS. :

> Un sarcuel fist appareillier
> Lez la Messiere du monstier
> A meitre apreuf sa mort son cors
> Sous la goutiere de defors.

Le Roman *de Pyramus et Tysbé* MS. :

> Maisiere trop parestes fiere
> Que n'ouvrez par ma proiere.

Vide *Macio.*

MACERIO, *Maceriarum constructor*, Joanni de Janua, *Maçon*. Atque sic legendum fortean apud Hugonem Farsitum lib. de Miraculis S. Mariæ Suessonensis cap. 8 : *Faber ferrarius.... conventionem suam fecerat annuam, ut ibidem Suessione remanens, utensilia Materonum reficeret, etc.* Legendum enim videtur *Maceriorum.*

¶ 1. **MACERIUS**, Apostolici palatii officialis, qui Papam associabat in equitatione, hodie *Mazzieri*. Ita Macri in Hierolex. ex Ceremon. Davantriæ MS : *Quando duo ejus* (Papæ) *domicelli seu Macerii debent eum ducere per frænum equi.* Ibid. : *Servientes armorum, vel vocati Macerii habent præcedere Papam.* [* Lictor, qui clavam portat, Gall. *Massier.*]

* 2. **MACERIUS**, ut supra *Macello*. Chartul. S. Petri Belvac. ch. 309. fol. 149. v°. : *Duos stallos Maceriorum.*

* **MACESCARE**, pro Macescere. Glossar. Provinc. Lat. ex Cod. reg. 7657 : *Emaygersir, Prov. macere, Macescare.*

* **MACHA**, Clava, Gall. *Masse*, vel *Massue*, alias *Mache* et *Macque*. Lit. remiss. ann. 1350. in Reg. 80. Chartoph. reg. ch. 692 : *De quadam Macha, de qua se deffendebat, non habens spem occidendi eumdem, taliter irruit etc.* Le Roman de *Cléomades* MS. :

> Et une grant Mache Turkoise.

Lit. remiss. ann. 1415. in Reg. 168. ch. 235 : *Un baston appellé Macque ou planchon de Flandres. Maque* appellatur etiam pastoris baculus in aliis ann. 1443. ex Reg. 176. ch. 279 : *Comme iceulx deux pasteurs... se eussent prins sur couleur d'esbatement admiable de leurs loucés ou Maques de bregier jetter ou Maquier l'un après l'autre de la terre. Et en ce faisant un d'eulx se feust courroucié à l'encontre de l'autre pour Maquie ou motte de terre dont il fu feru, etc.* Unde diminut. *Macelote* et *Machelote*. Lit. remiss. ann. 1376. in Reg. 109. ch. 125 : *Yceulx pere et filz se mirent à defense de ce que il avoient, c'est assavoir le pere, d'une petite Macelote dont il s'apuyoit sur le chemin.* Aliæ ann. 1389. in Reg. 138. ch. 63 : *De la Macelotte ou teste dudit billart lui donna plusieurs coups. Icellui Robert frappa ledit Colin d'une Machelote qu'il tenoit*, in aliis ann. 1401. ex Reg. 156. ch. 453. *Maquelette*, eodem sensu, in aliis Lit. ann. 1468. ex Reg. 195. ch. 128 : *Le suppliant qui tenoit une Maquelette ronde de fer etc.* Vide *Machia.*

* **MACHABÆORUM** Chorea, vulgo *Dance Macabre*, Ludicra quædam ceremonia ab ecclesiasticis pie instituta, qua omnium dignitatum, tam ecclesiæ quam imperii personæ choream simul ducendo, alternis vicibus a chorea evanescebant, ut mortem ab omnibus suo ordine oppetendam esse significarent. Hujusce ritus mentio fit in veteri Codice MS. eccl. Vesont. laudato in Mercur. Franc. mens. Sept. ann. 1742. pag. 1955 : *Sexcallus solvat D. Johanni Caleti matriculario S. Joannis quatuor simasias vini per dictum matricularium exhibitas illis, qui choræam Machabæorum fecerunt* 10. *Julii* (1453) *nuper lapsa hora missæ in Ecclesia S. Joannis Evangelistæ propter capitulum provinciale Fratrum Minorum.* Diar. regni Caroli VII. ad ann. 1424. fol. 509 : *Cette année fut faite la dance Macabre aux Innocens.* [** Vide Grimm. Mythol. German. pag. 495.]

¶ **MACHACOLLADURA**, a Gall. *Machecoulis*, Pergulæ species in superiori turrium parte, unde in oppugnatores lapides aliaque projiciebantur. Charta ann. 1382. in Tabular. Massil. : *Turris de mercato dicta S. Ludovici habet de alto computata fundamenta usque ad Machacolladuram* XI. *cannas cadratas et* 11. *palmos, etc.* Vide *Machicollare.*

MACHÆRA, μάχαιρα, Ensis, gladius, apud Aimoinum de Miracul. S. Bened. cap. 6. [*Machera, Long glaives d'une part agus*, in Gloss. Lat. Gall. Sangerm.] Vide *Macera.*

* Gloss. super tres libr. Salom. in Bibl. Heilsbr. pag. 14 :

> Troja potens, animosa, ferax, didicit sibi tuta
> Imperio, Machæra populo ruitare minuta.

MACHALE, Macholum, Horreum sine tecto, nostris, scilicet Campanis, *Machau*, inquit Pithœus. Lex Salica tit. 18 : *Si quis spicarium aut Macholum cum annona incenderit.* Pactus Legis Salicæ tit. 20. *Machalum*, [*Moffolum*, in Cod. Guelferbyt.] Chronicon Windeshemense lib. 2. cap. 7 : *Latera pro pedibus cum quatuor Machalibus et bladis.* Et infra : *Fœnis et bladis tempore messis convehendis in agris et Machalibus.* Cap. 19 : *Machale quoddam rusticorum nobis convicinum fœno adimpletum accendentes.* Ab hac voce urbi Mechliniensi, quam Flandri *Mechelen* vocant, nomen datum putat Wendelinus, et aliis similis appellationis vicis ad Mosam et circa Beringiam.

* Lex Salica ex Cod. Estensi apud Murator. tom. 2. Antiq. Ital. med. ævi col. 287 : *Si quis picharium* (*id est cellarium*) *aut Macholum* (*id est canavam*) *cum annona incenderit.* Ubi latere vitia suspicatur vir doctus. *Machale* vero mihi idem videtur quod Moles, acervus, cumulus, Gall. *Meule*. Et certe eo intellectu *Mache* legitur in Charta Joan. Joinvillæ ann. 1300. ex Chartul. monast. de Escureio : *Comme j'eusse mis saisine en un pré qui siet en finage de Rus, ouquel l'abbé et couvent d'Escurey ont et doivent avoir dous Maches de foin chacun an, pour l'amour que j'ai audit couvent, conferme et octroy que ledit couvent joissent paisiblement desdits dous Maches de foin.* Et *Maquet* in Lit. remiss. ann. 1427. ex Reg. 174. Chartoph. reg. ch. 51 : *Il avoit un petit Maquet de foing dessoubz une vassure d'icele église, où le suppliant getta un tison de feu.* Vide infra *Maschotum.*

¶ **MACHAMATICUM** Numen, Mahometes. Laurentius Veronensis de Reb. Pisanorum ad annum 1104. apud Murator. tom. 6. col. 146 :

Adversantur enim cunctis communiter hostes,
Qui Machamaticum celebrandum numen adorant.

Vide *Mahum.*

¶ **MACHAMIUM**, Membri mutilatio aut fractio. Johan. Skenæus de Verborum significatione pag. 99. Vide *Mahamium.*

¶ **MACHARIUS**, a Græco μακάριος, Beatus. Chron. breve S. Dionysii tom. 2. Spicil. Acher. pag. 812 : *Cum honore debito sepultus est* (Philippus Rex) *in famosissimo Macharii Areopagitæ Dionysii monasterio.*

MACHECARII, in Legibus Eduardi Regis Angl. cap. 39. dicuntur, qui aliis *Macellarii. Cum autem dictum est, quod nullus hominum emeret absque plegiis animal vivum, clamaverunt Machecarii de civitatibus et burgis... quod unaquaque die oporteat eos animalia viva emere, occidere, et vendere.* Gaufredus Vosiensis cap. 23 : *Ipse Macellarius cognominatus est, quia sicut carnifex carnes securi in macello, sic iste truncabat hostes in bello.* Certe existimarem legendum *Macerarii* in Legibus Edwardi, a *Macera*, macello, de qua voce supra. *Macecliers*, quos alii *Macellarios*, vocat Chronicon Flandr. vernac. cap. 41 : *Le Comte d'Artois, qui estoit sur les Macecliers de Bruges.* Gloss. Lat. Gall.: *Macellarius, Marselier, Boucher. Macellum : Marsel, Marseloire. Macelerie de Troies*, in Computo terræ Campaniæ ann. 1348. Vide *Mavecharius.*

* **MACHENIA**, Vestis species aut pars quædam vestis. Stat. Judæor. Apam. ann. 1279. inter Probat. tom. 4. Hist. Occit. col. 71 : *Item statuerunt inter se, quod aliqua Judæa non audeat portare* .. (sic) *in Machenia sua.* Vide *Machil.*

1. **MACHERIA**, pro *Maceria*, Paries. [Charta Pippini Regis in Chartul. S. Maxentii : *Nil habemus nisi has quas in honore horum duorum Sanctorum quorum sepulchra nobis parata tali honore videntur Macheriam diripiant, ut non relinquatur lapis super lapidem.*] Monachus Sangall. lib. 1. de Carolo M. cap. 26 : *Sed jam ad vicinos nostros Italos una tantum Macheria divisos veniendum est.* Vide *Maceria* 3.

¶ 2. **MACHERIA**, Macellum. Vide *Macera.* [* Male, ut videre est infra in *Maeria* 4.]

¶ **MACHIA**, Clava. *Serviens ad Machiam*, idem qui apud Anglos *Serviens ad clavam*; nostris *Sergens à masse.* Charta ann. 1399. ex Tabul. B. M. de Bono-nuntio Rotomag. : *Et deinde Robertus Rouselli serviens Regis ad Machiam Rothom. virtute litterarum dicti Præpositi sibi super his directarum ad instantiam Roberti de Grouchet procuratorem dicti Prioris.... nos compulerit, etc.* Vide *Macia.* [* Nostri cultrum quemdam *Machier* appellarunt. Lit. remiss. ann. 1482. in Reg. 207. Chartoph. reg. ch. 289 : *Lui donna un coup sur la teste d'un cousteau, autrement appellé Machier.*]

MACHICE, quasi μαχικῶς vel potius μαχητικῶς, cum certamine. Acta SS. Nicandri et Marciani : *Longanimis esto, luctasti modo Machice adversus diabolum et vicisti eum, etc.*

* **MACHICOLAMENTUM**, Munimenti oppidorum species, Gall. *Machicoulis. Maciolis*, apud Monstrel. vol. 3. fol. 59. v°. Charta ann. 1346. ex Cod. reg. 8387. 4. fol. 27. r°. : *Eadem emolumenta possint colligere,... quousque dicta villa perfecte fossatis et muris cum turribus et Machicolamentis et barbacanis clausa fuerit.* Vide mox

* **MACHICOLARE**, *Machicolamentis* munire. Charta ann. 1426 : *Pro ibidem cleiando, Machicolando;... si ibi non cleyaverint et Machicolaverint etc.* Vide *Machicollare.*

MACHICOLLARE, in antiquis Privilegiis Regum Anglicorum, cum licentiam concedunt castri ædificandi, illudque *imbatellandi, kernillandi, Machicollandi, etc.* teste Spelmanno. Vox Gallica, ex *Machicolis*, specie munimenti oppidorum. Vide *Machacolladura.*

MACHIL, *est tunica talaris hiacynthina.* Papias. [Addit Catholicon : *habens tintinnabula multa.*]

MACHINA. Liber Pœnitent. Gregorii III. PP. cap. 26 : *Qui in Machinis dæmonibus immolaverit, secundum canonicam institutionem, 10. annos pœniteat.* At aliter legitur apud Cumeanum Abbatem de Mensura pœnitentiarum cap. 7 : *Qui immolat dæmonibus in minimis, uno anno pœniteat, qui in magnis, decem.* Vide *Sortes Sanctorum*, in *Sors.*

1. **MACHINAMENTUM.** *Per Machinamentum pollui*, in veteri Pœnitentiali MS. *Mulier qualicumque molimine aut se ipsam polluens, aut cum altera fornicans, 4. ann. Sanctimonialis femina cum Sanctimoniali per Machinamentum polluta, ann. 7.*

¶ 2. **MACHINAMENTUM**, Rerum universitas. Chartul. Aptense fol. 27. v° : *Summo scilicet Creatori.... et totius Machinamenti dispositori a quo quidquid boni habetur, etc.*

¶ 3. **MACHINAMENTUM**, Versutia, conatus, consilium. Epistola Capreoli ad Vitalem et Constantium tom. 2. Conc. Hispan. pag. 200 : *Denique ut noveritis, et plenius advertatis ita esse quod dicitur, ad dissolvenda omnium hæreticorum Machinamenta et universas calumnias refellendas.* Vita B. Deicoli apud Eccardum in Orig. familiæ Hasburg. pag. 166 : *Sed et ego non ignoro voluntatis vestræ nisum, et inimici humani generis Machinamentum.* Vide *Machinatus.*

¶ 4. **MACHINAMENTUM** Raptorium, Instrumentum quo utebantur in quodam exercitii genere, quod Græcis Σπάρτος μακρὸς dicitur. Locum vide in *Sphæra Italica.* Σπάρτον autem Græce est funis, rudens.

* 5. **MACHINAMENTUM**, *Triumphum*, in vet. Glossar. ex Cod. reg. 7641.

* 6. **MACHINAMENTUM**, Occasio, in Ind. onomast. tom. 1. April. Act. SS. ubi falso locus indicatur.

* **MACHINANS**, Machinarum inventor aut exstructor, Gall. *Machiniste.* Tract. MS. de Re milit. et mach. bellic. cap. 22 : *Arbor ambulatoria cum verochio potest altius elevari ac declinari ad beneplacitum Machinantis.*

¶ 1. **MACHINARE**, pro Machinari. Sacramentum fidelitatis præstitum ann. 1194. tom. 10. Spicil. Acher. pag. 173 : *Juro... ut de cetero inantea non te occidam, nec occidere faciam, vel permittam, vel Machinem; non te capiam,.... nec defraudare ullo modo faciam, permittam vel Machinem.* Concilium Toletan. XVI. tom. 2. Conc. Hispan. pag. 744 : *Quicumque deinceps cujuslibet sit honoris persona vel ordinis, in necem vel dejectionem regiam quippiam Machinaverit.*

* Charta ann. 1301. inter Probat. tom. 1. Hist. Nem. pag. 142. col. 1 : *Hoc tenendo medio tempore in secreto, ne ad vicinos interim transeat unde valeant Machinare.* A Latino Machinatio, vulgo *Adresse, artifice*, nostri *Machination*, eodem sensu, dixerunt. Pactum inter Carol. comit. et capitul. Carnot. ann. 1306 : *Ne ne la troubleront, ne ne feront troubler par aucune Machination, ne par engin, ne par cautelle.* Unde *Machineux*, qui aliquid machinatur, in Lit. Caroli V. ann. 1378. apud Marten. tom. 1. Anecd. col. 1530 : *Declarons par ces présentes faux, traitre, mauvais, parjure, conspirateur et Machineux etc.*

* 2. **MACHINARE**, f. perperam pro Minitare vel Vacillare. Vita S. Petri de Perus. tom. 3. Jul. pag. 115 : *Accidit etiam ut quadam die, dum artifices unam ex columnis marmoreis miræ pulchritudinis, quæ nimio pondere gravata, ruptis funibus, inter fragores hinc inde Machinaret, terram nimio impetu peteret,... Petrus... signum crucis ei opponens, curvatam jam erexit.*

¶ **MACHINARIUS** Asinus. Vide *Macina.*

¶ **MACHINATOR**, Hæresiarcha, in Cod. Theod. leg. 53. de Hæret. lib. 16. tit. 5.

¶ 1. **MACHINATUS**, Machinatio, versutia. Apuleius in Apol. : *Idque apud omnes intemperantissime gloriatur, me suo Machinatu postulatum.* Vide *Machinamentum* 3.

* 2. **MACHINATUS**, Fractus, contusus, ab Italico *Macinare*, conterere; unde nostris *Machigner*, pro Evertere, destruere. Stat. Avellæ ann. 1496. cap. 93. ex Cod. reg. 4624 : *Mensuræ, ut supra rationatæ et signatæ,... justæ et rationabiles reputentur; dum tamen fractæ, ruptæ, cassatæ vel bombatæ, seu in aliqua sui parte Machinatæ non sint.* Vitæ SS. MSS. ex Cod. 28. S. Vict. Paris. fol. 30. v°. col. 2. ubi de S. Auton. : *Il osteront baptisme et Machigneront les églises.*

¶ **MACHINELLA**, dimin. a Machina. Hist. Cortus. lib. 2. apud Murator. tom. 12. col. 825 : *Comes Gualtiæ recepta pecunia equitavit Montem Silicum cum machinis et Machinellis.*

MACHINES, *Instrumenta ædificiorum, dicta sic a machinis, quibus insistunt, propter altitudinem parietum.* Joan de Janua.

MACHINILE. Vita S. Eligii lib. 2. cap. 66 : *Anus... decisiones ex capillis ejus collegerat, atque panno obvolvens super suum discubitum, in Machinile collocaverat.* [* Pro *Manichile*, pera. Vide *Manica* 5.]

* **MACHINOSE**, Ex machinatione, versute. Charta Petri III. reg. Aragon. ann. 1354 : *Providimus pluribus de officiis jurisdictionem habentibus, qui jam rexerunt vel regunt officia, pro quibus juxta constitutiones Cathaloniæ generales tenere tabulam astringuntur, quam nondum procul dubio renuerunt, et de provisione hujusmodi tacito, Machinose vel alias exquisite procurarunt a nobis.*

MACHINOSUS, *Plenus machinis*, Ugutioni.

MACHIO, Latomus. Vide *Macio.*

** **MACHIRA**, pro Machæra, apud Virgil. Grammat. pag. 18.

* **MACHO**, Latomus, Gall. *Maçon*, in Chron. abbat. Corb. MS. fol. 8. v°. Vide *Macio*.

MACHOBERTUS, [Vana et ridicula superstitio, nostris *Momerie*.] Ægidius Aureæ-Vallis Monachus in Hugone de Petrafonte Episcopo Leod. cap. 107 : [*Cum Dux Brabantiæ Leodiensem ditionem vastasset, Episcopus Hugo de Petraponte eum excommunicavit, jussit organa cessare, imagines in terra postravit. Unde Dux ad bellum rediens, in quamdam ecclesiam intravit, viditque illic prostratam, sicut Episcopus jusserat, imaginem Crucifixi, quam sumens tulit ab Ecclesia, confractisque cruribus, et concisis manibus projecit in sterquilinium ita dicens :*] *An credit de me Pontifex vindictam habere talibus innisus Machobertis.* [Vide *Mahum.*]

MACHOLUM. Vide *Machale*.

MACHOMARIA, Machomeria. Vide *Mahum*.

* **MACHOMETICOLA**, *Machometi* seu Mahometis sectator. Laudes domus Auriæ apud Murator. tom. 21. Script. Ital. col. 1181 : *Armerienses Machometicolæ Hesperiorum gentis Christicolarum omne genus mari vexabant.* Vide in *Mahum.*

¶ 1. **MACHOMETUS**, Mahumedes. Bern. de *Breydenbach* Iter Hieros. pag. 270 : *Cristum enim colimus una fide et firma mente, pro quo pugnare parati sumus, et mortem potius oppetere quam Machometo conjungi.*

* 2. **MACHOMETUS**, a Gallico *Magot*, Thesaurus absconditus. Lit. remiss. ann. 1322. in Reg. 62. Chartoph. reg. ch. 220 : *Quod pater et filii sui prædicti Machometum et alios thesauros absconditos invenerunt.*

¶ **MACHONERIA**, Quidquid ad lapidum structuram pertinet, Gall. *Maçonnerie.* Charta Communiæ S. Quintini Viromand. ann. 1237. ex Chartular. Monast. S. Quintini in Insula pag. 156 : *Construi fecimus nostris sumptibus tres arcus lapideos, et illos tres arcus lapideos tenemur de omni Machoneria nostris sumptibus, etc.*

* *Machonnement*, eadem notione, apud Guignevil. in Peregreg. hum. gener. MS. :

En haut assis son fondement
Estoit, et son Machonnement
De vives pierres fais estoit.

* **MACHOTA**, *Prov. Noctua, cecuma, lucifuga*, in Glossar. Provinc. Lat. ex Cod. reg. 7657.

** **MACHRONOSIA**, Morbus diuturnus, a Græco Μακρονοσία. Richer. lib. 1. cap. 56 : *Karolus post hæc tedio et angore deficiens in Machronosiam decidit.*

¶ **MACHUA** Tortuosa, Genus ensis, Belgis *Maçu*, nostris olim *Maçue*, clava, *Massue*. Consuetud. Furnenses MSS. ex Archivis Audomar. : *Si aliquem inde* (canipulo) *occiderit, ei in perpetuum responsis denegetur... Et per totum erit similiter de Machua tortuosa.* Infra : *In cujuscumque domo canipulus sive Machue tortuose inventa fuerit extra camaram vel cistam emendabit Comiti tres libras.*

¶ **MACHUMERIA**, Cœmeterium Mahumetanorum. Gasparis Barthii Gloss. ex Roberti Monahc. Histor. Palæst. apud Ludewig. tom. 3. Reliq. MSS. pag. 88. Vide *Mahum.*

¶ **MACHUMETINI**, Mahumedis Sectarii. Sicardi Episc. Cremon. Chron. apud Murator. tom. 7. col. 604 : *Sed sub Heraclio eodem fuit postea Hierusalem a Machumetinis invasa.* Vide *Mahum.*

¶ **MACIA**, Clava, Gallis *Masse, massue.* Libertates concessæ Gratianopolit. ann. 1244. tom. 1. Histor. Dalphin. pag. 22 : *Statuimus quod si aliquis... vel gladium, vel Maciam ferream vel ferratam contra aliquem causa offendendi seu animo injuriandi elevaverit, quinquaginta solidos curiæ dabit.* Litteræ Humberti Dalphini ann. 1347. ibid. tom. 2. pag. 567 : *Volumus quod nullus de hospitio nostro debeat deferre clavam, seu Maciam servientium armorum.* Vide *Machia.*

¶ **MACIANUM**, vel Maciane, *Pomum acerbum.* Glossar. MS. sæcul. XIII. Monast. S. Andreæ Avenionensis.

¶ **MACICOTI.** Vide *Maceconici.*

* **MACICOTUS**, Clericus inferioris gradus et subsellii in ecclesia Parisiensi, vulgo *Machicot*. Stat. MSS. ann. 1408. ad calcem Necrol. ejusd. eccl. : *Item nullus clericus vel Macicotus debet percipere denarios diurnos, si sit sacerdos, nisi de gratia speciali.* Vide *Maceconici.*

* **MACIGNUS** Lapis, *Macigno*, Acad. Crusc. *Sorta di pietra bigia.* Acta SS. tom. 5. Jun. pag. 377. col. 2 : *Corpus S. Leonis papæ antiquitus quiescebat in arca plumbea :.... hæc vero alia itidem arca claudebatur, sed marmorea, vulgo Travertino aut Macigno dicti.*

* **MACILENTUS** Cibus, Quadragesimalis, Gall. *Maigre*. Vita B. Michel. tom. 3. Jun. pag. 929. col. 1 : *Crebra jejunia cumulans, Macilentis cibariis utebatur.*

¶ **MACILLARIUS.** Vide *Macellator.*

* **MACILLENTIA**, Macies, Gall. *Maigreur*, alias *Maigresse*. Glossar. Gall. Lat. ex Cod. reg. 7684 : *Maigresse, Macillentia.* Vitæ SS. MSS. ex Cod. 28. S. Vict. Paris. fol. 61. r°. col. 1 : *Liquels* (Pierre) *est patinous, laiz, consumpmez par Maigresse.* Vide infra *Magrus.*

1. **MACINA**, Lapis molaris, mola molendinaria : *Macigno*, Italis : *Macina*, Cresconio Italico. Vegetius lib. 2. Art. Veterin. cap. 46 : *Genu vel basim si semoveris, ad tormentum rotæ vel Macinæ, locis suis restitues.* Ubi alii Codd. : *Genu si basim exierit, ad torcular mitte, etc.* Regula Magistri cap. 95 : *Omnia vero necessaria intus intra regias esse oportet, id est, furnum, Macinæ, refrigerium, hortos, vel omnia necessaria.* Vocem a Latino *machina* accersit Scaliger ad Festum. Certe *machinalia pondera* vocat Ausonius Epist. 7. pistrini pondera, et *Machinarium asinum* Alfenus et Ulpianus JC. qui molam vertit, ut censet Turnebus lib. 8. Adv. cap. 9.

* 2. **MACINA**, Maxina, Quod pro molendo frumento penditur, idem quod *Molta*. Vide in hac voce. Annal. Placent. ad ann. 1461. apud Murator. tom. 20. Script. Ital. col. 908 : *Primo, quod in civitate et ejus districtu non solvatur Macina.* Ibidem col. 910 : *In primis pro reparatione patriæ dedit libere bullam vini, alleviavit Maxinam, quam reduxit ad solidum unum in perpetuum pro singulo frumenti sextario.*

* Gallicum vero *Macinal* modum agri significat, in Inquisit. ann. 1361. ex Reg. 93. Chartoph. reg. ch. 69 : *Item cope et demie de froment seur un Macinal de terre.* Vide supra *Macellata.* [** An. *Matinal?*]

MACINARE, Molere, ex Ital. *Macinare.* Anastasius in Hadriano PP. pag. 112. ut quidam Codd. MSS. præferunt : *Ex qua diversæ molæ in genuculo Macinabant, etc.* Al. *machinabantur.* Vide pag. 285. Charta Joannis Archiepisc. Mediolan. ann. 1346 : *Facere Macinari quolibet mense pro eorum usu et victu modios 2. frumenti.* Ita in Historia Ottonis Morenæ pag. 125. atque in Statutis Veron. lib. 3. cap. 83. in Chartis variis apud Ughellum tom. 7. pag. 263. 575. 721. [et Statutis Vercell. lib. 4. pag. 72. recto.] Vide Scaligerum ad Festum in *Favissa.*

¶ **MACINARIUM**, Molendinum. Chron. Farfense apud Murator. tom. 2. part. 2. col. 603 : *Item Carbuncellus filius Petri et gener Landulphi et Rusticus de Ramiano promiserunt huic monasterio... de XII. partibus Macinarii per singula paria duos solidos relaxare.* Idem occurrit col. 600.

* 1. **MACINATA**, Mola molendinaria, aut *Macina* 1. Stat. Mutin. rubr. 29. pag. 5. r°. : *Ordinatum est quod de flumine Situlæa castro Macreti..... aqua accipi possit usque ad quantitatem trium Macinatarum.*

* 2. **MACINATA**, Maxinata, Idem quod *Maisnada*, Familia, homines alicui domino subditi, quorum conditio varia fuit pro variis locis aut etiam temporibus : quod omnino attendendum est, ne ea quæ de iis occurrunt inter se pugnare videantur. De his docte disputat Muratorius ad loca mox laudanda, quem consule, et vide in v. *Maisnada.* Charta ann. 1252. tom. 1. Antiq. Ital. med. ævi col. 811 : *Consuetudo civitatis Ferrariæ et districtus approbata et obtenta servat et servatum est, quod nati ex patribus de Macinata, sint de Macinata illorum, de quorum Macinata erant patres eorum. Item quod Theophania mater Bonimercati prædicti fuit de Macinata dictæ canonicæ. Item quod dicti Bonmercatus et Theophania habebant se sicut de Macinata dictæ canonicæ, et quod Theophania et filii ejus Guntarinus et Bonmercatus sicut servi faciebant servicia canonicis Ferrariæ.* Alia ann. 1262. ibid. col. 805 : *Dominus marchio fecerat congregari omnes vassallos et Maxinatas civitatis Ferrariæ et districtus; per se suosque filios et heredes investivit Petrum dominæ Venexiæ filium... suum hominem de Maxinata, recipientem pro se et Guidoto ejus fratre et homine de Maxinata dicti domini marchionis, de suo justo et recto feudo... Et incontinenti dictus Petrus homo de Maxinata, sicut servus domino, juravit fidelitatem dicto domino marchioni.* Stat. Ferrar. ann. 1264. ibid. col. 809 : *Et nullum hominem de Macinata domini marchionis recipiam in vassallum.*

* **MACINATOR**, Ad *macinam* seu molendinum spectans. Stat. Placent. lib. 5. fol. 59. r°. : *Omnes qui ducunt vel ducent aquas per rivos Macinatores, etc.*

* **MACINIS**, is, *Instruto de cose.* Glossar. Lat. Ital. MS.

¶ **MACINOLA**, pro *Machinola*, parva machina. Vide *Enceteria.*

MACIO, Mattio, Machio, Gall. *Maçon*,

Latomus. Isidor. lib. 19. Orig. cap. 8. et Papias : *Machiones, constructores parietum : machiones dicti a machinis, quibus insistunt propter altitudinem parietum.* Gloss. Saxon. Ælfrici : *Mationes* : stan-vyrhta, i. *Lapidum operarii.* Odo Cluniac. in Vita S. Geraldi Comitis Aurelian. lib. 2. cap. 4 : *Reversus autem lapicidinos et Machiones undecunque jussit aggregari.* Ordericus Vitalis lib. 6 : *Ipse cum Macione et maturis necessariisque ministris reliquias in maceria recondidit.* Idem lib. 12 : *Accitis itaque artificibus... latomisque cum Macionibus illic ad opus agendum profectus est.* Adalhardus in Statutis Corbeiens. lib. 1. cap. 1. *Mattiones* appellat. Apud S. Aurelianum in Regula ad Monachos cap. 19. et in Regula ad Virgines cap. 15. *Marciones* perperam, ut par est credere, dicuntur pro *Maciones*, ubi junguntur carpentariis, seu fabris lignariis. Vix enim putem *Marciones* a marculis, quibus utuntur latomi, nuncupatos, quod velle videtur vir doctus ; cum etiamnum ejusmodi opifices absque littera r *Maçons* appellemus, quin potius deductam vocem *Macio* a *Macerio* existimare licet. Ugutio : *Maceriæ dicuntur parietes longi, quibus vineæ et alia clauduntur, unde Macerio, maceriarum constructor.* Vide *Maceria* 3. et *Comacinus.*

¶ **MACIPUS**, Vespillo. EpitomeConstit. Eccles. Valent. tom. 4. Conc. Hispan. pag. 198 : *Prædicta cadavera deferantur per duos vespiliones, vulgo dictos Macipos, cappis seu cotis albis indutos.*

1. **MACIS**. Glossæ Arabico-Lat. : *Ulula, Macis, Mucis.*

¶ 2. **MACIS**, vox Indica, Gallis, Hispanis et Anglis nota, Flos nucis aromaticæ. Computus ann. 1236. tom. 2. Hist. Dalphin. pag. 284 : *Item pro quinque libris de pipere... et dim. quart. de Mace, et uno quart. de grana de paradiso.* Litteræ ann. 1593. apud Rymer. tom. 16. pag. 204 : *Piperis grana, et vasa Macis, canellæ ac gariophylorum.* Medicina Salernit. edit. 1622. pag. 240 :

Gaudet hepar spodio, Mace cor, cerebrum quoque moscho.

* **MACISSUS**, Solidus, Gall. *Massif.* Comput. ann. 1476. inter Probat. tom. 3. Hist. Nem. pag. 327. col. 2 : *Exposuerunt dicti consules pro dicto dono, tam pro viginti libris drageæ, quatuor duodenis quatuor intorticiis bacculorum, quam decem intorticiis Macissis, etc. Torches macisses,* in Chron. ibid. pag. 5. col. 1.

¶ **MACITUDO**, *Macies.* Gloss. MS. Sanger. n. 501.

¶ **MACIUS** Lini, Instrumentum ligneum quo linum frangitur, Italis *Maciulla.* Ottoboni Scribæ Annal. Genuens. lib. 3. ad ann. 1194. apud Murator. tom. 6. col. 369 : *Hæc reddiderunt, scilicet clypeum unum, caldariam unam pro solvenda pice, Macios decem lini, sportulam unam cum pauco canellæ et radice una galangæ.*

¶ **MACLA**, Vepretum, dumetum, Italis *Macchia.* Chron. Domin. de Gravina apud Murator. tom. 12. col. 663 : *Exeuntes cum robba modica, quam portare secum valuerunt, dimisso casali per Maclas et nemus proximum cum suis mulieribus fugerunt.* Vide alia notione in *Macula* 2.

* **MACLEA**, Hamus, annulus, Gall. *Maille.* Lit. remiss. ann. 1356. in Reg. 84. Chartoph. reg. ch. 626 : *Dictus nepos Stephani haubergerii de quadam pecia Maclearum ferri, quam in manu tenebat, dictum servientem in vultu percussit.* Vide *Macula* 2.

¶ **MACO**, Idem qui *Macio.* Computus ann. 1202. apud D. *Brussel* tom. 2. de Usu feud. pag. CLX : *Et pro duobus Maçonibus, et pro duobus fabris et pro duobus pionariis, etc.*

MACOMATUM. Vide *Mahum.*

¶ **MAÇONETUS**, a Gallico *Maçon*, Latomus. Computum ann. 1347. tom. 1. Hist. Dalphin pag. 85 : *Joanne de Barena Maçoneto, Latonio de Gratianopoli... magistris expertis in talibus, etc. Maçonner*, pro ædificare, domum construere, in Edicto Johannis Reg. Franc. ann. 1356. tom. 3. Ordinat. pag. 97.

* Sed et pro Fabricari, confingere, occurrit *Maçonner* apud Juvenal. de Ursin. in Hist. Caroli VI. pag. 221 : *Il* (le duc de Bourgogne) *fit Maçonner et fabriquer lettres responsives etc.*

¶ **MACONIATUM.** Vide in *Mahum.*

¶ **MACRANA** Alta, Scripturæ species. Vide *Scriptura.*

* **MACRATURA**, perperam pro *Macatura.* Vide supra in hac voce. Lit. remiss. ann. 1330. in Reg. 66. Chartoph. reg. ch. 1114 : *Phisici et surgici prædicti non invenerunt... dicti corporis aliquam membri seu ossium... cassaturam seu fractionem, aut livores aliquos, nec concussiones seu Macraturas aliquales.*

MACREDO, Macror, macies. Aurora :

Mortalis maculæ nulla Macredine fusca.

Macritudo, Plauto. [*Macritas*, λεπτότης, *macies*, in Supplemento Antiquarii.]

¶ **MACROCHERA**, Tunica manicata. Vide Hofman. in hac voce.

MACRONA, Porticus, ut videtur, aut solarium in longum porrectum, testudinatum et cameratum : quasi μακρὸν dictum. Anastasius Bibliot. in Leone III. pag. 142 : *Macronam vero ipsius Lateranensis Patriarchii, quæ extenditur a campo et ultra imagines Apostolorum... restauravit.* Idem : *Camera ipsius Macronæ.* Μάκρωνα etiam in Patriarchio CPolitano exstitisse auctor est Nicetas in Alexio Manuel. F. cap. 6. et urbe a Francis primum capta conflagrasse, in Isaacio et Alexio cap. 2. Priore loco ἀνδρῶνα, seu locum viris destinatum, fuisse *macronem* docet, ex quo Wolfius, ædem esse, ubi Catechumeni instituebantur, perperam putavit, cum idem sit *Macron*, ac *Andron*, de qua voce suo loco egimus. De Macrona Lateranensi quædam attigit Nicol. Alemannus in Dissertat. de Lateranensibus parietinis pag. 30. 31. De CPolitana Cangius in CPoli Christ. lib. 2. sect. 8. n. 3.

MACSTATUS, Mactatus, occisus, præsertim per *murtrum.* Charta Adelfonsi Regis Hisp. ann. 1177. in Bibl. Cluniac. pag. 1435 : *Hoc etiam vobis concedo, ut quicunque in domibus vestris, seu in supradictis villis homicidium perpetraverit, nil alicui homini pectet, nisi vobis : et quocunque loco homines vestri Macstati fuerint, non alicui, nisi vobis, homicidium pectetur.* Sed videtur legendum *matati*, vel *mactati.* Fori Leirenæ : *Qui mactaverit hominem in villa, etc.* [Codex Theodos. leg. 7. lib. 9. de Maleficiis tit. 16 : *Detectum* (magum) *atque convictum competenti animadversione Mactare perenni auctoritate censemus.*] Vide *Matare.*

¶ **MACTA**, ψίαθος, *Teges.* Supplem. Antiquarii. [* Adde ex Castigat. in utrumque Glossar. : *Macta, teges, terratoria,* ψίαθος. Germ. *Matta.*]

¶ 1. **MACTARE**, Diffringere, in massam contundere. Acta SS. tom. 4. Junii pag. 765 : *Et thesaurum illum accepit, et ut cautius exportare posset, partem vasorum aureorum Mactavit et fregit.*

* 2. **MACTARE**, Virgis cædere, apud Order. Vital. lib. 11. et Math. Paris in Hist. abbat. S. Albani.

¶ **MACTATIO**, Occisio, homicidium. Gesta Consulum Andegav. cap. 3. tom. 10. Spicileg. Acher. pag. 414 : *Quod multi audientes et graviter ferentes, dominam Adelam Comitissam Mactatione viri sui et falso adulterio impetebant.*

¶ **MACTATORIUM**, Mactatoria Curia, Laniarium, locus ubi mactantur pecora, Gall. *Tuerie*, Parisiis *Echaudoir.* Charta Boleslai Ducis Silesiæ ann. 1311. apud Ludewig. tom. 6. Reliq. MSS. pag. 456 : *Rite et racionabiliter vendidimus sartorium seu Curiam Mactatoriam in Aureomonte, in civitate vel extra civitatem, ubicumque expedire videbitur, ædificandum, cum omni usufructu et utilitate qui inde proveniunt et provenire possunt, et cum omni jure et dominio, sicut dictum fartonem habuimus et tenuimus, Hermanno Scriptori.* Literæ ejusdem Ducis ann. 1314. ibid. pag. 457 : *Quod in nostra constitutus presencia, Albertus Bavarus atque Hermannus ejus notarius, Mactatorium quod vulgariter Kottilhoff dicitur in civitate nostra Aureomonte nuncupata... monasterio S. Marie in Grissow... liberaliter donaverunt.*

* **MACTE**, Attente. Mirac. S. Emmer. tom. 6 Sept. pag. 499. col. 1 : *Tunc sapienti usus consilio, et illud Macte ruminans, etc.* Utitur Plautus.

¶ **MACTEA**, ut *Mattea.* Vide in hac voce.

¶ **MACTIERN**, Belgis *Machtich*, est vir potens, dives ; an vero *Mactiern* Aremoricis idem sonat, haud satis scio. Tabularium Rothonense : *Et erat Partitoe Mactiern in plebe Rufian. anno xx. imperii Hlodowici.* Ibidem : *Rusalt Machtiern in Ecclesia Alcun. anno XXI. Ludowici Imperatoris.*

* Veteribus Aremoricis, teste D. Moricio in Præfat. ad tom. 1. Probat. Hist. Brit. pag. x. idem est quod *Filius principis* ; qua nomenclatura donati præcipuæ nobilitatis dignitatisve proceres, atque interdum episcopi et illustres feminæ. Vide ibid. inter Instr. col. 263. 269. etc.

¶ **MACTIO**, ut *Macio.* Vide in hac voce.

MACTUS, Festo, *magis auctus* : Isidoro lib. 10. Orig. *Magis auctus gloria.* Ita *mactare*, pro *augere*, non semel apud Plautum. [Litteræ Bernardi Comit. Bisuldun. ann. 1006. in Append. Marcæ Hisp. col. 963 : *Inthronizandum* (abbatem Adalbertum) *cum populo ipsiusdem pariter regionis reliqui ut opilionis domestici cancello nimirum mactuoso inposterum mactu maneat Mactus.*] Frodoardus in Stephano IV. PP. :

Insuper accedunt donorum insignia Macto.

In Leone IV. :

Juris Apostolici summoque cacumine Mactus.

Mactus virtute, apud Donatum, et Paschasium Ratbertum in Vita S. Adelardi.

In Glossis Isidori hæc legimus : *Mactum est, humectum est, emollitum, infectum*, a Gr. μάττειν, unde μακτός.

¶ Mactus, pro Mactatus, in Actis S. Cassiani mart. apud Ill. Fontaninum in Antiquit. Hortæ pag. 349 :

...... Conspexit abesse
Martyrium, per quod Mactus conscenderet aulam.

* **MAÇUA**, a Gallico *Maçue*, Clava. Lit. remiss. ann. 1350. in Reg. 80. Chartoph. reg. ch. 315 : *Dictus prisionarius.... unam clavam, aliter Maçuam, in manibus suis cepit*. Hinc vulgaris loquendi formula : *Faire la maçue de quelqu'un*, pro Aliquem verberibus destinare. Lit. remiss. ann. 1375. in Reg. 108. Chartoph. reg. ch. 63 : *Guillaume le Vaasseur... pour ce qu'il oy noise et riote que l'en faisoit ou jardin dudit Colart, il, senz mal penser, ala veoir que c'estoit, et encontra Symon le Clerc qui lui dist, Guillaume, on fait la Maçue de toy; et lors un appellé Aubert Crevin s'entremist ès paroles en disant, dites vous qu'il est Maçue?*

¶ 1. **MACULA**, Præstatio agraria, sic dicta quod agri qui hujusmodi præstatione gravantur, inquinati et commaculati quodammodo sint; ejusdem proinde notionis et originis atque *Tasca*. Vide in hac voce. Regestum 2. Philippi Pulcri Reg. Franc. num 132 : *Super capitagio, manumortua, maritagio, seu super alia quacumque Macula seu redhibitione servili non molestabimus in futurum. Muailles des tavernes*, præstatio pecuniaria a cauponibus persoluta, in Charta ann. 1287. ex Chartul. Domus Dei Pontisar.

2. **MACULA** et Macla, Hama thoracis, nostris *Maille*. Joanni de Janua : *Macula, squamma loricæ*. [*Maille de hauberjon, ou de roiz*, in Gloss. Lat. Gall. Sangerman.] Will. Brito lib. 11. Philippid. pag. 232 :

.... Inter
Pectus et ora fidit Maculas thoracis.

Et infra :

Restitit uncino Maculis hærente plicatis.

Macla, Nicolaus de Braia in Ludov. VIII. :

Nexilibus Maclis vestis distincta novatur.

Fridericus II. lib. 2. de Venat. cap. 37 : *Habeantur duo annuli seu Maclæ loricarum, etc.*

Maculæ Catenarum. Gregorius Turon. de Vitis Patr. cap. 8 : *Aspicit confractas compedes, desumptasque Maculas catenarum, quæ culpabilium vel astrinxerant colla, vel suras attriverant.*

Sunt etiam *Maculæ*, plagæ retium. Gloss. Gr. Lat. : Στάλικες, τῶν δικτύων αἱ σχάσεις, *hæ plagæ*. Glossæ MSS. ad Prudentium :*Maculæ, internodia, i. aperturæ retis*. Cicero in Verrem 7 : *Reticulumque ad nares sibi admovebat, tenuissimo lino, minutis Maculis, plenum rosæ*, Stat. lib. 2. Thebaïd. :

Qualis ubi audito venantum murmure tigris
Horruit in Maculas.

Walafridus Strabus de Vita S. Galli lib. 1. cap. 12 : *Deinde mittentes in gurgitem rete, ceperunt pisces quantum volebant, et dum pisces de Maculis lini absolvunt, audiunt in summitate montis voces, etc.* Statutum Philippi Reg. Franc. ann. 1293, de fluviis, de aquis pro salvatione piscium, ex Tabul. Monast. S. Quintini in insula : *Premierement nous voulons, que tous les engiens desquels l'on peschera doresenavant, et seront faits de fil, soient faits, à nostre Maclle, c'est à sçavoir, à la largeur d'un Parisi du tranchant chascune Maille, et pourront estre faits plus larges pour prendre les gros poissons*. Hinc *Macula regis*, in Charta ann. 1295. ibid. pag. 16 : *Pronuntiamus, quod dicta vervilia, quibus eis piscari licebit, non habeant in corpore ultra quinquaginta maculas ad Maculam regis, et 60. maculas in collo : macula autem colli vervilli ultra 16. vias macularum non contineat.*

* Hinc *Mailhé* et *Mailhu*, maculis seu hamis contextus, in Poem. Alex. MS. part. 2 :

Et férir des espées as hons haubers Mailhus...
Targes froissier et fendre haubers menus et Mailhez.

Hinc *Resmailler, Maculas* restituere, reparare, in Stat. ann. 1407. tom. 9. Ordinat. reg. Franc. pag. 205 : *A grant peine sauroient ilz restouper ne Resmailler un trou estant en ung haubergon.*

* 3. **MACULA**, Vulnus, plaga. Annal. Placent. apud Murator. tom. 20. Script. Ital. col. 878. ad ann. 1443 : *Scalis cordeis arcem noctu conscenderunt,... secum vinctum ducentes castellanum, quem postea sine Macula relaxarunt.* Vide *Maculare*.

¶ **MACULABILE**, Probrum. Acta S. Adalberti tom. 4. Junii pag. 35 : *Ob hoc Maculabile succensus, Athelberto mandavit Archiepiscopo, etc.*

MACULARE, Vulnerare, vel vulnerando deformare. Lex Aleman. tit. 61. § 1 : *Si superior palpebra Maculata fuerit, ut claudi non possit.* Tit. 63. § 1 : *Si labium superius alicujus ita Maculaverit, ut dentes appareant, etc.* Adde Legem Bajw. tit. 3. cap. 1. § 21. 23.

Maculare uxorem aut filiam domini, stupro scilicet polluere, in Capit. 2. ann. 813. cap. 16. Vide *Cucurbitare*.

¶ **MACULATIVA**, Officia vilia. Vide *Banausus*.

¶ **MACULATUS**, Infamia criminis aspersus, in Cod. Theodos. leg. 41. de Episc. lib. 16. tit. 2.

* **MACULOSUS**, *Varius*, Βάριος, ex Cod. reg. in Castigat. ad utrumque Glossar.

¶ **MACULUM**, pro Macula, apud Mabill. Liturg. Gall. pag. 192 : *Illa enim viscera quæ humana non noverant Macula Deum portare meruerunt.*

¶ **MACUSTA**, βούκη. Gloss. Lat. Græc. MSS. Sangerm. At *macula*, βρόχη, legendum censet Martinius in Lexico; ita ut βούκη sit ab Italis sumtum, quibus *Buco* et *Buca* est foramen. Certe, addit ille, et *macula retis* Italice est *Bucho de la rete*. Vide *Bascaudæ*. [* Adde ex Castigat. leg. *Mascauta* vel *Mascauda*, pro *Bascauda*. Vide Salmas. ad Hist. Aug. pag. 333.]

¶ **MACZAPANUM**, Arcula. Instrum. ann. 1347. tom. 2. Hist. Dalphin. pag. 568 : *Cum margaritis seu perlis grossis, et viginti adamantibus insutis super cappelleto prædicto, in quodam Maczapano.* Vide *Massapanum*.

¶ **MACZO**, Latomus, *Maçon*. Computum. ann. 1324. tom. 1. Hist. Dalphin. pag. 132 : *Item de alia parte et super xi. teysiis muri de grossitudine duorum pedem... et fuit receptum dictum opus per manum Petri Maczonis de Lagniaco.*

* **MADA**, Modus agri, ut videtur. Recens. bonor. abbat. Fuld. an. circ. 800. in Suppl. ad Miræum pag. 7. col. 1 : *Donamus ad S. Bonifacium in Fuldensi monasterio, in pago Wertugewe, in villa quæ dicitur Astolfesheim, partem pratorum, quod lingua nostra dicitur Mada, quantum una die a decem viris meti poterit.* [** Vide Graff. Thes. Ling. Franc. tom. 2. col. 658. voce *Matta*.]

¶ **MADALEXUS** Maris. Charta ann. 1070. in Append. Marcæ Hispan. col. 1161 : *Addicimus namque his omnibus supracriptis concedentes jamdicto cœnobio pecias duas de vineis quæ sunt super villa quæ vocatur Bignedal, cum Madalexo maris qui est ejusdem ecclesiæ S. Petri.* f. Jus quod domino competit in rebus, quæ ad littus ejiciebat maris æstus. Vide *Lagan*.

* **MADARINARIUS**, Officium scantionariæ cui *madrinorum* et poculorum cura incumbebat. Comput. hospit. reg. ann. 1288. apud Ludewig. tom. 12. Reliq. MSS. pag. 27. col. 2 : *Colotus de Monteforti, Madarinarius, xx. sol.* Vide *Madrinarius*. in *Mazer*.

MADASCIA. Polyptychus Floriacensis : *Solvit de lino fascium 3. de 30. Madasciis, et in pascione mod. 2. de vino, de terra censali mod. 2. de vino.*

* Spira filacea, serica, vel lanea, metaxa, Gall. *Echeveau*, Ital. *Matassa, Medasche*, apud Menag. in Diction. Gall. *Madaise*, in Lit. remiss. ann. 1454. ex Reg. 182. Chartoph. reg. ch. 130 : *Le suppliant et Raymond Jouguet.... prindrent ung plain sac de blé, certaine quantité de fil, une hoye, gelines, mappes, essuye-mains,... et eut ledit suppliant sa part dudit blé, mappes et Madaises.* [** Inde fluxisse videtur, strictiori sensu, vernaculum nostrum *Mèche*. Guerard. Glossar. Irmin.]

MADELINARIUS, [Madelinus.] Vide *Mazer*.

* **MADELLUM**. Vide infra *Madula*.

¶ **MADERA**, Quævis materia lignea ædificandis ædibus idonea. Vox Hispanica. Charta Aldefonsi Reg. æra 1216. apud Stephanot. Fragm. Histor. MSS. tom. 3 : *Dono et concedo totum portagium et de lignis omnibus et omni Madera, et de sale et de carbone.* Vide *Materia*.

Maderame, Idem. Vide in *Materia*.

¶ 1. Maderia, Eadem notione, in Charta ann. 1181. apud Baluz. Hist. Tutel. col. 495 : *Concedo... ut scindatis et cortetis omni tempore ligna et Maderiam sufficienter in nemoribus regiis ad vestros proprios usus.* Occurrit rursum apud eumdem Baluz. tom. 2. Hist. Arvern. pag. 783.

* 2. **MADERIA**, Idem videtur quod infra *Maeria* 4. Charta ann. 1066. inter Instr. tom. 10. Gall. Christ. col. 290 : *Ecclesias vero et redditus ecclesiæ illi traditas distin-*

ctis nominibus. notare deliberavimus,....... molendinum unum et totius villæ Maderiam etc. Madier vero est Cratitius paries, in Charta ann. 1405. tom. 2. Probat. Hist. Brit. col. 766.

¶ **MADERINUS**, Idem quod *Mardrinus*. Vide in hac voce. Meisterlinus de Reb. Noriberg. apud Ludewig. tom. 8. Reliq. MSS. pag. 28 : *Imperatrix vero... etiam adornata pallio Maderino, quod purpura sanina coopertum erat... tandem matronarum comitante caterva in chorum procedit.*

.* **MADERINUS**. Vide infra in *Mazer*.

.¶ **MADHERIA**. Vide in *Macera*.

* **MADIA**, vox Italica, Mactra, Gall. *Mait, paitrin*. Acta MSS. notar. Senens. ann. 1283. ex Cod. reg. 4725 : *Item uxori meæ indico unum scrineum et unam Madiam et unam regetem de uno modio. Meyt*, in Inventar. ann. 1476. ex Tabul. Flamar. : *Item plus duas Meyts pro faciendo panem.*

¶ **MADIALIS** Ros, id est, mensis Maii, Gall. *Rosée de May*. Gervasii Tilber. Otia imper. ad Ottonem IV. Imper. apud Leibnitium tom. 1. Script. Brunsvic. pag. 308 : *Unde et dicunt testulam ovi si impleatur rore Madiali, præcluso modico foramine, quacumque levi materia per hastam in sterquilinio fixam, vel alias in arena calida ad cacumen hastæ sua virtute secreta ascendere.* Vide *Madius* 1.

* **MADIDARE**, Aqua macerare. Acta S. Franc. de Paula tom. 1. Apr. pag. 151. col. 2 : *Interrogatus de cibo et potu, quibus utebatur fr. Franciscus, deponit, quod sibi ministrabantur fabæ, quas in aqua, ut Madidarentur, ponebat, deinde ipsas in mortario conterebat, et illis cum aqua sola vescebatur.*

¶ **MADILLO**, *Mullo*, acervus, cumulus, vulgo *Millon, Mulle de foin*. Charta Guillelmi Abbatis Floriac. ann. 1316. ex Tabular. ejusdem Monast. : *Unam domum dictam Boge factam de fœno et tres Madillones sive Millons fœni quantitatis quantæ fieri consuetum est annuatim.*

¶ **MADINUS**, Monetæ species. Bern. de Breydenbach Iter Hierosol. pag. 225 : *Faciunt autem* XXV. *Madini unum ducatum.*

¶ **MADIT**, *Exurit, coquit*. Papias MS. Editus *Madet*.

* **MADITAS**, *La humidita*, in Glossar. Lat. Ital. MS.

1. **MADIUS**, Maius mensis, nostris *May*. Papias : *Madius mensis, dictus quod terra madeat, qui et Maius, madorum pluvia.* Domnizo lib. 1. de Vita Mathild. :

Tunc etiam mensis Madius florebat in herbis.

Gaufredus Malaterra lib. 3. cap. 11 : *Expeditionem movet Comes mense Madio.* Occurrit passim. [** Præsertim in chartis ævi Merov. ut apud Brequin. num. 424. nov. edit. etc.] Sic *Magius* dicitur non semel in Chronico Anonymi Barensis. Italis, *Maggio*.

.* **MADIUS CAMPUS**. Vide *Campus Martii* et *Maicampus*; quam vocem Schilterus ducit a voce *Matten wiesen*, prata.

2. **MADIUS**, Naviculæ species, dicta quod in speciem vasis, quo farina subigitur, quod Marcellus Empiricus, et Græci μαγίδα, Itali *Madia*, Galli *May* vocant, efficta sit. Occurrit in Historia Obsidionis Jadrensis lib. 2. cap. 7.

* **MADOALIS**. Vide infra *Madualis*.

* **MADODINUS**, barbare pro *Matutinus*. Vide *Matutini*. Instr. ann. 715. apud Murator. tom. 6. Antiq. Ital. med. ævi col. 378 : *Et fecit ibi presbitero uno infantulo habente annos non plus duodecim, qui nec Vespero sapit nec Madodinos facere, nec Missa cantare.*

¶ **MADRATA**, MADRE. Vide in *Mazer*.

* **MADRELINERIUS**, Vasorum seu poculorum *madrinorum* artifex. Lit. remiss. ann. 1355. in Reg. 84. Chartoph. reg. ch. 197 : *Odineto, dicto le Bossu, Madrelinerio in suo hospitio Parisius existente ac opus suum parando ciphos pacifice faciente, etc. Magdelinier*, eodem intellectu, vel pro ejusmodi poculorum mercatore, legitur in Reg. sign. *Pater* ex Cam. Comput. Paris. fol. 253. v°. : *Marchans et vendeurs de Magdelins, soit Magdeliniers ou autres, paieront pour chascune bogne de hennaps de madre,... ij. solz.* Vide mox

* **MADREUS**, Ex materia, quam nostri *Madre* vocabant, confectus. Lit. remiss. ann. 1355. in Reg. 84. Chartoph. reg. ch. 199 : *Dictus Reginaldus confessus fuit unum cyphum Madreum, clavo quodam argenteo munitum, furatum fuisse.* Vide infra *Mazer*.

MADRICOLA. Vide in *Matricula*.

MADRINARIUS, MADRINUS. Vide *Mazer*.

*: **MADRUS**, Idem quod *Marturis*, in Ruodlieb fr. 3. vers. 141.

* **MADUALIS**, MAT-VALLIS, Voces ejusdem notionis et originis, Bona-vallis. Vita S. Carileli tom. 3. Collect. Histor. Franc. pag. 440 : *Partes Cenomannicæ urbis adiit, et in villam Madualis nuncupatam devenit.* Ubi Bollandiani habent, *Madoalis*. Vita S. Medard. ibid. pag. 454 : *Erat denique in pago Cinomannico rus nobile,.... quod Sigebertus quondam rex... monasterio ipsius (S. Medardi) contulerat, cui ex duabus linguis, Latina videlicet atque Britannica, quoniam eidem genti finitimum erat, nomen ex antiquo Mat-vallis inditum fuit. Mat-vallis ergo, id est Bona-vallis, fundus ipse vocatus est; quia, sicut fati sumus, et confinio lati cespitis erat præstans, et censu plurimo ampla marsupia complens.* Vita Ludov. Pii cap. 53. tom. 6. ejusd. Collect. pag. 116 : *Deinde in pagum Cenomannicum, in villam cujus vocabulum est Matualis, devenit.*

* **MADULA**, *Madellum, mainsatorium, urinale, urinarium, Orinalh, Prov.* Glossar. Provinc. Lat. ex Cod. reg. 7657. Matula, matella.

* **MADURIERIA**, Mensuræ frumentariæ species. Charta ann. 1346. ex museo D. Clairembault : *Tres cartones frumenti, minus unam Madurieriam, ad mensuram de Terrasonio.* Vide supra *Mada*.

¶ **MAEA**, pro *Maia*, Nutrix, obstetrix, in quadam Gruteri inscriptione. Vide Grævium ad Gloss. Isidori in v. *Maia*.

* **MAECHZOEVE**. Vide infra *Montzoeve*.

MÆGBOTA, Compensatio pro cognato interfecto, ex Saxon. m æ g, cognatus, progenies, et b o t e, compensatio.

¶ **MÆNIANUM**, ἐξώστρα, *Machina scenica*. Supplementum Antiquarii.

[* Adde ex Castigat. in utrumque Glossar. leg. ἐξώστης ut alibi, ex Vulc. Varroni nota sunt *Mæniana*, nostris *Balcons*..] [** Vide Glossar. med. Græcit. voce Ἐξώστης, col. 413. et Forcellin.]

MÆNIDIUM. Cassianus lib. 4. de Instit. Cœnob. cap. 22 : *Pisciculi minuti saliti, quos illi* (Ægyptii Monachi) *Mænidia vocant.* Ita Ciacconius reposuit, pro *menominia*, uti veteres Codices præferunt, putatque haleces hac voce designari, Græcis μαινίδας appellatos. At P. Pithœus in Notis ad veterem Interpretem Juvenalis Sat. 7. *menemenia*, seu *menomenia*, dicta ait apud Cassianum, quæ in singulos menses, aut potius de mense in mensem parantur : ut *epimenia*, quæ ad mensem unum. [Vide *Monomena*.]

¶ **MÆNIT**. Gloss. Isidori : *Struit, ædicat.*

¶ **MÆRCARI**, pro Mercari, in Charta Dagoberti I. ann. 638. apud Doublet. Hist. Sandion. pag. 638 : *Quatinus de caducis rebus Mærçemur æterna.*

MÆREMIUM, MÆRENNUM. Vide *Materia*.

¶ 1. **MAERIA**, pro *Majoria*, vel *Mairia*. Feudum Majoris. Charta Johannis Episcopi Morinorum ann. 1211. ex Tabulario Corbeiensi : *Ad Maeriam de jure pertinet quod Major debet facere intus venire census, redditus, et corveias... in omnibus his quæ ad Maeriam pertinent... et de ipsa portione quam habet in Maeria.* Charta Raymundi Archiep. Ebredun. ann. 1293. tom. 2. Histor. Dalphin. pag. 72 : *Salvo jure quod homines nostri castri Radulfi dicunt se habere in montibus seu alpibus dicti monasterii Sanctæ Crucis, sive consistat in nemoribus seu alpibus seu Maeria facienda et cæteris quibuscumque.* Quod ultimum melius de facultate cædendi *Mæremium* in nemoribus posset intelligi. Vide *Majoria* in *Major*.

* Unde etiam nostris *Maeur* et *Méeur*, pro *Maieur* vel *Maire*, in Lit. Ferrici ducis Lothar. ann. 1256. tom. 7. Ordinat. reg. Franc. pag. 363. art. 4. et 5.

* 2. **MAERIA**, Officium et jurisdictio *forestariorum*. Charta commun. Tornac. ann. 1187. in Reg. 34. bis Chartoph. reg. part. 1. fol. 10. v°. col. 2 : *Concessimus ad recordationem juratorum, salvo jure ecclesiarum et castellani et advocati et dominorum monetæ et Maeriæ et nobilium virorum circummanentium etc.* Vide infra *Magistria* 2.

* 3. **MAERIA**, Materia quævis lignea, sive ædificationi sive foco accommoda. Pactum inter Joan. dalph. et Petrum Barral. ann. 1315 : *Quod ipsi... possint.... cindere in nemoribus... trabes, postes, et alias Maerias facere deportare pro chalfagiis et ædificiis suis.* Vide *Madera*, *Maeria* 1. et infra *Mayeria*.

* 4. **MAERIA**, MAIERA, vulgo *Maerie* et *Maiere*, Fermentum, quo in conficienda cerevisia utuntur, ut fermentando depuretur; quod ministrare juris erat dominici : unde præstationem ejusdem nominis dominus percipiebat; quod et in feudum ab eo interdum concedebatur. Charta ann. 1098. ex Tabul. S. Mart. Tornac. : *Ego Radbodus episcopus Tornacensis... inter ea quæ ecclesiæ S. Martini contuli, etiam fermentum deesse nolui, unde cerevisiam fermentarent quam potare deberent... Duo etenim fratres, Radulfus et Leibertus nomine, in Tornacen-*

sibus non inferiores, fermenti cerevisiam, quod Maiera vulgo dicitur, potestatem in Tornacensi civitate hereditario jure a me obtinebant. Hi.... ecclesiæ S. Martini unam Maieram, id est unum fermentum per unamquamque hebdomadam ad fratrum potum fermentandum et ad Natale Domini, non unam Maieram tantum, sed duas vel tres, vel quotquot opus fuerit, dare voluerunt. Charta ann. 1233. ex Tabul. Camerac. : *Gaufridus et Gillebertus brassatores potus, qui vulgo dicitur goudale, pro se et pro communi brassatorum... recognoverunt se teneri ecclesiæ B. Mariæ Cameracensis et ipsam ecclesiam jus habere, et habuisse ab antiquo, pro primo brassamine in duobus denariis Cameracensis monetæ, pro secundo brassamine similiter in duobus denariis ejusdem monetæ, et pro tertio brassamine in uno mencaldo de brais legitimo, et ecclesia, vel is qui loco ecclesiæ fuerit, eisdem brassatoribus de bona et legitima Maiera, quod vulgo dicitur Maiere, providere tenetur.* Alia ann. 1235. ex Chartul ejusd. eccl. fol. 26. v°. : *Cum ecclesia B. Mariæ Cameracensis cambarios de Castello coram nobis traxisset in causam, petitionem suam contra eos edidit in hunc modum, dicens quod cum ipsa ecclesia dictis cambariis teneatur præstare Maeriam, et pro Maeria dicti cambarii teneantur eidem ecclesiæ.... pro brassinis singulis solvere redditum, qui dicitur Maeria, etc.*

* Matera, Materia, Matheria, Mayera, Eadem notione; quomodo etiam legendum est supra pro *Macera, Maceria* et *Machera*, ubi, eo, quo hic explicantur, sensu accipiendæ sunt hæ voces. Charta Ottonis III. imper. ann. 994. apud Chapeavil. in Gest. pontif. Leod. tom. 1. pag. 208 : *Ut in loco Fossis nuncupato thelonium, mercatumque et monetam et Materiam cervisiæ constitueret.* Alia ejusd. imper. apud Miræum Not. eccl. Belg. pag. 139 : *Teloneum, monetam et negotium generale fermentatæ cerevisiæ, etc.* Charta ann. 1064. apud eumd. Cod. donat. piar. cap. 54 : *Donavit eidem ecclesiæ... potestatem ponere et deponere illum, qui Materiam faceret, unde levarentur cervisiæ.* Alia Lietberti episc. Camerac. ann. 1065. in Chartul. A. ejusd. eccl. ch. 35 : *Reddo canonicis et Materam civitatis.* Cujus doni mentio fit in Necrol. hujus eccl. scripto ante ann. 1144. ad viij. Kal. Jul. : *Obiit Lietbertus sanctæ memoriæ, et religionis episcopus... in Cameraco decimam monetæ et Materam, quam injuste perdideramus, reddidit.* Ibid. ad. ij. Idus Aug. : *Obiit secundus Gerardus episcopus, qui... tradidit legitime ecclesiæ S. Mariæ alodium suum in Lietzinis, tertiam partem... in moneta, in Mathera, in foro, etc.* In cujus concessionis Charta Miræus lib. 1. Donat. Belgic. cap. 25. male edidit *Macera. Mayera* et *Mayeria*, in Actis capit. Camerac. ab anno 1435. ad annum 1502. passim occurrunt. Quæ voces omnes a Latino *Materia* ortum habere videntur, quod in conficienda cerevisia fermentum potissima sit materia. Hæc illustrare licuit ex Animadversionibus D. *Mutte* Cameracensis ecclesiæ decani meritissimi.

MÆSOLEUS. Vide *Musileum.*

¶ **MAFORA.** Vide in *Mafors.*

¶ **MAFORICUS.** Vita S. Leonis PP. tom. 4. Julii pag. 323 : *Obtulit et tres oleas Mafo ricas admirabilis pulchritudinis serico textas.* Ubi Bollandistæ legendum censent *Majorias*, pro *Majores.*

MAFORS, Mavors, Operimentum capitis, maxime feminarum, apud Papiam, Isidorum, et alios, a nobis laudatos ad Alexiadem pag. 330. Gloss. Gr. MS. Reg. Cod. 1673 : Πέπλον, γυναίκειον ἱμάτιον, μαφώριον. Aliud Gloss. Cod. 2062 : Μαφόριον, τὸ τῆς κεφαλῆς περίβλημα. Τὰ μαφόρια γυναικῶν, apud Palladium in Vita Chrysostomi pag. 87. Epitimia Basilii nomine inscripta : Εἴ τις ἄνευ μαφορίου ποιεῖ ἔργον ἐν οἵῳ δή ποτε τόπῳ, γενέσθω ἀπευλογίας. Ubi sumi videtur pro *scapulari* Monachico : nam *mafortes* Monachis tribuit Cassianus. *Mafortem* vocat Fortunatus in Vita S. Hilarii Episc. Paris. cap. 2. n. 11. peplum, seu velum, quo sepulcra et *tumbæ* Sanctorum obvolvebantur. Charta Cornutiana edita a Suaresio, *Mafortem* inter vestes sacras reponit : *Mafortem tramosericum rodomelinum aquilatum : item Mafortem e teleoporphyro tramosericum opus marinum, etc.* [Velum omne *mafortem* dictum significat Hist. MS. Monast. Beccens. pag. 352 : *Ossamenta multiplicia in quadam Maforte.* Acta S. Marcellinæ tom. 4. Julii pag. 236 : *Et vestis sacræ Mavorte quodam modo subarratam, Christi Jesu quem totis visceribus concupiverat, immaculatam sponsam effecit.*]

Mafora, pro *Mavors*, vel *Mafors*, occurrit in Vita S. Gudilæ Virg. cap. 6. et apud Ordericum Vitalem lib. 2. pag. 397. [Ordinarium Lexoviense MS. : *In festo Purificat. Mafora B. M. Virginis defertur uno speciali cereo præcedente. In die Annunt. Ad processionem Mafora cum cereo.*]

¶ Maforite, *Matronale operimentum capitis.* Papias MS. Eccles. Bituric.

¶ Maforium, in Actis SS. tom. 3. Julii pag. 41.

Maforteum. Acta purgationis Ceciliani : *Tunicæ muliebres* 82. *Mafortea* 38. *tunicæ viriles* 16.

Mafortiolum. Acta S. Nestoris Mart. cap. 1 : *Habens Mafortiolum super caput suum.* Vide Salmasium ad Vopiscum pag. 390.

¶ Mavorte, *Matronale operimentum, quod caput operit; vocatum autem sic quasi Marte. Mavorte signum est maritalis dignitatis; idem et stola dicitur.* Papias.

** Mafortum. Richer. lib. 1. cap. 29. prior. lect. : *Procedit itaque cum Dalmatio et Aquitanis, frontibus Maforto signatis.* Has voces postea delevit auctor.

MAGADE, Gr. μαγάδιον, Ea pars lyræ, in qua plectrum illiditur, ubi scil. percussio chordarum fit manu dextera. Hesychio μαγάδιον, ὡραῖον. κιθάρισμα dicitur. Petrus Diacon. de Viris illustr. Casin. col. 28 : *Cantus etiam B. Mauri composuit, in quibus qui vult artis grammaticæ tramitem et monochordi sonori Magade reperiet notas.*

* Prosa S. Caril. ex Cod. Floriac. 64. apud D. *Le Beuf* tom. 2. Collect. var. Script. pag. 104 : *Pangat plectrica voce summa omnis concio, atque tanta succinat perplexa ordine armonia terminalis Magadis resultet sonora.*

* **MAGAGNA**, vox Italica, Acad. Crusc. Vitium, labes, menda, noxa. Stat. Mantuæ lib. 1. cap. 17. ex Cod. reg. 4620 : *Ad ludum taxillorum sine fraude et Magagna locum sibi non vendicent.* Ubi rixam significare videtur. Stat. Genuæ lib. 4. cap. 67. pag. 119. v°. : *Si quis equum, mulum.... emerit vel alio titulo acquisiverit, quos diebus quinque tenuerit,... non possit deinde occasione alicujus morbi, Magagnæ, vel vitii contractum rescindere.* Vide *Mahamium.*

¶ **MAGAGNARE**, Magagnum. Vide *Mahamium.*

* **MAGALDUS**, Vestis seu tunicæ species, vel Pera, mantica; a veteri Gallico *Magaut*, eodem sensu. Lit. remiss. ann. 1398. in Reg. 153. Chartoph. reg. ch. 314 : *Dictus Girardus de verbis procedens ad verbera, remoto caputio a capite suo et exuto Magaldo seu fagel, malitiose irruit in dictum exponentem.* Vide *Maca.*

* **MAGALETI**, vulgo *Magalez*, Societatis mercatorum Italicorum nomen. Charta ann. 1340. in Reg. 74. Chartoph. reg. ch. 536 : *Certaines debtes,... qui furent jadis données aux compaignies des Magalez et Mossez.*

¶ 1. **MAGALIA**, *Tunica pastorum*, in Gloss. MSS. 13. sæc. Monast. S. Andreæ Andaonensis.

* Perperam pro *Tuguria pastorum*, ut efficitur ex Gloss. ad Doctrin. Alex. de Villa-Dei : *Magalia, domus pastorum.* Vita S. Idæ tom. 2. Sept. pag. 266. col. 1 : *Magnis ergo Salvatori Deo grattarum laudibus persolutis, ad propria remeavit Magalia incolumis.* Quæ emendationis veterum Glossarum causa tantum observo : vox quippe eo intellectu Virgilio nota est.

¶ 2. **MAGALIA**, Urbs, civitas, a Punico *Magal, nova villa,* ex Catholico; quod hausit ex Servio ad illud Æneid. lib. 1. v. 425 :

> Miratur molem Æneas, Magalia quondam.

Acta S. Cassiani apud Ill. Fontaninum in Antiq. Hortæ pag. 354 :

> Ut vero sacris tetigit Magalia plautis
> Ardua Francigenum, quæ dicitur urbs Eduorum.

¶ **MAGALONENSIS** Denarius et *Mallia.* Vide *Moneta Baronum.*

MAGANA. Passio S. Lupercii Mart. : *Jussit Præses Maganam fieri, et acutis eam clavavit clavibus,* (clavis) *et in medio ejus S. Lupercium mitti præcepit.* Mox : *Videns Maganam ac rotam volventem, etc.* Occurrit ibi pluries, ubi *Magana* idem sonat quod *Mangana*, machina. Vide in hoc verbo.

* **MAGANHUM**, Vitium, noxa. Tabul. notar. *d'Aubagne* inter schedas Pr. a S. Vinc. : *Pro pretio unius mullæ pilli bochardi, cum omnibus suis vitiis et Maganhis apparentibus et occultis.* Vide supra *Magagna.*

¶ **MAGARITA**, Magarites. Vide *Magarizare.*

MAGARIZARE, Saracenicam vel Mahometicam impietatem non modo profiteri, ut quidam volunt; sed maxime post abdicatam et desertam Religionem Christianam, a qua qui transibant ad Musulmanismum, μαγαρίζειν dicebantur; vocabulo, quod significat stercore faciem conspurcare, ut auctor est Leunclavius in Pandecte Turcico num. 22. Hinc μαγάρισις, in Corona pretiosa *macula*, et κηλὶς redditur : unde *Magarisius* Sinus versus Rumeliæ vel Europæ promontorium appellationem accepit, a fœdis tempestatibus, quæ illis in regionibus existere Boreis flantibus solent, cum apud nos Aquilo serenitatem aeris ferat, ut est apud eumdem Leunclavium n. 25. Hist. Miscella lib. 23 : *Repromittit, se non compellere ad Magarizandum.* Quidam Codd. ex editis male habent *Menzerizandum.* Capitulare Radelchisi Principis Beneventani col. 24 : *Nullum Saracenum recipiant.... præter illos, qui temporibus DD. Siconis et Sicardi fuerunt Christiani, si Magarizati non sunt.* Crebro utuntur etiam Græci. Theophanes : Ἐποίησε δὲ ἐπιστολὴν δογματικὴν πρὸς Λέοντα τὸν Βασιλέα, οἰόμενος πείσειν αὐτὸν τοῦ μαγαρίσαι. Menolog. Basilii Imp. 6. Mart. ἠναγκάσθησαν μαγαρίσαι.

Magarita, Apostata, Christianæ Religionis desertor. Joannes VIII. PP. Epist. 219 : *Portasque patentes relinquentes, multis Magaritis fugiendi et Saracenis ingrediendi aditum.... reliquerunt.* Ubi perperam nupera Conciliorum editio *margaritis* præfert. Occurrit non semel hæc vox apud Anastasium in Hist. Eccl. [** Chron. Casin. cap. 12.] et Paulum Diaconum in Hist. Misc. ubi Μαγαρίτης habet Theophanes pag. 202. et 284. Vide Gloss. Meursii et Fabroti. [** Cang. Glossar. med. Græcit. col. 840.]

¶ Magarites, Eadem notione. Vita S. Stephani Sabait. tom. 3. Julii pag. 572 : *Comitem mihi se junxerat Magarites quidam, alterius ex indigenis Magaritæ filius, impiæ superstitioni suæ ad insaniam usque addictus.*

* **MAGASENUM**, Promptuarium, cella, Ital. *Magazzino*, Gall. *Magazin.* Stat. Genuæ lib. 4. cap. 102. pag. 158. r°. : *Ordinamus quod si aliqua locatio alicujus domus vel Magaseni facta fuerit per aliquem, vel aliquos cives, vel quorum esset dicta domus vel Magasenum etc.* Steph. de Infestura de bello inter Sixtum IV. et Ferdin. reg. ann. 1482. MS. : *Duo Magazena mercibus plena, quæ erant quorumdam Januensium, similiter ad saccum, ut dicitur, miserunt.* Occurrit præterea tom. 2. Cod. Ital. diplom. col. 1785. et alibi.

MAGDALIUM, Seplasiariorum officinis nota vox : *Magdaliones* enim hodieque vocant teretes cylindros, in quos composita emplastra redigere solent. [Vox Hebraicæ originis, *Migdal* enim et *Migdol*, turris, quæ est plerumque figuræ cylindricæ.] Marcellus Empiric. cap. 20. extremo : *Cætera vino optimo madefacta simul in mortario colliges, ex quibus trochisci vel Magdaliæ fient.* Alexander Iatrosoph. lib. 1. Passion. : *Iterum cum vino teres, et Magdalia facies.* Perperam edit. *Mandasia*, apud Plinium Medic. lib. 1. cap. 6.

Medicis μαγδαλία est ipsum medicamentum, in pastilli figuram formatum : sic enim Galenus μαγίδα apud Hippocratem interpretatur τότε εἶον μάγμα, καὶ φύραμα, καὶ τὴν χειροπλήθη μαγδαλίαν. Ita vero dictum a forma mollioris ex pane pulpæ, qua manus abstergebant veteres, et postea canibus devorandam projiciebant, quam μαγδαλίαν et ἀπομαγδαλίαν appellabant Græci : quæ voces occurrunt hac notione apud Athen. l. 4. et 9. Aristoph. Plutarch. Eustath. Polluc. et alios. Hesychius : Ἀννάδες, αἱ ἀπὸ μαγδαλιᾶς. V. Tzetzem chil. 13. cap. 476.

Magdaleo. Matth. Sylvaticus : *Et ex eo formantur pillulæ vel Magdaleones parvuli, etc.*

* *Magdaleon d'entract*, apud Rabelais. lib. 1. cap. 11. Vide ibi notam D. *Duchat.*

Magdaliolum, diminutivum a *Magdalium.* Avitus Viennensis Episc. Epist. 78 : *Præterea Magdaliola illa, quæ promisistis, posco, ut cum observationis breviculo dirigi jubeatis.* Solent quippe seplasiarii ejusmodi vasculis breves indiculos affigere, qui, qua observatione singulis uti oporteat, indicant.

¶ **MAGDUM** in Biturigibus denarii et malliæ. Vide in *Moneta Baronum.*

¶ **MAGERIA**, Prædium rusticum, *curtis*, Germanis *Hoff.* Charta ann. 1248. apud Ludewig. tom. 4. Reliq. MSS. pag. 112 : *Ab antiquo in eadem villa habuimus unam Mageriam cum aliis redditibus et jure mundano... Curia etiam Mageria in eadem villa adhuc Zwetlerhoff nominatur... Possessiones monasterii nostri quas a dominis de Chuenring diu habuimus, devastabat, et Mageriam una cum vineis in solitudinem redigebat.* Vide *Majeria.*

* **MAGICARIUS**, Magicus, Ital. *Magico*, Gall. *Magicien.* Petrarcha in Itin. Syriaco edit. Basil. ann. 1581. fol. pag. 560 : *De quo cum me olim Robertus regno clarus, sed præclarus ingenio ac literis, quid sentirem multis adstantibus percunctatus esset,.... jocans nusquam me legisse Magicarium fuisse Virgilium respondi.* Vide *Magicatus.*

MAGICATUS, Magicis præstigiis obstrictus. Synodus Atrebatensis ann. 1025 : *Non adeo demiror, potuisse nefarios homines erroris spiritu Magicatos in aliquam pravi dogmatis conspirasse dementiam.*

¶ **MAGIDES**, Vasorum genus. Vita S. Jacobi eremitæ sæc. 4. Bened. part. 2. pag. 147 : *Dedit viaticum et septem vasa, quæ Magides vocant, partim aqua fontana necessaria navigantibus, partim mero optimo plena Jacobo contulit.* Vide *Mazer.*

* **MAGILLARE.** Vide supra *Baulare.*

¶ **MAGIMACTE**, μεγάλως. Gloss. Lat. Græc. MSS. Sangerm. Vide *Mactus.* [* Adde ex Castigat. in utrumque Glossar. *Magimaste*, μεγάλως. Germ. *magne, vaste.* Reg. *magne, fauste.*]

* **MAGIRICA** Ars, Coquinaria. De ea Jod. Willichius.

¶ 1. **MAGIS**, Græce μαγίς vel μάκτρα, Mactra, mensula. Marcellus Empirius cap. 1 : *Rasamen pastæ quod in Magide adhæret.* Utitur Plinius. Vide *Mait.*

* Gall. *Mait*, alias *Maistreaulx.* Lit. remiss. ann. 1391. in Reg. 141. Chartoph. reg. ch. 290 : *Le suppliant porta ladite tasse en uns Maistreaulx, en laquelle il trouva douze solz.* Vide supra *Madia.*

* 2. **MAGIS**, Amplius, Gall. *Plus, davantage.* Lit. remiss. ann. 1360. in Reg. 89. Chartoph. reg. ch. 458 : *Dicti homines dixerunt quod nonquam Magis ascenderent ad garitas dicti fortalitii pro deffensione ejusdem.*

¶ **MAGISCA**, Magisqua, an idem quod Benebarn. : *Maiade, Maïoncque, Majesque* dicitur, haud satis scio. Est autem *Maiade*, conventio seu contractus, quo villicus sub certis conditionibus tenetur iis, a quibus *firmam* suam habet, vinum necessarium suppeditare, aut saltem ea quæ ad vinum conducendum necessaria sunt. Codex MS. Irminonis Abbatis Sangerm. fol. 61 : *Sunt in Nuviliaco mansi vestiti* VI.... *solvunt ad hostem multones* XII.... *faciunt duu carra ad vinericiam, et ad Magiscam duu carra et dimid. et dimid. bovem.* Ibid. fol. 66 : *Remegius colonus... habet de terra arabili bun.* IIII. *de prato dimid. arp. et mittit unum bovem ad caropera inter vinericiam et Magisquam.* Et fol. 68 : *Ulathaus colonus... habet de terra arabili bun.* III. *et dimid. facit sicut dimidium mansi, excepto caropara propter vinum, facit Magiscam.* [* Ager, qui de novo ad cultum redigitur et tempus, quo aratur. Vide mox *Magisia.*] [** De vectura mense Maio præstanda intelligit Guerard. in Glossar. Irmin.]

¶ **MAGISCOLA**, Scholæ præfectus, dignitas in Ecclesiis Cathedralibus, Hispan. *Maestre Scuela.* Acta SS. tom. 4. Junii pag. 784 : *Obertus præpositus et Ogerius Galetta scholasticus (vulgo Magiscola) ejusdem Cathedralis Ecclesiæ.* Regula consueta Toribii Archiep. Limæ, tom. 4. Conc. Hispan. pag. 673 : *Scholasticus, vulgo Maestre Scuela hujus sanctæ Ecclesiæ, curam habebit ut diaconus et subdiaconus antequam legant Epistolam vel Evangelium, illa prævideant coram ipso.* Nostris *Ecolâtre.*

* *Maistre-escole*, titulus rectoris studii Andegavensis, in Lit. Caroli VI. ann. 1395. ex Reg. 153. Chartoph. reg. ch. 311 : *De la partie de noz bien amez le Maistre-escole et docteurs regens en l'estude d'Angiers, nous a esté exposé que comme ledit Maistre-escole à cause de sa dignité de Maistre-escolerie soit chief et recteur dudit estude etc.* Pro dignitate ecclesiastica, vulgo *Ecolâtre*, legitur in Lit. remiss. ann. 1393. ex Reg. 144. ch. 254 : *Maistre-escole de Baieux.*

* **MAGISDICUS**, Jam dictus, supradictus. Charta Occitan. ann. 1313. in Reg. 50. Chartoph. reg. ch. 3 : *In leuda minuta, notaria, firmis, censibus, forecapiis supradictis sive Magisdicis.* Rursum infra. *De censibus, foriscapiis Magisdicis sive supradictis.*

* **MAGISIA**, Novale, novalis terra, quæ anno cessat; vel quæ de novo ad cultum redigitur, Ital. *Maggese.* Charta ann. 1270. in Access. ad Hist. Cassin. part. 1. pag. 312. col. 2 : *Dixit quod de grano farris non debetur terraticum curiæ Cassinensi, nisi de terris quæ seminantur, quando sunt Magisiæ.* Et pag. 315. col. 1 : *Si quis fecit Magisiam, in qua debetur seminari granum,..... tenetur præstare terraticum.* Vide supra *Magisca.*

1. **MAGISTER**, Ventus Latinis, *caurus, corus, argestes*, dictus, nautis *Nordoëst, vent de Maëstre, maestrale*, apud Sanutum lib. 2. part. 4. cap. 25. [*Magister tramontanæ*, in Charta Massil. : *Sed quod spectent ventum Græcum, vel tramontanam, vel Magistrum tramontane.*]

¶ 2. **MAGISTER**, Titulus honorarius, quo donantur viri ab honoratioribus secundi. Occurrit passim.

3. **MAGISTER**, nude pro Magistro officiorum, in l. 4. Cod. Th. de Primicerio et Notar. (6, 10.)

Magistri, qui vulgo *Doctores* in Theologica, vel alia Facultate. Passim.

Magister Admissionum, [Qui introducendis ad Imperatorem hominibus præfecti sunt.] Vide *Admissionales.*

* Magister Arbalestariorum. Vide *Arbalestarius.*

Magister Armorum, apud Ammianum lib. 15. Officialis Magistri militum, qui *numerorum* rationes tractabat, unde idem qui *Numerarius.* Ita Henricus Valesius, ubi plura, pag. 84. Interdum apud eumdem Ammianum et alios pro *Magistro militum* sumitur, ut idem observat pag. 108. Vide Jacobum Gothofredum ad. l. 7. Cod. Th. de Re militari. (7,1.)

¶ Magister Arrestorum, *Maître des Arrêts,* in Curia Dalphinali, idem qui *Magister Rationalis,* ad quem Hospitii Dalphinalis rationes conficere pertinebat. Computum ann. 1334. tom. 2. Hist. Dalphin. pag. 273 : *De quibus omnibus pecuniæ quantitatibus prædictus Thesaurarius petit collationem fieri cum quaterno arrestorum facto per Mag. Nicolaum de Aveyllino Magistrum Arrestorum tunc temporis, etc.* Infra idem Aveyllinus *Magister Rationalis* dicitur.

Magister in Artibus, apud Nicolaum Trivettum ann. 1253. qui vulgo nostris *Maistre és Arts,* in Academiis. Epitaphium Thomæ Abbatis S. Andreæ Vercellensis :

> Artibus in cunctis liberalibus, atque Magister
> In Hierarchia, nunc arca clauditur ista.

Vide Statuta Academiæ Parisiensis.

¶ Magister Asciæ, Carpentarius, Faber lignarius, Gall. *Maître de hache, Charpentier.* Statuta Massil. lib. 2. cap. 34. cui titulus : *De calafatis et Magistris Asciæ quantum debeant accipere, per pan*^e *beoure. Decernimus, quod Magistri seu Carpentarii daissa, etc.*

Magister Aulæ Imperialis, dicitur Ætherius quidam sub Carolo M. in Chron. S. Vincentii de Vulturno pag. 676. Idem forte qui *Magister officiorum* apud Latinos, aut *Curopalata* sub CPolitanis Imperatoribus.

¶ Magister Aulæ *Abbatis* seu *Monasterii.* Charta Guillelmi Abb. Floriac. ann. 1316. ex Tabular. ejusdem loci : *Præsentibus religiosis viris... Stephano Guerefaus Magistro Aulæ ejusdem monasterii, etc.* Cujus quidem officium ex Libro de modo loquendi per signa expiscari licet : *Pro signo Granatarii Conventus, sive Magistri Aulæ domini Abbatis simula cum ambabus manibus connexis quasi alicui vasi advenam infundere velis ad molendinum;* modo tamen idem fuerit officium *Magistri Aulæ Abbatis* quod *Magistri Aulæ Monasterii;* hic quippe non alius mihi videtur ab eo cui hospitum excipiendorum cura demandata erat; illum vero rei annonariæ Abbatis præfectum fuisse existimo.

¶ Magister Botellerius, Archipincerna, dignitas in Curia Dalphin. Ordinat. domus Dalphin. ann. 1340. tom. 2. Hist. Dalphin. pag. 393 : *Item, ordinamus unum scutiferum idoneum, qui sit Magister Botellerius... præfatus Magister Botellerius sit cum omni solertia diligens bona vina perquirere pro pretio, quo poterit meliori.* Vide *Butta* 3. et infra *Magister Pincernarum.*

¶ Magister Cæmentariorum, Qui cæmentariis præerat atque ædificia reparanda curabat. S. Willelmi Constit. Hirsaug. lib. 1. cap. 22 : *Pro signo Magistri Cæmentariorum, præmisso generali, pugnum super pugnum pone vicissim, quasi simules construentes murum.*

¶ Magister Cæremoniarum, Vox nota. Concil. Mexicanum ann. 1585. inter Hispan. tom. 4. pag. 355 : *Magistri autem Cæremoniarum officium erit, tam assistentes choro quam altari ministros officii sui admonere, ut in eo unusquisque cæremoniarum ritum observet.*

¶ Magister Camerarius, Idem qui *Magister Cubiculariorum.* Ordinat. domus Dalphin. ann. 1340. tom. 2. Hist. Dalphin. ann. 393 : *Item ordinamus unum Magistrum Camerarium cum uno alio Camerario ejus socio, qui habeant duos bonos equos, et portet eorum quilibet malam trossam cum lecto nostro, et aliis opportunis.* Infra pag. 393 : *Item, dicti Magistri Camerarius et socius, raubas et armaturas ac Cameræ vasa argentea, aliaque bona mobilia... diligenter custodiant.*

Magister Cantorum in Ecclesia Mediolanensi, in Charta Robaldi Archiep. Mediolan. ann. 1144. apud Ughell. in Append. tom. 4. Præcentor.

¶ Magister Capellæ, Qui cæteris Capellanis præest. Ordinat. domus Dalphin. ann. 1340. tom. 2. Hist. Dalphin. pag. 392 : *Magistro dictæ Capellæ obediant et intendant.* Vide *Capellani.*

Magister Census, sub dispositione Præfecti urbis, in Notitia Imperii, cujus mentio in Cod. Vide Pancirollum.

* Magister Christianitatis, appellatur Patriarcha Jerosolymitanus, in Charta Almer. comit. Ascalon. ann. 1157. tom. 3. Cod. Ital. diplom. col. 1473 : *Concedo eisdem* (Pisanis) *locum unum ad fabricandum sibi in eo ecclesiam; si tamen dominus ac Magister Christianitatis patriarcha hoc ipsis concesserit.*

Magister Civium, primus Ædilium, Germanis *Burgermeister.* [** Vide Eichhorn. Histor. Jur. German. § 243.] Charta Friderici II. Imper. ann. 1232. apud Browerum lib. 15. Annal. Trevir. : *Revocamus in irritum, et cassamus in omni oppido Alemanniæ Communia, Consilia, Magistros Civium seu Rectores, vel alios quoscunque Officiales.* Levoldus Northowius in Chronico Markano ann. 1320 : *Andreas Magister civium volebat occidere Scabinos.* Occurrit præterea in Privilegiis Academiæ Viennensis in Austria Rubr. 38. in Metropoli Salisburgensi tom. 1. pag. 262. apud Maximilianum Henric. in Apolog. pag. 12. 21. etc.

* Lit. remiss. ann. 1404. in Reg. 159. Chartoph. reg. ch. 152 : *Comme feu Laurens Lambert bouchier bourgois de Liege eust à son vivant esté Maistre de la cité de Liege qui est moult grant et notable office, et tel que quelconque personne qui ait ledit office, il a en partie le gouvernement de tout le païs de l'éveschié de Liege.* Sed et ipsi ædiles, *Magistri civium* appellantur, in Charta ann. 1454. tom. 5. Cod. diplom. Polon. pag. 138.

* Magister Closi, Gall. *Maistre du Clos,* Officium in foresta regia, forte illius, qui *defensæ* potissimum invigilabat, in Stat. ann. 1376. tom. 6. Ordinat. reg. Franc. pag. 220. art. 3. et 13.

* Magistri Communiæ, Quibus jus communiæ servandum et defendendum committitur. Charta commun. Mechlin. ann. 1308. apud Marten. tom. 1. Ampl. Collect. col. 1422 : *Villa Machliniensis de cetero habeat in perpetuum communiam, duos Magistros communiæ..... Magistri communiæ potestatem habebunt jus communitatis servandi, et eorum injuriam defendendi, in his quæ ad jus commune pertinent, ubi et a quibus injuriam eis contigerit irrogari.* [** Vulgo *Majores Communiæ,* iidem qui supra *Magistri Civium.*]

* Magister Conversorum, Officium monasticum, *conversis* præpositus. Chartam Bereng. abb. Bolb. ann. 1246. in Reg. feud. senescal. Carcass. etc. fol. 297. v°. : *Subscribit Petrus Bellus-homo Magister conversorum.* Vide supra in *Conversio.*

¶ Magister Coquinæ, Coquorum præfectus. Ordinat. domus Dalphin. ann. 1340. tom. 2. Hist. Dalphin. pag. 393 : *Item, ordinamus unum fidelem et probum scutiferum, qui sit Magister Coquinæ... Item, sit Magister Coquinæ sollicitus scire diebus singulis in horis convenientibus nostram supra comedendis ferculis voluntatem, ut si forte esset fiendum convivium, honor noster in talibus reservetur, et etiam possimus disponere quomodo cibaria nostra parentur. Item, quo advertat et præsentialiter videat diebus singulis carnes crudas truncari et scindi, antequam poni debeant ad coquendum, ita quod in dretectorio per consrquens revideat, ne per coquos vel alios de coquina fraus committatur.* Vide *Coquus.*

* Lit. remiss. ann. 1369. in Reg. 100. Chartoph. reg. ch. 339 : *Raulin Boudart escuier et Maistre en la cuisine de nostre très cher seigneur et pere, etc.*

¶ Magister Coquus, inferior *Magistro Coquinæ.* Ordinat. domus Dalphin. ann. 1340. tom. 2. Hist. Dalphin. pag. 394 : *Item, ordinamus in coquina nostra duos Magistros Coquos... Item, ipsos Magistros Coquos præcipimus debere Magistro nostri Hospitii et Magistro coquinæ nostræ in omnibus obedire.*

Magister Cubiculariorum, Qui Cubiculariis Regiis præerat, apud Monachum Sangallensem lib. 2. de Rebus Caroli M. cap. 9. et Wipponem in Vita Conradi Salici pag. 428.

Magistri Curiæ, Qui vulgo nunc Consiliarii Parlamenti. Regestum Parl. B. fol. 77 : *In Curia D. Regis, in Parlamento, coram Magistris ipsius Curiæ.* Occurrit ibi non semel.

¶ Magister Curiæ, Officium Monasticum. Charta ann. 1347. tom. 2. Rer. Mogunt. pag. 769 : *Convocatis et congregatis ad invicem... honestis et religiosis viris, dominis Emerchone Priore... Godelmanno de Lorche, Brunone Magistro Curiæ, Heinrico dicto Albach... monachis conventualibus et capitularibus monasterii S. Albani.* Idem videtur qui supra *Magister aulæ.*

¶ Magister Custos. Bern. Mon. Ordo Cluniac. part. 1. cap. 74 : *Ipsum secundum signum... longius pulsari debet... ut omnes possint de omnibus officinis ad Horæ princi-*

pium convenire, et Magister Custos, per consuetudinem debet ipsum pulsare, aut talem rogare, qui bene sciat facere. Idem haud dubie qui apud eumdem Bern. cap. 51. Major et principalis Ecclesiæ custos dicitur : *Ut de Principali Ecclesiæ Custode, qui vulgo Sacrista, dignius vero et honorabilius Apocrisiarius vocatur, etc.* Vide *Custos.*

* Magister Diluvii, Qui aquis et earum aggeribus præest. Vide supra *Diluvii Magister.*

Magistri Dispositionum. Vide *Dispositiones.*

* Magister in Divinitate, Theologus, in Charta ann. 1365. Vide *Divinus* 2.

¶ Magistri Domorum Abbatis, Qui villas Abbatis et prædia administrabant. Charta ann. 1366. ex Tabul. S. Crucis de Talemundo : *Tenebitur* (Aquarius) *providere flocos seu habitus nobis dicto Abbati et successoribus nostris ac singulis monachis et religiosis monasterii nostri ante dicti, ac etiam Magistris seu administratoribus domorum Abbatis videlicet de Mongeria, de Martineria, de S. Maximo ac de Pessolera, aut aliarum domorum.* Ibidem non semel occurrit.

¶ Magister Ecclesiæ, Idem qui supra *Magister Custos.* Charta Frederici Colon. Archiep. ann. 1128. tom. 3. novæ Gall. Christ. inter Instr. col. 164 : *Ea propter materiam dissensionis, et discissionis resecare volentes, subministrante nobis fratre Wibaldo Stabulensis Ecclesiæ Magistro atque portario.*

* Magister Ensiludii, Lanistarum præfectus, Gall. *Maître d'escrime.* Charta ann. 1455 : *Jean Taillecourt Maistre joueur de l'espée à deux mains et du boucler, cognut... que pour la grant industrie, habileté et science qu'il a trouvé en la personne de Jehan de Beaugrant, demourant à présent à Chosy, touchant lesdiz jeux, et pour le bon rapport qui fait lui a esté de la personne dudit de Beaugrant par Jehan Perchel prévost desdiz jeux,... et autre du serement desdiz jeux, lesquels lui ont tesmoigné que icellui de Beaugrant est expert et suffisant pour estre passé prévost desdiz jeux. Pour ces causes ledit Jehan Taillecourt a fait, créé et institué ledit Jehan de Beaugrant prévost desdiz jeux de l'espée à deux mains et du boucler, et lui a donné povoir et auctorité de tenir escolles desdiz jeux par tous lieux en ce royaume, et montrer et enseigner lesdiz jeux à tous hommes qui les vouldroient apprendre; en requérant par icellui Taillecourt à tous seigneurs, capitaines et gardes de villes, citez, chastels et autres lieux et à tous les maistres dudit mestier que audit de Beaugrant ils souffrent et lessent tenir ses escolles partout où mestier sera, et lui prestent et donnent conseil, confort..... par ainsi que ledit prévost a promis qu'il tiendra, gardera et observera à son povoir les ordonnances faites sur lesdiz jeux etc.* Vide supra *Ensiludium.*

Magister Epistolarum, sub dispositione Præfecti Prætorio, *legationes Civitatum, consultationes, et preces tractat,* ut est in Notitia Imp.

Magister Epistolarum *Græcarum, qui eas Epistolas, quæ Græce solent emitti, aut ipse dictat, aut Græce dictatas, transfert in Latinum.* Notit. Imper. Vide Pancirollum.

¶ Magister Escuderiæ, Curator seu Præfectus equorum. Charta ann. 1337. tom. 2. Hist. Dalphin. pag. 334 : *Sitque unus ex dictis Scutiferis forrerius, et alius Magister Escuderiæ seu marescaliæ suæ.* Vide *Marescalcus.*

¶ Magister Fidelium, Qui et *Magister oblationum,* dicitur is penes quem erat dispositio piarum fundationum et donationum. Vide Histor. Fuldens. pag. 54. et supra *Fideliator.*

¶ Magister Forrerius. Designator hospitiorum, metator, *Fourrier.* Ordinat. domus Dalphin. ann. 1340. tom. 2. Hist. Dalphin. pag. 395 : *Magister Forrerius supradictus habere in scriptis studeat... omnia nomina personarum de nostro Hospitio retentarum, et cum contingeret nos ad aliquas partes accedere, nostrum principaliter procuret Hospitium, quod lectis ac lignis et palleis muniat, sicut decet. Item, subsequenter designet et eligat alia Hospitia pro nostris gentibus et familiaribus secundum conditionem, qualitatem et decentiam personarum.*

¶ Magister Fructuarius. Hujus officium ita describitur in Ordinat. domus Dalphin. ann. 1340. tom. 2. Hist. Dalphin. pag. 394 : *Item, ordinamus unum scutifferum pro fructuaria... Et quia dictum officium magnam requirit sollicitudinem, advertat dictus Magister Fructuarius, quod torchias et candelas diligenter custodiat, et nulli eas librare præsumat, nisi de nostro vel Magistri Hospitii nostri mandato. Item, advertat quolibet vespere quibus tradit torchias, et in suo memoriali transcribat, ut sciat de mane, de quibus requirere illas debeat. Item, die qualibet in arrestatione expensarum Hospitii, resignet Thesaurariis caudas seu residuum torchiarum consumptarum.*

¶ Magistri Gardæ. Vide *Magister Monetarum.*

¶ Magister Garnisionum, *Maistre des Garnisons,* in Edicto Johannis Reg. Franc. ann. 1355. tom. 3. Ordinat. pag. 28. Qui iis quæ ad muniendam urbem necessaria sunt invigilat. Vide *Garnire.*

* Magister Generalis *aquarum et forestarum regis in toto regno Franciæ* inscribitur Robertus *de Cocetelez* armiger, in Lit. ann. 1357. tom. 4. Ordinat. reg. Franc. pag. 447. nunc *Grand-Maître des eaux et forêts.* Vide infra *Magistria* 2.

* Magistri Generales *Monetarum,* in Lit. ann. 1371. tom. 5. earumd. Ordinat. pag. 402.

¶ Magister Gentium, Sic Apostolus Paulus per antonomasiam, quemadmodum et *Doctor* et *Apostolus Gentium,* vocatur, quod ad Gentes erudiendas Christoque subjiciendas potissimum missus fuerit. Libellus Episc. Italiæ contra Elipandum tom. 3. Conc. Hispan. pag. 98 : *Parvipendentes Magistri Gentium prohibitionem dicentis : Nolite adulterare verbum Dei.*

¶ Magister Græcorum dictus Origenes ab Amalar. Fortunato cap. 21. de Ord. antiph.

* Magister Grammaticæ, Dignitas in ecclesia Barchinonensi, cujus officium sic describitur in Constit. capitul. ejusd. eccl. ann. 1423. rubr. 11. ex Cod. reg. 4332 : *Magister grammaticæ non solum lectiones grammaticæ et logicæ, ac alias assuetas in scolis legat; sed etiam diebus Dominicis et festivis, maxime præcipuis, lecturam et accentum legentium in choro dictæ sedis corrigat et emendet.*

¶ Magister Grangiæ, Officium in monasteriis Ordinis præsertim Cisterc. Qui villam seu prædium aliud curat. Charta ann. 1174. apud Miræum tom. 1. pag. 192 : *Si quando pro communi terrarum utilitate... jussum fuerit fossata renovari, et hoc ipsum Magistro Grangiæ nuntiatum fuerit, etc.* Regula Conversorum Ord. Cisterc. cap. 8. apud Marten. tom. 4. Anecd. col. 1649 : *Magister Grangiæ cum duobus tantum fratribus colloqui potest.* Et cap. 9 : *Nullam equitaturam habet Magister Grangiæ, sed cum ad Abbatiam venit, quasi unus ex aliis graditur super pedes suos.* Vide *Grangia* in *Granea.*

* Magister Hæreticorum, Idem qui *Inquisitor fidei.* Reg. arestor. parlam. Paris. ex Cod. reg. 9822. 2. fol. 45. r°. : *Se le Maistre des héreges requiert au juge lay qu'il prengne aucun pour ce qu'il a mespris contre la foy, si comme il dit, le juge lay n'y doit pas obéir, se l'official ne rescript avec lui.* [** Vide Chart. ann. 1247. apud Guden. Cod. Diplom. tom. 1. pag. 594.]

Magister Hospitalis *S. Joannis Hierosolymit.* ejusdem Ordinis primarius Magister, cujusmodi dignitatis insignia præcipua fuere zona et marsupium. In Bulla Alexandri III. PP. ann. 1172. fit mentio E. quondam Magistri Hospitalis, *qui eidem Magisterio renunciavit, zona cum marsupio, clavi, et sigillo resignata.* In Chartul. Manoscensi.

¶ Magister Hospitii, Præcipuus Palatii Dalphinalis minister. Ordinat. domus Dalphin. ann. 1340. tom. 2. Hist. Dalphin. pag. 392 : *Item, ad honorificum et expediens regimen nostri Hospitii, unum idoneum fidelem ac probum Militem ordinamus, qui sit Magister Hospitii, cum meri et mixti imperii potestate, cui omnes gentes et officiales ejusdem Hospitii subjaceant et obediant tanquam nobis, et qui de consilio judicis ordinandi per nos, in eodem Hospitio faciat de illis justitiæ complementum, Cancellario, capellanis, notariis et clericis, ac Consiliariis dumtaxat exceptis, quorum punitionem seu correctionem nobis specialiter reservamus.* Apud nostros vero *Magistri Hospitii Regis* dicebantur olim, quos nunc *Libellorum supplicum Magistros vocamus.* Vide Spicileg. Acher. tom. 9. pag. 326.

Magister Hubarum, [Dignitas quædam in Austriæ Ducatu.] Vide *Huba.*

Magister Infantum, in Cœnobiis, qui infantibus ac pueris, quos *Nutritos* vocabant, præerat. Ordericus Vitalis lib. 3. pag. 462 : *Ad infantum Magisterium.... promovit.* Candidus Monachus in Vita Eigilis Abbatis Fuldensis cap. 21 :

. . . Et ipse simul infantum doctor honestus.

Adde cap. 22. Vide *Oblatus.*

¶ Magister Infirmarius, Cui in monasteriis infirmorum cura incumbit. Regula Conversorum Ord. Cisterc. cap. 5. apud Marten. tom. 4. Anecd. col. 1649 : *Magister Infirmarius in coquina sua cum omnibus solatiis loquatur, stans et sedens.*

¶ Magister Ingeniorum, Machinator, nostris *Ingenieur*. Computum ann. 1334. tom. 1. Hist. Dalphin. pag. 51 : *Pro expensis Joannis Morelli Magistri Ingeniorum missi apud Goncelinum ex parte D. Dalphini, pro aliquibus mayeriis capiendis ad opus machinarum.*

* *Mestre des engins*, in Reg. Cam. Comput. Paris. sign. *Pater* fol. 177. v°.

Magister Judex. De hoc Magistratu consule Constit. Siculas lib. 1. tit. 37. et Ammiratum in Familiis Neap. tom. 1. pag. 165.

¶ Magistri Jurati, Iidem videntur qui nostris *Jurats*, urbium alicubi Magistratus. Anonymus de Gestis Manfredi et Conradi Regum apud Murator. tom. 8. col. 609 : *Legem ponit* (Rex Carolus) *regnicolis, novosque secretarios.... Magistros Juratos, bajulos, judices, etc.* Vide in *Juratus.*

Magister Justitiarius, Præcipuus Judex in aula Regum Siciliæ, in quorum palatio commorabatur, ubi de rebus majoris momenti jus dicebat, *Comitis Palatii* vicem fungens. Fridericus Imp. in Constit. Sicul. lib. 1. tit. 57 : *Statuimus, ut magnæ Curiæ nostræ Magister Justitiarius nobiscum in Curia commoretur, cui quatuor Judices volumus assistere : et ut Magister Justitiarius Curiæ nostræ supradictus de crimine læsæ Majestatis nostræ, et de feudis quaternis, et de quarta parte ipsorum feudorum, et de appellationibus ordinariorum, seu delegatorum nostrorum ad Curiam nostram interjectis, et de quæstionibus nostrorum Curialium, qui immediate nobis assistunt, etc. causas audiat, et justitia mediante decidat, etc.* Adde tit. 38. 39. 40. etc.

☞ Nec minor erat in Dalphinatu *Magistri Justitiarii* dignitas et jurisdictio, quippe qui lites supremo dirimeret judicio, nec ab ejus sententia nisi ad Dalphinum esset appellationi locus. Litteræ Humberti II. Dalphin. ann. 1347. tom. 2. Hist. Dalphin. pag. 566 : *Imprimis volumus quod non tenearis obedire alicui, nisi Magistris Hospitii nostri, qui de commissis, vel committendis per te possint et debeant te corrigere, et punire, a quorum cognitione valeas ad Magistrum Justitiarium appellare, et a cognitione Magistri Justitiarii habeas ad nos reversum.* Idem haud dubie qui *Major Judex* dicitur in Ordinat. domus Dalphin. ann. 1340. ibid. pag. 398. et 399 : *Ordinamus in Hospitio et in comitiva nostra continue deputari unum doctorem seu jurisperitum sollempnem qui sit Major Judex Dalphinalis Hospitii et totius Dalphinatus, qui nobis semper assideat.* Cætera quæ ad ejus dignitatem jurisdictionemve spectant ibidem fuse proponuntur. Nec ab eo denique distinctum existimo qui *Judex Appellationum et nullitatum totius Dalphinatus* vocabatur. Vide in *Judex.*

¶ Magister Justigerius, in Apulia, idem qui *Magister Justitiarius.* Chron. Estense ann. 1345. apud Murator. tom. 15. col. 423 : *Tunc admiralius et comes assignaverunt et recommendaverunt dictos proditores comiti Novello, Magistro Justigerio, et fecerunt aperiri portas a latere maris.*

¶ Magister Lapidum, Cæmentarius, *Maître Maçon.* Statuta Arelat. MSS. art. 132 : *Eligantur tres viri, quorum unus sit Magister Lapidum, quorum arbitrio et cognitione diffiniantur lites parietum et stillicidiorum.* Statuta Massil. lib. 1. cap. 34 : *Statuimus... quod Consules, seu rector teneantur eligi facere, cum eligentur cæteri officiales, tres Magistros Lapidis bonos et legales, quorum arbitrio terminentur et sopiantur quæstiones omnes quæ in civitate Massiliæ, vel ejus suburbiis orientur inter cives Massiliæ occasione parietum communium factorum.*

* Magister Legis apud Judæos, qui alios Legem docebat. Privil. Judæor. ann. 1360. tom. 5. Ordinat. reg. Franc. pag. 492. art. 3 : *Nous à la relacion de deux des Maistres de la Loy desdis Juys et de quatre autres Juys, que il auront esleuz ad ce, le bannirons du royaume etc.*

Magistri Legum, aliis *Legum Doctores* dicti, qui in judiciis publicis advocati considebant. Vide Adrevaldum de Miracul. S. Benedicti cap. 20.

Magister Libellorum, *Cognitiones et preces tractat*, in Notitia Imp. hinc dictus *Magister Libellorum et Cognitionum sacrarum*, in veteri Inscript.

Magistri Lineæ Vestis, *Magistri privatæ*, sub dispositione Comitis sacrarum largitionum in Notitia Imperii. Priores linteariis et linifionibus, lintea, mappas, mantilia, et ejusmodi facientibus præerant. *Magistri linteæ vestis*, in leg. *Privatæ*, Cod. de Murilegulis, (11, 8.) ubi et *privatæ vestis Magistrorum* perinde mentio est.

¶ Magister Machinarum, Magistris ingeniorum præfectus, qui machinas bellicas curabat, nostris *Grand-Maître de l'Artillerie.* Charta ann. 1343. tom. 1. Hist. Dalphin. pag. 50 : *Præterea concessit D. Dalphinus prædicto domino Joanni et hæredibus et successoribus suis, quod ipsi sunt perpetuo Magistri Machinarum, et Machinatorum exercituum Dalphinalium quorumcumque.*

¶ Magister Major, Præcipuus inter Magistros, qui in monasteriis infantibus ac pueris educandis atque erudiendis præerant. Bernardi Mon. Ordo Cluniac. part. 1. cap. 27 : *Cum sedent* (pueri) *in scholis, nullus Magistrorum debet inde exire sine licentia Majoris Magistri, nisi pro sola necessitate corporis, nisi ad aliquod ecclesiæ, sive refectorii servitium sit scriptus in tabula. Nullus unquam faciet eis signum, nec etiam Magister Major nisi raro, et valde necessarium.*

* Magister Major, Vir nobilis et illustris. Lit. remiss. ann. 1391. in Reg. 140. Chartoph. reg. ch. 309 : *A laquelle feste survint un varlet,... lequel faisoit porter une espée apres lui, comme un grant Maistre.*

¶ Magister Maranchiarum, Cui cura erat absentium nomina in albo pungere : officium ecclesiasticum. Formula juramenti quod præstabat qui ad hoc officium eligebatur, in veteri Chartul. Eccl. Ambian. : *Ego N. electus in officium distributoris et Magistri Maranchiarum hujus universitatis* (Capellanorum) *promitto... insuper defectus et Marancias si quas noverim commissas scripto denuntiare.* Vide *Marancia.*

¶ Magister Marescalliæ, Idem qui *Escuderiæ.* Vide supra.

Magister Massariorum, Major villicus, qui regiis villis præest, cæterisque minoribus missariis, cujus munus et officium describitur apud Petrum de Vineis lib. 3. Epist. 66. [*Magister Massarius*, in Chron. Domin. de Gravina apud Murator. tom. 12. col. 585.] Vide *Massaritia.*

Magister Memoriæ, Magistratus, qui *annotationes omnes*, id est, breves Principis manu subscriptos dictat, *emittit, et precibus respondet*, ut est in Notitia Imperii. *Magister scriniorum memoriæ, Epistolarum, libellorum Græcorum*, sub dispositione Præfecti Prætorio, ibidem. *Benevolus*, qui apud Gaudentium Episc. Brixiensem in Præf. *Magister memoriæ*, a Rufino lib. 2. Hist. Eccl. cap. 16. *Memoriæ scriniis præsidens* appellatur. In Epistola Justiniani ad Hormisdam PP. post Epist. 17. *Magister scrinii memoriæ* habetur. Idem Benevolus apud Sozomenum lib. 7. cap. 13. ἐπὶ τοῖς γραμματεῦσι τῶν θεσμῶν τότε τεταγμένος fuisse dicitur. Ita apud Petrum Patricium in Excerptis legationum, ἀντιγραφεὺς τῆς μνήμης, idem qui *Magister memoriæ.* Scholiastes Juliani Antecess. in cap. 64 : *Quatuor sunt scrinia : palatinum, quod dicitur libellorum : secundum memoriæ : tertium dispositionum : quartum epistolarum ; unde et quatuor antigrafei sunt.* Occurrit non semel in vett. Inscript. apud Ammian. lib. 15. 27. 29. ubi *Magisterium memoria* dicitur ea dignitas pag. 394. et alios. [** Vide Glossar. med. Græcit. in Μεμόριον col. 904.]

** Magister Mensæ Regiæ, apud Monach. Sangall. de factis Carol. M. lib. 2. cap. 6.

¶ Magister Militiæ Christi. Sic S. Bernardus Hugonem Templariorum Ordinis Magistrum et Institutorem compellat in Exhort. ad Milites templi tom. 1. edit. Mabill. pag. 543 : *Hugoni militi Christi et Magistro Militiæ Christi, Bernardus Claræ-vallis solo nomine Abbas, bonum certamen certare.*

Magister Militum, Qui copiis militaribus præerat. *Magister Romanæ militiæ*, Victori Tunnensi. *Magister militum ordinarius*, apud eumdem. Scribit Zozimus lib. 2. Constantinum M. a Præfectis Prætorio imperium militare transtulisse ad Magistros militum, quorum alter equitibus, alter peditibus præerat : Στρατηλάτας τὸν μὲν ἵππου, τὸν δὲ τῶν πεζῶν, εἰς τούτους τε τὴν ἐξουσίαν τῶν τάττειν στρατιώτας, καὶ τιμωρεῖσθαι τοὺς ἁμαρτάνοντας μεταθεὶς, παρείλετο καὶ ταύτης τοὺς ὑπάρχους τῆς αὐθεντίας. Horum postmodum numerum Theodosius auxit, ut idem testatur lib. 4. στρατηλάται Græcis Scriptoribus passim. Glossæ vett. Στρατηλάτης, *Magister militum.* Hi posteriori ævo στρατοπεδάρχαι dicti. *Magistrorum militum*, ut copiis militaribus præfectorum, mentio etiam apud recentiores : in Annalibus Francorum Metensib. ann. 823. apud Ordericum Vital. lib. 11. pag. 809. etc. Quæ quidem dignitas, *Magisterium militare*, dicitur S. Ambrosio lib. 2. Epist. 15. et Sidonio lib. 1. Epist. 3. *Militaris magisteria*, leg. 1. C. de Præpos. sacri cubic. (12, 5.) *Magisteria militum potestas*, leg. ult. Cod. Theod. de Metatis. (7, 8.) *Magisteria in præsenti potestas*, in Notitia Imperii. *Magisteria*, nude in Novella 4. Theodosii et Valentin.

Magister Utriusque Militiæ, Qui peditibus et equitibus præerat. Apud Flodoardum lib. 1. Hist. Rem. cap. 6 :

Felix militiæ sumpsit devota Jovinus
Cingula, virtutum culmen provectus in altum,
Bisque datus meritis equitum peditumque Magister
Extulit æternum sæclorum in sæcula nomen.

Vide Sirmondum ad Ennodium lib. 1. Epist. 24.

Magister Militum *Præsentalis.* Vide *Præsens.*

Magister Equitum, qui *Magister equestris militiæ* interdum Ammiano lib. 25. qui Equitatui, ut

Magister Peditum, Qui peditatui præerat. De utroque passim Scriptores.

Magister Militiæ *Lotharingiæ*, in Triumpho S. Remacli cap. 13.

Magister Militum *oppidanorum*, apud Priorem Hagustaldensem sub ann. 1138. 1143.

Magistri Militum, dicti potissimum urbis Neapolitanæ Præfecti sub Impp. Byzantinis, quibus parebant, apud Joannem VIII. PP. Epist. 36. 40. 50. etc. Petrum Damian. lib. 1. Epist. 9. Anastasium in Leone IV. pag. 185. Paulum Warnefrid. lib. de gest. Langob. cap. 8. et 28. Victorem III. PP. lib. 1. Dial. pag. 29. Leonem Ost. lib. 2. Chron. Casin. cap. 59. 62. Alexandrum Abbat. Celesini Cœnobii lib. 1. 2. 3. et 4. Herchembertum in Hist. Longob. cap. 26. 27. 39. 44, et alios passim. Μαιςρομίλιοι seu μαιςρομῖλτοι Annæ Comnenæ lib. 13. pag. 387. et Constantino Porphyrog. de Adm. Imper. cap. 27. Vide Camillum Peregrinum in tractatu de Finibus Ducatus Beneventani pag. 31. Octavium Bertrannum in Descript. Neap. Julium Cæsarem Capaccium in Histor. Neap. lib. 1. et Ughellum tom. 6. 112. qui eorum seriem descripserunt. Adde præterea Notas nostras ad Alexiadem Annæ Comnenæ. Sed et Veneti suos habuerunt *Magistros Militum.* Andreas Dandulus in Chron. MS. ann. 737 : *Dominicus Leo Magister militum præsidere cæpit ann. 737. quia Veneti occiso eorum Duce in novi Ducis electione discordes annualem rectorem sibi præesse statuerunt, quem Magistrum militiæ appellaverunt : Quæ quidem dignitas secundum Græcorum usum Tribunatu major super eos et cunctum populum potestatem obtinet.* Vide auctorem Squitinii pag. 76. 177. Edit. 1677. et Hieronym. Ghlinum in Annalib. Alexandriæ pag. 50. 58. [** Glossar. med. Græcit. voce Μαιςρομίλιος, col. 845. et voce Στρατηλάται col. 1449. Savin. Histor. Jur. Roman. med. temp. § 105. et 115.]

¶ Magister Monetarum, Cudendæ monetæ Præfectus, cujus sub imperio alii qui *Magistri Gardæ* vocabantur, ea quæ ad monetam spectabant, curabant vel per se vel per alios. Ordinat. Humberti II. Dalphini ann. 1340. tom. 2. Histor. Dalphin. pag. 417 : *Quod dicti Magistri Monetarum teneantur et debeant de jure eorum superius declarato, dare et restituere pro qualibet marcha, quæ cudetur in dictis monetis, temporibus eorum, unum denarium Gardis Dalphinalibus ipsarum monetarum, quibus Gardis etiam dictus D. Dalphinus statuit et concessit de jure suo, pro qualibet marcha quæ cudetur, unum obolum, sic ut ipsæ Gardæ tam Magistri quam subrogati ab eisdem Magistris Gardis ipsarum monetarum, tam pro expensis, quam pro salario eorum, pro qualibet marcha tres obolos habeant... Quibus Magistris Gardis omnimodam potestatem alias gardas idoneas, dum vacare non poterint personaliter, ordinandi et ponendi loco eorum dictis monetis tribuit et concessit.*

* Magister Monialium, Earum institutor et rector. Charta Fulcon. comit. Andegav. ann. 1107. pro prior. Fontis S. Mart. in Cenoman. : *Posuimus supradictum donum in manu Radulfi monachi, Magistri monialium, et eum de dono investivimus cum annulo aureo.*

Magister Navis, Κυβερνήτης, in leg. 37. Cod. Th. de Navicul. (13, 5.) etc. Valer. Flaccus lib. 8 :

Puppe procul summa vigilis post terga Magistri.

¶ Magister Oblationum. Vide *Magister fidelium.*

Magister Officiorum, Dignitas magna in Palatio Imperatorum, qui præerat Palatinis et Principis ministris, scholis in palatio militantibus, fabricis et limitaneis ducibus : hujus dignitatis, de qua non semel Scriptores, formulam habet Senator lib. 6. Epist. 6. Rutilius Numatianus :

Officiis regerem cum Regia tecta Magister,
Armigerasque pii Principis excubias.

Procopio lib. 1. de Bello Persico cap. 8 : τῶν ἐν παλατίῳ ταγμάτων ἀρχηγός. Hinc Menandro Protectori in Excerpt. de Legat. τῶν ἐν τῇ αὐλῇ καταλόγων ἡγεμὼν dicitur. De Magistro Officiorum passim Ammianus, et alii, quibus interdum nude *Magister*, ut Philostorgio lib. 2. cap. 1. lib. 11. cap. 2. Vide Notas ad Alexiadem pag. 245. [** et Glossar. med. Græcit. col. 843.]

Magisteria Dignitas, seu Magistri Officiorum, apud eumdem Senatorem loco laudato, et lib. 9. Epist. 24. *Magisterium Palatinum*, apud Sidonium lib. 1. Epist. 3. μαγιςερία ἀρχὴ, apud Theophylactum Simocattam lib. 3. cap. 15.

Magister Operis, vel *operarum*, [vulgo *Maître de l'œuvre*, Cui operibus publicis vacare incumbit. Erat etiam officium monasticum, ut ex Charta ann. 1347. tom. 2. Rer. Mogunt. pag. 769. discimus : *Convocatis et congregatis... honestis et religiosis viris... Herbordo Magistro operis.*] Vide *Operarius.*

* *Magistri operum Dalphinales*, in Stat. ann. 1378. tom. 6. Ordinat. reg. Franc. pag. 377.

¶ Magister Ordinis. Charta S. Crucis de Talemundo ann. 1366 : *Item in una Festorum Sanctæ Crucis debet dictus Aquarius ministrare dicto Abbati et gentibus suis generale et pietantiam sicut aliis de Conventu, et quotiescumque Conventus non utetur carnibus, debet Magister Ordinis serviri et ministrari pro duobus tam in generali quam in pietantia, et tam in prandio quam in cœna.* Abbas subindicari videtur.

* Quis apud monachos ea appellatione designetur, docet Ordinar. MS. S. Petri Aureæ-val. ubi de process. SS. Corporis Christi : *Magister ordinis, videlicet prior claustralis, etc.* Sed et monachi ætate aut professione antiquiores *Magistri ordinis* nuncupantur ibid. : *Tunc prior claustralis et alii Magistri ordinis monasterii, sive antiqui et provecti quatuor ex prædictis accipiant reverenter capsam, sub qua portatur Corpus Jhesu Christi.* Vide supra *Domini ordinis* in *Dominus* 11.

* Magister Ordinis Fidei *et Pacis*, Ordo militaris institutus contra Albigenses, in Charta ann. 1276. ex Tabul. archiep. Auxit. Vide *Ordo fidei* in *Ordo* 6.

* Magister in Organo, Qui organa musica pulsat, Gall. *Organiste.* Charta ann. 1232. in Chartul. Cluniac. : *Ego P. Leonis Burgensis, Magister in organo, de mandato et voluntate domini Burgensis episcopi et utriusque supradictarum partium hanc Cartam scripsi.* Vide *Organum.*

¶ Magister Organorum, Musicæ præfectus. Computum ann. 1334. tom. 2. Hist. Dalphin. pag. 280 : *Pro equo Magistri Organorum flor.* 11.

Magister Ostiariorum, Dignitas in aula Regum Francorum : is *Ostiariis* Palatinis præerat. In Annal. Eginhardi et Vita Ludovici Pii ann. 822. occurrit *Gerungus* quidam hac donatus, qui in Epistolis 2. et 4. Frotharii Episcopi Tullensis appellatur *summus sacri Palatii Ostiarius* : apud Wandelbertum denique lib. de Miracul. S. Goaris cap. 30. *Palatii Ædilis.* Quæ quidem dignitas magna fuit, siquidem in Annalibus Francorum Bertinianis ann. 872. dicitur Carolus Calvus hac cohonestasse Bosonem fratrem uxoris, qui postmodum Provinciæ Rex fuit : *Bosonem fratrem uxoris Camerarium et Ostiariorum Magistrum constituens, etc.* Idem certe videtur qui *Curopalata.*

Magister, vel *Principalis Pædagogus*, dictus olim in Academia Parisiensi, qui hodie *Principalis Collegii* nude appellatur, in Statut. Cardinal. de Tutavilla, apud Stephanum Paschasium lib. 9. Disquisit. Francic. cap. 17.

Magistri Pagorum, apud Siculum Flaccum de Condit. agror. ubi in Codice Palatino ad oram scribi monet Rigaltius, *Magistri pagorum Magistrati dicuntur.* Gloss. Lat. Græc. : *Magister Pagi*, ἀμφοδάρχης. *Magisterium Pagi*, in vet. Inscript. 1007. 7.

¶ Magister Palatii, Idem qui *Major domus*, in Aula Regum Franc. Godfridus Viterbiensis part. 12. Chronic. : *Dum Magistri Palatii omnia reipublicæ munera obirent, etc. Pipinus Magister Palatii, qui Regis nomine magna diuturnaque bella gesserat, etc.* Charta ann. 1348. tom. 2. Hist. Eccl. Meldens. pag. 223 : *Jehans Sire de Chasteillon, Souverain Maistre de l'Ostel Madame la Reyne de France.* Vide plura in voce *Major.*

¶ Magister Panaterius, Qui officio *Panateriæ* præerat, nostris *Grand Panetier*, cujus magna in Palatio Regum Franc. dignitas. Ordinat. domus Dalphini ann. 1340. tom. 2. Hist. Dalphin. pag. 393 : *Item, unum sufficientem Scutifferum qui sit Magister Panaterius ordinamus.... Item procuret et ordinet... fieri facere panem bene coctum et fermentatum ad pretium factum.*

Magistri Parlamenti, seu *Magistri Curiæ Domini Regis Parlamentum ejus tenentium Parisius*, in veteribus Arestis, qui hodie *Consiliarii Parlamenti.* Vide *Parlamentum* et supra *Magistri Curiæ.*

* Magister Patroni Jaugiæ, Penes quem exemplar mensurarum servatur, seu qui de mensuris judicat. Lit. ann. 1383. in Reg. 122. Chartoph. reg. ch. 319 : *Comme eust esté ordené... que en nostre ville d'Aucerre avoit quatre Maistres, qui seroient nommez et appellez Maistres du patron de la jauge de ladite ville d'Aucerre, etc.* Vide supra *Jaugia*.

* Magister Pavilionum, Tentoriorum præfectus. Ordinat. hospit. reg. ann. 1317. in Reg. Cam. Comput. Paris. sign. *Croix* fol. 71. r°. : *Mestre Yves Mestre des paveillons prendra une provende d'avoine, fer et clou, et mengera à court.* Charta Phil. V. ann. 1321. in Reg. 60. Chartoph. reg. ch. 159 : *Ivo Briconii Magister Pavillionum nostrorum etc.* Vide *Papilio* 1. et *Pavilio*.

¶ Magister Perrerius, Cæmentarius, Gall. *Maçon*. Statutum Johannis Regis Fr. ann. 1356. tom. 3. Ordinat. Reg. Franc. pag. 78 : *Item quod dicti Consules Avinioneti, qui nunc sunt et erunt pro tempore, compellere seu compelli facere possint omnes Magistros Perrerios, tegularios et fusterios eorum jurisdictionis, ad operandum in clausuris et aliis edificiis predictis, mediante salario competenti secundum taxationem legitimam Consulum predictorum.*

Magister Pincernarum, dignitas in Regum nostrorum Palatio, in Annal. Francor. Loisellianis ann. 781. Chartam Philippi Regis Franc. anni 1065. subscribit *Adam Pincerna magister*, in Hist. S. Martini de Campis pag. 17. aliam ann. 1075. apud Chiffletium in Tornutio pag. 325. *Erveus Magister Pincernarum*. Eadem dignitas in aula Hungarica, in Charta Belæ Regis ann. 1251. *Magister Pincerna*, in Charta Gallica ann. 1067. tom. 11. Spicilegii Acheriani pag. 296. Iso Magister in Gloss. ad Prudent. Hymn. 6. Cathemer. : *Quorum reversus unus, Dat poculum tyranno : Magister Pincernarum.* Vide *Archipincerna*, et *Butta* 3.

Magistri Portuum. Vide *Factum* pro Officiariis Lugdunensib. ann. 1648. pag. 196. 237. [et Menester. Hist. Lugdun. pag. 81.]

* Magistri Procuratorum, nunc *Clientes*, appellantur ii, qui causas suas procuratoribus tuendas committunt. Stat. ann. 1367. tom. 7. Ordinat. reg. Franc. pag. 706. art 8 : *Que les procureurs ne se chargeront de causes, se ils ne sont bien instruiz et par bonne collation, et sentiront, s'ilz peuvent, quelles preuves leurs Maistres auront, pour les avoir quant mestier sera ; et mettront en mémoire, comme dit est, tout le fait de leurs Maistres,.... et sauront où leurs Maistres demourront, ou là où ilz les pourront trouver et faire savoir l'estat de leur cause.*

¶ Magister Puerorum, Idem qui *Infantum*, passim apud Bern. Mon. in Ord. Cluniac. præsertim cap. 27. 1. partis.

Magister Quæstorum, in Constitut. Sicul. lib. 1. tit. 36. 58.

Magister Rationalis, Magistratus in Regno Neapolitano, et in Provinciæ Comitatu, qui rationibus seu Principis ærario præerat, litesque ad illud spectantes dijudicabat. [Chron. Siciliæ ad ann. 1322. apud Marten. tom. 3. Anecdot. col. 89 ; *Fredericus Dei gratia Rex Siciliæ nobili Johanni de Claromonte Militi regni Siciliæ seniscallo magnæ suæ curiæ, Magistro Rationali, etc.* Conventiones Ludovici Regis Siciliæ et Hierosol. cum Arelatensibus ann. 1385. ex cod. MS. D. *Brunet* fol. 11 : *Domino Raymundo Bernardo Flamigi Milite, legum doctore, magnæ regiæ curie Magistro Rationali majore et secundarum appellationum Provinciæ judice.*] De hac dignitate pluribus disseruit Scipio Ammiratus leg. 1. de Famil. Neapolit. pag. 44. *Cameræ rationum* meminit Charta ann. 1421. apud Vignerium in Alsatica Geneal. pag. 195. [Dignitatis inferioris fuisse videtur qui *Regii Hospitii Magister Rationalis* inscribitur, in Charta Roberti Regis Siciliæ ann. 1314. tom. 2. Hist. Dalphin. pag. 286.]

☞ Ejusdem nominis et dignitatis Magistratus instituti in Dalphinatu ab Humberto II. quorum mentio primum occurrit in Computo ann. 1334. tom. 2. Hist. Dalphin. pag. 286 : *Apud Gratianopolim anno 1334. coram dom. Magistris Rationalibus magnæ curiæ Dalphinalis computavit Aynardus de Bella-comba castellanus Cabeoli.* Hinc plures exstitisse qui *Magistri Rationales* vocarentur constat ; idem etiam colligitur ex Ordinatione ejusdem Humberti ann. 1340. quo denique mediante anno penes unum nomen illud remanere atque ob eam rem aliis et gradu et officio illum præeminere statuit idem Dalphinus. Plura vide tom. 2. Hist. Dalphin. pag. 286. et seq.

¶ Magister Rationum in regno Aragonensi, idem qui *Rationalis*. Concil. Dertus. ann. 1429. inter Hispan. tom. 3. pag. 660 : *Sexta litera patens regia, per quam D. Alphonsus Aragonum Rex illustris declarat Clericos et Ecclesiasticos viros actu in servitio regio non deservientes, nec in pitaphio* (f. pyctatio) *Magistri Rationum domus suæ regiæ nominatim descriptos... non esse nec haberi debere pro familiaribus.*

¶ Magistri Regales, an iidem qui *Magistri Hospitii Regis*, an vero sic dicti quod a Rege ad rem aliquam dijudicandam delegati? [* Iidem videntur atque *Magistri curiæ* vel *parlamenti*, qui hodie *Consiliarii* nuncupantur.] Judicium Parlamenti ann. 1269. ex Chartul. AB. fol. ult. Monast. S. German. Paris. : *Quæ inquesta ad ultimum venerabili viro Magistro Galterio Cantori Silvanectensi ad providendum, abbreviandum et rubricandum tradita et assignata, per ipsum Magistrum fuit Magistris Regalibus asportata, et deliberatione habita super ea, pronuntiaverunt dicti Regales dicta die Veneris in pleno Parlamenti consistorio, dictum Abbatem plene et bene probasse et fundasse intentionem suam, et dominum Regem nichil probasse.*

Magister Regis. Vide *Bajulus* 2.

¶ Magister Requestarum Hospitii, Libellorum supplicum Magister, *Maître des requêtes de l'hotel.* Litteræ Caroli Reg. Franc. ann. 1408. apud Rymer. tom. 8. pag. 566 : *Magistri Requestarum Hospitii.* Vita Jacobi *Gelu* Archiep. Turon. ab ipso conscripta ad ann. 1402. apud Marten. tom. 3. Anecdot. col. 1947 : *Illustrissimus Princeps D. Lud. Dux Aurelianensis me Magistrum Requestarum sui Hospitii retinuit.*

* Ordinat. Phil. VI. ann. 1345. 15. Febr : *Ordonnons que les Maistres des requestes de nostre hostel, de nostredite compagne et de nosdits enfans n'ayent aucune cognoissance, se ce n'est des personnes de nostre hostel, ou cas que l'on feroit quelque demandes pures personnelles.... Nous ordonnons que nulle amende ne soit taxée par eux, se ce n'est en nostre présence, quant nous orrons nos requestes.*

Magister Rerum *privatarum domus divinæ, cui suberant Rationales rerum privatarum, Bastaga privata, Præpositi gregum et stabulorum, Procuratores saltuum, etc.* In Notitia Imperii, ubi plura disserit Pancirollus.

* Magister Rotæ, Militum catervæ, quæ *Rota*, dicebatur, præfectus. Charta ann. 1468. apud Pez. tom. 6. Anecd. part. 3. pag. 222. col. 1 : *Mathias D. G. rex Hungariæ.... fidelibus nostris capitaneis, bellidacibus, levatoribusque et sollicitatoribus præsentis exercitus nostri, nec non Magistris rotarum, cunctisque aliis gentibus, equitibus, peditibus, etc.* Vide *Rota* 8. et in *Rumpere*.

* Magister in Sacra Pagina, Theologus doctor, in Conc. Constant. part. 10. cap. 7. pag. 596. Vide supra *Divinus*, 2.

Magister Sacri Palatii summi Pontificis, *consuevit esse ex Ordine Prædicatorum, et ordinarie quando fit Consistorium, legit in Palatio publice aliquid in Theologia. Ad hunc spectat ordinare, qui debeat facere sermones in Capella Apostolica, et eorum sermones prævidere, curareque, ut nihil dicatur puritati fidei et gravitati illius loci contrarium, etc.* Ceremon. Rom. lib. 3. pag. 319.

¶ Magister Sartor. *Maître Tailleur.* Ordinat. domus Dalphin. ann. 1340. tom. 2. Hist. Dalphin. pag. 395 : *Item, ordinamus haberi debere unum Magistrum Sartorem seu Talliatorem, etc.*

Magister Scacarii. Vide *Scacarium*, in *Scaci*.

¶ Magister Scholariorum, Qui *Scholaribus* præerat. Anonymus de Gestis Manfredi et Conradi Regum apud Murator. tom. 8. col. 609 : *Legem ponit* (Carolus Rex) *regnicolis, novosque Secretarios... Magistros Scholariorum, magistros juratos,... statuit.* Vide *Scholares*.

Magister Scholarum, dignitas in Ecclesiis Cathedralibus, apud Joannem Sarisber. in Epist. non semel, et Joan. de Deo in Pœnitentiario lib. 5. cap. 14. qui alias *Scholasticus*, et *Caput Scholæ*. Vide V. Cl. Jacob. Petitum post Pœnitentiale Theodori, pag. 610.]Vide *Scholasticus*.][** Chart. Willegis. Archiep. Mogunt. ann. 976. apud Guden. Cod. Diplom. 1. pag. 356 : *Nullus scolaris qui non est canonicus, præter assensum Magistri scolas ingredi præsumat.* Confer *Magister Infantum* et *Magister Major*.]

¶ Magister Scholarum *de cantu*, Choristarum puerorum præpositus. Statuta Eccl. Barcinon. ann. 1332. apud Marten. tom. 4. Anecd. col. 612 : *Volumus etiam quod Magister Scholarum de cantu, non possit ipsam portionem, quæ debetur in dictis festivitatibus scholaribus suis, aliquatenus retinere.*

¶ Magister Scutiferiæ qui fuerit in aula Dalphini ex sequentibus disce. Ordinat. domus Dalphin. ann. 1340. tom. 2. pag. 394 : *Item, ordinamus unum scutiffe-rum qui sit Magister Scutiferiæ... cujus requirit officium, tempore quo nos equitare contingit, nostrum palafredum habere para-tum cum ense, stivalibus, calcaribus et capello, nostrumque deferre mantellum et cupellum, nostram sequendo comitivam de-beat, etc.* Vide *Scutiferi.*

¶ Magister Secretarius, Idem qui su-pra *Magister custos.* Bernardi Mon. Ordo Cluniac. part. 1. cap. 27 : *Secretarius Magister dat pueris in manibus tunicas, in festis quæ fiunt in cappis.*

Magister Servorum, qui eorum curam gerit in domibus magnatum, in Capit. Caroli Magni lib. 4. cap. 32. [** Dominus.]

¶ Magistri Siclarii, apud Baluzium tom. 6. Miscell. pag. 277. perperam editum pro *Magistri Scholariorum.*

¶ Magistri Somerii, Horum officium ita describitur in Ordinat. domus Dalphin. ann. 1340. tom. 2. Hist. Dalphin. pag. 393 : *Item, ordinamus pro camera nostra tres Magistros Somerios et honorabiles sicut decet, quorum unus arma nostra deferat, et reliqui duo raubas et alia arnesia necessaria nobis.*

* Magister qui Facit les Sots, Jocula-riæ societatis caput. Charta offic. Lemovic. ann. 1340. in Reg. 72. Chartoph. reg. ch. 556 : *Item duos sextarios frumenti cen-sualis cum accaptamento, quos debet gener Magistri qui facit les Sots, ratione cujusdam vineæ.*

Magister Tavernicorum. Vide *Taver-nica.*

Magister Templi. Vide *Templarius.*

* Magister Testamentorum, Qui lites ad testamenta spectantes dijudicabat. Lit. ann. 1483. in Reg. 209. Chartoph. reg. ch. 286 : *Pour lequel* (testament) *acomplir icellui suppliant a esté convenu en la court de l'éves-que de Poictiers pardevant son official audit lieu, pardevant le Maistre des Testamens.*

* Magistri Theologi Facultatis Pari-siensis ad octogenarium numerum redu-cuntur Bulla Innoc. III. PP. ex Chartul. episc. Paris. in Bibl. reg. Cod. 5526. fol. 45. v° : *Decens est ut ipsorum* (*Magistrorum Theologorum*) *numerositas refrenetur; ne forsitan propter onerosam multitudinem, quæ nihil habet onesti, vel vilescat eorum officium, vel minus composite impleatur, cum Deus omnia fecerit in numero, pondere et mensura. Hac consideratione prudenter in-ducti, auctoritate præsentium firmiter inhi-bemus, ut Parisius Magistrorum Theologiæ numerus octonarium non transcendat, nisi forte multa utilitas et necessitas hoc exposcat.* Quod quidem ita posthac visum est : ad-modum enim excrevit Ecclesiæ bono eorum numerus. Sed et hic *octogenarium*, pro *octonarium*, legendum censeo. [** Nihil mu-tandum. Eo enim tempore *magistri* diceban-tur, vel *magistri regentes* qui postea Profes-sores. Vide Savin. Histor. Jur. Roman. tom. 3. cap. 21. § 77. not. i. et passim.]

* Magistri Valleti appellantur Præci-pui inter monetarum operarios, in Lit. remiss. ann. 1361. ex Reg. 91. Chartoph. reg. ch. 163 : *Dicti tres Magistri valleti operati fuerant pluries in dicta moneta ad partem.*

* Magister Venator, Qui regiæ vena-tioni præest, Gall. *Grand Veneur.* Charta Caroli V. reg. Franc. ann. 1366 : *Dominus genitor noster confisus ad plenum de probitate dilecti et fidelis Joannis de Meudon militis, Magistri venatoris nostri, aquarumque et forestarum nostrarum etc.* Memor. G. Cam. Comput. Paris. fol. 140. v°. ad ann. 1410 : *Dominus Guillelmus de Gamachiis miles cambellanus domini regis, ordinatus et sta-bilitus Magister venator et gubernator vene-riæ regis, loco Roberti de Franconvilla.*

¶ Magister Wardorum, apud Anglos, pupillorum et orphanorum curator. Vide *Justitiarius.*

* Magister, nude pro Præfectus copiis militaribus, Gall. *Capitaine*, in Stat. ann. 1373. tom. 5. Ordinat. reg. Franc. pag. 659. art. 3.

* Magister, Gall. *Maître*, Medicus nude appellatur, in Poem. *de Cléomades* Ms. :

> Lié sont de chou qu'il n'y a
> Péril et que bien garira :
> Car li Maistre ainsi dit leur ont.

* Unde *Mestrie* dicitur Ars curandi, in Mirac. S. Ludov. edit. reg. pag. 438 : *Quant il* (le chirurgien) *aperçut que c'estoit mala-die non mie curable par nature et par Mes-trie et par médecine, etc.*

** Magister, *hoc est Villanus*, in Chron. Vulturn. ad ann. 779. apud Murat. tom. 1. part. 2. pag. 363. B. Vide *Major.*

* Magistri, Artifices quidam, quorum ars inter minores artes recensetur, in Stat. ant. Florent. lib. 5. cap. 19. ex Cod. reg. 4621.

* Magister, sine addito nuncupatur Carnifex, in Lit. remiss. ann. 1395. ex Reg. 148. Chartoph. reg. ch. 93 : *Le Mais-tre qui estoit venu ès dittes prisons pour exécuter icellui Wastelier, qui estoit con-dempné etc.* Aliæ ann. 1463. in Reg. 199. ch. 315 : *Maistre Jehan de Tours en son vivant exécuteur de la haulte justice de Thou-louse, etc.*

* Magister vel Magistra, Gall. *La Maistre*, appellatur pars aratri, lignum nempe, quo aratrum continetur, vulgo *la Haye.* Lit. remiss. ann. 1377. in Reg. 111. Chartoph. reg. ch. 35 : *Guillaume Vernis prist audit lieu, où estoit ledit tumbereau, le fer et coultre de une charrue, le vennelier, la Maistre, le tirot et l'esparre qui se tient au vennelier, à quoy on atelle trois chevaux. Maiestre*, Magister, pro *Maître*, in Lit. Phil. VI. reg. Franc. ann. 1346. ex Bibl. reg. *Maistire*, eadem acceptione, in Vita J. C. Ms. :

> De Jhesu Crist vostre Maistire,
> Qui resours est comme boins sire.

MAGISTERIALE, *Didascalium* (a Græco διδασκαλεῖον.) Papias.

* **MAGISTERIALIS**, Summus, supre-mus; titulus honorarius summi pontificis. Vide *Magistratus* 2. Epist. synod. conc. Tricass. ann. 867. ad Nicol. I. PP. tom. 7. Collect. Histor. Franc. pag. 589 : *Nobis quoque in ejusdem rei negotio decertantibus, et quædam deflorantibus, non tamen termi-nantibus, eo usque causam perduximus, ut solummodo Magisteriali vestro culmini eorum assignaretur restitutio, etc. Magistérial*, eo-dem sensu, apud Thaumass. inter notas ad Assis. Hierosol. pag. 251 :

> Le chastelain de Coucy
> Moult de feaux a terriaux,
> S'en a de Magistériaux.

* *Magistral*, pro Arrogans, in Lit. remiss. ann. 1449. ex Reg. 179. Chartoph. reg. ch. 354 : *Ung appellé Pierre,.... qui estoit varlet de guerre fort Magistral etc.* Hinc *Maistrie* et *Maistrise*, Superbia, insolentia. Lit. remiss. ann. 1372. in Reg. 104. ch. 92 : *Icellui chevalier par sa Maistrie, arrogance, grant puissance et volenté irraisonnable etc.* Aliæ ann. 1381. in Reg. 120. ch. 97 : *Et s'efforça ledit Ymbert de la oster audit ma-reschal par sa Maistrise. Icellui Vincent et Perrot le faisoient par Maistrise et en despit de Guionnet*, in aliis ann. 1400. ex Reg. 155. ch. 226. *Mestrie* vero dominationem sonat in Vita J. C. Ms. :

> Je ne suis pas pour signorer,
> Ne pour Mestrie demener.

¶ **MAGISTERIALITER**, Dextere, indu-strie, Gall. *Adroitement, en maître.* Gerva-sii Tilber. Otia Imper. apud Leibnit. Script. Brunsvic. tom. 1. pag. 978 : *Vermi-culus autem ex arbore, ad modum ilicis et quantitatem dumi pungitiva folia habente, prodit ad pedem, nodulum faciens mollem ad formam ciceris, aquosum et cum exterius colorem habeat nebulæ et roris coagulati, interius rubet; et cum ungue Magisterialiter decerpitur, ne, tenui rupta pellicula, humor inclusus affluat, postquam exsiccatur, et corio includitur.*

¶ Magisterialiter, Docte, perite, Gal-lis, *en Maître.* Conc. Armenorum ann. 1342. apud Marten. tom. 7. Ampl. Collect. col. 348 : *In omnibus diebus Dominicis di-cimus hoc canticum, quod dom. Nerses Cla-nensis catholicon dicit Magisterialiter, etc.*

* **MAGISTERIANDUS**, Academica laurea donandus; *Magistrandus*, qui disputationi-bus eo in casu præsidet. Stat. Universit. Aquens. pag. 67 : *Ordinamus quod hora, qua debebit Magisteriandus venire ad locum magisterii etc.* Ibidem : *Rector cum Magiste-riando et Magistrando suo etc.*

MAGISTERIANI, Officiales Magistri of-ficiorum. Glossæ nomicæ MSS. : Μανδάτωρ, μαγιστριανός. Gloss. Lat. Gr. : *Agens in rebus*, μαγιστριανός. Μαγιστριανῶν meminit etiam Re-latio Nestorii in Synodo Ephes. part. 2. Act. 1. Conc. Calchedon. Act. 3. 10. pag. 176. 177. 186. 281. Edit. 1618. quibus locis καθωσιωμένοι dicuntur, *spectabiles* in Suggestione Legatorum ad Hormisdam PP. inter ejus Epistolas ubi Eulogius, qui *Ma-gistrianus* dicitur in hac Suggestione, *Agens in rebus* vocatur in Epist. Justiniani ad Hormisdam ante Epist. 66. *Magistriani* etiam dicuntur Victori Tunnensi in Chro-nico, et Anastasio in S. Hormisda : μαγι-στριανοὶ apud Gelasium Cyzicenum lib. 3. de Concilio Nicæno, Palladium in Hist. Lau-siaca cap. 149. Isidorum Pelusiotam Epist. 229. Constantinum de Administrando Imp. cap. 22. Cedrenum pag. 402. Glycam et alios a Meursio laudatos, et Baron. ann. 163. n. 3. 42. Liberatus Diaconus in Bre-viario cap. 15 : *Et direxit per totum Orien-tem Magistrianos, etc.* Marcus Gazensis : *Venit Magistrianus Epistolas afferens Im-*

peratorias, *etc.* Acta Abercii apud Baronium : *Valerianum et Basianum Magisterianos divinorum nostrorum officiorum misimus.* [Bibliotheca Patrum ascetica tom. 3. pag. 265 : *Venit aliquando Magisterianus deferens ei testamentum cujusdam.*] De iis multa habet Fabrotus in Glossario ad Cedrenum, quæ consulto omittimus.

¶ 1. **MAGISTERIUM**, Jus, dominium. Tabularium S. Vincentii Cenoman. : *Gaufridus de Cataglande dedit S. Vincentio de Ecclesia de Nulliaco tale Magisterium quale habebat super presbiterium loci illius, et tertiam partem expleti quod habebat in eadem Ecclesia, id est, tertiam partem annonæ et vini et sepulturæ, et decimam expleti quod habebat in duobus molendinis.*

2. **MAGISTERIUM**, Artificium, nostris *Maistrise.* Aggenus de Limitib. agr. : *Magisterium suum si vult mensor ostendere; modum concessum fano illi demonstret.* [Charta Ludovici Junioris Reg. Franc. ann. 1160. apud D. *Brussel* tom. 1. de Usu feud. pag. 536 : *Concessimus ex nunc in perpetuum Theci uxori Yvoni Lachoe Magisterium canatorum... in villa nostra Parisiensi.*] *Magisterium Sacerdotii*, apud Suetonium in Caligula et in Domitiano, ἀρχιερωσύνη.

* *Maistrise*, pro Ars, in Chron. S. Dion. 5. Collect. Histor. Franc. pag. 254 : *Entre les autres présens li envoia uns hologes de leton, ouvrez par merveilleuse Maistrise.* Ubi Annal. Franc. Loiseli. ibid. pag. 56 : *Horologium ex aurichalcho arte mechanica mirifice compositum.*

* 3. **MAGISTERIUM**, Magistri officiorum dignitas. Childeb. epist. ad Theod. magist. tom. 4. Collect. Histor. Franc. pag. 85 : *Prælati Magisterii vestri dignitas excolenda, quæ licet per se magna sit, etc.*

* 4. **MAGISTERIUM**, Magistri opus, Ital. *Magisterio*, eodem sensu. Charta ann. 1349. tom. 2. Hist. Cassin. pag. 545. col. 2 : *Promiserunt construere tectum totius ecclesiæ Cassinensis secundum formam, secundum quam laboratum est tectum ecclesiæ Lateranensis de Urbe,..... et ipsam ecclesiam et tectum reddere completum, sine defectu aliquo; et in casu quo aliquis in eorum Magisterio appareret, promiserunt resarcire.*

* 5. **MAGISTERIUM**, Magistri monetarii emolumentum. Charta Caroli IV. imper. ann. 1363. tom. 1. Cod. Ital. diplom. col. 2445 : *Magister monetæ recipiet pro Magisterio, operariis dictarum monetarum, custodia et aliis necessariis, quatuor grossos cum dimidio.*

* 6. **MAGISTERIUM**, Opera, quam subditus domino suo præstare tenetur. Charta ann. 1120. apud Murator. tom. 3. Antiq. Ital. med. ævi col. 1133 : *Placitum, et guaittam, et albergariam, et alogamentum, et polastrum, et Magisterium. Venerellus cum suo consorte solidos x. dentur feorali; cetera dentur curti, et Magisterium in ædificatione et allogamentum.* Infra loco *Magisterium*, legitur pluries *Laborationem* et semel *Opera*. Vide infra *Magistratus* 7.

* 7. **MAGISTERIUM**, Magistratus, magistrorum consessus. Charta Roger. castel. Insul. ann. 1225. ex Tabul. S. Petri Gand. : *Quod si eos* (captos) *liberare nescientes* (scabini) *et Magisterium suum consulere et inquisitionem veritatis habere voluerint; abbas et castellanus eis et Magisterii sui consilium et inquisitionem veritatis faciet exhiberi.*

* 8. **MAGISTERIUM.** *Locus Magisterii*, Aula, ubi *magistri* seu doctores instituuntur. Vide supra *Magisteriandus.*

* 9. **MAGISTERIUM**, passim *Pierre philosophale*, auctore D. *Falconet. Investigatio Magisterii*, in titulo Gebri Arab.

* 1. **MAGISTRA**, Mulier filiarum principis educationi præfecta, vulgo *Gouvernante.* Charta ann. 1226. in Chartul. Arremar. ch. 150 : *Ego Agnes comitissa Campaniæ et Briæ palatina. Notum facio..... quod vir venerabilis Jacobus abbas monasterii Arremarensis totusque ejusdem loci conventus ad preces meas dederunt et concesserunt dominæ Aelidi Magistræ meæ tres partes pratorum.* Eadem ratione *Magistra* appellabatur, quæ *beguinas* Parisiis regebat. Lit. remiss. ann. 1358. in Reg. 90. Chartoph. reg. ch. 146 : *Magistra, gubernatores seu regimen et administrationem dicti beguinagii* (Paris.) *gerentes etc.* Vide *Bajulus* 2.

** 2. MAGISTRA, Abbatissa ordinis S. Augustini. Chart. ann. 1299. apud Kopp. Orig. Fœd. Helvet. num. 31 : *Magistræ et conventui canonicarum monasterii de S. Katherina, ordinis S. Augustini, etc.* Vide Schannat. Histor. Episc. Wormat. tom. 1. pag. 165. et 174.

* 3. MAGISTRA, Uxor *Magistri* seu præfecti artis cujusvis. Necrol. S. Saturn. Carnot. ann. amplius 500 : *VI. Cal. Oct. obiit Maria Magistra Pelliparíorum.* Interdum *Regina*, eadem notione, usurpatur ibidem. Vide infra in hac voce.

¶ **MAGISTRALIS** HONOR, Dignitas Magistratus. Vita S. Maximi tom. 1. Jan. pag. 91 : *S. Maximus cum polleret Litterarum industria, honore illum Magistrali in urbe* (Caturca) *sublimaverunt.*

¶ MAGISTRALIS OCULUS, Superciliosus, Gall. *Arrogant, altier.* Laurent. Byzinius de Orig. belli Hussit. ann. 1419. apud Ludewig. tom. 6. pag. 210 : *Jam cum superbo oculo Magistrali incipit non manducare sapientiæ pansm.*

* MAGISTRALIS UNCTIO, vox medicis nota, Remedium quoddam vel unguentum pretiosum, interpretibus doctis Hagiographis ad Mirac. S. Rosæ tom. 5. Aug. pag. 1000. col. 2 : *Adducti chirurgi, postquam viliora remedia sine profectu applicuerant, protestati sunt, hominem non aliter, quam unctione Magistrali, quæ sumptu non mediocri paranda fuisset, curari posse.*

* **MAGISTRANDUS.** Vide supra *Magisteriandus.*

MAGISTRARE, Docere, regere, moderari. [Gerardus in Vita S. Adalhardi sæc. 4. Bened. part. 1. part. 349 : *Omnis Gallia, quæ ejus* (Adalhardi) *consilio innitebatur, pacata probavit : maxime vero Italia, quæ sibi a Carolo fuerat commissa, ut Pippino juniori ad regendum Magistraret, et ad stateram justitiæ regnum Italicum informaret.* Ibid. pag. 354 : *Præterea jubetur etiam omnibus Ecclesiis Magistrare : quibus consilio et prudentia magister, sed discipulus apparet humilitate.*] Occurrit præterea apud Aurelium Victorem, Cassianum semel ac iterum, S. Hieronymum Ep. 25. cap. 5. Auctorem de Disciplina Scholarium cap. 2. etc. Vox Festo etiam nota.

* Nostris alias *Maistrer, Maistrier* et *Mestroier.* Villebard. paragr. 33 : *Mes je voi que nus ne vos sauroit si gouverner et si Maistrer com ge, que vostre sire sui.* Lit. remiss. ann. 1387. in Reg. 130. Chartoph. reg. ch. 253 : *Lequel Milet qui à son temps a voulu batre, suppéditer et Maistrier touz les autres du pays.* Aliæ ann. 1390. in Reg. 139. ch. 145 : *Comme le suppliant ne povoit Maistrier ledit cheval, etc.* Bestiar. Ms. :

Icel les femeles Maistroie
Et en la plaine et en l'erboie.

¶ **MAGISTRARI**, Academica laurea donari. Acta S. Bernardi de Monte Jovis tom. 2. Junii pag. 1074 : *Studiosus valde, Magistratus in septem artibus liberalibus.* Processus de B. Petro de Luxemb. tom. 1. Julii pag. 546 : *Multum compatiebatur pauperibus clericis, specialiter Magistratis in scientiis et non beneficiatis.*

* Ea quidem notione interdum occurrit, puta in Stat. Universit. Andegav. ann. 1435 : *Si qui sint .... licentiati,... qui velint Magistrari etc.* Et in Charta ann. 1360. apud Ughell. tom. 2. Ital. sacr. col. 26. : *Volentes quod illi, qui in præfato studio Magistrati fuerint in facultate prædicta, in eo et aliis generalibus studiis dictæ facultatis regendi et docendi, absque approbatione alia, liberam habeant facultatem.* At in locis supra allatis *Magistratus*, idem sonat atque Doctus, peritus, Ital. *Ammaestrato*, ut aperte colligitur ex Stat. Veron. cap. 126. apud Murator. tom. 3. Antiq. Ital. med. ævi col. 647 : *Omnes camphiones bravos et Magistratos et etc. Magistrati in armis*, in Hist. belli Forojul. ibid. col. 1204. Ita etiam Gallicum *Maistrisié* ex Lit. ann. 1390. tom. 7. Ordinat. reg. Franc. pag. 354 : *A ceulx que vous trouverez non expers et insouffisans à pratiquier esdictes sciences* (Médecine et Chirurgie) *defendez sur telles paines qu'il vous semblera à faire de raison, que en aucune maniere ilz ne exercent la pratique desdictes sciences ; et ou cas que aucun non Maistrisié ès sciences dessus dictes, vouldroit dire et maintenir soy estre souffisant, etc.*

MAGISTRATI. Vide *Magistri Pagorum.*

¶ 1. **MAGISTRATIO**, Doctrina, eruditio. Epist. S. Hildegardis ad Anastasium PP. in ejus Vita auctore Theodorico : *O persona quæ es præcellens armatura et mons Magistrationis valde ornatæ civitatis.*

MAGISTRATIONES PUBLICÆ, Scholæ, in leg. ult. Cod. Th. de Stud. liberal. urb. Romæ. (14,9.) Apuleius de Doctr. Platon. de Scientiis, *quæ solis disciplinis traduntur, et Magistratione discuntur.* Sic enim MSS. libri præferunt, pro *Magistra ratione.* S. Columban. instruct. 4 : *Nonne sine disciplina aliqua perfecta Magistratio aut aliqua militia acquiriri impossibile est?* Vide Salmasium ad Vopiscum pag. 458.

¶ MAGISTRACIO *Aquarum et forestarum*, *Maistrise des eaux et forets*, in Regest. 80. Chartophyl. regii Ch. 754. ann. 1351.

* 2. **MAGISTRATIO**, Inter *Magistrandos*, id est docendos seu scholares, annumeratio, idem quod *Inscription* appellatur in scholis Parisiensibus. Stat. Universit. Andegav. ann. 1410. tom. 9. Ordinat. reg. Franc. pag. 500. art. 10 : *Pro supportandis*

oneribus, quæ rectorem frequencius subire oportebit, statuitur et ordinatur, quod de cetero rector.... a novis scholaribus noviter venientibus, pro receptione juramenti et scholaris novi Magistratione, viginti parvos denarios semel tantum a quolibet percipiet atque levabit.

1. **MAGISTRATUS**, Idem quod *Procuratio*, seu jus Pastus. *Magistralis Cœna*, in Charta Monasterii Silvæ-Latæ. Vide Dominicum de Prærogat. allod. cap. 15. § 8.

2. **MAGISTRATUS**, Titulus honorarius summi Pontificis. Gervasius Remorum Archiep. in Epist. ad Nicolaum II. PP. : *Dicant adversarii quantumlibet me infidelem et rebellem Magistratui vestro.* Vide *Majestas.*

¶ 3. **MAGISTRATUS**, Abbatialis dignitas, seu alia quævis Præpositura. Epistola 145. Gerberti apud Mabill. tom. 3. Annal. Benedict. pag. 655 : *Sancti Dionysii cœnobium ejus esse reverentiæ ac dignitatis, ut nullius ibi Magistratus deponi debeat, aut imponi sine comprovincialium, quorum interest, consensu ac favore sollemni.*

* 4. **MAGISTRATUS**, Titulus rationum regiarum præfecti, Gall. *Maître des Comptes.* Memor. D. Cam. Comput. Paris. fol. 144, r°. : *Dom. Johannes Bernier miles institutus in officio Magistratus Cameræ Computorum ad vadia, jura et emolumenta consueta, ... fecit.... solitum juramentum in manu domini cancellarii Franciæ.*

* 5. **MAGISTRATUS**, Officium ejus qui hospitali præest. Charta Petri episc. Meld. ann. 1227. in Chartul. Campan. fol. 186. col. 1 : *Comes præsentabit nobis clericum idoneum ad Magistratum domus Dei Meldensis, qui si idoneus fuerit, a nobis recipietur.* Alia ann. 1230. ibid. fol. 187. v°. col. 2 : *Nuntiamus vobis quod Radulphum magistrum domus Dei Meldensis a Magistratu dictæ domus amoveatis.*

* 6. **MAGISTRATUS**, Ad *magistri* seu doctoris gradum ascensus. Comput. ann. 1372. inter Probat. tom. 2. Hist. Nem. pag. 312. col. 1 : *Fuerunt apud Montempessulanum.... pro festo Magistratus magistri Ludovici Vallete, qui novus fuerat factus magister in medicina.*

* 7. **MAGISTRATUS**, Opera, quam subditus domino suo præstare tenetur. Charta Rob. comit. Alencon. ann. 1211. in Reg. forest. comitat. Alenc. fol. 13. v° : *Faciendo inde pro omni servicio Magistratum molendinorum meorum et bearum mearum; ita quod prædictus Salomon vel suus hæres in quolibet die ut sit in servicio meo, pro expensis vj. denarios Turon. Cenoman. habebit; et si ferramenta sua laniata fuerint in servicio meo, de meo proprio reficientur.* Alia ann. 1342. in Reg. 74. Chartoph. reg. ch. 62 : *Sciendum tamen est quod pro dicta molneria .... facere debebamus et consueveramus Magistratum dictæ rotæ cum comunuo, operariis, lignis, lapidibus et aliis omnibus ad dictam rotam necessariis universitati prædictæ.* Vide supra *Magisterium* 6.

* 8. **MAGISTRATUS** Novitiorum, Prioratus magistro novitiorum assignatus, in Bulla Pauli III. PP. ann. 1535. apud Stephanot. ex Antiq. Lemov. Bened. Mss. part. 1. pag. 474.

* 9. **MAGISTRATUS**, adject. pro Doctus, peritus. Vide supra in *Magistrari.*

¶ **MAGISTRESSA**, Magistra, domina, *Maîtresse.* Chron. D. de Gravina apud Murator. tom. 12. col. 565 : *Confessus fuit. . dictum Ducem interfecisse Bertrandum filium Caroli Artus ordinatione dom. Chanciæ et Magistressæ.*

* 1. **MAGISTRIA**, Medietas fructuum prædii reive cujuslibet alterius partiario alicui concessæ, ad *Magistrum* seu dominum feudi pertinens; unde nomen. Charta ann. 1208. inter Probat. tom. 1. Hist. Nem. pag. 47. col. 2 : *Tradimus.... medietatem facharie seu Magistriæ in prædicto molendino, et plus si plus ibi habere debeamus.... Prædictam siquidem venditionem, quæ est medietatem diei Veneris et noctis molendini superioris etc.*

* 2. **MAGISTRIA**, Dignitas seu jurisdictio *magistri* forestarum et aquarum. Charta ann. 1397. in Reg. 155. Chartoph. reg. ch. 117 : *Magister Johannes...., regens officium Magistriæ forestarum et aquarum regiarum in senescallia Carcassonæ et Biterris etc. Mestrie des eaues et des forez*, in Stat. ann. 1359. tom. 3. Ordinat. reg. Franc. pag. 387. art. 12. Vide supra *Magister generalis aquarum.*

¶ **MAGISTRIANI.** Vide *Magisteriani.*

MAGISTRIANUS. Fulgentius Placiades de Continentia Virgiliana : *Elysium ingreditur campum, Elysis enim Græce resolutio dicitur, id est, feriatam vitam post Magistrianum timorem.* Infra : *Magistriani timoris projecta gravedine*, i. timoris Magistri.

* **MAGISTRISSA**, Magistra, domina. Charta ann. 1269 : *Noveritis quod.... prior fratrum Prædicatorum executor testamenti defunctæ Ermengardis, dictæ Lareniere, in jure publico recognovit se.... vendidisse xl. solidos Turon. annui redditus, quos prædicta defuncta percipere et habere dicebatur super domum.... contiguam domui dictæ Magistrissæ ex una parte etc.* Vide *Magistressa.*

¶ **MAGISTRIVUS**, in Fabri thesauro ex Apuleio in Florid. : *Pueritia apud vos et Magistrivos.* Sed perperam; legendum enim distinctis vocibus *Magistri vos*, ut ex contextu satis patet.

* **MAGISTRIX**, ut *Magistrissa.* Testam. Joan. Chati ann. 1482. in Reg. 2. Armor. gener. part. 1 : *Item volo.... quod nobilis mulier Margarita de la Grelieyre domicella,.... uxor mea, sit domina et Magistrix tocius domus meæ et bonorum meorum prædictorum.*

* **MAGISVALENTIA**, Summa excurrens, Gall. *Surplus.* Charta ann. 1319. in Reg. 78. Chartoph. reg. ch. 113 : *Quociens ipsæ res permutabuntur,.... non solvantur foriscapia seu laudimia,.... nisi forte pro supplemento seu Magisvalentia valoris rerum permutatarum.* Vide infra *Plusvalere.*

MAGIUS. Vide *Madius.*

* **MAGLA**, Ansa, annulus, Ital. *Maglia*, Gall. *Maille.* Stat. Astæ ubi de Intr. portar. : *Armaturæ de Magla ferri per quemcunque modum portentur, solvant pro quolibet arnexio hominis furnito etc.* Vide supra *Maclea.*

* **MAGLETUS.** Charta Theob. comit. ann. 1222. in Chartul. Campan. fol. 330. v° : *Debebat assignare xxx. libratas terræ,.... et falcas avenæ de redditibus in aliis redditibus de Chamaio, præter Magletum majorem.* An vinea muro vel sepe cincta, Gall. *Clos de vignes*, quæ *maglio* seu marra colitur? Vide mox

* **MAGLIUS**, Ligonis species videtur, quanquam Italis *Maglio* malleus sit, in Hist. belli Forojul. apud Murator. tom. 3. Antiq. Ital. med. ævi col. 1203 : *Et in stalla prædicta habentes palos ferreos, Maglios, zapponos, murum domus prædictæ... incipientes fodere etc.* Ut ut est, *Magle* marram, vulgo *Houe*, significat, in Lit. remiss. ann. 1378. ex Reg. 114. Chartoph. reg. ch. 165 : *Icellui Guillaume férist ledit Oudin de sa Magle, qu'il apporta des vignes, sur les bras et sur la teste. Megle* et *Meigle*, eadem notione, usurparunt. Lit. remiss. ann. 1381. in Reg. 121. ch. 83 : *Les dites gens d'armes.... prenoient chevaux, jumans et utillemens d'ostel, et les Megles et hostiz des vignerons.* Aliæ ann. 1414. in Reg. 167. ch. 37 : *Le suppliant ot à sa part un pot et une Meigle etc. Mergle*, in aliis ann. 1397. ex Reg. 153. ch. 237. *Mesgle*, in Lit. remiss. ann. 1400. ex Reg. 155. ch. 370 : *Deux Mesgles, que l'en dit pioches à labourer ès vignes etc. Mesque*, in aliis ann. 1457. ex Reg. 189. ch. 185.

¶ **MAGMATARIUS**, μυρεψός. Gloss. Lat. Gr. MSS. Sangerm. Unguentarius.

MAGMENTARE, pro *Augmentare*, Augere. Henricus Aquilonipolensis in Adolpheide cap. 12 :

Magmentans Christi cultum Dux pacifer almum.

Utitur rursum semel.

¶ **MAGMENTARIUS**, ἐφ' οὗ τὰ σπλάγχνα τιθέμενα τοῖς βωμοῖς προσφέρονται, *Qui exta ad altare pro sacrificio fert.* Supplem. Antiquarii.

MAGNA CHARTA. Vide *Charta.*

¶ **MAGNA CURIA.** Vide in *Curia* 8.

MAGNÆVUS, ἀρχαιογέρων, in Gloss. Latin. Græc. Grandævus, senex.

¶ **MAGNAGIUM**, Mansus, vel mansio. Bulla Alexandri PP. IV. ann. 1258. ex Tabul. Sangerman. : *Magnagia, decimas, redditus, terras, nemora, possessiones et jurisdictionem temporalem quæ habetis in villa quæ Noiers appellatur.* Vide *Managium* 2.

MAGNALIS, Magnalia. Glossæ antiquæ MSS. : *Magnalia, salubriora, prosperiora, magnifica, pretiosiora.* Jo. de Janua : *Magnalis, magnus, vel qui magna facit. Unde illud : Loquebantur variis linguis Magnalia Dei.* Papias : *Magnalia, id est, præstantiora, magnifica, salubria.* Mamotrectus ad 17. Sapient. : *Magnalia, Magnitudines.* Græc. Edit. μεγαλεῖον. Ruffus Asterius Quintus in Carmine de Deipara :

Signa movent populos, cernunt Magnalia cæci.

Auctor Carminis de Missione Spiritus sancti :

Hæc tuba profecta de Sion, Magnalibus
Orbem replevit Messiæ.

Arnulfus Lexov. in Epist. : *Non tanta postmodum prosperitatis ejus insignia claruerunt, quanta præcedentis adversitatis Magnalia celebrantur.* Hist. Cortusiorum lib. 3. cap. 5 : *Qui literis Magnalia promittebat.* Occurrit ibi semel ac iterum. Rodericus Toletan. in Præfat. ad Hist. Hispan. : *Hispanorum Regum origo, et eorum Magnalia, etc.* Will. Britto in Præfat. Philipp. :

Cur ego quæ novi, proprio quæ lumine vidi
Non ausim magni Magnalia scribere Regis?

Occurrit passim in libris sacris, et alibi. Vide observata ab Olao Borrichio lib. de Variis linguæ Latinæ ætatib. pag. 157. [et Stephanio ad Saxon. Grammat. pag. 156.]

MAGNANIMIS, pro *Magnanimus*, ut *longanimis*. Occurrit in Chr. Casin. lib. 4. cap. 57. 88. et alibi non semel.

MAGNANIMITAS, Titulus honorarius Episcoporum et aliorum, apud Ruricium lib. 1. Epist. 10. lib. 2. Epist. 1.

* **MAGNANIMUS**, Cui animus est ad iracundiam pronus. Lit. remiss. ann. 1363. in Reg. 95. Chartoph. reg. ch. 1 : *Idem Henricus, qui Magnanimus esse dicitur, ob hoc, malo sine causa motus animo, confestim ipsam uxorem verberare nisus fuit.*

¶ **MAGNANUM**. Vide *Manganum*.

¶ **MAGNARIUS**. Martinius in Lexico : Negotiator, qui mercimonia omnis generis in solidum vendit, Græcis μεγαλέμπορος, Italis *Grossiero*, Gall. *Marchand en gros.* Apuleius lib. 1. Metamorph. : *Omne enim pridie Lupus negotiator Magnarius coemerat.* Idem videtur esse quem Apuleius lib. 5. *dicit magnis pecuniis negotiantem.* Genus tamen aliquod peculiare mercatorum fuisse *Magnarios* haud male suspicatur Colvius. Vide notas ad Apuleii locum supra laudatum, et Turneb. Advers. lib. 27. cap. 21. [* Consule præterea Baron. in notis ad 22. diem Aug. Martyrol.]

* **MAGNAS**. Inter Magnates seu nobiles annumerari pœnæ gravioris genus apud Florentinos, cum in rempublicam coaluerunt. Stat. ant. Florent. lib. 3. cap. 36. ex Cod. reg. 4621 : *Quicumque offenderet in persona aliquem suum hostem, id est illum pro quo laborat aliqua bona, ultra pœnas alias sibi impositas per ordinamenta, intelligatur esse et sit Magnas et de numero magnatum civitatis Florentiæ.* Rursum lib. 5. cap. 28 : *Et si occiderit aliquem, qui fuerit de prioribus artium et vexilliferis justitiæ, vel eorum collegiis, vel notariis ipsorum, ultra dictas pœnas intelligatur esse ipso jure Magnas, si fuerit popularis; et si fuerit Magnas, esse supermagnas,.... et privatus omnibus officiis et beneficiis communis Florentiæ, una cum filiis et descendentibus suis.*

MAGNATI, pro *Magnates*. Glossæ antiquæ MSS. : *Magnatos, nobiles. Magnatus, nobilis, potens, sanctus.* Æneas Parisiensis Episcopus adversus Græcos : *In hoc segnitia deterioris famæ per ora Magnatorum deteruntur.* [Folcuinus ad ann. 953. ubi de Baldrico, *qui erat de Magnatorum terræ illius prosapia oriundus.* Paschasius Radbertus in Epitaphio Walæ sæc. 4. Bened. part. 1. pag. 502 : *Senatus exsiliatur, et Magnati omnes, atque olim carissimi et primi damnantur palatii.* Occurrit ibid. iterum et semel.] Ita *Primati*, pro *primates*, in Chronico Fredegarii cap. 76. *Magistrati*, pro *Magistratus, etc.*

¶ **MAGNATI**, in Barthol. Scribæ Annal. Genuens. lib. 6. ad ann. 1225. apud Murator. tom. 6. col. 439. mendose pro *Magagnati*. Vide *Mahamium*.

MAGNATES, Vassalli majores. Charta Ildefonsi Regis Aragonum ann. 1192. apud Marcam lib. 6. Hist. Beneharn. cap. 9 : *Item Rex præscriptus manutenebo te et defendam tanquam nobilem Magnatem meum per bonam fidem.* Vide *Procer.*

* **MAGNATIM**, Summopere, diligenter. Charta Caroli Simpl. ann. 905. tom. 9. Collect. Histor. Franc. pag. 500 : *Qui regis servant Magnatim jussa fideles, ejus honorati debent præcedere dono.*

MAGNELLA, **MAGNELLUS**. Vide *Manganum* 2.

MAGNERIUS, [Familiaris, domesticus.] Statuta Delphinalia pag. 39 : *Quod quicunque seu aliqui Magnerii vel familiares Curiæ Delphinalis non possint, etc.* [Vide *Maynerius.*] [* Ita etiam in Stat. Humb. II. dalph. ann. 1349. ex Reg. Cam. Comput. Paris. sign. *Vienne* fol. 10. r°. pro *Maynerius*, ut editum est tom. 2. Hist. Dalph. pag. 587.]

MAGNI, Magnates, quomodo *les Grans* dicimus. Paschasius Radbertus in Epitaphio Walæ lib. 1. cap. 4 : *Cum aut ipse hospites, aut eorum Magnorum aliquis vocasset, etc.* Adde lib. 2. cap. 15. extremo.

MAGNICAPER, Saxonibus, o r m æ t e b u c c a n, in Gloss. Ælfrici, i. immensus caper, hircus.

¶ **MAGNIFICARE**, Augere, amplificare. Charta Boleslai Ducis Silesiæ ann. 1249. apud Ludewig. tom. 6. Reliq. MSS. pag. 487 : *Cupientes Magnificare, et augmentare redditus Ecclesiæ, etc.* Nicolaus de Jamsilla de Gestis Frederici II. Imper. apud Murator. tom. 8. col. 513 : *Cum autem hoc modo ipse Legatus potentiam suam Magnificaret in regno, cuncti pæne regni Majores sibi tanquam domino reverentiam exhibebant.* Gloss. vett. : Μεγαλύνω, *amplio, amplifico, Magnifico.*

¶ **MAGNIFICATIO**, Elevatio, prædicatio. *Personarum varia Magnificatio*, apud Macrob. Saturn. lib. 5. cap. 13.

MAGNIFICE, Multum, plurimum, cum effectu. Papias : *Magnifice, egregie, excellenter.* Alexander Iatrosophista lib. 2. Passion. : *Et Magnifice juvati sunt patientes.* Passim. *Magnificus tumor*, apud Cælium Aurelian. lib. 2. Auctor. cap. 12.

MAGNIFICENTIA, Titulus honorarius Regum et aliorum, in Epistolis Childeberti tom. 1. Hist. Franc. pag. 869. in Epist. 60. Nicolai I. PP. in Capitul. Caroli C. pag. 48. 52. in Concil. Ticinensi ann. 855. in Epist. Joannis VIII. PP. 30. 291. apud Gregor. VII. PP. lib. 3. Epist. 21. etc. Vide Brisson. de Formul. pag. 355.

* Nicolao Spinelli cancellario regni Siciliæ et Provinciæ senescallo tribuitur, in Charta ann. 1375. ex schedis Pr. *de Mazaugues.*

¶ **MAGNIFICIUM**, μεγαλοεργία. Gloss. Lat. Græc. MSS. Sangerman. Magnificentia.

MAGNIFICUS, Mirificus, μεγαλόποιος, θαυμάτουργος. Vita S. Simeonis Stylitæ cap. 2 : *Ibat in Monasterium S. Timothei Magnifici viri.*

* **MAGNINUS**, Lebetum faber, nostris *Chauderonnier*, alias *Maignen. Petrus Royer Magninus*, in Charta ann. 1490. Lit. remiss. ann. 1406. in Reg. 161. Chartoph. reg. ch. 50 : *Deux Chauderonniers ou Maignens passans par le pays etc.* Aliæ ann. 1445. in Reg. 176. ch. 373 : *Perrin Lienart apporta au suppliant Maignen ou chauderonnier deux poilliers.* Guill. Guiart. ad ann. 1285 :

Par la terre au roy de Maillorgues,
Ou lors trouva-on maint Maignen
Cheminent jusques à Parpaignen.

Atque ita etiam legendum, pro *Maignier*, in Ordinat. hospit. Phil. V. reg. Franc. apud Marten. tom. 1. Anecd. col. 1362.

* Hinc *Magnien*, Lebes, in Lit. ann. 1342. ex Reg. 103. ch. 316 : *Item autres menues coustumes ,.... c'est assavoir,.... des Magniens, des seilles, des fruiz, etc.*

¶ **MAGNIPENDISSIMUS**, Admodum æstimabilis. Litteræ ann. 1402. apud Rymer. tom. 8. pag. 249 : *Noverint universi, quod cum alias inter illustrissimas et Magnipendissimas personas, dominum Ludovicum Comitem Palatinum Reni et Ducem Bavariæ, etc.*

¶ **MAGNIPOTENS**, *Splendidus et bellicosus.* Gasp. Barthii Gloss. apud Ludewig. tom. 3. Reliq. MSS. pag. 346. ex Hist. Palæst. Fulcherii Carnot.

¶ **MAGNIPPANUS SERVIÆ**, in Actis Innocentii III. PP. pag. 68. pro *Megajupanus*, vel *Magnus Jupanus.* Vide *Zupa.*

¶ **MAGNISSIMUS**, pro Maximus. Oratio Ferdinandi Vacecapitis Regis Castellæ legati ad Ludovicum Ducem Andegav. ann. 1378. apud Marten. tom. 1. Ampliss. Collect. col. 1505 : *Præterea, Magnissime Princeps, nos inter cetera principaliter sumus ad vestram celsitudinem destinati, etc.* Occurrit etiam apud Jos. Moret. Antiquit. Navar. pag. 556. [** Virgil. Grammat. pag. 131 : *O nulli numero negatur, sive Magnissimo sive midissimo.*]

* **MAGNITAS**, ut *Magnitudo*, Titulus honorarius regum. Charta Caroli Simpl. ann. 905. tom. 9. Collect. Histor. Franc. pag. 500 : *Jussimus hoc nostræ Magnitatis edictum fieri etc.*

MAGNITUDO, Titulus honorarius Regum, et aliorum, apud Ennodium lib. 1. Ep. 4. Marculfum lib. 1. in Capitul. Car. C. tit. 3. cap. 8. tom. 1. Hist. Franc. pag. 869. 882. in Concil. Aquisgran. II. ann. 896. in Præfat. libri 1. ad Pipinum, in Notitia Eccl. Belg. pag. 13. etc. in Epist. 187. 243. Joannis VIII. PP. etc. Vide Brisson. de Formul. pag. 355.

MAGNITUDINES, Privilegia, Prærogativæ. Charta Henrici Imp. ann. 1041. in Histor. Pergamensi tom. 3. pag. 420 : *Ut pro amore Dei sanctæ Pergamensi Ecclesiæ... nostra regalia, et Magnitudines dignaremur concedere.* Alia Friderici I. ann. 1156. ibid. pag. 458 : *Præterea omnia regalia et Magnitudines de Comitatu Pergamensi, etc.*

1. **MAGNUS**, interdum usurpatur Latinis inferioris ævi pro eo, qui statura proceriori et altiori est, ut nostris, *Grand.* Hinc Ludovicus Rex Franciæ, qui vulgo *Longus* dicitur, semper *Magnus* cognominatur in veteribus Chartis. Chronicon Monasterii de Fontanis cap. 2 : *Lambertus quidam Miles Flandrensis, qui dicebatur Magnus respectu cujusdam socii, qui dicebatur Minor Lambertus.* Sed et Carolo, primo ex Regibus nostris Imperatori, *Magni* cognomen inditum a staturæ proceritate testatur Egidius Parisiens. MS. lib. 1. Karolini, ubi de Stephano PP. :

Augusti quarta Nonarum luce coire
Concilium fecit, ad quod cum conjuge Regem,
Et cum suscepta de conjuge prole vocavit.
Tunc Missam incipiens, quando consedit ad aram,
Regificos cultus aptavit utrique parenti,
Cum quibus impresso natorum crinibus auro
Inter utrumque duos chrismavit vertice fratres,
Nominis ejusdem, nisi quod de fratribus alter
Dignoscendus erat Karolus cognomine Magni,
Corporis ex habitu, meritis cognominis omen,
Qui bene Magnus erat, quia sicut corpore supra
Illius ætatis primæve debita magnus,
Sic animo majorque fuit virtute futurus.
Jam tunc magnus erat cognomine, deinde futurus
Magnus divitiis, et fama magnus et actis.
Præter quod solenne satis cognomen alius
Gratia, quæ nulli plus affuit, addidit usum
Nominis, et Karolo fecere karismata nomen.

Anonymus de Nominibus Germanorum : *Carolus, seu Karolus, haud dubie est illud Saxonicum Kærle, per æ diphthongum, quam illi semper faciunt a, Italicum. Est autem Kærle, vir proceræ staturæ, et grandis corporis, qualem fuisse Carolum Primum scribunt.* Quidquid sit de hac vocis origine, constat, *Carolum*, nude, sua ætate appellatum, itaque sic vocatum in Baptismate. Smaragdus in Partes Donati cap. 21. de quatuor nominum speciebus : *Ergo si placet, sic istæ quatuor propriorum nominum species jam hodie apud nos teneantur, ut dicamus prænomem, Imperator, et sit illi proprium dignitatis, quod nulli alio in suo convenit Regno : dicamus Karolus, et sit illi proprium, quod accepit in Baptismo : dicamus Francus, et sit illi appellativum in genere suo : dicamus prudens, et sit illi agnomen appellativum accidens et extrinsecus.* Id præterea constat ex Scriptoribus Vitæ ejusdem Caroli.

¶ 2. **MAGNUS**, Vir auctoritate gravis. Concilium Pisanum tom. 6. Spicil. Acher. pag. 266 : *Præterea est testimonium Magnorum dicentium quod per totum mensem Augusti, etc.*

¶ 3. **MAGNUS**, f. pro Manus. Acta Episcop. Cenoman. cap. 36. apud Mabill. tom. 3. Analect. pag. 345 : *Guido tamen jugiter pium et liberalem circa suos Canonicos amorem exhibebat et honorem. Nullus enim eorum remunserat, quem non ipse vel ecclesiastica dignitate sublimasset, aut cui Magnum, aut chlamydem variam, seu renonem grisium tribuisset, seu aliud liberalitatis emolumentum providisset.* Vide in *Manus.*

* **MAGO**, Capulus, Gall. *Poignée, manche*, Lit. remiss. ann. 1362. in Reg. 93. Chartoph. reg. ch. 124 : *Qui exponens dictum Johannem percussit in calido motu unum ictum, solum de manu in qua tenebat gladium subtus guttur, non tamen de cuspide gladii, sicut credit; sed solum de manice* (sic) *seu Magone.*

MAGOLCIUM, *Cloaca*, Gall. *Esgout.* Statuta Mediolan. part. 1. cap. 256 : *Cum cloacæ, et Magolcia Mediolani pestilentem reddant aerem, etc.*

¶ **MAGOMETUS**. Vide in *Mahum.*

MAGRA. Matth. Silvaticus : *Cusura est species luti, quæ dicitur Magra.*

¶ **MAGRANCULES**, Herbæ species, a Græco μακρόκαυλος. Albertus M. de Mirabilibus mundi : *Si vis in manu tua portare ignem, ut non offendat, accipe calcem dissolutam cum aqua fabarum calida, et aliquantulum Magranculis, et aliquantulum malvavisci, etc.*

* **MAGREDUS**, f. Margo, Gall. *Bord.* Fragm. Hist. belli Forojul. apud Murator. tom. 3. Antiq. Ital. med. ævi col. 1208 : *Illico velocissime venientes versus castrum ipsum, quum fuerunt in Magredo Colveræ* (nomen fluvii) *sub centa ecclesiæ b. Mauri patroni Maniaci, etc.*

* **MAGREGRASSUS**. Vide infra *Megregrassus.*

* **MAGRUS**, Ital. *Magro*, Macer; unde iisdem *Magrezza*, macies, nostris alias *Magreche*. Stat. Vercel. lib. 4. pag. 84. r° : *Item quod aliquis, cujuscunque conditionis existat, non audeat vel præsumat ludere.... ad ludum, qui appellatur Magrorum et grassorum.* Guignevil. in Peregr. hum. gen. Ms. ubi de Invidia :

Autrui Magreche me nourrist,
Et courous d'autrui m'esjoist.

Hinc *Amegroier*, Macrare, in Mirac. B. M. V. lib. 2 :

Qui encraissier veut à droit s'ame,
Le cors convient Amegroier,
Escauchierter et roidoier.

Vide supra *Macillentia.*

MAGUDARIS, *Caulus, vel siligo, i. genus frumenti candidi.* Ita Gloss. MSS. [Papias MS : *Genus frugis. Caulis qui nascitur ex ea parte unde scyrpus avellitur; vel siligo.* Joh. de Janua : *Maguder vel Maguderis, secundus caulis qui nascitur in thyrso abscisso, vel ipse thyrsus abscissus.* Unde Gloss. Lat. Gall. Sangerm. : *Maguder, le second cho, c'est broisson de cho, ou tron, ou froment, ou fleur de farine. Magudaris* vel *Magydaris*, ex eodem Joh. de Janua, est *Laserpitii genus tenerius et minus vehemens.* Occurrit apud Plaut. Rud. act. 3. sc. 2. v. 19. Vide Plin. lib. 19. cap. 3.]

MAGULUM, Gena, bucca. Vetus interpres Juvenalis Sat. 2. v. 17 : *Peribomius. Nomen Archigalli Cynædi, quem Magulum conspurcatum dicimus, qui publice impudicitiam perpessus est.* Græcobarbaris μάγουλον, genam, buccam significat. Gloss. Gr. MS. ex Bibl. Regia Cod. 2062 : Πάρειαι, αἱ γνάθοι, τὰ μάγουλα. Narratio de Bertrando Romano MS. : Στόμα χαρίτων χάριτος δόντια μαργαριτάρια, μάγουλα ῥοδοκόκκινα, αὐτόβαπτα τὰ χείλη. Vide Gloss. Meursii.

¶ **MAGUNNA**, *Suggestio.* Gloss. MSS. x. circ. sæc. ad calcem Collect. Canon. e Bibl. DD. *Chauvelin* Regior. sigill. Custodis.

¶ **MAGUS**, Mansio, veteribus Gallis; hinc plurium urbium nata nomina : Rotomagus, Ricomagus, etc. Vide Valesium in notitia Gall. pag. 477.

¶ **MAHAIGNIUM**, MAHAIN, MAHAINIUM, Vide mox *Mahamium.*

MAHAMIUM, nostratibus *Mahain* et *Mehain* : membri mutilatio, vel enormis læsio, qua quis ad serviendum Principi in bello redditur imbecillior. Regiam Majest. lib. 3. cap. 10 : *Si venditor ipse vendiderit rem suam emptori tanquam sanam et sine Mahamio.* Lib. 4. cap. 3 : *Declinare autem duellum potest accusatus in hujusmodi placitis per Mahamium, vel per ætatem.* Et infra : *Mahamium autem dicitur ossis cujuslibet fractio, vel testæ capitis incussio, vel per abrasionem cutis attenuatio.* [** Eadem leguntur apud Glanvillam lib. 10. cap. 14. § 3. et lib. 14. cap. 1. § 8. sed utroque loco *Mahemium.*] Adde Chartas Normannicas post Ordericum Vitalem pag. 1063. Littletonem sect. 194. 502. et Fletam lib. 1. cap. 40. § 1. *Mahemer*, in Statuto Glocestrensi ann. 6. Edw. I. Regis Angl. cap. 8. Vide Glossar. ad Villhard. voce *Maagnié*, et infra in *Malignare.*

¶ MAHAIGNIUM, Eadem notione. Leges Norman. apud Ludewig. tom. 7. Reliq. MSS. pag. 393 : *Quantum ad primum casum vel Mahaignium seu qualitas illati maleficii.* Adde pag. 161. Occurrit non semel in Tabular. B. M. de Bono-nuntio Rotomagensi, et alibi.

¶ MAHAIM, in Charta Henrici II. Reg. Angl. ex Tabul. Beccensi : *Hæc omnia concessi cum murdro, et morte hominis, et plaga, et Mahaim, et sanguine, etc.*

¶ MAHAINIUM. Charta Philippi III. Reg. Franc. ann. 1273. apud Lobinell. tom. 3. Hist. Paris. pag. 27 : *Nec etiam contingeret quod percussus membrum amitteret, seu vitam, vel etiam Mahainium incurreret, seu membri mutilationem, etc.*

¶ MEHAGNIUM, in Litteris ejusd. Reg. ann. 1278. tom. 1. Ordinat. pag. 307 : *Retenta nobis justitia mortis, Mehagnii, et vadiorum belli quum secuta fuerint.* Occurrit ibid. semel.

¶ MEHAIGNIUM. *Alii Mehaignia diversa et membrorum amissiones vulnerantes, etc.* in Ordinat. Philippi Pulcri ann. 1311. apud Lobinell. tom. 5. Hist. Paris. pag. 245. *Mehaingnium*, non semel in Tabul. B. M. de Bono nuntio Rotomag. *Mechaing*, in Litt. Philip. VI. Reg. Fr. tom. 3. Ordin. pag. 574.

MEHAINIUM. Regestum Parlamenti Parisiensis ann. 1270 : *Etiamsi ibidem fuerit aliqua percussio, de qua Mehainium vel mors minime teneatur, etc.* [*Mechaignez*, in Charta Philippi Aug Reg. Franc. ann. 1207. apud Duchesn. in Norman. pag. 1063 : *Concedimus quoque quod ipsi teneant per libertatem Rothomagi omnia placita... in quibus mors vel Mechaignez, vel placitum ensis non appendet.*]

¶ MEHEGNIUM, in Charta Philippi III. Reg. Fr. ann. 1277. apud Marten. tom. 1. Ampl. Collect. col. 1382 : *Excepta justitia de mobilibus catallis et calidis melleis, sine morte et Mehegnio.*

* MAHAMENTUM, Membri mutilatio, vel enormis læsio; *Mehaing*, in Lit. ann. 1369. tom. 5. Ordinat. reg. Franc. pag. 241. Libert. Montisfer. ann. 1291. in Reg. 181. Chartoph. reg. ch. 154 : *Item qui verberationem seu impulsionem fecerit injuriose seu malitiose, ex quibus sanguis subsequatur, absque tamen morte et membri abscisione et Mahamento perpetuo, etc.* Vide *Mahamium.*

* MAHANERIUM, ut supra *Mahamentum.* Arest. parlam. Paris. ann. 1270. in Reg. *Olim* fol. 64. v° : *Retulit curiæ quod ipsa domina habet ibidem justitiam de fundo terræ usque ad duellum et cognitionem mesleyarum sine sanguine et sine murtro, etiam si ibidem fuerit aliqua percussio, de qua Mahanerium vel acciderit.*

MAHEMIATOR, Qui *mahemium* alteri infert, in Fleta lib. 1. cap. 40. § 4. *Mehaigneur*, in vet. Consuet. Norman. cap. 12. Hinc

¶ MEHAIGNATOR, in Leg. Norman. apud Ludewig. tom. 7. pag. 176 : *Homicidas, virginum injuriosos defloratores et raptores mulierum, et Mehaignatores, etc.*

MAHEMIARE, *Mahemium inferre. Mehain, Mehaigner*, in Consuet. Norman. cap. 66. 74. 75. 100. 121. *Mayhemer*, apud Littletonem sect. 194. [*Mehengner*, in Charta ann. 1302. ex Chartul. S. Vandreg. tom. 2. pag. 1262.] *Magagnare*, Italis. Bracton. l. 2. cap. 24. § 1 : *Nequis hominem Mahemiet vel occidat.* Occurrit apud eumdem lib. 3. Tr. 2. cap. 12. § 1. cap. 24. § 1. 3. et in Fleta lib. 1. cap. 17. § 4.

* MAHANARE, *Mahamentum* inferre, mutilare, graviter lædere. Reg. visitat. Odon. archiep. Rotomag. ex Cod. reg. 1245. fol. 49. v° : *Radulfus de Atrio clericus, cui imponebatur quod mutilaverat sive Mahanaverat Henricum Fivet.* Vide *Mahemiare.*

¶ MAHENNARE, Eadem notione, apud Rymer. tom. 8. pag. 165 : *Vulneraverunt quamplures, Mahennaverunt, et quosdam interfecerunt.*

¶ MAGAGNARE, MANGAGNARE, Scriptoribus Italis, eodem intellectu. Barthol. Scriba Annal. Genuens. lib. 6. apud Murator. tom. 6. col. 437 : *Deductis septuagenariis, infirmis, Magagnatis, et absentibus qui super mare erant.* Rursum ibid. occurrit col. 471. Statuta Vercell. lib. 1. pag. 2. v : *Et quod Potestas, sive rector et ejus judex... habeant restitutionem et emendam a communi Vercellarum de equo vel damno alicujus equi interfecti, mortui vel Mangagnati, vel vulnerati in aliquo exercitu vel cavalcata.*

¶ MEHAGNIARE, in Leg. Norman. apud Ludewig. tom. 7. pag. 338 : *Si vir ejus eam Mehagniaverit, et eruendo sibi oculum, infringendo brachium, etc.*

MEHAIGNARE, Idem quod *Mahemiare.* M. Pastorale Eccles. Paris. lib. 7. ch. 19 : *Eundem quoque de sinistro brachio Mehaignarunt.* [Le Roman *de la Rose* MS. :

> Faibles, et vieux et Mehaignez,
> Par qui pains ne sont plus gagnez.]

☞ Italis vero *Magagna*, ut infra dicetur, quodvis vitium sonat; hinc *magagnatum* vocant quod aliquo vitio laborat. Chron. Parmense ad ann. 1293. apud Murator. tom. 9. col. 825 : *Maximi et plurimi ibi fuerunt terræ motus, quorum occasione multæ domus Pistorii diruerunt, et multæ scissæ et Magagnatæ fuerunt.* Unde nostri *Mehaingner l'honneur de quelqu'un*, pro illius famam minuere, dixerunt. Le Roman *d'Athis* MS. :

> Or le voudroit bien engigner
> Et de son honneur Mehaingner.

Vocis *Mahain* vim videntur innuisse Itali, qui *magagna* vitium vocant, et *magagnare*, vitiosum reddere, corrumpere dicunt, a *mangonibus* forte, vel a *machina*. Rollandinus in Summa Notariæ cap. 1. de Equo : *Cum his vitiis et Magagnis specificatis, etc.* Jacobus *Bourgoing* lib. de Orig. et usu vulgarium vocum pag. 63. *Mahaing* dictum putat, quasi *malum odium*, atque adversa clades. [Aremoricis *Mahha*, et *Mahhaina*, rumpere, frangere, conterere significat, quod ab Hebraico *mahha*, eodem sensu, accersitur.] Alii denique, et forte probabiliori sententia, a *malignare*. Vide in hac voce.

MAHEMERIUM, ut *Materia*. Vide in hac voce.

MAHEMIARE, MAHEMIATOR, MAHENNARE. Vide *Mahamium.*

¶ **MAHERIA**, Idem quod *Macera*, macellum. [* Nequaquam; idem quippe quod supra *Maeria* 4. Vide in hac voce.] Charta Atholidis Peronensium Comit. ann. 1126. inter Instrum. tom. 5. novæ Gall. Christ. col. 376 : *Duas partes decimæ totius villæ de Garneston, quadraginta solidos de theloneo, Maheriam præfatæ villæ... similiter in perpetuum concedo.* Charta Milonis Episc. Tarvan. ann. 1142. qua donationem prædictam confirmat, ibid. col. 377 : *Concedimus... quadraginta solidos de thelonio et totam Maheriam, mansiones canonicorum omnino liberas, etc.* Forte scriptum fuit *Machæra*. Vide hanc vocem in *Macera*.

* Nostris vero alias *Maheré*, pro *Echauffé*, calefactus, ni fallor. Lit. remiss. ann. 1462. in Reg. 198. Chartoph. reg. ch. 556 : *En espérance que ceulx, qui avoient dancé ladite morisque et estoient Maherez, se baignassent.*

* Ut autem vocis Gallicæ *Maheutre*, a factiosis nostris usurpatæ, origo, quam viri ethimologicæ scientiæ periti hactenus non intellexisse videntur, pateat; observo *Mahurtre* et *Mahutre* appellatam a nostris brachii partem, quæ Humerus dicitur : unde ornamenta quædam tomento infarcita manicis vestium aptata, *Maheutres* et *Mahotes* nuncuparunt, ut et milites, qui iis potissimum utebantur. Ordinat. Ms. Car. ducis Burg. ann. 1473 : *Les archiers ne porteront nulles Mahotes à leurs pourpoins.* Vide Ducat. part. 2. pag. 330. Lit. remiss. ann. 1394. in Reg. 146. Chartoph. reg. ch. 411 : *Le suppliant féri de son coustel un seul cop icellui defunt par en droit la poitrine, lequel coup escrilla et entra au bras d'icellui défunt en droit la Mahurtre.* Aliæ ann. 1415. in Reg. 169. ch. 74 : *Icelui Desrues print Guillaume le Breton par les Mahutres des bras, ou par l'un d'iceulx. Le suppliant frappa icelui Le Clerc ou Mahutre du bras destre*, in aliis ann. 1460. ex Reg. 189. ch. 412. Vide infra *Marioth.*

¶ **MAHERMIUM**. Vide in *Materia.*

¶ **MAHIZ**, Frumentum Indicum, nostris *Bled de Turquie, Mais.* Conc. Tarracon. ann. 1591. inter Hispan. tom. 4. pag. 541 : *Nec de frugibus duntaxat, frumento, hordeo, avena, spelta, milio, Indico tritico Mahiz dicto... solvi præcipimus* (decimas).

¶ **MAHO**. Vide infra *Mahum.*

¶ **MAHOLUM**, pro *Macholum*, in Lege Salic. cap. 18. § 2. edit. Baluz. Vide *Machale.*

¶ **MAHOMERIA**. Vide mox *Mahum.*

¶ **MAHONA**, Gall. *Mahonne*, Galeæ species, qua Turcæ utuntur. Hieronymus Comes Alex. in Comment de bello Melit. ann. 1565 : *Erant Piali Bassæ classis Turcicæ præfecto, triremes munitissimæ 130. Mahonæ 8. Sunt autem Mahonæ naves ampliores convehendis commeatibus, et militaribus apparatibus accommodatæ.* Hæc post Spelmannum.

* *Mahon* nostris non unius fuit intellectus. Cuprum vel æs sonat, interprete D. *Le Beuf*, tom. 1. Dissert. pag. 169. in vet. Poem. ibi laudato :

> Mainte ymagene de Mahon
> Tumbes de gent et autre œuvre.

Nisi sit pro Nummo æreo, Gall. *Médaille*; quo sensu *Mahelin* legitur in Lit. remiss. ann. 1470. ex Reg. 196. Chartoph. reg. ch. 165 : *Lequel mareschal fist deux ferremens en façon d'estrilles,.... cuidant que ce fut pour faire des enseignes d'argent ou Mahelins.* Sed et Erraticum papaver, vulgo *Coquelicot*, Picardi nostri *Mahon* vocant. Lit. remiss. ann. 1401. in Reg. 156. ch. 254 : *D'une pugnie de gerbe, que on dit Machon que ladite femme cueilli en allant son chemin, bati sur les fesses d'icelles jeunes filles.* Unde iisdem *Mahonner*, ejusmodi papaver evellere.

MAHUM, et MAHO : sic *Mahometem* ut plurimum appellabant nostrates, ut ex Matthæo Paris ann. 1236. pag. 289. colligimus, et ex Poetis nostris vernaculis. Le Roman *de Loherans* MS. :

> Seigneur, dit-il, demain nos combatron,
> El non Jesu qui soffri passion,
> Qui nos prest force contre la gent Mahon.

Alibi :

> Que mieux vout Dieu que Mahons, n'Apolins.

Per Mahumetum jurabant Mahumetani. Chron. MS. Bertrandi Guesclini :

> Je croi que vous venés savoir nos portion,
> Vous pensés a tenir le serment à Mahon.

Hinc Nostratibus Ambianis *Mahoner*, pro, pugnis certare, quod pugnando invicem subinde per Mahumetem jurent. *Magometus* apud Willelm. Briton. lib. 4. Philipp.

MAHOMERIA, et MACHOMERIA, Templum Mahometicum, apud Matth. Paris, Will. Tyr. et alios Gestorum Dei Scriptores. *Machomeria* quibusdam, ut Roberto Monacho, Baldrico, etc. [Charta ann. 1184 : *Quam ecclesia S. Johannis quondam Machomeriam toties dicta pro avia mea ecclesiæ S. Samuelis dedit... Campum terræ qui est juxta viam quæ ducit de majori Machomeriam in Jerusalem, etc.*] Guibertus in Hist. Hieros. lib. 4. cap. 14 : *Ad fanum suum quod Machomariam vocant, ultra pontem Pharpharicum sepelire.* Vide eumdem lib. 1. cap. 4. Jacobum de Vitriaco lib. 3. pag. 1143. Ordericum Vitalem pag. 735. 742. Vincentium Belvac. etc. [*Machomaria*, in Chron. Andr. Dandulis apud Murator. tom. 12. col. 275.] Nostris *Mahomerie.* Joinvilla in S. Ludovico : *Et estoit le moustier en la Mahomerie des Turcs et Sarrazins, et l'avoit fait dedier celui Legat en l'onneur de la Mere de Dieu.* Guil. *Guiart* sub ann. 1248 :

> Et font sans trop grande crierie
> Dedier la Mahomerie.

¶ MAHUMMARIA, Eadem notione, in Gestis Tancredi apud Marten. tom. 3. Anecd. col. 145 : *Excreverat in collem modicum tellus, cujus vertici fanum, quod vulgo Mahummariam vocant, saxeum supersidebat.*

Hinc, ni fallor, vocabuli nostratis *Momerie* origo, quam pro re ridicula usurpamus, quod preces, clamores, cantusve in ejusmodi templis a Turcis excitari solitos pro ridiculis haberent nostri. Bulla Benedicti XII. Pap. apud Anton. Brandaon. lib. 15. Monarch. Lusitan. cap. 11 : *Non templa seu Meschitas ipsorum, nec, quod absit, per eorum funestos ritus, invocationes et clamores verborum, et publicas invocationes, et peregrinationes ipsorum in cordibus fidelium scandalum generetur.* Usurpatur etiam

Mahumeria, pro Mahumeti idolo. Chron. Reichersperg. de Saladino : *Et Mahumeriam misit ei, ut eam, sicut promiserat, ad honorem Saracenorum exaltaret, et venerabiliter eam habere præciperet.*

* Nostri *Mahommet* quodvis idolum, sicut et *Mahomerie* eorumdem fanum dixerunt. Guignevil. in Peregr. hum. gener. Ms. :

Et sur sa teste un Mahommet
Portoit, qui ses yeux encliner
Li faisoit et jus regarder.

Guill. Tyrii contin. Hist. belli sacr. apud Marten. tom. 5. Ampl. Collect. col. 589 : *Dex se corousa à Salomon por le péchié de luxure, qu'il ot fait d'une fame païenne qu'il tenoit, qu'il ne deust pas tenir. Tant l'aima qu'il fist faire por lui trois Mahomeries sur trois montagnes.* Comment. in psalter. ex Glossar. ad calcem Joinvil. edit. reg. : *La fez Jesu Crist a abatu toz les faus dex par tot lo monde, et sunt fetes en leur Mahomeries les beles églises ou non de Jhesu Crist.* Vetus versio libr. Reg. ibid. : *Atalie la félenesse reine e li suen ouren mult destruit le temple Nostre Seignur, e de riches aurnemenz del temple aveient honured la Mahumerie Baalin.*

Macomatum, Idem quod *Mahomeria*, a *Mahomet*, qui et *Macomet* plerisque, et *Machumet* dicitur, superstitionis auctore, appellatum. Rogerus Hovedenus in Ricardo I : *Ex alia parte turoni, ubi sedet Macomatum*, (Edit. habet perperam *Maconiatum*) *id est, la Mahumeria Saracenorum.*

¶ Mahumicolæ, Mahometis sectatores. Gesta Tancredi apud Marten. tom. 3. Anecd. col. 169 :

Ergo inter Parthos et Persas, mixtus et Indos,
Inter omnigenum vires Mahumicolarum.

1. **MAIA**, Nutrix. Glossæ Isidori : *Maia, medica, obstetrix.* Commodianus Instr. 12 :

Percipit hoc Semele iterum Jovis altera Maia.

2. **MAIA**, Acervus manipulorum, segetis, Belgis nostris, *Maie.* Statuta Ordinis de Sempringham : *Circumeant procuratores omnes grangias, et videant omnes Maias, et faciant implere ad summum, quas potuerint.*

MAJACTA. Chronicon Nonantulense MS. : *Per hujus Imperatoris* (Friderici II.) *tempora rudes erant ritus et instituta majorum. Nam viri infulas de squammis ferreis gestabant, biretis insutas, quas appellabant Majactas.* [*Majatas* edidit Murator. tom. 9. col. 128. ut et tom. 16. col. 260. ex Anonymi Itali Hist. : *Nam homines portabant infulas ferreas, quas vocabant Majatas.*]

¶ Mayata, Eadem notione, in Opuscul. Gualvanei de la Flamma apud eumdem Murator. tom. 12. col. 1033.

¶ **MAIAGIUM**, Maiage, Præstationis species, sic dicta quod mense Maio exhiberetur. Tabular. Compend. : *Item totum territorium debet 19. solidos de Maiage in prima die Maii annuatim, et quisque debitor illius Maiagii debet ducere apud Compendium in domo nostra 3. minas bladi propriis sumptibus. Item quisque debitor illius Maiagii debet 15. denarios de relevio.* Vide *Maienses.*

MAIALIS. Gloss. Isid. *Maialis porcus, pinguis, quod deæ Maiæ sacrificabatur, quasi matri Mercurii.* Glossæ Græc. Lat. : Δέλφαξ, *Porcellus Maialis.* Aliæ : *Maialis*, τομίος. Sed legendum, ut in Gloss. Græc. Lat. τομίας χοῖρος, *Maialis.* Ugutio : *Nefrendis dicitur porcus domesticus, carens testiculis, sic dictus, quia non frendet dentibus. Hic alio nomine dicitur Maialis, quomodo cincurris dicitur natus ex apro silvestri et domestica porca.* Polyptychus S. Remigii Remensis : *Summa porcorum, verri 10. Maiales 100. scrofæ 165. genal. 140. sunt simul capita 415.* [Charta ann. 1030. ex Archivis S. Victoris Massil. : *Guichirannus et frater ejus Fulco vendiderunt S. Victori et S. Zachariæ totam condaminam quæ fuit de Bonifacio pro uno caballo, uno bove, uno verre et uno Maiale.*]

Quidam porro putant, ita dictum *Maialem*, quod ad *Majumæ* festivitatem nutriretur et saginaretur, reservareturque ad solennes epulas : indeque *Maialem sacrifum* seu *sacrivum*, dici in Pacto Legis Salicæ tit. 2. § 18 : *Si quis Maialem sacrifum furaverit, et cum testibus, quod sacrifus fuisset, potuisset ille qui perdidit, approbare, etc.* § 19. *Alium vero Maialem qui sacrifus non fuerit, etc.* In Lege eadem posterioris Editionis § 17 : *Si quis Maialem sacrivum, qui dicitur votivus, furaverit.* Sed ibi *sacrivus* et *votivus Maialis* est, non ad sacrificium reservatus, sed *sacer* et ex *voto* ædibus sacris, aut viris religiosis datus, quomodo *votiva pecora* vocat Gregorius Turon. lib. 2. de Mirac. cap. 3.

☞ Vix certe dubium est quin *Maialis* porcum castratum significet; atque adeo recte Eccardus hanc vocem deducit a *Mahen, maien*, quod Germanis exscindere, secare sonat : facile enim omnino a participio *Majelt*, exsectus, formatur *Maialis.*

¶ **MAJATA.** Vide supra *Majacta.*

¶ **MAICAMPUS**, in Annalibus Franc. a Frehero editis sub ann. 776. pro *Martii* seu *Madii campus*, Comitia publica, quæ primi Francorum Reges solebant quotannis primum Martio, dehinc Maio mense indicere, in quibus post seria peracta, conviviis, ludis, spectaculisque delectabantur. Vide *Campus Martii.* Adde Dissertationem hac eadem de re Andreæ Rivini cap. 8. in Syntagm. variar. Dissertat. edit. 1702.

MAIDA. [Capitul. Pipini Reg. Italiæ ann. 793. cap. 32. : *De pravis illis hominibus qui brunaticos* (brumaticos) *colunt, et de hominibus suis subtus Maida cerias* (cereos) *incendunt, et votos vovent, etc.* Anglo-Sax. *Mæden*, Anglis *Maid*, Germ. *Magd*, est puella, virgo; sed hæc quid ad rem? An idem *Maida* quod mox *Maidanum?* hæc quippe erat veterum Gallorum superstitio, ut in biviis et compitis hominum membra ex lino vel cera conflata ponerent, quibus fortean cereos accendebant. Vide *Pes* et *Ceria.*

MAIDANUM, Maydanum, Turcis et Sarracenis, ut videtur, forum, platea vel campus. Epistola Carlini de Grimaldis ann. 1314. apud Waddingum : *Interim sancti fratres ducuntur ad Maydanum, id est, plateam vel campum.* [*Mardanum* perperam edit. tom. 2. Martii pag. 413.] Idem ann. 1321. n. 4 : *Ignem magnum in Maydano, seu platea civitatis accenderunt.* Josephus Barbarus in Itinerario Persico pag. 463 : *Mandavitque ut in forum, quod Maidan illis dicitur, venirem.*

¶ **MAIDINUM**, Mensuræ genus. Charta Guillelmi Gerundensis Sacristæ ann. 1268 : *Ita tamen quod de miliarensi a nobis et D. Infante Jacobo vobis concesso, habendo de quolibet Maidino salis, etc.* Vide *Manata.*

¶ **MAJELLENSIS** Ordo. Sic dicti olim Celestini a monte Majello, qui fuit eorum tamquam prima incunabula. Vita B. Roberti Salentini tom. 4. Julii pag. 502 : *Tandem invenerunt duos fratres Ordinis Majellensis.*

¶ **MAIENSES**, Dies pecuniæ in mense Maio solvendæ, Gall. *Terme de May.* Tabularium Casæ Dei : *Dono.... duos mansos.... ex quibus exeunt duo agni census et duo solidi inter Kalendares et Paschales, et Maienses et Meisonegs.* Vide *Maiagium.*

* **MAIERA**, Fermentum, quo in conficienda cerevisia utuntur. Vide supra *Maeria* 4.

MAJERIA, Sepes, lignum, quo ager clauditur, munitur, ex Lat. *Materia*, ut censet V. Cl. Dion. Salvaingus Boissius in lib. de Usu feudor. cap. ult. Charta ann. 1164. ab eo descripta : *Si quis vinearum, hortorum, vel alterius loci fructus, vel Majeriæ, vel clausuram, vel tectum domus furatus fuerit, etc.* Alia ann. 1245. apud eumdem pag. 323 : *Jus pascendi pecoris,... jus ligna scindendi, sive chalfagium in omnibus nemoribus nostris, excepto nostro devez, quod est supra vineas de Loyras, etc.* Consuetudo Bordonensis art. 284 : *Autre chose est des fruits naturels comme noix, foin, Mayeres, pommes, poires, et autres choses semblables, etc.* Vide in *Escenla.*

¶ **MAIERIUS**, Præfectus palatii Papalis. Acta SS. tom. 4. Junii pag. 766 : *Suprascriptus vero aurificus hac suprascripta occasione in continenti factus fuit Maierius domini Papæ.*

¶ **MAIERUS**, Idem qui *Major villæ*, nostris *Maieur.* De S. Alena tom. 3. Junii pag. 397 : *Pastori, magistris fabricæ, Maiero, scabinis, etc.*

* **MAIESTADE**, Præstationis species in mense Maio solvendæ. Charta ann. 1328. in Reg. 65. Chartoph. reg. ch. 194 : *Item et invenimus quod centum nonaginta quinque solidos morlanorum, qui vocantur Maiestade, habet dictus dominus rex in dicto loco de Ynossio; et solvuntur anno quolibet in mense Madii.... per certos homines pro certis rebus.* Vide *Maiagium.*

MAJESTAS. Glossæ Lat. Græc. : *Majestas*, μεγαλειότης. Deo præsertim tribuitur. Prudentius in Apotheosi :

..... Nam Filius hoc est,
Quod de Patre micans se præstitit inspiciendum
Per species, quas posset homo comprendere visu.
Nam mera Majestas est infinita, nec intrat
Obtutus, aliquo nisi si moderamine formet.

Ubi Iso Magister per *Majestatem*, *Patrem*, designari putat. Infra, Filio tribuit :

Cui non principium de tempore; sed super omne
Tempus, et ante diem Majestas cum Patre summo,
Imo animus Patris, et ratio, et via Consiliorum.

Et contra Homuncionitas :

Adfirmant non esse Deum, pietate fatentur,
Majestate negant.

In Psychomachia :

Verbum quippe caro factum, non destitit esse
Quod fuerat, Verbum carnis dum glutinat usum,
Majestate quidem non degenerante per usum
Carnis, sed miseros ad nobiliora trahente.

Lib. I. in Symmach. :

...... Nisi quod trucis Orci
Imperium, veræ ceu Majestatis adoras.

Arator lib. I. Hist. Evangel. de Christo resurgente : *Majestas cum carne redit, etc.* Gregorius Turon. de Vitis Patrum cap. 12 : *Ibique Seraphim obumbrare Majestatem Domini.* Liber I. Miraculor. S. Bavonis cap. 14 : *In honore trinæ Majestatis, Patris, et Filii, et Spiritus sancti.* Hugo Flaviniacensis in Chr. pag. 166 : *Et in medio quidem alto satis et prominenti ciborio sanctus quiescit Vitonus, frontem auro purissimo et gemmis pretiosissimis, quibus concluditur Majestas Dei incircumscripta, et incomprehensibilis, habens ad dexteram B. Petri, et ad lævam ejusdem B. Vitoni.... imagines.* [Hæc de sacra Eucharistia interpretatur Mabillonius Annal. Benedict. tom. 4. pag. 187.] Helgaudus in Roberto Rege : *Fecit nihilominus sancto Pontifici Martino casulam auro operatam optimo, inter scapulas Majestatem veri Pontificis continentem, Cherubim quoque ac Seraphim dominatori omnium colla submittentium.* Albericus in Chr. ann. 1204 : *In hac* (icone seu imagine) *mirabiliter fabrefacta est Majestas Domini, et Imago B. Mariæ et Apostolorum.* Vitæ Abbatum S. Albani pag. 71 : *In quorum uno Crux cum Crucifixo et Maria et Joanne figurantur : alio vero Majestas cum quatuor Evangelistis elegantissimis cælaturis insculpitur.* Et pag. 90 : *In media trabe Majestas cum Ecclesia et Synagoga figuratur.* Gervasius Dorobernensis de Combustione et Reparat. Eccles. Dorobern. pag. 1295 : *Quæ* (trabs) *per transversum Ecclesiæ desuper altare trajecta auro decorata... Majestatem Domini, imaginem S. Dunstani,... sustentabat.* Liber Ordinis Parisiensis cap. 56 : *Dum transeunt ad Capitulum, similiter ad Majestatem inclinabunt.* Statuta Ord. Præmonstrat. Dist. I. cap. 5 : *Cum vero Conventus Capitulum ingreditur, singuli suo ordine versus Majestatem inclinent.* Durandus lib. 4. Ration. cap. 35. n. 11 : *In quibusdam codicibus et Majestas Patris, et etiam Imago depingitur Crucifixi.* Infra : *Sacerdos osculatur pedes ipsius Majestatis, et se signat in fronte.* [Marten. de antiq. Eccles. Ritibus pag. 631 : *Hic libri Majestatem osculatur sacerdos.*] Vetus Charta apud Catellum lib. 5. Rerum Occitanar. pag. 901 : *Et quædam crossa eburnea, cum baculo eburneo, et unum colare cum Majestatibus, etc.*

* Ea potissimum appellatione designatur figura Patris æterni in throno sedentis aut Crucifixi imago, quæ in antiquis missalibus picta est ante canonem, quamque osculabatur sacerdos post orationem, *Aufer a nobis*, ad aperturam missalis : unde in quibusdam legitur hæc rubrica : *Osculetur majestas*, aut *osculetur majestatem*. Hinc in Missali ann. 1478. apud Charvet. hist. Vien. pag. 747 : *Hic ponat* (sacerdos) *manus ad modum Majestatis.* Quæ ibi toties repetuntur, quoties in aliis Missalibus legitur, *Extensis manibus.*

Sed et *Majestas*, pro quavis Sanctorum imagine usurpatur ab Anonymo de Miracul. S. Fidis cap. 8. tom. 2. Bibl. Labbei : *Erat distributa Sanctorum acies in tentoriis et papilionibus in prato S. Felicis, quod disparatur ab urbe quasi uno milliario.* (loquitur de capsis et imaginibus SS.) *Hunc locum præcipue S. Marii aurea Majestas et S. Amantii æque aurea Majestas, et S. Saturnini Martyris aurea capsa, et S. Mariæ aurea imago, et sanctæ Crucis aurea Crux, et sanctæ Fidis aurea Majestas decorabant.* Tabular. Celsinianense : *Incendia domorum, vinearum extirpationes, censuum terræ ablationem, patris sui seu proprii corporis invasionem, et ad ultimum, quod magis plangendum est, ipsius etiam Majestatis S. Petri lapidationem, etc.* [Antiquit. Benedict. Pictav. MSS. part. 3. pag. 105 : *Calicem domni Bertrami Abbatis magnum cum Majestatibus.*] Vide Monast. Anglic. tom. 3. pag. 309. 312.

* Pro Deiparæ imagine, in Annal. Placent. ad ann. 1468. apud Murator. tom. 20. Script. Ital. col. 925 : *Dum Majestas Virginis pro more patriæ ad oblationes ædi Virginis faciendas deferretur, etc.* Testam. regin. Mafaldæ ann. 1256. tom. I. Probat. Hist. geneal. domus reg. Portug. pag. 31 : *Item meum psalterium bonum quod me nutuit, et Majestates meas parvas de ebore.*

Majestatem pro quovis Gentilium Deo usurpavit etiam Tertullianus Apol. cap. 13 : *Majestas quæstuaria efficitur, circuit caupones religio mendicans.* Commodianus Instr. 17. de Archigallis :

Inde simulant se concuti numine quodam,
Majestatemque colunt, et se sub figura fatigant.

Et infra :

Res semel in vano de vetustate processit,
Ut ratiocinanti credatur prodenti falsa,
Majestas autem illorum nulla locutus est.

Eusebius Emisenus seu Eucherius Homil. contra Idola : *Sed dicis, non lignum et lapidem, sed in ligno et lapide latentem veneror Majestatem.*

* Imo etiam pro imagine viri cujuslibet potentis in sigillo suo insculpta; qua ratione intelligenda Charta Hugonis comit. Campan. ann. 1114. infra laudata, ut et alia ann. 1115. Viromand. comit. ex Chartul. S. Corn. Compend. fol. 77. r°. col. 1 : *Reginaldus tunc Viromandorum comes fecit litteris annotari et suæ Majestatis insigniri sigillo.* Charta ann. 1491. in Pomer. diplom. pag. 182 : *Manibus nostris tenuimus patentes literas.... domini Marini..... episcopi Camminensis.... integras et illæsas, ejusdemque Majestatis sigillo subappenso munitas.* Hinc et pro sigillo ipso idem vocabulum adhibitum fuisse nonnulli opinati sunt. Vide Heinec. de Sigill. cap. 9. num. 4. pag. 76. [** et infra *Majestas, Bulla.*] Et certe

* Majestas, ut et Gallicum *Majesté*, interdum idem est quod summa auctoritas. Charta Henr. I. reg. Angl. in Chartul. Cluniac. ch. 223 : *Confirmavit quoque eam* (donationem) *precibus meis dominus papa Innocentius Majestate litterarum et sigilli sui.* Monstrel. vol. 2. ad ann. 1437. fol. 142. v°. : *C'estoient gens de petit estat, qui ne desiroient autre chose que de fort entroubler les besongnes pour eux augmenter et avoir Majesté sur les plus riches.*

Majestas, Imperatorum et Regum titulus proprius. Glossæ Gr. Lat. : Ἐξουσία, *Majestas, Ditio, Potestas.* Agobardus de Insolentia Judæor. ad Ludovicum Pium Imp. : *Dicens Majestatem vestram commotam esse valde adversum me propter Judæos.* Charta Caroli Calvi Regis Franc. apud Perardum pag. 48 : *Isaac Lingonensis Ecclesiæ reverendus Antistes ad nostram se colligens Majestatem, humiliter postulavit, etc.* Adde pag. 160. Passim. Vide Filesacum in Querela Ecclesiæ Gallicanæ pag. 851.

☞ Eumdem titulum Hugo Campaniæ Comes ann. 1114. usurpavit in Litteris, quibus cœnobio S. Remigii res quasdam concedit in Curte-Ausorum : quas Litteras *Majestatis* (ait) *nostræ sigillo consignari feci.* Ita Mabillon. Diplom. lib. 2. cap. 6. n. 6.

* Philippo duci Burgundiæ tribuitur a Gandensibus in Instr. ann. 1453. apud Math. de Couc. in Carolo VII. pag. 657 : *Confitentes se plura crimina, delicta et offensas contra dictum dominum ducem et suam Majestatem perperam, inique et indebite perpetrasse et commisisse, etc.* Rursum occurrit in confirmatione ejusdem Instrumenti ibid. pag. 661. Eodem titulo compellatur quidam Bernardus de Cahillanth, *nobili ortus prosapia*, apud Richard. Cluniac. in Hist. origin. monast. de Carit. ad ann. 1056. tom. I. Collect. var. script. D. *Le Beuf* pag. 388 : *Ecce jam præsento eum tuæ Majestati etc.*

Majestatis titulus etiam summis Pontificibus tribuitur in Ordine ad consecrandum Episcopum, in MS. Codice Thuano 773. in Epistola Caroli Calvi ad Nicolaum I. PP. in Concilio Tricassino ann. 867. in Epistola Concillii Viennensis ann. 1112. ad Paschalem PP. apud S. Anselmum lib. 2. Epist. 33. lib. 4. Epist. 46. 94. Joan. Sarisber. Epist. 10. 11. 14. 28. 29. etc. qui interdum *Majestatis Apostolicæ* titulo utitur Epist. 27. 28. 40. 89. etc. ut et Vita S. Theodardi pag. 761. Histor. Translat. S. Sebastiani num. 15. etc. Vide [Epist. Abbonis Floriac. pag. 402. 403. S. Bernardum Epist. ad Eugenium. PP. 261. edit. Mabill.] Stephan. Tornac. Epist. 109. Conradum Abbatem Uspergensem ann. 1116. Matth. Paris ann. 1246. pag. 470. Laurentium Leodiensem in Episcopis Virdunensibus pag. 323. in Epist. S. Thomæ Cantuar. ad Alexandrum III. PP. apud Baron. ann. 1170. in aliis Arnulphi Episcopi Lexoviensis ad eumdem pag. 98. Cleri Trevirensis ad Innocentium II. apud Browerum lib. 13. num. 104. in Charta 5. Tabularii Ecclesiæ Carnotensis, etc. Versus exarati in obitum Antipapæ Guidonis :

Corruit insani Guidonis et Octaviani
Impia Majestas, atque intoleranda potestas.
Surgit Alexander, ratione prior, Petrus alter.

Charta Henrici IV. Imper. in Actis Murensis Monasterii pag. 21 : *Et ut prædictum Cœnobium sub Romanæ Ecclesiæ mundiburdio et Majestate securum semper stabiliatur et defendatur.* [Adde Append. ad Antiq. Hortæ Ill. Fontanini pag. 430. 442. 449. et 483. Responsionem Pii II. PP. ad orat. Gallorum Orator. tom. 8. Spicil. Acher. pag. 302. etc.] [* Illum Adriano papæ adscribit Guillelmus rex Siciliæ, qui *Magnificentiæ* nomenclatura sese appellat, in Charta ann. 1156. apud Cencium inter Cens. eccl. Rom. : *De capitulis illis, de quibus inter Majestatem vestram* (Papam alloquitur) *et nos controversia vertebatur, quod subscriptum est observatur.... Magnificentia nostra aut nostrorum hæredum etc.*] [** Vide Pfeffinger: ad Vitriar. lib. 1. tit. 4. § 9. a. not. 8. tom. 1. pag. 391.]

* Cardinales quoque eadem appellatione donati. Charta pro Milit. S. Joan. Jerosol. ex Cod. reg. 8542. 6. fol. 62. r°. : *Reverendis in Christo patribus et dominis, episcopis, presbiteris, diaconibus S. R. matris ecclesiæ Cardinalibus, Raymundus Rupini Dei clementia princeps Antiochenus, salutem et tam debitum, quam devotum in omnibus famulatum. Majestati vestræ significo etc.*

Majestatis titulum adscribunt præterea [Archiepiscopis, Araulfus Lexoviensis Epist. 15.] [* Epist. ann. circ. 1214. inter Instr. tom. 6. Gall. Christ. col. 332 : *Reverendo patri et domino A. Dei providentia Narbonensi archiepiscopo.... universus Agathensis clerus et populus...... obsecramus in Domino ipsum a vestra Majestate nobis concedi pontificem.*] Episcopis, Dudo in Præfat. ad Acta Normannor. [Arnulphus Sagiensis Archid. tom. 2. Spicil. Acher. pag. 337. Eumdem sibi arrogat Bruno Lingonens. Episc. apud Perardum pag. 67.] Abbati Sugerio S. Bernardus Claravallensis Abbas Epist. 3. tom. 4. Hist. Franc. pag. 493. etc. Archidiaconis, Stephanus Tornac. Epist. 231. [modo tamen Epist. quæ Archidiacono inscribitur, Archiepiscopo Burdegalensi non sit inscribenda, ut conjicit Mabillonius loco superius laudato.] Vide, quæ de hac voce congessit Casaubonus ad Trebellium Pollionem.

Majestas, Bulla Imperialis, seu majus Imperatoris sigillum, in quo scilicet cum Imperatoria *Majestate* exprimitur : unde Germanis, *Majestedbrieff*, ejusmodi sigillo munitæ litteræ appellantur. Ita Freherus ad Petrum de Andlo lib. 2. cap. 6. et ad Bullam Sigismundi Imp. [*Majestas Sanctionis*, in leg. 80. de Decur. lib. 12. tit. 1. Codic. Theodosiani.] [** Vide supra ad lineam *Imo etiam.*]

Majestas, Præsentia. Tabularium Brivatense Ch. 7 : *Quod in Majestate illorum testium auctorizatum fuit Petri, Poncii, etc.*

¶ Majestas, Magnitudo. Gasp. Barthii Gloss. apud Ludewig. tom. 3. Reliq. MSS. pag. 451. ex Guiberti Hist. Palæst. *Majestate pretii.*

¶ **MAJESTATIVUS**, Augustus, majestale et auctoritate venerandus. Guibertus de Laude S. Mariæ cap. 1 : *Divinum Majestativumque legimus.* Acta SS. tom. 4. Junii pag. 800 : *Nulli unquam Angelorum vel hominum majoritatis et meriti excellentius testimonium Majestativa Domini veritas ipsa perhibuit.*

* *Majestal*, pro Regalis, vulgo *Royal*, apud Froissart. vol. 1. cap. 325 : *Le roi d'Angleterre fit seoir le jeune damoisel Richard de lez lui,.... audessus de tous ses enfans en estat Majestal, en remonstrant et représentant qu'il seroit roy d'Angleterre.*

* **MAIETA**, vox Italica, Fibula minor, Gall. *Petite agraffe.* Stat. crimin. Riper. cap. 126. fol. 19. v°. : *Et idem intelligatur pro pannis aureis, siricis et argenteis, ac Maietis argenteis, et aliis rebus datis pro fulciendo dictas vestes.*

MAIGNAGIUM. Liber Ramesiens. sect. 265. apud Spelmannum : *Idem Hugo tenebat unam Cotsethelandam cum libero servitio in villa, quæ dicitur Fleye, et unum Maignagium in foro ejusdem villæ.* Ubi idem Spelmannus officinam fabri ærarii interpretatur, a Gallico *Maignen*, Faber ærarius. Sed malim *Maignagium* hoc loco interpretari pro *Mansionagio*, vel *Mesnagio*, seu domo. Vide *Menagium* 2.

¶ **MAIGNERIUS.** Vide *Maynerius.*

¶ **MAIL.** Charta ann. 1293. apud Baluz. tom. 2. Hist. Arvern. pag. 297 : *Et prout molendina, et li Mail, et omnes salices dictæ Pritrissæ tenent et comprehendunt.* Ubi leg. videtur una voce *Limaniæ* vel *Lemmane*, qua agrum planum et fertilem intelligunt Arverni. Vide utramque vocem.

* Haud feliciter, ni fallor, proponitur legendum *Limaniæ* vel *Lemmane*, pro *li Mail* : hac quippe voce Locus palis, *Maillis* appellatis, cinctus significari videtur. Arest. parlam. Paris. ann. 1536. ex Tabul. *de Chissé* in Turon. : *Item unam insulam, l'Isle d'amours nuncupatam, in salicetis undique plantatam,.... à Maillis Gallice clausam. Close à Maillis*, in Decr. ann. 1538. ibid. Neque aliud forte sonat vox *Maile*, quam vide in *Mainillum.*

* **MAILHETUS**, Mailletus, a Gallico *Maillet*, Malleus, tudes ligneus. Lit. remiss. ann. 1350. in Reg. 80. Chartoph. reg. ch. 766 : *De quodam baculo seu Mailleto... dictum Johannem semel in capite percussit.* Aliæ ann. 1416. in Reg. 169. ch. 450 : *Unus consociorum cepit Mailhetum ac billardum cum quo luserant, et volens ludere, dedit ictum de dicto Mailheto bolæ et chuquæ. Mailhoche*, eodem sensu, pro *Mailloche*, in Lit. remiss. ann. 1409. ex Reg. 163. ch. 487 : *Le suppliant print une Mailhoche à tonnelier, et d'icelle Mailhoche féry icellui Rogeron.* Vide infra *Malleus* 1.

* **MAILLA**, Eodem significatu. Charta Henr. ducis Brab. pro commun. Bruxel. ann. 1229. ex Cod. reg. 10197. 2. 2. fol. 23. r°. : *De percussione Maillæ vel extractione crinium,... tres libræ solventur.*

MAILLA, Species monetæ minutioris, quam a *Medallia* contractam, docemus in Dissertatione de Nummis inferioris Imperii, vulgo *Maille.* Charta 1144. pro Montealbano, apud Catellum in Comitib. Tolosan. pag. 323 : *Collaudarius extraneus, qui attulerit salem, ibi præbeat domino unam Maillam, et collaudarius, qui extraxerit salem, præbeat, unum pogesum.* Vide *Medalla.*

* **MAILLIOLUS**, Maliolus, Novelletum, Gall. *Jeune plant, nouvelle vigne.* Charta admort. Caroli VII. in Reg. Cam. Comput. Paris. alias Bitur. fol. 147. r°. : *Item super duabus sextariatis Malioli et terræ contiguis,... j. obol. Turon.* Et fol. 148. v°. : *Item super una sextariata Mailioli ad fontem S. Martini,.... j. den. Turon. Mainplant*, eadem acceptione, in Charta ann. 1309. ex Reg. 50. Chartoph. reg. ch. 35 : *Ledit bois est Mainplant.* Lit. remiss. ann. 1398. in Reg. 153. ch. 256 : *En icelles vignes surpris de vin prist plusieurs racimaux de jeune Mainplant. Meiplant*, eodem sensu, in Chartul. Celsinian. ch. 424 : *Dono.... sex operatas de vinea in ipso alodo S. Petri, ubi ego habebam Meiplant : ipsum Meiplant dono S. Petro.* Sed leg. forte *Meinplant.* Vide infra *Maleollus.*

* *Mailhée* vero et *Mailhere* est Modus agri, quarta pars scilicet jugeri. Lit. admort. pro eccl. Tolos. ann. 1471. in Reg. 197. Chartoph. reg. ch. 159 : *La quatriéme piece contient trois Mailheres et une lieurade de pré..... Dix poingnerées de pré, dont les quatre poingnerées ou Mailhées font l'arpent, en deux pieces; la premiere contenant sept Mailhées ou environ.*

¶ **MAILLOLUS**, Malleolus, surculus vitis. Statuta Massil. lib. 5. cap. 19. § 9 : *Item quicumque colliget Maillolos in aliena vinea seu vineis sine voluntate domini cujus erit illa vinea, solvat nomine pœnæ banni pro quolibet Maillolo 1. den.* Vide *Malholtius.*

MAIMODINA. Vide *Masmodina.*

* **MAINA**, Mansio, domus, ubi quis manet, nostris alias *Maine.* Charta ann. 1345. in Reg. 75. Chartoph. reg. ch. 416 : *Item in loco dicto Fresnoy unam Mainam cum duabus virgis terræ.... Item in dicto loco duas Mainas et quatuordecim virgas terræ.* Pluries ibi. Alia ann. 1343. in Reg. 74. ch. 144 : *Item le Maine ou village de la Broa avec toutes ses appartenances et appendances. Item le Maine ou villaige de Gales et toutes ses appartenances.* Lit. remiss. ann. 1468. in Reg. 197. ch. 27 : *Icellui Guerin demourant ou Maine ou manoir appellé de Coustans en la séneschaussée d'Agennoys.* Vide *Mainamentum.*

MAINAD, Perjurium, a Saxonico M a i n a n a ð, alias m a n e a ð, quod falsum juramentum sonat. Leges Inæ Reg. West-Sax. cap. 34. juxta Edit. Cantabrig. : *Si nolit abjurare, emendet ipsum Mainad, id est, perjurium, dupliciter.* Vide Leges Saxonicas Kanuti Regis Angl. part. 1. cap. 5. et part. 2. cap. 33. [** Grimm. Antiq. Jur. Germ. pag. 904. Philips. de Jur. Anglosax. not. 463. et 619. ejusd. Histor. Jur. Angl. tom. 2. pag. 137. et 288.]

MAINADA. Vide *Maisnada.*

¶ **MAINADERIA.** Vide *Maisnadarii.*

1. **MAINAGIUM**, Maniamentum, Possessio, quasi *manualis* possessio, a *Main*, manus. [Britanni *Meneur* et *Menour* villicum vocant, a *Mena* seu *Meni*, tractare, Gall. *Manier.*] Aresta ann. 1257. 1. Regesti Parlam. f. 5 : *De quibus erant in possessione et Mainagio, etc.* Occurrit etiam alibi in hoc Regesto fol. 18. vers. : *In usu et Maneagio*, fol. 22. v. *Maniamentum*, f. 23. vers. 31. vers. [*Manaye*, eadem notione usurpat le Roman *d'Athis* MS. :

> Ains y feray vignes planter,
> Semer les bois, jardins anter,
> Que je la ville à force n'aye,
> Et que soiez en ma Manaye.

Vide *Mainare.*]

* *Manance*, eodem sensu, in Summa rural. Butill. § *Des défauts en cours subjectes et locaulx : Et se c'est en meubles il* (le demandeur) *en est mis en saisine et Manance.* Vide infra *Maniamentum.*

¶ 2. **MAINAGIUM**, Supellex domestica; eadem notione *Ménage* dicunt Galli, *Meubles.* Regestum Parlamenti ann. 1408. apud Baluz. tom. 2. Hist. Arvern. pag. 597 : *Castra insuper quam plurima ipsius Episcopatus a multis militibus occupata invenerat, quæ sua solertia liberaverat, domos insuper, furnos, grangias, molendina, ruinosas ejusdem Episcopatus restauraverat... Domos, castra et alia maneria quæ sine Mainagio competenti repererat, decentibus utensilibus instruxerat et muniverat.* Charta Philippi VI. Reg. Fr. ann. 1347. tom. 2. Ordinat. pag. 284 : *Et aveuc ce faites jurer aux sains Euvangiles lesdiz receveurs et noz Tresoriers... que il ne prendront robbes, ne Mesnages d'aucun Seigneur.*

* *Mainnage*, eadem acceptione, in Lit. remiss. ann. 1371. ex Reg. 102. Chartoph. reg. ch. 315 : *Icellui Kardouin est accusé d'avoir mis hors pluseurs gerbes et Mainnages d'ostel, et en iceulx mis le feu, etc.*

MAINAMENTUM, quasi *Mansionamentum*, mansio, domus. Charta ann. 1232 : *Terram eorum et possessiones, videlicet Mainamenta, prata, vineas, etc.* Tabular. Dalonense fol. 90 : *Mainamentum de la Martinia.* Tabularium Nantoliense in Pictonibus anno 1394 : *Arbergamentum vulgariter appellatum Mainamentum de Mailloc.* Ibid. ann. 1418 : *Les 3. parts du Mainement du Mas, avec toutes les terres et vignes.... du Mainement.* [*Maindre*, pro manere, habitare, usurpat vetus Poeta MS. e Bibl. Coislin. :

> E il s'en vont à la cité droit,
> Ou Marien Maindre soloit.]

¶ **MAINARE**, Locare, in *Maniamentum* seu possessionem mittere. Charta fundationis prioratus Barbezilli inter Instr. tom. 2. novæ Gall. Christ. col. 270 : *In hac terra Mainaverunt monachi rusticos qui reddunt eis quartum terræ et oblias, etc.* Vide *Mainagium* 1.

¶ **MAINATA**. Vide in *Maisnada.*

MAINBURNUS. Vide *Mamburnus.*

* **MAINEMENTUM**, ut supra *Maina.* Charta ann. 1269. in Chartul. S. Eparch. Inculism. : *Teneo in feodum.... omnia jura, quæ ego habeo..... in Mainementis et pertinenciis etc.* Vide *Mainamentum.*

MAINERIA, Tributi species. Charta Adelfonsi Imp. Hispan. apud Colmenarezium in Histor. Segoviensi cap. 15. § 11 : *Aufero ex illis foris portaticum et Maineriam.*

* **MAINFESTUS**, Infestator. Lit. remiss. ann. 1356. in Reg. 84. Chartoph. reg. ch. 719 : *Giletus le Tigneux citationum ecclesiasticarum curiarum portitor, et pauperum gentium in eisdem curiis prosequtor et comestor, vulgaliter loquendo Mainfestus.*

¶ **MAINERIUS**. Vide *Maynerius.*

MAINFULA. Liber Ordinis S. Victoris Parisiens. MS. cap. 30. de Labore Fratrum : *Ascendant in dormitorium, ibique se præparantes, desuper laneas tunicas se præcingant, minores subtalares, et Mainfulas et capparones accipiant, etc.* Idem videtur quod *moffula*, chirotheca. Vide in hac voce, forte quasi *manus infula*, seu tegumentum.

¶ **MAINILLUM**, Mansio, domus, agri portiuncula cum æde, Gall. *Ménil.* Charta ann. 1202. ex Tabular. B. M. de Bono nuntio Rotomag. : *Concessi et hac carta mea confirmavi.... Deo et Ecclesiæ S. Mariæ de prato Rothomagensi et monachis ibidem Deo servientibus totam terram quam jure hæreditario apud Bares possidebam de feodo de Valungnes, cum Mainillo et bosco et pascuis, et omnibus ad prædictam terram pertinentibus.* Huc spectare videtur vox *Maile* in Charta Engueranni dom. de Couciaco ann. 1264 : *Nous volons et otroions que notre chier cousin et ami Mesires Thomas de Couci Sires de Vervin tiegne de nous il et ci oir auvec son autre fié qu'il tien de nous à Vervin et ès apartenances de Vervin une Maile... laquelle Maile devant dite fu Jacommart Lamiret.* Vide *Mail* et *Mansionile.*

¶ **MAINISIUM**, Eadem notione sæpissime occurrit in Chartis Bressiæ et Dumbarum.

* **MAINSATORIUM**, pro *Minsatorium.* Vide supra *Madula.*

* **MAJOIRTH**. Charta Otton. comit. Ravensberg. ann. 1166. inter Probat. tom. 2. Annal. Præmonst. col. 699 : *Nec hoc prætereundum, quod ad conservanda jura nemoris, quæ Majoirth vocant, tria sunt loca convenienda.*

¶ **MAJOLICA**, pro *Maiorica*, Major ex insulis Balearibus. Chron. Veron. ad ann. 1368. apud Murator. tom. 8. col. 658 : *Illustrissimus dominus Joannes dictus Infans Rex Majolicæ, et maritus Reginæ Joannæ Reginæ Apuliæ, etc.*

MAJOLUS. Vide *Malones.*

1. **MAJOR**, nude pro *Majore domus*, nostris *Maître d'hostel.* Pactus Legis Salicæ tit. 11. § 6 : *Si quis Majorem, inferiorem, scantionem, mariscalcum, stratorem,.... furaverit aut occiderit.* Ubi inter ministros domus primus statuitur, ut § seq. Gregorius Turonens. lib. 9. cap. 36 : *Comitibus, Domesticis, Majoribus, atque nutritiis.... delegatis, etc.*

Majorissa, Quæ ancillis domus præerat, in eodem Pacto : *Si vero Majorissam aut ancillam ministerialem, etc.*

Major Domus, Qui *domui*, seu famulis præest. S. Hieronym. Epist. 2 : *Si familiarius est loquendum, habet nutricem, Majorem domus virginem, viduam, vel maritatam, etc. Præpositus domus*, apud Monachum Sangallens. lib. 1. de Carolo M. cap. 33. Glossæ Isidori : *Architriclinus, Major domus.* Donatus : *Columen, columna : unde apud veteres Columellæ dicti servi Majores domus.* Regula Magistri cap. 11 : *Sicut in hominis domo, ut securus sit de omnibus præparandis, Dominus rei ordinat Majores familiæ, quos vice Domini minores timeant, id est, Vicedominum, Villicum, Saltarium, et Majorem domus, sic in domibus divinis, etc. Majoris domus* Hunnerici Vandalorum Regis meminit Gennadius lib. de Script. Eccl. Eugenio Carthagin. Episcopo. *Major domus* Exarchi Italiæ, apud Gregor. M. lib. 7. Ind. 2. Epist. 9. Ita Avitus Viennensis Epist. 35. Wippo in Vita Conradi Salici pag. 428. Adam Bremensis cap. 153. 207. et alii.

Major Domus, Prima olim in Francorum nostrorum Palatio ac præcipua dignitas, quæ varie efferri solet a Scriptoribus. Dicitur enim apud Persas μείζων τῆς βασιλικῆς οἰκίας, apud Sozomenum lib. 2. cap. 9. idem Eutropium Eunuchum προεστῶτα τοῦ βασιλέως οἴκου, quem alii πραιπόσιτον, vocat, et cap. 7. μείζονα τῶν βασιλέων εὐνούχων. *Major domus Regiæ*, apud Fortunatum in Vita S. Radegundis cap. 44. et alios passim : quomodo etiam qui eadem fungebatur dignitate apud Italiæ Gothicos Reges, in Concilio Romano sub Symmacho I. PP. *Gubernator Palatii*, apud Fredegarium cap. 55. et Aimoin. lib. 4. cap. 15. *Rector Palatii et Major domus*, apud Ursinum in Vita S. Leodeg. cap. 8. et Aimoinum lib. 4. cap. 26. *Moderator Palatii*, apud Paulum Warnefrid. in Episc. Metens. [*Magister Palatii*, apud Godfridum Viterbiens. Chron. part. 12.] *Palatii Præfectus*, apud Eginhardum in Vita Caroli M. in Vita S. Eligii, in Vita S. Wandregesili cap. 13. 14. et in Vita S. Remacli cap. 21. apud Adrevaldum lib. 1. cap. 15. etc. Unde *Præfectoria dignitas*, apud Aigradum in Vita S. Ansberti cap. 8. *Præfectoria administratio*, in Vita S. Ansberti Episcopi Rotomag. *Palatii Præpositus, quod vulgo dicitur Major domus, etc.* apud S. Audoenum in Vita S. Eligii lib. 2, cap. 53. *Provisor Aulæ regiæ, et Provisor Palatii*, apud Venericum in Apologetico Henrici IV. seu lib. de Unitate Ecclesiæ conservanda. *Princeps Palatii*, apud Ermentarium in Vita S. Philiberti lib. 1. cap. 25. *Regalis Curiæ Princeps*, apud Eadmerum in Vita S. Wilfridi cap. 33. *Princeps regiminis ac Major domus*, in Gestis Regum Fr. cap. 48. *Comes Palatii*, apud Aimoinum lib. 4. cap. 6. de Warnario, ubi supra *Major domus* dicitur, et cap. 14 : *Palatio regni Burgundiæ Præpositus.* [*Præfecti Prætorio*, in Annal. Trevir. part. 7.] *Comes domus regiæ*, de Gogone Majore domus lib. 3. cap. 4. *Comes Palatinus*, in Vita S. Drausii, ubi de Ebroïno, et apud Philippum *Mouskes. Dux Palatii*, in Gestis Dagob. cap. 31. et in Chr. Fredeg. cap. 75. *Dux Francorum*, in Vita S. Baboleni, de Erchenoaldo : *Qui tunc Francorum Ducatui præerat, et omnia Palatina officia suo moderamine procurabat.* Et apud Anonymum de Carolo Martello, ann. 731. *Dux et Major domus Regni Francorum.* Ita apud Erchanbertum in Breviario Majorum domus : unde *Ducatus* ipsa dignitas, in Genealogia Regum Francor. tom. 1. Hist. Franc. pag. 795. ubi de Ebroïno. *Curopalata*, apud Egidium Parisiensem lib. 1. Carolini, ubi de Ebroïno :

> In vice Wulfaldi dominari cœpit adhærens
> Regibus Austrasiis, et eorum Curopalates.

Ita *Curam Palatii* gessisse dicitur filius Waratonis apud Fredegarium, tametsi eademne *Curopalatæ* dignitas cum *Majoris domus* dignitate, jure addubitari possit. [** Πρόοικος. Vide Glossar. med. Græcit. in hac voce col. 1247.]

Atque hæ quidem nomenclaturæ supremam *Majorum domus* aulæ Francicæ potestatem indicant, cum penes eos esset et Palatii, et Regni, et rerum publicarum cura, sola regiæ dignitatis specie Principibus ipsis remanente. Hariulf. lib 2. Chronici Centul. cap. 1 : *Nam illo tempore, decidente regali gloria, per Præfectos Palatii domus regia ordinabatur; neque aliud Regi relinquebatur, quam ut regio solum nomine contentus solio resideret, ac speciem dominantis effingeret, legatos undecunque venientes audiret, eisque abeuntibus responsa, quæ erat edoctus, vel potius jussus, ex sua velut potestate redderet, ac regni administrationem, et omnia, quæ vel domi, vel foris erant agenda ac disponenda, Præfectus aulæ procurabat.* Similia habent Eginhardus initio Vitæ Caroli Magni, Paulus Warnefridus lib. 6. de Gest. Longob. cap. 16. Adrevaldus lib. 1. de Miracul. S. Benedicti cap. 12. Theophanes, Radulphus de Diceto ann. 662. et alii. Hinc Desiderius Cadurcensis Episcopus scribens ad Grimoaldum Majorem domus Epistol. 6. *totius aulæ immoque regni rectorem* appellat. Et Sigebertus Gemblacensis in Vita S. Sigeberti Regis Austrasiæ cap. 4 : *Grimoaldus pro patre suo Pipino constitutus Major domus, potenter in aula Sigeberti Regis principabatur, et domi militiæque viriliter tutabatur.* Vita Pipini Ducis de Pipino juniore Majore domus in Austria : *Etsi non regio nomine, tamen regia potestate in Austria regnare cœpit.* Vita MS. sancti Gaugerici Episc. Camerac. lib. 2. cap. 3. de Landrico : *Ille vero, quoniam in aula regia cæteros fastibus excellebat, ac sub Regis Domini auctoritate, moles et onera regni pro sua voluntate tractabat, etc.* In Vita et Miraculis S. Rictrudis, Archenaldus Major domus *secundus a Rege in Palatio ejus* fuisse dicitur. Denique Othlonus lib. 2. de Vita S. Bonifacii cap. 19 : *Hic itaque accepta paternæ et fraternæ potestatis monarchia, qui tunc Major domus dicebatur, etc.* Inde *Subregulos* appellatos docemus in hac voce. [** Vide Eichhorn. Histor. Jur. Germ. § 25. B.]

☞ Hinc etiam *Inlustris* seu *Illustris* elogium, etiam tum, cum Regibus vel maxime placebat, ut monet Mabillonius, sibi arrogare minime dubitarunt, exemplo Regum, ut vel sic omnia regio nomine agere viderentur. Hoc quippe titulo gaudebant Ebroinus, et alii post eum omnes, ut ex pluribus Instrumentis constat.

Hæc porro summa *Majorum domus* potestas tum primum cœpit, cum imperavit Clodoveus II. Dagoberti filius, sub quo Regum suprema intercidit potestas. Genealogia Regum Francor. pag. 795 : *Denique a temporibus Clodovei, qui fuit filius Dagoberti, pater vero Theoderici regnum Francorum decidens, per Majores domus cœpit ordinari.* Ita etiam alii Scriptores.

☞ Paulo antiquiorem usurpatæ *Majorum domus* auctoritati originem assignat Venericus in Apologetico Henrici IV : *Tempore Clotarii, patris Dagoberti regnum Francorum regi cœptum est, et amministrari ab his, qui provisores Aulæ regiæ, vel Majores domus esse videbantur.*

Majores domus aulæ Francicæ ab ipsis Proceribus et populo eligi solebant. Fredeg. cap. 54 : *Eo anno Chlotarius cum proceribus et leudibus Burgundiæ Trecassinis conjungitur, cum eorum esset sollicitus, si vellent jam Warnachario discesso* (defuncto) *alium in ejus honoris gradum sublimare. Sed omnes unanimiter denegantes, nequaquam se velle Majorem domus eligere, Regis gratiam obnixe petentes, cum Rege transegere.* Adde Aimoinum lib. 4. cap. 15. Idem Fredegar. cap. 105 : *Eo tempore elegerunt in honorem Majoris domus quendam Francum nomine Raganfridum.* Gesta Regum Francor. cap. 45 : *Franci autem Leudesium filium Erchinaldi nobilem in Majorem domus Palatii eligunt.* Et ita cap. 48. Eginhardus in Caroli M. Vita, de Majoris domus dignitate : *Qui honor non aliis a populo dari consueverat, quam his, qui et claritate generis, et opum amplitudine cæteris eminebant.* Principis tamen interveniebat consensus, imo jussio. Gesta Reg. Franc. cap. 47 : *Franci vero consilio accepto Waratonem virum illustrem in loco cum jussione Regis Majoremdomum Palatio constituunt.* Fredegar. in Chron. cap. 27 : *Protadius instigante Brunechilde, Theoderico jubente, Major domus efficitur.* Adde Aimoinum lib. 3. cap. 92. lib. 4. cap. 6. Idem Fredegar. Chr. cap. 101 : *Grimoaldus junior cum Childeberto Rege Major domus Palatii super Francos electus est.* Adde cap. 104. ejusdem Epit. cap. 58. Aimoin. lib. 3. cap. 4. cap. 44. 46. et Gesta Regum Franc. cap. 36.

☞ Atque hæc erat certe recepta consuetudo : nihilominus tamen observandum hanc dignitatem Gaufrido Grisagonellæ ita concessam a Roberto Rege, ut illius successores ea in posterum jure hereditario potirentur. Vide infra locum ex Gestis consulum Andegav. cap. 6. laudatum.

Jam vero cum Regnum Francicum in triplicem maxime monarchiam divisum esset, Franciam nempe, seu Neustriam, Austrasiam, et Burgundiam, iis Regum interdum filiis attributis, a quibus servabatur nihilominus *Regis Francorum* titulus, in suis singuli toparchiis ac regnis suos *Majores domus*, habebant, quorum seriem ad Historiæ notitiam hic breviter perstringimus.

SERIES MAJORUM DOMUS REGUM FRANCIÆ, EX SCRIPTORIBUS.

BADEGISILUS, *postmodum Episcopus Cenomanensis, sub Chlotario I. Rege.* Gregor. Turon. lib. 6. cap. 9. lib. 8. cap. 30. 39. lib. 10. cap. 5.

GUNDOLANDUS, *sub eodem Chlotario I* Erchanbert.

LANDERICUS, *sub Chilperico I. et Chlotario II.* Gesta Regum Francor. cap. 35. 36. 41. Chronic. Fredegar. cap. 25. Aimoin. lib. 3. cap. 4. Herman. Contract. ann. 585.

GUNDOALDUS, *sub Chlotario II.* Gesta Reg. Francor. cap. 41. Erchanbert.

ÆGA, *vel Egunus, aut Eganes, sub Dagoberto et Chlodoveo II.* Gesta Dagoberti cap. 24 43. 46. 47. Chr. Fredegar. cap. 79. 80. 83. 85. Aimoin. lib. 4. cap. 35. 36.

ALMARICUS, *sub Chlodoveo II.* Passio S. Bercharii Abbatis.

GRIMOALDUS *Pipini II. filius.* Libellus de Major. Domus reg.

* RADOBERTUS, eo titulo subscribit Chartam *Chlodovei II.* in Chartul. S. Dion. pag. 22, col. 2.

ERCHINOALDUS *aliis Herginoldus, sub Dagoberto et Chlodoveo post Eganem.* Gesta Dagob. cap. 48. Gesta Reg. Franc. cap. 42. Chr. Fredeg. cap. 84. 89. 90. 91. 92. Vita S. Wandregisili cap. 13. 14. Vita S. Eligii, Vita S. Furfei, Vita S. Baboleni, Vita et Miracula S. Rictrudis, Libellus de Majoribus domus Regiæ, Malbrancus, etc.

LEUDESIUS, *Erchenoaldi filius*, qui *Lutherius* in Vita S. Odiliæ, et in Fragm. Hist. tom. 1. Hist. Fr. pag. 783. *sub Theoderico.* Gesta Regum Francor. cap. 45. Fredeg. Chron. cap. 96. Bruschius de Monast. Germ. pag. 93.

EBROINUS, *sub Chlotario filio Chlodovei.* [Vita sanctæ Bathildis a Tolnero edita cap. 5.] Vita S. Leodegarii cap. 12. Ursinus in ejusdem S. Leodegarii Vita cap. 4. 8. Passio S. Ragneberti, Vita S. Drausii, Vita S. Eligii, Erchanbertus, etc.

WARATO, *post Ebroinum, sub Theoderico I.* Gesta Reg. Franc. cap. 47. Fredegar. Chr. cap. 98. Aimoin. l. 4. cap. 46. 47. Fragm. Hist. pag. 783. Vita S. Audoeni cap. 26. 29. Vita S. Ansberti Rotomag.

BERTHARIUS, *Waratonis gener, sub eodem Theoderico.* Gesta Reg. Francor. cap. 48. Fredegar. Chron. cap. 99. Aimoin. lib. 4. cap. 47. Erchanbert. etc.

NORDEBERTUS, sub *Chlodoveo II.* et *Childeberto II.* Gesta Reg. Francor. cap. 48. 49. Genealog. Regum Fr. pag. 795. tom. 1. Hist. Fr. Libell. de Major. dom.

GRIMOALDUS *Pipini junioris filius, sub Childeberto II.* Gesta Reg. Franc. cap. 49. 50. Chron. Fredeg. cap. 101. 102. 104. Aimoin lib. 4. cap. 38. Erchanbert. Genealog. Reg. Francor. pag. 795. 798. Vita S. Sigeberti Regis Austr. cap. 4. 5. Libell. de Majorib. dom.

THEUDOALDUS *filius Grimoaldi, sub Dagoberto filio Childeberti.* Fredegar. Chr. cap. 102. 104. Erchanbert. Libell. de Major. dom.

RAGENFREDUS, *sub Dagoberto.* Fredegar. Chr. cap. 105. Aimoin. lib. 4. cap. 49. Erchanbert. Geneal. Reg. Franc. Herman. Contract. ann. 716.

CAROLUS MARTELLUS, *sub Theoderico filio Dagoberti*, de quo passim Scriptores.

PIPINUS *Caroli filius.* Ejus Vitam scripsit Bollandus 21. Januar.

SERIES MAJORUM DOMUS REGNI AUSTRASIÆ.

CHRODINUS DUX, *Electus Major domus Regni Austrasiæ, sub Sigeberto I.* Fredegar. Epit. cap. 58. 59. Aimoin. lib. 3. cap. 4. Fortunat. lib. 6. Poem. 16.

GOGO, *sub eodem Sigeberto I.* Gesta Regum Franc. cap. 57. 58. Fortunat. lib. 7. Poem. 1. 4.

RADO, *sub eodem Sigeberto I.* Chr. Fredeg. cap. 42. Aimoin. lib. 4. cap. 6.

FLORENTIANUS, *sub Childeberto Rege Austrasiæ.* Gregor. Turon. l. 9. cap. 30.

WLFOALDUS, *sub Childeberto.* Libell. de Major. domus, Vita S. Leodegarii cap. 5. Vita S. Præjecti, Camusat. in Prompt. Antiq. Trecass. pag. 80. Gesta Regum Franc. cap. 45. 46.

WARNACHARIUS, *sub Theoderico II.* Fredeg. Chr. cap. 18. 22. 40. 41.

PIPINUS SENIOR, *sub Chlotario I. Dagoberto II. et Sigeberto II.* Gesta Dagob. cap. 22. 47. Erchanbert. Fragm. Hist. tom. 1. Hist. Franc. pag. 782. Vita Sigeb. Reg. Herm. ann. 646. Divæus lib. 1. cap. 6.

Martinus, *sub Sigeberto II.* Gesta Reg. Francor. cap. 46. Fredeg. cap. 97. Aimoin. lib. 4. cap. 45. Libell. de Majorib. dom.

Grimoaldus, [*sub Sigeberto II*. Fredegar. Chron. cap. 88. Gesta Regum Franc. cap. 43. Aimoin. lib. 4. cap. 49. Vita S. Remacli cap. 14. 20. 21. Vita Pipini tom. 1. Hist. Franc. pag. 598. Herman. Contr. ann. 644. Vita Sigeberti Regis, etc.

Adalgisus *Dux Palatii, sub Sigeberto III.* Gesta Dagob. cap. 31. Fredegar. Chron. cap. 75. Aimoin. lib. 4. cap. 26.

Pipinus Junior *filius Ansegisi, sub Theoderico filio Chlodovei, et sub Chlodoveo.* Erchanbert. Gesta Reg. Franc. cap. 46.

Series Majorum domus Regni Burgundiæ.

Warnacharius, *sub Theoderico Rege Burgundiæ Childeberti filio.* Fredeg. Chron. cap. 18. 40. 42. Aimoin. lib. 3. cap. 86. l. 4. cap. 1. 6. 14. Herman. Contract. ann. 600.

Berthoaldus, *sub eodem Theoderico.* Fredeg. Chr. cap. 24. 25. 26. Herm. ann. 602.

Protadius, *sub eodem Theoderico.* Fredeg. Chron. cap. 27. Aimoin. lib. 3. cap. 91. 92. Herman. ann. 606. 608.

Claudius, *genere Romanus, sub eodem Theoderico.* Fredegar. Chron. cap. 28. Aimoin. lib. 3. cap. 92. 93.

Flaocatus, *sub Chlodoveo II.* Gesta Dagoberti cap. 48. Fredeg. Chron. cap. 89. 90. Vita S. Eligii l. 2.

Series Majorum Domus Regni Aquitaniæ.

Hermarius *gubernator Palatii Regis Aquitaniæ.* Fredegar. Chron. cap. 55. Aimoin. lib. 4. cap. 15.

Robertus *Major Palatii* Regni Aquitaniæ sub *Pipino Rege ann.* 828. Vide Chenutium in Antiquit. Bituric. pag. 40.

Exhinc qui *Majores domus* prima ac secunda Regum stantibus stirpibus appellabantur, *Senescallos* dixerunt nostri : qua priore etiam nomenclatura insignitur Theobaldus Comes Blesensis, qui vulgo Senescallus appellatur, in Chartis Theobaldi Episcopi Suessionensis ann. 1077. in Tabulario Castilionensi : *Theobaldus Comes Major domus regiæ.* Ita Stephanus Garlandus in Chronico Mauriniacensi lib. 2 : *Interea defuncto Willelmo Anselli Dapiferi germano, Stephanus Cancellarius frater amborum Major Regiæ domus effectus est. Hoc retroactis generationibus fuerat inauditum, ut homo, qui Diaconatus fungebatur officio, Militiæ simul post Regem duceret principatum.* Idem Chronicon Radulphum, Viromandensium Comitem, *Majorem domus Regiæ* vocat. Robertus de Monte ann. 1169 : *Henricus filius Regis Anglorum... serviviţ Regi Francorum ad mensam, ut Senescallus Franciæ. Hanc Senescalciam, vel, ut antiquitus dicebatur, Majoratum domus Regiæ, Robertus Rex Franciæ dedit Gaufrido Grisagonella Comiti Andegavorum, etc.* Hugo de Cleeriis, et ex eo Gesta Consulum Andegav. cap. 6. de eodem Gaufrido : *Sibi et successoribus suis jure hæreditario Majoratum Regni, et Regiæ domus Dapiferatum cunctis applaudentibus et laudantibus exinde donavit.* Sed et Majores domus primæ Regum nostrorum stirpis *Senescallos* promiscue vocat Philippus *Mouskes*, ubi de Grimoaldo :

Grimaus un haus om cavaliers,
Ki Senescaus et Conseilliers
Estoit de la terre d'Austrie.

Idem Hugo de Cleriis de Majoratu et Senescalcia Franciæ, de Comite Andegavensi : *De cætero Comes appellatur Major in Francia, propter retutelam, quam facit in exercitu Regis.* Surita lib. 1. Ind. ann. 1055. de Senescallis : *In Aragonia, uti in Galliæ regno, Majores domus appellabantur, quod aulæ regiæ præfecti essent.* Vide *Senescalcus.*

☞ Tandem regnante feliciter tertia Regum nostrorum stirpe, inter Leges latas quibus regni tranquillitati provisum est, ea potissimum obtinuit locum, *ne in posterum essent Majores domus* ut refert Petrus Gregorius lib. 7. de Rep. cap. 8. sic postremum desiit summa et pæne regia *Majorum domus* potestas auctoritasque.

Major Palatii, Idem, qui *Comes Palatii,* in Testamento S. Leodegarii, (si tamen genuinum est) apud Miræum in Donat. Belg. lib. 1. cap. 4 : *Ut reus Majestatis noverit se coram Majore Palatii vel capite, vel centum auri libris mulctandum.*

Habebant etiam Reginæ suos *Majores domus.* Apud Gregorium Turon. lib. 6. cap. 45. lib. 7. cap. 27. 38. 43. Waddo dicitur *Major domus Riguntlis Reginæ.* Ita *Amalricus Dapifer Reginæ.* Chartam Philippi I. Regis Franc. ann. 1065. subscribit, in Hist. Monast. S. Martini de Campis pag. 16.

Major domus nuncupatur S. Leodegarius in illius Vita cap. 4. ubi de Childerico : *Idem sanctum Leodegarium Pontificem super omnem domum suam sublimavit, et Majorem domus constituit.* At cum fere constans sit hac dignitate nunquam donatum sanctum Leodegarium, censent Valesius lib. 21. Hist. Franc. et Cointius in Annal. Eccles. Franc. ann. 670. hacce nomenclatura *præcipuum Consiliarium* denotari. Quibus sane adstipulatur Additamentum 2. Legis Burgundionum § 13 : *Quicunque aliquem locum munificentiæ petere voluerit, cum litteris Comitis sui veniat, et Consiliarii aut Majores domus, qui præsentes fuerint, ipsas litteras Comitis ipsius accipiant, etc.* Et in Præfatione ejusdem Legis : *Sciant itaque Optimates, Comites, Consiliarii, Domestici, et Majores domus nostræ, Cancellarii, etc.* Similia pæne habentur in Lege Ripuar. tit. 88. ubi cum numero multitudinis ibi efferantur, vix est ut credam, habuisse curam aulæ regiæ : quin potius pro Primatibus et, præcipuis aulæ regiæ Proceribus accipiuntur, ut in Ordine Romano dici monemus. Ita apud Adamum Bremensem cap. 153 : *Non sapienter æstimans talium personarum favoribus se effecturum, ut vel solus placeret in Curia, vel Major domus fieret præ omnibus.*

Quidam præterea observarunt *Majores domus* a Summo Pontifice ex ordine Cleri, interdum etiam Episcopali electos, viros scilicet prudentia et rerum gerendarum peritia insignes quibus Episcopii vel Patriarchii Lateranensis cura et administratio committebatur, in gubernanda domo, domesticis, et hospitibus excipiendis, eorumque causis rite et ordine cognoscendis, quos et *Vicedominos* appellabant, quod fuit Senescallorum officium. *Majores domus Ecclesiæ Romanæ* habet Ordo Romanus : qui tamen infra, *Primates* videntur appellari, adeo ut incertum sit, an revera *Majores domus Lateranensis* fuerint.

Majorum domus Episcoporum meminit Gregorius M. lib. 9. Ep. 66 : *Volumus autem ut memoratus frater Paschasius* (Episcopus) *et Vicedominum sibi ordinet et Majorem domus, quatenus possit vel hospitibus supervenientibus, vel causis, quæ eveniunt, idoneus et paratus existere.* Baldricus lib. 1. Chr. Camerac. cap. 92. de *Joanne* Vicedomino Cameracensi : *Qui Majordomatu cæteris præstabat in urbe sub Pontificali auctoritate.* [Concilium Romanum contra Johannem Archiep. Ravennat. apud Muratorium tom. 2. pag. 204.]

Atqui hi non alii videntur ab Advocatis Ecclesiarum Cathedralium, qui alias *Vicedomini,* quo titulo indigitatur Theodoricus comes Advocatus Ecclesiæ Trevirensis a Lamberto Schafnaburgensi anno 1066. qui Sigeberto *Comes Trevirorum* appellatur. Annales Francorum Bertiniani ann. 867 : *Carolus Rex Abbatiam ipsius Monasterii sibi retinuit, causas Monasterii* (S. Dionysii) *et conlaborationem per. Præpositum et Decanum atque Thesaurarium, militiæ quoque curam per Majorem domus sua commendatione geri disponens.* Ubi *Major domus* idem est, qui *Advocatus Monasterii sancti Dionysii.* Acta S. Forann. Abb. n. 11 : *Quapropter decretum ibi est judicio Procerum de Curia, in ejusdem Regis præsentia, quatenus Major domus, videlicet Præpositus de Ecclesia S. Mariæ, quæ est Aquisgrani, cum cæteris valentioribus Canonicis, pro eadem Abbatia tempore tribulationis ejusdem Abbatiæ causidici assurgant, etc.* Vide Freherum ad Petrum de Andlo pag. 139. 2. Edit.

☞ *Majoris* Abbatis Corbeiensis occurrit mentio apud Mabill. tom. 4. Annal. pag. 248. ubi alium ab Advocato ejusdem Abbatis exstitisse, ipsique præpositum fuisse certum videtur.

Major Domus, Dignitas etiam apud Hispaniæ Reges, in Chartis Alfonsi Imp. in Bibl. Cluniac. pag. 1436. et apud Doubletum pag. 892. et aliis Regum Hispanicorum apud Anton. de *Yepez* in Chronice Ord. S. Benedicti. [Chron. S. Ferdinandi tom. 7. Maii pag. 360 : *Rodericus Gonzalvi Majordomus Curiæ Regis*]

Majoris Domus, in Regno Aragonum munus sic describit Vitalis Episcopus Oscensis : *Post Regem autem dispensator domus regiæ qui dicitur Major domus, in judicando obtinet principatum : qui de omnibus causis et querelis tam Infancionum, quam aliorum potest cognoscere indistincte ; exceptis probatione Infancionatus, et pronuntiatione super ea, exauctorizatione Militis, prolongatione natalium, et restitutione status eorum, qui illum incarnatione regia, vel expressione infamiæ amiserat : hæc enim et iis æqualia, vel majora sunt soli Regi, vel cui ipse specialiter mandaverit, reservata. Sed Major domus semper in cognitione causarum debet sibi Justitiam majorem Regni Aragonum adhibere, vel si ipsum habere commode non valeret, alium Justitiam, qui in aliqua civitate, vel villa domini Regis, sit per dominum Regem in Justitiatus officio constitutus. Qui*

Justitia examinet omnes causas, et determinet per suam sententiam in Majordomi curia agitandas. Major domus enim pronuntiare sententiam diffinitivam, vel interlocutoriam nunquam debet, etc. Adde, quæ ad eumdem Vitalem commentatur Blanca pag. 785. Rer. Aragon.

Majoris Domus, apud Castellanos, munus ita describitur in Legibus Alfonsinis, seu Paritis, part. 2. tit. 9. lege 17 : Mayordomo, tanto quiere dezir como el mayor home de la casa del Rey; para ordenalla quanto en su mantenimiento. E en algunas tierras lo llaman Senescal, que quiere tanto dezir como official, sin el qual non se deve fazer despensa en casa del Rey. E aun le llaman los antiguos assi, por que Senes tanto quiere dezir come viejo, por razon que tiene officio honrado : e calculus, como piedras con que contaban. E por ende tanto muestra este nome como official honrado sobre las cuentas. Ca al Mayordomo pertenesce de tomar la cuenta a todos los officiales, tambien a los que fazen las dispensas de la Corte, como de los otros que reciben las rentas e los otros derechos, de qual manera quier que sean, assi de mar come de tierra, etc. e porque el su officio es grande, e tañe a muchas cosas, ha menester que sea de buen linaje, e acucioso, e sabidor, e leal, etc. Chartam Urracæ Reginæ Hispaniæ ann. 1116. apud Sandovallium, subscribunt cum aliis magnatibus, Examen Lopes Mayor domus, et Nunus Pelaz Mayor domus in Luparia.

** De Majoribus Domus apud Anglosaxones vide Philips. Jur. Anglos. not. 252. ejusdem Histor. Jur. Angl. not. 435.

Majores Domus, Cæsaraugustæ, dicuntur tres judices Confratriæ mercatorum, qui exercent jurisdictionem, et sedent pro Tribunali in domibus disputationis in aula superiori post meridiem, etc. Vide Michaelem del Molino in Repertorio Foror. Aragon. in voce Confratria.

Major Domus terræ Regis, in Articulis Cleri contra Dionysium Regem Lusitaniæ, apud Bzovium ann. 1289. num. 5. § 29.

Majordomatus, Dignitas Majoris domus in Gestis Regum Francor. cap. 34. 48. 50. in Vita S. Aldegundis cap. 1. n. 2. apud Paulum Warnefridum de Episcopis Metensibus in S. Arnulfo, etc. [Annales Moguntini et Monachi Lauresham. de Carolo Martello : Carolus sub honore Majordomatus, tenuit regnum annis 27.]

¶ Majoratus, Eadem notione, in Gestis Consulum Andegav. supra laudatis.

* Major Baneriæ, Societatis artificum vel mercatorum præfectus, nostris Maieur et Maire, eodem intellectu. Lit. remiss. ann. 1359. in Reg. 90. Chartoph. reg. ch. 483. : Major vexilli seu baneriæ parmentariorum seu scindicorum robarum lanearum, etc. Cujus officium Majoratus baneriæ ibidem nuncupatur. Lib. rub. fol. parvo domus publ. Abbavil. fol. 105. r°. : Uns maires et uns eskevins de la baniere des tisserans etc. Lit. remiss. ann. 1464. in Reg. 199. ch. 403 : En l'an 1461. fut le suppliant esleu et institué Maieur principal de la ville de Hesdin,.... et l'an ensuivant fut nommé Maieur de l'enseigne des taverniers de ladite ville Jehan Dubois maistre ou Maieur de la confrairie de la feste de Toussaintz, in aliis ann. 1479. ex Reg. 206. ch. 318.

¶ Major Cubiculi, Idem qui Italis Camerarius, nostris Maître de Chambre. Concil. Romanum contra Johannem Ravennat. Archiep. apud Murator. tom. 2. pag. 204 : Insuper omni anno... colonicio more, berbices et oblatas, vinum et pullos et ova Archiepiscopo, et ad suum Archipresbyterum similiter et ad Archidiaconum... et ad Majorem cubiculi etc.

¶ Major Dierum, Natu major. Codex MS. e Bibl. D. de Chalvet Senescal. Tolos. de Hæret. Albigens. : Invenit dictos hæreticos solos, quia nepos dicti Raimundi Delboc hæretici, Major dierum cujus nomen ignorat, iverat.

Major Equorum, Præfectus stabulo regio, dignitas in aula Regum Navarræ, qua donatus Lupus Eneri subscribit Chartam Garciæ Regis Navarræ æræ 1034. apud Anton. de Yepez in Chron. Ordin. S. Benedicti.

¶ Major-Merinus, Primus Prætor. Chron. S. Ferdinandi tom. 7. Maii pag. 360 : Ferrandus Gonzalvi Major-Merinus in Castiella. Vide Majorinus.

Majores Monasteriorum, Abbates. Regula B. Pachomii : Si quis de his, quæ præcepta sunt, amplius habuerit absque concessione Majoris, deferentur ad custodem vestium. Concilia Afric. sub Celestino PP. c. 47 : Si quis de alterius Monasterio repertum, vel ad Clericatum promovere voluerit, vel in suo Monasterio Majorem Monasterii constituerit. Ubi Codex Canonum Eccl. Afric. cap. 80. μοναςηρίου ἡγούμενον habet. Adde Concil. Carthag. IV. can. 13. Regulam Magistri cap. 13. etc.

Majores Natu, Præcipui e nobilitate, qui cæteris præeminent, viri nobiles, qui alios sub se vassos habent : Seniores, nostris les Seigneurs, les Barons : quia olim ætatis merito honores deferebantur, quique annis graviores erant, potiores habebantur : unde et in quibusdam civitatibus Antianos vocant etiamnum, qui aliis dignitate præcellunt. Claudianus de Bello Getico :

> Hic aliquis gravior natu, cui plurima dictis
> Consiliisque fides, etc.

Senator lib. 5. Epist. 22 : His ergo P. C. Capuanum bonis dotatum a præsenti Indictione Decuriarum Rectorem esse præcipimus, Majoris etiam natu auctoritate subvehimus : ut qui se morum cana maturitate tractavit, quod est amplissimum reverentiæ genus, in vestro ordine ætatis honore gratuletur. Majores nati, apud Commodianum, Instruct. 70. Primores, Patroni, Locupletes. Ita Majores natu passim nostris et aliis dicuntur Magnates, virique nobilitate præcellentes, in libris sacris non semel, in Concilio Carthag. II. can. 6. in Concilio Arvern. can. 15. apud Gregorium Turon. lib. 5. cap. 33. lib. 7. cap. 32. lib. 8. cap. 30. de Gloria Confess. cap. 23. Fredegar. cap. 95. 109. eumdem ann. 766. in Capitul. Aquisgran. ann. 789. cap. 34. [quod de Presbyteris intelligit Baluzius.] in Capitular. Caroli M. lib. 7. cap. 65. 128. 139. 339. [** 85. 180. 195. 437.] apud Eginhard. Epist. in Annalib. 62. Francor. ann. 757. Florentium Wigorn. ann. 999. 1122. Aimoin. lib. 4. Histor. Franc. cap. 44. 56. 57. 64. apud Sim. Dunelm. lib. de Dun. Eccl. lib. 3. cap. 5. 15. 19. et in Hist. Angl. ann. 977. Browerum in Antiq. Fuldens. lib. 2. cap. 158. etc Homines boni generis a Carolo M. dicuntur in Capitulis ex Lege Salica, Romana, et Gombata, cap. 12. Majores personæ, in Legibus Burgund. tt. 38. cap. 4. Majores homines, in Capit. Caroli C. tit. 27. § 3. apud Marculfum lib. 1. form. 37.

¶ Major Placiti, Præpositi, ut videtur, locum tenens. Constitutio Leduini Abb. S. Vedasti Atrebat. ann. circ. 1020. apud D. Brussel tom. 2. de Usu feud. pag. 789 : Qui vadem dederit quinque solidos de lege, dabit xxx. denarios de fredo. Et hujus fredi duæ partes erunt Præpositi, tertiam vero partem habebit Major Placiti. Si autem lex Abbatis vel Præpositi fuerit, totum fredum Major Placiti habebit.

Major Populi. Gregorius M. lib. 7. Ind. 2. Ep. 110. ad Fortunatum Episcopum Neapolitanum : De quibus (Capitulis) Theodorus vir magnificus Major populi ad nos veniens ante conquestus jam fuerat. [Camillus Peregrinus in Hist. Principum Langobard. apud Murator. tom. 2. pag. 339 : Nempe ut intelligendum hinc sit, Majorem populi apud Neapolitanos non summo imperio, sed juxta demandatam sibi definitamque potestatem res publicas administrasse; cujus præter cætera, munus fuisse vectigalia redditusque curare non negabis.] Videtur idem qui Magister militumNeapolitanæ civitatis. Vide in hac voce.

* Major Potestativus, Qui cum omni potestate ac jurisdictione et dominio possidet. Charta ann. 1202. ex Tabul. S. Gauger. Camerac. : Major tenet majoriam, sicut Major potestativus, libere et quiete in feodum jure hæreditario ab ecclesia nostra, ita quod hæres ejus post decessum ipsius debet ecclesiæ xxx. solidos Cameracensis monetæ pro relevatione majoriæ, et infra xl. dies homagium facere.

* Majores Regii, Qui jura regalia in provinciis curabant. Lit. ann. 1355. tom. 4. Ordinat. reg. Franc. pag. 722 : In comitatu Campaniæ frequentant, quandoque morantur quidam se dicentes nostros Majores, ibi jurisdicionem exercent et plura faciunt explecta, etc. Hinc Magendomme, Tributorum exactor, in Lit remiss. ann. 1457. ex Reg. 187. Chartoph. reg. ch. 157 : Le receveur du lieu de Rosan, que l'en appelle au commun langaige du pays Magendomme.

Majores Regionum, in Relatione Symmachi ad Constantium apud Baron. ann. 419. n. 32.

Majores Villarum primitus dicebantur, qui cæteris villæ incolis præerant, et domini villæ nomine jus dicebant : qui et Villici interdum appellantur. Capitularia Caroli M. lib. 5. cap. 107. [** 174.] : Ut Presbyteri curas sæculares nullatenus exerceant, id est, ut neque Judices, neque Majores villarum fiant. Capitulare de Villis cap. 10 : Ut Majores nostri, et forestarii, poledrarii, etc. Cap. 26: Majores vero amplius in ministerio non habeant, nisi quantum in una die circumire aut providere potuerint. Cap. 60 : Nequaquam de potentioribus hominibus Majores *fiant; sed de mediocribus, qui fideles sunt.* Adde cap. 36. In Capitulis Caroli Calvi tit 13. habetur quidam *Amalricus Major de Buxido*. Charta Ludovici Pii pro Monast. S. Amandi apud Mabillonium tom. 5. pag. 68 : *Quæstus est eo, quod Major de fisco Baissiaco per fortiam... quandam silvam a prædicta cellula abstraxisset, et fisco nostro sociasset.* [Diploma Conradi II. Imper ann. 1140. apud Marten. tom. 2. Ampl. Collect. cap. 110 : *Nullus villicus qui vulgariter Major vocatur, ministerium suum diutius habere et retinere valeat.* Codex MS. Irminonis Abb. Sangerm. fol. 19 : *Tempore donni Walonis Abbatis fuerunt duo fratres in Antoniaco villa, quorum unus Major noster erat.* Chartular. Capituli Ambian. : *Majores vero in his quæ ad grenidam veniunt, nihil juris habent.*] *Majores villarum regiarum*, apud Hincmarum Opusc. 35. et in Concilio Duziac. I. parte 2. cap. 19. Wandelbertum de Mirac. S. Goaris cap. 5. num. 9. etc. Inter Officiales et Judices minores ponuntur in Ordinat. S. Ludovici, apud Nangium pag. 363. [** Vide Grimm. Antiq. Jur. Germ. pag. 315. num. 22. Mitterm. Princip. Jur. German. § 488. not. 18.]

* Ad eorum præterea officium pertinebat, ut ea, quæ fisci dominici erant, colligerent, de iis rationem reddituri; iidem proinde atque *Villici* : unde inter officiales justitiarios minores ponuntur. Quæ omnia aperta sunt ex sacramento eorumdem *majorum* in Lib. privil. eccl. Carnot. sign. 69 : *Hoc audiatis, Domini, quod ab hac hora inantea a rusticis meæ majoriæ non exigam aurum vel argentum, neque frumentum aut avenam,.... neque aliquid quod ad exactionem aliquam pertineat, neque tenebo placita eorum ante me, neque submonebo eos sine jussu præpositi.... Præterea fidelis ero vobis amodo de perquirendis et persolvendis redditibus vestris,.... census vestros perquiram ad terminum stabilitum sine fraude et dolo, et postquam suscepero infra quintum decimum diem in camera hujus ecclesiæ reponam.* Codex MS. ejusd. eccl. ann. circ. 400 : *Habent insuper in dictis villis alios officiarios seu servientes, qui Majores vocantur, ad quos spectat facere adjornamenta, redditus, census et deveria alia capituli perquirere, malefactores capere et ad carceres capituli adducere, et alia expleta justitiæ facere, quilibet in territorio sibi ab olim constituto. Qui omnes habent abergamenta, terras, reddibencias et redditus ad suas majorias pertinentes, quas tenent a capitulo in feodum, et racheta solvunt, videlicet filius patre mortuo, vel aliqualitercumque mutetur homo.* An vero eadem omnium, qui *Majores villarum* nuncupabantur, fuerit conditio, affirmare mihi propositum non est.

In villis porro seu vicis privatorum, vel nobilium, erant *Majoriæ* ut plurimum hæreditariæ, et in feodum tenebantur. Sugerius lib. de Administ. sua cap. 10 : *Totius terræ campipartem de feodo Majoris nobis retinuimus.* Idem Epist. 99. de Majore S. Columbæ : *Et sub quadam iniqua hæreditate Majoriæ, servitii et servitutis suæ oblitus, adversus Monachos se erexit, et tanquam dominum terræ eorum se facit.* Mox *rusticum*, Majorem illum vocat. Vide Histor. S. Martini de Campis pag. 483. Raguellum, etc.

* Major, nostris *Maieur* et *Maire*, dicitur, qui rei cuivis administrandæ præficitur. Chartul. Thenol. fol. 64. r°. : *Quant on vent aucunes des terres, on doit faire Maieur par l'acort des Parçonniers, et cis Maire puet faire eschevins des treffonciers.*

¶ Majores, dicti etiam urbium Præfecti, nostris *Maieurs*, *Maires*, Angl. *Mayor.* Charta apud *Madox* Formul. Angl. pag. 10. *Elyas Russel Major civitatis Londoniæ.* Alia ann. 1249. ex Chartular. S. Vandreg. tom. 1. pag. 63 : *Actum fuit hoc anno coram Mathæo Grosso tum Majore Rothomagensi.* Charta Thomæ de Couciaco ann. 1258 : *Se i devons* (dans la ville de Bouroure) *mettre Maieur fautale* (supra *fautable*) *communement par nos deus acors.* Ubi *fautale* vel *fautable* dici videtur cui fama favet, qui bonæ est famæ. Vide *Faudicus.*

¶ Majores, nude pro Majores natu. Index veter. Canon. tom. 3. Conc. Hispan. pag. 21 : *Qualiter Majores pœnitentiam accipiant, quæ minoribus non facile committenda est.*

Majoria, Feudum Majoris. Charta Werrici *de Moy* ann. 1189. apud Hemeræum in Augusta Virom. : *Majoriam et totam minutam Castellaniam ipsis et successoribus in perpetuum tenenda censualiter dimisi.* [Charta ann. 1231. ex Tabular. S. Clodoaldi : *Præterea Majoriam ejusdem arpenti et totius terræ nostræ quam inibi optinemus, sibi et heredibus suis in perpetuum ad rachatum et servitium 12. denar. quando acciderit in feodum possidendum.*] Occurrit passim.

Majoratus, Idem sonat in Charta Odonis Episcopi Belvac. ann. 1140. apud Loisellum et Louvetum : *Præfecturam sive Majoratum Haleti, quam ex parte burgali habebat.*

Sumitur etiam *Majoria et Majoratus*, quandoque pro tributo, quod *Majori* ratione Majoriæ pensitabatur. Charta anni 1199. apud Miræum in Donat. Belg. : *Ita quod nullus in prædicta eleemosyna vel allodio retinet Majoriam vel aliquam exactionem.* Tabular. Abb. S. Vincentii in Diœcesi Carnotensi : *Hospites Canonicorum cum eorum hospitamentis ab omni Majoratus consuetudine et oppressione liberat.* Charta Adæ Dom. *de Wallaincourt* ann. 1199. in Tabul. Abb. Montis S. Martini : *Dedit eis in eleemosynam sex modiatas terræ a Majoria et omni exactione liberas.* Alia Balduini D. *de Wallaincourt* ann. 1191 : *Omnem Majoriam, quam in prædicto nemore habebat, mihi verpivit.*

¶ Majora, pro *Majoria*, in Charta Balduini Comitis ann. 1084. tom. 3. novæ Gall. Christ. inter Instr. col. 23 : *Majora et submajora, et ut ita dicam, molendi et molendinaria S. Dionysii, in manu et potestate Abbatis sint : ita ut nullus hæres in eis constituatur, sed Abbas ad libitum suum et profectum eas prærdinet.*

¶ Majoragia, in Charta ann. 1163. ex Tabular. Majoris Monast. : *Domnus vero Abbas Robertus adjudicavit ei et hæredibus suis in præfata S. Peregrini Majoragia constitutis, de decima in eadem grangia apportata, singulis annis* VIII. *sextaria.*

¶ Majoriaria, in Chartulario S. Vandreg. tom. 2. pag. 1661 : *Et totam illam partem Majoriariæ quam habebam in feodo prædictorum monachorum.*

Mairia, Idem quod *Majoria*, apud Herimannum de Restaurat. S. Martini Tornacens. cap. 92. 94. Ut *præposituræ*, sic et *Majoriæ* distrahebantur, quod de dominicis ac regiis intelligendum. Regestum Magnorum Dierum Campaniæ ann. 1297. f. 50 : *Injunctum est et districte inhibitum omnibus Baillivis et Præpositis terræ Campaniæ Briæque Comitatuum ne de cætero vendant vel vendere permittant aliquibus personis Sergenturas, seu Majorias in jurisdictionibus eorumdem existentes, quousque de contrario mandatum domini Regis receperint speciale.* Vide Epist. 99. ex Sugerianis, et Statutum sancti Ludovici ann. 1255. cap. 15. Officium vero Majoris fuse describitur in Charta ann. 1201. quæ exstat in Hist. Monasterii S. Audoeni Rotomag. pag. 478. Cæterum *Majorias* tenere vetantur Canonici, etiam quæ jure successionis ad eos contigissent. Exstat quippe Sacramentum Canonicorum Carnotensium in Tabulario ejusdem Ecclesiæ, in quo hæc habentur : *Item confessus fuit talis N. coram nobis, et in jure, quod ipse jurejuravit dictis die et anno in Capitulo, quod si Majoria ad ipsum contigerit devenire ratione successionis, vel alia ratione, si vellet habere vel retinere Majoriam, dimitteret tonsuram : alioquin dictam Majoriam non haberet, nec peteret Majoriam, imo dicta Majoria ad proximiores hæredes absque dicti N. contradictione deveniret.*

Majorissa, Quæ *Majoriæ* feudum possidet, in Charta Joannæ Commitissæ Flandriæ pro Monast. Marquetanno ann. 1230. § 17. apud Buzelinum.

¶ Major, *dicitur ille qui viginti quinque annorum implevit ætatem.* Vocabul. utriusque Juris. At non ubique idem hac in re obtinuit usus. Exempla vide in voce *Ætas*, quibus hoc unum addam ex Instr. ann. 1317. tom. 2. Hist. Dalphin. pag. 155 : *Et dicta domina Anna certificata de jure suo in prædictis et circa prædicta, asserens se Majorem quatuordecim annis, juravit contra prædictam remissionem, quittationem et solutionem deinceps non venire.*

¶ Major Minister, Titulus quo utitur Præpositus generalis Ordinis SS. Trinitatis. Charta ann. 1244. tom. 2. Hist. Eccl. Meldens. pag. 145 : *Frater Nicholaus, Major Minister totius Ordinis Sanctæ Trinitatis et Captivorum.*

* 2. **MAJOR**, Limes, terminus. Glossar. Lat. Gall. ann. 1348. ex Cod. reg. 4120 : *Major, dicitur Gallice Marche.* Charta Alph. VIII. reg. Castel. ann. 1168. inter Probat. tom. 2. Annal. Præmonst. col. 697 : *Si quis infra Majores, quos ego per circuitum præfati monasterii propria manu fixi.... Si quis ausu temerario aliquem ex Majoribus supradictis..... arrancaverit vel transmutare temptaverit, etc.*

* **MAJORACA**, Amaracus, Ital. *Majorana*, Gall. *Marjolaine.* Consuet. monast. S. Crucis Burdegal. ante ann. 1305. MSS. : *Hortum, qui est juxta infirmitorium et refectorium, juxta dictum claustrum, debent gubernare monachi parvi seu juveniles, et debent tenere garnitum de romaris, de salvia, de Majoracis, etc.*

¶ MAJORALES, Præcipui e nobilitate, qui ceteris præeminent, viri nobiles, nostris *les Seigneurs, les Barons*. Charta ann. 1080, ex minori Chartul. S. Victoris Massil. fol. ult. : *Attestante atque laudante omni conventu Majoralium totius istius terræ*. Alia ann. 1119. ex majori Chartul. ejusd. S. Vict. fol. 180 : *Domino Cardinali* (Petro) *astante atque omni conventu Majoralium totius illius terræ*.

1. MAJORALIS, [Primus inter ovium pastores, Hispanis *Mayoral*.] Jacobus I. Rex Arag. in Foris Oscæ ann. 1247. fol. 31 : *Debet jurare super sancta Dei Evangelia Majoralis de capanna, sive Major Pastor Infantionis, qui fuerit in capanna, quod in capannis ovium, seu gannatorum, jura Regia non minuat, nec abscondat*. Ibidem : *Majoralis de capanna*, qui *Majorau de la Cabane*, in Consuetud. Solensi tit. 14. art. 17. appellatur.

¶ 2. MAJORALIS, Titulus honorarius principis Sectæ Valdensium. Limborch. Sent. Inquis. Tolos. pag. 289 : *Asseruit quod Johannes cognominatus de Lotharingia Majoralis sectæ suæ, videlicet Valdensium, docuit eam de prædictis*. Et pag. 291 : *Audivit dici quod dictus Johannes quamvis non esset sacerdos, set erat Majoralis prædictæ sectæ, Missam poterat celebrare... credidit magis esse obediendum... Majorali dictæ sectæ Valdensium quam domino Papæ*.

¶ 1. MAJORARE, Meliorare, augere. Præceptum Caroli. Cal. 871. apud Baluz. Capitul. tom. 2. col. 1492 : *Pro hac utriusque Ecclesiæ Majorata emendatione, omnis Præsul pro nobis, conjuge et prole regnique statu Dei misericordiam exorare indesinenter accedat*.

¶ 2. MAJORARE vel MINORARE PLACITA, Emendare, corrigere, Gallic. *Reformer, rectifier*. [* vel potius Placita producere aut contrahere, Gall. *Allonger* et *Abbréger*.] Charta Willelmi dom. Montispessulani ann. 1103. apud D. *Brussel* tom. 2. de Usu feud. pag. 727 : *Vicarius, nec illi qui placitabunt placita pro Vicario, non placitabunt ea sine domino Montispessulani. Et omnia illa placita in quibus dominus Montispessulani nos fuerit, Vicarius, et illi qui placitabunt placita pro Vicario, Majorabunt vel Minorabunt sicut dominus Montispessulani dicet eis vel mandaverit*.

¶ MAJORARI, Major fieri, honoribus augeri. Gerardus in Vita S. Adalbardi sæc. 4. Bened. part. 1. pag. 354 : *Et quia discedens cœlum non animum mutaverat, mutatum imperium refrenans timore et amore, decuplum Majoratur quam discesserat*.

* Charta Carol. IV. imper. ann. 1360. apud Ludewig. tom. 10. Reliq. MSS. pag. 211 : *Per quæ* (beneficia) *tua crescat devocio tuaque Majorentur merita probitatis etc*.

MAJORATIO. Glossæ Gr. Lat. : Ἀθροισις, *Adunatio, Majoratio, auctuatio*. Vide *Majorare* 1.

¶ 1. MAJORATUS, vox fori Hispanici *Majoria*, primigeniorum jus, *Droit d'aînesse* nostris, de quo egit Covarruvias lib. 3. Variar. Resol. cap. 5. cui opponitur *Minoratus*, qui *Maisneté* dicitur in Consuetud. Cameracensi tit. 8. etc. jus quod secundogenitis competit in parentum successionibus. *Maisnez* enim vocabant nostri secundogenitos, quasi *Mainsnez*, id est, *minores natu*, ut *Ainsnez*, ante natos. Michael *del Molino*, in Repertorio Foror. Aragon. pag. 231 : *Jus primogenituræ, quod vulgariter dicitur el Majorazgo*. [Johan. Garsias de Expensis cap. 16. n. 45 : *Majoratus, est feudum dignitatis in quo succedit primogenitus individue, et prior ætate, et potior sexu in eodem gradu*.]

* Ludov. de Molina in Tract. quem inscripsit, *De Hispanorum primogeniorum origine et natura*, ita definit : *Jus succedendi in bonis ea lege relictis, ut in familia integra perpetuo conserventur, proximoque cuique primogenito ordine successivo deferantur*. Atque vocem Hispanicam *Mayorazgo*, qua jus illud significatur, primum legi observat in Chron. sub Joanne I. rege et in Legibus Hispanicis sub Joanna regina ann. 1505. quæ *Leges Tauri* appellantur.

¶ 2. MAJORATUS, pro quovis Officio seu dignitate. Fragm. Sermonum S. August. tom. 5. part. 2. col. 1518 : *Meliora enim sunt opera ipsius. Et magnam et devotam vocem ejus audivimus. Majoratum nolo, Christianus esse volo*.

* 3. MAJORATUS, Officium *majoris* seu urbis præfecti. Libert. loci de Insula ann. 1309 in Reg. 74. Chartoph. reg. ch. 365 : *Primo in villa et parrochia prædictis non fiet perpetuo Majoratus vel consulatus, sed anno quolibet*. Vide in *Major* 1.

MAJORENNIS, Major annis, suæ tutelæ, in Magno Chronico Belgico pag. 353.

* *Maire-aage*, pro *Majorité*, Ætas qua quis sui juris est, in Charta ann. 1319. tom. 1. Probat. Hist. Brit. col. 1286.

¶ MAJORENSES, Prætoriani Equites Aulæ Pontificiæ, Cencio Camerario *Stimulati*, i. e. calcaribus muniti : forte hodie *Cavalieri dello Speron d'oro*, quos Papa creare solet. Vide Macros fratres in Hierolexico. [* Vel *Majorentes*. Vide *Schola Stimulati* in *Scholæ*.]

¶ MAJORES, Qui aliis præsunt in exercitu. Gasp. Barthii Gloss. apud Ludew. tom. 3. Reliq. MSS. pag. 11. ex Hist. Palæst. lib. 4. cap. 18 : *Repererunt in suis consiliis atque operosis scematibus, quod nostrorum Duces, Comites, seu omnes Majores Imperatori sacramentum fideliter facere deberent*. Bartholomæus Scriba Annal. Genuens. lib. 6. ad ann. 1225. apud Murator. tom. 6. col. 439 : *In ipsis vero militibus Ugolinus miles et socius Potestatis, Petrus Ventus et Obertus Advocatus fuerunt capitanei et Majores*.

¶ 1. MAJORIA, Major pars. Consuetudo Tolosana tom. 4. novi Coustum. part. 2. pag. 1052 : *Et major pars devenerit uni quam alteri, et ratione illius Majoriæ, ille qui ipsam habet in recompensatione illius Majoriæ, solverit aliquam pecuniæ quantitatem habenti minorem partem, quod talis divisio habetur pro venditione*.

* 2. MAJORIA, Tributum, quod *majori* ratione sui officii pensitabatur, nostris *Mairie*. Charta ann. 1288. in Chartul. Mont. S. Mart. part. 7. fol. 127. r°. col. 1 : *Com Estevenars Racine, maire héritaules de Montbrehaing, mes homs, euist ou bos de Forestel.... les Mairies, c'est-à-dire une maille de chascune cheretée, quant on vendoit le bos devant dit etc*. Vide *Majoratus* in *Major* col. 348.

* 3. MAJORIA CONDITIONATA, Feudum *majoris* certis conditionibus concessum. Lit. remiss. ann. 1374. in Reg. 105. Chartoph. reg. ch. 318 : *Comme Gautier de Boülain escuier tiengne en fié une Mairie de condition en la ville de Saunorey etc*. Vide supra *Conditionare* et *Feudum conditionabile*.

* 4. MAJORIA, Præpositura seu dignitas quævis in ecclesia Parisiensi. Stat. ejusd. eccl. ann. 1168. in Diar. Audient. tom. 7. lib. 1. cap. 30 : *Item si quis Majoriam ad ecclesiam pertinentem susceperit etc*.

¶ MAJORIARIA. Vide in *Major*.

¶ MAJORICÆ, Saxonibus, Uxores. Wernerius Rolevin. de Antiquorum Saxonum situ et moribus : *Quanquam tamen uxores universaliter omnes Majoricæ a nostratibus nominentur, etc*.

¶ MAJORINA PECUNIA, Quæ ex argento et ære conflata, in Cod. Theodos. leg. 6. lib. 9. tit. 21 : *Comperimus nonnullos staturarios Majorinam pecuniam, non minus criminose quam crebre, separato argento ab ære purgare*. Vide Gothofredi notas ad hunc locum.

MAJORINATUS. Vita S. Præjecti ex Cod. Atrebat. : *Et horæ, quod est consuetudinis, jam in promptu cernerentur, ut solemnes vigilias Paschæ celebrari licitum esset, ex regali permisso, vel Majorinatu, Pontifices vel Sacerdotes, qui in Eduorum urbe ob regiam potestatem conglobati fuerunt, etc*. Ubi *Majorinatus* videtur esse auctoritas Majoris domus, Wlfoaldi scilicet, de quo supra.

* MAJORINUM, Hordei species videtur, f. quod Galli dicimus *Escourgeon*, a majoribus aristis vel quod primum crescat, ita nuncupatum; unde *Majorinus* etiam adjective, pro Major, usurpatur in Charta ann. 1270. ex Access. ad Hist. Cassin. part. 1. pag. 312. col. 1 : *De grano, ordeo, Majorino, millio, grano farris et fabis Majorinis tenentur præstare de septem partibus unam partem*.

MAJORINUS, Idem videtur fuisse apud Hispanos, qui Francis nostris *Major villæ*, penes quem etiam jurisdictio regia erat : vel certe idem, qui *Major domus* : nam qui apud Ordonium Monachum lib. de Mirac. S. Rudesindi Episc. Dumiensis n. 20. *Major domus* appellatur, in alio MS. *Majorinus* dicitur, uti observat Henschenius. [Apud Mabill. sæc. 5. Bened. pag. 543. ex citato lib. legitur *Majorinus*, ubi usurpatur pro eo qui judicum sententias executioni mandat, ut ex verbis ipsis patet : *Permittite me comburere deprædatorem sanctissimi Rudesindi, Dominus enim me constituit ultorem et Majorinum ipsius*.] Erant autem alii villarum Majorini, alii Majorini majores. Horum officium describunt Leges Alfonsinæ seu Partitæ part. 2. tit. 9. leg. 23 : *Merino es nome antiguo de España, que quiere dezir tanto como ome que ha Majoria para fazer justitia sobre algun lugar señalado, assi como villa, o tierra. Y estos son en dos maneras : ca unos ha que pone el Rey de su mano en lugar de adelantado, a que llaman Merino Mayor, y este ha tan grande poder como el Adelantado. E otros hi ha que son puestos por mano del Adelantado, o de los*

Merinos Mayores, pero estos atales non pueden fazer justicia, si non sobre cosas señaladas, etc. De his intelligendus Lucas Tudensis in Chron. pag. 104 : *Imperator mandavit... Majorino terræ, ut cum rustico veniret ad Militem, et videret, qualiter ei justitiam exhibebat, et hoc sibi rescriberet. Majorinus Regis*, in Concilio Legionensi ann. 1012. Concilium Coyacense ann. 1050. cap. 7 : *Admonemus, ut omnes Comites, seu Majorini Regales populum sibi subditum per justitiam regant, etc.* Concilium apud Pennam Fidelem ann. 1302. cap. 13 : *Alcales, vel Majorini, vel alii rectores civitatum vel aliorum locorum, etc. Majorini* isti *Majores* sæpe subscribunt in Chartis Regum cum adjectione Provinciæ cui præerant, ut in Charta Ferdinandi I. Regis Castellæ æræ 1078. apud Anton. *de Yepez*, in Chron. Ordin. S. Benedicti tom. 1. *Felis Majorinus de Burgos : Soña Sonaz Majorinus in Castella.* In alia Ferdinandi Regis Castellæ æræ 1275 : *Donus Moriel Majorinus in Castella, Sancius Pelagii Major Merinus in Gallicia, Garcis Roderici Major Merinus in Legione*; et sic in aliis.

Merinus, vox detorta ex *Majorinus*, Lusitanis *Meirinho*, Justitiarius. Fori seu Consuetudines Jaccæ : *In unaquaque villa tres vel quatuor de melioribus jurent, quod non celabunt furta; sed demonstrabunt Merino nostro.* Passim ibi. Et Hieronymus Blanca testatur, hunc magistratum, qui ordinariæ causarum cognitioni præest, apud Jaccetanos etiamnum vigere. Vide eumdem pag. 748. Michael *del Molino* in Repertorio pag. 223. et Odoricum Rainaldum ann. 1289. num. 26. ubi *Meirinus* et *Submeirinus* occurrunt. Interdum

Merini dicuntur Apparitores, et qui Judicum sententias executioni mandant. Vitalis Oscensis Episcopus de veterum in Aragonia magistratuum nominibus : *Alii Merini, dicti a merendo, id est, plorando : quia inventi in culpa consueverunt damna pœnæ pecuniariæ deplorare, eo quod Reges sive Judices tales sunt punire pecuniariter assueti.... hi ergo tales officiales debent compulsiones facere, et mandata Regis, ac sententias judicum vel judiciorum executioni viriliter demandare, etc.* [Charta Hispanica ann. 1094. ex Archivis S. Victoris Massil. : *Confirmo in hujus conclavi Sancti propter remedium animæ meæ taliter ut non in istas hereditates Merino, neque saione, etc.*] *Merin ou Sergent*, in Consuetud. Labourtensi tit. 1. art. 3. 7. 8. tit. 14. art. 1. 2. 14. 15. 18. tit. 15. art. 2. etc. Vide Foros Aragon. lib. 1. tit. de *Merinis* pag. 320. v.

Merinatus, Districtus Merini, Hispanis *Merindada.* Occurrit in Epistola Examini Petri Salanovæ Justitiæ Aragonum apud Blancam pag. 748. [Oihenartus in Not. Vascon. pag. 74 : *Dividitur Navarra in quinque Præfecturas quas Majorinatus seu Merindades vocant : Pompelonensem scilicet, Stellensem, Tutelensem, Sangossensem et Olitensem. Hæ a totidem oppidis primariis Pompelone, Stella, Tutela, Sangossa, atque Olito, quorum quodlibet veluti caput et metropolis est suæ Præfecturæ, tale nomen sortitæ sunt. Præest autem unicuique earum proprius Magistratus, Majorinus, seu Merinus vulgo dictus. Primam præfecturam ambitu suo 80725. familias, proximam 60245. alteram 40852. quartam 60001. postremam 30969. comprehendere colligunt, qui eorum rationem accurate subduxerunt.*]

¶ 1. **MAJORISSA**, pro *Abbatissa*, apud Macros in Hierolex. ex Bulla Eugenii PP. Vide alia notione in *Major.*

* 2. **MAJORISSA**, Feudum *majoriæ.* Charta Drocon. de Melloto ann. 1236. in Reg. C. Chartoph reg. ch. 31 : *lxxvj. solidi quos habebam in Majorissa de Corchaio et de Cultura, et xxxix. solidi, quos habebam in Majorissa de sancto Quintino.* Vide supra *Majoria* 3.

* 3. **MAJORISSA** Domina, id est, Domina suprema. Instr. matrim. ann. 1475. ex Tabul. Flamar. : *Margarita de Luppe esset domina Majorissa, usuffructuaria et gubernatrix per totam suam vitam prædictorum bonorum.*

¶ 1. **MAJORITAS**, Incrementum, commodum, excellentia, accessio. Chartular. Abbatiæ Boni loci apud Baluzium tom. 2. Hist. Arvern. pag. 82 : *Ita scilicet quod si summa ejusdem decimæ quingentorum sextariorum fuerit, minoritas de reliqua terra suppleatur mediantibus frumento et avena; et si in eadem fuerit Majoritas, nihilominus sua erit.* Charta Officialis Claromont. ann. 1354. ibid. pag. 319 : *In evantatgium ac Majoritatem procreatis liberis ab ipsa Ysabella et ab alio viro, si contingebat, procreandis.* Vita S. Vitalis Abb. tom. 2. Martii pag. 28 * : *Et credentes in te probari permittis, ut ad Majoritatem boni operis valeant provenire.* Statuta Equitum Theuton. art. 30. apud R. Duellium Miscellan. lib. 2. pag. 42 : *Hanc igitur fratres modis omnibus amplectantur, non solum ut invicem non provocent vel offendant, sed contendant secundum Evangelia Majoritatem mutuis ministeriis et charitatis officiis obtinere.* Vide *Majestativus.*

* 2. **MAJORITAS**, Imperium, supremum dominium, Gall. *Souveraineté.* Lit. ann. 1369. tom. 5. Ordinat. reg. Franc. pag. 282 : *Dominum nostrum regem in suum naturalem dominum recognoscendo, bonum exemplum aliis fidelibus subditis ostendendo, et de primis totius ducatus Acquitaniæ se Majoritati regiæ libere et voluntarie reddendo, etc.*

* 3. **MAJORITAS**, Primatus, antecessio. Gall. *Préséance.* Charta Bertoldi Aquilej. patr. ann. 1249. inter Monum. ejusd. eccl. cap. 68. col. 669 : *Ad hæc adjunxit, ut si aliquando capitulum Aquilegense ad funus alicujus illuc vocari contingeret, Majoritatem in Missa et in aliis, sicut decet, canonici obtinerent.*

* 4. **MAJORITAS**, Præstantia, excellentia, Ital. *Majoranza*, Hisp. *Mayoria.* Bulla Innoc. PP. IV. pro Præmonstr. : *Secundum majorem vel minorem evectionum et personarum numerum, pro Majoritate vel minoritate personarum, prælatorum, etc.*

* 5. **MAJORITAS**, Gravitas. *Majoritas morbi*, apud Gentil. Fulginat. in Exposit.

* Majoritas Causæ, dicitur de re majoris momenti et ponderis, in Stat. Casimiri ann. 1346. inter Leg. Polon. pag. 8 : *Statuimus quod ad locum audientiæ, in quo judices præsident, non secundum merita personarum, nec secundum Majoritatem vel minoritatem causarum etc.*

* **MAJORIUM**, Feudum seu reditus *majoriæ.* Redit. Meled. in Reg. 34. bis Chartoph. reg. part. 2. fol. 108. r°. col. 1 : *Majorium de clauso, vj. libras; furna, xl. libras; teloneum piscis et Majorium et minagium, vitj^xx. libras, centum solidos minus.* Vide supra *Majorissa* 2. et infra *Meriagium.*

* **MAIRAMEN**, Gall. *Mairain*, Materia lignea ædibus ædificandis, doliisve fabricandis idonea. Libert. Montisalb. ann. 1322. in Reg. 61. Chartoph. reg. ch. 247 : *Consules habebunt curam et diligentiam de Mairaminibus seu fustis aut nemoribus pro faciendis tonellis.* Vide *Materia.*

* **MAIRAMENTUM**, Mairementum, Eodem intellectu. Charta Will. comit. Pontiv. ann. 1143 : *Concedimus.... in foresta mea de Almanescis Mairementum* (*Mairamentum*, in Ch. confirmat.) *ad ecclesiam vestram faciendam.* Vide mox *Maironia.*

¶ **MAIRANNUM.** Vide in *Materia.*

¶ **MAIRCHIEUS**, f. Præstatio *martii* seu trimestris frumenti. Regest. Philippi Pulcri ann. 1306. Ch. 165. in Chartophyl. regio : *Omnesque et singulas albergas, correia, oblyas, census,.... bladatas, bicocarias, et Mairchieus, etc.* Infra legitur *Manaeuhs.* Vide *Marchialis annona.*

MAIRIA. Vide *Majoria* in *Major.*

* **MAIRONIA**, Pari significatu. Bened. abb. Petroburg. de gest. Henr. II. reg. Angl. ad ann. 1181. tom. 1. pag. 368. edit. Hearn. : *Nullus emat vel vendat aliquam navem ad ducendum ab Anglia, nec aliquis deferat vel deferri faciat Maironiam extra Angliam.* Ubi Hovedenus habet *Maireman.*

* **MAIRRENIUM**, Eadem notione, in Charta ann. 1290. inter Instr. tom. 11. Gall. Christ. col. 271 : *Ad faciendum tigna, trabes et grossa Mairrenia dictæ capellæ, tradatur de nostro nemore et etiam liberetur.*

MAIS, pro *Magis.* Charta Alfonsi I. Regis Aragonum apud Blancam : *Et amas Mais illos seniores, et illos Moros, quam meum mandamentum.* Vide Menagii Origines Gallicas, in *Mais.*

* Ita *Mais*, pro *Plus, davantage*, etiam nunc dicunt Lugdunenses.

¶ **MAISAGIUM**, Domus habitationi idonea cum portiuncula agri, Anglis *Messuage.* Charta apud *Madox* Formul. Anglic. pag. 182 : *Concessi et dedi et hac carta mea confirmavi Reginaldo de Monasterio illud Maisagium quod est inter domum meam et Godam monialem pro homagio et servicio suo, et pro decem solidis quos michi dedit.* Charta Præpositi burgensium Cuciaci ann. 1375. apud Baluz. tom. 2. Hist. Arvern. pag. 208 : *Mansis, Maisagiis et cultilis ad dictam terram spectantibus.* Vide *Messuagium.*

* **MAISIONES**, *Maisieres*, ut opinor, Maceriæ. Lit. ann. 1379. tom. 6. Ordinat. reg. Franc. pag. 434 : *Quæ* (villa et castrum de Mosonio) *cum sint clavis patriæ, marchizantes scilicet et existentes in fronteria regno nostro, pluriumque ducum, comitum, magnatum ac aliorum dominiis, de imperio et extra, instantibus guerris, et pro dominii Maisionibus, quæ cursus ibidem sæpius vigentibus, plura magna nobis seu regno nostro ac populis verissimiliter possent evenire*

et eveniunt ex inde dampnosa pericula, etc.

MAISNADA, Mainada, etc. Familia, quasi *Mansionata*, Italis, *Masnada : Mesnée*, apud Scriptores Gallicos mediæ ætatis. Assisiæ Hierosol. MSS. cap. 118 : *Et se il ne le trouve en son hostel, il le doit dire en sa Mehnée.* Et infra : *Il li dit à sa Mehnée, que il estoit là venu.* [*Mesnie*, in Charta ann. 1320. tom. 2. Ordinat. Reg. Franc. pag. 576 : *Que nuls vendeur, couretier, ne puist estre marchans de la meme marchandise, de quoy il est vendeur, ne lui, ne sa Mesnie, ne autre de par, ne hors, ne ens.*] Will. *Guiart* ann. 1296 :

Li grant Seignour et leur Mesnies.

Meigne, tom. 2. Monast. Anglic. pag. 219. [Index jurium *Viarii* Paris. ann. 1459. apud D. *Brussel* tom. 2. de Usu feud. pag. 747 : *Et le doivent sa Maignie mesurer et bailler la mesure ou mur aux maçons et porter l'autre mesure chez le Voyer.* Et infra : *La Maignye au Voyer de Paris doivent aler par les maistres ruës de Paris pour commander chacune quinzaine, que les ruës soient delivrées de hui à demain, se le Voyer veult.*] Vide Gloss. ad Villharduinum. In Charta Willelmi Siciliæ Regis anni 1177. apud Rogerum Hovedenum pag. 552. subscribit *Berardus Gentilis Regiæ privatæ Maisnedæ Constabularius. Solidarii privatæ Regiæ Masnadæ*, in Charta alia ejusdem Regis ann. 1183. in Bullario Casinensi tom. 2. pag. 204. Charta ann. 1162. apud Petrum Mariam Campum in Hist. Eccles. Placentinæ : *Et credimus eum in curtibus suis habere feodum suorum villanorum, de quibus habet reditus, vel districtum, et hominium de sua Masnata, etc.* [Statuta Massil. lib. 2. cap. 39 : *Item de capa panni brani vel blanchi aut nigri ad opus de Maynada 8. denar.*] Vide Hist. Bellunensem pag. 117. v. 118. [Breviarium Hist. Pisanæ ad ann. 1264. apud Murator. tom. 6. col. 194. et Patavinum apud eumdem tom. 8. col. 173. et 356.] |** Vide Haltaus. Glossar. Germ. voce *Ingesinde*, col. 1017. *Massenie* etiam dicitur poetis German. med. ævi, ut Gotofr. Argent. in *Tristan*, vers. 2923. 10581. etc.]

* *Maisnie*, in Libert. villæ de Auxona ann. 1229. tom. 4. Ordinat. reg. Franc. pag. 394. art. 1 : *Chascune Maisnie de la ville doit donner chascun an cinq sols, à nous et à ceulz qui après nous tendront la ville.* Unde *Maisnier*, Familiaris, domesticus. Pactum inter clerum et cives Leod. ann. 1287. tom. 2. Hist. Leod. pag. 401 : *Tous li esquevins jureront aussi en chapitre de S. Lambert des forfaits, que li borgois ou li Mesniers des borgois feront envers les Maisniers des canoines, qu'ils bin et loyalement les exécuteront et raporteront.*

Mainada et Masnada, pro Militaribus catervis, ac sodalitatibus, maxime prædonum ac latrunculorum, qui in *familias* quodammodo coeunt. Vetus Inquesta apud Columbum lib. 2. de Episcopis Vasionens. n. 24 : *Comes Tolosæ cum Brabanzonibus et aliis Mainadis, et vi intravit cum illis villam Vasionis.* Charta alia apud eumdem n. 38 : *Item sub eadem pœna ut Aragonenses, Ruptarios, Cotarellos, Manadas seu Vascones, vel Brabansiones, vel quocunque alio modo vocentur, de tota terra tua...... expellas.* Occurrunt eadem verba in Charta Milonis Legati Apostolici apud Catellum in Comitibus Tolosan. pag. 246. Diploma Senatus Romani, apud Baronium anno 1188 : *De perdentibus autem res eis ablatas per Masnadam Romani Pontificis, et forisfactores, et Tusculanenses per guerram, sicut promissum est a vobis, per concordiam emendabitis. Servents de Maynada*, apud Raimundum Montanerium in Chron. Regum Arag. cap. 116. 119. 128. etc. In Conc. Monspeliensi ann. 1195. excommunicantur *omnes hæretici, Aragonenses, familiæ, quæ Mainatæ dicuntur, piratæ, etc.* [Instrum. ann 1209. apud Marten. tom. 1. Anecd. col. 815 : *Præcipio ut Mainadas nullo unquam tempore habeatis.* Epist. 57. Clementis PP. IV. ann. 1265. ibid. tom. 2. col. 130 : *Masnata Sabiniæ quæ subito dicitur recessisse, an se subito possit objicere viæ vestræ, vel moliri vobis insidias ignoramus.* Alia ejusd. Papæ ibid. col. 143 : *Mitte igitur ad nos capellanum ejusdem Episcopi, et tu sub fida custodia et firmis vinculis tene eum, tuam etiam auge Maisnatam.*] Vide Ricordanum Malaspin. cap. 149.

¶ Masnata, Eadem notione. Chron. Parmense ad ann. 1307. apud Murator. tom. 9. col. 862 : *Placentini iverunt in exercitum contra terram Bardi sui districtus, ad quem exercitum D. Ghibertus pro Communi Parmæ misit c. pedites... cum uno capitaneo et duas ex Masnatis equestribus ad custodiam civitatis Placentiæ.* Et col. 864 : *Item tres ex Masnatis Communis Parmæ equitibus, etc.* Adde Hist. Cortusior. tom. 12. col. 919.

¶ Meinata, Eodem significatu, in Charta ann. 1205. apud Pitton. in Hist. Aquensi lib. 3. pag. 111 : *Hæc sunt maleficia quæ Comes Forcalquerii fecit in Provincia quando assaluit Gardanam cum Meinatis.*

¶ Mesnada, in Charta ann. 1085. Append. Marcæ Hispan. col. 1177 : *Quod si tu volueris staticam facere cum tua Mesnada in civitate Impurias, etc.* Occurrit rursum pro familia, in Charta ann. 1105. ibid. col. 1230.

Masnadam Facere, in exercitum ire. In Bulla Gregorii IX. PP. ann. 1231. apud Ughellum in Episc. Anagnin. : *Ita quidem ut si contigerit eos exercitum vel Masnadam facere ultra urbem, proventus isto anno de macello perceptos pro exercitus et Masnadæ expensis expendant : qui si non suffecerint, populares de propriis teneantur militibus in exercitu vel Masnada commorantibus reliquas expensas necessarias ministrare.*

MAISNADARII, vel Mesnadarii, Milites in Aragonia, sic appellati, ut censet Surita in Indice Rerum Arag. ann. 1118. *quod Regia in domo educati essent.* Cui accedit Oyhenartus in Notitia Vasconiæ lib. 1. cap. 4. *Mesnadarii*, inquit a *Mesnada*, quæ vox a *Mesonada* contracta est, derivaturque a Latino vocabulo *mansio*, nomen habent, videnturque sic dicti tanquam domestici Principis, aut in ejus familiam cooptati. Vitalis Episcopus Oscensis : *Mesnadarius est, qui de genere Ricorum hominum, saltim ex patris linea oriundus, in cujus patris genere non exstat memoria, quod fuerit alicujus vassallus, nisi Regis, vel Regis filii, vel Comitis a Regis genere descendentis, vel Episcopi, vel alterius Prælati, quorum consideratur reverentia propter Deum, cujus locum dignoscuntur specialiter retinere. Qui non descendit ex parte patris ab aliquo, qui ab alio, quam a prædictis personis, extitit Miles factus. Hi enim Mesnadarii, etiamsi in Mesnada seu familia domini Regis personaliter non morentur, tamen Mesnadarii sunt censendi : quia dominus Rex non debet eis Militiam, cum eam ab eo recipere voluerint, ne quod sint de sua familia, cum esse voluerint, nisi ex causa probabili denegare. Hi autem Mesnadarii morari cum Ricis hominibus, vel cum aliis, et expensas ab iis accipere, atque dona, non tanquam vassalli, sed tanquam amici sine nota aliqua bene possunt.* Idem alibi scribit, *de Mesnadariis naturalibus de Aragonia, Ricos homines creare vel assumere* consuevisse. Examinus Salanova : *Mesnadarii proprie sunt illi, qui filii, vel nepotes, vel ex recta linea nobilium descendunt. Istis talibus debet dari Mesnaderia : aliis vero dantur aliquoties denarii pro servitio, et non pro Mesnaderia. Nam secundum veram veritatem, filius Rici hominis, nisi succedens in Baronia, non debet tenere honorem; sed debet tenere Mesnaderiam. Et talis Mesnadarius non debet esse vassallus, nisi Regis.* Blanca in Comment. Rer. Aragon. *Ricorum hominum* dignitati proximus erat *Mesnaderiorum* iste Militaris seu Equester ordo : quibus quæ dabantur a Regibus stipendia, ut a prioribus etiam nomine differrent, *Cavallerias de Mesnada*, seu *Mesnaderias* vocari consueverunt.

☞ Longe aliam *Maisnadariis* originem assignat Illustr. Fontaninus : ii enim, ut ex vetustis Longobardorum monumentis conficit Vir eruditissimus, servi erant colonis majorum prædiorum, qui *Massarii* nuncupabantur, subditi, saltem in Ecclesia Aquileiensi et in regione Fori Julii, ubi primum innotuere. Sed quoniam immane quippiam distare videtur, ut scribit Carolus de Aquino in Lex. milit. inter vilissima ejusmodi servitia, et *Maisnadarios* superius memoratos a D. Cangio, existimo homines longe diversi generis et instituti eamdem nuncupationem sortitos fuisse, nihilque inter illos nisi nomen fuisse commune.

Mesnadæ, eorumdem Maisnaderiorum *Militiæ*, seu prædia iis addicta, de quibus sequens legitur Charta : *Ludovicus D. G. Franciæ et Navarræ Rex, Gubernatori Navarræ, vel ejus Locumtenenti, sal. Cum nos Simon de Motes Miles nullam a nobis Mesnadam, seu Militiam, hactenus obtinenti, Mesnadam 30. librar. Turon. duximus concedendam, tenendam ab eo, et habendam, quamdiu nostræ placuerit voluntati : mandamus vobis, quatenus dictam Militiam sibi statutis ad hoc et consuetis terminis de nostro faciatis persolvi. Dat. Paris. 3. Jan. an. Dom. 1314.*

Mainaderia. Guillelmus de Podio-Laurentii cap. 25 : *Petentem ab eo domum hospitalis, quod dicitur Mainaderie, in quo in obsequio Dei clauderet dies suos, etc.*

¶ MAISNAGIUM, Domus, mansio præcipua *manerii*, Practicis nostris *Chef-manoir* Leges Norman. cap. 27. apud Ludewig.

tom. 7. Reliq. MSS. pag. 218 : *In Maisnagis autem sorores non possunt aliquid reclamare, nisi plura constiterint Maisnagia quam fratres.* Quæ vetus Consuetudo Norman. cap. 26. sic vernacule reddidit : *Es Mesuages ne peuvent rien reclamer les seurs, se il n'y a plus de Mesuages que de freres.* Vide *Messuagium.*

MAISNAMENTUM, quasi *Mansionamentum*. Tabularium S. Amantii Inculismensis: *Ortos et airas atque Maisnamenta.* Occurrit ibi pluries. Vide *Mainamentum.*

* **MAISNILE**, Mansio, domus cum certa agri portione, idem quod *Mansus.* Charta ann. 1104. apud Besl. in Comit. Pictav. pag. 424. inter Probat. : *Ibi super sacratissimum corpus reliquimus.... omnia quæ injuste reclamabamus,.... scilicet duo Maisnilia terræ etc. Menandie*, eodem sensu, in Charta ann. 1270. ex Chartul. S. Petri de Monte : *Et se Houdrois et Hawions davant nommeis, ou lour enfans, ne revenoient jamais de Huguerie, il donent et aquitent pour Deu et en aumone à la gleise de Pierre lour Menandies davant dites et tous lour pries et toutes leur terres.* Vide in *Mansionile.*

¶ **MAISNILUM**, Agri portiuncula cum mansione, Gall. *Ménil.* Diploma Roberti Reg. Franc. apud Marten. tom. 1. Anecd. col. 109 : *In eodem quoque territorio supra fluvium Vigenne dimidium Maisnilum, quod dicitur Murcinctus cum pratorum copia. E proximo quoque Maisnilum alterum, quod dicitur Sienis Villere, cum capella inibi in honore S. Genovefæ ædificata.* Vide *Mansionile.*

¶ **MAISRENIUM**, Palus, statumen, Gall. *Echalas; Maeremium* enim, ut suo loco dicemus, quodvis *materiamen* significat. Chartularium S. Vincentii Cenoman. fol. 92 : *Gaufridus et Andreas tenere debent illam vineam in bono statu et legitimo, in propagando, fimo, Maisrenio, et in omni cultura.* Vide *Materia.*

* **MAISSELLARIA**, Macellum, Gall. *Boucherie*, seu reditus ex eodem. Charta pro eccl. Trec. ann. 1374. in Reg. 105. Chartoph. reg. ch. 553 : *Item pro medietate pro indiviso Maissellariæ et forefactorum in toto finagio S. Johannis etc.* Vide supra *Macellare* 2.

¶ **MAIT**, vox Gallica, Mactra, arcæ genus, in qua pinsitur et subigitur farina, *Mai.* Chartul. Compend. : *Hæc sunt nomina utensilia de Ruminiaco.... unum busetum et unum larderum et septem archæ tam bonæ quam pravæ, et une Mait et 19. culcitræ bonæ.* Vide *Magides* et

* **MAITA**, Arca longior variis usibus destinata. Charta ann. 1180. ex Chartul. S. Mariani Autiss. : *Garnerus filius domni Roberti præpositi.... confessus est quamdam Maitam salinariam, cum loco in quo sita est in foro Autiss. canonicis S. Mariani se vendidisse. Mayta*, in Chartul. B. M. Graciac. Hinc *Meth*, pro Tabula torcularia, in Lit. remiss. ann. 1457. ex Reg. 189. Chartoph. reg. ch. 196. Vide *Mait.*

MAITERIATA *Terræ et Bosci*, in Charta ann. 1272. apud Guichenonum in Hist. Bressensi pag. 21. Vide *Mata*, [et *Mayteriata.*]

* **MAITINATA**, Antelucanus ad fores amasiæ concentus, Gall. *Aubade.* Barel. serm. in feria 3. post Pascha : *Et sicut philocaptus de muliere tria observare solet : 1°. de ea cogitat; 2°. habitat libenter cum ea; 3°. facit fieri Maitinatas.* Vide infra *Matinata.*

¶ **MAJULUS**. Vide *Malones.*

* **MAIUM**, Usus erigendi arborem primo die mensis Maii in compitis, vel ad ædes puellarum, aliasve quascumque. Charta S. Ludov. ann. 1257. in Reg. 30. Chartoph. reg. ch. 525 : *Mandamus.... quatinus quociens requisiti fueritis a fratribus Sacri portus, inhibeatis auctoritate nostra, ne quis nemora prædictorum fratrum intrare præsumat occasione consuetudinis, quæ Maium dicitur, quæ revera potius est corruptela.* Diu nihilominus perseveravit hæc consuetudo, ut ex sequentibus patet; unde etiam haud immerito a sancto Rege damnatam fuisse colligitur. Lit. remiss. ann. 1380. in Reg. 118. Chartoph. reg. ch. 119 : *Comme la nuit de May.... Robin d'Ambert fust alez avec.... certains compaignons de la ville de Crecy sur Sere par esbatement cueillir du May ou autre verdure, pour porter devant les hostelz des jeunes filles, si comme il est acoustumé de faire en celle nuit, etc.* Aliæ ann. 1397. in Reg. 151. ch. 311 : *Comme les maistres ouvriers et varlés du mestier de thisseranderie de draps de nostre ville de Monstiviller aient volonté chascun an de.... aler esbatre hors d'icelle ville, aussi comme par maniere de May, sans y avoir aucun desguisement, mais en leurs habits etc.* Aliæ ann. 1400. in Reg. 155. ch. 39 : *Comme le premier jour de May à heure d'après souper, ledit Jehanin et pluseurs autres compaignons de la ville de Gentilly se feussent assemblez, comme jeunes gens ont acoustumé de faire celle nuit, pour aler au May, etc.* Denique aliæ ann. 1478. in Reg. 204. ch. 27 : *En ensuivant laquelle coustume et usance,.... après la premiere messe du matin, allerent avec leurs menestriers et estandart, qu'ilz font d'une serviette ou couvrechief, querir le May, ainsi qu'il est de coustume.* Notandum vero quod corylus ad ædem honestæ puellæ non apponebatur. Lit. remiss. ann. 1393. in Reg. 145. ch. 297 : *Lesquelx compaignons trouverent que devant l'hostel d'une jeune fille du Pont l'évesque l'on avoit mis du May, qui estoit de bois de coudre, et leur sembloit qu'il n'estoit pas bien honneste pour le mettre devant l'ostel d'une bonne fille : lequel May ilz osterent.* Hinc *Enmaioler*, Arborem maialem offerre, in Lit. remiss. ann. 1375. ex Reg. 107. ch. 140 : *La seurveille du premier jour de May, iceulx supplians voulant aler Enmaioler lesdittes filles, comme il est de coustume, etc. Esmayer*, eodem sensu, in aliis ann. 1367. ex Reg. 99. ch. 17 : *Lorsque l'une des filles dudit exposant, nommée Johannette, vit ledit Caronchel, elle li dit que la nuit S. Nicolay il l'avoit Esmayée et mis sur leur maison une branche de seur, en disant qu'il n'avoit mie bien fait de ce faire, et qu'elle n'estoit mie femme à qui l'en deust faire telz esmayemens ne telz dérisions, et que elle n'estoit mie puante, ainsin que ledit seur le signifioit.* Ubi Sambucus, ut supra corylus, repudiatur et qua de causa profertur. Inde præterea docemur hoc vocabulum etiam usurpatum fuisse, cum de prima die Maii minime agebatur, licet hinc originem suam habeat, *Emayoler*, in Rhythmo orbicul. Froissart. Ms. :

Pour ce vous veux, Madame, Emayoler,
En lieu de May, d'un loyal coer que j'ay.

* Eodem *Maii* nomine designari videtur hastiludii species, in Charta ann. 1346. ex Reg. 75. ch. 521 : *Item disoit nostre procureur que l'an quarente les moines de Moustierender avoient fait crier un May à Sommenaire leur ville et justice, et là vint grant quantité des gens de Nully hommes du seigneur de Chastiauvillain. May* præterea appellatur tempus, quo arbores frondescunt, in Charta ann. 1307. ex Chartul. Pontiniac. pag. 172 : *Jusques elles* (les parties de bois) *aient accompli le temps de quatre feuilles et un May.* Vide *Maius.*

MAJUMA, Festum, quod summis impensis, conviviis, et spectaculis, iisque *indecoris ac procacis licentiæ* celebrabatur, quodque primo ab Arcadio toleratum [seu restitutum] ea conditione, ut honestas et verecundia servaretur, deinde triennio post, et quod excurrit, prorsus prohibitum, ut docent lex 1. et 2. Cod. Th. de Majuma. (15,6.) Istius porro festi meminit Julianus Imp. in Misopog. sed de nominis origine non consentiunt eruditi, quorum alii ex Suida et Glossis Basilic. a Maio mense, quo illud celebratum putant; alii a *Majuma* Syriæ urbe ita appellatum volunt. Horum sententias pluribus expendit Jacobus Gothofredus ad d. titulum; et Baronianam amplectitur, a *Majuma* nempe urbe id nominis accessisse existimans, quod ejusmodi festa in Oriente potissimum celebrata colligat ex Libanio et aliis. Sed et longe post, Leonem Chazarum Imp. devictis Arabibus ann. 3. urbem ingressum, ἐν Σοφιαναῖς, *in Palatio Sophianarum*, Μαιουμᾶν *fecisse* et celebrasse cum filio, tradit Theophanes : quo loco Codex Palatinus habet Μαμιᾶν. [Legenda omnino in hanc rem erudita Andreæ Rivini Diatribe, in Syntagm. variarum dissertat. rariorum pag. 537. edit. 1702.]

MAIUS, Arbor Maialis, seu, quæ primo die Maii mensis, quo tempore virescere incipiunt arbores, erigi solet in compitis, vel ad ædes Magnatum, nostris *May.* Charta Ingelranni Codiciacensis pro Libertatibus oppidi Faræ ann. 1207. art. 14 : *Si vero homines Pacis, sive feminæ, die Maii quærere ierint ad aliquod nemus in meo dominio, de bosco afferre poterunt sine forisfacto.* Tabular. S. Germani Paris. ann. 1270 : *Homines de Casteneto se abstinebunt eundi 1. die mensis Maii in nemora religiosorum pro Maio ibidem colligendo.* Vide *Dendrophori.*

* **MAJUS**, Malleus, Ital. *Maglio.* Annal. Placent. ad ann. 1483. apud Murator. tom. 20. Script. Ital. col. 974 : *Ad ipsum Ferrariarum locum accurrunt, impetum faciunt, folles incidunt, Majos, ut vulgo aiunt, sive malleos et incudes vastant.*

¶ **MAIZIUM**, MAIZUM, Frumentum Indicum, nostris *Mais.* Occurrunt sæpius in recentioribus Ecclesiarum Hispaniæ Conciliis tom. 4. Collect. eorumdem pag. 363. 697. et 703. Vide *Mahiz.*

¶ **MAK**, vel MAC, Hibernis, Filius. Litteræ Eduardi II. Reg. Angliæ ann. 1310.

apud Rymer. tom. 3. pag. 238 : *Dilecto et fideli nostro Gilberto Mak Aski.* Et infra : *Gilbertus Mac Askel.* Vide *Mab.*

* MAKA, Clava, Picardis *Maque.* Vide supra *Macha.* Lit. offic. Noviom. ann. 1347. in Reg. 68. Chartoph. reg. ch. 325 : *Johannes dictus Bosquet serviens ad Makam.... domini Noviomensis episcopi, etc.*

* MAKARIUS, vox Græca, Beatus, in Charta ann. 923. tom. 9. Collect. Histor. Franc. pag. 559.

¶ MAKDOCOS, vel MAKDOCUS, perperam legi in Itinerario Benjamini, docet Meursius pro μεγαδοῦκος, id est, Magnus Dux, alias *Magnodomesticus* et *Megadomesticus.* Hæc Spelmannus.

* MAKERELLUS, Piscis species nota, Gall. *Maquereau.* Charta ann. 1217. ex Chartul. Fiscan. fol. 49 : *Relaxavi Deo et ecclesiæ Fiscannensi.... consuetudines allectium et Makerellorum.* Chartul. S. Corn. Compend. fol. 69. r°. col. 2 : *De millenario alexium et Makerellorum.... redduntur duo denarii.* Vide supra *Macarellus.*

¶ MAKEVUS, Scomber, Belgis *Mackereel*, Gall. *Maquereau.* Theloneum Audomar. : *Hæ sunt consuetudines et jura quæ habent Ecclesiæ SS. Bertini et Audomari in theloneo de castro S. Audomari et in appenditiis ejus; scilicet de sturione IV. den. de tallia ceti IV. den. de merluis II. den. de mille allecum I. den. de mille salsis Makevis II. den.* [* Sed legendum videtur *Makerus*, contracte fortassis scriptum pro *Makerellus.*]

¶ MAL, Census, signum jurisdictionis, apud Schilter. in Gloss. Teuton. ex Diplom. Ottonis I. ann. 958. ubi donat *omnem justitiam et censum, qui Saxonice Mal vocatur.* Vide *Maalman* et *Malpenning.*

* MALA, Equestris sarcina, pera viatoria. Joan. de Janua : *Mantica, sarcina, scilicet Mala*, perperam *mola* editum. Gall. *Male.* Dudo lib. 1. de Actis Norman. pag. 67 :

> Malas et frenis consutis stringeque habenis,
> Sic poteris forsan peragrare viam lutulentam.

Regula Templariorum cap. 40 : *Sacculus et Mala cum firmatura non conceduntur.* Occurrit præterea cap. 43. [Testam. ann. 1318. tom. 2. Hist. Dalphin. pag. 176 : *Item, Monacho et Jocerando cubiculariis suis pro indiviso... lectos et alia, coffros; bastos et Malas, etc.* Adde Lobinell. tom. 4. Hist. Paris. pag. 520.] Le Roman *de Vacce* MS. :

> Mout veissiés larrons et pautonniers errer,
> Sas et manteaus et robes, et autre meubles embler.

Le Roman *du Renard* MS. :

> Pour ce fas mes Males emplir,
> Et bien atourner mon afaire.

Octavianus *de S. Gelais* in Viridario honoris :

> Fardeaux, baquets, grands bahus, Males, coffres.

[*Enmaler*, pro in *Mala* ponere, usurpat le Roman *de la guerre de Troyes* MS. :

> Ses chiers avoirs fist Emmaler,
> Ses draps, ses robes fist entorser.]

Peronius a μαλλὸς, *vellus*, vocem deducit, quod principio ex ovium cum villis, tum aliarum pecudum pellibus confici solita esset. Malim ex Teutonico *Mael*, quod idem sonat quod *Mala.*

* Inter præstationes a subditis exactas recensetur, in Charta ann. 1354. ex Reg. Cam. Comput. Paris. sign. *Vienne* fol. 56. v° : *Sint de cetero liberi et immunes..... a quacumque exactione..... et equitaturis suis, bastis, cellis (sellis) et Malis seu trosseriis.*

¶ MALACHIM, Libri tertius et quartus Regum, ab Hebræo *Melech.* Guidonis Discipl. Farfens. cap. 15 : *Usque Kalendas Octobris Malachim atque verba dierum legant in refectorio.*

MALACHINUS, Monetæ Hispanicæ species, in Bulla Alexandri III. PP. qua approbat institutionem Militum S. Jacobi in Hispania, et apud Innocent. III. PP. lib. 13. Epist. 12 : *Decem Malachinos nobis persolvetis.* Vide *Molachinus.*

¶ MALA-CORONA. Sic appellati olim Clerici, qui clericatus charactere abutebantur, mali Clerici. Vide *Corona.*

¶ MALACOTA, MALECOTA, Vestimenti genus, idem quod nos *Veste* dicimus. Ordinatio domus Dalphin. tom. 2. Hist. Dalphin. pag. 315 : *De vestimentis. Raubæ hyemales Item, ordinamus quod in festo omnium Sanctorum singulis annis Persona nostra... et de ipso Hospitio nostro existentes, induantur de una Malacota cum mantello alamanico de aliquo panno plani coloris, et Malacota sit fodrata cum fodratura de agnello.* Non semel ibid. occurrit. Extractum ex computo ann. 1328. sub Guigone Dalphino inter Adversaria D. *Lancelot* : *Item solvit et tradidit Peroneto Dorerio pro una marcha argenti ad faciendum litteras ad opus Malecotæ domini... 10. lib. III. sol.*

¶ MALADERIA, Nosocomium leprosorum, Gall. *Maladerie.* Charta ann. 1221. apud Marten. tom. 1. Anecd. col. 889 : *Canes Maladeriæ Lugdunensis vultum ejus graviter vulneraverunt.* Testamentum Johannis Dalphini ann. 1318. tom. 2. Hist. Dalphin. pag. 171 : *Item voluit et ordinavit quod fiat una Maladeria in terra sua, in qua recipientur leprosi nobiles usque ad minimum sex, et unus Capellanus instituatur in eadem.* Chartular. SS. Trinit. Cadomens. fol. 87 : *Sciendum quod Willelmus de Caluz leprosus dedit Abbatiæ... domum quamdam apud Caluz valentem v. sol. annuatim, et regardum ut esset particeps orationum Abbatiæ et reciperetur ad Maladeriam B. Thomæ.*

☞ Est et *Maladeria* pestiferorum nosocomium, ut discimus ex Charta inter Schedas D. *Aubret* : *Dominus de Franchelins in Dumbis albergavit terram de Maladeria ea conditione, ut si pestis superveniat emphiteuta aliam terram pro ægrotis dare et suppeditare teneretur, etc.*

* MALADIA, Valetudo, ægritudo, morbus, Gall. *Maladie*, alias *Malage.* Scacar. apud Cadom. ann. 1234. in Reg. S. Justi Cam. Comput. Paris. fol. 29. r°. col. 2 : *In essonia de Maladia residente, necessarius est garantus.* Assis. Bajoc. ann. 1236. ex Cod. reg. 4651 : *Judicatum fuit quod essonia de Maladia residente non erat recipienda ex parte ejus, qui in placito debiti quod debebatur ab eo, illam essoniam fecerat.* Christ. Pisana in Carolo V. part. 2. cap. 15 : *Pleuroyent de compassion de son enfermeté et Malage.* Mirac. Mss. B. M. V. lib. 1 :

> Moult longement tint cest usage,
> Tant qu'il cai en un Malage.

Philippus *Mouskes* :

> A Acre moru de Malage,
> Coume dame loiaus et sage.

Bestiarius Ms. :

> Quant homme est en grant maladie,
> Que on se doute de sa vie,
> Dont est chis oisiaus aportés;
> Se il doit estre confortés
> Et respasse de chel Malage,
> L'oisel li tourne le visage.

* Nostris *Maladeux*, *Maladis* et *Maldieux*, pro Infirmus, morbo affectus. Lit. remiss. ann. 1397. in Reg. 153. Chartoph. reg. ch. 30 : *Laquelle femme estoit ancienne, aagiée de soixante ans ou environ, et Maledieuse de goute.* Aliæ ann. 1417. in Reg. 170. ch. 54 : *Icellui Nymet, qui estoit vielz homs de l'aage de soixante ans ou environ, et Maladeux etc.* Vita J. C. Ms. ubi de Herode :

> Quant vit qu'il fu si Maladis,
> Il fu fievreus, il fu delgis,
> Il fist mires partout mander,
> Pour lui garir et mechiner.

Hinc ægrotare, morbo affici, *Malader* et *Maladier* dicebant. Lit. remiss. ann. 1377. in Reg. 111. ch. 81 : *Thomas Camet féry et navra d'un coustel ledit de Bay en son genoil, dont il Maladia environ dix sepmaines et en moru. Poyssellet de Soyville après ce qu'il a Maladié trois sepmaines*, in aliis ann. 1386. ex Reg. 129. ch. 112. Aliæ ann. 1416. in Reg. 169. ch. 285 : *Après aucuns jours icelle femme.... derechief rencheut,.... et Malada jusques au quinzieme jour de Juillet, qu'elle ala de vie à trespassement. A l'occasion desquelles bleceure et navreure, icellui Ahaume Noise a Maladé par l'espace d'un mois*, in aliis ann. 1425. ex Reg. 173. ch. 289. *Malades le roy* appellari videntur pauperes infirmi, qui ex eleemosina regia alebantur, in Ordinat. hospitii Philippi V. apud Marten. tom. 1. Anecd. col. 1366 : *Item, Malades le roy sans nombre mangeront à court, si comme il est accoustumé.*

* MALADRINUS, pro *Malandrinus*, Latro, grassator, pirata, nostris *Malandras.* Testam. Rob. reg. Sicil. ann. 1343. tom. 2. Cod. Ital. diplom. col. 1108 : *Statuit quod die ejus obitus omnes carcerati ob remissionem suorum peccatorum debeant liberari, exceptis Maladrinis et aliis publicis diffamatis.* Froissart. vol. 2. cap. 169 : *Ils n'osoient fourrager, fors en grans routes, pour les Malandras du pays, qui les attendoient aux pas, et les ruoient jus et occioient.*

* MALÆ, ARUM, *Le pecore bianche.* Glossar. Lat. Ital. Ms.

¶ MALÆ-CONSUETUDINES, Tributum quodvis contra jus inductum, aliis *injustæ, noxiæ consuetudines.* Vide in *Tolta.*

* MALÆ-GRATES, Gall. *Mauvais gré.* Lit. remiss. ann. 1353. in Reg. 81. Chartoph. reg. ch. 843 : *Ipse Petrus dixerat quod eidem Nicolao nullas ex hoc Malasgrates sciebat, nec ipsum propter hoc habebat odio aliquali. Malegratibus*, Ingratiis, in aliis ann. 1350. ex Reg. 80. ch. 20 : *Galteronus ira motus dicit ad supplicantem plurima verba injuriosa, quod Malegratibus dentium ipsius supplicantis, ipse bene solveret simbolum suum, etc.* Phrasis Gallica : *Malgré ses dents. Malgré*, pro *Blame, reproche*, Cen-

sura, vituperatio. Lit. remiss. ann. 1401. in Reg. 156. ch. 52 : *Guillemete Quesnel jeune femme non mariée..... pour ce qu'elle estoit ensainte et grosse d'enfant, elle doubtant le Malgré de ses amis, etc.* Occurrit præterea in Stat. ann. 1373. tom. 5. Ordinat. reg. Franc. pag. 648. art. 16. Vide *Malegratibus.*

¶ **MALAFACHA**, Delictum, Gall. *Contravention, delit.* Charta ann. 1501. ex Schedis Præsid. *de Mazaugues : Quod præfatus dominus, et sui successores possint et valeant pro banno exigere pro singula bestia grossa brava reperta in Malafacha denarios quatuor.* Vide *Malesacha.*

* Præsertim illud delictum, quod in agris committitur. Charta ann. 1262. inter Probat. tom. 1. Hist. Nem. pag. 86. col. 1 : *Et petierunt quod bestiæ aratoriæ et pulli earum possint pascere infra dicta loca, sine Malafacha et cum bagno consueto.*

MALAGMA, ex Gr. μάλαγμα, *eo quod sine igne maceretur et comprehendatur,* ut est apud Isidorum lib. 4. cap. 9. Vide Jo. de Janua. Cornelius Cels. lib. 5. cap. 17 : *Malagmata vero atque emplastra, pastillique, quos τροχίσκους Græci vocant, cum plurima eadem habeant, differunt eo, quod Malagmata maxime ex floribus, eorumque etiam surculis : emplastra pastillique magis ex quibusdam metallicis fiunt, etc.* S. Augustinus Serm. 38. de Tempore : *Utihter enim Malagma, vel fibula calidis adhuc vulneribus apponitur.* Concilium Toletan. XVI. cap. 4 : *Malagmam congruam tali ægrimoniæ providere.* Utuntur Salvianus lib. 6. de Gubernat. Dei, et lib. 1. ad Eccles. Cathol. Fortunatus in Vita S. Germani Paris. Episcopi cap. 50. lib. 5. Poem. in Epist. ad Martinum Episc. lib. 4. et alii sine numero.

¶ **MALA-MANSIO**, Certus reorum excruciandorum modus, ut ab eis veritas extorqueatur. Bleyn. Instit. lib. 4. pag. 578 : *Quæ quidem* (quæstio) *cum tam de jure veteri, quam quo utimur, variis inferatur modis, ille præsertim frequentatur per quem membra extenduntur, quamve Malam mansionem vocarunt Jurisconsulti.*

¶ **MALANDREUSUS**, Idem qui *Malandrinus* infra. Epistola Johannæ Reginæ ad Massilienses ann. 1362 : *Jamque benedictus Deus regnum ubique in tranquillitate persistit, plena viget itinerantibus securitas, Malandreusis et pestilentibus sublatis, ipsius regni populus in pulcritudine pacis sedet.*

MALANDRIA, Equorum morbi species, nostris *Malandre*, apud Vegetium lib. 2. de Arte veterin. cap. 42. Est etiam hominum, quæ elephantiasis et lepra, qua qui laborant, *Malandriosi* dicuntur Marcello Empirico cap. 19. pag. 130. Miracula S. Desiderii Episc. Cadurc. cap. 12 : *Ecce adolescens quidam... horrore cujusdam morbi perfusus turgentium Malandriorum copia maxima in faciem scabridam et quibusdam pustulis obseptam Æedituo ostendit.* Vide Menagii Origines Italicas pag. 558.

* *Malan*, eodem intellectu, vide *Malannus* 1. et 2; in Mirac. Mss. B. M. V. lib. 1 :

Qui le Cors Diu manier doit,
Ne doit touchier ne main, ne doit
Au mal bubins, au mal Malan.

MALANDRINUS, vox Italica, *Malandrino*, Latro, grassator, pirata. Thomas Walsinghamus in Henrico V. pag. 388 : *Brigantinorum more semivestitus, gestans ad latus sagittas breves, qualiter utuntur Equites illarum partium,* (Italiæ) *qui Malandrini dicuntur.* Charta Petri Gradonici Ducis Venet. apud Odoricum Raynaldum ann. 1310. n. 30 : *Et forbannitos, et Malandrinos, et forenses, quot potuerunt, collegerunt.* Ita usurpat Bertramus Reoldus in Actis S. Francæ Abbatissæ n. 9. Utitur etiam Froissartes pro convicio 2. vol. cap. 89.

¶ **Malandrenus**, Eadem notione, in Chronico Andr. Danduli apud Murator. tom. 12. col. 610 : *Paratos ibidem inveniemus Malandrenos.*

Maledrini, apud Gobelinum Personam in Cosmodromio ætate 6. cap. 70 : *Multi latrones et Maledrini, etc.* Vide Hieronym. *dalla Corte* lib. 6. Hist. Veron. pag. 309.

Ita porro Franci nostri dum in Syria morarentur, latrones vocarunt, ab Ægyptiis et Arabibus, quibus familiare est latrocinia exercere, quos inde per contumeliam ut leprosos plerosque *Malandrinos* appellabant, nam *Elephantiasis*, ut ait Marcellus Empiricus cap. 19. *morbus est Ægyptiorum populis notus, nec tantum in vulgus extremum; sed etiam in Reges ipsos frequenter irrepsit.* Nec enim assentior viris doctis, existimantibus sic dictos a *mal andare* male incedere, id est, vivere, [vel a *malo* et *latrone*, quasi *Malandrino* sit pro *malatrino.* Haud scio an rectius vocis etymon accersat Carolus de Aquino in Lex. milit. a *mala*, pera viatoria, et *latro*; quod ii latrunculi in ejusmodi sacculos maxime impetum faciant.]

¶ 1. **MALANNUS**, f. Morbus comitialis. Acta S. Raynerii tom. 3. Junii pag. 451 : *Et sæpe cum cultello aperiebantur ei dentes, ut cibum vel potum sumeret; et dicebant eam pati infirmitatem, quæ dicitur bonannum per contrarium, id est mal, Malannus.*

¶ 2. **MALANNUS**, Oculorum morbus. Hist. Translat. S. August. et sociorum per Gocelinum Mon. sæc. vi. Benedict. part. 2. pag. 748 : *Aderat quidam miles, cujus oculum dextrum carbunculus, quod malum Franci per antiphrasim bonum Malannum vocant, adeo possederat, ut non modo de visu, sed et de vita periclitaretur. Ipse orbis, ipsa supercilia, nasusque spatium suum a tumore excesserant, tota facies largius extuberabat.* Vide *Bonum* 1.

* **MALANTERIA**, Nosocomium leprosorum. Charta ann. 1271. ex Tabul. Casæ Dei : *Malanteria seu domus leprosorum de Gignano etc.* Vide *Maladeria.*

* **MALARGINA**, *Malarginatis dicitur emplastrum, medicamen quoddam,* in Glossar. veteri ex Cod. reg. 521.

MALARIUM, *Pomarium*, in Glossis Isidori. Vide *Melum.*

MALASTANTIA. Charta æræ 1261. apud Brandaon. tom. 4. Monach. Lusitan. pag. 272. v : *Et de Roderico Nunez faciet juxta Consilium Archiepiscopi, ita quod sit sine Malastantia Dom. Regis, et sine suo damno.*

* Molestia, offensa, Gall. *Déplaisir*, alias *Mesestance.* Vita J. C. MS. :

Alés vous en, si lor nonchiés,
Mais gardez bien que n'i targiés;
Car je sai bien tout sans doutance
Qu'il ont souvent grant Mésestance.

¶ **MALATASCA**, Dæmon. Vita B. Veronicæ de Binasco tom. 1. Jan. pag. 896 : *Respondet Veronica; dæmon fecit, quem vulgato nomine Malatascam vocitabat.* Vita B. M. Magdalenæ de Pazzis tom. 6. Maii pag. 213 : *Quia Malatasca* (*sic appellabat dæmonem*) *malum tibi cudit.* Est autem Italis *Tasca*, pera, sacculus, et vulgo diversorium, Gall. *Hôtellerie.*

* F. leg. *Mala-testa.* Vide mox in hac voce.

* **MALATAYA**, Armorum genus. Stat. Pistor. ann. 1107. apud Murator. tom. 4. Antiq. Ital. med. ævi col. 560 : *Si aliquis Pistoriensis civis detulerit..... spedum, vel lanceam, vel barionem, vel Malatayam etc.*

* **MALA-TESTA**, Hac appellatione designatur Diabolus in Act. S. Franc. de Paula tom. 1. Apr. pag. 177. col. 2. *Quantorum malorum causa est Mala-testa, id est, diabolus?* Rursum pag. 188. col. 1 : *Quia Malatesta* (*ita vocabat diabolum*) *multa tentat facere etc.*

MALATIA, Morbus, *Maladie*, apud Raimundum Montanerium in Chron. Aragon. cap. 143. Vide *Malatus.*

* Vox Hispanica, Ital. *Malattia.* Glossar. Provinc. Lat. ex Cod. reg. 7657 : *Malautia, Prov. morbus, infirmitas. Malaut, Prov. infirmus, languidus. Malauteiar, egrotare, infirmari.* Vide supra *Maladia.*

¶ **MALATOLIA**, **Malatolla**, **Malatolta**, etc. Vide *Tolta.*

* **MALA-TORTA**, Tributum quodvis. Charta ann. 1337. inter Stat. Perus. pag. 7 : *Liberi et immunes ab omnibus pedagiis, leydis, curariis, gabellis, affidamentis, Malis-tortis, seu extractis et exactionibus aliis quibuscumque.* Vide *Tolta* 1.

¶ **MALA-TRACTATIO.** Vide *Maletractare.*

** **MALATURA**, Locus, cella, ubi braces coacervantur. Statut. antiq. Corbeiens. lib. 2. cap. 15 : *Portarius autem de Malatura braces suas per suam sollicitudinem ad se venire faciat.*

1. **MALATUS**, Ægrotus, infirmus qui *male* habet, Ital, *Malato*, *Ammaluto.* Gloss. Lat. Gr. : *Malatus*, ςύγνος, ἀρχ. i. ἀργαἰκῶς. Gall. *Malade;* Occitanis, *Malaut.* Perperam Perionius a μαλακός deductam vocem putat. Vita B. Torelli Puppiensis num. 24 : *Qui erat in lecto gravi febre Malatus.* [*Amaladir*, pro in morbum incidere, usurpat le Roman *de Vacce* MS. :

Dol fut grant, il Amaladi,
Mal out au cors, pose langui, etc.

Infra :

A cel terme que je vous di
Li Roiz Robert Amaladi.]

* 2. **MALATUS**, *Maxillatus*, in vet. Glossar. ex Cod. reg. 7613.

MALAXARE, μαλάσσειν, Emollire, Papias : *Malaxatus, maxillatus, aut certe subactus.* Alexander Iatrosophista l. 1. Passionum : *Mediocriter Malaxamus oculos eorum ad quietudinem.* [Dionysius Cartus. in Eccles. : *Storax manibus potest Malaxari.*] Vide Gellium lib. 16. cap. 7.

* Glossar. medic. MS. Simon. Januens. ex Cod. reg. 6959 : *Malaxare, mollire, mollificare.*

¶ **MALAXATUS**, Debilis, infirmus. Acta S. Godelevæ tom. 2. Julii pag. 373 : *Sis malagma Malaxato, vulnus nostrum curato.*

¶ **MALBELLA**, MAVELLA, Isidoro et Papiæ : *Vestis, quæ ex malvarum stamine conficitur, quam alii molocinam vocant.* Vide *Melocineus.*

MALBERGIUM, MALLOBERGIUM, MALLEBERGIUM. Varie enim effertur hoc vocabulum in Editione Legis Salicæ Heroldina, Pithœana, et Lindenbrogiana. Tit. 2. Edit. Heroldi : *Malberg. Rhannechala*, etc. Edit. Lindenbrogii tit. 56 : *Sagibarones in singulis Mallobergiis, id est, plebs, quæ ad unum mallum convenire solet, plus quam tres esse non debent*, etc. Ita et tit. 59. § 1. Edit. Herold. Tit. 60. ejusdem edit. : *Si quis Rathimburgii legem noluerint dicere in Mallebergo residentes.* [** Vide Grimm. Antiq. Jur. German. pag. 801.]

Ex quibus evidenter colligitur, *Malbergium* locum fuisse, ubi publicos subinde conventus, seu *malla*, vel *placita*, tenebant et agitabant Franci nostri Salici, in quibus publicæ privatæque causæ disceptabantur et dijudicabantur. Ex iis postmodum quæ ibi agitabantur judiciis, confecta sunt Legis Salicæ capita, et in unum redacta corpus, adnotato indidem conventu et loco, in quo ejusmodi prolatum judicium, *mallo* scilicet publico, et consensu Procerum, ac populi conventu. Quorum quidem locorum appellationes ad ferme 200. repræsentat Editio Legis Salicæ Heroldina, et in Taxandria, Brabantiæ pago, exstare earum vestigia pluribus ostendere conatus est Gothefridus Wendelinus in Natali solo Legis Salicæ. Id certe obtinuit posterioribus sæculis in *Assisiis*, quæ ut plurimum a locis, ubi tenebantur, nomen sortitæ sunt.

Unde vero enata vox *Malbergium*, *Mallobergium*, ipsa satis prodit nomenclatura, a *Mallum*, scilicet, et *Berg*. Quid sit *mallum*, mox docemus, placitum nempe : *Berg* vero *diversorium* ac *tutamen* interpretatur Wendelinus in Gloss. Salico, nec eo loci *montem* significare contendit. Ita Kilianus *Bergh* Hollandis et Sicambris *promptuarium, pabulatorium, fœnile et horreum* esse docet. Verum hic *montem* significare plane astruunt Leges Malcolmi II. Scotiæ Regis cap. 1. § 2 quæ *Malbergium* per *Montem placiti* videntur expressisse; ubi hæc habentur : *Dominus Rex Malcolmus dedit et distribuit totam terram regni Scotiæ hominibus suis : et nihil sibi retinuit in proprietate, nisi regiam dignitatem, et Montem placiti in villa de Scona, etc.* Ubi Skenæus : *Montem, seu locum intelligit, ubi placita, vel Curiæ regiæ, de placitis et querelis subditorum solent teneri, ubi Barones compareant, et homagium ac alia servitia debita offerant; et vulgo* Omnis terra *vocatur, quia ex terræ mole et congerie exædificatur : quam regni Barones, aliique subditi ibi comparentes, vel coronandi Regis causa, vel ad Comitia publica, vel ad causas agendas et dicendas, coram Rege, in unum quasi cumulum et monticulum conferebant.*

Igitur qui ad placitum, seu litigandi, seu judicandi gratia, conveniebant, quo in communi loco residere viderentur, ubi esset plena et integra judiciorum libertas, eo terræ suæ, cujus nempe essent domini, aliquantulam congeriem deferebant, ut dum simul et una omnes miscerentur, esset locus omnibus communis, et *omnium terra*, ut ait idem Skenæus. Nec scio, an huc spectet; qui *judicarius Mons* dicitur in Charta Ludovici Pii apud Ughellum tom. 2. pag. 118.

Utcumque sit, ex iis planum fit, cujusmodi olim fuerit Mallobergiorum exædificandorum ratio. Quippe *Montem placiti* in Legibus Malcolmi idem esse quod *Malbergium*, nemo, opinor, inficiabitur. Hanc conjecturam firmat vetus Charta, descripta a Frehero in Orig. Palatinis l. 1. pag. 48. ex qua colligitur, in *tumulis* placita habita : *De Burganthar in Cicheshart, ubi Rado domini Regis Missus ferit tumulum in confinio silvæ, quæ ad Michlinstat pertinet.* Infra : *Iste Warinus ex præcepto Caroli regis anno 27. regni ejus mediante mense Augusto placitum in eadem silva ad tumulum, qui dicitur Walinehoug, habuit, et cum illustrium virorum judicio et testimonio terminum et divisionem ejus faciens, eam... sub certis et designatis limitibus disterminavit.* Adde Chartam aliam pag. 52. Observat præterea Spelmannus, etiamnum apud Scotos et Hibernos *Assisias* seu conventus juridicos, *parly-hills*, id est, placitandi vel interloquendi montes appellari.

☞ Restant etiamnum, teste erudito Eccardo in Notis ad Legem Salicam, hujusmodi colles in pagis Germaniæ, ubi plerumque tilia aut alius generis arbor visitur, quo placitantes tutabantur ab aeris intemperie; exstant et in Galliis nostris eadem monumenta, sed frequentiora sunt, quam ut iis conventibus congregandis destinata existimem. In Saxonia vero *Ty* vulgo vocantur, inquit idem Eccardus, voce ex *Tide* populus, corrupta; et *Berg* subintellecto, quo populi mons, sive mons, in quo populus congregatur, indicatur. Vide *Placitum.*

Ab eodem Malbergii vocabulo deductam Turris de *Maubergeon* in urbe Pictavensi appellationem censet eruditus Beslius, quod eo loci pridem judicia et malla publica exercerentur. Sed fortassis eam appellationem habuisse potuit a quadam *Malbergione*, Vicecomitis de Castello Airaldi conjuge, quam Comes Pictavensis Guillelmus, spreta Hildegardi propria uxore, in thorum suum adsciverat, ut narrat Ordericus Vitalis lib. 12. pag. 859. seu de ejus nomine ab amasio, vel ab ipsamet ædificata, seu in ea demum inclusa fuerit.

* **MALBOBERGUS**, Placitum, judicium. Charta Ludov. Pii ann. 816. tom. 1. Hist. Trevir. Joan. Nic. ab *Hontheim* pag. 167. col. 2 : *Ut nullus per Malbobergos, nec per aliqua ingenia ejusdem ecclesiæ homines admallaret.* Vide *Malbergium.*

MALCAALCIA. Vetus Notitia ex Tabulario Eccl. S. Laudi Andeg. fol. 87. de quadam domo, a Comite Andegavensi empta : *Voluit eam habere, et inde Malcaalciam suam facere, quia proxima et commoda erat Curiæ, pro qua domo petrina, de qua Malcaalciam suam fecerat, dedit dictus Comes in concambio, etc.* Idem videtur quod *Mareschalcia*, equile. Vide in hac voce.

¶ **MALCE**. Gloss. Isid. *Popino, qui amat in popinas ire.*

MALCHIO, ἀηδής, in Glossis Gr. Lat. [Morosus, truculentus.]

* **MALCIDUS**, Mensuræ Germanicæ species, seu Præstatio frumentaria, quæ ad ejusmodi mensuram fit. Charta ann. 837. apud Pez. tom. 6. Anecd. part. 1. col. 68 : *Ut maltros et Malcidos non facerent, nec aliquem censum solverent, sed cum honore et honesta servitia facerent.* Vide *Maltra.*

¶ **MALDA**, pro *Malta*, Cæmentum, *Mortier*. Pontificale MS. Gemeticense : *Et mittat* (Episcopus) *in ea* (aqua) *Crisma et condat ex ipsa aqua calcem et faciat Maldam, unde recludere debet ipsas reliquias.* Vide *Malta.*

¶ **MALDARIUM**, MALDER, etc. Vide *Maltra.*

* **MALDERATUS**, Eadem notione. Charta ann. 1279. inter Probat. tom. 1. Annal. Præmonst. col. 641 : *Gratiam facimus specialem, ut dictus advocatus et sui cives.... de incultis terris, ubi adhuc sunt virgulta, infra octo annos, nec censum solvent aliquatenus, nec Malderatos.* Vide *Maldius.*

¶ **MALDERIA**, Vas culinarium coquendis ferculis aptum. Chron. Mutin. apud Murator. tom. 15. col. 608 : *Ibi fuerunt plus quam* LXXX. *caldariæ pro convivio præfato sine Maldeiis dominæ uxoris suæ, quæ fuerunt ultra* L. *ad fercula coquenda paratæ.*

¶ **MALDIUS**, pro *Modius*, a Germ. *Maldar*, alias *Malter*. Constit. Frederici Imp. Feud. lib. 5. apud Spelman. : *Totidem* 20. *libras exsolvat, quanti modios sive Maldios altius vendidisse convictus fuerit.* V. *Maltra.*

¶ **MALDRARIUM**, MALDRATA, MALDREDA, MALDRUM, etc. Vide *Maltra.*

* **MALEABBIATUS**, Acad. Crusc. *Malabbiato, che abbia in se del male, o del malvagio*, Improbus, malus, perditus. Stat. ant. Florent. lib. 3. cap. 82. ex Cod. reg. 4621 : *Quicumque.... declinaverit forum seu jurisdictionem communis Florentiæ... habeatur pro Maleabbiato, et subjaceat omnibus pœnis quibus subjacent Maleabbiati seu descripti in libro Maleabbiatorum. Malbailito*, eodem sensu, dicunt Itali; unde nostris *Malbailli* vel *Maubailli*, pro Male habitus, vexatus, profligatus, vulgo *Maltraité, détruit, ruiné.* Assis. Hierosol. cap. 66 : *Chevaliers auroient trop grant avantage sur toutes autres manieres de gens, et autres gens que chevaliers seroient Maubaillis, que il poroient estre tous jours mors ou destruits, quand chevaliers vouldroient.* Guill. Guiart. ad ann. 1214 :

Desconfis sont et Malbailli,
Bien ont a leur espoir failli.

* **MALEABLATUM**, Tributum quodvis, exactio, quæ fit per vim et contra jus, idem quod supra *Malatorta*. Pactum inter Venet. et Ferrar. ann. 1230. apud Murator. tom. 4. Antiq. Ital. med. ævi col. 365 : *Illud, quod pro cambio acceperint ex ipso sale, possint deferre Venetias sine aliquo impedimento vel banno seu defensione ipsorum Ferrariensium, et sine aliquo datio, toloneo, vel Maleablato.* Vide *Tolla* 1.

* **MALEARMATA**, Piscis species. Tract.

de Pisc. cap. 105. ex Cod. reg. 6838. C. : *Cornuta, a nostris malarmat, a Liguribus Malearmata per antiphrasim vocatur.*

* **MALE-AVISITUS**, a Gallico *Malavisé*, Ital. *Malavveduto*, Imprudens, incautus. Lit. remiss. ann. 1350. in Reg. 80. Chartoph. reg. ch. 315 : *Uxor dicti Johannis ignorans et Male-avisita, etc. Malostru*, non dissimili sensu, in aliis Lit. ann. 1405. ex Reg. 160. ch. 259 : *Lequel Gaillard dist à Chaugilon, je suis bien Malostru de tant avoir parlé à toy; car tu es en trois ou en quatre escumenges,.... escommenié que tu es.* Eodem fortasse sensu *Malestrin*, in Consuet. Castel. ad Sequanam ex Cod. reg. 9898. 2. : *Se partie se plaint de telles paroles légieres, gorgées, comme, Tu es ung mauvais garnement, tu es ung Malestrin etc.* Nisi hoc ultimum ad vocem *Malastantia* supra referatur, intelligaturque de eo qui aliis molestus est.

¶ **MALEBARBIS**. Vide *Malibarbis*.

MALECLUM. Fridericus II. Imper. lib. 2. de Arte venat. in Prologo : *Quædam* (instrumenta) *sunt in acquirendo aves rapaces, ut retia, laquei, et hujusmodi, cum quibus capiuntur. Cum avibus etiam rapacibus quandoque capiuntur rapaces, verbi gratia cum accipitribus falcones : quædam sunt in detinendo jam acquisitas, ut Maleclum jacti, et longa sedilia convenientia, et hujusmodi.* [Retis species videtur a *Macula* sic dicta. Vide in hac voce.]

* **MALECONTENTARI**, Offensioni ducere, Gall. *Etre mécontent.* Charta ann. 1354. in Reg. 82. Chartoph. reg. ch. 324 : *Robertus de Lorriz tenens per manum dictum Johannem d'Oignon, nomine ipsius et pro ipso protulit verba quæ secuntur : Domine mi Meldensis episcope, ecce Johannem d'Oignon, qui audivit et intellexit, quod Malecontentamini de eodem, quia relatum est vobis, quod certa verba injuriosa protulit contra personam vestram, videlicet quod vos fuistis in causa certi homicidii dudum perpetrati, et quod eratis conjugatus.* Lit. remiss. ann. 1377. in Reg. 112. ch. 30 : *Malecontentati de Stephano Vigerii, occasione certi redditus, etc.*

¶ **MALECONTENTUS**, Seditiosus, factiosus, Gall. *Mécontent.* Litteræ Comitis Frisiæ ann. 1587. apud Rymer. tom. 16. pag. 7 : *Jampridem enim pœna capitis publice interdixi meis, in Malecontentorum terras præsidiaque omnem annonæ transportationem.*

MALECREDITUS, Suspectus, cui fides non habetur. Fleta lib. 1. cap. 38. § 21 : *Recedet inde appellatus omnino quietus, dum tamen a suo visneto non fuerit Malecreditus; sed ipso habito suspecto respondebit ulterius.*

MALECURTENSIS, Inurbanus, ex Gallico *Mal courtois*. Hariulphus lib. 3. Chron. Centul. cap. 1 : *Miser ille et Malecurtensis Heuto, etc.*

¶ **MALEDARIA**, ut supra *Maladeria*, in Bulla Julii II. PP. ann. 1506. ex magno Bullar. Rom. part. 4. pag. 10.

MALEDICERE. Papias : *Imprecari mala, quod vulgo dicitur Maledicere.* [Hinc *maledictus*, vox Christianorum, pro ἐπικατάρατος, gliscente Christianismo sensim usurpata a Paganis, ut observat Casaubonus ad Spartianum in Geta. Le Roman *de Rou* MS. :

Pour ceu que cil Maudistrent, quant la trieuve failli,
Mi Roiz ne l'aloigna, ne Rou ne la souffri.]

* Nostris alias *Maleoit*, pro *Maudit*, Maledictus. Chron. S. Dion. tom. 3. Collect. Histor. Franc. pag. 269 : *O tu fame Maleoite entre toutes autres fames etc.* Ibid. pag. 296 : *Allez vous Maloit en enfer, qui est appareilliez au dyable et à ses anges.* Serm. Mss. ex Bibl. S. Vict. Paris. num. 44. ubi de Cain : *Maleoite soit la terre que tu laboreras ;.... Maleoiz soiez tu sor terre. Maudaasoit*, eadem acceptione, in Poem. Garini :

Maudaasoit qui le vodra sofrir.

* *Malichons*, pro *Maledictio*, in Vita J. C. MS. :

Je vos di, et s'est vérités,
Que la Malichons de la Loy
Est revertie desour toy.

☞ Varia *maledictionum* seu imprecationum genera, quæ in Chartis intentari solebant earumdem violatoribus, hic referre haud abs re foret, nisi copiose jam eadem de re egisset Mabillonius lib. 2. Diplom. cap. 8. Adeas itaque licet virum eruditum : ejusmodi formulas, pro uniuscujusque libitu et genio multigenas, Græcis ab antiquo æque ac Latinis usitatas, privatis quoque et Regibus invenies, iis quidem rarius, quod ipsis sufficiebat regia auctoritas. Exemplis a Mabillonio laudatis unum aut alterum notatu dignum subjiciemus. Charta Regis Athelstani ann. 933. apud Th. *Blount* in Nomolex. Anglic. : *Si quis autem* (*quod non optamus*) *hanc nostram donationem infringere temptaverit, perpessus sit gelidis glaciarum flatibus et malignorum Spirituum; terribiles tormentorum cruciatus evasisse non quiescat, nisi prius inriguis pœnitentiæ gemitibus, et pura emendatione emendaverit.* Alia Eadredi Regis tom. 2. Monast. Anglic. pag. 867 : *Belial si quis filius Chartam hanc jure meo conscriptam inimicali zelo corrumpere desideraverit, si non dubitet, a cunctis regni mei servientibus, Deo nunc et tunc et usque in sempiternum abdicatum et excommunicatum sine fine cruciandum, unde post mortem a Tartariis raptus ministris, in profundum pestiferæ mortis inferni flammigera concludetur in domo, et ibidem in quandam ollam Vulcani, ligatis projicietur membris, quæ assidue bulliente pice repleta esse testatur; et a talibus frangentibus seu minuentibus intoleratissime atrociterque, absque ulla misericordia sentitur; nisi hoc ante mortem pœnitentiæ lamentis emendaverit.*

* **MALEDICUS**. In maledicas feminas hæc statuitur pœna, in Charta commun. Rotomag. ann. 1204. ex Reg. 34. bis Chartoph. reg. part. 1. fol. 34. v°. col. 1 : *Si femina convincatur esse litigiosa et Maledica, alligabitur fune subtus asellas, et tunc in aquam projicietur.* [** Vide Grimm. Antiq. Jur. Germ. pag. 643. sqq.]

* *Maudit* vero nuncupatur in Cons. Petri de Font. cap. 11. art. 9. id quod male et præpostere ab advocato in causæ defensionem proponitur : *Bien puet Phelippes rappeler le Maudit à son amparlier :.... car li amparliers n'a mie plaine poosté de dire en le querele kanke il vaura.*

MALEDRINUS. Vide *Malandria*.

¶ **MALEFACHA**, ut *Malafacha*, delictum. Charta Curiæ Arelat. de Maleficiis ann. 1283 : *Si aliqui eligerentur... ad cognoscendum... et examinandum Malefachas.*

¶ **MALEFACTA**, Damnum, jactura, malum. Sententia Vicecomit. Carcasson. an. circ. 1080. ex Bibl. Colbert. : *Emendet Bernardus de Aviciano Imberto et suis totas Malefactas quas Imbertus habet factas de ipso castello.* Vide *Malefacturium*.

* Nostris *Malefaite* et *Malfait.* Assis. Hierosol. cap. 60 : *Qui requiert à autre en la court aucune chose, où il met sus aucune Malfaite. etc.* Stat. ann. 1376. tom. 6. Ordinat. reg. Franc. pag. 227. art. 5 : *Que chascun verdier .... visite chascune quinzaine à tout le moins, toutes les gardes de la forest dont il est verdier,.... et voye l'estat et le port des sergans, et les Malfaits qui y seront fais.*

* **MALEFACTIO**, Deliquium animi, ex Garioponto. Vide Reines. lib. 3. var. lection. cap. 4. pag. 393. et mox *Malfactio*.

1. **MALEFACTOR**, Gallice *Malfaicteur*, Maleficus. Leges Ethelredi Ragis Angl. § 6 : *Si intra burgum Regis fiat infractio pacis, adeant Burgenses, et conquirant illum Malefactorem vivum vel mortuum, etc.* Occurrit non semel in Capitularibus Caroli Calvi.

* *Maufaitieres*, in Charta ann. 1270. ex Chartul. S. Vinc. Laudun.

* 2. **MALEFACTOR**, Latronum aliorumque malefactorum indagator et judex. Charta Adelæ S. Georg. abbat. tom. 1. Probat. hist. Brit. col. 409 : *Gualterio ejus præposito præfecturam Plubihan.... concedit tali modo, ut in fidelitate S. Georgii ipse plebis ejus sit defensor et protector, latronum etiam Malefactor, justissimusque malefactorum persecutor.*

* **MALEFACTORIA**, Damnum, injuste factum. Testam. Alph. III. reg. ann. 1271. tom. 1. Probat. hist. geneal. domus reg. Portug. pag. 55 : *Item mando quod omnia debita mea et omnes meæ Malefactoriæ et omnes injuriæ quas ego feci,.... persolvantur et emendentur.* Vide supra *Malefacta*.

¶ **MALEFACTUM**, *Corvata*, operæ quas subditi ac rustici dominis suis præstare tenentur, Gallice *Corvée.* [* Haud scio an bene; ibi enim de placitis agi videtur; atque adeo idem forte est quod *Mallum.* Vide in hac voce.] Charta ann. 1235. ex Archivis S. Victoris Massil. : *Item dictus dominus Willelmus compellebat homines Ecclesiæ ire ad Malefacta vicinorum suorum, et firmare et litigare in manu sua pro causis civilibus.*

¶ **MALEFACTURA**, Vitiositas, Italis *Malafatta*, Gall. *Défectuosité.* Statuta Massil. lib. 2. cap. 40 : *Si sciverint* (Draperii) *aliquam sarcituram vel Malefacturam in aliquo panno, ea non vendant, nisi emtori dicerent, etc.*

¶ **MALEFACTURIUM**, ut *Malefacta*. Charta Veremundi Regis æræ 1070. ex Tabular. Eccl. Lucensis apud Bivarium : *Dicentes quod habebant de illos grande damnum et Malefacturia in Ecclesias.*

¶ **MALEFANG**. Vide *Malegano*.

* **MALEFERIATUS**, ab Italico *Maleferito*, Improbus, facinorosus, apud Reines. var. lection. lib. 1. cap. 4. pag. 12.

MALEFERRUTUS, Morbus equinus, in

lumbis, vel in renibus dolores inferens, apud Petrum de Crescent. lib. 9. de Agric. cap. 33. ubi Gallicus vetus Interpres *Maufru* vertit, [*Malferuto* Italis.]

¶ **MALEFICARE.** Vide in *Maleficus.*

MALEFICIARE, βλάπτειν, in Gloss. Græc. Lat.

¶ **MALEFICIATI,** Ii potissimum dicuntur qui ex fascinata ligula, ut vulgo fingitur, debitum reddere nequeunt, Galli dicunt : *Noüer l'éguillette.* Bleyn. Instit. lib. 2. pag. 167 : *Et denique nonnulli vocantur Maleficiati, ut pote maleficio, sive sorte, aut incantatione ad rem veneream inhabiles effecti.*

1. **MALEFICIUM,** Idem quod *Dangerium,* damnum. Vide in his vocibus. Petrus Rex Aragonum in Constitutionibus Catalaniæ MSS. ann. 1200 : *Licitum sit cuilibet, ut si invenerit animalia aratoria, sive quælibet alia in suo Maleficio, quod vulgo dicitur Cala* (aut Tala) *ea liceat capere, et tandiu tenere, donec sibi sit cautum et satisfactum a dominis animalium.* Vide *Talea.*

* Stat. Raim. comit. Tolos. contra hæret. ann. 1233. in Reg. 30. Chartoph. reg. ch. 234 : *Item statuimus quod occulta et clandestina Maleficia de communitate civitatum, castrorum et villarum, in quibus seu in eorum tenementis fuerint perpetrata, de nocte vel de die, occulte, sive per incendium, sive per incisionem arborum aut vinearum, vel segetum, vel occisione animalium, vel effusionem liquidorum, vel dispersionem aridorum, aut alio modo etc.*

* 2. **MALEFICIUM,** Peccatum quodvis, malefactum. Charta Phil. Pulc. ann. 1306. in Lib. rub. Cam. Comput. Paris. fol. 509. r°. col. 2 : *De omnibus maleficiis, forifacturis seu delictis officialium seu ministrorum suorum.... tenebuntur respondere.*

* 3. **MALEFICIUM,** Idem quod *Mahamium,* membri mutilatio, vel enormis læsio. Charta ann. 1224. ex Tabul. capit. Carnot. : *Cum querela verteretur inter capitulum B. M. Carnotensis ex una parte, et Herveum dominum de Gualardun ex altera, super quibusdam injuriis et Maleficiis, quæ filii dicti Hervei intulerant hominibus ejusdem capituli, quorum filii dicti Hervei quemdam excæcaverant et pugno mutilaverant. Mesmontance,* eodem sensu, in Instr. ann. circ. 1385. apud Marten. tom. 1. Anecd. col. 1622 : *Item, s'il fust que chacun férist l'autre de poings, de bastons, ou de pierres, et tellement le maniast que doubte y seroit de corps, ou que telles Mesmontances à l'avis de la loy fussent si grans et si excessifs, que y auroit doubte de la mort ou vraisemblable, etc.*

* **MALEFICIUS,** pro *Maleficus,* in Stat. crimin. Saonæ cap. 7. pag. 79 : *Maleficii, mathematici, lenones, etc.*

MALEFICUS, Incantator, divinus, mathematicus, magus. S. Hieronym. in cap. 27. Hierem. : *Maleficos, quos vel veneficos possumus appellare, vel dæmonum phantasmatibus servientes.* S. Augustinus lib. 10. de Civit. Dei cap. 9 : *Qui quasi conantur ista discernere, et illicitis ritibus deditos alios damnabiles, quos et Maleficos vulgus appellat.* Lactantius lib. 7. cap. 17 : *Sed et eos Magi, et ii, quos vere Maleficos vulgus appellat, cum artes suas execrabiles exercent. Quos ob facinorum magnitudinem vulgus Maleficos appellat, et qui Malefici vulgi consuetudine nuncupantur,* in leg. 4. et 6. Cod. de Maleficis et Mathemat. (9, 18.) Adde Edictum Theoder. cap. 108. Leg. Salicam tit. 21. Ripuar. tit. 82. Leg. Longob. lib. 2. tit. 55. § 11. [** Roth. 371.] Capitula Caroli M. lib. 1. cap. 21. Hieronym. in Daniel. cap. 2. etc.

Maleficium, Magorum ars, in leg. 9. d. tit. Cod. Th. (9, 16.) et leg. 1. Quorum appellat. eod. Cod. (11, 36.)

Maleficare, Incantare. Julius Africanus lib. 9. Hist. Apost. : *Ecce enim Maleficati ab eo Christianos se nunc dicunt.* [De SS. Philemone et Apollonio tom. 1. Martii pag. 754 : *Qua de causa sponsum et decus civitatis nostræ Maleficaveris.*]

¶ **MALEFROZ,** vel potius *Malefrock,* Vulnus aut gravis contusio, Gall. *Meurtrissure,* præsertim in aperta corporis parte, a Belg. *Malen,* molere, et *frock,* percussio, contusio. Consuetud. Furn. ex Tabular. Audomar. : *Malefroz vulnus quod tegi non potest* III. *libris vulnerato et Comiti sex libris emendari debetur.*

¶ **MALEGANO.** Pactus Leg. Sal. edit. Eccardi tit. 32. § 7 : *Si vero quartum digitum excusserit, malb. Malegano,* DC. *den. qui faciunt sol.* 15. *culpabilis judicetur.* Ubi Eccardus legendum suspicatur *Malephano* vel *malefang,* ut digitus sponsalitius, sive in quo annulus sponsalitius geritur, indicetur; a *mahlen* quod Germanis desponsare sonat.

* **MALEGRACIARE,** Exsecrari, devotare, nostris *Maugréer* et *Malgroyer.* Constit. Carmelit. MSS. part. 1. rubr. 5 : *Statuimus etiam, quod est pudor dicere, quod quicumque fratres jurare per sanguinem Christi Jhesu, aut per corpus Dei, vel vulnera ejus, aut aliquod ejus membrum fuerint auditi, aut aliqua turpia de Christo, vel ejus matre benedicta, aut de quibuscumque sanctis vel rebus sacris nominare jurando, vel alio modo indecenti, vel Malegraciando Domino præsumpserint, etc.* Glossar. Gall. Lat. ex Cod. reg. 7684 : *Maugréer, devotare. Maugréeur, devotator.* Lit. remiss. ann. 1472. in Reg. 197. Chartoph. reg. ch. 359 : *Adonc print à renier, Malgroyer et despiter Dieu, que se icellui Brochart n'ouvroit tost ledit huis, il le frédiroit du corps.* Unde *Maugrément,* Exsecrandum illud juramentum. Lit. remiss. ann. 1394. in Reg. 147. ch. 38 : *Duquel serement et Maugrément icellui Marquet s'est repentiz.* Vide *Malgreare.*

¶ **MALEGRATIBUS,** Ingratis, a Gallico *Malgré.* Charta apud Lobinel. tom. 2. Hist. Britan. pag. 837 : *De quo bello Rex Henricus fugiit et exercitus suos seu acies prisionarios cum Principe præfato Malegratibus suis dimisit.* Vide *Malo-grato* in *Creantare.* [* Vide supra *Malæ-grates.*]

* **MALEIA,** pro *Melleia,* ut videtur, Rixa, quæ non verbis tantum, sed et facto committitur, non præeunte tamen animi deliberatione. Charta ann. 1267. ex Chartul. priorat. S. Oricoli Sindun. fol. 17. r°. : *Quod Maleiam, misclam vel forefactum hominum extraneorum, nec aliorum in eisdem nemoribus, non habeat de cætero idem dominus.... Nos autem ministros nostros pro Maleis, miscla vel forefactis etc.* Vide *Meslein.*

MALEJURUS, *Perjurus,* in Glossis Arabico-Lat.

* **MALEMITTERE,** Dissipare, male dispendere, Ital. *Malmettere,* nostris *Malmettre.* Charta Joan. domicelli dom. de Conflento ann. 1298. in Chartul. eccl. Lingon. ex Cod reg. 5188. fol. 53. v°. : *Conventum est.... quod si contingeret..... prædictas res obligatas.... comburi, capi, detineri vel deteriorari in aliquo, seu etiam Malemitti, etc.* Privil. mercat. Castel. ann. 1364. tom. 4. Ordinat. reg. Franc. pag. 433. art. 28 : *Nous voulons.... que se aucuns marchans et gens dudit royaume de Castelle Malmetoient, dissipoient et gastoient aucuns biens des marchandises de leurs maistres etc. Maumetre* vero, pro deterior fieri, vulgo *Dépérir,* in Charta ann. 1301. ex Chartul. Mont. S. Mart. part. 4. fol. 88 : *Et se par le défaute de lui,.... lidis manoirs.... empiroit ou Maumetoit en aucune maniere etc.* Hinc *Maumettre sen vœu,* Votum infringere, violare, in Bestiar. MS. :

D'omme et de femme m'emerveil,
Qui chastée a Dieu proumet,
Et puis après son veu Maumet.

¶ **MALENCONIA,** pro Melancholia. Chron. Comodoliac. MS. apud Stephanot. tom. 2. Fragm. Hist. : *Deus enim ejus meritis et intercessionibus, a cordibus eorum qui sancte et devote eum postulant, zelotypiæ rancorem et Malenconiam eradicat et evellit, et extinguit ardorem luxuriæ.* Occurrit etiam apud Murator. tom. 16. col. 795.

¶ Malenconicus, Melancholicus. Vita B. Columbæ Reatinæ auctore Sebast. Perusino, tom. 5. Maii pag. 358 * : *Haudquaquam atrabilis humore fœdabatur, aut inordinato Malenconico virgo, ut pote regulata suprema abstinentia.*

* **MALENDRINUS,** Latro, grassator, Ital. *Malandrino.* Barel. serm. in festo S. Mart. : *Si vis ire Romam, ubi numquam fuisti, interrogas de via, et tibi dicitur, quod una est plena Malendrinis, qui te occident, si eas per eam ; alia est secura, etc.* Vide *Malandrinus*

* **MALEOLARE,** Malleolare, Malleolis agrum conserere. Charta admort. ann. 1415. in Reg. 168. Chartoph. reg. ch. 328 : *Facit quatuor denarios Tolos. Nicolaus Martini pro tribus sextariatis terræ et una carteriata terræ pro parte Maleolatis..... Pro tribus eyminatis terræ Malleolatis etc.*

* **MALEOLLUS,** Malheolus, Malholius Novelletum, ager malleolis consitus, Hisp. *Majuelo,* nostris alias *Mailhol.* Charta ann. 1322. in Reg. 61. Chartoph. reg. ch. 126 : *Una pars hospicii in quo morabatur,.... et unus Maleollus suus ibi, ubi dicitur al Gaudar, et alius Maleollus situs ibi, ubi dicitur al Four-teeulier.* Alia ann. 1325. in Reg. 64. ch. 98 : *Unum Malheolum sive vineam,... continentem septem sextariatas terræ etc.* Infra : *In quodam Mallolio etc.* Charta ann. 1380. in Reg. 117. ch. 189 : *Item quidam Malholius sive vinea de novo plantata, in quo sunt quatuor quarteriatæ.* Lit. remiss. ann. 1415. in Reg. 168. ch. 250 : *Ipso Johanne existente in vinea ac Maleollo Pontii Ferrandi etc.* Aliæ ann. 1459. in Reg. 188. ch. 56 : *Le suppliant print.... son fessouer..,*

pour aler houyer ou fougier en ung Mailhol ou vigne nouvellement plantée. Vide *Malliolus.*

* **Malhollium**, Eodem significatu, in Charta ann. 1362. ex Reg. 93. Chartoph. reg. 241 : *Item unum Malhollium.... ad censum unius eximinæ ordei.*

¶ **MALEPHANO**. Vide *Malegano.*

* **MALEQUINUS**, Monetæ aureæ species. Lib. cens. eccl. Rom. apud Murator. tom. 5. Antiq. Ital. med. ævi col. 852 : *In civitate Romana. Ecclesia sancti Ægidii juxta portam auream, unam unciam Malequinorum singulis annis.* Vide *Meloquinus* et *Molachinus.*

¶ 1. **MALESUASUS**, Plauto malesuadus, malus consiliarius. Ditmarus in Chron. apud Leibnit. Scriptor. tom. 1. pag. 367 : *Consultum ei a Malesuasis fautoribus quod Argentinæ damnum inconstantia impleret.* Passim apud eundem.

* 2. **MALESUASUS**, adject. Caducus, iniquus. Charta pro S. Mart. Turon. ann. 890. apud *Fleureau* in Hist. Bles. pag. 202 : *Et sua Malesuasa repetitio nullum effectum obtineat.*

¶ **MALETA**, diminut. a *Mala.* Equestris sarcina, pera viatoria, nostris *Male.* Leges Palatinæ Jacobi II. Reg. Majoric. inter Acta SS. tom. 3. Junii pag. xxxi : *At vero cum nos alibi transferre contingct, unus ex barbitonsoribus, prout concordabunt inter se, portabit Maletam cum vestibus corporis nostri.* Capitulum gener. S. Vict. Massil. MS. ann. 1313 : *Super eo quod lectus Prioris mortui in quo visus est jacere, nobis et successoribus nostris reservatur, declaramus et volumus quod intelligatur de lecto illo quem itinerando portabat in saumerio vel Maleta Prior qui decessit.* Ordinat. domus Dalphini ann. 1340. tom. 2. Hist. Dalphin. pag. 392 : *Addimus eis unum barberium, qui roncinum bonum habeat, protetque Maletam et alia necessaria, quæ ad ejus officium pertinebunt.* Processus de Vita S. Yvonis tom. 4. Maii pag. 566 : *Et in Maleta quam portabat retro se ligatam, erant multæ litteræ.* Vide *Maletus* et *Malleta.*

* **MALETENGUDA**, Sarti tecti vel culturæ in prædiis rusticis neglectus, Gall. *Mauvais entretien.* Lit. ann. 1388. tom. 8. Ordinat. reg. Franc. pag. 280 : *Probi viri per consules Claromontenses elegendi ad extimandum talas,.... possunt extimare Maletengudas, sive cessationes et falsificaciones operum, quæ fiunt per quoscumque homines in prædiis et possessionibus, quæ et quas tenent conductas vel arrendatas, vel quorum et quarum sunt usufructuarii quocumque titulo :... nam dictæ Maletengudæ, etc.*

* **MALETOLLETTUM**, **Maltolettum**, Tributum quodvis, quælibet exactio. Pactum inter Venet. et Ferrar. ann. 1230. apud Murator. tom. 4. Antiq. Ital. med. ævi col. 365 : *Et similiter Ferrarienses et omnes alii, qui voluerint, possint ipsam blavam et legumina Venetias deferre,... sine aliquo banno vel impedimento, seu aliquo datio, teloneo vel Maletolletto.* Aliud inter Raven. et Ferrar. ann. 1221. ibid. col. 435 : *Et quod nullum toloneum sive Maltolettum, excepto de sale, auferatur Ferrariæ. Mantouste,* eodem intellectu, pro *Mautouste,* in Lit. ann. 1262. tom. 2. Ordinat. reg. Franc. pag. 343. *Mautoulu,* in Consil. Petri de Font. cap. 12. art. 3. quod per vim et contra jus sublatum est. Vide supra *Maleablatum.*

¶ **MALETOLTA**. **Maletota**. Vide *Tolta.*

MALETRACTARE, Male aliquem excipere, Gall. *Maltraiter,* in Lege Longobardorum lib. 1. tit. 6. § 1. 2. lib. 2. tit. 11. § 4. in Legib. Luithprandi Regis tit. 93. [** Roth. 41. 42. Liutpr. 120. (6, 67.)] Litteræ Caroli Regentis ann. 1359. in Reg. 90. Chartophyl. regii Ch. 444 : *Et quandoque ab eisdem inimicis plures dictorum brigandorum vulnerati et Maletractati fuerint.*] *Mala tractatio,* apud Arnobium lib. 4. Tertullian. de Pœnitent. cap. 12. S. Pacianum in Parænesi ad pœnitentiam, Quintilianum declam. 383. Senecam lib. 3. Controv. Curium Fortunat. Rhet. lib. 1. etc.

* *Fourmener,* eadem notione, in Lit. remiss. ann. 1368. ex Reg. 99. Chartoph. reg. ch. 450 : *Icellui Lotart eust une suer mariée à Jehan le Wette; lequel Jehan la Fourmena par plusieurs foiz et tant qu'il l'afola d'aucuns de ses membres.*

* **MALETRACTATA**, Vulnus, læsio. Lit. remiss. ann. 1450. in Reg. 186. Chartoph. reg. ch. 39 : *Prædictas dampnificationes et Maletractatas, sic modo præmisso factas, pepercit.* Haud scio an inde *Mautroux,* pro Graviter vulneratus, mutilatus in aliis Lit. ann. 1459. ex Reg. 190. ch. 54 : *Le curé de Fontaines sur Boutonne ou pays de Poittou... d'une espée persa l'un des bras du suppliant, tellement qu'il en est Mautroux ou presque impotent.* Vide *Maletractare.*

* **MALETTARIUS**, *Maletarum* seu equestrium sarcinarum artifex. *Johannem Heron Malettarium in vico sancti Dionysii etc.* in Memor. H. Cam. Comput. Paris. ad ann. 1413. fol. 13. r°.

* **MALETUS**, ut *Maleta,* Equestris sarcina. Charta ann. 1306. ex Tabul. S. Petri Carnot. : *Administrando unum valetum cum quodam equo sufficienti, pro equitando cum et coram ipso priore, portando ejus prioris Maletum.* Hinc equus sarcinarius, *Cheval malet,* appellatur, in Lit. remiss. ann. 1394. ex Reg. 146. Chartoph. reg. ch. 208.

* **MALEVANTIA**, Dominorum jus mutuo sumendi a subditis res præsertim ad victum necessarias, idem quod *Credentia* 6. Charta ann. 1103. inter Probat. tom. 2. Hist. Occit. col. 361 : *Demandabant baille domini, ut essent per ipsos, de Malevantias, de conducto domini, ut bailli essent per ipsos.* Vide *Mallevantia* et infra *Manulevatio* 2.

¶ **MALEXARDI**. Malvecius in Chr. apud Murator. tom. 14. col. 914 : *Hac tempestate quorumdam Brixiensium filiorum iniquitatis secta adeo pullulavit, ut contra patriam eorum manum levarent. Hos autem Malexardos, et siquidem bene, vocaverunt; semper enim hæc factio Malexarda omnis sævitiæ suæ contra civitatem suam arma retorsit. Nam facientibus ipsis Malexardis castella multa civitati sublata sunt, et anno Christi Domini 1242. castrum Pontevii per eosdem Cremonensibus traditum est.* Ab Italico *male* et *ardire* audere, dicti videntur *Malexardi,* id est, homines ad malum et facinus audendum projecti.

* **MALEXARDIA**, Facinus quodvis. Stat. Placent. lib. 6. fol. 85. v°. : *Ordinamus quod de cætero nulla persona, cujuscumque conditionis existat, audeat vel præsumat destruere domos, vel devastare seu devastari facere aliquam domum in civitate Placentiæ, vel burgis vel suburbiis, nec etiam in districtu, occasione alicujus maleficii seu Malexardiæ, nec etiam occasione alicujus maleficii publici vel privati.* Vide *Malexardi.*

MALFACTIO, Λειποθυμία, Medicis. Gariopontus lib. 2. cap. 19 : *Lipothymia, i. e. Malefactio, fit ex nimietate aut evacuatione sanguinis, etc.* Idem lib. 1. cap. 7 : *Primo caput dolet, vertigines capitis patiuntur cum Malfactionibus.* Utitur eo non semel, et lib. Symptomatum cap. 16. quod inscribitur de *Malfactionibus.* Ubi et *malfieri* vocem usurpat, ut et lib. 5. cap. 8.

* Glossar. medic. MS. Simon. Januens. ex Cod. reg. 6959 : *Malfatio, lipotomia, defectus, sincopis.*

* **MALFAIRO**, Scelus, flagitium; pro Adulterium sumitur in Leg. Lusit. tom. 1. Probat. hist. geneal. domus reg. Portug. pag. 11 : *Mulier si fecerit Malfairo viro suo cum homine altero,... cremetur cum igne,... et cremetur vir de Malfairo cum illa : si maritus non vult quod cremetur mulier de Malo fairo, non cremetur vir, qui fecit Malfairo.* Vide *Malfarium.*

MALFARIUM, Adulterium. Coronatio Henrici Regis Portugalliæ, apud Anton. Brandaonem lib. 10. Monarch. Lusitan. cap. 13 : *Mulier si fecerit Malfario viro suo cum homine altero, et vir ejus accusaverit eam apud Alvazil, et ipsi sunt boni testes, cremetur cum igne,... et cremetur vir de Malfario cum illa.* Vide *Misfacere* et *Malfairo.*

¶ **MALFATICUM**, Vinum Arvisium, *Malvoisie.* Bernhardi *de Breydenbach* Iter Hieros. pag. 237 : *In radice Malee est civitas que Malfasia dicitur, juxta quam crescit præcipuum vinum quod nominant Malfaticum, et ab hoc vino transtulit vulgus nomen in vinum Creticum, quod nunc per mundum dicitur Malfaticum, quod tamen non est de Malfasia, sed de Creta, vel Candia vel Motona.*

* **MALFIERI**, Animæ defectionem pati, Gall. *Se trouver mal.* Alex. Iatrosoph. MS. lib. 3. Passion. cap. 42 : *Qui autem ex magnitudine inflammationis et de malitiosa febre Malfiunt et deficiunt, etc.* Vide *Malfactio.*

* **MALGA**, Grex. Stat. datiar. Riper. cap. 13. fol. 10. r°. : *Quælibet persona conducens bestias aliquas seu Malgas bestiarum de alieno districtu in districtum dictæ Riperiæ, occasione vendendi eas, etc.* Huc etiam spectare videtur eadem vox ex Charta ann. 1188. apud Murator. tom. 2. Antiq. Ital. med. ævi col. 79. ad quam hæret vir doctus : *In his autem locis habuit et tenuit dominus imperator per suos nuncios... plenam jurisdictionem, honorem plenum et districtum, scilicet fodrum, placitum, banna, erbaticum, escaticum, tensas, Malgas, cacias, piscationes, venationes, etc.* Forte Præstatio ex gregibus ovium aliorumque animalium. Hinc

* **MALGARIUS**, Qui *malgas* seu greges curat, pastor. Stat. Mantuæ lib. 1. cap. 142. ex Cod. reg. 4620 : *Unusquisque Mal-*

garius tantum suam caseum proprium, redactum ex ejus animalibus et bestiis supradictis, cum dicta licentia, extrahere possit: non autem licitum sit uni Malgario ab alio Malgrrio... caseum emere,... et prætextu proprii casei... extrahere.

* MALGHESIUS, Eadem notione. Stat. datiar. Riper. cap. 12. fol. 4. r°.: *Malghesii non arctentur ad solvendum datia pro eorum utensilibus, causa veniendi pasculatum cum eorum bestiis et causa faciendi caseum vel aliud ex lacticinio.*

¶ MALGIA, perperam pro *Mallia*. Vide in hac voce. Charta Theoderici Abb. S. Martini Tornac. ann. 1330. tom. 3. novæ Gall. Christ. inter Instr. col. 63: *In signum recognitionis patronatus, in quo sua Ecclesia fundatur, in transitu gloriosissimi S. Martini nostræ Ecclesiæ patroni, unam Malgiam auream octo solidorum Parisiensium fortium valentem, vel valorem ejusdem una cum candela et denario Parisino, ac etiam in die solemni pretiosissimi Sacramenti unam Malgiam auream cum candela et denario Paris. valore prædicto mittant et offerri faciant.*

¶ MALGREARE, Exsecranda verba jactare, funditare, Gall. *Maugréer*. Statuta Eccles. Meldens. ann. 1483. tom. 2. Hist. Eccl. Meldens. pag. 525: *Qui de Deo vel sacratissima Virgine ejus genitrice Maria aut alio quovis Sancto, eos renegando, despitando, Malgreando, aut alias execrabiliter blasphemiæ verba palam protulerit.*

* MAL-GUILLELMUS, cur ita cognominatus sit Guillelmus, Rogerii regis Siciliæ filius, docet Bonincontr. in Hist. Sicul. edit. Lamii part. 1. pag. 152: *Hoc modo Guillelmus, qui primo juventutis tempore bonæ indolis regnum ascenderat, paulatim immutatis moribus ecclesiæque hostis factus, se principatu exuit; fueruntque in posterum ejus scelera adeo detestanda, ut omnium flagitiorum facinora superaret. Nihil moderati, nihil sancti, nihil religiosi habebat. Quare ipse mali iniquique hominis nomen accepit, dictusque Mal-Guillelmus.*

¶ MALHA, Annulus catenæ. Transactio inter Abbatem et Monachos Crassenses ann. 1351. ex lib. viridi fol. 53: *Quando Malha aliqua ferrea ponitur in catena putei vel alias reparatur, dominus Abbas dicti Monasterii dat reparanti et hoc facienti unam libram panis frumenti ponderis antiqui.*

* A Gallico *Maille*, macula; unde *Tunica malhæ*, thorax hamatus seu maculis contextus, in Charta ann. 1385. ex Reg. 139. Chartoph. reg. ch. 133. Glossar. Provinc. Lat. ex Cod. reg. 7657: *Malha, Prov. macula, scama.* Vide *Macula* 2.

* MALHEOLUS. Vide supra *Maleollus*.

* MALHOLHUS, Malleolus, surculus vitis præsertim. Glossar. Provinc. Lat. ex Cod. reg. 7657: *Malhol, Prov. Malleolus.* Nostris *Marcot* et *Marquot*, vulgo *Marcotte*. Lit. remiss. ann. 1398. in Reg. 153. Chartoph. reg. ch. 148: *Marcos, que l'en appelle planteys de vigne.* Aliæ ann. 1397. ibid. ch. 122. bis: *Icellui de Valées commança à dire... que estoient devenus certains Marquos de vigne, que il disoit avoir mis audit hostel.* Charta ann. 1461. ex Tabul. S. Vict. Massil.: *Quod dictus dominus abbas teneatur et debeat dare Malholhos vitium plantandarum suis expensis.* Vide *Malholtius*.

* MALHOLIUS, MALHOLLIUM. Vide supra *Maleollus*.

¶ MALHOLTIUS, Malleolus, surculus vitis præsertim, Gallis, *Marcotte de vigne*, Massiliensibus *Mailhou*, Hispani *Malhojo* vocant quodvis ramale. Charta ann. 1461. ex Tabul. S. Vict. Massil.: *Et quod debeat portare Malholtios vitium plantandarum.* *Malhols*, in Charta ann. 1300. pro Communia de Balneolo: *Aliqua persona non sit ausa... colligere Malhols in possessionibus alienis.* *Malleolus*, in Statutis Arel. MSS. art. 36. ut apud Ciceronem. Vide *Maillolus*.

MALHONES. Vide *Malones*.

¶ 1. MALIA, vox Italica, Magia, maleficium, incantatio. Miracula S. Johan. Gualberti tom. 3. Julii pag. 421: *Etiam non hoc duximus prætereundum, quoniam modo quædam mulier de monte Miliario, a dæmone et incantationibus, quas vulgo Malias appellant, S. Joannis precibus fuit liberata.*

¶ 2. MALIA, Idem quod *Mala*, *Male*, valise. Statuta Equitum Teuton. cap. 14. apud R. Duellium Miscell. lib. 2. pag. 27: *Sane cum omnis nota proprietatis a religiosis sit evitanda, volumus ut fratres in domo existentes, clausuris et serris et firmaculis in Maliis et bissacciis et scriniis careant.*

* MALIATOR, Malleator, Gall. *Forgeron*. Tract. MS. de Re milit. et mach. bellic. cap. 91: *Volvitur dicta rota ab aqua per cadentiam ejus super rotam; et est utilissima ad materiam fabricantium ac Maliatorum.* Vide *Malleator*.

MALIBARBIS, σπανοπώγων, in Glossar. Græc. Lat. Glossæ Lat. Gr.: *Malebarbis*, σπανόν. Leg. σπανοπώγων. Suidas: κακογένειος, σπανοπώγων. Ita *Malebarbis* idem valet ac malebarbatus. In iisd. Glossis MSS. sub lit. E. ἐπανπώγων, *Malibarbis*, id est, qui barbam habet in *malis* seu genis.

¶ MALICIDA, Qui malos occidit. S. Bernardus Edit. Mabill in Exhort. ad Milit. Templi tom. 1. col. 546: *Dei etenim minister est ad vindictam malefactorum, laudem vero bonorum. Sane cum occidit malefactorem, non homicida, sed (ut ita dixerim) Malicida, et plane Christi vindex in his qui male agunt, et defensor Christianorum reputatur.*

MALICORDIS, πονηροκάρδιος, πονηρόψυχος, in Glossis Græc. Lat.

* MALIDUS, *Emollitus*, *effractus*, in vet. Glossar. ex Cod. reg. 7613. Vide supra *Malaxare*.

* MALIGANITAS, pro *Malignitas*, malitia, improbitas, nostris *Malignosité*. Stat. crimin. Saonæ cap. 4. pag. 5: *Ex quo usu sæpe compertum est, multos ob paupertatem, nonnullos vero inimicorum suorum Maliganitate, aut etiam judicum injuria timentes, cum in judicium vocati essent, etiam quod innocentes forent, non fuisse ausos in judicio comparere, etc.* Sent. MS. ann. 1445: *Se il treuvent la chose estre ainsi, que ce ne soit point advenu ou perpétré par Malignosité ou hayne, etc.* *Malamour*, pro Malevolentia, in Lit. remiss. ann. 1388. ex Reg. 133. Chartoph. reg. ch. 172: *L'exposant qui n'avoit envers eulz aucune malivolence ou Malamour etc.* *Malvetiez*, in Annal. regni S. Ludov. edit. reg. pag. 260. Vide infra *Malvestat*.

MALIGAVEL. Vide Somnerum in Tractatu de *Gavelkynd* pag. 27.

* MALIGINOSUS, Æger, valetudinarius, Gall. *Malingre*; *Malingeux*, in Lit. remiss. ann. 1387. ex Reg. 130. Chartoph. reg. ch. 252. *Maligeux*, in aliis ann. 1396. ex Reg. 150. ch. 108. Mirac. S. Domin. tom. 1. Aug. pag. 652. col. 2: *Apud Novum-castrum in Braio quædam mulier, nomine Ydonia, habebat quemdam puerum masculum, qui erat Maliginosus et gravis mirabiliter ad educandum.*

MALIGNARE, Idem quod Gallicum *Mehaigner*. Leges Henrici I. Regis Angl. cap. 11: *Qui ordinatum occiderit, vel Malignaverit, emendet ei sicut rectum sit.* [Vetus Consuet. Andegav. cap. 162: *S'aucun Malingneux qui puisse montrer Mehain evident, etc.*] Vide *Mahamium*.

¶ MALIGNARE, Nocere, in Epist. Alani Aurigæ de Detest. belli Gall. edit. Duchesn. pag. 481: *Malignandi prava semper industria vices æquitatis assumit, ut cum nomine placeat, re noceat.* [** *Et ne aliquibus Malignare volentibus occasio tribuatur... præsentes litteras sigillorum nostrorum suffragiis fecimus roborari*, in chart. Marchion. Brandenb. ann. 1280. apud Gercken. Cod. Diplom. Brandenb. tom. 2. n. 202. pag. 353.]

MALIGNUS, Diabolus, qui scriptoribus Ecclesiasticis passim *Malus* dicitur. Nostris vulgo, *le Malin esprit*. Commodianus Instr. 59:

Vincite Malignum, pudicæ feminæ Christi.

Arnoldus Abb. Bonæ-Vallis de Oper. sex dier. de Paulo Apost. pag. 97: *De regula quoque conjugii et castitatis,... de idololatris multa ibi proponit et discutit, in quibus et elisum et elidendum caput Maligni ostendit.* Supra *Malignos spiritus* vocat. *Malignus hostis*, apud Petrum Damiani lib. 6. Ep. 33. Epitaphium Theodulfi Aurel. Ep.:

Pro dolor! hunc pepulit propria de sede Malignus.

Occurrit apud Abdiam Babylonic. lib. 3. Histor. Apostol. pag. 33. Gregorium Turon. de Gloria Confess. cap. 55. in Vita S. Liudgeri Episcopi Mimigard. n. 20. in Gestis S. Theotonii n. 4. apud Ughellum tom. 4. pag. 1288. etc. Vide *Malus*, *Iniquus*, *Inimicus*.

MALILOQUIUM, Detractio. Cæsarius Arelatensis Serm. 3: *Melius est huic, quam illi, qui fratrem paululum ab aliquo contristatum non tam solatio suo porrecta manu non sublevat, sed titubantem sicut parietem inclinatum, Maleloquiorum impulsu adjuvat ad ruinam, etc.* Leges Henrici I. cap. 10. de Criminibus contra Regem: *Infidelitas et proditio, quicunque despectus vel Maliloquium de eo.*

* *Mesparlance*, in Bestiar. MS: *Pour amour Dieu vos demandon de la Mesparlance pardon.* *Mesparlier*, Qui temere aliquid in medium profert, in Cons. Petri de Font. cap. 11. art. 8. pag. 89. Confer *Maudit* in *Maledicus*.

MALINA, MALINEA, Oceani incrementum; æstus maris turgidior, et majore aquarum cumulo in littus profluens, *Le-*

doni contrarius, qui æstus est maris languidior et remissior. Papias : *Malina, crescens æstus maris.* [Beda lib. 1. de Nat. rerum cap. 29 : *Omnes cursus maris in ledones et Malinas, id est, minores et majores æstus dividit.*] Chronicon Fontanellense cap. 1. n. 6 : *In quo scilicet fluvio* (Sequana) *ex infinito Oceano sive mari Britannico bini æstus diurno nocturnoque tempore sibimet invicem compugnantes occurrunt : ut versa vice alveus potius retrorsum converti, quam ad ima videatur fluere. Talique cum impetu tempore Malinæ accedunt, ut super millia quinque, aut eo amplius, et sonitus nunc maris ejus humanas repercutiat aures, et aspectibus intuentium ceu farus altissime lympham ejusdem penetret alvei.* Vita S. Maglorii Episc. Dolensis cap. 25 : *Malina incredibilis subito accessit, et parvulos cum navi citissime portavit.* Vita S. Hermelandi Abbatis n. 14. de insula Antro : *Quæ in medio Ligeris sita, se undique a quatuor cœli plagis circumdantium alto sublimatur vertice, per mediam sui longitudinem montuosa, omnes inundationes Ligeris ab Oriente aliquoties ubertim effluentes, et Oceani maris ab Occidente bis per singulos menses eructantes dispicit Malinas, etc.*

Ex quibus satis perspicuum videtur, *Malinam* non esse refluxum maris, qui uno eodemque die bis quotidie, (quod opinati sunt Thomasius et alii) sed æstum maris vehementiorem, qui certis diebus secundum Lunæ affectum in littus prorumpit, quod vulgo dicimus *la haute Marée.* Unde in Glossario Saxonico Ælfrici H e a h-fl o d, i. plenus maris æstus, ad verbum, *alta maris inundatio* redditur.

* Quasi *Maris lineam, eo quod accessus recessusque maritimi hic statio sit,* inquit Corn. *Van Gestel* in Hist. sacr. et prof. archiep. Mechlin. tom. 1. pag. 1.

Inde urbi Mechliniensi in Brabantia, quam veteres aliquot Scriptores, et Galli *Malines* vocant, nomen inditum quidam arbitrantur, idque ex Vita S. Rumoldi urbis Patroni augurantur, apud Molanum 1. Jul. : *Eo pervenit, ubi Scaldis fluvius in mare se exonerat, naturaque juxta Lunæ curriculum labitur ac perfluit, hoc est, Mechliniam, ubi fidei rudimenta plantavit.* Atque ut urbis Malinensis a *Malinis* appellationem sumpsit, ita vicina, Lyrensis, *Ledo* in veteribus Chartis et Auctoribus dicta legitur, ut a maris fluxu hæc nomina indita supradictis oppidis probabile sit, quæ est Molani sententia. Vide *Ledo.*

¶ **MALINCONIA**, vox Italica, Melancholia. Acta S. Bertrandi tom. 1. Junii pag. 794 : *Et eidem exponerem et lamentarem infirmitatem ipsius filii mei, ac dolorem et Malinconiam, quos ob hoc sustinebam.*

MALINGRERIUS. Michael de Platea, apud Rocchum Pirrum in Archiep. Messan. sub ann. 1347 : *Et extortis clavibus a Malingrerio, dictum Patriarcham fortiter increparunt.* Ubi Pirrus annotat, *Malingrerium* olim dictum, qui hodie Sacrista est.

¶ **MALINQUINARI**, Melancholia, tristitia affici. Miracula S. Zitæ tom. 3. Aprilis pag. 520 : *Et sæpe sæpius diu noctuque ultra modum videbat eam Malinquinari et vexari.*

¶ **MALIOLUS.** Vide *Malliolus.*

* **MALISCHALKUS**, Equiso, Ital. *Maliscalco*, idem qui *Marescalcus.* Vide in hac voce. Protocol. de Reform. eccl. tom. 1. Conc. Constant. part. 10. pag. 603 : *Item habeant Malischalkum nobilem, justum et honestum, etc.*

MALISOLA, [Festum Manichæorum.] Vide *Bema.*

MALITAS, pro *Malitia*, in Glossis vett. κακία. Occurrit in leg. 5. D. Quod metus causa. (4,2.)

1. **MALITIA**, Fraus, *malum ingenium.* Bulla Honorii III. apud Ughell. tom. 1. parte 1. pag. 822 : *Reservato jure eundi et redeundi cum suis necessariis ad Gottifredum et filios per dictam terram sine Malitia.* Hinc apud Senec. Epist. 31. *Malitia* virtuti opponitur. [** *Inviolabiliter observare, dolo, fraude et aliis Malicïis seu versuciis exclusis penitus,* etc. in chart. ann. 1293. apud Haltans. Glossar. German. col. 547. voce *Funde.*]

* *Malice*, eodem sensu, in Lit. ann. 1371. tom. 5. Ordinat. reg. Franc. pag. 404 : *Pourquoy nous, qui ne voulons souffrir telles fraudes et Malices estre faits ou prejudice de nous et de nostre peuple, etc.* Hinc *Maligner*, pro Fallere, decipere, in Assis. Hierosol. cap. 68 : *Se le seignor veaut ouvrer en bonne foi,.... rendre le doit, se il ne veaut Maligner.*

¶ 2. **MALITIA**, Deprædatio, injustitia. Edictum Pistense ann. 864. cap. 7 : *Audivimus etiam quia hujusmodi leves homines in aliis Comitatibus deprædationes et injustitias faciant, et ad illum Comitatum in quo commanent, et in illas Malitias non faciunt, factis Malitiis in aliis Comitabus reveniunt.*

3. **MALITIA**, Maleficium, incantatio, veneficium, apud Sextum Platonic. lib. 2. de Medicina animalium cap. 2. Locum vide in *Medicamentum.*

4. **MALITIA**, Vexatio, afflictio, ut in illo Evangelii : *Sufficit diei Malitia sua.* Tertullian. lib. 2. adv. Marcion. : *Malitiæ apud Græcos interdum pro vexationibus et læsuris, non pro malignitatibus ponuntur.* Hieronym. Epist. 47. ad Amandum : Κακία, *quam Latinus vertit in Malitiam, apud Græcos duo significat, et Malitiam et afflictionem, quam* Κάκωσιν *Græci dicunt, etc.* [Vita S. Barbatiani apud Murator. tom. 2. pag. 197 : *Quod dum in auribus ejus continuo personatum fuisset, sana effecta est et abiit in domum suam sanissima, tanquam si nullam habuisset Malitiam.*] Ita *Malitia corporis*, apud Alypium Antioch. seu Auctorem Descript. Orbis cap. 1.

MALITIA. Statutum 2. Westmonasteriense cap. 46. ubi de Marescalli Regis juribus in hominiis Baronum : *Et si forte ad homagium nihil ceperit, ad Malitiam suam capiat,* id est, sibi imputet.

* **MALITIOSA** FEBRIS, Gall. *Fievre maligne*, Acuta, apud Alex. Iatrosoph. MS. lib. 3. Passion. cap. 42.

* **MALITIOSE**, Malo animo. Lit. remiss. ann. 1398. in Reg. 153. Chartoph. reg. ch. 314 : *Dictus Girardus de verbis procedens ad verbera,.... Malitiose irruit in dictum exponentem.*

MALIVOCUS, apud Anastasium in Hist. Eccl. ubi Theophanes δυσώνυμος habet.

MALIVOLOSUS, *Malignus*, κακόβουλος, in Glossario Græco-Latino.

MALIVOLUS, Diabolus. Acta purgationis Cæciliani : *Per Malivoli intercessum, qui vult animas justorum a via veritatis avertere.* Vide *Malignus.*

* **MALIUS**, Malleus, Ital. *Maglio*; *Mali, malleus, tudes*, in Glossar. Provinc. Lat. ex Cod. reg. 7657. Tract. MS. de Re milit. et mach. bellic. cap. 151 : *Postea cum alia securi incidatur catena, ipsa percutiente, vel cum Malio ferreo.*

¶ **MALI-USUS**, Exactiones contra jus inductæ. Tabular. Solemniac. : *Ad nichilum redigebat locum [cum suis confinibus pro Malis-usibus quos accipiebat injuste.* Vide *Tolta.*

MALIXIA, Quæ et *sarcula*, vitis species, de qua Petrus de Crescentiis lib. 4. cap. 4.

¶ **MALLA**, pro *Malia* vel *macla*, Hama thoracis, nostris *Maille.* Computum ann. 1336. tom. 2. Hist. Dalphin. pag. 278 : *Item pro paribus duobus de arnense de Malla, unc.* III. *taren.* VI. Vide *Macula* 2.

MALLARDUS, Anas masculus, Gallis, *Malard*, in Chronico Willel. Thorn cap. 32. pag. 2010. Perperam *Mathlardus*, pro *Malhardus*, in Charta laudata in voce *Cercella.* Le Roman *de Garin* MSS :

Grues et gentes orent à leur plessir,
Et venoison et Mallart et perdris.

[Vetus Poeta MS. e Bibl. Coislin :

Deux chapons et une grosse oie,
Si ot et Malart et pluvions,
Et blanc vin qui fut de Soissons.]

¶ 1. **MALLARE**, MALLATIO, MALLATURA, etc. Vide in *Mallum.*

* 2. **MALLARE**, *Marla*, seu marga agros stercorare, pinguefacere, nostris etiam *Maller*, pro *Marler. Maleys* vel *Malleys* appellatur id omne, quo agri stercorantur, in Lit. remiss. ann. 1456. ex Reg. 183. Chartoph. reg. ch. 194 : *Comme les supplians menoient du Maleys.... pour faire du labour, lequel Malleys ilz prenoient en une marre.* Charta ann. 1274. in Lib. nig. 2. S. Vulfr. Abbavil. fol. 66. r°. : *Debet dictas terras Mallare infra festum omnium Sanctorum proximo venturum, et totum stercus, quod faciet apud Raimviler, debet ponere super dictas terras. Doit Maller toutes les terres*, in alia ann. 1285. ibid. fol. 68. v°. Vide *Malleria* et *Marla.*

* **MALLATA.** Vide infra *Malliata.*

¶ 1. **MALLEARE**, MALLEATIO. Vide *Malleus* 1.

* 2. **MALLEARE**, ut *Mallare*, ad *mallum* citare, in jus vocare. Judic. ann. circ. 873. inter Instr. tom. 6. Gall. Christ. col. 7 : *Sic interpellavit vel Malleavit homine* (sic) *nomine Uniforte, qui est mandatarius Daniel abbate.* Vide in *Mallum.*

MALLEATOR. Gloss. Græc. σφυροκόπος, *Malleator.* Genes. 4. 22 : *Tubalca, qui fuit Malleator.* Job. 41 : *Malleatoris incus.* Acta S. Anastasii Persæ Mart. cap. 1. : *Divertit ad quemdam Christianum Persam Malleatorem.* [Adde Lambertum Ardens. pag. 258.]

¶ **MALLEBERGUM.** Vide *Malbergium.*

¶ **MALLENSES.** Vide *Mallum.*

¶ **MALLENTA**, *Plegium*, ut videtur, vadimonium; de *recredentia* quippe servorum hic agitur : porro quando quis homines suos repetebat, ii statim coram judice servos se profitebantur, aut vade dato id se professuros spondebant. Vide *Recredere.*

Forte etiam *Mallenta* est jus aliquem ad mallum citandi. Vide *Mallum*. Litteræ Eduardi II. Regis Angl. ann. 1314. apud Rymer. tom. 3. pag. 505 : *Propter quod eadem Margareta ex causis prævüs (et præcipue pro eo quod in Curia nostra S. Severi recredentia, vel Mallenta quorumdam hominum suorum, per Senescallum laudatum arestatorum, ex parte præfatæ Margaretæ ibidem petitæ, in casu videlicet ubi recredentia vel Mallenta, secundum foros et consuetudines partium illarum, dari debent, denegatæ fuerunt) ad Curiam Franciæ appellavit, sicut eadem Margareta nobis significavit, etc.* Vide *Mallare ad servitium*, in *Mallum*.

¶ **MALLEOLI**, *vocantur non solum parvi mallei, sed etiam ii, qui ad incendium faciendum aptantur.* Festus. Nonius : *Malleoli, manipuli spartei pice contecti, qui incensi aut in muros, aut in testudines jaciuntur.* Adde Vegetium lib. 4. cap. 18. Vide Carolum de Aquino in Lexic. milit.

* **MALLEOLLUS**, Novelletum, ager *malleolis* consitus. Charta pro monast. B. M. de Bolbona ann. 1364. in Reg. 103. Chartoph. reg. ch. 78 : *Item et quandam petiam vineæ sive Malleollorum ;... in qua petia sunt circa sexdecim sextariatas Malleollorum.* Vide supra *Maleollus*.

MALLEOLUM, Falconariis est sacculus quidam lineus, capax longitudinis et grossitiei corporis falconis recens capti, perforatus ex utraque extremitate, ita ut caput et cauda per utrumque foramen libere transeat, ut falco sine læsione domum transferri possit. Vide Fridericum II. Imp. lib. 2. de Venat. cap. 44.

¶ **MALLERIA**, Fossa, unde eruitur *marla* seu marga, Gall. *Marniere*. Charta Matthæi de Roia ann. 1226. ex Tabular. Corbeiensi : *Dedi eis... novem similiter sextariatas terræ meæ propriæ in pluribus campis tam citra aquam de Margellis quam ultra, et Malleriam de Eskenfol, in qua meum habebo usuagium.* Vide *Marlariæ*.

* Alias *Malliere*. Charta ann. 1217. in Chartul. S. Petri Insul. sign. *Decanus* ch. 132 : *Venditionem trium bonariorum terræ, jacentium juxta Malleriam Bavain, ad jurisdictionem nostram spectantium factam... concessimus.* Occurrit præterea in Ch. ann. 1271. ex Lib. nig. 2. S. Vulfr. Abbavil. fol. 95. r°. Lit. remiss. ann. 1380. in Reg. 118. Chartoph. reg. ch. 423 : *Icellui Polart... avoit esté occis et mis à mort ;... et par lesdiz malfaiteurs avoit esté porté et geté en une Malliere.* Vide supra *Mallare* 2.

** **MALLETA**, Pera viatoria, Gall. *Malle*. Chart. Joan. duc. Burgund. ann. 1409. apud Schœpflin. in Alsat. Diplom. tom 2. pag. 317. num. 1256 : *Una cum equis, harnesiis, equitaturis, Malletis, auro, argento, etc.* Vide *Mala, Maleta* et *Maletus*.

¶ **MALLETI**, Gall. *Maillotins*, a malleis quibus dimicabant, sic dicti seditiosi quidam sub Carolo VI. Rege Franc. ann. 1413. Vita Clementis VII. PP. apud Bosquetum : *Eodem fere contextu quo et præmissa invaluerunt, eis similia cives Parisienses machinati sunt attentare : quorum directores et promotores esse decreverant illos qui Malleatores seu Malleti vulgariter nominantur : sed eis deductis ad notitiam Regis, quotquot ex eis culpabiles inventi sunt, morte damnati, aut bonis spoliati, aut in exilio damnati fuerunt. Rabelais* lib. 4. cap. 36 : *Et à bon droit est jusques à present de prudence grandement loué Charles Roy de France, sixieme de ce nom, lequel retournant victorieux des Flamans et Gantois en sa bonne ville de Paris, et au Bourget en France, entendant que les Parisiens avec leurs Maillets, dont furent surnommez Maillotins, estoient hors la ville issus en bataille, jusques au nombre de vingt mille combattans, n'y voulut entrer.* Vide Menagii Origin. Gall. in voce *Maillotins*, et infra *Malleus*.

* Horum originem nominisque rationem prodit Ordinatio ejusd. reg. ann. 1382. 27. Jan. ex Memor. E. Cam. Comput. Paris. fol. 73. v°. : *Comme assez tost apres le trespassement de nostre tres cher seigneur et pere, que Dieux absoille, les aides, qui à son temps avoient cours en nostredit royaume pour la défense d'icellui, et mesmement en nostre ville de Paris, eussent été abatuz de fait et mis au néant par certaine commotion de peuple faite à Paris par plusieurs gens de male voulenté et desordonnée, et les boistes de noz fermiers abatuez et despéciez ; et depuis ce en l'année derniérement passée, les bourgois, manans et habitans de nostredite ville, ou a plus grant et saine partie d'iceulx, nous eussent accordé avoir cours en nostredite ville de Paris pour la défense de nostre royaume certains aides communs,... plusieurs des manans et habitans de nostredite ville,..., pour empeschier le cours desdiz aides,... se feussent asemblez ès halles de nostredite ville et y tué et murtry aucuns qui estoient ordonnez et commis sur le fait desdiz aides... Et apres se feussent transportez en la maison de la ville et d'icelle rompu les portes, huys et coffres, et prins grant quantité de Maillez qui y estoient, lesquelz Hugues Aubriot jadiz prevost de Paris avoit fait faire du commandement de nostre tres cher seigneur et pere, que Dieux absoille : et aussi eussent tué et murtry aucuns de nos officiers... Et avecques ce aient fait, commis et perpétré plusieurs autres désobéissances, rebellions, monopoles, crimes et malefices,... depuis ledit premier jour de Mars jusques au Dimenche second jour de ce présent mois de Janvier que nous venismes en nostredite ville de Paris.* Lit. remiss. ann. 1383. in Reg. 123. Chartoph. reg. ch. 120 : *Le premier jour de Mars l'an 1381. que la commotion fut à Paris... de ceux qui couroient lors parmi ladite ville de Paris, que on dit Maillés.* Dehinc quivis factiosi, *Mailliés* nuncupati, ut colligitur ex aliis Lit. ann. 1397. in Reg. 152. ch. 236 : *Lequel sergent dist que c'estoit grant dommage que lesdis de Dieppe n'avoient les testes coppées,... qu'ilz n'estoient que hareleux, traitres, rebelles à nous et faulx Mailliés.*

MALLEVANTIA, Idem quod *Creditio*, quasi *mala levatio*, seu ablatio. Liber Mirabilis, seu Tabular. Abbatiæ Conchensis in Ruthenis cap. 59 : *Et si ibi mercatum factum fuerit, retineo Mallevantiam usque ad quindecim dies ; et si non reddidero usque ad quindecim dies, non amplius mihi credat.* Vide *Credentia*, Creditum.

* **MALLEVATUM**, Cubiculum altius, subtegulanea contabulatio, Gall. *Galetas*, ut videtur. Stat. ant. Florent. lib. 1. cap. 73. ex Cod. reg. 4621. fol. 40. v°. : *Ipsi superstites teneantur.... retinere intra muros dictorum carcerum in Mallevato vel granario omnes et singulos carceratos.*

* **MALLEVERIUM**, Italis, *Malleveria*, Fidejussio, sponsio. Stat. pro castro Castil. ann. 1371. ex Cod. reg. 5376. fol. 85. v°. : *Habere debeat dictus potestas... duos notarios, unum videlicet ad Malleveria, et alterum ad damna data.*

1. **MALLEUS**, inter arma dimicantium : *Clava* forte, vel potius gladius ipse. Gesta Philippi III. Fr. Reg. ann. 1279 : *In quodam illorum tyrociniorum Comes Clarimontis... armorum pondere prægravatus, et Malleorum ictibus super caput pluries et fortiter percussus in amentiam decidit.* [* Quid sit *Malleus* haud obscure innuunt Lit. remiss. ann. 1384. in Reg. 125. Chartoph. reg. ch. 104 : *Lui osta ou fist oster par ceulx qui en son aide furent venuz un baston, nommé Mail de plonc.* Vide supra *Mailhetus*.] Hinc

Malleare, Malleo seu gladio dimicare. [Sallas Malaspinæ lib. 3. Rer. Sicul. apud Baluz. tom. 6. Miscell. pag. 273 : *Ex hoc quidem vulnere se in altum dextrarius erigens sessorem casualiter excussit ad terram, quem illico ribaldi exutum arma innumeris ictibus Mallearunt.*] Willel. Britto lib. 11. Philipp :

... Dum multiplici latus undique Malleat ictu
Hostilis rabies.

[*Mailler*, pro malleo seu clava percutere. Le Roman *de la Rose* MS. ubi de viro qui uxorem suam fuste cædit :

Ains fiert et frape et roille et Maille,
Et cele bret, crie et baaille.]

Vide *Martus*.

¶ Malleare, Malleo contundere. Lambertus in Hist. Comitum Ardensium apud Ludewig. tom. 8. Reliq. MSS. pag. 566 : *Sed cum per angustissimam semitam ad sonitum proditorum in quercum Malleantium, quasi ad sonitum asciæ rustici quercum abscindentis, solus cum solo properaret, etc.* Vita B. Lidwinæ tom. 2. Aprilis pag. 314 : *Sane igitur Lidwina... mira Domini dispensatione, sub manu summi fabri adhuc Malleanda.* Adde Vitam S. Bernardini tom. 5. Maii pag. 284. et Chr. Petri Azarii apud Murator. tom. 16. col. 390.

* Nostris *Mailler* et *Maller*. Joan. *de Trokelowe* in Annal. Eduardi II. reg. Angl. pag. 26 : *Adeo ut lancearum cuspidibus ex omni parte sui corporis applicatis, impingentibus hinc inde diversis, ad terram prosternitur, et caput ejus clavis hostium undique Malleatur, donec animam cum sanguine suo pedibus equinis exalaret.* Le Roman *du Chevalier Délibéré* MS. :

Tant ont féru et Maillé
Chacun d'eulx, sans faire reprinse,
Que le plus sain fu meshaigné.

Mirac. MSS. B. M. V. lib. 1 :

N'i a celui qui ne l'assaille,
Cascuns le fiert, cascuns le Malle, etc.

Lit. remiss. ann. 1471. in Reg. 197. Chartoph. reg. ch. 110 : *Icellui le Douche s'efforça de prandre le suppliant à la gorge et le vouloir Maller.* Ubi *Maller* proprie est Molestiam inferre, multare. Vide in *Malleus* 1. et *Marritio*.

¶ Malleatio, Mallei percussio. Epistola Innocentii IV. PP. apud Mabill. Supplem. Diplom. pag. 101 : *Nuper siquidem contigit alterum bullæ nostræ typarium, quo vene-*

randa videlicet Apostolorum Petri et Pauli capita exprimuntur, jam attritum innumeris Malleationis diutinæ percussuris, etc.

Mallei Joviales. Saxo Grammaticus lib. 13. Hist. Danicæ pag. 236 : *Magnus inter cætera trophæorum suorum insignia, inusitati ponderis Malleos, quos Joviales vocabant, apud insularum quandam prisca virorum religione cultos in patriam deportandos curavit. Cupiens enim antiquitas tonitruorum causas usitata rerum similitudine comprehendere, Malleos, quibus cœli fragores fieri credebat, ingenti ære complexa fuerat, aptissime tantæ sonoritatis vim machinarum fabrilium specie imitandam existimans.* [** Vide Grimm. Mythol. Germ. pag. 122.]

Malleus Thoronis. Vide Monumenta Danica Olai Wormii lib. 1. pag. 93. Janus Dolmerus ad Jus Aulicum Norvegicum vetus pag. 499 : *Antiquissimus hic Septentrionalium mos fuit, signo aliquo Conventum indicere. Sic apud Islandos adhuc gentiles Conventus habendi signum Cestra et Malleus Jovis, Hamar Thors. Sed post annum millesimum, cum jam in fidem Christianam jurassent, Crux lignea adhibebatur, quam quilibet Colonus ad suum vicinum perferret, causa et loco Conventus indictis, cujus signi intermissi aut neglecti certa pœna daretur.* [Vide Stephanium ad Saxonem pag. 250.] [** Et Grimm. Antiq. Jur. Germ. pag. 162.]

¶ 2. **MALLEUS**, f. pro Moletrina papyracea, Gall. *Moulin à papier*, quia malleis linteorum quisquiliæ conteruntur et macerantur, unde conficitur charta nostra vulgaris. Charta Roberti Comit. ann. 1284. apud Baluz. tom. 2. Hist. Arvern. pag. 134 : *Nec permittemus ædificari a nobis seu ab aliquo alio aliquod molendinum batiffol seu gaus seu Malleos infra confines superius nominatos.* Alia ejusdem Roberti ann. 1285. ibid. pag. 135 : *Quæ eadem universa et singula præmissa nos eisdem religiosis et eorumdem ecclesiæ donavimus... ad tenendum et possidendum ut rem suam perpetuo, ad ædificandum et reædificandum, Malleos et piscarias quascumque ad piscandum.*

3. **MALLEUS**, Equorum morbus, de quo multa Vegetius lib. 1. Artis veterin. cap. 2. et seq. Adde lib. 3. cap. 23. et Meursium in Μάλις.

** 4. **MALLEUS**, Diabolus, apud Gregor. M. tom. 1. pag. 1125. et S. Hieron. Vide Grimm. Mythol. Germ. pag. 559.

1. **MALLIA**, Monetæ species apud nostros, quo nomine aureas quasdam monetas appellatas docemus in Dissertatione de Nummis Imperatorum Byzantinorum. Maxime vero ita appellantur minutiores monetæ, quarum duæ pro uno denario computabantur, ut est in Chartis ann. 1306. et 1309. in Probat. Hist. Castilionensis pag. 98. 192. Vide *Masculi* et *Moneta*.

* In usu quoque fuit apud exteros. *Une maille au chat*, in Lit. remiss. ann. 1449. ex Reg. 176. Chartoph. reg. ch. 690. *Trois mailles d'or au chat*, in aliis ann. 1451. ex Reg. 184. ch. 149. *Une maille postulat*, in aliis an. 1468. ex Reg. 195. ch. 80. *Maille de Rin*, in Lit. ann. 1405. tom. 9. Ordinat. reg. Franc. pag. 64. et in Lit. remiss. ann. 1459. ex Reg. 189. ch. 373. *Maille de Hollande*, in Chartul. Corb. sign. *Ezechiel* ad ann. 1419. 20. Mart. fol. 75. v°. : *Six cens soissante trez Mailles de Hollande, qui vallent les iij. mailles deux couronnes d'or de Franche.* Rursum ad ann. 1421. fol. 149. v°. et ad ann. 1423. fol. 202. r°. Vide infra *Medala*.

¶ 2. **MALLIA**, Idem quod *Macula*, *Maille*. Litteræ Eduardi IV. Reg. Angl. ann. 1474. apud Rymer. tom. 11. pag. 841 : *Manceas, gleyves et Mallias, ac omnia alia.* Iterum occurrit in aliis ejusdem Regis Litteris ann. 1481. apud eumd. Rymer. tom. 12. pag. 140.

¶ **MALLIARE** Monetam, Cudere, fabricari, *Battre monnoye*. Charta Alberti Romanorum Regis pro Leodiensi Episc. ann. 1299. apud Marten. tom. 1. Ampliss. Collect. col. 1405 : *Permittimus ut idem Episcopus monetam, quam ab Imperio tenet in feodum, cudere, Malliare, sive fabricare debeat in sua diœcesi, in æquivalentia et pondere, in quibus viciniores Episcopi... cudi faciunt.*

* **MALLIATA**, Mallata, Hama thoracis, Ital. *Maglia*, Gall. *Maille*. Charta ann. 1230. apud Cl. V. Garamp. in Dissert. 7. ad Hist. B. Chiaræ pag. 231 : *Paria caligarum ferri, corretti, Mallatæ, etc.* Invent. ann. 1240. ibid. pag. 233 : *Item unum collare ferri ad bacan. Item unam Malliatam.* Testam. ann. 1347. ibid. in Ind. pag. 510. col. 2 : *Pietro Acapiti... unum corellum et unam Malliatam, quam habemus nos.* Vide *Macula* 2.

* **MALLIDICUS** Locus, Ubi *mallum* seu placitum tenetur, idem quod *Malbergium*. Vide in hac voce. Charta Otton. I. imper. ann. 947. tom. 1. Hist. Trevir. Joan. Nic. ab *Hontheim* pag. 282. col. 2 : *Justitiam de familia reddat vel exigat infra comitatum in Mallidicis locis.*

* **MALLINUM**, *ut Ciminile, vas aquaticum ad manus, Bassin, Prov.* Glossar. Provinc. Lat. ex Cod. reg. 7657. Vide *Malluviæ*.

MALLIOLUS. Charta Pontii Comitis Emporitani ann. 1063. in Appendice ad Capitul. Reg. Franc. n. 149 : *Vel ipsam matam, quæ dicitur Silva sancti Romani, sicut terminat de parte Circi in Malliolo S. Petri præscripti, et descendit per ipsam serram, etc.* Infra : *Descendit usque ad ipsas palumbarias, sicque conjungitur usque in ipsa villa via de ipso Malliolo.* Hispanicum forte *Majuelo*, [Novelletum, nostris *Jeune plant, vigne nouvelle*; quæ conjectura admodum firmatur ex locis mox laudandis.]

¶ Maliolus, Eadem notione, in Placito habito Albiæ ann. 878. inter Instr. tom. 1. novæ Hist. Occitan. col. 135 : *De illas vero vineas et Maliolos, quos jam dictos Fulcrada hedificavit super ipsum territorium, a suis partibus obtineat, et donet ad dictos jam hæredes alium tantum terræ, quantum eo die et ipsis vineis et Malliolis ipsis advenire debuisset.* Testament. Adalaidis ann. 978. apud Marten. tom. 1. Anecdot. col. 96 : *Villa Bajas, cum ipso terminio teneat Guadaldus dum vixerit, exceptis ipsos Maliolos quos alii ibidem plantant. Et cum factum fuerit cœnobium S. Salvatoris, post mortem Guadaldi, cum omni integritate illic remaneat; et si factum non fuerit illud monasterium, remaneant ipsas vineas quæ ad meam partem veniunt in ipsa villa ad custodem atqu clavigerum S. Pauli, qui illud altare custodit.* Vide *Malones*.

* **MALLIUM**, methaphorice, pro Opus, labor. Tract. MS. de Re milit. et mach. bellic. cap. 10 : *Unde dux batalliæ levi Mallio campum hostium adeptus fuerit.*

MALLO, *Inflatus tuber est sine dolore, in articulis vel genibus equorum.* Veget. lib. 2. Art. veterin. cap. 48.

¶ **MALLOBERGIUM**. Vide *Malbergium*.

* **MALLOLIUS**. Vide supra *Maleollus*.

MALLONES, μαλλοί Græcis, Cirri, cincinni, implexi crines : a μαλλός, *vellus*, συνεσραμμένη θρὶξ, *cæsaries implicata*. κατεψμένη κόμη ἢ κέκριξ, apud Varinum. Glossæ antiquæ MSS. : *Mallonem, comam, Græce.* Papias : *Malonem Græce comam capitis dicunt, quod nos cirros.* Ugutio : *Græci cirrum vocant Mallonem.* Alibi : *A malon, hic malo, onis; Malonem Græci comam capitis dicunt, quam nos cirrum vocamus.* Anastasius in Benedicto II. pag. 57 : *Hic una cum Clero et exercitu suscepit Mallones capillorum Domini Justiniani et Heraclei filiorum clementissimi Principis, etc.* Græci recentiores μαλλίον, *capillos* vocant. Vide Glossarium Meursii [et mediæ Græcitatis.]

* Latior est, si fides Muratorio tom. 2. Antiq. Ital. med. ævi col. 1087. hujus vocis significatio; proprie enim significat Globum alicujus rei, quæ e filis aut pilis aliisve fluxis rebus constet : quam vocem ex antiquissimis Italiæ incolis ad hodiernos manasse suspicatur; unde Mutinenses etiamnum dicunt *un Malloco di cera, di neve, etc.* ut globulum significent.

MALLUM, Mallus, Publicus conventus, in quo majores causæ disceptabantur, judiciaque majoris momenti exercebantur a Comitibus, Missis dominicis, aliisque Judicibus. Papias : *Malum*, (leg. *Mallum*) *generale placitum dicebatur, quando totus conveniebat populus ter in anno.* Guichardus a *Malal* Hebræo, id est, dicere, loqui, etymon arcessit : alii probabilius a voce Germanica *Mael*, quæ *congregationem*, vel *convivium*, sonat, ut Guillimannus lib. 2. de Reb. Helvet. cap. 9. aut *Mael* Saxonico, *Jus, Lex, Judicium*; atque inde complurium in Belgio locorum ac vicorum nominibus adjici *Mall* observat Wendelinus, quod in iis olim *Malli* habiti sint. Danis etiam *Male* et *Maal*, causam, rem, actionem significat, ut observat Resenius ad Jus aulicum Canuti II. Regis Daniæ pag. 595. Islandis pariter *Mael* loquelam sonare idem scribit pag. 702. Vita S. Walarici Abbatis cap. 15 : *Ubi quidam Comes.... juxta morem sæculi concioni præsidebat, quod rustici Mallum vocant. [Et cum ibidem, ut solet adesse, malis gestis justa vel injusta sententia unicuique proderetur, etc.]* Capitul. Caroli C. tit. 39. cap. 12 : *Mallus neque in Ecclesia, neque in porticibus, aut atrio Ecclesiæ, neque in mansione Presbyteri juxta Ecclesiam habeatur.* Similia leguntur tit. 9. cap. 78. in Capitul. Carol. M. lib. 4. cap. 28. et Lege Longob. lib. 2. tit. 55. § 26. [** Lud. P. 22.]

☞ Iis originationibus addam et Schilteri in Thes. Antiquit. Teuton. hac de re opinionem, a qua minime abludit doctissimus Eccardus ad Leg. Salicam tit. 1. cap. 1. *Mallum* nempe a Germanico *Mahl* quod signum sonat derivari; hinc eadem voce, inquit, utitur Otfridus ubi de Crucis vel Zodiaci signis loquitur : *Mallum* autem dictum locus in quo exercebantur judicia publica, quod signo aliquo, puta gladio, aut alio quovis, insigniretur. Non satis apte, ut opinor, cum vox *Mallus* usurpata sit iis conventibus significandis, ea etiam ætate, qua in aperto campo habebantur; nisi *Mallum* dictum putes, quia loco notato et designato teneri solebant. [** Vide Grimm. Antiq. Jur. Germ. pag. 746. Graff. Thesaur. Ling. Fr. tom 2. col. 650. Savin. Hist. Jur. Rom. med. temp. tom. 1. cap. 5. § 123. Haltaus. Glossar. German. voce *Mal* et derivat. col. 1299. sqq.

☞ Bis in anno habebatur ejusmodi *Mallus* seu publicus conventus, in quo majores causæ disceptabantur. Capitul. Caroli M. ann. 769 : *Ut ad Mallum venire nemo tardet, primum circa æstatem, secundo circa autumnum.* Frequentiores erant qui circa minores causas versabantur, certis tamen diebus prohibiti. Synodus Suession. ann. 853. tom. 2. Capitul. col. 55 : *Ut Missi nostri Comitibus et omnibus reipublicæ ministris firmiter ex verbo nostro denuntient, atque præcipiant ut a quarta feria ante initium Quadragesimæ, nec in ipsa quarta feria, usque post octavas Paschæ, Mallum vel placitum publicum, nisi de concordia et pacificatione discordantium, tenere præsumant. Similiter etiam a quarta feria ante Nativitatem Domini usque post consecratos dies observent, necnon et in jejuniis quatuor temporum, et in Rogationibus simili observatione eosdem feriatos dies venerari omnimodis studeant.* De iis minoribus *Mallis* intelligendum cap. 51. Capit. lib. 3. quo liberi homines a *mallo* frequentando eximuntur : *Ut nullus alius de liberis hominibus ad placitum vel ad Mallum venire cogatur, exceptis scabineis vel vassis Comitum, nisi qui causam suam adquirere debent aut respondere.* Vide *Placitum*. [** et Grimm. Antiq. Jur. Grimm. pag. 822. sqq.]

¶ Mallum, Judicium in *mallo* prolatum. Placit. ann. 890. inter Probat. tom. 2. Hist. Occit. col. 26 : *Homo quidam, Genesius nomine, absque ulla inquisitione et Mallo seu judicio, ipso absente episcopo, villam Bizagium invasit ac malo ordine retinet.*

¶ Plenus Mallus, Gall. *Plein jugement, pleine audience.* Charta Gorziensis Monasterii ann. 957. sic clauditur : *Actum in villa Dexteriaca in pleno Mallo*; apud Chiffletium in Vindiciis Hispan.

¶ Mallus Publicus, in Capit. Caroli M. lib. 3. cap. 57. Chr. S. Benigni : *In Luco villa in Mallo publico ad res audiendas vel judicandas venit.* Charta Caroli M. apud Henricum Meibomium in Not. ad Witikind. pag. 63 : *Quapropter in illa parte Saxoniæ Trutmannum virum illustrem ibidem Comitem ordinamus, ut resideat in curte ad campos in Mallo publico, ad universorum causas audiendas, vel recta judicia terminanda.* Charta Caroli Mag. in Actis Episcopor. Cenoman. pag. 261 : *Postmodum licentiam habeat, ut in Mallo publico suas querelas juste et rationabiliter atque legaliter quærat.* Sic veteres Formulæ Bignonii cap. 2. Flodoardus lib. 2. Hist. Rem. cap. 18. Beslius in Hist. Pict. pag. 224. Chartæ Alemannicæ Goldasti num. 99. etc.

¶ Mallum Indicare, in Lege Salica tit. 46. num. 1.

¶ Mallum Interjicere, Differre. Edictum Pistense ann. 864. cap. 32 : *Et ne grave ei sit qui suum Mallum Interjecit, qui uno anno primus tenuerit mallum, sequenti anno consentiat alteri primum tenere.*

Mallum Tenere. Synodus Suessionensis sub Carolo C. cap. 7 : *Ne Malla publica vel placita in exitibus et atriis Ecclesiarum.... teneant.* Adde cap. 8. Charta Heriberti Comitis Viromand. ann. 1076 : *Loco, qui dicitur Broilus, ubi placita et Mallos tenebat.* Adde Capitula Caroli C. tit. 30. § 32.

Mallum Gerere, Gall. *Tenir les plaits.* Chron. S. Benigni pag. 414 : *Isaac Episcopo, Odone Comite, Hildeberto Abbate... atque cæteris Missis Dominicis Mallum gerentibus.*

Ad Mallum Comitis Venire. Privilegium concessum Hispanis a Ludovico Pio : *Et ad placitum venire jussus, ad Comitis sui Mallum omnimodis venire non recuset.* V. Capit. Caroli M lib. 7. cap. 96. [** 133.]

Ad Mallum Mannire, in jus vocare, in Lege Ripuar. tit. 32.

Mallare, Ad mallum citare, in jus vocare, in Lege Salica tit. 18. § 18. tit. 52. 54. Alamann. tit. 36. 94. Bajw. tit. 1. cap. 11. § 2. tit. 12. cap. 2. § 1. Ripuar. tit. 58. Capitul. Ludovici Pii ann. 825. cap. 5. 6. 7. Capitul. Caroli C. tit. 28. etc. Vetus Judicium anni 874. ex Tabulario Casauriensi : *Iste Majus advocatus hic in Judicio vestri præsentia Mallavit me, ut ego habe- rem uxorem Gundi, etc.* Chronic. S. Benigni pag. 414 : *Mallavit quemdam Hildebrannum... quod ipse et sui quercum unum truncassent.* Charta alia in Hist. Augustodun. part. 2. pag. 89 : *Unde ad judicium Scabineorum Abbo Mallavit supradictum Cadilonem, etc.* Adde Perardum in Burgundicis pag. 34 35. 147. Steph. Baluz. in Append. ad Capitul. n. 104. etc.

¶ Mallare *post finitam et emendatam causam.* Lex Alamann. tit. 94 : *Si quis aliquem post finitam causam et emendatam Mallare voluerit, post testes tractos et emendationem datam si hoc præsumpserit tentare, et iste se non potest per sacramenta, vel per testes defensare, tunc per pugnam duorum se defendat. Et post hæc ille testator cum quadraginta solidis componat.*

¶ Mallare ad Æneum, Ad judicium seu probationem aquæ ferventis provocare, citare. Lex Salica tit. 55. § 1 : *Si quis ad Æneum Mallatus fuerit, et forsitan convenerit ut ille qui admallatus est manum suam redimat, etc.* Et § 7 : *Si autem leudem alter alteri imputaverit, et eum ad Æneum Admallatum habet, etc.* Pactus Childebertum inter et Chlotharium Reges ann. 593. tom. 1. Capitul. col. 15 : *Si homo ingenuus in furto inculpatus, ad Æneum provocatus, manum incenderit, etc.*

¶ Mallare ad Servitium, vel *in servitio*, Aliquem in jus vocare ut servum se profiteatur. Capitulare Lotharii Imper. tit. 3. § 32 : *Si forte quispiam aliquem mallaverit, et ille qui mallatus fuerit dixerit eum servum suum esse, vel alius in ipsa altercatione veniens eum ad servitium Mallaverit, volumus ut præsentaliter se vuadiet ut ad primum, aut secundum, vel tertium placitum causam ipsam deliberet.* Et infra : *Et sunt aliqui dum aliquos in servitium Mallant, et ipsi de sua libertate probanda dant vuadiam.* Ibidem § 31. aliis verbis idem pronunciatur : *Si vero aliquem adduxerit qui se dominum ejus esse dicat, et illum quem de servitio appellavit replicare ad servitium non potuerit, etc.* Vide *Mallenta*.

Mallatio, Submonitio, in jus vocatio. Edictum in Carisiaco : *Quasdam adinventiones, quod multum Dominus detestatur, et in Mallatione, et in exactione intromittunt.* Chartæ Alemannicæ Goldasti n. 27 : *Quoddam prædium, .. quod Notgerus omni genere studii, quasi hæres Otharii, repetere, publicaque Mallatione Monasterio abstrahere conabatur.*

Mallator, Actor, qui ad Mallum submonet. Vetus Notitia tom. 12. Spicilegii Acheriani pag. 154 : *Quam vero causam prædictus Sigebertus minime negare valens, confessus est verba Mallatoris in omnibus esse vera, etc.*

Admallare, Idem quod *mallare, ad mallum vocare*, in Lege Salica tit. 52. § 2. tit. 53. § 1. et tit. 55. § 1. Ripuar. tit. 51. Charta Caroli Mag. apud Meurissium in Episc. Metensibus pag. 185 : *Nec homines eorum per mallos, burgos publicos, nec per audientias mallus deberet Admallare.* Formulæ Andegavenses : *Hæc contra parentis meus vel contra cujuslibet hominum accidere, vel Admallare, seu adliticare faciatis.* Occurrit in iis non semel.

Obmallare, Eadem notione, in Lege Salica tit. 37. § 8. in Capitul. 3. Ludovici Pii ann. 819. cap. 7. et in form. 9. Auxilius in Causa Formosi Pap. : *Lex dicit, qui hostem ad murum conantem viderit, et non se opposuerit, puniatur. Quidam vidit, ascendit, profligavit, rejecit : Obmallatur?* Infra : *E contra lex, qui viderit matri inferri vim, et opem non tulerit, puniatur. Quidam procul means, vidensque matrem vapulantem, opem tulit : Obmallatur?* Perperam Glossa interlinearis, *morti datur.* Sensus enim est, *an in judicium, qui legi paruit, vocatur?*

Remallare, Eodem perinde significatu, in 124. formula, apud Lindenbrog. : *Et si postea aliquis extiterit... qui ipsum hominem de hoc Remallare voluerit, etc. Remallatio*, form. 125.

Mallatura, Pensitatio, quæ pro mallis publicis fiebat. Charta Ludovici II. Imp. ann. imperii 25. pro Casauriensi Monasterio, in Tabulario ejusd. Eccles. : *Pro nulla denique Mallatura quispiam a Monachis de præfato Monasterio, vel ab Advocato eorum, tortum quærere audeat, quia ob reverentiam S. Trinitatis eidem concessimus.* Diploma Henrici I. Imper. ann. 1043. ibid. : *Et quidquid de prædicti Monasterii possessionibus fiscus noster sperare potuerit, ipsi... concedimus, et ut nullus Mallaturam persolvat Advocato ejus.* [Adde Diploma Ottonis III. Imper. apud Murator. tom. 2. part. 2. col. 496. et Henrici III. ibid. col. 610.]

¶ Mallum Tollere, Pensitationem pro *mallis* exigere. Charta ann. 1173. apud Murator. delle Antic. Estensi pag. 340 : *Neque ullum Mallum tolletur de prædicta terra.*

Mallenses, Judices Malli, seu, ut aliis placet, in judicium vocati pro negotiis persequendis ac disceptandis; apud Odonem Abbat. Cluniac. in Vita S. Geraldi Comitis lib. 1. cap. 19 : *In crastinum vero Mallensibus undique ad Seniorem confluentibus jubet reum adduci.*

¶ **Mallum**, Forum, ni fallor, Gall. *Place.* Charta ann. 1050. ex Schedis D. *le Fournier : Et est ipsa donatio in pago Tolonense in villa Solarios. Hæc sunt, duæ tenuræ in Mallo cum presbiterio et parrochianis ecclesiæ B. Mariæ de Bello-loco.*

¶ **MALLUS**, pro Malus, Gall. *Mat.* Epistola Petri de Condeto tom. 2. Spicil. Acher. pag. 565 : *Frangebantur Malli, rumpebantur anchoræ, et naves, licet maximæ, submersæ sunt in profundum quasi lapis.*

¶ **MALLUVIÆ**, **Malluvium**, Vas quo manus lavantur. Itinerar. Adriani VI. PP. apud Baluz. tom. 3. Miscell. pag. 409 : *Cui Oratores et magnates in fastu ad manus lavandas deserviebant, Malluvias ac alia pro hujusmodi obsequio deferentes.* Vox Festo nota. Vide *Archicamerarius.*

MALMAN. Vide *Maalman.*

¶ **MALMASETUM Vinum**, Arvisium vinum, *Malvoisie*, Anglis *Malmsey*. Bernhardi *de Breydenbach* Iter Hierosol. pag. 31 : *Nam ibidem aliud non habetur vinum nisi Malmasetum.* Vide *Malfaticum.*

¶ **MALMOLA**, Vectigal, tributum, Anglo-Saxonibus *Male.* Chartular. Gemeticense tom. 1. pag. 324 : *Porro tributum Malmola, hominum futurorum vehementer cupiditate inardescente, si decreverint maltari, non plus tribuunt, quam hoc nostro tempore illi concessum est dare.* Vide *Maalman, Mal* et *Maltmulna.*

¶ **MALNA.** Hariulfus lib. 3. Chron. Centul. cap. 3 : *Malnæ sericæ tres ex pisce 1.*

* **MALNEGATOR**, pro *Malvegator.* Vide infra in hac voce.

¶ 1. **MALO**, Cirrus. Vide *Mallones.*

¶ 2. **MALO**, Species *malæ*, pera viatoria. Charta Eduardi IV. Regis Angl. ann. 1480. apud Rymer. tom. 12. pag. 122 : *Cum familiaribus, amicis et benevolis suis... malis, malettis, bogeis, kaskettis, Malonibus, etc.* Vide *Mala.*

¶ **MALOBATRATUS**, Malobathro tinctus. Sidonius lib. 8. Epist. 3 : *Inter Satrapas Regum tiaratorum myrrhatos, pumicatos, Malobatratos venerabili squallore preciosum.*

* **MALOCHIA.** Vide infra *Melusia.*

¶ **MALOGRANATA Gutta**, Hemicraniæ species, quam Galli vocant *Pomme grenade.* Vide in *Gutta* 2.

¶ 1. **MALOGRANATUM**, Tintinnabulum vel campanula. *Tintinnabulis* interdum exornatæ sacerdotales vestes. Chron. S. Trudonis tom. 7. Spicileg. Acher. pag. 349 : *Reperimus de thesauro S. Trudonis... capsas evangelicas argento paratas : Malogranata argentea duo, etc.*

* 2. **MALOGRANATUM**, Titulus libri de Triplici statu religiosorum, in Bibl. Heilsbr. pag. 69.

* **MALO-GRATIBUS**, Invite, ingratiis. Form. MSS. ex Cod. reg. 7657. fol. 36. r°. : *Dictus delatus... quamdam mulierem accepit,.... et contra voluntatem ipsius.... ipsam portavit ad locum de Casico, quam ibi tenuit Malo suis gratibus per multos dies adulterando cum ea.* Vide *Malæ-grates.*

MALOGRATO, Gall. *Malgré.* Vide *Creantare.*

¶ **MALOLIS.** Vide *Malones.*

¶ **MALOLIUS**, Idem quod *Malliolus.* Statuta Montis-olivi ann. 1231. apud Marten. tom. 1. Anecd. col. 967 : *Quod nullus inhabitans villam prædictam possit vel debeat ad aliquo capi... infra terminos jurisdictionis monasterii.... videlicet usque ad Malolium Bernardi Garcini... et Malollium Eleazarii, et usque ad Malolium Petri Aulini.*

* **MALOLUS**, Ager *malleolis* consitus. Charta ann. 1311. in Reg. 48. Chartoph. reg. ch. 39 : *Sub hac venditione comprehendi specialiter volumus... unum Malolum, situm in loco vocato ad podum den sola.* Vide supra *Maleollus.*

MALOMELLUM, *Genus pomi melliflui et dulcis, quia fructus ejus habeat saporem mellis, vel quod in melle servetur.* Jo. de Janua. [*Une maniere de pomme doulce comme miel*, in Gloss. Lat. Gall. Sangerman.]

MALONES, **Malhones**. Charta Raymundi Comitis Tolosani ann. 1326. in Regesto Tolosæ Cameræ Comput. : *Ædificia et bastimenta, terras cultas et incultas, vineas et Malones, agros et condaminas.* Alia ann. 1243. in eodem Regesto fol. 88 : *Questas, toltas, et adempriva, albergas, successiones, et escaducas, furnos, et molendina, aquas, littora, et piscarias, vineas et Malhones cum terris, in quibus sunt, etc.* Alia ann. 1246. fol. 46 : *Videlicet forcium, et aulam, et domos et Malolem, et furnum, etc.* In Chartis aliis vernaculis *Mailoles* dicuntur, quæ vox crebro ibi occurrit, videturque vineam aliquam sonare. Petrus de Crescentiis lib. 4. *Majulum* uvæ speciem facit, a qua forte *Malones* vineæ ipsæ dictæ : *Est et alia species* (uvæ,) *quæ vocatur Majolus, quæ est uva nigra, valde cito maturabilis, et pulcros et spissos et longos botriones faciens, in sapore dulcissima, et vinum facit durum et satis servabile, etc.* [Vide *Malliolus.*]

* **MALONOMUS**, *Mandra, opilio, pastor,* in Glossar. Provinc. Lat. ex Cod. reg. 7657. Aliud Gall. Lat. ex Cod. 7684 : *Malonomus, pasteur de brebiz.* Occurrit prætera in Glossar. Lat. Ital. MS.

¶ **MALO-VELLE**, Invitus, nolens, Gall. *Malgré.* Regimina Paduæ ad ann. 1312. apud Murator. tom. 8. col. 429 : *Vastaverunt rostam, et aperuerunt aquam Malovelle domini Canis.* Ibidem ad ann. 1337. col. 443 : *Dictam portam cum pluribus domibus combusserunt Malo-velle dominorum Alberti et Mastini de la Scala, qui erant ibi præsentes, et ausi non fuerunt defendere.* Adde Chron. Parmense ad ann. 1249. apud eumdem Murator. tom. 9. col. 776.

MALPAGA, Debitum. Charta Catharinæ Comitissæ Virtutum ann. 1381 : *Pro defectibus et Malpagis illorum nullatenus possint molestari.* Alia Galeacii Comitis Virtutum ann. 1387 : *Pro restō dicti subsidii solvendi pro Malpagis, etc.* Scribit Catellus lib. 2. Rerum Occitanarum pag. 297. Lutevæ carcerem esse *Malepague* dictum, in quem conjiciuntur debitores a creditoribus ipso facto, ex quo non eximuntur, nisi post debita persoluta : unde, inquit, appellatur *Malepague.*

MALPENNING, [Denarii pensitatio ex quavis Consuetudine pro facultate aliqua vel privilegio habendo, ex Saxon. Male, tributum, vectigal; et Peny, denarius.] Charta ann. 1264. apud Maximilian. Henric. in Apolog. pro Archiepisc. Coloniens. part. 2. pag. 62 : *Ita tamen quod de personis Ecclesiasticis et Religiosis denarii cervisiales, et denarii, qui dicuntur Malpenning non recipiantur.* [** Germ. *Malen*, Molere.]

MALPITIO, Italis *Malpizzone*, Morbus equinus *in bulletis ungularum equi, cum carnes vivæ junguntur ungulis, etc.* apud Petrum de Crescentiis lib. 9. cap. 48. cujus vetus Gallicus Interpres habet *Palpizon.*

¶ **MALPROFIECH.** Statuta Eccl. Avenion. ann. 1337. apud Marten. tom. 4. Anecd. col. 561 : *Cum sponsæ ad eorum traducuntur hospitia, de ipsorum domibus bona, more prædonum, rapiunt violenter, pro quibus pecuniarias ab invitis redemtiones extorquent, quas expendunt in scurrilitatibus et comessationibus inhonestis, quæ juxta eorum vulgare Malprofiech damnabiliter appellant.* Quod in malum usum impendatur sic dictum existimo.

* **MALSARDUS**, Proditor; Hispan. *Malsin* est Delator, calumniator, accusator : unde *Malsinar*, calumniari. Charta ann. 1265. tom. 4. Cod. Ital. diplom. col. 417 : *Exceptis exbannitis, Malsardis et inimicis dictorum nobilium marchionis et comitis.* Ita quoque legitur tom. 1. Corp. diplom. pag. 123. col. 1.

* **MALSERNUS**, Eodem intellectu. Consuet. Carcass. ex Reg. L. Chartoph. reg. ch. 3 : *Qui ad contumeliam vocat aliquem Malsernum, vel traditorem, vel furem probatum, etc.*

1. **MALTA**, Cæmentum, *Mortier.* Ordo Romanus de consecratione Ecclesiæ : *Tunc faciat Maltam de calce et tegula cum ipsa aqua benedicta ad occludendas Sanctorum reliquias in loco altaris.* Hugo de S. Victore lib. 1. de Ceremon. Eccl. cap. 8. habet *molta : Et quod remanet de Molta, qua conditæ sunt Sanctorum reliquiæ, fundit ad basim altaris.* De hac voce multa commentatur Octav. Ferrarius in Originibus Ital.

¶ 2. **MALTA**, pro *Molta*, Molitura, Gall. *Mouture.* Charta ann. 1256. apud Ludewig. tom. 5. Reliq. MSS. pag. 70 : *Plane renuntiavimus omni actioni quam habemus contra eos, quod nobis gratis sine Malta molere tenebantur, si hoc per aliquod tempus facere neglexerunt.*

¶ 3. **MALTA**, pro Melita, et *Maltensis*, pro Melitensis, ap. Murat. tom. 6. col. 393.

¶ 1. **MALTARE**, **Maltarium**, **Malter**, etc. Vide *Maltra.*

2. **MALTARE**, Solidare. Vetus Interpres Juvenal. Sat. 5 : *Quia hoc solent vitrum solidare, id est, Maltare.* [Vide *Malmola.*] [** et *Smaltum.*]

* **MALTELLUS**, Clavus figendis tegulis accommodatus, Gall. *Clou à latte.* Comput. fabr. S. Lazari Æduens. ann. 1295. ex Cod. reg. 5529. B. : *Item pro Maltellis ad latandum factis, xxij. den.*

¶ **MALTHO.** Pactus leg. Sal. tit. 30. edit. Eccardi : *Si quis lidum alienum extra consilium domini sui ante Regem per denarium ingenuum dimiserit, malb. Maltho thegto meolito, etc.* ubi doctiss. Editor *Maltho,* designaverit, interpretatur, a verbo German. *Malen*, designare.

MALTMULNA, Molendinum, ubi brasium molitur; vocabulum compositum ex vocabulis Anglicis, *malt*, brasium, et *muln*, vel *milne*, melendinum. Occurrit in Vitis Abbat. S. Albani pag. 63.

* **MALTOLETTUM.** Vide supra *Maletollettum.*

* **MALTOTA**, Tributum quodvis, quælibet exactio, idem quod supra *Maletollettum.* Charta ann. 1348. ex Tabul. eccl. Camerac. : *Concesserat quod quædam Maltota sive assizia in civitate Cameracensi supra goudalias et vina curreret, sive currat et recipiatur ad opus et sustentationem murorum et fortalicium dictæ civitatis Cameracensis.* Vide *Tolta.*

¶ **MALTOUTA.** Vide *Tolta.*

MALTRA, MALTRUM, MALDRUS, MALDRUM, MALTER, promiscue, Mensura Germanica, continens quatuor modios, Germ. *Malter halt mut* : modius vero seu *mut*, comprehendit quatuor quartales. Ita Vadianus et Goldastus. Eckeardus junior de Casib. S. Gall. cap. 1 : *De tarra avenis centum Maltrorum.* Charta Henrici Imp. ann. 1114. in Actis Murensib. pag. 32 : *Unum Maltrum de frumento, et unum fritschingum, et unum siclum de vino.* Eadem Acta pag. 37 : *Debet singulis annis dare 4. Maltra de spelta, et 6. de avena.* Occurrit iterum pag. 56. Adde Ottonem de S. Blasio cap. 47. [et Histor. Lotharing. tom. 1. col. 416.]

☞ Ne cui vero negotium exhibant Instrumenta quædam, in quibus *Maltra* minoris mensuræ memoratur, observandum aliam fuisse publicam, quæ major; aliam claustralem, quæ Ecclesiasticorum erat, eaque minor : hujus quæ fuerit capacitas discere est ex Cod. MS. Consuetud. Eccl. Colon. fol. 11 : *Canonici majoris Ecclesiæ habebunt annuatim ad album panem... 900. Maldra et 78. Maldra tritici... 50. parvi partes albi fiunt de Maldro tritici mensuræ Coloniensis... de ista summa solvet Vrisheim 500. modios tritici qui faciunt 300. Maldra claustralis mensuræ.* Erat præterea *Maldrum parvum* cujus mentio fit in iisdem Consuetud. 90 : *Maldra parva faciunt 352. Maldra claustralis mensuræ. 50. modii siliginis faciunt 112. maldra et dimidium maldrum.*

¶ **MALDRE.** Sigefridi Comitis Palat. Rheni Litteræ apud Tolner. Histor. Palat. inter Instr. pag. 33 : *Cum vero invitatus venerit, subscriptum tantum servitium a fratribus habebit, duo Maldre ad panem vespere et unum mane, ad pabulum equorum decem Maldre hyeme, quinque æstate.*

MALDRUM et MALDRUS, apud Cæsarium lib. 4. cap. 6. lib. 10. cap. 17. et 47. in Concilio Coloniensi ann. 1260. can. 11. et in Charta Friderici I. Imp. ann. 1152. pro Ecclesia Marsnensi apud Miræum in Donat. Belgic. pag. 444. [Chronic. Wormat. ad ann. 1272. apud Ludewig. tom. 2. Reliq. MSS. pag. 130. Rerum Mogunt. tom. 3. pag. 328. et 329.] Summula Raimundi :

Usuram facio si marcam præsto per annum
Pro pullis, vel pro Maldro pisæ, vel avenæ.
Ante diem messis nummos poteris dare tali
Conditione, quod certo tempore Maldra
Tot reddam tibi, quot poterit tua summa valere.

Vide Vitam Balduini Lutzemburg. lib. 3. cap. 1.

MALDRUS. Polyptychus S. Remigii Remensis : *Census de Marsna de 6. molendinis, centum Maldros, etc.* Infra : *De camma 132. Maldr. de questu cervisiæ... ad Natale Domini 18. Maldr. avenæ de obb.* Charta Lotharii III. Imp. ann. 1131 : *Duos Maldros panis, quatuor oves, et amam vini Abbas habebit.* [Adde Acta SS. tom. 1. Junii pag. 527.]

* MALTRUS, ut *Maltra*, Mensuræ Germanicæ species, seu Præstatio frumentaria, quæ ad hanc mensuram fit. Locus est supra in *Malcidus.*

MALDARIUS. Charta Henrici Comitis Namurcensis et Luxemburg. ann. 1182 : *Ea conditione, quod singulis annis septem Maldarios annonæ eidem Ecclesiæ teneantur respondere.*

MALDARIUM, in veteri Charta apud Cornelium Kempium lib. 2. cap. 11 : *Quinque Maldaria panum siliginis, Maldarium tritici, etc.*

¶ MALDRARIUM. Acta S. Adalheidis tom. 1. Febr. pag. 713 : *Distribuebatur spinda, ut loquuntur, duoderim Maldrariorum tritici.*

MALTER et MALDER, in Tabulis Anselmi Abbatis Lauresham. apud Freherum in Orig. Palat. in ipso Chronico Lauresham. pag. 84. in Chartis Alemann. apud Goldastum ch. 12. 49. 69. 79. 83. et 84.

MALTARE, apud Conradum Usperg. in Philippo, et Suenonem pag. 325. [Charta ann. 1374. apud Ludewig. tom. 1. Reliq. MSS. pag. 389 : *Duodecim Maltaria siliginis, minus duobus modiis Hertzbergensis mensuræ, et quindecim Maltaria avenæ Muckowensis mensuræ.*]

MALDRATA, Quantum *Maldra* continet. Speculum Saxon. lib. 2. art. 16. § 4 : *Quando præco Judici mulctam demeretur pro eo, quod eum super suo neglexerit judicio, tunc mensuram Regis, id est, Maldratam pro mulcta præstet, quæ in triginta duobus virgæ quercinæ viridis duorum cubitorum longitudine verberibus noscitur comprehensa.* [Charta ann. 1276. apud Ludewig. tom. 1. Reliq. MSS. pag. 114 : *De ipso molendino sedecim Maldratas siliginis mensuræ Belgerensis annis singulis ministrabit.*]

¶ MALDREDUM, in Charta ann. 1205. apud Ludewig. tom. 1. Reliq. MSS. pag. 25 : *Eidem Ecclesiæ octo Maldreda frumenti advocatialis quæ nobis annuatim de eadem solvebantur curia, contulimus.*

MALTSHOT, Præstationis species apud Anglos. Vetus Charta apud Somnerum in Tractatu de *Gavelkind* pag. 27 : *De Maltshot termino Circumcisionis Domini 20. den.* [Forte ab Angl. *Malt*, brasium. Anglo-Sax. *Maltz*, polenta.]

¶ **MALTUM**, Vox quæ Architectis *solidamentum* sonat. Vide *Smaltum.*

¶ **MALVAGGIUS**, Scelestus. Acta S. Alexandri Episc. tom. 1. Junii pag. 750 : *Sed non esse valde antiquas cognovimus, cum notaremus ibi verba prorsus Italica, Malvaggius, adnegatus, pelligrinasium, ac fluvium Po, pro scelestus, submersus, peregrinatio, Padus.* [* Ital. *Malvagio.* Voces, *Malvaggius, adnegatus, pelligrinasium, fluvium Po*, descriptæ sunt ex Lectionibus officii S. Alexandri, aliæ ad editorem pertinent.]

* **MALVATICUM**, Vinum Creticum, Ital. *Malvagia*, Gall. *Malvoisie.* Barelet. serm. in Domin. 4. Advent. : *Nonne reputaretur insipiens, qui optimam romaniam, vel Malvaticum poneret in vase murulento?* Vide *Malvaxia.*

¶ **MALVAVISCUM**, Herbæ genus. Vide supra in *Magrancules.*

¶ **MALVAXIA**, Arvisium vinum, Gall. *Malvoisie*, Ital. *Malvagia.* Statuta Vercell. lib. 4. pag. 95. v°. : *Quod nullus in civitate vel districtu Vercellarum audeat vel præsumat vendere vel vendi facere vinum vernacie, Malvaxie, dicreti, vel alterius generis vini, etc.*

* **MALVAZIA**, Eadem notione, in Convent. Saon. ann. 1526. *Malvessée*, in Lit. remiss. ann. 1464. ex Reg. 194. Chartoph. reg. ch. 250 : *Le suppliant s'en ala avec plusieurs autres pour recréer et boire de la Malvissée en la maison et hostel d'un espissier en nostre ville de Tournay.* Vide *Malvaticum.*

* **MALVEGATOR**, Maleficus, incantator, Ital. *Malvagione.* Stat. crimin. Riper. cap. 104. fol. 17. v°. : *Quod malefici et Malvegatores arbitrio dom. capitanei et judicis maleficiorum puniantur in persona, vel havere.* Stat. Palavic. lib. 2. cap. 29. pag. 97 : *Malefici vel diabolici incantatores seu Malvegatores* (editum *Malnegatores*) *qui etiam artem exerceant in alterius detrimentum vel consumptionem, seu matrimonii turbationem, inspecta qualitate facti et conditione personarum, puniantur in havere et persona arbitrio jusdicentis.*

MALVEISIN, Machinæ bellicæ species, sic appellata lingua Gallica, tanquam *malus vicinus*, seu *mauvais voisin*, quod proximos hostes maxime incommodaret. Petrariæ speciem facit Matthæus Paris sub ann. 1216 : *Propter petrariam, quæ Malveisine Gallice nuncupatur, qua cum machinis aliis Franci ante castrum locata, muros acriter crebris ictibus verberabant.* Ex quibus colligitur, fuisse machinam, qua muri lapidibus ingentibus impugnabantur. At Guignevilla in Poemate vernaculo, *le Pelerinage de l'humaine lignée*, videtur innuere plures simul eodemque impetu sagittas emissas per hanc machinam, ita ut illa sit catapulta, quam Angelus Portenarius lib. 5. de Felicit. Patavina describit, et cujus figuram expressit. Sic vero Guignevilla :

Ne nuls tels dars ni puet meffaire,
Com bien que on i sache traire
Malveisine les sajetes,
Ne Espringale ses mouchettes.

Ita etiam appellavit Willelmus II. Rex Angliæ Castellum a se extructum, quo aliud, quod ad deditionem compellere nitebatur, incommodaret. Henricus Huntindon. lib. 7. Hist. pag. 373. et ex eo Jo. Brompton : *Post hæc obsedit Consulem ad Bamburg : quod cum armis inexpugnabile videret, paravit ante illud castellum aliud, quod appellavit Malveisin, in quo partem relinquens exercitus, recessit.* Vide Cambdenum in Descript. Comitatus Northumberland.

¶ **MALVELLA.** Vide *Malbella.*

* **MALVESTAT**, *Prov. Facinus, flagitium.* Glossar. Provinc. Lat. ex Cod. reg.

7657. Italis, *Malvagia*, Malum, improbitas. Vide supra *Maliganitas*.

¶ **MALVESY**, Arvisium vinum, *Malvoisie*. Mandatum Richardi II. Reg. Angl. ann. 1393. apud Rymer. tom. 7. pag. 745. : *Tres buttas de Malvesy*. Vide *Malvaxia*.

MALUGINOSUS, Κακεντρεχής, *Subdolus*, in Glossis Græc. Lat. [* Adde ex Castigat. in utrumque Glossar. Germ. *Malignosus*.]

MALVITIUS, Avis species, nostris *Mauvis*, apud Fridericum II. Imper. lib. 1. de Venat. cap. 18.

1. **MALUM**, Candelabri pars instar mali, seu pomi rotunda. Chronicon Casin. lib. 3. cap. 57 : *Alia candelabra argentea cum Malis crystallinis parium unum*. Cap. ult. : *Aliud parium* (candelabr.) *argenteum cum Malis crystallinis*.

Malum, in ædium sacrarum summitatibus, quomodo etiam hodie in æde S. Petri Romæ Vita Caroli M. : *Tacta etiam de cœlo, in qua postea sepultus est basilica*, (Aquensis) *Malumque aureum, quo tecti culmen erat ornatum, ictu fulminis dissipatum etc.*

¶ 2. **MALUM**, Publicus judicum conventus. Tabular. Rothon. : *Hæc carta indicat quod fuit Malum inter monachos Rothonenses de fine terræ... ante Alan. Principem*. Vide *Mallum*.

* **MALUM** Dicere, Contradicere, adversari. Inquisit. ann. 1268. ex schedis Pr. de Mazaugues : *Et tempore illo ipse pastorabat oves...... per totum Cravum, sine contentione alicujus hominum, et non invenit qui diceret sibi aliquod Malum.*

* **MALUM-BONUM**, Gall. *Bon-mal*, per antiphrasim, Morbi genus. Lit. remiss. ann. 1450. in Reg. 185. Chartoph. reg. ch. 71 : *Certaine maladie, appellée le Bon-mal, etc.*

¶ **MALUM-MORTUUM**, Morbi genus pedum et tibiarum, Gall. *Mauxmorz*. Miracula B. Edmundi Archiep. apud Marten. tom. 3. Anecd. col. 1893 : *Gauterius de Charni a fistula et Mali-mortui incommodo liberatur*. Ibidem col. 1895 : *Guillelmus ex urbe Parisiensi a Malo-mortuo curatur.* Epist. Johannis Archiep. Viennensis ad Honorium III. PP. ann. 1221. apud eumdem Marten. tom. 1. Anecd. col. 890 : *Johannes monachus et Sacerdos juratus dixit, quod Guichardus de Montannis, Lugdunensis diœcesis, ægritudine quadam quæ lingua nostra dicitur Mauxmorz in pedibus et tibiis universaliter oppressus; ita quod sine adjutorio alterius nusquam posset incedere, etc.* [* Vide Bibl. Labb. tom. 1. pag. 496.]

* **MALUM REGIS**, Strumæ, Gall. *Escrouelles*. Mirac. S. Fiacrii tom. 6. Aug. pag. 618. col. 2 : *Filia Bartholomæi custurarii habebat in collo scrophulas gravissimas: quæ infirmitas vocatur Malum Regis.*

MALUS, Diabolus, Scriptoribus sacris. Lexic. Gr. MS. Reg. sign. 2062 : Πονηρία, ἑκούσιος κακοποιΐα, δι' ἣν καὶ ὁ διάβολος πονηρὸς λέγεται. Paulinus Natali 4. de Exorcista :

Inde gradum cepit, cui munus voce fideli
Adjurare Malos, et sacris pellere verbis.

Idem Natali 5 :

Non tulit hæc Malus ille diu; sed inhorruit atris
Crinibus, etc.

Natali 7 :

... Velut illi qui meruere
Vasa Malis fieri.

Carmen iambicum vetus edit. a Barthio lib. 34. Advers. cap. 1 :

Cursu vagante lubrico infortunio
Tentationibus Mali.

Ita passim Tertullianus lib. de Pœnitentia cap. 5. lib. de Patientia cap. 11. 14. de Cultu feminarum cap. 5. lib. 2. ad Uxorem cap. 6. Idem Paulin. Epist. 4. ad Severum, Cyprianus de Orat. Dom. cap. 10. Chromatius Aquileiensis Concione 1. in D. Matthæum, Olympiodorus in Ecclesiast. cap. 8. Commodianus Inst. 44. 57. 62. etc.

Atque ita *Malum*, in Oratione Dominica, *Sed libera nos a malo*, Patrum plerique intelligunt. Origenes, sive quis alius in Orat. Domin. : Ὁ δὲ μὴ εἰσελθὼν εἰς δίκτυα πειρασμοῦ, ἐρρύσθη ἀπὸ τοῦ πονηροῦ. Πονηρὸς δέ ἐστιν ὁ διάβολος, οὐ φύσει ἀλλὰ προαιρέσει· οὐ γὰρ τῶν ἐκ φύσεώς ἐστιν ἡ πονηρία, ἀλλ' ἐξ αὐτεξουσίου κακίας καὶ προαιρέσεως γίνεται. κατ' ἐξοχὴν δὲ οὕτω καλεῖται, διὰ τὴν ὑπερβολὴν τῆς κακίας. Sic quoque Chrysostomus, Euthymius, Theophylactus, Petrus Damianus, etc. Quin etiam hæc verba Joannis Epist. 1. v. 17. καὶ ὁ κόσμος ὅλος ἐν τῷ πονηρῷ κεῖται, non desunt, qui de diabolo capienda censent. Vide Casaubon. ad Epist. Gregor. Nysseni pag. 85.

Sed et Gallis nostris eadem olim dæmonum familiaris fuit appellatio : *Maufés*, enim dicuntur Scriptoribus vernaculis medii ævi, quasi *malefici*, (nam Κακοποιαὶ δυνάμεις dicuntur Synesio) vel potius *malefacti*, quod turpi et putida ut plurimum figura donentur, unde efficta postmodum etiam hodie in usu vox, *Mauvais*, qua res quæpiam mala denotatur. Le Roman *de Garin* :

Seignor, dit-il, ceanz a un Maufé.

Chron. Bertrandi *du Guesclin* MS :

Il ne croit nostre Loy neant plus que li Maufés.

Rursum :

Rampoient contre mont en huant com Maufés.

Robert de Bourron en son Roman *de Merlin* MS. : *S'empartent del Chastel, et commandent as Maufés tous cheus, qui y remainent.* Vide Notas nostras ad Joinvillam pag. 106.

* **MALUS-CASUS**, nostris *Malucase*, in ludo pilæ dicitur, cum pila datur male, Gall. *Quand la bale est mal servie*. Lit. remiss. ann. 1396. in Reg. 150. Chartoph. reg. ch. 177 : *Au mettre et livrer l'estuef sur où ilz jouoient par icellui Tassin, ledit Tassin eust failli et fait Malucase, s'il qu'il sembla à icellui Jacotin sa partie adverse, et pour ce lui eust dit que ledit coup ainsi servi ne valoit néant et qu'il avoit gagnié, etc.*

¶ **MALUS-CLERICUS**, Gall. *Mauclerc*, Indoctus, ignarus; nostris enim olim *Clericus*, idem quod doctus sonabat. Genealogia Reg. Franc. tom. 2. Spicil. Acher. pag. 805 : *Qui* (Robertus Comes Drocarum) *genuit Henricum Archiepiscopum Remensem, Joannem de Brana, Petrum Malum-clericum... Item Petrus Malus-clericus accepit in uxorem sororem Arturi Ducis Britanniæ.* Vide D. *de Caseneuve* Origin. Gall. v. *Malotru*.

* **MALUS-DENARIUS**. *Estre mauvais* dicuntur denarii, qui in partitione alicujus summæ supersunt assignandi, cum scilicet pauciores sunt denarii, quam homines qui eos solvere debent. Lit. remiss. ann. 1447. in Reg. 179. ch. 91 : *Pour lequel compte ilz deurent chacun ung petit blanc, sauf que en payant chacun ung petit blanc; ilz avoient deux deniers mauvais; voyant laquelle chose,... et que difficile chose leur seroit de partir et paier entre eulx cinq lesdits deux deniers, qui estoient mauvais etc.*

¶ **MALUS-FAGUS**, Fagi species infructifera, quæ glandem fageam non fert. Litteræ Geraldi Tornac. Episc. ann. 1152. apud Marten. tom. 1. Anecd. col. 451 : *Sylva adjacens villæ ex regia munificentia libera possessio est ecclesiæ B. Amandi, quercus, Malus-fagus, nespilus, etc.* Vide *Faia* 1. [* Sed legendum videtur distinctis vocibus *Malus, fagus*; est enim Malus silvestris arbor nota.]

¶ **MALUS-FOSSATUS**, Fossatum pascuum. Charta ann. 1196. ex Archivis S. Vict. Massil. : *De Malo-fossato perceperunt quod esset palium, et gastum.*

¶ **MAMA**, Cerevisia. Telomonius de Bello cum civitate Brunsvic. apud Leibnit. tom. 2. Script. Brunsvic. pag. 90 : *Cerevisia, quam Mamam aut mocam ridicule appellant, pro potu, ac quodam atri saporis acido, quod Coventum vocant, homines hujus loci utuntur.*

¶ **MAMACHUTUS**. *Fatuus ac stolidus*. Vocabular. Sussannæi.

¶ **MAMACULUS**, δρᾶμα. Gl. Lat. Gr. MSS. Sangerm. [* Adde ex Castigat. in utrumque Glossar. forte *Dramatulum*.]

¶ **MAMALIRETS**, Soldani milites. Informationes civit. Massil. de *Passagio* transmarino ex Cod. MS. Sangerm. : *Et ita predicte galee impedient, aufferent et turbabunt quod nemo audebit portare vel adducere ad terras vel partes Sarracenorum et Soldani homines illos qui vocantur Mamalirets qui efficiuntur et sunt meliores et magis experti in armis quos habeat Soldanus, quoniam naturales homines ipsius Soldani seu Saraceni in se et de se parum valent in armis.* [* Vide *Mameluchi*.]

¶ **MAMATIO**, Vadium seu pignus, quod duello decertaturi ex decreto judicis, apud eum deponebant. Litteræ Castellani Insulensis ann. 1236. ex Chartul. S. Quintini in Insula : *Si qui provocaverint se ad duellum in prædicta villa, causa tractari debet per ecclesiam... Et tota Mamatio duelli ad ecclesiam pertinebit, ita quod quando pugiles campum ingrediantur ex tunc cum serviente ecclesiæ, etc.*

¶ **MAMBAX**, mendose in Gloss. Arabicis pro *Bambax*, quod vide in *Bombax*.

¶ **MAMBOTA**, pro *Manbota*, in Legibus Edmundi cap. 3 : *Et nolo, ut aliqua fihtewita vel Mambota condonetur.*

MAMBURNUS, Tutor, Gubernator; *Mambour* vel *Manbour*, in Consuetud. Hannoniensi cap. 77 Namurcensi art. 20. Montensi cap. 38. Valentianensi art. 27. 67. 79. 80. etc. [Bulla Innocentii II. PP. ann. 1131. apud Miræum tom. 1. pag. 94 : *Fuimus per præfatos Mamburnos et gubernatores dicti Hospitalis, debita cum instantia, requisiti, quatenus, etc.*] Lewoldus Northovius in Chronico Markano ann. 1249 : *Cum esset Mamburnus Comitatus de Teckemburg.* Vide eumdem ann. 1347. Joan. Hocsemius in Episcopis Leod. lib. 1. cap. 17 : *Tunc temporis Episcopo decumbente, pater ejus Guido,* quasi *Mamburnus patriam gubernabat.* Eadem notione idem Scriptor usurpat cap. 29. et cap. 34. ubi hæc verba habet : *Ad eligendum Mamburnum, id est, in temporalibus præsidentem.* Vide eumdem lib. 2. cap. 6. Vitam Balduini Lutzemburg. Archiep. Trevir. lib. 3. cap. 9. et Monstrelletum 3. vol. pag. 125. 224. Etymon a Theutonico *mondt* accersunt viri docti, quod *os* significat, et *bar*, sive *baer*, id est *paratum, præsens, nudum, apertum;* quia os esse debeat publice iis, quorum tutelam, sive mundium suscepit. Sed probabilius est, voces has effictas esse ex *Mundium*, et *Mundiburdus*, quas vide.

¶ MAMBURNIA, Gubernatio, regimen. Chronic. Cornelii *Zantfliet* apud Marten. tom. 5. Ampliss. Collect. col. 367 : *Finaliter ad suscipiendum Mamburniam patriæ et rebellionem contra suum Principem arripiendam induxit.* Idem occurrit col. 368.

¶ MANBURNUS, Qui pago præest. Acta SS. tom. 4. Junii de S. Walhero pag. 616 : *Aberam ego tunc domo : sed ipsa quod factum erat, narravit Munburno pagi nostri.*

MAMBURNIA, MAMBURNIUM, Tutela. Charta Communiæ S. Quintini ann. 1195 : *Nisi aliquis qui dispatriaverit, aut aliquis, qui est in Mamburnia, super hoc clamorem fecerit.* Charta anni 1238. in Tabul. Abb. Thenaliensis : *Et quia propria sigilla non habebamus, sigillo nobilis viri Galteri D. de Mignies, in cujus Mamburnia fueramus.... fecimus communiri* Charta ann. 1146. in Tabular. Priorat. Neronisvillæ fol. 17 : *Ante Bernardum de Milli, qui eo tempore in Mamburnio habebat Maciam et Amalricum filium Rainardi Pulcri, de cujus feodo hæc terra fuit.* [Ordinat. Philippi Pulcri ann. 1308. tom. 1. Ordinat. Reg. Franc. pag. 459 : *La Royne nostre compaigne,.... nos effans estans avec nous en nostre Mainbournie.* Statuta Johannis domini de Commerciaco ann. 1362 : *Item, nous establissons et commandons que nul ne pourchassoit, ne fasce faire mariaige ny fianceailles d'enfans quelz qui soient en Mainbornye de pere ou de mere..... sans le congié et le consentement de leurs Mainbours,*] Froissart. 1. vol. cap. 155 : *Fussent en garde, bail, tutele, cure, Manburnie.* Adde Leges Leodienses cap. 18. Consuetud. Valencian. art. 63. 79. Ordinationes Metenses, etc.

¶ MANBURINA, Eadem notione. Charta Thomæ Abb. Sangerm. pro libert. hominum Villæ novæ S. Georgii ann. 1249. in lib. Annivers. B. f. 218 : *Hujusmodi autem remissionibus et libertatibus tantummodo gaudere volumus homines superius nominatos, cum uxoribus et hæredibus eorumdem, tempore confectionis præsentium litterarum, in eorum Manburina existentibus.*

¶ MANBURNIA, in Chartul. AB. Sangerm. ann. 1253. fol. 212 : *In eorum Manburnia existentibus quantum ad personas eorum, etc.*

* MANBORNIA. Charta Goberti de Asperomonte in Chartul. Campan. Cam. Comput. Paris. fol. 387. r°. : *Et de terra ista non eram homo vester, nisi per Manborniam Guidonis fratris mei.* Hinc *Manburnir*, pro Tueri, uti tutores solent, in Ch. A. episc. Meld. ann. 1261. ex eod. Chartul. fol. 189. v°. : *Jura (li maistre) lo roi ou son commandement que les biens de la maison il gardera et Manburnira bien et loialment.*

¶ MANPEBURDA, in Charta Ludovici Boni ann. 815. apud D. Calmet. tom. 1. Hist. Lotharing. col. 298 : *Hartmannus Comes ad nostram accessit Clementiam, deprecans ut ipsam precariam quam a supra memorato abbate Optario acceperat, per nostram Mandeburdam et licentiam.... habere potuisset.*

¶ MANIBURNIA. Litteræ Philippi III. Reg. Franc. : *Et quando liberi nostri, vel alter eorum (quandiu fuerint in Maniburnia nostra) ibidem morabuntur, etc.*

¶ MANIBURNIUM, Administratio, regimen, *Gouvernement.* Charta ann. 1270. apud Miræum tom. 1. pag. 437 : *Nihil in eam* (villam) *juris prætendat Advocatus, qui in feodum ligium sumet de manu Regis Maniburnium.*

¶ MANUBRUNEA, Tutela. Charta Hugonis Militis ann. 1259. ex Tabul. S. Nicasii Remens. : *Item habemus alias literas de Manubrunea liberorum domini Joannis de Alneto Militis.*

¶ MANUBURNIA, Eadem notione. Charta ann. 1207. ex Tabul. S. Nicasii Remens. : *Et liberi eorum tunc extra Manuburniam parentum facti, et ab eorum potestate universaliter emancipati.* Alia Curiæ Remens. ibid. : *Et sciendum quod idem fratres in Manuburnia non erant.* Charta Johan. Comitis Suess. ann. 1265. : *Et de illis qui sunt extra Manuburniam alterius.* Adde Tabul. Blein. ann. 1349.

MAMBURNIRE, Tueri, uti tutores solent. Vita B. Ivettæ Reclusæ cap. 9. n. 25 : *Qui quasi pueros Mamburnire videbatur.* Le Roman *de Vacce* MS :

Au douziéme an qu'il terre maintinst et Mainborni.

Balduinus de Condato vetus Poeta MS :

Il n'aura ja si grant avoir,
Ne si grant terre a Mainburnir.

Idem :

Celui va procce croissant,
Qui grant terre a a Mainburnir.

¶ MANBURINARE, Idem quod *Manburnire.* Charta ann. 1313. ex Chartul. S. Martini Pontisar. : *Omnes expensæ, et custus facti pro querendis, adducendis, troturandis* (lib. triturandis) *et Manburinandis fructibus.*

MAMBURDITOR, Tutor, *Mamburnus.* Charta Richardi Regis Rom. ann. 1267. apud Miræum in Donat. Belg. cap. 117 : *Absque tutoris sive Mamburditoris auxilio.*

¶ MAINBURNUS, Eadem notione. Charta ann. 1300. apud Baluz. tom. 2. Hist. Arvern. pag. 298 : *Quorum se asseruit et asserit Mainburnum et administratorem legitimum.*

¶ MAMBURGUS, Eodem intellectu. Charta ann. 1253. apud Miræum tom. 1. pag. 584 : *Gilberto marito meo et Mamburgo vel tutore consentiente et volente.*

¶ MANIBURNUS, in Charta ann. 1360. apud Ludewig. tom. 6. Reliq. MSS. pag. 26 : *Nostros veros et legitimos Maniburnos, tutores et defensores irrevocabiles fecimus.*

MANBURGIUM *et defensio*, in Legatione Synodi Mantalensis ad Bosonem Regem ann. 879 : *Defensionem et Manburgium singulis exhibentes, etc.* Responsio ejusdem Regis : *Omnibus, ut monuistis, legem, justitiam, et rectum Manburgium, auxiliante Deo, conservabo, etc.*

MAMELUCHI. Sic appellabant Ægypti mancipia Christiana, aut ex Christianis parentibus orta, in pueritia capta, et pretio distracta, ex quibus eligebatur, qui cæteris imperabat, Sultani appellatione. De his sic Willelmus Tyrius lib. 21. cap. 23 : *Solent enim Turcorum Satrapæ et majores Principes, quos ipsi lingua Arabica vocant Emyr, adolescentes, sive ex ancilla natos, sive emptos, sive capta in prælis mancipia studiose alere, disciplina militari instruere diligenter, adultis autem, prout cujusque exigit meritum, dare stipendia, et largas etiam possessiones conferre. In dubiis autem bellorum eventibus, proprii conservandi corporis solent his curam committere, et de obtinenda victoria spem habere non modicam : hos lingua sua vocant Mameluc.* Sanutus lib. 2. part. 2. cap. 6 : *Et deferunt de Mari Majori a partibus septentrionalibus pueros et puellas, quos præfati Ægyptii nominant Mamuluchos.* Vide Jovium de Reb. Turc. Leuncl. in Pand. Tur. cap. 207. et alios rerum Turcicarum Scriptores; Scaligerum præterea lib. 3. Canon. Isag. pag. 326. ult. Edit. Edwardum Pocockium in Supplemento ad Gregorium Abul-Faragium pag. 7. et Notas nostras ad Joinvillam pag. 80.

¶ **MAMERRIUM.** Acta D. Erardi de Lisigniis Episcopi Autiss. apud Duchesn. tom. 1. Histor. Card. Gall. pag. 215. inter Probat. : *Propter bonum castitatis.... habebat etiam tres cathenas argenteas nodis plenas quodam insertas Mamerrio, ex quibus de nocte carnem suam disciplinis pluries castigabat.* Ubi leg. *Manubrio.*

* **MAMESSOR**, Apparitor, Gall. *Sergent.* Sent. major. et jurat. Burdegal. ann. 1307. in Reg. 62. Chartoph. reg. ch. 497 : *Qui quidem prædictum judicium acceptando dixerunt, quod præsto erant et parati dictum facere juramentum,.... petentes sibi dari Mamessorem seu Mamessores ad videndum hujusmodi sacramentum... Qui retulerunt quod dicti Bertrandus, Dominicus... super forte prædictum in eorum præsentia fecerant hujusmodi sacramentum.* Vide infra *Manserius.*

* **MAMETRACTUS**, pro *Mammotrectus*, Titulus libri, in quo voces Bibliorum enucleantur, apud Cyprian. in Catal. Codd. MSS. Bibl. Goth. pag. 8. Vide Præfat. Cangii in Glossar. pag. 30. et Erasm. in Antibarb.

MAMILIARES, μονοχεῖα, in Gloss. Gr. Lat. Editis et MSS. ubi Meursius emendat *mamuales* : malim *manulares.*

MAMILLAM STRINGERE, in Lege Salica tit. 22. § 4. *Prendre le sein d'une femme.* Ubi hæc Lindenbrogius : Leges Alfredi Regis cap. 11. 18. Pœnitent. Rom. lib. 3. cap. 20. *Mamillas obtrectare.* Cap. 27. *Obtrectare puellæ aut mulieris pectus.* Burchard. Decret. lib. 19. pag. 275. 302. *Mammas stringere.* Saxo Gram. lib. 2. pag. 17. Plautus Bacchid. : *Manus ferat ad papillas, labra a labris nusquam auferat.* Idem Asin. : *Si papillam pertractavit, etc.* In Lege Frision. tit. 22. § 88. *Feminam per maxillam stringere.* Forte quis legat *Mamillam.* [Editio Aleman. *Mamillam capulaverit*, hoc est amputaverit.]

¶ **MAMILLARE**, Amiculi genus, quo ubera mulieres tegere consueverunt, quia eo mammas adstringunt. Martin. in Lexico.

MAMILLARIA, Armaturæ species. Computum Stephani *de la Fontaine* Argentarii Regis, incipiens 1. Julii ann. 1352. cap. *d'Orfaverie : Pour faire et forger la garnison d'une paire de harnois tout blanc, en quoi est entré* 14. *marcs* 6. *onces d'argent, et un once d'or fin à la dorer; c'est à sçavoir* 1068. *clos à estoilles*, 8. *boucles*, 8. *mordans à fermer les plates d'une grant boucle pour le dossier*, 12. *rivez*, 2. *charnieres*, 2 *Mamellieres, et deux chaienes pour icelle Mameliere.*

¶ **MAMILLARIUM**, Tota animalis pars inferior. Vetus MS. Corbeiense, cui titulus, *de mensa Abbatis : De porco qui dicitur escaudeis, habet* (famulus) *totum Mamillarium a gutture per ventrem usque ad caudam.*

¶ **MAMIUM**, f. mendose pro *Mantum*, vel *Manitio*. [** Malim *Animalium*.] Charta ann. 1465. apud Rymer. tom. 11. pag. 556 : *Per aliquas incursiones, invasiones, deprædationes, deroborationes* (lib. derobationes) *personarum Mamium, seu rerum captiones, etc.*

¶ **MAMLERNA**. Diploma Alfonsi Regis Castiliæ pro Monasterio S. Johannis de Burgos apud Stephanot. tom. 3. Fragm. Hist. MSS. pag. 215 : *Dono insuper et concedo præfato monasterio totam illam Mamlernam quæ Holza nuncupatur et jacet inter villam Imo et Lem Christofori de villa Diago, ex integro, sicut eam habeo vel habere debeo jure hæreditario in perpetuum habendam.*

* **MAMMA**, Mater, in Epitaph. apud Montemfalc. in Diar. Ital. pag. 147 : *Ildibrandus ejus genitor, Theodoraque Mamma.* Pro nutrice, in Stat. Genuens. lib. 4. cap. 67. pag 117. 1°. Sed et honoris ergo usurpatur in Vita S. Appol. tom. 1. Jan. pag. 259. col. 2 : *Abiens vero vetula, ei hac in re inservit. Cum ea autem attulisset, ei precata est, dicens : Deus te adjuvet, Mamma.* Vide *Mammare*. [** Glossar. med. Græcit. voce Μάμμα, col. 859. infra *Mammare*.]

¶ **MAMMALUCI**, Iidem qui *Mameluchi*. Bernhardi *de Breydenbach* Iter Hierosol. pag. 38. : *De Japha associavit se nobis dominus ipse de Rama nobiscum equitando propria in persona, cum multis Mammalucis, id est,* (*ut dicitur*) *apostatis Christianis.* Ibidem pag. 215 : *Id enim certum habetur quod omnes Mammaluci pueros suos masculos faciunt baptisari, non ob id quidem* (*malorum opinione*) *ut pueri salutem consequantur animæ, neque ut in fide Christiana perseverent, sed ut in paternis bonis fiant successores.*

MAMMARE, Lactare, *mammam dare*, Plauto in Menæch. hinc *Mamma*, nutrix, et *Mammula*, nutricula, apud Gruter. 88. 3. 663. 2. S. Augustin. in Psalm. 39 : *Prægnantes sunt, qui spe intumescunt : Mammantes autem, id est, lactantes, qui jam adepti sunt, quod concupierant.* Μαμμεύειν, in Glossis Græco-Barbaris.

MAMMELINUS, pro *Miramomelinus*, occurrit apud auctorem Magni Chronici Belgici ann. 1212. pag. 210.

¶ **MAMMETRECTUS**, corrupte dictum pro *Mammothreptus*, id est, aviæ alumnus, a nutrice educatus, Græc. μαμμόθρεπτος. Goclen. Lex. Philos.

MMGH. Vide infra *Mannigh*.

MAMMIOS, ὑμήν, apud veterem Interpretem Moschionis de morbis mulierum cap. 42.

* **MAMMIS**, *Cheval*, in Glossar. Lat. Gall. ex Cod. reg. 7692.

MAMMOCESTIS, Apitius lib. 8. de Re culin. cap. 6 : *Hœdus, sive agnus syringatus, quod est Mammocestis, exossatur diligenter, etc.* Ubi *Mammocestis* perperam, ni fallor, pro μαμμόθρεπτος, qui adhuc lac sugit.

¶ **MAMMONA**, vox Chaldæa, Divitiæ, lucrum. Hieronymus in cap. 6. Matth. : *Mammona sermone Syriaco divitiæ nuncupantur.* August. lib. 2. de Serm. Domini in monte : *Mammona apud Hebræos divitiæ appellari dicuntur. Convenit et Punicum nomen; nam lucrum Punice Mammon dicitur.* Vide eumdem August. in Psal. 53. et de Verbis Domini serm. 35. *Mammona, Monnoie, ou richesse mal acquise ou nom de Dyable*, in Gloss. Lat. Gall. Sangerm.

MAMMONES, Simiæ. Guillelmus de Baldenzel in Hodœporico pag. 112 : *Vidi plures baburnos, coctos, Mammones, psittacos, mirabiliter instructos, gestibus suis homines mirabiliter ad deductionem provocantes.*

¶ **MAMMULA**. Vide *Mammare*.

¶ **MAMOTREPTI**, *Pueri dicuntur qui diu sugunt, quod non decet.* Papias ex D. Augustino.

* **MAMPHORA**, Sudarium, linteum. Acta S. Amator. tom. 4. Aug. pag. 24. col. 2 : *Vestes etiam ejusdem virginis et cetera multa talia, necnon Mamphoram cum impressione similitudinis faciei Dominicæ, a nomine dictæ mulieris Veronicam nuncupatam, prout Romæ ostenditur, fideliter collegit et salubriter custodivit. Mafora* vero est Operimentum capitis præsertim feminarum Vide *Mafors* et confer *Manupiarium*.

¶ **MAMZER**, *Spurius*. Gasp. Barthii Glossar. apud Ludewig. tom. 3. Reliq. MSS. pag. 56. Vide *Manzer*.

MANA, Mater, anus, femina ætate provectior. Luithprandus in Legat. cap. 23 : *Obviantes mihi mulieres quæ prius, in stuporem mentis versæ, Mana, Mana clamabant.* Gervasius Tilleberiensis MS. de Otiis Imper. decis. 3. cap. 95 : *Mulieres agnosco Manas nostras, quæ processerunt in diebus suis, quæ proponebant, se de nocte vidisse, etc.* Utitur etiam Fr. Recuperius in Miraculis B. Ambrosii Senensis num. 59. et 128. Apud Senenses *Mana è nome d'honoranza, per le donne di bassa conditione, a cui non convenga titolo di Madonna.* Ita Academia Cruscana. Græci μάνα eadem notione usurparunt. Emanuel Georgillas Limenites in Poem. MS. de Mortalitate Rhodi ann. 1498 :

Καὶ πίκρανε τοὺς γέροντας, καὶ θλίψει ταῖς μανάδες,
Ταῖς κόρες, ταῖς ἀνεγλύτες, καὶ ταῖς οἰκοκουράδες.

Vide Glossar. Meursii, [Cang. med. Græcit. col. 860.] et Fabroti ad Cedrenum, et Codinum de Orig. Edit. Reg. pag. 60.

¶ **MANA** Dies, Vox familiaris veteribus Gallis notos mane salutantibus, qua bonam faustamque diem amicis apprecabantur, ut observat Valesius in Notitia Galliarum pag. 562.

MANACIA, Minæ, ex Gallico *Menace*. Glossæ MSS. Reg. Cod. 1198 : *Minis, Manaciis.* Quæ quidem vox occurrit, ni fallor, apud Hincmarum Laudunens. Episc. pag. 612 : *Tunc Dom. Rex dixit, quia si ille ipsam silvam, ut dicebat, nutriebat, quam pater suus nutrire cœperat, et ex eo amicis suis, non destruendo, sed cum Manacia dedisset, aut si ad suam necessitatem ex ea cum mensura accepisset, pro hoc non debuisset illud beneficium amittere.* Editus Codex habet *Manacta*.

☞ Vix est ut cum D. Cangio sentiam vocem *Manacia* apud Hincmarum minas significare : probabilius videtur ad vocem *Manaties* respexisse, qua in Consuetud. Lotharing. tit. 6. art. 9. designantur possessiones ea lege ad censum annuum concessæ, ut in iis maneant (unde f. etymon) possessores, easque non distrahant, atque, ipsis sine liberis decedentibus, ad dominum revertantur. Quæ quidem non male, ut opinor, cum allatis cohærent.

MANACIARE. Glossæ MSS. ad Canones Concil. : *Comminari, Manaciare.* [Le Roman *de Rou* MS. :

Tant pramist au Comte et offri,
Tant Manacha et tant blandi
Que Guy Heralt au Duc rendi.]

* Hinc *Manecheur*, qui minas intentat, in Charta ann. 1403. tom. 2. Hist. Leod. pag. 437. quomodo etiam legendum, pro *Mancheur*, in alia ann. 1424. ibid. pag. 445. Unde *Manechement*, pro *Menace*, Minatio, apud Guignevil. in Peregr. hum. gener. MS. :

Quant j'ouy ce Manechement, etc.

* **MANADA**, Manipulus, quantum manu continetur. Glossar. Provinc. Lat. ex Cod. reg. 7657 : *Manada, Prov. Manipulus.* Comput. ann. 1412. inter Probat. tom. 3. Hist. Nem. pag. 206. col. 1 : *Item solverunt... pro sex intorticis ceræ, et tribus Manadis de doblises, et Pontio Tutelli pro tribus Manadis de doblises ceræ,.... præsentatis consorti dicti domini gubernatoris, etc.* Vide in *Manata* et infra in *Manna* 3.

¶ **MANADERIUS**, Idem videtur qui *Mandatarius*. Statuta MSS. Auscior. art. 66 : *Item est consuetudo ibidem quod in honore dom. Comitis est præceptor unus seu Manader, et in honore dom. Archiepiscopi alius, et in parochia S. Orentii alius : qui præceptor sive Manader id quod facit faciat de mandato Consulum civitatis Auxis, et aliter factum non valeat; qui Manader debet ire ad exercitum cum aliis hominibus civitatis Auscis ad expensas dictorum Consulum, quando prædicti homines ire tenentur; verumtamen prædictus Manader potest quittare unum ex vicinis quem vult ad cognitionem Consulum ne vadat ad exercitum prædictum, et tenetur facere dictus Manader quæ ei mandantur per dictos Consules; et ille Manader, quando collecta imponitur per Consules civitatis prædictæ in prædicta civitate, est immunis, nisi collecta altera* (f. ultra) *impositionem quatuor denariorum Morlanorum* (sit;) *quando autem per Consules civitatis prædictæ mandatur aliquibus civibus quod vadant ad valla curanda, vel ad alia utilitatis publicæ facienda, prædictus Manaderius est immunis, et unum vicinum civitatis prædictæ potest quittare a prædictis faciendis; et quando collecta imponitur per dictos Consules, exigitur per Manaderium, qui habet pro suo labore quatuor denarios Morlanos in die, et debet esse cum collectoribus in exercitio per totam diem.

¶ **MANAEUHS.** Vide *Mairchieus.*

¶ **MANAGERIUS**, Idem qui *Manens*, *mansuarius*, *hospes*, qui ratione *mansionis* vectigal aut censum, quotannis domino persolvit. Charta Caroli Regentis ann. 1362. Reg. 92. Chartophyl. regii Ch. 191 : *Honestis pauperibus villæ Manageriis illa* (pecunia) *distribuetur*, id est, in civitate natis. Chartular. S. Vandreg. tom. 2. pag. 1825 : *Quod jus et proprietas levandi et habendi duas partes minutarum decimarum in parrochia prædicta et a parrochianis parrochiæ prædictæ, exceptis duntaxat parrochianis et Manageriis existentibus et commorantibus in Habello.* Vide *Mansionarii*, et *Managium* 2.

* *Mannager*, alio sensu, pro Artifice scilicet, Gall. *Artisan*, *ouvrier*, legitur in Reg. 2. sign. R. urbis Duac. fol. 26. v°. ad ann. 1439 : *Item fu alé au devant d'elle* (Me de Charolois, fille de Charles VII.) *à cheval par les officiers de M. le Duc, le loy et gens notables, et fu deffendu de non y aller frutiers, Mannagers, ne gens de petit estat.*

¶ 1. **MANAGIUM**, Advectio, transportatio, a Gall. *Mener*, ducere. Litteræ Ballivi de villa Terrici ann. 1221 : *Cum contentio dia fuisset... super Managio bladorum granchiæ domni Martini... De Managio autem bladorum ita compositum est, quod equi hominum vel vehituræ eorum cum quibus excolunt terras suas, cum propriis Præpositi de domno Martino simul ducent blada apud Meduntam, in domum Abbatis. Ibi Præpositus..... providebit dictis hominibus panem album et vinum rationabile.*

2. **MANAGIUM**, Mansus, vel mansio. Testamentum Herberti Comitis Viromand. ann. 1059. apud Joan. Carpentarium in Hist. Camerac. : *Apud Goiacum... tria Managia.* Charta Willelmi Comitis Pontivi ann. 1205 : *Concessi Magistro Simoni Cappellano S. Crucis 13. libras, in recompensatione Managii Evæ Signoreæ.* Charta Matthæi et Mariæ Comitum Pontivi ann. 1248. in Tabular. S. Judoci : *Et si contingat, quod prædicta duna detur ad Managia facienda, ita quod hospites ibi morentur, etc.* Alia ann. 1251. in Tabular. Episcopat. Ambian. fol. 97 : *Hospitale,... quod continet duo Managia, quæ censum annuum nobis tanquam domino debent.* Alia Henrici III. Regis Angl. tom. 2. Monastici Anglic. pag. 82 : *Managium ejusdem Hugonis cum campo adjacente.* [Charta ann. 1272. tom. 3. Hist. Harcur. pag. 52 : *Acram unam terræ ad Managium, et unam acram prati ad pasturagium.* Alia Philippi de Arbosio Episc. Tornac. ann. 1368. apud Miræum tom. 2. pag. 1328 : *Cum uno manerio sive Managio pertinente ad dictas terras.*] Vetus Consuetudo Normanniæ cap. 24 : *Et si doit l'en savoir que le Manage est relevé par trois sols, et par ce aquite la premiere acre, ou tout le tenement, s'il n'y a plus d'un acre.* Le Roman d'*Aubery* MS :

Descendu sont en lor maistre Manaige.

* Pro prædio rustico, in Charta authent. offic. Attrebat. ann. 1259. ex Tabul. S. Petri Gand. : *Domina Mathildis.....quitavit... sexies viginti libras Paris. quas ipsa domina habebat nomine assignamenti supra Managium, quod Eustachius filius prædicti Egidii militis mariti sui tenebat apud Loison, et etiam supra certas pischarias, aquas, redditus et omnia alia ad dictum Managium pertinentia.* Nostris vero *Manandise*, mansio, domus. Lit. remiss. ann. 1455. in Reg. 183. Chartoph. reg. ch. 30 : *Comme le suppliant eust prins à louage.... à Amiens... une maison ou Manandise etc.* Reg. 13. Corb. sign. *Habacuc* ad ann. 1509. fol. 7. v°. : *Et aussi par condition que se ledit preneur y fait édifier et alonguier quelque édifice ou Manandise, etc.* Chron. MS. Bertr. Guescl. :

Anglois fureut issus hors de leur Manandie.

Hinc *Manable*, qui alicubi manet, in Bestiar. MS. :

Or vos conterai d'un oisel,
Qui moult parest courtois et bel,
Tousdis est en euc Manabale.

Unde etiam *Mannage*, pro Supellex domestica, Gall. *Meuble*. Pedag. prior S. Gondulfi Bitur. ann. 1314 : *Ung Mannage d'ostel, v. solz. Manandie* autem vel *Manantie* nostratibus præterea facultates, bona, redditus, suppellectilem qua domus ornatur significat. Lit. pro monast. Sagiens. ann. 1359. tom. 7. Ordinat. reg. Franc. pag. 459 : *Comme à cause de leur église ilz aient, tant en chief comme en membres, pluseurs patronnages d'église, droiz, seigneuries, Mananties, profiz et émolumens et revenus, etc.* Vita J. C. MS. :

Chil Mahieus estoit tonloiers,
Assés avoit grant Manandie.

Pactum inter Phil. Pulc. et Guill. comit. Hannon. ann. 1314 : *Et deffendre en bonne foy en nostre terre que il n'aient Manandie, ne confort, ne marchandise nulle.* Inde *Manant*, pro Divite, in Doctr. :

Et qui a bones teches, riche est et Manant.

Vide *Massaritia*.

* 3. **MANAGIUM**, Familia; quo sensu etiam *Ménage* dicimus. Lit. remiss. ann. 1376. in Reg. 108. Chartoph. reg. ch. 299 : *Se Suessionas transferens, ubi pro victu suo, uxoris et Managii lucrando, mercari cepit.... Dictus exponens, qui cum uxore et familia honeste vivere consueverat etc.*

* 4. **MANAGIUM**, Jus, quod domino competit in *Managia* seu prædia subditorum. Gualt. Hemingf. de Gest. Eduardi I. reg. Angl. ad ann. 1296. pag. 93 : *Fidelitatem et homagium vobis facta, tam a nobis, quam ab aliis quibuscumque regni nostri incolis, fidelibus nostris, ratione terrarum, quas in regno vestro de vobis tenebant, et etiam ratione Managii seu retencionis vestræ etc.*

* 5. **MANAGIUM**, Tributum, quod pro mercibus quæ advehuntur, debetur. Charta ann. 1280 : *Nobilis vir Pontius Bremundi dominus castri de Caslario... concessit et tradidit, seu quasi, dicto domino regi..... medietatem pro indiviso stacæ seu juris quod habet in staca et in Managio, et generaliter medietatem pro indiviso totius alterius juris, quod ipse Pontius Bremundi habet in staca et Managio et pedagio supradictis..... Si contingeret quod aliquid committeretur a transeunte seu transeuntibus, nomine vel occasione Managii, passagii et stacæ seu pedagii etc. Et quod dictum pedagium, staca et Managium sine consensu utrius partis nullo tempore possit dividi.*

MANAGUR, [f. Negotii alicujus rector, Anglis, *Manager*,] vox Wallica, in Legibus Hoeli Boni Regis Walliæ cap. 9 : *Hic est unus homo eorum, cui soli creditur, scilicet Managur, dictator continens cum testimonio Sacerdotis, etc.*

¶ **MANAHEDA**, Idem, ut videtur, quod *Mansus*, domus, habitatio. Tabular. Rothonense : *Et hoc est tributum istius terræ : de avena modios x..... In Manaheda* XII. *denarios, sine censu, sine tributo.*

MANAIA. Testamentum MS. Raimundi Comitis Melgoriensis in procinctu itineris Hierosol. exaratum : *Dono D. Deo et S. Petro... sedis Magalon... Maniam quam habeo in salinis.* Et infra : *Et relinquo suprascriptam Manaiam et totum pulmentum piscium, quam de toto stagno habeo.* Idem videtur quod pugillata salis, quantum manu continetur, ac proinde idem quod *Manata*, de qua voce mox.

MANALES Lapides, *qui in modum cylindrorum per limites trahebantur.* Papias.

* **MANALIS**, Mobilis; dicitur de officio a quo quis amoveri potest. Stat. eccl. Tull. ann. 1497. fol. 98. v°. : *Furnerius tenetur ex officio suo, quod est Manale et ad nutum capituli amovibile, et ideo nullatenus venale, nobis ministrare pro quolibet resali frumenti claustralis xij. denas panum alborum.*

¶ **MANALITES**, Eadem notione qua *Missi*, qui res dominicas disponunt, administrant. Præceptum Lotharii Regis pro Monasterio Prumiensi ann. 865. apud Marten. tom. 1. Ampliss. Collect. col. 176 : *Tam de ipsa villa quam de omnibus rebus Richardi, sicut supra comprehensum est, Manalitis* (l. Manalites) *venerabilis Marcwardi Abbatis, Goerannum scilicet, Adalbertum, et Hildifrandum, simulque et Theotfredum advocatum ipsius monasterii revestivit, et ipsi easdem res secundum legem insiderunt.* Et infra : *De omnibus vero mancipiis per servum unum nomine Germinianum eosdem Missos revestivit.*

* **MANAMENTUM**, Mansio, domus in qua quis manet. Charta ann. 1265. in Reg. feud. Aquit. ex Cam. Comput. Paris. sign. JJ. rub. fol. 47. r°. : *Quitaverunt omnes planaturas, Manamenta, plateas, domos et lapides, quæ sunt in castro Podii Willelmi.* Vide supra *Managium* 2.

MANANA. Vide in *Mannus*.

¶ **MANAPIATUS**, Hypothecatus, l. si quis comparaverit. de præsumpt. Ita Hierolexic. Macri.

* **MANARA**, Securis, Ital. *Mannaia*. Chron. Domin. de Gravina apud Murator. tom. 12. Script. Ital. col. 559 : *In quodam vexillo suo regali facto de novo, præter arma sua regalia, depingi fecit quamdam Manaram et cippum.* Vide *Manaria*.

¶ **MANARIA**, Batillum, falcula, Gallis *Faucille*, *serpette*, Italis *Manarino*, quod ad manum facilis sic dicta. Capit. Caroli II. Regis Siciliæ Rubr. de Armis acutis : *Qui cum roncha ferrea, accetta, Manaria, cultello quocumque quemquam percusserit, etc.* Glossæ Andreæ de Ysernia in alium locum eorumd. Capitul. : *Et ita de portatione roncæ vel Manariæ non tenetur pœna portationis armorum, quia facta est ad incidendum sepes et alia.* Chron. Parmense ad ann. 1232. apud Murator. tom. 9. col.

706 : *Et eo anno fuit factus murus in glarea Communis in ripa Parmæ a sero de subtus a ponte lapidum, cujus memoria in quodam lapide marmoreo sculpta fuit cum Manaria.* Inter militum arma recensetur ibid. col. 797 : *Et tunc per milites et alios, qui ibi erant pro Ecclesia Romana, ter omni septimana guastum fiebat circumquaque Forlivium. Et erant ibi pro ipsa Ecclesia mille guastatores cum securibus et Manariis.* Vide *Manuaria*.

* **MANARIXIUS**, ut *Manara*. Inter arma vetita recensetur. in Stat. Vallis-Ser. rubr. 44. ex Cod. reg. 4619. fol. 88. r°. Vide *Manarota*.

¶ **MANAROTA**, Idem videtur quod *Manaria*. Histor. Cortusior. lib. 2. apud Murator. tom. 12. col. 800 : *Et inspiciens vidit maximam perditum multitudinem a lanceis longis, a balistis et Manarotis ante portam, etc.*

MANAS, *Malas*, *maxillas*. Papias.

MANATA, quasi *Manuata*. Italis certe *Manata* est *brancata*, *tanta quantita de materia*, *quanta puoi stregnere*, *o tener con mano*, manipulus, nostris *Manée*. Charta Amedei Com. Sabaud. ann. 1249. apud Guichenonum : *Concessit pro remedio animæ suæ... leydam salis, quam habebat apud Chamberiacum, præter Manatam salis, quam recipiebat Mistralis Chamberiaci nomine ipsius.* Libertates, concessæ villæ Franchæ ab Archembaldo Dom. Borbonensi ann. 1217. MSS. : *Si aliquis extraneus ducit asinos cum sale, dabit unam Manatam, si vendit. Quicunque vendit sal in foro ad archam, vel in nundinis, dabit unam Manatam salis a pollice in antea.* [Regestum 87. in Chartophylacio regio : *Percipiunt D. Aynardus junior unam cartam, unam mondinam et unam Manatam nucleorum, etc.* Statuta Massil. lib. 5. cap. 19. § 11 : *Item quicumque capiet de alieno honore fabas,... vel bladum solvat nomine banni, pro quolibet Manata, de die* VI. *den.*] Charta Libertatum villæ *de la Perouse* ann. 1260. apud Thomasser. : *Et li sauners* (*donera*) *do setier une Manée de laide, et autre de terrage.*

* Pugillus. Reg. episc. Nivern. ann. 1287 : *Item quilibet qui vendit sal in burgo comitis, debet quolibet Sabbato totius anni unam Munée salis usque ad policem, et debet mensurari ad manum recipientis. Menée*, eodem sensu, in Consuet. Bitur. ex Reg. Joan. ducis Bitur. Cam. Comput. Paris. fol. 117. v°. : *Item quiconques amene sel à Bourges, S. Supplice a pour chacun cheval une Menée. Mannée* vero pensitationem significat, quæ pro frumenti molitura exigitur, in Charta ann. 1232. inter Annal. Tervan. pag. 125 : *Je Eustasse, soer le conte de Saint Pol, fay scavoir.... que j'ay donnet et octroiet.... as nonnains de Biaupré de l'ordene de Cistiaus, qui mainent ou tenement de le Gorghe, leur Mannée. En tele maniere que elles poent morre as molins de le Gorghe quittement sans moture et sans aultre droiture, tout chou que il convenra à la souffisance de le maison.* Vide infra *Manuata*.

Manada. Tabularium Conchensis Abbatiæ in Ruthenis ch. 226 : *Sextarios sex de civada, et sex gallinas, et tres Manadas de canbet*, i. tres manipulos cannabis. Vide *Palma* 3.

* **MANATICUM**, Præstatio propter mansiones solvenda. Reg. feud. Aquit. sign. JJ. rubr. in Cam. Comput. Paris. fol. 32. v°. : *Item habet* (dom. rex) *Manaticum proprium pro eorum domibus burgi.*

* **MANATUS**. Charta ann. 1489. inter Probat. ult. Hist. Trenorch. pag. 281 : *Ac* (cum) *aliis supra Manatis et mentionatis dumtaxat*. f. scriptum erat contracte *Meratis*, unde male lectum est *Manatis*, pro *Memoratis*.

* **MANAVERIA**, Instrumentum quoddam ad piscandum utile. Charta ann. 1307. in Reg. 47. Chartoph. reg. ch. 130 : *Item intendit probare dictus procurator, quod dictus dominus episcopus* (Magalonensis) *et sui prædecessores.... sunt et fuerunt in possessione..... concedendi in acapitum Manaveriam et manguerias et alia quæ ad artem piscandi vel aliter utilia.* Vide infra *Manea*.

* **MANAVESIUS**, Armorum genus, idem quod supra *Manarixius*, in Stat. Mantuæ lib. 1. cap. 112. ex Cod. reg. 4620.

MANAZEI, ita dicti in Bosnensi regno Paterini hæretici, ut est in Hist. A Cutheis ann. 1366. a Manichæis id vocabuli fluxit.

* **MANBORNIA**, Tutela. Vide in *Mamburnus*.

MANBOTA, Compensatio mortis, a voce Saxonica Man, quæ hominem sonat, et Bode, quæ a bettan deducitur, quod compensare est. Erat igitur *Manbota* perempti hominis illa æstimationis pars, quæ cæsi domino compensationis loco tributa est. Leges Inæ Regis cap. 69 : *Ex æstimatione capitis viri, qui vicenis, dum vixerat, æstimabatur solidis, subtrahantur* 30. *solidi ad compensandum domino mortem, etc.* Saxonicum habet Monbote. Occurrit hæc vox non semel ea notione in Legibus Edw. Confess. cap. 12. Henrici I. cap. 12. 69. 70. 74. 75. 76. 79. 80. etc. Leges Normannicæ Willelmi Nothi cap. 8 : *Si home occit l'altre, et il seit counsaut, et il doive faire les amendes, durrad de sa Manbote al seignor per le franc home* 10. *sols, et pur le serf* 20. *sols.* [** Vide Philips. de Jure Anglosax. § 47. et Histor. Jur. Anglic. tom. 2. pag. 258. 315.]

¶ **MANBURGIUM**, Manburina, etc. Vide *Mamburnus*.

1. **MANCA**, pro *Marca*, seu certo auri et argenti pondere. Willelm. Malmesb. lib. 2. de Gestis Angl. : *Ad omnes principales sedes librum hunc suo jussu conscriptum se velle transmittere, cum pugillari aureo, in quo esset Manca auri.* Glossarium vetus Anglican. circa tempora Edw. III. exaratum, *Mancam sive mantam auri*, *triginta denariorum* fuisse tradit. Lambardus mancusam et marcam, (quæ verba idem sonant cum manca) nummum argenteum 30. valentem denariis interpretatur. Verum jure in dubium vocat Somnerus, an *Manca* et *Mancusa* nummus aut percussa moneta fuerit, cum probabilius sit, fuisse auri aut argenti quid certo quodam pondere constans, qua notione *marcam* vulgo accipimus, cujus valor tam in auro quam argento crescit aut minuitur pro ratione valoris monetæ, qui ut plurimum pro nutu et libito Principum minuitur aut augetur. Atque inde fit, ut in Legibus Henrici I. cap. 69. *manca* sex solidis æstimetur, quinis nimirum denariis ad solidum : in Lege Adelstani Reg. cap. 6. 30. denariis ; *mancusa* vero apud Willelmum Thorn pag. 1776. in Variantibus Lect. pondus 2. solid. et 6. denar. dicatur. Occurrit in Legibus et Scriptoribus Anglicis passim. Vide Monastic. Anglic. tom. 2. pag. 266. et infra *Mancusa*.

☞ Somneri sententiam firmare licet ex Testamento Byrhtrici apud Hickesium pag. 52. ubi armillæ aureæ pondus ad 80. *Mancas* æstimatur : *Primum naturali domino suo Regi armillam auream quæ habet* 80. *Mancas auri.* Et infra : *Et dominæ suæ Reginæ armillam unam quæ habebat triginta Mancas auri... Præterea dedit eidem Ecclesiæ... unam torquem auream de quadraginta Mancis auri.*

Manco. Liber mirabilis, seu Tabularium Abbat. Conchensis in Ruthenis ch. 19 : *Et in memoria census per singulos annos S. Petro Romæ Apostolo unum Manconem auri persolvant.* Nisi legendum sit *Mancosum*, ut in Charta 207.

2. **MANCA**, Defectus, nostris *Manque*, Italis *Mancanza*. Urbanus II. PP. in Epist. ad Ivonem Carnotensem Episcopum : *Oves dominicas... absque morbo vel Manca perducere.*

¶ 3. **MANCA**, f. Naviculæ piscatoriæ genus. Vita S. Oswaldi sæc. 5. Benedict. pag. 745 : *Totam simul piscariam Ramesensi Ecclesiæ contulit cum Mancis et costis piscatorum.* Vide *Manciva*.

4. **MANCA** Manus, Sinistra. Electio Henrici Regis Portugalliæ apud Brandaon. in Monarch. Lusitana lib. 10. cap. 13 : *Si Rex Portugalliæ non habuerit masculum, et habuerit filium, ista erit Regina. Non accipiet virum, nisi de Portugal. nobilis et talis non vocabitur Rex, nisi postquam habuerit de Regina filium Varonem, et quando fuerit in congregatione, maritus Reginæ ibit in Manca manu, et maritus non ponet in capite coronam regni.*

¶ **MANCALDUS**, Mensura annonaria, *Mancaud*. Chartul. Aquicinctense fol. 60 : *Godefridus de Strumel dedit Ecclesiæ Aquicinensi... censum* 2. *modiorum avenæ duorum etiam Mancaldorum pisæ.*

¶ **MANCALZ**, Modus agri, qui *mancaldum* capit. Chartul. Aquicinctense fol. 26 : *Johannes de Hainelcurt vendidit nobis duas Mancalz terræ.*

MANÇANARES, Pomaria. Vox Hispanica ; *Mançana*, pomum. Charta æræ 1010. apud Ant. *de Yepez* in Chron. Ord. S. Bened. tom. 5 : *Vineas et terras, et ortales, et Mançanares, cum pratis, pascuis, etc.*

MANÇANUM. Charta æræ 978. apud Anton. *de Yepez* in Chron. Ord. S. Bened. tom. 6. pag. 460 : *Concedimus ibi serviendum illa vinea de illo Mançano alia vinea juxta alia vinea de illa Comitissa, etc.* [* Idem videtur quod *Mançanares*, Hispan. *Manzanal*, Pomarium.]

MANCARE, *Mancaster*. Vide *Mancus* 1.

* **MANCATUM**, perperam, ut videtur, pro *Mandatum*, in Stat. Genuens. lib. 4. cap. 20. pag. 127 : *Si aliquis propinquus aut vicinus requisitus noluerit consentire, et facto præcepto de Mancato magistratus, non comparuerit, etc.*

¶ **MANCAUS**, Mensura frumentaria.

Chartular. S. Vedasti Atrebat. V. pag. 264 : *Ad pontem de Wendin debet cellerarius .... in festo omnium SS. quatuor Mancaus frumenti.* Vide *Mancaldus*.

¶ **MANCEA**, Mensa, Gall. *Table*. Inventarium ann. 1342. ex Archiv. S. Vict. Massil. : *Item unam mapam piste, item duas Manceas, etc.* Vide *Mancia*.

MANCELI. Vide *Moneta Baronum*.

MANCELLA, Parva manica, manicella, nostris *Manchette*. Wolphardus Presbyt. lib. 1. de Vita S. Walpurg. cap. 6. n. 19 : *Mancellam ei a manu prævaricatrice et tumida dissuerunt.*

* Alias *Mancelon*. Lit. remiss. ann. 1457. in Reg. 189. Chartoph. reg. ch. 186 : *Une paire de Mancelons, qui pouoient valoir deux sols, six deniers.*

1. **MANCEPS**, Satelles, lictor, vel qui satellitibus præest. [*Manceps, Sergent*, in Glossar. Lat. Gall. Sangerm.] S. Cyprianus Epist. 69 : *Latrones Mancipi, obsequio pleno humilitatis obtemperant.* Mox : *Præpositus illic agnoscitur et timetur.* Lucifer Calaritanus lib. 2. pro S. Athanas. pag. 89 : *Non esse Christianus, sed plane Manceps latronum cognosceris. Manceps carceris, et vinculorum janitor*, apud Prudentium libro Peristeph. S. Zeno in Serm. de S. Arcadio : *Hunc vero profitentem ad nefandam custodiam noxiæ mentis Mancipes rapuerunt.*

Manceps Mutationum. Gloss. Gr. Lat. : Ἐπίσταθμος, ὁ τῆς καταμονῆς ἡγούμενος, *Stationarius, Manceps. Mancipes cursus publici*, de quibus in Cod. Th. in leg. 15. 22. 35. 36. 42. etc. de Cursu publ. (8,5.) Senator lib. 4. Epist. 47 : *Si quos autem intemperans culpa pertulerit, collectam quantitatem per vices agentes Mancipibus mutationum volumus applicari, ut cursualis tractus inde habeat remedium, unde hactenus sumpsit incommodum.*

Manceps *Thermarum, Salinarum*, in Cod. Th.

¶ Mancipes, Publicani spontanei, inquit Gothofredus ad leg. 17. lib. 13. Cod. Theod. tit. 1. quibus cura ut distributionis, ita exactionis injungebatur, suo privato commodo.

2. **MANCEPS**, Pistor publicus. Μάγκιψ, ὁ τεχνίτης τοῦ δημώδους ἄρτου, in Glossis Basilic. Ita *Mancipes* usurpant leg. 1. et 2. Cod. Theod. de Frumento urb. CP. (14,16.) ut censet Cujacius. At Jacobus Gothofredus non quosvis pistores ; sed eos, qui pistrinis publicis, atque adeo panum civilium et militarium pistoribus præpositi erant, ex d. leg. 18. et ex Socrate lib. 5. cap. 18. solos *Mancipes* appellatos contendit. Verum in d. leg. 18. *Mancipatus*, non est præpositura pistrinorum ; sed *panis excoctio, et obsequium pistrini*, ad quod tenebantur omnes, præter eos, qui ratione dignitatis a muneribus sordidis immunes erant, ex leg. 15. eod. Cod. de Extraord. sive sordid. (11,16.) Præterea Græcos recentiores μάγκιπα quemvis pistorem vocasse constat. Vide Vitam S. Auxentii Archimandritæ cap. 8. et alios, laudatos a Meursio. Hinc μαγκιπεῖον, apud Cedrenum pag. 324. in Basilicis, apud Suidam, etc. et μαγκίπιον, in Chronico Alexandrino pag. 786. pro pistrino. Lexicon Gr. MS. Reg. Cod. 1062 : Ἀρτοπώλιον, τὸ μαγκιπεῖον, ἐν ᾧ οἱ ἄρτοι γίνονται. Aliud Lexic. habet μαγκύπιον. [** Vide Glossar. med. Græcit. col. 846.] Anastasius Bibl. in Vita S. Joannis Eleemosynarii cap. 7. n. 36 : *Et animal portans siligines a Mancipio causa prandii ipsius.* Vide *Panetarius*.

* **MANCER**, Spurius, pro *Manzer*. Glossar. Lat. Gall. ex Cod. reg. 7692. *Mancer, fis de putein :*

Natus de scorto tibi Mancer, Manceris esto.

¶ 1. **MANCHA**, Idem quod *Manca* 1. Charta Henrici Reg. Angl. apud *Madox* Formul. Anglic. pag. 38 : *Si quis de hominibus suis in forisfactura mea justo judicio et causa aperta missus fuerit de* XX. *Manchis, adquietet se ante judicium per* VI. *denarios, et post judicium per* XII. *denarios.*

* 2. **MANCHA**, a Gallico *Manche*, Manica. *Pro Manchis dominæ comitissæ, etc.* in Comput. ann. 1244. MS.

* **MANCHALDUS**, Mensura annonaria, in Charta Nicolai episc. Camerac. ann. 1169. ex Chartul. S. Juliani Camerac. ch. 3. Vide *Mancaldus*.

* **MANCHEUS**, Mancieuhs, Jus *gisti* seu *procurationis*, vel Præstatio pecuniaria, quæ ob id exigebatur. Charta ann. 1306. pro vicecomit. Lautric. in Reg. 61. Chartoph. reg. ch. 168 : *Usatica, bladatas, bicocarias et Mancheus.* Infra : *Usatica, albergas, corregia, Mancieuhs, etc.* Vide *Mancio* 1.

* **MANCHUM**, Manubrium, Gall. *Manche*. Guido de Vigev. MS. de Modo expugn. T. S. cap. 9 : *Fiet una bota rotunda, et ista bota habeat in medio unum Manchum ab una parte botæ, taliter factum, quod leviter possit teneri intus gamba cum streva.*

1. **MANCIA**. Innocentius III. lib. 1. Epist. pag. 30. Edit. Venetæ, de officio Camerarii in Ecclesia Perusina : *Ipse vero quod cuique opus erit, juxta facultates domus provide dispensabit, Mancias, et alia, quæ fuerint necessario danda intus et foris, cum consilio Archipresbyteri sine murmure tribuet, etc.* Ubi *Mancia* idem est, quod *mensa*. Vide in hac voce.

☞ *Mancias* donum clientibus factum interpretatur Mabillonius in Notis ad Ord. Rom. tom. 2. Musei Italici pag. 129. unde *manum* vocat Benedictus *presbyterium*, seu donativum quod summi Pontifices distribuere solent, maxime cum inaugurantur. Vide in *Manus*.

* Acad. Crusc. : *Mancia, quel, che si da dal superiore allo inferiore, o nelle allegrezze, o nelle solennita per una certa amorevolezza, Lat. Strena.*

* 2. **MANCIA**, *Augurium, omen, devinacion, Prov.* Glossar. Provinc. Lat. ex Cod. reg. 7657.

* **MANCID**, Præstationis species, f. quæ ex piscibus fit Charta Alf. II. reg. Aragon. ann. 1172. inter Probat. tom. 3. Hist. Occit. col. 124 : *Dono.... pedaticos in mari et in terra, et Mancid in piscatione maris.*

* **MANCIEUHS**. Vide supra *Mancheus*.

MANCINUS. Vide *Mancus* 1.

¶ 1. **MANCIO**, Jus *gisti* seu *procurationis*, vel Præstatio pecuniaria quæ ob id exigebatur. Charta Caroli M. ann. 3. ipsius imperii in Hist. Mediani Monast. pag. 159 : *Nullus judex publicus injuste ad causas audiendum, vel freda exigendum, nec Manciones seu paratas faciendum.... se ingerere aut exactare præsumat.* Vide *Mansiones*.

¶ 2. **MANCIO**, περίζυλον, Peristylium. Gloss. Lat. Græc. MSS. Sangerm. Perperam pro *Mansio*.

MANCIONATOR. Vide *Mansionator*.

¶ **MANCIPA**, Meretrix. Statuta Massil. lib. 5. cap. 13 : *Constituimus ne aliquis tenens stupas recipiat meretricem publicam sive Mancipam, nisi duntaxat una die, scilicet in singulis septimanis die Lunæ.*

* Hisp. *Manceba*, Concubina, pellex ; unde *Mancebia*, lupanar, prostibulum.

MANCIPALIA, *Publicæ res*, in Glossis MSS. ad Concil. Afric. cap. 36.

MANCIPALIS, Mancipium. Gildas in Gemitu pag. 9 : *Romanis nonnullis ad servitutem.... Mancipalibus reservatis.... Italiam petunt.*

* 1. **MANCIPARE**, Lacerare, vel per vim auferre. Stat. synod. eccl. Tornac. ann. 1366. cap. 18. pag. 47 : *Cujuscumque dignitatis aut conditionis existat, qui nuntios aut executores ecclesiarum judicum, aut alias litteras eorumdem actave judiciaria deferentes, hac occasione verberare, capere, detinere, occultare, scriptionem Mancipare, mutilare, aut, quod gravius est, interficere, litteras vel actu prædicta personis memoratis auferre, seu etiam corrumpere, cancellare aut detinere, etc.*

* 2. **MANCIPARE**, In se quid suscipere, vadem se præstare, idem quod *Manucapere*. Vide in hac voce. Charta ann. 1210. ex Tabul. Carnot. : *Istam venditionem concesserunt Engessendis mater dicti Gerardi et Isabel uxor ejus, et fide interposita eam garentizare Mancipantes, quidquid ratione dotalitii in rebus prænominatis habebant, sponte quittaverunt.* Vide mox *Mancipium* 5.

¶ **MANCIPARI** Effectum, Sortiri, obtinere. Litteræ Henrici III. Reg. Angl. ann. 1225. apud Rymer. tom 1. pag. 280 : *Et, si acceptis eorum responsis, audieritis quod non se capient dicta negotia, dicatis quod moleste feramus rem effectum non Mancipatam.* [** *Effectui Mancipari*, in chart. Dagobert. I. ann. 628. apud Brequin. nov. edit. num. 245.]

MANCIPARIUS, Mancipiorum mango, venditor. Scholiastæ Juvenalis ad illud Sat. 11. v. 147 :

Non Phryx, aut Mycius, non a mangone petitus.

Quales vendunt care Mancipari. Perperam videtur scriptum in Notis Tyronis pag. 80 : *Massipiarius*, pro *Mancipiarius*.

1. **MANCIPATIO**, pro *Emancipatio*, seu potius *Manumissio*. Charta Iwani Comitis Alostani ann. 1139. apud Miræum tom. 1. pag. 104 : *Excepta Mancipatione servorum, ab omni nostra vel laica potestate omnimodo mancipatum, pro amplificando Dei nominis et laudis honore ad usum Fratrum Trunciniensis Ecclesiæ... quæ loco præfato præsidet, libere tradidi.*

* 2. **MANCIPATIO**, Obligatio, servitus. Charta ann. 1183. ex Chartul. 21. Corb. fol. 184. v°. : *Concessit.... de terra sua inculta, ubi quindecim modii furmenti* (sic) *seminari queant, sine Mancipatione servitii vel alicujus redditus.* Vide *Mancipatus*.

¶ **MANCIPATUS**, Servitus, ministerium. Epist. Stephani VI. PP. tom. 3. Conc. Hisp. pag. 161 : *Et cunctæ ejusdem diœcesis Ec-*

clesiæ quæ prius illi paruerant, revertantur in Mancipatum obsequelæ illius. *Mancipatus*, pro ministerio pistrini, vide *Manceps* 2.

¶ **MANCIPIA**, Servi homines, sed non ejusdem ordinis atque conditionis; *Mancipia* quippe Ecclesiastica ab aliis diligenter secernunt Capitularia Regum nostrorum, cum ne *in servitutem secularem redigantur*, prohibent tom. 2. col. 364. neque ea commutari nisi ad libertatem permittant. Capitul. Caroli C. ibid. col. 56 : *Neque Mancipia ecclesiastica quisquam nisi ad libertatem commutet; videlicet ut Mancipia quæ pro ecclesiastico dabuntur, in Ecclesiæ servitute permaneant; et ecclesiasticus homo, qui commutatus fuerit, perpetua libertate fruatur.*

¶ Mancipia *Adventitia et fugitiva*, in Capitul. Caroli M. ex Lege Longobard. num. 7.

¶ Mancipia *non casata*, hoc est, servi ruralibus possessionibus non addicti. Vide *Casati.*

¶ Mancipia Originalia, Servi a prima origine colonariæ conditionis. Appendix Marculfi form. 16 : *Propterea obnoxiationem de capud ingenuitatis meæ in te fieri et adfirmare rogavi; ut quicquid de Mancipia tua originalia vestra facitis, etc.* Idem occurrit inter Lindenbrogii formulas n. 136. Vide *Originarii.*

¶ Mancipia Palatii, Ejusdem conditionis atque *Mancipia* Ecclesiarum, in Capitul. Caroli M. ann. 793. num. 12.

** Mancipia Dotalia, Ecclesiastica, quæ in *dote* ecclesiæ sunt. Chart. Otton. 1. Imperat. ann. 950. apud Guden. Cod. Diplom. tom. 2. pag. 1 : *Reddidimus cœnobitis S. Maximini... æcclesias cum decimis, dote, Dotalibusque Mancipiis.*

¶ Mancipia, Serva. Præceptum Lotharii Regis ann. 856. apud Marten. tom. 1. Ampliss. Collect. col. 146 : *Ex beneficio Irigilmari Mancipias duas, nomina earum Ottruth et Willigart, et istas supra nominatas Mancipias cum infantibus eorum ad proprium tribuimus.* Vide Marculfi Appendicem form. 37.

MANCIPIALIS, in Glossis antiquis MSS. : *Originis ejusdem, vel locum, officium gerens.*

MANCIPIATA Casa. Edictum Rotharis Regis Longob. tit. 92. § 1. [** 230.] : *Si quis comparaverit terram, id est, solum ad ædificandum, aut casam Mancipiatam, et quinque annos inter præsentes possederit, etc.* Ubi Lex Longob. lib. 2. tit. 35. § 1. habet *Mancipatam*. [Recte Muratorius in hunc locum *casam Mancipiatam* vel *Mancipatam* dici existimat, quæ ad auctionem vendita est.

MANCIPIOLUM, Mancipium, servus minoris pretii. Concil. Turon. II. can. 19 : *Reliqui Presbyteri et Diaconi et Subdiaconi vicani hoc studio se custodiant, ut Manciplola sua ibi maneant, ubi uxores suæ. Illi tamen segregatim solitarii in cella jaceant, et orent, et dormiant.* [*Mancipiolum*, *petit sergent*, *mancip*, in Gloss. Lat. Gall. Sangerm.]

¶ 1. **MANCIPIUM**, Villa, mansus, tenementum; quæ omnia una hac voce significari videntur, in Charta Imberti Archiep. Arelat. ann. circ. 1190 : *Nos itaque cum consilio et voluntate Consulum Arelatensium et totius populi collectam eleemosynam, quam ad subventionem terræ Hierusalem in civitate nostra, et in Mancipiis fecimus, per eosdem fratres ultra mare duximus transmittendam.*

☞ Strictiori notione, nempe pro Familia, domus, usurpatur in Conc. Tolet. XVI. ann. 693. inter Hispan. tom. 2. pag. 741 : *Ut ecclesia, quæ usque ad decem habuerit Mancipia, super se habeat Sacerdotem; quæ vero minus decem Mancipia habuerit, aliis conjungatur ecclesiis.*

¶ 2. **MANCIPIUM**. Gloss. Lat. Gall. Sangerman. ex Johan. de Janua : *Mancipium, Fils ou fille non émancipés, ou ce qui peut estre prins à la main, et estre subjet, si comme homme ou beste.*

¶ 3. **MANCIPIUM**, Pistrinum. Vide *Manceps* 2.

* 4. **MANCIPIUM** Addicens, Discipulus, tiro, Gall. *Apprenti;* nude vero socium, vulgo *Compagnon*, significat. Stat. sabbat. Carcass. ann. 1402. tom. 8. Ordinat. reg. Franc. pag. 565. art. 21 : *Quod nullus homo sutor dicti burgi Carcassonæ sit ausus conducere nec tenere aliquod Mancipium addicens, nisi primitus et ante omnia dictum Mancipium sic addicens seu addicere volens dictum ministerium, solvat pro bona sua intrata, vel suus magister pro eodem, decem solidos Turonenses.* Ibid. pag. 566. art. 24 : *Quod si quis magistrorum dictæ artis sabbateriæ aliquod conduxerit Mancipium certo tempore, et dictum tale Mancipium magistrum suum, antequam tempus collogii sui perpetraverit, et compleverit, dimitteret etc.* Rursum pag. 568. art. 29 : *Teneantur* (suprapositi) *eligere.... quatuor Mancipia dicti ministerii sive artis dictæ sabbateriæ, bona et sufficientia et habitantia dicti burgi Carcassonæ;... quæ quidem quatuor Mancipia in omnibus negociis tangentibus dictum ministerium sabbateriæ, sive capellam et sanctum luminare, sive curam vel provisionem pauperum vel infirmorum, sive cadavera pauperum dicti ministerii sepelienda, quam alia negocia sive causas, tangencia sive tangentes dictum ministerium, habeant ire et laborare.... cum dictis suprapositis. Masip*, in Stat. barbit. Tolos. ann. 1457. ex Reg. 187. Chartoph. reg. ch. 49 : *Tout Masip ou compaignon qui aura arrendat aital obrador, pagara per pena vint solz Tolsas.* Vide infra *Mango* 8.

* 5. **MANCIPIUM**, Fidejussor, qui vadem se præstat. Charta ann. 1300. in Reg. 38. Chartoph. reg. ch. 47 : *Acquisivit dictus prioratus de Blanhacho, ex venditione sibi facta per bonum Mancipium, dimidiam cartonatam terræ.* Vide supra *Mancipare* 2.

MANCIPIUS, [f. Institor, Gall. *Facteur.*] Consuetudo Tolosæ parte 2. tit. 2. art. 3 : *Est similis consuetudo... inter mercatores et Mancipium, seu mancipios, et socium sive socios, videlicet si dictus recipiens Mancipius aut socius talis extiterit, qui nullam partem habeat in dicta mercanderia, etc.* Chronic. Petri. IV. Regis Aragon. lib. 3 cap. 32 : *Et per occasion d'aquesta tractament*, 10. *Mancips exiren à carrera al port de la casa, etc.*

¶ **MANCIVA**, Navis Indica, de qua Maff. Histor. Ind. lib. 16 : *Biremes quatuor, Mancivam unam* (*actuarii genus id est*) *confestim omnibus ad bellum rebus ornavit.* Carolus de Aquino.

MANCIUS. Julius Firmicus lib. 2. cap. 12 : *Magos, Sophistas, Mancios etiam et tabellarios, sive cursores, qui Principum negotia nuncient.* Sed indubie legendum *nuncios.*

¶ **MANCLAVIUM**, Græcis recentioribus μαγκλάβιον, Fustis est, quo cædebantur, qui fustuarium meruerant : quasi manualis clava. Vide Salmas. ad Trebel. Pollionem in Gallienis cap. 16. et in Claudio cap. 14. Ita Hofmannus.

MANCO. Vide *Manca* 1.

¶ **MANCOLDUS**, Mensuræ species. Privilegium Leduini Abb. S. Vedasti Atrebat. ann. 1036. ex Chartul. ejusd. Abbat. V. pag. 243 : *Et semel in anno unus Mancoldus salis, unde debemus Comiti* 2. *modios salis per annum. Triginta Mancoldos de manu nostra accipiet, et pro duobus habet redditum ollarum.* Vide *Mencaldus.*

¶ **MANCOR**, Genus frumenti. Chartularium SS. Trinit. Cadomens. fol. 45 : *Triginta acras frumenti, et quater viginti de Mancor, et* 10. *acras ordei, et* 10. *avenæ.*

¶ **MANCOSUS**. Vide *Mancusa.*

¶ **MANCOTUS**, Mensura agraria, Gallis *Mancau.* Charta Laurentii Abb. Centul. ann. 1180. ex Tabul. ejusd. loci : *Campus unius sextarii, et una foraria quarterium seminaturæ... duo Mancoti, unum arpentum duarum minarum et dimidiæ juxta arpentum S. Amandi... tres Mancoti in uno arpento quod est cum uno arpento S. Sulpitii, et cum uno arpento S. Stephani.*

¶ **MANCULA**, f. pro Machina. Vide *Tractarea.*

MANCULARI. Gloss. Græc. Lat. : Πειράζω, *Tempto, Mancular.* Ita MS. et H. Steph. Vide *Maniculare.*

¶ **MANCUOSA**. Vide *Mancusa.*

1. **MANCUS**. Glossæ Isonis Magistri : *Mancus, contractus, debilitatus, mutilatus, vel imminutus.* Pactus Legis Salicæ tit. 32. § 1 : *Si quis alterum manu aut pede capolaverit, de manu capolata unde Mancus est, et ipsa manus super eum pendeat, etc.* Et § 3 : *Si vero ipse pollex in ipsa manu Mancatus pependerit, etc.* § 9. et 10 : *Si vero pes capolatus fuerit, Mancus ibidem tenuerit, etc.* Lex Aleman. tit. 65. § 10 : *Si autem totum brachium Mancum fuerit, ut nihil cum eo facere possit, etc.* Lex Ripuar. tit. 5. § 4 : *Si manus Manca ibidem pependerit, etc.* § 5 : *Quod si pollex ibidem Mancus pendiderit, etc.* Proprie porro nostri, *Mancos* vocant, seu *Manchots*, qui altera carent manu, vel certe qui alterius manus usu privantur. Gloss. Græc. Lat. : Ἀριστερόχειρ, *mancussetus.* Cod. MS. habet *mancussecus.* Forte legendum, *mancus, scævus*, vel *scæva*, qui scilicet manu sinistra pro dextra utitur, σκαιός. [Conjecturam hanc firmant Glossar. Lat. Græc. MS. Sangerm. : *Mancussetus*; ἀριστερόχειρ, i. e. qui agit manu sinistra.] Lupus Servatus in Vita Wigberti cap. 23 : *Manci exoptabilem manuum nacti sunt usum.* Hinc

Mancinus, Joanni de Janua, *qui utitur sinistra pro dextra manu, et e converso, a manus;* sed legendum, *a mancus*, [ut in edit. ann. 1506.] Italis *Mancini* eadem notione etiamnum sunt.

Mancare, Mutilare, membro privare, in

Lege Alamann. tit. 12. 13. 14. Capitula ad eamdem Legem cap. 8 : *Si quis alteri brachium super cubitum, aut coxa super geniculum cum spata aut cum fuste fregerit, et non Mancat, solvat solidos sex.* Cap. 9 : *Si quis alterum brachium Mancat, solvat sol. 20. etc.* Occurrit ibi pluries. Charta divisionis Imperii Caroli M. cap. 13. (al. 18.) : *Placuit nobis præcipere, ut nullus eorum per quaslibet occasiones quemlibet ex illis apud se accusatum sine justa discussione atque examinatione aut occidere, aut membris Mancare, aut excæcare, aut invitum tondere faciat.* Hinc nostris mansit vox *Manquer*, pro defici, deesse.

MANCATUS, in Pacto Leg. Salicæ tit. 32. § 3 : *Si vero ipse pollex in ipsa manu Mancatus pependerit, etc.*

MANCATIO. [Lex Ripuar. art. 6 : *Sic in omni Mancatione, si membrum mancum pendiderit, etc.*] Capitula Caroli M. ad Monachos cap. 16 : *Ut disciplina Monachis regularis imponatur, non sæcularis, id est, non orbentur, non Mancationes alias habeant, nisi ex auctoritate regulæ.* Quod non de membri alicujus mutilatione intelligendum, sed de gravi virgarum castigatione.]

EMANCARE. Sugerius in Ludovico VI. : *Qui cum redimi se multo rogarent, imperat eos Emancari : mancos autem pugnos referentes intus sociis remitti.*

MANCASTER, *Mancus*, in Gloss. MS. Reg. Cod. 2013.

2. **MANCUS**, pro *Manca*, vel *Mancusa*, seu *Marca.* [Placitum Spoleti habitum ab Adalhardo Abb. ann. 814. apud Murator. tom. 2. part. 2. col. 361 : *Et si non divisisset, ut aut ipse, aut Herfualdus filius ejus ita non adimplessent, et aliter removere quæsissent, per qualecumque ingenium, componerent mihi Mancos* cxc. Occurrit iterum col. 362.] Vide *Mancusus.*

MANCUSA, pro *Manca*, seu *marca*, passim habent Scriptores Anglici, Anglo-Saxonibus m a n c e s, m a n c e s s a, et m a n c u s, ut auctor est Spelmannus. Matthæus Westmonast. ann. 857 : *Romæ autem singulis annis 400. denariorum Mancusas præcepit portari, etc.* Simeon Dunelmensis, ann. 855 : *Romam quoque pro redemptione animæ suæ trecentas Mancusas portari præcepit, etc.* Alibi habet *trecentas Mancusas denariorum.* Ita Will. Malmesb. lib. 1. de Gestis Angl. cap. 4. pag. 31. Asserus de Rebus gestis Ælfredi pag. 4. Auctar. ad Matth. Paris pag. 158. Monasticum Anglic. tom. 1. pag. 123. 215. tom. 2. pag. 842. tom. 3. pag. 116. 120. etc. Perperam *mancula*, videtur editum apud Rogerum Hovedenum pag. 415. Vide in *Berbix.*

☞ Apud nostros quoque fuit in usu hæc monetæ species sub nomine *Mangon*, quod a nemine, quod sciam hactenus observatum existimo. Le Roman *de Guillaume au Faucon* MS. :

> Dist la dame or avez faucon,
> Deux besans valent un Mangon.
> Ce fu bien dit deux mots à un,
> Qu'il en auroit deux pour un.

Vide *Mango* in *Manganum* 2. et *Meloquinus.*

* De qua moneta etiam mentio fit in vita J. C. MS. :

> Trente Mangons d'or m'en donnés,
> Ce li respondi la pucele.

Le Roman *d'Alexandre* MS. part. 1 :

> Et son cheval ferrant, qui vaut tous les Gascon,
> Ne seroit éligié pour un mui de Mangon.

Quidam existimant, vocem *Mancusa* esse Anglo-Saxonicam : alii *Mancusam* ita appellatam fuisse quasi *manu cusam*, ut Caius et Watsius, quod procul abest a vero, cum constet, Mancusam non fuisse monetam percussam ; sed certum monetarum aliquot pondus, licet contra sentiat Lambardus in voce *Mancusa.* Vide *Manca* 1. et *Marca.* Codex MS. Will. Thorn. S. Benedicti Cantuar. sub ann. 848 : *Et pro hac donatione prædictus Clericus dedit eidem Regi centum Mancusas in duabus armillis et nota, quod Mancusa est pondus duorum solidorum 6. denar.* Addit vetus Chronicon, laudatum a Spelmanno in voce *Romescot*, ann. 858 : *Et sciendum, quod Mancusa et marca pro eodem tunc temporis accipiebantur.* [His adde Hickesium in Dissertat. Epistol. pag. 109. Vide *Marca* 1.]

☞ Fuit et *Mancusa* mensura liquidorum, ut colligitur ex Indice Cod. MSS. dom. Simondsii *d'Ewes* apud Hickesium pag. 306. ubi memoratur Charta venditionis VIII. Mansarum agelluli pro IX. *Mancusis purissimi olei.*

MANCUSUS, MANCOSUS, Idem quod *Mancusa.* Charta 90. inter Alamannicas Goldasti : *Folcardus et Adalolfus ejus fidejussores sunt in Mancosos mille.* Testamentum S. Everardi Comitis Forojuliensis : *Quartus Rodulfus volumus ut habeat spatas tres, Mancosos* 100. *balteum unum, etc.* Tabularium Casauriense ann. 13. Ludov. Imp. Ind. 11 : *Ut componerent ipsi Totoni vel suis hæredibus Mancosos* 50. *et illas res per nullomodum ingenium quærere vel causare possit. Mancusi monetæ Barcinonensis*, in veteri Charta. In alia apud *Diago* de Comitib. Barcinon. lib. 2. cap. 53. 7000. *Mancusi* ejusdem monetæ dicuntur conficere 1000. uncias auri. Usurpatur promiscue de moneta auri et argenti. Charta Sanctii Pampilonensium Regis æræ IIII. apud Blancam : *Convenit enym Almutadyr dare Regi Sanctio* 120. *Mancussos auri vel argenti, ita quod si vult argentum, accipiat septem solidos monetæ Cæsaraugustæ pro Mancusso.*

MANCUSI AURI. Iso Magister in Glossis ad Prudent. *aureos : Mancusa, Philippei, Mancosi.* Mox : *Mancuosa.* [Præceptum Caroli Mag. pro monast. Casaur. tom. 5. Spicil. Acher. pag. 396 : *Mille Mancosos auri eidem monasterio persolvere culpabilis habeatur.* Placitum Rainerii Ducis Tusciæ ann. circ. 1014. apud Murator. tom. 2. part. 2. col. 526 : *Tunc domnus Rainerius Marchio et Dux, exinde misit bannum domni Imperatoris, ut si quis monasterium hoc* (Farfense) *de eis disvestire præsumserit, duo millia Mancosorum aureorum compositor existat.*] Charta Italica apud Franciscum Mariam in Mathildi Comitissa lib. 3. pag. 95 : *Qui vero fecerit, prædictos mille Mancosos auri se agnoscat compositurum.* Adde pag. 116. 118. Anastasius Bibl. in Hadriano pag. 116 : *In auro solidos Mancussos numero ducentos.* Quidam Codd. MSS. habent *Mancos.* Petrus Rex Arag. in Curia Generali Cataloniæ ann. 1351. ubi de monetis, quarum mentio fit in Usaticis Barcinonensibus : *Mancussus auri Valentiæ valet* 16. *denarios ipsius monetæ*, (Barcinonensis de Terno) *et non ultra.* Vide Historiam Pinnatensem pag. 479. et Puricellum in Ambrosiana Basilica pag. 267.

¶ MANCUSCEA, *Mancusia aurea*, in Charta ann. 1117. apud Murator. delle Antic. Estensi pag. 284.

MANCUSI ARGENTI. Anastasius Biblioth. in Leone IV. pag. 197 : *Multosque et in argento Mancosos præbuit.* Tabularium Casauriense 1. part. cap. 93. ann. Christi 953 : *Componamus tibi vel tuis hæredibus argentum Mancosos sexcentos.* Alibi : *Componamus vobis Mancosi argentei* 20. Rursum : *Una cum socio fisco distringente argenti Mancosos* 20. *componamus.* Passim in hoc Tabul. Innocentius III. lib. 1. Ep. pag. 209. 242 : *Dabimus vobis nunc et per singulos annos decem millia Mancusorum argenti.* Vide Joan. VIII. PP. Epist. 67. 74. 89. 206. et 270. ubi *pondo*, pro *mancuso* usurpat, Leonem Ostiens. lib. 1. cap. 36. Ughellum in Italia sacra tom. 4. pag. 596. tom. 5. pag. 602. 666. tom. 6. pag. 135. tom. 7. pag. 1296. 1439. 1441. etc.

¶ MANCUSI BARCHEONENSES, Barcinonenses, in Charta Guillelmi Comit. Cerit. ann. 1067. Append. ad Marcam Hisp. col. 1137 : *Et accipio a vobis pro hac donatione libenti animo et pro hac diffinitione et evacuatione quatuor millia Mancusos Barcheonenses.*

¶ **MANCUSSECUS**, MANCUSSETUS. Vide *Mancus* 1.

¶ **MANCUSUS**, Ornamentum muliebre ex auro vel argento, f. armilla, Gall. *Brasselet.* Testam. Adalaidis ann. 978. apud Marten. tom. 1. Anecd. col. 97 : *Rogo ut filia mea sit inde Abbatissa, et ad ipsam remaneant ipsi nodelli mei cum ipsos Mancusos et inaures.*

¶ 1. **MANDA**, *Deceptio, fraus.* Gloss. Isid. ubi Grævius : Gebhardus legendum ait *mandra*, hanc puto ob causam, quod *mandrator* et hic et apud Papiam, et in MS. Gloss. exponatur *cavillator.* Ut ut sit eadem vox *Manda* occurrit in Charta x. seculi apud Stephanot. tom. 7. Fragm. Histor. MSS. pag. 361 : *In excamamentum propter ipsas res de Bajeriis coram testibus qui eos jurare fecerunt quod nec ipsi nec filii eorum Mandam nec commandam in præfatis rebus recepissent.* Vide *Commenda* 3. et *Mandrator.*

¶ 2. **MANDA**, vox Hispanica, Legatum, Gallic. *Legs.* Testam. Ramiri Sancii Reg. Navarr. apud Jos. Moret. Antiq. Navar. pag. 630 : *Super has vero Mandas instituo in bonis meis et pertinentibus meos legitimos et irrepudiabiles hæredes, videlicet Garciam primogenitum meum, etc.*

* Sed et pro Testamentum, quo ejusmodi donatio fit, occurrit in Testam. reginæ Mafaldæ ann. 1256. tom. 1. Probat. hist. geneal. domus reg. Portug. pag. 31 : *Ergo regina domna Mafalda.... condo hoc testamentum meum sive Mandam.* Unde *Mandare*, pro legare, ibidem.

* 3. **MANDA**, Arca, in qua pecunia reponitur, a Gallico *Mande*, Cista, vulgo

Panier. Consuet. MSS. monast. S. Crucis Burdegal. ante ann. 1305 : *Quælibet confratria habet unum comitem, unum burserium et unam Mandam*. Chartul. 21. Corb. fol. 348. v°. : *Item pour le Mande de merlans*, 1. *den*. Occurrit præterea in Lit. ann. 1403. tom. 8. Ordinat. reg. Franc. pag. 614.

* **MANDACIUS**, Ostioli custos, Gall. *Guichetier*. Lit. Joan. dalph. ann. 1316. tom. 8. Ordinat. reg. Franc. pag. 209 : *Inde* (e carcere) *non exeunt donec solverint gaytæ seu Mandaciis aut ceteris familiaribus quinque solidos*.

¶ **MANDAERIUS**, Mandaers, Mandaeria. Vide *Mandatarius*.

* **MANDAGIUM**, ut infra *Mandatagium*. Libert. novæ bastidæ *de Avoy* ann. 1308. in Reg. 40. Chartoph. reg. ch. 62 : *Item furni dictæ villæ erunt domini regis et domini abbatis,.... quibus dabitur pro fornagio et Mandagio ac portagio decimus octavus partis*.

* **MANDALA**, Manipulus, Gall. *Bote*. Charta Joan. de Marca milit. ann. 1242. ex Chartul. Mont. S. Mart. part. 1. ch. 109 : *Quatuor modios siliginis et quatuor modios avenæ et viginti Mandalas straminis, tam hyemalis quam æstivi,.... percipiet.... In illis octo modiis siliginis et avenæ et viginti Mandalis straminis etc.* Occurrit ibi non semel.

MANDALUS, κατοχός. Ita Gloss. Græc. Lat. MS. et Editum. Alibi : Μάνδαλος, *Pessulus*. Gloss. Lat. Gr. : *Repagulum*, κόραξ, [melius χάραξ,] κλῆθρον, μήτρα θύρας, μάνδαλον. Gloss. S. Benedicti cap. de Habitationib. : *Mandalus*, κατοχεύς. Papias : *Mandulus, genus clausuræ horti*. Ita etiam MS. Codex [f. a Britannico *Dala*, tenere, retinere. Supplem. vero Antiquarii : *Mandalus*, κάτυχος, κατόχευς, *Imbricitor*.]

* Charta Frider. II. imper. ann. 1218. pro monast. S. Apri : *Confirmamus.... quicquid habetis in Mandalis, terris, pratis, molendinis et redditibus aliis*. Vide mox *Mandaria*.

¶ **MANDAMEN**, pro Mandatum. Gesta Episcop. Leodiens. apud Marten. tom. 4. Ampliss. Collect. col. 902 : *Responsalem suum illo transmisit, et ingrata Imperatori inter alia confidenter deferri jussit Mandamina, quæ fuere hujusmodi, etc.*

¶ 1. **MANDAMENTUM**, Mandatum, jussio. Charta ann. 1233. ex minori Chartul. S. Vict. Massil. pag. 142 : *Non credebant Priorem habere Mandamentum a domino Abbate S. Victoris*. Alia ann. 1164. tom. 8. Spicil. Acher. pag. 196 : *Quod si facere non possent, ad Mandamentum domni Abbatis et monachorum se placitarent*. Adde Acta SS. tom. 1. Martii pag. 412.

* Nostris *Mant*, eodem intellectu. Le Romant *de Cléomades* MS. :

Et chil li ont en convenant
Que il revenront à son Mant.

¶ Mandamentum, Litteræ quibus Magistratus aliquid *mandat*. Charta Willelmi dom. Montispess. ann. 1103. apud D. *Brussel* tom. 2. de Usu feud. pag. 727 : *Pertinent etiam ad Vicariam omnia Mandamenta et omnes vetationes propter placita; præter illa Mandamenta et illas vetationes quæ dom. Montispessulani diceret vel mandaret per se vel per alium, etc.*

2. **MANDAMENTUM**, Districtus, jurisdictio, territorium. Passim in tabulis Delphinatus, Provinciæ, etc. [Charta Guidonis II. Comit. Forensis ann. 1195. tom. 4. Gall. Christ. inter Instrum. col. 25 : *Dedit etiam quidquid habebat in Mandamento Rupis scissæ, etc.* Alia ann. 1223. ibid. col. 27 : *Concessimus... castrum de Modanio et Mandamentum cum omnibus appenditiis et pertinentiis suis*. Vide *Mandatio* 1. Hinc *Mandement* pro locus, Gall. *Endroit, terrein*, usurpat le Roman *de Vacce* MS. :

En la ville et en boiz, fist herbergier sa gent,
Li suen ostel fist prendre el plus haut Mandement.

Hoc est, in editiori loco.]

* Charta ann. 1056. ex Tabul. S. Vict. Massil. : *In eodem manso habebam.... justitiam et Mandamentum et albergarias*. *Mandé*, eodem sensu, in Lib. rub. fol. parvo domus publ. Abbavil. fol. 33. v°. ad ann. 1276 : *Cumme debas fut devant nous entre le visconte de S. Pierre d'une part et les boulenguiers manans el Mande S. Pierre d'autre; liquex Mandes siet el markil pardevant le maison Aelis Galie*.

¶ 3. **MANDAMENTUM**, Mandatum, Pactum, conventio, judicatum. Charta ann. 1213. ex Schedis Præsid. *de Mazaugues* : *Et dicebant se prædictæ pœnæ non esse obnoxios, quia nunquam contra Mandamentum Roncelini venerant. Imo allegabant dominum Ildefonsum Comitem Provinciæ citra Mandatum illud venisse, et ideo dicebant pœnam esse commissam*.

* **MANDARE**, *Idem est quod rogare. Aliud est enim cum papa mandat, aliud cum præcipit; licet interdum præcipiatur per verbum Mandat*. Vocabul. Joan. Erlebach. Vide supra *Manda* 2.

MANDARE Aliquem, apud Thom. Cantiprat. de Apib. Accersere, aut jubere accersiri aliquem. Phrasis Gall. *Mander quelqu'un*. Interdum significare, renuntiare, ut apud Nithardum lib. 3. Flodoardum, Matth. Paris, Hoved. et alios, *Mander à quelqu'un*. [Capitul. Caroli C. tit. 20. § 1 : *Mandat vobis senior noster salutes. Mandat etiam vobis quia valde miratur quod placitum tale non custodistis sicut vos illi promisistis, et sicut ipse vobis Mandavit*. Non semel ibid. occurrit.] Hincmarus Opusculo 29 : *Excusionem impossibilitatis suæ illuc veniendi Mandavit*. Leo Ost. lib. 2. cap. 29 : *Post menses aliquot Mandaverunt Pandulfo... ut veniret*. Cap. 34 : *Angelum Episcopum cum aliquot fratibus ad eam solenniter dedicandam Mandavit*. Adde cap. 60. 65. 69. 71.

Mandare, Submonere, citare. [Pactus leg. Sal. edit. Eccardi tit. 47 : *Et in ipso mallo scutum habere debet, et tres homines, vel caussas Mandare*. Infra tit. 49. *Demandare* legitur eadem notione.] Libertates villæ S. Germani in Foresio ann. 1249 : *Habens uxorem in puerperio jacentem non teneatur ire in mandum, nec excubias facere, nisi vellet... item concedimus, quod si Mandentur homines villæ, debent remanere quot sunt necessarii ad villam custodiendam*.

Mandare, Imperare. Vetus Charta apud Hieron. Blancam in Commentario Rerum Aragon. pag. 715. 735 : *Regnante Comite Raymundo in civitate Cæsar-augusta, et Mandante eam civitatem per illius manus senior Lopiz*.

Mandare, Mittere, ablegare. Fulgentius in Mythol. fab. 45 : *Postquam in Thraciam redit, Phylomelam Mandat ad Lynceum Regem*. [Annal. Genuens. ad ann. 1242. apud Murator. tom. 6. col. 499 : *Et cum festinantia ad exercitum Januensium* (naves) *Mandarentur*.]

Mandare, Nuntium perferre. Saxo Grammatic. lib. 5 : *Sclavorum Mandatur irruptio*. Vide infra *Mandatum* 1.

¶ Mandare, Commendare, tradere, Gasp. Barthii Gloss. ex Baldrici Histor. Palæst. apud Ludewig. tom. 3. Reliq. MSS. pag. 157.

* **MANDARIA**, Dominium, jurisdictio, idem quod supra *Mandamentum* 2. Reg. Cam. Comput. Paris. sign. JJ. rub. fol. 12. v°. : *Johannes de Terraforti miles tenet, ratione vicecomitatus Fronciaci, Mandariam de Bia in parochia de Setzac*. Vide *Mandatio* 1.

* **MANDARITIUS**, Servorum genus, apud Cencium inter Cens. eccl. Rom. apud Murator. tom. 5. Antiq. Ital. med. ævi col. 829 : *Servis, et ancillis, aldiis, aldionibus, angararibus, Mandaritiis, colonis et colonabus, etc.*

* **MANDATAGIUM**, Quod solvitur *mandatariis*, hoc est, iis qui ad furnum dominicum bannales *mandant* seu submonent de hora cocturæ : quæ submonitio *Commande* dicitur in Consuet. Bitur. apud Thaumass. pag. 192 : *Les fermiers d'iceluy* (four) *sont tenus.... faire deux Commandes, l'une pour mettre le levain et l'autre pour pétrir*. Charta ann. 1326. in Reg. 64. Chartoph. reg. ch. 420 : *Cum Mandatagia majora solito a mandatariis et furneriis exigantur, de quibus subditi curiæ regiæ querelam non audent deducere, cogitantes quod, tam in servientum salariis, quam scripturarum et aliis sequendo querelam hujusmodi, amplius eisdem decostaret quam pastæ et panis deperditi, et plus debito aucti Mandatagii valor ascenderet, etc.* Alia pro habitat. Regalismont. ann. 1340. in Reg. 72. ch. 167 : *Pro pane coquendo, pro fornacita et Mandatagio, dabitur domino vicesimus quintus panis*. Vide mox *Mandatarius* 1.

* **MANDATARIA**, Eodem significatu. Charta ann. 1141. inter Probat. tom. 2. Hist. Occit. col. 494 : *Ego prædictus Rogerius, cum consilio et voluntate dominæ matris meæ Cæciliæ vicecomitissæ, dono vobis prædictis Pontio Ferreol.... ipsam Mandatariam de prædicto furno ad fevum*.

¶ **MANDATARIA**, Officium, districtus, jurisdictio *Mandatarii*. Vide in *Mandatarius*.

* **MANDATARIUM**, Libellus, in quo ordo divini officii *mandatur* et præcipitur. Stat. ann. 1315. eccl. Carcass. ex Cod. reg. 1613 : *Præcipimus.... quod quilibet rector faciat scribi Mandatarium novum, et quod secundum illud dicat divinum officium et nocturnum*.

¶ 1. **MANDATARIUS**, *Mandaerius, Mandaers, Manderius*, promiscue dicitur quidam Curiæ Dalphinalis Minister, cujus officium idem atque *Villici* fuisse videtur; uterque enim censibus aliisque Principis reditibus colligendis præerat. Charta anni

1220. tom. 1. Hist. Dalphin. pag. 129 : *Interrogati cujus sunt villicationes ipsius loci et mandamenti, respondent quod... Villici seu Manderii cupiunt... denarios censuales, bladum, foyaces, pullos, etc.* Alia vero quæ ad *Mandatarii* officium pertinent, hic subjicimus ex Dissertatione quam de eo habuit eruditus Author Hist. Dalphin. tom. 1. pag. 117. nihil quippe ea doctius pressiusve dici potest. Illud inter cetera præcipuum, quod ne aliquid de juribus Dalphini intercideret curabat, atque invigilabat publicis reparandis. Charta ann. 1352. ibid. pag. 149 : *Notum serie præsentium fieri volumus universis, quod cum officium Mandatariæ et reparationis itinerum publicorum quæ yemalibus temporibus imminet facienda, S. Martini de Cayreria de præsenti vacet, et a tempore mortalitatis citra vacaverit, propter quod redditus Domini nostri Dalphini patiuntur detrimentum, etc.* Ex Charta conventionis Dalphinum inter et Archiep. Ebredun. *Mandatarius* idem fuisse etiam videtur qui aliis Apparitor : *Correarius Archiepiscopi duos Mandatarios seu Apparitores, et Baillivus domini Dalphini alios duos, qui præcepta et mandata ac executiones dictorum Officialium facerent.* Ead. notione in Charta ann. 1300. ibid. pag. 54 : *Mandatarii quoque in civitate prædicta, qui olim a dictis Consulibus ponebantur, etc.* Quæ quidem, quemadmodum et alia officia, exinde sub feodali servitio concessa, probat laudatus Author ibid. pag. 118. ex quadam Inquisitione cujus hæc verba sunt : *Nicolaus Mandaers tenet de Comite triginta fossoriatas vineæ, et debet inde tres solidos et quatuor denarios census, et debet inde facere usagia Mandaeriæ.* Et ex alia ibidem laudata : *Guigo de Fonte Mandaerius tenet de Comite Mandaeriam d'Herbeis cum Willelmo Mandaerio et debet placitum ad mutationem.* Iis hoc unum addam, mihi videri *Mandatarius* nomen commune fuisse, quod pluribus, quorum officia distincta diversaque omnino erant, tribuebatur; quis enim credat *Mandatarios* qui res Dalphini administrabant, eosdem fuisse atque ii qui Magistratibus ad obsequium præsto erant? Vide *Exvacuatio.*

MANDATARIUS, Procurator. *Assertor, causidicus vel Mandatarius Archiepiscopo Danielo, etc.* in veteri Placito sub Ludov. Pio apud Catellum lib. 5. Rerum Occitan. pag. 742. et Steph. Baluzium in Append. ad Cap. Adde eumdem num. 97. 104. 118. [et Append. Marcæ Hispan. col. 780.] Occurrit etiam in Codice Justin. [Hinc

¶ MANDATARIUS APOSTOLICUS, dicitur is cui mandata Romani Pontificis exsequenda committuntur. Charta ann. 1604. in Histor. Mediani monast. pag. 420 : *Simulatque reverendus dominus Præpositus S. Deodati judex et Mandatarius Apostolicus easdem litteras apostolicas venerandis dominis Priori et Conventui... notificaret.* Vide *Mandatum* 5.

¶ MANDATARIUS REGIS, Qui Regis mandata defert. Instrum. ann. 1523. apud Ludewig. tom. 5. Reliq. MSS. pag. 330 : *Ad requisitionem regie sue dignitatis Mandatariorum, qui ipsum vestigio prosecuti jure arrestatus et ad exicium postulatus in captivitatem quidem venit.*

* 1. **MANDATARIUS**, MANDATERIUS, Qui *bannales* ad furnum dominicum *mandat* vel submonet. Libert. castri Montisol. ann. 1312. tom. 7. Ordinat. reg. Franc. pag. 506. art. 45 : *Clibanariis et Mandateriis illa arte peritis muniant ante dictos* (furnos); *et a quoquentibus vicesimum quartum recipiant panem Mandaterii.* Vide supra *Mandatagium* et infra *Mandatrix.*

* 2. **MANDATARIUS**, Qui mandata alterius exsequitur. Stat. crimin. Saonæ cap. 32. pag. 65 : *Si offensio realis fuerit, vel ex hujusmodi incitatione vel inductione sequetur, cogatur offensam realem inferens, si solvendo fuerit, restituere damnum illi cui illatum fuerit, taxandum arbitrio magistratus; quod si in utriusque bonis, vel alterius ipsorum, Mandatarii vel mandantis, reperiri non poterit, de quo possit damnum hujusmodi resarciri, forestetur etiam et banniatur uterque de civitate.*

MANDATELA, Mandatum, apud Priscianum lib. 4. et Joannem de Janua. Roswitha Monialis in Panegyrico Ottonis M. Imp. :

> His mandatelis cessit Regina benignis,
> Et quo jussa fuit pariter comitantibus ivit
> Permultis subjectorum cuneis populorum.

Utitur ibi non semel.

* Glossar. Provinc. Lat. ex Cod. reg. 7657 : *Mandatella, mandamentum, Commadament, Prov.*

* **MANDATERIUS.** Vide supra *Mandatarius* 1.

** **MANDATICIUM**, Mandatum. Thangmar. Vita Bernward. Ep. cap. 34 : *Ad præsentiam papæ et imperatoris cum epistolis et Mandaticiis missus.*

1. **MANDATIO**, Idem quod *Mandamentum*, dominium, jurisdictio, districtus. [Concil. Legion. ann. 1012. can. 9. inter Hispan. tom. 3. pag. 190 : *Junior vero qui transierit de una Mandatione in aliam et emerit hæreditatem alterius junioris, si habuerit* (leg. habitaverit) *in ea, possideat eam integram; et si noluerit in ea habitare, mutet se in villam ingenuam usque in tertiam Mandationem, et habeat medietatem præfatæ hæreditatis, excepto solare et horto.*] Charta Ferdinandi Regis Castellæ æræ 1081 : *Quod si aliquis homo, qui sit de Mandatione Regis, moratur in domo S. Andreæ, sit absolutus ab Imperio Regis, etc.* Adde Sandovallium in Episcopis Pampelonensib. pag. 57. Occurrit non semel in Chartis Hispanicis.

¶ 2. **MANDATIO**, *Legatio.* Gasp. Barthii Gloss. ex Histor. Palæst. Fulcherii Carnot. apud Ludewig. Reliq. MSS. tom. 3. pag. 347.

¶ 1. **MANDATOR**, ut *Mandatorius*, in Litteris ann. 1587. apud Rymerum tom. 14. pag. 10 : *Ut pote aromata, maximique pretii margaritas et uniones et alia haberent, quæ ad fratres et respective institores et Mandatores suos Olissiponæ residentes, destinatæ essent.*

2. **MANDATOR**, Officium palatinum in aula Imp. CP. apud Anastasium in Vita Hadriani II. PP. pag. 228. et in Collatione S. Maximi Martyris statim initio, Luithprandum in Legat. cap. 58. Theophanem in Justiniano pag. 550. et alios laudatos a Rigaltio, Meursio, et Fabroto, in Glossariis [** Med. Græcit. col. 863. a.]: ubi *Mandatores* dicuntur, Imperatorum jussa et mandata expedite deferebant, οἱ ταῖς βασιλικαῖς διατάξεσι ταχύτατα διακονούμενοι, ut definiuntur in Glossis Basilicῶn Labbeanis, verbo, ἡμερόδρομοι. Gloss. Græc. Lat. : Ἐγχειριστής, *Mandator*, Ἐντελλόμενος, *Mandator*. Lexic. Gr. MS. Reg. Cod. 2062 : Πευθήν, ὁ μανδάτωρ.... οἱ γὰρ μανδάτορες ποιοῦσι τὰ μηνύματα ἔντε τοῖς δικαστηρίοις, καὶ τοῖς ἐν αὐτοῖς δικαζομένοις. Glossæ. Basilic. : Μανδάτορες, οἱ τὰ μανδάτα ἀπὸ τῶν ἀρχόντων πρὸς τοὺς στρατιώτας ὀξέως διακομίζοντες. Totidem habentur apud, Leonem in Tacticis Constit. 4. § 16. cui Militare est officium, de quo eodem cap. 4. § 6. 35. 49. cap. 7. etc. Vide Epistolam Concilii Italiæ ad Theodosium Imperatorem.

PROTOMANDATOR, πρωτομανδάτωρ, qui *primus Mandator*, Anastasio in VIII. Synodo act. 5. ubi *Primus Mandator Excubitorum, Primus Mandator Icanatorum.* De hac dignitate Scylitzes pag. 541. 620. [Continuator Theophanis lib. 4. num. 16. Anonymus Combefisianus in Romano Lacapeno n. 8.] et Leo Grammaticus pag. 498.

Ejusdem nomenclaturæ et muneris Officiales perinde habebant Castellani Reges. Leges Alfonsinæ, *Partidæ*, part. 2. tit. 9. lege 21 : *Mandaderos son llamados aquellos que el Rey embia a algunos omes, que non puede dezir su voluntad por palabra, o non puede, o non quiere embiargelo dezir por carta; estos tienen officios grandes e mucho honrrados, come aquellos que han de monstrar la voluntad del Rey por su palabra.*

* 3. **MANDATOR**, Fidejussor, sponsor, Gall. *Caution, garant.* Charta ann. 1164. inter Probat. tom. 2. Hist. Occit. col. 599 : *Donamus vobis Mandatorem et fidejussorem eumdem Raymundum Trencavelli et filium ejus Rogerium etc.* Alia ann. 1166. ibid. col. 528 : *Et de hoc Mandatorem, custodem et defensorem dono Isarnum Jordanus.... Ego Isarnus Jordani dono me ipsum custodem et defensorem et facio guirentiam per me et per meam posteritatem etc.* Chartul. eccl. B. M. Conven. : *Ego Bernardus comes Convenarum dedi Mandatores et obstaticos A. W. de la Barta et B. de Maleon et Garmon de S. Beato et Petrum de Malabesina et Bern. de Juisan, Arsivo episcopo Convenarum pro omnibus debitis quæ ei debebamus.* Vide supra *Mancipium* 5.

* 4. **MANDATOR**, Lictor, consulum minister, Gall. *Sergent de ville.* Pactum inter episc. et cives Vasat. ann. 1340. in Reg. 74. Chartoph. reg. ch. 59 : *Item quod habeant unum ministrum, vocatum vulgariter Mandatorem, qui baculum, cum signo seu armis villæ depictis in baculo, deferre possit.* Charta commun. castri de Podio Surigario ann. 1353. in Reg. 82. ch. 153 : *Habeant unum messegarium seu Mandatorem, qui mandare valeat dictos consules, consiliarios et clavarios.* Ubi nominis rationem habes, ut et ex Libert. villæ de Lespiniano ann. 1379. tom. 6. Ordinat. reg. Franc. pag. 546. art. 4 : *Dicti consules eligent et habebunt unum famulum seu Mandatorem, qui similiter jurabit dictos consiliarios mandare pro consilio et aliis negociis dicti consulatus tractandis, et aliis ad dicta negocia evocandis.* Hinc

* MANDATOR etiam appellantur confratriæ S. Affrodisii famulus, in Stat. ejusd.

ann. 1393. ex Reg. 145. Chartoph. reg. ch. 313 : *Item quod post mortem alicujus confratris vel confratrissæ, Mandator dictæ confratriæ hospitalerius hospitalis S. Affrodisii possit ire per villam eques vel pedes, indutus quodam supervestimento, insignito ymagine beati Affrodisii, portans quandam campanam, ad denuntiandum confratribus et confratrissis, ut intersint in exequiis dicti mortui.*

¶ 1. **MANDATORIUS**, Procurator, institor, Gall. *Facteur*. Litteræ Henrici VII. Regis Angl. ann. 1506. apud Rymer tom. 13. pag. 159 : *Et Antonio mercatori Senensi ejus factori sive Mandatorio, etc.* [* Occurrit præterea in Stat. Genuens. lib. 4. cap. 13. pag. 111.]

* 2. **MANDATORIUS**, Idem quod *Advocatus* ecclesiæ vel monasterii. Charta Pipini reg. Aquit. pro monast. S. Florent. in Reg. 107. Chartoph. reg. ch. 264 : *Si vero in eadem immunitate reus repertus fuerit vel ductus, a nemine distringatur, nisi a jam dicti loci Mandatorio, nisi forte exinde ipsius latronis fuerit erectio.* Vide in *Mandatarius* 3.

* **MANDATRIX**, ut supra *Mandatarius* 1. Pactum inter monach. et habitat. Anianæ ann. 1332. in Reg. 69. Chartoph. reg. ch. 175 : *Item super illa quantitate pastæ, quam in singulis cuechis Mandatrici furni dari et solvi consuevit, etc.*

1. **MANDATUM**, Rumor, nuntii, litteræ rem aliquam enarrantes. Anastasius in Hadriano PP. : *Quibus.... Perugiam conjungentibus, conjunxit Mandatum, quod jam fatus Desiderius abstulisset civitatem Faventiam, etc.* i. in via rumor ei allatus est. Lex Long. l. 3. tit. 16. [** Rach. 8.]: *Mandant aut annuntiant nostra secreta, et adhuc in extraneus provincias Mandatum faciunt.* Matth. Paris ann. 1242 : *Urgebant autem Regem Mandata Ultramarinorum*, i. quæ per litteras nuntiabantur, *mandabuntur*. Adde pag. 547. et Addimenta pag. 118.

2. **MANDATUM**. Breve, vel Edictum Regium. In Addit. ad Matth. Paris : *Mandatum Regis de juratis ad arma.* Adde Anonymum Barensem ann. 1042. [*Mandatum Papale*, in Chron. Andr. Danduli apud Murator. tom. 12. col. 514.] Gloss. Gr. Lat. : *Mandatum*, ἐντολή. Theophanes pag. 211 : Ὁ δὲ ἔπεμψε μανδάτον λέγον, etc. Vide Glossaria Rigaltii et Meursii, voce Μανδάτον.

¶ 3. **MANDATUM**, *Mandatarius*, procurator, actor, *missus*, Consuetud. Apamienses ann. 1212. apud Marten. tom. 1. Anecd. col. 832 : *Quicumque in quolibet crimine vel alio modo clericum ceperit, etiamsi non haberet coronam, reddatur Episcopo, vel Archidiacono, aut Mandato suo sine dilatione.* Charta Willelmi Episc. Autiss. ann. 1215. ibid. col. 844 : *Si autem contingeret quod dicti burgenses deficerent in aliquo pagamento statis terminis, Comes, vel Mandatum suum hoc ostenderet nobis.... et exinde præcipientibus nobis, Comes vel Mandatum suum posset assignare ad res burgensium.* Charta Willelmi Pictavens. Episc. ann. 1217. apud Stephanot. tom. 3. Antiquit Bened. Pictav. MSS. pag. 852 : *Ita videlicet quod Mandatum Abbatis et Mandatum domini de Luciaco eligent duos vel tres vel quatuor probos viros de eadem villa.* Litteræ Henrici III. Reg. Angl. ann. 1263. apud Rymer. tom. 1. pag. 759 : *Post redditionem clavium, introitum et ascensum dictorum hominum, cum vexillo prædicto, et ejusdem vexilli ostensionem, statim nos, vel hæredes nostri, vel Mandatum nostrum (cui dictæ claves, nomine nostro, et hæredum nostrorum, redditæ fuerunt) easdem claves incontinenti restituemus dicto Vicecomiti Turennæ.* Et pag. 761 : *Paratique fuerint coram nobis, vel hæredibus nostris, vel seniscallo, aut Mandato nostro, justitiæ facere complementum.* Charta ann. 1285. ex Chartul. Angeriac. f. 272 : *Per quam* (portam) *prædicti Abbas et Conventus vel Mandatum suum et homines tenentiarii dicti Monasterii possint ire libere et redire.* Diploma Philippi Regis apud Perardum pag. 348 : *Præsente Mandato nostro si voluerit interesse... quas missiones nos vel Mandatum nostrum perturbare et contradicere non possumus.* Hist. MS. S. Cypriani Pictav. pag. 433 : *Si vero Mandatum Abbatis maliciose per diem et noctem terragiare et decimare distulerit, etc.* Adde Litteras Johannis Reg. Franc. ann. 1351. tom. 4. Ordinat. pag. 91. *Kemant*, Picardis, eadem notione, in Litteris Caroli Regentis ann. 1358. tom. 3. Ordinat. Reg. Franc. pag. 295 : *Et se aucuns estoient arrestez par mi ou par men Kemant, etc.*

* *Commandement*, eadem acceptione, in Lit. ann. 1358. tom. 3. Ordinat. reg. Franc. pag. 660. art. 12. et *Commant*, in Stat. ann. 1355. tom. 5. earumd. Ordinat. pag. 510. art. 6.

¶ 4. **MANDATUM**, Charta, qua negotii alicujus actor quis constituitur, Gall. *Procuration*. Varias ejusmodi *mandatorum* formulas videre licet inter Marculfianas et Lindenbrogianas.

¶ 5. **MANDATUM** Apostolicum, vox Cancellariæ Romanæ, Gallice *Mandat*. Compendiosa benefic. Expositio fol. 39 : *Mandata Apostolica sunt diplomata quibus generaliter sub variis literarum formis mandat Pontifex Romanus collatoribus, ut alicui conferant beneficium primo vacaturum, quod mandatarius recusare nequit.* Rebuffio : *Mandatum de providendo.* Honorius III. PP. Episcopo Noviom. scribens, Decretal. mand. de Rescipt. : *Mandatum Apostolicum ad te directum, ut magistrum S. faceres in Canonicum recipi.* Observat Rebuffius in Praxi benef. § ult. de Mandat. Apostol. quod cum Pontifices Romani Ordinarios frequentioribus ejusmodi mandatis gravarent, illud in Concord. inter Leonem X. et Franciscum I. decretum fuisse : *Statuimus et ordinamus quod quilibet Romanus Pontifex semel duntaxat tempore sui Pontificatus, litteras in forma Mandati juxta formam inferius annotatam dare possit.* Huic decreto jam præiverat Concilium Basileense, aliquas Leges certosque fines iis mandatis apponendo, apud Labbeum Concil. tom. 14. pag. 369. Verum a Concilio Trident. tandem penitus exstincta sunt Sess. 25. cap. 9. de Reform. : *Decernit S. Synodus Mandata de providendo, et gratias quæ expectativæ dicuntur, nemini amplius, etiam collegiis, universitatibus, senatibus, et aliis personis singularibus, etiam sub nomine Indulti aut ad certam summam... concedi licere.* Horum mandatorum auctorem Alexandrum III. PP. scribit Rebuffius loco citato; alii ad Clementem V. id referunt.

¶ 6. **MANDATUM**, Decretum a superioribus judicibus ad pedaneos missum. Vide *Arestum* 1.

¶ 7. **MANDATUM**, Districtus, jurisdictio, territorium. Concil. Legion. ann. 1012. can. 16. inter Hispan. tom. 3. pag. 191 : *Item si aliquis sayo pignuram fecerit in Mandato alterius sayonis, persolvat quemadmodum si non esset sayo; quia vox ejus et dominium non valent, nisi in suo Mandato.* Vide *Mandamentum* 2.

* Charta ann. 1140. inter Probat. tom. 2. Hist. Occit. col. 492 : *Trado tibi Guillelmo Montispessulani domino.... ad feudum et ad totos honores, et cui dimittere volueris, videlicet totum castrum, quod vocatur Paulhan, quod est in episcopatu Biterrensi, cum Mandato suo, et cum hominibus et feminis, et omnibus feudatariis.*

¶ 8. **MANDATUM**, Pactum, conventio, judicatum. Vide *Mandamentum* 3.

9. **MANDATUM**, Ablutio pedum, quæ fit in Cœna Domini cum scilicet Chorus cantat illud Christi : *Mandatum novum do vobis :* de quo more S. Augustinus Epist. 119. cap. 18. Chilienus Monachus in Vita S. Brigidæ cap. 2 :

> Proxima Cœna fuit Domini, qua sanctæ solebat
> Mandatum Christi calido complere lavacro.

Synodus Aquisgran. can. 20 : *In Cœna Domini pedes Fratrum post Mandatum Abbas lavet et osculetur.* Eadem habentur in Addit. 1. Ludovici Imperat. ad Capit. Caroli M. cap. 23. Tabul. Abb. Belliloci in Lemovicib. num. 10 : *Sanctum Mandatum, quod Salvator noster instituit pridie quam pateretur, abluendis pedibus pauperum, nunc destructum est ab eodem Abbate nostro, qui melius merito lupus dicitur rapax, qui sibi vindicat eandem eleemosynam, nummos, quos D. Pontifex Rodolfus constituit.* Vide Leonem Ostiens. lib. 2. cap. 34. Ut vero ea ceremonia peragi soleat tum a Monachis, tum a Clericis, consule, si lubet, Udalricum lib. 1. Consuet. Cluniac. c. 12. Ceremonialem Episcop. lib. 2. cap. 24. etc.

Mandatum quovis sabbato septimanæ fieri jubetur in Regula S. Bened. cap. 35. [Nullibi in Regula S. Bened. *Mandatum* occurrit ea de qua nunc agitur notione; capite autem laudato, ubi *de Septimanariis coquinæ* sermo fit, præcepit S. Pater ut *egressus de septimana, sabbato munditias faciat*, quo scilicet, ut infra habetur, *Vasa ministerii sui munda et sana cellerario reconsignet.*] Liber Ordinis S. Victoris Parisiensis MS. cap. 63 : *Omni sabbato faciendum est Mandatum, nisi festum fuerit novem Lectionum, vel Octavæ, aut die postero hoc Dominico festum duplex sequatur. Inter Pascha etiam et Pentecosten non fit Mandatum.* Adde cap. 12. Folcardus in Vita S. Bertini cap. 10 : *Ad Mandatum Domini, quod apud Monachos singulis sabbatis ex more celebratur.* Vita S. Erminoldi Abbat. : *Erat autem sabbatum, hora, qua sonitu tabulæ ad Mandatum Fratres more solito convocantur.* Vita S. Odonis Abbat Cluniac. lib. 2 : *Peracta itaque illa hebdomada, sabbato vesperascente, cum nostri Fratres cœpissent Mandatum regulæ more præparare, etc.* Ut porro peragatur ejusmodi Mandatum, habet liber Ordinis S. Victoris d. cap. 63. Adde Vitas Abbatum S. Albani pag. 34. et Gesta Innocentii III. PP. pag. 150. Vide *Alveolus* 2.

☞ Moris erat in quibusdam monasteriis tot pauperum pedes lavare, quot erant monachi; quibus etiam interdum alii addebantur, in animarum amicorum familiariumque defunctorum solatium. Bern. Mon. Ordo Cluniac. part. 2. cap. 15 : *Quo facto pronuntiatur a camerario qui sutulares quo erogati sint, numeravit, quot fratres in claustro sint, ut totidem pauperes a decano et hospitario ad Mandatum eligantur; et insuper quantum visum fuerit D. Abbati pro amicis et familiaribus nostris.*

Mandatum Quotidianum, quod a Monachis peragitur, *a capite jejunii usque ad Kalendas Novembris omni die, sive una vice, sive duabus comedatur, post cœnam*, ut est apud Udalricum lib. 2. Consuet. Cluniac. cap. 37. Adde eumdem lib. 3. cap. 8. 24. et Hugonem Flaviniacensem pag. 268. [Bulla Benedicti XII. PP. ann. 1337. in Tabul S. Victoris Massil. : *Locus in quo fit quotidie Mandatum reparetur.*] Mandata etiam post cœnam fieri jubentur in Capitulari Ludovici Pii ann. 817. cap. 18. in Addit. 1. ad Capitul. Caroli Magni cap. 24.

☞ Præcipuis annis festivitatibus rite celebrandis ejusmodi *Mandato* sese disponebant Cluniacenses, ex præcepto B. Odilonis, ut testatur Bernardus Mon. in Ord. Cluniac. part. 2. cap. 24 : *Mandatum faciendum esset, nisi in quinta feria præcedente factum est; nam more universalis Ecclesiæ, qui fit de sancto Mandato, quinta feria, quæ nuncupatur Canæ Domini, roboratus et autorisatus venerabilis pater B. Odilo sanxit, ut hoc idem feria quinta præcendente Pentecosten a fratribus celebretur : in Nativitate etiam Domini, natalique summorum Apostolorum Petri et Pauli, atque Assumptione sanctæ Mariæ; si Sabbatis aut Dominicis diebus evenerint, hoc idem fieri præcedenti quinta feria censuit : quibus domnus et venerabilis pater Hugo festum Vinculorum S. Petri, et festum Omnium Sanctorum, et transitum B. Martini, Purificationem quoque B. Mariæ, et Dedicationem ecclesiæ, si extra Quadragesimam evenerit, et solemnitatem sanctissimæ Trinitatis conjunxit, si in prædictis diebus eadem festa evenerint.*

Mandatum *trium pauperum, quod per singulos dies cum eleemosyna in Quadragesima fit*, in libro Ordinis S. Victor. Parisiensis cap. 14. et 63. *quod in capite jejunii incipit, et in Cœna Domini finitur*, ubi et ritus ejusmodi Mandati describitur. Consuetudines Floriac. : *Quicunque Psalmos prostratos,.. vel Mandatum trium pauperum... perdiderit*, (i. omiserit) *veniam in Capitulo... petere debet.* Rursum : *Per totam æstatem, quoties est dies jejunii, fit Mandatum post prandium tribus pauperibus.* Petrus Cluniac. lib. 1. Epist. 28 : *Et per totius anni spatium unaquaque die tribus peregrinis hospitibus manus et pedes abluimus, panem cum vino offerimus.* Interdum pluribus. Eadem Consuetud. Floriac. pag. 399 : *Faciantque illi Mandatum ad duodecim pauperes.* Ordericus Vital. lib. 3. pag. 487 : *Et post Capitulum ab omni Conventu Mandatum pauperum, sicut in Cœna Domini peragitur.* Vide Hugonem Flaviniacensem pag. 167. et Bernardum Monach. in Consuetud. Cluniacens. cap. 48. part. 1.

☞ Viget etiamnum in Abbatia S. Dionysii in Francia usus, ut post prandium ter qualibet hebdomada, feriis scilicet 4. 6. et Sabbato, a capite jejunii ad Kalendas Novembris hebdomadarius trium pauperum manus abluat in capitulo, quibus et eleemosyna tribuitur.

Mandatum Pauperum, quod agitur inter pauperes, Sabbato ante Palmas, de quo Rupertus lib. 5. de Divin. Offic. cap. 22. Joannes Abrinc. de Eccl. Off. pag. 44. et liber Usuum Ordinis Cisterc. cap. 21. Concilium Biterrense ann. 1233. cap. 20 : *Item consulimus, ut Mandatum pauperibus, saltem in hebdomada semel fiat, sicut in Monasteriis ordinatis fieri quotidie consuetum est.*

* Hinc *Mandé* a nostris nuncupata hæc ceremonia, quam non monachos tantum, sed etiam clericos, certis anni temporibus, adjuncta in pauperes erogatione, usurpasse certum est. Necrol. Paris. Ms. *vij. Id. Jan.* : *Ordinatum est et statutum sollempne illud Mandatum Quadragesimæ, in quo singulis diebus a secunda feria post* Invocavit me *usque ad quintam feriam in Cœna Domini, solis diebus Dominicis exceptis etc.* Charta Phil. Pulc. ann. 1309. in Reg. 13. Chartoph. reg. ch. 112 : *Ad supplicationem dilectorum nostrorum præpositi, decani et capituli ecclesiæ Attrebatensis, ad augmentationem cultus divini in eadem ecclesia, et præcipue cujusdam elemosinæ, vulgaliter vocatæ le Mande, quæ per eos annuatim certis temporibus fieri consuevit, etc.* Joinvil. in S. Ludov. edit. reg. pag. 321 : *Com il soit acoustumé en l'ordre de Cistiaus que certains moines en chascune abeie de cele ordre, ore cil, ore il, chascun Samedi apres vespres, combien que li jors soient sollempnex, doivent laver les piez as autres en fesant le Mandé, etc.* Occurrit rursus ibid. pag. 342. Quo sensu etiam hæc vox *Mande* legitur in Constit. Fontis-Ebraldi cap. 23.

10. **MANDATUM**, Domus hospitum in nasteriis, quod hospitum advenientium pedes lavarentur. Chronicon Lobiense : *Fabricam domus susceptionis hospitum, quam Mandatum vocant, perfecit.* Historia Abbatiæ Condomensis pag. 507 : *Fecit reparari et meliorari domum Mandati, ubi recipiantur hospites et pauperes.* Silvester Giraldus in Cambriæ Descript. cap. 10. de Wallensibus : *Adeo nempe hospitalis hic gratia communione lætatur, quod itinerantibus ea nec offeratur, nec petatur : tantum etenim domum intrantes protinus arma custodiæ tradunt, deinde statim aquam offerentibus, si pedes ablui permiserint, hospitio suscepti sunt : aquæ nimirum pedibus oblatio, hospitalis apud hanc gentem est invitatio.* Vide librum Usuum Ordinis Cisterciensis cap. 79. 107.

* 11. **MANDATUM**, Proclamatio solemnis, quæ inter Missarum celebrationem fieri solet, Gall. *Annonce, ban.* Charta Nic. Camerac. episc. ann. 1270 : *Tenebitur dictus capellanus, si in capella sua diebus Dominicis et festivis celebrare voluerit, post offertorium Missæ dictæ parochiæ de Barastre, et post Mandata, quæ a sacerdotibus talibus diebus fieri consueverunt, dum tamen Mandata ante consecrationem fiant, Missam suam celebrare.*

¶ **MANDEBURDA**. Vide in *Mamburnus.*

¶ **MANDERIUS**. Vide *Mandatarius.*

¶ **MANDIBILE** Festum. Vide in *Festum.*

¶ **MANDIBILIS**, qui potest manducari. Gloss. Lat. Gall. Sangerm. : *Mandibilis, Manjable.* Guibertus lib. 2. de Pigneribus Sanct. cap. 3 : *Deum ergo et hominem Mandibilem fieri quæ permittet ratio?*

* **MANDIBULA**, Maxilla, Gall. *Machoire.* Chron. S. Mariæ Magdal. Ms. : *Anno Domini 1458. die 29. Junii, regnante serenissimo principe rege Renato, fuit missus per eundem principem R. in Christo pater episcopus Massiliensis D. Nicolaus de Francanii ad transferendum Mandibulam capitis B. Mariæ Magdalenæ de civitate Aquensi et de monasterio montalium de Nazareth ad sanctum Maximinum.*

MANDIBULUM, Mantile. Charta Rudesindi Episcopi Dumiensis æræ 1076. apud Antonium de *Yepez* in Chronico Ord. S. Benedicti tom. 5 : *Ad ministerium refectionis, mensas, Mandibula, sabana, aquamanilia, et facitergia, discos, et paropsides, fialas, et inferturias argento sculptas et auro perlucidas, etc.* [Supplem. Antiquarii : *Mandibulum*, φάτνωμα, *laquear.*]

¶ **MANDIBURDIUM**, Mandiburnus, etc. Vide *Mundiburdus.*

¶ **MANDICARE**, pro *Mendicare*, in Charta ann. 1407. tom. 1. Hist. Dalphin. pag. 87 : *Aliæ vero (gardæ vacant) propter recessum aliquorum ex dictis garderiis, qui recesserunt a dicta castellania et a patria Dalphinali, aliqui Mandicando, et alii aliter et alio modo nullis bonis sibi relictis.*

* **MANDICUS**, *Lignea figura hominis, quæ ingens solet Circensibus malas movere, quasi manducando.* Glossar. vet. ex Cod. reg. 7613. Vide *Manducus.*

MANDILE, pro *Mantile.* Charta ann. 1197. apud Ughellum tom. 7. pag. 1275 : *Duo Mandilia parva Saracenica, quinque Mandilia cum profulis, etc.* [Græcis μανδήλιον, in Vita S. Nicolai Studitæ pag. 913. et in Anonymo Combefisiano in Lacapeno n. 48.]

* Pro Velum, Hisp. *Mandil*, Gall. *Rideau*, legitur in Charta ann. 1294. tom. 1. Probat. hist. geneal. domus reg. Portug. pag. 107 : *Cum vero colloquium hujusmodi fieri contigerit, sit inter dominas et ostia gradizelæ intermedium Mandile.* Haud scio an inde *Mendilh*, in Lit. remiss. ann. 1468. ex Reg. 197. Chartoph. reg. ch. 59 : *Icellui Guillaume persa au suppliant son Mendilh, qu'il portoit en droit de son estomac.* Vestimenti genus esse videtur.

* **MANDITUM**, *Lo mangano*, in Glossar. Lat. Ital. Ms.

MANDOADO. Vide *Mandualis.*

MANDONES, in Glossis Isidori, *Ambrones, Ardeliones*, a *Manducare.* [*Mando, Mandox, mangeur, hardel, lecheur*, in Gloss. Lat. Gall. Sangerman.]

* **MANDORA**, f. Placentæ species. Charta ann. 1221. tom. 1. Hist. Cassin. pag. 317. col. 1 : *Tenimentum Danieli debet facere hominium et fidelitatem,..... et unam tortellam de tribus pullis et tribus Mandora de ovis.*

MANDRA, Monasterium. Vox etiam Græcis recentioribus eodem significatu nota. Alcuinus Epist. 27 : *Cœlestis Mandræ agmina.* Idem lib. 2. de Vita S. Willibrordi :

Circuit idcirco vigili hoc tutamine Mandras :
Nominibus meritis ut Christi augeret ovile.

Charta Rogerii Regis Sicil. ann. 1130. apud Rocchum Pirrum tom. 1. pag. 304 : *Decernimusque pro Episcopali jure solvere eandem Mandram dictæ Ecclesiæ Episcopali* (Messanensi) *annuos census* 100. *libras ceræ,* 20. *thuris*, *etc.* Alia Sixti PP. IV. ibid. pag. 305 : *Decrevitque pro omni Episcopali jure solvere Mandram Ecclesiæ Episcopali Messanæ annuum censum*, *etc.* Vide Epistolas Hormisdæ post Epist. 21. Ἀπὸ τῶν μανδρῶν dicta Monasteria quidam putant, id est, a specubus et cavernis, in quibus primitus Monachi habitarunt, et Monasteria sua exstruxerunt : Græci enim μάνδραν vocant speluncam. Gloss. vet. : *Spelunca*, μάνδρα. Gloss. Gr. Reg. MS. Cod. 1673 : Σπέος, σπήλαιον, μάνδρα. Gloss. Lat. Græc. : *Caulæ*, περίβολοι, μάνδραι. Alii, ut Budæus, a grege Monachorum, cui, ceu *Mandræ*, id est, ovili, præsint pastores Abbates : quippe Latinis quoque *Mandra* pro grege passim sumitur apud Juvenal. Sat. 3. et Martial. lib. 5. Chronicon Novalicense cap. 19 :

Froduinus qui pridem Pastor et inclitus Evex,
Nam per decies quater stabuli custos oviumque est.

Ugutio : *Archimandrita, Princeps vel pastor ovium, unde quadam translatione Episcopi et Archiepiscopi et Sacerdotes dicuntur Archimandritæ, quasi Pastores ovium Christi.* [Vide Gloss. med. Græcit.]

* Glossar. Provinc. Lat. ex Cod. reg. 7657 : *Mandra, bubulcus, qui nomina boum mandat memoriæ*, *Boyer, Prov.* Aliud Gall. Lat. ex Cod. 7684: *Mandra, Bouvier ou bergier; i. bubulcus.* Vide supra *Fracta.*

¶ Mandra, Cellula monachica. Vita S. Ethelwoldi sæc. 5. Bened. pag. 615 : *In tertio quoque cœnobio Wintoniensi, quod.... in honore semper Virginis Mariæ Deo consecratum, Mandras sanctimonialium ordinavit, quibus matrem... Etheldridam præfecit, ubi regularis vitæ norma hactenus observatur.* Hinc *Mandres* vulgo dicitur vicus quidam in Briegio, non procul a Braia Comitis Roberti, a *Mandris* scilicet, id est casulis, ut observat Valesius in Notit. Gall. pag. 422. tumultuario opere ex ligno factis. A *Mandra*, monasterium,

Mandrita, pro *Monacho.* Epitaphium Gaitelgrimæ Principis Beneventanæ, quod exstat in ea urbe, in interiori Ecclesia Monialium S. Petri :

Huc Lector propera, Mandritam corde saluta.

[Iter Germanicum Mabillonii tom. 4. Analect. pag. 57 :

Consecrat ædiculam Mandrita lupambulus istam,
Abbas Ramvoldus quam tibi, Christe, struit.]

Ermenoldus in Vita S. Soli cap. 9 : *Mandritis e diverso venientibus.* Walafridus Strabus Abbas Augiens. de Vita S. Othmari cap. 1 : *Boni Mandritæ studium in ipso executus.* [Ubi pro abbate usurpatur.] Μανδρίτης, in Concilio Constantinopolitano sub Menna act. 5. Hinc qui Mandritis præerat, *Archimandrita* dicitur. Avitus Viennensis Epist. 2 : *Copiosæ multitudinis præpositus fuit, cujus officii personas Episcopi Orientales Archimandritas appellant.* Vide Glosssar. Meursii et Fabroti ad Cedrenum.

Mandrogerontes, apud Luitprandum in Legat. cap. 55. Vetuli Monachi.

¶ **MANDRABULUS.** Annales Novesienses apud Marten. tom. 4. Ampliss. Collect. col. 670 : *Mandrabuli equidem more res mecum successerunt.' Eram enim ante in quietiori loco constitutus.... Hic inter armorum strepitus... vivitur.*

¶ **MANDRAGORA**, Pomi genus, cujus mentio fit Gen. 30. 14. nostris etiam notum sub nomine *Madagoires*, quod pretiose asservatum sibi divitiis acquirendis idoneum somniabant. Hanc superstitionem memorant Commentaria ad Histor. Caroli VI. et VII. pag. 121 : *Et en ce temps* (*frere Richart Cordelier*) *fist ardre plusieurs Madagoires que maintes sottes gens gardoient en lieux repos, et avoient si grant foi en celle ordure, que pour vrai ils croyoient fermement que tant comme ils l'avoient, mais qu'il fust bien nettement en beaux drapeaux de soye ou de lin enveloppé, que jamais jour de leurs vies ne seroient pouvres.*

* *Mandagloire*, in Bestiar. Ms. :

Jouste Paradis en un mont,
Illuec ou croit le Mandagloire.

MANDRATOR, Cavillator, calumniator, in Glossis MSS. Papias et Gloss. Isid. : *Manda, deceptio, fraus.* Leg. *Mandra.* [Vide *Manda* 1.]

* **MANDRINUS**, pro *Marturinus* vel *Martrinus*, apud Albert. Aquens. lib. 2. Hist. Hierosol. cap. 16. ut monet Murator. tom. 2. Antiq. Ital. med. ævi col. 412. Vide *Martures.*

* **MANDRUS**, pro *Mandra.* Constit. Mss. Caroli reg. Sicil. : *Et nullas extorsiones per terras, campos et Mandros de rebus et animalibus faciant.*

MANDUALIS, Germanis *Mandel*, Cancellus, qui desuper tumulum stat. Sic vetus Gloss. ad Legem Salicam tit. 57. ubi hæc verba habentur : *Si quis aristatonem, hoc est, staplum super mortuum missum capulaverit, aut Mandualem, quod est structura, sive selave, qui est ponticulus, sicut more antiquorum faciendum fuit, qui hoc destruxerit, etc.* Editio Heroldi habet hoc loco *Mandoado*, eadem notione et origine, ubi Wendelinus : *Mandel* vocamus id, quod in metam surgit, veluti mergites segetum, veluti et camini; unde *mantel-vert* dicimus lignum, quod supra focum eminet, cui caminus superstructus est : ejus magnitudinis ac formæ (quadratæ oblongæ,) solebat superstrui tumulis in defuncti honorem aliquid ex asseribus compactum, quod ornamenta tumulo instrata tegeret. Tumulos cancellis muniri solitos docet Pithœus ex Gregorio Turon. cap. 30. de Glor. Confess. et lib. 4. de Miracul. S. Martini, et Fortunato in Vita B. Hilarii.

☞ Heroldi lectio longe probabilior doctissimo Eccardo videtur, nec injuria ; si quidem *Mandoado*, vox est Germanica, qua hæc verba *hominem mortuum*, reddita esse existimat vir linguæ suæ peritissimus : *Man* enim hominem; *Doado*, Saxonibus Dode, Germanis superioribus *Toter*, mortuum designat. Vide Vitam S. Lucæ Junioris pag. 1009. edit. Combefisii.

MANDUCALIS, [f. *Gistum*, procuratio.] Tabular. S. Eparchii Inculism. fol. 43 : *Hoc igitur totum, quidquid in ipso manso habere videor, et meum dominicatum, et meos Manducales, censuales, et feodum nepotis mei Iterii, etc.* Fol. 49 : *Unus mansus debet* 12. *denar.* 1. *arietem*, 4. *sestar. de cibaria*, 1. *Manducalem.* Fol. 75 : *Neque celabit justitias, cum cognoverit eas, monacho obedientiario Manducales Præpositales, id est, les restoblages simul accipient, etc.* Adde fol. 123.

¶ 1. **MANDUCARE**, Convivium, refectio ; Jus etiam divertendi in domum alterius convivii causa. Charta Pontii Archiep. Arelat. ann. 1000. tom. 6. Spicil. Acher. pag. 428 : *Tali tenore, ut pascat tres pauperes ad unum Manducare de ipso conducto, quo ipse manducaturus est.* Charta ann. 1086. apud Lobinell. tom. 2. Hist. Britan. pag. 122 : *Consuetudinibus Pontificatus sedis, Manducare scilicet, circadis et synodo specialiter nominando exceptis.* Vide *Pastus.*

* *Manducare per consuetudinem* dicitur, in Chartul. S. Alb. Andegav. : *Gosfridus..... per forciam suam perexit ad Campigniacum, et Manducavit ibi, ut aiebat, per consuetudinem.* Qui una comederant, vel hospitati fuerant, sibi mutuo, quacumque ex causa, per septem sequentes dies damnum inferre non licebat ex Usaticis Barcin. Mss. cap. 117 : *Si quis cum alio hospitaverit vel comederit, septem sequentibus diebus ab illius damno se abstineat, vel per aliquod ingenium aliquam forisfacturam nullomodo ei faciat, nec per seniorem suum, nec per amicum, nec per semetipsum.*

¶ 2. **MANDUCARE** *super tumulos mortuorum* prohibet Capitul. lib. 6. cap. 197 : *Et super eorum tumulos nec Manducare nec bibere præsumant. Quod si fecerint, canonicam sententiam accipiant.* Antiqua hæc consuetudo, quam a paganis acceperant Christiani, quamque ut aboleret Augustinus, quantum laboraverit omnibus notum arbitror.

MANDUCARIA, Comestio, pastus, ex Gallico *Mangerie.* Charta Vitriacensis ann. 1157 : *Insuper Abbas et Monachi, quicquid in terra Vitriacensi possidebunt, absque corveis et absque consularibus Manducariis, quæ ad solum Abbatem pertinent, quidquid etiam in terris et feodis legitime deinceps possent acquirere, Ecclesiæ Vitriacensi perpetuo tenendum concesserunt.* Vide *Comestiones.*

¶ 1. **MANDUCARIUM**, Jus pastus, sive summa pecuniaria in ejusdem juris redemtionem exsoluta. Charta ann. 1187. ex Tabul. S. Melanii Redon. : *Petrus de Chaune pro quodam milite a se interfecto, quendam monachum fecit in Abbatia S. Melanii de ejus progenie, pro cujus receptione dedit Abbatiæ... unum Manducarium annuum et unam minam avenæ* XII. *den. annui redditus.* Vide *Mangerium.*

2. **MANDUCARIUM.** Regula Templariorum cap. 44 : *De Manducariis equorum. Nullus frater facere præsumat Manducaria linea, vel lanea, idcirco prius principaliter facta, nec habeat ulla, excepto cofinello.*

* Saccus videtur, in quo avena equis præbetur, ut et Gallicum *Mengoire*; in Reg. Cam. Comput. Paris. sign. *Croix*, ubi de rebus necessariis pro exercitu Scotiæ fol. 184. v° : *Item il convient dix mille aunes de*

toille grosse pour faire Mengoires et autres choses.

* **MANDUCAT-PANEM**, Cognomentum Isambardi testis, in Charta ann. 1120. inter Instr. tom. 12. Gall. Christ. col. 25.

***MANDUCATUS**. Tabul. Major. monast. : *Pro hac terra et de commendisa unam minam de Manducatu domini.* Hoc est, unam minam frumenti, de quo manducat dominus.

¶ **MANDUCO**, *Vorax*, *gluto*. Gloss. Isidor. Onomast. : *Manduco*, ἀδδηφάγος. Apul. Metamorph. lib. 6 : *Nec vos memoria deseruit utique quod jam dudum decreveritis de isto asino, semper pigro quidem, sed Manducone summo.* Vide *Mandones*.

MANDUCUS. Ugutio et Jo. de Janua : *Manducus, joculator, ore hians, turpiter mandens.* [Papias : *Lignea figura ingens, quæ solet Circensibus malas movere quasi manducando.* Vide Lexicon Martinii.]

* **MANDULA**, Ital. *Mandola*, Amygdalum, Gall. *Amande*. Stat. Riper. cap. 12. fol. 3. v° : *De qualibet soma Mandularum integrarum, de duodecim quartis, pro introitu soldi sex.*

MANDULUS. Vide *Mandalus*.

1. **MANDUM**, Dispositio testamentaria. Charta Lusitanica æræ 1208. apud Brandaonum tom. 4. Monarch. Lusitan. pag. 270. v. : *Et mando, quod si omnes isti, quibus mando, adimpleri Manda mea non potuerint, convenire, etc.* Id. pag. 272 : *Dividant pecuniam inter se, excepta illa, quam mandaverit pro anima sua dari.*

¶ 2. **MANDUM**, Convocatio, submonitio ad exercitum, seu Litteræ quibus vassallus ad servitium militare, quod domino suo feudali debet, citatur. Litteræ ann. 1340. tom. 1. Hist. Dalphin. pag. 53 : *Parati nobiles et Francos vestræ Castellaniæ librare per omne tempus et modum in aliis nostris litteris dicti Mandi insertum.* Instrum. ann. 1339. ibid. pag. 65 : *Obviavimus Gileto de Lustrino... qui ibat ad D. nostrum Dalphinum ad secundum Mandum.* Extractum computi ann. 1327. et 1328. ibid. tom. 2. pag. 216 : *Item in vigilia B. Johannis B. Peroto messagerio misso eques de Cabeolo in Briançonesium pro Mando Flandriarum.* Aliud ann. 1334. ibid. pag. 245 : *Die sexta Julii Johanni de Alvernya misso in Gascoigniam pro Mando dom. et gentium in armis properando.*

MANDUS, *Vestis virginalis*, in Glossis Isidori, quasi *mantus*, vel *mantum*, nostris *Manteau*.

¶ **MANDYA**, Pallii genus, quod Imperatorum ac Regum præsertim fuit. Acta S. Symeonis Stylitæ tom. 5. Maii pag. 301 : *Piehtissimus autem Imperator Justinus.... saccum indutus luxit; adeo ut festa quoque luce procedens in templum, coronam aut chlamydem gestare renuerit; verum sic simplici habitu cum solo Mandya purpureo processerit.* Vide Glossar. med. Græcit. v. Μανδύη.

MANE, Oriens. Charta Lotharii Regis Italiæ ann. 946 : *Sunt autem cohærentiæ ipsius terræ a Mane via, a meridie et vespere supra taxam S. Prosperi, a septentrione, etc.* Vita S. Domitiani, apud Guichenonum in Hist. Bressensi pag. 231 : *Et terminatur a Mane interque consortes colonos, et campum de ipsa ratione, subtus viam a meridie via, a sero inter consortes colonos, etc.* Rollandinus in Summa Notariæ : *A Mane possidet L. a meridie N. a sero et septentrione sunt viæ publicæ, etc.* Adde Ughellum tom. 4. Ital. Sacræ pag. 212. 228. 229. Paradinum lib. 2. Hist. Lugdun. cap. 103. Hist. Pergamensem tom. 3. pag. 183. [Statuta Mediolan. part. 2. cap. 329. Chron. Parmense apud Murator. tom. 9. col. 763.] etc.

* Quæ vox per *Main* et *Mein* a nostris olim reddita est. Joinvil. in S. Ludov. edit. reg. pag. 86 : *Me commenda... que mangasse avec li ades et au soir et au Main.* Comment. in Psalter. ex Glossar. ibid. : *U vespre, et ou Mein et ou midi.* Ubi psal. 54. v. 18. habet : *Vespere et Mane et meridie.* Poema Merl. Ms. : *Il vous en converra moult Main issir fors.* Caton *en Roman* :

Teus rit au Main, qui au soir pleure.

¶ Bono Mane, Phrasis Gallica, *de bon matin*, multo mane, ut habet Cicero lib. 5. Epist. 4. ad Att. Diarium Magist. Ceremon. Cur. Rom. inter notas Godefredi ad Carolum VIII. pag. 711 : *Feria sexta dicta mensis Januarii, Bono mane recesserunt ex urbe Ascanius vicecancellarius et de Luneat Cardinales.*

* **MANEA**, Cistæ species piscationi accommoda, Gall. *Manne*. Chartul. S. Joan. Angeriac. fol. 118. v° : *Dedit.... de feodo præpositali.... panicios et gessias et vessias et linos et charbus tali pacto, ut faciat Maneas ad unam de piscaturis S. Joannis, quantum opus fuerit in toto anno.* Vide supra *Manda* 3.

¶ **MANEAGIUM**. Vide *Mainagium* 1.

¶ **MANEBRA**, *Corvata*, servitium manuale quod vassalli et subditi domino suo exhibere tenentur. Charta Philippi Pulcri Regis Franc. ann. 1287 : *Questas suas et tallias et redevantias quæ vocantur Manebre, et alias bladadam et vinatam dicti castri.... tradiderunt.* Vide *Manopera*.

* **MANECANTANS**, Officium in ecclesia Lugdunensi, cui Missam matutinalem celebrare incumbit. Acta capitul. Mss. ejusd. eccl. ad ann. 1345. fol. 117. r°. col. 2 : *Ordinaverunt quod ex nunc, sive matutinæ fuerint in choro, sive retro altare, quod Manecantans, qui nunc est et qui pro tempore fuerit, incipiat Missam matutinalem.* Vide in *Manicare* 1.

¶ **MANEDA**, *Mansus*, habitatio, domus. Charta ann. 1041. in Append. Marcæ Hispan. col. 1083 : *Donamus... prædictum quoque castrum, cereus et Manedas suas, sicut illa via quæ exit a monasterio, etc.*

* **MANEDERIA**, Mansio, domus. Reg. A. 2. Cam. Comput. Paris. ad ann. 1322. fol. 54. v° : *Augerio de Grammonte domicello dantur duæ Manederiæ, quamlibet de xxv. lib. Turon.* Vide *Maneda*.

MANEFICIUM, Supellex, opus, manuum χειρούργημα. Consultatio post Observantias Regni Aragon. pag. 43. v. : *Et duas bestias meliores arativas, si sint, cum omnibus suis apparamentis, et unam taceam argenteam, et (ex) omnibus Maneficiis unum ante-partem.*

* **MANEGIA**, Manubrium : unde in Glossar. Provinc. Lat. ex Cod. reg. 7657 : *Manegue, Prov. manubrium.* Guido de Vigev. Ms. de Modo expugn. T. S. cap. 8 : *Et ista duo ligna insimul conjungantur cum una Manegia de ferro.* Rursum cap. 11 : *Conjungantur ambæ* (rotæ) *insimul cum una Manegia ferri, quæ fit in medio feramentorum, et super ipsis ferris volvatur ipsa Manegia cum illis duabus rotis indentatis exterius sic positis.*

¶ **MANEGUERIUM**, f. perperam pro *Marescagium*, Palus, locus palustris, Gall. *Marais*. Charta Gaucelini Abb. Anian. ann. 1202. apud Stephanot. Antiquit. Benedict. Occitan. MSS. part. 1. pag. 330 : *Et totius alterius juris ordinarii vel extraordinarii quod unquam monasterium Anianense, vel aliquis nomine ipsius monasterii, habuit, tenuit, vel percepit in stagno, mari et Manegueriis, vel in usaticis, vel in servitiis eorum, etc.* Vide *Mariscus*.

MANELATA, Herba perniciosa et mala, Scotis, *Guild* appellata, Lolium Skenæo. Statuta Alexandri III. Scotiæ Regis cap. 18 : *Si firmarius tuus ponat Manelatam in terra Regis vel Baronis, et non vult eam deliberare et mundare, debet puniri sicut seductor, qui ducit exercitum in terram Domini Regis, vel Baronis.* Et § 2 : *Si nativus tuus habeat Manelatam in terra tua, pro qualibet planticula dabit tibi vel cuilibet alii suo domino mutonem ad forisfactum suum, et nihilominus terram mundabit a Manelata.* Legem hanc tulisse aiunt Kenethum Regem, delinquentem primo bove mulctasse; secundo denis, tertio terræ amissione. Vide Hectorem Boetium lib. 10. Histor. Scotic.

MANENTES, Inquilini, coloni. Sed proprie *Manentes* sunt, inquit Ranfridus, qui sub Friderico II. floruit, *qui in solo alieno manent, in villis quibus nec liberis suis invito domino licet recedere. Isti Manentes præstant aliquando certos reditus, et præstant certa servitia. Item et Manentes appellamus, qui 30. annis in solo alicujus supersederint : et dominus soli pro Manentibus habuerit, et manentia servitia vel reditus, vel operas vel collectas, pro maritanda filia, et pro aliis ab illis 30. annis,.... petiit scientibus et patientibus; vel etiam si alibi habitant voluntate domini, manentia tamen servitia dominus retinuit.* Gregorius Turon. de Vitis Patrum cap. 1 : *Relinquentes hoc habitaculum, quod expetierant, ad villas Manentium sunt regressi.* Helmodus lib. 1. cap. 10 : *Septem mansis, totidemque Manentibus ex hæreditate patrum fuit contentus.* Donationes factæ Ecclesiæ Salisb. cap. 4 : *Tradidit ad eandem sedem...villam dictam Opinga, casam et curtem, cum territorio, et silvam, Manentes* 20. Cap. 8 : *Tradidit villam Loufi casam et curtem cum territorio suo, et Manentes* 15. Eodem cap.: *Tradidit... casam cum curtifero suo et territorio et Manentes* 9. *cum colonis et aliis appendiciis suis.* Ex quibus liquet, colonos et manentes eosdem esse, qui et interdum *servi Manentes* dicuntur. Cap. 1 : *Comparavit ad eam villam, quæ dicitur Pindigia, cum servis ibi Manentibus in colonis suis.* Cap. 2. *Dedit Manentes servos duos ad Megilingen.* Concilium Cloveshoense ann. 822. cap. 11 : *Ut pro plena reconciliatione susciperet terram centum Manentium.* Mox : *Retenti sunt enim tres Manentes de prædicta conditione, et libri 47. Manentium.* Asserus Menevensis ann. 855 : *Omnem hæreditariam terram suam semper in decem Manentibus unum pauperem aut indigenam, aut peregrinum, cibo, potu, et vestimento successo-*

ribus suis usque ad ultimum diem judicii post se pascere præcepit. [Charta Ugonis et Lotharii Reg. Italiæ ann. 932. apud Eccardum Orig. Habsburgo-Austr. col. 151 : *In loco Mozatico Manentes duos, in Arsitulo Manèntes duos, etc.*] *Terra decem Manentium*, in Charta Ecfredi Regis. Adde Egbertum de Ecclesiastica institutione pag. 92. Vitam S. Machuti cap. 14. Adamum Bremensem cap. 54. Albertum Stadens. ann. 961. Chronic. Laurisham. pag. 64. Fr. Mariam in Mathild. lib. 3. pag. 100. Auctar. ad Matth. Paris pag. 155. 156. Ughellum tom. 1. pag. 854. Monast. Anglic. tom. 1. pag. 109. etc. Gallis, *Manans et habitans*, qui et *Couchans*, *et levans* dicuntur. Vide Raguellum [** et Haltaus. Glossar. German. voce *Hübner*, col. 962.]

Submanentes, Iidem, qui Manentes, qui *sub* dominio alicujus manent : *Soubsmanans*, in veteri Consuetud. Ambian. art. 82. 90. et veteri Bononiensi art. 1. 2. 4. Tabular. S. Bertini : *Decimam omnium terrarum suarum dominii mei et animalium ipsius, et Submanentium suorum, et hospitum resignavit in manu mea, etc.* [Charta Caroli Flandr. Comit. ann. 1112 : *Submanentes vero S. Silvini in villa Alci ad domos suas construendas materiam lignorum sufficientem accipiant.* Occurrit ibid. semel.]

Submansores, Eadem notione. [Charta Roberti Comit. Flandr. ann. 1101. apud Miræum tom. 2. pag. 1148 : *Ut homines ipsius Ecclesiæ vestiæ, qui Submansores nuncupantur, ab omni publica exactione ac jugo etiam dominationis suæ sint liberi et immunes.*] Charta Philippi Comitis Flandr. ann. 1183. apud eumd. tom. 1. pag. 716 : *Hac inter cæteras libertates gratia potitur, ne Submansores ejusdem Ecclesiæ ab omni publica exactione liberi, etc.*

** **MANELOQUIUM**, Conventus et consultatio opificum matutina. Vide Haltaus. Gloss. Germ. voce *Morgensprache*, col. 1367.

¶ **MANEOPERA**, pro *Manuopera*. Charta Hugonis Episc. Grationop. ann. 1094. in Tabular. ejusd. Eccl. fol. 14 : *Nantelmus de Jerra habuit 3. chabanarias pro Episcopo Hugone Gratianopolitano, qui reddit unaquaque 13. sextarios de civata... et opera et Maneopera.* Vide *Manopera*.

¶ 1. **MANERE**, Detinere, demorari, Gallis *Arrêter*. Oberti Cancellarii Annal. Genuens. lib. 2. apud Murator. tom. 6. col. 308 : *Et appropinquantibus ibi Manserunt galeas ad Arelatem et Tencataliam circa dies viginti gentes Comitis, ut irent cum iis super Pisanos et darent illi secundum suum arbitrium.*

2. **MANERE**, Coire, vel matrimonio conjungi, aut cum muliere rem habere, Concilio Vermeriensi ann. 752. cap. 2. 17. 19. 20. et Compend. ann. 757. cap. 10. 14. 15. 17. Collatio Leg. Mosaicæ tit. 5 : *Moyses dicit : Qui Manserit cum masculo mansione muliebri, aspernamentum est, ambo moriantur.* Ubi Editio vulgata Levitici cap. 20 : *Qui dormierit cum masculo coitu femineo, etc.* Apud Senecam lib. 3. de Benefic. cap. 15. et Suetonium in Augusto, *manere apud aliquem*, est *cubare*, uti observatum a Salmasio.

* **MANERESIUS**, Ensis species. Lit. remiss. ann. 1335. in Reg. 69. Chartoph. reg. ch. 254 : *Johannes de Pinu.... armatus cum ense et bloquerio ac spaleriis, etiam cum dicto ense sive Maneresio evaginato in via publica.* Vide supra *Manarixius*.

1. **MANERIA**, [Idem videtur quod infra *Manerium*, habitatio, vel villa rustica.] Charta Ildefonsi Regis Aragonum apud Gariellum in Episcopis Magalon. pag. 159 : *Scilicet castrum meum, et villas, et mansos, et terras, et vineas, et prata, et justitias, et firmantias, et Manerias, et nemora, sive culta, sive inculta, etc.* [Charta Philippi Pulcri Reg. Franc. ann. 1302. apud Menester. Hist. Lugdun. pag. 83 : *Neque arbores quæ ab antiquo servatæ fuerunt propter decorem et amœnitatem Maneriarum... aliquo tempore scindantur.* Bern. de Breydenbach Itin. Hierosol. pag. 78 : *Sarraceni fecerunt sibi Maneriam, et maxime de sepulchro ejusdem B. Johannis B. quod de marmore fuit factum, etc.*] Vide *Manerium*.

¶ 2. **MANERIA**, Modus, ratio, ut mox *Maneries*. S. Bern. de Cantu tom. 1. edit. Mabill. pag. 696 : *Utrumque, inquies, falsum : quia nec omnes cantus primæ Maneriæ in illa tantum possunt terminari, cum et finem in g ponant per b rotundum ; nec omnes qui in illa terminantur primæ sunt Maneriæ.* Charta ann. 1309. tom. 1. Hist. Dalph. pag. 98 : *Quælibet bestia onerata telis, pannis cujuscumque Maneriæ sint, ferro seu cupro operatis... debet pro pedagio 12. denarios.* Occurrit rursum infra in voce *Manerium.* [** Abælard. de gemer. et spec. pag. 523, ed. Cousin. : *Hi tamen exponunt genera, id est, Manerias.* Vide doctissimum editorem Præfat. pag. 151. et Schmid. ad Petr. Alphons. Disciplinam clerical. pag. 97. num. 3. et pag. 150. num. 4.]

¶ 3. **MANERIA**, Exactionis genus. Vide *Manneria*.

MANERIES, Gall. *Maniere*, Modus, ratio, via. Ugutio : *Species dicitur rerum Maneries, secundum quod dicitur, Herba hujus speciei, id est, Maneriei, crescit in horto meo.* [Chron. Pipini apud Murator. tom. 9. col. 706 : *In eodem etiam viridario omnis herbarum et arborum Maneries habebatur.* Epistola Gregorii IX. PP. ann. 1228. apud Marten. tom. 1. Anecd. col. 948 : *Sed exinde gravius indignatus novas nocendi Maneries adinvenit.*] Joan. Sarisberiensis lib. 2. Metalogici cap. 17. de quodam Philosopho sui temporis : *Nunc enim cum genus audit vel species, res quidem dicit intelligendas universales, nunc rerum Maneries interpretatur. Hoc autem nomen, in quo auctorum invenerit, vel hanc distinctionem, incertum habeo : nisi forte in Glossematibus, aut modernorum linguis doctorum.* Sanutus lib. 2. part. 4. cap. 24 : *Pictæ galeæ sint tali modo et Manerie.* Utuntur præterea S. Bernardus Epist. 339. Chronic. Windesem. lib. 2. cap. 44. Tho. Archid. Spalat. in Hist. Salonitana cap. 30. Jacobus Cardin. de Anno Jubilæo cap. 6. Hubertus de Mirac. lib. 2. cap. 1. Frideric II. de Arte venandi pag. 18. 30. 37. [Adde Hist. Dalph. tom. 2. pag. 316. Acta SS. tom. 2. Junii pag. 396.] etc. Vide *Maneria*, 2.

MANERIUM, Habitatio cum certa agri portione, a manendo dicta, Gallis, *Manoir* : quomodo in Consuetudinibus nostris municipalibus vulgo accipitur pro præcipua feudi domo, quæ cum universo ipsius ambitu penes primogenitum esse debet. Vide Raguellum.

Manerium vero aliud apud Anglos sonat : Cowello enim idem est, quod unius feudi circuitus. Rastallo est res composita ex diversis rebus, verbi gratia ex habitatione, terris arabilibus, pascuis, pratis, silvis, reditibus, advocatione, curia Baronis, etc. Ut vero manerium sit, debet esse ab antiquo, cujus memoria non exstet. Maneriorum differentias ita exequitur Bractonus lib. 4. Tract. 1. cap. 31. § 3 : *Sciendum est, quod Manerium poterit esse per se, ex pluribus ædificiis coadunatum, sine villis et hamletis adjacentibus. Poterit etiam esse Manerium per se, et cum pluribus villis, et cum pluribus hamletis adjacentibus, quorum nullum dici poterit Manerium per se, sed villæ, sive hamletæ. Poterit etiam esse per se Manerium capitale, et plura continere sub se Maneria non capitalia, et plures villas, et plures hamletas, quasi sub uno capite aut domino. Manerium autem fieri potest ex pluribus villis, vel una : plures enim villæ poterunt esse in corpore Manerii, sicut una.* Idem lib. 5. Tract. 5. de Exceptionibus cap. 18. discrimen inter *Mansionem, Villam*, et *Manerium*, sic describit : *Mansio esse poterit constructa ex pluribus domibus, vel una, quæ erit habitatio una et sola sine vicino ; etiam etsi alia mansio fuerit vicinata, non erit villa, quia villa est ex pluribus mansionibus vicinata, et collata* (collecta) *ex pluribus vicinis. Manerium autem fieri poterit ex pluribus villis, vel una : plures enim villæ possunt esse in corpore Manerii, sicut et una, et ad unam mansionem pertinere poterunt plura tenementa.... Item quandoque est Manerium in villa, et ubi non fuerit nisi unica villa in Manerio, denominari possunt uno nomine, et tenementa tali manerio adjacentia erunt in tali villa, et in tali Manerio, et Manerium a villa e contrario.* Adde Fletam lib. 6. cap. 51. [** Vide Phillips. Histor. Jur. Anglici tom. 2. pag. 181.] [*Maners*, eadem notione qua *Manerium* apud Anglos, usurpat le Roman *de Vacce* MS. :

Villes essillent et Maners,
Mesons ardent, prennent avers.]

Manerium, *villæ* appellatione donatur ab Orderico Vitali lib. 4 : *Ducentas et octoginta villas (quas a manendo Manerios vulgo vocamus) obtinuit.* Hinc, *Maneria Regalia*, apud Ingulfum pag. 880. et *Dominica Maneria*, in Diplomate Joannis Regis Angliæ apud Matthæum Paris ann. 1215. quæ Scriptoribus *villæ regiæ* appellantur. Idem ann. 1249. pag. 508 : *Ad alterutrum dictorum Maneriorum mansurus perrexit.* Occurrit sæpe in Legibus Henrici I. et in Chartis et Scriptoribus Anglicis *Manerium* vox, quam a Normannis in Angliam invectam opinantur plerique, cum ante Normannos vix in veteribus Tabulis reperiatur.

¶ Manerium, nude pro æde seu domo rustica, Gall. *Maison de Campagne*. Genealogia Comitum Flandriæ apud Marten. tom. 3. Anecd. col. 425 : *Maneria civium Gandensium extra villam existentia comburentes.* Regest. 82. Chartophyl. regii ann. 1354. Ch. 139 : *Domum, seu Manerium, seu he-*

bergamentum. Index MS. benefic. diœcesis Constant. fol. 58 : *Manerium presbyteratus est in dicta elemosina prope ecclesiam.*

* *Menor*, in Chartul. Campan. fol. 79. Nude pro Domo, in Charta ann. 1379. apud Boullæum tom. 5. Hist. Univers. Paris. pag. 384 : *Et pro collegio Andegavensi Manerium seu domum quamdam, vocatam de Bueil, in vico Sauveresse situatam.* Pro palatio regio occurrit apud Elmham, in vita Henr. V. reg. Angl. edit. Hearn. cap. 13. pag. 24.

¶ **MANESCALLUS**, pro *Marescallus*, Faber solarius. Statuta Massil. lib. 6. cap. 77 : *Et quia Manescallorum imperitia, seu defectu inclavant frequenter animalia, nulla coentione sequata : providimus igitur præsenti statuto,... quod omnes Manescalli hujus civitatis Massiliæ etc.*

* **MANESCALLUS** Logiciorum, Gall. *Maréchal des logis*, Qui hospitia regi et curiæ parat. Vide supra *Logicium*.

¶ **MANESCERE**, Illucescere, oriri. Tabular. S. Johannis Pinnat. apud Moret. Antiquit. Navar. pag. 381 : *Et die Lunis Manescente, Rege equitante suo equo rosello cum totos suos varones.*

* **MANETIUM**, Haud scio an mendum sit pro *Manerium*, certe eadem notione legitur apud Visselbec. in Chron. Huxar. ad ann. 1304 : *Bartholdus Ley obtulit eidem* (S. Nicolao) *post mortem suam Manetium suum in Amelunxia.*

¶ **MANEYÆ**, Minuta stramina, Picardis *Manées*; a verbo manere, quod remaneant in area cum majora colliguntur atque ligantur. Charta ann. 1303. e Tabul. Corbeiensi : *Dictus Symon nollet quod trituratores dictorum portionariorum seu censarii eorumdem... haberent Maneyas, sive les Manées, de dictis fourragiis.*

* Melius forte de manipulis intelliges. Vide supra *Mandala*.

¶ **MANEZARE**, Contrectare, Italis *Maneggiare*, Gall. *Manier*. Vita B. Catharinæ de Palantia tom. 1. April. pag. 652 : *Manezaverunt manus ipsius... et brachia quæ erant alba et colorita.*

¶ **MANGA**, pro *Manganum*, apud Radevicum Frising. de Gestis Frideric I. Imper. lib. 2. cap. 47 : *Efferatis vero animis Princeps, obsides eorum machinis alligatos, ad eorum tormenta* (*quæ vulgo Mangas vocant*) *decrevit objiciendos.*

* 1. **MANGAGNA**, Vitium, labes. Stat. Montis-reg. pag. 154 : *Et si aliqua bestia vel bestiæ fuerint in casu reddibitionis propter morbum, vitium et mangagnam etc.* Vide supra *Magagna* et *Mahamium*.

* 2. **MANGAGNA**, Idem quod mox *Manganaria*. Tabul. S. Andr. Avenion. : *xx. Mangagnas bladi.*

¶ **MANGAGNARE**, ut *Mahemiare*, mutilare, graviter lædere. Vide *Mahamium*.

¶ **MANGANA**, pro quavis Machina. Epistola inter August. 8 : *Qui, inquam, modus, id est, quomodo id faciant, qua arte, quibus Manganis, quibusve instrumentis, aut medicamentis.* Vide *Manganum*, 2.

¶ **MANGANARE**, Saxa, et alia quævis, manganis projicere, emittere. Chron. Veronense ad ann. 1249. apud Murator. tom. 8. col. 634 : *Et ea die rocham dictæ terræ obsederant, et ibi steterunt, per duos menses circa dictam rocham cum* XIII. *manganis grossis, in ipsa rocha die noctuque Mangananlibus; et ipsam ceperunt.* Memoriale Potestatum Regiens. ad ann. 1238. ibid. col. 1110 : *Brixienses Manganabant castra, et homines qui erant in dictis castris, etc.* Vide *Manganum* 2.

* **MANGANARIA**, Manguanaria, Mensura annonaria, quæ æstimatur in Charta ann. 1215. de pedagio Avenion. ex Cod. reg. 4659 : *Lesda bladi accipiatur in hunc modum, videlicet quod de singulis tribus Manganariis bladi aut leguminis, accipiant pro lesda unam cociam,.... De tribus Manguanariis exportatis per terram, unum obolum.... In exitu civitatis pro modio, tres obolos; et modium intelligitur xvj. Manganariæ.* Quinquaginta libras frumenti hanc mensuram ponderare mihi dictum est; quod tamen præstare nolim.

* Manganarius, Eadem notione. Charta ann. 1282. ex Tabul. S. Andr. Avenion. : *Item quod abbas teneatur dare ipsi corroserio xxv. cannas boni olei annuatim, v. Manganarios amigdalarum. Duodecim Manganarios annonæ*, in eod. Tabul.

* Manganus, Pari significatu; si tamen non est contracte scriptum. Charta ann. 1239. in jam laudato Tabul. : *Retinens sibi... procurationem et visitationem, cum quinque vel sex bestiis semel in anno, et censum annualem duodecim Manganorum annonæ.* Alia ejusd. ann. in Hist. Ms. hujusce monast. fol. 63. r°. habet, *xij. Manguanos annonæ.*

¶ **MANGANARII**, Manganellus. Occurrunt infra in *Manganum* 2.

¶ **MANGANERIUS**. Statuta Arelat. MSS. art. 123 : *Quolibet mense faciat curia ponderare panem Manganeriorum, et si panis Manganarie alicujus inveniretur illegitimus, panis ille frangatur et detur pauperibus.* Versio Gall. eorumdem Statut. ann. 1616. habet : *La Cour fera peser tous les mois le pain des bolangers et Manganiers.* Charta ann. 1344. ex Schedis D. *Lancelot* : *Item quod nullus pistor sive Manganeria sit ausus sive ausa lucrari pro sestario bladi nisi solum et dumtaxat sex denarios Turon.* Legendum forte *Mangonarii* et *Mangonaria*, a *Mangonare*, nundinari. Vide in hac voce.

¶ **MANGANIA**, Idem videtur quod *Mahamium*, seu mulcta pro illata gravi læsione præstanda. Statuta Vercell. lib. 2. pag. 34. recto : *Ita quod nemo admittatur ad petitionem Communi faciendam per eum occasione alicujus restitutionis, emende, vel Manganie, vel alterius rei, qui aliquid dare deberet Communi pro fodro.* Vide *Mahamium*.

¶ 1. **MANGANUM**, Præstigiæ. Hesychio : Μάγγανα, φάρμακα, δίκτυα, γοητεύματα. Apud Suidam μάγγανον exponitur παράδοξόν τι, id est, mirum aliquid seu insolens. Eidem etiam μαγγάνα est vas vinarium ligneum. Supplem. Antiquarii : *Manganum*, μάγγανον, *obba*. Vide Lexicon Martinii.

2. **MANGANUM**, et Mangana, numero multitudinis, Machinæ bellicæ jaculatoriæ. Gloss. Græco-Lat. : Μάγγανον, *Manganum*. Boxbornius a Cambro-Britannico *Mangnel*, aries bellicus, bellica machina, deducit. Gloss. Lat. MS. Regium : *Machinas, Mangana, Insidiæ.* Papias : *Tormentum dicitur, quidquid vi torquetur, ut vulgo Manganum.* Abbo lib. 1. de Obsid. Lutetiæ vers. 364 :

> Conficiunt longis æque lignis geminatis
> Mangana, quæ proprio vulgi libitu vocitantur,
> Saxa quibus jaciunt ingentia.

Will. Tyrius lib. 3. cap. 5 : *Jaculatorias, quas vulgari appellatione Mangana dicunt, et petrarias fabricari placuit.* Lib. 8. cap. 6. : *Castella et machinas jaculatorias, quas Mangana et petrarias vocant.* Cap. 13 : *Alii vero minoribus tormentis, quæ Mangana vocantur, minores immittendo lapides, etc.* Thwrocz. in Aba Rege Hung. : *Quosdam vero lapidibus obruentes, alios autem in Manganis ferreis vastantes occiderunt.* [Chron. Pisanum apud Murator. tom. 6. col. 102 : *Compositis autem ab ingeniosis Pisanorum artificibus Manganis, gattis atque ligneis castellis, urbem fortiter expugnabant; et cum his machinis urbis mœnia et mœnium turres potentissime rumpebant.*] Hinc

Manganarii, in Hist. Miscella lib. 17. μαγγανάριοι, apud Theophanem, et Leonem in Tacticis cap. 5. § 7. 27. cap. 15. § 35. qui mangana conficiunt.

> Ars est nota quibus usu balearica longo,

ut ait Will. Britto lib. 7. pag. 173. Voces istas nostri, hoc est, Latini, a Græcis hauserant, apud quos, μάγγανον, machina est. Niceph. Call. lib. 9. cap. 9 : Ὡς ἐκ μαγγάνης τινὸς, ὁ Θεὸς, τὸ λεγόμενον, ἀπὸ μηχανῆς. Nec dubium, quin Græci ipsi prius a Latinis acceperint, et a *machina* suum μάγγανον efformarint. Synaxaria ad 29. Octob. μαγγάνοις τισὶ πιέζεται. Vide Glossaria Rigaltii, Meursii Fabroti [** et Cang. med. Græc. col. 840.]

¶ Manganus, Idem quod *Manganum*. Bartholomæi Scribæ Annal. Genuens. lib. 6. ad ann. 1224. apud Murator. tom. 6. col. 436 : *Post hæc autem Terdonenses cum Alexandrinis apud Arquatam iverunt, et quum ibi Manganos erexissent in castrum ac ipsum præliarentur, etc.* Chron. Malvecii apud eumdem tom. 14. col. 911 : *Erexerant quoque petrarias, quas nos Manganos aut trabuccos dicimus, etc.*

¶ Manghanum. Chron. Parmense ad ann. 872. apud Murator. tom. 9 : *Quum ordinatum esset per Commune Parmæ exercitum facere generalem contra prædictos extrinsecos, et multa Manghana et apparamenta fierent.* Occurrit ibid. iterum.

¶ Manganellus, diminut. a *Manganus*. Card. de Aragon. in Honorio III. PP. apud Murator. tom. 3. pag. 568 : *Immissus ab adversa parte lapis Manganelli cecidit super caput ejus* (Simonis Comitis) *et comminutus expiravit.* Inventar. castri Sommer. in Occitan. ann. 1260 : *Item* IIII. *fonde de Manganello, etc.*

* Manganella, Idem. Charta ann. 1359. ex Bibl. reg. : *Prænominatis consulibus in adjutorium perficiendi opus.... dicti pontis de fusta, quæ nunc est in loco prædicto de Moisiaco de resta certæ summæ fustorum, quæ pro provisione in obsedio B. Anthonini portata fuerant, dempta tamen de fusta et resta prædicta.... fusta apta et dedita ad faciendum..... Manganellas, usque ad valorem D. scutorum auri, dedimus.*

Mangena, Idem quod *Manganum*. Occurrit vero apud Paulum Diac. lib. 21. Histor. Misc. Scriptorem Vitæ Lud. Pii ann. 803. Monachum Egmondan. in Chronico

Belgico ann. 1160. Albertum Aq. lib. 2. cap. 31. lib. 3. cap. 25. 41. lib. 5. cap. 31. lib. 6. cap. 2. 11.

MANGENELLA, diminutivum a *Mangena*, hoc est, minor machina jaculatoria, apud Albertum Aquens. lib. 7. cap. 3. et Jo. de Beka in Chron. in Joanne II. Episc. Ultraject.

¶ MANGENELLUS, in Computo ann. 1202. apud D. *Brussel.* de Usu feud. tom. 2. pag. CXC : *Pro turre Musterolii facienda, et de granariis et logis ad Mangenellos*, IIII. *lib. et* VI. *s.*

¶ MANGINELLA. Beka de Episc. Traject. tom. 1. SS. April. pag. 218 : *Applicando Manginellas ad quasdam turres.*

MAGNELLA, perperam pro *Mangenella*, apud Galbertum in Vita Caroli Comit. Flandr. n. 181.

¶ MAGNELLUS, in Epist. Anonymi de capta urbe CP. ann. 1204. apud Marten. tom. 1. Anecd. col. 786 : *Præterea quidam Ussarius suus habebat Magnellum erectum, etc.* Chronic. Arnoldi Lubec. apud Leibnit. tom. 2. Script. Brunsvic. pag. 723 : *Nihilominus inter duas turres quaslibet seu petraria seu Magnellus erigitur.*

MANGO, Eadem notione. Vita Lud. Pii ann. 808 : *Adeo illam arietibus, Mangonibus, vineis, et cæteris instrumentis lacessivit.* Le Roman *de Gaydon* :

> Chargie un macle d'or fin et de Mangons.

☞ Ubi vox *Mangon* minus recte ad machinam bellicam, de qua mox, referri videtur. Est enim, ni fallor, monetæ species notissima, quæ *Mancusa* alio nomine nuncupabatur. Vide in hac voce.

MANGONA, in Passione S. Thyemonis Archiepiscopi Juvavensis : *Primitus eum ligaverat, proh dolor! ad machinam extructam, quam vulgo Mangonam appellant.*

¶ MANGONABULUM. Chronicon Cornelii *Zantfliet* apud Marten. tom. 5. Ampliss. Collect. col. 280 : *Erectis autem petrariis, Mangonabulis, fundibulis, acriter impetitum est castrum.*

¶ MANGONALE, apud eumdem *Zantfliet* in Chron. ibid. col. 386 : *Machinis petrariis fundisque, et Mangonalibus circum circa sagaciter ordinatis.* Vide *Biblia.*

MANGONUS. Ugutio : *Librilla dicitur instrumentum librandi, id est, projiciendi lapides in castra, Mangonus.*

MANGONELLUS, Idem quod *Mangenella*. Will. Brito lib. 7. Philipp. :

> Interea grossos petraria mittit ab intus
> Assidue lapides, Mangonellusque minores.

Utuntur hac notione Matthæus Paris pag. 398. 502. 516. Rigordus ann. 1190. etc. Will. de Podio-Laurentii cap. 30. Jo. Monachus Majoris Monasterii lib. 1. Hist. Gaufredi D. Norm. pag. 94. Godefrid. Mon. ann. 1203. idem Willelm. Brito lib. 2. Philipp. pag. 107. 116. Monachus Vallis Sarnai cap. 86. Gesta Innocentii III. PP. pag. 88. etc. *Mangonelli navales*, in Addit. ad Matth. Paris pag. 108. Chronicon Petri VI. Regis Arag. lib. 3. cap. 24 : *Après faem la seure un Manganell de dos caxes de Barcelona après deldit giny qui tirava en la vila.* Ita Cod. MS. pro *meranganell*, apud Mich. Carbonellum. *Mangoneau* dicunt nostri Scriptores passim, Villharduinus n. 38. 86. 122. 207. Froissart. 1. vol. cap. 50. etc. Guillelmus *Guiart* sub ann. 1204 :

> Çà et là, avant et arrieres
> Gietent Mangoniaus et perieres,
> La grosse pierre arondie,
> Demaine a l'aller grant bondie.

Et alibi :

> En ront Mangoniaus et perieres,
> Qui souvent tendent et destendent,
> En destachant grans escrois rendent,
> Pierres qui par l'air se remue.

[Le Roman *de la Rose* MS. :

> Vous peussez bugles, Mangoniaux
> Veoir par dessus les carniaux.]

☞ Nostri vero non machinam jaculatoriam tantum *Mangoneau* vocabant, sed etiam quidquid ex ea emittebatur, ut observat Menagius in Origin. Gall. ex Froissart. lib. 3. cap. 118 : *Et avoient les Brabançons de tres grans engins devant la ville, qui getoient pierres de faix et Mangoneaux jusques en la ville.* Hinc *Ovide MS.* apud Borellum :

> Onques pour une tor abatre,
> Ne vit-on Mangoniaux descendre
> Plus briement, ne du ciel destendre
> Foudre pour abatre un clocher.

¶ MANGUNELLA, in Vita Caroli Comit. Flandr. tom. 1. pag. 215 : *Securibus exciderunt jactatoria ingenia, scilicet Mangunellas quibus lapideam domum et turrim... prosternerent. Magnella* ex ead. Vita mox exscripsit D. Cangius.

¶ MANGUNELLUM, apud Sugerium de Vita Ludovici Grossi cap. 17. Vide *Fundabulum.*

1. **MANGANUS**, MANGO. Papias : *Mangon, nis, seductor, qui vulgo dicitur Manganus.* Capit. Aquisgran. ann. 779. cap. 77. et Capitularia Caroli M. lib. 1. cap. 79 : *Ut isti Mangones et cogciones, qui sine lege omni vagabundi vadunt.* Ejusmodi sunt, quos *Gueux* vocamus, qui ab hac voce videntur dicti. [Si non ab Armoricano *Cueux* vel *Keus*, afflictio; aut monosyll. *Kaez*, miser, Germanis *Mengen.*]

¶ 2. **MANGANUS**, Machina bellica jaculatoria. Vide *Manganum* 2.

MANGAPIUM, pro *Mancipium*, legi in MSS. Legis Burgundionum tit. 4. § 1. monet Lindenbrogius.

* **MANGELIA**, Locus, ubi animalia damnum agris inferentia collocantur ad pabulum, nostris *Fourriere.* Inquisit. ann. 1351 : *Ducendo animalia capta ad Mangeliam etc.*

¶ **MANGENA**, MANGENELLA, etc. Occurrunt in voce *Manganum* 2.

¶ **MANGERIUM**, Jus divertendi in domum alterius convivii seu pastus causa, vel jus illud in præstationes pecuniarias commutatum. Charta ann. 1181. apud Lobinell. tom. 2. Histor. Britan. pag. 133 : *In Caheneria habet Archiepiscopus unum quarterium frumenti... in terra Johannis Corbon.* IV. *minas frumenti et Mangerium. Unaqueque villa de Espiniac debet Archiepiscopo* 1. *minam frumenti et arietem.* Alia ibid. pag. 156 : *Tenebam scilicet medietatem ecclesiæ, et de altera parte ecclesiæ* XII. *denarios de Mangerio Aprilis, de decima vini duas, etc.* Alia iterum ann. 1209. ibid. pag. 332 : *Prima* (præbenda) *sic est, decima Mangeriorum meorum omnium Quadragesimæ et Pentecostes pro c. solidis et in passagio meo de Vitreio.* Vide *Manducarium* 1.

* *Mengier*, eadem acceptione, in Charta Guid. de Brit. dom. *de Penthievre* ann. 1319. ex Reg. 59. Chartoph. reg. ch. 484 : *Item les Mengiers de Pomeroit etc.* Charta ann. 1404. in Reg. feud. comit. Pictav. Cam. Comput. Paris. fol. 102. r°. : *Item ung Mengier à lui tiers, que doivent chascun an les hommes desditz villages.* Interdum nude, pro Cibus, refectio. Lit. remiss. ann. 1392. in Reg. 144. ch. 81 : *Après un grant et notable disner ou Mengier, qui fu fait en une maison et taverne d'Aubmalle, etc.* Vita J. C. MS. :

> Illuec firent un grant Mengier
> Morteus fu à l'apareillier.

Mingnier et *Mignier*, pro *Manger*, Cibum sumere, in Consuet. Camerac. MSS. : *Après s'on se claimme à le justice par eskievins, soit au main soit au viespre, et cil de cui on s'est clamés n'est à le maison le justice à eure de Mingnier, li justice ne doit point avoir les xij. Cambresiens pour le droiture de le prison : mais s'il y estoit à eure de Mignier, fust au main, fust au viespre, Mignast u non, puis k'on li aroit livrée sa provende, etc.* Vide *Mengerium.*

* Hinc *Mengier de Dieu* dicebant, pro Sacrum Christi Domini Corpus percipere. Lit. remiss. ann. 1397. in Reg. 151. ch. 297 : *Comme Jehan Guilot eust semons à Chartres ledit exposant,... dist que il garderoit bien ledit exposant et Richart de Mengier de Dieu à Pasques.*

* At vero inferiores aulæ regiæ ministri, *Menger sur le sac* dici videntur, ad discrimen eorum, qui in cenaculo comedebant. Ordinat. hospit. reg. ann. 1317. ex Reg. Cam. Comput. Paris. sign. *Croix* fol. 75. v° : *Item il y aura deux aides qui Mengeront sur le sac sanz autre chose.* Et fol. 76. v° : *Item devers le commun aura deux boutiers, et mengeront en sale.*

* **MANGERUM**, ut *Mangerium*, in Charta ann. 1153. tom. 1. Probat. Hist. Brit. col. 618 : *In quibus quidem terris habet Redonensis episcopus per annos singulos Mangerum xx. solidorum Redonensis monetæ.*

* 1. **MANGIA**, Eodem intellectu. Testam. Guill. *le Borgne* ann. 1215. tom. 1. Probat. Hist. Brit. col. 828 : *Assignavit ei Henricus et D. Joslinus avunculus ejus, qui præsentes erant, totam decimam et Mangiam de Ploagat,.... et totam decimam et Mangiam et firmam molendinorum de Plelou, etc.*

¶ 2. **MANGIA**, Manica, Gall. *Manche.* Regest. comput. Visiliæ in Dalphin ann. 1337 : *Item pro quibusdam Mangiis ponendis in eorum tunicis* 2. *sol.* 6. *den.*

* Nostris etiam alias *Mange.* Consolat. Boet. MS. lib. 4 :

> L'un fiert, et l'autre se revange,
> N'y ot haubert, faude, ne Mange,
> Où demourast anel, ne maille.

Li Manges de la destral, Aratri manica, in Vit. SS. MSS. ex Cod. 28. S. Vict. Paris. *Esmanchon*, pro *Mancheron*, eadem notione, in Lit. remiss. ann. 1386. ex Reg. 130. Chartoph. reg. ch. 17 : *Icellui Jehannin avoit par pluseurs foiz la charrue du suppliant levée en hault sur les Esmanchons etc.*

* **MANGIARIA**, Gall. *Mangerie*, Vexatio, exactio. Stat. Genuens. lib. 4. cap. 8. pag. 135. r°. : *Ubi jus reddi sibi debuisset*

sine dolo malo, fraude, vel largitione, quæ Mangiaria vulgo dici solet, etc. Quo sensu, potius quam pro fallacia, mihi intelligenda videtur vox Gallica *Mengue* laudata in *Mango* 4.

¶ **MANGIARINUM**, Cibi genus. Vita S. Francæ tom. 2. Aprilis pag. 395 : *Comedente ipsa cum sociabus Mangiarinum et carnes salsas circa horam diei sextam, inter prandium intravit gulam suam os carnium.*

¶ **MANGIATORIUM**, a Gall. *Mangeoire*, Præsepe. Ordinat. domus Dalphin. ann. 1340. tom. 2. Hist. Dalphin. pag. 394 : *Marescallus personaliter interesse debeat, ut avena vanetur, Mangiatorium seu præsepe mundetur, et fenum et avena, prout fuerit expediens, distribuantur.*

** **MANGLAVITÆ**, apud Luidpr. Antap. lib. 6. cap. 10. Clava armati, cohors imperatoria CPoli. Vide Glossar. med. Græcit. voce Μαγκλαβίτης col. 847.

¶ 1. **MANGO**, Carnifex, laniarius, *Boucher*. Chron. Corn. *Zantfliet* apud Marten. tom. 5. Ampliss. Collect. col. 347 : *Receptus est idem miles ad ministerium Mangonum seu carnificum.*

¶ 2. **MANGO**, Simoniacus; hinc notris *Maquignon de Benefices*. Hierat. Juris Pontif. pag. 88 : *Tanta fuit Regum nostrorum erga Deum pietas et religio, ut quoties effrenata Mangonum seu Magorum illorum caterva prodierit, statim legibus adversantibus cohibiti sunt, imo et exularunt.*

¶ 3. **MANGO**, Prædo. Nicolaus Specialis de Sicul. reb. lib. 7. cap. 17. apud Murator. tom. 10. col. 1068 : *Armenta gregesque animalium hinc inde passim per agros vagantium, in castra undique a prædonibus congregantur, segetes ad maturitatis jam propinqua tempora declinantes; nulla metendi opportunitate servata, non messæ, quin potius a Mangonibus, quos assumpto ab effectu operum conveniente vocabulo moderni rapaces vocant, aliisque plebeis in castris manentibus divulsæ ac dispersæ. Mango* ergo a *Manganum*, Italis *Mangano*, quod ille instar *Mangani*, quo muri destruuntur, omnia labefactat evertitque.

¶ 4. **MANGO**, Fallax, deceptor, *Imposteur*. Glab. Rodulph. apud Duchesnium tom. 4. Script. Hist. Franc. pag. 43 : *Et licet plures sane mentis detestabile figmentum abominandum clamarent, vulgus tantum rusticane plebis Mangonem corruptum injusti nomen pro justo venerans, olim in suo permansit errore.* Eadem notione accipienda hæc vox in locis Capitul. citatis ad v. *Manganus* 1. Hinc nostratibus Poetis *Mengue*, pro fallacia, dolus. [* Vide *Mangia* 4.] Le Roman *de sainte Leocade MS.* :

Rome nos ret totes les mains,
Rome nos ret et plus (pieds) et mains,
Rome est si plæne de Mengue,
Que tos ses membres demengue.

¶ 5. **MANGO**, Equiso. Vita S. Yvonis tom. 4. Maii pag. 596 : *Sed ex adverso clamat Mango, justa ultione Dei percussus.* Et pag. 602 : *Dictus palefredus infestatus et perterritus in mari se cum Mangone præcipitavit; quo viso ipse dominus statim exclamavit : Sancte Yvo et valetum meum et palefredum tibi recommendo.* [** *Mango, mercator equorum... vel intermediator*, ex Glossar. Lat.-Teut. MS. apud Haltaus. Glossar. Germ. col. 1956. voce *Unterkæuffer*.]

¶ 6. **MANGO**, Famulus, pedisequus, Gall. *Laquais*. Menoti sermones fol. 5 : *Non est cauda Prælatorum, qui hodie post ducunt canes et Mangones indutos ad modum armigerorum sicut Suytenses.* Ibid. fol. 161 : *Ipsa ante se misit Mangones portantes force de carreaulx de cramoisy, ut disponerent sibi locum.*

* Vel *Page*, ut in Codicil. 2. Caroli Andegav. ultimi comit. Prov. ann. 1481 : *Item legavit D. noster rex cuilibet Mangonibus suis, sive Gallice à chacun de ses pages, summam tricentorum scutorum.*

¶ 7. **MANGO**, Idem quod *Manganum* 2. machina belliea. Vide in hac voce.

* 8. **MANGO**, Discipulus, tiro, Gall. *Apprenti*, alias *Mangon*. Stat. sabbat. Carcass. ann. 1402. tom. 8. Ordinat. reg. Franc. pag. 568. art. 28 : *Nisi tamen dictus talis magister vellet solvere et solveret de facto pro dicto mancipio sive Mangone dictum denarium qualibet septimana.* Lit. remiss. ann. 1448. in Reg. 176. Chartoph. reg. ch. 590 : *Hacquinet Duduret Mangon demourant en la maison de Jaquemart Hanocque, aussi Mangon demourant en la ville et cité de Tournai etc.* Vide supra *Mancipium* 4.

* 9. **MANGO**, Pastor, ovium custos, in Glossar. Provinc. Lat. ex Cod. reg. 7657. Vide supra *Mandra*.

¶ **MANGOLDUS**, Mensuræ genus. Tabularium S. Quintini de monte : *Unde reddit quatuor Mangoldos avenæ.* Vide *Mencaldus*.

¶ **MANGOMETA**, Idem forte quod *Manda*. Vide in hac voce. Charta ann. 1312. e Tabul. Eccles. Anic. : *Andreas Chaberti donatus hospitalis levavit in Arragonio et aliis locis, se dicens esse procuratorem Ecclesiæ Aniciensis, licet non esset, Mangometas, commendas, legata, helemosinas factas ecclesiæ prædictæ.*

* Leg. *Mangoneta*, ut in Arest. ann. 1403. 1. Jun. ex vol. 9. arestor. parlam. Paris. : *Decanus et capitulum Aniciensis ecclesiæ erant in possessione et saisina... oblata capiendi,... nec non medietatem Mangonetarum dicto altari oblatarum.* Aliud ann. 1402. 19. April. ibid. : *Toutes les Mangonnettes appartiennent en propriété et possession ausdits de chapitre* (du Puy) *seuls et pour le tout... est ordonné que sur le totage desdites oblations se prendra,... le luminaire de l'autel etc.* Oblationis itaque species est, illa forte quæ in cera fiebat; nisi monetam intelligas, quæ nostris *Mangon* dicebatur. Vide supra *Mancusa*.

¶ **MANGANA**, Mangonalium. Vide *Manganum* 2.

MANGONARE, pro Nundinari, *Trafiquer*, *Maquignoner*. [Quod de iis propolis potissimum dicitur qui futiles merces vili pretio emtas aliquanto carius distrahunt.] Leges Ethelredi Regis Anglicæ apud Jo. Brompton. cap. 24 : *Si veniat ad mercatum Mongestre Sinere, qui Mungonant in caseo et butyro diebus ante Natale Domini, 1. denarium* (dabunt) *ad theloneum.* Et cap. 26 : *Dixerunt, quod nihil eis interesse videbatur inter falsarios et mercatores, qui bonam pecuniam portant ad falsarios, ab ipsis emunt, ut impurum et minus appendens operentur, et inde Mangonant et bargenniant.* [Hinc

¶ **Mangonarius**, Provincialibus *Manganié*, minutorum propola, nostris *Regratier*, *revendeur*. Charta ann. 1155. ex Schedis Præsid. *de Mazaugues* : *Tali videlicet pacto ut XVI. sextarios boni frumenti ad mensuram Mangonarii Avenionensis qui per villam communiter discurrit, de censu... deferre faciant.* Vide *Manganerius*.

* Vel Vestium interpolator. Gall. *Fripier*, alias *Mangonnier* : haud scio an ab Hispanico *Mangonear*, vagari; quod ad ejusmodi hominum conditionem satis pertinet. Lit. remiss. ann. 1459. in Reg. 188. Chartoph. reg. ch. 200 : *Et cependant failly au suppliant* (qui étoit sergent) *aler mettre baudiment en une vigne des héritiers de feu Jehan Blanc, judis Mangonnier habitant de Besiers.*

¶ **MANGONELLUS**, Mangonus, etc. Vide *Manganum* 2.

* **MANGONETA**. Vide supra *Mangometa*.

* **MANGRELUS**, mendum videtur pro *Macarellus*. Vide supra in hac voce. Charta Ludov. VII. ann. 1179. apud *Fleureau* in Hist. Bles. cap. 28. pag. 111 : *Nullus emat pisces Stampis,... exceptis harengis salitis et Mangrelis salitis.*

¶ **MANGSNILUM**, Agri portiuncula cum mansione, Gall. *Ménil*. Charta apud Stephanot. tom. 3. Antiq. Bened. Pictav. MSS. pag. 405 : *Alodem meum indominicatum qui est situs in pago Pictavo in villa quæ vocatur Monte-vinardo* (cum) *Mangsnilis, vineis, terris, silvis... tradimus.* Vide *Mansionile*.

* **MANGUANARIA**, Manguanus. Vide supra *Manganaria*.

¶ **MANGUDERES**, vox Calabrica. Acta S. Francisci de Paula tom. 1. Aprilis pag. 185 : *Matri has castaneas infilatas, tostas cum Manguderibus offeras.* Vide *Magrancules*.

* **MANGUERIA**, Instrumentum quoddam ad piscandum utile. Charta ann. 1307. in Reg. 47. Chartoph. reg. ch. 130 : *Item intendit probare dictus procurator, quod dictus dominus episcopus* (Magalonensis) *et sui prædecessores.... sunt et fuerunt in possessione... concedendi in acapitum manaveriam et Manguerias et alia quæ ad artem piscandi vel aliter utilia.* Erit forte aliquis, qui *Mangueriam*, escam, Gall. *Appas*, interpretari malit; non repugnabo. Vide supra *Manea*.

* **MANGULARE**, Vulnerare, mutilare. Lit. remiss. ann. 1361. in Reg. 84. Chartoph. reg. ch. 200 : *Johannes Buée prædictum Bernardum.... de dicto cutello.... percussit; quod videns prædictus Bernardus, qui per prædictum Johannem Buée Mangulatus erat, etc.*

* Aliud vero sonat vox Gallica *Mangler*, Manubrio scilicet instruere, vulgo *Emmancher*, in Lit. remiss. ann. 1459. ex Reg. 188. ch. 125 : *Une gibe Manglée de fust.* Vide supra *Mangia* 2.

¶ **MAGUNELLA**, Mangunellum. Vide *Manganum* 2.

* **MANHELLETHMAAL**, Vadimonium desertum; dicitur a *Mallo*, ad quod quis vocatus non stat. Leg. Danicæ apud Ludewig. tom. 12. Reliq. MSS. pag. 185 : *Item*

si pro causis trium marcarum convictus fuerit aliquis, excepta executione Manhellethmaal, si appellare voluerit, vel aliquis nomine suo, ad judicium regis appellet.

¶ 1. **MANIA**, μανία. Gloss. Lat. Græc. MSS. Sangerman. Acta SS. tom. 2. Junii pag. 86 : *Furore accenditur, ignescit ira, perturbatur Mania.* Gloss. Lat. Gall. Sangerm. : *Mania, forcenerie, desverie.*

* Vox eo intellectu purioribus Latinis nota.

¶ 2. **MANIA**, pro Cenomania, Gall. *le Maine*. Charta ann. 1101. apud Rymer. tom. 1. pag. 5 : *Et si Rex Henricus Comitem Robertum in Normanniam, vel Maniam, in auxilio secum habere voluerit.*

¶ **MANIACUS**, Furibundus, insanus. Idem qui infra *Maniaticus*. Miracula S. Apri inter Acta Tullens. Episcop. apud Marten. tom. 3. Anecd. col. 1035 : *Et quidem, ut prætermittantur diversæ Maniacorum passiones, etc.* Miracula B. Edmundi Archiep. ibid. col. 1885 : *Maria de Melligny a morbo Maniaco, vel, ut alii putabant, dæmoniaco, diutius prægravata, etc.* Miracul. S. Dionys. sæc. 3. Bened. part. 2. pag. 353 : *Vir quidam nomine Bernarius morbo Maniaco depressus, penitus sensum amiserat, etc.*

¶ **MANIÆ**, *Formidinum imagines.* Gloss. Isidori. Vide Festum.

* Nostris *Manies* appellatæ effigies quædam ex cera compactæ, quibus in maleficiis utebantur. Autheut. processus Rob. Attrebat. ex Cam. Comput. Paris. : *Que est ce que voust? C'est un image de cire, que l'en fait pour baptisier, pour grever ceux que l'en vuelt grever. L'en ne les appelle pas en ces pays voulz; l'en les appelle Manies.* Vide supra *Imaginatio* 2.

* Haud scio an huc spectet Petrus de Vineis in Epist. 38. lib. 2 : *Cum multo minorem quantitatem subventionis ab universis exigi mandemus, ac præsens ecclesiarum et clericorum, necnon feudorum nostrorum et de cameris feudatariorum in ipsa collecta subsidiis computatis, prout scedula continet interclusa, quam de Maniis nostris tantum serenitas nostra exigere consuevit.* An de subditis intelligendum? Vide mox *Maniare* 2.

¶ 1. **MANIAMENTUM**, Exercitium, administratio. Dicitur præsertim de justitiæ exercitio intra alicujus dominii fines. Charta pacis inter Guidonem Flandr. Comit. et Capitulum S. Barthol. Bethun. ann. 1237. in Tabul. ejusdem Capit. : *Super jure et Maniamento justitiarum terræ et tenementi quæ dicti Præpositus et Capitulum habent infra præcinctum territorii, etc.* Ibidem : *Nec propter aliquod Maniamentum quod ibidem faciant possunt aut debent trahere ad jus.* Chron. Bonæ-Spei pag. 286 : *Maniamentum seu exercitium scabinorum dicti loci, nec non bonarium... eisdem Abbati et Conventui cedimus.*

* Vel potius Jus utendi, possessione et usu firmatum; *Maniement*, in Sent. arbitr. ann. 1237. ex Tabul. eccl. Camerac. : *S'il truevent ke li Maniement le segneur d'Oysi et ses ancisseurs valle mieus ke li Maniement lervesque et ses ancisseurs, li avoerie demeure au segneur d'Oysi.* Charta ann. 1232. ex Tabul. S. Gauger. Camerac. : *Quod a longo tempore retroacto fuerant* (scabini Vallencenenses) *in possessione vel quasi possidentia et Maniamento administrationis hospitalium Vallencenensium, et bonorum eorumdem.* Alia ann. 1230. ex eod. Tabul. : *Cum.... Th. præpositus ecclesiæ nostræ de his omnibus, quæ ad præposituram ecclesiæ nostræ pertinent, et de Maniamentis et etiam de consuetudinibus ejusdem præposituræ se nostræ recordationi supposuerit, etc. Prædictam vero recordationem sub juramento fecimus secundum meliorem veritatem quam novimus, et Maniamenta quæ vidimus et a nostris prædecessoribus didicimus et antiquis etc. Fuerant in Maniamento sive usagio dicti risci et pasturæ ejusdem*, in Charta ann. 1243. ex Tabul. S. Autberti Camerac. Inquisit. ann. 1271. in Reg. *Olim* parlam. Paris. : *Major et communitas Petræ-fontis... non sunt in Maniamento piscandi pacifice etc.* Charta Joan. episc. Leod. ann. 1287. inter Probat. tom. 1. Annal. Præmonstr. col. 279 : *Ob hoc usuagium seu Maniamentum in nemoribus de Breurt et de Ballaire habeamus. Manience*, eodem intellectu, in Charta ballivi Insul. ann. 1307. ex Reg. 48. Chartoph. reg. ch. 127 : *Comme ainsi fust que Jehans du Nuef-markiet et Maroie se fame fussent en saisine et en Manience des viviers de Diergnau et de toutes les appartenances, etc. Manuyance*, eadem notione, in Lit. Joan. Hannon. ann. 1273. apud Marten. tom. 1. Anecd. col. 1136 : *Et si doit avoir la vile de Biaufort,... et tot si avant en justices, en gardes et en toutes autres droitures et Manuyances.* Vide supra *Mainagium* 1.

* 2. **MANIAMENTUM**, Jus puniendi. Vide mox in *Maniare* 1.

* 1. **MANIARE**, Punire, multare. Arest. parlam. Paris. ann. 1271. in Reg. *Olim* : *Licet ipsi* (major et scabini) *dicerent... quod non possunt judicare vel Maniare de delictis ibidem perpetratis, licet sit infra metas banleucæ de Dourlens : sed quod totum dominium, tota justitia et totum Maniamentum sunt Petri de Ambiano.* Nostris *Manier*, pro Aliquem male excipere, verberare. Lit. remiss. ann. 1456. in Reg. 183. Chartoph. reg. ch. 209 : *Fut d'oppinion icellui suppliant que icellui curé feust Manié par aucunes gens qu'ilz trouveroient, sans trop grant oultraige lui faire.*

* 2. **MANIARE**, Regere, gubernare, Ital. *Maneggiare*. Inquisit. pro capit. S. Petri Suess. in Reg. 30. Chartoph. reg. ch. 565 : *Illi qui tenebant dictum locum, Maniaverunt locum prædictum tamquam suum, seminaverunt, arbores plantaverunt, fructus collegerunt.*

* 3. **MANIARE**, Ital. *Maneggiare*, nostris *Manier*, Tractare, tangere. Stat. Saluc. collat. 8. cap. 248 : *Si quis voluerit emere panem in platea Saluciarum, teneatur emere panem, quem Maniaverit seu tetigerit, et non alium. Menoyer*, eodem sensu, in Lit. remiss. ann. 1375. ex Reg. 108. Chartoph. reg. ch. 55 : *Pierre Aubert vint devant la boucherie de S. Genys dudit Clermont* (en Auvergne) *pour y vendre... un petit de char... et là survint un jeune enfant qui prist à patoier et Menoyer de ladite char, etc.*

MANIARE, Manire. Vide *Mannire*.

MANIATICUS, Maniacus, insanus, furibundus, a μανία, Græca voce. Hincmarus Epist. seu Opuscul. 17 : *Viderunt usque ad ostium Synodi venientem, et inde, ut Maniaticum redeuntem.* Epist. 24 : *In quibus evidenter cognoscitur aut dæmoniacus esse, aut Maniaticus. Et sciatis, quoniam mania esse non solet absque dæmone.*

¶ **MANIBLES**, Ornamentum ecclesiasticum, Manipulus, Gall. *Manipule*. Tabular. S. Victoris Massil. : *Tres casublas de purpura, sex stolas et sex Manibles.* Vide *Manipulus*.

¶ **MANIBURNIA**, Maniburnus. Vide *Mamburnus*.

1. **MANICA**, Chirotheca. [Capitul. Aquisgr. ex cod. Halmæstad. cap. 22 : *Manicas quas vulgo wantos appellamus.*] Vita S. Guthlaci cap. 26 : *Duas Manicas suas illic obliviscendo dimisisse se aiebat.* Missa vetus ex Codice Ratboldi Abbatis Corbeiensis, de Episcopo sacra facturo : *Tunc ministrentur ei Manicæ, ut supra :*

Digna manus nostras Christi custodia servet,
Ut tractare queant nostræ monumenta salutis.

Postea detur ei annulus in dextra manu, desuper Manica. Occurrit semel ac iterum in Testamento Everardi Comitis Forojuliensis, apud Miræum in Codice Donat. : *Bruniam unam, helmum unum, Manicam unam.* Rursum : *Helmum cum halsberga, et Manicam unam, bemivergas duas, etc.*

¶ 2. **MANICA**, Gallis *Manche*. *Manicæ botonatæ*, in Statutis Ord. Cisterc. ann. 1437. apud Marten. tom. 4. Anecdot. col. 1590. *Manicæ fractæ*, in Concil. Terracon. ann. 1591. inter Hisp. tom. 4. pag. 615. *Manicæ virgatæ*, in Statutis MSS. Augerii Episc. Conseran. ann. 1280. *Manica tonica*, pro *Manicata tunica*, in Exposit. brevi antiq. Liturg. Gallic. apud eumd. Marten. tom. 5. Anecd. col. 100. *Manicles*, nostratibus Poetis. Le Roman *de Partonopex* MS. :

Le fermail de sos le menton
Sont de rubi et li bouton,
Li bras sont fort par les Manicles
Qui faites sont d'or et d'ornicles.

3. **MANICA**. Chronicon Abbatiæ S. Trudonis lib. 10. pag. 470 : *Fecit pulchram et amplam sibi et majoribus hospitibus cameram, habentem ab utroque latere duas alias usibus hospitantium necessarias, ex quibus aptus et secretus in Monasterium est introitus, interclusa Manica a Monasterio, factaque ad tumulum S. Lamberti Martyris oratorio, etc.* Mox : *In pariete hujus Manicæ versus Monasterium, est fenestra, etc.* Ubi *Manica* est ædificium, alterius latus veluti efficiens. Ita Ditmarus lib. 6. cap. 46. pag. 177 : *Corpus Archipræsulis tumulatur ad dextram antecessoris sui, in australi Manica.* [** Ursino : Cujusvis ædificii, præsertim templi, latus sive latior ejus pars.] Vide *Ala* 6.

¶ 4. **MANICA**, Manubrium, capulus. Vita S. Juvenalis Episc. tom. 1. Maii : *Produxitque gladium et inversam gladii Manicam in os ejus misit, qui strictis dentibus tenuit viriliter.* Gloss. vetus MS. Sangerm. : *Capulus, locus in quo mortui efferuntur, sive Manica gladii.* Gall. *Manche*.

¶ 5. **MANICA**, Mantica, pera viatoria. Vita S. Benedicti Anian. sæc. 4. Bened. part. 1. pag. 211 : *Ex quibus* (schedulis) adsuetus aliquoties serenissimus Imperator mapulam Manicasque ejus palpans reperiebat, repertasque legebat.

* Idem est quod *Manica* 2. Et quidem manica, pro pera utebantur antiqui.

* 6. **MANICA**, Ignota mihi notione, in Charta ann. 1238. ex Hist. MS. monast. S. Andr. Avenion. fol. 53. v°. : *Cum controversia verteretur... super limitatione Manicæ et stagni de Ruperforti et territorii dicti monasterii,... electus arbiter dixit ad monasterium pertinere quidquid a parte monasterii usque ad terminum positum in Manica per duas versanas.* An modus agri ab ejus forma ad manicam spectante sic nuncupatus?

¶ **MANICANTARIA**, Domus puerorum Symphoniacorum, Gall. *Enfans de cœur*, ita Lugduni nuncupatur, ut nobis relatum est: unde et *Manicantarus* dicitur qui eos cantu imbuit; forte quod a summo mane canunt.

¶ **MANICANTER**, MANICANTIUS. Vide *Manicare*.

* **MANICANTUS**, in Glossar. Provinc. Lat. ex Cod. reg. 7657 : *Catamane, Manicantus, mane, matin, Prov.* Vide *Manicare* 1.

1. **MANICARE**, Ire, venire, proficisci. Gloss. Græc. Lat. Cod. Reg. 85 : Ὀρθρίζω, *Manico, mane surgo, de luce vigilo.* Ugutio : *Manicare, festinare mane, et hæc manica, cæ, i. aurora, vel Dea, quæ præest illi horæ, quæ est inter noctem et diem.* Will. Britto in Vocab. : *Manico, as, dicitur festinare, mane ire.* [Gloss. Lat. Gall. Sangerm. : *Manicare, haster, aler matin, lever matin, convenir matin; et dicitur a mane.*] Papias et Gloss. MS. Reg. : *Manicat, per manum tenet, vel mane surgit.* S. Luc. in Evangel. cap. 22 : *Omnis populus Manicabat ad eum.* Vetus Interpres Juvenalis Sat. 5 : *Propterea semper Manicasti per pluviam.* Odo Cluniac. lib. 1. de Vita S. Geraldi cap. 11 : *Quos ne tardius veniens demorari videretur, Manicare studuit, et priusquam illucesceret, proficisci.* Ordericus Vitalis lib. 7 : *Clientuli ut magistros suos sic Manicasse prospexerunt.* Lib. 10. pag. 782 : *Plures Optimatum ad lares suos de saltu Manicaverunt.* Et lib. 11 : *Ad nostri subsidium summopere Manicantes.* Petrus Chrysol. Serm. 82 : *Quia sol, ut mane faceret, tunc Manicavit.* Petrus Damiani lib. 6. Epist. 31 : *Decedente crepusculo, mox ad hominem properans, Manicavi.* Radulfus in Vita S. Ricardi Episcopi Cicestrensis n. 68 : *Orandi enim et psallendi studio sic duxerat in consuetudinem Manicare, ut si etiam verno vel æstivo tempore, quando noctes noscuntur breviori spatio terminari, crepusculum et vigilis lituum non præteriret, etc.*

Quidam negant esse vocem barbaram, licet D. August. quæst. 46. in libr. Judic. id genus verbi sibi non occurrere dixerit apud Scriptores Latinos. Ludovicus de Lacerda a *Manare*, effictam putat, alii a *Mannus* deducunt, qui Horatio, Isidoro lib. 12. cap. 1. et aliis, est equus brevior, ut *Manicare* sit equo vehi, equitare. Sed potior est cæterorum sententia, qui *Manicare*, a *mane* deducunt, ut sit *mane ire*. Hinc

MANICATIO, [Matutinæ accelerationes.] Concilium Turonese II. can. 18. *de observatione psallendi : Ut in festis diebus ad Matutinum sex Antiphonæ binis Psalmis explicentur : toto Augusto Manicationes fiant, quia festivitates sunt et Missæ Sanctorum : Septembri 7. Antiphonæ explicentur binis Psalmis, etc.* Aimoinus lib. 3. Hist. Franc. cap. 81 : *Porro toto Augusto, propter crebras festivitates, Manicationes fiebant. Manicare autem mane surgere dicitur.* Vita S. Attractæ Virg. Hiberniæ : *Orto jam sole, dum in specie purpurea... rutilaret, Manicatione summa jam facta solus incederet.*

MANICANTER, Matutino tempore. Liber 2. Mirac. S. Bertini cap. 9 : *Nebula pro natura loci Manicanter nata adhuc aerem maculante.*

¶ MANICANTIUS. Processionale vetus MS. B. M. Deauratæ Tolos. : *Summo mane pulsatur Prima, videlicet Manicantius solito, et pulsata dicitur : deinde, etc.* id est, maturius solito.

* 2. **MANICARE**, *Facere manicam*, in veteri Glossar. ex Cod. reg. 521.

* **MANICELLA**, diminut. a *Manica*, Ansa, ansula, Provincialibus *Manelha*. Glossar. Provinc. Lat. ex Cod. reg. 7657 : *Manelha, Prov. ansa, ansula.* Inventar. MS. thes. Sedis Apostol. ann. 1295 : *Item unum flasconem.... cum collo ad duas Manicellas. Manuelle*, eodem, ut videtur, intellectu, in Inventar. jocal. Eduardi I. reg. Angl. ann. 1297 : *Item un pot esmaillié, s'a desus le Manuelle deus pumeles contredorses.* Vide infra *Manicum* 2.

** **MANICES**, pro *Manicæ*, in chart. ann. 816. apud Neugart. Cod. Diplom. Alem. tom. 1. pag. 158. num. 187. Vide *Manica*, 1.

¶ **MANICHÆI**, Hæretici satis noti, quorum Manes, a quo nomen habent, antesignanus fuit. Altius rem repetunt nonnulli, qui Scythianum quemdam Sarracenum medio circiter secundo sæculo delirantem, hujus sectæ authorem præcipuum constituunt. Consule Epiphanium hær. 66. cap. 21. Augustinum passim et alios.

¶ **MANICI**, Mente capti, qui *mania* laborant. Papias ad vocem *mania : Manicorum species multæ sunt, ut subito rideant, irascantur, plangant, timeant, cantent et saltent.*

¶ **MANICIA**, pro *Manica*, chirotheca. Placitum ann. 814. apud Murator. tom. 2. part. 2. col. 362 : *Scaptolfus sua sponte cessit et perdonavit eis ipsos exc. mancos, et suscepit ab eis launechild, similiter Manicias par unum.*

* Charta ann. 936. apud Murator. tom. 2. Antiq. Ital. med. ævi col. 135 : *Per hanc præsentem paginam vendicionis, et per duas Manicias hac tradere visus sum, et corporaliter facio tibi investituram venditionis justa legem meam Alemagnorum. Menicle*, pro *Manicle*, Manica ferrea, in Lit. remiss. ann. 1384. ex Reg. 125. Chartoph. reg. ch. 120 : *Sa femme Richarde ala en la ville de Caen pardevers le lieutenant du viconte du lieu requerir les Menicles pour le amenicler.*

MANICIUM, MANUELA, χειρίς, in Gloss. Gr. Lat. *Manica*. Græci recentiores μανίκιον dixerunt. Constantinus de Adm. Imp. cap. 37 : Τὰ γὰρ ἱμάτια αὐτῶν εἰσὶ κόντουρα, καὶ μανίκια ἀπὸ τῶν βραχιόνων ἀποκεκομμένα. Symeon Thess. de Templo pag. 220 : Διὸ καὶ σάκκου τύπον ἔχει, οὐδὲ γὰρ ἔχει τοῦτο ἃ καλοῦσι μανίκια. Occurrit etiam in Chronico Alexandr. pag. 780. sed ibi legendum μανιάκιον, i. *torques*. Gloss. Lat. Gr. : *Torques*, μανιάκης. Glossar. Græc. Lat. : Μανιάξ, *tortile, circulus tortus*. Alia vide apud Meursium in Gloss. [et in Gloss. mediæ Græcit.] Aliud sonat μανίσκιον recentioribus Græcis. Lexicon Gr. MS. Reg. Cod. 2062 : Σιπύα, τὸ μανίσκιον, ἢ ἀρτοθήκη. Nostris *Manequin*, arca panaria, quæ manu tenetur.

MANICILLIUM, χειρίδιον, in iisdem Gloss. Græc. Lat. diminut. a *Manicium*. [Græcis recentioribus μανικέλλιον.]

¶ **MANICONUS**, ab Italico *Manicone*, latior manica. Chron. Petri Azarii apud Murator. tom. 16. col. 377 : *Qui (officialis) per Papiam discurrebat, incidendo Maniconos guarnazanorum Phrygio opere contextos, vel auro et argento ornatos.*

¶ 1. **MANICULA**, Chirotheca. Vita Caroli Comitis Flandriæ tom. 1. Martii pag. 201 : *Cui Wido incumbebat Maniculis ferreis ora et oculos contundens militis.*

2. **MANICULA**, Cophinus, ni fallor, Gall. *Manequins*. Otto Morena in Histor. Rerum Laudensium pag. 49 : *Cremenses vero per fossatum ipsius castri cum rampinis et Maniculis euntes, suos, qui in fossato necati erant,... foras extraxerunt.* [Rectius, mea quidem sententia, Carolus de Aquino in Lexico milit. unci vel harpagonis genus interpretatur, quod manus ferrea dicebatur Latinis.]

MANICULARE, Papiæ, *dolum vel strophas excogitare*. Galli dicimus, *Manigancer, faire des manigances*, quasi manibus ludificari, uti agunt præstigiatores.

MANICULARIA, inter vestimenta sacra, in Visitatione Thesaurariæ S. Pauli Londinensis ann. 1295 : *Cum alba, amicta, stola, fanone, spatulariis, et Manicularis, apparatis de quodam panno diaspetato de Laret, etc.* Occurrunt eadem verba paulo infra. Ita autem appellantur *manicæ* ejusdem speciei panni, ex qua confecta sunt vestimenta Sacerdotum vel Diaconorum, quæ *Albis* circa manus aptantur : quod etiamnum observare est in aliquot Ecclesiis, præsertim Cathedralibus, ubi in sacrariis servantur vestes Ecclesiasticæ.

* **MANICULUS**, *Arson de selle à cheval*, in Glossar. Lat. Gall. ann. 1352. ex Cod. reg. 4120.

¶ 1. **MANICUM**, Manubrium, Gall. *Manche*. Papias : *Manubrium, dictum quod manu teneatur, vulgo Manicum dicitur.* Vita S. Angeli Carmel. tom. 3. Maii pag. 813 : *Cum ergo Joannes unam arborem incideret, securis de Manico exivit.*

* Capulus, Ital. *Manico*. Stat. Montisreg. pag. 167 : *Dummodo spatam seu cultellum vel alia arma portet ligata cum Manico, ita quod non possit extrahi.*

* 2. **MANICUM**, Ansa. Inventar. MS. thes. Sedis Apost. ann. 1295 : *Invenimus unum urceum de auro cum Manico et rostro et coperculo, etc.* Vide supra *Manicella*.

* **MANICUS**, Manubrium. Inventar. ann. 1389. tom. 3. Cod. Ital diplom. col. 363 : *Cutelleria una cum cutellis quatuor ad Manicos de cristallo.* Vide *Manicum* 1.

¶ **MANIER**, pro *Manire*, vocare in jus.

Leges Caroli M. c. 77. apud Murator. t. 1. part. 2. pag. 102 : *De Manier vero, nisi de genuitate, aut de hereditate, non sit opus observare, et ceteris vero causis per districtionem Comitis ad mallum veniant et juste examinentur ad justitiam faciendam.* Vide *Munnire.*

* **MANIERES**, Modus, ratio, species, f. pro *Maneries.* Vide in hac voce. Stat. ann. 1314. inter Probat. tom. 2. Hist. Nem. pag. 18. col. 2: *Dominus noster rex mandat quod omnes Manieres gentium, privatæ vel extraneæ, etc.*

* **MANIFACTURARE**, Elaborare, Ital. *Maniffatturare*, Gall. *Manufacturer.* Stat. Genuens. lib. 4. cap. 10. pag. 108 : *In salviseonductibus non intelligantur comprehensa... debita pro setis et lanis datis ad Manifacturandum.*

MANIFESTARIUS, Papiæ, *Nocens.* Lactantius de Mortib. Persecutor. num. 30 : *Profertur e cubiculo cadaver occisi, hæret Manifestarius homicida, etc.* [Ubi *Manifestarius* idem est quod manifestus, apertus; ut et apud Gell. lib. 1. cap. 7 : *Solœcismus Manifesturius. Manifestarius fur*, apud Plaut. Aul. act. 3. sc. 4. 10.]

** **MANIFESTATIM**, Manifesto, apud Virgil. Grammat. pag. 48.

MANIFESTATIO, Vox Juris Hispanici. Scribit Hieronymus Blanca in Comment. Rer. Aragon. contra regiorum ministrorum iram vel affectus immodicos a Lege duo inventa præsidia, quibus aliqua mora et tarditate frangerentur, quorum alterum *Jurisfirmam*, alterum *Manifestationem* vulgo appellant Hispani. De *Jurisfirma* quædam suo loco attigimus. *Manifestationis* potestas tam solita est, inquit ille, ac repentina, ut homini jam collum in laqueum inserenti subveniat. Illius enim præsidio damnatus, dum per leges licet, quasi experiundi juris gratia, de manibus judicum confestim extorquetur, et in carcerem ducitur ad id ædificatum, ibidemque tamdiu asservatur, quamdiu jurene, an injuria, quid in ea causa factum fuerit, indicetur : propterea carcer hic, vulgari lingua *la Carcel de los Manifestados* nuncupatur, a cujus ingressione supremi judices omnino prohibentur, ut eorum præcipiti iracundiæ eo pacto subtrahatur materia. Quod si aliquid contra, ac per leges liceat, factum est, pro irrito habetur et infecto. Si vero nihil fuit decretum contra jus, *Manifestationis* tollitur interdictum, regiorumque judicum retardata illa excitatur potestas, ut nocentium supplicio scelera et fraudes constringantur. Id autem eo tandem spectat, ne ullus detur contra leges locus criminibus, quorum auctor non exstet, inferendis : ne et temere credatur oblatis, etc. Similia fere habet Michael *del Molino* in Repertorio Fororum Aragonensium, in voce *Manifestatio*, ubi totam hanc materiam pluribus exequitur. Exstat in Foris Aragon. lib. 9. pag. 155. tit. de *Manifestationibus personarum*, ex Statutis Ferdinandi II. ann. 1510.

¶ 1. **MANIFESTUM**, *est publica vel famosa proclamatio ex certa scientia et certis auctoritatibus provenicns.* Vocabul. utriusque juris.

* 2. **MANIFESTUM**, Documentum, in quo merces in navi onerata manifestantur, Ital. *Manifesto.* Arest. ann. 1348. 14. Aug. in vol. 3. arestor. parlam. Paris. : *Quod de prædictis mille florenis dictus Petrus..... haberet medietatem totius Manifesti, quod est seu ascendit xij. denarios pro libra, de omnibus mercibus in navi positis ad vendendum.*

¶ **MANIFESTUS** Sum, Formula haud infrequens in veteribus Chartis apud Murator. delle Antic. Estensi, quæ huic respondet, *Notum facio. Manifestus sum ego Adelbertus in Dei nomine Comes et Marchio, filius b. m. Bonifacii olim Comitis, quia inspirante me Dei omnipotentis misericordia, etc.* in Charta ann. 884. lib. laudati pag. 210.

¶ **MANIFEX**, *Manum dans*, f. *Manifer*, inquit Grævius. Gloss. Isidori.

¶ **MANIGLERIUS**, Æditúus, custos et conservator ædis sacræ, *matricularius*, *Manillier* apud Rabelaisium 4. 51. inter ministros Ecclesiæ de Romanis recensetur in Litteris Caroli Regentis ann. 1358. tom. 3. Ordinat. pag. 274. Hinc

¶ Maniglería, Officium *maniglerii*, quod interdum in feodum concessum fuisse, docemus in v. *Matricula.* Tabul. Matiscon. fol. 110 : *Erat controversia inter Agerium de S. Cinicio et Ecclesiam Matisconensem, quia Agerius Manigleriam de S. Cinicio, decimam de Brodei et coacervationem decimæ dictæ parochiæ, et cellaria injuste possidere videbatur.* Vide *Mansionarius* 1.

* **MANIGOLDUS**, Carnifex, Ital. *Manigoldo*, apud Theodor. *de Niem* tom. 2. Conc. Constant. part. 15. cap. 10. col. 348 : *Pluribus mandavit lictoribus seu Manigoldis, qui executionem sanguinis in condemnatos capitaliter illic debebant facere, quod se subito expedirent.* Vide *Mango*, 1.

MANILE, Urceus, urceolus, quo aqua manibus infunditur. Chronicon Moguntinum : *Erant pelves 4. argenteæ, et urcei diversarum formarum, quos Manilia vocant, eo quod aqua Sacerdotum manibus funderetur ex eis.* Accipitur etiam pro *Aquæmanili*, hoc est, pro pelvi seu pollubro, nempe vase inferiori, in quod manibus infusa aqua delabitur. [Testam. Everardi Comitis ann. 837. apud Miræum tom. 1. pag. 21 : *Urceum cum aqua, Manile argenteum, ciphum aureum* 1. *etc.*] Historia Episcop. Autisiod. cap. 51 : *Urceum ad aquam benedictam, et urceum ad manus Sacerdotum abluendas, Manile etiam et labrum ad aquas de manibus abluentium suscipiendas.* Tradit. Fuld. lib. 1. cap. 39 : *Orciarii* (urcei) 4. *Manile unum, conchæ* 4. Necrologium Ecclesiæ Carnotensis : *Dederat quoque ei nova* 5. *dorsalia, caro pretio empta, et duo Manilia cum urceo.* Vide Lanfrancum Epist. 13. et *Aquamanile.*

¶ **MANILIA**, Armilla, brachiale, Gall. *Brasselet*, Ital. *Maniglia*, Hispan. *Manilla.* Matthæus de Afflictis Decis. 315 : *Marius mittit uxori suæ, quando est in domo patris vel fratris,... torquem aureum, cathenam aureum, Manilias aureas, etc.*

¶ **MANILLO**, Tutela, Protectio, defensio. Præceptum Caroli Simplicis Reg. Franc. pro Monaster. Psalmodiensi tom. 3. Annal. Benedict. pag. 696 : *Innotuit nobis qualiter eadem et fisca sibi pertinentia sub Manillone et mundeburde atque immunitatis tuitione progenitores nostri priscis temporibus constituissent.*

MANIMUNDULUS, quasi *Mundus manibus.* Petrus Damian. lib. 6. Epist. 26 : *Ne quorundam more durus postmodum stare videaris et rigidus, et Manimundulus, ut aiunt, quasi sacra Cereris oblaturus.*

MANINGA, Jurisdictio, aut potius judicum, justitiæ administrandæ causa, consessus, vel sessio, conventus ad causas disceptandas indictus. A Saxonico Monunge vel Manunge, quod idem sonat, uti Somnero placet; vel potius a *Mannire* et *Mannina*, quæ vide. Leges Adelstani Regis, apud Bromptonum cap. 3 : *Ei nominentur in Maninga singulorum Præpositorum tot homines, quot pernoscuntur esse credibiles, qui sint in testimonio causarum.*

¶ 1. **MANIPOLIUM**, Manipolum, Conventus ad illicitum aliquod violenter perpetrandum, conjuratio, Hispan. *Manipulo.* Epitome Constit. Eccles. Valent. tom. 1. Conc. Hispan. pag. 188 : *Variis juramentis se ad illicita et quodammodo Manipolia adstringentes.* Charta ann. 1363. ex Arch. S. Vict. Massil. : *Prohibiti sunt homines Podii-luderii facere rassam et Manipolum.* Capitulum gener. MS. ejusd. S. Vict. ann. 1446 : *Non intendentes quin dominus Abbas contra conjuratores, conspiratores, vel Manipolum facientes possit inquirere.* Charta ann. 1501. ex Schedis Præsid. *de Mazaugues : Ratione... quarumdam inquisitionum per Curiam factarum contra et adversus particulares personas ejusdem loci de Mazalguis occasione cujusdam prætensæ rassæ et Manopoli.... Dominus debeat remittere particularibus... omnes condempnationes fiendas et proferendas prætextu et occasione cujusdam inquisitionis contra easdem personas factas de et supra quadam prætensa congregatione illicita, seu rassa et Manipolio.*

* **MANIPOLIUM**, ut *Monopolium*; quomodo etiam forte legendum est. Vide in hac voce. Lit. ann. 1411. tom. 9. Ordinat. reg. Franc. pag. 628. art. 10 : *Ipsum sal sive albaranos emendo, mercando, furando, fraudando aut Manipolium, ut fiat carius, faciendo, etc.*

* **MANIPOLLUM**, Confœderatio. Stat. Placent. lib. 6. fol. 78. r°. : *Nulli paratici, consules societatis, collegia, universitates vel singulares personæ audeant facere Manipollum vel ligam.* Vide *Manipolium* 1.

1. **MANIPULA**, Scipio, baculus, qui manibus gestatur. Historia Translationis S. Sebastiani Mart. cap. 12. n. 60 : *Homo quispiam.... damnatis quinquennio luminibus, illico ut ante Sancta Sanctorum Manipula regente pervenit, amissum... lumen resumit.*

☞ Modo tamen id accipi non debeat de muliere quæ manu ducit, ut in Append. ad Agnelli lib. Pontif. apud Murator. tom. 2. pag. 195 : *Tunc postulata est Augusta ut Manipulam suam, quæ dolore pessimo oculorum urgebatur, suo adjutorio eam adjuvaret.* Vide *Manipulare.*

¶ 2. **MANIPULA**, *est quoddam ornamentum quod Imperator Constantinus Cardinalibus concessit.* (Mira hominis eruditio.) *Alii dicunt Manipulam esse mitram Episcopalem.* Vocabul. utriusque juris.

¶ 3. **MANIPULA**, Mappula, mantile.

Bernardi Mon. Ordo Cluniac. part. 1. cap. 11 : *Ad hoc habent cultellos, quibus eos (panes) radant, et præparant, et ad hoc Manipulas quas prius ad collum suspendunt; ut dum raserint et paraverint ipsos panes, possint contra pectus honeste reclinare.*

¶ 4. **MANIPULA**, Trulla cæmentaria. Acta S. Francisci de Paula tom. 1. Aprilis pag. 188 : *Dedit sibi quamdam Manipulam, cum qua fabricatores solent fabricare.*

¶ **MANIPULARE**, Manu ducere. Miracula S. Genulphi auctore Gonzone Abb. tom. 2. Maii pag. 655 : *Unde tam hospes quam maritus satis admirati, postquam gratias retulerunt tali curatori, mulier illa quæ prius marito Manipulante advenit, libero et inoffenso gressu domum rediit.*

* **MANIPULARES**, *Qui ferunt signa ante reges.* Glossar. vet. ex Cod. reg. 521. Glossar. aliud ex Cod. 7613 : *Manipulares, signorum portitores.* Vide *Manipulum* 1.

¶ **MANIPULARIUM**, Una e vestibus Episcopalibus. Bulla Johannis XV. pro Ecclesia Brcunoviensi ann. 993. apud Ludewig. tom. 6. pag. 54 : *Vobis uti in Christo filiis Abbati et aliis qui pro tempore monasterio præfuerint, ut chirotecis, Manipulariis, sandaliis, balteoque uti possitis, auctoritate præsentium indulgemus.* Vide *Manipula* 2. et *Manipulus* 2.

¶ **MANIPULARIUS**, Qui negotia alterius regit, administrat. Agnellus in Vita Mauri schismatici apud Murator. tom. 2. pag. 143 : *Igitur misit ad rectorem suum Siciliæ nomine Benedictum diaconum, qui illo tempore regebat curam de causis ac rebus Ravennatis Ecclesiæ, Manipularium suum, et voluit ipsum rectorem Siciliæ constituere per epistolam.*

MANIPULOSUS, *Directus.* Papias.

¶ 1. **MANIPULUM**, *Qui auxilium dat in bello.* Gloss. Isid. ubi Grævius : leg. *Manipulus, vexillum fert in bello.* Posterioribus *Manipuli* dicti sunt signiferi, quia olim manipulus fœni fuit pro vexillo; hinc Papias : *Manipulares, signorum portitores.* Sed vetustioribus scriptoribus *Manipulares* sunt gregarii, caligati milites, ut constat. Hæc ille.

¶ 2. **MANIPULUM**, Vas quoddam. Vita Burchardi Comitis auctore Odone monacho ann. 1058. ubi inter alia donaria quæ Burchardus ad Fossatense monasterium contulit, commemorat vas unum quod *Manipulum*, inquit, *vocamus, eo quod manu geritur : in quo etiam litteræ habentur, quæ Abagari Regis ad sanguinem minuendum illud fuisse testantur.* Vide *Manile.*

¶ 1. **MANIPULUS** CURATORUM, Brevis quorumdam canonum collectio. Statuta Eccl. Meldens. ann. 1493. tom. 2. Hist. ejusd. Eccl. pag. 516 : *Singulis sub pœna emendæ injungimus parrochialibus presbyteris, quatinus eorum quilibet libellum habeat ac frequenter legat qui dicitur Manipulus Curatorum, ut sic canonicis (saltem summarie) eruditus institutis, ea quæ sacerdotali officio incumbunt aptius valeat exercere.* A collectis canonibus vocis etymon.

¶ 2. **MANIPULUS**, Una e vestibus Ecclesiasticis, quæ et *Sudarium* appellatur, quam in brachio sinistro deferunt Sacerdotes. Will. Brito in Vocab. : *Manipulus est ornamentum manus.* Anastasius in S. Zozimo : *Fecit constitutum, ut Diaconi lævas tectas haberent de palliis linostimis.* Lanfrancus lib. 1. Ep. 13 : *Plerique autumant, Manipulum esse commune ornamentum omnium, sicut et Albam : nam et in Cœnobiis Monachorum etiam Laici cum Albis induuntur, ex aliqua Patrum institutione solent ferre Manipulum.* Leo Ost. lib. 3. cap. 19. (al. 20.) : *Stolas auro textas cum Manipulis et semicinthiis suis.* Testamentum Riculfi Episcopi Helenensis ann. 915 : *Manipulos sex cum auro, unum ex iis cum tintinnabulis.* Jacobus Cardinal. de Coron. Bonif. VIII. lib. 2. cap. 1 :

.... Chirotheca manus, digitosque venustat
Annulus, et cubitum lævum cingitque Maniplus.

Vide Innocent. III. lib. 1. Myster. Missæ. cap. 10. 43. Jacobum a Vitriaco in Hist. Occident. cap. 34. Durand. lib. 3. Ration. cap. 6. etc. Vide *Manipularium.*

* 3. **MANIPULUS**, Famulus, minister, quasi qui ad manum alterius est. Vita S. Goar. tom. 2. Jul. pag. 334. col. 1 : *Vir autem Dei cum hæc audisset, statim et sine mora, stravit asinum, et Manipulo suo jussit sternere mulum suum, et cœperunt ambulare.* Ibid. col. 2 : *Vidit de angulo domus per fenestellam exire radium solis, et visum est ei vel Manipulo suo quasi fustis esset roboreus etc.* Vide *Manipularius.*

¶ **MANIRE**. Vide *Mannire.*

* **MANISCALCHERIA**, Districtus *Maniscalci* seu *Marescalli*, in Stat. ant. Florent. lib. 3. cap. 175. ex Cod. reg. 4621. Vide in *Marescalcus.*

* **MANISNIA**, *La beuanda*, in Glossar. Lat. Ital. MS.

MANISSIME, Valde mane, in Ritu ordinandi Episcopi tom. 2. Analector. Mabillonii pag. 466. et in Notis ad Joan. Abrincensem Episcopum de Offic. Eccl. [Adde vett. Consuetud. Monast.]

¶ **MANITER**, Furiose, a Græco μανία. Vita sancti Winwaloei MS. fol. 52 : *Illi autem qui antea Maniter, tumultuose fluctuabant, frigidi, exsangues pene effecti, ignorantes quid agere deberent, etc.*

¶ **MANITIO**, Monticulus, eminentia, Gall. *Eminence, hauteur.* Vita S. Conradi Episc. Constant. apud Leibnit. tom. 2. Script. Brunsvic. pag. 8 : *Sane in ipsa ripa Manitio prominet supradicta; in qua dum ambo consisterent almi præfati Pontifices, decurrentes aquas intuentes, etc.* Vide *Malbergium.*

¶ **MANIVOLA**, Chirotheca. Constitut. Sororum Pœnit. sanctæ Magdal. art. 25. apud R. Duellium Miscell. lib. 1. pag. 197 : *Ocreas non portabunt frates, sed Manivolas laneas habere possunt.* Vide *Manumola.*

MANLAT, Species monetæ Græcanicæ, cujus meminit Arnoldus Lubecens. lib. 3. cap. 33 : *Unum denarium, qui Manlat dicitur, ei voluntarie persolvam.* Et infra : *Est autem Manlat de viliorum numismate, qui nec totus sit aureus, nec totus cupreus; sed quasi de confusa et vili constat materia.* Proinde *Manlat* longe Byzantio aureo inferior erat, et metalli dignitate, et pretio, ut idem auctor innuit. Erat autem *Manlat* moneta Manuelis Comneni Imperatoris imagine et nomine signata, quæ *Manulat* dicitur in Instrumento pacis Theodorum Lascarim Imp. inter et Venetos, cujus meminit Julius a Puteo Veronens. in Geneal. familiæ Lascar. pag. 16 : *Nelle monete che si battevano, fussero differenti gli Yperperi, et i Manulati ne gl' Imperii loro.* Mox addit : *Manulato era moneta di reputatione fatta battere da Manuel, che ne fu l'autore.* Vide Notas nostras ad Alexiadem.

¶ **MANLCOLDIATA**, Mensura agraria, eadem quæ *mencaldata*, Gall. *Mencaudée.* Tabular. sancti Quintini de monte : *Viginti Manlcoldiatas terræ.* Vide *Mencaldus.*

¶ **MANLEHEN**, melius quam infra *Manlechen*, sed eadem notione. Charta ann. 1259. apud Eccardum in Origin. Habsburgo-Austriac col. 245 : *Tria etiam feodalia bona, quæ vulgo dicuntur Manlehen, prædictis cutibus, et prædiis attinentia vendimus, resignavimus, tradimus, sæpedictis religiosis, sub hac forma, etc.*

* **MANLENTA**, MANLENTS, MANLEVANTIA, Fidejussio, sponsio seu præstatio quæ in eo casu domino solvitur, Hisp. *Manlieva.* Charta ann. 1131. inter Probat. tom. 2. Hist. Occit. col. 460 : *Quistam et firmantias, placita et justitias et Manlents... habeat* (episcopus Biterrensis). Alia ann. 1160. ibid. col. 576 : *Et retineo meas Manlevantias per unum mensem, dum conductum faciam in villa Castrensi, et de illis bajuli mei persolvant debitum completo mense.* Stat. ann. 1291. ex Tabul. archiep. Auxit. : *Pretium solvere debent sine omni diffugio et Manlenta.* A verbo

¶ **MANLEVARE**, Fidejubere. Computum ann. 1324. tom. 1. Hist. Dalphin. pag. 132 : *Item computat, quod de mandato domini Montis-Albani sibi litteratorie facto, ipse traxit et Manlevavit Gunoneto Bavis Marescalco D. Dalphini pro expensis ultimis factis apud Crimiacum, etc.* Vide *Manulevare.*

* Tabul. S. Vict. Massil. : *Notum sit omnibus quod domina Petrona comitissa Bigorræ... tale dedit testamentum : in primis concedit quod tenet a Vitali Gasco de Tarvia in debitis... xviij. sol. pro calciamentis quæ dom. comitissa misit reginæ Angliæ et xiij. sol. et dimidium pro tunica una quam sibi Manlevavit.* Hinc

* **MANLEVATOR**, Fidejussor, sponsor. Charta ann. circ. 1124. inter Probat. tom. 2. Hist. Occit. col. 427 : *Pro pace et treva emendanda et amodo firmiter tenenda, dedit se in potestatem B. Atonis vicecomitis, pro se et pro suis, Guillabertus de Lautag Manlevator.* Ubi et *Manlevare* pluries occurrit. Vide in hac voce et in *Manulevare.*

1. **MANNA**, Liquor, vel pulvis odorus, qui de sepulchris aut corporibus Sanctorum effunditur et effluit. Julius Africanus lib. 5. extremo, de tumulo S. Joannis Evangel. : *Et protinus Manna exiens de sepulcro apparuit cunctis, quam usque hodie gignit locus iste.* Gregor. Turon. lib. 1. de Mirac. cap. 30. de eodem S. Joanne : *Cujus nunc sepulcrum Manna in modum farinæ hodieque eructat, ex qua beatissimæ reliquiæ per universum delatæ mundum salutem morbidis præstant.* Leo Ost. lib. 3. cap. 30 : *De Manna sepulcri S. Joannis Evangelistæ, etc.* De manna S. Joannis plura congessit Combefisius ad Orat. Panegyr. Nicetæ Paphlagonis pag. 485. Adde Menolog. Basilii 7. Maii, Synaxaria ad 8. Maii, ubi de

eodem sepulcro, *sacrum pulverem* vocant, κόνιν ἁγίαν, ἣν οἱ ἐγχώριοι μάννα μετονομάζουσιν. Vita S. Fortunati Episcopi Fanensis : *Memini quoque... petram vidisse madefacere, et dictu mirabile, Manna cœleste saxo repente defluere.* Ughellus tom. 7. pag. 503 : *Ex quo sacratissimo corpore pretiosus ac sanctus liquor* (*Manna dicunt*) *effluit.* [Μύρον dicunt Græci. S. Johannes Damascenus Orat. in Constant. Caballin. pag. 668 : Πολλὰ καὶ σώματα τῶν ἁγίων Μύρον ἔβλυνον. Hinc] Sanctos, e quorum sepulcris aut sacris reliquiis emanabat ejusmodi oleum aut liquor, μυροβλύτας vocant. Complures, aliud agendo, a me adnotati, atque in iis, idem de quo supra *S. Johan. Evang.* apud Orderic. Vital. lib. 2. pag. 408. Ughell. tom. 9. pag. 286. et Raimundum Montanerium in Chronico Aragon. cap. 206. *S. Andreas*, apud Orderic. Vital. lib. 2. pag. 404. Gregor. Turon. lib. 1. Mirac. cap. 31. Ughell. tom. 7. pag. 272. *S. Alexius*, in Menæis, 17. Martii. *S. Theodorus Trichinas*, 20. April. in Menæis. *S. Perpetuus Episc. Leod.* apud Hariger. Lob. cap. 35. in Chron. M. Belg. etc. *S. Nicolaus*, apud Jo. Diac. 5. Januar. in Vita S. Nicolai sub fin. Nicetam Paphlag. in ejusdem Encomio, Ughell. tom. 5. pag. 1312. Matth. Westmonast. ann. 1087. Thiotfrid. lib. 3. cap. 5. *S. Philotheus Presbyter*, in Synaxar. 15. Sept. *S. Demetrius*, Thessalonicæ. Vide Not. ad Alexiad. pag. 252. *S. Euphemia*, Calchedone, apud Evagr. lib. 2. cap. 3. 7. Theophanem pag. 370. Cedren. pag. 469. Theoph. Simocattam lib. 8. cap. 14. *SS. XL. Martyres*, apud Procop. lib. 1. de Ædif. cap. 7. *Petrus Thaumaturgus*, in Synaxario 4. Maii. *S. Lucas Junior*, in ejus Vita pag. 1013. *Sanctus Cyrillus* Martyr apud Continuator. Theophanis lib. 2. n. 23. *S. Euthymius Abbas*, in ejus Vita n. 127. *S. Walpurgis*, apud Philip. Eystet. in Vita S. Willibaldi cap. 32. Henr. Rebdorff. ann. 1359. *S. Glyceria*, apud Simocattam lib. 1. cap. 11. *S. Theodora* vidua, apud Nicolaum Cabasilam in ejus Vita. *B. Gundetkarus*, apud Gretzer. in Episcop. Eystetens. pag. 457. *S. Eligius Noviom. Episc.* apud S. Audoenum in ejus Vita lib. 2 cap. 40. et 58. Acherianæ Editionis. *S. Glodesindis*, in Histor. Translat. ejusdem Virginis apud Labbeum tom. 1. Bibl. pag. 736. *S. Catharina*, apud Lambert. Ardens. pag. 112. et Hug. Flaviniac. pag. 182. *S. Elizabeth Thuring.* apud Godefrid. Mon. ann. 1236. Theoderic. in ejus Vita cap. 14. *B. Robertus Eremita*, apud Matth. Westmonaster. ann. 1238. *SS. Martyres Ebbekesdorpienses*, apud Bollandum 2. Febr. pag. 315. *S. Paulus Episcop. Virdunensis*, apud Bolland. 8. Feb. pag. 174. *S. Babolenus Abbas Fossat.* in Lib. Miraculor. ejusd. cap. 3. *B. Willemus Episcopus Eboracens.* apud Matth. Paris pag. 219. Adde tom. 2. Canisii pag. 756. 818. Codini Origin. pag. 54. Matth. Westmonast. pag. 269. Rocchum Pirrhum in Notit. Siciliæ tom. 1. pag. 57. [** Glossar. med. Græcit. voce Μύρον, col. 978.] etc.

De *Manna* veterum edita est haud ita pridem Dissertatio Cl. Salmasii. De hac etiam copiose egerat antea Leonardus Fuchsius lib. 1. Paradox. medicinal. cap. 6.

2. **MANNA**, Equa. Vide *Mannus*.

* 3. **MANNA**, vox Italica, Manipulus, Gall. *Botte*. Glossar. Provinc. Lat. ex Cod. reg. 7657 : *Manolh, Prov. maniplus.* Charta ann. 813. apud Murator. tom. 1. Antiq. Ital. med. ævi col. 521 : *Milio modia quincto, lino Manna quart, etc.* Alia ann. 869. ibid. col. 721 : *Grano grosso modio quarto, minuto autem modio quinto, lino Manna quinta, etc.* Ubi notat vir doctissimus veterem Interpretem Juvenalis Manipulos, *Mannas fœni* interpretari; verum *Manuam* legendum docet Cangius in v. *Manua* : quod tamen præstare nolim, cum toties apud diversos auctores occurrat vox *Manna*, qua etiam utuntur Itali. Charta Bern. de Mirabella ann. 1195. apud Ughell. tom. 1. Ital. sacr. col. 1126 : *Item tradimus Pennensi ecclesiæ... octo salmas vini et sex Mannas lini.* Acta notar. Senens. ann. 1283. ex Cod. reg. 4725. fol. 7. r°. : *Confiteor me principalem debitorem tibi... in ccc. Mannis parvichalibus ad modum et consuetudinem actenus observatam.* Vide *Manua*. Hinc

* **MANNA**, Tæda seu cerei species, quomodo *Poignée* nostri dixerunt. Mirac. B. Davanzati tom. 2. Jul. pag. 526. col. 1 : *Incontinenti dictus Vivi descendit de asina,... et pedibus suis venit ad sepulcrum B. Avanzati,... et ibi Mannam unam fieri fecit librarum trium ceræ, etc.* Vide supra *Manada*.

* 4. **MANNA**, Panis delicatior et tenuissimus, ut opinor. Constit. capitul. eccl. Barchinon. ann. 1423. rubr. 14. ex Cod. reg. 4332 : *Et hoc idem de distributionibus Mannarum, quæ diebus Sabbatinis in dicto matutinali officio omnibus clericis in sacris ordinibus constitutis exhibentur.*

* **MANNAGIUM**, Mansus, prædium rusticum. Charta ann. 1238. ex Chartul. Miciac. : *Willelmus dictus Custosius quidquid juris habebat vel habere poterat in Mannagio, quod dicitur Villaus, et in omnibus terris ad dictum Mannagium pertinentibus Philippo priori B. M. de Feritate Abreni et ejus prioratui quittavit penitus.* Pluries ibi. Vide supra *Managium* 2.

MANNARE, Modus agri. Charta ann. 1019. ex Tabulario Abbatiæ Abundantiæ in Biblioth. Sebus. pag. 88 : *A Peloniaco Mannare 1. a Filennio Mannare unum, etc.*

* *Zweyer manne matten*, in Instr. emphyteut. apud Schilt. in Dissert. de Jure Emponemat pag. 37. Hæc post virum doctiss. Schœpflinum.

¶ **MANNARIA**, Securis, Gall. *Hache*. Acta S. Nicolai peregrini tom. 1. Junii pag. 238 : *Et accipientes de domo Mannariam, asciam et cutellum, ascendit in montem ubi... cedrina ligna cædebat.* Vide *Manuaria* 2.

* **MANNARICE**, an Cum servitio manuali, vel ex obligatione reddendi *Mannas* seu manipulos ceræ? Vide supra *Manna* 3. Charta ann. circ. 1070. tom. 1. Hist. Cassin. pag. 235. col. 2 : *Cum ortuis et vineis vovarice sive Mannarice, cum omni illorum pertinentia.*

MANNELECHEN, ex *Man*, homo, et *Lehen*, feudum. Charta ann. 1224. in Metropoli Salisburgensi tom. 1. pag. 237 : *Advocatiam, quæ Kasten-Vogtei dicta, quæ erat de eodem feudo, excepimus, illam Duci recompensaturi per feudum, quod vacare cœperit, ad æstimationem 20. librar. quarum 10. sint absoluti reditus, quod vulgo sonat Urbor, 10. vero infeudata, quod vulgo sonat Mannelechen.* [Vide *Manlehen*.]

¶ **MANNELLUS**, Campana mediocris. Ordinarium Abbatiæ S. Laurentii in diœcesi Autissiod. ann. 1286. scriptum : *Cinere dato pulsatur processio cum duobus Mannellis.* Vide *Maunellus*, et *Monellus*.

¶ **MANNERC**, MANNERE. Vide *Mannwerch*.

MANNERIA, MANERIA, MANUARIA, [Idem videtur quod *Mannwerch*. Vide in hac voce.] Chartæ æræ 1018. apud Anton. *de Yepez* in Chronico Ordinis S. Benedicti tom. 1 : *Neque respondeat aliquid ad ejus debita, non pro furtum, neque pro homicidium, neque pro fornitio, non pro Manneria, neque pro serna, neque pro fossare, neque pro anubda, neque pro castellia, neque pro facienda villa, etc.* Alia Adelfonsi VI. æræ 1133. tom. 1 : *Ut omnes, qui in illo loco fuerint commorantes, non timeant sayonem, neque rausum, neque homicidium, neque ossatera, nec Manuaria,* [vel *manaria*] *nec aliquem fiscum regalis Palatii.* Charta Alfonsi VII. Imperat. Hispaniæ æræ 1152. tom. 6 : *Item Majorinus noster non intret in villa sancti Petri, nisi fuerit vocatus per Abbatissam vel Priorem. Item intra istos terminos nullus intret pro casteleria, nec pro rogo, nec pro vodo, nec pro Maneria.*

¶ **MANNERIUS**, Æditııus, custos, conservator ædis sacræ, quod in Ecclesia, ut eam servet, maneat, forte sic dictus. Constit. x. Francisci III. Episc. Barcinon. : *Nullus beneficiatus dictæ ecclesiæ, vel clericus aliquam quantitatem pecuniæ pro aliquo defuncto in celebratione Missarum in eadem ecclesia recipere præsumat; sed absque mora Mannerio sub pœna 30. solid. fabricæ applicandorum tradere teneatur. Mannerius autem inter omnes de ecclesia in sacris ordinibus constitutos distribuat.* Vide *Mansionarius* 1.

MANNES, *Pulvera thuris*, sic Gloss. Arabico-Lat. Vide *Manna* 1.

MANNETA. Vide Sanutum lib. 2. parte 4. cap. 22. pag. 80.

* **MANNIGH**, Injuria illata in publico loco, interprete Ludewig. ad Leg. Danic. tom. 12. Reliq. MSS. pag. 194. § 23 : *Item quicumque verbis malis aliquem et contumeliosis, quæ Mannigh* (sic) *dicuntur, coram prædicto domino nostro rege vel in curia sua, seu coram dapifero suo vel marscalco, in judiciis existentibus, in parlamentis, in placitis... allocutus fuerit vel infestaverit, super quibus et pro quibus loquimur, primo perdat, et cum hoc secundum leges terræ emendabit.* [** *Manngh* legit Westph. Monum. Cimbr. tom. 4. col. 1775.]

¶ **MANNINA**. Vide mox *Mannire*.

MANNIRE, Vocare in jus, quod fiebat tribus testibus præsentibus, ex Germ. *Manen*, *Monere, submonere*, nostris *Semondre*, ut est apud Guillimannum lib. 1. de Reb. Helvet. cap. 9. et alios. [Hinc scribendum *Manire*, auctor est Eccardus.] Arverni, etiamnum *manio* dicunt, pro *lite agere*, placitare. Lex Salica tit. 1. § 1 : *Si quis ad mallum legibus dominicis Mannitus fuerit, et non venerit, etc. Mannire cum testibus,* tit. 51. *Ad Regis præsentiam Man-*

nire, tit. 59. Adde tit. 47. et Legem Ripuar. tit. 32. 50. Hincmarus Laudunensis contra Epistolam Remensis 55. capitum : *Non advocato meo ad mallum, ut publicæ se habent leges, pro rebus ipsis Mannito. Mannire ad placita*, lib. 1. Capitul. Caroli M. cap. 121. *Ad mallum legibus Mannire*, lib. 3. cap. 45. *Juxta legis constitutionem Mannire*, lib. 4. cap. 26. Adde Capitul. 6. ann. 803. cap. 4. Formulæ veteres cap. 38 : *Ibique veniens homo aliquis nomine ille, suggesit eo quod apud nostrum signaculum hominem aliquem nomine illum Mannitum habuisset, et super noctes tantas nos debuisset venire in rationes, pro eo quod dixit, etc.* Adde Chronic. Laurisham. pag. 79. Leges Henrici I. cap. 50. Concil. Moguntinum ann. 847. cap. 17. etc. [** Vide Grimm. Antiq. Jur. Germ. pag. 842.]

Mannita, Submonitio, *Ajournement.* Lex Salica tit. 52. § 1 : *Et si ei solem culcaverit, tres solidos super debitum addat, et sic usque ad tres vices per tres Mannitas facere debet.*

Mannitio, Eadem notione. Capitulare 3. Lud. Pii, ann. 819. cap. 1 : *De hoc Capitulo judicatum est, ut ille, qui mannitur, spatium Mannitionis suæ per 40. noctes habeat.* Occurrit præterea in Capit. Legis Salicæ Ludov. cap. 6. in Edicto Pistensi Caroli Cal. cap. 6. etc. *Adjournaments ou Menadures de Cour*, in Consuet. Solensi tit. 7. art. 4.

Differebat vero mannitio a bannitione : nam etsi *bannire*, sit in jus vocare, æque ac *mannire*, in eo tamen diversimode hæc verba accipiuntur, quod *mannire* adversarii, *bannire* autem judicis erat, in jus aut ad placitum et judicium citare. Leges Longob. lib. 2. tit. 43. § 4. [** Ludov. P. 19.] et Capit. Caroli M. lib. 4. cap. 25 : *Si quis de statu suo, id est, de libertate vel de hæreditate compellendus est, juxta legis constitutionem Manniatur. De cæteris vero causis unde quis rationem est redditurus, non manniatur, sed per Comitem banniatur.* Igitur banniebat ex officio suo judex aut Comes; nullo adversario provocante. Vide Leges Longob. eodem tit. § 2. [** Carol. M. 77.]

Mannina, Mannitionis compositio, quam adversario solvebat, qui vocatus ad placitum, si mannitus fuerat, nec justam excusationem habebat, non venerat, de qua compositione agitur in Capitul. Caroli M. lib. 3. cap. 45. in Formulis vett. cap. 38. et in Legibus Henrici I. cap. 50. Ita quidem censet Marca lib. 4. Hist. Beneharn. cap. 17. n. 6. Hincmarus Opusc. 15. cap. 15 : *Comites et Vicarii vel etiam Decani plurima placita constituunt : et si ibi non venerint, compositionem ejus exsolvere faciunt. Et quia prius per Manninas veniebant, excogitarunt quidam ut per bannos venirent ad placita, quasi propterea melius esset, ne ipsas Manninas alterutrum solverent : hæc ideo facientes ut ipsi bannum acciperent.*

Maniare, pro *Mannire*, in Pacto Legis Salicæ tit. 50. *Manita*, pro *Mannita*, tit. 53.

¶ **MANNUA**, Manipulus. Vide *Manua.*

1. **MANNUS**, Equus. Jo. de Janua : *Mannus; a mansuetus, palephredus, quia mansuetudinem mannuum sequatur, vel quod mansuetus sit; vel dicitur a manus, quia manu nitatur et ducatur.* Tabularium Casauriense ann. 1140 : *Habens Manni, quem equitabat, etc.* [*Manni pretiosi*, in Charta ann. 1088. apud Lobinell. tom. 2. Hist. Britan. pag. 125. *Manni gilvi*, apud Fridegodum in Vita S. Wilfridi sæc. 3. Bened. part. 1. pag. 195.] Occurrit passim, etiam apud Scriptores Latinos.

Manna, Equa. Charta 42. inter Alamannicas Goldasti : *Frischengam tremessem valentem, et 30. Mannas, et arare duos jochos in anno.*

Manana, Eadem notione. Charta Henrici Regis Portugalliæ tom. 3. Monarch. Lusitan. pag. 282 : *Faciant unum servitium manno, et inter vos non sit ulla Manana.*

* 2. **MANNUS**, Nomen aliquando appellativum, ut in Epitaph. Dicemanni, qui obiit ann. 1307. apud Paullin. Ann. Isen. tom. 1. Syntagm. rer. et antiq. Germ. pag. 71. [** *Diz-mannus* per tmesin.] :

Diiz ego sum Mannus : me olim genuere parentes
Albertus princeps Margarethaque pia.
Imperium titulumque dedit Thuringia nobis,
Marchia Lusatiæ, Misena et ipsa potens.

MANNWERCH. Vocis significationem docent Acta Murensis Monasterii pag. 58 : *In vitibus autem habemus 24. partes, quæ dicuntur Mannwerch, et 13. rusticos..... Si quæris, cur vocatur Mannwerch, ideo dicitur, quod uni viro committitur ad colendum, et est tantum terræ, quantum par boum in die arare sufficit.* Infra : *Et sic nos ibi nihil plus de ejus prædiis habemus nisi 4. Mannwerch, et de agris et pratis pæne ad 6. diurnales.* Ibidem : *Unusquisque ergo debet in suum Mannwerch singulis annis 7. carradas stercoris ex sua parte inducere, etc.* Pag. 60 : *In Schliengen pæne duos diurnales, et de vitibus minus quam tria Mannwerch.* Pag. 62 : *Duæ domus, et 60. partes in vitibus, quæ ibi vocantur Skaza, et est quinta pars illius, quæ dicitur Mannwerch, et 37. jugera in agris, et 2. prata, et ad Pfaffenheim 14. Skaza.* [** Chart. ann. 1275. apud Neugart. Cod. Dipl. Alem. tom. 2. pag. 296 : *Excepto uno jugero vinearum, quod in vulgo dicitur Mannwerck.*] Ex his emendanda Charta Grodegangi Episcopi Metensis ann. 765. apud Meurissium pag. 168 : *Debent omni nocte vigilare,.... lectos dare, curtim sepire, vineas quoque sepire, quod vulgo dicitur Mannerc, arare, etc.* Legendum enim *Manwerc*, i. *opus hominis*, opera, manuopera, ex *man*, homo, et *werck*, opus, operatio, etc. [Eamdem Chartam emenda apud D. Calmet. Hist. Lotharing. tom. 1. inter Instr. col. 282. ubi editum, *Mannare.*]

¶ **MANOBRA**, Manobria. Vide *Manopera.*

¶ **MANOPA**, f. pro *Manopera* : videtur autem accipiendum pro Charta *manumissionis* seu libertatis. Veteres formulæ apud Baluz. tom. 6. Miscell. pag. 549 : *In præsentia plurimarum personarum qui ipsa Manopa subter firmaverunt.* [** Manu propria.]

MANOPERA, Manuopera, manuum opera; *Servitium manuale*, lib. 5. Capit. Caroli M. cap. 151. [** 303.] quo tenentur coloni et inquilini domino villæ. *Manœuvrées*, vel *Manœuvres*; in Charta ann. 1427. apud Thomasserium in Consuet. Bituric. pag. 128. qua postrema appellatione etiamnum operas et mercenarios dicimus. Quæ vox occurrit pariter priori significatu in Consuetud. Arvernensi cap. 17. art. 15. cap. 31. art. 30. 49. 51. Marchensi art. 430. Edictum Pistense Caroli C. cap. 29 : *Ut illi coloni.... tam fiscales quam Ecclesiastici... non denegent carropera et Manopera ex antiqua consuetudine.* Et infra : *Et de Manopera in scuria battere debent, et tamen non denegant, quia Manoperam debent.* Charta ann. 1248. in Tabular. Corbeiensi lib. 23. Charta 11 : *Ducentas et quadraginta manuum operas, quæ vulgariter* Manœuvres *appellantur, in quibus nobis annuatim homines supradicti tenebantur.* Alia Roberti Abb. Corb. ann. 1248 : *Et toutes les Manœuvres, que Robers d'Amiens y avoit chacun an.* Vide Froissartem 2. vol. cap. 74. [et Menagium in Origin. Gall.]

Manuopera, Catallum, instrumenta rustica, quorum usus in operis et agriculturis. Charta Ricardi II. Regis Angliæ : *Et quod prædictus Dux ad totam vitam suam haberet quæcunque bona, et catalla vocata Manuopera capta et capienda, cum quacunque persona infra terram et feodum prædicta, ac per eandem personam coram quocunque Judice de advocata.* Monastic. Anglican. tom. 1. pag. 977 : *Ac etiam Deodanda, thesaurum inventum, et omnia bona et catalla vocata Manuopera, inventa et invenienda.* Fleta lib. 2. cap. 52. § 42 : *Probatores cum Manuopere capti*, id est fures catallorum.

Manuoperarius, nostris *Manouvrier*, qui manibus operatur, χειροτέχνης, apud Palladium in Vita Chrysostomi pag. 96. Occurrit in Regesto Philippi Aug. ann. 1214. fol. 115. [*Manoperarius*, in Polyptycho Fossatensi apud Baluzium tom. 2. Capitul. col. 1387.] [** Qui servitium per manus debet, Guerardo in Glossar. Polypt. Irmin. Vide Grimm. Antiq. Jur. German. pag. 561. et infra *Mansi Manoperarii.*]

¶ Manuperarius, in Obituario S. Gerardi Lemovic. : *Obiit Laurentius Marigon Manuperarius.*

Manuperatio, Idem quod *Manopera.* Charta ann. 1093. tom. 11. Spicileg. pag. 307 : *Ut nullus successorum meorum.... equitationem aut servitium exercitus, seu Manuperationem super homines Ecclesiæ de cætero habeat.*

Manobra, in Charta Poncii de Vissaco ann. 1247. in Probat. Hist. Arvernensis pag. 95. idem sonat quod *Manopera.* Gall. *Manœuvre.* Tabular. Prioratus de Domina in Delphinatu fol. 115 : *Et corovatam sicut alii villani, et quarta pars vini, obra et Manobra, etc.* [Statuta Massil. lib. 6. cap. 47 : *Constituimus quod de cætero, nullus magister lapidum, vel Manobra, etc.*] Occurrit non semel in Tabulario S. Flori Arvernens. Vide Pobationes Hist. Bressensis pag. 106.

¶ Manobria, in Charta ann. 1308. apud Baluz. tom. 2. Hist. Arvern. pag. 782 : *Item homines usatgii non debent toltam, talliam, carratgium vel Manobriam hominum, boum, asinorum.* Rursum occurrit in alia ann. 1340. ibid. pag. 173.

* Mannobrium, Manuum opera, idem quod *Manopera.* Terrear. villæ *de Busseul* ex Cod. reg. 6017. fol. 27. r°. : *Hugo Bergho Busseuli confessus fuit se debere, videlicet duas libras ceræ, pro franchisia talliæ*

et Manobrii cujusdam curtilis. Provinciales etiamnunc *Manobro* dicunt, nostri *Maneuvre.* Charta ann. 1309. in Reg. 50. Chartoph. reg. ch. 35 : *Ledit bois... est coustivé par Maneuvre d'homme.* Quod servitium aliquando in pecuniam commutatum fuisse sub eadem nomenclatura, docent Lit. admort. ann. 1464. in Reg. 199. ch. 418 : *Item xix. Maneuvres qui valent de rente au pris de vj. deniers, chacun Maneuvre ix. solz, vj. den. Tour.* Hinc *Manourable* dicitur ejusmodi operæ obnoxius, in Charta ann. 1389. ex Reg. 139. ch. 265 : *Comme les hommes du lieu de la Faye... sont, ensemble leurs terres et possessions, de main morte, Manourable et taillable à mercy etc. Manourc* vero appellantur Instrumenta, quorum usus est in operis; quo sensu *Manuopera* occurrit in *Manopera*. Reg. forest. de Broton. ex Cod. reg. 4653 : *Possunt et debent capere...., residuum gloerii et lignifabri et caronnii,.... quando Manourc prædictorum operariorum erit inde remota. Menoerer*, Operari, in Ch. ann. 1303. tom. 1. Probat. Hist. Brit. col. 1182. Unde *Mennouvrage*, Opus, cultura, apud Bellom. MS. cap. 29. pag. 68. r°. col. 1.

¶ **MANOPOLIUM.** Vide *Manipolium*.

1. **MANSA**, Mansata, Mansarius. Vide *Mansus*.

* 2. **MANSA**, Trudes, momentum, pondus, ut videtur; idem quod Italis *Manovella*. Chron. Sublac. apud Murator. tom. 4. Antiq. Ital. med. ævi col. 1045 : *Alio tempore qui assistebat ibi ad officium peragendum, cum vellet lampadem, quæ ante altare erat, ut congruum sibi fuerat, deducere, subito tunc lapsa est. Cumque eam in terram venire crederet, subito Mansa, de qua deponi solita erat, visa est dependere, lumine accensa.*

* **MANSANARIUS** vel Mansuarius, Qui *mansum* ingenuilem aut servilem excolebat, et certum censum aut annuam pensionem domino prædii ac fundi præstabat. Charta Rob. abb. S. Germ. Prat. in Chartul. AD. ejusd. monast. fol. 83. v°. col. 2 : *Hos lx. solidos.... idem Johannes recipiet a præposito nostro vel a serviente sæpe nominatæ potestatis, singulis annis infra octavam S. Dionysii, ubicumque Mansanarius fuerit, quamdiu vixerit.* Nisi idem sit atque nude *Manens*, id est, ubicumque mansionem fecerit. Vide *Mansionarii* et in *Mansus*.

* **MANSATICUS**, Mansio, domus. Annal. Bertin. ad ann. 874. tom. 7. Collect. Histor. Franc. pag. 118 : *Inde per Attiniacum et consuetos Mansaticos Compendium adiit* (Carolus rex). Vide in *Mansionaticum*.

¶ **MANSELLI**, Iidem qui *Mansionarii*. Charta Rodulfi Reg. Franc. ann. 930. apud Marten. tom. 1. Anecd. col. 66 : *Præcipientes etiam volumus, ut Manselli qui sunt ad Berbezilos instituta compleant servitia.*

¶ **MANSELLUS.** Vide *Mansus*.

¶ **MANSEOLUM**, pro *Mansellum*, minus *mansum*, castellum. Gesta Trevir. Archiep. apud Marten. tom. 4. Ampliss. Collect. col. 395 : *Inimicorum ædificia, turres, Manseola publicavit*, (Henricus Rex Romanorum) *et ad terram dejiciendo funditus extirpavit.*

* **MANSEOLUS**, Locus exiguus. Vita B. Villanæ tom. 5. Aug. pag. 865. col. 2 : *Prope fortes domus quodam in Manseolo se condiderat, ubi aulæ purgamenta jactabantur.*

¶ **MANSER**, *est illegitimus, proprie de scorto natus.* Vocabul. utriusque juris. Diploma Ruperti Regis Roman. ann. 1401. apud Tolnerum Hist. Palat. pag. 145 : *Ac etiam naturales, Manseres, spurios, bastardos, et quoslibet de damnato sive illicito coitu procreatos, etc.* Vide *Manzer*.

¶ **MANSILE**, Mansilium, Mansinile. Vide *Mansionile*.

MANSIO, Ubicunque manemus; hinc nostris *Maison*, pro æde. Glossæ. : Μονή, ἡ καταμονή, *mansio*. Alibi : Περίςυλον, *mansio*, perperam Edit. *mancio*. *Angustiæ mansionum*, apud Sidon. lib. 2. Epist. 2. Gregorius Tur. lib. 3. Histor. cap. 15 : *At ille ingressus Mansionem domini sui, apprehendit scutum ejus.* Lib. 2. cap. 1 : *Sexto ab urbe miliario Mansionem accepit.* Vide eumdem lib. 9. cap. 1. Hincmarus Laud. : *Cum Mosomum venissem, unde non longe sua distabat Mansio.* [** Hincmar. Remens. Annal. ad ann. 878 : *Ludovicus rex... venit ad apostolici Mansionem.*] [Chron. Farfense apud Murator. tom. 2. part. 2. col. 407 : *Et ejus homines in ipso monte lignamenta ad Mansionem, vel ad alias causas incidere* (possint.) Charta Caroli Simplicis tom. 2. novæ Gall. Christ. inter Instr. pag. 129 : *Præterea volumus et decernimus ut unusquisque clericorum supradictorum, Mansiones suas cuicumque clericorum ejusdem monasterii voluerit dimittendi sive vendendi licentiam habeat.* Quod vero *Mansio* pro domo canonici hic accipiatur, patet ex Capitul. Aquisgran. cap. 142 : *Quamvis canonicis propriis licitum sit habere Mansiones.* In Legibus Pippini Regis apud Murator. tom. 1. part. 2. pag. 123. *Mansionem dare*, hoc est, domo excipere.] [** *Coram domino, sub quo ipse reus morandi habet Mansionem*, in chart. Episc. Camin. ann. 1304. apud Haltaus. in Glossar. German. voce *Haushæblich*, col. 849.] Adde leg. 3. Cod. Th. de Aquæductu. (15,2.) Capit. 3. ann. 803. cap. 17. lib. 3. Capit. cap. 39. Capit. Caroli Cal. tit. 19. § 1. tit. 39. § 12. Capitul. Carlomanni tit. 2. cap. 1. § 12. etc. Passim Scriptores, etiam veteres.

* *Mansion*, in Privil. Judæor. ann. 1370. tom. 5. Ordinat. reg. Franc. pag. 492. art. 1. *Manssion*, in Lit. ann. 1369. ibid. pag. 169.

Mansionum Redemptio, ea, ni fallor, erat in Flandria, qua ejus, qui domum in urbe possidebat, hæres, hanc data certa pecunia redimere a domino, seu Comite tenebatur. Galbertus in Vita Caroli Comitis Flandriæ cap. 12 : *Insuper de coemptione gravissima Mansionum in Erdenburg, volumus quoddam medium Regem et Comitem ponere, ut per duodecim nummos tantum redimatur unusquisque nummorum illorum, quos secundum positionem Mansionum hactenus sedecim nummis redimebant filii post mortem patrum suorum.*

Mansiones Militum, Stationes, sedes, diversoria, in quæ se recipiunt expeditionis tempore. Lampridius : *Milites expeditionis tempore sic disposuit, ut in Mansionibus annonas acciperent, nec portarent cibaria 17. ut solent, dierum, nisi in barbarico. Milites in Mansione dormientes* aggredi, apud Vegetium lib. 3. cap. 19. Idem cap. 8 : *Non enim belli tempore ad stativa, vel Mansionem civitas murata semper occurrit.* Vide leg. 11. C. de Re militari lib. 12. tit. 35, leg. 2. C. de Lucr. Advoc. (12,61.) Hinc *Mansionem tenere*, apud Albertum Aq. lib. 3. cap. 11. *Tenir garnison.* Exodi cap. 17. 1. et 40. 36. et Num. 33. 1. *Mansiones*, παρεμβολαὶ exponuntur.

Mansio, Latinis Scriptoribus proprie dicitur locus, ubi confecto itinere per noctem quiescebant; unde ut plurimum pro diei unius itinere sumitur : Græcis ςαθμός. Thomas Magister : Σταθμοί, οἱ κατὰ τόπους δημόσιοι ἄγροι, (leg. οἶκοι) ἔνθα καὶ ἵπποι δημόσιοι ἐτρέφοντο. Qui mansionibus ejusmodi præerant, ἐπίςαθμοι appellabantur : Latinis *Stationarii*, *Mancipes*. Glossar. Gr. Lat. : *Stationarius, Manceps*, ἐπίςαθμος, ὁ ἡγούμενος τῆς μονῆς. *Manceps*, ἐπίςαθμος, ὁ τοῦ ςαθμοῦ ἡγούμενος. Solinus cap. 33 : *Pagus Sabæorum, a quo octo Mansionibus regio thurifera disterminatur.* Jornandes de Rebus Geticis cap. 5 : *Quæ flumina multis Mansionibus invicem absunt.* [Chron. Andrense tom. 9. Spicil. Acher. pag. 377 : *Apud quoddam munitissimum castrum nomine Archas, ab Jerusalem octo Mansionibus distans pervenerunt.*] Liberatus Diaconus cap. 12 : *Chrysaphium in multas Mansiones Eutyches relegarat exilio.* Adde cap. 5. Facundus Hermianensis lib. 6. cap. 1 : *Conquerens, se absentem et innoxium... fuisse damnatum, et in quadraginta Mansiones, per diversas distractum provincias, viginti et amplius carceres mutasse.* Lactantius de Mortibus Persecut. num. 45 : *Licinio jam secunda Mansione tenente.* Mox : *Aliquanto moratus, processit ad Mansionem millia et octo.* Hinc passim *mansiones* et *mutationes* occurrunt in Itinerariis, præsertim in Hierosolymitano, in quo *mansiones* 20. millibus præter propter constant, ita ut plurimum duæ *mutationes* pro una *mansione* recenseantur. De *Mansionibus*, atque adeo iis, quas *Camelorum* vocat Plinius, copiose egit Salmasius ad Solin. pag. 494. Μονή eadem notione Græcis Scriptoribus dicitur. Acta Concil. Ephesini : Τεσσαράκοντα γὰρ μονὰς ὡδεύσαμεν, μηδεμιᾶς ἀνακωχῆς κατὰ τὴν πορείαν ἀπολαύσαντες. Concil. Ephes. part. 3 : Εὔχου οὖν, δέσποτα, καὶ ταύτας τὰς πέντε, ἢ ἓξ μονὰς ὥστε ἀλύπως ἡμᾶς ὁδεῦσαι. Adde Concil. Calchedon. Act. 9. initio, Palladium in Hist. Lausiaca cap. 28. et Anonymum de Martyrio Bacchi Jun. pag. 66. Mansiones et mutationes in numero civitatum non habebantur, leg. 2. Cod. de Cond. in publ. horr. (10,26.) leg. *Modios*, de Suscept. et arcar. (10,70, const. 9.) leg. 2. de Lurc. Advoc. (12, 62.) leg. 9. Cod. Th. de Annon. et trib. (11,1.) Agitur tamen Curialium mentio Claudiopolis, Prusiadis et Tottai et Voridis oppidorum, seu mansionum, per Bithyniam in leg. 119. C. Theod. de Decur. (12,1.) Sane Tottaio Bithyniæ mansio est in Itinerario Hieros. Sed mansiones illas civitatis jure donatas liquet ex ipsa Constitutione. Et quidem in Actis Conciliabuli Ariminensis *Episcopus Mansionis Nicææ in Thracia* : et in Act. 3. Concil. Calched. *Helpidius Mansionis Termensis Episcopus* memorantur. Gregor. Nazianzen. De Vita sua ait, se creatum a Basilio M.

Episcopum Sasimorum, quod σαθμὸς erat seu mansio :

Σταθμός τις ἐςὶν ἐν μέσῳ λεωφόρῳ
Τῆς Καππαδοκῶν, etc.

Ubi Gregorius Presbyter in ejusdem Nazianzeni Vita : Λεωφόρου γὰρ βασιλικῆς μέσον κείμενον, καὶ τοῦ ἐρημοσίου δρόμου ἔχον τὰ ἱπποςάσια. Qui his præerat, *servator hospitiorum* et *Mansionum* dicitur in Disputat. Archelai cum Manete. Vide Juretum ad lib. 2. Symmachi Epist. 27.

MANSIONES præterea dicebantur, diversoria Legatorum, Missorum, et aliorum Magistratuum publicorum, qui Principis mandato, aut in provincias *ad justitias faciendas, et reformandas*, uti loquebantur, vel in exteras regiones, reipublicæ causa, proficiscebantur. Tenebantur enim subditi hospitio excipere ejusmodi Missos et Legatos, et eorum ministros, et viaticum eis pro uniuscujusque dignitate præstare. Capitul. Caroli M. lib. 3. cap. 39 : *De Missis nostris discurrentibus, vel cæteris propter utilitatem nostram iter agentibus, ut nullus Mansionem contradicere præsumat.* Adde Legem Longob. lib. 3. tit. 4. § 2. 4. [** Carol. M. 11. 115.] Capitula Ludovici Imp. Lotharii filii post Synod. Ticinensem ann. 850. cap. 4. et 5. Concil. Remense II. Trotarium lib. 5. Miraculor. S. Benedicti n. 1. et Buzelinum in Gallo-Flandr. lib. 2. cap. 21. pag. 349. etc. Atque hæ mansiones interdum redimebantur pecunia, quod vetatur in Concilio Tolet. IV. apud Gratian. 27. q. 1. de Viduis : *Sunt quidam Episcopi... qui exigunt, ut Mansiones, quibus in profectione uti debuerant, aliquo pretio redimant, qui parare debebant, etc.* [** Sunt hæc in Concil. Tribur. can. 26. apud Burchard. lib. 1. cap. 229. Vide Marcam de Concord. lib. 5. cap. 51. § 9.] Vide *Procuratio.*

Mansionariorum, de quibus mox, vel certe Comitum provincialium, officium erat, eas mansiones præparare, præsertim si Reges ipsi peregre irent. In eam rem Tractoria iis dabatur, cujus formula hæc erat : *Quando ad vos venerit, Mansionem ei et focum et panem, et aquam largiri dignemini.* Interdum Principes Ecclesias et Monasteria ab ejusmodi hospitum exceptione eximebant, privilegio peculiari, quod *Emunitatis* nomine appellabatur, quo cavebatur vulgari formula, ne quis *Judex publicus*, sub quolibet prætextu, *Mansiones aut paratas tollere præsumeret* : [vel, *ut nullus eorum aut suorum hominum deinceps freda aut tributum donet, vel Mansiones faciat invite.*]

MANSIO, apud Leguleios Anglos, quid sit, docet Bractonus libro 5. tract. 5. § 1 : *Mansio esse poterit constructa ex pluribus domibus, vel una, quæ erit habitatio una et sola sine vicino; etiam et si alia Mansio fuerit vicinata, non erit villa : quia villa est ex pluribus Mansionibus vicinata, et collata ex pluribus vicinis.* Adde lib. 4. tract. 1. cap. 31. et Fletam lib. 6. cap. 51. § 1. [** Leg. Henr. I. cap. 41.]

MANSIO. Concilium Cloveshovense ann. 800 : *Daret mihi pro commutatione sæpefati Cœnobii terram centum et decem Mansionum, sexaginta cassatorum, videlicet in loco, qui dicitur Fleor, etc.* Charta Offæ Regis Merciorum : *Terram* 50. *Mansionum in locis supradictis, etc.* Alia Edberti Regis Saxon. Occident ann. 801. tom. 2. Monast. Angl. pag. 843 : *Terram.* 20. *Mansionum* Ubi *Mansio* videtur esse, quod in aliis Chartis *familia* appellatur. Vide in hac voce; præterea Testamentum Herberti Comitis Viromand. ann. 1059. apud Joan. Carpentarium in Hist. Cameracensi pag. 7. Ita *Maison* pro familia etiamnum vulgo dicimus. Potest etiam capi pro *manso*, ut in Tabulario Abbat. Conchensis in Arvernis Ch. 90 : *Et in ipsa Ecclesia domus hoc censum idem tres modios et 4. sextarios de vino, et de unaquaque Mansione terræ.... 1. den. de aliis vero Mansionibus, quæ in solario constructæ erunt, 2. denarios.* [Et in Chartul. S. Vincentii Cenoman. f. 69 : *Quandam Mansionem terræ et unum bordagium... et unum molendinum.*]

¶ MANSIUNCULA, in lib. 7. Capitul. cap. 144 : *Eorumque erroneum ministerium, non in Ecclesia, sed per agrestia loca et Mansiunculas agunt.* [** Gerhard. Vita S. Oudalrici cap. 5 : *Quorum vero Mansiunculas et totas procurationes ipse per aliquem suorum fidelium cottidie caute disposuit.* Occurrit etiam Genes. 6, 14. Vulgat.]

MANSIO, Familia, quomodo *Maison* dicimus. Sanutus lib. 3. part. 12. cap. 8 : *Tunc etiam Hugo de Lusignan cum tribus Mansionibus, et aliis militibus Gallis, versus Tiberiadem processit.* Cap. 11 : *Rex Cypri, et tres Mansiones, et peregrini, cum peditibus iverunt Cæsaream.* Cap. seq : *Tunc etiam venit Ptolemaidem Baylivus pro Venetis,... sed milites Mansionum, pro vitando scandalo, fecerunt ire illum Nazareth.* Cap. 14 : *Inter ipsum enim et Communitatem et Fraternitates, et Mansiones plures fuerunt controversiæ.* Chronicon Flandriæ cap. 11 : *Or avoit amené Henri d'Angiau bien* 30. *mille Mansions pour demourer en Constantinople.* Ubi loquitur de Armenis, quos Henricus frater Balduini Imp. adduxerat : de quibus ita Vilharduinus noster num. 201 : *Et avec lui s'en estoient passé li Hermins, qui lui avoient aidié vers les Grieux bien* 20. *mil à totes lor fames, et à toz lor enfans.* Vide paulo supra.

MANSIO, Contignatio, seu id quod *Estage* dicimus. Ericus Upsalensis lib. 5. Hist. Suecicæ pag. 159 : *Fecit Engelbertus ædificium aliquod ligneum supra aquas altitudine quinque Mansionum multo ingenio præparari.*

MANSIONALE, Idem quod *Mansus*, vel certe quod *Mansionile*, de quo mox. Capitulare de Villis cap. 19 : *Ad Mansionales vero pullos habeant non minus* 50. [** Pertz. *Mansioniles.*] Testam. Herberti Viromand. Comitis ann. 1059. apud Jo. Carpent. in Hist. Cameracensi : *Mansionalia mea apud Attas et Dalonias cum ochis, arpinis, forestagiis, et pascuaticis, etc.* Infra : *De Mansa mea apud Tetignias, etc.* [* Charta ann. 1047. tom. 1. Hist. Trevir. Joan. Nic. ab *Hontheim* pag. 384. col. 1 : *Et quia lx. Mansionalia, quæ et curtilia vocitantur, hæreditarie dicuntur possidere, etc.*]

¶ MANSIONAMENTUM, Idem quod *Mansionile*. Hist. Beccens. monast. MS. pag. 367 : *Beneficium quod a nobis requisivistis libenter vobis concedimus, scilicet Mansionamentum, et unam acram terræ in dominica cultura nostra.*

¶ MANSIONARE, *Mansionem*, domum ædificare. Charta ann. 1233. ex Schedis Præsid. *de Mazaugues* : *Asseruerunt quod homines villæ de Mari usi fuerunt prædicta sylva accipiendo et scindendo ligna virida ad Mansionandum, et sicca ad lignandum et comburendum.* Vide alia notione in *Mansionaticum.*

* Nostris *Maisonner*. Charta ann. 1285. inter Probat. domus de Castell. pag. v. : *En tel maniere que ly homme.... devoient avoir lour usuaire pour Maisonner en mon bois de Hermefaul.* Alia ann. 1372. in Reg. 105. Chartoph. reg. ch. 74 : *Un bon et bel hostel avecques un gardin bien enclos, ledit hostel bien Maisonné et ordené pour demourer.* Lit. Caroli. VI. ann. 1384. in Reg. 125. ch. 56 : *La ville de Cravant en Aucerrois, laquelle ville est grosse, bien Maisonnée, etc.* *Remaisonner*, pro simplici *Maisonner*, in Lit. remiss. ann. 1401. ex Reg. 156. ch. 301 : *Le seigneur de Crevecuer devoit Remaisonner et édiffier audit lieu pour demourance, mettre chevaulx et bestail pour gouverner la ditte ferme.* Pro reædificare vero, in Charta ann. 1343. ex Chartul. S. Vinc. Laudun. : *Commander aus possesans de les Remaisonner et d'icelles masures donner pour Remaisonner, quant li possessans en sont refusant.* Sed et pro Materia lignea domibus ædificandis apta, ut *Maissonnage* et *Maisonnée* dixerunt. *Soit au ardoir ou au Maisonner*, in Charta ann. 1267. ex Chartul. Campan. fol. 326. Alia Joan. Attrebat. comit. Aug. ann. 1379. in Reg. 115. ch. 348 : *Donnons à nostre très cher et très amé filz Philippe d'Artois... son franc Maisonner de chesne, son ardoir emprès terre etc.* Charta ann. 1267. ex eod. Chartul. fol. 273. col. 2 : *Et devons tenir ladite maladerie an soffisant estat, tant come au Maisonnage, etc.* Alia ann. 1283. ex Chartul. S. Dion. : *Je Guy Mauvoisin sire de Rooni ne nus de mes hoirs, ne de mes successeurs ne puissent vendre, ne donner, ne couper de ma forest de Chevrie que* 200. *arpens de bois chacun an, ce qui convendra por nostre ardoir et por nostre Maisonnée.* Denique *Maisonner* usurparunt pro Domo excipere. Libell. supplex Gandensium ad ducem Burg. ann. 1385. apud Marten. tom. 1. Anecd. col. 1623 : *Item, s'il fust que aucun de fait avisé ou descuë sans fraude Maisonnast ou receptast celui qui aurait fait les mauvais faits contraire de ladite paix, etc.* *Messongner*, pro Domo seu horreo condere, in Chartul. S. Petri Insul. sign. *Decanus : Seront tenus... de faire les saisines des biens estant sur yceulx héritages et de les faire enclore et Messongner aux despens des biens, comme dessus.*

* MANSIONARIA, Munus et beneficium mansionarii seu capellani perpetui, idem quod *Capellania*, 1. Vide in hac voce. Charta ann. 1073. apud Murator. tom. 4. Antiq. Ital. med. ævi col. 807 : *Ideoque nos, qui supra, mater et filii donamus et offerimus in eadem ecclesia sanctæ Mariæ ad Mansionariam, quam suprascriptus Guido genitor noster constituit in eadem ecclesia;... eo vero ordine, ut presbiteri, qui inibi sunt ordinati, cantent Primam et Completam ad horam legitimam et Missam celebrent cum tanais* (in alia *Letaniis*) *una die pro salute vivorum, alia die pro requie defunctorum,*

omni die, excepta die Dominica et festivis diebus, pro remedio animæ nostræ et parentum nostrorum. Quæ rursum leguntur ibid. col. 809. Scalabr. ad vitam B. Joan. Taussin. tom. 5 Jul. pag. 810. col. 1 : *De reditibus ejus duas fundavit Mansionarias in ecclesia cathedrali etc.* Hinc *Mansionaria ecclesia*, intelligenda videtur de Ecclesia collegiata, quam canonici seu capellani deserviunt. Vide *Mansionarium* in *Mansionarius* 1.

¶ **MANSIONARIA** Ecclesia, Terra. Vide mox *Mansionarii.*

MANSIONARII, Iidem qui *Manentes, Mansuarii, Hospites*, qui ratione *mansionis*, seu *mansi*, vectigal, aut censum, quotannis domino persolvebant. [** Guerard. in Glossar. Irminon. : Qui mansionem alienam incolit, inquilinus.] Ugutio : *Mansionarius, Manens, vel ad mansionem pertinens.* Charta S. Eligii Noviomensis Episcopi edita a Mabillonio tom. 2. SS. Ordin. S. Benedicti pag. 1091 : *Cum omnibus adjacentiis suis, cum Mansionariis, originariis, inquilinis ac servis, etc.* [Juramentum Philippo Regi Franc. præstitum apud Marten. tom. 1. Ampliss. Collect. col. 1029 : *Eidem tradam et securitatem omnium hominum meorum Mansionariorum in eisdem castellis.* Charta Ludovici IV. Reg. Franc. ann. 950. apud Miræum tom. 1. pag. 261 : *Mansum... unum cum Mansionario... alisque mancipiis numero* XII.] Acta Murensia pag. 43 : *Deinde libera utens potestate, pœne quasi sui Mansionarii essent, jussit sibi servire, scilicet in agricultura sua, et secando fœnum et metendo.* Adde pag. 39. Notitia de Rogero Episcopo Bellovac. apud Loisellum : *Neminem vero hospitem, non Mansionarium, nec dejustificabit.* Chronicon Lobiense : *Nocturno diverticulo jacendo pauperes Mansionarios omnimodis affligunt.* Alibi : *Culturas villæ de Tullies, quas Mansionarii colendas tenebant, ad indominicatum Ecclesiæ revocavit.* Apud Sugerium Constit. 2. tom. 4. Hist. Franc. pag. 548 : *Oppidani et Mansionarii villæ B. Dionysii. Mansionarii Ecclesiæ*, in Hist. Episc. Salisb. pag. 266. 267. 317. apud Canisium tom. 2. et apud Marcam in Hist. Benebarn. lib. 5. cap. 31. n. 3. *Mansionarii Capituli*, apud Hemeræum in Aug. Viroman. ann. 1216. In Charta Ludovici Bertholdi ann. 1245. apud Miræum in Cod. Don. piar. cap. 103. *Mansionarii* opponuntur *feodalibus hominibus. Mansioniers* nostris dicuntur, et in Consuetud. municip. Britanniæ art. 376. et 377. Vide Chronicon Valciodorense pag. 564. 565. Chronic. Andrense pag. 454. 471. 532. Doubletum pag. 876. 907. Sammarthanos in Episcopis Santonensibus pag. 982. Probat. Histor. Castilion. pag. 41. Monmorenciacæ pag. 395. etc.

* *Massonyers*, eodem sensu, in Charta ann. 1323. ex Reg. 61. Chartoph. reg. ch. 418 : *Comme il nous fu raporté par nos mayeurs et Massonyers etc.* Ubi etiam *Masoniers* et *Maysonniers.* Census autem a *Mansionariis* debitus, *Masonage* appellatur, in Charta Egidii de Soyecuria dom. *de Vailly* ann. 1360. ex Reg. 89. ch. 560 : *Comme ladite maison soit chargié envers nous, comme seigneur de ladite ville de nuef Masonages. chascun. an, lesquels. Masonages valent un tonneal de vin, treize sextiers et demi d'avaine, etc.* Vide infra *Masuragium.* At vero *Mencionaire*, nude pro Habitor, manens alicujus loci, intelligendum opinor, in Charta ann. 1300. ex Lib. rub. Cam. Comput. Paris. fol. 134. r°. col. 1 : *Les droiz et les actions que nous avions et avoir devions et poions en mil livres en deniers, en quoy nous estoient tenuz les Mencionaires de la terre de Rochefort. Masnier* certe eo sensu, in Lit. ann. 1290. apud Marten. tom. 1. Anecd. col. 1235 : *Et jurames solempneument le vile de Valenchiennes, les cors et les avoirs des bourgois et des Masniers de ladite vile à warder.* Hinc *Coulon maussar*, Columbus domesticus, in Lit. remiss. ann. 1420. ex Reg. 171. ch. 197 : *Un jeune enfant..... monté sur un arbre..... pour oster et desracher un ny de coulons Manssars, qui estoit audit arbre.*

Masoverius, Idem qui *Mansuarius.* Consuetudines Cataloniæ inter dominos et vassallos MSS. cap. 55 : *Si duo vel tres Masoverii vel aloerii franchi erunt intra terminos alicujus castri, vel in termino, et dominus castri habet guerram, seu sperat, homines Masoverii, licet sint alodium franchum Militis, seu Ecclesiæ, tenentur operari in muris et vallis et lizis, et antemuralibus sive anpits, et propugnaculis, sive barbacanis, et arqueriis.*

Terra Mansionaria, quæ a *Mansionariis* habitatur. Diploma Henrici V. Imp. ann. 1107. apud Chapeavillum tom. 2. Hist. Leod. pag. 54. 55 : *Si autem non claustralis sedis, sed Mansionariæ terræ domus fuerint, ipsas domos spoliandi, obserandi, habitatores capiendi jus erit forensi potestati.* Et mox : *Si aliquis vel emptione, vel hæreditate aliquid de terra claustrali, vel Mansionaria obtinuerit, quando investituram requisierit, domino ipsius terræ quantum census, tantum redemptionis dabit.* [** Chart. ann. 1249. in Guden. Cod. Diplom. tom. 2. pag. 89 : *Mansum receperunt Jure Mansionario, de ipso... 1. maldrum tritici et 1. siliginis annis singulis assignantes.*]

Mansionaria Ecclesia. Ekkeardus Jun. de Casibus S. Galli cap. 2 : *Crastinam autem processionem ad Mansionariam suam S. Crucis disponens Ecclesiam, in proximo prato stationari jussit.*

Mansionarii, Canonici, qui *residentes* vulgo dicuntur, ad discrimen *forensium*, qui non resident, in Charta anni 1130. apud Vassorium in Histor. Noviomensi pag. 878. Charta 17. Tabularii Carnotensis, quæ est Alexandri PP. : *Præterea ab eodem statutum est et ordinatum, ut qui ante hanc institutionem Canonici facti ad minus dimidio Mansionarii in vestra civitate non fuerint, centum solidos minus, quam Mansionarii annuatim consequantur, etc.* Charta 19. ejusdem Alexandri : *Ut qui in eadem Ecclesia vestra de cætero canonizandi fuerint; et ibidem Mansionarii non extiterint, 40. tantum solidos de præbenda sua singulis annis percipiant.* Adde Ch. 44. Vide *Forancitas.*

1. **MANSIONARIUS**, Custos et conservator ædis sacræ, ædituus, matricularius. Glossæ Isid. : *Mansionarius, ostiarius.* Apud Gregorium Magn. lib. 3. Dial. cap. 24. et 25. *Abundius, Mansionarius*, et *custos* promiscue appellatur. Erant autem hi in Cleri ordine. Anastasius in Benedicto II. Joanne V. et Gregorio II. pag. 57. 58. 71 : *Hic dimisit omni Clero, Monasteriis, Diaconibus, et Mansionariis solidos mille.* Leo Ostiensis lib. 1. Chron. Casin. cap. 18 : *Manusque suæ ac filiorum subscriptione corroborans, decem Episcopos, et octo Abbates, Comites quinque, Bibliothecarium, Mansionarium, et Ostiarium unum subscribere fecit.* [Pontificale Eccl. Remensis : *Feria quinta majoris hebdomadæ, id est, in cœna Domini, mane primo, Mansionarii ordinent omnia quæ sunt necessaria ad consecrationem Chrismatis.*] In Tabular. Casauriensi, Chartam ann. 975. subscribit *Scambertus Presbyter Monachus et Mansionarius.* [Chron. Novaliciense apud Murator. tom. 2. part. 2. col. 744 : *Fertur quod quadam die Mansionarius illius ecclesiæ, more assueto dum extinxisset cereum unum vespertino in tempore, in crastinum cum surrexisset ut sonaret matutinum, illum cereum minime reperit, sed candelam aliam in ceroferario, cœpitque mirari, et interrogatus suum adseclam, etc.* Unde colligitur ad *Mansionarios* spectasse ut campanas ad Officium divinum pulsarent.] His etiam incumbebat reliquiarum et phylacteriorum cura, ut ex eodem Leone lib. 2. cap. 34. colligitur, et clavium Ecclesiæ, ut ex lib. 4. cap. 53. quod a nobis jam observatum in Descriptione ædis Sophianæ cap. 86. ubi et monuimus, *Mansionarios* appellatos, quod *mansionem* seu ædem Ecclesiæ adjunctam haberent : quod præterea ex auctore Miraculorum S. Mauri Abbatis cap. 10. probavimus. Hinc προσμανάριοι Græcis dicti, in Vita S. Nili junioris pag. 73. in Miraculo S. Georgii erga captivum quemdam num. 19. in Menæis 21. Jan. in S. Zozimo, [apud Symeonem Logothetam in Basilio Macedone n. 10.] et apud alios Scriptores a nobis laudatos. Alia Mansionariorum munia habet Ceremoniale Ecclesiæ Rotomagensis, editum a Menardo ad librum Sacramentorum Gregorii M. pag. 80. *Mansionariorum* vero *Ecclesiæ* crebra occurrit mentio, in Lege Wisigoth. lib. 5. tit. 4. § 17. apud Gregor. M. lib. 3. Epist. 30. lib. 1. Dial. cap. 5. lib. 3. cap. 29. 30. lib. 4. cap. 51. 52. 54. Joannem Diaconum in ejusdem Vita lib. 3. cap. 58. Falconem Benevent. ann. 1128. Leonem Ost. lib. 1. cap. 16. lib. 2. cap. 33. Petrum Diac. Casin. lib. 4. cap. 51. 101. 104. in lib. de Miracul. S. Bened. n. 15. 25. 35. in lib. Miraculor. S. Virgilii Saltzburg. Episcopi num. 4. etc. [** Vide Glossar. med. Græc. voc. Μανσιονάριος, col. 874. et Παραμονάριος, col. 1111.]

Primus Mansionarius, Dignitas in Ecclesia Romana; qui primus scilicet in Mansionariorum ordine erat. Ordo Romanus : *Cætera vasa aurea et argentea,... de Ecclesia S. Salvatoris per manus primi Mansionarii sumunt, et Bajuli portant.* Alibi : *Hæc cura erit Acolytorum, ut sacri ministerii vasa per manum primi Mansionarii, qui est custos dominicalis Vestiarii accepta deferantur per Bajulos, etc.*

Mansionarii Juniores, inferioris ordinis, qui primo Mansionario suberant. Ordo Romanus : *Post quos Acolyti, qui rugam conservant, post eos extra Presbyte-*

trum cruces portantes, deinde Mansionarii juniores, etc.

Mansionarium, Dignitas Mansionarii, [seu præbenda *Mansionario* assignata.] Vetus Charta apud Petrum Mariam Campum in Histor. Eccles. Placentin. tom. 2. pag. 237 : *Instituit in Ecclesia S. Gervasii beneficium unum sacerdotale, quod Mansionarium nuncupavit.* Vide Regestum ejusdem tomi pag. 397. [Appendix ad Agnellum de Petrocino Archiep. apud Murator. tom. 5. pag. 211 : *Quatuor beneficia, quæ Mansionaria nuncupantur, in Ecclesia Ursiana posuit, quarum mansionarii Missas diebus non festivis alternis hebdomadis cantant, quod opus peroptimum fuit.*] Vide Ughellum tom. 5. Ital. sacræ pag. 985.

Mansionarii *mansionum S. Petri*, Romæ, in Bulla Benedicti PP. ann. 1035. pro Episcopis Silvæ-Candidæ, apud Ughellum tom. 1. part. 1. pag. 124 : *Parentatum autem ejusdem Ecclesiæ S. Petri*, (Romæ) *et supradictorum suorum Monasteriorum, et Mansionariorum omnium mansionum S. Petri, seu totius civitatis Leoninæ urbis, vobis vestrisque successoribus concedimus.*

Mansionarii, Ecclesiæ Pragensis, ex ordine Canonicorum, de quibus egit Bohuslaus Balbinus in Histor. Bohemiæ pag. 383.

2. **MANSIONARIUS**, Dignitas in Palatio Regum Francorum, ut ex Hincmaro docemur in Epist. de Ordine et Offic. Palatii cap. 16. et 23. ubi ejus officium ita describit : *Inter quos et Mansionarius intererat, super cujus ministerium incumbebat, sicut et nomen ejus indicat, ut in hoc maxime sollicitudo ejus intenta esset, ut tam supradicti actores, quamque et susceptores, quo tempore ad eos illo vel illo in loco Rex venturus esset, propter mansionum præparationem, ut opportuno tempore præscire potuissent, ne aut inde tarde scientes, propter afflictionem familiæ importuno tempore peccatum, aut hi propter non condignam susceptionem, ac si bene noluissent, cum certe non volendo, sed non valendo, offensionem incurrerent.* Veterem precariam sub Ludovico Pio in Vita Aldrici Episcopi Cenoman. n. 70. subscribunt *Ragenarius Comes Palatii, Gauzlinus Mansionarius, Ramnulfus Comes Palatii*, et alii Comites. Ordericus Vitalis lib. 13 : *Mansionariis aulæ principalis ut Regium sibi et optimatibus suis festive ornarent imperiose mandavit.* Hinc, *instruere et providere mansiones.* S. Ambrosius de Morte Valentin. : *Ecce postridie litteræ de instruendis mansionibus, invectio ornamentorum regalium, quæ ingressurum iter Imperatorem significarent.* Frotharius Tullensis Episcop. Epistola 18 : *De his ob id præcipue sollicitus maneo, quia et ipse secundum Imperiale præceptum ad providendas mansiones, in quibus Legati suscipi debent, scilicet a Monte Jovis usque Palatium Aquis ire debeo, et infra mensem Octobrem.... domum regredi cupio.*

Comes Mansionarii, qui Mansionariis præerat. Regino ann. 895 : *Folconem Episcopum, et Adalongum Comitem sui Mansionarii... in media via offenderunt.* Vide Metator in *Metare*.

3. **MANSIONARIUS**, *Mansionatici* exactor. Charta Ludov. Pii ann. 821. tom. 6. Collect. Histor. Franc. pag. 526 : *Præterea ut nullus præsul, nulla potestas, nec etiam ullus noster Mansionarius infra ejusdem monasterii claustra et loca damnare vel mansionare præsumat.* Vide *Mansionaticum*.

* 4. **MANSIONARIUS**, Idem, ni fallor, qui alibi *Commendator*. Lit. remiss. ann. 1388. in Reg. 135. Chartoph. reg. ch. 132 : *Frater Guillelmus Blanchi ordinis S. Johannis Jerosolymitani Mansionarius seu stagiarius sanctæ Eulaliæ de Laczaco etc.*

¶ **MANSIONATICA**, Eadem notione qua mox *mansionaticum*, Jus hospitii et pastus. Diploma Ludovici Germ. Reg. ann. 853. sæc. 4. Bened. part. 1. pag. 527 : *Sitque in potestate Episcopi, utrum hæc per singulas ad unam Mansionaticam, an ad duas velit habere.* Chr. Farf. apud Murat. tom. 2. part. 2. col. 411 : *Et si nobis oportuerit, vel nostris monachis, aut nostris hominibus, mansiones aut hospitium infra castellum daret in una Mansionatica, vel duabus aut tribus.*

MANSIONATICUM, et Mansionaticus, Locus, qui publice parabatur, ubi Princeps Seniorum diverteret, inquit Browerus lib. 8. Annal. Trevir. pag. 472. 1. Edit. Capitul. Caroli M. lib. 2. cap. 17 : *In illis locis, ubi modo via et Mansionatici a genitore nostro, et a nostris per Capitulare ordinati sunt.* Privilegium, concessum Hispanis a Ludovico Pio Imp. : *Aut Comes ille, vel successores ejus hoc in consuetudinem præsumant, neque eos sibi vel hominibus suis aut Mansionaticos parare, aut veredas dare, aut ullum censum præstare cogant.* Charta ejusd. Ludovici Pii apud Hariulfum lib. 3. cap. 13 : *Ad nostram accedens Serenitatem, precatus est, ut propter hospitum oppressionem facere juberemus præceptum nostræ auctoritatis,... quatenus nemo ibi Mansionaticum faciat, nec in hostem vadens, nec iterans; sed libera sit jam dicta villa ab omni oppressione hospitum, etc.* Aimoinus lib. 5. cap. 31 : *Inde per Atiniacum et consuetos Mansionaticos Compendium adiit.* Quo loco Annales Fr. Bertiniani habent *mansaticos*.

Sumuntur crebrius *Mansionatici* pro *expensis ad hospitum susceptiones*, ut habet Aimoinus lib. 5. cap. 10. et hospitii jure, quo gaudebant Missi et Judices regii. Provincialibus enim Missos et Legatos Principis, Comites, Duces, et eorum ministros recipiendi onus incumbebat, eisque viaticum pro uniuscujusque dignitate præstare, quod *Parata* dicebatur. Plinius in Panegyr. : *Nullus in exigendis vehiculis tumultus, nullum circa hospitia fastidium.* Infra : *Si tamen transitus ille non populatio fuit, cum abactus hospitum exerceret.* Capit. Caroli C. tit. 43. cap. 20 : *Nemo in villis nostris, vel in villis uxoris nostræ Mansionaticum accipiat.* Capitulare de Villis cap. 27 : *Nullo modo in curtes dominicas Mansionaticas prendant.* Charta Formosi PP. pro Monasterio S. Teuderii diœcesis Viennensis ann. 891 : *Ea scilicet ratione, ut neque eidem venerabili Episcopo, neque cuilibet successorum suorum licitum sit illis durum servitium imponere, neque longissimi itineris profectionem; sed neque Mansionaticos onerosos, neque censum præter id quod impositum est in festivitate prædicti S. Theuderii in fine anni, et libram argenti.* Carolus M. Pipino F. Italiæ R. apud Sigon. ann. 802 : *Cæteri per singula territoria habitantes ac discurrentes Mansionaticos et paraveredos accipiunt.* Idem Carolus apud Aimoin. cap. 35 : *Neque servitia ex eis exactet, vel paraveredos, aut expensas ad suas vel hospitum susceptiones recipiat, sive Mansionaticos exigat.* Hincmarus Rem. : *Ne Mansionaticos suis amicis, aut suis hominibus a Presbyteris parari faciat.* Synodus Pistensis ann. 862 : *Sed neque servitia ex eis exactent, seu paraveredos, aut expensas ad seniorum vel hospitum susceptiones requirant : neque de villis in aliqua re exactiones aut Mansionaticos exigant, præter consuetudinarias operationes ex his villis.* Joannes VIII. PP. Epist. 96 : *Et per parochiam vestram nobis congruas Mansionaticas præparate.* Charta Burchardi I. Archiepiscopi Lugdunensis ann. 14. regni Conradi Regis ex Tabulario Monast. Saviniacensis : *Nullusque successorum nostrorum novi aliquid injustumque imponere præsumat, nec Mansionaticos illicitos, nec ex occasione itineris molestiam eis inferre attentet.* [Testam. Widradi sæc. 3. Bened. part. 1. pag. 686 : *Constituo, ut nullus Episcopus ullius civitatis... de prædicto monasterio S. Præjecti nullum præsumat exercere dominatum, non ad Mansionaticos aut repastus exigendo, etc.*]

* *Manseis* et *Mansois*, eo significatu, in Charta S. Ludov. ann. 1258. ex Chartul. Boni-port. : *Concessimus.... quemdam redditum ibidem percipiendum, wlgaliter dicitur les Manseis.* Reg. S. Justi in Cam. Comput. Paris. fol. 199. r° : *Ecce partes firmæ, videlicet medietas subtrabum prœriæ vallis Rodolri.... cum medietate logiæ et redditus, qui vocatur li Mansois.*

Hujus vocis crebra alibi occurrit mentio. Vide Chartas Alemannicas Goldasti cap. 90. Chartam Ludovici II. Pii filii, apud Mabillonium tom. 5. pag. 527. Chartam Roberti Regis Franciæ ann. 1028. in Probat. Histor. Bressensis pag. 5. Ughellum tom. 4. pag. 794. 795. præterea Cassiodorum lib. 12. Epist. 15. Ab ejusmodi *Mansionaticis* fluxit jus illud, quod *gisti* postmodum nostri appellarunt, de quo suo loco copiose egimus.

Mansionaticum, pro *mansio*, Domus, ædes. Tabular. Brivatense ch. 129 : *Campellos duos, quos acquisivit ad Mansionaticum Dennoleni.*

Mansionare, *Mansionaticum* exigere. Charta Caroli Crassi Imp. in Tabular. S. Cyrici Nivern. n. 34 : *Ut nullus judex, nullus sæculi principatus Mansionare, aut servitium exigere,.... præsumat.* Alio sensu vide suo loco.

MANSIONATOR, Idem qui *Mansionarius*, qui mansiones parat, *Metator*. Itinerarium Gregorii XI. PP. : *Celeriter per vicos currebatur, sicut Dei paranymphus Bertrandus Raphini Mansionator.* Perperam editum *mancionator* ut *mancio* pro *Mansio*, in Glossæ Gr. Lat. ubi περίστυλον exponitur.

MANSIONILE, Mansionilis, Masnilium, Masnile, Agri portiuncula cum *mansione*, seu æde, Gallis *Maisnil*, vel *Mesnil*. Vita S. Remigii Episc. Remensis : *Partem etiam maximam silvæ in Vosago pretio comparavit, et Mansionilia ibidem con-*

stituit, etc. Flodoardus lib. 3. Hist. Rem. cap. 26 : *Mansionile conabantur auferre.* [Charta Pipini Principis apud Marten. tom. 1. col. 20 : *Mansionile ad ipsum cellam delegavimus.* Diploma Caroli C. ann. 863. ibid. col. 168 : *In Witiconia Mansionilem unum. Et in Culbraco Mansionilem unum cum omnibus mancipiis, seu terris, sive silvis ad eosdem Mansioniles pertinentibus.*] Charta Lotharii Reg. Franc. ann. 962 : *Ut traditionem de Mansionili, qui dicitur Gaziacus in pago Vermandensi... corroboraremus.* Chronic. Fontanellense cap. 6 : *Per illum Mansionilem, qui vocatur Pomaritus.* Vita S. Rigoberti Arch. Rem. cap. 2 : *Et non illic, ut hodie, villa, sed exiguus Mansionilis fuerat.*

Mansionillum. Tabular. Morigniacense : *Mansionillum, quod dicitur Bonusvillaris.*

* Mansionillus, Mansio cum agri portiuncula. Charta ann. 1134. inter Instr. tom. 7. Gall. Christ. col. 56 : *In pago Gastinensi, Mansionillos tres, cum terra et molendino et cæteris eorum appenditiis.* Vide *Mansionile.*

¶ Masnilus. Chartularium S. Vincentii Cenoman. fol. 64 : *Et unum Masnilum* (dedit) *qui dicitur Ramada cum hospitibus quinque.*

Mesnillum. Tabular. Morigniacense ann. 1142 : *Dederunt Mesnillum quoddam desertum, nomine Eschevillerum.* [Non semel occurrit in Chartular. S. Vandreg.]

Masnile. Monachus Altisiod. in Chr. ann. 1180 : *Reditus Episcopales non mediocriter ampliavit emptione agrorum et pratorum, constructione ædificiorum, et acquisitione Masnilium. Masnilium,* in Tabul. S. Cypriani apud Beslium in Comitibus Pictav. pag. 249. Le Roman *de Garin :*

> N'i a meson, ne borde, ne Mesnil.

Alibi :

> Abatez lor et viles et Mesnis.

Le Roman *du Renard :*

> La bonne femme du Maisnil
> A ouvert l'uis de son Courtil.

Mannile. Vide suo loco.

Mansile, Idem quod *Mansionile.* Charta Goffredi de Pruilliaco apud Duchesnium in Probat. Hist. *des Chastaigniers,* pag. 68 : *Cum adjacentibus terris, cum quatuor hospitiis, scilicet de terra Hugonis, et duobus, aliis Mansilibus, quorum unus dicitur Chadegloidus, etc.*

¶ Mansilium, in Charta apud Lobinell. tom. 2. Hist. Britan. pag. 223 : *Friochus filius Gauzberti de Monte Germundi vendidit S. Martino Mansilium.*

¶ Mansinile. Calendarium Autiss. apud Marten. tom. 6. Ampliss. Collect. col. 703 : *Obiit Vuibertus laicus et Dutinus puer, qui dederunt nobis Mansinile cum vinea in valle juxta Matriacum.* Occurrit iterum col. 724. et 731.

¶ **MANSIONOTERIUM**, Idem quod *Mansionile.* Charta Bathildis Reginæ ann. 1030. ex Chartul. Gemetic. tom. 1. pag. 303 : *Dedit in perpetuum possidendum.., cum suis omnibus appendiciis, Mansionoteriis, et ecclesiis, molendinis, etc.*

¶ **MANSIS**, ut *Mansus.* Vide in hac voce.

¶ **MANSITATIO**, Habitatio. Vita S. Neoti Abb. sæc. 4. Bened. part. 2, pag. 327 : *Sibi destinatam attigit nemorosæ Mansitationis aptitudinem.*

MANSITORIUM, *Locus aptus ad manendum.* Ugutio.

MANSIONUCULA. Vide in *Mansio.*

MANSIVUM, [pro Mensura.] Vide *Navagium.*

MANSKUT. Charta Suecica ann. 1314. apud Joan. Schefferum ad Chronicon Archiepisc. Upsalens. : *De captura alecium de qualibet sagena unam partem dictam Manskut, de qualibet nave, quæ vadit Holmis cum mercimoniis, unum denarium Swecicum.* Ibidem : *De captura focæ pro decem personis dimidium Manskut, etc.* Vide *Mesa.*

¶ **MANSNADA**, ut *Maisnada.* Occurrit in Ch. ann. 1178. apud Murat. delle Antic. Estensi pag. 348.

¶ **MANSOARIUS**, Vide in *Mansus.*

MANSOR, [Qui manet, residet, incola, *Manant.* Miracula S. Genulphi tom. 2. Maii pag. 751 : *Præfati quoque viculi Mansoribus ejus ad festa se præparantibus.*] Vide *Emanere.*

¶ **MANSORIUM**, Idem quod *Mansus,* vel potius *Mansionile.* Charta MS. Caroli Flandriæ Comitis : *Mansorium et terram appendicem Garini... feodum Roberti presbyteri, Mansorium Petri de Cruce pro concambio duorum denariorum.* Et infra : *Mansorium quoddam in prato, etc.*

¶ **MANSOYATA**, Dimidium vehis, plaustri seu *carrectæ,* Dumbensibus *Mansoyée,* a *mansu,* minus plaustrum ; *mansus* vero dictus quod in *mansis* excolendis necessarius sit. Charta Thossiacensis ann. 1462 : *Pratum continens plateam duarum Mansoyatarum fœni.* Vide *Mansulta.* [* Vide infra *Massoda* et *Massultata.*]

* **MANSSERIUS**, Serviens, apparitor, idem quod *Maynerius.* Libert. Brianc. ann. 1343. tom. 7. Ordinat. reg. Franc. pag. 728. art. 15 : *Ordinavit dictus dominus dalphinus, quod.... possint et sibi liceat eligere et constituere sex sindicos, procuratores, Mansserios ; ..... qui Mansserii seu procuratores et sindici constituendi, in creatione jurare debeant in manibus castellani sui, vel ejus locumtenentis, statum et honorem dicti dom. dalphini et hæredum et successorum suorum observare, et eciam negocia universitatum pro quibus fuerunt constituti, bene, fideliter et ligitime gerere.*

* **MANSTRUGÆ**, pro *Mastruga,* Sardorum vestis pellita. Glossar. vet. ex Cod. reg. 7613 : *Nationibus sua cuique propria vestis est ;.. Sardis, Manstrugæ.*

* **MANSUAGIUM**, Mansio, domus cum agri portione. Charta ann. 1209. inter Instr. tom. 11. Gall. Christ. col. 31 : *Concessi... monialibus ordinis Cisterciensis totum Mansuagium meum de Gaumerifonte cum virgulto adjacente.*

¶ **MANSUALIS**, Qui *mansum* ingenuilem aut servilem excolit. Freder. Schannat. Vindem. Litter. pag. 78 : *Ad nos venit conquerens, quosdam Mansuales suæ ecclesiæ civitatem nostram inhabitare. Mansualis terra.* Vide in *Mansus.*

MANSUARIUS. Vide *Mansus.*

MANSUETARIUS, in Gloss. Græc. Lat. ἡμεροποιός. Jul. Firmicus lib. 8. Mathes. cap. 17 : *Erunt ferarum Mansuetarii, qui ursos, tauros, leones, feritate deposita, humanis conversationibus socient.* Lampridius in Heliogabalo : *Habuit leones et leopardos exarmatos in deliciis ; quos edoctos per Mansuetarios subito ad secundam et tertiam mensam jubebat accumbere, ignorantibus cunctis, quod exarmati essent, ad pavorem et ridiculum excitandum.* Manilius lib. 4. sic *Mansuetarios* . describit :

> Quadrupedum omne genus positis domitare magistris,
> Exorare tigres, rabiemque auferri leoni,
> Cumque elephante loqui, etc.

Et lib. 5 :

> Ille manu vastos poterit frenare leones,
> Et palpare lupos, pantheris ludere captis, etc.

Mansuetare vero pro *Mansuefacere,* dixit vetus Interpres Bibl. c. 16. Sapient. 18.

* Nostris alias *Adebonnairir.* Glossar. Gall. Lat. ex Cod. reg. 7684 : *Adebonnairir, assouger, mansuefacere. Asouagier, Assouager,* eadem notione, dixerunt. Chron. S. Dion. tom. 3. Collect. Histor. Franc. pag. 167 : *Fierté pour les pervers espoenter ; léesche pour les bons resléêchier et Asouagier.* Glossar. Gall. Lat. ex Cod. reg. 7684 : *Assouagier, demulcere.* Guill. Guiart. ad ann. 1205 :

> Ce les allast Assouagant.

Li Lusidaires :

> Et lor paine Assouagera.

* **MANSUETUDO**, Titulus honorarius, quo appellantur abbates, in Charta Fulcon. abb. Corb. ann. 3. Phil. Aug. reg. Franc. ex Chartul. 21. Corb.

¶ **MANSULTA**, Idem quod *Mansoyata.* Charta inter Adversaria D. *Aubret : Confitetur tenere quemdam claponem prati in quo fieri potest Mansulta fœni.* [* Vide infra *Massultata.*]

¶ 1. **MANSURA**, pro *Mensura,* præstatio pro mensuris persoluta. Litteræ Johannis Reg. Franc. ann. 1351. tom. 2. Ordinat. Reg. pag. 435 : *Dictis Præposito et Scabinis ex adverso dicentibus, quod crieriam et Mansuras a nobis tenebant.*

¶ 2. **MANSURA**, Idem quod *Mansionaticum,* Jus *gisti,* seu procurationis. Bulla Leonis IX. PP. ann. 1094. apud Marten. tom. 2. Ampliss. Collect. col. 68 : *Nec quisquam eorum præsumat aut in villis vel possessionibus quæ ad ipsa monasteria respicere videntur placita tenere, Mansuras aut precarias facere, redhibitiones vel freda exigere, etc.* Charta Henrici Comitis Trecens. ann. 1159 : *Notum fieri volo me monachis S. Florentini Deo servientibus, diem concilii quod constitutum est secundo die Lunæ Quadragesimæ, et forifactiones magnas et parvas, quæ in jam dicto concilio fient, et justitiam et Mansuras et teloneum... in perpetuum possidenda dedisse.*

3. **MANSURA**, pro Mansione, domo, ædificio : nostris *Masure.* [Charta ann. 1122. ex Hist. Beccensi MS. pag. 324 : *Anno vero sequenti Guillelmus de Garlande... dedit illis in puram et perpetuam eleemosynam suum dominium in Marbodio... et suam Mansuram Marbodii.* Charta Johannæ Comit. Flandr. ann. 1232. apud Miræum tom. 2. pag. 1219 : *Præpositus, Decanus et Capitulum Ecclesiæ S. Donatiani Brugensis recipere poterunt in terram suam homines Comitis... vel eos qui ibi habuerunt Mansuram.*] Occurrit apud Innocentium III. PP. lib.

13. Epist. 206. Willelmum Thorn. ann. 1143. Loisellum in Hist. Bellov. pag. 270. Beslium in Hist. Pictav. Comit. pag. 424. 507. in Monast. Anglic. tom. 1. pag. 383. etc. Hodie apud nos ut plurimum sumitur *mansura* pro loco, ubi olim exstructa ædes fuit, nunc vacua et culta. [** *Mansuram intrare*, Domicilium constituere, in chart. Otton. Comit. Eberstein. ann. 1265. qua confirmantur statuta oppidi *Holzminden* in Schœnem. cod. Dipl. tom. 1. pag. 181 : *Quicunque intraverit Mansuras in eo, sive servus vel cujuscunque conditionis homo, infra annum et diem a nemine requisitus, de cetero liber habeatur.*]

Videtur etiam quandoque sumi pro *manso*, seu modo agri [Præceptum Caroli C. ann. 849. apud Marten. tom. 1. Ampliss. Collect. col. 117 : *Mansuram unam, quæ habet plus minusve aripennum unum.* Tabular. B. M. de Bono-nuncio Rotomag. : *Concessi Rogerio... quamdam meam Mansuram terræ in parrochia S. Laurentii sicut se porportat ante et retro cum toto porprisio ibi pertinente, quæ sita est inter Mansuram filii Adelini et Mansuram filiæ Emme de Cruce, ante Mansuram Radulphi de Passagio.* Chron. Watinense apud Marten. tom. 3. Anecd. col. 805 : *Quæ in summa ducenta viginti tria diurnalia quæ vulgo Mansuras nominamus, faciunt.* Charta apud Lobinell. tom. 2. Hist. Brit. pag. 223 : *In quo mansilio habetur Mansura terræ ad octo boves.* Ex quibus videtur *Mansura* nusquam statutæ et definitæ mensuræ fuisse.] Tabularium Vindocinense Thuani ch. 50 : *Quot autem Mansuris constet, (terra illa) pro magnitudine ipsius non potuit æstimari.* Ch. 98 : *Tres Mansuras terræ arabilis.* Ch. 117 : *Duas Mansuras silvæ Gastinensis.* Ch. 121 : *Partem terræ illius... cujus quantitas 4. Mansurarum æstimatur.* Occurrit semel ac iterum hac notione in veteri Charta apud Baldricum Noviomensem lib. 1. cap. 52. [* Charta ann. 1087. ex Tabul. S. Alb. Andegav. : *Dedit etiam unam Mansuram optimæ telluris, id est, quantum quatuor immensæ fortitudinis boves arare possunt, juxta morem agricolarum.*] [** Polypt. Irmin. Br. 12. cap. 15 : *Alias Mansuras novem in eadem villa, habentes de terra arabili inter totos bunuaria 23. de prato aripennos 6. de pastura bunuaria 5.* Ubi Guerardo est, Agri portiuncula cum tugurio.]

¶ Mansura, ut quid diminutivum a *manso*, occurrit in Charta ann. 1191. tom. 8. Spicil. Acher. pag. 205 : *Cum omni dominio ejus et dominatione, dervesis, mansis et Mansuris, appennariis, etc.*

MANSURALE, Idem quod *Mansura*. Tabularium Ecclesiæ Cadurcensis : *Et dono filio meo Mansurale, ubi manet.*

** **MANSURNUS**, Ad *mansionarium* ecclesiasticum pertinens. Charta ann. 1294. in Lib. sal. S. Thomæ Argent. fol. 226 : *De cancellaria quoque, et aliis Mansurnis officiis in ecclesia nostra, idem quod de vicariis nostris duximus ordinandum.* Vide *Mansionarius* 1.

¶ **MANSURPIUM**, pro Marsupium, ni fallor. Laudes Papiæ apud Murator. tom. 11. col. 43 : *Venduntur quoque in platea illa funes subtiles et grossi, veteres sotulares, panni lanei et pelles seu pellicia; Mansurpia et chirothecæ et consimiles merces, etc.*

MANSUS, vel Mansa, aut Mansum, (trino enim genere hæc vox effertur) definitur Cæsario Prumiensi apud Browerum in Hist. Fuldensi pag. 208. *villa aut locus familiæ* : Sirmondo, *fundus cum certo agri modo*; Bignonio, *villula coloni unius habitationi propria* : Alvarotto, Zasio, et Italis quibusdam Scriptoribus, *quantitas terræ, quæ sufficit duobus bobus in anno ad laborandum* : denique Papiæ, *mansus dictus a manendo, quod integrum sit duodecim jugeribus*. Ex quibus conficitur, revera mansum fuisse certam agri portionem, quæ et coleretur, et in qua coloni ædes esset. [** Vide Grimm. Antiq. Jur. Germ. pag. 536. Guerard. ad Irminon. Polyptych. et in Prolegom. Chartul. S. Petri Carnot. § 22. Mittermaier. Princip. Jur. German. § 81.] Unde *mansus* idem videtur quod *colonia*, vel *curia*, ita ut pro ratione provinciarum nomenclatura sæpe diversa fuerit. Certe vox *mansus* nostris familiaris fuit, quam in [*Meix* Burgundiones, *Mois*, Normanni, Arverni et Provinciales in] *Mas* efferebant. Ita in Consuetudine Arverniæ cap. 28. art. 5. pascua dicuntur terminari per villas, *mansos*, et tenementa : *Pasturages se terminent par villages Mas et tenemens* : ita ut aliud sit *villa*, aliud *mansus*, aliud *tenementum*. Adamus Bremensis cap. 54 : *Vir iste pauperibus ortus natalibus, primo, ut aiunt, septem Mansis, totidemque manentibus, ex hæreditate parentum fuit contentus.*

Mansum idem esse quod *curia* aliis dicitur, indicat Speculum Saxonicum lib. 2. art. 54. § 2 : *Nemini licet segregatim pecora pascere, ut per id communi pastori pretium minuatur, nisi tres Mansos habeat sub titulo proprietatis aut feudalis.* Ad oram scriptum : *Nisi tres curias aut plures habeat, aut feudum in eadem villa.* Et § 3 : *Ubi pretium pastori solvitur de Mansis seu curiis, etc.* [** Germ. *Hove*.] [Chron. Comodoliac. apud Stephanot. tom. 2. Fragm. Hist. MSS. : *Prope vicum seu Mansum cui nomen Comodoliacus. Qui quidem Mansus illis temporibus adeo erat parvus, quod in ipso vico seu Manso tria tantum hospitia cum sua quæque familia habebantur.* Ubi aperte *Mansus* idem sonat atque *colonia*, seu villula.]

* *Mansus* aliquando idem quod *Villa*, complurium nempe in agris mansionum vel ædium collectio, *Village, hameau.* Charta ann. 1308. in Reg. 40. Chartoph. reg. ch. 57 : *In villa seu Manso de Sauvac, continente quindecim focos paleos seu palea coopertos.*

Promiscue vero in trino genere apud Scriptores hæc vox usurpatur : ac primum Mansa in feminino, [in Charta Arnulphi Imper. ann. 889. apud Miræum tom. 1. pag. 34 : *Dedimus... in loco Huvi vocato Mansam unam, et in loco Theole Mansam unam... et quidquid ad easdem hobas et Mansas jure legitimeque pertinere videtur.* Ita et] in Charta Mathildis Ducissæ ann. 1074. apud Franciscum Mariam in Historia ejusdem Mathildis : *Sex Mansas cum suis pertinentiis in loco et finibus, etc.* Et mox : *Quæ prima Mansa regitur per, etc.* Antiq. Fuldenses lib. 1. cap. 93 : *Duas Mansas cum ædificiis suis.* Adde Monasticum Anglic. tom. 1. pag. 17. 36. 146. 215. 244. tom. 3. pag. 117. Vitam S. Egwini Episc. Wigorn. apud Godwinum de Præsul. Angl. Bolland. tom. 1. pag. 712. 713.

Mansus, masculino genere. Ditmarus lib. 4. pag. 45 : *Centum Mansos propriæ hæreditatis concessit.* Synodus Aquisgran. cap. 122 : *In locis vero, ubi majores sunt facultates Ecclesiæ, verbi gratia tria, aut quatuor, aut certe octo et eo amplius millia Mansi, etc.* [Charta Caroli II. Reg. Franc. apud D. *Brussel* de Usu feud. tom. 1. pag. 74 : *Quot decem Mansos in beneficio possideant, tot brunias cum duobus scutariis singulas marcas accipiant.*] Vita S. Popponis Abbat. cap. 11. : *Sui juris in Amblania cespitem, qui in duodecim Mansos extendebatur.* Adde Vitam Godefridi Comitis Campebergensis cap. 54. Baldricum in Chr. Camerac. lib. 3. cap. 49. Jo. Columbum in Episcop. Vivariensib. lib. 1. n. 48. et seqq. etc.

¶ Mansis, *is*, in Charta ann. 974. Append. Marcæ Hispan. col. 904 : *Donamus in ejus adjacentiis terram cremam... simul cum... pratis et pascuis, Mansibus et vallibus, etc.*

Mansus, quartæ declinationis. [Historia Novientensis Monast. apud Marten. tom. 3. Anecdot. col. 1135 : *Dedit itaque prædicto monasterio... tres Mansus cum curtibus suis et piscationibus, in Cunenheim v. Mansus cum curte dominica.*] Conradus Usperg. in Lothario Imp. et Chron. Weingartense cap. 3 : *Homagium ei et subjectionem fecit, et in beneficio 4. millia Mansuum in superioribus partibus Bavariæ suscepit.* Metellus in Quirinalibus :

Fundatores scriptas tribuere loco res,
Centum minus quæ tunc erant et quater undecimo
Infra millenos Mansus serie duodenos.

Et mox :

Nihil remansit ex eis, conditus in quibus est,
Bis nisi septeni Mausus, deciesque deceni.

Idem Uspergensis in eodem Lothario : *Cujus curiæ mille et centum Mansus sunt uno vallo comprehensi.* Adde Acta S. Foranani Abbat. n. 9.

Mansum, neutro genere. Annales Francor. Bertin. ann. 869 : *Ut Episcopi, Abbates, et Abbatissæ... breves de honoribus suis, quanta Mansa quisque haberet... deferre curaret.* Capitula Caroli Calvi tit. 31. cap. 30 : *Qui Mansa deservire non possunt.* Concilium Tricassinum ann. 878. cap. 2 : *Mansa, cortes, villas, etc.* [Charta Philippi I. Reg. Franc. ann. 1066. apud Miræum tom. 1. pag. 67 : *Apud Furnes Mansum unum Drusloni, apud Eches in Mempisco septem Mansa terræ, apud Wideschat 28. Mansa terræ.*]

¶ Masus, pro *Mansus*, in Bulla Benedicti VIII. PP. ann. 1017. Append. ad Marcam Hisp. col. 1001 : *Et in S. Sylvestri eremos, et cum decima de ipso Manso, cum terras et vineas, et cum ipso Maso. Et in Deredeldos Maso cum terras et vineas, etc.* Vide in *Massa* 5.

Et sane mansum fuisse certum agri modum, ex eo patet, quod 12. jugeribus terræ constitisse dicat Papias : Hincmarus, locis infra annotandis, duodecim *bunnariis*, adeo ut *jugerum* et *bunnarium* idem fuerint. Mansorum vero non modo fines ac limites vulgo describuntur in veteribus tabulis; sed etiam agri modus, id est, quot terræ jugera, perticas, aut virgas contineat. Charta Frederici Episcopi Hamaburgensis : *Mansi vero mentione, ne discordia in posterum in populo haberetur, quæ mansio in longitudine septingentas et viginti, in latitudine vero triginta habet regales virgas, cum rivulis terram interfluentibus, etc.* Acta Murensis Monasterii pag. 45 : *Cum autem debent arare, cum virga metitur eis, qua et Mansi solent metiri.* Vetus Charta apud Perardum in Burgundicis pag. 143 : *Ipse Mansus habet terminationes... et habet in longo perticas agripennales 16. et pedes 3. et in lato perticas 5. infra istas terminationes vel perticationes.* Infra : *Ipse Mansus... habet in longo perticas agripennales 19. in ambis vero frontibus et in medio perticas 8. et pedes 9. etc.* Adde pag. 155. 156. [Charta ann. 1047. tom. 2. novæ Gall. Christ. inter Instr. col. 479 : *Ibi quoque juxta de silva nostra dominica tantum delegamus ad complantandum, et hospitandum cultores, ut fiant inter prænominatam curtem, et illam saltem* (leg. saltus) *extirpationem* 300. *Mansi terræ integri... In supra autem dicto Maritimo donavimus Domino et S. Mariæ septem Mansos terræ, etc.*]

* Dialog. creatur. dial. 105 : *Invenerunt bubulcum quemdam, qui conjungebat boves, et ad Mansum, id est terram xij. jugerum arandum mandat.* Interdum denotat insignem terræ quantitatem, quæ et agros et silvas et aquas comprehendit. Charta ann. 1231. apud Grupen. in Orig. Pyrmont. cap. 5. pag. 82 : *Mansos duos in præfata villa sitos, qui vocantur Vrighose, abbati in Aucelungesborne, cum omni utilitate, tam in agris, quam in silvis, ... aquis et piscationibus pro novem marcis vendiderunt. Mais*, eodem sensu, in Charta Rob. ducis Burgund. ann. 1288. ex Chartul. eccl. Lingon. fol. 22. r° : *Exceptez trois Mais ou en tout tant que mes sires Jehan Darc y ha, et ung Mais que mes sires Odes de Savigney hi ha, ès quels Mais etc,*

Mansi vero qui ea, qua esse debebant, agri portione, vel definito a lege jugerum numero constabant, *integri* dicuntur in Capit. Caroli M. lib. 1. cap. 83. et in Chronico Fontanellensi cap. 15. alii vero non omnino *integri*

Mansi medii, videntur appellari in eod. Chronico Fontanellensi dicto cap. 15. vel

Mansi Dimidii, Qui scilicet aut sex agri jugeribus, aut minore, quam par erat, jugerum numero constabant. Frotharius Episcop. Tullensis Epist. 7 : *De ecclesia illius Presbyteri vestri tulerunt dimidium Mansum, et dimidiam decimam.* Chronicon Besuense pag. 548 : *Quidquid etiam super tria Mansa et dimidium in ipsa villa inventum est.* Charta Ragenfredi Episc. Carnotensis ann. 954 : *In pago quoque Carnotensi dedimus Ecclesiam, quæ dicitur Immonis villa, cum 9. Mansis et dimidio.* [Charta Theoderici V. Holland. Com. ann. 1083. apud Miræum tom. 1. pag. 71 : *Obtulit et ipse ad eumdem locum in Scagen sex mansos, in Haregon undecim mansos, et quartam partem Mansus, in Wimnen Mansus et dimidium.* Quod ibid. pluries occurrit.] [** Sed et in alias partes passim dividebantur mansi, ut in chart. ann. 1140. apud Guden. Cod. Diplom tom. 1. pag. 126 : *Curtim unam.... cum sexta decima parte unius mansi terræ, quam appellant Erbe.*] Adde Chartas Ecclesiæ Hamaburgensis pag. 200. et Speculum Saxon. lib. 1. art. 34. § 1. Neque alii videntur

Manselli, Minores nempe mansi, apud Marculfum lib. 2. form. 36. Pancharta nigra S. Martini Turon. : *Alodum nostrum condonamus... habentem plus minus Mansellos.* 44. [Bullarium Fontanell. fol. 10 : *Calciacum cum integritate Ecclesiæ et dominatus S. Ansberti ac Mansellos.* Adde Codicem MS. Irminonis Abb. Sangerm. Provinciales *Maset* dicunt.]

Mansella, in Charta ann. 864. tom. 2. Spicilegii Acheriani pag. 589 : *Mansella in Mariaco, ... Mansella, quæ Hildeburgis dedit in Monasteriolum medium.* Ibidem : *Mansella in Fontaniliis quæ cum Wenilone Metropolitano Episcopo permutaverunt, etc.* [Diploma Ludovici Pii ann. 832. apud Marten. tom. 1. Ampliss. Collect. col. 88 : *In eodem pago, in loco qui dicitur Vulpilionis Mansellum absum unum cum terrulis et silvolis ad eum aspicientibus.* Formulæ vett. Andegav. n. 36. apud Mabill. in Supplem. Diplom. pag. 83 : *Ergo transcrivimus tibi Mansello nostro illo super terraturio vir inluster illo, etc.*] Tabularium S. Remigii Remensis : *Denique si fuerit aliquis ingenuus, qui propter paupertatem mansum, vel partem quamlibet mansi tenere non possit, debet hoc probare a septem suis patribus. Cum vero probatum hoc habuerit, facit suo seniori tempore messis dies 3. cum præbenda sibi data : sin autem, dabit propter hoc denarium et dimidium.*

Mansorum, pro ratione possessorum et colonorum, species variæ recensentur, alii enim dicuntur *Dominici, Regales, Capitales*, alii *Ecclesiastici*, alii *ingenuiles*, alii *serviles, tributales, letales, manoperarii*, alii denique *exercitales*.

Mansi Ingenuiles dicebantur ii, qui ab ingenuis, hoc est, liberæ conditionis hominibus, colebantur, vel qui servilibus oneribus obnoxii non erant. Cæsarius Abbas Prumiensis in Gloss. ad Diplomata ejusdem Monasterii, ubi de quadripartito mansorum genere : *Ingenuilia erant in Arduenna, vulgo dicta Kuenishoben*, i. regalia, ut Germanicam hanc vocem effert Browerus, quasi *Hobæ regales* [* Gloss. Cæsar. Heisterbac. apud Honth. Histor. Trever. tom. 1. pag. 662. col. 1 : *Mansi ingenuales sunt, qui jacent in Ardenna, id est Osdine; in qua terra jacet Alve et Hunlar et Vilantia. Quilibet istorum mansorum habet clx. jurnales terræ, quos appellamus vulgariter Koninhkgeshuive.*] Charta Calvi pro Monasterio Fossatensi : *Et in villa, quæ vocatur Montericus, Mansum ingenuilem, quem tenet Nodalbertus cum hæredibus suis, etc.* Occurrit ibi pluries in Tabul. ejusdem Monast. f.°9. Hincmarus Remensis tom. 1. pag. 716 : *Quot Mansos habeat in sua Parochia ingenuiles aut serviles, aut accolas, unde decimam accipiat.* Idem in Opusc. 55. Capitulor. cap. 1 : *Et sunt in eadem villula... Mansi ingenuiles 9. serviles 11.* Charta ann. 996. in Probat. Hist. Luxemburg. pag. 9 : *Cum Ecclesia, omnique ejus decimatione, et casa dominicali, cum 12. Mansis ingenuilibus, et 20. servilibus ad eam pertinentibus.* Adde Capit. Caroli Calvi tit. 42. et Annales Fr. Bertinian. ann. 866.

¶ Mansi Ingenuales, ut *Ingenuiles*, in Charta Lotharii Reg. ann. 842. apud Menester. Hist. Lugdun. pag. 86.

Mansi vero *serviles* erant ii, quos servi et coloni excolebant, sub censu, qui domino præstabatur, et aliis conditionibus, quæ in servili graviores erant, quam in ingenuili. Cæsario Abb. Prumiensi in Glossario *servilia mansa* dicuntur, *quæ in servitiis omnibus, et pendendo fructu conditione deteriora erant.* Sed maxime serviles mansos vocabant, quorum coloni ex agri conditione vilioribus servitiis domino obnoxii erant. Chronicon. Besuense pag. 574 : *Debet vero iste Mansus porcum et arietem, 6. panes et 6. sextarios vini, carroperam, et omnes consuetudines, quas dominis persolvere debent servi.* [Charta Caroli C. pro Monast. Sithiensi : *Habeant ad suos usus Mansum indominicatum et Mansa servilia* 12. Charta Macharii Comitis ann. 885. apud Miræum tom. 2. pag. 935 : *Mansi serviles* vi. *est ibi camba* 1.... *Mansos serviles ibidem deservientes absos* iv. Codex MS. Irminonis Abb. Sangerm. : *De Mansis servilis. Autlemarus servus et uxor ejus... tenent dimidium Mansum servilem.*] Tabularium S. Remigii Remensis : *Mansos ingenuiles* 32. *serviles* 34. Tabularium Bellilocensis Abbat. in Lemovic. ch. 3 : *Curtem meam indominicatam... cum bachalariis indominicatis et Mansis servilibus.* Adde Capitul. Caroli C. tit. 42 et Baldricum lib. 1. Ch. Camerac. cap 52. [* Adde ex laudatis Cæsar. Gloss. ibid. : *Mansi serviles sunt, qui continuo tenentur nobis servire : id est, omni hebdomada per totum annum tribus diebus. Præterea faciunt alia jura multa, sicut expressum est in libro.*]

¶ Mansi Censuales, a censu, quem domino pendebant eorum coloni, sic appellati, iidem qui *serviles*. Hist. Novientensis Monast. apud Marten. tom. 3. Anecd. col. 1131 : *Sulza curtis dominica cum omnibus appenditiis suis, Ecclesia videlicet matrice cum decimis suis, Mansus censuales atque serviles, agri cum vineis ac pratis, curtes cum curtificiis, familia ministerialis servilis et censualis.* Codex MS. Irminonis Abb. Sangerm. fol. 107 : *De Mansibus censilis. Culfoinus colonus... habet de terra arabili bun.* xiii.

☞ Observandum vero vocem *Mansus* nude interdum occurrere ut terra servitiis obnoxia significetur. Statuta reformat. S. Claudii ann. 1448 : *Feudorum atque feudarum alienationes in jurisdictione dicti monasterii, videlicet feudorum, retrofeudorum nobilium, Mansorum quoque et terrarum servilis et manus mortuæ conditionis, ab inde non fiant, Mansos, terras et possessiones manumittendo vel affranchisando.*

Mansi Servitiales, apud Willel. Hedam in Baldrico Episc. Ultraject. Hinc.

Mansi Manoperarii appellati in Chronico Fontanellensi cap. 14. quod operis essent obnoxii eorum coloni : *Sunt Mansi integri reperti numero* 1326. *medii* 238. *Manoperarii* 18. *qui fiunt simul* 1569. *absi* 158. *molendina* 39. *in beneficiis vero relaxati sunt mansi integri numero* 2120. *medii* 46. *Mano-*

perarii 225. *qui simul juncti fiunt* 1395. *absi* 156. *etc.* Mox : *Summa namque universitatis præsentium rerum inter integros, medios, atque Manoperarios reperti sunt mansi* 4264. Polyptychum Floriacense passim.

¶ Mansus Taillabilis, *Talliæ* obnoxius. Charta dom. Barbarelli ann. 1407 : *Quia ipsum cornerium vineæ erat de Manso taillabi dicti domini qui remittit ad servitium recognoscibile.*

Mansi Tributales, *Mansi serviles et tributales*, in Annotatione Arnonis Episcopi, apud Canisium tom. 2. Antiq. lect. pag. 485. 487. 488. et 494. videntur ii, quibus a Principe tributum erat impositum ad onera bellica, et sumptus reipublicæ procurandæ : nisi iidem sunt, qui *serviles*. Conradus Uspergensis in Philippo Suevo : *Ut videlicet quilibet Mansus rusticanorum prædiorum solveret maltare unum avenæ, etc.*

Mansi Carroperarii, qui carrorum operas debent, in Polypt. Flor. passim.

Mansi Lidiales, vel *letales* dicti, qui a litis, seu servis, excolebantur, ac proinde iidem, qui *serviles*, vel certe qui militaribus oneribus obnoxii erant. In Glossar. Cæsarii Prumiensis Abbatis, *ledilia mansa sunt, quæ multa quidem dominis commoda ferebant; sed non ita continuo serviebant.* Ubi expungenda videntur verba *non ita*, vel certe vox *non*. [* Apud Hontheim. : *Mansi lediles sunt, qui nobis multa jura solvunt; sed tamen ita continue non serviunt; sicut mansi serviles.*] Diploma Ludovici Pii apud Chapeavillum tom. 1. Hist. Leod. pag. 148 : *Curtem dominicatam cum Mansis letalibus et servilibus.* [Codex MS. Irminonis Abbat. Sangerm. fol. 68 : *Ermoldus colonus et frater ejus Gerardus.... tenent Mansum* 1. *lidum... solvunt inter utrosque soledos* 11. *ad hostem, et reliqua sicut illi qui tenent Mansum ingenuilem, præter unum solidum ad hostem* Et fol. 69 : *Airulfus lidus S. Germani et uxor ejus... tenent Mansum* 1. *Lidilem.... solvunt totum debitum sicut ceteri de Mansibus lidorum.*] Vide *Leti.* [** *Novem Mansos Litonum et quindecim Mansos expeditos*, in chart. ann. 1262. apud Haltaus. in Glossar. German. voce *Freyhufe*, col. 508.]

Rursum *Mansi* alii erant *amasati*, id est, ædificiis instructi, de quibus in voce *Amasatus* : alii vero absque ædibus. Hincmarus tom. 1. pag. 736 : *Quoniam vestrum Ecclesias vestras negligere, et alodes audio comparare, et in eis Mansos exstruere atque excolere, ac in eisdem Mansis feminarum habitationem habere, etc.*

Mansorum præterea alii erant culti, alii inculti. Charta Ragenfredi Episc. Carnotens. ann. 954. in Probat. Hist. Monmorenciacæ : *Germinionis villam in pago Dunensi cum* 30. *Mansis cultis et incultis.* Mansi inculti erant ii, quos vulgo *absos* dicebant, de quibus egimus in hac voce.

Mansi Nudi non semel dicuntur in Tabulario S. Remigii Remensis : *Sunt ibi* 11. *Mansi vestiti, nudi* 3. Culti vero iidem, qui vestiti. Capitul. 1. ann. 812. cap. 1 : *Ut omnis liber homo, qui quatuor Mansos vestitos habet de proprio suo, etc.* [Chronic. vetus S. Benigni Divion. tom. 1. Spicil. Acheri pag. 370 : *Contulit memoratus Princeps... his et aliis locis Mansa vestita et apsa.*] Charta Leudonis Remorum Episcopi, apud Colvenerium ad Chronicon Flodoardi : *Ut pro vestitu nobis ad præsens ex ea retineremus Mansos ingenuiles et vestitos.* Vetus Charta apud Baldricum Noviom. lib. 1. cap. 52 : *Mansos etenim, qui ad supradictum Mansum dominicatum deserviunt, vestitos* 12. *et alios, qui nuper vestiti sunt* 12. *qui nec adhuc integrum possunt solvere censum absos* 16. Alia in Chronico Besuensi pag. 574 : *Apud Vetus-vineas unum Mansum vestitum, cum servo in eo habitante,... delegavit.* Traditiones Fuldenses lib. 1. cap. 103 : *Duas Mansas vestitas, cum omnibus substantiis suis.* Qui quidem *Mansi vestiti* iidem sunt, qui *Mansi de terra arabili* dicuntur in Charta Willelmi Aquitan. Ducis ex Tabulario Angeriacensi : *In ipsa villa Mansum de terra arabili.* Rursum : *Quatuor Massos de terra arabile.*

* Mansi Absi, Inculti. Gloss. Cæsar. Heisterbac. in Reg. Prum. tom. 1. Hist. Trevir. Joh. Nic. ab Hontheim pag. 662. col. 2 : *Mansi absi sunt, qui non habent cultores, sed dominus eos habet in sua potestate, qui vulgariter appellantur Wroinde.* Vide *Absus* et mox *Mansus Dominicatus.*

Mansi Cooperti. Vide *Coopertus.*

Mansi Laborati, Iidem, qui *culti*, Gall. *Labourez.* Charta ann. 1064. in Hist. Eccl. Pedem. cap. 24 : *Tres quoque alios Mansos in infrascripta Plausiascha, unum ibi est solum in Dominicata cum Capella, alium rectum et laboratum per Constantium, etc.* Infra : *In Raconisio Mansum unum sicuti fuit rectum et laboratum per Willelmum.*

Mansi Barscalci. Vide *Barscalcus.*

¶ Mansus Cabalis, Eadem notione. Vide *Cabalis Mansus.*

¶ Mansus Caminatæ, id est, Cameræ; *Caminata* quippe est camera. Chartul. Aquicinct fol. 41 : *Dedit etiam idem prænominatus Haymo eidem Ecclesiæ dimidium Mansi Caminatæ apud Gendre cum omnibus appenditiis suis.*

Mansum Capitale, quod vulgo *Caput Mansi*, nostris *Chefmez*, in Charta Henrici I. Reg. Angl. tom. 2. Monastici Anglic. pag. 133 : *Retinuit... Rex in manu sua Mansum suum capitale, quia infra septa Canonicorum adhuc receptaculum competens non habebat.* [Charta ann. 1192. apud Kennett. Antiquit. Ambrosden. pag. 150 : *Noverit universitas vestra me... concessisse Ecclesiæ S. Mariæ de Oseneia... Capitale Mansum meum in Westona cum ejus pertinentiis.* Alia ann. 1193. ibid. : *Concessi... totum manerium meum Mixeburg in liberam et perpetuam elemosinam cum Capitali curia et cum omnibus pertinentiis.* Idem ergo *Mansum* quod *curia*, ut supra dictum est.] Vide *Caput mansi*, in *Caput.*

* Mansus Commendatus, Cujus possessor domino fidelitate et hominio astrictus est. Placit. ann. 891. inter Instr. tom. 6. Gall. Christ. col. 170 : *In ipsa scriptura continebatur, quia.... villam Caderillam ab integrum, et in Manso commendato,.... solemniter condonaverat.* Vide *Commendatus.*

Mansus Dominicatus, *indominicatus, dominicus*, dicebatur proprius et peculiaris domini mansus, quem dominus ipse colebat, cujusque fructus percipiebat. Capit. Caroli C. tit. 42 : *Comes, qui habet Abbatiam, de suo Manso indominicato, similiterque et de vasallorum, accipiat de Manso indominicato denarios* 12. *de Manso ingenuili* 4. *denarios de censu dominicato, et* 4. *de sua facultate. De servili vero, duos denarios de censu, et de sua facultate duos.* [Charta Macharii Comitis ann. 885. apud Miræum tom. 2. pag. 935 : *Donamus atque transfundimus ad partem Ecclesiæ S. Dei Genitricis Mariæ.... Mansum dominicatum cum castitiis, ad quem aspiciunt de terra arabili bunnaria* IV. *de silva bunnaria* CC. Alia ann. 1096. ibid. pag. 1144 : *Totum et integrum cum Mansis dominicatis et indominicatis, alodiis, feudis, mancipiis, etc.*] Chron. S. Benigni pag. 421 : *Dederunt S. Benigno Mansum unum indominicatum cum suprapposito, terrisque ad eum pertinentibus.* Vetus Charta apud Baldricum Noviom. lib. 1. cap. 52 : *In villa Haidis Mansum dominicatum cum castitiis et arboreto, etc. Mansus dominicalis*, in Charta ann. 996. Adde tom. 1. Spicilegii Acheriani pag. 589.

* Gloss. Cæsar. Heisterbac. in Reg. Prum. tom. 1. Hist. Trevir. Joan. Nic. ab *Hontheim* pag. 662. col. 2 : *Præterea etiam invenitur in libro de Mansis indominicatis, qui sunt agri curiæ, quos vulgariter appellamus selgunt, sive atten vel cunden.*

Mansus Ecclesiasticus, vel *Ecclesiæ*, dicitur ea agri portio, quæ ipsi Ecclesiæ in dotem assignari solebat, vel Presbytero Ecclesiæ deservienti, cum aliquot mancipiis, quæ immunis erat ab omnibus oneribus. [Chron. Wormat. apud Ludewig. tom. 2. Reliq. MSS. pag. 26. ex Glossa in Decret. : *Mansus appellatur unde percipitur frumentum et vinum ad Eucharistiam consecrandam. Vel Mansum appellat dotem Ecclesiæ, quia dos talis esse debet, ut Ecclesiæ possit inde sufficere et sustentari absque servitio, et non debet ei dari portio onerosa.*] Gillebertus Lunicensis Episcopus de usu Ecclesiastico : *Octo sunt, quibus sustentatur Sacerdos, parochia, Mansum, atrium, cœmeterium, templum, altare, calix cum patena, corpus cum sanguine.* Mox : *Mansum dico terram aratri, quam ad minus debet habere Sacerdos.* Capitula Caroli M. de Partibus Saxoniæ cap. 15 : *De minoribus capitulis consenserunt omnes ad unamquamque Ecclesiam curtem et duos Mansos terræ pagenses ad Ecclesiam recurrentes condonent, etc.* Sed duo isti *Mansi* pro Ecclesiarum dote apud Saxones duntaxat obtinuerunt, nam alias unicus sufficiebat. Capitul. Caroli M. lib. 1. cap. 83 : *Sancitum est, ut unicuique Ecclesiæ unus Mansus integer absque ullo servitio attribuatur.* Capitula Ludovici Pii nuper edita in nova Concilior. Editione, ad ann. 824. cap. 1 : *Quod si forte in aliquo loco sit Ecclesia constructa, quæ tamen necessaria sit, et nihil dotis habuerit, volumus ut secundum jussionem Domini et genitoris nostri unus Mansus* 12. *bunnariis de terra arabili ibi detur, et mancipia duo a liberis hominibus, qui ad eandem Ecclesiam officium Dei audire... ut Sacerdos ibi possit esse, (et) divinus cultus fieri. Quod si hoc populus facere noluerit, destruatur.* Quo spectant, quæ habet auctor Vitæ Ludovici Pii ann. 817 : *Volens etiam unamquamque Ecclesiam habere proprios sumptus, ne per* ejuscemodi inopiam cultus divini negligerentur, inseruit prædicto edicto, ut super singulas Ecclesias Mansus tribueretur unus pro pensatione legitima et servo atque ancilla. Et Matth. Paris in Vitis Abbatum S. Albani pag. 548 : *Vicarius Ecclesiæ habebit Mansum competentem.* Hincmarus tom. 1. pag. 716 : *Si* (Presbyter) *habeat Mansum habentem bunnaria* 12. *præter cœmeterium et cortem, ubi Ecclesia et domus ipsius continetur, aut si habeat mancipia quatuor.* Denique vetus Charta apud Baldricum Noviomensem lib. 1. cap. 52 : *Ecclesiam unam in Gentlinio cum Ecclesiastico Manso habente de terra arabili bunnar.* 12. De ejusmodi Ecclesiastici mansi immunitate agunt præterea Capit. Caroli M. lib. 5. cap. 45. Ludovici Pii Wormaciense ann. 829. cap. 4. Caroli Calvi tit. 32. cap. 11 : *Ut de uno Manso ad Ecclesiam dato nullus census, neque caballi pastus, a senioribus de Presbyteris requiratur.* Adde ead. Capit. Caroli Calvi tit 11. cap. 2. tit. 34. cap. 9. et Concil. Wormaciense cap. 50. Joannem VIII. PP. Epist. 113. Concil. Coloniense ann. 887. cap. 4. Metense ann. 888. cap. 4. Excerpta Egberti Archiep. Eborac. cap. 25. etc. Agros olim apud paganos, Sacerdotibus et templis attributos fuisse, docent Siculus Flaccus et Aggenus.

Mansus Presbyteralis. Tabularium Ecclesiæ Grationopolitanæ sub Hugone Episcopo fol. 25 : *Mansus vero in qua Ecclesia S. Imerii fundata est, et vocatur Mansus Presbyteralis, etc.* Tabularium Monast. S. Andreæ Viennensis : *Et in Manso Presbyterali medietatem de quacunque re accipiant.*

☞ Interdum vero *Mansus* pro sola æde curali usurpatur. Charta ann. 1336. apud Kennett. Antiquit. Ambrosden. pag. 431 : *Habeat etiam dictus vicarius pro inhabitatione sua illum Mansum in quo presbyter parochiæ dictæ Ecclesiæ inhabitare consuevit, et duo cottagia adjacentia : quem quidem Mansum dicti Rector et Conventus prima vice sufficienter et congrue ædificare teneantur.*

¶ Mansi Equitum *et pagensium*, in Charta Milonis Montani Comitis Aptensis ann. 835. tom. 1. novæ Gall. Christ. inter Instr. pag. 74. hoc est, qui a Militibus et paganis seu rusticis excoluntur.

Mansi Exercitales. Annotatio Arnonis Episcopi apud Canisium tom. 2. Antiqu. Lection. pag. 493 : *In eo Mansos* 60. *inter vestitos et absos, et inter Exercitales et barschalcos cum omnibus appenditiis, etc.* Mansi nimirum, qui a militibus excolebantur, quibus mercedis loco attributi fuerant. Ibid. : *Tradidit imprimis Theodebertus Dux in pago... villam.... cum Mansis* 30. *inter vestitos et absos, et exercitales viros, et quod ad eandem villam pertinet.*

¶ Mansus Finitivus, an idem qui integer? Charta ann. 926. apud Marten. tom. 1. Ampliss. Collect. col. 281 : *Quod sibi concambiare suas e contra duplice dando obnixe flagitabant instabiles hæreditates cum Mansis finitivis* VI. *et jugeribus* VIII. *hocque eis benevolenter concessimus.* [* Id est, Finitus, determinatus, duodecim jugeribus constans. Vide supra.]

¶ Mansum Fiscale, Patrimoniale, quod jure hæreditario a parentibus habetur. Charta ann. 924. apud Marten. tom. 2. Ampliss. Collect. col. 41 : *Tradidit nobis ad immeliorationem loci Mansa fiscalia duo ; ex propria hereditate in loco nuncupante Fostias, cum familia ibi degente* XXII.

¶ Mansi Flandrenses, in Privileg. Doberluc. ann. 1285. apud Ludew. tom. 1. Reliq. MSS. pag. 128 : *Trans ripam vero ejusdem fluminis Primznitz octo Mansos Flandrenses ipsis terminis adjecimus*, id est, si bene conjicio, tot agri modos, quot octo *Mansi* apud Flandros continent, adjecimus.

¶ Mansum Hereditarium, Idem quod *Fiscale*. Capitul. Caroli Calvi ann. 869. cap. 13 : *De Mansis hereditariis presbyter parochiæ, sicut constitutum est, decimum consequatur.*

* Mansus Indaginarius. Vide supra *Indaginarius*.

* Mansus Inmasellus. Vide supra *Inmasellus*.

* Mansus Medionarius. Vide infra *Medionarius*.

Mansi Mutabiles. Charta Communiæ Cerniaci in agro Laudunensi ann. 1184 : *Homines autem de Mansis mutabilibus, quotquot venire voluerint, absque contradictione recipientur.* Id est, homines, qui nulli certo manso, seu glebæ sunt addicti.

¶ Mansi Sediles, Notione, ut videtur, opposita. Diploma Caroli Crassi Imper. ann. 882. apud Marten. tom. 2. Ampliss. Collect. col. 32 : *Ut concederemus eis quemdam fisculum nostrum, Blandonium nomine... cum capella et pertinentiis ejus, Mansos sediles* XXXII. *serviles* XII.

Mansum Regale, quod Regis proprium erat, in Capitul. 2. ann. 813. cap. 19. Vita S. Egwini Episc. Wigorn. n. 17 : *Castrum Alvecestre, regale tunc Mansum.* Adde Divos Bambergenses Gretseri pag. 75. 77.

* Charta ann. 1206. apud Leuckfeld. in Antiq. Gandersh. cap. 12. § 4 : *Castrum in Bruggem cum ecclesiis et quingentis regalibus Mansis.*

Sella, *Sellula mansi*, Domus coloni in singulis mansis. Edictum Pistense cap. 30 : *Ut quoniam in quibusdam locis coloni, quam et de casis Dei, suas hæreditates, id est, mansa, quæ tenent, non solum suis paribus, sed et Clericis, Canonicis, ac villanis Presbyteris, et aliis quibuscunque hominibus vendunt, et tantummodo Sellam retinent : et hac occasione sic destructæ fiunt villæ, ut non solum census inde possit exigi ; sed etiam quæ terræ de singulis mansis fuerunt, jam non possint agnosci.* Hincmarus : *Excepto atriolo ad sepulturam, et excepta Sellula Manselli ipsius Capellæ, cum hortulo.* Vide *Sedes*, 3. [** Confer Graff. Thesaur. Ling. Franc. tom. 6. col. 176. voce *Sal.*]

* Tenere ad Mansum, Sub certo scilicet censu et annua pensione domino fundi præstanda. Charta ann. 1227. in Chartul. Guill. abb. S. Germ. Prat. fol. 153. v°. col. 1 : *Arbitrium nostrum protulimus in hunc modum, videlicet quod dictæ domus et grangia sunt de manso dicti Johannis, et quod eas tenet dictus Johannes ad Mansum ab abbate et conventu S. Germanni de Pratis, et quod dicti abbas et conventus habent in dictis domo et grangia omnimodam justitiam sicuti de manso, excepto quod in ipsis domo et grangia dictus Johannes habebit ventas, investituras et rotaticum, et excepto hoc, quod dictæ domus et grangia immunes erunt a tallia.*

* Mansus, nude pro Mansione seu domo, in Vita S. Godegr. tom. 1. Sept. pag. 771. col. 1 : *Qui vero loco illo, novo scilicet Manso, obsequiis beati confessoris tenebantur, etc.*

¶ Mansus, pro Reditu seu servitio mansi, in Cod. MS. Irminonis Abb. Sangerm. fol. 72 : *Solimanus et Amingus inter utrosque persolvunt Mansum* 1. *servilem, etc.*

Mansarius, qui *mansum* ingenuilem aut servilem excolebat, et certum censum aut annuam pensionem domino prædii ac fundi præstabat, quod secus erat in Dominicis et indominicatis mansis, qui sine Mansario erant, propterea quod non elocarentur, sed ab ipsis dominis colerentur. Capitularia Caroli Calvi tit. 42 : *Episcopi, Abbates, Comites, ac Vassi dominici ex suis honoribus de unoquoque manso indominicato donent denarios* 12. *de manso ingenuili quatuor denarios de censu dominicato, et quatuor de facultate Mansuarii : de servili vero manso, duos denarios de censu indominicato, et duos de facultate Mansuarii.* Ubi tam dominus fundi, quam *Mansuarius*, manso onus impositum inter se partiuntur : ita ut de censu dominicato, id est, quem persolvit Mansuarius domino mansi, dominus partem exsolvat, ut Mansuarius et sua facultate. Adde Epistolam Episcoporum Regni Franc. ad Ludovicum Imp. cap. 14. Edictum Pistense cap. 23. Aimoinum lib. 5. cap. 35. etc. [** Vide Guerard. ad Irminon. Grimm. Antiq. Jur. Germ. pag. 317. num. 26. Mitterm. Princip. Jur. Germ. § 48. not. 4. et § 85.]

Mansoarius. Marculfus lib. 1. form. 22 : *Præcipientes, ut sicut reliqui Mansoarii, qui per talem titulum a jugo servitutis in præsentia Principum noscuntur esse relaxati ingenui, etc.* [Codex MS. Irminonis Abb. Sangerm. fol. 62 : *Et hæc terra est tota divisa per Mansoarios.*]

Masoerius. Tabularium Prioratus de Paredo fol. 33 : *Et reddit ipse Masoerius porcum bonum, et multonem vestitum, et coxam de vacca, etc.*

Mansuarius. Capitulare de Villis cap. 39 : *Volumus, ut pullos et ova, quos servientes vel Mansuarii reddunt, etc.* Capitul. Caroli C. tit. 31. cap. 14 : *Quatenus non sit vobis necesse per quascunque occasiones... majores quam ratio postulat, paratas exquirere, et pauperes Ecclesiasticos, et fidelium vestrorum.... Mansuarios in carrucaturis et paraveredis contra debitum exigendis gravare.* [Charta Balduini Comitis Fland. ann. 1116. apud Miræum tom. 2. pag. 1154 : *Neque Mansuarios justificabit de his quæ ad mansos pertinent.* Adde aliam ann. 1120. apud eumdem Miræum tom. 1. pag. 388.]

* Mansuariorum Comes, apud Nithard. lib. 3. pag. 372. cap. 2. in fine. Idem forte qui *Mansionarius* in regum Francorum aula ; male igitur *Mansuarios* hic de populo quodam intellexit Falcetus, quem idcirco castigat Beslius R. *de Guienne* pagg. 51. et 52. Vide in *Comes* 2. [** et *Mansionariorum Comes* in *Mansionarius*, 2, Pertz. Script. tom. 2. pag. 663.]

Mansata est, *quando dominus dat alicui*

mansum cum diversis possessionibus, et propter hoc ille facit se hominem domini, et ad certum servitium tenetur; et talis dicitur homo de Mansata, qui est homo ratione possessionum: persona tamen ejus libera est, secundum Consuetudinem Regni Franciæ, si dimissa Mansata alio se transferat. At Itali, secundum quosdam, vocant homines de Mansata, quasi de familia, et illi quasi pro servis habentur. Hæc Speculator lib. 4. partic. 3. de Feud. Ita in Charta Hugonis Ducis Burgundiæ ann. 1253. apud Perardum: *Insuper confessi sunt prædicti homines se servos esse omnes de conditione, Mansata, et de manu mortua, et de potestate et fisco dictorum dominorum suorum... in quibus possunt facere voluntatem suam, videlicet in talliis, exactionibus*, etc. Charta Philippi Reg. Franc. ann. 1306. pro Ecclesia Mimatensi, in Regesto Ludov. Hutini Reg. Franc. fol. 60: *Et homines dicti castri sunt et esse consueverunt ab antiquo homines de Mansata, sive de corpore, et casalatico, tam domini Regis*, etc. Charta Guillelmi Episcopi Gabalitani ann. 1309. in 9. Regesto Philippi Pulcri Regis Ch. 44. ex Tabulario Regio: *In qua quidem terra idem dominus P. poterit omnes homines de corpore vel de Mansata ejusdem terræ affrancare et liberos facere*. Vide *Mansa* 1.

Terra Mansualis, Ager a manso dependens. Charta Gerardi Decani S. Quintini in Viromand. ann. 1127: *Annuimus etiam pariter hoc annuente Balduino, de Dominica terra nostra, quod si eam propria carruca non exercuerimus, ut ipsi exerceant, et nonum manipulum nobis inde persolvant. De terra autem Mansuali, quam ipsi diruperint, donec venerit, qui possit se ostendere hæredem, semper pro nono manipulo teneant.... Terram autem marliatam a primo die marliationis usque ad 15. annos libere obtineant... silvestris autem terra, quæ sartus vocatur, etc.*

¶ Mansus. *Mansus fuerit*, pro Manserit, in Charta ann. 1357. apud Lobinell. tom. 3. Hist. Paris. pag. 431: *Statuimus qoud quicumque... per mensem continuum... Mansus fuerit extra domum, etc.*

MANTA, Teralis et straguli species, Gall. *Mante*. Innocentius III. PP. lib. 13. Epist. 61: *Tapeta duo, linteamina tria, totidem pulvinaria, Mantas tres, culcitram unam, mantilia 4. etc.* Theodemarus in Epist. ad Carol. M.: *Similiter et loco cucullarum duas, quas nos dicimus, Mantas, habemus; quæ ex grossiori sago fiunt.* Ubi *Manta* videtur fuisse genus vestis, seu pallii. Vide *Mantum*.

☞ *Mantam* certe genus vestis seu pallii fuisse dubitare nequaquam sinunt Statuta Synodalia Ecclesiæ Cadurcens. apud Marten. tom. 4. Anecdot. col. 727: *Omnibus etiam prohibemus, ne epitogium, tabardum, seu Mantam foliatam usque ad oram curtam sic deferant, quod vestis inferior notabiliter videatur, quia vestis talis militis sæcularis est potius quam ecclesiastici seu cœlestis, et in clero elationem denotat inhonestam.*

* *Mante*, eadem notione, in Lit. remiss. ann. 1404. ex Reg. 158. Chartoph. reg. ch. 461: *Icellui Jaques avoit vendu audit Boyer un vestement appellé Mante, dit mantel.*

¶ Manta, Opertorium ephippii. Leg. Palat. Jacobi. II. Reg. Majoric. tom. 3. SS. Junii pag. LV: *Jubemus quod quatuor saltem Mantæ continue sint paratæ ad tegendum dictas sellas nostræ personæ servitio destinatas.*

¶ **MANTARE**, Mantatura, Mantea, etc. Vide *Mantum*.

* **MANTARIUM**, f. pro *Mansarium*, Mansio, domus, Charta ann. 1341. in Reg. 73. Chartoph. reg. ch. 74: *Ædificia seu Mantaria, si qua traderentur dicti comiti in eadem assisia, nullathenus computarentur.*

* **MANTEGATIUS**, Follis species, ut videtur, Ital. *Mantaco*. Stat. crimin. Cuman. cap. 24. ex Cod. reg. 4622. fol. 69. r°.: *Si aliquis puer.... fecerit bellum cum alio in civitate Cumana, vel infra confinia, de lottis, lapidibus, vel vaganttis et baculis, vel Mantegatiis, solvat pro banno..... soldos decem.* Vide *Manticum*.

¶ **MANTELA**, Idem quod *Mantellus*. Charta Henrici II. Imper. ann. 1023. apud Tolnerum Histor. Palat. inter Instr. pag. 23: *Has duas curtes ad sagimen et ad femoralia, Mantelas etiam, et mensalia fratrum... specialiter constituimus.* Idem occurrit in Diplomate Henrici III. ann. 1051. apud Marten. tom. 1. Ampliss. Collect. col. 426. Vide *Mantum*.

* **MANTELES**, Cortina, velum, Ital. *Mantellino*. Charta fundat. abbat. Aquilar. ann. 832. inter Probat. tom. 1. Annal. Præmonst. col. 104: *Duodecim lectos cum sua lectaria, illud unum lectum ornatum de pallio et sex parelios de Manteles.*

* **MANTELETUS**, diminut. ex *Manto*, palliolum. Charta ann. 1332. in Tabul. S. Germ. Prat.: *Unum Manteletum duplicem de marbreco et panno flavo, etc.* Vide in *Mantum*.

* **MANTELLA**, Dictæ nostris eæ vestium *liberationes*, quæ fiebant officialibus regiis convivis, seu *commensalibus*, quæ aliis *Pallia* vel *Robæ* nuncupantur. Vide in his vocibus. Charta Phil. Pulc. ann. 1296. in Lib. rub. Cam. Comput. Paris. fol. 3. v°. col. 1: *Concessimus quod ipse* (Guill. de Barris miles) *quatuor solidos Paris. quos in hospicio nostro percipiebat per diem, una cum decem libris Paris. pro Mantellis per annum, exin in præpositura nostra Meleduni duobus terminis.... percipiat annuatim.* Vide mox *Mantelli*.

* **MANTELLARE**. Vide mox in *Mantellus* 3.

MANTELLARIA, *Manticula*. Papiæ.

¶ **MANTELLATÆ**. Vide *Mantum*.

¶ **MANTELLATI** Cespites. Locum vide in *Cespitarii*.

* **MANTELLATI**. Vide infra *Ordo Mantellatorum*.

* **MANTELLATUS**, Dicitur filius ante matrimonium natus, qui in ipsis nuptiarum sacris solemnibus, cum patre et matre pallio cooperitur, legitimationis gratia. Lib. salic. eccl. S. Th. Argent. fol. 11: *Nesa de Tumbach domicella Mantellata.* Ibid. fol. 141: *Johannes de Rynstette decanus ecclesiæ S. Thomæ, et Ennelina de Rynstette puella Mantellata, filia naturalis præfati domini Johannis decani, etc.* Vide in *Pallium* 1. et alia notione infra in *Mantellus* 3. [** Vide Mittermaier. Princip. Jur. Germ. § 364. not. 4.]

MANTELLETUM. Vide *Mantum*.

* **MANTELLI**, Eodem significatu quo supra *Mantella*. Charta Ludov. X. ann. 1315. in Reg. 52. Chartoph. reg. ch. 205: *Cum Johanni de Brocia Rotonda militi...... genitor noster..... vadia sua consueta et Mantellos percipiendos, ad domum suam et in domo sua, quamdiu viveret, super emolumenta et redditus ballviæ Caletensis concessisset, etc.*

¶ **MANTELLINA**, Pallium nigrum. Vita B. Columbæ Reatinæ tom. 5. Maii pag. 343: *Induta erat tunica alba..... et pallio nigro, quod Mantellinam dicunt.*

* **MANTELLUM** vel Mantellus, quasi advocatorum vestis esset propria, indicatur in Lit. remiss. ann. 1385. ex Reg. 128. Chartoph. reg. ch. 4: *Auquel suppliant ledit Peresson demanda, As tu vestu Mantel, dont te vient il, es tu advocas?* Certe vestis honestæ loco habebatur mantellus, cum an meretrices illum induere debeant, subdubitetur in Stat. Avenion. ann. 1243. cap. 116. ex Cod. reg. 4659: *Utrum autem meretrices publicæ Mantellum deferre audeant, nisi in arbitrio potestatis.* Ubi a velo distinguitur, quod iisdem deferre prohibetur omnino. *Mantel* nostris, Panni limbus, ora, vulgo *Lisiere*, in Stat. ann. 1399. tom. 8. Ordinat. reg. Franc. pag. 336. art. 8. Vide infra *Mantellus* 3.

* 1. **MANTELLUS**, Vestis ecclesiastica, casula. Ordinar. eccl. S. Petri Insul.: *In Missis vigiliarum sanctorum fiant suffragia ferialia; sed utitur rubeis Mantellis; et sunt tantum tres pueri albis induti.* Vide in *Mantum*.

* 2. **MANTELLUS**, Foris, Gall. *Battant d'une porte*. Comput. eccl. Paris. ann. circ. 1381. ex Bibl. S. Germ. Prat.: *Item quærendi aessellas cum merreno pro facione portæ granchiæ, quæ fiet ad duos Mantellos, quolibet Mantello latitudinis quinque pedum super decem pedibus altitudinis.*

* 3. **MANTELLUS**, Mantellum, Munitionis species ex lapidibus vel ex lignis compacta, defensioni simul et aggressioni utilis, nostris alias *Manteau*, nunc *Mantelet*; unde *Mantellare*, ejusmodi machinam construere. Elmham. in vita Henr. V. reg. Angl. edit. Hearn. cap. 59. pag. 148: *Castellum vero.... antemuralibus quibusdam municionibus lapideis, quas guerratores Mantellos appellant, tutatum, etc.* Stat. ann. 1357. inter Probat. tom. 2. Hist. Nem. pag. 195. col. 2: *Mantelletur turris nova, quæ est ante dictum portale.* Infra: *Fiat unum Mantellum magnum de cladis vel postibus, tale quod habeat custodire debellatores ibidem destinatos.* Ordinat. ann. 1355. ibid. pag. 169. col. 1: *Item que la barbacanne.... soit repparée et.... garnie de gachils et de stagieres et Manteaux.* Comput. Barth. *du Drach*, thesaur. guerr. ann. 1338: *Pour faire porter par charettes et sommiers Manteaux, eschelles et artillie etc.* Lit. ann. 1375. in vol. 6. arestor. parlam. Paris.: *Item bretesches et Manteaux couronnez ou galandiz de tours soustendront d'aisselles seulement sans gros.* Monstrel. vol. 1. cap. 78: *Et y avoit Manteaux d'aisselez et sur le derriere longues broches de fer pour clorre*

une bataille. Vide *Mantelletum* in *Mantum*.

* MANTELLATUS, Eadem notione. Stat. ann. 1356. inter Probat. tom. 2. Hist. Nem. pag. 180. col. 2 : *Primo fieri debent barbacannæ, cadafalsi et Mantellati in muris.*

* 4. **MANTELLUS**, Arca lignea lapidibus oppleta, quæ aquis opponitur, molis species. Sentent. arbitr. ann. 1500 : *Item plus pronuntiaverunt.... dicti arbitri quod dicti parerii.... teneantur et debeant facere unum Mantellum nemoris sappeti bonum, fortem et sufficientem, longitudinis quatuor theysiarum et altitudinis quatuor mayeriarum.... supra rippam Breydam,... et illum Mantellum replere et implere.... debeant de lapidibus bonis et sufficientibus.*

* **MANTELUS**, pro *Mantellus*, Pallium. Regula fratrum Fontis-Ebraldi cap. 11 : *Non habeatis Mantelos in forma sæcularium, quos solent habere breviores tunicis.* Vide infra *Mantulus*.

¶ **MANTENEMENTUM**, Administratio, Gall. *Maniment*. Vita B. Gregorii Veruculen. tom. 1. Maii pag. 536 : *De prole autem et Mantenemento domus* (dicebat :) *Prolem quippe, ait, satis acquirit qui januas paradisi ingredi dignus efficitur.*

* **MANTI**, *Funes, quibus tenetur antenna et vela*, in Gloss. Franc. Barber. ad Docum. d'amor. pag. 258. Ital. *Manto*.

¶ **MANTIA**, f. *Mansi* appenditiæ. Charta Ludov. Reg. Franc. ann. 874. apud Marten. tom. 2. Ampliss. Collect. col. 29 : *In strata mansum unum et Mantias, et in Bratis mansum dimidium.*

¶ 1. **MANTICA** SUFFARCINATA, Stragulum acu punctum, Gall. *Courte-pointe*. S. Bernardus in Apologia ad Guillelmum Abbat. tom. 1. edit. Mabill. col. 538 : *Tum deinde gestari jubentur mappulæ, scyphi, bacini, candelabra, et Manticæ suffarcinatæ, non stramentis sed ornamentis lectulorum.*

¶ 2. **MANTICA**, Certa capillorum dispositio. Vita MS. Geraudi de Sala apud Stephanot. tom. 2. Antiquit. Bened. Pictav. MSS. pag. 576 : *Contigit eum* (Geraudum) *ad moniales Fontis Ebraldi prædicationis gratia declinare, ingressusque Capitulum vidit in mulieribus illis Deo et Angelis abominabile monstrum; nam crinium suorum tortura et circumdatura more meretricio phaleras et Manticas prætendebat posterius, cornua anterius. Inspectis ergo cornutis illis rationabilibus bestiis... Spiritu sancto suscitante et per os Giraudi suggerente tondentur universæ repente.*

* 3. **MANTICA**, Vestis species, pallium. Stat. synod. eccl. Castr. ann. 1358. part. 2. cap. 1. ex Cod. reg. 1592. A. : *Pannis rubeis aut viridibus et Manticis decollatis nec notanter brevibus,... non utantur clerici.* Vide supra *Mantelus*.

* **MANTICARE**, Colligere vasa, *manticam* seu peram viatoriam componere. Glossar. Lat. Gall. ex Cod. reg. 7692 : *Manticare, trousser.* Vide *Manticulatus*.

MANTICULARE. Papias : *Manticulare, furari. Manticulatio, fallacia, vel lenocinium.* Gloss. MS. Regium Cod. 1197 : *Manticulare, fraudare, furare.* Aliud Gloss. MS. Regium Cod. 1013 : *Manticulat, fraudat, furat.* Infra : *Menticulare, adtentare dolis ac fallaciis, vel divinare.* Vocis originem habet Festus. Fridegodus in S. Wilfrido cap. 36 :

Non errare licet, non Manticulare necesse est.

MANTICULATUS, Pera instructus. Gloss. Lat. Gr. : *Mantica*, πήρα. Ita peregrinos nostros Hierosolymitanos appellabant. Matth. Paris. ann. 1248 : *Ut peregrinaret ille monachus Manticulatus.*

* **MANTICULUS**, Follis, in Glossar. Lat. Gall. ex cod. reg. 7692 : *Manticulus, fool.* Vide *Manticum*.

MANTICUM, MANTICUS. Papias : *Follis, vulgo Manticum fabri.* [Ottonis Morenæ Hist. Laudens. apud Murator. tom. 6. col. 1043 : *Cumque super ipsam machinam habuerunt, cum Manticis quos ibi habebant, ignem in ipsis carrariis accenderunt, postea cum bene accensæ fuerant... projecerunt.*]

* **MANTILE**, *Vas escarium*, in veteri Glossar. ex Cod. reg. 521. Latinis vero Linteum est ad abstergendas manus; unde nostris *Mantiz*, eadem acceptione. Lit. remiss. ann. 1457. in Reg. 185. Chartoph. reg. ch. 325 : *Linceux, Mantiz, nappes et autres linges.* Est et telæ cujusdam, forsan mantilibus aptæ, nomen, in aliis Lit. ex Reg. 137. ch. 8. ann. 1389 : *Jehan Charle de Besournay avoit pris environ douze aulnes de toille, appellée Mantis.*

¶ **MANTILE** FERIALE, id est, ni fallor, quotidiani usus. Testamentum S. Remigii apud Miræum tom. 1. pag. 4 : *Remigiæ cochlearia tria, quæ meo sunt nomine titulata, Mantile ipsius, quod habeo Feriale, transcribo.*

¶ MANTILIUM DATOR, inter ministros ecclesiæ de Romanis recensetur in Litteris Caroli Regentis ann. 1358. tom. 3. Ordinat. pag. 274. idem qui *Mapparius*. Vide in hac voce.

* **MANTINUS**. Glossar. Provinc. Lat. ex Cod. reg. 7657 : *Senequiar, Prov. senisterius, Mantinus.*

MANTIPARA, Papiæ, *Levata*.

MANTIPERIUM, Mantum cum pera. Christianus de Scala in Vita S. Wenceslai pag. 55 : *Crusina, Mantiperiaque, vel vestimenta largiens.*

¶ **MANTISSA**. Onomast. πρόσδομα, Auctarium, superpondium. Vide Martinii Lexicon et Scaliger. ad Festum. Hinc

¶ **MANTISSARE**, Accumulare, superaddere, in Hierat. Juris Pontif. pag. 160 : *Et sic de aliis qui novis novissima semper Mantissarunt.*

* **MANTO**, Mentum, Gall. *Menton*. Lit. remiss. ann. 1386. in Reg. 129. Chartoph. reg. ch. 237 : *Pellis palpebrarum per vultum ipsius pendebat usque ad Mantonem.* Vide mox *Mantum* 2.

¶ **MANTOR**, f. Coriarius, Gall. *Taneur*. Statuta Avenion. MSS : *Statuimus quod Mantores qui vendunt fuscam teneantur tradere eam fususceriis sequentem sicut supererit si promiserint emptori.*

* **MANTUALARE**, f. pro *Manticulare*. Vide in hac voce. Glossar. Provinc. Lat. ex Cod. reg. 7657 : *Mantualare, calvere, decipere, Prov. Engannar.*

MANTUELIS, Pænula, ex Græc. μανδύη. Epistola Gallieni apud Trebellium Pollionem : *Chlamydem Dardanicam, Mantuelem unam.* Glossæ Basil. : Μανδύας, τὸ λουρίκιον. Occurrit non semel apud Xiphilinum pag. 103. 220. 280. Edit. Rob. Stephan. Artemidorum, Hesychium et alios Grammaticos.

MANTULA, Papiæ, *Mantellana*.

* **MANTULUS**, *Mantellus*, Pallium. Form. MSS. ex Cod. reg. 7657. fol. 39. v°. : *Armatus uno jaque et uno costelerio subtus Mantulum, quem portabat etc.* Vide supra *Mantelus*.

1. **MANTUM**, Pallium; Italis, *Manto*; Gallis, *Manteau*; Glossæ Lat. Gr. : *Paludamentum*, χλαμύδα, τὸ μαντίον. Gloss. Arabico-Lat. : *Diplois, sagum, Mantum*. Isidor. lib. 19. Originum cap. 24. et ex eo Papias : *Mantum Hispani vocant, quod manus tegat tantum; est enim brevis amictus.* Testamentum S. Cæsarii Arelatens. Episcopi : *Ancillæ nostræ Cæsariæ Abbatissæ, quem ipsa fecit Mantum majorem, quem de cannabe fecit, dari volo... Domino meo Cypriano Episcopo Mantum et cinctorium meliorem dari volo.* Anastasius in Gregorio II. de Luithprando Rege Longobardorum pag. 70 : *Sic ad tantam compunctionem piis monitis flexus est, ut quæ fuerat indutus, exueret, et ante corpus Apostoli poneret, Mantum, armilausiam, baltheum, spathum, atque ensem deauratum, necnon coronam auream, etc.* Charta Ferdinandi I. Regis Hispan. æræ 1101 : *Mantos duos auro fusos, alio alguexi auro texto, etc.* [Chron. Siciliæ apud Marten. tom. 3. Anecd. col. 89 : *Forma militaris apparatus est cum spalleriis de cindato et Manto de cindato.*]

Bayffius vocem *Mantum* a Græca μανδύη deducit. Servius ad 4. Georgic. ex Lucilio et Plauto, *Mantellum* esse pariter, ait, quod Græci μανδύα vocant. Gloss. Græc. MS. Reg. Cod. 1673 : Μανδείας, εἶδος ἱματίου ὅπερ καλεῖται λουρικιον. Aliud Lex. Græc. Reg. MS. Cod. 2062 : Ἐφεστρίδες, Ῥωμάικα ἱμάτια, λέγεται δὲ καὶ ὁ μανδύας, καὶ βίῤῥον. Alibi : Μανδύας, εἶδος ἱματίου, καὶ τὸ τῶν μοναχῶν παλλίον. Vide Pachymerem tom. 1. pag. 184. Sed et ejusdem originis, *Mantelia, mandilia*, et *Mantilia*, id est, mappas villosas, quibus non modo mensas, sed et humeros interdum tegerent, innuit idem Servius. Glossæ veteres : *Mantelia, mappas dicunt villosas.* Isidor. l. 19. cap. 26 : *Mantelia nunc pro operiendis mensis sint, quæ, ut nomen ipsum indicat, olim tergendis manibus præbebantur : sive mandelia a mandendo.* Gloss. Gr. Lat. : Χειρεκμαγεῖον, *Mantela, mappa.* Χειρόμακτρον, *Mantela.* Joan. de Janua : *Mantile, vel mante quasi manutergile, gausape, quod in tergendis manibus præbetur, unde dicitur Mantile vel Mantele, quasi manus tela.* Trebellius Pollio in Gallienis : *Mantilibus aureis semper stravit. Mantelia Cypria*, apud eumdem. Leo Ostiensis lib. 3. cap. 57 : *Et cooperuit omnes mensas refectorii Manteliis.* Vide Salmasium ad Vopiscum pag. 343. et 357.

☞ Errant, si fides Hickesio, quicumque ejusmodi vocum originem a Græca lingua accersere conantur; cui quidem sententiæ calculum facile adjiciet quisquis probe noverit quantum in hac lingua extranei fuerint antecessores nostri. Itaque a Celtica, Theotisca, Cimbrica, Saxonica quibus *Mattul* vel *Mottul* pallium sonat, *Mantum* deducere promptum est. Germanis *Mantel* non pallium modo significat, ut monet Eccardus, sed etiam id omne quod aliud circumdat; hinc murus arcis atque structura quæ focum investit *Mantel* ipsis dicitur; unde nostris etiam *Mantelet*, ut infra observabimus.

MANTUM vero olim habitum inter præcipuas summorum Pontificum vestes, adeo ut dignitatis investituram per illud acciperent. Ceremoniale Romanum lib. 1. sect. 2: *Legimus superioribus temporibus, cum duæ partes in electione concordabant, Priorem Diaconorum consuevisse induere Electum Mantum Papale, dicendo Ego investio te de Papatu, ut præsis urbi et orbi.* Arnulph. Lexoviensis, de Octaviano Antipapa: *Mantum arripuit, et ita se damnabili præsumptione intrusit.* Gerhohus Reichersp. de Alexandro PP.: *Oblato ei, ut mos est, per Archidiaconum Manto, rubea videlicet illa cappa, quæ insigne Papale est.* Acta ejusdem Alexandri III. PP.: *Juxta priscum Ecclesiæ ritum electum suum Alexandrum fugientem, excusantem insuper et omnino reluctantem Papali Manto, Deo favente, induerunt.* Vide ejusdem Alexandri Epistolam 1. Jacobus Cardinalis de Coronat. Bonifacii VIII. PP. lib. 2:

.... Mantoque relicto,
Induitur niveum zona succinctus amictum.

Ita si deponebantur, aut sponte dignitatem abdicabant, *Mantum*, ut præcipuum insigne dimittebant. Pandulphus apud Baronium ann. 1124. et Willelm. Tyr. lib. 13. cap. 15. de Elect. Honorii II. PP.: *Et quia electio ipsius Honorii minus canonice processerat... mitram et Mantum sponte refutavit et deposuit.* Vide Epist. Alexandri III. PP. apud Radevicum lib. 2. cap. 51. Vitam Gregorii X. PP. pag. 346. Joan. Villaneum lib. 8. cap. 5. etc.

☞ Nec tamen *Mantum* summis Pontificibus peculiare fuit ornamentum: inter sacerdotalia enim recensetur in Charta Adelgastri Principis tom. 3. Concil. Hispan. pag. 90: *Ad ornamentum ecclesiæ damus octo vestimenta et tres Mantos et sex stolas.* *Mantos* vero *casulas* interpretatur Mabillonius tom. 2. Annal. pag. 273.

MANTARE, *Immantare*, *Ammantare*, Pallio induere, tegere. *Mantutum*, dixit Martialis l. 14. Epigr. 27:

In Pompeiano tecum spectabo theatro,
Mantatus populo vela negare solet.

Glossæ Isidori: *Paludatis*, *mantatis*. Ita lego pro *mantuatis*, nisi a *mantua* dicatur, ex Græc. μανδύας et μανδύη, quod vult Salmasius.

IMMANTARE, proprie de summis Pontificibus dicitur. Radevicus lib. 4. de Gestis Frid. cap. 65: *Et accepto manto voluerunt Immantare D. Rolandum Cancellarium.* Et cap. 71: *Canonici B. Petri miserunt ad Rolandum Cancellarium Canonicos suos, qui viderent an esset Immantatus, sicut quidam credebant, aut aliquo modo promotus. Unde bis missi Inquisitores retulerunt eum esse Immantatum, nec aliqua promotionis specie variatum.* Gerhohus Reichersp. de eodem Octaviano: *Qualiter in Ecclesia B. Petri ipse, nullus alius Immantatus et intronizatus, etc.* Fastradus Abbas Clarevallensis in Epistola ad Omnibonum Veronensem Episcopum: *Octaviani nullam fuisse electionem, Immantationem fecisse sibi ipsi, laicali adjutorio Pontificalem occupasse cathedram.* Adde Joan. Sarisberiens. Epist. 59. pag. 128. 129. ubi bis peccarunt operæ, Albert. Stad. ann. 1159. et Otton. Morenam pag. 63.

AMMANTARE, pro *Immantare*, ex Italico *Ammantare*. Cencius Camerarius in Ceremoniali, sub Celestino III. PP.: *Et perscrutata omnium Cardinalium voluntate ab aliquibus de ipsis, in quem major et melior pars convenerit, Prior Diaconorum ipsum de pluviali rubeo Amantat, et eidem Electo nomen imponit.* Itali *Ammanto* interdum dicunt pro *manto*, ut Joannes Villaneus lib. 8. cap. 8.

MANTUM, proprium etiam fuit Præfectorum urbis Romæ, cum hac dignitate eo investirentur. Acta Innocentii III. PP.: *Petrum urbis Præfectum ad ligiam fidelitatem recepit, et per Mantum quod illi donavit, de præfectura eum publice investivit.* Describitur in Ceremon. Roman. lib. 1. sect. 7. ubi de investitura ejusdem præfecti: *Mantum aureo limbo circumtextum, apertum a parte dextra.*

MANTUM præterea inter regalia insignia Regum Aragonensium recensetur in Gestis Innocentii III. PP. pag. 134. 135. et in Epistola Martini IV. PP. tom. 5. Hist. Franc. pag. 878.

☞ *Manto* etiam vestitæ mulieres, cujus formam sic describit le Roman *de la Violette* MS.:

Et Mantel ot d'ermine au col
Plus vert que n'est feuille de col,
A flouretes d'or eslevées
Qui moult sont richemant œuvrées,
Et ot à chascune flourete
Atachié une campanete
Dedans si que riens n'en paroit,
Et si très doulcement sonnoit,
Quant ou Mantel frapoit le vent,
Je vous di que par nul couvent
Harpe, ne vielle, ne rote
Ne rendroit point si doulce note
Com les eschieletes d'argent.

¶ MANTUM ROTATUM, Chlamys limbis circum-ornata. Vita B. Gerardeschæ tom. 7. Aprilis pag. 174: *Induta est per B. Joannem quodam Manto Rotato mirabili.*

MANTATURA, pro *Manto*, pallio, seu potius attexta pallio pelle: *Doubleure.* Rolandinus in Chr. lib. 2. cap. 14: *Quorum omnia similia fuerunt vestimenta, in re una solummodo discrepantia, quod scilicet Mantatura patris mei fuit de armerinis, sed aliorum fuit de pretiosis Varis Sclavoniæ.*

* Stat. Ferrar. ann. 1279. apud Murator. tom. 2. Antiq. Ital. med. ævi col. 424: *Et in gonella de Mantatura fodrata de pellibus, sex solidos Ferrarienses.*

MANTEA, Idem quod *Mantum*, ex Gall. *Manteau.* Matth. Paris ann. 1188: *Rex indutus Mantea*, hoc est, paludamento regio.

¶ MANTEUS, Eadem notione. Concil. Valentinum ann. 1565. inter Hispan. tom. 4. pag. 69: *Decernit igitur omnes prima tonsura initiatos... habitum etiam clericalem ordinarie deferre, ut pote oblongum pallium quod vestium genus Manteos appellamus.*

MANTELLARIUM. Innocentius III. PP. lib. 1. Epist. pag. 29. Edit. Colon. et 31. Venetæ de Canonicis regularibus: *Capas nigras singuli de Mantellario habeant vel nadivo, pelles agninas albas etc.*

MANTELLUM, *Mantellus*, diminutivum ex *Mantum*: Gallic. *Manteau.* Ital. *Mantello.* Ebrard. in Græcismo cap. 12:

Pauperis est palla: ditis chlamys: ac mediocris
Pallia sunt: his Mantellus convenit hæc vox.

Liber ordinis S. Victoris Parisiensis MS. cap. 18: *Pallium, id est, Mantellum.* Vox nota Lucilio et Plauto in Captivis. Arnoldus Lubecensis lib. 2. cap. 9: *Dedit autem et dona plurima, Mantellum et tunicam de optimo serico, etc.* Aimoinus lib. 5. cap. 23: 150. *libris argenti*, 150. *Mantellis et* 150. *spatis, et* 150. *mancipiis, etc.* Chronicon Moguntinum: *Purpuram optimam de almaria tollens, sibi fecit vestes, tunicam, sorcotium, et Mantellum, ut in Imperatoris curia gloriosior appareret.* Testament. S. Everhardi Ducis Forojul.: *Mantellum unum de auro paratum, cum fibula aurea, et alteram spatam volumus ut habeat.* [Concil. Trevir. ann. 1310. apud Marten. tom. 4. Anecd. col. 249: *Præcipimus districte ne Abbates vel monachi, Abbatissæ vel moniales, sub pœna excommunicationis latæ sententiæ, Mantella seu sorcotia aperta portent de cætero.*] Adde W. Tyr. lib. 10. cap. 11. lib. 12. cap. 7. Falconem Benevent. ann. 1132. cap. 224. Cæsarium l. 3. cap. 6. l. 6. cap. 5. Simeonem Dunelm. in Hist. Dunel. Eccles. Radulf. de Diceto ann. 960. lib. Usuum Ordin. Cisterciensis cap. 102. Rainardum in Institutis ejusdem Ordinis cap. 59. etc.

¶ MANTELLUM MENSALE, Quo ad mensam utebantur, ut aliis vestibus parcerent. Testam. ann. 1433. in Tabul. Eccles. Massil.: *Item* (legamus) *unum Mantellum obscurum mensale cum duobus capuciis.* Vide *Mensale.*

☞ *Mantellum* uti vestis irreligiosa et inhonesta prohibetur scholaribus in Statutis Collegii Majoris-monast. ann. 1390. apud Lobinell. tom. 3. Histor. Paris. pag. 396: *Item, quod nullus deferat Mantellum per villam, nec alias vestes irreligiosas vel inhonestas.* Quod de aliqua mantelli specie accipiendum videtur.

MANTELLUS. Concilium Metense ann. 888. cap. 6: *Nemo Clericorum... cottos vel Mantellos sine cappa portet.* [Statuta Monialium S. Salvatoris Massiliens. MS. ann. 1400: *Mandamus ut subtus cadaver monialis defunctæ ponatur Mantellus honestus pennaforatus.*] Joannes de Garlandia in Synonymis:

Pallia, palliola, chlamys, cum cyclade palla,
Ac habilis manibus, Mantellus jungitur istis.

Poeta vel Grammaticus infimi ævi MS. post W. Britonis Vocabularium:

Pontificis struma, fæx Clerici, sordida spuma,
Qui dedit in bruma mihi Mantellum sine pluma,
Pauper Mantelle, sum vilis et sine pelle,
Si potes expresse frigus rabiemque percellæ.
Dixit Mantellus, Mihi nec pilus est neque vellus.

Vide *Mantellum* et *Mantellus* suis locis.

¶ MANTELLUS ALAMANICUS, An more Alemannorum? Ordinatio domus Dalphin. tom. 2. Hist. Dalphin. pag. 315: *Volumus et ordinamus quod in festo omnium Sanctorum singulis annis Persona nostra, Barones, Milites, Phisici, Doctores et Jurisperiti nobiscum, et de ipso Hospitio nostro existentes, induantur de una malacota cum Mantello Alamanico de aliquo panno plani colo-*

ris, et malacota sit fodrata cum fodratura de agnello, et Mantellus sit de panno duplici, ita quod fodratura sit de panno alterius coloris. Ita quod malacota cum fodratura, et Mantellus etc.

¶ MANTELLA PENULATA, Pellitio ornata. Charta ann. 1445. apud *Madox* Formul. Anglic. pag. 434 : *Item do et lego Willelmo Bastard et Elizabethæ uxori ejus... meam Mantellam penulatam cum furris ejusdem.* Vide *Penulatus.*

** MANTEL MARDRINUM. Ruodlieb fragm. 13. vers. 108 :

Mantel Mardrinum senio sudoreque fuscum.

MANTELLUM AD ROSTRA : Gallis *Manteau à pointe.* Statuta Ordinis Hospitalariorum S. Joannis Hieros. tit. 4. § 20 : *Cum e vita decesserint, Mantellis ad rostra, id est, cum punctis et cruce alba sepeliantur.* Tit. 10. § 5 : *Utantur tunicis et habitu longo et decenti, cum chlamydibus rotundis longis ad minus sub genu, vel rostratis sive ad punctas vulgariter dictis.*

Sic porro *Mantellum regium* describitur in Computo Stephani *de la Fontaine* Argentarii Regii ann. 1351 : *Pour 20. aulnes et demie de fin velluau vermeil des fors, pour faire une garnache, un long Mantel fendu à un costé, et chaperon de meesmes, tout fourré d'ermines, pour le Roy à la derniere feste de l'Estoille, etc. une fourrure de gris à fourrer un grand Mantel fendu à un costé, que ledit Seignor ot pour relever de nuis.* Alibi : *Pour fourrer un surcot, un Mantel long fendu à un costé, et chapperon de meesmes, que le Roy ot d'une escarclatte vermeille, pour cause de ladite feste, etc.* Et capite, *pour le Duc d'Orliens : Pour fourrer un grand surcot, un Mantel fendu à un costé, et chapperon de meesmes, que ledit Seigneur ot d'une escarlate vermeille.* Vide *Pallium* 1.

¶ MANTELLO VERSO, Proverbium, Gallis ead. notione *Tourner casaque.* Litteræ Angeli Pechinolii ad Innocentium VIII. PP. ann. 1489. apud Illustr. Fontaninum in Antiquit. Hortæ pag. 476 : *Et quia Majestati suæ tractatus ille placuerat, statim verso, ut aiunt, Mantello, contra omnem charitatem et proximi sui amorem... pacem cum illis conclusit.*

* Deficere, ab aliquo ad aliquem desciscere. Instr. ann. 1384. inter Probat. tom. 3. Hist. Nem. pag. 59. col. 2 : *Quod ex illo capite non poterant dominari, statim cœperunt vertere Mantellum, et declinarunt nonnulli ad dictum dominum ducem Bituricensem et locumtenentem.*

MANTELLETUM, diminut. a *Mantello.* Gall. *Mantelet.* Ceremonial. Episcoporum lib. 1. cap. 1 : *Super vestem inferiorem talarem, cum extra domum exibit, induet aliam vestem breviorem apertam, ut per scissuras brachia extrahi possint, quod genus vestis Mantelletum vocant.* Est etiam

MANTELLETUM, Machinæ bellicæ species, [quæ palis, perticis cratibusque solidata, teste Vegetio, quasi pallio, pugnantes tegebat, dum in hostes tela et lapides e machinis projiciebant. Computus ann. 1334. tom. 2. Hist. Dalphin. pag. 292 : *Pro expensis factis in quadam domo apud Vorapium in qua sunt repositæ machinæ et Mantelli domini Dalphini.* Ibid. pag. 282 : *Item, pro palis seu perticis Mantellorum*, VIII. *sol.* Occurrit præterea in Chron. Domin. de Gravina apud Muratorium tom. 12. col. 674.] Petrus IV. Rex Aragon. in Chron. lib. 3. cap. 23 : *Faen fer ginys en Valencia y en Barcelona, e Mantelets e Gates per combatre.* Adde cap. 25. lib. 6. cap. 4.

MANTELLATÆ dictæ Sorores de Pœnitentia B. Dominici, quod laneo utantur pallio, ut testatur Raimundus Capuanus in Vita S. Catharinæ Senensis num. 69. [tom. 3. Aprilis pag. 870 : *Et cum sororibus de pœnitentia B. Dominici quæ vulgari sermone Mantellatæ vocantur.*]

¶ MANTELLATI dicti pariter fratres tertii alicujus ordinis eadem ratione, in Bulla Leonis X. ann. 1516. in Contin. Bullar. Rom. part. 4. 37.

* 2. **MANTUM**, Mentum, Gall. *Menton.* Constit. Carmelit. MSS. part. 1. rubr. 10 : *Quotiescumque communicant fratres, lintheus mundissimus a duobus fratribus teneatur, qui Mantis communicantium submittatur.* Vide supra *Manto.*

* **MANTUS**, Armaturæ species, qua caput et humeros tegebant. Testam. Rich. de Bisunt. archiep. Rem. ann. 1389. inter Instr. tom. 10. Gall. Christ. col. 70 : *Item dedit et legavit magistro Johanni Vetulæ, olim ballivo suo Remensi, suam tunicam, Gallice Cote à armer, ferratam argento, bassinetum suum, meliorem Mantum, Gallice Camail, et meliorem suam tunicam ferream.* Vide *Camelaucum.*

MANUA, MANNUA, Manipulus, fascis : Italis, *Manata.* Gloss. vetus : *Mannua*, δράγμα, al. δράγμη. Gloss. Græc. Latin. : Δράγμα, *Manipulum, Manua, Dragma.* Græci δράγματα, vocant δεσμὰς, καὶ ὅπερ ἡ χεὶρ δράξηται. Idem Gloss. Græco-Lat. : Δέσμη. *Marina, fascis :* leg. *Manua.* Glossæ Isid. *Mannua, manipuli.* Gloss. Lat. Gall. : *Manipulus : Mannée, ou poignée de bled. Manua fœni*, apud veterem Interpret. Juvenal. Sat. 8. v. 152. sic enim legendum pro *manna.* [* Anbene, vide supra in *Manna* 3.] *Spartum in acervo Manuatum*, apud Plinium. Idem *Manuales fasces* dixit de lino. Charta ann. 1195. apud Ughell. tom. 7. pag. 1321 : *Octo salmas vini, et duas Manuas lini, etc.* Perperam editum *mannas*, ut et in Excerptis ex vet. Lexico pag. 252. Recentiores Græci μανούθιον videntur appellasse, quod Latini *Manuam.* Passio SS. XX. Martyrum Lauræ S. Sabæ n. 25 : Θάμνους γὰρ τὰ λεγόμενα μανούθια εὑρίσκοντες, (εἰώθασι γὰρ οἱ πατέρες αὐτὰ συνεισάγειν καὶ ἀποτίθεσθαι) ἑτοίμως λοιπὸν δι' αὐτῶν τὰ οἰκήματα ἐνεπύριζον. Occurrit etiam in Vita S. Euthymii n. 138.

1. **MANUALE**, Sudarium. Glossæ Isid. : *Manuale, Orarium.* Gloss. Ælfrici : *Manualis*, Hand-lin, i. manutergium. Acta Passionis S. Maximini Martyris : *Manualem quo oculos fuerat ligaturus, in partes duas discidit, etc.* Acta S. Cypriani : *Linteamina vero et Manualia fratribus ante eum mittebantur.* Mox : *Qui cum lacinias Manuales ligare sibi non potuisset, etc.* Vita S. Pelagiæ meretricis cap. 3. in Vitis Patrum : *Posuit faciem super genua sua, et Manuale sanctum quod tenebat sanctis manibus suis.* Ἐγχείριον vocant Græci. Germanus Patr. CP. in Theoria Myst. : Τὸ δὲ ἐγχείριον τὸ ἐπὶ τῆς ζώνης ἐστὶ τὸ ἀπομάξαι τὰς χεῖρας αὐτοῦ λέγτιον.

2. **MANUALE**, Manipulus. Vetus Ceremoniale Roman. ex MS. Vaticano : *Habendo stolam super humerum, et Manuale in brachio, sicut Diaconus.* Liber Anniversarior. Ecclesiæ Vaticanæ fol. 144 : *Item tres stolas, et tria Manualia de opere Cyprensi.* Ita etiam usurpat Hist. Episcoporum Autissiod. cap. 49. pag. 450.

3. **MANUALE**, ἐγχειρίδιον, Libellus qui manu facile gestari potest, aut qui semper in promptu est, et ad manum habetur, Joanni de Janua. Glossæ Isidori : *Manuale, liber ad gerendum aptus, qui Enchiridion dicitur.* Agobardus in Epist. ad Ebbonem Remensem Episc. : *Jubeas demum talia quæ viderentur congrua, proprio inserere Manuali.* Supra *Enchiridii* voce usus est. Mox sub finem Epistolæ : *Tale fieri jussistis opus quod paulisper manu gestetur, non quod in armario vel in scrinio reservetur.* Liudgerus in Vita S. Gregorii Traject. n. 20 : *Librum S. Augustini tradidit, quem Enchiridion, id est, Manuale ipse nuncupavit.* Idem Augustin. lib. Retract. cap. 63 : *Cum a me postulasset, ut aliquod opusculum haberet meum de suis manibus non recessurum : quod genus Græci Enchiridion vocant.* Idem in Enchir. ad Laur. cap. 5 : *Tu autem Enchiridion a nobis postulas, id est, quod manibus possit adstringi, non quod armaria possit onerare.* Cathwlphus in Epistola ad Carolum M. Regem Franc. : *Post fidem Dei, et amorem et timorem, ut sæpius habeas Enchiridion, quod est librum Manualem, legem Dei tui scriptam in manibus tuis, ut legas illam omnibus diebus vitæ tuæ.* Adelbertus Abb. Heidem. præfat. Relat. etc. : *Quædam ex plurimis collegi, et in quoddam minutum opusculum, et, ut ita dicam, in quoddam Manuale redegi. Manuale psalterium*, in Vita B. Mariani Abb. Ratisp. n. 9. Editus est Ingolstadii ann. 1583 : *Liber orationum, quem Karolus piissimus Rex Hludovici Cæsaris filius colligere atque sibi Manuelem scribere jussit.* Ubi nemo non videt scribendum *manualem. Libellus, et liber Manualis*, in Epistola Taionis Episcopi Cæsaraug. ad Quiricum Barcinonensem Antistitem, et in Vita B. Mathildis Reginæ n. 1. Alcuinus in Præf. ad Libr. de Virtutibus : *Ut habeas jugiter inter manus Manuales paternæ ammonitionis sententias, in quibus teipsum considerare debuisses, atque ad æternæ beatitudinis excitare studium.* Isidorus in Prologo in libr. Geneseos : *Veterum Ecclesiasticorum sententias congregrantes, veluti ex diversis pratis flores collectos ad manum fecimus, etc.*

MANUALIUM, ἐγχειρίδιον, in Glossis Gr. Lat.

MANUALIS, vel *Manuale*, Liber in quo continetur *ordo servitii, Extremæ Unctionis, Catechismi, Baptismi, et hujusmodi*, in Statutis synodalibus Odonis Episcopi Parisiensis, in Concilio Budensi ann. 1279. cap. 42. et in Synodo Bajocensi ann. 1300. c. 25. et apud Lindwodum ad Provinciale Cantuariensis Ecclesiæ lib. 3. tit. 27. pag. 361. [Annal. Benedict. ad ann. 898. tom. 3. pag. 303 : *Libros ecclesiasticos, scilicet psalterium, comitem, antiphonarium, Manuale orationum, passionum, sermonum, ordinum, precum et horarum.* Statuta Eccles. Nannet. apud Marten. tom. 4. Anecd. col. 934 : *Librum qui dicitur Manuale habeant singuli presbyteri parochiales, ubi continetur ordo servitii mortuorum, baptismatis, catechismi, extremæ-unctionis.*] Manualis meminit præterea Gillebertus Lunicensis Episcopus de Usu Ecclesiastico.

4. **MANUALE**, Pulpitum portatile. Gloss. S. Benedicti. : *Manuale*, ἀναλόγιον. Glossæ antiquæ MSS. : *Logium*, *Manuale*. Alibi : *Manuale*, *logium*, *orale*. Vide *Analogium*.

¶ 5. **MANUALE**, Fasciculus, Gall. *Bouquet*. [* Nisi sit Series sacrorum globulorum, vulgo *Chapelet*. Vide *Rosarium* 1.] Acta S. Franciscæ Rom. tom. 2. Martii pag. 141 * : *Et dictus Apostolus in forma humana præsentavit ipsi Beatæ unum Manuale rosarium satis pulchrum, in quo erant rosæ viginti.*

* 6. **MANUALE**, Cingulum videtur ad usum ecclesiasticorum. Inventar. MS. thes. Sedis Apost. ann. 1295 : *Item unum succinctorium vel Manuale rubeum et endicum* (sic) *cum nodis et manipulis.* Vide *Manuale* 2.

* 7. **MANUALE**, Quidquid ad manum alterius assignatur. Charta ann. 1233. apud Cenc. inter Cens. eccl. Rom. : *Hæc sunt donetitalia et Manualia, quæ dominus Offreducius de Miranda assignavit domino Batono castellano Mirandæ.* Quæ Charta sic inscribitur : *Instrumentum donitaliarum et Manualium rocæ Mirandæ.*

* 8. **MANUALE**, Prima perscriptio, protypum scriptum, Gall. *Minute*. Stat. comitat. Venaiss. sub Clem. VII. PP. cap. 21. ex Cod. reg. 4660. A. : *Notarii.... acta inter partes eorum manibus descripta ordinent,.... et ipsorum finito officio ipsa Manualia eisdem futuris notariis in dicto officio eis succedentibus restituere teneantur.*

* 9. **MANUALE**, Accepti et impensi diurni liber, Gall. *Journal*. Instr. ann. 1383. tom. 7. Ordinat. reg. Franc. pag. 44. art. 42 : *Quod receptor generalis,.... nec non idem contrarotulator tenebuntur fideliter scribere in eorum papiris et Manualibus omnes receptas per eos factas.* Stat. colleg. de Marchia ann. 1423. fol. 89 : *In ipso collegio habeatur Manuale seu dietarium commune,.... in quo scribantur omnes misiæ saltem extraordinariæ et omnes receptæ.*

** Manuale Pretium. Vide in *Pretium*.

MANUALES, in Glossis antiq. MSS. *Forcipes ferrarii.* Addit Papias : *Longum ferrarii.* Ita Codex MS.

¶ 1. **MANUALIA**, Manicæ. Expositio brevis antiquæ Liturgiæ Gall. apud Marten. tom. 5. Anecd. col. 99 : *Manualia vero, id est manicas, induere sacerdotibus mos est instar armillarum, quas Regum vel sacerdotum brachia constringebantur.*

¶ 2. **MANUALIA**, Quotidiani et minores præbendæ reditus. Compendiosa benefic. expositio fol. 11 : *Ut dispensati fructus percipiant quos vulgus nomine grossi indicat, diariis vero et Manualibus sive ganiagiis priventur.* Concil. Mexicanum ann. 1585. inter Hispan. tom. 4. pag. 408 : *Et nihilominus universis præbendæ suæ emolumentis et obventionibus, anniversariis et Manualibus quæ nonnisi ab actualiter assistentibus percipiuntur, perinde ac si divinis officiis interesset, gaudeat.*

3. **MANUALIA**, Pecora seu animalia mansueta, quæ, ut loquitur Varro lib. 2. de Re rust. cap. 7. *ad manus accedere consueverunt* : Græcis χειροήθη; Hispanis *Alimañæ*. Lex Alamann. tit. 99. § 14 : *Si quis pecus Manualem, qui dicitur alatus, aut verrem, aut ducariam occiderit, etc.* Ubi *Manualium alatorum* nomine intelliguntur gallinæ, pulli, et alia volatilia domestica. Tabular. Casauriense : *Cum casis, Manualibus, coloniciis, terris, vineis.* [Quod de manoperariis intelligendum opinor. Chronic. Farfense apud Murator. tom. 2. part. 2. col. 625 : *Manualia per singula castella, et boum paria eis sufficientia, villanos omnes ad opera exercenda, etc.*] Chron. Casin. lib. 3. cap. 57 : *Cum decima piscariæ et Manualium suorum. Res Manuales*, in Charta ann. 1052. in eodem Tabulario Casaur. et tom. 6. Ughelli pag. 871. Isidorus Pacensis Episcopus in Chron. æra 754 : *Præda et Manualia, vel quidquid illud est quod olim prædaliter indivisum retentabat.* Vide Probat. Hist. Sabaud. pag. 20.

A Latino hocce vocabulo deflexum Gallicum *Aumaille*, ead. notione. Guill. *Guiart* in S. Ludov. :

Vilains tuent, femmes despueillent,
Les Aumailles par tout acueillent,
Aignelets beleut, vaches muient.

Idem ann. 1302 :

Et puis retournent vers la ville,
Espés con le conduit Aumaille, etc.

[Le Roman *de Vacce* MS. :

Lez brebiz prennent et l'Aumaille.]

Statuta Parisiensia in veteri Regesto de mercium variarum pretio : *Chars, Aumaille, bœufs, vache, toute maniere d'Aubmaille*, 8. *den.* Charta ann. 1303. in Hist. Abbatiæ Longipontis : *Leurs bestes Aumailles, à sçavoir vaches et veaux.* [Charta ann. 1461. ex Chartul. monast. Baugeseii : *Lequel... a prins par plusieurs et diverses fois les pourceaux, Ausmailles et autres bestes qu'il trouvait és dits bois.*] Occurrit præterea in Consuetud. Britanniæ, art. 409. Senonensi art. 147. Lodunensi cap. 19. art. 1. *Bestes aumalines*, in Charta Libertatum oppidi Aussonensis ann. 1229. apud Claud. Juvanum, in qua perperam scriptum *armalines*. Vide Ughellum tom. 1. part. 1. pag. 298. tom. 4. pag. 1457.

☞ Circa hujusce vocis etymon potior mihi videtur Eccardi sententia, qui ab *animalia*, *Aumaille* deductum censet. Et quidem *Aumailles* dixerunt nostri majora pecora, quæ alii animalia vocabant. Mitto Menagii originationem, quippe quæ a fictitio verbo excogitata sit.

1. **MANUALIS**, Amanuensis. Carolus M. seu Alcuinus Epist. 84 : *Angilbertum Manualem vestræ familiaritatis vestræ direximus Sanctitati.* Qui quidem Angilbertus, *Auricularius sive Secretarius* dicitur ejusdem Caroli, Epist. 83. *Manualis Notarius*, in veteri Charta apud Baldricum in Chron. Camerac. lib. 1. cap. 52. quæ sic clauditur : *Ego Ernaldus indignus Presbyter et Manualis notarius hanc donationem.... scripsi. Librarius ad manum*, in veteri Inscript. 584. 11.

2. **MANUALIS**, *Instrumentum medicorum sic dictum, quod manu astringatur, dum plurima continet ferramenta, scilicet similiariam, angistrum, spathomerem, ginam vel giniam.* Ugutio.

* Nostris *Manuel apuy*, pro *Etal*, *boutique*, Mensa operarii. Arest. ann. 1312. in Reg. *Olim* parlam. Paris. fol. 135 : *Issues, saillies, huisseries, huvrelas, appentis, estaures ou Manueles apuys, ne autres manieres d'ouvrages ou édifices ès fros de la ville de S. Richier.*

3. **MANUALIS**, Domesticus, familiaris. Joannis VIII. PP. Epist. 141 : *Quoniam specialiter noster es Manualis.*

* Inquisit. ann. 1235. apud Cenc. inter Cens. eccl. Rom. : *Item dicit quod vidit bucarones.... servire nunciis curiæ, sicut proprii curiæ Manuales, in omnibus sicut volebant et præcipiebant ipsi nuncii.*

¶ Manualis, *Manuoperarius*, nostris *Manœuvre*. Breve recordationis Boni Abb. S. Michaelis apud Pisas tom. 4. Annal. Benedict. pag. 435 : *Quod habebam et habere potui, dedi in reparationem ipsius turris ad magistros ad Manuales, et ad quod necesse erat.*

¶ Manualis, Servus prædio addictus. Chronic. Farfense apud Murator. tom. 2. part. 2. col. 395 : *Unum servum Manualem nomine Marcellinum.* Et col. 590 : *Ut decima terrarum, quas Manuales laborant ad suas manus, et servi et libertini, etc.*

** Manualis Fides. Vide in *Fides* et Haltaus. Glossar. German. voce *Handgebende Treue*, col. 803.

** Manualis Obedientia Vide in *Obedientia*.

** Manualis Præbenda. Vide in *Præbenda*.

¶ 1. **MANUALITER** Pugnare, Manus conserere, cominus pugnare, Gall. *En venir aux mains.* Bartholomæi Scribæ Annal. Genuens. ad. ann. 1224. apud Murator. tom 6. col. 436 : *Imo, quod non est prætermittendum, gens nostra, dimissis portis ipsius villæ apertis, in occursum inimicorum foras exibant, et Manualiter cum eis pugnabant.* Sallas Malaspinæ lib. 4. Rer. Sicul. apud Baluz. tom. 6. Miscell. pag. 298 : *Sane utrinque magna erat aviditas confligendi et tanta quippe quod modo milites, modo pedites Manualiter singulari concertatione se jungunt.*

2. **MANUALITER**. Willel. Brito lib. 8. Philipp. :

Plusque laborabant populo Manualiter omni.

i. opere manuario.

¶ 3. **MANUALITER**, Pacifice. Charta ann. 1501. ex Schedis Præsid. *de Mazaugues : Manualiter colligere et sine acunatione quacumque de dictis glandibus.*

* Vel potius nude, pro Manu, ut in Charta ann. 1330. ex Tabul. Flamar. : *Juravit ad sancta Dei evangelia Manualiter tacto libro.* [** *Sub debito fidei, quam ipse vicedominus Manualiter præstitit*, i. e. manu data promisit, in chart. ann. 1291. apud Guden. in Cod. Diplom. tom. 1. pag. 848.] Occurrit passim. Legitur alia notione *Manualiter deprehendi* infra in *Manus*.

¶ **MANUALIUM**. Vide *Manuale* 3.

MANUAPTUS, Ad manum, in promptu. Vita S. Wnebaldi Abb. Heidenheim. n. 8 :

Primordialia Prophetarum vaticinia aliasque Sanctorum expositiones Manuaptas habere solebat, ut de illarum imitatione scripturarum aliquid exsequendo conservaret.

¶ 1. **MANUARIA**, Exactionis genus, in *Manneria.*

2. **MANUARIA**, Securis, quæ quibusdam *dextrale* dicitur, [Provincialibus *destrau.*] Auctor de Miracul. S. Columbani cap. 27 : *Jussit filio ut ei ferramentum, quod vulgo Manuariam vocant, afferret, quatinus arbusculas ipsius agri succideret.* Tabul. Casaur. 1. part. : *Vendidimus... et in ipso casale quicquid habere visus sum. Et pretium a vobis recepimus vaccas duas, porcos duos, pecudes duas, vomerem unum, Manuariam unum.* [Vide *Manaria.*]

MANUARIOLUM, Sudariolum quod manu gestatur. Regula Magistri cap. 81 : *In æstate habeant singula Manuariola linea propter sudores.*

¶ **MANUARIUS**, Operarius, *Manœuvre.* Vita S. Johannis Valent. Episcopi apud Marten. tom. 3. Anecd. col. 1701 : *Accedit quemdam Manuarium in solemnitate S. Mariæ fœnum illicite caricasse, etc.*

MANUARTIFICES, unica voce, apud Michaelem Scotum lib. 2. Mensæ Philosophicæ cap. 16.

* **MANUATA**, Manipulus, pugillus, quantum manu capi potest. Inquisit. ann. 1254. in Reg. *Olim* parlam. Paris. : *Abbas S. Sulpitii Bituricensis de qualibet quadriga ducente sal Bituricum, habeat unam Manuatam salis pro quolibet equo de quadriga.* Vide supra *Manata* et *Manua.*

MANUATIM, *de manu ad manum,* Gall. *de main en main.* Vetus Pœnitent. apud Morin. : *Interim pœnitentes Manuatim ab Archidiacono reddantur Episcopo : et Episcopus reddat Diacono, qui ex parte ejus est.*

¶ **MANUATTRECTATIONES.** Quid illæ sint *manuattrectationes*, pro quibus emendandis reo pecuniaria mulcta irrogabatur, non omnino constat : suspicor tamen illa esse conventionum signa, quibus alter alterius manum percutiebat; quæ cum haberentur tanquam juramenta, non dimittebantur nisi inflicta prius aliqua pecuniaria pœna, quæ in usum cedebat sacerdotis; unde *Manuattrectationes* inter ea quæ erant fisci sacerdotii recensetur. Si quis vero hac voce matrimonium, vel quidquid pro contrahendo matrimonio sacerdoti persolvebatur, designatum existimaverit, non diffitebor omnino. Tabular. Vosiense fol. 3 : *Concesserunt Deo et Sancto Petro Vosiensi omnem fiscum sacerdotii ex eadem ecclesia, ex baptisteriis, ex pœnitentiis, ex Manuattrectationibus, et ex omnibus quæ ad fiscum sacerdotii pertinent.*

* **MANUBIUM**, Promptuarium, penaria. Ordo eccl. Ambros. Mediol. ann. circ. 1130. apud Murator. tom. 4. Antiq. Ital. med. ævi col. 899 : *Officio* (diei Paschæ) *incœpto, cicendelarius ebdomadarius porrigit panem azymum subdiacono ebdomadario, receptum de Manubio archiepiscopi vel camera ejus.*

MANUBLA, *Iteratio doctrinæ*, in Gloss. Isid. [Ubi apte omnino Grævius : sunt hæc, inquit prodigiose corrupta. Forte pro his substituendum : *Manubiæ, spoliatio, rapinæ.* Papias : *Manubiæ, spolia, rapinæ, res de præda manu collectæ.* Gloss. Lat. Gall. Sangerman. : *Manubiæ, Eschargaites, espies, ou despoilles, choses de proie, rapine.*]

* **MANUBRIARE**, *Facere manubria vel ponere illa.* Glossar. vetus ex Cod. reg. 521. *Manubriare, Emmencher*, in Glossar. Gall. Lat. ex Cod. 7684. Unde *Manubriator*, aptator et opifex manubriorum. Arest. parlam. Paris. ann. 1368. in lib. 1. Statut. artific. Paris. fol. 305. v°. : *Quam* (visitationem) *præfati mercerii ad illos, qui dictos custellos Manubriabant et Manubriant, et non ad illos spectare et pertinere dicebant.* Ibid. fol. 306. r°. : *Alii manubria faciunt, alii ea perforant et specialiter inter dictos artifices sunt plures, qui dicuntur Manubriatores.... Dictique Manubriatores præfati mercerii manubria et virolas per alios prædictos facta, et alumellas alibi fabricatas tradere consueverunt pro Manubriando.*

MANUBRIUS, [Thuribulum.] Tabular. S. Eparchii Inculism. : *Fecitque cruces et tabulas argenteas deauratas, calices vero et turibulos sive Manubrios, sonantia cimbala argenteos deauratos, etc.*

¶ **MANUBRUNEA**, Manuburnia. Vide *Mamburnus.*

¶ **MANUCALIS** Sporta. Vide *Manuensis Sporta.*

MANUCAPERE, In se quid suscipere, vadem se præstare, se pro aliquo obligare : vox forensis. Charta ann. 1293. in Regesto Constabulariæ Burdegal. fol. 204 : *Ad majorem rei securitatem nobiles viri N. N. pro nobis Manuceperunt, et dicto Domino Regi in causam prædictam omnia bona sua... obligarunt.* Alia Guillelmi D. de Feritate ann. 1206. in Tabular. Abb. S. Vincentii, diœc. Carnot. : *Propter ipsam quitationem ipse Hugo concessit Canonicis, et Manucepit ad garantizandum cunctas eleemosynas ab antecessoribus suis factas.* Alia ann. 1250. in Tabulario Monast. Hederæ fol. 103 : *Et Manuceperunt prædictæ personæ pro se et pro aliis parochianis ejusdem villæ fide in manu nostra corporali, quod etc.* [Charta Johannis Reg. Angl. in Lib. nigro Scaccarii pag. 380 : *Mandaverunt tamen nobis, quod Manuceperunt pro eodem Willelmo, quod veniret ad nos infra certum terminum.*] Addit. ad Matt. Paris pag. 102 : *Et post illam redemptionem inveniet 12. plegios qui ipsum Manucapient, quod deinceps non malefaciet in parcis.* Thom. Walsinghamus in Ricardo II. pag. 245 : *Radulfus de Ferrariis et Barones 4. qui Parliamento proximo interfuere, Manucaptus est, donec per magis evidentes rationes suam innocentiam declarasset,* id est, se vadem constituit sistendi juri : nisi hoc loco *manucaptus*, sit idem quod captus. Gloss. Gr. Lat. : Δορυάλωτος, *manucaptus.* Occurrit priori significatu, in 2. Statuto Westmon. cap. 12. apud eundem Matth. Paris ann. 1244. pag. 422. et ann. 1251. pag. 543. Florent. Wigorniens. pag. 429. Brompton. in Stephano pag. 1039. Duchesn. in Probat. Hist. Vergeiac. pag. 142. Bractonum lib. 3. tract. 2. cap. 1. in Fleta lib. 1. cap. 41. § 7. apud Stanfordium lib. 2. de Placit. Coronæ cap. 17. etc. Vide *Manucaptio* et *Manucapere.*

¶ **Manucapere de Rato**, Hæreditatem adire pro sua parte. Charta ann. 1324. apud Thomasserium Consuetud. Bituric. pag. 725 : *Quod dictus Gaufridus habebit pro parte sua et pro parte Joannæ sororis monialis Fontis-Evraudi, pro qua Manucepit de rato, ut est dictum, castrum de Vodolione.*

MANUCAPTIO, [Fidejussio, cautio, atque etiam interdum ipse fidejussor, Gall. *Caution.* Litt. Edw. I. Reg. Angl. ann. 1306. apud Rymer. tom. 2. pag. 1005 : *Ipsi amici dictorum burgensium in Angliam veniant ad inveniendum ibidem, si possint, Manucaptionem pro burgensibus illis.... Et quod Manucaptio prædicta per manum tabellionis in Instrumentum publicum redigatur, et nobis sub sigillis Manucaptorum postmodum transmittatur.* Vide *Memprisa.*]

MANUCAPTOR, in Synodo Exoniensi ann. 1287. cap. 50. in Fleta lib. 1. cap. 41. § 7. cap. 48. § 6. apud Henricum de *Knyghton* ann. 1330. etc. pro vade. [Charta Eduardi Reg. Angl. ann. 1369. apud Marten. tom. 1. Anecd. col. 1509 : *Et quia dilectus nobis in Christo frater Philippus Rannulfi procurator Abbatis de Ffiscampo in Anglia alienigena de potestate Ffrancorum invenit coram nobis in Scaccario nostro.... Manucaptores suos, qui manuceperunt pro prædicto procuratore.* Liber niger Scacc. pag. 386 : *Manucaptores pro filiis Willelmi de Braosa.*] *Mainpernor*, seu *Mainprenear*, in Statuto *Acton-Burnel.* ann. 11. Edw. I. Reg. Angl. Vide *Manucapere.*

Vocis origo inde manasse videtur, quod qui se vadem præstabant, aut fidejubebant, illum, cujus sponsores erant, ad judicem deducebant, *Manuque* illius apprehensa, seu *capta*, palam, coram judice et aliis, fidejussionem suam profitebantur.

MANUDUCTIO, Idem quod *Conductus, Sauvegarde.* Joannes Sarisberiensis lib. 1. Epist. 33. apud Baron. ann. 1165 : *Dicunt enim quod Pisani... mare ingressi sunt... et piraticam exercent, ut sine Manuductione eorum nulli omnino liceat navigare in illo mari.*

¶ **MANUENSIS** Sporta, Quæ manu fertur. Sic legendum auctor est Grævius, pro *amanuensis sporta*, apud Cassianum Collat. 19. 4 : *Ob quam etiam causam septem dierum cibus, hoc est, septem paximaciorum paria sequestratum in procherio; id est, Amanuensi sporta, die Sabbathi reponuntur.* Alibi : *Manucalis sporta*, pro *Manualis* ut putat la Cerda.

MANUFICTILE, in Legibus Henrici I. Regis Angliæ cap. 90. Manu operatum.

MANUFIDELES, *seu ultimarum executores voluntatum*, in Concilio Coloniensi ann. 1300. cap. 10. et in Synodo Coloniensi ann. 1366. cap. 7. [Testamentum Bertholdi ann. 1275. tom. 2. Rer. Mogunt. pag. 508 : *Item volo et Manufidelibus meis committo, ut ipsi omnes commensales meos, sive sint Canonici, sive vicarii, post obitum meum in expensis curie mee procurent honeste per mensem, ne ipsos tanquam oves errantes contingat evagari.* Statuta Eccl. Leodiens. ann. 1287. apud Marten. tom. 4. Anecd. col. 884 : *Et nos excommunicamus... omnes executores seu Manufideles, qui bona decedentium, quorum sunt executores invadant, recipiunt.*] [** Vide Haltaus.

Glossar. Germ. voce *Treu-Hænder*, col. 1805.]

MANUFIRMA MANUFIRMATIO, MANUFIRMARE. Manufirma est, fundus concessus alicui ad vitam, et hæredum sub censu annuo, certis conditionibus interpositis: proinde diversus ab *Alodo*, qui erat hæreditarius. Tabularium Vindocin. ch. 17: *Cujus etiam Manufirmæ censum de meo jure in eorum transfero dominium, ut hæc non Manufirma, sed alodus deinceps existat Majoris Monasterii Monachorum.* Charta Caroli Crassi Imperatoris ex Tabul. S. Cyrici Nivern. num. 34: *De Manu etiam firmis ut judicio Episcopi et dispositione sicut incipiunt habere exordium, in judicio, et definitione Episcopi utrum veræ an falsæ sint, utrum stabiles an inutiles sint, tantummodo absque judiciali potestate comportentur.*

Manufirmarum primitus eadem fuit conditio, quæ feudorum et Beneficiorum, cum a dominis ad vitam concederentur, eaque finita ad donatores redirent. Hariulfus lib. 4. cap. 21: *Hanc* (terram) *domni Geruini antecessores cuidam concesserant Agenardo, ut quandiu vixisset, firma manu possideret.* In hoc tamen inter se differebant, quod Beneficia nulli alii oneri obnoxia essent, præterquam homagio et servitio militari; quo erga dominum a quo habuerat quisquis iis investitus, tenebatur, ab eo requisitus. Manufirmæ vero vilius quidpiam redolebant, cum sub censu annuo concederentur. Exstat præclarum et vetus de *Manufirmæ* ad vitam concessione Instrumentum, in Tabulario Nobiliacensis Monasterii in Pictonibus, ex quo ejusmodi contractuum et concessionum originem observare quivis potest; quod quia hactenus ineditum, in lucem proferre haud gravabor: *Mos Mosaica a priscis temporibus est promulgata, ut quicunque potens, vel aporos, possessionem suam venundare vellet, transacto anno jubilæo, id est, quinquagesimo, restitueretur illi possessio. Ad instar ergo hujuscemodi moris constitutum est per spatium hujus vasti orbis, ut Manufirma finitis successoribus absque ulla calumnia redeat, unde fuerat. Igitur ego in Dei nomine Yvo Abba, et Fratres nostri cuidam fideli nostro, Rorgoni scilicet, Canonico et Archidiacono S. Petri Pictavensis, Manufirmam facimus de tribus jugeris vinearum, aut eo forsitan amplius. Et sunt secus aliam Manufirmam de Cassanas, ut quandiu vixerit, teneat, et post discessum ejus ad locum S. Juniani remaneat, et ad festivitatem ejus omni anno unam libram de piperum reddat. Manufirmam vero de Cassanas ipse et mater ejus Aldeardis, quandiu vixerint, simul teneant ambo, et post discessum amborum ad locum remaneat, nullo contradicente propinquo. Si quis autem hanc Manufirmam calumniare, vel inquietare præsumpserit post discessum Rorgonis et Matris ejus, mille solidos coactus componat, et in ira Dei omnipotentis corruat, et alienus a consortio Christianorum fiat, atque excommunicatus permaneat, consepultus in inferno cum Dathan, Chore et Abiron. Et ut hæc Manufirma stabilis et inconvulsa sit, manibus Rorgoni et matris ejus Aldeardis est firmata, et parentibus illorum ad firmandum data. S. † Hugonis filii Alboini. S. † Hugonis filii Arberti.*

Quandoque, et crebro, *manufirmæ* dabantur non ad unius modo, sed ad primi aut secundi hæredis vitam, ita ut iis decedentibus, licet liberos haberent, ad dominos reverterentur, quæ erat *Præcariarum* et *Præstariarum* conditio. Liber Aganonis, sive Tabularium Monasterii S. Petri Carnotensis: *Pars vero B. Petro data a Guiberto Abbate quondam improvide cuidam Militi et duobus hæredibus suis in Manufirma concessa esse dignoscitur.* Prostant in eamdem sententiam varia Diplomata in Chron. Hariulfi lib. 4. cap. 21. in Tabul. Abbat. Vindoc. apud Gallandum de Franco alodio pag. 20. et in Tabulario S. Hilarii Major. Pictav. apud Beslium pag. 284. 286. 290. in quorum altero notandum occurrit, interdum *successorum* vocabulo non semper liberos, aut proximiores hæredes intelligi, sed eos quos ille cui fundus datus erat ad manufirmam, eligere aut nominare voluisset: *Deprecatus est ut... cuidam viro nomine Mainardo, et duobus successoribus ejus, quoscunque eligere voluerit, sub censu 3. solidorum concedere deberemus.* En aliud ex Originali Monasterii Nobiliac. desumptum:

In nomine, etc. Interveniente Dei gratia Alboinus Episcopus (*Pictavensis*) *atque Abbas Cœnobii Nobiliacensis, cum omni Congregatione ipsius Monasterii, notum quidem fieri cupimus cunctis fidelibus S. Dei Ecclesiæ, præsentibus scilicet atque futuris, quod quidam fidelis noster nomine Bernerius, Sacerdos B. Petri Canonicus, accedens venit ad nostram pietatem et precatus est nos ut aliquid ex nostro beneficio, videlicet ut ei quartas terræ, et aliam terram, quantum in terra villa Vilziaco visum est habere S. Mariæ et S. Lucæ Evangelistæ et S. Juliani ex Nobiliaco Monasterio, sub Manufirma per nostræ auctoritatis scriptum dignaremur concedere, quod et omnimodo nobis placuit fecisse. Terminatur vero ex uno latere terra S. Petri, altera parte S. Hilarii, tertia parte terra S. Radegundis, quarta vero via publica. Eo videlicet modo, quandiu vixerit præfatus Bernerius sub censu* XVIII. *denariorum teneat, possideat, et faciat exinde quidquid elegerit, jure Ecclesiastico, nemine contradicente. Post suum quoque decessum, duobus successoribus suis qualescunque melius voluerit, sub eodem censu remaneat. Et si tardi, aut negligentes hujus census fuerint, duplicatum reddant, et res non perdant. Precamur denique omnes nostros successores, ut ea quæ juste, ac rationabiliter statuimus, ita conservent, sicut a suis successoribus optaverint permanere gesta. Ut autem hæc Manufirma in Dei nomine pleniorem obtineat vigorem manibus firmavimus, postea Fratribus Monasterii corroborandam tradidimus. S. Alboini Ep. hanc Chartam a me factam et firmatam, etc.* Vide Hariulfum lib. 3. Chron. Centul. cap. 31.

Certe inde colligitur vix ullum esse discrimen inter *Manufirmam* et *Præstariam*, quibus alienare solebant Ecclesiarum præpositi res ipsas Ecclesiasticas. Hinc querelæ Abbonis Monachi Serm. 5: *Diversis plane dolis et fraudibus prædicti invasores Ecclesiæ destruunt præsidia Christianitatis, hoc est, sedes Episcopales et Monasteria, prædiis scilicet, rapinis, precariis falsidicis, Manufirmitatibus iniquis.* Vide infra *Præstaria* et *Precaria.*

Extinctis iis, ad quos *Manufirma* ex concessionis pacto devoluta erat, ad dominos revertebatur, nisi iidem eorum hæredibus denuo concederent, per novam concessionem, cujusmodi secundæ, aut continuatæ donationis in manufirmam, exemplum profert idem Gallandus ex Tabulario sancti Cypriani Pictav. pag. 19.

Denique idem in manufirmis, quod in feudis, accidit: nam quæ primum ad vitam concedi solebant, postmodum hæreditario jure possessæ sunt, et de iis disponendi facultas, æque ac de feudis, concessa est. Unde non semel Manufirmas donatas Monasteriis legimus, apud Pithœum in Comm. ad Consuet. Trecens. art. 59. Ph. Labbeum tom. 2. Miscellan. pag. 567. Gallandum pag. 18. in Tabulario Vindocinensi Thuani, etc. Adde Jac. Petitum post Pœnitentiale Theodori pag. 669.

* Hujus posterioris usus testis est Charta Guill. episc. Camerac. ann. 1287. ex Chartul. Valcel. ch. 65: *Comme Cholars de Audencort ait vendut al abbet et au couvent de Vaucieles un courtil;.... lequel courtil cils Cholars tenoit de nous à Mainferme, etc.*

Nullum porro erat discrimen inter manufirmas, et terras censuales, seu censui obnoxias, quæ in eo differebant a feudalibus, quod censuales, seu manufirmæ, nullum homagium, servitium, exercitum, domino, ut feuda, sed censum annuum tantummodo deberent, qui in pluribus locis in mutatione domini duplicatur, ut habet Butilerius in summa rurali, ubi *terras coteriæ*, et *Manufirmæ*, perpetuo feudalibus opponit, fol. 140. 154. 177. 183. 186. vet. Edit. Idem observare est in Consuetudinibus municipalibus Cameracensi tit. 1. art. 18. 23. 74. Hannonensi cap. 68. 69. 77. 80. 84. Montium cap. 4. 7. 12. 20. 21. 26. Atrebatensi art. 14. 23. 136. Valentianensi art. 81. 91. 182. *Census de Manufirma*, in Charta anni 1250. apud eumdem Gallandum: 15. *solidos Paris. de capitali censu, qui census dicitur, census de Manufirma.*

* Interdum *Manufirma*, idem est atque prædium ab omni præstatione liberum et a quolibet servitio reali et personali immune, ut colligitur ex Charta ann. 1327. in Reg. 64. Chartoph. reg. ch. 687: *Sunt omnia prædicta moventia de franchisia, vocata Manufirma, quod est idem quod franc alleu.*

Jam vero *Manufirmæ* nomen inde manasse videtur, quod ejusmodi concessiones *manu* concedentium et donatorum *firmarentur*, peculiarisque esset iis in contractibus formula, quæ in plerisque habetur, quos supra indicavimus: *Ut autem hujusmodi Manufirma stabilis et inconcussa permaneat, manu propria firmavimus.* Tabularium Ecclesiæ Gratianopolitanæ ch. 12. sub Radulfo Rege: *Signum Drogoni qui cartam eleemosynariam istam scribere et firmare rogavit manu ejus firma.* Tabular. Brivatense ch. 257: *S. Ardmandi, S. Bertillæ uxore sua, qui cartam confertoriam inter se conscribere vel adfirmare rogaverunt manu eorum firma.* Form. 54. ex Andegavensib. : *Unde convenit, ut manus eorum firmatas inter se accipere deberent, quod ita et fecerunt, etc.* Tabular. Vindocinenee ch. 106 : *Quod factum est, quando omnes contactu manuum cartam firmaverunt.* [Charta Eboli Comitis Pictav. apud Stephanot. tom. 3. Antiq. Bened. Pictav. MSS. pag. 343 : *Ut autem hæc Manus-firmata pleniorem in Dei nomine optineat firmitatem manibus nostris propriis subterfirmavimus.*]

Neque diffiteor tamen formulam hanc non in solis duntaxat *Manufirmis* ita fuisse usurpatam, ut in aliis concessionibus non reperiatur. Imo observare licet ex Capitulari 3. ann. 803. cap. 19. et lib. 6. Capitul. Caroli M. cap. 237. *Manufirmationes*, appellari universim omnia Diplomata, Regum et Imperatorum manibus firmata et subscripta. Ita apud Beslium Charta Guillelmi Pictavensis Comitis ann. 1019. qua alodum quoddam, Columbarium dictum, Monasterio Burguliensi concedit, absque ullo census onere, *Manufirma* appellatur, his verbis : *Data est hæc Manufirma in civitate Pictavis, etc.* Tabular. S. Martini de Campis : *Ego Rex Henricus et Regina, pariter et Philippus filius, cum fratribus suis Manufirmatam corroboravimus.* Alia Ludovici Regis ann. 936. apud Sammarth. in Episcopis Parisiens. num. 49 : *Petierunt ut Ecclesiæ S. Petri in qua S. Medericus corpore quiescit, Manufirmas quas fecerint Comes Adalardus et Abbo vassus,... præcepto nostræ auctoritatis renovaremus ac confirmaremus.* [** Vide Haltaus. Glossar. German. voce *Handfeste*, col. 802. et voce *Handfestung*, col. 2206.]

Firma Manus, pro *Manufirma*, occurrit in Chronico Andrensi pag. 366. 372. 458.

¶ Manufirmitas, Charta qua fundus alicui nomine *Manufirmæ* conceditur, in Chartulario sancti Cypriani Pictav. Vide Gloss. Juris Gallici v. *Main-ferme.*

¶ **MANUFOLLIA**, Chirothecæ, Gall. *Mouffles.* Miracula S. Martialis Episc. tom. 5. Junii pag. 555 : *Cujus ictu Manufollia, quæ sub capite auro fota posuerat, patefacta in pavimento Ecclesiæ, ac si sacrilegii horrore impedita, ornamenta gemmarum in lucem coram testibus vomuerunt.*

* **MANUFORTIS**, Davidis epithetum, apud Glabr. Rodulph. tom. 10. Collect. Histor. Franc. pag. 41 : *Sicut ait Manufortis insignis præcentor bellorum Domini :* Dejecisti eos, *inquiens*, dum allevarentur.

MANUINSPEX, χειροσκόπος, in Gloss. Græc. Lat.

MANULARES. Glossar. Græc. Lat. MS. et Editum : Μονοχέρια, *Mamillares.* Reponunt viri docti *manuales;* sed legendum videtur *manulares*, seu *manuleares.* Vide *Manulea.*

MANULATUS. Vide *Manlat.*

MANULAVIUM, *ubi lavantur manus, antiquis malluvium.* Ugutio.

MANULEA. Glossarium vetus : *Manulea*, χειρίς. Gl. Græco-Lat. : Χειρίς, *manicium*, *manuela.* Jo. de Janua : *Manulea, manica, manuleatus, manicatus.* [Unde Gloss. Lat. Gall. Sangerm. : *Manche de robe, ou amannette, comme chaiene de fer à mettre en prison par les mains.*] Gloss. Ælfrici Anglo-Sax. : *Manuliatus*, vel *manicatus*, geslefed. Gloss. Lat. Gall. : *Manulea, idem quod manica.*

Manulearii, *qui manuleas faciunt, a manuela, quæ est manica.* Ugutio.

¶ **MANULEVAMENTUM.** Vide *Manulevatio* in *Manulevare.*

MANULEVARE, Fidejubere. Consuetudines et jura Eccles. de Regula in Aquit. tom. 2. Bibl. Labbei : *Omni tempore statutum est forum in villa Regulæ. In die Sabbati dominus de Girunda tenet in hoc foro in feodum de Priore justitiam mercati : nec debet alia die Sabbati aliquid ultra rivos emere : quod si factum fuerit, ad dominum Girundæ pertinet justitia, et ipse die Sabbati Manulevabit.* Et infra : *Prior et Claviger poterunt Manulevare.* Ibidem : *Si duo vel tres socii fuerint in porco vel vacca vel ariete, de unoquoque Manulevabit, etiam si unus vendiderit pro omnibus.* Fori Morlanenses art. 22 : *Nemo hujus villæ debet domino accommodare, vel Manulevare præter voluntatem suam.* Fori Oscæ ann. 1247. fol. 4 : *Cum pro ullo clamo aliquis homo pignoraverit alii homini aliquam bestiam, et postea dederit ei ad Manulevandum usque ad certum terminum, etc.* [Chartarium Eccl. Auxitanæ cap. 92 : *Bonicellus captus olim apud Lavardenum, cum se redimere non posset, Raimundum Bergot consanguineum suum rogavit ut eum Manulevaret.*] Vide Foros Aragonenses Edit. 1. Consuetudin. Tolosæ part. 2. Rubr. de Societat. et Consuetudines villæ Martelli apud Justellum in Probationibus Hist. Turenensis pag. 40.

Manulevator, inquit Michael *del Molino* in Repertorio Foror. Aragon. : *Fidantia et Fidejussor sunt vocabula synonyma,.. et Fori et Observantiæ dictis vocabulis promiscue utuntur.* Consuetudines seu Fori Jaccæ in Hispania apud Hieron. Blancam : *Mercatores de Jacca, vel alios homines extraneos nullus audeat pignorare, nec desturbare, nisi fidejussor sit, Manulevator, vel creditor.* Ibidem : *Nullus sit fidejussor, vel Manulevator ultra quam potest.* Usatici Majoricenses MSS. : *Debitor vel fidejussor possit dare pignus suo creditori ad 10. dies cum Manulevatore idoneo.* Vide tom. 8. Spicilegii Acheriani pag. 195. Itali *Mallevadore* dicunt, de qua voce vide Menagium et Ferrarium.

Manulevatio. Charta ann. 1237. in Regesto Comitatus Tolosæ fol. 93 : *Fontes, piscarias, et ribatica, quæstas, toltas, successiones, et escaducas, Manulevationes*, et *ademprivа, etc.* [Statuta Massil. lib. 1. cap. 1. § 18 : *Item, quod ipse Rector teneatur post exitum sui regiminis moram facere in Massilia per quindecim dies continuos, causa persolvendi debita et Manulevationes si quæ debuerit, et subierit tempore sui regiminis, vel post quandiu fuerit in Massilia donec solverit, vel solvi fecerit debita quæ tunc temporis debebit in Massilia, et Manulevamenta, vel alius seu alii pro eo, et nihilominus secum retineat interim omnes illos qui pro eo aliquid Manulevassent tempore sui regiminis, quod tamen nondum esset solutum.*]

¶ Manulevatum, Eadem notione, in Charta ann. 1412. ex Archivis D. *de Flamarens : Recognosco me recepisse ab Aymerico Bermondi plenam et integram solutionem, satisfactionem et emendam in et de omnibus et singulis debitis, creditis, Manulevatis.*

Manuleuta, Idem quod *Manulevatio.* Prima Curia Generalis Cataloniæ Jacobi Regis Aragon. ann. 1291 : *Nec ejiciamus ipsum a captione, neque absolvamus Manuleutam, si manulevatus erit, usque dum restituerit malefactum.* Occurrit ibi pluries.

* 1. **MANULEVATIO**, Fidejussio, cautio. Vide in *Manulevare.*

* 2. **MANULEVATIO**, Dominorum jus mutuo sumendi a subditis res ad victum necessarias; quod non sine aliqua cautione fiebat : unde nomen. Pariag. inter comit. Fuxi et abb. S. Anton. Apam. ann. 1149. inter Probat. tom. 2. Hist. Occit. col. 526 : *Consentio etiam tibi* (Rogerio Bernardi comiti Fuxi) *Manulevationem ciborum et vestimentorum in castello, sicut usus est, per unum mensem.* Vide supra *Malevantia.*

* 3. **MANULEVATIO**, Cessio, abalienatio. Testam. Romei de Villanova ann. 1250. ex Tabul. D. Venciæ : *Item debeo Guillelmo Elzeario pro Manulevatione et alienatione mihi facta, viginti quinque libras Raymonetas.*

¶ **MANULIATUS.** Vide *Manulea.*

¶ **MANULIS.** Vide *Manulus.*

* **MANULIUM**, *Lo instrumento de mano.* Glossar. Lat. Ital. MS.

MANULUS. Charta ann. 1197. apud Ughellum tom. 7. pag. 1275 : *Unam stolam de catasfittulo, unum Manulum de catasfittulo, etc.* Forte *manipulum*, vel *manualem*, seu *manualem.* Chronicon Fossænovæ ann. 1196 : *Manibus suis posuit super altare.... pulchram stolam cum Manule, optimam tunicam, etc.*

MANUMISSIO, apud Justinianum Instit. de Libertinis, et ex eo Glanvillam lib. 5. cap. 5. et in lib. 2. cap. 14 : *est libertatis datio, nam quandiu quis in servitute est, manui et potestati sui domini suppositus est. Et cum manumissus fuerit, ipse est a manu et potestate domini sui liberatus.* Adde Littletonem sect. 204. Hinc formula, *Per manum liberum dimittere*, in Lege Bajw. tit. 4. *Liberum dimittere*, tit. 7. § 11 : *Per manum propriam seu per alienam liberum dimittere*, in Lege Ripuar. tit. 57. § 1. *Manum super servum mittere,* tit. 58. § 8. Bractono vero lib. 1. cap. 5. num. 8. manumissio, *est datio libertatis, i. de tertio secundum quosdam, quia libertas quæ est de jure naturali, per jus gentium auferri non potuit, licet per jus gentium fuit obfuscata.* [** Vide Grimm. Antiq. Jur. Germ. pag. 331. sqq.]

Manumissionum autem species variæ recensentur : alia enim est *directa*, alia *conditionalis.*

Manumissio Directa, dicitur absoluta, plenaria, nullo retento obsequio, aut patronatus jure, in Concilio Toletano IV. can. 73 : *Quicunque libertatem a dominis suis ita percipiunt, ut nullum sibimet in eis obsequium Patronus retentet : isti si sine crimine capitali sunt, ad Clericatus ordinem suscipiantur, quia directa Manumissione absoluti esse noscuntur. Qui vero retento obsequio manumissi sunt, pro eo quod adhuc a patrono servituti tenentur obnoxii, nullatenus sunt ad Ecclesiasticum ordinem promovendi, ne, quando voluerint eorum domini, fiant ex*

Clericis servi. Adde Capitulare Attonis Episc. cap. 62. *Libertas directa*, in leg. un. Cod. Th. de Manumiss. (4, 7.) Dicitur etiam *perfecta et absoluta ingenuitas*, in Charta Ludovici Pii laudata in v. *Ingenuitas*.

Manumissionis directæ ea est formula apud Marculfum lib. 2. form. 32. 33. 34 : *Te illum aut illum ex familia nostra a præsente die ab omni vinculo servitutis absolvimus; ita ut deinceps tanquam si ab ingenuis parentibus fuisses procreatus, vitam ducas ingenuam, et nulli hæredum aut prohæredum nostrorum, vel cuicunque servitium, nec libertinitatis obsequium debeas, nisi soli Deo, cui omnia subjecta sunt : peculiari concesso, quod habes, aut deinceps elaborare poteris.* Adde Formulas vett. Bignonii cap. 13. Formulas secundum legem Rom. cap. 12, et alias apud Vadianum lib. 2. de Colleg. et Monast. German. pag. 74. 83. Goldastum in Chartis Alaman. cap. 7. 8. et Rollandinum in Arte Notariæ cap. 7. rubr. 4.

Manumissionis *directæ* potissimus effectus erat libertas data manumisso eundi quo vellet, quæ variis formulis concipitur. Plautus in Menæchmis : *Liber esto, atque abito quo voles.* In Lege Burgund. tit. 57 : *Ut habeat licentiam quo voluerit discedendi.* In Lege Ripuar. tit. 61 : *Si quis servum suum libertum fecerit, et civem Romanum, portasque apertas conscripserit, etc.* [** *Et subjiciuntur cives Romanas portas apertas libera potestate eant pergant partem, quam se elegerint*, in chart. ann. 784. apud Neug. Cod. Dipl. Alem. num. 88. tom. 1. pag. 81. Vide Brisson. de Formul. lib. 8. pag. 827.] Leges Henrici I. Regis Angl. cap. 78 : *Qui servum suum liberat in Ecclesia, et mercato, comitatu vel hundredo coram testibus, et palam faciat, et liberas ei vias conscribat apertas, et lanceam et gladium, vel quæ liberorum arma sunt, in manibus ei ponat.* In Formulis veterib. Bignonii cap. 6 : *Ut eat ubique, et quam voluerit partem pergat, tanquam si ab ingenuis parentibus fuisset natus.* In Testamento Billongi Episc. Veronensis anni 850. apud Ughellum : *Ut ambulandi liberam habeat licentiam.* In Lege Longob. lib. 2. tit. 35. § 1. [** Rothar. 225.] : *De quatuor viis ubi volueris ambulare, liberam habeas potestatem.* Vetus Charta manumissionis : *Ut post hunc diem in 4. angulis terræ, licentiam et potestatem habeat faciendi qualemcunque seniorem eligere voluerit in omnibus, et sibi ambulet, et sibi vivat, de libera et absoluta maneat omnibus diebus vitæ suæ.* In manumissione Burgensium Burgi S. Germani de Pratis ann. 1250 : *Et omnimodam servitutem quam habebamus, vel habere poteramus, in dictis hominibus, et eorum hæredibus quantum ad personas et corpora ipsorum ubicunque de cætero se transferre voluerint, totaliter et in perpetuum remittimus,... ac perpetuæ libertati donamus.* Sane, ut est apud Nicolaum I. PP. in Responsis ad Bulgar. cap. 20 : *Liber non est, si quis de patria sua non audet exire.* Vide Cujacium lib 14. observat. cap. 27. [** et Savin. Hist. Jur. Roman. med. temp. tom. 2. cap. 9. §. 46.]

* Hinc est, quod ubi quis in monachum recipiebatur, inclinato capite, cui manum impositam habebat prior, per quatuor partes sese vertebat, quasi libertati nuntium daret. Hujusmodi ceremoniæ meminit Ordinarium S. Petri Aureæ-val. ubi de canonico regulari recipiendo : *Postea prior claustralis accipiat canonicum* (novitium) *et faciat ei fieri signum sanctæ crucis, tenendo eum et tangendo eum de manu super caput, vertendo eum per quatuor partes, inclinando caput versus terram in signum humilitatis et obedientiæ. Deinde ducatur ad tondendum caput tonsura regulari, ut moris est.*

Hujusce formulæ præ cæteris damus testes præterea duas Chartulas ex Tabul. S. Laudi Andegavensis excerptas, quarum sic se habet : *Quoniam omnis potestas a Deo est, et qui potestati resistit, ordinationi Dei resistit, qui summa et mirabili dispensatione Reges et Duces, cæterasque potestates in terra constituit, ut minor majori, ut consequens erat, serviret potestati; et inter eos, quosdam dominos, alios servos esse voluit, ita tantum ut et Deum domini, et servi dominos venerarentur et amarent, juxta illud Apostoli, Servi obedite dominis carnalibus cum timore et tremore; et ad dominos, Domini quod justum est et æquum est, servis præstate, minas remittite, quia et vos dominum habetis in cælo : si et vobis et illis dominatur, quicunque ipse, qui Rex et dominus omnium est, forma et speculum totius boni, jugum servitutis pro nobis subire dignatus est, quatenus nos a Legis maledicto et servitute diabolica liberaret, et suæ ineffabilis libertatis participes efficeret. Idcirco ego pro redemptione animæ meæ et pro æternæ beatitudinis retributione, hunc servum mei juris W. et omnem fructum ejus ab omni servitutis ejus jugo absolvo, ut ab hodierna die et deinceps securus, et suæ potestatis existat, eat quocunque voluerit, portas habens apertas, et nulli servitutis obsequium, nisi soli Deo, pro cujus amore ipsum manumitto, debeat, etc.*

Altera hisce verbis concipitur : *Piissimus dominus noster Jesus Christus salutem humani generis paterno amore desiderans, inter alia præcepta, quæ fidelibus suis dedit ut æternæ vitæ gaudia possent adipisci, præcepit eis debitores suos a debitis illorum absolvere, quo ipsi ante summum judicem suorum commissorum veniam securi valeant expectare. Tantæ igitur auctoritatis præconio compulsa, dominæque Hugardis Comitissæ gratia precibusque animati, nos Canonici S. Laudi hunc fidelem nostrum Radulfum Ecclesiæ nostræ vinculo servitutis obnoxium, ab omni debito servilis conditionis, pro animabus nostris, Goffridique Comitis excellentissimi, qui potissimus Ecclesiæ nostræ fundator et ornator extitit, omniumque benefactorum nostrorum, absolvimus : ut deinceps, cum omni fructu suo, licentia liberali donatus, in quamlibet mundi partem eat, nec cuiquam successorum nostrorum eum ab arbitrio suo revocare liceat. Actum est Andegavi in Claustro S. Laudi 4. Kal. Octob. Anno ab Incarnat. Dom.* 1112. *Ind.* 5. *concurrente* 1. *Epacta* 1. *Luna* 3. *Paschali Papa sedem Apostolicam obtinente, Ludovico in Gallia regnante, Fulcone adolescente Consulatum Andegavensem regente, Raignaldo Episcopo Andegavensem Ecclesiam gubernante. Huic rei affuit Raignaldus Episcopus, et de Canonicis sancti Mauricii... de laicis... præsentibus et videntibus istis testibus imposuimus nos Canonici S. Laudi manus nostras super caput Radulfi, ob favorem et confirmationem libertatis suæ, videlicet Radulfus Sacerdos, Rotaldus Sacerdos, etc.*

Alter Manumissionis plenariæ in Chartulis adscriptus effectus erat in peculiis Manumissorum quæ ipsis deinceps competebant, hac formula, *Peculiari concesso quod habes, aut deinceps elaborare poteris*, apud Marculfum lib. 2. form. 22.

* Charta Gauf. comit. Andegav. ex Tabul. S. Alb. : *Eat vias quadrati orbis, nemine reclamante, habere suum libere possideat et quid de eo voluerit sibi facere liceat.*

* Ejusdem manumissionis absolutæ effectus, pluribus declarantur in Charta Guill. de Sancta Maura thesaur. eccl. Laudun. ann. 1332. ex Reg. 66. Chartoph. reg. ch. 1195 : *Eximentes penitus eum et dimittentes nunc et imperpetuum à nostra potestate, manu, dominio et ab omni conditione servili et gravamine ac etiam operis et operarum impositione obsequialium, quæ consistunt in faciendo et in assurgendo, salutando et hujusmodi, quam earum quæ consistunt* (in) *non faciendo, ut puta non de vocando in jus manumissorem, venia non petita, et aliarum omnium, tam artificialium quam fabrilium, et revocatione in servitutem ob quamcunque ingratitudinem, et breviter ab omni jure patronatus, quocumque sit, illud sibi libere remittentes.*

Testamenti etiam condendi facultas indulgebatur, jusque civitatis Romanæ, quod testantur veteres formulæ cap. 13. etc. Salvianus lib. 3. ad Ecclesiam Cathol. : *In usu siquidem quotidiano est, ut servi, etsi non optimæ, sed improbæ servitutis, Romana a dominis libertate donentur : in qua scilicet et proprietatem peculii capiunt, et jus testamenti consequuntur ita ut et viventes cui volunt res suas tradant, et morientes donatione transcribant.* [Charta ann. 1251. in Bibl. Colbert. : *Totam dicto capitulo absolvimus et in omnem libertatem, vitam, bladagium et Guil. Radulfi filium suum constituimus et inducimus, et tamquam Cives Romanos eos et suos pronunciamus.*]

* Hac manumissione præsertim absoluta donabantur servi, qui clero cooptandi erant, in cujus signum, maxime si ecclesiæ servitio addicti, ab unoquoque canonico solemni ritu tondebantur, teste D. *Le Beuf* tom. 2. Dissert. pag. 92. non sine aliqua tamen conditione, ut videre est infra lin. *Singularis certe*, pag. 254. col. 1. et in Mercur. Franc. ann. 1734. mens Sept. pag. 1953.

☞ Manumissioni *directæ* eam quoque accensendam existimo quæ sub conditione census annui tantum concedebatur, cujus exemplum nobis profert Charta Alfonsi Comitis Pictav. ann. 1269. in Bibl. Colbert. : *Manumittimus et ab omni jugo servitutis absolvimus et quitamus ipsum et hæredes suos de corpore ex legitimo matrimonio procreatos et procreandos perpetuæ libertatis munere decorantes, bona ipsius tam mobilia quam immobilia de caselagio seu aliunde provenientia.... possidenda pacifice et quiete in perpetuum relinquentes, volentes ut exinde faciant suam in perpetuum omnimodam voluntatem sub deverio sex denariorum Tholosanæ monetæ pro caselagio suo, nunc a nobis eidem concesso in feudum censuale.*

Manumissionis species altera, *directæ* opposita, ea erat, quæ sub conditione, vel retento servitio ac obsequio fiebat; ita ut qui manumittebantur, non plenariam ac omnimodam libertatem consequerentur, ut Latini Juniani, et Dedititii apud Romanos, sed quodammodo obnoxii remanerent, eoque nomine veluti servi ad sacros Ordines non possent promoveri, ut est in Concilio Telotano IV. can. 73. laudato. Leo Ost lib. 1. cap. 16 : *Servos autem suos et ancillas omnes libertati donavit : ita tamen ut essent sub ditione et tutela Monasterii, singulique singulas annuatim operas Monasterio ubi eis præciperetur, exercerent.* Exstat apud Marculf. lib. 2. cap. 33. formula imperfectæ manumissionis, qua scilicet manumissor servo suo libertatem confert, *ea conditione, ut dum advixerit, sibi deserviat : post obitum vero suum, si sibi superstes fuerit, sit ingenuus, etc.* Quæ fuit olim *dedititia libertas.* Cap. vero 34. habetur alia formula, qua ita libertas datur, ut manumissus manumissoris sepulcrum *luminaribus annis singulis procuraret.* Exstant præterea in Tabulario Fossatensi formulæ aliæ ejusmodi conditionalium manumissionum, ann. 1266. in hæc verba : *Manumittimus sub conditionibus insertis inferius, et de voluntate ipsorum ante manumissionem, non tamen causa onerandæ libertatis talia jura retinemus, etc.* In alia vero Charta ann. 1270. ubi eadem verba habentur, hæc subduntur : *Item voluit dicta Isabellis suo et hæredum suorum futurorum nomine et expresse consensit in jure coram nobis, quod nec ipsa, nec heredes sui possint petere, habere vel tenere possessiones aliquas, sive aliqua bona jure proximitatis parentum vel consanguineorum suorum per emptionem, vel etiam quemcunque alium titulum sive modum, nec ex testamento vel ab intestato succedere, dummodo proximi illi sint, vel fuerint de conditione, et manu mortua ipsorum, etc.*

☞ Singularis certe manumissionis conditio quam exhibet Charta Guillelmi de Curtiniaco ann. 1207. ex Tabul. Crisenon. : *Ego Guillermus de Curtiniaco notum facio universis præsentibus et futuris, quod pietatis intuitu et remissione peccatorum meorum manumisi Guillermum filium Roberti de la Curt, si clericus permanserit, si autem dictus Guillermus clericus esse noluerit volo ut in pristinam redigatur servitutem.*

* Manumissionis vero, cui adjecta erat conditio, hæc procul dubio moderatior, qua manumissus contra patronum nemini auxilio esse debebat. Charta Petri episc. Laudun. ann. 1377. in Reg. 130. Chartoph. reg. ch. 12 : *Edelinam feminam nostram de corpore, videlicet de capitagio duarum chalongiarum,.... sub infrascriptis modis et conditionibus manumittimus per præsentes, videlicet quod de cætero, tanquam advocata vel procuratrix seu alio modo quocumque contra nos, successores nostros episcopos, vel ecclesiam nostram Laudunensem alicui alteri, publice vel occulte, consilium, auxilium, vel patrocinium aut juvamen dare ac etiam impertiri non possit.*

* Interdum unius mensis servitium in anno exigebatur. Charta Eustach. *de Conflans* ann. 1238. in Chartul. Campan. Cam. Comput. Paris. fol. 380. v°. col. 1 : *Ego franchivi Robertum de Besil et hæredes ipsius de corpore Mariæ quondam uxoris suæ procreatos : ita quod dictus Robertus mihi serviet per unum mensem in anno, tanquam de libero feodo, vel alter sufficiens loco sui, si haberet essonium, per quod non posset mihi servire; nec ipsum ultra dictum servitium possum cogere ad aliud servitium mihi faciendum.*

* Duriores nonnunquam adeo erant conditiones, ut hæc libertas a servitute nihil discreparet; puta cum manumissus, etiam clericus factus, servitio ita mancipatus remanebat, ut ab eo recedere nullatenus posset, imo tanquam fugitivus servus repeteretur, et cujus posteritas servituti obnoxia esset. Ejusmodi manumissionis exemplum profert Tabularium Major. monast. circa ann. 1162. in Lib. de Servis fol. 32 : *Noverit posteritas quod dominus abbas Alvertus et Majoris monasterii fratres quemdam servum S. Martini, nomine Radulfum, liberum fecerunt et clericaverunt, tali ratione et convenientia, ut numquam se a Martini servitio ad alienos transiens auferat; sed, sicut prius, omni famulatu monachis ejus subjiciatur. Quod si se subtraxerit, revocetur ut fugitivus et repetatur ut servus, ubicumque fuerit. Præterea ut caste se agat et pudicitiam tueatur. Et si ad ordines ecclesiasticos promotus fuerit, numquam ausu illicito mulieri societur turpi cupidine illectus et nefaria temeritate, sicut nonnulli, deceptus, qui publicis, fronte perdita, nuptiis contra jus fasque uxoribus sacrilegis, imo scelestioribus adulteris copulantur. Sin vero clericus solum manens uxorem duxerit, fructus ejus, si scilicet infantes habuerit, cum omni eorum deinceps progenie S. Martini sit servituti, qua pater eorum, antequam clericus fieret, astringebatur, addictus, etc.*

Sed posterioribus sæculis longe magis obtinuit apud nostros imperfecta hæc libertas, quæ ita concedebatur, ut retentis servorum obsequiis ac operis consuetis, non tam servile nomen deleretur, quam servitus ipsa augeretur, adeo ut ad abolendas et extinguendas duras istas conditiones manumissionibus appositas, rursum manumissiones aliæ necessariæ essent. Istiusmodi sunt eorum manumissiones, quos *homines de corpore et de capite*, vel *capitales* appellabant, qui et obsequia de *corpore suo*, id est, operas et *corvatas*, (unde nomen) et *censum de capite* seu *capitale* quotannis exsolvere tenebantur, qui ita glebæ addicti erant, ut ab ea recedere iis non licitum esset, quemadmodum nec matrimonia contrahere inconsultis dominis, quæ quidem suis omnia locis pluribus observamus. In hoc tamen a servis differebant, quod ad testimonia interdum contra liberos admitterentur. Charta Caroli M. ex Tabulario S. Germani Paris. : *Nemo homines de capite in judicio reprobare ullatenus præsumat.* Alia Caroli C. ex eod. Tabular. apud Beslium in Episcopis Pictav. pag. 33 : *Homines de capite contra liberos in omni placito testimonium ferre concedimus.*

☞ De iis haud dubie postremis manumissis intelligendum Capitul. Childerici III. n. 15. quo libertis testimonium dicere vetatur : *Libertus et liberta in nullis negotiis contra quemquam testimonium dicere permittantur, exceptis illis causis in quibus ingenuitas deesse dinoscitur, sicut præmissum est, et de servis.*

Perstitit diu imperfecta ista libertas apud nostros, quam rectius *servitutis* nomenclatura vulgo donabant, quod nihil ferme haberet quod libertatis esset, imo pæne omnia quæ servitutis; donec sensim aboleri cœpit, dominis ipsis seu pietate ac misericordia motis, vel ex ipso compendio, acceptis ab manumissis pecuniis, plenariam libertatem indulgentibus. Nam interdum singulatim ea conferebatur libertas, interdum subditis omnibus servitutis istius nexu devinctis. Utriusque manumissionis infinitæ propemodum exstant Chartæ, ac prioris quidem apud Doubletum in Histor. S. Dionysii Monast. pag. 907. Haræum in Castellanis Insulensib. pag. 181. 182. Locrium in Chronico Belgico pag. 128. 129. Buzelinum in Gallo-Flandr. pag. 55. 533. Duchesnium in Hist. Vergiacensi pag. 241. Guichenonum in Bibl. Sebusiana pag. 43. in Histor. Bressensi pag. 5. etc.

Manumissionum generalium, seu libertatum, quæ pagorum incolis istius servitutis nexu obligatis generatim conferebantur, aliæ complures pariter leguntur Chartæ, ac in primis Sugerii Abbatis S. Dionysii ann. 1125. pro hominibus villæ S. Dionysii apud Doublet. pag. 857. alia deinde Ludovici VII. Regis Franc. ann. 1180. apud Hubertum in Histor. S. Aniani, qua *servos et ancillas quos homines de corpore*, inquit, *appellamus, quicunque erant Aurelianis, et in suburbiis et vicis et villulis infra quintam leucam existentibus, eorumque filios filiasque ab omni servitutis jugo absolvit, et tanquam qui ingenui nati fuerant, vult permanere liberos.* Exstat ibidem alia anni 1206. qua Capitulum ejusdem Ecclesiæ ad 300. manumisit. Ludovicus Comes Blesensis et Clarimontis in Charta ann. 1197 : *Omnes homines Credulio manentes taliam mihi debentes et eorum hæredes, a talia, ablatione, impruntato, et roga coacta, de cætero penitus quitos et immunes esse concedo, statuens quod quicunque Credulio masuram habuerit*, 5. *solidos Parisiensium singulis annis persolvet, etc.* Infra : *Similiter omnes Credulio manentes, qui de mea servili conditione erant, et eorum hæredes et teneuras ab omni jugo servitutis meæ penitus quito et absolvo. Quilibet si a villa recedere voluerit, liber et quietus recedat, etc.*

Habetur alia Mathildis Comitissæ Nivernensis 1. Aug. ann. 1223. qua *cives de Autissiodoro tam in civitate, quam in suburbiis, et Burgo S. Gervasii manentes, et ipsorum hæredes, qui non erant de libera conditione, omnino et in perpetuum manumittit, et servitutis opprobrio postposito et quittato, ipsos et hæredes ipsorum quotiescunque voluerint ab Autissiodoro recedant et libere, verumtamen suis ipsis rebus manentibus.* Prostant similes manumissionum generalium Chartæ Henrici II. Brabantiæ Ducis ann. 1247. pro vassallis suis, et Hugonis Castellani Gandensis ann. 1243. pro hominibus suis de Wasia, apud Miræum in Diplom. Belg. pag. 174. et 396. Alia Guillelmi Abbatis S. Dionysii ann. 1248. pro hominibus villarum ad idem Monasterium pertinentium apud Doubletum pag. 907. Alia denique Thomæ Abbat. S. Germani Paris. ann. 1250. pro Burgensib. S. Germani apud Brolium lib. 2. Histor. Parisiensis pag. 279. Caroli Comitis Vadensis 9. April. ann. 1311. pro servis ejusdem Comitatus in 47. Regesto Chartophylacii Regii ch. 118. et aliæ apud Thomasserium in Consuetudinibus Bituricensibus.

Exhinc Reges nostri, non tam pietatis, quam compendii intuitu, ita rerum ac status urgente necessitate, subditos suos omnes huicce servituti obnoxios subinde libertate donarunt, accepta ab iis indemnitate : atque in primis Philippus Pulcher, qui Diplomate ann. 1302. quod descriptum legitur in Regesto 36. Chartophylacii Regii, charta 47. Magistro G. de Cilliaco præcipit, ut in Ballivia Cadomensi certum servorum numerum manumittat, accepto ab iis libertatis pretio, ob ingruentia cum Flandrensibus bella, data ei facultate, ut ipsemet loquitur Rex, *manumittendi homines nostros de creor,* (sic, i. de corpore) *et quascunque personas Bailliviæ jugo cujuslibet hominis conditionis astrictis, eosque ab servitutis onere liberandi, plenius et plene libertati donandi, ac concedendi eisdem vice et auctoritate nostra, quod possint esse Burgenses, et gaudere privilegiis, libertatibus, et franchisiis quibuscunque, quibus gaudent Burgenses alii regni nostri, usque ad certum numerum,... concedendi quoque quibuslibet temporalibus fidelibus nostris, quod homines suos de corpore, vel personas alias sibi subjectas jugo cujuslibet servitutis manumittere valeant, et ab hujus servitutis onere, etc.* Idque mediante pecunia. Exstat simile Ludovici Hutini Diploma, quod ex primo Memorialium Cameræ Comput. Paris. volumine, f. 77. eruimus, hocque loco integrum describere operæ pretium existimamus : *Loys par la grace de Dieu Roy de France et de Navarre, à nos amez et feaux Mestre Saince de Chaumont, et Mestre Nicole de Braye, salut et dilection. Comme selon le droit de nature chascun doie nestre franc, et par aucuns usages ou coustumes qui de grande ancienneté ont esté entreduites et gardées jusques cy en nostre Royaume, et par avanture par le meffait de leurs predecesseurs mult de personne de nostre commun pueple soient encheus en lien de servitude et de diverses conditions qui moult nous desplet; nous considerans que nostre Royaume est nommé le Royaume des Frans, et veillans que la chose en verité soit accordant au nom, et que la condition des gens amende de nous en la venue de nostre nouvel Gouvernement, par deliberation de nostre Grand Conseil avons ordené et ordenons que generaument par tout nostre Royaume de tant comme il puet apartenir à nous et à nos successeurs, teles servitutes soient ramenées à franchise, et de ceux qui de ourine ou ancienneté ou de nouvel par mariage ou par residence de lieux de serve condition sont encheus ou pourroient escheoir ou lien de servitude, franchise soit donnée o bonnes et louables conditions, et pour ce especialment que notre commun pueple, qui par les Collecteurs, Sergens et autres Officiaus qui ou temps passé ont esté deputez seur le fait des Main-mortes et formariages, ne soient plus grevez ne domagiez pour ces choses, si comme il ont esté jusques-cy, laquele chose nous desplet. Et pour ce que les autres Seigneurs qui ont hommes de cors, pregnent exemple à nous de eus ramener à franchise : Nous qui de vostre leauté et approuvée discretion nous fions tout à plain, vous commettons et mandons par la teneur de ces Lettres, que vous aliez en la Baillie de Senlis et ès ressors d'icelle et à tous les lieux, villes, Communautez et personnes singulieres, qui ladite franchise vous requerront, traitiez et accordez avec eux de certaines compositions par lesqueles souffisant recompensation nous soit faite des emolumens qui desdites servitutes pooient venir à nous et à nos successeurs, et à eux donnée de tant comme il puet toucher nous et nos successeurs, general et perpetuel franchise en la maniere que dessus est dit, et selon ce que plus plainement le vous avons dit, desclairé et commis de bouche, et nous prometons en bonne foy que nous pour nous et nos successeurs ratifierons, et aprouverons, tendrons et ferons tenir et garder tout ce que vous ferez et accorderez sur les choses dessusdites, et les lettres que vous donrez seur vos traitez, compositions et accors de franchise à villes, communautez, lieux ou personnes singulieres, nous les agreons desorendroit, et leur en donrons les nostres; seur ce toutefois que nous en serons requis. Et donnons en mandement à tous nos Justiciers et subgets, que en toutes ces choses il obeissent à vous, et entendent diligemment. Donné à Paris le tiers jour de Juillet l'an de grace 1315.*

Alio porro Diplomate iisdem Commissariis præcipit, ut si qui ex servis manumitti nolint, ab iis, habita facultatum ratione, rata subsidia exigant. Tradit denique Boissius in tractatu de Juribus dominicis cap. 32. Henricum II. Regem Delphinates, Bressienses, Sabaudos, Bugeienses et Veromeenses ab omni *talliabilitatis et manus mortuæ* servitutibus absolvisse, Edicto mensis Novembris ann. 1552.

Quod porro spectat ad generales istas manumissiones, haud videtur omittendum quod de Blanchæ Reginæ sancti Ludovici matris pietate ad hanc rem pertinens refert Chronicon vernaculum MS. ex Bibl. Memmiana, hisce vernaculis : *La Roine Blanche mere S. Loys, qui lors gouvernoit le Roiaume de France, oy dire que les Chanoines de N. D. de Paris avoient emprisonnez plusieurs hommes et femmes de corps qui ne leurs pouvoient paier leurs tailles, et avoient en la prison moult de mesaises. Parquoi la Roine qui ot grant pitié, fist rompre les prisons desdits Chanoines, et les fist deslivrer. Et pour ce que celle Roine avoit pitié des gens qui ainsi estoient serfs, ordonna en plusieurs lieux que les gens fussent affranchis, moiennant autres droits et seigneuries que les Seigneurs prendroient sur leurs hommes et femmes de corps, et le fist en partiie pour la pitié qu'elle avoit de plusieurs belles filles à marier, que on laissoit à prendre pour leur servitute, et en estoient plusieurs gastées.*

Porro ex Diplomate Philippi Pulcri Regis laudato colligitur, dominis feudalibus ejusmodi servos suos inconsulto superiore domino manumittere non licuisse, ex lege passim recepta, ut est in Stabilimentis S. Ludovici lib. 2. cap. 34 : *Nus Vavasors ne Gentyhom ne puet franchir son home de cors en nule maniere sans l'assentement au Baron ou du chief Seigneur selon l'usage de la Cort laie.* Scribit Justinus lib. 41. apud Parthos nulli servos manumittendi concessam fuisse facultatem.

Exstat apud Chopinum lib. 3. de Sacra politia tit. 2. § 19. Charta Ludovici VI. ann. 1110. qua Abbati et Monasterio S. Dionysii *plenam* concedit *potestatem de servis Ecclesiæ emancipandis, et liberos faciendis consilio Capituli sui, seu irrequisito assensu vel consilio suo : et ita ut neque ipse neque successores sui nec quilibet Principum super eos aliquam reclamationem faciat, vel redemptionem proinde exigat.* Eamdem facultatem indulsit Ludovicus VIII. Capitulo Aurelianensi, ut colligitur ex Chartis sequentibus, quas ex Schedis Peirescianis descripsimus : *Ludovicus D. G. Francor. Rex dilectis suis Decano et Capitulo Aurelianensi, salutem et dilectionem. Concedimus vobis quod manumittatis homines vestros de corpore, qui habitant in terra vestra Stampensi, vel qui tenent de ea; et quod eis vel successoribus eorum et terræ vestræ imponatis onera et consuetudines, sicut convenerit inter vos et homines memoratos, salvo jure nostro. Actum Senon. ann. Dom. 1224. mens. Jan. Ego Lebertus Decanus, et universum Capitulum Aurelianense omnibus in perpetuum. Noverint universi tam præsentes quam futuri quod omnes homines nostri de corpore, tam masculi, quam feminæ, qui habitant in terra nostra de Stampesio, et illi etiam qui de ea tenent, vel possident ubicunque commorantes, astrinxerunt se nobis per sacramentum a singulis sigillatim corporaliter præstitum et receptum, quod si servitutis opprobrium ab eis tolleremus, libertatis beneficium eis, et filiis suis, tam natis, quam nascituris, impendentes, quascunque redhibitiones, quæcunque onera eis et hæredibus ipsorum, et terræ nostræ vellemus imponere, ipsi gratanter reciperent, firmiter observarent, et in nullo contraireent. Nos igitur attendentes multimoda commoditatum genera tam nostris hominibus et eorum hæredibus, quam nobis etiam et Ecclesiæ ex hujusmodi concessione libertatis posse provenire, eis libertatem duximus concedendam, et tam ipsos quam uxores eorum, et filios tam natos, quam nascituros, ab omni servitutis jugo emancipantes, in perpetuum liberos concessimus permanere, cum impositione tamen redhibitionum et onerum, quæ sunt inferius annotata. Imprimis igitur ad extripandum penitus de terra nostra de Stampesio constituta servitutis opprobrium, statuimus, ut nullus seu nùlla conditionis servilis homo vel femina de cætero in ea domum, vineam, vel agrum valeat possidere, ut sic de terra illa in posterum præconio exaltetur libertatis, quæ huc usque humilis fuit, et depressa opprobrio servitutis. Nullus de Manumissis, vel eorum successoribus manens in terra nostra sine voluntate nostra Stampensem poterit intrare Communem. Quilibet in terra nostra manens, ad molendina nostra molere tenebitur, et alibi ei molere non licebit. Nullus poterit transmittere, vel transferre aliquomodo terram nostram in aliam personam, quæ non teneatur nobis omnino ad omnem redhibitionem, ad quam ipse teneretur. Volumus autem, et istud onus præcipue propter beneficium libertatis concessæ imponimus, ut de singulis* XII. *gerbis, quæ colligentur in terra nostra, vel etiam de* XI. *si plures non supererunt in campo numerandæ, unum gerbam habeamus a nobis numerandam, et eligendam per cultorem agri ad nostram grangiam deportandam, quæ appellabitur* Gerba libertatis. *Circa campipartem tamen, et decimam, propter hoc nihil immutamus, sed salvum sit nihilominus nobis per omnia jus campipartis, et decimæ sicut ante. Simili autem modo per omnia duodecimam partem habebimus de bladis non ligatis. Per hæc autem quæ specialiter expressa sunt in hac libertatis Charta, in nullo alias juri nostro volumus præjudicium generari. Super cæteris enim redhibitionibus nostris, consuetudinibus, corveis, justitiis, talliis, et generaliter super alio quocunque jure nostro nil immutamus, sed volumus, quod ea omnia illibata et inconcussa in perpetuum maneant, exceptis tamen capitalibus quæ remittenda eis penitus duximus, et quitanda. Nomina autem hominum nostrorum quos manumisimus, etc. Actum ann. Dom.* 1224. *mense Febr.* In Regesto Parlamenti signato B. fol. 40. inter Aresta Epiphaniæ ann. 1277 : *Dictum fuit quod Episcopus Catalaunensis manumittere non potest servientes suos, etiamsi Capitulum consentiat, sine voluntate Regis.*

Manumissio in Ecclesia inducta potissimum legitur a Constantino M. in leg. 1. Cod. de his qui in Ecclesia manumittuntur (1, 13.) : *Jam dudum placuit ut in Ecclesia Catholica libertatem domini suis famulis præstare possint, si sub aspectu plebis, adsistentibus Christianorum Antistitibus, id faciant, ut propter facti memoriam vice actorum interponatur qualiscunque scriptura, in qua ipsi vice testium signent.* Adde leg. unic Cod. Th. eodem tit. (4, 7.) et Sozomen. lib. 1. cap. 9. S. Augustinus : *Servum tuum manumittendum ducis in Ecclesiam : recitatur libellus aut fit desiderii tui prosecutio. Dicis te servum tuum manumittere, quod tibi in omnibus servaverit fidem.* Ubi observare licet dominum *libellum* offerre, quo libertatem servo suo ab Episcopo donari expetebat, quem *Petitorium* vocat Ennodius Opusculo 8 : *Gerontium itaque, cujus a me comperta fides,... per præsens petitdrium a Beatitudine vestra Romanæ deprecor civitatis gaudere consortio, cujus ego absolutionis non tam largitor, quam testis existo.* Vetus Inscriptio in Ecclesia S. Crucis Aurelianensi : *Ex beneficio sanctæ Crucis per Johannem Episcopum, et per Albertum sanctæ Crucis Casatum, factus est liber Lambertus teste hac sancta Ecclesia.* Exstat in Tabulario Burguliensi Charta Theobaldi cognomento Pagani de Villanova, qua quemdam colibertum suum Lambertum nomine libertate donat, ubi hæc subduntur : *Et ut hoc perpetualiter inconvulsum permaneret, hanc chartam in publico Conventu astante et testante omni populo, in Ecclesia S. Christophori, die dominico, ante processionem, tam ego quam omnes qui tunc successores esse poterant, crucibus nostris firmavimus. Actum tempore Philippi Regis Francorum, et Wolfridi Parisiorum Episcopi, Milonis quoque ac Widonis fratris ejus, Magni Milonis de Montcleherici filiis, etc.*

Fiebant autem ejusmodi manumissiones *ad altare*, vel *circa altare*, ex Concilio Berghamstedensi ann. 697. cap. 9. Legibus Luithprandi tit. 109. § 4. Legib. Astulph. tit. 5. § 4. Lege Longob. lib. 2. tit. 18. § 3. tit. 34. § 3. 5. 8. 9. [** Liutpr. 140. (6, 87.) Aist. 3. Liutp. 9. (2, 3.) 23. (4, 5.) 55. (6, 2.) Aist. 2.] in Capitul. 2. ann. 806. cap. 6. *Juxta altare*, in Capitulari Bajw. ann. 788. cap. 6. Concil. Lemovic. ann. 1031. sess. 2 : *Denique semper fuit consuetudo, ut quicunque voluerint, sursum aut ante altare Redemptoris, aut ante corpus beati Martialis, servos suos libertati darent.* Infra : *Hæc de baptismo satis sint : nunc de servorum libertate dicendum, quia hanc agere licitum est, vel apud sedem, vel ante corpus B. Martialis, vel ad quamcunque Ecclesiam domini elegerint coram testibus, vel ante corpus defuncti proximi, sicut sæpe per plures civitates fieri vidimus : ita sane ut hujus sedis nominativus Cancellarius libertatem scribat. Nam et apud regale palatium, vel in quocunque loco Rex fuerit, coram Rege libertates legitimas fieri cernimus : immo Lex Salica continet, ut ubicunque servi dominus voluerit, potest servum relaxare.* Willelmus Malmesbur. lib. 1. de Gest. Angl. pag. 33 : *Ipsa dedicationis die Regem captivum ad altare manumittens, libertate palpavit, memorabile clementiæ suæ spectaculum exhibens.* Vide Probationes Hist. Guinens. pag. 61.

Ante cornu altaris. Formulæ veteres Bignonii cap. 8 : *Censeo te atque statuo ante sacri altaris cornu, in conspectu Sacerdotum et Clericorum, et populi adstantis a præsenti die et deinceps ab omni jugo servitutis humanæ absolutum fore, civemque Romanum appellari.* Adde Formulas secundum Legem Rom. cap. 12. Charta Dadonis Episcopi Virdunensis : *Eo quod ex familia nostra fuit, dedimus ei libertatem receptam a cornu altaris canonice, et ordinavimus eum ad gradum Presbyterii.*

Hac manumissionis forma liberti facti, plenariam consequebantur libertatem, eoque nomine *Cives Romani* fiebant ex leg. 2. Cod. de His, qui in Ecclesia manumittuntur : *Qui religiosa mente in Ecclesiæ suæ gremio servis suis meritam concesserint libertatem, eandem eo jure donasse videantur, quo civitas Romana solennitatibus decursis dari consuevit.* Quam quidem prærogativam his, qui in Ecclesia manumittebantur, adscribunt veteres Formulæ Bignonii cap. 56. quæ directæ et plenariæ manumissioni alias conveniebat ex cap. 8. et ex formulis secundum Legem Rom. cap. 12. et Formula 43. ex Baluzianis. Epistola Ludovici Pii Imp. ad Bernouvinum Chrysopolitanæ Ecclesiæ Archiep. data ann. Imperii 8. indict. 14 : *Scribatur libellus perfectæ et absolutæ ingenuitatis, more quo hactenus hujuscemodi libelli scribi solent, civem Romanum liberæ potestatis continens : et in fine libelli tam eorum, qui in tua parochia sunt Sacerdotum, quam illorum quos dominus servi secum adduxerit testimonia.* Exstat alia formula plenariæ Libertatis in Diurno Romano cap. 6. tit. 21. ex qua hæc duntaxat damus : *Cumulo libertatis largito ab omni servili fortuna et conditione liberum esse censemus, civemque Romanum solutum ab omni subjectionis noxa decernimus, nec aliud cunctis, nisi solam salutationem debere, ut perfecto absolutus jugo servili, ritu possis degere, quibus advixeris diebus, et more liberorum.*

Hac denique ratione liberi facti, una cum eorum progenie *sub tuitione Ecclesiæ consistebant*, ex dicto tit. 58. Legis Ripuar. § 1.

☞ Atque eam ob rem charta manumissionis in Archivis Ecclesiæ asservabatur, ut manumisso libertatem assereret, si qua deinceps controversia de eo moveretur. Appendix ad Marculfum form. 8 : *Igitur ego ille minimus servorum Dei famulus Ecclesiæ Senonicæ Archiepiscopus tanta Serenissimi Hludovici Augusti auctoritate, quæ Senonis in arcibo Ecclesiæ episcopii servatur, fultus per hunc libellum manumissionis te fratrem nostrum, quem servilis conditio hactenus addictum tenuit inter hujus Ecclesiæ familiam, quia fratrum testimonio, inter quos enutritus es, dignus ad sacerdotalem honorem suscipiendum prædicaris, etc.* Hinc est quod manumissionum Chartæ, ut mox dicetur, a Scriniario, Protonotario, vel Archidiacono conscribebantur, quia penes eos erat custodia scrinii vel archivi ecclesiæ, ubi conscriptæ reponebantur.

Ejusmodi vero manumissio, quæ fiebat in Ecclesia coram Episcopo et Clero, dicebatur fieri *Episcopalibus* aut *Ecclesiasticis gestis*, ut apud S. Augustinum Serm. 50. de Diversis, et Serm. 53. ad Fratres in eremo. Tabulæ autem conscribebantur a Scriniario. Anastasius Bibl. in S. Julio PP. : *Hic constitutum fecit, ut... manumissiones Clerici in Ecclesia per Scrinarium sanctæ Sedis celebrarent.* In Lege Ripuariorum tit. 38. § 1. *Archidiaconus* tabulas libertatis conscribere jubetur *secundum Legem Romanam, qua Ecclesia vivit.* Apud CPolitanos Protonotarii Ecclesiæ officium præ cæteris erat ἐλευθερίας in Ecclesia factas scribere, ut est in Catalogo Offic. Eccl. CP. ad Medonium.

Manumissionis in Ecclesia meminerunt præterea Concilium Arausic. I. can. 7. Aurelian. V. cap. 7. Matiscon. II. cap. 7. Burchard. lib. 2. cap. 29. 32. Ivo pag. 6. cap. 130. 133. Sozomenus lib. 2. cap. 9. sub finem, Lex Wisigoth. lib. 5. tit. 7. § 2. 9. Papianus lib. Resp. tit. 4. Lex Alaman. tit. 17. tit. 18. § 1. Lex Ripuar. tit. 58. § 1. Capit. Caroli M. lib. 5. cap. 30. Testamentum Perpetui Turonensis Episc. ann. 474. Formulæ vett. Bignonii cap. 56. Leges Henrici I. Reg. Angl. cap. 78. etc.

Exstat præterea manumissionis *in Ecclesia* et *ad altare* vetus Diploma, quod hic damus ex Schedis Peirescianis : *Cum Christianissimus ac religiosissimus Imperator Ludovicus cælestis protectionis ope suffragante invictissimus Augustus sanctam matrem Ecclesiam ad meliora instantissime subveheret, hoc et inter cætera sanctæ devotionis suæ studia exhibuit, ut usus valde insolitus atque reprehensibilis, qui dignitatem ejus magna ex parte fuscare videbatur, ut quod scilicet servilis et originariæ conditionis personæ contra statuta Canonum sacris divinisque Mysteriis quatenus applicarentur, suæ auctoritatis præcepto ab ea pellerentur, et qualiter dehinc hujusmodi conditionis homines Ecclesiæ utilitati idonei reperti, nexu servitutis eriperentur, et ad hanc dignitatem promoverentur, una cum consensu Pontificum et Optimatum Imperii sui statuere procuravit: idipsum quoque veneranda proles ejusdem Imperatoris invictissimus Rex Carolus pari voto honorificentiæ S. Dei Ecclesiæ annuit. Igitur ego in Dei nomine Hugo misericordia Dei Abbas Ecclesiæ gloriossimi Confessoris Christi Aniani, juxta memorati piissimi Augusti præceptum, te Clericum nomine Raiginaldum, ex familia ejusdem sancti Aniani progeniem ducentem, hoc est, ex Apiariis villa, ante sanctum altare, et præsentiam fratrum S. Aniani, una cum collubentia eorumdem fratrum, et deprecatione Adalardi Archiepiscopi, qui jamdictam villam, Apiarias scilicet, in beneficium habet, a vinculo servitutis ob amorem Dei nostri, J. C. ad cujus militiam eligeris, publice absolvo, civemque Romanum instituo, ut abhinc Christo favente, in tuo jure et potestate consistens, ita vivas ingenuus, civisque Romanus, tanquam si a libertis ortus fuisses parentibus, et neque nobis, neque successoribus nostris quicquam noxialis debeas servitutis: sed sub integra, plenaque ingenuitate, quam propter sacri Ordinis dignitatem accipere mereris, tempore vitæ tuæ permaneas, quatenus catena servitutis, cui nascendo hactenus obnoxius extitisti, per hanc absolutionem ereptus, securius liberiusque divinæ potentiæ Domino adjuvante famulari valeas. Ut vero absolutionis hujus titulus pro reverendis cultibus venerabiliter celebratis firmum omni tempore obtineat vigorem, manu propria subter roboravimus, nobilissimoque S. Aniani Clero astipulante destinavimus. R. Hugo. V. Adalardus Episcopus. V. Varimundus. V. Cunno, etc.*

* Fiebant autem ejusmodi manumissiones a sacerdote, manumissum cum cereo in manibus circa altare ter ducente. Charta ann. 1056. apud Murator. tom. 1. Antiq. Ital. med. ævi col. 854 : *In mano mito te Benzo persbiter da plebem sancti A... ani, ut vadat tecum in ecclesia S. Bartholomei apostoli, traad te tribus vicibus circa altare ipsius ecclesiæ cum cereo apprehensum in manibus tuis et in manibus suis : deinde exite et ambulate in via quadrubio, ubi quatuor viæ se dividuntur, et date eam licentiam.* Alia ann. 1107. ibid. col. 860 : *In plena et integra maneat libertate, sicut illi, qui in quadrivio in quartam manum traditi et amunth facti sunt, vel sicut illi, qui per manum sacerdotis circa sanctum altare ad liberos dimittendos deducti sunt.*

Manumissiones fiebant etiam per *chartam*, vel *chartulam*, quæ *ingenuitatis* vulgo appellabatur, a qua *Chartulati* dicti hac manumissionis specie manumissi, de qua agunt lex Alemannorum tit. 17. tit. 18. § 1. Capitulare 2. ann. 806. cap. 6. 7. Capit. ann. 813. cap. 8. Capitul. 3. cap. 2. 11. 12. Lex Longob. lib. 2. tit. 18. § 3. tit. 34. § 12. [** Aist. 3. Ludov. P. 6.] Gregor. Turon. lib. 5. Hist. cap. 27. Concilium Toletan. VI. can. 9. Leo Ost. lib. 1. cap. 11. etc. Qui autem per *chartulas* manumittebantur, plenariam non semper libertatem consequebantur, cum *conditiones* datæ libertati adderentur : seu servitia et operas interdum et censum pecuniarium sibi reservarent patroni, unde *coditionales* dicti passim.

Hac porro ratione libertas conferebatur : charta manumissi capiti imponebatur, ut fortean cunctis esset conspicua : quod testari videtur vetus hæc Notitia ex Tabul. Vindocin. fol. 217 verso : *Notum sit omnibus hominibus, quod cum domus Gaufridus Vindocinensis Abbas quendam servum suum Stephanum Popinellum nomine annuente Capitulo suo liberum fecisset, res illa Gaufrido Comiti Vindocinensi, qui Grisagonella cognominabatur, displicuit, et eidem Stephano cartam libertatis de capite eripuit. Quod cum domnus Abbas G. audisset, supradictum Comitem de hac re ad rationem misit, et quod Vindocinensis Abbas servos suos absque ullius licentia et consilio posset liberos facere rationabiliter, ostendit. Qua ille ratione convictus, cognovit se male fecisse, et de reliquo se nihil tale facturum promisit. Hoc viderunt domnus Goffridus Abba, Hamelinus Abba Belliloci, Goffridus Comes Vindocinensis, qui Grisagonella cognominatur, Raynaldus de Turre. Actum Vindocini anno ab Incarn. Dom. 1124. prima septimana Quadragesimæ feria quinta, et in crastino movit idem Comes ad S. Jacobum.*

* Imo illius capiti ita impositam subscribebant libertatis concessæ auctores. Charta ann. 1108. ex Chartul. S. Alb. Andegav. : *Hujus manumissionis testes sunt Ademius Nutricis et Burgundio de Calumpna, qui Chartam istam super caput Benedicti* (manumissi) *composuit, quando comes et soror ejus sua signa in ea fecerunt.*

Manumissio per Tabulas, Eadem quæ *per chartam*, (unde *Tabularii*, dicti ejusmodi per tabulas liberi facti) apud S. Augustinum Epist. 50. Gregor. Turon. lib. 10. cap. 9. in Lege Ripuar. tit. 58. in Concilio Aurelianensi III. ann. 538. can. 26. etc. Ut et

Manumissio per Scripturam, in Lege Wisigoth. lib. 5. tit. 7. § 1. 14. 15. in Lege Burgund. tit. 88. § 2. in Concil. Aurelian. III. can. 26. etc. Atque adeo

Manumissio per Epistolam, apud Greg. M. lib. 1. Epist. 53. lib. 5. Epist. 12. Hujus manumissionis per modum epistolæ servis ipsis manumittendis inscriptæ formula concipiebatur. Testamentum Bertichramni Episc. Cenom. : *Illos vero, quos de ratione Ecclesiæ pro singulis festivitatibus in Albis per Epistolas relaxavi, aut relaxavero, sicut Epistolæ eorum edocent, sub tuitione et defensione sanctæ Ecclesiæ rependeant.* Supra : *Tam isti, quorum nomina hic continentur, vel quos postea de gente barbara comparavi, aut adhuc comparare potuero, tam pueri quam puellæ, qui a me empti cognoscuntur, et epistolas eis feci, et ipsi in integra ingenuitate perdurent, et hoc observent, quod et pluris eorum et toti sub tuitione et defensione sancti Petri perseverent.* Eustathius lib. 10. de Ismeniæ et Ismenes amorib. pag. 336 : Ἐλευθερίαν σοι χαριζομένη ἐξ ἀδροῦ βαλαντίου, καὶ χειρὸς ταύτης ἐμῆς, ἣ τὴν ἐπιστολὴν ἐγχαράττει σοι, Ὑσμίνην δὲ παιδίσκην ἐμὴν καὶ σὴν ἀδελφὴν ἐλευθερίαν ἔχειν ἐκ τούτου τοῦ γράμματος. Vide Festum in *Manumitti*, et ibi Scaligerum, præter J.C. Habentur præterea aliæ passim manumissionum formulæ, cujusmodi est

Manumissio per Testamentum, de qua Concilium Arelat. II. can. 33. Aurelian. III. cap. 26. Matiscon. II. can. 7. etc. Charta Bajonis Viri inlustris ann. 7. Childerici Regis, ex Tabular. Flaviniacensi : *Mancipiis, libertis, ingenuis, qui apud nos epistolas meruerint accipere, inspectas eorum ingenuitates, accolabus, cum merito eorum, vel omni re, peculium tam majore, quam minore, etc.*

* Manumissionis, valituræ tantummodo post mortem illam concedentis, formulam prorsus notandam exhibet Codex reg. 7657. fol. 19. r°. : *Sciens ego P. me nunc habere et tenere ac a pluribus annis citra habuisse et etiam tenuisse quemdam servum sive sclavum meum, vocatum M. de partibus T. nunc christianum et unioni sanctæ christianitatis reductum, qui mihi, quamdiu ipsum tenui, fideliter et legualiter servivit, ac eum inveni in omnibus promptissimum et fidelem; unde pietate motus volens et admodum cupiens ego dictus P. de mei certa scientia cum gratiose affranquimenti beneficio præmiare ac reducere Christianorum fidelium libertati, ob reverentiam illius, qui cartam cirografi humani generis proprio sanguine cancellavit, ipsum ideo M. servum sive sclavum meum prædictum post mortem meam et non ante, ex nunc prout ex tunc, et ex tunc prout ex nunc, manumitto, quitto, libero, absolvo perpetuo penitus et relaxo ab omni jugo et omni servitute, pro salute animæ meæ ac meorum peccatorum redemptione, ut francum, quitum et liberum esse volo, jubeo atque mando, ita quod a tempore mortis meæ inantea plenam et liberam potestatem et personam habeat legitimam, ac si esset de ventre libero procreatus, standi in judicio, emendi, vendendi, contrahendi, mutuandi, testandi, testificandi, uxorandi ac omnia et singula dicendi, faciendi et exercendi, tam in judicio quam extra, quæ quilibet Christianus et homo liber facere potest et debet.*

Manumissio per Manum Propriam, in Lege Ripuar. tit. 57. § 1. [Vide *Hantrada*.]

Manumissio per Manum Erogatoris, in Lege Longob. lib. 2. tit. 20. § 5. [** Pippin. 34.] id est, per manum executoris testamentarii. Vide *Erogator*.

Manumissio in Comitatu. Leges Willelmi Nothi cap. 65 : *Si quis velit servum suum liberum facere, tradet eum Vicecomiti per manum dextram in pleno Comitatu, quietum clamare debet a jugo servitutis suæ per Manumissionem, et ostendat ei liberas vias et portas, et tradat illi libera arma, scilicet lanceam et gladium, deinde liber homo efficitur.* Vide Leges Henrici I. cap. 78.

Manumissio per Denarium coram et præsente Rege, qui manumissionem ratam habebat, et manumissi deinceps defensor erat, jactato denario quovis, tanquam manumissionis pretio, per manum vel domini, vel alterius, et excusso de manu ipsius servi, qui manumittebatur, qui inde *Denariatus* et *Denarialis* censebatur et appellabatur. Ea autem manumissionis forma Legis Salicæ propria fuisse dicitur in veteribus Chart. ex tit. 48. ubi *servi ante Regem per denarium dimissi* mentio fit. Formul.

vett. Bignonii cap. 46 : *Et postea ante domnum Regem jactante denario, secundum Legem Salicam te ingenuum dimisi.* Vetus formula apud Pithœum : *Nos vero manu propria excutientes de manu supradicti N. denarium, vel nummum, vel argenteum, vel aureum, vel dragmam, vel sestertium, vel minam, etc.* Exstat formula sequens ejusmodi Manumissionis per denarium in Tabulario S. Florentii Salmuriensis : *In nomine sanctæ et individuæ Trinitatis Odo gratia Dei Rex, notum sit omnibus fidelibus sanctæ Domini Ecclesiæ, præsentibus scilicet atque futuris, quia nos ob amorem Dei æternorumque remunerationem, perque deprecationem Rainonis Episcopi, servum juris nostri nomine Albertum astantem in conspectu nostro et fidelium procerumque nostrorum, manu propria, a manu ejus excutientes denarium secundum legem salicam libertum facimus, atque ab omni servitutis vinculo absolvimus. Ejus quoque absolutionem per hanc præsentem auctoritatem nostram confirmamus, et nostris futurisque temporibus firmiter atque inviolabiliter ratam eam esse volumus. Præcipientes ergo jubemus, ut sicut reliqui manumissi qui a Regibus antecessoribus nostris hoc modo noscuntur esse relaxati ingenui, ita deinceps jam nominatus Albertus per hoc nostrum præceptum solemniter in Domini nomine confirmatam nemine inquietante; sed Deo auxiliante per se hæc nostræ mercedis relaxatio per omnia tempora inviolabiliter conservetur, annulo nostro subtersignari jussimus. Truannus notarius ad vicem Rollonis et recognovit et subscripsit. Data* IV. *Idus Januarii anno ab Incarnatione Domini* DCCCLXXXVIII. *anno secundo regnante Odone gloriosissimo Rege. Actum Aurelianis feliciter. Amen.* [Aliam lege, si placet, inter veteres formulas Alsaticas quas Legi Salicæ subjecit Eccardus. Præceptum Caroli Crassi Imper. ann. 887. apud Marten. tom. 1. Anecd. col. 51 : *Cujus petitionem rationabilem prospicientes, imperiali dignitate nostra decrevimus, ut more prædecessorum Imperatorum ac Regum nostrorum, videlicet a manu ipsius Leuthardi denarius excutiatur, quatenus auctoritate imperiali nostra notum omnibus habeatur, ut a præsenti die, et in reliquum, idem Leuthardus semper et ubique omnibus locis liberali valeat uti propria potestate.*] Charta Ludovici Regis ann. 906. apud Guillimann. lib. 2. de Reb. Helvet. cap. 11 : *Quemdam proprium servum nostrum Johan nominatum in præsentia fidelium nostrorum per excussionem denarii de manu illius, juxta Legem Salicam, in eleemosynam nostram liberum dimisimus, etc.* Charta Caroli Regis Burgundiæ filii Lotharii Imp. : *Servum juris nostri, nomine Anseleum, manu propria a manu illius excutientes denarium, secundum Legem Salicam, liberum cum omnibus, quæ habebat, vel quæ acquisierit, fecimus.* Alias proferunt istiusmodi manumissionis *per denarium* secundum Legem Salicam formulas et Chartas Marculfus lib. 1. form. 22. Paradinus lib. 2. Histor. Lugdun. cap. 24. Bignonius ad Marculfum, Goldastus in Chartis Alemann. num. 6. et Wendelinus in Glossar. ad Legem Sal.

Neque tamen omnino Saliis propria fuit, cum et apud Ripuarios observata legatur, ut colligitur ex Lege Ripuar. tit. 57. § 1 : *Si quis libertum suum per manum propriam, seu per alienam in præsentia Regis secundum Legem Ripuariam ingenuum dimiserit per denarium, etc.* In alia apud Willelmum Hedam in Hegilbodo Trajectensi Episcopo, Francis etiam adscribitur : *Qui ejus contuitu famulam quandam, datis, ut Lex Salica docet, in commutatione duobus mancipiis prius, et postea secundum Legem Francorum denarium ejus excutiens, hoc modo servitutis vinculo liberavit, et donavit ingenuitate.* Ad Salicam forte Legem referenda quæ de hacce specie manumissionis habet S. Audoenus in Vita S. Eligii lib. 1. cap. 10 : *Redemptos captivos protinus coram Rege statuens, jactatis ante eum denariis, cartas eis libertatis tribuebat.* Adde Chartam ejusdem Eligii apud Mabillonium tom. 2. SS. Ord. S. Benedicti pag. 1091.

Ea autem erat conditio *Denarialis* hominis, seu per denarium manumissi, ut *hæreditatem in sua generatione non haberet, antequam usque in tertiam generationem pervenisset* : quod de Chartulario, seu manumisso *per chartulam*, pariter obtinuit : uti statuitur in Lege Longob. lib. 2. tit. 34. § 11. [** Pippin. 13.] et lib. 6. Capit. Car. M. cap. 208. deinde, ut est in lege Ripuar. tit. 57. § 4. si absque liberis decedebat, Regem seu fiscum hæredem habebat : ita si occideretur, illius compositio ad Regem spectabat, uti cavetur in Capitulis, quæ Carolus Mag. Legi Bajwar. addidit, tit. 1. cap. 6. et in Capitul. 2. ann. 806. cap. 5. et 6. ubi idem obtinuisse de manumissis per chartam observatur. Licebat porro unicuique hac manumissionis forma et ratione servum suum manumittere. Lex Ripuar. tit. 61. § 3 : *Quod si dominus ejus* (servi) *eum ante Regem Denariatum facere voluerit, licentiam habeat.* Et tit. seq. § 2 : *Quod si Denarialem eum facere voluerit, licentiam habeat, et tunc 200. sol. solvat.* Minime tamen poterant *Tabularii* hac manumissionis forma libertate donari. Eadem Lex Ripuar. tit. 58. § 1 : *Nullus Tabularius denarium ante Regem præsumat jactare : quod si fecerit, 200. sol. culp. jud. et nihilominus ipse Tabularius et procreatio ejus Tabularii persistant, etc.* Exacta istiusmodi manumissione, conficiebatur charta, quæ rem gestam contineret, et *præceptum denariale* dicitur Marculfo, et *charta denarialis.*

Huc etiam quodammodo pertinet, quod habent Leges Henrici I. Regis Angl. cap. 78 : *Si quis de servitute redeat in liberum, in testem manumissionis cum testibus redditionis domino suo 30. denarios reddat, scilicet pretium corii sui, in signum, quod ei dignum sit in æternum.* Vide *Capitale* 4.

Manumissio *in præsentia Regis, secundum Legem Ripuariam*, tit. 57. § 1. eadem quæ per *denarium. Manumissio per regalem largitionem*, in Concil. Triburiensi ann. 895. cap. 38.

Manumissio *in manu Regis dando*, in Lege Longob. lib. 2. tit. 34. § 3. 8. [** Liutpr. 9. (2, 3.) 55. (6, 2.)] Vide quæ mox annotamus de Longobardorum Manumissionibus.

Manumissio Coram Testibus, in Lege Wisigoth. lib. 5. tit. 7. § 1. in Lege Burgund. tit. 88. § 2. in Synodo Trullana can. 85. in Legibus Henrici I. Regis Angl. cap. 78. etc.

Apud Longobardos quadruplex fuit manumissionis species, ut est in libro 2. tit. 34. § 1. [** Rothar. 225.] ac prima quidem, quæ fiebat per *quartum manum*, cujus ritus ita ibidem describitur : *Si quis servum suum proprium aut ancillam suam liberos dimittere voluerit, sit illi licentia, qualiter ei placuerit : nam qui fulfreal et a se extraneum, id est, Amund, facere voluerit, sic debet facere. Tradat eum prius in manus alterius hominis liberi, et per garathinx ipsum confirmet, et ille secundus tradat eum in manus tertii hominis eodem modo, et tertius tradat eum in quarti, et ipse quartus ducat eum in quadrivium, et thingat in wadia, et gisiles ibi sint, et dicant sic : De quatuor viis, ubi volueris ambulare, liberam habeas postestatem. Si sic factum fuerit, tunc erit Amund, et ei manebit certa libertas, et postea nullam repetitionem patronus adversus ipsum, aut filius ejus habeat potestatem requirendi. Et si sine hæredibus legitimis ipse, qui Amund factus, mortuus fuerit, curtis regia illi succedat, nam non patronus, aut heres patroni.* Adde § 5. 9. [** Liutpr. 23. (4, 5.) Aist. 2.] Exstat hujusce manumissionis Diploma Scaunibergæ et Luithprandi Ducum Longobardorum, in Chr. S. Sophiæ Benevent. pag. 637. ex quo hæc excepsimus : *In nostris tradidit manibus, ut juxta ritum gentis Longobardorum liberam* (Liupergam ancillam) *sine conditione constitueremus : quam equidem audientes postulationem, in præsentia fidelium, ipse Ansprandus in nostris tradidit manibus, et nos eam tradidimus in manum Theudbaldi Duddi, et Referendarii, Theudbaldus tradidit in manum Joannis, Joannes tradidit in manum Rodoaldi nostri, hoc est, in quarta manu tradidimus, qui te per nostram jussionem in witrepera, in galida, et gisil constituit una cum filia tua, et in omni tua substantia hæreditatis : quatenus amodo et deinceps, libera dominiorum nostrorum hæres inveniaris, etc.* Ex quibus colligitur ejusmodi manumissionem fuisse *directam* ac plenariam, ut et aliam manumissionem *per impans, id est, in votum Regis factam*, quod idem valet ac *coram Rege*, de qua rursum agitur § 3. et 8. perinde ac tertiam manumissionis speciem, per quam quis *fulfreal* fiebat, vi cujus *Amund* factus plenam libertatem consequebatur, *quatuor ei viis ostensis.* In hoc tamen saltem a priori differebat, quod ejusmodi liberto, si sine liberis decederet, patronus succederet. Quarta denique manumissionis species apud Longobardos fuit, cum quis aldium aut aldiam faciebat, quibus *quatuor viæ* non dabantur. Vide Edictum Rotharis Regis tit. 91. [** 225. sqq.] et Leges Astulphi Regis tit. 8. [** 2.]

Manumissionis per Sagittam apud Langobardos, meminit Paulus Warnefridus de Gestis Longob. cap. 13 : *A servili jugo ereptos, ad libertatis statum perducunt, utque rata eorum haberi posset libertas, sanciunt more solito per sagittam, immurmurantes nihilominus, ob rei firmitatem, quædam patria verba.*

Manumissio Armorum Traditione. Leges Willelmi Nothi Reg. Angl. cap. 65 : *Si quis velit servum suum liberum facere, tradat eum Vicecomiti per manum dextram in pleno comitatu, et quietum illum clamare debet a jugo servitutis suæ per manumissionem, et ostendat ei liberas portas et vias, et tradat illi libera arma, scilicet lanceam et gladium; deinde liber homo efficitur.* Eadem habentur in Leg. Henrici I. cap. 78.

Manumissio, seu datio libertatis *usque in septimum.* Tabularium Casauriense : *Ego Raynaldus filius Gemmæ pro redemptione animæ meæ et Gemmæ et Dodonis, genitoris mei, te Vastam ancillam liberam dimitto, et liberam constituo absque ulla occasione, et tradidi te liberam manibus meis in manum Adelberti Monachi, ut tu et filii, qui de te nascuntur, liberi sitis usque in septimum.*

Erant præterea species aliæ *manumissionis*, seu potius rationes consequendæ libertatis; verbi gratia, cum servi ægrotantes ejiciebantur a dominis suis : hos enim lex facit liberos, ut est in Fleta lib. 3. cap. 1. § 8. Adde lib. 1. cap. 5. § 6. et Appendicem Codicis Theod. Constit. 5. Suetonium et Zonaram in Claudio.

Cum servus propria pecunia semetipsum a domino suo redimebat, in Lege Frision. tit. 11. § 2. Vide *Redemptionale.*

Aut cum dominus concedebat servo et ejus hæredibus liberum servitium, apud Bractonum lib. 4. Tract. 1. cap. 9. et 22. pag. 170. 194. et in Fleta lib. 4. cap. 11. § 22.

Alias denique rationes, quibus ad libertatem pervenitur absque manumissione, tradit Regiam Majestatem lib. 4. cap. 12.

☞ Solemne præterea Regibus nostris erat quosdam servos manumissionis gratia donare, cum aliquod insigne a Deo beneficium acceperant : quod factum præsertim videmus ob natum ipsis filium. Marculfi l. 1. form. 39 : *Ille Rex Francorum viro inlustri illo Comiti. Dum et nobis divina pietas juxta votum fidelium et procerum nostrorum de nativitate filii nostri illius magnum gaudium habere concessit, ut misericordia Dei vitam eidem concedere dignetur, jubemus ut per omnes villas nostras, quæ in vestra vel in cuncto regno nostro aliorum domesticorum sunt actionibus, tres homines servientes in utroque sexu in unaquaque villa ex nostra indulgentia per vestras epistolas ingenuos relaxare faciatis.* Memoratæ epistolæ formulam legesis ibid. lib. 2. form. 52.

Manumittere præterea dicebatur, qui servum suum in Dominium alterius transmittebat, ut esset ejus servus : quod maxime fiebat in commutationibus hominum de corpore, cum matrimonia contraherent cum hominibus alterius Domini. M. Pastorale Ecclesiæ Paris. : *Quidam servus noster... habens filiam nomine Genovefam, quæ ancilla nostra erat, non habens vero unde aliquando eam maritare posset, rogavit nos, ut pro amore Dei eam Manumitteremus, ita ut de servitute nostra, in servitutem B. Mariæ Paris. transiret. Hoc autem ideo rogabat, quia quidam servus B. Mariæ illam in conjugem habere volebat, etc.*

☞ Eamdem vocem, sed minus proprie, usurpatam quoque legimus in Charta ann. 1298. qua Petrus Ymbaudi, qui *domicelli* insignitur nomine, liber ab omni vinculo servitutis et hominii constituitur : hanc ut minime vulgarem exscribimus ex Bibl. Colbert. : *Noverint... quod nos Arnaldus de Turre filius quondam nobilis viri D. Bern. de Turre militis pro nobis et Bernardo de Turre nepote nostro filio quondam Bern. de Turre fratris nostri et cunctis successoribus nostris... absolvimus, Manumittimus et liberum facimus vos Petrum Ymbaudi domicellum de Planhano et omnem progeniem ex vobis natam et nasituram ab omni vinculo servitutis atque hominii seu homagii quod nobis facere tenebamini pro feudo seu redditibus et honoribus qui sunt apud podium Lunar et in toto tenemento dictæ villæ... quod quidem feudum, proventus et redditus fuerunt Pontii de Megrefort Militis quondam, et venerunt in commissum D. nostro Regi a dicto Milite, et emistis ab eodem D. nostro Rege prædicto... quos tamen redditus, honores et feudum prædictum tenebatis et tenere a nobis debebatis in feudum honoratum, præmissa vobis facientes cum plenitudine libertatis irrevocabili vobis et vestris sine retentione aliqua, quam in persona vestra et successorum vestrorum et infantium et rerum vestrarum non facimus, imo, totum jus et patronatus omnino remittimus vobis... tali modo quod nulla occasione offensæ vel jure vos vel aliquis ex vobis procreatus numquam possitis de cætero in servitute vel recognitione ratione dicti feudi... revocari.. Hanc autem libertatem, Manumissionem et absolutionem et libertatis donationem vobis et vestris facimus et fieri volumus propter multa et grata servitia quæ vos erga nos pluries fecistis... Renunciamus... omni juri divino, et specialiter illi legi quæ loquitur de servis et libertinis ex causa ingratitudinis in servitute revocandi.*

Manumittere, Licentiam, vel facultatem dare aliquid faciendi. Tabularium Ecclesiæ Carnotens. : *Et quod petit a Capitulo Carnotensi se Manumitti ad Clericatum et tonsuram Clericalem, et quod dicta die, qua manumissus fuit, et ante manumissionem suam juravit publice in Capitulo, quod pro hujus manumissione, quam intendebat habere, nec dedit, nec fecit dari, nec alius pro ipso quod sciverit, Capitulo Carnotensi, vel alicui alii, etc.*

Manumissio, Dimissio, remissio, *Quittement.* Tabularium Conchensis Abbat. in Ruthenis ch. 49 : *Scripta autem vel firmata hæc donatio, vel convenientia, seu Manumissio Kalendis Julii, etc.* Hildebertus Turon. Archiep. Epist. 65 : *Utramque autem exactionem sub oculis totius Concilii Comes in nostra manu deposuit, postulans in eos excommunicationis gladium extendi, quicunque aliquando vel manumissa petere, vel manumissionis plenitudinem imminuere attentarent.* Infra : *Illam præterea Manumissionem de naufragiis et de substantia morientium, quam Comes in nostra manu deposuit, etc.* Vide Metropolim Salisburgensem tom. 3. pag. 42. et *Manum mittere* in *Manus.*

* Manumittere, f. pro Manum mittere, manum injicere. Lit. Theob. comit. Campan. ann. 1230. tom. 7. Ordinat. reg. Franc. pag. 362 : *Quod si.... Matheus dux Lotharingiæ et marchio, vel aliquis suorum.... Manumitteret in ipsos vel in aliquem ipsorum, pro capiendo, vel captivum teneret etc.* Vide in *Manus.* A latino *Manumittere*, libertatem dare, nostri *Manumitter*, dixerunt. Lit. ann. 1354. in Reg. 84. Chartoph. reg. ch. 414 : *Avons franchi et franchissons, avons Manumittez et Manumittons les enfans dudit Jehan Camion.* Occurrit præterea in aliis Lit. ann. 1367. tom. 5. earumd. Ordinat. pag. 464. Unde *Manumiz*, manumissus, in Charta ann. 1516. ex Chartul. Latiniac. fol. 243 : *Gens de serville condicion, main-morte, Manumiz et affranchiz, etc.*

Manumissio, quæ aliis *Emancipatio*, cum scilicet Clericus ab Ecclesia sua, ad quam intitulatus est, ad aliam ab Episcopo suo transcundi facultatem impetrat, apud Stephanum Tornacensem Epist. 135.

¶ 1. **MANUMISSOR**, Qui manumittit, Concil. Emeritense inter Hispan. tom. 2. pag. 630 : *Contingere etenim solet, ut postquam Manumissor eorum ab hac discesserit luce, talis occurrat successor qui aut Ecclesiæ familiam minime quærat, aut etc.*

2. **MANUMISSOR** Testamenti, Executor. Testamentum Petri Infantis Portugalliæ Regni Majoricarum Domini 7. Id. Oct. ann. 1255 : *Facimus testamentum nostrum, in quo eligimus Manumissores nostros D. Raym. Episcop. Majoric. et Abbatem de Regali Ord. Cisterc.* [Testamentum Jacobi Reg. Majoric. ann. 1272. tom. 9. Spicil. Acher. pag. 246 : *Nos Jacobus D. G. Rex... nostrum facimus testamentum, in quo eligimus Manumissores nostros, videlicet venerabiles, etc.*] Charta ann. 1304 : *Nos... Manumissores et executores testamenti seu ultimæ voluntatis nobilis viri, etc.* Testament. Sauræ D. de Pinozo, filiæ Jacobi Regis Arag. Id. Jun. 1305 : *Eligimus et constituimus Manumissores et executores hujus testamenti, etc.* [Tabular. Prioratus S Johannis Tolos. : *In Dei nomine ego Arnaldus de Fenoleto... volo... facere testamentum, et eligo Manumissores meos Guillelmum Fonolensem Archidiaconum, etc.*] Occurrit præterea in Testamento Guillelmi Jord. Comitis Ceritaniæ ann. 42. Philippi Regis Franc. et in Foris Aragon. lib. 7. pag. 132. et in observantiis Regni Aragon. lib. 5. tit. *de Tutoribus, Manumissoribus, et cabeçalariis.* Vide *Cabeçalarii.*

¶ 3. **MANUMISSOR**, Chartarum subsignator. Vide *Manus.*

¶ **MANUMITTERE**. Vide in *Manumissio.*

¶ **MANUMOLA**, Chirotheca, quod manus *molam* seu formam referat sic dicta. Computus ann. 1202. apud D. *Brussel* tom. 2. de Usu feud. pag CLXXV : *Pro residuo Manumolarum portandis apud Gollenfontein, et pro una summa, et pro balistis et gabeisionibus portandis in Marciam*, LXI. s. Vide *Manuola.*

* **MANUMORTABILIS**, Practicis nostris *Mainmortable*, Servus glebæ. Charta prior. de Joignaco ann. 1388. in Reg. 138. Chartoph. reg. ch. 267 : *Johannem Villeloup hominem nostri prioratus esse dicimus et dicebamus de corpore et capite taillabilem et explectabilem de alto et basso ac etiam de prosecutione et Manumortabilem.* Vide *Manus mortua* in *Manus.*

* **MANUMORTIZATIO**, Consensus domini ad prædiorum translationem in *manum mortuam*, idem quod *Admortizatio.*

Charta ann. 1269. in Chartul. Pontiniac. pag. 278 : *Promittens idem Johannes... quod contra concessionem, laudationem, quitationem, Manumortizationem.... non veniet.* Rursum legitur ibid. in Charta ann. 1273.

* **MANUMORTUA**, Jus in bona defunctorum. Form. MS. Instr. fol. 31 : *Eumdem abbatem per suum anulum, ut est moris, manualiter investivit* (episcopus) *salvis et reservatis juribus episcopalibus in decimis et Manumortuis, etc.* [** *Manumortuum* in chart. ann. 1208. in Schannat. Hist. Epist. Wormat. tom. 1. pag. 72 : *Tributariorum .... capitalem justitiam, id est Manumortuum, etc.*] Vide *Manus mortua* in *Manus*.

¶ **MANUMUMDIUM**, *Manutergium*, Ugutioni, quo manus mundantur. Promotus in Grammatica MS : *Facitergium, togilla, mappa, mappula, gausape, orarium, mensale, manutergium, prandeum, Manumundium, manupiarium.*

¶ **MANUMUNITUS**, f. Rei domesticæ administrator, procurator, Gall. *Intendant.* Gesta Consulum Andegav. tom. 10. Spicil. Acher. pag. 494 : *Cum Comes custodiam domicilii sui Haimerico de Currone præbuisset; dum ceteri murmurarent, tres famuli Hugonis, Gofridus Manumunitus, Robertus telonearius, et Railnesinus carpentarius rem difficilem aggressi sunt.*

* **MANUMUTABILIS**, Gall. *Mainmuable*, dicitur Servus, qui dominum pro libitu mutare potest. Charta ann. 1255. ex Tabul. S. Joan. Laudun. : *Se il avenoit.... que li maires et li juré devant dit receussent ou eussent receu aucun home ou aucune femme de cors de l'église de l'abé devant dit en lor commune, qui ne fust des Mainsmuables, etc.*

MANUOPERA, etc. Vide *Manopera*.

MANUOPUS, seu *cum manuopere captus*, in Fleta lib. 2. cap. 52. § 42. est in furto, vel cum re furtiva deprehensus. Will. Thorn pag. 2021 : *Clamat in hundredo isto in manerio suo de Swanes tenere placita de felonibus captis cum Manuopere ad sectam, etc.* Vide *Handhabenda*. Alia notione apud Radulfum de *Hengham* in Parva cap. 7. disseisina fieri dicitur, *cum Manuopus alicujus impeditur, etc.*

Manuoperare. Idem Radulfus de *Hengham* capite laudato : *Divortium celebratum est inter virum et mulierem, si post divortium vir teneat se in hæreditate perquisita in maritagio mulieris, statim cum post divortium Manuoperetur, disseisitor est.*

* **MANUPARIUM**, *La touaLia*, in Glossar. Lat. Ital. MS. Vide *Manupiarium*.

MANUPASTUS, et Manupastum, Domesticus, gefe𝔡neman, in Canonibus Saxonicis Edgari Regis cap. 1. § 4. vox composita ex gefe𝔡, nutritius, pastus. Leges Henrici I. Regis Angl. cap. 66 : *Si Manupastum alicujus accusetur de furto, solus pater familias emendare potest, si velit, fracta lege sine perjurante.* Concilium Islebonense cap. 19. apud Ordericum Vital. lib. 5 : *Si Clericus raptum fecerit vel furtum... aut incendium fecerit, aut Manupastus ejus, aut habitator atrii similiter.* Cap. 28 : *Si quid per contentionem in domo Presbyteri vel Clerico, vel eorum Manupasto relictum fuerit, Episcopi erit.* [Charta ann. 1082. in Hist. MS. monast. Beccens. pag. 146 : *In cæteris autem parochiis quæ ad eandem Abbatiam pertinent, et sunt de nostra diœcesi, hoc solum ei concessimus, ut Manupastos suos laicos quietos habeat.*] Chronicon Beccense ann. 1124 : *Propter hanc reconciliationem Ecclesia Lexoviensis non perdet forisfacturas suas de violatoribus, excepto Manupastu, id est, servientibus Monachorum.* Eadem notione occurrit in Monastico Anglic. tom. 2. pag. 71. 952. 994. 1002. apud Bractonum lib. 3. Tract. 2. cap. 10. § 1. Britonum cap. 12. fol. 19. in Fleta lib. 1. cap. 27. § 2. 4. etc.

Esse in Manupastu Alicujus. Leges Alvredi Regis cap. 5 : *Nullum a se dimittat, qui inculpatus sit in Manupastu suo.* Leges Forestar Scotic. cap. 13 : *Si aliquis mastinus inventus fuerit in aliqua foresta,... dominus ipse, cujus mastinus fuerit, erit culpabilis tanquam de Manupasto.* Charta Henrici I. Regis Angl. in Regesto Normann. signato P. fol. 24. in Camera Comput. Paris. : *Ut habeant et teneant in pace et integre... et quiete in omni potestate mea ab omni teloneo et modiatione, et omni alia consuetudine,... et de omni sæculari servitio et exactione, et fouagio hominum de Manupastu eorum, et de omnibus querelis, etc.* [Charta Hugonis Ducis Burgund. ann. 1188. apud D. *Brussel* tom. 2. de Usu feud. pag. 1008 : *Dum liberi manebunt cum parte existentes de Manupastu et familia patris.*] In Statuto de Decimis Saladinis apud Rigordum ann. 1188. filius *in Manupastu patris* esse dicitur, qui nondum est emancipatus. Adde Fletam l. 1. cap. 27. 38. § 21. lib. 2. cap. 52. § 7. cap. 67. § 6. Perardum in Burgundicis pag. 298. etc.

* Nostris *Mainpast*, eodem sensu. Pactum inter capitulum et consules Noviom. ann. 1339. in Reg. 73. Chartoph. reg. ch. 280 : *Item du descort meu en parlement entre nous doyen et chapitre dessusdit pour nous, noz chapellains, noz clers, noz familiers et noz sergens, comme d'autres personnes de noz Mainpast etc.*

MANUPIARIUM. Joan. de Janua : *Manupiarium, gausape, quasi manus pians.* In Gloss. Lat. Gall. *Nape*. Glossæ Isid. : *Mappa, gausape, togilia, expiarium.* Vide *Manumundium*.

MANUPLETIUM. Gloss. Græc. Lat. : Χειροπληθής, *Corpulentus*. χειροπληθίς, *Manupletium*. In MS. *Mapletum* habetur.

MANUPRETIUM, χειρῶν μισθός, in Gloss. Gr. Lat. in Glossis vero Lat. Græc. *Manupretium*, χειροδόσιον. Asconius 3. in Verrem : *Manupretium dicebatur, ubi non tam materiæ ratio, quam manus atque artis ducitur.* Vide Varronem, et Plautum in Menechm.

MANUS, Subscriptio, chirographum. Cicero in Catilinam : *Statilius cognovit Manum et signum suum.* Ita ad Atticum lib. 11. Ep. 2 : *Signum et Manum meam requirent.* Facundus Hermianensis l. 4. cap. 4 : *Sed nunquid vel si propriam Manum Romano Episcopo non probante recipiat, etc.* Supra *chirographum* appellavit : *Et juratum sibi fuisse respondit, quod chirographum suum reciperet, si hæc Romanus Episcopus non probaret.* Epistola Clericorum Italiæ, directa ad Legatos Francorum, qui CPolim proficiscebantur ann. 522 : *Quoniam ipsi Episcopi Græci ad voluntatem Principis damnaverant capitula ipsa, unde causa mota est; sed beatissimus Papa Manus eorum a serenissimo Imperatore receperat.* Vetus Charta exarata ann. 13. Hludovici Regis in Orientali Francia, apud Joachimum Vadianum pag. 63 : *Ego in Dei nomine Wolfger cum Manu filii mei Engilgaci consentientis tradimus ad Monasterium, etc.* Charta ann. 1170. apud Ughell. in Episcop. Bergomensib. ita clauditur : *Manus Petri et Heriprandi : Manus Manifredi Vicecomitis, etc.* Ita in alia ann. 1173. ibid.

Manus Figere, Subscribere, manu ac scripto firmare. Canones Hibern. lib. 33. cap. 4 : *Rata reddat debita, pro quibus fixerat Manus. Manus suas imponere in epistola,* pro *epistolam subscribere*, in Lege Bajwar. tit. 1. cap. 1. *Manum ponere in charta falsa*, in Lege Longob. lib. 2. tit. 51. § 1. [** Luitpr. 63. (6,10.)] Leges Luithprandi Regis Longob. tit. 17. § 2. [** 22. (4,4.)] : *Ita tamen ut ipsi parentes, qui interfuerint, aut judex in Chartula ipsa Manum ponant.* Adde Leges Ratchis Regis tit. 7. § 2. [** 4.] Vide *Firmare* 2.

¶ Manu Capere, Eodem significatu. Charta ann. 1166. in Chartular. Meld. : *Ego etiam* (Henricus Trecensis Comes) *ipsis rogantibus Manu cepi... annotatum sigilli mei impressione firmavi.*

Manum Mittere, nude, eadem notione, non semel in Chartis Veneticis apud Joan. Lucium lib. 3. de Regno Dalm. cap. 11. 12. lib. 4. cap. 9. quæ hoc modo clauduntur : *Ego N. Manum misi. Manus suas in chartam mittere*, in Lege Alemann. tit. 2. § 1. *Manum Ponere*, in Lege Longob. l. 2. tit. 10. § 2. tit. 55. § 17. [** Liutpr. 22. (4, 4.) Rach. 4.] Chartæ Alemannicæ Goldasti cap. 90 : *Et Manus suas in ipsam cartulam posuissent.* Acta S. Maximi Confess. pag. 56 : Τεθεικότες καὶ τὰς ἰδίας χεῖρας ἐπὶ βεβαιώσει τῶν λαληθέντων. Vide Gloss. med. Græcit. in Χείρ.

* Vel potius Manu tangere; quod etiam nunc in quibusdam provinciis in usu est, ubi scribere nescii coram notario conventum, manuum tractu approbant. Id præterea aperte innuit Charta Will. castell. S. Audom. ann. 1205. in Chartul. S. Bert. pag. 211 : *Hanc eleemosinam super altare S. Bertini, fratribus meis assentientibus et Manum apponentibus, optuli.* Vide infra *Tangere* 3.

Manus Divina, Imperatoria subscriptio, de qua Brissonius in formulis pag. 365.

Manumissores, Chartarum subsignatores. Charta Germanica ann. 793. apud Henschenium ad Vitam S. Ludgeri Episc. : *Acta est autem publice hæc traditio... coram testibus et Manumissoribus, etc.* Occurrunt eadem verba in alia ann. 799. apud eumdem. Tradit. Fuld. lib. 1. trad. 21 : *Coram his testibus et Manumissoribus, quorum nomina et signa infra scripta sunt.*

Manu Fidem Dare. Tabularium Vindocinense Ch. 179. ann. 1064 : *Dedit etiam Domno Abbati Oderico fidem, Manum suam, sicut mos sæcularis exigit, in illius manum mittens.* [Le Roman *d'Athis* MS. :

Et les Barons qui o lui furent,
En la main Dieu de vrai lui mirent

Qu'ils assembleront leurs navies,
Et pourchasseront leurs nies.]

[** Vide *Dextræ*, 2. Grimm. Antiq. Jur. Germ. pag. 138. sqq. et Haltaus. Glossar. German. voce *Hand*, col. 795. sqq. ubi multa de significationibus vocis *Manus*.]

MANUM MITTERE *in aliquem*, in Lege Salica tit. 15. § 1. Formula loquendi nostris familiaris *Mettre la main sur quelqu'un : Manum alicui injicere*, in Lege Bajwar. tit. 3. cap. 1. § 3. tit. 4. § 3. tit. 5. § 3. et in l. 7. de Fil. Apparitor. (7, 22.) et in l. 8. de Appellat. (11,30.) Cod. Theodosiani. Vide in *Manumissor*.

MANUM MITTERE *super manum alterius*. Tabularium Ecclesiæ Matisconensis : *Misit autem Manum domini Hugonis Diensis Episcopi et Romani Legati, quasi in loco sacramenti, ne aliquis filiorum vel successorum suorum hanc werpitionem præsumeret infringere*. Vide *Jurare* in *Juramentum*.

MANUS in hominiis, *la bouche et les mains*, in Consuetud. Trecensi, et aliis. Leo Ost. lib. 3. cap. 48. (alias 50.) : *Mandabat ei, ut sibi fidelitatem faceret, et homo ipsius per Manus deveniret*. Vide *Hominium*. Hinc

¶ MANUM DARE, pro *Hominium* præstare; manus suas scilicet in manus domini immittendo. Charta Henrici Imper. ann. 1014. apud Murator. delle Antic. Estens. pag. 108 : *Postquam nos in Regem et Imperatorem elegerunt, et post Manus nobis datas, et Sacramenta nobis facta, etc.* Le Roman de Rou MS. :

Rou devint homs li Roiz et ses Mains li livra.

* MANUS SUAS FACERE, Obedientiam alicui profiteri, manus suas scilicet in manus superioris immittendo. Judic. ann. 715. apud Murator. tom. 6. Antiq. Ital. med. ævi col. 369 : *Nam et ipsi presbiteri, quomodo ibidem custodes sunt, ita professi sunt per Evangelia et sacratione ab Aretinæ ecclesiæ episcopo suscepissent, et Manus suas, juxta antecessorum suorum consuetudinem, ibidem fecissent, et sacramenta prœbuissent, et obedientiam usque actenus impendissent et crisma suscepissent*. Inquisit. ejusd. an. ibid. col. 377 : *Cum epistola Willerat multoties electus clericus venire ad ecclesiam S. Donati, et sagrationem ab episcopo Aretino suscipere, et Manus suas facere et sagramenta præbere*. Charta ann. 746. ibid. col. 411 : *Repromecto et spondeo, atque Manus meam facio tivi domno venerabili Walprand episcopus, pro eo cot me... presbiterum hordinasti*.

* MANUM OBEDIENTIÆ TRIBUERE, Eadem notione. Charta ann. 1152. apud eumd. Murator. tom. 5. earumd. Antiq. col. 1033 : *Sacerdotem seu clericum electum abbas de ecclesia illa et his, quæ ad ecclesiam pertinent, investiat. Sacerdos seu clericus Manum obedientiæ ei tribuat*.

MANIBUS COMPOSITIS *feudum recipere*. Jus feudale Saxon. cap. 23. § 1 : *Multis fratribus poterit dominus solum feudum conferre, si compositis Manibus hoc receperint omnes simul*. Id est, si una omnes homagium domino præstent. Adde cap. 29. § 16.

PER MANUM ALTERIUS TENERE, Ab alio per homagium et in feudum possidere. Testamentum Ranimiri Regis Aragon. æræ 1099. apud Martinezium in Hist. Pinnatensi lib. 2. cap. 38 : *Et si Deus mihi dederit sanitatem, et ego vixero, quod teneam illam terram et honorem, quomodo usque hodie illum tenui in Dei servitio, et post meos dies habeat illam Sanctius filius meus jam dictus* (primogenitus) *in servitio Dei. Et dimitto Aybar et Exavierre Latri cum omnibus earum villis, quæ ad eos pertinent, ad alium filium meum Sanctium, ut possideat illas supra scriptas villas per Manum fratris sui Sanctii, quasi per me. Et si desvenerit de eo, et laxaverit filium, teneat ipse ejus filius eas per Manum de Sanctio filio meo in sua fidelitate. Et si talem insaniam fecerit ad fratrem suum Sanctium, ut, quod absit, ei mentiret, etc.*

¶ PER MANUS *alterius justitiam accipere*, Emendationem et jus suum a judice obtinere. Tabul Gemeticense : *Quod si forte aliquis eorum hominum aliquem de hominibus Comitis, vel aliquem alium vulneraverit vel occiderit, et non detentus potuerit inde evadere, seque ultra prætaxatam viam in propriam monachorum partem recipere, nulli omnino liceat usque prosequi, vel ibi capere; sed justitiam inde accipiet per Manum monachi qui Prior erit de Beu*. In Charta ann. 1235. ex minori Chartul. S. Vict. Massil. : *Litigare in manu sua compellebat*, id est, coram se de rebus suis dicere.

¶ PER MANUM *tertiam res suas adrhamire*. Vide suo loco *Adramire*.

MANUM ALTERIUS LUCRARI. Wichbild Magdeburg. art. 109 : *Manum alterius si unus testimonio lucrari vellet, occasione falsi, id facere cogitur mettertius, cum hominibus fide dignis*.

MANUM REGIAM apponere dicitur Rex, qui prædia, de quibus lis est, interim dum ea dirimatur, sibi asserit : ut *Manum regiam infringere*, qui bannum regium infringit, in Aresto Paris. penult. Janu. ann. 1319. Aliud ejusdem ann. 28. Junii : *Dicta Boneta existente in speciali gardia et protectione nostra, una cum bonis suis, Manu nostra et penoncelle et brandone regis apparenter positis, etc.*

¶ MANUM MITTERE *in fortunam alterius*, Bona illius sibi asserere, in Lege Salica tit. 52. num. 2. Eodem sensu in Statutis Eccl. Cadurc. apud Marten. tom. 4. Anecdot. col. 739 : *Manum apponere in rebus*.

¶ MANUS, Donativum quod Clero a summis Pontificibus in nonnullis solemnitatibus, erogari solet; idem quod *Presbyterium*. Vide in hac voce. Ordo Romanus apud Mabill. tom. 2. Musei Ital. pag. 129 : *Isto vero die Natalis domini et die sanctæ Paschæ dat omnibus prioribus Manum, id est presbyterium duplum, præfecto scilicet* XX. *solidos dominus Papa et Manum*. Pluries ibi.

MANIBUS COMPLOSIS deprecari. Rodericus Toletan. lib. 2. de Reb. Hispan. cap. 18 : *Confestim quasi debita jura noscentes, remissis telis, et complosis ad preces Manibus supplices submittunt ei colla*. [*Manibus velatis* orasse supplices testis Plautus in Amphitryone 1.

Velatis manibus orant, ignoscamus peccatum suum.

Virgil. Æneid. lib. 7. v. 237 :

Præferimus manibus vittas ac verba precantum]

¶ MANIBUS CANCELLATIS, id est, extensis, seu decussatis. Johanni de Janua : *Cancellare, brachia extendere*. Epist. panormit. ad Martinum IV. PP. in Chron. Siciliæ apud Marten. tom. 3. Anecd. col. 34 : *Universitas Siculorum terræ osculum ante pedes et flexis poplitibus ac Manibus cancellatis*. Vide *Cancellare*.

* MANUM IN TERRAM PONERE solebant veniam petentes, etiam supremæ dignitatis viri. Chron. Andr. presbyt. apud Murator. tom. 1. Antiq. Ital. med. ævi col. 46 : *Imperator vero Manum in terram ponens, veniam petivit, et gratiam filio suo reddidit*.

¶ MANU CLAUSA, *id est, Pugno percutere*, in Lege Salica tit. 20. num. 9.

MANUS FERREA, Exercitus, copiæ militares. Idacius Pacens. Episc. in Chron. æra 649 : *Eraclius exercitu adunato, cum omni Manu ferrea Persidem proficiscitur insequendo*.

SUB MANU ALICUJUS ESSE, id est, sub potestate. Concilium Vernense ann. 755. can. 11. et Aquisgran. II. cap. 3. can. 21. etc.

AD MANUM SUAM *aliquid habere*, tenere, possidere; nostris, *Avoir en main*. Vetus Charta apud Freherum in Origin. Palat. cap. 6 : *Conscriptio Marchæ et silvæ, quæ pertinet ad Vuunhein in pago Rinicgowe, sicut eam Chunradus Rex ad Manum suam habuit, etc.*

* SUB MANIBUS HABERE, id est, Ad manus, Galli dicimus, *Avoir sous la main*. Elmham. in vita Henr. V. reg. Angl. edit. Hearn. cap. 32. pag. 78 : *Cum quædam negocia, puta illud quod sub Manibus jam habetur, per alias inferioris condicionis personas,... expedicione felici deduci valeant ad effectum*.

PER MANUM SUAM *se defendere*, id est, per duellum, in Regiam Majest. cap. 12. § 2. Adde Speculum Saxon. lib. 1. art. 18. § 1. lib. 2. art. 2. § 7.

DONATIONES FACTÆ *per manum Regis*, id est, *coram Rege*, ut est in Capitul. Caroli M. lib. 6. cap. 207. [** 212.] Vide Marculfum lib. 1. form. 12. 13. [*Dare servum in manu Regis*, hoc est, coram Rege manumittere, in Legibus Liutprandi apud Murator. tom 1. part. 2. pag. 61.] [** Liutpr. 9. (2, 3.). Vide chart. ann. 1195. apud Schannat. Histor. Episcop. Wormat. tom. 1. pag. 246.]

¶ AD MANUM *suam ponere*, Sibi asserere, occupare, Gall. *Se saisir*. Charta ann. 1399 : *Dictam carroneriam ad suam Manum ponere et sibi appropriare possit*.

¶ EXTRA MANUM PONERE, Rem quampiam quovis modo cedere, Gall. *Délaisser, abandonner*. Charta Theobaldi Comitis Campaniæ ann. 1233 : *Ac si in ponendo extra Manum eorum hæreditatem illam quæ de ipsis non movebit, aliquid habuerint, ego similiter inde nihil percipiam*.

* DE MANIBUS *dare in terram*, Phrasis Gallica, *Donner des mains en terre*, Se manibus excipere. Charta ann. 1252 : *In dominum Amalricum et socios suos impinxerunt,... ita quod de Manibus dedit bis in terram*.

MANUS CONSECRATA. Charta anni 1108. in Tabulario Ecclesiæ Gratianopolitanæ sub Hugone Episcopo fol. 23 : *Et Eufemia uxor Ismidonis prædicti gurpivit et donavit, sive laudavit præfatam decimam in manu prædicti Episcopi Hugonis; quam laudationem in manu Episcopi confirmatam pro sacramento habemus. Similiter et filiæ Guigonis, neptæ Ismidonis sive Eufemiæ, in Manu consecrata Episcopi Hugonis donaverunt ac dimiserunt, sive gurpiverunt tertiam partem hanc decimarum harum de tota parochia de Mejolano*, etc. Et fol. 81 : *Omnes autem decimas.... in Manu prædicti Episcopi gurpisco : quam guirpitionem sicut sacramentum super altare timeo.* Fol. 99 : *Et hæc promitto me servaturum pro juramento, in sacrata Manu prænominati Episcopi Hugonis, et inde do ei osculum cum bonæ fidei sponsione.*

¶ Manus Æqua, De fidejussore dicitur, in Charta ann. 1301. apud *Madox* Formul. Angl. pag. 10 : *Ita videlicet quod nisi illas* (marcas) *redderet in festo Nativitatis S. Johannis B. anno supradicto, quod D. Willelmus de Betonya cui illa quieta clamatio credebatur custodienda in æqua Manu, dicto Nicholao vel suo certo attornato liberaret.*

Manus Judiciata, Judicium per ferrum candens. Liber Chrirographorum Absiæ fol. 171 : *Si.... contentio insurrexerit per legitimos testes, si potest fieri, finiatur. Sin autem, finiatur sine duellio, et judiciata Manu, sicuti Abbas per fidem unius hominis affirmare fecerit.* Et fol. 199 : *Atque si... contentio fuerit orta, testimonio legitimorum virorum ,... sine duello et judiciata Manu, finiri.* Vide *Ferrum candens.*

Manus Publica. Chronicon Fredegarii cap. 58 : *Avaros et Sclavos, cæterasque gentium nationes, usque Manu publica, suæ ditioni subiciendum fiducialiter spondebat.*

¶ Manus Recta, Sincere, sine fraude. Charta ann. 932. apud Miræum tom. 1. pag. 38 : *Si tempus aut res expostulaverit, recta Manu et vero auxilio, subministret Ecclesiæ opem sui adjutorii.*

Manum aut *dextram perdere*, Pœna decreta maxime in perjuros, in Lege Wisigoth. lib. 8. tit. 5. § 1. in Lege Burg. tit. 6. § 11. tit. 26. § 4. tit. 55. § 3. *Manum redimere*, in Lege Bajwar. tit. 2. cap. 6. et cap. 11. 12. § 1. *Cum Manu rescissa componere*, tit. 9. cap. 4. Adde tit. 1. cap. 5. tit. 6. cap. 2. § 3. Capitul. 5. Caroli M. ann. 803. cap. 2. 13. etc. Capitulare ann. 779. cap. 10. Capitul. 4. ann. 805. cap. 6. 11. Capitul. triplex ann. 808. cap. 4. Capit. 1. ann. 809. cap. 21. Capitul. 3. ann. 813. cap. 30. Capitul. 2. ann. 825. cap. 5. 11. Chartam Waldemari Regis Daniæ ann. 1326. apud Pontanum lib. 7. Rerum Danic. pag. 443. Ottonem a S. Blasio cap. 40. Pœna etiam monetariorum in Edicto Pistensi c. 16. etc.

Mediæ et Infimæ Manus Homines, Mediocris et infimæ conditionis, qui *mediocres* et *minores personæ* aliis dicuntur. Vide in voce *Homo*. Radulfus de Diceto ann. 1112 : *Et plures mediæ Manus, quos ex justis et rationabilibus causis Rex pater exhæredaverat.* Idem ann. 1186 : *Tandem Rex Francorum a latere suo duos Milites mediæ Manus homines... direxit in Angliam.* Ita ann. 1190. et 1192 : *Inferioris* et *infimæ Manus homo*, apud eumdem ann. 1138. 1185. [Assisiæ Hierosol. cap. 2 : *Chevaliers ne doivent pas estre ensi menez com bourgés, ne bourgés et gens de busse Main com Chevaliers.*]

Manu Involuta *in palla altaris offerre.* Tabular. Casauriense ann. 24. Ludov. Imper. F. Lotharii : *Ego Lupo... tibi dono Romano Abbati ad partes Monasterii cum oblatione Manu involuta in palla altaris, etc.* Vide *Oblati* 1.

Manus Rubra, vel *rubra Manus*, Flagrans delictum, manifestum. Glossæ MSS. : Ἐπ' αὐτοφώρῳ, ἐπ' ὀφθαλμοῖς, ἐπ' αὐτῷ τῷ κλέμματι. Leges Baronum, seu Quon. Attach. cap. 39. § 2 : *Cum quis capiatur cum rubra vel recenti Manu homicidii, vel quod manualiter deprehendatur cum furto, vel latrocinio.* Statuta Davidis II. Regis Scotiæ cap. 2 : *Si quis calumniatus fuerit de latrocinio,.... si capiatur cum rubea Manu, et aliquis eum sequatur, statim subeat judicium.* Silvester Giraldus lib. 2. Itinerarii Cambriæ cap. 1 : *Merlini proverbio quo dici solebat, Angliæ Regem Hiberniæ triumphatorem ab homine cum rubra Manu in Hibernia vulneratum, per Meneviam redeundo super Lechlavar moriturum.*

Furtum Habens in Manibus, vel *furtum inter Manus habens*, in furto seu flagranti crimine deprehensus, in Legibus Adelstani Regis apud Brompton. pag. 849. et 850. Lex Bajwar. tit. 8. cap. 5 : *Fur nocturno tempore captus in furto, dum res furtivas secum portat*, etc. *Latro cum furto ambulans*, in Capitulari 3. ann. 813. cap. 29. Anglis, *Maynour* dicitur fur, qui in manuali furto deprehenditur, ut auctor est Rastallus. *Fur manifestarius*, apud Plautum in Aulul. Æschini contra Ctesiphontem, κλέπτης ἐπ' αὐτοφόρῳ, *deprehensus in admisso*, apud Papinianum, in leg. Si dominus. D. de Præscript. ἐπ' αἰτιάματι, apud Æschylum in Prometheo vincto pag. 16. Edit. H. Stephani.

Manuale Factum, in Speculo Saxon. lib. 2. art. 35. 36. § 1. art. 64. § 1. 2. art. 71. § 4. lib. 3. art. 35. § 1. 2. art. 64. § 5. Wichbild Magdeburg. art. 110. 114. 115. et in Constit. Friderici I. ann. 1158. apud Goldast. tom. 3. Constit. Imper. pag. 330. *Present fet*, interdum *present*, nude, in Stabilim. S. Ludovici lib. 1. cap. 162. lib. 2. cap. 2. *Present mesfet*, in Consuetud. Insulæ tit. 1. art. 18. Normanniæ art. 36. Altisiod. art 36. Silvanect. art. 118. etc. Vide Harmenop. pag. 427.

Manualiter Deprehendi, in furto flagranti in Quoniam Attachiam cap. 39. § 2.

Manu Potestativa Tradere, in Chartis Alamannicis Goldasti 37. 54. 55. 70. 76. Charta vero 76. sic clauditur : *Notavi diem Martis 4. Non. Octob. sub potestativa manu Hludovici Regis et pueri et sub Adalberto Comite.* Ita ut *potestativa Manus* hic sumatur pro auctoritate et facultate donandi a Principe indulta. Vide *Potestativus.*

* Manu Communicata Vendere, Datis dextris de pretio rei vendendæ convenire. Charta ann. 1345. tom. 2. Hist. Trevir. Joan. Nic. ab *Hontheim* pag. 157. col. 1 : *Cupimus fore notum, quod nos Manu communicata, deliberato animo et spontanea voluntate vendidimus et vendimus.... domos nostras.* Vide infra *Mercatum manuale.* [** Communis consensus complurium una vendentium, spondentium etc. Vide Haltaus. Glossar. German. voce *Gesammte Hand*, col. 677. De mariti et uxoris *coadunata* vel *communicata* manu vide Mitterm. Princ. Jur. Germ. § 315.]

Manus Impositio, χειροτονία, χειροθεσία, est positio manus super caput alicujus. Hinc ἐπιτιθέναι τὰς χεῖρας, Act. 6. τὴν χεῖρα ἐπὶ τῆς κεφαλῆς ἐπιτιθέναι, apud Clementem lib. 8. Constit. Apost. cap. 16. et alios. Isidorus lib. 6. Orig. cap. 19 : *Manus impositio ideo sit ut per benedictionem advocatus invitetur Spiritus sanctus. Tunc enim ille Paracletus post mundata et benedicta corpora libens a Patre descendit : et quasi super baptismi aquam, tanquam super pristinam sedem recognoscens quiescit. Nam legitur quod in principio aquis superferebatur Spiritus sanctus.* Concilium Charthaginense IV. de ordinatione Presbyteri can. 3 : *Episcopo eum benedicente, et Manum super caput ejus tenente.* Et can. 4 : *Solus Episcopus, qui eum benedicit Manum super caput illius portat.*

Manus autem *impositio* primitus pro simplici benedictione sumpta est, quæ χειροθεσία εὐλογίας dicitur Tarasio Patr. CP. act. 1. Concil. Nicæni II. Cum enim aliquem simpliciter benedicimus, manum ei antiquo more imponimus. Sic enim Patriarcha Jacob cum filios Joseph benediceret, manus eis imposuit, Gen. 48. et Dominus in Evangelio Marc. 10. oblatos sibi parvulos per impositionem manuum benedixisse dicitur. Honorius Augustodunensis lib. 1. cap. 185 : *Quod autem benedictio per Manus impositionem datur, unde exortum dicitur, quod Isaac Jacob Manus imposuit, dum eum benedixit, et Moyses Josuæ Manus imposuit, dum eum ducem præfecit, et Dominus in Evangelio Apostolis Manus imposuit, dum eos principes et sacerdotes Ecclesiæ constituit. Sed et ipsi Apostoli Manus imposuerunt, cum Spiritum sanctum dederunt.* Vide S. Augustinum Ep. 59. S. Ambros. lib. 1. de Pœnitentia cap. 7. etc.

☞ Nec alia notione accipiendum arbitror Capitulum 71. lib. 1. Capitol. quo Abbatissis manus impositiones interdicuntur : *Auditum est aliquas Abbatissas contra morem sanctæ Dei ecclesiæ benedictiones et Manus Impositiones et signacula sanctæ Crucis super capita virorum dare, necnon et velare virgines cum benedictione sacerdotali.*

Manus Impositio in benedictione Devotarum, in Concilio Venet. can. 4. et Aurelianensi I. can. 10. pro ipsa benedictione. Vide Notas ad Alexiad. pag. 418.

Manus Impositio Ordinatoria, qua Diaconi, Presbyteri, Episcopi ordinantur, ut Actorum 6. in Epist. 1. ad Timoth. cap. 4. et 2. ad Timoth. cap. 1 : χειροτονία καθιερώσεως Tarasico CP. Hieronymus cap. 58. Esaiæ : *Ordinatio non solum ad imprecationem vocis, sed etiam ad impositionem impletur Manuum.* S. Ambrosius lib. de Dignitate Sacerdotali cap. 5 : *Homo imponit Manum, Deus largitur gratiam : Sacerdos imponit supplicem dexteram, Deus benedicit potenti dextera.* Vide Stephanum Episcop. Tornac. Epist. 28. Baronium ann. 44. num. 83. 84. Seldenum ad Eutychii Orig. pag. 17. 24. 1. Edit. Morinum de Sacris Ordinationibus, etc.

Manus Impositio Reconciliatoria, ea

est, per quam pœnitentes, hæretici, sive excommunicati, sanctæ Ecclesiæ reconciliantur. Anastasius in S. Eusebio PP : *Hic hæreticos invenit in urbe Roma, quos vere ad Manus impositionem reconciliavit.* Idem in S. Siricio : *Hic constituit hæreticum sub Manu impositionis recipi præsente cuncta Ecclesia.* [Capitular. lib. 5. cap. 127 : *Criminalia peccata multis jejuniis et crebris Manus sacerdotum impositionibus eorumque supplicationibus juxta Canonum statuta placuit purgari, ita ut nemo sine Manus impositione Episcopi, aut, ejus jussu, alicujus Presbyteri, se credat esse a suis facinoribus absolutum.*] Triplicem porro manus impositionem in pœnitentia publica fuisse observat Sirmond. in Historia Pœnitentiæ publicæ cap. 7. primam per quam publicorum criminum rei ad pœnitentiam agendam admittebantur ab Episcopo : alteram, quæ non una, sed multiplex fuit, in ipso pœnitentiæ decursu : tertiam denique et postremam, in qua pœnitentes omnibus rite peractis Ecclesiæ reconciliabantur : quæ quidem *Manus impositio reconciliatoria* dicitur in Concilio Arausicano I. can. 3. De ejusmodi manus impositionibus super pœnitentes agunt præterea Concilium Carthag. IV. can. 78. Carthag. V. can. 11. Meldense can. 76. Arelatense I. can. 8. Canones S. Patricii cap. 7. Vigilius PP. ad Eleutherium Episc. S. Augustin. lib. 3. de Baptismo, Leo M. ad Rusticum Inquisit. 18. et ad Nicetam Aquileiensem cap. 7. Avitus Vien. Epist. 6. 24. etc.

Hæc autem manus impositio Laïcos tantum spectat, non Clericos. *Nam cum Laici absque Ecclesiastica communione soleant pœnitere*, inquit Bernaldus Constantiensis, *Clerici vero absque administratione officii, non mirum, si Clerici per Manus impositionem remedium pœnitendi pro criminibus admissum, non ut Laici consequuntur, qui nequaquam, ut illi, pro criminibus excommunicari jubentur. Si autem ipsi usque ad anathematis sententiam inobenientes extiterint consequens est, ut per Manus impositionem sanctæ redintegrentur Ecclesiæ, cum redierint, sicut et sanctum Nicænum Concilium de Novatianis instituit. Nunquam tamen ut Laici remedium pœnitentiæ per Manus impositionem consequentur, etiamsi penitus absque ordine suscepto recipiantur, etc.* Vide S. Augustinum Ep. 54.

Manus Impositio, in Confirmatione Catechumenorum, Neophytorum, vel noviter baptizatorum, de qua Concilium Eliberitan. can. 38. 39. Arelatense I. can. 8. Euseb. PP. in Epist. Anastasius Bibliot. in Vita Ejusdem Eusebii, Melchiades PP. in Epist. cap. 1. et 2. Innocentius II. PP. cap. 8. August. lib. 3. de Bapt. contra Donat. cap. 16. etc.

Manus Impositio in Baptismo, de qua Concilium Carthag. IV. can. 3. 85. Arelat. I. cap. 6. 8. Matiscon. II. cap. 3. Tolet. XIII. cap. 10. Isidor. lib. 6. Orig. cap. 19. etc.

Manus Impositio super infirmos, juxta illud Matthæi cap. 28 : *Super ægros manus imponent*; scilicet super Catechumenos et Energumenos pro expulsione diaboli, quæ specialiter Exorcistis in ordinationibus conceditur, quippe ut habeant potestatem imponendi manus super Catechumenos, sive Energumenos. Vide Menardum ad librum Sacrament. pag. 340. 342.

Per Manus Impositionem ab hæreticis baptizatos in nomine Patris et Filii et Spiritus sancti purgari debere, observat Zacharias PP. in Ep. ad S. Bonifac. Mogunt.

Manus Impositio in Coronatione Regum, apud Adamnanum in Vita S. Columbæ lib. 2. de Aidano Rege Hiberniæ : *Imponensque Manum super caput ejus ordinans benedixit.* Ordo ad Reginam benedicendam : *Ut quæ per Manus impositionem hodie Regina instituitur, sanctificatione tua digna et electa permaneat.*

* Manus Bassa, Sinistra, apud Joan. *de Saintré* cap. 40. pag. mihi 265 : *Apres eulx venoient les rois d'armes et héraulx du roy, per à per à ceulx de France et à leur basse Main.*

* Manus Manca, Eodem intellectu; sic dicta quod ea minus dextre agimus. Leg. Lusit. sub Alph. reg. tom. 1. Probat. hist. geneal. domus reg. Portug. pag. 10 : *Quando fuerit in congregatione maritus reginæ, ibit in Manu manca.* Hinc *Main pote* appellatur in Lit. remiss. ann. 1386. ex Reg. 130. Chartoph. reg. ch. 101 : *D'un coustel que ledit Jehan tenoit en sa main, il navrast cruelement le suppliant en sa main pote. Se je me feusse donnez garde de la pote Main*, in aliis ann. 1397. ex Reg. 151. ch. 368.

* Manus Garnita, id est, Armata. Chartul. Corb. sign. *Cæsar* fol. 8. v°. : *Si aucun se bat en ladite mairie de Main garnye, il y a soixante solz Paris. d'mendes.*

¶ Manus Ligneæ, inter superstitiones et paganias recensetur in earumdem indiculo, Capitular. tom. 1. col. 152.

Manus Mortua, Glebalis servi absque liberis [masculis] ex legitimo matrimonio procreatis decedentis bona, ac hæreditas, quæ ad dominum ipso jure pertinent : cum de iis testamento minime disponere, etsi donatione inter vivos, liceat, ut est in Consuetudine Arvernensi cap. 27. art. 3. 4. 5. *Exactio consuetudinis pessimæ, quæ Mortua manus dicitur*, apud Sugerium in Charta pro libertate villæ S. Dionysii. *Servitus Manus mortuæ, lineæ humani generis inhumana*, in Chron. Episcop. Autisiod. cap. 64. Charta ann. 1162. ex Tabul. Campaniæ : *Statutum inter nos, ut annis singulis idem Episcopus noster et successores ejus Episcopi prædictorum hominum capitalia libere et integre habeant; cætera vero, id est Mortuam manum licentiam matrimoniorum, et alegia, inter nos æqualiter dividantur.* [** Vide Haltaus. Glossar. German. voce *Todte Hand*, col. 1791. sqq.]

* De quo jure hæc habet Charta Steph. abb. ann. 1202. inter Probat. ult. Hist. Trenorch. pag. 182 : *Nos vero pro his omnibus consuetudinem illam, quæ Mortua manus dicebatur, et odiosa, dura nimis et importabilis burgensibus villæ Trenorchiensis erat, sed et infamis et peregrina videbatur extraneis, sibi suisque successoribus, cum bona voluntate et fide remisimus in perpetuum.*

Varie autem hæc vox in consuetudinibus municipalibus et apud Practicos sumitur. Nam *Manus mortua*, interdum ipsos homines spectat, quos *Manus mortuæ* vulgo dicunt; interdum prædia ipsa, quæ bona *Manus mortuæ* appellant.

Homines Manus Mortuæ sunt servi glebæ, quibus uti diximus, de bonis suis testamento cavere fas non est, perinde ac Latinis libertis apud Romanos, qui, ut ait Salvianus lib. 3. ad Ecclesiam Cathol. *negato ultimæ voluntatis arbitrio, etiam quæ superstites habebant, morientes donare non poterant.* Redit igitur *hominum Manus mortuæ* hæreditas, si absque liberis decedant, ad dominum, in cujus *Manumortua* esse dicuntur. Aresta Candel. 1261. 1. Regesto Parlamenti f. 120 : *Abbas Compendiensis receperat in monasterio suo in monachum Conversum quendam rusticum suum servum Ecclesiæ suæ, in cujus Manu mortua, si remansisset, Rex haberet tertiam partem, etc.* Horum mentio est in Chartis anni 1270. 1274. et 1351. apud Roverium in Reomao, in Consuetud. Calvimontensi art. 78. Victriacensi art. 103. Melodunensi art. 163. Meduntensi art. 78. Burgund. Ducat. art. 81. et seqq. Burgund. Comit. art. 99. Trecensi art. 3. 5. 6. 91. Catalan. art. 17. 18. etc. Atque ii dicuntur *à cause de leurs personnes de condition servile, Mainmortables envers leurs Seigneurs en tous biens, meubles et heritages, en quelque part qu'ils soient assis*, in d. art. 5. Consuetudinis Trecensis.

Manus Mortua rursum ipsa prædia spectat, cum aliquis scilicet alicujus, aut Ecclesiæ dominio hac se conditione addixit, servumque se esse professus est : vel cum id juris in eadem prædia ex longi temporis præscriptione habet dominus, id est, cum ea prædia huic servituti sunt obnoxia *jure constituti*, vel *præscriptionis*, ut habent Consuetudo Arvernensis cap. 27. art. 11. et Marchensis art. 127. quæ quidem prædia dicuntur *heritages tenus à condition de Mainmorte*, in eadem Consuetud. Arvernensi d. cap. 27. art. 1. quorum possessores pro servis habentur, eoque ipso servilibus præstationibus et operis, quas pluribus recenset eadem Consuetudo Marchens. cap. 17. obnoxii. [Charta ann. 1282. ex Chartul. S. Vandreg. tom. 1. pag. 952 : *Et porroi avoir Mainmole en ladite masure se jen wil.*] Ejusmodi prædiorum mortuæ manus mentio est in Consuetudine Senonensi art. 23. Meldensi art. 48. 77. Vadensi art. 3. Victriacensi art. 69. 70. Nivernensi tit. 8. art. 7. 8. Trecensi art. 59. Ducat. Burgund. art. 11. 75. Comitat. Burg. art. 86. 93. 95. etc. [Charta ann. 1198. ex Chartul. Campaniæ fol. 229 : *Emptione centum librarum Manum-mortuam in perpetuum concessi possidendam.*] Charta P. Episcopi Meldensis ann. 1229. mens. Febr. in Tabulario ejusdem Ecclesiæ f. 35 : *Quitavimus hominibus de Varedis, de Germiniaco, de Villanolio, Manus mortuas, tam immobilium, quam mobilium quæ ad nos devenire solebant, vel ad antecessores nostros in territoriis et dominiis sive justitiis villarum prædictarum : ita quod dictæ Manus mortuæ immobilium ad propinquiores hæredes devolventur ubicunque fecerint mansionem, mobilium vero Manummortuam, prout solet evenire, ad Episcopum de hominibus in dictis villis manentibus, ubicumque sint dicta mobilia, habebunt propinquiores hæredes, ubicumque mansionem fecerint dicti hæredes. Sed Manum mortuam mobilium, devenientem ad Episcopum de hominibus extra tres villas manentibus, habebit Episcopus ubicumque sint mobilia, sive in prædictis villis, sive extra; si vero terra bladata excadat in prædictis villis et territoriis sive justitiis earum, sicut erit bladata, ad propinquiorem hæredem deveniet. Sed si homo manens in aliqua prædictarum villarum haberet terram extra dictas villas et territoria et justitias earum, de quibus solet Episcopus habere Manum mortuam, terra tamen bladata ad Episcopum deveniat.*

Interdum *Manusmortua* res ipsas mobiles tantum spectat. Consuetudo Trecensis art. 6. de servis : *Les autres sont Mainmortables en meubles et les autres en heritages seulement.* Mox addit ejusmodi servis non licuisse testari de rebus *Manui mortuæ* obnoxiis, ultra 5. solidos in præjudicium domini.

Manusmortua denique quandoque ad certam pecuniæ quantitatem redacta erat, ex manumissoria conditione, quæ ex bonis decendentis domino hæres præstare tenebatur. Vetus Charta apud Haræum in Castellanis Insulæ pag. 178 : *De respectione capitis sui 2. denarios de Mortua vero Manu sex, de licentia martiali sex simili modo.* Alia : *Pro censu capitali duodecim denarios, et pro licentia maritali quinque solidos; pro Mortua vero Manu totidem solidos persolvant.* Vetus Charta ann. 1102. ex Tabulario S. Arnulphi Crespiac. : *Et in tantum numerum eorum* (servorum) *tumultum popularem valuisse, ut omnino commeatum uxorum ducendarum, et partem suarum pecuniarum, quam vulgo Mortuam Manum dicimus, se daturos denegarent.*

Hujusmodi vero servitutis immunitates passim produnt veteres Tabulæ. Sugerius in eadem Charta apud Doubletum, et tom. 4. Histor. Franc. : *Cum autem contigerit præfatos burgenses proles suas nuptiis tradere, post mortem earum, si absque hæredibus obierint, etiam si parentes in villa S. Dionysii Mortuam Manum habebunt, propinquior aliquis fuerit, qui in terra B. Dionysii, vel sub viatura ejus, mansionem in præfata villa minime habuerit. Si aliquando etiam evenerit, ut filias suas hominibus alieni juris maritent, nullatenus eis Mortuam Manum concedimus, sed in jus revocari omnino petimus atque præcipimus.* Charta Philippi Flandriæ Comitis ann. 1174 : *Nihil de Manu mortua infra Burgi ambitum extorquebat, nec morientium possessiones permittebat partiri.* Charta Communiæ S. Quintini : *Neque vos, neque alius super homine de Communia Mortuam Manum clamabimus.* Charta Mathildis Comitissæ Nivernensis ann. 1223 : *Quitto omnino et in perpetuum liberis meis civibus Autisiodorensibus Manum mortuam, quam in præjudicium eorum confiteor me arestasse, ut eorum hæredes et successores ubicunque manserint, excasuras parentum et prædecessorum suorum sine aliqua perturbatione et interventu pecuniæ possideant pacifice et quiete.*

☞ Quale fuerit jus *Manus-mortuæ*, quæve servitia præstita ad hominibus ejusmodi servituti obnoxiis, luculenter explicatur in Charta Libertatum Montis-Britonis ann. 1376. tom. 1. Hist. Dalphin. pag. 82. quam hic summatim exscribere operæ pretium duximus : *Primo quittavit penitus et in perpetuum remisit Manum mortuam quam ejus predecessores capere et habere in dicto loco et mandamento consueverant... Concedens ideo dictus D. prædictis hominibus, incolis, personis et habitatoribus dicti loci et mandamenti ejusdem, tam præsentibus, quam absentibus, et qui nunc sunt, et qui pro tempore fuerint.... quod ipsi homines, et personæ testari possint et ordinare de eorum bonis quibuscumque, et in personis quibus eis videbitur et placuerit, ultimas voluntates, donationes causa mortis, et alios contractus facere pro libito voluntatis; et quod eis et in eorum bonis, debeant et possint succedere eorum liberti, fratres, consanguinei, proximiores et propinqui per testamentum vel ab intestato, prout jura volunt. Item cum dicti homines consueverint varias et diversas corvatas facere et tantas quantas Domino erat necessarium et placebat, concessit, etc. Item concessit quod ipse dominus suique hæredes et successores, aut aliquis Officialium suorum non possint nec debeant contra dictos homines et personas inquirere ex officio curiæ nec contra ipsos seu alterum ipsorum inquisitiones facere sine legitimo denuntiatore, etc. Item concessit ... quod ipsi homines et personæ successoresque sui aut ipsorum alter cogi non possint nec debeant ... ad gaytandum in castro et fortalitio nec ad custodiendum portam fortalitii, seu alibi in dicto fortalitio aliquo tempore, de die vel de nocte... Item concessit, quod ipsi homines et personæ utriusque sexus... possint et sibi liceat maritari, et uxorari se liberosque nepotes, agnatos et cognatos ipsorum quotiescumque et ubicumque sibi placuerit et eis videbitur ad ipsorum omnimodam voluntatem, licentia domini seu alterius personæ non petita seu expectata, etc. Item concessit, quod ipse dominus successoresque sui... non possint nec debeant, nec eis licitum sit in futurum dictos homines, incolas et personas, cujuscumque status sint ... tailliare seu peræquare talliam, seu peræquationem aliquam eis facere, aut aliquam servitutem talliæ, doni vel exactionis pecuniæ cujuscumque eis imponere, ac eisdem summas pecuniarum extraordinarium petere, vel exigere, nisi etc. Item concessit, quod ipsi homines et incolæ... non possint nec debeant in futurum aliqualiter cogi ad fortificandum donjonum dicti D. Montis-Britonis, nisi etc.* Inter quæ illud præcipue observandum arbitror, quod Liberis, etiam ex legitimo matrimonio procreatis, facultas concedatur bonis paternis succedendi; ex eo quippe recte colligitur, jus illud aliquando denegatum fuisse iis qui sub *mortuæ Manus* servitute degerent.

☞ An vero ratione *Manus-mortuæ* cui, ob *ligeitatem de corpore et persona*, obnoxii erant nobiles in Delphinatu æque ac rustici ignobilesque viri, eidem servitutis jugo adstricti tenerentur, dubitare me fateor. Atqui tamen nihil inter eos discriminis occurrit in Charta ann. 1349. tom. 2. Hist. Dalph. pag. 591. qua a *Manumortua* nobiles liberat Dalphinus, ea conditione ut illi perinde homines suos ab ea eximerent : *Item ipse D. Dalphinus per se et successores suos remisit, quittavit totaliter et reliquit ubicumque terrarum et locorum Dalphinatus et terrarum suarum perpetuo, omnem Manum-mortuam, et omne jus, actionem et requisitionem; quod et quæ sibi competebant, aut competere poterant in Barones et Banneretos, Nobiles, Valvassores et alios quoslibet subditos Dalphinatus et terrarum suarum quarumcumque, seu in eorum bonis et hereditatibus quibuscumque, ubicumque sint, occasione Manus-mortuæ; volens et ordinans quod eodem modo Barones, Banneretı, Nobiles, Valvassores et alii subditi Dalphinatus, et aliarum terrarum suarum quittent et remittant et remittere debeant et teneantur perpetuo hominibus et subditis eorumdem Manum-mortuam quamcumque, et omne jus sibi competens et competiturum occasione Manus-mortuæ, adversus eorum homines, seu subditos, seu bona eorum, alias nisi prædictam quittationem et remissionem facerent, aut si ulterius dicta Manu-mortua uterentur, illi sic utentes et volentes quittare dictam Manum-mortuam, nequaquam gaudeant nec gaudere possint præsenti privilegio remissionis Manus-mortuæ, sed ab eo totaliter sint excepti, si quandocumque casus forsan contingeret in eosdem aut successores eorum.* V. Salvaingum de Usu feud. cap. 32.

* Manus Mortua, Jus regis vel domini alicujus loci in extraneorum decedentium bona, Gall. *Droit d'aubaine.* Privil. mercator. Ital. ann. 1277. tom. 4. Ordinat. reg. Franc. pag. 670. art. 3 : *Et eis concedimus quod bona decedentium, sine reclamatione Manus mortuæ, assignentur personis quæ legitimam a decedentibus causam habeant.* Charta ann. 1224. ex Chartul. 23. Corb. : *Ego vero dictam præposituram..... quittavi in perpetuum, cum omni jure ad eamdem pertinente, videlicet justiciis, relevaminibus, Mortuis manibus, invadiamentis, etc.*

Cum igitur *hominibus manus mortuæ* de bonis suis testari haud liceret, id nominis postmodum inditum personis Ecclesiasticis, Collegiis, Communitatibus, etc. quibus perinde de bonis beneficiorum aut dignitatum, vel Collegiorum testari ac disponere non licet : qua notione vocem hanc usurpant fere semper Consuetudines municipales, et Edicta Regia.

Ejusmodi porro prædia in *manum mortuam* transferre non licet absque Regis et domini capitalis licentia. Meminit Edwardus Rex apud Willelm. Thorn ann. 1286. et 1288. Statuti a se editi *de terris et tenementis ad Manum mortuam non ponendis, licentia sua super hoc non obtenta.* Unde Cowello *Mortuæ manus est talis manus, quæ feudum apprehensum sine omni metu amittendi, aut feoffatori ex quacumque causa restituendi tenet.* Inde etiam Edwardus Cokus ad Littletonem sect. 1. ejusmodi *Mortuam manum* dictam vult, *quia possessio eorum est immortalis :* ita ut *manus* pro possessione; *mortua* vero per antiphrasin pro immortali accipiatur. Prædia igitur quæ dabantur Ecclesiis, dicebantur dari in *manum mortuam*, hac formula descripta in Charta ann. 1266. in Tabular. S. Arnulfi Crispiacensis : *Ita scilicet quod dictus Philippus de Glacca Armiger dedit in Manu mortua, et absque aliquo censu, reditu, seu* dominio, alicui domino persolvendo, etc. M. Pastorale Ecclesiæ Paris. ann. 1273 : *Et volumus, quod dicti Decanus et capitulum dictas vineas teneant, et possideant in Manu mortua sine homagio, sine servitio, aut redhibitione aliqua nobis vel hæredibus aut successoribus nostris in posterum faciendis.* Sed unde revera caduca servorum ista hæreditas, quæ ad dominum ipso jure devenit, *mortua manus* dicta fuerit, haud temere quis definiat. Nescio enim, an omnibus probetur, quod tradit Auctor magni Chron. Belgici ann. 1123. ubi de Adalberone II. Episcopo Leodiensi, a quo sublatum *manus mortuæ* jus scribit : *In eo vero consistebat jus, ut quandocunque aliquis paterfamilias, qui hanc debuit servitutem, in signum servitutis præteritæ optimum pignus vel jocale, quod in ipsius domo reperiri contigerit, a dominis exigeretur : sin autem nihil esset, ut tum defuncti dextra manus offerretur.* Molanus lib. 3. de Canonicis cap. 35. et ex eo Locrius in Chron. Belg. ann. 1142. addunt, dextram manum oblatam *in signum, quod ei amplius non serviret.*

** MANUS ÆTERNA, Eodem sensu. Vide Haltaus. Gloss. Germ. v. *Ewigkeiten*, col. 418.

¶ IN MANU-MORTUA TENERE, in Testam. Roberti de Sorbona tom. 8. Spicil. Acher. pag. 249 : *Primo enim omnia bona sua immobilia, quæ tenet in Manu-mortua, videlicet vineas, domos, census, cum eorum pertinentiis quæ acquisivit Parisius, etc.*

PLACITUM MANUS MORTUÆ, significat *rachatum*, quod debetur domino post mortem vassalli. Nam *placitum* hoc loco id sonare, docemus infra. Exstat Charta Aimerici Vicecomitis Thoarc. ann. 1253. qua Dom. de Rupe Militi concedit, quicquid habet in villa S. Benedicti de Anglia, præter *homagium ligium, et placitum Mortuæ manus, usque ad 10. libras monetæ currentis, quando illud contigerit evenire, et quædam calcaria deaurata, quandiu vixerit ille, qui prædictum placitum fecerit.* Aliam ejusdem Aimerici anni 1254. profert Gallandus lib. de Franco allodio, in hæc verba : *Et est assavoir, que ledit Vicomte de Thoars nos a quitté icele partie, que nous doussent mettre au plait et à rachat, que il a feit au Comte de Peitiers daudevant dites choses : et si il aveneist, que rechat ou plait de Morte main fu fait au viage de moi Aimeric dauvant dit, des choses dauvant dites, ge ne fus tenus à rien mettre : més aprés ma mort, ma devant dite femme, et mi hoir, et mi successor sunt tenu à mettre au plait et à rachat de Morte-main, segond nostre partie desus nommée, que nous avons des choses, et segond çou que nostre autre mettront au plait et à rachat, por raison de la partie segun le usage et la costume du pays.* Catalogus Militum ann. 1271. tom. 5. Hist. Franc. 551 : *Petrus de Sainte Flaive dicit, quod nihil debet præter placita Manus mortuæ, et servitium ad castellum de Luc.* Tabularium S. Cypriani Pictaviensis ann. 1404 : *Cum tribus solidis de placito, et cum 12. denariis pro omnibus servitiis solvendis de Mortua manu.* Idem : *Cum 30. solidis de placito solvendis de Mortua manu.* V. Cons. Pictavt. 173. et 174.

MORTIMANUS. Charta Henrici Imper. ann. 981. apud Miræum in Cod. Donat. Piar. lib. 1. cap. 30 : *Campestria et silvestria jura, et Mortimanus suas, et abmatrimonia tam libere in sempiternum possideat, sicut fundator ipsius...... possiderat.* Vide *Mortalia, Manumissio.*

MANUS MORTUA. In Capitulari 2. Caroli M. incerti anni cap. 1. Edit. Baluz. et in Capitulis Caroli M. lib. 5. cap. 110. *Rationabiles ac legitimæ commutationes Ecclesiis utiles* ratæ haberi, *inutiles* vero et *incommodæ* atque *irrationabiles* dissolvi jubentur. [** *et recipiat unusquisque quod dedit.*] Deinde additur : *Ubi vero Mortua manus interjacet, aut alia quælibet causa, quæ rationabilis esse videatur, inventa fuerit, diligenter describatur, et ad nostram notitiam perferatur.* Eadem habentur in Lege Longob. lib. 3. tit. 10. § 3. [**Lothar. I. 51.] in Capitul. Wormatiensi ann. 829. cap. 5. in Capit. Caroli C. tit. 32. cap. 6. tit. 39. cap. 8. ubi pro *rebellis*, legendum *rationabilis*. Fateor hic me cæcutire. [** Si qui commutaverat mortuus fuerit.]

☞ Commode omnino locum hunc illustravit eruditus Muratorius in Notis ad eamdem Legem tom. 1. part. 2. pag. 142. *Manus mortua*, inquit, in hac lege significare mihi videtur potestatem Regis sive possessionem Regis aut fisci, ut sit sensus : Ubi vero Ecclesiarum prædia sint in manu Regis, sive possessa per fiscum, aut alia quævis rationabilis causa intervenerit, *diligenter describatur*, etc. ut habet Codex Estensis. Fiscus enim numquam moritur, et immortalis est, etiam decedente Rege : ad cujus similitudinem *Manus-mortua* deinde cœperunt appellari Ecclesiæ, collegia, etc. ut supra observatum est. In Capitul. Caroli Calvi hæc eadem Lex repetitur his verbis : *Et si Mortua manus, vel præceptum regium super eis interjacet. Manus mortua*, ut reor fiscum designat possessorem : *Præceptum* Regis privatum hominem possessorem, sed Præcepto regio munitum. Tunc ad Regem hæc erant deferenda. Vide Legem 234. Rotharis apud eumdem Murator. ibid. pag. 35. ubi de re, quæ *ad curtem Regis ceciderit, nulla fit repetitio.* Quod firmare iterum licet ex Capitul. apud Carisiacum cap. 8. in quo hæc eadem Lex inserta legitur ubi de rebus Ecclesiasticis et de rebus quæ ad fiscum regium pertinent sermo sit.

Neque proclivius est divinare, quid eadem vox sonet in Wichbid Magdeburg. art. 103 : *Quilibet persoluta debita declarare debet ad sacra post Manum mortuum metseptimus.* [Sensus forte est : qui defuncti bona obtinuerit, hujus debita se persolvisse cum sex aliis ad sacra jurabit.] [** Germ. *nach todter Hand*, id est, Post mortem ejus cui exsoluta est pecunia.]

¶ MANU PROPRIA *singula se idoneum facere*, id est absque conjuratoribus seu *consacramentalibus*. Capitular. lib. 3. cap. 91 : *Et si aliquis quælibet persona adversus eum quamlibet querelam habere voluerit, liceat ei secundum Legis ordinem cum sacramento quod posuimus Manu propria singula se idoneum facere, etc.* Vide *Juramentum.*

MANU TERTIA, *septima, duodecima, etc. jurare.* Vide *Juramentum.*

MANU SALVA CAPERE, quasi in *salva gardia*, seu *in secura manu*. Synodicon Nicosiense cap. 26. de Clericis : *Ne vadant de nocte, maxime post tertiam pulsationem : quod si inventi fuerint, licentiam damus custodibus civitatis, ut eos capiant salva Manu, et detineant usque mane, nobis quantocius præsentandos.*

MANUS VESTITA. Vide *Vestire.*

¶ MANUS dicuntur avium rapacium pedes, in Legibus Palatinis Jacobi II. Reg. Majoric. ubi de Falconerio majori tom. 3. SS. Junii pag. XXIV : *Veluti logres, capucia, longas, et alia arnesia ad rostrum et Manus ipsarum præparandas et etiam quæcumque alia necessaria providebit.*

* MANUS MOLARIS, Mola, ut videtur, quæ manu versari potest. Pedag. Bapalm. ex Chartul. 21. Corb. fol. 259. v°. : *La carette qui maine meulles, ij. deniers le meulle, et Mains mollaires, j. den.* [** Margar. Comit. Flandr. chart. ann. 1252. apud Lappenb. in Orig. Fœder. Hanseat. pag. 61 : *Par Manus Molarium obolum.*]

* MANUS CHRISTI, Massa quædam saccharo condita. Comput. ann. 1334. inter Probat. tom. 2. Hist. Nem. pag. 85. col. 1 : *Pro duobus pixidibus sive massapanis, unum de Manu Christi, et alium de confiegs, etc.*

* MANUS PAPIRI, Gall. *Main de papier*, Chartarum scapus. Comput. ann. 1402. inter Probat. tom. 3. Hist. Nem. pag. 174. col. 1 : *Pro media Manu papiri, in qua fuit scriptus liber censuum et usaticorum supradictorum, xv. den. Turon.* Alter ann. 1450. ex Tabul. S. Vulfr. Abbavil. : *Item pro duabus Manibus papiri, ij. sol. vj. den.*

* MANUS, Manubrium, Gall. *Manche.* Inventar. ann. 1476. ex Tabul. Flamar. : *Item plus tres picas ferri latomorum sive peyreriorum cum earum Manibus sive caudis.*

MANUSCRIPTIO, Subscriptio. Concilium Carthaginense I. sub Julio I. PP. cap. 12 : *Manuscriptiones nostræ tenentur et pittacia.* Berta Sanctimonialis in Vita S. Adelheidis Virg. n. 7 : *Cujus libertatis donatio ut in perpetuum rata foret et firma, et duorum Imperatorum, scilicet Ottonis et Henrici, Manuscriptione ac sigilli impressione confirmata.*

MANUSCRIPTURA. Gregor. Turon. de Vitis Patrum cap. 8 : *Tangens Manuscripturam, quam ipse depinxit.*

MANUSCRIPTUM, Chirographum, manu propria subscriptum. Vita S. Basilii, apud Heriveum Archiepiscopum Remensem in Epist. ad Widonem Rotomagensem Archiepisc. cap. 17. de quodam, qui seipsum diabolo tradiderat : *Abnegavit Christum*, (verba sunt dæmonis) *et professus est mihi et ecce Manuscriptum habeo, et in die judicii ad communem judicem eum duco.* Infra : *Et stante populo in horam multam, extensas habente manus in cœlum, ecce Manuscripta pueri per aërem delata et ab omnibus visa venit, etc.* Concilium Avenionense ann. 1337. cap. 27 : *Statuimus, quod nullus creditorum, Christianis aut Judæis, postquam fuerit ei de integro debito satisfactum, possit contra voluntatem debitoris instrumentum vel Manuscriptum soluti jam debiti retinere.* [* Pro Charta, diploma, in Instr. ann. 1184. apud Dan. Eberh. Barringii Clav. diplom. pag. 112. ut monent Auctores novi Tract. diplom. tom. 1. pag. 419.]

¶ **MANUSIGNATUS**, *id est*, *Manumissus*, in Gloss. MSS. Cluniac. inter opera posthuma Mabillonii tom. 2. pag. 23.

* **MANUTENENS**, Protector, defensor, vel vir potens et nobilis. Regula hospit. S. Jac. de Alto passu an. circ. 1240. cap. 67 : *Manutenentes, reges et principes terrarum blasfemantes.*

¶ **MANUTENENTIA**, Auxilium, præsidium, supetiæ; si vocis etymon spectes, *Manutenentia* celerem ac promptam opem significat, citius enim adesse potes ei, quem manu tenes. Charta ann. 1202. apud Stephanot. tom. 1. Antiquit. Occitan. MSS. pag. 331 : *Defensionem et Manutenentiam ego et successores mei exhibebimus et plenarie faciemus.* Alia ann. 1230. tom. 4. novæ Gall. Christ. inter Instr. col. 29 : *Nos Dalphinus Viennensis... notum facimus universis... quod ob reverentiam et amorem, nec non et Manutenentiam Archiepiscopi Ecclesiæ Lugdunensis nobis promissam.* Charta Reginaldi apud Baluz. tom. 2. Hist. Arvern. pag. 89 : *Comes Arverniæ mihi.... auxilium et Manutenentiam contra G. de Bello-joco fide interposita promisit. Subtrahere Manutenentiam*, apud Scotum. Le Roman *de Vacce* MS. :

Onques puiz n'en eusmes de vous Maintenement,
Ainz nos avez esté en tout temps en nuisement.

Vide *Manutenere.*

¶ Manutenentia, ut mox *Manutenentio. Ad Manutenentiam pacis publicæ*, in Charta ann. 1542. apud D. Calmet. tom. 3. Hist. Lotharing. col. 395. Occurrit passim.

¶ **MANUTENENTIO**, a Gall. *Manutention.* Conservatio, integritas. Charta Eduardi VI. Regis Angl. ann. 1552. apud Rymer. tom. 15. pag. 306 : *In majorem augmentationem et Manutenentionem regalis status coronæ suæ, etc.*

1\. **MANUTENERE**, Asserere, partes alicujus tueri, Gallis *Maintenir.* Habetur hæc vox in Epistola Eleutherii PP. ad Lucium Regem Britann. ann. 169. conscripta, si genuina est, quod in dubium jure vocatur. Matth. Paris : *Archiepiscopum contra me Manutenere præsumunt.* [Charta pacis inter Philippum Franc. et Joannem Angl. Reg. ann. 1200. apud Duchesn. in Norman. : *Et si ideo Comes Flandriæ.... ipsi Regi Franciæ malum vellet facere, nos non possemus contra dominum Franciæ juvare vel Manutenere, etc.* Adde Chron. Parm. apud Murator. tom. 9. col. 821. in Statut. Massil. lib. 4. cap. 12. Vide *Manutenentia.*] Occurrit passim.

¶ 2. Manutenere, Conservare, alere, Gall. *Maintenir, entretenir.* Statuta reform. S. Claudii ann. 1448 : *Tenetur Cantor Manutenere competenter antiphonaria, legendaria ... et etiam ad Manutentionem aliarum librorum.* Hist. MS. Beccens. monast. pag. 378 : *Dedit eidem Ecclesiæ decimam omnium fructuum de feodo suo de Campanis... ad luminare Ecclesiæ Manutenendum.* Adde Chartam Philippi V. Reg. Franc. ann. 1318. apud Lobinell. tom. 3. Hist. Paris. pag. 130.

* 3. **MANUTENERE**, Subministrare, suppeditare, Gall. *Fournir.* Inquisit. ann. 1284 : *Pro quo antivagio dominus qui illud accipit, debet eis minatoribus Manutenere nemus ad muniendum foveam, ubicumque nemus valeat reperire, salvis arboribus fructiferis.* Nostri *Maintenir une femme* dixerunt, pro Commercium libidinis habere cum ea. Lit. remiss. ann. 1389. in Reg. 138. Chartoph. reg. ch. 119 : *Munier estoit moult dolent et courroucié contre ledit Brussardin, qui avoit dit plusieurs fois contre vérité qu'il Maintenoit la femme dudit Brussardin.*

¶ **MANUTENTIA**, Protectio, defensio. Charta Beroldi de Saxonia ann. 1020. apud Marten. tom. 1. Anecd. col. 140 : *Recipimus in salva tutela, custodia, Manutentia, et securo guardagio prædictum locum de Tallueris cum omnibus suis bonis et appenditiis.*

¶ **MANUTENTIO**, Sumptus, conservatio, Gall. *Entretien.* Charta ann. 1451. ex Tabular. B. M. de Bono-nuntio Rotomag. : *Liberi et exempti erunt et tenebuntur ab omni reedificatione et Manutentione dicti cancelli.* Bulla Pauli III. PP. ann. 1537. tom. 4. novæ Gall. Christ. inter Instr. col. 118 : *Magister puerorum, chori pro se et præfatis sex pueris unam præbendam cum dimidia.... pro eorum victu, vestitu et Manutentione percipiant.* Vide *Manutenere.*

MANUTENTORES, JC. Anglis Rastallo et Cowello sunt illi, qui vel pecuniis suis, vel alia ope litem alterius judicialem, in qua ipsi justum interesse non habent, promovent, aut fovent. Vide Littletonem sect. 701. et ibi Edw. Cokum. [** Executores testamentarii sunt in chart. ann. 1494. apud Haltaus. in Glossar. Germ. voce *Handhaber*, col. 807.]

¶ **MANUTENTORIÆ** Litteræ, quibus ut aliquid in suo statu permaneat mandatur. Instrum. ann. 1473. in Bullario Carmelit. pag. 297 : *Reformatorias, Manutentorias.... atque exequutorias litteras decernere et concedere dignaremur.*

* **MANUTENTUM**, *Est illa pars flagelli, quæ tenetur in manu verberatoris.* Glossar. Lat. Gall. ann. 1348. ex Cod. reg. 4120.

¶ **MANUTERCIUS**, Testamenti executor. Charta Goiberti ann. 839. apud Folquinum Levitam Sithiensem lib. 2. pag 109: *Anno eodem posthæc in mense Novembrio, cum informatus sensisset appropinquare obitus sui diem, descripsit ipse propria manu in tabulis ceratis... qualiter suas res Manutercii sui disponerent.* Vide *Manumissor* 2.

¶ **MANUTERE**, pro *Manutenere*, Conservare, *Entretenir.* Testam. Card. *de Talaru* ann. 1392. tom. 2. Macer. Insulæ Barb. pag. 667 : *Ordinavit quod dictus sacrista B. Stephani et successores sui teneantur... Manutere in dicta capella in bono statu, libros, calicem, etc.* Tabularium B. M. de Bono nuntio Rotomag. : *Ita quod prædictum pratum defendere et Manutere ad opus Ecclesiæ promisi.*

¶ **MANUTERGILE.** Vide *Mantum.*

MANUTERGIUM, Joanni de Janua . *Togillacum qua tergitur manus* : [*Touaille*, in Gloss. Lat. Gall. Sangerm.] χειρομάκτρον. Græcis. Gregorius M. in libro Sacrament. : *Subdiaconus cum ordinatur,..... de manu Archidiaconi accipiat urceolum cum aquamanili, ac Manutergium.* Histor. Episcoporum Autisiodor. cap. 51. pag. 452 : *Contulit... stolas albas cum Manutergiis, multiplices ac pretiosas.* Adde Ordinem Romanum sub initium.

Manutergia ad ostium refectorii. Udalricus lib. 3. Consuetud. Cluniac. cap. 22. *Mutet illa tria Manutergia, quæ in claustro jugiter pendent ad tergendas manus.* Historia de Fratribus Conscriptis tom. 2. Antiquitatum Alamannic. Goldasti : *Sed et foris ostium refectorii ejusdem texturæ Manutergiæ sunt hinc inde suspensæ.* Occurrit ibidem mox.

* Manutergia, Mantile, Gall. *Serviette.* Inventar. ann. 1476. ex Tabul. Flamar. : *Item plus triginta Manutergias, vulgariter vocatas servietas, fili lini.*

¶ Manutergius, in veteri Processionali MS. B. M. Deauratæ : *Illi qui abluunt pedes et manus pauperum debent dum abluerint tergere cum Manutergio quem portant super collum per modum stolæ.*

¶ Manutergiolum, diminut. a *Manutergium.* S. Wilhelmi Constit. Hirsaug. lib. 1. cap. 98 : *Tria Manutergiola quæ in omni quinta feria mutantur; minimeque manus ad solita tergunt manutergia fratrum, quæ pendent in claustro.*

Manutergium, Sudarium, quo Sacerdos sacra facturus manus extergit. Gilbertus Lunicensis de Usu Ecclesiastico : *Pelvis ad manus lavandum, cum Manutergio.*

¶ Manutergia *ad involvendos codices.* Theodemari Usus Casin. : *Concessum est etiam fratribus nostris habere Manutergia, sive ad tonsuræ obsequium, sive ad codices, quos ad legendum suscipiunt, involvendos.*

* 1. Manuterium, ut *Manutergium.* Pontif. MS. Mogunt. fol. 23 : *Episcopus det subdiacono patenam ad tangendum posteaque calicem vacuum cum Manuterio dicens, etc.* Vide *Subdiaconus.* [** Occurrit etiam in Testament. ann. 1332. in Guden. Syllog. pag. 632.]

* 2. **MANUTERIUM**, Alia notione, f. Candelabri species ad formam manus, cujusmodi est illud quod *Bras* vocamus. Chron. Forojul. ad ann. 1298. in Append. ad Monum. eccl. Aquilej. pag. 28. col. 2 : *De Stellis, quæ sunt super altare majus, projecit* (fulgur) *ad terram ultra xij. et Manuteria, quæ sunt circa altare.*

* **MANUTHIA.** Vita S. Euthym. tom. 2. Jan. pag. 324. col. 2 : *Cum nos autem aliquando colligeremus alimentum in solitudine, id vero erat quod vulgo solet nominari Manuthia, etc.* Vide ibi Editoris notam.

MANUTIGIUM, quod Græci χειραψίαν vocant, [id est, Mollis attrectatio.] Cælius Aurelian. lib. 1. Tardar. pass. cap. 4 : *Non aliter quam si quispiam turbatos oculos Manutigio, quod Græci χειραψίαν vocant, temporaliter fricando relevare videatur.*

¶ **MANUTIUS**, *Magnas manus habens.* Gloss. Isid. ubi Grævius : Melius in veteri Vocabulario : *Manutus*, ut a *nasus*, nasutus, sic a *manus, manutus. Manutius* est mane ortus.

MANUTRADERE, unico verbo, Tradere. Diploma Roberti II. Principis Capuæ ann. 1128 : *Quinetiam Manutradimus, concedimus, atque confirmmaus... omne jus, etc.*

MANWERC. Vide *Mannwerc.*

¶ **MANZA**, Italis Juvenca, Gall. *Genisse; Manzo*, iisdem, Vitulus anniculus. Chron. Bergom. ad ann. 1406. apud Murator. tom. 16. col. 985 : *Et tibi cum eorum insidiis et aguaytis acceperunt unam quantitatem vaccarum, Manzorum et pecudum, etc.* Ibid.

col. 1006 : *Ceperunt super territorio de Sorisole et de Poltranica pecudes circa cccc. et vaccas et Manzas* LX.

MANZER, Spurius, nothus, e scorto natus, Hebræis ממזר, a quibus Græci μαζύρ apud Gregentium, Theophanem, Cedrenum, etc. Ugutio : *Manzeres dicuntur filii scorti, vel adulterini, vel scelerati.* [Gl. Lat. Gall. Sangerm. : *Manzer, fils de putain, ou mauvais, desloial; et inde Manzerinus, i. adulterinus.*] Versus, laudati a Dionysio Pontano ad tit. 146. Consuetud. Blesensis :

Manseribus scortum, sed mœcha nothis dedit ortum.
Ut seges a spica, sic spurius est ab amica :
Sunt naturales, qui nobis sunt speciales.

In Deuteron. 23 : *Non ingredietur Manzer, hoc est, de scorto natus, in Ecclesiam Dei.* Græci interpretes, ἐκ πόρνης, Arabici *Pharuch alzani*, id est, *pullus meretricis.* Vide Joan. Seldenum lib. de Success. Hebræor. in bona defunctor. cap. 3. ubi multa de hac voce habet. Fragmenta Capitulariorum, edita a Steph. Baluzio cap. 4 : *Viles personæ et infames, histriones scilicet, nugatores, Manzeres, scurræ, concubinarii, etc.* Ademarus Cabanensis in Chron. : *Nolentes sibi præesse filium scorti, erat enim (Gauzlinus) nobilissimi Francorum Principis filius Manzer.* Idem : *Jordanus quoque Manzer frater defuncti.* Utuntur præterea Sedulius lib. 5. Eadmerus in Histor. Novorum pag. 195. Historia Episcopor. Engolism. cap. 19. Gaufredus Vosiensis lib. 1. cap. 12. Petrus Blesensis Serm. 42. etc.

MANZERINUS, Papiæ, *Adulterinus.* Gaufredus Vosiensis lib. 1. cap. 73 : *Prisci Cœnobitæ religione florentes nos Manzerinos hæredes habuere.* Sic etiam videtur legendum, apud Baldricum lib. 4. Histor. Hierosol. : *Hierusalem itaque sic obsessa, filiis suis occludebatur : intus a populis Manzerinis profabanatur.* Editus Codex *Mazelinis* præfert. Adde Ordericum Vitalem lib. 9. pag. 750.

MANZARUS, Eadem notione. Fortunatus lib. 5. Poem. 4. de Judæis :

Christicolæ ut cernunt tunc agmina Manzara jungi, etc.

¶ MANZERINA VASCULA. Epist. Abbonis ad Gregorium V. PP. : *Direxi etiam duo vascula Manzerina, in quibus anaglipho opere continentur Charitas et Ethica.* Itinerarium *Bauldry* Abb. Burgoliensis ex Archivis Monast. Fiscamn. : *Mihi dedit Abbas scyphum Manzerinum, quem tota aviditate suscepi..... quia et tornum et formam et materiam decentissimam pretendebat.* Vide *Mazer.*

* MANZIA. Vide mox *Manzius.*

* MANZILE, Mansio seu ædes cum agri portiuncula, idem quod *Mansionile.* Vide in hac voce. Charta ann. 1321. in Reg. 61. Chartoph. reg. ch. 31 : *Plures alii interrogati per me notarium,... si dicto domino regi erat comodiosum et utile infeudare... piscaria, vocata domini regis de Vauro, cum adhærentibus eisdem nemora de Campo Maurello,... et alia similia Manzilia de Vauro.*

* MANZIUS, MANZUS, Vitulus anniculus; Acad. Crusc. *Manzo, bos.* Stat. datiar. Riper. cap. 4. fol. 15. v°. : *Ordinatum est quod prædicti becharii possint et valeant occidere carnes Manziorum et Manziarum, qui et quæ teneant dentem vituli.* Stat. Placent. lib. 6. fol. 80. r°. : *Carnes de vitulo de lacte et de Manzio de dente, pro libra v. den.* Stat. Montis-reg. pag. 293 : *Carnes Manzi et Manziæ de lacte, libra una solvat den. x.* Vide *Manza.*

* MANZO, ut *Manzer.* Vocabul. jur. canon. Martini MS. : *Spurii et Manzones usque ad decimam generationem, secundum legem Moysi, non intrabant ecclesiam. Inter spurios, naturales et nothos et Manzones diversa fit dispensatio.*

* MANZOLUM, Corium vitulinum. Stat. Placent. lib. 6. fol. 82. v°. : *Dictæ planellæ, tam de homine quam de domina, habeant corollos de Manzolo vel cordoano.* Vide supra *Manzius.*

* MANZUS. Vide supra *Manzius.*

* MAO, Fructus species, f. pomum. Charta ann. 1354. inter Stat. Perus. pag. 16 : *Remisit in perpetuum communi, hominibus et universitati dicti loci Perusiæ omnes decimas et jus decimationis grani, vini, Maonum et omnium aliarum et singularum rerum.*

¶ MAP. Vide *Mepe.*

¶ MAPADA. Vide *Mappa*, 4.

¶ MAPALIA, Casæ rusticorum. Leo Marsicanus in Chron. Casin. lib. 2. cap. 20 : *Ecclesia quædam juxta idem municipium posita ab his qui secum ierant cum aliquot eorumdem rusticorum Mapaliis igne succensa.* [* Vox Virgilio aliisque Latinis eo intellectu nota; atque adeo a Glossario amandanda.]

¶ MAPARIUS, Officium domus regiæ apud Anglos, cui scilicet incumbebat *mappas*, canabum, manutergia et similia providere. *Naparios* itidem appellabant; sed *mappa* et *nappa* tantumdem valebant. Liber niger Scaccarii pag. 343 : *Maparius cibum consuetudinarium homini suo* III. *ob. in die, etc.* Vide *Mapparius.*

¶ 1. MAPHORIUM, Muliebre pallium. Vita S. Amphilochio adscripta tom. 2. Junii pag. 954 : *Tum ait sponsæ : tene in hoc Maphorio, donec tibi dicam.* Vide *Mafors.*

¶ 2. MAPHORIUM, Scapulare. Vita S. Dorothei tom. 1. Junii pag. 600 : *Et accingit Maphorium seu scapulare suum, et projicit semetipsum in flumen.*

* MAPHORS, Velum sericeum, quo altare obvolvebatur. Mirac. S. Gibr. tom. 7. Maii pag. 628. col. 1 : *Sæpe memoranda comitissa cum suis ad memoriam sancti accessit,... et Maphortem sericum non minimi pretii pro benedictione obtulit, deprecans quotiescumque Missa ad ejus altare celebraretur, ipsi mensæ sacratæ ob memoriam sui superponeretur.* Vide *Mafors.*

* MAPHRIANUS, ex Syriaco *Maphriono*, idem qui in ecclesia Latina *Primas*, in Assemanni Bibl. Orient. tom. 2. pag. 215.

¶ MAPLETUM. Vide *Manupletium.*

1. MAPPA. *Mappæ* appellati ludi Circenses, quia cum proxime edendi erant, mappa dimittebatur : cujus ritus originem Neroni adscribit Senator lib. 3. Var. Epist. 51 : *Cum enim prandium protenderet, et celeritatem, ut assolet, avidus spectandi populus flagitaret, ille Mappam, qua tergendis manibus utebatur, jussit abjici per fenestram, ut libertatem daret certaminis postulandi. Hinc tractum est, ut ostensa Mappa, certa videatur esse promissio Circensium futurorum.* At Silvius in Laterculo id Tarquinio Regi adscribit, *qui Romæ, dum die Circensium pranderet in Circo, de mensa sua Mappam foras, ut aurigis post prandium currendi signum daret, abjecerat.* Hinc idem Silvius *Mappam* pro Circensibus ludis usurpavit : 7. Idus Jan. *Prima Consulis Mappa.* Idibus Januarii, *secunda Mappa.* Et 13. Kal. Maias : *Consulis tertiæ Mappæ.* Julianus Antecessor Const. 98 : *Secunda autem* (processio Consulis) *ea, quæ Mappa, tertia autem ea, quæ Theatroquinegium appellatur.* Infra : *In sexta antea* (processione) *in Circum procedat, et faciat Mappam.* [Tertullianus de Spectaculis cap. 16. ubi de Ludo Circensi : *Non vident missum quod sit. Mappam putant : sed est Diaboli ab alto præcipitati gula.*] Sed et has mappas in Diptychis Consulum Bituricensi, Compendiensi, et Leodiensi expressas annotant viri docti. [** Punicam vocem esse scribit Quinctil. lib. 1. cap. 5. Vide Forcellinum.] Nescio porro, an non et *velum* dicta fuerit *mappa*, nam ut *mappam facere et dare* dicebant, ita et *velum.* Chronicon Alexandrinum pag. 752 : Ὁ δὲ θειότατος Ζήνων παρασχὼν τὸ βῆλον τοῦ ἱππικοῦ, εὐθέως ἀνελθὼν, ἐθεώρησεν, καὶ ἐδέχθη ὑπὸ τῶν τῆς πόλεως. Scio, *velis* obductos fuisse Circos docuisse Bulingerum lib. 1. de Theatr. cap. 16.

MAPPARII, qui in Circo mappam demittebant, aut excipiebant, in signum proxime edendorum Circensium : μαππάριοι, D. Chrysostomo in orat. de Circo, in Chronico Alexandrino pag. 876. in Glossis Basil. apud Nicetam in Alexio Aug. lib. 3. num. 2. Scylitzen, et alios.

2. MAPPA MUNDI, Charta vel mappa explicata, in qua orbis seu mundi descriptio continetur Πίνακες, ἐν οἷς αἱ τῆς γῆς περίοδοι εἰσὶν, ut est in Testamento Theophrasti apud Diogenem Laertium : quarum quidem Tabularum Geographicarum primum auctorem fuisse Anaximandrum, quem subsecuti sunt Hecatæus, Democritus, Eudoxus, et alii, tradit Eustathius in Epistola præfixa Notis ad Dionysium Periegetem. Eumenius pro restaurandis Scholis : *Siquidem illic instruendæ pueritiæ causa, quo manifestius oculis discerentur, quæ difficilius percipiuntur auditu, omnium cum nominibus locorum situs, spatia, intervalla descripta sunt, quidquid ubique fluminum oritur, et conditur, quocunque se littorum sinus flectunt, quo vel ambitu cingit orbem, vel impetu irrumpit Oceanus.* S. Hieron. Epist. 3 : *Sicut ii, qui in brevi tabella terrarum situs pingunt, etc.* Vide Bergerium lib. 3. de Itinerib. Roman. cap. 7. num. 1. 2. Papias. : *Mapa, togilla, mapa etiam dicitur pictura, vel forma ludorum, unde dicitur Mapa mundi.* [Gloss. Lat. Gall. Sangerm. : *Mapa mundi, mapemunde; et dicitur a mapa, nappe ou picture, ou forme de jeus.*] Rathbertus de Casibus S. Galli cap. 10 : *Inter hos* (libros) *etiam unam Mappam mundi subtili opere patravit, quam inter hos quoque libros connumeravit.* Gervasius Tilleberiensis lib. 2. Otior. Imperial. : *Considerantes, quod ipsa pictorum varietas mendaces efficit de locorum varietate picturas, quas Mappam mundi vulgus nominat.* Vide Annal. Colmarienses ann. 1265. et Joan. Villaneum lib. 1. cap. 89.

3. MAPPA, MAPPULA, Umbraculum,

quod defertur supra Episcopi caput, dum procedit ad altare, sacra facturus, seu stationes facit, diversis imaginibus adornatum, quatuorque baculis innixum, quod a quatuor ministris tenetur, qui inde *Mappularii* appellantur. Ita Durandus lib. 4. Ration. cap. 6. num. 11.

4. **MAPPA**, vox Agrimensorum. Apud Auctores de Limitib. pag. 270 : *Ratio limitum regundorum hæc est : auctores Theodosius et Neuterius de terminis et lineis exposuerunt*, 304. *jugi agrimensoris qui Mappa, quas lineas habuerint, observetur*. Pag. 273 : *Terminus si scriptus fuerit, et punctos habuerit litteris Græcis, sequeris cursum ejus a Sion, hoc est, ab Oriente, per litteras Græcas de Mappa, hoc est, Pentagonum, quod interpretantur cubitos quinque*. Denique pag. 319 : *In Mappa Albanensium inveniuntur hæc, Ager Heclanensis, ager Benusinus, etc. De Mappis linteis*, quarum in leg. 1. Cod. Th. de Alim. (11,27.) mentio est, in quibus scribebatur, hæc intelligenda censet Jacobus Gothofredus. Hinc forte

Mappa, Mapada, *Mappada*, *Mappaticus*, pro modo agri.

Mapada. Tabularium S. Remigii Remensis : *Sunt ibi aspicientes inter majores et minores campi* 46. *continentes Map.* 100. *ubi seminari possunt de frumento modii* 34. *etc.* Occurrit ibi pluries cum duplici pp. Ibidem : *In Lurba habet mansum dominicatum, casam, horreum, puteum, de terra arabili Mapp.* 108. *possunt ibi seminari inter ambas sationes, de anno modii* 120.

Mappada. Idem Tabular.: *Arat Mappadam et corvadam, ut supra.*

Mappaticus, Eadem notione. Charta Caroli C. in Hist. S. Marculfi Corbiniacensis, et apud Marlotum in Metropoli Remensi lib. 4. cap. 7 : *De terra vero indominicata ad summum Tilidum Mappaticos quatuor.*

Mappagium. Tabularium S. Remigii Remensis : *Septem mod. avenæ de Mappagio et tres mod. de siligine.* Ibidem : *Medio Martio 5. sol. de cap. de Mappagio* 12. *mod. et dimid. de siligine, de avena* 26. *mod.*

¶ 5. **MAPPA**, Ornamentum equi. Sic vocantur strata candida, quibus cooperiuntur equi Cardinalium, cum solemni pompa procedunt. Vide infra *Mappula*.

* 6. **MAPPA**, Vestis species videtur ad usum virorum. Vide in *Mappula*. Charta ann. 1242. ex Chartul. S. Petri Insul. sign. *Decanus* ch. 123 : *Hellinum una Mappa, Peronam una juppa pro suæ voluntatis arbitrio sine causa rationabili spoliavit. Mappe* nostris a *Mappa*, pro *Nappe* in Lit. remiss. ann. 1454. ex Reg. 182. Chartoph. reg. ch. 130. Vide *Toacula*.

* **MAPPAMPARIUS**, Qui mappam lavaturo parat et porrigit. Chron. Lemov. MS. : *Floruit per idem tempus in aula regis Guntramni adolescens strenuus, nomine Austregisilus, Mappamparius regis, qui pro sua honestate et sanctitate postea Bituricensis archiepiscopus consecratus est.* Vide *Mapparius*.

¶ **MAPPADA**, Mappagium. Vide *Mappa* 4.

¶ **MAPPALE**, f. Vexillum; est enim veluti quædam major mappa. Gesta Tancredi apud Marten. tom. 3. Anecd. col. 149 : *Nam quid de turbinibus, quid de ventorum rabie dicam? Illis grassantibus, nec tentorium stabat, nec Mappale, vix palatium seu turris.*

Mappale Opus. Monasticum Anglic. tom. 3. pag. 330 : *Item casula de opere Mappali*, quo scilicet mappæ fieri solent.

¶ **MAPPARII**. Vide *Mappa* 1.

MAPPARIUS, Qui mappam lavaturo porrigit. Patriarchium Bituricense cap. 30 : *Erat* (Austregisilus) *Regi gratissimus.... in tantum, ut linteum, quo Rex lotis manibus tergere solebat, ipse proferret et ob hoc Mapparius vocaretur*. Vide Aimoin. lib. 4. Histor. Franc. cap. 2. [et *Maparius*.]

¶ **MAPPELLA**. Vide *Mappula*.

MAPPULA, Parvula mappa, qua nasum tergimus, sudarium, Gallis *Mouchoir*. Kero Monachus : *Mappula, Duvahila*, id est, *togilla*; nostris, *Touaille*. Alcuinus de Officiis Eccles. cap. 39 : *Mappula, quæ in sinistra parte gestatur, qua pituitam oculorum detergimus, dicitur et manipulus*. Occurrit hac notione in Regulis S. Benedicti cap. 55. et S. Fructuosi cap. 4. apud Ardonem in Vita S. Benedicti Abbatis Anianensis n. 35. Victorem PP. lib. 3. Dial. in Chronico Farfensis Monast. pag. 661. etc.

Apud S. Gregorium lib. 2. Dial. cap. 19. *Mappulus* ἐγχείριον Zacharias vertit. Est vero ἐγχείριον apud Germanum Patr. CP. in Theoria Eccl. τὸ ἐπὶ τῆς ζώνης τὸ ἀπομάξαι τὰς χεῖρας λεντίον, *linteum de zona pendens ad tergendas manus.*

¶ Mappula, Mantile. Charta Almeradi Reiensis Episc. tom. 1. Gall. Christ. inter Instrum. pag. 82 : *Accepi ab eis pretium libras* IV. *denariorum novemque modios frumenti ac vini, Mappulam valde bonum ac scyphos ad aquam in manibus fundendam adeo optimos.* Ubi perperam editum : *novemque modios frumenti, ac vini Mappulam valde bonam*, ac si esset certa vini mensura.

¶ Mappula, interdum idem quod *Mappa*. Constitutio Ansegisi Abb. in Chron. Fontanell. tom. 3. Spicil. Acher. pag. 245 : *De Gera camsiles* III. *ad Mappulas faciendas longitudines ulnarum* XIII. *latitudinis trium.*

Mappula, aliud videtur apud Isidorum in Regula cap. 13 : *Monachi in Monasteriis palliis semper utantur,.... sane si quis pallium non habet, humeris Mappulam superponat.* [Erat, ni fallor, vestis genus, qua utebantur in itinere monachi. Vita S. Benedicti Anian. num. 49. sæc. 4. Bened. part. 1. pag. 211 : *Ex quibus* (schedulis) *adsuetus aliquoties serenissimus Imperator Mapulam manicasque ejus palpans reperiebat, repertasque legebat.*]

Mappulas fuisse propria Clericorum Romanorum ornamenta, adeo ut aliis non nisi ex privilegio uti fas esset, scribit Gregorius M. in processionibus scilicet publicis cum ipso summo Pontifice, lib. 2. Ind. 11. Epist. 54. ad Joannem Ravennatem Episcopum : *Illud autem, quod pro utendis a Clero vestro Mappulis scripsistis, a nostris est Clericis fortiter obviatum, dicentibus nulli hoc unquam alii cuilibet Ecclesiæ concessum fuisse,.... sed nos servantes honorem fraternitatis tuæ, licet contra voluntatem antedicti Cleri nostri, tamen primis Diaconibus vestris, quos nobis quidem testificati sunt etiam ante eis usos fuisse, in obsequio duntaxat tuo Mappulis uti permittimus; alio autem tempore, vel alias personis hoc agere vehementissime prohibemus.* Epistola vero sequens, quæ est Joannis Ravennatis Episcopi, satis indicat in processionibus iis potissimum Clericos usos, quæ vel cum summo Pontifice, vel in ejus obsequium aut ejus Apocrisiarii fiebant : *Quia quoties ad Episcopatus ordinationem, seu Responsi, Sacerdotes vel Levitæ Ravennatis Ecclesiæ Romam venerunt, omnes in oculis decessorum vestrorum cum Mappulis sine aliqua reprehensione procedebant : quare etiam eo tempore, quo istic a prædecessore vestro peccator ordinatus sum, cuncti Presbyteri et Diaconi mei in obsequium Domini Papæ mecum procedentes usi sunt.* [Agnellus in eodem Johanne apud Murator. tom. 2. pag. 127 : *Sanctissimus tamen Pontifex concessit, ut Ravennatis Episcopi diaconi Mappulis uterentur, quando cum Episcopo procedebant, et ejus obsequii gratia, non alias.*] Clericos autem *Mappulatos* et *Planetatos*, cum summo Pontifice *ad stationes* processisse testatur Joannes Diacon. lib. 2. Vitæ S. Gregorii M cap. 43 : *Cumque magi ex planetatorum Mappulatorumque processionibus magnum Pontificem cognovissent, etc.* Verum hicce locis *mappas* non esse manipulos, sed candida equorum strata conjicit Laurentius Lantmeterus lib. 1. de Veste Clericor. cap. 18. quod sane firmare videtur Anastasius in Constantino PP. : *Pontifex autem et ejus primates cum sellaribus Imperialibus, sellis, et frenis inauratis, simul et Mappulis ingressi sunt civitatem* (CP.) Vide quæ supra annotamus *de Mappulis*, seu umbraculis summi Pontificis.

* Quodnam fuerit clericis Romanis ornamenti genus indicat Cerem. Rom. MS. fol. 48 : *Promoti clerici seculares statim, ut diximus, utuntur rocheto et capello, ab extra panno nigro, ab intus serico viridi cooperto, cum cordulis et Mapulis viridibus.* Ibid. fol. 51 : *Pileum ab extra nigro panno, ab intus serico cum cordulis et Mappulis cælestis coloris.*

☞ Neque id Clericis qui cum Romano Pontifice procederent proprium fuit, ut in processionibus equos vestirent candidis stratis; hunc quippe morem a Militibus accepisse videntur, qui ejusmodi ornamentis in solemnioribus pompis, puta in *tornamentis*, uti consueverant. Le Roman *de Partenopex* MS. :

Et sont bien covert lor cheval
De covertures de cendàl,
Li uns est tresqu'à terre blans,
Li autres plus vermeil que sang.

Mappella, *id est, parva mappa*. Durandus lib. 3. Ration. cap. 6. num. 3.

Mappula, apud Scriptores Ecclesiasticos est sudarium, quod in sinistro brachio Sacerdos defert, quod interdum *Manipulus* et *Phano* dicitur. Alcuinus loco citato : *Mappula, quæ in sinistra parte gestatur... dicitur et manipulus.* Honorius Augustod. lib. 1. cap. 208 : *Ad extremum Sacerdos fanonem in sinistrum brachium ponit, qui et Mappula et sudarium vocatur, per quod olim sudor et narium sordes extergebantur.* Ordo Romanus : *Subdiaconus regionarius porrigit ei* (Papæ) *Mappulam*. Infra : *Subdiaconis vero sibi congruæ vestes* (præbendæ) *quæ apud quosdam Subdiaconales nominan-*

tur, et Mappulæ in sinistra manu ferendæ. [S. Wilhelmi Constitut. Hirsaug. lib. 1. cap. 19. : *Pro signo fanonis vel Mappulæ, manicam sinistram sub brachio comprehensam parum deorsum trahe.*] Vide præterea Stephanum Eduens. lib. de Sacramento altaris cap. 10. Rabanum lib. 1. de Institut. Cleric. cap. 18. Missam ab Illyrico editam et Menardum ad librum Sacrament. Gregorii pag. 282. [** Glossar. med. Græcit. voc. Ὑπογονάτιον col. 1643. et Ἐγχειρίδιον col. 348.]

¶ **MAQUERELLA**, a Gall. *Maquerelle*, Lena. Vide mox *Maquerellus*. Regest. 80. Tabularii regii ann. 1350. Ch. 115 : *In domo cujusdam Maquerellæ publicæ in villa Valentianis, etc.*

MAQUERELLUS, Piscis species nota, vulgo *Maquereau*. [Codex MS. redituum Episcopat. Autissiodor. ann. circ. 1290 : *Millia Maquerellorum debent Episcopo et Comiti* IIII. *den.*] Compotus Baillivorum Franciæ ann. 1295 : *Compotus Henrici Monachi de Expletis... Maritima Picardiæ et aliis, de Wada capta super Anglicos, de blado capto super eos... de Maquerellis super eos captis. Maquereaux* nostris dicuntur lenones, *Maquerelles*, meretricum conciliatrices, in Consuet. Baionensi tit. 25. art. 3.

* Unde *Maquerelerie*, Lenocinium, in Stat. ann. 1371. tom. 5. Ordinat. reg. Franc. pag. 441. art. 3. Qua vero pœna hujus farinæ mulieres olim afficiebantur, docent Lit. remiss. ann. 1357. in Reg. 89. Chartoph. reg. ch. 188 : *Fuit impositum eidem Ysabelli quod dictam filiam vendiderat dicto canonico, fuitque propter hoc.... dicta Ysabellis in scala posita, et ibidem taliter martirizata et combusta cum uno tortissio ardenti, et exinde de dicta terra bannita.*

¶ **MAQUILA**, vox Hispanica, *Molitura*, Gallice *Mouture*. Concil. Legion. ann. 1012. inter Hispan. tom. 3. pag. 192 : *Quicumque cibariam suam ad mercatum detulerit, et Maquilas Regis furatus fuerit, reddat eas in duplum*, hoc est, qui Regem jure suo, præstatione nimirum solita, fraudaverit, etc.

1. **MAR**, pro *mas*, Masculus, in Foris Aragon. lib. 3. de Lege Aquilia.

* 2. **MAR**, Syriace, Dominus meus, ut post Assemannum observant docti Hagiographi tom. 4. Jul. pag. 263. col. 1. *Mar*, pro Gallico *Mal*, sæpius in Poem. Garini :

Mar le peuserent, par le cors S. Denys.

1. **MARA**, Palus, lacus, stagnum. Anglo-Saxonib. Mere, Kiliano, *Maer, Maere*, Gall. *Mare*. [Charta ann. 1181. apud Lobinell. tom. 2. Hist. Britan. pag. 134 : *Et omnes Maræ qua sunt in marisco, et campus Trossebof quem dedit Rollandus Archiepiscopus Garino Trossebof joculatori quamdiu viveret, sunt de dominico Archiepiscopi.*] Willelmus Gemetic. lib. 2. cap. 20 : *Sedens super lacum, quem usu quotidiano loquendi Maram vocamus.* Willelm. Britto in Philipp. lib. 5. pag. 146 :

.... Lexovea fontis egena,
Quæ pro fonte Maras gaudet potare lutosas.

Histor. fundationis Abbatiæ Rames. in Anglia : *Ambitur præterea idem locus paludibus anguillosis, Maris late patentibus, et stagnis multimodi generis piscium et avium natatilium nutritivis : de quibus Maris una est Ramesmere, de nomine insulæ dicta, quæ cæteras adjacentes aquas pulcritudine et fertilitate superexcellens, etc.* Non desunt, qui opinantur, effictum vocabulum a Lat. *Mare*, quod, Isidoro teste, aquarum generalem collectionem significat. Alii ab ἀμάρα deducunt, quæ vox aquæductum sonat, sive sulcum in prato, per quem aqua ducitur irrigandæ terræ gratia.

¶ 2. **MARA**, Dolor gravis. Carmen de varia fortuna Ernesti Bavariæ Ducis lib. 6. apud Marten. tom. 3. Anecd. col. 352 :

..... Plangentes corpora luctu
Multimodo, dum comparuit tot millia strato
Rege, sub hospitibus Mara occidere verendis.

Vide *Marancia*.

* 3. **MARA**, *La capa*, in Glossar. Lat. Ital. MS.

MARABOTINUS, *Maurabotinus, Marmotinus, Marbotinus, Morabotinus*. Hæc omnia idem sonant, sed *Marabotinus* crebrius occurrit apud Scriptores, Matthæum Paris ann. 1176. Radulphum de Diceto pag. 598. Doubletum in Hist. S. Dionysii pag. 891. Guichenonum in Bibl. Seb. Cent. 2. cap. 51. Gariellum in Episcop. Magalon. pag. 279. et alios. Sic autem indigitantur monetæ quædam Hispanicæ, aureæ præsertim.

¶ MARABETINUS, in Charta Ramiri Sancii Regis Navarræ, apud Jos. Moret. Antiq. Navar. pag. 630.

¶ MARABITINUS. Charta Alphonsi Reg. Lusitan. æra 1142. ex Tabular. Claravall. : *Tribuant in modum feudi et vassalatu quinquaginta Marabitinos auri probati.*

¶ MARABOCINUS. Limborch. lib. Sent. Inquis. Tolos. ad ann. 1306. pag. 68 : *Item custodivit per 15. dies 60. Marabocinos auri et 3. denarios aureos.*

MARABUTINUS, in Charta Hugonis Archiepiscopi Genuensis ann. 1184. apud Ughellum.

* MARABUNTINUS, apud Cenc. inter Cens. eccl. Rom. MSS. : *In episcopatu Portuensi, Petrus Later ij. Marabuntinos pro castro Chere.*

* MARABUTINUS ANFUSINUS, in Charta ann. 1247. apud Murator. tom. 2. Antiq. Ital. med. ævi col. 785. Alia Jac. reg. Aragon. ann. 1229. ex Bibl. reg. cot. 16 : *Quicumque autem tenori hujus nostri privilegii temptaverit in aliquo contraire, iram nostram et indignationem et pœnam mille Morabatinorum Alfussinorum se noverit absque remedio incursurum.*

MARBOTINUS. Charta Guillelmi de Novelliano Militis ann. 1270 : *Debet Domino Duci* (*Aquitaniæ*) *unum Marbotinum sporlæ in mutatione Domini.* Consuetud. Tolosæ part. 2. Rubr. de Donation. : *Oboli, seu Marbotini aurei.* Adde Monasticum Anglic. tom. 3. pag. 312. [Litteræ Philippi VI. Reg. Franc. ann. 1336. pro Priore S. Gemmi in Xantonibus, ex Regest. Parlamenti : *Et pour cause de notre souveraineté et ressort toutefois et quantes que au dit lieu a mutation de Prieur, et nouvelle institution d'icelui l'on nous rend et paye un Marbotin d'or.*] [* Comput. MS. ann. 1268. ex Bibl. reg. : *Derechief pour la meson à la fame feu Guilliaume de Faie, bourjois de la Rochelle,.... un Marbotin chascun an.*]

MARABATINUS *auri boni*, in Charta Hispanica, apud Malbrancum lib. 11. de Morin. cap. 52.

MORABATINUS, in Bulla Paschalis PP. apud *Diago* lib. 2. de Comitib. Barcin. cap. 95. [et in Charta ann. 1190. in Append. Marcæ Hisp. col. 1381.]

¶ MARAPETINUS, in Testam. Sancii ann. 1211. tom. 1. SS. Maii pag. 763 : *Et hereditatem de Sena quæ fuit matris suæ, quadraginta mille Marapetinos et ducentas marchas argenti.*

MARMOTINUS AUREUS, apud Plantavitium in Histor. Episc. Lodovens. pag. 103. 257. et 306. et Albertum Argentin. in Chron. 1289.

MORBOTINUS, apud Rodericum Tolet. in Hist. Arab. cap. 20.

MORABEDIS, in Charta Alfonsi I. æræ 1157. pro Cæsaraugust. apud Mich. de Molino in Repertorio pag. 265. col. 3.

¶ MORABETINUS. Charta ann. 1134. tom. 1. Gall. Christ. inter Instr. pag. 46 : *Debent reddere per unumquemque annum clericis B. Antonini, præsentibus et futuris, in die festivitatis ejus, unum Morabetinum quinque solidos bene valentem.* Occurrit præterea in Statutis Synodalibus Arnaldi Episc. Valentini inter Conc. Hispan. tom. 3. pag. 519.

¶ MORAPETINUS, in Charta Ermengaudi tom. 3. Concil. Hispan. pag. 374 : *Dono etiam ad operam Beatæ Mariæ centum Morapetinos.* Concil. Hispal. ann. 1512. ibid. tom. 4. pag. 6 : *Si vero fuerint laici, et permanserint in excommunicatione per medium annum, deinceps incurrant pro quolibet mense in pœnam centum Morapetinorum pro ecclesia.*

MAURABOTINUS, in Fœdere, quod sancitum est Bayonæ mense Aprili ann. 1290. inter Franciæ et Castellæ Reges : *Cæterum cum præfata Blancha se restitui peteret ad perceptionem 24. Maurabotinorum de bona moneta, videlicet veterum Burgalensium, pro dotalitio suo, valentium annuatim 7. millia librarum 160. librarum Turon. Nigrorum, ut dicebat, et sibi satisfieri in eadem moneta de proventibus 14. annorum transactorum, postquam ipsa exivit de Castella gente nostra, satisfactionem omnium prædictorum, deducto eo, quod solutum erat exinde ad monetam, quæ de Guerra dicitur, offerentur, et dicente nos ad præstationem alterius monetæ non teneri. Tandem, etc.*

MORABOTINUS. Exstat Charta Alfonsi Regis Castellæ, data Segoviæ 21. Sept. 1258. in Regesto Feodorum Ducatus Burgundiæ, parte 2. fol. 90. qua Hugoni Duci Burgundiæ concedit *decem millia Morabotinorum computatis 15. solidis Pipionum pro Morabotino, in feudum, et nomine feudi, dandos et solvendos annuatim eidem Duci et successoribus suis, vel eorum nuntio, in festo Nativitatis M. V. mense Septembri, in Regno Castellæ, vel Imperio, in reditibus usque ad eandem quantitatem, et de prædicto feudo dictum Ducem solenniter investivit cum virga, quam in manu tenebat.* Sic etiam scribitur apud Bromptonum in Henrico II. pag. 1125.

MORABOTINI *boni in auro curribiles Alfussini recti*, in Charta Majoricensi ann. 1280. semel ac iterum. In alia 1282 : *Morabotini boni Alfonsini auri fini et ponderis recti.* Occurrit pluries in Chartis Aragon.

MARABATINI, passim in Chartis Lusitanicis apud Rodericum *da Cunha*, in Hist. Episcop. Portensium, in Lusitania. In Libello Catalonico MS. *de Batallia facienda*, dicuntur 200. unciæ conficere 400. Morabotinos : *Per* 200. *unces d'or de Valentia, qui son* 400. *Morabotins.* Charta Petri Regis Aragon. in Curia Generali Cataloniæ ann. 1351 : *Morabotinus, de quo in Usaticis mentio fit, valet* 4. *solidos monetæ Barcinonensis de terno. Morabati*, in Chr. Petri IV. Reg. Arag. lib. 4. cap. 8.

¶ MOROBATINUS, in Testam. Raym. Berengarii Comit. Barcinon. ann. 1131. Append. Marcæ Hisp. col. 1273. et in Testam. Peronellæ Reg. Aragon. ann. 1152. ibid. col. 1314.

☞ *Morabotinorum* usus obtinuit etiam in Occitania, quem a Wisigothis, cum hujus provinciæ domini essent, inductum existimo. Charta Jacobi Reg. Aragon. ann. 1231. ex lib. *Talamus* Montispessul. fol. 32 : *Nos Jacobus... concedimus vobis Montispessulanis fidelibus nostris stagna et maria... Vos autem et successores vestri dabitis nobis, videlicet nostro bajulo Montispessul. annuatim in festo Natalis Domini unum Morabotinum censualem.*

Quæsitum a viris doctis, unde enatæ hæ voces; in qua disquisitione aiunt Bochartum, virum in Hebraïcis et aliis Orientalibus linguis oculatissimum, cum in Cadomensi virorum litteratorum consessu acrius insisteret, apoplexia correptum haud multo post expirasse. Uni porro ex iis, qui super hac controversia per litteras sententiam meam expetierat, rescripseram, videri mihi *Marabotinos* appellatos primum nummos aureos Maurorum Hispanicorum, qui iis fusis subinde ac deletis in Hispanorum potestatem venerant, quasi *Marranorum spolia* : nam *Botino*, Hispanis idem est quod nostris *Butin* : *Marranos* vero Mauros Hispanicos appellatos suo loco docemus. At Mariani lib. de Ponder. et mensur. cap. 23. Marevedinos monetam fuisse Regum Gothicorum Hispanicorum existimat, ac proinde multo ante Maurorum in Hispanias irruptionem cognitam, quod ex solo nummorum Gothicorum pondere elicit. Ut sese res habeat, eæ monetæ, quæ

MARAVEDINI Hispanis dicuntur, ab eodem fonte nomen ducunt : qui enim prius *Marabotini*, postea *Maravedini* dicti : de quorum aureorum pretio et pondere multa commentantur Antonius Nebrissensis in Repetitionibus, Didacus Covarruvias in veterum Collatione numismatum cap. 5. et Jo. Mariana de Ponderib. et Mensur. cap. 22. 23. Inde id nominis inditum quibusdam minutioribus monetis æreis : qua tamen in parte, ait idem Covarruvias cap. 1. Maravedinus non tam est nummus, quam nummorum numerus, qui constat ex duabus Blancis, aut Coronatis sex, vel denariolis decem. [Vide L. *le Blanc* Tract. de Monet. pag. 165.]

MARACH, MARCH, Equus. Lex Aleman. tit. 69. § 2 : *Si ille talem equum involaverit, quem Alemanni Marach vocant.* Tit. 70. § 2 : *Si quis equo, quem Alemanni Marach dicunt, oculum excusserit.* Lex Bajwar. tit. 13. cap. 10. § 1 : *Si equus est, quem Marach dicimus.* Editio Herlodi tit. 7. § 1 : *Si equus est, quod March dicimus.* At in Lege Aleman. habet utrobique *Marach.*

Vetus est autem vox Gallica, siquidem Pausanias in Phocicis pag. 335. ἵππων τὸ ὄνομα apud Gallos esse μάρκαν auctor est, unde τριμαρκισίαν equestris pugnæ quamdam institutionem vocabant. Sed et etiamnum Armorici nostri, penes quos, ut et apud Guallenses Anglos, veteris Gallici idiomatis reliquias permanere aiunt, equum *Marach* [vel *March*] dicunt, *marcheguez*, equitare. [** Vide Graff. Thesaur. Ling. Franc. tom. 2. col. 844. voce *Marah.*]

MARACHFALLI, Vide *Marchfalli.*

¶ MARACIO, Vasa quæcumque et alia utensilia quæ sali conficiendo inserviunt. Charta ann. circ. 917. apud Stephanot. tom. 3. Antiquit. Pictav. MSS. pag. 339 : *Sunt plus minus de terra ad areas componendas* c. *excepto Maracione, a die præsente ipsa terra supèrius nominata ad ipsum locum vel ad Abbatem Rotardum necnon et ad monacos ipsius loci eam trado adque transfundo cum sua ministeria omnia vel Maracione ad abendum, etc.* Alia ibid. cap. 401 : *Areas triginta septem qui fuerunt Geraldo cum omni ministeria et Maracione quæ ad illas areas pertinent.* Charta ann. 6. Lotharii Reg. ibid. pag. 403 : *Sunt areas triginta cum sua misteria vel Maracione, a die presente ego vobis trado, vendo.* Alia ann. 11. Ugonis Reg. ibid. pag. 463 : *Sunt plus minus de terra ad areas componendas sexaginta excepto Maracione et omnia misteria.* Observandum iis omnibus locis de salinis sermonem fieri.

¶ MARAGDENIS, f. pro Smaragdus, Litteræ ann. 1261. apud Rymer. tom. 1. pag. 730 : *Item duos baculos continentes sexaginta sex anulos cum Maragdenibus, etc.*

1. MARAGIUM, Palus, ex Gallico *Marais.* Charta ann. 1246. ex Tabular. Fossatensi fol. 39 : *Et Dimidium arpennum in Maragio, quod fuit patris sui ad* 3. *denarios de censu.* Vide *Mara* 1.

* Hinc forte *Gent Marage* appellatur natio, quæ in paludosis locis habitabat, in Poem. Alex. MS. part. 1 :

La furent assemblé icele gent Marage.

* 2. MARAGIUM, Materia lignea, materiatio, idem quod *Marcementum.* Charta ann. 1208. ex Chartul. Longivadi : *Sciendum est quod Maragium illud, quod in finagio Ulmaii capi non poterit, in nemoribus Longivadi capietur; et custæ et gravamina in commune solventur.* Vide in *Materia.*

¶ MARAGMA. Constitut. Frederici Reg. Sicil. cap. 116 : *Item quod procurent immunditias terrarum, Maragmatum et vinatium deferri, et ejici extra civitatem prædictam, ut est hactenus consuetum.*

MARAHWORFI. In Edicto Rotharis Reg. Longob. Titulus 11. [** cap. 32.] inscribitur *Marahworfi.* Mox sequitur : *Si quis hominem liberum de caballo in terram per quodlibet ingenium iniquo animo jactaverit, etc.* Ubi *Marah* est equus, *worfin* vero dejicere : quæ vox aliis ejusmodi adjungi solet, ut *wegworfin*, *rapoworfin*, *etc.* Vide *Merworphin.*

¶ MARALLUS, MARALUS. Vide *Merallus.*

¶ MARAN-ATHA, Voces Syriacæ, quæ *Dominus venit* significant. Imprecationis genus quod in chartarum infractores intentari solitum erat. Charta S. Amandi Tungrens. Episc. apud Miræum tom. 1. pag. 8 : *Si quis vero contradicere voluerit... sit anathema Maranatha, quod est perditio in adventu Domini nostri Jesu Christi.* Charta Guillelmi Alpherici pro Hospital. Hierosol. : *Si aliquis de heredibus nostris venerit et aliquid de dono suprascripto disrumpere voluerit, sit particeps cum Juda traditore in inferno et anathema Maranatha.* Concil. Toletan. III. inter Hisp. tom. 2. pag. 342 : *Cui hæc fides non placet aut non placuerit, sit anathema, Maranatha in adventum Domini nostri Jesu Christi.* Adde Bullam Alexandri II. PP. tom. 4. Annal. Bened. pag. 755. Append. Marcæ Hispan. col. 970. 997. 1065. Hist. Lothar. D. Calmeti tom. 1. col. 262. 340. etc. Vide Lex. Martinii et infra *Marani.*

MARANCIA, Dolor, qui concipitur ex aliquo damno, vox a *Marrire*, et *Marritio* deducta : unde postmodum traducta ad ipsas mulctas aut pœnas, quæ præ levioribus delictis, vel pro defectibus seu absentia irrogatur : nostris vulgo *Marance.* Charta ann. 1245. in Histor. Episcoporum Silvanect. pag. 454 : *Si pœna pecuniaria, quæ pro defectibus seu Maranciis, quæ in Ecclesia nostra statuta est, voluerit se liberare.* Consuetudines Ecclesiæ Rotomagensis : *Post hæc solent recitari Maranciæ, et offensæ diei, et horarum præcedentium, et ibi puniri.* Charta ann. 1247. in Histor. Monast. S. Mariæ Suession. pag. 459 : *Si infra primam Collectam venerint, Maranciam non facient.* Infra : *Qui vero Maranciam in officio majoris Missæ fecerit, duos denarios nigrorum de propria bursa persolvet.* Rursum : *Et nihilominus persolvet Diaconus Maranciam.* Ibidem : *In majori Missa pœna* 2. *denariorum incurrente contra eum, qui Maranciam fecerit convertendorum.* [Statuta Capituli Suession. cap. 28 : *S'ils font Marance, seront mulctez par l'advis du Chapitre.*] Statuta pro Ecclesia Abbavillensi ann. 1208. in Tabular. Episcopat. Ambian. fol. 31 : *Qui Maranchiam Missæ fecerit, de pœna* 6. *denarios solvat. Qui vero Maranchiam Evangelii vel Epistolæ fecit*, 4. *denar.* Adde fol. 134. et aliud Tabul. ejusd. Episc. fol. 40. v. [Instrum. ann. 1423. e Tabul. Audomar. : *Item super articulo de Marancis super quo D. Nicolaus le Bos vicarius Marancias commisisse dicebatur in officio suo, etc.* Statuta Capituli Tullens. ann. 1497. cap. 7 : *Et si qui percipiantur in navi deambulare, puniuntur Marancia.* Autissiodorenses dicunt, *Punir de marance*, vel *Marancer quelqu'un.*] Caton *en Roman* MS. :

Se par ta deserte as Maranche,
Souffrir le dois en patianche.

Alibi :

Il trouvera sans doutanche
Mainte cose qui fait Maranche.

MARANGO, et MARANGONUS, Ital. *Ma-*

rangone, Faber tignarius, Gall. *Charpentier*. Sanutus lib. 2. part. 4. cap. 15 : *Habendo etiam scribas, quos in exercitu esse decet ad scribenda et distribuenda victualia... atque Marangones lignaminis in magno numero.* Cap. 20 : *Expedit quod in qualibet prædictarum galearum foret semper unus Marangonus, et unus similiter calefatus.* Et infra : *In hominibus galearum, quibus stipendia erogari debent, recensentur Marangoni.*

* **MARANHATA**, ut *Maranatha*, in Charta ann. 955. inter Probat. tom. 2. Hist. Occit. col. 97.

MARANI, apud Hispanos Mauri appellari solent : de qua voce ita Joannes Mariana lib. 7. de Rebus Hispan. ubi de donatione Aurelii Regis Galleciæ in Hispania æræ 813. facta Monasterio : Est, inquit, ad memoriam insignis iis in litteris contenta execratio, *qua ejus donationis violator jubetur esse Anathema Marrano et excommunicatus*. Unde intelligitur, *Marani*, vocem vulgarem non a Mauris, quasi *Mauriani*, ut quidam suspicantur, factam in Italia Friderici Ænobarbi tempore cum Mauri plurimi fidem Christo datam in baptismo passim ejurata, quam susceperant religione, violarent; sed potius ex Syriaca voce *Maranatha* deductam, qua anathematis ignominia, execratioque in divinis litteris continetur. At secus sentit Scaliger de Emendatione temporum lib. 6. pag. 625. In verbis, inquit, Geographi Arabis fit mentio factionis *Maravanjun*. Sciant igitur studiosi, Abaz fuisse patruum Muhammedis; atque ejus progeniem et gentem dictam fuisse, dicique adhuc *Abazium*. Ad eos jus Chalifatus pertinebat, utpote qui propius sanguine Muhammedem attingerent. Sed *Marawan* quidam primus Chalifatum ab illa gente ad suos, qui *Maravanum* dicti sunt, transtulit per tyrannidem, eoque nomine omnibus Muhammedanis in odio est nomen *Marawanin* ad hanc usque diem. Vide *Marrones*.

* Steph. de Infestura MS. ubi de Innoc. VIII. PP. : *Innocentius traxit unam bullam contra quosdam Hispanos, Judæos vel hæreticos, vulgariter dictos Marani lingua Hispana.*

☞ Inde est, ut videtur, quod Itali proditores per antonomasiam *Maranos* vocant. Annal. Cæsenat. ad ann. 1304. apud Murator. tom. 14. col. 1125 : *Et die eadem fecit prædictos captos ligatos ducere, et contra castrum furcas figere, attestans eis, si non facerent, quod fratres qui erant intus, parerent mandatis Communis, poneret eos in furcis prædictis, in quibus Pater, qui morabatur in castro, cum Maranis vel proditoribus aliis, impendere eos videbat.*

¶ **MARANTIA**, pro *Marancia*, apud Johan. Abrinc. de Offic. eccles. pag. 100. edit. 1679.

* **MARANUS**, Ital. *Marana*, Navigii species. Raphanus de Caresinis in Chron. MS. ann. 1079 : *Passus S. Clementis et S. Spiritus Maranis et aliis navigiis obstrusus.* Occurrit in Histor. Obsid. Jadrensis ann. 1345. lib. 1. cap. 35. lib. 2. cap. 11. Sic forte appellata, quod *Maranorum*, seu Hispanorum primitus esset.

¶ **MARAPETINUS**. Vide *Marabotinus*.

* **MARASCACHIA**, Jus quod marescallo competit. Vide in *Marescalcus*. Chartul. S. Joan. Laudun. ch. 63 : *Causa quæ inter ecclesiam S. Johannis Laudunensis et Hermundum super Marascachia vertebatur..... Nichilominus abbas ei concessit prebendam unam ad equum suum singulis diebus, cum ferro et clavo et coria equorum, qui de setta sua morientur.*

¶ **MARASCALCUS**, MARASCALIA. Vide *Marescalcus*.

¶ **MARASCAUSIA**, Locus palustris, pascendis pecoribus aptus. Charta apud Lobinell. tom. 2. Histor. Britan. pag. 168 : *Concessit Frioldus Vicecomes ut in Marascausia XII. boves et equos et porcos nostros semper haberemus.*

* **MARASMODES**, *Ex ægritudine senectus*, in Gloss. ad Alex. Iatrosoph. MS. lib. 2. Passion. cap. 38 : *Hu, qui sicca et calida sunt natura, in febres hecticas et Marasmodes infirmitates incidant necesse est.* Vide *Marasmus*.

¶ **MARASMUS**, μαρασμός, Tabes, marcor, a Græco μαραίνω, Tabefacio, macero. Apud Medicos specialiter *Marasmus* est corruptio viventis corporis, quæ fit ob siccitatem. Ita Martinius.

MARATHUS. Thomas Eliensis Monachus in Vita S. Ethildritæ cap. 77 : *Accipientes sacculos Marathi, unde fuerat compta totius superficies pavimenti, etc.* [Melius apud Bolland. tom. 4. Junii pag. 521 : *Accipientes surculos Marathi, unde fuerat cooperta totius etc.*] Ubi viri docti *Marathum* herbæ speciem esse scribunt. [Fœniculum nempe, Gall. *Fenoüil*, cujus mentio fit apud Auctorem de Medicamine faciei inter Ovidii opera :

> Profuit et Marathos bene olentibus addere myrrhis;
> Quinque trahant Marathi scrupula, myrrha novem.]

MARATORIÆ BIGÆ. Lambertus Ardensis : *Rustici cum bigis Maratoriis et carris funariis* (forte *fimariis*) *calculos trahentes.* [Rectius apud Ludewig. tom. 8. Reliq. MSS. pag. 600 : *Rustici cum bigis Marlatoriis et curtis* (l. curris) *fimariis.* Est autem *Marlatoria biga*, currus species, quo in agris marga stercorandis utuntur agricolæ.]

* **MARATRUM**, *Feniculus, ut Macer : nos autem pro ipsius semine solum in usu habemus.* Glossar. medic. MS. Simon. Januens. ex Cod. reg. 6959. Glossar. Lat. Gall. ex Cod. reg. 7679 : *Maratrum, semence de fanoul.* Aliud Provinc. Lat. ex Cod. 7657 : *Fenolh, Prov. feniculum, Maratrum.* Vide *Marathus*.

* **MARAYDA**, Locus palustris, ut videtur, pascendis pecoribus aptus. Charta Otton. III. comit. Burgund. ann. 1195. inter Probat. tom. 1. Annal. Præmonst. col. 455 : *Mansum et pratum apud Vaner, Maraydas et terram apud Bombalum.* Vide *Marascausia*.

* **MARBONEUS**, *Uno heretico*, in Glossar. Lat. Ital. MS.

MARBOTINUS. Vide *Marabotinus*.

* **MARBRETUS**, Pannus ex filis diversi et varii coloris textus, nostris *Marbre* et *Marbre*. Vadia hospit. Rob. comit. Clarim. ann. 1295. apud Ludewig. tom. 12. Reliq. MSS. pag. 13. col. 2 : *Pro xiij. alnis Marbreti pro quatuor tunicis audacibus, pro quatuor pagiis, lviij. sol. vj. den.* Lit offic. Paris. ann. 1332. ex Tabul. S. Germ. Prat. : *Unum supertunicale de Marbreto, fourratum de bougre, cum capucio fourrato de eodem.* Hujus panni varias species memorat Comput. Steph. de Font. argent. reg. ann. 1351 : *Marbre verdelet, marbre vermeillet, marbre brousequin, marbre caignez, marbre acole, marbre de graine, marbre dosien.* Lit. remiss. ann. 1380. in Reg. 118. Chartoph. reg. ch. 233 : *Ysabeau de Dampnemarie... et Guillaume Huet... prindrent.... une cote de Marbre nuefve à femme.* Aliæ ann. 1397. in Reg. 153. ch. 74 : *Une cote hardie de Marbre caignet, fourrée de gros vair. Manbre*, in Stat. pro pannif. Commerc. Le Roman *de Garin :*

> Gilbert amoine mil chevaliers o lui,
> Piax ont de Marbre et bliaut de samis.

Vide *Marbrinus*.

¶ **MARBRINUS** PANNUS, Qui ex filis diversi et varii coloris textus. Statutum pro Draperiis Trecens. ann. 1360. tom. 3. Ordinat. Reg. Franc. pag. 414 : *Et si ne peut-on tiltre en estain qu'il soit prés, camelin ou Manbré, etc.* Melius ibid. pag. 416. art. 17 : *Et tous draps tixus de diverses laines, comme Marbrez ou camelins, etc.*

1. **MARCA**, MARCUS, Pondus, quod appendit bessem libræ regiæ, qua negotiatores et pigmentarii, et alii utuntur, omnesque omnino qui appensas merces venditant. Papias : *Marca dicitur pondus argenti unius libræ.* Melius Johan. de Janua : *Marca dicitur quoddam pondus, scilicet media libra.* Balbus in Catholico : *Marcha est quoddam pondus, scil. media libra, ut dicitur marcha argenti.* Chronicon Moguntinum : *Nota, quod auri libra habet duas Marchas auri.*

Apud nos igitur Marca duplicata libram efficit, quæ dividitur in 16. uncias; uncia vero subdividitur in octo drachmas, vel 24. scrupulos, seu denarios; drachma siquidem tribus constat denariis, et in 72. grana secatur, quorum 24. continet denarius. Quapropter uncia constat 576. granis, ut libra 9216. At auri examinatores, vulgo *Essaieurs*, examen tam accuratum instituunt in auri probanda bonitate, ut ipsum granum in 512. particulas dividant. Hæc ferme ex Budæo et Mersennio.

☞ *Marcæ* usum in ponderatione auri vel argenti ad tempora Philippi Augusti referunt nonnulli Scriptores. Antiquiorem esse merito observat D. *le Blanc* in Tract. de Monet. pag. mihi 150. atque sub Philippo I. inter ann. 1075. et 1093. cœpisse probat ex pluribus Chartis, quas piget hic exscribere. Ipsum consule.

Marcæ nomen Germanicum esse scribit Georg. Agricola lib. de Restituendis ponderibus pag. 243. Sane vetus est, ut quod habeatur in Charta Ædenulphi Regis Anglorum ann. 857. apud Doubletum pag. 786. et in Charta Caroli Crassi ann. 881. de Expeditione Romana. Adde Ughellum tom. 1. part. 1. pag. 391.

Vocis Etymon a veteri Germanico *Mark* accessit Joan. Stiernhookus lib. 1. de Jure Suenonum vetusto cap. 11. pag. 133. voce, quæ *signum* sonat, ut apud nos *marque*.

Quadruplicem autem Marcam obtinuisse in Gallia observo, Trecensem, Lemovicen sem, Turonensem, et Rupellensem, sive Anglicanam, pondere invicem diversas, ut habetur in Regesto Cameræ Computor. Paris. signato *Noster*, fol. 204. 205. ex quo sequentia descripsimus : *Ou royaume souloit avoir 4. marcs. C'est assavoir le Marc de Troyes, qui poise 14. sols 2. den. esterlins de poix. Le Marc de Limoges, qui poise 13. sols 3. ob. esterlins de poix. Le Marc den. de Tours, qui poise 12. sols 11. den. ob. esterlins de poix. Le Marc de la Rochelle, dit d'Angleterre, qui poise 13. s. 4. den. esterlins de poix. Par le Marc de la Rochelle, qui poise 13. s. 4. den. esterlins, toutes monnoies quelle qu'elles soient, se alouoient pour 12. den. d'argent fin de poix l'un comme l'autre : et tuit ensemble doivent faire et peser ledit marc, et chascun desdits 12. den. doit peser 24. grains. Chascun esterlin doit peser 3. den. ob. Tourn. et ainsi generalement doit estre Marc de Tournois selon le Marc de la Rochelle à 20. s. Tourn. et ainsi se ordonnent et haussent toutes les monnoies du monde selon le plus le moins, qui plus y met d'argent des devanditz 12. den. et le demourant du metail, si comme se l'en disoit Mailles petites Tournoises à 17. s. 6. den. au Marc de Troyes, qui est de Parisis. Et ledit Marc est plus grant de celuy de la Rochelle de 10. esterlins, qui doivent peser 30. ob. qui valent 2. s. 6. den. ainsi sont-il de 20. s. au Marc selon celuy de la Rochelle ; et furent faites telles petites Mailles l'an 1329. de 18. grains de loy argent le Roy.*

Marca Trecensis appendit 14. solidos 2. denarios esterlingos, ut est in laudato excerpto : nec in Gallia duntaxat, sed et in Germania, Anglia, Hispania, Flandria, et aliis Europæ Provinciis, in publicis præsertim commerciis, in usu fuit, et nominabatur. Quod inde evenisse putant, quod in Nundinis Campaniæ, seu Trecensibus, quibus nullæ in Europa celebriores et antiquiores existerunt, ejusmodi pondere mercatores uterentur. *Ponderis Trecensis* mentio fit in Epistola 224. ex Francicis, quæ exstant tom. 4. Hist. Franc. Duchesnii, et in Instit. Capituli gener. Cisterciens. dist. 7. cap. 3. quæ eadem videtur cum *Marca Regia*, seu *Marc le Roi*, in Chartis ann. 1306. et 1309. in Probat. Histor. Castilioneæ pag. 97. 162. ubi de monetis Comitum S. Pauli et Blesensis agitur.

* *Marca Trecena*, Eadem quæ *Trecensis*, in Charta Alfonsi comit. Tolos. ann. 1253. inter Probat. tom. 3. Hist. Occit. col. 492 : *Dicti simplices Tolosani debent deliberari de pondere xviij. solidorum, j. denarii, ad Marcham Trecenam.* Neque alia est quæ *de Triasta*, pro *Tricassa*, ni fallor, dicitur in alia Charta ann. 1251. ibid. col. 490 : *Quam fabricam dictæ monetæ faciendam ad legem et pondus et numerum Turonensium ; scilicet ad legem iiij. den. minus pogesia, et ad pondus xviij. sol. et j. den. pro marcha, ad Marcham de Triasta.*

Marca Lemovicensis appendit 13. solidos 3. obolos esterlingos, ut est in eod. Regesto.

Marca Turonensis, Ibidem, appendit solid. 11. denar. obol. esterlingos : ad marcam appendebantur monetæ Registrorum, et aliorum, quæ *Turonen-* appellabantur.

Marca Rupellensis, de qua supra diximus.

Marca Anglicana, Eadem quæ Rupellensis, et apud Matth. Paris ann. 1235. pag. 286. et Willelm. Thorn in Chron. pag. 2107. pro 13. solidis et 4. den. esterlingis computatur. At sub Henrico I. Rege videtur Marca fuisse tantum pondere 6. solidorum et unius denarii : ita enim in Legibus ejusdem Regis cap. 34 : *Si erga Comitem, 40. sol. erga Hundredum, 30. sol. et 5. den. qui faciunt 5. mancas, ut solidus denar. 12. computetur.* Est autem *Manca* idem quod *Marca*. Cap. 69 : *De Tihindi hominis* (occisi) *wera, debent reddi secundum Legem 30. solidi ad manbotam, idem hodie 5. Marcæ, de Thesindo, id est, Thaino, 120. sol. qui faciunt 20. Marcas.*

¶ Marca Sterlingorum, Eadem quæ *Anglicana*. Litteræ ann. 1286. apud Rymer. tom. 2. pag. 327 : *Noverit universitas vestra nos, nomine domini nostri Erici D. G. Regis Norwagiæ illustris... mutuo recepisse a magnifico Principe D. Edwardo... duo millia Marcarum novarum et legalium Sterlingorum in pecunia numerata, tresdecim solidis et quatuor denariis pro qualibet Marca computatis.*

¶ Marca et *Libra*, in Anglia unum et idem interdum sonat. Charta ann. 1296. apud eumdem Rymer. tom. 2. pag. 732 : *Cum nos concesserimus dilecto clerico nostro Gilberto... quamdam ecclesiam viginti Marcarum vel librarum valorem annuum attingentem.*

☞ Aliarum marcharum, sed infrequentioris usus, mentio fit in Charta Richardi Reg. Angl. et Norman. Ducis ann. 1158. ubi earumdem pretium assignatur : *Ita ordinatum est... quod Marca de Cadomo, Dunesensi, Perticensi, et Vendosilenci capiatur ad scacarium pro.* xiv. *solidis. et* ix. *denariis, et de Giungampn pro* xiii. *solidis et* ix. *denariis, et de Andegavensi pro* xv. *solidis Turonensibus.*

Marca Germanica videtur fuisse 20. solidorum, quot marca dicitur ponderare in Speculo Saxonico lib. 3. art. 45. § 3. In Chronico Laurishamensi pag. 95. dicuntur *talenta* 18. *et dimidium surgere in Marcas* 15. Jo. Hocsemius in Adolpho a Marka Episc. Leod. cap. 18 : *In provincia nostra Coloniensi uncia 20. sterlingos ponderat : sterlingus 36. vel circiter hordei grossi grana, sive speltæ, quæ apud nos communior est, et quasi æque ponderans, ad cujusmodi grana sterlingi pondus æquavi : octo vero unciæ Marcham adæquant : sed et Marcha quinquaginta quinque, pondus prædictorum Regalium æquipendit, etc.* Vide *Pondus Coloniense*, in *Pondus*.

De *Marca Danica*, hæc observat Petrus Resenius ad Jus Aulicum Canuti II. Regis pag. 703. aliam scilicet fuisse auri et argenti, aliam vero aliorum ponderum : marcam enim auri puri et argenti defecati 8. unciarum pondus habuisse, marcam vero aliorum ponderum, idem fuisse quod semis et sex uncias Romæ, etc.

Marca Hispanica, de qua sic Joannes Mariana libro de Ponder. et mensur. cap. 9: *Aurifices Marcum, hoc est, uncias octo auri quidem dividunt in Castellanos 50. quod genus ponderis et nummi est drachma majoris atque denario Romano. Castellanus in octo tomines dividitur : tomin in 12. grana. Argenti autem Marcum dividunt in uncias 8. unciam in totidem octavas sive drachmas, octavam in grana 75. sic Marcus argenti aurique eundem granorum numerum continet.* [Chronic. Barcinon. tom. 3. Concil. Hispan. pag. 544 : *Undecimo Kal. Maii anno* mccxiii. *fuit injunctum omnibus notariis Barcinonensibus, quod ponerent in Chartis Marcham argenti ad 48. solidos... Eodem anno fuit injunctum dictis notariis, quod ponerent in Chartis Marcham argenti ad 88. solidos.*]

¶ Marcha Curiæ Romanæ, Quæ sub Johanne XXII. PP. ann. 1322. erat 64. florenorum, in Dalphinatu vero 65. Charta ann. 1327. tom. 2. Hist. Dalphin. pag. 214 : *Videlicet florenos de viginti quatuor quaratis auri fini, et debeant intrare in Marcha Curiæ Romanæ sexaginta quinque de dictis florenis et non plures.*

Marca Ponderosa, nempe Germanica, appendit 26. solidos, ex Wichbild Magdeburg. art. 19. § 1.

☞ Hinc *Marc pesé*, apud nostrates Poetas, pro ea quæ ponderosior erat. Le Roman *de Partenopex* MS. :

Que s'il se fust bien porpensez
Nel feist por mile Marcs pesez.

Marc au grand pois vocat Le Roman *d'Athis* MS. :

Vingt mils Mars d'or au grant pois,
Et cent pailes, et cent orfrois.

Marca Slavonica, appendit 12. solid. Ita idem Wichbild Magdeburg. art. 44. § 3.

Marca Stendata, ad *stendardum* examinata. Charta ann. 1293. apud H. Meibomium ad Chronicon Mindense pag. 40 : *Pro 25. Marcis stendatis argenti, pro quo filiam fratris mei in suum collegium ad serviendum Deo receperunt.* Vide *Standardum*.

Etiamsi porro Marca solidis et denariis constiterit, non ideo cum Watsio existimandum videtur, Marcam fuisse nummum cusum ac signatum. Solidi enim et denarii, qui hic recensentur, pondera sunt, quæ nusquam mutabantur, quod de Marcæ argenti aut auri pretio dici non potest, quod pro libito Principum, minuebatur, aut crescebat, pro ratione pretii, quod monetæ imponebatur.

Aliud præterea fuit Marcæ auri aut argenti signati, aliud infecti pretium. Pluris enim semper valuit Marca signata, quam infecta idque propter *tractum*, ut Monetariorum voce utar, quo nomine intelligitur vectigal, quod Princeps ex unaquaque monetæ signatæ aut cusæ marca percipit. Cujus quidem marcæ infectæ pretium Princeps solet significare Magistris Generalibus Monetarum, quoties Monetam cudendam curat. Quod ut planum cuivis fiat, en propono exempla, ex Tabulariis publicis Curiæ Monetarum desumpta, quæ non minimum proderunt ad percipienda, quæ vulgo in horum temporum Diplomatibus et Chartis de Marcarum pretio circumferuntur.

☞ Hæc cum non minimæ utilitatis existimaverit D. Cangius, ejus vestigiis inhærentes, pretium marcæ aliius repetemus ex Cod. MS. Sangerman. manu accurata, ut videtur, descripto : unde etiam quæ addenda videbuntur iis quæ protulit D. Cangius, exscribere non pigebit.

Valor, in quo Marcha auri fuit temporibus infra scriptis, et formæ, cursus, leges, et ponderum Florenorum factorum ibidem.

¶ *A* 1. *Febr.* 1306. *usque ad* 15. *Maii* 1308. *fiebant* Parvi Regales *auri*, *cursus* 11. *sol. par. et dabantur pro Marcha auri puri* 48. *l. tur. quod usque ad diem Jovis ante* 15. *Aug.* 1310. *duravit.*

¶ *A dicta die ante* 15. *August.* 1310. *usque ad* 8. *Febr. ejusd. an. fiebant* Regales auri, *cursus* 24. *s. t. ad* 22. *karats auri puri, et dabantur pro Marcha auri* 33. *Regales* *pondetis* 33. *den.* ½ *auri ad marcam Paris.*

¶ *Ab* 8. *Febr.* 1310. *usque ad* 1. *Sept.* 1311. *fiebant* Agni *auri fini pond.* 59. *et* ⅙. *ad marcam Paris. cursus* 15. *sol. tur. et tunc varium fuit pretium Marchæ, scilicet* 57. *l.* 10. *sol. tur.* 57. *l.* 12. *sol. tur.* 54. *l.* 15. *sol. tur. et* 52. *l.* 10. *sol. tur.*

¶ *A* 1. *Sept.* 1311. *usque ad* 24. *Aug.* 1312. *fiebant* Agni *ponderis et cursus ut supra, Marchæ pretium etiam ut supra.*

¶ *A* 24. *Aug.* 1312. *usque ad vigiliam Paschæ* 1313. *fiebant* Agni *ponderis ut supra, cursus* 20. *sol. tur.* 1. *pro* 20. Burgensium, *et tunc varium fuit pretium Marchæ, scil.* 52. *l.* 10. *sol. tur.* 53. *l.* 54. *l.* 10. *sol. tur.* 57. *l.* 10. *sol.* 57. *l.* 12. *sol. tur. et* 58. *l.*

¶ *A dicta vigilia Paschæ* 1313. *usque ad* 7. *Maii* 1315. *fiebant* Agni *ponder. ut supra cursus* 15. *sol. tur. et dabantur ad Marcham* 53. *et* 58. *Agni.*

¶ *A* 6. *Maii* 1315. *usque ad* 23. *Jan.* 1319. *fiebant* Agni *ponderis et cursus ut supra, et dabantur ad Marcham* 53. *et* 57. *Agni.*

¶ *A* 23. *Jan.* 1319. *usque ad* 27. *Martii* 1323. *fiebant* Agni *ponderis et cursus ut supra, et dabantur ad Marcham* 53. 56. 57. *et* 58. *Agni.*

¶ *A* 27. *Martii* 1323. *usque ad* 16. *Febr.* 1325. *fiebant* Agni *ponderis et cursus ut supra, et dabantur ad Marcham* 54. 57. *et* 58. *Agni.*

¶ *A* 16. *Febr.* 1325. *usque ad* 20. *Sept.* 1330. *fiebant* Regales duplices *auri fini, pond.* 58. *ad marcam Par. et dabantur ad Marcham* 54. Regales, *cursus* 20. *sol. par. subinde varii pond. et cursus usque ad* 28. *sol.*

A 20. *Sept.* 1330. *usque ad* 9. *diem Jan.* 1331. *fiebant* Parisienses *auri fini, cursus* 20. *sol. par. pond.* 33. [*cum tribus quintis et*] *dabantur pro Marcha* 32. *peciæ auri cum duobus quintis valentes* 40. *l.* 10. *s.*

A 9. *Januar.* 1331. *usque ad* 24. *Januar.* [*vel* 1. *Febr.*] 1336. *fiebant* Regales *auri fini, cursus* 15. *sol. tur. ponderis* 66. *Regal. et dabantur pro Marcha auri fini Regales* 54. *valentes* 40. *l.* 10. *s. t.*

A 1. *Febr.* 1336. *usque ad* 1. *Febr.* 1337. *fiebant* Scuta *fina, cursus* 20. *sol. t. ponderis* 54. *scut. et dabantur pro Marcha auri* 50. *scuta valentes* 50. *lib. et* 51. *scuta versus finem dicti temporis valentes* 51. *l.* 10. *s. t.*

A 1. *Febr.* 1337. *usque ad* 11. *Septemb.* 1338. *fiebant* Scuta *ut supra, cursus, ponderis, ut supra, et dabantur pro Marcha auri in principio* 51. *l.* 10. *s. t. et postea* 52. *l. t.*

Ab 11. *Sept.* 1338. *usque ad* 14. *Novemb. postea fiebant* Scuta, *cursus et ponderis ut supra; et dabantur pro Marcha auri* 52. *l. t.*

A 14. *Novemb.* 1338. *usque ad* 7. *Jan. post fiebant* Leones *auri*, *cursus* 25. *sol. t. ponderis* 50. *et dabantur pro Marcha auri* 58. *l. t.*

A dicta 7. *Jan. usque ad* 25. *Maii* 1338. [leg. 1339.] Leones *ut supra, et dabantur pro Marcha auri* 60. *l.* 10. *s. t.* [Cod. MS. Sangerm. 59. *l.* 10. *sol. tur.*]

A dicta 25. *Maii* [1339.] *usque ad* 14. *Jun. post fiebant* Leones *ut supra. Marcha auri empta* 61. *l.* 10. *sol. tur.*

A 14. *Junii* 1339. *usque ad* 16. [Cod. Sangerman. 10.] *Augusti post fiebant* Papilliones *auri fini, cursus* 30. *sol. tur. ponderis* 48. *Marcha auri empta* 66. *l. t.*

A dicta 16. [10.] *August. usque ad* 17. *Decemb.* [Cod. Sangerm. 19. *Jan.*] *post* Leones [leg. Papilliones] *ut supra. Marcha auri empta* 69. *l. t.*

A dicta 17. *Decemb.* [Cod. Sangerman. *A* 20. *jun.*] 1339. *usque ad* 7. *Febr. post* Leones *ut supra. Marcha auri empta* 82. *l. t.*

A dicta 7. *Febr.* 1339. *usque ad* 20. *April.* 1340. [Cod. Sangerm. *usque ad* 6. *April. post, ante Pascha*] *fiebant* Coronæ *auri fini, cursus* 40. *sol. tur. ponderis* 45. *Marcha auri empta* 82. *l. t. et versus finem* 86. *l. tur.*

A dicto 20. *April.* [Cod. Sangerm. *A* 14. *Apr.*] 1340. *usque ad* 17. *Maii post fiebant* Duplices *auri fini, cursus* 60. *sol. tur. ponderis* 36. *Marcha auri empta* 95. *l. t.*

A dicta 7. *Maii* 1340. *usque ad* 27. *Julii post fiebant* Duplices *de* 23. *karatz auri fini cum uno karat temere, cursus et ponderis, ut supra. Marcha auri empta* 100. *l. t.*

A dicta 27. *Julii* 1340. *usque ad* 17. *Octob.* Duplices *ut supra, et ponderis ut supra. Marcha auri empta* 104. *l. t.*

A 17. *Octobr. usque ad* 7. *Februar. post* Duplices *ut supra, cursus et ponderis prout supra. Marcha auri empta* 108. *l. t.*

A dicta 7. *Febr.* 1340. *usque ad* 26. *Maii* 1341. *post fiebant* Angeli *fini, cursus* 75. *sol. tur. pond.* 33. *cum duobus tertiis. Marcha auri empta* 115. *l. t.*

A dicta 26. *Maii* 1341. *usque ad* 23. *Aug. post* Angeli, *legis, cursus et ponderis ut supra. Marcha auri empta ut supra.*

A dicta 23. *Augusti* 1341. *usque ad* 7. *Sept. post* Angeli *fini, cursus ut supra, ponderis* 38. *cum tertia unius. Marcha auri empta* 130. *l. t.*

A dicta 17. *Sept.* 1341. *usque ad* 19. *Januar. post* Angeli *legis, cursus et ponderis ut supra, Marcha auri empta* 130. *l. t.*

A 19. *Januarii* 1341. *usque ad* 28. *Junii* 1342. Angeli, *legis, cursus et ponderis ut supra. Marcha auri empta* 137. *l. t.* [Cod. Sangerm. 136. *l. t.*]

A dicta 28. *Junii* 1342. *usque ad* 1. *Aug. post* Angeli *fini, cursus* 4. *l.* 5. *s. t. ponderis* 42. *Marcha auri empta* 138. *l. t.*

A dicta 1. *Augusti* 1342. *usque ad* 16. *Sept. post* Angeli, *legis, cursus et ponderis ut supra. Marcha auri empta ut supra.*

A dicta 16. *Septemb.* 1342. *usque ad* 4. *April.* [Cod. Sangerm. 10. *Apr.*] *post* Angeli, *legis et ponderis ut supra. Marcha auri empta* 171. *l. t.*

A dicta 4. *Apr.* 1342. *usque ad* 25. *Sept.* 1343. *fiebant* Scuta *fina cursus* 20. *s. t. ponderis* 54. *Marcha auri empta* 52. *scuta auri.*

A dicta 25. *Septemb.* 1343. *usque ad* 1. *Novemb. post fiebant* Scuta *fina, cursus* 45. *s. t. ponderis ut supra. Marcha auri empta* 117. *l. t.*

☞ Cod. Sangerman. *A* 1. *April.* 1342. *usque ad* 1. *Jan.* 1343. *fiebant* Scuta *auri fini, pond.* 54. *cursus usque ad* 22. *Sept.* 56. 58. *et* 59. *sol. par. ad arbitrium populi. A* 22. *Septemb.* 1343. *cursus ex Ordinat. mediæ monetæ* 36. *sol. par. usque ad* 1. *Nov.* 1343. *et dabantur ad Marcham* 117. *l. tur.*

A dicta 1. *Novemb.* 1343. *usque ad* 27. *Martii* 1344. *fiebant* Scuta *fina, cursus* 16. *sol.* 8. *den. tur. ponderis* 54. *Marcha auri empta* 43. *l.* 6. *s.* 8. *d. t. vel* 52. *Scuta de prædictis.*

A dicta 27. *Martii* 1344. *usque ad* 20. *August.* [Cod. Sangerm. 17. *Julii*] 1346. *fiebant* Scuta, *legis, ponderis et cursus ut supra. Marcha auri empta* 44. *l.* 3. *s.* 4. *den. tur.*

A 14. *Julii* [Cod. Sangerm. 17. *Julii*] 1346. *usque ad* 3. *Martii post, non obstante, quod per aliquam portionem temporis fierent* Scuta *ut supra, fiebant etiam* Cathedræ *auri fini, cursus* 20. *sol. t.* [Cod. Sangerman. addit, *ex Ordinat. regiis, ex arbitrio vero populi cursus* 18. 19. 20. *et* 21. *sol. par.*] *pond.* 52. *Marcha auri empta* 52. *l. t.* [Cod. Sangerm. 50. *l. tur.*]

A 3. *Martii* 1346. *usque ad* 6. *April.* 1347. *fiebant* Cathedræ *ut supra, cursus* 30. *s. tur. ponderis ut supra. Marcha auri empta* 72. *l. t.*

A 7. *Aprilis* 1347. *usque ad* 25. *Septemb.* [Cod. Sangerm. 11. *Jan.*] *post fiebant* Cathedræ, *legis, ponderis et cursus, ut supra.* [Cod. Sangerm. *ex arbitrio populi cursus* 26. 28. 29. *et* 32. *sol. par.*] *Marcha auri empta* 75. *s. t.*

Item a 14. *April.* 1347. *usque ad* 10. *Julii post, non obstante, quod* Cathedræ *fierent, fiebant etiam* Scuta *fina, cursus* 16. *sol.* 8. *den. t. ponderis* 54. *Marcha auri empta* 52. *scuta fina valentes* 44. *l.* 3. *s.* 4. *den. t.*

A 25. *Sept. supra scripta videlicet* 1347. *usque ad* 8. *Jan. post, fiebant* Cathedræ *finæ, cursus* 30. *sol. t. ponderis* 52. *Marcha auri empta* 75. *l.*

A 26. [Cod. Sangerm. *Ab* 11.] *Jan. post, usque ad* 14. [Cod. Sangerm. 30.] *August.* 1348. *fiebant* Scuta *fina de* 23. *karats, cursus* 18. *sol.* 9. *den. turon. ponderis* 53. [Cod. Sangerm. 54.] *Marcha auri empta* 51. *l.* 10. *s. t.*

A 28. [Cod. Sangerman. *A* 30.] *Aug.* 1348. *usque ad* 26. [Cod. Sangerm. 12.] *Martii post, fiebant* Scuta *de* 22. *karats cum tribus quintis, cursus* [16. *sol. par.* ex Cod. Sangerm.] *et ponderis* 53. *ut supra.* [Cod. Sangerm. 54.] *Marcha auri empta* 51. *l.* 10. *s. t.*

A dicta 26. [Cod. Sangerm. 12.] *Martii* 1348. *usque ad* 22. *April.* [Cod. Sangerman. 23. *Maii*] 1349. *fiebant* Scuta *de* 22. *karats, cursus et ponderis ut supra.* [Cod. Sangerm. *cursus* 20. *sol. par. ex Ordinat. regiis,* 24. *sol. par. ex arbitrio populi, pond.* 54.] *Marcha auri empta* 51. *l.* 15. *s.* 3. *den. t.*

A dicta 22. *April.* 1349. *usque ad* 28. *Maii post fiebant* Scuta, *legis, cursus et ponderis ut supra. Marcha empta* 52. *l.* 15. *s.* 6. *den. t.*

A dicta 28. [Cod. Sangerm. 23.] *Maii*

1349. usque ad 3. [Cod Sangerm. 5.] Decemb. post fiebant Scuta de 20. karats, cursus et ponderis ut supra. Marcha auri empta 52. l. 1. s. 6. den. t.

A dicta 3. [Cod. Sangerm. 5.] Decembr. 1349. usque ad 21. Aug. [Cod. Sangerman. 23. April.] 1350. fiebant Scuta, legis, cursus et ponderis ut supra. [Cod. Sangerm. ex arbitrio populi cursus 25. sol. par. et 30. sol. par. an. 1350.] Marcha auri empta 53. l. turon.

¶ A 23. Apr. 1350. usque ad 1. Sept. post fiebant Scuta cursus et ponderis ut supra. Marcha auri empta 53. l. ex Cod. Sangerm.

A 4. [Cod. Sangerm. 1.] Septemb. 1350. usque ad 4. [Cod. Sangerman. 20.] Junii 1351. fiebant Scuta, legis, ponderis et cursus ut supra. Marcha auri empta 53. l. 18. s. 9. den. tur.

A dicta 4. Junii 1351. usque ad 20. ejusdem mensis, fiebant Scuta, legis, cursus et ponderis ut supra. Marcha auri empta 54. l. 17. s. 6. den. tur.

A dicta 20. Jun. 1351. usque ad 23. [Cod. Sangerm. 27.] Julii post fiebant Scuta de 20. karats cum dimidio, cursus et ponderis ut supra Marcha auri empta 54. l. 18. [Cod. Sangerm. 17.] s. 6. den. tur.

A dicta 23. Cod. Sangerm. 27.] Julii, 1351. usque ad 9. [Cod. Sangerm. 20.] Aug. post fiebant Scuta de 20. karats, cursus et ponderis ut supra. Marcha auri empta ut supra.

A dicta 9. [Cod. Sangerm. 20.] Augusti 1351. usque ad 23. ejusdem mensis. [Cod. Sangerman. 18. Sept. post.] fiebant Denarii auri fini ad flores lilii, cursus 40. sol. t. ponderis 50. Marcha auri empta 96. [** an 56 ?] l. turon.

A dicta 23. Aug. 1351. usque ad 24. Septembr. post fiebant Scuta de 20. karats, cursus 18. s. 9. d. t. ponderis 54. Marcha auri empta 56. l. 5. s. t.

A 23. Sept. 1351. usque ad 17. [Cod. Sangerm. 19.] Novemb. post, fiebant Scuta de 18. karats, cursus et ponderis 54. Marcha auri empta 58. l. 2. s. 6. den. t.

A dicta 17. [Cod Sangerman. 20.] Nov. 1351. usque ad 19. [Cod. Sangerm. 21.] April. 1352. post Pascha, fiebant Scuta, legis, cursus et ponderis ut supra. Marcha auri empta 60. l. t.

A dicta 19. [Cod. Sangerm. 21.] April. 1352. usque ad 12. [Cod. Sangerm. 18.] Janu. post fiebant Scuta ut supra. Marcha auri empta 60. l. 18. s. 9. den. turon.

A dicta 12. [Cod. Sangerm. 18.] Janu. 1352. usque ad 23. [Cod. Sangerm. 25.] Octobr. 1353. fiebant Scuta ut supra. Marcha auri empta 61. l. 17. s. 6. den. tur.

A dicta 24. [Cod. Sangerm. 25.] Octob. 1353. usque ad 15. Januar. [Cod. Sangerman. 24. Nov.] 1354. fiebant Scuta ut supra. Marcha auri empta 52. [Cod. Sangerm. 62.] l. 16. s. 3. den. tur. valentes 66. scuta.

A 15. Janu. [Cod. Sangerm. 24. Nov.] 1354. usque ad 1. [Cod. Sangerm. 3.] Junii 1355. fiebant Mutones fini, auri fini, cursus 25. s. t. ponderis 52. Marcha auri empta 60. l. tur.

A dicta 1. [Cod. Sangerm. 3.] Junii 1355. usque ad 16. [Cod. Sangerman. 19.] dicti mensis fiebant similiter Mutones fini, legis, cursus et ponderis ut supra. Marcha auri empta 61. l. 10. s. t.

A dicta 16. [Cod. Sangerm. 19.] Junii 1355. usque ad 25. [Cod. Sangerm. 23.] Januar. 1356. fiebant Mutones ut supra. Marcha auri empta 62. l. 10. s. tur.

A dicta 25. [Cod. Sangerman. 28.] Jan. 1356. usque ad ultimam Aug. 1358. fiebant Mutones ut supra. Marcha auri empta 63. l. 2. s. 6. den. t.

A dicta ult. Aug. 1358. usque ad 20. April. post, ante Pascha fiebant Regales fini, cursus 25. s. t. ponderis 66. Marcha auri empta 78. l. 15. s. t.

A dicta 20. April. usque ad 2. Junii 1359. fiebant Regales, cursus ut supra, ponderis 69. Marcha auri empta 80. l. 12. s. 6. den. t.

A dicta 2. Junii 1359. usque ad 9. [Cod. Sangerman. 12.] Januarii 1360. fiebant Regales, legis cursus et ponderis ut supra. Marcha auri empta 81. l. 5. s. t. valentes 65. Regales.

A dicta 9. [Cod. Sangerm. 12.] Januar. 1360. usque ad 13. Julii [Cod. Sangerm. 18. Aug.] 1363. fiebant Denarii auri fini, vocati Franci, cursus 20. sol. turon. ponderis 53. (Il faut 63. [comme au MS. cité] et peseroient 3. den. tres-fort.) Marcha auri empta 60. l. t.

A dicta 13. Julii [Cod. Sangerm. 18. Aug.] 1363. usque ad 29. Julii [Cod. Sangerm. 5. Aug.] 1364. fiebant Franci, cursus, legis et ponderis ut supra. Marcha auri empta 61. l. t.

A dicta 29. Julii 1364. usque ad 22. Apr. 1365. fiebant Franci ut supra. Marcha auri empta 62. l. t.

¶ A 5. Aug. 1364. usque ad 10. Septembr. post fiebant Regales auri fini, cursus 20. sol. tur. ponderis 63. et dabantur pro Marcha 62. l. tur.

¶ A 10. Sept. 1364. usque ad 5. Maii 1365. fiebant Franci auri puri ut supra, et dabantur pro Marcha 62. l. t.

¶ A dicta 5. Maii 1365. usque ad 30. Aug. 1368. fiebant Flores lilii, ponderis 64. cursus 20. sol. tur. et dabantur pro Marcha 62. l. 10. sol. tur.

¶ A 30. Aug. 1368. usque ad 12. Martii 1372. fiebant iidem Flores lilii, ejusd. pond. et dabantur pro Marcha 62. l. 18. sol. tur.

¶ A 12. Mart. 1372. usque ad 18. Martii 1384. fiebant iidem Flores, ponderis et cursus ut supra, et dabantur pro Marcha 63. l. 10. sol. tur.

A dicta 22. Aprilis 1365. usque ad 13. Martii 1384. fiebant Flores lilii auri fini, cursus 20. sol. t. ponderis 64. Marcha auri empta 62. l. 10. s. t.

A 13. Martii 1384. prædicta usque ad... fiebant Scuta auri fini, cursus 22. s. 6. den. t. pro pecia, ponderis 61. pro Marcha, et dabantur pro Marcha 65. l. 10. sol. tur.

¶ A 18. Martii 1384. usqbe ad 5. Sept. 1386. fiebant Scuta cum corona cursus 22. sol. 6. den. tur. ponderis 60. et dabantur pro Marcha 65. l. 10. s. t.

¶ A dicta 5. Septemb. 1386. usque ad 3. Martii 1387. fiebant eadem Scuta, cursus 22. sol. 6. den. tur. ponderis 60. et dabantur pro Marcha 66. l. t.

Ab 11. Martii 1387. publicata fuit Campsoribus Parisiensibus crescentia... in Marcha auri dando pro Marcha 66. l. 10. s. t.

Ordinatum fuit per Regem, quod per omnes Monetas suas fierent similia Scuta, quæ sunt 61. scutis cum uno tertio, pro Marcha, dando Mercatoribus et Campsoribus de qualibet Marcha auri fini 66. l. 10. sol. t. per Litteras Regias, datas 28. Febr. 1387.

¶ A 3. Martii 1387. usque ad 8. April. 1391. fiebane eadem Scuta cum corona, ponderis 61. et 1. tert. scuti, cursus 22. sol. 6. den. tur. et dabantur pro Marcha 66. l. 10. sol. tur.

¶ Ab 8. April. 1391. post Pascha usque ad 1. Apr. ante Pascha 1392. fiebant eadem Scuta ejusd. cursus, pond. 61. et 1. tert. den. et dabantur pro Marcha 67. l. turon.

¶ A 1. April. 1392. ante Pascha, quo die publicata fuit Campsoribus Parisiens. crescentia, usque ad 28. Aug. 1394. fiebant eadem Scuta, cursus et ponderis ut supra, et dabantur pro Marcha 67. l. 10. sol. tur.

¶ A 28. Augusti 1394. usque ad 5. Nov. 1411. fiebant eadem Scuta ponderis 62. et dabantur pro Marcha 68. l. 6. sol. tur. et tunc publicata fuit Campsoribus Paris. crescentia.

¶ A 5. Nov. 1411. qua iterum publicata Campsoribus Paris. crescentia, usque ad 5. Martii post fiebant eadem Scuta, cursus 22. sol. 6. den. tur. ponderis 64. et dabantur pro Marcha 70. l. tur.

¶ A 5. Martii 1411. usque ad 11. Oct. 1415. fiebant eadem Scuta ponderis et cursus ut supra, et dabantur pro Marcha 70. l. 15. sol. tur.

¶ A 3. Julii 1413. usque ad 11. Oct. 1415. fiebant Scuta cum corona cursus 15. solid. turon. ponderis 96. et dabantur pro Marcha 70. l. 15. sol. cum grano.

¶ Ab 11. Oct. 1415. usque ad 10. Maii 1417. fiebant parva Scuta cum corona cursus et ponderis ut supra, et dabantur pro Marcha 72. l. tur.

¶ A 10. Maii 1417. usque ad 21. Octob. post fiebant Mutones ad 23. karats, cursus 20. sol. tur. ponderis 96. et dabantur pro Marcha 92. l. tur.

¶ A 21. Oct. 1417. usque ad 17. Jun. 1418. fiebant Scuta galeata cum tribus liliis ad 22. karats, cursus 40. sol. ponderis 48. et dabantur pro Marcha 92. l. t. Item fiebant Mutones ejusdem tituli, ponderis 96. cursus 20. sol. tur.

¶ A 17. Junii 1418. usque ad 18. Jun. 1419. fiebant eadem Scuta parva et magna, ponderis et tituli ut supra, et dabantur pro Marcha 94. l. tur.

¶ 7. Martii 1418. ordinatum fuit ut in moneta Tornac. fierent Scuta cum corona cursus 30. sol. tur. ad 23. karats, ponderis 67. et dabantur pro Marcha 103. lib. tur.

¶ 18. Jun. 1419. usque ad 2. Martii post fiebant Mutones ad 22. karats, cursus 30. sol. ponderis 96. et dabantur pro Marcha 144. l. tur.

¶ A 2. Mart. 1419. usque ad 11. Aug. 1421. fiebant Scuta cum corona ad 23. karats ponderis 67. cursus 60. sol. tur. et dabantur pro Marcha 171. lib. 13. sol. 4. den. tur.

¶ Ab 11. Aug. 1421. usque ad 6. Febr. 1422. fiebant Salutes ad $\frac{1}{8}$ karat remedii, ponder. 63. cursus 25. sol. tur. Item Semisses eorumdem cursus 12. sol. 6. den. ponderis

126. *et dabantur pro Marcha* 76. *l.* 5. *sol. tur.*

¶ *A* 6. *Febr.* 1422. *usque ad* 4. *Jun.* 1423. *fiebant* Salutes *ad* 1. *quart. karat remedii cum scutis Franciæ et Angliæ, ponderis* 63. *cursus* 25. *sol. tur. et dabantur pro Marcha* 76. *l.* 5. *sol. tur.*

¶ 4. *Junii* 1423. *ordinatum ut fierent* Salutes *ut supra, et dabantur pro Marcha* 77. *l.* 10. *sol. tur.*

¶ *A* 6. *Sept.* 1423. *usque ad... fiebant* Salutes *cum scutis Franciæ et Angliæ ad* 1. *quart. karat remedii, cursus* 22. *sol.* 6. *den. ponderis* 70. *et dabantur pro Marcha* 78. *l. tur.*

¶ *A* 24. *Maii* 1427. *fiebant* Angeli *auri fini, quorum* 3. *valebant* 2. Salutes, *et dabantur pro Marcha* 78. *lib. tur. ut supra.*

¶ *A* 28. *Jan.* 1435. *usque ad.... fiebant* Scuta *cum corona et duobus liliis coronatis quæ scuti latera ambiunt, ad* 1. *quart. karat remedii, ponderis* 70. *cursus* 25. *sol. tur. et dabantur pro Marcha* 86. *lib.* 5. *sol. turon.*

¶ 26. *April.* 1438. *fiebant* Semi-Scuta *auri fini de* 1. *quart. karat remedii, pond.* 140. *ad Marcham.*

¶ *Ordinatum fuit per Regem Litteris datis* 19. *Nov.* 1443. *ut Campsores et Mercatores darent pro Marcha* 69. $\frac{1}{2}$ *scuta, id est,* 86. *l.* 17. *sol.* 6. *den. tur. valente scuto* 25. *s. tur.*

¶ *Litteris* 12. *Aug.* 1445. *ordinatum fuit ut fierent* Scuta *de* 23. *karats* $\frac{3}{4}$ *cum* 1. *quart. karat remedii, ponderis* 70. $\frac{1}{2}$ *et semiscuta ejusdem tituli ponderis* 140. *et dabantur Campsoribus et Mercatoribus pro Marcha* 70. $\frac{1}{2}$ *scuta, i. e.* 88. *l.* 2. *sol.* 6. *den. tur. ad rationem* 25. *s. quolibet scuto.*

¶ *Litteris* 20. *Januar.* 1446. *facta* Scuta *de* 23 *karats* $\frac{1}{2}$ *cum* $\frac{1}{2}$ *karat remedii, ponderis* 70. $\frac{1}{2}$ *cursus* 27. *sol.* 6. *den. tur. et Semiscuta tituli et remedii ut supra, ponderis* 140. *cursus* 13. *sol.* 9. *den. et dabantur pro Marcha* 71. *scuta et* $\frac{1}{11}$ *scuti, i. e.* 97. *l.* 15. *sol. tur.*

¶ *Litteris* 26. *Maii* 1447. *facta* Scuta *de* 23. *karats et* 3. *quart. cum* 1. *quart. remedii, ponderis* 70. $\frac{1}{2}$ *cursus ut supra, et dabantur pro Marcha* 97. *l.* 5. *sol.* 7. *den. ob.*

¶ *Litteris* 18. *Maii* 1450. *facta* Scuta *de* 23. *karats et* $\frac{1}{8}$ *cum* $\frac{1}{8}$ *karat remedii, ponderis* 70. $\frac{1}{2}$ *cursus* 27. *s.* 6. *den. tur. et dabantur pro Marcha* 99. *l. tur.*

¶ *Litteris* 16. *Jun.* 1455. *facta* Scuta *tituli remedii, et cursus ut supra, et dabantur pro Marcha* 100. *lib. tur.*

¶ *Litteris* 4. *Jan.* 1423. *facta* Scuta *tituli et remedii ut supra, cursus* 30. *sol.* 3. *den. tur. et dabantur pro Marcha* 110. *l. tur.*

¶ *Litteris* 2. *Nov.* 1475. *facta* Scuta *cum sole de* 23. *karats et* $\frac{1}{8}$ *cum* $\frac{1}{8}$ *karat remedii, ponderis* 70. *cursus de* 30. *sol. tur. et dabantur pro Marcha* 118. *l.* 10. *sol. tur.*

¶ *Litteris* 24. *April.* 1488. *facta* Scuta *ut supra, cursus* 36. *sol.* 3. *den. tur. et dabantur pro Marcha* 130. *l.* 3. *sol.* 4. *den. tur.*

¶ *Litteris* 19. *Nov.* 1507. *facta* Scuta *cum histrice, tituli, remedii, ponderis et cursus ut supra, et Marcha empta ut supra.*

Valor Marchæ argenti.

A die Martis ante Carnisprivium 1288. *usque ad S. Vincentium* 1294. *eo usque ad Pascha* 1295. *valuit Marcha argenti* 3. *l.* 8. *gross.* 58. *sol. tur.*
Ad Pascha 1295. *valuit* 61. *s. t.*
Ad Trinitatem 1296. 66. *s. t.*
Ad Nativitatem post 68. *s. t.*
Martis ante S. Martinum æstivalem 1297. 78. *s. t.*
Ad Pentecostes 1299. 4. *l.* 5. *s. t.*
Ad Pascha 1300. 4. *l.* 5. *s. t.*
Ad S. Georgium 1302. 4. *l.* 8. *s. t.*

[☞ A die Martis ante S. Martinum æstivalem 1397. hucusque in statuendis Marcæ argenti pretiis differunt ab allatis Cod. Sangerm. et Regest. Cameræ Comput. in Bibl. regia asservatum n. 8405.
Ad S. Martinum æstivalem 1297. 70. *s. t.*
Ad Pentecostes 1298. 75. *s. t.*
Ad Pentecostes 1299. 78. *s. t.*
Dominica post S. Dionys. 1299 4. *l.* 5. *s. t.*
Ad S. Georgium 1302. 4. *l.* 5. *s. t.*]
Martis ante Brandones 1302. 104. *s. t.*
Ad S. Bartholomæum 1303. 6. *l. t.*
Ad Ascensionem 1304. 6. *l.* 5. *s. t.*
Ad S. Joannem post 6. *l.* 12. [14.] *s. t.*
8. *Sept. post* 6. *l.* 15. *s. t.*
13. *Decemb. post* 7. *l.* 5. *s. t.*
1. *Martii* 1304. 7. *l.* 10. *s. t.*
Ad Pascha 1305. *et usque ad Pascha* 1306. *et a dicta die usque ad* 8. *Septemb.* 51. *grossos Turonenses, quos de* 3. *sol.* 4. *den. vall.* 8. *l.* 10. *s. t.*
8. *Septemb. post usque ad* 14. *April.* 1308. *exclusive* 55. *s.* 6. *d. t.*
14. *April.* 1308. 70. *s. t.*
20. *Januar.* 1310. 75. *s. t.*
19. *Septemb.* 1313. 54. *s. t.*
1. *Martii* 1317. 67. *s.* 6. *d. t.*
7. *Maii* 1322. 4. *l. t.*
24. *Julii* 1326. 4. *l.* 10. *s. t.*
20. *Januar. post* 100. *s. t.*
8. *Januar.* 1327. 108. *s. t.*
7. *Novemb.* 1328. 111. *s. t.*
26. *Decemb.* 1329. 4. *l.* 4. *s. t.*
9. *April.* 1330. 55. *s.* 6. *d. t.*
9. *Januar.* 1331. 57. *s.* 6. *d. t.*
Et fuit chomagium a 20. *Martii* 1334. *usque ad* 13. *Febr.* 1336. *et tunc valebat Marcha argenti supra magnum Pontem* 4. *Regales, qui a* 13. *sol. par. pecia regali valebant* 52. *sol. par. qui valebant* 65. *s. t.*
13. *Febr.* 1336. 72. *s.* 6. *d. t.*
1. *Febr.* 1337. 76. *s. t.*
17. *Febr. post* 4. *l. t.*

Pascha 1338.

Tunc 4. *l. t.*
19. *Decembr.* 1338. 4. *l.* 16. *s. t.*
4. *Januar.* 100. *s. t.*

Pascha 1339.

Tunc 100. *s. t.*
19. *Augusti post* 105. *s. t.*
8. *Febr. tunc* 6. *l.* 15. *s. t.*

Pascha 1340.

Tunc 6. *l.* 15. *s. t.*
Prima Augusti post 7. *l. t.*
3. *Decemb.* 7. *l.* 15. *s. t.*
13. *Febr.* 9. *l.* 4. *s. t.*

Pascha 1341.

Tunc 9. *l.* 4. *s. t.*
24. *Maii* 9. *l.* 12. *s. t.*
18. *Augusti* 10. *l. t.*
13. *Decemb.* 10. *l.* 10. *s. t.*
10. *Martii* 11. *l. t.*

Pascha 1342.

Tunc 11. *l. t.*
Ult. Junii tunc 12. *l.* 10. *s. t.*
7. *Febr. tunc* 13. *l. t.*
9. *April.* 13. *l.* 10. *s. t.*

Pascha 1343.

Tunc 13. *l.* 10. *s. t.*
22. *Sept. post* 10. *l.* 12. *s. t.*
28. *Octob.* 64. *s. t.*

Pascha 1344.

Tunc 64. *s. t.*
16. *Febr. post* 68. *s. t.*

Pascha 1345.

Tunc 68. *s. t.*
9. *April. tunc* 70. *s.* 6. *d. t.*

Pascha 1346.

Tunc 70. *s.* 6. *d. t.*
16. *Junii tunc* 4. *l.* 10. *s. t.*
24. *Januar. tunc* 100. *s. t.*
4. *die Martii post* 6. *l.* 15. *s. t.*

Pascha 1347.

Tunc 6. *l.* 15. *s. t.*
23. *Junii tunc* 7. *l.* 10. *s. t.*
13. *Januar. post* 4. *l.* 16. *s. t.*

Pascha 1348.

Tunc 4. *l.* 16. *s. t.*
Ult. Augusti 100. *s. t.*
2. *Decemb.* 100. *s. t.*
Ult. Decemb. 6. *l. t.*

Pascha 1349.

Tunc 6. *l. t.*
12. *Maii tunc* 6. *l.* 8. *s. t.*
7. *Augusti* 6. *l.* 15. *s. t.*
8. *Decemb.* 7. *l.* 2. *s. t.*
29. *Januar.* 7. *l.* 10. *s. t.*

Pascha 1350.

Tunc 7. *l.* 10. *s.*
26. *April.* 4. *l.* 15. *s.*
11. *Augusti* 100. *s. t.*
26. *Aug.* 105. *s. t.*
28. *Novembr.* 112. *s.*
5. *Febr.* 6. *l. t.*
7. *Martii* 6. *l.* 8. *s. t.*
25. *Martii* 6. *l.* 8. *s. t.*

Pascha 1351. 17. April.

Tunc 6. *l.* 8. *s. t.*
Ult. Junii 7. *l.* 8. *s. t.*
17. *Aug.* 8. *l.* 10. *s. t.*
12. *Sept. post* 9. *l.* 10. *s. t.*
16. *Decemb. tunc* 10. *l. t.*
15. *Januar.* 11. *l. t.*
21. *Febr.* 4. *l.* 5. *s. t.*
27. *Mart.* 4. *l.* 16. *s. t.*

Pascha 1352. 8. April.

2. *Junii* 104. *s. t.*
24. *Julii* 12. *s. t.*
16. *Aug.* 6. *l. t.*
24. *Octob.* 6. *l.* 8. *s. t.*
24. *Novemb.* 7. *l.* 10. *s. t.*
24 *Decemb.* 8. *l.* 10. *s. t.*
7. *Febr.* 9. *l.* 4. *s. t.*

Pascha 1353. 24. Martii.

Die 19. *April.* 11. *l. t.*
30. *Julii* 11 *l.* 15. *s. t.*
28. *Aug.* 12. *l.* 15. *s. t.*
13. *Nov.* 4. *l.* 10. *s. t.*
10. *Febr.* 100. *s. t.*
27. *Martii* 110. *s. t.*
12. *April.* 6. *l.* 5. *s. t.*

Pascha 1354. 13. April.

Die 24. *Maii* 13. *l.* 10. *s. t.*
26. *Maii* 9. *l.* 2. *s. t.*
5. *Julii* 10. *l.* 12. *s. t.*
6. *Septemb.* 11. *l.* 8. *s. t.*
24. *Novemb.* 4. *l.* 4. *s. t.*
21. *Januar.* 4. *l.* 12. *s. t.*
26. *Januar.* 4. *l.* 16. *s. t.*

4. *April.*	106. *s. t.*
Pascha 1355. 5. April.	
Tunc	106. *s. t.*
20. *Maii*	6. *l.* 10. *s. t.*
6. *Julii*	7. *l.* 10. *s. t.*
14. *Julii*	10. *l. t.*
26. *Aug.*	11. *l. t.*
25. *Sept.*	12. *l.* 10. *s. t.*
17. *Oct.*	14. *l. t.*
9. *Novemb.*	16. *l. t.*
6. *Decemb.*	18. *l. t.*
2. *Januar.*	4. *l.* 15. *s. t.*
Pascha 1356. 24. April.	
Tunc	4. *l.* 10. *s. t.*
10. *Aug.*	6. *l.* 10. *s. t.*
18. *Sept.*	7. *l.* 5. *s. t.*
27. *Oct.*	8. *l.* 10. *s. t.*
9. *Decemb.*	10. *l. t.*
10. *Januar.*	10. *l.* 10. *s. t.*
20. *Febr.*	11. *l.* 10. *s. t.*
4. *Martii*	13. *l. t.*
26. *Martii*	6. *l.* 10. *s. t.*
Pascha 1357. 9. April.	
Tunc	6. *l.* 10. *s. t.*
27. *Januar.*	8. *l.* 10. *s. t.*
Pascha 1358.	
Tunc	8. *l.* 10. *s. t.*
1. *Maii*	10. *l. t.*
1. *Julii*	12. *l. t.*
24. *Julii*	14. *l. t.*
1. *Sept.*	7. *l.* 15. *s. t.*
21. *Octob.*	7. *l. t.*
13. *Novemb.*	8. *l. t.*
6. *Decemb.*	9. *l.* 10. *s. t.*
9. *Febr.*	7. *l. t.*
27. *Martii*	7. *l.* 10. *s. t.*
Pascha 1359.	
Tunc	7. *l.* 10. *s. t.*
3. *Maii*	9. *l. t.*
9. *Julii*	12. *l. t.*
Ult. Julii	16. *l.* 14. *s. t.*
8. *Septemb.*	22. *l.* 3. *s. t.*
19. *Octob.*	29. *l.* 8. *s. t.*
23. *Novemb.*	15. *l. t.*
19. *Decemb.*	18. *l.* 8. *s.* 6. *d. t.*
Ult. Decemb.	23. *l.* 12. *s.* 6. *d. t.*
21. *Januar.*	24. *l.* 9. *s.* 4. *d. t.*
10. *Febr.*	42. *l. t.*
25. *Febr.*	52. *l.* 17. *s.* 6. *d. t.*
3. *Martii*	72. *l.* 16. *s. t.*
18. *Martii*	102. *l. t.*
24. *Martii*	11. *l. t.*
Pascha 1360. 6. April.	
28. *Martii*	11. *l. t.*
6. *Junii*	7. *l. t.*
29. *Junii*	10. *l.* 10. *s. t.*
6. *Aug.*	15. *l. t.*
16. *Aug.*	17. *l. t.*
26. *Aug.*	18. *l.* 10. *s. t.*
13. *Septemb.*	7. *l. t.*
3. *Novemb.*	8. *l. t.*
19. *Novemb.*	9. *l. t.*
12. *Decemb.*	4. *l.* 18. *s. t.*
25. *Martii tunc*	100. *s. t.*
Pascha 1361. 26. Martii.	
Die 24. *April. tunc*	4. *l.* 5. *s. t.*

Et fuit Marcha argenti ad hoc pretium sine mutatione abhinc usque ad 5. [*Maii* 1365. *et dicta* 5. *die Maii* 1365. *valuit* 100. *s. t.*

Et fuit Marcha argenti ad hoc pretium usque ad 11. *Martii* 1384. *qua ordinata fuit moneta* 25. *usque ad ultimam Octobris* 1389. *exclusive, fiebant* Albi Denarii ad Scutum, *cursus* 10. *den. t. ad* 6. *den. legis et ponderis* 6. *sol.* 3. *den. in Marcha. Et fuit empta Marcha argenti albi* 106. *s. t.*

Nigri usque ad 28. *Octob.* 1385. *et adhuc usque ad ult. Oct.* 1389. 112. *s. t.*

Et ab ult. Oct. 1389. *incepta fuit moneta* 27. *usque ad* 7. *April.* 1311. *Post Pascha fiebant similes* Albi, *et magni et parvi, ad* 5. *den.* 12. *gr. legis et ponderis* 6. *sol.* 2. *den. cum quarto. Marcha argenti albi empta* 6. *l. t.*

A dicta 8. *die April.* 1391. *usque ad* 26. *Octobr.* 1411. *fiebant similes* Albi, *ejusdem legis et ponderis. Marcha argenti albi empta* 6. *l.* 5. *s. t.*

Et in Nigro 6. *l.* 8. *s. t.*

Et 30. *Octob.* 1412. *usque ad* 7. *Jun.* 1412. (sic) *fiebant similes* Albi, *magni et parvi, ejusdem legis et ponderis. Marcha in Albo* 7. *l. t.*

Et in Nigro 6. *l.* 13. *s. t.*

Et a 7. *die Januar.* 1413. *inclusive, qua die suscepta fuit moneta* 39. *usque ad* 3. *Novemb. post, fiebant* Denarii, *vocati* Grossi Argenti, *cursus* 20. *den. t. ad* 11. *den.* 16. *gran. legis, ponderis* 7 *s. et* 7. *duodecimis de Denariis. Et valuit Marcha argenti tam albi, quam nigri,* 7. *l. t.*

Et a dicta die 3. *Nov.* 1413. *usque ad* 4. *Junii* 1414. *fiebant* Albi Grossi *ejusdem cursus ad* 9. *denar. legis, ponderis* 5. *sol.* 5. *den. cum quarto. Et valuit Marcha argenti albi et nigri* 7. *l. t.*

Et a 4. *die Junii* 1414. *usque ad* 10. *Maii* 1417. *fiebant* Albi *de* 10. *den. t. ad* 5. *den. legis, ponderis* 6. *sol.* 8. *den. Et valuit Marcha argenti albi* 7. *l.* 2. *s. t.*

Et a dicta 10. *die Maii* 1417. *usque ad* 21. *Octob. post exclusive fiebant* Grossi Denarii *de* 20. *den. t. ad* 8. *den. legis, ponderis* 6. *s.* 8. *d. Et dabantur pro Marcha argenti albi et nigri* 8. *l. t.*

Et 21. *Octob.* 1417. *qua incepta fuit moneta* 60. *usque ad* 28. *Maii* 1418. *inclusive, fiebant* Grossi *consimiles de* 5. *den.* 8. *gran. legis, ponderis* 6. *s.* 8. *den. Marcha argenti albi et nigri empta* 9. *l. t.*

Et a dicta 28. *die Maii* 1418. *usque ad* 19. *Januarii sequentis fiebant* Albi *ut supra, magni et parvi, diversorum legis et ponderis. Marcha argenti albi empta* 12. *l.* 10. *s. t.*

Et tamen quamvis dicat ejusdem legis, intelligendum est, quod dicti Albi *sunt de* 2. *den.* 16. *granis legis, quod est medietas.*

Et 10. *die Januarii* 1418. *usque ad* 7. *Martii post fiebant consimiles* Grossi *ut supra*, et Albi, *parvi et magni, diversorum legis et ponderis. Et dabantur Parisiis solum usque ad* 8. *mille Marchas pro Marcha argenti albi* 10. *l. t.*

Intelligendum est tamen, quod Albi *sunt de medietate legis dictæ.*

Et a 7. *Martii* 1418. *qua incepta fuit moneta* 96. *usque ad* 9. *April.* 1420. *post Pascha, fiebant* Grossi *ejusdem cursus et ponderis, ad* 3. *den.* 8. *gr. legis. Marcha argenti tam albi quam nigri, empta* 16. *l.* 10. *s. t.*

Et a 9. *April.* 1420. *post Pascha, usque ad* 6. *Maii sequentis, fiebant consimiles* Grossi *ejusdem cursus, legis et ponderis. Marcha argenti albi empta* 18. *l. t.*

Et a 6. *Maii* 1420. *qua incœpta fuit moneta nova* 160. *usque ad* 11. *diem Febr. post, fiebant* Parisienses Grossi *de* 20. *den. tur. ad* 2. *den.* 12. *gran. legis, ponderis* 8. *s.* 4. *den. Marcha argenti empta* 26. *l. t.*

Et ab 11. *die Febr.* 1420. *usque ad* 11. *Aug.* 1421. *fiebant consimiles* Grossi *ejusdem cursus, legis et ponderis. Marcha argenti empta* 28. *l. t.*

Qui quidem Grossi *habuerunt usque ad* 31. *diem Nov. post exclusive, qua die proclamata fuit moneta nova, de qua in parte sequenti habetur mentio. Quapropter avaluationes debent fieri usque ad dictam* 3. *Novemb. pretio* 28. *l. t. pro Marcha, prout cavetur in Apunctamento in parte sequenti facto.*

Et ab 11. *die Aug.* 1421. *prædicta usque ad* 23. *Nov.* 1422. *fiebant* Albi denarii, *vocati* Duplices Turoni, *cursus* 2. *t. d. ad* 1. *d.* 12. *gr. legis, ponderis* 9. *s.* 4. *d. cum dimidio: et similiter fiebant alii* Albi Denarii *parvi ejusdem legis, cursus* 1. *d. t. ponderis* 18. *s.* 9. *den. Marcha argenti empta* 6. *l.* 3. *s. t.*

Et 3. *die Novemb. prædicta* 1421. *publicatæ fuerunt dictæ Monetæ* Duplicium *et* Parvorum Turonorum : *et ideo habito respectu, Litteris Regis super facta avaluationum confectis, apunctuatum fuit, et deliberatum in Camera Compotorum ultima Januarii sequentis per Gentes Consilii Regis, in qua erant Generales Magistri Monetarum, quod avaluationes fiant pretio* 6. *l.* 3. *s. t. pro Marcha, incipiendo et computando a dicta* 3. *Novemb. qua die dictæ monetæ pro dando iis cursum, fuerunt, ut dictum est, publicatæ.*

Et 23. *Nov.* 1422. *usque ad* 4. *Junii fiebant* Albi Denarii ad duo Scuta, *unum ad Arma Franciæ, et aliud ad Arma Angliæ; cursus* 1. *den. t. ad* 5. *denar. legis, ponderis* 6. *s.* 3. *den. pro Marcha. Parisiis Marcha argenti empta* 6. *l.* 15. *s. t.*

Et 6. *die Sept.* 1423. *post prandium fuerunt proclamat. dicti* Duplices *allocarii sex pro quinque, valentes* 8. *denar. par.*

Et dicta 4 *Junii usque ad.... fiebant similes* Albi Denarii *ejusdem legis, cursus et ponderis, virtute Litterarum Regiarum, datarum dicta* 4. *die. Marcha argenti empta* 6. *l.* 18. *s. t.*

* Cum rei monetariæ cognitio, nonnullis haud ingrata, pluribusque controversiis et litibus dirimendis utilissima, a notitia pretii marcæ præsertim pendeat, hæc ad illustranda, quæ supra in hanc rem proferuntur, exscribenda duximus ex Reg. B. Cam. Comput. Paris. fol. 105. v°. : *Le marc d'or valu du* 1. *Jan.* 1336. *jusques au* 1. *Fev.* 1337. 50. *l. Tour. et du* 1. *Fev.* 1337. *jusques au* 14. *Nov.* 1338. *valu le marc d'or* 52. *l. Tour.*

* 1. *Fev.* 1337. *donna l'en* 3. *s.* 6. *d. Tour. de creue au marc d'argent, et parmi ce fu* 76. *s. Tour. par marc; mais il n'y ot point de lettre du roy de ceste creue, fors seulement les lettres closes de noss. des Comptes, qui les envoierent par les monnoies où elle fu faite:*

* 18. *Fev.* 1337. *donna l'en.* 4. *s. Tour. de creue au marc d'argent, et parmi ce fu* 4. *l. Tour. pour marc d'argent.*

* 28. *Oct.* 1338. *fu faite creue de* 4. *s. Tour. pour marc d'argent, et parmi ce fu* 4. *l.* 4. *s. Tour. pour marc d'argent.*

* 18. *Dec.* 1338. *fu faite creue de* 4. *s. Tour. et parmi ce fu* 4. *l.* 16. *s. pour marc d'argent.*

* 3. *Jan.* 1338. *fu faite creue de* 4. *s.*

Tour. au marc d'argent, et ainsi fu pour marc 100. s. Tour.

* 3. Jan. 1338. fu faite creue de 30. s. Tour. au marc d'or, et ainsi fu 59. l. 10. s. Tour. pour marc.

* 25. May 1339. fu faite creue de 40. s. Tour. au marc d'or, et ainsi fu 61. l. 10. s. Tour. pour marc d'or.

* 14. Juing 1339. fu faite creue de 4. l. 10. s. Tour. au marc d'or, et ainsi fu 66. l. Tour. pour marc d'or.

* 10. Aoust 1339. donna l'en 60. s. Tour. de creue au marc d'or, et parmi ce fu 69. l. Tour. pour marc d'or.

* 19. Jan. 1339. donna l'en 40. s. Tour. de crueu au marc d'or, et parmi ce fu pour marc d'or 71. l. Tour.

* 19. Aoust 1339. donna l'en. 5. s. Tour. de creue au marc d'argent, et parmi ce fu 105. s. Tour. pour marc.

* 17. Dec. 1339. 5. s. Tour. de creue par marc d'argent.

* 6. Avril 1339. avant Pasques l'en. donna au marc d'or 4. l. Tour. de creue par dessus les 82. l. Tour. que l'en y donnoit paravant, et parmi ce fu 86. l. Tour. pour marc d'or.

* 29. Jul. 1340. 5. s. Tour. de creue au marc d'argent en oultre et par dessus les 6. l. 15. s. Tour. que l'en y donnoit paravant.

* 12. May 1340. de 100. s. Tour. de creue au marc d'or en oultre et par dessus les 95. l. Tour. que l'en y donnoit paravant, et parmi ce sont 100. l. Tour pour marc d'or.

* 21. Jul. 1340. de 4. l. Tour. de creue au marc d'or,.... et pour ce fu 104. l. Tour. pour marc d'or.

* 28. Oct. 1340. de 4. l. Tour. de creue au marc d'or,... et parmi ce fu pour marc d'or 108. l.

* 4. Dec. 1340. de 10. s. Tour. de creue au marc d'argent en oultre et pardessus les 7. l. Tour. que l'en y donnoit paravant,.... et parmi ce fu pour marc d'argent 7. l. 10. s. Tour.

* Ibid. fol. 109 v°. : Lit. Phil. VI. 27. Jan. 1340. Un marc d'or fin au marc de Paris vaudra et courra pour 12. mars d'argent,... courant le marc d'argent le roy pour 10. l. 10. s. Tour. et un marc d'or fin pour 126. l. 5. s. Tour.

* Fol. 110. r°. : 6. Fev. 1340. 9. l. 4. s. Tour. au marc d'argent.

* 8. Aoust 1341. de 15. l. Tour de creue au marc d'or, et ainsi pour marc d'or 130. l. Tour.

* 23. May 1341. de 8. s. Tour. de creue au marc d'argent en oultre et par dessus les 9. l. 4. s. Tour. que l'en y donnoit paravant.

* 8. Aoust 1341. de 8. s. Tour. de creue en oultre et par dessus les 9. l. 12. s. Tour. au marc d'argent que l'en y donnoit paravant,....

* 13. Dec. 1341. de 10. s. Tour. de creue au marc d'argent.

* 9. Mars 1341. de 10. s. Tour. de creue au marc d'argent.

* 19. Jan. 1341. de 6. l. Tour. de creue au marc d'or en oultre et par dessus les 130. l. que l'en y donnoit paravant.

* 13. May 1341. de 4. s. Tour. au marc d'argent; en esterllins et argent d'Alemaingne seulement, en oultre et par dessus les 9. l. 12. s. Tour. que l'en y donnoit paravant.

* 26. Juing 1342. 168. l. Tour. au marc d'or.

* 3. Sept. 1342. de 10. s. Tour. de creue au marc d'argent.

* 14. Sept. 1342. de 60. s. Tour. de creue au marc d'or.

Marcæ Aureæ præstatio apud nostros nota, quæ ab Officialibus præstari solet, cum codicillos dignitatis suæ impetrant, cujus mentionem fieri observo in volumine Ordinationum Ludovici XI. fol. 117. ubi describitur Charta mensis Julii ann. 1466. qua vetantur Commissarii Regii in terris ducis Burbonensis franca feoda, novos aquestus, vel *Marcas aureas* de Notariis exigere. *Marca* illa, quæ a Notariis pensitabatur, *argenti* dicitur in Litteris anni 1281. in Histor. Episc. Lodovensium pag. 268.

¶ Marcha, pro *Marca* frequenter in veteribus Chartis.

Marcus, pro *Marca*, non semel apud Ordericum Vitalem lib. 5. pag. 578. 580. 583. 585. 603. 668. et in Tabulario Conchensi in Ruthenis ch. 234. Frodoardus in Adriano PP. :

Arcus argenti, calices Marco struit auri.

Marcata, Reditus unius marcæ auri aut argenti. Monasticum Anglican. tom. 1. pag. 341 : *Et unam Marcatam redditus de Neweton.* Occurrit iterum pag. 360. et apud Ericum Upsaliensem lib. 5. Hist. Suecicæ : *Rusticus, qui colebat unam Marcatam terræ, solvit in tributo majori, etc.* Ubi hæc Loccenius : *Markatam terram, Marclandt nostrates vocant; fundi enim et agri ex prisco instituto secundum marcas et asses distinguuntur.* Eumdem vide in Antiquit. Sueogothicis lib. 2. cap. 19. [Hist. Harcur. tom. 4. pag. 2198 : *Ex dono Roberti de Bosco ecclesiam de Clestona et ecclesiam de Thorp juxta Melton cum terris, decimis.... et unam Marcatam redditus in Leicestria.*] Vide *Librata* in *Libra*.

* *Marquée*, eodem sensu, in Charta ann. 1288. tom. 1. Probat. Hist. Brit. col. 1086 : *Hervé de Leon, par la raison de ceule Joane sa feme, demandoit audit vicomte* (de Rohan) *cent Marquées de rente promises audit Hervé..... De laquelle assise des dites cent Marquées de rente et sesine se tindrent lesdiz Hervé et Joane pour bien payez pour les cent Marquées de rente dessusdites.*

¶ 2. **MARCA**, Ora, littus; interdum et ipse fluvius, quod sit veluti terminus, limes. Charta Bertradæ ann. 722. apud Calmet. tom. 1. Hist. Lotharing. col. 269 : *Deinde per Melina suso aqua usque ubi nobis obtingit legitimo, usque ad Winardo curte usque ad illa Marca qui nobis obtingit.* Charta ann. 992. apud Miræum tom 1. pag. 146 : *Silvam ad porcos alendos, quemadmodum jacet inter duas Marcas* (fluvios scilicet Bredanum et Aa) *cum omni jure, etc.* Charta Lotharii Cæsaris ann. 1131. ibid. pag. 278 : *Mittimus nuntios nostros, ad terminandam et dilatandam Marcam, seu navalem viam in alveo supradicti fluminis xx. pedum latitudinis.* Vide *Marcha* 1.

* 3. **MARCA**, Mensura vinaria. Terrear. Castell. ad Sequanam ex Cod. reg. 9898. 2 : *A Chastillon a la plus grant mesure de vin de Bourgoingne; car c'est la mesure que les seigneurs y establissent. Premièrement tient deux pintes de icelles qu'on vend le vin en menu, et est appellé le Marc au vin; et s'il estoit perdu, l'on prendroit la mesure au blef et empliroit l'on de millet ou de senevey, et le sixieme d'icelle mesure seroit le Marc au vin et le douzieme la pinte, à quoy l'on a accoustumé de vendre vin.*

* **MARCAANDIA**, Mercatura. Scacar. S. Mich. apud Cadom. ann. 1224. ex Cod. reg. 4653. A. : *Burgenses Cadomi cognoscunt, quod non debent capere talliam de septem servientibus abbatiæ, facientibus sua ministeria in abbatia, nisi fecerint Marcaandiam in villa Cadomi.* Vide *Marcandisia*.

¶ **MARCACLARIUS**, Æditnus, vel qui bona ecclesiæ administrat, a veteri Gall. *Marclier* et *Mareglier*, jam *Marguillier*. Necrologium Fratrum Minorum Silvanect. : *Obiit Magister Johannes dictus Dionise Marcaclarius B. Marie de Silvan. sepultus in claustro juxta hostium porte.* Litteræ Caroli Regentis ann. 1358. tom. 3. Ordinat. pag. 228 : *C'est assavoir que toutes manieres de genz, contres, Marregliers, lais, monnoiers, etc.* Vide *Marrelarius*.

¶ **MARCADANTIA**, Merces, Ital. *Marcanzia*, Gall. *Marchandise*. Chron. Astense ad ann. 1318. apud Murator. tom. 11. col. 254 : *Post hæc Januenses miserunt plures galeas ante portum Savonæ, prohibentes victualia et Marcadantias ne intrarent Savonam.* Vide *Marcandia*.

¶ **MARCADUS**, Mercatum, forum, nundinæ, Gall. *Marché*. Charta Childeberti Reg. Franc. ann. 710. apud Mabill. Diplom. pag. 483 : *Et ad Parisius civetate inter sancti Martini et sancti Laurentii baselicis ipse Marcadus fuit factus.* Alia Pippini Franc. Reg. ann. 753. apud Doubletum Hist. S. Dion. pag. 694 : *Anteriores Reges D. Dagobertus et Chlodovius..... quondam omnes telloneos... ad festivitate S. Dionysii Mart. tam in ipso Marcado, quam et in ipsa civitate Parisius, etc.*

* **MARÇAGIUM**, Martium, trimestre frumentum, nostris *Marsage*. Charta ann. 1210. ex Chartul. S. Vinc. Laudun. ch. 172 : *Quod si forte aliqua pars tocius dicti fundi Marçagio vel ibernagio fuerit onerata, collectis fructibus ad communem pasturam redigetur.* Vide mox *Marceschia*.

¶ **MARCANDÆ** Villæ, Emporia, nundinæ publicæ. Liber niger Scaccarii pag. 362 : *Pro custo vecturæ ad villas Marcandas.* Ibid. : *Marcandæ, Mercandæ*, eadem notione.

¶ **MARCANDISIAM** Facere, Mercaturam facere, negotiari, Gall. *Trafiquer*. Charta Philippi Aug. Reg. Franc. ann. 1218. tom. 4. Hist. Harcur. pag. 2174 : *Ita quod de supradictis Marcandisiam non faciant, scilicet quod nihil emerint ad revendendum.*

¶ **MARCANDIZÆ**, Quævis supellex, seu instrumenta quæ ad agriculturam pertinent. Charta apud *Madox* Formul. Angl. pag. 90 : *Prædicti vero Rogerus... habebunt liberum introitum et exitum cum equis, et bigis, et omnibus aliis Marcandizis, per portam et placeam prædicti Johannis ad tene-*

menta sua quæ habent, et ad hauriendum aquam de fonte sine perturbacione.

¶ **MARCAPETUM**, Suppedaneum, Gall. *Marchepied.* Inventarium ann. 1339 : *Item unum Marcapetum debile.*

¶ 1. **MARCARE**, a Gall. *Marquer*, Notare, signare. Arrestum Parlamenti ann. 1418. in Tabul. Latiniac. : *Nec non in possesione et saisina.... ipsas mensuras eorum signo Marcandi et signandi, etc.* Vide alia notione in *Marcha* 1.

* 2. **MARCARE**, Jus pascendi ratione limitis contermini seu *marcæ*, ut videtur. Charta Theob. comit. in Chartul. Campan. fol. 297. r°. : *Sciendum quod in nemore de Lantagio non poterunt dicti fratres Marcare.* Nisi sit pro Pignori capere. Vide in *Marcha* 1.

¶ **MARCASIUM**, Palus, stagnum, vel locus palustris, Gall. *Marais.* Charta ann. 1226. ex Tabular. Corbeiensi : *Dedi etiam eis Marcasium continuum Avesne quæ est desuper malleriam dictam.* Tabularium Kemperleg. : *Ibi sunt miracula aquæ, videlicet tria Marcasia miro modo ebullientia, sicuti mare crescentia et decrescentia, unum salsum, alium dulce, tertium mixtum ; et ita sunt ut neque profunditas illorum inveniri possit.* Vide *Mariscus.*

¶ Marcasiolum, diminut. a *Marcasium.* Tabularium Kemperleg. : *Et paulo post recurvat* (fossa) *ad unum Marcasiolum.*

MARCASIUS. Vita S. Agili Abb. : *In eodem loco, qui prisco vocabulo propter geminum lacunar, Gemellus Marcasius nuncupabatur.* Editio Mabillonii sæculo 2. Benedict. habet *Mercasius* : sed, ni fallor, legendum *Plancasius*, id est, tabulatum, nostris, *Plancher.* [Legendum opinor, *propter geminum lacum*, atque adeo retinendum *Marcasius*, eadem notione qua *Marcasium* supra.] [** Forte *propter geminam lacunam.*]

¶ **MARCATA.** Vide in *Marca* 1.

* **MARCATIO**, Nota, inustio, stigma, Ital. *Marchio.* Stat. crimin. Saonæ cap. 17. pag. 19 : *Puniatur talis delinquens et condemnetur ad frustam et Marcationem ; et uno die fus'igetur publice per civitatem Saonæ, alio die ferro ignito marchetur in fronte.*

¶ **MARCATUM**, Forum, Gallice *Marché.* Charta Lotharii Imp. ann. 845. apud *Laguille* inter Instr. Hist. Alsat. pag. 5 : *In pago Prisgaudi Muninga villa cum.... banno et cyppo, Marcato et omnibus justitiis.* Hist. Comitat. Ebroic. inter Instr. pag. 31 : *Redditum quem percipiebat idem Ingerranus in et super Marcato de Grainvilla.* Vide *Marchetum.*

¶ **MARCAZANA** Libra. Vide *Libra.*

¶ **MARCELLUM**, pro *Macellum.* Capitul. gener. S. Vict. Massil. MSS. : *Emantur carnes prædictæ de melioribus quæ in Marcello reperiri poterunt. Marcelle*, in Poemate *de la guerre de Troyes* MS. videtur usurpari pro ea currus parte qua continentur quæ in curru imponuntur :

> Phyon cist Rois un carre avoit
> Qi d'estrange richece estoit....
> Le tabernacle et la Marcelle
> Fu de mer d'olifant boilliz,
> Peint à collors et o verniz.

* Forum, nundinæ. Charta ann. 1320 : *Item homagium franci Marcelli et omnium campsorum Tornacensium.* Occurrit prætera in Lit. ann. 1366. tom. 4. Ordinat. reg. Franc. pag. 676. art. 7. Haud scio an bene intellecta vox Gallica *Marcelle*, quam lubentius de pedaneo subsellio, vulgo *Marchepied*, interpretarer.

¶ **MARCEMENTUM**, Lignea materia, materiatio, Gall. *Charpente.* Leges Norman. apud Ludewig. tom. 7. Reliq. MSS. pag. 201 : *Si autem domus eorum tali loco fuerint constitutæ. quod non sine dampno alterius incendi valeant et cremari, tegimen earum et Marcementa debent evelli, et tali loco cremari, quod aliis propter hoc nullum inferatur incommodum.* Vide *Materia.*

¶ **MARCESCA**, Marcescha. Vide *Marceschia.*

MARCESCHIA, Martium seu trimestre frumentum, quod Martio mense seritur : nostris, *Mars*, *Marsés ; Marsois*, *blé Marsois. Grains de Mars*, in Consuet. Bononiensi art. 140. [*Marsage*, in Statutis Scabinorum Maceriarum ad Mosam : *Ils doivent pour chacun stier de bled* 1. *d. p. et pour chacun stier de Marsage une ob. Marsaige*, in Charta Hugonis Comit. Regitestens ann. 1233. Gallice reddita : *De chacun stier de Marsaige une ob.*] Charta Philippi Aug. ann. 1215. pro Aurelianensibus : *De singulis modiis bladi et vini, quod habuit tam de hibernagio quam de Marceschia, quæcunque illa sit, nobis dabit*, in Regesto Philippi Aug. fol. 73. Charta ann. 1276. ex Tabul. Fossatensi f. 119. 122 : *De ybernagio, Marceschia, fabis, pisis, veciis, gueda, leguminibus, etc.* Ita fere semper. Alibi : *Debent de quolibet animali* 4. *corveias per annum, videlicet* 3. *in Marceschiis in binalibus et in tertialibus, et in vindemiis, etc. Annona Marcialis*, in Charta ann. 1065. in Tabulario Ecclesiæ Carnotensis num. 57.

¶ Marcesca et Marcescha, Idem quod *Marceschia.* Chartul. Aureliense in Lemovic. : *Dedit... quidquid habebat scilicet la vinata*, xii. *denarios in ortis, Marcesca, etc.* Tabular. Vosiense fol. 42 : *De hoc manso reddit Petrus Lavall... vinada et Marcescha.*

¶ Marcessa, in eodem Tabular. Vosiensi f. 49 : *De hoc manso reddit* 9. *sextarios segl. de recepto* 6. *denarios et vinada et Marcessam et popadam.*

Mareschia, Ead. notione. Charta Petri Episc. Paris. ann. 1208. in M. Pastorali lib. 20. charta 10 : *In Cœna Domini unum modium bladi ad mensuram Parisiensem, medietatem hibernagii et medietatem Mareschiæ.* In manumissionibus servorum ibid. l. 2. cap. 4. etc. Capitulum Parisiense retinet... *sextam decimam partem... de ybernagio, Mareschia, fabis, pisis, etc.*

Marcisca, Eadem notione, in Tabul. Monast. Hederæ fol. 43. ann. 1173. alibi *Marceschia*, f. 8. *Marcesche*, fol. 16. 17. Tabular. Maurigniacense ch. 79. ann. 1200 : *Modium et dimidium de hibernagio, modium et dimidium de Marcesche.* [Arverni *Marsinge* dicunt.]

* Nostris *Marçaiche* et *Marchaine.* Charta Phil. VI. ann. 1339. in Reg. B. 2. Cam. Comput. Paris. fol. 113. v°. : *Item sur chascun mui de pois, de feves, de vesses et autres Marchaines, trois deniers du vendeur et trois deniers de l'acheteur, et au dessous d'un mui desdiz blefs, avaine, pois, vesse, feves et autres Marchaines à l'avenant.* Lit. remiss. ann. 1451. in Reg. 181. Chartoph. reg. ch. 65 : *Pour ce que Colin Dagin n'avoit esté faire lesdites Marçaiches en ladite métairie, qui est semer les menuz blez etc.* Unde *Marcesche* legendum puto, pro *Maresche*, in Charta ann. 1200. apud *Fleureau* Hist. Bles. part. 3. pag. 521 : *Sacerdos ecclesiæ... singulis annis capiet in granchia de Estrechis de decima bladi modium et dimidium de ybernagio, et modium et dimidium de Maresche.* Vide infra *Marcheschia.*

* Ejusdem originis est vox *Marceinche*, qua festum Annuntiationis, quæ Martio mense celebratur, significatur in Charta ann. 1262. ex Chartul. Buxer. part. 2. ch. 21 : *Ne pouns ne devuns pasturer ou dit pré dès lou jour de la Marceinche. jusques à la quinzaine de la S. Ronni. Marcesche*, eadem acceptione, in Lit. ann. 1311. tom. 5. Ordinat. reg. Franc. pag. 272. Et *Marchesche*, in Charta ann. 1407. ex Reg. 162. Chartoph. reg. ch. 159 : *Le jour de l'Annonciation, que l'en dit la Marchesche etc.*

¶ **MARCH**, Equus. Vide *Marach.*

1. **MARCHA**, Marca, Marchia, Terminus, limes, seu fines cujusque regionis. [** Vide Grimm. Antiq. Jur. German. pag. 496. Graff. Thesaur. Ling. Franc. tom. 2. col. 846. voce *Marka.* Halt. Glossar. Germ. voce *Marck*, col. 1315. sqq.] Capitula ad Legem Alemannor. cap. 34 : *Si quis alterum ligat, et foris Marcha eum vendit, ipsum ad locum revocet, etc.* 40. *sol. componat.* Charta divisionis Imperii Caroli M. cap. 1 : *Ut nullus eorum fratris sui terminos, vel regni limites invadere præsumat, neque fraudulenter ingredi ad conturbandum regnum ejus, vel Marcas minuendas, etc.* Adde Divisionem Imperii Ludovici Pii cap. 2. *Marca Tolosana*, in Charta alia Divisionis Imperii ejusdem Ludovici, edita a Steph. Baluzio cap. 1. *Marca Hispanica*, apud Eginhard. ann. 827. 828. Regino : *Carolus Ratisbonam venit, ibique Marchas et fines Bajoariorum disposuit.* Annales Francorum ann. 788 : *Avares in Marcha Bajoariæ atque Italiæ... fugati sunt.* Ann. 825 : *Imperator cum filiis Godefridi pacem, quam ipsi petebant, cum eis in Marca eorum confirmare jussit.* [Charta Ottonis Imper. ann. 965 : *Quicquid proprietatis in Marca vel regno Danorum ad Ecclesias in honorem Dei constructas... pertinere videtur.* Confœderatio inter Flandriæ et Hannoniæ Comites ann. 1176. apud Marten. tom. 1. Anecdot. col. 586 : *In confinio etiam terrarum nostrarum quod vulgo Marcha dicitur, non debemus, nec possumus alias construere firmitudines.*] Milo in Vita S. Amandi Episcopi Trajectensis cap. 2 :

> Tu socio sine per Marcas clusasque ruebas.

Vide Leges Bajw. tit. 12. cap. 9. Alem. tit. 47. Ripuar. tit. 60. § 5. tit. 75. Capitul. 1. Caroli M. incerti anni cap. 3. 4. et lib. 2. cap. 14. lib. 3. cap. 84. lib. 4. cap. 4. lib. 5. cap. 132. Synod. Carisiens. Capit. Caroli Cal. tit. 8. Leg. Longob. lib. 2. tit. 30. § 2. [** Carol. M. 72.] Codicem Carolinum Epist. 88. Ordericum Vitalem l. 5. pag. 553. Eigilem in Vita S. Sturmii cap. 12. etc. Le Roman *d'Amile* et *d'Amy* MS. :

Si saisirez vos honors et vos Marches
Que l'an vos a données.

[Le Roman *de Vacce* MS. :

Cele terre conquistrent, si tienuent bien la Marche.

Ibidem :

Mout l'ont cil de ses Marches cremu et redouté.

Le Roman *de la guerre de Troyes* MS. :

Les Marches sont si assez prés,
Et li home sont moult engrés.]

Hinc [*Marchiare* dicitur de eo qui vicinus est et conterminus. Charta ann. 1380. apud Rymer. tom. 7. pag. 246 : *In Comitatibus prædictis, qui eidem terræ Walliæ immediate adjacent et Marchiant.* Alia ann. 1421. apud eumd. tom. 10. pag. 132 : *Adeo plene et libere, sicut aliqui dominorum Marchiantium in dominiis et marchiis suis Walliæ habent et utuntur.*] *Marchiser*, eadem notione apud Poetas nostrates. Le Roman *de Garin* MS. :

Si neveu sont, et Marchisent à mi

Le Roman *de Vacce* MS. :

Pour conseil prondre de ceste cuvre,
Ainz que nul autre se desqueuvre,
Manda Robert le Comte d'O
Qui Marchist à ceux de Vismo.

Le Roman *de Cleomades* MS. :

Car tolir li vorrent sa terre
Cinq Rois qui à lui Marchissoient.]

* Inde *Marche* appellari videtur Ora silvæ, in Recognit. feud. dom. de Veteriponte pro castell. *de Buri* ann. 1366 : *Item cent arpens de bois, que haies, que buissons, que frisches, que Marches, etc.* [** Confer. *Mariscus*.]

MARCHIA, Eadem notione. [Charta ann. 1044. in Append. ad Capitul. col. 1550 : *Infra territorium Pinnense in loco qui nominatur Salajano, aut infra istam Marchiam Firmanam, aut infra totum regnum Longobardorum.*] Apud Adamum Bremensem cap. 93. Radulfum de Diceto ann. 1173. et alibi; Sanutum lib. 3. parte 11. cap. 10. in Chronico Andrensi pag. 665. 670. in Gestis Innocentii III. pag. 114. 116. etc.

MARCHA, Marchionis territorium, Marchionatus. Ditmarus lib. 6. de Lothario Marchione : *Filio suimet Wirinhario beneficium patris, et Marcam cum ducentorum pretio talentorum acquisivit.* Utitur etiam Lambertus Schaffnaburg.

MARCHIA, Eadem notione, apud eumdem Schaffnaburg. ann. 1068.

MARCHA videtur etiam sumi interdum pro modo agri, vel certe pro territorio. Notitia Alamannica Goldasti 91 : *Testificati sunt, quod ex traditione Perahtoldi Comitis medietas omnis Marchæ, quæ ad villam Filisininga nuncupatam aspicit tam in silvis quam in aquis sive pascuis, vel aliis quibuslibet rebus, ad Monasterium S. Galli juste et legaliter pertinere debet.* Et Charta 18 : *Et casas cum curtis cæterisque ædificiis, atque cum silvaticis Marchis ad eosdem pertinentibus, etc.* [** Vide Grimm. et Haltausium locis supra laudatis.]

☞ Id aperte colligitur ex pluribus Instrumentis, quæ, ut sententia D. Cangii firmetur, subjicimus. Charta Dagoberti Franc. Reg. ann. 2. Regni sui inter Vindem. litter. Schannati pag. 5 : *Visi fuimus concessisse cum omnibus, etiam cum ipsa Marca ad ipsas Balneas pertinente, quæ venit de ambabus lateribus usque ad fluvium Murga, et de uno fronte ad partem Occidentalem vasta una, etc.* Charta Ottonis Imperat. ibid. pag. 7. qua omnibus qui monachis serviunt concedit ut *sive habitent in Abbatia, id est in Marchia, aut ubicumque, non possint cogi ad muniendum castellum.* Charta Caroli M. tom. 1. Rer. Mogunt. pag. 266 : *Quidquid in hoc sub mea potestate consistit... trado, ita ut ab illo loco undique, ab Oriente scilicet et Occidente, a Septentrione et Meridie, Marcha per tria milliaria passuum tendatur.* Præceptum Lotharii ann. 864. apud Marten. tom. 1. Ampliss. Collect. col 173 : *Contulit... quidquid in pago Tulpiacensi in villa vel Marca quæ vocatur Heugarda, habere videbatur, id est, Ecclesiam unam simul cum terris, domibus, cæterisque ædificiis.* Charta ann. 1307. apud Ludewig. tom. 4. Reliq. MSS. pag. 411 : *Vexillum S. Mauritii... per Marcam in die Ascensionis Domini more solito deferendum, etc.* Adde Epist. S. Bonifacii ad Fulradum tom. 1. Rer. Mogunt. pag. 372. Et Vitam Meinwerci Episc. apud Leibnit. tom. 1. Script. Brunsvic. pag. 529. Vide *Marca* 2.

MARCHIA, Sugerius in Ludovico VI : *Sicut ejusdem Normanniæ Ducatus se porrigit, Marchiis regni collimitans. Marchia censualis*, in Charta anni 1180. apud Guichenonum in Bibl. Sebus. ex Tabulario Cluniacensi : *Dictum est, quod in Obedientia de Chaveniis et ejus appenditiis habeat Comes latronem, adulterum, homicidam, et fœneratorem, qui in præsentia Decani de Chaveniis legitime approbati fuerint vel convicti, censum, et Marchias censuales, et custodiam viatorum et pascuorum.* [Charta Henrici Ducis Silesiæ ann. 1319. apud Ludewig. tom. 6. pag. 4 : *Damus omnia et singula jura quæ... nobis, hæredibus aut successoribus nostris in Marchiis, provinciis, terris, etc.*]

MARCHANUS, Marchiæ, seu Provinciæ limitaneæ incola. Capitulare Radelchisi Principis Beneventani cap. 17. de Servis fugacibus : *Quod si suspicio fuerit, ut per consensum Marchanorum nostrorum per nostras marchas extra terram nostram exiverint, satisfiat ab his Marchanis.*

MARCHIANI, Marcæ Anconitanæ incolæ, quæ et *Marchia* dicitur, in Actis Innocentii III. PP. pag. 4. Perperam Μάρκα πόλις, *Ancona* dicitur Cinnamo lib. 4. n. 12. quod regionis adjacentis nomen est. Guillelmus Apuliensis l. 2. de Gestis Normann. :

Spem dabat his Italæ fæx indignissima gentis
Gens Marchana probis digne reprobata Latinis.

MARCHEUS, Marchio, custos limitum. Joan. Abbas in Chron Casinensi : *Marcheos tamen ad incolarum tutamina dimisit.*

MARCHENSIS, Idem. Vide in *Marchia*.

MARCHITIMUS, Limitaneus. Gauterius Cancellarius de Bellis Antioch. : *Forte contigit Algazi... bellico apparatu Antiocheni honoris partes Marchitimas attigisse.*

MARCHA, Facultas a Principe subdito data, qui injuria affectum se vel spoliatum ab alterius Principis subdito queritur, de qua jus vel rectum ei denegatur, in ejusdem Principis *Marchas* seu limites transeundi, sibique jus faciendi, ut habet Bretius lib. 2. de Superioritate Reg. cap. 17. vulgo *droit de Marque et de represailles.* [Jus *marchium*, Andreæ de Ysernia in Commentar. juris utriusque.] *Marcha vel represalia*, in Charta Jacobi Regis Aragon. ann. 1326. tom. 8. Spicilegii Acheriani pag. 280. [Charta ann. 1381. in Regest. Peiresciano 73. vol. 2. apud Præsid. *de Mazaugues* : *Nam de jure, secundum multorum doctorum sententiam, represaliæ seu Marchæ, vel gajariæ, quæ secundum diversorum locorum morem diversa nomina assumpserunt, sunt omnino prohibitæ.* Infra : *Nam cum Marchæ laxatio sit quædam belli indictio, ut dicunt doctores, tale bellum indici non potest nisi per illum qui habet supremam potestatem.*]

Marcæ, mentio fit non semel in Regestis Parlamenti. In eo, quod *Olim* inscribitur fol. 40. descriptum legitur Mandatum Curiæ, quo jubetur Ludovicus Rex Siciliæ uni e regiis subditis, qui a prædonibus in mari spoliatus fuerat, jus dicere, cum *Marcæ* comminatione, absque data. Ibidem fol. 151. describitur Epistola Caroli VI. Regis Franc. ad Martinum Regem Aragoniæ, qua jus se facturum pollicetur ejus subditis, qui a Francis se in mari prædatos querebantur, ut *Marca* vitaretur, 5. Martii ann. 1396. Denique in Regesto ordinationum Barbinarum fol. 95. habetur extinctio *Marcarum*, concessarum Occitanis et Bellicadrensibus contra cives Avenionensis civitatis et Comitatus, decretumque, ut in posterum nullæ concederentur *Marcæ* nisi a Rege, vel a Curia Parlamenti, 13. Junii ann. 1443. In Consuetudine Beneharnensi rubrica *de Marcas ó represalhas*, *Marcæ* impetrari non possunt, nisi ter jus denegatum fuerit. Alias *Marca* non conceditur, nisi in casu denegati juris. [Excommunicati pronuntiantur in Statutis Eccl. Cadurc. apud Marten. tom. 4. Anecd. col. 744. qui contra Ecclesiasticos aut eorum bona *Marcam* fieri permittunt.] Charta anni 1152. apud Catellum in Comitibus Tolosanis lib. 2 : *Si aliquis, qui habitet extra Tolosanum, abstulerit rem aliquam, vel aliud malum fecerit alicui, qui habitet in urbe Tolosa,.... et si noluerit rectum facere, ille, qui malum accepit, faciat Marcham de illis hominibus terræ. His ita factis, si aliquis fecerit Marcham, ducat eam in domum suam, et ei ducenti nullus vim faciat : et det eam Marcham ad manulevandum, et sit judex bene securus. Et si non sit, qui eam Marcham velit manulevare, ille qui Marcham fecit, eadem die vel altera ducat eam in plateam ad judicium proborum hominum. Et si non poterit eam Marcham retinere, judicio proborum hominum faciat rectum capto homini. Et si eadem die vel altera non traxerit Marcham ad judicium, faciat sicut supra scriptum est, perdat illam Marcham, et faciat rectum ei, qui Marcham extra Tolosam ducat, et teneat eam in Tolosa, vel in suburbio, et faciat sicut scriptum est. Si quis traxerit Marcham de Tolosa, vel de suburbio, reddat illam solutam, et faciat rectum, et det justitiam Comiti et nunquam amplius faciat Marcham propter illud factum.* [Iis addenda Ordinatio Philippi Pulcri ann. 1313. tom. 1. Ordinat.

Reg. Franc. pag. 516 : *Attendentesque quod Marche, seu pignoraciones, si quas in futurum fieri contingeret inter præfati Regis et nostri subditos, materiam dissensionis et discordie inter utriusque regnicolas de facili inducerent et afferrent, ideo juxta tractatum et ordinationem inter ipsum Regem et nos habitam, tenore præsentium volumus ac etiam ordinamus quod de cetero inter dictum carissimum consanguineum nostrum Regem Aragonum inclitum, et nos, regna et terras, ac gentes ipsius et nostri, non fiant, nec fieri possint, nec debeant, Marche vel pignorationes, propter defectum justitie, qui inventus dicatur in regno nostrum altero, vel in officialibus, seu gentibus nostris, vel subditorum nostrorum; dictus defectus justitie exponatur fuisse inventus primus, si una peremptoria requisitione novem mensium spatium continente, de facienda justitia alter fuerit per alterum requisitus; et si nos, vel dictus Rex cum de hoc requirendi essemus, tempore dicte requisitionis faciende, non essemus in regnis, vel terris nostris, quod requisitio prædicta, in casu absentie nostre, fiat et fieri posssit in civitate Parisiensi coram gentibus nostris, aut magistris per nos ibi deputatis, et in casu absentie dicti Regis Aragonum in civitate Barchinonensi, coram procuratore, vel vicem gerente ejusdem, et quod de dicta requisitione, et de requisiti in reddenda justitia defectu, constet illi qui Marcham inducere voluerit per litteras regias, vel alia publica instrumenta, antequam ad dictam Marcham faciendam procedat; et si contingeret, quod absit, quod contra dictam observantie seu ordinationis formam Marcha seu pignoratio fiet, Rex in cujus regno, vel terra illa Marcha induceretur, sive per ipsum Regem, sive per sibi subditum aliam justitiam habentem perperam indicatur, teneaturque ipsam propriis sumptibus retractare, omniaque dampna et expensas, que ex dicta Marcha, et ejus occasione Marchati seu pignorati incurrerent, ipsorum juramento, ubi alie probationes deficerent, declaranda, de fisco proprio reparare.*] De hoc *Marcarum* jure agunt præterea Honoratus *Bonnor en l'Arbre des batailles*, 4. part. cap. 80. et seqq. Guido Papa Decis. 32. et seq. Chopinus lib. 3. de Dom. tit. 25. Jacobus a Canib. et Martinus Laudensis, Liber de Contractib. marit. cap. 10. Cardinus Bretius de Superioritate Regis, lib. 2. cap. 17. et alii.

* Nostris *Marque*. Lit. ann. 1339. tom. 2. Ordinat. reg. Franc. pag. 137. art. 10 : *Nous voulons et leur octroyons que pour cause des Marques à donner contre les subgets desdiz royaumes ou aucun d'yceuls, ils ou aucun d'euls, ne leurs biens, ne puissent estre arrestez.* Occurrit præterea tom. 5. earumd. Ordinat. pag. 384. et 493. etc. Unde *Marquer*, pro hac facultate uti atque adeo pignori capere. Lit. remiss. ann. 1389. in Reg. 138. Chartoph. reg. ch. 154 : *Lesquelz habitans n'ayant voulu tenir et payer ledit accord, le prestre s'en retourna aux Anglois, et fit par iceulx Anglois Marquer, piller et prendre prisonniers les bonnes gens et habitans de ladite parroisse saint Victour.*

¶ Contramarca, Facultas a Principe concessa, ut quis contra alterius Principis subditum, qui jure *Marcæ* adversus eum utitur, eodem jure sese defendat, *Contremarque*. Charta ann. 1492. apud Godefredum in Observat. ad Vitam Caroli VIII. Reg. Franc. pag. 632 : *Quod omnes et singuli utriusque dictorum Principum* (Franc. et Angl.)... *vassalli et subditi... possint... emere et vendere... absque ullo impedimento, offensa, arrestatione ob causam Marcæ, Contramarcæ, represaliarum, aut alia distractione quacumque, etc.*

Marcare, Pignori capere, *Saisir, Prendre par droit de Marque.* Libertates concessæ Barcinonensibus a Petro Rege Arag. ann. 1283. MSS : *Victualia, quæ apportantur in Barcinona per mare vel per terram, de pane, vino, carnibus et piscibus non Marcentur, nec pignorentur... tam pro alienis debitis, quam pro propriis.* Charta Jac. Regis Aragoniæ laudata : *Et prætextu ipsius Marchæ Officiales vestri possent pignorare, capere, seu Marchare in mari et in terra ubique bona, res, et merces quorumcunque subditorum nostrorum, etc.* [Litteræ Eduardi I. Reg. Angl. ann. 1295. apud Rymer. tom. 2. pag. 691 : *Rex omnibus Ballivis, etc. Unde dictus Bernardus asserit se dampnificatum usque ad valorem 700. libr. sterlingorum de raptu et rapina prædictis. Quapropter idem Bernardus nobis supplicavit, ut nos sibi licentiam Marcandi homines et subditos de regno Portugalliæ et bona eorum per terram et mare, ubicumque eos et bona eorum invenire posset, concederemus, quousque de sibi ablatis integram habuisset restitutionem.* Hujusmodi litteræ nostris dicuntur *Lettres de Marques*; de quarum legibus fuse in Statutis Naval. lib. 3. tit. 10.] Concilium Marciacense ann. 1326. can. 44 : *Personæ Ecclesiasticæ vel eorum bona pro aliis non Marchientur, vel pignorentur, etc.* Consuetudines Tolosæ part. 4. *de Immunitat. civium Tolosæ : Et aliquis vivens in itinere illo... illum hominem ceperit, aut Marcabit, aut deprædabit, Consules debent hominem illum manutenere, etc.*

Marchagium, *Droit de Marchage*, in Consuetud. Arvern. cap. 28. art. 2. Brivatensi, Pinholensi, et Pradensi, quo pagani jure limitis contermini, seu *Marcæ*, quam Galli *Marche* vocant, in alterius jurisdictionem seu dominium pascua sua immittere possunt, quo in eo pascantur. Perperam porro a *Marcher*, ire, vocem quidam deducunt.

Aliud est, quod apud Pictones, Andes et Armoricos, vulgo *Marchas* vocant, feuda scilicet vel prædia in harum Provinciarum sita limitibus, quæ singularum jurisdictioni pro parte, vel, ut aiunt, *ex prævenione* obnoxia sunt, de quibus copiose egit Gabriel Hullinus peculiari tractatu, quem inscripsit, *de la Nature et usage des Marches separantes les provinces de Poitou, Bretagne et Anjou*, Nannetis edito ann. 1616.

¶ 2. **MARCHA**, a Gall. *Marque*, Nota, signum. Epitome Constit. Eccl. Valent. tom. 4. Concil. Hispan. pag. 174 : *Quicquid ex Marchis sive multis absentium cujusvis hebdomadæ resultaverit, id totum dividatur die Dominica subsequenti inter eos dumtaxat Canonicos, qui in Ecclesia tunc præsentes inveniantur.*

* Charta ann. 1332. in Reg. 68. Chartoph. reg. ch. 2 : *Item quod Marcham custodis pluries mutavit, ut pondus falsificaret.*

* 3. **MARCHA**, Vectigalis species ; illud nempe, quod præstatur pro mercibus quæ in *marchas* regni vel provinciæ inferuntur aut ex eis efferuntur. Charta ann. 1406. ex Bibl. reg. : *In et super juribus et emolumentis impositionis trium denariorum pro libra, quæ impositio vulgariter Marcha nuncupatur.*

¶ **MARCHABILIS**, Genuinus, legitimus, Gallis, *Loial et Marchand.* Charta ann. 1380 : *Tres bichetos siliginis ad mensuram Villæ-franchæ boni bladi legalis et Marchabilis.*

¶ **MARCHAGIUM**. Vide *Marcha* 1.

¶ **MARCHALCHUS**. Vide *Marescalcus*.

* **MARCHALIS**, Ad *marcam* legalem. Charta ann. 1216. ex Chartul. Villelup. : *Abbatia Villelupensis teneretur.... reddere duos ciphos argenteos Marchales ad pondus Turonensis monetæ.* Vide *Marca* 1.

¶ **MARCHALLUM**, Armoricis *Marchallach*, Mercati platea, forum, in Chartulario Abbatiæ *de Daoulas* apud Armoricos sæpius occurrit.

MARCHALSIA. Vide *Mareschalcia*.

¶ **MARCHAMENTUM**, Idem videtur quod *Marcha*, jus *repræsaliæ*. Charta ann. 1381. in Regest. Peiresc. 73. vol. 2. apud Præsid. *de Mazaugues : Quæstio vertebatur utrum cives Arelatenses possent marcham sive represalias, seu gajaria contra Massilienses facere, vel imponere per eorum Officiales... Possunt laxari seu concedi Marchamenta seu gajamenta.* Charta ann. 1430. in Tabul. Communis Massil. : *Ut Massilienses possint et valeant marchare et Marchamenta et etiam gajerias facere.* Hæc dubitanter proponimus, quod Chartas integras legere non licuit; lubens quippe crediderim *Marchamentum* hic esse vectigal quod præstatur pro mercibus quæ in *marchas* regni vel provinciæ inferuntur, aut ex iis efferuntur, nostris *Traite foraine*; ea certe notione occurrit in Charta ann. 1328. in Tabul. Massil. : *Quod lignum* (navigium) *quod veniet Massiliam causa caritandi vinum sit quitum ab omni Marchamento.*

* Idem certe est quod *Marcha* in Ch. ann. 1430. mox laudata et in Instrum. ann. 1257. ad calcem Stat. Massil. Mss. fol. 98. v°. col. 1 : *Dominus comes teneatur eos* (cives) *juvare et inimicos eorum persequi et se opponere pro Massiliensibus universis et singulis ubique et Marchamenta seu gajamenta facere secundum quod de jure vel consuetudine fuerit faciendum.*

¶ **MARCHANDA**, Quæ mercaturam facit, Gall. *Marchande.* Charta ann. 1309. tom. 1. Hist. Dalph. pag. 91 : *Item quinque solidos bonæ monetæ census, quos eidem Joanni faciebat et facere tenebatur, ut dicebat Domengia Marchanda de Mura.*

¶ **MARCHANDARI**, Mercari, negotiari, Gallis, *Trafiquer.* Charta ann. 1306. tom. 2. Hist. Dalphin. pag. 126 : *Hæredes et familiæ eorumdem insimul vel divisim possint et eis liceat ubique per totam terram nostram, Baroniam et districtum ire, conversari et Marchandari salve et secure.*

* Nostris *Marchander*. Lit. remiss. ann. 1400. in Reg. 155. Chartoph. reg. ch. 214 : *Icellui Jehan avoit Marchandé et rongé des*

escus de notre coing et aussi des blans en la compaignie d'un homme qui Marchandait et rongnoit d'iceulx et blans. Aliæ ann. 1409. in Reg. 163. ch. 308 : *Le suppliant et icelle Jehanne ont tousjours demouré ensemble en hostel en communaulté et vivoient et Marchandoient par commun.* Occurrit præterea tom. 5. Ordinat. reg. Franc. pag. 493. art. 6. et pag. 538. art. 1. Aliud sonat, scilicet de pretio rei venalis convenire, in Lit. remiss. ann. 1389. et Reg. 138 : *Michel le Charpentier et Jehan le Charpentier offrirent à Jehan le Conte, dit Mercier, un ou deux caques de verjus à acheter, et comme il ne voulut en donner de chacun caque que 14. sols, il ne Marchanderent point. Marchandément* vero dixerunt, pro Mercaturæ seu negotiationis causa, mercatorum more. Lit. remiss. ann. 1363. in Reg. 101. ch. 7 : *Comme le suppliant fust alez Marchandément par mer en un vaissel chargié de gloe. Certains Flamens qui venuz estoient Marchandément en nostre ville de Harefleu*, in aliis ann. 1378. ex Reg. 113. ch. 214.

* **MARCHANDARIA**, Merx, Gall. *Marchandise.* Instr. ann. 1314. inter Probat. tom. 2. Hist. Nem. pag. 18. col. 2 : *Quod nullæ monetæ factæ extra regnum Franciæ non haberent aliquem cursum, nec fuissent acceptæ, nec missæ ad aliquas Marchandarias, etc. Marchandise*, pro Conventio, pactum, vulgo *Marché*, in Lit. remiss. ann. 1453. ex Reg. 184. Chartoph. reg. ch. 351 : *Si me as fait torcher et palesonner une paroy, qui n'estoit pas de nostre Marchandise, j'en vueil estre payé.*

¶ **MARCHANDIA**, Mercatura, Gall. *Trafic.* Charta ann. 1251. apud Thomasserium Consuet. Bituric. pag. 91 : *Illi et illæ qui vel quæ de Marchandia vixerint, reddent mihi unusquisque unum sextarium avenæ, etc.*

¶ MARCHANDIA, Merces, *Marchandise.* Genealogia Comitum Fland. apud Marten. tom. 3. Anecdot. col. 427 : *Flandros graviter consternebat, quod Marchandiæ modo solito ad ipsos deduci non poterant propter Regis Edictum.* Vide *Marcadantia.*

MARCHANDISA, Merces, ex Gall. *Marchandise.* Matth. Paris : *Mercator.... salva Marchandisa sua.* Vet. Charta : *Cum omnibus navibus et Marchandisis.*

¶ **MARCHANDISIA**, Mercatura, *Trafic.* Litteræ Philippi Pulcri ann. 1309. tom. 2. Ordinat. Reg. Franc. pag. 159 : *Concedimus ut... utantur et gaudeant quandiu ipsos cum suis mercaturis in dicta nostra villa de Hareffleu morari, Marchandisias exercere contigerit.*

* **MARCHANS**. Vendibilis, qui vendi, et emi possit, Gall. *Marchand.* Codicil. ann. 1434. ex Tabul. Flamar. : *Dare jussit duas conquas frumenti boni, puri et Marchantis mensuræ Leomaniæ.* Vide *Marchabilis.*

* MARCHANDUS, Eadem notione. Libert. Montisalb. ann. 1322. in Reg. 61. Chartoph. reg. ch. 247 : *Consules habebunt curam et diligentiam de mairaminibus seu fustis aut nemoribus pro faciendis tonellis, videlicet quod sint Marchanda, bona et legalia.*

¶ **MARCHANUS**, *Marchiæ* incola. Vide *Marcha* 1.

¶ 1. **MARCHARE**, Notare, signo aliquo distinguere, Gall. *Marquer.* Charta ann. 1372. tom. 1. Annal. Tolos. inter Instr. pag. 96 : *Faciendo Marchare et signare uno signo equos ipsos, ne fraus vel mutatio possit committi. Et seront leurs chevaux signez et Marchez, etc.* in Edicto Johannis Reg. Franc. ann. 1355. tom. 3. Ordinat. pag. 35.

* 2. **MARCHARE**, Pignori capere. Charta Jac. reg. Aragon. ann. 1232. ex Chartul. Campan. fol. 549. col. 2 : *Nullus ergo de gratia nostra confidens audeat... terram pignorare, Marchare, impedire vel detinere alicubi pro alieno debito.* Vide *Marcare* in *Marcha* 1. et mox *Marchatum.*

¶ **MARCHATA** Terræ, Fundus reditus unius marcæ auri vel argenti. Tabular. Castri Blein. : *Henricus D. G. Rex Angliæ... concessimus Alano Vicecomiti de Rohan ducentas marchas percipiendas ad festum S. Michaelis.... nomine annui census. Concessimus etiam eidem quod infra festum S. Michaelis anno regni nostri* XV. *assignabimus ei ducentas Marchatas terræ in regno nostro Angliæ, ubi eas assignare possumus vicinio- res terris suis. Anno regni nostri* XIIII. Vide *Marcata* in *Marca* 1.

* **MARCHATIO**, Idem quod *Marcha*, Facultas a principe subdito data alterius principis *marchas* seu limites transeundi, sibique jus faciendi. Lit. Jac. reg. Aragon. ad Phil. Pulcr. reg. Franc. ann. 1310 : *Cupientes attamen, ut semper fecimus, evitare per posse, ne inter nostros et vestros subditos Marchationes, quæ scandali ac dissentionis possent materiam suscitare, aliquatenus orirentur.*

¶ **MARCHATUM**, Mercatus, forum, Gall. *Marché.* Charta apud Lobinell. tom. 2. Hist. Britan. pag. 22 : *Et ita vendidimus... Factum est hoc in loco Marchato Rannaco die Mercurii* 11. *Kal. Aprilis.*

* **MARCHATUM** Bestiarum, Earum pignus. Sent. ann. 1390. inter Constit. Mss. Petri III. reg. Aragon. : *Per quam* (sententiam) *declaravit bestiarum Marchatum per eundem subvicarium ad instantiam dicti archiepiscopi fore restituendum aliquibus carnificibus Barchinonæ, quorum erat, et ipsum non potuisse nec debuisse pignorari tanquam victualia, quæ portantur ad civitatem Barchinonæ.*

¶ **MARCHATUS**. Vide *Marchio.*

* **MARCHEARE**, Negotiari. Arest. ann. 1290. in Reg. 2. *Olim* parlam. Paris fol. 86. r°. : *De averiis emptis in villa sancti Quintini causa Marcheandi vel lucrandi. Marcheter*, eodem sensu, in Lit. ann. 1395. tom. 8. Ordinat. reg. Franc. pag. 7. Vide supra *Marchandari.*

¶ **MARCHEHELAGE**, vox Saxonica. Sic Legem Martianam, quæ et Merciorum, vocant. Vide in *Lex* 1.

¶ **MARCHENSIS** Moneta. Vide *Moneta Baronum.*

¶ **MARCHENSIS**, ut *Marchio.* Vide in hac voce.

¶ **MARCHERIÆ**, Gradus, a Gall. *Marches.* Bernardi Monachi Ordo Cluniac. part. 1. cap. 33 : *Qui vero processioni inserviunt, ordinate stant ante altare Crucifixi extra Marcherias versis vultibus ad Conventuum* (leg. Conventum.) Et cap. 24 : *Infantes vero cum magistris stant juxta Marcheriam Crucifixi ad sinistram partem.*

* *Marcheis* vero idem quod Incessus, in Lit. remiss. ann. 1392. ex Reg. 143. Chartoph. reg. ch. 5 : *Tantost que Jehan de Lorme oy la frainte et les Marchies desdiz jeunes gens audit jardin, etc.*

* **MARCHERUM**, perperam editum, pro *Marchetum*, mercatum, forum, tom. 4. Ordinat. reg. Franc. pag. 641. art. 37.

¶ **MARCHESATICUS**, Marchionatus, Ital. *Marchesato*; Gall. *Marquisat.* Chron. Parmense ad ann. 1307. apud Murator. tom. 9. col. 865 : *Captus fuit et conflictus per quemdam Græcum filium Imperatoris CPolitani, et cujusdam filiæ quondam Marchionis Montisferrati, qui illuc venerat ad accipiendum dictum Marchesaticum.* Vide *Marchio.*

* **MARCHESCHIA**, Martium seu trimestre frumentum, quod Martio mense seritur. Charta ann. 1217. ex Chartul. S. Aviti Aurel. : *Duos modios Marcheschiæ unum scilicet ordei et alium de avena, ad minam granarii percipies annuatim.* Vide supra *Marceschia.*

* **MARCHESIUM**, Palus, stagnum, nostris alias *Marchaiz.* Charta Phil. episc. Aurel. ann. 1236. in Chartul. S. Aviti : *Marchesium vero quoddam, situm in nemore predicto, dividendo per dictum nostrum, volumus omnibus esse commune.* Lit. feud. episc. Aurel. fol. 113. v° : *Aqua seu Marchesium ad piscandum infra metas herbosas apud Scobrium.* Lit. remiss. ann. 1410. in Reg. 165. Chartoph. reg. ch. 378 : *Comme les supplians feussent alez peschier en un Marchaiz commun en ladite ville de Chesoy en Gastinois, etc.* Aliæ ann. 1467. in Reg. 200. ch. 11 : *Ainsi que le suppliant abuvroit les beufz de son hostel en ung Marchaiz ou lac estant ou village etc.* Quo spectat etiam vox *Marcheau*, pro *Mare*, aquarium, in Lit. remiss. ann. 1365. ex Reg. 98. ch. 306 : *Icellui Guiot trouva Perrote.... estant accroupie en ladite rue devant sa maison pour son aisément faire; .... ledit Guiot li respondi :..... Alez pisser en votre Marcheau.* Vide *Marchesum.*

¶ **MARCHESTA**, ut supra *Marceschia*, Martium seu trimestre frumentum Charta Johannis Regis Fr. ann. 1362. in Reg. 91. Tabular. regii Ch. 390 : *Tenebamur reddere canonicis Gerboredensibus ternos modios singulis annis imperpetuum, pro frumento frumentum, et pro Marchesta avenam.*

* Leg. puto *Marchesca.* Vide supra *Marcheschia.*

¶ **MARCHESUM**, Palus, locus palustris, Gallis, *Marais.* Tabular. S. Sergii Andegav. : *Quam divisionem ostendit eis Abbas per medias noas, usque ad Marchesum Bisrorum quod est in divisione quinque parochiarum.* Vide *Marchesium.*

MARCHETA, Marchetum. Regiam Majestatem lib. 4 cap. 31 : *Sciendum est, quod secundum assisam terræ, quæcunque mulier fuerit, sive nobilis, sive serva, sive mercenaria, Marcheta sua erit una juvenca, vel* 3. *solidi, et rectum servientis* 3. *denarii. Et si filia liberi sit, et non domini villæ, Marcheta sua erit una vacca, vel* 6. *solidi, et rectum servientis* 6. *denarii. Item Marcheta filiæ Thani, vel Ogetharii,* 2. *vaccæ vel* 12. *solidi..... Item Marcheta filiæ Comitis, est Reginæ,* 12. *vaccæ.* In quem locum sic

Skenæus : *March equum significat prisca Scotorum lingua. Hinc deducta metaphora ab equitando, Marcheta mulieris, dicitur virginalis pudicitiæ prima violatio et delibatio, quæ ab Eveno Rege, dominis capitalibus fuit impie permissa, de omnibus novis nuptis, prima nuptiarum nocte. Sed et pie a Malcolmo III. sublata fuit, et in hoc capite certo vaccarum numero, et quasi pretio redimitur.* Id hausit ex Hectore Boethio lib. 3. et 12. Histor. Scotor. pag. 260. [*Consuetudo olim ab Eveno tyranno inducta, ut domini præfective in suo territorio sponsarum omnium virginitatem prælibarent, dimidiata argenti marca unam noctem a præfectorum uxoribus redimente sponsa; quod etiamnum pendere coguntur, vocantque vulgo Market-tam mulierum.*] Alii a *Marca* vocem deducunt, quod, ut ait Buchananus lib. 7. eumdem Malcolmum (ann. circ. 1090.) uxoris suæ precibus concessisse ferunt, ut primam novæ nuptæ noctem, quæ Proceribus per gradus quosdam ex lege Eveni debebatur, sponsus dimidiata argenti marca redimere posset, atque inde ejusmodi pensionem *Marchetam* appellatam. Occurrit præterea in Legibus Burgor. Scoticor. cap. 19. Eo etiam referri debet, quod habent Leges Hoeli Boni Regis Walliæ cap. 21 : *Nemo feminam det viro, antequam de mercede domino reddenda fidejussorem accipiat. Puella dicitur esse desertum Regis, et ob hoc Regis est de ea amachyr* (i. pretium virginitatis) *habere.* Sed et huc fere spectat, quod de Maximiano Galerio scribit Lactantius lib. de Mortib. Persecutor. n. 38 : *Postremo hunc jam induxerat morem, ut nemo sine ejus permissu uxorem duceret, ut ipse in omnibus nuptiis prægustator esset.*

☞ Huc etiam pertinet quod refert Polydorus Virgilius lib. 1. de Rer. invent. pag. 18. Adyrmachidas nempe Pœnorum populos, teste Herodoto lib. 4. solitos fuisse virgines nupturas Regi exhibere, qui quam vellet primus vitiaret.

At *Merchetum*, in Anglia, spectavit tantum eos, qui obnoxiæ conditionis erant, non vero liberos. Bracton. lib. 2. cap. 8. § 2 : *Merchetum vero pro filia dare non competit libero homini, inter alia, propter liberi sanguinis privilegium, etc.* Et lib. 4. tract. 1. cap. 28. § 5 : *Qui tenet in villenagio, talliari potest ad voluntatem domini,... item dare Merchetum ad filiam maritandam.* Ita apud Littletonem sect. 174. et 209. homines liberi nihil dominis suis præstant pro filiorum aut filiarum matrimoniis; sed villani. Vetus Scheda apud Spelmannum : *Merchetum, hoc est, quod Sokemanni et nativi debent solvere pro filiabus suis corruptis sive defloratis*, 5. *sol.* 4. *den.* id est, ni fallor, ne corrumpantur aut deflorentur a suis dominis in prima nuptiarum suarum nocte. Nam apud Anglos obtinuit, ut *Merchetum* diceretur ea præstatio, quæ pro *licentia nubendi* dabatur. Extenta manerii de *Wivenho* sub Edw. III. : *Ricardus Burre tenet unum mesuagium,... et debet tallagium, sectam Curiæ, et Merchet, hoc modo : Quod si maritare voluerit filiam suam cum quodam libero homine extra villam, faciet pacem domini pro maritagio; et si eam maritaverit alicui custumario villæ, nihil dabit pro maritagio; et dabit duplex heriotum.* Placita coram Consilio Regis, sub Henrico III : *Dicit, quod tempore Regis H. avi Regis, solebant habere talem consuetudinem, quod quando maritare volebant filias suas, solebant dare pro filiabus suis maritandis duas horas*, (oras) *quæ valent* 32. *denarios,... postea veniunt homines, et concedunt, quod domina Johanna potest eas talliare semel in anno secundum facultatem eorum, et quod debent carriare maeremium; et quod debent dare Merchetum pro filiabus suis maritandis, scilicet* 32. *denarios.* Placita de Banco sub eodem Henrico III : *Will. Maynard, qui tenuit terras in Heurst, cognoscit se esse villanum Abbatis de Abbendon, et tenere de eo in villenagio, et per villanas consuetudines, videlicet per servitium* 18. *den. per annum, et dandi maritagium, et Marchetum pro filia, et sorore sua, ad voluntatem Abbatis, et faciendo omnes villanas consuetudines.* Porro Boxhornius in Lexico Britannico, *Amobr*, Cambro-Britannis appellari ait eam mulctam, quæ apud Britannos domino solvebatur pro pretio virginitatis.

Scribit præterea vir doctissimus Daniel Papebrochius ad Vitam S. Foranni Abbatis Walciodorensis, eam præstationem pro redemptione primæ noctis nuptiarum a servis glebæ exigi etiamnum a prædiorum dominis, in Belgii, Frisiæ, ac Germaniæ aliquot tractibus : ad quam etiam consuetudinem referendum illud videtur, quod olim Ambianensis Episcopus in suos diœcesanos jus sibi competere asserebat, videlicet ut iis, qui noviter nuptias inierant, tribus prioribus noctibus post earum celebrationem una cubare non liceret, nisi certa pecuniæ summa ei persoluta : quod quidem [prohibitum Litteris Philippi VI. ann. 1336. et Caroli VI. ann. 1388. apud *de Lauriere* tom. 2. Ordinat. pag. 117.] tandem penitus abrogatum fuit Abbavillensium petitione Aresto Parlamenti Parisiensis 19. Martii anno 1409. nisi forte id juris sibi arrogarit Episcopus, quod Concilio Carthaginensi IV. can. 13. *sponsus et sponsa, cum benedictionem acceperint, eadem nocte pro reverentia ipsius benedictionis in virginitate permanere* jubeantur. Ita ut postmodum Episcopi, qui ea tempestate non tam animarum curæ, quam reditibus per fas et nefas ampliandis invigilabant, pro relaxatione hujusce decreti pecunias extorserint. [Vide *Bathinodium.*]

* Ad consuetudinem, quæ apud Ambianenses obtinuit, illustrandam, addo duo aresta parlamenti Parisiensis; primum ann. 1393. 17. Jan. ex vol. 8. arestor. ejusd. curiæ : *Quod singuli habitantium villæ Ambianensis, habiles et volentes contrahere matrimonium et sponsalia, possent die dictorum sponsaliorum et solemnisationis matrimonii messiare, prandere, cœnare ac simul eodem die cubare et alias solemnitates die dictorum sponsaliorum et matrimonii contracti necessarias et opportunas facere et complere, absque hoc, quod secundam et et tertiam diem expectare tenerentur vel deberent; aut si dictis habitantibus aut singulis eorumdem placeret licentiam et cedulam eorum curatis dirigendam a dicto episcopo et suis officiariis petere, libere et absque aliqua pecuniæ solutione habere deberent.* Alterum ann. 1401. 11. Mart. in vol. 9. eorumd. arestor. : *Quamvis de jure communi viris desponsatis cum suis uxoribus libere cubare prima nocte sui conjungii concedatur, dictus tamen episcopus* (Ambianensis) *per se, aut suos officiarios, ipsos componit et componere satagit, quosdam ad decem, alios ad duodecim, nonnullos ad viginti vel triginta francos, prius quam ipsis de cubando prima nocte cum suis de novo uxoribus licentiam impertiri velit, aut aliter ipsos compellendo a suis uxoribus per tres noctes abstinere.* Vide Keysler. Antiquit. Septembr. pag. 484.

* Inter has vexationes recensenda quoque videtur exactio illa, quam Matisconensibus impositam olim fuisse ab ecclesiæ Matisconensis cantore discimus ex Charta ann. 1335. in Reg. 72. Chartoph. reg. ch. 385 : *Asserebant nomine dictæ ecclesiæ Matisconensis dictum cantorem et suos prædecessores dictæ ecclesiæ cantores, per se vel alium, esse et fuisse.... in possessione et saisina pacificis tradendi civibus et habitoribus Matisconis civitatis, volentibus nubere seu benedictionem nuptialem in dicta civitate recipere, quandam cartam sigillo cantoris sigillatam : ita quod civis vel habitator Matisconis volens nubere, non poterat nec debebat benedictionem recipere nuptialem absque dicta carta, super hoc primitus a dicto cantore vel ejus mandato petita, obtenta et recepta, et sigillo officii dictæ cantoriæ sigillata; indeque pro dicta carta et sigillo prædicto et emolumento eorumdem nomine, ad opus et ratione officii dictæ cantoriæ, a dictis civibus et habitatoribus dictæ civitatis nubere seu benedictionem nuptialem recipere volentibus, recipiendi, exigendi, levandi et habendi in pecunia aut aliter ad ipsius cantoris vel mandati sui voluntatem, consideratis conditione et divitiarum potentia personarum.* Cum vero id moleste ferrent Matisconenses, lisque ad curiam parlamenti delata esset, controversiam tandem sententia arbitrali definivit Guillelmus archiep. Lugdun. in hunc modum : *Cum jure canico et civili matrimonia debeant esse libera, pronunciamus, dicimus, arbitramur et ordinamus, quod cives et habitatores civitatis Matisconis, tam præsentes quam futuri et eorum imperpetuum successores, possint et eis liceat nubere et benedictionem nuptialem recipere impune, absque licentia sive carta prædicti et alterius cujuscumque nomine dicti cantoris : ita tamen quod pro jure et emolumento, quæ dictus cantor a nubere volentibus percipere consueverat, ratione dictarum cartarum, quilibet civis... nubens et benedictionem nuptialem recipere volens, ut supra, in ingressu ecclesiæ et antequam intret ecclesiam, curato sive capellano a quo recipiet benedictionem nuptialem, pro jure cantoriæ.... sex denarios Paris. tradere et solvere teneantur, dicendo publice sic : Veez ci six deniers Parisis pour lo droit dou chantre de l'église de Mascon.* Huc denique pertinet quod legitur in Libert. Vienn. ann. 1361. ex Reg. 101. ch. 118 : *Item puellæ maritandæ non teneantur coram officiali personaliter respondere, nisi probabiliter dubitetur an sint viri potentes et nisi in casibus a jure expressis.*

☞ Obtinuit et in Galliis nostris pessima *Marchetæ* consuetudo sub nomine *Cullage* vel *Culliage*, ut in hac voce observat D.

de Laurière in Gloss. juris Gallici ex Instrum. ann. 1507. cap. de Reditu Baroniæ S. Martini *le Gaillard : Item a ledit seigneur* (le Comte d'Eu) *audit lieu de saint Martin droit de Cullage quand on se marie.* Singulare autem factum hac de re refert Boerius Decis. 297. num. 17 : *Ego vidi in curia Bituricensi coram Metropolitano, processum appellationis, in quo rector, seu curatus parochialis, prætendebat ex consuetudine primam habere carnalem sponsæ cognitionem, quæ consuetudo fuit annullata, et in emendam condemnatus. Et pariter dici audivi, et pro certo teneri, nonnullos Vasconiæ dominos habere facultatem prima nocte nuptiarum suorum subditorum ponendi unam tibiam nudam ad latus neogamæ cubantis, aut componendi cum ipsis.* Eamdem hanc consuetudinem exstitisse apud Pedemontanos, quam *Cazzagio* vocabant, testis est Historia Sabaudiæ. [** Vide Mitterm. Princip. Jur. Germ. § 93. not. 18. sqq.]

* Hujus moris appendix est quod legitur in Pacto ann. 1318. inter Joan. *de Berbigny* dom. *de Dercy* et habitatores ejusd. villæ ex Reg. 59. Chartoph. reg. 150 : *Se aucuns demourans en ladite ville de Dercy, se marioit hors de ladite ville de Dercy, il devoit et estoit tenuz à amener sa famme au giste en la devant dite ville de Dercy, la nuit que il l'esposoit : et se famme de Dercy se marioit à aucun de dehors, elle devoit et estoit tenue à gesir à Dercy, la nuit que elle esposoit.*

Marchetum Sanguinis, in Fleta lib. 3. cap. 13. § 1. inter vilissima servitia recensetur. Vide *Maritagium.*

MARCHET-FUDER, [Pabulum equorum, stramentum, palea, a Germanico *March* equus, et *Futter*, pabulum; eadem notione qua *Fodrum*, quod vide.] Charta Friderici II. Imp. pro Ecclesia Pataviensi ann. 1215. in Metropoli Salisburgensi tom. 1. pag. 380 : *Super generali terræ judicio, quod Landgericht nominatur, quod idem Dux in quibusdam bonis Pataviensis Ecclesiæ suo juri vindicabat, et in quibusdam bonis ejusdem Ecclesiæ fodrum, quod vulgo dicitur Marchet-fuder, ad se asserebat pertinere, etc.* Infra *Marketfuter* scribitur. Charta Rudolfi Imp. ann. 1277. in ead. Metrop. Salisburg. tom. 1. pag. 394 : *Cum decem modiorum redditibus ibidem dari consuetis Principi terræ, pro jure, quod Marck-futer dicitur, etc.* Supra pag. 390. habetur *Marschul.*

¶ **March-futer**, Eadem notione. Litteræ Friderici Austriæ et Styriæ ann. 1243. pro monast. S. Floriani apud Ludewig. tom. 4. Reliq. MSS. pag. 222 : *Jus quoque nostrum quod March-futer in omnibus ecclesiæ prædiis, secundum antiquam collatam ipsi gratiam relaxamus.* Chron. Mellicense pag. 144. ex Privilegio Ottocari : *Exactiones in pabulo quod dicitur March-futer... sive in aliis quocunque nomine censeantur, circa eos fieri omnimodis inhibemus.*

1. **MARCHETUM**, Mercatum, forum, nundinæ, Gall. *Marché.* Charta Rogeri de Buliaco in Monastico Anglic. tom. 1. pag. 553 : *Dedi etiam eis feriam et Marchetum in eadem villa, absolute et libere, absque tenemento.* [Comput. ann. 1202. apud D. *Brussel* de Usu feud. tom. 2. pag. ccv. : *De forisfactis de Marchetis* xv. *s.*] *Bris et excès faits à jour de foire ou de marché*, in veteri Consuetud. Perticensi.

¶ 2. **MARCHETUM**, Alia notione. Vide *Marcheta.*

MARCHEUS. Vide *Marcha* 1.

¶ **MARCHEXATUS**, Marchionatus, Gall. *Marquisat.* Rolandinus Patavinus de factis in marchia Tarvis. lib. 12. cap. 8. apud Murator. tom. 8. col. 351 : *Cujus Estense castrum et roccham Eccelinus cepit hostiliter olim; sed ob reverentiam Marchexatus, quamvis plurimi peterent castri destructionem, castrum ipsum servavit incolume et illæsum.*

* **MARCHEYUM**, Mercatum, forum. *Novum Marcheyum*, in Feud. Norman. ex Reg. S. Justi Cam. Comput. Paris. fol. 154. v°. col. 1.

MARCHFALLI, Ab equo depositio, ex *march*, equus, et *fall*, casus. Lex Bajwar. tit. 3. cap. 3 : *Si quis aliquem de equo suo deposuerit, quod Marchfalli vocant etc.* Ubi Editio Heroldi tit. 18. *Mararchfalli.*

* **MARCHFUOTER**, in indice onomastico Meichelbecki ad Hist. Frising. Certa quantitas avenæ, ex Rubro parvo. Vide *Marchet-fuder.*

¶ **MARCHFURT**, Præstatio martii seu trimestris frumenti. Charta Friderici Ducis Austriæ et Styriæ ann. 1243. apud Ludewig. tom. 4. Reliq. MSS. pag. 228 : *Cum abavus noster Leopoldus piæ memoriæ sui privilegii concessione omnia prædictæ Ecclesiæ prædia habita vel habenda ubicumque in sui regiminis jure sita, ad petitionem Isemberti loci illius quondam Præpositi absolvit a redditione Marchialis annonæ, quæ dicitur Marchfurt, et omnis sui juris exhibitionem voluntarie remisit.* Vide *Marceschia.*

* Eadem notione, qua *Marchfuder;* avena enim, una est Martialis frumenti species.

¶ **MARCH-FUTER.** Vide *Marchet-fuder.*

¶ 1. **MARCHIA**, Nota, sigillum. Chron. Cremon. apud Murator. tom. 7. col. 640 : *Et judices et notarios ipsorum cassavit et Marchias et capita deposuit, et omnibus legitimis artibus et jurisdictionibus illos privavit. Marchia*, alio sensu, vide in *Marchio.*

¶ 2. **MARCHIA**, Gradus, a Gall. *Marche. Bassæ marchiæ*, ordo inferior dictus quod in publicis comitiis infimas sedes teneat. Homagium Johannis IV. Ducis Britan. apud Lobinell. tom. 2. Hist. Britan. pag. 526 : *Licet in bassis Marchiis dicatur quod ipse vobis tenetur ad homagium fidelitatis ratione sui Ducatus et Parerie Franciæ duntaxat, attamen etc. Marchia*, alia itidem notione, vide in *Marcha* 1.

* 3. **MARCHIA**, Idem quod *Marchionatus*, Comitis *marchæ* præpositi dignitas. Investit. comitat. Prov. data ann. 1162. Raym. comit. Barchin. per Frider. I. imper. : *Nitebantur probare Marchiam et totum comitatum Provinciæ ab utroque sibi esse concessum.... Et quod comitatus Provinciæ seu Marchia prædictorum privilegiorum auctoritate nullo modo ad præfatum Hugonem de Baucio spectare debent.* Quod ibi *Marchia* dicitur, *Marchionatum* appellat Frider. II. imper. in Ch. confirm. ann. 1226. pro Raym. Bereng. : *Raymundus Berengarius, comes et marchio Provinciæ, et comes Forcalquerii... devote et humiliter supplicavit, quatenus et Marchionatum Provinciæ et comitatum Forcalquerii, ... nec non privilegia prædecessorum nostrorum.... de nostra dignaremur gratia confirmare.* Vide in *Marchio.*

* 4. **MARCHIA**, Idem quod *Marescalcia* in *Marescalcus.* Locus est infra in *Marchmutte.*

¶ **MARCHIABILIS**, Modus agri certis limitibus seu *Marchis* definitus. Charta ann. 1375. apud Baluz. tom. 2. Hist. Arvern. pag. 208 : *Una cum... redditibus, talliis, francis et servis, bonnariis et Marchiabilibus, etc.* Et pag. 209 : *Marciabilibus, decimis, parceriis, etc.* Vide *Bonnarium.*

* **MARCHIAGIUM**, Eodem sensu atque *Marciagium* 2. Charta ann. 1406 : *Cum omnibus et singulis ipsius mansi sive villagii et tengudæ supradictæ introitibus, exitibus,.... aquarum cursibus, Marchiagiis, pascuragiis, etc.*

¶ **MARCHIALIS Annona**, Martium, trimestre frumentum, Gall. *Blé Marsois.* Litteræ Roberti Carnot. Episc. e Tabular. S. Germ. a Pratis : *Decimam de Cardonello monachi propriam habuerint, sed tamen annuatim inde dederint presbytero duo sextaria annonæ Marchialis.* Vide *Marceschia.*

¶ **MARCHIANUS**, Marchianæ. Vide *Marcha* 1.

¶ **MARCHICOMES.** Vide *Marchio.*

¶ **MARCHILEIUM**, Mercatum, forum, Gall. *Marché*, Armoricis *Marchallach.* Charta ann. 1206. tom. 2. Hist. Britan. pag. 329 : *De banno nundinarum in Marchileio bannitarum clamat bannum ex parte Comitis et Episcopi.*

* **MARCHILIUM**, Palus, locus palustris. Charta Hugon. dom. Fischæ ann. 1218. ex Bibl. reg. : *Contuli totam terram quæ jacet a cheminello, quo itur a villa quæ dicitur Goncort, ad villam quæ nominatur Eschaleuronnes, recta linea ab ipso cheminello per medium Marchilium Emalrici.* Vide supra *Marchesium.*

MARCHIMUOTTA. [* Idem quod infra *Marchmutte.* Vide in hac voce.] Vetus Charta in Metropoli Salisburgensi tom. 3. pag. 497 : *De Duce Bavariæ habet Cometiam in Luichental : a Duce Orientalis provinciæ de prædiis ipsis Comitis in terra ipsa positis, habet modios, qui vocatur Marchimuottæ, et justitiam operum, quæ in urbibus Ducis fieri debent, etc.*

MARCHIO, Marchisus, Marchensis, etc. Marcæ vel Marchæ, seu Provinciæ limitaneæ Præfectus, Comes Marcæ præpositus. Papias : *Marca dicitur Comitatus terræ alicujus, unde ipse Comes Marchio dicitur.* Joannes VII. PP. Epist. 21 : *Quidam videlicet ex viciniis nostris, quos Marchiones solito nuncupatis, etc.* Vita Ludovici ann. 786 : *Relictis tantum Marchionibus, qui fines regni tuentes, omnes, si forte ingruerent, hostium arcerent incursus.* [Charta Caroli Simplicis Franc. Regis tom. 3. Annal. Bened. pag. 698 : *Rotbertus venerabilis Marchio, nostri quidem regni et consilium et juvamen nobiscum.* Rhenanus lib. 2. Rer. Germ. 94 : *Erant præterea Comites ad custodiam maritimam, item ad marcam tuendam deputati, quos hodie Marchiones vocamus.* Christophori Mulleri Introductio in

Histor. Canoniæ Sand-Hippol. apud Duellium Miscell. lib. 1. pag. 239 : *Certis Francorum regni limitibus, quas marchas appellabant, assignati sunt præfecti seu Marchiones ex quorum numero fuere in Noricum missi Albertus et Okarius.*] Adam Bremensis cap. 48 : *Sic Henricus Victor apud Sliaswick... regni terminos ponens, ibi et Marchionem statuit.* Vide Capitul 4. Caroli Magni incerti anni cap. 5.

Marchenses, in Annalib. Francor. Fuldensibus ann. 886. 893. 895. apud Adonem Vienn. ann. 799. in Fragm. Hist. Longobard. edito a Camillo Peregrino pag. 147. in Chron. Benventanorum Ducum, etc.

Marchisi, Hincmaro in Epistola de Ordine Palatii cap. 30 : *Si inter Marchisos in qualibet regni parte ad aliud tempus dextræ datæ fuissent, etc.* [Charta ann. 937. apud Miræum tom. 1. pag. 39 : *Arnulphus, adminiculante supremi Regis clementia, Marchisus, etc. Balduinus Marchisus*, in Charta ann. 1042. tom. 4. Annal. Bened. pag. 734.] Utuntur etiam Ordericus Vitalis lib. 3. pag. 481. Radulphus de Diceto pag. 680. Bromptonus, Aldrevaldus lib. 1. de Mirac. S. Benedicti cap. 33. etc.

¶ Marchisani, in Bulla Nicolai V. PP. 1451. in Bullar. Carmelit. pag. 225 : *Inter alia voluit et ordinavit, quod de tribus millibus librarum monetæ Marchisanorum, etc.* Vide *Moneta Baronum*. Le Roman d'*Athis* MS. :

Un riche Duc de grant povoir,
Puissans d'amis, riche d'avoir,
Y est Marchisans de la contrée.

¶ Marchisarius, in Charta ann. 1371 : *Ludovicus Marchisarius de Salerno miles, etc.*

¶ Marchisinus *de Bonelda*, in Annal. Cæsenat. ad ann. 1316. apud Murator. tom. 14. col. 1135.

¶ Marchisius, Idem qui *Marchio*. Tabularium S. Florentii : *Giraldus venerabilis Abba monasterii S. Florentii nostram deprecatus est munificentiam et potestatem Liuriacum concedere dignaremur, quam jam divæ memoriæ genitor noster Gaufredus Marchisio ejusdem loci nomine Roberto ante concesserat.*

* Nostris alias *Marchis*, a verbo *Marchir*, Conterminum esse. Lit. ann. 1388. tom. 7. Ordinat. reg. Franc. pag. 208 : *La riviere du Rosne par tout son cours, tant comme elle joint et Marchit en ou à notre royaume.* Lit. Theob. comit. Campan. ann. 1231. tom. 5. earumd. Ordinat. pag. 550 : *Mathieu duc de Lohiriogne et Marchis etc. Je Ferris dux de Loherreine et Marchis fas conessant etc.* in Charta ann. 1257. ex Tabul. S. Apri Tull. *Margis*, in alia ann. 1267. ex Chartul. Campan. fol. 218. v°.

Nonnulli, ut Rhenanus et Brodeus lib. 3. Miscellan. putarunt, vocem effictam a *Marcisia* Celtico vocabulo, cujus meminit Pausanias lib. 10. quæ alam equitum significabat, aut a *March*, quod Francis nostris sequioribus equum notabat, ita ut Marchiones dicti sint, quasi equitum Magistri. Alii a Græcis deducunt, apud quos νομαρχία est provincia, unde prima syllaba ablata natum vocabulum *Marchia*, et *Marchio*, opinantur.

Verum a *Marcha*, seu limite dictos *Marchiones* pridem observarunt Albertus Krantzius in Wandalia lib. 3. cap. 13. Hotomanus in Comment. verb. Feudal. Chop. lib. 1. de Dom. tit. 5. n. 13. Zazius ad lib. Feud. parte 5. num. 10. etc. Unde *Custodes limitum*, in Vita Ludovici Pii ann. 822. 829. *Comites Marcæ*, apud Eginhardum ann. 822. et 826. Præ cæteris vero accurate et docte de Marchionibus disseruit Jo. Seldenus libro de Titulis honorariis parte 2. cap. 1. n. 47. ut et Scipio Ammiratus tom. 1. de Familiis Neapolit.

Marchio Palatinus, cui adnexa erat Palatini Comitis dignitas in ea *marchia*, quam regebat : occurrit apud Petrum de Vineis lib. 2. Epist. 48. lib. 3. Epist. 79.

Marchio S. Imperii. Froissart. 3. vol. cap. 9. ait, Carol. IV. Imp. Wenceslaum filium creasse Marchionem S. Imperii : *Si lui donna encore la Souveraineté de la belle, bonne et riche cité de Strasbourg, et le fit Marquis du S. Empire pour augmenter son estat.*

* Marchio *regni Francorum* nuncupatur Hugo abbas Majoris monasterii, in Charta Rodulfi reg. Franc. ex Tabul. ejusd. monast.

¶ Marchionatus, Gall. *Marquisat*. Charta ann. 1122. apud Miræum tom. 1. pag. 84 : *Danense Karolo Marchionatum administrante in Flandria.* Et alibi passim.

¶ Markisus, in Vita MS. S. Folquini Tarvan. Episc. ex Bibl. Bertiniana : *In ipso quoque ejus ingressu Markisus Arnulphus pro rogatu ejusdem suæ amantissimæ conjugis.*

¶ Marquesius. Charta ann. 1366. apud Baluz. tom. 2. Hist. Arvern. pag. 343 : *Nobilis Marquesius de Belloforti filius naturalis etc.* Alia ann. 1369. ibid. pag. 350 : *Item dictus D. Dalphinus promisit et donavit dicto Marquesio, nominibus quibus supra, arnezia eidem Catherinæ competentia.*

¶ Marquisius, in Hist. Tullensi pag. 511 : *Edouardus de Barro Marquisius de Pontis-Montonis... ejusdem Marquisii adjutor etc.*

¶ Marquisus, in Charta ann. 965. ex Tabular. Montis S. Michaelis : *Lotharius G. D. Rex. Richardus Northmannorum Marquisus, cum auctoritate D. Johannis S. R. Sedis Papæ restauravit in melius locum S. Michaelis situm in maris pelago.* [** Vide Glossar. med. Græcit. in voce Μαρκήσιος, col. 879.]

¶ Marquisia. Marchionissa, Gallice *Marquise*. Regest. Parlamenti ann. 1403. apud Baluz. tom. 2. Hist. Arvern. pag. 342 : *Hugo Dalphini Miles et Marquisia de Godeto ejus uxor etc.*

¶ Marcionissa, Eadem notione, in Charta ann. 1124. apud Calmet. tom. 2. Hist. Lotharing. col. 275 : *Ista et alia quamplurima contulit Otto Comes... sicut pater suus Arnulfus Comes pridem contulerat jussu Marcionissæ Mathildis.*

Marchia, Marchionatus. Speculum Saxonicum lib. 2. art. 12. § 5 : *Sententia in Comitatu reprobata, ad Marchiam appellari non potest, licet Comes sit cum eo Comitatu a Marchione infeudatus* ; *et hoc ideo, quia in Marchia non est regalis bannus, et eo jura eorum discrepant potissimum : ad Romanorum ergo Principem appellatur.* Adde Wichbild Magdeburgense artic. 10. § 1.

Marchiones, apud Meginfredum de S. Emeranno, tom. 1. Antiq. Lect. Canisii pag. 63. 73. et 122. Comites Provinciæ ad Regni confinia.

Marchicomes, Marchio et Comes, in Vita S. Wolfgangi Episcopi Ratispon. cap. 14. [et in Vita S. Ramuoldi Abb. num. 1. et 22. sæc. 6. Bened. part. 1.]

* Charta ann. 1122. inter Instr. tom. 6. Gall. Christ. col. 277 : *Ostenderunt antiquam Chartam, in qua Raimundus Marchicomes ecclesiam eandem dedit in alodem Juncellensibus, cum omnibus suis pertinentibus.*

Marchatus, pro *Marchionatus*, apud H. de *Knyghton* ann. 1339. nostris *Marquisat*.

* **MARCHIONALIS** Dignitas. Vide supra *Bannerialis*.

¶ **MARCHIONES**, Marchiæ, ut videtur, incolæ, seu Marchiani milites. Est autem *Marchia*, limes Angliæ proxime Walliam, hodie *The Marches.* Radulphus de Diceto in Imag. Hist. ann. 1173 : *Receptus est intra burgum Marchionum catervis, Brebantinorum cohortibus faciem suam præcedentibus.* Et mox : *Brebantinis et Marchionibus in direptionem cesserunt.* Eorum præterea meminit ann. 1174. et 1187. pag. 576. 579. et 639. ubi : *Infinitum Anglorum, Marchionum, Walensium et Armoricanorum congregavit exercitum. Marchisii* appellantur a Matthæo Parisio, ann. 1244. pag. 431. et ann. 1238. pag. 660. Atque ii præcipua militiæ laude et exercitatione præcellebant, maxime propter continua bella, quibus cum vicinis Wallensibus conflictabantur, cum fere semper eorum incursus retundere necesse haberent.

¶ Marchiones, Marchisenses. Vide *Moneta Comitum Marchiæ*, in *Moneta Baronum.*

* **MARCHIONITA**, *Marchiæ* seu provinciæ limitaneæ judex. [** Marchæ lignariæ consortes. Vide in *Marcha*, 1. mox *Marckemote*, *Marcomanni* et Grimm. Antiq. Jur. Germ. pag. 502.] Charta Otton. comit. Ravensberg. ann. 1166. inter Probat. Annal. Præmonst. col. 698 : *Tribunos et jurisperitos in marchia conversantes secretius advocavi, qui unanimiter in idpsum consentiebant... Quando Marchionitæ ligna cuique pro sua portione partiuntur, duæ illæ curtes illo tempore termino, pro placito succidant.*

* **MARCHIPEDIUM**, Idem quod mox *Marchipes.* Chartul. eccl. Carnot. ann. circ. 300 : *Ipse coquus debet.... ponere tabulam ligneam, quæ est sub pedibus matriculariorum, quando tenent sanctam capsam prope altare, et extendere desuper unum Marchipedium sub pedibus sacerdotis.*

* **MARCHIPES**, Tapes, quo tabulatum, vulgo *Estrade*, insternitur, Gall. *Tapis de pied.* Inventar. S. Capel. Paris. ann. 1335. in Reg. I. Chartoph. reg. ch. 7 : *Item quatuor Marchipedes de lana de armis Franciæ ad quatuor compassus Franciæ et Burgondiæ.* Lit. remiss. ann. 1397. in Reg. 152. ch. 72 : *Un couvertoir de conins, un Marchepié, un seurcot à femme, une houppelande, etc. Marchepié* præterea appellatur Instrumentum quoddam piscationi accommodum. Stat. ann. 1327. ex Reg. 65.

ch. 69 : *Item nous deffendons Marchepié à l'archet de Pasques à Penthecouste.* Occurrit etiam in Stat. ann. 1388. tom. 7. Ordinat. reg. Franc. pag. 779. art. 47.

* **MARCHIPIS**, Tabulatum, Gall. *Marchepied, estrade.* Inventar. ann. 1476. ex Tabul. Flamar. : *Unum lectum incortinatum.... cum suo arcalecto postium coralli et cum suo Machipe coralli, etc.*

* **MARCHISANA**, Italis, *Marchesana*, Marchionissa. Charta ann. 1224. apud Cenc. inter Cens. eccl. Rom. Mss. : *Ego domicella Benedicta Marchisana Masse, judicissa Beulatrina etc.*

¶ **MARCHISINUS**, Marchisius, etc. Vide *Marchio.*

¶ **MARCHITIMUS.** Vide *Marcha* 1.

* **MARCHIUS**, pro *Marca*, Pondus. Stat. ant. Florent. lib. 3. cap. 129. ex Cod. reg. 4621 : *Et domini monetæ seu aliquis alius.... partiri faciat.... quoniam, torsellum, pilam, puntellum, Marchium seu pondus monetæ aureæ vel argenteæ.* Vide *Marca* 1. et infra *Marchus* 2.

¶ **MARCHIXAGA**, Monetæ species, forte sic dicta quod in districtu Marchionis in usu esset. Chron. Estense ad ann. 1393. apud Murator. tom. 15. col. 529 : *Dominus* (Albertus Estensis) *Marchio dictam capellam dotavit insignibus introitibus annuatim librarum mille Marchixagarum summam capientibus.*

* **MARCHMUTTE**, Idem quod *Marchetfuder.* Charta Conradi II. reg. Rom. ann. 1147. apud Pez. tom. 6. Anecd. part. 1. col. 346 : *Statuimus etiam et benigna concedimus clementia, ut justitia illa marchiæ, quæ vulgo Marchmutte dicitur, et opera, quæ hactenus a colinis* (l. colonis) *exigebantur, deinceps ad usum ejusdem ecclesiæ conferantur.* Ubi Leopold. dux Austriæ in diplom. ann. 1181. habet : *Pabulum, quod marstallo nostro solvitur.* Idem proinde est quod *Marescalcia.* Vide *Marchimuotta.* [** et Graff. Thesaur. Ling. Franc. tom. 2. col. 700. voce *Mutti*, modius.]

¶ **MARCHOCIA**, Machoria, Equile, stabulum equorum, Gall. *Ecurie*, Armoricis *Marchaucy.* Charta an. circ. 1297. tom. 2. novæ Gall. Christ. inter Instr. col. 453 : *Et ipse* (Episcopus) *debebat et poterat... suos equos stabulare in Marchociis dicti reparii... et fecit de Machoriis expelli omnes equos quos invenit ibi, et suos et familiæ suæ et eorum qui secum erant, ibi reponi.* Vide *Mareschalcia.*

* **MARCHOMANNICUS.** Vide infra *Marcomanni.*

¶ **MARCHONATICUS**, Pabulum equorum, jus exigendi *fodrum.* Charta an. circ. 813. tom. 1. novæ Hist. Occitan. inter Instr. col. 37 : *Ut nulla magna parvaque persona, neque Dux, neque Comes, neque Marchio, vir vel femina, neque ulla clericalis vel laicalis phalangia, potestatem habeat nec paratas, nec Marchonaticos, nec teloneos... ibi requirat.* Vide *Marchet-fuder.*

* **MARCHRECHT**, Marchtrecht, Jus mercatum instituendi et vectigalia ex eo percipiendi. Charta Frider. imper. ann. 1189. apud Meichelbec. tom. 1. Hist. Frising. pag. 380 : *Cum dux Austriæ Leopoldus ejusque filius Fridericus omnem majestati nostræ resignasent justitiam, quam per dominicalia Frisingensis episcopi quondam ab imperio possederant in Austria, id est Marchrecht, etc.* Alia Wolskeri Patav. episc. ann. 1195. inter Probat. tom. 2. Annal. Præmonst. col. 289 : *Justitiam fori nostri in Patavia, quod Marchtrecht dicunt, justitiam quoque nostram de Thelo, quod muta vocatur,... in perpetuum remisimus.*

¶ **MARCHUM**, Idem quod *Marca*, Pondus. Charta ann. 1347. apud Rymer. tom. 5. pag. 571 : *Quindecim milia marcarum sterlingorum argenti, ad commune Marchum Angliæ.* Ubi videtur esse pondus regale, quo cetera pondera probantur. Occurrit etiam in Statut. Asteus. cap. 11. pag. 17.

* Charta Guid. episc. Clarom. pro villis Biliomi et S. Lupi ann. 1281. in Reg. 73 Chartoph. reg. ch. 1 : *Qui libra propria falsa, vel Marcho proprio falso vendiderit et convictus fuerit, sexaginta solidos componet.* Vide supra *Marchius.*

1. **MARCHUS**, Scopus uvarum, racemorum, Gall. *Marc de vin.* In Statutis Synodalibus Odonis Episcopi Parisiensis cavetur, *ne aliquis Christianus retineat apud se Marchum vindemiarum, quem Judæi calcant aliquo modo, etc.* Tabularium Ecclesiæ Carnotensis ann. 1218. Ch. 145 : *Et ad vindemiatores conducendos, et racemos colligendos et folandos, et Marcum in torculari premendum, etc.*

¶ 2. **MARCHUS**, ut mox *Marchum.* *Item* XIV. *Marchos perlarum minutarum non computandarum*, in Annal. Mediol. ann. 1389. apud Murator. tom. 16. col. 809.

MARCHZAN. Lex Alemann. tit. 63. § 5 : *Si quis dentem absciderit, quem Alamanni Marchzan vocant, etc.* Lex Bajwar. tit. 3. cap. 1. § 24 : *Si quis alicui dentem maxillarem, quem Marchzan vocant, excusserit, etc.* Edit. Heroldi tit. 16. *Marchzant.* Ubi Lindenbrog. dentes terminales ita appellari posse putat, id est, qui caninos a maxillaribus dentibus separant, quos nunc Germ. *Scheidelzanen* appellant. [** Vide Graff. Thesaur. Ling. Fr. tom. 2. col. 846. et tom. 5. col. 684.]

¶ **MARCIA**, vox Italica, rei cujusvis fæx, nostris *Marc.* Statuta Vercell. lib. 7. pag. 150. v° : *Item statutum est quod si homo vel aliquis de familia sua aliquas scopaturas,.... compositam Marciam in rugis, vel plateis, vel viis projecerit, etc.*

¶ **MARCIABILIS.** Vide *Marchiabilis.*

¶ 1. **MARCIAGIUM**, Martium seu trimestre frumentum, Gall. *Blé Marsois.* Charta ann. 1225. in Tabular. Eccl. Carnot. n. 203 : *In ea* (grangia) *habere debent jure perpetuo omnia stramina et forragia cujuslibet bladi tam hybernagii quam Marciagii.* Vide *Marceschia.*

¶ 2. **MARCIAGIUM**, Jus quod domino censuali et directo competit [* in mutatione domini, non venditione, ut habent Glossæ Thaumasserii,] percipiendi fructus unius e tribus annis, aut medietatem ejusdem anni ratione fructuum ex industria procreatorum. *Droit de Marciaige*, vel *Marciage*, *Marcier*, ad calcem Consuetud. Burbonensis. Charta ann. 1308. in Tabular. Medii monast. Bituric. : *Ab omni feodo, retrofeodo, rachatu, Marciagio, anniversario.... garantiet et deffendet.* [* Charta Petri abb. Aquicinct. ann. 1310. in Reg. 47. Chartoph. reg. ch. 61 : *In terris arabilibus, pratis et nemoribus, decimis, terragiis, redditibus, homagiis, forafiis, Marciagiis, introitibus, exitibus, relevis, etc.*]

MARCIALIS Annona. Vide *Marceschia.*

* **MARCIANI**, Appellationis rationem docet Joan. Simoneta in Hist. Franc. Sfortiæ ad ann. 1448. apud Murator. tom. 21. Scriptor. Ital. col. 470 : *Quod essent præter cæteros maxime studiosi Venetæ dignitatis, a divo Marco evangelista Marciani appellati.*

* **MARCIATON**, Unguenti genus. Epist. 1. Hugon. Metelli ad S. Bern. tom. 2. Monum. sacr. antiq. pag. 322 : *Componunt unguenta ad tollendos morbos mentis efficacia... Componunt Marciaton viride, quod facit animum, non corpus vivere, cujus viriditas propter frigus non marcescit, nec propter ardorem cancri pallescit aut languescit.* Glossar. Lat. Ital. MS. : *Marciatum, uno unguento.* Itali dicunt *Marcire*, pro Tabescere; a quo fortasse vocis etymon.

MARCIDARE, *Turpare, dissipare*, in Gloss. Arabico Latinis.

* **MARCIDITAS**, *Marcor, flactor*, in Glossar. Provinc. Lat. ex Cod. reg. 7657. Vide *Marcor.*

MARCILIS. Chronicon Andegavense ann. 1163. tom. 1. Bibl. Labbei : *Hoc anno Rodulfus Senescallus tum temporis in Santonia extorsit a Pagano Priore S. Georgii de Olerone* 150. *nummos, inscio Abbate Gerardo, et* 12. *scyphos argenteos Marciles.* Vide *Mazer.* [Forte, qui unam marcam appendebant.]

MARCIO, Latomus. Vide *Macio.*

¶ **MARCIONISSA.** Vide *Marchio.*

¶ **MARCISCA**, ut *Marceschia.* Vide ibi.

¶ **MARCIUM.** Vide *Marejum.*

¶ **MARCKEMOTE**, Marchio.[** Vide *Marchionita.*] Charta Theodorici Episc. Traject. an. 1200. apud Jo. Lindebornium in Not. Episc. Daventriensis pag. 514 : *Comprovinciales et Commarchiones, qui vulgo Marckemote vocantur.* Adde pag. 519.

¶ **MARCK-FUTER.** Vide *Marchet-fuder.*

* **MARCKA.** Vide infra *Marka.*

* **MARCLENIA.** Testam. Romei de Villanova ann. 1250. ex Tabul. D. Venciæ : *Item debeo Isnardo de Castronovo pro Marcleniis mihi factis in civitate Niciæ usque ad viginti quinque libras Turonenses.* An Thorax maculis contextus? Vide *Macula* 2.

* **MARCOCIA**, Jus herbam immaturam depascendi. Tabul. priorat. Longi pont. diœc. Paris. : *Guido senior de Monte Letherico dat ut omnia prata quitta essent ab omni Marcocia armigerorum.* Vide *Marcouceia.*

MARCOMANNI. Hermannus *de Lerbecke* in Hist. Comitum Schawenburg. pag. 16 : *Vocitantur autem usitato nomine Marcomanni plebes undecunque collectæ, quæ marcam incolunt. Sunt autem in terra Slavorum marcæ complures, etc.* Vide Meibomium ad hunc locum p. 50. et *Marchionita*

* Eadem appellatione donati Normanni. Hinc

* Marchomannica Sevebitas, pro Normannorum sævitia, in Charta ann. 875. inter Probat. ult. Hist. Trenorch. pag. 93 : *In comitatu Alvernico cellam S. Portiani,*

cum omnibus appenditiis suis, quæ ipse sorta pietate, causa confugii, monachis sanctæ et intemeratæ Dei Genitricis Mariæ sanctique Filiberti inclyti confessoris, ob vitandam Marchomannicam severitatem contulerat. De Normannis hic agi certum est ex Charta Caroli C. ann. 871. ibid. pag. 88. concedentis abbatiam S. Portiani monachis S. Filiberti *ut quandiu persecutio Normandorum invaluerit, eandem abbatiam S. Porciani jam dicti fratres* (possideant) *nec huc illucque vacillantes discurrant, ad locum refugii congratulantes aptum.* Et ex Charta Joan. VIII. PP. ibid. pag. 99. ubi legitur : *Verum quia ob vitandam persecutionem Normannorum prædictum locum gloriosus rex necne pater ejus contulerant etc. Normannica sævitia*, infra p. 111. ex Charta an. 924.

* **MARCONES**, perperam, ni fallor, pro *Martures*, feræ scilicet exiguæ ex genere mustelarum, quarum pelles habentur in pretio. Charta Henr. ducis Carinth. ann. 1103. apud Pez. tom. 6. Anecd. part. 1. col. 285 : *Cum omni utilitate, silvis, venationibus, piscationibus, pascuis, pratis, cultis locis et incultis,... castoribus et Marconibus.... Saltum autem, qui Vorst vulgo dicitur, cum omni usu, quem habet, venationibus, melle, pellibus Marconum, etc.*

¶ **MARCOR**, Sopor, Gall. *Assoupissement.* Regula monast. S. Cæsariæ tom. 1. Jan. pag. 731 : *Si qua gravatur somno, aliis sedentibus jubeatur stare, ut possit a se somni Marcorem repellere, ne in opere Dei aut tepida inveniatur aut negligens.* Eadem notione Celsus lib. 3. cap. 20 : *In hoc* (lethargo) *Marcor et inexpugnabilis perdormiendi necessitas.*

* **MARCOROSUS**, Surculis abundans. Glossar. Lat. Ital. MS. : *Marcorosus, pieno de marza.* Italis, *Marza*, surculus. Vide supra *Malholhus.*

* **MARCOSI** Solidi. Vide infra in *Solidus* 2.

MARCOUCEIA. Charta Roberti Comitis Drocarum ann. 1205. ex Tabulario Fossatensi f. 21 : *Illam pratorum depastionem, quam in pratis subtus Torciacum sitis a medio Martio usque ad 1. diem mensis Maii singulis annis habebamus, quæ pratorum depastio vulgariter Marcouceia vocabatur, etc.* Vide *Marcocia.*

¶ 1. **MARCULUS**, *Malleus pusillus*, Isidoro lib. 19. Orig. cap. 17. *Marculus, petit mail, maillet*, in Gloss. Lat. Gall. Sangerm. Martialis Epigr. 57. lib. 12 :

> . . . . . . negant vitam
> Ludimagistri mane, nocte pistores,
> Ærariorum Marculi die toto.

Martulum scripsit Plinius lib. 7. Hist. Natur. Est autem *Marculus* diminutivum a *Mercus*, 1.

* 2. **MARCULUS**, dimin. ab Italico *Marco*, Monetæ minutioris species. Barel. serm. in fer. 2. hebd. 4. Quadrag. : *Et omnis ludus qui initur fortunæ,.... sicut de illo qui occisus est pro uno Marculo Mantuæ.*

* 1. **MARCUM**, Scopus uvarum, racemorum, Gall. *Marc de vin.* Charta ann. 1217. ex Tabul. Major. monast. : *Ita quod neminem virorum illorum sive mulierum, qui nobis debent pressoragium, si ad pressorium ipsius Simonis Marca sua detulerint pressoranda, contra nos præsumat defendere.* Alia ann. 1224. in Chartul. Barbel. pag. 281 : *Homines de Nemosio non pressorabunt Marcum suum de vineis suis, quas habent in censiva monachorum.* Tabul. S. Maglor. Paris. ch. 14 : *Coram quolibet torculari erit quædam porta, quæ de die et de nocte quolibet anno, a primo Marco in vindemiis ibidem pressorato usque ad ultimum tantummodo erit aperta. Merc*, in Consuet. Castel. ad Sequanam ex Cod. reg. 9898. 2. Vide *Marchus* 1.

* 2. **MARCUM**, Signum, nota, stigma, Ital. *Marco.* Stat. crimin. Saonæ cap. 31. pag. 64 : *Marchetur in facie Marco apparenti ferro ignito, ita quod cicatrix publice appareat.*

¶ 1. **MARCUS**, *Malleus major dictus quod major sit ad cædendum.* Papias.

2. **MARCUS**, *Excelsus*, in Gloss. Arabico-Lat.

3. **MARCUS**, pro Marcha et limite, sæpe occurrit in Tradit. Fuld. pag. 449. 450. 451. 452. etc. 522. et apud Freher. in Orig. Palat. 1. part. pag. 51.

4. **MARCUS**, pro *Marca.* Vide in *Marca* 1.

¶ **MARDANUM**, pro *Maidanum.* Vide in hac voce.

MARDANUS, *Mas ovium*, in Foris Aragonensibus apud Michaelem *del Molino* in Repertorio, in voce *Ganata : Marem ovium, qui alias dicitur Mardanus, si aliquis eum surripuerit, etc.*

¶ **MARDARA** Scuba, Toga pellibus mustellarum instructa: Epistolæ obscurorum virorum : *Sed alias sum inimicus Juristarum, quia vadunt in rubeis caligis, et in Mardaris scubis.* Vide *Martures.*

* **MARDARINA** Pellis. Vide in *Martures.*

MARDEGENA, Uvæ species, de qua Petrus de Crescentiis lib. 4. cap. 4.

¶ **MARDERELLUM.** Charta ann. 1282. ex Chartul. S. Vandreg. tom. 1. pag. 1029 : *Tradidimus et concessimus in feodum et hæreditagium perpetuum Radulfo dicto le Vilain... unam pechiam terræ... sitam juxta domum Roberti Crespin... et aboutat ad vicum pro ante, et Marderellum pro retro.* Forte nomen proprium loci alicujus, ut

¶ Merderellum, apud Senonas, locus quidam suburbanus, vulgo *Merderet* vel *Merdat.* Charta Officialis Senon. ann. 1275 : *Recognovit concessisse quasdam cameras.... sitas super Merderellum subtus muros Senonenses, etc.*

* Locus, ubi latrinæ publicæ, Provincialibus *Lou Mardaric.*

¶ **MARDRINUS.** Albertus Aquens. lib. 2. cap. 16 : *In splendore et ornatu pretiosarum vestium tam ex ostro quam aurifrigio, et in niveo opere harmellino et ex Mardrino, grisioque et vario, quibus Gallorum Principes præcipue utuntur.* Idem lib. 8. cap. 20 : *Sustulerunt... molles vestes, pellicios varios, grisios, harmellinos, Mardinos, etc.* Ex quibus certum videtur vocem *Mardrinus* intelligendam de pellibus mustellarum, quæ magno in pretio apud nostros erant, atque adeo idem esse quod *Martures.* Vide in hac voce. Hinc facile crediderim pro *Mardrinus* legendum esse *Martrinus.* [** *Mardrinus* occurrit etiam in Ruodlieb. fr. 13. vers. 108. Vide *Muntel* in *Manta.*] *Mardrinus*, alia notione, occurrit in *Mazer.*

¶ **MARDRUM**, f. pro *Maldrum*, Mensuræ genus. Vetus charta Cantabrig. apud Somnerum in Tractat. de *Gavelkind* pag. 135 : *Concessi etiam eis quietantiam Mardri infra urbem.* Vide *Maltra.*

* *Mardre*, quod idem esse videtur atque *Mardrum*, recensetur inter privilegia civitatis Rigensis in Charta ann. 1452. tom. 5. Cod. diplom. Polon. pag. 137. col. 2 : *Confirmavimus omnia eorum privilegia,... tam quæ loquuntur super judiciis, libertatibus, et Mardre vulgariter dictis, nostræ civitatis Rigensis, quam super aliis libertatibus.* Quæ vox, si ad *Maldrum* referenda est, absolutionem a præstatione pro mensuris exsolvenda significat.

MARDUBINA Pellis. Vide in *Martures.*

MARE, Receptus quarumvis aquarum. Isidor. lib. 13. cap. 14. ex S. Hieronym. in Quæst. in Genesin : *Mare est aquarum generalis collectio : omnis enim congregatio aquarum, sive salsæ sint, sive dulces, abusive maria nuncupantur, juxta illud : Et congregationes aquarum vocavit maria.* Monumentum Ancyranum : *Rivos aquarum compluribus locis vetustate labentes refeci, et aquam, quæ Maria appellatur, duplicavi, etc.* [Chron. Farf. tom. 2. Murat. part. 2. col. 409 : *Concessit Guidonato unam petiam terræ ad casas ædificandum, et alias res ibidem ad cellam nostram S. Mariæ de Minione pertinentes... et si necesse esset, gunitas ad Mare faciendum.*] Gervasius Tilleberiensis lib. 3. Otior. Imper. cap. 54. observat, Hebræos lacus majores, seu quamlibet congregationem aquarum, *maria* appellare. [Cui concinit Petrus Abaelardus Exposit. in Hexam. apud Marten. tom. 5. Anecd. col. 1380 : *Apud Hebræos cunctæ aquarum congregationes, sive salsæ, sive dulces, appellari Maria dicuntur.*] Ita lacus Tiberiadis, quem Pausanias lib. 1. Eliac. λίμνην Τιβερίαδα vocat, semper θάλασσα τῆς Τιβεριάδος dicitur in Evangeliis; S. Lucas λίμνην perinde vocat, quod alii θάλασσαν *de Gennasara.* Sed et observatum a Scholiaste Oppiani lib. 3. Halieut. v. 215. eumdem Poetam *mare*, λίμνην appellare. Lacus Asphaltitis, *Mortuum mare* vulgo appellatur. Inde forte enatæ voces, *moer, mor*, pro palude, aut lacu, apud Germanos, Flandros, et Anglos, apud quos, ut auctor est idem Tilleberiensis cap. 90 : *omnis concursus meer seu Mare dicitur. Hinc stagna Haveringmere, Mare Haveringi, Wlferesmere, Mare Wlferi Regis, etc.* [Charta ann. 1218. apud Kennet. Antiquit. Ambrosden. pag. 187 : *Cum marisco integro qui vocatur Croowelle-moor*, Alia ann. 1499. ibidem pag. 531 : *Incipiendo juxta quoddam parvum Moore jacens ad finem cujusdam semitæ.*] Vide Cæsarium fratrem S. Gregorii Theologi Dial. 1. cap. 81. Conrad. Usperg. Propontidem *paludem* vocat : *Usque ad paludem sive sinum Maris, qui Brachium S. Georgii dicitur, devastantes.* Fundatio Monasterii S. Crucis Burdegalensis : *Cum Oratorio S. Dei genitricis Mariæ, cum aquis dulcis de Mare salissæ, usque ad Mare dulcia, cum montaneis, cum pineta, cum piscatione, etc.* ubi *mare salissæ* videtur esse, quod dicimus, *Mer salée.*

☞ Audiendus ea de re, le Roman *de la guerre de Troyes* MS. :

En la partie d'Orient,
Dont ja parlai premierement,
Oit seul huit mers; c'est Capion,
Et l'autre est mer Persicon,
Li tierce nomerent, ce m'est vis,
La mer de Tymbriadis,
Li qatre renomcat apres
Par nom la mer Eufrates,
Et la qinte mer Rubrum,
Li siste mer Arabicum,
Li septisme mer ot nom Champforte,
Li huitisme dient la mer Morte.

¶ MARE AUSTRALE, Mare Tyrrhenum, Gall. *Mer de Toscane*, pars maris Mediterranei. Charta divisionis regni inter filios Caroli Caroli M. : *Una cum ducatu Tuscano usque ad Mare australe et usque ad Provinciam.*

MARE GRÆCORUM, Mediterraneum. Bracton, lib. 5. Tract. 2. cap. 2. § 3. ubi de Essoniis : *Sunt quidem de ultra Mare plura genera, scilicet de ultra mare et citra Mare Græcorum, et est Essonium de ultra Mare Græcorum et de citra Mare Græcorum, sicut in peregrinatione versus S. Jacobum, etc.* Vinc. Belvac. lib. 32. cap. 21 : *Intrantque Mare Græciæ, quod dicitur magnum Mare. Mare Græcum*, in Monastic. Anglic. tom. 2. pag. 193. Ita apud Brittonum pag. 119. d. v.

MARE LEONIS, Pars maris Mediterranei ad Galliæ littora, vulgo *la Mer des Lions*. Gesta S. Ludovici ann. 1269 : *Die vero Veneris subsequenti circa mediam noctem ventorum turbinibus procellosos fluctus exagitans mare discutitur in Maris Leonis introitu, quod ideo sic nuncupatur, quod semper est asperum, fluctuosum et crudele.* Petrus Alectensis Episcop. Senogall. in Itinerario Gregorii XI. PP. : *Noster transitus fuit ante Leones Forojuliensis diœcesis. Golf de Leo*, apud Raimundum Montanerium in Historia Reg. Aragon. cap. 172. Vide nuperam Notitiam Galliæ.

MARE MAGNUM, non modo Veteres vocarunt *Mare* illud, quod *Mediterraneum* dicimus, ut observavit Turnebus lib. 19. Advers. cap. 20. lib. 20. cap. 26. sed etiam Scriptores mediæ ætatis, atque in iis Sidon. in Panegyric. Majoriani v. 394. Senator lib. 4. Epist. 50. Isid. lib. 13. cap. 16. S. Eucherius de Laude eremi, Fulcherius Carnotensis lib. 2. Hist. Hieros. cap. 55. lib. 3. cap. 34. 59. Villharduinus n. 65. Conrad. Usperg. ann. 1152. Brocardus in Descript. Terræ Sanctæ pag. mihi 259. 286. Chronic. Novalicense lib. 5. pag. 641. vetus Charta in Chronol. Lerinensi 1. part. pag. 365. Historia Cortusiorum lib. 10. cap. 7. Ruffius in Comitibus Provinc. pag. 64. etc. Papias : *Mare magnum est, quod ab Occasu ex Oceano fluit, et in Meridiem vergit, deinde ad Septentrionem tendit : quod inde Magnum appellatur, quia cætera maria in comparatione ejus minora sunt. Istud est et Mediterraneum, etc.* Cælius Aurel. lib. 2. Acut. cap. 30 : *Vulgus quadam consuetudine propria, atque dominantia magnis nominibus appellat, ut Magnum mare, sacrum mare, atque luem deificam, epilepticam passionem.*

MARE MAJUS, Idem quod *Mare magnum*. Conventiones Michaelis Palæologi Imperat. et Genuensium a nobis descriptæ in Hist. Franco-Byzant. pag. 11 : *Promisit iterum et convenit, quod non permittet de cœtero negotiari inter Majus mare aliquem Latinum, neque Januensem et Pisanum.* [Bernardi *de Breydenbach* Itin. Jerosol. pag. 170 : *Libet hic præterire mare Euxinum* (ut aiunt) *Mediterraneum, quod etiam vulgo Mare majus dicitur.*]

¶ MARE ORIENTALE, Pars oceani Septentrionalis seu maris Baltici. Præceptum Ludovici Pii de institutione Episcopatus Hammaburgensis tom. 1. Capitul. col. 683 : *Certo limite circumscriptum esse volumus, videlicet ab Albia flumine deorsum usque ad mare oceanum, et rursum per omnem Slavorum provinciam usque ad Mare quod Orientale vocant, et per omnes prædictas nationes Septentrionis.*

MARE PETROSUM, Mare Adriaticum. Breviloq. : *Adria est Mare petrosum, et dicitur ab Adros, Græce, id est, Petra, eo quod magis est petrosum quam alia maria.*

MARE SCOTIÆ, in Legibus Malcolmi II. Regis Scotiæ cap. 8. § 1. appellari ait Skenæus amnem seu fluvium, cui nomen est *Fortha* : cujus æstuarium *Lothianum* et *Fifam* Provincias separat, et reliqua omnia æstuaria in hoc regno magnitudine superat, ideoque *Mare Scoticum* dicitur. Ita Buchan. lib. 1. *Forthæn*, mare Scoticum vocat, pag. 14.

* MARE GERONDA, Fluvius, vulgo *Gironde*. Charta Henr. V. reg. Angl. ex Cod. reg. 8387. 4. fol. 44. r°. : *Usque ad bocam Jalæ, ubi Jala cadit in Mare, vocatum Geronda.... Aqua appellata la Blanqua descendit usque ad bocam sterii de Correyano, ubi dictum esterium cadit in Mari, vocato Geronda.* Vide Vales. in Notit. Gall. pag. 222. col. 2.

MARIA QUATUOR. Statutum de Religiosis ann. 7. Edw. I. Regis Angliæ : *Et si omnes hujusmodi capitales domini hujusmodi feodi, qui plenæ ætatis fuerint, infra quatuor Maria, et extra prisonam, per unum annum et dimidium negligentes fuerint, vel remissi in hac parte, etc.*

MARE VITREUM, Vasis species. Charta Hugonis Ducis Burgundiæ tom. 6. Spicilegii Acheriani pag. 456 : *Capsæ argenteæ,... urceolum, Mare vitreum unum, corona argentea una, etc.*

MARE, incerta mihi notione, nisi *paludem* sonet. Vetus Pactum nuptiale MS. ann. 1129 : *Excepto usufructu feudi Guillelmi Montispessulani, et drudaria Pontii Raimundi, et unius Maris.*

MARIS DESPONSATIO. Andr. Dandulus in Chr. MS. ann. 1176 : *Tunc summus Pontifex* (Alexander) *gratias Deo agens, anulum Duci porrexit, dicens, Te, fili Dux, tuosque successores aureo anulo singulis annis in die Ascensionis Mariæ Mare desponsare volumus, sicut vir.... sibi desponsat uxorem, cum vere ipsius custos censearis, et ab infestationibus nostrum mare tutum conservasti.* Vide eumd. sub ann. 1177. Nota sunt, quæ observant Veneti in ejusmodi ceremonia.

* MAREA, a Gallico *Marée*, Marinus piscis. Arest. parlam. Paris. ann. 1379. tom. 6. Ordinat. reg. Franc. pag. 407 : *Pro quolibet calato Mareæ, unum denarium,.... pro quolibet equo portante Maream, unum denarium.*

MAREARCHUS, MARISARCHUS, Amiralius, Thalassiarcha, vel Præfectus maris : vox ex Latina et Græca compacta, apud Henric. Knyghtonem in Edw. III. et Ricardo II.

¶ MAREARE, Mare navigare, Hispanis *Marear*, Ital. *Mareggiare*. Charta ann. 1231. ex Arch. Castri Nannet. : *Salvi conductus et victualium pro navigantibus seu Mareantibus per mare Britannicum.*

* Fluctuare, per mare vel in portum navem dirigere, nostris alias *Maréer* et *Marer*. Charta ann. 1342. in Reg. 74 Chartoph. reg. ch. 492 : *Accordons...., que des ores en avant lesdiz religieux aient et prengnent,.... de chascune gabarre, qui par ledit port Maréera, dix soulz chascun an qu'elle Maréera oudit port.... Et est par le transigé et accordé, que si par leur fait, faute ou coulpe... l'en ne peust bonnement et liberament Maréer par ledit port etc.* Lit. remiss. ann. 1391. in Reg. 141. ch. 89 : *Tu as fait que faux et traitre d'aler Maréer avecques autres que ceulx avec qui tu te estoies loué.* Aliæ ann. 1453. in Reg. 82. ch. 52 : *Le maistre d'icellui balenier le voult habandonner, disant que plus ne le Mareroit pour le grand trait qu'il portoit.* Occurrit præterea tom. 1. Probat. Hist. Brit. col. 792. *Maroier*, eadem acceptione, in Lit. remiss. ann. 1453. ex Reg. 182. ch. 59 : *Le suppliant, depuis qu'il vint à l'aage de xvij. ans ou environ, il s'est mis à maronner sur la mer,.... tellement qu'il savoit bien et sceurement mener, conduire et Maroier ung navire.* Vide infra *Marrones*.

¶ MARECALCIA. Vide in *Marescalcus*.

¶ MARECLA, Partes maritimæ dici videntur, in Annal. Cæsenat. ad ann. 1297. apud Murator. tom. 14. col. 1115 : *Cæsenates cum Romagnolis... et Imolensibus cremaverunt citra Mareclam quasi totum Comitatum Arimini et Lonzanum.*

MAREDES. Charta Hispanica ann. 955. apud Sandovallium : *Offero et concedo Ecclesiam sanctæ Mariæ de Flebenia, quæ est sita in Alfoz de Celorico, cum Ecclesia sancti Romani, et cum hæreditatibus, et collatis, et cum quantum ibi ad me pertinet; et illam meam Maredes, quæ est in Alfoz de Ceroceda, quam comparavi a Rege meo Ordonio etc.*

MAREDUS, *Madidus, udus*. Papias.

¶ MAREJUM, Mercatum, forum, Gall. *Marché*. Charta Philippi Aug. Franc. Regis pro hominibus Clariaci ann. 1201. apud Stephanot. tom. 13. Fragm. Hist. MSS. pag. 176 : *Quando homines de Clariaco ibunt Aurelianis cum mercatura sua, pro quadriga sua solum nummum persolvent in urbis egressu, scilicet quando ibunt non causa feriæ, et quando causa feriæ in Marejo ierint in ingressu Aurelianis quatuor denarios persolvent.* Eadem habentur in Charta ejusd. Regis pro hominibus Boscom. ann. 1186. tom. 4. Ordinat. pag. 67. ubi pro *Marejo* editum *marcio*; unde suspicor id intelligendum de feriis quæ mense Martio Aureliæ habebantur. [* Pro *Martreium*, ut opinor. Vide infra in hac voce.]

* MARELARIUS. Vide infra *Marrelarius* 2.

* **MARELIUM**, Palus, locus palustris. Tabul. Vallis B. M. in diœc. Paris. : *Drogo Buffe cum se in ecclesia Vallis sanctæ Mariæ Dei servitio subdidisset, dedit eidem in eleemosynam nemus de guerreria, cum ipsa guerreria et Mareliis adjacentibus sui juris.* Vide supra *Marchilium*.

¶ **MARELLA.** *Ludere ad Marellas*, *Joüer aux Marelles* vel *Merelles*, ludi genus notissimum, in Statutis Montis Regal. pag. 178. Vide Menag. in Orig. Gall. v. *Merelle*, et infra *Marrella*.

¶ **MARELLUS.** Vide *Merallus*.

MAREMIUM. Vide *Materia*.

¶ 1. **MAREMMA**, vox Italica, Ager fertilis et cultus ad maris littora. [* Acad. Crusc. nude, Regio maritima, ora.] Chron. Astense ad ann. 1312. apud Murator. tom. 11. col. 236 : *Henricus cum paucis militibus, et quasi occulte equitavit illa nocte per Maremmam, donec pervenit ad terram Comitum de S. Florio, etc.* Vide *Maritimæ*.

* 2. **MAREMMA**, Cataplus, ut opinor, Gall. *Flotte marchande*. Pactum inter Pisan. et Arelat. ann. 1221. apud Murator. tom. 4. Antiq. Ital. med. ævi col. 398 : *Et quod in prima andata, quam hoc anno et singulis annis de cetero fecerint Maremmam pro blada, quæcumque ligna fuerint, ad portum Pisanum venient, et potestati vel rectoribus vel consulibus, qui pro tempore tunc erunt, eorum adventum significabunt.* Vide supra *Mareare*. [** Vide *Maritima*.]

MARENA, Dalmatis dictum videtur tributum de mercibus, quæ ex mari importantur, persolvi solitum. Charta Gregorii II. Comitis civitatum Dalmatiæ ann. 1315. apud Jo. Lucium lib. 4. de Regno Dalmat. cap. 13 : *Item quod de tributo civitatis et Marena, cum nos medietatem habemus, et aliam medietatem Commune Almiss. etc.*

* **MARENCIA**, Mulcta aut pœna, quæ pro levioribus delictis vel pro defectibus seu absentia irrogatur. Stat. MSS. eccl. Tull. ann. 1497 : *Et ibi instituuntur officiarii ad Marencias super defectibus aut excessibus in officio divino per totum annum commissis, qui defectus seu Marenciæ.... applicantur ad convivandum episcopum et ceteros de numero innocentium, etc.* Vide *Marancia*.

* **MARENNUM**, Marenum, Materia lignea ædibus ædificandis idonea, Gall. *Marrien*, vulgo *Mairain*. Charta ann. 1208. in Chartul. archiep. Bitur. fol. 166. r°. : *Si vero in via publica, quæ ducit a capella Gilonis ad sanctum Palladium, inventum fuerit ducens ligna seu Marennum, jurare poterit quod non sit de bosco ipsorum, etc.* Arest. parlam. Paris. ann. 1261. in Reg. *Olim* fol. 115 : *Marenum aptum pro molendinis suis reparandis.* Charta ann. 1294. in Lib. nig. 2. S. Vulfr. Abbavil. fol. 65. r°. : *Thesaurarius dicebat et asserebat vetera Marena seu ligna ejusdem ecclesiæ nostræ, quæ propter nimiam vetustatem.... de tecto.... deponuntur, etc.* Lit. remiss. ann. 1389. in Reg. 137. Chartoph. reg. ch. 79 : *Aucuns charretiers furent trouvez menans trois charretes chargées de Marrien, etc.* Vide *Materia*.

* **MARENSALIX**, Salicis species, Gall. *La saule mâle*. Charta Th. comit. Pertic. ann. 1217. in Reg. forest. comitat. Alencon. fol. 50. r°. ex Cam. Comput. Paris. : *Confirmamus quod prior et monachi* (de Belismo) *in prædicta foresta nostra percipiant pacifice et quiete quercum et fagum, sitas, stantes, et bolum et salicem et Marensalicem, etc.* Vide infra *Marsalix*.

¶ **MAREPAHIS**, *Marepalis*, *Marepazis*. Vide *Marpahis*.

* **MAREQUINÆ** Terra, Pagi cujusdam nomen, in Charta ex Tabul. Ruæ : *Davit Jacobus Sanglet jornale de sua terra in marisco de Marequinæ terra sancto Spiritui Crucifixo de Rua.*

¶ **MARES**, Palus, stagnum. Charta Ludovici Pii ann. 832. apud Felibian. in Hist. S. Dionysii pag. lii : *Villam si quidem quæ dicitur Brinevallis, nec non et Mares et piscaturam in Tellis cum omni intergritate etc.*

1. **MARESCAGIUM**, Marescheius. Vide infra *Mariscus*.

* 2. **MARESCAGIUM**, f. pro *Marcagium*, Jus *marcandi* seu signandi ligna. Arest. ann. 1351. 30. Apr. in vol. 2. arestor. parlam. Paris. : *Item dictus dominus* (villæ de Hamo) *nisus fuerat auferre ab eisdem* (majore et juratis) *Marescagium lignorum et mensuragium carbonum.*

MARESCALCUS, Marscalcus, etc. Equiso, Curator vel Præfectus equorum, ex Germ. *march*, vel *marach*, equus, et *schalch*, potens, magister, ut est apud Rhenan. lib. 2. Rer. Germ. vel famulus, minister, ut apud Cluver. in Germania antiq. lib. 1. cap. 8. Anonymus de Nominibus Germanorum : *Marschalcus nullum nomen fœdius est corruptum per Italos, vel Scriptores. Est enim id, quod Mehier, seu major, et Stalher, qui est Magister equitum, ab equitatibus gubernandis; et dicendum ac scribendum fuit Merstalhere, id est, major, superior, summus Magister equitum, qui est hodie titulus Ducis Electoris Saxoniæ : ac si non fuisset vox ea corrupta, non esset opus nunc addere Archivelerz-marschalk; sed Merstallerr, dedisset id, quod Erz vel Archi, cum significet summum Magistrum equitum.* Quasi vero *Marschalci* vox non ab ipsis Franciæ incunabulis nota esset. Lex Salica : *Si quis Majorem, Infertorem, Scancionem, Mariscalcum, Stratorem,... occiderit, etc.* Lex Alemann. tit. 79. § 4 : *Si Mariscalcus, qui super 12. caballos est, occiditur, 11. solid. componatur.* [** Πρωτοςράτορα vertit Nicetas in Balduino num. 1. Vide Glossar. med. Græcit. in Μαριςκάλλος col. 879. Graff. Thesaur. Ling. Franc. tom. 1. col. 482. voce *Marahscalh*, et Murator. Antiq. Ital. tom. 1. col. 119.]

* Horum officium in aula regia aliquando ex concessione regis ad filios transiit, ut docent Annales Victor. MSS. ad ann. 1214 : *Sepultus est* (Henricus Do marescallus) *in monasterio de Torpanaio, cui in marescallia de mera benignitate regis Philippi successit filius ejus Johannes impubes. Sed Galterus de Nemosio in Vastineto ejus vices gessit, quousque ad ætatem adultam pervenisset.*

* Suos *Marescallos* habuere etiam reginæ Francorum : *Guillermus Marescallus carissimæ consortis nostræ Johannæ reginæ Francorum*, in Charta Phil. Pulc. ann. 1304. ex Lib. rub. Cam. Comput. Paris. fol. 480. v°. col. 2.

Marascalcus, ex *Marach*, equus, de qua voce supra. Capitul. Caroli Cal. tit. 1. cap. 13 : *Quando Marascalcos suos ad fodrum dirigunt.* Vide mox, in *Marescalcia*.

¶ Marchalchus, in Charta Frederici Landgravii Thuring. ann. 1335. apud Schannat. Vindem. litter. pag. 135 : *Testibus his, Petro dicto Portik Marchalcho nostro.*

¶ Marescalchus, in Annal. Mediolanens. apud Murator. tom. 16. col. 828.

¶ Marescallus, in Legibus Palat. Jacobi II. Reg. Majoric tom. 3. SS. Junii pag. xxiii : *Equorum cura non solum consistit in victualibus ministrandis; sed etiam in ferraturis eorum pedibus affigendis, ægritudinibusque curandis et minutionibus faciendis, quæ omnia solent per Marescallos expediri.* Et alibi passim.

¶ Marescialus. Anecdota Murator. tom. 3. pag. 219 : *Antonius de l'Acqua in tam arcto atque extremo casu nec sui immemor, nec desertor fuit, inquiens : Maresciale, non hac intrabis urbem via.*

¶ Maresqualquus. Charta ann. 1220. tom. 1. Hist. Dalphin. pag. 93 : *Isti denarii dividuntur in sexdecim partes, de quibus D. Comes capit septem partes, et Maresqualquus novem partes.*

¶ Mariscalcus. Charta ann. 1077. tom. 2. Gall. Christ. inter Instrum. col. 351 : *Non aliquis propinquus, non dapifer, non præpositus, non Mariscalcus, non serviens, etc.*

¶ Marscallus, in Charta Henrici Rom. Reg. ann. 1233. inter Instr. Hist. Alsatiæ pag. 37 : *Feodum quod D. Fridericus Marscallus de Hagenowe a nobis in villa Benheim habere dignoscitur.*

¶ Marescalli, seu Equisonis officium fuse explicatur in Ordinatione domus Humberti II. Dalphini ann. 1340. quam consulas tom. 2. Hist. Dalphin. pag. 394.

Marscalcus, in Capitul. 2. ann. 813. cap 10.

Marschalcus. Constitutio Caroli Crassi Imp. de Expeditione Romana § 6 : *Singuli vero Principes suos habeant Officionarios speciales, Marschalcum, Dapiferum, Pincernam, et Kamerarium, qui quatuor quanto plus in stipendio, in vestitu, in equitatu, præ cæteris sunt honorandi, scilicet et unicuique istorum decem libræ cum tribus equis tribuantur, quartus Marscalco addatur, quorum unum ad præcurrendum, alterum ad pugnandum, tertium ad spatiandum, quartum ad loricam portandum.* Adde Arnold. Lubec. lib. 3. cap. 9.

Marescalli postea dicti, qui exercitibus et copiis militaribus præerant, Ducibus interdum dignitate et imperio inferiores, ut qui Conestabulo suberant. Unde Budæus *Marescallos* esse apud nostros opinatus est, qui Græcis πολέμαρχοι dicti. Polemon pag. 3 : Καὶ γὰρ ςρατηγός ἐςιν, ὃς καὶ τοῦ πολεμάρχου καὶ μείζων ἐςί. Matth. Paris ann. 1214 : *Rex autem Joannes constituerat Marescalcum illius exercitus Willelmum Comitem Sarisberiæ, cum militia Regni Anglorum.* [Fridericus in Constit. Sicul. lib. 1. tit. 20 : *Quæ omnia per Marescalcum nostrum, vel per alium qui exercitui de mandato nostro pro tempore præerit, probari debebunt.* Chronic. Domin. de Gravina apud Murator. tom. 12. c. 569 : *Mandaverat autem Im-*

peratrix ipsa sui exercitus Marescallo, quod etc. Hinc *Præpositi* guerrarum dicuntur in Ordinat. Caroli Locumtenentis Johannis Reg. Fr. ann. 1356. tom. 3. Ordinat. pag. 112 :] *Mareschal de l'Host le Roi*, apud Littleton sect. 102. Willelm. Britto lib. 8. Philippid. :

Cujus erat primum gestare in prælia pilum,
Quippe Marescalli claro fulgebat honore.

Neque hic omittendum vocis, etsi insulsum etymon, quod habet Matth. Paris ann. 1245 : *Willelmus, utpote bellicosus et strenuus, dictus Marescallus, quasi Martis Senescallus.*

☞ Et quidem veteribus nostris Scriptoribus *Senescallus* et *Marescallus* idem sonabat. Hinc Philippus *Mouskes* :

Hue li grans ot ce non, cil
Si fu fais Seneschal de France
Aprés son pere, sans doutance.

Et alibi :

Hugues Capet ses fius aisnez,
Qui moult est vites et senez,
N'onceques n'arma droit ne bien fés,
Fu Mareseaux de France fés,
Pour garder la tierre comunes.

* Marescalli dignitate privari interdum poterant, maxime cum certis officiis donabantur. Sic Bernardus dominus *de Moreuil*, Joannis ducis Normanniæ educationi præpositus, ea spoliatus est a rege; quod tamen in illius gravamen nullatenus factum esse, declarat Philippus Valesius. Idem quoque colligitur ex Petro *de Craon*, qui *Marescallus Franciæ* dicitur in Charta ann. 1382. et dehinc eo nomine nusquam appellatur. Vide Menag. in Hist. Sabol. pag. 267.

☞ *Marescalli*, qui apud nostros secundus a Comite stabuli, præcipua hæc fuit prærogativa, ut primæ scilicet exercitus fronti præesset : quæ tandem dignitas eo pervenit, ut a Regibus exinde cautum fuerit, ne hæreditario jure in eadem familia permaneret. Charta ann. 1223. apud Marten. tom. 1. Ampliss. Collect. col. 1175 : *Ego Johannes Marescallus D. Ludovici Regis illustris; notum facio universis... me super sacrosancta jurasse ipsi D. Regi, quod non retinebo equos nec palefridos, nec roncinos, redditos ad opus meum ratione ministerii mei quod habeo de dono ipsius D. Regis. Nec ego, nec hæredes mei, reclamabimus Marescalliam jure hæreditario tenendam et habendam.* Duellis quoque præerat Marescallus qua in re quæ fuerint illius jura videsis in Edicto Philippi Pulcri in voce *Duellum*. Hac dignitate per baculum hodie investiuntur *Marescalli*, quod ante annos 200. apud Italos in usu fuisse, cum alicui præfectura copiarum conferebatur, testis est Leonardus Brunus in Orat. habita ad Nicolaum Tollentinatem ducem Florentinorum. Vide Valesiana pag. 193. [** et supra *Annelatus de baculo* Marescallorum Angliæ.]

☞ *Marescalli* dignitas in Dalphinatu, eadem quæ in Francia; sive *Marescallum Dalphinatu*, sive *Marescallum in armis*, aut *Marescallum aciei* appellaveris; iis quippe nominibus idem officium designatum reperire est. [* Vide Hist. Dalph. tom. 1. pag. 49.]

Magnus Marescallus, apud Anglos, qui *Comes Marescallus* interdum dicitur, ut in voce *Comes* adnotavimus. Vide Matth. Paris ann. 1233. pag. 263.

Marescallus Aulæ, et *Marescallus intrinsecus*, apud Anglos, cujus officium est *mensis præparatis, mappis stratis, intrinsecos et extrinsecos secundum facultates suas evocare, et decenter et curiose collocare, et indignos ejicere, non permittere canes aulam ingredi, et toti familiæ Regis, ipso monente, hospitia liberare*, in Fleta lib. 2. cap. 15. *Intrinsecus* dicitur eidem Scriptori eodem lib. cap. 5. § 2. Liber rubeus Scacarii Anglici fol. 30 : *De officio Marescalciæ servivit Gilbertus Strogull, cujus est officium tumultus sedare in domo Regis, liberationes officiorum facere, ostia aulæ Regis custodire. Recepit autem de quolibet Barone facto Milite a Rege, et quolibet Milite, palefridum cum sella.* Apud Matthæum Paris ann. 1250. dicitur *Marescallus aulæ Regiæ* virgam præferre Magno Marescallo. Vide Radulfum in Vita S. Ricardi Episcopi Cicestrensis num. 26.

Marescallus Regis de feodo, dicitur in Statuto 2. Westmonast. cap. 46. ubi eadem de hominiis Baronum habentur.

☞ Hinc *Marescalliam* teneri a Rege in capite legimus in Charta Eduardi I. Reg. Angl. ann. 1287. apud Rymer. tom. 2. pag. 353 : *Nos eidem Comiti promittimus, quod nullum factum quod ipse aut sui,... fecerunt in expeditione nostra..... vertatur in præjudicium super Marescalcia, quam de nobis tenet in capite, aut cedat eidem in servitutem serjantiæ, per quam tenet Marscalciam prædictam.*

Marescallus Curiæ, in Bulla aurea Caroli IV. Imper. cap. 27.

Marescallus Banci Regii, apud Anglos, *Mareschal du Banc le Roy*, in Statuto Edwardi III. ann. 5. cap. 8. cui potissimum incarceratorum cura incumbebat. Inde *Mareschalcia* dictus ipse carcer Londinensis. Vide Placita Coronæ lib. 2. pag. 73.

Marescallus Fidei, dictus Guido *de Levis*, Marescallus exercitus Crucesignatorum contra Albigenses, ut auctor est Tillius : sed idem in Charta, quam ipsemet exaravit anno 1229. in 30. Regesto Archivi Regii Ch. 75. sic inscribitur, *Guido de Leviis Marescallus domini Regis Franciæ illustris in partibus Albigensium.* Ita ut titulus Marescalli Fidei a vulgo ei attributus sit, quod pro *Fide* Catholica militaret. In Tabulario S. Dionysii Thuano, uterque *Guido de Levis*, pater et filius, *Marescalli Albigensium* inscribuntur in Litteris ann. 1233. et 1234. Horum præ cæteris meminit Monachus Vallis Sarnai cap. 56. 62. et Chronicon Flandriæ vernaculum cap. 27. Guill. *Guiart*. ann. 1264 :

Souffri le jour d'armes le pois
Li Marechaus de Milepois.

Marescallus Forinsecus, ad discrimen *Marescalli aulæ*, qui *Intrinsecus* Anglis dicitur, ut est in Fleta lib. 2. cap. 4. Ejusmodi autem Marescalcia, (verbis utor ejusdem Scriptoris) est quædam Magna Sergentia Regis Comiti Norfolciensi in feodo commissa, cui, cum personaliter pro Sergentia illa Regi debitum servitium facere non semper possit, licet loco suo quendam Militem constituere, assensu tamen Regio interveniente, qui vice dicti Comitis faciat quæ fuerint facienda : cui quidem servienti commissa est virga coram Rege deferenda, quæ significat pacem, unde *Virgata* appellatur spatium 12. leucarum, quæ sequitur Regem, ubicumque fuerit. In omni autem guerra seu bello Regis, ejus est officium, esse in prima acie, et loca assignare toti exercitui, et universis, in quibus erunt moraturi, etc. Tempore autem pacis ejus officium est hospitia liberare seu assignare Camerario Regis pro Rege et Camerario et intrinsecis suis, et alia exequi, quæ refert idem Auctor cap. 5. ut et Schedæ Gallicæ, a Spelmanno editæ, quas hic rursum describemus, quod multa contineant haud passim obvia.

Le Conte Marescal *doit avoir le palefroy le Roy, ou tout le harnois, et le palefroy la Royne, avecq la chamber, quant ilz vendront au lieu, où ilz dovient estre coronés à lour descendre.*

Le Conte doit estre plus prés au Roy, quant il serra coroné, et il doit la Corone en sa main tenir, et mettre la Corone sur la chief du Roy.

Doit le Conte mettre la main à la flour devant, et tenir celle flour en sa main, et soutenir la Corone, pour ce, qu'il est Marescal *en pais et en guerre.*

Et doit en temps de pais garder la pais, et faire droiture en toutez choses, qui touchent la Corone là où le Roy est, et à 12. leughes environ.

Et en temps de guerre et en l'ost doit-il avoir l'avant garde.

Et nul autre luy doit mettre la main à sa Corone fors que le Conte le Marescal.

Doit apaisier les noises, et visiter tous ceulx qui coucés sont en la salle, et par la verge 12. leughes dehors, d'environ des choses, qui appendent à la verge et à la Corone.

Il doit avoir le jour de Coronement pour la huisserie le blauncheur del deys, et le drap, qui pent deriere le Roy.

Le Marescal *doit garder le jour, et al Coronement et as grandes festes le huis de la sale, et tous les aultres huis, saue les huis de la chambre le Roy, et avera les.... qui as huissiers appendent.*

Il doit avoir tous les attachemens, les ferres, et les emprisonnemens cel jour de tous ceulx dedens 12. leughes enveron, et avoir les devant le Senescal et devant luy à fair droit.

Si avera il de cascun prisonier 4. d. et tous les amerchuemens, qui sont de 40. d. et de mains.

Et si doit communement faire droit de tout au pueple au Coronement.

Le Marescal *doit avere de Erchevesque le jour qu'il fait homaige au Roy, ou aultre, dix livres, ou son palefroy, avec tout le harnoys, ou 1. marc pour le harnoys; et de Cont, quant il est fait Chevalier, son palefroy, avec le harnois, ou 1. marc pour la selle, et pur le frain, ou pur le palfroy 10. l. Et quant il serra ceynt del Conte, si avera-il son palefroy ou 10. livres.*

Et des Evesques, Abbés, Priours, et de tous aultres, qui tiennent en chief du Roy et Baronie, quant ilz sont receus du Roy, et luy faichent feaultés, ou quant les lais seront fais Chevalier, ou qu'ils faichent homaige, si avera-il leur palefroy avec le harnois, ou cinq marc pour le palefroy, et demy marc pour le harnois, si ne ait eu devant al homaige faire au Roy.

Et de tous aultres, qui ne tiennent point du Roy par Baronie, mais que aultrement tiengnent du Roy, quant ilz feront hommage ou feauté au Roy, il avera le palefroy, ou le harnois tiel come il veit suyre la Court.

Et si nul fait homage au Roy hors de sa chambre, ou hors sa Capelle, il aura le fée, qui est demi marc.

Et si nul fait homage au Roy as camps armés à cheval, le Marescal avera le cheval et les armes.

Le Marescal doit livrer les hostelx à la journée, et par tout là où le Roy est; et faire quancque appent à la livre à tout temps, en temps de pais et en temps de guerre, et à passi le Roy à la mer, les neifs doit le Marescal livrer.

Le Marescal doit estre al jour de la feste, et à tous aultres jours à les accomptz : et les establissementz del hostel seront faitz par le Senescal et par luy : et si doit-il seer à destre le Senescal à maignier : le Marescal doit avoir le jour de la feste 1. demi sextre de vin le sextre de Londres q'amont 7. barel faire; deux torches et chunc candeilles : Et aultres jours, quant il vient à la Court, il avera demi sextre de vin de bouche, et demi sextre de aultre vin, torch et tortis, et chunc candeilles come le Senescal.

Le Marescal avera toutes les bestes quey'ntes le jour de la feste, ou aultres jours.

Et il doit avoir à la journée dix livres del Jurie de Londres, et la plus belle coupe de Londres al issuë de la sale.

Le Marescal avera le jour de Coronement et de aultres festes, toutes les eschines des gives et des chignes.

Cestes choses appendent au jour de Coronement et à la journée doit il avoir la maison del Eschequier pour soi herneissier.

Le Marescal doit avoir au Noel de la livrée le Roy, trois robes, dont la une robe doit estre de scarlet, et les deux de la suyte des Chevaliers; et si dovient les deux robes estre ou furures de bisshes, la une de dix feeses, et l'autre de noef, et la tierche fourure de conynges. Et à Pentecouste doit-il avoir trois robes, dont la une de scarlet linée de cendal, et les deux de la sieut des Chevaliers.

Le Marescal doit avoir un Chevalier verge portant, et jurera à celer le counseil le Roy : et si avera un Sergeant verge portant à liverer les hostels, et à faire aultres choses : et si avera un Clerq à recevioir de la paie as Sergeans et Saudijours 2. den. de la livre, et à faire le commandement du Marescal comme as marchées et aillers.

Et si avera le Chevalier un Escuier, et un garchon, et tous yceulx maigneront en la salle du Roy, et le Chevalier doit gesir en la sale : et s'il doit gesir hors de la sale, si avera-il demi sextre de vin, chuncq candeilles et 1. tortis.

Il gardera tous les huis où le Roy conseille, fors huys de la chambre le Roy.

Tous les chevaulx recrus de l'hostel le Roy, doit le Marescal avoir q'or ad le Almoignier.

Le Marescal doit avoir un Clerq, ou un Sergeant pour faire les attachemens à merces et à prender ce que appent au Marescal.

Et doit faire crier le baan le Roy as villes ou le Roy doit gesir, et à 12. leughes environ.

Le Marescal et son Bachelier doivent estre francs au seal de tout leur pourchas, et francs au passage de la mer lui et tous les siens.

Le Clerq, que est attorné d'aller as marchies de par le Roy, et de par le Conte Marescal, doit avoir un contrerolle encontre le Sergeant du marchie, et du Rolle le Sergeant et du Clerq doivent estre les estretes livres à le Garderobe le Roy, et par icelles estretes doivent sourdre les fins et les issuës de les marches.

Et le Bacheler le Conte et le Sergeant du marchée, et le Clerq le Conte doivent estre as coustages de la ville le premiere nut qu'ils veignent en la ville pour faire le mestier.

Si Conte, Baron, Visconte, Archevesque, Evesque, Abbé, Priour, Chevalier ou Bourgois soit arestus en la presence le Roy, il doura cascun jour demi marc au Marescal. Et al Eschequier quique soit arestus, il doura cascun jour demi marc, que en fee ore a le Clerq le Conte Marescal, que est assigné à l'Eschequier.

Se le Roy soit en guerre, dont doit le Conestable et Marescal tenir les plees, et le Marescal avera les amerchiemens et fourfaitures de tous ceulx, qui enfregneront les commandemens le Conestable et Marescal.

Et de cascune praie avera le Marescal toutes les bestes veires forspris, moutons, chevers, pors, que home apele pelfre.

Le Conestable et Marescal doivent avoir 4. d. de cascune livre que le Roy paye as gens d'armes, pour sous et gaiges en tems de guerre, forspris les gaiges des Senescaulx et Chambrelens.

Tous les Chevaulx recrus rendus en host, sont Marescal.

Si en temps de pais ou de guerre soit pris laron par le Marescal, les armes sont au Marescal. et le corps et les autres cateulx tous au Roy.

Et si soloit estre que le Marescal devoit avoir douze damoisellez à la Court le Roy, qui devioient faire seirement à son Bacheler, qu'elles ne sauveroient aultres putains à la Court qu'elles-mesmes, ne ribaudes sans avowerie de altre; ne laron ne mesel, qu'elles ne les monstreront au Marescal; et il doit pourvoir la Court de tout.

Et se aucun home ou feme, à pié ou à cheval, suie la Court pour briefs avoir, et respondu lui soit par le Conseil du Roy, ou par le Chancelier, qu'il ne doit tiel pourcach avoir, le Marescal luy defendra la Court, et se il suye oultra la defense, le Marescal avera le cheval avec harnois.

Le Marescal doit avoir tous les chevaulx as garceones de mestier, qui ne prendent gaigez à leur chevaulx du Roy tous les chevaulx as messagiers du Roy, et tous aultres chevaux, qui suyent le Roy à cassement.

Le Marescal doit avoir avec le haulte Justice le Roy, par tout là il soit, son tourne ou ses allées, un Clercq ou un Sergeant à recevoir les prisonniers et les fées, qui appendent au Marescal.

Le Marescal doit avoir 1. Clerq al Eschequier, qui gettera les sommes, et doit avoir la garde de tous ceulx, qui sont arestus al Eschequier, et avera de cascun le jour demi marc tant que ilz soient delivrés.

Item le Conestable, et Marescal tendront tous les plais devant eux, et le Conestable doura le judgmens, et avera pour cascune bille qui est donné en la Court, 4. d. et le Marescal 2. d. et les plais ne pourront estre tenus sans le Conestable et Marescal ou leur Lieutenans Chevaliers et le Conestable avera les commandemens, et le Marescal ferra execution des attachemens et tous autres arriests.

Le Marescal somondra les enquests et les fera venir, et le Roy trouvera le crieur, et celt avera de cascune, qui est delivrés à la barre, qui qu'il soit, 1. d. Et le Senescal ne se mestra de la mainie le Roy dedens la porte, et ceux qui mesfont dehors, et pourront estre pris, responderont en le manier en le Marescalcie.

Ensement le Roy Marescal avera en banck du Roy un Marescal, qui avera la garde des prisoners, et prendera fées come avant est dit de ceulx, qui sont commandés à sa garde, en la Marescalcie de l'ostel. Et ne doit nul estre mainpris en le Banck du Roy par la place, ne par nul des Justices de dit place, qui sont endités ou apellés pour mort d'home, ou de diverses roberies; et ce voelt le statut. Et ledit Conte doit de droit de son office, par là où il vendra en Engleterre aussi bien dedens franchises come dehors; et aussi bien dehors la presence du Roy come dedens sa presence, attacher tous les felons et trespasseurs, s'il viegne freschement sur le fait, et livrer le corps au Visconte du lieu, ou la cause, ou Baillif des franchise, dedens franscheses soient les corps; ou mener eux tanc que au Mareschasie.

Item le Conte Marescal avera un Marescal en l'Eschequier, qui gettera les sommes de l'Eschequier, et avera la garde des foellez et tailles que sont allouez en mesmes la place, et prendra de cascun, qui est commandé au garde pour la debite le Roy cascun jour qu'il demourreit en garde, demi marc pour son fee; et ne doit nul estre commandé au Fleet, fors tant suellement au Marescal, come pert par le recorde del noir livrer del Eschequier, qui voelt que se nul Visconte ou Baillif soit trouvés en arrierag deverse le Roy, que maintenant soit commandé au Marescalsie et à Conte avant en la garde ledit Marescal; et ce par le statut.

Item ledit Conte Marescal claime de aver cognoissance de tous maneres des plats devant le Senescal le Roy, et lui si avant comme ils solloient avoir en temps des progenitours nostre dit Sr. le Roy. C'est assavoir Assises de nouvielle Dessaisine, Freshe-forc en auncien demene, tous manneres de fellonies, trespasses, dettes, contracts, et convenants de cascun temps. Vide *Marescallus*, in Comes.

MARESCALLUS INTRINSECUS. Vide supra *Marescallus Aulæ*.

MARESCALLI TEMPLI, *S. Joannis* Hieros. apud Jacob. de Vitriaco lib. 3. Hist. Hieros. pag. 1138. 1139. Statuta Ordinis S. Joan. Hieros. tit. 19 : *Marescallus, Bajulivus conventualis venerandæ linguæ Alverniæ, vocabulum est militare, quod Galli a Germanis acceptum usurpant, quo homine Tribunos militum vocant.* Vide Chronic. Flandr. cap. 32.

Marescallus *exercitus Dei et Ecclesiæ sanctæ.* Vide Matth. Paris ann. 1215. pag. 177.

* Marescallus Campi, Qui exercitibus castra præparat, Gall. *Maréchal de camp.* Charta Phil. Catal. episc. ann. 1233. ex Tabul. Monast. in Argon. : *Vir nobilis Renardus, dominus de Dampetra, compromisit in discretum virum Joffridum dominum de Cepeio, Marescallum Campi, ut pacem faceret de multis querelis contra abbatem et conventum de Monasterio in Aragona.*

Marescalli, Qui hospitia magnatibus ac dominis suis parant, olim *Mansionarii*, hodie *Maréchaux des logis.* Hugo de Cleeriis de Majoratu et Senescallia Franciæ : *Si Comes perrexerit ad Curiam D. Regis, Senescallus præcipit Marescallis D. Regis, ut præparent et liberent hospitia Comiti.* Charta Friderici I. Imp. ann. 1185. apud Puricellum in Ambrosiana Basilica pag. 1030 : *Et reservato in Modoetia, quod Marescalco nostro vel Regis liceat ibi hospitia assignare.* Matth. Paris ann. 1251 : *Dum quidam Magnatum æditui, quos Marescallos appellamus, dominis suis hospitia providerent, etc.* Et anno 1252 : *Præmisit suum Marescallum, ut adventum ejus nuntiaret.* Id porro muneris videtur primitus fuisse *Marescallorum* militarium, quod et ii in exercitibus castris loca idonea præpararent; unde *Protostratores* a Græcis appellatos docuimus ad Cinnamum pag. 475. [Le Roman *d'Artus* :

Quant la court li Roi fust i ostée,
Moult vissiez belle assemblée,
Les Mareschaux oster, livrer
Soliers, et chambres delivrer,
Et ceux qui n'avoient ostex
Faire loges et tendre tex.]

¶ Marescallus Summi Pontificis, apud Nicolaum de Jamsilla de Gestis Friderici II. Imp. apud Murator. tom. 8. col. 519 : *Marescallus Summi Pontificis, sicut ex ejus notificatione accepi, mihi e Capua usque ad nemus quod est contra Magdalenam.... debet occurrere.*

* Marescaulus Romaniæ, ita se inscribit Villeharduinus in Chartul. Campan. fol. 123. r°.

¶ Marescallus Episcopi. Tabularium Eccl. Gratianopolit. : *Petrus de sancto Andrea Marescallus Episcopi.* Utrum vero ad hujus officium id tantum pertinuerit, ut aulas et interiora domus Episcopi, ut infra dicitur, regeret, an etiam ut copiis militaribus, quas Episcopus suis stipendiis cogebat, imperaret, haud satis mihi constat; ut ut sit, eadem notione

¶ Marescallus Abbatis, in Charta ann. 1085. tom. 2. Hist. Eccl. Meldens. pag. 14 : *De famulis domini Abbatis, Ebalus de Turone, Frogerius, Durannus Mariscalcus.*

* Quæ fuerint ejus jura colligere est ex Charta Ger. abb. ann. 1334. inter Probat. ult. Hist. Trenorch. pag. 246 : *Et primo declaramus et discernimus dictum Marescallum esse et esse debere, dum et quando nobiscum fuerit, cambellatus seu senescallus hospitii nostri.... Item debet habere idem Marescallus et successores sui ratione sui officii equos nostros et successorum nostrorum recredatos et inhabiles ad laborandum, sive sint equi roncini, paleffredi, somerii, sive mulæ vel muli, una cum veteribus cellis, bastis, frenis, beris et aliis equorum nostrorum instrumentis, quotiescumque ea mutare contigerit. Item debet habere idem Marescallus.... vestes nobilium feodalium vexallorum nostrorum, sive sint viri sive sint mulieres.... Item debet habere dictus Marescallus et successores sui quolibet anno in die Dominica bordarum unum Gallice Salignon salis super illum, qui dictum sal dicta die pauperibus erogabit. Marescalli prioratus de Paredo* mentio fit in Lit. ann. 1321. ex Reg. 75. Chartoph. reg. ch. 303. ubi ejus jura et munia fusius declarantur.

* Marescalisia, Officium *Marescalli* nomine feodi possessum. Reg. feud. Norman. ex Cod. reg. 4653. A. fol. 197 : *Dominus Guillelmus de Angervilla marescallus tenet feudum suum per Marescalsiam suam, in qua debet esse marscallus ducis Normanniæ.* Charta Guid. comit. Fland. ann. 1282. ex Chartul. Namurc. in Cam. Comput. Insul. fol. 24. r°. : *Comme nostre chiere dame et mere Margherite,.... jadis comtesse de Flandre et de Haynaut, feist une eschange à mons. Baudouin de Bailleul qui fu, liquels fut huissiers héritables de Flandres, en teil manier que elle li donnast à lui et à son hoir le Mareschaucié de Flandres à tenir héritablement pour l'uisserie qu'il tenoit, etc.* Hinc *Mareschaude*, pro *Marescalli* uxor, in Charta comit. Nivern. ann. 1250. ex Chartul. S. Steph. Autiss. : *Nostre amée et nostre faelle Adeline la Mareschaude de Nevers.... Joffroy de Bully Mareschaud de Nevers etc.*

Marescallus in domibus privatis nobilium, cujus officium describitur in Fleta lib. 2. cap. 74. Lindwodus in Provinciali Cantuar. lib. 3. tit. 22. Marescallos Episcoporum eos esse ait, qui regunt eorum aulas et interiora. In ejusmodi Marescallos, ni fallor, invehitur Petrus Blesensis Epistola 14 : *Ut cæteras taceam, molestias Marescallorum sustinere non possum.... vidi plurimos, qui Marescallis manum porrexerant liberalem. Hi dum hospitium post longi fatigationem itineris cum plurimo labore quæsissent, cum adhuc essent eorum epulæ semicrudæ, aut cum jam forte sederent in mensa, quandoque etiam cum jam dormirent in stratis, Marescalli supervenientes in superbia et abusione, abscissis equorum capistris, ejectisque foras sine delectu et non sine jactura sarcinulis, eos ab hospitiis turpiter expellebant.* Horum Marescallorum vexationes et prædationes inhibentur in Capitulis Caroli C. tit. 12 : *Ut Missi in illorum Missaticis curam habeant, ne homines nostri, aut alii quilibet vicinos suos majores vel minores tempore æstatis, quando ad herbam suos caballos mittunt, vel tempore hiemis, quando Marescallos illorum ad fodrum dirigunt, vicinos majores vel minores deprædentur, etc.* Eæ vero molestiæ

Marescalciæ appellantur in veteribus Chartis. Charta Odonis Duc. Burgund. ann. 1102. ex Tabul. S. Benigni : *Relaxavi.... Monachis Divionensibus... percursus, Marescalcias, brennarias, arbergarias, cautiones, et superprisias.* In alia ejusdem ann. 1102 : *Illam pravam consuetudinem, qua homines Ducis solebant per agros discurrere, et homines sancti cum animalibus suis in corvatam, vel in carropera Ducis violenter adducere, amodo remitto, et ut tam injusta exactio ulterius non fiat, interdico. Item excursum, quem Marischalci et Armigeri Ducis apud Longum-vicum infra villam faciebant ulterius fieri prohibeo.* Charta Heriberti Comitis Viromanduorum ann. 1076. apud Hemeræum : *Mariscalli mei campos Ecclesiæ ad ejus justitiam pertinentes prata et horrea quieta dimittant : nihil ex eis annonæ, nec fœni, nec stipulæ, nihil straminis præter Abbatis voluntatem habeant.* Charta Luitpoldi Ducis Bavariæ in Chronico Reichersperg. ann. 1141 : *Ipsa quoque duo beneficia præsignata ita decernimus permanere libera in fratrum propria potestate sicut erat in nostra, ne vel Camerarii, vel Marscalci, seu alii servitores nostri, ac posterorum nostrorum in ullo sint molesti cultoribus eorum, vel de rebus Curiæ traducendis, vel de annona equorum persolvenda, vel de aliis ministris hujusmodi traducendis.* Tabular. Dalonensis Abbat. fol. 87 : *Marescalcias, præposituras, messiones, convivia, justitias, ac trossas fœni, et quælibet alia servitia, vel quaslibet exactiones justas vel injustas... dimitto.* Tabul. Celsinianense : *Et 1. agnum et 6. denar. pro eo, et 1. gallinam et Marescalciam diurnalem, et medietatem unius molendini.* Vide Chartam Luxoviensem in Operibus sancti Columbani pag. 333. Charta ann. 1293. in Tabulario Ecclesiæ Autissiodorensis fol. 44 : *Mareschalcias, quas acquisierunt a Constabulario Franciæ apud Appoignacum*, id est, jura Marescallorum, seu quæ Marescallis competunt. Guido de Gestis Abbatum sancti Germani Autissiod. cap. 1 : *Cumque Marescalli dicti Ducis in villis S. Germani acciperent consuetudinem Salvamenti et Marescalciæ, etc.* Charta Willelmi Ducis Aquitan. ann. 1087. pro Monasterio novo Pictav. : *Et concedo omnia ad ipsum Monasterium pertinentia libera ab hospitio et arbergaria.... ita ut nec ego, nec uxor mea, nec aliquis propinquus, non Dapifer, non Marescallus, non Cubicularius, non Præpositus aliquis meus, aut serviens in Obedientiis ipsius Monasterii aut locis, hospitium aut arbergariam per consuetudinem quærat, aut talliatam faciat, aut sibi dari cogat.* Vide Metropolim Salisburgensem tom. 3. pag. 230.

☞ Erat autem *Marescalliæ* præstatio in provincia Dumbensi duorum bichetorum siliginis, quæ ab iis potissimum exigebatur qui animalia aratoria habebant. *Marescallia* vero dicta hæc præstatio a *March*, equus, quod fœno, stipula, stramine aliaque ad equos pertinente annona præcipue exsolveretur.

¶ Marascalia, Idem quod *Marescalcia.* Spicileg. Acher. tom. 9. pag. 129 : *Dimitto... consuetudinem quam pater meus et ego accipiebamus ritu temerario in quadam potestate eorum quæ dicitur Cussiacus ad equos nostros sive ad canes, quam vulgo Marascaliam et canariam appellant.* Hinc patet vocis etymon.

¶ Marecalcia, Eadem notione. Tabular. S. Juliani Cenoman. : *Guillermus D. G. Rex Anglorum... Notum sit omnibus... me concessisse... Deo et S. Juliano... omnem terram S. Juliani... omni tempore quietam de vicaria, et de barnagio, et de Marecalcia et de omnibus aliis consuetudinibus.* Occurrit etiam in Tabular. Bonæ-vallis ann. 1238.

¶ Marescalciata. Charta Gaufredi Vicecomit. Castriduni ann. 1232. pro Monast. Bonæ-vallis ex Tabular. ejusd. : *Item quicquid idem dominus habebat apud S. Maurum, scilicet hospites suos, census, furnum et omnem justitiam quam habebat in villa prædicta, et terras et nemus et aquas, suas omnes Marescalciatas quas ipse percipiebat... apud S. Maurum et apud Bonamvallem, in quibuscumque pratis percipere.* Rursum occurrit in eodem Tabul. ann. 1234.

¶ Marescallia. Charta ann. 1193 : *Omnes homines Ecclesiæ B. M. Bellæ-villæ liberavit* (Guichardus de Bellijoco) *ab omni manopere et Marescallia.* Alia ann. 1326 : *Unam tantum Marescalliam habeant dicti domini communem inter eos, et recipiant emolumentum ratione unius Marescalliæ tantum.*

¶ Mareschaucia, Eadem notione qua *Marescalcia.* Charta Philippi VI. Regis Fr. ann. 1331. ex Tabul. Bonæ-vallis Monast. : *Licet essent et fuissent per tempus sufficiens in possessione et saisina... habendique roagium ibidem, nec non habendi ibidem et recipiendi in pratis Bonæ-vallis Mareschaucias in quadregiis et frassellis usque ad festum B. Joannis.* Teloneum MS. Episcopat. Autissiodor. ann. circ. 1290 : *Mareschauchie circa* XVI. *sextar. avenæ. Mareschaucie de Wssello circa* V. *sextar. avenæ.*

¶ Maresciscalcia. Index MS. redituum Monast. Corbeiens. : *In omnibus aquis nostris et marescis et eorum forisfactis, nihil habet, nisi si Maresciscalcia fuerit, medietas Vicecomitatus nostra est, altera Balduini de Dours.*

¶ Marischachia. Charta ann. 1140. tom. 4. Gall. Christ. inter Instr. col. 172 : *In villa vero quæ dicitur Neronis nihil sibi retinuit præter Marischachiam et brennariam.*

* *Mareschausie d'avoine*, in Charta ann. 1281. ex Chartul. S. Steph. Autiss. *Mareschaucie*, in Lit. ann. 1371. tom. 7. Ordinat. reg. Franc. pag. 391. art. 4. Hinc *Marchaucie* legendum pro *Marchances*, in Libert. villæ *de Tannay* ann. 1352. tom. 6. earumd. Ordinat. pag. 59 art. 3 : *La redevance d'avoinne, appellée Marchances, deue esdiz seigneurs, etc.*

¶ Marescalcialis, Ad officium et dignitatem *Marescalli* pertinens. Charta ann. 1559. apud Rymer. tom. 15. pag. 536 : *Legem Marescalcialem et Martialem... pro executione et exercitio ejusdem legis Mariscalciæ sive Martialis.... ad exercendum, utendum et exequendum prædictam legem Marescalcialem, sive Martialem.*

* **MARESCALIA**, Equile, stabulum equorum. Obituar. eccl. Lingon. ex Cod. reg. 5191. fol. 51. v°. : *Qui Symon de Bosancuria dedit ecclesiæ... domum suam in qua inhabitat, una cum manso et Marescallia retro.* Vide *Mareschalcia.*

MARESCHAGIUM. Tabularium S. Dionysii ann. 1267 : *Vendidit Abbati S. Dion. quosdam reditus et usagia... apud Argentolium : qui reditus Cursus et Mareschagium vulgariter nuncupantur, pro quadraginta libris Paris. etc.* [* Vide *Marescagium* in *Mariscus.*]

MARESCHALCIA. Catholicon Armoricum : *Marchaucy, Gall. Estable à chevaux, Lat. Equistratium.* Matth. Paris ann. 1252 : *Ubinam est Marischalcia ad equos nostros stabulandos?* Le Roman *de Garin* :

> Là ont ostex par la vile sessis,
> Mareschaussées de chevaux establis.

[Le Roman *d'Athis* MS. :

> Tant y a de grans gens venues,
> Toutes en sont pleines les rues,
> Marechaucies et celier,
> Ne se scevent mais ou logier.

Le Roman *de la Violette* MS. :

> Dedens une Mareschaucie
> Lui ont son cheval establé,
> Et lui donnent et foin et blé.]

Sed et fabri solarii, seu qui equorum pedes ferro muniunt, vulgo *Mareschaus ferrans*, dicuntur *Marechausser les chevaux*, cum equos curant. Computum Barth. *du Drach*, Thesaurarii Guerrarum ann. 1338 : *Pour Mareschaucier ledit coursier, qui s'estoit blessiés et affolez audit voyage, etc.* Assisiæ Hierosolymitanæ MSS. cap. 106 : *Des bestes restives : Le Seignor li doit faire rendre ses deniers, et reprendre à l'autre sa beste, se il fournit l'assise, se il n'a la beste faite Mareschauser, ou cuiture* (l. *culturer*) *ou traire dens, ou descoiller la, et il aprés la treuve restive, il ne la peut rendre par l'Assise. Et se il n'a la beste faite Mareschauser de l'une des trois avant dites choses, et elle restive, et il la veaut rendre, faire le peut par ladite Assise.* [Le Roman *de Cleomades* MS. :

> Li mareschal qui lors estoient
> Enz le pays ne gaaignoient
> Nule riens à Mareschaucier.]

* Mareschaussia, Eadem notione atque *Marescalia*, Equile, nostris alias *Mareschacie* et *Mareschaussée.* Lit. remiss. ann. 1397. in Reg. 154. Chartoph. reg. ch. 344 : *In quadam Mareschaussia prope dictos muros eandem reposuerunt eandemque Johannetam violenter corrupuerunt.* Charta ann. 1246. ex Chartul. monast. de Escureio : *Je Jehans sire de Joinville.... j'ai octroyé à l'abbé et couvent d'Escurey le pouvoir d'acquester une place à Joinville; là où il pourront édifier à lor aisement une Mareschaussée pour dix chevaux.* Lit. remiss. ann. 1374. in Reg. 105. ch. 322 : *Lequel varlet eust laissé une chandelle ardoir en la Mareschaucie,.... de laquelle chandelle le feu se estoit pris en ladite Mareschaucie; et se n'eust esté Prigent de Quirac qui ledit feu estaint, tous ses chevaux eussent esté ars.*

¶ Mareschauchiæ Servitium, in Charta ann. 1284. tom. 1. Chartularii S. Vandreg. pag. 853 : *Vendidi, concessi... viris religiosis domino G. Abbati et Conventui S. Vandregesili pro quindecim libris Turon. totum jus et omne illud quod habebamus... in Abbatia S. Vandregesili ratione cujusdam servitii quod vocatur servitium de la Mareschauchie, et quidquid nobis ratione Mareschauchiæ debetur.*

Marchalsia, seu *Marescallia*, vel *Marescalcia*, Carcer curæ et fidei *Mariscalli* Domus *Regiæ* apud Anglos commissus, qualis ille in suburbiis Londinensibus, vulgo *the Marshalsy* dictus. Henricus de *Knyghton* ann. 1330 : *Venit unus ribaldus sceleratus de Marchalsia, et pro sua vita inde habenda, decollavit eum.* Idem ann. 1389 : *Marchalsia Regis.* Vide Willelmum Stanfford. lib. 1. Placitor. Coronæ cap. 23. 27. 32. pag. 32. 33. 35. Petrus de Vineis lib. 5. Epist. 59 : *Tua noscat devotio, quod idem P. nuntius tuus supradictum M. cum compedibus et dextris in manibus Marescalciæ nostræ caute et fideliter assignavit.* Occurrit præterea in Charta Guillelmi Comitis Nivernensis in Tabulario Ecclesiæ Augustodunensis.

* *Marchaucie*, eodem sensu, apud Froissart. in vol. 2. cap. 76 : *Ils vindrent ès fauxbourgs de Londres,.... abbatirent les prisons du roy, que l'on dit les Marchaucies.* Cap. 77. *Mangarte* nuncupatur : *La prison du roy, que l'on dit Mangarte, fut abbatue.*

¶ **MARESCHEIUS**, ut *Mariscus.* Vide in hac voce.

MARESCHIA, Idem quod *Mariscus.* Tabularium Ecclesiæ Gratianopolitanæ sub Hugone Episcopo fol. 50 : *Et habeo unum mansum in eadem parochia, qui fuit de Stephano, et est in prata, sive juxta Mareschiam.* Vide *Marcasium.*

¶ **MARESCHUS**, f. Mercatum, forum, Gall. *Marché.* Chartularium S. Vandreg. tom. 2. pag. 2032 : *Et modium et dimidium bladi quod valeat avenam Mareschi*, i. pretii quo avena in foro distrahitur.

¶ **MARESCOSUS**, Marescum, Marezium, etc. Vide *Mariscus.*

MARESMUS. Charta Ludovici VII. Reg. Franc. in Patriarchio Bituricensi cap. 64 : *Quidquid de ligno est et ferro,... pluma et corio, lana, cannaba, et lino, Maresmos, et omnia domorum utensilia.* Videtur esse nostrum *Marrein*, quodvis lignum ædibus ædificandis idoneum. Vide *Materia.*

MARESTALLA, Maristalla, Equile, stabulum equorum, Germanis, *Marstall.* Petrus de Vineis lib. 5. Epist. 70 : *Ronchini vero in nostra Marestalla non sunt ad præsens, quos tibi possemus commodare.* Thwroczius in Attila cap. 14 : *Sua etiam Maristalla, quam suis exercitualibus in expeditionibus deferebat, pro majori parte, de purpura cæterisque sericis pannis erat præparata.*

* **MARETEUS**, Paludosus, Gall. *Marécageux.* Instr ann. 1459. inter Probat. tom. 3. Hist. Nem. pag. 291. col. 2 : *Ipsa Nemausi civitas est aquosa, male et pexime fundata et constructa, quoniam super aquam Mareteam etc.* Vide *Mariscus.*

* **MARETINIUM**, Æstus marinus, Gall. *Marée.* Charta Joan. comit. Pontiv. ann. 1190. apud Joseph. Ignat. in Hist. Major. Abbavil. pag. 79 : *Dedi etiam et concessi dictæ ecclesiæ* (S. Vallerici) *in perpetuum jus reditus et donationis de piscibus maris, quæ ego habebam prius de qualibet navi territorii illius in mari piscante per totius anni circulum singulis diebus et Maretiniis.* Comput. dominii Bonon. comitat. ann. 1478. in Cam. Comput. Paris. : *Recepte de eawes deues au roy, c'est assavoir que chascun pescheur.... doivent au seigneur en saison de caresme une Marée.* Nisi hic idem sit quod supra *Marea*, piscis marinus.

* **MARETUM**, a Gallico *Maret*, Palus, locus palustris. Charta Gualt. Laudun. episc. ann. 1153. ex Chartul. S. Vinc. Laudun. ch. 59 : *Ad usus ecclesiæ* (concessit) *sex falces singulis annis in Maretis suis, et ibidem harundines ad tecta facienda.* Ibid.

ch. 107 : *Pastura, Maretum et eorum aisentiæ ecclesiæ S. Vincentii.... adjudicata sunt.* Vide supra *Mareteus.*

* **MAREUM**, Eadem acceptione. Charta ann. 1080. inter Instr. tom. 11. Gall. Christ. col. 231 : *Dedi etiam pasturam animalibus suis in plano et in nemoribus meis, et in haia, et in Mareis.*

¶ **MARFACA**, Murfaca, Species telæ crassioris. Charta ann. 1470. apud Rymer. tom. 11. pag. 675 : *Triginta et sex arrolios sive pecias de Murfaca valoris unius libræ cum dimidia pro qualibet pecia.* Et infra : *Carricaverunt triginta et sex arolios sive pecias de Marfaca de quo fiunt sacci valoris unius libræ cum dimidia pro quolibet arrollo sive pecia.*

1. **MARGA**, vox Gallica Plinio lib. 17. cap. 6. pro eo, quod *Marlam* dicimus. Idem eod. lib. cap. 8. *Glischromargam genus terræ candidæ* vocari apud Gallos et Britannos auctor est, ex Anglico *Glister*, fulgere, vel Germanico *Glitzeren*, et *Glitzen*, et *Gleissen*, quod idem sonat, ut auctor est Cluverius lib. 1. German. antiq. cap. 8.

Margila, ex *Marga*, unde nostri *Marle.* Edictum Pistense Caroli Calvi § 29 : *Carroperа et manopera ex antiqua consuetudine debent, et Margilam et alia quæque carricare.*

2. **MARGA**, Otho Frising. lib. 2. de Gestis Frid. cap. 16 : *Ferunt quadam die lapidem vi tormenti ex balista, quam vulgo Margam dicere solent, propulsum.* Verum hoc loco *mangam* legendum pridem monuit Isaac. Pontanus lib. 6. Orig. Francic. pag. 561.

* Nostris *Marge*, pro Manubrium, vulgo *Manche.* Lit. remiss. ann. 1481. in Reg. 209. Chartoph. reg. ch. 105 : *Le suppliant qui tenoit en ses mains ung hernois, que on appelle pouda ou podet de fer avecques son Marge de bois etc.*

* **MARGAINON**, vox Gallica, cujus vim explicat Tract. Ms. de Pisc. cap. 4. ex Cod. reg. 6838. C : *Anguillas in marem et feminam distingunt. Marem vocant Margainon, quod breviore, crassiore, latiore est capite.*

¶ **MARGANATICA**, est tertia vel quarta pars quæ uxori in bonis mariti competit, ex Legibus Longobardorum. Vide *Morganegiba.*

¶ **MARGARITA** Scientiæ, Philosophia dici videtur, in Litteris Caroli Regentis ann. 1358. tom. 3. Ordinat. pag. 237.

MARGARITÆ, dictæ Græcis Scriptoribus Ecclesiasticis sacræ Eucharistiæ particulæ : quippe Sacerdos post sacrificium, dum communicat, hostiæ quartam partem absumit, tres reliquas summis digitis in particulas, easque minutulas super patena comminuit, quod aptius commodiusque ex pane recenti absolvitur, cum veterasceus alias panis, humore absumpto, in pulverem, ut ita dicam, fatiscat; quæ quidem particulæ pro infirmis reservantur. Has particulas μερίδας vocat Euchologium, μαργαρίτας Liturgia Chrysostomi, et Germanus in Hist. Eccles. pag. 147. ψιχάς, Cyrillus Hierosolymitanus; *micas*, Paschasius lib. de Corpore et Sanguine Domini, [*Margaritum*, Fortunatus lib. 3. Carm. 23. ad Felicem Bitur. Episcopum :

Quam bene juncta decent, sacrati ut corporis Agni
Margaritum ingens, aurea dona ferant.]

Sed et μαργαρίτης, appellari Græcis recentioribus vas, in quo eæ asservantur, docet Franciscus Richardus in Relat. de Insula sanctæ Irenes pag. 221. Vide Vitam S. Lucæ junioris Thaumaturgi cap. 6. num. 42. [pag. 985.] et Leonem Allatium de recentiorum Græcorum Templis : præterea Concilium Matisconense II. can. 6. ubi *de reliquiis sacrificiorum vino conspersis, ab innocentibus absumendis.* [** Vide Glossar. med. Græcit. voce Μαργαρίτης, col. 878.] Hinc

¶ Margaritum, vocatur quædam cruicicula quæ Sanguinem et Crucis Christi particulam continebat, in libello de sanguine Christi Augiæ asservato, apud Mabill. tom. 3. Annal. Benedict. pag. 704 : *Agillimus erga dominam suam interventor existebat* (Tougolfus) *quatenus..... fulgidissimum Margaritum ad Monasterium condonare dignaretur... Postquam prædicta Dei cultrix sæpe nominatam cruciculam ad monasterium magna sub devotione transmisit.*

MARGARITARII, Concharum margaritariarum investigatores, qui urinando se in profundum mittunt, apud Firmicum lib. 8. Math. cap. 16. Sic describitur a Manilio lib. 4. Astron. :

Cumque suis domibus conchas, valloque latentes
Protrahit immersas, nihil est audere relictum,
Quæstus naufragio petitur, corpusque profundo
Immissum pariter quam præda exquiritur ipsa.

¶ **MARGARITION**, Margarita. Vox interdum usurpata in epitaphiis, ut observat D. *de Montfaucon* Antiquit. expl. tom. 9. pag. 55. qua laudis vel amoris affectus exprimitur.

¶ **MARGARIZARE**, pro *Magarizare*, Ejurata Christi fide Mahometismum profiteri. Acta S. Raynerii tom. tom. 3. Junii pag. 447 : *Tunc Ammira Mumminus jussit vocari istum Bentivegnam.... cum multi essent in exercitu suo Margarizati, qui bene sciebant legere et exponere.* Vide *Magarizare.*

* **MARGASSIUM**, Hara cunicularia, ubi nutriuntur cuniculi et multiplicantur. Pactum inter Humbert. dalph. et episc. Gratianop. ann. 1343. in Reg. 134. Chartoph. reg. ch. 34 : *Recte tendendo ad pedem cujusdam Margassii seu claperii,.... in quo Margassio seu clepperio sunt duæ mutes arboris.*

MARGELLA, Corallium, κοράλλιον, in Gloss. Gr. Lat. Vide Meursium in μαργέλλα, et Salmasium ad Vopiscum.

* **MARGERIUS**, Acervus, congeries. Inquisit. Ms. ann. 1480 : *In brotellis illorum de Molone, ubi ipse portus abordat a parte Bressiæ, aposuit cruces domini Castellionis paludis in quodam Margerio lapidum.* Ibidem : *In quodam Margerio lapidum vidit aponere penonoellos aut cruces.*

MARGGRAVIUS, Idem qui *Marchio* : vox confecta ex *March*, limes, et *Grave*, Comes. Udalricus Zazius de Feudis part. 5. n. 10 : *Hujusmodi Marchionum, sive, ut nos appellamus, Margraphiorum origo in limitaneos Præpositos, sive Duces referenda : Marggraphii, dicti, quod limitibus, quos vulgo Marcken appellamus, graphii, id est, Præpositi fuerunt.* Aliud etymon huic vocabulo arcessunt Leges Edwardi Confess. cap. 35. Locum vide in *Mergreve.* Arnoldus Lubecensis lib. 6. cap. 8. de Marchione Landespergensi : *Cum igitur Marggravius castra remeasset, etc.* Supra, *Marchionem* appellavit. *Margravius de Brandenburg*, qui alias *Marchio*, in Historia Archiepiscoporum Bremensium, et apud Albertum Stadensem ann. 1240.

* **MARGHENGHELT**, Morgenghelt, Census species. Charta capit. S. Petri Traject. ann. 1310. in Suppl. ad Miræum pag. 427. col. 1 : *Willelmus comes Hannoniæ.... dedit censam suam annuam universam, quæ Teutonice cuns sive Marghenghelt dicitur, jacentem in de Nesse. Cum censibus annuis universis, qui Theutonice cuns sive Morgenghelt dicuntur,* in Bulla Clem. PP. V. ann. 1312. ibid. pag. 430. col. 1.

¶ **MARGIA**, Margo, Gall. *Marge.* Charta ann. 1482 : *In quadam inferiori Margia litterarum depinguntur sex circuli secundum morem antiquum figurati.*

¶ **MARGIDUS**, pro *Marcidus*, Papiæ.

MARGILA. Vide *Marga* 1.

¶ **MARGILLA**, Margo, ripa. Charta Philippi III. Franc. Regis ann. 1279. in Cod. MS. Consuetud. Tolos. e Bibl. D. Abb. *de Crozat* : *Alia jura... quæ habent in terris, pratis et vineis, molendinariis et Margillis existentibus ultra et citra rivum Ycui.*

¶ **MARGINARI**, Definiri, terminari, Gall. *Borner, limiter.* Homilia S. Aviti de S. Mamerto tom. 2. Maii pag. 631 : *Eligitur tempori triduum præsens, quod inter Ascensionis sacræ cultum diemque Dominicum, quasi quodam opportunitatis propriæ limbo, circumpositis solennitatibus Marginaretur.* Sidonius lib. 4. Epist. 20 : *Viriduntia saga limbis Marginata puniceis.*

¶ 1. **MARGO**, Terminus, finis. *Negotia ad Marginem perducere*, id est, ad exitum. Libellus de sanguine Christi Augiæ asservato, apud Mabill. tom. 3. Annal. pag. 699 : *Rex interim ad procurandum commisit, donec negotia quæ instabant, ad Marginem perducerentur.* Anastasius Bibl. Epist. ad Aronem Episc. Benevent. tom. 3. Spicil. Acher. pag. 14 : *Salve Præsul amate Deo sine Margine.*

¶ 2 **MARGO**, Gradus scalæ, in Hist. MS. Gemmet. Monast. pag. 74.

* **MARGOT**, Gallicum nomen unius e militaribus turmis, quæ Galliam olim vastaverunt, forte a pica, quæ nostris *Margot* dicitur, sic appellatæ. Lit. remiss. ann. 1372. in Reg. 103. Chartoph. reg. ch. 239 : *Dum societates et inimici nostri, et specialiter societas dicta la margot, et Seguini de Badafollo militis, ac plures aliæ regnum nostrum, maxime in senescallia Bellicadri et Nemausi discurrebant etc.*

¶ **MARGRAPHIUS**, Margravius. Vide *Marggravius.*

¶ **MARGUELLARIUS**, Ædituus, a Gall. *Marguillier.* Acta S. Africani Episc. tom. 1. Maii pag. 67 : *Joannis Valeux pro anno illo Consulis parochiæ ejusdem, Jacobi Grosse Syndici, et Antonii Maignon Marguellarii.* Vide *Marrelarius.*

MARGUILLUM. Charta ann. 1244. in Regesto Tolosano fol. 14 : *Praxeriam illam et Marguillum, quam et quod habemus in flumine Tarni, cum rappis, abardillis piscariis, et omnibus aliis juribus et pertinentiis* *suis, etc.* [Videtur esse pro *Anguillum* vel *Anguillarium*, Locus vel instrumentum aliquod in quo capiuntur anguillæ. Et quidem *praxeria* ibi est series palorum qui in flumine ponuntur, ut facilius capiantur alii pisces.]

* Nihil immutandum est in hac voce, qua significatur Locus in fluvio vel rivo, ubi cœnum abundat, Gall. *Margouillis*, unde nomen, capiendis piscibus et maxime anguillis accommodatus. Charta Phil. III. ann. 1279. in Reg. 52. Chartoph. reg. ch. 98 : *Et alia jura.... quæ habent in terris, pratis, vineis, molendinis, Marguillis existentibus ultra et circa rivum Ircii.* Pariag. inter reg. et monast. Grandis-silvæ ann. 1290. in Reg. 152. ch. 25 : *Item molendina, cum suis paxeriis et executoriis et aliis pertinentiis suis et Marguillis,.... sint perpetuo per medium inter dictum dom. regem et dictum monasterium.... Item molendina seu Marguilla, quæ construentur aliquo tempore in flumine Garonæ,.... sint per medium perpetuo inter dictum dom. regem et dictum monasterium.* Charta ann. 1316. in Reg. 53. ch. 327 : *In quodam Marguillo pisquæ fluminis Agoti decem solidos Turon. annui redditus.* Alia an. 1330. in Reg. 66. ch. 724 : *Dicta medietas aquæ seu fluminis se tenet cum alia medietate ejusdem fluminis.... ad faciendum ibi Marguillum et quemvis alium modum piscæ et utilitates suas, etc.* Hinc *Margoilloier*, in luto volutare, in Lit. remiss. ann. 1385. ex Reg. 127. ch. 172 : *Lesquelx prindrent le suppliant au corps et aux draps, et le Margoilloient comme un pourcel;.... après ce qu'il fu ainsi Margoilloié etc.*

¶ **MARGULIENSIS** Moneta. Vide in *Moneta Baronum*.

MARGULUS. Adrevaldus Floriacensis lib. 1. de Miracul. S. Benedict. cap. 24 : *Cum neque subulas majores, neque malleos, Margulos, nec aliquid officinæ fabrilis secum haberent, quo tam fabrefactum destruerent opus.* Videtur legendum *Marculos*. Gloss. Lat. Gr. : *Marculus, malleolus, et malleus*, σφύρα, σιδηρά, καὶ κόπανον. [Vide *Marculus*.]

¶ **MARGUS**, Τραπέζιον τῶν ναυτῶν, *Nautarum mensula*. Supplem. Antiquarii.

* **MARHA**, pro *Marcha*, Moneta aurea. Bulla Alex. PP. III. ann. 1179. tom 1. Probat. hist. geneal. domus reg. Portug. pag. 8 : *Ad indicium autem quod præscriptum regnum* (Portugaliæ) *beati Petri juris existat, pro amplioris reverentiæ argumento, statuisti duas Marhas auri annis singulis nobis nostrisque successoribus persolvendas.* Vide in *Marca* 1.

* **MARIA**, *Æra, mella, ordea, vina.* Glossar. vet. ex Cod. reg. 7613. *Marie* vero quid apud nostrates sonet, docent Lit. remiss. an. 1475. in Reg. 195. Chartoph. reg. ch. 1566 : *Marie! Marie! qui vault autant à dire en parolles de joyeuseté comme Voire, Voire.* Aliæ ann. 1446. in Reg. 178. ch. 118 : *Lesquelz compaignons par dérision disdrent aux supplians : Marie! que ces gens là sont crueulx.*

1. **MARIAGIUM**, Dos mulieris, *Mariage.* Ordericus Vitalis lib. 3. pag. 468 : *Subripuit Mariagium suum, hoc est, Noer Menardi, etc.* Infra pag. 479 : *Ecclesiam S. Nicolai.... cum adjacenti fundo in Mariagio concessit.* Adde lib. 5. pag. 582. 589. [Charta apud *Madox* Formul. Angl. pag. 180 : *Sciatis me dedisse et concessisse totam terram de Sanford, quæ data fuit matri meæ in Mariagio, cum omnibus pertinenciis.*] Vide *Maritagium.*

* 2. **MARIAGIUM**, Matrimonium, Gall. *Mariage.* Charta ann. circ. 1204. tom. 1. Probat. Hist. Brit. col. 797 : *Tales conventiones factæ sunt.... super Mariagio Gaufridi de Filgeriis cum filia prædicti Eudonis filii comitis, quod Willelmus de Filgeriis habebit et pacifice tenebit tertiam partem.... illius videlicet terræ, de qua prædictus Willelmus saisitus erat in die illa, qua Mariagium illud factum fuit. Rompre son mariage*, dicitur de muliere, quæ fidem marito datam frangit, in Lit. remiss. ann. 1398. ex Reg. 153. Chartoph. reg. ch. 514 : *Durant lequel mariage, il fut commune renommée que ladite Tiphaine avoit rompu son Mariage, et par especial que Perrinot de S. Germain escuier la maintenoit.*

MARIALE, Græculis recentioribus Μαριάλε, βιβλίον ἔχον τῆς Θεοτόκου ἐγκώμιον. Ita Theodosius Zygomalas apud Martinum Crusium in Turco-Græcia pag. 243. Ita porro librum suum de Miraculis B. Mariæ Suession. non ita pridem editum cum Historia ejusdem Monasterii, a Michaele Germano Benedictino, inscribere Hugonem Farsitum observat Sanderus in Bibl. MSS. Belgii pag. 358. 360.

¶ **MARIARE**, Mare navigare. Literæ Eduardi Regis Angl. ann. 1315. apud Rymer. tom. 3. pag. 509 : *Cum æstate proximo præterita, Petrus Arnaldi.... magister navis vocatæ S. Jacobi de Baiona, quæ est Johannis de Villa et Arnaldi de Oloro, concivium Baionæ, et cum ea Mariassent; filii iniquitatis, quidam Flamingi et Scoti, ad dictam navem accesserunt, et inter se atrociter debellarunt.* Vide *Mareare.*

* **MARICADIUM**, Palus, stagnum. Charta ann. 1185. inter Instr. tom. 10. Gall. Christ. col. 324 : *Fratribus dictæ ecclesiæ quoddam Maricadium, quod vocatur Gerardi le Pellu, situm inter nemus vallis Hivonis et villam de Campagnes, et pratum quod est ante portum vallis Hivonis extra fossatum, ad usagium dictæ ecclesiæ omnino libera confirmavi tenenda in perpetuum.* Vide *Maricium.*

* **MARICINIA**, *Loca mari vicina*, in veteri Glossar. ex Cod. reg. 521.

¶ **MARICIUM**, Palus, stagnum. Charta Richardi Reg. Angl. apud Marten. tom. 1. Ampliss. Collect. col. 990 : *Teneant de nobis et heredibus nostris prædictas villas cum omnibus pertinentiis suis bene et in pace.... in vivariis et stagnis, in Mariciis et piscariis.* Occurrit præterea in Charta apud *Madox* Formul. Angl. pag. 183. Vide *Mariscus.*

* **MARICUS**, Idem qui alibi *Major* vel *Syndicus* appellatur, qui res alicujus communitatis curat. Charta ann. 1199. apud Murator. tom. 4. Antiq. Ital. med. ævi col. 177 : *Et juvabimus sequi.... Tarvisii potestatem et successores ejus,.... cum requisiti fuerimus per nuncium Tarvisii, vel per Maricum nostrum : et quod Maricus teneatur facere jurare homines, ut dictum est superius, omni anno.* Synod. Aquilej. ann. 1282. inter Monum. ejusd. eccl. cap. 79. col. 790 : *Potestates, gastaldiones, Maricos, Lectores, ancianos, consiliarios, etc.* Stat. Cadubr. lib. 1. cap. 58 : *Quilibet Maricus vinculo sacramenti teneatur et debeat sine fraude et sorde procurare et facere suo posse, quod omnes et singulæ stratæ et viæ, ac etiam calles et pontes existentes in suis villis et regulis teneantur curatæ et mundæ ab omni immunditia.* Correct. eorumd. statut. cap. 7 : *Ordinamus quod quandocumque aliquis tabernarius vel alius volens vendere vinum ad minutum in contracta Cadubrii, teneatur et debeat denunciare jurato vel Marico villæ in qua habitat,.... quod veniant ad ponendum vinum ejus ad manum, et secundum quod per eos æstimatum fuerit, teneatur et debeat dictum vinum vendere.*

¶ **MARIDATGE**, *Mariagium*, dos mulieris. Chartular. Aureliense in Lemovicibus : *Dedit duos solidos quos habebat de son Maridatge.* Vide *Maritagium.*

* **MARIDATGIUM**, Quod favore et intuitu matrimonii datur. Charta ann. 1372. in Reg. 4. Armor. gener. pag. xxij : *Maria de Aragone.... donavit Guillelmo Bertrandi de Guisquardo domicello sponso suo futuro.... in dote et Maridatgio... omnia bona sua mobilia et immobilia.* Vide *Maridatge.*

¶ **MARIENUM**, ut *Materia.* Vide in hac voce.

* **MARIGLERIUS**, Æditiuus, custos ecclesiæ; cujus officium *Marigleria*, Gall. *Marglerie* vel *Marreglerie*, appellatur. Chartul. S. Mart. Augustod. : *Sciendum est quod de Marigleria ipsius ecclesiæ, quia abbatis est, et ipse debet Mariglerium ponere et mutare.* Instr. ann. 1406. ex Bibl. reg. : *Icelui déposant et messire Guillaume Rigolet,... qui... avoit en ce jour la garde de la Marglerie de la Chapelle, se allerent esbatre en l'ostel de Guillaume Simon espicier,.... et après ce que ils y orent esté par certaine espace de temps,... un des serviteurs de messire Guillaume Belier vint dire audit Rigolet que il s'en venist tantost en la sainte Chapelle et que l'uys en estoit ouvert, etc.* Infra : *Marreglerie, Marillier*, in Charta ann. 1472. inter Instr. tom. 12. Gall. Christ. col. 203. Vide *Marrelarius.*

¶ **MARILA**, a Græco μαρίλα seu μαρίλη, Pulvis carbonum, favilla. Pollux. Cæl. Rhodig. 14. 16 : *Faber fumo oppletus et Marila.*

¶ **MARIMENTUM**, Quodvis lignum ædibus construendis aptum. Charta Willelmi Episc. Lingonens. ann. 1216. tom. 4. Gall. Christ. inter Instrum. col. 202 : *Retinuerunt autem sibi usuarium in nemoribus suis ad foca sua et ad Marimentum ecclesiæ suæ et domorum suarum.* Vide *Materia.*

¶ **MARINA**, Æstus maris turgidior. Vita S. Wlframni Episc. Senon. sæc. 3. Bened. part. 1. pag. 361 : *Cumque rheuma maris tempore Marinæ prædictum impleret locum, etc.* Vide *Malina*,

* *Marine*, pro *Mer*, mare, apud Guill. Guiart. ad ann. 1249. ubi de navali pugna :

Tel nombre d'autres i demeurent
Que couvert en est la Marine.

¶ **MARINA** Vasa, Naves cujusvis generis. Est etiam *Marina*, unde maritima ora, Gall. *La côte.* Memoriale Potestatum Regiens. ad ann. 1284. apud Murator. tom. 8. col. 1161 : *Videntes Pisani omne malum,* quod eis a Januensibus erat inflictum, volentes suam injuriam vindicare, multas naves et galeas et vasa Marina fabricaverunt in flumine Arni.... Et discurrebant per totam Marinam Januensem destruendo, comburendo, occidendo, capiendo et deprædando. Occurrit præterea in Chron. Estensi apud eumdem tom. 15. col. 367. Vide *Maritimæ*. *Marina*, fascis, δέσμη, in Gloss. Lat. Græc. mendose pro *Manua;* quod vide.

* **MARINALIS** Lex. Vide supra in *Lex*.

¶ **MARINARICIA**. Vide *Marinarius*.

MARINARIUS, Navicularius, nauta, *Marinier*. Usatici Barcinonenses MSS. cap. 56 : *Homines nobiles et ignobiles, Magnates et Milites, et pedites, Marinarii, et cursarii, et monetarii in illorum terra stantes*. [Concil. Rom. sub Nicolao II. PP. ann. 1059. tom. 4. Annal. Bened. pag. 749 : *Post hæc dum consultaretur capitulum illud, quod uni personæ quatuor libræ panis et sex potus quotidie conceduntur, sacer Conventus Episcoporum exclamavit.... quod illa expensa magis videretur constituta Marinariis, quam Canonicis, matronis quam sanctimonialibus, scilicet ut habeant unde sibi concilient greges liberorum*. Informationes civit. Massil. pro passagio transmarino ex Cod. MS. Sangerm. : *Et si voluerit conducere Marinarios ad mensem, constabant Marinarii quilibet* x. *lib. qui erunt in summa* v^c^. *lib. quolibet mense et facient ipsi Marinarii omnes sumptus suos*.] Occurrit apud Constantinum Africanum lib. Commun. locor. Medicor. cap. 18. Bromptonum ann. 1100. 1189. Joan. Carmessonum in Vita S. Petri Thomasii cap. 4. in tom. 4. Spicilegii Acheriani, etc. [Adde Constit. Friderici Reg. Sicil. cap. 33. Breviarium Hist. Pisanæ ad ann. 1163. apud Murator. tom. 6. col. 173. Memoriale Potestatum Regiens. apud eumd. tom. 8. col. 1098. Nicolaum Specialem de Reb. Siculis lib. 4. itidem tom. 10. col. 990. etc. Le Roman *de Rou* MS. :

Donc fist à tous dire et crier,
Et as Marineaux commander
Que les nefs fussent depechiez.]

Marinerii, in Libertatibus Barcinonensib. anni 1283. [Statuta Arelat. MSS. art. 144 : *Teneantur mittere.... barchas suas cum Marineriis in subsidium ligni*.]

Marinaricia, Italis *Marinareza*, Merces, quæ *marinariis*, seu nautis exsolvitur a Patrono, in Statutis Venetorum lib. 6. cap. 71. et in libro Promissionis maleficii, in eodem Codice, cap. 32.

¶ Marinarius, Viator, nostris *Passager*. Charta ann. 1390. e Tabular. Massil : *Quilibet Marinarius solvat pro viagio suo, etc.* Statuta Massil. lib. 4. cap. 15 : *Si quis conduxerit Marinarios, vel alios operarios, aliasve personas qui ei pro pretio, seu loquerio constituto, aliquid licitum se facturos convenerint, etc.* Occurrit ibidem pluries et cap. 16. non semel.

* **MARINIARIUS**, Nauta, nostris alias *Marinaire* et *Marinel*. Tabul. Massil. : *Item Bertrandus de Vilardello Catalanus consuluit, quod dictus dominus amiratus faciet juxta consilium majoris partis dictorum Mariniariorum*. Le Roman *d'Alex*. Ms. part. 2 :

Là outre vueilh passer avec ce Marinaire,

Lit. remiss. ann. 1377. in Reg. 113. Chartoph. reg. ch. 187 : *Gieffroy Bertrand de Saint Malo de Lille poure Marinel, etc.* Aliæ ann. 1412. in Reg. 166. ch. 279 : *Comme le suppliant se feust mis en un vaissel en la compaignie du maistre et autres Marineaulx d'icellui vaissel pour aler pescher, etc.* Vide *Marinarius*.

MARINELLI, Iidem, qui *Marinarii*, apud Matth. Paris pag. 162. 166. et S. Bernardum lib. de Modo bene vivendi cap. 57. [Litteræ Henrici VI. Reg. Angl. ann. 1431. apud Rymer. tom. 10. pag. 489 : *De nostris mercatoribus seu Marinellis, ac eorum naves vel bona, cum ad portus seu stathes dictarum terrarum vestrarum, etc.* Adde lib. nigrum Scaccarii pag. 369.]

¶ **MARINERII**. Vide *Marinarius*.

MARINOLA, Gloss. MS. Eccles. Parisiens. : *Encetecia, Marinola lignea, qua amphora sustinetur*. Papias habet : *Encetegna, macinola, qua, etc.* [Leg. *Machinola*, parva machina. Vide *Enceteria*.]

¶ **MARINOSUS**, Marinus, maritimus. Epist. Manasses Camerac. Episc. apud Baluz. tom. 5. Miscell. pag. 319 : *Itaque cum Deus spiritualem gladium nobis solummodo reliquerit, illos spirituali gladio puniamus quorum Marinosis impulsi tempestatibus neque die neque hora quiescere possumus*.

¶ 1. **MARINUS**, Provincialibus, Auster, vulgo *Lou Marin*, quia a mari flat. Charta ann. 1473. ex Schedis Pr. *de Mazaugues* : *Et ab alio latere dictus terminus respicit versus Marinum*.

* 2. **MARINUS**, Piscator. Charta Adelf. reg. Aragon. æra 1165. pro habitat. Tutelæ in Reg. 53. Chartoph. reg. ch. 295 : *Et persolto vobis totas illas aquas quod pesquetis ubi potueritis; sed totos illos sollos, qui fuerint ibi prisos, sedeant meos et predat eos meo Marino pro ad me*.

MARIOLA, Imago S. Mariæ virginis. Vitæ Abbatum S. Albani : *Hic quoque fere perfecit pulcram Mariolam cum pertinentiis*. Iterum : *In Australi Ecclesiæ parte, juxta nobilem Mariolam*. Alia loco : *Ante majus altare et Mariolam, quæ eidem supra ponitur*. Willelmus *Guiart* MS. in Ludov. VIII :

Aubes, fros, chasubles, estoles,
Crois, Crucefis, et Marioles,
Unes d'argent, autres de fust.

* Mirac. Mss. B. M. V. lib. 1 :

Devant ne sai quel Mariole,
Ki tient un enfant et acole,
Toute jour s'aloit acroupant.

* **MARIOLÆ** dicebantur Sacerdotes vel Clerici, qui die sancto Paschæ trium Mariarum personas agebant. Ordinar. eccl. Camer. Ms. fol. 42. v°. : *Interim in revestiario parantur tres Mariolæ, quarum duæ indutæ sunt casulis albis, et tertia dalmatica alba, coopertis capitibus amictu, tenentes in manibus poma aurea in signum aromatum*.

* **MARIOTH**, *El brazo sopra el cubito*. Glossar. Lat. Ital. Ms. Vide supra in *Maheria*.

¶ **MARIOTIO**, perperam pro *Marritio*, Detrimentum, jactura rei. Placitum ann. 821. apud Murator. tom. 2. part. 2. col. 373 : *Jusserat ipse Princeps* (Ludovicus Pius) *supradictis Aledranno et Leoni, ut sine Mariotione et de omni causa quam cum Guinigis habebamus... plenam justitiam facere jussissemus*.

¶ **MARIS**, *Mensura sex capiens heminas*. Vocabular. Sussannæi.

* **MARISAN**, *Lo octavo mese*, in Glossar. Lat. Ital. MS.

MARISARCHUS. Vide *Marearchus*.

MARISCUS, Palus, Gallis *Marés*, vel *Marais*, quam vocem a *Mare*, id est, collectione aquarum deducit Salmasius : Somnerus a Saxonico mersc, *palus*. [Charta apud Mabill. tom. 2. Annal. Bened. pag. 697 : *Cum terra et silva, Marisco ad integrum meam partem... trado atque transfundo*. Tabular. Dolense ann. 1303 : *Quædam terræ arabiles sitæ in parochia de Pleudehen juxta flumen de Rentra, qui vulgariter appellantur magni Marisci D. de Querquen*.] Ingulfus : *Vicinas paludes, circumque jacentes Mariscos immeabiles reddebant*. Infra : *Cum insula circumjacente, et duobus Mariscis adjacentibus*. Occurrit non semel apud Matth. Paris, et alios.

¶ Maresclum, Eadem notione, in Chartular. S. Vincentii Cenoman. fol. 118.

¶ Marescum. Charta ann. 1030. ex Tabulario Montis S. Michaelis : *Alanus D. G. Britannorum Comes dedi Deo et Beato Michaeli villam Bohel cum omni Maresco quod ad eam pertinet*. Charta Eustachii Comit. Bolon. ann. 1112. apud Baluz. tom. 2. Hist. Arvern. pag. 137 : *In aquis, in piscationibus, in pratis et in Marescis*. Chron. Andrense tom. 9. Spicil. Acher. pag. 471 : *Tertiam partem Maresci de Bavelinghem... pertinaciter exegit*.

* Nostris *Maresqs*, *Mareschat* et *Mareschiere*. Chron. S. Dion. lib. 1. cap. 2. tom. 3. Collect. Histor. Franc. pag. 156 : *Li leux estoit tant fort et si perilleus pour les fonteniz et pour les Mareschieres, etc.* Instr. ann. 1406. ex Bibl. reg. : *Laquelle fiefferme est toute en un lieu, où il souloit avoir un vivier, qui pieça aterry et vint en prez,.... et de present est en Maresqs*. Lit. remiss. ann. 1475. in Reg. 195. Chartoph. reg. ch. 1483 : *Pour fener et mettre en mullon le foing qui estoit faulché en leur pré, Mareschatz, botz ou marates.... Le bot du prestre, autrement dit marates ou Mareschatz*. Hinc *Mareschier*, Pratum adaquare, in Charta ann. 1364. ex Reg. 96. ch. 75 : *Les habitans peuent et porront jouir une gauge en parfont en leursdiz marez pour Mareschier*.

¶ Mareseum, in Chartular. S. Vandreg. tom. 1. pag. 10 : *Item vendidi... unam piecham terræ sitam... supra Mareseum*.

Maresium, Eadem notione. Charta Philippæ Comitissæ Pictavensis, uxoris Guillelmi VIII : *Quod ego audiens graviter tuli, pro eo quod eadem Maresia dicebantur esse de osculo meo*. [Charta ann. 1239. ex Tabular. monast. de Alba corona : *Joscelinus D. de Rocha Bernardi dedit Abbatiæ de Alba corona salinam suam quam habebat in Maresiis de Trevali, in ipso videlicet introitu Maresiorum*. Charta de *Aquariatu* de Talemundo : *Item sex sextaria salis ad mensuram Olonæ quæ habemus super Maresio Martini singulis annis, annui et perpetui redditus; quod quidem Maresium tenet archipresbyter Alperiensis*.] Occurrit præterea in Charta anni 1217. apud Sammarthanos tom. 4. Galliæ Christ. pag. 5. et in alia anni 1244. in Probat. Hist. Castanetorum pag. 23. 24.

Marescagium. Charta anni 1267. qua Matthæus de Montemorenciaco vendit Abbati S. Dionysii, *quosdam redditus et usagia in terra et supra terram Ecclesiæ S. Dionysii in Francia apud Argentolium. Qui redditus Cursus et Marescagium vulgariter nuncupatur, pro 40. libris Paris.* Facultas forte utendi marescis alterius domini. [Hic, *Marescagium*, nomen est proprium territorii cujusdam prope Argentolium, quod vulgo *le Marais* dicitur.]

Marescheius, Palus, locus palustris, *Marais*. Charta Gilonis de Aciaco Militis ann. 1227. in Tabulario Ecclesiæ Meldensis f. 30: *Ex parte Crociaci ab introitu Mareschei.... ita tamen dicerem mareschicos de Estrepill. qui sunt inter molendinum de Molignon, etc. Mareschere*, dicebant nostri, quomodo *pascua* vertit Hugo *Plagon* in versione Gall. MS. Will. Tyrii lib. 2. cap. 19. Guill. *Guiart* ann. 1304:

D'autre part outre la riviere,
Se sont prés d'une Mareschiere
Li Flamens tendus à grant presse.

Robertus Bourronus in Merlino MS.: *Une tour fort et haut, qui seoit en une Marescherie.*

¶ Marisculum, diminut. a *Mariscus*. Lambertus Ardensis apud Ludewig. tom. 8. Reliq. MSS. pag. 517: *In Marisculo apud Ardeam juxta molendinum exclusam... fecit.*

* Ita *Maresquel*, a *Marest*, in Charta ann. 1399. ex Chartul. 23. Corb.

¶ Marescosus, Locus palustris. Willelmus Brito lib. 2. Philipp.:

Quaque Marescosos extendit Flandria campos.

¶ Marisiacus, Idem quod *Mariscus*, Palus, *Marais*. Bulla Johannis VIII. PP. ann. 877. tom. 3. Annal. Bened. pag. 679: *Berziacum una cum molendino, Berziso Marisiacos duos atque spicarium.*

* **MARISMARE**, *Marennium* seu materiam ligneam domibus ædificandis aptam exscindere. Charta ann. 1276. in Chartul. eccl. Lingon. fol. 256. r°: *Abbas et conventus quittaverunt.... totum usagium, quod habebant in omnibus nemoribus de Marasco scindendi et Marismandi.* Vide *Marrimare*.

MARISTALLA. Vide *Marestalla*.

¶ **MARISTUS**, pro *Mariscus*, Palus. Charta Henrici Reg. Angl. ann. 1285. in Tabul. regio Reg. 92. Ch. 58: *Cum omnibus aliis libertatibus... in stagnis et vivariis, in Maristis et piscariis, etc.* Charta Johannis de Monteforti Ducis Britan. ann. 1360. ex Arch. castri Nannet.: *Simul cum membris hamelettis, pratis, pascuis, Maristis, etc.*

MARITA, Uxor. Vetus Inscriptio Barcinone: *Cornelius L. F. Secundinæ L. Valer. Rufus Maritæ optim. etc.* Alia Romæ: *D. M. Juliæ Pietati Maritæ optimæ C. Julius Symfor. fecit.*

* Glossar. Provinc. Lat. ex Cod. reg. 7657: *Molher, Prov. uxor, Marita, maritella.*

MARITAGIUM, Donatio, quæ a parente filiæ fit propter nuptias, seu intuitu matrimonii. Regiam Majestatem lib. 2. cap. 18. § 1. et Glanvilla lib. 7. cap. 1: *In alia acceptione accipitur dos secundum Leges Romanas, secundum quas proprie appellatur dos, id quod cum muliere datur viro, quod vulgariter dicitur Maritagium. Potest itaque quilibet liber homo terram habens, quandam partem terræ suæ dare cum filia sua, vel cum qualibet alia muliere in Maritagium, etc.* Et cap. 48. § 12. ab *hæreditate* distinguitur. Hinc *possidere ex Maritagio*, apud Ordericum Vitalem lib. 5. pag. 590. *Dare in Maritagium*, apud Radulfum de Diceto ann. 1199. nostris vulgo, *Donner en mariage*, id est, favore matrimonii. Consuetudo municipalis *de Labourt*, tit. 9. art. 12: *Dot ou donation pour nopces, vulgairement appelé Mariage.* Leges Edwardi Confess. cap. 19: *Remaneant legales cum dotibus suis et Maritagiis.* Charta Henrici Regis Angliæ apud Matth. Paris ann. 1213: *Et si mortuo marito uxor ejus remanserit, et sine liberis fuerit, dotem suam et Maritagium habebit.* Adde aliam Joannis Regis ann. 1215. ibid. pag. 178. Statuta Alexandri II. Regis Scotiæ cap. 22. § 1. 2. Fletam lib. 5. cap. 24. Petrum de Vineis lib. 3. Epist. 5. etc. [Edictum Philippi Pulcri ann. 1219. tom. 1. Ordinat. Reg. Fr. pag. 38: *Parentibus vero mulieris accedet id quod ipsa secum attulit in Matrimonium, salvo legato suo, quod ipsa facere potuit per jus.* Epist. Friderici II. Imper. tom. 2. Spicil. Acher. pag. 575: *Non possumus silentio preterire qualiter Marchioni Misniæ sorore sua nuptui tradita, in terra sua nuptiis celebratis, cum prima thori gaudia celebrasset, aggressus est in lecto, et surgere non permisit, donec eos in ejus manibus dotes et jus de quibus tenebatur eis pro Maritagio respondere, oportuit necessario remisisse.* Charta ann. 1207. apud Kennett. Antiquit. Ambrosden. pag. 171: *Coscessimus... villam de Menelida cum pertinentiis suis quam Alanus de Dunstanvil pater ipsius Ceciliæ dedit ad se Maritandam.*] *Maritagium* autem aliud est *liberum*, aliud *servitio obnoxium*.

Maritagium Liberum, nostris Practicis, *Franc mariage*, dicitur, inquit Bracton. lib. 2. cap. 7. § 3: *ubi donator vult, quod terra sic data, quieta sit et libera ab omni sæculari servitio, quod ad dominum feodi possit pertinere; et ita quod ille, cui sic data fuerit, nullum omnino faciat inde servitium usque ad tertium hæredem, et usque ad quartum gradum, ita quod tertius hæres sit inclusivus.* Et infra: *Gradus autem computandi sunt a primo donatario usque ad tertium hæredem inclusivum, ut donatarius faciat primum gradum, et hæres suus faciat secundum, et hæres hæredis tertium, et hæres secundi hæredis quartum, qui quidem tenebitur ad servitium, etc.* Eadem pæne habentur apud Glanvillam lib. 7. cap. 18. in Regiam Majestat. lib. 2. cap. 57. et apud Littletonem sect. 17. et seqq. [Hinc in lib. nigro Scaccar. pag. 82: *Maritagium, quod dicit non adhuc debere servitium.*] His autem locis cum donator liberari dicitur a servitio et homagio, id intelligendum est de servitio et homagio donatoris, quod exerte indicat Littleton sect. 19. nam donator terram suam liberam ab alterius domini homagio et servitio conferre non potest. Charta Mathildis de S. Lizio, in Monastico Anglic. tom. 1. pag. 370: *Dedi... tertiam partem totius manerii mei de Cratesfeld, quod est liberum Maritagium meum, etc.* Pag. 416: *Terram suam de Rudham pater suus dedit in liberum Maritagium.* Pag. 514: *Ecclesiam S. Crucis... quæ sita est in libero Maritagio.* [Lib. niger Scaccarii pag. 252: *Præterea Willelmus Peverell dedit michi in franco Maritagio quiete cum sorore sua feodum 11. militum.* Charta ann. 1256. apud Kennett. Antiquit. Ambrosden. pag. 251: *Willielmus Longspe dedit et concessit Henrico filio dicti Edmundi Margaretam filiam suam et hæredem et cum ipsa in libero Maritagio maneria sua de Burncester et Midlington cum omnibus homagiis, redditibus, servitiis et consuetudinibus et omnibus aliis pertinentiis sine aliquo retinimento.*]

Maritagium autem *servitio obnoxium* illud est quod datur cum speciali reservatione servitii debiti domino capitali: et qui hujusmodi terras accipit nomine maritagii, ipse et omnes ejus hæredes tenentur facere servitia domino. Sed neque ipse, neque duo ejus hæredes facient homagium domino; verum tertius hæres omnia servitia et homagium facere tenebitur. Ita Regiam Majestat. lib. 12. cap. 57. § 7. 8. 9. et Bracton. d. cap. § 4. [** Vide Philips. Histor. Jur. Anglic. tom. 2. pag. 184. sqq.]

¶ In Libero Maritagio, hoc est, Soluto matrimonio, atque, ut habent alia Instrumenta, *in pura viduitate, in libera viduitate et in ligia potestate*; cum scilicet uxor defuncto marito tota sui juris est. Kennettus sub ann. 1129. Antiquit. Ambrosden. pag. 90: *Dictus Robertus Ecclesiam de Oseneia fundavit, et Canonicos regulares in ea constituit, et Ecclesiam de Claidon, et alias quamplurimas eisdem Canonicis contulit. Post mortem vero ejusdem Roberti præfata Editha in libero Maritagio suo plurimas terras præfatis Canonicis in Cleidona dedit.* Vide *Ligius*.

¶ Maritagium Habere, Formula usitata apud Anglos in Litteris, quibus Rex alicui concedebat in uxorem ducere filiam, quæ, dum minor ætate esset, sub ejus tutela existebat. Litteræ ann. 1215. apud Kennett. Antiq. Ambrosden. pag. 182: *Habere faciunt W. Com. Sarum. Maritagium filiæ Ricardi de Camville genitæ de Eustachia... ad opus Willielmi sui primogeniti.... Cum tota hæreditate sua contingente ipsam filiam ejusdem Ricardi in balliva sua ex parte matris suæ.*

Maritagium, Littletoni sect. 103. *Mariage*, nude, dicitur jus quod domino feudi competit maritandi filias vassalli sui defuncti: seu, ut definitur a Cowello l. 2. tit. 3. § 20: *est commodum illud, quod domino feudi e nuptiis minoris de se per servitium Militare tenentis conficere potest.* Statutum Mertonense cap. 7: *Maritagium ejus, qui infra ætatem est, de vero jure pertinet ad dominum feodi.* Vide Statutum 2. Westmonasteriense cap. 18. Regiam Majest. lib. 2. cap. 48. Fletam lib. 1. cap. 9. § 5. et cap. 13. et quæ notavimus ad Statuta S. Ludovici. Quibus adjungenda omnino Charta Henrici III. Reg. Angl. ubi istius legis ac juris ratio redditur, apud Guliel. Prynneum in Libertatib. Anglic. tom. 2. p. 602. ex qua quædam delibabimus: *Cum per experientiam didicimus, quod quamplures Dominæ regni nostri, spreta securitate, quæ* per legem et antiquam consuetudinem regni Angliæ capi solet et debet ab eis, ne se maritari permitterent sine consensu et voluntate nostra, non requisito super hoc nostro assensu, unde tam nobis quam Coronæ nostræ et damnum et opprobrium emerserunt. Mox : Vobis mandamus, firmiter injungentes in fide, qua nobis tenemini, quatenus sine dilatione a Margeria sorore quondam Comitis Warwicensis, quæ est una de generosioribus mulieribus regni nostri, et castrum habet ingentis fortitudinis, et situm versus partes Marchiæ, pro quo nobis nullatenus expediret quod aliquem in virum acciperet, nisi de ipso tanquam de nobis confiderem, castrum de Warwic et de terris suis, quas ipsi eligetis in plegium capiatis, præter securitatem debitam, quod ipsa nulli viventium sine licentia nostra in matrimonio copulabitur; ita quod si forte temerario ausu contra hoc fecisset, castrum prædictum et terræ in plegium similiter captæ, nobis perpetuo et hæredibus nostris incurrantur.

¶ Maritagii Servitium domino feudi debere dicebantur feminæ, quæ feuda militaribus servitiis obnoxia possidebant; eas quippe, ne consuetum servitium periret, ad nuptias cogebat dominus feudi, modo sexagesimum annum non attigissent. Qua ratione vero id fiebat discere est ex Assisiis Hieros. cap. 242 : Quant le Seignor veaut semondre ou faire semondre si com il doit feme de prendre baron quant elle a et tient fié qui li doie service de cors, ou à damoiselle à qui le fié escheit que il li doit service de cors, il li doit offrir trois barons, et tels que il soient à lui afferans de parage, ou à son autre baron, et la doit semondre de deus de ses homes ou de plus, ou faire la semondre par trois de ses homes l'une en leuc de lui, et deus com Court, et celui que il a estabil en son leuc à ce faire doit dire enci : Dame, je vous euffre de par Monseignor tel et le nome, trois barons tel et tel et les nome, et vous semons de par Monseignor que dedans tel jour, et motisse le jour, aiés pris l'un des trois barons que je vous ay només... et enci li die par trois fois. Adde cap. 243. 244. et 245.

Maritagium Rationabile, quod dominus hæredi offert, ubi non disparagetur, in Statuto Mertonensi ann. 20. Henrici III. quod Mariage advenant vocat Consuetudo Normannica vetus cap. 26 : Se aucune femme demande à son frere mariage, se il veut, il la menera avec luy, et l'aura en garde un an et un jour, et puis la pourverra de avenant mariage. Mariage avenant est, se elle est mariée à convenable personne selon son lignage et ses possessions. Nova Consuetudo Norman. art. 357 : Les seurs ne peuvent demander partage en la succession du pere et de la mere, ains seulement demander mariage. Mariage advenant, ibid. art. 262. et seq. Vide Notas nostras ad Stat. S. Ludov. pag. 174.

Maritagium Desavenans, Matrimonium impar et minus dignitati personæ conveniens. Primum Regestum Johannis de sancto Justo in Camera Computor. Paris : Pater dat filiæ desavenans Maritagium, moritur pater relicto filio infra ætatem, qui filius jacet per annum et diem, postquam pervenerit ad ætatem legitimam; postea conqueritur, et sororem suam et maritum ejus, de Maritagio desavenanti, quæritur an possit.

¶ Maritagia Recalefacta, Gall. Mariages réchaufés, Secundæ nuptiæ. Boerius Consil. 40 : Sponsalia viduarum debent fieri de nocte, et non de die, ad differentiam virginum quæ debent desponsari de die, et convocatis amicis.... et ita dicit (Angelus) servari Perusii, et verum dicit, quod etiam ubique terrarum viduæ desponsantur ante auroram, et solis ortum, dixi in § 1. in addit. incipiente Ubi, lib. cons. Bitur. et hæc viduarum matrimonia vocantur in vulgari nuptiæ, seu Matrimonia recalefacta, Noces réchaufées. Ita D. de Lauriere in Gloss. Juris Gallici.

Maritagium, seu licentia maritalis, maritandi, matrimoniorum, dicitur de servis, conditionalibus, et glebæ adscriptis, quibus matrimonium contrahere absque licentia et consensu domini non licebat. Eginhardus Epist. 16. ad Hattonem Comitem : Quidam homo vester nomine Hunno venit ad limina sanctorum Marcellini et Petri, veniam postulans pro eo, quod conservam suam ancillam vestram sibi in conjugium sociasset sine vestra jussione. Propter hoc precamur benignitatem vestram, ut a nobis indulgentiam de hoc facto percipere mereatur, etc. [Charta ann. 1325. apud Kennett. Antiquit. Ambrosden. pag. 401 : Robertus, et omnes alii custumarii... non debet filium suum ad literaturam ponere, neque filiam suam maritare sine licentia et voluntate Priorissæ.]

Ut porro consensum dominorum obtinerent servi, censum definitum iisdem præstabant. Charta G. Laudunensis Episcopi, apud Cognatum in Historia Tornacensi : De unoquoque eorum tam servo quam ancilla, habebitis annuatim sex denarios censuales, et de mortua manu duos solidos, et de Maritagio duos solidos. Vetus Charta apud Willelmum Hedam in Episc. Traject. cap. 20 : Iterum ne omnimodis sine respectu videatur sancta Dei Ecclesia pro licentia nubendi infra sive extra concedere potestatem, dentur 12. denarii, etc. Alia apud Buzelinum lib. 3. Gallo-Flandr. cap. 21 : Quæ familia unoquoque anno... persolvet de respectione capitis sui 2. denarios, de mortua vero manu 6. de licentia Maritali sex simili modo, etc. Licentia matrimoniorum, in Charta ann. 1162. ex Tabulario Campaniæ Thuano. [** Licentia nude dicitur in Notit. de hominib. S. Michaelis Belvac. circ. ann. 1100. exarata, post Irmin. pag. 379 : Pro filia secum adducta, quam in conjugium erat datura, consuetudinem, quæ Licentia vocatur, scil. 15. den. S. Michaeli... donavit.] Adde Haræum in Castellanis Insulens. pag. 178. 179. et Gallandum de Franco allodio pag. 84. Chronicon S. Bertini, de Sifrido, primo Guinensi Comite : Servitutem aliam induxit, ut quilibet, vir, mulier, senex, puer, aut infans, et denarium unum solveret in anno, in Nuptiis 4. et in morte quatuor. Charta ann. 981. in Probat. Hist. Guinensis pag. 48 : Singuli (servi) ad 4. denarios in censu Kal. Octobr. 12. in Matrimonio, 5. sol. post obitum. [Charta ann. 1348. apud Kennett. Antiquit. Ambrosden. pag. 470 : Willielmus Searich ad habendum in uxorem Johannam quæ fuit uxor Willielmi Foul, venit hic in curiam et dat domino de fine pro eadem in Maritagio habenda x. sol. Vide Ægid. Gelen. in S. Engilb. pag. 115. et Forismaritagium.] [** Vide Haltaus. Glossar. German. voce Hend-schilling, col. 878.]

☞ Eadem erat apud Anglos Tenentium etiam a Rege seu Corona conditio, cum filias suas extra manerii sui districtum nuptui tradebant. Charta ann. 1277. apud Kennett. Antiquit. Ambrosden. pag. 320 : Et sciendum quod si homines prædicti filias suas extra libertatem dicti manerii maritare voluerint dabunt domino pro qualibet filia sic maritata duos solidos, et hoc pro catallis extra libertatem dicti manerii cum ipsa remotis, et si infra libertatem ejusdem manerii eas maritaverint, nihil dabunt pro Maritagiis earundem.

Cum igitur inter servitutum onera non minimum illud esset, quod matrimoniorum libertatem spectabat, hinc in privilegiis civitatum et oppidorum incolis a Regibus et Principibus indultis legere est, id potissimum cautum ac concessum, ut eis et eorum hæredibus ad libitum suum puellas et viduas suas nuptui tradere, et juvenes uxorare, et ballia juvenum et puellarum sive viduarum habere sine aliqua contradictione liceret, ut est in Charta Alienoræ Reg. Angl. ann 1199. pro Libertat. urbis Santonens. apud Beslium pag. 596. Alia Ricardi Comit. Pictav. pro Rupellensib. apud eumd. pag. 600 : Præterea ipsis concessi, quod si ipsi inter filios et filias suas et mulieres viduas matrimonia contrahere voluerint, ego eis nullam inferam violentiam, nec ego eis quæram filios et filias suas ad maritandum; et si quis super hoc in eis manus mitteret, ipsi sine occasione se deffenderent. Charta Communiæ Rotomagens. ann. 1207 : Item nullum de Civibus Rotomag. cogere poterimus de filiis maritandis, nisi de voluntate sua. Charta Communiæ Hamensis : Concessum vero est, ut quicunque filium, sive filiam maritare voluerit, sine sui concessione domini et absque ullo forisfacto facere poterit. Similia propemodum habentur in Libertatibus concessis Angeriaci incolis ann. 1204. Castelli Amorosi in diœcesi Aginnensi ab Edw. I. Reg. Angl. in Regesto Constabulariæ Burdegal. fol. 5. item Valentiæ in eadem diœcesi ab eodem Edw. fol. 140. Oleronensibus ab Alienora ann. 1199. fol. 186. et Hugone Lusiniano Comite Marchiæ ann. 1286. fol. 187. Santonensib. ann. 1199. apud Beslium pag. 596. ect. Adde Statuta Delphinalia pag. 39. v. Constitutiones Siculas lib. 3. tit. 21. [Statuta MSS. Caroli I. Regis Siciliæ cap. 154.] Sanutum lib. 3. part. 11. cap. 3. Consuetudinem Solensem tit. 1. art. 2. [** Privileg. Richard. Rom. Regis ann. 1277. Wetflariens. datum in Guden. Syllog. pag. 473.] Vide Marcheta.

Eximebantur in ejusmodi immunitatibus Nobilium feudalium matrimonia, de quibus copiose egimus in Notis ad Stabilimenta S. Ludovici. Charta Philippi Aug. ann. 1220. M. Novemb. pro Cadomensibus : Præterea concessimus eisdem, quod nec nos nec hæredes nostri tradamus uxores, vel filias eorum aliquibus in Maritagium contra voluntatem eorum, nisi feodum, vel membrum loricæ teneant, propter quod debemus maritare secundum usus et consuetudi-

nes Normanniæ. Adde Vitam S. Godebertæ n. 3. Epist. 388. inter eas, quæ habentur tom. 4. Hist. Franc. Matth. Paris pag. 168. g. 178. b. etc.

☞ Haud scio an huc spectet Charta Ludovici I. Reg. Hungar. ann. 1353. apud Ludewig. tom. 5. Reliq. MSS. pag. 496 : *Promittentes fide qua supra, quod si aliquando filios vel filias obtinuimus in futurum, quod illos vel illas Maritagio sive nuptu invicem copulare volumus nec debemus quibuscumque spondere personis, absque prædictorum Regum Boemiæ consilio, favore et consensu.* Utrum id ratione feodorum quæ a Rege Boemiæ possidebat, promiserit, aut quavis alia, mihi incertum.

MARITAGIUM IMPEDITUM, *incombratum.* Vide *Combri.*

☞ Lege et consuetudine inductum fuisse supra observatum est in *Auxilium*, ut dominus a vassallis et subditis certum tributum exigeret, cum filiam suam primogenitam nuptui tradebat. Idem etiam alicubi obtinuisse pro cæteris filiabus maritandis colligitur ex Scriptoribus a Salvaingo laudatis Tract. de Usu feud. cap. 49. Sed et pro sorore idem vectigal aliquando pensitatum, præsertim in Anglia, ibidem pariter dictum est. Quibus addendum videtur postremum illud auxilium ab ipsomet Henrico Rege inter *libera* et *gratiosa* annumerari in Charta ann. 1235. apud *Madox* Formul. Anglic. pag. 5 : *Quia cerciorari non possumus, utrum plenarie fuerit nobis responsum ad Scaccarium nostrum de Auxilio quod nobis nuper Liberaliter concessistis, ad maritandam sororem nostram Romano Imperatori, scilicet duas marcas de quolibet feodo quod de nobis tenetis in capite, tam de veteri feoffamento quam de novo : et eodem modo de feodis Militum vestrorum, etc.* Porro hæc præstatio.

¶ MARITAGIUM nude dicitur, in Constit. Jacobi Reg. Siciliæ tom. 1. cap. 7 : *Licet nobis et hæredibus nostris in eodem anno subventiones imponere... pro militia quinque millium, et pro Maritagio quinque millium unciarum auri summam.* Vide *Maritatio* 2.

¶ MARITAGIUM nude, Matrimonium. Litteræ ann. 1402. apud Rymer. tom. 8. pag. 249 : *In negotio matrimonii, sive Maritagii præclarissimæ D. Blanchiæ D. nostri Regis filiæ senioris, etc.* Et alibi passim.

¶ **MARITALIS** FILIUS, Ex legitimo matrimonio procreatus. Testamentum Armandi *d'Alegre* ann. 1263. apud Marten. tom. 1. Anecd. col. 1115 : *In primis Hugonetum filium meum legitimum et Maritalem instituo in heredem universalem seu generalem in castris meis d'Alegre et de Chamel, etc.*

MARITAMENTUM, pro *Maritagium*, i. dos. Tabularium Monasterii S. Andreæ Viennensis : *Quæ terra erat jus et Maritamentum ejusdem Galburgis, etc.* [Testament. Beatricis de Alboreia ann. 1367. apud Marten. tom. 1. Anecd. col. 1527 : *Ita quod cum omni legato quod eidem supra facimus, sint duodecim millia floreni auri, ad suum Maritamentum, in pecunia.*]

¶ **MARITANÆ** PARTES, pro Maritimæ. Litteræ Roberti Comitis Flandriæ ann. 1305. apud Rymer tom. 2. pag. 964 : *Ne quis eosdem in suis rebellionibus seu rapinis confortet seu sustentet quoquo modo, et specialiter in partibus Maritanis.*

¶ 1. **MARITARE**, *Fœtare*, Papias.

* 2. **MARITARE**, Neutro sensu sumitur, in Testam. ann. 1121. inter Probat. tom. 2. Hist. Occit. col. 416 : *Ermengardi quoque filiæ meæ dimitto quinque millia solidorum Melgoriensium in hæreditate, cum quibus Maritet. Maritare matrimonium*, in Charta ann. 1228. tom. 1. Probat. hist. geneal. domus reg. Portug. pag. 28. *Mariager*, pro *Marier*, matrimonium contrahere, in Stabil. S. Ludov. ann. 1270. cap. 12. tom. 1. Ordinat. reg. Franc. pag. 118. *Etre marié en femme*, Uxorem habere, in Lit. remiss. ann. 1404. ex Reg. 159. Chartoph. reg. ch. 249 : *Combien que feu Simon Bradieu fu Marié en femme, dont il devoit estre content, etc.*

* **MARITATICUM**, Dos mulieris. Charta ann. 1062. ex Tabul. Major. monast. : *Cum de medietate ipsius terræ movisset calumniam quidam Constantinus,.... asserens eam suæ conjugi in Maritaticum datam.* Vide *Maritamentum.*

1. **MARITATIO**, Idem quod *Maritagium*, Dos. Charta Henrici I. Regis Angl. pro Libertatibus Angliæ in ejusdem Legibus, apud Ricardum Hagustald. Matth. Paris, Bromptonum et alios : *Et si mortuo marito uxor remanserit ejus, et sine liberis fuerit, dotem suam et Maritationem habebit, ... et si uxor cum liberis remanserit, dotem quidem et Maritationem suam habebit, dum corpus suum legitime servaverit, etc.* [Charta ann. 1088. apud Miræum tom. 1. pag. 458 : *Quod contingit ex capite matris meæ, meæ Maritationis sorte offerendum credo in illa domo... prædium mihi competens jure matrimonii etc.* Testament. Johannis *de Nevill* ann. 1386. apud *Madox* Formul. Anglic. pag. 429 : *Item lego pro Maritatione Elizabeth filiæ meæ, si fuerit superstes, mille marcas.*]

¶ 2. **MARITATIO**, Tributum, quod dominus, nomine *Auxilii*, a vassallis et subditis, pro maritanda primogenita filia sua, ex Lege et Consuetudine, exigere poterat. Charta ann. 1153. apud Lobinell. tom. 2. Hist. Britan. pag. 157 : *Præterea rogaverunt me supradicti monachi ut eis quasdam Consuetudines, quas eis dominus Gaufredus pater meus dederat, confirmarem, scilicet censum, ostagium, Comitis esum, Maritationem, terre emptionem, corporis sui redemptionem.* Ex quibus ultimis verbis perspicuum est vocem *Maritatio* ea, qua exposuimus, notione, hic intelligendam esse; ne quis vero remaneat scrupulus, vide *Auxilium.* Verum, quod omnino notandum est, videtur ex allatis tributum illud etiam pensitatum fuisse, ubi nulla aderat maritanda filia, quandoquidem monachis, ut eo utantur, concessum videmus. Unde alicubi quasi censum annuum exactum fuisse lubens crederim. Vide supra in *Maritagium.*

* 3. **MARITATIO**, Matrimonii celebratio. Chron. Guill. Burdini ad ann. 1303. inter Probat. tom. 4. Hist. Occit. col. 11 : *Quod pro baptismate, Maritatione et unctione sancti olei a parrochianis duos vel tres vel quatuor denarios solent* (clerici) *exigere.*

¶ **MARITATUS**, Matrimonium. Pactum matrimonii inter Henricum filium Regis Aleman. et Constantiam filiam Gastonis Vicecom. Bearn. ann. 1268. apud Marten. tom. 1. Ampliss. Collect. col. 1361 : *Per filias ceteras domini Gastonis vel jam maritatas, vel juniorem quæ non est adhuc Maritatui collocata, quæ juxta assertionem D. Gastonis jam pubes effecta et emancipata juravit se conventionem ratificare prædictam.*

¶ **MARITELLUS**, Maritus. Berberius in Viatorio utriusque juris part. 1. Rubr. de Adulteris : *Si aliquis Maritellus habere cornua suspicaretur.* Ibid. Rubr. de Tut. et curis : *Mulieres maxime juvenes, confidentes in dispositionibus Maritellorum, qui ipsas analogistas faciunt, ducunt in bonis alios suos, etiam cum inimicis capitalibus Maritellorum defunctorum; quia ut plurimum gaudent de morte virorum.*

* Glossar. Lat. Ital. Ms.: *Maritellus, maritella, lo picolo, e tristo, e marito.* Vide supra *Marita.*

¶ **MARITENUS**, Secundum mare. Vita S. Guthlaci tom. 2. Aprilis pag. 41 : *Ab Austro in Aquilonem Maritenus longissimo tractu protenditur.* [* Pro *Mare-tenus.*]

* **MARITI**, *nunc Porci*, in vet. Glossar. ex Cod. reg. 7641.

¶ **MARITIMA**, Mare. Ogerii Panis Annal. Genuens. ad ann. 1202. apud Murator. tom. 6. col. 385 : *Eodem quippe anno Beltramus de Nervi quum iret in Maritimam cum nave sua, quæ vocatur Castella, pro grano, invenit naves duas Pisanorum.* Ibid. ad ann. 1121. col. 401 : *In eodem mense galeæ tres armatæ fuerunt, quibus præfuit Ceba, causa in Maritimam mittendi pro custodiendis multis innumerabilibus lignis, quæ in Maritima pro grano et blava iverant.* [** Henric. VII. chart. ann. 1310. apud Pertz. Leg. tom. 2. pag. 502 : . . . *Terrarum et provinciarum S. Romanæ Ecclesiæ, ubique positarum, præcipue .... Comitatus quoque Campaniæ atque Maritimæ, cum omnibus civitatibus etc.* Vide *Maremma* et vocem sequentem.]

MARITIMÆ, Agri et prædia ad maris littora. Charta ann. 1068. apud Sammarthanos in Archiepisc. Burdegalens. : *Causa igitur incœpta, cum ad id ventum esset, ut jam dictus Præpositus hanc in Maritimis nostris esse consuetudinem affirmaret, ut quamdiu Comitis servientes salem justo pretio vellent emere, etc.* Rogerus Hoveden. pag. 661 : *Tota vero Maritima, qua itur ad Cayphas, Pisani castra metati sunt, etc.* Vide tom. 8. Spicilegii Acheriani pag. 278. Gesta Innocentii III. PP. pag. 142. Chronicon Petri IV. Regis Arag. initio, etc. Etiamnum hodie in Pictonibus *les Marennes* dicuntur agri ad Oceani littora, in quibus exstant salinæ : *Maremma* Itali, *Maresme* Catalani dicunt, unde *Banyuls de Maresme*, locus dictus in Ruscinonensi Comitatu, haud procul a Caucoliberi, apud Andream Boschum lib. 1. *dels Titols de honor de Catalunya* cap. 26. Quibus addo hæc ex Charta Caroli Majoris domus, apud Willelmum Hedam in Hist. Episcopor. Trajectens. pag. 217. 1. Edit. : *Idcirco trado... in loco nuncupato Marithime, ubi castrum fuit, etc.* [*Marage*, Eadem notione, usurpat le Roman *de Rou* MS. :

Une fille a mout gente qui est de haut parage,
Celle te veut donner o riche mariage,
Dezore vers la mer tout le païs Marage.]

¶ **MARITIMALIS**, Maritimus. Gesta Johan. VII. PP. apud Baluz. tom. 7. Miscell. pag. 349 : *Hic beatissimus pro utilitate omnium Ecclesiarum et præcipue Gallicanæ Ecclesiæ, Arelatem Maritimali itinere deversus est.*

* **MARITORNE**, Exactio, tributum, f. pro *Maletote*. Vide *Tolta* 1. Charta ann. 1324. in Reg. 62. Chartoph. reg. ch. 156 : *Omnes redditus, exitus et proventus quos in pisside Senonensi.... idem Erardus percipere consuevit, redditus, inquam, vocatos communiter et Gallice la Maritorne.*

¶ 1. **MARKA**, Regio. Acta S. Isidori Episc. Hispal. tom. 1. Aprilis pag. 338 : *Quæ civitas, quæ solitudo, quæ Marka, quæ hujus Doctoris non senserit beneficia?* Vide *Marcha* 1.

* 2. **MARKA**, Terminus, limes, ora. Charta Godefr. comit. Arnsberg. ann. 1368. inter Probat. tom. 2. Annal Præmonst. col. 277 : *In juribus, vulgariter echtwart dictis, inter nemora et sylvas, quæ Markæ vocantur,.... numquam aliquid juris habuimus,.... dictis juribus egthwart in ipsis sylvis et Marckiis, tanquam bonis Deo et sibi appropriatis,... quiete potiantur.* Vide *Marcha* 1.

¶ **MARKATA**. Vide in *Marca* 1.

¶ **MARKET-FUDER**. Vide *Marchetfuder*.

¶ **MARKETA**, ut *Marcheta*. Vide in hac voce.

MARKETZELD. Monasticum Anglic. tom. 2. pag. 187 : *Et valent per annum le Streteward, et le Marketzeld* 18. *sol. et obol. etc.* [Legendum *Market-geld*, *Stallagium* seu præstatio pro stallis in mercatis et nundinis, nostris *Etalage*, ab Angl. *Market*, mercatum, et Saxon. gild, præstatio, tributum.]

¶ **MARKISUS**. Vide *Marchio*.

MARLA, Marga, de qua Plinius lib. 18. cap. 6. qua agri impinguantur, Gallis *Marle* et *Marne*. Observat Cluverius lib. 1. Germaniæ antiquæ cap. 8. in antiquissimis MSS. Plinii Codicibus Bibliothecæ Regis Angliæ Londinensis, lib. 17. cap. 6. pro *marga*, quod ter ibi habetur, ubique scriptum *Marla*. Bracton. lib. 4. Tr. 1. cap. 34. § 7 : *Et ita quod deficiat melioratio in Marla, vel in stercoratione.* Fleta lib. 2. cap. 76. § 4 : *Marla durabilior est* (fimo) *eo quod fimus descendendo, et Marla ascendendo consumitur.* [Jacobus de Vitriaco Hist. Orient. lib. 3. apud Marten. tom. 3. Anecd. col. 291 : *Est autem aqua fluminis* (Nili) *pinguis, spissa et paludosa, quæ plus quam aliquis fimus vel Marla terram impinguat.*]

* *Marlays*, in Lit. remiss. ann. 1390. ex Reg. 139. Chartoph. reg. ch. 230 : *Icellui Jehannin avoit mené aux champs deux chevaux avec une charrette ou tumberel chargié de fembroy ou Marlays.* Vide supra *Mallare* 2.

¶ Terminus Marlæ, Tempus, quo agros Marla impinguare solent, spatium scilicet quindecim annorum. Charta ann. 1166. ex Chartul. S. Vandreg. tom. 2. pag. 2036 : *Concessi.... tres acras terræ nostræ de Mainillo tenendas ad Terminum Marlæ, hoc est, ad quindecim annos, eo pacto quod singulis annis tertiam garbam de illa terra ab illis accipiemus; finito vero termino terram nostram quietam habebimus.* Alia ann. 1178. ibid. : *Tradidi Radulfo de Mesnil duas acras terræ nostræ ad medietatem et ad terminum Marlæ.* Charta Gerardi Decani S. Quintini in Viromand. ann. 1127 : *Terram autem marliatam a primo die marliationis usque ad* 15. *annos libere obtineant.*

Marlare, Marla seu marga agros stercorare, pinguefacere, *Marler* vel *Marner une terre*. Chronicon Andrense : *Ipsam terram Marlare fecit.* Occurrit in Fleta lib. 2. cap. 73. § 5. cap. 76. § 2. tom. 1. Monast. Anglic. pag. 722. tom. 2. pag. 202. etc. Necrologium Ecclesiæ Carnotensis : *Marnavit terras et ad culturam redegit.* [Charta apud *Madox* Formul. Angl. pag. 253 : *Duas acras terræ meæ... unam videlicet Marlatam versus montem, etc.* Legitur præterea passim in Chartular. Necrologiis, Computis Eccles. Attrebat.]

¶ Marliare, Eadem notione. *Marliatio*, ipsa agrorum stercoratio. Vide paulo supra in *Terminus marlæ*.

Marlariæ, Fossæ, unde eruitur *marla*, seu *marga*, Gallis *Marlieres*, [et *Marnieres*.] Ægidius Aureæ-Vallis Monachus in Episc. Leodiensib. cap. 111 : *Aliis vero in foveis, quæ Marlariæ dicuntur, projectis, etc.* Adde Fletam lib. 2. cap. 41. § 2. et Foros Beneharn. Rubr. *de Boscages* art. 14.

Marleræ, Eadem notione. Charta Joannis Regis Angl. de Forestis ann. 1215 : *Unusquisque liber homo de cætero sine occasione faciat in bosco suo vel terra sua, quam habet in foresta, molendinum, vivarium, stagnum, Marleram, fossatum, etc.*

Marleriæ, in Inquisitionibus de forisfacturis forestarum § 15 : *Inquiratur etiam de Marleriis, mineriis, turbariis, etc. Fossa marleria*, tom. 2. Monastici Anglic. pag. 1011. Charta Roberti D. *de Boves* ann. 1247. in Tabulario Corbeiensi lib. 7. Ch. 3 : *Et si est assavoir que li kemins ne demeure ensi come il est bounés, et les Maillieres devant dites ne autre kemin je ne puis faire ne clamer dedans le terroir de Thanes, etc. Et est assavoir que les Maillieres devant dites sont kemuns à aisemens as homes, etc.*

¶ Marlatoriæ Bigæ. Vide *Maratoriæ*.

Marleiciæ, Agri marga, seu *marla* impinguati. Charta Philippi Aug. Regis Franc. ann. 1220 : *Et les Marleis et gastinas, quæ sunt extra boscum, quem boscum ei non donavimus. In quibus Marleiciis et gastinis numerantur* 45. *acræ.*

Marletum, Eadem notione. Vetus Charta apud Spelmannum : *Sciatis, me dedisse in perpetuum* 22. *acras et dimid. Marleti Ecclesiæ S. Michaëlis, etc.*

* **MARLLARDUS**, Anas masculus, in Reg. S. Justi ex Cam. Comput. Paris. fol. 194. v°. pro *Mallardus*. Vide in hac voce.

¶ **MARLOTA**, Vestis species, Bigerris et Beneharnensibus etiamnum in usu, quasi *Melota*, quia villosa et hispida, ex crassiori lana confecta. Hujus meminit Rabelaisius 1. 56. atque eam interdum per æstatem deferre mulieres ibid. scribit. Vide *Bigera*.

¶ **MARLUCIUS**, Asellus minor, Gallic. *Merlan*. Charta pro *Aquariatu* de Talemondo : *Item in diebus debent comedi pisces, dabit et ministrabit dictus Aquarius secundum tempora, videlicet de Marlucio recenti fercula de duobus peciis pro duobus.*

* Vel potius *Merlus*, quasi Maris lucius. Consuet. Mss. monast. S. Crucis Burdeg. ante ann. 1305 : *Marlucium in diebus piscium quatuor* (monachis).

* **MARMA**. Pontif. Ms. eccl. Elnensis ubi de inauguratione regis : *Induit* (rex) *super vestes communes lineam sive amplam camisiam lineam ad similitudinem albæ, amphibalum novum, mundum et candidum,.... ac desuper Marmam purpuram auro ac gemmis decoratam.* Sed legendum prorsus *Mantam* vel *Mantum*. Vide in hac voce.

¶ **MARMARITIS**, *Herba quæ in desertis petris et saxis prærupt issimis nascitur.* Vocabul. Sussannæi.

* **MARMARIUS**, pro *Marmorarius*, in Castigat. ad utrumque Glossar.

¶ **MARMESSOR**, perperam pro *Manumissor*, Executor testamenti. Concil. Tarracon. ann. 1591. inter Hispan. tom. 4. pag. 535 : *Liceat etiam hæredibus seu Marmessoribus aut aliis consanguineis defuncti... majorem eleemosynam pro suffragiis ipsius defuncti eidem parocho libere et gratis dare.*

MARMITA Ecclesiæ, dicitur quidam Diaconus in Inquisitione de Vita et moribus B. Joannis Episcopi Vicentini. Sed verentur viri docti, ne mendum insit. Vide *Marotinus*.

¶ **MARMITO**, a Gall. *Marmiton*, qui vilioribus culinæ ministeriis inservit. Instrum. ann. 1599. apud Lobinell. tom. 5. Hist. Paris. pag. 801 : *Nec tenebuntur iidem bursarii ecclesiastici pauperes seu non beneficiati, sicut et famuli, sive Marmitones solvere quicquam, etc.*

* Nostris *Marmite*, Blandiloquus, virtutis et mansuetudinis simulator, vulgo *Chatemite*. Mirac. Mss. B. M. V. lib. 1 :

Tex fait le simple et le Marmite,
En cui orgiex maint et habite.

Ibidem :

Tex fait le simple et le Marmite,
Tex fait devant semblant d'ermite,
Qui regibe et fiert par deriere.

Rursum :

Le Marmite, le mite-moe,
Font tant qu'il sont desour la roe.

* *Marmiteux*, in Diction. Trevolt. Mœstus, tristis, animo æger; unde *Marmouserie*, pro Mœstitia, animi dolor, vulgo *Mélancolie*, apud Froissart. vol. 3. cap. 35 : *François Attremen entra en une Marmouserie, telle que le plus du temps il alloit tout seul parmi la ville de Gand.*

* Est et fili serici species, quæ *Marmite* appellatur, in Costum. Paris. ex Reg. sign. *Noster* Cam. Comput. fol. 36. v° : *La livre de saye Marmite de Geraut et pampée, iiij. den.*

* **MARMO**. Vide infra *Mormylus*.

1. **MARMOR**, Morbi equorum species in genibus vel articulis. Vegetius lib. 2. Artis veterin. cap. 48 : *Marmor duritiam ostendit ex nomine, etc.*

2. **MARMOR**, Tabellula marmorea *imaginata*, quæ in quibusdam Ecclesiis defertur osculanda ad *Pacem* in sacra Liturgia.

Synodus Bajocensis ann. 1300. cap. 10 : *Inhibemus firmiter et districte, ne pace recepta a Presbytero in altari, pluribus quam duabus mulieribus, Marmor tradatur deosculandum*. Vide *Lapis pacis*, et *Osculum pacis*.

¶ 3. **MARMOR**, Mare. Fridegodus in Vita S. Wilfridi sæc. 3. Bened. part. 1. pag. 178 :

> ..... Dum tensis alta pererrant
> Marmora, Psalmigraphi recolentes orgia velis;
> Ecce repentinis pontus fundotenus undis
> Infremuit.

* Utitur Virgilius Georg. lib. 1. v. 254 :

> Et quando infidum remis impellere Marmor.

¶ **MARMORARE**, Marmoribus ornare. Acta S. Leonis III. PP. tom. 2. Junii pag. 580 : *Tamque presbyterium, quam totam ecclesiam Marmoravit*.

¶ **MARMORARIUS**, Μαρμαροποιός, ἀγαλματογλύφος, (qui statuas e marmore facit.) Gloss. Lat. Græc. Sangerman.

* Occurrit præterea in vet. Inscript. apud Gudium ccxj. 4. et Fabret. III. 463. 195.

* **MARMORATA**, Ora maritima; *marmor* enim mare dixerunt Latini. Vide paulo ante. Charta ann. 1158. apud Cenc. inter Cens. eccl. Rom. : *Dabunt* (Hostienses) *duas plactatas lignorum domino Papæ, qui pro tempore fuerit, et suis sumptibus afferent et deponent ad mandatum dom. Papæ a Marmorata sive a ripa Romea, unde dom. Papa voluerit*.

¶ **MARMORATIO** PAVIMENTI, Solum marmore ornatum, interstratum. Apul. florid. num. 18 : *Præterea in auditorio hoc genus spectari debet, non pavimenti Marmoratio, nec proscenii contabulatio, nec scenæ columnatio*.

¶ **MARMORATUM**, apud Vitruvium, est marmor tusum calce admixta, quo utebantur veteres in tectoriis.

MARMOREUS PANNUS. Visitatio Thesaurariæ S. Pauli Londinensis ann. 1295 : *Tunica de quodam panno Marmoreo spisso cum rotis et grifonibus*, etc. Alibi : *Casula Marmorei coloris*. *Marbré* appellamus, quod variis coloribus interstinguitur. Vide supra *Marbrinus*.

MARMOTINUS. Vide supra *Marabotinus*.

¶ **MARNA**, Idem quod *Marla*, Gall. *Marne*. Processus de Vita S. Yvonis tom. 4. Maii pag. 566 : *Navis quædam onusta terra appellata Marna*.

* Charta ann. 1266. ex parvo Reg. S. Germ. Prat. : *Ipsi abbas et conventus aut homines sui capient lapides et Marnam sicut ante, videlicet ad usum suum proprium tantummodo*. Hinc *Marcatura*.

¶ **MARNARIUS**, pro *Marinarius*, Nauta, navicularius. Computum ann. 1334. tom. 2. Hist. Dalph. pag. 278 : *Item, quando Senescallus venit in ligno parvo de portu Dalphini Januam, Marnariis ejusdem ligni, gran*. x. Ibid. pag. 279 : *Item, pro vacca una empta Januæ distributa Marnariis, unc*. 1. *taren*, x. *gran*. xv.

* **MARNATURA**, Agrorum cum *marna* stercoratio. Charta Odon. archiep. Rotomag. ann. 1253. ex Cod. reg. 1245. fol. 193. r°. : *Terras vero, quas rumpet, cum expensis nostris faciet essartari; Marnaturas quoque et expensas, quas pro sustinendis et relevandis domibus expediet fieri, persolvemus*. Vide *Marna*.

¶ **MARNERIA**, Fossa, unde eruitur *Marna*, Gall. *Marniere*. Charta ann. 1283. tom. 2. Chartul. S. Vandreg. pag. 1471 : *Tres acras terræ sitas in duabus peciis terræ, prima, ad spinam... secunda ad Marneriam juxta terram hæredum Pellechaste*. Vide *Marla*.

¶ **MAROCHINUS**, Hircinum corium, nostris *Marroquin*, in Statut. civit. Saluciar. cap. 146.

MARONES. Vide *Marrones*.

* **MARONEUS**, Ad Maronem seu Virgilium pertinens. Petrarcha in Itin. Syriaco pag. 559 : *Atrocitatemque facinoris Maroneo eloquio excusatam etc.*

MARONITÆ, Hæretici ad Libanum montem, ita dicti a Marone quodam Hæresiarcha, uti vult Willelmus Tyrius lib. 22. cap. 8. Jacobus de Vitriaco in Hist. Orientali cap. 79. vel ut Timotheus Presbyter de Hæresibus : Ἀπὸ τοῦ μοναστηρίου αὐτῶν Μαρῶ καλουμένου ἐν Συρίᾳ. De eorum hæresi iidem consulendi, et Gabriel Sionita et Hesronita in libro de Nonnullis Orientalium urbibus cap. 6. post Geographum Nubiensem.

MAROSSERIUS, Proxeneta. Statuta Mediolanensia 2. part. cap. 420 : *Nullus Marosserius vel mediator alicujus mercati, cujuscumque generis et maneriei, vel matrimonii, possit habere nec habere aliqualiter pro marosso, vel ejus mercede alicujus marossi, ut supra, ultra soldos* 10. *imperialium*. Adde cap. 421. 422. et 1. part. cap. 89. *Maroserius*, in Statutis Astens. cap. 6.

¶ **MAROSSUM**, Proxeneticum. Vide *Marosserius*.

MAROTIMUS. Charta Theotolonis Archiepiscopi Turonensis ann. 933. apud Sammarthanos : *De valentioribus igitur ac potentioribus rebus, sigillis Regum insignita testamenta feci : de quibusdam vero meæ ditioni subactis chartas edidi atque firmavi, et Marotimo ipsius Ecclesiæ servanda tradidi*. Eadem forte dignitas, quæ *Marmita Ecclesiæ* dicitur in Inquisitione de Vita et Moribus B. Joannis Episcopi Vicentini : sed qualis illa, fateor me ignorare, tametsi idem videatur, qui archivi custos.

MAROTUA, Locus, vel piscina cum claustro, in Jure Hungarico.

MARPAHIS, Strator, apud Longobardos. Ugutio : *Marphais*, *Strator*. Perperam *structor* in MS. Paulus Warnefridus lib. 2. de Gestis Longob. cap. 9 : *Qui eidem Strator erat, quem lingua propria Marpahis appellant*. Lib. 6. cap. 6. Rex vero *Cunibert, dum post hæc cum Stratore suo, quem lingua propria Marpahis dicunt*, etc. *Marepahis*, apud Erchempertum cap. 21. perperam *Marepazis* in Charta Longobardica ann. 774. apud Ughellum tom. 8. Italiæ sacræ pag. 34 : *Qui fuerunt de judiciaria Foroaldi Marepazis nostro*. Adde Chronic. S. Sophiæ Benev. pag. 629. 632. 637. 733. ubi male etiam *Marepalis* editum, pro *Marepahis*. Germanis *Mar* est equus; est igitur *Marpahis*, vel *Marpais*, aut *Marpaige*, quasi *puer equi*, qui equum curat. [** Vide Murator. Antiq. Ital. tom. 1. col. 117. Inde]

** MAREPAHISSATUS, Dignitas et munus Marpahis, in cap. 21. Erchempert. supra laudato, apud Pertz. Script. tom. 3. pag. 248 : *Lando Capuam, Pando Marepahissatum, Landonolfus Teanum regebat*.

¶ **MARQUA**, Jus repræsaliæ. Charta Johannis Reg. Franc. ann. 1360. tom. 3. Ordinat. pag. 475 : *Volumus et eisdem* (Judæis) *concedimus quod in regno nostro intrare, venire et in eodem morari, absque eo quod virtute cujusdam Marque vel gagiamenti Marque, privilegii vel aliis quibuscumque, valeant arrestari*, etc. *Litteræ* vero *de Marqua* vocantur eæ quibus hæc facultas a Principe conceditur, in Litteris Ricardi II. Reg. Angl. ann. 1399. apud Rymer. tom. 8. pag. 97 : *Velimus ea consideratione præfato Johanni Literas nostros de Marqua, versus præfatum Ducem et subditos suos, quousque eidem Johanni de summa prædicta una cum... nomine Marquæ et represaliæ*, etc. Vide *Marcha* 1.

* **MARQUARE**, Signare, a Gall. *Marquer*. Charta ann. 1489. inter Probat. ult. Hist. Trenorch. pag. 280 : *Jus et facultas escandilandi et signandi quascumque mensuras tam bladi, vini, olei, salis,.... illasque tradendi, visitandi, Marquandi, nec non etiam ulnas tam panni, quam etiam telæ*. Vide supra *Cartayragium* et *Marcare*.

¶ **MARQUEZIUS**, MARQUISIUS, MARQUISUS, MARQUISIA. Vide *Marchio*.

MARRA, Italis, *Marra*, Ferreum instrumentum ad exscindendas herbas accommodatum. *Marre de Vigneron*. Gloss. Lat. Gr. MSS. : *Marra*, χειρσκράγιον. Papias : *Marræ, sappæ, instrumenta rusticorum*. Idem : *Marra, terebrum, idem verrubius*. Vocab. Willel. Britt. : *Ligo, instrumentum rusticanum, Marra, ut dicit Ugutio, Gallici appellant Picois*. Catholicon Armoricum : *Marr, G. Hoe, Foussouer, de quoy on houe les vignes, L. Ligo*. [Hinc *vignes Marrées*, i. e. *marra* pastinatæ, in Consuet. Blesensi art. 184. *Prise de Marres*, in vet. Consuet. Aurelian. art. 104. cum instrumenta quæ agriculturæ inserviunt, ob census statuto die non exsolutos, obsignantur.] Columella de Cultu hortorum :

> Mox bene cum plebis vivacem cespitis herbam
> Contundat Marra.

[Gesta Tancredi apud Marten. tom. 3. Anecdot. col. 166 :

> Utimini gladiis; eget his hæc area Marris.]

Occurrit etiam in Vita S. Deodati apud Surium tom. 7. cap. 3. [et apud Juvenalem. Sat. 15.]

* Unde emendanda Miracula S. Joan. Gualb. tom. 3. Jul. pag. 432. col. 1 : *Tandem Martis et sarculis loco purgato*, etc. Ubi leg. *Marris*. *Marrochon*, eadem acceptione, diminut. a Gallico *Marre*, in Lit. remiss. ann. 1446. ex Reg. 178. Chartoph. reg. ch. 162 : *Le suppliant se baissa pour prendre à terre un Marrochon ou cerclouere etc.*

¶ **MARRAMAS**. Vide *Mattabas*.

* **MARRAMENTUM**. Vide infra in *Materia*.

¶ **MARRANCIA**, pro *Marancia*. Charta ann. 1227. ex Tabul. Eccl. Audomar. : *Ecclesia suo non defraudetur servitio. Non inde turbatio sive Marrancia proveniat in Ecclesia. Si vero per culpam alicujus accide-*

rit defectus in cantando vel legendo, unde oriatur scandalum vel Marrancia, si presbyter est hebdomadarius, pœna puniatur duorum solidorum. Charta fundationis Capellaniæ S. Clementis in S. Capella Paris.: *Quibus horis si non interfuerit, faciet Marrantiam et eam persolvet, sicut dicti subcapellani ab ipsis horis absentes.*

¶ **MARRANI**, Iidem qui *Marani*. Tractatus Vincent. Cigaltii de Bello Italico : *Magister Paulus Brun scienticus in medicina et multum expertus de Brivata nunquam voluit assistere cum Marranis, nec Judeis, et bene facit.*

¶ 1. **MARRARE**, *Appropriare*, rem quampiam alicui asserere, in illius usus et commoda convertere. Chron. Andrense ad ann. 1224. tom. 9. Spicileg. Acher. pag. 648 : *Eodem pretio præfatam decimam redimendam ad opus nostrum Marravit.* Et infra : *Hereditatem ipsius decimæ ad opus Andrensis Ecclesiæ approprians, etc.*

2. **MARRARE**. Ugutio : *Ligo, marra. Ligonizare, Marrare, terram ligone vertere.* Vide *Marrire.*

* Nostris *Marrer;* unde *Marreux*, Operarius, qui *marra* laborat. Lit. remiss. ann. 1463. in Reg. 199. Chartoph. reg. ch. 174 : *Le suppliant et Guillaume Moreau allerent Marrer au courtil de André Mandet.... Aprez qu'ilz eurent beu, lesdiz Marreux s'en retournerent besongnier oudit courtil. Marreneur*, idem quod *Marreux*, in aliis Lit. ann. 1415. ex Reg. 168. ch. 391 : *Lesquelz compaignons labouroient en tache à Marreneur et parchois une vigne. Merrer*, eodem sensu, in Lit. remiss. ann. 1409. ex Reg. 163. ch. 344.

¶ 1. **MARRELARIUS**, ÆditIuus, custos ædis sacræ, vulgo *Marguillier*. Charta Eccles. Aniciensis ann. 1312 : *Thesaurario Ecclesiæ* VIII. *l..... turibulario c. s. pro violeta* x. *s. pro Marrelario c. s. porterio minori pro balais* xx. *s.* Statuta Eccles. Massil. ann. 1472 : *Marrelarii non teneant campanas erectas, nec illas virent, sub pœna denariorum* IV. *Marlier* in Statutis Scabinorum Maceriarum ad Mosam : *Item ledit Marlier est tenu d'avoir serviteurs souffisans avec lui pour aidier à chanter à l'autel ou cuer. Marlage* vero dicitur in eisdem Statutis quod ipsi ratione sui officii competit : *L'en doit chacun an audit Marlier le jour de Pasques communaulx chacune personne qui recoit Corpus Domini..... son Marlage, c'est assavoir du moins ung double.* Vide *Matricularii*, et *Marcuclarius.*

* 2. **MARRELARIUS**, Qui *marellos* seu tesseras in præsentiæ signum canonicis, capellanisve distribuebat. Vide *Merallus*. Charta Amaur. episc. Venet. pro fundat. colleg. eccl. de Clitio ann. 1411. fol. 146. r° : *Instituatur ad tempus unus Marrelarius de dictis capellanis aut aliis ministris, qui singulis diebus, horis et missis interessentibus marellos distribuat, et capellanorum celebrantium nomina scribat.* Infra : *Marelarius.*

¶ **MARRELLA**, Ludi genus, Madrellum. Vide supra *Marella*. Statuta Eccles. Lingonens. ann. 1404 : *Non ludant etiam* (Clerici) *ad Marrellas, ad volas, ad cursum vel currendum in campo lucro pro vel pro vino.* Qui ludus ab Ovidio lib. 2. Tristium v. 481. sic describitur :

> Parva sed et ternis instructa tabella lapillis;
> In qua vicisse est, continuasse suos.

* Hinc *Marrellier*, Tabula lusoria, in Lit. remiss. ann. 1412. ex Reg. 166. Chartoph. reg. ch. 366 : *Icellui Estienne prist lors toutes marelles et les getta jus du Marrellier. Mérellier*, ludus ipse, apud Guignevil. in Peregr. hum. gener. Ms. :

> Gieus de tables et d'eschequiers,
> De boulles et de Mérelliers.

* **MARRELLUS**. Vide supra *Bouquetus*.

¶ **MARRENTIA**, Mulcta pecuniaria pro levioribus delictis. Statuta Capituli Autissiodor. : *Anno Domini* 1392. *in Capitulo generali S. Luciæ inhibitum fuit ne de cætero aliqui fabulentur in choro sub pœna Marrentiæ.* Vide *Marancia*.

MARRENUM. Vide *Materia*.

* **MARRESHALLUS**, ut *Marescalcus* apud Anglos. Vide in hac voce. Elmham. in Henr. V. reg. Angl. edit. Hearn. cap. 64. pag. 180 : *Eximiæ probitatis miles, præfulgoris miliciæ titulis attollendus, comes Marreshallus, tunc temporis nominatus et existens etc.*

¶ **MARRHEA**, pro *Marchia*, Terminus, limes. Charta ann. 1377. apud Rymer. tom. 7. pag. 175 : *Quod pro reparatione facienda super attemptatis factis super Marrheis Angliæ et Scotiæ, quidam dies se tenebit apud Lilbottros.* Et infra : *Volumus tamen quod si... ad dictos diem et locum Marchiæ, abesse contigerit, etc.* Vide *Marcha* 1. [* Male fortassis editum pro *Marchea.*]

* **MARRIANUM**, MARRIENUM, Materia lignea ædibus ædificandis idonea, Gall. *Mairain*, alias *Marrenage* et *Marrien*. Charta ann. 1342. in Reg. 72. Chartoph. reg. ch. 341 : *Quamplurima debentur ex restancia fustium seu Marriani emptorum etc.* Alia Odon. comit. Trecens. ex Cod. reg. 9612. T. : *Absolvimus..... carpentarios qui Marrienium cæsum vendunt etc.* Libert. villæ *de Perrusses* ann. 1347. tom. 7. Ordinat. reg. Franc. pag. 32. art. 8 : *Lesdiz hommes et femmes de ladicte ville de Perrices.... auront leur usage en tous les bois nom* (sic) *bannez, pour Marrenage, effouage et closure etc.* Charta ann. 1357. ex Chartul. Monast. in Argona : *Fr. Paris abbez du Monstier en Argone a donné à notre épouse la dame de Possesse quantité de Marrien pris en boys du Trambloy.* Vide supra *Marcnnum*.

¶ **MARRIMARE**, Ligna ædibus ædificandis aut reparandis apta parare, elaborare. Charta ann. 1157. apud D. Calmet. tom. 2. Histor. Lotharing. col. 353 : *Per totum vero bannum Mortensne et Lunaris villæ dederunt pasturas, piscaturas, vias et usueria ligna ad Marrimandum et ignes abbatiæ et grangiarum, et hæc usuaria concesserunt per totum alodium suum et feodum.* Vide *Materia*.

MARRIRE. Capitul. 1. Caroli M. ann. 802. cap. 1 : *Et nemo per ingenium suum vel astutiam præscriptam legem, ut multi solent, vel suam sibi justitiam Marrire audeat, vel prævaleat, etc.* id est, *marritionem* inferre, seu contra legem quicquam agere, legem labefactare. Et cap. 8 : *Ut nullus bannum vel præceptum domni Imperatoris nullus omnino in nullo Marrire præsumat, neque opus ejus stricare vel minuere, vel impedire, etc.* Mox : *Et ut nemo debitum suum vel censum Marrire ausus sit.* Adde cap. 9. Est autem

* Nostris *Marrir*, *marritionem* seu molestiam inferre vel pati. Lit. remiss. ann. 1390. in Reg. 139. Chartoph. reg. ch. 260 : *Guillaume Hureau dist à l'exposant de prime face moult arrogaument, Garson t'en faut-il parler? et se plus en parloit qu'il le Marriroit.* Aliæ ann. 1473. in Reg. 204. ch. 13 : *Souvent quant icellui Jehan Carrignon se Marrissoit d'aucune chose, il estoit et devenoit furieux.* Hinc *s'Esmarir*, pro *Se troubler, s'inquieter*, Agitari, conturbari, in Vita J. C. Ms. :

> Saint Gabriel la regarda,
> Qui doucement la conforta,
> Ne t'Esmari, fait-il, Marie,
> De la grace Dieu ies emplie.

MARRITIO, Detrimentum aut jactura rei, vel molestia aut animi dolor, qualis ex damno nasci solet, quo sensu et nos vulgo *marritum* nunc quoque dicimus illum, qui de re quapiam dolet : Gallis *Marriçon*. Charta Caroli M. apud Chopinum in Cons. Andium : *Absque ulla Marritione vel dilatione reddere faciant.* Capitul. Caroli C. tit. 16. cap. 13 : *Et ipse tranquillo et pacifico animo donat illi commeatum, tantum ut ipsi et in suo regno, vel suis fidelibus, aliquod damnum aut aliquam Marritionem non faciat.* Vetus Charta in Actis Episcop. Cenoman. pag. 197 : *Quiete et regulariter absque ulla vexatione aut Marritione securiter sancte vivere permittant.* Adde pag. 266. Charta Ludovici Pii Imp. in Vita Aldrici Episcopi Cenoman. pag. 31 : *De his autem præcipimus, et censum legitimum, et nonas et decimas annis singulis partibus præscriptæ matris Ecclesiæ absque ulla Marritione vel dilatione reddere.* Tabular. Ecclesiæ Viennensis fol. 52 : *Post decessum namque nostrum agricultores B. Mauricii absque Marritione, vel præjudice in suorum ad matrem Ecclesiam revocentur potestate et dominatione, etc.* Tabular. Brivatense ch. 323 : *Et post nostrum discessum, nulla expectata judicis traditione, vel nemine contradicente, absque ulla Marritione mansus jam dictus... ad ipsam casam Dei in integrum revocetur.* Charta 56. inter Alemannicas Goldasti : *Post obitum vero meum absque ulla Marritione ad dictum Monasterium firmiter pertineant.* Adde Chartas 61. 62. et Vadianum de Monast. Germ. lib. 2. pag. 72. Le Roman *de Girard de Vienne* MS. :

> Dedans Vianne sus el mestre donjon,
> Dame Guiborg faisoit grant Marison.

Le Roman *de Rou* MS. :

> Salemon qui de Dol iert sire
> Out grant Marrement et grant ire.

[Le Roman *de la Rose* MS. :

> Ne mena duel ne Marrement.]

De vocis origine sic censet vir doctissimus in Notis ad Regum nostrorum Capitula, *marrire* idem valere quod irrumpere, perfringere legem, metaphora sumpta ab itinerantibus, quia recta via declinantes *marrire* iter dicuntur etiamnum suis Lemovicensibus. Quod si ita est, *marrire* idem erit quod *viam obstare*, *contradicere*, fossa scilicet in transversum ducta ligone, quem *marram* vocabant : unde *marrare*, *ligonisare*, id est, fossam ligone facere, uti supra observatum. Sed et Italis *Smarrito* dicitur, qui a via aberrat, qui rectum iter amisit. Vide Octav. Ferrarium in *Smarrire*.

* Pro animi dolore nostri dixerunt *Marrement* et *Marison*, Itali *Marrimento*. Lit. remiss. ann. 1385. in Reg. 128. Chartoph. reg. ch. 36 : *Laquelle servante trouva que il lui défailloit une dariole,.... et pour ce que elle en faisoit noise et grant Marison, lidiz Maissins son frere qui latens estoit, oyant ces paroles et grans Marremens etc.* Unde *Marris*, Matricis morbus, qui animi angorem creat, appellatur in Lit. remiss. ann. 1425. ex Reg. 173. ch. 244 : *Le mal la Marris, duquel cheent femmes comme lengoureuses..... La femme de Perrenet dist qu'elle avoit mal en sa forcelle, en ses rains et en ses aisnes, qui est la forme et maniere que ont femmes malades de tele maladie.*, Nisi *Marris*, a Latino Matrix potius accersendum putes.

* **MARRITUS**, f. Liquefactus, Gall. *Fondu*. Comput. fabr. S. Lazari Æduens. ann. 1295. ex Cod. reg. 5529. B. : *Item pro sipo Marrito, pro uncto, pro aceto, pro triginta libris candelarum per annum, xlvij. sol.*

MARRONES, Marones, Marruci. Vita sancti Odonis Cluniacensis Abbatis : *Dum patriam reverteretur, inter Burdonum Alpes, etc. Secus locum autem illum habitat quoddam genus hominum, qui Marrones vocantur, et arbitror ex Marronea Aquilonari provincia illud nomen traxisse originem.* Iidem, qui *Marruci* appellantur ab eodem Odone in Vita S. Geraldi lib. 2. cap. 17 : *Ipsi quidem Marruci, rigentes videlicet Alpium incolæ, nihil quæstuosius æstimabant, quam ut supellectilem Geraldi per juga montis Jovina transveherent.* Chron. S. Trudonis lib. 12. ubi de Monte Jovis, in Alpibus : *Et post aliquot dies præmonstrata eis a præducibus Maronibus difficillima via : Marones enim appellantur viarum præmonstratores, etc.* [Hinc *Maronnier* etiam dictus qui navibus in portum introducendis præest. Le Roman *d'Athis* MS. :

Li Maronnier furent bon Maestre,
Car du port savoient tout l'estre.

Nisi legendum malis *Marinnier*, vel *Marennier.*]

Sic vero appellatæ circa Alpium juga Saracenicæ gentis reliquiæ quædam. Saraceni enim Afri, cum a tempestate valida in Provinciæ oras ejecti fuissent, Leone Philosopho imperante, illam potissimum regionem insederunt, tenueruntque annis aliquot, quæ circa *Maurum montem* in Italiæ et Galliæ confiniis adjacet, castroque Fraxineti expugnato, quod eorum latrociniis et excursionibus opportunissimum fuit, propter adjacentes silvas, quas *Fraxinidos saltus* vocat Flodoardus in Chron. ann. 931. vicinas provincias vastarunt, occuparunt urbes et castra, tandemque Alpium claustra et juga insederunt, unde in Burgundiam et Italiam sæpius excurrerunt, uti pluribus commemorant Witikindus libro 3. extremo, Luithprandus lib. 1. cap. 1. lib. 2. cap. 12. lib. 5. cap. 4. Bonifacius Archiepisc. Mogunt. Epist. 19. Chron. Novalic. lib. 4. cap. 21. 22. Chron. Farfense pag. 668. Vita sancti Romuli Episc. Genuensis apud Ughellum, Glaber, et alii. De iis etiam intelligendus Anonymus Combefisianus in Constantini Porphyrog. vita num. 31.

Ipse Hugo Rex Italiæ, cui admodum molesti erant, Saracenos adortus, propter Berengarium, qui recens regia sumpserat insignia, facto et sancito cum iis fœdere, inglorius recessit, ut est apud Luithpr. lib. 5. cap. 7. Verum haud multo post, vicini Toparchæ collecto exercitu, non modo ex Alpium, quæ insederant, jugis, sed et ex ipsa Provincia, atque adeo prima eorum sede Fraxineto, penitus exegerunt fugaruntque. Quod quidem militare facinus Rotboldo Forcalcariensi Comiti, Arduino Hyporegiæ Marchioni, et Aymoni Comiti attribuit Chron. Novalic. Willlelm. vero Com. Provinc. Rotboldi fratri, Glaber. lib. 1. cap. 4. Odilo in Vita S. Majoli, et Charta Riculfi Episc. Forojuliens. apud Ruffium et Sammarthan.

De Fraxineti peculiari situ, (ut et hoc obiter moneam) video controverti. Guichenonus in Hist. Sabaud. pag. 185. Luithprandi auctoritate nixus, qui lib. 1. cap. 1. *in Italicorum Provincialiumque confinio* Fraxinetum oppidum statuit, illud esse autumat, quod vulgo *Portus S. Suspirii*, aut *Exuperii*, appellatur, versus Villam-Francam, in Comitatu Niciensi. Verum cum Chron. Novalicense lib. 4. cap. 21. tradat, situm fuisse *super ora maris in Provincia prope Arelatem*, loci positionem in Francia, atque adeo in ipsa Provincia investigandam necessario consequitur. Et certe *Fraxenetum* in diœcesi et Comitatu Forojuliensi videtur statuere vetus Pontii Massiliensis Episc. Charta ann. 1008. quæ a Sammarthanis refertur in Episcopis Massiliensibus et apud Guesnaium in Annalibus Massiliens. ann. 1014 : *De cætero omnem partem meam dono Monasterio S. Victoris, sed et in Comitatu Forojuliense, id est, in Fraxeneto, in villa, quam vocant ad Molam, etc. omnem partem meam.* Molam, *la Mole*, statuunt Tabulæ Geographicæ ad dextram sinus Grimaldei, juxta quem exstat vallis *Freneti* dicta, cujus jurisdictionem et dominium, una cum Grimaldo Castro et Turri S. Tropelii, datam Genti Grimaldæ constat. Istius vallis mentionem fieri comperio in Diplomate Ludovici Regis Neapol. ann. 1406. apud Augustinum *du Pas*, in Stemmate Acigniacæ Familiæ pag. 601. Adde præterea Ekkehardum Juniorem de Casibus S. Galli cap. 5. sub fin. et 15. initio, Ruffium in Comitib. Provinciæ pag. 50. Columbum pag. 75. 110. et alios. Vide *Marani*.

* Hinc nostris Pirata, imo et quivis nauta vel navicularius, *Maronnel* et *Maronnier* appellatus. Lit. remiss. ann. 1371. in Reg. 102. Chartoph. reg. ch. 270 : *Un Maronnel appellé Jehan Chirelire,.... grant nombre de Maronneaulx garniz d'espées et de couteaux etc.* Aliæ ann. 1410. in Reg. 164. ch. 220 : *Le suppliant demanda à un pescheur ou Maronnel combien il faisoit une vente de poissons qu'il avoit; lequel pescheur ou Maronnel lui eust fait un certain pris d'argent, etc.* Charta ann. 1366. in Reg. 99. ch. 260 : *Comme Jehan Bonne de la ville de Leure nostre Maronnier eust armé, appareillié et avitaillié un crater à ses propres coux, fraiz et despens, appellé la Mahiere, garni de xlv. compaignons pour aler en la mer sur nos ennemis, etc.* Lit. remiss. ann. 1377. in Reg. 111. ch. 26 : *Colart Couvin, dit Ponnet, Maronnier de eaue, demourans à Camons emprès Amiens.* Aliæ ann. 1380. in Reg. 118. ch. 34 : *L'exposant entra en un vaissel d'armée sur mer avecques plusieurs Maronniers et escumeurs de mer, pour aler gaignier sur les ennemis.* Bestiar. Ms. :

Les Maronniers qui par mer vont, etc.

Unde *Maronner*, Artem piraticam vel nauticam exercere, in Lit. remiss. ann. 1453. ex Reg. 182. ch. 59 : *Le suppliant depuis qu'il vint à l'aage de dix-sept ans ou environ, il s'est mis à Maronner sur la mer,.... tellement qu'il savoit bien et seurement mener, conduire et maroier ung navire.* Vide supra *Mareare* et *Mariniarius*.

1. **MARSA.** Paschasius Radbertus in Epitaphio Walæ lib. 1. cap. 2 : *Et quod callidi dissertorum loca tenerent, et infimi notissimos populo atque amicissimos Marsa manu prostrarent.* An *sparsa* pro *largâ*? [f. *Mersa*.]

¶ 2. **MARSA**, ἀσπιδοθήρας, *Marsio*, ὀφιοδιώκτης, *Qui venatur serpentes*, in Supplem. Antiquarii. Vide *Marsi*.

¶ **MARSALIX**, Salicis genus. Charta ann. 1221. ex Tabul. Sangerm. : *Compositum est quod dicti homines in prædicto nemore capient genestas, spinam nigram et albam, salices et Marsalices, etc.*

* Gall. *La saule mâle*, alias *Marsaus*. Charta ann. 1319. in Reg. 56. Chartoph. reg. ch. 603 : *Nomine bosci mortui accipiuntur salices, Marsalices, tremble, arable, charme, etc. Et est à entendre mort bois boulz, tramble, fou, Marsaus et genestres*, in alia ann. 1317. ibid. ch. 483. Occurrit præterea totidem verbis in Charta ann. 1310. ex Reg. 45. ch. 120. Vide *Marensalix*.

¶ **MARSALLA**, Marsallus, f. Mercatum, forum, Gall. *Marché*. Charta Lotharii Imper. ann. 844. apud Marten. tom. 1. Anecd. col. 35 : *Nulla thelonia de illa eorum patella, quæ est in Mediano vico, hoc est Marsalle dare nec solvere debeant,... omnique tempore ipse thelonius de ipsa patella in Mediano vico seu Marsalla, etc.* Chron. Monast. S. Michaelis in pago Virdun. apud Calmet. tom. 1. Histor. Lotharing. col. 555 : *Nihil solvant, nec teloneum, nec transticum,... nec de patellis eorum in vico et in Marsallo aliquid requiratur.*

* Nomen castelli ad Saliam flumen inter Medianum vicum, *Moyen-vic*, et Decem pagos, *Dieuze*, vulgo *Marsal*. Vide Vales. Notit. Gall. pag. 317. col. 2.

* **MARSAMUTINUS**, Monetæ species, eadem quæ *Masmodina*. Vide in hac voce. Lib. cens. eccl. Rom. Ms : *Ecclesia S. Lazari de Terzola unum Marsamutinum.... In episcopatu Cassanensi ecclesia de Aqua formosa unum Massamutinum.*

* 1. **MARSCALCIA**, Equile, stabulum equorum. Charta ann. circ. 1034. inter Probat. tom. 2. Hist. Occit. col. 189 : Ex-

cepta ipsa sua sala de Petrone episcopo, quæ est in civitate Carcassona, cum ipsas cambras, et cum ipsas coquinas, et cum ipsas Marscalcias et cum appendiciis, etc. Vide *Marescalia.*

* 2. **MARSCALCIA**, Quod ad victum diurnum equo præberi solet. Chartul. Celsinian. ch. 664 : *Dedit unam eminam Brivatensem de civada et unum agnum aut sex denarios pro eo, et unam gallinam et unam Marscalciam diurnalem.* Vide *Marescalcia.*

¶ **MARSCALCIA**, MARSCALCUS, MARSCALCUS. Vide *Marescalcus.*

MARSCHUL, in Charta Rudolfi Imp. ann. 1277. in Metropoli Salisburg. tom. 1. pag. 390. Vide *Marchet-Juder*, supra.

* **MARSENGHA**, Martium seu trimestre frumentum, Ital. *Marzuolo.* Stat. Taurin. ann. 1360. cap. 131. ex Cod. reg. 4622. A : *Si bestiæ grossæ inventæ fuerint damnum dantes in bladis vel Marsenghis vel vineis, etc.* Vide supra *Marceschia.*

* **MARSI**, Homines, quibus naturalem vim contra serpentes inesse olim creditum, incantatores. Rath. Veron. episc. Præloq. apud Marten. tom. 9. Ampl. Collect. col. 793 : *Marsorum genus est in Africa, cui non nocent serpentes, et quando volunt filios suos probare, utrum sui sint, an non, mittunt illos inter serpentes, et si sunt extranei generis, illos devorant serpentes..... Marsi fuerunt in Italia incantatores serpentium, qui eos aut interficiebant aut nocere non sinebant.* Vita S. Amandi Traject. episc. tom. 1. Febr. pag. 875. col. 2 :

Fama est serpentes Marsos turbare suetos.

[** Vide Forcellin. et Isidor. Origin. lib. 9. cap. 2. sect. 88.]

¶ **MARSICULUS**, *Qui cito movetur ad iram. Plautus : Quid ais homo Marsicule?* Gloss. Isidori. Hæc pessime corrupta, restaurata vide in *Momar.*

MARSIPPA. Gloss. Saxon. Ælfrici : *Marsupium*, vel *Marsippa*, **Leod**, i. crumena.

MARSUM, in Gloss. Saxon. Cottoniano, **vyrmgalere.** [** Serpentum incantator. Vide *Marsa*, 2. et *Marsi.*]

MARSUPA, Piscis species, de qua mentio est in Vita S. Filiberti Abb. Gemet. cap. 31. [Gall. *Marsouin.* Tabular. Rothon. : *Dedit locum ad exclusam faciendam in mare juxta Bronaril in monachia sempiterna; et dedit ei.... Præpositus tertiam partem in illa ad opus suum, exceptis Marsupis et sepiis et aliis ad luminaria Ecclesiæ pertinentibus.*]

** De quo ita Tract. MS. de Pisc. cap. 130. ex Cod. reg. 6838. C. : *Delphinus ab accolis Oceani Marsouin vel Moerschouin, quasi maris sus.* Chartul. S. Joan. Angeriac. ad ann. 1190. fol. 187. v°. : *Dederunt insuper omnem piscationem quæ veniet ad eorum* (monachorum) *molendina,... hoc solo retento, quod si balena aut Marsupa vel spiculus in ipsa bessa capti fuerint, ipsius* (Isemberti) *erunt.*

MARTA. Statuta Davidis II. Regis Scotiæ cap. 52 : *Ordinatum est, quod certæ summæ victualium, quæ abundant in partibus illis superioribus, ut Martæ, hordeum, et hujusmodi, leventur per annum ad expensas domus Domini nostri Regis, etc.* [*Mart*, Anglis, nundinæ, Gall. *Foires.* Sed quid hæc ad vocem hanc? videtur esse miscellum frumentum. Vide infra *Martellis.*]

* **MARTÆ**, Insulis appellantur Mulieres pauperes, quæ in una domo ex antiqua fundatione nutriuntur. Acta MSS. capit. S. Petri Insul. ann. 1555 : *Hoc anno die prima Augusti proxime venturi transeundo ante capellam Martarum etc.* [** Albert. Archiep. Magdeb. Statut. Synodal. apud Haltaus. voce *Pfaffen-dirne*, col. 1460 : *Terminarii in domibus suis frequenter soli cum mulieribus, quas ipsorum Martas, ut eorum verbis utamur, habitare non verentur, etc.*]

* **MARTALOGIUM**, Necrologium seu obituarium, pro *Martyrologium.* Vide in hac voce. Instr. ann. 1392. inter Probat. tom. 3. Hist. Nem. pag. 167. col. 2 : *Quod deinceps anno quolibet fient per fratres ipsius conventus... tria cantaria sive anniversaria;... et ita ibidem fuit scriptum per alterum ex dictis fratribus in libro dicti conventus, vocato Martalogium.*

* **MARTALUS**, Mustelæ species, in Gloss. super tres lib. Salomonis ex Bibl. Heilsbr. pag. 54. Vide *Martures.*

* **MARTARUS**, ut *Martrinus*, ad *Martalos* vel *Martures*, pertinens. Chron. Viti Arenpeck. apud Pez. tom. 1. Script. Austr. rer. col. 1254 : *Ipsa denique Elizabet intoxicata, ut dicebatur, per regem Wladislaum in mastrutis* (l. mastrucis) *Martaris anno Domini 1442.*

¶ **MARTELARE**, Molam malleo tundere, Italis, *Martellare*, Gall. *Marteler.* Statuta civit. Saluciar. Collat. 5. cap. 128 : *Quod quilibet molinarius cum suum molendinum Mortelaverit, teneatur implere canaletum de suo farinacio.*

MARTELLAGIUM, Jus quoddam, sic appellatum, quod Cenomanensi Comiti competebat in universis mercibus, quæ vel ab artificibus, vel ab ipsis mercatoribus in officinis propriis, vel in nundinis venum exponebantur, ita ut ex quacunque mercium specie, postquam artifex vel mercator *caput* unum selegisset, *Martellagii* redemptor seu firmarius meliorem sibi adscribere liceret. Vox, ut videtur nata a *Martello*, quod primitus id juris in mercibus duntaxat, quæ malleo conficerentur, exigi soleret : sed postea ad alias quasvis traductum est, ut colligitur ex Regesto Ludovici Regis Siciliæ, quod in Camera Computorum Paris. asservatur, fol. 30. 31.

* **MARTELLARIUS**, Faber ferrarius. Arest. ann. 1380. 6. Oct. in vol. 7. arestor. parlam. Paris : *Martialis Chabaudi Martellarius, Stephanus Bonandi draperius... consules Nemausi etc.*

* **MARTELLERIA**, Cataracta, qua continentur aquæ. Instr. ann. 1358. inter Probat. tom. 2. Hist. Nem. pag. 207. col. 2 : *Quod alatæ intus muros existentes reparentur, et turnellæ fiant, et aquæ retineantur per Martellerias fiendas.* Ibid. pag. 216. col. 1 : *Et alia* (fossata) *curentur circumquaque villam; et fiant Martelleriæ ordinatæ.* Vide mox *Martellus.*

MARTELLINUS PULSUS, apud Medicos, qui in dilatatione sua, antequam ad centrum regrediatur, ex percussione spiritus, et organi duritie bis digitos percutere videtur, et fiunt quasi dilatationes duæ; sed præcedens est major, secunda minor, etc. Ita Gentilis de Fulgineo ad hæc Egidii lib. de Pulsibus :

In febre continua Martellino dominante
Caumate febrili cordis depascitur humor.

¶ **MARTELLIS**, Miscellum frumentum, Gallis, *Bled méteil.* Charta ann. 1204. Histor. Comitat. Ebroic. inter Instrum. pag. 9 : *Percipiet singulis annis unum modium bladi, scilicet sex sextarios frumenti, et sex sextarios Martellis in granchia d'Alboe.* Ubi legendum puto *Mautelli* vel *Mastellis*; est enim *Mastilio* seu *mestilio* ejusdem significationis. Vide *Mestallum* 2. et *Mixtum* 2.

* **MARTELLUS**, Idem quod *Martelleria.* Reparat. factæ in senescal. Carcass. ann. 1435 : *Pro una pecia de coral ex longitudine duodecim palmorum et latitudine trium quartonum, pro faciendo Martellum dictæ Carcassonæ, emptis pretio xv. sol. Item pro vj^{xx}. libris cavillarum ferri pro dictis tarrassaria et paxeria, pro Martello et pro cathenis, emptis pretio v. lib.* Vide alia notione infra in *Martus* 1.

MARTELUS. Vide *Martus.*

¶ **MARTERINÆ** PELLES. Vide *Martures.*

¶ **MARTEROR** et MARTROR, Occitanis vulgo *Martrou.* A voce *Martyrium*, sic vocant festum O. SS. quod primo B. Virgini solisque Martyribus sacratum esset, ut testatur Usuardus ad Kal. Novembris : *Festivitas B. Dei Genitricis, et omnium Martyrum, quam Bonifacius Papa celebrem et generalem instituit agi omnibus annis in urbe Roma. Tertius vero Gregorius Pontifex postmodum decrevit, eandem in honore omnium Sanctorum sollemniter observari perpetuo ab omni Ecclesia.* Charta Rogerii Comitis Fuxensis ann. 1095 : *In tali vero ratione impignoro vobis hæc omnia præscripta, ut ab hodierna die habeatis et possideatis istam prædictam pignorum de Martror in Martror, usque ego vobis jam dictum pretium persolvam ad Martror.* Alia ann. 1101. apud Stephanot. Antiquit. Occitan. MSS. tom. 1. pag. 485 : *Totum hoc impignorant pro triginta solidos de denarios Hugonenquos de Marteror qui venit ad unum annum; et postea de Marteror in Marteror sine ullo enganno.* Charta Aymerici Vicecom. Narbon. ann. 1114. ibid. pag. 515 : *Et ista pignora permaneat de isto Martror ad tres annos, et de tres annos in antea si reddiderimus istud aurum et istam platam ipso die de Martror in Monasterio Crassæ sine inganno recuperamus istum honorem; quod si ipso die de Martror non reddiderimus, istud pignus permaneat de ista festivitate in alia.* Charta Occitanica ann. 1399 : *Item mes se son amigablement composits, accordats et transigits que en l'an present... de la feste de Marteror, alias de Toussants, prochen venant en sept ans prenque ladite Infante au Bearn dus mille floris, etc.* Non alterius originis videtur vox Gallica, *Martroy* vel *Martré*, qua donatur forum Aurelianense aliorumque quorumdam locorum.

¶ **MARTHA**, Mustellæ genus, seu vestis mustellarum pellibus munita. Statuta Arelat. MSS. art. 53 : *Et si dominus voluerit facere bastari sa Martham, habeat sartor* II. *den. et super totis cum chioto* XVIII. *den.*

Concil. Dertus. inter Hispan. tom. 3. pag. 663 : *Neque* (Clericus) *folleratus deferat pellium de Marthis.* Vide *Martures.*

¶ **MARTHERINÆ** Pelles. Vide *Martures.*

* **MARTHILOGIUM**, pro *Martyrologium*, Fasti sanctorum, in Inventar. S. Capel. Paris. *Marthologium*, in Stat. MSS. S. Flori fol. 34.

¶ **MARTHIMONIUS**, pro Mathematicus. Jacobi de Vitriaco Hist. Orient. lib. 3. apud Marten. tom. 3. Anecd. col. 276 : *De Italia sunt in terra Jerosolymitana tres populi ipsi terræ quam plurimum efficaces et utiles, scilicet Pisani, Januenses et Venetiani, navali exercitio prædili, in aquis invicti, et in omni bello exercitati, Mathimoniorum, vel Marthimoniorum vel Mathematicorum ingenio flagrantes.* Ubi ultimum apposuisse sat fuisset, reliqua enim menda sunt librarii quæ medica manus emendavit.

¶ **MARTIANA** Lex, seu Merciorum. Vide *Lex.*

¶ **MARTIATICUM**, Martium, trimestre frumentum. Radulphus de Gestis Friderici I. Imp. apud Murator. tom. 6. col. 1190 : *Et ante medium Martium nemo unquam arare potuit, et immoderate segetes corrupit* (nix).... *Frumenta vero non sunt adeo corrupta. Martiaticum tamen bonum fuit.* Vide *Marceschia.*

¶ **MARTICULARIUS**, pro *Matricularius*, in Charta ann. 1353. Tabular. regii Reg. 81. fol. 599. Vide in hac voce.

MARTILAGIUM, et Martilogium, pro *Martyrologium*, habetur in Monastico Anglic. tom. 2. pag. 322. 323. 370. 657. tom. 3. pag. 244.

* Stat. MSS. eccl. S. Laur. Rom. : *Debeatis emere unum Martilogium, et in ipso Martilogio anniversaria scribere, ut decet, quemadmodum in ecclesia principis Apostolorum Petri servatur. Item quod anniversaria scribenda, in dicto Martilogio ponantur die proprio, cum præsentia capituli, cum suo relicto generaliter et particulariter.* Nostris *Marteloge.* Charta Ludov. comit. Clarim. et dom. Borb. ann. 1325. in Reg. I. Chartoph. reg. ch. 6 : *Nostre présente ordenance soit enrégistrée à perpétuelle mémoire ou Marteloge de laditte sainte Chapelle. Matriloge*, in Inventar. Gall. S. Capel. Paris. Vide infra *Matrilogium.*

MARTINELLUS. Vide *Passionalis*, in *Passionarius.*

MARTINETÆ, Aviculæ merulis minores, nostris *Martinets.* De iis Silvester Giraldus in Topograph. Hibern. dist. 1. cap. 13.

¶ **MARTINETI**, Sic dicti vagi scholares in Universitate Paris. *du Boulay* tom. 5. Hist. ejusd. Univers. pag. 658 : *Die 7. Octobris 1463. Facultas Artium decernit adversus vagos scholares, vulgo Martinetos, qui de collegio in collegium discurrebant, etc.*

¶ **MARTINETUS**, Ustrina, Gallis *Forge*, a *Martellis* seu malleis sic dicta. Charta ann. 1340. tom. 2. Hist. Dalphin. pag. 411 : *Mandamus... quatenus visis præsentibus, excusatione, obstaculo, et dilatione cessantibus, omnes quoscumque, et singulos Martinetos, ac charbonerias factos et factas, ubicumque, vel per quoscumque in proprietatibus nostris... ac domos et ædificia ipsorum Martinetorum ubicumque et quorumcumque sint, amoveatis celeriter, et faciatis totaliter amoveri, et destrui funditus, nullo quocumque Martineto... remanente, nec ulterius patiamini, quod aliqua nemora... nostra scindantur, essartentur, vel charbonentur pro Martinetis vel aliis grossis ferrorum operibus faciendis.* Occurrit etiam in Statut. civ. Saluciar. cap. 139.

* Proprie Moletrina ferraria, vulgo *Martinet*; quod in parochia S. Martini plures exstant, nomen habere docet Diction. Trevolt. Pactum inter Joan. dalph. et Petr. Barral. ann. 1315 : *Item volumus et concedimus quod quilibet prædictæ universitatis... possint in re sua propria vel alibi facere construere... fabricas, Martinetos vel fusinas libere pro libito voluntatis.*

* Martinetum in Sent. arbitr. ann. 1500 : *In tantum quod dictum Martinetum dicti Lamberti se reposat et non potest in eodem operari.* Lit. remiss. ann. 1474. in Reg. 204. Chartoph. reg. ch. 88 : *Le suppliant estant.... en ung Martinet illec assis dedans une chambre etc.*

* Eodem nomine appellatur machina quædam bellica projiciendis lapidibus accommoda, apud Froissart. vol. 1. cap. 121 : *Ceux du chastel décliquerent quatre Martinets qu'ils avoient faits nouvellement pour remédier contre lesdits chauffaux. Ces quatre Martinets gettoient si grosses pierres et si souvent sur ces chauffaux, qu'ils furent bientost froissez.*

* **MARTINIANA**, Chronicon Martini Poloni, idem qui *Martinulus* dicitur in Indice librorum ad calcem antiquissimi Pontificalis literis Saxonicis exarati, et *Martinellus* in Necrol. MS. eccl. Paris. 6. Id. Jan. : *Dedit etiam tres libros, duos passionales, et unum, qui dicitur Martinellus.* Instr. ann. 1392. inter Probat. tom. 3. Hist. Nem. pag. 166. col. 1 : *Ordinaverunt quod viginti sex franchi auri debiti per conventum fratrum Augustinorum Nemausi, racione unius libri Decreti, et alterius libri vocati Martiniana, qui fuerunt de exequtione dicti domini Gauffridi Palmerii, etc.*

MARTINIEGA, Tributi species apud Hispanos, [quod forte ad festum S. Martini solvebatur, sic dicta.] [* Acad. Hisp. Diction. : *Martiniega, Cierto genero de tributo o contribucion, llamada assi porque se debia pagar el dia de san Martin.*] Joannes Diacon. in actis S. Agricolæ num. 15 : *Accidit, quendam virum ex ejus curia ad colligendam exactionem regiam, quæ vulgariter dicitur Martiniega, in tempore hiemis sub mense Decembri Majorinum certissime advenisse.*

MARTINUS, Qui suam acrius quam par est, et obstinatius opinionem tuetur, cujusmodi fuit Martinus Jurisconsultus celebris sub Friderico I. a quo, inquit Baronius ann. 1158. in vulgare proverbium ejus durities apud JC. in hanc usque diem pertransiit, ut *Martinum* appellent, qui suæ ipsius sententiæ singulari pertinaci studio inhærescat. Fuit is Martinus Grosia, una cum Bulgaro, Legum Professor in Academia Bononiensi, de quo pluribus Otto Morena in Hist. Rer. Laudens. pag. 38. De alio *Magistro Martino*, vid Matth. Paris ann. 1244. pag. 434.

¶ **MARTINUS** Bullians, vulgo *S. Martin d'esté.* Vide in *Festum.*

¶ **MARTIOBARBULI.** Sic legendum pro *Mattiobarbuli* apud Vegetium lib. 1. cap. 17 : *Plumbatarum quoque exercitatio (quos Martiobarbulos vocant) tradenda est junioribus. Nam in Illyrico dudum duæ legiones fuerunt,... quæ, quod his telis scienter utebantur et fortiter, Martiobarbuli vocantur.* Ex quibus recte colligit Carolus de Aquino in Lex. milit. *Martiobarbulos* non solum armorum genus fuisse, sed etiam appellationem militum, quibus ab eo armorum genere idem erat inditum nomen. Erant autem *Martiobarbuli* idem quod plumbatæ : unde idem Carolus suspicatur reponendum esse *Mattibalum* quod est missile, plane consimile fustibalo ; ut sit fustis, seu clava jaculatoria, appensa habens lora coriacea cum insutis globis plumbeis. Plura vide in laudato Lexico ad hanc vocem. Adde Stewechium ad Vegetii locum allatum, et Turneb. Advers. lib. 24. cap. 12.

¶ **MARTIOLINUS**, Martiollus, Italis idem quod nostris *Marceschia, Bled Marsois.* Vide *Tremisium.*

MARTIOLUS. Vide *Martus.*

MARTIRA, [Martirinus.] Vide *Martures.*

¶ **MARTIRIZIARE.** Vide *Martyrizare.*

* **MARTIS-AQUA.** Vide infra *Mortua-Aqua.*

MARTISIA. Glossar. Saxon. Ælfrici : *Martisia, vel Baptitura* : gebeaten flæsc. Somnero gebeaten, est *percussus, cæsas, tusus*, flæsc, *caro.* Isid. lib. 20. cap. 2 : *Martisia in mortario ex pisce fiunt, unde nominata.* [* Glossar. Lat. Ital. MS. : *Martisium, el cibo posto in mortario.*]

1. **MARTIUS.** *Martium suum* habere dicebatur, cui agrum colere mense Martio, vel serere, licebat. Id autem concedebatur urbium incolis, quibus cæteroquin, et aliis anni temporibus in urbe *stare* necesse erat : quæ obligatio *resseandisia* et *stagium* dicebatur. Charta Communiæ Incrensis. ann. 1158 : *Concessum est, ut omnes homines de Communia suum habeant Martium apud villam a Purificatione S. Mariæ Candel. usque ad medium Aprilem, et a festivitate S. Joannis Baptistæ suum similem habeat Augustum usque ad festivitatem omnium Sanctorum : et si in Communia redire voluerint, ipsi et sua salva erunt.* Charta Communiæ Royensis ann. 1190 : *Burgensis potest sine forisfacto manere extra villam a Purificatione B. Mariæ usque ad exitum Aprilis pro suo Martio, et a festo S. Joannis B. usque ad festum S. Martini pro suo Augusto.* Adde Communiam S. Quintini.

¶ 2. **MARTIUS**, Præstatio, seu census qui exigi solet in annona vel denariis mense Martio, de quo passim in Tabulario Vosiensi, ac præsertim fol. 56 : *Debet sex denarios in Martio. Mansus Benedicti monachi sex sextarios segl.* xii. *denarios vinada et quatuor Martii. Mansus Arlal.* xii. *denarios de recept. ad S. Martin. vinada sex, quatuor Martii.*

* 3. **MARTIUS**, pro Medardus, a Gallico *Mard*, quod abbreviando dixerunt pro *Medard.* Charta ann. 1357. in Reg. 89. Chartoph. reg. ch. 97 : *Domus domini abbatis et religiosorum sancti Martii Suessionensis.*

¶ **MARTORES**, Idem quod *Martures.* Petrus Damiani lib. 2. Epist. 1 : *Non in flammantibus Martorum submentalibus rosis, etc.* Epist. 2 : *Ovium itaque, simul et agnorum despiciuntur exuviæ... Martores exquiruntur et vulpes.*

¶ Martræ, Eadem notione. Charta ann. 1406. apud Lobinell. tom. 2. Hist. Britan. pag. 827 : *Legat nobili viro Bertranno de Dinanno.... unam suam hoppelandam rubeam Matris foderatam.* Testam. ann. 1433. in Tabul. Eccles. Massil. : *Item nepoti nostro Henrico tunicam nostram rastacii coloris foderatam de Martres.*

* **MARTORETUM.** Vide mox *Martreium.*

* **MARTREIUM**, Gall. *Martroi*, Forum publicum, ubi rei torquentur et morte multantur seu *martyrizantur;* unde nomen. Charta ann. 1317. in Reg. 56. Chartoph. reg. ch. 116 : *Domus sita in Martreio S. Johannis in Gravia.* Obituar. MS. hospit. S. Jacobi Meledun. 3. Non. Mart. : *Obiit Agnes filia Petri de Aubigniaco, quæ dedit nobis duos solidos Paris. annui redditus sitos... supra domum Petri de Albigniaco, quæ domus sita est in Martreio.* Ita quoque legendum puto, pro *Marejum.* Vide in hac voce. *Martray*, in Stat. ann. 1439. ex lib. 1. Ordinat. artif. Paris. fol. 20. r°. : *Et à ce que chascun soit acertené dudiz pris du pain, se fera cry publique ès halles, en Greve et au Martray en la Juifrie.* De quo intelligendum videtur Ordinar. eccl. Paris. MS. in festo Corporis Christi : *In Martoreto datur benedictio : post, sermo.*

MARTRICES, Martes, Gallis, *Martes.* Silvest. Giraldus in Topogr. Hibern. dist. 1. cap. 19 : *Matricum copia abundant hic silvestria, quarum venatio in igne noctes diebus continuat, etc.*

MARTRINUS. Vide *Martures.*

* **MARTROR**, Festum Omnium Sanctorum, Occitanis *Martrou.* Charta Raim. Trencav. ann. 1167. inter Probat. tom. 3. Hist. Occit. col. 117 : *Donec nos vel posteri nostri undecim mille solidos antedictos vobis et cui volueritis ad Martror reddamus.* Stat. ann. 1411. tom. 9. Ordinat. reg. Franc. pag. 609. col. 2. art. 9 : *De Martro jusqu'à Caresme-prenant, douze tours; et de Caresme-prenant jusques à la Toussaint apres venant huit tours.* Vide *Marteror.*

MARTULA. Chronicon Magnum Belgicum ann. 1042 : *Saxeo sedili pro lecto, Martula utens pro lectisternio.* Sed legendum, *mattula.* Vide *Malta.*

¶ **MARTULUS.** Vide *Martus.*

MARTURES, *Martes*, et *Pannonicæ cattæ*, Martiali lib. 10. [** ep. 37. ubi alii legunt *Mele.*] feræ exiguæ ex genere mustelarum, quarum pelles habentur in pretio. Helmodus lib. 1. cap. 1. et ex eo Adam Bremensis cap. 227 : *Ad Marturinam vestem anhelamus, quasi ad summam beatitudinem.* Idem Bremensis cap. 229 : *Omnia enim instrumenta vanæ gloriæ, hoc est, aurum, argentum, sonipedes regios, pelles Castorum et Marturum, quæ nos admiratione sui dementes faciunt, illi pro nihilo ducunt.* Roccus *Martrinus et Lutrinus*, in Capitulari triplici Caroli M. ann. 808. cap. 5 : [*Coopertorium Martrinum*, in Testamento Arnoldi Episc. Tolosani. Testam. Guislæ Comit. Ceritan. ann. 1020. in Append. Marcæ Hispan. col. 1020 : *Meas pellicias, unam Matrinam, et aliam armellinam, vendite, etc.*] *Marterinæ pelles*, in Synodo Londinensi ann. 1138. cap. 15. Hugo Metellus Epist. 11 : *Mutavi mentem, mutavi vestem, et pro pellicula peregrini muris redolente, involutus sum ovina pelle : pro pelle Mardarina, vestitus sum pelle caprina.* Ita *Mardirinæ pelles*, in Charta Brzetislai Bohemiæ Ducis apud Bohuslaum Balbinum in Histor. Bohemiæ pag. 191. adde pag. 299. Le Roman *de la Prise de Hierusalem* MS. :

> Et mist desor son chief un chapel Marterin.

Marturinarum Præstatio, apud Hungaros, in regno Sclavoniæ. Decreta Alberti Regis Hungariæ pag. 62. Vide *Bansolmora.*

Martures Albi, in Normannia Septentrionali, apud Adamum Bremensem cap. 239.

Martira, apud Eadmerum lib. 2. Vitæ S. Anselmi n. 65 : *Et ecce in via, qua gradiebatur, bestiola, quam Martiram vocant, perdicem in ore ferebat.*

¶ Martherinæ Pelles, in Vita S. Meinwerci Episc. tom. 1. Junii pag. 523 : *Pelles Martherinas et III. uncias auri pro mercede tribuens.*

¶ Martirinæ, in Epist. anonymi Monachi tom. 4. Annal. Bened. pag. 574 : *Dedit.... altera vice quasdam pelles Martirinas.*

¶ Martrinæ. Charta Philippi Reg. Fr. ann. 1207. apud Duchesnium Hist. Norman. pag. 1063 : *Si mercatores navis jurare poterunt quod Matrinas non invenerunt emendas ad portum in quo chargiaverunt.* Alia pro Communia Balo. ann. 1208 : *Duodena pellium Martrinarum vel vulpinarum 5. denar.*

¶ **MARTURIARE**, Idem quod *Martyrizare.* Radulphus de Gestis Friderici I. Imper. apud Murator. tom. 6. col. 1183 : *Tota ergo nocte onagris suis laboraverunt, et lapidaverunt et occiderunt ex illis qui erant in turri septem.... Et isti Marturiati sunt ea morte, qua aliquos periisse nusquam legimus.*

* Nostris *Martirer*, eodem sensu. Chron. S. Dion. tom. 8. Collect. Histor. Franc. pag. 344 : *Ils sachierent les espées, et Martirerent l'innocent, etc.* Lit. remiss. ann. 1372. in Reg. 103. Chartoph. reg. ch. 94 : *Les annemis firent mener hors dudit fort* (de Breteuil) *ledit Denis,.... le firent illeuc Martirer et couper la teste.* Consuet. Aurel. apud Thaumasser. ad calcem Assis. Hierosol. pag. 469 : *Cil juige qui Martyre aucun à tort, li martyres de cellui, qui est livré à Martyre, est tost passez, etc.*

1. **MARTUS**, Malleus, Gallis, *Marteau.* Conradus de Fabaria de Casib. S. Galli cap. 14 :

> Ex incude mala Martis quassatur ut aula.

Martulus, in Vita S. Genulfi lib. 2. cap. 5.

Martiolus, apud Joannem Sarisber. lib. 4. Policr. cap. 5 : *Martiolum de sinu proferens, vitrum correxit aptissime.*

Martellus, Papiæ, *Mediocris malleus.* Glossæ S. Benedicti : *Martellus*, σφυρά. Sic potissimum appellatus Carolus Major domus Regni Franciæ, Pipini Regis pater, Caroli M. Imperatoris avus, ob eximiam in bellis et præliis fortitudinem. Philippus *Mouskes* MS. :

> Angis, Pepin, Pepin, Carlon,
> Celui qui Martiaus ot non.

Vita S. Rigoberti Archiep. Remensis n. 10. de Carolo : *Et quia ab ineunte ætate fuerit vir bellicosus, et robore fortissimus, postmodum Martellus est cognominatus.* Liber de Diversis Casibus Dervensis Monasterii, de eodem Carolo : *Qui ob nimiam et Christianis temporibus antea invisam inquietudinem Martellus vocitatus est.* A malleo scilicet seu tudite quo fabri utuntur, quod ut ii tudite ferrum, ita hostes in præliis ense ille contunderet ac prosterneret. Adrevaldus lib. 1. de Miracul. S. Benedicti cap. 14. et Hariulfus lib. 2. cap. 1 : *Quamobrem cum adversantibus nullatenus cedere sciret, nullique parcere, diu a posteris Tudites, ab actu rerum scilicet, agnomen indeptus est. Tudites enim mallei dicuntur fabrorum, quorum ictibus cuncta atteritur durities.* Hugo Flaviniacensis in Chronico : *Qui ideo Tudes appellatus est, quod est malleus fabri : quia sicut malleo universa tunduntur ferramenta, ita ipse contrivit omnia regna sibi vicina.* Eadem habet Chronicon S. Benigni pag. 394. similia etiam Chronicon Malleacense pag. 194 : *Karolus filius ejus senior vocatus est Martellus. Tudites enim mallei dicuntur fabrorum, quorum ictibus cuncta atteritur durities.* Vita S. Genulfi lib. 2. cap. 5 : *Qui Tudis, id est, Martulus agnominatus est, ob plurimam scilicet bellorum virtutem.* Sigebertus Gemblacensis in Vita S. Sigeberti Regis Austrasiæ : *Carolum, qui Tudetes, id est, Martellus est agnominatus.* Egidius Parisiensis MS. lib. 1. Karolini, de Carolo Martello :

> Et quia contusor tantus, contusus et ipse
> Deinde fuit, qui cum Christi contunderet hostes,
> Ecclesiam tutudit, nunc carcere tunditur idem
> Pœnali merito, a tundi seu tundere verbo,
> Nota magis laico sermone vocabula sumpsit.
> Dictus Tudites vulgari Malleus ore,
> Ille sui simul et contusi malleus orbis, etc.

Caroli porro memoria Sarracenis, quos ille non semel fuderat ac contuderat, adeo formidanda fuit, ut Carolum ex filio nepotem non alio cognomine quam *Martelli* donarent, ut auctor est Monachus S. Galli lib. 2. de Rebus Caroli M. cap. 22.

Tudes autem vel *Tudites* appellatus Carolus, quod *contundi* hostes a victoribus victi et superati dicerentur, quod proprium est mallei seu tuditis. Albinovanus de Druso :

> Ille genus Suevos acre, indomitosque Sicambros
> Contudit, inque fugam barbara terga dedit.

Et Severus Sulpitius lib. 1. Hist. Sacræ, ut antiquiores prætercam : *Allophylosque frequentibus præliis contudit.* Id sane de Carolo firmat Willelmus Malmesburiensis lib. 1. de Gestis Regum Anglor. cap. 3 : *Carolus Tudites, quem illi Martellum vocant, quod tyrannos per totam Franciam emergentes contuderit, Saracenos Gallias infestantes egregie depulerit.* Atque inde viri fortes, et qui crebris præliis hostes atterebant, *mallei* sæpe appellati. Ita Nabuchodonosor, Hieremiæ cap. 50. *Malleus universæ terræ* dicitur, quomodo etiam Belphetum Turcicum Sultanum Willel. Tyr. lib. 1. cap. 9. vocat Saladinum, *Malleum Christiani nominis*, Willelmus Neubrigensis lib. 3. cap. 10. lib. 4. cap. 28. et lib. 5. cap. 14. denique Alexandrum Magn. *totius Malleum orbis*, Jacobus de Vitriaco lib. 3. pag. 1132. et Nicolaus de Braia in Carolo VIII. pag. 292. Philippus Galterus lib. 7. Alexandreid. pag. 59. Sed et Carolus ipse in Epitaphio, quod in æde Sandionysiana olim extitit, *mundi Malleus* appellatur :

Iste Brabantinus Dux primus in orbe triumphat,
Malleus in mundo, etc.

Sic denique Arthurum Britannicum Regem *Mab-uter* appellatum scribit Nennius, ob ferocem in pueritia animum, *Arthurum* vero, voce Britannica, quæ *malleum*, quo leonum ora conteruntur, significat, in futuræ fortitudinis præsagium.

Ex hac igitur loquendi formula *Martelli* nomen inditum ensi, quo hostes conteruntur : quod sane indicat Froissartes 4. vol. cap. 53. ubi ait, Clissono Comitis stabuli dignitatem abrogatam supremo Senatus judicio : tum enim, *lui fut mandé qu'il renvoia le Martel, c'est à entendre, l'office de Connestable de France.* Nec scio, an eadem notione hanc vocem usurparit, quod sane vero simile videtur, auctor Chronici MS. Bertrandi *du Guesclin* :

Olivier de Cliçon par la bataille va,
Et tenoit un Martel qu'à ses deus mains porta,
Tout ainsi qu'un boucher abatist et versa, etc.

Infra :

Bertrand de Glajequin fu ou champ plenier,
Ou il assaut Anglois à un Martel d'acier,
Tout ainsy les abat come fait le bouchier.

Incertum etiam, an Guillelmus de Nangiaco in Philippo III. ann. 1279. per *malleum*, ensem intellexerit, cum ait, in quodam hastiludio Comitem *Clarimontis juvenem et novum Militem armorum pondere prægravatum, et Malleorum ictibus super caput pluries et fortiter percussum, vexatione cerebri intonitum, decidisse in amentiam perpetuam*. Certe a crebris malleorum, seu ensium ictibus, *Marteleis* dictus ipse conflictus : quod scilicet ensibus hostium capita quodammodo contunderentur. Guillelmus *Guiart* ann. 1202 :

Mult fu fier le Marteleis,
La noise, et le cliqueteis.

Et anno 1205 :

Et puis à fier Martelcis
Trebuchié le pont leveis.

Ut ut sit, constat, Goffridum Comitem Andegavens. Henrici II. Regis Angliæ parentem eadem qua Carolus de causa, *Martellum* perinde appellatum. Historia Andegavensium Consulum, de Comite Goffrido : *Merito Martellus nominatus est, quasi suos conterens hostes*. Albericus ann. 1040 : *Andegavensis Comes Gaufridus Martellus, hoc cognomen sibi usurpaverat, quia videbatur omnes sibi obsistentes felicitate quadam contundere : nam dominum suum Comitem Pictaviensem aperto Marte cepit, etc.* Baldricus Burguliensis :

Hic Martelle jaces, Martelli nobilis hæres,
Res a Marte quibus digna dedit titulum.

Et infra :

Martia Martellum te fecit causa vocari.

Eodem etiam cognomine donatum Carolum I. Regem Hungariæ notum est, ut et Carolum IV. Imp. apud Joannem Abbat. Laudun. in Speculo Historiali MS. ann. 1388. lib. 11. cap. 2. lib. 12. cap. 35.

* MARTELUS, Malleus, Gall. *Marteau*. Reg. Cam. Comput. Paris. sign. in Bibl. reg. 8406. fol. 180. v°. : *De sex denariis merceriorum operantium in lima et Martelo, pro ix^xx. x. lib. per annum.*

¶ AD MARTELLUM *campanam pulsare*, Quod iteratis pulsationibus sit, Gall. *Sonner le tocsin*. Charta ann. 1328. ex Archivis S. Victoris Massil. : *Quando audiet pulsare campanam ad Martellum*. Anonymi opusculum apud Murator. tom. 8. col. 109 : *Quadam die mattana cepit ipsum, quod volebat facere pulsari campanam ad Martellum, causa videndi qualiter cives Vicentiæ currerent ad plateam.* Regimina Paduæ ad ann. 1325. ibid. pag. 438 : *Campana magna Communis sonavit ad Martellum, et confalones fratalearum cum suis frataleis... iverunt ad plateam propter rixam et prælium.* Adde Chron. Domin. de Gravina apud eumdem tom. 12. col. 698.

* Itali, eodem sensu, dicunt *Sonare a martello*. Annal. Victor. MSS. ad ann. 1378 : *Campanam capitolii ad Martellum seu ad modum quo pulsari seu percuti solent, cum adunatur populus ad rumorem seu hostium invasionem, indesinenter uno impetu ac eodem contextu pulsaverunt.*

* 2. **MARTUS**, pro *Martius*, Opera, quæ mense Martio debetur. Reg. S. Justi ex Cam. Comput. Paris. fol. 207. r°. : *Item sunt ibi tresdecim homines qui debent colligere poma et triblare. Item quidam alius debet facere Martum.* Vide *Martius* 2.

MARTYR, Qui mortem pro Christo et fide Christiana oppetiit. Ita Ecclesia hodie hoc nomen usurpat. Isidorus lib. 7. cap. 11 : *Martyres seu testes ideo vocati sunt, quia propter testimonium Christi passiones sustinuerunt, et usque ad mortem pro veritate certaverunt.* S. August. lib. 22. contra Faustum cap. 76 : *Per quorum confessiones, passiones et mortes hoc Deo placuit attestari, Martyres appellantur, qui Latine testes interpretantur.* Ammianus lib. 22 : *Ædes illis exstruerentur ut reliquis, qui deviare a Religione compulsi, pertulere cruciabiles pœnas, ad usque gloriosam mortem intemerata fide progressi, et nunc Martyres appellantur.* Idem lib. 27 : *Hos enim, quos interfici tanquam noxios jubes, ut Martyres, id est, divinitati acceptos; colit Religio Romana.* Ubi legendum censuerim *adscriptos*.

At primitus, et sub ipsius Ecclesiæ incunabulis non eadem videtur fuisse ratio. Constat enim S. Cyprianum superstitibus Martyrum appellationem tribuisse, uti Epist. 9. quæ inscribitur *Martyribus et Confessoribus Jesu Christi*. Et Epist. 12 : *De hoc, et ad Clerum, et ad Martyras, et Confessores literas feci.* Epist. 15 : *Literas feci, quibus Martyres et Confessores consilio meo, quantum possem, ad Dominica præcepta revocarem.* Sic et Epist. 20. 23. 52. et 69. In Concilio Carthaginensi quidam *Confessorum*, quidam *Martyrum* titulis donantur. Sed et aliis locis Martyres a Confessoribus distinguit Cyprianus, videturque innuere Martyres vocari, qui usque ad effusionem sanguinis pro Christo passi erant, licet superstites, nec consummato martyrio, cum *Confessores* dicerentur, qui sola voce constanter Christum confessi essent, de quibus agit Epist. 30. Idem Luciano scribens Epist. 22 : *Nunc carissime, jam inter Martyres deputande.* Epist. 25 : *Contigit hic per tormenta consummari martyria.* Epist. 30 : *Illud præterea vellemus addiscere, si Martyres non propter aliud Martyres fiunt, nisi ut non sacrificantes teneant Ecclesiæ usque ad effusionem sanguinis sui pacem.* Fatendum tamen interdum utrumque nomen confundere, verbi gratia, dum Aurelium, Celerinum, et Numidicum, quamvis tormenta passos, *Confessores* vocat.

Martyrum appellatione donat etiam interdum Ecclesia viros sanctitate illustres, qui non pro confessione nominis Christi, sed alia quavis ratione mortem perpessi sunt, verbi gratia a latronibus, aut viris impiis cæsi. Ejusmodi sunt S. Gervas. Cenomanensis Diac. in ejus Vita MS. cujus festum agitur pridie Non. Julii, S. Landoaldus in ejus Vita n. 6. S. Patern. Senonens. Monach. in ejus Vita num. 14. 15. S. Lietphard. apud Molanum, S. Germ. Abb. in ejus Vita n. 13. S. Leopard. in ejus Vita MS. Non. Octob. S. Germanus Scotus in ejus Vita Ambiani edita, S. Prætextus Episc. Rotomag. in ejus Vita. S. Paternus, S. Eoharnus apud Bolland. Benedictus PP. V. apud Baron. ann. 965. n. 2. S. Thomas Archiep. Cantuar. et alii passim. Vide Gervasium Dorobern. pag. 1296. Eadmerum in lib. 1. Vitæ S. Anselmi Cant. Arch. cap. 26. 27. 28. apud Sur. 21. April. Mabillonium tom. 6. Vitæ SS. Ord. S. Benedicti pag. 580. et Baron. ann. 400. num. 4.

¶ **MARTYRA**, Quæ pro Christo sanguinem fudit. Missale Gothicum apud Mabill. de Liturg. Gallic. pag. 215 : *Evidenter ostendens, quod non solum perpetuæ virginitatis Martyra esset* (B. Agnes) *et Virgo mansura, etc.* Ibid. pag. 216 : *Sanctæ Martyræ tuæ Cæciliæ, Domine, etc.*

* **MARTYRALIS** PASSIO, Martyrium, in Act. S. Adulphi tom. 7. Sept. pag. 510. col. 2. Vide *Martyrialis*.

MARTYRARIUS, Idem qui *Mansionarius*, *Custos Ecclesiæ*, qui sacras in Ecclesia reliquias custodit, servat. Formula 48. ex Andegavensibus : *Ideo convenit nobis unanimiter consentientes, et per voluntatem Martyrario nomen illo Presbytero, at ipso infantulo ad homine, nomen illo, venumdare deberemus, etc.* Gregorius Turon. lib. 2. de Mirac. cap. 46 : *Post obitum Proserii Martyrarii.* Lib. 4. Hist. cap. 11 : *Unde factum est, ut conjuncti Clerici Leubaste Martyrario et Abbate,.... Arvernum properarent.* Testamentum S. Aredii : *Turres, calices, pallas et coopertoria prædictis Martyrariis ad custodiendum tradidimus.* Concilium Aurelianense II. can. 13 : *Abbates, Martyrarii, Reclusi, vel Presbyteri, apostolia dare non præsumant.* Idem qui *Custos Martyrum*, Anastasio in S. Silvestro PP. : *Hic constituit, ut si quis desideraret in Ecclesia militare, aut proficere, ut esset prius Ostiarius, deinde Lector, et postea Exorcista per tempora, quæ Episcopus constituerit, deinde Acolythus annis 5. Subdiaconus annis*

5. *Custos Martyrum annis 5. Diaconus annis 5. Presbyter annis 3..... et sic ad ordinem Episcopatus ascendere.* Vita S. Zozimi Episcopi Syracusani n. 6 : *S. Zozimus cum ætate, tum virtutibus inter Sanctos proficiens, custos pretiosi loculi S. Virginis Luciæ constituitur a sancto Fausto Abbate ipsius Monasterii.* Et num. 9. idem S. Zozimus *ad Ecclesiæ loculique S. Virginis Luciæ custodiam relictus*, moxque *Ostiarius et templi custos*, dicitur. Vide Synodum Rom. sub eod. Silvestro cap. 11. et quæ annotavimus in voce *Capellanus.*

¶ **MARTYRIA**, *In mortario ex pisce fiunt, unde et dicuntur sciola parva.* Papias MS. in Edito *ex pice.* Leg. *Martisia.* Vide in hac voce.

¶ **MARTYRIALIS**, Ad martyrium spectans. Ambr. Moralis Chronol. eorum quæ in Operibus S. Eulogii continentur, tom. 3. Conc. Hispan. pag. 145 : *Caussam cur in carcerem fuerit missus, ipse in documento Martyriali et in epistolis reddit.*

MARTYRIANI, Hæretici, de quibus Epiphanius hæresi 80. et alii.

¶ **MARTYRISATIO**, Martyrium. Miracula S. Edmundi Angl. Reg. apud Marten. tom. 6. Ampliss. Collect. 823 : *In villula Suthune dicta, de prope loco Martyrisationis, pro instanti fervore rabidæ persecutionis.... requievit.*

MARTYRIUM, Ædes sacra, Deo sub Martyrum invocatione dicata. Isidorus lib. 15. cap. 9 : *Martyrium, locus Martyrum, Græca derivatione, eo quod in memoriam Martyris sit contructum, vel quod sepulcra sanctorum ibi sint Martyrum.* Walafridus Strabo lib. de Reb. Eccl. cap. 6 : *Martyria vocabantur Ecclesiæ, quæ in honore aliquorum Martyrum fiebant : quorum sepulcris et Ecclesiis honor congruus exhibendus in Canonibus decernitur.* Lex 7. Cod. Theod. de Sepulcris violat. (9,17.) : *Habeant in potestate si quolibet in loco Sanctorum est aliquis conditus, pro ejus veneratione, quod Martyrium vocandum sit, addant, quod voluerint fabricarum. Sedes Apostolorum vel Martyrum,* in leg. 6. eodem tit. Hieronym. in Chron. : *Cujus industria in Hierosol. Martyrium extructum est.* Rursum : *Constantinopoli Apostolorum Martyrium dedicatur.* Testamentum S. Remigii Remensis Episc. : *Martyriis, Diaconiis, Xenodochiis, etc.* Anastasius in S. Leone : *Factum est Concilium sanctum Episcoporum in Calcedona in Martyrio sanctæ Eufemiæ.* Adamnanus lib. 1. de Locis SS. cap. 8 : *Inter illam quoque Golgothanam basilicam et Martyrium, quædam inest exedra, etc.* Theodulphus lib. 2. Carm. 9. de S. Quintino :

> Cujus Martyrium devota mente frequentat
> Plebs, etc.

Sic Græci Μαρτύριον passim usurpant, Socrates lib. 4. cap. 18. Theodoritus lib. 3. cap. 2. Sozomen. lib. 2. cap. 26. Concil. Laodic. cap. 8. Chrysostomus, et alii. *Memoria Martyrum* Juliano Toletano lib. 1. Progn. cap. 20. et 21. *Basilicæ Martyrum* dicuntur in Capitulis Caroli M. lib. 7. cap. 2. Quo spectant ista S. Hieronymi in Apologia ad Pammach. cap. 6 : *Quare ad Martyres ire non audent, quare non ingrediuntur Ecclesias ?*

Martyria, proprie etiam ipsa Martyrum sepulcra, memoriæ, confessiones, quibus superædificantur altaria. Liber Pontificalis Damasi in Felice I : *Hic constituit supra sepulcra aut memorias Martyrum Missas celebrari.* S. Augustinus lib 22. de Civit. Dei cap. 10 : *Nos autem Martyribus nostris non templa sicut diis, sed memorias sicut hominibus mortuis, quorum apud Deum vivunt spiritus, fabricamus : nec ibi erigimus altaria, in quibus sacrificemus Martyribus, sed uni Deo et Martyrum et nostro sacrificium immolamus, etc.* Eadem habet Serm. 101. de Divers. et lib. 20. contra Faustum Manich. cap. 21. Ceremonialis Episc. lib. 1. cap. 12 : *Sub altari majori.... ubi sanctorum Martyrum corpora requiescunt, qui Martyrium sive Confessio appellatur.* Scribit vero Theophanes lege sanxisse Constant. M. idolorum templa ἀποδίδοσθαι τοῖς τῷ Χριστῷ ἀφιερωμένοις.

Martyrum Concilia, etiam dicuntur ejusmodi ædes, Martyribus dicatæ, in Martyrol. 23. Jan. Liber Pontificalis, de Damaso : *Qui Martyrum concilia atque sepulcra versibus declaravit.* S. Hieron. in Epitaph. Nepotiani : *Martyrum conciliabula diversis floribus, et arborum comis, vitiumque pampinis obumbravit.* De Memoriis Martyrum floribus obumbratis agit S. August. lib. 22. de Civit. Dei cap. 8. ubi etiam *Martyrium* vocat, templi partem, in qua exstat ipsum Martyris sepulcrum. Habetur perinde, σύναξις τῶν μαρτύρων, in Concil. Gangrensi can. 20.

* Haud scio an non pro Die Sanctorum memoriæ sacra intelligendum sit, præsertim ob mensis Junii adnotationem, in Charta Otton. imper. ann. 947. ex Cod. reg. 10197. 2. 2. fol. 4. r°. : *Actum in opido Franconefort mense Junio in Martyrio Apostolorum Petri et Pauli.*

* Martyria, Martyrum ossa, reliquiæ. Mirac. S. Florent. tom. 7. Sept. pag. 426. col. 2 : *Factum est, ut hi, qui ferebant tam præclarissima Martyria, etc.*

MARTYRIZARE, Martyrem facere, cruciare. Rogerus Hovedenus in Willelmo I : *Dani suum dominum Canutum Regem Martyrizaverunt.*

* *Martirier*, in Contin. Guill. Tyrii apud Marten. tom. 5. Ampl. Collect. col. 601 : *Quant le roi d'Angleterre ot fait Martirier S. Thomas de Cantorbire, etc.* Glossar. Gall. Lat. ex Cod. reg. 7684 : *Martray, martirizatus.* Id est, Tormentum, cruciatus.

¶ Martyrizare, neutro sensu, Mortem Christi causa perpeti. Acta SS. tom. 2. Martii pag. 377. de S. Longino milite : *Ad extremum vero Martyrizavit in Cappadocia sub Octavio Præside.* Acta S. Theodoræ, tom. 1. Aprilis pag. 5 : *Quæ sub Aureliano Imperatore Martyrizavit.*

¶ Martyrizare, Angere, torquere, interficere. Miracula S. Walarici tom. 1. Aprilis pag. 26 : *Cur me tandiu Martyrizas, qui Christi dona evangelizas ?* Vita S. Willibaldi sæc. 3. Bened. part. 2. pag. 378 : *Cito illos punientes Martyrizarent.* Hist. Cortusior. lib. 2. apud Murator. tom. 12. col. 794 : *Et omnes suæ comitivæ* (Regis Conradini) *postquam capti fuerunt, sævissime Martyrizavit.* Le Roman de Rou MS. :

> Et Normanz o les haches les tuent et Martirent.

* Lit. remiss. ann. 1357. in Reg. 89. Chartoph. reg. ch. 188 : *Dicta Ysabellis in scala posita, et ibidem taliter Martirizata et combusta cum uno tortissio ardenti, et exinde de dicta terra bannita.*

¶ Martirizare, Morte ob Christum afficere. Vetus Ceremoniale MS. B. M. Deauratæ Tolos. : *Sequitur festum S. Saturnini martyris qui fuit primus Episcopus Tholozanus, et ibi pro fide Martirizatus, cujus corpus jacet in prædicta civitate Tholozana.*

¶ **MARTYRIZATOR**, Qui cruciatibus afficit. Hariulphus in Chron. ubi de Gervino Centulensi Abb. : *Proprii corporis Martyrizator, regula virtutum, et corpore virgineo, etc.*

MARTYROLOGIUM, Fasti Sanctorum. Gregorius M. lib. 7. Ind. 1. Epist. 29 : *Nos autem pæne omnium Martyrum distinctis per dies singulos passionibus collecta in uno codice nomina habemus, atque quotidianis diebus in eorum veneratione Missarum solennia agimus, non tamen in eodem volumine quis qualiter sit passus, indicatur, sed tantummodo nomen, et dies passionis ponitur.* Vide, quæ notavit Baronius in Præfat. ad Martyrolog. Roman.

Sequioribus sæculis, maxime apud Monachos, *Martyrologium* laxius sumptum pro *Necrologio*, seu Obituario et Regula, quod fere semper in eodem volumine Martyrologium, Obituarium, et Regula Ordinis descripta legerentur. [Capit. Aquisgran. ann. 817. num. 69 : *Ut ad Capitulum primitus Martyrologium legatur, et dicatur versus, deinde Regula, aut homelia quælibet legatur.*] Unde *Martyrologio inscribi* dicitur, cujus obitus dies ibi annotatur, ut scilicet ex ea congregatione seu fraternitate, cui quis adscriptus est. Ingulphus pag. 907 : *Nomen ejus et uxoris ejus fratrum nostrorum Martyrologio inscribi consensimus.* Statuta Guigonis Prioris Cartusiæ de Quadripertito exercitio Cellæ cap. 41 : *Nomen vero cujusquam in suo non scribent Martyrologio, nec cujusquam anniversarium ex more facient.* Adde Hist. Abbatiæ Condomensis pag. 473. Tabular. S. Eparchii Inculismensis fol. 43. 44 : *Quatenus ipsi fratres memoriale meum post mortem meam in Martyrologio suo subscribant, et dominum omnipotentem pro peccatis meis et parentum meorum devotius exorent.* Neque dies duntaxat obitus annotabantur, sed etiam Ecclesiis quævis impensa beneficia, aut factæ donationes. Ditmar. lib. ult. pag. 109 : *Sanctorum reliquias et munda earum receptacula, cum aliis utilitatibus plurimis tam in prædiis quam in mancipiis ego acquisivi, et ne te forsitan laterent, Martyrologio inscripsi meo.* Vide *Fraternitas, Fratres conscripti, Monachi ad succurrendum, Regula.*

¶ Martilegium, Obituarium, necrologium. Charta ann. 1438. apud Kennett. Antiquit. Ambrosden. pag. 626 : *Ordinavimus quod cum contigerit eundem Edmundum ab hac luce migrare, ut nomina omnium supradictorum cum obitu eorum in nostro Martilegio inserantur, et singulis annis futuris perlegantur in die anniversariorum suorum præsenti Conventu in domo nostra capitulari.*

* Ovidii fastos *Martyrologii* nomine ap-

pellat Auctor libri de Mirab. Romæ in Diar. Ital. Montisfalc. pag. 293.

* **MARTYROR**, ut supra *Martror*, in Charta ann. 1114. inter Probat. tom. 2. Hist. Occit. col. 389.

MARUS, Scotis, Idem qui vulgo submonitor : unde *Serjandus* dicitur non semel in Regiam Majestatem lib. 1. cap. 6. § 7. lib. 4. cap. 8. § 3. in Statutis Alexandri II. Regis cap. 15. § 4. in Statutis Davidis II. cap. 51. et in Statutis Roberti II. cap. 2.

* **MARUSIA**, *La cima delli cipressi*, in Glossar. Lat. Ital. MS.

¶ **MARZARIA**, Minutæ merces, ut videtur, nostris *Mercerie*, Ital. *Merzaria* et *Merceria*. Statuta Vercell. lib. 3. pag. 104. v°. : *Liceat tamen cuilibet ducere vel duci facere, mittere vel mitti facere bestias, ... cathenas, patinos, Marzarias, ferramenta, speciarias, etc.* Vide *Merzaria*.

¶ Marzarius, Harum mercium propola, Ital. *Merciaio*. Statuta Astens. Collat. 7. cap. 12. f. 24. v°. : *Ordinatum est quod nullus faber, Marzarius, campsor, mercator, vel quivis alius de Ast. audeat laborare seu laborari facere aliquod opus novum de auro vel argento, nisi opus illud sit de bono auro vel argento.* Ibid. Collat. 17. cap. 61. pag. 61 : *Item Marzarii et daurerii pro quolibet malo pondere, seu mala mensura per eos facto vel facta in rebus et mercibus quas vendent vel ement, solvant, etc.*

* **MARZATICUM**, Martium, trimestre frumentum, Ital. *Marzuolo*, a *Murzo*, Martius. Stat. Placent. lib. 3. fol. 32. r°. : *De Marzaticis vero, videlicet milicamilio et panico, vicia et omnibus leguminibus, teneatur domino justam reddere rationem.* Vide *Martiaticum*.

* **MARZOCHUS**, vox Italica ejusdem originis, Martius, animosus. Barel. serm. in Domin. 1. Quadrag. : *Quod unus sit... facundus, alter Marzochus, hoc totum esse dicunt a constellationibus.*

¶ **MAS**, *Malis*, pro *Mas*, *maris*, nisi mendum fuerit. Charta ann. 1348. ex Schedis Pr. *de Mazaugues : Quod possint dictos homines suos.... facere condemnari pecuniariter de adulteriis voluntariis, seu sine violentia perpetratis tam in Malem quam in fœminam cujuscumque sexus.*

MASA, Masuda. Vide *Massa* 5.

¶ **MASACRIUM**. Vide *Mazacrium*.

* **MASAGARA**, Lucanica, botulus. Glossar. Lat. Gall. ex Cod. reg. 7692 : *Masagara, saucice.*

¶ **MASAGIUM**. Vide *Massa* 5.

MASAMUTINUS. Vide *Masmodina*.

* **MASANA**. Vide supra *Maçana*.

MASARA, Saracenis Siculis, dictum *Molendinum ad molendas cannas mellis*, in Charta Guillel. Reg. Siciliæ ann. 1176. apud Rocchum Pirrum in Archiep. Montis Reg. et in Bullario Casin. tom. 2. pag. 191. [ubi edit. *Massara*, quod in Sicilia ex Græco, ut monet Macer in Hierolex. *Trapeto* vocatur.]

MASARII, *Qui præsunt victui vel scribanis*, in Navibus, apud Sanutum lib. 2. parte 4. cap. 21.

¶ **MASARIUS**, Alicujus operis conductor. Statuta Astens. Collat. 20. cap. 35. pag. 69 : *Si quis aptaverit seu fuerit Masarius ad aptandum putheum possit taleam facere et factam Potestas exigere vel exigi facere per se et suam familiam teneatur ad voluntatem Masarii.* Vide alia notione in *Massarius* et *Massa*, 5.

MASARUM, Mansus. Vide *Massariticum*.

MASATA. Vide *Massa* 5.

¶ **MASBUTINA**, ut *Masmodina*. Vide in hac voce.

MASCA, Mascha. Ugutio : *Masca, stria*. Lex Longob. lib. 1. tit. 11. § 9. [** Roth. 379.] : *Nullus præsumat aldiam alienam, aut ancillam, quasi strigam, quæ dicitur Masca, occidere.* Lib. 2. tit. 11. § 3. et Edictum Rotharis tit. 77. [** 197.] : *Si quis eam strigam, quod est Masca, clamaverit, etc.* Gervasius Tilleberiensis MS. de Otiis Imper. decisione 3. cap. 88 : *Lamias, quas vulgo Mascas, aut in Gallica lingua strias, Physici dicunt nocturnas esse imagines, quæ ex grossitie humorum animas dormientium perturbant, et pondus faciunt.* Arverni etiamnum *Masques*, scorta vocant. In Glossario Saxonico Cottoniano E g e s - g r i m m a, exponitur *masca* : vox composita ex E g e s a, horror, terror, et g r i m m a, fæda oris species, siquidem vox *Grimace* apud nostros hac notione inde orta sit, quod prorsus reor. [** Vide Grimm. Mythol. Germ. pag. 586. *Talamasca*, pag. 513. *Egesgrima*, pag. 146.]

☞ *Masco*, Provincialibus etiamnum sagam, veneficam sonat. Hinc Gallicum *Masque*, larva natum arbitror, quod primum deformes essent ejusmodi larvæ atque turpes, quales vulgo finguntur mulierculæ illæ veneficæ. Vide Menagium in Orig. Gall. voce *Masque*.

Mascha, eidem Ugutioni, Larva, *Simulacrum, quod terret, quod vulgo dicitur Mascarel, quod apponitur faciei ad terrendos parvos.* Joannes de Janua habet *Mascara*. S. Althelmus, de 8. Vitiis :

> Sic quod Mascharum facies cristata facessit,
> Cum larvam et Mascham miles non horreat audax,
> Qui proprio fretus præsumit fidere gestu.

Catholicon Armoricum : *Gueen, Gall. Faux visage, Lat. larva, quod vulgo dicitur Mascara.* Vide *Talamasca*.

* Alias *Faux-visage*. Monstrel. vol. 3. ad ann. 1449. fol. 10. r°. : : *Se nommoient et faisoient appeller ces malfaicteurs* (Anglois) *les Faulx-visages, pour ce qu'en ce faisant ces choses, ilz se vestoient et deguisoient d'habits dissolus et espouventables, afin qu'on ne les cogneust.* Inter vestes, quæ domesticis et officialibus præbebantur a principibus, recensentur in Comput. Rob. de Seris ann. 1332. incœpto, ex Reg. 5. Chartoph. reg. fol. 3. v°. : *Item baillié et délivré... xij. cotes de samit longues pour dames et pour chevaliers,... et pour xij. Faux-visages avec les cheveleures de soye deffilée pour chascune cote avec les Faux-visages.* Vide infra *Visagium falsum*.

* **MASCARA**, Personatorum turba, Ital. *Mascherata*, Gall. *Mascarade*. Steph. de Infestura MS. ubi de Innoc. VIII. ad ann. 1491 : *Unusquisque cardinalis in carnisprivio sumptuosissime in carris triumphalibus et etiam equitibus, cum tubis et sonis larvatos et Mascaras ad urbem miserunt.* Vide *Masca* et *Mascarata*.

¶ **MASCARATA**, vox Italica, Larvatorum pompa, nostris vulgo *Mascarade*. Miracula S. Angeli Mart. tom. 2. Maii pag. 73 : *Per totam civitatem vicosque circumjectos quovis vespere renovabatur lætitia diei* xvi. *per Mascaratas, cavalcatas, quintanas, luminaria.*

¶ **MASCARATI** et Mascherati, ab Italico *Maschera*, Gall. *Masque*, appellati apud Januenses qui Gibellinorum factioni notissimæ adhærebant. Charta ann. 1231. Hist. Massil. pag. 257 : *Vos jurabitis ad sancta Dei Evangelia quod nunquam inimicos prædictæ civitatis Mascaratos et suos recipietis.* Statuta Massil. lib. 3. cap. 36 : *Statuimus.... quod quicumque civis Massiliæ, vel emet de cætero aliquas possessiones seu aliquas res immobiles quæ sint, vel fuerint sub dominio Mascaratorum, etc.* Chron. Januense Jacobi de Voragine apud Murator. tom. 9. col. 55 : *Anno Domini* mccxcv. *de mense Januarii facta est pax generalis et universalis in civita Januæ inter illos qui dicebantur Mascarati sive Gibellini, et illos qui dicebantur Rampini sive Guelfi.* Bartholomæi Scribæ Annal. Genuens. lib. 6. ad ann. 1244. apud eumdem tom. 6. col. 505 : *Qui dominus Philippus, quum jam Potestas fuisset alias, et voluntates civium Januæ cognosceret, tanquam sagax et probus in principio sui regiminis pacem inter Rampinos et Mascheratos componere curavit.* Adde coll. 491. 492. 493. 513. 517. et Histor. Cortusior. lib. 2. apud eumdem Murator. tom. 12. col. 800.

¶ **MASCAREL**. Vide *Masca*.

MASCAUDA. [Genus vasis, cacabus.] Vide *Bascaudæ*.

MASCELLARE. Rainerins de Invent. Reliquiarum SS. Eutychetis et Acutii : *Fecit et paria duo Mascellarium ex auro mira arte sculpta, in quibus Evangelia in solennibus festivatibus legerentur.* Forte *manuellarium* quis legat, id est, Pulpitorum : nam *manualia*, analogia dicta supra observatum.

¶ **MASCHA**. Vide *Masca*.

¶ **MASCHALAM** Tollere, Proverbii genus. De bibonibus dicitur qui dum calices ebibunt altius erigunt cubitos; sumta metaphora a machina quadam ejusdem nominis qua sarcinæ deponuntur in naves, aut ex iis extrahuntur. Vide Erasmum in Adagiis.

* **MASCHARA**, Ital. *Maschera*, Galeæ species. Stat. Mantuæ lib. 1. cap. 3. ex Cod. reg. 4620 : *Habitatores in castris et villis, ubi sunt fortalitia, compellantur habere... singulum tavolatium et singulam Mascharam vel capellum ferri, et illa arma tenere, etc.*

¶ **MASCHARATUM** Corium, Idem, ut videtur, quod *Masegaticum* infra. Statuta Astens. ubi de *intratis* portarum : *Coria Mascharatia solvant pro quo quolibet dozena lib.* 6.

* **MASCHARICIUM**, Corium aluta confectum. Stat. datiar. Riper. cap. 12. fol. 4. r°. : *De qualibet soma pensium duodecim, coriorum et pellium confectarum,... et etiam Mascharicii, pro introitu soldi sex.* Vide *Mascharatium*.

* **MASCHERPA**, Casei recentis species, Ital. *Mascarpa* et *Mascherpo*. Stat. Vallis Ser. cap. 20. ex Cod. reg. 4619. fol. 111. r°. : *Quælibet persona... quæ vendiderit ali-*

quod formagium, butirum, Mascherpam et sonziam, etc. Annal. Placent. ad ann. 1483. apud Murator. tom. 20. Script. Ital. col. 976 : *Butyrus denarios viginti pro libra; Mascherpa recens denarios sex; caseus carus etc.*

* **MASCHOTUM**, Idem quod *Machale*, Horreum sine tecto. Vide supra *Machale*. Charta pro canonicis Castrivil. ann. 1373. in Reg. 105. Chartoph. reg. ch. 158 : *Sub duobus Maschotis, quod Gallice Maschos nuncupatur, sitis in introitu vocato de Rencemer, tres solidi Turon.*

* **MASCIA**, Mansio, domus cum agri portione. Charta ann. 1233. apud Cenc. inter Cens. eccl. Rom. : *In domibus, casalinis, ortis, canapinis, Masciis, etc.* Vide *Massa* 5.

1. **MASCLA**, Morbi species. Joan. de Burnino Archiepisc. Viennensis de Miracul. Stephani Episc. Diensis : *Altera ægritudine, quæ morbus Masclæ dicitur vulgariter, nimis graviter laborabat.*

2. **MASCLA**, Masclus. Tidericus Langenius in Saxonica :

Tunc infinitus populus ratibus redimitus,
Masclis ornatus, ad quævis bella paratus,
Multi Barones de Græcis nobiliores
Tunc processerunt huc, navigioque venerunt.

Infra :

Gens armatorum venit ex hoc Ungariorum,
Millia Masclorum Rex quinquaginta suorum
Secum ducebat, etc.

Ubi *masclis ornatos*, et *masclos*, loricatos interpretor. Vide *Macula* 2.

MASCULI Pictavenses, *Masculina pecunia*. Monetæ species. Goffridus Vindocin. lib. 1. Epist. 20 : *Quod si trecentos solidos Pictavensium Masculorum vobis daret, etc.* Charta ann. 1081. ex Tabulariis Angeriacensi et S. Stephani Lemovicensi : *Solidi ejusdem monetæ Masculinæ*. Paulo ante : *Solidi nummorum Pictavinorum*. Ubi *Masculi Pictavenses*, sunt eæ minusculæ monetæ, quas vulgo *Mailles* vocant, crebrius *Mailles Poitevines*, *Pitas Pictavinas*, de quibus agimus suis locis : ita ut Scriptores et Notarii ejusce ætatis vocem *Maille* per *masculus* extulerint, quod *masle*, vel *male*, id apud Latinos sonet. Vide Dissertat. nostram de Imperatorum CPolit. nummis n. 102. et 103.

* **MASCULINITAS**, Gall. *Masculinité*, Sexus masculini. S. Thomas 1. Sentent. dist. 8. qu. 1. art. 2 : *Masculinitas non ponitur circa Deum apud scholasticos.*

MASCULO-FEMINA, Hermaphroditus, apud Philastrium, in Catalogo Hæreseon pag. 96. 1. Edit.

MASCULORUM Concubitores, in Leg. Wisigoth. lib. 3. tit. 5. § 5. in Capit. Caroli Mag. lib. 7. cap. 273. [**356.] in Addit. 2. Ludov. Pii cap. 18. Addit. 4. cap. 102. παιδεραςαί, ἀρσενοκοῖται. Vide *Molles*.

¶ 1. **MASCUS**, Larva, Gall. *Masque*. Charta Henrici VIII. Reg. Angl. ann. 1545. apud Rymer. tom. 15. pag. 62 : *Concedimus eidem Thomæ officium magistri jocorum, revelorum et Mascorum.... vulgariter nuncupatorum Revells et Masks.*

¶ 2. **MASCUS**, Idem quod *Mansus*. Charta ann. 993. apud Marten. tom. 1. Ampliss. Collect. col. 347 : *In Ebrano Masci novem,.. seu et villa quæ dicitur Allegole, Masci sex, seu et villa quæ dicitur Miletute, Masci novem, seu et villa quæ dicitur Osingana, Masci octo.*

* **MASDANERIUS**, pro *Masnaderius*, Ital. *Masnadiere*, Miles in *masnadam* seu familiam cooptatus. Vide *Maisnadarii*. Stat. ant. Florent. lib. 5. cap. 42. ex Cod. reg. 4621 : *Omnes et singuli magnates de civitate et districtu Florentiæ tenentes aliquos Masdanerios, domicellos vel familiares armatos, teneantur pro dictis Masdaneriis, domicellis et familiaribus, si aliquod maleficium commiserint ipsi vel aliquis eorum, ad repræsentandum ipsum vel ipsos.* Infra cap. 48 : *Nullus magnatum cum Masnarderiis armatis etc.*

MASEGATICUM Corium, [hoc est Alutarium, Gall. *Passé en mégie*.] Charta Ildephonsi Comitis Tolosæ ann. 1141. apud Catellum in Comitibus Tolosan. pag. 192 : *Concedo... quod habeant salem undecunque voluerint, et libere mittant ad omnem suam dispensam sine ullo usatico, excepto illo sale, quod necessarium erit coriis Masegaticis albis.* [Vide *Mascharatium corium*.]

¶ **MASELAYRIA**, Macellum, locus ubi carnes distrahuntur, Occitanis etiamnum *Masel*. [* Vel forte idem quod *Misellaria*, domus leprosorum. Vide *Miselli*.] Statuta Montis-olivi diœcesis Carcasson. ann. 1231. apud Marten. tom. 1. Anecd. col. 967 : *Termini autem sunt tales, videlicet usque ad malolium Bernardi Garcini, et usque ad Maselayriam, et usque ad carreriam saissagnesiam.*

¶ **MASELLUM**, pro Macellum, in Litteris Johannis Reg. Franc. ann. 1363. tom. 3. Ordinat. pag. 625.

* **MASELLUS**, diminutivum videtur a *Masus*, habitatio, domus. Charta Phil. V. ann. 1319. in Reg. 59. Chartoph. reg. ch. 279 : *Item quantitatem nemorum et Masellorum ad prædictum dominum in dicta villa et ejus finagio pertinentes, etc. Mazelot*, eadem acceptione, in Lib. cens. castell. Arciac. ad Albam fol. 22. r° : *Le Galois* (doit) *pour ledit Mazelot demie courvée. Jehan David pour un Mazelot, demie courvée.* Vide in *Massa* 5.

¶ **MASEMUTUS**. Vide *Masmodina*.

* **MASENATA**, Idem quod supra *Macinata* 2. Familia, homines alicui domino subditi. Stat. Ferrar. ann. 1264. lib. 2. rubr. 107. apud Murator. tom. 1. Antiq. Ital. med. ævi col. 809 : *De liberis hominibus accipientibus feminas de Masenata in uxores. Quod nulli libero homini prosit habere vel in futurum accipere feminam de Masenata, quin teneatur ad præstationem collectæ et portet onera villæ suæ.*

¶ **MASERARE**, ab Ital. ni fallor, *Mazzerare*, Tundere, Gall. *Battre*. Statuta Vercell. lib. 4. pag. 82. v°. : *Item quod fornasarius faciat lapides, cupos... bene coctos, Maseratos, etc.*

¶ **MASERIA**, ut infra *Masura*. Charta ann. 1232. apud Lobinell. tom. 3. Hist. Hist. Paris. pag. 116 : *Concessimus ... quandam petiam terræ, sitam juxta Maseriam quam libere possidebamus.*

* Italis *Masseria*, nostris *Mésiere*. Extractum ex Charta Ludov. X. reg. Franc. ann. 1315. in rotulo ex Bibl. reg. qua concedit Ludovico Sacricæsaris *l'usage au bois mort en la forest des Bourges à coper à la coignié pour son ardoir et son us en sa maison et Mésieres*. Lit. remiss. ann. 1399. in Reg. 154. Chartoph. reg. ch. 155 : *L'exposant chargié de vin print un estuy de cuir boulli et onze cuillers d'argent dedens; et ainsi abuvré les porta mussier sur une Mésiere.*

MASERICA, Maserius. Vide *Mazer*.

* **MASEVUM**, pro *Mazerum*, ni fallor. Vide in *Mazer*. Charta ann. 1366. inter Monum. eccl. Aquilej. cap. 97. col. 946 : *Item una cuppa de Masevo ornata, argento cooperta.*

¶ **MASGNELLUM**, Idem quod *Mansionile*, agri portiuncula cum *mansione* seu æde, Gall. *Maisnil*, vel *Ménil*. Charta ann. 1211. apud Stephanot. Antiq. Bened. Pictav. MSS. tom. 3. pag. 792 : *Bertrandus Gauvang de Siuraico miles bone memorie dedit Deo et Ecclesie B. Juniani Nobiliacensis quicquid juris habebat apud Conacum in feodo ab Abbate Nobiliacensi tam in decimis quam terragiis, quam vineis, quam pratis, quam mestivis, quam hominibus et Masgnellis et censu et aliis rebus perpetuo habendum.*

MASHAU. Capitulare 3. ann. 813. cap. 25 : *Et quicquid in Mashau Juraverit, duos geldos componere faciat, in wirdira uncias duas, etc.*

* Idem forte quod supra *Maschotum*. Vide in hac voce et *Machale*.

MASHFATUM, [Cupa in qua temperantur quæ cerevisiæ conficiendæ inserviunt, ab Angl. *Mash*, mixtura, et *Fat*, cupa.] Vide *Taptroughe*.

* **MASIA**, Mansio, domus cum agri portione, idem quod *Massa* 5. Vide ibi. Charta ann. 1120. apud Murator. tom. 3. Antiq. Ital. med. ævi col. 1135 : *Et tota Masia, quam detinet prædictus Bonfilius, posita in loco, ubi dicitur, a Rio.... Et omnia sedia supradicta, et omnes Masiæ, et terræ, et vineæ, culta et inculta, etc.* Pluries ibi, *Massa* semel.

¶ **MASIGNUM** Saxum, Saxum vivum. Translatio SS. Prosperi et Venerii tom. 5. Junii pag. 64 : *Et capita ligaminum sunt magno artificio inferrata et inplumbata in dicto saxo Masigno.*

¶ **MASILINUM**, *Mansus*, domus. Martyrologia antiqua apud Marten. tom. 6. Ampliss. Collect. col. 699 : *Obiit Petrus diaconus qui dedit fratribus... omnia propria sua quæcumque visus est habere, cum Masilinis et terris et vineis ad sui memoriam recolendam.*

¶ **MASINATA**, Familia, militaris caterva, idem quod *Maisnada*. Annal. Cæsenat. ad ann. 1324. apud Murat. tom. 14. col. 1142 : *Agrestus Contestabilis cum tota ejus Masinata, Thomaxinus Contestabilis cum sua.*

¶ Masinatura, Eadem, ut videtur, notione, in Chron. Andr. Danduli apud eumd. tom. 12. col. 374 : *Quo tempore fama in populo divulgata est, quod de duplicanda solutione Masinaturæ consilium ageretur.*

¶ **MASINILE**, Agri portiuncula cum *mansione*, seu domo, Gall. *Menil*. Martyrologia antiqua apud Marten. tom. 6. Ampliss. Collect. col. 724 : *Obiit Trutbertus laicus qui dedit fratribus Masinile suum cum vineis et campis in pago Senonico in* *villa Caciaco.* Occurrit iterum coll. 725. 727. Vide *Mansionile.*

¶ **MASIO**, *Mansio*, domus, Gall. *Maison.* Charta apud *Madox* Formul. Angl. pag. 50 : *Sciatis me concessisse, illam karuchatam terræ quam idem Gilebertus tenuit... cum Masione quæ fuit Fronæ.*

MASIUM, Domus, Gall. *Maison.* Lambertus Ardensis pag. 155 : *Cuilibet Canonico in villa conversanti et stationario circa forum et circa novam Ecclesiam Masium dedit, et liberum concessit.* Nisi hoc loco Lambertus Gallicum *mas* expresserit, qua voce notri *mansos* donabant.

MASK-FAT, [Eadem notione, ut videtur, qua *Mashfatum.*] Leges Burgorum Scoticor. cap. 125. § 1 : *Lectum plumalem, melius plumbum cum le Maskfat, barellum, etc.*

¶ **MASLINGUA**, *Genus avis, Parieth dicitur.* Papias.

MASMODINA, Moneta Saracenor. Ægyptiorum, quos *Masmudos* et *Masemutos* perpetuo vocant Hugo Falcandus in Hist. de Calamit. Sicil. pag. 649. 675. et alibi, et Anonymus Casinensis sub ann. 1160. Andreas Boschus in sua Catalania pag. 490 : *Maymondinas de or valian dos Reals Castelans, y dos diners Valencians, dits per altre nom Maimondines los espines.* Vide Beuterum lib. 2. cap. 20. Tabular. S. Victoris Massiliensis fol. 166 : *Et recepimus nomine accapiti a vobis unam Masmodinam auri novam.* Dicitur *Moneta Masemutorum*, in quodam Diplomate Petri Regis Arragon. apud Baronium ann. 1097. n. 92. Epistola Arnoldi Archiep. Narbonensis de Victoria relata in Hispania contra Mauros ann. 1212 : *Postmodum de compositione tractatum est in hunc modum, ut videlicet Saraceni Ubedæ darent Regibus millies mille Mazmutinas, ipsi vero remanerent in ipsa villa cum omnibus aliis rebus suis.* Epistola Honorii III. PP. in Hist. Episcopor. Magalonensium pag. 227 : *Ad perpetuum autem devotionis indicium duas marchas auri, centum Masumatinis computandis pro marcha, quas Sedi Apostolicæ liberaliter obtulistis, etc.* Ubi Gariellus observat, nescio quo auctore, Masumatinos nummos aureos, vel argenteos singulos senis regalium æstimatos, ab Aben-Josepho Mahosumeto Miramulmino, illo forte, de quo Rodericus Toletanus in Hist. Arabum cap. ult. traxisse nomen, qui supremum in Mauros Hispanos imperium habuerat. [Gariello assentit Ruffius tom. 2. Hist. Massil. edit. 1696. pag. 325. ubi editum *Masbutina* et *Macemutina.*]

Maimodina, Testamentum Nunonis Sancii Comitis Ruscinon. 16. Kl. Decembr. 1241 : *Item abstuli cuidam Pisano in fosse sive... apud Romam 1200. Maimodinas in auro.*

¶ Masmutina, in Charta Raimundi Berengarii pro Archiep. Arelat. ann. 1225. ex Tabul. Arelat. : *Retenta nobis et successoribus nostris jure dominii in dicto castro una Masmutina fini auri annuatim in festo S. Michaëlis a nobis et successoribus vestris præstanda pro loco prædicto.*

Massabitini Oboli, in Charta ann. 1211. in Regesto Philip. Augusti Herouvalliano fol. 109 : *Propter hoc autem nobis reddent singulis annis marcam auri obolorum Massabitinorum legitimorum. Massamutini Byzantii*, in Charta ann. 1186. apud Ughellum tom. 3. pag. 486. Privilegium Regis Aragon. in Gestis Innocentii III. PP. pag. 134 : *Ut annuatim de Camera Regis ducentæ quinquaginta Massemutinæ Apostolicæ Sedi reddantur. Masamutinus.* Bulla Nicolai IV. PP. de Censib. Ecclesiæ Romanæ : *Hospitale S. Jacobi casalis novi 1. obolum Masamutinum.* Occurrit ibi pluries. Fori Beneharnenses Rubr. de Præscr. art. 10 : *Los Baïles rendants, sian deu senhor, o de Gentius, non poden demanda deguns d'arrerages de Fius, Leys, Manmudes, ni autres drets à lor deguts per rayson de las diitas Baïlyes, passats tres ans.*

Masumatini, in Epistola Honorii III. PP. apud Gariellum in Episc. Magalonens. pag. 227. Vide *Marabotinus.*

¶ **MASMORRA**, Carcer apud Mauros. Acta S. Ferdinandi Principis Lusitan. tom. 1. Junii pag. 572 : *Hi ostenderunt infanti et sociis Masmorram, id est carcerem, et catenas quæ ipsi parabantur.*

¶ **MASMUTINA.** Vide *Masmotina.*

MASNADA. Vide *Maisnada.*

¶ **MASNAGIUM**, Mansio, domus, interdum cum agri portiuncula. Charta Hugonis Comitis Regitest. ann. 1199. ex Tabular. S. Remigii Remens. : *Vendiderunt quidquid infra Masnagium et vivarium reclamabant.* Charta ann. 1211. ex Archivis Montis S. Michaelis : *Concedo donum quod Gaufredus Apollonii fecit ecclesiæ S. Michaelis de periculo maris, scilicet duas acras terræ et Masnagium Ranulfi molendinarii, et unum alterum Masnagium juxta Masnagium filii Geuduini.* Tabular. S. Fromondi : *Dimidia acra terræ sita in Masnagio prædicti Guillelmi.* Ibidem : *Unum boissellum frumenti percipiendum super totum meum Masnagium de Malvalet.* Vide *Mansionile.*

¶ Masnagium, pro Familia quæ in *masnagio* seu domo est. Charta Ludovici Comit. Blesens. ann. 1198. in Tabul. Bonævall. : *Si paupertate vel quacumque necessitate domus a Masnagio deperisset, vel etiam integra existens habitatorem non haberet, etc.*

* Hinc *Masnage*, pro Census, qui domino propter domum seu habitationem debetur, in Libert. Busenc. ann. 1357. tom. 4. Ordinat. reg. Franc. pag. 370. art. 3 : *Et parmi ce, lidit bourgois et bourgoises ne paieront ne denront aucuns Masnages.* Vide supra *Mansionarii.*

* **MASNARDERIUS.** Vide supra in *Masdanerius.*

¶ **MASNATA.** Vide *Maisnada.*

¶ **MASNENGA**, ut *Maisnada*, familia. Statuta Astens. collat. 4. cap. 1. pag. 16 : *Nullus possit esse qui sit minor annis 25. nec pater et filius ullomodo, nec duo fratres, nec patruus et nepos simul stantes ad unum fochum, nec Masnengas alicujus, vel aliunde ortus quam de civitate Astensi.* Hinc

¶ Masnengonus, vel Masnengus, Familiaris, domesticus, in Statutis Vercell. lib. 5. fol 122. v°. : *Item quod ad omnes et singulas pœnas prædictas solvendas teneatur dominus pro Masnengonis suis dummodo ipsis dominis denuntietur infra octo dies post damnum datum, ipsum suum Masnengum fecisse damnum. Masnenghus*, in Stat. Mont. Reg. pag. 166. ubi et *Masnengha* occurrit pro domestica.

* **MASNIGILUS**, Mansio seu ædes cum agri portiuncula, idem quod *Mansionile.* Charta ann. 24. Lothar. ex Chartul. S. Petri Carnot. : *Concedo ad locum S. Petri Carnotensis ecclesiam in honorem Apostolorum principis, clavigerici regni cœlorum Petri consecratum,... cum Masnigilis et vineis et cum omni integritate ad ipsum pertinente.* Vide *Masgnellum.*

MASNILE, [Masnilus.] Vide *Mansionile.*

MASOERIUS. Vide *Mansus.*

MASORICUS. Anastasius in Leone IV. pag. 196 : *Obtulit Masoricas oleas tres serico textas, coloreque depictas, quæ in circuitu altaris dependerent.* Dominicus Magrus vocem Arabicam putat, Ægyptiamque interpretatur, nescio quo auctore. Sed videtur idem valere quod *Mazerica*, adeo ut *olea*, quæ non fuit oliva prægrandis, ut opinatur, sed species gemmæ aut bullæ grandioris, ex *mazoro*, seu murrhina materia confecta fuerit. Vide *Mazer, Olea.*

¶ **MASOVERIUS.** Vide *Mansionarii.*

MASPILUS. [Synodus Pergam. ann. 1311. apud Murator. tom. 9. col. 547 : *Vestes virgulatas seu de catabriato, de medietate, vel listatas, vel frixis aut Maspilis argenteis, vel de metallo aliquo... minime deferentes.*] Constitutiones Joannis Archiepisc. Nicosiensis ann. 1320. cap. 4. de Habitu Canonicorum extra Ecclesiam : *Ut nullus extra domum suam portet guarnachiam de ante scissam, seu apertam per terram : nec Maspilos de argento seu auro, nisi de panno tantum, aut osse, etc.* [*Maspilus*, pro *Mespilus*, Gall. *Nefflier*, mespilum, *Neffle ;* qua quidem voce globulos vestium, Gall. *Boutons*, significatos existimo, qui ideo *Maspili* dicuntur, quod mespili formam referrent.]

* Maspillus. Stat. ant. Florent. lib. 1. cap. 66. ex Cod. reg. 4621 : *Bannitores communis Florentiæ.... debeant induere se expensis propriis,... et in eorum vestibus portare Maspillos argenteos.* Stat. ann. 1342. inter Monum. eccl. Aquilej. cap. 90. col. 903 : *Item quod in pannis et in vestibus non possint portare ornamenta,.... exceptis lanzettis seu Maspillis circa pectus.... Quæ tamen lancettæ vel Maspilli non excedant valorem unius marchæ denariorum.* Ex quibus aperte colligitur vestium fuisse ornamentum hominibus perinde ac mulieribus commune; quod potius de aciculis, Italice *Spilli*, quam de globulis, Gall. *Boutons*, cum clarissimo editore Bern. Maria de Rubeis intelligendum existimo : si quidem ibi memorantur *botoni*, a quibus proinde *Maspilli* distingui debentur.

MASPINA. Gloss. Græc. Latin. ἰσχίον ὀσφῦν, *Coxendix, Maspina.*

* **MASPITER**, *Lo padre della madre.* Glossar. Lat. Ital. Ms.

* **MASQUARATA**, Personatorum ludus; dicitur de pompa seu ceremonia, quæ ridenda videtur : quo sensu *Mascarade* usurpamus. Arest. parlam. Tolos. ann. 1289. inter Probat. tom. 4. Hist. Occit. col. 87 : *Si quis in suggillationem domini nostri regis, aut in fomentum hæreticæ pravitatis, seu etiam in derisionem Catholicorum invenerit*

is Masquaratas appellare, etc. Vide supra *Mascara*.

* **MASQUERIUM**, Idem videtur quod *Pasquerium*, pascuum; ut hoc a *Pascari*, ita illud a *Masticare*, maudere, formatum. Charta ann. 1319. in Reg. 59. Chartoph. reg. ch. 318 : *Ascendendo usque ad carreriam seu passatam de Masqueriis, dictis Masqueriis remanentibus communiter, sicut prius.* Quo etiam sensu vox Gallica *Masaige* accipi videtur in Lit. remiss. ann. 1469. ex Reg. 169. ch. 262 : *Lesquelz compaignons trouverent en ung pasquier ou Masaige de saint Martin une jument etc.*

* **MASQUITA**, ut *Meschita*, Templum Mahumetanorum, in Constit. Mss. Jacobi II. reg. Aragon. ann. 1306.

MASRA. Charta ann. 871. in Hist. Monast. S. Mariæ Suession. pag. 432 : *Masras etiam et piscinas super mare etc.* Vide *Mare* 1.

1. **MASSA**, Clava, nostris *Masse*. Joan. de Janua : *Clava, quæ vulgariter dicitur Massa.* [Leges Palat. Jacobi II. Reg. Majoric. tom. 3. SS. Junii pag. XXXIV : *Pacis vero tempore ensem et Massam deferre habeant, etiam et arma completa.* Ermoldi Nigelli Carmen pro Ludov. Imper. lib. 1. apud Murator. tom. 2. part. 2. pag. 21 :

Illuc tende gradum, infer munera Massis.

Le Roman *de la Violette* MS. :

Li plus couars est trop hardis,
Mais n'ont ne lances ne espées,
Chascun ot Masse ou mail de fer.

Vide *Maxuca*.]

¶ 2. **MASSA**, Malleus ligneus. Vetus Ceremoniale MS. B. M. Deauratæ Tolos. : *Prior ascendet ad mensam et pulsabit cum Massa... factaque collatione dum visum fuerit Priori pulsabit cum Massa.* Occurrit ibi non semel. Vide *Massare* 2.

¶ 3. **MASSA**, Globus armatorum, Galli dicimus *Peloton de gens de guerre*. Memoriale Potestatum Regiens. ad ann. 1275. apud Murator. tom. 8. col. 1138 : *Reduxit se dictus Guido Comes contra populum, qui erant sine numero, ultra quatuor millia qui erant adhuc in campo in una Massa ad vexillum carrocii.* Non multum diversa notione quævis moles *Massa* dicitur. Hinc *Massa* vocatur aurum infectum, Gall. *Lingot d'or*, in Charta Henrici IV. Reg. Angliæ ann. 1406. apud Rymer. tom. 8. pag. 441. [*Charta ann. 1315. ex Bibl. reg. : *Item in Massa seu platis argenti tria millia sexties centum sexaginta et decem marchas.*] Sic etiam *Massa ferri*, in Charta ann. 1312. apud Ludewig. tom. 4. Reliq. MSS. pag. 188. *Massæ murales*, in Instrum. ann. 1270. apud Menesterium Historiæ Lugdun. pag. 13. [* *Masse d'un pont*, in Lit. remiss. ann. 1450. ex Reg. 186. Chartoph. reg. ch. 49 : *Les supplians monteront sur la Masse du pont du chastel de la Bruyere etc.*]

¶ 4. **MASSA**, Matricula, apud Bollandistas tom. 7. Maii pag. 543. ubi de S. Valentino : *Per reverendos D. Franciscum Ferraris et D. Seguranum Morandum, capellanos Massæ prædictæ Ecclesiæ majoris Genuæ, etc.*

5. **MASSA**, MASSUM, MASA, MASADA, Voces ejusd. notionis et originis, ac *Mansa*, et *Mansus*, certus agrorum modus, seu, ut quidam volunt, conglobatio ac collectio quædam possessionum ac prædiorum, quam Græci σύγκτησιν vocant. [** Murator. Ant. Ital. tom. 2. col. 1245 : *Unio aliquot prædiorum atque unum interdum prædium ;* quo sensu vox sæpe occurrit in chartis Longobardicis antiquissimis et apud Marinium in Diplom. papyr. ubi vide not. 7. ad chart. 91. col. 300.] Gloss. Lat. Græc. : *Massam*, σύνκτησιν. Ita enim legendum. Will. Brito in Vocab. : *Massa, villa vel casula.* Senator lib. 5. Epist. 12 : *Palentinam Massam, quam eis pro compensatione largitas nostra transfuderat.* Anastasius Biblioth. in S. Sylvestro PP : *Massam Garilianam in territorio Suessano, præstantem singulis annis solidos quadringentos.* In Zacharia PP. pag. 79 : *Donationem in scriptis de duabus Massis, quas Nymphas et et Formias appellant, juris existentes publici eidem sanctissimo Papæ perpetuo direxit possidendas.* Epistola Adriani PP. tom. 3. Hist. Franc. pag. 775 : *Deprecantes, ut Massas illas, quas ei concessistis, per vestræ auctoritatis largitatem possideat.* Concilium Ravennense ann. 904. cap 8 : *Patrimonia, seu suburbana, atque Massæ et colonitiæ, etc.* [Charta Conradi II. Imper. ann. 1027. apud Illust. Fontaninum in Append. ad Antiquit. Hortæ pag. 386 : *Castellum de Buccimano in integrum cum ipsa Massa, quam piæ memoriæ Benedictus Papa in ipso monasterio contulit.* Adde aliam Henrici III. Imper. ann. 1040. ibid. pag. 39. Chron. parvum Ferrariense apud Murator tom. 8. col. 473 : *Superauxerunt quidam ex Augustis successoribus ipsi Ecclesiæ Romanæ jurisdictiones et dona. Inter quæ dona XII. Massas et plures fundos, ex quibus civitas Ferrariæ fluvio Pada contermina constituta mox est... In territorio quidem Ferrariæ... Massæ XII. sunt inventæ, quarum prima dicta est vicus Aventinus etc.* Ubi perspicuum est *Massam* pro collectione prædiorum usurpari.] Ita Gregor. Mag. lib. 1. Epist. 41. lib. 5. Epist. 44. et alibi sæpe, Petrus Damian. lib 4. Epist. 10. etc.

¶ MASSALICÆ CASÆ, id est, simul collectæ. Charta ann. 993. apud Marten. tom. 1. Ampliss. Collect. col. 347 : *Nos Hugo et Julita jugalibus donamus et offerimus,... id est curtem de S. Stephano quæ est in burgo Arisa cum viginti et octo similiter Casis Massalicis, cum rebus suis vel cum omnibus ad ipsa curte pertinentibus.* Vide an non idem sit quod *Massaritiæ casæ* in *Massaritia*.

¶ MASSA, interdum strictius sumitur pro domo, mansione. Charta apud Lobinell. tom. 2. Hist. Britan. pag. 341 : *Donavi eis Massam meam in Landegon, et vineam meam et quatuor manentes, etc.*

* Hinc *Maasse* et *Maaisse*, Census, qui ex *massis* vel domibus percipitur. Charta ann. 1339. in Chartul. eccl. Lingon. fol. 281. r° : *La taille acoustumée à paier en argent chascun an de mes hommes, les gelines, les Maaisses de Chenoue.... xvj. Maasses de Chenoue avecques toutes les rentes. Mastau*, eodem intellectu, videtur accipi in Lib. cens. castel. Arciac. ad Albam fol. 9. v° : *Autres rentes d'avoines dehues de coustumes chascun an.... sur les héritaiges qui s'ensuient,.... et en ce sont comprinses les coustumes que l'an dit Mastau.* Hinc *Terres masaus* appellari opinor agros ejusmodi tributo obnoxios, in Redit. comitat. Namurc. ann. 1289. ex Reg. Cam. Comput. Insul. sign. *Le papier aux aysselles* fol. 4. r°. : *Encor i a li cuens rentes des terres Masaus k'on apelle terre des quartiers ; si a petis quartiers et grans quartiers.* Ibid. fol. 8. r°. : *Si a li cuens rentes des terres Mansaurs* (sic) *k'on apelle quartiers ; si tient chascuns quartier cinq bonniers.* Vide supra *Mansionarii*, *Masnagium* et mox *Masuragium*.

MASSUS, in Tabulario Angeriacensi : *In Castro Metulo 4. Massos de terra arabili.* Gallis, *Mas de terre*.

¶ MASSUS MEITAERIUS, et *Tertiarius*, Qui mediam vel tertiam redituum partem reddit. Chartular. Prioratus S. Petri de Domina fol. 60 : *Massus Tertiarius* (debet) 11. *lib. de porco, 2. sol. de multone et 5. spallas... Massus Meitaerius 8. libras de porco et sex denar. de ublias et 4. spallas.*

¶ MASUS, Eadem notione qua *Massa*. Testamentum Matfredi Vicecom. ann. 966. apud Marten. tom. 1. Anecd. col. 85 : *Ad monasterium S. Michaelis de Galiaco remaneant ipsi Masi de Tauro.* Charta ann. 1238. ex Tabular. S. Cornelii Compend. : *Et sciendum quod in Maso empto denariis Abbatis et Conventus, tenentur facere grangiam bonam... Item granaria in eodem Maso capientia 300. sextarios bladi et amplius... claudent etiam Masum prædictum muro de lapide et terra.* Tabular S. Cypriani Pictav. fol. 116 : *Inter monachos S. Cypriani et moniales Fontis Evraldi concordatum est de sex Masos terræ, qui sunt Conollio, ut moniales primitus habeant duos Masos, quatuor alii partiantur... Et minus sunt quatuor sextariata terræ.* Occurrit alibi.

MASSUM, neutro genere. Charta Roberti Regis Franciæ ann. 20. Regni : *In villa, quæ nuncupatur Cavannas, tria Massa cum una mansura.* [Charta ann. 1247. apud Stephanot. tom. 3. Antiquit. Bened. Pictav. MSS. pag. 714 : *Ipsi ecclesiæ in perpetuum possidenda reliquit, videlicet Massum de Groia, prata de fonte, etc.*]

MASA. Ugutio : *Masa, villa vel casale.* Epistola Adriani PP. tom. 3. Hist. Franc. pag. 796 : *Si vero perfidus Desiderius dudum Rex, non sub integritate, sed tantummodo Masas nobis, quantum reperiri potuit, quas ex antiquitus Romana Ecclesia tenuit, ut nullus ex illis partibus Longobardorum ausus est resistere.* Regestum Carcassonense fol. 45 : *El moulin de Magal, et tous les Mases que li en ay.* Hinc Philippus *Mouskes* in Hist. Franc. MS. hanc vocem usurpavit pro ipsa *Masarum* familia :

De sa gent ot grant Mase ó lui.

MASADA. Tabul. Bellilocense in Lemovicibus, n. 83 : *Dimitto ad filias meas... quatuor Masadas.* Vetus Charta apud Dominicum de Prærog. allod. pag. 318 : *Illas vineas de illa Riveria quinque Masadas.* Tabular. Celsinianense : *Et tres appendarias, et unam Masadam de vineas ad Berlerias.* [Charta apud Stephanot. tom. 1. Antiquit. Occitan. MSS. pag. 389 : *Dono tibi Petro et infantibus tuis las Masadas de Seivraco.*]

MASAGIUM, Mansio, domus, habitatio, *Masure*, casa villici, coloni. Monasticum Anglican. tom. 1. pag. 862 : *Confirmavi unam acram terræ in Wenet, cum Masagiis super eandem acram factis.* Charta ann. 1208. in Tabulario Prioratus Belliloci in diœcesi Rothom. : *Dedi et concessi quoddam Masagium, quod habebam apud S. Martinum.* Occurrit non semel in Tabulario Fiscanensi fol. 46. [Charta ann. 1183. tom. 4. Hist. Harcur. pag. 1346 : *Concessi.... monachis ibidem Deo servientibus capellam S. Philiberti de Torpo cum Masagio sex acrarum in foresta Brotoniæ et carrucatam terræ.* Chartular. S. Vandreg. tom. 1. pag. 6 : *Licebit autem dicto Roberto... facere plenam justitiam supra nostrum Masagium et supra nostrum hæreditagium. Maissaige et Massaige*, in Charta ann. 1279. ex eodem Chartul. tom. 1. pag. 45 : *Un Maissaige ou tous les edifimens dessus edifiez, lequel Massaige est assis... juste le chemin de nostre Seigneur le Roy. Masage*, in alia ann. 1293. ibid. pag. 276 : *Un Masage ovecques les edifices.*]

¶ Massagium, Domus itidem, mansio. Tabul. Prioratus S. Himerii : *Do Massagium et gardinum quod habebam in villa S. Himerii.*

Masucagium, Eadem notione crebro in Tabulario S. Egidii Pontis Audomari in Normannia.

Masata, Mansio, domus, *mansura*, nostris *Masure.* Curia Generalis Catalaniæ Barcinone acta sub Petro II. Rege Arag. ann. 1283. MS. cap. 23 : *Si tenent Masatam, bordam vel pernatam, etc.* Charta Raimundi de Canavellis Domicelli Comitatus Ruscinonensis ann. 1298 : *Duas partes quarundam Masatarum et bordarum, quæ sunt in dicto villari.*

* Nostris etiam *Masage.* Lit. remiss. ann. 1449. in Reg. 179. Chartoph. reg. ch. 311 : *Le suppliant se transporta en ung ort ou vergier qu'il avoit auprès d'un Masage ou hostel.* Sæpius vero pro æde coloni cum agris huic adjectis, vulgo *Métairie*, ut in locis supra laudatis; aut pro agris colendis tantum, ut in Charta Phil. Pulc. ann. 1308. ex Lib. rub. Cam. Comput. Paris. fol. 338. r°. col. 1 : *La ferme de Carville o les appartenances.... Le treffonz de Masage, où que n'a point d'edifice, ovecques un closet, prisié à vint soulz Tournoys de rente.*

* Masata de Salinas, Locus videtur, ubi sal confici potest. Charta ann. circ. 989. inter Probat. tom. 2. Hist. Occit. col. 192 : *Donamus simul in unum aliquid de alodem nostrum sancti Salvatoris Gellonensis... ecclesiam disruptam, quæ vocatur sanctam Reparatam, cum una modiata de terra, quæ est in circuitu ecclesiæ istius, cum una modiata magna de vineas, et cum una Masata de salinas.* Vide in *Massa* 5.

6. **MASSA Candida**, Locus ita dictus apud Carthaginem, in quo sub Imperatoribus gentilibus et in Christianos sævientibus, fovea erat calce plena, in quam Christiani, gentilium diis sacrificare renuentes, præcipitabantur. Prudentius Peristeph. Hymn. 4 :

Prosilucre alacres cursu rapido simul trecenti,
Gurgite pulvereo mersos liquor aridus vorevit,
Præcipitemque globum, fundo tenus implicavit imo.
Corpora candor habet, candor vehit ad superna mentes,
Candida Massa dehinc dici meruit per omne seclum.

Ubi Glossæ Isonis Magistri : *Candida massa, id est, coc. Martyres. Massa Cypriani dicuntur.* Vincentius Belvac. lib. 12. cap. 130. de Passione 18. Martyrum, qui dicuntur Massa Candida : *Hi præ innumera multitudine Massa sancta, vel Candida appellantur.* Vide Savaron. ad Sidon. lib. 6. Epist. 1. et Leonardum Fuchsium ad Myrepsum sect. 3. cap. 89.

¶ **MASSABITINUS.** Vide *Masmodina.*

¶ **MASSACONICI.** Vide *Maceconici.*

MASSACUMA. Matth. Silvaticus : *Petamum, est quædam aqua, cum qua alkeantur vel invitreantur vasa : et fit ex plumbo et limatura æris, et lapide focali, et vocatur ab aliquibus Massacuma, vel aqua vitri, vel aqua vasorum, quia ex ipsa invitreantur viridi invitreatione vasa terrea.*

* **MASSADITIUM**, Territorium, districtus alicujus *massæ.* Stat. Mutin. rubr. 158. pag. 28. v° : *Statutum est pro utilitate hominum habentium terras et possessiones in Massaditio burgi S. Joannis, quod sdugarium antiquum, quod est in possessione Orioni et a latere de subtus clausuram Massaditii, debeat cavari hoc modo, etc. Masement*, eodem intellectu, in Pacto inter abb. de Fonten. et Gaufr. *de Charni* ex Reg. 79. Chartoph. reg. ch. 59 : *Nos hommes de Sauvoisy et du Masement pourront par commun parcourt user l'un sur l'autre du droit de traire et penre pierre et layne sans fraude.*

¶ **MASSAGIUM.** Vide *Massa* 5.

¶ **MASSAJARIA**, Legatio. Charta conventionis inter Anfonsum Comit. Tolos. et Carolum Comit. Andegav. ann. 1251. apud Sebast. Fanton. tom. 2. Hist. Avenion. pag. 110 : *Item quicumque cives Avenionis a dictis dominis vel eorum Curia in embaxaturam sive Massajariam mittentur, expensis dominorum seu Curiæ ibunt.*

¶ **MASSAIGIUM**, Agri portiuncula cum mansione. Charta ann. 1375. apud Baluzium tom. 2. Hist. Arvern. pag. 209 : *Mansis, Massaigiis, curtilis... taliis, supertaliis, francis et servis, etc.* V. *Maisagium.*

MASSALIANI, Hæretici, qui et εὐχῖται dicti, quod pæne assidue orarent, quorum meminit Facundus Hermianensis lib. 8. cap. 7. De iis etiam Epiphanius, Leontius de Sectis, Harmenopulus, Psellus de Operatione dæmonum, et alii.

¶ **MASSALITER**, Viritim, in commune. Tertullianus de fuga in persecut. cap. 13 : *Massaliter totæ Ecclesiæ tributum sibi irrogaverunt.*

¶ **MASSAMUTINUS.** Vide *Masmodina.*

* **MASSANTIUM**, Moles, congeries, Gall. *Masse.* Stat. Placent. lib. 6. fol. 80. v° : *De Massantio ferri a cochina et de acutis pro libra ultra, viij. denar. Item de massa cum azzali ad eam opportuno, pro libra xj. denar.*

* **MASSANUS**, *Massæ* incola, habitator, rusticus. Charta ann. 1158. apud Cenc. inter Cens. eccl. Rom. : *Hæc autem omnia facta sunt in præsencia.... plurimorum circumstancium, tam militum quam Massanorum.* Ubi milites *Massanis* opponi notandum est. Vide mox *Massarius.*

* **MASSANUTI**, Saraceni. Chron. monachi Cisterc. ad ann. 1153. ex Cod. reg. 5950 : *Massanuti, quos quidam Moabitas dicunt, Mauritaniam, Bulgiam, Siciliam et Apuliam invadunt ac in ipsam Romam minantur insurgere.* Vide *Marrones* et *Moabita.*

¶ **MASSAPANUM**, Arcula, Gall. *Petite boëte*, Massiliensibus *Massepan.* Charta ann. 1399. ex Archivis S. Vict. Massil. : *Per D. G. Massiliensem Episcopum fuit desigillatum Massapanum in quo sunt ossa capitis gloriosi martyris B. Lazari dictæ Ecclesiæ primi Episcopi ad ea ostendendum illustrissimis Principibus D. D. Ludovico D. G. Regi Jerusalem et Siciliæ et Carolo Principi Tarentino fratri suo et D. D. Mariæ dictorum fratrum matri. Unam boyssiam sive Massapanum*, in Charta ann. 1400. ex eodem Tabulario. Vide *Maczapanum.*

¶ **MASSARA**, ut *Masara.* Vide in hac voce.

* **MASSARA**, Idem quod supra *Massa* 5. Charta ann. 1252. apud Murator. tom. 1. Antiq. Ital. med. ævi col. 823 : *Et dicit, quod ipsa erat Massara de bona grossiccia.* [** Ubi de femina quadam *Theophania* agitur quæ erat *Massara* i. e. usufructuaria post mortem mariti. Vide Murator. ibid. tom. 2. col. 1245.] Vide alia notione in *Masara.*

1. **MASSARE**, Mandere, in massam tundere, *Mascher.* Leges Henrici I. Regis Angl. cap. 93 : *Ultimi* (dentes) *sunt molares, qui concisa a prioribus vel confracta a sequentibus molunt, et inde Massant.*

* Theod. Priscian. lib. 1. cap. 8. et lib. 2. cap. 29. Græv. in Hesiod. pag. 109. Vide *Masticare* 1.

¶ 2. **MASSARE**, *Massa*, seu malleo ligneo fragorem edere. Vetus Ceremoniale MS. B. M. Deauratæ Tolos. : *Quibus candelis extinctis...... pulsatur sive Massatur ab omnibus.... fustibus..... et interim omnes seculares recedunt et exeunt Ecclesiam ad libitum.* Ubi sermo est de strepitu qui sub finem officii *Tenebrarum* cietur. Vide *Massa* 2.

¶ 1. **MASSARIA**, Collectio quædam possessionum ac prædiorum. Testamentum Friderici Imper. ann. 1250. apud Murator. tom. 9. col. 663 : *Item statuimus quod tota Massaria nostra, quam habemus apud S. Nicolaum de Offido, omnesque proventus ipsius deputentur ad reparationem et observationem pontis ibi constructi vel construendi.* Constitut. Jacobi Reg. Sicil. cap. 11 : *Mandamus quod nullus aliqua officia et procurationes Massariarum nostræ curiæ recipere et exercere cogatur invitus, etc.* Adde Constitutiones Frederici itidem Reg. Siciliæ cap. 108. Vide *Massa* 5. et infra *Massarius.*

* 2. **MASSARIA**, Officium *massarii*, seu fisci publici administratoris. Correct. Stat. Cadubr. cap. 11 : *Item omnes expensas et omnes introytus communis Cadubrii singulo anno, tempore quo per massarium communis redditur ratio Massariæ, teneatur et debeat describere seriatim in uno quaterno.* Vide in *Massarius.*

* 3. **MASSARIA**, Ancilla, famula, Ital. *Massara.* Stat. crimin. Riper. fol. 18. r° : *Qui vero pedisequam seu fanticellam sive Massariam stupraverit vel carnaliter cognoverit, etc.* Nisi sit *massæ* incola.

¶ **MASSARICA**, ut *Massaritia*, in Charta ann. 1107. apud D. Calmet. Hist. Lotharing. tom. 1. col. 524 : *Ideoque ego quæ supra Mathildis confero et offero Ecclesiæ S. Dei Genitricis... Septiniacum et Mosagium, cum casis et Massaricis, et Ecclesiis seu familiis, etc.*

¶ **MASSARIOLUS.** Vide *Massarius.*

MASSARITIA, MASSARITIUM, Italis *Masseritia*, Supellex, instrumentum *massæ* rusticum. Auctor Mamotrecti : *Supellex, dicitur Massaritium;* [** de qua interpretatione vidend. Murator. Antiq. Ital. tom. 2. col. 1245. voce *Massaro.*] vel etiam mansus ipse hac supellectile instructus. Ratherius Veronensis in libello de Discordia inter ipsum et Clericos : *Ita inæqualiter et per Massaritias dividere, ut quidam illorum inde fiant ex pauperrimis locupletissimi, etc.* Infra : *Causa enim illorum, cum Deo gratias non mediocris sit, ita per Massaritias et alia hujusmodi extat divisa, ut quidam illorum inde valde ditescant, multitudo vero paupertate languescat, etc.* [Acta sancti Syri Episc. tom. 5. Junii pag. 481 : *Positam juxta flumen Tabiæ et littus maris, usque ad jugum Alpium cum Massariciis et familiis utriusque sexus suo jure pertinentibus.*] Testament. Andreæ Dertonensis Episcopi, in Appendice tom. 4. Ughelli : *Seu et Massaritii duo in in Ancasano, et duo in Saffiniano, et Massaritium unum in casale Remissi, etc.* Occurrit ibi pluries, ut et in Chartis Ludovici II. Imper. in Tabulario Casauriensi, et Berengarii Regis Ital. ann. 961. et Conradi Imp. ann. 1028. apud Augustinum *de la Chiesa* in Hist. Eccl. Pedem. pag. 233. 310. et aliis apud Ughellum tom. 4. pag. 612. 616. tom. 5. pag. 1573. Franciscum Mariam in Mathildi lib. 3. pag. 105. 106. 117. Guichen. in Bibl. Sebusiana pag. 185. 403. et in Chartis Italicis passim.

* Charta ann. 1252. apud Murator. tom. 1. Antiq. Ital. med ævi col. 819 : *Item dicit, quod dicti canonici dederunt dictam terram et Massaritiam dicti Bernardi dictis fratribus, tamquam hominibus macinatæ dictæ canonicæ.... Et ipse testis apportavit Massaricia ad domum dicti Bernardi.* Chron. Bergom. ad ann. 1406. apud eumd. tom. 16. Script. Ital. col. 981 : *Et habuerunt totum bladum, vinum, Massaritiam, lectos, et omnia existentia in dicto castro.* Vide mox *Massatum.*

☞ Ejusdem notionis et originis videtur vox Gallica *Manantie*, qua apud Poetas nostrates significatur opulentia vel quævis supellex lauta et pretiosa unde apud eosdem *Manans* dicuntur, qui iis optime sunt instructi. Le Roman *de la guerre de Troyes* MS. :

> Onques ne fu tiel Manantie,
> Ne si riche proie acoillie.

Ibidem :

> Totes ont lor meissons gerpies
> Pleines de riches Mananties.

Rursum :

> Tant donnent à lor masnies
> Et à prochains de lor lignies,
> Que onques puis povre ne furent,
> Tosjors riches et Mainans esturent.

Le Roman *de Rou* MS. :

> Gentil fu de parage, et d'avoir fu Manans,
> Onques ne fu Roiz, tant fu fort et puissans.

Vetus Poeta MS. e Bibl. Coislin. :

> Porquoi nos efforçon nos tant
> D'estre si riche et si Manant.

AMASSARICIA, in Chro. Farfensi pag. 658.

¶ MASSARITIÆ CASÆ, Supellectile et instrumentis rusticis instructæ. [** Casæ in quibus Massarii habitabant. Vide Marin. Diplom. papyr. pag. 103.] Chron. Casaur. tom. 5. Spicil. Acher. pag. 365 : *Accepit... curtem in fundo Palmæ cum casis Massaritiis.* Vide *Massalicæ casæ* in *Massa* 5.

☞ *Massaritia* opponi videntur *dominicatis*, in Charta ann. 1011. apud Murator. delle Antic. Estensi pag. 195 : *Et rebus vero ipsis tam dominicatis, quam et Massariciis, seu aldionaricis et tributareis, etc.* Unde colligitur *Massaricia* fuisse prædia quæ sub annua præstatione excolenda concedebantur villicis, qui ex iis pro dominorum libitu poterant amoveri.

MASSARUM, et MASARUM, Mansus, prædium rusticum, in Veteribus Chartis Dalmaticis apud Joann. Lucium lib. 2. de Reg. Dalmat. cap. 2. et 15. pag. 62. 99.

MASSARITICUM, Eadem notione qua *Massaritia.* Statuta Venetorum anni 1242. lib. 4. cap. 16 : *Si aliquis reliquerit alicui Massariticum, volumus, quod nomine Massaritici intelligantur ea omnia, quibus is, qui reliquit, utebatur in domo ad communem usum, vel utilitatem et commodum ejus, et familiæ suæ, exceptis his, quæ sunt in auro argento, et gemmis, etc.*

MASSARIUS, MASARIUS, Villicus, *Massæ* custos, colonus. Ugutio et W. Brito in Vocab. : *Massarius, cui commissa est cura totius familiæ. Conductores Massarum*, apud Senatorem lib. 12. Epist. 5. *Casa Massarii*, in Lege Longob. lib. 1. tit. 8. § 29. [** Rothar. 357.] *Servus, qui sub Massario est*, tit. 11. § 3. 5. [** Rothar. 134. et 132. ubi *servum Massarium.*] [Præceptum Caroli M. ann. 773. apud Marten. tom. 1. Ampliss. Collect. col. 37 : *Villis, mansis, mancipiis, Massariis, ædificiis, etc.*] Bulla Honorii III. PP. ann. 1217. apud Ughellum in Episc. Anagn. : *Item mandamus, quod Massarii, qui a collectis aliquo tempore sunt exempti, etc.* Charta Conradi Imp. apud August. *de la Chieza*, in Hist. Eccl. Pedem. pag. 223 : *Seu etiam mansos 10. cum omnibus rebus ad eas pertinentibus... sicut nunc rectæ et laboratæ sunt per illos Massarios. Liberi Massarii super Ecclesiasticas res residentes, Massarii et coloni liberi*, in Charta Caroli Crassi ann. 882. apud Ughellum tom. 5. pag. 628. Vetus Inscriptio in Ecclesia Cathedrali Alexandriæ in Italia : *B. Guillelmus Zuccus, Civis Alex. Massarius hujus Ecclesiæ.* Ubi Bollandus *Massarium* interpretatur custodem supellectilis, quæ *Masserie* Italis dicitur. Alia Inscriptio ann. 1178. apud Hieronymum *dalla Corte* lib. 5. extremo Historiæ Veronensis : *Fieri fecit, coadjuvantibus Salomone atque Rainaldo, ejusdem operis Massariis, aliisque religiosis, etc.* Id est, conductoribus.

* MASARIUS, nude, pro Habitator, qui *massam* seu domum habet. Vide *Massa* 5. Charta ann. 1252. apud Cenc. inter Cens. eccl. Rom. : *In eodem etiam parlamento surrexit magister Jacobus Munaldi notarius et nomine suo et omnium Masariorum seu popularium castri et loci prædicti concinnando dixit et* (quod) *placebat sibi et universis Masariis et popularibus et hominibus ejusdem castri etc.*

☞ Frequentissima est hæc vox apud Italos pro custode totius supellectilis, machinarum scilicet bellicarum, aliorumque instrumentorum ad publica opera, quibus ex officio invigilabat *Massarius.* Statuta Vercell. lib. 3. pag. 52. v°. : *Item quod ille qui fuerit Massarius Communis tenens utensilia Communis, habeat pro suo feudo medii anni libras quatuor Papienses.* Id clarius patet ex formula juramenti quod præstabat *Massarius*, ibid. lib. 7. pag. 180. v°. : *Ego Massarius Communis juro ad sancta Dei Evangelia bona fide et sine fraude salvare, custodire et gubernare balistas, tentoria sive travachas, ferramenta, lignamina, et omnia alia ad ipsum Commune pertinentia, et mihi commissas et commissa... Item, quod omnia laboreria quæ fieri faciam per commune Vercellarum bona fide fieri faciam, etc.* Adde Stat. Mont. Reg. pag. 58.

¶ MASSARIUS, Diversa nonnihil notione, pro Administrator, dispensator, Gall. *Econome*, Ital. *Massaio.* Synodus Pergam. ann. 1311. apud Murator. tom. 9. col. 552 : *Et hanc pœnam extendimus ad Prælatos et rectores Ecclesiarum non solventes pro ipsis Ecclesiis in totum, ubi ad ipsos pertinere talium solutio consuevit, si ipsos justa causa, sive impossibilitas non excusat, de qua infra duos menses plenaria fiat fides, et ad illorum Massarios et canevarios dispensatores reddituum, qui potestatem habuerint plenariam hæc solvendi.* Chron. Parmense ad ann. 1292. ibid. col. 823 : *Item eo anno per Commune Parmæ fuit ordinatum quod Fratres de Clara valle debent esse Masserii Communis, et Massaroli Communis et suprastantes tam in civitate quam extra ad doanam salis et salinæ Communis.* Testamentum Humberti Dalphini ann. 1347. tom. 2. Histor. Dalphin. pag. 543 : *Volo quod duo probi viri de dicta terra eligantur per Universitatem ejusdem, annis singulis, qui tanquam Massarii et gubernatores ejusdem Hospitalis, ipsum Hospitale regant et gubernent.* Acta S. Joli tom. 2. Junii pag. 253 : *Prælibati commissarius, et architector, defensor, consiliarii, Massarii seu santenses dictæ Ecclesiæ dixerunt... dictam Ecclesiam fore et esse fabricandam.*

* MASSARIUS, Fisci communis custos; unde nostris etiam *Massart*, pro *Trésorier*, cujus officium *Massarderie* dicitur. Inventar. Ms. ann. 1366 : *Constituit* (nuncius Apostolicus) *alios capitaneum et Massarium seu clavigerium, qui juraverunt et promiserunt bene et fideliter nomine dicti domini papæ custodire et gubernare.* Idem proinde qui alibi *Clavarius.* Vide in hac voce. Stat. Cadubr. cap. 1. lib. 1 : *Item havere dicti communis custodiri faciam per Massarium sive Massarios communis,.... nec de dicto havere permittam expendi, nisi pro evidenti utilitate et necessitate dicti communis.* Stat. datiar. Riper. cap. 1. fol. 9. v° : *Quælibet persona, cujuscumque conditionis existat, vendens vinum, teneatur solvere Massario dicti datii soldos quindecim.* Lit. ann. 1366. tom. 4. Ordinat. reg. Franc. pag. 649 : *Les jurés,*

eschevins, *Massars*, *et autres officiers de ladicte ville* (de Tournay) *etc.* Vide ibi notam docti Editoris.

¶ Massarii *Molendinorum*, in Statutis Astens. Collat. 15. cap. 11. pag. 44. recto.

Massaria, Cura et officium *Massarii.* Unde

Massariarum Provisor, seu *Magister Massariorum*, qui Massariis præest, iisque invigilat. Petrus de Vineis lib. 3. Ep. 66 : *Te Provisorem Massariarum Curiæ nostræ infrascriptorum locorum... duximus statuendum... quod si diminutionem eandem culpa seu negligentia Massarii, qui præest, reperieris contigisse, studeas eum inde convincere coram aliis Massariis convicinis*, etc. *Videas præterea ne Massarii ipsi possessiones nostræ Curiæ, suæ Massariæ proprie debitas, usurpare præsumant,...... si Massariæ ipsæ munitæ sunt lignis, palea et fœno, etc.*

* Constit. Mss. Caroli reg. Sicil. : *Item magistri passuum, magistri Massariarum, etc.*

Massariolus, Prædiolum, in Charta Berengarii Regis Italiæ ann. 900. apud Ughellum tom. 5. pag. 630 : *Quatenus quendam Massariolum juris nostri situm in Comitatu Veronensi, etc.*

¶ **MASSAROLUS**, Idem qui *Massarius*, administrator. Vide *Massarius.*

¶ **MASSARUM.** Vide *Massaritia.*

¶ **MASSATIUM**, Terminus agrorum plumbo stannove distinctus; vox Agrimensorum. Auctor incertus : *Terminus, si aliquid fictum habuerit per se... aut plumbum aut stannum epitecticum, hoc est Massatium fabricatum inter censa Centuriæ.* Nostris *un Massif de pierres.*

* **MASSATUM**, Supellex, instrumentum *massæ* rusticum. Instr. ann. 987. inter Instr. tom. 6. Gall. Christ. col. 271 : *Per singulos annos pro manso et pro Massato, quæ ego dedi sancto Martino, pro luminari donet eidem altari duo sextaria de oleo.* Vide supra *Massaricia.*

* **MASSEA**, Clava. Stat. ann. 1356. inter Probat. tom. 2. Hist. Nem. pag. 181. col. 1 : *Item quod quilibet, tam pauperes quam divites, habeat unam Masseam cum fronda, etc.* Vide *Massa* 1.

¶ **MASSELLARIUS**, pro *Macellarius*, qui carnes in macello vendit. Litteræ Philippi IV. ann. 1313. tom. 1. Ordinat. Reg. Franc. pag. 532 : *Præcipimus quod omnes talamellarii, tabernarii, Massellarii, charboneti, fornerii et omnes alii venditores denariatarum*, etc. Charta ann. 1321. apud Fanton. Histor. Avenion. pag. 166 : *Stare Petri de Turribus Massellarii.*

* Nostris *Masceclier* et *Maselier.* Stat. civit. Tull. ann. 1297. in Reg. A. Chartoph. reg. ch. 1 : *Se aucuns Masceclier avoient cher forcemée etc.* Lit. remiss. ann. 1454. in Reg. 191. ch. 95 : *Le suppliant vendi icelles vaches à ung boucher ou Maselier. Maserier*, eodem sensu, in aliis Lit. ann. 1457. ex Reg. 189. ch. 150. Vide supra *Macelator.*

* **MASSELLUS**, Tabula, ubi *massellarius* carnes venum exponit, Gall. *Etal.* Charta pro consul. Appam. ann. 1343. in Reg. 75. Chartoph. reg. ch. 605 : *Consules venerunt ad hospitium dominorum abbatis et conventus Combæ-longæ, situm in loco vocato à la Bocana, et bancos sive Massellos in dicta capella ante dictum hospitium constructos, in quibus carnes vendebantur, diruerunt.* Vide supra *Macellus* 2.

¶ **MASSEMUTINA.** Vide *Masmodina.*

* **MASSEMUTINUS** Obulus, Moneta Saracenorum Ægyptiorum, inter Cens. eccl. Rom. ann. 1192. apud Murator. tom. 5. Antiq. Ital. med. ævi col. 853. Vide *Masmodina.*

* **MASSERARE**, Baculo seu clava percutere; unde *Masseratio*, ejusmodi percussio : Ital. *Mazzicare.* Instr. ann. 1384. inter Probat. tom. 3. Hist. Nem. pag. 75. col. 2 : *Guillelmum Duranti cœperunt hostiliter et acerbe tractarunt per Masserationes.... Item modo præmisso cœperunt hostiliter quatuor homines dicti loci S. Anestaziæ, eosque Masserarunt.... Item.... cœperunt hostiliter Johannem Bays de Mossyaco, ipsumque Masseraverunt, adeo quod fuit quasi semis-mortuus, et cum ferro calido signatus in fronte, et taliter compulsus inhumaniter quod ad certam financiam ipsum deduxerunt.* Vide supra *Massea.*

MASSERE, Mercator, vox Anglo-Saxonica in Capitulis de Weregildis post Concilium Grateleanum ann. 928.

* **MASSERIA**, vox Italica, qua merces cujusvis generis significantur. Charta Frider. I. imper. ann. 1159. apud Murator. tom. 4. Antiq. Ital. med. ævi col. 68 : *Apud Figarolum de qualibet soga, pro qua navis trahitur, quæ Masseriam portat, octo solidos Mediolanensium veterum. Masseriam autem dicimus quamlibet navem, quascumque merces, præter salem, portantem.* Vide mox

* **MASSERICIA**, Supellex quævis, Ital. *Masserizia.* Hist. belli Forojul. apud Muratorr. tom. 3. Antiq. Ital. med. ævi col. 1212 : *Homines non habentes canipas, in castro posuerant eorum arcas, blada in eis, carnes, pannos, Massericias.* Vide supra *Massaricia.*

¶ **MASSERIUS**, Qui *massam* seu clavam fert, clavator, serviens armorum, nostris olim *Masser* vel *Sergeant à masse*, nunc *Massier.* [* Ital. *Mazziere.* Vide *Mazerius* 1.] Commentaria Humb. Pilati de Humberto II. Dalphin. ad ann. 1345. ex Schedis D. *Lancelot* : *Item apud Massiliam 18. Aug. fecit 20. Masserios, sive servientes armorum. 3. Septemb. e portu exiit.* Consistorium publicum pro obedientia Regis Scotiæ apud Baluz. tom. 2. Hist. Arvern. pag. 688 : *Dux ingressus est consistorium cum multis Gallis et præcedente heraldo et quatuor Masseriis.* Vide *Massa* 1. et *Serviens.*

¶ 1. **MASSIA**, Curia, a *Massa* seu clava servientium, quomodo *barra* dicitur a *barris* seu cancellis quibus septum est auditorium. Charta Johannis Reg. Angliæ apud Marten. tom. 1. Ampliss. Collect. col. 1024 : *Quæ etiam tria placita per manum ipsius vel ballivorum suorum ante nos vel senescallum nostrum, vel Massias nostras debent adduci.*

¶ 2. **MASSIA**, Bacillus. Miracula sanctæ Zitæ tom. 3. Aprilis pag. 526 : *Inveniendo ipsam cum una croccia et una Massia in manibus appodiata.* Vide *Massiola.*

¶ **MASSICOTI**, Minores chori ministri in Cathedralibus, Parisiis *Macicoti*, iidem qui Italis *Macéconchi.* Ordinarium Silvanect. apud Marten. de Ant. Eccl. discipl. pag. 83 : *Massicoti vel clerici clericaliter induti cappis sericis incipiunt Invitatorium, Christus.* Hinc eorumdem ordo *Massicotia* dicitur in Instr. ex Archivis Eccl. Paris. Vide *Maceconici.*

MASSICUS. Edgarus Rex in Legibus Heydensium Monachorum cap. 3. de Adamo : *Non illicito Massicus delectabatur edulio; sed parcitate contentus licito utebatur cibario.* Sed legendum *Massucus*, id est, *edax*, ut est apud Papiam. Glossæ antiquæ MSS. : *Massucum, edacem.*

* **MASSINA**, Instrumentum piscationi idoneum, retis species. Charta ann. 1287. in Chartul. Guil. abb. S. Germ. Prat. fol. 218. v°. col. 2 : *Dicti homines de cætero piscare poterunt in riparia dictæ villæ,... nec habere poterunt in dicta riparia naves, nec filetum vel Massinas.*

¶ **MASSIO**, *Mallo.* Papias MS. Bituric.

¶ **MASSIOLA**, Bacillus. Miracula B. Zitæ tom. 3. Aprilis pag. 524 : *Et cum ipsa Massiola cœpit iter et viam pro veniendo Lucam.* Vide *Massia* 2.

¶ **MASSIPIARIUS.** Vide *Manciparius.*

* **MASSODA**, Massodata, Idem quod *Mansoyata*, quantum vehi potest plaustro *Massultus* dicto; duabus *barrotis* æstimatur, ut videre est supra in voce *Barrota.* Terrear. Ms. Bellijoc. ann. 1529. fol. 5 r° : *Item plus dimidiam cuppam siliginis.... super quodam prato, continente duas Massodatas feni vel circa.* Fol. 7. v° : *Super quodam prato, continente unam Massodatam feni vel circa.* Rursus fol. 39. r° : *Super quodam prato,.... continente sedem duarum Massodarum feni vel circa.* Non semel ibi. *Mansoie*, eodem sensu, in Lit. remiss. ann. 1413. ex Reg. 167. Chartoph. reg. ch. 217 : *Lequel Berlye disoit que icellui Fournier avoit pris plus d'un sien bois qu'il ne devoit prendre.... Lequel Fournier dist... qu'il en avoit encores à prendre deux ou trois Mensoies.* Ibid. ch. 440. *Mensoées.* Vide infra *Massultata.*

* **MASSOM**, Structura ex lapidibus. Charta ann. 1225. ex Bibl. reg. cot. 17 : *Dono ad laborandum.... totam illam clausam, cum suo solo et planterio vineæ et arborum, ... ita quod in hoc præsenti anno claudatis totam ipsam clausam ad tapiam vel ad Massom, cum bona sorda desuper.* Vide *Massoneria.*

¶ **MASSONERIA**, Structura, Gallis, *Maçonnerie.* Bullarium Fontanell. MS. fol. 119 : *Tam in verreriis, muris et Massoneria et coopertura.*

¶ **MASSONERIUS**, a Gall. *Maçon*, Latomus. Regest. Johannis Comit. Pictav. in Camera Comput. Paris. ann. 1358. fol. 92 : *Stephanus Sterlini lathomus seu Massonerius habitator Tholosæ, etc.* Occurrit præterea in Catalogo MS. ann. 1328. B. M. Deaur. Tolosanæ.

* **MASSONUS**, a Gallico *Maçon*, Latomus. *Lapiscidæ seu Massoni*, in Instr. ann. 1304. inter Probat. tom. 2. Hist. Nem. pag. 49. col. 2. Vide *Massonerius.*

* **MASSONYA**, Clava, Gall. *Massue.* Lit. remiss. ann. 1364. in Reg. 96. Chartoph. reg. ch. 427 : *Eam* (domum) *more hostili intrans,.... de quadam clava seu*

Massonya, *quam deferebat, tam impetuose.... percussit, quod etc.* In iisdem Lit. ex Reg. 98. ch. 256. melius, *Massuya.* Vide *Massa* 1.

* **MASSOTA**, diminut. a *Massa*, parva clava, nostris *Massuette.* Lit. remiss. ann. 1409. in Reg. 163. Chartoph. reg. ch. 304 : *Cepit exponens quemdam baculum seu Massotam, quam juxta se invenit, etc.* Alia ann. 1376. in Reg. 109. ch. 289 : *Pour doubte de mort se mirent à deffense, c'est assavoir Jehan Pourcel le pere d'une petite Massuette qu'il portait, féry Jehan de Pumeroy d'une petite Massuette qu'il avoit en la teste*, in aliis ann. 1383. ex Reg. 124. ch. 224.

¶ **MASSOTA** Foeni, Eadem notione qua *Mansoyata*, in Tabulario S. Crucis Savigniac.

MASSUBIA, pro *Mastigia.* Concilium Coloniense ann. 1260. seu Statuta Conradi Archiep. Coloniensis de Monachis cap. 5 : *Statuimus inhibendo, ne aliquis Monachorum surcotiis, caligis coloratis, calceis nodatis, cingulis irregularibus, aut Massubiis sericis utatur, etc.*

MASSUBITINUS. Vide *Masmodinus.*

MASSUCUS. Vide *Massicus.*

* **MASSULTATA**, ut supra *Massoda.* Terrear. Ms. Bellijoc. ann. 1529. fol. 645. r°. : *Super quodam prato, ... continente sedem duodecim Massultatarum feni vel circa.* A voce

* **MASSULTUS**, Carri seu plaustri genus, in eodem. Terrear. fol. 38. r° : *Debeant intertenere dictum iter, ... adeo quod transeuntes per illud possint facile transire cum bobus, Massulto, pedes, eques, etc.* Lit. remiss. ann. 1376. in Reg. 110. Chartoph. reg. ch. 159 : *Qui quidem Michael dicit sibi : Amice, dimitte verba ista, et dimitte ire boves meos, qui sunt hic onerati Massulto et fumo.* Vide *Mansoyata.*

¶ 1. **MASSUM.** *Ludus ad massa*, nostris *Jeu de mail.* Breviarium Hist. Pisanæ ad ann. 1264. apud Murator. tom. 6. col. 195 : *Quadrellos, sagittamina et virgas Sardorum in civitatem Lucanam projici fecimus (ex quibus supra muros, et in civitate ipsa plures fuerunt lethifere sauciati ;) ludum ad Massa, scutum et alia jucunda tripudia fieri, etc.*

* 2. **MASSUM**, ut *Massa* 5. *Item et super medietate cujusquam Massi, Gallice Matz, tam terrarum, brueriarum etc. Quod quidem Massum tenet etc.* in Terrear. Ms. S. Maurit. in Foresio ann. 1474. Vide supra *Massa* 5.

¶ **MASSURA**, *Mansio*, domus. Chartular. S. Vincentii Cenoman. fol. 34 : *Homines mei cum assensu meo dederunt, Willelmus de Samai quinque agras terræ... Burchere ad montem tineosum unam Massuram.* Ibidem : *Robertus Ruandi pro anima uxoris suæ* (dedit) *unam Massuram de quinque solidis conreguardis.* Tabul. S. Martini Pontisar. : *Quatuor sextarios avene, uno prœbendario minus.... super quibusdam hospitibus vel Massuris virorum religiosorum Abbatis et Conventus sancti Martini Pontisarensis.* Vide *Mansura* et *Masura.*

MASSUS. Vide *Massa* 5.

* **MASSUYA.** Vide supra *Massonya.*

* **MAST**, vox Germanica, Sagina, saginatio : unde pro jure pascendi porcos glande in silva, quod hodieque *Mast-recht* Germanis dicitur, et *Waltmasta* a Germanico *Wald*, silva, nuncupatur, in Charta Ludov. Pii ann. 828. ex Chartul. Andelav. : *Ad Fregistatt sortes duas et Walt-masta ad porcos suginandum septingentos septuaginta duos.* Diploma Otton. III. imper. ann. 999. pro monast. Altorf. : *Quidam fidelis, Hemediech nomine, dedit bannum villæ cum omni jure ex integro et justitia, quæ vulgo dicitur Mast.* Vide in *Glandis* 2. [** et Graff. Thesaur. Ling. Franc. tom. 2. col. 882.]

¶ **MASTALO**, Bollandistis, Inferior lapis, seu limen fenestræ, cui virga immissa plumbo affuso infigitur. Acta S. Raynerii tom. 3. Junii pag. 464 : *Et trahentes adhuc fracta est inferius et remansit in fenestra Mastalo plumbatus.*

¶ **MASTELLUM**, Academicis Cruscanis, Labellum, Gall. *Cuvette.* Vita B. Henrici Baucens. tom. 2. Junii pag. 374 : *Dum una die de quodam Mastello vinum distribuerent et pauperibus propinarent.* Miracula S. Antonii de Padua ibid. pag. 719 : *Prosdocima... manu et pedibus ambobus contracta, in Mastello quodam ad B. Patris tumulum deportata est.*

1. **MASTICARE**, Mandere, dentibus conficere, Gall. *Mascher* : pro *Mastacare*, inquit Salmasius ad Spartianum, a μάςαξ, μάςακος, quæ ἔνθεσιν significat, et mansum, et maxillam. [*Masticare, comedere*, Papiæ : *Masticare, mascher, ou manger, ou debiliter, enquerir*, in Gloss. Lat. Gall. Sangerm. Italis *Mastugare*, eadem notione.] Baldricus lib. 1. Histor. Hieros. : *Si forte segetes immaturas inveniebant, spicas vellebant, et fricantes Masticabant et glutiebant.* Oliverius Scholasticus de Captione Damiatæ, et Jacobus de Vitriaco lib. 3 : *Dentes obduxit, Masticandi potestatem auferens.* Occurrit apud Marcell. Empiricum, Cæsarium Heisterbach. lib. 8. cap. 44. 54. et Medicos.

* 2. **MASTICARE**, Perpendere, meditari; quo sensu *Masticare* Itali et Galli *Macher* etiam dicunt : unde *Mastigatio*, Consideratio. Elmham. in vita Henr. V. reg. Angl. edit Hearn. cap. 63. pag. 171 : *Viis igitur et modis, quibus remocior ripa Sequanæ fluminis suæ dicioni succumberet, pensatis, et Masticatæ consideracionis digesto ponderatis scrutinio, etc.* Ibid. cap. 86. pag. 243 : *Demum postquam alterni conflictus longæva fastidia, quasi per septem mensium spacia, partes dimicantes alterutrim anxiassent, inclusi, maturæ Mastigacionis digestione perpendentes etc.* Charta ann. 1224. tom. 5. Cod. Diplom. Polon. pag. 7. col. 1 : *Quibus* (literis) *per nos receptis, et debite Masticatis, etc.*

¶ **MASTICINALIA**, *dicta quod colorem masticis habeat. Crocea est.* Papias.

¶ **MASTIGATIO**, Flagellatio. Vita S. Diliæ apud Eccardum Origin. Hasburgo-Austr. col. 87 : *Sed in continua Mastigatione corpus suum dilaniaret.* Vide *Mastigia.*

MASTIGIA, Flagrum, flagellum, ex Græco μάςιξ. Gloss. MS. Reg. Cod. 1197 : *Mastigia, flagella vel virga.* Glossæ antiquæ MSS. et ex iis Papias : *Mastigiæ, taureæ, flagella.* Charta Ludovici Pii Imper. apud Doubl. pag. 376 : *Si vero servus fuisse comprobatur, centum quinquaginta ictibus publice nudatus coram Judicibus Mastigia feriatur.* Gilda Sapiens de Excidio Britanniæ : *Quosdam relinquentes Præpositos, indigenarum dorsis Mastigias, cervicibus jugum, solo nomine Romanæ servitutis honorem facturos.* Aimoinus lib. 2. Hist. cap. 6 : *Non etiam ferreis constringeretur nexibus, aut ligaretur Mastigia.* Atque inde *Mastigia* pro fustuaria et flagellaria pœna sumitur in Decretis sancti Stephani Regis Hungariæ lib. 1. in Procem. qua apud Hungaros servi puniuntur : *Filiusque Salomonis... minatus est populo percussiones frameæ pro Mastigiis.*

Mastigia, præsertim accipitur pro scutica, ex corio confecta, qua Monachi præcinguntur. Papias : *Mastigia, corrigia, qua mantellum conglutinatur.* Jo. de Janua : *Mastigia est corrigia balthei, vel quo mantellus conglutinatur ante, et ponitur quoque pro flagello.* Guibertus lib. 3. de Vita sua cap. 5 : *Orabat sane Mastigia chlamydis a tergo rejecta, junctis a pectore inter orandum palmis. Constricta itaque a posteriori parte lacerna, alter eorum ita eum insuit, ut facile manus movere non posset.* Vita S. Mochoemori, seu Pulcherii Abbat. n. 25 : *Et ponens S. Pulcherius Mastigiam suam in terra, ibi oblitus est eam, quæ crevit in magnam arborem. Mastigiale vinculum*, in Miraculis S. Agili Abb. lib. 1. cap. 5.

¶ **MASTIGOPHORUS**, *Flagellarius*, Ugutioni.

MASTILIO, Gallis, *Bled mesteil*, quasi frumentum mixtum. Statuta Gildæ Scoticæ cap. 19 : *Nullus frumentum, Mastilionem, vel siliginem ad molas manuales molere præsumat, nisi... penuria molendinorum hoc cogente.* [Vide *Mixtum* 2.]

MASTINUS, Molossus, Gall. *Mastin.* Leges Forest. Scotic. cap. 13 : *Si aliquis Mastinus inventus fuerit in aliqua foresta.* Assisa forestæ Henrici II. Reg. Angl. art. 6 : *Rex præcepit, quod expeditatio Mastinorum fiat, ubicunque feræ suæ pacem habent, vel habere consueverunt.* Knyghton lib. 2. cap. 15 : *Canes et Mastini per omnes forestas Angliæ occiduntur.* Perperam *Mastivus*, pro *Mastinus*, in Assisa forestæ cap. 9. apud Spelmannum : *Si quis Mastinus inventus fuerit super aliquam feram, et mutulatus fuerit, ipse cujus canis erat, quietus erit de illo facto : si non fuerit mutulatus, ipse cujus fuerit Mastinus, erit culpabilis tanquam de manupasta.* [Statuta Arelat. MSS. art. 80 : *Et Castellani teneantur ibi tenere quatuor canes Mastinos ad custodiendum dictum castrum*.] Occurrit etiam apud Petrum de Crescentiis lib. 10. de Agricult. cap. 29. Joan. de Condato MS. :

Grant route de chiens uns et autres,
Mastins et gousses, et grans viautres.

Vide Ægidii Menagii Origines Italicas. [** *Can de la Scala*, Veronæ dominus, passim dicitur *Mastinus* ut in Vita Carol. IV. Imper. et alibi.]

¶ **MASTIVA**, pro *Mestiva*, Præstatio ex frumento. Charta Ludovici VII. ann. 1145. tom. 1. Ordinat. Reg. Franc. pag. 10 : *Porro de his Mastivis præceptum est ut ad justam minam præfatæ civitatis reddantur.* Vide *Mestiva.*

¶ **MASTIVUS.** Vide *Mastinus.*

¶ **MASTIX**, apud Papiam, pro *Mastiche*, Resina lentisci, Gall. *Mastic. Mastix, Une maniere de gomme proffitable aux dens,* *ou de couler*, in Gloss. Lat. Gall. Sangerm. ex Johan. de Janua.

* Glossar. Provinc. Lat. ex Cod. reg. 7657 : *Mastegue, Prov. Mastix. Mastix, quoddam gumi ad corroborandum dentes*, in Gloss. ad Doctr. Alex. de Villa-Dei edit. ann. 1484.

¶ 1. **MASTRA**, Arcus, fornix, Gall. *Arche, arcade*. Statuta Mediolanens. part. 2. cap. 272 : *Teneatur judex stratarum bis in anno visitare stratas, Mastras, et fagias, et pontes super eis existentes, etc.*

¶ 2. **MASTRA**, pro Mactra, Gall. *Mait*, Massiliensibus *Mastre*. Inventar. ann. 1294. ex Tabular. S. Victoris Massil. : *Unam sagoniam, unam Mastram, etc.*

¶ 3. **MASTRA**, Arca, Gall. *Caffre*. Litteræ Johannis Reg. Franc. ann. 1356. tom. 3. Ordinat. pag. 159 : *Quod possint ipsi Consules tenere archas sive Mastras communes, ubi possint et valeant tenere Instrumenta sua, pecuniam, et alia tangentia dictam universitatem.*

¶ **MASTRUCA**, Sardorum vestis pellita. Isidorus Origin. lib. 19. cap. 23 : *Mastruca, vestis Germanica, ex pelliculis ferarum, de qua Cicero pro Scauro : Quem purpura regalis non commovit, eum Sardorum Mastruca mutavit.* Sed *illudens Cicero ex industria* hoc usus est peregrino vocabulo, ut monuit Quintilianus Orat. Institut. lib. 1. cap. 5. Acta S. Felicis Presbyt. tom. 1. Januar. pag. 950 : *Quid huic, quæso, obfuit seni persona sentinatoris et in nautis vilissima, inops habitus et Mastruca Sardorum.* Domnizo lib. 1. de Vita Mathild. cap. 13 :

Rex sibi Mastrucas post escam maxime pulchras
Donavit, florent quoque pelliciones.

¶ **MASTRUCATUS**, *Mastruca* indutus, ut togatus, qui vestitus toga, apud Ciceronem de Prov. 15 : *Res in Sardinia cum Mastrucatis latrunculis gesta.*

¶ 1. **MASTRUGA**, Idem quod *Mastruca*. Histor. Monast. Chombergensis cap. 8. apud R. Duellium Miscell. lib. 2. pag. 284 : *Pro his tamen omnibus delegationem facere recusavit, donec Mastrugam valde bonam et bovem unum et sex urnas vini daret.* Vide *Crusna*.

2. **MASTRUGA**, in Glossis antiq. MSS. *fortis, aut fortissimus.* [Papias : *Mastruga, fortis valde, lingua Sardorum.*]

* **MASTRUTA**, perperam pro *Mastruca*. Vide supra *Martarus*.

MASTURZUM. Charta ann. 1284. apud Ughellum tom. 7. Italiæ sacræ pag. 611 : *Corona una de rame, cruce una de rame, cum catenis earum, ovis duobus de Masturzo, calice uno de staino, etc.* [Italis *Masturzo* est nasturtium.]

¶ **MASTURBARE**, *Manu turbare*, δέψειν, i. subigere, mollire. Gloss. Lat. Gr. MS. Sangerman.

¶ **MASTUS**, Malus, navis arbor, Gall. *Mât*. Litteræ Eduardi III. Reg. Angl. ann. 1327. apud Rymer. tom. 4. pag. 273 : *Unum videlicet dolium ante Mastum, et aliud retro Mastum.* Pag. vero 269 : *Unum dolium vini ante Malum et unum aliud retro.*

* Charta Phil. V. ann. 1320. in Reg. 61. Chartoph. reg. ch. 439 : *Nos seu justiciarii nostri pro nobis duo dolia de vinis prædictis capere in navi seu vase prædictis, videlicet unum in et de sex doliis ante malum seu Mastum dictæ navis etc.*

¶ **MASTYX**, vox Græca, μαςιγιὸς, flagellator, metaph. pro Reprehensor. Christoph. Mulleri Introductio in Hist. Canoniæ Sand-Hyppolyt. apud R. Duellium Miscell. lib. 1. pag. 301 : *Porro qui primævam Ecclesiæ nostræ institutionem... ad ætatem D. Altmanni Pataviensis Episcopi, sive annum* 1080. *reducunt, antiquitatis nostræ Mastyges, ii palmare mendacium a semet ipsis confictum sibi habeant pro mercede.*

¶ **MASTZ**. Charta Petri *de Roteys* Vicarii Tolosan. ann. 1272. ex Cod. MS. Consuet. et privil. urbis Tolos. pag. 27. in Bibl. D. Abb. *de Crozat* : *Item constituimus... quod nullus fusteriorum Tholosæ sit ausus emere aliquas fustas seu trabes vel perticas de podio... nisi coudram, et mairannum, et Mastz, et virgas.*

¶ **MASUAGIUM**, Domus habitationi idonea, Cowello. [* Prædium rusticum, idem quod *Massa* 5. et *Masagium*. Vide supra.] Charta ann. 1225. ex Tabular. S. Remigii Remens. : *Vendidisse* (recognoverunt) *quidquid habebant, videlicet in Masuagiis censualibus et etiam redditibus universis.* Tabular. SS. Trinit. Cadomens. fol. 70 : *Radulfus Blondus tenet 1. Masuagium.... et fecit Abbatissam heredem sui catalli.* Et fol. 83 : *Reficiunt Masuagia manerii et fosseta.* Charta apud *Madox* Formul. Angl. pag. 185 : *Noverit universitas vestra nos... concessisse et hac præsenti carta nostra confirmasse Deo et B. Mariæ et Monachis de Brueria, Masuagium situm juxta molendinum nostrum de Flieta.... habendum et possidendum, cum omnibus pertinenciis suis.* Vide *Messuagium*.

¶ **MASUALE**, Idem quod *Mansus*, vel certe quod *Mansionile*; vide utrumque. Tabul. S. Nicolai Andegav. : *Barbotinus dominus Prugniaci et Guessius frater ejus dederunt S. Nicholao landiam de Alta perchia et terram omnem et Masuale suum atque piscaturam aliam in illa terra.* Charta Milonis Abb. S. Medardi Suession. : *Assignat autem prædictum censum super idem Masuale.*

¶ **MASUCAGIUM**. Vide *Massa* 5.

* **MASUCHUS**, Mallei seu clavæ species, Ital. *Mazzuolo*, inter arma vetita recensetur in Stat. Vallis-Ser. rubr. 44. fol. 88. r°. ex Cod. reg. 4619.

¶ **MASUELLA**, Species armorum, minor clava. Charta ann. 1319. apud Rymer. tom. 3. pag. 790 : *Ne quis per civitatem... gladium, Masuellam, vel alia arma, ex quibus contumelias præsumatur oriri posse, aut alias suspiciones mali habere debeat... deferet in civitate prædicta.*

MASUMATINUS, Vide *Masmodina*

¶ **MASURA**, pro *Mansura*, mansio, domus; interdum cum aliqua agri portione. Charta ann. 1095. apud Lobinell. tom. 2. Britan. pag. 182 : *Apud eamdem autem villam donavit Deo et S. Nicholao Gosbertus Barnus unam Masuram terræ cum examplis quæ ibi erant unde Robinus suus mæterius erat.* Charta apud *Madox* Formul. Angl. pag. 302 : *Dedi... in perpetuam eleemosinam quandam Masuram terræ... Hanc igitur donationem meam de prædicta Masura cum tota terra ad eam pertinente, et cætera quæ hic dicta sunt, concesserunt filii mei.* Tabular. S. Fromondi : *Ex dono Gellonis de Martigneio duas Masuras terræ.* Charta Ingerranni Codiciac. ann. 1233. apud Thomasserium Consuet. Bituric. pag. 233 : *Si aliquis hominum illorum, terram suam ubi terragium habeamus vel habere debeamus, dederit vel vendiderit pro Masura facienda.* Charta ann. 1298. ex Tabul. B. M. de Bononuntio Rotomag : *Domus et Masura sita est in mesmillo Monachorum juxta domum et Masuram meam ex uno latere, et Masuram Petri ex alio.* Occurrit ibid. pluries. Tabular. S. Richarii ann. 1265 : *Vendiderunt quamdam Masuram sitam in vico recto, et nobis debet* xv. *den. census.* Charta Otonis Aquit. Ducis tom. 2. Gall. Christ. inter Instr. col. 478 : *Insuper confirmo præscriptis fratribus sicut continetur in charta secundi W. C. M. N. Comitis Pictaviensis atavi mei duas Masuras de foresta mea ad ampliationem circa locum de Sabloncellis.* Liber niger Scaccarii pag. 312 : *Remanet autem modo in dominio meo 1. carucata terræ et* vi. *Masuræ super prædictum servitium milit. quod vobis debeo.* Chartul. S. Vincentii Cenom. fol. 94 : *Ruaudus de Caligneio Masuram Gismundi et partem suam de molendino* (tenet.) Occurrit præterea in Chartular. S. Vandreg. tom. 1. pag. 9. Hist. Harcur. tom. 4. pag. 1998. tom. 4. Ordinat. Reg. Franc. pag. 63. et alibi.

* Unde dimin. Gallicum *Masurette*, in Reg. Corb. 13. sign. *Habacuc* ad ann. 1510. fol. 55. v°. *Masureau*, eodem sensu, in Lit. remiss. ann. 1408. ex Reg. 163. Chartoph. reg. ch. 33 : *Ilz trouverent une femme toute seule assise auprès de certaine masure ou Masureau etc.* Vide supra *Maseria*.

* **MASURAGIUM**, Census, qui ex *masuris* seu domibus percipitur, nostris *Masurage*. Charta ann. 1317. in Reg. 76. Chartoph. reg. ch. 292 : *Item octoginta quatuor assinos avenæ renduales, debitos ratione Masuragiorum in festo Nativitatis Dominicæ.... Item quadraginta duas gallinas. .... debitas ratione Masuragiorum.* Reg. S. Justi Cam. Comput. Paris. fol. 196. v°. : *Ecce partes* (firmæ) *videlicet Masuragia Guerost pertinentia, tres acras sine superficie unius acræ, in qua est boscus.* Belloman. Ms. cap. 30. pag. 70. r°. col. 2 : *Se les rentes sont deues par le raison des Masurages, et se les rentes sont deues par le raison d'autres hirétages, le seigneur puet, se il n'est paiés, les hirétages saisir, et aussi fet il les masures.* Hinc qui ejusmodi censum debet, *Masurier* nuncupatur, in Charta Rob. abb. Marchien. ann. 1312. ex Reg. 48. ch. 106 : *Dis et wit muis et demi blé..... de rente des Masuriers de Sandemont, qne on nous doit livrer chascun an à Marchiennas.... Et se en aucun temps, tant comme il le* (manoir) *tenront, gros marrien y falloit, etc.* Vide supra *Mansionarii* et *Massa* 5.

¶ **MASUS**. Vide *Massa* 5.

MATA, Modus agri. Charta Hispanica, seu Judicatum ann. 876. in Appendice Stephani Baluzii ad Capitul. n. 104 : *De ipso poio ubi est ipsa Mata, erecte descendit, etc.* Charta Pontii Comitis Emporitani ann. 1063. apud eumdem n. 149 : *Donamus namque pro hæreditate paterna vel materna ipsum forest, vel ipsam Matam, quæ dicitur* *silva S. Romani, sicut terminat de parte Circi in malliolo S. Petri præscripti, et descendit per ipsam serram, et pervadit usque ad ipsam Guardiolam.* [Pancarta Abbatiæ S. Stephani de Vallibus apud Xantones, Charta 2 : *Videlicet in decimis, terris, vineis, hominibus et burgo de Vallibus, et furno cum saltibus et augiis totius parrochie ad furni necessaria, in palude et Matis cum nemore.* Ibidem, Charta 3 : *In palude et Matis et pratis.*] *Mata terræ*, in Charta Balduini Comitis Guinensis, in Historia Guinensi pag. 26. et in Chronico Andrensi pag. 349. [Vide *Mates*, et *Mayteriata.*]

* Vox Hispanica, Frutex, virgultum, plantarum seu arborum congeries, dumus. Lit. remiss. ann. 1404. in Reg. 158. Chartoph. reg. ch. 459 : *Antedictus custos ab inde recessit, et in quodam viridi dumo seu Mata a dicta vinea modicum longe se reposuit.* Schilt. in Glossar. Teuton. *Matten wiesen, prata.*

¶ Matha, Eodem significatu. Charta ann. 1030. Append. Marcæ Hisp. col. 1043 : *Vindimus... ipsa terra erema suprascripta,... exceptus Matha de Junguls et vinea vetula; et exceptus Matha de S. Romano.*

Matata, Eadem, ut videtur, notione. [Infelix conjectura; est enim *Matata*, idem quod *Berlia*, quæ vox gregem trium millium animalium significat.] Vide *Berlia.*

* **MATABULUM**, Metabulum, Campanæ tudicula, Gall. *Battant d'une cloche*, Occit. *Matable.* Stat. ann. 1352. inter Probat. tom. 2. Hist. Nem. pag. 151. col. 2 : *Item quod animalia grossa de quatuor in quatuor portent ad minus unam sonalham, cum Matable competenti.* Comput. ann. 1381. inter Probat. tom. 3. ejusd. Hist. pag. 33. col. 1 : *Solvi pro una corda canapis ad trahendum Matabulum campanæ, ad faciendum tocassen, etc.* Stat. ann 1476. ibid. pag. 332. col. 2 : *Et collo alterius decem animalium minutorum seu lanutorum, unam nolam sive sonalham cum Metabulo etc.* Vide *Matalhus;* ubi legendum forte, *Matabulo.*

MATAFUNDA, Machina bellica, qua lapides in hostes ejaculabantur. Monachus Vallis Sarnai in Hist. Albigensi cap. 86 : *Jaciebant siquidem hostes super nostros creberrimos lapides cum duobus trabuchetis, mangonello, et pluribus Matafundis.* Vetus Interpres Gallicus Willelmi Tyrii verba ex lib. 13. cap. 6 : *Tantoque instabant saxorum pugillarium jactu;* sic reddidit : *Pierres leur gitoit-l'on assez à Macefondes et aus mains.* [Vox deducenda, ut videtur Carolo de Aquino in Lex. milit. a funda, et mactare. Vide infra *Matare.*]

¶ **MATALACIUM**, Matalassium, a Gallico *Matelas*, Culcitra. Capitulum gener. S. Victoris Massil. ann. 1294. ex Archivis ejusd. Monast. : *Breviaria completa, capæ, capelli, et ocreæ et calcaria, lectus, Matalacia, etc.* Testamentum Beatricis de Alboreya ann. 1367. apud Marten. tom. 1. Anecd. col. 1525 : *Item plus, duo Matalassia de cirico listata crocei et rubei colorum.* Ubi *Matalassium*, idem quod stragulum acu punctum, Gall. *Courte-pointe*, videtur esse.

¶ Matallascum, Eodem significatu, apud Amelium in Ord Rom. tom. 2. Musei Ital. Mabill. pag. 527 : *Dicti pœnitentiarii ponunt eum* (Papam) *super feretrum novum vel lecticam, in quo debet esse bonum Matallascum coopertum de serico rubeo.*

¶ Matalitium, Eadem notione, in Statutis MSS. monialium S. Salvat. Massil. ann. 1400 : *Matalitium cum traversalio seu pulvinari.*

¶ **MATALHUS**, Idem quod *Martellus.* Charta ann. 1344. ex Schedis D. *Lancelot : Qui habeat vel teneat boves, teneatur portare de nocte pro pari boum, mularum vel roncinorum unam sonalham apertam cum Matalho.* Gall. *Une sonnette avec son batant.* Vide *Matabulum.*

* **MATALUTUM**, f. pro *Maletoltum*, Tributum quodvis, Ital. *Maltolto.* Charta ann. 1214. apud Lamium inter not. ad Chron. Imper. Leon. Urbevet. in Delic. erudit. pag. 217 : *In perpetuum non tollere pedagium, vel Matalutum, etc.* Vide supra *Maletolletum.*

MATAPANUS, monetæ Veneticæ species. Chronicon MS. Andreæ Danduli ann. 1193 : *Subsequenter Dux argenteam monetam, vulgariter dictam, Grossi Venetiani, vel Matapani, cum imagine Jesu Christi in throno ab uno latere, et ab alio figura S. Marci et Ducis, valoris 26. parvulorum, primo fieri decrevit...* Henricus Dandulo Dux Venetiarum. [* Hujus monetæ typum exhibet Muratorius tom. 2. Antiq. Ital. med. ævi col. 652. ubi de monetis Veneticis.]

¶ **MATAPONTUM**, *Metabula matris.* Gloss. Isid. leg. divisis vocibus *meta pontum* putat Grævius; quasi pro μετὰ πόντον, μεταβολὴ maris.

¶ **MATARA**, ut *Matarus.* Vide in hac voce.

¶ **MATARATIUM**, ut supra *Matalacium*, nostris olim *Materas*, Ital. *Materaccio.* Constit. Freder. Reg. Sicil. cap. 58 : *Nulli omnino curialium... licere decrevimus, Mataratia et alias raubas lectorum... patrono invito accipere.* Acta S. Petri Celestini tom. 4. Maii pag. 436 : *Ossa omnia hujus sanctissimi Confessoris lineo panno et albo circumvolventes, in Mataratio in quo jacuerant, absconderunt.*

MATARE, quasi *mataro* configere, ut quibusdam placet. Alii a *mactare*, quomodo etiam scribitur in Charta Adelfonsi Regis Hispaniæ apud Antonium de *Yepez* in Chronico Ord. S. Benedicti tom. 6. pag. 467. et in Foris Aragonensibus fere semper. Auctor Mamotrecti ad 1. Esdræ cap. 4 : *Mactat, secat, necat,... quidam sine, c, dicunt, Matavit, id est, quasi ad scacos vicit : unde mato, as, verbum ludentium ad scacos.* Alii denique *Mat*, vocem esse Persicam contendunt, ut et *Schacht-mat*, unde nostri *Eschetmat* effinxerunt, Itali *Scacco matto*, idemque sonare quod *Rex mortuus est, periit, cæsus est.* Le Roman *de Vacces* MS. :

D'eschez sout et des tables son campagoon Mater.

[Le Roman *de la Rose* MS. ubi de Menfredo et Carolo Siciliæ Regibus :

En la premeraine bataille
L'assailli por li deconfire,
Eschec et Mat li ala dire....
Puisque sans Roy se combatoient,
Eschec et Mat riens ne doutoient.]

Chronicon Senoniense Richerii l. 3. cap. 14 : *Pro ludo scacorum, quo eum ipsa uxor sæpius Mataverat, ipsam verberaverat.* Vide Ducæ Historiam Byzantinam cap. 16. pag. 37. Hinc nostris *Mater*, ad angustias redigere, metaphora deducta a ludo scachorum. Idem *Vacces* in Ricardo I. Duce Norman. :

Bien cuide avoir Normans Matés et confondus.

Le Roman *de Garin* MS. :

Car li siens est recreus et Matés.

Le Roman *de Roncevaux* MS. :

S'en fu fuis Matés et recreans.

Le Roman *de Girard de Vienne* MS. :

Cette bataille ferons el champ mellé,
Tant que li uns sont vaincu et Maté.

Ordericus Vitalis l. 12 : *Castrum condere cœpit, quod Mataputenam, id est, devincens meretricem pro despectu Haduissæ Comitissæ nuncupavit.* [Salmasius in Hist. Augusti pag. 461 : *Mattus, antiqua vox et Latina, quæ emollitum, subactum et maceratum significat. Inde verbum Mattare pro domitare, subigere et macerare.*] Scribit Joan. Bruxerinus Campegius lib. 6. de Re cibaria cap. 9. pag. 421. Lugdunenses quoddam panis genus in sartagine confectum, *Mattafanos*, seu *Matefaim* vocare, quasi famis domitores ac victores, qui messoribus fossoribusque suavissime manduntur.

Matare, Occidere, Hispanis, *Matar.* Charta Lorbansis in Lusitania ann. 734. apud Sandovallium in Favila : *Christiani habeant Comitem de sua gente, qui manuteneat eas in bono juzgo secundum solent homines Christiani, et isti component rixas inter illos, et non Matabunt hominem sine jussu de Alcaide, seu Alvacile Saraceno : sed monstrabunt suos juzgos, et ille dicebit : Bene est; et Matabunt culpatum.* Electio Henrici Regis Lusitan. : *Qui in bello Mataverit Regem inimicum, vel ejus filium, et gancaverit ejus pendonem, sit nobilis.*

¶ Hinc *Mathe*, pro sepulcro, in veteri Inscriptione in ecclesia Pompei ad Murtam fluvium, ubi de S. Euchario Martyre et sociis sub Juliano Apostata occisis : *Monsieur S. Eucaire par Valdres, Sarrazins et Princes étant avec l'apostat Julien, vingt et deux cents par nombre sont icy mis en comble en 362. Le 10. des Calendes de May, furent mis en cette Mathe.*

* Hinc nostris *Mat*, Tristis, mœstitia affectus. Lit. remiss. ann. 1386. in Reg. 129, Chartoph. reg. ch. 10 : *Lesquelx exposans apperçurent que ledit Philipeau faisoit moult Mate chiere, et avoit une playe ou front.* Vide *Mattus* 1.

¶ **MATARITATA.** Vide *Matarus.*

¶ **MATARITIUM**, Lanea culcita. Charta ann. 1391. ex Archivis Massil. : *Carolus de Duratis Johannam Reginam inter duo Mataritia crudeliter et inhumaniter suffocare fecit.* Vide *Mataratium.*

* **MATAROSIS** seu *Malfosis, Paulo est defluxio pilorum palpebrarum.* Glossar. medic. Ms. Simon. Januens ex Cod. reg. 6959.

MATARUS, Matara, Telum vel missile, Gallis proprium. Cæsar. lib. 1. de Bello Gall. de Helvetiis : *Nonnulli inter carros rotasque Mataras ac tragulas subjiciebant,* *nostrosque vulnerabant.* Auctor ad Herennium lib. 4 : *Ut si quis Macedonas appellavit hoc modo : Non tam cito Sarissæ Græcia potitæ sunt : aut idem Gallos significans dicat : Nec tam facile ex Italia Materis Transalpina depulsa est.* Μάταρις, apud Strabonem lib. 4. πάλτου τι εἶδος dicitur, Hesychio μάδαρις et μαῖρις. Agobardus lib. Contra judicium Dei cap. 6 : *Contra quem exerto brachio gladium vibrans, aut Matarum tenens, stas paratus ad cædendum, etc.* Huc etiam pertinent ista ex Fragmento Petronii de Cœna Trimalcionis : *Gladium tamen strinxi, et mataritata umbras cecidi.* Ubi forte legendum *matari*, aut *matara.* Galli inde vocem *Matras* retinuere, pro telo, quæ occurrit in Consuetud. Bayonensi tit. 26. art. 4.

* *Matelas*, eodem sensu, f. pro *Matras*, in Lit. remiss. ann. 1390. ex Reg. 140. Chartoph. reg. ch. 557 : *Rommet du Bosc avoit une arbalestre et quatre Matelas Matrasse*, in aliis ann. 1478. ex Reg. 206. ch. 370 : *Le suppliant benda une arbaleste, ... et et tira une Matrasse.*

¶ **MATASSA.** Acta S. Franciscæ Romanæ tom. 2. Martii pag. 103 * : *Habebat etiam certas Matassas filorum auri purissimi, ex quibus ipse Angelus faciebat globos filorum aureorum.* Ubi Henschenius observat, ita appellari Italis filamenta in spiram grandiorem collecta ex rhombo super pannum textorium glomeranda in tramam, adminiculo radii per stamina trajiciendam. Tales autem fili super pannum in tramam convoluti glomos auctor hic globos dicit. Vide *Mataxa.*

¶ **MATATA**, Vide *Mata.*

MATAXA, Idem quod *Metaxa*, Sericum vel bombix, seu bombasium. Gloss. Saxon. Ælfrici : *Mataxa, vel corductum, vel stramentum :* stræl, *vel* bedding, i. stramentum. [Papias : *Mataxa, dicta quasi metaxa a circuitu scilicet filorum... Instrumentum est texendi.*] Leo Ost. lib. 3. cap. 57. (al. 58.) : *Albas de Matassa bambacii octo.* Interdum mataxa est funiculus. Gloss. Lat. Gr. : *Mataxa*, σιρά. Hesychio vero σιρά, dicuntur σπάρται μεγάλαι, καὶ πλεκτὸν ἱμάντωμα ἐν ταῖς ναυσίν. Ita emendant viri docti. Malim σειρά : nam *Mataxa*, Vitruvio lib. 7. cap. 3. est restis seu funiculi species, ut vult Philander. Glossæ : *Mataxa*, ἡνία. Octavius Horatianus l. 4 : *De capillis ipsius mulieris, qui excidunt, quando se ornat cum Mataxa, facit in medio nodum, etc.* Vide *Matassa.*

* Glossar. Lat. Gall. ann. 1348. ex Cod. reg. 4210 : *Mataxa, Gallice, Cerest et ce retz.* Vide infra *Metaxa.*

¶ 1. **MATELLA.** Gloss. Græc. Lat. : Στάμνιον, *Matella.* Στάμνος, *Matella, urceus, urna.*

* 2. **MATELLA** f. diminut. a *Meta*, Congeries vel strues in acutum tendens. Charta ann. 982. tom. 9. Collect. Histor. Franc. pag. 648 : *Et parvenit ad ipsam Matellam de Gomesindo, etc.* Vide infra *Medo* 2.

¶ **MATELLATA.** Vide *Matulata.*

1. **MATER**, Abbatissa, Monasteriorum Sanctimonialium Præfecta, apud S. Hieron. in Epist. ad Sabinianum, Gregorium M. lib. 7. Ind. 2. Epist. 28. et alios, quæ crebrius *Mater Monasterii* dicitur, ut apud S. August. Epist. 109. Hildebertum Cenomán. Epist. 79. Adhelelmum Episc. Sagiensem in Vita S. Opportunæ n. 8. Rudolfum in Vita S. Liobæ num. 2. in Regula S. Cæsarii ad Virgines, in Vita S. Bathildis Reginæ cap. 2. num. 7. in Vita S. Boniti Episc. Clarom. cap. 7. in Vita S. Præjecti cap. 1. n. 3. etc. [* Vide in *Abbas* pag. 16. col. 1.]

¶ Mater Ecclesia, Cathedralis. Histor. MS. Monast. Beccens. pag. 146 : *Si autem in eadem parochia talis causa orta fuerit, quæ ferri judicio finienda sit, tunc ex placito Abbatis, aut apud Matrem Ecclesiam causa finiatur, judiciumque portabitur, aut Archiepiscopus ferrum judicii ad locum per ministros suos destinabit.* Vide *Ecclesia.*

* Vulgo *Eglise matrice. Mater*, nude, appellatur in Actis S. Gauger. tom. 2. Aug. pag. 689. col. 2 : *Porro vir Domini Gaugericus non procul a Matre superbis in ædibus.... habitabat; verum semper aut in ecclesia aut juxta ecclesiam versabatur.* Vide infra *Maternitas*,

¶ Mater de Fonte *et Confirmatione*, Quæ aliis *Matrina*, Gall. *Marraine*, dicitur. Concilii incerti Decretum, apud Marten. tom. 4. Anecd. col. 57 : *Homo si incestum commiserit de istis causis : de Deo sacrata, aut cum Matre sua de Fonte et Confirmatione, etc. Mater Spiritualis*, apud Aimoin. l. 3. Hist. cap. 6.

¶ Mater Coquinæ, Quæ viliora coquinæ officia implet. Vetus Ceremoniale MS. B. M. Deauratæ Tolos. : *Mater coquine teneatur isto die portare in refectorio duas durnas plenas aque specialis.* Et infra : *Prius administrator debet providere expensis Conventus de alleis et lactucis... et hoc debet facere mundare et preparare in coquina videlicet a Matre coquine.*

¶ Mater Facultataria, dicitur *quæ habebat ex testamento mariti facultatem aliquid agendi, disponendi, determinandi pro liberis*, in Decis. Rotæ ad calcem Fontanellæ de Pact. nupt. edit. Lugdun. ann. 1719. Decis. 43. et 44.

¶ Mater Noctium nuncupabatur apud veteres Saxones et Danos ea nox qua Christum natum existimabant, quod ab ea anni exordium ducerent, *quasi illa esset parens et princeps omnium reliquarum noctium, ut pote a qua caput anni civilis sumeretur*, inquit Jos. Scaliger lib. 2. de Emendat. temp. pag. 170. quem consule.

* 2. **MATER**, nude, pro Nutrix, vulgo *Mere nourrice.* Lit. Caroli IV. ann. 1322. in Reg. 61. Chartoph. reg. ch. 342 : *Nos dilectæ Matri nostræ Agneti de Yssiaco domicellæ, quæ nos de suo lacte nutrivit etc.* Alia ejusd. reg. ann. 1324. ex Reg. Cam. Comput. Paris. fol. 9. v°. : *Nous à nostre chiere et amée Mere Agnes d'Issy, laquelle nous nourri de son leit, avons donné* 50. *livres à Tournois de rente.* Eadem ratione Joanna des Fossez, *Mater* nuncupatur Joannæ reginæ Caroli IV. uxoris, in Reg. 64. ch. 532.

* 3. **MATER**, Alveus, Gall. *Lit d'une riviere.* Charta ann. 1319. in Reg. 59. Chartoph. reg. ch. 318 : *Exinde tenendo Matrem antiquam dicti rivi Dandaut, usque ad gurgim ejusdem rivi.* Alia ejusd. ann. in Reg. 61. ch. 166 : *Deinde prout ipse rivus de Vera descendit per Matrem antiquam dicti rivi seu fluminis Veræ.* Vide infra *Matrix* 2.

Matres Cerebri, sic dicti panniculi duo, qui circumdant cerebrum, quorum alter crassior, *dura mater* vocatur; alter *pia mater.* Vide Constantinum African. lib. 3. Pantechn. cap. 11.

* Lit. ann. 1358. in Reg. 93. Chartoph. reg. ch. 230 : *Cum dicto ense dictum Raymundum Fornesii uno ictu in pulsu capitis percussit et letaliter vulneravit et sibi pia et dura Mater fregit.* Vide infra *Miringæ.*

* **MATERA**, Fermentum, quo in conficienda cerevisia utuntur. Vide supra in *Maeria* 4.

¶ **MATERACIUM**, Lanea culcita. Charta ann. 1347. tom. 2. Hist. Dalphin. pag. 567 : *Item volumus quod tibi de lectis, videlicet de Materaciis, et pulvinaribus et paleis, tantum forrerii nostri debeant ministrare.* Vide *Mataritium.*

¶ **MATERATIUM**, Grabatus. Miracula B. Ambrosii Senens. tom. 3. Martii pag. 239 : *Puer quidam de Ciggiano cecidit de quodam Materatio, quo pauperes pro lecto utuntur, et casu sic concussus est, quod manibus et pedibus et toto corpore immobilis factus, mortuus ab astantibus putaretur.* Occurrit præterea in Constit. Caroli II. Reg. Siciliæ.

¶ **MATERCULARIA**, Ecclesia, cui adjuncta *matricula;* quo sensu etiam *matricula* nude dicitur. [* Vel potius, reditus officio *Matricularii* assignatus.] Statuta reformat. S. Claudii an 1448 : *Item Matercularia villæ de Poncino Lugdunensis diœcesis debetur sacristæ monasterii.* Hinc *Matercularius*, qui *Matercularia* donatus, in iisdem Statutis pag. 56.

MATERIA, Materies, *Materiatura, Materiamen, Maeremium, etc.* Voces, quæ unum idemque significant, materiam scilicet ligneam ædibus ædificandis idoneam : [quomodo Græci ὕλην dicunt.] Nam, ut observat Pollux lib. 7. cap. 25. lignorum alia igni et foco destinantur, alia ædificiis : illa ξύλα καύσιμα, hac ἐργάσιμα vocat. Gloss. Græc. Lat. : Ὕλη ξύλων, *materia.* Alibi : ξύλα ἐργάσιμα, *ligna fabricaria.* Vide leg. 55. D. de Legat. 3.

Materia, in Gloss. Lat. MS. exponitur *trabes.* Cornelius Fronto : *Materies, animi est ; materia, arboris : et materies qualitas ingenii, Materia fabris apta.* Vegetius lib. 2. cap. 25 : *Secures, ascias, serras, quibus Materia ac pali dedolantur. Materiam dedolare*, lib. 3. cap. 4. Adde lib. 4. cap. 14. Pactus Legis Salicæ tit. 27 : *Si quis in silva Materiam, aut ligna furaverit, etc.* Ubi *aut*, nihil aliud sonat quam *et*, ita ut idem sit *materia* cum ligno, quidquid dicat Wendelinus. Lex Salica tit. 8. habet nude *materiamen.* Capitulare de Villis cap. 3 : *Non corvadas, non Materiam cædere.* [Charta ann. 1180 : *Willelmus dominus Montifortensis concessi ut habeat Abbatia S. Jacobi phaselam in aqua ad deferendu ligna ad usum suum et ligna ad Materiam, quæ habuerit de concessione mea.* Diploma Theoderici Franc. Reg. ann. 724. apud Eccardum Orig. Habsburgo-Austr. col. 112 : *Ut nullus ibidem campas facere, nec porcos saginare, nec Materiam succidere, neque ipsius fines penitus irrumpere præsumeret.*] Hispani *Madera* dicunt, ut observat Bivarius ad Chronicon Marci Maximi pag. 315.

Gloss. Lat. G.: *Materiæ*, ξυλεία. Differt vero *materia* a *tabulatis* : *nam materiæ* nomine *trabes* intelliguntur; *tabulatorum* vero *asseres*. Vide Jacobum Gothofredum ad leg. 15. Cod. Th. de Extraordin. muneribus. (11,16.)

Materies, eidem Vegetio lib. 2. cap. 10. Monasticum Anglic. tom. 2. pag. 148 : *Dedi illius Materiem in Escalada in perpetuum ad ædificia sua et cætera omnia necessaria domus suæ*. Tom. 1. pag. 821 : *Et ligna et Materiem ad omnia necessaria sua, et ad domos suas ædificandas*.

Materiarius, Faber lignarius, in vet. Inscript. apud Gruter. 460. 7. et apud Plautum in Milite glorioso.

* Alia Inscript. in Diar. Ital. Montisfalc. pag. 391. Negotianti Materiario. Ubi solidæ mercis propola, Gall. *Marchand en gros*, intelligendus videtur.

Materiaria Mansio, ex *Materia*, seu ligno confecta. Willel. Tyrius lib. 12. cap. 25 : *Et ejusdem rugæ aliam partem, et unam Materiariam, et duas lapideas mensiones habentes*.

Materiare, Ex ligno conficere, apud Vitruvium lib. 5. cap. 12 : *Eaque ædificia minime Materianda sunt propter incendia*. [Charta ann. 1362. ex Reg. 93. Tabul. regii n. 39 : *Et concessit eis... nutrimentum omnium pecorum et animalium et ad Materiandum et ad omnes illos usus*.]

Materiatura, Lignea materia, apud eumdem Vegetium lib. 4. cap. 2.

Materiamen. Lex Salica tit. 8. § 4 : *Si quis in silva alterius Materiamen furatus fuerit, aut incenderit, etc.* Lex Ripuar. tit. 76 : *Si quis Ripuarius in silva communi... Materiamen vel ligna fissa abstulerit, etc.* Appendix 2. ad libr. 4. Capitular. Caroli M. *De Materiamine ad naves faciendum*. Capitulare de Villis cap. 62 : *Quid de axilis, et alio Materiamine, etc.* Adhalardus in Statutis Corbeiensib. lib. 1. cap. 7 : *Boves et reliquam pecuniam habeat... unde possit molinum construere, et omne Materiamen, quod ad illud molinum emendandum pertinet, adducere*. Charta Archiepiscopatus Remensis : *De Materiamine carrucas* 5. Epistola, quæ habetur tom. 2. Hist. Franc. pag. 665 : *De plumbo autem et Materiamine similiter demandate. Materiamina lignorum*, in Vita S. Faronis Episcopi Meldensis cap. 130. Adde Chartam Dagoberti Rigis Franc. apud Henschenium de Tribus Dagobert. pag. 28. Ab hac voce appellarunt nostri omne lignum silvæ ædificiis idoneum *Bois marmentau*, ut Consuetudo Andegav. art. 36. 103. 113. 497. et Cenomanensis art. 116. et 124. et *Marmau*, Burbonensis art. 264.

** Maderame, in chart. ann. 779. apud Neugart. in Cod. Dipl. Alem. tom. 1. pag. 67. num. 72. Vide *Madera*.

Maeremium, Maremium, et Meremium, Quævis materia lignea, ædificandis domibus apta, seu quodvis *materiamen*, unde vocabuli origo; nostris *Merrien*, ut in Consuetud. Comitatus sancti Pauli art. 21. vel *Marrian*, ut in Ambian. art. 210. *Mairan*, Occitanis : *Marren*, in Charta Godefridi Lingonensis Episcopi apud Chifletium in S. Bernardo, ubi Perardus pag. 256. habet *Marremum*. Charta fundationis Arnethaytensis Monasterii in Cumbria, in Monastico Anglic. tom. 1. pag. 324 : *Concessimus etiam eisdem Monialibus communiam pasturam cum omnibus animalibus suis.... per totam forestam, capiendis ibidem sufficientem Maeremium pro omnibus suis ædificiis, etc.* In Additam. ad Matth. Paris. : *Inquiratur de extractoribus vel venditoribus buscæ, Maeremii et carbonis de foresta*. Adde tom. 2. Monastici Angl pag. 143. tom. 3. pag. 15. [Charta ann. 1337. apud Rymer. tom. 4. pag. 730 : *Ac sub confidentia Maeremii illius, facturam prædictæ galeæ jam incepi fecerimus*. Alia apud *Madox* Formul. Anglic. pag. 148 : *Pro reparacione ejusdem molendini sufficiens Maeremium ad custagia ipsius Johannis cariandum*.]

¶ Maerennum, in Charta ann. 1348. apud Rymer. tom. 5. pag. 6 : *Nec non et Maerennum et buscam pro cleiis, pontibus, bordis, etc.*

¶ Mairannum. Vide *Mastz*.

Maremium, apud Thomam Walsinghamum pag. 104. *Mareimum*, tom. 2. Monastici Angl. pag. 286.

¶ Marienum. Charta Communiæ S. Quintini ann. 1237. ex Chartular. S. Quintini in insula pag. 156 : *Et illas tres kaherias et plankelas et ventalia tenentur suis sumptibus de omni marieno necessario et de omni carpentatione in perpetuum detinere*.

Meremium. Ingulfus : *Fecit ipse de eodem Meremio plurima, pulcherrimaque ædificia*. Henricus de *Knyghton* in Ricardo II : *Fecerat unum bastile de Meremio*. [Charta ann. 1310. apud *Madox* Formul. Anglic. pag. 384 : *Et ad capiendum necessaria mea de Meremio ad carucatas, carras, etc. Meremium grossum et parvum*, in Charta ann. 1403. ibid. pag. 124.]

* Merenium, in Chron. Joan. Whetham. edit. Hearn. pag. 534 : *Et ad ereccionem sive fabricationem capellæ istius, ultra Merenium, etc.*

Maheremium, in Fleta lib. 2. cap. 41. § 9 : *Maheremium aut buscam de foresta*.

¶ Mahermium, in Litteris Henrici VIII. Regis Angl. ann. 1530. apud Rymer tom. 14. pag. 369 : *Ac pro captione et provisione quorumcumque Mahermii, petrarum, sive lapidum, etc.*

Marrenum, in Chronico Rotomag. a Labbeo edito ann. 1227. [Charta Petri Comitis Autissiodor. ann. 1229. apud Thomasserium Consuet. Bituric. pag. 709 : *Et semel in anno michi usque aducent Marrenum vel ligna de Fretoy apud Mailliacum villam* Computus ann. 1247. ex Tabul. Capituli Autissiodor. : *Ultra hoc quod necessarium est Capitulo ad Marrenum clausi reponendum*.]

¶ Meremum. Charta Theobaldi Comitis Blesensis ann. 1215. ex Tabul. Calensi pag. 170 : *Dedi ei siquidem Meremum in foresta mea de Hez capiendum*.

Merrenum, in Charta Philippi Augusti ann. 1209. lib. 2. Hist. Parisiensis.

* Marramentum, Eadem notione. Inventar. Chartar. reg. ann. 1482. fol. 307 : *Littera decani et capituli Turonensis de Marramento eis concesso de gratia in foresta de Taleio. De anno* 1241. Arest. parlam. Paris. in Reg. *Olim* ann. 1290. fol. 88 : *Jus non habeo arrestandi vel impediendi ne major vel communia et jurati S. Joannis Angeliacensis possint emere Marramentum, et illud extrahere a dicta villa Burdegalæ et Wasconia*. Occurrit præterea in Lit. ann. 1248. tom. 5. Ordinat. reg. Franc. pag. 601. art. 16.

¶ Merramentum, in Charta ann. 1260 : *Merramentum etiam quod habet idem Abbas* (Sangerm.) *et eidem Guillermo jam tradiderat, ut dicebat, scilicet duo millia et centum de chevrones, etc.* Chartular. S. Vincentii Cenoman. fol. 74 : *Et si eam* (grangiam) *pejorari permitteret, dicti monachi possent capere Merramentum domus et petram de circuitu, etc.*

¶ Merreamentum. Vita S. Yvonis tom. 4. Maii pag. 595 : *Ubi tam pii et sancti operis Merreamenta scissa sumptuque sunt*.

¶ Merrementum. Statuta Eccles. Nivern. ann. 1246. apud Marten. tom. 4. Anecd. col. 1071 : *Inhibemus, ne quando legitur Biblia secundum Ecclesiæ vestræ usum, clerici aliqui seu Canonici Merrementa seu ligna aliena comburere præsumant*.

Merremium *operatum et non operatum*, in Charta Roberti Comitis Drocensis et Yolendis uxoris.

Muremium, perperam pro *Maremium*, in Quoniam Attachiamenta cap. 30.

Merannum, Eodem significatu. Charta ann. 1261. apud Perardum in Burgundicis : *Ad omne genus lignorum et Meranni*. Mox : *Merannum et omne genus lignorum in omnibus et singulis dictis nemoribus..... percipiant*.

¶ Merennum. Computus ann. 1425. apud Kennett. Antiquit. Ambrosden. pag. 575 : *Et in diversis hominibus conductis ad deponendum et extrahendum vetus Merennum, massam et lapides*. Occurrit iterum ibidem pag. 577.

Marronner, in Charta Gallica ann. 1277. apud eumdem Perardum pag. 541. materiamen ex silvis auferre : *Fors les bois de vente, qui en sont excepté, sauf ce que nostre dite Dame y ay son usaige por affoer, por maisoner, por Marroner, et por la paisson de ses pors*.

¶ Maronage, *Droit de Maronage*, Jus ligna in nemoribus pro ædificiis exscindendi. Charta ann. 1622 : *Que les bois en seront distraits esquels elle ne pourra rien prétendre, sinon pour son chauffage, Maronage et pesselage*.

Mairien et Marriens, passim Scriptoribus nostris. [Le Roman *de Rou* MS. :

> Merriens à traire et fust porter,
> Chevilles faire et bois doler.]

Johannes *de Mehun* in suo Testamento :

> Helas quand je regarde mon estat premerain,
> Coment Dieu me fist homme qui n'estoie rien,
> Et de si vile matiere, et de si vil Mairrien,
> Bien devroie aimer Dieu, au mains au derrain.

Galterus *de Mets* in Mappamundi MS. cap. 42 :

> Un haut mont en Ermenie a,
> Ou l'arche Noé reposa,
> Encore y treuv'on assés
> Du Mairien ou elle fu faite.

Guignevilla :

> Qui de Marrien mestier aroient,
> Ou qui busche à ardoir vaurroient.

Philippus *Mouskes* de Simone Comite Montisfortis :

Et li Quens i ert à ses engiens,
U il faisoit traire Mairiens,
De la rebombe d'une pierre,
Fut conseus el cief derriere.

Vetus versio Gallica Ægidii de Roma de Regimine Principum cap. 19 : *Et se doit-on avoir grant plenté de fer et de Mairien pour faire engins necessaires.* Adde cap. 17. et Gloss. ad Villharduinum.

* MATERIA, Surculus, in re agraria. Pallad. de Re rust. lib. 6. tit. 2 : *Non autem amplius resectæ et pullulanti viticulæ, quam duæ vel tres Materiæ relinquantur.* Utitur etiam Columella.

* MATERIA FRANCA. Consuet. Norman. part. 1. cap. 26. ex Cod. reg. 4651 : *Ex institutione autem fit successio, quando feodum ex institutione facta ad alium revertitur, quam ad hæredes possidentis : et hoc maxime attenditur in dotibus et viduitatibus secundum villarum consuetudines, ut apud Bajocas fracta feste, domorum possessio, quæ sine franca Materia est constructa, ad dominum, de quo tenetur, debet revenire.* Quid sit vero *Materia franca* aperte declaratur in Gallico : *Qui est sans franche Matiere, c'est sans carrel et sans mortier.* Quo etiam sensu intelligenda videtur vox *Matere*, in Stat. ann. 1366. tom. 4. Ordinat. reg. Franc. pag. 720. art. 11 : *Maçonnerie, charpenterie, couverture, Matieres, service pour ce faire, etc.*

* MATERIA GROSSA, Stercus humanum, nostris etiam *Matiere.* Lit. remiss. ann. 1354. in Reg. 82. Chartoph. reg. ch. 695 : *Qualam necessitate dictum Johannem cogente pro grossa Materia et urina faciendis, in quodam parvo nemore prope dictum iter ivit.*

* MATERIA, pro Fermento, quo cerevisia conficitur. Vide supra in *Maeria* 4.

¶ MATERIALIA THEMATA, Propositiones illustrandæ, discutiendæ. Libellus Episcoporum Italiæ contra Elipandum tom. 3. Concil. Hispan. pag. 100 : *Ponamus igitur exempli causa secundum humanæ rationis affectum, necessitate per omnia compellente, Materialia themata disputandi.*

* MATERIALIS, Nothus, spurius, illegitimus. Stat. ant. Florent. lib. 5. cap. 33. ex Cod. reg. 4621 : *Ordinatum est quod omnes et singuli legitimi et Materiales, sive Materiales tantum sive qui vulgo bastardi appellantur, de domibus et casatis seriptis etc.* Vide supra *Filius materialis.*

¶ MATERIAMEN, MATERIARE. Vide *Materia.*

¶ MATERIARII HÆRETICI, Qui materiam natam aut factam negant. Tertullianus adversus Hermogenem cap. 25 : *Audio enim apud Hermogenem ceterosque Materiarios hæreticos, terram quidem illam informem et invisibilem et rudem fuisse : hanc vero nostram proinde et formam, et conspectum, et cultum a Deo consecutam.*

¶ MATERIARIUS, MATERIATURA. Vide *Materia.*

¶ 1. MATERIATUS, Opus quodvis arte elaboratum. Libellus de Canone mystici Ordinis vulgo Hugoni a S. Victore adscriptus, cap. 5 : *Ordine naturæ flos præcedit fructum, sonus cantum, materia Materiatum.*

* 2. MATERIATUS, Constructus. Inscript. ann. 1582. apud Naldin. in Corogr. ecclesiast. della cita e dioc. di Giustinop. pag. 61 : *Hanc ædium partem male Materiatam, antequam pene vitium faceret etc.*

MATERINUS, Lanea culcita, ex Gall. *Materas.* Charta Ludovici Regis Fran. ann. 1259 :... *Quitasse et in eisdem domibus liberasse, quicquid de ligno est, et de ferro, ære quoque et vitro, plumbo, stagno, pluma, corio, lana, canabo, et lino Materino, et omnia domorum utensilia.*

MATERIOSUS, Πολύυλος, in Gloss. Græc. Lat. [* Germ. *Nemorosus*, in Castigat. ad utrumque Glossar.]

¶ MATERIOLA, προσωποποιΐα, Fictio personæ. Gl. Lat. Græc. Sangerm.

¶ MATERIS. Vide *Matarus.*

¶ MATERNA, pro *Matrona*, Gall. *la Marne.* Charta Matthæi domini Montis-Mirabilis pro Prioratu de Radolio (*Reuil*) ann. 1244. ex Archivis ejusdem Prioratus : *Dedi in puram eleemosinam Prioratui de Radolio piscatorium in aqua mea Maternæ.* Vide *Maturna.*

¶ MATERNA LINGUA, Vulgaris, vernacula. Chart. ann. 1503. apud *Madox* Formul. Anglic. pag. 339 : *Omnes easdem animas nominatim et in specie in lingua Materna idem Canonicus presbiter publice recitans et Deo devote recommendans.*

¶ MATERNALITER, Vernacule, vulgari sermone. Charta ann. 1189. apud Murator. delle Antic. Estensi pag. 356 : *Et cum predictus Patriarcha* (Aquileiensis) *litteraliter sapienter predicasset, et per eum predictus Gherardus Paduanus Episcopus Maternaliter ejus predicationem explanasset, etc.*

MATERNICUM, Hæreditas, quæ ex parte matris provenit, ut *paternicum*, quæ ex parte patris. Chartæ Alamannicæ Goldasti n. 50 : *Quantumcunque mihi in jam dicto pago Auguscauginse advenit tam de paternico. quam de maternico, seu de comparato, etc.* [** Adde chart. ann. 744. et 783. apud Neugart. in Cod. Dipl. Alem. num. 10. et 85.] Vide *Matrimonium.*

* MATERNITAS, dicitur de ecclesia matrici seu Cathedrali, in Bulla Calixti II. PP. ann. 1122. inter Probat. ult. Hist. Trenorch. pag. 143 : *Ex communi fratrum judicio diffinitum, vestram beati Johannis ecclesiam debere Maternitatis prærogativam in perpetuum obtinere.* Ibid. pag. 144 : *Matritricis ecclesiæ possideat futuris temporibus dignitatem.* Vide supra *Mater ecclesia* in *Mater* 2.

MATERONES. Vide *Macerio.*

¶ MATERTERA, Amita. Johannes Skenæus de verborum significatione pag. 97 : *Sed aliquando Matertera sumitur improprie pro patris sorore, Latine amita. In lib. 2. C. deficientibus 34. Post avunculum, h. e. patruum ejusque liberos, Matertera ejusque liberi habent jus successionis.*

* Stat. Palavic. lib. 1. cap. 26. pag. 30 : *Quod si contingat aliquam litem, causam vel quæstionem esse vel moveri inter patrem et filium, avum, proavum, nepotem, ... patruos, amitas et Materteras, et quosqus alios utriusque sexus conjectos, usque ad quartum gradum etc.*

¶ MATES, Hortus. Pancarta Abbatiæ S. Stephani de Vallibus apud Xantones, Charta 32 : *Censum qui est supra ortos qui appellantur Mates.* Vide *Mata.* [* Nomen loci esse videtur.]

¶ MATESIS. Vide *Mathesis.*

¶ MATESMA. Chron. Bergom. ad ann. 1393. apud Murator. tom. 16. col. 870 : *Facta fuit una andata per homines partis Gibellinæ de Brembilla super territorio Guelphorum Vallis Immaniæ, et interfectus fuit unus Guelphus, ut dicitur in Matesma.*

¶ MATHA, Modus agri. Vide *Mata.*

¶ MATHALACIUM, Culcitra, *Matelas. Arsit palea et modicum de Mathalacio et de flassana*, in Mirac. MSS. Urbani V. PP. ex Tabular. S. Victoris Massil. Vide *Matalacium.*

* MATHALUM, *La macula*, in Glossar. Lat. Ital. Ms.

¶ MATHEA. Vide *Mattea.*

* MATHELINUS, pro Mathurinus, Gall. *Mathelin.* Charta ann. 1356. in Reg. 84. Chartoph. reg. ch. 528 : *Le ministre de la Trinité de l'ordre saint Mathelin etc.* Vide infra *Morbus S. Mathelini.*

MATHEMA, Doctrina, ex Gr. μάθημα, apud Maxentium Joannem in libello Fidei. [Gloss. Græc. Lat. : Μάθημα, *Mathèma, documentum, studium.*] Sic porro Symbolum Nicænum appellarunt SS. Patres, quod esset id, quod Christianos doceri oporteret, vel quod fidei decreta edoceret. Concil. Chalcedon. Act. 1 : Τὸ μάθημα πῶς ἔχει; ἔφη ὁ κῦρ Ἰωαννής, ὅτι περ τὸ μάθημα ἔχει ὁμοούσιον τῷ πατρὶ μόνον. Occurrit ibi aliquoties, et in V. Synodo Constantinop. Act. 8. [Vide Henr. Valesium ad Socratem lib. 1. cap. 8.] [** et Glossar. med. Græcit. col. 851. ubi *Symbolum Apostolorum* exponitur.]

MATHEMATICA, Magia. Vita MS. S. Samsonis Confess. : *Tu et pater tuus in principio magica arte eruditi fuistis ; non enim convenit cum cœlesti sapientia mundanam exercere Mathematicam.*

¶ MATHEMATICUS, Magus, Dæmonum invocator. Judicia Sacerdot. apud Marten. tom. 7. Ampliss. Collect. col. 32 : *Si quis Mathematicus fuerit, id est, invocator dæmonum, mentes hominum tulerit, aut debacchantes fecerit*, VII. *annis pœniteat.*

MATHEMATICI, Genethliaci, Chaldæi, *qui*, ut ait Gellius lib. 14. cap. 1. *de motu deque positu stellarum dicere posse, quæ futura sunt, profitentur.* Ibid. lib. 1. cap. 9 : *Vulgus, quos gentilitio vocabulo Chaldæos dicere oportet, Mathematicos dicit.* Unde colligitur, Gellii ævo vocem hanc vulgi tantum fuisse ac novitiam. S. Augustin. lib. 2. de Doctr. Christ. cap. 21 : *Neque illi ab hoc genere perniciosæ superstitionis segregandi sunt, qui Genethliaci propter dierum natalium considerationes nunc autem vulgo Mathematici vocantur.* Alcuinus lib. de Divin. Offic. : *Astrologi dicti, necnon Genethiaci propter natalium considerationes.... hi vulgo Mathematici appellabantur.* S. Audoenus de Vita S. Eligii : *Mathematici spernendi, auguria perhorrescenda, somnia contemmenda, etc.* Adde Rabanum lib. 3. de Instit. Cleric. cap. 16. Sidonium lib. 8. Epist. 11. et ibi Savaron. Sic Μαθηματικὸς usurpat Concilium Laod. can. 36.

¶ MATHERA, MATHERIA. Voces mihi incertæ notionis perinde ac *Matherium* infra, nisi sit pro Fornix, aut certe quædam

Fornicis pars. Acta S. Lietberdi tom. 4. Junii pag. 606 : *Cameraci vero decimum monetæ et Matheram, et in vico de Paschiertrau cambam unam, et in bolengria furnum unum.* Hist. Britan. tom. 2. pag. 88. ex Chron. S. Florentii : *Cum destructa S. Joannis Baptistæ capella super Yberim sita ; consensu monachorum ab omnium inundatione, ab Alberga religiosa muliere restauraretur, in ea juxta Matheriam dextram sacorphagum aperuerunt, etc.*

* In Actis S. Lietberti idem est quod *Maeria* 4. ut videre est supra in hac voce. In Chronico autem S. Florentii legendum esse *Maceriam* existimo, sicque apertus est sensus.

MATHERIUM. Catalogus Abbatum Floriacens. lib. 1. Miscellan. Baluzii : *Porro in Matherio turris, de qua signa pendebant, hujuscemodi inseruit versus, etc.* Vim vocis non agnosco, nisi legendum sit *narthecio*. Vide Descript. nostram S. Sophiæ, ubi de Narthece. [** Trabes. Vide *Materia*.]

MATHESIS. Ebrardus in Græcismo cap. 10 :

> Scire facit Mathesis : sed divinare Mathesis,
> Datque Mathematicos comburi Theologia.

Joan. Sarisberiensis lib. 2. Policrat. cap. 18 : *Mathesim ergo probabilem, quæ penultima brevi enuntiatur, quam et natura inducit, ratio probat, et utilitatis experientia approbat, quasi quoddam doctrinæ suæ jaciunt documentum, ut exinde opinionum suarum lubrico, quasi quadam imagine rationis, in Mathesim reprobam, quæ profertur extensa penultima, perniciosissime prolabantur.* Ita μάθεσιν et μαθῆσιν distinguebant Philosophi istius ævi, tametsi μάθεσιν nusquam dictum a Græcis constet. Egit contra hanc regulam Prudentius lib. 2. contra Symmachum :

> Quisque putat fato esse locum : sciat omniparentem
> Esse Deum, nulli vetitum fatalibus astris :
> Nec Mathesis præscripto aliquo pia vota repelli.

Ita Sarisberiensis infra, μάθεσιν *doctrinalem* vocat, quæ scilicet *in quatuor speciebus tota consistit*, Arithmetica scilicet, Musica, Geometria et Astrologia. [Papias : *Matesis, sine aspiratione dicitur instrumentalis scientia, ut facere ostium quod aperiri non possit.* (Mathesis) *cum aspiratione doctrinalis.* De *doctrinali* Placidus Diaconus in Supplemento virorum illustrium Casin. cap. 7. apud Murator. tom. 6. col. 68 : *Innocentius de Novaria professus monachus monasterii Florentiæ et hujus monasterii Abbas centesimus quartus, vir disertus et valde eruditus in divinis Scripturis ; verum in Philosophia et Mathesi versatissimus.*] Vide *Quadrivium*. De magica vero *Mathesi*, Auctor Queroli : *Mathesim et magicam sum consecutus.* Vide Isidor. lib. 3. cap. 70. Luithprand. lib. 1. cap. 3. Gloss. med. Græcit. col. 851.

* **MATHIANA**, *Poma silvestria*, in Gloss. ad Doctr. Alex. de Villa. Edit. ann. 1484.

¶ **MATHIMONIUS.** Vide *Marthimonius*.

MATHITES, Μαθητής, Discipulus. Versus Salomonis Episcopi :

> Mathitæ fido præsens didascalus esto.

¶ **MATHLARDUS**, perperam pro *Malhardus*, Anas masculus. Vide *Mallardus* et *Cercella*.

¶ **MATHURINI.** Vide *Asinus* 2.

¶ 1. **MATIA**, Baculus, officii seu dignitatis insigne. Chron. Parmense ad ann. 1302. apud Murator tom. 9. col. 844 : *Et videns ipse dominus Maphæus, quod non poterat resistere dictis adversariis suis, in instanti sine aliquo prælio et sine tenore deposuit in dicto exercitu dominium civitatis Mediolani, et baculum sive Matiam sui capitaneatus, et se posuit in dictum dominum Albertum Scotum.* Vide *Mazia*.

2. **MATIA.** Papias : *Matia, intestina, quæ sordes emittunt, unde Matiarii dicuntur, qui eadem tractant ac vendunt.* [Hinc etiam *Mattarii* nuncupantur latrinarum destercoratores.]

MATIBERNI, [Judices probi et boni ; *Mat* enim Britannico idiomate prisco et moderno est Bonus, et *Barn*, judicium, unde *Barna*, judicare.] Charta Alani Comitis Britanniæ ann. 1087. apud Argentreum lib. 1. Histor. Armoricæ : *Budicius quondam Rex Britanniæ concesserat et dederat uni prædecessorum* (Vicecomitis Leonensis plures nobilitates super navibus, etc.) *in matrimonio pro ipsius Vicecomitis probitate, fidelitate, et valentia, de consensu Prælatorum, Comitum, Matibernorum, et procerum Britanniæ, etc.*

¶ **MATINA.** Chron. Domin. de Gravina apud Murator. tom. 12. col. 608 : *Ordinaveramus ad Matinam Padulis Vivæ sibi tollere prædicta omnia bona atque vitam, tamquam nostrorum capitalium æmulorum.* An festinanter, propere ? *Mastino* ea notione utuntur Itali.

* Non apertior mihi est ejusdem vocis intellectus, in Charta ann. 1117. ex Access. ad Hist. Cassin. part. 1. pag. 234. col. 2 : *Et concedimus ipsi homines, ut qualemcumque terram de sanum exaudinaverit, in hereditatem habeant ad respondendum, sicut in Matinæ consuetudo est.*

* **MATINATA**, Mattinata, Acad. Crucanis, *Mattinata*, Matutinum amantium carmen, matutinus cantus, ut supra *Maitinata*. Correct. stat. Cadubr. cap. 127 : *Eandem quoque pœnam incurrant omnes illi, qui temerarias præsumpserint facere Matinatas, mitigandam tamen arbitrio vicarii et consulum, inspecta qualitate facti et personarum.* Stat. ant. Florent. lib. 3. cap. 193. ex Cod. reg. 4621 : *De pœna cytarizantium vel facientium Mattinatam. Nulla persona... audeat.... ire cum cornamusis, tubis seu cum aliquo instrumento vel aliquo alio genere musicorum, seu cum cantoribus seu sonando, cantando vel Mattinatas faciendo. Mastenée*, pro *Matinée*, Matutinum tempus, in Lit. remiss. ann. 1348. ex Reg. 77. Chartoph. reg. ch. 394 : *Le suppliant se leva un Mastenée environ deux lieux avant jour, etc.*

¶ **MATIO**, Latomus. Vide *Macio*.

¶ **MATIOLICHUS**, *Qui parum comedit, aut qui in minimis astutum se præbet, vel qui ex mensuris lucrum venatur. Matium, minutum lucrum.* Vocabul. Sussannæi. A Græco ματιολοιχός.

¶ **MATISCONENSIS** Moneta. Vide in *Moneta Baronum*.

* **MATISSITIUS**, f. Ad artem *macionis* seu latomi pertinens. Munit. Peronæ in Reg. 34. bis Chartoph. reg. part. 1. fol. 98. v°. col. 1 : *Omnes tornellæ habebunt supra terram xij. pedes de pata Matissitia.* Vide *Macio*.

¶ **MATIUS**, Vervex, Gall. *Mouton ;* ab Italico, ut videtur, *Maschio*, Masculus. Chron. Farfense apud Murator. tom. 2. col. 437 : *Isti qui supra in isto columnello scripti sunt, solvere debent pensionem den. III. pullum unum, Matium canepæ 1. carnatum, secundum quod habent, pro V.*

* **MATMONOCUS**, Bonus-monachus, ex Britannico *Mat*, bonus, et *Monocus*, pro monachus. Charta Ludov. Pii ann. 818. tom. 6. Collect. Histor. Franc. pag. 513 : *Notum sit quod, dum Matmonocus abba ex monasterio Landevennoch nostram adiisset præsentiam, etc.* Vide *Matiberni*.

¶ **MATO**, ut *Matto*. Vide in hac voce.

¶ **MATOLOGIUM**, Catalogus, descriptio, index ; f. pro *Martyrologium* cui non raro subjiciebant bonorum ecclesiæ indicem. Statuta Eccl. Meldens. apud Marten. tom. 4. Anecd. col. 948 : *Item et si Matologium habeant Curati, præcipiat* (Decanus) *omnia donata ecclesiæ quocumque titulo, in eo scribi.*

¶ **MATONUS**, Later, ab Ital. *Mattone*, Gall. *Brique*. Charta ann. 1345. tom. 2. Hist. Dalphin. pag. 504 : *Ipsum castrum ac villam claudere et firmare muris, seu paliciis et fossatis, et pro clausuris et fossatis dictæ villæ accipere de terris pererius et nemoribus quibuscumque dictæ Abbatiæ quantum pro prædictis castro et villa construendis, firmandis, et claudendis, tegulis, Matonis, calce et aliis necessariis faciendis opus erit.* Chron. Astense ad ann. 1190. apud Murator. tom. 11. col. 147 : *Erat dicta civitas* (Ast) *de spinis clausa, et non erat in ipsa civitate domus aliqua de Matonis novis.* Statuta civit. Saluciar. Collat. 5. cap. 153 : *Fornasarius.... teneatur et facere debeat singulos Mattonos seu lateres, ponderis... lib. 13.* Vide *Matto*.

* Hinc forte appellata *Maton*, placentæ species. Fabul. tom. 2. pag. 117 :

> Orent assez la nuit sioste,
> Lait boilli, Matons et composte.

¶ **MATRA**, μήτρα, *Matrix*. Supplem. Antiquarii.

¶ **MATRACIUM**, Lanea culcita, a Gall. *Matras*. Vita S. Vincentii Ferrerii tom. 1 : Aprilis pag. 511 : *Habetur Veneti quoddam stratum ex lana confectum, quod vulgo vocant Matracium.*

MATRASTA, nude in Gl. Arabico-Lat. Noverca.

¶ **MATRATIUM**, ut *Matracium*. Regula reform. monast. Mellicensis in Chron. ejusdem pag. 359 : *Pro lecto habeat Matratium, lecto plumarum non utatur sanus intra monasterium, sed infirmus ; extra monasterium ubi Matratium non habetur, poterit in tali lecto quiescere.* Occurrit rursum pag. 360.

¶ 1. **MATRATUM**, a Gall. *Matras*, Culcitra. Epist. Johannis *Troester* apud Raim. Duellium lib. 1. Miscell. pag. 239 : *Quam* (morbi causam) *ut effugere valeas, præclaris dotatus es donis, nunc polite scribendo, venando.... nunc saginationem mi-*

nuendo, super duris et intractabilibus Matratis corpus resupinando.

¶ 2. **MATRATUM**, Crepitaculum, Gall. *Cresselle.* Tabula lignea quæ pluribus malleolis pulsatur, sive ad excitandos fratres in monasteriis, sive ad horas divini Officii indicandas diebus infra hebdomadam sanctam quibus silent campanæ. Missale Mozarabum : *His peractis pulsetur ad Vesperas cum Matratis ligneis.*

MATREA, *Noverca*, in Gloss. Lat. MS. Reg. Cod. 1013. pro *Matrinia.* Vide infra. Occurrit etiam hæc vox in Gloss. Arabico-Lat.

¶ **MATRES**, pro *Mare*, Lacus, aquæ receptaculum, Gall. *Reservoir;* si tamen asserta lectio. Charta ann. 1196. ex minori Chartul. S. Victoris Massil. pag. 188 : *Salem vero qui succresceret in Matribus* (f. maribus) *vel locis* (leg. lacis, pro lacubus) *præceperunt esse comune omnibus Sexfurni hominibus.* Vide *Mara* 2. et *Matroces.*

¶ **MATRICA**, Urbs provinciæ caput, Gall. *Capitale.* Expositio compendiosa benefic. fol. 5 : *Primates qui pluribus provinciis, Metropolitani qui Matricæ, Archiepiscopi qui provinciæ, Episcopi qui civitati præsunt.* Vide *Metropolitanus.*

MATRICARII. Scholiastes Juliani Antecessoris in Const. 23. cap. 88 : *Matricarii dicuntur illi, quos videmus ad incendia currentes, et portantes spongias cum ferramentis, et alia ferramenta, per quæ possint de pariete in parietem transire, et ita incendium extinguere.* Alii *Carpentarios* interpretantur, Glossæ laudatæ a Pithœo : Ματρίκιον, τὸ παχὺ ξύλον καὶ πλατύ. Ματρικάριοι, ξυλουργοί. A voce *Materia*, ubi vide, [vel a *Matricula*, quod in *Matriculam* Prætoris essent relati, ut monet Brissonius.]

* **MATRICIANUS**, Idem quod *Matricida;* minus quidem proprie, cum de eo dicitur, qui filium matri dilectissimum occidit. Vita B. Joan. Bassandi tom. 5. Aug. pag. 888. col. 1 : *Optimam igitur occasionem rex juvenem perimendi nactus, jussu ipsius a Matricianis in redeundo crudeliter est occisus. Unde mater in tantum doluit, ut pene totaliter desperaret.* Non placet doctorum Editorum conjectura ad hunc locum.

¶ **MATRICOLA.** Vide in *Matricula.*

MATRICULA, Catalogus, descriptio, index : vox nota JC. Codex Canonum Eccles. Afric. can. 86 : Ματρίκιον καὶ ἀρχέτυπον τῆς Νουμιδίας, ubi Cod. Lat. cap. 53. *Matricula et archivum Numidiæ.* Vide *Matrix*, 1. et *Brevis.* [Statuta Eccl. Valent. tom. 3. Concil. Hispan. pag. 510 : *Item aliquis non recipiat ordines, nisi fuerit nomen ejus scriptum in Matricula Archidiaconorum.*]

Apud Scriptores vero Ecclesiasticos duplex est, altera Clericorum, altera pauperum. Clericorum matricula ea est, in quam Ecclesiarum Clerici referebantur, qui eo nomine stipendiorum Ecclesiasticorum erant participes, in Concilio Agathensi can. 2. Aurelianensi IV. can. 13. Autisiodorensi can. 3. Capit. Caroli M. lib. 7. cap. 167. [237.] etc.

Dicitur etiam *Matricula*, in qua Clericorum hebdomadariorum in Ecclesiasticis Officiis munus indicatur. Charta Odonis Episcopi Parisiensis ann. 1199 : *Campanæ ordinate pulsabuntur, Cantor faciet Matriculam in omnibus ordinate.* Vide *Tabulæ officiales*, in *Tabulæ.*

¶ Matricula itidem appellabatur Ordo divini Officii celebrandi per hebdomadam, qui singulis Sabbatis in ecclesiis legendus exponebatur. Litteræ ejusdem Odonis ann. 1203. in Tabul. S. Clodoaldi : *Ab illo autem qui breve faciet singulis Sabbatis scribetur dies in Matricula, qua prædictum officium debeat celebrari.*

Matricula pauperum ea erat, in qua pauperum, qui Ecclesiasticis stipendiis alebantur, nomina descripta erant. *Matricula egenorum*, apud Lambertum in Vita S. Heriberti Archiepiscopi Coloniensis n. 25. Hinc pauperes ipsi *matriculæ* interdum appelati, ut in Concilio Autisiod. ann. 578. can. 3. Vita S. Eparchii Abb. Inculismensis cap. 9 : *Jussit, ut collectis infirmis et Matriculis ad portam civitatis rei expectaret eventum.* Ita usurpat Gregorius M. lib. 2. Indict. 11. Epist. 44. 45. Fortunatus in Vita S. Radegundis cap. 17 : *Præter quotidianam mensam, qua refovebat Matriculam duobus semper diebus, etc.* id est, *pauperes Matriculæ.* [Gesta Bertichrammi Episc. Cenoman. tom. 3. Analect. Mabill. pag. 111 : *Peregrinorum quoque sive Matricularum receptiones et refocillationes devotissime supplevit.* Testam. ejusdem Bertichramni ibid. pag. 127 : *Tam in vestimentis, quam et in lectariis, aut in calciamentis, et istis fratribus nostris et Matricolabus S. Petri qui sub regimine suo esse noscuntur, etc.*] Nam

Matricula, sæpe usurpatur pro domo, in qua pauperes alebantur, ad ostia Ecclesiarum ut plurimum extructa. Testamentum S. Remigii Remensis Episcopi : *Martyriis, Diaconiis, Xenodochiis, omnibusque Matriculis sub tua dispositione positis.* Gregorius Turon. lib. 2. de Mirac. cap. 37 : *Cum ea ad Basilicam properat, celebratisque vigiliis, mane pauperibus, qui ad Matriculam illam erant, cibum potumque protulit.* Gesta Regum Francorum cap. 11 : *Ante Ecclesiæ Matriculam in medio pauperum consedit.* Charta S. Leodegarii Episc. Augustodun. ex Tabular. ejusdem Ecclesiæ : *Quas villas... in statum Matriculæ nostræ, quam ad ostium Ecclesiæ S. Nazarii fabricavimus, cum omnibus appenditiis delegamus, secernimus, transfundimus, ea ratione, ut tam a Præposito ejusdem Matriculæ Bercario, quam a successoribus ejus, quos nostri successores Pontifices ordinaverint, 40. fratres cotidiana diaria et stipendia omni tempore accipiant, ut liberius pro salute Regni ac Principum ac totius orbis, dominum deprecari possint.* Testamentum Bertichramni Episcopi Cenom. : *Propterea in his locis Ecclesiæ stipendia et Madricola, quam ego mihi erexi, supplex quæso Domino meo Pontifici, qui mihi successor fuerit, ut omni tempore Madricola ipsa, sicut usque nunc in eis temporibus stipendia promeruit, et semper in antea ministrante sancta Ecclesia alatur.* Infra *Matricula* appellatur. Chronicon Mosomense : *Mosomensem itaque Matriculam sæpe per se revisens, sæpe per internuntios commonefaciens, piis eleemosynarum suarum largitionibus instanter educans, Ecclesiarum altariis, prout in manu sua veniebant, victualia fratrum ordinabat.*

Annexi autem erant certi reditus Matriculis, quibus pauperes alerentur. Adrevaldus lib. 1. de Mirac. S. Benedicti cap. 20 : *Cuncta, quæ juri subjacebant Ecclesiæ Aurelianensis, excepta Matricula,... in propriam molitur redigere potestatem.* Hoc est, reditibus ad *matriculam* pertinentibus. Chronicon Fontanellense cap. 14 : *Hic Matriculam beati Martini Turonensis in beneficii jure... tenuit.* Testamentum S. Remigii apud Flodoardum : *Pauperibus 12. in Matricula positis, ante fores Ecclesiæ exspectantibus stipem, duo solidi, unde se reficiant, inferentur, quibus Carcelum villam dudum deservire præcepi.* Idem Flodoardus lib. 2. cap. 4 : *Quædam matriculæ quoque sancti Martialis deputavit, etc.* Cap. 5 : *Ad Matriculam præterea sanctæ Remensis Ecclesiæ nonnulla contulit donaria.* Vide Doubletum in Hist. S. Dionysii pag. 670. 677. 690. 809. et Privilegium pro Monasterio Atrebatensi circa ann. 866.

Matricula, ipsamet Ecclesia, cui adjuncta *Matricula.* [Formula inter Andegav. 48. apud Mabill. tom. 4. Analect. pag. 263 : *Cum in Dei nomen nos vero fratris, qui ad Matricolam Sancti illius residere videmur.* Vetus Chron. Turon. laudatum ab eod. Mabill. tom. 4. Annal. Benedict. pag. 195. meminit cujusdam oratorii quod erat *juxta Matriculam B. Martini, scilicet ecclesiam B. Mariæ de Scriniolo, ubi moniales erant.*] In Vita S. Udalrici Episcopi Augustani, Marinus PP. eidem Udalrico, qui se Augusta Vindelicorum ortum dixerat : *Ne turberis, inquit, animo,... te ejusdem Matriculæ decet esse pastorem.* Baronius *matricem Ecclesiam* hic interpretatur. [** *Omnes simul Deum laudentes ad Ecclesiam Matriculam pervenerunt*, apud eumdem Oudalricum Pertz. Scriptor. tom. 4. pag. 392. Occurrit etiam pag. 389. lin. 27. qui locus infra exscriptus est ad lineam *Ex quibus haud obscure*, etc. ubi

** Matricularii videntur esse Clerici ecclesiæ cathedralis, ut et cap. 20. et 24. ibid. pag. 407. et 409. Vide *Matriculus*, et supra ad lineam *Apud Scriptores*, etc.

Matricularii, Pauperes in matriculam relati. Glossæ Isidori : *Matricularius, pauper, inops.* Charta Dagoberti Regis apud Doubletum pag. 669. 677 : *Ad Matricularios domni Dionysii Martyris... qui ad ipsa Basilica, vel infra ejus atrio ad matriculas residere videntur.* Quippe pauperes ad Ecclesiæ fores stabant, stipem expectantes, vel postulantes. S. Hieronym. Epist. 22. cap. 13 : *Vidi nuper nobilissimam Romanorum mulierem in Basilica B. Petri, semiviris antecedentibus, quo religiosior putaretur, singulos nummos dispertire pauperibus, etc.* Alia Zuentebulchi Regis, apud eumd. Doublet. pag. 809 : *Ad usus pauperum et Matriculariorum, etc.* Gregorius Turon. lib. 7. cap. 29 : *Nonnulli etiam Matriculariorum et reliquorum pauperum, etc.* Acta Episcopor. Cenoman. pag. 111. ubi de Xenodochio : *Et hoc constituit, ut omnes advenientes inibi omnia necessaria sumerent, ibique monachos regulariter degere constituit, et Matricularios numero et tenore, quo in ejus continetur testamento, et ipsum synodochium suæ sedis Ecclesiæ subjugatum, atque suis successoribus possidendum futuris temporibus more Canonico atque Ecclesiastico dereliquit.* Vita S. Arnulfi Episc. Metensis cap. 14 : *Matricularii seu cæteri pauperes.* Hincmarus Remensis apud Flodoardum lib. 3. cap. 26 : *Dictum est mihi, quod Matricularios a ministro meo constitutos de illa matricula ejecisti, et ibi Bovarium misisti, et pro illa matricula in pretio unum asinum accepisti.* Idem Hincmarus in Capitulis de Rebus Magistri, etc. cap. 17 : *Ut Matricularios habeat juxta qualitatem loci, non bubulcos aut porcarios, sed debiles et pauperes de eodem dominio.* Adde eumdem in Capitulis Synodi Remens. ann. 874. cap. 2. Aldhelmus de Laudibus virginitatis : *Sed omne patrimonium et ornamentorum gloriam, tam discriminalia capitum, et periscelides crurum, quam olfactoriola nardi, et crepundia collo gemmiferis lunulis pendentia ad stipem mancis et Matriculariis prodiga liberalitate contulerunt.* Flodoardus lib. 1. Hist. Rem. cap. 20 : *Quo perveniens, cibariis, quæ detulit, Matricularios pavit.* Conventus Pistensis ann. 864. tom. 2. Spicilegii Acheriani pag. 590 : *Ad stipendium Matriculariorum, quos Nonnones vocant.* Adde Gesta Dagoberti Regis cap. 35. Aimoin. lib. 4. Hist. Franc. cap. 33. Hist. Trenorchiensem Chiffletii pag. 220. etc.

Primicerii Matricularum, Qui ex ipsis *matriculariis* deligebantur, quo aliorum vivendi rationi invigilarent, apud Chrodegangum in Regula Canonicor. Metensium cap. ult. ubi multa de *Matriculariis*, et quomodo ad pietatem ab Episcopo instituerentur.

Ex Matriculariis pauperibus quidam seligebantur ad viliora Ecclesiarum adjacentium munia, verbi gratia, qui campanas pulsarent, Ecclesiarum custodiæ invigilarent, eas scoparent ac mundarent, et hujusmodi, ita ut deinceps in alimoniæ mercedem Ecclesiarum obsequiis totos se darent. Gesta Dagoberti Regis cap. 30 : *Nam et Matriculam et Senodochium, cæteraque loca ad hoc ibidem instituit, ut pauperes utriusque sexus, sive etiam qui Sanctorum ope sanitati donari digni fuissent, in reliquum ipsius eleemosynis sustentati, qui vellent, in servitio Ecclesiæ, ac si pro gratiarum actione, permanerent.* Apud Adalardum in Statutis Corbeiensibus lib. 1. cap. 6. in divisione annonæ, prima pars est *famulorum vel matriculariorum* Monasterii *qui semper,* inquit, *æqualiter habendi sunt.* [** Guerardo in Glossar. Polypt. Irmin. Matricularii in Statut. Corb., ubi occurrunt præterea lib. 1. cap. 1. et Append. num. 2. pag. 336. sunt : Qui in Matriculam ecclesiæ inscripti sub servitiis quibusdam in monasterio præstandis, inibi tectum, victum, vestitum invenerunt.] Ejusmodi Matriculariorum vilia munia describuntur passim. Epistola collectionis in Form. vett. : *Nos quoque in Dei nomine Matricularii Sancti illius, dum matutinis horis ad ostia ipsius Ecclesiæ observanda convenissemus, etc.* [Miracula S. Richarii sæc. 5. Bened. pag. 572 : *Cumque ipse sacer, quo beatissimi Richarii corpus pausat, locus cœlesti lumine esset repletus,... ivit citius et suscitavit unum de Matriculariis, etc.*] Alcuinus Epist. 7. ex Mabillonianis : *Nos Matriculares pro te orare non cessamus, ut etc.* Vita S. Trudonis cap. 26 : *Fuit quidam vir, habitans prope Ecclesiam S. Trudonis, propter excubium sacratissimæ aulæ, quem nos Matricularium vulgo vocamus, etc.* Hinc Alcuinus in Epist. *Matricularium S. Martini* se inscribit, i. custodem. Atque inde *Matriculariorum* [nostris *Marguilliers*] in Ecclesiis parochialibus origo, quorum sedes ideo ad Ecclesiæ fores assignantur, quod eas observarent : vel, ut alii putant, quod *Matricularum*, quæ ad ostia Ecclesiæ erant, custodes essent, pauperumque alimoniis invigilarent : quod quidem munus, seu onus ipsis Parochianis postea attributum. Chronicon Senoniense cap. 5 : *Quicunque vero Abbas sit Senoniensis... Ecclesiarum S. Mauricii, S. Joannis de Palma... Matricularios deponet, et pro voluntate sua sine aliqua contradictione instituet et destituet.* Vetantur tamen Presbyteri *pro loco matriculæ quodcunque xenium, vel servitium in messe, vel in quocunque suo servitio requirere vel accipere, et Matriculariis debitam partem decimæ, quam fideles pro peccatis suis redimendis Domino offerunt, vendere,* in Capit. Hincmari Remensis, datis in Synodo Remensi ann. 874. cap. 2.

☞ Alia est *Matriculariorum* in Ecclesiis parochialibus notio in Conc. Trevir. ann. 1310. apud Marten. tom. 4. Anecd. col. 243. ubi caput 19. sic inscribitur : *Pro Matriculario habendo in parrochiali Ecclesia... Quilibet presbyter pastor, seu vicarius, in quacumque parochiali Ecclesia divina celebrans, nisi propter paupertatem nimiam et notoriam excusetur, clericum vel personam saltem litteratum secum habeat, qui sibi competenter legendo et cantando respondeat in divinis.* Ibi *Matricularius* idem qui Magister pagi. Huc etiam spectant Statuta Eccl. Leodiens. ann. 1287. ibid. col. 851 : *Item, statuimus, quod nequaquam laicus vel clericus uxoratus instituatur Matricularius, ubi matricula valet* LX. *solidos Leodienses vel amplius, sed clericus honestus, non uxoratus, si haberi possit.*

* Matricalariatus, *Matricularii* officium. Arest. ann. 1391. in vol. 8. arestor. parlam. Paris. : *Quem censum matricularii ecclesiæ Parisiensis ad causam sui officii Matricularialus se habere..... prætendebant.*

Matricularii in Ecclesiis Cathedralibus et Collegialibus ex ordine Clericorum et Laicorum erant, quorum munia ita exequitur Historia Episcoporum Autisiodorensium cap. 59 : *Sacrista providere tenetur et exhibere Clericum unum Matricularium, et alios, qui campanas pulsare, et ea, quæ ad officium suum pertinent, valeant exercere : Episcopus propter illos instituit tres Matricularios, unum videlicet Clericum, quem altitularit altari sanctæ Crucis in eadem Ecclesia, ut ibi serviret in officio Sacerdotis, medietatem beneficii ejusdem altaris illi matriculariæ perpetuo jure annectens, cum centum solidis in denariis Pontecostalibus de Varziaco percipiendis annuatim, et duos Laicos, quibus singulis decem libras in redditibus assignavit.*

☞ Ex quibus haud obscure colligere licet *Matricularias* interdum jure beneficii concessas fuisse; quod ut manifestius fiat, notioraque *Matriculariorum* munia habeantur, quædam ex diversis ecclesiis subjicie-mus. Testament. Anseberti Eduensis Episc. ann. 696. tom. 4. Gall. Christ. inter Instr. col. 44 : *Quatuor Matricularios, qui ad ipsum oratorium domni Leodegarii deserviunt, ibidem instituimus, ut totum victum atque vestitum de supra scriptis rebus habeant.* Charta ann. 1208. tom. 2. Hist. Eccl. Meldens. pag. 101 : *Statuimus ut nulli beneficium ecclesiasticum habenti Matricularia deinceps conferatur... et juret quod aliud beneficium ecclesiasticum inresignata Matricularia non recipiet.* Alia ann. 1292. ibid. pag. 189 : *Statuimus quod quotiescumque alteram de tribus Matriculariis quas usque nunc in Meldensi Ecclesia tres obtinuerunt clerici.... vacare quomodolibet contigerit, quod ex illa Matriculariæ fiant duæ. Matriculariorum* vero officia sic infra describuntur : *Habebunt... curam pulsationis campanarum temporibus et horis debitis, custodient ecclesiam Meldensem, et res ipsius ecclesiæ nocte dieque; ac in eadem ecclesia assidue pernoctando jacebunt; ad processiones in ecclesia et extra præbunt, et alia facient ad præceptum, dispositionem et ordinationem Thesaurarii Meldensis.* Codex MS. Consuetud. S. Augustini Lemovic. fol. 2 : *Eant omnes ad processionem in capella, sicut est consuetum, ita quod Matricularius indutus debet præire processionem cum magna Cruce et uno vexillo, et Diaconus indutus dalmatica portare librum Evangeliorum.* Statuta Eccl. Aniciensis MSS. ann. 1410 : *Matricularius omni die Matutinis, Missæ, et Vesperis ad pulsandum campanas chori, stellam illuminandum, vestimenta et alia necessaria, prout suo incumbit officio, ministrandum incessanter per se vel per alium substitutum teneatur interesse.* Vita S. Udalrici Episc. August. sæc. 5. Bened. pag. 426 : *Cursus scilicet quotidianus cum Matricularis in choro ejusdem matriculæ ab eo caute observabatur.*

* Nostris *Marregliers.* Charta ann. 1403. ex Bibl. reg. : *Chanoines et Marregliers de la sainct Chapelle de nostre palais royal etc. Margliers,* in Instr. ann. 1406. ex ead. Bibl. *Contres-marregliers lais,* in Ordinat. ann. 1358. tom. 3. Ordinat. reg. Franc. pag. 228. art. 15. ubi legendum, *Coutres, Marregliers.* Varia *Matriculariorum* officia in ecclesia Lugdunensi referunt Statuta MSS. ejusd. eccl. : *Statutum etiam fuit, quod sacrista poneret Matricularium, qui custodiat ecclesiam die ac nocte.... Matricularius etiam custodit clavem unius archæ, in qua reponuntur.... vestimenta sacerdotalia ad opus Missæ majoris altaris..... Habet etiam in custodia omnem thesaurum, quando ponitur super altare in solemnitatibus.... Item tenetur custodire Matricularius omnia quæ infra ecclesiam sunt,.. clavem librorum, qui sunt necessarii ad opus servitii ecclesiæ. Officium Matricularii est illuminare et extinguere omnia luminaria.... Tenetur etiam Matricularius facere officium, quod pertinet ad ipsum, in propria persona, nec debet nec potest vicarium ponere, nisi sit diaconus vel presbyter, in officio suo, sine causa apparente, scilicet ægritudinis vel minutionis, et semper debet esse paratus respondere cuique venienti et quærenti se pro aliqua necessitate. Omnibus horis tenetur in ecclesia inveniri sine maxima necessitate..... Item debet habere diligentiam circa pulsationem*

campanarum, ut bene et sine defectu pulsentur, et ipse debet pulsare, si necesse fuerit; et nisi fecerit, gravissime debet puniri.

In Ecclesia Parisiensi Matricularii Sacerdotes seu Clerici, quatuor instituti fuere ab Odone Episcopo, ut constat ex illius Diplomate ann. 1204. quod habetur post Petrum Blesensem pag. 789. et in M. Pastorali lib. 20. cb. 8. Exstat aliud ann. 1282. eodem lib. ch. 220. ubi de eorum officio agitur. Vide Sammarthanos in Episcopis Aginnensibus n. 29. De matriculariis vero Laicis ejusdem Ecclesiæ Parisiensis, ita Odo Episcopus in eadem Charta anni 1204 : *Si vero major Matricularius Laicus circa servitium Ecclesiæ assiduitatem non fecerit, pro se servitorem idoneum providebit, qui cum tribus residuis Matriculariis tam circa pulsationem campanarum, quam alia, quæ ipsis incumbunt agenda, Matricularii supplebit officium.* Is autem ratione *Matriculariæ* homagium præstabat Episcopo. Tabular. Ecclesiæ Parisiens. ex Bibl. Puteana sub ann. 1278 : *Joannes dictus de Crolent Matricularius in Ecclesia Parisiensi fecit homagium ligium Episcopo Parisiensi pro Matricularia Ecclesiæ prædictæ.* In Charta ann. 1255. ult. Aug. in Regesto Memorialium Cameræ Comput. Paris. signato C. fol. 161 : *In sancta Capella Regis sunt tres Canonici Matricularii ratione præbendarum suarum, qui suos Clericos deputant loco sui ad custodiam Ecclesiæ nocte et die, et ad custodiam rerum et ornamentorum Capellæ.* De matriculariis Clericis et Laicis in Ecclesia Aurelian. vide Hubertum in Hist. Ecclesiæ S. Aniani pag. 65.

Matricularii vero in Monasteriis officium sic describit liber Ordinis S. Victoris Parisiensis MS. cap. 21 : *Sacrista socium et coadjutorem habere debet Matricularium Ecclesiæ, ad cujus officium specialiter pertinet horas canonicas, nocte et die ad divinum Officium celebrandum custodire, signa pulsare, horologium temperare, ad matutinas, et in æstate post meridianam ad excitandos Fratres in dormitorio, nolam pulsare, ostia Ecclesiæ statuto tempore claudere et aperire, et his, qui vel ad januas Ecclesiæ vel Chori pulsant, ad eorum causam cognoscendam occurrere... Matricularius adjuvare debet Sacristam in Ecclesia scopanda, in lampadibus lavandis et præparandis, etc. In Ecclesia tres semper ad minus dormire debent, videlicet Sacrista, Matricularius, et tertius, cui Abbas injunxerit, etc.* Vide Sugerium de Administr. sua cap. 5. Chartam ejusdem apud Doubletum pag. 874. [et Bernardum Mon. in Ord. Cluniac. part. 1. cap. 68.]

¶ Matricularii, nude pro Monachi. Miracula S. Vedasti cap. 9. sæc. 4. Bened. part. 1. pag. 603 : *Comes Atrebatensis provinciæ, nomine Teutboldus, ambiebat Fratribus auferre quamdam culturam cum horto... et ecce conglobati palatii Proceres auferunt Matriculariis, quod collatum est a fidelibus.*

Matricularii Nutricarii. Vide *Nutricarii.*

¶ Matriculatus, ut *Matricularius.* Bulla Innocentii VIII. PP. ann. 1484. in Contin. magni Bull. Rom. pag. 290 : *Non liceat nisi rectori parvæ fabricæ, procuratoribus capituli, et cleris chori ac Matriculatis dictæ ecclesiæ, qui pro negotiis peragendis possint intrare et exire, etc.*

Matriculariæ, Diaconissæ, Presbyteræ, viduæ, quæ in matriculam Ecclesiæ relatæ, beneficiis et redditibus Ecclesiasticis alebantur. Isidorus Mercator in Concilio Laodic. can. 11 : *Mulieres, quæ apud Græcos Presbyteræ appellantur, apud nos autem viduæ, seniores, et Matriculariæ nominantur, in Ecclesia constitui non debere.* Flodoardus lib. 1. Histor. Remensis cap. 9 : *Deputat et solidos 20. ad ejusdem Ecclesiæ reparationem,..... Sanctimonialibus et viduis in Matricula positis solidos tres.*

Matricularia, Officium Matricularii. Vide supra.

* **MATRICULARES** Advocati, Ecclesiæ scilicet matricis seu cathedralis. Vide in *Advocati* pag. 111. col. 1.

¶ **MATRICULUS**, Clericus matricis Ecclesiæ seu Cathedralis. Acta S. Udalrici tom. 2. Julii pag. 104. [** apud Pertz. pag. 393. lin. 11. cap. 4.] : *Ibi mensas tres omni decore præparatas invenit, unam cui ille, cum quibus volebat, adsedere solebat, et aliam Matriculis, tertiam congregationi S. Afræ.*

¶ **MATRICUM**, pro *Matricula* seu catalogus pauperum. Testamentum Bertichramni apud Mabill. tom. 3. Analect. pag. 117 : *In usibus sanctæ basilicæ et monasterii sui, sive alimonia Canonicorum vel pauperum, qui ad ipsam basilicam sanctam ad Matrico sedere videntur, victus et vestitus per singulos annos sufficienter ministretur.* Vide *Matricula.*

¶ **MATRICUS.** Festus : *Matrici cognominantur homines malarum magnarum atque oribus late patentibus.* Ubi Scaliger legendum censet *Mattici*, quod veteres Græci maxillas vocarent ματτύας.

* **MATRIFILIAS**, Sanctimoniales nuncupantur, in Translat. S. Glodes. tom. 6. Jul. pag. 214. col. 1 : *Veluti Matrifilias, ut viventes devotis obsequiis, ita seculo functas sub tempus glorificationis suæ debita corporis videas adhærere quiete.*

¶ **MATRIGOLARIA**, pro *Matricula*, in Charta Chlotarii III. Reg. Franc. ann. 670. tom. 1. Annal. Benedict. pag. 693 : *Villas ipsas ipsi Matrigolariæ, unde substancia viditur habire, tempure presente asserint possedire vel domenare.* Hinc *Matrigolarius* ibidem pro *Matricularius.*

¶ **MATRILOCUS**, Ecclesia matrix, a qua aliæ dependent. Charta G. Abbatis Septem-fontium ann. 1200. ex Chartul. S. Nicasii Rem. : *Quia Burys Matrilocus est, et Wimbeis ejusdem Matriloci capella.*

* **MATRILOGIUM**, Necrologium seu Obituarium, pro *Martyrologium*, nostris etiam *Matrologe.* Charta ann. 1467. ad calcem Necrolog. Paris. MS. : *Quam domum... ad annuum redditum decem librarum Parisiensium..... distribuendarum anno quolibet manualiter in dictis Missa et anniversario, modo et forma contentis in registro super hoc in Matrilogio dictæ ecclesiæ nostræ confecto, nobis realiter tradiderit.* Alia ann. 1389. in Reg. 138. Chartoph. reg. ch. 28 : *Et aussi ou Matrologe de l'église S. Germain* (l'Auxerrois) *sera enregistré le jour du trespassement dudit feu M. Guillaume.* Vide supra *Martilogium.*

¶ **MATRIMIS**, pro *Matrimus*, qui matrem habet adhuc superstitem. [Gloss. Lat. Gall. Sangerm. : *Matrimis, semblant à mere, ou qui survit sa mere.*] S. Gerardus Abb. Silvæ Major. in Vita S. Adalardi cap. 6. n. 27 : *Recepto patre fiunt Matrimes orphani, gubernatorem recipiunt viduæ et pupilli.* Vide Petrum Pithœum ad Collationem Legis Mosaicæ tit. 16.

* **MATRIMONIALE**, Matrimonium. Charta ann. 1178. tom. 1. Probat. Hist. Brit. col. 672 : *Exceptis oblationibus confessionum in Quadragesima, oblationibus purificationum, oblationibus Matrimonialium, oblationibus sponsi et sponsæ, etc.*

¶ 1. **MATRIMONIALIS**, [Ad matrimonium pertinens. *Tabulæ matrimoniales*, apud Jul. Firmicum lib. 7. cap. 17.

* 2. **MATRIMONIALIS**, Ex legitimo matrimonio ortus. Chartul. Major. monast. pro pago Vindoc. ch. 121 : *Nosse debebitis.... Robertum quemdam et Hugonem fratrem ejus, Isembardum quoque istorum amborum non Matrimonialem fratrem etc.* Vide *Maritalis.*

1. **MATRIMONIALITER.** Passio S. Eulaliæ Virginis MS. : *Hæc ergo virgo lætissima Sanctimonialis puella Deo timorata, atque Matrimonialiter edocta, annorum circiter tredecim, etc.* An a matre, vel ut liberi e matrimonio nati educari solent? Vide Dextrum Bivarii pag. 348.

¶ 2. **MATRIMONIALITER** Contrahere, In uxorem ducere. Charta Henrici III. Reg. Angl. ann. 1254. apud Rymer. tom. 1. pag. 520 : *Etiam super sancta Dei Evangelia juramus, quod nos cum inclyta Alienora præcellentis Regis Castellæ et Legionis sorore, Matrimonialiter contrahemus, et ex nunc in eam, quantum in nobis est, tanquam in uxorem legitimam consentimus, et hoc etiam per sacramentum confirmamus.* Charta Casimiri Reg. Poloniæ ann. 1341. apud Ludewig. tom. 5. Reliq. MSS. pag. 502 : *Cum serenissimus Princeps.... inclitam Margaretam Comitissam Palatinatus Rheni... dudum nomine juramenti tradere promiserit Matrimonialiter in uxorem. Matrimonialiter copulare*, pro matrimonio jungere, in Statutis MSS. Augerii Episc. Conseran. seculo 13.

MATRIMONIARE, Matrimonio jungere, in Lege Longob. lib. 2. tit. 1. § 8. et in Edicto Rotharis Regis tit. 89. § 1. [** 223.]

MATRIMONIUM, Uxor. Marcellus Empir. cap. 13 : *Augustam constat hoc usam Messalinam, deinde aliorum Cæsarum Matrimonia hoc dentifricio usa sunt.* Sulpitius Severus lib. 1. Hist. : *Ac naturæ suæ originisque degeneres, relictis superioribus, quorum incolæ erant, Matrimoniis se mortalibus miscuerunt.* Eodem libro : *Disciplinæque immemor, Matrimonia ex victis assumere... occœpit.* Ita ibidem *Conjugium* eadem notione usurpat : *Cum adversum interdictum Dei ex alienigenis Conjugia cepisset.* Utuntur Suetonius in Caligula cap. 25. Florus lib. 1. cap. 1. Justinus lib. 3. ubi de Lycurgo, et Augustinus Serm. 185. Ita Ammianus lib. 17. *conjugium* usurpat, ubi de terræ motu Nicomediensi : *Interim clamoribus variis excelsa culmina resultabant, queritantium Conjugium, liberosque, et si quid necessitudinis arcte constringit.* Sic idem Scriptor *Sacerdotium*, pro Sacerdote usurpat ibidem pag. 98.

MATRIMONIORUM COMMUTATIO. Vide *Uxorare*.

MATRIMONIUM, pro bonis ex successione materna : *Matrimoine. Biens matrimoniaux*, in Consuetudine Juliodunensi cap. 25. art. 1. cap. 29. art. 23. *Materna bona*, in Legibus Wisigoth. lib. 4. tit. 2. § 5. 13. Vetus Charta apud Will. Hedam in Bernulpho Episcopo Trajectensi : *Cum omni hæreditate patrimonii et Matrimonii sui, etc.* Innocentius III. lib. 1. Epistol. pag. 124 : *Cum in diversis Ecclesiis jus obtineat patronatus, in quadam Capella sua de Rupetra, quæ est in suo proprio Matrimonio constructa,... proposuit Canonicos instituere sæculares.* Usos hac voce eadem notione Suetonium, Valerium Maximum, et Senecam, quidam contendunt, tametsi secus videatur Casaubono ad Suetonium, [qui eos ex corrupta codicum lectione deceptos existimat. Vide Christoph. Colerum Parerg. cap. 6. Le Roman *de Vacce* MS. :

Anjou out et le Maingne de son droit patremoingne,
Normanz et Engleiz out de son droit Matremoingne.]

¶ MATRIMONIUM CONTRADICTUM, Interdictum, vetitum. Charta ann. 1212. tom. 2. Hist. Eccles. Meldens. pag. 102 : *Abbas Resbacensis... exercebit jurisdictionem, quatuor exceptis, videlicet crimine hæreseos, sacrilegio, contradicto Matrimonio, et pœnitentiis quæ ad Episcopum pertinent.* Vide *Contradicere*.

¶ MATRIMONIUM PRÆSUMPTUM, *Vocatur quando cognoscit quis carnaliter sponsam, cum qua sponsalia fecerat de futuro*, in Statutis Eccles. Cadurc. et aliarum apud Marten. tom. 4. Anecd. col. 719. ubi et matrimonii etymon sic proponitur : *Dicitur autem matrimonium matris munium, id est officium. Et denominatur magis a matre quam a patre, quia in principaliori bono matrimonii, scilicet in prole, magis laborat quam pater : nam proles ante partum est matri onerosa, in partu dolorosa, et post partum laboriosa.*

* MATRIMONIUM TALE QUALE. Nostris *Tel quel* despectum sonat; unde *Matrimonium tale quale* conjugium impar et dignitati personæ non conveniens significare videtur; verum hic opposito sensu intelligendum opinor : quandoquidem materna hæreditate neptem privare tentat amita, quod illa *non dicebat se natam ex matrimonio tali quali* decebat; atque proinde legitimam se esse matris hæredem. Assis. Fales. ann. 1336. in Reg. S. Justi ex Cam. Comput. Paris. fol. 20. v°. col. 1 : *Amita petens breve de nova escaeta tanquam propinquior hæres, debebat habere sesinam de hæreditate sororis suæ contra neptem sesitam, pro eo quod neptis non dicebat se natam ex Matrimonio tali quali.*

* A. Lat. Matrimonium, nostri *Matrimoine*, pro vulgari *Mariage*, dixerunt. Lit. remiss. ann. 1408. in Reg. 162. Chartoph. reg. ch. 212 : *Frere Guillaume de S. Benoit religieux du moustier S. Martial de Limoges ... nez de bons parens et de loyal et legitime Matrimoine, etc.*

* MATRIMONIUM contrahere cum capite damnato si puella offerret, reum a morte liberabat, modo literæ remissionis a rege concederentur. Lit. remiss. ann. 1382. in Reg. 121. Chartoph. reg. ch. 271 : *Hennequin Doutart a esté condempné par nos hommes liges jugans en nostre cour à Péronne.... à estre trainé et pendu. Pour lequel jugement enteriner, il a esté trayné et mené en une charette par le pendeur jusques au gibet et lui fut mis la hart au col; et lors vint illecques Jehennete Mourchon, dite Bebaude, josne fille, née de la ville de Hamaincourt, en suppliant et requerant audit prévost ou son lieutenant que ledit Doutart elle peust avoir à mariage, ou cas qu'il nous plairoit; parquoy il fu ramené et remis ès dites prisons.... Par la teneur de ces lettres remettons, pardonnons et quittons le fait et cas dessus dit.* Ejusdem moris alia exempla habentur in Lit. ann. 1376. ex Reg. 109. ch. 49. et 276. Reg. 150. ch. 144. rursum in aliis ann. 1419. Consule *Chasseneuz* in Consuet. Burg. de Justitiis rubr. 1. § v. num. 96. et 99. pag. 239.

* MATRIMONIUM dirimitur, cum unus conjugum inhabilis probatur ad actum matrimonii. Lit. ann. 1373. in Reg. 105. Chartoph. reg. ch. 173 : *Et il soit advenu, depuis que ladite maison fu ainsi rédifiée par ledit Thevenin, que séparation ait esté faite par la court de l'Eglise de lui et de ladite Gillon sa femme, pour ce que trouvé fu que icelle n'estoit pas abile d'avoir compaignie d'omme, par la faulte d'elle, etc.*

* MATRIMONIALIS BENEDICTIO, *quia sacramentalis est, iterari non debet*, in Stat. MSS. S. Flori fol. 5. Cujus decisionis ratio subjicitur ibid. fol. 32. v° : *Quia caro semel benedicta trahit ad se non benedictam; cum per carnalem conjunctionem effecti fuerint una caro.... Sacerdos vero, qui contrarium fecerit, ab officio beneficioque est suspensus et de jure ad sedem Apostolicam mittendus.* Theologis haud sane probabitur quod legitur in iisdem Stat. : *Quia non per hoc sacramentum* (matrimonii) *confertur gratia, sed per alia sacramenta.* Tempus vero, quo concedenda est benedictio nuptialis definitur ibid. fol. 32 : *In fine Missæ benedictionem recipiunt nuptialem, postquam sacerdos susceperit Christi corpus et sanguinem, et non ante, ut in Missalibus continetur.*

* MATRIMONIUM, Conjunctio, permistio. Arnauldus in Rosar. MS. lib. 2. cap. 8 : *Aqua tamen abluit et dealbat terram, faciens Matrimonium tincturarum.*

* **MATRIMONIZARE**, Matrimonio jungere, vel dotem assignare. Charta ann. 1356. in Reg. 84. Chartoph. reg. ch. 757 : *Pro adjuvando eum ad maritandum seu Matrimonizandum tres filias quas habet, jus et obligationes prædictas.... donamus et remittimus.* Vide *Matrimoniare*.

1. **MATRINA**. Jo. de Janua : *Matrina, quæ aliquem de sacro fonte levat, vel in Ecclesiam introducit*, Gallis *Maraine*. *Matrina spiritalis de Fonte et Confirmatione*, in Synodo Metensi ann. 753. cap. 1. et in Capit. Caroli M. lib. 5. cap. 7. [** 9.] *Mater spiritalis*, apud Aimoinum lib. 3. Hist. c. 6.

* Glossar. Gall. Lat. ex Cod. reg. 7684 : *Matrina, marraine, qui lieve l'enfant des fons. Invenitur etiam pour marratre.* Aliud Provinc. Lat. ex Cod. 7657 : *Mayrina, Prov. Matrina.*

2. **MATRINA**, Noverca. Jo. de Janua, *Matrina, noverca*, Italis *Màtrigna*. In Leg. Longobard. lib. 2. tit. 8. § 3. [** Luitpr. 32. (5,3.)]

MATRINIA, Eadem notione. Capitulare Arechis Principis Benevent. editum a Camillo Peregrino, cap. 8 : *Qui de incerto matrimonio nascuntur, ex noverca, id est, Matrinia, aut previgna, id est, filiastra vel cognata, etc.* Tabularium Casauriense ann. 13. Ludovici Imp. Indict. 11 : *Sicut ipse Waldepertus prædictam curtem cum pertinentiis suis Areldi Matriniæ suæ in portionem dedit per ejus morgincaph.* Adde Edictum Rotharis Regis tit. 61. §3. tit. 68. § 1. [** 169. 185.] et Legem Longob. lib. 2. tit. 14. § 12. Vett. Glossæ pag. 331 : *Materna*, μήτρια. Legendum, *Matrina*, μητρυιά.

¶ **MATRISANIMOLA**, Papiæ, *est genus herbæ sic dicta quod menstrua moveat, quæ alio nomine Erpillus dicitur.*

1. **MATRIX**, Gloss. Græc. Lat. : Βρεβίον, *Matrix*. Ita Cod. MS. pro *Oratrix*. [** Ubi *Matrix* pro *Matricula*. Vide Glossar. med. Græcit. in Βρεβίον col. 226.]

Vaccæ Matrices, in Fleta lib. 2. cap. 76. § 10. *Oves, Bidentes Matrices*, cap. 79. § 4. 8. 12. cap. 80. § 2.

MATRIX ECCLESIA. Vide *Ecclesia*.

* 2. **MATRIX**, Alveus. Charta ann. 1394. in Reg. 149. Chartoph. reg. ch. 78 : *Qui* (reccus) *est quædam modica pars dicti fluminis Eraudi, alibi extra principalem Matricem fluminis ejusdem.* Vide supra *Mater* 3.

MATROCES, [Lacus, stagna, ubi aqua pro conficiendo sale reservatur. Charta Caroli Simplicis Regis Franc. ann. 898.] tom. 13. Spicil. Acher. pag. 265 : [*Cum illorum salinas, et Matroces, et corzoriis, vel adjacentiis eorum.* Charta Petri Comit. Biterr. ann. 1054. Append. Marcæ Hisp. col. 1100 : *Donamus nos... piscatoria fluminis et mari, seu rivis atque salinis, cum cortoriis et Matrocibus et planitiis, etc.* Vide *Matres*.]

* **MATROCIUS**, f. pro *Matracius*, a Gallico *Matras*, Telum vel missile. Lit. remiss. ann. 1455. in Reg. 189. Chartoph. reg. ch. 28 : *Tetendit balistam quam habebat et cum Matrocio dedit super capud dicti hominis.* Vide supra *Matarus*.

MATRONA, Uxor. Glossæ antiquæ MSS. : *Uxor, Matrona, conjux.* Idatius in Fastis de Cynegio Consule : *Cum magno fletu totius populi civitatis deductum est corpus ejus ad Apostolos 14. Kal. April. et post annum transtulit eum Matrona ejus Achantia ad Hispanias pedestre.* Julius Africanus lib. 9. Histor. Apost. pag. 115 : *Tieptia, quæ erat uxor Regis, et Mygdonia Charisii Matrona, etc.* Historia S. Apollinaris Mart. : *Matrona vero cujusdam Tribuni militum nomine Thecla, etc.* Messianus in Vita S. Cæsarii Arelat. : *Illustrissima feminarum Agrestia Matrona ejusdem viri*, (Liberii Patricii.) Charta ann. 579. ex Tabulario S. Benigni Divion. : *Godinus et Matrona sua Lantrudis.* Alia ann. 632 : *Ego illustris vir Ermenbertus, ejusque Matrona Ermenoara, etc.* Exstant apud Perardum in Burgundicis pag. 5. 7. Tabular. S. Vitoni Virdun. pag. 1 : *Illuster vir Pipinus ejusque illustra Matrona Plectudris.* [Charta Theoderici Regis ann. 677. tom. 3. Gall. Christ. inter Instr. col. 28 : *Per consensum vel voluntatem illustris viri Amalfridi, vel Matronæ ipsius Childebertanæ seu et filiæ eorum Aurianæ Abbatissæ, etc.*] Adde Gennadium de Eccle-siast. dogmat. cap. 72. Usus est etiam Martialis lib. 8. Epigram. 12 :

Inferior Matrona suo sit, Prisce, marito,
Non aliter fuerint femina virque pares.

Vide Dionysium Salvaingum in Ibin pag. 71. [et infra *Matroneum.*]

Matronari. Archithrenius lib. 8. cap. 6 :

Prominet in specie Majestas, sobrius oris
Matronatur honor.

Matrona, pro *Matrix*. Matth. Paris ann. 1248 : *Cathedralis Ecclesia B. Petri in Colonia, quæ est omnium Ecclesiarum, quæ sunt in Alemannia, quasi mater et Matrona, usque ad muros incendio est consumpta.*

¶ Matrona, Patrona. Vita B. Columbæ Reatinæ tom. 5. Maii pag. 360. * : *Imitata pariter est Senensem illam eximiam virginem Catharinam, alumnam ejus et Matronam.*

¶ **MATRONARE.** Vide *Matrona.*

¶ **MATRONATUS**, Matronalis habitus. Apul. Metamorph. lib. 4 : *Unicam virginem filio liberali, et, ut Matronatus ejus indicabat, summatem ejus regionis,...... mœrentem, et crines cum veste sua lacerantem advehebant.* Alii conditionem matronæ interpretantur.

MATRONEUM. Anastasius in Symmacho PP. : *Apud B. Apostolum Paulum.... cameram fecit et Matroneum.* Idem in Gregorio IV : *Presbyterium amplum operosi operis funditus construxit, cui ex Septentrionali plaga lapidibus circa septum Matroneum adposuit.* [Hinc emendandus idem Anastasius in Leone III : *Matronam vero ipsius Lateranensis Patriarchii quæ extenditur a campo, et ultra imagines Apostolorum, etc.* Ubi leg. *Matroneum.*] Eadem Ecclesiæ pars videtur, quæ *pars matronarum* dicitur in ordine Romano, *pars mulierum*, *pars feminarum*, ibidem et apud eumdem Anastas. pag. 61. 118. 155. in qua scilicet consistebant matronæ et mulieres. Vide notas nostras ad Alexiadem pag. 420. 421.

¶ **MATRONICARIUS**, Cui matronarum viduarum, quæ ad Ecclesiæ ministerium erant adlectæ, vel quæ Ecclesiæ stipendiis alebantur, cura demandata erat. Vita S. Stephani Sabaitæ tom. 3. Julii pag. 572 : *Audivi et alium quemdam religiosæ vitæ monachum, eumdemque Christi Dei nostri resurrectionis presbyterum ac Matronicarium, genere Alexandrinum.*

¶ **MATRUELIS**, Ex matris fratre natus, in leg. 1. Dig. ad leg. Pomp. de paricid. (48,9.) Aurel. Victor de Orig. Rom. cap. 13 : *Turnus Matruelis Amatæ.* Gloss. Lat. Gall. Sangerm. : *Matruelis, marratre, Malistrue et hoc Matruele, pertinens ad marteram* (l. materteram) *Matrueles, filz ou filles de marratre.*

¶ **MATSELDE**, Præstatio ad bellorum expensas. Vide in *Hostis.*

¶ 1. **MATTA**, Mensura annonæ, quæ pretii loco molitoribus exhibetur, Gall. *Mouture.* ** Eadem quæ German. hodie *Metze.* Vide Haltaus. Glossar. Germ. voce *Matte* col. 1332.] Charta Alberti Archiep. Magdeburg. ann. 1219. apud Ludewig. tom. 5. Reliq. MSS. pag. 21 ; *Illi finem imponere volumus quæstioni quam super mensura molendinaris pretii quæ Matta vocatur, burgenses nostri de Hallis adversus Ecclesiam Novi-operis hactenus habuerunt.* Vide *Molta* 2.

¶ 2. **MATTA**, Rusticis Dumbensibus, est congeries cannabis quæ in aqua ad macerandum ponitur, Gall. *Matte de chanvre.*

¶ 3. **MATTA**, Lapis Sepulcralis, Gall. *Tombe*, Gall. Christ. tom. 3. col. 756 : *Bertoldus de Spreng Marhensis quiescit in capitulo sub Matta.* Vide *Matare.*

4. **MATTA**, Storea, teges. Vetus interpres Juvenalis Stat. 6 : *Teges, ut Matta, supellex cubilis obscœni.* Gloss. Græc. Lat. : Ψίαθος, *Teges, tegestratoria, Matta.* Ita Codex MS. sed vocem *tegestratoria* dividendam puto in *teges*, *stratoria*, vel *storea*; perperam *terratoria* in Editis. Papias : *Matta, tapetum.* Idem : *Matta, vulgo cella dicitur Gregorio in Dialogo; inde mattula, pro culcitra.* Nostris, *Nattes.* [Inquisitio, de Vita D. Caroli apud Lobinell. tom. 2. Hist. Britan. pag. 45 : *Item quod nec supra culcitram plumeam jacebat neque jacuit postquam captus fuit, ut præfertur, sed super quemdam parvum lectum de Matta, Matteras Gallice, aliquociens super stramina, cum solo coopertorio et lintheaminibus.* Et infra : *Per totum tempus quo fuit cum dicto D. Carolo, ipse D. Carolus jacuit super straminibus, superpositis quadam sargia seu Matta et lintheamine, absque culcitra plumea.* Adde Histor. Paris. ejusdem Lobinelli tom. 5. pag. 730.] Vox veteribus nota. Ovidius lib. 6. Fastor. vers. 679 :

In plaustro scirpea Matta fuit.

Matta Monachica, apud Petrum Cluniac. lib. 2. Epist. 1. quæ Monachorum propria habita est, quod et eas ipsimet texerent, in iis cubarent, orationes funderent, collationes haberent, extremum denique spiritum exhalarent.

Mattas autem texuisse et confecisse Monachos, docet in primis Regula S. Pachomii § 5 : *Funiculos in Mattarum* [illegible] *celeri præparabit.* Et § 26 : *Si Mattas operabuntur, interrogabit minister ad vesperum præpositos domorum singularum, quibus juncorum singulis domibus necessarium sit; et sic infundet juncos, et mane per ordinem unicuique tribuet, etc.* Adde § 12. 24. 27. 124. 125.

In mattis dormiebant Monachi. Consultationes Zachæi lib. 3. cap. 3. de Monachis : *Juncia perinde lectulis strata, parvisque velaminibus permissum somno corpus obtegitur.* Regula S. Pachomii § 88 : *Præter psiathium, id est, Mattam, in loco cellulæ ad dormiendum nihil aliud omnino substernet.* Regula S. Benedicti cap. 55 : *Stramenta autem lectorum sufficiant, Matta, sagum, læna et capitale.* Adde Regulaum Magistri cap. 81. Joannes Mon. Cluniac. in Vita S. Odonis Abbat. Cluniac. lib. 2 : *Qui super nudam humum, Matta solum, et quibus induebatur vestibus contentus erat.* Petrus Cluniac. lib. 1. Ep. 20 : *Mattas, antiquum Monachorum opus compone, super quas aut semper, aut sæpe dormias.* [Vita S. Monegundis monialis sæc. 1. Bened. pag. 203 : *Nullum habens stratum feni, paleæque mollimen, nisi tantum illud, quod intextis junci virgulis fieri solet, quas vulgo Mattas vocant... hoc omnis lectuli commoditas.*] Adde S. Hieron. in S. Hilarione, Gregorium Turonens. de Vitis Patrum cap. 11. etc. [** Vide Glossar. med. Græcit. vocibus Χαράδριον et Ψιάθιον, col. 1781. et 1783.]

In mattis orationes fundebant. Eulogius lib. 3. Memorialis SS. cap. 10 : *Adeo ut subtus Matta, in qua illa prostrato corpore exorabat, humectum lacrymis pavimentum ostenderetur.* Gregorius Mag. lib. 2. Dialog. cap. 11 : *Præcepit vir Dei statim eum in cella sua in psiathio, quo orare consueverat, projici.*

In mattis collationes habebantur. Petrus Clun. lib. 2. Epist. 1 : *Ipse ei* (Episc.) *in Matta monachica, quæ sedi illi contigua erat, assedit : collatio non de imis, sed de supernis habita est.*

Mattæ etiam morituris substerni solebant. Cæsarius Heisterbach. lib. 7. cap. 52 : *Præparate aquam calidam, unde lavari debeam, et post paululum sternite Mattam.* Adde lib. 11. cap. 9. 16. 17. 19. 25. 26. et Vitam S. Hildegundis n. 34. *Mattarum* monachicarum passim alibi occurrit mentio, apud Lanfrancum in Statutis Ordinis S. Bened. cap. 10. Petrum Blesensem Epist. 90. in libro Usuum Ordinis Cisterciensis cap. 94. in Chronico Windesemiensi lib. 2. cap. 23. 65. etc. Vide cætera in *Psiatium.*

☞ Substernebantur et mortuis in solemnitate exequiarum. Statuta monialium S. Salvatoris Massil. ann. 1400 : *Mandamus ut subtus cadaver monialis defunctæ ponatur mantellus honestus pennaforratus, coopertorium bonum et sufficiens, ac Matalitium cum traversalio seu pulvinari.* Vide *Matalacium.*

Mattarii, appellati Manichæi, quod super arundines et *mattas* accumberent, ut auctor est Augustinus lib. 5. contra Faustum cap. 5. et ex eo forte Eckbertus Schonaugiensis Serm. 1. adversus Catharos.

Mattula, *Culcitra*, Papiæ, vel minor matta. Alibi : *Matura, Culcitra.* Hariulfus lib. 4. Chron. Centul. cap. 26 : *Lectuli pompa, congesta vili Matula, procul aberat.* Occurrit apud Hug. a S. Vict. lib. 2. de Claustro animæ in Prologo, in Vita S. Sulpitii Pii Episc. Bituric. n. 14. in Vita S. Berlendis Virg. cap. 2. num. 9. in Miracul. S. Richarii lib. 1. cap. 6. Hinc nostrum *Matelas* vel *Materas*, pro culcitra.

MATTABAS, Species panni aurei. Computum Stephani *de la Fontaine* Argentarii Regis ann. 1351 : *Pour 50. pieces de drap d'or Mattabas et Marramas achetées de luy pour les garnisons de l'argenterie, 17. escus la piece.*

¶ **MATTAFANUS.** Vide *Matare.*

¶ **MATTANA**, Fatuitas, insulsitas, ab Ital. *Matto*, fatuus, ineptus. Anonymus apud Murator. tom. 8. col. 109 : MCCLXXXVIII. *fuit D. Joannes de Caodevacca de Padua Potestas Vicentiæ, qui erat de testa, et quadam die Mattana cepit ipsum, quod volebat facere pulsari campanam ad martellum, etc.* Galli diceremus, *et un jour il eut la sotise de etc.* Vide *Mattus* 2.

* Acad. Cruscanis : *Spezie di maninco-*

nia, natta da rincrescimento, e da non sapere, che si fare. Vide supra *Matare.*

¶ **MATTARII.** Vide in *Matta* 4.

1. **MATTEA.** Fragm. Petronii: *Hanc humanitatem insecutæ sunt Matteæ, singulæ enim altiles pro turdis circulatæ sunt, et ova anserina pileata.* Et infra : *Sumptis igitur Matheis, respiciens ad familiam Trimalcio : Quid vos, inquit, adhuc non cœnastis?* [Tertullianus de Testim. animæ cap. 4 : *Vocas porro securos, si quando extra portam cum obsoniis et Matteis tibi potius parentans ad busta recedis.* Est autem Athenæo *Mattea*, Cibus delicatus et pretiosus, Gr. ματτύη. Suetonius *Macteas* dixit in Calig. cap. 38. Vide ibi Casaubon. et Torrentium.]

* 2. **MATTEA**, ut *Matta* 4. Storeæ seu tegetis vel culcitæ minoris species. Tract. MS. de Re milit. et mach. bellic. cap. 142 : *Post equites armatos torace, cossialis, gamberiis, scuto et elmo, brachialiis, cirothechis et Matteis in capite eorum.*

MATTIARII, in Notitia Imperii, sub dispositione Magistri militum præsentalis, junguntur que cum *Lanciariis* vel *Lancearii*s : ut et apud Zosimum lib. 3. Ammianum lib. 21. et Senatorem in Hist. tripartita lib. 6. cap. 37. Ita dictos putant a quodam teli genere quod *Mattium*, seu *Mattiobarbulum* vocabant, a quo *Mattiobarbuli*, appellati milites quidam apud Vegetium lib. 1. cap. 17. [Vide *Martiobarbuli*.]

☞ Nomen est unius ex legionibus sex Palatinis, quæ sic appellata est, ut recte scribit Carolus de Aquino in Lex. milit. a Mattio Cattorum oppido, cujus meminit Tacitus lib. 1.

¶ **MATTIBALUM**, Genus missilis. Vide *Martiobarbuli.*

¶ **MATTICI.** Vide *Matricus.*

* **MATTINATA.** Vide supra *Matinata.*

MATTIO, Latomus. Vide *Macio.*

¶ **MATTIOBARBULUS**, Mattium. Vide *Mattiarii.*

¶ **MATTO**, Mato, Later, Gall. *Brique.* De elevatione corporis S. Secundi tom. 3. Martii pag. 808 : *Et tunc audivit laterem seu Mattonem a muro cadere.* Statuta Astens. Collat. 7. cap. 6. fol. 24. recto : *Juro dare vel dari facere pro Communi illis fornasariis de Ast, qui hoc anno coquere voluerint et habere fornacem, modulos Communis tam ad cupos quam ad Matones faciendos.*

* **MATTOLECTUM**, Male partum, quod per vim et contra jus tollitur, Ital. *Maltolto.* Vita Innoc. III. PP. apud Murator. tom. 3. Script. Ital. col. 489 : *Jurarunt stare mandatis domni papæ super facto Vetrallæ, stratæ securitate, Mattolectis, etc.* Vide supra *Maletollettum.*

* **MATUALIS**, Mat-vallis. Vide supra *Madaalis.*

¶ **MATTONUS**, ut *Matto.* Vide *Matonus.*

¶ **MATTS**, vox Anglica, quæ idem quod *Matta*, storea, teges, sonat, a Saxon. *Meatte.* Computus ann. 1425. apud Kennett. Antiquit. Ambrosden. pag. 574 : *Et in v. scotellis minoris sortis emptis ibidem pro cæteris officiis* ix. *den. et in* iv. *Matts ibidem hoc anno* xiii. *den.* Vide *Matta* 4.

¶ **MATTULA**, diminut. a *Matta*, storea. Vide in hac voce.

1. **MATTUS**, *Tristis*, in Vett. Glossis a Turnebo laudatis. Fragmentum Petronii : *Staminatas duxi, et plane Matus sum.* Ubi quidam *matus* idem putant, quod ad angustias redactus, nostris *Maté.* Vide in *Matare*, et Salmasium ad Hist. Aug. pag. 461. [Le Roman *de la Rose* MS. :

Honteux et Mat, si me repens.]

2. **MATTUS**, Stultus, ex Italico, *Matto*, in Vita B. Ægidii Minoritæ num. 4. [tom. 3. Aprilis pag. 221 : *Multi vero deridebant eum dicentes, Mattus.* Vide *Mattana.*]

¶ 3. **MATTUS**, Vestis grossioris genus, qua loco cucullæ utebantur Casinenses. Theodemari Usus Casin. in Epist. ad Carolum M. : *Seniores tamen nostri, et præteriti Abbates instituerunt fratribus nostris propter diversos labores, tres tunicas habere, duas grossiores in hyeme, unam subtiliorem in æstate; similiter et in loco cucullarum duos, quos nos dicimus Mattos, qui ex grossiori sago fiunt, et unum in æstate subtilius operimentum.*

MATULATA, pro *Matula.* Gloss. Græc. Lat.: *Matulata*, ἀρύταινα. Eædem : *Matellata*, σαμνίον. [Supplem. Antiquarii : *Matulata*, ἀρώταινα, *Aratena, vas aquarium.*]

¶ **MATUNUS**, Monetæ genus. Hultzingus in Histor. Monast. Hilgertal. pag. 358 : *Quœdam grangia sua per Anglicos talliata fuit ad octingentos Matunos tempore capituli generalis.*

MATURA. Vide *Matta* 4.

* **MATURALITER**, Mature, Gall. *De bonne heure.* Charta Henr. reg. Angl. ann. 1457. in Chron. Joan. Whetham. edit. Hearn. pag. 421 : *Ipsi eciam Maturaliter communicaverunt et diligenter exquisiverunt mociones et vias etc. Maturément*, eodem sensu, in Libello regi oblato ann. 1561. tom. 1. Comment. Condæor. pag. 31. ult. edit.

1. **MATURITAS.** Amalarius de Ordine Antiphonarii cap. 69 : *Populus enim invitatur ad vigilias et hora noctis, de qua dicebat David Propheta : Præveni in Maturitate et clamavi.* Ubi *maturitas* accipitur pro media nocte, ut ex S. Augustino explicat idem Amalarius. Atque ita ea vox accipi debet apud Eckeardum Juniorem de Casibus S. Galli cap. 1 : *Progreditur interea præventor Maturitatis ad sepulcra cimiterii oraturus.* Cap. 3 : *Quadam nocte in Ecclesia præveniens in Maturitate.* Ibid. : *Quem invenit surgentem, ut et ipse præveniret in Maturitate.* Vocis vim exponit Iso de Othmaro lib. 1. cap. 7 : *Cum nocturnæ celebrationis vigilias consurgendo præveniret.* Ubi perperam Goldastus *maturitatem*, *matutinitatem* et auroram interpretatur.

* 2. **MATURITAS**, Judicium, mens, Gall. *Bon sens.* Sidon. Apollin. Epist. 1. lib. 1 : *C. Symmachi rotunditatem, C. Plinii disciplinam, Maturitatemque vestigiis præsumptuosis insequuturus.* Hinc *Personnes sages,.... et plains de grant science et Meurté*, in Stat. ann. 1356. tom. 3. Ordinat. reg. Franc. pag. 141. art. 46. Dicitur etiam de fructibus maturis, pro *Maturité*, in Lit. remiss. ann. 1369. ex Reg. 99. Chartoph. reg. ch. 279 : *Les fruiz d'icelles vignes venuz à Meurté et presque en estat de cueillete.*

* 3. **MATURITAS**, Modestia, gravitas. Stat. MSS. eccl. Lugdun. cap. *De Maturitate incedendi per chorum.* : *Quicumque..... debet per chorum mature incedere, humiliter et honeste, dum facit officium suum.*

¶ **MATURNA**, pro Matrona, Gall. *la Marne.* Charta Johannis Reg. Franc. apud Rymer. tom. 6. pag. 422 : *Datum Germaniaci supra Maturnam, anno* 1363. Vide *Materna.*

MATUS. Vide *Mattus* 1.

* **MATUTINALE**, Liber, in quo officium ecclesiasticum matutinum continetur, nostris *Matines;* quo præsertim significatur officium B. M. V. vel libellus sacrarum precum. Charta ann. 1214. apud Murator. tom. 5. Antiq. Ital. med. ævi col. 519 : *Et dicit, quod dictæ ecclesiæ dedit..... antiphonarium unum de die et alium de nocte, et unum psalterium, et unum Matutinale.* Arest. parlam. Paris. ann. 1338. in Reg. 71. Chartoph. reg. ch. 296 : *In signum hujusmodi liberationis, investituræ, possessionis dicto Girardo tradidit dictus Petrus Hernerii commissarius quemdam librum, vocatum Matines.* Lit. remiss. ann. 1392. in Reg. 142. ch. 266 : *Unes heures ou Matines de Nostre Dame.* Aliæ ann. 1404. in Reg. 158. ch. 426 : *Comme le suppliant..... eust prins furtivement en l'ostel Noel Gilles audit lieu de Montfort unes heures ou Matines, qui valoient environ vint huit solz. La femme du suppliant a tenu escoles de filles pour aprendre leurs Matines*, in aliis Lit. ann. 1477. ex Reg. 206. ch. 1154. Vide in *Matutini.*

¶ **MATUTINALE** Altare, Dicitur illud minus altare in quo Missa Matutinalis celebratur in Eccles. Cathedralibus. Ordinarium Canonic. S. Laudi Rotomag. ad calcem Johann. Abrinc. pag. 267 : *Diaconus incensum ponat in turibulo, et cum processione sua altare majus et Matutinale incenset.* Adde pag. 275.

¶ **MATUTINALE** Donum. Vide *Morganegiba.*

¶ **MATUTINALE** Officium, Laudes, ut jam diximus. Vita S. Joannis Abb. Gorz. sæc. 4. Bened. pag. 392 : *Audires illum in illo, quod mos habet monasticus, inter nocturnum et Matutinale officium intervallo, etc.* Adde Amalarium in Antiphonar. cap. 4. Vide *Matutini.*

¶ **MATUTINALIS** Liber. Vide *Matutini.*

MATUTINARIUS. Regula Monachorum S. Cæsarii, seu S. Tetradii, § 21 : *Post hoc dicant Matutinos directaneum : Exaltabo te, Deus meus et Rex meus. Deinde in ordine totus Matutinarius in Antiphonas.* Regula S. Aureliani pag. 67 : *Et sic impletis tribus Missis*, (id est officiis) *dicite Matutinarios Canonicos, id est, Canticum in Antiphona, deinde directaneum, Judica me, Deus, etc.* [Vide *Matutini.*]

Matutinarii, in Ecclesia Carnotensi videntur appellati, qui *Matutinis* intererant, quibusque ex eo certa distributio assignata erat, in Tabul. ejusdem Eccles. Ch. 175. 278. 279. 307.

* Hæc minus accurate; capellani quippe designantur, qui ratione beneficiorum suorum non matutinis modo, sed et aliis omnibus diurnis officiis interesse eaque exequi tenebantur, in quibus vices canonicorum agebant, unde ipsorum *vicarii*

interdum dicuntur, Gall. *Matiniers*. Haud scio an ab *Horariis* distinguendi sint *Matutinarii*, nisi forsan quod aliqui ex illis potissimum matutinis erant addicti. Lib. jurament. eccl. Carnot. MS. ann. 400 : *Pro officio divino sunt ibi instituti viginti quatuor Matutinarii pro horis nocturnis, et alii sunt instituti pro horis diurnis*. Vide supra *Horarius* 2. Necrol. vet. ejusd. eccl. : *iiij. non. Mart. Obiit Petrus de Minciaco diaconus et archidiaconus Blesensis, qui dedit ecclesiæ xij. lib. annui reditus super domos suas in vico Vassellorum, pro quodam Matutinario perpetuo*. In recentiori Necrol. de eodem legitur : *Pro suo Matutinarum vicario perpetuo*, ex ejus Testamento ann. 1297. et ex Computo ann. 1318. Idem Necrol. vet. : *Pridie Cal. Maii* (ann. 1302.) *Obiit J. de Albiniaco presbyter, subdecanus hujus ecclesiæ, qui dedit domum suam, sitam in claustro retro Eleemosynam, ita ut de pensione prædictæ domus solvantur xiv. libræ cuidam Matutinario presbytero instituendo, qui continue surgat ad Matutinas*. Aliud recens : *x. Cal. Maii Obiit Philippus de Cornillon... qui dedit.... xij. lib. pro unius Matutinarii perpetui institutione*. Charta Caroli V. ann. 1367. ex Tabul. Carnot. : *Optamus quod duodecim dictæ ecclesiæ capellani in collegio horariorum et Matutinariorum ipsius ecclesiæ ex nunc per decanum et capitulum ejusdem ecclesiæ electi etc*. Qui iis præerat in ecclesia Parisiensi vel qui reditus pro matutinis assignatos colligebat, distribuebatve, *Matutinarius* nuncupatur in Comput. ejusd. eccl. ann. circ. 1381. ex Bibl. S. Germ. Prat. : *A Matutinario super redditibus datis per eum apud Vernotum, x. lib*. Charta ann. 1312. ex Tabul. capit. Carnot. : *Pierre de Rochefort chantre de Chartres et arcediacre de Langres a donné.... à l'église de Chartres cent souls et un mui de blé de rente perpétuel aus us de un Matinier perpétuel en l'église de Chartres*. Charta vero concessionis ejusdem Petri de Rupeforti ex eod. Tabul. habet : *Ad usus matutinarum*. Lit. remiss. ann. 1463. in Reg. 199. Chartoph. reg. ch. 550 : *Ouquel cloistre* (de l'église de Chartres) *avoit en la maison des Matiniers plusieurs des chantres de ladite église, lesquelx chantoient, jouoient et se esbatoient à plusieurs instrumens*. Nunc *Matiniers* vel *Heuriers* vocant cantores quoscumque mercenarios.

¶ **MATUTINATUS**, *Factus mane*. Gasp. Barthii Gloss. apud Ludewig. tom. 3. Reliq. MSS. pag. 160. ex Baldrici Hist. Palæst. : *Antequam Matutinatus lucifer exalbesceret*. Le Roman *de Vacce* MS. :

> Au Matinet, ains l'ajornant
> Encore alloient sommeillant.

* Nostris alias *Matinier*, matutinus, vulgo *Matinal*. Lit. remiss. ann. 1475. in Reg. 195. Chartoph. reg. ch. 1512 : *Icellui Gendarme dist à Jehan Delpiat telles paroles ou semblables : Soyés Matynier demain*.

MATUTINELLUM, Jentaculum, cibus, qui mane sumitur. Custumarium Prioratus de Lewes fol. 18 : *Lanceta falcabunt pratum domini cum corredio tali. Ad Matutinellum pane ordeo et caseo; ad nonam potagio et duplici companagio : ad vesperam unum panem curiæ, et fasellum herbæ*. Et fol. 32 : *Dabit Matutinellum de consuetudine his, qui venerint propter solem in æstate*.

* *Matinel*, eadem acceptione, in Lit. remiss. ann. 1369. ex Reg. 100. Chartoph. reg. ch. 322 : *Le suppliant avoit fait son labour ou mestier de foulon et mengoit Matinel, c'est assavoir un pou de pain qu'il trenchoit*.

MATUTINI, Vigiliæ nocturnæ, Aimoino. Concilium Tur. II. can. 18 : *In diebus festis ad Matutinum sex antiphonæ binis psalmis explicentur*. Infra : *Cur ad Matutinum non itemque vel duodecim explicentur?* Zachæus lib. 3. Consult. cap. 3. de Monachis : *Nunquam præterea diei falluntur adventu, sed strenuos semper fallentis auroræ tempus exsuscitat, atque offerendas Deo Laudes devotio Matutina compellit*. [Chr. Novaliciense apud Murator. tom. 2. part. 2. col. 744 : *Mansionarius illius ecclesiæ... cum surrexisset, ut sonaret Matutinum, illum cereum minime reperit*.] Vide Honorium Augustod. lib. 2. cap. 28. et Baron. ann. 57. num. 161.

☞ Ambiguæ significationis esse *Matutinum* seu *Matutinos* post Mabillonium hic observare juvat. Apud plerosque veterum, cum eo nomine in plurali numero utuntur, illam ecclesiastici officii partem significat, quam *Laudes* appellamus. Ita SS. Benedictus, Aurelianus, et Isidorus in Regulis suis *Matutinorum* vocem usurpant. Cassiano pro *Laudibus* itidem usurpatur, et lib. 1. Institut. cap. 4. in singulari pro officio *Primæ*. Alii vero hac voce significant nocturnas preces, quæ duplicis generis distinguntur : aliæ *Vigiliæ* in solemnioribus festis usitatæ, sic dictæ, quod ab ineunte, aut certe a media nocte circiter initium ducerent ; aliæ *Matutinæ* in profestis et Dominicis, quibus tardius nocturnæ preces persolvebantur. Hoc postremo significatu *Matutinum* sumitur in Concil. Turon. laudato, atque in Venetensi ann. 465. can. 14 : *Ut clerici qui in civitate fuerint, Matutinis hymnis intersint*. In duplici notione Gregorius Turon. *Matutinas* non raro appellat : pro *Laudibus* in lib. 1. de Mirac. S. Martini cap. 33 : *Mane autem facto, signo ad Matutinas commoto, reversi sumus dormitum;* pro *Vigiliis* in lib. de Vitis Patrum cap. 8 : *Quodam autem mane cum surrexisset ad Matutinas S. Nicetius, exspectatis duabus antiphonis ingressus est in sacrarium; ubi dum resideret, Diaconus responsorium Psalmum canere cœpit*.

Matutinarius *cursus B. Mariæ*. Hugo Flaviniac. ann. 961. pag. 135 : *Qui tunc forte solo prostratus Matutinarium beatæ Virginis decantabat cursum*. Unde liquet Officium B. V. in Ecclesia perantiquum.

Matutinalis Liber, in quo officium Ecclesiasticum matutinum continetur, in Charta Antibarensis Episcopi, apud Joan. Lucium lib. 2. de Regno Dalmat. cap. 14. et in Chronico Montis-Sereni ann. 1137. Vide *Matutinale*.

¶ **MATZUCA**, Clava, Italis *Mazza*. Curopal. de Offic. CP. in Hierolex. Macri : *Loco sceptri fert eam, quam vulgus vocat Matzucam*. Vide *Maxuca*.

* **MAUBEUGE**, Campanæ nomen apud Abbatisvillam. Stat. pannif. in Lib. rub. fol. mag. domus publ. Abbavil. art. 31 : *Est ordené que ouvriers et manouvriers de bras de quelconques mestier que il soient, soient alés à l'œuvre à l'eure de Maubeuge du matin, etc*. Art. 17. *Tous manouvriers retourne à son service aux heures qui sont ordenées au son de la cloché de Mobeuge*. Perperam *Moberge* tom. 8. Ordinat. reg. Franc. pag. 338. art. 17. Forte a voce *Malbergium* sic appellata, quod convocandis civibus inserviret. Vide ibi.

MAVECHARIUS. Charta Muncimiri Regis Chroatiæ ann. 892. subscribitur cum aliis, *a Prusna Mavechario Iup. et Zelli Drago Maccechario Comitissæ*, apud Joan. Lucium lib. 2. de Regno Dalm. cap. 2. adeo ut in alterutro mendum subsit, tametsi *Maccecarius* utrobique legendum censeam, ut hæc dignitas eadem fuerit quæ *Magni Coci* apud nos. Idem porro Lucius eodem lib. cap. 15. *Mavevarius* legisse videtur. Vide *Machecarii*.

* **MAUGRA** Sacramenta. Libert. villæ de Andeloto ann. 1269. tom. 8. Ordinat. reg. Franc. pag. 126. art. 7 : *Si Maugra sacramenta facta fuerint, et postea composuerint, uterque reddet quindecim solidos*. Quæ emendenda proponit doctus Editor ex aliis Lit. ann. 1198. ibid. pag. 408. art. 3 : *Vadia duelli in manu prioris dabuntur, et tenebit illud* (illa) *usque ad Majora sacramenta*. *Magnum* vero *sacramentum* dicitur illud, quod fit ad sancta Evangelia. Vide in *Juramentum* pag. 939. col. 1.

* **MAVISCUS**, Malvicius, avis genus, Gall. *Mauvis*. Glossar. Lat. Gall. ann. 1348. ex Cod. reg. 4120 : *Maviscus, Gallice Mavis*. Lit. remiss. ann. 1367. in Reg. 99. Chartoph. reg. ch. 207 : *Cum Warinus de Grebovalle armiger duos Maviscos, aves videlicet vocatas Gallice Mauvis, pro suo solacio ad instruendum garrulare vel loqui, ut faciunt aves hujusmodi, Petro Heuvin pictaciario vel saveterio, in talibus, una cum quadam ejus filia experte, qui se oneravit super hoc, tradidisset etc*. Chron. Angl. Th. *Otterbourne* edit. Hearn. pag. 261 : *Anno gratiæ 1408.... fuit hiems gravissima,.... sic quod pene cunctæ volucres de genere Maviscorum vel merularum fame frigoreque defecerunt*.

* **MAULA**, f. pro *Maura*, Frenum, Gall. *Mors*. Charta ann. 1321. in Reg. 75. Chartoph. reg. ch. 303 : *Marescallus et sui heredes habere consueverunt fimum omnium stabulorum prioratus prædicti* (de Paredo) *sellas, bastum, Maulam, bentum dicti prioris veteres, etc*. Vide supra *Bera* 1.

* **MAVONES**, inter superstitiones paganicas recensetur apud D. *Le Beuf* tom. 1. Collect. var. script. pag. 304 : *Aviculas cantantes vel sternutationes ridiculosas et signos observant et Mavones, quasi messes et vindemia portare possint*.

¶ **MAVORS**, Mavorte. Vide *Mafors*.

¶ **MAVORTINI**, *id est, Excussio equitis de equo*. Papias. Corrupte omnino pro *Marchfalli*, quod vide.

* **MAUPTES**. Acta S. Pherbuthæ tom. 3. Apr. pag. 22. col. 1 : *Exiit igitur imperatoris jussu Mauptes, cujus nominis interpretatio est, Pontifex magorum, etc*.

¶ **MAURA**, Sic catenam quamdam, quæ nocentibus puniendis erat destinata, vocabant Lemovicenses. Vita S. Leonardi 6. Novembr. apud Surium pag. 167. n. 9: *Lemovicensium Vicecomes quidam, ob deterrendos homines a maleficiis, immanissimam jusserat parari catenam, eamque ad cippum alligari, qui erat in media turri, haud procul ab ecclesia B. Martialis exstructa. Prominebat autem e turri catena, et qui ea ad collum vinciebantur, sub dio stabant: et æstate quidem expositi erant solis ardoribus, hyeme autem nivibus et frigori: et utroque tempore pluviis, ventis et imbribus, aliisque cœli injuriis, ita ut non unam, sed mille mortes perferre viderentur. Eam catenam, Mauram appellabant.... Surge incolumis, et hanc Mauram perfer ad ecclesiam meam.* Quod supplicii genus haud infrequens fuisse innuit le Roman *d'Athis* MS.:

Par un jugement prirent Athis,
S'il ont en la chaine mis.
Une chaine avoit à Romme,
Ou tenoient trois jours un homme
Qui avoit fait forfait mortal,
Tous l'esgardoient communial.
Pour ce que aulcuns les veoient,
Qui de tel fait se chastioient.

MAURABOTINUS. Vide *Marabotinus*.

* **MAURELLUM** *vocatur a multis solatrum et strignum.* Glossar. medic. MS. Simon. Januens. ex Cod. reg. 6959. Vide infra *Morella* 1.

* **MAURELLUS**, Subfuscus. Monstra ann. 1339. inter Probat. tom. 4. Hist. Occit. col. 182: *Raymundus Athonis de Vivos cum equo Maurello.* Vide *Morellus* 1.

MAURI Albi, appellati per contumeliam Genuenses, *Moros blanchs*, a Regibus Aragonensibus, ut observat Michael Carbonellus in Chron. Hispan. fol. 100.

¶ **MAURIA**, f. Spinarum genus. Chartul. S. Petri de Domina fol. 107: *Post Calendas 6. denarios dublias.... et trainas de lignis, et decem faxos de Mauria: et* 50. *estendolas* (debent.)

* Rubus est fructum nigrum ferens, quem vulgo *Mure sauvage* appellamus.

* **MAURISALUS**, Maurizalis, Domus seu castri nomen a *Mauris* inditum. Charta Guid. episc. Clarom. pro villis Biliomi et S. Lupi ann. 1281. in Reg. 73. Chartoph. reg. ch. 1: *Præterea* (poterimus facere) *turrim unam in muro communis ubi voluerimus, præter domos quas ibi modo habemus, scilicet turrim S. Lupi et salam Maurizalem. Sallam Maurisalam*, in eadem Charta ex Reg. 185. ch. 77. Vide mox *Maurus*.

MAURISCI, Equi Arabes. [Item Maurorum posteri, reliquiæ, in Elogio Johannis de Ribera tom. 4. Concil. Hispan. pag. 135: *Cujus præcipue impulsu memorabilis illa facta est e regno illo atque universa Hispania Mauriscorum, hoc est Mauri sanguinis reliquiarum expulsio.*] Vide *Farius*, et Meursium in Μαυρίσκιον, [Glossar. med. Græcit. in Μαυρίσκιος.]

MAURITIENSIS Moneta, Monasterii Agaunensis, quod sancto Mauricio dicatum fuit, in veteri Charta apud Guichenon. in Probat. Hist. Sabaud. pag. 40.

MAURORUFUS, Equi color. in veteri Inscriptione 342. Græcis μαυρός, est niger, Μαυροφορεῖν, nigra veste indui, in Hist. Apoll. Tyr. pag. 20. 23. Vide Meurs. in Μαυρός. [* Vide *Morellus* 1.]

* **MAURUS**, Leprosus, f. pro *Misellus*. Bened. abbas Petroburg. in Henr. II. reg. Angl. edit. Hearn. tom. 2. pag. 460. ad ann. 1186: *Templarii et Hospitalares, et comites et barones, et clerus et populus elegerunt comitissam de Japhes in reginam* (Jerusalem) *sororem scilicet prædicti Mauri* (Balduini leprosi).

* **MAURUSIA**, Maurica pictura, vulgo *Moresque*, D. *Falconet*, in cujus museo exstat liber sic inscriptus: *Variarum protractionum, quas vulgo Maurusias vocant, Liber nunc primum editus* 1554. *Balthaz. Sylvius fecit.*

¶ **MAUSEOLUM**, Sepulcrum, vel feretrum alicujus Sancti. Vita S. Godebertæ tom. 2. SS. Aprilis pag. 36: *Beatissimam Godebertam transferri satagit.... in præfulgentissimum Mauseolum, tota purissimi argenti massa decoratum.* Vita S. Johannis Abb. Parmens. tom. 5. Maii pag. 183: *Mauseolum adivit, in quo sanctissimi Johannis Abbatis occultabantur ossa.* Acta S. Raymundi Episc. tom. 4. Junii pag. 133: *Atque ad ejus confluebant Mauseolum cum gratiarum multiplici actione.* Vide *Mausoleum*.

¶ **MAUSOLE**, Interius conclave. Vita S. Silverii Papæ tom. 4. Junii pag. 16: *Quæ ingresso Silverio cum Vigilio, solis in Mausole.* Ubi forte legendum *Mausolo*.

¶ **MAUSOLEARE.** Vide *Mausoleum*.

MAUSOLEUM, Feretrum Sancti alicujus apud Harmerum MS. de Miracul. S. Maurilii Episc. Andeg.

Mausoleum, pro *Musivo*. Vide *Musivum*.

Mausoleare, Mausoleo condere. Tabularium Brivatense Ch. 43: *Sacrosanctæ Dei Ecclesiæ S. Juliani Martyris, qua ipse sanctus Dei Martyr corpore requiescit cum sociis suis ibidem honorifice Mausoleatis.* Ethelwerdus lib. 4. cap. 1: *Cujus corpus jacet Mausoleatum, etc.* Et cap. 3: *Cujus Mausoleatur Evoraca corpus, etc.* [Liber Miracul. S. Eadmundi Angl. Reg. apud Marten. tom. 6. Ampliss. Collect. col. 823: *Mausoleatus quidem, ut majorum nobis intimarunt relata, in villula Suthunc dicta, etc.*]

* **MAUSSUS**, f. Agger, moles. Charta ann. 1408. in Reg. feud. comitat. Pictav. fol. 255. v°. ex Cam. Comput. Paris.: *Item advouho unum molendinum drapier, situm ad Maussum de brolio de Vitraco.*

* *Mausse* vero, Monetæ minutioris species, in Lit. remiss. ann. 1404. ex Reg. 159. Chartoph. reg. ch. 114: *Dix blans, chacun du pris de cinq deniers Tournois la piece, deux Mausses, et un blanc Breton.*

* **MAUSUCA**, *Paulo, ad dissolutum stomachum et imbecillem aloe, Mausuca, mastix.* Glossar. medic. MS. Simon. Januens. ex Cod. reg. 6959.

¶ **MAUSURA**, pro *Mansura*, vel *masura*. Charta ann. 1191. tom. 8. Spicil. Acher. pag. 205: *Trado tibi Guillelmo.... castrum de Omelacio cum omni dominio ejus.... munsis et Mausuris, appennaciis, toltis, etc.*

¶ **MAUTOTA.** Vide in *Tolta*.

¶ **MAUTSTET**, Tributum, quod pro transvehendis mercibus exsolvitur, Gall. *Droit de trespas*, vel *Traite-foraine*. Est etiam tributum omne quod a transeuntibus per terras alicujus domini pensitatur, Gall. *Droit de passage*; Germani *Mautner* vocant, qui vectigal illud exigit. Charta Friderici Ducis Austriæ ann. 1243. apud Ludewig. tom. 4. Reliq. MSS. pag. 228: *Nos quoque præfati privilegium Marchionis super eadem concessione ratum habentes, ipsam ecclesiam esse concedimus absolutam tam a prædicto jure, quam ab omni vectigalium absolutione, quæ ipsa vel officiales ejus in passagiis nostris vel quibuscumque locis nostri Ducatus quæ Mautstet dicuntur, hactenus persolverunt. Statuentes ut in terris vehendo vino suo vel annona sua nomine telonei, sive in aquis sive in terris, nulla unquam ab eis pensio exigatur.* [** *Maut*, vectigal, *stet*, locus.]

¶ **MAUTURA.** Vide *Molta* 2.

¶ **MAXA**, Massa, moles Gall. *Masse*. Bulla Alexandri VI. PP. ann. 1500. pro erectione Academiæ Valent. tom. 3. Concil. Hispan. pag. 691: *Ut eo facilius homines ad tam excelsum humanæ conditionis fastigium acquirendum, et acquisitum in alios, cum augmento semper tanti boni acquisiti, transferendi facilius inducantur, cum aliarum rerum distributio Maxam minuat.*

¶ **MAXARIA**, Minister, vel qui vectigalia colligit. Epistola Panormit. ad Martinum IV. PP. apud Marten. tom. 3. Anecd. col. 35: *De salcra tritici et hordei data per regios Maxarias violenter agricolis certam expetebat in areis supradictorum victualium quantitatem, de centenario omnium determinatum agnorum numerum et agnarum, etc.* Alia omnino notione *Maxaria* apud Lotharingos usurpatur; sic quippe vocant casas ex lignis abiegnis inter se compactis, absque luto aut bitumine fabricatas, quarum habitatores *Maxaros* idcirco appellant. Ejusmodi autem casis utuntur ii ab initio veris usque ad Octobrem, quo tempore armenta ipsis pascenda ex inito pacto committuntur.

* **MAXENADA**, Familiaris, homo de *Maisnada* vel *Masenata* alicujus. Charta ann. 1173. apud Murator. tom. 4. Antiq. Ital. med. ævi col. 221: *Exceptis castellanis, qui colidie habitant in castris sine fraude, et militibus, et Maxenadis, et ministris ejusdem monasterii, etc.* Vide supra *Macinata* 2.

¶ **MAXENARE**, Molere, ab Ital. *Macinare*, *Moudre*. Memoriale Potest. Regiens. ad ann. 1280. apud Murator. tom. 8. col. 1147: *Et fecerunt multa statuta prava contra Clericos. Primo ut nullus deberet solvere eis aliquam decimam,... nec etiam eis Maxenare, nec infornare, nec barbam radere, etc.* Vide *Mazinare*.

* **MAXENATURA**, Mola molendinaria. Charta ann. 1192. apud Murator. tom. 5. Antiq. Ital. med. ævi col. 87: *Et pro hoc debeat tenere communi duas Maxenaturas in canali vetero, et alias duas in canali novo.* Vide supra *Macinata* 1.

* **MAXIBATRUM**, *La coda del porco.* Glossar. Lat. Ital. MS.

IN MAXILLA *comburi*, Στιγματίζεσθαι in genis, Pœnæ species servis propria. Radevicus lib. 3. cap. 26: *Si servus, tondebitur, et in Maxilla comburetur.* Infra: *Si servus furtum fecerit, et in furto fuerit deprehensus, si prius fur erat, non ideo suspendetur, sed tondebitur, verberabitur, et in Maxilla comburetur.* Occurrit ibi non semel. [Eamdem pœnam dabant, qui merces a se emtas, carius in exercitu vendebant, ut constat ex eodem Radevico lib. 1. cap. 26. Locum vide in *Mercatum*.

MAXILLARE, Στομοκοπεῖν, in Gloss. Gr. Lat. [Vide *Malaxare*.]

MAXILLARES Dentes, in Lege Longob. lib. 1. tit. 7. § 6. [** Roth. 52.] Le Roman *de Parise la Duchesse* MS. :

An la boche li brise daus dans Maissellers.

Le Roman *de la Prise de Jerusalem* MS. :

Bien le mangea la rape jusqu'à deus Maicellers.

☞ A maxilla *Masselle* et *Maiselle*, pro gena, Gall. *Joue*, dixerunt Poetæ nostrates. Le Roman *de la guerre de Troyes* MS. :

De son frere sait la nouvelle
Por ce se moille sa Masselle,
O chaudes lermes grant duel fet.

Ibidem :

Mout avoient les faces belles,
Et nes, et boches et Masselles.

Le Roman *d'Athis* MS. :

Des yeux pleure la Damoiselle,
Que toute en mouille sa Maiselle,
Le nez, la bouche, et le menton.

Inde diminut. *Maisseletes* ibid. ubi de muliere elegantis formæ :

De lis, de roses qu'ils mellerent,
Les Maisseletes coulourerent.

MAXIMA, Recepta-sententia, Regula, vulgo nostris et Anglis *Maxime*. Fortescutus de Laude Legum Angliæ cap. 8 : *Principia autem quæ Comentator dicit esse causas efficientes, sunt quædam universalia, quæ in Legibus Angliæ docti similiter et Mathematici Maximas vocant, Rhetorici Paradoxa, et Civilistæ Regulas Juris denominant.* Christophorus de S. Germano in Dialog. de Fundamentis Legum Angliæ cap. 8. initio : *Quartum fundamentum legis Angliæ stat in diversis principiis, quæ a peritis Legis Angliæ Maxima vocantur, quæ semper habita et tenta sunt pro lege in hoc regno Angliæ, quibus non est licitum alicui legis perito contradicere.*

¶ **MAXIMATES**, Proceres, Gall. *les Grands.* Bulla Clementis VII. PP. ann. 1533. apud Lobinell. tom. 3. Hist. Paris. pag. 600 : *Civitas ipsa* (Parisius) *Francorum Regum et regni Franciæ procerum beneficiis adeo excrevit, ut Regum eorumdem ac procerum et Maximatum, nec non Prælatorum dicti regni quasi communis habitatio habeatur.*

¶ **MAXIMATIM**, *Cataplatos*, *Maximam partem.* Gloss. MS. Sangerm. num. 501. legendum *Catapleistos*, a Græco κατὰ πλείστους.

MAXIMITAS. Utitur Arnobius lib. 6. [post Lucretium lib. 2 : *Ne quædam cogas immani Maximitate*; id est, magnitudine.]

* **MAXINA.** Vide supra *Macina* 2.

* **MAXINATA.** Vide supra *Macinata* 2.

¶ **MAXIUM** Vexillum, pro Maximum, ni fallor; usus enim Italis erat præcipuum totius exercitus vexillum in curru imponere, atque illud magna cura servare. Hist. Rer. Laudensium apud Leibnit. tom. 1. Script. Brunsvic. pag. 830 : *Sed ipsi perterriti statim signo dato tentoria cœperunt deponere, omnesque pedites cum plaustris et carazolo, super quod Maxium vexillum album cum cruce rubea deferebatur, abire cœperunt.* Vide *Carrocium*.

¶ **MAXNILE**, pro *Masnile*, Agri portiuncula cum æde, Gall. *Ménil.* Codex MS. Irminonis Abb. Sangerm. fol. 126 : *In Maxnili Badansete habetur area molendini una.* Charta apud Stephanot. tom. 3. Antiquit. Pictav. MSS. pag. 344 : *In villa quæ dicitur Anciacus Maxnilis, curtiferis, virtidigariis, etc.* Vide *Mansionile*.

¶ **MAXORIMEN.** Jus Vicentin. lib. 4 : *Coloni tenentur dare fictus de grossilibus, sive de Maxoriminibus in festo S. Felicis.*

MAXUCA, Clava, Gallis *Massue*, Ordericus Vitalis lib. 8 : *Quidam enormis staturæ ferens ingentem Maxucam.*

Mazuca, Eadem notione. Chronicon Casauriense lib. 4 : *Iste Presbyter qui hic astat, cum Mazuca uno ictu confregit tempora mea.* Ματζούκη Græcis recentioribus : Leoni in Tactic. cap. 6. § 27. cap. 13. § 84. Heroni, Nicetæ, et aliis a Rigaltio laudatis. Steph. *Sachlec* in Versibus Græc. Politicis MS. : Μὰ τὴν ματζούκα πολεμῶν τὸν ἄνεμον νὰ δύρω. Willelm. *Guiart* ann. 1304 :

Un ribaut mal vestu et nu,
En sa main une Macuete,
Le lance en cele riverete.

Idem anno 1305 :

La oist-on aus coups donner
Diverses armes raisonner,
Et tentir espées et Maces.

[Le Roman *de Vacce* MS. :

Grant joye font borjoes, et autre gent menue,
Neis les legeres fames, les vieilles, les chanues,
O bastons, ô avaux, ô barres, ô Macuës,

Idem :

Lors veissiez haster vilains,
Piex et Machues en leurs mains.]

Chron. MS. Bertrandi *du Guesclin* : *De la Court du Roy sui pour sa Mace porter.* Scribit Naugius sub ann. 1236. S. Ludovicum ab Assassinis *sibi metuentem corpus suum per homines cupreas clavas assidue deportantes fecisse diligentissime custodiri.* Supra laudatus Guiartus ad ann. 1191. vers. 1800 :

Ainsi que Jouhan par mesprison,
Feist au Roy grant traison,
Ou poi trova de contredit,
Orent au Roy de France dit
Tiex qui le sorent par enquerre,
Que le roi Richart d'Engleterre
Faisoit enfans endoctriner,
Pour lui occire et affiner,
Qui ja ierent tout enbarnis,
E de tele aprison garnis,
Que chacun d'eus home ocist,
Tel con son mestre li deist,
Et puis quil l'eut mort rué,
Ne li chausist d'estre tué,
Car il devoit tantost sus estre
Selonc la promesse du mestre.
Par ceus avoit Richart beance
De mettre à mort le Roy de France,
Dont il fu forment esjoi.
Puis que li Rois dire l'oi,
Ne fust-il quil ne se feist,
Doutens qu'en ne le soupreist,
Eschauguitier en toutes places
Nuit et jour de serjans à maces.
Et par chaleur, et par froidure,
Cette coustume encore dure,
Et durra si con ge propose, etc.

Vide Will. Britonem lib. 11. Philippid. pag. 237.

¶ **MAYA**, Meia, Congeries, cumulus; *in Maya* vel *Meia*, id est, Insimul. Consuetudines Marchiæ Dumbarum art. 30 : *Si aliquis furetur de die nemus scissum existens insimul vel in Maya, quod in illo casu ille furator* 15. *s. Vien. bonos solvere teneatur.* Et art. 31 : *Si aliquis furetur in Meia seu gerberio, etc.*

¶ **MAYATA**, ut *Majacta.* Vide in hac voce.

¶ **MAYDANUM.** Vide *Maidanum.*

* **MAYERA**, Mayeria. Vide supra in *Maeria* 4.

¶ **MAYERIA**, Axis crassior, Gall. *Madrier.* Item, quodvis lignum ædificationi idoneum. Extractum computi ann. 1334. tom. 2. Hist. Dalphin pag. 248 : *Item, pro expensis Johannis Morelli magistri ingeniorum missi... pro aliquibus Mayeriis capiendis ad opus machinarum.* Charta ann. 1347. ibid. tom. 1. pag. 66 : *Ideo fuit injunctum Cellarerio, quod ibidem de dicta Mayeria fieri faciat unum muetam bastardam cum quatuor culiis : et si Mayeria deest, quod ipse suppleat et prædicta faciat cum expensis domini.* Vide *Materia.*

* Sent. arbitr. ann. 1500 : *Item... quod dicti parerii... teneantur... realiter expedire dicto Glaudio Lamberti... duodecim Mayerias pro reparando dictam suam archam, longitudinis quælibet quatuor theysiarum pro minori et dimidii pedis in cauda.* Pro Pedamento, cui vitis innititur, Gall. *Echalas*, occurrit in Charta Humb. dalph. ann. 1343 : *Si aliquis in vineis vel arboribus alienis reprehensus fuerit fructus vel Mayeriam vineæ capiens, vel ipsas arbores scindens, etc.* Dombensibus *Mayere*, dicitur Ramus salicis exscissus. Vide supra *Maeria* 3.

* **MAYGNERIA**, *Maynerii* officium. Charta Humb. dalph. ann. 1338. in Reg. Cam. Comput. Paris. sign. *Vienne* fol. 40. v°. : *Contulissemus etiam officia Maygneriarum curiæ nostræ et castellaniæ Bellivisus. Quia modo dictus Hugo pro dictis officiis mistralliæ et Maygneriarum tenendis... nobis remisit...* 500. *florenos auri, etc.* Vide *Maynerius.*

* **MAYMA**, Ludos, qui primo die Maii mensis, unde nomen, agebantur, hac voce indicat Oliver. Maillardus in serm. de SS. Jacobo et Philippo : *Hæc vobis loquor, qui hodie curritis ad Mayma, ad choreas, ad ludos etc.* Vide supra *Maium.*

¶ **MAYMO.** *Gattus-Maymo*; Species simiæ. Vide in *Gatus* 2.

¶ **MAYNADA**, ut *Maisnada.* Vide in hac voce.

¶ **MAYNAGIUM**, Quidquid ratione officii alicui competit, puta habitatio, victus, vestitus. Charta ann. 1311. tom 2. Hist. Dalphin. pag. 120 : *Ipsum Guillelmum quandiu vixerit retinuit de suis raubis et Maynagio scutiferorum et militum, videlicet quandiu erit scutifer ad raubas scutiferorum et quam cito erit miles ad raubas militum.*

* 1. **MAYNAMENTUM**, Mansio, domus. Charta ann. 1408. in Reg. feud. comitat. Pictav. ex Cam. Comput. Paris. fol. 255. v°. : *Johannes Salebrache domicellus... confiteor habere... altam, medium et bassam justitiam et juridictionem dicti loci de*

Vietriaco,... cum terris, pratis, nemoribus et pertinentiis et Maynamentis. Vide *Mainamentum.*

* 2. **MAYNAMENTUM**, Prædium rusticum, idem quod *Mansionile.* Charta Guid. de Rupe ann. 1314. in Reg. 56. Chartoph. reg. ch. 424 : *Concedimus.... quod idem magister* (Arnaldus Leutardi) *aut sui heredes... possint ædificare.... domum fortem... in Maynamento suo de la Leutarderia.*

¶ **MAYNERIA**, Meyneria, Idem apud Delphinates quod aliis *Maisnada, mainada,* hoc est, Familia, unde et pro officio *Maynerii* usurpatur, quod is inter domesticos et familiares censeretur : hinc itaque

¶ **MAYNERIUS**, *Maignerius, Mainerius,* et *Meynerius*, Familiaris, domesticus, serviens, apparitor ; rustici Dumbenses etiamnum famulos suos *Meignats* vocant. Jam vero quodnam fuerit *Maynerii* officium, quæ ejusdem privilegia et immunitates, discere licet ex iis quæ subjicimus, unde et varias ejusdem vocis efformationes notionesque accipies. Charta ann. 1274. tom. 1. Hist. Dalphin. pag. 126 : *Item de famulis seu Maynerüs Archiepiscopi Viennensis, Abbatis Romanensis, et Ecclesiæ de Romanis sic dicimus et ordinamus, quod illi qui dictas Maynerias ad præsens obtinent, illa gaudeant immunitate et libertate qua hactenus usi sunt : quia vero aliquando contigit, quod aliquæ Mayneriæ ad dictum D. Archiep. vel Ecclesiam de Ramanis aliquo casu vel certa causa devenerunt, et modico pretio accepto, divitibus hominibus de Romanis concessæ fuerunt, ut immunitatem tailliarum et onerum villæ ex hoc consequerentur, etc.* Et infra : *Item... quod Archiepiscopus nec ejus familia spolient sine causæ cognitione aliquem Canonicum, clericum, vel aliquem de eorum familia, vel Mayneria.* Charta ann. 1338. ibid. tom. 2. pag. 367 : *Atque jura dictorum Decani et Capituli, et singularum personarum ipsius Ecclesiæ et eorum familiarium et Mayneriorum... custodient.* Alia ann. 1336. ibid. pag. 120. ubi de officio *Maynerii* : *Qui Andrevonus in civitate et territorio Gratianopolis citare et saysire ad instantiam partis et partium debite valeat, mandata exequi, et litteras juxta formam et tenorem dictæ Curiæ Graisivodani.* Statutum Humberti II. Dalphini ann. 1349. ibid. pag. 587 : *Item, voluit, declaravit et ordinavit ipse D. Dalphinus numerum Maigneriorum seu servientium Curiæ.... Item, quod Maignerii vel alii officiales Dalphinales in domibus Baronum seu aliorum Nobilium Dalphinatus, seu aliarum terrarum suarum pignorare non possint nec debeant infra domos ipsas, quandiu pignora sufficientia ipsorum pignorandorum extra domos eorum poterunt reperiri ad evitandum scandala quæ inde possent forsitan evenire.* Charta ann. 1361. ibid. tom. 1. pag. 150 : *Constituimus Meynerium et bannerium nomine D. Dalphini, pariter et ordinamus, concedentes eidem Guigoni licentiam et autoritatem infra dictam Castellaniam et ejus ressortum citandi, ajornandi, mulctandi, arrestandi, banneyandi, bonna levandi, et alias ipsum officium Meyneriæ et banneriæ, prout consuetum extitit.... exercendi.* Charta ann. 1339. ibid. pag. 128 : *Et emolumentum proveniens ex delictis Maineriorum delinquentium in suo officio.*

* Pro apparitore *Mainnier* occurrit in Lit. remiss. ann. 1358. ex Reg. 86. Chartoph. reg. ch. 129 : *Après ce vint un sergent, appellé Radis, que l'en appelle audit Dauphiné Mainnier de court, etc. Mesnier,* eodem intellectu, ut videtur, in Stat. ann. 1370. tom. 5. Ordinat. reg. Franc. pag. 358. art. 14.

¶ **MAYNILE**, Mansio, domus. Pancarta Abbatiæ S. Stephani de Vallibus apud Xantones in Charta 1 : *Abbas et Conventus nobis in quolibet Maynili reddant et mittant unum biscoctum in festo Nativitatis Domini.* Vide *Maxnile.*

¶ **MAYNITIUM**. Vox frequens in Bresslæ et Dumbarum tractu, ejusdem significationis ac *Mansionile*, de quo supra.

¶ **MAYRAMEN**, Lignum, unde dolia componunt, Gall. *Mairrin.* Consuetudo Brageriac. art. 76 : *Item nullus sit ausus extra villam dicti loci et districtus ejusdem dolia tonellorum vacuorum transferre, neque Mayramen, neque vinos, neque codiam.* Adde art. 77. Vide *Materia.*

* **MAYRASTRA**, Gall. *Marâtre*, Noverca. Glossar. Provinc. Lat. ex Cod. reg. 7657 : *Mayrastra, Prov. materna, noverca.* Acta MSS. Inquisit. Carcass. ann. 1308. fol. 23. v°. : *Raimunda Mayrastra ipsius testis etc.*

¶ **MAYRE**, Matrix, Gallice *Matrice.* Mirac. MSS. Urbani V. PP. in Tabul. S. Victoris Massil. : *Mulier quedam patiebatur infirmitatem corporalem quæ vulgariter appellatur la Mayre.*

* **MAYTA**. Vide supra *Maita.*

¶ **MAYTALLATA**. Vide *Mayteriata.*

¶ **MAYTERIA**, Mensura frumentaria. Statuta reformat. S. Claudii ann. 1448 : *Per Claudium Peillard supra unum pratum duas Mayterias frumenti.* Vide *Meiteria* 2. Hinc

¶ **MAYTERIATA**, Modus agri, quantum sufficit ad sationem unius *mayteriæ.* Antiq. Recognit. Albæripæ in Regesto *Probus* fol. 62 : *Item Comes capit taschiam in* III. *Mayteriatis terræ super ripam Rodani, versus caminum d'Ambaleut, quam terram tenet Guigona de Cruce; et potest valere taschia communibus annis* 1. *Mayteriatam siliginis per annum.* Vide *Meiteriata.*

¶ Maytallata, Eadem notione, in eodem Regesto fol. 62. verso : *Richardus sutor et tres fratres sui tenent de comite* XV. *fossor. vineæ retro castro, et debent inde* XII. *denarios censuales. Et tenet* I. *Maytallatam terræ juxta pontem.*

¶ **MAYUS**, Medius, dimidius, Gall. *Demi;* Arvernis præsertim Aniciensibus *Lou mey*, nostris *Le milieu*, Medium. Charta Guidonis Archiep. Bituric. pro Communia S. Palladii ann. 1279 : *Si infra quatuor annos et Mayum animalia essent inventa in talliis, solvent emendam.*

¶ 1. **MAZA**, *Rigidus panis, biscoctum, ut vocant, vel quod ex farina, oleo et aqua conficiebatur, atque etiam ex lacte.* Vocabul. Sussannæi. Cibus est castrensis, seu potius polentæ genus, peculiare Persarum militum, quod quidam ex hordeo, melle et sapa commixtum fuisse existimant. Vide Lex. milit. Caroli de Aquino.

¶ 2. **MAZA**, vox Italica, Clava, in Chron. Bergom. apud Murator. tom. 16. col. 939. Vide *Massa* 1. et *Mazuca.*

MAZACCARA, Salsitia, Μάζης κρέας. Alexander Iatrosophista lib. 2. Passion. cap. 67 : *De quadrupedibus autem sunt offerendi pulmones, intestina, vel ex eis cordulæ factæ, aut Mazaccaræ.* Ubi Glossæ MSS. : *Mazaccaræ, salsutiæ factæ de tritis carnibus intestinorum.*

MAZACRIUM, Cædes, strages, vel homicidium dire perpetratum, Gall. *Massacre.* Charta anni 1218. in Probat. Hist. Monmorenc. pag. 84 : *Cum in domo illa habeant omnem justitiam... videlicet raptum, Mazacrium, homicidium.* In alia ann. 1222. in Tabul. S. Dionysii : *Dicimus quod B. Dionysius in terra sua de Diogilo habet rapinam, homicidium, Masacrium, et omnimodam justitiam.* Ubi usurpatur pro *murdro.* Vide in hac voce.

* **MAZADA**, Mansio, domus cum agri portione. Charta ann. 1137. inter Probat. tom. 2. Hist. Occit. col. 485 : *Ego Raymundus Trencavel vicecomes Biterris et uxor mea Adalaicia, nos ambo donamus... tibi Raymundo de Pomairol... tertiam partem de tota Mazada Stephani Aldegarii.* Vide supra *Massa* 5.

* **MAZAFUSTUM**, Mazzafrustum, Machinæ bellicæ jaculatoriæ species, fustibalus, Ital. *Mazzafrusto.* Tract. MS. de Re milit. et mach. bellic. cap. 1 : *Castella sive oppida... de istis sint fulcita... fustis, Mazafustis, fundis, etc.* Et cap. 58 : *In cabiis stare debent homines armati ad offendendum castellanos sive cives cum ballistis, saxis, igne, scopetis et Mazafustis.* Hist. belli Forojul. apud Murator. tom. 3. Antiq. Ital. med. ævi col. 1206 : *Finaliter nostri ferventi animo cum balistreriis nostris, arcubus, Mazzafrustis, frandegulis, etc.* Vide *Manganum* 1.

¶ **MAZAGANIA**, Curia regia Maurorum. Acta S. Ferdinandi Principis Lusitan. tom. 1. Junii pag. 586 : *Interim equitabat Rex cum Lazaraquio suisque præfectis et tota aula quam Mazaganiam vocant.* Vide *Maisnada.*

* **MAZALIS**, Porcus castratus, pinguis, f. pro *Maialis.* Vide in hac voce. Stat. Placent. lib. 5. fol. 65. v°. : *Si vero dictam porcam a rotlo non tenuerit, possit tenere sex porcos a carnibus, qui Mazales appellantur.*

* **MAZAREIUS**, Mazareus, Idem quod *Mazerinus.* Vide in *Mazer.* Testam. Rich. de Bisunt. Rem. archiep. ann. 1389. inter Instr. tom. 10. Gall. Christ. col. 72 : *Item magistro Remigio de sancto Hilario unum cyphum Mazareum cum pede de argento... Item domino Egidio curato de Cormissiaco... legavit unum de cyphis suis de Mazareio cum pede de argento.* Vide mox *Mazerius* 2.

* **MAZARINUS**, Eadem notione. Charta ann. 1251. in Chartul. Valcel. sign. E. ch. 47 : *Insuper idem Adam contulit prædictæ ecclesiæ Vaucellensi in puram elemosinam quædam mobilia bona sua, videlicet unam carrucam estofatam, chyphum Mazarinum valentem decem solidos alborum.* Vide mox in *Mazer.*

¶ **MAZARINUS**, Mazarum. Vide *Mazer.*

MAZATI Nummi. Leo Ost. lib. 1. Chron. Casin. cap. 28 : *Rupit ipsum Monasterii vestiarium, et inde tulit solidos Mazatos* 14. *millia.*

MAZEGADICUS. Charta Ildefonsi comitis Tolosæ pro Libertatibus urbis Tolosæ ann. 1141 : *Excepto illo sale, quod necessarium erit coriis Mazegadicis.* [Vide *Masegaticum* ; ubi quæ præponenda erit lectio, definies.]

¶ **MAZELINUS**, pro *Manzerinus*, Alienigena, adulterinus. Vide *Manzer*. Alia notione, vide in *Mazer*.

* **MAZELLATOR**, Carnifex. Stat. Placent. lib. 6. fol. 77. v°. : *Quicunque beccharius vel Mazellator in beccharia vendiderit carnes porchorum feminarum pro masculis etc.* Vide supra *Macelator* et *Macellum facere*.

¶ **MAZELUM**, f. pro *Macellum*, Mercatum, forum. Memorial. Potest. Regiens. ad ann. 1287. apud Murator. tom. 8. col. 1169 : *Tempore præcedente diruptis domibus ipsorum extrinsecorum D. Matthæus de Foliano ex lapidibus et lignamine ipsarum, super Mazelum de platea fecit fieri quandam pulcherrimam domum, quæ vocata fuit Alta-Bella.* [* Vide supra *Macellum facere*.]

¶ **MAZENARIUS**, Qui a calicibus, vulgo *Mazeres* dictis, erat. Liber niger Scaccarii pag. 350 : *Mazenarii duplicem cibum tantum* (habeant.) Ubi Editor Hearnius Somneri sententiam de iis poculis amplectitur.

MAZER, MAZERINUS, MAZARUM, MASDRINUM : ita passim appellant Scriptores pretiosiora pocula; sed quæ eorum fuerit materia, non omnino constans est opinio. Somnerus lignea fuisse dixit, et acerna, quod *Maezer*, Belgis, aceris arboris tuberculum sonet. Sane scribit Janus Dolmerus in Notis ad Jus aulicum Norvegicum antiquum pag. 461. pocula ex acere facta olim fuisse in pretio apud Norvegios. At Fortunatus in Epistola præfixa lib. 1. Poemat. *pocula acerna* ut viliora recenset. [** Germ. *Maser*, olim *Masar*, est Tuber, nodus trunci. Vide Graff. Thesaur. Ling. Franc. tom. 2. col. 875.]

Genuinam vero, ni fallor, notionem attigit vetus Glossarium Lat. Gall. docet quippe eadem fuisse vasa, quæ Latini *Murrhina* vocant : *Murrha, Hanap de madre.* Sed et Matthæus Paris ann. 1181. videtur appellasse, *Murrhina*, quæ alii *Mazerina*, pag. 97 : *Tres cuppæ Murrinæ.* Charta Guillelmi Episc. Ambian. ann. 1293. in Tabul. Episcop. Ambian. fol. 99. v. : *Et cuilibet lectum et sciphum argenteum et Murreum.* [Testam. Johannis de Albiniaco Episc. Trecens. apud Camusatum pag. 201 : *Una cum omnibus et singulis ciphis meis Murreis tam cum pedibus argenteis, quam sine pedibus, etc.*] [* Lit. official. Autiss. ann. 1338. in Reg. 72. Chartoph. reg. ch 40 : *Item duos ciffos Murreos, valentes tunc communi extimatione sexaginta solidos Turon.* Charta ann. 1375. in Reg. 108. ch. 286 : *Item omnes ciphos, tam argenti quam alios de Madre etc. Un henap de Madre vermeil,... lequel henap fut prisié douze sols Parisis*, in Lit. remiss. ejusd. an. ibid. ch. 66.] Est autem *Murrha*, ut auctor est Plinius lib. 37. cap. 2. lapidis pretiosi genus odoris præstantia commendabile, et colorum varietate insigne, subinde circum-agentibus se maculis in purpuram candoremque, et tertium ex utroque ignescentem, veluti per transitum coloris purpura rubescente, aut lacte candescente.

Nascitur autem in Oriente apud Parthos. Papias : *Murina, gemma, apud Parthos gignitur, unde dicitur, quia varietas ejus in purpuram candoremque et ignem, quasi in cælesti arcu conspicitur.* [** Ex Isidori Origin. lib. 16. cap. 12. sect. 6.] Notum vero *Murrhea* et *Murrhina pocula* et *vasa* magno olim fuisse in pretio apud Veteres, non modo ex Plinio, sed et Seneca lib. 7. de Benef. cap. 9. Suetonio in Augusto cap. 71. Propertio lib. 4. Eleg. 5. vers. 26. Martiale lib. 14. Epigr. 113. Paulo et Javoleno JC. in leg. 3. § 4. et leg. 11. § 2. D. de Supellectile legat. (33,10.) Capitolino in Antonino Philosopho et in Ælio Vero, Lampridio in Heliogabale, Victore in Epit. in eodem Antonino, etc.

Ex quibus quidem Scriptoribus invicem collatis nondum certo erui potuit quænam fuerit Murrhinorum materia, adeo ut cum Turnebo lib. 8. Adv. cap. 1. dicere liceat, ubi de Murrhinis, *tantam nobilissimorum Scriptorum in re frequentissima dissensionem adnotatione dignam prorsus existimandam.* Quippe Baronius ann. 34. ex Mich. Mercato, Mirrham veterum, idem esse ait quod hodie Indi *Benzni*, seu *Benivinum* vocant, materiam scilicet ex mirrhæ arbore incisa fluentem, ex qua in massam coagmentata, coloribus ad speciem inductis, arte inde potoria effingebantur, quæ in summis populi deliciis essent. Cardanus, Julius Scaliger in lib. de Subtilitate, et Salmasius ad Solinum, *murrhina* antiquorum, esse vasa nostro sæculo *porcellanea* vocata contendunt, proindeque, ut Baronius, fictilia; [cui sententiæ favet Alph. Ciaconius in epist. ad Princ. Cardinal. apud Marten. tom. 3. Ampl. Collect. col. 1324 : *Taceo... vasa Murrhyna ex China tot generum, quæ Porcellanæ patrio sermone appellantur.*] Petrus vero Bellonius lib. 2. Observat. cap. 7. vasa murrhina ex aliquo concharum genere fuisse confecta existimavit : et ideo sic denominari a Murice pisce, qui per excellentiam alio nomine Conchilium dicitur. Antonius Nebrissensis *agaten* esse putat. Andreas Cæsalius de metallis lib. 3. cap. 23. ex scoriis metallorum confecta murrhina vasa existimat, eaque sic dicta, quod myrrham redoleant. Denique Nicolaus Guibertus Medicus Mussipontanus in Assertione de Murrhinis, edita Francofurti ann. 1597. confutatis hisce virorum doctorum sententiis, novam induxit, contenditque murrhina vasa lapidea fuisse, et ex materia fossili, non vero fictilia, licet id Propertius videatur dixisse : quod etiam ante eum statuerat Georgius Agricola lib. 6. de Natura fossilium, scribens, Onychem in Caramania natam, nunc onycha nominare Plinium, nunc murrhina. At cum species variæ sint Onychis, idem Guibertus putat murrhina vasa elaborata ex ea quam Corneolam albam vocant, zonis tamen diversis coloribus, et aliquam similitudinem habentibus ad arcum cælestem, (quas quidem venas, *madratas*, a vulgo appellari annotat cap. 6. extremo) qualis improprie Sardonyx dicta, quæ potissimum in Caramania probatissima nascebatur. Id præterea firmant Glossæ Græc. Lat. : Σάρδιον, τὸ ψηφίον, *murra*, σαρδόνυξ. Sed et Sidonius Carm. 11. *myrrinam Sardonichen* dixit :.

Myrrina Sardoniches, amethystus Iberus, iaspis
Indus, etc.

[Apud Annam Comnenam lib. 3. Alexiad. pag. 94. καυκίον σαρδονύχιον, Aretas in Apocalypsim cap. 67. de Sardonyce : ὁ λίθος οὗτος καὶ χροίαν αἱματιαίαν ἐγκολπίζεται. Ejusmodi onychinorum vasorum meminit Concilium Duziacense I. part. 4. cap. 5 : *Et probatum est coram omnibus in Synodo, quia calicem onychinum de ipsa Ecclesia auro et gemmis ornatum, et patenam onychinam, quam Domnus Rex S. Mariæ Laudunensis Ecclesiæ dedit, auro et gemmis ornatam de scriniis suis... latentius jussit arripere.* Unde colligitur ejusmodi calicibus usos etiam in sacrificiis Sacerdotes, ut et ex Chr. Casin. lib. 3. cap. ult. Helgaldus in Roberto Rege pag. 68 : *Urceolum ex onychino factum, quod comparaverat Rex ditissimus pretio* 60. *librarum, iterum ipsi sanctæ Crucis loco contulit.* In hoc tamen differre observat idem Guibertus antiquorum *murrhina* et *onychina* vasa, quod vasa murrhina ex Onyche gemma confecta appellationem hanc sortiebantur : pocula vero onychina, quæ ex Onychite, hoc est, ex Calchedonio erant confecta. Sed hasce virorum eruditorum sententias aliis examinandas relinquimus, quas legere est potissimum apud Iacobum Gretzerum in Syntagm. de Vino myrrhato et myrrhinis.

Murrhina porro *pocula* intellexisse Virgilium 2. Georg. non desunt qui putant :

Ut gemma bibat et Sarrano dormiat ostro.

Ubi Servius : *Gemmeo poculo, non gemmato.*

MAZER, MAZARUM, Wibertus in Vita S. Leonis IX. PP. cap. 6 : *Et quemdam scyphum pretiosi Mazeris ob sui memoriam obtulerat.* Ubi Codices alii monente Henschenio, præferunt *pretiosi Marmoris.* [*Mazeris* legendum censet Mabill. sæc. 6. Bened. part. 2. pag. 73. ubi observat Brunonem Signiensem asserere hunc scyphum ligneum fuisse, atque a Desiderio Casinensi seu Victore III. *poculum lignarium* appellatum.] Will. Thorn in Chr. pag. 2205 : *Et empla un hanap de Mazer, oue un pée d'argent.* Visitatio Thesaurariæ S. Pauli Londinensis ann. 1295 : *Item ciphus de Ansere magnus de Mazero, cum basso pede, et circulo argenteo. Item cupa magna de Mazero, ornata pede alto, 2. circulis et pomellis argenteis.* Charta Heccardi Comitis Augustodunensis apud Perardum : *Et anapo corneo majore, cum illo de Mazaro.* Testamentum Mag. Geraudi de Abbatis-villa Archidiaconi Ambianensis ann. 1271 : *Et tota supellectilis mea argentea, et cyphi de Mazaro, cum pedibus, et sine pedibus.* [Charta ann. 1347. tom. 2. Hist. Dalphin. pag. 556 : *Item, unum ciphum de Mazaro sine copertorio, cum pede argenteo laborato in medio et deaurato, cum sex esmaltis parvis. Item, unum alium ciphum minorem cum copertorio de Mazaro cum pede argenteo, habente unum esmaltum laboratum in summitate dicti copertorii.*]

Galli vulgo *Madre* vocant ejusmodi scyphos et pocula. Computum. Steph. *de la Fontaine* Argentarii Regis ann. 1350. titulo, *Madres et caillers pour boire vins nouveaux : Pour un hanap de Madre fin à touit le couvercle, duquel l'en sert le Roy à table,* 16.

liv. Par. In eodem Computo : *Pour faire et forger 7. bouillons d'argent pesans 2. onces, dorez et émaillez à leurs armes, et mis ès fons desdits caillers.* Alibi : *Pour apareiller et recoudre 2. hanaps caillers, pour argent et façon 28. sol. Paris.* Rursum : *Pour faire et forger la garnison de sa couppe de Madre de son hennap de jour, et de son cailler de nuit, pour le terme de Toussains, et les 12. bouillons pour les caillers de sa table.* Ibidem : *Pour faire et forger 4. boullons d'argent doré et émaillez pour mettre ès fons des 4. caillers, etc.* Et cap. quod inscribitur *Coutellerie* : *Deux paires de couteaux à trenchier avec les parepains, l'une paire à manches de cedre, garnis de virolles et de tinglettes d'argent dorées, et émaillées de France : et l'autre paire à manches de Madre semblables, garnis et émaillez, delivrez en ce terme pour le Roy aux festes de Toussains et de Noel, douze livres.* Passim ibi Regestum Peagiorum Paris. : *Hanap de Madre doivent un denier, et s'il y a hanap de fust, si aquite le madre le fust tout pour un denier.* Infra : *Du tonlieu des hanaps de Madre, de fust, d'escuelle, et de plateaux.* Regestum continens Peagium Bapalmarum : *Le hanap de Madre à pied d'argent.* Infra : *Le hanap de Madre pour son boire.* [Tabularium Compendiense : *Tradita fuerunt Priori 2. plates, 3. escueles d'argent, 1. hennas, 2. bises dorées, 13. cuilliers en un cofin, 9. en l'autre d'argent, 3. hennas de Madre à pié.* Testam. Droconis de *Vaucelles* ann. 1358 : *Item do Alizonæ de Nigella pedicecæ meæ... x. libras Par. et meum magnum scyphum de Madre cum pede argenti.*] Charta Roberti Comiti Drocensis in Histor. Drocensi pag. 250 : *Excepto quod scriptum est de mercertis et cyphis de Madre.* Etiamnum hodie Angli pateram *Mazer* vocant.

Mazerinus, Scyphus ex *mazare*. Radulphus de Diceto in Imag. histor. ann. 1182 : *Ciffi 9. argentei, tres cuppæ Mazerinæ, 3. salsaria argentea.* Teloneum S. Audomari in Tabulario S. Bertini : *Saccus cordatus cyphorum Mazerinorum 4. den.* [Charta ann. 1247. tom. 2. Hist. Eccles. Meldens. pag. 150 : *Legavit... sorori defunctæ Eremburgis, quadraginta solidos, et quemdam ciphum Mazerinum.*] Inde apud Poetas nostrates vernaculos passim *Mazerin*, pro scypho ex *mazare* reperire est. Philippus *Mouskes* MS. in Philippo Aug. :

> Et apporterent estrelins,
> Hanas, coupes, et Mazerins.

Le Roman *d'Aubery* MS. :

> Venir en fait tout plein un Mazerin,
> Aubery bust, qu'il n'y quist point d'engin.

Alibi :

> Tu en beuvras à un tel Mazerin,
> Dont tu morras encore à male fin.

Manzerina Vascula. Vide suo loco.

Mazdrinus. Lambertus Ardensis : *Wido de Elembon dedit feodum, quod ab eo tenebat Gerardus de Sauvingehem, pro tribus feriis argenti, et cifo uno Mazdrino.* Ubi Chronicon Andrense pag. 352. habet *mazerino.*

¶ Madelinus. Tabular. Compendiense : *Hæc sunt nomina utensilia de Ruminiaco... duo manutergia, tria auricularia, duo cifi Madelini cum pedibus argenteis.*

* Maderinus. Charta ann. 1225. in Chartul. S. Mariani Autiss. : *Promisit abbas Erovardo quemdam cifum Maderinum, etc.*

Madrinus. Testamentum Abbonis Canonici Altisiodor. ann. 1191. in Tabular. Eccles. Altisiodor. fol. 48 : *Duos cyphos argenteos, 11. cochlearia, unum Madrinum.* Et mox, *Cifum Madrinum.* Necrolog. S. Martini de campis 4. Id Jan. : *Dedit Conventui ciphum Madrinum ad pedem argenteum et deauratum... an.* 1331. [Le Roman *d'Athis* MS. :

> Cil prent touailles, cil bacins,
> Cil coupe d'or, cil Maderins.]

¶ Mardrinus, in vita S. Udalrici sæc. 5. Bened. pag. 453 : *Unum coopertorium Mardrinum ad servitium sui successoris dimisit.*

¶ Maserius. Testam. D. *le Scrop* ann. 1415. apud Rymer. tom. 9. pag. 276 : *Unum Maserium coopertum, cum pede et borduris argenteis et deauratum.*

Mazelinus. Necrolog. Ecclesiæ Parisiensis Non. April. : *Dedit etiam nobis cyphum Mazelinum cum pede argenteo ad serviendum in refectorio.* Adde 21. Kl. Maii. Le Roman *de Garin* MS. :

> Si m'ont tolu et mon pein et mon vin,
> Et m'escuelle, mon hanap Mazelin.

Alio loco :

> Giebert appelle, Baillez-moy cà le vin,
> Dessus ma table mettez mon Mazelin.

Infra :

> Desor la table fiert si le Mazelin,
> Le hanap froisse, si espandi le vin.

Nolim tamen hisce omnibus Auctorum locis, *murrina* vasa, cujusmodi antiquorum erant, intelligi, cum doceat Papias sua ætate ita appellata universim vasa vitrea, seu scyphos vitreos : *Murra, genus vasis, pro vase vitreo ponitur.* Edit. habet *pro vitro.* Alibi : *Myrrhinum, genus optimi vitri et saphyrini coloris, inde myrrhina vasa dicuntur.* Ita Codex editus : at MS. pro *vitri*, habet *vini.* Sed prior lectio melior; atque ita sumi debere vasa mazerina in Regestis Peagiorum supra laudatis fortean existimandum est.

Madrinarius, Officium Scantionariæ, cui madrinorum et poculorum cura incumbebat. Computum Hospitii Reg. ann. 1313 : *Rad. de Asneriis Madrinarius.* Statuta Philippi Longi pro sua domo ann. 1317. in Regesto *Pater*, Cameræ Comput. Paris. fol. 79 : *Il y aura un Madrinier, qui servira de voires et de hanaps, et aura 3. den. de gages par jour pour toutes choses.* Nescio an huc spectent Glossæ Gr. Lat. : Παραχύτης, *Mestrinus, Præfusor.* Ubi Codex MS. S. Germani Paris. habet *Meterinus, Profusor*, ut legendum sit *Meserinus*, vel *Maserinus*, hacque voce intelligatur Pincerna. Sed hæc vox non est istius ævi.

Madelinarius, idem dicitur in Ordinat. Hospitii S. Ludovici Reg. Franc. ann. 1261 : *Guillelmus Madelinarius.., tam pro ciphis, quam pro vitris quærendis et portandis, etc.* Vide *Olea, Masoricus.*

* *Madelinier* vero in Lib. pitent. S. Germ. Prat. et *Maderinier*, ejusmodi vasorum opifex, in Charta ann. 1312. ex Reg. 48. Chartoph. reg. ch. 205. Vide supra *Madarinarius* et *Madrelinerius.*

Cum igitur *madrina* vasa ac pocula in usu cotidiano fuisse ita videantur ac vulgata, ut iis servandis et administrandis minister proprius præpositus fuerit in aulis Regum, mirari sane subit, quod ex iis potoriis vix hodie aliqua suppetant : præter illud forte quod etiamnum servat illustre ac regium omnino Sandionysianum gazophylacium, de quo ita Doubletus pag. 344 : *Le hanap du Roy S. Louis, dans lequel il beuvote, fait de Madre, avec son couvercle de mesme matiere, garny d'un pied d'argent doré, et dedans icelui hanap, au milieu du fond, un émail de demy rond taillé de fleurs de lys d'or à champ d'azur, etc.* Qui quidem sancti Ludovici scyphus coloris subfusci est, et ex pretiosiori lapillo confectus, adeo ut *agatæ* formam præferat, firmetque sententiam Antonii Nebrissensis : cujusmodi forte fuere de quibus Nicol. de Braia in Ludov. VIII :

> Discumbunt proceres, implentur vasa phalerno
> Gemmea, clam labor est crateres evacuare.

Tametsi poetis veteribus loquendi formula familiaris, de qua Savaro ad Sidonium lib. 2. Ep. 13.

Materiæ denique vasorum murrhinorum excellentia ac raritas, facit ut dubio locus sit, an poteria illa omnia, quæ hac appellatione censentur apud Scriptores, revera fuerint ex Onyche, juxta Guiberti sententiam : an vero pleraque ex iis fictitia, verorumque æmula, conflata ex versicolore materia vitrea, et in fornacibus vitriariorum cocta : quod sane olim factum annotat Plinius lib. 36. cap. 26. Quemadmodum hodie artifices *porcellanas* imitantur, vasis ex argilla opere figulino elaboratis, incrustatione quadam albissima intinctis deinde in fornacem positis, quo nitorem et lævorem vitri acciperent.

* Cum vero ejusmodi vasa in usu cotidiano ita fuerint, ut in tabernis ipsis ministrarentur; alia pretiosioris materiæ puta *Porcelaine*; alia inferioris, quam *Fayance* appellamus, fuisse certum videtur. Et quidem distinguebantur *Le grand et petit madre*, ut colligitur ex Lit. remiss. ann. 1383. in Reg. 124. ch. 64 : *Raoulin Guillet vit quatre hanaps de caillier ou de petit Madre, desquelz l'en servoit en ladite taverne.* Aliæ ann. 1400. ex Reg. 155. ch. 432 : *Un hennap de Madre du pris d'environ six blans.* Argillam fuisse innuere videntur Lit. remiss. ann. 1408. in Reg. 162. ch. 212 : *Icellui Boyaud avoit esté fort blecié en sa teste d'une grant pierre, qui estoit cheue sur sadite teste, et y portoit, comme l'en dit, du Madre ou autrement.*

Maserica, Vox, ut videtur, ejusdem originis. Poeta MS. infimi ævi, ex Bibl. Thuana Cod. 525 :

> Adsit plena sero Maserica theca liæo,
> Penus et artocopis, et acerna popina feriis.

Ubi Glossa *Masericam*, *ollam* interpretatur.

1. MAZERIUS, Italis *Mazziere*, qui clavam tenet, *Massier* : in Ceremoniali Episc. lib. 1. cap. 11.

* 2. **MAZERIUS**, ut supra *Mazareius*. Charta ann. 1121. in Chartul. Arremar. ch. 98 : *Abbas Gualterius dedit..... cifum unum novum multum bonum Mazerium.*

¶ **MAZETTA**, Vox Italica. Annal. Mediol. apud Murator. tom. 16. col. 807 : *Centura una argenti cum Mazettis duobus et siquectis* XLIII. Ejusdem significationis videtur

¶ MAZIUS, ibid. *Centura una facta ad rosettas perlarum cum Mazio et fibbia argenti, etc.*

* Vel MAZETTUS, Ital. *Mazzetto*, dim. a *Mazzo*, fasciculus, ornamentigenus.

¶ **MAZIA**, Clava, Ital. *Mazza*, Chron. Petri Azarii apud Murator. tom. 16. col. 329 : *Patrem ipsius dom. Johannis de Olegio cum una Mazia ferrea, quam tunc portabat, interemit, etc.* Erat et *Mazia* officii seu dignitatis symbolum. Chron. Modoet. apud eumd. tom. 12. col. 1095 : *Divino judicio dominationis Maziam reddidit.* Vide *Matia.*

¶ **MAZINARE**, Molere, Gall. *Moudre*, ab Ital. *Macinare*. Charta ann. 1370 : *Quod ipsi possint percipere molegium ab illis personis... quæ ibunt ad Mazinandum sive franzendum frumentum, bladum, legumina, etc.* Vide *Maxenare.*

¶ **MAZMUTINA**. Vide *Masmodina.*

MAZUCA. Vide *Maxuca.*

¶ **MAZURA**, pro *Mansura*, domus. Charta ann. circ. 1120. ex Archivis S. Victoris Massil. : *Vilelmus monachus interrogavit eum de illa Mazura quæ vocatur Festacias.* Charta Guillelmi Comitis Claromont. apud Baluz. tom. 2. Hist. Arvern. pag. 62 : *Comprehendendo veterem Mazuram antiquæ Gergobiæ.* Adde Litteras ann. 1250. apud Lobinell. tom. 3. Hist. Paris. pag. 207. Vide *Masura.*

¶ **MAZURALE**, Agri portiuncula cum æde. Charta apud Stephanot. tom. 3. Antiquit. Bened. Pictav. MSS. pag. 749 : *Dono et concedo... quidquid juris habeo et dominii in nemore de Clochay, quod dicitur nemus B. Juniani, et Mazurale quod habeo, etc.* Vide *Mansionile.*

¶ **MAZUZÆ**, Schedæ erant, inquit Hofmannus, quæ periodis e Deuteronomio binis inscriptæ, postibus ex lege, apud Hebræos, affigi solebant. Plura vide apud eumdem in Lexico.

* **MAZZA**, vox Italica, Clava. Acta B. Amad. tom. 2. Aug. pag. 574. col. 2 : *Ecce quidam miles armatus cum una Mazza aurata in manu supervenit. Mazza ferrata*, in Stat. castri Redaldi lib. 2. pag. 39. v°. *Mazza lignea*, in Stat. Mutin. rubr. 384. pag. 80 r°.

* **MAZZAFRUSTUM**. Vide supra *Mazafustum.*

¶ **MAZZERIUS**, Qui *massam* seu clavam gestat. Vita B. Columbæ Reatinæ tom. 5. Maii pag. 354 : *Qui clavas pontificias portabant, quos Mazzerios dicimus.* Vide *Mazerius.*

¶ **MAZZETTA**, Vestis Episcopalis pars, quæ nostris *Camail* dicitur. Articuli reformat. Paris. ann. 1586. apud Marten. tom. 4. Anecd. col. 1194: *Tunicam lineam, quam rochetum vocant, semper induat, cum Mazzetta, ex Innocentii decreto. Sine talari tunica quæ ad collum adstricta sit, ac Mazzetta, neque e cubiculo exeat, etc.* [* Leg. *Mozetta.* Vide in hac voce.]

¶ **MEABILIS**, Genuinus, legitimus, Gall. *Loial et marchand.* Tabular Cartusiæ de Bello-Larico : *Quadraginta octo bissetos avenæ ad cumulum bonæ et Meabilis.* Vide *Marchabilis.*

¶ **MEAGLA**, Nummus aureus, *medallia*, Italis *Medaglia*. Regimina Paduæ ad ann. 1274. apud Murator. tom. 8. col. 424 : *Hoc anno de mense februarii fuit inventum in clausura domus Dei per fratrem Rolandum tantum aurum in Meaglis, quod valuit circa* XVII. *millia librarum Bagatinorum.* Eadem Italice leguntur ibid. col. 380 : *In quest' anno del mese di Febraro fu ritrovato nella chiesa della ca de Dio per frate Orlando tanta quantita d'oro in Medaglie che valse circa diciasette libre de bagattini.* Vide *Medalta* et *Medalea* 1.

¶ 1. **MEALA**, Genus placentæ. Locum vide in *Collyrida* sub finem.

* 2. **MEALA**, Minutioris monetæ species, Gall. *Maille*. Charta ann. 1159. inter Probat. tom. 2. Hist. Occit. col. 574 : *Ego Raymundus Trencavelli dono licentiam operandi vobis Arnaldo de Carcassona et Guillermo Stephani et Petro Guillermi in moneta mea de Carcassona, quando volueritis, de xxiv. solidis denarios in libra, et de xxvj. solidis Mealas in libra et sexta pars sint de Mealas. Item quando voluntas nostra erit, habeatis licentiam minuendi unam Mealam et non plus.* Glossar. Provinc. Lat. ex Cod. reg. 7657 : *Mealha, Prov. obolus, us.* Vide *Mallia* 1. et *Medalla.*

¶ **MEASUS**, pro *Mansus*, ædes cui adjuncta certa agri portio. Charta Rixovendis dominæ de Terminis ann. 1208. in 30. Regesto Tabular. Regii n. 61 : *Nos tenebamus in feudum albergam duorum Militum in unoquoque Measo et casalatico.* Et infra : *In quibus Measis, masatis vetulis manent homines, etc.* Vide *Massa* 5.

MEATIM, *Meo more*, in Glossis Isid. In Glossario veteri Saxonico, minlice, *meatim.* Vide Priscian. lib. 11. Donatum, et Grammaticos veteres.

* **MEBRETUS**, Pannus ex filis diversi et varii coloris textus, f. pro *Marbretus.* Vide supra in hac voce. Lit. remiss. ann. 1360. in Reg. 88. Chartoph. reg. ch. 37 : *Ab eodem Colardo mercatore emit quatuor pannos, videlicet tres de Mebreto, et quartum de rubeo.* Lib. rub. fol. parvo domus publ. Abbavil. fol. 36. v°. ad ann. 1253 : *Chest li feurs des dras,.... li Mabres... iiij. l. et xv. s.*

* **MECANICUS**, pro *Mechanicus*, Artifex, Ital. *Mecanico*. Gall. *Artisan.* Arest. parlam. Paris. 8. Aug. ann. 1416. ex Bibl. S. Germ. Prat. : *Dent pro ipsa decima parte seu ejus æstimatione hæredes vel executores seu causam habentes defunctorum burgensium, practicantium, mercatorum, Mecanicorum, etc. Gens mécaniques*, in Lit. Franc. II. reg. Franc. ann. 1559.

MECAPUS, Papiæ, *Fatuus* : forte quasi *mente captus*, [aut pro *malum caput*, ut *mefacere*, pro *male facere*, et *mefactum*, pro *malefactum.*]

* **MECELLUS**, Messor. Vide infra in *Messonare.*

* **MECERIUS**, Messium custos ut *Messarius* 1. Libert. villæ de Andel. ann. 1269. tom. 8. Ordinat. reg. Franc. pag. 427. art. 13 : *Burgenses ejusdem villæ suos ponent Mecerios et custodes vinearum.* Vide infra *Messerius.*

¶ **MECHAMIUM**, Membri mutilatio, seu fractio. Johannes Skenæus de Verborum significatione. Vide *Mahamium.*

¶ **MECHANEMATA**, *Vocantur quædam mirifica humanis artibus facta de Dei creatura, quæ qui nesciunt, opinantur esse divina.* Papias. Sidon. lib. 1. Ep. 9 : *Deus bone, quæ ille digitis Mechanemata facit.* Vide *Mechanicus.*

MECHANICUM. Leges Henrici I. Regis Angl. cap. 90 : *Si homo cadat ab arbore, vel quolibet Mechanico super aliquem, etc.* id est, qualibet arte, vel ratione.

MECHANICUS, Præstigiator. Hildebertus Episc. Cenomanensis in Vita S. Hugonis Abbat. Cluniacensis n. 16. de quodam Monacho cujus osculum respuerat idem Hugo : *Respondentem se Mechanicum esse, et nicromantiæ præstigiis inquinatum.* Inter μηχανικῆς τέχνης partes, unam esse, quæ θαυματουργικὴ dicitur, observat Politianus in Panepistemone : quæ scilicet quædam miranda efficit seu naturæ præstigia : atque hinc præstigiatores ipsi μηχανικοὶ forte appellati.

* **MECHINA**, Pulmo alicujus animalis, Gall. *Mou ou poumon.* Comput. ann. 1488. inter Probat. tom. 4. Hist. Nem. pag. 46. col. 1 : *Item solverunt ulterius pro una oncia speciarum et croco, emptarum pro reponendo super Mechinis edulorum emptorum pro dicta cœna etc.* Ibid. col. 2 : *Item quia dicta die de mane servitores et mulieres, qui præparabant necessaria pro dicta cœna, voluerunt bibere seu prandere, emerunt pro eisdem quasdam Mechinas mutonis.... Item in oleo pro coquendo dictas Mechinas, etc.*

¶ **MECHITA** pro *Meschita*, Templum Mahumetanorum, Hisp. *Mezquita*, nostris *Mosquée.* Charta Petri Sancii Aragon. Reg. ann. 1101. tom. 1. Gall. Christ. inter Instr. pag. 54 : *Notum sit me... dedisse S. Salvatori, et sanctæ Fidei de Conchis... unam Mechitam meliorem scilicet, quæ esset in Barbastro, excepto de sede Episcopali, ad construendum ibi monasterium.* Et infra : *Præterea damus S. Fidi gloriosæ virgini, molendinos cum aquæductu suo : et hortos ad ipsam portam, cum balneis et furno quæ fuerant de ipsa Mechita.* Vide *Meschita.*

1. **MEDA**, *Curatio, remedium*, Papiæ, pro *medicina.* [Est etiam potionis genus, Belgis *Mede* vel *Meede.* Bulla Lucii PP. in Chartul. S. Quintini in insula pag. 109 : *Decimam alleorum et Medæ in villa de Michem.*] Vide *Medo.*

* 2. **MEDA**, Acervus segetum, congeries vel strues in acutum tendens. Stat. Cadubr. lib. 3. cap. 72 : *Volumus quod si quis Medas vel cogolos vel segetes inter scandolas vel ligna alterius fraudulenter conduxerit, condemnetur in decem libris Pap. curiæ pro qualibet Meda seu cogolo vel ligno.* Vide *Meta* 1.

* 3. **MEDA**, pro Meta, limes, terminus. Charta ann. 982. tom. 9. Collect. Histor. Franc. pag. 648 : *Ab ipsa Meda, quæ est infra portum Fraxani, etc.*

MEDACULA, Idem videtur quod *Meda*

lia, [Gall. *Maille.* Chartular. Camalariense : *Appendaria de qua fevales sunt motarelli reddit in Maio* III. *den. et Medaculam et* I. *agnum; et in Kal.* IIII. *den. et Medaculam.*] Vide in *Pœnitentes.*

* **MEDALA**, ut *Medalla*, Minutioris monetæ species, Gall. *Maille*, in Charta ann. 1132. inter Probat. tom. 2. Hist. Occit. col. 464. Hinc *Maaille* appellatur præstatio quædam, quod ea moneta solveretur. Charta Renaldi vicecom. Fales. et Joan. de S. Lienardo custodis balliv. Cadom. ann. 1295. ex Lib. rubr. Cam. Comput. Paris. fol. 242. v°. col. 2 : *Avons baillié la Maaille de ladite prévosté pour lxx. livres l'an.* Alia Petri de Chambliaco ann. 1307. ex Reg. 44. Chartoph. reg. ch. 87 : *Item le marchié et la coustume de la prévosté, que l'en appelle la Maaille. Maailles des tavernes*, ex Charta ann. 1287. laudata in *Macula* 1. Vide supra *Mallia* 1.

* **MEDALADA**, Eodem significatu. Chartul. Celsinian. ch. 689 : *De unoquoque manso a Paschas* 1. *dinarada de cera et appendariæ* 1. *Medalada.*

¶ **MEDALEA**, Idem quod *Medalla.* Regimina Paduæ ad ann. 1274. apud Murator. tom. 8. col. 461 : *Repertum thesaurum tantum auri in Medaleis in certis orzuis ad summam librarum* XVI. *mil. denar. Venetorum.* Vide *Meagla.*

* **MEDALHATA.** Vide mox *Medallata.*

* **MEDALIA**, ut supra *Medala*, in Charta ann. 1128. inter Probat. tom. 2. Hist. Occit. col. 445. Pro nummo aureo occurrit in Invent. ann. 1240. apud Cl. V. Garamp. in Dissert. 7. ad Hist. B. Chiaræ pag. 233 : *Item viginti quinque Medalias auri.* Quæ multum differt ab ea, de qua in Novel. antiq. cujus meminit Cangius v. *Medalla.* Vide ibi.

MEDALLA, MEDALLIA. Willelm. Brito in Vocabul. et auctor Mamotrecti 27. Levit. : *Obolus dicitur Medalia, id est, medietas nummi.* Joanni de Janua, in *Diobolaris* : *obulus quod est Medalia.* [** *Medili*, *assis*, in vett. Gloss. Germ. apud Graff. Thesaur. Ling. Franc. tom. 2. col. 707.] Tabularium Conchensis Abb. in Ruthenis ch. 418 : *Bernardus Odo donavit in Graisacounam mediam appendariam, et medium quartum, et tres Medallas de censu.* Charta Willelmi D. Montispessulani ann. 1103 : *Sextalaricum dono vobis... et tertium denarium in Arquintali, et Medallias, quas donant homines Montispessulani et Longobardi pro Arquintali.* Alia ann. 1136. apud Jofredum in Episc. Niciensibus : *Reddunt enim supradicti homines annuatim* 18. *denarios Mergolienses, et Medallam, et* 4. *sextarios annonæ, etc.* Tabular. Celsinianense : *Unam medallam Claromontensem debent de Cereo Paschali.*

Dator etiam interdum *Medalliæ* nomen nummis aureis. Legimus enim *Medailhe d'aur*, medallia aurea, in veteri Instrumento Vasconico apud Marcam lib. 5. Hist. Beneharn. cap. 13. n. 3. Scriptor Novellarum antiquarum apud Pergaminum : *Usavan si allora le Medaglie in Firenze, che le due valevano un danaio.* [Ogerii Panis Annal. Genuens. lib. 4. ad ann. 1214. apud Murator. tom. 6. col. 406 : *Statuerunt insuper quod collecta super immobile constitueretur de denariis sex per libram, de quibus Medalia pro portu colligeretur.* Additam. ad Chr. Mon. Patavini apud eumdem tom. 8. col. 737 : *Thesaurus cum Medaleis aureis inventus fuit in horto Domus Dei de Padua.*]

Hinc nummis veterum Romanorum sive Græcorum aureis, argenteis et æreis, *Medalliæ* nomen mansit. Scaliger ad Eusebium, ab Arabico vocem accersit : Προτομὴν *nos vulgo Medaliam vocamus, Arabes etiam Methalia : quod nescio quo commercio ab Arabibus ad Italos et Gallos delatum. Ita enim vocant numismata Christianorum, quæ expressum caput humanum præferunt.* Verum non est cur ad Arabes recurramus, cum ipsæ nummorum nostrorum veterum, hoc est, Francicorum inscriptiones, originem vocabuli videantur prodidisse. Prostant enim in libello Petaviano Nummi aliquot argentei Ludovici Pii et Caroli Calvi, in quibus METALLUM scribitur in nummi circulo, interdum etiam in medio nummo, ita ut nummi inde *Metalla* nuncupari potuerint, quod vero admodum simile est, cum etiamnum Francis *Metail*, sit *Metallum*, vox a *Medail*, vel *Medaille*, non abludens. Manilius, de Collybista, seu nummulario :

> Et facti mercator erit per utrimque Metalli,
> Alterum et alterius semper mutabit in usus.

Ubi *factum metallum*, ut *factum argentum* appellavit, i. ἐπίσημον, signatum, cui opponitur ἄσημον, infectum, non signatum.

☞ Alii ea voce in nummis exarata argentum nude significari existimant : quod mihi verisimile non videtur, cum æs, aurum aut quævis alia moneta eadem voce designari potuerit. Vide *le Blanc* pag. 100.

MEDALIATA, Reditus terræ valoris *medalliæ.* Tabular. Ecclesiæ Cadurcensis : *Illas* 3. *Medaliatas, quæ subtus vinea Danielis, etc.* Tabularium Conchensis Abbat. in Ruthenis Ch. 32 : *Et vineam de furno, et una Medaliata de vinea quem tenet Bocamoza.* Ita in Ch. 84. 176. 260. 310. etc. Vide *Medallata.*

* **MEDALLATA**, MEDALHATA, Terra reditus seu valoris unius *Medallæ.* Charta ann. 1303. in Reg. 74. Chartoph. reg. ch. 308 : *Item acquisiverunt* (canonicæ S. Saturnini Tolos.) *quandam domum cum orto ibi contiguo et quandam bordam cum una Medallatu.* Alia ann. 1326 : *Pro omnibus tresdecim aripentis et tribus Medallatis terræ etc.* Infra : *Medalhatis terræ.* Vide *Medaliata* in *Medalla.*

¶ **MEDARIUS.** Charta Alamannica Goldasti 33 : *Confinit.... de alium in via, et* 2. *Medarios, in ipso loco, in ipso agro, et* 1. *sestairale in roncale confinit in Leones ex alia parte ipso Magno.*

* **MEDE**, Herbæ genus, qua utuntur tinctores. Charta commun. Mechl. ann. 1316. ex Cod. reg. 10197. 2. fol. 82. r° : *Omnes mensuræ, quarumcumque rerum fuerint, sunt et remanebunt villæ nostræ prædictæ, exceptis quatuor mensuris, videlicet mellis, salis et herbarum tinctoriarum, quæ weedt et Mede vocantur.* Ubi Marten. tom. 1. Ampl. Collec. col. 1424. edidit : *Vuoed et Meode.*

¶ **MEDELA.** Vide *Medella* 1.

¶ **MEDELAMIUM**, pro *Medelanium*, non rectius, apud Bollandistas in Vita ejusdem S. Guthlaci tom. 2. Aprilis p. 46.

MEDELANIUM. Vita S. Guthaci cap. 31 *Irruit in quandam spinulam sub incultæ telluris herbis latentem, Medelanium plantæ ipsius infigens.* Pro *medium*, ni fallor, aut *medietanum.*

1. **MEDELLA.** Lex Alemannor. tit. 96 : *Si quis Medellam rumpit aut involat, sol.* 3. *solvat, si carrucam involat, aut rotas, etc.* Editio Heroldi habet *Medelam.* Videtur esse modiolus rotæ, *le Moieu.* [** Gloss. Leg. Alem. *Lancunit*, quod exponitur *vinculum plaustri, carpentum.* Vide Graff. Thesaur. Ling. Franc. tom. 1. col. 745 et infra *Medula* et *Metella.*]

¶ 2. **MEDELLA**, Mensura liquidorum, eadem quæ *Meillerola.* Vide in hac voce. Charta ann. 1163. ex Lib. viridi Episcopat. Massil. pag. 11 : *Domos autem quas Raymundus de Soleriis Episcopus abstulerat retento servitio Medellam de melle, et campum de carello, aut concambium valens operi Ecclesiæ reddi mandavimus.* Eodem significatu occurrit *Medellarii de melle*, in Charta ex Archivis S. Victoris Massil. Eo denique sensu accipipienda etiam Bulla Anastasii IV. PP. ann. 1153. tom. 1. Gall. Christ. inter Instrum. pag. 112 : *In Ecclesiis S. Zachariæ* VII. *sol. et duos Medollalios de melle, etc.* Vide *Medualia.* [* Vide infra *Medollalius.*]

* 3. **MEDELLA**, Retis macula, Gall. *Maille.* Charta Phil. Pulc. ann. 1289. inter Consuet. Genovef. Mss. fol. 35. v° : *Omnia alia ingenia piscatoria qui de filo sunt, volumus quod fiant ad modulum nostrum, videlicet ad amplitudinem unius Turonis grossi quælibet Medella.* V. *Macula* 2.

MEDENA. Charta Ludovici Lotharingiæ Regis ann. 902. apud Browerum l. 9. Annal. Trevir. pag. 542. 1. et 443. 2. Edit : *Nostræ mansuetudini suggesserunt... ut Trevericæ civitatis monetam, telonium, censuales, tributum atque Medenam agrorum cum fiscalibus omnibus... eidem Episcopo nostræ majestatis auctoritas restitueret.* Charta Ricardi I. Regis Anglor. tom. 2. Monastici Anglic. pag. 132 : *Et quoddam rete liberum Medena in potestate sua liberam, etc.* Germanis *Meden*, est mensura et modus agri, nostris, *Mesure de terre*, ait Browerus : nescio an id sonet in his locis. [** Quid sit docet charta Trevir. ann. 1083. apud Gunther. in Cod. Rheno-Mosell. num. 66. tom. 1. pag. 148 : *De eis tributum et Medena S. Mariæ sicut antea persolvantur. Est autem Medena septena de agris, tributum vero census statutus de vineis*, i. e. septima pars fructuum agrorum. Vide Mitterm. Princip. Jur. Germ. § 178. not. 8. et Graff. Thesaur. Ling. Fr. tom. 2. col. 708.]

1. **MEDERE**, pro *Metere.* Pactus Legis Salicæ tit. 27. in lectione variante : *Si quis messem alienam tripaverit, vel Medirit*, hoc est, *demessuerit.*

* 2. **MEDERE**, Curare. Vita S. Præjecti inter Acta SS. Bened. sæc. 2. pag. 640 : *Medicos vel strenuos viros, qui hanc curam gererent, ordinavit; ita tamen ut semper ibidem viginti ægroti Mederentur, et stipendia sibi acciperent.*

** **MEDERII VERSUS.** Vide Virgil. Grammat. pag. 109.

¶ **MEDETARIA**, pro *Medietaria*, Prædium quod a colono partiario colitur. Charta ann. 1210. ex Tabular. Castri Vitreii : *Gauffridus Abbas, totusque Conventus S. Melanii, dedimus Canonicis B. Magdalenæ de Vitreio ecclesiam de Molinis excepta Medetaria nostra et duabus partibus decimarum prædictæ Medetariæ.* Vide *Medietarius*.

¶ **MEDFEE**, vox Anglica, a Saxon. Medfeoh, quæ munus, præmium significat, vel etiam illud omne quod in compensationem datur, cum aliqua fit permutatio. Charta ann. 1331. apud Th. *Blount* in voce *Arrura : Remisit... eisdem Ricardo et Johannæ... omnimoda opera, videlicet arruras, messiones et cariagia... Et ipsi non dabunt Medfee, etc.*

¶ **MEDIA**, Gall. *la Mée*, Territorium quoddam in agro Nannetensi, sic dictum quod medium sit Ligerim inter et Hederem. Charta Henrici Regis Angl. tom. 2. Hist. Britan. pag. 270 : *Et omnibus hominibus et fidelibus suis totius Mediæ... In Garrandia, vel in tota Media, etc.* Vide *Mediterranea.*

¶ **MEDIA** Vini, Mensura, quæ alterius media est, hemina. Chron. Melliceuse ad ann. 1451. pag. 424: *Habeatque quilibet non ultra Mediam vini ad mensam, et si opus fuerit, inter prandia et post cœnam, non ultra quartale.*

¶ **MEDIA**, pro *Medica*, vide in hac voce.

* **MEDIACI.** Vide mox in *Mediale* 2.

¶ **MEDIACON**, *Confectio olei omnia comburens*, Papiæ.

¶ **MEDIALADA**, Modus agri, idem, ni fallor, qui *Medalata.* Vide *Medalla.* Charta ann. circiter 1030. apud Baluz. Histor. Tutel. col. 421 : *Ego enim in Dei nomine Deusdet monachus emo ad opus S. Petri ad locum jam dictum tres Medialadas de vinea de aliqua femina nomine Adalberga.*

¶ 1. **MEDIALE**, Mensura annonaria, eadem, ut videtur, quæ *Medimna*. Vide in hac voce. Charta Martini IV. PP. ann. 1284. apud Illust. Fontanin. in Antiquit. Hortæ pag. 411 : *Extitit ordinatum, ut ad opus cameræ supradictæ usque ad quantitatem trecentorum Medialium speltæ, ipsius Camerarii nuncius in terra vestra posset libere emere et habere... Fecit emi ducenta Medialia speltæ de pecunia cameræ supradictæ.*

* 2. **MEDIALE** appellatur etiam in re lignaria Pars intima arboris, Gall. *Le cœur de l'arbre*, quod ad intestina opera et minutiora facienda sumebatur, de quo Salmasius in Solinum et Jac. Gothofr. in Comment. Cod. Theod. tom. 5. pag. 52. ad leg. 2. Cod. de excusat. artif. in qua pro *Medici* legendum censet *Mediaci*; recte, ut videtur.

MEDIAMNÆ vel Mediamnes, Insulæ, vel terræ, in mediis amnibus emergentes. [Priscianus lib. 17 : *A medio amnis, Mediamna.*] Ebrardus in Græcismo cap. 10 :

Insula sit maris : at si dulcis aquæ, Mediamnis.

Joan. de Garlandia in Synonymis :

Dic rivos, latices, puteos, dic stagna, paludes :
Amnis jungatur, a quo Mediamnis vocitatur.

Silvester Giraldus in Topogr. Hiberniæ dist. 1 : *Lacus quoque plurimos... hæc terra profert; qui et Mediamnas aliquantulum elevatas et valde amœnas intra se continent : ubi securitatis et refugii loca propriaque domicilia, et præterquam navigio inaccessibilia dominatores terrarum metari solent.* Sueno in Hist. Danica cap. 2 : *Tandem cofluentibus undique innumerabilibus, in Egdoræ fluminis Mediamne locus pugnæ constituitur.* Infra : *Deinde emissis utrimque pugilibus, in medio amne convenerunt.* [Monast. Anglic. tom. 1. pag. 2 : *Hæc itaque insula* (Glastonia) *primo a Britonibus dicta est... insula vitrea, proter ampnem scilicet quasi vitrei coloris in marisco circumfluentem. Insula vero dicta est, quoniam marisco profundo est undique clausa; Mediampnis magis proprie diceretur, quoniam mediis ampnibus sita est, sicut melius insulæ dicuntur, quæ in mari sitæ noscuntur.*]

MEDIANA, Porta media Basilicæ, seu templi, quam *Regiam* alii appellant. Gregorius Tur. lib. 2. de Mirac. cap 48 : *Procedens autem psallendo, cum ad Medianam pervenisset, etc.* Anastasius in Honorio I. PP. pag. 48 : *Investivit regias januas in ingressu Ecclesiæ majores, quæ appellantur Medianæ, ex argento.* Vide *Hebdomada Mediana* et Ordinarium Præmonstrat. Ord. pag. 904.

¶ **MEDIANA** Serrata, *Mediana utralis*, Scripturæ species. Vide *Scriptura. Dominica Mediana*. Vide in *Dominica.*

MEDIANETUM. Fori Oscenses ann. 1247. fol. 13 : *De spondalariis vel cabeçalariis, aut testibus qui eos fecit, sive constituit, qualicumque loco facit eos, ibi habet se juvare de eis ; et si sunt alterius regni, non possunt se juvare de eis, nisi in Medianeto*, id est, neutro.

* Judicium, ut videtur, quod per *mediatores* seu arbitros fit. Charta Ferdin. reg. Castel. tom. 6. Jul. pag. 57. col. 1 : *Sic quoque et illi, qui ultra Serram sunt, si aliquod judicium habuerint cum aliquo Toletano, veniant ad Medianetum in Calatalifa, ibi se judicent sanctorum patrum obedire et implere præcepta.*

¶ **MEDIANS.** *Mediante certa financia pecuniaria*, in Litteris Johannis Franc. Reg. ann. 1358. tom. 3. Ordinat. pag. 265. Galli diceremus *Au moyen de, moiennant.*

* *Mediante competenti mercede*, in Correct. stat. Cadubr. cap. 134. *Meant*, eadem notione, in Lit. Phil. V. ann. 1321. tom. 3. Spicil. Acher. 2. edit. pag. 710. col. 2.

¶ **MEDIANUM** Altare, Idem quod *Matutinale*. Translat. B. Bathildis sæc. 4. Bened. part. 1. pag. 452 : *Mox venerabile corpus contingunt,.... ac retro altare Medianum condigne posuerunt.*

* 1. **MEDIANUS**, Dicitur de miscello frumento, Gall. *Bled méteil. Mediana annona*, in Charta ann. 1185. Nivel. episc. Suession. ex Tabul. S. Crisp. in cavea. *Meissiau*, eodem intellectu, in Charta ann. 1368. ex Reg. 99. Chartoph. reg. ch. 255 : *xviij. sextiers de Meissiau et xviij. sextiers de tremois par an, grain de moison.* Vide infra *Mediasticus* et *Mixtum* 2.

2. **MEDIANUS**, Medius. *Mediana acroteria, Medianæ columnæ, Mediana vox*, apud Vitruvium. *Medianus arcus, Mediana frons*, apud Paulinum Epist. 12. pag. 153. Adde Capitulare Compendiense ann. 757. cap. 7.

* *Mediana vena*, Anatomicis nostris, Vena inter basilicam et cephalicam, ex Animadv. D. *Falconet.*

¶ Medianus, pro *Secundus*. Audoenus in Vita S. Eligii : *Lotharius Medianus.* Pactus Legis Salicæ tit. 2 : *Si quis porcellum lactantem furaverit de chranne prima aut de Mediana*; id est, de secundo coitu.

Medianus, Compromissarius elector, cui eligendi facultas datur, ad quem deligitur a partibus. Acta Innocentii III. pag. 3 : *At exclusis justitiariis Senatoris, qui ei fidelitatem juraverunt, suos justitiarios ordinavit, electo per Medianum suum alio Senatore tam in urbe, quam extra, patrimonium recuperavit nuper amissum.* Et pag. 146 : *Fecerunt nuntios destinari, qui ad eligendum peterent Medianos*, de iis qui Romæ Senatores eligebant. Mox : *Consultum est ergo summo Pontifici, ut convocato populo assignari eis faceret Medianum, qui unum eligeret Senatorem. Ipse vero ne contra personam Mediani quidquam objicere possent, fecit eis assignari pro Mediano nobilem virum Joannem Petri Leonis, qui ab universo populo approbatus, juramento secundum morem exhibito, Gregorium Petri Leonis Rainerii Senatorem eligit.* Charta ann. 1207. apud Ughellum in Aprutinis Episc. : *Concedimus quoque vobis judices et potestatem jura vestra perpetuo exercere, sed hoc modo : cum tempus etenim potestas eligendi venerit, Episcopus hæreditariis hominibus hujus civitatis Medianum inveniat; hominem videlicet idoneum, convenientem et non diffamatum,... qui potestatem eligendi habeat.* Occurrit ibi pluries.

Medianus, Mediæ magnitudinis. Ita passim in Historia Episcoporum Autissiodor. cap. 25 : *Gabata Mediana, etc.*

Medianus Caballus, Medii pretii, in Lege Alem. tit. 70. § 3. *Medianus bos*, tit. 78. *Mediana equa, Medianus Alamannus*, mediæ sortis ac conditionis, in Capitulis ad eamdem Legem cap. 22. 43. [*Medianus infans*, in Leg. Alem. edit. Baluz. tit. 39. *Mediani digiti*, in Leg. Bajwar. tit. 3. § 13. i. e. medii : *Illos Medianos duos digitos cum decem solidis componat.* Adde tit. 4. § 9.]

MEDIARCITUS, *In medio statutus et arctatus*. Joan. de Janua. [Unde Gloss. Lat. Gall. Sangerm. : *Establis au milieu par force.*]

¶ 1. **MEDIARE**, Rem tractare, agere, componere, non ut judex, sed ut intermedius et sequester : quo vocabulo Angli potissimum usi sunt, cum de constituendis *Attornatis* seu procuratoribus agebatur. Charta Caroli Reg. Franc. apud Baluz. tom. 2. Hist. Arvern. pag. 206 : *Sed quod per unum ipsorum inceptum fuerit, per alium et alios prosequi, Mediari valent pariter et finiri et ad effectum adduci.* Instrum. ann. 1400. apud Marten. tom. 1. Anecd. col. 1659 : *Pro qua sedanda* (discordiâ) *desideravit, quod certa præfigeretur dieta loco et tempore congruis, in qua Rex Franciæ Mediare vellet inter partes prædictas, sperans se easdem componere velle, salvo utriusque partis honore.* Litteræ Owini Principis Walliæ ann. 1404. apud Rymer. tom. 8. pag. 356 : *Dantes et concedentes eisdem procuratoribus nostris, et eorum utrique per se et in solidum, potestatem generalem et mandatum speciale... Mediare et finire, pro nobis* ei nomine nostro, etc. Charta ann. 1482. ex Tabul. B. M. de Bono-nuntio Rotomag. : *Quod per utrumvis ipsorum inceptum fuerit, alter eorumdem id prosequi valeat, Mediare, terminare et finire.* Adde Chartam ann. 1453. apud *Madox* Formul. Angl. pag. 351. etc.

* *Moienner*, eodem sensu, in Charta Ludov. reg. Navar. et comit. Campan. ann. 1314. in Reg. 50. Chartoph. reg. ch. 11 : *Nous traitans et Moiennans auvec lesdiz duc de Lorraine, évesque de Metz et signeur de Blanmont etc.* Comprom. inter abb. Bonæval. et Guid. dom. de Alneolo ann. 1291 : *Et pourra ledit Dean quenoistre, ordener, prononcer et Méeisner sus ledit descort.*

¶ 2. **MEDIARE**, Per medium dividere. Leges Palatinæ Jacobi II. Reg. Majoric. tom. 3. SS. Junii pag. LVII : *Et cortinæ jam dictæ sint talis longitudinis quod serviant tam ad ponendum eas ante lectum nostrum, cum opus fuerit, quam ad Mediandum, sive per medium dividendum unam cameram, vel aliam magnam domum, vel usus alios similes.* Apicius lib. 3. cap. 9 : *Coliculos elixatos Mediabis.* Statuta Canon. Regul. art. 84. apud Raim. Duellium lib. 1. Miscellan. pag. 103 :

Nec retinere sibi valet (*prælatus*) ullum vel Mediare,
Vel defraudare, truncare, vel pretiare.

* *Moienner*, nostris, eadem notione. Glossar. Gall. Lat. ex Cod. reg. 7684 : *Moienner, dimidiare, i. per medium dividere.* Charta ann. 1297. apud Lam. in Delic. erudit. inter not. ad Hodoepor. Charit. part. 1. pag. 114 : *Inventa per testes omni exceptione majores loca et antiqua confinia esse et fuisse et Mediare inter comitatum Florentinum...., et comitatum S. Miniatis etc.*

¶ Mediare, Separare, disjicere, Gall. *Diviser, écarter.* Chron. Andreæ Danduli apud Murator. tom. 12. col. 462 : *Ne galeæ hostiles Mediarent VI. galeas venturas de Candia, etc.*

¶ Mediare, Medius incedere. Compendium Jur. et Consuet. Univers. Paris. per Robert. Goulet fol. 13 : *Sic progrediuntur ducentes corpus, quod quasi est medium inter Parisiensem Episcopum et Rectorem Universitatis ; sicque ipse Episcopus et ipse Rector semper lateraliter incedunt. Nec aliqui inter Episcopum et corpus de suo latere debent Mediare.*

* Mediare Placitum, Dare operam ut veniatur ad colloquium, Gall. *Moienner une entrevue.* Annal. Bertin. ad ann. 863. tom. 7. Collect. Histor. Franc. pag. 80 : *Mediantibus inter eos domesticis et amicis illorum placitum, quo simul redeant, et de ipso regno apud se tractent.*

[** Mediare Synodum dicitur is, cujus auspiciis congregatur concilium, in Decreto Gelasii PP. apud Fontanin. de Antiq. Hortæ pag. 321 : *S. Synodum Nicænum 318. patrum, Mediante Maximo Constantino Augusto,.... S. Synodum Ephesinam... consensu Cælestini PP. mediante Cyrillo Alexandrinæ Sedis Antistite et Arcadio episcopo ab Italia destinato.... S. Synodum Calchedonensem, Mediante Marciano Augusto et Anatolio CPano Episcopo.*

* Mediare, Inter duo loca positum esse, Hispan. *Mediar.* Elmham. in Henr. V. reg. Angl. edit. Hearn. cap. 66. pag. 186 : *Non igitur erant pro tempore civitas et abbathia ab accessibus mutuis, cum nulli Mediarent Anglici, præpeditæ.*

* Mediare, Dicitur de eo qui incœptum prosequitur. Sermo mag. Joan. Parvi in Conc. Constant. ex Bibl. Heilsbr. pag. 110 : *Eum jam justissime principasse, virtuose Mediasse et gloriose terminaturum.*

* **MEDIARIUS**, D. *Bouquet* in Præloquio ad tom. 1. Jur. publ. Franc. pag. xix. Colonus partiarius, non vero, Servus duobus dominis addictus, ut interpretatur Cangius, inquit ille : sed hæc vox non legitur suo ordine in Glossario : occurrit autem *Medietarius*, ea notione, in hac voce. Illi præiverat Murator. tom. 1. Antiq. Ital. med. ævi col. 874.

* **MEDIASTICUS**, ut supra *Medianus* 1. *Bladum mediasticum*, Miscellum frumentum, in Charta ann. 1211. ex Tabul S. Crisp. Suession. in cavea.

¶ **MEDIASTINO**, Secundo. Ratherii Veron. Episc. Qualitatis conjectura tom. 2. Spicileg. Acher. pag. 200 : *Se primum, se Mediastino, se rodens ipsam postremo : inde omnes suopte more viventes. Genuinum in eis figere non desinit dentem.*

¶ 1. **MEDIASTINUS**, Medius. Translatio S. Guthlaci tom. 2. Aprilis pag. 59 : *In partibus Angliæ Mediastinis, villula quædam, patrio idiomate Cavæ nomen sortita, sita est in confinio fluminis Umbrensis, etc.* Vita S. Jacobi eremitæ sæc. 4. Bened. part. 2. pag. 148 : *Solvitur ergo a portu Constantinopolitano, mare sulcatur satis prospere ad Corsicam insulam usque, quæ Mediastina est inter Constantinopolim et Romam.*

¶ 2. **MEDIASTINUS**, Caminus, focus ; sic, ut videtur, dictus, quod in medio cubiculo exstruatur. Vita B. Heimeradi presbyt. auctore Egberto apud Leibnit. tom. 1. Script. Brunsvic. pag. 567 : *Nec mora, proripientes se ad eumdem Abbatem, ei exposuerunt sermonem, camino adjicientes oleum, qui Mediastinus incanduerat adversus eumdem virum, cujus favillæ longe in posteros essent duraturæ.* [* Hinc pro Famulo culinario, qui focum curabat, apud Mornac. *Mediastinus coquinæ regiæ.* Vide supra *Galopinus*] [** et Forcellin. in *Mediastinus.*]

* 3. **MEDIASTINUS**, ut paulo ante *Mediasticum.* Vide supra in *Bladum.*

¶ **MEDIATERIA**, Mediaterria. Vide *Medietarius.*

* **MEDIATIM**, Ex dimidia parte, Gall. *Par moitié.* Arest. parlam. Paris. ann. 1372. tom. 5. Ordinat. reg. Franc. pag. 604 : *Licet.... præfatæ financiæ in dicta terra communi, Mediatim ad nos et dictum episcopum spectent pro indiviso.* Vide infra *Mediocriter* 2. et *Medium* 2.

¶ **MEDIATIO**, perperam pro *Modiatio*, in Charta Henrici Reg. Angl. tom. 4. Hist. Harcur. pag. 1411.

1. **MEDIATOR**, Intermedius. Cyprianus, seu auctor de Cardinalibus operib. Christi in Prologo : *Unde hæc sitis divitiarum miseris pectoribus assidet, et ambitionis salsugo bibulam animam occupat, utiper fas et nefas ad loca superiora etiam de latebris eremi, nonnulli se ingerant : et de omni gradu, ubi aliquis aditus patet, anheli prodeant, discurrant ad judices, blandiantur Mediatoribus, conducant auxiliarios, et modis omnibus elaborent, ut sedeant cum Principibus.* [Chron. Romualdi II. Archiep. Salern. apud Murator. tom. 7. col. 226 : *Et Hyacynthum diaconum Cardinalem, cum Christiano Cancellario, et aliis Theutonicis, qui pacis Mediatores erant, ad eum direxit.*] [** Vide Haltaus. Glossar. voce *Mittel-mann*, col. 1360. et infra *Medius.*] [* Hispan. *Medianero*, Gallis, alias, *Maienerres*, eodem sensu, in Chron. S. Dion. tom. 8. Collect. Histor. Franc. pag. 331. *Moienierres*, in iisd. Chron. ubi de Gest. Caroli M. ibid. tom. 5. pag. 241. *Méeneur*, in Charta ann. 1260 : *Et se li dui enquerreur se discordoient, ils aporteroient le descort au tiers Méeneur que li rois y mettra... Et li dui enquerreur et li Méenerres doivent jurer seur sains que il en bonne foy termineront cette chose.* Lit. ann. 1265. tom. 7. Ordinat. reg. Franc. pag. 399 : *Liquels Méenneurs les contens des marchiez, qui seront entre les devant diz tanneurs et les bouchiers, pour raison de la marchandise des devant diz cuirs, Méenneront bien et loyaument entre lesdictes personnes, par leur serement; lequel Méennement fait etc. Maeneresse*, ubi de muliere agitur. Charta Clementiæ dominæ de Fouvento ann. 1255. in Chartul. eccl. Lingon. ex Cod. reg. 5188. fol. 171. r° : *Com li abbés et li couvanz de Biaulieu m'eussent mise Maeneresse de appaisir le descort, qui estoit entre l'abbé et le couvant devant dit d'une part, et les hommes d'Ortes et de la Chapelle.... d'autre part,.... cilz descorz ait esté accordez bonnement par nostre Méanement.* Hinc etiam *Moiennement*, pro *Médiation, entremise*, in Charta scabin. Camerac. ann. 1260 : *Parmi l'atirement et le Moiennement des preudommes, ki s'en entremisent, nous sommes accordet enviers le capitle devant dit, et en avons fait pais des descors devant diz.* Vide infra *Medius.*]

Ita Græcis Μεσάζοντες dicuntur, qui rebus gerendis in Palatio præsunt, seu quibus veluti sequestris Principes res suas peragunt; *Ministri aulæ*, Mamertino in Paneg. *Rerum Ministri*, Manilio lib. 5. nuncupati. Horum mentio occurrit apud Nicetam in Man. lib. 1. n. 3. et Cantacuzenum lib. 3. cap. 15. lib. 4. cap. 39. Summus vero rerum Minister Μέγας Μεσάζων dicebatur, cujus dignitas in Palatio proinde summa, cui Ducas cap. 21. 22. et 28. *Vesirorum* Turcicorum dignitatem æquiparat.

Mediatores, apud Bavaros dicebantur, quibus veluti *mediis*, bona Laicorum, quæ ab iis comparare ex Legibus non licebat, ad Monasterii usus, iisdem per imaginariam donationem eadem concedentibus, sibi comparabant Monachi. Vita B. Mariani Abb. Ratisp. n. 16 : *Aream unam... ementes per manum Mediatoris Præfecti Ratisponensis, ibidem, ... Monasterii fundamentum jecerunt.* Num. 19 : *Agros et possessiones in usus... Fratrum per manum Mediatorum Henrici Ratisp. Burchgravii, atque Othonis Landgravii comparavit.* Adde num. 20. Eadem Vita n. 28 : *Eclesiam quam ipse de propriis facultatibus suis.... construxerat, cum 17. aratris Abbati præfato,.... per manum Mediatoris Comitis Gerardi, more Bavarico,.... contradidit.* [** Vide Haltaus. Glossar. Germ. col. 1586. et infra *Salamannus*.]

Ea porro acquirendi ratio per Monasteria, *Delegatio* appellabatur. Charta Luitpoldi Ducis Bavariæ in Chronico Reicherspérg. ann. 1141 : *Hæc autem traditio ad altare S. Michealis in Richersperg me præsente ac petente facta est per manum Comitis Luitoldi de Bleiera delegatione firma, in cujus manum Delegatio eadem per manum nostram prius fuerat facta.* Idem Chronicon ann. 1157 : *Idem Comes Pertholdus.... in manum Comitis Pertholdi de Pogen ad fidem Delegavit Richerspergensi Ecclesiæ per manum ejus omnimodis Delegandum ad petitionem ejusdem Ecclesiæ Præpositi tunc Fratrum.* Et ann. 1162 : *Ibi Præpositus Richerspergensis Magister Gerhous in audientia publica* (Curiæ) *interpellavit ac monuit Comitem Pertholdum de Pogen, quatenus prædium, quod dicitur Manstuer, secundum quod in manum ejus devenerat, Richerspergensi Ecclesiæ Delegaret. Et Dei quoque providentia præsens fuit Comes Pertholdus de Andechs, qui locutus est in hunc modum : Facere debes, o cognate Comes Pertholde, quod postulatur, quia ego id ipsum prædium sic in manum tuam Ratisponæ delegavi, ut tu hoc Delegares jam dicto Cænobio, etc.* Ejusmodi autem donationes ac traditiones per manus advocatorum fiebant, ut ibidem innuitur. Charta Ludovici Imper. ann. 910. apud Brower. lib. 3. Antiq. Fuld. cap. 16 : *Signum Gebehardi et Chunradi Comitum, qui easdem traditiones rerum fideli manu susceperunt, et hoc eorum Rege juraverunt, ut eas S. Bonifacio Martyri fideliter Delegarent, et præcepto regio confirmarent.* Ad hunc etiam morem referenda videntur quæ habent Traditiones Fuldenses lib. 3. trad. 1 : *Hæc idem Wermundus in manum prædicti Goldeboldi Comitis allegavit, ita et ille fidem ipsi servans in altare patroni nostri Delegavit.* Tradit. 3 : *Prædium... in usum fratrum hujus Ecclesiæ ob memoriam sui Delegavit.* Tradit. 31 : *Idoneos testes 6. numero coæqualium suorum delegerunt, quibus hæreditariæ traditionis jus Delegaretur, illis hoc jus delegationis invicem sibi manu ad manum tradentibus, etc.*

2. **MEDIATOR**, Idem qui *Medietarius* Gal. *Metaier*. [Charta ann. 1244. in Tabul. Compend. : *Mediatores vero et ille qui carionem ducet.... nihil miscebunt cum carione in præjudicium dicti Majoris.* Tabular. SS. Trinit. Cadomens. fol. 23 : *Habemus... in Amblia terram unius carucæ... et Mediatorem sex acrarum terræ.*] Tabularium S. Sergii Andeg. Ch. 35 : *Terram prope Capellam S. Laur. apud Calonnam Mediator Episcopi Huberti Andeg. bobus suis et carruca consuetudine mediatoria exercuit.* [** Vide Guerard. Proleg. Chartul. S. Petri Carnot. pag. 62.]

3. **MEDIATOR**, Præs, sponsor. Charta exarata ann. 973. apud Ughellum in Beneventanis Archiep. : *Gaudium mihi dederunt Simeon Clericus et Judex, et Radoaldus Diaconus,.... et Mediatores posuerunt Gaidarios de jam dicta civitate Sipontina. Similiter tam Marcus Clericus gaudium mihi dedit, et posuit Mediatorem Milum fratrem suum,... ea ratione, ut si aliquo tempore adveniente aliquam contrarietatem fecerint, per qualemcunque modum vel ingenium, obligaverunt se omnes componere cum prædicto Archiepiscopo, etc.* Vide *Medietates*.

¶ **MEDIATORIA**, Prædium quod a colono partiario colitur. Charta Odonis Militis ann. circiter 1050. apud Marten. tom. 1. Ampliss. Collect. col. 420 : *Dono medietatem unius capellæ fundatam in honore S. Mariæ Virginis, et dono unam terram ad unam Mediatoriam, cum pratis et duos agripennos de vinea.* Vide *Medietarius*.

* Gall. *Métairie*, alias *Mestarie* et *Mestéerie*. Charta ann. 1218. inter Instr. tom. 8. Gall. Christ. col. 528 : *Ego Gaufridus vicecomes Castridunensis,.... cum.... dedissem et contulissem unum hibernagii modium in Mediatoria mea de Memberolles, etc.* Alia ann. 1301. in Lib. rub. Cam. Comput. Paris. fol. 140. r°. col. 1 : *La Mestéerie de Pauleon ou jour de Toz sainz, dix livres.* Recognit. feud. dom. de Veteri-ponte ann. 1366. pro castel. *de Buri* : *Item une Mestarie assise audit lieu de Buri etc.* *Moictenrie* vero, Reditus ejusmodi prædii, ut et *Moitarie*. Lit. remiss. ann. 1482. in Reg. 208. Chartoph. reg. ch. 216 : *Pour raison de la moitié du gaugnaige de la Moictenrie de l'année etc.* Tabul. Fossat. fol. 2 : *Il ne doivent nulles coustumes de leur propre bestail norri en leur maisons, soit en Moitarie ou autrement.* *Moitesrie*, eadem acceptione, apud Bellom. Ms. cap. 27. pag. 67. v°. col. 2. Vide infra *Moitoieria*.

MEDIATORIUM. S. Hieronym. lib. 2. adversus Helvidium cap. 9 : *Quale illud jejunium est, aut qualis illa refectio post jejunium, cum pridianis epulis distendimur, et guttur nostrum Mediatorium efficitur latrinarum?* [hoc est, quasi intermedium.]

¶ **MEDIATURA**, Medietura, Eadem notione qua *Mediatoria*, Gall. *Métairie*. Diploma Odonis Comitis Carnot. ann. circ. 1015. apud Marten. tom. 1. Ampliss. Collect. col. 376 : *Tribuit igitur præfatus Hugo clericis in jam dicta ecclesia... et in eodem loco duas Medieturas, unam cum tribus arpennis pratorum, alteram cum quatuor. In ipsa quoque terra unum molendinum in dominio, et censum de tribus molendinis, et duos vinearum arpennos et dimidium solvente censu, et in loco qui vocatur Gelroim aliam Mediaturam.* Charta ann. 1047. apud Stephanot. in Antiquit. Bened. Xanton. MSS. pag. 327 : *Donamus..... Ecclesiam S. Joannis de Anglis cum integritate sua et et redecimationes de universis Mediaturis nostris dominicis.* Alia apud Lobinell. tom. 2. Hist. Britan. pag. 118 : *Ibi donavit per manum ejus Gausfredus Comes filius Eudodonis Comitis S. Martino Majoris Monasterii duas Mediaturas cum bubus et agricolis.* Ibid. pag. 169 : *Itemque dedit et duas partes decime duarum Medieturarum et totam decimam equarum suarum.* Vide *Medietarius*.

¶ 1. **MEDIATUS**, Ex parte media plenus. Acta SS. Philemonis et Apollonii tom. 1. Martii pag. 756 : *Jussit exhiberi et alios quatuor saccos Mediatos arena, et immisit in eos etiam quatuor protectores et projecit in mare.* Supra : *Jussit exhiberi saccum cum arena.*

¶ 2. **MEDIATUS**, pro Medietas, *Moitié*. Litteræ Caroli Johannis Reg. Fr. primogen. ann. 1363. tom. 3. Ordinat. pag. 637 : *Sub pœna viginti solidorum Paris. tot vicibus a transgressoribus exigendorum, quot casus exigit committendorum, et applicando Mediatum dicto dom. genitori nostro et nobis, per receptorem Paris. vel futurum, et Mediatum in usibus confratriæ Beatæ Mariæ, etc.*

MEDIAVITA. Concilium Coloniense ann. 1310. can. 21 : *Prohibemus item, ne in aliqua Ecclesiarum nobis subjectarum imprecationes fiant, nec decantetur Mediavita contra aliquas personas, nisi de nostra licentia speciali : cum nostra intersit talia discutere, quando sint talia facienda.* Joan. Hocsemius in Adolpho Episcopo Leod. cap. 23 : *Cœperunt Ecclesiæ Ducem maledicere, et Media vita canere contra ipsum.* Albertus Stadensis, et Hist. Archiepisc. Bremensium ann. 1234 : *Clerus qui eminus astans rei exitum expectabat, Media vita, et alia miserationis carmina cum mœrore canebat.* Ubi intelligitur Prosa illa Lamentationis, quam fecisse Notkerum Balbulum Sangallensem tradunt, cum in *Martinsdodel* pons in loco præcipiti et periculosissimo ædificaretur. *Media vita in morte sumus, quem quærimus adjutorem, nisi te, Domine, qui pro peccatis nostris juste irasceris.* Exstat apud Canisium tom. 5. Antiq. lect. pag. 770. Canitur autem illa Antiphona in Sabbato Dominicæ tertiæ Quadragesimæ in Completorio. Vide Durandum lib. 6. Ration. cap. 52. num. 5. 6. Ordinarium Ord. Præmonstr. pag. 904. et in voce *Reliquiæ*.

MEDICA, Obstetrix, in Glossis Isidori in voce *Maia*, ubi perperam editum *Media*. Ejusmodi *Medicæ* non semel occurrunt in vett. Inscript. 312. 4. 635. 9. 636. 1. 2. 3. Vide Glossar. med. Græcit. in Ἰατρίνη.

¶ **MEDICABULUM**, Quod medelam affert. Apuleius Florid. n. 16 : *Contulerimque me ad Persianas aquas : gratissima prorsus et sanis natabula, et ægris Medicabula.*

MEDICALIS, pro *Medicinalis*. S. Columban. instruct. 11 : *Plus suave est, plus Medicale est, plus salubre est cordi dilectio, etc.*

MEDICAMENTA Mala, Pharmaca, venena, incantationes, et omnium veneficiorum noxæ. Sextus Platonic. lib. 2. de Medecina animalium cap. 2. n. 5 : *Adversus mala Medicamenta; cor vulturis ligatum in pelle lupina si circa brachia habeas, nullum Medicamentum nocere tibi potest, nec serpens, nec latro, nec ulla malitia, nec quidem phantasma senties.* [Plinus lib. 20. Hist. natur. n. 39 : *Pythagoras scillam in limine quoque januæ suspensam malorum Medicamentorum introitum pellere tradit.* Adde lib. 25. num. 31.]

MEDICAMENTARIUS, Veneficus, in leg. 7. Cod. Just. de Repud. (5,17.) in leg. 1. eod. tit. Cod. Theod. (3,16.)

* **MEDICARE**, Medicinam profiteri, exercere. Lit. ann. 1462. in Hodoepor. Charit. part. 2. apud Lam. in Delic. erudit. pag. 520 : *Fiant literæ magnifico Gerardo... medico habitanti in castro Franco, ut sibi placeat venire ad habitandum et Medicandum in civitate Pisarum.* Vide *Medicinare* 1.

¶ **MEDICATA** Cadavera, Medicamentis condita, apud Plinium lib. 11. Histor. natur. n. 70 : *Quibus* (Ægyptiis) *mos est Cadavera asservare Medicata. Medicato melle,* apud eumdem ibid. num. 34. hoc est venenato.

* **MEDICATIVUS**, Medicinalis. Vita S. Walth. tom. I. Aug. pag. 258. col. 2 : *In his tamen tam discrete Medicativum emplastrum et antidotum apposuit animarum vulneribus, etc.*

¶ **MEDICATURA**, Pretium quod Chirurgo pro vulneris curatione datur. Pactus Leg. Salicæ tit. 19. § 6 : *Excepta Medicatura, quæ est trecentorum sexaginta denariorum; qui faciunt solidos novem.*

* **MEDICINA**, Emplastrum, malagma; *Médecinée*, in Stat. ann. 1312. tom. 1. Ordinat. reg. Franc. pag. 512. art. 1. Lit. remiss. ann. 1355. in Reg. 84. Chartoph. reg. ch. 530 : *Quidam medici aliquas Medicinas supra dictas plagas posuerunt pro curando eas; tamen idem Stephanus quasi sperneret sanari, dictas Medicinas de super vulnera prædicta, statim cum dicti medici recedebant, amovebat. Moistre*, eadem notione, ut videtur, apud Guignevil. in Peregr. hum. gen. Ms. ubi de Medicina :

Et non pour quant maugré ses boistes,
Et ses emplastres et ses Moistres,
Et ses empotionnemens etc.

Méchine, pro *Médecine*, in Poem. Ms. Rob. Diaboli :

Car moult y ot arbres plantés
Et herbes et bonnes rachines,
Dont ont fait les bonnes Méchines.

Bestiar. Ms. ubi de Castore :

Se fait on de ses génétaires
Méchines à pluiseurs afaires.

Ubi textus Lat. *Cujus testiculi medicinæ sunt aptissimi.*

MEDICINACULUM, Ἰατρικόν, in Gloss. Græc. Lat. [*Medicinabulum*. in Gloss. Lat. Gr. MSS. Sangerm.] [* Adde ex Castigat. in utrumque Glossar. *Medicinalium*.]

¶ **MEDICINALIA**, Medicorum ars. Pactus Leg. Salicæ in variante lectione apud Eccardum pag. 178 : *De Medicinalia, ut infantes hanc discere mittuntur.* Ubi Editi : *De Medicinali arte.*

* **MEDICINALITER**, Medicorum arte. Acta B. Franc. Fabrian. tom. 3. Apr. pag. 989. col. 2 : *Marcutius... habebat maximam et periculosam infirmitatem in oculo, quæ a medicis judicata fuit quod esset fumus cataracti, a qua non credebant quod posset sanari Medicinaliter.*

¶ 1. **MEDICINARE**, Medicinam profiteri, exercere. Statuta Montis Regal. cap. 47 : *Item statutum est quod aliqua persona non possit nec debeat Medicinare, vel uti, seu exercere, aut in aliquo operari artem Medici physicæ... Et qui approbatus fuerit ad Medicinandum in dicta arte, teneatur.... videre aquam infirmi.*

* 2. **MEDICINARE**, Medicamenta adhibere, Gall. *Médeciner*. Lit. remiss. ann. 1355. in Reg. 84. Chartoph. reg. ch. 495 : *Dicta Mahauta expiravit, non occasione ipsius percussionis solummodo, sed ex eo quod caruit medico;... si Medicinata fuisset, sanari et reconvalescere potuisset.* Charta fundat. collegii de Verdala Tolos. ann. 1337. ex Cod. reg. 4223. fol. 12 r° : *Nulli eorum extra mensam communem panis, vinum, pecunia, vel aliqua alia victualia ministrentur, nisi Medicinati, sanguine minuti, aut alias tali corporis necessitate detenti fuerint.*

** **MEDICUS** Regis. Vide *Archiatri*. Chart. Langob. ann. 716. apud Brunett. Cod. Diplom. Etrur. tom. 1. pag. 458 : *Accepit ad Gaduald vir. manif. Medico Regis publicus.*

* **MEDICUS** Vulnerarius, Chirurgus, qui vulnera curat. Mirac. S. Hyac. tom. 3. Aug. pag. 372. col. 2 : *Petrus sartor de Casimiria, manu dextra graviter vulneratus, et Medicis vulnerariis destitutus, post vota sanatur.* Glossar. Provinc. Lat. ex Cod. reg. 7657 : *Mege, Prov. medicus, plagarius.*

* **MEDIDURA**, Tributum, quod ex mensuris percipitur; ab Hispan. *Medida*, mensura. Charta Aldef. reg. Castel. inter Acta SS. tom. 6. Jul. pag. 55. col. 2 : *Accipiatis semper omnes Mediduras atque directuras, quæ in eodem mesone evenerint, de omni tritico quod ibidem venderetur, ita quod quantum accipiatis de illis Mediduris et directuris, expendatis in illis, quæ necessaria fuerint.*

MEDIE, pro *Mediocriter*, usurpasse Lactantium, lib. 6. cap. 15. Ulpianum, Capitolinum in Albino, etc. observatum a Salmasio ad Spart. pag. 134.

¶ **MEDIESTINUS**, pro *Mediastinus*, servus ad viliora servitia deputatus. Vox Latinis Scriptoribus haud ignota. Tabular. S. Leodegarii Pratellensis tom. 4. Hist. Harcur. pag. 7 : *Dunelma quoque soror Rogerii Bellimontis dedit in villa quæ vocatur Boscus-vehardi quendam Mediestinum Ascelium nomine.*

¶ **MEDIESTRINUS**, περιχύτης, Eadem notione, pro *Mediastinus*. Gloss. Lat. Gr. MSS. Sangerm.

¶ **MEDIETANEUS**, Medius. *Chyrographum medietaneum*, Signum quod in media Charta apponi solet. [* Melius, ni fallor, Charta in duas partes divisa, quarum una uni, altera alteri e contrahentibus dabatur. Vide in *Chirographum*.] Charta ann. 1171. apud D. Calmet. tom. 2. Histor. Lotharing. col. 364 : *Prætendebant quod ad nostri contumeliam nominis hoc actitatum, cum inde factam nostri cartam prædecessoris, Medietaneo subsequente chyrographo, quod exinde abbas uterque composuit, deletam faterentur.*

¶ **MEDIETARIA**, Medietas, Gall. *Moitié*. Charta ann. 1255. in Chartul. S. Vandreg. tom. 2. pag. 1529 : *Tradidi..... domino Abbati et Conventui S. Vandregisilli in puram et perpetuam elemosinam... totam illam Medietariam campiparti quam ego habebam et percipiebam apud Chanfors in illo feodo qui dicitur feodus de medietate sito in castellariis cum omnibus pertinentiis dictæ Medietariæ, justitiis et redditibus, et breviter cum omni jure quod in dicta Medietaria habebam.* Tabular. Pontisar. : *Medietariam terræ habebit.* Vide *Medietarius*. Hinc *Metoierie*, divisio, *partage*. Le Roman *de la Rose* MS. :

Si qu'il n'i soit mie demi,
Mes tout entier sans tricherie,
Car je n'aime pas Metoierie.

MEDIETARIUS, Colonus partiarius, *Metayer* : in Consuet. Cenoman. art. 135. [*Mestaier*, in Bituric. tit. 9. art. 48.] Γεωργὸς μορτίτης, in Basilicis. Moschopulus pag. 67 : Γεώμορον, ἡ κοινῶς μορτή. Ἡμισειαστής, in Georgicis legib. cap. 1. § 24. Μεριζόμενος τοὺς καρποὺς, apud Harmenop. lib. 3. tit. 8. § 7. *Qui ad medietatem laborat*, in Capitul. Caroli M. lib. 1. cap. 163. [** 157.] *Partiarius colonus*, in leg. 25. § 6. D. *Locati*. (19,2.) *Metaier partiaire*, in Consuetud. Turonensi art. 113. Charta fundationis Abbatiæ *d'Orbestier*, ann. 1007 : *Sive sint prædictis Falcherio et successoribus suis propria animalia, sive Medietariis suis partionaria.* [Chartular. S. Vincentii Cenoman. fol. 81 : *Contentio super quadam gallina et mestiva quam dictus Willelmus petebat a Medietario eleemosynæ B. Vincentii.* Vide *Facherius* et *Partionarii*.]

* *Mettoier*, in Charta ann. 1425. ex Tabul. Cartus. B. M. de Parco. *Moitoion*, in Charta ann. 1374. ex Reg. 106. Chartoph. reg. ch. 202. *Moitoier*, apud Bellom. Ms. cap. 27. pag. 63. v°. col. 2.

¶ Medietaria Functio, Media præstatio, apud Marten. tom. 1. Anecd. col. 850.

Medietarii Servi, Qui duobus dominis obnoxii erant. [* Minus bene; neque enim de servis, sed de villanis atque adeo colonis partiariis, qui ad medietatem fructuum tenebant, hic agitur. Vide supra *Medearius*.] Tabularium Angeriacense : *Concessit Deo et S. Joanni Baptistæ Cavillam, quæ erat sua villana, ut esset Medietaria S. Johannis ipsa et filii sui in sempiternum, et totum servitium quod solebat persolvere Comiti, de cætero persolveret S. Joanni.*

Medietaria, Prædium quod colitur a colono partiario, in Bibliotheca Cluniac. pag. 545. Vetus Charta Theobaldi *Chabot : In decimis ac terragiis rupturarum et Medietariarum.* [Charta ann. 1077. apud Stephanot. tom. 4. Antiquit. Bened. Pictav. MSS. pag. 465 : *Dedi insuper monachis ibidem Deo servientibus de possessionibus meis Medietariam scilicet de Conderia quæ sita est in insula Oleronis.* Alia ann. 1240. ex Tabul. Pontis Otranni : *Gaufridus de Ver Miles concessi monachis Pontis Otranni quandam Medietariam sitam in feodo meo in parochia de Arnez.* Chartular. S. Vincentii Cenoman. fol. 76 : *Commutavit.... omnia illa quæ sunt juxta Medietariam monachorum quæ dicitur Morqueria pro duabus oschis terræ.* Charta Guillelmi Episc. Catalaun. ann. 1221. Hist. Pertic. lib. 3. pag. 224 : *Concessimus... herbagium propriis pecudibus... et suarum Medietariarum. Ad Medietariam committere*, in Chartul. S. Vincent. Cenoman. fol. 106.] *Tenere ad Medietariam*, quod nos dicimus, *Tenir à moitié*. Tabularium Fiscanense ann. 1218. fol. 68 : *Quam quidem vineam ego et prædecessores mei de Ecclesia Fiscanensi ad Medietariam tenueramus. Excolere ad Medietariam*, in Arestis Omn. SS. ann. 1262. 1. Regesti Parlam. Vide tom. 13. Spicilegii Acheriani pag. 299. *Mediatoria*, non semel in Tabul. Novigenti-rotroci S. Dionysii.

¶ Mediaterria et Mediaterria, Eadem notione. Charta apud Lobinell. tom. 2. Hist. Britan. pag. 189 : *Concedens annuo terram unius carrucæ quæ adjacet prædicto loco et duas Medietarias apud villam quæ nuncupatur Piriacus.* Charta Guillelmi de Mellento ann. 1193. tom. 4. Hist. Harcur. pag. 1637 : *Et duas Mediaterrias apud Valles scilicet, clausum suum de hortis et vineam*

Begeoliæ et pressoragium earumdem Mediaterriarum quod spectat ad Canonicos. Mediateria, non semel in Tabular. S. Dionysii Novigenti Rotroci. *Moitoierie*, in Charta vernacula ann. 1283. ex Chartul. Domus Dei Pontisar. *Faire à Moiteerie*, ibid. *Tenir à Moiteerie*, in Charta ann. 1285. ex eodem Chartul.

* Hinc *Donner à moitai* vel *à moiturie*, Ad medietatem fructuum agros locare. Charta capit. S. Vulfr. ann. 1317. in Lib. nig. 2. ejusd. eccl. fol. 68. r° : *Avons baillé à Ricart Heket de Vaucheles à Moitai, quarente deux journeux de terre*. Alia Egid. abb. S. Mart. Tornac. ann. 1321. in Reg. 61. Chartoph. reg. ch. 209 : *Lesquelles* (terres) *pour ce que nous ne les poiens cultiver, nous aviens donné à Moiturie*. Infra : *A moitoirie*.

¶ 1. **MEDIETAS**, Eadem notione qua *Medietaria*, Prædium quod a colono partiario colitur. Codex MS. Irminonis Abb. Sangerm. fol. 62 : *De terra arabili bun.* III... *tenet eam Wineradus, aut arat eam ad Medietatem, aut denar.* XII. *solvit. In Medietate sui justiciabilis, explectabilis et taillabilis*, in Charta ann. 1371. hoc est, ratione mediæ partis bonorum suorum. *Medietas*, non raro occurrit apud Scriptores mediæ et infimæ ætatis pro dimidia parte redituum rei cujusvis; quod annotasse sufficiat. *Pro Medietate*, in Lege Salica tit. 61. idem quod pro sua cujusque parte sonat.

¶ Medietas Beneficii, Dimidia redituum ecclesiasticorum pars a Clero Anglicano in belli sumtus Eduardo I. concessa. Charta ejusdem Regis ann. 1294. apud Kennett. Antiquit. Ambrosden. pag. 32 : *Cum dilectus nobis magister Radulfus de Mertival persona Ecclesiæ de Ambrosden Medietatem Beneficii,... nobis in subsidium nostrum de anno præsenti juxta taxationem ultimo inde factam liberaliter concesserit et gratanter*.

¶ Medietate Teneri Feuda, dicitur in veteri Consuet. Norman. : *quando aliqua persona intervenerit inter dominum et tenentes. Et hoc modo tenent omnes postnati, Mediante ante nato*. Vide *Medietaria*.

* Medietas Perpetua appellari videtur Prædium, quod ea conditione feodi nomine possidetur, in Charta Phil. Pulc. ann. 1285. ex Reg. B. Chartoph. reg. ch. 2 : *Concedimus... quicquid in dicta vavassoria* (de Quatuormaris) *habemus, sive in nemoribus, terris, campipartibus et Medietatibus perpetuis*.

¶ 2. **MEDIETAS**, Pannus serico lanaque textus, *Ferandine*. Chron. Parmense ad ann. 1294. apud Murator. tom. 9. col. 828 : *Et ipse dominus Azzo Miles factus in continenti fecit alios* LII. *Milites suis propriis expensis, quamdiu fuerunt in civitate Ferrariæ, quorum singulis donavit duas vestes varas, unam de samito, quam donaverunt ad curiam, et aliam de Medietate, quam in se retinuerunt*. Synodus Pergam. ann. 1311. ibid. col. 547 : *Vestes virgulatas seu de catabriato, de Medietate, vel listatas.... more laicali minime deferentes*.

* 3. **MEDIETAS**, Opera, intercessus, Gall. *Moyen, entremise*. Charta ann. 1395. inter Probat. tom. 3. Hist. Burg. pag. 173. col. 1 : *Per Medietatem proborum virorum dictus prior.... publice confessus etc*. Vide supra in *Mediator* 1.

* 4. **MEDIETAS**, pro Mediocritas, in Opusc. Pithœi apud Loisel. pag. 357.

MEDIETATES, Medietarii. Sacramentum *Majorum* in villis ac prædiis, in Charta Gosleni Episcopi Carnotensis in Tabulario ejusdem Ecclesiæ num. 227 : *Non exigam ab eis* (rusticis) *relevationes terrarum, vel aliarum possessionum decedentibus patribus, vel aliis possessoribus earum, neque de conjugandis feminis venditiones, neque Medietates habebo cum rusticis, neque eos mittam in plegium, etc*. Infra : *Neque ab eis quicquam exigam, nec annonam, nec avenam, nec ovem, nec agnum, nec anseres, nec gallinas, nec ligna, neque eos Medietarios habeam, aut in plegium mittam, neque corveiam aliquam ab eis exigam, etc*. Ubi *Medietates*, plegia seu fidejussiones, *Mediatores* vero fidejussores esse videntur. Vide supra *Mediator* 3.

* Mihi vero hæc intelligenda videntur de *participatione* seu societate, quam in locandis et procurandis prædiis aliisve rebus, cum rusticis, majorum jurisdictioni subjectis, habere iis vetitum erat. Unde in Juram. bailliv. apud Joinvil. edit. reg. pag. 147 : *Et avec ce il* (les baillifz) *jureront que il ne partiront à rente nulle de nos rentes, etc*. Cæterum secundus locus hic allatus ita emendandus est ex ipsamet Charta : *Non patiar amodo quod servientes præpositi apud rusticos meæ majoriæ hospitium habeant, neque ab eis quidquam exigant,... neque eos Medietarios habeant, aut in plegium mittant, neque corveiam aliquam ab eis exigant*. Quam nostram interpretationem manifeste probat sacramentum majoris rusticorum ex Cod. ann. 400 eccl. Carnot. : *Ne ne serez pleges por aus, ne ne serez leur métoiers de nulle chose*. Ibidem : *Neque ero plegius eorum aut Medietarius*.

MEDIETENARII, [Administratores, procuratores, qui rem alterius tractant,] [* Vel potius Coloni partiarii. Vide supra *Medietarius*.] in Charta ann. 1299. apud Thomasserium in Consuetud. Bituric. lib. 1. cap. 88 : *Medietenarii et servientes dictorum religiosorum, etc*.

¶ **MEDIETURA**. Vide *Mediatura*.

* **MEDILLA**, *Medicamentum, remedium, sanitatem*. Glossar. vet. ex Cod. reg. 7641.

* **MEDIMISSARIA**, Dignitas ecclesiastica secundi ordinis. Reg. collat. diœc. Eystet. apud Falckenst. in Antiq. Nordgav. cap. 3. pag. 298 : *Freyenstatt, primaria. Freienstatt, Medimissaria. Freienstatt, capellania hospitalis S. Trinitatis*. Infra : *Greding, primaria S. Jacobi, Greding Medimissaria, Greding capellania B. M. V. ad sepulcrum extra muros*.

¶ **MEDIMNA**, *Mensura est quinque modiorum, dicta quod medietur quinque modiis, qui sunt perfecti numeri, id est, decem medietas*. Papias.

¶ **MEDINUS**, Monetæ Turcicæ species, quæ 18. den. monetæ Franc. valet. Vocabularium Latino-Sarracenicum ad calcem itineris Hieros. Bernhardi *de Breydenbach* pag. 250 : *Ducatus, ducat. denarius, denar. Medinus, medin*.

MEDIOCRES Personæ. Vide *Homo*.

* **MEDIOCRIS**, Inferioris gradus. Instr. ann. 1308. tom. 5. Cod. diplom. Polon. pag. 26. col. 2 : *Ne dum in prælatos Mediocres, sed etiam in superiores, puta episcopos et archiepiscopos, etiam successivæ rebellionis suæ spiritum temere erexerunt*.

¶ 1. **MEDIOCRITER**, pro *Mediocritas*, in Spicil. MS. Fontanel. pag. 202 : *Mediocriter semper servetur in cantu*.

* 2. **MEDIOCRITER**, Dimidiatim, æqua portione, Gall. *Par moitié*. Charta ann. 1322. in Reg. 61. Chartoph. reg. ch. 142 : *Totum, quantumcumque fuerit, emolumentum..... dictæ villæ de Colareda,... sit commune et Mediocriter dividatur inter dominum nostrum regem et dictum militem* (Bernardum de Aspello). Infra : *Mediocriter et pro indiviso*. Rursum : *Mediatim et pro indiviso*. Pariag. inter reg. et abb. Scalæ Dei Tarn. diœc. ann. 1328. in Reg. 65. 2. ch. 234 : *Molendina insuper ut batanna in dicto pariagio... noviter facienda cum eorum redditibus, emolumentis et proventibus prædicto dom. nostro regi et nobis abbati prædicto.... æqualiter et Mediocriter pertinebunt*. Vide supra *Mediatim*.

* 3. **MEDIOCRITER**, Annis inter se comparatis, vulgo *Bon an, mal an*. Charta Joan. de Cabilone episc. Lingon. ann. 1331. in Chartul. ejusd. eccl. ex Cod. reg. 5188. fol. 272. v°. : *Item in crastinum festi nativitatis Domini pro servitiis, quæ ascendunt et descendunt, valent Mediocriter* xxv. *sol. Turon*.

* 4. **MEDIOCRITER**, Satis, abunde, Gall. *Suffisamment*. Chron. Lemov. MS : *Hic rex* (Robertus) *mansuetus fuit et Mediocriter litteratus, et amator religionis et ecclesiarum*.

* **MEDIOCRUS**, pro Mediocris, Gall. *Moyen*. Testam. ann. 1392. inter Probat. tom. 3. Hist. Nem. pag. 161. col. 1 : *Item lego amore Dei, Artaudo filio Guillelmi Peyreriæ, canonico Nemausi, Mediocras decretales meas*. Paulo ante memorantur *Parvæ decretales*.

* **MEDIOLA**, f. pro *Modiola*, Mensura frumentaria; vel *Medalia*, Minutioris monetæ species, Gall. *Maille*. Notit. Lieb. Camerac. Episc : *In Besaing terram arabilem xj. den. et unam Mediolam solventem*. Vide *Medala* et in *Modius* 2.

* **MEDIONARIUS** Mansus, Qui ad medietatem fructuum tenetur, cujus colonus partiarius est. Charta Caroli C. ann. 855. tom. 8. Collect. Histor. Franc. pag. 543 : *Mansos Medionarios duos in Basiliaca et Vidiliaco, etc*. Vide in *Mansus*.

¶ **MEDIOXIMUM**, Meditullium. Acta S. Materni Episc. tom. 4. Julii pag. 368 : *Et Mediolani, velut hinc indeque concurrentium partium Medioximo, augustale palatium collocavit*.

¶ 1. **MEDIOXIMUS**, Minor natu, secundo genitus, quasi medius. Codex Traditionum Sanct-Emmeram. cap. 194. apud Bernardum Pezium tom. 1. Anecd. part. 3. col. 178 : *Monitu itaque et petitione Friderici filii ejus qui Medioximus fratrum suorum erat, et gladiatura se exuerat,... fratres ejus Otto senior et Otto junior pro anima patris et matris eandem donationem vini in loco Ensdorf in manus Episcopi Chunonis resignaverunt*.

* Nostris *Moyen-né*. Lit. remiss. ann. 1375. in Reg. 107. Chartoph. reg. ch. 315 : *Colin Garin filz Moyen-né, de ladite Colette, et Philippot Garin puisné etc.* Aliæ ann. 1450. in Reg. 176. ch. 783 : *Le suppliant ala acompaigné d'un jeune filz, nommé Perrin, Moyen-filz de sa femme etc.*

* 2. **MEDIOXIMUS**, Medius. Pasch. Ratb. in vita S. Adel. tom. 1. Jan. pag. 111. col. 1 : *Sepulta sunt autem decenter membra carissimi senis in basilica B. Petri Apostoli sub fastigio inter ejusdem Medioximæ quatuor ecclesiæ centra.* Gerard. in Mirac. ejusd. ibid. pag. 118. col. 1 : *Sepultus apud ecclesiam Petri principatu principalem, medio jacuit loco, ante gradum cancelli inferiorem. En le moyenne*, In medio, Gall. *Au milieu.* Reg. 2. sign. R. urbis Duac. ad ann. 1472. fol. 110. r°. : *Et se y estoient Prudence et Justice, qui prenoient la représentation de nostredit seigneur le duc de Bourgogne par la main, pour le faire asseoir sur le bancq en le Moyenne desdiz neuf preulx, en ung haut siege.*

* 3. **MEDIOXIMUS**, dicitur de Miscello frumento, Gall. *Bled méteil.* Chartul. S. Joan. Laudun. ch. 127 : *Ecclesia B. Johannis duos modios frumenti, ad considerationem ministerialium de Noviant, Medioximi ejusdem villæ mensura, in festivitate S. Remigii Warnero et hæredibus ejus annuatim persolvet.* Vide supra *Medianus* 1.

¶ **MEDITALLIA**, Semitallia, Gall. *Demi-taille.* Charta ann. 1224. apud Lobinell. tom. 2. Histor. Britan. pag. 342 : *Dedit D. Juhellus omnem talliam et Meditalliam quam percipiebat in terra et feodis dictorum Canonicorum Belliloci.* Vide *Metallia.*

MEDITANEUM Bladum, vulgo *Blé méteil*, in Tabulario S. Genovefæ Paris. ann. 1221. Vide *Bladum* et *Mixtum* 2.

* **MEDITANEI**, Mediterranei. Chron. Angl. Th. *Otterbourne* edit. Hearn. pag. 29 : *Sed de Anglis venerunt Meditanei, id est, Mercii et gens Northumbrorum.*

¶ 1. **MEDITARI**, Animum relaxare, præsertim venatione. Genesis cap. 24. 63 : *Et egressus fuerat* (Isaac) *ad Meditandum in agro inclinata jam die.* Leges Palatinæ Jacobi II. Reg. Majoric. tom. 3. Junii pag. xxv. : *Assumatur qui venator nominetur et existat, qui canes nostros venaticos custodiat et de ipsis curam gerat; cum quibus quotiens decens fuerit et nobis placuerit Meditemur.* Vide *Afeitare* et *Meditatio.*

* 2. **MEDITARI**, Indicare, significare. Ordo eccl. Ambros. Mediol. ann. circ. 1130. apud Murator. tom. 4. Antiq. Ital. med. ævi col. 910 : *Tunc primicerius lectorum paululum semotus a loco suo infra chorum, incipit antiphonam in choro, lectoribus circumstantibus in modum coronæ, ipso Meditante manu et voce descencionem antiphonæ et ascensionem. Simili modo finita antiphona, magister scholarum vicissim cantat eamdem cum pueris suis, Meditando super ab altera parte chori.... Hac antiphona finita, salutat archiepiscopus, et magister pergit in medium chori cum pueris suis ad canendum hymnum vicissim cum choro, et respondendo cum Meditatione de* Perveniamus.

¶ **MEDITARIA**, Idem quod *Medietaria*, Gallice *Metairie.* Antiquit. Bened. Aurelian. MSS. apud Stephanot. pag. 540 : *Derunt nobis medietatem Meditariæ de la Bouchardiere.* Et infra : *Dedit nobis tertiam partem Meditariæ de Mesnoy.* Charta ann. 1218. apud Baluz. Hist. Tutel. col. 527 : *Assignavi eis 20. lib. censuales Pictavinorum veterum, quas habebam in Meditariis parochiæ S. Candidi.*

¶ **MEDITARIUS**, Idem qui *Medietarius.* Chartular. S. Vincentii Cenoman. fol. 236 : *Huic insuper adjunxit dono Meditariorum suorum decimam prescripte parochie.* Charta ann. 1427. apud Lobinell. tom. 5. Hist. Paris. pag. 698 : *Firmas molendinorum, fabricarum Meditarium et redituum ac etiam nemora habeat visitare.*

¶ **MEDITATIM**, pro *Meditate.* Vita S. Anselmi Episc. Lucensis tom. 2. Martii pag. 655 : *Psalmos quidem ut caute et Meditatim recitaremus, præcepit.*

¶ **MEDITATIO**, Animi relaxatio. Leges Palatinæ Jacobi II. Regis Majoric. tom. 3. Junii pag. xxv. : *Illæ Meditationes sive recreationes magis avidius assumuntur, quæ non circa unum tantum, sed circa diversa, licita tamen et honesta, occupationem capere dignoscuntur.* Vide *Meditari.*

MEDITATORIUM, Locus ubi quis meditatur, studet. Rabanus in Hieremiam : *Gravi ægritudine pressus jam sæpius in lectulo accumbo, quam ad scribendum, vel ad legendum in Meditatorio sedeo.*

¶ **MEDITERRANEA**, Certum in agro Nannetensi territorium, sic dictum quod Ligerim inter et Hederem situm sit, vulgo *la Mée.* Charta apud Lobinell. tom. 2. Hist. Britan. pag. 269 : *Contigit temporibus.... Henrici qui Francorum rempublicam regebat, et illustris Hoel qui Mediterranea singulari prudentia gubernabat.* Vide *Media.*

MEDITILLUS. Gloss. Græc. Lat. MS. : Μεσόγειος, *Meditillus*, (Edit. *meditullius*) *mediterraneus.* Μεσόγειον, *Meditullum, mediterraneum.* Edit. *Meditullium.*

MEDITURIRE, Meditari sæpiuscule, occurrit in Miracul. S. Servatii Episcopi num. 57.

¶ 1. **MEDIUM**, Tribunal, seu jurisdictio apud Genuenses ubi de causis civilibus agebatur. Marchisii Scribæ Annal. Genuens. ad ann. 1222. apud Murator. tom. 6. col. 427 : *Pro justitia vero in consulatu civitatis Ancelinum de Fontana Placentinum, in Medio autem Guilelmum filium Agathi Picentini, in burgo namque Jacobum de Runco Terdonensem.* Bartholomæi Scribæ Annal. Genuens. lib. 6. ad ann. 1230. ibid. col. 459 : *Consules placitorum fuerunt in palatio civitatis Henricus Rochemus, in palatio de Medio Guilelmus filius Agadi, in palatio foritanorum Jacobinus de Saragoza, in palatio burgi Thomasius magistri Cazuli.*

¶ Medium, pro *Media parte*, dixisse Capitolinum in Pio observat Casaubonus.

¶ Medium Lucrum. Vide *Mejaria.*

Medium Plantum. Vide *Complantare.*

¶ Medium Planum, Campus, planities. Sallas Malaspinæ de Rebus Sicul. lib. 2. apud Baluzium tom. 6. Miscell. pag. 241 : *Contigit quod cum dictus Comes et sui de strenuitate et multitudine confidentes in quædam Media Plana procederent, memorati Franciscus et Petrus cum Theutonicis secum morantibus.... in eos viriliter irruerunt.*

¶ Medium Tempus, Formula in foro Anglicano usitata. Th. *Blount* in Nomolex. : *In placito de quo Warranto Abbas de Burgo dicit quod clamat annum et vastum et Medium tempus.*

Medium Vinum, seu *tenere ad medium vinum*, vineam scilicet, e qua vinitor partiarius vini quod ex ea provenit, alteri ex pacto præbet. Vetus Charta in Tabulario Ecclesiæ Viennensis fol. 71 : *Et laudaverunt illi et suis hæredibus quos haberet de Petronilla suum tenorem ad servitium denominatum, partem clausi ad Medium vinum, plantatas ad quartum vinum, et unam coxam vaccæ, et sextarium vini, et panem de quartallo frumenti.* [*Dare ad Medium*, in Chron. Parmensi ad ann. 1280. apud Murator. tom. 9. col. 794 : *Fuit tanta abundantia vini quod vix poterat gubernari; et multæ vineæ dabantur ad vindemiandum ad Medium. Dare ad Medium plantum.* Vide *Complantare.*]

* Per medium, Phrasis Gallica, *Par moitié*, Ex dimidia parte. Charta ann. 1314. in Chartul. eccl. Lingon. ex Cod. reg. 5188. fol. 194. v°. : *Item plures personas de Cuseio teneri ipsis conjugibus quolibet anno infra nativitatem B. Johannis Baptistæ in xviij. aminetis bladi per Medium frumenti et avenæ... Dictus Petrus habet quartam partem xxxij. aminetarum bladi per Medium frumenti et avenæ.* Occurrit rursus in Ch. ann. 1331. ibid. fol. 272. v°. Vide supra *Mediatim.*

* Dare ad Medium Bastimentum. Vide supra in *Bastimentum*, 2.

* In Medio Relinquere, Id est, in dubio, Gall. *Laisser en doute.* Chron. fr. Andreæ tom. 10. Collect. Histor. Franc. pag. 290 : *De morte quoque ejus* (Gerberti) *non recte tractatur, a Diabolo enim percussus dicitur obiisse, quam rem in Medio relinquimus.*

* Ire Per Medium, Trajicere, Gall. *Passer au travers.* Vita S. Guid. tom. 4. Sept. pag. 44. col. 2 : *Habitatores loci frequenter ibant per Medium sepulchri.*

* 3. **MEDIUM**, Ratio, argumentum; scholasticis, Medius terminus, Gall. *Moyen.* Stat. Univers. Andegav. ann. 1410. tom. 9. Ordinat. reg. Franc. pag. 503. art. 29 : *Arguent doctores modo prætacto, quilibet duobus Mediis, ad quorum unum dumtaxat licenciandi respondere tenebuntur.*

** Medium, Media via et ratio, modificatio, ad conciliandos animos salubris et accommodata, æqua conditio, Gall. *Moyen, Moyen terme.* Vide Haltaus. Glossar. German. col. 1359. voce *Mittel.*

MEDIUS. Glossæ Isidori : *Receptor, actor concordiæ, Medius.* Papias, et ex eo Will. Brito in Vocab. : *Medius, internuntius, pacificator, et actor concordiæ.* Idem Papias : *Arbiter, dicitur, judex Medius, internuncius.* Ita vocem μέσος apud Græcos usurpari observat Salmasius de Usuris, pag. 475. Consultat. Zachæi lib. 1. cap. 31. de Angelis : *Hi ergo propiores Deo, qui magis liberi, et quia imperiorum ejusdem ministri semper ac Medii, ideo plus scientes.* Charta Chunr. Imp. apud Brower. lib. 3. Antiq. Fuld. : *Cum inter se de alterius electione discordarent, sano consilio habito, Medium me sibi fecerunt, et omne concilium mihi imposuerunt.* Alia Frider. II. Imper. ann. 1218. in Tabul. Campan. : *Episcopus Claromontensis constitutus est Medius, cujus arbitrio staretur.* [Charta ann. circ. 1050. in majori Chartul. S. Vict. Massil. : *Ego Ricarius Medius episcopus hoc donum firmo.*] *Pacis medius*, apud Aimoinum lib. 3. de Miracul. S. Bened. cap. 5. Collatio Chartagin. III. cap. 138 : *Tu vir nobilis, qui Mediam tenes hoc loco personam, etc.* Adde Gregorium M. lib. 7. Indict. 2. Ep. 104. [** Charta ann. 1268. apud Kopp. Orig. Fœder. Helvet. num. 10. pag. 18 : *Nos Rodolfus comes de Habisburg etc. et nos frater Johannes Abbas de S. Urbano præsentibus protestamur, quod nos præfatus comes.. Mag. Hermannum de Murato et vir. nob. Cunradum de Wediswile, Et nos prædictus abbas... Mag. Heinricum de Basilea et vir. nob. Volricum de Balme ... elegimus arbitros, et Medium videlicet nob. vir. dom. Kuononem de Behburg.* Ubi Medius is est quem Galli dicunt *Surarbitre*, Compromissarius communi partium consensu constitutus, cujus arbitratu res terminetur, arbitris singulis ab utraque parte nominatis quoque pro parte sua stantibus. Vide Haltaus. Glossar. German. voce *Mittel-mann*, col. 1360. Dicitur etiam *Media Persona* et *Mediator*.

* *Moyen*, eadem notione, nostris. Pactum inter Henr. comit. Luxemb. et Trevir. ann. 1302. tom. 2. Hist. Trevir. Joan. Nic. ab *Hontheim* pag. 15. col. 2 : *Et apres des dettes et des bestans, ke nostre sougis ont eu az dis citains jusques aujourd'hui, nous en serons bons moyens.* Froissart. vol. 1. cap. 145 : *Les deux cardinaux estoient traiteurs et Moyens.* Chron. Fland. : *La contesse de Haynault, qui seur du roy de France estoit, et fille du roy d'Angleterre, se fist Moyenne des deux princes.* Hinc *Aller entre deux*, pro Mediatoris partes agere, in Stat. ann. 1389. tom. 7. Ordinat. reg. Franc. pag. 278. art. 1 : *Se lesdits arbalestriers de la confrarie dessusdicte, ou li uns d'eulx, eust ou eussent affaire contre le prouchain sanc de un de leurs confreres, ou pluseurs, tenuz est d'Aler entre deux, sur estre reputez de son serment. Moiensier, Prov. mediator*, in Glossar. Provinc. Lat. ex Cod. reg. 7657. Vide supra *Mediator* 1.

¶ Medius Judex dicitur is ad quem et a quo ad alium provocari potest. Litteræ Caroli primogen. Johannis Reg. Franc. ann. 1356. tom. 3. Ordinat. pag. 145 : *Voulons et ordonnons que si aucuns des subgez et justiciables dudit royaume, appellent desormais de juge subjet, d'aucune sentence, prononciation ou jugement en la Court de Parlement ou autre Court royal, en délaissant le Juge moyen, etc.* Litteræ salvamenti ejusdem Johannis Reg. Franc. ann. 1360. ibid. pag. 457 : *Et suum, absque Medio, noscuntur habuisse ressortum coram dictis justitiariis et officiariis nostris.* Vide *Judex Medius* in *Judex*.

Medius, Mediocris, qui nec summi, nec infimi ordinis est. *Medius Princeps*, apud Ammian. lib. 14. *Medius vir*, apud Vopiscum in Caro., *Medius dux*, apud Spartianum in Ælio Vero. [*Medius Alamannus*, in Leg. Alaman. tit. 68. § 4.] [** Vide Grimm. Antiq. Jur. German. pag. 280.]

Medius, seu *Tenens medius*, vox forensis. Dicitur autem vassallus, seu Tenens domini capitalis, qui alios habet vassallos, aut Tenentes, pro quibus respondere tenetur domino capitali. Vide Statut. 2. Westmonasteriense cap. 9. et Fletam lib. 2. cap. 50. Vide *Medietate teneri* in *Medietas*, 1.

¶ Medius, nude dicitur ager qui a colono ad medietam fructuum colitur. Charta ann. 1251 : *Damus omnipotenti Deo et S. Mariæ matri ejus et toti capitulo S. Nazarii Carcassonæ... Medios, quartos, tertiarios, census, etc.*

¶ Medius Mansus, Ead. notione. Vide *Mansus*.

MEDLETA, Idem quod *Melleta, Melleia*, apud Bractonum lib. 3. tit. de Corona cap. 35. [Culpa dicitur, inquit Spelmannus, quam quis inopinate commiserit non rixando solum et pugnando, sed immiscendo se pacifice rei cuivis vel negotio. Ranulphus de Glanvilla Tract. de Leg. Anglic. lib. 1. cap. 2 : *Ad Vicecomitem etiam pertinet per defectum dominorum cognoscere de Medletis, de verberibus, de plagis, etc.* Anglis etiamnum *Medle*, pro se immiscere rei alicui dicitur.] Vide *Mesleia*.

MEDO, Meda, Aqua mulsa, et melicraton, Medicis, et *hydromeli, potio melle mixta, et dicitur a mel, quasi melo*, inquit Jo. de Janua. [Unde Gloss. Lat. Gall. Sangerman. : *Medo, beuvrage de miel et d'yaue cuite.*] Gloss. Ælfrici : *Medo, Meda, vel Medus.* Ugutio : *Hydromelum, aqua mellita, quæ constat ex aqua cocta et melle. Idem dicitur Medo, scilicet mulsum.* [** Vide Graff. Thesaur. Ling. Franc. tom. 2. col. 658. voce *Medu*.] Concilium Wormatiense ann. 868. can. 30. et Triburiense ann. 895. can. 56. de Pœnitentibus : *Abstineat a carne et caseo, a vino, et Medone, ac mellita cervisia, nisi diebus Dominicis.* Adde cap. 58. Monasticum Anglic. tom. 1. pag. 26. *Duas amphoras de mellito potu, quem Medonem vocant.* Ditmarus lib. 7 : *Ignem impositum, quia defecit aqua, Medone extingunt.* Chron. Reichespergense et Tageno Pataviensis : *Omnes Principes a Comite in vino et Medone et animalibus multum honorati sunt.* Petrus de Dusburg in Chron. Prussiæ cap. 5 : *Pro potu habent simplicem aquam, et mellicratum seu Medonem.* Æneas Silvius in Hist. Bohem. de Medone : *Erat autem potus suavissimus quem Bohemi ex albo melle conficiunt.* [Annal. Bened. tom. 3. pag. 33 : *Viginti situlæ de Medone seu vino mulso.* Tabular. Rothon. tom. 2. Hist. Britan. pag. 80 : *Tristabatur tamen admodum, quod in adventu tantorum virorum vinum non habebat, quanquam Medonem et cervisiam abundantissime haberet.*] Vide Reginonem lib. 2. cap. 7. 9. Michael. Scotum lib. 1. Mensæ Philosophicæ cap. 8. Bromptonum et W. Thorn ann. 1144. Chronic. Montis-Sereni cap. 163. Metropolim Salisburg. tom. 2. pag 6. etc. [Versus antiqui singulis mensibus subjecti in veteribus Missalibus, sub Januario hi leguntur :

In Jano claris calidisque cibis potiaris,
Atque decens potus post fercula sit tibi notus.
Ledit enim Medo tunc potus, uti bene credo.
Balnea tunc intres, et venam scindere cures.]

☞ Occurrit etiam *Medo* pro mensura ejusce potionis, in Præcepto Ottonis Regis ann. 949. apud Eccardum in Probat. Hist. Marchionum Orient. col. 130 : *In tribus vero locis, Bidrici, Burg scilicet et Mokranici, in unaquaque eorum tres Medones, duasque cervisias, sex modios tritici, duos porcellos, duas anseres, decem gallinas, etc.*

Meda, Eadem notione, apud Ælfricum. Ethelredus Rievallensis : *Cum calice pleno Meda egrediens, proceres invitat ad potum.* Leges Burgorum Scoticorum cap. 69. § 5 : *Simile judicium erit de Meda, sicut de mala cervisia.* Monasticum Anglic. tom. 1. pag. 187 : *Decimam totius conredii mei præter decimam vini et Medæ.* [Haud scio an ea notione accipienda hæc vox in Charta Caroli Simplicis Reg. Franc. ann. 922. Append. Marcæ Hisp. col. 844 : *Quicquid præfatus Pontifex Wigo emit in villa stagno et stagneolo et in Cuculio, valle Guntravi, vel ipsas Medas, etc.*]

Medus, apud Ælfricum, Μέδος, apud Priscum in Excerpt. de Legat. Capitulare de villis cap. 34 : *Bracios, cervisias, Medum, mel, ceram, etc. Medi decoctio*, apud Fortunatum de Vita S. Radegundis cap. 15. et in Vitis Abbatum S. Albani. Medonis porro varios conficiendi modos docent Dioscorides lib. 5. cap. 9. Columella lib. 12. cap. 12. Palladius in mense Julio, et Plinius lib. 14. cap. 17.

¶ **MEDOGRAPHIA**, *id est, Littera, inde Medographus, id est, medicinæ scriptor.* Vocab. Juris utriusque.

* Errat Vocabularium laudatum, ut et Calvinus in Lexico. *Medogrammateos*, in leg. 4. Cod. de Tabular. scrib. (10, 69.) ubi nonnulli *Demogrammateus* emendant; non autem *Medographi*. Quæ ad medicinam nullomodo pertinere, sed ad munia publica, nemo non videt.

* **MEDOLLALIUS**. Locus est in *Medella* 2. quæ definitur Mensura liquidorum, eadem quæ *Meillerola*. Minus recte : amplioris quippe capacitatis est *Meillerola*, quam ut melli mensurando, quod Massiliæ rarissimum erat, et quod idcirco ad unciam appendi solet, fuerit adhibita ; idem ergo *Medella* et *Medolallius* atque *Meda*. Vide in *Medo*.

¶ **MEDOSUS**, ψεύστης, *Mendax*. Supplem. Antiq. [* Adde ex Castigat. in utrumque Glossar. : Germ. *Mendosus*.]

¶ **MEDUALIA**, Mensura liquidorum, eadem quæ *Meillerola*. Charta ann. 1070. ex majori Chartul. S. Vict. Massil. fol. 54 : *Pontius Gaufridi dedit colaresum unum cum sextario legarii de octo Medualiis de oleo olivæ... pro tenendis duabus luminaribus in altare etc.* Vide *Medella* 2.

** **MEDULA**. Adalh. Statut. S. Petri Corbeiens. lib. 2. cap. 9 : *Spelta autem aut ordeum, qui similiter cum Medula sicut spelta colligitur, etc.* Ubi Guerardo *Medula* idem est quod *Meta*, scilicet acervus segetum in acutum cacumen fastigatum, Gallis *Meule*. Confer *Medella*, 1. et *Metella*.

¶ **MEDULCARE**, Amarum dulci temperare. Chron. S. Michaelis apud D. Calmet. tom. 1. Hist. Lotharing. col. 553 : *Noverit difficillima observatione quæque Mosaicæ legis amaricata, gratia Evangelii Medulcata, etc.*

* **MEDULCUM**. Nominis rationem docet Charta ann. 1339. in Reg. 71. Chartoph. reg. ch. 317 : *Quos redditus ipse Bernardus de Lesparra habebat pacis tempore in Me-*

dulco Burdegalæ inter duo maria. Vide *Mediterranea.*

* 1. **MEDULLA**, Ellychnium, Gall. *Méche.* Stat. MSS. eccl. Tull. ann. 1497. fol. 95. v°. : *Medullam administrent* (matricularii) *ad usus lampadarum.*

* 2. **MEDULLA**, Mica, Gall. *Mie.* Ceremon. Rom. MS. fol. 11 : *Electo autem sedenti in sua sede diaconus cardinalis tergit caput cum Medulla panis diligenter et cum panno mundo;... et tunc electus lavat manus cum mica panis et bene mundat.*

¶ **MEDULLITER**, Perfecte, plene, absolute. Nicolaus de Jamsilla de Gestis Friderici II. Imper. apud Murator. tom. 8. col: 502 : *Ibique nuntios Barolitanorum remissos secunda vice recepit; auditisque ipsorum verbis, sensuque verborum Medulliter intellecto, remisit eos, ut certum sibi responsum, non suspensivum, ac dubium a civitate referrent.* Charta ann. 1233. ex Schedis Pr. de Mazaugues : *Allegationibus utriusque partis consideratis et matura deliberatione Medulliter indagatis, etc.*

* **MEDULLITUS**, Perfecte, idem quod *Medulliter*, in Tract. de Dotibus Baldi Novel. de Bartolinis edit. ann. 1497.

¶ **MEDUNTENSIS** Moneta. Vide in *Moneta Baronum.*

¶ **MEDUS.** Charta ann. 804. apud Marten. tom. 1. Ampliss. Collect. col. 56 : *Nec si* (sic) *quoque quod repetit, valeat vindicare nullo Medus;* pro nullo modo. Alia notione, vide in *Medo.*

* **MEECHANDISA**, pro *Merchandisa*, Merx, in Lit. ann. 1366. tom. 4. Ordinat. reg. Franc. pag. 696. Vide in *Mercatum.*

¶ **MEENELLUM**, Campana mediocris. Polyptychus Fiscanensis ann. 1235 : *Filius Bernerii fabri debet habere unum galonem vini et unum panem emendationis, quando fabricat batellos magnorum signorum vel Meenellorum... Et quando Meenella vel grossiora signa sonabunt.* Vide *Muanellus.*

¶ **MEERI.** Vide *Mare.*

¶ **MEERIA**, Reditus, proventus, *Meer* Anglice ea notione apud Th. *Blount* ex Litteris. [* Nisi sit pro *Mejeria*, Fructuum seu redituum medietas. Vide *Mejaria.*] Charta ann. 1291. tom. 1. Hist. Dalphin. pag. 136 : *Item, super eo quod dictus D. Episcopus indebite percipit quartam partem Meeriæ cujusdam vineæ sitæ prope Portum Rupis subtus Essonem, quæ Meeria spectat ad dictam Ecclesiam ex causa legati seu eleemosynæ factæ etc.* Et infra : *Item quod Meeria prædictæ vineæ eidem Ecclesiæ remaneat in perpetuum, contradictione aliqua non obstante, ita tamen quod sit de communi dominio supradicto.*

¶ **MEERITZ**, ab Anglico *Meer*, Limes, terminus, Gall. *Borne;* seu præstatio quæ ballivo pro limitibus ponendis exsolvebatur, *Mere*, in vet. Consuet. Turon. art. 8. *Merc*, in Cenoman. art. 50. et in Usatico Vicecomitat. Bajocens. art. 2. Charta ann. 1249. ex Tabular. B. M. de Bono-nuncio Rotomag. : *Debebam recipere et habere 12. garbas frumenti in aliqua culturarum dictorum Religiosorum et les Meeritz de omnibus culturis suis quæ sunt in ballivia mea.*

* **MEETERIA**, Prædium, quod a colono partiario colitur, Gall. *Métairie, Mestéerie*, supra in *Mediatoria.* Reg. forest. comitat. Alencon. ex Cam. Comput. Paris. fol. 31. v°. : *Sciatis me dedisse... abbatiæ de Trapa in perpetuam elemosinam... Meeteriam meam de Maheru,... cum omnibus libertatibus suis.* Vide *Meiteria* 1.

MEFACERE. Vide *Misfacere.*

¶ **MEFFA**, *Resolutio, vel effundens.* Papias MS. Bituricensis.

¶ **MEFFACERE**, *Mefactum*, pro Malefactum, delictum, Gall. *Mesfait.* Charta Philippi Augusti ann. 1217. apud D. *Brussel* tom. 1. de Usu feud. pag. 402 : *Si vero tertiam partem reddituum et proventuum de Vestan nobis integre non redderent, nos sine Meffacere, possemus ad partem illam assignare quam habent apud Extoldunum.* Litteræ Matthæi Lotharing. Ducis apud Marten. tom. 1. Ampliss. Collect. col. 1032 : *Quod si non facerem, concessi eis et concedo, ut de meo capere possint sine Meffacere, et sine fidem mentiri.* Vide *Misfacere.*

MEFFIUM. Vide *Methium.*

MEGA, Hungaris, est Regio, districtus, Comitatus. Decretum Calomani Regis Hung. lib. 1 : *Ducis ministri qui in Mega Regis sunt, et Regis qui in Mega Ducis sunt, ante Comitem et Judicem, minores vero ante Judicem delitigentur.* Alibi : *In quacunque Comitis Mega Rex digrediatur, ibi Judices duo Megales cum eo conjungentur, qui dissensiones populi illius discreto examine dirimant.*

* **MEGACENUM**, Promptuarium, cella, Gall. *Magasin.* Stat. Genuens. lib. 2. cap. 20. pag. 51 : *Si quis alienam domum vel apothecam, aut Megacenum, vulgo Magazenum appellatum, animo furandi effregerit,... furca suspendatur.* Vide supra *Magusenum.*

MEGADOMESTICUS, Magnus Domesticus, dignitas in aula CPolitana, summus militiæ præfectus. Willelmus Tyrius lib. 15. cap. 23 : *Erat autem inter Principes vir magnificus, Megadomesticus, Joannes nomine, etc.* Vide quæ de hac dignitate attigimus supra in verbo *Domesticus.*

MEGADUCAS, et Megalducas, apud Will. Tyrium lib. 20. cap. 14. et 17. lib. 22. cap. 11. qui Græcis seu Byzantinis Scriptoribus Μέγας δούξ, i. *Magnus Dux* dicitur, penes quem summa rei nauticæ, seu classis militaris præfectura erat. Μεγαδούκας, apud Ducam cap. 37. pag. 148. Andreas Dandulus in Chron. MS. ann. 1205 : *Philocalus et Navigaioso Stalimenen obtinent, imperiali privilegio imperii Megaduca effectus.* Vide Notas ad Vilhard. n. 71. et Meursium in Gloss. [** Cang. Glossar. med. Græcit. col. 328. voce Μέγας Δούξ.] Errat Madriaga Hispanus Scriptor lib. *del Principe y su Senado*, pag. 185. qui putavit ita dictos *los Governadors generals del Imperi*, forte ex Raimundo Montanerio, qui in Chronico Catalanico Regum Aragon. cap. 19. de hac dignitate Rogerio Floro Brundusino ab Andronico seniore collata, hæc subdit : *E fare Roger que fos Megaduch de tot l'Emperi, e Megaduch es tal offici, que vol aytant dir, cum Princep senyor de tots los soldaus de l'Emperi, e que haja à fer sobrell l'Amiral, e que totes les Illes sien sotmeses de la Romania à ell, et encara los llochs de les Marines.* Quo verborum contextu satis innuit Montanerius præcipuam fuisse Magni Ducis in re nautica auctoritatem.

MEGAJUPANI, [appellati præsertim Serviæ Principes.] Vide *Zupa* 1.

* **MEGALANDER**, a Gr. μέγας ἀνήρ, Magnus vir, Epithetum quo Lutherus a sectatoribus suis insignitur, passim in Amœnit. liter. et alibi.

¶ **MEGALDUCAS.** Vide *Megaducas.*

MEGALINA Pellis, eadem quæ *Mygalina*, uti censet Salmasius. Andreas Mon. lib. 1. Vitæ S. Ottonis Episc. Bamberg. cap. 43 : *Tegumentum nocturnale mirabilis pretii de serico, auro et Megalina pelle confectum inter alia dona ei est allatum.* Infra : *Aientes non opus esse Megalinis tegi pellibus leprosos, et paralyticos, quibus utique ovium aut leporum vestimenta sufficere potuissent.* Vide tom. 2. Antiq. lection. Canisii pag. 464. 465. Est autem μυγάλη, animal, cujus mentio est Levit. cap. 11.

MEGALTRIARCHA. Ita corrupte apud W. Tyrium lib. 21. cap. 16. pro *Megaheteriarcha*, qui Byzantinis Scriptoribus Μεγαεταιριάρχης dicitur : sic autem appellabantur Proceres, qui cohortibus Palatinis, ex Sociis Imperii conflatis, præerant, quas Ἑταιρείας vocabant. Scylitzes in Michaele Balbo : Ἐν τῷ Παλατίῳ σχολὰς εἰληφὼς, καὶ τὰς Ἑταιρείας, ἔξεισι κατὰ τοῦ τυράννου. Quo ex loco colligitur, ut et alio Annæ Comnenæ lib. 1. pag. 11. Ἑταιρείας ad Palatii et Imperatorum potissimum custodiam institutas. Horum Præfecti Ἑταιρειάρχαι, quique his summo imperio præerant, Μεγαεταιρειάρχαι dicti Constantino de Adm. Imp. cap. 51. Cantacuzeno lib. 1. cap. 52. lib. 2. cap. 6. Scylitzæ, Zonaræ, Manassæ, et aliis a Meursio et Fabroto laudatis. [** Vide Glossar. med. Græcit. col. 439.]

¶ **MEGARES**, Placentæ species. Codex MS. B. M. de Argentolio fol. 57 : *Noverint omnes quod Conventus de Argentolio feria 2. et 3. Rogationum debet habere a Priore generale de ovis cum tartis. Quarta vero feria debet habere Megares pro generali, et in die S. Marci Evangelistæ et in Sabbatis* IV. *Temporum pro generali Megares.*

* **MEGARIA**, Præstationis agrariæ species, quæ ad medietatem fructuum exigitur. Charta ann. 1257. in Reg. S. Ludov. ex Chartoph. reg. fol. 43. v°. : *Cum quartis, quintis, taschis, Megariis, laborationibus, culturis, etc.* Vide *Mejaria.*

* **MEGARICUS**, Mensuræ vinariæ species, ut videtur. Census eccl. Rom. apud Murator. tom. 5. Antiq. Ital. med. ævi col. 835 : *Præstat annue in auro quidem cviij. vini Megaricos centum.* Vide *Megeria.*

¶ **MEGAS** Curator, Dignitas in aula Byzantina. Vide *Curatores.*

¶ **MEGATERIARCHUS**, a Græco μέγας, Magnus, et τηρέω, Servo, sic dictus quod regia Diplomata servaret, quod ad officium Cancellarii spectabat. Epistola Innocentii VI. PP. ad Imper. Palæologum ann. 1356. in Bullario Carmelit. pag. 89 : *Venerabilis frater noster Paulus Archiepiscopus Smyrnensis et nobilis vir Nicolaus Sigeros Megateriarchi et Apocrisarii Magnitudinis tuæ ad Sedem Apostolicam venientes, etc.* [** Vide *Megaltriarcha.*]

* **MEGEICERARIUS**, Alutarius, Gall. *Megissier.* Arest. ann. 1368. in lib. 2. Ordinat. artif. Paris. ex Cam. Comput. fol. 79. r°. : *Ministeria baudreriorum, tannatorum,*

sutorum, bursariorum et Megeicerariorum, etc. Vide Megeiciare et infra Megissarius.

* **MEGEICHARIUS**, Medicus, nostris alias *Mieges*, a veteri Gallico *Mégier* et *Meigier*, Medicari, *Guérir*; unde et *Mégement*, Medicamentum. Chartam ann. 1129. ex Chartul. S. Joan. in valle subscribunt *Uxor Guillelmi minutoris et ejus filius Joscelinus Megeicharius* Vitæ SS. MSS. ex Cod. S. Vict. Paris. sign. 28. fol. 66. r°. col. 2 : *Saint Luque qui estoit Mieges et très bons painturiers etc.* Ibid. fol. 113. r°. col. 1 : *Tu sez de médecine, tu es Mieges, tu me dois garir... Cil dist : L'art de Meigier, sire, ne sai, et pour ce toi ne puis garir.* Infra : *Mégier.* Rursum fol. 58. r°. col. 1. ubi de S. Agatha : *Entor la mienuit li vint uns viellarz, et devant lui aloit uns enfés qui portoit lumiere, et portoit avec soi moult de Mégemens.* Occurit præterea in Assis. Hieros. cap. 223. Vide infra *Miro* 2.

¶ **MEGEICIARE**, Coria subigere, Gall. *Passer les peaux en Mégie.* Computus ann. 1202. apud D. *Brussel* tom. 2. de Usu feud. pag. CXLV : *Pro X. coriis tannatis et sex Megeiciatis* IX. *l. et* XII. *denar.*

* **MEGERIA**, Meggeria, Mensura frumentaria, simul et liquidorum, alterius media; unde nomen : Provincialibus *Miejo*, Gall. *Demi pot.* Charta ann. 1339. in Reg. 71. Chartoph. reg. ch. 297 : *Item tres Megerias et tertiam partem unius Meggeriæ vini annui census, extimatas ad quadraginta solidos Turon.* Alia ann. 1362. in Reg. 93. ch. 241 : *Item super quadam oliveta... unam Megeriam olei.* Rursum alia ann. 1394. in Reg. 146. ch. 441 : *Raimundus Rami servit duas partes quinque cops frumenti et unam Megeriam rasam avenæ.* Vide infra *Migeirius* et *Migeria.* Hinc *Megerius*, 2.

¶ 1. **MEGERIUS**, Colonus partiarius, Gall. *Métaier.* Tabular. S. Salvatoris Massil. : *Descriptio mancipiorum de agro Albuciano col. in Plumbarias teloneus Megerius cum uxore, etc.* Vide *Medietarius.*

* 2. **MEGERIUS**, Qui vasa ad statutam mensuram exigit. Stat. ann. 1354. inter Probat. tom. 2. Hist. Nem. pag. 158. col. 2 : *Item quod nullus Megerius racemorum venditorum sit ausus recipere per diem ad faciendum banastonos Megerios ultra octo solidos Turon.* Vide *Megeria.*

* 3. **MEGERIUS**, Intermedius, Gall. *Mitoyen.* Charta ann. 1193. ex Bibl. reg. cot. 19 : *Notum sit autem quod paries, quæ inter istum localem et localem Stephani Rosselli fiet, debet esse Megeria.* Vide infra *Meianus* 2.

* **MEGGERIA.** Vide supra *Megeria.*

¶ **MEGINA**, f. Vas salinarium, Gall. *Saloir.* [* Nequaquam; est enim Dimidia pars porci seu lumbus porcinus, Provincialibus *Megino.*] Inventar. ann. 1336. ex Archivis S. Victoris Massiliens. : *Duas Meginas carnium porcinarum, tres panales de ciceribus, etc.*

MEGIRA, Mensuræ pistoribus imperatæ genus apud Hispanos, inquit Diagus lib. 2. cap. 114.

* **MEGISSARIUS**, a Gallico *Mégissier*, Alutarius. Arest. ann. 1395. 29. Jan. in vol. 8. arestor. parlam. Paris. : *Megissarii Parisienses seu pellium conreatores etc.* Vide supra *Megeicerarius.*

* **MEGREGRASSUS**, Lusoriæ tesseræ species, f. astragalus, Gall. *Osselet.* Stat. nova crimin. Cumanæ cap. 89. ex Cod. reg. 4622. fol. 86. v°. : *Nulla persona patiatur aliquem ludere ad taxillos, seu ad aliquem ludum taxilorum, vel Megregrassorum.* Et cap. 114. fol. 89. r° : *Item statutum est quod taxilli etiam appellentur Magregrassi, etc.*

¶ **MEHAGNIARE**, Mehaignator, Mehaignium, etc. Vide *Mahamium.*

* **MEHENCHUM**, f. Fascis, Gall. *Bote*, vel Acervus, *Meule.* Stat. Avellæ ann. 1496. cap. 120. ex Cod. reg. 4624 : *Nemini de Avilliana.... liceat in pratis.... causa venandi ingredi, nisi fenis et Mehenchis ac reseytis ex dictis pratis.... prius.... recollectis.*

* **MEHENNARE**, Mutilare, graviter lædere, nostris alias *Méhenier.* Libert. Domnimed. ann. 1246. tom. 7. Ordinat. reg. Franc. pag. 690. art. 7 : *Si serviens domini melleiam fecerit in villa erga juratum, ita quod eum non interfecerit nec Mehennaverit, etc. Méhenier*, in Chron. S. Dion. tom. 3. Collect. Histor. Franc. pag. 183. Vide *Mahamium.*

¶ **MEIA.** Vide *Maya.* Occurrit etiam apud Gruterum *Meia* pro *Maja*, obstetrix. Vide Grævium ad Gloss. Isid. in voce *Maja.*

* **MEIA-HOSTEDA**, Panni species, Gall. *Demi-ostade.* Charta ann. 1516. in Reg. 4. Armor. gener. pag. xvj : *Una pecia de Meiahosteda et tribus aunis panni brunetæ de Paris. Item unam raupam de Demye-ostada tanée*, in Ch. ann. 1522. ibid. pag. xxxvj. Vide supra *Hostrades.*

¶ 1. **MEIANUS**, Idem videtur quod *Materia*, lignum ædificandis aut reparandis ædibus idoneum. Sententia arbitralis ann. 1292. inter abbatem et consules de Gimonte : *Hoc tamen excepto quod bubulci seu laboratores laborantes circa dicta nemora dictorum hominum et dicti monasterii possint et debeant libere extrahere et accipere inde trategas et Meianos.* [* Maxime illud lignum quod clausuris, Gall. *Cloisons*, aptum est, nam]

* 2. **MEIANUS**, nude, Murus intermedius, Gall. *Mur mitoyen.* Stat. an. 1270. inter Probat. tom. 1. Hist. Nem. pag. 94. col. 1 : *Item a portali de Poscheriis ad portale de Pertus, et per totum Meianum etc.* Libert. villæ S. Pauli senesc. Tolos. ann. 1319. in Reg. 29. Chartoph. reg. ch. 221 : *Et de stillicidiis, protectis et Meianis et consimilibus ratione domorum.... possint cognoscere.* Charta ann. 1324. ex Tabul. monast. Montisol. : *Osilius abbas de consensu et voluntate conventus.... assignavit fratri Alberto de Lissaco ejusdem monasterii monacho quamdam cameram subtus dormitorium faciendam,.... sub hac conditione videlicet, quod ipse Albertus faceret de suo proprio Meianum sive parietem de petra et de bast et batudam de morterio, inter ipsam cameram et aliam juxta eam faciendam.* Et certe nostris *Meian*, pro *Moyen*, medius. Tract. Ms. de Pisc. cap. 57. ex Cod. reg. 6838. C. : *In Gallia Narbonensi pro ætatis differentia*, (aurata) *quæ magnitudine definitur, diversa nomina habet : nam quæ palmi magnitudinem nondum attigit, sanqueue dicitur; quæ cubiti est magnitudine, daurade; quæ inter illas est, Meiane, quasi dicas mediam.* Vide supra *Megerius* 2.

¶ 1. **MEJARIA**, Fructuum seu redituum medietas, Gall. *Megerie.* Charta ann. 1138 apud Baluz. tom. 2. Hist. Arver. pag. 489 : *Laudo in feudum tibi Raimundo Cantarelle et successoribus tuis... omnem honorem, quem visus est tenuisse pater tuus Bernardus Poncius Cantarella et tu post eum, vel aliquis pro vobis, sive ad Mejariam, vel terzariam, vel cartariam.* Charta ann. 1490. ex Schedis Pr. de *Mazaugues* : *Quod non sit licitum aliquibus hominibus... recipere aliquod avere porcinum ... ad Mejariam seu Mejarias, vel alias ad medium lucrum et perdre a festo B. M. Magdalenæ.* Vide *Mejeria.*

* 2. **MEJARIA**, Prædium, quod a colono partiario colitur. Charta ann. 1042. et Tabul. S. Vict. Massil. : *Rostagnus donavit nobis in Toramina Mejariam suam quam tenet.*

¶ **MEICEDARIUS.** Vide *Mercedarius.*

¶ **MEICULUM**, f. Via qua de cubiculo in cubiculum patet aditus, quasi *meaculum*, via per quam meatur. Lambertus Ardensis apud Ludewig. tom. 8. Reliq. MSS. pag. 550 : *Hic gradalia et Meicula de area in aream, de domo in coquinam, de camera in cameram, item a domo in logium, etc.* Ibid. pag. 468 : *In ea quoque* (turri) *laberinthini formam ædificii exprimens, et gradalia superædificans Meicula cameram cameræ superposuit.*

* **MEJEIRA**, Mensuræ species, eadem quæ supra *Megeria.* Charta ann. 1152. inter Probat. tom. 2. Hist. Occit. col. 540 : *Conquestus est domnus Raimundus Trencavellus de eis, clamando illis furnum de Limoso, et omnes justitias, et mensuram ipsam, quæ vocatur emina, et Mejeiram olei.*

¶ **MEJERIA**, Idem quod *Mejaria.* Regest. *Probus* fol. 328 : *Saraceni sunt homines Comitis, et tenent de eo tertiam partem prædicti massi de Chaubertein, et debet etiam* III. *solidos* VI. *den. et Mejerias nisi de legumine, quæ possunt valere per annum* II. *lib.* I. *eminam frumenti et tot avenæ, et debet talliam, præter Michaelem et Jordanam.*

* **MEILHUM**, Milium, Gal. *Millet.* Charta ann. 1304. ex Tabul. S. Andr. Avenion. : *Decimæ omnium frumentorum, siliginum, leguminum, ordeorum, speaultarum, Meilhorum, vinorum, canabis, etc.* Vide *Milium.*

MEILLEROLA, Liquidorum mensuræ species in Provinciæ Comitatu. Liber Rubeus Archiepiscopatus Aquensis ex Bibl. Regia : *Ecclesiæ quæ faciunt certam quantitatem vini domino Aquensi Archiepiscopo, videlicet Ecclesia de Ventabrens facit Meillerolas vini duodecim.*

¶ Meillarola et Meillairola, Eadem notione, vulgo *Millerole.* Charta ann. 1216. ex Archivis Massil. : *In Libris subtilibus, in grossis, in marchis, in Meillarolis vini et olei, in quibuscumque aliis juribus consistant.* Alia ann. 1392 : *Unum vaysellum vini rubei tenentem novem metretas seu Meillarolas et duo scandalia, etc.* Hinc *Meillarola*, videtur eadem mensura quæ *Metretra*; et quidem promiscue utraque vox usurpatur in pluribus Instrumentis ex Tabular. S. Vict. Massil. Statuta Massil. lib. 1. cap. 39 : *Rector... faciat fieri de pecunia Communis 24. mensuras de cupro ad talem mensuram quod quatuor de prædicto numero faciant unam Meillairolam, et cum illis 24. mensuris de cupro debeat mensurari omne vinum quod* vendetur in Massilia en gros, et non debeat mensurari cum Meillairola, vel cum aliis mensuris, nisi illæ Meillairolæ per ipsos ementem et vendentem, vel alios pro eis eorum consensu, essent approbatæ et coæquatæ cum prædictis mensuris de cupro, taliter quod dicta Meillairola faceret quatuor de dictis mensuris cupri. Ibid. cap. 52 : *Meillairola vini et olei.* Adde cap. 56. ejusdem lib. Massiliensis *Meilarola* 60. mensuras, vulgo *pots*, continet, quarum singula duas libras et 12. uncias appendit ; ubi observandum 16. uncias Massilienses valere tantum 14. uncias Parisienses. *Meilarolam* ut plurimum divisam in duobus vasis appensis ad latera equus deferre solet; unde tantumdem valet ac *saumata* seu onus equi sagmarii. Aquensis *meilarola* 48. mensuras supradictas capit; sed Aquensis mensura major est Massiliensi.

¶ Meilleirola, in Charta ann. 1564. e Tabul. Eccles. Cathed. Massil. : *Item pro distributione vini pro 15. canonicis sunt in summa pro anno 345. Meilleirolæ. Item pro distributione vini decem clericorum sunt in summa pro anno 230. Meilleirolæ. Item pro vino refectorii pro anno 140. Meilleirolæ. Summa dicti vini est 715. Meilleirolarum, quæ valent in summa ad rationem 8. sol. pro qualibet Meillerola 186. libræ regales.*

¶ Millairola, in Charta ann. 1336. ex Tabular. S. Vict. Massil. : xxxvi. *Millairolas boni vini et puri.*

¶ Millarola. Charta ann. 1216. in Archivis Massil. : *In Millarolis vini et olei, etc.*

¶ Millayrola. Informationes pro passagio transmarino ex Cod. MS. Saugerm. : *Item de vino duas Millayrolas pro qualibet persona... Item aquam pro equis* mm. cccc. *Millayrolas.*

¶ Millerola. Charta ann. 1243. ex Archivis Communiæ Massil. : *Tres solidos de Millerola vini.*

MEILLIA. Vide *Mesleia.*

¶ **MEINAGIUM**, ut *Menagium* 1. in Charta ann. 1500. apud D. Calmet. tom. 3. Hist. Lotharing. col. 331.

¶ **MEINASME.** Chronicon Ecclesiæ Hamelensis apud Leibnit. Script. Brunsvic. tom. 2. pag. 515 : *Hæc autem sunt jura ejusdem civitatis, quæ sequuntur. Buermeister eorum auctoritate et ex parte Consulum habebit judicare super omne pretium deservitium* (f. de servitio) *quod vocatur Meinasme vel hure, et super animalia pennata et super vestes abluendas, et super loca sepium et super quælibet ædificia.* Occurrit eadem notione in Legib. Brunsvic. et Cellensibus.

* *Meinasne* et *Meynasne* edidit Ludewig. tom. 10. Reliq. Mss. pagg. 22. 54. et 64. sed vim vocis non indicat; idem forte quod *Mesleia* : rixa, seu ejusmodi delictorum cognitio et jurisdictio. [** Apud Ludewig. semper *Pretium deservitum.* Conf. Haltaus. Glossar. Germ. voce *Lidlon*, col. 1265. *Asna* est Servitium, emolumentum, apud Schmeller in Glossar. Saxon. voce *Arundi*, et Graff. tom. 1. col. 478. unde *Mein* idem significat forte quod *Lid* in *Lidlon*, de qua voce dubitare video Graffium Thesaur. Ling. Franc. tom. 2. col. 220.]

¶ **MEINATA.** Vide *Maisnada.*

MEINERII, Apparitores, Delphinatibus, qui nostris *Sergeans.* Statuta Delphinalia pag. 87 : *Ne propter multitudinem ipsorum Servientum et Meineriorum graventur nimis ipsi subditi Delphinales prædicti.* [Vide *Maynerius.*]

¶ **MEINITIUM**, *Mansio*, domus; est etiam locus ubi prius exstitit domus. Charta ann. 1465 : *Meinitium in quo solebat esse domus.* Vide *Mansionile.*

MEINPRISA, Vadimonium, *manucaptio*, de qua voce supra. Charta Angl. ann. 1174. apud Bromptonum : *Redierunt soluti et absoluti ab omni juramento et Meinprisa, quam inter se vel cum aliis fecerunt contra eum vel homines suos.* Alia Gallice exarata anno 1375. apud Will. Thorn in Chron. pag. 2153 : *C'est assaver par chascun bille 6. d. outre les Meynprises que montent à 30. l. par estimation ou plus.* Vide Cowellum in *Mainprise.*

¶ **MEJORAL**, vox Hispanica, vestis muliebris species. Testam. G. Comitissæ Montisferrandi ann. 1199. apud Baluz. tom. 2. Hist. Arvern. pag. 257 : *Totum reliquum argentum et aurum quod habeo ex una copa et en joyas, et majores camisiæ meæ,... et mas guimplas et Mejoral... vendantur.*

MEIRA. Exstat titulus 1. in Statutis Corbeiensibus Adalardi lib. 1. inscriptus, *de Meiris in festivitatibus Sanctorum.* [** Lib. 2. cap. 2.] Sed quid hæc vox sonet, non facile est divinare, tametsi vir doctissimus suam conjecturam adscripserit. [Vide Spicilegium Acherianum tom. 4. pag. 12.] [** Guerardo eædem sunt qui *Meralli*, Gall. *Méreaux*, Tesseræ propter solennitates peractas datæ clericis; quibus postea, his ipsis redditis, pecunia numerabatur.]

* Gallicum *Meire*, Vestis genus videtur, in Lit. remiss. ann. 1404. ex Reg. 158. Chartoph. reg. ch. 431 : *Le suppliant print une Meire et un gone en la ville de Tramons.*

¶ **MEIREMIUM**, Gall. *Mairrin*, in Chartul. S. Vandreg. tom. 1. pag. 623. Vide *Materia.*

MEIRINHUS. Vide *Majorinus.*

* 1. **MEISA**, Doliolum, Gall. *Caque*, vel Certa cujusvis rei collectio, nostris *Maise* et *Meisse* : hine *Méesse*, pro Fascis, manipulus, vulgo *Gerbe*, *bote.* Lit. remiss. ann. 1402. in Reg. 157. Chartoph. reg. ch. 274 : *En la paroisse de Chasteauneuf en plusieurs héritages le suppliant prinst quatre Méesses d'osier, dont il en trouva les trois Méesses cueillies. Gerbes*, in alia de eadem re ibid. ch. 284. Charta ann. 1226. apud Ludewig. tom. 12. Reliq. Mss. pag. 321 : *De Meisa halecum, denarius.* Stat. ann. 1320. tom. 2. Ordinat. reg. Franc. pag. 576. art. 6 : *Que nuls ne puisse vendre ne acheter ledit harenc en Maises, ne en tonniaus sans comte; c'est assavoir eu chacune Maise de harenc sor, doit avoir un millier et vingt harens pour fourneture, en la Maise de harenc blanc, doit avoir huit cent et seize harens pour fourneture.* Charta ann. 1450. in Reg. 185. ch. 83 : *Ung estrelin chacune Meisse de harenc. Meze*, in Stat. ann. 1403. tom. 8. Ordinat. pag. 614. *Mese*, in alio Stat. ex Lib. rub. fol. magno domus publ. Abbavil. art. 4 : *Que tous herens en masse demeurent en le mesasure de quoy il sont enmasé du lieu dont il viennent, soit blanc ou roux, sans remuer des Meses, là u il ont este enmasé.* Vide *Mesa* 1.

** 2. **MEISA**, Parus, Gall. *Mésange.* Vox Germanica, hodie *Meise*, occurrit apud Monach. Sangall. de Gest. Carol. M. lib. 1. cap. 25. Vide Graff. Thesaur. Ling. Franc. tom. 2. col. 874.

* **MEISEIA**, an Prædium, quod a colono partiario colitur? Vide supra *Mejaria* 2. Reg. Phil. Aug. de Feud. Norman. ex Cod. reg. 4653. A fol. 159 : *Rogerus Camus tenet unum quarterium feudi loricæ pro Meiseia quam de eo tenet. Meseia*, in Reg. S. Justi ex Cam. Comput. Paris fol 160. v°. col. 2. Vide mox *Meisteria.*

¶ **MEISONEGS**, Meissoneges, Præstatio quæ, ea anni tempestate qua fruges metuntur, domino exsolvitur. Rotulus sæculi xii. de Prioratu S. Pauli *de Tartas* in Archivis monast. Casæ-Dei : *Petrus Bernardi dedit...* ii. *sol. Pod. in Maio et Kl.* iii. *sol. pro recetum, et* vi. *denar. Paschales et* vi. *Meissoneges et* vi. *Kalendares et unum agnum et unum recetum Meissoneges cum quatuor dominis.... Dono duos mansos, quos habebam in villa quæ dicitur Teula, ex quibus exeunt duo agni censi et duo solidi inter Kalendares et Paschales, et Maienses et Meisonegs.*

¶ **MEISOS**, Meissos et Meyssos, ut *Meisonegs.* Idem Rotulus : *Dedit censum quod exit, scilicet* iv. *sol. Podienses pro recet ad Meisos et* ii. *sol. Pod. pro fresenia.* Chartular. Camalariense : *Unusquisque debet in Meissos quartam et convivium.* Ibidem : *Ad verenas est unus masus qui reddit pro Meyssos quartum et recetum.* Vide *Messionagium.*

* **MEISSONARIUS**, Messor, Gall. *Moissonneur.* Charta ann. 1215. ex Cod. reg. 4659 : *Mandaverunt quod de blado Meissonariorum nichil accipiatur.* Vide infra *Messonare.*

* **MEISTERIA**, Prædium, quod a colono partiario colitur. Charta fundat. abb. Montisf. tom. 1. Prob. Hist. Brit. col. 614 : *Dedi eis,... in Bretulio duas Meisterias, quas emeram a Conano Bothaudi etc.* Vide *Meiteria* 1.

¶ **MEISTRALES**, dici videntur inter artifices præcipui qui aliis præsunt, in Statutis Montis Regal. pag. 48 : *Et non possint officiales Meistrales seu textores vel textrices et similes personæ de dictis villis compelli per curiam civitatis prædictæ ad veniendum jurare eorum officia in dicta civitate, nec etiam possit notarius curiæ dictæ civitatis facere inquisitionem contra prædictos Meistrales vel officiales, etc.* Ibid. pag. 268 : *Et præsens capitulum teneantur omnes ferrarii jurare, quando alii Meistrales jurabunt, attendere et observare.* Occurrit ibi pluries.

* **MEISURA.** Chartul. eccl. Glasguens. ex Cod. reg. 5540. fol. 80. v°. : *Dedit unum plenarium toftum et unam Meisuram in castello.* Pro *Mansura*, Domus, habitatio, ut legitur in alia Charta ibidem.

¶ **MEITADENA**, Mensuræ genus in Lemovicibus. Charta ann. 1222. ex Tabul. Piperac. : *Guido de Sedals Abbas Piperaci emit a Dalmatio de Peyrussa quinque Meitadonas avene ad Brugeriam.* Vide *Meiteria* 2.

¶ **MEITAERIUS** Massus. Vide *Massa* 5.

¶ 1. **MEITERIA**, Prædium quod a colono partiario colitur, Gall. *Metairie.* Tabular. S. Florentii : *Ego Johannes filius*

Rivalloni de castro, quod antiquitus Dolis vocatur, confero partem victus mei, duas scilicet Meiterias apud præfatum castrum et octo arpennos vinearum. Vide *Medietarius.*

2. **MEITERIA**, Mensuræ frumentariæ species. Acta Capituli Eccles. Lugdun. ann. 1347. fol. 126. v.: *Tres Meiteriæ avenæ ad mensuram veterem.*

* **MEITAER**, Idem, Charta ann. 1196. in Chartul. eccl. Vien. fol. 85. v°. col. 2 : *Debet singulis annis xxviij. Maitaers annonæ, tam frumenti quam siliginis et avenæ.* Vide supra *Megeria.*

¶ **MEYTERIUM**, Eadem notione. Antiq. recogn. de Alba-ripa in Regesto *Probus* fol. 62 : *Item capit Comes taschiam in* III. *Mayteriatis terræ... et potest valere taschia communibus annis* I. *Meyterium siliginis per annum.* Et fol. 67 : *Blancus Bergoinz tenet de Comite* I. *curtile quod continet* III. *Meyteriatas et* I. *eminam terræ en la Chap, et debet inde* III. *Meiteria frumenti censualis. Meyterium* in Dumbis et Bressia duos *bichetos* capit, Lugduni unum; sed neque *bichetus* ubique ejusdem est ponderis : ut plurimum tamen quadraginta libras appendit. Vide *Mayteria.*

MEITERIATA, Modus agri, quantum ad unius *meiteriæ* sationem sufficit, seu tantum frumenti producens. Charta Rainaudi Comit. Forens. ann. 1263 : *De cujus feodo dictæ tres Meiteriatæ terræ existunt, etc.* Occurrit pluries. [Regestum *Probus* mox laudatum fol. 67 : *Petrus Borellus et Hugo fratres... sunt homines Comitis, et tenent de eo* I. *curtile quod continet* III. *Meyteriatas terræ, et debet inde* V. *solidos censuales.* Vide *Mayteriata.*]

* **MEKALLUS**, pro *Makerellus*, ut opinor. Vide supra in hac voce. Charta Aldef. reg. Castel. æra 1180. in Chartul. Cluniac. : *Ne elemosinam, duo scilicet millia Mekallorum, quam ipsi, rex scilicet Fredenandus* (sic) *proavus meus et Adefunsus avus meus, Cluniacensi ecclesiæ..... reddi statuerunt, videar retinere, etc.*

MEKOTES, Fridegodus in S. Wilfrido cap. 22 :

> Gentiles stupuere nimis, sed summa Mekotes
> Regem cum Ducibus placatos reddidit omnes.

[Vox haud dubie a Græco efficta et corrupta, f. a μῆχος, Consilium; ita ut sensus sit : summo consilio, summa prudentia animos delinivit.]

* **MELA**, *Paulus capitulo de Anorexia, i. fastidio, quæ, inquit, a Romanis appellatur Melea, est aut velut aliquid de lacte etc. Est quod fit ex spuma lactis et vino acerbo, aliquantulum aceto, qua Januenses utuntur, et vocant Melan, vulgariter nure, appetitum provocans et fastidium auferens.* Glossar. medic. Ms. Simon. Januens. ex Cod. reg. 6959.

* **MELACOM.** Chron. Blanford. pag. 82 : *Populus insuper dicti loci in inefrenatam et subitam se erigens Melacom. tamen propter supremum dominium tanti principis etc.* Ubi Hearnius editor emendat *Elacionem.* Cur non *Melancoliam?* Vide mox in hac voce et *Melencolia.*

1. **MELAGIUM**, [Præstationis genus, sed incertæ mihi notionis, nisi idem sit quod *Mesleia*, seu ejusdem cognitio et jurisdictio. Charta Richardi Reg. Angl. ann. 1. regni ejusdem in Tabular. Dieppensi : *Habeant libertatem et quietantiam de consuetudine et exactione halecum... de Melagio, de botagio, et galinagio, etc.*] Vide *Botagium.*

* F. præstatio quæ ex melle percipiebatur. Charta Rob. comit. filii Rich. ducis Norman. pro monast. S. Mich. in Reg. 66. Chartoph. reg. ch. 1496 : *Transfundo omnes consuetudines, quas in meos usus retinebam, hoc est Melagium, et omnia quæcumque ex ipso beneficio meis usibus proveniunt. Melaium* ex Tabul. ejusd. monast. Vide in hac voce.

* 2. **MELAGIUM**, Oleosus humor, qui ex corruptis ossibus effluit et instar ossium comminutorum fœtet. Dol. Encycl. chirurg. tom. 2. de Ulceribus pagg. 280. et 288. Hæc ex animadv. D. *Falconet.*

¶ **MELAIUM**, Idem, ut videtur, quod mox *Melagium*, 1. Tabular. Montis S. Michaelis : *Ego Rotbertus Comes filius magni Richardi, G. D. et Princeps Normanniæ transfundo in usus servorum Dei in loco S. Michaelis servientium... omnes consuetudines quas in meos usus retinebam hoc est, Melaium et omnia quæcumque ex ipso beneficio meis usibus proveniunt.*

* **MELANCOLLA**, Querela, expostulatio. Stat. Mss. eccl. Tull. ann. 1497. fol. 51. r°. : *Quotidianis angimur dissidiis pro defensione ipsorum fructuum; et post maximas impensas, vix possumus respirare ex multis querimoniis et Melancoliis, quibus non cessamus vexari.* Vide infra *Melencolia.*

* **MELANGOLUS**, Malum aurantium, Ital. *Melangolo.* Steph. de Infestura Ms. ubi de Innoc. VIII. : *Comestibilia donabat.... unum rhedam panis, unam salmam boni vini, et aliam carnium salitarum,..... et pomorum seu Melangolorum. Merangolus*, ibid.

¶ **MELANGRAFICUM.** Vide *Graffagia.*

MELARIUM. Vide *Melum.*

* **MELATA**, Mespilum, Gall *Nefle*, quibusdam in locis *Méle.* Acta Mss. Inquisit. Carcass. ann. 1308. fol. 34. r°. : *Ipsi portaverunt in quodam cabacio fructus, videlicet ficus, Melatas, et comedebant pisces.* Atque ea notione intelligenda videtur vox Gallica *Mele* laudata in *Mella* 3. *Mesle*, in Lit. remiss. ann. 1457. et Reg. 189. Chartoph. reg. ch. 225 : *Le suppliant requist à icellui Poncelet lui aidier à cueillir les neffles, appellées ou pais* (Laonnois) *Mesles, etc.* Vide *Mella* 2. et infra *Mellerius.*

MELCHITÆ, dicti Græci qui per totum Orientem longe lateque sparsi, Spiritum sanctum a solo Patre procedere, Purgatorium nullum existere pessime credunt. Ita Gabriel Sionita de Nonnullis Orientalium urbibus cap. 14.

¶ **MELCODIATA**, pro *Mencaldata*, Gall. *Mencaudée.* Tabular. S. Quintini de Monte : *Quinque Melcodiatas apud Tilloie et quatuor apud Rioncourt.* Vide *Mencaldus.*

* **MELCULUM**, *Lo debile mele.* Glossar. Lat. Ital. Ms.

MELDA, Manifestatio, in Legibus Adelstani Regis ex Saxonic. Meld, indicatio, unde Melda, proditor, et Meld-feoh, indicationis pretium. Vide *Blanchornum.*

MELDEFEOH, Præmium indicationis vel delaturæ, a Saxonico Meld, indicium vel delatura, et feoh, pecunia, præmium. Leges Inæ cap. 20 : *Qui investigabat eam,* (carnem furtivam) *habeat le Meldefeoh.* Vide *Delatura.*

¶ **MELDENSIS** DENARIUS. Vide in *Moneta Baronum.*

¶ **MELEACEUS.** *Meleacea penna*, Meleagridis, ut opinor, Gall. *Poule d' Inde.* Statuta Astens. Collat. 7. cap. 3. fol. 23. v°. : *Ordinatum est quod aliqua persona de civitate Ast. non audeat piscare seu piscari facere... ad ingenium quod appellatur ingenium de taravellis sive de astellis, nec ipsum ingenium contrafacere cum pennis Meleaceis, corregiis, etc.*

* **MELEARE**, MESLEIARE, *Mesleiam* provocare, rixari. Charta ann. 1206. tom. 1. Probat. Hist. Brit. col. 805 : *Si forte contigerit quemque ex servientibus canonicorum rixando vel Meleando extra claustrum suum aliquem et hominibus meis percuterit, si ad mesleiam applegiatus fuerit vel detemptus, ad me omnis jurisdictio pertinebit et in curia mea juri stabit. Sed si ad meleiam aplegiatus non fuerit nec detemptus, et ad claustrum redire poterit, omnis jurisdictio ad canonicos pertinebit. Verumtamen si infra claustrum serviens ipsorum rixando vel Mesleiando aliquem ex hominibus meis.... percusserit, etc.* Hinc *Melleys*, pro *Querelleur, brouillon*, Rixosus, in Lit. remiss. ann. 1375. ex Reg. 107. Chartoph. reg. ch. 209 : *Jehan Fenin, qui estoit homs rioteux et jélous et Melleys etc. Mellif*, eodem sensu, in charta Joan. ducis Brit. ann. 1433. ex Bibl. reg. : *Item si aucun des dits chappellains est Mellif, ne rioteux, il ne mangera point en salle. Mertis*, apud Bellom. Ms. cap. 1. pag. 3. v°. col. 2. et pag. 4. r°. col. 2. *Meslieux*, in Lit. remiss. an. 1432 ex Reg. 175. ch. 115 : *Icellui Guerard, qui estoit homme merveilleux, Meslieux et rioteux, etc.* A verbo *Meller*, Discordiam concitare, vulgo *Brouiller.* Lit. remiss. ann. 1427. in Reg. 174. 6 : *Pour ce que icellui Wairon, qui estoit parent au suppliant, l'avoit Mellé envers le seigneur du Bos, etc.* Vide *Mesleia.*

¶ **MELECHINUS** BIZANTIUS. Vide in *Bizantius.*

¶ **MELEGETA**, Floris species. Peregrinatio B. Odorici tom. 1. Januarii pag. 989 : *In ipsa* (insula Java) *nascitur camphora, cubebæ crescunt, et Melegetæ, nucesque musquatæ.* Rolandinus Patavinus de factis in Marchia Travisina lib. 1. cap. 13. apud Murator. tom. 8. col. 181 : *Camphora, cardumo, cymino, gariofolis, Melegetis, cunctis immo florum vel specierum generibus, quacumque redolent vel splendescunt. Meligeta*, in Statutis Astensibus, ubi de *introitu portarum.*

¶ **MELEIA.** Computus ann. 1202. apud D. *Brussel* de Usu feud. tom. 2. pag. cl1 : *Pro vino Judæorum* IX. *l. Pro Meleia Stephani messoris* XX. *lib.* Idem quod infra *Melleia.*

* **MELELLUS**, Mixtus; dicitur de panno diversæ texturæ aut diversi coloris. Charta an. circ. 761. apud Murator. tom. 2. Antiq. Ital. med. ævi col. 407 : *Pro quibus datum est in ipsa venerabilia loca in primis suprascripto pontifici pallio uno de blata Melella : similiter Sabationi archipresbitero alio pallio de blata lusca.*

* **MELENCOLIA**, Angor, ægritudo, Gall.

Facherie, *chagrin*. Lit. remiss. an. 1392. in Reg. 144. Chartoph. reg ch. ch. 143 : *Durante furore et Melencolia occasione verborum prædictorum etc. Mélancolieux* et *Mélencolieus*, nostris, Melancholicus : *Teles besongnes sont moult ennieuses et font homme Mélencolieus*, in Reg. Cam. Comput. Paris. sign. *Qui es in cœlis* fol. 85. v°. Le Roman de *Cléomades* Ms. :

> Et l'a eu la chambre trouvé
> Mélancolieux et iré.

Hinc *Mélancomoyer*, Meditari, vulgo *Rever*, apud Guill. *de la Perene* in Gest. Brit. tom. 3. Anecd. Marten. col. 1457 :

> Une nuit en Italie,
> Mélancomoye en la vie
> D'un chevalier de bel estre,
> Que l'on clame monsieur Selvestre.

Chagrineux, eodem sensu, in Lit. remiss. ann. 1471. ex Reg. 195. ch. 538 : *Martin Hermeau, qui estoit homme ancien et Chagrineux, comme sont communément vielles gens, etc.*

* **MELEQUINUS**, Monetæ aureæ species. Cencius in Lib. cens. eccl. Rom. Ms. : *In civitate Romanæ, ecclesia S. Egidii juxta portam auream j. unciam Melequinorum singulis annis. Si aliquis abbas mitratus præsens fuerit* (D. Papa) *dat ei unum Melequinum et xij. den. Papienses*, in Disquisit. de sigil. Garfagn. pag. 75. Consule ibi notam doctiss. viri Garampii. Vide *Meloquinus* et *Molachinus*.

¶ **MELESPERIUM**, μελώφιλα. Gloss. Lat. Græc. [* Adde ex Castigat. in utrumque Glossar. *Melesperum*, μελόφιλα, forte μελαμφύλλον. Vide Ruell. lib. 3. cap. 16. Vulc. legit *Mespilum*, μέσπιλα. Infra *Mespolerium*, pro *Mespilum*.]

* **MELETHIA**. Vide infra *Melitia*.

* **MELETUM**, Mali species, Ital. *Meleto*. Arest. ann. 1321. 9. Maii in Reg. *Olim* parlam. Paris : *Item duas capas rubeas cum Meletis de auro rubeis, pretii sex librarum.*

¶ **MELEZE**, vox vernacula, Larix, species arboris. Computus ann. 1336. tom. 2. Hist. Dalphin. pag. 325 : *Dictum palatium est bene coopertum de optimis postibus de Meleze bene clavellatis.*

* **MELGORIENSIS**. Vide *Moneta Baronum*.

* **MELIACHUS**, Ad *melicam* pertinens. Stat. civil. nova Cumanæ cap. 30. ex Cod. reg. 4622. fol. 132. v°. : *Si aliquis massarius de cetero derelinquerit aliquod massaritium,... non possit nec debeat exportare de ipso massaritio cesas, nec ligna cessæ* (sic) *nec paleam Meliacham, nec culmum, etc.* Vide *Melica* et infra *Meligarius*.

MELICA. Charta Innocentii IV. PP. apud Ughellum tom. 2. pag. 577 : *Tam in frumento, hordeo, faba, Melica, et alia blava, et leguminibus, etc.* an *milium*?

☞ Vox est Italica, nostris *Blé Sarasin*, vel milium Indicum. Memoriale Potestatum Regiens. ad ann. 1227. apud Murator. tom. 8. col. 1105 : *Et eo anno fuit maxima caristia blavis, ita quod sextarius frumenti vendebatur* XII. *solidos imperiales,... et sestarius Melicæ* VIII. *solidos*. Ibid. ad ann. 1277. col. 1143 : *Et magna pluvia fuit, ita quod homines non potuerunt colligere Melicas de campis, nec eas siccare, nec potuerunt bene seminare*. Adde Chron. Mutin. ad ann. 1311. apud eumdem tom. 11. col. 99. [* Vide infra *Milica*.]

* **MELICHUS**, Prætor Saracenus. Chron. Jord. apud Murator. tom. 4. Antiq. Ital. med. ævi col. 1032 : *Erat autem in loco unus Saracenus de Alexandria, Ifusus nomine, qui accessit ad Melichum, id est ad rectorem terræ, etc.* Acta martyr. ord. S. Franc. tom. 1. Apr. pag. 53. col. 2 : *Motus hoc officio Melich, id est, potestas vel justitiarius civitatis, etc.*

MELIFICARE, In *melos*, seu carmen redigere. Chron. Abbatiæ Gemblacensis tom. 6. Spicil. Acher. pag. 530 : *Vitam S. Verani Confessoris composuit, cantum etiam de eo Melificavit.* Sigebert. de Scriptoribus Eccles. cap. 171 : *Arte autem Musica, Antiphonas et Responsoria de Sanctis Maclovo et Guiberto Melificavi.*

* **MELIGARIUS**, Melicæ palea, stramen. Stat. Mutin. rubr. 103. pag. 20. r°. : *Canalis D. abbatis de Palude communis non restringatur in aliquo, et si restrictus est, modo debito relaxetur ; nec in ipso Meligarii, nec aliquid aliud projiciatur, quod aquæ cursum impediat.* Vide supra *Meliachus*.

¶ **MELIGETA**, ut *Melegeta*. Vide in hac voce.

¶ **MELIGNIOSUS**, Vitiosus. *Carnes meligniosæ*, id est, morticinæ, corruptæ. Literæ Philippi Pulcri Reg. Franc. in Regesto XIII. ann. 1308. Cameræ Comput. Paris. : *Item volumus et concedimus... quod si in alio loco dictæ carnes vendantur ad tallum... ut pote capræ, yrcos seu boxas, oves, carnes Meligniosas, et alias carnes quæ in bono macello vendi non debent.* Huc referre licet Chartam ann. 1291. tom. 1. Hist. Dalphin. pag. 29 : *Item qui carnes Morbosas, aut vitiosas, aut carnes suis, aut capræ in macello vendiderit, debet pro banno sexaginta solidos Viennenses.* Vide *Mahamium*.

* Hinc supra *Millargeuse*, mallem *Milhageuse* vel *Milhagneuse*, in Lit. ann. 1373. tom. 5. Ordinat. reg. Franc. pag. 681. art. 4 : *Touz bouchers vendans aux bans char Millargeuse, etc.*

¶ **MELIGOR**, Vox, ut videtur, a Græco μελίγηρυς, Vocalis, suaviter canens, efficta. Fridegodus in Vita S. Wilfridi sæc. 4. SS Benedict. part. 1 :

> Fistula rurestris cecinit prothemata cavis,
> Callosas cani Meligor velut excola sannas.

* **MELIGRATUM**, pro *Mellicratum*. Vide in *Medo*. Glossar. medic. Ms. Simon. Jan. ex Cod. reg. 6959 : *Meligratum, vinum ex melle et aqua factum, et vocatur mulsa. Differt autem ab ydromele, eo quod ydromel plus aquæ habeat, quasi ipsa sit aqua mellita.* Vide *Mellita*.

¶ **MELINOPORPHYRUS**. Vide *Melinus*.

MELINUS, color luteus, seu colorem mali habens, ex Gr. Μήλινος. Glossar. Græc. Lat. MS. Reg. Cod. 85 : Μελινή, *genus coloris*. Gloss. Lat. Græc. : *Luteus*, μηλινὸν χρῶμα. Ita emendat Salmasius ad Plin. pro πηλινόν, ubi plura de Melino colore pag. 256. 257. [* *Tinctio melina*, apud Mabill. tom. 1. Itin. Ital. pag. 189.]

Melinum præterea est color quidam nativus, *et optimus, quod ejus vis metalli per insulas Cyclades Melo dicitur*, ut habet Anonymus de Re architectonica cap. 27. ex Vitruvio lib. 7. cap. 7. ubi Philander.

Melinoporphyrus, Color luteus purpureus. Charta donationis factæ Ecclesiæ Cornutianæ edita a Suaresio : *Vela loricata Melinoporphyra uncinata duo.* Hinc etiam vox

Milinovultis, in Epist. Michaelis Balbi Imp. ad Ludovicum Pium Imper. apud Baronium ann. 824. n. 30 : *Causa memoriæ dilectionis quæ inter nos est, misimus per prædictos missos nostros prasinovultim unum, Milinovultim unum, Tyria duo, blattas veras duas, dirhodina duo, etc.* Ubi melius *melinovultim*, ut fuerit pannus nescio quis lutei coloris ut *prasinovultim*, viridis. Si Græca suppeterent, fortasse vera notio erui posset : verum ne et quis conjecturam nostram hac in re desideret, addam eam quam Fortunatus noster suppeditat lib. 8. Poem. 9. de Floribus super altare :

> Aureus ordo crocis, violis hinc blatteus exit,
> Coccinus hinc rubicat, lacteus inde nivet.
> Stat prasino-Venetus, pugnant et flore colores,
> Inque loco pacis herbida bella putes.

Ex hoc, inquam, loco licet augurari, *vultim* hic pro *Venetus* male effingi, ut in Græcis voces istæ barbaricæ sic scriptæ fuerint μηλινοβένεθος et πρασινοβένεθος. Ab eodem fonte vox *Rhodomelinus*, in eadem Charta Cornutiani, de qua suo loco, ut et *Coccomelinus*, in eadem Donatione.

* **MELIORAMENTUM**, Reparatio, refectio, instauratio, Gall. *Améliorissement*. Stat. ord. S. Joan. Hieros. tit. 15. art 9 : *De modo visitandi commendas pro Melioramentis.* Occurrit passim in Chartis emphytheuticis. Vide aliis notionibus in *Meliorare*.

¶ **MELIORAMENTUM Facere**. Ceremonia apud Albigenses hæreticos usitata, forte quando quis illorum sectæ nomen suum dabat. Limborch. Sent. Inquis. Tolos. pag. 192 : *Vidit quandam personam genuflectentem coram Petro Auterii hæretico in domo sua prædicta, et tunc ipsa fuit requisita quod faceret Melioramentum suum coram dicto hæretico sicut alia faciebat ; et tunc ipsa cepit genuflectere coram dicto hæretico, et nescivit facere Melioramentum prædictum, et tunc illi qui erant præsentes inceperunt ridere, et ipsa fuit verecundata et recessit inde. Melioramentum*, alia notione, vide in *Meliorare* et *Meliorari*.

* Vim vocis explicant Acta Mss. Inquisit. Carcass. ann. 1308. fol. 60. r° : *Interrogatus de modo quo faciebat Melioramentum, respondit et confessus est, quod hæretici prædicti docuerunt eum, quod ipse debebat flectere genua ter et dicere ter, Boni Christiani, benedictionem Dei et vestram a vobis peto, Benedicite, ter ;.... et hæretici respondebant in tertia benedictione vel in tertia genuflexione, Deus vos perducat ad bonum finem.* Ibid. fol. 66. v° : *Dixit mihi Petrus Auterii, quod consuetudo erat apud eos, quod postquam aliquis amicus eorum eos viderat ter vel quater, quod faceret suum Melioramentum coram eis. Quid est illud? dixi ego. Recipere, dixit ipse, benedictionem a Christianis, quia ita est consuetudo apud nos. Et qualiter fit? dixi ego. Flectendo genua, dixit ipse, et dicendo ter, Benedicite.* Vide supra *Adorare*.

MELIORARE, Meliorem, vel melius reddere, *Meliorer*. Vetus Charta apud

Henschenium. 26. Mart. pag. 635 : *Præstiti dimidiam comprehensionem illam in ea ratione, ut diebus vitæ suæ et filii sui Melioratæ fiant res ipsæ.* [Chron. Farfense apud Murator. tom. 2. part. 2. col. 624 : *Eumdem electum nequaquam in cura regiminis tam magni, Meliorare vel proficere, sed potius deficere cernebamus. Meliorem facere*, in Capitul. lib. 7. cap. 335.] Utuntur Ulpianus leg. 13. de Usufr. (7,2.) Gregor. Mag. lib. 1. Epist. 50. lib. 2. Ind. 2. Ep. 52. lib. 3. Ep. 30. Baldricus lib. 3. Chron. Camerac. cap. 1. 6. et alii passim.

¶ Meliorare, Emendare, corrigere. Capitul. Caroli M. ann. 802. cap. 1 : *Ubi autem aliter quam recte et juste in lege aliquid esset constitutum, hoc diligentissimo animo exquirere jussit et sibi innotescere, quod ipse donante Deo Meliorare cupit.*

¶ Meliorare Chartam, Confirmare. Præceptum Ludovici Pii ann. 815. in Appendice ad Capit. col. 1406 : *Ostendit nobis exinde auctoritate quod genitor noster ei fecit. Nos vero alia ei facere jussimus, sive Melioravimus.*

Melioratio, Ἐπιβελτίωσις, in Gloss. Græc. Lat. [Emendatio, incrementum, refectio. Formula 25. inter Lindenbrogianas : *Cum omni addita Melioratione, vel omnibus suprapositis, etc.* Charta ann. 1076. ex Tabul. Eccles. Matiscon. : *Ad opus suum ædificet quia non est recipiendum ad Meliorationem terrarum, sed ad quantitatem.* Alia apud *Madox* Formul. Anglic. pag. 125 : *Et ad decessum eorum, ea bene, competenter reparata, et ædificia cum omni Melioratione superposita dimittent. Promiserunt.... ponere in Melioratione dictæ domus, etc.* in Charta ann. 1321. apud Lobinell. tom. 4. Hist. Paris. pag. 528. Adde Chron. Andrense tom. 9. Spicil. Acher. pag. 654.]

Immeliorare Servitium, in Capitulari 2. ann. 815. cap. 19. et in Charta Ludovici Pii in Vita Aldrici Episcopi Cenom. pag. 38.

Emeliorare. Baldricus Burguliensis Abbas : *Emeliorasti subjecto, ordine, rebus, etc.* [Formula 19. inter Lindenbrog. : *Quicquid idem adtractum Emelioratumque repertum fuerit, etc.*]

Meliorare Filium, *servum*, in Lege Wisig. lib. 4. tit. 5. § 4. in Lege Longob. lib. 2. tit. 20. § 3. 4. [** Liutpr. 113. (6, 60.) Aist. 4.] aliquid donare quod præcipuum habeat, *Avantager*, nostris. [Formulas hac in re usitatas vide apud Marculfum lib. 2. Form. 11. et 21. inter Sirmondicas.] Ita

Melioramentum, [pro Dotis accessione, incremento, Gall. *Augment de dot*,] usurpat Contractus nuptialis inter Hermannum Comitem Kiburgensem et Margaretam Sabaudam ann. 1218 : *Et ipse Comes Artemannus donavit pro Melioramento Margaretæ uxori suæ duo millia marcharum argenti quæ ipsa habere debet super Friburgum.* Infra : *Comes vero Uldricus donavit filio suo Artemanno extra partem filiorum suorum pro Melioramento castrum de Medenges.* [Contractus matrimonii inter Raynaldum dominum Balgiaci et Sibillam de Bellijoco ann. 1228. ex Archivo Pedemontano : *Cum autem a parte dicti Raynaudi petitum esset Melioramentum, volui et præcepi quod cum me a partibus Albiniacensibus redire contigerit, dominus R. de Matiscone Meliorandi liberam habeat potestatem.*] Charta alia ann. 1267. descripta a V. Cl. Dionysio Salvaingo Boissio : *Item voluit et ordinavit prædictus Humbertus in ultima voluntate sua, quod Alasia dilecta uxor sua haberet tale donum, quod prædictus Humbertus eidem Alasiæ quondam fecerat* 30. *librarum Viennensium pro Melioramento.* Observat porro idem vir eruditissimus interdum hanc vocem usurpari pro emphyteosi.

¶ Melioratio, Eadem notione, in Libello divortii ann. 1135. in Appendice ad Capitul. col. 1558 : *Donec habeat* (Beatrix) *in vita sua medietatem omnium dominicaturarum et staticam S. Martialis per Meliorationem cum laboratione boum.*

¶ Meliorari, Convalescere. Capitul. Caroli C. tit. 12. cap. 1 : *Donec annuente Domino isdem frater venerabilis a sua infirmitate optabiliter convalesceret... quousque ut prædiximus, a sua infirmitate Melioraretur.* Miracula S. Thomæ Aquinatis tom. 1. Martii pag. 720 : *Et emisso voto puer Melioratus ibidem extitit, et absque incisione totaliter est curatus.* Hinc

¶ Melioramentum, Profectus in melius, sanatio. Vita S. Yvonis tom. 4. Maii pag. 607 : *Cum Oliverius... in dextro pede prope cavillam infirmaretur... nec Melioramentum perpenderet, sed de sua cura desperaret, etc.*

Melioratus Testis, Melior, in Lege Wisigoth. lib. 2. tit. 4. § 6.

Meliosissimus, Optimus, in Lege Alemann. tit. 106. Edit. Heroldi. *Mellissimus*, cap. 75. in Cod. MS. *Meliorissimus*, in Capitul. ad eamdem Legem editis a Steph. Baluzio cap. 39. 43.

MELIORES, *Meliores homines*, *Meliores villæ*, Præcipui villæ cives, in Lege Longob. lib. 1. tit. 19. § 27. [** Lothar. I. 78.] in Leg. Henr. I. R. Angl. cap. 7. Auctor Mamotrecti ad Job cap. 12 : *Optimates, i. Meliores.* Apud Tacitum lib. 13 : *Patienda Meliorum imperia.* Libellus suppellex Presbyterorum Romanor. ad Honorium Imp. apud Baron. ann. 419. n. 23 : *Acclamatione totius populi, ac consensu Meliorum civitatis, etc.* Gregorius Turon. lib. 1. Hist. cap. 29 : *Senatores, vel reliqui Meliores loci.* [Additio 4. ad Capitul. cap. 105 : *Ut in omni Comitatu hi qui Meliores et veraciores inveniri possunt eligantur, etc.*] Charta Lotharii Regis Burgundiæ, Lotharii Imp. filii tom. 12. Spicilegii Acheriani : *Per veriores Melioresque homines hujusce rei veritatem investigaturum, etc.* Fulbertus Carnot. Epist. 15 : *Si consentirent illis cuncti Marchiones Italiæ et Episcopi, ac cæteri Meliores.* Otto Frising. lib. 1. de Gest. Friderici cap. 20 : *Gladio exerto in Meliorem et nobiliorem omnium Ravennatensium manum misit.* Arnoldus Lubecensis lib. 2. cap. 26 : *Accidit ut... quidam Thetmarcus quemdam de Melioribus terræ occidisset. Meliores regni*, apud Ericum Upsalensem lib. 4. Hist. Suecicæ pag. 118. 128. et alibi. *Meliores terræ*, apud Sugerium in Ludovico VI. cap. 17. Adde Reginonem ann. 756. et Andream Monachum lib. 1. Vitæ S. Ottonis Episcopi Bambergensis cap. 43.

Meliores Natu, qui aliis *Majores natu*, apud Gregorium Turonensem lib. 6. cap. 45. lib. 7. cap. 19.

* Nostris *Mieudres*. Guill. Guiart. in S. Ludov. :

Chelles li quéns d'Anzo ses freres,
Li preus, li plains de hardemens,
Li Mieudres en tournoiemens.

Le Roman *de Garin* :

Trestot li Mieudres qui est del parenté.

Chron. Ms. Bertr. Guescl. :

De cette ville cy tous les Mieuldres avisez, etc.

¶ Meliori Hora, Gall. *De meilleure heure*, Solito citius. Vetus Ceremon. MS. B. M. Deauratæ Tolos. : *Officium matutinum incipitur hora Meliori propter solempnitatem.*

¶ **MELIORISSIMUS**. Vide *Meliorare*.

¶ **MELIORITAS**, Bonitas, virtus. Miracula S. Eadmundi Angl. Regis apud Marten. tom. 6. Ampliss. Collect. col. 831 : *Sed tumor arrogantiæ talis in modum vertitur Melioritatis, Deo et Sancto peccatori propitiatoribus, etc.*

* **MELIORS**, vox vulgaris Occitanica. Vide infra *Molegium*.

¶ **MELIOSISSIMUS**. Vide *Meliorare*.

* **MELIS**, *seu Melen Græce, Instrumentum cirurgicorum, scilicet tenta vel tasta ad tentandum cavernas vulnerum, ab uno capite in latitudine, ab alio in acumine desinens.* Glossar. medic. Ms. Simon. Jan. ex Cod. reg. 6959. Vide *Specillum*.

¶ **MELISENSIS** Urbs, Ravennas. Agnellus in Vita Martini Papæ apud Murator. tom. 2. pag. 182 : *Admirati sunt proceres istius Melisensis urbis, una cum sacerdotibus hæc videntibus.*

* **MELITIA**, Potio confecta ex melle, eadem quæ *Medo* et *Mellita*. Vide in his vocibus. Charta ann. 1220. ex Tabul. Autiss. : *Noveritis quod de controversia cujusdam consuetudinis, quæ vocatur Melitia, quæ diu observata fuisse dicitur, inter villas nostras Tuciacum, Tarvas et Bordas, etc. Melethia*, in Charta ann. 1218. ex Chartul. S. Germ. Autiss. cap. 19.

* **MELIUS**, Potius. Charta ann. 1090. inter Instr. tom. 6. Gall. Christ. col. 352 : *Antequam daret ei, episcopus dixit ad eum, Cognoscis tu quod Melius beneficium habeas de me, et de S. Petro, quam de alio seniore; et cognoscis tu quod Melius sis homo de S. Petro et de me, quam de alio seniore? respondit Guillelmus, Cognosco.* Nostris *Avoir du meilleur*, Prævalere, Gall. *Avoir le dessus.* Lit. remiss. ann. 1477. in Reg. 203. Chartoph. reg. ch. 13 : *Voyant icellui suppliant qu'il n'avoit pas du Meilleur, etc.*

* Melius Forum, Gall. *Meilleur marché*, Minus pretium. Stat. ann. 1454. inter Probat. tom. 3. Hist. Nem. pag. 286. col. 1 : *Imponentes eisdem correctario et mercatori Melius forum fecisse, et pro minori pretio dimisisse centum dictorum allecorum quamplurimis de Nemauso.*

¶ **MELIZOMUM** Conditum, apud Apicium lib. 1. cap. 1. Vini seu potionis genus, ex aromatibus et aliis odoriferis confectum. Vide *Conditum*.

¶ 1. **MELLA**, Mensuræ annonariæ genus. Charta Willermi Archiep. Remens. ann. 1190. ex Tabular. S. Medardi Suess.

sion. : *Habeat duodecim denarios et Mellam frumenti et avenæ; similiter et de equis carrucarum duos solidos et prædictam annonæ mensuram.* Charta ann. 1265. in eodem Tabul.: *Ecclesia indulsit ei,... Molam frumenti et Molam avenæ.* Ubi in recentiori Chartul. legitur *Mella.*

* *Melle*, eodem intellectu, in Charta ann. 1330. ex Reg. 66. Chartoph. reg. ch. 421 : *Item deus sistiers de blé, trente sis soulz, trois Melles et sis gallois rendables.*

¶ 2. **MELLA**, f. Mespilum, Occitanis, aliisque *Mesle*, Parisiis *Nefle.* Charta ann. 1203. in Chartul. S. Vandreg. tom. 1. pag. 126 : *Ad Natale Domini tres capones et tres denarios, ad Pascha* LX. *ova et tres denarios feodi, et ad festum S. Martini dimidium bossellum Mellarum.*

3. **MELLA.** M. Robertus de Sorbona in Serm. de Conscientia : *Et certe Magistri illi quantumcunque probi essent, possunt bene ponere Mellas suas, quia nullos haberent auditores.* [Gesta Tancredi apud Marten. tom. 3. Anecd. col. 136 : *Æstuat, furit, dolet, se non sibi tulisse vellera dolet, Mellæ, auri venam ab infimis terræ eruisse cavernis.* Nec magis agnosco vim vocis Gallicæ *Meles*, quam ex *Perceval* laudat Borellus :

Unes armies riches et beles,
Dont d'or et d'argent sont les Meles.]

MELLARIUM, *Vas in quo mel conservatur, vel in quo vinum ponitur, vel uvæ calcantur.* Jo. de Janua. [Unde Gloss. Lat. Gall. Sangerm.: *Mellarium, Vaissel à garder miel.*]

¶ **MELLAT**, Britannis *Soule*, vulgo *Balon*, Ludi genus, quod etiamnum exercent Britanni, atque in iis plebs vilior; strophum scruteum grandem, furfure aut tomento suffartum, loci dominus aut aliquis ab eo delegatus, saltem præcipuus quidam incola, projicit in medium, populo in duas factiones diviso, cujus pars una ad metam longe positam aut assignatam, puta ad Orientem, altera ad metam aliam, strophum manibus, pedibus, toto nisu conatur propellere; quod non fit sine rixis et vulneribus. Statuta Radulphi Episc. Trecor. ann. 1440. apud Marten. tom. 4. Anecd. col. 1151 : *Hinc est quod relatibus fide dignorum nobis significatum extitit, qualiter in nonnullis parochiis.... quidam ludus valde perniciosus et noxius, nuncupatus vulgariter Mellat, cum stropho rotundo grosso et eminenti, festis et aliis temporibus exerceri, in quo ludo multa scandala contigerunt.* Vide *Cheolare.*

¶ **MELLATIO**, Mellis vindemia, apud Colum. 11. 2. *Mellatio æstiva*, apud Plin. lib. 11. cap. 15.

¶ **MELLATIUM**, Nonius : *Sapa, quod nunc Mellarium dicimus, mustum ad medium partem decoctum.* Onomast. : *Mellatium, ficum*; μελίτωμα. Μελιτόω, quasi mello, melle condio. Ita Martinius in Lex.

* **MELLEA**, Rixa, idem quod *Mesleia.* Vide in hac voce. Charta ann. 1202. tom. 5. Ordinat. reg. Franc. pag. 487. art. 8 : *Si Mellea in villa forte facta fuerit, qui inde accusabitur, se tertio se purgabit, et si unus juratorum Melleam viderit, reus non poterit se purgare.*

¶ 2. **MELLEIA**, f. Tributum pro melle præstitum. Computus ann. 1202. apud D. *Brussel* tom. 2. de Usu feud. pag. CLI : *Pro vino Altissiod. et pro glande S. Germani et Roboreti*, c. *l. de Mellia*, xx. *l.* Ibid. pag. CLIII : *Et de Melleia Duni* XL. *l.* Idem jus esse videtur quod alibi *Abollagium*, in Consuet. municipal. *Espave d'avettes* vel *Espave d'abeilles* dicitur. Jus nempe quod habet dominus feudi in apum examinibus et earum melle, cum reperiuntur in nemoribus vassallorum. Vide *Bigrus.*

¶ 2. **MELLEIA**, **MELLETA**, **MELLIATOR.** Vide *Mesleia.*

* **MELLERIUS**, Mespilus, Gall. *Neflier*, alias *Mellier.* Charta Mariæ comit. Pontiv. ann. 1247. in Lib. nig. 2. S. Vulfr. Abbavil. fol. 20 : *Omnia supradicta fide mea interposita promisi me fideliter observare,.... retentis mihi et hæredibus Pontivi* (in dicto nemore de Cresciaco) *alta justitia, pomerio et Mellerio. Exceptés Mellier et pomier*, in Charta Gallice reddita Joan. comit. Pontiv. ann. 1177. ex Lib. albo domus publ. ejusd. urbis fol. 167. v°. Vide infra *Meslerius.*

¶ **MELLETUS**, Piscis species. Spicileg. Fontanell. MS. pag. 94 : *De quibus Melletis capiunt et a nobis detrahunt interiora, scilicet les coullettes Gallice, et hoc facientes secundum dominum* (i. e. Abbatem) *secundum nos omnes, secundum suam litteram hanc cartam.* Ibid. *Et similiter de Melletis, Gallice Melles.*

¶ **MELLICATUS**, Illectus. Vita S. Vincentii Madelgarii tom. 3. Julii pag. 675 : *Quemadmodum sane apes ad alvearia convolant et revolant assidue, ita nihilominus ad montem vocabulo et religione altum alternatim confluebant Christianæ signiferi militiæ, præfati viri procul dubio Mellicati dulcedine.*

MELLICIDA, [Cui, ut videtur, apum cura demandata erat.] Constitutio Caroli IV. Imper. de Forestariis et Zeidlariis, ann. 1358. apud Goldastum tom. 1. Constit. Imperial. pag. 369 : *Forestarii et Mellicidæ, qui Zeidlarii vulgariter nuncupantur.* Occurrit ibi non semel.

MELLICRATUM, Μελίκρατον, Idem quod *Medo.* Petrus de Dusburg in Chron. Prussiæ cap. 5 : *Pro potu habent simplicem aquam, et Mellicratum seu medonem.* Vide *Mellita.*

MELLICUS, pro *Mellitus.* Rythmi in obitum Henrici VII. Imper. :

Veracem, fidum, Mellicum,
Verbisque seriosum.

¶ **MELLIFICIUM**, Apum opus. Charta ann. 1296. apud Ludewig. tom. 1. Reliq. MSS. pag. 165 : *Insuper proprietatis titulo in prædicta villa.... debitores Mellificiorum, qui vulgo dediti appellantur, et eorum Mellificiorum jura vendidimus.* Alia ejusd. ann. ibid. pag. 171 : *Donavimus Mellificia et eorum solutores quidediti nuncupantur.* Charta Johannis Reg. Bohemiæ ann. 1338. apud eumdem Ludewig. tom. 5. pag. 625 : *Nec pascuis, non campis, allodiis..... pratis, Mellificiis, piscinis, piscationibus, etc.*

¶ **MELLISLUUS**, pro *Mellifluus*, in Actis S. Cassiani apud Ill. Fontaninum Antiq. Hortæ pag. 345 :

Archas Mellisluus, fama super æthera notus.

¶ **MELLISSIMUS.** Vide *Meliorare.*

MELLITA, Potio confecta ex .. cum scilicet *favi decoquuntur in dulcem barbaram potionem*, ut ait S. Hieronymus Epist. 2. *Delibuta melle vina*, Epist. 99. Capitula Theodori Cantuar. cap. 1 : *Tres dies... a vino, medone, Mellita, et cervisia... abstineat.* Adam Bremensis cap. 103. et Albertus Stadensis ann. 1025 : *Ordinavit ut Canonicis in Dominicis diebus unicuique duplex datur Mellitæ copia. Potio ex melle*, in Epist. Theodemari Abbatis ad Carolum M. *Potus in quo mel est*, in Epist. 62. Bonifacii Archiep. Mogunt. Idem quod *Pigmentum.* Vide in hoc verbo. *Mellita cervisia*, non semel in Pœnitentiali MS. Thuano, et in Concilio Wormaciensi cap. 40. Vide *Medo.*

☞ In jejuniis prohibita ejusmodi potio. Formulæ veteres Alsaticæ apud Eccardum ad calcem Legis Salicæ pag. 243 : *Cunctis omnino a carne et pinguedine, et omni quod ex lacte conficitur. Pisces et oves præter infirmitatem nemo præsumat. Similiter vinum et omne quod melle dulcioratum est.*

MELLITAS, Suavitas. S. Bonifacius Moguntinensis Archiep. Epist. 1 : *Quem mihi temporalis caducum auri munus, nec Mellitate per blandimenta adulantium verborum faceta urbanitas ascivit.*

MELLITOR, Qui mel vel ceram conficit. Fori Leirenæ : *Mellitor det per annum unum almude de melle, et unam libram de cera.*

MELLITUM. Vide *Mulsa.*

MELLOPROXIMI, qui a *Proximo scriniorum* primi proximique erant, proxime *Proximi* futuri, bienno veniente; qui *Proximos* proxime contingebant : quibus etiam eadem quæ *Proximis* dignitas attributa. Vide leg. 16. et 17. Cod. Th. de Proximis, (6, 26.) et ibi Gothofredum. In scrip. Romæ : *D. M. M. Aurelio Aug. lib. Isidoro Melloproximo a rationibus Hermes alumnus et Gylcon nutritor et Maximus bene merenti fecerunt.* In alia Inscript. 393. 5. *Spe beneficiarius*, idem valet ac *Mello-Beneficiarius.*

MELLOPROXIMATUS. Constutio Justiniani de Adjutoribus Quæstoris, edita a Fr. Pithœo : *In aliis autem duobus scriniis, id est, Epistolarum et Libellorum, in secundum gradum venientibus et Melloproximatum ingredientibus, ut hi tantummodo licentiam sibi haberent alium subrogare.*

MELNUS, Melinus color. Hariulfus lib. 3. Chron. Centulensis cap. 3 : *Casulæ castaneæ* 40.... *galnæ sericæ* 5. *Melnæ sericæ* 3. *Melinum vestimentum*, apud Plautum in Epidico. [Gloss. MSS. Colbert. : Μήλινον, χρῶμα.]

¶ **MELO**, Nilus dicitur Symmacho lib. 1. Epist. 8 : *Est Ægyptio Melone major*; ab aquis lutosis et cœnosis. Ita etiam apud Festum et Servium.

¶ **MELOCINA**, Vide *Melocineus.*

MELOCINEUS. Carmen de Carolo M. quod Alcuino tribuitur [** Angilbert. lib. 3. vers. 231.] :

Tecta Melocineo fulgescit femina amictu.

Isidorus lib. 19. Orig. cap. 22. sect. 12. de Vestibus : *Melocinia, quæ malvarum stamine conficitur, quam alii Melocinam, alii malvellam vocant.* Papias : *Molocina vestis, quæ albo stamine fit, quam alii malbellam vocant.* Idem : *Malbella, quæ ex malvarum stamine conficitur, quam alii molocinam vocant.* Alii ex colore vestem hanc dictam volunt, qui *Molochinus* vocatur, quod malvæ, quam Græci μολοχὴν et μαλάχην vocant, colorem referat : nam et *Molochinarios* appellant Cæcilius, apud Nonium, et Plautus in Aulul. molochini coloris infectores.

* Unde Gallicum *Molechin* et *Moloquin*. Fabul. tom. 1. pag. 217 :

> Chascune eut vestue chainse blanche,
> Plus blans que ne soit nois sor branche
> Et Molechins moult avenant.

Le Roman *de la Rose* Ms. :

> Puis le revest en maintes guises,
> Robes faites par grant mestrises,....
> Cendax, Moloquins, galebruns,
> Indes, vermeus, jaunes et bruns.

Hinc *Meulequinier*, *Mollequinier* et *Mullequinier*, ejusmodi pannorum textor. Lib. nig. prior. S. Petri Abbavil. fol. 27. r°. : *Jehan Ratel telier de toilles.... Mathieu Wiet Meulequinier*. Lit. remiss. ann. 1369. in Reg. 100. Chartoph. reg. ch. 441 : *Jehan de Villers Mollequinier,.... qui est un bon marcheant,.... et Nicaise Noel Mollequinier etc.* Aliæ ann. 1392. in Reg. 143. ch. 204 : *Lorin Bretoul Mullequinier de queuvrechiefs, nez du Chastel de Cambresis, etc.* Vide *Moscia*.

¶ **MELODA**. Vide *Melodus*.

MELODIA, Cantus Ecclesiastici species. Ordo Romanus : *Sequitur versus, Epulemur, inde Melodia.* [Bernardi Mon. Ordo Cluniac. part. 2. cap. 19 : *Ad solos Nocturnos et Vesperas super Psalmos, nonnisi Alleluia cantatur, ad Melodiam subcriptarum antiphonarum formata.*

* Ordo eccl. Ambros. Mediol. ann. circ. 1130. apud Murator. tom. 4. Antiq. Ital. med. ævi col. 871 : *Tunc magister scholarum canit Melodias cum pueris suis. Prosam*, quam alii *sequentiam* vocant, hic designari opinor. Vide *Melodiare*. Nude, pro Cantus, in Charta Caroli Simpl. ann. 917. tom. 9. Collect. Histor. Franc. pag. 532 : *Ita tamen ut quamdiu advixerimus,..... septem psalmorum Melodiam cotidie decantent.*

¶ **MELODIARE**, Certa vocis modulatione decantare. Guidonis Disciplina Farfensis cap. 40 : *Missam dicant honorifice, sicut superius intulimus, et sequentiam Melodient in eadem die.* Chron. Francisci Pipini lib. 3. cap. 39. apud Murator. tom. 9. col. 706 : *Hæ doctæ psallere, choreizare ac Melodiari, et tympanizare..... puerorum demulcebant auditum.*

MELODIMA, Μελῴδημα, Concentus. Vita S. Guillelmi Divion. cap. 13 : *Psalmorum concentum distinguens, dulcissimo decoravit Melodimate. Melodioma*, Alano de Planctu nat.

¶ **MELODIOSUS**, Canorus. Vita B. Coletæ tom. 1. Martii pag. 556 : *Audita fuit in medio duorum ipsorum, vox quædam placabilis et Melodiosa.*

¶ **MELODISENTER**, Suavi, sed tristi modulatione. Aimericus de Peyrato Abbas Moissiacensis in Vita Caroli M. in Cod. MS. 1343. Bibl. Regiæ fol. 83 : *Prædulci... melodia hanc sequentiam cecinerunt Melodisenter in memoriam et laudem defuncti.*

¶ **MELODIUM**, Melos, suavitas. Litteræ ann. 1345. tom. 2. Hist. Dalphin. pag. 513 : *Hinc est, quod vos, cujus vocis Melodium in capella nostra nuper audivimus resonare, in Capellarum nostrum ipsius capellæ domesticum, cum privilegiis, gratiis et prærogativis... tenore præsentium retinemus.*

MELODUS, Cantator. Ausonius in Professoribus Burdegal. Carm. 16 :

> Te fabulantem non Ulysses linqueret,
> Liquit canentes qui Melodas virgines.

Milo Monachus Elnonensis lib. 2. Vitæ S. Amandi cap. 1 :

> In caulisque jubes sacris astare Melodos.

[Vita S. Romani Archiep. Rotomag. apud Marten. tom. 3. Anecd. col. 1663 :

> Cantat dulcisonus pro virginitate Melodus.]

Melodi Infantes, in Ordine Romano, nostris *Enfans de Chœur*. Qui vero *Melodi* potissimum apud Græc. Byzantinos appellati fuerint, attigimus in Notis ad Alexiadem.

Melodus, Cantus. Prudentius Hymno 9. Cathemer. :

> Da puer plectrum choreis
> Ut canam fidelibus,
> Dulce carmen et Melodum,
> Gesta Christi insignia.

S. Radbodus Episc. Carm. in S. Suibertum Episc. :

> Hic tibi suavisonum pagit, vir sancte, Melodum.

Meloda, Eadem notione. Fortunatus lib. 9. Poem. 7 :

> Cur mihi injungis lyricas Melodas.

Sidonius lib. 9. Epist. 15 : *Melodis insonare pulsibus*, id est, concentibus suavibus. [** Vide Glossar. med. Græcit. col. 900. voce Μέλος.]

MELOGARIUM, [f. Crates, Gall. *Claie*, vel virgultorum fasciculus, Gallice *Fascine*.] Petrus de Crescentiis lib. 10. de Agricult. cap. 20 : *Poterisque optime locum custodire, atque viam introitus longam cavare, et Melogariis et sabulo desuper operire.* Cap. 26 : *In capitibus parvi baculi vel Melogarii, etc.*

¶ **MELOPYCNUS**, Cantus modulatio. Vide supra *Barypycnus*. [* Perperam pro *Mesopycnus*. Vide infra in hac voce.]

MELOQUINUS, Monetæ Italicæ species. Cencius Camerar. in Ceremoniali Romano : *Sciendumque quod Cardinales omnes, Græci, Primicerius,.... tale presbyterium et taliter datum accipiunt, quale in die Paschæ superius nominatum recipiunt : Subdiaconi autem singuli singulos Meloquinos habent, quod tamen non fit in aliqua prædictarum solennitatum : nam non dantur eis, sicut ibidem scriptum plenius invenitur, etiamsi 30. vel amplius essent, nisi 12. Meloquini.* Bulla Nicolai IV. PP ann. de Censibus Ecclesiæ Roman. in Regno, Campania et Maritima : *In Archiepiscopatu Barensi, Ecclesia S. Benedicti 2. Meloquinos.* [Le Roman *de Partonopex MS.* :

> S'esgarde vers soleil levant,
> La mer i voit qui dure tant
> Que nus n'en puet veoir la fin :
> Par là li poile Alixandrin
> Vienent et li bon siglaton,
> Li Melequin et li Mangon.]

Vide *Molachinus*.

* Pretii octo grossorum hæc moneta, ut ex Cabrospini scheda observat Muratorius tom. 2. Antiq. Ital. med. ævi col. 806. quam vocem Arabicæ sive Saracenicæ originis esse censet, a *Melech*, id est rex, quod essent nummi ab illius gentis rege percussi. Vide infra *Morikinus*.

¶ **MELOS**, odis, in Vita B. Davanzati tom. 2. Junii pag. 528 : *Itaque quod famulus ille festinanter patrem et confessorem præfatum excitabat, ut Melodem illum audiret.*

MELOTA, Taxus, animal mordax. Ebrardus Betun. cap. 12 :

> Est arbor Taxus, si dicas, hæc : animalque,
> Hic, si præcedat : etiam Melota vocatur.
> Dicitur a multis etiam sub nomine pellis.

Vide Silvestrum Giraldum in Topog. Hibern. dist. 1. cap. 20. Theodemarus Abbas in Epist. ad Carolum Mag. de *Melote* pellicula, de qua voce mox : *Quod tegumentum ideo sic appellatum est, quia solebant antiquitus de illius animantis pelle fieri, quod Melos propter rotunditatem sui corporis appellatur, quod genus bestiolæ a nonnullis Tacsus appellatur.*

MELOTE, Pellis ovina, ex Græco μηλωτή, a μῆλον, *ovis*. Glossæ vett. *Pellis lunata*, μηλωτή, ἀρνακίς. Eædem : Μηλωτή, *pellis*. Adde Hesychium in μῆλα. Glossæ MSS. Reg. : Μηλόνομος, ὁ τὰ πρόβατα νέμων, ὅθεν καὶ τὰ δέρματα, μηλωτάρια. Eucherius : *Melote, in Regum libro, pellis simplex qua Monachi Ægyptii etiam nunc utuntur, ex uno latere dependens.* Glossæ Lat. MSS. Regiæ : *Melotes, pellis sordida, vel simplex, ex uno latere pendens, qua Monachi utuntur.* Papias : *Melotes, pelles ovium sordidæ. Melota, lanuta.* Glossæ Ælfrici : *Melotes vel pera*, gæten, *vel* broccen rocc, i. hircinus vel fractus roccus. Jo. de Janua : *Melota, quædam vestis de pilis vel pellibus illius animalis* (Melotæ) *facta, a collo pendens usque ad lumbos, qua Monachi utuntur, et iste habitus est necessarius proprie ad operis exercitium : eadem et pera, ut dicunt.* [Gl. Lat. Gall. Sangerm. : *Melota, une robe faite de paulz, ou la piau du taixon qui va jusques aux reins, ou robe aspre de chamois.*] Eliæ *Melotes*, apud Hieronymum et Paulinum Epist. 36. Cassianus lib. 1. cap. 8. de Monachis Ægyptiis : *Ultimus habitus eorum est pellis caprina, quæ Melotes vel pera appellatur.* Sanctus Hieronymus in Præfat. ad Regulam S. Pachomii n. 4 : *Caprinam, quam Melotem vocant.* Ruffinus de Vitis Patrum cap 9 : *Melotem, quæ est caprina pellis. Melotes pellicea*, in Regula S. Isidori cap. 13. Vita S. Aigulfi Abbatis Lirinensis : *Super quam* (feminam) *B. Aigulfi Melotem imponentes, quasi somno evigilans, coram omnibus surrexit.* Vita MS. S. Mauri Abbat. :

> Vidi Melotam, dicens, super æquora notam.

Vita S. Fructuosi Archiep. Bracar. n. 4 : *Melotem ex caprinis pellibus indutus.* S. Eulogius lib. 1. Memorial. SS. de Monachis : *Qui illico relictis urbibus, et his quæ mundanis hærent actibus, avida rapiendi regnum Dei cupidine flagrantes, circumierunt in Melotis et pellibus caprinis, egentes, angustiis afflicti. Melotem* etiam S. Benedicto tribuit Gregor. M. lib. 2. Dial. cap. 7. et ea caput operuisse indicat, quod et affirmat Theodemarus Abbas in Epist. ad Carolum M. unde conficit Haeftenus idem esse cum cuculla, quod præterea firmat ex ordine Romano. Sed quod ait idem Theodemarus et Joan. Hierosolymit. de Instit. Monach.

cap. 38. *Melotem* ita dictam, quod ex pelle illius animantis facta esset, quod *melos* Græci, Latini *taxum* vocant, jure ab omnibus improbatur; quam sententiam attigit etiam Papias : et ex eo Ugutio, ubi de *Melote* : *Est vero propria ad operis exercitium, fiebat autem prius de pelliculis Melonum, ut quidam existimant, unde et Melotum dicta.* Idem : *Melota et pellibus caprinis esse dicitur, ex una vero parte dependens. Alii dicunt quod ex pellibus asperi taxi, qui Melius dicitur, fiat, unde Melota vocatur : qua utuntur Monachi in Ægypto propter asperitatem.* Μηλωτὰς Græci pariter Monachis non semel adscribunt, præsertim Ægyptiacis, ut S. Athanasius in Vita S. Antonii pag. 120. et Palladius in Histor. Lausiaca cap. 38. 48. 70. 83. 88. Idem sive alius Palladius in Vita Chrysost. pag. 57. Editionis Bigotianæ : Λαβόντες αὐτῶν τὰς μηλωτὰς, etc. Μηλωτάρια aliis dicuntur. Gloss. MSS. Regiæ Cod. 1673 : Τὰ δέρματα, μηλοτάρια. Vita S. Nili Junior. pag. 163 : Ἀπάραντες σὺν μηλωταρίοις καὶ περιβολαίοις, etc. Vide Isid. Orig. sect. 19. lib. 19. cap. 24. et Rosweidum ad Paulinum.

MELOTINA, Pellicula ovina. Vita S. Guthlaci cap. 30. et Ordericus Vitalis lib. 4. pag. 539 : *Lutherio Melotinæ, in quo solebat orare, ipsum circumdedit*, id est, lodice ex pelle agnina.

¶ **MELOTHRUM**, Μήλωθρον, Coloramentum, quo panni tinguntur. Est et *Melothrum* vitis alba, quæ aliter psilothrum, quia ejus fructu coria ψιλοῦνται, id est, pilis exuuntur, et glabra fiunt. Vide Lexicon Martinii.

* **MELSCADA**, Potionis species, eadem quæ *Mellita*. Vide in hac voce. Erchanb. episc. Frising. Epist. apud Pez. tom. 6. Anecd. part. 1. col. 77 : *Rogamus vero et jubemus, qui spontanea voluntate hoc jejunium colere volueritis, ut abstineatis vos a vino et carne et medo et Melscada, cervisa, et de lacte et ovo.* Si tamen non est adjectivum vocis *Cervisa*, ut quamdam cerevisiam alio liquore mixtam significet.

¶ **MELSETTE**, vox vernacula ejusdem notionis ac *Mesleia*. Constitut. Sicil. lib. 1. tit. 17 : *Si quando in locis ipsis, aut circa ea, rixas, quæ vulgariter Melsette dicuntur, injurias, violentias aut hujusmodi flagitia forte prænoverint committenda, etc.*

MELUM, *Pomum*, ex Gr. Μῆλον. *Melum cotoneum*, apud Innocentium de Casis literar. pag. 236.

MELARIUM, Pomarium *melis* (μήλοις), hoc est, malis, consitum, Wendelino. Lex Salica tit. 39. § 8 : *Si quis impotos de Melario aut de pirario tulerit, etc.* § 10. *Si quis Melarium aut pirarium decorticaverit, etc.* Sed hic potius ipsæ arbores designari videntur, *pomier, poirier*. Italis, *Melario*, est alvearium unde mel eruitur.

MELUMEN. Petrus de Crescentiis lib. 4. cap. 4 : *Albarica* (vitis) *cum qua tinguntur alia vina, quæ nimis Melumen timet, etc.* Ubi legendum *fulmen*, ex veteri Interprete Gallico *qui doubte moult tempeste et orage.*

¶ 1. **MELUS**, pro *Malus*, Gall. *Pommier*, Italis *Melo*. Leges Rotharis ex Cod. Esten. apud Murator. tom. 1. part. 2. pag. 41 : *Aut Melum alienum inciderit, componat pro unaquaque arbore solidum unum.*

** 2. **MELUS**, i, Cantus, clamor, in Ecbas. vers. 341. Vide *Melos*.

* **MELUSIA**, *aliquando scribit Stephanus pro malva, quæ malochia Arabice vocatur.* Glossar. medic. Ms. Simon. Jan. ex Cod. reg. 6959.

* **MEMBORNIA**, Tutela. Arest. parlam. Paris. ann. 1272. in Reg. *Olim* fol. 57. v° : *Pro eo quod non habebat liberos, qui essent in Membornia parentum etc.* Vide in *Mamburnus*.

* **MEMBRACULUM**, Involucrum, ut videtur, quasi ex membrana; unde leg. puto *Membranulum*. Ryth. satyr. tom. 10. Collect. Histor. Franc. pag. 94 :

Promissionis scissio præsentatus in subdolo,
Verborum sub Membraculo in menduso volutabro.

Ubi Editores, f. *Umbraculo*. Vide mox *Membranula*.

* **MEMBRAGIUM**, Præstatio ex membris animalium. Charta ann. 1329. in Reg. 66. Chartoph. reg. ch. 273 : *Item femagium de fundecis, Membragium carnificum castri Turonensis.* Alia Joan. Trevir. archiep. ann. 1210 : *Vicarius debet abbati octo solidos Tullenses et octo denarios annuatim et octo Membra porcorum.* Reg. episc. Nivern. ann. 1287 : *Pedagium aquæ.... cum forchagio, Membris animalium, etc. Membra animalium occisorum in tota castellania Albigniaci sunt episcopi, quolibet membro redempto de tribus denariis.* Vide *Membrum* 2.

¶ **MEMBRANARIUS**, διφθεροποιός. Gloss. apud Martin. Qui membranas parat.

¶ **MEMBRANATIM**, Membratim, per partes. Gloss. Lat. Gr. : *Ad membranatim*, κατὰ μέλος.

¶ **MEMBRANEO**, τυμπανιστής, Qui pulsat tympanum. Gloss. Lat. Græc. MSS. Sangerm.

¶ **MEMBRANEUS**, Ex membrana factus. Onomast. : *Membraneus*, δέρρεος. Lexicon Martinii. *Codices Membranei et chartacei*, in Leg. 52. D. de Legat. lib. 3.

* **MEMBRANULA**, Membrana, Charta. Tabul. S. Vict. Massil. ann. 1035 : *Cum donationem vix stabilitam esse vinculis sacramentalibus cernamus, ideo in cartis et Membranulis scribere dignum duximus.* Vide *Membranulum*.

¶ **MEMBRANULUM**, Membrana, charta. Tabularium Rothonense :

Ad præsentis et futuræ
Ætatis indicium,
Judicalis Venetensis
Præsul Episcopium
Rothonensis Abbatiæ
Nunc et in perpetuum
Ut concessit Salvatori,
Hoc servat Membranulum.

MEMBRANUM, Membrana, charta, in Lege Longob. lib. 1. tit. 29. § 1. [** Roth. 247.] Suidas : Περγαμηναὶ, αἱ μεμβράναι, αἱ δέρρεις. Charta Arechis Ducis Longob. apud Ughellum in Arch. Benevent. : *Per suum Membranum firmitatis et absolutionis, etc.* Mox : *Juxta Membranum ipsius Episcopi.* Adde pag. 617. 636. et Vitam S. Theodardi apud Catellum pag. 757. Vide Salmasium in Hist. Aug. pag. 447. [** et Glossar. med. Græcit. col. 902.]

MEMBRANUM PURPUREUM, quod inficitur colore purpureo, in quo aurum et argentum liquescens patescat in literis, Isidoro lib. 6. Orig. cap. 11. Hieronymus in Præfat. in Job : *Habeant qui volunt veteres libros, vel in Membranis purpureis auro argentoque inscriptos, etc.* Idem Epist. : *Inficiuntur Membranæ colore purpureo, aurum liquescit in literas, gemmis codices vestiuntur, etc.* Theonas Episcopus : *Veteres item codices pro indigentia resarciri procuret, ornetque non tantum ad superstitiosos sumptus, quantum ad utile ornamentum, itaque scribi in purpureis membranis, et literis aureis totos codices, nisi specialiter Princeps demandaverit, omnia tamen Cæsari grata*, maxima cum obedientia prosequetur.* [Eddius Stephanus in Vita S. Wilfridi cap. 16 : *Quatuor Evangelia de auro purissimo in Membranis de purpuratis coloratis pro animæ suæ remedio scribere jussit.* Ubi forte legendum *de purpura*.] Chron. Fontanellense cap. 16 : *Quatuor Evangelia in Membrano purpureo ex auro scribere jussit Romana litera..... Lectionarium etiam in Membrano purpureo argenteis scriptum literis ornatumque tabulis eburneis.*

* **MEMBRARE**, Instruere, ornare, Gall. *Garnir*. Lit. remiss. ann. 1352. in Reg. 81. Chartoph. reg. ch. 355 : *Item unam zonam de serico Membratam de argento et esmaudis.* Aliæ ann. 1366. in Reg. 99. ch. 1 : *Cepit duas zonas de serico, argento stofatas et Membratas, et plures alias res et bona.*

¶ **MEMBRARI**, Per membra formari. Censorinus de Die Nat. cap. 11 : *Quinque et triginta diebus infans Membratur.*

¶ **MEMBRELLUM**, Parvum membrum. Egilwardus in Vita S. Burchardi Episc. Wirtzib. sæculo 3. Bened. part. 1. pag. 709 : *Ideoque luce clarius constat operæ pretium esse, quandoquidem utriusque meritis, si veraciter et digne membris ut pote Membrella conglioriamur, etc.*

MEMBROSITAS, *Membrorum magnitudo*. Ugutioni et aliis. [*Membru*, membrosum et corpulentiorem virum vocat le Roman *de la guerre de Troyes* MS. :

Agamenon qui estoit Rois,
Et Duc et maistre des Grecois,
Fu grans, merveilleus et Membrus.]

1. **MEMBRUM**, pro *Membrana*, interdum usurpatum docet Salmasius ad Hist. August. pag. 157.

2. **MEMBRUM**. Chronicon Besuense pag. 689 : *Dedit S. Petro Besuensi mansum... singulis annis nummos 12. duoque Membra, sive duas gallinas in Natale Domini persolventem.* Tabularium Conchensis Abbat. in Ruthenis Ch. 44 : *Et donat de censua 9. denarios Pogesos, et ad Calendas duos Membros, etc.* Mox : *In alia appendaria vallença de censum 4. denarios Pogesos, et unum Membrum, et una emina de vino, etc.* Ch. 151 : *Quatuor sestarios de civata, et 4. Membros de porcos, etc.* Tabularium Prioratus Dominæ in Delphinatu : *Ad Natale Domini alterum receptum de 4. Membris de carne, etc.* Fol. 108 : *De manso in villa Navisia servitium per Kalendas, 4. Membra de carne, et 4. panes, etc.* Ubi *membrum* idem valet quod *perna*.

MEMBRA VOLATILIA, Quæ motum habent. Leges Opstalbomicæ cap. 18 : *Mutilationes Membrorum volatilium ex indigna-*

tione factas, utpote oculorum, pedum, manuum vel labrorum, puniantur, sicut de homicidiis est præmissum.

Vita et Membrum : Formula usitata in hominiis, qua vassallus domino cavet, ne vita ei eripiatur, aut in membris lædatur, curam præcipuam se adhibiturum. Regestum Tolosanum Cameræ Comput Paris. fol. 1. et alibi passim : *Omnia servitia quæ fidelis vassallus facere debet bono domino suo fideliter exhibendo, et specialiter vitam et Membrum vobis per solennem stipulationem bona fide promitto, et inde ligium homagium vobis facio, etc.* [Vide *Hominium*.]

¶ Membrum, Pars alterius, vel quod ab alio dependet. Charta ann. 1442. apud *Madox* Formul. Anglic. pag. 147 : *Manerium de Rakell cum omnibus suis Membris et pertinenciis.... Maneria de Claveryng et Catmer, cum omnibus Membris et pertinenciis suis.* Ibidem non semel occurrit. Hinc

Membrum Loricæ, Pars feudi loricæ, atque ut definitur in veteri Jure municipali Normanniæ MS. 1. part. sect. 3. cap. 23 : *Membre de fieu de Hauberc est l'uitisme partie del fieu de Hauberc, et toutes les autres parties qui sont contenuès sous le menoor Membre, si come la septisme partie de la sisisme, et ces autres ensuivantes.* In nova Consuetudine art. 336. et 360. licet feuda omnia nobilia dividi non possint, si feminæ tantum hæredes supersint, feuda loricæ inter eas dividi possunt usque in octo partes, quæ *Membra loricæ* appellantur, [atque *teneri per Membrum loricæ* dicuntur, ut habet Charta Philippi Pulcri Reg. Franc. ann. 1308. tom. 4. Hist. Harcur. pag. 1197.] eoque casu habet unumquodque membrum, jus curiæ, usagium, jurisdictionem, et gagium-plegium. Charta Philippi Augusti Regis Franc. ann. 1218 : *Exceptis boscis et feodis loricæ et Membris feodorum loricæ, etc.* in Herouvalliano Regesto fol. 176. [Vide *Feudum*.]

* Hinc *Tenir par membre* dicitur, cum feudum inter plures dividitur. Charta Phil. Pulc. ann. 1298. in Lib. rub. Cam. Comput. Paris. fol. 42 : *Les fiez et les arrerefiez de la chastelerie d'Eureues* (Evreux) *tenuz par Menbre ou par demi Menbre, ou par baronnie, ou en autre maniere nu à nu du conte d'Eureues.*

* **MEMBRUS**, Membrana. Testam. reginæ Mafaldæ ann. 1256. tom. 1. Probat. hist. geneal. domus reg. Portug. pag. 31 : *Item mando monasterio fratrum Prædicatorum de Portu.... ducentos Membros veteres de illis, quos debent mihi domnus Silvester de Portu de Eiris et Pelagius Joannis, frater Dominici Joannis capellani mei, ad libros armarii.... Item fratribus Minoribus de Portu centum Membros veteres, quos mihi debet Steph. Bordallus de Portu.* V. *Membrum* 1. et 2.

MEMENTO, Pars Canonis Ecclesiastici, in qua mentio fit vivorum et defunctorum, quæ incipit ab hac voce. [Charta ann. 1427. apud Lobinell. tom. 5. Hist. Paris. pag. 697 : *In suo Memento Missæ habeat specialem memoriam dicti fundatoris.*] Architrenius lib. 3. cap. 22 :

Item in eodem ortusque sui natura Memento
Nemo suos habeat odio, etc.

Vulgaris loquendi formula.

MEMINERE, pro *Meminisse*. Chrodegangus Metensis Episcopus in Regula Canonicor. cap. 56 : *Meminere debent Canonici quod nec Davide sanctiores, nec Salomone sapientiores possunt esse.*

¶ **MEMINITUS**, Præfatus, cujus facta mentio. Charta Adefonsi Reg. Hispan. ann. 1094. apud Marten. tom. 1. Ampliss. Collect. col. 548 : *Dono et offero ad ipsum atrium jam Meminitum, alterum monasterium de Penna-fidel, cum suus hæreditates ad integrum.*

¶ **MEMORACULUM**, Monumentum. Apuleius in Apolog. pag. mihi 497 : *Non inducat in animum, verum esse quod dixi, me sanctissime tot sacrorum signa et Memoracula custodire.*

¶ **MEMORALE**, Instrumentum, quo inquisitiones juridicæ præcipiuntur. Statuta Eccl. Bajocens. ad calcem libri Johan. Abrinc. de Offic. Ecclesiast. pag. 4 : *Num quidam falsis nominibus nuncupantes obligatoria instrumenta, et quittatoria, Memoralia et mandata contra alios impetrant.*

* **MEMORALIS**, pro Memorabilis, in Hist. invent. corp. S. Baudelii ann. 878. inter Instr. tom. 6. Gall. Christ. col. 168 : *Interea accidit ut Memoralis Gothorum princeps Bernardus.... idem monasterium adventaret, etc.* Ubi *Memorabilis* edidit Menardus inter Probat. tom. 1. Hist. Nem. pag. 3. col. 2.

MEMORALIUS, *Actuarius*, ὑπομνηματογράφος, in Gloss. Græc. Lat.

MEMORAMENTUM, *Monimentum*, in Glossar. Isonis Magistri.

MEMORANDA, Adversaria, Gallis, *Memoires*. Monasticum Anglic. tom. 2. pag. 803 : *Vobis mandamus quod si per registra, rotulos, et Memoranda vestra, aut alio modo legitimo vobis constare poterit, etc.*

¶ **MEMORARI**, pro *Meminisse*. Notitia judicati pro Ecclesia Gerundensi tom. 3. Concil. Hispan. pag. 143 : *Memorati sumus, ubi nos Dominus per divina præcepta admonuit dicens : Diligite justitiam qui judicatis terram.*

* Nostris *Membrer*, eodem sensu, f. ab Italico *Membrare*, recordari. Assis. Hieros. cap. 52 : *Parce que on ne seroit pas Membrant que le clam fut qu'on auroit fait autrefois de lui, que mémoire d'ome est mout escoloriant.* Chron. Franc. ad ann. 1296. apud D. *Le Beuf* tom. 1. Dissert. pag. clv. :

Et cele année, si com moi Membre,
Furent les iaues grans en Decembre.

¶ **MEMORATORIA**, Idem quod mox *Memoratorium*. Placitum ann. 999. apud Murator. tom. 2. part. 2. col. 499 : *Et idcirco hanc brevem Memoratoriam de præcepto supra dicti Imperatoris* (Ottonis) *et consensu domni Apostolici.... fecimus Abbati Hugoni.* Ibid. col. 502 : *Sic namque finitum est; unde pro futura memoria futuroque testimonio et cautela, hanc brevem Commemoratoriam prædictus Imperator... scribere præcepit.*

MEMORATORIUM, Notitia, *breve rememoratorium*. Leo Ost. lib. 1. cap. 47 : *Non autem videri superfluum est, si hoc loco Memoratorium quod prædicti Abbatis... studio gestum reperimus de rebus et cellis hujus Monasterii... annectimus.* [Placitum ann. 999. apud Murator. tom. 2. part. 2. col. 508 : *Et post solutam pœnam hoc breve Memoratorium in omni robore firmitatis permaneat.* Vita S. Ansegisi sæc. 4. Bened. part. 1. pag. 639 : *Memoratorium, qualiter domnus ac venerabilis Ansegisus Abbas disposuit vestimenta et calciamenta, etc.*] Vide *Breve rememoratorium*, et *Notitia*. Aliud sonat in Vita S. Licinii Episc. Andegav. n. 24 : *Præcepit ante se memoratum leprosum adducere, et de cibo suo reficere, et post completum Memoratorium eum sibi præsentari : peracto autem Completorio tota nocte, etc.* Ubi videtur sumi pro Completorio.

MEMORIA, Monumentum, sepulcrum, μνημεῖον. Festus : *Monumentum est quod mortui causa ædificatum est, et quidquid ob memoriam alicujus factum est, etc.* Florentinus JC. : *Monumentum generaliter res est memoriæ causa in posterum prodita, in qua si corpus, vel reliquiæ inferantur, fiet sepulcrum.* S. Hieronym. in cap. 22. Esaiæ : *Quod non tam tabernaculum et domus, quam sepulcrum et Memoria appellandum est.* S. August. de Cura pro mortuis gerenda cap. 4 : *Non ob aliud vel Memoriæ vel monumenta dicuntur ea quæ insignita fiunt sepulcra mortuorum, nisi quia eos qui viventium oculis morte subtracti sunt, ne oblivione etiam cordibus subtrahantur, in Memoriam revocant, et admonendo faciunt cogitari : nam et Memoriæ nomen id apertissime ostendit, et monumentum, eo quod moneat mentem, id est, admoneat, nuncupatur, etc.* Idem in Ps. 48 : *Pompa est funebris, excipitur sepulcro pretioso, involvitur pretiosis vestibus, sepelitur unguentis et aromatibus, deinde Memoriam qualem habet, quam marmoratam? vivit in ipsa Memoria ille ubi mortuus est.* Infra : *Quando cogitat sibi Memoriam marmoratam aut exsculptam facere, quasi de domo æterna cogitat, quasi ibi maneat ille dives.* Vide eumdem lib. 22. de Civit. Dei cap. 10. [S. Paulinus Epist. 32. ad Severum : *Prospectus vero basilicæ non, ut usitatior mos est, Orientem spectat, sed ad domini mei B. Felicis basilicam pertinet Memoriam ejus aspiciens.* Adamnan. de Locis Sanctis lib. 2. sæculo 3. Bened. part. 2. pag. 513 : *Trium quoque feminarum viliores et minores Memorias ibidem adspexit Arculfus.*] Vetus Inscriptio : *Servilius Trotius se vivo comparavit Memoriam sibi et suis.* Alia : *Comparaverunt sibi Memorias duas.* Occurrit non semel in aliis vett. Inscriptionibus. Vitalis Agrimensor : *In aliis locis Memoriam in finem constituimus.* Ita apud S. Athanasium in Vita S. Antonii cap. 3. μνῆμα pro sepulcro semitur, ut μνῆμαι, in Novel. Justin. 135. cap. 3. Vide S. Hieronym. Epist. 17. sub finem.

Memoriæ, dicta præsertim Christianis Oratoria, in quibus reconduntur Sanctorum corpora; interdum ipsa reliquiarum conditoria. Lucifer Calaritan. lib. 2. pro S. Athanasio pag. 112. 1. Edit. : *Cum sis Memorias Beatorum Martyrum instaurans.* S. Augustin. lib. 10. contra Faustum Manichæum cap. 21 : *Populus Christianus Memorias Martyrum religiosa solennitate concelebrat, et ad excitandam imitationem, et ut meritis eorum consocietur atque orationibus adjuvetur : ita tamen ut nulli Martyrum, sed ipsi Deo Martyrum sacrificemus, quamvis in Memoriis Martyrum constituamus altaria.* Consultatio Zachæi l. 1. cap. 18 : *Non tamen Deus dicitur, cujus effigies salutatur, nec adolentur thure imagines, aut colendæ aris superstant, sed Memoriæ pro meritis exponuntur, ut exemplum factorum probabilium posteris præstent, aut præsentes pro abusione castigent.* Paulinus Epist. 13 : *Ipsum tempus ante meridiem in votis nostris, quorum cura veneramus, per Apostolorum et Martyrum sacras Memorias consumentes.* Itinerarium Hierosolymit. seu Burdegalense : *In Therebinto Cebron mil. VII. ubi est Memoria per quadrum ex lapidibus miræ pulcritudinis, in qua positi sunt Abraam, Isaac, Jacob, etc.* [Concilium Bracar. inter Hispan. tom. 2. pag. 190 : *Barbaræ gentes devastant universam Hispaniam, templa evertunt, servos Christi occidunt in ore gladii, et Memorias Sanctorum, ossa, sepulcra, cœmeteria profanant.*] Utuntur passim Scriptores, Acta martyrii S. Saturnini in Prologo et cap. 3. n. 16. Gregor. Turon. lib. 1. Miracul. cap. 27. Aimoinus lib. 1. de Mirac. S. Bened. cap. 28. 29. Adamnanus de locis SS. l. 2. cap. 10. Lupus Ferrariensis in Vita S. Maximi Trevir. cap. 6. Fulcuinus de Gestis Abbatum Lobiensium cap. 38. Vita S. Walarici cap. 29. n. 39. Anastasius in Vitis PP. pag. 3. Liber Miracul. S. Leutfredi,. Rudolphus in Vita S. Liobæ cap. 24. 25. Lib. 1. de Mirac. S. Dionysii cap. 5. etc. Adde Balduinum ad Optatum pag. 100. 1. Edit.

¶ Memoria, Ecclesia, sacellum. Charta ann. 1046. ex Archivis S. Victoris Massil. : *Cedimus quippe vel condonamus prædicto nostro Redemptori ejusque almæ Genitricis Memoriæ.* Vita S. Liobæ sæculo 3. Bened. part. 2. pag. 257 : *Ecclesia augustius ædificata.... ossa ejus transtulit, et in australi porticu juxta Memoriam S. Ignatii martyris posuit.* Aimoinus de Miracul. S. Benedicti sæc. 4. Bened. part. 2. pag. 373 : *Demum emtam ceram, juxta præostensam visionem, ad Memoriam inclitæ Virginis Mariæ deferens, etc.*

¶ Memoria, Altare. Vita S. Bertulfi Abb. Renticens. sæc. 5. Bened. part. 1. pag. 59 : *In Blandiniensi namque ecclesia Memoriam fidelium defunctorum construxit fidelium vivorum industria.*

¶ Memoria, Loculus, in quo Reliquiæ alicujus Sancti reconditæ. Miracula S. Landeberti Episc. Traject. sæc. 3. Bened. part. 1. pag. 80 : *Dignam ei præparaverunt mansiunculam, quæ opere artificum mirabili et copiosa mole auri et argenti et gemmarum et lapidum pretiosorum.... fabricata est.... Ibique, ut decebat, urbana et venerabilis mirifica Memoria hæc prægrandi ecclesia composita est.* Ubi de loculo sermonem fieri ex eo probat Mabillonius, quod in primo Triumpho ejusdem Sancti Obertus Episcopus *Memoriam B. Martyris in quo jacebant sacratissimæ ejus Reliquiæ, auro coopertum excrustasse dicitur.*

¶ Memoria, dicitur de qualibet re quæ Sancto alicui in usu fuit, v. g. de baculo. Translat. S. Launomari Abb. Curbionens. sæc. 4. Bened. part. 2. pag. 248 : *Missi eo monachi secum deferunt gloriosi baculum Confessoris.... At ne quis ignoraret istam Sancti Memoriam suæ inesse ecclesiæ, superpositus altari vel fidem exhibebat.*

Memoriæ, Exequiæ. Provinciale Cantuar. Eccl. l. 3. tit. 14 : *Peractis a viris Ecclesiasticis mortuorum Memoriis, etc.* [Synodus Limensis tom. 4. Concil. Hispan. pag. 754 : *Quod in oblationibus et Memoriis quæ pro defunctis fiunt non apponantur sacci palearum nec lagenæ aquæ, vel aliæ res quæ in specie non compleant.*]

Memoriæ, Anniversarii Sanctorum dies, seu festa. Joannes Hierosolymitanus lib. 3. in Stratagemata B. Job : *Propterea et Memorias Sanctorum facimus, et parentum nostrorum vel amicorum in fide morientium devote Memoriam agimus, etc.* Anastasius Bibliothec. in Histor. Eccles. : *Festus Senator urbis Romæ missus ad Anastasium propter quasdam civiles utilitates, Memorias sanctorum Apostolorum festivitate majori petiit celebrari.*

* Memoria Victoriæ, Tropæum, Gall. *Trophée.* Lib. de Mirabil. Romæ ex Cod. reg. 4188 : *Date michi xxx. milia sextertenas, et Memoriam victoriæ michi facietis post peractum bellum.*

* Memoria, Commemoratio alicujus sancti in officio ecclesiastico. Stat. S. Capel. Bitur. ann. 1407. ex Bibl. reg. : *Benedicamus dicetur a vicario hebdomadario in sua sede, et versiculi Memoriarum, et etiam habebit ibidem incipere antiphonam Memoriarum.*

Sanctæ Memoriæ. Magno de Notis : *SC. MM. sanctæ memoriæ.* Epitaphium in Cathedrali Ecclesia Vasionensi : *† Hic in pace requiescit Sanctæ Memoriæ Eriplus Pbr. qui vixit ans. XXVII. mens. X. d. XVIII. Ob. VIII. Kl. Februar. P. C. iterum Agapiti V. C. Conss.* 4. Commonitorium Marii Mercatoris § 1 : *A quodam Paulino Diacono Sanctæ Memoriæ Ambrosii Mediolanensis Episcopi, etc.* Vide Ughellum tom. 4. Ital. Sacræ pag. 948. et 1052. *Bonæ Memoriæ.* Aliud Epitaphium : *Obiit bon. M. Casaria medium noct. D. Dominico inlucescente VI Idus Decembr. quatragies, et VI. P. C. Basilii junioris V. CC. ann. XII. regn. domini Childeberti Reg. Indict. quinta.* Adde Joannem Sponum in Antiquitatibus Lugdun. pag. 48. 49. 66. 74. 201. 226. *Beatæ Memoriæ.* Marius Mercator lib. subnotat. cap. 9 : *Sanctæ ac beatæ Memoriæ Augustini Episcopi, etc. Perennis Memoriæ*, Constantinus M. de Constantio Patre, in l. 6. Cod. Th. de Cohort. (8, 4) Μακαρίας μνήμης, de eodem Augusto, apud S. Athanasium in Epist. ad Constantium. *Triumphalis Memoriæ*, in l. 1. Cod. Si nuptiæ ex rescripto petantur, et (3, 10.) in Collat. 3. Carthagin. cap. ult. *Venerabilis Memoriæ*, apud Facundum Hermianesem lib. 4. cap. 4. *Augustæ Memoriæ*, apud eumdem lib. 12. cap. 3. de Marciano Imp. *Principalis Memoriæ*, in Diurno Romano pag. 36 de Theodosio Imperatore. *Clarissimæ Memoriæ.* Magno de Notis : *C. M. V. clarissimæ Memoriæ vir.* Vide l. 1. Cod. Th. de annona et trib. (11, 1.) l. 14. de Navicular. (13, 5.) *Illustris Memoriæ*, apud Willelm. Tyrium lib. 5. cap. 23. lib. 20. cap. 3. lib. 21. cap. 1. lib. 22. cap. 10. *Spectabilis Memoriæ*, in leg. 45. de Hæretic. (16. 5.) *Admirabilis Memoriæ*, apud Vigilium Tapsensem pag. 558. *Felicis Memoriæ*, apud Victorem III. lib. 1. Dial. *Apostolicæ Memoriæ*, de Summo Pontifice, in Epist. 9. Hadriani II. PP. *Hilaris Memoriæ*, de Guillelmo de Campellis Episcopo Catalaunensi, apud Johan. Sarisber. lib. 3. Metalogic. cap. 9. *Bonæ et jucundæ recordationis*, apud eumdem Epist. 39.

* Beatæ Memoriæ Pipinus rex dicitur a Carolo M. in Charta ann. 679. tom. 5. Collect. Histor. Franc. pag. 717. Ita et Ludovicus VI. in Ch. Ludov. Jun. ann. 1138. ex Reg. 122. Chartoph. reg. ch. 240. *Divæ ac felicis Memoriæ* Henricus I. rex Franc. in Ch. Phil. I. ejus filii ann. 1075. ex Chartul. S. Magl. ch. 12. *Excellentissimæ memoriæ* Alphonsus rex, in Charta ann. 1211. tom. 1. Probat. hist. geneal. domus reg. Portug. pag. 12. *Liberalis memoriæ* Stephanus avunculus Manassis episc. Aurel. in Ch. ann. 1150. inter Instr. tom 8. Gall. Christ. col. 510. *Magnæ memoriæ* Henricus dux Brabantiæ, in Ch. ann. 1267. ex Cod. reg. 10197. 2. 2. fol. 35. r°. *Personne de grant Mémoire feu maistre Guillaume de S. Germain,.... procureur général du roy nostre seigneur*, in Charta ann. 1389. ex Reg. 138. ch. 28. *Meritæ recordationis* S. Ludovicus, in Arest. ann. 1306. ex Reg. *Olim* parlam. Paris. *Perhennis recordationis, inclitissimæ et divæ Memoriæ* Henricus V. rex Angl. in Ch. Henr. VI. ex Cod. reg. 8387. 4. fol. 97. v°. *Persuavis memoriæ Arnolfus, Carolomanni filius*, in Mirac. S. Emmer. tom. 6. Sept. pag. 499. col. 1.

Neque tantum istæ formulæ de mortuis usurpatæ, sed etiam de superstitibus, ut apud Eddium Stephanum in Vita S. Wilfridi cap. 21 : *Porro beatæ Memoriæ, adhuc vivens gratia domini, Arco Episcopus, etc.* Cui scilicet librum suum dedicat. Adde cap. 53. 61. Unde vero eæ ortæ formulæ, docet Goarus ad Euch："log. pag. 144. [** Vide Marin. Diplom. papyr. num. 75. not. 13.]

* Alia simul collecta in hanc rem exempla videsis in Dissertatione de Formulis *Bonæ memoriæ, Piæ memoriæ*, edita tom. 9. Opusculorum philolog. ab Ignat. Maria Como publicatorum Venetiis ann. 1733.

* Memoria, Scriptum summarium, quod rerum actarum memoriam renovat; unde quædam Cameræ Computorum regesta, *Mémoriaux* appellata. Inst. Cam. Comput. Paris. ann. 1383. tom. 7. Ordinat. reg. Franc. pag. 42. art. 24 : *In tertio libro scribantur et registrentur Memoriæ, acta et gesta in dicta Camera Compotorum.*

* Memoria, Sensus, Gall. *Sentiment, esprit, sens*, alias *Mémoire.* Lit. remiss. ann. 1381. in Reg. 120. Chartoph. reg. ch. 49 : *Johannes Condaez... percussit cum ligone atrociter super capud ipsum Johannem Molnerii, sanguinis unda non modica profluente ac in terram decurrente, ita quod capucium ipsius Johannis Molnerii fuit ex illo ictu ligonis ruptum in quatuor partes, et ipse Johannes Molnerii maximo timore fere Memoria privatus..... Dictus Johannes Molnerii videns tot angustias, licet graviter percussus ac vulneratus Memoriaque fere privatus fuisset, ut jam dictum est, arripuit fugam.* Prolog. in Mirac. S. Ludov. edit. reg. pag. 391 : *Ceus qui estoient hors de leur Mémoire, etc. Mémoire*, Pars capitis aversa nuncupatur, in aliis Lit. ann. 1455. ex Reg. 187. ch.

145 : *Icellui Pradel getta une pierre à l'encontre dudit Estienne, qui estoit encliné vers terre, et lui en bailla sur la Mémoire de la teste, et lui en fist une grant plaie.*

¶ MEMORIA, Litis judicandæ instructio, ordinatio, *Memoire*. Regestum Parlamenti ann. 1452. apud Baluz. tom. 2. Hist. Arvern. pag. 455 : *Quod dictæ Memoriæ seu scripturæ per modum Memoriarum processui principali jungerentur.* Vide *Memorialia.*

¶ **MEMORIACUS**, Qui memoriam conservat et ab oblivione vindicat. Prologus MS. Vitæ S. Samsonis Dol. : *Hæc paucissima admodum verba Memoriacis litteris tradere conatus sum.*

MEMORIALE, Idem quod *Memoria*, Monumentum, sepulcrum. Ordericus Vitalis lib. 7. pag. 648 : *Memoriale ejus super ipsam ex auro gemmis mirifice constructum est, et epitaphium hujusmodi literis aureis comiter exaratum est.* Utitur et lib. 8. pag. 663. [Johannis Iperii Chron. S. Bertini part. 12. apud Marten. tom. 3. Anecd. col. 613 : *Memoriale vero ejus* (Balduini) *sive tumbam solemnem statuerunt, et altam ex ære fabrefactam et auratam cum cruce desuper posita et affixa, quæ adhuc hodie solemnis et honesta durat. Anniversarium autem ejus, etc.*]

¶ MEMORIALE, Diploma, charta, notitia. Litteræ Philippi I. Reg. Franc. ann. 1082. tom. 2. Histor. Eccl. Meldens. pag. 15 : *Et ut hoc largitionis donum et concessio nostra firma et inconcussa permaneat, Memoriale istud inde fieri, et nostri nominis caractere et sigillo, præsentibus de palatio nostro, quorum nomina subtitulata sunt, signari et corroborari præcipimus.* Vide *Memoratorium.*

¶ MEMORIALE, Index, syllabus. Epitom. Constit. Eccl. Valent. tom. 4. Concil. Hispan. pag. 147 : *Per archiverios Capituli fiat unum Memoriale omnium negotiorum ecclesiæ.*

MEMORIALE, Memoria. Gesta Regum Francor. cap. 1 : *Cœperuntque ædificare civitatem ob Memoriale eorum, appellaruntque Sicambriam*, id est, in eorum memoriam. Charta Hugonis Capeti Regis pro Monast. Fossatensi in ejusdem Monasterii Tabul. fol. 13 : *Nostrum Memoriale conjugisque meæ seu filii nostri Roberti Regis ac consortis regni nostri æternaliter fundendo pro nobis preces inibi habeatur.*

MEMORIALES, Qui in *scriniis Memoriæ* militabant, de quibus lex 2. Cod. Th. de Privileg. eorum qui in sacro Palat, etc. (6,35.) S. Ambrosius Epist. ad Marcellam : *Palatina omnia officia, hoc est, Memoriales, Agentes in rebus, apparitores diversorum commodorum.* Vetus Codex Prisciani MS. laudatus a Steph. Baluzio : *Fl. Theodos. V. D. Memorialis sacri scrinii epistolarum, et Adjutor Quæstoris sacri Palatii, etc.* In Concil. Aquileiensi sub Damaso PP. exstat Epistola Marcelli *Memorialis*. Concil. Calchedon. Act. 4 : Ἐλπίδιος μεμοροφύλαξ τῶν Προκοπίου ἐςί. *Memoriarum seu monumentorum custos.* [ἱερομνήμονος, in Hist. Concil. Florentini per Sylvest. Sguropulum sect. 3. cap. 15.] Eosdem esse putat Meursius, qui posterioribus dicti sunt οἱ ἐπὶ τῶν Ἀναμνήσεων. Vide *Magister Memoriæ.*

MEMORIALES videntur appellati in vetere Consuetud. Bituric. apud Thomasserium pag. 335. quos *Graphiarios* dicimus, seu *Greffiers.* Statutum ann. 1327. pro Castelleto Paris. in Regesto temporalitatum Cameræ Paris. Comput. fol. 105 : *Ceux qui feront les Memoriaux seront personnes souffisans et jurez, et ne feront Memoriaux ne accors, si les parties ne sont presentes, et a accort de l'escriture, et jureront les Advocats qu'ils ne contrediront les Memoriaux que plaider auront, ains les accorderont selon ce qne plaidé auront, et y seront iceux Notaires mis et establis, de par le Prevost, bons et souffisans, etc.*

MEMORIALES MEMBRANÆ, in Inscript. Codicis Carolini MS. apud Lambecium lib. 2. Commentar. de Bibliot. Cæsarea cap. 5. quæ conservant memoriam, et ab oblivione vindicant. Capitul. Caroli C. tit. 32. § 12 : *Et in suis Memorialibus adnotent de quibus Comitibus commendaverint.* Eodem sensu quo *Memoriales libri* apud Suetonium, et *Memoriales tituli* apud A. Gellium.

¶ **MEMORIALIA**, Scripta, quæ liti instruendæ inserviunt, *Memoires*. Instrum. ann. 1482. ex Tabular. B. M. de Bono-nuntio Rotomag. : *Testes, litteras, acta, Memorialia, instrumenta, et quævis cumque probationum genera in modum probationis producendum.* Vide in *Memoria.*

¶ **MEMORIALIS** LIBER, Necrologium, in quo nomina benefactorum et amicorum notabantur; in codice vero, quo Regula descripta erat, ii solummodo inscribebantur qui monasterium potioribus beneficiis dotaverant, aut qui fraternitatis fœdere monachis conjuncti erant. S. Wilhelmi Constitut. Hirsaug. lib. 2. cap. 17 : *In libro Memoriali quemcumque vult* (Prior) *facit notari; sed non in Regula absque domni Abbatis licentia.*

MEMORIALIS CUCULLA, [Pœnæ genus Canonicorum Regularium, qui sine licentia Abbatis Ordinem monasticum susceperant.] Vide *Cucullus.*

** MEMORIALE SIGNUM, Documentum, recognitio. Chart. Henric. Episc. Numb. ann. 1329. apud Haltaus. voce *Erkentnus*, col. 395 : *In Memorialeque signum juris dicti artificii per nos dati pistores annis singulis .... duos panes triticeos longos.... ad curiam nostram solvere obligarunt.*

1. **MEMORIALITER**, pro *Memoriter*, usurpat Eddius Stephanus in Vita S. Wilfridi cap. 2 : *Omnem psalmorum seriem Memorialiter et aliquantos libros didicit.* Adde cap. 3. 49. 61.

* 2. **MEMORIALITER**, In memoriam. Charta Radulf. dom. de Couciaco ann. 1187. in Chartul. Mont. S. Mart. ch. 15 : *Pro anima mea sollempne servicium celebrabunt et anniversarium meum Memorialiter perpetuo facient.* Lib. de Mirab. Romæ apud Montemfalc. in Diar. Ital. pag. 297 : *Ipsum quoque regem.... sub ungula equi Memorialiter destinaverunt.* Vide *Memoriter.*

MEMORIOSUS, *Qui memoriam habet; Memor vero, beneficus, vel qui defensionis memor est*, Papias. Glossæ antiquæ MSS. : *Capax, Memoriosus.* [Pontius in Vita et passione S. Cypriani : *Cui enim posset non esse miraculo tam Memoriosæ mentis oblivio.* S. Gerardus in Vita S. Adalhardi sæc. 4. Bened. part. 1. pag. 355 : *Et sermo quemque audientem sui faciebat Memoriosum.*]

MEMORIOSUS, *Bonæ memoriæ.* Epitaphium Petri de Cernitis Legum Doctoris Bononiensis, apud Ghirardaccum lib. 22. Histor. Bonon. pag. 143 : *Hic jacet vir Memoriosus D. Petrus de Cernitis Legum Doctor legalissimus, sepultus* 1328. 13. *Decembr.*

* **MEMORITER**, ut *Memorialiter*, 2. Charta Sim. Tornac. et Noviom. episc. ann. 1143. in Chartul. S. Petri Insul. sign. *Decanus* ch. 79 : *Ut in ea* (ecclesia) *anniversarium nostrum annuatim et Memoriter celebretur.* Alia ann. 1249. in parvo Reg. S. Germ. Prat. fol. 44. v°. col. 2 : *Cujus portæ altitudo et profundum debet quatuor et dimidium vel circiter continere* (pedes) *cujus mensura penes nos et penes dictos abbatem et conventum in baculo ferreo Memoriter retinetur.* Charta Frider. episc. Brandeburg. ann. 1308. inter Probat. tom. 2. Annal. Præmonst. col. 126 : *Qui* (Norbertus) *in ecclesia S. Mariæ Magdeburgensis Memoriter tumba requiescit.*

* **MEMORIUM**, Scriptum, in quo actor querelas suas exponit. Chartul. B. M. Medii monast. fol. 67. v° : *Cum decanus et capitulum B. M. de Medio monasterio traxissent in causam fratrem Andræam cellerarium S. Sulpitii, Girardum Majestet et Robertum de Burgo super contentis in quodam Memorio, etc.*

1. **MEMOROSUS**, Μνημονικός, *Memorabilis*, in Gloss. Græc. Lat.

* 2. **MEMOROSUS**, Memor. Passionar. eccl. S. Quint. tom. 9. Collect. Histor. Franc. pag. 110 : *Cujus* (ecclesiæ Ambianensis) *primo lacte dulciter fuerat lactatus* (Otgerus), *ut talem decuit filium, semper permansit Memorosus.* Vide *Memoriosus.*

¶ **MEMORPHIM**, apud Murator. tom. 1. part. 2. pag. 47. pro *Merworphin*, quod vide.

¶ **MEMPANIS**, *Torporibus.* Gloss. Isidori. Ubi Grævius : ex Pithœanis Excerptis lege : *Membranis, tergoribus*; et vide Isidorum lib. 6. cap. 11.

¶ **MEMPHITICUM**, Profanum quid, abominandum. Libellus Auxilii apud Mabill. tom. 4. Analect. pag. 619 : *Et cum tanta probitate predicatus toto mundo ut alter lucifer illuxisset* (Formosus PP.) *vim passus in sepulcro, busta diruta, ossa fracta, uti quoddam Memphiticum, ejectus est extra publicum.* Ubi auctor ad cap. 23. lib. 4. Reg. respicere videtur. *Mephiticus odor*, apud Sidonium lib. 3. Epist. 13. pro gravis, putidus. *Metis* (leg. Memphis) *lieu puant, ou pueur de terre, qui naist d'yaues ensouphrées*, in Gloss. Lat. Gall. Sangerm.

¶ 1. **MENA**, Fodina, Gall. *Mine*; necnon et id quod ex ea exfoditur. Litteræ ann. 1290. tom. 2. Hist. Dalphin. pag. 542 : *Ut menam quam exinde extraxerint, possint et debeant ducere in terram nostram,.... et operari et affinare ipsam Menam et fundere et probare expensis suis propriis.* Extractum computi ann. 1336. ibid. pag. 323 : *Item pro expensis magistri Petri de Rausana et quatuor someriorum portantium Menam pro faciendo auro.* Ibid. pag. 15 : *Item potest Menas omnium metallorum apperire, etc.* Computum ann. 1342. ibid. tom. 1. pag. 94 : *Primo, recepit a Florito Gerbergiæ pro triginta duodenis Menæ, datis pro qualibet* duodena Menæ duabus libris ferri, 60. libr. ferri. Vide infra Mineria.

¶ 2. MENA, Luna, Dea quæ fluxibus præest. Laur. in Amalth. A Gr. μὴν, mensis, vel μήνη, luna. Vide S. Aug. de Civit. Dei lib. 4. cap. 11. et supra Flores 2.

* 3. MENA, Idem quod infra Menamentum. Vide in hac voce.

¶ MENACHE. Statuta Card. Trivultii Abb. S. Victoris Massil. ann. 1531 : Subprior in die S. Illidii tenetur providere de pitantia dicta du Menache, ut moris est bene et honorifice.

¶ MENAGERIUS, in Chartis Massiliensibus frequenter, pro villicus, colonus, nostris Fermier, Massiliensibus Menagier.

1. MENAGIUM, Familia, Gall. Mesnage. Charta Joan. Regis Scotiæ apud Walsingham. pag. 66. et in Chron. Trivetti ann. 1296. pag. 677 : Fidelitatem et homagium... ratione terrarum quas in nostro regno tenebant, et etiam ratione Menagii, seu retentionis nostræ.... vobis reddimus per presentes.

☞ Rectius Menagium eadem notione qua Retentio interpretatus fuisset D. Cangius. Vide in hac voce. Pro familia vero occurrit in Testamento Theobaldi de Marliaco ann. 1287 : Pauperibus Menagiis de Levavilla, de Usavilla, et de Burco Alberti, istis tribus locis c. solidos distribuendos. Pro certa agri portiuncula cum mansione seu æde occurrit vox Menage, in Charta Thomæ de Couciaco ann. 1258 : Je retieng ma maison et mon porpris, et puis accroistre mon Menage de deux masures de terre par le gré des homes qui ce seront. Idem proinde quod Messuagium.

¶ 2. MENAGIUM DECIMÆ, pro Decima decimæ seu Redecima, occurrit in Charta ann. 1239. memorata tom. 1. Maceriarum Insulæ Barbaræ pag. 151. Quod ministerialitatis jus dicitur apud Perardum in Burgundicis pag. 118. Adde pag. 92. et 122. Vide Ministerialitas 1. et Cario.

* Vectura, ductio. Lib. virid. eccl. Carnot. ann. circ. 400 : Præpositi ecclesiæ Carnotensis.... tenebantur.... blada et avenas adduci facere ad orrea capituli..... per illos qui debebant Menagia granorum.

3. MENAGIUM, pro Homenagium. Vide in Hominium. [Menage, Poetis nostratibus pro tutela, defensio. Le Roman de la guerre de Troyes MS. :

Agamenon seul sacrifie,
Vers la Deusse se humilie,
Don tot se met en sa Menage.]

* Vel potius, pro Arbitrium, potestas, ut Manaide, apud Rob. Burron. in Poem. Merl. MS. : Ore m'en aquite de chou que li créantai; car je me met del tout en vostre Manaide, si porez ores faire de moi quanques il vous plaira, ou de occire ou de laissier vivre.

* MENAICIUM, f. Minutum lignum quod aqua ducitur; unde vocis origo. Stat. Taurin. ann. 1360. cap. 179. ex Cod. reg. 4622. A. : Nulla persona capiat Menaicium super alienam terram. Vide Menayca ligna.

* MENAIDA, Vectura, quam quis domino præstare debet; a Menare, ducere. Charta ann. 1188. in Chartul. Cluniac. : Homines de Grandi-fonte et Fuians de tribus mansis debent moisons, arietes, denarios et Menaidas juxta consuetudinem antiquam. Vide Menatura.

* MENALCHERA, Servitium militare cum equis. Charta Theob. comit. Barri ann. 1246. inter Probat. Hist. Virdun. pag. 15. col. 1 : Omnes liberi erunt et immunes ab omnibus Menalcheriis et exercitibus meis in perpetuum. Ubi legendum suspicor Cavalcheris. Vide supra in Caballus.

* MENAMENTUM, MENA, Pactio, tractatus, Ital. Menamento a Menare, iisdem, Tractare. Instr. ann. 1217. apud Cl. V. Garamp. in Ind. ad Hist. B. Chiaræ pag. 526. col. 1 : Quod pro Mena vel ordinamento inter Tudertinos et Interamnenses, vel illorum occasione, nihil dedimus nec dare convenimus, per nos vel per alium, potestati Tuderti etc. Aliud ann. 1242. ibid. in Dissert. 8. pag. 245 : Juraverunt non facere pactum, neque finem, nec Menamentum aliquod cum complemento, cum imperio, nec cum aliquo qui præesset imperio,... sine civitate Perusii. Charta ann. 1257. apud Murator. tom. 4. Antiq. Ital. med. ævi col. 129 : Ad que vobiscum firmanda et facienda, Ranerium Zanghinum.... nostrum procuratorem mittimus cum mandato ad hoc, quod prædicta vobiscum infra terminum duorum dierum tantum, cum ultra duos dies vobiscum Menamentum de prædictis tenere non possit, faciet et firmabit.

* MENANDISIA. Charta ann. 1313. in Lib. rub. Cam. Comput. Paris. fol. 393. r°. col. 1 : Redditus thelonei, quod annuatim percipimus et habemus super Menandisias ascendentes et descendentes per archam magni pontis Paris. Sed leg. Mercandisias. Vide in Mercatum.

¶ MENARE, a Gallico Mener, Ducere, regere. Camillus Peregrinus in Histor. Princip. Longobard. apud Murator. tom. 2. pag 258. : De aliis vero personis, vel rebus habeat sicut proprium suum Menandum et gubernandum usque ad menses tres. Chronic. Bergom. ad ann. 1397. apud eumdem tom. 16. col. 894 : Acceperunt duos equos qui Menabant dicta plaustra. Vide Menata et Minare.

* Unde nostris Meneur, Tutor, gubernator. Charta Phil. Pulc. ann. 1308. in Lib. rub. Cam. Comput. Paris. fol. 340. col. 2 : Jehanne dame du bois Arnaut et Roger du bois Arnaut tuteurs, curateurs, Meneurs, etc. Lit. remiss. ann. 1410. in Reg. 164. Chartoph. reg. ch. 329 : Icellui suppliant ou ses amis pour lui ont fait paix et satisfaction au filz dudit Tarout, qui est soubzagié; ou à ses Meneurs ou tuteurs pour lui. A verbo Mener, Tueri, uti tutores solent. Lit. ann. 1371. tom. 7. Ordinat. reg Franc. pag. 392. art. 9 : Et à esté accordé entre nous et les diz habitans, que se il advenoit que aucuns desdiz habitans Menast son enfant, etc. Mesmener, pro Malmener, Male accipere, in Poem. Roberti Diaboli MS. :

As félons tient et députaire
Ceux qui sont fol ont Mesmené.

Vide supra Maletractare. Parmener vie dissolue, Libidinose vivere, in Lit. remiss. ann. 1409. ex Reg. 163. ch. 267.

¶ MENARIA, An idem quod in Consuet. Britan. art. 269 : La menée et obeïssance du fief dicitur? Charta Pontii Episc. Glandatensis ann. 1096. apud Marten. tom. 1. Ampliss. Collect. 550 : Dedit prædicto monasterio (S. Victoris Massil.)... de honore suo quem per alodium ex parte genitorum suorum possidebat, videlicet decenam in Castellana, et unum mansum in Rocha-rusa, et decenam in Alonsio, et decenam in Thoramina, cum tertia parte de Menaria quam ibi habebat. Vide Menée de poullet. [* F. pro Maneria, mansio, domus. Vide in hac voce.]

¶ MENARS, f. Fons, scaturigo, ab Hisp. Manar, scaturire. Charta ann. 1060. Append. Marcæ Hispan. col. 1119 : Et sunt hæc omnia terræ, vineæ, casæ, casales,.... molendina et Menars, et aquæ, cultum et eremum. Vide Meneres.

1. MENATA, Clandestinum consilium, ex Gall. Menée, Formula 24. ex Andegavensib. : Quasi animalia per sua Menata eos ducere habuisset, et ipsa animalia per sua Menata aliquas mortas fecerant, etc. ipsa pecora illi excorticassit, etc. Infra : Et ipsi illi taliter locutus fuit, quod nec sua animalia nunquam menassit, nec per sua Menata ipsa animalia degere nunquam habuissit, etc.

* 2. MENATA, Ductio, ab Italico Menare, Ducere. Stat. Cadubr. pag. 52. r°. : Item quod omnes et singuli mercatores lignaminis, tam terrigenæ quam forenses, conducentes seu conduci facientes tayolas per aquas et flumina terræ Cadubrii, teneantur et debeant cum auctoritate domini per quindecim dies, antequam incipiant Menatam aliquam facere, etc.

* MENATORIUM, Instrumentum, quo aliquid cum altero jungitur et movetur, Ital. Menatoio, a Menare, iisdem, Agitare, commovere. Guido de Vigev. MS. de Modo expugn. T. S. : Restringantur cordæ cum lignis Menatoriis grossis, ut est lancea; sic longis, ut unum Menatorium conjungatur cum altero, ut possit simul ligari et Menatoria unius lateris assidis ligentur cum Menatoriis alterius lateris.

¶ MENATURA, Vectura, ductio, ab Ital. Menare, conducere. Statuta Vercell. lib. 4. f. 72. v°. : Teneantur molinari omne granum custodire bona fide per se et ductores suos, et non capere pro moltura cocte et Menatura ultra cupos sex.

¶ MENAULUM, Jaculi genus est, cujus meminit Leo Imperator in Tacticis, sed solus, quod sciam, meminit. Ita Carolus de Aquino in Lex. milit. [**Vide Glossar. med. Græcit. in Μίναυλος, col. 904.]

¶ MENAYCA LIGNA, Minuta, ni fallor, Gallice Menus bois. Statuta Vercell. lib. 5. f. 123. recto : Salvo quod ligna Menaycia et sicca de bosco possint portari. Ibid. fol. 124. v°. : Item quod liceat cuilibet capere et portare ligna quæ invenirent de Menaycis aquarum. Huic cap. titulus præfigitur : De lignis Menaycis. [* Vide supra Menaicium.]

MENCALDUS, Mensura frumentaria, in diœcesibus Cameracensi et Atrebatensi nota. Charta Nicolai Episc. Cameracensis ann. 1161. in Tabul. Montis S. Martini : Statutum est etiam quod 17. Mencaldi de frumento, quorum cumulus abrasus fuerit fuste ad fustem dabuntur pro modio frumenti, et 16. Mencaldi de avena cumulati dabuntur pro modio avenæ.

¶ Mencaudus, Eadem notione, in Charta ann. 1302. e Chartul. 2. S. Quintini in insula pag. 170 : *Item 6. rasos avenæ, 13. cappones, 9. fouachas, quelibet fouacha valoris unius Mencaudi bladi solubilis ad consuetudinem brugensium.* *Maincot* dicitur in Adæquatione mensurarum infra in voce *Modius*, 2.

Mencaldata, Gall. *Mencaudée*, [Mensura 100. virgarum.] Charta anni 1209 : *Quatuor modiatas et quinque Mencaldatas nemoris de Hangicourt reclamarunt.* [Charta Eustachii de Nova villa ann. 1255. apud Duchesnium Hist. Betun. inter Probat. pag. 165 : *Eidem capellaniæ conferens decem et septem Mencaldatas terræ.* Occurrit passim in veteribus Chartis apud Joan. Carpentar. 4. parte Hist. Camerac. pag. 26. 29. 40. [Vide *Lancea Sartatoria* et *Mencoldiata*.]

¶ Mencaldata, pro *Mencaldus*. Charta ann. circ. 1000. apud Miræum tom. 2. pag. 935 : *Ex quibus Petrus Porcarius triginta Mencaldatas annuatim solvit, Bolardus etiam totidem.*

MENÇALIS, [Monetæ Hispanicæ genus.] Charta Hispanica apud *Yepez* in Chronico Ordin. S. Benedicti tom. 6. pag. 353 : *De singulis quibusque annis ducentos Mençales, quibus incipiatur dormitorium, quod ego complere me spondeo, si vita comes fuerit.*

* **MENCATUS**, ut *Mencaldus*, Mensura frumentaria. Charta ann. 1200. ex Tabul. eccl. Camerac. : *Unum Mencatum avenæ, duos capones et sex denarios dabit.* Vide mox *Mencoudus*.

MENCEPS, *Mente captus, insanus*, Ugutioni. Φρενόληπτος. [Vita S. Gerardi Abb. Broniens. sæc. 5. Bened. pag. 262 : *Unde quasi Menceps dentibus stridere, manus contorquere, crura brachiaque huc illuc disjectare. Menceps, hors du sens*, in Gloss. Lat. Gall. Sangerm.]

* Glossar. Provinc. Lat. ex Cod. reg. 7657 : *Dessennat, Prov. Menceps, caducus, delirus.*

* **MENCIANUS**, pro *Meltianus*, Pagus Meldensis, vulgo *Le Multien*, alias *Mencien*. Lit. remiss. ann. 1358. in Reg. 86. Chartoph. reg. ch. 298 : *Jehan Hullot demourant à Estaneguy en Mencien ou bailliage de Valoys etc.*

¶ **MENCLA**, ψωλή, *Mentula*. Supplem. Antiq.

* **MENCODATUS**, Mensura agraria centum virgarum. Charta ann. 1230. ex Chartul. 21. Corb. : *De quolibet autem dimidio Mencodato terræ, castigato apud Coluncanp, habeo xij. denarios.* Vide in *Mencaldus*.

* **MENCOLAITA**, Eadem notione. Charta Andr. Noviom. episc. ann. 1308. in Reg. 45. Chartoph. reg. ch. 113 : *Item tres Mencolaitas terræ vel circiter, quæ fuerunt Simonis le Laitier.*

¶ **MENCOLDIATA** Terræ, Idem quod *Mencaldata*. Codex MS. Montis S. Quintini : *Insuper dedit ei Abbas unam Mencoldiatam terræ in pheodum, liberam a terragio, set non a justitia.* Vide *Mencaldus*.

* **MENCOUDUS**, Mensura frumentaria, idem quod *Mencaldus*. Charta ann. 1234. in Chartul. prior. Lehun. ch. 16 : *Cum prior et conventus Lehunensis tenerentur nobis annuatim in duobus Mencoudis frumenti et dimidio ;... et nos teneremur eis in duobus Mencoudis frumenti etc.*

1. **MENDA**. Chronicon Aulæ Regiæ cap. 23 : *Curta et arta cum quadam Menda circa cubitum dependente, in tunica, quæ quasi auris circumvolat asinina, jam videntur plurium vestimenta.* Ubi legendum puto *Mencha*, ex Gallico, *Manche*, id est, *Manica*, dependans a cubito.

¶ 2. **MENDA**, pro *Emenda*. Tabular. Parteniac. et Casæ Dei apud Stephanot. tom. 2. Antiquit. Bened. Pictav. MSS. pag. 498 : *Nullam rem penitus in prædictis burgis... retinentes præter Mendam consuetudinariam quam solvent prædicti homines monachorum.*

¶ **MENDACILOQUIUM**, ψευδολογία, i. Mendacium. Gloss. Lat. Græc. MS. Sangerm.

MENDACILOQUUS, ψευδολόγος. Vetus versio Epistolæ S. Pauli ad Timotheum, in Conciliis Sirmondi tom. 1. pag. 211 : *Intendens Spiritibus seductoribus et doctrinis dæmoniorum et Mendaciloquorum.* Ita Lucifer Calaritanus pag. 328. I. Edit. *Mendaciloquentium* præfert. [*Mençoignier* pro *Mensonger*, mendax, usurpat le Roman *de la guerre de Troyes* MS. :

> Nos sera més tosjors retrait
> Que parjure somes et faus,
> Et Mençoignier et desloiaus.]

* *Mençongier, qui est autant à dire comme menteur*, in Lit. remiss. ann. 1476. ex Reg. 204. Chartoph. reg. ch. 33. *Menchonnable*, eadem acceptione, apud Guignevill. in Peregr. hum. gener. MS. :

> Volés vous or tenir à fable
> L'Evangile et Menchonnable ?

A veteri Gallico *Menchoigne*, pro *Mensonge*, Mendacium. Le Roman *de Robert le Diable* MS. :

> Et moult bien scet que c'est Menchoigne.

Gravi mulcta puniebatur, qui alterum Mendacem dicebat. Charta ann. 1240. ex Chartul. Campan. fol. 365. col. 2 : *Si quis aliquem dixerit Mendacem, licet inde clamor factus non fuerit; si ad notitiam majoris pervenerit, si convictus fuerit testimonio duorum burgensium, duodecim denarios reddet dominis et majori duos denarios.*

¶ **MENDATOR**, in Gloss. Isidori, pro Mendax vel mentitor, ex emendatione Grævii.

¶ **MENDICABULA**, de monachis potissimum dicitur, qui, relictis suis Monasteriis, per diversas cellas vagabantur. Paulinus in Poem. ad Cytherium :

> Qualia vagari per mare et terras solent
> Avara Mendicabula,
> Qui dejerando monachos se vel naufragos,
> Nomen casumque venditant.

* **MENDICALITER**. Lit. Phil. VI. ann. 1340. in vol. 3. arestor. parlam. Paris. : *Exceptis ecclesiis, monasteriis, viduis, pupillis et clericis Mendicaliter viventibus.* Id est, ex corrogatis eleemosynis. *Mendis*, pro *Mendiant*, in Vita J. C. MS. ubi de claudo ad portam Templi curato :

> Car bien scurent qu'il fu garis,
> Qui tons tans ot esté Mendis.

¶ **MENDICANTES**, Gall. *Les Mendians*. Compendium Jurium et Consuet. Univers. per Robert. *Goulet* fol. 18. ubi de ordine processionis : *Doctores in Theologia ante quos parvus bidellus Facultatis, et aliqui bidelli Mendicantium.*

* **MENDOLE**, Piscis genus. Vide infra *Sclave*.

¶ **MENDOSITAS**, Fallacia, mendacium. Oberti Cancellarii Annal. Genuens. lib. 2. apud Murator. tom. 6. col. 301 : *Pisis redeuntibus sub nimia Mendositate responderunt : nos dicimus civitatem Pisanam honestam et legalem esse præ nimium, nec unquam falsum aut inhonestum amavit.*

* **MENDOSUS**, Falsus, supposititius. Lit. Caroli VI. ann. 1418. tom. 10. Ordinat. reg. Franc. pag. 486 : *Plurima Mendosa et infausta sub nostro nomine scripserunt.* Vide *Mendositas*. ¶

MENDUM, Damnum. Charta ann. 1180. apud Georg. Pilonum in Hist. Bellunensi pag. 90 : *Et si contigerit quod aliquis ex supradictis fecerit aliquod factum, unde Mendum exire debeat, vel propter jam dictum societatem aliquid ex suis bonis amiserit, præfatum Commune pro eo Mendum facere debet, et amissa in integrum staurare.*

¶ Mendum. Papias : *Menda in culpa operis vel corporis. Mendum vero mendacium.* Item : *Mendum in libris proprie.. Mendacium in cæteris rebus.*

¶ **MENEE** de Poullet. Hist. Abbatiæ S. Albini Cisterc. Ord. MS. auctore Guillelmo *Gauthier* : *Denique tum monachis, tum ipsorum hominibus indulgetur ut libertatem recuperent, qua die assignata fuerit Rhedonis la Menée de poullet, quibus verbis signari mihi videntur generalia placita pro quodam territorio vicino utcumque dicti loci a S. Albino; maxime cum apud Dupaz Juhellus et Gervasia concesserint Abbatiæ Veteris-villæ minam frumenti capiendam in feodo Renaudi de Mota prope Castrum novum Noæ en Poullet, vel certe sequentibus saltem diebus.* Vide *Meneria* et *Meneia*.

¶ **MENEHIS**. Charta ann. 1452. ex Archivis castri Nannet. : *Guillelmus Cardinalis de Estoutevilla in Regno Franciæ, Ducatu Britanniæ, etc. Apostolicæ Sedis Legatus.. Crebra aures nostras querela pulsavit, quam etiam gravius ad nos detulit illustris. Princeps et dominus Petrus Britanniæ Dux, Prælatos ac locorum Ordinarios criminosis materiam tribuere delinquendi, dum scelerati homines et variis irretiti criminibus, ad quædam prophana Episcoporum loca confugiunt, quorum aliqua Menehis vulgariter nuncupantur.* Bulla Nicolai V. PP. ann. 1453. ex eodem Archivo : *Sane pro parte dilecti filii nobilis viri Petri Britanniæ Ducis nobis fuit querelanter expositum, quod quidam Prælati sui Ducatus temere ecclesiastica immunitate abutentes a sacris canonibus Ecclesiis et Ecclesiasticis locis concessa, illam ad quædam loca prophana, Menehis vulgariter appellata, etiam inculta et ab hominibus deserta, et extra mœnia civitatum et alia territoria Ecclesiis ipsorum vel illis forte subjecta nituntur extendere, criminosos et delinquentes ad illa confugientes, prætextu immunitatis prædictæ, tanquam si ad loca sacra confugerent, defendentes; ex quo plurima patriæ scandala, latrocinia et homici-

dia, *aliaque dispendia obveniunt*. [* Vide infra *Munhyt*.]

MENEIA. Charta Edw. I. Regis Angliæ apud Gul. Prynneum in Libertatib. Eccles. Anglic. tom. 3. pag. 672 : *Ita quod hi dictam venationem illuc deferent, singulis annis faciant duas Meneias ante magnum altare S. Petri Westmonasterium*, etc. [Vide *Menée de poullet*.]

MENERES, MENERIÆ. Vetus Charta Aragonens. tom. 8. Spicil. Acheriani pag. 368 : *Et insuper vobis dono omnes pasturales, aquas et aquales, boschos et Meneres, præsentia et futura*, etc. [Et Infra : *Et insuper vobis dono omnes pasturas, aquas et aquales, boschos et Menerias præsentes atque futuras, et piscationes*. Idem videtur quod *Menars*. Vide in hac voce.]

¶ MENERIGÆ. Vide *Merenigæ*.

* MENERIUM, Fodina, Gall. *Miniere*. Charta ann. 1327. in Reg. 74. Chartoph. reg. ch. 304 : *Exposuerunt nobis... eorum prædecessores in accapitum accepisse a gentibus tunc regiis Meneria ferri, ex quo fit calibs seu asserium*. Vide *Minera*.

* 1. MENESCALLUS, ut *Marescalcus*, Copiis militaribus præfectus. Steph. de Infestura MS. de Bello inter Sixt. IV. PP. et reg. Ferdin. ann. 1482 : *Posuerunt custodes portis et pontibus, et fecerunt unum Menescallum pro guardia in qualibet regione*.

¶ 2. MENESCALLUS, Qui equorum pedes ferro munit, Gall. *Maréchal*. Vetus Ceremoniale MS. B. M. Deauratæ Tolos. : *Bajuli Menescallorum faciant dicere unam Missam in altari B. Eligii*.

* MENESTERELLUS, Mimus, qui instrumentis musicis canebat, nostris *Ménestrel*. Charta Phil. VI. ann. 1336. in Reg. 68. Chartoph. reg. ch. 22 : *Cum Franchequinus de Lucais Menesterellus noster exposuisset nobis* etc. Lit. remiss. ann. 1377. in Reg. 111. ch. 67 : *Iceux Ménestriez aleront pour corner et faire mestier en la chambre des compaignons de la ville de S. Goubain*. Aliæ ann. 1383. in Reg. 123. ch. 6 : *Simon Dauguy Ménestrel de haulz instrumens etc. Ménestrels de trompes*, in aliis ann. 1388. ex Reg. 137. ch. 6 : *Quinquin Ménestrel de bouche, nez du pays d'Alemangne*, in aliis ann. 1393. ex Reg. 144. ch. 441. Hinc *Ménestrer*, Instrumentis musicis canere. Lit. remiss. ann. 1469. in Reg. 195. ch. 338 : *Ausquelles nopces Philippot et Jehan le Seellier devoient Ménestrer, comme ilz firent*. Et *Ménestraudie* aut *Menestraudise*, *Menestellorum* ars. Lit. remiss. ann. 1373. in Reg. 105. ch. 68 : *Comme Hennequin et Willequin ménestrez se feussent mis à servir li connestable d'Angleterre de leur mestier de Ménestraudie etc.* Stat. ann. 1407. in Reg. 161. ch. 270 : *Nous avons receu l'umble supplication du roy des ménestriers,..... contenant comme dès l'an 1396. pour leur science de Ménestraudise faire et entretenir* etc. Male editum *Ménestrundise* tom. 9. Ordinat. pag. 198. et 199. *Ménestrauderie*, in iisd. Stat. ex Reg. 182. ch. 93. Vide *Ministelli*.

¶ MENESTRA, vox Italica, Pulmentum. Johan. Demussis Chron. Placent. ad ann. 1388. apud Murator. tom. 16. col. 582 : *Post Menestram risi cum lacte amigdalarum et zucharo et speciebus, etc.*

* Italis, *Minestra*, Jusculum, Hispan. *Menestra*, Herbarum condimentum vel opsonium.

¶ MENESTRALIA. Vide in *Ministeriales*.

¶ MENESTRALII, Artifices, Gall. *Gens de métier*. Instrum. ann. 1350. tom. 2. Ordinat. Reg. Franc. pag. 480 : *Item, quod Consules habeant potestatem afforandi textores, sutores, sartores et alios Menestralios, et providendi, taxandi, statuendi et ordinandi, quod blada, vina,... non immoderate vendantur*. Consuet. Auscior. MSS. art. 87 : *Consules debent eligere octo probos homines de civitate prædicta.... videlicet duos de minoribus et duos de Menestralibus et quatuor de laborantibus*.

MENESTRALIUS. Vide *Ministelli*.

* MENESTRALLUS, ut supra *Menesterellus*. Joan. *de Trokelowe* Annal. Eduar. II. reg. Angl. pag. 39 : *At illi, in tanta perplexitate constituti, de necessitate virtutem faciebant, dicendo non esse moris regii alicui Menestrallo, palacium intrare volenti, in tanta solempnitate aditum denegare*.

¶ MENESTRES, Artifices, qui in nundinis merces suas exponunt. Codex MS. redituum Episcopat. Autissiod. ann. circ. 1290 : *Mercerii qui sedent ad terram unum obolum. Omnes alii Menestres sedentes ad stallum, si sint de ista villa vel de extra, quilibet debet unum denarium*.

¶ MENESTREYS. Vide *Ministelli*.

* MENESTRIONES, Artifices, nostris alias *Ménestres* et *Ménestriers*. Stat. ann. 1300. inter Consuet. Genovef. MSS. fol. 10. r°. : *Nus ouvriers, ne nus Ménestrieus ouvrans en leur mestier de serreures etc.* Charta ann. 1342. in Reg. 72. Chartoph. reg. ch. 403 : *Lequel maistre des œuvres du roy nous rapporta que lesdites réparacions cousteroient bien troiz cenz livres Parisis, et que il ne povoit trouver ouvriers, qui pour moins le vousissent faire, combien que il en eust enquis et sceu diligemment à pluseurs Ménestres*. Reg. Capitul. eccl. Belvac. ad 25. Sept. ann. 1536 : *Operantibus in januis ecclesiæ Menestrionibus dentur pro vino xxx. solidi*. Vide *Menestralii*.

MENETUM. Leges Forestarum Scotic. cap. 2. § 3 : *Et si solus fuerit Forestarius, debet crucem facere in terra, vel arbore, ubi animalia inveniuntur, et ter cornuare Menetum*. Ubi Skeneus annotat, *Menetum* esse speciem et formam cornu lignei, quod si inflatur, magnum et raucum edit sonum : illud forte quod *Gracile* appellabant, quod acutum, tenuem, et *minutum* (unde vocis etymon) sonum redderet. Chronicon Bertrandi *du Guesclin* MS. :

Leurs trompetes ont fait sonner et graloier.

Μινυρίζειν Græci, *Minurire* Latini dicunt gracilem sonum edere; [qui sonus palumbis est peculiaris, unde etiam vocis etymon haud absurde accersiri posset.] Apud Spartianum in Geta, *palumbes Minurrire* dicuntur. Porro *menutum cornuare*, sic expressit le Roman *de Roncevaux* MS. :

A sept cens grisles font sonner la Menée.

Alibi :

De l'Oliphant la lumiere dorée
Mist à sa bouche, si corne la Menée.

Le Roman *de Garin* :

Sonnent cil greille, et cil Oliphant cler,
Cil Menuel pennent à rechigner.

[Le Roman d'*Alexandre* MS. :

Ces Menujaus sonner, et ces tabors tentir.

Le Roman *d'Athis* MS. :

Sonnent buisines et tabours,
Grans cors d'airain et Moenel.

Le Roman *de la guerre de Troyes* MS. :

Lor fet sonner dos Moinel.

Ibidem :

Sonnent tant cors, tant Moeneus,
Et tant ollifans cliers et beus,
Tut le murail en retantissent.]

Vide *Gracilis*.

* MENEVELLUS, Manipulus. Consuet. eccl. paroch. de Thoisiaco Æduens. diœc. ann. 1383. ex Cod. reg. 5529. B. : *Singuli parrochiani capita hospitii debent curato annis singulis unum Menevellum canapis femellæ*. *Ménevelle* vero, pro *Manivelle*, Manubrium versorium. Pactum inter abb. et homines S. Rich. ann. 1324. in Reg. 64. Chartoph. reg. ch. 2 : *Si les estrayures des puis.... ont mestier de réparation,.... ou se il failloit Ménevelles, etc.* Lit. remiss. ann. 1389. in Reg. 135. ch. 287 : *Icellui Enguerran prist la Ménevelle ou manche du treulle d'un puis, etc.*

MENEVERUM. Jo. Fortescutus de Laudibus Legum Angliæ : *Capitium ejus non alio quam Menevero penulatur*. Ubi expressit nostrum *Menuvair*. Vide in *Varius*.

MENGERIUM, Pastus, ex Gallico *Manger*, [seu jus pastus in præstationes pecuniarias commutatum.] Charta Philippi Regis Franc. ann. 1283. qua idem Rex pro quadam commutatione inter Theobaldum Episcop. Dolensem et Simonem de Claromonte Dom. *de Hesse*, dimittit 8. *libras pro uno Mengerio, etc.* [Charta apud Lobinell. tom. 2. Hist. Britan. pag. 215 : *Non volui eos sub tempore meo saisinam doni sui amittere, sed assignavi illos reddendos monachis singulis annis de Mengeriis de Servonio*. Charta ann. 1383. apud D. *Brussel* tom. 2. de Usu feud. pag. 758 : *Item ung Mengier sur le dit Evesque chacun an pour le Prévot et Sergent dudit Vidame, et un Mengier chacun an en l'eglise de Toussains ės jours et en la maniere accoutumez*.] [* Vide supra *Mangerium*.]

* MENJALLIA, Expensæ pro victu. Stat. ann. 1409. tom. 9. Ordinat. reg. Franc. pag. 454. art. 85 : *Animalia pro majori summa centum solidorum quantacumque sit, capta et distracta, per debitorem redimi non poterunt ultra mensem, ne in Menjalliis consumantur*. Vide *Menjayllia*.

¶ MENIANUM, *Projectio, projectus*, ἐξώστης. Gloss. Lat. Græc. MS. Sangerman. Georgius Florus de Expedit. Caroli VIII. in Neapolit. Reg. apud Gotofredum ad eumdem Reg. pag. 236 : *Nam quod Helvetium ad Meniana quædam, ut spectaret, conscendentem, etc.* Ubi *meniana* ædificia interpretatur vir doctissimus. Vox nota Latio. Vide Festum et Nonium.

* MENIARIUM, *Solier, quia solet fieri super menia*, in veteri Glossar. ex Cod. reg. 521. Vide *Menium*.

¶ MENJAYLLIA, Expensæ pro incarcerati hominis victu et potu, a Gall. *Mangeuille*. Charta ann. 1334. tom. 2. Hist.

Dalphin. pag. 244 : *Et captos hinc inde libere sine Menjaylliis aliquibus relaxandos et restituendos in locis ubi expedierit.* Occurrit præterea sæpe in Computis Castellanorum ejusdem provinciæ. Vide *Minjayllia* et *Carcerarium*.

* **MENIDULA**, Passer, Gall. *Moineau*. Hist. monast. a Kenlos in Scot. apud Marten. tom. 6. Ampl. Collect. col. 321 : *Sub initium istius abbatis* (Simonis) *arsit monasterium a Kenlos anno Domini* 1258... *quæ* (fama) *docet id contigisse per Menidulam, dum suum constitueret nidum et in eum conjecisset ardentem festucam.*

¶ **MENIFERRUM**, Collare, millus, Gall. *Collier*. Joh. Demussis Chronic. Placent. apud Murator. tom. 16. col. 579 : *Et super aliquibus ponuntur frisia magna et larga auri circumcirca collare gulæ in modum Meniferri, quod ponitur canibus circa collum eorum.*

¶ **MENINUS**, Ephebus honorarius, Hispanis *Menino*. Acta B. Aloysii Gonzagæ tom. 4. Junii pag. 939 : *Aloysius et Rudolfus adlecti in Meninos, hoc est, Ephebos honorarios, Jacobo Principi... ministrarunt.* Hinc Gallicum, *Menin, Mignon.*

¶ **MENIUM**, *vel Meniarium, idem est quod vestibulum, a manibus sumptum, etc.* Vocabul. utriusque juris.

¶ **MENLA**, Panis, seu placentæ genus. Statuta Card. Trivultii Abb. S. Vict. Massil. ann. 1531 : *Item diebus Natalis Domini... dare tenetur* (Pitantiarius) *tres coleridas sive Menlas pro quacumque pitantia.* Occurrit iterum infra.

* **MENNA**, vox Arabica, Beneficus, propitius; nomen Dei, qui sua sponte largitur et benefacit, ex Lexico heptaglot. Castelli, apud Marten. in Ind. Onomast. ad calcem tom. 9. Ampl. Collect. : *Adorabant Jahot, et Jahoc, et Nuzara, et Allat, et Alozei, et Menna*, in Tract. de Conc. novi et vet. Test. ibid. col. 180.

* **MENNE**, pro Mense, sæpius in Ind. Onomast. Meichelbecki ad Hist. Frisingensem.

¶ **MENNONUS**, Hircus castratus, ab Ital. *Menno*, castratus. Charta ann. 1390. ex Archivis S. Victor. Massil. : *Quilibet Mennonus solvat quatuor pataros.*

* **MENO**, Idem quod *Mennonus*, Hircus castratus, Provinc. *Menou*. Inquisit. ann. 1268. ex schedis Pr. *de Mazaugues* : *Comederant furtive quendam Menonem de capris Guillelmi Grossi. Mennonus* non semel ibid.

¶ **MENOARE**, pro Minuere. Charta Clodovæi II. Reg. Franc. ann. 653. apud Felibian. Hist. S. Dionysii pag. VI : *Argentum aurumve, vel qualemcumque speciem de quod ibidem conlatum fuit, aut erit, auferre aut Menoare, vel ad civetate deferre non debeat.* [* *Menomare* et *Menovare*, eodem sensu, dicunt Itali.]

* **MENOGLUS**, Manipulus minor, fasciculus, ab Italico *Meno*, minor. Stat. Avellæ ann. 1496. cap. 46. ex Cod. reg. 4624 : *Solvat pro qualibet javella seu minori quantitate Menogli de bampno denarios duodecim, et pro quolibet Menoglo solidos duos.* Vide supra *Menevellus*.

¶ **MENOLATUS**, ab Italico, ut videtur, *Menola*, piscis species. Sicardi Episc. Cremon. Chronic. apud Murator. tom. 7. col. 609 : *Restanus vero dominus illorum cum magno exercitu in strictura montium transitum prohibebat, dicens quod non transirent, nisi centum summarios auro et argento oneratos darent. Imperator autem respondit, se libenter dare, sed non nisi Menolatum unum.* Nisi malis de minuta moneta id accipere.

¶ **MENOMENA**, ut *Menolatus*, quem Rosweydus eumdem esse piscem existimat, qui Plinio *Mæna* dicitur. Vita S. Johannis Eleemosyn. tom. 2. Januarii pag. 505 : *Mille restes siccatorum piscium, qui Menomenæ dicuntur, mille vascula vini.* Vide *Mænidium*.

¶ **MENORULUS**, a Minor diminutivum esse videtur. Præceptum Caroli C. ann. 851. apud Marten. tom. 1. Anecd. col. 38 : *Unde et eis tractum sagenæ concessit in Ligere de Menorula villa Reste.* Nostri *Menor* dixere olim pro *Petit, moindre. Petit Jean Monjot de Paris* apud Borellum :

> Seignor or escoutez, li grand et li Menor.

* **MENORUM** vel Menotum, Manica ferrea, Gall. *Menotte*. Stat. crimin. Saonæ cap. 21. pag. 34 : *Item quod aliquis faber seu ferrarius, seu quævis alia persona cujuscumque conditionis existat, non audeat vel præsumat deferre seu deferri vel auferri facere compedes seu ferreas, aut Menorum ab aliquo sclavo vel sclava alicujus civis vel districtualis Saonæ, absque licentia domini vel dominæ.*

MENOSCABARE, detrimentum pati, vox Hispanica *Menoscabar*. Observantiæ Regni Aragon. lib. 9. tit. Actus Curiar. § 10 : *Quod tales teneantur satisfacere parti læsæ totum illud quod ratione dictæ collusionis perdiderint, vel Menoscabaverint, etc.* [Vide *Minus valere*.]

¶ **MENOTYRANNUS**, Attidis epitheton, quasi tyrannus seu rex mensium : Attis quippe idem qui sol, apud veteres. Inscript. antiq. : *Et Attidi sancto Menotyranno.* Vide Vandal. Dissert. 1. pag. 29. et 146. Reynes. Epist. 19. pag. 616.

MENSA, Tumba, lapis qui sepulcro insternitur, *Table de pierre*. Miracula S. Columbani cap. 9 : *Jussit supradicto magistro, ut ad sacratissimum corpus cum magna reverentia accederet, Mensamque sublevaret.* Marmor repertum ann. 1223. in Area SS. Martyrum Faustini et Jovitæ, Brixiæ in Italia, apud Ascanium Martinengum in horum SS. Vitis : *Faustino et Jovitæ Martyribus Victor Maurus ex voto posuit Mensam civibus suis.* In Inscriptionibus sepulcralibus non semel occurrunt hæc verba, *Mensam contra votum posuit*, 850. 6. 1049. 9. Observat porro Scaliger ad Festum *mensas* in sepulcris positas, quod ad ea res divinæ fierent sacro parentali.

Mensa Cypriani, Carthagine, dicitur locus ubi martyrium consummavit et postmodum in memoriam mensa erecta est, *non*, inquit S. Augustin. Serm. 113. de Diversis, cap. 2. *quia ibi est unquam Cyprianus epulatus, sed quia ibi est immolatus.* Exstant aliquot Sermones ejusdem S. Augustini ad hanc mensam habiti. Vide Enarrat. in Psalm. 38. et 80. et Serm. 137. de Tempore, præterea S. Fulgentium homil. 56.

Mensa, Altare sacrum, in quo scilicet sacrum convivium peragitur, id est, in quo sacra Eucharistia conficitur et percipitur, unde et divina Eucharistia *mensa* nuncupatur ab Apost. 1. ad Corinth. 10. *Non potestis*, inquit, *Mensæ Domini participes esse, et mensæ dæmoniorum.* Ubi mensa Domini est ipsa Eucharistia, cui nomen istud inditum a loco, in quo a Christo instituta fuit : quam itidem exemplo Pauli sic sæpe Patres nominant, tum Græci maxime, apud quos frequens est usurpatio hujus appellationis cum diversis quæ adjungunt epithetis : ἐπουράνιος τράπεζα, in Jacobi Liturgia, a Johanne Chrysostomo in allatum Pauli locum, ἱερά, μυστική, φρικώδης passim vocitatur. Neque mirum *terribilem* appellari, ut quæ nobis repræsentet τὰ φρικτὰ μυστήρια, ut Græci loquuntur Patres. Neque aliud, opinor, est, jurare κατὰ τῆς τοῦ Σωτῆρος τραπέζης, apud Palladium in Vita Chrysost. pag. 51. quam jurare per sacram Eucharist. Nicol. I. PP. Epist. 2 : *Altare sanctum, in quo Deo omnipotenti sacrificiorum vota persolvimus, lapis est naturaliter communis,... quia vero sacratum est Dei adjutorio, et benedictionem suscepit, Mensa sancta efficitur.* Paulin. Nat. 9 :

> Namque et Apostolici cineres sub cælite Mensa
> Depositi, etc.

In Capitul. Caroli M. ann. 769. cap. 14. vetantur Sacerdotes Missas celebrare, nisi *in Mensis lapideis ab Episc. consecratis.* Vide Descriptionem nostram Ædis Sophianæ n. 53. [** Glossar. med. Græcit. voce Τράπεζα ἱερά, col. 1597.]

Mensa Canonica, ad quam una convivabantur Ecclesiarum Clerici. Gregorius M. lib. 3. Epist. 37 : *De Fortunato autem fraternitatem vestram esse sollicitam volumus, ne vobis a malis hominibus in aliquo subripiatur. Nam audio eum cum decessore vestro ad Mensam Ecclesiæ per annos plurimos nunc usque comedisse, inter nobiles consedisse, etc.* Gregor. Turon. de Vitis Patrum cap. 9 : *Ut nec ad convivium Mensæ Canonicæ cum reliquis accederet Clericis.* Idem lib. 10. Hist. cap. 31. de Baudino Episc. Turon. : *Hic instituit Mensam Canonicorum*, id est, ut in commune vescerentur. Hinc

Mensa, dictum quicquid ex bonis alicujus est, bona ipsa, patrimonium, dominicum, denique quidquid ad *mensam instruendam*, id est, ad vescendum, seu ad vitæ commoda necessarium est, aut conducit; nostris vulgo *Mense*. Fleta lib. 5. cap. 5. § 18 : *Dominicum est proprie terra ad Mensam assignata.* Cyprianus in Vita S. Cæsarii Arelat. : *Donec omnes ab ipso essent redempti eo argento, quod venerabilis Eonius antecessor ejus Ecclesiæ Mensæ reliquerat.* Charta ann. 850. apud Meurissium in Histor. Episc. Metens. pag. 137 : *Ut nullus prædictam villam tollat, alienet, abstrahat... ab altare B. Arnulphi, et Mensa Fratrum Monachorum.* Alia Steph. Episc. Metensis apud eumdem pag. 415 : *Nemo autem nostrum de Mensa nostra quicquam recidere, aut ab Ecclesia Metensi aliquid alienare concessione tali arbitretur.* Adam Bremensis cap. 103 : *Claustrum renovavit, et Canonicis Mensam ipse primus instituit. Prius enim cum præbenda fere tenuis videretur, adjectis ex sua parte quibusdam decimis, ita ordinavit, ut albus detur Fratribus panis ultra solitam annonam cotidie.* In Epistola Joannis II. Archiep. Lugd. ad Glascuensem Episc. : *In civitate Beneventana, quæ proprie ad Mensam Apostolicam pertinet, rectorem Dominus Papa ordinavit.* Tabularium Ecclesiæ Augustod. ann. 922 : *Villam Ecclesiæ S. Nazarii destinamus, obsecrantes ut nullus Episcopus aut Comes a mensa eorumdem Canonicorum subtrahere præsumat.* [Obituarium MS. Eccl. Morinens. fol. 9 : *Leprosariæ Morin. 8. sol. Mensæ S. Spiritus 7. sol. pro familia sigilliferi 5. sol.*] Eodem sensu *Mensa Episcopatus*, in Gestis Innocentii III. PP. pag. 103. *Mensa Episcopalis* [in Bulla Bonifacii VIII. PP. ann. 1295. et] apud Anselmum Leod. cap. 71. *Mensa Episcopi*, apud Baldricum in Chron. Camer. lib. 3. cap. 49. [*Mensa Monachorum*, in Invent. Reliq. S. Bertini sæc. 3. Bened. part. 1. pag. 160. et in Vita S. Hildulphi Episc. Trevir. ibid. part. 2. pag. 479. 480. eadem quæ *Conventualis* dicitur in Hist. Mediani Monast. pag. 410.] *Mensa Patriarchalis*, in Ep. Clementis VI. PP. ann. 1342. apud Waddingum. *Mensa regalis*, apud Silvestrum Giraldum in Topogr. Hibern. dist. 3. cap. 5 : *Totam Mediam Mensæ regali appropriavit.* Monasticum Anglicanum tom. 2. pag. 846 : *Abstulit ei etiam Rex... Ecclesiam de Simondburne, quam appropriavit Mensæ suæ.* Hinc in Consuetudinibus municipalibus dominus feudalis dicitur prædia vasalli sui unire suæ mensæ, *Unir à sa table*, in Turonensi art. 279. etc. Vide Stephan. Tornacensem Episc. 77. 227. 229. Gesta Abbatum Lobiens. pag. 559. tom. 6. Spicilegii Acheriani, Bovonem Sithiensem Abbatem de Invent. S. Bertini cap. 6. Privilegia Ecclesiæ Hammaburgensis pag. 178. 190. Perardum in Burgundicis pag. 47. 52. Buzelinum in Gallo Flandr. pag. 331. Probat. Hist. Guinensis pag. 43. Bosquetum ad Innoc. III. pag. 141. etc. Ita *Tabula* usurpatur in Tabulario Abbat. Conchensis in Ruthenis Ch. 56 : *Et si, quod absit, advenerit aliquis Abbas aut Monachus, qui hunc honorem vellet auferre de Tabula sanctæ Fidis, etc.*

* *De Mensa seu patrimonio proprio domini mei regis*, in Lit. ann. 1368. tom. 5. Ordinat. reg. Franc. pag. 287. art. 9. Hinc

* Mensa Dei, vulgo *Bureau des pauvres, hôtel-Dieu*. Charta ann. 1240. ex Tabul. Compend. : *Recognovit se vendidisse venditione legitima Mensæ Dei de Compendio decem solidos Parisienses annui census, etc.*

* Mensa S. Spiritus, eodem sensu, apud Haltaus. in Glossar. Germ. voce *Heil. Geist*, col. 622.

De Mensa Alicujus Esse, id est, de familia; unde *Commensales*, domestici. Tabular. Fiscanense ann. 1103. f. 58 : *Et homines qui sunt de Mensa ejus, capient lepores in warenna Abbatis.* Libertates Villæ de S. Palad. in Biturigib. ann. 1279 : *Præpositus noster adversus aliquem supradictorum hominum per hominem de Mensa et de cibo suo nihil poterit probare nec disrationare.* Adde Thomasser. in Consuet. Bituric. pag. 64. 68.

¶ *Mensal*, eodem intellectu, in Charta ann. 1571 : *Le vicaire de S. Jacques... comme estant Mansal dudit seigneur abbé etc.*

Mensam Tenere, Convivio excipere, nostris, *Tenir table*. Anastas. in Stephano IV. PP. : *Tribuensque denuo, ut mos est, pacem, ascendit sursum, et Mensam, ut assolent Pontifices, tenuit, sedentes cum eo aliquanti ex primatibus Ecclesiæ et optimatibus Ecclesiæ.* Guill. Bibl. in Stephano VII. : *Per omnia sacri Palatii perrexit vestiaria, quæ in tantum devastata reperit, ut de sacratis vasis, quibus Mensas tenere festis diebus Pontifices consueverunt, paucissima invenirentur.*

A Mensa Separari, Excommunicationis, seu *Epitimii*, species apud Clericos et Monachos, qua qui damnabatur, ἀπευλογίας dicebatur, quod Abbatis benedictione in mensa privaretur. Regula S. Benedicti cap. 31 : *Si quis Frater in levioribus culpis invenitur, a Mensæ participatione privetur.* Ebo Remensis Archiepiscopus de Ministris : *Omnes negligentias omnium publice deprehensas in Capitulo omnium Fratrum judicio puniens his tribus modis, id est, aut carcere, aut separatione Mensæ, sive in omnium verberum diversitate.* Adde Regulam S. Cæsarii cap. 11. et Concilium Arelatense ann. 1260. cap. 11. præterea Constitut. Ord. Præd. dist. 1. cap. 18. § 2.

Cum excommunicatis porro non licebat cibum sumere : unde qui a Christianorum conviviis arcebantur, excommunicati censebantur. Vincentius Lirinensis Commonit. 1 : *Quid est devitare? cum hujusmodi nec cibum sumere.* Versus antiqui :

Si pro delictis anathema quis efficiatur,
Os, orare, vale, communio, Mensa negatur.

Si tamen paterfamilias domus excommunicationis sententia fuerit innodatus, a participatione ipsius familia excusatur, ut est apud Innocentium III. in Gestis ejusdem PP. pag. 80. Vide *Excommunicatio.*

Scribunt Saxo-Grammaticus lib. 10. et Sueno in Legib. Castrensib. cap. 5. statuisse Kanutum Magnum Daniæ Regem, ut Curiales in capessendo mensæ discubitu, ordine quo quisque Militaris muneris advocationem sortitus fuerat, uteretur, locoque antecelleret, qui prior obsequio foret. Unde si quis delictum commisisset, non alia ei imponebatur pœna, quam ut a consueto loco ad inferiorem transferretur, atque adeo tot gradibus discubitu indignior fieret, quot vicibus sodalem offendisset. Quod si quarto se quis eodem reatus genere maculasset, discreto a Milite loco, mensæ alienus fiebat, commilitonum nemini catino aut calice communicabat : neque enim ter veniam experto ulterius ignoscendum putabat : quia sua jam noxa pœnam meruit, qui se ea toties affecit. Ita Grammaticus. Sueno vero paulo aliter : *Si quem obstinata præsumptio ternis excessibus inobsequentem notaverit, et resipiscere detrectarit, extremum omnium locandum statuerunt, imo decreverunt, ut quilibet convictorum ossa in eum pro arbitrio suo jactaret, nec quisquam propterea temeritatis aut petulantiæ argueretur. Insuper ut illi in potu et cibo nemine communicante, solus suo catino contentus esset et poculo.*

¶ Mensa Marmorea, Una e Parlamenti jurisdictionibus antiquior, cui præsunt Comites stabuli, Marescalli Franciæ, Amirallus et Protoforestarius. Arestum Parlamenti ann. 1499. apud Baluz. tom. 2. Hist. Arvern. pag. 464 : *Dicta autem causa inde ad prædictam Mensam marmoream remissa extiterat.*

Mensa Rotunda. Vide *Tabula rotunda.*

☞ Si quis vero quo ordine, quibusve cibis, non conquisitissimis certe, mensa Delphinorum exstruebatur, cognoscere velit, adeat Ordinationem *super numero et ordine mensarum* ab Humberto III. editam, tom. 2. Hist. Dalphin. pag. 311. et seqq. Addat et quæ hac de re disseruit docte et erudite auctor ejusdem Hist. tom. 1. pag. 365.

* Mensa Aurea, Ad usum reginarum Siciliæ, apud Bened. abb. Petroburg. in Henr. II. reg. Angl. tom. 2. pag. 612. ad ann. 1190 : *Rex Angliæ exigebat a Tancredo rege Siciliæ.... cathedram auream ad opus ejusdem Johannæ* (sororis suæ) *de consuetudine reginarum terræ illius; et ad opus sui ipsius Mensam auream de longitudine duodecim pedum et de latitudine pedis et dimidii,... et duos tripodes aureos sub mensa aurea, etc.*

Mensa, Stallum. Concil. Monspeliense ann. 1258. cap. 3 : *Clerici mercimonia publice exercentes, operatorium scilicet, sive Mensam, hypothecam vel similia pro vendendis mercibus tenentes, etc.* Vide *Tabula.*

* Mensa Forensis, Ubi in foro merces venum exponuntur. Bulla Innoc. II. PP. ann. 1143. inter Probat tom. 1. Annal. Præmonst. col. 274 : *Domum quam dedit Lambertus de Mosa, et duas Mensas forenses, et hortum monti ecclesiæ vestræ adjacentem.*

¶ Mensa, in re bellica, ut obervat Carolus de Aquino in Lex. milit, sumi solet pro ea machinæ jaculatoriæ parte, quæ brachia, sive alas machinæ et totum pegma superimpositum sustinet; quam sic describit Turnebus Adversar. lib. 2. cap. 5 : *Mensa interior est, et media inter duas hinc inde scutulas, constatque regulis diapegmatis, et tabula inter regulas et diapegmata collocata.*

MENSALE, Mensalis, Mappa, linteum stragulum, quo mensa insternitur. Glossæ antiquæ MSS. et ex iis Papias : *Mantilia, mappæ villosæ, Mensales.* Idem : *Mensale, dicitur quod in mensa est.* Glossæ MSS. : *Mappæ, Epularum Mensalia.* Brito in Vocabular. : *Mappa, quod Mensale dicitur.* S. Audoenus in Vita S. Eligii : *Vestimenta etiam et lectuaria, ac linteamina, Mensalia, necnon, etc.* Anselmus Canonicus Leod. in Wazone Episcopo Leod. : *Alii mensas et Mensalia conculcantes, de ipsis mensis in medium refectorium saltum dederunt.* Ratherius Veronensis in Qualitatis conjectura pag. 200 : *Scamnalia non quærit, Mensalibus indiget, lectisterniis mediocribus, cæteraque supellectile delectatur.* [Charta Henrici II. Imper. ann. 1023 apud Tolnerum Histor. Palat. inter Instr. pag. 23 : *Has duas curtes ad sagimen, et ad femoralia, mantelas etiam, et Mensalia fratrum... specialiter constituimus.* Guidonis Discipl. Farfens. cap. 48 : *Refectorii quippe Mensales et zallas atque linteamina, quibus seniores manus tergunt,* *etc.*] Galfridus de Vino salvo in Poetria MS :

> Venit in opprobrium mensæ Mensale lutosum,
> Panis furfureus, cibus asper, potus amarus.

[Haud scio an eadem notione Sarnovius apud Ludewig. tom. 8. Reliq. MSS. pag. 321. canit :

> Addens Mensale longum, multum gratiale,
> Reficiens castrum perpulchre, fulget ut astrum.]

Occurrit præterea in Speculo Saxon lib. 1. art. 22. § 4. art. 24. § 2. lib. 3. art. 38. [** Germ. *Dischlaken.*] apud Udalricum in Consuet. Clun. lib. 3. cap. 21. Vincent. Belvac. lib. 26 cap. 62. in Statutis Ægidii Episc. Sarisberiens. ann. 1256. in Vita S. Willelmi Abb. Roschild. n. 21. in Archithrenio lib. 2. cap. 15. [apud Ægidium Gelenium in Colonia pag. 69.] etc.

Mensale Dividere. Joannes a Leydis lib. 31. cap 50 : *Anno Dom.* 1395. *in festo Epiphaniæ Domini, cum illustrissimus Dux Willelmus Comes de Ostervant sederet ad mensam Francorum Regis cum multis aliis Principibus, ecce, supervenit quidam Heraldus, scindens et dividens Mensale ante jam dictum Comitem Willelmum, asserens non decere Principem sedere aliquem ad mensam Regis, qui clypeo seu armis privatus esset. Et cum idem Gullelmus respondisset se habere clypeum et arma, rursus Heraldorum Senior ait, Nequaquam, domine mi, quia Willelmus quondam Comes Hollandiæ tuus quondam proavunculus nedum interfectus est a Frisionibus, sed et hodierna die adhuc invindicatus jacet in terra inimicorum suorum. Ab illo die idem Willelmus Comes cogitare cœpit, qualiter confusionem illam a se removere posset.* Willelmus Heda : *Anno eodem Willelmo Comiti Hollandiæ assedenti mensæ Regis Franciæ, fecialis quem Heraldum vocant, laceravit Mantile sibi antepositum, objiciens indignum fore, quod aliquis interesset mensæ regiæ carens insigniis armorum, innuens insignia ipsius Willelmi apud Frisios Orientales amissa.* Tractatus MS. de officio Heraldorum : *Se aucun Chevalier ou Gentilhomme avoit fait trahison en aucune partie, et estoit assis à table avec autres Chevaliers, ou Gentilshommes, ledit Roy d'armes ou Heraut lui doit aller couper sa toüaille devant lui, et lui virer le pain au contraire, s'il en est requis par aucuns Chevaliers ou Gentilshommes, lequel doit estre prest de le combattre sur cette querelle : car ce n'est pas belle chose, que un traistre soit honnouré comme un autre Chevalier, ou Gentilhomme.* Denique Alanus Charterius in Quadrilogo invectivo pag. 451 : *Cettui Bertrand laissa de son temps une telle remonstrance en memoire de discipline, et de Chevalerie, dont nous parlons, que quiconque homme noble se fourfaisoit reprochablement en son estat, on lui venoit au manger trancher la nape devant soi.* Vide *Toacula* et *Mappa.*

Mensale, alias *Supertunica*, quod mensalis speciem referret. Provinciale Ecclesiæ Cantuar. lib. 3. tit. 1. pag. 127 : *Nolumus prohibere, quin Clerici apertis et patentibus supertunicis, alias Mensalibus nuncupatis, cum manicis competentibus locis et temporibus opportunis... uti valeant.* Ubi Lindwodus *Mensalia* sic dicta ait, *quia in eis solebant utentes sedere ad mensam : et erant hujusmodi supertunicæ antiquæ vestes præparatæ ad parcendum vestibus magis pretiosis, maxime tempore prandii vel cœnæ, quibus solent comedentium et bibentium vestes cibo vel potu ab ore cadente deturpari.*

MENSALES Termini. Vetus Agrimensor pag. 255 : *Termini sunt majores qui juxta flumina positi sunt, Mensales vocantur.* Quod *mensarum* formam referrent.

* **MENSARE**, *Sæpius mingere.* Glossar. vet. ex Cod. reg. 7641.

* **MENSARIUS**, Officium in collegiata ecclesia diœcesis Niverneusis, is, ni fallor, qui *mensam* seu bona illius ecclesiæ administrabat, vel qui mensam escariam curabat. Polypt. paroch. ejusd. diœc. : *In archipresbiteratu de Luperciaco burgo cura de Puteolis, præsentatio capituli de Franaio ad nominationem Mensarii, collatio episcopi.* Quod officium

* 1. **MENSATA** appellari videtur in Constit. capitul. eccl. Barchin. ann. 1423. rubr. 8. ex Cod. reg. 4332 : *Caveatur antea sufficienter, quod servitium Mensatæ debitum, ad quod fructus et jura anni ipsius immediate præcedentis obligantur indubie, fiat debite et complete.* Rursum rubr. 15 : *Declaraverunt tamen sub eadem constitutione nullatenus comprehendi debere canonicatus et præbendas ac præposituras seu Mensatas, nec non officia diaconatus et subdiaconatus ac dormitorarii dictæ sedis, et beneficia alia simplicia.*

2. **MENSATA**, Unius *mensis* servitium, quo Milites in Aragonia Regi obnoxii erant, quos inde *Ricos hombres de la Mesada* appellabant, ut observat Hieronymus Blanca. Ximinus Petri Salanova Justitia Aragonum tit. de Privilegiis Baronum : *Item servatur de ussanzia, quemlibet Ricum hominem debere servire in anno suis expensis per Mensatam, quæ durat, sive computatur a die qua incipit ire ad Regem usque ad reversionem, juxta generale privilegium domini Regis Petri.* Et de Militum privilegiis : *Miles, vel aliquis de genere ejus, non tenetur facere pro denariis, quos tenet, Mensatam suis expensis, sed Rex tenetur ei providere juxta numerum bestiarum, quas duxerit. Quæ Mensata per Ricos homines non fit, nisi propter calonias quæ sunt eis concessæ.* Eadem habet Vitalis Oscensis Episcopus. Apud Michaelem *del Molino* in Repertorio Foror. Arag. : *Qui tenent cavallerias honoris, tenentur servire D. Regi tempore guerræ per tres menses in anno, in eundo, stando et redeundo.* Vide *Servitium fallitum.*

Mensata, Annona aut cibus ad unum mensem. Chronicon Fontanellense cap. 8 : *Mensatas ad unumquemque mensem sufficientes præberent alimoniam, etc.* Actus B. Hugonis Archiepisc. Rotomagens. MSS. : *Mensatas in hoc Cœnobio constituit, deputatis videlicet villis, quæ per unumquemque mensem sufficientem præberent alimoniam.* [Vide *Mesaticum.*]

¶ **MENSIONARIUS**, pro *Mansionarius*, æditus, matricularius. Epist. Innocentii III. PP. ad Tarracon. Archiep. tom. 3. Conc. Hispan. pag. 410 : *Sane ad nostram noveris audientiam pervenisse, quod Ecclesia tibi commissa propter beneficia tam Mensionariis quam non Mensionariis assignata, cum ipsius redditus ad hoc sufficere non valeant, jam fere ad nihilum est redacta.*

¶ **MENSIONATUS**, pro Memoratus, pluries occurrit in Charta ann. 1438. inter Schedas Pr. *de Mazaugues.* Vide *Mentionare.*

MENSIS Intrans, *stans* et *exiens.* Scriptores, et Diplomata, aut Regesta ævi medii, hoc est, post annum 1000. crebro hæc verba ingerunt, dum rerum gestarum characterismos per dierum et mensium notas scrupulosius consignant. [* Antiquior est anno 1000. hæc numerandi ratio in recensendis mensium diebus, ut videre est ex Charta ann. 757. apud Murator. tom. 3. Antiq. Ital. med. ævi col. 569 : *Regnante domno nostro Desiderio rege, anno regni ejus, Deo propitio, primo, quinto die intrante mense Novembrio, indictione xj.* Alia ann. 806. apud eumd. in iisd. Antiq. tom. 1. col. 501 : *Regnantes D. N. N. Carolo et Pippino filio ejus, viris excellentissimis regibus Langobardorum in Italia, anno eorum xxxiij. et xxv. die quinto decimo intrante mense Januario, indictione xiv.*] Ex quibus menses integros in duas distinxisse ac divisisse sectiones, non Italos modo, sed et Gallos nostros colligimus, sumpto primæ mensium partis initio a primo mensis die, alterius vero a decimo-sexto. Diversus tamen fuit utriusque partis numerandæ et computandæ modus. Nam prima mensis pars ordine consueto dinumerabatur, sumpto a primo ejusdem die principio, usque ad decimum quintum ; altera autem sumpto ab ultimo mensis die initio, ordine retrogrado, non a Kalendis et a primo succedentis mensis, ut apud Latinos, ita ut decimus-sextus fuerit ultimus secundæ partis. Rollandinus qui vixit anno 1265. in tractatu Notularum, seu de Arte Notariæ : *Ponitur dies in instrumentis diversimodo : uno modo secundum consuetudinem Bononiensem in hoc exemplo, primo die intrante Maio, et sic de singulis usque ad* 16. *transactis autem* 16. *ponuntur per Exeunte, hoc modo,* 15. *die exeunte Maio,* 14. *die exeunte Maio, et sic de singulis usque ad penultimum diem : in penultimo dicunt, Penultimo die Maii ; et in ultimo dicunt, Ultimo die Maii : et ita de singulis mensibus qui habent* 31. *diem. In aliis autem qui habent* 30. *dies, procedunt similiter usque ad* 15. *per hanc dictionem, Intrante ; et finitis* 15. *diebus primis, descendunt per alios* 15. *cum hac dictione, Exeunte. Semper in prima die cujuslibet mensis non ponatur, Intrante ; et in penultimo et ultimo non ponatur, Exeunte.* Aliam methodum edidit ex MS. Cod. doctissimus Mabillonius lib. 4. Analect. vet. pag. 480. hac ratione : *Mense Januario intrante dies duo, et exeunte dies septem. Mense Februario intrante dies novem, et exeunte dies quinque. Martio intrante dies tres, et exeunte dies octo. Mense Aprili dies decem, et exeunte dies octo. Maio intrante dies sex, et exeunte dies octo. Junio intrante dies novem, et exeunte dies novem. Julio intrante dies quatuor, et exeunte dies decem. Augusto intrante dies sex, et exeunte dies duodecim.* [* *Septembri intrante dies tres, et exeunte dies septem.*] *Octobri intrante dies novem, et exeunte dies duodecim. Novembri intrante dies octo et exeunte dies duo. Decembri intrante dies* *duodecim, et exeunte dies tredecim.* Hæc per otium expendat Lector, quæ cum Rollandino et Chartis non quadrant. [*Ex his colligendum videtur, ut apud Mabill. adnotatur, si non ubique, saltem quibusdam in locis, menses non fuisse divisos in duas tantum partes, ita ut primi quindecim dies mensi intranti, mensi vero exeunti reliqui dies assignarentur : sed dies solum aliquot pauciores mensi cum intranti, tum exeunti fuisse assignatos.] Est igitur

Mensis Intrans, Pars prima mensis. [Charta consecrationis Eccles. B. M. de Epeia diœc. Veron. : *In Christi nomine Dei et æterni, anno a Nativitate D. N. J. C.* 1186. *Ind.* 4. *die dominico, secundo Intrantis Novembris, etc.*] Vetus Charta apud Ughell. tom. 2. pag. 465 : *Anno D.* 1259. *Indict.* 2. *die* 14. *intrante Madio, etc.* Adde pag. 653. Epitaphium Ægidii Dini Judicis Patavini, apud Schraderum : *Cujus anima* 1283. *Ind.* 12. 15. *intrante Januario sui corporis nexu soluta luteo, etc.* Nihili est quod habent viri doctissimi ad 20. Martii pag. 202. et 204. ubi *die* 19. *intrante mense Aprili :* quippe mendum est in numeri nota, quæ forte est 10. aut 9. Vide Inscriptiones Puccinelli pag. 57.

¶ Mensis Introiens, Ead. notione, in Charta Henrici II. Imper. ann. 1050. apud Murat. delle Antic. Estensi pag. 83 : *Pridie dei Introeunte mense December, etc.*

* Mensis Introitus, Idem, in Reg. 71. Chartoph. reg. ch. 398 : *In nomine Domini. Amen. Anno incarnationis ejusdem millesimo cccmo. quadragesimo, die vicesima quinta introitus mens. Aprilis, intitulata septimo Kal. Maii.*

Mensis Exiens, Mensis pars altera, cujus dies, ut diximus, ordine retrogrado computantur, sumpto ab ultimo initio. Vetus Charta apud Georgium Pilonum in Historia Bellunensi lib. 3. pag. 111 : *Anno ejusdem Nativit.* 1220. *Indictione* 8. *die Dominica* 8. *exeunte Madio, etc.* quo quidem anno litera Dominicalis fuit ED. Et fol. 117 : *Anno Domini* 1236. *Indictione* 9. *die Veneris* 11. *exeunte Madio, etc.* quo anno lit. Dominicalis fuit FE. Alia Charta apud Ughellum tom. 2. pag. 468 : *Acta sunt hæc Anno Domini* 1274. *Indictione* 2. *die* 3. *exeunte Septemb.* Alia apud eumdem pag. 647 : *An.* 1214... *die* 7. *exeunte mense Octob. Ind.* 2. *etc.* Adde pag. 1010. tom. 5. pag. 767. 768. 769. 775. 830. Statuta Venetorum a Jacobo Theupulo Duce Venetorum facta, exarata dicuntur, *Currente anno Dominicæ Incarn... die* 6. *exeunte mense Sept. Ind.* 1. Vetus Charta apud Hieronymum dalla Corte lib. 1. et 6. Hist. Veron. : *Anno* 1194. *Indict.* 12. *die Dominico, duodecimo exeunte Martio, etc.* quo anno litera Dominicalis erat B. et ita 12. exeuntis Martii erat vigesimus. Scheda alia apud Ughellum in Episcopis Veronens. pag. 757 : *Die Veneris* 8. *exeunte Januario... anno* 1186. quo litera Dominicalis erat E. Ita dies 8. exeuntis Januarii, est 24. [Tabul. Meld. : *Anno Domini* 1291. *Ind.* 5. *Pontificatus dom. Nicolai PP. IV. anno* 4. *octava die mensis Octobris exeuntis, videlicet die Mercurii ante festum SS. Simonis et Judæ Apostolorum, etc.* quo anno litera Dominicalis erat G. et ita dies 8. exeuntis Octobris erat 22. Vide Hist. Cortusiorum lib. 1. cap. 3. Anonymum in Miraculis S. Ursmari num. 26. Vitam B. Luchesii Tertiarii num. 5. Miracula B. Ægidii Minoritæ n. 105. etc. [Vide *Exitus mensis.*]

Mensis Stans, *instans, astans*, idem qui *exiens*. Richardus de sancto Germano pag. 1010 : *Die Mercurii octavo stante Julio in vigilia S. Jacobi, etc.* qui est Julii 24. Diurnus Romanus cap. 2. tit. 1. *Die enim ill. instantis mensis obiit.* Charta apud Ughellum in Episcopis Veronensibus pag. 772 : *Die* 10. *instante Martio, etc.* Ibid. : *Die* 10. *inst. April.* Interdum et sæpe *dies stans mensis* scribitur. Apud eumdem tom. 1. part. 2. pag. 202 : *Anno. Dom.* 1203. *Indict.* 6. *mense Augusti die quinta astante.* [Chartarium Casauriense apud Mabill. de Re Diplomat. lib. 2. cap. 28. n. 5 : *In anno millesimo centesimo quinto, et die mensis Octobris stante quarto decimo, per Indictionem quartam-decimam.*] Apud Falconem Beneventanum pag. 319. Anacletus pseudo-Pontifex dicitur obiisse anno. 1138. *septimo die stante mensis Januarii*, hoc est, 25. ex quo error deprehenditur Baronii, qui perperam hæc verba ad septimum Januarii retulit, ut cum scripsit Innocentium II. PP. captum a Rogerio Rege Siciliæ anno 1140. *die decima mensis Julii*, cum Falco, a quo excripsit, tradat captum *decima die stante mensis Julii*, hoc est, 22. Julii. Ita apud eumdem Falconem, Rainulphus Dux Apuliæ dicitur obiisse *ultimo die stante mensis Aprilis*, quod recte idem Baronius ad ultimum Aprilis conjicit. Romualdus Salernitanus ann. 1177 : *Apud Vetustam usque in quartam feriam, quando jejunium inchoatur, nono scilicet die intrantis Martii demoratus...* 13. *die residuo stante mensis Martii ad portum Venetiæ, aura flante secunda pervenit.* Ubi 13. *dies stans Martii*, est 19. non 23. ut est in margine. Idem Romualdus hoc ipso anno : *Celebrato ibidem festo Virginis*, (Assumptæ) *altero die Hadriaticum mare intrantes, aura flante secunda, nono die stante mensis Augusti sani et incolumes cum omnibus suis Barolum descenderunt*, hoc est, 23. Augusti. Idem rursum : *Sequenti vero die Dominica, octava scilicet die residua stante mensis Julii in vigiliis B. Jacobi, etc.* Denique anno 1178 : *Anno Dominicæ Incarnationis* 1178. *mense Augusti*, 11. *Indict. quarta die stante ejusdem mensis, videlicet in festo Decollationis B. Joannis Baptistæ, etc.* qui in 29. incidit.

Mensis Restans. Charta ann. 1187. apud Ughellum in Neapol. Archiep. num. 13 : *Octavo die restantis mensis Madii.*

Sed et hæc numerandi ratio in recensendis mensium diebus obtinuit in Francia nostra. Exstant siquidem in Regesto Tolosano Cameræ Comput. Parisiens. Chartæ complures, quæ sic clauduntur : *Actum tali die introitus vel exitus talis mensis*, v. g. fol. 10 : *Actum anno Domini* 1246. *feria* 5. *tertio die introitus mensis Madii.* Eo ann. litera Dom. fuit G. Alia fol. 73 : *Hæc omnia fuerunt sic posita et concessa* 13. *die introitus mensis Novemb. feria* 1. *anno* 1244. quo litera Dominicalis fuit CB. Fol. 103 : 15. *die introitus mensis Octob. die Dominica ann.* 1234. lit. A. Et fol. 13. in Charta alia : *Nona die exitus mensis Januarii feria* 2. *anno Dom.* 1244. qui quidem annus 1245. numerari debet, sumpto scilicet a Paschate initio, quo litera Dominicalis fuit A. Et fol. 50 : *In mense Febr. feria* 4. *in* 14. *die ad exitum ipsius mensis anno* 1183. *ab Incarnatione Domini*, hoc est, anno 1184. sumpto a Paschate anni initio : quo litera Dominicalis fuit A G. proinde usque ad 24. Febr. lit. A. cucurrit. Fol. 77 : *Actum* 8. *die exitus mensis Sept. Sabbato anno* 1245. quo litera Dominicalis fuit A. Alia f. 51. hæc verba præfert : *Hoc autem fuit* 7. *die exitus mensis Februarii, feria* 1. *anno* 1236. qui fuit annus 1237. sumpto a Paschate initio, quo D. littera Dominicalis cucurrit : ac proinde hic dies incidit in 22. Febr. Alia fol. 72 : *Hoc fuit ita laudatum et concessum* 2. *die exitus Februar. feria* 6. *ann.* 1248. (hoc est, 1249.) quo litera Dominicalis fuit C. Fol. 79 : *Act. ultima die mensis Decemb. feria* 3. *ann.* 1247. quo litt. Dominic. fuit F. [Charta ann. 1347. tom. 2. Hist. Eccl. Meldens. pag. 222 : *Die Martis post festum Paschæ Domini, quæ fuit mensis Aprilis intrantis dies tertia.*] Ejusmodi porro loquendi, et mensium dies numerandi formulæ occurrunt etiam non semel in Regesto Majori ejusdem Cameræ Computor. Parisiens. hominia a Nobilibus Aquitaniæ Regi Angliæ Burdegalæ anno 1274. præstita continente.

* Etiam in Chartis Gallicis usurpatam hanc formulam reperio. Memor. D. Cam. Comput. Paris. ad ann. 1362. fol. 47. r° : *Il ont ottroyé au roy nostre sire pour un an tant seulement, commençant le jour S. Pierre entrant Aoust prochain venant, aide pour sa délivrance.* Charta ann. 1450. ex Chartul. 23. Corb. : *Dont premier terme de paiement sera et esquerra au jour S. Pierre entrant Aoust prochain venant.*

☞ Huc revocari debere merito observavit Mabillonius Diplom. lib. 2. cap. 28. n. 6. id quod A. Gellius lib. 12. cap. 13. inquirit, utrum scilicet his verbis, *intra Kalendas*, ipsæ quoque Kalendæ tenerentur. Qua in re ex Apollinaris Sulpicii sententia pronunciat, *intra Kalendas, non ante Kalendas esse, sed in Kalendis : id est, eo ipso die quo Kalendæ sunt.* Contra vero existimat ipsemet Gellius; *quoniam omne tempus, quod Kalendarum die includitur, intra Kalendas esse recte dicitur.*

* Mensis Careii. Vide supra *Careium* 2.

* Mensis Fenalis, Julius. Vide *Fenalis*.

* Mensis Magnus, Junius appellatur in Chartul. Pontiniac. pag. 286 : *En nom de nostre Seignour. Amen. En l'an de l'incarnation d'icelui* 1292. *ou mois de Juing le Grant, etc.* Ob longiores, ut puto, dies ipsius.

* Menses Materni, Quibus mater gravida est. Vita Theoder. abb. Andagin. tom. 4. Aug. pag. 849. col. 1 : *Maternis interea Mensibus evolutis, postquam mulier conceperat divinitus nuntiatum, ipsa nocte festivitatis S. Martini, dum populus ad vigilias matutinales concurreret, peperit filium.*

* Mensis Messionum, Augustus. Charta Joan. decani Christianit. Damellæ in Chartul. S. Petri de Monte. : *Ce fut fait l'an ke li miliaires corroit par* 1278. *ans, ou Mois de messons.*

* Mensis Novarum, *dicitur Aprilis, quia in Terra sancta novæ fruges tunc in-*

veniuntur. Glossari Anonymi Ms. ex Bibl. reg.

Menses Paschales. Vide Bernonem Abbat. de Missa, cap. 6.

* Mensis Paschæ, Paschatis hebdomada, vel Tempus a Ramis palmarum ad Dominicam in Albis, quod medii mensis spatium est. Charta Petri abb. S. Remigii Rem. in Chartul. Campan. fol. 247. v°. col. 1 : *Actum anno Domini* m. cc. *xl. vij. Dominica Mensis Paschæ.* Lit. baill. Senon. ann. 1286. in Chartul. eccl. Lingon. fol. 43. r° : *Donné à Gray landemain dou Mois de Pasques.* Charta Ludov. comit. Nivern. et Regitest. ann. 1304. in Reg. 59. Chartoph. reg. ch. 346 : *Liquels bans* (de vin) *commence estre pris chascun an au jours de Pasques commenians la grant messe chantée, et dure continuelement jusque au Dimoingche dou Mois de Pasques, et en ce Dimoinche faut et fenist lidiz bans la grant messe chantée.* Stat. Avenion. Mss. ubi De loco dando piscatoribus, in quo vendere possint pisces suos : *Et ad hoc faciendum rector civitatis usque ad Mensem Paschæ, post statuta recitata, omni dilacione postposita teneatur.*

* Mensis Philosophorum, apud Arnaud. in Rosario Ms. lib. 2. cap. 4 : *Melius per Mensem philosophorum, quam adustio in animalibus per inhumanationem tollitur et decoctionem.*

* Mensis vulgo Resaille, Ea nomenclatura donantur menses Junius et Julius. Hist. Leod. tom. 2. pag. 418 : *Sentencié et prononcé à Floynes par nous les six arbitres desusdits, l'an de grace 1330. le j. jour de Juillet, qu'on dit Resailhe-mois, le Vendredi après la Pentecoste.* Et pag. 430 : *L'an de grace 1376. le 14. jour de mois de Juing, que on appelle Resaillemois.*

MENSOR, Agrimensor, apud Frontinum, Aggenum, Dolabellam, et alios. Alii sunt *Mensores* in Cod. Theod. de quibus est tit. 34. lib. 6. Horum enim munus fuit hospitia Principi præparare, Palatinis Principem comitantibus singulis *deputatas domos enotare, et postibus hospitaturi nomen adscribere*, ut docet lex 4. de Metatis (7, 8.) eodem Cod. ubi plura Jacobus Gothofredus. [Diversi erant *Mensores* a metatoribus : hi integris castris locum deligebant, illi singulis hominibus vel in castris, vel in urbe. Vide Pitiscum.] [** et Glossar. med. Græcit. in Μίνσωρ, col. 936.]

MENSORIUM. Ugutio et Joan. de Janua : *Mensorium, quod est in mensa, ut mantile, et vas escarium.* Gloss. Saxonic. Ælfrici : *Mensorium*, Meose. In Gloss. Lat. Gall. : *Chose de table, comme nape, écuelle, plat à servir à table.* Vide *Missorium*.

* **MENSTRUA**, Reditus species. Bulla Innoc. III. PP. ann. 1199. inter Instr. tom. 11. Gall. Christ. col. 169 : *Capellam quæ est in grangia vestra de Bodevilla, et Menstruas de archidiaconatu Belismen.* Vide mox

¶ **MENSTRUALIA**, Idem quod *Mensata*, unius mensis servitium. [* Tributa significari videntur, quæ singulis mensibus exigebantur.] Charta ann. 1235. ex Schedis Peiresc. apud Pr. *de Mazaugues : Concesserunt... quidquid habent, vel habebant in Cravo, sive sint pedagia, usatica, Menstrualia, etc.*

** **MENSTRUARE**, Diminuere. Benedicti Chronicon cap. 39. apud Pertz. Script. tom. 3. pag. 719 : *Roma .... a Saxone rege expoliata et Menstruata fortiter.*

* **MENSTRUI** Casus, Morbus, quo quis singulis mensibus vexatur. Vita S. Arnulfi tom. 3. Aug. pag. 235. col. 1 : *Domesticus mihi fidelis procurator et servus Menstruis casibus male torquetur.*

¶ **MENSUALE**, ut *Mensata*, nisi fallor, Annona aut cibus ad unum mensem. Præceptum Caroli C. ann. 849. apud Marten. tom. 1. Ampliss. Collect. col. 118 : *Decernimus... ut præfata villa Antoniacus cum omni integritate suisque appendiciis deinceps per omnia deserviat fratribus S. Martini peculiaris patroni nostri, ad illorum annuatim vestimenta, excepto Mensuali atque agrario in victu eorumdem attributo.*

¶ Mensualis, Menstruus. Castello in Chron. Bergom. ad ann. 1402. apud Murator. tom. 16. col. 906 : *Item quod qualibet talea Mensualis,... non duret nec vigeat, nisi usque ad Kalendas Junii proxime venientis.*

¶ Mensuatim, Singulis mensibus. Præceptum Caroli Mag. apud Marten. tom. 1. Ampliss. Collect. col. 34 : *Innotuit Serenitati regni nostri, qualiter antecessor suus Autlandus Abba quasdam villas instituerit, quæ fratribus Mensuatim per totum annum servire debent.*

¶ 1. **MENSULA**, diminutivum a *Mensa*, quo, quidquid ex bonis alicujus est, significatur. Chronicon Mosomense : *De mea Mensula unam villam, Odontem nomine, cum omni banno suo sutraho.* Vide *Mensa*.

¶ 2. **MENSULA**, Mappula. Chronicon S. Trudonis, Spicileg. Acher. tom. 7. pag. 464 : *Tres solidos ad utensilia emenda... mappas, et Mensulas, et manutergia, et minuta homini.* Vide *Mensale*.

MENSULARII, Τραπεζῖται qui Scriptoribus Latinis *Mensarii*, qui mensam exercent, apud Firmicum lib. 3. Math. cap. 8.

1. **MENSURA**, Modus agri, vulgo *Mesure*. [Eadem ni fallor, quæ *Arapennis* seu jugerum, Gall. *Arpent*. Charta ann. 1187. apud Miræum tom. 1. pag. 286 : *Terram quam habebant in pago Oostburch, circiter quinquaginta et septem Mensuras, reddentem singulis annis decem marcas... werpiverunt.* Alia ann. 1228. ibid. pag. 417 : *Ut inhabitantes villam liberam, Mensuras quinquaginta pedum latitudinis et centum pedum longitudinis habeant; et singulæ Mensuræ, singulis annis duos solidos Flandrenses et duos capones nobis et successoribus nostris solvant.* Charta Guidonis Flandriæ Comit. ann. 1279. ibid. pag. 590 : *Viginti solidos annui census super duas Mensuras... videlicet super duas partes Mensuræ juxta Wervum suum, et Mensuram et tertiam partem Mensuræ in Oudervliet.*] [* Vide *Mensura*, 3.] [Chron. Bonæ Spei pag. 289 : *Acquisierat... Mensuram aliam prati 16. virgis minus in eadem Roseria.*] Chronicon Andrense : *Terra 12. Mensurarum, boscus 30. Mensurarum.* Occurrit ibi passim; et in Tabulario S. Bertini, in Probationibus Hist. Guinensis pag. 96. 124. 125. etc. [** Vide Forcellin. in hac voce.]

¶ Mensura Annonaria, Chronic. Bonæ Spei pag. 182 : *Sub id tempus* (i. ann. circ. 1252.) *mutata Binchiensi granorum Mensura, orta est difficultas inter nos et Picconenses Templarios, prætendentes sibi debere solvi nova Mensura, quæ veteri multo major erat, censum 23. modiorum hyvernagii et totidem avenæ... Quæ decisa fuit anno 1253, reductis 28. modiis hyvernagii antiquæ Mensuræ ad 16. novæ et 23. avenæ modiis ad 20. Mensura*, idem quod *Sesteirale*, in Charta ann. 1278. ex Conventione inter Jacobum Aragon. Reg. et Berengarium Magalonæ Episc. *Sesteirale sive Mensura bladi, etc.* Bellijoci *Mensura* est *Bichetus* dimidiatus, qui capit 12. *Copinos*.

* Mensuræ frumentariæ capacitas describitur in Consuet. Castell. ad Sequanam ex Cod. reg. 9898. 2 : *Les mugniers doivent prendre d'un moiton une escuelle et non plus; et d'une Mesure demie escuelle... La grandeur de la Mesure du blé doit tenir justement six pintes au minot.*

Mensura, in liquidis. Eckehardus Junior de Casib. S. Galli cap. 9 : *Cum pane abundo et quinque Mensuris de cervisia.*

Mensura Regalis, ad quam cæteræ mensuræ examinantur et reducuntur, in veteri Charta apud Will. Thorn pag. 1912. Edictum Pistense Caroli C. § 20 : *Comes et reipublicæ ministri... provideant, quatenus justus modius, æquusque sextarius... in civitatibus, et in vicis et in villis, ad vendendum et emendum fiat; et Mensuram secundum antiquam consuetudinem de palatio nostro accipiant, etc.* Mensuræ vero istæ publicæ in uniuscujusque civitatis Ecclesiis servari jubentur, in Novella Justiniani 128. et apud Julianum Antecess. cap. 555. Vide Notas nostras ad Alexiadem pag. 384. [De *Mensuris* Saxonum, vide Hickesium Grammat. Anglo-Sax. pag. 168.]

* Mensura Bassa, Eadem quæ *Rasa*, Adæquata. Charta ann. 1344. in Reg. 87. Chartoph. reg. ch. 45 : *Item relicta Simonis Bernerii unam eminam Bassam frumenti.... Item Mathæus Marmerii unam eminam avenæ ad Mensuram bassam.* Pluries ibi.

* Mensura Cessalis, Recta. Vide supra *Cessalis*.

* Mensura Currens, quæ in usu est. Reg. feud. Aquit. in Cam. Comput. Paris. sign. JJ. rub. fol. 33. r° : *Arnaldus de Fagia.... debet solvere frumentum ad mensuram rasam et avenam ad Mensuram currentem.*

¶ Mensura Mercadalis, Publica, ad quam res omnes, quæ in *mercato* venduntur, exigi solent. Charta ann. 1201. apud Stephanot. Antiquit. Bened. Occitan. MSS. part. 2. pag. 440 : *Singulis annis in perpetuum unum modium ejusdem bladi, quod bladum ad Mensuram mercadalem Anianensem annuatim in dicto festo B. Mariæ solvere nobis debetis. Mensura cursabilis* dicitur tom. 1. Chartul. S. Vandreg. pag. 216.

* Mensuras Ponere, De iis statuere et definire. Charta ann. 1294. in Chartul. Bellil. : *Estoient en bonne saisine et paisible possession de mettre les Mesures à bled et à vin, et toutes autres manieres de mesures, grandes et petites, quelles qu'ils soient dedans leur banlieue.*

¶ Mensurabiles Panes, id est, Certi et statuti ponderis. Edictum Pistense Caroli C. § 20 : *Sed quantos Mensurabiles panes in unaquaque civitate de justo modio Epi-*

scopi vel Abbatis seu Comitis ministeriales a pistoribus suis recipiunt, tantos Mensurabiles panes de æquo modio a pistoribus, qui panem vendunt, fieri faciant.

2. MENSURA. Charta Dudonis Abbatis Dervensis in Tabul. ejusdem Monasterii : *Ut neque suis, neque successorum suorum temporibus quisquam vel Ministerialium vel Officialium aliquam vim vel malum consuetudinem contra nostrum decretum inferre audeat, neque Mensuras imponere, augere, minuere, neque carropera extorquere, etc.* Idem Tabularium : *Monachi S. Petri et B. Bercharii proclamationem fecerunt ad magnanimum Comitem Theobaldum, de superfluitate quam Comes Breonensis dominus Walterius faciebat eis. Quam proclamationem misit prædictus Comes in Mensuram. Est autem talis Mensura : Quando accipiendum erit opus castelli, et carroperum, accipiet Ministerialis S. Petri, et cum laude ipsius Ministerialis Breonensium Comitis, et accipient secundum salvationem hominum S. Petri, et secundum salvationem Comitis.* [Ubi *Mensura*, idem esse videtur quod *Corvatæ* seu operæ, quas subditi ac rustici ex Lege, non ex arbitrio dominorum suorum, ipsis præstare tenentur]

* 3. MENSURA, Idem quod *Mansura*, Locus domui ædificandæ idoneus et ipsa habitatio cum agri portione. Libert. villæ Piciac. ann. 1208. tom. 7. Ordinat. reg. Franc. pag. 604. art. 13 : *Non licet burgensibus meis aliquam suscipere communiam, nisi sub me Mensuram susceperit, quamdiu supra dominicum meum infra muros villæ vacuam habebo Mensuram ; ita dico; si eidem velim invenire et deputare Mensuram.* Atque ita intelligendæ videntur Charta ann. 1228. et 1279. laudatæ in *Mensura* 1.

¶ MENSURABILITER, Mensuratim. Charta conventionis inter Henricum Reg. Angl. et Willelmum Reg. Scot. in Lib. nigro Scaccarii pag. 38 : *Et ad castella custodienda assignabit Rex Scotorum de reditu suo Mensurabiliter ad voluntatem domini Regis.* Charta apud *Madox* Formul. Anglic. pag. 276 : *Et ad capiendum de eadem acra Mensurabiliter in emendationem stagni sui.*

¶ MENSURAGIUM, Idem quod *Mensuraticum*, Gall. *Droit de Mesurage*. Tabularium S. Albini Andegav. ann. 1260 : *Fulco de Torallo minor Miles... vendidit et concessit... omnes fructus quos habere poterat... in bannis, pressoriis, pressoragiis,... mensuris, Mensuragiis et vaeria sive vaeriis.* Vide *Mesuragium*.

¶ OFFICIUM MENSURAGII *carbonum*, inter officia quæ ad domanium Regis pertinent recensetur in Memoriali Cameræ Comput. Paris. pag. 57. verso.

* MENSURAGIUM VINI, Jus mensuræ, ad quam exiguntur dolia vinaria, Gall. *Droit de jaugeage*. Vide supra *Jalagium*. Inventar. Chart. reg. ann. 1482. fol. 127 : *Littera sub sigillo curiæ Bituricensis super venditione voeriæ Dunensis, facta per Stephanum Naalez et ejus uxorem Guillermo Picardi de S. Amando, exceptis mineria et Mensuragio vini.*

* MENSURALE, Quod pro mensura exigitur; idem quod *Mensuraticum*. Leg. Pollon. a Prilusio collectæ. pag. 432 : *Nulla etiam vectigalia aquatica, foralia, Mensuralia, alias Pomyerne, etc.*

* MENSURARE AD ALIQUEM SANCTUM, Ægrum puerum vel ejus cadaver ad alicujus sancti feretrum seu sepulchrum appendere et cereum ex voto ad ejusdem staturam sancto offerre. Canonizat. S. Th. Herford. episc. in Reg. Joan. XXII. PP. fol. 7. r°. col. 1 : *Infans..... in fundo cujusdam fossati.... repertus mortuus,.... Mensuratus ad hunc sanctum, vitæ fuit mirabiliter restitutus.* Vide infra *Ponderare* 1.

MENSURARIUS, Qui res venales ad mensuram distrahit. Libertates concessæ Barcinonensibus a Petro Rege Arag. ann. 1283 : *Quod quilibet civis Barcinonensis possit vendere oleum in domo sua, et quod nullus Mensurarius olei sit ausus vendere oleum.*

¶ MENSURATA, Eadem notione qua *Mensura* 1. Charta ann. 1086. in Addit. ad Chron. Casaur. apud Murator. tom. 2. part. 2. col. 1003 : *Prima petia est in vocabulo S. Petri, sunt modiola sex, habet fines ex utraque parte congruum ; de prædicta nostra ecclesia, secunda petia in vocabulo de Cerretu in pertinentia de villa Maina, ex Mensurata juxta culturam loci modiola quinquaginta.*

MENSURATE, Mediocriter. Fredegar. cap. 84 : *Erat sapiens, sed in primis cum simplicitate rebus Mensurate ditatus.*

MENSURATICUM, Quod pro mensura exigitur. Libertates Regni Majoricarum editæ a Jacobo Rege Aragon. ann. 1248 : *Sitis franci et liberi ab omni lesda, pedatico, Mensuratico, et penso, et ribatico, et ab omni questa, tolta, forcia, etc.* Mox : *Intelligentes quod homines Insulæ Majoricæ extra civitatem habitantes Mensuraticum et pensum solvere consueverunt.* Alibi, de bladi venditione : *Soluto nobis et nostris jure nostro seu Mensuratico consueto.* Occurrit etiam in Curia Generali Cataloniæ ann. 1320. MS. in Charta Petri II. Regis Arag. ann. 1283. pro libertatib. Cataloniæ, et in Bulla Honorii III. PP. pro Ecclesia Senogalliensi, apud Ughellum tom. 2. pag. 959. etc. [*Jus mensuraturæ*, dicitur Andreæ de Ysernio in Comment. utriusque juris.] Vide Gloss. med. Græcit. in Μετρητικόν.

¶ MENSURATIO, Mensio, Gall. *Mesurage*. Charta apud *Madox* Formul. Anglic. pag. 163 : *Secundum Mensurationem factam per viros fide dignos, ex parte nostra et ex parte eorumdem monachorum electos et juratos.*

* MENSURATOR, Agrimensor, Gall. *Arpenteur*, alias *Mesurierres*. Memor. C. Cam. Comput. Paris. ann. 1350. fol. 93. r° : *Albertus de Scala Mensurator boscorum per litteras regis datas viij. Martii* 1350. Consuet. Aurel. apud Thaumass. ad calcem Assis. Hierosol. pag. 468 : *Se Mesurierres de chans fet fausse mesure à son esciant, etc.*

* MENSURATORIUS, Ad legitimam et receptam mensuram pertinens. Privil. Pisan. ann. 1269. apud Lamium tom. 3. Delic. erudit. pag. 276 : *Ex latere prædictæ loggiæ de Messana versus Avanellam, quæ Avanella pertenditur recta linea usque ad mare, et fit larga per xij. palmos Mensuratorios cannæ.*

MENSURNA LAMENTATIO. Vide *Lamentatio*.

* MENSURNALIS, Menstruus, in not. Matthæi Syllog. Epist. pag. 536. Vide *Mensurnum*.

MENSURNUM, *Unius mensis, sicut Diurnum, unius diei.* Papias. Liber de Disciplina Scholarium falso Boetio adscriptus cap. 3 : *Qui satyricis inhiabat atramentis Mensurnus, historiographus persæpe diurnus, elegiaris annuus, etc.* Occurrit ibi rursum, et cap. 4. [Gesta Abbatum Mediani monast. apud Marten. tom. 3. Anecd. col. 1119 : *Terris jam Mensurni imbris vehementia resolutis, etc.*]

MENTAGRÆ *orbis terrarum*, dicuntur *Britonum Scottorumque particulæ* seu regiones, Cumniano Hiberno de Controversia Paschali.

¶ MENTALIS INVOCATIO, Quæ sola mente concipitur. Laur. Byzynius de Bello Hussitico ann. 1419. apud Ludewig. tom. 6. Reliq. MSS. pag. 193 : *Item invocationes aut postulationes tam Mentales quam vocales, etc.*

¶ MENTANEI OCULI, id est, Mentis. Bulla Bonifacii VIII. PP. ad Episc. Scotiæ apud Rymer. tom. 2. pag. 905 : *Quam Mentaneis oculis depressam, utinam! non postratam cum anxietate respicimus.*

¶ MENTATUS, unde *Dementatus*, barbarum prorsus est. Lat. Eruditus, cordatus, mentis acie præditus. Goclenii Lex. Phil.

¶ MENTIALITER, Alta mente, attente. Annal. Bened. tom. 3. pag. 719 : *Nos igitur petitionem cum consensu omnium fratrum Mentialiter considerantes, et deprehendentes non esse superfluam, sed rationabilem, etc.*

MENTICULARE, Papiæ, *Dolis et fallaciis attentare, vel divinare.* Vide *Manticulare*.

¶ MENTILLA, ἐλαχιστότη. Gloss. Lat. Græc. MS. Sangerm. Ubi leg. *Minutilla*, i. e. minima. [* Adde ex Castigat. in utrumque Glossar. Germ. *Minutalia* Reg. *Minutila*, forte *Minutula*.]

¶ 1. MENTIO, Memoria, sepulcrum. Vita S. Forannani sæc. 5. Bened. pag. 592 : *Ante Sancti adveniens iterum se projecit Mentionem.* Vide *Memoria*.

2. MENTIO, Mendacium. Gloss. Lat. Gr. : *Mentio*, ἀνάμνησις, καὶ ψεῦσμα. Reguli Magistri cap. 15 : *Si Mentionem suadet frequenter, legatur ex diversis, ubi præcipit veritatem.* Hinc

MENTIOSUS, Mendax, Gallis *Menteux*, vel *Menteur*. Lex Alemann. tit. 41. § 1. de Judice : *Qui nec Mentiosus sit, nec perjurator, nec munerum acceptor sit.*

MENTIONARIUS, Eadem notione, Impostor. Anastasius Biblioth. in Hist. Eccl. in Leone Isauro : *Dominus Abasgorum intimat Alanis, dicens, Ut invenio, alium talem Mentionarium Justinianus non habuit, quem mittere debuisset, et commovere vos contra nos vicinos vestros : fefellit enim vos, etc.* Ubi Theophanes habet ψεύστην.

MENTIONALIS SEPES. Vide *Mentonalis*.

¶ MENTIONARE, Mentionem facere. Charta Ludovici Episc. Xanton. ann. 1462. in Tabul. Angeriac. pag. 535 : *Nos etiam qui contractui in ipso Instrumento Mentionato ante nostram promotionem personaliter interfuimus.* Alia ann. 1482. ex Tabul. B.

M. de Bono-Nuntio Rotomag. : *De qua (appellatione) in dictis litteris Apostolicis Mentionatur cum suis dependentiis et connexis responsis.* Processus de B. Hermanno tom. I. Aprilis pag. 718 : *Qui Mentionatis pastoribus..... supra positam commissionem ostendit.* Adde Chartam ann. 1399. apud Menester. Histor. Lugdun. pag. 126.

¶ **MENTIONARIUS**, Mentiosus. Vide *Mentio* 2.

MENTIRI, nude pro *fidem mentiri.* Vide *Fides. Mentiri vadum.* Vide *Vadium.*

MENTIRIOSUS, Papiæ, *Fallax aut mendax.*

** **MENTIUNCULA**, Mentio, apud Virgil. Grammat. pag. 113.

MENTO, pro *Mentum*, usurpat Michael Scotus de Physionomia cap. 73. Inventar. S. Capel. Paris. ann. 1363. ex Bibl. reg. : *Item quoddam sanctuarium continens de Mentone et dentibus S. Ursulæ.* Aliud ann. 1376. ex ead. Bibl. : *Item unum sanctuarium sive reliquiarium argenti deauratum, in quo est Mento cum dentibus S. Ursulæ virginis.* Aliud Gallicum : *Un sanctuaire, où il y a du Menton à tout les dens de sainte Ource.* Occurrit rursum inter Instr. tom. 11. Gall. Christ. col. 213. [** Arnobio lib. 3. cap. 7. *Mento* est Mentum habens solito majus.]

MENTONALIS, *Mentionalis sepes*, quæ ad mentum usque pertingit. Lex Ripuar. tit. 70. § 3 : *Quod si animal sepem impalaverit, et ipsa sepis Mentonalis non fuerit.* Perperam *mentionalis*, in Legibus Henrici I. Regis Angl. cap. 90. ubi eadem habentur.

MENTOR, Papiæ, *Inventor.* [Ita et Gloss. MSS. Sangerm. num. 501.]

¶ **MENTORIA**, *dicuntur diversoria, vel diverticula, id est, secreta ædificia, alias Montoria.* Vocabular. utriusque Juris.

¶ **MENTRE**, pro *Intra.* Charta ann. 27. Conradi Reg. ex Archivis S. Victoris Massil. : *Quæ decurrit Mentre varaginem per terras, usque in via, quæ dicitur Aurelia.*

* **MENTUM**, pro Collum. Reg. visitat. Odon. archiep. Rotom. ex Cod. reg. 1245. fol. 17. v° : *Visitavimus prioratum de villa Arcelli. Ibi sunt xxiij. moniales..... Omnes nutriunt comam usque ad Mentum.... Præcipimus.... quod comam non nutriatis ultra aures.*

* **MENTURA**, f. Frons, facies ædificii, Gall. *Façade.* Charta ann. 1309. tom. 2. Hist. Trevir. Joan. Nic. ab *Hontheim* pag. 37. col. 1 : *Romani imperii celsitudo.... columpnis meruit stabilibus stabiliri, et egregiis ædificiorum Menturis indissolubiliter adornari.*

* **MENUALIS**, f. pro Manualis; nisi legendum sit *Bannalis.* Libert. de Andeloto ann. 1269. tom. 8. Ordinat. reg. Franc. pag. 126. art. 8 : *Bannales furnos et molendina Menualia nobis retinuimus.* Vide in *Molendinum.*

¶ **MENUDETÆ**, Fratres Minores, ab Hispan. *Menudo*, Gall. *Menu.* Testam. Beraldi domini de Rupeforti ann. 1383. apud Baluz. tom. 2. Hist. Arvern. pag. 325 : *Item do et lego a lus Menudetas Claromontenses Ordinis S. Francisci sexaginta solidos Turonenses redditualès.* Nostris etiam olim *les Freres Menus* dicti. *Mehun au Codicille* apud Borellum :

> J'ay mes petits enfans à qui je suis tenus,
> Plus qu'aux povres Estrangiers, ne qu'aux Freres Menus.

Le Roman *des Braïes* MS. :

> Quant fu grant eure et grant jors,
> Pour changer sa honte à hennor,
> S'en vient à un Frere Menor.

Infra :

> Ains fist cil, hors prist congié
> Li borgois au Frere Menus.

* **MENUDUS**, an pro Mutuus? Charta ann. 1331. in Reg. 66. Chartoph. reg. ch. 527 : *Ad reportandum concordiam seu pacem Menudam inter dictas partes, ... dictum nostrum seu pronunciationem super præmissis in modum qui sequitur pronunciamus.*

* **MENUISERIUS**, a Gallico *Menuisier*, in Terrear. abbat. de Jugo Dei ann. circ. 1491.

* **MENUSIA**, Parvus et minutus piscis. Charta ann. 1287. in Chartul. Guill. abb. S. Germ. Prat. fol. 218. v°. col. 2 : *Nec etiam vendere poterunt dicti homines chopinam Menusiæ, nec similiter centum cancerum, nisi tres denarios Turonenses tantummodo, nisi in Quadragesima, in qua poterunt vendere quatuor denarios Turon. tantummodo.* Glossar. Gall. Lat. ex Cod. reg. 7684 : *Menuyse, silurus, i. parvus et minutus piscis.* Lit. remiss. ann. 1391. in Reg. 142. Chartoph. reg. 142 : *Afin que eulx pescheurs d'eau doulce vendissent mieulx leur Menuise, que lesdiz Guillaume ne sa femme leurs poissons de mer. Loches et vairons ou autre Menuise*, in aliis ann. 1480. ex Reg. 207. ch. 209.

* **MENUTÆ**, Intestina animalium, Gall. *Menuailles*, Ital. *Minuge.* Stat. Perus. pag. 58 : *Quod nulla persona audeat effundere seu vacuare buellas seu viscera aut Menutas bestiarum infra villam, etc.* Vide *Minutalia.*

* **MENUTUM**, Miutior moneta. Comput. ann. 1372. inter Probat. tom. 2. Hist. Nem. pag. 312. col. 1 : *Tradidi dicto Stephano Salvatoris xl. francos; erant in Menuto xj. franc. et in auro xxix.*

¶ **MENZERIZARE.** Vide *Magarizare.*

* **MEODE**. Vide supra *Mede.*

¶ **MEOLETUM** Boschum, Silva cædua, ut videtur, Gallice *Bois taillis.* [* An non potius Lignum, quod *Bois de moule* appellamus?] Statuta Vercell. lib. 6. fol. 137. v°. : *Pro duobus terceriis habeant precipuum modios quadragintos boschi Meoleti, videlicet de illo nemore quod axoratum fuerat inter prædictos Comites, etc.*

* **MEOLHONUS**, ab Hispanico *Meollo*, Medulla, nucleus. Charta ann. 1516 : *Pro jure molturæ dare teneantur partem olei fiendi in molendino præmisso, et mediam partem Meolhonorum, sive dels Meolhons.*

MEPE, Iberorum Regis dignitas ac appellatio, apud Georgium Pachym. lib. 3. cap. 21. et Phranzem lib. 3. cap. 1. [** Μέπε, in Glossar. med. Græcit. col. 906.] Apud Galfridum Monemuthensem lib. 7. cap. 4. observo proceres quosdam, Hibernos, ni fallor, dignitatis *Map* passim donari, quæ forte eadem cum *Mepe* : *Præter Consules prædictos venerunt non minoris dignitatis heroes, Donandus Map-apo, Chenes Mapchoil, Penedurus Map-eridur, etc.* Qui autem hic *map.* dicuntur, hodie *mac* videntur appellari, quæ vox præponi solet cognominibus complurium familiarum illustrium, ut discere est ex Britannia Camdeni pag. 708. 709. etc. Edit. 3. verbi gratia, *Macconnell, Mac-guir, etc.* [*Map* vero aut *Mab* Britannis, et *Mac* Hibernis, filius dicitur.] Vide *Septetus*

¶ **MEPHIUM.** Vide *Methium.*

¶ **MEQUERELLUS**, pro *Maquerellus*, Gallice *Maquereau.* Tabular. Calense ann. 1247 : *Item prima die Rogationum unum flatonem, et secunda die similiter unum flatonem, tertia vero die unum Mequerellum, si interfuerint processionibus.*

MERA, [Locus palustris.] Vide *Mora* 2.

¶ **MERA** Gutta, Gall. *Mere-goutte*, vinum sponte defluens. Charta ann. 1250. apud Lobinell. tom. 3. Hist. Paris. pag. 207 : *Pro quolibet modio vini unum sextarium de Mera Gutta vini pro decima.* Vide in *Gutta.*

¶ **MERA** Provisio, Formula usitata in Diplomatibus Pontificum Romanorum quibus alicui beneficia ecclesiastica conferebant, cum electio tempore statuto facta non fuerat, aut ipsis vitiosa videbatur. Chartular. Eccl. Ebredun. tom. 2. Hist. Dalphin. pag. 75 : *Demum per D. Bonifacium Papam VIII. ex Mera Provisione Apostolicæ Sedis anno Dom.* MCCXCV. *mense Martii, die lunæ in crastinum Ramis palmarum, scilicet die* XXVIII. *Romæ apud Lateranum fuit in Archiepiscopum Ebredunensem primitus.... consecratus.*

* **MERACA**, *Idem quod Medicina*, in veteri Glossar. ex Cod. reg. 521.

MERACULA, Monetæ minutioris species: idem forte quod *Minuta*, λεπτόν. Plantavitius in Episc. Lodovensib. ann. 1187 : *Ea lege ut Prior ab Episcopo... daret singulis Synodis sex denarios et Meraculam unam, etc.* Vide *Merallus.*

¶ **MERACUS**, ζωρός, Merus. Onom. *Merax, cus*, ἄκρατος. Vocabul. vetus : *Merax, purus, clarus, defecatus; meracitas, puritas, claritas.* Sed *merax* non legi. Ita Martinius in Lexico.

¶ **MERAGULARIUS**, Idem qui *Matricularius.* Ordinar. Cabilon. apud Marten. tom. 1. de Antiquis Eccl. Rit. pag. 615 : *Diaconus et Subdiaconus inter se plicant vestimenta sua, Meragularius præstat auxilium sacerdoti.* Vide *Marrelarius.*

MERAL. Vide *Amir.*

MERALLUS. Charta Willelmi Comitis Nivernensis ann. 1167. in Tabulario S. Stephani Nivern. : *Ego Willelmus Comes Nivernensis dedi et concessi Bernardo Priori et Monachis S. Stephani Deo ibidem servituris, ut deinceps in burgo suo habeant Merallum, et proprium servientem suum, qui proclamet per burgum vinum, jure perpetuo possidendum.* Alia ann. 1173. in eodem Tabulario : *Ego Guido Comes Nivernensis laudavi et concessi Ecclesiæ S. Stephani, et Bernardo ejusdem Ecclesiæ Priori, quod Marellum suum, et nuncium Maralli sui publice conclamare per totam villam Nivernensem, et curreret, sicut nuncii cæteri qui meos habent Maralos, statuens deinceps, et inhibens, ne quis nuncio Ecclesiæ deferenti Maralum, *impedimentum ullum facere præsumat.* Charta pro Vicario Bituricensi ex Tabul. S. Sulpicii Bitur.: *Habebit... de cutis unam cutam : de Merallis vitri, unum vitrum, etc.* Nos *Mereau,* et *Merel,* calculum putatorium vulgo dicimus. Usatica Vicecomitatus Aquarum Rotomagi : *Se l'en baille à aucun le Merel en enseigne que il a aquité sa marchandise en la Vicomté de l'Eaue, et il avient que il le perde, etc.* Sed et *Meralleresse,* dicta olim obstetrix, nescio unde ducta vocis origine, nisi quod pro mercede merallum acciperet; [a μαῖα, obstetrix, deduci posse opinatur Menagius; quid si a Gall. *Mere* et *Alleger,* quod matri in partu laboranti allevamentum ferunt?] Regestum Domus publicæ Ambianensis sub ann. 1367 : *Emmeline le Hardie a esté receuë à estre Meraleresse, par la relation de plusieurs femmes qui sçavent comment Meralleresses se doivent contenir en ladite science, etc.*

☞ Paulo intricatiora videntur quæ de *Merallis* scripsit D. Cangius, quod varias hujusce vocis notiones haud satis distinxerit : quæ ut apertiora fiant observandum quodvis signum seu symbolum nostris olim *Marel* dictum fuisse, hinc in allatis a D. Cangio videtur accipi posse pro signo quo vinum venale significatur. Longe vero frequentior notio qua *Merallus* pro symbolum seu tessera occurrit, quæ in pluribus Ecclesiis, Canonicis, Capellanis aliisque præbendariis dantur in præsentiæ signum, ut his quolibet Sabbato exhibitis testentur quoties et quibus officiis interfuerint, et debitas recipiant distributiones. Statuta Canonicorum S. Capellæ Paris. pag. 22 : *Quolibet Sabbato anni omnes Canonici, Capellani et clerici conveniunt in camera solutionis, et debent Merellos suos ibi asportare, ut videatur quid et quod eorum unusquisque fuerit lucratus.* Reformatio S. Capellæ per Carolum VI. Reg. Franc. : *Distributori Merellorum in vim præstiti per eum juramenti inhibentes ne personis hæc committentibus... distributiones aliquas exsolvere præsumat.* Litteræ Francisci I. Reg. Franc. pro reform. ejusd. S. Capellæ : *Demum Merelli præinsertis Canonicis, Capellanis et clericis distribuendi in choro dictæ Capellæ tradentur, nec exsolvetur aliquid eisdem Canonicis et Capellanis nisi ad rationem et modum dictorum Merellorum.* Ex Charta autem fundationis S. Capellæ, percipiebant Canonici diebus privatis 12. den. In Dominicis et festis 9. lectionum 16. den. In festis quæ cum *semiduplo* celebrantur 18. den. In festis duplicibus 2. sol. In festis annualibus 3. sol. Statuta Capituli Audomar. MSS. : *Item circa parvum bursarium distributorem Marellorum et punctuatorem anniversariorum... recipiet quilibet eorum* (clericorum de Scoteria) IV. *Marellos pro die interessendo Divinis... de quibus* IV. *Merellis pro prandio solvet* II. *Marellos et unum pro cœna receptori Domus singulis diebus.*

☞ Plumbei, ut plurimum, erant hujusmodi *Merelli*; hinc *Plumbi* nude dicuntur in Charta ann. 1480. apud Miræum tom. 2. pag. 1343 : *Item idem Cantor sive Præsidens Plumbos interessentibus Horis distribuet.* Erant interdum et chartacei : plumbei etiamnum in pluribus ecclesiis ac præsertim in Ecclesia Atrebat. Capellanis distribuuntur pro stipendio Missarum quas celebrare tenentur; hi formam teruncii Francici, et calicem ab altera eorum parte præferunt cum hac inscriptione : *Pour les Messes.* In nundinis præterea dabantur *Merelli* in signum soluti pretii pro mercibus expositis. Dantur etiam in Ecclesiis Reformatis, iis qui ad S. Cœnam admittendi sunt. Vocis etymon a Græco μέρος vel μερὶς, Pars, portio, accersit D. *de Caseneuve;* Mornacus vero in l. 52. *Merellos,* Gall. *Mereaux* dictos putat, quod merentibus tribuerentur.

* Merellus, Solutio consignata aliquo symbolo, Gall. *Acquit;* a *Marel,* quod signum vel symbolum significat, sic dicta. Charta ann. 1222. inter Instr. tom. 7. Gall. Christ. col. 93 : *De merellis volumus quod amoveantur quantum pertinet ad res ecclesiasticarum personarum, et ducantur res illæ quitæ, data fide a quadrigariis vel servientibus earumdem personarum, quod res quas ducunt, sunt clericorum vel ecclesiasticarum personarum.* Alia ann. 1233. in Chartul. Campan. fol. 467. col. 1 : *Vina deputata ad partitiones cotidianas in dicta ecclesia* (Trecensi) *et vina propria singulorum libere sine Merello, sine pedagio, sine aliqua contradictione jure clericali, secundum quod decet honestatem clericalem, introducent in civitatem Trecensem. Merel,* eadem notione, in Lit. ann. 1369. tom. 5. Ordinat. reg. Franc. pag. 216.

¶ Merelli, Calculi, scrupi, Gall. *Dames à jouer.* Annal. Mediol. apud Murator. tom. 16. col. 809 : *Tabolerium unum laboratum ad gnara et de jaspide cum scacchis et Merellis.*

☞ Nos vero, ut supra monuit D. Cangius, *Mereau* et *Merel,* calculum putatorium vulgo dicimus. Iis haud absimiles *Merelli* æerei argenteive qui in genialibus Regum nostrorum festis percussi sunt, e quibus aliquot etiamnum in suis Musæis asservant rei nummariæ curiosi indagatores, quos referunt ad tempora Francisci I. et Catharinæ *de Medicis.* Vide librum Gallicum cui titulus est, *L'art des Devises et Emblemes par le P. Menestrier. Villon* apud Borellum :

> Une bourse d'argent legiere,
> Qui estoit pleine de Mesreaulx.

Le Roman *de Cortois d'Artois* MS. :

> Bien a son teus et son Merel,
> Qui boit et joe au tremerel.

* Merellus, Calculus putatorius, Gall. *Jetton.* Privil. pro canonicis eccl. colleg. S. Galli de Leugiaco diœc. S. Flori ann. 1375. in Reg. 108. Chartoph. reg. ch. 41 : *Tradi volumus et jubemus Merellos de cupro vel stagno sive plumbo, de duobus aut tribus maneriebus aut formis dissimilibus, ad gallum, leonem seu leporem, aut alia signa signatos : non tamen ad instar monetarum nostrarum;... proviso tamen quod de ipsis Merellis seu forma jactorum in dictis cugneis sic concessis fabricandis aut formandis, in allocatione pro moneta se non juvent, nec in aliis usibus, quam ut præmittitur, ullatenus convertantur.* Pro moneta, quæ in usu erat, occurrit in Reg. actor. capitul. eccl. Camerac. sign. O. ad 26. Nov. ann. 1483 : *Hodie domini conclusionem fecerunt de moneta seu Merellis, dictis Mereaux de vj. deniers Tournois.* Vide *Merallus.*

* *Mereau* vero, vox convicii, in Lit. remiss. ann. 1482. ex Reg. 207. ch. 334 : *Icellui Labastide criast au suppliant : Ribault, traitre, Mereau, etc.*

¶ **MERAMENTUM,** Idem quod *Materia,* Lignum domibus aptum. Charta ann. 1328. apud Lobinell. tom. 3. Hist. Paris. pag. 392 : *Salvis scholaribus nostris sæcularibus omnibus Meramentis et lignis integraliter domus existentis in capite aulæ.*

* **MERANGOLUS.** Vide supra *Melangolus.*

¶ **MERANNIA,** Malignitas, improbitas. Charta ann. 1341. tom. 2. Hist. Dalphin. pag. 431 : *Verum quia dicti domini Humberti Dalphini sic excrevit malitia, habundavit Merannia, et ferocitas ebullivit quod nedum præmissis mandatis nostris parere protervitate suæ malitiæ recusavit.* Nostris olim *Merain,* idem quod indignatio, *Depit. Perceval* apud Borellum :

> Par Merain sa lance brisa.

MERANNUM. Vide *Materia.*

¶ **MERARE,** Distribuere, erogare. Canones Hibern. apud Marten. tom. 4. Anecd. col. 17 : *Si quis ad ecclesiam arma portaverit, et litem commiserit, argenti libram unam ecclesiæ cogatur exsolvere : et hoc egentibus in eleemosynam Meretur, vel finatur.*

* **MERARI** *interpretatur Amaricans, sive amaritudo,* in Libel. de Div. ordin. apud Marten. tom. 9. Ampl. Collect. col. 1067. Vide *Merarus.* [** מררה]

¶ 1. **MERARIA,** *Popina.* Gloss. Isidori; ad quas Grævius : Ubi merum venditur. Glossar. : *Meraria,* γευςρίς. Vide *Clepsedraria* in *Clepsydra.*

* 2. **MERARIA,** *Meretrix,* in Glossar. Provinc. Lat. ex Cod. reg. 7657. Vide supra *Centrix.*

* **MERARITA,** Filius *Merari,* in Libel. laudato in *Merari,* col. 1068.

MERARIUM, Ἀκρατοφόρον, in Gloss. S. Benedicti cap. de vasis argenteis, vas nempe quo *merum* mensæ vel convivis infertur.

¶ **MERARUS,** αὐςηρός, i. Severus. Gloss. Lat. Græc. MSS. Sangerm.

¶ **MERATUS.** Acta S. Judicaelis MSS. : *Hujus hastilis dimidium inferius erat ferreum, splendens ut stannum candidissimum et Meratum.* Ubi *Meratum* idem esse existimo quod nos *Bruni* dicimus, et veteres fabularum Gallicarum Scriptores vocabant *Mier.* Vide *Brunus.*

¶ **MERAYCE,** vox Hispanica, Genus panni. Donatio S. Rudesindi Episc. tom. 3. Conc. Hispan. pag. 181 : *Alias casulas* XIII. *quinque de alchaz, sex feray cardena, 7. barragan, 8. cardena Merayce.*

¶ **MERCA,** Nota, indicium. Consuet. Brageriac. art. 104 : *Possessio vero adepta dictæ rei venditæ dicitur, quando mercator pecuniam exsolvit, seu partem ejusdem, aut Mercam suam ibidem interposuit.*

* Charta Eduar. primog. reg. Angl. ann. 1356. ex Cod. reg. 8387. 4. fol. 28. r°. : *Mensuræ et pondera... de Merca seu patrono regio et nostro in dicta villa* (Liburniæ) *instituto consignentur et etiam patronentur. Merc,* eodem intellectu; in Charta ann. 1410. ex Reg. 165. Chartoph. reg. ch. 23.

¶ **MERCABILIS**, Mercada, Mercandisare, Mercantiæ, etc. Vide in *Mercatum*.

* **MERCADALE**, Forum, Gall. *Marché*, idem quod *Mercatum*. Charta senec. Bigor. ann. 1391. in Reg. 142. Chartoph. reg. ch. 80 : *Cum ipse supplicans habeat.... quoddam molendinarium extra villam Tarniæ in capite Mercadalis ejusdem villæ, etc. Mercadin*, eodem intellectu, in Lit. remiss. ann. 1480. ex Reg. 207. ch. 66 : *Comme le suppliant estoit ou Mercadin de la ville de Nogaro en Gascoigne, etc.*

* **MERCADANDIA**, ut infra *Mercadayria*. Charta ann. 1275. in Reg. M. Chartoph. reg. ch. 6 : *Item quod rubina una talis fiat et fieri debeat per dominum regem, per quam res et Mercadandiæ mercatorum possint cum copanis libere conduci et portari de mari ad civitatem Nemausensem.*

* **MERCADATUS**, Qui in commercio est, Gall. *Marchand*. Charta ann. 1204. ex Tabul. S. Tiberii : *Quod prædicti quatuor modii debent intelligi Mercadati, videlicet centum viginti octo eminarum Juncelli.*

* **MERCADAYRIA**, Merx, mercimonium. Charta ann. 1322. in Reg. 61. Chartoph. reg. ch. 126 : *Emerunt frequenter.... Mercadayrias, tam de pannis pluribus, et diversis, quam de hiis quæ spectant ad ministerium seu artem de ypothecaria.* Vide in *Mercatum*.

* **MERCADERIA**. Vide in *Mercatum*.

¶ **MERCAGIUM**, Martium, trimestre frumentum, Gall. *Bled Marsois*. Charta Hugonis Comitis Regitest. ann. 1233 : *Et de quolibet sestario Mercagii unum obolum.*

* **MERCANDARIA**, Mercatura, negotiatio, commercium. Stat. Cadubr. lib. 2. cap. 18 : *Decernimus quod mercatores inter se teneantur et debeant pacta servare. Et cum in Mercandariis sit multa et maxima fides adhibenda, et inter contrahentes servanda ad invicem, etc.* Vide in *Mercatum*.

¶ **MERCANDIA**, Mercantia. Vide infra in *Mercatum*.

* **MERCANTIA**, ut *Mercandaria*. in Correct. eorumd. Stat. cap. 33 : *Ordinamus quod nullus.... valeat contrahere aut mercari cum clericis vendendo, emendo, permutando, vel alio modo contrahendo in modum faciendi Mercantiam.* Pro mercimonio, vide in *Mercatum*.

* **MERCARE**, pro *Marcare*, notare, signare ; *Mercher*, apud Joinvil. in S. Ludov. edit. Cangianæ pag. 120. *Merchier*, in Stat. ann. 1370. tom. 5. Ordinat. reg. Franc. pag. 358. art. 14. A Gallico *Merche*, pro *Marque*, signum, in Lit. remiss. ann. 1455. ex Reg. 191. Chartoph. reg. ch. 153. *Merc*, in Charta commun. Rotomag. ann. 1204. ex Reg. 34. bis part. 1. fol. 34. r°. col. 2 : *Latro vel falsonarius.... ponetur in pilorio, ut eum omnes videant atque cognoscant ; et si debet habere Merc, fiet ei.* Male editum *Merc*, tom. 5. Ordinat. pag. 673. art. 9. Constit. Mss. Caroli reg. Sicil. : *Sed si potius voluerit fustigari, quam solvere pœnam prædictam, fustigetur et Mercetur merco curiæ in fronte.* Aliis notionibus in *Mercatum*.

MERCARI dicuntur monetæ, quæ usum [in mercatis] habent. Capitulare triplex Caroli Magni ann. 808. cap. 7 : *Et illi denarii palatini Mercentur, et per omnia discurrant.*

** **MERCARI** *æterna, cœlestia*. Formula frequens in Chartis donationum piarum, ut Chilper. II. ann. 716. et alibi. Vide *Mercare* in *Mercatum*.

MERCARIA. Vetus Charta Pontii Comitis Tolosani ann. 936. apud Catellum in Comitibus Tolos. pag. 9 : *Cum silvis et forestis, et cum omnibus finalibus et Mercariis et sirnunjugiis, et cum hominibus et feminabus inde naturalibus, etc.* Vox forte confecta a *marca*, limes.

* Tributi species, f. quod pro limitibus figendis solvebatur. Charta Gauter. de Monteforello ex Tabul. Fontis-Ebr. : *Dono... et per alias terras ubicumque, consuetudines quas habeo de omnibus Mercariis et de omnibus pallagiis.*

¶ **MERCARIUS**, inter domesticos recentur in Testamento Roberti III. Comit. Claromont. ann. 1302. apud Baluz. tom. 2. Hist. Arvern. pag. 407 : *Legamus cuilibet de vayletis, sommeleriis, Mercariis, barberio,... sexaginta solidos Turon. semel solvendos.* Ubi legendum forte *Bercariis*.

* **MERCASIA**, Idem quod *Mercatum*, Emporium, nundinæ publicæ. Conc. Senon. ann. 1220 : *Clamari fecit publice in terram suam ne aliqui de baillivis et præpositis suis, sicut chara habent sua corpora et catalla, de cætero mercata faciant vel Mercasias, ubi sit catallum, quibus interveniat juramentum et fiducia.*

¶ **MERCASIUS**. Vide *Marcasius*.

¶ **MERCATA** Terræ, pro *Marcata*, Reditus unius marcæ auri vel argenti. Charta Henrici III. Reg. Angl. ann. 1254. apud Rymer. tom. 1. pag. 519 : *Et cum sublimata fuerit in Reginam, nos prædictam dotem suam augebimus de quingentis Mercatis terræ per annum, assignandis ei in regno Angliæ in locis competentibus.* Charta ann. 1250. tom. 1. Chartul. S. Vandreg. pag. 350 : *Vendidi... Johanni Louvel... omnes redditus quos mihi debebat de omnibus Mercatis hæreditagii quocumque in tempore præterito.*

* **MERCATALIS** Dies, Qua forum tenetur, Gall. *Jour de Marché*. Consuet. Carcass. in Reg. L. Chartoph. reg. ch. 3 : *Dominus Carcassonæ suam habet mensuram, scilicet eminam, per duos dies Mercatales in Carcassona.*

* **MERCATILIS**, Eadem notione. Charta *Bernadazt* vicecom. Carcass. ann. 1082. ex Bibl. S. Germ. Prat. : *Dono vobis in ipsam meam leudam de Limos tres puneiras de sal in unaquaque die Mercatile.*

¶ **MERCATILIS**, Mercatio, Mercatorium. Vide *Mercatum*.

* **MERCATIO**, Mercatura, negotiatio, commercium. Charta Regin. episc. Carnot. ann. 1215. ex Chartul. ejusd. episcop. : *De libertate siquidem ipsius feodi, potest sæpedictus Hugo omnimodam exercere Mercationem, ab omni Mercationis consuetudine liber et immunis.* Eodem intellectu occurrit apud A. Gellium. Pro mercimonio, vide in *Mercatum*.

* **MERCATOR** Cursorius, Qui merces suas per diversa loca venum portat. Locus est supra in *Cursorius* 2. *Merquatour*, pro *Marchand*, qui pecuniam undequaque colligit. Le Reclus *de Molens* in Poem. de Charitate inter observat. Cangii ad Hist. S. Ludov. pag. 99. ubi de Cardinalibus :

De la grant court je fis un tour,
Là ou mainent li Cardonnal :
Mais tous les trouvai d'un atour,
Chà et là tous sont Merquatour.

¶ **MERCATRIX** *averi ponderis*, *Marchandoise d'avoir poids*, id est, mercium quæ pondere venduntur, in Charta ann. 1350 Regest. 80. Tabular. regii Ch. 256.

MERCATUM, Mercatus, Mercada, Emporium, nundinæ publicæ, feriæ, Gallis *Marché, Foire*. Cujacius ad tit. de Nundinis et mercatibus, ait *mercatus* esse parvas nundinas, in idiotismo, *Assemblées* : neque adeo celebres ac nundinas : denique *mercatum* unius civitatis aut vici, *nundinas* vero esse unius provinciæ aut Imperii.

Mercatum, Eadem notione. Capitulare de Villis cap. 54 : *Unusquisque Judex provideat, quatenus familia nostra ad eorum opus bene laboret, et per Mercata vagando non eat.* [Charta Petri Ducis Britan. ann. 1273 : *Item de Mercato de S. Albino quod nos statueramus ad diem Martis, qua die Mercatum de Chevreio erat ab antiquo, nos removebimus illud Mercatum ad alium diem. Mercatum annale*, in Charta ann. 1223. apud D. Calmet. tom. 2. Hist. Lotharing. col. 271.] Adde Edictum Caroli Calvi in Carisiaco, et Leges Luitpradi Regis Longobardorum tit. 56. § 1. [** 78. (6, 25.)].

Mercadus, in Formula Lindenbrogii 161. Charta Caroli M. apud Doubletum pag. 708 : *Tam in civitates, castellis, vicis, portis, pontis publicis, vel reliquas Mercadus advenerint, etc.* [** German. *Marktflecken*, vicus. Vide infra.]

Mercada, in Formula Lindenbrogiana 11.

¶ Mercatorium, Idem quod *Mercatum*. Litteræ Eduardi I. Reg. Angl. ann. 1300. apud Rymer. tom. 2. pag. 864 : *In civitatibus, burgis, villis, Mercatoriis et singulis aliis locis, etc.* Tabular. S. Florentii : *Dedit terram illam in qua est ecclesia S. Nicholai et decimam vineæ et pomarii et Mercatorii.*

Mercata autem diebus dominicis fieri vetantur in Capitulis Caroli M. lib. 1. cap. 145. [** 139.] in Capit. ann. 809. cap. 18. et in Edicto Pistensi Caroli C. cap. 19. Fiebant ea ut plurimum sabbato, ut et hodie. Agobardus de Insolentia Judæor. : *Cum... ne sabbatismus eorum impediretur, Mercata, quæ in sabbatis fieri solebant, transmutari præceperint.* Cujus instituti hanc rationem affert idem Scriptor, ut Christiani scilicet *sabbato ementes victus necessaria, liberius die dominico Missarum solennitatibus et prædicationibus vacent : et si qui de longe veniunt, ex occasione Mercati tam vespertinis quam matutinis occurrentes officiis, Missarum solennitate peracta, cum ædificatione revertantur ad propria.* Tabularium Conchensis Abbat. in Ruthenis Ch. 74 : *Excepta medietate de Mercato quod factum fuerit, sicut constitutum est, in sabbatis, etc.* Horum *mercatorum* sabbatinorum meminit etiam Aimoinus lib. 4. de Miraculis S. Benedicti cap. 46.

Quævis vero mercata Regum auctoritate instituta docet Edictum Pistense Caroli Cal. cap. 19. adeo ut non omnibus Comitibus seu oppidorum et provinciarum præfectis ea instituere licitum fuerit. Adde Legem Longob. lib. 3. tit. 18. [** Carol. M. 52.] *Mercatum annuale*, vel *hebdomadale*, in Charta Caroli C. ann. 863. pro Ecclesia Lingonensi apud Perardum pag. 48. et in Chartis Adalberonis Episcopi Metensis, et Leonis I X. PP. apud Meurissium in Episc. Metensib. pag. 309. 355. apud Ughellum tom. 2. part. 2. pag. 333. etc.

Hinc postmodum fluxit *jus* quod *mercati* vocant, [vel etiam nude *Mercatum*, ut habet Præceptum Ludovici Pii ann. 836. Append. Marcæ Hisp. col. 773.] ab ipsis Principibus Dominis feudalibus indultum. Charta Ottonis Imper. apud Baldricum lib. 1. Chron. Camerac. 112 : *Dedimus jus, fas, atque licentiam faciendi, statuendi, ac construendi Mercati, cum moneta, teloneo, banno, etc.* [** Ubi jus vicum ipsum construendi, in quo nundinæ fiant, comprehenditur, ut plenius apparet ex charta Ottonis I ann. 994. apud Guden. in Syllog. pag. 452 : *Mercatum construendum cum omnibus appendiciis, quæ ad hoc pertinent; id est moneta, teloneo, exitibus et reditibus, aquis aquarumve decursibus, silvis, pascuis, molendinis, viis et inviis, quesitis et inquirendis, cunctisque aliis, quæ ad prædictum mercatum dici vel nominari possunt.* Plura vide apud Haltaus. in Glossar. German. col. 1004. voce *Jahr-Markt* et col. 1322. voce *Markt*, sqq. Pfeffinger. ad Vitriar. lib. 3. tit. 2. § 37. et 38. Imperatorum etiam fuit jus prohibendi ne novi mercatus in præjudicium veterum instituerentur. Ibid. §. 71. not. 13.] In iis porro mercatis ea est securitas ac immunitas, ut non infringantur absque gravi delicto, quod *mercatum frangere* vocat eadem Charta, nostri *Bris de marché*, ut est in Consuetudine Andegavensi art. 79. et in Normannica art. 26. ubi perperam bis editum, *Bruit de marché*, pro *Bris de marché*. In *mercatis* denique Regum Edicta publice relegi solita docent Capitula Caroli Calvi 28. extremo.

Mercatus, Forum, seu locus ipse, in quo nundinæ fiunt. Ditmarus lib. 7. de Kiovia : *In magna hac civitate, quæ ipsius regni caput est, plus quam 400. habentur Ecclesiæ, et Mercatus octo.*

¶ Mercadil, Occitanis, Edem notione. Litteræ Johannis Reg. Franc. ann. 1356. tom. 3. Ordinat. pag. 156 : *Et quod possint dicti homines universitatis... se congregare in uno loco communi per eos destinando in loco communi nominato le Mercadil, etc.*

Mercati Palatii Telonearius. Vide *Telonearius*, in *Telon.*

Mercatum, Commeatus, cibaria ad alimoniam exercitus, *forum*, interdum. Tudebodus lib. 1. pag. 777 : *Illic invenit Italicos et Longobardos... quibus Imperator jusserat dari Mercatum.* Eod. lib. : *Venientibus autem nobis, ante civitates eorum, imparabat civibus, ut nobis secure apportarent Mercatum.* [Radevicus Frisingensis de Gestis Friderici I. Imp. lib. 1. cap. 26. apud Murator. tom. 6. col. 764 : *Sed si mercator Teutonicus civitatem intraverit et emerit Mercatum, et portaverit ad exercitum, et carius vendiderit in exercitu, camerarius auferet ei omne forum suum, et verberabit eum et tondebit, et comburet in maxilla.*] Vide Ottonem Morenam in Hist. Rerum Laudensium pag. 18. 76. 77. 92. Frideric. I. Imp. in Epist. ad Ottonem Frisingens. Episc. etc. Le Roman de Vacce MS. :

Tout le Marchié li atolloit,
Qui par terre venir sollait.]

¶ Mercatus, pro Pretio rerum venalium, quo in *mercatis* distrahi solent. Chartul. SS. Trinit. Cadom. fol. 23 : *Dom. Abbatissa debet habere pisces ad meliorem Mercatum quam ullus homo.* Gall. *à meilleur marché.* Chron. Domin. de Gravina apud Murator. tom. 12. col. 620 : *Et vere valuerunt ultra mille quingentas* (uncias) *largo Mercato.* Nostri dicerent, *à grand marché.* Vide *Forum.*

Mercatum, Contractus emptionis vel venditionis, nostris *Marché*, Statutum de decimis Saladinis apud Rigordum ann. 1188 : *Omnia Mercata quæ facta fuerunt,... vel quæ deinceps fient, rata erunt.* [Diploma Philippi Pulcri ann. 1302. tom. 1. Ordinat. Reg. Franc. pag. 361 : *Nec cum personis dictarum Ecclesiarum, aut aliis quibuscumque subjectis suis conventiones, pacta seu Mercata faciant de danda certa summa pecuniæ.* Charta ann. 1437. apud *Madox* Formul. Anglic. pag. 101 : *Per scriptum suum obligatorium statuti Mercatorii.*] De vocibus *Mercatus* et *Mercatum*, multa congessit Felix Osius in Notis ad Othonem Morenam in Historia Rerum Laudensium.

* De Mercato se intromittere, Mercari, mercaturam exercere, Gall. *Se méler de négoce.* Charta Odon. I. ducis Burg. ann. 1101. inter Probat. tom. 1. Hist. Burg. pag. 34. col. 1 : *Si homo sancti* (Benigni) *de Mercato se intromiserit, homines ducis poterunt in eum facere exactionem consuetudinariæ cautionis, quamdiu idem ministerium tenuerit : at si a Mercato defficerit, nichil ulterius ab eo vel ab ejus herede exigetur, nisi ipse vel heres suus de Mercato rursum se intromiserit.*

* Mercatum Manuale, Datis manibus conclusum. Stat. Riper. cap. 100. fol. 12. r°. : *Judices debeant facere et reddere rationem cuilibet petenti de fictis, drictis, redditibus, decimis, alimentis, Mercato manuali, armis, equis et mercede.* Vide supra *Manu communicata vendere* in *Manus.*

¶ Mercatum Bursæ, Vox usitata apud ormannos, cum quis actor tenementum eu feudum sibi revocare tentat jure consanguinitatis vel dominii. Charta Ludovici X. ann. 1315. tom. 1. Ordinat. Reg. Franc. pag. 594 : *Quod in nullo casu in Mercato bursæ querelatus, nisi mercatum possident, respondere nullatenus teneatur, etiamsi nos Mercatum bursæ retrahere niteremur.* Tabular. B. M. de Bononuntio Rotomag. : *Item dicit quod pluribus et plures personas placitare in dictis placitis prædictis de maritagio impedito, de foro bursæ, sed de nominibus personarum non recolit, nisi quod ipse tractus fuit in causam pro Mercato bursæ in dicta curia.* Et infra : *Vidit eos utentes de brevibus de maritagio impedito, de dote, de partibus inter fratres et de Mercato bursæ.* Practicis *Clameur de Bourse*, vel *Démarche de Bourse.*

* *Marchié de Bourse*, in Charta ann. 1380. ex Reg. 117. Chartoph. reg. ch. 85. Vide supra *Retractio per Bursam* in *Bursa* 1.

Mercadare, Negotiari. Charta Pipini Regis, apud Doubletum pag. 694 : *Ad illos necutiantes vel Mercadantes, etc.*

Mercandisare, Mercari, nundinari, mercaturam exercere. Leges Alfredi et Godrini cap. 10 : *De illis qui Mercandisant in diebus dominicis.* [Charta ann. 1345. apud *Madox* Formul. Angl. pag. 92 : *Decem libras bonorum et legalium sterlingorum ad Mercandizandum cum eisdem denariis, ad opus et utilitatem ejusdem Willelmi.*] Utitur hac voce etiam Thomas Walsinghamus pag. 357.

¶ Mercare, Eadem notione. Testamentum Rudesindi Episc. ann. 978. tom. 3. Conc. Hispan. pag. 183 : *Et Mercare mihi libeat pro cælestibus terrena.*

¶ Mercare, Emere. Acta S. Vincentii Episc. tom. 1. Junii pag. 627 : *Et Mercavit corpus ejus libræ pondere auri, et condens aromatibus sepelivit prædio suo.*

¶ Mercatare, Negotiari. Tabular. S. Victoris Massil. : *Volunt dum vobis placeat pacifice et quiete cum vestri Mercatando et negotiando conversari.*

Mercatiles res dicuntur, quæ facile distrahi possunt in commerciis vel in mercatis. Vetus Charta apud Gariellum in Episcopis Magalon. pag. 103 : *Viginti modios boni frumenti Mercatiles, et totidem modios boni vini puri et franci Mercatiles, etc.*

¶ Mercabilis, Eadem notione. Charta ann. 1261. in Chartul. S. Vandreg. tom. 1. pag. 824 : *Octo minas annui redditus medietatem ordei et medietatem avenæ ad magnam mensuram S. Vandregesilli boni, sani, Mercabilis et competentis. Mercabile aurum*, in Charta ann. 1426 : *Joannes de Monteaureo debet unum scutum auri boni et Mercabilis Jacobo de Rupeforti.*

¶ Mercadalis Mensura Vide *Mensura*, 1. *Mercantali more*, in Charta ann. 1421. apud Rymer. tom. 10. pag. 120.

¶ Mercatibilis, in Chartul. minori S. Benigni Divion. : *Quinque eminas bladi frumenti et avenæ per medium ac etiam Mercatibilis ad mensuram granarii Ecclesiæ S. Benigni.*

Mercandisiæ, Merces, ex Gallico *Marchandise*, et Anglico *Merchandise*, in Monastico Anglic. tom. 1. pag. 408. tom. 3. pag. 69.

¶ Mercadantiæ, Eadem notione. Chron. Parmense ad ann. 1304. apud Murator. tom. 9. col. 850 : *Combusta fuit... cum omnibus fondechis et mercationibus et drapperiis et aliis Mercadantiis, etc.*

¶ Mercaderia, in Statutis Avenion. : *Statuimus quod quælibet Mercaderia cujuscumque rei, etc.* [* De contractu seu conventione inter ementem et vendentem intelligenda est hæc vox.]

¶ Mercanderiæ, in Consuet. Tolos. Rubr. de Societ. art. 1. 4 : *Consuetudo est Tolosæ inter mercatores, quod si aliquis tradiderit alicui vina vel aliquam Mercanderiam causa ducendi seu differendi in quibuscumque partibus extra Tolosam, etc. Mercandia*, ibid. rubr. de debitis art. 1.

¶ Mercandisæ. Charta ann. 1481. apud Lobinell. tom. 2. Hist. Britan. pag. 1400 : *Item, quod mercatores Ducatus Britanniæ tractabuntur in regno Angliæ, quantum ad custumas et ceteras res concernentes intercursum Mercandisarum.* Charta Scabinorum S. Audomari in lib. nig. Scaccarii pag. 386 :

Ne in terram nostram veniamus ad Mercandisas ibi faciendas, nos ideo illud non omittemus.

¶ MERCANTIÆ, in Charta ann. 1421. apud Rymer. tom. 10. pag. 121 : *Cum personis, Mercantiis, navibus, libris et rebus suis quibuscumque.* Mirac. B. Coletætom. 1. Martii pag. 591 : *Naviculæ diversis onustæ Mercantiis.* Occurrit præterea in Statut. Vercell. lib. 1. f. 15. recto, apud Marten. tom. 7. Ampliss. Collect. col. 1009. etc.

¶ MERCATIONES. Ogerii Panis Annal. Genuens. ad ann. 1204. apud Murator. tom. 6. col. 390 : *Mercatores Januæ galeas quatuor armaverunt circa festivitatem Natalis Domini, in quibus Mercationem suam in Siciliam portaverunt.* Bartholomæi Scribæ iidem Annal. ad ann. 1264. ibid. col. 532 : *Et quum ibi esset caravana Venetorum, quæ cum Mercationibus navigare intendebat versus Alexandriam, apparuit ei et et viriliter pervenit ad ipsam.* Adde Chron. Andr. Danduli apud eumdem Murat. tom. 12. col. 462.

¶ MERCATUS. Codex censuum Eccles. Audomar : *Si quis Anglicus de Anglia huc venerit cum Mercatu suo, et vult vendere in hac villa, dabit* IV. *den.... Si vero per villam cum Mercatu suo transire voluerit, dabit theloneum sicut alius extraneus.*

¶ MERCADARIA, Mercatura, negotiatio, commercium, Gall. *Trafic, commerce.* Statuta Massil. lib. 2. cap. 1. § 33 : *Exceptis tamen de his rebus quæ secundum usum Mercadariæ in alienando consueverunt transferri ad pondus, tunc in his causis ad consequendam solutionem debiti, etc.*

¶ MERCANDISIA, Eadem notione. Charta Henrici IV. Reg. Angl. ann. 1404. apud Rymer. tom. 8. pag. 376 : *Ad incrementum communis Mercandisiæ, ac ad utilitatem Christianorum totius reipublicæ, etc.*

¶ MERCANDISA, in Charta ann. 1478. apud eumdem tom. 12. pag. 71 : *Mercari seu Mercandisam facere, tam victualium quam cujuslibet alterius generis mercimoniorum.*

¶ MERCANDISATIO. Litteræ Henrici IV. Regis Angl. ann. 1411. apud eumdem Rymer. tom. 8. pag. 687 : *Super facto communis Mercandisationis hinc inde habendæ.*

¶ MERCANDIA. Charta Ludovici Reg. Franc. apud Marten. tom. 1. Ampliss. Collect. col. 1192 : *De propriis nutrituris suis sine Mercandia facienda sicut burgenses nostri.*

¶ MERCANTALITER. Litteræ Henrici IV. Regis Angl. ann. 1412. apud Rymer. tom. 8. pag. 736 : *Cum exortæ diu controversiæ et magnæ discordiæ inter certos mercatores villæ nostræ de Leun, partes de North-Berne prædictæ Mercantaliter visitantes*, mercium scilicet comparandarum causa.

¶ IN MERCE PLACABILE, Formula usitata in contractibus emtionis et venditionis, quæ Gall. reddi potest, *En marchandise qui nous a été agréable.* Tabular. Aptense fol. 139 : *Inde accepi de vobis pretium sicut inter nos bonæ fidei placuit atque convenit in Merce placabile valente sol.* IX. *et nihil post vos de ipso pretio remansit indebite.*

* **MERCATUS**, ut supra *Marca* 1. Chron. Angl. Th. *Otterbourne* edit. Hearn. pag. 223 : *De regis benevolentia allocati sunt Katherinæ Swyneford, nuper ducissæ Lancastriæ, mille Mercatus redditus annui de ducatu Lancastriæ, quos dux, pater ejus, sibi concesserat, dum adhuc filius suus esset comes de Derbie.* Aliis notionibus, vide in *Mercatum.*

MERCEDARIUS, Isidoro in Glossis, et Papiæ, *Qui pro labore sibi impenso dat mercedem.* Jo. de Janua : *Mercedarius, et Mercedonius, servus, vel alius qui distribuit pecuniam sub domino suo.* [Gloss. Lat. Gall. Sangerm. : *Mercedarius, Distribueur de loyers. Mercedonius, Seigneur qui paie le loier aux ouvriers.*] Ælfricus in Gloss. Saxon. *Mercedarii*, (perperam *Meicedarii*) Hyregildan, i. qui mercedem solvunt. Glossæ a Scaligero laudatæ : *Mercedonius, qui solvit mercedem.*

* **MERCEIA**, Arbitrium, voluntas, nostris *Mercy.* Charta Odon. ducis Burg. et Blanchæ comit. Trec. ann. 1217. in Chartul. Campan. : *Quod si aliquis hominum nostrorum aliquam injuriam vel aliquod forefactum fecerit, de quo nolit jus facere et capere in curia illius nostrum, cujus homo esset ante alios. Ille nostrum, cujus homo erit ante alios, tenetur per prædictum juramentum ipsum destruere et fugare de terra donec ad Merceiam illius venerit... Donec, sicut prædictum est, venerit ad Merceiam et satisfactionem.* Vide *Merces.*

¶ **MERCELLARIUS**, Mercator. [* Minutæ mercis propola, Gall. *Mercier.* Vide *Mercenarius* 1.] Acta S. Francisci de Paula tom. 1. Aprilis pag. 149 : *Honorabilis David le Maistre D. N. Regis Francorum Mercellarius ordinarius.*

MERCENARIA, [et MERCENARIUM, Forum rerum venalium, simul et jus quod inde domino fori competit.] Regestum Burbonense ex Camera Comput. Paris. fol. 11 : *Ego Archinbaudus Dom. Borbonii... concessi Matthæo de Monteacuto, et ejus hæredibus de uxore sua procreatis Mercenariam meam de Veteribus Casis, sitam in Parochia S. Angeli, cum pertinentiis ejusdem Mercenariæ... quandiu dictus Matthæus et hæredes erunt mansionarii in terra mea, etc.* [Chron. S. Martialis Lemovic. ad ann. 1286. apud Stephanot. tom. 1. Fragm. Hist. MSS : *Mercenaria fructuum et aliarum mercium quæ vendebantur in claustro Lemovicensi fuerunt mutata per gentes Vicecomitis Lemovicensis ad plateam S. Michaelis de leonibus circa leones lapideos.*]

1. **MERCENARIUS**, Mercator, minutæ mercis propola, vulgo *Mercier.* [Charta ann. 1267. in Tabul. S. Vandreg. tom. 1. pag. 1023 : *Ex altera aboutante ad keminum D. Regis pro ante, et ad haulas Mercenariorum pro retro.*] Teloneum Monasterii Sancti Audomari : *Magnus Mercenarius, parvus Mercenarius, etc.*

* 2. **MERCENARIUS**, Presbyter, qui ecclesiam deservit, certa ei assignata mercede, qui et *Firmarius* dicitur. Vide supra in hac voce. Lit. remiss. ann. 1364. in Reg. 95. Chartoph. reg. ch. 189 : *Jehan Adam prestre, chappellain Mercenaire de Rethet, etc.* Aliæ ann. 1396. in Reg. 151. ch. 61 : *Coustant prestre, Chappelain Mercenaire de la ville de Chavones etc. Pierre Duplesseiz chappellain fermier de l'église de la paroisse de Leure*, ibid. ch. 109. Rursum aliæ ann. 1454. in Reg. 191. ch. 33 : *Jehan de Bourges prestre.... Mercenaire et sans aucune provision de benéfice en l'église,... gaignant sa vie en célébration de messe pour le soustenement de son vivre et estat.* Vide infra *Presbyter Mercenarius.*

MERCENELAGA. Vide *Lex Merciorum* in *Lex.*

* **MERCERIANUS**, Idem qui *Mercerius.* Vide in hac voce.

MERCENNALE ORDEUM, quod Martio mense seritur. Tabularium Abbatiæ Fiscanensis f. 126. et alibi passim : *Pagaverunt 6. minas ordei Mercennalis.* [f. legitimi, Gall. *Marchand.*]

¶ **MERCERIA**, Minuta merx. Vide *Mercerius.*

MERCERIUS, Minutæ mercis propola, *Mercier.* Usatici Barcinonenses MSS. cap. 55 : *Omnes Milites et pedites, tam Mercerii, quam negotiatores.* Libertates urbis Seiselli ann. 1285 : *Mercerius alienus debet de leida unum obolum in die fori.* [Charta ann. 1309. tom. 1. Hist. Dalphin. pag. 97 : *Item a Mercerio exponenti merces suas ad vendendum in villa supra broncham, levatur enim in septimana unus obolus.* Codex censualis Calomont. : *Branchia Mercerii continens duos colonellos in ingressu alæ Calomontis.* Statuta Arelat. MSS. art. 74 : *Commune habeat pondera, que erunt in Arelate, et a libra inferius, cum quibus legitimentur omnia pondera numulariorum,.... Merceriorum.*] Adde Statuta Willelmi Regis Scotiæ.

¶ MERCERUS, Eadem notione. Charta ann. 1345. apud *Madox* Formul. Angl. pag. 92 : *Noverint universi, me Hugonem de Huntingdon... habuisse et recepisse... de Willelmo de la Panetere cive et Mercero ejusdem civitatis, decem libras bonorum et legalium sterlingorum.*

* *Merchier à taulette*, qui super tabulam merces suas venum exponit, in Pedag. Peron. ex Chartul. 21. Corb.

* Qui *Merceriis* præerat *Rex merceriorum* appellabatur ; unde alios *mercerios* ex jure instituebat, quos *Militum merceriorum* nomenclatura donabat, ut discimus ex notis Guill. *Fage* notar. fol. 6. v°. : *Anno Domini 1360. et die ultima mensis Aprilis, domino Johanne D. G. Francorum rege regnante, universis et singulis notum fiat, quod nos Johannes de Gaudiaco de S. Saturnino de portu, Rex merceriorum in tota Uticensi diocesi, eri proxime lapsa apud Balneolas nundinas tenentes, habito prius juramento in talibus præstari consueto, in præsentia Johannis de Mala, Johannis de Paris, Jo. Rosseti de Savoya, Joh. de Besansono, Girardini messatgerii merceriorum et plurium aliorum publice, ut est moris et consuetudinis, fecimus creavimus et constituimus ac ordinavimus Raymundum Rocelli de Chastillono Sulhan archiepiscopatus Sauxiensis, præsentem et recipientem Militem merceriorum seu in officio merceriæ ipsum inscripsimus militiæ militari, cui concessimus, et per præsentium tenorem concedimus plenariam facultatem dictum officium merceriæ ubique exercendi et de privilegiis merceriorum ubique gaudendi et omnia alia faciendi et dicendi quæ ad sæpedictum* (officium) *militiæ merceriorum*

rum facienda incumbunt etc. Vide Hist. Tutel. Baluz. pag. 787. et infra *Rex.*

¶ Merceria, Mulier quæ minutas merces distrahit. Consuet. Tolos. rubr. de debitis, art. 1 : *Quod si aliqua mulier habitans simul cum marito suo, ipso marito consentiente aliquandam mercandiam exerceat publice, ut puta, sit tabernaria,... Merceria, vel alterius hujusmodi, etc.*

Merceria, Minuta merx. [Charta Childeberti Franc. Reg. ann. 705. aut 706. apud Miræum tom. 1. pag. 244 : *Una cum omni mercato vel adjacentia sua, et quidquid fiscus noster tam de garantia quam de Merceria ibidem tenuit, vel de qualibet coustuma ibidem possiduit.* Statuta Montis Regal. cap. 50. pag. 288 : *Speciæ, Merceriæ, drogariæ, nec aliquæ aliæ res comprehensæ sub genere Merceriarum..... portantes ad vendendum Merceriam, etc.* Occurrit rursum] in Charta Roberti Comitis Drocensis in Hist. Drocensi pag. 250. Vide *Mercenarius.*

¶ **MERCERNARIUS**, pro *Mercenarius*, Qui operam suam alii locat. Statuta Arelat. MSS. art. 154 : *Quilibet Mercernarius teneatur locare se,... sub hac forma.* Vide *Mercedarius.*

¶ **MERCERUS.** Vide *Mercerius.*

MERCES, Misericordia, Gall. *Mercy*, *pitié.* Gregorius M. lib. 12. Epist. 17 : *Prudentes viros, sicut estis, Regibus adhærere multorum solamen est. Nam dum præstantiorem sibi locum ad animæ utilitatem sibi datum intelligunt, certum est, quia Mercedis causas, ubi inveniunt, non postponunt.* Vide eumd. lib. 4. Epist. 40. Faustus Regiensis in Epist. ad Felicem : *Cum fœneratores nostri sitis, incipitis nostri esse debitores, si quidem causa vestræ devotionis et Mercedis vestræ materia sumus.* Athalaricus apud Senatorem lib. 9. Epist. 16 : *Dignus enim locus est, qui et gloriosam Mercedem nostram, et Senatus amplissimi laudabilia decreta contineat.* Desiderius Episcopus Cadurcensis Epist. 3 : *Tam de nos servos vestros, quam de cunctos fideles integram dignamini habere Mercedem.* Ledradus Archiepiscopus Lugdunensis ad Carolum Imp. : *Per quam Deo juvante, et Mercede vestra annuente, in Lugdunensi Ecclesia est ordo psallendi instauratus.* Hincmarus Laudun. Episc. : *Cum... per wadia emendaverit quod misfactum habebat, mandaveritque mihi se velle ad meam Mercedem venire, et sustinere qualem illi commendassem harmiscaram.* Idem in satisfactione facta Carolo Regi : *Et inde precor vestram Mercedem, ut vester animus sit mihi placatus.* S. Benedictus Abbas Anianensis in Epist. ad Nebridium Archiep. Narbon. : *Supplico, carissime Pater, ut sicut Mercedem habuisti semper de Fratribus, qui degunt in Monasterio Aniano, ita, etc.* Observantiæ Regni Aragon. lib. 6. tit. de Generalib. privileg. § 6 : *Pro unoquoque membro solvat mille sol. vel stet ad Mercedem Domini Regis, etc.* [Bartholomai Scribæ Annal. Genuens. apud Murator. tom. 6. col. 448 : *Venerunt ad Mercedem Potestatis et Communis Januæ, et se et dictum castrum Communi Januæ reddiderunt, etc.*]

** In Mercede alicujus se ponere, In potestatem alicujus se permittere. Constit. Freder. II. Imper. ann. 1244. apud Pertz. Leg. tom. 2. pag. 349 : *Obtulerunt nobis... Ponere se in Mercede nostra et proicere vexilla eorum.*

Merces quandoque sumitur pro gratuita indulgentia. Capitulare Pipini Regis Italiæ cap. 21. Lex Longob. lib. 2. tit. 18. cap. 6. [** Pipin. 33.] Capitul. Caroli M. ann. 813 : *Qualiter in domni Regis Mercede eleemosyna fiat facta.* Capit. Caroli C. tit. 16. cap. 1 : *Ut ad vos suos denominatos fideles in sua Mercede transmitteret.* Tit. 30 : *Sic erga me semper in sua Mercede fecit, sicut et illum decuit, et mihi necesse fuit.* Vita S. Bathildis Reginæ num. 6 : *Prohibuit hoc ipsa domina pro Mercede sua, ut hoc nullus facere præsumeret. Ex quo facto copiosam et valde magnam Mercedem expectat.* Charta Aimonis Valentinensis Episcopi ex Tabular. Ecclesiæ Gratianopolitanæ fol. 70 : *Et quoniam Arelas caput est, et esse debet istius Galliæ, proclamationem nostram ante præsentiam rectoris ejus deferre decrevimus, quatinus ne dedignetur Merces ejus tantis patronibus prælibatis assensum accommodare.* [Vide Diurnum Romanum cap. 2. tit. 3.]

* Hinc *Charta mercedis* dicitur, qua aliquid donatur : *Carta vero hujus donationis vel Mercedis omni tempore maneat firma et stabilis*, in Chartul. Gellon. ann. 1029.

Alio sensu *in mercede*, vel *ad mercedem suam se facere dicebant*, quod spe fiebat divinæ remunerationis, et ad consequendam divinam *misericordiam.* Pipinus in Diplomate pro S. Dionysio apud Doubletum pag. 696 : *Propter ea in nostra Mercede, et in remedio animæ genitoris nostri Karoli, donamus ipsum locum, etc.* Lex Longob. lib. 1. tit. 39. § 1 : *Propter Deum et animæ suæ Mercedem.* Epist. Hadriani PP. in Cod. Carolino 92 : *Pro Mercede animæ vestræ, atque sempiterna memoria.* Guillelm. Bibliothecarius in Sthephano VI. PP : *Immo et pro perenni Mercede in Ecclesia alias Sanctorum reliquias per diversos cardinales titulos... largitus est.* [Charta Conradi Imper. ann. 1029. apud Murator. delle Antic. Estensi pag. 91 : *Pro animæ meæ, vel parentum meorum, et conjugis meæ Mercede, etc.*] Inde hæc Formula eodem sensu in Chartis aliis apud eumdem Doubletum pag. 700. 708. 712. et Ughellum tom. 5. pag. 618 : *Pro Mercedis nostræ compendio.... Pro Mercedis nostræ augmento.* Adde Regulam S. Benedicti cap. 59. Chartam Caroli Cal. in notis ad Lupum Ferrar. pag. 510. Perardum in Chartis Burgundicis pag. 19. Sammarthanos in Episc. Cabilonens. num. 14. in Abbatibus pag. 821. etc.

Merces, Arbitrium, voluntas. Homagium factum Joanni Episcopo Magalonensi a Guillelmo filio Mathildis Dom. Montispessul. mense April. 1184 : *Audi tu Joannes Magalonensis Episcope. Ego Guillelmus Dom. Montispessulani filius Mathildis ab ista hora in antea personam tuam non capiam, vitam et membra tua tibi non tollam, nec homo nec femina meo consilio, vel meo ingenio. Et si in illo honore quem tu hodie habes et possides, et Canonici Magalonenses habent, et possident in Communia, vel in antea tu acquisieris meo consilio, et Canonici meo consilio acquisierint, ego Guillelmus tollerem, vel forisfactum ibi facerem, cum tu me commonras per sacramentum infra 40. dies cabalmen orendrai* (al. *oredrai*) *od oemendarai, vel ad tuam Mercem men contanrai, et ad Mercedem Canonicorum similiter, etc.* Exstat simile homagium Mariæ Guillelmi filiæ ann. 1208. Vide *Misericordia.*

Mercedem referre, Agere gratias, quomodo dicimus; *Grand mercy* pro *Ago tibi gratias.* Epistola Hildegarii Episcopi Belvac. ad Widonem Suessionensem Episcopum, ex Cod. Blevac. MS. : *Multiplices cum flexis poplitibus referimus grates atque Mercedes de tanto fœderis nostri erga nos amore, quem sceda nostris partibus directa retulit atque denotavit.*

* Mercedes replicare, Gratias agere. Epist. Advent. Mett. episc. ad Nic. PP. I. ann. 867. tom. 7. Collect. Histor. Franc. pag. 594 : *Cum in desiderantissimo voto habeamus tales legatos dirigere, qui, uti decet summum pontificem, multiplices replicent Mercedes, quod tam pie ac misericorditer nobis et ecclesiæ nostræ perpetuum munimen porrigere decrevistis. Rendre mercis*, eodem sensu, apud Christ. Pisan. in Carolo V. part. 1. cap. 2 : *Adonc lui trez benigne* (le duc de Bourgogne) *après que son humilité m'eust rendu plus Mercis qu'à recepvoir à ma petitece n'appartenoit, etc.*

¶ **MERCETARIUM**, Mercatum, emporium, Gall. *Marché.* Regestum Philippi Regis Franc. de feodis Normanniæ tom. 3. Hist. Harcur. pag. 195 : *Apud Saucey unum Mercetarium quod tenet Richardus de Harecourt.*

¶ **MERCHA**, Clarigatio, compensatio, Gall. *Marque, represailles.* Charta ann. 1295. apud Rymer. tom. 2. pag. 692 : *Si satisfactum fuerit extunc cessent Mercha, retentio et appropriatio ante dictæ.* Vide *Marcha* 1.

* **MERCHATA**, Modus agri reditus unius *marcæ* auri vel argenti. Charta ann. 1067. ex Tabul. Major. monast. : *Dedimus quoque supradictis monachis unam Merchatam terræ, cum pratis quæ ad illam pertinent.* Vide *Marcata* in *Marca* 1.

¶ **MERCHENELAGA** Lex. Vide *Lex Merciorum.*

MERCHETUM. Vide *Marcheta.*

¶ **MERCHORIS** Dies, pro *Mercurii.* Concilium Tulugiense ann. 1065. inter Hispan. tom. 3. pag. 234 : *Ab occasu solis quartæ feriæ, id est, Merchoris die, usque ad ortum solis secundæ feriæ, id est, Lunis die.* Vide *Mercoris dies.*

¶ 1. **MERCIA**, Mercatura, negotiatio, Gall. *Trafic, négoce.* Bulla Clementis IV. PP. in Statut. Astens. fol. 5. v° : *Nullum etiam statutum conditum vel condendum eorum officium valeat impedire; et si quis eorum officium, vel Merciam seu occupationem aliquam* (impediverit) *etc.*

2. **MERCIA**, Merciamentum, Mulcta, *amerciamentum, misericordia*, ex Gallico *Merci.* Monasticum Anglic. tom. 2. pag. 14 : *Item catalla furum, et Merciæ quæ ex murdris vel aliis forisfactis contingunt.* Pag. 16. exponitur *pecunia quæ dari solet pro murdro.* Pag. 17 : *Si aliquis hominum suorum sit in Mercia erga Regem, vel Ballivos suos, pro quacunque causa, vel delicto, vel forisfacto, Merciæ et Merciamenta prædictis Canonicis reddantur, servata Regiæ potestati justitia mortis et membrorum.* Pag. 18 : *Ca-*

talla furum et Merciæ vel misericordiæ quæ ex murdris vel ex aliquibus aliis forisfactis... contingunt. Adde pag. 71. 138. 264. [Tabular. Majoris Monast. : *Quod si quis hanc eleemosynam violaret, in Mercia domini Comburnii esset, et de damno monachis illato in septuplum restitueret.*] Hinc nostris *Reliefs à merci* dicuntur *relevia*, quæ mulctæ obnoxia sunt, si stato tempore non fiant. Vide *Amerciare*.

¶ **MERCIAMENTUM**, Jus, ut videtur, *manusmortuæ*, quod ad arbitrium domini exigebatur. Charta Guidonis Comit. Nivern. inter Ordinat. Reg. Franc. tom. 3. pag. 118 : *Si aliqui vel aliqua sine filio vel filia decesserit, echeeta mortui vel mortue sine Merciamento aliquo ad propinquiorem liberum heredem deveniet.*

* 3. **MERCIA**, Misericordia, indulgentia, vulgo *Mercy*. Charta H. Episc. Matiscon. ann. 1234. in Chartul. Cluniac. : *Hugo de Petra Campi ecclesiæ Cluniacensi in capitulo et Petro Barnesse Merciam clamavit super morte dicti Johannis Barnesse, patris ejusdem Petri. Manaie*, eodem sensu, in Bestiar. MS. :

Mais il n'i a point de Manaie,
Puis qu'il les tient en son goitron,
Tous les dévore chis larron.

Poem. reg. Navar. tom. 2. pag. 149 :

Molt parest fox, ki autre amor essaie,
K'en cestui n'a barat, ne fausseté,
Ne ès autres n'a ne merci, ne Manaie.

Hinc *Merciable*, Misericors. Sermo 30. ex Cod. S. Vict. Paris. sæc. 14 : *Dex qui pius est et Merciable, oie nos oroisons.* Bestiar. MS. :

N'est à moi estre Merchiable
Vers cestui qui vint orendroit
Ma signorie que vauroit.

¶ 1. **MERCIARE** et **MERCIARI**, Mulctam seu pœnam pecuniariam, pro delicti modo et qualitate in reum decernere. Tabular. Gemetic. : *Ita quod Abbas Merciatur illos pro forefacto suo usque ad valorem 30. solidorum... et si forefecerint, dictus Abbas ipsos homines Merciabit et levabit emendas. Actum fuit hoc in Scacario Paschæ anno Domini* 1247. Vide *Amerciare*.

* 2. **MERCIARE**, Emere, in Charta ann. 1281. ex Schedis D. *Le Beuf*.

¶ **MERCIARIUS**, Bollandistis, Qui merces ad ulnam vendit. Acta B. Michelinæ tom. 3. Junii pag. 936 : *Omnes mercatores, sartores, cimatores, Merciarii.* Vide *Mercerius*.

MERCIDIUS, *Propter mercedem dicens, vel loquens.* Joan. de Janua. [*Couretier*, in Gloss. Lat. Gall. Sangerman.] [* Glossar. Lat. Gall. ex Cod. reg. 7684 : *Mercidius, Courratier, i. qui parle pour loyer.*]

¶ **MERCIMONIÆ**, Merces, Gall. *Marchandises.* Vita B. Coletæ tom. 1. Martii pag. 560 : *Quidam famosus mercator... cogentibus negotiis, tangentibus facta suarum Mercimoniarum.* [* Utitur Plautus eadem notione.]

¶ **MERCIMONIARE**, Negotiari, mercaturam facere. Charta ann. 1409. apud Rymer. tom. 8. pag. 581 : *Nulli dubium quod extranei mercatores, soliti cum suis mercimoniis ad dictam civitatem Baionæ Mercimoniando venire, et de repertis in ea civitate emere, etc.* [* Occurrit præterea in Correct. statut. Cadubr. cap. 26.]

MERCIMONIATUS, Emolumentum ex mercaturis Angliæ Fisco obveniens, tributum quod Angli pendebant ob illatas in Daciam merces. Henr. Knyghton lib. 1. cap. 5 : *Tertius filius vocatus est Godardus, quem feoffavit in Senescaria Daciæ, et in Mercimoniatu Angliæ, quæ non se extendebant ad tantum valorem quam nunc.*

1. **MERCIMONIUM**, Emporium, forum publicum. Hodœporicum S. Willibaldi Episcopi : *Ad loca venerunt destinata, juxta illud Mercimonium, quod dicebatur Hamvic.* Mox de Rotomago : *Tentoria fixerunt in ripa fluminis, quod nuncupatur Sigona, juxta urbem quæ vocatur Rotum, ibi etiam fuit Mercimonium.* Acta S. Wunebaldi Abb. : *Ad loca venerunt venalia, quod est Mercimonium.* Porro quod *mercimonium* in laudato Hodœporico dicitur, in Actis ejusdem S. Willibaldi *portus* nuncupatur : *Secus portum, quod dicitur Hamvic.*

¶ 2. **MERCIMONIUM**, Mercatura, negotiatio. Constit. Federici Reg. Sicil. cap. 65 : *Quod si quem* (Judæum vel Sarracenum) *nondum ad fidem conversum, causa Mercimonii emeret, etc.*

3. **MERCIMONIUM**, Merces, præmium. Paschasius Radbertus in Epitaphio Walæ lib. 1. cap. 7 : *Hanc sibi hæreditatis computans partem, hanc lucri pretium, hanc justitiæ suæ Mercimonium.*

** **MERCIPOLIS**, Tabernarius, caupo. Ruodlieb fr. 18. c. vers. 7 :

Quin ad Mercipolim venies si nummivoracem,
Nil das canponæ quod trudat in ima crumenæ.

MERCIPOTUS, Pignus contractus, vel emptionis, in Decretis Hungaricis, [sic dictum, quod, ut plurimum, in *potu* insumatur.]

* Twing. Vocab. Lat. Germ. MS. : *Mercipotus, Winkoff oder bottenbrot.* Instr. locat. decimæ in Künheim ann. 1485 : *Mercipotum, vulgariter Winkauff dictum.* Nostris, *Vin du marché.* Vide infra in *Vinum.* [** et Haltaus. Glossar. German. voc. *Weinkauf* et *Leikauf*, col. 2058. et 1256.]

¶ **MERCIPRECARI**, Misericordiam implorare et exposcere, Gall. *Crier mercy.* Oberti Cancellarii Annal. Genuens. lib. 2. apud Murator. tom. 6. col. 306 : *Consules S. Ægdii advenerunt Consulem et alios potentes viros qui secum venerunt dicentes : Domini Januenses Merciprecamur, ne faciatis nobis injuriam, quoniam Pisani in nostra fiducia sunt.* Vide *Merces.*

* **MERCOBULA**, vel **MERCOBULUM**, Machina pulsationi campanarum utilis. Consuet. MSS. monast. S. Crucis Burdeg. ante ann. 1305 : *Item habet* (sacrista) *tenere campanas monasterii bene garnitas et munitas de cys, de cigonias, Mercobulis et funibus, et de cunctis aliis necessariis, ut bene possint trahi per clericos suos.* Sed legendum fortean *Metabulum*, campanæ tudicula. Vide supra *Matabulum.*

MERCOLION, *Murorum aggregatio.* Papias.

¶ **MERCONARI**, Mercari, negotiari. Epist. Clementis IV. PP. ann. 1266. apud Marten. tom. 2. Anecd. col. 410 : *Et tu, prout apud nos dicitur, non in angulis, sed in capite potius omnium platearum, cum aliquibus, qui Deum nesciunt, mercatus pariter et Merconatus.* (alias *metatusque vel et mecatus*) *effusa pecunia, etc.*

MERCORIS DIES, pro *Mercurii*, habetur in veteribus Tabulis. [Præceptum Zuendeboldi Regis ann. 898. apud Marten. tom. 1. Anecd. col. 58 : *Concessimus eis perpetuum memoriale nostrum ; piscationem scilicet in foreste nostra super fluvium Mosellæ in unaquaque hebdomada dies duos Mercoris et Veneris.* Italis *Mercore.*] Vide Perardi Burgundica pag. 157. 166.

* **MERCUM**, Nota, signum, Gall. *Marque.* Vide supra *Mercare.*

¶ **MERCURA**, pro Mercatura, Merx. Charta ann. circ. 1104. apud Stephanot. Antiquit. Vascon. Bened. MSS. part. 1. pag. 485 : *Si vero annonam, vel alibi aliquid emerit, et infra mensem et diem aliquid de illa Mercura vendiderit, lemnam pro toto dabit.*

* **MERCURINUS** DIES, *Demierkes*, in Charta ex Chartul. Valcel. sign. E. ch. 66 : *Denées l'an de grasce mil cc. nonante vij. le Demierkes après le Magdelainne.* Quæ ita Gallice redduntur ex Charta Latina ibid. : *Datum anno Domini* M. CC. *nonagesimo septimo, feria quarta post festum B. Mariæ Magdalenæ.* Vide supra post *Dies* 7.

¶ **MERCURIUS**, *Lapidum congeries in cacumine collium.* Gloss. Isid. Ubi Grævius : Ex Prov. 26. 8. Vide Scaliger. de Emendat. tempor. et Seldenum de Diis Syris.

¶ **MERCYIER**, *Mercerius*, Minutæ mercis propola. Charta Lednini Abb. S. Vedasti in Chartular. ejusdem pag. 243 : *Stallus divitis Mercyier in anno* XV. *denar. Stallus pauperis Mercyier, Sabbato* I. *ovum.*

* **MERDA**, vox convicii, Spurcus. Charta officialis Autiss. ann. 1338. in Reg. 72. Chartoph. reg. ch. 40 : *Invenit Isabellim,... quæ juvenis et pulchra mulier erat ;.... cui tunc parturienti,... loco salutationis dixerunt talia vel similia verba : Or sus orda vetula de Merda, vos vos fingitis, foris, foris, Gallice or fors.* Lit. remiss. ann. 1376. in Reg. 109. ch. 324 : *Tu me dois deux journées d'Aoust, paie les moi, tu fais que mauvaise Merde que tu les me dois tant.* Hinc Gallicum *Merdaille*, eadem acceptione, in aliis Lit. ann. 1377. ex Reg. 111. ch. 132 : *Les habitans de Nuefcastel vilainement coururent sus aux diz sergens, present ledit maire, en disant tres deshonnestement, sanglante Merdaille, vous faut-il ici faire cry de par le roy.*

MERDARE, Cacare, apud Albertum Argentin. in Chr. pag. 208. [Vide Menagium in Orig. Gall.]

* **MERDARIUS.** *Porta merdaria*, Qua scilicet immunditiæ extrahuntur, in Lib. de Mirab. Romæ in Diar. Ital. Montisfalc. pag. 283. Vide supra *Marderellum.*

¶ **MERDERELLUM.** Vide *Marderellum.*

* **MERDOSUS**, *Merda* inquinatus, Ital. *Merdoso*, Gall. *Merdeux.* Necrol. eccl. Paris. MS. xiij. Kal. Oct. : *Et triginta solidos super quinque quarteriis prati, quæ tenet Johannes carnifex in territorio, quod vocatur vicus Merdosus.* Vulgo *rue Merderet.*

¶ **MERE**, vox Saxonica ; Somnero, Palus, stagnum, lacus ; unde vox Gall. *Mare.* Charta Guillelmi I. Reg. Angl. apud Hickes. Dissert. pag. 71 : *Do et concedo... hoc manerium regium... cum cunctis pertinentibus* in... silvis et paludibus, aquis, molendinis aut stagnis cum merc et Mere et sac, etc. Vide Mora.

¶ **MEREGELDT**, perperam pro *Weregeldt*, Mulcta pro homine interfecto, a Sax. were, homo et geld, mulcta, solutio, quasi valor seu pretium hominis. Charta ann. 1112. apud D. Calmet. tom. 2. Hist. Lotharing. col. 531 : *Si quis ex familia interfectus fuerit, pretium illius, id est Meregeldt, totum abbatis erit.* Vide Wera.

* **MERELLA**, MERELLUM VINUM, Vinum tenue et aqua mixtum. Mirac. B. Margar. Favent. tom. 5. Aug. pag. 853. col. 1 : *Volens autem hæc vina vendere, de utroque dedit emptoribus ad gustandum, nihil eis dicens, utrum essent Merella vel pura : qui cum bis de utroque gustassent, emerunt Merellæ congium pluris tribus libris quam puri, dicentes quod numquam sic bonum, saporosum et pretiosum vinum biberunt, quale hoc aquaticum fuit, ignorantes illud esse Merellum.*

* Aliud sonat vox Gallica *Mesrele*, ictum nempé, ni fallor, manu in faciem impactum. Lit. remiss. ann. 1402. in Reg. 157. Chartoph. reg. ch. 114 : *Ilz avoient escrivé ensemble pour un lot de briemas ou cervoise... Se vous ne feussiez mon maistre, vous eussiez une Mesrele.*

¶ **MERELLUS**. Vide *Merallus*.

¶ **MEREMIUM**, MEREMUM. Vide *Materia*.

¶ **MERENATUS**, f. Striatus, Gall. *Canelé.* Annal. Mediol. apud Murator. tom. 16. col. 807 : *Alia collana auri cum botonis xxxii. Merenatis.*

* **MERENCOLICUS**, Melancholicus, nostris alias *Merancolieux*. Instr. ann. 1459. inter Probat. tom. 3. Hist. Nem. pag. 291. col. 2 : *Nemausi civitas est aquosa, male et pexime fundata et constructa, quoniam super aquam maretam pro tribus hominum qualitatibus, videlicet sanguinosis, Merencolicis et fleomatis dampnosissimam.* Lit. remiss. ann. 1375. in Reg. 108. Chartoph. reg. ch. 151 : *Comme Robert Briseteste feust très austers, merveilleux et Merancolieux, etc. Mirencoulie*, Ægritudo, molestia, in aliis ann. 1389. ex Reg. 138. ch. 36 : *Après plusieurs courrouz, desplaisances et Mirencoulies etc.* Vide supra *Melencolia*.

¶ **MERENDARE**, *Meridie edere, quasi post prandium.* Ita Papias et Gloss. MSS. Sangerman. num. 501. *Marender* eadem notione dicunt etiamnum quidam e nostratibus. Gloss. Lat. Gall. Sangerm. : *Merenda, le mangier de l'heure de None.*

* Glossar. Lat. Gall. ex Cod. reg. 521 : *Merenda; Marende, Gallice.* Lit. remiss. ann. 1409. in Reg. 163. Chartoph. reg. ch. 368 : *Icellui compaignon se transporta en l'ostel de Bertran à heure de Marende ou relevée.* Hinc *Marander*, in aliis Lit. ann. 1470. ex Reg. 195. ch. 487 : *Après ce que les compaignons de la ville de Boulzicourt.... eurent Marandé en l'ostel de Jehan Rohart etc.*

* **MERENDINA**, Merenda; unde *Merendinare*, idem quod *Merendare*. Stat. Taurin. ann. 1360. cap. 287. ex Cod. reg. 4622. A : *Fogatiæ et Merendinæ de fogatiis jacentium in partu penitus remaneant; .... et qui contrafecerit tradens fogatias vel Merendinas, etc.* Inquisit. ann. 1288. in Access. ad Hist. Cassin. part. 1. pag. 386. col. 2 : *Antiquitus consueverunt dari videlicet in mane panicellos parvulos octo ad prandium, ad Merendinandum in Nonis panicellos septem.*

MERENIGÆ, *Manifestæ turpitudines, sive ingratæ fabulæ, maculæ.* Papiæ MS. in Edito habetur *Mererigæ*. In MS. Collegii Navarræi : *Menerigæ, Manifestæ turpitudines, sive ingratæ maculæ.*

* **MERENIUM**. Vide supra in *Materia*.

¶ **MERENNUM**. Vide *Materia*.

MERENTES, Milites. Lex Wisigoth. lib. 9. tit. 2. § 4 : *Si aliquis... de hoste ad domum suam refugerit, aut de domo sua in hostem proficisci noluerit, in conventu Merentium publice centena flagella accipiat, etc.*

* **MERENTUM**, Meritum. *Merentum capere*, Placere, gratus haberi. Charta Anselli Bridaine in Chartul. Campan. ex Cam. Comput. Paris. fol. 451. v°. col. 2 : *Gaudeo quod Petrus filius meus proposuerit et velit homo vester* (comitis Campaniæ) *fieri. Rogo autem et attentius exoro nobilitatem vestram quod donum ejus pro supplicatione mea capiat Merentum.* Vide mox in *Merere*.

MERERE ALICUI, Remunerari, seu potius beneficium agnoscere, *Reconnoître un bienfait, Meriter envers quelqu'un.* Capitula Caroli C. tit. 16. cap. 7 : *Quia nulli de ista causa volet reputare, sed totum ex corde dimittere, quod in illius persona in ista commisit, et suum servitium, quod illi et ante fecit, et adhuc Deo juvante faciet, debite et rationabiliter vult illi Merere.* Tit. 21. cap. 2 : *Deus omnipotens nobis donet, ut vestram fidelitatem et vestrum adjutorium, quæ semper contra nos cum omni Barnatu demonstrastis, vobis sic Merere possimus, sicut antecessores nostri vestris antecessoribus in bene Meruerunt, et nos vobis cum omni bonitate volumus commerere.* [*Merir*, apud nostrates Poetas. Le Roman *de Guillaume au Faucon* MS. :

> Avoit un chastelaid servi,
> Encor ne li avoit Meri
> Li service qu'il li fesoit,
> Pour avoir armes le servoit.

Le Roman *d'Athis* MS. :

> Et dient tous, bien veigniez, Sire,
> Et il respont Dieux le vous mire.

Idem :

> D'eux vous Merise c'est servise,
> Dont joie avez en mon cuer mise.

Le Roman *de la Rose* MS. :

> Dieu le vous scaura bien Merir.

Vide *Remerire*.]

* Nostris *Mérir* et *Mériter*, eadem acceptione. Chron. S. Dion. tom. 3. Collect. Histor. Franc. pag. 244 : *Pour ce le menaçoit forment, et disoit que se il pooit jamés recouvrer la grace le roy, il li Mériroit ceste bonté.* Ubi Aimoin. lib. 3. cap. 65. ibid. pag. 97 : *Similem ei retribueret vicissitudinem.* Quod nos diceremus : *Lui rendroit la pareille.* Christ. Pisan. in Carolo V. part. 2. cap. 14. *Le benoist Filz de Dieu lui vueille Mériter.* Froissart. vol. 2. cap. 94 : *Dieu le vous vueille Mériter au corps et à l'ame.*

* **MERERE** ALICUI, Officium præstare, Gall. *Rendre service, faire plaisir.* Lit. remiss. ann. 1386. in Reg. 134. Chartoph. reg. ch. 52 : *Idem exponens respondit, quod revera ipse satis habuerat agere et multum passus fuerat in solvendo suam partem, adeo quod non posset ipsum juvare ad solvendum suam partem antedictam. Super quibus idem Chabertus multum ad hoc indignatus..... dixit, quod postquam eum juvare nolebat in solutione prædicta, ipse volebat quod eorum amor dissolveretur; ..... qui exponens sibi gratiose respondit, quod sibi valde displicebat si eorum amor segregaretur, et quod sibi non forefaceret, quia non ei Meruerat.* Vide supra *Merentum*.

¶ **MERESCALCHUS**, Qui equorum pedes ferro munit. Acta B. Michelinæ tom. 3. Junii pag. 936 : *Fabri-magistri lignaminum, molendinatii, Merescalchi, sellarii, etc.* Occurrit et pro exercitus Præfecto apud Murator. tom. 12. col. 1026. Vide *Marescalcus*.

* **MERESCHACIA**, Equile, stabulum equorum. Charta ann. 1263. in Chartul. Lingon. ex Cod. reg. 5188. fol. 208. r° : *Danieta domina de Vilorcelo recognovit...... se vendidisse........ Guidoni episcopo Lingonensi...... Mareschaciam, quæ est juxta parvam grangiam fromageriam.* Vide supra *Mareschaussia*.

* **MERETRICALIS**, *Herba, qua se inungunt mulieres ut appareant pulchræ*, in veteri Glossar. ex Cod. reg. 521.

¶ **MERETRICALIS** VESTIS, Quæ meretricem tantum decet. Decretal. lib. 5. tit. 39. cap. 25 : *Lex sæcularium Principum huic responso satis efficax afferat argumentum, qua manifeste cautum habetur, matronam, cujus pudicitia attentata fuerit, non posse injuriarum agere, si in veste Meretriculi fuerit deprehensa.* Hæc ex Macri Hierolex. ubi addit ille in Melita ex tegumento contradistingui meretrices ab aliis honestis feminis.

* Ut certis in habitu signis ab honestis feminis distinguerentur meretrices, variis statutis passim definitum fuisse reperire est. Tolosanis statutis præscriptum erat, ut capitis tegmen album cum tæniolis albis deferrent; a quo signo ut liberareentur petierunt, cum Carolus VI. regnum auspicatus est; qui Lit. ann. 1389. in Reg. 137. Chartoph. reg. ch. 81. iis indulget ut tantum deferre teneantur *entour l'un de leurs bras une enseigne ou différence d'un jaretier ou lisiere de drap, d'autre couleur que leur robe.* Severiora sunt in eas statuta Mantuæ Mss. lib. 1. rubr. 120 : *Ordinamus quod meretrices publicæ et quæ publice, sine personarum delectu et palam, se omnibus tradunt et sui corporis questum faciunt, in prostibulo et loco publico, illis per commune Mantuæ assignato, commorari teneantur ac debeant, et non in alio loco vel contrata civitatis Mantuæ; et dum accedunt et vadunt per civitatem, teneantur portare super alios pannos unam clamydem, brevem panni lini seu pignolati albi, cum uno sonalio a parte anteriori, pœna cuilibet contrafacienti, vice qualibet, qua contrafecerit, centum soldorum parvorum de facto auferendorum et communi Mantuæ applicandorum. Et quod dictæ meretrices et impudicæ mulieres non audeant vel præsumant accedere per civitatem diebus dominicis vel festivis ad aliquod festum solemne, nec ad aliquam ecclesiam seu aliquem locum, in quo congregatio pudi-*

carum matronarum, dominarum et mulierum honestarum et pudicarum adesset. Sed et ipsis, panem vel fructus venales tangere, nisi emerent, prohibent Statuta Avenion. ann. 1243. cap. 137. ex Cod. reg. 4659 : *Statuimus quod Judæi vel Meretrices non audeant tangere manu panem vel fructus, qui exponuntur venales; quod si fecerint, tunc emere illud, quod tetigerint, teneantur.* Vide infra *Mulier levis.*

* Quæ hic uti infames habentur, de comitatu regio fuerunt, pensionibus etiam donisque dotatæ medium usque ad sæculum xvj. ut patet ex Comput. ærarii reg. ann. 1535 : *A Olive Sainte, dame des filles de joye suivant la cour du roy, 90. livres par lettres données à Watteville le 12. May 1535. pour lui aider et auxdites filles à vivre et supporter les dépenses qu'il leur convient faire à suivre ordinairement la cour.* Alius ann. 1539 : *A Cecile Viefville, dame des filles de joye suivant la cour 90. livres par lettres du 6. Janv. 1538. tant pour elle, que pour les autres femmes et filles de sa vacation, à départir entr'elles pour leur droit du 1. jour de May dernier passé, qui étoit dû à cause du bouquet qu'elles présentent au roy ledit jour, que pour leurs estraines du 1. Janvier; ainsi qu'il est accoustumé de faire de tout temps.* Eadem occurrunt annis 1540. 41. 42. 43. 44. et 46.

* Meretricibus indicta fuere statuta, quæ si violassent, pecunia mulctabantur. Comput. Joan. de Brossia vicarii curiæ S. Saturnini de portu ann. 1414 : *Ab Isabelle Fornaria prostibulari muliere, quia die sancto Paschæ Domini cum Georgio ejus amico jacuit et adulteravit, x. sol.* Comput. Castellani Bellic. eod. ann. : *A Margarita abbatissa lupanaris super eo quod, cum ex ordinatione Bellicadri, quæcumque sit abbatissa non debeat recipere aliquem hominem pro cubando secum ultra unam noctem, ipsa cubavit in dicto lupanari cum nominato Anequin per sex vel septem noctes continuas; per compositionem factam cum dom. castellano, x. sol. Tur.* Nota sunt statuta, quæ anno 1348. edidit Joanna regina Siciliæ pro publico Avenionensi prostibulo. Vide *Gynæceum.*

* **MERETRICALITER**, Meretricum more; *En maniere méretricale*, in Lit. remiss. ann. 1473. ex Reg. 195. Chartoph. reg. ch. 906. Aliæ ann. 1383. in Reg. 120. ch. 330 : *Quæ Dionysia pluribus viris se Meretricaliter copulare dicebatur, et quasi pro meretrice publica tenebatur.*

¶ 1. **MERETRICARI**, metaphorice, pro Diis paganorum servire, idola colere. Paschasius Radbertus lib. 3. de Partu Virg. : *Vesona quam incolitis, quæ prius Meretricabatur post idola fornicationis, etc.*

* 2. **MERETRICARI**, Rem habere cum muliere, copulari. Bened. abb. Petroburg. in Henr. II. reg. Angl. edit. Hearn. tom. 2. pag. 383. ad ann. 1183 : *Mulieres et filias et cognatas liberorum hominum vi rapiebat* (Ricardus comes Pictav.) *et concubinas illas faciebat; et postquam in eis libidinis suæ ardorem extinxerat, tradebat eas militibus suis ad Meretricandum.*

¶ **MERETRICATIO**, *Fornicatio*, Papiæ; *lenocinatio*, in Gloss. MSS. Sangerm. n. 501. Indiculus luminosus : *Aliqua super ejus Meretricationis subsannium... habita conflictatione verborum.*

* **MERETRICATOR**, Meretricum sectator. Lit. remiss. ann. 1455. in Reg. 191. Chartoph. reg. ch. 153 : *Quidam Cathalanus, nuncupatus Gabriel Barraga, conjugatus, magnus Meretricator et adulter, etc.*

MERETRICIUM, Stuprum, adulterium. Libertates concessæ Reomagensi urbi ab Alphonso Comite Pictavensi ann. 1270. MSS. : *Si aliqua mulier de extra villam, quæ sit maritata, venerit in dictam villam, et fecerit Meretricium cum homine dictæ villæ, etc.* Charta Occitanica habet hoc loco, *aia fait adulteri.*

MERGA, *a merges dicitur : furca cum qua cona segetis portatur.* Joan. de Janua. [Utitur Columella lib. 2. cap. 21.]

1. **MERGERIA.** Tabularium Monasterii S. Andreæ Viennensis : *Et dono post discessum meum mansum de Festale, cum omnibus appenditiis suis, et totam illam terram quæ fuit adjuncta ipsi manso per Mergeriam, quod vocamus Medietatem laboris.* [Leg. forte *Mejaria* vel *Mejeriam.* Consule utramque vocem.] Vide *Medietarius.*

* 2. **MERGERIA**, Mensura vinaria, eadem quæ supra *Megeria.* Vide in hac voce. Charta Phil. V. ann. 1318. in Reg. 56. Chartoph. reg. ch. 267 : *Item omnes Mergerias vini pro xij. lib. et x. sol. Turon.* Ita quoque legitur in Lib. rub. Cam. Comput. Paris. fol. 564. r°.

¶ **MERGES**, Manipulus segetis. Translatio S. Genulfi sæc. 4. Bened. part. 2. pag. 235 : *In Resurrectionis Dominicæ prima Sabbati, ex multiplicatis manipulis, Mergeten colligere nititur.* Vox Plinio non ignota eadem notione.

* Glossar. Lat. Gall. ex Cod. reg. 521 : *Merges, Gall. Marnée.* Aliud ex Cod. 7641 : *Merges, fustes cum quibus messes colliguntur.* Vide *Merga.*

* **MERGO**, *dicitur æquivoca, quia potest esse pertica quædam, quæ ponitur in aquis ad commovendum pisces, vel potest esse ille, qui se mergit in aquis.* Glossar. vetus ex Cod. reg. 521.

MERGONES, Corvi marini, apud Fridericum II. Imperat. lib. 1. de Venat. cap. 2. 4. 55. [Boncompagnus de obsidione Anconæ apud Murator. tom. 6. col. 931 : *Ille vero ad modum Mergonis, qui restrictis alis profunda pelagi petit, propere se submergebat in aquam.*]

MERGORÆ, *Situlæ quibus aqua de puteo trahitur*, in Glossis Isid. Joan. de Janua : *Mergus, goris, situla, cum qua aqua de puteo trahitur : et dicitur a mergo, is.*

MERGORESUS. Vide *Moneta Melgorensis.*

MERGREVE, Vox conficta et Mære, Saxon. et greve, Comes, quasi major Comes vel dominus. Leges Edw. Confess. cap. 35 : *Teutonici, Frisones, et Flandrenses Consules suos Mergreve, quasi majores dominos, vel bonos pacificos vocare solent.* Vide *Marggravius.*

¶ **MERGULA**, Ornamentum vestium, quod prohibetur in Constitut. Federici Reg. Sicil. cap. 95 : *Et quod in gerlandis ipsis non sint aliquæ Mergulæ sub pœna unciarum duodecim.*

¶ **MERGULUS.** Johan. de Janua : *Mergulus, est diminutivum de mergus; et est æquivocum ad ferrum quod mergitur in lampade, et ad tenendum papyrum; et ad avem mergum.* Unde Gloss. Lat. Gall. Sangerm. : *Mergulus, le ferret de la lampe, en quoy est la meche, ou le jon, ou petit pluvion.*

* Glossar. Provinc. Lat. ex Cod. reg. 7657 : *Morgon, Prov. mergus, Mergulus.*

¶ **MERI** Denarii. Vide *Merus.*

* **MERIA**, Feudum *Merini* seu *Majoris*, Gall. *Mairie; Mérie*, in Charta ann. 1333. ex Lib. rubr. Cam. Comput. Paris. fol. 443. v°. Inventar. Chart. reg. ann. 1482. fol. 198 : *Assignavit lx. libras annui reditus supra receptum præpositura, Meriæ seu judicaturæ de Bezmulle.* Vide in *Major*, 1. et *Majorinus.*

* **MERIAGIUM**, Pari intellectu. Charta ann. 1221. ex Lib. albo episc. Carnot. : *De Meriagio dicimus, quod episcopus debet ibi habere suum servientem, et de collecto Meriagio habebit episcopus partem suam et major suam, et si fuerit defectus in Meriagio, debet hoc serviens episcopi monstrare majori, et major debet facere haberi defectum eumdem.* Vide supra *Majores villarum* in *Major* 1. et *Majorium.*

¶ **MERIBIBULA**, Potatrix. Vita B. Lidwinæ tom. 2. Aprilis pag. 320 : *Quædam quoque de Meribibulis mulierculis venientes ad eam dicebant, etc.* Adde August. lib. 9. Confess. cap. 8.

¶ 1. **MERICA**, Nemus, silva, atque interdum terræ circumquaque adjacentes. Charta ann. 1301. apud Ludewig. tom. 1. Reliq. MSS. pag. 235 : *Prædictum nemus sive Mericam certis metis distinxi.* Alia ann. 1313. ibid. pag. 268 : *Vendidi etiam eisdem villam Drewitz cum silva posita retro villam... Cum autem prædicta Merica ex parte una Mericam patrui mei Bodonis, et ex altera parte Mericam Saxoniæ Ducis attingat, etc.* Ibidem : *Vendidi medietatem nemoris quæ quondam Marchionis fuerat Misnensis... Et hæc distinctio certa inter Mericam quæ quondam fuerat Marchionis, et inter Saxoniæ Ducis Mericam.* Charta ann. 1323. ibid. pag. 302 : *Nos Bodo... dedimus et contulimus Mericam quæ dicitur Merica Marchionis, quæ est ad nos... hac conditione interjecta ut tres villæ Domastrof, Rotinstein et Wristwitz habeant in prædicta Merica ad usum eorum ligna jacentia atque sicca.*

* Proprie, Silva in qua aluntur apes; unde *Merica apum*, in Charta ann. 1436. Stat. Casimiri ann. 1347. inter Leg. Polon. pag. 47 : *De quercubus vero Mericarum, vulgariter Dabrowa, duos scotos quilibet ipsam incidens persolvat.... Si quis autem arborem cum apibus succiderit, etc.* Consule Frisch. in Vocab. Lat. Germ. part. 1. pag. 643.

¶ 2. **MERICA**, Stipula, Gall. *Chaume*, vel tegula quævis. Charta ann. 1042. apud *Madox* Formul. Anglic. pag. 124 : *Et prædicti Robertus et Isabella et hæredes eorum grossum meremium et parvum ac stramen seu Mericas invenient dictis Johanni et Johannæ uxori, cum necesse fuerit, ad dictum molendinum faciendum, reparandum et cooperiendum.*

MERICULUM, Potio vini pura. Gloss. Græc. Latin. MS. : Ἄκρατον, *Merum, purum.* Ἀκρατόριον, *Mericulum.* Edit. ἀκρατάριον. Vide *Merus.*

¶ **MERIDIALIS** Pars, Quæ meridiem spectat. Necrolog. S. Illidii Claromont. apud Stephanot. tom. 3. Fragm. Hist. : *Sepultus vero fuit prædictus Abbas infra dictam ecclesiam a parte Meridiali... Item sepulcrum D. Pontii Abbatis situm est juxta introitum capituli a Meridiali parte*. Gloss. Isidori : *Diale, diurnum, Meridiale*. Ubi observat Grævius Veteres *Meridiale* non dixisse, sed *meridianus*. Le Roman *de Vacce* MS. :

Une riviere l'avironne
Devers Midy et devers Nonne.

MERIDIANA, *Somnus meridianus*, Sidonio lib. 1. Ep. 2. Ὕπνος ἀμφὶ ἡμέραν μέσην, Procopio lib. 1. de Bello Vand. cap. 2. qui Monachis, si non præscribitur, saltem permittitur in Regula S. Benedicti cap. 48. *Meridie pausare*, in Capitulari Aquisgran. ann. 817. cap. 17. *Meridianam pausare*, in Libro Ordinis S. Victoris Parisiensis MS. cap. 17. 22. 35. Ibidem cap. 37 : *In æstate hora meridiana potest qui vult in dormitorio legere; sed cavere debet, ne in reversione foliorum strepitum faciat. In illa hora debent Fratres vestiti jacere, et cavere debent ne vel pedes extra lectum extendant, vel in ipso lecto competenter nudi appareant*. Adde Usus antiq. Ordin. Cisterciensis cap. 84. Regulæ monialium B. Mariæ de Sopewel, in agro Herfordensi in Anglia : *Et en esté en temps de la Meriene soient les hus de le parlour et de la gardein, et les fenestres devers la cuisine clos, et ne soient pas ouvert tant que home soune à houre de None, qui sera chantée aprés la Meriene. Meridianæ* autem incipiant in Dominica Ramis palmarum, ut est in consuetudinibus Floriac. pag. 396. *a die Iduum Maiarum usque in diem Iduum Septembrium*, in Regula Pauli et Stephani Abbatum cap. 11. Has Kalendis Octobris finiri annotat Lanfrancus in Decretis Ord. S. Bened. cap. 1. sect. 1. et 4. [et Bernardus Mon. in Ord. Cluniac. part. 2. cap. 31 : *In hac die* (pridie Calen. Octobris) *ultimum vale Meridiana suscipit et propinatio aquæ in refectorio. In crastino si fuerit dies Dominica, nullatenus est agenda Meridiana; cum ipso die Calendæ Octobris habeantur, in quibus certissime constat eandem Meridianam dimitti*.]

Meridianæ Jejuniorum, seu in diebus jejunii post Sextam, *breves* esse jubentur, adeo ut *momentaneæ et simulatitiæ* dicantur in Statutis Cluniac. Petri Venerab. cap. 24. et apud Udalricum lib. 2. Consuet. Cluniac. cap. 29. Vide Haeftenum lib. 12. Disquisit. Monast. disquisit. 4.

¶ **MERIDIARE**, Per diem alicubi manere. Vita S. Bonifacii Episc. sæc. 3. Bened. part. 2. pag. 87 : *Unde etiam in quibusdam locis, ubi cum sancto corpore pernoctabant vel Meridiabant, in ejus honore ecclesias postea construebant*. Quod de somno meridiano minus bene intellexit Mabillonius.

MERIDIARI, Meridianum somnum capere. Vox Latinis Scriptoribus etiam nota. Regula Magistri cap. 50 : *Statim post dictam Sextam, tam post prandium, quam in jejunio, omnes modice in suis lectis Meridientur*. Ordinarius Præmonstr. cap. 15. pag. 909 : *Ab hac die* (octava Paschæ) *usque ad Exaltationem S. Crucis quotidie Meridiari solemus*.

¶ **MERIDIES**, Pars officii divini, quam Sextam dicimus. Ordinarium MS. Abbatiæ Piperac. ann. 1301 : *Sciendum quod post Tertiam immediate dicimus Meridiem, deinde Nonam*. Statuta S. Capellæ Paris. apud Lobinell. tom. 3. Hist. Paris. pag. 154 : *Notandum est inter alia, quod cantata Prima, absque pausa debet incipi commendatio mortuorum, si sit obitus, et deinde Tertia, magna Missa, et deinde Hora Meridiei*.

* Quia ad meridiem cantabatur, ut monet D. *Le Vert* pag. 426. unde nostris *Midi* appellatur. Testam. Joan. reginæ ann. 1304. in Reg. sign. *Noster* Cam. Comput. Paris. fol. 221. v° : *Matines, prime, tierce, Midi, none, vespres et complie*. Charta Odon. comit. Burg. ann. 1341. ex Cod. reg. 9484. 2. fol. 198. r° : *Matines, prime, tierce, Miedy, none, vespres, etc. Mériane*, pro *Midi*, Hora meridiana, in Bestiar. MS. :

Aussi comme l'asne recane
A mienuit, à Mériane.

¶ **MERINATUS**. Vide *Majorinus*.

¶ **MERINGA**, Idem quod aliis *Merenda* dicitur, Pomeridianum prandium. Codex MS. Consuet. Eccl. Coloniens. e Bibl. Eccl. Atrebat. : *Præposito majori ad Meringam datur unus denarius et albus panis et 1. stopus vini. Majori decano etc. cuilibet istorum datur Meringa sicut majori Præposito... Quilibet obedientiarius quando incipit dare Meringam, tunc propinat dominis cum sextario vini in tribus magnis cifis; et quando terminatur Meringa, propinat dominis; obedientiarius majoris Meringæ proxima quinta feria post octavam Paschæ incipit plene dare Meringam cum 1. denario, integro pane et stopo vini; et prædicta Meringa plene terminatur usque ad vigiliam S. Petri ad vincula*. Vide *Merendare*.

¶ **MERINGI**. Vide *Merovingi*.

* **MERINIA**, Jurisdictio, districtus *Merini*. Vide hanc vocem in *Majorinus*. Stat. pro reform. regni Navar. ann. 1322. ex Reg. sign. *Noster* Cam. Comput. Paris. fol. 436. r° : *Cum multi mesnaderii essent in dicto regno et terra esset onerata multum,.... fuit ordinatum quod in Merinia Ripperiæ essent 50. mesnaderii, in Merinia Sangossæ 40. in Merinia Pampilonensi 30. in Merinia Stellæ 60*. Vide supra *Meria*.

MERINUS. Vide *Majorinus*.

¶ **MERIOR**, *Turpis, vel timidior, vel temerior propter fœditatem*. Papias.

* **MERISSE**, Terminus, limes, meta. Charta ann. 1065. apud Murator. tom. 1. Antiq. Ital. med. ævi col. 197 : *Quam vero scripta integra clusuria de scripta terra diviserunt inter se scriptis germanis per Merissis divisionis, hecce jam præteritos annos quadraginta unum. Unde per ipsa Merisse tetigit a scripto quondam Gregorio portio ex ipsa clusuria a parte Septentrionis, etc*.

* **MERITA**, Exactio, præstatio sub nomine *meriti*, quæ scilicet quasi *merendo* solvitur. Vide supra *Merere*. Charta ann. 1260. in Reg. 173. Chartoph. ch. 548 : *Confirmo beatæ Mariæ Montisburgi manerium quod elemosinavit Willelmus de Auvilla... liberum et quietum ab omni servicio et demanda et ab omni Merita*.

* **MERITAS**, tis, *Puritas*, in veteri Glossar. ex Cod. reg. 521.

* **MERITORIA**, *Meretrix*, in Glossar. Provinc. Lat. ex Cod. reg. 7657. Vide *Meritorium*.

¶ **MERITORIA** Taberna, Hospitium seu diversorium, in quod pretio et mercede divertitur. Vita B. Kingæ tom. 5. Julii pag. 694 : *Cum denique ea die pellex illa una simul quadriga cum ducissa Cunegundi vecta, tabernam Meritoriam, nocte superveniente, ad quiescendum subiisset*. Gloss. Lat. Græc. MS. Sangerman. : *Meritorium*, ξενοδοχεῖον, *Hospitale. Meritorium, hale, estal, loge à vendre denrées, ou bourdel*, in Gloss. Lat. Gall. Sangerm.

MERITORIUM, Lupanar, in Actis Proconsularibus martyrii SS. Didymi et Theodoræ num. 2 : *Judex dixit : Jusserunt Imperatores vos quæ estis virgines, aut diis sacrificare, aut injuria Meritorii provocari*. Occurrit ibi non semel, ubi Græca habent, πορνεῖον. [S. Ambrosius in Psal. 118 : *An putas, tunc primum te intrare Meritorium, cum fornicem meretricis ingredieris?*]

* **MERITORIUS**, Præmio dignus, Ital. *Meritorio*, Gall. *Méritoire*. Chron. Pontif. Leon. Urbevet. apud Lamium in Delic. erudit. pag. 331 : *Hic* (Nicolaus PP.) *regulam B. patris nostri Francisci, quam multi malevoli impugnare conabantur, dicentes illam inobservabilem et discriminosam, lucidissime declaravit, adprobando ipsam non solum observabilem, verum et Meritoriam et sanctam*.

1. **MERITUM**, Proventus, *Profits*. Schol. Juvenal. Sat. 5. de Calpurnio Pisone : *Post consulatum materna hæreditate ditatus, magnificentissimus vixit, Meritis sublevare inopes ex utroque ordine solitus*. Passio SS. Nicandri et Marciani : *Maximus Præses dixit : Merita dignitatis nostræ ut quid non accipitis? Sanctus Nicander respondit : Merita dignitatis vestræ ideo non accipimus, quia pecunia impiorum contagium est viris Dominum colere institutis*. Charta Dagoberti Regis Franc. apud Doubletum pag. 674 : *Villam cui nomen est... cum omni integritate vel Merito*. Et alia Pipini Regis apud eumdem pag. 699 : *Hoc est foresta nostra, cognominante Æqualina, cum omni Merito et soliditate sua, quidquid ab ipsa silva aspicere vel pertinere videtur*. [Charta ann. 654. apud Miræum tom. 1. pag. 7 : *Cum omni Merito suo vel adjacentiis seu aspicientiis ipsius villæ*.] Formulæ veteres Pithœi MSS. cap. 96 : *Cum... adjacentiis, appenditiis, et omni Merito et termino suo ibidem aspiciente*. Cap. 101 : *Unde accepimus a vobis pro ipsa vinea, sicut inter nos bene complacuit atque aptificavit, hoc est, in argento et in alio Merito solidos tantos, etc*. Vide Chartas Chlodovei III. Reg. Franc. in Actis SS. Ord. S. Bened. tom. 4. pag. 617. et Chilperici apud Meurissium pag. 146. Formulam 27. ex Baluzianis, etc.

Meritum Accolanarum, in Formul. 62. inter Lindenbrogianas.

Terræ Meritum, Terræ proventus. [Charta ann. 1251. in Bibl. Colbert. tit. de Episcopatu Carcas. : *Dominationes et dominium et cætera terræ Merita, bona et jura, etc*.] Charta Mali Gaulini Comitis Impuriarum ann. 1319. in Camera Comput. Paris. qua vendit Sancio Regi Majoricarum castrum de Rupe : *Et taschas, agraria, quar-*

tos, quintos, et alia terræ Merita, et directa ac utilia dominia, etc. Occurrit in aliis Chartis Petri, Jacobi Regis Arag. filii, Comitis Impuriarum et Rippacurciæ ann. 1336.

¶ Merita Militaria, Annona militibus præstanda, in l. 16. jubemus. C. de erogat. milit. annon. lib. 12. tit. 38.

Malum Meritum, Damnum. Pactum inter Gregorium VII. PP. et Principem Beneventanum lib. 1. post Ep. 18 : *Vel si per se aut per suppositam personam... studuerit qualicunque modo aut ingenio reddendi malum Meritum aut damnitatem cuilibet, etc.*

¶ Meritum, Crimen, delictum. Vita S. Gurthierni in Chartular. Quemperleg. : *Quadam autem die quidam venator ad illum locum venit, et videns juvenem sedentem et orantem sine intermissione super petram, interrogavit eum et dixit : cur hic, fili, habitas? et respondit juvenis : Meritum meum mihi fecit; et juravit illi nulli se dicturum.* Qui juvenis sororis suæ filium occiderat, atque eam ob rem pœnitentiam agebat.

Meritum, Pretium. Lex Wisigothor. lib. 8. tit. 4. § 13 : *Alium ejusdem Meriti domino reformare cogatur.* Adde lib. 9. tit. 1. § 6. Legem Bajwar. tit. 8. cap. 18. § 2. tit. 14. cap. 1. etc.

* 2. **MERITUM**, Donum, quod in venditionibus cessionibusve iis, qui venditionem aut cessionem gratam habebant, concedebatur, seu munus ultra pretium rei venditæ datum; quod *Launechilde* dictum fuisse observatum est in hac voce. Charta ann. 1109. apud Lamium in Delic. erudit. inter not. ad Hodoepor. Charit. part. 3. pag. 1120 : *Pro qua mea venditione et traditione recepi Meritum ab Gherardo abbate et rectore suprascriptæ ecclesiæ, unum par pellium in præfinito.* Alia ann. 1198. ibid. pag. 1193 : *Pro qua donatione ego Symeon profiteor me recepisse Meritum seu launelchild a supradicto patre tuo Sardo, anulum aureum in præfinito.* Pactum inter Gerard. comit. et Atton. archiep. Pisan. ann. 1120. apud Murator. tom. 3. Antiq. Ital. med. ævi col. 1138 : *Unde præfatus vicedominus fecit ei Meritum spatam unam.* Charta ann. 1129. ibid. col. 1146 : *Unde ipse Rogerius archiepiscopus fecit ei Meritum anulum aureum, ut magis omni tempore prædicta finis et transactio atque refutatio firma et stabilis permaneat atque persistat.*

* 3. **MERITUM**, Corpus alicujus sancti, vel illius pars quælibet, ejusdem reliquiæ. Hist. translat. S. Baudelii inter Probat. tom. 1. Hist. Nem. pag. 4. col. 2 : *Cernebatur ferri geminas sanctorum fredas, quarum alia habebat Merita S. Baudelli martyris, altera vero Pauli et Amantii confessorum Omnipotentis.* Inventar. S. Capellæ Paris. ex Reg. sign. *Noster* Cam. Comput. fol. 196. v°. : *Le Merita d'une des onze mille Vierges, et le repositoire et le pié.* Porro extant in S. Capella duæ sacrarum reliquiarum thecæ, in quarum una mentum S. Ursulæ; in altera, ad modum capitis efficta, ejusdem sanctæ os capitis asservatur.

* 4. **MERITUM** Suum alicui Tradere, Pœnam, quam meretur, infligere. Charta ann. 1310. tom. 4. Cod. Ital. diplom. col. 1609 : *Omnes bucos plateæ fecimus præparari et armatis gentibus custodiri, ut si ipsi venirent, obviaremus eisdem viriliter, et suum Meritum traderemus.*

* 5. **MERITUM**, Ratio, argumentum. Instr. ann. 1385. tom. 5. Cod. diplom. Polon. pag. 81. col. 2 : *Prædictarum causarum Meritis longa deliberatione pensatis etc.*

¶ **MERITUS**, Idem quod *meritum*, Proventus. Charta ann. 954. apud Perardum in Burgundicis pag. 165 : *Hæc omnia superscripta, præter quod habet Meritos meos, reservavi, quicquid in jam dicta villa... ad me pervenit.*

* **MERLA**, Ecclesiæ pars, pinnis ornata. Hist. belli Forojul. apud Murator. tom. 3. Antiq. Ital. med. ævi col. 1219 : *Quidam nomine Milunus audito clamore ecclesiam cum solo ense velociter intrans contra ipsos, et isti contra eum, ejus ensis fractus est ad Merlas.* Ambo fortassis designatur. Vide in *Merulum*.

¶ 1. **MERLARE**, Agros *marla* seu marga stercorare, Gall. *Marler*. Tabularium Audomar. : *Tenentes eam* (terram) *debeant fimare bis ad minus infra duodecim annos et semel Merlare.* Vide *Marlare*.

¶ 2. **MERLARE**, Turris seu muri fastigium pinnis distinguere, Gall. *Creneler*. Computus ann. 1324. tom. 1. Hist. Dalphin. pag. 132 : *Pro Merlando vinteno Burgi dictæ villæ, pro faciendis tribus eschises, etc.* Chron. Parmense ad ann. 1285. apud Murator. tom. 9. col. 806 : *Domus magna cum stationibus mercatorum juxta plateam Communis a latere de suptus... et Merlata atque depicta.* Occurrit passim. Vide *Merulum*.

¶ Merlatare, Ead. notione. Charta ann. 1375. tom. 1. Gall. Christ. inter Instrum. pag. 52. col. 1 : *Cum ipsa ecclesia fortificari, construi et crinellari, sive Merlatari de materia lapidum cum cemento et fustium, seu alterutrius earum.*

¶ **MERLATIO**, Ipsa *Merlarum* constructio. Chron. Parmense ad ann. 1284. apud Murator. tom. 9. col. 806 : *Pons dominæ Giliæ de Porta-nova expletus est, et constitit in summam* MMDV. *libras et solidos* VI. *imperiales; et hoc sine planellatione et Merlatione dicti pontis per medietatem.* Quod vero *merlis* pontes munire solebant, testis Petrus Azarius in Chronico apud Murator. tom. 16. col. 322 : *Nusquam visus fuit pons ligneus aliquis tam longus, tam securus, quia ab utraque parte asseribus erat conclusus et Merlatus, et præparatus ad pugnam.*

MERLEIA. Vide *Mesleia*.

* **MERLETARE**, *Merletos* seu pinnas construere, pinnis munire, Ital. *Merlare*. Glossar. Provinc. Lat. ex Cod. reg. 7657 : *Merlet, Prov propugnaculum.* Stat. ann. 1357. inter Probat. tom. 2. Hist. Nem. pag. 194. col. 1 : *Fiat murus fortis;.... et Merletetur desuper, etc.* Aliud ann. 1381. ibid. tom. 3. pag. 47. col. 1 : *Quod murus qui non est Merletatus, Merletetur prout decet.* Vide *Merlare* 2.

¶ **MERLETUS**, Idem quod *merla*, Pinna. Charta ann. 1382 : *Johanni Juglar lapicidæ pro ædificando Merletos alterius ex turribus novi portalis Laureti.* Vide *Merulum*.

* Hinc *Merlette* appellari videtur Virga apparitoris, quod in pinnam desineret, vel illi vice propugnaculi esset eaque ab injuriis tueretur, in Lit. remiss. ann. 1376. ex Reg. 109. Chartoph. reg. ch. 293 : *Icellui sergent avoit esté audit Suippe par aucuns des habitans d'illec batuz et ferua d'un coustel parmi le corps tout oultre en plusieurs lieux, en disant; Tu ne sergenteras plus, va porter ta Merlette à Chasteillon.*

¶ **MERLINUS**, f. pro *Mellinus* vel *Melinus*, a *Melote*. Vide in hac voce. Amiculum seu amictus quo Canonici caput humerosque tegebant. Statuta Eccl. Aquensis ann. 1259 : *Clerici beneficiati cappas portent de pellibus esquirolorum forratas; aut agnorum nigrorum, vel portent eorum Merlinum cum ipsa cappa... Tempore autem quo superpellicium portabunt, habebunt almusias, vel capellos sive Merlinos Canonici de grisiis, beneficiati de esquirolis.* Ibid. : *Cum chorum intraverint Canonici clerici et alii chorum frequentantes, amoto capucio capæ, almussia sive Merlino et birreto toto, etc.* Charta ann. 1437 : *Cum superpellicio et Merlino etc.* Laurentio in Amalth. : *Melina, Vestis scortea, mantica.* Vide *Almucium*.

* **MERLUCIUS**, Ital. *Merluzzo*, Piscis genus. Tract. Ms. de Pisc. cap. 117. ex Cod. reg. 6838. C. : *Asellus, aliis asino, aliis nasello, nostris Merlus dicitur.* Charta Joan. ducis Brit. ann. 1279. in Reg. 50. Chartoph. reg. ch. 31 : *Concedimus dictam siccariam congrorum et Merluciorum, cum suis pertinentiis et juribus consuetis, habendam et tenendam ab eis... Debemus etiam nos.... districte servare.... quod nemo, exceptis ipsis mercatoribus,.... possit in dicta siccaria congros et Merlucios a Paschate usque ad festum B. Michaelis in monte Tuba siccare.* Pedag. Massil. ann. 1404 : *Item pro qualibet salmata Merlucii*, et Vide *Merluus*.

¶ **MERLUS**, ut *Merulum*, ab Ital. *Merla*. Caffari Annal. Genuens. ad ann. 1159. apud Murator. tom. 6. col. 272 : *Fecerunt etiam in ipso muro Merlos mille septuaginta, tam pro formositate et fortitudine muri, quam pro commoditate et tuitione civitatis et civium.* Rolandinus Patav. de factis in marchia Tarvis. lib. 6. cap. 18. apud eumdem tom. 8. col. 270 : *Et ecce quidam in apparentia satis directus homo retulit, quod nocte præterita per castra de Podevenda ubicumque erant, visus est ignis per Merlos castrorum ardere diu, et manifeste comburere crates et munitiones.* Occurrit alibi passim.

¶ **MERLUUS**, Piscis genus, Gall. *Merlan*, vel *Morue*. Codex censuum Eccl. Audomar. : *De Merluis* II. *den. De mille allecum* I. *den. etc.* Vide Menagium in Origin. Gall. voce *Merlus* et supra *Merlucius*.

* **MERONNARIUS**, Faber materiarius, Gall. *Charpentier*. Comput. ann. 1371. ex Tabul. S. Petri Insul. : *Item Arnoldo Meronnario pro alio bosco, roillis, posteaulx, asellis, etc.* Vide supra in *Materia*.

* **MEROPS**, *Mésange ou espée*, in Glossar. Gall. Lat. ex Cod. reg. 7684.

* **MEROSITAS**, *Ebrietas. Merosus, ebrius.* Glossar. vetus ex Cod. reg. 521. Vide *Merosus*.

¶ **MEROSUS**, *Vinosus, a Merum.* Johan. de Janua. *Vineus, plein de vin*, in Gloss. Lat. Gall. Sangerm.

* **MEROTECA**, *Custos vini; et pro vase potest accipi*, in Glossario ex Cod. reg. 521.

MEROVINGI, dicti Reges nostri ex prima stirpe, qui a Meroveo genus ducebant. Ado

Viennensis in Chronico : *Meroveus successit, a quo Francorum Reges Merovingi sunt appellati.* Jonas in sancti Columbani Vita cap. 30. ex Surio : *Dixeruntque nunquam se audivisse Merovingum in Regem sublimatum sponte sua Clericum fuisse.* Eginhardus in Præfat. Vitæ Caroli M. : *Gens Merowingórum, de qua Franci Reges sibi creare* (MS. *procreare*) *soliti erant usque in Hildericum Regem, qui jussu Stephani Romani Pontificis depositus ac detonsus atque in Monasterium trusus est, durasse putatur.* Ubi Codd. Cæsarei, ut monet Lambecius, habent *Meringorum* et *Meroingorum.* Regnum *Meruwngorum*, in Lege Alemann. Edit. Heroldi tit. ult. Vide Radulfum de Diceto pag. 608.

Merovingia, Francia, quod a Francorum stirpe Merovingica possideretur. Anonymus de Miraculis S. Agili lib. 1. cap. 3 : *Roberto apud Merovingiam, quæ alio nomine dicitur Francia, tenente jus regium.*

* **MERQUA**, Nota, signum; unde *Merquare*, Notare, signare; *Merquier*, in Charta ann. 1321. ex Reg. 61. Chartoph. reg. ch. 290. Alia Regin. Pontis et Brager. dom. ann. 1322. in Reg. 64. ch. 138 : *Concedimus consulibus.... quod in dicta villa Bragerraci sit Merqua, cum qua signentur et Merquentur tonnelli et pipæ vinorum.... Dicta Merqua sit ab una parte de armis nostris etc.* Vide supra *Merca*.

¶ **MERRA**, Idem quod *Mara* Exod. 15. 23. Amaritudo, aqua amara. S. Paulinus Epist. 37. pag. 226 : *Quibus mentem nostram de peccatis amaram, quasi Merram illam in manu Moysi per lignum mysterii, ita beatitudinis tuæ sanctus et dulcis affatus in dulcedinem lætitiæ spiritali suavitate mutavit.* Idem in Poem. 17. pag. 64 :

Sicut antiqui manibus prophetæ
Per sacramentum crucis, unda misso
Dulcuit ligno, posuitque tristes
Merra liquores.

¶ **MERRAMENTUM**, Merremium, Merrenum, etc. Vide *Materia*.

* **MERRASIUM**, f. pro *Marresium*, Palus, Gall. *Marais.* Charta Jac. reg. Scot. ann. 1450. in Chartul. eccl. Glasg. ex Cod. reg. 5540. fol. 96 : *Episcopi Glasguenses teneant de nobis dictas terras,.... cum universis et singulis commoditatibus,... in boscis, planis, moris, Merrasiis, viis, etc.* Vide in *Mariscus.*

¶ **MERSARIA**, ut supra *Merceria*, ni fallor, minuta merx. Mirac. MSS. Urbani V. PP. in Tabul. S. Victoris Massil. : *Joannis de S. Angelo oriundi prope Parisius, nunc residentis Massiliæ de arte Mersariæ tenentis hospitium, etc.*

MERSCUM. Ingulphus pag. 861 : *Maneria, Mansiones, molendina, Mersca, et mariscos, etc.* Pag. 864 : *Insulas, mariscos et Mersca.* Vox formata ex Saxonico Mere, palus, stagnum.

* **MERSEGARIA**, Mersegeria, pro *Messegaria*; unde *Mersegarius* et *Mersegerius*, pro *Messegarius.* Vide in his vocibus. Pariag. inter reg. et abb. Gemondi ann. 1322. in Reg. 65. Chartoph. reg. ch. 53 : *Dictum monasterium et conventus possint.... depascere per terras et prata.... animalia cujuscumque generis aut pili sint, libere absque omni pecha seu Mersegeria.... Item quod possint instituere.... Mersegerium seu custodem in suis proprietatibus.* Infra : *Mersegaria* et *Mersegarius.*

MERSORES, Qui aquas subeunt, urinatores. Matth. Paris ann. 1191 : *Tandem a quibusdam Regis Richardi Mersoribus, ipsam subtus aquam invadentibus, locis quam plurimis terebratur* (navis.)

* **MERSORIUM**, Situlus. Glossar. Lat. Gall. ex Cod. reg. 521 : *Mersorium, seel à eaue.*

* **MERSUINUS**, Marinus proculus, Gall. *Marsouin.* Telon. S. Bertini : *De sturione, iiij. den. de tallia ceti, iiij. den. de Mersuin ij. den.*

* **MERTINUS.** Charta ann. 857. apud Murator. tom. 3. Antiq. Ital. med. ævi col. 1029 : *Et vobis non dederimus in suprascripto constituto aucellos boni Mertinos centum, etc.*

¶ **MERUAGIUM**, Miscellum frumentum, Gall. *Bled méteil.* Charta ann. 1195. apud Miræum tom. 1. pag. 108 : *Quindecim modios segetis, in parte decimæ Comitis apud Lesunas annuatim habebit, medietatem scilicet Meruagii, et medietatem avenæ.*

¶ 1. **MERULA**, Idem quod *merulum*, Pinna, Gall. *Creneau.* Gaspar. Barthii Gloss. apud Ludewig. tom. 3. Reliq. MSS. pag. 24. ex Anonymi Hist. Palæst. : *Venerunt illi usque ad scalam quæ jam erat erecta et fortiter ligata ad civitatis Merulas, et adscenderunt per eam homines sexaginta.*

¶ 2. **MERULA**, Avis Ægyptiacæ species. Bernhardi *de Breydenbach* Iter Hierosol. pag. 226 : *Ibi* (versus Alexandriam) *aves capiuntur quædam candidæ et albissimæ, quæ Merulæ nuncupantur. Melle* pro *Merle* dixerunt nostri. Le Roman *de la Rose* MS. :

D'oisiax chantans avoit assez
Par tout le vergier amassez...
Melles y avoit et mauvis.

* 3. **MERULA**, *quam peritiores piscatores Merle vocant, nonnulli tourd, non distinguentes turdum a Merula.* Tract. Ms. de Pisc. cap. 74. ex Cod. reg. 6838. C.

¶ **MERULANA**, vel Merolana, Locus Romæ in monte Exquilino, haud procul a basilica S. M. Majoris, ubi ecclesia S. Matthæi. Ordo Romanus n. 3 : *Die autem Resurrectionis Dominicæ procedente eo ad S. Mariam, notarius regionarius stat in loco qui dicitur Merolanas, et salutato Pontifice dicit : In nomine D. N. J. C. baptisati sunt hesterna nocte in S. Dei genitrice Maria infantes masculi numero tanti, feminæ tantæ.* Alterius loci qui *Merulis* dicitur, sed ab urbe octavo milliario distantis, meminit Gregorius Mag. lib. 2. Dialog. cap. 11.

* **MERULIUM**, Idem quod *Merulum*, Pinna, unde sagittæ emittebantur. Charta Loth. II. reg. Ital. ann. 948. apud Murator. tom. 2. Antiq. Ital. med. ævi col. 469 : *In suis quoque proprietatibus ædificare turres et castella cum Meruliis et propugnaculis et cum omni bellico apparatu.* Vide mox

MERULUM, Merla, Pinna, Italis *Merla, sommita di muraglie non continuata, ma interrotta con egual distanza.* Ita Cruscani. Sanutus lib. 3. part. 10. cap. 8 : *Audiens vero Rex Arsacidarum quod Henricus terræ gubernator ad Armenos transisset, nuncios destinavit rogans ut eum in suo reditu visitaret. Ille annuit. Occurrit autem venienti Rex, et multo honore prosecutus est, ducens eum per districtus sui castra et loca varia, donec ad quoddam castrum perduxit, ubi erat turris alta nimis; et in qualibet Merulo erant viri duo albis induti. Dixitque Rex hospiti suo, quod illi subjecti nequaquam ei obedirent, qualiter sui sibi. Et cum rem esse possibilem respondisset, excreassetque Rex, duo illorum se continuo projecerunt deorsum, et confracti in momento expiraverunt, etc.*

* Charta ann. 912. apud eumd. Murator. ibid. col. 467 : *Per hoc nostrum præceptum ædificandi castella in opportunis locis licentiam attribuimus, una cum bertiscis, Merulorum propugnaculis, aggeribus atque fossatis etc.*

* Merulus, Eadem notione. Lib. de Mirab. Romæ apud Montemfalc. in Diar. Ital. pag. 283 : *Muris civitatis Romæ habet turres 361. castella, i. e. Merulos 6900.*

Merla, Eadem notione. Grimaldus citatus in Roma subterranea lib. 2. cap. 8 : *Habebat turres magnas et validas 44. e quibus hodie quatuor tantum supersunt cum propugnaculis sive Merlis 444.* [Chron. Parmense ad ann. 1299. apud Murator. tom. 9. col. 840 : *Et diruit dicta sagitta de turre Communis unum ex Merlis, et de angulo et de fenestris.*] Matthæus Villaneus lib. 7. cap. 102 : *A uno de Merli il fece impendere per la gola del detto castello.* Vide Menagium in Orig. Ital.

¶ **MERUM**, Territorium, districtus. Charta Theodorici Regis ann. 676. apud Mabill. Diplom. pag. 606 : *Concessimus, ut quod infra Mero Attiniacense de fisco nostro comparatum habebat, ... hoc habeat concessum.* Charta Hedeni Ducis ann. 716. apud Marten. tom. 1. Ampliss. Collect. col. 22 : *Donatum in perpetuum esse volo, domno et in Christo patri Willibrordo in Mero, quod respicit ad Hamulo castellum, ubi et cogito Dei misericordia... monasterium construere.*

¶ Merum. Epist. Petri de Condeto tom. 2. Spicileg. Acher. pag. 566 : *De cujus* (Reginæ) *morte Rex noster doluit ultra modum et Merum, quod de ipso multum timebatur, si quod absit, in dolore perseveret hujusmodi.*

* **MERUM** Examen, Accuratior et diligentior consideratio; *Maire* enim nostris vel *Mere*, idem quod Major. Stat. eccl. Turon. ann. 1396. cap. 70. ex Cod. reg. 1237 : *Cum majus constat esse peccatum, major ei injungatur pœnitentia.* Ubi in Gallico : *Comme ce soit Mere péché, Mere pénitence lui soit donnée.* Charta ann. 1300. in Lib. rub. Cam. Comput. Paris. fol. 133. v°. col. 1 : *Avons apposé lez noz propres saiaus en Maire garantie de vérité.* Libert. Laudosi ann. 1392. tom. 8. Ordinat. reg. Franc. pag. 206 : *Submittendo jurisdicioni, coheicioni, viribus, rigoribus, compulsionibus ac Meris examinibus quorumcumque judicum competencium, et curiarum suarum.* Ibid. pag. 205. art. 42. legendum *nostræ*, pro *mere*, contracte scriptum.

MERUS, Potio pura vini, cui opponitur *Mixtum.* Regula Magistri cap. 27 : *Mox cum sederint ad mensas Fratres, antequam comedant, singulos Meros accipiant, quos Meros accipientes, singuli porrigant Abbati sibi signandos... in quibus omnibus mensis in suos Meros quisquis Frater de suo pane ternas sibi, non amplius, buccellas intinguant, ...*

post ergo primos Meros æstivo tempore ad refectionem tam Sextæ quam Nonæ, caldi omnibus quaterni sufficiant, extra illum Merum. Cap. 53 : *Ab ipso die Quadragesimæ usque in tricesimum, propter laborem, binas ad diem Fratres, non amplius, accipiant potiones, id est, unum Merum et unum caldum.* Regula S. Cæsarii ad Virgines cap. 12 : *Quæ coquent, singulis illis Meri pro labore addantur.* Vide *Mericulum.*

Meri Denarii. Capitula Caroli Mag. ad Legem Salicam tit. 3. cap. 11 : *Illi autem denarii, qui modo monetati sunt, si pensantes et Meri fuerint, habeantur.* Lib. 4. Capit. cap. 32. et Edictum in Carisiaco Caroli C. : *Ne aliquis bonum denarium, id est, Merum et bene pensantem rejicere audeat.* Edictum Pistense ejusdem cap. 8. et 10 : *Denarii Meri ac pene pensantes* : quibus opponuntur *mixti* cap. 13. 16. id est, alia viliori materia. Ita *aurum argento miscere* vetitum ibidem cap. 23. cui perinde opponitur *aurum merum*, quod nostri *Ormier* vocabant. Le Roman *de Garin* MS. :

Grant fu l'offraude del Baron Chevalier,
Gerbert offrit quatre bésans d'Ormier,

Ibidem :

Ne sai ô prendre ne argent ne Ormier.

Passim ibi. L'Ordene *de Chevalerie* MS. :

Car en mon tresor seront pris
Li treze mil besant d'Ormier.

Chronicon Bertrandi Guesclini MS. :

Car il tant avoit argent et Ormier.

Vide *Exmerare.* Sed et *Lormiers* nostri vocabant aurifices. Regestum Censuum et Feodorr Carnoti : *Item le Lormier qui fait euvres dorées... et celui qui fait euvre qui n'est pas dorée, ou blanche, etc.*

☞ An eo nomine uti proprio aurifices apud nostros designati fuerint, ex laudato Regesto non videtur certo colligi. Et quidem aliis artificibus commune fuit : maxime iis qui opera elaborabant inaurata vel inargentata, quibus non nisi *merum* aurum adhibere licebat, unde ephippiorum, calcarium et clavorum opifices, quod hæc inaurari solitum erat, *Lormiers* nuncupati : neque enim cum *Furetiere*, qui eos olim, nescio quo vade, *Lorimiers* appellatos asserit, a loris faciendis sic dictos opinari possum. Vide *Lormarius.*

¶ **MERUWNGI.** Vide *Merovingi.*

MERWORPHIN. Lex Longob. lib. 1. tit. 36. § 4. [** Roth. 276.] : *Si servus Regis oberos, aut vecorin, seu Merworphin, aut quamlibet talem culpam, aut minorem, fecerit, etc.* Ubi Glossæ, *Merworphin, aliquem de caballo projecerit.* Anglo-Saxon. Mære, *equus*, Germ. *Mer*, equa, *Werphen*, dejicere. Vide *Marahworfin.*

¶ **MERZADRUS**, ut mox *Merzator.* Memoriale Potestatum Regiens. ad ann. 1281. apud Murator. tom. 8. col. 1148 : *Et stationes dicti palatii novi Communis datæ fuerunt ad pensionem Merzadris.*

¶ **MERZARIA**, Minutæ merces, Gall. *Mercerie.* Vox Italica. Statuta Montis Regal. pag. 113 : *Ita quod omnes conducere volentes pannum et merces, sive Merzarias, illas conducere quo voluerint sine solutione prædicta, etc.* Vide *Marzaria.* Hinc

* **MERZARIUS**, Minutarum mercium propola, Gall. *Mercier.* Charta ann. 1212. apud Murator. tom. 4. Antiq. Ital. med. ævi col. 711 : *Merzarios Mutinæ ponam et tenebo in bina*] *Merzariorum Ferrariæ, et eisdem dabo et assignabo stationes, quantascumque voluerint.* Correct. stat. Cadubr. cap. 40 : *Quod Merzarii forenses non possint vendere, nisi super nundinis vel mercatis Cadubrii.* Vide *Merzaria.*

¶ **MERZATOR**, Minutarum mercium propola. Statuta Vercell. lib. 7. fol. 212. v° : *Qui etiam promittat de non exercendo unquam per seipsum manualiter officia.... bubulcorum, Merzatorum, tinctorum, spatariorum, etc.* Vide *Merzaria.*

¶ **MERZET** Salomi, Martyrium Salomonis. Chron. MS. Eccl. Nannet. : *Anno 876. Salomon Rex religiosissimus crudeliter ab impiis apud oppidum, quod dicitur Bresla, patrantibus pseudo quibusdam Episcopis, effossis oculis occiditur, martyribusque annumeratur. Unde et locus in quo occisus est, usque in hos dies, Merzet Salomi, id est, Martyrium Salomonis nuncupatur.* [* *Merzer Salami* editum tom. 7. Collect. Histor. Franc. pag. 221.] Hinc forte

MERZINA, [Homicidium, *murtrum*, Gall. *Meurtre*, sonat] in Charta Jacobi Regis Aragonum ann. 1269. tom. 8. Spicilegii pag. 270 : *Et crimine falsæ monetæ, et falsi testemonii, et crimine Merzinarum, et latrociniis publicis, sive aggressionibus viarum, etc.*

1. **MESA.** Charta Swecica ann. 1314. apud Joan. Schefferum ad Chronicon Archiepiscop. Upsaliensium pag. 229 : *De captura alecum, de qualibet sagena quæ habuerit pro manskut duas Mesas unam Mesam : quæ vero unam tantum, dimidiam Mesam.* [* Idem quod supra *Meisa.* Vide in hac voce.]

¶ 2. **MESA**, vox Hispanica, Mensa. Charta Hispanica æræ 1210. apud Anton. *de Yepez* in Chron. Ord. S. Bened. tom. 5 : *Et 25. mirtas de Mesa, et 150. solidos pro servitio de Mesa, etc.*

¶ 3. **MESA**, pro *Mansa*, vel *Mansus.* Testamentum Matfredi Vicecom. ann. 966. apud Marten. tom. 1. Anecdot. col. 86 : *Ipsos alodes de Villa-magnense et Cauceno-gulo cum ipsa ecclesia, et ipsas Mesas Cogiano cum ipsa ecclesia cum ipsos alodes, qui commutavi cum Aldone.*

* **MESACRUM**, *Papaver, apud Aliabatem.* Glossar. medic. Ms. Simon. Januens. ex Cod. reg. 6959.

* **MESAGARIA**, Legatio. Vide infra *Messajaria* 2.

¶ **MESAGARIUS**, Officium monasticum, f. cui prædiorum rusticorum cura demandata erat. Necrolog. MS. S. Martialis Lemovic. : *Mesagarius facit caseos et solvit præbendar. et debet tradere sacristæ* v. *solidos.* Et infra : 11. *Kal. Nov. Mesagarius facit pitanciam.*

¶ 1. **MESAGIUM**, Modus agri mansionibus et ædificiis rusticis instructus. Charta ann. 1224. apud *Madox* Formul. Anglic. pag. 29 : *Super oblationibus Mesagii ejusdem Hardingi, et pane benedicto et candela... de dominico Abbatis in eadem villa.* Matth. Paris ad ann. 1259 : *Et quantum ipsi in ædificiis et spatiis latioribus augmentatur, tanto Prior et Conventus in bonis suis et juribus angustiantur : quia redditibus, quos a Mesagiis fratribus collatis receperant, sibi nunc pereunt.* Chartular. S. Trinitatis Cadomens. fol. 42 : *Ailmerus Hod. pro uno Mesagio* IV. *communes vomeres.* Vide *Messuagium.*

¶ Mesagium, strictius pro Mansio, domus, habitatio. Charta apud *Madox* Formul. Anglic. pag. 57 : *Hac carta mea confirmavi Ricardo capellano Comitis, quoddam Mesagium cum crofta,... quod est inter domum quam pater meus tenuit, et inter domum quam Ricardus carpentarius tenuit.* Tabular. S. Vincentii Cenoman. : *Auxitque Mesagium juxta ecclesiam ad habitationem monachis, nec non masuram cum quatuor arripennis pratorum.* Vide *Masagium* in *Massa* 5.

¶ 2. **MESAGIUM** Panis, Certum panis pondus. Tabular. Vivar. Eccl. : *Singulis diebus liberatur cuilibet canonico Mesagium panis, id est, quinque panis libræ; de vino autem ad mensuram trium pitalforum.*

* **MESAILHA**, Item quod *Mesalha*, Obolus seu *mallia*, quæ est 24. pars solidi. Charta Phil. Pulc. ann. 1301. in Lib. rub. Cam. Comput. Paris. fol. 127. v°. col. 2 : *Pro miliari Mesailharum parvarum tertiam partem plus.... percipiet.*

MESAILHATA, Modus agri, apud Occitanos. Charta ann. 1300. in Regesto Philippi Pulcri Regis F. ann. 1299. num. 49 : *Quinque arpenta et unam Mesailhatam vinearum quartandarum de Plaisanco.* [Sic scriptum, sed nescio an non scribendum fuerit *Medailhatam.* Vide *Medalla.* [Bene *Mesailhata*, hoc est, reditus unius *Mesalhæ.* Vide *Mesalha.*]

* **MESALATA**, Mensura vinaria pretii unius *Mesalhæ.* Consuet. Carcass. in Reg. L. Chartoph. reg. ch. 3 : *Præco vini debet habere Mesalatam vini de quo præconizaverit, vel unum obolum nigrum.*

¶ **MESALHA**, Idem quod obolus, seu mallia quæ est 24. pars solidi. Deliberatio trium Statuum Occitaniæ super Johanne Rege in carcere detento, tom. 1. Annal. Tolos. inter Instr. pag. 94 : *Et ultra pro summa quinquaginta librarum unus Turonus; et pro summa viginti quinque librarum mobilium, unus obolus seu Mesalha pro qualibet septimana.* Eadem habentur in Litteris Caroli Johannis Reg. Franc. primogeniti ann. 1356. tom. 3. Ordinat. pag. 103. quibus prædictam deliberationem confirmat. Ejusd. notionis *Messale* infra, si tamen bene scriptum.

¶ **MESALIS**, Mensura frumentaria. Bulla Innocentii IV. PP. ann. 1243. apud Illust. Fontaninum in Antiquit. Hortæ pag. 404 : *Quatuor Mesales frumenti et sex de spelta tempore æstatis, et duas salmas musti mundi in vindemiis et duo paria gambonum porci in Natale Domini pro ipsa ecclesia S. Jacobi. Item quatuor Mesales frumenti et sex de spelta ad communem Mesalem civitatis Orti, qui per tempora erit pro ecclesia S. Mariæ et ecclesia S. Fortunati.*

* **MESALLIA**, ut supra *Mesailha.* Charta ann. 1128. inter Probat. tom. 2. Hist. Occit. col. 445 : *xxv. de Mesalliis in uncia, et in xx. sol. denariorum, tantum duos solidos de Mesalliis, etc.*

* **MESAMARE**, Gall. *Mésamer*, Non amare.

odio habere. Lit. remiss. ann. 1364. in Reg. 95. Chartoph. reg. ch. 191 : *Hennequin l'Alement Mesamast, vituperast et feist signe de lui* (suppliant) *hair et voloir mal.*

¶ **MESANCULA**, rectius *Mesancylon*, a Græco μεσάγκυλον, Genus teli in medio amentum habens, apud Gell. lib. 10. cap. 25.

* **MESARANA**, *pro Mirra, apud Aliabatem.* Glossar. medic. Ms. Simon. Januens. ex Cod. reg. 6959.

¶ **MESATICUM**, pro *Mensaticum*, Annona aut cibus ad unum mensem. Dispositio rei familiaris Cluniac. facta a Petro Abbate, apud Baluz. tom. 5. Miscell. pag. 444 : *Mesatica per decanias constitui, et ut Conventum Cluniacensem de pane, de fabis, et earum sagimine quidam ex Decanis uno mense, quidam duobus mensibus... procurarent, ordinavi... Decanus de Cavariaco procurabit totum Septembrem, Decanus Cluniacensis totum Octobrem et dimidium Novembrem, etc. Hæc Mesatica ita constituta sunt, ut non tres tantum neque quatuor sextarios frumenti aut plus sive minus ad opus uniuscujusque diei obedientiarii jam dicti granatario dent, sed quantum necessarium fuerit.* Vide supra *Mensata.*

¶ **MESAULII** Servi, *Mediastini, abjectissima quæque munia inter servos obeuntes.* Vocabul. Sussannæi.

¶ **MESAULIUM**, *Mediana janua, vel in aulæ meditullio locus.* Idem Vocabul.

* **MESCADERE**, Gall. *Mescheoir*, Male accidere. Joinvil. in S. Ludov. edit. reg. pag. 120 : *Se il vous en est Mescheu, ce est à bon droit.* Lit. remiss. ann. 1365. in Reg. 98. Chartoph. reg. ch. 671 : *Henequin de la Wagne chaudrelier cuida.... férir icellui Jehan d'un coutel;..... s'eschiva et ghenchi ledit Jehan, entant que en icellui débat Meschei audit Hanequin par son outrage.* Guill. Guiart. ad ann. 1267 :

Il convient que nous Mescheuons,
Se par barat nes decevons.

Hinc *Mescaanche* et *Meschance*, Infortunium, adversus casus. Cons. Petri de Font. cap. 13. art. 28 : *Se le Mescaanche de l'ocision de se feme, etc.* Lit. remiss. ann. 1400. in Reg. 155. ch. 273 : *Icellui Denisart molt esmeu et querans sa male Meschance, assez tost après en reveillant le chat qui dormoit, etc.* Consolat. Boetii lib. 2. Ms :

Car einsi s'en va Meschance,
Comme s'en va bonne chance.

La Mapemonde Ms. cap. 18 :

Se ses premiers biens relenquist,
Pour Mesquanche qui li aviegne, etc.

Unde *Abit de meschanse*, Infortunii seu paupertatis habitus, in Lit. remiss. ann. 1469. ex Reg. 195. ch. 359 : *Le Dimenche gras ung nommé Simonnet,..... demourant en la ville de Avise en Champaigne,....., print l'abit de Meschanse, qui est une chose accoustumée ledit jour en ladite ville, et se représente le seigneur de la grant leru, qui se nomme et appelle le maire des chestiz.*

¶ **MESCALIA**, Annona mixta, Delphinatibus *Mescle*, aliis *Meslure* vel *Mixture*. Differt autem *Mescalia* a mixto blado, quod hæc ex hordeo, frumento et avena simul mixtis constet : illud vero ex frumento et secali hyberno. Charta ann. 1224. ex Tabulario S. Roberti de Cornilione : *Quinque sextaria bladi bruni seu Mescaliarum.* Vide *Mesclania*, et *Mixtura* in *Mixtum* 2.

* *Mesil*, eadem forte notione, in Pedag. Bapal. ex Chartul. 21 Corb. fol 360 : *Le carge de Mesil, xlij. den. Blé mesalé* vero dicitur frumentum corruptum seu vitiatum, apud Bellom. Ms. cap. 37. pag. 97. r°. col. 2 : *Vin qui devient mauvais, ou blé qui Mesale.... Car se je ai presté à aucun fourment tout sain, et il le me veut rendre Mesalé, je ne le sui pas tenus à prendre.* Lit. ann. 1358. tom. 3. Ordinat. reg. Franc. pag. 330. art. 2 : *Se lesdiz blés ou grains estoient embouquiés ou Mesalés, etc.*

* **MESCAPERE**, Idem quod *Forisfacere*; sed ex errore potius et supino neglectu, quam ex animi deliberatione seu ex præcogitata malitia, Gall. *Méprendre.* Pact. inter Phil. reg. et Guill. episc. Paris. ann. 1222. inter Instr. tom. 7. Gall. Christ. col. 93 : *Episcopus autem quando dictos assumet ministeriales, bona fide sine Mescapere versus nos, etc.* Vide *Mesprisiare* et *Mesprendere.*

MESCHENIUM. [* Crimen, delictum.] Charta Ludovici VIII. Regis Fr. apud Hemereum in Augusta Viromand. : *Rogavimus ipsum Capitulum ut sententiam excommunicationis quam tulit in vos, pro eo quod quemdam hominem de Fontanis bannivistis pro Meschenio panis, etc.*

MESCHENNINGA. Vide *Miskenning.*

MESCHINUS. Vide *Mischinus.*

MESCHITA, Meschida, Mesquita, Templum Mahumetanorum, Turcis *Messit*, seu *Meszit*, quo nomine proprie appellant templa e lignis fabricata, qualia scilicet ab iis exstruebantur, quum necdum Imperii crevissent opes, ut auctor est Leunclavius in Pandecte Turcico n. 20. Innocentius III. lib. 13. Epist. 184 : *Quinetiam Isaacius, Imperator ob gratiam Saladini fieri fecit in urbe CPolitana Meskitam.* Charta Jacobi Regis Aragon. et Majoricarum ann. 1230. apud Guesnaium in Annal. Massil. hoc anno n. 3 : *Laudamus vobis... infra civitatem Majoricarum* (quam paulo ante expugnarat Abaubib Rex Mauritaniæ) *vel extra*, 300. *domus cum una Meschida in ipsa civitate.* Charta ann. 1250 : *Vendimus medietatem cujusdam Mesquitæ,... cum domibus ejusdem Mesquitæ. Meschita*, in Epistola Alphonsi I. Regis Aragonum pag. 789. *Mesquita*, in Foris Oscæ ann. 1247. fol. 30. apud Rodericum Tolet. de Reb. Hisp. lib. 5. cap. 16. lib. 6. cap. 23. 25. lib. 7. cap. 8. lib. 8. cap. 12. lib. 9. cap. 14. et 17. et in Hist. Arabum pluries, apud Anton. Brandaon. lib. 15. Monarch. Lusitan. cap. 11. Waddingum ann. 1340. n. 10. in Historia Pinnatensi pag. 639. etc. *Myzquita*, in Actis SS. quinque Martyrum Ord. Minorum apud Bollandum tom. 2. in Chronic. Petri IV. Regis Aragon. lib. 2. cap. 16. Vide Stephanum Baluzium lib. 2. Miscellan. pag. 268. etc. Poeta vernaculus qui florebat ann. 1376 :

Nul n'en sera exempt ne quite,
Monstier, Synagogue, Meschite,
Et toutes Lois de tous langaiges
Y ont mis et meteont leurs gaiges.

Meschita etiam dixit Dantes in inferno, cant. 8.

Quod porro Innocentius de *Meskita* CPolitana scripsit firmatur ex Scriptoribus Byzantinis. Primum etiam Saracenorum Templum in Prætorio Imperatoris exstructum Michaele Balbo imperante, tradit Constantinus Porphyrogenitus de Admin. Imper. cap. 21. Masalmæ Saracenorum Principis, qui CPolim obsidebat, rogatu. Quo loco Templum istud μαγίσδιον appellat Constantinus, nisi legendum sit μεσγίδιον, ut Meskitam intellexerit. Illud diutum fuisse, et a fundamentis eversum in quadam seditione, Alexio Angelo Imperante, auctor est Nicetas Choniates lib. 3. sed mox instauratum constat, cum idem tradat a Francis, expugnata CPoli, direptum et incensum. Templo isti Saracenico, quod ad Septemtrionalem urbis partem obversabatur, μιτάτον nomen fuit, ut habet Nicetas, nisi mendum subsit, legendumque sit μισκίτον. Quamquam nescius haud sim μιτάτον retineri, eaque appellatione donatam Meschitam Saracenicam, a situ dici posse, quod in Prætorio exstructa fuerit, in quo castra Prætoria extitisse probabile est : μιτάτον enim Græcis recentioribus *Castra* significat. Jam vero Meschitam CPolitanam ab Isaacio de novo instauratam post initum cum Saladino fœdus, tradunt etiam Matthæus Paris ann. 1188. pag. 104. et auctor Hist. Hierosol. in Gestis Dei pag 1159 : *Dignum*, inquit ille, *quod urbs illa solo tenus eversa procumberet. Nam si famæ creditur, novis polluebatur Mahumeriis, quas perfidus Imperator indulserat fieri, ut fœdus quod Turcorum conjuratus inierat, obligativus confirmaret.* Vide Ducam Historiæ cap. 13. et Oraculum 4. Leonis Imperatoris.

MESCLA, Mistio, ex Hispanico *Mezcla.* Libertates Regni Majoricarum MSS. : *Ex quo positæ fuerint res venales, non quis plus vendere possit pretio posito, set totam vendat rem venalem, nec faciat in ea Mesclam ullam.* Vide *Mesleia.*

¶ **MESCLANIA**, Annona mixta. Charta Roberti Comitis Claromont. ann. 1244. apud Baluz. tom. 2. Hist. Arvern. pag. 226 : *Concessimus domui de Boscheto tres eminas frumenti et tres eminas Mesclaniæ debitales in censu de Saurias.* Vide *Mescalia.*

¶ **MESCLARIA**, perperam pro *Meselaria*, Domus leprosorum, Gall. *Mezellerie; Mesel* Picardis, Normannis et Vasconibus idem qui leprosus. Charta ann. 1281. apud Baluz. tom. 2. Hist. Arvern. pag. 507 : *Lego pro remedio animæ meæ centum libras Turonenses... monasteriis et ecclesiis, hospitalibus, Mesclariis, capellanis et pauperibus in civitate Tolosana.* Guillelmi Archiep. Tyriens. continuata Histor. Belli sacri, apud Marten. tom. 5. Ampliss. Collect. col. 586 : *Ne demora guaires, puisque le jone Roi ot porté corone que le Viceroi Mesel fu mort. Devant ce qu'il fust mort, manda-t-il tous ses Barons, qu'ils venissent à lui en Jerusalem, et il i vindrent. A ce point qu'ils vindrent trépassa li Roi Mesiaus de cest siecle, et furent tuit à sa mort li Baron de la terre.* Vocis etymon a Latino *misellus*, quod leprosi conditio omnium miserrima sit, accersunt plures; ab Arabico *Mezora*, Lepra, deducit Thomassinus tom. 2. Orig. pag. 407. Consule Menagii Origines Gallicas in voce *Mezeau.* Vide *Mezellus* et *Miselli.*

¶ **MESCLATUS** Pannus, Varii fili et coloris. Charta ann. 1329. ex Archivis S. Victoris Massil. : *Item unum pannum de serico croceum, alium Mesclatum; item duæ petiæ de tela.* Vide *Mescla.*

* **MESCLELANA**, Idem quod *Mesclania*, Annona mixta, miscellum frumentum, nostris *Mesclaigne.* Libert. castri novi de Arrio ann. 1356. in Reg. 185. Chartoph. reg. ch. 36 : *Cognitio ponderum et mensurarum, carnium minus sufficientium, pannorum falsorum et falsæ Mesclelanæ ac cujuslibet mercaturæ.* Ita quoque legendum tom. 5. Ordinat. reg. Franc. pag. 6. art. 2. et tom. 8. pag. 287. art. 2. Reg. cens. dom. *de Nerenx* ann. 1418. ex Cod. reg. 9899. fol. 30. r°. : *Une quarte de Mesclaigne de cens pour une terre située au terreur de la varenne.*

MESCREDENTIA, Suspicio, *Mescreance*, ex *Mescroire*, suspicari, non omnino credere. Vetus Charta apud Beslium in Comitibus Pictav. pag. 393 : *Per istas Mescredentias auditas accepit Hugo fevum suum in hostaticum, deditque ei Comes per talem conventum, quod si ei maledicebat de istum conventum, de Gentiaco nihil fecisset ei, servisset ei jam amplius.*

* Lit. ann. 1372. in Reg. 111. Chartoph. reg. ch. 287 : *En dénonçant disdrent qu'il avoient perdu certaine laine, qui d'une loge tenant à la loge de la maison là où demouroit ledit prisonnier, leur avoit esté ostée et emblée, et en Mescréoient plus ledit prisonnier que aucun autre, et finablement fu dit dudit Grison qu'il n'en savoit qui Mescroire.* Occurrit passim. At vero *Mescréandise*, pro Incredulitas, paganorum religio. Prol. ad Chron. S. Dion. tom. 3. Collect. Histor. Franc. pag. 153 : *Si ne fu pas sanz raison (la France) dame et rénoumée seur autres nascions, car elle ne souffri pas longuement le servitute d'ydolatrie ne de Mescréandise.* Eadem Chron. ibid. tom. 7. pag. 144 : *Fist li abbés Hues baptizier aucuns Normanz;.... atant retornerent à leur genz, et puis repristrent leur mescréandise, et vesquirent paien, ausi comme devant.*

* **MESCROLLUS**, Arcus, fornix, locus concameratus. Charta admort. ann. 1415. in Reg. 168. Chartoph. reg. ch. 328 : *Item pro tribus eyminatis terræ, sitis ad Mescrollum sive ad clotam facit quatuor denarios Tolosanos.* Vide supra *Clota* 1.

¶ **MESEGARIA**, *Meseguaria*, *Meseguerii*. Vide infra *Messegarius.*

* **MESEIA**. Vide supra *Meiseia.*

¶ **MESELA**, Annona mixta. Computus ann. 1322 : *Guido de Grolea castellanus S. Saturnini computavit de blado, siligine, Mesela, avena, gallis, cera.... quæ receperat a cellerario.* Leg. f. *Mescla.* Vide *Mescalia.*

¶ **MESELARIA**. Vide *Mesclaria.*

¶ **MESELIA**, Bonorum mobilium communitas inter conjuges, Gall. *Communauté mobiliaire.* Regestum Parlamenti ann. 1267. apud Duchesnium Histor. Castil. inter Probat. lib. 3. cap. 8. ubi de rebus Mathildis uxoris Philippi : *De medietate vero Meseliæ quam similiter cum aliis acquisitis petebant a Rege, quam Rex tenet, nihil adhuc est determinatum.* [* Vide *Mesella.*]

* **MESELLA**, Prædiolum rusticum; qua notione intelligenda quoque videtur vox *Mesella* supra. Conc. Paris. VI. ann. 829 : *Sunt et alii eruditissimi fœneratores, qui tempore nessitatis nihil pauperibus commodare volunt, nisi Mesellas suas et vineolas et pratella etc.*

¶ **MESEMUTHI**, Mahumetani. Chron. Romualdi II. Archiep. Salern. apud Murator. tom. 7. col. 199 : *Mesemuthi autem eam undique per terram et mare obsederunt. Christiani vero qui in ea erant, illis viriliter resistebant.*

¶ **MESENBRIA**, vox Græca, Meridies. Vita Theoderici Metensis Episc. scripta a Sigeberto Levita S. Vincentii apud Leibnit. Script. Brunsvic. tom. 1. pag. 308 :

Quatuor, ecce, plagas per quatuor aspice portas;
Scilicet Anatolen, Disin, Mesenbrian, Arcton,
Qui videt ecclesias, cælestes estimat aulas.

* *Mesembria*, in Vita S. Neoti tom. 7. Jul. pag. 320. col. 2 : *Qui licet a septemtrionali plaga occidentalibus procrearetur, ac moraretur in partibus ab anatole atque Mesembria ex opposito remotissimis, sub glaciali tamen dysis algore, fidei atque caritatis semper ferbuit ardore.* Vide supra *Meridies.*

¶ **MESERARE**, Falli, *errare*, cui præfixam Gallicum *més*, i. e. *mal;* unde *Mesfaire*, *mesallier*, dicimus, ut observat D. *Secousse* ad Litteras Guidonis Comit. Nivern. inter Ordinat. Reg. Fr. tom. 3. pag. 117 : *Jurare tenentur quod judicium bona fide fecerint, et si in hoc Meseraverunt, fecerunt ignoranter.* Hinc *Meserer* Poetis nostratibus. Le Roman *d'Athis* MS. :

Mais je sui ci venu avant
Pour ung petit mesestant,
Dont vers moy estes Meserés,
S'il vous plaist si l'amenderés.

Meserter ibid. Sed soni gratia :

Et en leur cuer recognoistront
Que n'avez pas trop Meserté,
Ne perdue vostre bonté.

Le Roman *de Cleomades* MS. :

Car qui par vilain veut ouvrer,
De s'onnour bien doit Meserrer.

* *Mesvoier*, eadem notione, in Poem. reg. Navar. tom. 2. pag. 10 :

Por ce n'ai pas paor qu'ele vos croie,
Se la durtez de vos ne la Mesvoie.

¶ **MESERIA**, Quod pro mensura exigitur. Tabul. S. Albini Andegav. ann. 1269 : *Fulco de Torallo minor miles... vendidit et concessit... omnes fructus quos habere poterat in... anonagiis, avenis, avenagiis, bannis, pressoriis, pressoragiis, Meseria, bonagiis.* Vide *Mensuraticum.*

* **MESEROLUS**, Falcula, Gall. *Faucille.* Stat. Mutin. rubr. 383. pag. 80. r°. : *Nulla persona audeat metere herbam in blavis cum Meserolo vel alio ferro.* Vide infra *Messorolus. Méseril* vero, nisi legendum est *Mesnil*, Mansio cum agri portione, in Charta Caroli V. pro confrat. cleric. Pontis. ann. 1374. ex Reg. 105. Chartoph. reg. ch. 615 : *Item sur un Méseril que tient Guillaume Martin, assis près dudit clos, dix sols.*

¶ **MESFACERE** se, Sese reum erga aliquem constituere. Charta Johannæ Comitissæ Flandriæ ann. 1225. apud Baluz. tom. 7. Miscell. pag. 264 : *Et si non solverentur singulis annis mille libræ, sicut dictum est, posset idem dominus Rex sine se Mesfacere ad res meas et hominum meorum assignare donec solutio compleretur.* Vide *Meffacere*, et *Misfacere.*

* **MESFACTUM**, Crimen, male actum. Charta Will. de Dampetra ann. 1223. in Chartul. Campan. ex Cam. Comput. Paris. fol. 286. v°. col. 1 : *Faciam etiam jurare vavassores meos..... quod si aliquid Mesfierit custodibus memoratis per me vel per aliquem ex parte mea, videlicet si violentia inferretur de terra vel bulo ipsi venirent ad dominum comitem cum feodis suis, donec Mesfactum esset plenarie emendatum.* Vide *Mesfacere.*

MESGA, Serum lactis, vulgo *Mesgue.* Statuta Ordinis S. Gilberti de *Sempringham* : *In remotioribus grangiis asservetur certus numerus ovium ad opus eorum qui ibidem fuerint mercenarii, secundum quod Mesga ibi abundaverit, et secundum numerum ibidem commorantium.* [Chartul. SS. Trinit. Cadom. fol. 55 : *Feminæ eorum trahent bidentes, et habebunt Mesge cum bercariis, etc.* Rursum occurrit ibid. fol. 60.]

¶ **MESGETUS**, f. Equulus, nostris *Mazette;* hic quippe, præter expensas in equos, nihil refertur. Computus ann. 1202. apud D. *Brussel* tom. 2. de Usu feud. pag. CLXXXVII : *Et pro runcino* LX. *s. pro Mesgeto* IIII. *lib.*

¶ **MESGEYCUS**, Alutarius, Gall. *Megissier.* Charta Ludovici Junioris Regis Franc. ann. 1160. apud D. *Brussel* tom. 1. de Usu feud. pag. 536 : *Concessimus ex nunc in posterum Theci uxori Yvoni la-Choe et ejus heredibus magisterium canatorum, baudreorum, sutorum, Mesgeycorum et burseriorum in villa nostra Parisiensi.*

* **MESGICERIUS**, Alutarius, ut supra *Megissarius*, Gall. *Mégissier.* Obituar. Ms. hospit. S. Jac. Meledun. : *xv. Kal. Nov. Obiit Petronilla soror istius domus, uxor quondam defuncti Michaelis Mesgicerii, quæ dedit nobis centum libras Turon. Mesguerchier*, eodem sensu, in Lit. ann. 1311. tom. 8. Ordinat. reg. Franc. pag. 597. et *Mesveicher*, ibidem pag. 599. Unde *Mesguichier*, Alutaria arte præparare, in Stat. Sellar. art. 7. ex Lib. rub. fol. magn. domus publ. Abbavil. : *Que nulz archons ne soit houchiés de mouton, ne Mesguichié.* Hinc *Mesgins* et *Mesgis*, Aluta, vulgo *Peau passés en mégie.* Lit. remiss. ann. 1394. in Reg. 147. Chartoph. reg. ch. 95 : *Le suppliant print six ou huit eschiefs de fil blanc, un pou de Mesgis etc.* Aliæ ann. 1404. in Reg. 158. ch. 386 : *Le suppliant trouva en icellui escrin une bourse de Mesgis à usage de femme. Une chemise et une peau de Mesgins*, in aliis ann. 1429. ex Reg. 174. ch. 313. Vide *Mesgeycus.*

* **MESHABERE**, Gall. *Mesavoir*, Male habere, vulgo *Maltraiter, outrager.* Lit. remiss. ann. 1375. in Reg. 107. Chartoph. reg. ch. 266 : *Et adonc s'entreprinrent à rancuner et à Mesavoir l'un l'autre.*

* **MESIDA**, *Marrubium.* Glossar. vet. ex Cod. reg. 7613.

¶ **MESILLUS**, *Parvus mos.* Gloss. Isidori. Ubi Grævius : Scribe *mosculus*, a mos, ut a flos, flosculus. Ex Festo, qui Catonem hac voce usum prodidit.

* Nostris *Mesire* et *Mesirier*, pro *Merise* et *Mérisier*, Cerasæ species et Cerasus silve-

stris. Lit. remiss. ann. 1473. in Reg. 197. Chartoph. reg. ch. 418 : *Le suppliant s'arresta à l'endroit d'un Mestrier ou avoit des Mesires;.... lequel altéré de challeur se print à cuillir desdites Mesires pour soy reffroichir.*

MESIN, Glans, in Glossa interlineari in Grammatica Smaragdi MS. [*Mesen*, eadem notione Britannis.]

¶ MESIO, Præstatio quæ a subditis et vassallis domino fit, idem quod *Tallia*. Vide in hac voce. Statuta Vercell. lib. 7. pag. 202 : *Non teneatur de aliquibus fodris vel adequantiis seu Mesionibus impositis per Commune Vercellarum, etc.* Vide *Misia*.

* MESIS, pro Mensis. Charta ann. 1054. inter Instr. tom. 6. Gall. Christ. col. 177 : *Facta charta donatione vel guirpitione isto in Mesi Decembri.*

¶ MESKITA. Vide *Meschita*.

¶ MESLEA, ut mox *Mesleia*. Charta ann. 1293. in Chartul. Domus Dei Pontisar. : *Quod si ipse Gaufridus vel servientes ipsius homicidium vel furtum vel aliud quidpiam, Mesleam scilicet, vel aliud quodcumque super quo irretiri debeant... perpetraverint, etc.*

¶ MESLEARE, a Gall. *Méler*, Immiscere. Edictum Philippi Pulcri ann. 1329. tom. 2. Ordinat. Reg. Franc. pag. 36 : *Quod nullus campsor, nec mercator, nec alia persona sint ausi Mesleare monetas per nos prohibitas ut nullum cursum habeant, cum bona moneta quam de præsenti curri facimus.*

MESLEIA, MERLEIA, MISCELLA, MELLEIA, Rixa, quæ non tantum verbis, sed etiam facto committitur, nulla tamen præeunte certa animi deliberatione; quæ fit sine præcogitata malitia, sed *ex infortunio*, ut est in Legibus Malcolmi II. Regis Scotiæ cap. 15. § 4. et opponitur *feloniæ*, quæ fit certo et deliberato delinquendi animo. Statuta MSS. Caroli I. Reg. Sicil. cap. 19 : *Tensons que l'on appelle Meslées.* [Charta ann. 1206. ex Archivis Eccl. Nannet. : *Si homo Episcopi fecerit Mesleiam in terra Comitis, et deprehensus fuerit ad præsens forisfactum, totaliter ad Comitem justitia pertinebit.*] Charta Communiæ Peronensis ann. 1207 : *Si quis cum aliquo infra justitiam Communiæ Mesleiam fecerit, Major accedens utrique pacem tenere jubebit.* [Charta Radulphi de Claromonte ann. 1224 : *Omnes extratriturœ, infractiones tramitum, emendationes sanguinum, et omnis Mesleia sine sanguine advocati sunt.*] Tabularium S. Victoris Paris. : *Justitia latronis, sanguinis, et Merleiæ.* Ibidem : *Et sciendum quod in tenuris prædictis mihi retinui Mesleiam, sanguinem et latronem.* Le Roman *de Vacces* MS. :

Tel vient sain à Mellée, qui au departir saigne.

☞ Hinc *Melliatores* dicti rixosi, qui amant *melleias*, Gall. *Querelleurs*. Statuta Collegii Cornub. ann. 1380. apud Lobinell. tom. 3. Hist. Paris. pag. 503 : *Caveant omnes et singuli ne sint... violatores, seu fractores ostiorum, vel errabundi de nocte, brigosi, rixosi, vel Melliatores.*] Unde *Meslius* nostratibus Poëtis. *Le Doctrinal* MS. :

Li hom qui par coustume est Meslius et estous.

Alibi :

Et sont fol et Mesliu, et mainent grant boufois.

Ibidem :

Et soit fel et Meslius et plain de pautonnerie.

MISCELLA. Charta Theobaldi Comitis Campaniæ ann. 1200. in Tabulario Campan. Thuani f. 73 : *Quatuor jurati erunt, qui mea jura et villæ conservabunt. Si Miscella in villa forte facta fuerit, qui inde accusabitur, se tertio se purgabit : et si unus juratus Miscellam viderit, reus se purgare non poterit.* [Statuta Patav. rubr. 45 : *Hoc tamen statutum non habet locum in stormento, Miscella, aut in prœlio.*]

MISCLA. Tabular. Campan. Thuan. : *Si Miscla in villa facta fuerit, qui inde accusabitur, se tertio purgabit : et si unus juratorum Misclam viderit, se purgare non poterit.*

¶ MESCLA, Arvernorum dialecto. Charta Bernardi de Turre ann. 1270. apud Baluz. tom. 2. Histor. Arvern. pag. 511 : *E si i a Mescla et om i trai glasi nudament per la Mescla*, LX. *sol. à la marce en Bernar de la Tor*, hoc est, Si vero accidat *mesleia*, in qua noctu gladii distringantur, LX. solvantur solidi.

CALIDA MELLEIA, Philippo *de Beaumanoir* cap. 58. *Caude mellée*. Idem cap. 69. ait bellum trifariam moveri, aut indici, verbis, provocatione et facto; veluti, *quant Caudes Mellees sourdent entre Gentils-homes d'une part et d'autre. Chaudemelle*, in Statutis Roberti II. Regis Scotiæ cap. 3. 6. *Motus calidi conflictus*, in Statuto S. Ludovici in Dissert. 29. ad Joinvillam pag. 334. *Chaude cole*, in Consuetud. Silvanect. art. 96. 110. Tabular. S. Genovefæ Paris. ann. 1241 : *Et exercendi justitiam sanguinis de præsenti, imo de calida Melleia in dictos hospites, etc.* [Charta Philippi III. Reg. Franc. ann. 1277. apud Marten. tom. 1. Ampliss. Collect. col. 1382 : *Baillivo nostro prædicto pro nobis in contrarium dicente, omnem justitiam ibidem tam de jure communi, quam ex longissima præscriptione ad nos pertinere, excepta justitia de mobilibus catallis et calidis Melleiis sine morte et mehegnio, quam dictus baillivus recognovit ad dictos Abbatem et Conventum pertinere. Calida Melleya*, in Charta ann. 1352. Reg. 80. Tabul. regii Ch. 402.]

Horum delictorum cognitio et jurisdictio eodem persæpe nomine appellatur. Legibus Scotiæ *melletæ* cognitio ad Barones pertinet, a quibus ad Vicecomites provocatur, ut est in Regiam Majest. lib. 1. cap. 3. § 7. Adde Fletam lib. 2. cap. 51. § 21.

MESLETA, in Constit. Sicul. lib. 1. tit. 16. ubi perperam Vossius legit *Melscta*.

¶ MISLATA. Concil. Lillebon. ann. 1080. apud Marten. tom. 4. Anecd. col. 117 : *Et si in exercitu, vel in curia, vel in via curiæ vel exercitus, Mislata evenerit, etc.*

MEILLIA, tom. 7. Spicilegii Acheriani pag. 227. *Mischia* Italis est rixa. *Mislea* dixit Joan. Villaneus lib. 8. cap. 38.

¶ MELLEIA. Spicileg. Acher. tom. 9. pag. 193 : *Si quis autem extraxerit gladium in Melleia super alium, et ex eo non percusserit, quindecim solidos nobis solvet.* Statuta Eccl. Meldens. apud Marten. tom. 4. Anecd. col. 909 : *Item, districte inhibemus ne dicti archidiaconi vel eorum officiales de domibus Dei, vel de domibus leprosorum se intromittant, nec de ecclesiis, seu cimeteriis violatis, neque de Melleis factis in eisdem.*

* Nostris *Meslée*, interdum idem quod Multitudo, turba; vulgo *Troupe, foule*. Lit. remiss. ann. 1579. in Reg. 205. Chartoph. reg. ch. 285 : *Une Meslée de gens, qui estoient assemblez au lieu de Semur pour cuider avoir les pastés de certaines nöces, etc.*

* MESLEIARE, Rixari. Vide supra *Meleare*.

* MESLERIUS, Mespilus, Gall. *Néflier*. Charta an. circ. 1220. ex Bibl. reg. : *Desuper le Meslier juxta viam Renoudis vallis de duabus acris terræ,.... et de alia acra terræ Johannis Fabri super prædictum Meslerium ad coudreiam sub monte Landrici.* Vide supra *Mellerius*.

* MESNADA, Feudum *Mesnaderii* seu prædium illi addictum. Stat. pro reform. regni Navar. ann. 1322. in Reg. Cam. Comput. Paris. sign. *Noster* fol. 436. r°. : *Cum multi Mesnaderii essent in dicto regno et terra esset onerata multum;.... fuit ordinatum quod in merinia Ripperiæ essent 50. Mesnaderii.... Quælibet Mesnada xx. librarum Turon. Summa Mesnadariorum 200.* Ibid. fol. 440. v°. : *Item est ordinatum, quod Michael Petri de Elcano scutifer, pro bono servitio, quod fecit domino regi et nobis in negotio regio, habeat unam Mesnadam xx. librarum de primis in merinia Sangossæ, cum aliquem Mesnadariorum mori contigerit.* Vide *Maisnadarii*.

* MESNADERIA, Eodem intellectu. Charta ann. 1317. in Reg. 54. Chartoph. reg. fol. 36. r°. : *Item augmentavit Raymundo de Maloleone filio dicti militis Mesnaderiam triginta librarum Turon. de decem libris Turon. parvorum.*

¶ MESNADA, MESNADARIA. Vide *Maisnada* et *Maisnadarii*.

¶ 1. MESNAGIUM, Mansio, domus cum agri portiuncula. Charta Richardi Reg. Angl. tom. 4. Hist. Harcur. pag. 1281 : *Ex dono Laurentii archidiaconi unum Mesnagium apud S. Vivianum... Ex dono Nicolai Putesel unum Mesnagium apud Blospum.* Index MS. Benefic. eccl. et diœc. Constant. fol. 17 : *Johannes le Courteis debet unum bussellum pro suo Mesnagio.... Et percipit dictus Rector nomine capelle* XV. *solidos*, II. *panes*, II. *gallinas et viginti ova supra Matthæum Heyniet pro suo Mesnagio.* Vide supra *Masnagium*.

* Item, Familia, quæ in una domo habitat : nostri *Mesnage* iisdem notionibus dixerunt. Charta ann. 1225. ex Chartul. S. Aviti Aurel. : *Cum esset contentio.... super quodam Mesnagio, cum pertinentiis ejus apud Cerisium sito; quod Mesnagium ipsi fratres dicebant ad se de jure hæreditario pertinere, dicto Mathæo in contrarium respondente, quod defunctus Raginaldus pater eorumdem fratrum et dicta Elisabeth illud Mesnagium, cum pertinentiis ejus eidem vendiderant et quittaverant.* Alia Phil. abb. de Cultura ann. 1224. ex Bibl. reg. : *De singulis Mesnagiis in dictis nemoribus usagium capientibus, habebunt singulis annis forestarii dicti Pagani et hæredum suorum unum bossellum bladi.* Charta ann. 1375. in Reg. 107. Chartoph. reg. ch. 122 : *Comme Guillaume de Landelles et sa femme eussent acquis une portion de Mesnage, assise à Baieux en la rue nommée Bienvenu.* Lit. remiss. ann. 1383. in Reg. 124. ch. 76 : *Ilz passoient par un Mesnage, qui estoit de Jehan Larçoneur de Roucey; icellui Hulart*

dist que oudit Mesnage ou hostel il oioit agneaulx. Charta ann. 1386. in Reg. 130. ch. 140 : *Un Mesnage qui appartenoit à Pierres Adigart, assis en la parroisse Nostre Dame de saint Lo, en la rue de Tourteron.* Lit. remiss. ann. 1416. in Reg. 169. ch. 397 : *Comme le suppliant feust avecques ses familiers et Mesnage au lieu de la Nozierre du conté de la Marche etc.* Aliæ ann. 1457. in Reg. 187. ch. 75 : *Le suppliant qui est demourant... près Angiers, où il a accoustumé de gaingner la poure vie de lui, ses femmes et Mesnage à labourer et perroyer etc.* Hinc *Mesnager,* pro Domum habitare. Charta ann. 1309. tom. 1. Probat. Hist. Brit. col. 1226 : *Item le herbregement ouquel Guillaume le Breton Ménageoit ou temps dou datte de ces lettres, etc.* Lit. remiss. ann. 1457. in Reg. 189. ch. 151 : *Le suppliant dist à sa femme... que jamais il ne Mesnageroit avec elle.* Unde *Mesnagier* appellatur, Domus seu familiæ caput. Lit. remiss. ann. 1389. in Reg. 138. ch. 24 : *Auquel hamel il n'y a environ que six Mesnagiers.* Lit. ann. 1410. in Reg. 165. ch. 80 : *Comme en icelle ville* (de Paris) *de tout temps ait eu confrairie d'arbalestriers de gens d'estat et Mesnagiers etc.* Aliæ ann. 1457. in Reg. 189. ch. 225 : *Comme les Mesnaigiers dudit pais ont accoustumé de faire. Mesneigier,* in Ch. ann. 1481. inter Probat. tom. 3. Hist. Nem. pag. 345. col. 2. Inde etiam *Mesnager* nuncupatur Domus præfectus, vulgo *Maître d'hôtel,* in Indice MS. benefic. diœc. Constant. fol. 82. v°. : *Desquels ornemens de soye le chapitre se pourra servir, mesme aux obseques et funérailles des personnes de ladite église selon leur estat et qualité, et non autrement, ni les prester pour servir ailleurs, sans le consentement de l'evesque ou de son Mesnager.*

¶ 2. **MESNAGIUM**, Parcimonia, Gall. *Epargne, ménage.* Tabular. B. M. de Bononuntio Rotomag. ann. 1398 : *Et prœterea quamvis fuissem aliquotiens pro aliquo tempore ratione Mesnagii seu commodi temporalis ejusdem manerii ibidem commorans, etc. Ménage* pro *Ménagement* dixerunt nostri. Le Roman *de la Guerre de Troyes* MS :

> Ne li portent nulle Menage
> Ceus de Grece quant il l'atainstrent,
> O les lances d'acier le poinstrent.

Ibidem :

> Tant parestoit li estor griés,
> Et sans Menaje et sans merci.

* 3. **MESNAGIUM**, Supellex domestica, nostris *Mesnage.* Charta ann. 1365. ex Cod. reg. 5187. fol. 19. r°. : *Dantes..... domino Petro* (thesaurario) *potestatem plenariam.... emendi et procurandi, tam utensilia, Mesnagia, veissellam pro vinis et aliis.* Lit. remiss. ann. 1392. in Reg. 143. Chartoph. reg. ch. 287 : *Plas, escuelles, nappes, draps et autre Mesnage dudit hostel.* Aliæ ann. 1409. in Reg. 163. ch. 482 : *Icellui Jehan disoit que le suppliant avoit emblé certain Mesnage, qui estoit et appartenoit à sa chambriere.* Hinc *Mesnager,* Supellectilem disponere, rem domesticam ordinare, in Lit. remiss. ann. 1450. ex Reg. 184. ch. 65 : *Ainsi que icelle Alison chamberiere fut levé de son lit, et qu'elle eust aucunement commencié à Mesnager et besongner, etc.* Vide supra *Mainagium* 2.

* **MESNEOLUM**, Idem quod supra *Mesnagium* 1. Gall. *Mesnil.* Charta Gaufr. episc. Carnot. ex Chartul. B. M. de Josaphat : *Mauricius de Trochia et Henricus filius ejus... dederunt ecclesiæ B. M. de Josaphat Mesneolum, quod vocatur Tiliellum, cum toto jure.* Vide *Mansionile.*

* **MESNEYA**, Familia, idem quod *Maisnada.* Charta ann. 1319. in Reg. 56. Chartoph. reg. ch. 609 : *Idem miles habebat primo Mesneyas hominum et feminarum de corpore taillabilium.*

MESNILLUM. Vide in *Mansionile.*

* **MESO**, Domus, hospitium, diversorium, porticus nundinaria, Hisp. *Meson.* Charta Aldef. reg. Castel. æra 1260. tom. 6. Jul. pag. 55. col. 2 : *Dono itaque vobis et concedo illum Mesonem in Toleto, ubi venditur triticum, ut eum habeatis in perpetuum, et accipiatis semper omnes mediduras atque directuras, quæ in eodem Mesone evenerint, de omni tritico quod ibidem venderetur.*

* **MESOCHORUS**, Græce μεσόχορος, id est, in medio chori existens vel præsidens, ut monent docti Editores ad Vit. S. Helenæ tom. 3. Aug. pag. 592. col. 2 : *Tertio ad adolescentulas, ad filias scilicet Hierusalem, inter quas et sponsum, media quædam quasi Mesochorus effecta, etc.*

¶ **MESOLEUS**, Mesolus. Vide *Musileum.*

* **MESOLUS**, Assis, tabula, Gall. *Planche.* Stat. Mutin. rubr. 258. pag. 49. v°. : *Statutum est quod unus pons de lignamine roboris cum quadrellis et Mesolis super sdugario, quod est inter confines Ganaceti, fieri debeat.* Vide alia notione in *Musileum.*

* **MESONCELLA**, Domuncula; *Mesoncele,* in Vita S. Ludov. edit. reg. pag. 354. *Maisonchelle,* in Charta ann. 1295. ex Chartul. 21. Corb. fol. 82. Reg. S. Justi ex Cam. Comput. Paris. fol. 187. v°. : *Duæ aliæ Mesoncellæ juxta monasterium, etc,* Vide supra *Meso.*

* **MESONERIUS.** Vide infra in *Messonare.*

¶ **MESONYCTIUM**, a Græco μεσονύκτιον, Nox intempesta, noctis medium. Franc. Blanchini Præfat. apud Murator. tom. 3. pag. 75 : *Dextro autem in latere* (aræ) *cultri figura visitur cum literis : Cujus Mesonyctium factum est v. id. Dec.*

¶ **MESOPERSICÆ**, Muliebris calceamenti genus, apud Pollucem Onomast. lib. 7. cap. 20. Ita Hofmannus.

MESOPICATUM, Quod in medio illitum est pice, inquit Vossius. Gloss. Isidori : *Mesopicatum, in medio picatum.*

* **MESOPYCNUS**, Cantus species, quæ sic explicatur ad calcem Breviarii Paris. edit. ann. 1736. Cantus *oxypycni,* a recentioribus Majores vocantur. *Mesopycni* vero et *Barypycni* minores appellantur, habita ratione situs hemitonii supra chordam finalem, ut apud Græcos : et ut a *Mesopycnis* secernantur, a quibusdam *Minores-inversi* vocantur, quia hemitonium habent infimo loco.

* **MESORO**, Piscis genus. Tract. MS. de Pisc. cap. 84. ex Cod. reg. 6838. C. : *Mesoro, qui vulgo nostris Mebre de mar, id est, lepus marinus dicitur.*

* **MESPILETUM**, Ager *mespilis* consitus. Charta ann. 1199. in Chartul. Theaol. fol. 47. v°. : *Et quatuor alios parvos campos et Mespileta quæ ibi habent.* Vide *Mesplea.*

MESPLEA, Silva *mespilis* consita. Est autem mespilus nostris *Nesle* ou *Neflier.* Tabularium Prioratus de Paredo fol. 94 : *Est enim silva Martiniaca ex una parte castanea vel Mesplea : ex ea ergo parte qua Mesplea est, vel castanea omnem medietatem dedit ad jam dictum locum, etc.*

* **MESPOLERIUM**, Mespilum; Gall. *Nefle.* Charta ann. 1332. in Reg. 66. Chartoph. reg. ch. 1098 : *Exceptis... arboribus fructiferis, videlicet pomeriis, pereiis, Mespoleriis et aligueriis, etc.* Vide supra *Melata.*

* **MESPRENDERE**, Idem quod supra *Mescapere,* Gall. *Méprendre.* Arest. ann. 1348. 10. Maii in vol. 2. arestor. parlam. Paris. : *Qui Johannes respondit quod bene caveret sibi de Mesprendendo. Mesprendre* vero, pro Male accidere, in Lit. remiss. ann. 1374. in Reg. 105. Chartoph. reg. ch. 487 : *Icellui Guillaume dist audit Jehan ; Va fere la besoigne Guillaume de Chartres; certes se tu ne la fais, il t'en Mesprendra et seras si bien batu, que rien ne s'en faudra.* Vide infra *Misprendere.*

¶ **MESPRISIARE**, Idem quod *Forisfacere,* sed ex errore potius et supina neglectione, quam ex animi deliberatione, seu ex præcogitata malitia. Charta Richardi II. Reg. Angl. ann. 1397. apud Rymer. tom. 8. pag. 29 : *Quæ per ipsum Richardum, malitiose, negligenter, vel incommode facta, transgressa, acta, perpetrata, vel quovis modo Mesprisiata, attemptata, dicta, vel conjecturata.* Vide *Misprendere.*

¶ **MESPRISIO**, Idem quod *Misprisio.* Charta ann. 1392. apud Rymer. tom. 7. pag. 731 : *Ad inquirendum de quibuscumque ac omnibus et singulis erroribus, defectibus et Mesprisionibus, etc.* Alia ann. 1397. apud eumdem Rymer. tom. 8. pag. 17 : *Pro reparatione et reformatione quorumcumque attemptatorum, Mesprisionum et malefactorum contra formam præsentium treugarum.*

* Delictum, peccatum adversus officium vel legem, Gall. *Faute, contravention,* alias *Mespranture, Mesprison* et *Mesprisure.* Charta Henr. reg. Angl. ann. 1245. ex Chartul. Campan. : *Mesprisures, domages et torfaiz etc.* Chartul. Latiniac. ad ann. 1319. fol. 226. v°. : *Que pour cause de ceste Mespranture, qu'il avoient faicte,... il de leur bonne voulenté l'avoient amandé.* Lit. remiss. ann. 1390. in Reg. 138. Chartoph. reg. ch. 273 : *Pour lesquelles fautes et Mesprentures, etc.* Stat. ann. 1377. tom. 6. Ordinat. reg. Franc. pag. 282 : *Tant pour cause des Mesprisons que l'en fait à drapper etc.*

* **MESPRISIRE**, Idem quod *Mesprisiare,* Forisfacere, in Chartul. S. Petri Virsion. ch. 287.

¶ **MESQUINUS**. Vide *Mischinus.*

MESQUITA. Vide *Meschita.*

* **MESRENUM**, Materia lignea domibus ædificandis idonea, Gall. *Mairain.* Reg. S. Justi ex Cam. Comput. Paris. fol. 791. v°. : *Item si rex det alicui Mesrenum, habet corpellos, quos carpentarii dimittunt.* Vide in *Materia.*

* 1. **MESSA**, Pensitatio, quæ ex messionibus seu agrorum fructibus domino feudi

exsolvitur, idem quod *Messio*. Vide in hac voce. Pactum inter S. Ludov. et episc. Mimat. ann. 1266. inter Probat. tom. 1. Hist. Nem. pag. 91. col. 1 : *Ita quod si contingat pagesos del Malhac obtinere in quæstione, quæ pendet coram senescallo Bellicadri, super cartallis tritici, quos annuatim ibidem pro Messa levare consuevimus; nos tantumdem de frumento eidem episcopo in loco congruo tenebimur assidere.* Vide infra *Messis* 2.

* 2. **MESSA**, Apostema, tumor, Gall. *Abscez*, quod ex humorum collectione fiat, sic dicta. Vide supra *Meisa*. Lit. remiss. ann. 1379. in Reg. 115. Chartoph. reg. ch. 349 : *Eidem Hugonino in inguine quædam Messa naturaliter sibi venit, quam crepare fecit cum fibula sive actu.* (leg. acu.) Infra : *Bossa*. Vide in hac voce.

* **MESSACGARIA**, Mulcta, quæ a *Messacgerio* seu apparitore exigitur. Pariag. inter reg. et monast. de Candolio ann. 1306. in Reg. 40. Chartoph. reg. ch. 61 : *Damus per modum pariagii.... medietatem videlicet pro indiviso omnium justitiarum altarum et bassarum, necnon foristagii seu Messacgariæ... Erit signum commune dom. regis et monasterii, et servientes et Messacgerii portabunt in baculis suis.* Vide *Messagarius* et *Messagerius*.

* **MESSÆ**, *Sectæ*, in vet. Glossar. ex Cod. reg. 7641.

* **MESSAGABILIS**, Jurisdictioni *Messagerii* obnoxius. Vide mox in *Messagare*.

* **MESSAGARE**, MESSEGARE, Jura *Messagerii* exercere. Charta ann. 1319. in Reg. 61. Chartoph. reg. ch. 428 : *Justitiabiles, Messagabiles et talliabiles ipsis de sancto Felice nunc existunt... Consules sancti Felicis talliant et Messagant, quatenus laboranciæ hominum sancti Felicis durant; et consules sancti Juliani talliant et Messagant, quatenus laboranciæ hominum sancti Juliani durant.* Aliæ ann. 1334. in Reg. 69. ch. 304 : *Magister Bego Guilaberti... dixit quod ipsi consules de sancto Felice habebant jus et ab antiquo habere consueverant, et erant in possessione seu quasi Messegandi vice et nomine dom. nostri regis in aliqua parte territorii, de quo supra fit mentio, et pignorabant et pignorare consueverant talantes et dampna dantes.*

¶ **MESSAGARIA**. Vide *Messegarius*.

¶ **MESSAGARIUS**, MESSACGERIUS, Nuncius, tabellarius, Gall. *Messager*. Codex MS. Consuet. Tolos. fol. 36 : *Contributio facienda, nisi in reparatione pontium, itinerum, et solutione Messagariorum et albergucæ consuetæ*. Computus ann. 1327. tom. 2. Hist. Dalphin. pag. 216 : *Item eadem die Raynaudo Messagerio misso de dicto loco in terram Fucigniaci.* Ordinatio Domus Dalphin. ann. 1340. ibid. pag. 396 : *Item, deputamus ad nostra servitia unum Messagerium equitum ad salarium quinque florenorum auri per annum.* Et infra : *Item, quatuor alios Messagerios pedites ad salarium trium florenorum, etc. Message* pro *Messager* Poetis nostratibus. Le Roman *d'Athis* MS. :

Un Message par bon avis
L'est alé compter à Savis ;
En son palais fu o sa gent.
Le Message com diligent
Dist, votre fils qui bien s'atourne,
Sire Savis deça retourne....
Sont-ils gueres loing, dist Savis,
Nenil, Sire, ce m'est advis,
Dist le Message, vez les ça.

☞ *Messaige*, Idem qui *Missus*, Procurator, qui ab alio ut rem ipsius agat, mittitur, in Charta Margaretæ Reg. Jerusal. et Sicil. ann. 1289. ex Chartul. Domus Dei Pontisar. : *Marguerite de Junay femme feu Gui du Mex... establi ses procureurs et Messaiges especiauls, etc.* Infra iidem *Procureurs* nude dicuntur.

¶ **MESSAGEICERIUS**, Alutarius, Gall. *Megissier*. Statuta Stampensia ann. 1179. apud D. *Fleureau* Hist. Blesens. cap. 28. pag. 112 : *Messageicerii singuli nonnisi XII. denarios pro bonitate dabunt singulis annis.*

¶ **MESSAGERIA**. Vide *Messegaria*.

* **MESSAGERIA**, ut supra *Messacgaria*. Libert. castri de Arrio ann. 1355. tom. 5. Ordinat. reg. Franc. pag. 6. art. 2 : *Et eciam quod excubiæ nocturnæ, Messageria et emolumentum ejusdem, etc.*

* **MESSAGERIUS**, Nuncius, cursor publicus, *serviens*. Charta ann. 1288. ex Tabul. archiep. Auxit. : *Quod sint liberi et immunes a præstatione decimæ personalis, Messagerii, fossaterii, etc.* Lit. ann. 1370. ex Tabul. S. Vict. Massil. : *Tradatis tali Messagerio per nos misso cum certis litteris ad dominum papam etc. Messaigier*, eodem sensu, in Libert. villæ *de Peyrusse* ann. 1368. tom. 5. Ordinat. reg. Franc. pag. 705. art. 8 : *Que les sergens et Messaigiers desdis conssous... pourront lever du mandement desdis conssous les tailles et communs imposez et à imposer aux habitans desdis chastel et ville.* Lit. remiss. ann. 1409. in Reg. 164. Chartoph. reg. ch. 67 : *Les clers et Messagiers de la fierte de Nostre Dame de Reins arriverent en la ville d'Argiers etc. Mesatgier*, pro Missus, legatus, in Lit. ann. 1404. tom. 9. earumd. Ordinat. pag. 60.

¶ **MESSAGIUM**, ut *Messuagium*, Domus habitationi idonea. Vide *Mesagium* 1. Charta Richardi Reg. Angl. tom. 4. Hist. Harcur. pag. 1281 : *Ex dono Gadardi de Vallibus quietanciam in mercatu suo ipsis et hæredibus eorum per unum Messagium apud Godarvillam, etc.* Vide alia notione in *Messarius* 1.

* **MESSAGUERIUS**, Messium custos et vinearum, Gall. *Messier*. Charta ann. 1325. in Reg. 64. Chartoph. reg. ch. 124 : *Messaguerii seu custodes terminalium etc. Messey*, eodem sensu, in Lit. remiss. ann. 1447. ex Reg. 179. ch. 14 : *Martin Alligaut ayant pour lors la charge d'estre Messey et garde pour les habitans de S. Valier, que aucunes bestes ne alassent en dommaige.* Vide infra *Messegerius* 2. et *Messerius*.

¶ 1. **MESSAJARIA**, Officium *messagerii*, seu nuncii et cursoris publici, a Gall. *Messagerie*. Statuta Massil. lib. 1. cap. 33 : *Statuentes etiam quod illi qui voluerint esse cursores in prædictum modum, antequam incipiant suum officium exercere, jurent ad sancta Dei Evangelia, quod fideliter faciant per totum unum annum Messajarias et omnes alias causas, et ea quæ pertinebunt ad officium curiæ.*

* 2. **MESSAJARIA**, Legatio. Charta ann. 1251. ex Cod. reg. 4659 : *Quicumque cives Avinionis a dictis dominis vel eorum curia in embaxaturam sive Messajariam mittentur, expensis dominorum seu curiæ ibunt.* Ibidem : *In imbaxaturam sive Mesagariam. Messaigerie*, pro *Message*, Mandatum, in Chron. ad ann. 1492. inter Probat. tom. 3. Hist. Nem. pag. 11. col. 1 : *Item pour ce qui est nécessaire et besoing fere plusieurs fraiz, Messaigeries et despens, tant de tesmoings, sergens, que autrement pour le fait de ladicte resserche, etc.*

* **MESSAILHATA**, Modus agri, reditus scilicet unius *mesailhæ*, apud Occitanos. Lit. admort. pro eccl. Tolos. ann. 1454. in Reg. 187. Chartoph. reg. ch. 111 : *Item plus tres Messailhatas prati...... Quinque Mesailhatas prati, etc.* Vide *Mesailhata*.

MESSALE. Charta Ildefonsi Comitis Tolosæ et Marchionis Provinciæ ann. 1141. apud Catellum : *Et si in hac villa illum* (salem) *vendere velint, dent de quaque saumata Messale : et si extra villam istam vendere voluerint, nihil dent.* Forte pro *Mensale*, seu mensuræ juris præstatione. [Vide *Mesalha*.]

* **MESSALIA**, *Messor*, in vet. Glossar. ex Cod. reg. 7641.

* **MESSARIA** NOCTURNA, *Messarii* officium seu jurisdictio per noctem. Charta ann. 1319. in Reg. 59. Chartoph. reg. ch. 318 : *Item pro Messaria Nocturna et de abscissione arborum, octo libras Turon.* Infra : *Excepta abscissione arborum et nocturna cognitione criminum etc.* Alia ann. 1321. in Reg. 61. ch. 123 : *La Messerie de la ville de Franoy et du finage.* Lit. remiss. ann. 1412. in Reg. 166. ch. 209 : *Icellui Jacob estant pour l'exercice de son office de Messier ès mettes de sa Messerie etc.*

¶ **MESSARIA**, MESSARIUM. Vide *Messarius* 1.

1. **MESSARIUS**, *Messium* custos unde nomen, et vinearum. Ὀπωροφύλαξ, in Legibus Georgicis tit. 2. § 3. *Speculator*, in Actis Murensibus pag. 59 : *Deinde cum botri creverint, vites mundare* (debent) *speculatorique communi mercedem dare. Messier*, in Consuet. Meledun. art. 306. Senonensi art. 154. et aliis Consuetud. *Sergent Messilier*, in Trecensi art. 122. Calvimontensi art. 67. Charta libertatum oppidi *Sinemuri* in Burgundia : *Major et Scabini ponent Messarios vinearum custodes, quotiescunque sibi viderint expedire, etc.* Vetus Poeta MS. :

Dans Placidas ere en autre plais,
Povres estoit et d'avoirs et d'amis,
En une vile estoit à ice mis,
Les blez gardoit qu'il ne fussent mal mis.

MESSARIUS, Dignitas olim in Ecclesia Cameracensi, cui incumbebat agrorum custodia. Charta Gerardi Episcopi Cameracensis ann. 1245 : *Salvæ similiter remanent Messario Ecclesiæ Cameracensis, custodi scilicet agrorum, leges de forefactis, in custodia sua, sicut hactenus habere consuevit.*

MESSARIUM. Charta Edw. III. Regis Angl. tom. 2. Monast. Angl. pag. 832 : *Concessionem etiam quam idem Willelmus per eundem cartam suam fecit eisdem fratribus de habendo separatim super terram et solum ipsorum fratrum in Bereford, suum proprium imparcum et Messarium, ad capiendum, chaceandum, et imparcandum, etc.*

MESSARIA, MESSERIA, Fructus ac proventus ex *Messarii* officio, seu ex mulctis quæ obveniunt domino ob furta aut damna in messibus ac vineis facta. Charta anni 1250. supra in voce *Esbonagium* : *De omnibus pertinentibus ad Majoriam ante dictam, vidilicet Messariam, investituras, esbonagia, etc.* Charta Odonis Archiepisc. Rotomag. ann. 1262. apud Sammarthanos : *Furni, molendina, molta sicca, estoublagia, servitia rusticorum, quartagia, Messeria, servitia vavassorum, etc.* Charta Joannis de *Fontaines* ann. 1350. apud Chiffletium in S. Bernardi genere asserto pag. 614 : *Je hai promis foi et service à noble homme Mons. le Comte de Roucy, c'est à savoir de la quarte partie dou chasteaul de Fontaine, de toute la Messerie doudit lieu, etc.* [*Messaria*, pro *messarii* officio occurrit in Tabular. B. M. de Argentolio ann. 1323 : *In casu Messariæ, seu custodiæ messium.*]

Messagium, Idem forte quod *Messaria*. Tabular. S. Dionysii ann. 1221 : *Custodiebat segetes, et pro eis custodiendis percipiebat donum et Messagium.* Charta ann. 1228. in Tabul. Eccl. Meld. pag. 36 : *Concessimus eis quod ponant Messarium apud Varedas... et dabit plegios de reddendo Episcopo* 100. *sol. pro Messagio singulis annis ad Matale Domini, et habebunt dicti homines quidquid pertinet ad Messagium, excepta justitia, quæ remanet Episcopo, et tenebitur Messarius servire Episcopo, sicut alii Messarii consueverunt servire.* [Charta Richardi Abb. Compend. ann. 1203. ex Tabular. Compend. : *Boscum de parvo Rareto tradidimus extirpandum et excolendum ad decimam et terragium, retentis nobis omni dominio et justitia, excepto dono et Messagio.* Ibidem : *Item de Messagio territorii de Longolio unum modium bladi et unum modium avenæ.*] Regestum Feodorum Comitatus Claromontensis in Bellovacis Cameræ Comput. Paris. pag. 29 : *La moitié du Message de Ronqueroles apartient à Mons. le Duc : et est à savoir que quant li preudomme de Ronquerolle aront esleu un Messier pour garder les biens communs de la ville, etc.*

* Præstatio, quæ fit pro custodia messium. Charta ann. 1222. inter Instr. tom. 7. Gall. Christ. col. 230 : *Hæc sunt quæ eis in majoria concedimus, forragium granchiæ nostræ de Borranch, Messagium quod accipient a colonis pro messium custodia, etc.* Alia Relici abb. S. Faron. ann. 1269. in Chartul. Campan. fol. 286. col. 1 : *Concesserunt.... omnem justitiam, omne jus, esbonagia, Messagia, ac omne aliud jus et dominium et consuetudines, quæ et quas dicti armigeri habebant.* Charta ann. 1308. in Reg. 40. Chartoph. reg. ch. 64 : *Item les rentes de la S. Remi, que l'en appelle Messages, desdites quatre villes, valent par an* 55. *livres.* Alia ann. 1319. in Reg. 60. ch. 69 : *Item du Messaige dictæ villæ, sexdecim libras.* Lit. remiss. ann. 1393. in Reg. 145. ch. 409 : *Le suppliant a confessé que pour le temps qu'il fu messier, il avoit pris oultre son droit de Message bien jusques au nombre de trois sextiers de grain. Un tréhu, appellé Messaiges*, in Consuet. Castel. ad Sequanam ex Cod. reg. 9898. 2. Vide *Messegaria* et alio sensu *Messagium* suo loco.

2. **MESSARIUS**, pro *Admissarius*. Capitula ad Legem Alaman. 35 : *Si cujuslibet Messarius de grege tuletur, et castratus fuerit, quantas equas sunt, tantos solidos solvat.* Vide *Admissarius*.

MESSATICUS. Vide *Missus* 2.

* **MESSEGARE.** Vide supra *Messagare*.

¶ **MESSEGARIA**, Tutela, custodia. Litteræ Eduardi II. Reg. Angl. ann. 1317. apud Rymer. tom. 3. pag. 675 : *Cum universitas ipsa et Consules ejusdem, a tempore constructionis villæ prædictæ* (Florentiæ) *Messegaria in bonis et possessionibus suis, quæ sub districtu Vicecomitis Fezensaguelli optinent, cuto et gardiagio, usi sint hactenus et gavisi.* Et infra : *Et quod ipsam* (Universitatem) *Messagaria prædicta uti et gaudere permittat, prout ea pacifice et quiete usa est hactenus et gavisa.* Hinc

¶ Messegaria, pro Districtu, jurisdictione et officio *Messegarii*, quia messium custos : [* Jus etiam instituendi *Messegarios*.] quod ne inter viliora officia, rem ex temporibus nostris æstimantes, reputemus, observandum illud inferiores quidem judices spectasse, uti videre est in v. *Messegarius*, eorum tamen jurisdictionem æquiparari Senescallorum aut præpositorum regalium potestati. Tolosæ vero *Messegaria* dicitur quoddam territorium quod *Capitalium* jurisdictioni subest, idem quod aliis *banleuca* nuncupatur.

¶ Messageria, Eadem notione. Charta ann. 1360. tom. 1. Hist. Dalphin. pag. 149 : *Donamus et concedimus officium Mandatariæ seu Messageriæ Quadratii et ejus mandamenti cum debita et solita perceptione emolumentorum ad dictum officium quomodolibet pertinentium.* Idem ergo *Messagerius*, qui *Mandatarius*, quam vocem consulas licet, ut quid sit *Messageria* plenius noscas.

¶ Messegaria, Mulcta quæ *messegario* exsolvitur ab eo cujus animalia in damno inveniuntur, quæ quidem ab alia quam in emendationem damni exigebant, distinguitur, in Sententia arbitrali ann. 1292. inter abbatem et consules de Gimonte : *Dicti Pastores et alii conductitii solvant Messegariam et emendent talam sive damnum, ut alii homines dictæ villæ; ita tamen et hoc excepto quod animalia dictorum dom. abbatis et conventus, vel ea quæ dicti pastores cum ipsis tenuerint, dictam Messegariam minime solvere teneantur, sed tenebuntur talam tantummodo emendare.* Pluries ibi. Vide *Messegarius*.

* Messegaria, Præstatio, quæ fit pro custodia messium. Charta ann. 1299. in Lib. rub. Cam. Comput. Paris. fol. 171. r°. col. 1 : *Item percipiebat terciam partem Messegariæ, quæ fuit extimata valere sexaginta solidos Turon.* Vide supra *Messagium* 2.

* **MESSEGARIOR**, pro *Messegarius*, Agrorum custos, in Libert. Florent. ann. 1358. tom. 8. Ordinat. reg. Franc. pag. 90. art. 22.

MESSEGARIUS, [Idem qui *Mandatarius*.] [* Is nempe, ad quem custodia agrorum spectat, ut et jus de damnis in iisdem factis cognoscendi et judicandi.] Exstat post Consuetudines Tolosæ rubrica seu caput, *de terminis, seu limitibus Messegariæ villæ Tolosæ.* Ibidem : *Infra quos terminos non sunt aliqui Consules, neque Messegarii, nisi Capitularii Tolosæ, et habitantes infra dictos terminos non solvunt pedagium, etc.* [In iisdem Consuet. MSS. e Bibl. D. Abb. de *Crozat* legitur *Meseguarii, Meseguariu*, et *Meseguerii*] Charta ann. 1306. in Regesto Philippi Pulcri Regis Fr. ann. 1299. Tabularii Regii n. 204 : *Et quicquid habemus et nobis competit in loco prædicto et ejus pertinentiis, scilicet tertiam partem Messagariæ* 30. *s. Turon. anno quolibet cum æstimatione valentem.* Nescio an eo spectet vox *Megisier* in veteri Poemate MS. cui titulus, *le Roman de Garin* :

> Recevez moi, si crestra vostre fié,
> Que chascun an j'aurois un Mesigier
> De connoissance a dis mil Chevaliers.

¶ Messegarius, Idem qui *Messarius* 1. Sententia arbitralis ann. 1292. inter abbat. et consules de Gimonte : *Quod dicti dom. abbas et conventus possint habere bonum Messegarium in nemore de Castello in perpetuum, etc.*

¶ Messeguarius, Messium custos. Statuta D. Gentilis de Montesquivo pro Communia ejusdem loci ann. 1306. ex Archivis D. *d'Artagnan* : *Messis custos vero seu Messeguarius vel Messeguarii dicti castri debent ingredientes, etc.* Vide *Messarius* 1. et

¶ 1. **MESSEGERIUS**, Nuncius, tabellarius. Charta ann. 1337. apud Rymer. tom. 4. pag. 822 : *Familiaribus, valettis, nunciis, Messegeriis, ac ministris, etc.* Vide *Messagarius*.

* Messegarius, Nuncius, magistratuum serviens. Charta commun. castri de Podio Surigario ann. 1353. in Reg. 82. Chartoph. reg. ch. 153 : *Habeant unum Messegarium seu mandatorem. qui mandare valeat dictos consules, consiliarios et clavarios.*

* 2. **MESSEGERIUS**, Messeguerius, Messium custos. Charta ann. 1291. ex Tabul. archiep. Auxit. : *Item quod bajuli ipsius domini comitis* (Armaniaci) *possint et valeant eligere annuatim Messèguerios fide dignos;... qui Messegerii debent custodire ortos, vineas, prata et blada ipsius comitis, sicut blada communitatis. Messeilliere*, eadem acceptione, in Charta ann. 1354. ex Reg. 84. Chartoph. reg. ch. 21 : *Et mettont lesdiz hommes les Messeillieres, lesquels feront serment aus seigneurs de garder bien et loyalment les biens de la ville et le droit des seigneurs.* Vide supra *Messaguerius*.

¶ **MESSEGUERIA**, Officium *Messarii*. Martinus Didacus *Daux* Justitia Aragon. lib. 3. Observantiar. tit. Si quadrupes § 3 : *Vinyogalarii et Messegarii tenentur emendare damnum in vineis et messibus, si salarium recipiunt a domino pro Messegueria vel vinyoguelaria.* Vide *Messegaria*.

¶ Messegueria, Mulcta quæ domino obvenit ob furta aut damna in messibus ac vineis facta. Statuta MSS. Auscior. ann. 1301. art. 11 : *Item pronuntiaverunt quod de omnibus pechis, Messegueriis domini prædicti scilicet Comes et Archiepiscopus tertiam partem habeant quilibet pro regione suæ jurisdictionis.*

¶ **MESSEGUERRUS**, Idem qui *Messeguarius*. Statuta MSS. mox laudata art. 84 : *Item consuetudo est ibidem quod Messeguerri apponuntur per Consules civitatis prædictæ.*

MESSELLA, Parva vel modica messis, in Concilio Parisiensi VI. lib. 1. cap. 53.

* Hinc metaphorice *Messel*, pro Clades,

strages, vulgo *Carnage, massacre*, in Poem. Alex. MS. pag. 2 :

Aus Persons courrent sus et en font tel Messel,
Que des cors court li sans à onde et à ruissel.

¶ MESSELLÆ, Sirmondo in Gloss. ad calcem Supplem. Concil. antiq. Galliæ, *Sunt arva quæ parantur ad messem.*

* *Terres en meix*, eodem intellectu, in Reg. Cam. Comput. Paris. sign. *Bel* fol. 124. r°. : *Item une piece de terre amprail d'une part, et une autre piece en Meix, valent par an cinq solz.*

* MESSERIUM, Præstatio, quæ fit pro custodia agrorum, idem quod supra *Messagium* 2. Charta permutat. inter reg. et archiep. Rotomag. ann. 1262. in Reg. 30. Chartoph. reg. ch. 278 : *Pertinentiæ de Gaillon, de Noes et de Humesnil et de Douvrent sunt hææ,.... estoublagia, quarricagia, Messeria*, etc. Vide *Messaria* in *Messarius* 1.

* MESSERIUS, Messium custos, Gall. *Messier.* Charta *Porteclie* dom. Mauseaci ann. 1218 : *Nec dictos religiosos, nec ipsorum borderios, saunerios, bubulcos, pastores, vacherios, porcherios, Messerios, nec ipsorum familiares etc.* Occurrit rursum in alia ann. 1270. ex Tabul. S. Mich. in Eremo. Vide infra *Messuarius.*

* MESSERUS, Eadem notione, in Lit. ann. 1326. tom. 4. Ordinat. reg. Franc. pag. 453. Vide *Messarius* 1.

MESSES CULTÆ. Lex Burgund. tit. 23. § 4 : *Si cujuscunque porci damnum faciunt in vineis, pratis, aut in Messibus cultis, et silvis glandiferis.* Ubi forte *messes cultæ* dicuntur agri culti et seminati. [*Meix*, eadem notione in Charta ann. 1263. ex Tabular. Commerciac. : *Item se aulcun estrange est trouvé en vigne, ou en Meix, ou en jardin, ou en pré, ou en aultruy bled, faisant d'hommaige, etc.*]

MESSETHEGNES, MESSETHEINES. Vide infra in *Missa.*

* MESSETUS, Proxeneta, Gall. *Courtier*, Stat. Riper. cap. 9. fol. 9. v°. : *Item quod omnes marescalchi, maroserii sive Messeti dictæ Riperiæ teneantur denuntiare seu manifestare dicto emptori omnes et singulas bestias, quas scient esse venditas per aliquam personam in communitate prædicta.* Stat. Mantuæ lib. 1. cap. 148. ex Cod. reg. 4620 : *Nullus Messettus audeat.... ire nec accedere ad domum alicujus mercatoris, pro ostendendo aliquem pannum, nisi in dictis garzariis.*

* MESSI. CAMERA DE MESSI, Officina, ubi pelles aluta præparantur. Charta Phil. VI. reg. Franc. ann. 1341 : *Episcopus proponebat, quod licet ipse ratione episcopatus Meldensis ecclesiæ prædecessoresque sui fuissent soli et in solidum in possessione et saisina habendi et exercendi pacifice omnimodam, altam videlicet et bassam, justitiam in domibus apud Meldis situatis, quæ cameræ de Messi nuncupantur; nichilominus gentes præfati comitis* (Campaniæ) *in dictis cameris quasdam prisias fecerant, duos videlicet tanaceriós melleyam facientes ibidem.* Vide supra *Mesgicerius.*

¶ MESSIARE, MISSARE, dicebatur sacerdos, qui inter Missarum solemnia (unde vocis etymon) mulieri, cum primo post nuptias ad ecclesiam veniebat, benedictionem impertiebatur, qualem post partum accipere consueverat, quod et *Purificari* nuncupabatur, ut videre est in hac voce. Charta ann. 1334. in Tabular. Episcopat. Ambian. fol. 165 : *Cum nos Episcopus conqueremur super eo videlicet, quod dicti Decanus et Capitulum in parochiis eisdem subjectis in villa Ambianensi dabant licentiam desponsandi et Messiandi, simul et nihilominus dispensabant super bannis, quod facere non poterant, ut dicebamus, etc.* His similia occurrunt in Statutis Eccl. Meldens. ann. circ. 1346. tom. 2. Histor. ejusd. pag. 491 : *De Missationibus. Item, præcipimus quod nullus audeat Missare sponsalia secunda die desponsationis suæ, nisi super hoc a nobis vel Officiali nostro receperit mandatum speciale.*

* Nostris, *Messoyer*. Arest. ann. 1401. 11. Mart. in vol. 9. arestor. parlam. Paris. : *Duos solidos ratione missæ, quam quis pro Messiando habere vult, etc. Pro missa Messiandi, qui eam habere voluerit et magnam missam expectare noluerit, componat.* Aliud ann. 1409. 19. Mart. ibid. vol. 11 : *Ratione missæ, quam quis pro Messiando habere volebat, duos solidos exigere et recipere consueverant.* Lit. remiss. ann. 1375. in Reg. 107. Chartoph. reg. ch. 271 : *Jehan Raoulet trouva que sondit frere et ladite Meline estoient ja espousé,.... laudemain furent Messoyés lesdiz Gilet et Meline.* Aliæ ann. 1459. in Reg. 189. ch. 307 : *Icellui Hamelin avoit dit qu'il aimoit mieulx y aler* (au bois) *que aler à la Messe de son nepveu, qui avoit este marié le jour prouchain précédent.* Hinc

¶ MESSIATIO vocatur ejusmodi benedictio, in laudata Episcopat. Ambian. Charta : *Insuper volumus nos Decanus et Capitulum quod dispensationes quas fecimus super prædictis desponsationibus et Messiationibus, etc.* Statuta Eccl. Camerac. apud Marten. tom. 7. Ampliss. Collect. col. 1304 : *Præcipimus quod nullus presbyter aliquam mulierem in die, qua inter ipsam et virum matrimonium fuerit solemnisatum, ad purificationem seu Messiationem admittere præsumat, nisi de nostra aut officialis nostri licentia speciali.*

1. MESSIO, Pensitatio quæ ex messionibus (*Moissons* in Statutis Leodiensibus art. 1.) seu agrorum fructibus, domino feudi exsolvitur. Charta Galcheri de Castellione Comitis S. Pauli : *Cum inter me et Ecclesiam S. Martini de Campis super quadam consuetudine, quæ Messio vocatur, contentio fieret.* Alia Ludovici VII. Regis Franc. ann. 1172. ex Tabulario Fossatensi fol. 20 : *Cum..... coram nobis clamorem facerent super eo quod Præpositus Milidunensis singulis annis Messionem frumenti ab hospitibus S. Petri Fossatensis in Mosiniaco exigerent, etc.* Alia Philippi Aug. ann. 1185. apud Morinum in Hist. Vastinensi : *Absque roagio, et Messione servientium, et carreto, salvis tamen certis censivis Ecclesiæ vinearum, etc.* [Charta ann. 1206. in Tabul. Latiniac. : *Consuetudinem quandam, quæ Messio vocatur, quam in villa de Dampmart, et in omnibus hospitibus B. Petri Latigniaci... requirebam... concessi.*] Tabularium Prioratus de Paredo fol. 17 : *Et debet tale servitium, scilicet Messiones, aucas duas, et 4. panes, sextarium unum vini, etc.* Fol. 34 : *Et reddit ipse masoerius porcum bonum, et multonem vestitum, et coxam de vacca, et per Messiones sextarium vini, et unum panem, etc.* Fol. 41 : *Et debet tale servitium, scilicet Messiones, unum sextarium vini S. Martini, 5. quartas avenæ, etc.* Charta Hugonis Archiep. Senonensis : *De ipsa decima Messionem suam annuatim capiat, 4. videlicet modios, unum frumenti, alterum siliginis, 3. ordei, 4. avenæ, etc.* [Vide *Messis.*]

¶ MESSIO, nude, pro *Messis*. Charta ann. 1112. tom. 2. Hist. Eccl. Meldens. pag. 20 : *Ecclesiam S. Pathusii cum atrio et omni magna decima et minuta, excepta Messione presbyteri.* Infra : *Excepta messe Presbyteri.*

* MESSIO SACERDOTALIS, Portio ex fructibus agrorum curioni, ab iis qui decimas percipiunt, exsolvenda, vel etiam a parrochianis; et tunc a decima distinguitur. Charta Steph. Noviom. episc. ann. 1190. in Chartul. Montis S. Mart. part. 5. fol. 92. v°. col. 1 : *Altare de Tauriniaco... pertinere intelleximus ad jus vestrum, ipsum cum pertinentiis suis, dote, decimatione ac sacerdotali Messione.* Alia ann. 1231. in Chartul. Guill. abb. S. Germ. Prat. fol. 73. v° col. 1 : *Quoniam dicti abbas et conventus S. Germani totam magnam decimam bladi et vini percipiunt; idcirco totam Messionem presbytero de Cella annuatim solvere tenebuntur.* Vide infra *Messis parrochialis.*

* MESSONIA, Eodem intellectu, in Charta ex Tabul. eccl. Belvac. et in alia ann. circ. 1240. ex Tabul. abbat. S. Pauli prope Bellovacum.

¶ MESSIO, pro ea anni tempestate qua fruges metuntur. Chartular. S. Petri de Domina fol. 101 : *Per Messiones debent per mistraliam dare 9. hominibus manducare panem et caseum et per vindemias similiter.* Vide *Messionagium.*

¶ MESSIO EXTREMA, Vox non infrequens in veteribus Instrumentis donationum piarum, qua extremi judicii dies significatur. Charta Ruperti Archiep. Magdeburg. ann. 1265. apud Ludewig. tom. 5. Reliq. MSS. pag. 128 : *Oportet diem Messionis extremæ pietatis operibus prævenire ac æternorum intuitu seminare in terris.* Tabular. Eduense ann. 1364 : *Nobilis et potens vir D. Hugo dictus de Monestoy miles nostræ diœcesis Æduensis præmissa diligenter considerans et attendens cupiensque divini cultus augmentum ad diem Messionis extremæ piis misericordiæ operibus prævenire.* Charta Fulconis Episcopi Paris. : *Oportet nos diem Messionis extremæ operibus misericordiæ prævenire.*

* 2. MESSIO, f. pro *Missio*, Expensa. Reg. feud. Aquit. in Cam. Comput. Paris. sign. JJ. rub. fol. 28. v°. : *Rex mandabat exercitum Aldeberto vel suo generi; idem Aldebertus vel suum genus mandabat uni de Clayrac vel de Podio acuto quod iret secum, quia rex mandaverat sibi exercitum; et tunc dominus trahebat tum de castro quam de honore exercitum; et unus burgensis ibat cum eis et faciebat eis Messiones pro castro et honore, quas gens castri et honore* (l. honoris) *debebant persolvere.* Vide *Missiones.*

MESSIONAGIUM, Eadem notione qua *Messio* supra, seu *Annonagium*, in Charta Will. Comitis Matiscon. ann. 1180. in Chartul. Cluniac. Bibl. Thuani et in Bibl. Cluniac. pag. 1441. Alia ann. 1170. apud

Perardum in Burgundicis pag. 244 : *Vel bossonagium, vel Messionagium, vel carredam.* In Consuetudine Normanniæ art. 16. et 19. *Message*, sumitur pro ea anni tempestate qua fruges metuntur. Ita in Tabulario Prioratus de Domina in Delphinatu Ch. 210 : *Mansus de la Capella in festivitate S. Johannis 2. sol. de multone, per Messiones medietatem taschæ, etc.* Sic ibi non semel.

¶ 1. **MESSIS**, Raguello in Indice jurium Regalium, *est merces prædii rustici locati conducti, quæ præstatur a colono, non in nummis, sed in specie frumenti, vel rerum aliarum.* Guido Papa Quæst. 470 : *Messis debetur pro pasqueragiis.* Idem docet Salvaingus Tract. de Usu feud. lib. 2. cap. 67. Est ergo *Messis*, præstatio, quæ pro jure pascendi pecora in pascuis alienis, maxime in stagnis, exigebatur, quæque ex messionibus seu agrorum fructibus exsolvi solita erat. Plura vide in Diariis Trivult. mense Decemb. ann. 1709. Charta Raimundi Comitis Forensis ann. 1262 : *Quitam, francam, liberam et immunem ab omni toulta, talia, cavalgata, cornu, crito, Messe Præpositi, etc.* Idem jus *Blaeria* dicitur apud Nivernenses. Vide *Messio.*

¶ Messis Prothalis, Quæ et *protallia, protagium* et *prostagium* dicitur in Chartis Villænovæ Dumbarum, Præstatio duorum bichetorum siliginis, quæ ab hominibus *talliæ* jurique *manusmortuæ* obnoxiis ex consuetudine exigebatur, ut a *tallia ad voluntatem* et *corvatis* eximerentur.

* 2. **MESSIS**, Pensitatio, quæ ex messionibus seu agrorum fructibus domino feudi exsolvitur, nostris *Moisson*. Charta G. comit. Nivern. ann. 1226. ex Tabul. S. Thomæ in Foresio : *Quitavimus ecclesiam B. Thomæ et homines ejusdem ecclesiæ.... ab omni collecta sive tallia, exactione, consuetudine, usagio et Messe.* Alia Joan. comit. Catalaun. ann. 1232. in Reg. comitat. Clarim. : *Et asavoir ne je, ne catepon, ne li autre mi sergent quiconques soient, ne poons ne ne devons demander, requerre ou avoir autre Moisson desdis hommes, ou autre chose pour Moisson.* Charta ann. 1339. in Reg. 72. Chart. reg. ch. 525 : *Item douze mines de froment à ladite mesure de Chastiaulandon, et est ceste rente appellée la Moisson.* Pro Manipulus, Gall. *Gerbe*, legitur in Lit. remiss. ann. 1408. ex Reg. 162. ch. 182. bis : *Depuis que icellui Jehannin eust souppé s'en ala aus esclotouaires autour de la maison, et prins un Moisson. Messon* vero, pro *Moisson*, messis, in aliis Lit. ann. 1443. ex Reg. 176. ch. 296 : *Lesquelz compaignons se associerent... pour soier et labourer ensemble en la présente Messon.* Vide *Messio* 1.

* 3. **MESSIS**, Servitium, quod domino a subditis in messe debetur. Charta ann. 1316. in Lib. rub. Cam. Comput. Paris. fol. 531. r°. : *Item* (concessit) *sororibus ordinis beati Dominici prope Montem-Argi quasdam corveyas sive Messem.* Vide *Messura.*

* Messis Parrochialis, Portio ex fructibus agrorum, a decima distincta, quæ curioni a parrochianis solvitur, eadem forte quæ *Messis prothalis.* Charta Guidonis episc. Æduens. ann. 1350. inter Probat. tom. 1. Hist. Burg. pag. 113. col. 2 : *Item totam Messem parrochialem, prout parrochiani dictæ ecclesiæ solvere consueverunt curato ejusdem.* Charta feud. nobil. Castel. Dumbarum ann. 1463 : *Plus possidet quindecim asinatus siliginis pro Messibus parrochialibus debitis propter castrum suum.* Vide supra *Messio sacerdotalis* et infra *Protagium.*

¶ **MESSIVÆ** Feriæ. Vide in *Feria.*

* **MESSONARE**, Metere, nostris etiam *Messonner*, pro *Moissonner*; unde *Messonerius* et Gallicum *Messonnier*, messor vel qui quosvis fructus colligit. Stat. Avellæ ann. 1496. cap. 161. ex Cod. reg. 4624 : *Antequam blada sint ligata et aborlata vel levata, et Messonando ipsa talis persona Messoneria dictos recollectores bladi vel leguminis impediverit etc.* Stat. Taurin. ann. 1360. cap. 182. ex Cod. reg. 4622. A. : *De non colligendo per Messonerios glandem alienam ante tempus hic statutum. Item statutum est, quod Mesonerii vel Mesoneræ glandes alienas non colligant usque ad tres hebdomadas post festum S. Michaelis.* Lit. remiss. ann. 1410. in Reg. 164. Chartoph. reg. ch. 25 : *Le suppliant estoit alé.... picquier et Messonner certaine resce.* Vitæ SS. MSS. ex Cod. 28. S. Vict. Paris. fol. 29. r°. col. 1 : *Li diables li vint devant atout une faucille de Messonnier etc.* Glossar. Provinc. Lat. ex Cod. reg. 7657 : *Meyre, Prov. metere, falcare. Meysson, messis, messio. Meyssonier, messor, mecellus, falcarius.* Vide supra *Meissonarius.*

* **MESSONIA.** Vide supra in *Messio* 1.

¶ **MESSOR**, Messium et vinearum custos, Gallice *Messier.* Leges Calenses tempore Mathildis Abbatissæ, apud Marten. tom. 1. Ampliss. Collect. col. 1353 : *Undecimus* (articulus) *est de Messoribus, Abbatissa ponet unum, villa alium, et ambo jurabunt in ecclesia exequi officium suum.* Vide *Messarius* 1.

MESSORIUM. Vide *Missorium.*

* 1. **MESSORIA**, Messis; item Mulcta propter damnum messibus illatum *messerio* exsolvenda. Chartul. Fidemiense : *Si aliquis per bestias suas in tempore Messoriæ nobis damnum intulerit, duplicem Messoriam dabit et damnum nostrum judicio scabinorum nobis reddet.*

* 2. **MESSORIA**, Eadem notione atque supra *Messis* 2. Charta ann. 1207. ex Bibl. reg. : *Damus.... in præpositatu et Messoria duos modios avenæ appretiatos quatuor lib. xvj. sol.*

¶ **MESSORIUS**, Idem qui modo *Messor.* Tabular. Montis S. Michaelis fol. 98 : *Messorii debent assignari et proponi per Priorem et burgenses de villa Genetii, et per juramentum. Messorius si ceperit aliquam bestiam in damno cujuslibet hominis S. Michaelis de Genetio, debet eam reddere homini in cujus damno eam ceperit, et homo debet Messorio unum Turonense dare. Item Messorius habet ovagium de mazuris rusticis.* Vide *Messarius* 1.

* **MESSOROLUS**, Falcula, vel quodvis instrumentum secandis herbis aptum. Stat. Pallavic. lib. 2. cap. 73. pag. 132 : *Item cum Messorolo uno faciendo herbam in aliqua parte prati vel campi contra voluntatem illius, cujus fuerit campus, etc.* Vide supra *Meserolus.*

MESSUAGIUM, Mesuagium, Domus habitationi idonea, Cowello. [Index MS. Benefic. Eccl. et diœc. Constantiens. fol. 45 : *Rector habet manerium in elemosina ecclesie pertinenti que continet tam in Mesuagio quam extra sex jugera, et debentur dicto rectori quinque solidi Turon.* Madox in Formul. Anglic. : *Prior domus salutationis Matris Dei Ord. Cartus. prope London tenet unum Mesuagium cum shopis et domibus eidem Mesuagio annexis.*] Consuetudo Normanniæ art. 271 : *Manoirs masures logées aux champs, que la Coustume appelloit anciennement Mesuage.* Sic enim legendum pro *Mesnage*, ut habent Editiones, licet etiam ita præferat vetus Consuet. cap. 23. ut et art. 1. Consuet. Bellimontis-Rogerii. [Haud scio tamen an aliquid immutandum non sit; occurrit quippe *Menagium* et *Mesnagium* eadem notione qua *Messuagium.*] Vox formata ex Gallico *Més*, id est *Mansus.*

Ut plurimum tamen *Messuagium* sumitur pro modo agri mansionibus et ædificiis rusticis instructo, scilicet, hortis, areis, stabulis, et hujusmodi, vel certe eo quem vulgo *Masure*, seu *mansuram* dicimus, vel etiam quem *mansum* olim appellabant. [Th. *Blount* in Nomolex. : *Messuagium, est honestius habitaculum cum aliquo fundo adjacente, in ejusdem usum deputato.*] Charta Wolstani Vigorniensis Episcopi : *In quo prædicto manso seu Messuagio..... ædificia competenter construi faciant, etc.* Ita passim usurpant Chartæ descriptæ in Monast. Angl. tom. 1. pag. 95. 96. 280. 302. 799. tom. 2. pag. 22. 24. 40. 116. 265. 472. tom. 3. pag. 141. etc. Adde Will. Thorn pag. 1878. 2012. 2034.

Messuagium Capitale, Practicis nostris, *le Chef-manoir*, quod primogenito competit. Regiam Majestatem lib. 2. cap. 27. § 4 : *Salvo tamen capitali Messuagio primogenito suo pro dignitate primogenituræ.* Charta Henrici III. Regis Angl. apud Matth. Paris ann. 1240 : *Cum primogenita nihil petere possit plus quam minor, nisi capitale Messuagium ratione eilnesciæ.* Vetus Consuetudo Normanniæ cap. 26 : *Es Mesuages ne peuent rien reclamer les seurs, se il n'y a plus de Mesuages que de freres.* Ubi Edit. *Mesnage. Capitale autem Messuagium dari non potest nec dividi, sed integrum remanet hæredi*; in Regiam Majest. lib. 2. cap. 16. § 62. 63. ubi tamen *Messuagium* prorsus aliud esse a *Manerio* innuitur, et *Messuagium* esse mansio præcipua manerii dicitur. Vide Monast. Anglic. tom. 2. pag. 141. 196.

* **MESSUALE**, Idem quod *Missale*, liber ecclesiasticus, in quo continetur *missarum* officium, nostris alias *Messien.* Obit. MS. hospit. S. Jac. Meledun. : *ij. Non. Jan. Obiit Radulphus de Poliaco, canonicus beatæ Mariæ, qui dedit unum psalterium et Messuale pro anniversario faciendo.* Inventar. S. Capel. Paris. in Reg. Cam. Comput. sign. *Noster* fol. 197. v°. : *C'est l'escrit des livres : deux Messiens, un à note et autre sanz note.*

* **MESSUARIUS**, Messium custos, Gall. *Messier.* Charta Joan. episc. Lingon. ann. 1339. in Chartul. ejusd. eccl. ex Cod. reg. 5188. fol. 107. v°. : *Concedimus etiam eisdem quod ipsi per bonos viros de communitate prædictarum villarum sibi Messuarios eligant; et electos ad hoc ad præpositi præsentiam adducant juraturos, quod ipsi, tam nostra quam hominum jura, conservabunt.* Vide *Messarius* 1. et supra *Messerius.*

* **MESSUM**, Agri portio cum *manso* seu domo, Gall. *Més.* Charta ann. 1377. in Reg. 112. Chartoph. reg. ch. 212 : *Item omne Messum de Notha, quod tenet Guiotus de Notha.... Item Messum Guillelmi dicti Damont, qui continet circa quatuor boissellatas terræ.* Vide infra *Mesus.*

¶ **MESSURA**, Messis, seu servitium quod tempore messis a vassallis debetur. Chron. Farfense apud Murator. tom. 2. col. 397 : *Constituit libertos ipsius ad cultandum et meliorandum in libellario nomine diebus vitæ illorum, et ad persolvandum annualiter in hoc monasterio hordei modia x. vini decimatas centum, et pro Messura hebdomadas duas, quas persolvere debent, ubi necesse fuerit laborare.* Et col. 398 : *Et in tribus mensibus, id est pro Messura hebdomadas duas, pro fœno hebdomadam unam, et ad suum opus hebdomadas duas. Messeures* vocant Bressiæ habitatores eam fructuum partem quæ messori in salarium conceditur, undecimum scilicet spicarum manipulum.

¶ **MESTA**, pro *Meta*, Terminus, limes. Charta Principis Adelgastri tom. 3. Concil. Hispan. pag. 89 : *Et per illa braña de Ordial, et per illas Mestas de Freznedo et per contorquellos.*

* **MESTADARIA**, Prædium rusticum cum mansione, quod a colono partiario colitur, Gall. *Metairie.* Charta ann. 1484 : *Johannes Chati.... assensavit.... boriam sive Mestadariam ipsius domicelli de Rastinhaco, scitam in parrochiis de Cerno.* Vide *Meystadaria.*

¶ 1. **MESTALLUM**, pro *Metallum*, Gallice *Cuivre.* Inventar. ornament. et Reliq. Eccl. Noviom. ann. 1419. ex Archivis ejusd. : *Item quidam situlus parvus Mestalli ad faciendum aquam benedictam. Item una parva cupeta Mestalli pro ponendo sal, quando fit aqua benedicta. Item quædam parva campanula de Mestallo ad portandum, quando accommunicantur infirmi.*

¶ 2. **MESTALLUM**, Miscellum frumentum, Gall. *Bled méteil.* Charta ann. 1231. ex Tabul. Portusregii : *Ego Simon de Logiis miles.... dedi monachis Vallium Sarnaii ad faciendam pitantiam singulis annis unum modium Mestalli in granchia mea de Montegniaco.* Vide *Mestolium.*

¶ Mestellum, Eadem notione. Charta Galterii Archiep. Rotomag. ann. 1201. tom. 4. Hist. Harcur. pag. 1638 : *Hinc est quod ad communem omnium notitiam volumus pervenire Drogonem de Mellento dedisse in perpetuam elemosinam.... sex sextanos Mestelli in sua campipartitia, et viginti arpenos terræ arabilis et unum hospitem.* Vide *Mixtum* 2.

* **MESTARIA**, Mesteria, ut *Mestadaria.* Inventar. Chart reg. ann. 1482. fol. 80 : *Acquisitio facta per comitem Aleuconii centum solidorum annui reditus super domum sive Mestariam de la Bonnerie, in parrochia de la Poterie, in castellania Mauritaniæ. De anno* 1319. Charta Joan. ducis Bitur. pro fundat. S. Capel. Bitur. ann. 1405. ex Bibl. reg. : *Item quamdam domum Mesteriamque seu munerium in villa et terra de Molinero.*

1. **MESTARIUM**, Mensura aridorum, apud Lugdunenses. Occurrit sæpius in Actis Capitularibus Eccl. Lugdun. ann. 1343 : *Unum Mestarium siliginis, et duo Mestaria comblos avenæ.* [Vide *Meiteria* 2.]

* *Mestier*, eodem, ut videtur, sensu, in Charta Phil. Pulc. ann. 1298. ex Lib. rub. Cam. Comput. Paris. fol. 41 : *La prevosté d'Estampes, ès appartenances de laquelle il a, c'est assavoir le grant Mestier, le minage, etc.*

* 2. **MESTARIUM**, Jugum, fabrilis machina, Gall. *Métier.* Chartul. B. M. Graciac. fol. 47. v°. : *Officialis Bituricensis adjudicavit capitulo B. Mariæ Graciacensis de rebus Torti de Semblençayo, hominis ejusdem capituli, sex capita animalium, tres minas frumenti, unam vaccam, unam culcitram, quatuor archas, unam maytam et Mestarium unius textoris et lintheamina.* Hinc *Mestier à huille* appellatur, Molendinum olearium, in Lit. remiss. ann. 1416. ex Reg. 169. Chartoph. reg. ch. 252 : *Je vous prie que nous comptions ensemble pour savoir comment vous tenez le Moulin ou Mestier à huille, qui est en vostre hostel.* Vide in *Misterium* 1.

MESTATICUS, perperam pro *Mutaticus*, in Charta Dagoberti Regis apud Doubletum pag. 656. [* Legitur tamen etiam in Chartul. S. Dionysii.]

¶ **MESTELLUM**, Vide *Mestallum* 2.

¶ **MESTERA**, Ars, artificium, Gall. *Métier.* Charta ann. 1344. apud Rymer tom. 5. pag. 430 : *Quod quidam malefactores.... diversis hujusmodi operariis pannorum.... qui.... in dicta civitate.... Mesteras suas exercendo, sunt morati.* Vide *Ministerium.*

* **MESTERIA**. Vide supra *Mestaria.*

MESTERIUM, Mesterum. Vide *Ministerium.*

¶ **MESTERLENSIS** Moneta, Eadem, ut videtur, quæ *Esterlingorum* seu *Sterlingorum.* Hist. MS. Monast. Beccens. pag. 242 : *In burgo Augi totum redditum pelliorum.... octoginta libras Mesterlensis monetæ.* Vide *Esterlingus.*

* **MESTICA**, pro *Mestitia.* Vide mox in hac voce.

* **MESTILLIUM**, Miscellum frumentum, Gall. *Meteil*, alias *Mestillon.* Charta Joan. de Harecur. ann. 1269. ex Bibl. reg. cot. 19 : *Condonavi præceptori et fratribus militiæ templi, ad S. Stephanum in Campania morantibus, unum sextarium Mestillii.* Alia ann. 1291. in Chartul. Namurc. ex Cam. Comput. Insul. fol. 41. v°. : *Les rentes d'avaines, de Mestillons, etc. Blef mestueil*, in Stat. ann. 1369. tom. 5. Ordinat. reg. Franc. pag. 223. Vide *Mestolium.*

MESTILO. Vide *Mixtum* 2.

¶ **MESTINUNCIUM**, Decima frugum. Charta ann. 950. in Tabul. Matiscon. : *Ecclesia parochialis erat destructa, unde incolæ et parochiani ibi adjacentes Mestinuncium reddere nolebant et debitum honorem persolvere.*

* Vide supra *Messis parrochialis* in *Messis* 3.

* **MESTITIA**, ab Italico *Mestizia*, Pompa lugubris. Stat. ant. Florent. lib. 5. cap. 48. ex Cod. reg. 4621 : *Nullus magnatum cum masnardertis armatis vadant extra suum populum sive suam parrochiam ad exequias mortuorum vel Mesticæ (sic) vel ad aliquam monacham novellam seu sacerdotem novellum.... et prædicta locum non habeant si exequiæ, Mestitiæ, monacatus, sacerdos.... essent de.... progenie talis magnatis.* Vide infra *Misterium* 3.

MESTIVA, Præstatio ex frumento, quod in agris colligitur et metitur. Charta Ludovici VII. Regis Franc. pro Monasterio Sandionysiano : *Tallia de annona, quæ dicitur Mestiva.* Tabularium S. Cypriani Pictavensis fol. 104 : *Hugo Liziniacensis dominus dimisit quandam inconvenientem consuetudinem, quam videlicet ministri ejus de Cohet sub appellatione Mestivæ in villa S. Mariæ Castri-Arardi, quæ vocatur Rals, videlicet 4. sextar. annonæ annis singulis, ut nunquam amplius requireretur ab ullo homine.* Charta Alienoræ Ducissæ Aquitan. ann. 1199 : *Immunem reddidimus villam de Volliaco, tallia, Mestiva, distractione hominum terræ in expeditionibus Comitis, etc.* Alia Henrici I. Regis Angliæ pro *peagio* Pontis Cæsaris, seu *de Pont de Cé* : *Pro Mestiva apud Thoarcium, unum sextarium frumenti, Mestiva alicujus messoris non reddet nisi obolum.* Magnum Pastorale Eccles. Paris. lib. 2 : *Cum litigium esset super Mestiva masuræ, etc.* Charta Ludovici Reg. pro Bituricensib. ann. 1145 : *Præterea Præpositus aut Vigerii Mestivas et hospitia capere consueverunt in septena.* Consuetudines oppidi *de Boisdecene* in Pictonibus, quæ habentur in Charta Mauricii de Bellavilla Dom. *de Ganasche*, ann. 1265 : *Domini ipsius terræ debent percipere in ipsa frumentagium, quam Mestivam feodalem vocant, et domos hominum debent quærere illam Mestivam : ipse vero qui reddere contempserit, cum gagio de 7. solidis reddet. Senescallus autem Ganapiæ et Senescallus de Machecolio ibunt quærere Mestivam per terram illam sine menaciis, et Vigerii feodales ibunt postea similiter sine menaciis quærere.* Consuetudines Andegavenses emendatæ in Assisiis Andegavens. ann. 1391. ex Regesto Ludovici Regis Siciliæ f. 21. in Camera Computor. Parisiens. : *Sergens ne soient si hardis doresenavant de prendre, avoir, ne lever sur le peuple aucune Mestive de bled, ne vins, sur peine de privation de leurs Offices.* Regestum Censuum Carnotensis Comitatus : *Les Coustumes des portes de Chartres appartiennent à la Prevosté, quand elle est vendue ; c'est à sçavoir le Deaublage, le Tonli, et le Buschage, et les Mestives de Beausse, més le Prevoust poie lors le past aus Meres, qui doivent avoir chacun an à diner le jour que les Mestives sont assises.* Adde Concilium Burdegalense ann. 1255. cap. 25. ubi perperam vir doctus *festivas* emendat pro *Mestivas*, et varias Chartas apud Thomasserium in Consuetud. localib. Bituricens. pag. 62. 85.

☞ Qua ratione vero ejusmodi præstatio colligebatur, docet laudata Ludovic. Junioris Regis Franc. Charta ann. 1145. tom. 1. Ordinat. Reg. pag. 10 : *De bobus autem, in quibus Mastivas accipimus, statutum ab ipso est, ut quicumque bovem, post festum S. Michaelis acceperit, usque in sequentes messes, Mestivam nullatenus reddat.* Et Charta ann. 1226. ex Tabulario S. Juniani Nobiliac. : *Ab hominibus nostris de Ferrabon petebat Mestivam videlicet duas quartas siliginis ab illo qui duos habebat boves, et unam quartam ab illo qui duos habe-*

bat asinos, et unum boisellum ab illo qui non habebat nec bovem nec asinum, et tortellum a quolibet sive denarium pro tortello.

Mestivare, *Mestivam* colligere, percipere. Charta Petri Episc. Inculismensis ann. 1160. ex Tabul. S. Eparchii fol. 11 : *Mestiva vero, super qua quæstio orta fuerat, soli Sacerdoti concessimus. Si tamen Monachus Mestivare voluerit, parochianos suos Sacerdos diligenter admoneat, ne monacho de segetibus suis donet.* [Charta ann. 1247. in Tabular. Portus-regii : *Nobilis domina Maria de S. Scubiculo recognovit quod ipsa tenetur ponere singulis annis mestivarios ad Mestivandum decimam de S. Scubiculo, in quam dicebant moniales de Portu-regio se habere partem suam cum aliis duobus, ita scilicet tempestive, quod prædicti mestivarii, quam cito garbæ dictæ decimæ ad granchiam adducantur, dictas garbas teneantur intassare et decimam triturare de die in diem.*]

* Nostris *Mestiver*, pro *Moissonner*, metere. Lit. remiss. ann. 1455. in Reg. 187. Chartoph. reg. ch. 101 : *Le suppliant mena sa vache en ung champ où il Mestivoit, et y avoit blé en javelle, etc.* Vide supra *Messonare.*

Mestivagium, [Jus *mestivam* percipiendi.] Charta ann. 1323. in Regesto Andegav. fol. 17 : *Donne et octroie.... mon herbergement de la Bocherie .... et ma Seigneurie, et mon Mestivage appartenant audit usage, et à ladite Seigneurie.*

¶ Mestivans, Idem quod *Mestiva*, in Charta Ludovici VIII. ann. 1224. tom. 1. Ordinat. Reg. Fr. pag. 49 : *Mestivantem nullatenus reddat.* Rectius supra in Litt. ann. 1145. *Mestivam.*

¶ Mestivia, Eadem notione. Tabularium S. Cypriani Pictav. fol. 53 : *Dimiserunt omnes consuetudines et Mestivias, et in pascuis et in silvis defensum Maii et Junii, et missiones porcorum suorum, etc.*

¶ Mestiva, pro ea anni tempestate qua fruges metuntur. Charta ann. 1366 : *Item volumus et concedimus quod dictus aquarius ponat et teneat duos porcos in area Abbatiæ tempore Mestivarum anno quolibet nutriendos de siliquis et residuis areæ prælibatæ.*

* Nostris *Mestive* et *Mettive*, eadem acceptione. Lit. remiss. ann. 1422. in Reg. 172. Chartoph. reg. ch. 115 : *En la saison des moissons ou Mestives etc.* Aliæ ann. 1451. in Reg. 185. ch. 152 : *Le suppliant dist qu'il avoit prins lesdiz advoine et froument pour en rendre autant de nouveaulx après Mettives.*

¶ Mestivaria, Fructus ex *mestiva* collecti. Charta ann. 1208. ex Tabular. S. Vincentii Cenoman. : *In Mestivariis habebunt monachi medietatem unam, alia medietate ad personam ecclesiæ remanente.*

Mestivi, Messores, Gall. *Mestiviers.* Charta Hugonis Archiep. Dom. *de Partenai*, ann. 1169. ex Tabul. Absiensi fol. 26 : *Dono iterum et concedo illis cosdumas de mestivis servientium, et de mestivis Mestivorum Abbatiæ, et grangiarum ejus quæ sunt in terra mea, ut ipsi Mestivi et servientes possint libere mestivas suas transferre ubicunque voluerint.* Le Roman *de Huon de Mery* MS. :

> Se ay trouvé aucun espi
> Après la main as Mestiviers,
> Je l'ai glané moult volentiers.

Mestivarius. Charta ann. 1206. in Tabulario Ecclesiæ Carnotensis n. 90. et 80 : *Quinque Mestivarios, ordeacum, fabacenam, pisaceum, veciacum, lentiacum, paleas avenæ, minuta stramina, partem suam fimi, et quidquid juris solebat in granica nostra de Chanseri.* Alia ann. 1211. ibid. n. 180 : *Et quidquid in earumdem villarum territoriis habebat, et granicis in nostra præsentia comparavit, videlicet jus mittendi in granicis messium excussores, viciacum, fabiacum, ordeiacum, investitiones, submonitiones hominum, bonnagia, et districta, et quidquid in illis locis et granicis possidebat, etc.* Alia ann. 1216. num. 184 : *Sex Mestivarios quos habebant in granchia nostra de Nongento, etc.* Adde num. 181. 182.

¶ **MESTIZUS**, Hispanis dicitur qui ex parentibus Hispanis et Americanis mixtim natus est. Concil. Liman. ann. 1582. inter Hispan. tom. 4. pag. 250 : *Si qua mixti generis mulier, quas vulgo Mestizas vocant, in monasterium recipi velit, etc.* Aliud ann. 1604. ibid. pag. 764 : *Provisor et vicarii nostri .. dabunt licentiam parochis sæcularibus sui districtus, ut sacramenta ministrare possint, et ministrent Hispanis, Æthiopibus, Mulatis, Zambahigis et Mestizis aliisque personis non Indis.* Vide Hofmannum in Lexico.

¶ **MESTOLIUM**, Miscellum frumentum, Gall. *Bled méteil.* Charta ann. 1225. in Tabular. Portusregii : *Ego Gaufridus de Bruxeria Miles... tradidi monialibus Porregii totam terram quam habebam... pro tribus sextariis Mestolii et tribus sextariis avenæ.* Tabular. S. Magdalenæ de Castroduno fol. 9 : *Donacionem illam quam fecerunt executores Bartholomei Logre de duobus modiis videlicet unius boni frumenti et unius Mestolii Deo et Canonicis, etc.* Vide *Mixtum* 2.

* **MESTOSUS**, a Gallico *Mestis*, Misti generis equus; nisi legendum est *Moscosus.* Vide infra in hac voce. Monstra ann. 1339. inter Probat. tom. 4. Hist. Occit. col. 182 : *Raymundus de S. Maycensio cum equo ferrando Mestoso, æstimato lxx. libras. Chiens Mestiz et mastins*, in Lit. remiss. ann. 1413. ex Reg. 167. Chartoph. reg. ch. 319. Vide *Mestizus.*

* **MESTRA.** Libert. Figiaci ann. 1318. tom. 7. Ordinat. reg. Franc. pag. 661. art. 5 : *Salvo jure abbatis et monasterii Figiaci, si quod habent Mestris et tabulis in locis aliquibus infra villam.* Sed leg. *in estris.* Vide supra *Estra* 3.

¶ **MESTRINUS.** Vide in *Mazer.*

¶ **MESTURA**, Præstatio ex frumento, quod in agris colligitur et metitur. Charta Geraldi Abb. S. Johannis Angeriac. ann. 1385. ex Chartular. ejusd. Monast. pag. 471 : *Ad faciendum eleemosynam habet eleemosynarius in omnibus istis obedientiis inferius annotatis tantum de Mestura, videlicet de Fontaneto, quatuor sextaria frumenti ad mensuram veterem.* Vide *Mestiva.*

* Vel potius Messis; qua notione *Mesture* legitur in Charta Egid. abb. S. Mart. Tornac. ann. 1321. ex Reg. 61. Chartoph. Chartoph. reg. ch. 209 : *Et si doit avoir lidiz Rogiers, se il vit, toute la Mesture de blez de Mars.* Miscellum frumentum significat hæc eadem vox in Lit. remiss. ann. 1393. ex Reg. 146. ch. 4 : *Le suppliant a confessé avoir pris.... deux boisseaux de de Mesture.* Aliæ ann. 1459. in Reg. 188. ch. 208 : *Lesquelz prindrent autre grant quantité de blé, appellé Mesture. Méture*, in Ch. ann. 1326. ex Reg. 64. ch. 713. Vide *Mettura.*

* **MESTUSIUM**, an Horreum, in quo *Mesturæ* seu messes conduntur? Chartar. Norman. ex Cod. reg. 4653. A. fol. 87 : *Monachi Lyræ habent in foresta vivum nemus ad herbegandum abbatiam suam et molendina sua, sita super Rule inter Rugles, ad Mestusium, ad bigres et ad clausuram abbatiæ.*

MESUAGIUM. Vide *Messuagium.*

¶ **MESURA**, pro Mensura, sæpius occurrit in Chartular. S. Vandregesili.

¶ **MESURAGIUM**, Quod a domino fori pro mensura exigitur. Statuta Eduardi I. Reg. Angl. ann. 1283. apud Rymer. tom. 2. pag. 262 : *Dabit venditor extraneus..., de salmaca bladi unum denarium, de carteria obolum, pro leuda et Mesuragio nichil.* Charta Ludovici Comitis de Sancero ann. 1327. apud Thomasserium Consuet. Bituric. pag. 422 : *Item confiteor me et antecessores meos in levatione, exactione, seu perceptione cornagii et Mesuragii, etc.* Vide *Mensuragium.*

* *Mesuraige*, in Charta ann. 1430. ex Chartul. Latiniac. fol. 148 : *En icelle ville de Luigny ils avoient* (les religieux) *et ont droit de mynaige et Mesuraige sur tous les blez, avoynes, orges, feves et tous autres grains quelconques, etc.*

MESUS, Idem quod *mansus*, de qua voce supra : nostris *Més.* Charta Beatricis Abbatissæ Deiparæ Suession. ann. 1232. pro Communia Aisiaci : *Item omnes terras, quas dicti homines tenent de Mesis, et etiam illas, quas tenent ad census, ponent ad terragia, et ibi accipiemus terragium, et decimam una manu.* Infra : *Omnes etiam vineas, quas tenent de Ecclesia nostra ad Mesum, sive ad censum, sive quolibet alio modo, tenebunt eas ad medium vinagium.* [Ubi *tenere ad mesum*, idem videtur quod supra *tenere ad medium*, cum scilicet partiarius colonus fructuum partem alteri ex pacto præbet, altera sibi retenta. Vide *Medium.*] Exstat Charta alia ejusdem Beatricis, cum hoc titulo, *De ordinatione mesorum potestatis de Pargny*, in cujus contextu qui *mesus* dicitur, *mansus* appellatur. : *De pluribus redditibus, quos nobis debent homines potestatis de Parrigny, et de quolibet manso, qui est de 24. boneriis et minus, debent Ecclesiæ nostræ de bonerio singulis annis dimidium septarium bladi, etc.* [Vide *Massa* 5.]

* *Miex* et *Mex*, in Libert. Auxon. ann. 1229. tom. 4. Ordinat. reg. Franc. pag. 394. art. 1. Charta ann. 1250. ex Chartul. Campan. fol. 338. v°. col. 1 : *Reservamus molendinum cum stagno, et domum cum toto porprisio, et quoddam pratum, et unum Mesum cum uno jardino.* Vide supra *Messum.*

* **MESUSAGIUM**, Exactio quævis contra jus inducta; nostris *Mesusance*, qua voce quidquid injuste fit significatur. Charta ann. 1308. in Reg. 40. Chartoph. reg. ch. 34 : *Si aliquam notam offensæ, ratione Mesusagii sibi impositi, ante concessionem hujusmodi forsitan incurrerunt, nos etiam sibi remittimus.* Eadem rursus occurrunt in

Charta sequenti. Lit. remiss. ann. 1378. in Reg. 114. ch. 167 : *Les habitans de la ville d'Arras s'efforçoient de faire pluseurs désobéissances, Mesusances, entreprises, machinations et conspirations contre la contesse de Flandres, d'Artois, etc.* Vide *Mali-usus.*

MET, Particula apud Scriptores inferioris ævi præponitur, quæ Latinis postponi solet. Sosipater lib. 2. Instit. Gramm. : *Met, non est pars orationis, sed adjectamentum quoddam accedit, etc.* Adde Priscian. lib. 12. et alios. Charta Turpimiri Ducis Croatiæ apud Jo. Lucium lib. 2. de Regno Dalm. cap. 2 : *Dum mundi ab origine cuncta per tempora facta mansisse, delabisseque succedentibus alia altissimi, si Met oculis perspicimus mentis, et manu fidei palpamus, nisi corporeis membris videre, audire aliud valemus, nisi ea quæ præsentantur, et scripturarum auditio obtutibus pandit.* Charta Aragonica æræ MIII. apud Martinezium in Hist. Pinnatensi lib. 3. cap. 5 : *Et requisierit suum amicum Sanctium, ut per suum corpus Metipsum cum suos varones ei adjuvet, etc.* Ita *met-septimus, met-tertius*, non semel occurrunt in Speculo Saxonico, pro *septimus met*, vel *tertius met*, ut Latini postponunt. In quam rem Marquardi Freheri observatio ad Constitutionem Adolph. Imper. ann. 1293. haud videtur contemnenda: non tempero mihi, inquit ille, quin perstringam mirabilem, an ridiculum particulæ *Met* usum : e qua tandem *ipsissimi* exemplo, *metissimum* natum est, quod in Italico moderno remansit, *medesimo*, in Francico contractius, *mesme* eadem forma, qua e Quadragesima, *Caresme.*

1. META, Acervus segetum, congeries vel strues in acutum tendens, vox Catoni nota cap. 46. Hesychius : Θημωνιαί, οἱ σωροὶ τῶν δραγμάτων. Gregorius Tur. lib. 4. Hist. cap. 41 : *Acceptisque clavibus Metas annonæ, quæ aderant, elidit.* Aimoinus lib. 2. de Miraculis S. Benedicti cap. 9 : *Acervos frugum, quem Metam vulgo dicimus.* Flodoardus lib. 1. Hist. Remens. cap. 17 : *Quid ille... facere vellet ex his quas aggregaverat Metis* : supra, *acervos frugum* appellavit. Guibertus lib. 2. Hist. Hierosol. cap. 8 : *Cum enim plurimorum annorum segetes triticeas, uti in ea terra moris est, in modum turrium per agros stabilitas cernerent, quas nos Metas vulgariter vocare solemus, etc.* Sic etiam legendum in Vita S. Gallæ n. 6 : *Suspicor, tres aviculæ... super tres Metas, quæ ex ipsa segete sua fuerant factæ, consederunt.* Editum *molas*, quæ vox hic nihil sonat. Picardi nostri *Maye* et *Moies* ejusmodi acervos vocant.

☞ *Meta* etiam dicitur terminus ad instar *Metæ* fastigiatus. Frontinus de coloniis : *In campis vero statuerunt terminos cursorios, spatulas vel Metas assignatas.* Hinc quilibet terminus ac finis eadem voce significatur : quod et Latinis notum est.

¶ METALITER, apud Mart. Cappellam lib. 7 : *Umbra metaliter jacitur;* hoc est, instar *metæ* fastigiata.

2. META, vox Longobardorum. Vett. Glossæ : *Meta, pecunia, donatio sponsalitia.* Joan. de Janua : *Meta, promissio, vel confugio, (sic) id est, obligatio in die nuptiarum.* Ita usurpant Lex Longob. lib. 1. tit. 30. § 3. 4. lib. 2. tit. 1. § 11. tit. 2. § 2. 5. tit. 4. § 2. 4. tit. 14. § 11. Edictum Rotharis Regis tit. 60. 65. 66. 72. 87. Leges Luitprandi tit. 64. 74. 88. 92. Leg. Astulfi tit. 4. etc. [** Roth. 167. 178. 183. 190. 191. 192. 216. Liutpr. 88. 114. 117. 119. (6,35. 16. 64. 66.) Aist. 5.] Vide *Methium.* [** Grimm. Antiq. Jur. Germ. pag. 422.]

* Hinc pro Pretium rebus vendendis impositum, in Correct. stat. Cadubr. cap. 78 : *Meta imposita per dictos juratos et homines penitus observetur, et in eandem pœnam incidant ii, qui ultra Metam impositam vendiderint.* Vide *Metaxarii.* [** *Meta* hic est Finis, modus.]

¶ 3. META, Monetæ Flandrensis species. Vide *Mita* 2.

4. META, alia notione, [f. Quod domino competit pro jure defigendi metas in terris vassallorum.] Charta Odonis Episcopi Belvacensis ann. 1146. apud Louvetum : *Censumque quem Hugo de Yvoilio per concessionem ipsius Drogonis, quia uterque census de feodo ejus erat, in remissionem peccatorum suorum eidem Ecclesiæ donaverat, eis similiter concessit, et Metas, et venditiones eis pariter remisit.*

METÆ CAROLI, Pyrenæi montes, dicti, quod Carolus M. arma sua victricia ulterius non tulerit. Willelm. Brito lib. 1. Philipp. :

> .... Terrarum quidquid habetur
> A pelago, quod nos hodie distinguit ab Anglis
> Usque sub Hispanos fines, portusque remotos
> Qui Caroli Metæ populari voce vocantur.

* META FERRATA, Quæ ferro munita ab aliis distinguitur. Charta Joiæ dom. *de Vallaincort* ann 1241. in Chartul Montis S. Mart. part. 1. ch. 116 : *Secundum altitudinem Metæ ferratæ, quæ.... de consensu meo et ecclesiæ Montis S. Martini communiter est defixa.* Meta et *Mette* passim, a Latino *Meta*, pro *Borne, limite.*

¶ METAS FIGERE, Majoribus villarum maxime competere supra observatum ad vocem *Bonagium* in *Bona* 2. ob idque juris certa ipsis statuta præstatio, cujus mentio occurrit in Statutis Stampensibus ann. 1179. apud D. *Fleureau* Hist. Blesens. cap. 28. pag. 111 : *Ob metas figendas Præpositus sextarium vini rubei Stampensis tantummodo accipiet.* Quod de præstatione ob probatas mensuras exacta, minus recte intellexisse videtur laudatus Auctor.

METABOLA. Idacius in Chronico : *Expeditio ad Africam adversus Wandalos ordinata, Metabolarum commutatione et navigationis inopportunitate revocatur.* Est autem *metabola*, ex Græc. μεταβολή, maris mutatio. Glossæ Isid. et Pithœanæ : *Metapontum, metabula maris.* MSS. habent *maris mutatio.* Infra : *Metabulum, prospera navigatio.* Ubi forte legendum *inprospera.* Hesychius : Μετάβολοι, πραγματευταὶ καὶ οἱ μεταπόντιοι, παρὰ Ἰταλοῖς. Rursum : Μεταπόντιος, διαπόντιος.

* METABOLARIUS VENTUS, a Græco μεταβολή, Trajectio, ut notant docti Editores ad Vit. S. Senzii tom. 6. Maii pag. 71. col. 1 : *Nutus Dei.... præparavit eis naviculam, ubi pariter in unum convenerunt, et flavit ventus Metabolarius, et sternit æquora.* Vide *Metabola.*

1. METABULUM, Spatium, a *meta.* S. Eulogius lib. 3. Memorial. SS. cap. 8 : *Cumque dies illa maximum cursus sui explens Metabulum, jam pæne in horam nonam divergeret.* Vide *Metabola.*

* 2. METABULUM, Campanæ tudicula. Vide supra *Matabulum.*

¶ METACHRONISMUS, vox Græca, Temporum transpositio, cum scilicet a tempore rei gestæ aberratur. Christophori Mulleri introductio in Histor. Canoniæ Sand-Hippolyt. apud Raim. Duellium lib. 1. Miscell. pag. 300 : *Alii fundationis nostræ principium ad Caroli M. ætatem reducunt, qua is octenni adversus Hunnos bello strenue perfunctus optatissimam plag's hisce Orientalibus tranquillitatem constituit annum circiter 790. Sed quantum isthoc Metachronismo a veritate rei aberrent, qui ejus ævi eventus ita supputant, ex dictis convincitur.*

METACISMUS, Gr. Μετακισμός, Isidoro lib. 1. cap. 31. *est quoties in M. literam vocalis sequitur, ut bonum aurum, etc.* Ugutioni, *Metocismus, et M. literæ per scansionem collisio.* Papiæ, *Metacismus*, vel *Motacismus, est M. literæ congeminata collisio : vel quotiens litera M. sequitur*, vel *quotiens vocabulis sequitur M. ut bonum aurum.* Vide Diomedem lib. 2. et Senatorem lib. de Divin. lect. cap. 15. Gregor. Mag. Epist. ad Leandrum Episc. apud Joan. Diacon. in ejusdem S. Gregorii Vita lib. 4. cap. 14 : *Ipsam loquendi artem, quam magisterium disciplinæ exterioris insinuat, servare despexit : nam sicut hujus quoque epistolæ tenor enunciat, non Metacismi collisionem fugio, non barbarismi confusionem devito, situs motusque præpositionum, casusque servare contemno, etc.* Chronic. Monast. S. Michaelis Virdun. : *Obsecro autem eos qui hæc forte lecturi sunt, ne causentur propter solœcismos aut Metacismos aut quid horum simile frequentius incurrisse, etc.* Ex his emendandus Grimlaicus in Regula Solitariorum, in Prologo : *Nostracismos denique et barbarismos, nec non et ipsos præpositionum casus in hoc opusculo servare contempsi, quia indignum fore vehementer censui, ut verba Christi vel sanctorum Patrum sub regula perstringerem Donati.* Leg. *Metacismos.*

¶ METADELLA. Vide *Mitadela.*

¶ METALIS LAPIS, Qui loco *metæ*, seu termini est. Charta ann. 1196. apud D. Calmet. tom. 2. Histor. Lotharing. col. 411 : *Et per transitum ejusdem montis usque ad lapidem Metalem, qui vulgo dicitur Marstein, etc.*

* METALIS DISTINCTIO, Meta, limes, terminus. Charta Wladislai reg. Hungar. ann. 1494. inter Probat. tom. 1. Annal. Præmonst. col. 657 : *Productæ sunt quædam litteræ,.... quibus mediantibus idem nomina terrarum et earumdem Metales distinctiones, quæ eisdem et prædictæ ecclesiæ.... collatæ fuissent etc. Signa metalia*, in Lit. Casimiri III. ann. 1462. inter Leg. Polon. tom. 1. pag. 201. Vide infra *Signum* 3.

¶ METALLARII, Aurilegoli, in Cod. Theodos. lib. 10. tit 19. de Metallis et Metallariis. Vide *Metallum.*

¶ METALLATUS, Encaustus, encausto distinctus, Gall. *Emaillé;* inauratus, Gall. *Doré*, Lobinello minus recte. Testament. Godefridi *du Plessis* ann. 1332. apud laudat. Lobinell. tom. 3. Hist. Paris. pag. 394 : *Item scyphi tres argentei non Metallati, pon-*

deris sex marcharum et dimidiæ, ad marcham Turon. duo bachini immetallati, ponderis quinque marcharum et decem octo sterlingorum.

* **METALLE**, Metallum, Lebes vel cacabus æreus. Inventar. bonor. Joan. de Madalhano ann. 1450 : *Dictus procurator dixit se invenisse unum magnum Metalle cum tribus pedibus et cum duabus auriculis metalli.* Aliud ann. 1476. ex Tabul. Flamar. : *Et in coquina.... unum Metallum magnum.... Item plus duo alia Metalla, tenentia quodlibet decem parapsides offarii sive potagii.* Telon. S. Bert. : *Torsel ollarum Metallinarum, iiij. den.* Nostris alias *Mette*, pro *Métal*, *étain*, vel *cuivre*, æs vel stannum. Lit. remiss. ann. 1401. in Reg. 156. Chartoph. reg. ch. 158 : *Un fluscon ou bouteille d'estain ou Mette. Six escuelles, deux platz tous de Mette*, in aliis ann. 1418. ex Reg. 170. ch. 175. Vide *Metallum* 1.

¶ **METALLIA**, Semitallia, Gall. *Demitaille.* Charta ann. 1265. in Tabul. S. Jacuti : *Talliam et Metalliam consuetas habebit Brientius de castro Brientii Miles, cum dictis hominibus, si eas possit retrahere.* Vide *Meditallia.*

1. **METALLUM**, Æs : *Metallinus*, æreus, *de Metail.* Thwroczius in Stephano Rege Hungariæ cap. 26 : *Jussit Bothand cum dolabro suo pergere contra portam urbis, quæ erat Metallina, etc.*

Metallum, Campana ærea. Abbo lib. 1. de Bell. Paris. vers. 238 :

Totius Ecclesiæ convexa boando Metalla.

Metallum Lapidosum, Fortunato lib. 9. Poem. 15. [S. Paulinus Poemate 24. pag. 152 :

Quæque prius pilis stetit, hæc modo fulta columnis
Vilia mutato sprevit cementa Metallo.

Vide Notas in eadem Poemata pag. 104. Hinc in Cod. Theod. occurrit lex de marmoris secandi facultate inter eas quæ de metallis et metallariis referuntur tit. 19. lib. 1 : *Secandorum marmorum ex quibuscumque Metallis, volentibus tribuimus facultatem : ita ut qui cædere Metallum, atque ex eo facere quodcumque, decreverint, etiam distrahendi habeant liberam potestatem.* Anastasius in S. Silvestro PP. : *Ipsum sanctum fontem ex Metallo porphyretico ex omni parte coopertum, etc.* Adde Cassiod. lib. 2. Ep. 7.]

☞ Hinc *in Metalla damnari*, apud Plin. lib. 10. Ep. 66. est in lapicidinam damnari ; unde et *Metallici* dicuntur in leg. 10. § 1. Dig. de pœnis, (48,19). qui in *metalla* damnati sunt.

* Metallum Hispanicum. Andr. Floriac. in Vita Ms. S. Gauzl. Bitur. archiep. lib. 1 : *Fecit et analogium Hispanico Metallo compactum, diebus utendum feriarum.* Infra : *Hispanicum cuprum.*

¶ Metallum Ligneum, in Vita S. Bonifacii Episc. auctore Willibaldo sæc. Bened. 3. part. 2. pag. 17 : *Tunc autem summæ sanctitatis Antistes consilio inito cum fratribus, ligneum ex supradictæ arboris Metallo oratorium construxit.* Unde *Metallum* pro qualibet materia usurpatum colligitur.

* 2. **METALLUM**, ut *Mestallum* 2. Miscellum frumentum ; *Mesteul*, in Charta ann. 1308. ex Lib. rub. Cam. Comput. Paris. fol. 302. r°. col. 1 : *Le tiers dudit blé en Mesteul mettoien etc.* Alia ann. 1258. in Chartul. S. Euvertii Aurel. : *Duo sextaria Metalli redditales super terram,.... quam corporavimus ego et Johannes maritus meus quondam.* Vide *Mixtum* 2.

¶ **METANGI**, Metangismonitæ, a *meta* et *ango*, Hæretici sic dicti quod Verbum in Patre, ex Augustino hær. 58. tanquam unum vas in altero esse delirabant. Vide *Collitiani.*

METANIA, Metanoea, Genuflexio, inclinatio, ex Græco μετάνοια, eadem notione apud inferioris ævi Græculos : Latinis sequioris ætatis *Venia.* Ἐπίκλισις ἱερά apud Naucratium in Encyclica de obitu S. Theodori Studitæ pag. 880. Papias MS. : *Metaniæ, potentiæ.* Legendum, *Pœnitentiæ*, quia in *Pœnitentiam* ejusmodi genuflexiones imponebantur. [Vita S. Vindiciani tom. 2. Martii pag. 79 : *Sed cum ad culpæ agnitionem veramque Metanœam adduceret.* Ubi pro pœnitentia usurpatur.] Petrus Venerab. in Statutis Ord. Cluniac. cap. 4 : *Atque illis Metanœis, quæ quotidiano usu in Capitulo fiunt, et vulgo Veniæ nominantur.* Et cap. 53 : *Frequentibus Metanœis, vel genuflexionibus.* [Bernardi Mon. Ordo Cluniac. part. 1. cap. 72 : *Sacerdos Missam cantaturus... a parte dextra, et socius a sinistra, aptant altare velamentis, sicque ponit in medio altaris* (calicem) *ac missalem in parte dextra ; post exuens tunicam, facit ante altare Metanœam.* Quod vero *Metanœam* hic, alibi *veniam* appellat idem Bernardus.] Hieronymus Monach. Camaldul. in Vita S. Romualdi Abbatis n. 67 : *Docebat eos ut... disciplinas flagellorum in cella facerent, Metanias, ac genuflexiones frequentantes.* Anastasius Biblioth. in Vita S. Joan. Eleemosynarii n. 27 : *Mittentibus igitur ambobus Metanœam, et amplexantibus alterutrum, sederunt.* Græca Leontii habent βάλλειν μετάνοιαν. Idem Anastas. in Collatione S. Maximi Mart. cum Theodosio pag. 188 : *Surrexit, et misit in Metanœam.* Ex Græca, ut dixi, phrasi, βάλλειν μετάνοιαν. Synodus VII. Act. 4 : Ἀνέστησαν πάντες μετὰ χαρᾶς καὶ δακρύων καὶ ἔβαλον μετάνοιαν. Dorotheus Doctr. 4 : Ἔβαλον αὐτῷ μετάνοιαν, ἵνα λάβω παράθεσιν παρ' αὐτοῦ, καὶ ἀναχωρήσω. Stephanus Monachus Sabaita in Pass. SS. xx. Martyrum Lauræ S. Sabæ n. 71 : Καὶ βαλλόντων ἀλλήλοις μετάνοιαν συνήθως. Ita passim in Vita S. Nili Junior. pag. 20. 23. 49. 69. 72. in martyrio Bacchi Junioris pag. 80. apud [Anonymum Combefisianum in Porphyrog. Vita n. 4. 50.] Codinum in Orig. etc. Apud Amphilochium in Vita S. Basilii, ποιήσας μετάνοιαν, perperam Gratius vertit, *pœnitudine quadam ductus* ; rectius Combefisius, *reverentiam faciens.* Gregorius Decapolita de Miracul. S. Georgii, μετανοεῖν dixit, pro μετάνοιαν βάλλειν. Idem etiam num. 47. 48. μετάνοιαν ποιεῖν usurpavit. Occurrit præterea vox *Metanœa* apud Joann. Laudensem in Vita S. Petri Damiani Card. n. 16. eumd. Petr. Damianum in Vita S. Dominici Loricati, et tom. 3. Opusc. 14. lib. 1. Epist. 10. lib. 3. Epist. 8. lib. 6. Ep. 26. 27. in Historia Episcop. Autisiodor. cap. 48. etc. Chron. S. Vincentii de Wlturno pag. 673.

Duplex autem est μετάνοια ; *magna* scilicet, μεγάλη, cum quis, toto corpore, sine tamen genuum flexione, se fere ad terram usque, antrorsum inclinat, altera *parva*, μικρά, cum tantum cervicem inclinat, et caput aliquo usque. Ita Gerlachius apud Crusium in Turco-Gr. pag. 205. [** Vide Glossar. med. Græcit. col. 916. sqq. voc. Μετάνοιαι. Græcis Μετάνοιαι sunt etiam Feminarum pravæ ac dissolutæ vitæ, pœnitentium et ad meliorem frugem redeuntium, monasteria.]

¶ **METANOEA**, *Genus est testis.* Glossulæ MSS. Cluniac. tom. 2. Oper. posthum. Mabill. pag. 23. Ubi leg. forte, *Genus est pœnitentiæ.* [* Vide in *Metania.*]

¶ **METAPHORA**, *Omen et quædam præsignificatio.* Gasp. Barthii Glossar. apud Ludewig. tom. 3. Reliq. MSS. pag. 370. ex Gauterio de Bellis Antioch.

METARE, Divertere, hospitari. Fredegarius Scholast. cap. 36 : *Regi nunciavit virum Dei inibi esse, nec Regis domibus Metare velle.* Aimoinus de Mirac. S. Benedicti lib. 2. cap. 3 : *Qui ei locum Metandi in sua concesserat domo.* [S. Paulinus in Poem. 24. pag. 146 :

Suscipiens humili Metantem in pectore Christum.]

Metatus, Metatum, Ædes propria, domicilium, interdum hospitium. Passim apud Gregorium. Tur. lib. 3. Hist. cap. 7. lib. 5. cap. 19. 40. lib. 7. cap. 6. 29. lib. 8. cap. 2. 44. lib. 9. cap. 6. lib. 10. cap. 15. de Mirac. lib. 1. cap. 44. lib. 2. cap. 21. 24. lib. 2. de Mirac. S. Martini cap. 11. lib. 4. cap. 21. de Vitis Patr. cap. 8. Anonym. in Vita S. Stephani Abb. Obazin. n. 4. Aimoin. de Vita S. Abbonis Floriac. cap. 20. lib. 2. Hist. cap. 11. Flodoardum lib. 1. cap. 20. lib. 2. cap. 3. lib. 4. cap. 10. in Vita S. Machutis Episc. cap. 14. etc. *Hospitium et Metatum accipere*, apud Gregor. Mag. lib. 7. Ind. 2. Epist. 109. *Metatorum præbendorum onus*, in Novella Theodosii de Metatis, ubi plura de hoc onere : et in Cod. Justin. eodem tit. Ita μίτατον Græci dixerunt. Concilium CP. sub Agapeto PP. Act. 2 : Νομίζοντες δὲ καὶ ἐν τῷ μιτάτῳ αὐτοῦ, ἐν ᾧ πάλαι κατέμενεν, εὑρίσκεσθαι αὐτὸν, ἐζητήσαμεν. VI. Synod. Act. 11 : Τὰ δύο βιβλία ἔν τινι βασιλικῇ οἰκίᾳ εὑρέθησαν, ἐν ἑνὶ μιτάτῳ διαφέροντι τῇ μονῇ Χρυσοπόλεως. S. Athanasius de Imagine Berytensi : Ἐπεζήτησε μιτάτον μεῖζον ὁ Χριστιανὸς, ὡς χρήζων. Passio S. Basilei Episcopi Amaseæ n. 8 : Ἐν μιτάτῳ τινὸς Ἐλπιδιφόρου, etc. Vide Meursii Gloss. [** et Cangii voce Μετάτον, col. 919.]

¶ Metatus, Pro universo domus, ejusque adjacentium, ambitu sumitur, in Bulla Stephani III. PP. ann. 755. apud Felibian. Histor. S. Dionys. pag. xxviii : *Igitur quia petistis a nobis quatenus.... domum positam juxta monasterium B. Martini cum inferioribus et superioribus suis, cum Metatu suo et horticello.... vobis ad tempus emissa præceptione concedere deberemus.*

Metatio, Idem quod *Metatum*, apud Tertullianum de Pallio cap. 2. [Tortarius in Mirac. S. Benedicti sæc. 4. Bened. part. 2. pag. 405 : *Denique mox ut suæ Metationis subiit limitem, etc.*] Recentioribus vero, jus procurationis, *Gistum*, metati onus. Aymoinus lib. 2. de Miracul. S. Benedicti cap. 5 : *Puliacensis Parochiæ prædium assidua exinanibat Metatione.* Mox : *Contigit ut* una dierum memoratus vir prandium sibi in jamdicto prædio parari jubens, etc.

Metator, in Gloss. Gr. Lat. Ἑτοιμαστής, id est, qui *Metata*, et mansiones parat. Ἑτοιμασία, *metatio*. [Gloss. Lat. Græc. MS. Sangerman.: *Metatio, apparatio, præparatio*, ἑτοιμασία.] Glossæ Isid. : *Metatores, mansionum præparatores.* Papias : *Metator, qui locum præparat adventui potestatis.* Vegetio, *Metator* dicitur, *qui præcedens locum castris deligit.* Hispanis *Aposentador*, de quo officio agunt Leges Alfonsinæ, seu *Partidæ*, part. 2. tit. 9. lege 15. S. Ambrosius lib. 6. Hexaemer. cap. 10 : *Qui metatores itinera disponunt? qui duces iter dirigunt?* Optatus lib. 3 : *Cum ante venturos milites Metatores, ut fieri solet, mitterentur.* D. Cyprianus Epist. 22 : *Ipsum anguem, majorem Metatorem Antichristi, non tam confessus deterruisti, etc.* Idem Epist. 81 : *Rogatianum Metatorem vocat eorum quos martyrio antecesserat.* Apud Petrum Chrysologum S. Joannes Bapt. dicitur *Metator Domini.* Flodoardus lib. 14. Carm. 18 :

Agmina Metator cogens, loca providet apta.

Vide *Mansionarius. Prometator*, ead. notione apud Julianum Antecessor. cap. 537. Glossæ Basilic. : Μιτάτωρ, ὁ ἀποστελλόμενος ἄγγελος πρὸς τοὺς ἄρχοντας.

Metatoriæ Epistolæ, [Præviæ, prænunciæ,] quibus adventum nostrum nuntiamus, quasi καταγωγὴν et diversorium designaturæ, apud Sidonium lib. 8. Ep. 11.

¶ **METARIA**, Prædium rusticum, Gall. *Métairie*. Computus. ann. 1202. apud D. *Brussel* tom. 2. de Usu feud. pag. CLV : *Pro Metaria Vallium vindemianda, et pro raspa ducenda apud Meduntam et Anetum et pro auxiliatoribus vindemiarum, et pro vino ducendo de vineis* XI. *l. et dim.* Hinc

¶ Metarius, Colonus, qui *metariam* excolit; ibid. pag. CL : *De Metariis Gaufridi Peronæ* XX. *l. de quibus solvit* X. *l.* Vide *Metearia* 2.

METARITIA. Charta Caroli Regis Burgundiæ filii Lotharii Imper. tom. 12. Spicilegii Acheriani : *In Astonnaco Metaritia una : in Mutiano colonica vestita una, et altera absa, cum vercaria absque censu; in Blodemaco Metaritiæ duæ; in curte Metiara Metaritia una: in Cussano Metaritia una, etc.* Leg. forte *Massaritia*. Vide in hac voce.

METARPUS. Ugutioni, *Metator, qui castra designat; et Metarpus, castrorum metator.*

¶ **METASYNERITICA** Curatio, *Metasyneriticus cyclus*. Voces medicis notæ. Vide *Recorporare* et *Cyclus*.

* **METATA**, Mensuræ agrariæ species. Præcept. Caroli IV. imper. inter Probat. tom. 2. Annal. Præmonst. col. 132 : *Novemdecim Metatas et triginta quinque virgas seu decempedas ambactales, in Dombirch ducentas quadraginta novem Metatas.... Item Oostcapel supra dunas difflatas viginti quinque centenas atque quadraginta septem Metatas.*

METATIO, Metarum et limitum defixio, *Droit de bornage*, in Consuetudine Peronensi. Tabularium Abbatiæ S. Victoris Paris. Charta 21 : *Omnes alii proventus prædictarum terrarum sunt Ecclesiæ, sicut campipars, et venditiones, investituræ, Metationes, revelationes, et dona gerimarum.* Mox : *Campipartiri vero, aut metas figere vel aliam jurisdictionem exercere, pars una sine consensu alterius non poterit.* [*Metatio*, alia notione. Vide in *Metare*.]

¶ **METATUM**, Idem quod *Metatio*. Charta ann. 1266. in Tabular. Calensi : *Vendidit... partem investitutionum seu sezinarum... et partem suam vinorum et Metatorum sive esbonachiorum.* Vide *Bonna*. Alia notione, vide in *Metare*.

METAXA, Græc. Μέταξα, Sericum, rude præsertim, et necdum tinctum, neque in fila deductum. Vide Isidorum lib. 20. cap. 29. Cujacium ad leg. 10. tit. 8. lib. 11. Cod. Brissonium, et alios qui *metaxæ* vocem in leg. ult D. de Public. insertam a Triboniano existimant, cum recentior sit. Adde Meursium in Glossario. [* Consulendi omnino Martinius in Lexico ad hanc vocem et Menag. in v. *Medasche*. Vide supra *Madascia*.]

METAXARII, Sericorum negatiatores, in leg. ult. C. de Pignorib. (8,13.) Μεταξάριοι, Basil. Eclog. 25. tit. 2. cap. 56. Aliam huic voci ac prorsus diversam affingit notionem Ugutio et ex eo Joannes de Janua : *Metaxarius, qui fora imponit rebus, quæ venduntur, metam pretii. Item etiam licitator et taxator dicitur.* [* Vide supra *Meta* 2.]

¶ **METEALIS**, Monetæ aureæ genus, apud Hispanos. Donatio Alphonsi VI. Regis tom. 3. Concil. Hispan. pag. 291 : *Unde centum, annualem censum videlicet, aureos, quos vulgo Meteales appellant, Conventui Cluniacensi proprie dedit... Censum quoque largitatis paternæ duplicavi, duo millia Meteales in censum annuatim Cluniaco persolvens.*

1. **METEARIA**, Mensuræ species. Charta ann. 1149. apud Sanjulianum in Matiscone pag. 251 : *Et exceptis quatuor Meteariis avenæ ad veterem mensuram, etc.* f. *Metretariis*. Vide *Meterium*.

¶ 2. **METEARIA**, Prædium rusticum, mansionibus et aliis, quæ ad culturam necessaria sunt, instructum. Charta ann. 1202. in Tabular. S. Vincentii Cenoman. : *Gaufredus Morin Miles, cum uxore sua et filia ipsorum et hærede, Metearium quam ipse possidebat et habebat de Abbatia S. Vincentii ad equum de servitio et hominium faciendum, sitam inter Tussiacum et capellam de Bello monte, dedit prædictæ Abbatiæ.* Idem Tabular. : *Herbertus de Guirchia Miles concessi monachis S. Vincentii herbergamentum Hamelini Conani, et unum caponem omnibus servitiis mihi pertinentibus, et boscum situm inter plessitium Meteariæ meæ et eorum boscos.*

¶ Meteeria, Eadem notione. Tabular. S. Cypriani Pictav. fol. 13 : *Famulus seu serviens Prioris in decimis horum locorum... quintam partem habeat, scilicet in frumento, in siligine... exceptis Meteeriis quæ omnino absolute sunt Prioris in omnibus.* Vide *Meteria*.

¶ **METELACCA**. Vide *Legula*.

METELLA, Cratis lignea, Vegetio lib. 4. cap. 6. [Ubi legendum forte *metula*, ut sit diminutivum a meta; quod metarum instar erigerentur. Ita conjectat Martinius.]

* **METELLUM**, pro *Metallum*, Gall. *Métal*. Charta locat. præposit. Ambian. ann. 1292. in Reg. 70. Chartoph. reg. ch. 252 : *Item in theloneo.... ferri, calibis et omnium aliorum Metallorum etc.*

METELLUS, *Mercenarius qui metit*, Ugutio [Gloss. Lat. Græc. MSS. Sangerm. : *Metellus*, μίσθιος. Quasi *meritellus*, a merendis stipendiis, uti scribunt Lexicographi.]

¶ **METEMPSYCHI**, Græce μετέμψυχοι, Hæretici, qui Pythagoræorum imitatione transmigrationem animarum asserebant, quorum impius error longe lateque brevi disseminatus est. Chrisologus Serm. 88 : *Nemo cum hæc audit, Metempsychos imputet.* Plura vide apud Hofmannum in Lexico.

¶ **METENSIS** Moneta. Vide in *Moneta Baronum*.

¶ **METENSIS** Cantilena, Cantus modulatio quædam a Romanis in Gallias introducta. Vide in *Cantus* 1.

¶ **METENSOMATOSIS**, vox a Græco μετὰ, ἐν et σῶμα efficta, Corporum transmutatio. Tertullianus de Anima cap. 32 : *Assum se maluit* (Empedocles) *in Ætnam præcipitando; atque exinde in illo finita sit Metensomatosis, ut æstiva cœna post assum.*

* **METEO**, Mensuræ annonariæ species. Charta Joan. de Tavel. archid. Bassign. in eccl. Lingon. ann. 1252. ex Chartul. Campan. fol. 461. col. 1 : *Pro nona parte quam habebat dictus dominus rex* (Navarræ) *in furno de Marnaio valente, ut dicitur, circa sex Meteones bladi annui redditus.* Vide *Metearia* 1. et mox *Meto*.

¶ **METEORICUS**, Elevatus, attentus. Acta S. Senorinæ tom. 3. Aprilis pag. 75 : *Ardentibus affectibus, Meteoricis precibus et amantis suspiriis.*

* **METERARIUM**, ut *Meterium*, Mensura annonaria. Charta Rob. comit. Moreton. ann. 1082. in Reg. 66. Chartoph. reg. ch. 1158 : *Dedit eis comes* XXX. *et* IJ. *libras Cenomanensium, et unum Meterarium de dominio suo in molinis.* Vide infra *Meyterius*.

¶ **METERE**, Definire, quasi metiendo æstimare. Bulla Johan. XXII. PP. ann. 1321. apud Lobinell. tom. 3. Hist. Paris. pag. 332 : *Ad Metendas seu dividendas, ponendas et præfigendas seu præfigi faciendas metas, etc.*

¶ **METERIA**, Prædium rusticum cum mansione seu æde. Charta ann. 1223. apud Marten. tom. 1. Anecd. col. 912 : *Meterias terrarum quas cantor acquisivit, dum erit ballivus, ad communes usus domus præcipimus assignari, ne occasione earum idem cantor officium sibi creditum intermittere compellatur.* Tabular. Eccl. Dolensis : *Meteria Bornic, Meteria Stephani de Guiol, Meteria Berenger... sunt de dominico Archiepiscopi.* Vide *Metearia*.

¶ **METERINUS**. Vide *Madrinarius* in *Mazer*.

¶ **METERIUM**, Mensura annonaria, eadem quæ alibi *meyterium* dicitur. Charta ann. 1272. apud Guichenonum in Hist. Sabaud. inter Probat. pag. 15 : *Peronetus de Luaisi.... confitetur se tenere ab eo mansum de Soleirio situm in parrochia Baugiæi villæ. Item unum Meterium avenæ situm super mansum Ordelieri.* Litteræ Johannis Reg. Franc. ann. 1362. tom. 3. Ordinat. pag. 597. quibus confirmantur privilegia hominum *de Prissey* prope Matisc. : *De blado vero ubicumque sit venditum.... dabitur de*

Meterio unus copon ab hominibus de foris villam.... et de minori mensura quam sit Meterium, nihil dabitur. Vide *Meiteria* 2.

¶ **METESACCA.** Vide *Legula.*

¶ **METHALIA.** Vide *Medalla.*

METHIUM, Papiæ MS. *Sponsalium* : sed leg. *Sponsalitium.* Gloss. aliæ : *Methium, sponsalitia, vel nuptialis donatio.* Lex Longobard. lib. 2. tit. 4. § 3. [** Liutpr. 102. (6,49.)] : *Nulli sit licentia conjugi suæ de rebus suis dare amplius per qualecunque ingenium, nisi quod ei in die votorum in Methio et morgengab dederit.* (Edit. Heroldi habet, *meffio, et miffio*, pag. 237. 245.) [Muratorius vero *Mephium* legit. *Mithium* apud Schilter. ubi *Mitphium* corrupte scribi interdum observat, quod a *Morganegiba* distinctum vult.] *Medium methium*, non vero integrum donabatur a viro, quam duxerat, viduæ, eodem lib. tit. 8. § 8. Adde tit. 14. § 15. [** Liutpr. 129. (6,76.) Rothar. 119.] Vide *Meta* 2.

☞ Vir Linguæ Armoricanæ peritissimus, D. Ludovicus *le Pelletier* noster, opinatur *Methium* vetus esse vocabulum Gallicum, ex quo, et præpositione *Di* vel *De* Britones verbum suum *Dimezi*, vel *Demezi*, quod nubere significat, efformarunt, non secus ac Latini qui *despondere* a *de* et *spondere* dixerunt. Judicent peritiores.

¶ **METHODIUM**, μεθόδιον, Viaticum; ἐφόδιον Hesychio. Apud Petronium *Methodium* est pro deceptione, lusu, ludificatione : *Trimalchio ejusmodi Methodio lætus, carpe, inquit.* Ita Martinius.

¶ **METHODUS** et Metodus, qui et *violetus* dicitur, in Codicibus censualibus Calomontis et Dumbarum, teste Cl. V. D. *Aubret*, callem angustiorem vix duobus aut singulis pervium sonat, Gall. *Un petit sentier.* Inquesta ann. 1496 : *Guillermus Viverii deponit se noscere Metodum seu senterium de quo agitur; qui Metodus seu violetus et via ad pedes seu talon est communis et publica omnibus per eam meare et transire volentibus.*

¶ **METHUM.** Apicius lib. 8. cap. 1 : *Elizatur in aqua marina cum turionibus lauri et Metho.*

* **METIBILIS**, Dicitur de moneta proba et publice recepta, Gall. *de mise.* Charta ann. 1152. inter Probat. tom. 2. Hist. Occit. col. 539 : *Propter quinque millia solidos Melgorienses bonos et rectos, Metibiles et percurribiles, quos mihi dedisti.* Alia ann. 1167. ibid. tom. 2. col. 116 : *Propter xj. millia solidos Melgoriensis monetæ bonos et rectos, Metibiles ac percurribiles etc.* Rursum occurrit in Ch. ann. 1201. ibid. col. 191. Vide in *Moneta.*

¶ **METIPSI**, pro *Mihi*, in Testamento Rudesindi Episc. ann. 978. tom. 3. Concil. Hispan. pag. 184 : *Cœpi intra arcana cordis mei reminiscere in quibus ab ineunte ætate versavi, et magis unde opprimi quam unde levari invenio, et factus sum metipsi gravis.* Vide *Met.* [* Pro *Mihimet ipsi*, ut legitur apud Job : *Factus sum mihimet ipsi gravis.*]

¶ **METISCA.** Vide *Metensis Cantilena.*

* **METO**, Idem quod supra *Meteo.* Charta Theob. comit. Campan. ann. 1250. in Chartul. Campan. ex Cam. Comput. Paris. : *Centum Metones bladi, quos habent a domino Wangionisrivi in terragiis de Generoia et de Mirabel.... Duceati Metones molituræ, quos habet in molendinis de Soncort.* Vide mox *Metonnus.*

METITA. Vide in *Metreta.*

METOCHIUM, ex Græco Μετόχιον, Cella monastica a Monasterio aliquo principali dependens. Ita usurpant Pachymeres lib. 4. cap. 8. lib. 5. cap. 2. lib. 8. cap. 6. Martyrium Bacchi junioris pag. 80. Menæa ad 26. April. Leo Grammat. pag. 472. Theosterictus in S. Niceta n. 36. Joan. Phocas in Descript. Terræ Sanctæ cap. 14. etc. Epist. Joannis Cardinalis ad Priorem Ecclesiæ S. Petri Pisanorum CPoli, apud Ughellum tom. 3 pag. 493 : *Cupientes Monasteria et Metochia relevari destructa, et relevata illæsa servari*, etc.

¶ **METOCISMUS.** Vide *Metœcismus.*

¶ **METODUS.** Vide *Methodus.*

* **METONAGIUM**, Quod a domino fori pro mensura, *Meto* nuncupata, exigitur. Charta Rob. milit. ann. 1255 : *Concedo quod dicti abbas et conventus* (S. Audoeni) *percipiant.... decimas.... brostagii, Metonagii frumentorum, etc.* Vide supra *Mesuragium.*

* **METONNUS**, Mensura annonaria, eadem quæ *Meto.* Charta Arnulphi abb. de Moris ann. 1257. in Chartul. Arremar. ch. 200 : *Habuimus.... duas partes unius Metonni avenæ, etc.*

* **METONYMIA**, Gr. μετωνυμία, Transnominatio. Mirac. S. Germ. Autiss. tom. 7. Jul. pag. 297. col. 1 : *Sunt enim quamplurimi in hoc tempore, qui non quod, sed quis dicas, attendunt : qui perversam Metonymiam facientes, non personam ex dictis, sed ex persona dicta volunt approbare.*

¶ **METRA.** Vide in *Metreta.*

METRARE, *Manere*, in Gloss. MS. Regio Cod. 1197. Sed legendum *Metare.*

METRETA, Μετρητής, Genus vasis, cadus : *amphora dimidia*, in Gloss. Isid. vox nota Caio et Scævolæ JC. et aliis. Ebrardus in Græcismo cap. 12 :

Est vini proprie Metreta, modusque modesti.

Papias ex S. Eucherio, *Metreta, mensura liquidorum, habens sextarios decem, etc.* S. Augustinus in Evang. S. Joan. Tractat. 9 : *Nomen mensuræ est Metreta, et a mensura accepit nomen ista mensura, etc.* Chronicon Reichersperg. : *Misit ei vas quod caperet 20. Metretas vini de purissimo auro.* Passim etiam in Libris sacris. [Charta ann. 1185. tom. 2. Hist. Eccl. Meldens. pag. 73 : *Nec est sub silentio prætereundum, quod si mihi, vel præposito meo, Metretas vini in die Jovis,... in burgo S. Martini sumere placuerit, etc.*] Lex Vervini ann. 1233. art. 31 : *Si quis in dicta villa Metretam novam frumenti, vel alicujus leguminis vel liquoris facere voluerit, villico 4. den. dabit.*

Ex his emendandum videtur Pœnitentiale sancti Columbani cap. 3. Edit. 1667 : *Vel certe si multum est quod effudit, quantas Metranas de cervisia.... perdidit.* Legendum enim *metretas.* Edit. 2. Holsteniana habet *quadranas.*

☞ Erat vero *Metreta* quemadmodum liquidorum, ita et aridorum mensura. *Metreta, mesure à vin, ou autre chose*, in Gloss. Lat. Gall. Sangerm. Charta Blanchæ Comit. Trecensis ann. 1212. apud Marten. tom. 1. Anecd. col. 831 : *Quicumque in prædicta villa novam Metretam frumenti vel alicujus leguminis seu liquoris facere voluerit, villico quatuor nummos dabit, etc.* Libertates concessæ habitatoribus Bellivisus ann. 1256. tom. 1. Hist. Dalphin. pag. 59 : *Item, retinemus in quolibet jugo boum quatuor Metretas siliginis : in agricola colente sine bobus, unam cartam siliginis.* Charta Hugonis *de Naillac* ann. 1283. apud Thomasserium Consuet. Bituric. pag. 702 : *Omnes mensuras seu Metretas tam parvas quam magnas bladi, vini et olei.* Histor. Leutoldi *de Chuering* ann. 1312. apud Ludewig. tom. 4. Reliq. MSS. pag. 145 : *Jussitque procuratori suo ut tres Metrete siliginis et sexaginta denarii cum una urna vini eidem citius donarentur.* Ex his *metreta* idem quod mensura, a Græco μέτρον, fuisse colligitur.

¶ Metretum, Eadem notione, pro *Mensura frumentaria. Metretum tritici*, in Charta ann. 1335. apud Schlegel. de Numm. antiq. Gothan. pag. 52. Rursum occurrit in Charta ann. 1397. ibid. pag. 59.

☞ Nec prætereundum *metretam* pro diversis locis et temporibus variæ capacitatis exstitisse : nam, ut de *metreta* Attica et Romana sileam, quod ad nostrum institutum minime pertinet, ex observatis superius manifestum est *metretam* ut plurimum sextarios decem habuisse; nihilominus tamen de vasculo, quod quaternas vini *metretas* capiebat, uti perexiguo sermo fit in Vita Ermelandi apud Mabill. tom. 1. Annal. Benedict. pag. 528. Perexiguam reipsa mensuram fuisse colligere iterum licet ex Necrologio Abbat. S. Petri de Casis ubi *Pauca* vocitatur : *Dimisit tres Metretas vini seu tres Paucas;* vulgo *une Pauque* vel *une Pauche de vin :* quod parum vini contineat, sic dicta. Haud facile ergo negotium suscipiet, quisquis scrupulosius mensuras æstimare tentaverit.

Metretas inter vasa et ministeria Ecclesiastica reponit etiam Anastasius in S. Silvestro PP. : *Metretas argenteas 2. pensantes libr.* 200. Infra : *Metretum ex auro pensans libras* 150. *portantem medemnas tres.* Rursum idem Scriptor : *Canthara cyrostrata in gremio Basilicæ argentea* 50. *pens. singula libras* 20. *singularum librarum Metræ* (alii Codd. *metretæ*) *tres ex argento purissimo, quæ pensant singulæ libras* 300. Vide Anton. Augustinum lib. 2. Emendat. cap. 11.

Metita, pro *Metreta*, in Charta Hispanica Fernandi Comitis Castellæ æræ 972. apud Anton. *de Yepez* in Chron. Ord. S. Benedicti tom. 1. pag. 32. Appendic. : *Per omnes domus singulas Metitas de vino in oblatione, et singulos panes in offerta.* Occurrunt eadem verba paulo infra semel ac iterum.

Metrum. Charta Sanctii Ramirez Regis Aragonum, apud Martinezium in Hist. Pinnatensi lib. 3. cap. 27 : *Si vero bos aut asinus repertus fuerit* (in vineis) *redimatur Metro vini.*

METRICANUS, Poeta, apud Harigerum in Vita S. Servatii Episcopi [tom. 3. Maii pag. 215 : *Unde quidam Metricanus luculenter satis scribens ait, etc.*]

* **METRICATOR**, Poeta, qui metro ca-

nit. Hist. translat. S. Baudel. inter Probat. tom. 1. Hist. Nem. pag. 6. col. 1 : *Quia et Homerum, Argivorum Metricatorem, et Demosthenem, eorum oratorem, si adessent, defecisse sentio.* Vide *Metricanus* et mox

* **METRIFFICARE**, METRIFICARE, Metro scribere. Instr. ann. 1391. inter Probat. tom. 3. Hist. Nem. pag. 118. col. 2 : *Et ideo inquit ille poheta Metriffficando* :

Si pater est Adam et cunctis sit mater Eva,
Cur non ergo sumus nobilitate pares?

Codex reg. sign. 3977. fol. 115 : *Tobias Metrificatus a Matthæo Vindocinensi ad Bartholomæum archiepiscopum Turonensem.* Hinc

* **METRIFICATURA**, Ars poetica. Stat. Universit. Tolos. ann. 1328. ex Cod. reg. 4222. fol. 62. r° : *Habeant dicti magistri in grammatica tempore hyemali in Nonis legere de Ebrardo, de historiis Alexandri, et hymnus, et de Metrificatura in horis et temporibus per eos ordinatis.*

¶ **METRISTA**, ut *Metricanus.* Bern. de Breydenbach Iter. Hieros. pag. 239 : *Omnes Deum precabantur pro felici transitu maleæ. Metrista vero quidam ita exorabat* :

Ach pater omnipotens tantis miserere periclis,
Atque tuis thesauris ventos dimitte secundos.

METROCANORIUS, Poeta, qui metro canit. Vita S. Reguli Episc. Silvanect. ex MS. Audomarensi num. 7 : *Ut quidam Metrocanorius in suo pompavit poemate, dicens, etc. Metricanorus*, in Vita S. Alberti Abbat. Gambron num. 2.

METROCOMIÆ, Matres vicorum, pagorum qui uni civitati subjecti erant. Vide Jacobum Gothofredum ad leg 6. Cod. Th. de Patrociniis vicorum. (11,24.) [Vocabular. utriusque juris : *Metrocomia, est vilis mensura quæ datur translatis jussu Principis.... metros Græce, mensura Latine dicitur, et comos villa. Inde Metrocomia, quasi mensura ville... Etiam Metrocomie sunt parochie vel dyoceses.*]

¶ **METROGRAPHUS**, Poeta, qui metro scribit. Cardinalis de Aragonia de Vitis Pontif. Roman. apud Murator. tom. 3. pag. 461 : *Unde quidam Metrographus metrice cecinit dicens* :

Corruit insani Guidonis et Octaviani
Impia majestas, intempestiva potestas.

METROPOLIS, pro *Metropolitanus.* Gregorius Turonensis lib. 10. cap. 15. de Gundegisilo Burdegalensi Archiepiscopo : *Eo quod ipse Metropolis huic urbi esset.*

METROPOLITANUS, Archiepiscopus, sic dictus, inquit Rhabanus lib. 1. de Instit. Cleric. cap. 5 : *Eo quod præsideat illi civitati, quæ cæteris civitatibus in eadem provincia constitutis quodammodo mater sit.* [*Metropolitanus, c'est Sires ou Arcevesques de cieule ville*, in Gloss. Lat. Gall. Sangerm.] Vide Leonem IX. PP. Epist. 4. [* Vide Glossar. med. Græcit. col. 931. voce Μητροπολίτης.]

* Et quidem ita vulgo accipitur : at nihilominus nonnumquam occurrit pro Episcopo, abbate, seu illo, qui aliis præfectus est. Acta S. Emygdii tom. 2. Aug. pag. 36. col. 1 : *Passus est autem beatus Migdius, civitate Asculanæ Metropolitanus episcopus et martyr.* Porro notum est, ut monent docti Editores post Schelstratium et Carolum a S. Paulo, iis ecclesiæ sæculis duos tantum in Italia fuisse metropolitanos, Romanum nempe et Mediolanensem. Charta societatis initæ inter canon. eccl. Turon. et monach. Major. monast. in Append. ad tom. 6. Annal. Bened. pag. 640. col. 1 : *Hujus ergo pacis tuendæ, tam necessario tenendæ, tranquillitas aliquando turbata est inter nos monachos Majoris monasterii et canonicos S. Mauritii Turonensis, una cum Metropolitano suo et nostro.*

METROPOLITANÆ LITERÆ, quæ a Metropolitano Clericis dantur. Hincmar. Remens. Opusc. 17 : *Multotiens etiam et per literas Metropolitanas, et ex Apostolicæ Sedis auctoritate minas ei inculcare curavi.*

¶ METROPOLITICUS, Ad Metropolitanum spectans. Charta ann. 1401. apud Rymer. tom. 8. pag. 209 : *Porro crucem... per provincias et Episcopatus, tibi Metropolitico et Primatiæ jure subjectos... ante te deferendi licentiam impartimur.*

1. **METRUM**, [Ea pars quæ, cantore præcinente, a Choro resumitur.] Usus veteres Ordinis Cisterciensis cap. 68 : *Qui autem incipit antiphonam, aut Alleluia, reverenter et paululum a podio stet usque ad Metrum, nec inclinet, donec primus versus impleatur.*

¶ 2. **METRUM**, Alia notione. Vide in *Metreta.*

* **METTA**, Mensuræ species; mendose, ni fallor, pro *Metreta*, non attenta a lectore abbreviationis nota. Tradit. Diessens. apud Oefelium tom. 2. Script. rer. Boicar. pag. 689. col. 2 : *Pro eodem censu prælibatæ ecclesiæ tenetur persolvere duas Mettas tritici.... Sunt itaque duæ prænotatæ Mettæ etc.* Vide *Metreta.*

¶ **METTESHEP**, Cibus ex carne vervecina, qui metentibus vassallis a domino tribuitur; a Saxon. Mete, cibus, esca, et Scep vel Sceap, ovis. Charta ann. 1363. apud Kennett. in Antiquit. Ambrosden. pag. 495 : *Quælibet virgata terræ solvet per annum quinque solidos et quatuor dies de consuetudine, videlicet unum diem ad pratum domini falcandum ad cibum domini, vel dominus dabit quadraginta denarios pro Metteshep.* Quod male de mulcta pro omisso servitio interpretatur idem Kennettus in Glossario ad calcem earumdem Antiquitat. ubi etiam restituendum *dominus* pro *domino.*

¶ **METTURA**, METURA, *Mixtura*, Miscellum frumentum, Gall. *Bled méteil.* Charta ann. 1273. in Tabular. S. Martini Pontisar. : *Monachi S. Martini Pontisarensis permutant quatuor sextarios bladi, quod vulgariter appellatur Mettura, annuatim percipiendos in molendino de Villeta pro viginti solidis Turon. annui redditus.* Charta ann. 1285. in Tabular. S. Johannis Angeriac. : *Quod si frumentum et avena non possint in dicta area reperiri... dictus Prior... loco dicti frumenti et avenæ debet recipere de Metura vel alio blado ad æquivalentiam dicti frumenti et avenæ.* Vide *Mixtum* 2.

¶ **METUENDUS**, Titulus honorarius, cui observantia debetur. Testamentum ann. 1396. tom. 9. Spicil. Acher. pag. 294 : *In mei notarii publici ac testium inscriptorum præsentia personaliter constitutus Reverendus Pater in Christo ac dominus meus Metuendus D. Andreas de Lucemburgo Dei gratia Episcopus Cameracensis et Comes, etc.*

* Quo tempore adhibita sit hæc formula, *Metuendissimo*, in libellis supplicibus, qui regi offerebantur, docet Phil. *de Maisieres* in Lib. scripto ann. 1389. cui titulus, *Le songe du vieil Pélerin* lib. 3. cap. 31. ubi Carolum VI. sic alloquitur : *Cette offrande flatteresse et boussouflée de vent, fut premiérement offerte à ton grand-père Philippe le Bel.* Eo etiam titulo donati episcopi. Libert. *de Grancey* ann. 1348. in Reg. 161. Chartoph. reg. ch. 69 : *Et à plus grant segurté des choses dessus dites, nous avons prié et requis nostre tres chier et tres Rédoubtauble seigneur et revérend pere en Dieu monseigneur l'évesque de Leingres etc.*

¶ **METZE**, Mensura quæ pro molitura exigitur, Gall. *Mouture.* Charta ann. 1276. apud Ludewig. tom. 1. Reliq. MSS. pag. 115 : *Quoties ad ipsum* (molendinum) *molere necesse habebimus, aliis ad se rite venientibus semotis, nos in molendo, recepta a nobis debita mensura, quæ Metze dicitur, præ omnibus promovebit.* Vide *Molta.*

* **METZERS**, Pomi genus in Hollandia. Vita B. Lidwinæ tom. 2. Apr. pag. 276. col. 1 : *Habebat quoque ipsa virgo ulcus quoddam, cui remedii causa superponi solebant incisiones pomorum, qui dicuntur Metzers.*

¶ **MEURTRUM**. Vide *Morth.*

¶ **MEUSINAGIUM**. Charta ann. 1296. in Tabular. Floriac. : *Burgenses de Castellione remanebunt quitti... de oblitis quæ erant ad omnes consuetudines, videlicet ad IV. denarios, gallinam, corveas quæ debebantur ratione dictarum oblitarum, vel de Meusinagio dictarum oblitarum.*

* **MEUTMACHER**, Flabellum seditionis, a veteri Germanico *Meuten*, clandestine agere, Gall. *Mutin*, ex Eccardo, ut videre est in *Mutulus.* Unde *Meutemacre*, apud Monstrel. vol. 2. fol. 142. v°. ad ann. 1437 : *Grand partie des plus notables* (de Bruges) *feirent sçavoir au duc de Bourgongne que voulentiers ayderoient à punir les dessusdits Meutemacres. C'estoient gens de petit estat, qui ne desiroient autre chose, que de fort entroubler les besongnes, pour eux augmenter et avoir majesté sur les plus riches.*

MEXANUM. Otto Morena in Histor. Rerum Laudensium pag. 79 : *Laudenses ibi in quodam Mexano, quæ insula dicitur, prælium cum Placentinis incipientes, etc.* [Legendum, *in quodam Mezano*, hoc est, campo inter aquas medio, ut edidit Murator. tom. 6. col. 1081. Ital. *Mezzano*, medianus.]

* **MEXCADOS**, Lateris species. Pactum inter abb. et consul. Aureliaci ann. 1350. in Reg. 78. Chartoph. reg. ch. 246 : *Item quod statuantur in dicta villa certæ formæ sive mollæ de tegulis, sive teulez, magnis et parvis, et de cayrelz et de Mexcados.* Paulo ante : *Mercados.*

¶ **MEXICA**, Fructus species. Statuta Montis Regal. pag. 224 : *Emendam solvat toto anno, si caperet de alienis sarmentis, vitibus, uvis, Mexicis, et aliis fructibus.*

* **MEXOAR**, Curia Maurorum. Acta B. Ferdin. tom. 1. Jun. pag. 572. col. 2 : *Hi deduxerunt ipsos infra portam novæ civitatis,*

comitantes usque ad palatium urbis et aulam regiam; donec ventum est ad locum concilii, quem sua lingua Mexoar appellant.

* **MEXTADARIA**, Prædium rusticum, quod a colono partiario colitur. Charta ann. 1406 : *Acto expresse inter ipsas partes, quod prædicti conjuges debebunt et eisdem erit licitum et permissum, seu eorum famulis et hominibus et Mextadariam tenentibus et possidentibus dictam Mextadariam de Tarallio ire, remeare cum suis animalibus grossis et minutis etc.* Vide *Meystadaria*.

* **MEXUAR**, Metator. Acta B. Ferdin. tom. 1. Jun. peg. 578. col. 3 : *Ad singulas mansiones explicabatur tentorium per Mexuar, qui ipsis metator castrorum est.*

* **MEYARIA**, Fructuum seu redituum medietas. Inventar. ann. 1361. ex Tabul. dom. Venciæ : *Item tres pollenos, quod avere tenet Guillelmus Audeberti de Gauda in Meyaria, causa societatis.* Vide *Mejaria*.

* **MEYCADOS**. Vide supra *Mexcados*.

* **MEYNASNE**. Vide supra *Meinasme*.

* **MEYNATGERIUS**, Domus seu familiæ caput, paterfamilias. Comput. ann. 1482. inter Probat. tom. 4. Hist. Nem. pag. 18. col. 2 : *Item quia cessante et non obstante clausura prædictorum portalium, plures Meynatgerii venientes de locis infectis, se reposuerunt et allogiarunt, tam infra dictam villam quam suburbia ejusdem;.... ex deliberatione consilii fuit conclusum, quod depputarentur duo homines ad extrahendum a villa et suburbiis Meynatgerios, qui venerant de novo.* Vide supra *Mesnagium 1*.

¶ **MEYNERIA**, Meynerius. Vide *Maynerius*.

¶ **MEYSSONARE**, Metere, Gall. *Moissonner*. Charta ann. 1497 : *Item ne bladum tempore messium dum Meyssonatum fuerit, in dictis Mauris perdatur defectu equarum... ordinamus quod dicti domini pro bladis excretis in dictis Mauris calcandis, ne periculum sit propter eyssartos fiendos et ignes positos in illis pro cremandis eyssartis, habere teneantur equas dictis hominibus annuatim in medio mensis Julii.*

¶ **MEYSSOS**. Vide *Meisos*.

¶ **MEYSTADARIA**, Mestadaria, Prædium rusticum cum mansionibus, Gall. *Métairie*. Obituarium S. Geraldi in Lemovicibus fol. 10 : *Confrontat iter quo itur de villa Lemovica ex una parte et terram Mestadariæ Martini Audigerii ex altera.* Ibid. fol. 28 : *Legavit nobis 10. solidos rendituales... quos assignavit supra duabus domibus et vineis contiguis sitis prope Meystadariam, etc.* Et fol. 6 : *Confrontat et terram Meystadariæ, etc.* Nec alia notione *Meysel* et *Meisel* occurrunt in Codicibus censualibus Calomontis et Dumbarum. Charta ann. 1308 : *Jouxte le Meysel, etc.*

¶ **MEYTADERIA**, Idem quod *medietaria*, Prædium quod a colono partiario colitur. Charta Lemovic. ann. 1406 : *Johannes de Combarello* (dedit) *Petro de Rivo et ejus filiis in Meytaderiam, et ad perpetuum hereditagium, sive tenementum, videlicet quemdam locum, mansum et hereditagium suum, etc.*

* **MEYTENCUS**, Mensuræ annonariæ species, eadem quæ *Meitadena*, vulgo *Meytadenc* et *Metainh*. Charta ann. 1293. in Reg. 161. Chartoph. reg. ch. 104 : *Item in manso de Pacaire decem Meytencos siliginis. Meytadenc* pluries ibi. Alia ann. 1362. in Reg. 93. ch. 174 : *Serviunt eidem militi pro censu de uno vulgariter nuncupato Meytadenc sivatæ.* Reg. parlam. Tolos. ad ann. 1468. 20. Jul. ex Cod. reg. 9879. 6 : *Trois pichiers de vin, un pain ou tourte de la grandeur de la tierce part d'un Métainh de segle.* Vide supra *Megeria* et infra *Mitadencus*.

* **MEYTERIA**, Modus agri, idem qui *Meiteriata* in *Meiteria* 2. Pact. inter Guich. dom. Bellijoc. et Guich. de Marziaco ann. 1317. in Reg. 56. Chartoph. reg. ch. 474 : *Pro una Meyteria nemoris, sita in Escorbey.* Charta admort. ann. 1412. in Reg. 166. ch. 272 : *Une piece de terre pour pastourger bestes, contenant environ une Meitere de terre.... Une terre qui souloit estre bruyere,.... contenant xxv. Meyteres de terre.... Une terre,.... contenant six Méteres de terre ou environ.* Vide supra *Moltonnus*.

* **MEYTERIATA**, Eodem intellectu, nostris etiam *Meyterée*. Charta offic. Matiscon. ann. 1455 : *Terra quæ continet septem Meyteriatas terræ vel circa. Item une Meyterée de terre ou environ*, in Charta admort. jamjam laudata ann. 1412. Vide in *Meiteria* 2.

¶ **MEYTERIUM**. Vide *Meiteria* 2. et *Meiteriata*.

* **MEYTERIUS**, Mensuræ annonariæ species, eadem quæ *Meiteria*. Charta Rayn. dom. Baugiaci ann. 1230. inter Probat. ult. Hist. Trenorch. pag. 192 : *Augmentaverunt mihi et hæredibus meis feodum, quem tam ipse quam mei prædecessores a suis antecessoribus tenueramus, de triginta Meyteriis avenæ.... Sciendum vero quod triginta Meyterii reddendi sunt apud Prisciacum.* Alia Humb. dalph. ann. 1343. pro Libert. villæ de Pineto : *Qui signabunt mensuras in dicto loco et mandamento ejusdem, exigere non teneantur a dictis burgensibus, nisi de uno Meyterio duodecim denarios.* Vide infra *Miterium*.

* **MEZACIARIUS**, Officium monasticum, cui, ut videtur, annonæ menstrualis ministrandæ ex prædiis rusticis cura demandata. Cod. MS. S. Martial. Lemov. nunc regius ad 31. Jul. : *Mezaciarius facit pitanciam; et si evenerit* (festum S. Germ. Autiss.) *sexta feria vel sabbato, facit pisces vel flaos.* Vide mox

* **MEZADA**, Quod ad mensam per mensem suppeditatur. Charta ann. 1362. inter Instr. tom. 6. Gall. Christ. col. 92 : *Remanente perpetuo dictæ mensæ Episcopali sancti Pontii dicto prioratu de Lavineria libero et exonerato,.... videlicet de duobus monachis et sexaginta pilis frumenti pro Mezada, etc.* Vide *Mezagium*.

¶ **MEZADRA**, Mezadria, ut *Meystadaria*, Prædium rusticum, Ital. *Mezzado*, nostris, *Métairie*. Memoriale Potest. Regiens. ad ann. 1280. apud Murator. tom. 8. col. 1147 : *Et fecerunt multa statuta prava contra clericos. Primo ut nullus deberet solvere eis aliquam decimam.... nec loqui eis, nec stare in domibus eorum, nec super Mezadris eorum, etc. Mezadriis*, in Chronico Regiensi apud eumdem Murator. tom. 17. col. 10.

* **MEZADRUS**, Colonus partiarius, Gall. *Métaier*. Stat. castri Redaldi lib. 1. pag. 20 : *Si boves vel vaccas habuerit Mezadrus vel terzarinus seu laborator cum domino suo, et contigerit ipsum velle discedere a Mezadria vel laborerio, teneatur et debeat ille talis Mezadrus vel terzarinus vel laborator medietatem totius fœni, quod habuerit, et cum bobus conduxerit, domino suo dimittere, quando de Mezadria discedit.* Occurrit præterea in Stat. Pallavic. lib. 2. cap. 24. pag. 92. Vide *Meziaolus*.

¶ **MEZAGIUM**, Annona, aut cibus ad unum mensem. Tabular. S. Martialis in Lemovic. apud Stephanot. tom. 2. Fragm. Hist. : *Hæc sunt Mezagia quæ debent facere Priores S. Martialis : xi. Kal. Febr. Præpositus de Roto facit Mezagium. Kal. Febr. Præpositus de Roserio facit Mezagium. Kal. Martii Præpositus de Quadris facit Mezagium.* Vide *Mesaticum*.

¶ **MEZAIOLUS**, Colonus, villicus, Italis *Mezzaivolo*. Vita B. Augustini Novelli tom. 4. SS. Maii pag. 621 : *Filia cujusdam Mezaioli dicti Ugonis cecidit in quamdam foveam.*

* **MEZALANA**, Pannus partim e lana, partim e lino confectus, Ital. *Mezzalana*. Stat. Ferrar. ann. 1279. apud Murator. tom. 2. Antiq. Ital. med. ævi col. 434 : *De vestito bixelli, id est Mezalanæ, tutalanæ, stanfortis, et cujuslibet alii panni, sine tribus cucituris, tres solidos Ferrarienses.*

* **MEZALHETA**, dimin. a *Mezalha*, obolus seu mallia, parva lamina. Form. MSS. ex Cod. reg. 7657. fol. 43. r°. : *Quemdam mantellum ipsius talis frezatum sive muneratum certis Mezalhetis argenti latenter accepit, et omnes Mezalhetas prædictas seu dictum munitum argenti de dicto mantello amovit.* Vide supra *Mesailha*.

* **MEZALIS**, Partiarius, particeps. Codex reg. sign. 4189. fol. 20. r°. : *Item unum campum laboratum,... qui est ad quinque Mezales,.... Item ecclesia S. Johannis insulæ Bissentinensis habet in dicto loco terras,.... quæ sunt ad unum Mezalem.* Vide *Parcenarii*.

* **MEZALLA**, Obolus seu mallia, quæ est 24. pars solidi, in Charta ann. 1135. inter probat. tom. 2. Hist. Occit. col. 478. Vide supra *Mesallia*.

¶ **MEZANELLA**, vox Italica, diminut. ut videtur a *Mezzana*. Annal. Mediol. apud Murator. tom. 16. col. 812 : *Talieria xxiv. alba argenti Mezanella signata in fundo.*

¶ **1. MEZANINUS**, *Mezaninorum moneta*, f. Debilis, ab Ital. *Mezzano*, medius, mediocris. Contin. Chron. Andr. Danduli apud Murator. tom. 12. col. 419 : *Item hoc tempore* (ann. 1346.) *idem dominus Dux monetam Mezaninorum de novo fieri jussit, fecitque statuitiones, quod soldini amplius non fabricarentur.* Vide *Mezninus*.

* **2. MEZANINUS**, Medius, intermedius. Charta ann. 1329. tom. 3. Cod. Ital. diplom. col. 220 : *Item quod homines stantes... ultra Padum in territorio Cremonæ, possint... habitare et laborare Mezaninos, sitos in flumine Padi.* Vide *Mediamne*.

¶ **MEZANNUS**, Medius annus, dimidium anni : vox ibrida a veteri Gallico *Mez*, Medium, et *Annus*. Notæ in Catholicon Edit. Ratisponens. ann. 1699 : *Ne litteræ istæ sint nimis vetustæ, solet Rex Philippus eas renovare de tribus mensibus in tres menses, et ad summum de Mezanno in Mezannum.*

¶ **MEZANUM**, vel MEZANUS. Vide *Mexanum.*

¶ **1. MEZANUS**, Telæ mediocris species, quasi media inter utramque. Statuta Montis Regal. pag. 277 : *Quilibet textor vel textrix capiat tantum pro texitura et orditura, pro qualibet teisa telæ subtilis lini, solidos quatuor... de Mezanis solidos sex : de minoribus solidos quinque.*

* **2. MEZANUS**, Medius. Charta ann. 1351. in Reg. N. Chartoph. reg. ch. 26 : *Viginti duabus smaragdis grossis, octo smaragdis Mezanis seu de media forma.*

* **MEZCA**, Infundibulum molendini, Gall. *Trémuie.* Charta fundat. prior. *de Heppe* inter Probat. tom. 1. Annal. Præmonst. col. 643 : *Molent ad molendinum meum sine multura, quando venerint, et tam* (l. cum) *Mezca fuerit evacuata.*

¶ **MEZCLARI**, Perturbari, ab Hispan. *Mescla*, Mistio, perturbatio. Moretus in Antiquit. Navarræ lib. 2. pag. 496. ex Tabular. Pinnat. : *Quoniam Mezclabatur omnis terra mea per judicios malos super terras et vineas et villas et casales, etc.* Quæ Moretus Hispanice vertit : *Estaba muy confusa, etc.*

* **MEZELHALE**, Ponderis minoris species. Libert. Montisol. ann. 1312. tom. 7. Ordinat. reg. Franc. pag. 507. art. 54 : *Pro quolibet cartayrono, 3. obol. solvere teneatur venditor pro leuda et pedagio; et pro Mezelhale, obolum, si ponderentur, ut supra.*

* **MEZELLADA**, Mensura agraria minor. Litt. admort. pro eccl. Tolos. ann. 1471. in Reg. 197. Chartoph. reg. ch. 159 : *La troisieme piece contient ung arpent et une Mézellade de pré. Mézellade ou pugnerade*, apud Graverol. in not. ad Aresta Rupisfl. lib. 2. tit. 7. arest. 6. pag. 207. Vide *Mezelloria.*

¶ **MEZELLORIA**, MEZELORIA, Vasculum, cadus statutæ mensuræ. Statuta Montis Regal. pag. 200. cap. 49 : *De vino extraneo non ducendo in civitatem Montis Regalis vel posse.... Et dominus vicarius, seu judex non possit sibi ipsi capere licentiam nec alteri dare, nisi causa necessitatis, et tunc possit concedere licentiam usque in una Mezeloria... et non ultra. Mezelloria*, ibid. pag. 309.

¶ **MEZELLUS**, Leprosus, nostris olim *Mezel.* Statuta Massil. lib. 5. cap. 15 : *De leprosis in Massilia non tolerandis. Observandum quod nulli leprosi seu Mezelli divites, vel pauperes possint vel debeant stare infra Massiliam, nec conversari deinceps, nisi tantum per xv. dies ante Pascha et per octo dies ante Natale Domini.* Vide *Mesclaria* et *Miselli.* Hinc *Mezel* nostri vocabant impurum, contaminatum, sordidum. Le Roman *de S. Leocade* MS. :

> Viex est lor vie, ordre et Mezele,
> De hupe nos font turterele.

Poema cui titulus : *Fontaine des Amoureux*, ubi de Plumbo :

> Et aucuns de sçazoir isnel,
> Le veulent nommer or Mezel.

* *Porcus leprosus seu Mezellus*, in Stat. Perus. pag. 58. Lit. remiss. ann. 1411. in Reg. 165. Chartoph. reg. ch. 267 : *Vil cassot, qui vault autant à dire comme Mézel, et venu et extruit de lignée Mézelle ou ladre.* Unde *Mézelerie*, pro Lepræ morbus, apud Joinvill. in S. Ludov. edit. reg. pag. 6.

¶ MEZELLARIA, *Leprosaria*, Domus leprosorum. Charta ann. 1114 : *Donamus vobis... tertiam partem de totis placitis, de Christianis falsatoribus et latronibus, qui fuerint capti de S. Juliano usque ad crucem S. Affrodisii quæ est foras villam usque ad Mezellarias de Biteiris, etc.*

1. MEZENA. Galvaneus Flamma in Chronico majori in Ottone III. : *Fecit preconizari, quod nullus ligna venderet, credens quod Archiepiscopus cibum coquere non posset. Tunc Archiepiscopus liberalior mundi porcorum Mezenas pro lignis habuit, et mirabilem cœnam paravit.* Apud Ughellum tom. 4. pag. 184. [Chron. Astense apud Murator. tom. 11. col. 188 : *Dictus Guillelmus miserat dicto Guidoni xx. paria boum, cum carris oneratis odorifero vino, farina tritici, Mezenis salatis, etc.* Italis *Mezzéna* est succidia, nostris *Fleche de lard.*]

* Stat. datiar. Riper. cap. 16. fol. 9. v°. : *Item quod quælibet persona, quæ mactaret aliquem porcum in locis dictæ Riperiæ causa vendendi, et illum venderet integrum sive ad Mezenas integras recentes; intelligantur Mezenæ integræ etiam absciso capite, et spallis, et persutis a qualibet ipsarum Mezenarum.*

* **2. MEZENA**, Species tigni vel materiæ. Correct. Stat. Cadubr. pag. 51. v°. : *Item statuimus quod nullus forensis audeat vel præsumat incidere aut incidi facere, laborare vel laborari facere lignamen squaratum aut rotundum, tayolas, morellos, vel Mezenas, aut alterius cujuscumque generis vel conditionis lignaminum in nemoribus Cadubrii.*

¶ **MEZES.** Charta Guillelmi de Hala ann. 1298. apud Baluz. tom. 2. Hist. Arverniæ pag. 531 : *Cum censibus, redditibus... molendinis, ingressibus et egressibus, aquis, Mezes.*

* F. Locus palustris. Charta ann. 1316. in Reg. 56. Chartoph. reg. ch. 273 : *In primis nos dicta priorissa de Paulhaguet retenemus nobis... pascheria, Mezes, loca publica sive communia.* Terrear. castel. *d'Ibois* in Reg. 24. fol. 140. v°. : *Vitalis Pontz debet sex sextaria mixturæ pro quodam molendino cum quodam Mezeu, et aliis suis juribus et servitutibus.* Hinc fortassis *Mizote*, pro Pabuli genus in ejusmodi locis nascens. Lit. remiss. ann. 1413. in Reg. 167. ch. 167 : *Icellui Guillaume, qui ce jour avoit charié à l'ostel du suppliant son maistre du foing ou Mizote, etc.* Vide supra *Mezaninus* 2.

* **MEZETINUS**, Mensuræ salinariæ species. Stat. Cadubr. lib. 1. cap. 16 : *Quod quilibet homo, et persona, qui vendunt aliquas res ad pondus vel ad mensuram, debeant.... portare.... ad domos ipsorum juratorum.... Mezetinos a sale et alias mensuras quas exercent, etc.*

MEZIBAN. Capitul. 1. Caroli M. anno. 9. cap. 11. et lib. 3. Capitul. cap. 49. 50 : *De Meziban, id est, latrone forbannito, ut unusquisque Comes alio mandet, ut nullus eum recipere audeat.* Latronem, qui *forbannitus fuerit*, recipere etiam vetant Capitula Caroli Cal. tit. 12. cap. 6. [a Britannico, ut videtur, *Mez* vel *Més*, foras et foris; et *Banni*, pellere.] [** Vide Grimm. Antiq. Jur. Germ. pag. 735.]

* **MEZIUM**, Potionis seu cerevisiæ genus, Gall. *Miez*, Consuet. Vernol. tom. 4. Ordinat. reg. Franc. pag. 641. art. 35 : *Famulus regis qui edicit vinum in venditionem, de unaquaque editione, unum nummum; et de cervisia, obolum; de Mezio, obolum, etc.* Lit. remiss. ann. 1367. in Reg. 97. Chartoph. reg. ch. 462 : *Jehan le Maron miesier bourgois de Douay... ont levé le mestier de Miez brasser, etc. Miés*, pro *Hypocras*, apud *Le Beuf* tom. 1. Dissert. pag. 209.

¶ **MEZKINUS.** Vide *Mischinus.*

¶ **MEZNINUS**, Genus monetæ Paduanæ. Polydorus cap. 5 : *Gabellam quamdam consignaverat reddentem annue quater mille libras Mezninorum.* Vide *Mezaninus.*

¶ **MEZQUINUS.** Vide *Mischinus.*

¶ **MEZQUITA**, Templum Mahumetanorum, Gallice *Mosquée.* Donatio Jacobi Reg. Aragon. tom. 3. Concil. Hispan. pag. 497 : *Damus vobis in perpetuum omnes Mezquitas et cœmeteria publica seu particularia.* Vide *Meschita.*

* **MEZUM**, Idem videtur quod supra *Mezena* 2. Reparat. factæ in senescal. Carcass. ann. 1435 : *In ponendo duas brassas Mezi... in dicto molendino.*

MI, pro *Mihi*, habetur in veteribus Chartis aliquot apud Perardum in Tabul. Burgund. pag. 36. 41. 43. etc. nisi forte in MSS. vox contracta, seu abbreviata fuerit, uti passim solet. Certe etiamnum inferiores Picardi *mi* dicunt pro *moy.*

1. MICA, Parvulus panis, quasi *mica panis*, nostris *une Miche.* Joan. de Janua : *Mica etiam ponitur pro pane modico, qui fit in curiis magnatorum, vel in Monasteriis.... unde versus :*

> Chare Phœbe, Mica, dabitur tibi cum sale Mica.

Catholicon parvum : *Mica, Mie de pain, ou Miche.* Vetus Charta ex Tabulario Eccl. S. Laudi Andegav. fol. 82 : *Quod autem de jure Theobaudi et dominio constet donum istud Canonicos obtinere, concesserunt ei prædictæ caritatem Ecclesiæ, si ipse postulaverit, semel in anno, unam Micam scilicet, et justam vini.* [Tabular. Majoris Monast. ann. 1237 : *Rossellus de Evian dicebat ex parte uxoris suæ Isabel filiæ Agnetis nomine octo Micas et unam lagenam vini sibi deberi.*]

¶ MICCA, pro *Mica.* Charta Gaspardi Abbatis Stabul. ann. 1485. apud Marten. tom. 2. Ampliss. Collect. col. 150 : *Circa sepulturam meam distribuet pauperibus... tredecim albos panes seu Miccas.*

MICHA, Eadem notione. Charta Anglica apud Spelmannum : *Capient de prædicto Priore pro qualibet waya corporum 3. albos panes vocatos Michis, et nigrum panem, et alia cibaria.* [*Una Micha de torta*, in Necrolog. Abbat. S. Petri de Casis, Panis impurior.] Le Roman *de Roncevaux* MS. :

> Qui tuit auront et Miches et merians.

Le Roman *d'Aubery* MS. :

> A tant manjuent aus deus la Miche alise.

Charta Gallica tom. 2. Monastici Anglic. pag. 217 : *Et chascun* (pauvre) *avera une Miche et deux haranhes, et potage, etc.* [Computus ann. 1638. in Tabular. Vedast. : *Deux livres pour une Miche, une livre pour un Michot et bisette, et deux livres pour le boulen; le tout de 16. onces la livre.*] Guill. *Guiart* in Hist. Franc. MS. :

Pour ceux qui sont dedans gagier,
Qu'il ne prisent ore une Miche.

Vide veteres consuetudines Bituricenses editas a Thomasserio art. 126. 127. et 169.

* Unde diminutivum *Michotte*, in Pacto inter prior. et homin. S. Belini ann. 1461. ex Reg. 198. Chartoph. reg. ch. 191 : *Lequel* (prieur) *et ses successeurs seront tenuz de leur bailler à chacun d'eulx et à chacune femme cinq Michottes... de quarente neuf au bichot de froment.*

Michea, Michia. Liber Ordin. S. Victoris Paris. MS. cap. 64 : *Unusquisque unam Micheam et unam mensuram vini habebit.* Charta Gerardi Comit. Matisc. ann. 1180 : *Centum etiam Michias censuales, et custodiam viarum et pascuorum* Alia ann. 1258. in Regesto Chartophyl. Regii signato 31. fol. 100 : *Unam lagenam vini, et quatuor panes, sive Michias.*

¶ Michia Magna; *bisa*, *sala*. Charta ann. 52. Henrici III. ex Regesto *Oseney* fol. 212. inter Notas Hearnii ad lib. nigr. Scaccarii pag. 654 : *Abbas et Conventus concesserunt Andreæ Meriz de Lang-Port.... quod invenient in tota vita hospitium decens infra Abbatiam de Osney, et singulis diebus corredia duorum Canonicorum, unius liberi servientis et unius garcionis, scilicet duas panes, qui vocantur magnæ Michiæ, unam bisam Michiam, unam salam Michiam, unum grossum panem, duas lagenas de meliori cerevisia.* Hic vero *Michia magna*, ub observat idem Hearnius, non aliud est atque *a great manchet*, vel, ut alii forsitan, *a great loaf. Bis* autem apud Gallos idem valet atque *Brown* apud Anglos, ut *bisa michia* sit *a brown manchet*, sive *a brown loaf.* Hinc facile discas *Miciam salam* panem plane fuisse *bisa* puriorem; et quidem cum *Sala*, aulam sive palatium vel curiam denotet, inde colligerem *Michiam salam* idem plane esse atque *panem aularem* vel *curialem*, qui tamen et ipse etiam fuerit quam *dominicus* impurior. Hucusque Hearnius.

Micarius, Qui micis vivit, vel eas recolligit. Fragm. Petronii :' *Homo præfiscini, frugi, et Micarius.*

Micatoria, in veteri Glossar. Lat. Gall. MS. ex Bibl. Thuana *Esmicure.*

2. **MICA**, in Gloss. Arab.-Lat. *Nugæ.*

* 3. **MICA**, vox anatomica, Nervi cujusdam nomen. Lit. remis. ann. 1450. in Reg. 186. Chartoph. reg. ch. 39 : *Per quam* (plagam) *fuit fractus nervus, vocatus de la Mica.*

* **MICALE**, *Una bestia simile al serpente*, In Glossar. Lat. Ital. MS.

¶ **MICALLIA**, Quidquid cibo et potu absumitur. Gall. *Mangeaille.* Statuta vetera Bressiæ de subhastationibus inter Usatica Revellii edit. 1729. part. 1. pag. 31 : *Stabunt levata per 15. dies, infra quos si debitor solvere velit, reddantur prædicta bona, suis expensis et sumptu; præter sumptus levationis et Micalliæ, pasturæ, si sint animalia.* Vide *Minjayllia.*

* **MICANIA**, *La ingeniosita*, in Glossar. Lat. Ital. MS.

* **MICATORIUM**, *Esmioere.* Glossar. Lat. Gall. ex Cod. reg. 7692. Aliud ann. 1348. ex Cod. 4120 : *Micatorium, esmiotre vel frazeure, et derivatur a mica.* Vide *Micatoria* in *Mica* 1.

¶ **MICATUS**, Ursi clamor. Acta S. Ezonis tom. 5. Maii pag. 57 : *Bestia immanis... egreditur, et solum e vicino cernens adesse, emisso horrendo satis Micatu, simulque erectis in altum brachiis, cum plantis minacibus eum aggreditur. Uncare* tamen vel *sevire* ursorum esse scribit Ugutio. Vide *Baulare.*

¶ **MICCIRE.** Ugutio : *Miccire hircorum.* Vide supra *Baulare.*

¶ **MICHA.** Vide *Mica* 1.

MICHAELITÆ, Michalati, Nummi aurei Michaelis Imperatoris Constantinopolitani imagine signati. Willelm. Tyrius lib. 11. cap 12 : *Quærit quæ sit debiti summa : cui responsum est*, 30. *milium Michaelitarum, quod genus aureorum tunc in publicis commerciis erat celebre, a quodam Imperatore CPolitano qui eam monetam sua fecerat insignem imagine signari.* Bulla Nicolai IV. PP. ann. 3. de Censib. Eccl. Rom. in Regno, Campania et Maritima : *Monasterium S. Nicolai de Calusis* 1. *Michaletum auri, quod valet* 5. *Tarentinos Regis.* Meminit præterea *Michaelitarum* idem Tyrius lib. 13. cap. 15. qui in Chron. Casin. lib. 3. cap. 57. lib. 4. cap. 4. 17. 46. *Michalati* dicuntur. Cujus Editor, et qui eum secuti sunt, Vossius, Menagius, et alii haud bene divinarunt, dum censent ita nuncupatos nummos, quod Michaelis Archangeli effigiem præferrent, eosque esse, aut sane iis persimiles, quos *Angelots* appellamus. Charta Rogerii I. Regis Siciliæ pro Ecclesia Brundusina : *Concedimus villanos* 80. *demanios nostros, qui reddant singulis annis in duabus datis* 140. *Michalatos, et centum Miliarenses*, Μιχαλάτους istos vocat Anna Comnena lib. 13. Alexiad. pag 414. disertimque indicat cusos fuisse a Michaele Duca, dum ait Michaelis τοῦ προβεβασιλευκότος fuisse

¶ Michelati, in Gestis Tancredi apud Marten. tom. 3. Anecd. col. 103 : *Boamundus revertitur decem miriadibus Michelatorum vix redemtus.*

¶ Michelini. Bernardus Thesaur. de Acquisit. T. S. cap. 121. apud Murator. tom. 7. col. 761 : *Juraverat enim se daturum Michelinos aureos centum mille detentoribus ipsius.... Erat enim moneta imperante Michaele CPoli fabricata, et ab eo sic denominata.*

MICHEA, Michia. Vide *Mica* 1.

¶ **MICHI**, pro *Mihi*, in Charta ann. 425. Monast. Anglic. tom. 1. pag. 11. Id, licet notissimum, ex vetustissima Charta observare placuit.

* **MICHIELLETI**, Nummi plumbei a Dominico Michiele duce Venetiarum cusi ann. 1123. de quibus consule Dissert. editam tom. 24. Raccolt. D. Ang. Calog. pag. 3.

* **MICHITERIA**, *Signum victoriæ*, in Gloss. ad Doctr. Alex. de Villa Dei edit. ann. 1484.

MICHIUM, [f. Salina, locus ubi sal conficitur.] Vetus Charta ex Tabulario S. Benigni Divion. apud Perardum pag. 97 : *Unum bulionem, quem in vadimonio habent in Michio, quod est juxta fontem de Sals.* Alia ibid. : *Quæ dedit Canonicis.... in Michio suo* 4. *denarios in unaquaque septimana.*

* Vel Puteus salinarius, unde sal hauritur, et ex Glossar. ad calcem tom. 4. Gall. Christ. sic dictus, quod sal ex particulis, quasi micis, componatur. Benigniani monachi clamorem fecerunt in concilio Divione celebrato ann. 1117. adversus Humbertum filium Gualcheri Salinensis, *quod unum Michium cum caldaria apud villam Salonis eis injuste atque violenter eripiebat.*

MICHNI. Leges Forestarum Canuti Regis cap. 6 : *Habeat etiam quilibet primariorum quolibet anno de nostra warda, quam Michni vocant, duos equos, etc.*

¶ **MICHOLARI.** Vide mox *Micolari.*

MICIDIOR. Innocentius Agrimensor de Casis literarum : *Quoniam Micidiores, hoc est, minores, c. invenies stantes quotquot fines ostendunt.* Videtur legendum *Hemicycliares*, ut pag. 257.

* **MICINA**, *Uno vase de nave.* Glossar. Lat. Ital. MS.

MICOLARI, *Fabulari*, Jo. de Janua. [Statuta antiq. Canon. Regul. apud R. Duellium tom. 1. Miscell. pag. 89 : *Carnalia post Micholentur*; ubi Gloss. i. e. *loquantur.*]

MICRI, Minores, Μικροί. Domnizo lib. 2. de Vita Mathild. cap. 1 :

Absolvitque viros, qui juraraot sibi, Micros,
Ac proceres grandes, illum si linquere vellent.

MICROLOGUS, Lex. Gr. Lat. MS. Reg. : Μικρολόγος, ὁ φειδωλός. In Gloss. Lat. Gr. : *Scrupulosus*. Jo. de Janua : *Micrologus, qui breviter loquitur, vel qui magnam rem narrare cupiens, quasi parvam despiciendo narrat : unde hoc Micrologium, breviloquium.* S. Columbanus Epist. 4 : *Minimus maximo, agrestis urbano, Micrologus eloquentissimo, etc.* Idem Epist. 5 : *Licet enim mihi nimirum* (f. *nimium*) *Micrologo, etc.* Jonas in Vita S. Eustasii Abbatis num. 12 : *Comperendinanti, Microloga et frivola cavillanti, Eustasius.... respondit.*

Micrologus, Liber in epitomæ speciem, *Abregé.* Domnizo lib. 1. de Vita Mathild. cap. 5 :

Musica seu cantus illum laudare Tedaldum
Non cessant : semper renovantur eo faciente.
Micrologum librum sibi dictat Guido peritus
Musicus, et Monachus, nec non Eremita beandus.

Vita S. Theofredi Abbatis cap. 10 : *Denique quodam tempore familiari semotus obsequio, Micrologum cudens de lapsu mundi, senario determinat eum sermone rythmico.* Vita Caroli M. scripta jussu Friderici I. Imper. in Præfat. : *Egregia vero ipsius beati Karoli gesta, et triumphalem bellorum ejus historiam aliis relinquimus, quæ in catalogo virorum fortium, et in Chronicis ejusdem multifariam reperitur, cujus et nos officiosa sedulitate Micrologum conscripsimus.* Ita porro etiam proprie appellant librum de Ritibus Ecclesiasticis editum cum aliis similibus, cujus auctor vixisse dicitur sub finem sæculi undecimi, ut est apud Cardin. Bona lib. 2. Rerum Liturg. cap. 20. art. 4. Alii sub Friderico I. Imp. scripsisse volunt. Acta Murensis Monasterii pag. 31 : *Item liber Miraculorum, et in ipso Romanus Ordo qui vocatur Micrologus.*

¶ **MICROSCOSMUS**, a Græco μικρὸς et κόσμος. Gervasii Tilber. Otia Imper. apud Leibnit. tom. 1. Script. Brunsvic. : *Dominus in Evangelio omnem hominem dicit creaturam, cum ait : Ite, prædicate omni crea-*

turæ. Et Græcus hominem Microscosmum, hoc est, minorem mundum appellabat. Petit monde, c'est l'homme qui pou dure, in Gloss. Lat. Gall. Sangerm.

* **MICSARABA**, Vas coquinarium. Inventar. ann. 1361. ex Tabul. dom. Venciæ : *Item duas Micsarabas, etc.*

* **MICTERIATA**, Modus agri, idem qui supra *Meyteriata;* a voce *Micterium*, mensuræ annonariæ species. Terrear. Bellijoc. ann. 1529. fol. 94. v°. : *Super quadam vercheria, continente duas Micteriatas terræ vel circa,... juxta Micteriatam terræ dicti confitentis.* Ibid. fol. 276. r°. : *Super tertia parte... cujusdam terræ,... continente semen trium Micteriorum bladi vel circa.* Vide supra *Meyteria* et *Meyterius.*

¶ **MICTICUM**, *Aereum. Mictalis aerée. Leg. aereus.* Papias MS. Bituric.

¶ **MICTUALIS**, Urinam ciens, a verbo *mingere*, Gall. *Diuretique.* Papias MS. Bituric. : *Anethum, herba omnibus cognita, acerrime fervens, Mictualis est.*

MICTURA. Jo. Buschius lib. 1. Chron. Windesemens. cap. 28 : *Qui tamen in fine vitæ suæ Mictura sanguinis laborans, in bona pace vitam finivit.* Vox formata a *Mingere.*

* Vegetio, *Minctura.* Chron. Anglic. Th. *Otterbourne* edit. Hearn. pag. 5 : *Nec minus deploratas prodit* (gagates lapis) *feminas per Micturam.*

¶ **MICTURIRE**, Mingere. Gasp. Barthii Glossar. apud Ludewig. Reliq. MSS. tom. 3. pag. 149. ex Baldrici Hist. Palæst. : *Quod quidam in manibus suis Micturiebant.* Supplement. Antiquarii : *Micturit*, οὐρητιᾷ : *Substillat, stranguria laborat.*

¶ **MICUM**, pro *Mecum*, apud me. Veteres Formulæ Andegav. num. 22 : *Ut interim res vestras Micum habuero illa blada, quem ibidem Deus dederit, in tuam revoces potestatem.*

¶ **MIDA**, vox Hispanica. Statuta Synod. Arnaldi Episc. Valent. tom. 3. Concil. Hispan. pag. 519 : *Statuimus quod de cætero* (clerici) *non portent de die neque de nocte costalarios neque coltellos, ultra Midam in foro constitutam, nec etiam alia arma.*

¶ **MIDI**, Mensura ligni. Partitio bonorum monast. Dionysiani facta ab Hilduino Abb. ann. 832. apud Mabill. Diplom. pag. 520 : *Dabuntur illis aut aucæ centum, aut de argento pro eis libra una solvetur : de lignis mensuræ quæ Midi appellantur, mille centum.* Ludovici Pii Diploma ejusdem ann. quo partitionem præfatam confirmat ibid. pag. 392 : *De lignis dentur eis mensuræ, quæ Midi appellantur, mille centum.* Vide *Modulus*, 4.

** **MIDISSIMUS**, Minimus, apud Virgil. Gramm. pag. 131. Locum vide in *Magnissimus.*

MIDRA, Papiæ, *Auri lamina.*

MIDTHRINA, vox Saxonica, mid, cum, þrina, ter. Leges Ethelredi Regis apud Wenetyngum editæ cap. 15 : *Et si aliquis accusetur, quod paverit eum qui pacem Domini nostri fregerit, ladiet se Mid thrina* 12. *i, cum ter* 12. *qui faciunt* 36.

MIFFIO. Edictum Rotharis Regis Longob. tit. 78. § 1. [** 199.] : *Tunc illa vidua quæ in domum patris aut fratris regressa est, habeat sibi in ante morgincap et Miffio.* Ubi legendum *et metam* vel *methium.* Vide Legem Longobard. lib. 2. tit 4. § 4. [** Aist. 5.] et supra in vocibus *Meta*, et *Methium.*

MIGA, pro *Mica.* Formula 11. ex Baluzianis, de pane : *A foris turpis est crusta, ab intus Miga nimis est nigra, aspera est in palato, etc.*

* **MIGAIRIA**, Fructuum vel redituum medietas. Charta ann. 1206. ex Bibl. reg. cot. 19 : *Impignoramus.... domos,... terras, vineas, cultum et incultum, Migairias, terçarias, quartos, quintos, agraria, decima et omnia alia teramerita.* Vide supra *Meyaria.*

¶ **MIGALE**, Pica. Miscell. Theodisca apud Bernardum Pezium tom. 1. Anecd. part. 1. col. 412 : *Ophiomachus, similis Migali, bauvigrimmila, pica, agaistra.*

* **MIGANUM**, Domus pars, f. ubi panis conficitur. Acta MSS. Inquisit. Carcass. ann. 1308. fol. 66. v°. : *Pransi fuimus simul de trochis recentibus, quas ipsi portaverant de Ax : dicta autem Palazera non comedit nobiscum, sed extra in quodam Migano domus.*

* **MIGEIRIUS**, Partitus, dimidiatus; a veteri Gallico *Mige*, medius. Testam. Bereng. Bern. ann. 1061. ex Bibl. reg. cot. 17 : *Omnes supradictos feuvos haveo Migeirios cum fratre meo Guillelmo.* Lit. remiss. ann. 1377. in Reg. 110. Chartoph. reg. ch. 233 : *Assez tost après les suivi hastivement et les aconsuivi bien Mige voie dudit lieu de sainte Colome et dudit lieu de Vergier.* Vide mox *Migerius.*

¶ **MIGERIA**, Mensura frumentaria. Instrumentum Visitationis Popleti monast. Ord. Cisterc. in diœcesi Barchinon. ann. 1316. apud Marten. tom. 1. Anecdot. col. 1348 : *Item, erant tam in monasterio quam in membris quingentæ Migeriæ frumenti, et de alio blado quadragintæ* (f. quadringentæ) *Migeriæ.*

☞ Est et *Migeria* mensura liquidorum, ut colligitur ex Charta ann. 1090. Append. Marcæ Hisp. col. 1185 : *Consentimus præfato Remundo in Perdus, Duran, Bosracol gallina 1. fogaça una, et Migeria 1. de vino et emina una de civada.*

* Charta ann. 1266. in Reg. S. Ludov. ex Chartoph. reg. fol. 14. r°. : *Item unam Migeriam olei valet duos solidos et sex denarios.* Leudæ min. Carcass. MSS : *Item de oleo, de Migeria, unam fiolam pro leuda.* Occit. *Migero*, quibus 22. pars est saumatæ. Vide supra *Megeria.*

¶ MITGERIA, Eadem notione, in Charta Guillelmi Jordani Comit. Ceritan. ann. 1097 : *Dono deinceps unicuique clericorum vice sua ebdomadam tenenti Missam canendi unam peciam carnis, et unum panem, et Mitgeriam unam vini, etc.*

* **MIGERIUS**, Idem quod supra *Meianus* 2. Murus intermedius, Gall. *Mur mitoien.* Libert. castri de Arrio ann. 1355. tom. 5. Ordinat. reg. Franc. pag. 6. art. 2 : *Cognitio contractuum simplicium, aquæ usus, stillicidiorum, carreriarum, exituum et Migeriorum inter vicinos.* Vide supra *Migeirius.*

* *Migerat* vero, Teli genus, forte quod alterius medium sit, in Lit. remiss. ann. 1478. ex Reg. 205. Chartoph. reg. ch. 35 : *Le suppliant mist le trait qu'il avoit en sa main sur son arbalestre; c'estoit ung Migerat, ouquel avoit ung petit taillant.*

MIGMA, *Palea minuta, vel tritura frumento permixta*, in Gloss. Lat. MS. Reg. Cod. 1013. Eadem habet Ugutio, hæcque subdit : *Vel dicitur commixtura, vel confectura saponis, vel unguenti alicujus ad abluendum.* Papias : *Migma, Hebræum est, id est, mixtura, palea minuta, vel tritura frumento permixta.* Gloss. Lat. Gall. : *Migma, Orge en paille.* Aliud Gloss. MS. ad Alexandrum Iatrosophist. lib. 1. Passion. : *Migma est squinantum, palea camelorum.* Jo. de Janua et Mamotrectus : *Migma, atis, ordeum cum palea.* Isa. 30 : *Et pulli asinorum qui operantur terram, commixtum Migma comedent, sicut in area ventilatum est.* Ubi Græc. Edit. : Φάγονται ἄχυρα ἀναπεποιημένα ἐν κριθῇ λελικμημένη. Hist. Translat. S. Guthlaci n. 17 : *Porcum.... siliquis, et cossis, et Migmate impinguaverat.* [Formulæ veteres Alsaticæ apud Eccardum ad calcem Pactus Leg. Sal. pag. 244 : *Tollo de* XII. *censariis singulas oves* (i. oves) *et da illis quotidie sal et ventilamina et commixtum Migma, ut tunc bonæ sint. Tolle unum porcum... et da illi quotidie sufficienter de sigila et hordeo, et inebria illum mixtura furfurum seu farinæ.* Unde *Migma* ex variis granis, puta vicia, hordeo, avena simul permixtis constitisse colligitur; a Græco fortea μίγνυμι, Misceo.] *Smigmator*, in Miraculis B. Stanislai Canon. Regul. n. 49.

MIGMA, Medicamentorum et unguentorum mistura. Marcellus Empir. in Præfat. : *Versiculis quoque lusimus Migmatum et specierum digestione compositis.* Hist. Susannæ cap. 17 : *Afferte mihi oleum et Smigmata, etc.* Vetus Editio *Migmata* præfert, Græca vero σμήγματα. Ubi Mamotrectus : *Migmata, confectiones saponis, vel unguenti ad lavandum apti ; Migma, æ, ordeum cum palea. unde faciunt mulieres decoctionem forte ad nitorem faciei. Quidam dicunt Smigma.* Acta Murens. Monast. : *Abbas Udalricus constituit ut singulis annis* 13. *talenta pigmentorum darentur ad Migma faciendum in Nativitate S. Martini.* Gloss. Ælfrici Sax. : *Migma,* æ s c e d a. Vide Palladium in Histor. Lausiaca cap. 26. pag. 939. et Fullerum lib. 6. Miscell. Sacr. cap. 18.

* **MIGNONETUS**, MIGNOTUS, Præ aliis carus, gratissimus, Gall. *Mignon.* Proces. Egid. *de Rays* ann. 1440. fol. 165. v°. ex Bibl. reg. : *Erat idem Perrinctus ejusdem rei Mignotus sive prædilectus.* Et fol. 178. v°. : *Qui quidem Perrinetus erat dicti Ægidii rei Mignonetus sibique inter cæteros prædilectus.* Nostris *Mignot*, pro *Mignon*, Delicatus, tener. Lit. remiss. ann. 1384. in Reg. 125. Chartoph. reg. ch. 45 : *Jehan Petit, dit de la Croix, et Alipson se jouerent ensemble par plusieurs fois, et à l'une d'icelles fois se coucha ledit suppliant sur ladite Alipson et fist sa voulenté d'elle; mais pour ce que en sombriant, elle faisoit semblant de crier, comme telles jeunes filles Mignotes font, il lui mist sa main sur la bouche.* Hinc *Argent mignot* Pecunia superflua, in aliis Lit. ann. 1476. ex Reg. 206. ch. 1084 : *Icellui Pariset requist le suppliant qu'il lui voulsist prester deux escus d'or en lui disant qu'il avoit de l'argent Mignot.* Unde etiam *Mignotise*, pro Exquisita nimis cura. Lit. remiss. ann. 1480. ibid. ch. 634 : *Icellui Peschat ne voult souffrir l'emplastre, disant qu'il n'avoit cure de telles Mignotises.*

* 1. **MIGRANA**, Hemicrania, capitis morbus, Gall. *Migraine*. Mirac. S. Goslini tom. 2. Febr. pag. 636. col. 2 : *Bartholomæa... viginti quatuor annis et ultra quasi Migrana in capite concutiebatur.* Vide *Migranea*.

* 2. **MIGRANA**, Granatum, malum punicum, Gall. *Grenade*, quibusdam in locis *Migraine*. Leudæ major. Carcass. MSS : *Item malis granatis pro centenario, quatuor Migranas.* Ubi versio Gallica ann. 1544 : *Item de cent pommes grenades ou Migraines etc.* Hinc *Mygre*, Malus punica, ni fallor, Gall. *Grenadier*, in Lit. remiss. ann. 1468. ex Reg. 195. Chartoph. reg. ch. 149 : *Laquelle fille dist au suppliant qu'elle auroit sa part ausdites pommes, et que c'estoit leur Mygre.* Vide infra *Milgrana*.

MIGRANEA, Hemicrania, morbi in capite species, *Migraine*. Ditmarus lib. 4 : *Cui in capite suo multum nocuit Migranea, quæ duplex, aut ex gutta, aut ex vermibus.*

MIGRARE *in villam alienam*, in Pacto Legis Salicæ tit. 48. dicuntur ii qui sine ullo decreto judicis, auctoritate privata, migrant, hoc est, irruunt in res alienas ac prædia animo possidendi. Lemma tituli est *de migrantibus*. In Lege vero Salica tit. 47. est *de eo qui villam alienam occupaverit*. Adde Capitulare 3. ann. 819. continens Capitula de Interpretatione Legis Salicæ, cap. 9.

¶ Migrare, Mori, apud Gregor. Turon. Histor. Franc. col. 72 : *Quo Migrante, Sidonius ex Præfecto substituitur.*

*Migrare ad Christum, in Lit. ann. 1365. tom. 4. Ordinat. reg. Franc. pag. 555. art. 9.

** Migrare de hac Luce, in chart. Ludov. Pii ann. 826. apud Schœpflin. Alsat. Diplom. tom. 1. pag. 72. num. 188. et passim.

* 3. **MIGRARE**, Transfundere. Vita S. Amati tom. 4. Sept. pag. 106. col. 2 : *Tandem puellæ jussu hominis Dei ad memoriam revocantes, ad eumdem pergunt, et narrant ei omnia. Tum ille : Ite, inquit, atque Migrate eas* (apes) *in vas, de quo dixeram.* Ubi Codex Ultraject. inter notas ibid. pag. 108. laudatus habet : *Ite, et mittatis in vas, etc.*

¶ **MIHENIUM**, Detrimentum, jactura. [* Rectius, ni fallor, *Mihenius*, Partiarius colonus, idem quod *Mezadrus*. Vide supra in hac voce et *Mgeirius*.] Chartular. Abbatiæ S. Stephani de Villibus in Xanton. cap. 17 : *Notum facio eleemosynam quam Geraldus Gosselinus de Cauziaco dedit vobis in capitulo nostro ut piscator noster haberet et nos haberemus piscationem in aqua quæ est suo feodo.... assumens nobiscum societatem sibi et uxori suæ et parentibus suis, ita tamen ne suis Miheniis malum inferremus huic donationi, interfuerunt Bernardus, etc.*

¶ 1. **MILA**, Milliare, Gall. *un Mille*. Charta ann. 1409. apud Rymer. tom. 8. pag. 582 : *A dicto loco de Petraforata per quinque Milas dicta Nassa de Guissen, continua unam post aliam, distat.*

* 2. **MILA**, perperam, ut videtur, pro *Mola*, Agger. Charta Caroli IV. imper. ann. 1355. tom. 1. Cod. Ital. diplom. col. 1349 : *Concedimus omnia et singula castra, civitates, loca... cum vasallis,... ripis, ripaticis, Milis, glareis, etc.* Vide *Mola* 4.

* 3. **MILA**, f. pro *Mela* vel *Mella*, Mespilum, Gall. *Nefle*. Charta apud Meichelbec. tom. 2. Hist. Frising. pag. 87 : *Tradidi cum uno fructetu de genere arboris, unde nascentur Milas.* (sic) Vide *Mella* 2.

MILAGO. Charta ann. 1223. apud Ughellum in Archiepisc. Cusentinis tom. 9. pag. 291 : *Obligaverunt se... reddere annuatim pro censu... lagenas puri et boni olei 5. capientes singulas Milagines binas ad justam mensuram Russani.* [* Mensuræ species, ut opinor. Vide supra *Migeria*.]

¶ **MILARIUM**, perperam pro *Melarium*, in Lege Salica Edit. Lind. Vide *Melum*.

¶ **MILECIA**. Chartular. S. Vincentii Cenoman. fol. 43 : *Prædictusque Albericus habuit ventiones ipso die ad Mileciam in domo sua.*

* **MILENÆ** Salutes. Vide infra *Millenæ*.

MILES, apud Scriptores inferioris ætatis, is potissimum dicitur, qui Militari cingulo accinctus est, quem vulgo *Chevalier* appellamus. [Gloss. Latino-Gall. Sangerm. : *Miles*, *Chevalier*.] Fulcherius Carnotensis lib. 2. Hist. Hierosol. cap. 31. (ut cæteros omittam) *Milites nostri erant quingenti, exceptis illis qui Militari nomine non censebantur, tamen equitantes.* Sed unde nata hæc appellatio, non omnino constat : tametsi proximum videtur vero, inde apud nostros obtinuisse, quod qui alicui Principi, sive in officiis palatinis, sive in expeditionibus militaribus, militaret, ejus *Miles* esse diceretur.

Militare quippe, pro, aliquo officio defungi in curia Principis, usurpant Scriptores. Quo sensu πολιτεύεσθαι, dixit Theophanes. Abbo Floriac. in Canon. cap. 51 : *Quisquis militiæ suæ cingulo utitur, dignitatis suæ Miles adscribitur.* S. Augustin. lib. 5. de Civit. Dei cap. 6 : *Ille in officio Comitis Militat.* Idem in Append. Serm. de Divers. 3. qui S. Maximo alias tribuitur : *Non enim de his Militantibus Scriptura loquitur, qui armata militia detinentur, sed quisque militiæ suæ cingulo utitur, dignitatis suæ Miles adscribitur.* Idem Epist. 54 : *In quolibet officio Militanti.* Et Epist. 76 : *Militia clericatus* Ordo Romanus : *Acolyti cum Defensoribus.... dimissis hinc inde partibus, prout Militant, præcedunt Pontificem usque ad Ecclesiam.* Hinc [Capitul. lib. 7. § 435 : *In palatio habere Militiam* ;] *Militiæ fascibus sustolli*, apud Avitum Viennensem Ep. 69. *Militiæ tituli*, Epist. 83. ubi Sigismundus Burgundiæ Rex ad Imperatorem Anastasium : *Traxit istud a proavis generis mei apud vos decessoresque vestros semper animo Romana devotio, ut illa nobis magis claritas putaretur, quam vestra per Militiæ titulos porrigeret Celsitudo : cunctisque auctoribus meis semper magis ambitum est quod a Principibus sumerent, quam quod a Patribus attulissent. Cumque gentem nostram videamur regere, non aliud nos quam Milites vestros credimus ordinari.* Quo loco intelligit Patricii dignitatem sibi ab Imperatore collatam, quemadmodum Consularem Chlodoveo Regi impertierat idem August. Gregor, Turon. lib. 4. Hist. cap. 36. de Mummolo qui Patriciatum obtinuerat a Rege Guntranno : *De cujus Militiæ origine altius quædam repetenda putavi.* [** Vide Glossar. med. Græcit. voce Στρατεία, col. 1457.]

* Militia, Palatii regii officium quodvis. Charta Phil. Pulc. ann. 1301. in Lib. rub. Cam. Comput. Paris. fol. 450. v°. col. 1 : *Notum facimus quod nos dilecto militi nostro Haymerico de Gaya dilecti et fidelis Karoli Valesiæ comitis germani nostri carissimi cambellano, gratiose concessimus ut ipse vadia, quæ ratione Militiæ suæ in domo nostra percipere consuevit, etc.*

Militia etiam pro eo quod quis in dignitatibus consecutus est. Gregor. Turon. lib. 8. cap. 39 : *Qui multas altercationes cum relicta illius defuncti* (Episcopi) *habuisse probatur, eo quod res quæ tempore Budegisili Episcopi Ecclesiæ datæ fuerant, tanquam proprias retinebat, dicens : Militia hæc fuit viri mei.* Lib. 10. cap. 19 : *Multa enim auri argentique in hujus Episcopi regesto pondera sunt reperta ; quæ autem de illa iniquitatis Militia erant, regalibus thesauris sunt inlata.* [Charta ann. 1302. tom. 2. Hist. Dalphin. pag. 119 : *In remunerationem licet non congruam prædictorum ac pro sua Militia, etc.* Cels. D. leg. 31. tit. 1. lib. 22 : *Titius in testamento suo Publio Mœnio Militiam suam reliquit : sive pecuniam, quæcumque redigi ex venditione potuerit.* Nisi malis cum Carolo de Aquino in Lex. milit. interpretari de stipendio, vel supellectili militari.]

¶ Militare, Laborando lucrari. Audoenus in Vita S. Eligii tom. 5. Spicileg. Acher. pag. 164 : *Confluebantque ad eum* (Eligium) *undique viri religiosi, advenæ quoque et monachi, et quidquid Militare poterat aut eis in eleemosynam dabat, aut certe captivorum in pretia distrahebat.*

Qui igitur Principi in quolibet officio, seu in qualibet dignitate, palatina, civili, aut militari deserviebat, ei *militare* dicebatur, ejusque esse *miles* : qua sane notione hanc vocem capiendam censuerim in vetustioribus Regum Anglo-Saxonum Chartis, quæ subscribuntur a variis proceribus, post Episcopos, Duces, et Comites, cum *Militis* titulo ; adeo ut liceat conjicere non alios fuisse quam Officiales domus augustæ, qui in aliis *Ministri* appellantur : quæ quidem *Militis* appellatio in Chartis eorumdem Regum ab anno 806. et deinceps reperitur, ut observat Seldenus de Titulis honorariis part. 2. cap. 5. § 33. quam ille de proceribus militari cingulo donatis intelligendam putat, quos tamen Ingulfus videtur innuere fuisse Officiales Regios, pag. 860 : *De dono Fregisti quondam Militis domini Kenulfi Regis.* Infra : *De dono Oswii Militis.* Pag. 868 : *Bernodus Miles et vexillarius Regis.* [Idem innuere videtur S. Bernardus in Epist. ad Theobaldum Campaniæ Comitem, tom. 1. col. 51 : *Si quis forte Militum seu ministrorum vestrorum res illorum injuste contingere, etc.*] Exstant ejusmodi complures Chartæ Anglo-Saxonum Regum quæ a Militibus subscribuntur in Monastic. Anglic. tom. 1. pag. 211. 287. tametsi interdum post Ministros subscribant, adeo ut diversi ab iis, ordineque inferiores fuisse videantur, ut in Conventu Westmonaster. ann. 1066. sub Edwardo Confessore inter Concilia Anglicana relato. [** Vide Phillips. Histor. Jur. Angl. tom. 2. pag. 11.] Sane non alii sunt ab aulicis Ministris, quos alias. Kanutus Magnus Danorum Rex ad sui vel famulatum vel comitatum adscivit, quos *ad tria millia Militum* excrevisse ait Sueno in Legib. Castrens. cap. 20. Saxo vero Grammat. lib. 10. ad sex millia : unde leges quas Rex idem ad continendam militiam istam aulicam constituerat, *Leges Castrenses* sive *Militares*, sive *Leges Curiæ* vocat idem Sueno in Proœmio. Idem cap. 5 : *Priscorum autem Curialium, qui et nunc Militari censentur nomine, hæc vigebat consuetudo, etc.* Vide *Minister*, et *Thainus*.

Postmodum *militia* ista civilis, ad militarem unice profluxit : ita ut qui alicui in bellis *militaret* ac mereret, ejus esse *Miles* diceretur ; maxime vero qui *beneficii* seu *feudi* alicujus ratione servitio militari obstrictus esset et obnoxius : unde *Miles* pro *vassallo* usurpatur passim a Scriptoribus. Luithprand. in Legat. : *Principes isti apprime nobiles, et domini mei sunt Milites.* Idem in Chron. lib. 5. cap. 14 : *Raimundus Aquitanorum Princeps pro minis mille se in Militem dedit, fidemque ei juramento servaturum affirmavit.* Dudo lib. 3. de Morib. Norman. pag. 120 : *Ea fide qua concatenantur Senior et Miles.* Charta ann. 954. apud Hemeræum : *Gerbertus scilicet et Anserus Miles ejus.* Conradus Imp. [** cap. 1.] in Lege Longob. lib. 3. tit. 8. § 4 : *Firmiter statuimus, ut nullus Miles Episcoporum, Abbatum, Abbatissarum, Marchionum, Comitum, vel omnium qui beneficium de nostris publicis bonis aut de Ecclesiarum prædiis nunc tenent aut tenuerint,.... sine certa et convicta culpa suum beneficium perdat, etc.* Ibi non semel. Berthold. ann. 1095 : *Insuper et Philippum Regem Galliarum excommunicavit, eo quod propria uxore dimissa, Militis sui uxorem sibi in conjugium sociavit.* [Charta ann. 1225. ex Chartul. Campaniæ in Camera Comput. f. 156 : *Nos requiremus a Militibus Comitatus Burgundiæ quod ipsi faciant homagium dicto Comiti* (Campaniæ) *salva fidelitate nostra. Et si aliqui Milites seu Barones nollent facere homagium dicto Comiti Campaniæ Theobaldo, nos faceremus quod Barones illi et Milites facerent dicto Theobaldo... fidelitatem.*] Regestum Tholosanum ann. 1248. fol. 72 : *Dom. Guillelmus Unaldus flexis genibus et manibus suis junctis missis inter manus dicti domini Comitis, accepit prædictam terram... ab ipso Dom. Comite, et recognovit et concessit se esse Militem Dom. Comitis, et ejus ordinii,... et convenit servire ipsi Dom. Comiti et ejus ordinio, sicuti fidelis Miles tenetur servire dominum suum, tradens sibi osculum in signum fidelitatis.* Occurrit ibidem eadem formula pluries. Chron. Novalicense lib. 5. cap. 8 : *Manibus innexis Miles* (perperam *Militem*) *fit Rodulphi.* Gesta Guillelmi Nothi : *Manibus ei sese dedit, cuncta sua ab eo ut Miles a Domino recepit.* Ditmar. lib. 5 : *Boiemiorum Ducem Bolizlaum, qui cognominatur Rufus, ad Militem sibi, aliumque ad amicum familiarem blanditiis ac minis adipiscitur.* Et lib. 6. de eodem : *In die sancto manibus applicatis Miles efficitur, et post sacramenta, Regi ad Ecclesiam ornato incedenti Armiger habetur*, id est, *strepam tenuit*, quod vassallorum fuisse docuimus ad Cinnamum. Idem Ditmarus lib. 7. de Willelmo Comite Burgundiæ : *Miles est Regis in nomine, et dominus terræ, etc.* Adde Albertum Stadensem ann. 951. Gariellum in Episc. Magalon. pag. 81. etc. Hinc *in Militem adoptare*, id est, vassallum sibi aliquem efficere, dato ei beneficio seu feudo, apud Adam. Brem. cap. 153 : *Cum omnes qui erant in Saxonia, sive in aliis regionibus clari et magnifici viri, adoptaret in Milites, multis dando quod habuit, cæteris pollicendo quod non habuit, inutile nomen vanæ gloriæ mercatus... est.* Cap. 159 : *Ut conjuratos tantum fratres ab invicem divelleret, Hermannum Comitem adoptavit in Militem.* Cap. 165 : *Ignominiosum quidem, sed necessarium cum tyranno fœdus pepigit, ut qui hostis erat, Miles efficeretur, offerens eis de bonis Ecclesiæ mille mansos et amplius in beneficium.* Vide *Adoptare*. Ita usurpant Lex Longob. lib. 3. tit. 8. §. 4. [** Conrad. I. 1.] Herman. Contract. ann. 846. 866. 1054. Hugo Flaviniac. in Chron. pag. 259. Greg. VII. PP. lib. 1. Ep. 43. lib. 9. Ep. 3. Vita Aldrici Episcopi Cenoman. num. 1. Wolfard. Hasenrietanus apud Gretzer. de Episcop. Eystet. pag. 423 veteres Chartæ in Gallia Christiana tom. 3. pag. 563. apud Beslium pag. 490. Anton. Brandaon. lib. 12. Monarch. Lusitan. cap. 1. etc.

** Militare, servitio militari obstrictum esse. Richer. lib. 1. cap. 4 : *Ut dono regum hæc provincia ei* (genti Normannorum) *conferretur; ita tamen ut idolatria penitus relicta, christianæ religioni se fideliter manciparet, nec non et regibus Galliarum terra marique fideliter Militaret.* Infra : *Britanniam minorem, quæ est Galliæ contigua atque Militans.*

Ut porro apud Romanos, qui militiæ alicujus armatæ, seu palatinæ, dignitatem aliquam consequebantur, cingulo dicebantur donari : quo etiam persæpe ab ipsomet Principe, si altioris, a majoribus vero magistratibus, si inferioris essent ordinis, accingebantur : ita qui Militiam aut ex dignitate, aut ex beneficio seu feudo domino debebat, armis omnibus ab eo instruebatur, quo *Militis* sui in posterum partes ageret, atque ita *adoptabatur in Militem* : unde nostri fortean *Adouber un Chevalier* dixerunt, ex voce *adoptare*, de qua loquendi formula quædam adnotavimus in voce *Adobare*. Atque id, ni fallor, profluxit ex eo quod apud barbaros, seu nationes Septentrionales, adolescentes qui primum arma induere gestiebant, ea sibi dari ab alio, sive principe, sive quovis magnate, ac ense accingi curabant, eoque ipso ab iis a quibus arma accipiebant, adoptabantur in filios, ita ut qui arma conferebat, patris, qui accipiebat, filii vicem obtineret : de qua adoptionis specie pluribus egimus in Dissert. 22. ad Joinvillam, diximusque ab ejusmodi honorariis per arma adoptionibus *Milites* apud nostros creandi profluxisse ritum.

Quemadmodum omnes fere paganorum superstitiones, quas penitus evelli posse haud existimarent, ritu aliquo sacro condierunt, vel sanctificarunt Christiani, quod de cæteris adoptionum speciebus a nobis est observatum ad Joinvillam; ita eam quæ sola armorum fiebat traditione, ab omni barbarico ritu purgarunt, armorum ipsorum benedictione a Sacerdote in Ecclesia facta, et novo Milite, vigiliis ac jejuniis prævliis, in ipsa sacra Liturgia ense accincto : quod maxime apud Anglos obtinuisse refert Ingulfus : *Anglorum erat consuetudo, quod qui Militiæ legitime consecrandus esset, vespera præcedente diem suæ consecrationis, ad Episcopum, vel Abbatem, vel Monachum, vel Sacerdotem aliquem contritus et compunctus de omnibus suis peccatis confessionem faceret, et absolutus, orationibus, et devotionibus, et afflictionibus deditus in Ecclesia pernoctaret; in crastino quoque Missam auditurus, gladium super altare offerret, et post Evangelium Sacerdos benedictum gladium collo Militis cum benedictione imponeret : et communicatus ad eandem Missam sacris Christi mysteriis, denuo Miles legitimus permaneret. Hanc consecrandi Militis consuetudinem Normanni abominantes, non Militem legitimum tenebant, sed socordem Equitem, et Quiritem degenerem deputabant.* Id ipsum de Anglis tradit Robertus Bourronus in Hist. Arthuri, seu Merlini MS. : *Au tans deslors estoit coustume en la Grant Bretagne, que quant on faisoit Chevalier nouvel, on le viestoit tout de blanc samit, et puis le hauberc, et li mettoit-on l'espée en la main, et en tel maniere aloit-on oir la Messe en tel maniere en quelconques lieu que il fust, et ce quant il l'avoit oie, il s'en devoit venir, adont li chaignoit cil qui Chevalier le devoit faire.*

Priusquam Militiam consequerentur, balnea ingrediebantur, indeque loti prodibant. Jo. Monach. Majoris Monasterii lib. 1. Hist. Gaufredi Ducis Norman. de ejusdem Militia : *Illucescente die altera balneorum usus, uti tirocinii suscipiendi consuetudo expostulat, paratus est.* Hist. Caroli VI. Franc. Regis, de Militia Ludovici II. Regis Siciliæ et Caroli fratris : *In hoc statu cum matrem usque ad S. Dionysium conduxissent, in secretioribus locis nude in præparatis balneis se mundarunt.* Vita Clem. VI. pag. 90. apud Bosquetum : *Quo facto die Pentecostes inchoato, statim aqua lotus* (perperam editum *manalocus*) *et Miles factus, talem sibi titulum assumpsit seu usurpavit, Candidatus aqua Spiritus S. Nicolaus Miles, etc.* *L'Ordene de Chevalerie* MS : *Mesires Hues, appareillez chou qu'à Chevalier affiert. Se li aparella son chef et sa barbe sans tere, miex qu'ele n'estoit, et si le mist en un baing, et li demanda, Sire, savez-vous que chet bains vous doune encommencement de vous à entendre : Hues, fait-il, non. Sire, fait mesire Hues, ausi nés et ausi mondés li enfes ist de pekiés des fons de Baptesme, devez-vous issir de chest baing de villenie et de mauvese teche, etc.* Le Roman *de Garin* :

Quant fu bagnié, sus el palés en vint,
Bien fu vestu et de ver et de gris,
Mult fu apers et Chevaliers eslis,
Gros par espaules, et larges par le pis,
Et Ysoré le branc d'acier li cint,
Puis le bessa, mult docement li dist, etc.

Alibi :

Li Rois appelle le Borgoin Auberi,
Fetes Girbert baignier vostre neveu,
Si li donrons et le ver et le gris.
Le bang a fet le Bourgoing Auberi,
En la cuve entre, més il i fu petit, etc.

Scribit Josephus Acosta lib. 7. Hist. Indicæ cap. 27. in Regno Mexicano procerum filios a Sacerdotibus lavari consuevisse, priusquam cingulo militari donentur. Et Polyænus lib. 4. Strateg. auctor est Pæones Principem suum, priusquam diademate cingeretur, in fluvio Aristibo lavisse. Vide Tillium pag. 431.

Atque is balneorum ritus potissimum observatur in Anglia, maxime cum Reges inaugurantur, a quibus novi *Milites* tum creari solent, quos *Knights of the bath*, seu *Milites de balneis* vocant, quod priusquam cingulo donentur, balnea subeant, de quibus Nicol. Uptonus lib. 1. de Milit. offic. cap. 3. Froissart. 4. vol. cap. 114. Camden. in Britan. pag. 106. 3. Edit. Thom. Smith. lib. 1. de Rep. Anglor. cap. 17. Andr. Favinus lib. 5. Theatri honoris, [Ditmarus in Dissert. hac de re ex professo edita ann. 1729.] et alii. [** Spelmanni Dissertatio de Milite legitur in ejus operibus posthumis tom. 2. pag. 172.] Sed totam ejusmodi inaugurandorum in Anglia et alibi Militum ceremoniam, ex veteri Codice Gallico edidit Edward. Bissæus, quam paulo emendatiorem hoc loco inserere haud absurdum videtur, cum id genus antiquitatis non omnino obvium sit.

Cy aprés ensuit l'ordonnance et maniere de creer et faire nouveaulx Chevaliers du baing, au tems de paix, selon la Coustume d'Angleterre.

Quant ung escuier vient en la Cour pour recevoir l'ordre de Chevalrie en temps de paix selon la Custume d'Angleterre, il sera tres noblement receu par les officiers de la Cour, comme le Seneschal, ou du Chamberlain, si dz sont presens, et autrement par les mareschaux et huissiers. Et adonc seront ordonnez deux Escuiers d'onneur saiges et bien aprins en courtoisies, et nourritures, et en la maniere du fait de chevalrie : et ilz seront escuiers et gouverneurs de tout ce qui appartient à celluy qui prendra l'ordre desusdit. Et au cas que l'escuier viengne devant disner, il servira le Roi de une escuelle du premier cours seulement. Et puis les dits escuiers gouverneurs admeneront l'escuier qui prendra l'ordre en sa chambre, sans plus estre veu en celle journée. Et au vespre les escuiers gouverneurs envoyeront aprés le barbier, et il appardelleront ung baing, gracieusement appareillé de toile, aussy bien dedans la cuve, que dehors : et que la cuve soit bien couverte de tapiz et manteaulx, pour la froidure de la nuyt. Et adoncques sera l'escuier rez la barbe, et les cheveulx rondé. Et ce fait les escuiers gouverneurs yront au Roy, et diront, Sire, il est vespre, et l'escuier est tout appareillé au baing, quant vous plaira. Et sur ce le Roy commandera à son chamberlan qu'il admene avecque luy en la chambre de l'escuier le plus gentilz et le plus saiges chevaliers qui sont presens, pour lui informer et conseiller et enseigner l'ordre et le fait de chivalrie. Et semblablement que les autres escuiers de l'ostel, avec les menestrelx, voisent pardevant les chevaliers, chantans, dansans, et esbatans, jusques à l'uys de la chambre dudit escuier.

Et quant les escuiers gouverneurs orront la noise des menestrelx, ilz despouilleront l'escuier, et le mettront tout nu dedens le bain. Mais à l'entrée de la chambre les escuiers gouverneurs feront cesser les menestrez, et escuiers aussi, pour le temps. Et ce fait les gentilz saiges Chevaliers entreront en la chambre tout coyement sans noise faire : et adoncques les chevaliers feront reverence l'un à l'autre, qui sera le premier pour conseiller l'escuier au baing l'ordre et le fait. Et quant ilz seront acordés dont yra le premier au baing, et ilec s'agenoillera pardevant la cuve en disant en secret : Sire, à grant honneur soit-il pour vous cest baing, et puis lui monstrera le fait de l'ordre, au mieux qu'il pourra, et puis mettra de l'eaue du baing dessues l'espaulle de l'escuier, et prendra congié : et les escuiers gouverneurs garderont les costés du baing. En mesme maniere feront tous les autres Chevaliers l'un aprés l'autre, tant qu'ils ayent tout fait. Et donc partiront les chevaliers hors de la chambre pour ung temps. Ce fait les escuiers gouverneurs prendront l'escuier hors du baing, et mettront en son lit tant qu'il soit sechié : et soit ledit lit simple sans courtines. Et quant il sera sechié, il levera hors du lit, et sera addurné, et vest bien chauldement pour le veillier de la nuyt. Et sur tous ses draps il vestira une cotte de drap rousset, avecques unes longues manches, et le chapperon à ladite robe en guise de ung hermite. Et l'escuier ainsi hors du baing, et attorné, le barbier ostera le baing, et tout ce qu'il a entour, aussi bien dedens, comme en dehors, et le prendra pour son fié, ensemble pour le collier, comme ensi si cest chevalier soit Conte, Baron Baneret, ou Bachelier, selon la custume de la Cour. Et ce fait les escuiers gouverneurs ouveront l'uys de la chambre, et feront les saiges Chevalieurs reentrer pour mener, l'escuier à la chapelle. Et quant ilz seront entrez, les escuiers, esbatans et dansans, seront admenés pardevant l'escuier avecques les menestrels faisans leurs melodies jusques à la chappelle. Et quant ilz seront entrez en la chappelle, les espices et le vin seront prestz a donner ausdits Chevalieurs et escuiers : et les escuiers gouverneurs admeneront les Chevalieurs pardevant l'escuier pour prendre congié; et il les mercira toutes ensemble de leur travail, honneur, et courtoisies qu'ilz lui ont fait; et en ce point ilz departiront hors de la chappelle. Et sur ce les escuiers gouverneurs fermeront la porte de la chappelle, et n'y demorera force l'escuiers, ses gouverneurs, ses prestres, le chandellier, et le guet. Et en ceste guise demourra l'escuier en la chappelle tant qu'il soit jour, tous jours en oroisons et prieres : requerant le puissant Seigneur, et sa bennoite Mere, que de leur digne grace lui donnent povoir et confort à prendre ceste haute dignité temporelle en l'onneur et louenge de leur, de sainte Eglise, et de l'ordre de Chevilerie. Et quant on verra le point du jour, on querra le prestir pour le confesser de tous ses pechiés, et orra ses matines, et messe, et puis sera accommuschié, s'il veult. Mais depuis l'entrée de la chapelle aura ung cierge ardant devant luy. La messe commencée, ung des gouverneurs tiendra le cierge devant l'escuier jusques à l'Evangille. Et à l'Evangille, le gouverneur baillera le cierge à l'escuier, jusques à la fin de ladite Euvangele l'escuier gouverneur ostera le cierge, et le mettra devant l'escuier jusques à la fin de laditte mese : et à la levacion du Sacrament ung des gouverneurs ostera le chapperon de l'escuier; et aprés le Sacrament le remittra jusques à l'Evangile In principio. *Et au commencement de* principio, *le gouverneur ostera le chapperon de l'escuier, et le fera ester, et lui donnera le cierge en sa main : maies qu'il y ait ung denier au plus prés de la lumiere fichie. Et quant ce vient,* Verbum caro factum est, *l'escuier se genoillera, et offra le cierge et le denier : c'est assavoir le cierge en l'onneur de Dieu, et le denier en l'onneur de luy qui le fera chevalier. Ce fait, les escuiers gouverneurs remeneront l'escuier en sa chambre, et le mettront en son lit jusques à haute jour. Et quant il sera en son lit, pendant le temps de son reveillier, il sera amendé, c'est avec ung couverton d'or, appellé sigleton, et ce sera lure du carde. Et quant il semblera temps aux gouverneurs, ils yront au Roy, et lui diront, Sire, quant il vous plaira, nostre maistre reveillera. Et à ce le Roy commandera les saiges Chevaliers, escuiers, et menestrelx d'aler à la chambre dudit escuier pour le reveiller, attourner, vestir et admener pardevant lui en sa sale. Mais pardevant leur entrée, et la noise de menestrelz oye, les escuiers gouverneurs ordonneront toutes ses necessaires prests par ordre, à bailler aux chevaliers pour attourner et vestir l'escuier. Et quant les chevaliers seront venus à la chambre de l'escuier, ils entreront ensemble en licence, et diront à l'escuier : Sire, le tres-bon jour vous soit donné, il est temps de vous lever et adrecier; et avec ce les gouverneurs le prendront par le braz, et le feront drecier. Le plus gentil ou le plus saige chevalieur donnera à l'escuier sa chemise, ung autre lui baillera ses brages, le tiers lui donnera ung pourpoint, ung autre lui vestira avec ung kyrtel de rouge tartarin. Deux autres le leveront hors du lit, et deux autres le chaulseront; mais soient les chaulses denouz, avecquez semelles de cuir. Et deux autres lasceront ses manches, et ung autre le ceindra de la sancture de cuier blanc, sans nucun harnois de metal. Et ung autre peignera sa teste, et ung autre mettra la coiffe, un autre luy donnera le mantel de soye de kyrtel de rouge tartarin atachiez avec ung laz de soye blanc, avec une paire de gans blans, pendus au bout de las. Mais le chandellier prendra pour son fiés tous les garnemens avec tout l'arroy et necessaries en quoy l'escuier estoit attournez et vestuez le jour qu'il entra en la Court pour prendre l'ordre : ensemble le lit en qui il coucha premierement aprés, le baing, aussi bien avec le singleton, que des autres necessitez. Pour lesquels fiefs ledit chandelier trouvera à ses despens la coiffe, les gans, la ceinture, et le las. Et puis ce fait les saiges chevaliers monteront à cheval, et admeneront l'escuier à la sale, et les ministrez tousjours devant, faisans leurs melodies. Mais soit le cheval habillé comme il ensuit. Il aura une selle couverte de cuir noir, les arzons de blanc fust, et esquartez, les estriviers noires, les fers dorez, le poitral de noir cuir avec une croix patée dorée pendant pardevant le piz du cheval, et sans croupiere, le frain de noir à longues cerres à la guise d'Espaigne, et une croix patée au front. Et aussi soit ordonné un jeune jouvencel escuier, gentil, qui chevauchera devant l'escuier. Et il sera dechaperonné, et portera l'espée de de l'escuier, avec les esperons pendans sur les eschalles de l'espée, et soit l'espée à blanches eschalles fectes de blanc cuir, et la ceinture de blanc cuir sans harnois, et le jouvencel tendra l'espée par la poignée, et en ce point chevaucheront jusques à la sale du Roy : et seront les gouverneurs prestz à leur mestier, et les saiges chevaliers menans ledit escuier. Et quant il vient, par devant la sale, les mareschaux et huissiers se serons prestz à l'encontre de l'escuier, et lui diront, Descendés; et lui descendu, le mareschal prendra son cheval pour son fié. Et sur ce les chevaliers admeneront l'escuier en la sale jusques à la haute table, et puis il sera dresciez au commencement de la table seconde jusques à la venuë du Roy, les chevaliers de coste luy, le jouvensel à bout, l'espée estant pardevant luy, par entre lesdits deux gouverneurs. Et quant le Roy sera venu à la sale, et regardera l'escuier prest de prendre le haut ordre de dignité temporelle, il demandera l'espée avecques les esperons. Et le Chamberlain prendra l'espée, et les esperons du jouvencel, et les monstrera au Roy, et sur ce le Roy prendra l'esperon dextre, le baillera au plus noble et plus gentil, et lui dira : Mittez cestui au talon de l'escuier. Et celluy sera agenoillié à l'un genoil, et prendra l'escuier par la jambe dextre, et mettra son pié sur son genoil, et fichera l'esperon au talon dextre de l'escuier. Et le seigneur fera croix sur le genoil de l'escuier, et lui baisera. Et ce fait, viendra ung autre seigneur qui fichera l'esperon au talon senestre en mesme maniere. Et doncques le Roy de sa tres-grande courtoisie prendra l'espée, et la ceindra à l'escuier. Et puis l'escuier levera ses bras en hault, les mains entretenans, et les gans entre les pous, et les doits : et le Roy mettra ses bras entour le col de l'escuier, et lievera la main dextre, et frapera sur le col, et dira, Soyés bon chivalier; et puis le baisera. Et adonques les saiges chivaliers admeneront le nouvel chivalier à la chapelle à tresgrande melodie jusques au haut autel. Et ylecques se agenoillera, et mettra sa dextre main dessus l'autel, et fera promisse de soustenir le droit de saincte Eglise toute sa vie. Et adoncques soymesme deceindra l'espée avec grande devotion et prieres à Dieu, à saincte Eglise, et l'offreira en priant Dieu, et à tous ses Saincts, qu'il puisse garder l'ordre qu'il a prins jusques à la fin. Et ceo acompliz, il preindra une souppe de vin. Et à l'issue de la Chappelle le maistre Queux du Roy sera prest de oster les esperons, et les prendra pour son fié; et dira, Je suis venu le maistre Queux du Roy, et prens vos esperons pour mon fié, et si vous faictes chose contre l'ordre de chevalrie, (que Dieu ne vueillé) je coupperay voz esperons de dessus voz talons. Et puis les chivaliers le remeneront en la sale. Et il commencera la table des chivaliers. Et seront assiz entour luy les Chevaliers : et il sera servy si comme les autres, mais il ne mangera ne ne bevera à la table, ne ne se mouvra, ne ne regardera, ne deçà ne delà, non plus que une nouvelle mariée. Et ce fait, ung de ces gouverneurs aura ung cuerverchier en sa main, qu'il tendra pardevant le visage, quant il sera besoin pour le craisier. Et quant le Roy sera levé hors de sa table, et passé en sa chambre, adoncques le novel Chevalier sera mene à grans foison de chevaliers et menestrelz devant lui, jusques a sa chambre. Et à l'entrée les Chevaliers et menestrelz prendront congié, et il yra à son disner. Et les Chevaliers departiz, la chambre sera fermée, et le nouvel Chevalier sera despoüillé de ses paremens : et ilz seront donnez aux Roys des Herauls, se ils y sont presens, ou si non, aux autres Heraulx se ils y sont; autrement aux menestrez, avecques ung marc d'argent, se il est bacheler : et se il est Baron, le double : et se il est Conte, ou de plus, le double : et le rouset cappe de nuyt sera donné au guet, autrement ung noble. Et adoncq il sera revestu d'une robe de bleu, et les manches de custote en guises d'un prestre, et il aura à l'espaule senestre un laz de blanche soye pendant. Et ce blanc laz il portera sur tous ses habillemens qu'il vestira au long de celle journée, tant qu'il ait gaigné honneur et renom d'armes, et qu'il soit recordé de si hault record comme de Nobles Chevaliers, Escuiers, et Heraulx d'armes, et qu'il soit renomme de ses faiz d'armes, comme devant est dit, ou aucun hault Prince, ou tres noble Dame, de pouvoir couper le las de l'espaule du Chevalier, en disant, Sire, nous avons ouy tant de vray renom de vostre honneur que vous avez fait en diverses parties, au tresgrant honneur de Chevaliere à voues mesmes, et à celuy qui vous a fait Chivalier, que droit veult que cest laz vous soit ostez. Mais aprés disner les Chevaliers d'onneur et gentilz hommes vendront aprés le Chevalier, et le admeneront en la presence du Roy, et les escuiers gouverneurs pardevant luy. Tres-noble et redouté Sire, de tout ce que je puis, vous remercie de touts ces honneurs, courtoisies et bontez que vous me avez, et vous en mercie. Et ce dit, il prendra congié du Roy. Et sur ce les escuiers gouverneurs prendront congié de leur maistre en disant, Sire, ceo nous avons fait par le commandement du Roy, ainsi comme nous fusimes obligiez, à nostre povoir. Mais s'il est ainsi que nous vous ayons despleu par negligence, ou par fait en ce temps, nous vous requerons pardon d'autre part, Sire, comme veray droit est selon les coustomes de Court, et des Royalmes anciens, nous vous demandons robes et fiesz à terme de, comme escuiers du Roy, compaignons aux bacheliers, et aux autres seigneurs.* Supradicta Anglice reddidit Will. Dugdalus in Antiquit. Warwicensib. pag. 531.

Tradit præterea vetus Ceremoniale, novis vestibus tirones a balneo prodeuntes donatos, exutis scilicet prioribus, quæ scutiferorum erant. Joannes Monachus Majoris Monasterii lib. 1 : *Post corporis ablutionem ascendens de balneorum lavacro, bisso retorta ad carnem induitur, cyclade auro texta supervestitur, etc.* Historia Caroli VI. Regis Franc. : *In curru de Parisius exivit cum Ducum, Militum, et Baronum multitudine copiosa, quam etiam duo ejusdem filii, Ludovicus Rex Siciliæ et Carolus, adolescentes egregii, equestres sine medio sequebantur. Nam scutiferorum priscorum ceremonias gradatim ad tyronum ordinem ascendentium servantes, tunica lata talari ex griseto bene fusco uterque indutus erat. Quicquid vero ornamenti eorum equi vel ipsimet deferebant, auro penitus carebat. Et simili quoque panno, quo ambo induti erant, quasdam portiunculas complicatas, ac sellis equorum a tergo alligatas, deferebant, ut armigerorum antiquorum peregre proficiscentium speciem denotarent.* Infra : *Indumentis prædictis exuti, mox vestimentis novæ Militiæ adornantur.* Alia quippe erant vestimenta tyronum, alia Militum, quæ et qualia in hisce occasionibus fuerint, accipe ex Computo Stephani *de la Fontaine* Argentarii Regis, incipiente a 28. Augusti ann. 1350 :

Pour Monseig. le Duc de Bourgogne, premierement pour le Sacre du Roy une cote hardie d'Escuirie et un chapperon d'un brun marbre fourré d'agneaux noirs. Item de mesme une houce sengle et un chaperon sengle. Item une robe d'Escuierie d'un marbre brun de 4. garnemens, et chaperon fourré d'agneaux blancs. Item pour sa Chevalerie une robe d'un pers de 4. garnemens, et chaperon fourré de menu vair. Item pour sa Chevalerie une robe do 4. garnemens, et chaperon d'un vert fourrée d'un menu vair. Item une cote d'un samit vermeil fourré de menu vair, couvert le menu vair de cendal vermeil. Item un mantel de samit vermeil fourré de menu vair.

In eodem Computo : *Des mises en ce terme pour la Chevalerie du Dauphin et de ceux qui furent Chevaliers en sa compaignie, c'est assavoir le Duc d'Orliens, le Comte d'Anjou, le C. d'Alençon, le Comte d'Estampes, M. Jean d'Artois, le Comte de Dammartin, le Viscomte de Thouraine neveu du Pape, et le Seigneur de l'Escun, etc. Draps d'or et de soye à faire robes pour ladites Chevallerie. Pour 7. pieces de samit vermeil à faire cotes et manteaux, lesquelles cottes furent fourrées de menu vair pour le Dauphin, etc. la veille de leur Chevallerie, etc. Pour 23. pieces et demye de drap d'or de plusieurs façons, c'est assavoir 6. nacis d'or 40. escus la piece. 9. racamas et demy d'or 30. escus la piece. 2. autres racamas 25. escus la piece, et 6. mattabas d'or 20. escus la piece, tout à faire cotes et manteaux semblables, comme des samits dessus dits le jour de la Chevallerie desdits Seigneurs, etc. Draps de laine pour lesdits Seigneurs à leur Chevallerie. Pour 44. aunes de sanguine Morée et de bruns marbrez ensuivant ladite couleur, c'est assavoir une sanguine de 38. ll. par. 5. aunes de semblable 32. s. par. l'aune, et 15. aunes d'autre roye 30. sols par. l'aune, tout pour faire cottes hardies fourrez d'agneaux noirs, et houces sengles à chevaucher pour lesdits Seigneurs en estat d'Escuierie, etc. Pour 90. aunes de brun marbre en plusieurs pieces de la grantmoison de Bruxelles, etc. tant pour faire robes aux Seigneurs dessus nommez qui furent Chevaliers, chacune de 4. garnemens fourrez d'agneaux blans pour leur estat d'Escuirrie, excepté le Seigneur de l'Escu, qui n'en ot point, ne desdites cotes hardies. Pour 151. aunes de brunette en plusieurs piece de la petites moison de Louvain tant pour faire à chascun desdits Seigneurs qui furent Chevaliers, couvertoir et demy fourreure d'Escureux de Calabre à couvrir leur lits pour ledit estat d'Escuirie 20. s. par l'aune, etc. Pour 4. escarlates vermeilles de Bruxelles, etc. 2. yraingnes de la grant moison de Louvain, etc. tout faire semblables couvertoirs fourrez de menu vair aux Seigneurs dessusdits pour leur estat de Chevalerie*, *et* 3. *cotes et* 3. *manteaux pour le Viscomte de Thouraine, le comte de Dammartin, le Seigneur de l'Escu devant nommez pour la veille de leur Chevalerie. Pour* 10. *draps de* 2. *couleurs pers azuré et vert encré la grant moison de Bruxelles tout à faire* 2. *paires de robes chascune de* 4. *garnemens pour M. le Dauphin, et pour ceux qui furent Chevaliers en sa compaingnie, excepté le Seigneur de l'Escu, etc. Pour* 24. *aunes de* 2. *royes de Gant de* 2. *pieces, à faire vineaux pour le Corps et pour commun de Monsieur le Dauphin pour cause de ladite Chevalerie, etc. Pennes et fourreures pour ladite Chevalerie. Pour fourrer une cote hardie d'un drap moret que M. le Dauphin ot à chevaucher en son estat d'Escuierie, une penne d'agneaux noirs et un chapperon fourni de meesmes,* 7. *liv. pour fourrer audit Seigneur une robe de* 4. *garnemens pour ledit Estat.* 2. *pennes d'aingneaux de l'aigue. Chaperon et demi d'aingneaux d'Arragon, et* 4. *peaux de semblables aingneaux à faire poingnez, etc. Pour fourrer un couvertoir et demy de brunette noire que ledit Seigneur ot pour ledit estat d'Escuierie,* 2. *forreures de dos de Calabre, etc. Pour fourrer la cote et le mantel de samit vermeil que ledit Seigneur ot la veille de sa Chevallerie pour ladite cote une fourrure de menu vair tenant* 166. *ventres, pour manches fourrées à plain* 40. *ventres, et pour le mantel* 208. *pour fourrer la cote et le mantel de drap d'or ésquels ledit Seigneur fu Chevalier, pour la cote* 206. *ventres de menu vair et pour le mantel une fourreure d'ermines, etc. Pour faire un couvertoir et demy d'escarlate que ledit Seigneur ot pour son estat de Chevalerie* 2. *fourreures de menu vair, etc. Pour fourrer deux paire de robes l'une de pers azuré, et l'autre de vert encré chascune de* 3. *garnemens pour les* 4. *surcos,* 4. *fourreures de menu vair tenant chascune* 200. *ventres pour les* 2. *manches de surcot, etc.*

Ibidem : *Chambres pour ladite Chevalerie. Pour onze pieces de cendaux noirs des larges, etc. pour faire trois contrepointes noires pour les* 3. *chambres d'Escuierie du Dauphin, du Duc d'Orleans et du Comte d'Anjou, etc. Pour* 6. *pieces de toille tainte à faire l'envers desdites contrepointes, etc. Pour* 12. *tapis noirs de laine, contenans chascun* 4. *aunes et demie, qui sunt sur tout* 54. *aunes quarrées; c'est assavoir pour chacune desdites chambres noires* 4. *tapis, un au chevais, et* 3. *par terre autour du lit* 10. *s. par. l'aune. Pour* 4. *sarges noires de Caen à couvrir le lit du Comte d'Alençon, du Comte d'Estampes, etc. Pour leur estat et chambre d'Escuierie, etc. Pour* 78. *pieces de cendaux vermeux en graine pour faire* 6. *chambres garnies, chacune de grant contrepointe, et de* 3. *courtines pour Mess. le Dauphin, le Duc d'Orliens, etc. Pour leur estat de Chevalerie, pour* 16. *pieces de toile peinte à faire l'envers, etc. Pour* 3. *pieces de samit vermeil, etc. et* 3. *pieces de cendaux vermeux en graine, etc. Pour faire quarreaux pour lesdites chambres; c'est assavoir pour chascun* 6. *quarreaux, desquels les* 2. *sont grans pour l'Oratoire, les quatre petits pour* 36. *aunes de toile vermeille à faire contrendroit, etc. Pour les coutils desdits quarreaux, etc. Pour* 42. *tapis vermeux, etc. pour parer les* 6. *chambres desdits* 6. *Seigneurs dessus nommez pour leur estat de Chevalerie; c'est assavoir pour la chambre de chascun Seigneur un tapis armoiez aux cornez de ses armes, desquels tapis il en i a un chevecier tenant quatre aunes de lonc, et* 2. *de lé.* 4. *tapis à mettre entour le lit et sur la couche, tenant chascun cinq aunes de lonc, et* 2. *de lé. Et les autres deux tenans chascun* 4. *aunes de lonc, et* 2. *de lé, pour couvrir les sommiers, etc. Pour* 4. *pieces de cendeaux noirs de larges, pour faire contrepointe pour ledit Vicomte de Thouraine nepveu du Pape, pour son estat d'Escuierie, etc. Pour faire une chambre garnie de grant contrepointe de* 3. *courtines pour l'estat de Chevalerie dudit Visconte, etc. Au compte commençant au* 1. *Juillet* 1351 : *Messire Nicolas Braque,* (*Tresorier de France*) *Chevalier nouvel, pour fourrer un mantel d'escarlate vermeille pour le jour de sa chevalerie, un mantel de gros vair. Pour fourrer un couvertoir à couvrir le lit dudit Chevalier nouvel le jour de sa Chevalerie, une penne de gris de* 18. *tires. Ledit Chevalier nouvel pour fourrer* 2. *paires de robes, l'une d'un vert, et l'autre d'un pers, chascune de trois garnemens, pour le jour de sa Chevalerie.* Vide Seldenum de Titulis honorariis, 2. part. cap. 5. § 34. pag. 774. 2. Edit.

Ita loti novi tyrones, in Ecclesia pernoctabant, orationibus vacabant, et proximo crastino sacræ intererant Liturgiæ, quod ex Ingulfo supra attigimus. Historia Caroli VI. : *Insignes vero adolescentes prædicti habitu eodem quo prius ante. Martyres reducuntur, ut ibidem, sicut mos antiquitus inolevit, in orationibus pernoctarent.* Froissart. 4. vol. cap. 63. de Militia 4. Regulorum Hiberniæ : *Et adonc veillerent toute la nuit ces quatre Rois en ladite Eglise, et au lendemain à la messe, et à grant solennité ils furent faits Chevaliers.* Le Roman *de Girard de Vienne* MS :

Li Damoisel si erent mult à priser,
Devant le Roi se vont agenouller
Font homaje voiant mult Chevaler,
Et l'Emperere les a fait redrecer.
Ses Chevalers emprist à arenier :
Premierement adoberai Renier,
Et de Girard ferai mon Escuier.
Dient François, bien fait à otroier ;
Chemises et braies aportent à Renier,
Chauces de pailes, solers de Monpeller,
El dos loi vestent un fret hermine cher,
Et un bliaut, que ot fait entaller,
Un mantel riche, qui valoit maint dener,
Ont affublé au nobile guerrer,
Por Messe oir l'en mainent au mostier;
Car c'est coustume à nouvel Chevaler,
Ançois qu'il doie ses garnemens bailer,
Doit oir Messe, et Dame Deu proier,
Que il li doie honor et soi haucer,
Et à droit terre tenir et justiser.
Aprés la Messe en ront moné Rener,
Por adober el grant palais plener ;
Ses garnemens li font appareiller,
Chauces de fer qui moult font à proiser,
El dos li vestent un blanc auberc dobler,
El chef li laçent un vert hiaume vergé,
Li Rois li çaint un riche branc d'acer,
El col le fiert l'Emperere à vis fer,
Puis li a dit, Soyez prodome, Rener.
Merci, Beau Sire, co dit li frans guerrers,
Si sera-je, se Deux me veut aider.
L'en li ameine un auferan destrer,
Li Bers monte, par son senestre estrer,
Al col li pend un escu de quarter,
Et à son poin un roit tranchant espié,
Fait un eslais sur l'auferant corser,
Qui li veist ses esperons brocher,
Et par la cort et gauchir et eslaisser,
Et son espée brandir et pannoier,
Mult le deust aloser et priser.
Forment le loent li prodom Chevaler.

☞ Easdem ceremonias, jocose licet ac facete, perstringit le Roman *d'Audigier* MS. in Bibl. Coislin. :

Haubere li ont vestu
  Blanc et legier,
Quinze sols de marcheis
  Costa l'autrier :
En son chief li lacerent
  Heaume d'acier,
Qui trois ans fuz en gaiges
  Por un denier.
Tiars li ceint l'espée
  Qui moult l'ot cher :
Plus mauvais vavassor
  De lui ne quier :
La paumée li done
  Sor le colier,
Que d'un genoil le fait
  Agenoillier.
En la place li traient
  Son bon destrier :
Et ce fu Audigon
  Qu'il ot tant cher,
Audigier i monta
  Pas son lestrier.

In hisce sacris ceremoniis cingulum Militare conferebatur novo Militi ab aliquo Principe aut Magnate, data, ut solemne erat, alapa militari, sacra faciente Episcopo aut Sacerdote, ensemque benedicente : cujus ritus exempla produnt præ cæteris Magnum Chronicon Belgicum ann. 1247. ubi de *Militia* Willelmi Comitis Hollandiæ Imperatoris electi qui sacra faciente Cardinale, a Rege Bohemiæ gladio accinctus est, impacto in collum tyronis ictu : et Vinchantius in Annalibus Hannoniæ cap. 37. ubi de *Militia* Guillelmi Hannon. Comitis Ostrevanti, quem a Guillelmo Comite patre cingulo donatum scribit, Episcopo Cameracensi sacra faciente. Vide *Alapa militaris.*

Interdum Militiæ cingulum ab Episcopis et Abbatibus ipsis conferebatur in ipsa Ecclesia, sacris vestibus indutis. Tabularium S. Martini *de Hastings* in Anglia laudatum a Seldeno ad Eadmerum : *Terras censuales non donet* (Abbas) *ad feudum, nec Milites nisi in sacra veste faciat.* Charta Henrici I. Regis Angl. pro Monasterio Radingensi : *Terras censuales non donet* (Abbas) *ad feudum, nec faciat Milites nisi in sacra veste Christi, in qua parvulos suscipere modeste caveat, etc.* A Lanfranco Dorobernensi Episcopo Militiæ cingulum accepisse eumdem Henricum, postmodum Angliæ Regem, Primum cognominatum, tradunt Ordericus lib. 8. pag. 665. Willelmus Malmesb. lib. 4. de Gest. Angl. pag. 120. et Matth. Paris ann. 1088. ut Balduinum Comitem Guinensem a S. Thoma Archiepiscopo Cantuariensi in Capella S. Catharinæ apud Montorum, Lambertus Ardensis pag. 112. et Chronicon Andrense pag. 455. Robertus *Bourron* in Merlino, ubi de Arthuri Regis Militia : *Par le comun Conseil, et par l'accort des Barons, fit l'Archevesque Artu Chevalier, et cele nuit* veilla Artus à la maistre Eglise dusques au lendemain au jour qu'il fut ajourné.

Sed et ipse summus Pontifex Imperatores, Reges, aliosque promiscue Nobiles Milites facit, ut est in Ceremoniali Romano lib. 1. sect. 5. et 7. apud Odoricum Rainaldum ann. 1204. num. 72. Ughellum tom. 1. part. 1. pag. 267. tom. 5. Histor. Francor. pag. 878. etc. Vetitum tamen et interdictum in Concilio Londoniensi ann. 1102. *ne Abbates faciant Milites*, apud Eadmerum lib. 3. Hist. pag. 68. et Willem. Malmesburiensem, uti jam supra monuimus.

Ensis porro quo accingebatur Miles, altari ab ipsomet imponebatur. Joannes Sarisberiensis lib. 6. Policrat. cap. 10 : *Inolevit consuetudo solennis, ut ea die qua quisque Militari cingulo decoratur, Ecclesiam solenniter adeat, gladioque super altare posito et oblato, quasi celebri professione facta seipsum obsequio altaris devoveat, et gladii, id est, officii sui jugem Deo spondeat famulatum.* Quæ quidem ipsissima verba descripserunt Helinandus Serm. 3. in Festum omnium Sanctorum, Vincentius Belvac. lib. 29. cap. 131. [Philippus de Pergamo in Catone moralizato 2. part. Procemialis cap. 14.] et Nicolaus Uptonus lib. 1. de Militari officio cap. 14. Petrus Blesensis Epist. 94 : *Sed et hodie tyrones enses suos recipiunt de altari, ut profiteantur se filios Ecclesiæ, atque ad honorem Sacerdotii, ad tuitionem pauperum, ad vindictam malefactorum, et patriæ liberationem, gladium accepisse.* Quippe gladius quo accingebatur novus Miles, præcipuum fuit semper Militaris ordinis argumentum. Hinc *accingi gladio* dicuntur qui fiebant Milites. Chronicon Reicherspergense ann. 1165 : *Henricus Rex accinctus est gladio in Pascha.* Et ann. 1192 : *Ibi etiam in eadem solennitate et in præsentia Imperatoris accincti sunt gladio Dux Sueviæ, Dux Bavariæ, etc.*

☞ Inde est etiam quod le Roman *de Blanchandin* MS. canit :

Quar nus ne ceignoit branc d'acier
Adonc s'il n'estoit chevalier.

Neque tamen semper in hisce occasionibus gladius ab ipsis Pontificibus Militi accingebatur; sed ipsemet interdum Miles de altari acceptum lateri suo aptabat, siquidem majoris dignitatis esset Princeps. Rodericus Toletan. lib. 9. de Reb. Hispan. cap. 10. de Rege Fernando : *Et tertia die ante festum S. Andreæ in Regali Monasterio prope Burgis celebrata Missa a venerabili Mauricio Burgensi Episcopo, et armis Militaribus benedictis, ipse Rex suscepto gladio ab altari, manu propria se accinxit cingulo Militari; et mater sua Regina nobilis ensis cingulum deaccinxit.* Idem de Alfonso I. Rege Portugalliæ refert Chronicon Gotthorum, seu Lusitanicum, editum ab Antonio Brandaono, sub æra 1163 : *Infans inclytus domnus Alfonsus Comitis Henrici et Reginæ D. Tarasiæ filius, D. Alfonsi nepos, habens ætatis annos fere 14. apud sedem Zamorensem ab altario S. Salvatoris ipse sibi manu propria sumpsit militaria arma, et ibidem in altare indutus est, et accinctus militaribus armis, sicut moris est Regibus facere, in die sancto Pentecostes.* Adde Raimundum Montanerium cap. 297. Quæ quidem Regum Hispanicorum morem spectant, qui coronam non ab Episcopis, aut Archiepiscopis, sibi imponi patiebantur, sed ipsimet capitibus suis de altari sumptam aptabant, ut est in Chronico Petri IV. Regis Aragonum lib. 2. cap. 9. apud eumdem Montanerium loco laudato.

☞ Et hæc quidem erat Principum majoris dignitatis prærogativa, ut recte monuit D. Cangius; cæteri quippe Milites ab alio ense accingebantur : quod mire illustrat le Roman *de Partonopex* MS. :

Costume fu donc à cel tens,
Liquels que fust, folie ou sens,
Que ne ceignoit nus lui espee,
Se il n'avoit la teste armée.
S'espée à son col li pendoit
Tant que ses sires la prenoit
Pour ceindre li et metre au lés,
Puis en faisoit ses volontéz.
Pour ce sont li vallet armé
Et devant la dame amené.

Infra :

A tant Meilor prent s'espée
Si li a bel du col ostée,
Des ranges fermement le ceint
Par les flans et bien li estraint.

Neque iis opponendus Petrus Blesensis supra laudatus, cùm indiscriminatim scribit *Tyrones enses suos recipere de altari.* Id unum quippe vult gladium a Pontificibus de altari acceptum tyronibus accingi.

☞ Solemne sacramentum præstabant tyrones, de quo idem Petrus Blesensis ibid. : *Olim se juramenti vinculo Milites obligabant, quod starent pro Reipublicæ statu, quod in acie non fugerent, et quod vitæ propriæ utilitatem publicam præhaberent.*

Creabantur autem Milites variis modis, inquit Nicolaus Uptonus lib. 1. de Militari officio cap. 3 : *Videlicet per balneum, qui modus observatur in Anglia, et aliis regnis ubi regnat pax. Item creantur Milites per aliquem Principem, seu principalem Capitaneum in villarum obsidionibus, castrorum, vel fortalitiorum, et hoc diversis modis. Si forte assaltus fiat, seu faciendus fuerit, tunc creandus in Militem portabit gladium in manibus, de principali Capitaneo obsidionis petens, ut ipsum creet in Militem, qui quidem Princeps seu principalis Capitaneus capiet gladium prædictum de manibus ordinandi, et ipsum percutiet, dictum gladium tenendo ambabus manibus, cum eodem, nominando eum Militem sic percussum. Qui quidem Princeps tenetur alium veteranum Militem eidem assignare, qui sibi calcaria deaurata præparabit, et secum transibit ad assaltum faciendum. Item idem modus observatur in creatione Militum ad mineram, sed veteranus ille, cui novus tiro committitur, vigilabit nocte sequenti cum tirone in minera supradicta. Item creantur Milites in bellis campestribus, ubi idem modus creationis observatur, qui in assaltibus exercetur.* Complura ejusmodi Militum creatorum in occasionibus bellicis exempla suggerunt Fulcherius Carnot. lib. 2. cap. 10. Froissart. 2. vol. cap. 125. 159. 164. 3. vol. cap. 14. 75. 4. vol. cap. 18. Monstrelletus 1. vol. cap. 47. etc. 2. vol. pag. 216. Dorronvillæus, etc. Adde Tillium, et Savaronem in Tractatu de Ense Francico pag. 27.

Porro quivis Militari honore donatus, alium Militem facere poterat. [* A rege tamen postea confirmandum, ut videre est infra in voce *Militatio.*] Charta Nobilitationis ann. 1372. descripta a Camusato in Antiq. Trecensib. : *Ita quod Nicolaus et ipsius liberi et tota posteritas eorundem masculina quandocunque et a quocunque Milite voluerint, Militiæ cingulo valeant decorari.* Monstrelletus 3. vol. sub ann. 1452 : *Quand tous furent approchez de leurs ennemis, le Seigneur de Saveuses fit Chevalier de sa main ledit Comte de Estampes, qui ne l'estoit pas encore, lequel Comte en fit incontinent autres cinquante-deux, etc.* Vide Nicolaum Uptonum lib. 1. de Militari Officio cap. 2. et Auctorem Somnii Viridarii. In Aragonia, *Infantio potest per quemlibet Militem promoveri ad Militiæ dignitatem, alii non nisi per Dominum Regem, vel alium de ejus speciali mandato, exceptis civibus honoratis civitatis Cæsaraugustæ, qui ex privilegio antiquitus dictæ civitati concesso, possunt per quemlibet Militem promoveri ad Militiæ dignitatem.* Ita Observantiæ Regni Aragonum libro 6. titulo *de conditione Infantionatus.* Unde Michael *del Molino* in Repertorio Fororum Aragon. pag. 224 : *Miles potest promovere in Militem quemcunque infancionem.*

A feminis Militare interdum cingulum indultum Militibus testatur Ordericus Vitalis lib. 11. pag. 825 : *Sicilia quoque Philippi Francorum Regis filia, quæ Tancredi uxor fuit, Gervasium Britonem Dolensis Vicecomitis filium Militem fecit, aliosque plures armigeros Militaribus armis contra paganos instruxit.*

☞ Quo magis Militiæ dignitas illustraretur, atque ad eam obtinendam promtius excitarentur adolescentium animi, statutis privilegiis atque honoribus gaudebant Milites, qui aliis Militari honore necdum donatis negabantur, licet natalium nobilitate etiam Milites ipsos præcellerent : hinc solis Militibus concessum ut ad Baronum mensam sederent; cujus moris exemplum insigne refert Continuator Nangii ad ann. 1378. ubi de convivio quo Carolus V. Rex Franc. Carolum IV. Imper. et Romanorum Regem ejus filium excepit : *Et fu l'assiete telle qui s'ensuit: L'Eveque de Paris premier, le Roy, le Roy des Romains, le Duc de Berry, le Duc de Brabant, le Duc de Bourgogne, le Duc de Bar, et pour ce que deux autres Ducs n'étoient pas Chevaliers, ils mangerent à une autre table.* Vide Loisellum in Instit. lib. 1. tit. 1. art. 14. Idem obtinuit in Hispan. et Aragon. Leges Alfonsinæ seu Partit. part. 2. tit. 21. leg. 23 : *Nin otrosi ninguno non debe ir à ofrescer, nin à tomar la paz ante que ellos, nin al comer non debe asentarse con ellos escudero nin otro ninguno si non Cavallero.* Constit. pacis et treugæ Jacobi I. Reg. Aragon. ann 1234. art. 9 : *Item statuimus quod nullus filius Militis qui non sit Miles, nec ballistarius, sedeat ad mensam Militis, vel Dominæ alicujus, nec calcet caligas rubeas, nisi sit talis qui secum Milites ducat.* In Append. Marcæ Hispan. col. 1430. Observant. regni Aragon. lib. 6. tit. 1. num. 21 : *Item in Aragonia* *nullus filius Militis, in mensa Militis sedet, donec fuerit factus Miles.* Hæc post D. *de Lauriere* in Gloss. Jur. Gall. voce *Chevalier.* [* Atque solis militibus concessum ut cum Baronibus, quorum mensæ assidebant, conversarentur. Quem morem a veteribus Gallis hauserant, qui *suos liberos*, ut scribit Cæsar de Bello Gall. lib. 6. cap. 16. *nisi quum adoleverint, ut munus militiæ sustinere possint, palam ad se adire non patiuntur; filiumque puerili ætate, in conspectu patris assistere, turpe ducunt.* Hinc *militia* apud Anglo-Saxones emancipationis nomen potius erat, quam conditionis aut dignitatis, ut apud veteres Germanos secundum Tacitum. Vide Hickes. in Præfat. Thes. Septemtr. pag. xxviij.] Proprio sigillo non utebantur, nisi Milites. Vide *Sigillum*. Videtur præterea hæc fuisse Militum prærogativa, ut qui *Militiam* nondum consecutus erat, exercitui præesse non posset. Le Roman *de Rou* MS. ubi de Haroldo :

> Là le fist le Duc Chevalier,
> Armes et dras li fist baillier
> A lui et à ses compagnons,
> Puis l'envoya sus les Bretons.

* *Milites*, armis et vestitu ab aliis distinguebantur, ut colligitur ex Chartul. Belliloc. : *Per omnes curtes seu villas imponimus judices servos in tali convenientia, ut nullus ex illis, neque de posteris eorum efficiatur Miles, neque ullus portet excutum neque spadam, neque ulla arma, nisi tantum lanceam et unum esperonem : non habeant vestem scissam ante vel retro, sed tantum clausæ fiant.* Vestibus curtis utebantur, quo ad exercitia militaria expeditiores essent. Lit. remiss. ann. 1394. in Reg. 147. Chartoph. reg. ch. 49 : *Pour ce que Michiel Alart reparoit souventeffois avecques les seigneurs et gentilzhommes du pais demourans à Yvry et ailleurs environ, et estoit vestu court, icellui Mignot par envye ou autrement... dist audit Michiel par maniere de moquerie, s'il vouloit estre gentilzhomme charpentier ou maçon, et qu'il seroit l'autre année vigneron.* Vide in *Arma* 1.

* *Milites*, qui pro aliis sponsores erant, *prisionem* saltem intra castrum vel urbem tenere cogebatur, cum rei promissæ ab iis, quos fidejusserant, non fuerat factum satis. Charta Gilon. de Flagiaco milit. in Chartul. Guill. abb. S. Germ. Prat. fol. 202. v°. col. 1 : *Me constitui plegium per fidem præstitam corporalem, ita quod si dicti abbas et conventus dampnum vel detrimentum paterentur in aliquo de præmissis, ego post quindecim dies, postquam a dicto abbate fuero requisitus, tenebo prisionem apud castrum Meleduni infra villam, sicut alii Milites tenere debent, nec inde recedam donec de dampnis et de prædictis dictis abbati et conventui illatis erit satisfactum plenarie, vel dominum Milonem de Loco sancto generum meum, vel alium militem ydoneum ad voluntatem dicti abbatis pro me faciam tenere prisionem infra prædictum castrum Meleduni modo supradicto.* Vide *Obstagium*.

Ad Militiam capessendam nulla fere erat ætas definita : interdum enim *præmature* dabatur, ut de Æthelstano Anglorum Rege narrat Willelmus Malmesbur. lib. 2. cap. 6. Baldricus Abbas Burguliensis de quodam Milite quindenni mortuo :

> .... Ante dies assumpsit Militis arma.

Interdum *ubi per ætatem licebat*, ut de Willelmo Notho idem Malmesburiensis scribit lib. 3. pag. 95. Sæpe *infra ætatem*, hoc est, ante annos *majoritatis* seu annum 21. ut est apud Matth. Paris in Charta Joannis Regis pro libertatibus Angliæ pag. 178. ac proinde antequam in bella eundi ac pugnandi ætatem haberent, quæ fuit ann. 21. ut est in Statutis S. Ludovici lib. 1. cap. 71. Scribit Joinvilla noster pag. 98. Principem Antiochenum annos 16. natum Militem factum a S. Ludov. Rege Franciæ. Vide *Sigillum*.

Gentis ac natalium nobilitas necessaria erat, ut quis *Militiam* consequeretur, maxime apud nostros. Charta Beatricis Abbatissæ B. Mariæ Suession. ann. 1231 : *Exceptis Clericis, Militibus, gentibus religiosis, et exceptis omnibus, qui Milites esse possunt originis ratione*, id est, Viris nobilibus. Guntherus lib. 2. Ligurini de Longobardorum gente :

> Utque suis omnem depellere finibus hostem
> Possit, et armorum patriam virtute tueri,
> Quoslibet ex humili vulgo, quod Gallia fœdum
> Judicat, accingi gladio concedit equestri.

In Regesto 2. Parlam. fol. 46. et 58 : *Comes Nivernensis emendam fecit domino Regi, eo quod fecerat Milites duos filios Philippi de Borbonis : et scriptum fuit Comiti Nivernensi, quod dictos duos factos Milites ad dominum Regem mitteret. Et quia dicti duo filii Philippi de Borbonis non existentes adeo Nobiles ex parte patris, quod Milites fieri deberent, se fecerunt fieri Milites, emendaverunt hoc domino Regi, et solvit eorum quilibet 1000. lib. Turon. et Milites remanserunt, ut postea emenda fuit moderata ad 400. lib.* Ibid. fol. 51. et 52. in Parlamento Pentecost. : *Dictum fuit, quod non obstante usu contrario ex parte Comitis Flandrensis proposito, non poterat, nec debebat facere de villano Militem, sine auctoritate Regis.* Apud Alamannos, ex Imperatorum Constitutionibus, *Milites fieri* non poterant, *qui de genere Militum non nati erant*, uti testatur Petrus de Vineis lib. 6. Epist. 17. Ita etiam obtinuisse apud Aragonenses colligitur ex Statuto Jacobi I. Regis Aragon. ann. 1234. quo *nullum fieri ab aliquo Militem, nisi filium Militis*, vetat : et apud Siculos ex Constitutione Rogerii Regis, quæ habetur in Constit. Sicul. lib. 3. tit. 39. § 2. [Similia leguntur in Statutis MSS. Caroli I. Regis Siciliæ cap. 188.]

Secus tamen observatum in aliquot Galliæ provinciis testatur sequens Charta ex Chartophylacio Regio, scrinio *Ordinationes*, 1. fol. 227 : *Nos, etc. Notum facimus quod usus et consuetudo sunt, et fuerunt longissimis temporibus observatæ, et tanto tempore quod in contrarium memoria non existit, in Senescallia Bellicadri, et in Provincia, quod Burgenses consueverunt a Nobilibus et Baronibus, et etiam ab Archiepiscopis, sine Principis auctoritate et licentia, impune cingulum Militare assumere, et signa Militaria habere, et portare, et gaudere privilegio Militari. Die Mart. post oct. Pentec. anno Dom.* 1298. Sed et in Charta Philippi Regis Fr. ann. 1206. qua 300. servi Ecclesiæ S. Aniani, eodem Rege permittente tanquam ejusdem Abbate, a Canonicis manumittuntur, quidam ex iis se *Milites* inscribunt. Vide Probationes Historiæ ejusdem Ecclesiæ pag. 109.

* A qua lege nonnunquam discesserunt reges nostri. Charta Phil. V. ann. 1320. in Reg. 58. Chartoph. reg. fol. 60. v°. : *Guarino de Silvanecto de gratia speciali concedimus per præsentes, quod licet ipse nobilis non existat, nec a nobilibus originem traxerit, quandocumque et a quocumque sibi placuerit accingi valeat cingulo militari, ad hoc ex nunc nobilitantes eumdem ac si fuisset ab utroque latere a nobilibus procreatus.* Imo interdum servi, qui libertate donabantur, non solum *militiam* adipisci poterant; sed, quod mirum videri potest, iisdem concessum legimus, ut ad hanc consequendam non cogerentur; haud dubie quod milites præstare tenebantur servitia militaria, quibus, nisi sponte illa suscipiant, ipos exemptos vult Theobaldus rex Navar. et comes Campan. Charta ann. 1267. ex Cod. reg. 8312. 5. fol. 14. v°. : *Avons ottroyé* (à Jean de Pampelune, sa femme et ses hoirs) *estre frans à toujours...... de toute taille et de demande,..... en telle maniere que cy dessusdit puissent recevoir l'empraintе et l'auctorité de chevalerie, quant il vourront et il leur plaira; et que nous, ne nostre hoir puissent efforcier d'être Chevaliers, se leur voulenté n'est.* Vide infra in *Nobilitatio*.

* Apud Germanos vero, etiam ab ecclesiasticis nemo miles creari poterat, nisi ex militari sanguine procreatus. Hist. Ms. Introduct. archiep. Bremens. ex schedis D. *Schœpflin* : *Alia solennitas quæ ibidem in introductione archiepiscoporum consuevit fieri, est ista, quod archiepiscopus potest et habet creare Milites ante palatium suum hos, qui ex militari sanguine procreati sunt, et non alios.*

A Militari cingulo arcentur etiam *filii Sacerdotum, Diaconorum, et rusticorum*, Lege Friderici I. ann. 1187. apud Conradum Uspergensem.

Prædictis addere placet quod apud omnes fere nationes obtinuit, neminem *Militem* appellatum, nisi qui Militarem ordinem revera consecutus esset. Molinus in Repertorio : *Infanciones nascuntur apud nos, Milites vero fiunt seu creantur : quia sine creatione actuali, seu promotione ad Militiam, nullus potest esse Miles.*

☞ Atque hinc est quod ipsi etiam Principes et Duces hunc præ se titulum non ferebant, nisi post consecutam militarem dignitatem; qua semel obtenta, eo potissimum titulo gloriabantur. Unde Johannes Dux Britanniæ Miles factus, in Charta ann. 1266. sese Militem inscribit : *Johannes Dux Britanniæ, Miles, etc.* Haud scio tamen an ejusmodi usus obtinuerit ante sæculum 13. quo circiter ineunte Militis nomenclatura Nobilibus præ cæteris adscribi cœpit : adeo ut *Miles* et *Gentilhomo* unum idemque sonaret, ut observat Hadr. Valesius in Notit. Gall. pag. 333. ex Charta ann. 1228. quod sibi primum occurisse monet : *Cum dominus Adam Miles diceret, quod aquam dicti rivi* (de Rutello) *debet et potest facere currere per terram suam et in fossatis suis, et in terris ac pratis suis :*

et hac ratione, quia quilibet Gentil'homo, habens libera feoda in Comitatu Campaniæ, potest et debet, quando vult, absque contradictione facere vivaria, etc.

☞ Qui fuerit Militum Siciliæ apparatus, tradit Chron. ejusdem Regni ad ann. 1322. ubi de coronatione Petri II. apud Marten. tom. 3. Anecd. col. 89 : *Forma Militaris apparatus est cum spalleriis de cindato et manto de cindato. Item ense munito de argento valoris unciarum duarum vel trium ad plus. Item sella freno et calcaribus deauratis precii unciarum duarum ad plus, et cum pari 1. vestimentorum cujuscumque coloris præter quam de scarlato et sine infoderatura vayrorum.*

Militum alii erant primi, alii secundi, vel tertii ordinis. Bruno de Bello Saxonico pag. 133 : *Similiter pacis oscula dederunt ordinis secundi seu tertii partis utriusque Milites.* Wippo de Vita Conradi Salici pag. 428 : *Quod omnes Episcopi, Duces, et reliqui Principes Milites primi, Milites Gregarii, quin ingenui omnes, si alicujus momenti sunt, Regibus fidem faciant.* Ubi *Milites primi*, et *primi ordinis*, sunt Barones ac *Bannereti*, qui educendi vexilla in præliis jus habebant : alii *Milites secundi* vel *tertii ordinis* et *Gregarii*, sunt ii quos *Chevaliers Bachelers* dicimus, et qui

Milites Simplices appellantur, in Constit. Sicul. lib. 1. tit. 9. 10. lib. 2. tit. 3. ubi Baronibus opponuntur. Philippus de Pergamo in Catone moralizato : *Aliqui autem ex nobilibus reperiuntur, qui infimum tenent nobilitatis gradum, ut sunt simplices Milites*, etc. Consuetudines Albigenses : *Si inde convicti, aut confessi fuerint, dabunt singuli* 10. *libr. si fuerint Barones : si simplices Milites*, 100. *s.* Ubi *Barones* generatim pro *Banneretis Militibus* accipiuntur. Ita *simplices Milites* dicuntur *Bacellarii* in Charta anni 1274. tom. 5. Hist. Franc. pag. 553 : *A quolibet simplici Milite* 10. *sol. etc. Milites minores*, Matthæo Paris ann. 1215. *Milites mediæ nobilitatis*, in Gestis Willelmi Nothi pag. 207. quia medii sunt inter Barones et scutiferos. At

Miles Simplex, apud Aragonenses et Hispanos fere cæteros, dicebatur, inquit Vitalis Oscensis Episcopus, *qui sui scuti, sive unius scuti vulgariter appellatur, vassallus alicujus præter Regem, vel Regis filium, vel Comitem ex Regis genere descendentem, vel Prælatum Ecclesiæ : vel qui ab alio quam a dictis personis Militari cingulo fuerit redimitus.* Eximinus Petri Salanova Justitia Aragonum libro de Observantiis : *Infancionum alii sunt Rici homines, et non Milites; alii Rici homines, et Milites; alii Mesnadarii Milites; alii non Milites; alii sunt Milites simplices; alii filii Militum tantum*, etc. Lucas Tudensis æra 961 : *Hunc simplicem Militem Castellani nobiles super se judicem erexerunt.* Rodericus Toletanus lib. 8. de Reb. Hisp. cap. 2 : *Convenerunt et simplices Milites, nec non et de pedestri ordine plurima multitudo.* Ita cap. 3.

Miles Unius Scuti igitur idem qui *Miles simplex*, cui scilicet in expeditiones bellicas eunti non alius Miles vassallus aderat. Charta MS. Petri II. Regis Aragonum ann. 1283. pro libertatibus Catalaniæ : *Item quod in omnibus causis feudalibus, quas nos cum Baronibus vel Militibus Cataloniæ habere contigerit, faciamus per Pares Curiæ judicari, Barones scilicet per Barones, et Milites unius scuti per Milites unius scuti, et quod dicti Pares possint Assessores sibi eligere non suspectos.* Joannes Abbas Laudunensis in Speculo Historico MS. quod desinit in ann. 1380. lib. 10. de Prælio Curtracensi : *Et tant d'autres, que sans les Princes i eust mors 60. Chevaliers Bannerets, et onze cens Chevaliers d'un Escu.*

¶ Miles Minor, Idem qui *Miles simplex.* Litteræ ann. 1269. in Tabular. S. Albini Andegav. : *Fulco de Torallo minor Miles, etc.* Vide supra.

Milites Parvi, id est, inferioris ordinis, et qui servitium Militare integrum non præstabant. Scacarium Anglicanum, apud Seldenum lib. de Titulis honorar. part. 2. cap. 5. § 17 : *Isti sunt Milites de Baronia Drogonis juvenis de Monteacuto, de parvis Militibus Comitis Moreton, quorum* 3. *Milites non faciunt, nisi quantum* 2. *debent facere de cæteris Baronibus Angliæ.*

¶ Milites Abbates, Iidem qui *Advocati.* Vide *Abbas.* Eodem nomine nuncupatos monasteriorum *Campiones*, nescio quo vade, tradit *de la Colombiere* in Theatro honoris pag. 37.

* Miles Abbatis, Qui ex ejusdem familia est et stipendiis honoratus. Lit. remiss. ann. 1404. in Reg. 159. Chartoph. reg. ch. 76 : *Guy de Honcourt chevalier de l'abbé de Cherquamp etc.*

* Miles Armatæ Militiæ, Qui militiam armatam profitetur, ad discrimen *Militum legalium.* Arest. ann. 1347. 19. Jan. in vol. 2. arestor. parlam. Paris. : *Proponebat insuper prædictus consanguineus noster, quod erat Miles armatæ militiæ etc.* Lit. offic. Corb. ann. 1394. in Reg. 151. Chartoph reg. ch. 104 : *Dominus Mathæus de Sechelles Miles armatæ militiæ et dominus temporalis villæ de Sechelles etc.*

¶ Miles Armatus qui censebatur discimus ex Charta ann. 1235. in Archivis S. Victoris Massil. : *Militem armatum intelligimus armatum loriga et caligis ferreis et cum equo armato : Militem sine equo armato intelligimus armatum auspergoto et propuncto et scuto. Peditem armatum intelligimus armatum scuto et propuncto, seu aspergoto et cofa seu capello ferreo et cargan, vel sine cargan vel scutum inter duos pedites.*

Miles in Armis, qui militiam armatam profitetur, ad discrimen Militum literatorum, de quibus mox. Magnum Chronicon Belgicum ann. 1323 : *Joannes Mandeuil Doctor in Medecina, et Miles in armis, natione Anglicus, qui mirabilem peregrinationem quasi totius mundi perfecit, et eam tribus linguis explicavit.* Charta Armoricobritannica ann. 1419 : *Disoit que Chevalier d'armes mariant sa fille avec Chevalier d'armes, faire le pouvoit par le don d'un chapeau de fleurs.*

¶ Miles Caligatus, in Adversar. Turnebi lib. 24. cap. 31. a caliga militari utique sic vocatus : sed eo nomine censetur qui promotionem nullam in exercitu habet.

* Miles Caminatæ, Gall. *Chevalier de cheminée.* Vide supra in *Caminata* 1.

* Miles Casatus, Qui *casam* seu feudum, quod *Casamentum* vocabant, possidebat. Libert. Mailliaci ann. 1229. tom. 5. Ordinat. reg. Franc. pag. 716. art. 17 : *Quod si aliquis Militum casatorum Mailliaci aliquem hominem.... pro servo suo calumpniaverit, etc.* Vide supra *Casamentum* 1.

Milites Christi sese inscribebant Templarii, quod potissimum docemur ex sigillo Chartæ Gerberti *Herac*, Citramarinorum Templariorum Procuratoris ann. 1190. appenso, apud Perardum in Burgundicis pag. 263. in quo inscriptum, *Sigillum Militum Christi.* Vide Monasticum Anglic. tom. 2. pag. 997.

¶ Milites Comitatus, Qui et *Milites Parlamenti*, dicuntur apud Anglos duo Milites seu Nobiles viri qui ab unoquoque Comitatu ex litteris regiis electi, in rebus quæ ad utilitatem regni spectant, consuluntur. Breve de Sum. ad Parl. apud Th. *Blount* in Nomolex. Anglic. : *Quod Milites Comitatus pro Parliamento extunc eligendi sunt Milites notabiles de eisdem Comitatibus pro quibus sic eligentur, seu aliter notabiles armigeri, homines generosi de nativitate de eisdem Comitatibus, qui sint habiles existere Milites, et quod nullus homo sit talis Miles, qui in gradu valetti et inferiori existit, prout in statuto continetur.*

* Milites de Conredo, Joan. Villaneo, *Cavalieri di Corredo*, id est, Bene apparati. Vide in *Conredium.* Electio Amalr. primog. Aymer. vicecom. et dom. Narb. in capitan. Tusciæ ann. 1290 : *Triginta Milites de conredo, nobiles et strenui cum calcaribus deauratis, in numero quorum Militum de conredo intelligatur et esse debeat et possit Bromundus de Andusia marescalcus capitanei infrascripti, nonobstante quod non sit miles cum calcaribus deauratis.... Quilibet dictorum triginta Militum de Conredo pro dicto soldo et stipendiis habeat et habere debeat sufficientem equum de armis et unum roncinum. Milites de coredo*, in Charta ann. 1291. ex Chartoph. reg. Montispessul.

¶ Miles pro Corpore, Corporis Regis stipator, nostris *Garde du Corps.* Litteræ Eduardi IV. Reg. Angl. ann. 1474. apud Rymer. tom. 11. pag. 834 : *Thomæ Mountgomery Militis pro Corpore nostrique Dapiscidæ, etc.*

* Miles de Cuspide. Charta ann. 1233. in Chartul. Pontiniac. pag. 196 : *Willelmus, dictus Herodes, Miles de Cuspide recognovit se vendidisse etc.* Nomen est fortean loci alicujus, qui Cuspis, Gall. *La Pointe*, dicebatur : nisi sit *Miles lancearius.* Vide in *Lancea.*

* Milites Draconis, Ordo militaris apud Hungaros. Vide *Draco* 3.

Milites Ecclesiastici, ita appellati aliquot Præbendarii in Ecclesiis Cathedralibus Galliæ, maxime in Viennensi, ubi duo sunt, *Militum* nomenclatura, ut auctor est Joannes *le Lievre* in Antiquit. Viennensib. cap. 54. et Lugdunensi, ubi decem : de postremis, ita Charta Philippi Regis Franciæ mens. Sept. ann. 1307. pro Ecclesia Lugdunensi : *Ab antiquo septem sunt Milites in Ecclesia Lugdunensi, pro juribus Ecclesiæ defendendis et negotiis ejusdem Ecclesiæ felicius promovendis ; nos vero volentes inibi cultum augmentare divinum, et defensioni jurium Ecclesiæ utilius in posterum providere, pro salute animæ nostræ et carissimæ consortis nostræ Johannæ quondam Franciæ Reginæ, progenitorum ac successorum nostrorum, tres novas perpetuas et liberas ibidem fundamus Militias, et quamlibet earundem in redditu centum librarum parvorum Turonensium valore dotamus, percipiendarum annis singulis in festo B. Andreæ Apostoli de prædictis emolumentis et redditibus, quæ et quos debemus in civitate, terra, et Baronia Lugdunensis Ecclesiæ percipere, juxta tenorem præsentium literarum : et ultra prædicta nostri tres Milites recipient jure suo in dicta Lugdunensi Ecclesia tantum in omnibus et per omnia, quantum quilibet antiquorum Militum ratione Militiæ suæ consuevit percipere et habere : quorum præsentationem et nominationem faciendam Decano et Capitulo dictæ Ecclesiæ nobis et successoribus nostris Francorum Regibus perpetuo retinemus. Ad quas Militias nos et successores nostri Francorum Reges nominabimus Clericos homines, providos, literarum scientia insignitos, habiles, secundum ipsius Ecclesiæ consuetudines et statuta, quos sic nominatos et præsentatos a nobis Decanus et Capitulum statim recipere, sine exceptione aliqua, tenebuntur, et jurabunt ut cæteri conditionis suæ, quarum Militiarum habilem esse volumus quemlibet præsentandum a nobis, quamvis aliam dignitatem, personatum, officium, vel administrationem aut pluralitatem beneficiorum, quotquot et qualiacunque obtinere noscatur : quos tres Milites et familiares nostros esse volumus Clericos, et de nostro ac Regum Francorum consilio, postquam per nos nominati et præsentati fuerint, perpetuo retinemus.*

Milites Feudati, apud Simeon. Dunelm. ann. 1086. qui feuda Militaria possident, de quibus in voce *Feudum*.

Milites Feudales, in Tabulario Uzerchensi apud Justellum in Hist. Turenensi pag. 33. sunt *Vassalli feudales*.

¶ Miles *Ordinis Gartarii, Chevalier de la Jarretiere*, in Charta Henrici Regis Angl. ann. 1492. apud Gotofredum in notis ad Carolum VIII. pag. 631. Ordo Militaris institutus ab Edwardo III. Reg. Angl. ann. 1350.

Milites Gaudentes. Vide *Fratres Gaudentes*.

¶ Miles Generalis Franciæ appellatur in Charta ann. 1514. apud Rymer. tom. 13. pag. 437. *Thomas Bohier* : quod ne alicui negotium facessat, monemus has voces interdistinguendas esse, ita ut sic legatur, *Miles, Generalis Franciæ* : qua postrema nomenclatura donabantur Præfecti ærarii ; cujus dignitatis officium aliquando obtinuit prædictus Th. *Bohier*. Ita perinde legendum in Actis de dissolut. matrimonii Ludovici XII. et Johannæ Franciæ, ex Cod. MS. DD. *Daguesseau* Cancellarii fol. 149. ubi Michael *Gaillard Miles generalis Franciæ* dicitur, quod navibus Franciæ, quæ *Galeaces* vocabantur, præfectus fuerit.

Milites Gladii, *qui forma quadam Templariorum omnibus renuntiantes, Christi Militiæ se dedentes, professionis suæ signum in forma gladii, quo pro Deo certabant, in suis vestibus præferebant.* Ita Arnoldus Lubec. lib. 7. cap. 9. Vide Andream Favinum, etc.

Miles Gueti. Ita Vigilum Præfectum vocant nostri, quod nemo hacce fungi dignitate posset, qui non esset *Miles*, seu cingulo accinctus Militari. Arestum Parlamenti 13. Jan. 1457 : *Quibus consideratis et signanter quod nostra intentio non fuerat, nec adhuc est, quod dictus Joannes de Herlay, nec quisquis alius habeat, vel detineat prædictum officium, nisi fuerit Miles, vel per nos in hoc dispensatus, etc.* In Regesto Cameræ Computor. Paris.: *Henricus de Villablanca scutifer scutiferiæ Regis commissus et stabilitus ad officium Militis Excubiarum seu Guetti villæ Parisiensis, nonobstante quod dictus Henricus non sit Miles, prout est consuetum, per litt. Dom. Constabularii, dat. Par. 13. April. 1436. et postea retentus Miles Excubiarum seu Guetti Paris. per litt. Reg. datas apud Lochas 2. Sept. 1436. Officium Militis Gueti*, in Charta Joannis Regis Fr. ann. 1354. apud Doubletum pag. 987. In Computo Joan. Avunculi Præpositi Parisiensis, occurrit *Robertus de Brisoliis Miles Custos Gueti*. Quo spectant ista ex formula Præfecti Vigilum urbis Romæ, apud Senatorem lib. 7. Epist. 7 : *Custos Romanæ civitatis diceris, quando eam ab intestino hoste defendis.*

Milites Honorarii, nostris *Chevaliers d'honneur*, qua dignitate donatur Galvanus Dominus *de Bailleul*, in Computo Joannis *Luissier* pro auxiliis ad liberationem Regis Joannis impositis ann. 1367. Vide Hemricurtium de Bellis Leodiensib. cap. 41. et Wlsonem *de la Colombiere*, tom. 1. Theatri honoris pag. 68. 69. Hodie apud nostros hoc nomine indigitantur potissimum qui Reginis adsunt, manumque præbent ad eas deducendas, vulgo *Chevaliers d'honneur de la Reine*.

¶ Milites de Honore, Qui *beneficia* seu *feuda militaria* quæ *honorum* appellatione donabantur, a Rege tenebant. Liber Niger Scaccarii pag. 64 : *Dominus noster Rex Henricus quondam contencione, quæ surrexit inter Milites de Honore de Arundel, de exercitu quodam de Walliis elegit quatuor Milites de Honore de melioribus et legalioribus et antiquioribus.... et fecit eos recognoscere servitium Militum de Honore.*

* Milites Jesu Christi. Chron. Leob. ad ann. 1316. apud Pez. tom. 1. Script. rer. Austr. col. 917 : *Novum ordinem fundavit* (Joannes PP. XXII.) *militantem contra paganos, quem appellavit Milites Jesu Christi.*

Miles Justitiæ, Germanis *Gerichtsherr*. Joannes de Janua : *Miles Justitiæ, potest esse una dictio composita : et tunc pertinet ad quoddam officium reddendi justitiam.*

Miles Laicus, in Charta Roberti Ducis Burgundiæ ann. 1297. Occurrit *Richarz de Montmorot Chevaliers lay, en arrieres Bailly de Dijon*, apud Perard. in Burgundicis pag. 343. Philippus *Mouskes* in Hist. Fr. MS. de Philippo Sabaudo Electo Valentinensi, Milite facto in Placentina obsidione :

> La fu-il Cevaliers non Clers,
> A s'armes tos seurs et fers,
> En aus refiert, et erie Valence,
> Del branc lor carge grief penence.

¶ Milites Legales. Vide *Miles Literatus*.

¶ Milites Limitanei, dicti, ut auctor est Carolus de Aquino in Lex. milit. qui in ripa per cuneos et auxilia constituti in præsidiis, limitem tuebantur. Horum mentio sæpius occurrit in Jure civili et præsertim. leg. fin. de fundis limitrophis : *Agros limitaneos universos cum paludibus, omnique jure ; quos ex prisca dispositione Limitanei Milites ab omni munere vacuos ipsi curare pro suo compendio atque ætate consueverunt, etc.*

Milites Linguarii. Vide *Prosecutor*.

Miles Literatus. Matth. Paris. ann. 1251 : *Henricus de Bathonia Miles literatus, legum terræ peritissimus, Dn. Regis Justitiarius et Consiliarius specialis.* Et ann. 1252 : *Quidam Miles literatus Robertus de la Ho, cui Rex commiserat tutelam Judæorum, et sigilli sui, quod ad Scaccarium eorundem pertinet, etc. Milites* autem isti *literati*, ii sunt, quos nostri *Chevaliers en Loix* vocabant, id est, qui cum gente nobiles essent, Legum studiis operam impenderant, ut in supremis Regum foris jus dicerent : quosque inde *Dominos Legum* appellatos, auctor est Duchesnius in Hist. Gandensi lib. 9. cap. 3. ad quorum discrimen Milites alii *Chevaliers en Armes* interdum sese indigitabant, ut ibid. observat lib. 10. cap. 3. de quibus supra egimus. [Charta ann. 1302. tom. 2. Hist. Dalphin. pag. 119 : *Carissimus et fidelis noster D. Guillelmus de Plasiano Miles ac Legum Doctor.* Alia ann. 1322. in Maceriis Insulæ Barbaræ tom. 1. pag. 202 : *Concesserunt plenam, generalem et liberam potestatem ac mandatum speciale venerabilibus viris et discretis D. Stephano sapientium Doctori Decretorum et Militi in Ecclesia Lugdunensi, etc.*] In Regesto Cancellariæ ab ann. 1337. ad ann. 1340. *Monsieur Bertrand de la Cassanhe, Sire en Loix* dicitur, qui in Charta Latina *Legum Doctor*. Froissart. 1. vol. cap. 179 : *Et si convint qu'il pardonnast illec la mort de ses trois Chevaliers, le deux d'Armes, et le tiers de Loix,... et le Chevaliers de Loix estoit Monseigneur Simon de Bucy*. Idem 4. vol. cap. 34 : *Or estoit avenu qu'un vaillant home et de grand prudence, Chevalier en Loix et en Armes, Bailly de Blois, lequel se nommoit Messire Renaut de Sens, etc.* Occurrunt iidem *Milites Legum* apud Monstrelletum 1. vol. pag. 105. 143. de quibus agunt etiam Argentreus in tract. de Nobilibus, quæst. 14. et Chenutius lib. de Offic. tit. 5. cap. 2. tit. 40. cap. 39. Chartam ann. 1456. apud Perardum in Burgundicis subscribit *Jean de Luirieux Docteur en Loix, Chevalier*. Apud Petrum IV. Regem Arag. in Chron. lib. 3. cap. 12. occurrit *Misser Rodrigo Dies, qui era Doctore Cavaller*. Scribit præterea Bartholus ad leg. 1. Cod. de Professorib. qui in urbe CP. : *Doctorem actualiter Regentem in Jure Civili per decennium, effici Militem ipso facto.*

☞ Nullum vero in hanc rem antiquius nobis occurrit monumentum quam Charta Leodegarii Episcopi Aptens. exarata ann. 1113. in Chartular. Aptensi fol. 13 : *Et hoc sit sub sacramento duorum Militum Legalium. Chevaliers de Lectures* eos vocat le Roman *de la Rose* MS. :

> Ou s'il veut pour la foy defendre
> Quelque Chevalier emprendre
> Ou soit d'Armes, ou de Lectures.

Qui quidem titulus quemadmodum et in re militari, iis tantum concessus videtur qui doctrinæ suæ atque industriæ in litteris, legibus et consiliis specimen ediderant. Hinc est, ut observat eruditus Auctor Hist. Dalphin. tom. 2. pag. 120. quod ii qui Dalphino a Consiliis erant, natalium licet nobilitate insignes, eo tamen nomine non donabantur, nisi prius per aliquot annos officiis suis diligenter functi fuissent. *Milites* interdum etiam nude nuncupabantur. Chron. S. Michaelis Virdun. apud D. Calmet. tom. 2. Hist. Lotharing. col. 47 : *Habebat quemdam Militem secum peritissimum loquacem, qui Albertus de Othonis villa dicebatur, qui aliquando dom. de Salmis Consiliarius exstiterat.* Hinc

¶ Miles dictus in Italia Potestatis primus Assessor. Statuta Astens. f. 5. v° : *Potestas vero Militem suum, vel alium Assessorem... cum ipsis officialibus mittere teneatur, etc.*

* Miles Utriusque Militiæ, Qui armatam nempe profitetur simul et literatam seu legalem. Ita inscribitur *nobilis vir dominus Anselmus de Salinis*, in Charta ann. 1371. in Obituar. eccl. Lingon. ex Cod. reg. 5191. fol. 261. r.

* Miles Merceriorum. Vide *Mercerius*.

¶ Miles Monachus, Idem qui *Advocatus*, qui et *Abbas Miles* dicebatur. Vide *Abbas*. Sententia arbitralis ann. 1243. in Tabul. S. Vulmari diœc. Bonon. : *Universis præsentes litteras inspecturis W. dictus Monachus Miles et dom. de Courset, Ysaac Miles et dom. de Wire, etc.*

Miles per Naturam, genere Militari ortus, vir nobilis. Fori Leirenæ in Lusitania editi a Brandaono tom. 3. Monarch. Lusitan. : *Miles de Leirena stet pro meliore Milite de tota terra Regis in Judicio, et peon pro meliore peone.* Ibidem : *Si Miles per Naturam perdiderit ibi equum suum, et recuperare non potuerit, semper stet in foro Militis. Alius vero Miles qui non fuerit per Naturam, si perdiderit, stet in foro Militis per duos annos : deinde si non habuerit, det rationem.*

* Milites Ordinis *Fidei Jesu Christi*. Vide *Ordo fidei* in *Ordo* 6.

* Milites Ordinis S. Jacobi. Charta Phil. Aug. ann. 1113. ex Cod. reg. 8448. 2. 2. fol. 85. v°. : *Donamus in elemosinam fratribus ordinis Militiæ S. Jacobi quicquid habemus apud Villam-novam de warenna sub colle Montisfalconis.* Alia ann. 1214. in Chartul. Campan. fol. 117. r°. : *Ferrandus Petri provisor ordinis Militiæ S. Jacobi citra portus Hispaniæ etc.*

Milites Pacis et Fidei. Vide Innocentium Cironum in Notis ad Decret. Honorii III. PP. pag. 50.

* Milites Parliamenti, apud Anglos appellantur, qui ab unoquoque comitatu electi parlamento intersunt. Chron. Angl. Th. Otterbourne edit. Hearn. pag. 192 : *Seorsum vero pro Militibus parliamenti, qui non fuerant electi per comitatem* (l. comitatum) *sit mos exigit, sed per regiam voluntatem.* Vide *Milites Comitatus*.

* Miles Pellitus, Quod ex genere Gothorum oriundus esset, cognominatur Bernardus de Andusia, in Charta ann. 1020. inter Probat. tom. 2. Hist. Occit. col. 173. Vide *Pelliti*.

Miles Plebeius, inChronico Gotthico Lusitanico æra 1200 : *Pridie Kl. Decemb. in nocte S. Andreæ Apostoli, civitas Paça, id est Begia, ab hominibus Regis Portugalliæ Dom. Alfonsi videlicet Fernando Gonsalvi, et quibusdam aliis plebeis Militibus nocte invaditur, et viriliter capitur.* Ubi *Milites plebei* videntur appellari quivis *Equites*, qui opponebantur peditibus. Fori Leirenæ : *Quidquid homo de Leirena in terra Saracenorum lucratus fuerit, det quintam partem Regi, præter equos, quos debet accipere Alcaida de Leirena, et facere inde novos Milites, et dare his, qui perdiderint suos.* Infra : *Peon si habuerit equum, stet Miles, si vult.* Rursum : *De pugna quæ fuerit in fiada, si Miles fuerit victus, det* 10. *solidos : si peon, quinque.* Hos *Cavalleros villanos* vocant Fori Alcaçonenses æræ 1267.

Miles de Quatuor Familiis, Gallis, *Gentilhomme de nom et d'Armes.* Joannes Longinus in Actis S. Stanislai Episcopi Cracov. n. 162 : *Milites de quatuor familiis et generationibus, qui ampliorem in illo parricidii facinore gessisse ferantur principatum, videlicet ferentes labarum cum cruce in campo celestino, etc.* Vide Dissertationem nostram ad Joinvillam de hoc argumento.

Milites Regis, dicebantur Milites qui ex domo Regia, et ex ejus peculiari familia erant, ac stipendiis honorati. Ejusmodi complures recensent Chartæ veteres, in Hist. Bethuniensi pag. 157. sub ann. 1249. : *Dom. Amalricus de Meudon Domini Regis Miles.* In Computo Ballivorum Franciæ ann. 1305 : *D. Joannes de Voise Miles D. Regis, Radulfus Bovel, Guillelmus de Patay, et Guillelmus de Flavencourt, Milites Regis.* Sic passim in aliis Chartis, qui in Gallicis *Chevaliers le Roy* appellantur : *Jean de Soisi Chevalier le Roy de France* sub ann. 1271. *Hugues de la Celle Chevalier nostre Seigneur le Roy de France, garde pour icelui Seigneur des Comtez de la Marche et d'Angoulesme, etc.* Camputum Stephani *de la Fontaine* Argentarii Regii ann. 1249 : *Jean Perceval pour cinq aulnes et demie d'escarlate vermeille de Brucelle baillée à Gautier Pignot Tailleur Madame la Roine, pour faire cote et mantel pour la veille de la Chevalerie de Monsieur Jean Houce Maistre d'Hostel deladite Dame, lequel a esté en ce terme nouveau Chevalier du Roy par son Mandement donné au Bois le 2. jour de Février, etc.* Alibi sub ann. 1350 : *Des draps achetez de Jaques le Flamenc à la Chevalerie de M. le Dauphin pour cinq aulnes d'escarlate vermeille de Brucelles à faire cotte et mantel pour la Chevalerie de Mons. Bertaut de Taribde Seneschal de Bigorre, lequel a esté en ce terme Chevalier nouvel du Roy, par Mandement donné à Soissons le 6. jour d'Octobre.* Ex quibus primo intuitu videntur appellati *Milites Regis*, qui a Rege Militiam consecuti erant. Verum constat eosdem esse qui in Statuto *de Hospitio Regis et Reginæ* dato Vicennis mense Januar. ann. 1285. *Chevaliers de l'Hostel du Roy* appellantur, et in veteri Regesto, hisce verbis : *En l'abregement des despens faits en la voie d'Arragon pour les gaiges des Chevaliers de l'Ostel le Roy* 170341. *ll.* 19. *s. Pour les gaiges des Chevaliers qui n'estoient pas de l'Ostel,* 190254. *ll.* 15. *s. et estoient trestous lesdits Chevaliers à retenues, et non à gaiges, etc.* Milites igitur Regii erant ex ipsa Regis familia. Philippus *Mouskes* in Ludovico Juniore, de Henrico II. Rege Angliæ :

> Cevaliers ama et tournois,
> N'i ert avers, ne faus, ne cuvers,
> Ains ert li Sire des Haubers,
> Et si tint de maisnie entiere
> Cent Cevaliers portans banieres.

Exstat Charta Alberti Imperatoris. 3. Id. Decemb. ann. 1299. qua Hugonem de Bovilla Cambellanum Regis Franciæ in suum Militem et Domesticum adsciscit hisce verbis : *Ad personam nobilis viri Hugonis de Bovilla magnifici Principis D. Philippi Regis Francorum illustris Camerarii nobis dilecti ramos nostri favoris latius extendentes, ipsum in nostrum familiarem et Militem duximus assumendum, volentes ut ubicunque locorum quæ Romanum profitentur Imperium, nostrorum familiarium et Militum prærogativa, gratiis, libertatibus et juribus perfrui debeat, et gaudere præsentium testimonio litterarum.*

Milites suos perinde habebant Reginæ, et aliæ nobilis feminæ. Chartam Aenoris Comitissæ S. Quintini ad ann. 1194. in Hist. Monast. Longipontis pag. 104. subscribunt *Theobaldus de Mauny, et Ferdinandus, Milites Reginæ.* Alia Alienoræ Reginæ Angliæ ann. 1203. apud Beslium, sic clauditur : *Testibus Radulfo de Faya, Willelmo Vigerio Capicerio de Calviniaco, Milite Dominæ Reginæ.* Testamentum Iolandis Comitissæ Inculismensis ann. 1314. ex Chartophylacio Regio : *Item lego in retributionem servitiorum mihi impensorum primo domino Radulfo Fruni Militi meo* 200. *ll. semel. Item Dom. Eulcaudo de Rupe Militi meo* 50. *ll. semel, etc.* Vide *Maisnadarii*.

Miles Regius, in Charta ann. 1337. apud Ughellum tom. 7. pag. 616 : *D. Lottus de Adimariis de Florentia Miles Regius, Straticus Salerni, etc.* dicitur.

* Milites de Rodia. Chron. abbat. Corb. Ms. fol. 65. v° : *Anno salutis* 1308. *fratres hospitalis S. Johannis Jerosolimitani, qui nunc vulgariter dicuntur Milites de Rodia etc.*

* Miles Salvatge, id est, Silvestris, histrionis species. Curia 2. gener. Tarrac. sub Jacobo I. reg. Aragon. : *Statuimus quod nullus faciat aliquem Militem salvatge.* Hinc colligitur vocem *Salvatge*, adjectivam esse vocis *Militem*; atque adeo male lectum ex iisdem Constitutionibus cum virgula *seu militi, Salvatge*, ut videre est in hac ultima voce, quæ male explicatur per *Salvamentum*.

¶ Miles Stipendiarius, Is, ut videtur, cui de annua pro alimentis præstatione sub titulo feudali provisio fit. Tabular. S. Florentii : *Ego Ebroinus Miles stipendiarius filius Ebroardi et fratres mei, dedimus S. Florentio monasteriolum quod vocatur Tremaheuc, quod est pago Aletensi in parochia quæ vocatur Comburn.* Vide *Feudum Soldatæ*.

¶ Milites Stellæ, *Chevaliers de l'Etoile*. Ordo Militaris institutus a Johanne Reg. Franc. ann. 1351. Vide *Stella*.

¶ Milites Tabulæ Rotundæ. Vide in *Tabula*.

Milites Vavassores, Qui tenent de

Baronibus terras suas, ut *Subvasores*, qui tenent de Militibus, in Legib. Malcolmi II. Regis Scotiæ cap. 8. § 8. Radulfus de Diceto ann. 1040 : *Quindecim juramenta juravit Theobaldus propria manu Consuli Gaufrido, et 20. Barones Castellenses cum eo, et 40. Milites vavassores eisdem verbis, quibus et ipse.* Vide *Vavassores*.

Milites Vexillarii. Vide *Bannerati*.

Miles, Dominus alicujus castri aut feudi. Chronicon Vosiense lib. 1. cap. 22 : *Alter* (Monachus) *ex Militibus de Rupecavardi*, id est, ex Dominis, *etc.* Mox : *De cujus parentela exivit Guil. Ademari Miles de Celon.* Rursum : *Petrus frater Iterii del Barri Militis castelli de Axia.* Occurrit apud alios Scriptores, et in veteribus Tabulis non semel.

¶ Miles, Militum seu Nobilium ordo. Appendix ad Chron. Episcop. Metensium tom. 6. Spicileg. Acher. pag. 663 : *Hic* (Theodoricus) *paci et tranquillitati ecclesiarum omniumque sibi creditorum commoditatibus ea provisit diligentia, ut eum Miles, Clerus et populus revererentur ut dominum, et ut patrem diligerent.*

Militissa, Militis uxor, *Femme d'un Chevalier.* In Charta anni 1379 : *Joanna de Bethune Militissa, uxor D. Ioannis de Roya Militis*, apud Duchesnium in Probat. Histor. Bethun. pag. 202. [Miracula S. Amalbergæ tom. 3. Julii pag. 105 : *Congregatur ibi populus universus moram faciens, Milites, Equites, Armigeri, Militissæ Domicellæque nobiles.*] Occurrit etiam in Vita B. Coletæ num. 34. et 203. [et in Chron. Cornelii *Zantfliet* apud Marten. tom 5. Ampliss. Collect. col. 341.] In Nivellensi Monasterio Canonicarum S. Gertrudis in Brabantia, etiamnum domicellæ istæ Canonicæ, post exactum *Stagium*, quod triennii esse aiunt, fiunt seu creantur *Militissæ*, ad altare, a quodam nobili Milite, ad hoc evocato, stricto ense in dorsum impacto, consuetisque verbis pronuntiatis.

¶ Militaris, Natalium nobilitate insignis. Buschius de Reformat. Monaster. apud Leibnit. tom. 2. Script. Brunsvic. pag. 911 : *Monialis quædam, soror Gertrudis Degens dicta, Militaris in monasterio Ordinis nostri, Werder nuncupato, professa, et ibidem tunc sacrista, cum alia ejusdem monasterii moniali etiam Militari, de monasterio suo clanculo exivit, habitu suo in choro derelicto, vestita seculariter, sicut in castris Domicellæ solent incedere.*

Militare, Militem facere, creare, baltheo militari accingere : *Faire Chevalier*, [ou *segnorir*,] in Gl. Lat. Gall. Vita Innocentii VI. PP. pag. 116 : *Eodem anno Petrus Rex Aragonum venit Avenionem, et.... certos nobiles suos qui secum venerunt, in præsentia dicti Papæ Militavit.* Albertus Argentin. pag. 116 : *Thebaldum Brixiensem ibi Militavit.* Pag. 117 : *Auctor hujus belli, quem Rex Spiræ Militaverat, etc.* Adde pag. 118. Mathæus Westmonast. ann. 1306 : *Ad augmentandum igitur profectionem suam in Scotiam, fecit Rex per Angliam publice proclamari, ut quotquot tenerentur fieri Milites successione paterna, et qui haberent unde Militarent, adessent apud Westmonasterium in festo Pentecostes, admissuri singuli omnem ornatum Militarem, præter equitaturam, de regia garderoba.*

Militia, Ordo ipse vel dignitas Militaris, *Chevalerie.* Vitalis Oscensis Episcopus : *Infancio.... licet non sit Miles, jus tamen habet accipiendi Militiam, si possibilitas, voluntas, et opportunitas se offerent.* Historia Curtusiorum lib. 10. cap. 9 : *Qui in suo regimine recepit Militiam in Mantua ab Imperatore.* [Forma electionis Petri Episc. Aniciensis ann. 1053. tom. 4. Annal. Bened. pag. 742 : *Nos autem sanctæ Aniciensis atque Vallavensis Ecclesiæ cœtus communi voto Clerus, populus atque Militia, elegimus virum nobiliter natum, ... nomine Petrum.*]

In Militia Approbatus dicebatur, qui semel ac iterum, vel etiam tertio fortitudinis ac dexteritatis suæ specimen, vel in bellis, vel in ludicris decertationibus ediderat. Galfridus Monemuthensis lib. 7. cap. 4 : *Quicunque ergo famosus probitate Miles in eadem erat, unius coloris vestibus atque armis utebatur. Facetæ autem mulieres consimilia indumenta habentes nullius amorem habere dignabantur, nisi tertio in Militi approbatus esset. Efficiebantur ergo castæ mulieres, et Milites amore illarum meliores.* Vide Notas nostras ad Cinnamum pag. 493.

Probi etiam dicebantur, seu approbati Milites, quos vulgo nostri, *Chevaliers sans reproche*, vocabant, quorum vita ab omni probri suspicione vel nota immunis erat, cujusmodi in Ordinibus Militaribus duntaxat admittuntur, ut est in Ordinis Periscelidis Statutis MSS. Velleris aurei apud Locrium in Chron. Belgico ann. 1431. S. Michaelis artic. 1. et Lunulæ, seu *du Croissant*, apud Colomberium tom. 1. Theatri honoris cap. 7. *Gentilhomme de nom et d'armes sans reproche*, apud Monstrelletum 1. vol. cap. 8 9. et Georgium Castellanum in Vita Jacobi Lalani cap. 32. 33. Quæ vero delicta Milites ab ejusmodi Ordinibus arcerent, tria potissimum recensentur in Statutis Periscelidis hæresis nempe, læsæ Majestatis crimen, et ex prælio cui Princeps suus interesset, fuga. Renatus vero Siciliæ Rex a Torneamentis repellit Milites ac Armigeros, qui vel in iis quæ existimationem vel honoris caput spectarent, *falsos* se ac mendaces præstitissent, tum eos qui usurarii seu fœneratores haberentur, denique qui impari se matrimonio copulassent.

☞ A Militia prohibebantur præterea, atque ea obtenta privabantur, incesti et parricidæ ex lib. 7. Capitular. § 71. Eadem erat pœna, licet dissimilis causa, eorum qui rustica opera exercuerant. Charta ann. 1235. ex Archivis S. Victoris Massil. : *Statuimus quod si aliquis Miles, vel ejus filius, vel nepos opera rustica fecerit arando, fodiendo, ligna adducendo cum sauma, vel sine, et alia opera rustica faciendo non habeat Militis libertatem.* Quod de iis qui operam suam aliis locarent intelligendum arbitror.

Militia, alias *Feudum Militis*, et *feudum loricæ* : *Terra quæ Militem debet in expeditione*, in Charta Balduini Comitis Flandriæ ann. 1119. in Tabul. Abb. S. Bertini; *Portio unius Militis*, apud Lucam Tudensem æra 880 : *Concesserant etiam similiter in perpetuum quod Christiani Milites in singulis expeditionibus, de eo quod a Saracenis acquisierint, ad mensuram portionis unius Militis B. Jacobo conferrent.* Ita in Charta veteri apud Rodericum *da Cunha*, in Hist. Episcoporum Portensium in Lusitania 1. part. cap. 12. Aliis *Caballaria*, de qua feudi specie quædam supra attigimus in vocibus *Feudum* et *Caballaria.* [*In Militia tenere*, in Tabul. Majoris Monast. : *Radulfus Filogerensis et uxor ejus Avicia totam Hilduini mansilis Militum vel in Militia tenentium decimam, quam in proprietatem habebant, monachis Majorismonasterii pro mille solidis quos ab eis acceperunt, tradiderunt.*] Militare autem domino teneri qui *Militias* ac feuda possidebant, notissimum est. Dudo lib. 3. de Actis Norman. : *Richardo infanti manibus suis datis, super sacrosanctas reliquias fidem obsequentis famulatus et Militationis facientes, spoponderunt et voverunt illi se per omnia esse fideles.* Guntherus lib. 8. Ligurini. :

> Publica militiæ vasallus munera justæ
> Non renuat, dominique libens in castra vocatus,
> Aut eat, aut alium pro se submittat iturum
> Arbitrio domini, vel quem laudaverit ille.
> Compenset, redimatque suum mercede laborem.

Petrus Diac. lib. 4. Hist. Casin. cap. 35 : *Curtes quæ manifeste Imperii erant, Militias, et castra Imperii.* Gervasius Tilleberiensis MS. lib. de Otiis Imperial. de Henrico II. Imper. : *Hic legem instituit apud Teutones, ut Militiæ, more Gallorum et Anglorum, successionis jure devolverentur ad proximiores agnationis gradus, cum antea penderent ex Principis gratia.* Charta ann. 1152. ex Regesto Bigorrensi : *Dederunt Abbati et sociis ejus villam prænominatam, et quidquid in ea jure hæreditario possidebat præter Militias, quas sibi tunc Consul* (Petrus Comes Bigorrensis) *retinuit, scilicet A. Donati de Sombra, et Arnaldi de Orbeag, etc.* Charta anni 1238. in Regesto Tolosano pag. 97 : *Videlicet Militias, Baronias, et Vassalerias, etc.* Alia anni 1343. pag. 86 : *Laudavit et concessit Ademario de Miromonte, et hæredibus, et successoribus suis quartam partem illius Militiæ, et terræ, et honoris, quam ipse Ademarus emerat et acquisierat a Bertrando de Calcideriis, etc.* Infra : *Sciendum quod Ademarus pro quarta parte dictæ Militiæ incontinenti recognovit et concessit se hominem et Militem D. Comitis, et successorum ejus, et fecit inde homagium, etc.* Regestum Constabulariæ Burdegal. fol. 100 : *Dominus de Cassanea homo nobilis vendidit et alienavit sine licentia D. Regis terram suam, seu Militiam de Bessens, quam nobiliter tenebat a dicto Rege sub deveriis nobilibus d'Ost et de Cavalgada, gentibus innobilibus.* Et fol. 97 : *Petrus de Malysihu homo innobilis tenet quandam Cavallariam, seu feodum nobile, etc.* [Hinc

¶ Militiam Regis Exercere, pro Militaria servitia, quæ Regi ob Militias ac feuda debentur, præstare, exhibere. Codex MS. Irminonis Abb. Sangerm. fol. 16 : *Sed quod Militiam Regis non valebant exercere, tradiderunt alodos suos sancto Germano, nominatos his hominibus, etc.*

Ejusmodi porro *Militias* nonnisi a *Militibus* possideri et teneri potuisse docet præterea Charta Sanctii Regis Majoricarum ann. 1323. qua Raimundo Rubey de Pratis concedit, ut tenere possit aliquot *villas*, quæ a Berengero *de Col* avunculo ex legato concessæ fuerant, etiamsi ab eodem Rege tenerentur *in feudum, et de Militari persona ad personam non Militarem ex legato devenerint* : hac apposita conditione, ut Raimundo extincto, villæ eædem ad unum ex filiis ejus legitimis devenirent, *qui suo decenti tempore Miles efficeretur.*

In 2. Regesto Homagiorum, Cameræ Comput. Paris. *Militiæ* seu feuda Militum, *Gentillesses* appellantur : sub titulo, *des Lannes et S. Sever: Nicolas d'Espagne Escuier fait hommage de l'hostel noble et Gentillesse de Migret l'an* 1356. Occurrit ibi pluries.

MILITIA, Titulis honorarius Militis. Epistola Ludovici de Duracio Regis Neapolitani ad Ludovicum Ducem Andegavensem ann. 1382 : *Quod si ita est, decentius fuisset tuæ Militiæ id nobis prius scripsisse, etc.*

MILITIA, Cœtus Militum. [Radevicus Frisingensis de Rebus gestis Friderici I. Imper. lib. 2. cap. 8. apud Murator. tom. 6. col. 791 : *Accesserat tunc quod Cremonenses cum Imperatore ad curiam venientes, Placentinorum Militia egressa ad certamen provocaverat, quod modo vulgo turneimentum vocant.*] Ita *Militia Hospitalis Hierosolymitani*, apud Will. Neubrig. lib. 4. cap. 19.

* MILITIA, Militis creatio. Sentent. arbitr. ann. 1335. in Reg. 70. Chartoph. reg. ch. 305 : *De luminari autem, quod consuetum est poni in ecclesia Pariensi, in Militiis filiorum regum et baronum, cum de hoc plene informati non fuerimus, supersedemus ad præsens.* Chron. inter Probat. tom. 2. Hist. Nem. pag. 1. col. 2 : *Milicia dictorum trium fratrum fuit in Penthecoste anno* 1313. Vide infra *Militatio.*

* MILITIA, Feudi militaris caput seu domus præcipua, quodvis dominium, quod a milite possidetur. Reg. feud. Aquit. sign. JJ. rub. in Cam. Comput. Paris. fol. 37. r°. : *Dominus de Benqueto juratus dixit se tenere a domino rege.... Militiam seu capmasuram de Podio Bardos.* Ibid. fol. 39. v°. : *Vitalis de Namanyu domicellus juratus dixit quod tenet a domino rege et duce ratione uxoris suæ Militiam seu domanet de Segur cum pertinentiis.*

* MILITIA, Militis stipendium. Reg. S. Ludov. ex Chartoph. reg. ad ann. 1317. fol. 36. r°. : *Item augmentavit eidem militi* (Ogero de Maloleone) *nonaginta Militias, quarum sexdecim percipit in terra Navarræ, et residuum in thesauro nostro Navarræ, de decem Militiis, quamdiu placuerit regiæ voluntati; dum tamen equis et armis pro defensione regni teneat se munitum.*

MILITIA, Census vel præstatio pro servitio militari. Tabularium Burguliense fol. 115 : *De hoc feudo debent Canonici* 12. *denarios de Militia in Nativitate S. Mariæ.* Fol. 116 : *In hac terra retinuerunt domini jura sua, scilicet de* 10. *sol. talliæ*, 20. *den. de* 5. *solid. cujusque talliæ* 10. *den. et* 12. *den. de Militia in Nativite S. Mariæ.* Tabul. Abbat. de Rota fol. 164 : *Petrus pro amore Dei et anima Taphur patris sui dedit Ecclesiæ et Canonicis sua servitia tam talliæ quam Militiæ, etc.* [Ita *Militiam* ex vet. Inscript. interpretatur Fleetwodus in Sylloge Inscript. antiq. pag. 438.] Vide *Servitium nummorum.*

¶ MILITES, Equites, Gall. *Cavaliers.* [* Qui equo militant. Order. Vital. lib. 10. Hist. Eccl. : *Et alii fere* 400. *Milites cum innumeris peditibus capti sunt.*] [** Richer. lib. 1. cap. 7 : *Congregari præcepit Milites peditesque... Exercitus regius in decem milibus equitum, peditum vero sex milibus erat.*] Gasp. Barthii Glossar. apud Ludewig. tom. 3. Reliq. MSS. pag. 23. ex Anonymi. Hist. Palæst. cap. 20 : *Ordinata denique sunt hæc omnia, Milites tenuerunt plana, et pedites montanea.* Jacobi Auriæ Annal. Genuens. ad ann. 1282. apud Murator. tom. 6. col. 578 : *Maxime quum Milites et pedites semper in Pisis ad solidos acciperent.* [* Eo sensu in Italia post x. vel. xj. sæculum hanc vocem accipi consuevisse observat Muratorius tom. 2. Antiq. Ital. med. ævi col. 484.] Vide supra *Miles Plebeius.*

¶ MILITIA, Equitatus, Gall. *Cavalerie.* Ottoboni Scribæ Annal. Genuens. ad ann. 1196. apud eumdem Murator. tom. 6. col. 376 : *At quum videret se eos minime posse de campo et castris eradicare, et nihil proficere posse; imo sui semper victi ac vulnerati recedebant de campo, retraxit se cum Militia sua et fortia.*

MILITES, aliis significationibus. Vide *Milites* suo loco.

¶ MILETA, Anser silvestris. Vita S. Pharaildis virg. num. 13 : *Aves quasdam aggregatas repperit, quas alii feles, alii Miletas, vulgus vero gantas nuncupat.* Vide *Gantæ.*

* MILETUM, MILLETUM, Milium, Gall. *Millet* vel *Mil.* Charta ann. 1341. in Reg. 73. Chartoph. reg. ch. 74 : *Item Miletum seu milium pro parte nos contingente ibidem, sexaginta sex solidos Turon. annuatim.* Alia 1283. in Chartul. Cluniac. ch. 348 : *Decima fabarum, pisorum, racemorum, Milleti, canabi et totius alterius minuti bladi.* Lit. remiss. ann. 1408. in Reg. 163. ch. 139 : *Le suppliant habitant de Tarbe en Bigorre loua les jumens ou eques de Raymond de Fort de Bearn pour piquer ou batre son Mil ou blé.* Hinc *Miliere* et *Milliere*, Ager millio consitus. Lit. remiss. ann. 1385. in Reg. 127. ch. 197 : *Lesquelx par une nuit gardoient une Miliere joignant ledit molin.* Alia ann. 1416. in Reg. 169. ch. 424 : *Lequel Paris avoit prins et emblé en une Milliere..... trois ou quatre brains de millet. Le suppliant avoit fait aler ses bestes en sa Milliere, ou orge*, in aliis ann. 1460. ex Reg. 190. ch. 144. Vide mox *Milhium.*

¶ MILETUNIA. Pactus Legis Salicæ tit. 76. Edit. Eccardi pag. 147 : *Hæc lex de Miletunias vel letas sive Romanas in medietatem convenit observare.* Ubi idem Eccardus monet legendum forte *Militaneas*, ut *militaneus* idem sit qui *militaris*, et hoc loco Militis uxor. Vide *Militissa* in *Miles.*

* MILEUS, *Souler de roy*, in Glossar. Lat. Gall. ex Cod. reg. 7692.

¶ MILGORIENSIS MONETA et *Milgurisus denarius.* Vide in *Moneta Baronum.*

*MILGRANA, Granatum, malum punicum. Glossar. Provinc. Lat. ex Cod. reg. 7657 : *Milgrana, Prov. malogranatum.* Leudæ, min. Carcass. Mss. : *Item de Milgranas, de centum, quatuor Milgranas.* Vide supra *Migrana* 2.

* MILHIUM, ut supra *Miletum.* Inventar. ann. 1476. ex Tabul. Flamar. : *Quatuor conquas Milhii ad communem mensuram dicti vicecomitatus Leomaniæ.* Vide *Millum.*

* MILIACIUS PANIS, Ex milio confectus. Hist. Franc. Sfort. apud Murator. tom. 21. Script. Ital. col. 602. ad ann. 1450 : *Hic* (Franc. Sfortia) *cum ita eques, ut erat, apud virum gravem Albertum Marlianum ante ejus ædium limina familiarissime aliquanto panis Miliacii sumto modice bibisset, etc.*

MILIARE. Vide *Milliare.*

MILIARENSIS, MILLARENSIS, Moneta argentea minutior, quæ in Montepessulano cudebatur ab Episc. Magalonensibus. Tabular. Episcopatus Magalonensis ann. 1262 : *Berengarius* (Episc. Magalonensis) *Joanni de Ripa, Ægidio Joannis, et Guirando Gos Monspeliensibus ad legem* 10. *denariorum, una pogesia minus, excudendæ monetæ Millarensis vocatæ facultatem dedit; ita tamen quod in* 12. *denariis Millarensium prædictorum sint* 10. *denarii una pogesia minus argenti fini, sicut in Montepessulano affinatur argentum. Hanc autem cudendi potestatem in toto Episcopatu, et in toto Comitatu permisit dictis Monspeliensibus, exceptis castro Melgorii, et fortia superiori Montisferrandi.* Charta Guill. Gerundensis Sacristæ ann. 1268 : *Ita tamen quod de Miliarensi a nobis et D. Infante Jacobo vobis concesso, habendo de quolibet maiduno salis, ad opus murorum construendorum et reficiendorum, etc.* Fœdus inter Carolum I. Comitem provinciæ et Massilienses art. 20 : *De prædictis monetis quæ fiunt in Massilia, habeat Dn. Comes* 12. *denarios Massiliensium minutorum tantum pro marca argenti, etc. Et eodem modo intelligitur de moneta Millarensium.* Epistola Clementis IV. PP. ad G. Episcopum Magalonensem ann. 1266. apud Gariellum pag. 219 : *Sane de moneta Milliarensi, quam in tua diœcesi cudi facis, miramur plurimum, cujus hoc agas consilio : non quod injuriam facias dicto Regi,* (Ludovico) *si in feudis non suis fabrices, sed Regi gloriæ, extra cujus dominium nec hoc potes, nec aliud operari. Quis enim Catholicus monetam debet cudere cum titulo Mahometi? quis etiam licite potest esse alienæ monetæ percussor? cum nulli eam liceat cudere, nisi cui vel summi Pontificis, vel Principis auctoritate conceditur, etc.* Ex quibus verbis nescio an conficiatur *Miliarenses* istos in Francia cusos, nummos fuisse Hispanicos, (nam ex allatis, in Hispania obtinuisse videntur,) hoc est instar eorum qui in Hispania cudebantur; quæ vox etiamnum in Lusitania viget, ubi nummi aurei *Millereis* appellantur : quam vocem corruptam putat Scaliger lib. de Re nummaria pag. 55 : *Quum*, inquit, *verum nomen fuerit*, Muley-Rais, *ab Arabe Rege, quisquis is fuit, qui primus ejusdem ponderis et valoris nomisma in illis partibus Hispaniæ percussit.* Quo sane videtur spectare Clemens, cum ait Christianum nec debere nec posse monetam cudere cum titulo Mahometi. At cum vox hæc proxime accedat ad Byzantinorum Principum μιλιαρήσια, minutas perinde monetas, de quibus egere præ cæteris Scaliger de Re nummaria, Petavius ad Epiphanium, et alii, nos etiam in Dissert. de Monetis Byzantinis, longe probabilius videretur hisce monetis inditam ab iis appellationem.

Sed et non desunt qui a Miliaresiis Græcanicis *Liardos* nostrates, minutiorem quandam trium denariorum monetam, sic nuncupatam, quæ in Aquitania potissimum obtinuit, nomen sumpsisse opinantur : quique *Liards* appellantur in Consuetudine Burdegalensi art. 116. et Baionensi tit. 7. art. 32. Alii vero a Ricardo I. Anglor. Rege, quem ob præclaram animi generositatem *Audacem* cognominabant, seu Gallice, ut tum efferebant, *li hardy*, dictos volunt : tum etiam quod in iis Rex effingatur manu ensem strictum gerens : nam et *Li hardis* et *Ardits*, passim dicuntur in Foris Beneharn. et in Consuet. Solensi. Aquitanica autem ista moneta minutior argentea fuit, cujusmodi complures habentur Regum Angliæ et Franciæ, ut et Caroli Ducis Aquitaniæ Caroli VII. Regis filii, apud Hautinum in lib. de Monetis Francic. pag. 135. 175. 187. 189. 199. 255.

MILIARENSIS Porticus, apud Vopiscum, quæ millenis columnis sustentabatur. Ita Salmasius.

¶ **MILIARISIUM**, Numismatis pars XII. complectens folles XXIV. Scholiates Basilic. tom. 6. SS. Maii pag. 16 * : *Nosse oportet ceratium unum follibus valere duodecim sive Miliarisio dimidio. Valent itaque ceratia duodecim nomismate medio. Nam integrum nomisma continet Miliarisia duodecim sive ceratia* 24. Vide Glossar. mediæ Græcit. in Μιλιαρίσιων.

¶ **MILIARIUM**, Mille pondo librarum. Vita B. Columbæ Reatinæ tom. 5. Maii pag. 392 * : *Decreverunt... campanam quamdam veterem fractam, hebetis etiam soni, in melius refundere molis duorum Miliariorum.*

¶ 1. **MILIARIUS**, Milliare. Charta Wifredi Comitis Barcin. ann. 888. tom. 3. Concil. Hispan. pag. 166 : *Locum quem vocant Centum-cellas cum Miliarios quatuor in gyro.*

2. **MILIARIUS**. Carolus M. Imper. apud Anonymum Salernitanum in Hist. Langobard. parte 1 : *Unum est quod quæro, ut* (Arichis Princeps Langobardorum) *armiger meus unus Miliarius fiat.* Videtur idem qui *Millenarius*, de qua dignitate infra. Vide Cujacium ad lib. 1. Feudor tit. 1.

MILICA, Grani species, de qua passim veteres Chartæ Italicæ. Describitur a Petro Crescentio lib. 3. de Agricultura, pag. 129. [* Vide Murator. 2. Antiq. med. ævi col. 351. et supra *Melica.*]

* **MILICAMILIUM**, Eodem intellectu. Stat. Placent. lib. 3. fol. 32. r°. : *De marzaticis vero, videlicet Milicamilio et panico, vicia et omnibus leguminibus teneatur domino justam reddere rationem.*

¶ **MILICENTUM**, Vox, ut videtur, corrupta ab Anglico *Milleate* vel *Mill-leat*, quæ ipsum rivi alveum, quo aqua molendini continetur, significat. Hist. Harcur. tom. 4. pag. 1928 : *Henricus tenet dicta tenementa et Milicenta de Cantalou, et dicta dominia de Rege, et non dat scutagium.*

¶ **MILICIONE**, perperam pro *Malitiose*, in Charta Johannis Reg. ann. 1361. Reg. 90. Tabul. regii Ch. 608 : *Imponaturque sibi quod dictum incendium Milicione et in hodium dicti Petri posuit ibidem.*

* **MILICUS**. Vide mox *Militus.*

* **MILIENDA**, Vestis species, vel Pars vestis. Lit. remiss. ann. 1398. in Reg. 154. Chartoph. reg. ch. 73 : *Lequel Gonays qui avoit de soez sa teste rese et sa barbe en sa Miliende etc.* Vide infra *Misele.*

MILIENSES. Chron. Laurishamense pag. 86. ubi de Fratribus Barbatis in Monasteriis :

Nunc quoque Barbati qui sint, attentius audi :
Sunt ergo laici Miliensibus associati,
Quos risus populi dedit hoc agnomine fungi, etc.

Ubi *Milienses* sumuntur pro *Monachis.*

¶ **MILIGRISIUS**, Denarius : unde ducta vocis origine, mihi incompertum, nisi *Miligrisius* scriptum sit pro *Milgurisus*, vel *Miligrisius* denarium æreum significet, et a colore ita sit nuncupatus. Miracula S Georgii tom. 3. Aprilis pag. 143 : *Oblato deinde Miligrisio seu denario abire conati, etc.*

MILIMINDRUM, *Vulgus vocat, pro eo quod elevationem mentis inducat; hæc herba Hyosciamus appellatur.* Papias.

MILINÆ. Gregorius Turon lib. 6. cap. 14 : *Magna igitur eo anno lues in populo fuit, valitudines variæ, Milinæ cum pusulis et vesicis, quæ multum populum adfecerunt morte.* Apud Fulbertum Carnotensem Ep. 95. ubi Gregorii locus laudatur, scriptum habetur, *Melinæ cum pustulis, etc.* Duchesnius monet in aliis Codd. legi *malignæ.* Alter Codex antiquissimus, quem vidi, *maligni* præfert.

* Huetius in Comment. de Reb. ad eum pertin. pag. 22. exponit : *Morbos enatos cum variis similibus granorum milii.*

MILINOVULTIS. Vide *Melinus.* [* Ubi *Prasinovultis* interpretatio, a Cangio emendatur in *Prasinovultis* suo loco.]

¶ **MILIO**, Milvus, accipitris species, Gall. *Milan.* Testamentum Oliverii de Clicio ann. 1406. ex Archivo castri Blein. : *Item legat domino Alano Vicecomiti de Rohan genero suo suum Milionem, vulgariter son Milion, unum equum quem equitat auceps, qui dictum Milionem regit, et ipsum accipitrem sibi remisit.*

* **MILITANEA**. Vide *Miletania.*

¶ 1. **MILITARE**, Iter habere, maxime cum difficile et asperum est. Chron. Mauriniac. apud Duchesnium Hist. Franc. tom. 4. pag. 377 : *Abbas autem Priorque noctc illa alio ire disposuerant, et cum ante lucem surrexissent, et per unam leugam Militassent, miraculum fuit, cum Dei providentia ipsi nuncio noctis adhuc tenebris durantibus obviassent.*

¶ 2. **MILITARE**, Confligere, pugnare. Gasp. Barthii Glossar. apud Ludewig. tom. 3. Reliq. MSS. pag. 28. ex Anonymi Hist. Palæst. : *Cœperunt nostri Militare in nomine Domini.* Aliis notionibus, vide supra in *Miles.*

MILITARES, Qui in exercitibus *militant*, maxime qui in militia aliquam dignitatem habent, in leg. 18. 32. 138. Cod. Th. de Decurion. (12, 1.) leg. 7. de Frument. urb. CP. (14, 16.) leg. 20. 21. de Erogat. milit. annonæ. (7, 4.) Acta SS. Tharaci et sociorum Martyrum : *Non licet tibi universas pœnas mihi adhibere, quoniam Militaris fui.* S. Augustinus Epist. 230 : *Misit Militares, nemo potuit reperiri.* Vide eumdem lib. 1. de Morib. Eccl. cap. 35. Vita S. Cæsarii Arelat. apud Surium : *Comites et alii viri Militares non sinebant homines in domibus suis habitare et laborare, sed misere eos mactabant, etc.* Utuntur etiam uterque Victor, Vopiscus in Tacito, et Ammianus lib. 14. 21. Epist. Synodalis Concilii apud Saponarias ann. 895 : *Nullum ei per vos, aut Militares Ecclesiæ vestræ præstiteritis suffragium.* Odo Cluniac. in Vita S. Geraldi lib. 1. cap. 11 : *Arma Militaribus apta ei præbuit.* Alias *Militares* qui *milites* fuerant, nec amplius militabant : quod observatum a Salmasio ad Hist. Aug. pag. 300. Glossæ Isidori : *Militaris, opinatus, id est, vetus miles.*

* **MILITARES** Personæ, Militiæ candidati, vel militum familiares et domestici. Charta ann. 1270. in Reg. Cam. Comput. Paris. sign. *Vienne* fol. 61. r°. : *Quod ipsi et antecessores eorum posuerunt in prædicto castro baulum seu etiam jugerium, vel consules, ... militibus et Militaribus personis prædictis contrarium asserentibus; et super eo quod dicebatur quod prædicti milites seu personæ Militares offenderunt prædictos dominos, etc.*

* **MILITATIO**, Ad militarem gradum ascensus. Charta Phil. V. ann. 1320. in Reg. 58. Chartoph. reg. fol. 57. v°. : *Attendentes quod Guillelmus de Verneto miles hujusmodi præconiis insignitur ; quod sollicite considerans defunctus R. quondam Boloniæ comes cingulo militiæ cinxit eum et militari decoravit honore : nos exinde Militationem hujusmodi attemptam habentes et gratam, concedimus ei de gratia speciali quod honore et statu militari lætetur omnino.*

MILITES, Hæretici, qui alias *Floriani* et *Carpocratiani*, sic dicti, *quia de Militaribus fuerunt*, inquit Philastrius, ubi plura de eorum opinionibus.

MILITES Rotundi, Nummi, vulgo *Ridders* dicti, in Legibus Opstalbomicis cap. 21. [Charta Geraldi Abbatis Angeriacens. ann. 1385. in Chartul. ejusd. Monast. pag. 459 : *Item in Cœna Domini cellerarius debet ducentis pauperibus cuilibet quatuor allecia, et dominus Abbas debet vinum et unum quartarium fabarum, et centum justitias vini de capitulo, et centum Milites qui debent dari ducentis pauperibus in ecclesia, antequam veniant in claustro ad mandatum.* Consule Menagii Origin. Gall. in voce *Ridde.*]

* *Chevaliers de Guillaume* memorantur in Reg. Cam. Comput. ex Cod. reg. 8406. fol. 147.

¶ **MILITIA**, Diversis notionibus, vide in *Miles.*

¶ **MILITIALITER**, Viriliter, strenue, prout Milites decet. Gesta Trevir. Archiep. apud Marten. tom. 4. Ampliss. Collect. col. 398 : *Illi non segnes tela et lapides desupra pluentes, illos obruentes, istos ferientes se Militialiter defensarunt.*

¶ **MILITISSA**, Uxor militis. Vide *Miles.*

* **MILITUS**, vel Milicus, f. Reditus, qui in *Mileto* pensitatur. Vide supra in hac voce. Charta ann. 1278. in Chartul. eccl. Lingon. ex Cod. reg. 5188. fol. 199. r°. :

Cum ego Girardinus quendam redditum annuum; qui quidem redditus vocatur redditus Militorum, ab ipso Vieneto, emerim, etc.

* **MILLAGO**, *Uno pesce che vola sopra l'aqua.* Glossar. Lat. Ital. Ms.

¶ **MILLAIROLA**, Millarola, etc. Vide supra *Meillerola.*

¶ **MILLARENSIS.** Vide *Miliarensis.*

¶ **MILLEARIUM.** Mille, Gall. *Millier.* Charta apud *Madox* Formul. Anglic. pag: 239 : *Unam piscariam quæ reddit unum Millearium siccarum anguillarum... Et in villa quæ Mosæ vocatur tria concessi... Millearia siccorum allectium.*

* **MILLEMORBIA** vel Mismorbia, *Herba ficaria, strophularia, castrangula; ut quidam volunt, urtica mortua; eo quod folia similia urticæ habeat, non tamen urentia.* Glossar. medic. Ms. Simon. Januens. ex Cod. reg. 6959.

¶ **MILLENA**, ut *Millearium.* Charta apud eumdem *Madox* ibidem pag. 243 : *Concessit Deo et S. Mariæ et monialibus de Langeleia dimidiam Millenam aguillarum.*

* **MILLENÆ** Salutes, Gall. *Mille complimens.* Hildeg. Pictav. schol. epist. tom. 10. Collect. Histor. Franc. pag. 490 : *Centenas Milenas excipere salutes.* Alia ibid. : *Ipsi etiam comiti centenas Millenas salutes ex mea parte conferatis.*

1. **MILLENARII.** Papias : *Millenarius, qui mille militibus præest*, Græcis χιλίαρχος. Ita etiam Isidorus lib. 9. Orig. cap. 3. Victor Utic. lib. 1. de Persec. Vandal. : *Fuit hic Vandalus de illis, quos Millenarios vocant.* Horum meminit Lex Wisigoth. lib. 2. tit. 2. § 26. et Senator lib. 5. Epist. 27. Vide Saxonem Grammaticum lib. 5. Hist. Danicæ pag. 78.

2. **MILLENARII**, Χιλιασταί, Hæretici, qui et *Cerinthiani*, sic dicti ab eorum auctore Cerintho. Hi *mille annos*, inquit S. Augustinus de Hæres. n. 8. *post resurrectionem in terreno regno Christi, secundum carnales ventris et libidinis voluptates, futuros fabulantur; unde etiam Chiliastæ sunt appellati.* Vide Papiam, Baronium ann. 373. num. 14. etc.

* **MILLENARIUM**, Mille, Gall. *Millier.* Charta Amalr. episc. Silvanect. ann. 1166. inter Instr. tom. 10. Gall. Christ. col. 218 : *Insuper unum Millenarium de escis omnimodis in usus ecclesiæ et fratrum præparatum.* Leg. forte *Anguillarium. Miliaires*, pro *Millenaire*, Millenarius, in Tabul. S. Apri Tull. : *Cealz présentes qui furent faites quant le Miliaires notre Signor corroit par mil et dous cent et cinquante set ans.* Unde emendandæ Literæ Theob. comit. Campan. ann. 1231. tom. 5. Ordinat. reg. Franc. pag. 550. ubi *Milianes* editum, pro *Miliaires.* Vide *Millearium.*

MILLEPEDA, Genus vermis pilosum, multis pedibus innixum; Græc. χιλιόπους. S. Hieronym. lib. 3. in Ruffin. cap. 3 : *Cur vermiculus, quem vulgus Millepedam vocat, tantum pedum agmine scateat.* Adde eumdem lib. 2. contra Jovinianum cap. 6.

¶ **MILLERARIUM**, Mille, Gallice *Millier*, apud Lobinellum tom. 2. Hist. Britan. pag. 412 : *Item de monetario de* XXIIII. *grossis Millerariis de denariis, videlicet* XL. *lib. pro quolibet Millerario.*

* **MILLERIUM**, a Gallico *Millier*, in Leudis min. Carcass. MSS. : *Item de Millerio clavorum ferri, i. den.*

¶ **MILLEROLA.** Vide *Meillerola.*

¶ **MILLESIES**, pro *Millies.* Tabular. Massil. : *Noveritis me vestras recepisse litteras quæ Millesies vos regratior. Millesies, par mille fois*, in Gloss. Lat. Gall. Sangerm.

* **MILLETUM.** Vide supra *Miletum.*

¶ **MILLIARE** Quintum, Bannileuca. Vide *Quinta.*

MILLIARIUM, pro *Milliare.* Vetus Inscriptio Romæ : *A Milliario.* XXXV. Frontinus in Expositione formarum : *Milliarium habet passus* M. *ped.* V. *stad.* VIII. *Miliarii termini*, apud veterem Agrimensorem. [Adde Chartular. S. Vincentii Cenoman. fol. 38.] Vide Descriptionem nostram CP.

¶ Milliarius, Eadem notione. Charta Willelmi Pictav. Comitis apud Stephanot. tom. 3. Fragm. Hist. MSS : *Insuper addo eis etiam decimas omnium, si quid plus sylvæ postea cultum fuerit, infra duos Milliarios ex omni parte hujus terræ.*

¶ **MILLIO**, nostris *Million.* Charta ann. 1514. apud Rymer. tom. 13. pag. 409 : *Pro dicta solutione dictæ summæ unius Millionis, sive decem centum millium scutorum auri de sole, etc.* Occurrit in Chron. Andr. Danduli apud Murator. tom. 12. col. 479. 521. etc. Vide *Moneta.*

¶ Millio, Incerta mihi notione, si bene scriptum est, in Chron. Erfordiensi ad ann. 1250. apud Schannat. in Vindem. Litter. pag. 104 : *Sic itaque reddita Damiata Rex* (Ludovicus IX.) *centum millibus Millionum suam redemit captivitatem.* Certe non idem quod Gallis nostris *Million* dicitur, scilicet decies centena millia librarum; cum ex Joinvilla, cui fidem habendam existimo, constet Ludovicum Regem pro sua, vel suorum libertate recuperanda octingenta tantum millia *Besantiorum* aureorum Sarracenis solvisse, quod ad monetam hodiernam reductum, computatur a D. *le Blanc* pro 3879309. lib. 7. fol. 6. den. Verum ibi legendum puto *centum millibus marcarum.* Vide Dissert. D. Cangii in Joinvillam.

¶ **MILLIUM**, Millum, pro *Milium*, Gall. *Millet.* Charta ann. 1351. ex lib. viridi fol. 53 : *Sed de Millio et panissa nihil recipit.* Scriptura Principis Adelgastri tom. 3. Concil. Hispan. pag. 90 : *Et in die qua vocati ad servitium fuerint, habeant portionem edendi et bibendi, scilicet libra una et quarta panis Milli.*

* Glossar. Lat. Ital. MS. : *Millum, la mestura.*

¶ **MILLUS**, Festo : *Collare canum venaticorum, factum ex corio, confixumque clavis ferreis eminentibus adversus impetus luporum.* Consule Martinii Lexicon.

* **MILVIUS**, *Gall. Melle*, in Glossar. Lat. Gall. ann. 1348. ex Cod. reg. 4120. Vide *Milio.*

MILUM, vel Milium, Acumen ossis in brachio quod armo jungitur, apud Constantinum Afric. lib. 2. Pantechn. cap. 7.

1. **MILUS**, Lex Alemann. tit. 61. § 4 : *Si autem visus* (oculus) *foras exierit, et Milus*, 40. *sol. componat* Ubi Heroldus, *melius Malum*, quasi oculi orbis integer intelligatur.

* 2. **MILUS**, Idem forte quod supra *Militus.* Charta ann. 1119. tom. 7. Ordinat. reg. Franc. pag. 445 : *Amodo majoritatem terræ habeat Valdricus et ejus heres, cum Milis et navellis.*

MIMA, Gloss. Arabico-Lat : *Mima, i. mimatio bestiarum.* Forte *minia, i. miniatio bestiarum*, a voce *minare*, ducere, *Mener.*

* **MIMARE**, Ludum mimicum agere. Lit. remiss. ann. 1361. in Reg. 91. Chartoph. reg. ch. 241 : *Requisiverunt unum mimum seu jugalatorem* (sic).... *pro ludendo et spatiando seu Mimando cum ipsis.* Vide *Mimaritiæ.*

MIMARITIÆ, Meretricii seu mimici gestus. Pirminius Abbas in Excerpt. de libris Canonicis : *Mimaritias et verba turpia, et amatoria, vel luxuriosa ex ore suo non proferat* (Christianus.) Vide Glossar. med. Græcit. in Μιμάρτιον.

¶ **MIMATA**, vel Mimatum, f. Nummata, ut conjectat Hearnius. *Nummata* autem vel *Nummatum* idem atque nummus sive denarius. Liber. Niger Scaccarii : *Quod justum et antiquum pondus primæ funturæ stagni Cornubiæ antiquitus, et nunc et semper solebat esse et debet esse, majus de* XXX. *Mimatis stagni quam pondus primæ funturæ Devoniæ.*

¶ **MIMIA**, Ludus mimicus. Instrumentum ann. 1482 : *Mihi nomen Iterius trahens originem ex Brabantiæ finibus, Mimia et cantu victum aquiro.*

MIMIFIA, Iter Cameratii Scotici cap. 24. *De Sartoribus* :.... *accipiunt sibi particulas panni, et scissiones manicarum, et alias Mimifias*, Id est, *minutias.*

¶ **MIMATENSIS** Moneta. Vide *Moneta Baronum.*

MIMILOGUS, Mimus, Joculator. Ugutio, et ex eo Joannes de Janua : *Mimilogus, qui mimos docet, vel mimus loquens. Inde Mimilogium, i. locutio mimi. Urbicarius mimilogus*, apud Fulgentium lib. 2. Mythol. Harigerus Abb. Lobiensis cap. 45 : *Mimilogus quidam servum Christi derisit.* Vide Isonis Glossas ad Prudent. Peristeph. Hymn. 14. v. 222. Interdum pro ipsis jocis. Baudemondus in Vita sancti Amandi Episcopi Traject. num. 20 : *Aptoque etiam cachinnans risu, verba quæ vulgus Mimilogum vocat, servum Christi detrahere cœpit.*

Mimologus, apud Jul. Firmicum lib. 8. cap. 8. et Tyronem in Notis pag. 172. Μιμολόγος, apud Hesychium, in Δίκηλον. Papias : *Mimologus, qui mimos docet. Mimographus, qui mimos scribit.*

* **MIMITHEMELÆ** Ars, Mimica nempe, a Lat. *Mimus* et Græco θυμέλη, ut notant docti Editores, quod locum editiorem significat, in quo gesticulatores saltare vel gestis ridiculis adstantes recreare solent. Passio S. Genes. tom. 5. Aug. pag. 122. col. 1 : *Beatus Genesius cum esset in urbe Roma magister Mimithemelæ artis, qui stans cantabat super pulpitum, quod themele vocabatur, et rerum humanarum erat imitator.*

¶ **MIMUS**, Musicus : qui instrumentis musicis canit. Leges Palatinæ Jacobi II. Reg. Majoric. tom. 3. SS. Junii pag. XXVII : *In domibus Principum, ut tradit antiquitas, Mimi seu joculatores licite possunt esse. Nam illorum officium tribuit lætitiam... Quapropter volumus et ordinamus, quod in nostra* *curia Mimi debeant esse quinque, quorum duo sint tubicinatores et tertius sit tabelerius.* [* Lit. remiss. ann. 1373. in Reg. 105. Chartoph. reg. ch. 27 : *Ad Mimos cornicinantes seu bucinantes accesserunt. Mimmus*, in Comput. ann. 1393. inter Probat. tom. 3. Hist. Nem. pag. 124. col. 1.]

* **Mimus Secundus**, id est, qui secundas partes agit, dicitur S. Gelasius tom. 3. Febr. pag. 675. col. 1. Consule ibi doctos Editores.

1. **MINA**, Fodina, Gallice *Mine*. Charta Ludovici Imp. data Remis ann. 5. Ind. 4. in Tabul. Dervensi : *Præter hæc omnia concedimus supradictæ Ecclesiæ quendam locum fisci nostri valde necessarium, et ad fodiendam Minam plumbi congruam in pago Launense, etc.* Vide *Minera*.

* *Mina* etiam dicitur materia, quæ ex fodina eruitur. Charta Blanchæ comit. Trec. ann. 1226. in Chartul. Campan. ex Cam. Comput. Paris. : *Ego concessi eis ut capiant Minam in dictis nemoribus ad fabricandum, tali conditione quod ipsi repleri faciant fossas, ubi Minam acceperint.* Alia Oliver. abb. S. Remig. Senon. ann. 1311. in Reg. 47. Chartoph. reg. ch. 127 : *Dictus Jantianus emptor et ejus socii.... in tota petia dicti nemoris.... poterunt.... de Mina ferrum fieri facere et dictam Minam seu ferrum inde confectum, quibuscumque personis voluerint, vendere.* Vide infra *Minaria*.

2. **MINA**, Clandestinum consilium, factio ad aliquem opprimendum, *Menée*, ex *minare*, ducere, *Conduire une menée*. Chron. Fredeg. cap. 98 : *Ebruinus quoque magis atque profusius crudeliter Francos opprimebat, donec tandem Ermenfredo Franco Minas parat, resque proprias tollere disponit.*

Minare, *Minam* seu clandestinum consilium in aliquem inire, factionem instituere. Idem cap. 90 : *Flaocatus deinceps vehementer Minabat consilium de interitu Willebaldi.*

3. **MINA**, Mensura frumentaria. Charta Odonis Episcopi Belvac. ann. 1140 : *Omnia concesserunt absque ulla retentione, præter quatuor Minas frumenti, quas accipient annuatim a Monachis pro censu.* Passim. Addo tantum sequentia de mina Anglica ex lib. Joannis *de Westerham* Prioris Roffensis, circa ann. 1320. sub capite, *Quid mensuræ grangii continent. Mensura*, inquit, *ad frumentum, et ad bladum, et ad pisa, quæ alio nomine Mina vocatur, continet 5. eskippas de duro blado; et istæ 4. Minæ, cum gata, quæ dicitur Gundulfi, faciunt 3. sumas,.... unde Mina et gata faciunt 3. quarteria. Mina ad grutdum recipiendum continet 7. eskippas. Mina ad brazium continet 3. eskippas de duro blado. Mina ad farinam in pistrino continet largiter 7. eskippas, et debet mensurari sicut sal, et radi.* Hæc liber iste apud Spelmannum.

☞ Qualis fuerit *Mina* apud nostros discimus ex Charta Guillelmi Comitis Pontivi ann. 1208. in Tabul. Centul. : *Concessi quoddam jus hereditarium quod nomine advocationis apud Noerias annuatim possidebam, scilicet quatuor sextarios et unam Minam avenæ, quos subscripti viri mihi persolvebant : Gislebertus tres Minas, Robertus tres Minas, Ingelramnus tres.* Ubi manifestum est duas minas, uti etiamnum, sextarium æquiparare. Nec minus in eamdem rem aperta sunt quæ leguntur in Chartul. 2. S. Vincentii Cenoman. : *Reddemus monachis S. Vincentii singulis annis undecim sextaria bladi legitimi juxta genus terræ illius. Erunt autem IV. sextaria et Mina de frumento; sex et Mina dimidiatim de hordeo et avena.* Vide *Adæquationes mensurarum* in voce *Modius* 2. Cujus ponderis fuerit *Mina* apud Genuenses colligere licet ex Annal. Genuens. ad ann. 1171. apud Murator. tom. 17. col. 1005 : *Nam tum erat victus inopia, et mensura frumenti Mina vocata, onus scilicet viri habile, ultra decem solidos non valuit, hisque temporibus si solidos 50. non transcendit ipsa mensura, frumentum valere nimis non dicitur.*

* Charta ann. 1141. in Chartul. S. Magl. ch. 40 : *Triginta Minas frumenti et triginta Minas avenæ, hoc est, duos modios et dimidium.* Convent. Saonæ ann. 1526 : *Item pro salmata collo seu Mina frumentorum etc.* Hinc

* **Mina**, Modus agri, cui seminando *mina* sufficit, nostris etiam *Mine*. Charta Phil. V. ann. 1319. in Reg. 59. Chartoph. reg. ch. 1 : *Quatuor Minas terræ sementis, quæ fuerunt Manasseri Malivicini.* Lit. remiss. ann. 1479. in Reg. 205. ch. 434 : *Le suppliant transporta par maniere d'eschange à Benoist l'Estendu, demourant au villaige de Treze, baillage de Chartres, trois Mines de terre avecques ung Minot en plusieurs pieces.* Vide *Minata*.

* **Mina Panis**, Tantum panis, quantum ex *mina* confici potest. Vita S. Lanfr. tom. 4. Jun. pag. 621. col. 1 : *Cum enim intercessores ejus duodecim pauperes quotidie reficerent, et aliis Minam panis erogarent, hic.... integrum sextarium instituit quotidie dari.*

* **Mina**, Mensura vinaria, Acad. Crusc. Hemina. Ordo eccl. Ambr. Mediol. ann. circ. 1130. apud Murator. tom. 4. Antiq. Ital. med. ævi col. 873 : *Cicendelarius debet habere de camera archiepiscopi unam Minam vini, de quo fit sacrificium per totam ebdomadam.*

¶ 4. **MINA**, Eadem notione qua μνᾶ apud Græcos. Luithprandi Hist. lib. 6. cap. 14 : *Raimundus Aquitanorum Princeps eum adiit, et pro Minis mille se in Militem dedit fidemque ei juramento servaturum affirmavit.* Concil. Lucense ann. 569. inter Hispan. tom. 2. pag 306 : *Et quicumque Archiepiscopus, Episcopus, Abbas claustralis vel Episcopalis, pro dignitate, vel ordine, vel aliquo ecclesiastico beneficio Minam daret Regi, sive aliquæ aliæ personæ, ille excommunicatione perpetui anathematis innodatur.* Mihi vero non constat an eodem sensu, an pro cuso nummo accipienda sit hæc vox in Charta ann. 1216. tom. 4. Gall. Christ. inter Instr. col. 201 : *Singulis annis persolvent quinquaginta Minas frumenti de admodiatione, et sex Minas avenæ, septem Minas Lingonensis monetæ.*

¶ **MINABILIS**, Minax. Epistola Johan. Troester apud R. Duellium lib. 1. Miscell. pag. 238 : *Quæ in timorosum, Minabile, horrendum judicium perduxit.*

* **MINACHIUM**, pro *Minagium*. Redit. Villæ-novæ in Reg. 34. bis Chartoph. reg. part. 1. fol. 92. r°. col. 1 : *Minachium et theloneum vj^xx. lib. et c. sol.* Rectius *Minagium* ibid. part. 2. fol. 108. r°. col. 1. Vide in hac voce.

MINÆ, Partes murorum pinnatæ, quæ ad emissionem sagittarum fenestratæ sunt. Will. Brito in Vocabulario MS. : *Item Minas, altitudines murorum dicimus.* Hac notione vocem usurpat Fulcherius Carnotensis lib. 3. Hist. Hieros. cap. 17 : *Cumque murum Saraceni per quinque dies jam aliquantulum læsissent, et Minas desuper delapidando plures diruissent, etc.* Et cap. 32 : *Cives quoque per muri Minas nostros tum sagittis, quam lapidibus sive spiculis crebro valde lædebant et vulnerabant.* Vita abbreviata S. Columbani : *Tecta itaque templi, culmina murorum restaurat, Minas, cætera, quæque ad Monasterii necessitatem pertinent.* Vox Maroni nota :

> . . . . . . Jacent interrupta, Minæque
> Murorum ingentes.

Ubi Servius *minas* esse ait, *eminentias murorum, quas pinnas vocant.* Utuntur præterea Ammianus lib. 50. 24. 29. Festus Avienus in Ora maritima, et Ruffinus apud Josephum lib. 3. cap. 7.

* **MINÆCENA**. Conc. Ænham. ann. 1009. cap. 1 : *Monachi, Minæcenæ, canonici et nonnæ ad vitæ se convertant integritatem.* Vide *Milienses*.

1. **MINAGIUM**, Jus quod competit domino pro mensuratione frumentaria per *minas*. [Charta Philippi Augusti Reg. Franc. ann. 1187 : *De annona sua quam de labore suo vel de labore animalium suorum habuerit, Minagium reddat.*] Charta ann. 1224. ex Tabul. S. Arnulfi Crispiac. : *Petebant Minagium ab omni genere bladi quod vendebatur in domibus nostris et extra, etc.* Charta Agnetis Comitissæ Pictavensis ann. 1048. ex Tabulario Angeriacensi : *Stallum de blado et vino, si quoties voluerint, facient, et Minagium nunquam dabunt.* Charta Roberti Comitis Drocensis : *Ubicumque facta fuerit venditio bladi a nona hora diei Mercurii, usque ad horam primam diei Veneris, Ecclesiæ est Minagium.* Regestum Peagiorum Parisiens. : *Nul quel qui soit, n'est quite du Minage, s'il mesure à la mine du Roy.* Supra : *Cil qui blé doit livrer, et partant doit-il paier le Minage, quant il mesure à la mine du Roy.* [Charta ann. 1473 : *Le prevôt de Craon doit fournir aux marchands mesures à grains, et a ledit prevôt outre sa coutume, Minage, qui est de chacun boisseau vendu une jointée d'icelui grain, en assemblant les deux paumes de la main ensemble.*] Vide Regestum Feodor. Comitatus Claromontensis in Bellovacis pag. 14. Duchesnium in Ducib. Burgund. pag. 53. 113. Beslium in Episcopis Pictav. pag. 126. Gallandum de Franco alodio pag. 375. etc.

* **Minagiator**, Qui jus, *Minagium* dictum, quod competit domino pro mensuratione frumentaria, exigit et qui *mina* metitur, nostris *Minager* et *Minageur*. Charta Henr. comit. Trec. ann. 1176. pro canon. S. Quiriaci in Reg. 186. Chartoph. reg. ch. 98 : *Tertiam partem navigii de Sezanna,.... ita quod non liceat alicui ibi ponere Minagiatores nec removere,.... possidendam contuli.* Alia Henr. comit. Grandis-prati ann. 1247. in Chartul. Campan. ex Cam. Com-

put. Paris. fol. 251. v°. col. 2 : *Et cil devant dit blez doit estre paiez à la vaillance de minage, et cil Girars ou si hoir doivent envoier un Minageur à Ourmes, por mesurer et por recoivre ce blez. Minagéeur*, in Ch. Phil. VI. ann. 1341. ex Chartul. Regal. loci part. 1. ch. 146. Chartul. Latiniac. ad ann. 1430. fol. 148 : *Et en avoient tousjours esté payez iceulx religieux, leurs Minagers, mesureurs, leurs gens, familliers et officiers par eulx ad ce faire ordonnez. Giraudus Minagerius* subscribit Chartam Burchardi comit. Vindoc. in Hist. Sabol. pag. 47. ubi cognomen esse videtur. Vide infra *Minarius* 5.

¶ MINAGIUM, Emporium in quo frumentum distrahitur. Tabular. Latiniac. : *Que de tout temps et d'ancienneté que le marché ou Mynaige de ladite ville de Lagny eust accoustumé de seoir et estre tenu trois fois la sepmaine,.... auquel marché et Mynaige venoient et affluoient esdits jours grant quantité de marchands forains et autres qui y admenoient.... plusieurs denrées et mesmement et par especial blés, toutes manieres de grains, etc.*

☞ Est præterea *Minagium* præstatio quædam pro vino conducendo, ut videtur, a *Minare*, ducere : nisi jus sit quod domino persolvitur pro mensuratione ejusdem vini. Teloneum MS. Episcopat. Autiss. ann circ. 1290. exaratum : *Omnes tam foranei quam de villa qui addunt* (l. adducunt) *vinum ad portum villæ, dolium debet* VI. *den. quatuor den. pro poulenagio et duo den. pro Minagio.* Litteræ Caroli Regentis ann. 1359. tom. 3. Ordinat. Reg. Franc. pag. 364 : *Et aussi que elles... soient quittes et franches de toutes exactions,... tailles, vicontez, Minages de vins, coustumes et impositions.*

¶ TENERE AD MINAGIUM, De colono dici opinatur D. *de Lauriere* in Glossar. Jur. Gall. qui prædium aliquod tenet sub præstatione ex pacto minarum frumenti. Bellomanerius cap. 15 : *Mes se sont terres gaaingnables, qui ayent el tens du bail été données à loyal Minage, sans fraude et sans barat, li hoir s'en doit passer pour le Minage.* Et cap. 32 : *Cil qui tent mon heritage à Minage.*

¶ 2. MINAGIUM, f. pro *Menagium*, Prædium rusticum mansionibus instructum. Tabul. S. Johannis Angeriac. ann. 1297 : *Per quam quidem vanellam itur de Minagio dictæ villæ versus arbergamentum aus Torsiez.*

MINALE, Idem quod *Mina*. Inscriptio quæ exstat in Campanili Ecclesiæ S. Zenonis Veronæ : *An. Dom. Inc.* 1178..... *quo etiam tempore magna penuria frugum totam pæne Italiam angebat, ita ut Veronæ Minale milicæ* 14. *milii* 18. *siliginis* 20. *frumenti* 22. *solidis venderetur.*

¶ MINALIS, Idem videtur quod *Mansus*. Præceptum Ludovici II. Reg. Franc. ann. 878. Append. Marcæ Hispan. col. 800 : *Et ipso villare quod ipsi monachi Edo Trasulphus traxerunt de eremi vastitate, et ipsos Minales ipsi ædificaverunt.*

1. MINARE. Papias : *Minare, ducere de loco ad locum, promovere.* Ebrardus in Græcismo c. 15 :

> Pastor oves baculo Minat : lupus ore Minatur.

[Statuta Canon. Regul. apud B. Duellium tom. 1. Miscell. pag. 88. ubi de ordine prælati in processionibus :

> Summus solus eat retro, reliquos quasi Minet.]

Verbum insolens Latinis auribus, ait Erasmus in cap. 3. Actor. tametsi eo usus Festus, vel sane Paulus ejus abbreviator in *Agere*, et *Agasones*. Victor Utic. lib. 2 : *Omnisque illa beatorum turba, expellentibus quibusdam Æthiopibus, Minata est foras.* Infra : *A Mauris crudeliter Minabantur.* Utuntur præterea aliquot e veteribus ac recentioribus, Apuleius lib. 3. vetus Interpres Juvenal. Sat. 6. Auctor vulgatæ versionis Esaiæ cap. 11. Hierem. cap. 31. Thren. 3. lib. 1. et 4. Reg. Act. Apost. cap. 18. Gregorius Magnus lib. 1. Dialog. cap. 2. Lex Burgundionum tit 23. § 3. Pactus Legis Salicæ tit. 50. Lex Salica tit. 10. § 9. Decretio Childeberti Regis cap. 7. Lex Ripuar. tit. 70. § 5. tit. 82. § 2. Lex Longob. lib. 1. tit. 23. § 2. 6. lib. 2. tit 11. § 4. [** Roth. 351. Liutpr. 85. 120. (6, 32. 67.) Adde chart. Longob. ann. 736. apud Brunet. tom. 1. pag. 489. et 490.] Braulio Cæsaraugustan. in Vita S. Æmiliani cap. 1. Anastasius in Hist. Eccl. pag. 97. Petr. Damian. in Vita S. Romualdi n. 62. Cæsarius lib. 5. Miracul. cap. 48. lib. 6. cap. 2. lib. 9. cap. 48. Ditmarus pag. 88. Ordericus Vital. pag. 538. 546. 701. 807. 860. Fulcherius Carnot. lib. 1. Histor. Hieros. cap. 19. Liber. Mirac. S. Bertini cap. 7. 17. Histor. Archiep. Bremensium ann. 1171. Joan. Mon. in Vita S. Odonis Abbat. Cluniac. lib. 2. pag. 37. Idem Odo lib. 3. Collat. 34. Arnulfus Lexoviens. et alii non pauci.

¶ MINARE VESTIGIUM. Pactus Legis Salicæ tit. 40. Edit. Eccardi : *Si quis bovem aut caballum, sive quodlibet animal in furto perdiderit, et ejusdem vestigia sequitur, et id consecutus fuerit usque in tertia nocte, etc.* Cujus articuli titulus est : *De vestigio Minando*, hoc est, inquit idem Eccardus, de persecutione vestigii, quod ducit ad animal amissum.

¶ MINARE, Expellere, ejicere. Jac. de Vitriaco Hist. Orient. lib. 3. apud Marten. tom. 3. Anecd. col. 297 : *Omnia autem prostibula, et eos qui tabernas ad potandum frequentabant... ab exercitu Christi... Minabat.*

¶ 2. MINARE, Clandestinum consilium in aliquem inire. Vide *Mina* 2.

3. MINARE, Cuniculos facere, *Miner*. Vox passim hac notione recepta : a *minis* forte, seu fodinis, quod qui in iis operantur ut metalla eruant, fossas subterraneas conficiant. Quomodo autem olim ejusmodi cuniculi fierent, docent in primis Albert. Aquensis lib. 2. cap. 36. Guill. Tyrius lib. 3. cap. 10. lib. 12. cap. 11. Gruellus in Historia Arthuri Ducis Britanniæ, Dux Clivensis in Tacticis vernaculis pag. 57. 119. et alii passim ex nostris Historicis. Willem. Brito lib. 7. Philipp. :

> .... Certantque Minare
> Arte sibi nota latus et fundamina turris,
> Parmis protecti, ne forte ruens super illos
> Missilium posset retropellere turbo cavantes,
> Donec visceribus muri latuere cavati,
> Truncis suppositis, subito ne corruat in se
> Pendula pars muri, pariens sibi damna virisque,
> Queis simul incisum satis est, supponitur ignis,
> Et fugiunt ad tuta viri, ruit Ilion ingens,
> Ingentemque ruens strepitum facit, etc.

Willelm. de Podiolaurentii cap. 43 : *Incipientes Minare instar talparum, conantur invadere civitatem.*

* 4. MINARE, Fodinam aperire. Charta Gauch. de Joviniaco ann. 1211. in Chartul. Pontiniac. ch. 67 : *Facient de prædictis duabus partibus* (nemoris) *quicquid voluerint extirpando, Minando, arando, metendo, etc.* Alia Erardi de Brena ann. 1269. ibid. ch. 84 : *En ce bois nus ne puet...... ne cuillir herbe, ne fuile, ne Miner en nus tams.* Vide supra *Mina* 1. et mox *Minaria*.

MINARII, Fossores cuniculorum, apud Rigordum ann. 1189. 1190. et Will. Armoricum ann. 1202. Will. Brito lib. 2 :

> .... Sub cujus secare Minarius instat, etc.

MINORES, Eadem notione, apud Fulcher. Carnot. lib. 2. cap. 39. *Minores*, apud Willhardūinum. 186. Vide ibi Gloss.

¶ MINARIA, Fodina, Gall. *Miniere*. Charta ann. 1210. apud Stephanot. Antiquit. Occitan. Bened. MSS. part. pag. 470 : *Minarias quoque si quæ apertæ sunt et quæcumque aperiendæ sunt in alodio S. Martini Villæ-magnæ, etc.* Charta ann. 1218. ex Archivis S. Victoris Massil. : *Si Minariæ et argenti fodinariæ in dicto territorio inventæ fuerint in ipsis fodinis et argentariis, firmantias, et decimam retineo.* Vide infra *Minator* 1.

* Charta Guid. episc. Catalaun. in Chartul. Monast. in Argona fol. 20. v°. : *Si in eodem nemore Minaria ad ferrum faciendum inventa fuerit,.... ad omnes usus suos absolute accipiant inde, quæ sibi fuerint necessaria.* Occurrit præterea inter Probat. tom. 2. Hist. Occit. col. 588. et 601. Vide supra *Mina* 1.

* MINARIUM, Eadem notione. Charta ann. 1252 : *Amalricus vicecomes Narbonæ cum quibusdam burgensibus de Narbona et quibusdam aliis euntes versus domum Fontisfrigidi ad perquirendum et faciendum Minarium, obviavit eidem domino Amalrico Durantes Graneti, qui est præpositus et magister cujusdam crosi seu operis, quod fit perquirendo Minario.*

¶ 1. MINARIUS, a verbo *Minare*, Ducere : cui equos ducendi cura demandata. Computus ann. 1202. apud D. *Brussel* de Usu feud. tom. 2. pag. CLIX : *Minarii* IIII. *de* XXVIII. *diebus* LIIII. *s. marescallus equorum, de* XII. *diebus* XII. *s.* Et pag. CLXI : *Pro sex balistariis ad equos....* XIIII. *s. Pro* II. *Minariis de eodem termino* XXI. *s.*

¶ 2. MINARIUS, Fossor cunicularius. Vide supra *Minare* 3.

* 3. MINARIUS, MINERIUS, Qui gregibus quorumlibet animalium *minandis* seu ducendis præest, ductor. Charta ann. 1191. inter Probat. tom. 3. Hist. Occit. col. 171 : *Petebat D. Rogerius ab istis supradictis..... medietatem totius seniorivi omnium Minariorum de Palairaco.... Inter eos* (Bertrandus de Sexaco) *sic stabilivit et tali modo composuit, quod D. Rogerius vicecomes Biterrensis et sua progenies.... habeant et accipiant bene et quiete in perpetuum, scilicet quartam partem totius seniorivi ovium et gallinarum, quæ modo sunt et amodo erunt ad Palairacum ;.... exceptis inde tantum ju-*

stitiis ; quæ justitiæ et aliæ tres partes seniorivi omnium prædictorum Mineriorum, sunt aliorum prædictorum.

* 4. **MINARIUS**, Vir cujus uxor mœchatur. Lit. remiss. ann. 1353. in Reg. 81. Chartoph. reg. ch. 620 : *Incœpit dictum Adeninum latronem, falsum monetarium, Minarium, aliter Cous, in præsentia Amelinæ uxoris suæ vocare.* Vide *Minnarius* et infra *Nima* et *Nimuarus.*

* 5. **MINARIUS**, Idem qui supra *Minagiator.* Charta Ludovici VI. ann. 1115 : *Emebat* (Odo castellanus Belvac.) *Minariis suis vel familiaribus suis quod residuum erat in culis saccorum, quod similiter interdiximus ne ulterius fiat.*

¶ **MINATA**, Modus agri, quantum ad sationem unius *minæ* sufficit. Charta ann. 1205. in Tabular. Compend. : *Si contigerit prædictas* XII. *Minatas sæpe dicti nemoris ad terram arabilem redire, decimam in iisdem* XII. *Minatis monachi percipient.* Tabular. Montis S. Eligii Atrebat. : *Concessit unam Minatam terræ ad opus cimiterii et templi construendi, unam Minatam terræ in villa de Maingoval pro manso presbiteri faciendo.* Tabular. S. Vincentii Cenoman. : *Johannes de Cruce dedit S. Vincentio quatuor sextariatas de terra et unam Minatam pro sua anima et ejus uxoris.* Idem aliis verbis legitur in Charta ann. 1154. tom. 2. Hist. Eccl. Meldens. pag. 43 : *Terram etiam seminis trium Minarum*; eodem sensu dixisset *tres minatas terræ.* Occurrit passim in Tabul. Absiensi et S. Albini Andegav.

¶ 1. **MINATOR**, Fossor cunicularius, Gall. *Mineur.* Charta ann. 1220. tom. 1. Hist. Dalphin. pag. 93 : *Comes velit habere argentum quod provenit de dicta argenteria, et velit prius tradere denarios suos Minatoribus, debet illud habere præ omnibus aliis pro eodem foro, pro quo daretur aliis, et si alius Minator dimittit croterium suum in Minaria, illud D. Comiti remanet pro voluntate sua facienda.* Computus ann. 1348. ibid. tom. 2. pag. 583 : *Solvit pro expensis* XX. *Minatorum qui missi fuerunt in exercitu Miri-belli, etc Minator Regis castrorum et fortaliciorum*, in Memorial. ann. 1364. Camer. Comput. Paris. f. 66. Vide *Minare* 3.

2. **MINATOR**. S. Eligius Noviom. Episc. Homil. 14 : *Qui erat scurra, id est, Minator : turpia sectans, et immunda loquens, corrigat seipsum, et desinat esse quod fuit : discat bonum loqui, qui potius vana et turpia loquendo, tam se, quam auditores suos maculabat.* Legendum videtur *mimator*, nisi hac voce intelligantur *Ursorum circumductores*, qui inter scurras et turpia joca recensentur apud Hincmarum. Vide in hac voce.

☞ Haud scio an *Minator* S. Eligio non idem sit qui antiquis *minax*, vulgo *aretalogus* dicitur, placita videlicet loquens ad sui ostentationem et aliorum oblectationem; quem inter scurras recenset Salmasius ad Vopiscum cap. 42.

¶ 3. **MINATOR**, Ductor, qui *minat*, ducit. Charta Vicariæ Montispessul. ann. 1103 : *In unoquoque manso amasato de terra unam saumatam de lignis in Nativitate Domini per singulos annos,.... et asinum unum cum Minatore ejus.*

* **MINATORIUS**, Minax, minitabundus, Ital. *Minatorio.* Stat. crimin. Saonæ cap. 29. pag. 57 : *Si autem aliquis verba aliqua injuriosa, inhonesta vel Minatoria protulerit contra aliquem ex ipsis magistratibus, etc.*

¶ **MINCIUS**, *Ericius.* Isidori : ubi Græcus : sic et Papias et Constantiensis. Puto tamen legendum : *Erinacius, ericius.*

MINEATA Terræ, in Tabular. S. Albini Andegav. [pro *Minata.* Vide in hac voce.]

¶ **MINEGANCIA**, Jus quod domino *fundi* ex minis seu fodinis competit; a *Mina* et *Ganancia*, Hispanis, Lucrum, reditus. Charta Ottonis Vicecomitis Leomaniæ ann. 1082. apud Marten. tom. 1. Ampliss. Collect. col. 515 : *Donamus etiam ad loco et eisdem monachis.... mercatum totum, simul et teloneum, et Mineganciam totam, et justitiam totam ab integro sine aliquo retinemento, vel alicujus hominis vel mulieris.*

1. **MINELLUS**, Mensura frumentaria, diminut. a *Mina.* Charta Senonensis ann. 1264. in M. Pastorali Eccles. Paris. lib. 7. Ch. 55 : *Et valet tres Minellos ordei ad prædictam mensuram.* [Charta Thomæ Abb. Sangerm. ann. 1249 : *Pro quibuslibet quinque Minellis bladi unum boissellum cumulatum per totum anni circulum nobis solvent.* Chartular. Meldens. fol. 68 : *Teneor reddere dictis Episcopo et Capitulo unum Minellum ybernagii pro qualibet septimana.* Tabular. Calense pag. 128 : *Item a Bertranno Vaniau tres Minellos avenæ, etc.*] Occurrit non semel in Tabulario Fossatensi.

* Nostris *Minel.* Charta ann. 1401. in Chartul. Latiniac. fol. 172. v°. : *Item pour arpent et demy de terre,... trois minons d'avoyne, vj. Paris. Item pour ung quartier de terre,.... ung Minel d'avoyne, ij. Paris.*

* 2. **MINELLUS**, Idem quod *Minagium* 1. Jus quod ex mensuratione per *Minellos* domino competit. Charta ann. 1318. in Reg. 98. Chartoph. reg. ch. 62 : *Item* (assedit) *Minellos præpositurœ de Erniaco.... communibus annis ad octo frumenti modios ascendentes.* Vide mox *Mineria* 3.

MINERA, Fodina, Gall. *Miniere.* Joan. de Janua : *Mineralia, id est, corpora in venis terræ generata, ut plumbum, vel aliud metallum.* Joan. de Garlandia in Synonymis Chymicis : *Minera, id est, vena.* Idem lib. de Mineralibus cap. 5 : *Ratio in vivo argento : scias quod ipsum est frigidum et humidum, et Deus ex eo creavit omnes Mineras.* [Charta Rogerii I. Reg. Siciliæ ann. 1129. apud Murator. tom. 6. col. 623 : *Mineræ, aquæ et similia quæ in locis civium inveniuntur, sint civium ipsorum, præter eas quæ in præsidiis regiis concessis ipsis civibus reperientur.*] Vincentius Belvacensis lib. 31. cap. 143 : *In terra Iconii inventa fuit azuris Minera.* Cæsarius Nunbergensis in libro Miraculor. S. Erendrudis cap. 7 : *Accidit, ut de terminis sive metis Mineræ salium, et de fodina salis, etc.* Adde Michael. Scotum lib. 2. Mensæ Philosophicæ cap. 14. Leges Hungaricas pag. 113. Vitas Abbatum S. Albani pag. 101. Annales Colmarienses ann. 1292. 1295. tom. 1. Monastici Anglic. pag. 718. etc.

¶ Minerale, Eodem significatu, in Concil. Limano ann. 1582. inter Hispan. tom. 4. pag. 244.

Minerum. Monasticum Anglic. tom. 3. pag. 92 : *Minerum quoque plumbi ad cooperiendam Ecclesiam S. Mariæ, etc.* Mox : *Minerum ferri, etc.*

Minera, pro *Mina*, seu cuniculo, usurpatur a Nicolao Uptono lib. 1. de Militari officio cap. 3.

¶ 1. **MINERE**, pro *Imminere.* Charta ann. 1428. in Chartular. S. Vandreg. tom. 2. pag. 1746 : *Et cum dictus Decanus de Gassicuria multum conquereretur de guerris in partibus Meduntæ... nec non de reparationibus in dicto suo Decanatu ruina Minente necessario faciendis ;* hoc est, imminente ruina.

¶ 2. **MINERE**, pro *Minuere.* Hist. MS. Beccensis Monast. : *Excommunicatos pronuntiavit eos qui possessiones et quidquid ad jus prædicti monasterii in Ambianensi parochia pertinet, Minendo, distrahendo, etc.*

¶ 1. **MINERIA**, Fodina, Gall. *Miniere.* Charta Lotharii Episc. Leodiens. ann. 1192. apud Miræum tom. 1. pag. 720 : *Dedit præterea.... Mineriam ferri quæ sita est supra Mosam, contra Clarummontem.* [* Occurrit præterea in Charta ann. 1164. inter Probat. tom. 2. Hist. Occit. col. 601.]

¶ 2. **MINERIA**, Cuniculus, Gall. *Mine.* Genealogia Comitum Flandriæ apud Marten. tom. 3. Anecd. col. 405 : *Obsedit Insulam, et sic per trium mensium spatium impugnando eam cum insultibus bellicosis, machinis, sagittis, lapidibus et Mineriis, parum profecit.*

* 3. **MINERIA**, Eodem sensu quo supra *Minellus* 2. Inventar. Chart. reg. ann. 1482. fol. 127 : *Littera sub sigillo curiæ Bituricensis super venditione voeriæ Dunensis facta per Stephanum Naalez et ejus uxorem Guillermo Picardi de S. Amando, exceptis Mineria et mensuragio vini.*

* **MINERIUM**, ut *Mineria* 1. Charta Alfonsi comit. Pictav. ann. 1269. in Reg. 11. Chartoph. reg. fol. 143. r°. : *Exigendo et levando focagium vel subventionem seu auxilium pro subsidio Terræ sanctæ, nec non super argento novo Minerii Dorzals etc.* In alia ibid. : *Argenti fodina.* Vide *Minerum* in *Minera.*

* **MINERIUS**. Vide supra *Minarius* 3.

MINERVA. *Mulieres in tela sua Minervam nominare*, Maleficii aut superstitionis species, apud Pirminium in Exerptis de sacris libris Canonicis, [tom. 4. Analect. Mabill. pag. 586.]

¶ **MINERVALICIUM**, συνςατικόν : *Commendaticium.* Supplem. Antiquarii.

¶ **MINERUM**. Vide supra *Minera.*

¶ 1. **MINETA**, pro *Moneta*, seu officina monetalis. Literæ Eduardi IV. Reg. Angl. ann. 1472. apud Rymer. tom. 11. pag. 735 : *Absque aliqua bullione... seu valore ejusdem de argento... Magistro Minetæ Turris Londoniæ seu alicui alii portanda... ad cambium sive Minetam, vel alibi deliberandam pro quolibet, etc.* Adde tom. 12. pag. 8. et 10.

¶ 2. **MINETA**, Modus agri, idem qui *Minata* : vide in hac voce. Chartul. S. Vincentii Cenoman. fol. 114 : *Guillelmus siquidem de Maleval eundem Priorem et Prioratum de novem denariis Cenomanensibus, quos ab eodem Priore petebat pro tribus*

Minetis terræ, quitavit. Liber niger Scaccarii pag. 118 : *Willelmus de tribus Minetis feodum* III. *militum.*

* **MINETUS**, Mensura annonaria, idem quod *Minellus* 1. Charta ann. 1323. in Reg. 61. Chartoph. reg. ch. 303 : *Curato de Montigniaco tres Minetti frumenti,.... et tres Minetti avenæ.*

¶ **MINEUS**, Miniatus. Papiæ : *Rubicundus.* Sermo Anonymi apud Marten. tom. 3. Anecd. col. 1684 : *Tricolor sardonix, imo niger, medio albus, vertice Mineus beatum designat virum* (Audoenum) *qui decolor humilitate, candidus puritate, roseo vernans decore, etc.*

¶ **MINGELLIA**, Minialia. Vide *Minjayllia.*

1. **MINIARE**, quasi *minio* describere, *Relever en vermeillon.* Joan. de Janua : *Miniare, minio præparare, vel scribere minio.* Rodericus Tolet. lib. 8. de Rebus Hisp. c. 4 : *Id in ipso operabatur benignitas, ut præ excellentia videretur æqualitas, sapientiæ gravitate conspersa : sic omnia Miniabat, ut his fieret ejus curialitas in suspirium, et strenuitas in exemplum.* [Conc. Valent. ann. 1590. inter Hisp. tom. 4. pag. 462 : *Qui formas illas Agnus Dei dictas per Rom. Pontificem benedictas depinxerit, infecerit, Miniaverit, notaverit,... eo ipso sententia excommunicationis inficitur.*]

Miniografare. Eadem notione, apud Joann. de Janua.

Miniator, *Qui minio scribit, vel præparat minium. Miniographus, qui minio scribit. Miniographia, scriptura cum minio facta.* Ita Joan. de Janua, [a quo Gloss. Lat. Gall. Sangerm. : *Escriveur de vermeillon, Escripture de vermillon.*] *Miniculator*, Ulpiano. [Vide quæ de *miniata* scriptura docuit Mabillonius Diplom. lib. 1. cap. 10.]

¶ 2. **MINIARE**. Charta ann. 950. apud Marten. tom. 1. Anecdot. col. 76 : *Ego in Dei nomine Rostagnus, G. D. Episcopus, cogitavi de Dei misericordia, vel abluenda peccata, ut pius Dominus de peccatis meis Miniare dignetur.* Hæc corrupta aut male exscripta suspicor, neque enim alia videntur ab iis quæ ibidem occurrunt col. 74. et 77 : *Ut mihi Dominus veniam donare dignetur.*

¶ **MINIATOR**, pro *Minator*, Fossor cunicularius, in Memor. Camer. Comput. Paris. ann. 1369. fol. 96 : *Girardus de Beaupuy scutifer institutus Miniator castrorum et villarum senescalliæ Ruthenensis.* Vide supra *Minare* 3. et alio sensu in *Miniare*, 1.

¶ **MINJAYLLIA**, Expensæ pro incarcerati hominis victu et potu, a Gall. *Mangeaille.* Computus ann. 1318 : *Item pro Minjayllis illius qui interfecit Cunyl, et aliorum latronum, et pro judicando eum* IIII. *lib.* Charta ann. 1342. tom. 2. Hist. Dalphin. pag. 440 : *Ipsi homines hostagiati expedientur et deliberentur, et quitti sint a dicto hostagiamento et obligatione ejus, absque aliquibus Minjayllis et sumptibus.* Vide supra *Menjayllia.*

¶ Mingellia, Eadem notione. Charta ann. 1302. tom. 2. Hist. Dalphin. pag. 98 : *Et ultimo voluit tam pro Mingellia quam mercede dictorum duorum clientum decem libras octo solidos.*

¶ Minialia, Miniallia, Eodem significatu, in Charta ann. 1304. apud Menester. Hist. Lugdun. pag. 120 : *Si.... aliquis minus juste ductus fuerit in carcerem, omnes ei legitimas expensas sumptusque quos vitio eorum tolerasse constitit, redhibere cogatur, nec ad aliquam Miniallium solvendam de cætero teneantur.* Alia ann. 1399. ibid. pag. 127 : *Sed cum dictus carcerarius peteret Minialias et expensas dicti prisonarii... dictus judex decem solidos pro dictis Minialiis ad tantum ascendentibus realiter solvit, etc.*

¶ **MINICULATOR.** Vide *Miniare* 1.

¶ **MINICULUM**, *Auxilium.* Gloss. Isid. frequentioris usus compositum *adminiculum.*

¶ **MINICUS**, *Ericius.* Eædem. Gloss. Isidori. Vide supra *Mincius.*

¶ **MINIERA**, Fodina, a Gall. *Miniere.* Frequenter occurrit in veteribus Instrutis. Vide *Minera.*

MINIGUNGA, Admonitio, ex Saxonico m i n e g u n g, quod idem sonat. Vide Leges Adelstani apud Thundreffeldam editas cap. 7. apud Bromptonum.

¶ **MINIHI**, Minihium, Asylum, locus profugii certisque privilegiis donatus. Vox Armorica. Charta ann. 1202. in Tabular. Abbat. Belli-portus : *Alanus D. de Goelou Henrici Comitis filius, dedi Abbatiæ Belliportus terram anserum et insulam S. Rionis quæ vocatur Guernenez, quantum mare permittit desiccari circa præfatam insulam, ut sit Minihi.* Statuta Ecclesiæ Trecor. ann. 1334. apud Marten. tom. 4. Anecd. col. 1116 : *Item, quia nonnulli malevoli, invidi et æmuli franchisias, immunitates et libertates Minihii seu asyli B. Tudguali infringunt; tallias, collectas, et alia onera hominibus et vassallis dicti Minihii imponunt; terram dicti Minihii pillant, etc.* Occurrit præterea ibid. col. 1132. 1162. 1175. et 1176. Bulla Martini V. PP. ann. 1429. in Archivis castri Nannet. : *In Ecclesia Trecorensi est quædam immunitas quæ vocatur le Minihi de Trecoria, quæ durat spatio quatuor leucarum seu duodecim milliarium, ubi quicumque homicidæ, raptores, et quicumque alii criminosi plena volunt gaudere immunitate. Et in partibus illis ab quibus dicitur quod antiquitus hujusmodi immunitas solum in civitate Trecorensi erat, et durabat solum anno.*

¶ **MINIMATA**, f. pro *Manimata*, corbis ansata, a Gall. *Manne, manequin.* Annal. Episc. Silvanect. Caroli *Jaulnay* pag. 414 : *Ut quicunque præfatam domum, vineam, et torcular, et hospitem tenuerit, ipso die anniversario canonicis viginti solidos, vicariis quatuor solidos, et duodecim Minimatas pannis* (leg. *panis*) *ad erogandum pauperibus annuatim persolvat.*

¶ **MINIMELLUS**, Digitus auricularis. Vita S. Walrici tom. 1. Aprilis pag. 18 : *Nam articulus ille quem medici articularem, vulgus vero Minimellum nuncupant, ex vehementia nimii doloris ita se contraxerat, ut etiam radicitus exiccaretur.*

¶ **MINIMI**, Viri religiosi, vulgo *Minimes*; sic ab institutore suo S. Francisco de Paula nuncupati, ut humilitatem imprimis sectari memores sese omnium minimos existimarent. Hi a Sixto IV. PP. ann. 1439. sunt confirmati.

MINIMISSIMUS. Libellus precum Marcellini et Faustini pag. 87 : *Nesciens quod Christi Dei gratia etiam Minimissimis servulis ejus ministretur.* Occurrit etiam in Edicto Luitprandi Regis.

¶ **MINIOGRAFARE**, Miniographus. Vide supra *Miniare* 1.

MINISTELLI dicti præsertim Scurræ, mimi, joculatores, quos etiamnum vulgo *Menestreux*, vel *Menestriers*, appellamus, quod minoribus aulæ ministris accenserentur : neque enim viri doctissimi ad Tacitum sententiam probaverim, qui a quodam *Menestere* Pantomimo, cujus præter Tacitum meminit Dio lib. 1. ita nostris nuncupatos censuit. Lambertus Ardensis: *O garcionum et Ministralium, imo adulatorum injusta laudatio!* Alberico ann. 1237. *Ministellorum* vox idem sonat : *Illi qui dicuntur Ministelli in spectaculo vanitatis, multa ibi fecerunt, sicut ille qui in equo super chordam in aere saltavit.*

Porro ejusmodi scurrarum munus erat Principes non suis duntaxat ludicris oblectare, sed et eorum aures variis avorum, adeoque ipsorum Principum laudibus, non sine assentatione, cum cantilenis et musicis instrumentis demulcere. Idem Lambertus : *Qui humanam nullatenus quærens gloriam, scurræ maluit quantulumcunque munusculum denegare, quam in ore scurræ et nomine indigni, licet omni haberetur laude dignissimus, in orbe terrarum deferri, et cum instrumento musicari, vel decantari.*

Interdum etiam virorum insignium et heroum gesta, aut explicata et jucunda narratione commemorabant, aut suavi vocis inflexione, fidibusque decantabant, quo sic dominorum, cæterorumque qui his intererant ludicris, nobilium animos ad virtutem capessendam, et summorum virorum imitationem accenderent : quod fuit olim apud Gallos Bardorum ministerium, ut auctor est Tacitus. Neque enim alios a *Ministellis*, veterum Gallorum *Bardos* fuisse pluribus probat Henricus Valesius ad 15. Ammiani. Le Roman *d'Alexandre* MS. :

Quand li Rois ot mangié, s'appela Helinand,
Pour li eshanoier comanda que il chant :
Ci comence à noter ainsi com li jaiant.
Monter voldrent au ciel come gent mescreant,
Entre les Diex y ot une bataille grant,
Si ne fust Jupiter à sa foudre bruyant,
Qui tost les desrocha, ja ne fussent garant.

Chronicon Bertrandi Gueselini :

Qui veut avoir renom des bons et des vaillans,
Il doit aler souvent a la pluie et au champs,
Et estre en la bataille, ainsy que fu Rollans,
Les quatre fils Haimon, et Charlon li plus grans,
Li Dus Lions de Bourges, et Guion de Connans,
Perceval li Galois, Lancelot et Tristans,
Alixandres, Artus, Godefroy li sachans,
De quoy cils Menestriers font les nobles Romans.

Nicolaus de Braia describens solenne convivium, quo post inaugurationem suam proceres palatinos excepit Ludovicus VIII. Rex Francorum, ait inter ipsius convivii apparatum, in medium prodiisse Mimum, qui Regis laudes ad cytharam decantavit, quas præstat hocce loco describere, ut planum fiat cujusmodi eæ fuerint Ministellorum cantilenæ :

Dumque fovent genium geniali munere Bacchi,
Nectare commixto curas removente Lyæo,

Principis a facie, citharæ celeberrimus arte
Assurgit Mimus, ars musica quem deco r :
Hic ergo chorda resonante subintulit ista :
Inclyte Rex Regum, probitatis stemmate vernans,
Quem vigor et virtus extollit in æthera famæ,
Indole virtutis qui vincis facta parentis,
Major ut Atrides patrem Neptunius Heros
Ægea, Pelides excedit Pelea, Jason
Esona, nec prolem pudor est evincere patrem,
Corde gigas, agnus facie, Laertius astu,
Consilio Nestor, linguosos effuge servos,
Neve velis adhibere fidem jactantibus aures;
Nam sic in famulos armantur sæpe potentes,
Et sic injuste justi quicunque ligantur.
Dedecet egregios vitiis corrumpere mores.
Tu pius esto piis, hostem te sentiat hostis,
Te rigidum timeat, confundas penitus hostem
Incutiente metu : si se tibi dederit, ipsum
Excipe cum venia : probus hostis fiat amicus,
Jungaturque tibi concordi fœdere pacis.
Sæpe fit ex odio majori majus amoris
Fœdus, et ampla fides nullum peritura per ævum.
Infami vitio ne vernans fama laboret,
Crimen avaritiæ fuge, donis corda Quiritum
Unge : per hoc poteris cordis lenire dolorem.

Mitto reliqua similia, ex quibus omnino patet ejusmodi Mimorum et Ministellorum cantilenas ad virtutem Principes excitasse. Quod et firmat præterea Raimundus Montanerius in Chron. Reg. Arag. cap. 298. ubi de convivio Regis Alphonsi post ejus coronationem : *Et com foren tuyt asseguts en Romaset, jutglar canta alt veux un serventech davant lo senyor Rey novell, quel Senyor Infant En Pere hach feyt à honor deldit Senyor Rey : e la sententia deldit serventech era aytal, quel dit Senyor Infant li dix en aquell que significava la Corona, e el pom, e la verga, el segons la significança, lo Senyor Rey que devia fer, etc.*

Id præsertim in pugnæ procintu, dominis suis occinebant, ut Martium ardorem in eorum animis concitarent, cujusmodi cantum *CantilenamRollandi* appellat Willelmus Malmesb. lib. 3. de Gestis Angl. Aimoinus lib. 4. de Mirac. S. Bened. cap. 37 : *Tanta vero illis securitas.... ut scurram se præcedere facerent, qui musico instrumento res fortiter gestas et priorum bella præcineret, quatenus his acrius incitarentur, etc.*

☞ Quod ministellorum munus interdum præstabant Milites probatissimi. Le Roman *de Vacce* MS. :

Quant il virent Normanz venir
Mout veissiez Engleiz fremir....
Taillefer qui mout bien chantout,
Sus un cheval qui tost alout
Devant euls aloit chantant
De Kallemaingne et de Roullant,
Et d'Olivier et des Vassaux,
Qui moururent en Rainschevaux.

Qui quidem *Taillefer* a Guillelmo obtinuit ut primus in hostes irrueret, inter quos fortiter dimicando occubuit.

Adeo vero ingens scurrarum et mimorum olim fuit in palatiis Principum numerus, ut quæ in iis aut enutriendis aut remunerandis fiebant impensæ, eorum præsertim qui ejusmodi *ministellorum* assentationibus delectabantur, æraria plerumque exhaurirent. Lambertus Ardensis pag. 247 : *Arnoldus itaque militaribus vix indutus vestimentis prosilit in medium, et ministrantibus mimicis, nebulonibus, garcionibus, scurris, et jocularibus omnibusque nomen ejus invocantibus et prædicantibus satisfecit : adeo ut in remunerationis præmium laudem eorum consecutus est et gratiam. Cum enim quæcumque habere poterat, vel perquirere liberalitatis vias quasi desipiendo tribuisset, et in prima Porphyrii pagina, quasi in nudis et puris constituisset intellectibus, dando maxima cum minutis, dando sua, et a suis commodata, vix seipsum sibi reliquit.* Joan. Sarisberiensis Epist. 247 : *Non enim more nugatorum ejus seculi in histriones et Mimos, et hujusmodi monstra hominum ob famæ redemtionem et dilatationem nominis effunditis opes vestras, etc.* Rigordus de Gestis Philippi Aug. ann. 1185 : *Cum in curiis Regum seu aliorum Principum, frequens turba histrionum convenire soleat, ut ab eis aurum, argentum, equos, seu vestes, quas persæpe mutare consueverunt Principes, ab eis extorqueant, verba joculatoria variis adulationibus plena proferre nituntur. Et ut magis placeant, quicquid de ipsis Principibus probaliter fingi potest, videlicet omnes delitias et lepores, et visu dignas urbanitates, et cæteras ineptias trutinantibus buccis in medium eructare non erubescunt. Vidimus quondam quosdam Principes qui vestes diu excogitatas, et variis florum picturationibus artificiose elaboratas, pro quibus forsan 20. vel 30. marchas argenti consumpserant, vix revolutis 7. diebus histrionibus, ministris Diaboli, ad primam vocem dedisse, etc.* Bernardus Silvester de gubernatione rei familiaris : *Homo joculatoribus intentus, cito habebit uxorem, cui nomen erit paupertas, ex qua generabitur filius, cui nomen erit derisio.* Quin et Philippus *Mouskes* in Philip. Aug. fingit Carolum M. Provinciæ Comitatum scurris et mimis suis olim donasse, indeque postea tantum in hac regione Poetarum numerum excrevisse :

Quar quant li buens Rois Carlemaine
Ot toute mise a son domaine
Provence, qui mult est plentive
De vins, de bois, d'aigue, de rive,
As leceours, as Menestreux,
Qui font auques luxurieux,
Le donna toute et departi, etc.

Hanc immensam in Pantomimos magnatum prodigalitatem exagitat S. Augustinus tract. 180. in Joan. cap. 6 : *Donare res suas histrionibus, vitium et immane, non virtus. Illa sanies Romæ recepta, favoribus aucta, tandem collabefecit bonos mores, et civitates perdidit, coegitque Imperatores sæpius eos expellere.* Longe sapientius egit Henricus Imperator, qui in nuptiis suis cum Agnete Pictavensi in Ingelheim celebratis ann. 1044 : *Infinitam histrionum et joculatorum multitudinem sine cibo et muneribus vacuam et mœrentem abire permisit*, ut est in Chronico Virtziburgensi.

Menestralli, apud Fletam lib. 2. cap. 23. cap. 71. § 2.

¶ Ministralli, in Litteris Eduardi IV. Reg. Angl. ann. 1439. apud Rymer. tom. 11. pag. 642 : *Ministrallorum nostrorum accepimus qualiter nonnulli, rudes agricolæ et artifices diversarum misterarum regni nostri Angliæ, finxerunt se fore Ministrallos, quorum aliqui liberatam nostram eis minime datam portarent, seipsos etiam fingentes esse Ministrallos nostros proprios, cujus quidem liberatæ ac dictæ artis sive occupationis Ministrallorum colore, in diversis partibus regni nostri prædicti grandes pecuniarum exactiones de ligeis nostris deceptive colligunt.* Hinc

¶ Ministralcia, *Ministellorum* ludicra. Charta ann. 1377. apud Rymer. tom. 7. pag. 160 : *Peracto autem prandio, ascendebat D. Rex in cameram suam cum Prælatis, Magnatibus et proceribus prædictis : et deinceps Magnates, Milites et Domini, aliique generosi diem illum, usque ad tempus cœnæ, in tripudiis, coreis et solempnibus Ministralciis, præ gaudio solempnitatis illius, continuarunt.*

¶ Menestreys, in Concilio Massil. ann. 1381 : *Ita quod nullus Menestreys seu jogulator audeat pinsare vel sonare instrumentum, etc.*

¶ Minstrelli apud Th. *Blount* in Nomolexico, ex Charta Eduardi IV. Reg. Angliæ.

Porro *ministellorum* voce intelligebantur cum scurræ et mimi omnes, tum qui buccinas inflare, aut musica instrumenta pulsare solebant. In Computo Hospitii Regis ann. 1317. et 1319. *le Menestrier* refertur inter alios Officiarios. In alio Ducis Normanniæ et Aquitaniæ ann. 1348. sub titulo *de Menestreux*, recensentur *ceux qui jouent des naquaires, du demycanon, du cornet, guiterne Latine, de la fluste Behaigne, de la trompette, de la guiterne Moresche, et de la vielle.* [Le Roman *de la Rose* MS. :

Là veissies fluteours,
Menestrels et jugleours.]

Menestrellorum vero vox in malam partem sumpta pro nebulonibus, in Stabiliment. S. Ludov. lib. 1. cap. 32. ut *Menestrauder*, Ministellum agere, nugari, in Consuetud. Insulæ tit. 1. art. 29.

Rex Ministellorum, Supremus inter *Ministellos*; de cujus munere, ac potestate in cæteros *Ministellos*, agit Charta Henrici IV. Regis Angliæ Gallica in Monast. Anglicano tom. 1. pag. 355. Charta originalis ann. 1338 : *Je Robert Caveron Roy des Menestreuls du Royaume de France.* Aliæ ann. 1357. et 1362 : *Copin du Brequin Roy des Menestres du Royaume de France.* Computum de auxiliis pro redemptione Regis Joannis ann. 1367 : *Pour une couronne d'argent qu'il donna le jour de la Tiphaine au Roy des Menestrels.* [Charta ann. 1387. apud Rymer. tom. 7. pag. 555 : *Supplicavit nobis Johannes Caumz Rex Ministrallorum nostrorum, qui versus diversas partes transmarinas transire proponit.*]

¶ 1. **MINISTER**, pro *Ministellus*, Joculator. Vetus Ceremoniale MS. B. M. Deauratæ Tolos. : *Item etiam congregaabuntur piscatores, qui debent interesse isto die in prossessione cum Ministris seu joculatoribus : quia ipsi piscatores tenentur habere isto die joculatores seu mimos ob honorem Crucis... et vadunt primi ante prossessionem cum Ministris seu joculatoribus semper pulsantibus usque ad ecclesiam S. Stephani.*

2. **MINISTER**, Diaconus. S. Cyprianus Epist. 65 : *Diaconos autem post ascensum Domini in cœlos Apostoli sibi constituerunt Episcopatus sui et Ecclesiæ Ministros.* Adde Epist. 66. Lactantius lib. de Mortib. persecutor. num. 15 : *Comprehensi Presbyteri et Ministri, et sine ulla probatione ad confessionem damnati.* Ildefonsus Episcopus Toletanus in Cœnotaphio B. Helladii :

Ildefonsus ego, quem fecerat ipse Ministrum,
Persolvi sancto carmina pauca seni.

Passio SS. Martyrum African. sub Hunerico: *Sacerdotum et Ministrorum copiosissimam et maximam turbam... exilio crudeli detrusit.* Commodianus carmine inscripto *Ministris*:

Ministerium Christi, Zacones, exercete caste,
Idcirco Ministri facite præcepta Magistri, etc.

Utitur etiam Ennodius lib. 6. Epist. 9.

¶ Ministri, sic nude interdum subscribunt Episcopi, suppresso quovis alio titulo: *Ivo D. G. Carnotensis Ecclesiæ Minister*, Epist. 74. Frequentius vero cum adjectivo *humiles*, ut videre est apud eumdem Ivonem passim et Stephanum Tornac. Epist. 227. 282. Charta ann. 1123. tom. 2. Hist. Eccl. Meldens. pag. 22: *Burcardus D. G. sanctæ Meldensis Ecclesiæ humilis Minister*. Alia ann. 1137. ibid. pag. 33: *Henricus D. G. sanctæ matris Ecclesiæ Senonensis humilis Minister*. Adde Librum nig. Scaccarii pag. 133. Rymer. tom. 2. pag. 277. et Ordinat. Reg. Franc. tom. 3. pag. 596.

* Minister Indignus, ita seipsum inscribit Bartholomæus episcopus Laudunensis in Charta ann. 1117. inter Monum. sacr. Antiq. tom. 2. pag. 2. Quæ formula haud infrequens est.

☞ Episcopos hac in re imitati etiam Abbates. Liber Niger Scaccarii pag. 62: *Venerabili karissimo domino suo Henrico D. G. Angliæ Regi... frater A. indignus Minister Certes, salutem et orationes. Sciat diligentia vestra, karissime pater et domine, quod Abbatia Certes debet ad servicium nostrum tres milites.* Occurrit præterea ibidem pag. 75. 76. et pag. 117. ubi, *Minister humilis*.

¶ Ministri Altaris, Sacerdotes. Capitulare Aquisgr. ann. 789. num. 70: *Sacerdotibus. Sed et hoc flagitamus vestram almitatem* (Episcopos alloquitur) *ut Ministri altaris Dei suum ministerium bonis moribus ornent.*

¶ Minister Capellæ, Qui palatinæ seu Regis capellæ præerat. Epistola Hadriani PP. ad Carolum M. sæculo Bened. IV. part. 1. pag. 98: *Præterea directum a vestra clementissima præcelsa regali potentia suscepimus familiarem vestrum, videlicet Engilbertum Abbatem et Ministrum capellæ, qui pæne ab ipsis infantiæ rudimentis in palatio vestro enutritus est.*

Ministri Ecclesiæ, Episcopi, sacerdotes, in Edicto Pistensi cap. 1: *Ministri Ecclesiastici*, cap. 30: *ministri Episcoporum.*

¶ Ministri Ecclesiæ, Inferioris ordinis Clerici, in Lege Bajwar. tit. 8: *Si quis Ministros Ecclesiæ, id est, subdiaconum, lectorem, exorcistam, acolytum, ostiarium, etc.* Capitular. lib. 2. § 5: *Scholæ sane ad filios et Ministros Ecclesiæ instruendos vel edocendos, etc.*

¶ Ministri Episcoporum, Archipresbyteri et Archidiaconi. Capitular. lib. 7. § 232: *Et ibi ab Episcopo, id est, in civitate, sive a suis bene doctis Ministris bono animo instruantur de sacris lectionibus et divinis cultibus et sanctis canonibus, etc.* Capitular. Caroli Cal. tit. 5. § 3: *Ceteri presbyteri per famulos suos debitam dispensam Archipresbyteris aut Episcoporum Ministris convehant. Et procurent Episcopi, ne Ministri illorum presbyteros dehonorent.* Formulæ antiquæ apud Baluzium tom. 2. Capitular. col. 624: *Ministros vero, id est, Archipresbyteros et Archidiaconos, secundum quod providere Domino inspirante et cooperante valuerit, tales constituat* (Episcopus) *qui oderint avaritiam, etc. Adjutores ministerii* Episcoporum, in Capitul. Ludovici Pii ann. 828. inter quos recensentur *Chorepiscopi, Archipresbyteri, Archidiaconi, Vicedomini et Presbyteri per parochias eorum.*

¶ Ministri Episcoporum appellantur etiam judices qui sub Episcopo jus dicunt. Capitular. Caroli C. ann. 853. § 9: *Ut Missi nostri omnibus per singulas parochias denuntient quia si Episcopus aut Ministri Episcoporum pro criminibus colonos flagellaverint cum virgis propter metum aliorum, etc.* Adde Capitul. ejusd. Caroli ann. 868. tit. 38. § 9. Vide infra.

Ministri Palatii, Aulæ regiæ Officiales, *Officiers de la maison du Roy.* Epistola Episcoporum Franciæ ad Ludovicum Regem ann. 858. cap. 12: *Constituite Ministros Palatii, qui Deum cognoscant, ament, et metuant, qui maximam curam gerant quatenus necessituosi palatium adierint, et per quos perrexeritis, patrem et consolatorem mirantes, gaudendo vos videre accurrant, non qualem dicere nolumus, gemendo et maledicendo refugiant.*

Ministri Palatini, in Vita Ludovici Pii ann. 837. Apud Agobardum Matfredus Procer Palatii, *Minister Imperatoris et Palatii* appellatur, in Epistola ad eumdem.

* Minister Partitionis, Præpositurae serviens seu apparitor. Charta ann. 1233. ex Tabul. S. Gauger.: *Si præpositus credat Ministrum partitionis plus percepisse de sua portione, quam ei reddiderit etc.*

* Minister Pœnitentiæ, Qui a confessionibus est. Obituar. Fratr. Minor. in Wisby Gothl. apud Ludewig. tom. 9. Reliq. MSS. pag. 197: *Anno Domini 1431. die conversionis Pauli, obiit reverendus pater, frater Esgerus, Minister pœnitentiæ Daniæ, Sueciæ ac Norvegiæ, cujus anima sit æternaliter cum Deo.*

* Minister Sanguinis, Carnifex. Stat. MSS. eccl. Tull. ann. 1497. fol. 100: *Et si contigat quemquam dictorum tredecim hominum criminaliter delinquere, incarceratur in prisione capituli, et facere tenentur dicti justificarii ejus processum ac eum condemnare et executionem reponere ad villicum de Villeyo, qui illam per Ministrum Sanguinis fieri procurabit ad patibulum de dicto Villeyo. Mistre*, eodem sensu, in Lit. remiss. ann. 1400. ex Reg. 155. Chartoph. reg. ch. 238: *Le Mistre qui là estoit venu pour exécuter ledit Watelier, qui estoit condempné à morir.*

Ministri, in aula Regum Anglo-Saxonum, eorum Diplomata subscribunt post Episcopos, Abbates et Duces, apud Ingulfum pag. 882. 883. 884. 885. in Conventu Westmonast. ann. 1066. in Monastico Anglic. tom. 1. pag. 37. in Addit ad Matth. Paris pag. 157. apud Doubletum pag. 832. etc. Qui quidem *Ministri* iidem sunt qui Saxonice degens, in Diplomatibus vero *Thaini*, et *Taini*, quæ voces *ministros* et *servientes* sonant. Ita qui hac nomenclatura Regum Anglo-Saxonum Chartas subscribunt, erant præcipui aulæ regiæ ministri, ut Camerarii, Senescalli, Venatores, Accipitrarii, etc. In Monastico Anglicano tom. 3. pag. 121. quidam *Godo* (sub Edw. Confess.) *Optimas Ministerque Regalis* inscribitur. Vide Seldenum ad Eadmerum pag. 170. et infra in voce *Thainus*. Totum porro hunc Ministrorum regiorum ordinem belle describit Florentius Wigorniensis, ubi de Alfredo Rege Anglo-Saxonum: *Consilio divinitus invento, omnium uniuscujusque anni censuum successum bifarie primitus Ministros suos dividere æquali lance imperavit; quarum primam suis Ministris nobilibus, qui in cultu regio vicissim commorabantur, in pluribus ministrantes ministeriis, annualiter largiebatur. In tribus namque cohortibus præfati Regis satellites prudentissime dividebantur; adeo ut prima cohors uno mense in cultu regio die nocteque administrans commoraretur: mensque finito, alia cohorte adveniente, prima domum redibat, ut ibi duobus commoraretur mensibus. Secunda itaque cohors mense peracto, et adveniente tertia domum redibat, ibidem duobus commoratura mensibus. Hoc ordine omni vitæ tempore talium vicissitudinum in regali cultu rotabatur administratio.* Ejusmodi Ministrorum alibi non semel meminit, ann. 871. 874. 878. 905. 1008. 1010. 1039. ut et Roger. Hovedenus pag. 450. 457. et Simeon Dunelm. ann. 1008. 1010. 1013. 1067. cui ut plurimum *nobiles ac præpotentes Ministri* dicuntur.

¶ Ministri Provinciales. Telomonius apud Leibnit. tom. 2. Script. Brunsvic. pag. 95: *Illic enim mercenarios suos pedites, quæ Latino sermone Provinciales Ministros, vulgari vero Landsknecht appellant, adversum civitatem Brunsvicium collocavit.*

Ministri Reipublicæ, Comites, judices, villici regii, et alii hujusmodi. Ita usurpant Capit. Caroli C. tit. 8. cap. 5. tit. 11. cap. 9. tit. 13. cap. 6. tit. 23. cap. 12. 14. ejusdem Capitulare Compendiense ann. 868. cap. 8. 10. Synod. Suession. cap. 7. 8. 10. Synod. Carisiac. cap. 2. Edictum Pistense cap. 8. 17. 20. Riculfus Suession. Episc. cap. 15. Chron. Farfense pag. 666. etc. *Reipublicæ administratores*, in Capit. Caroli C. tit. 43. § 1. et parte 2. ejusdem tit. § 1. et in Concilio Trosleiano ann. 909. cap. 1. *Ministri regni*, tit. 45. cap. 4. eorumdem Capit. *Ecclesiasticæ et reipublicæ administratores*, in Charta Ludovici Pii, in Vita Aldrici Episcopi Cenoman. pag. 34.

Ministri, Minores officiales. [*Ministri Regis*, in Capitular. Lotharii Imper. tit. 5. § 37. *Ministri publici*, in iisdem Capitul. tit. 3. § 29.] *Ministri Ducum*, in leg. 3. Cod. Th. ad legem Jul. Repetund. *Ministri Comitum, Missorum, etc.* in Capitulis Caroli C. tit. 32. cap. 16. qui alias *Ministeriales*. Concil. Cabilonense II. cap. 21: *Sed et Ministros, quos Vicarios et Centenarios vocant, justos habere debent* (Comites et judices.)

Ministri, Judices sub dominis suis jus dicentes. Notitia ann. 1015. apud Loisellum in Bellovaco: *Dans ei medietatem Vicecomitatus, et dimidias leges de forensibus hominibus, ita ut Minister Episcopi, et*

Minister Comitis justificent reos, et leges æqualiter dividant. In Charta Ludovici VII. Regis ann. 1151. apud eumdem, *Ministeriales* dicuntur : *Et si quis excessus vel forisfactum contingeret, ad Episcopum vel Ministerialem ejus referendus est clamor.* Vide supra.

* Minister, *Regalis, aulicus, famulus, servus, officialis*, in vet. Glossar. ex Cod. 7641.

* Minister, Qui res domini regit et curat. Libert. Clarimont. ann. 1248. tom. 5. Ordinat. reg. Franc. pag. 600. art. 1 : *Quicumque ibidem manere voluerit in libertate, cinq solz Pruivinenses de redditu suo annuatim persolvet nostro Ministro. Menistre*, in Lit. ann. 1372. ibid. pag. 516.

* Minister, Artifex, Gall. *Artisan*. Charta commun. Peron. ann. 1209 : *Duodecim majoriæ Ministrorum de propriis Ministris super sacramentum suum eligent xxiv. homines etc.* Confirm. ejusd. ann. 1368 : *Quia discrescentibus habitatoribus dictæ villæ, minui debeat numerus Ministrorum, volumus ut loco xij. majoriæ Ministrorum qui debebant eligere xxiv. sint et sufficiant sex dumtaxat, qui habeant eligere xij. loco xxiv. prædictorum.* Vide in *Ministerium*.

Minister, Idem qui *Ministerialis*, apud Germanos, de qua voce infra. Miracula S. Quirini Mart. lib. 2. num. 23 : *Notus Miles, Dietmaro nomen erat, nobilis Frisingæ Minister, etc.*

Ministri Generales Ordinis S. Francisci, quorum officium ac dignitas *Ministeriatus* dicitur in Bulla Clementis VI. PP. apud Waddingum ann. 1343. num. 5.

¶ **MINISTERALE**, Apparatus ad Missam. Acta S. Salvii Episc. tom. 5. Junii pag. 99 : *Habebat autem S. Salvius Ministerale aureum ecclesiasticum, vestimenta ex auro et gemmis ornata.*

* **MINISTERALLUS**, Idem qui *Ministerialis*, inter officiales regum Siciliæ et Majoricarum recensetur in Itiner. Philippi Pulc. laudato tom. 1. Tract. novi de Re diplom. pag. 467. inter notas.

MINISTERIALES Dominici, qui alias *Ministri*, famuli honorarii, in Notitia Imperii, sub dispositione viri spectabilis Castrensis. Vide Pancirol. lib. 1. cap. 91. *Ministeriales et Pedagogiani*, in leg. 5. Cod. Th. de Divers. offic. (8,7.) *Ministeriales Imperatorum*, apud veterem Agrimensorem pag. 330. [Capitul. Caroli M. de Villis § 41 : *Et stabula atque coquinæ, et pistrina, seu torcularia, studiose præparata fiant; quatenus ibidem condigne Ministeriales nostri officia eorum bene nitide peragere possint.* Regula consueta Toribii Archiep. Limæ tom. 4. Conc. Hispan. pag. 665 : *Poterunt tamen in choro esse laici, qui sunt cantores, vel alioquin Ministeriales.*]

Ministerialis, in Pacto Legis Salicæ tit. 11. § 6. pro quovis famulo domestico. Glossæ Isonis Magistri ad 2. Prudentii contra Symmachum : *Alumnos, nutritios, Ministeriales, famulos.*

Ministeriales, Minores Officiales Regum, Ducum, Comitum, et dominorum feudalium, qui dominorum subditis jus dicunt, eorum jura procurant, census et reditus exigunt, villici, seu villarum præfecti. Ita enim passim indigitantur in veteribus Tabulis. Charta Privilegiorum concessorum Hispanis a Ludov. Pio : *Alius vero census ab eis neque a Comite, neque a junioribus et Ministerialibus ejus exigatur.* Hincmarus de Ordine Palatii cap. 12 : *Tales etiam Comites et sub se judices constituere debet, qui avaritiam oderint, et justitiam diligant, et sub hac conditione administrationem suam peragant, et sub se hujusmodi Ministeriales substituant.* Flodoardus lib. 1. cap. 10 : *Unde sæpe justitiam apud Ministeriales regios sibi fieri postulavit.* [*Ministeriales advocatorum*, in Edicto Carisiac. ann. 861. *Ministerialis Palatinus*, in Capitul. Caroli M.] *Ministeriales ministrorum*, in Capit. Caroli C. tit. 32. cap. 16. *Ministeriales regni*, tit. 34. cap. 11. *Ministeriales Comitatus*, tit. 43. cap. 9. Tabularium Vindocinense Thuani Ch. 85 : *Si vero per oblivionem vel neglectum Ministerialis ejusdem loci terminos præfati census reddendi præterierit, etc.* [Charta ann. 1238. in Hist. Mediani Monast. pag. 316 : *Si propter culpam... emenda ad manus villici vel aliorum Ministerialium deveniret.*] Ita Edictum Pistense cap. 30. Vett. Chartæ apud Beslium in Comitibus Pictav. pag. 269. Sanjulianum in Matiscone pag. 239. Guichenonum in Probat. Hist. Bressensis pag. 10. [S. Bernardus tom. 1. col. 271. Miracula S. Adalberti sæc. 3. Bened. part. 1. pag. 638. Chron. Farfense apud Murator. tom. 2. part. 2. col. 456. etc.]

☞ His addere placet Chartam Balduini Comitis Flandr. ann. 1116. apud Miræum tom. 2. pag. 1153. ubi fuse quæ ad Ministerialis officium pertinuerint, necne, declarantur : *Ad ambas* (festivitates) *S. Amandi dimidium quartarium cervisiæ accipiat, neque creditionem ullam unde damnum aliquod homines Sancti sustineant habeat, neque exactionem quam vulgo tolpri vocant, sive herbam aut corvedas inconsulto Abbate exigat, neque jumenta per villam violenter mutuare aut tollere alicujus operis occasione audeat. Et si cui Abbas terram vendiderit, Ministerialis nihil habebit. De justitia pontis se non intromittet, neque subtus neque supra, quamdiu Custos Abbatis per se justitiam habere poterit, neque mansuarios justificabit de his, quæ ad mansos pertinent. De terris censualibus quas tenet censum unoquoque anno dabit, neque exinde aliquid cuiquam in feodum dare ei licebit, neque terram ab aliquo emere, neque aliqua terra sine voluntate Abbatis investiri poterit. Vadium etiam, si pro qualibet forisfactura acceperit ab aliquo, non alibi quam infra curtim S. Amandi commendabit; ipse vero Ministerialis ab adventitiis nihil accipiet nisi sex deneratas panum et duos capones. Latro ab eo captus in curtim S. Amandi custodiendus adducetur. Nullo modo placitabit, nisi in camera Abbatis, vel in porticu aut hospitio, et hoc præsente Abbate vel Præposito monacho. De omnibus placitis quæ fiunt per Scabinos suum tertium habebit, et villicus Abbatis et Fratrum hujus tertii tertium; et Ministerialis concordiam non potest accipere, nisi per Abbatem aut ejus Præpositum monachum; neque in dominicis curtibus aliquam justitiam exiget aut accipiet. Nullus unquam a Ministeriali accipiet licentiam maritandi : et si Ministerialis villæ decedens plures filios reliquerit, Abbas et Fratres quem ad hoc magis idoneum viderint Ministerialem constituant. Quod si sine liberis mortuus fuerit, in potestate Abbatis erit cui ministerium illud reddere voluerit.* Nec prætereundum in eadem Charta *Præpositum* vocari qui *Ministerialis* subinde appellatur : unde eumdem fuisse qui aliis *Ballivus* dicitur, merito colligimus. Vide in *Præpositi*.

* Nostris *Ménestrelz* et *Menstraulx*, eadem acceptione. Charta Frider. ducis Lothar. ann. 1255. in Chartul. Romaric. ch. 33 : *Li commandemens saint Pierre doit tenir tous les plais et mestre tous les Ménestrelz et osteir de par saint Pierre.* Redit. comitat. Namurc. ann. 1265. ex Reg. Cam. Comput. Insul. sign. *Papier velu* fol. 23. v°. : *Et ne puet on nient lever ne prendre cesti taille,.... sans le Ménestrel del église; et de cesti taille ne paient nient tout li Menestrel.* Charta ann. 1355. tom. 2. Hist. Leod. pag. 422 : *Item que à faire ledit essay* (des poids et mesures) *ly Menstraulx doivent avoir de chascune ayme un denir. Menistre*, pro cujusvis rei administratione, in Ch. ann. 1330. ex Tabul. capit. Carnot.

* Ministeriales Divi, Alicujus sancti vel ecclesiæ vassalli, ejusque servitio mancipati, apud Ant. Math. de Nobilitate, de Princip. etc. edit. ann. 1686.

* Ministeriales Episcopi. Charta Joan. II. episc. Aurel. ann. 1120. ex Tabul. Miciac. : *Si quis autem successorum sive Ministerialium nostrorum contra hoc authoritatis nostræ privilegium aliquid calumpniæ.... inferre temptaverit, etc.* Vide supra in *Minister* 3.

Ministeriales, in Monasteriis, qui præcipuas præposituras exercent. Adalardus in Statutis antiquis Corbeiensis Monast. lib. 1. cap. 1 : *Et ipsi Ministeriales habent inde singuli breves suos, id est, Camerarius, Cellararius, et Senescalcus.* Et cap. 6 : *Et veniat ipsa annona de ipsis villis, quas Præpositus specialiter in ministerio habet.*

Ministrales, Iidem qui *Ministeriales*. [Charta ann. 805. apud Murator. tom. 2. part. 2. col. 746 : *Una cum Ministrale nostro Johanne et infantes suos.*] Charta ann. 1106. in Prob. Hist. Ducum Burgundiæ : *Concessi ut si latrocinium factum fuisset, et clamor ad Monachos et Ministrales eorum deveniret ipsi justitiam planam facerent.* Alia Hugonis Ducis Burg. in Probat. Hist. Vergiacensis pag. 134 : *Ministrales siquidem mei, homines de Paredo propter usuarium quod ipsi in confinio potestatis Paschæ proclamabant, creberrime inquietare solebant.* [Charta ann. 1232 : *Recognovi quod tertiæ de Miemunt quæ de jure spectant ad obedientiam de Dineto, de quibus tertiis Damfreriat de Sanz et filii sui se faciebant Ministrales.* Acta sancti Guillelmi Eremitæ tom. 6. Maii pag. 831 : *Duplici opposita clave in parte superiori, quæ custoditur a Ministrale, id est judice, Vallis pro tempore existente.*] Utuntur præterea auctor Gestorum Episcoporum Salisburgensium pag. 321. tom. 2. Antiq. lect. Canisii, Chron. Mindense pag. 742. 744. etc.

¶ Ministralli, Eadem notione. Chartul. Prioratus de Domina in Delphin. fol.

99 : *Debet taschiam de manso totam... duos panes ad Pascha et iterum procurationem unam Ministrallo cum uno socio vel cum duobus.*

¶ Mysteriales, apud Ludewig. tom. 4. Reliq. MSS. pag. 411 : *Habuit etiam gueras cum Mysterialibus Ecclesiæ Magdeburgensis, inter quas Wolmerstadt castrum primo ad Ecclesiam Magdeburgensem venit.*

Mistrales, contractius, in Statutis Delphinalibus pag. 12. in Chartis ann. 1195. et 1196. apud Guichenonum in Probat. Hist. Sabaudicæ pag. 45. 46. vulgo *Mistrals*, in Antiquitatibus Viennensibus Joannis *le Lievre* pag. 414.

☞ Ut autem *Mistralium* Delphinalium plenior atque dilucidior habeatur notio, horum duplicem ordinem distinguendum existimamus; neque enim omnium, quibus id nomen commune erat, eadem fuit dignitas, idem officium, eædem prærogativæ. *Mistrales* itaque in majores et minores distinguimus : majores urbium præfecturam exercebant cum omnimoda juris dicendi potestate, ut Viennæ Allobrogum ubi duo erant *Mistrales*, unus pro Comite Viennensi, alter pro Archiepiscopo. Hic e Canonicorum numero electus urbis Præfecti fungebatur officio, atque cum suprema auctoritate subditis Archiepiscopo civibus jus dicebat. De utriusque *Mistralis* officio et potestate plurima occurrunt notatu digna in Inquisit. pro jurisdict. Comitum, etc. ann. 1276. tom. 1. Hist. Dalphin. pag. 23. quæ hic paucis exscribere non abs re erit : *Primo D. Guido de Tullino Mistralis et Canonicus Viennensis... dicit quod Comites Viennenses et eorum Mistralis pro eisdem habent jurisdictionem Viennæ sub hominibus qui morantur penes dictos Comites... Item dicit quod si aliquis jacuerit penes dictos Comites... illa nocte et in crastinum per totam diem efficitur de jurisdictione ipsorum Comitum, ita quod si deliquerit illa nocte vel die crastina, quocumque ierit debet puniri per Comites... donec jacuerit penes Archiepiscopum Viennensem; quo casu... non punitur adhuc per Comites... Item dicit quod cum nundinæ Comitum incipiunt, Mistralis et gentes Comitum veniunt ad dictum testem et venire debent, vel ad eum qui est Mistralis Archiepiscopi pro tempore, et petunt ab eo claves civitatis, et ipse debet eis tradere recepto ab eis prius juramento, quod ipsi custodiant fideliter civitatem.... et quod finitis nundinis restituent eidem Mistrali claves prædictas firmantes et claudentes prout eisdem traduntur. Item dicit.... quod custodia civitatis pertinet ad Mistralem Archiepiscopi per totum annum, exceptis quindecim diebus nundinarum Comitum.... Item dicit quod nullus debet ire armatus per civitatem Viennensem, nisi familiares Archiepiscopi et Mistralis... Dominus Siboudus Mistralis Comitum... homicidam illum... faciet poni in sacco et præcipitari in Rhodanum.... Comites habuerunt Mistralem et judicem suum qui cognoscebant de causis, et puniebant malefactores... Gentes Comitum et Mistralis ceperunt bona ipsius defuncti sine hærede... et diviserunt inter se, etc.* Archiepiscopi Viennensis *Mistralem* supprimendum censuit Johannes XXII. PP. ann. 1338.

☞ Alii *Mistrales*, quos minores appello, mulctas et pecuniarias pœnas imponere, fidejussores exigere, Leges et Statuta locorum asserere poterant. Pacta et conventiones ann. 1291. ibid. pag. 137 : *Item extitit conventum et ordinatum... quod uterque de dictis Mistralibus possit banna, multas imponere, ambo insimul levare ad opus dictorum dominorum, et fidejussores uterque recipere, et communiter laudimia et venditiones ambo insimul recipere.* Jus tamen dixisse nusquam videntur, sed curiæ judicata executioni tantum mandasse, ibid. pag. 136 : *Ponant duos Mistrales.... et mandent executioni quod pronunciatum fuerit per judicem.* Iidem *Mistrales* dominorum procurabant jura, reditus, census et alia hujusmodi exigebant domino fideliter reddenda. Inquisitio Morestelli ibid. pag. 134 : *Bermundus Matheus est homo Comitis, et tenet de eo Mistraliam de parte Filenchi.... et debet recolligere et levare census et omnia usagia in Mistralia, et fideliter reddere domino.* Adde quod propriis sumtibus dominorum agros excolere, fructus inde colligere, atque in eorum horrea deportare tenerentur. Charta ann. 1220. ibid. pag. 129 : *Mistrales capiunt 4. gerbas, et crientas et solagium.... et pro iis quæ Mistrales capiunt in dictis corvatis, debent facere arare, seminare et herciare eas quando seminantur, et bladum recolligere, et facere apportare ad granarium Comitis, et alias operas circa culturam earum necessarias.* Præter frumentum vero et alia id genus quod ex officio percipiebant, ad ipsos etiam pertinebat tertia pars bannorum, escaetarum, placitorum, quæ absque dominici census imminutione solvenda erat. Charta mox citata : *Capiunt ratione Mistraliæ de Avalone tertiam partem omnium bannorum et escaetarum de Mistralia sua, ita videlicet quod si Comes capiat pro aliqua offensa sexaginta solidos de aliquo, ipsi postea levabunt ab eodem triginta solidos pro parte sua.* Quæ cum reditus non modicos efficerent, isthæc officia, quæ primum suis familiaribus aut vassallis ad nutum revocandis committebant domini feudales aut per se aut per Castellanos suos, postmodum in feuda erexere, quæ ipsi etiam Nobiles ambire, sæpius et exercere non dedignati sunt. Sed hæc non multo post ob exactiones varias et vassallis et dominis ipsis oneri esse cœperunt; quare *Mistralias* suas pecunia multi redemere : ut G. Episc. Gratianop. ann. 1288. Archiepiscopus Viennensis ann. 1275. cæteras penitus sustulit Carolus V. ann. 1377. si paucas exceperis. Plura vide non minus fuse quam erudite pertractata in Hist. Dalphin. tom. 1. pag. 107. et seqq. Adde D. *Chorier* Hist. Dalphin. lib. 11. et 22.

¶ Mistralia, in Chartis mox laudatis, et in aliis passim, pro Officium, jurisdictio et districtus *mistralis*. Verum non in Delphinatu tantum, sed et in Provincia nota et usurpata fuit hæc vox, ut colligitur ex Charta Godefredi Comit. Provinciæ xi. sæc. apud D. *Chanteloup* in Hist. Mont. Major. ubi *Mistralia*, nude pro justitia accipitur : *Denique in villa quam rustica lingua nominat Pertusum, tenebamus Mistraliam, et portum, et mercatum, et districtum.* [* *Mistralie*, in Lit. ann. 1367. tom. 5. Ordinat. reg. Franc. pag. 80. *Menistre*, eodem sensu, in Testam. Renati reg. Sicil. ann. 1474. tom. 2. Cod. Ital. diplom. col. 1278 : *Lesquelles quantité de trente sextiers de froment et somme de dix livres, ledit seigneur assiet et assigne sur les rentes et revenues de la Ménistre.* Pro beneficii seu feudi specie, in Charta ann. 1065. ex magn. Chartul. S. Vict. Massil. pag. 32 : *Landulfus ministralis omnia quæ habebat in castro Baido sive Gandalberto pro Ministralia et castellaria, dedit et vendidit et accepit solidatas xij. a monachis.* Vide in *Ministerium*.] Neque alio sensu accipienda videtur

Ministralia. Tabularium Prioratus de Domina in Delphinatu fol. 18 : *Ministraliam autem hujus cabannariæ dedit quidam villicus, etc.* Infra : *Et iterum donaverunt Ministraliam et placitum præfato Monasterio.*

¶ Menestralia, Eadem notione. Charta apud Stephanot. part. 1. Antiquit. Bened. Occitan. MSS. pag. 389 : *Per ipsam Menestraliam habeas tu Petrus unum modium annonæ, et dono tibi Petro et infantibus tuis las masadas de Seiveraco per Menestraliam.*

Ministeriales etiam dicti majores aulæ seu Palatii Regii Officiales. [Capitul. de villis Caroli M. num. 16 : *Volumus ut quicquid nos aut Regina unicuique judici ordinaverimus, aut Ministeriales nostri Sinescalcus et Butticularius de verbo nostro aut Reginæ ipsius judicibus ordinaverint, etc.*] Arestum ann. 1224. apud Belforestum in Histor. Franc. : *Præterea cum Pares Franciæ dicerent quod Cancellarius, Buticularius, Camerarius, et Constabularius Franciæ, Ministeriales Hospitii domini Regis, non debebant cum eis interesse ad facienda judicia super Pares Franciæ; et dicti Ministeriales Hospitii domini Regis e contrario dicerent se debere ad usus et consuetudines observatas interesse cum Paribus ad judicandum Pares : judicatum fuit in Curia D. Regis, quod Ministeriales prædicti de Hospitio D. Regis debent interesse cum Paribus Franciæ ad judicandum Pares.*

* Ministeriales appellantur Majores imperii officiales a Theodor. *de Niem* tom. 2. Conc. Constant. part. 15. cap. 34. col. 452 : *Et pro eo rex Boemiæ, existens pro tempore, et Ministerialis et vassallus imperatoris seu regis Romanorum.*

☞ Eodem nomine donatos majores aulæ Comitis Flandriæ Officiales, ut Camerarium, Senescallum, Dapiferum, Pincernam, observat Miræus ex Charta Philippi Alsatii ann. 1165. tom. 1. Diplom. Belgic. pag. 705 : *Porro denarii præscripti non Ministerialium scilicet Comitis esse proprii debeant.*

¶ Mistralis, Officium monasticum, idem videtur qui Præpositus. Charta ann. 1373. apud Lobinell. tom. 3. Hist. Paris. pag. 485 : *Capitulariter convocatis et congregatis reverendo in Christo patre dom. Pontio D. G. abbate* (S. Antoni Viennensis diœc.) *Humberto de Balma camerario, Andrea Baudeti infirmario et correrio, Jacobo Piscatoris brasserio, Guillelmo de Fiscavillas pitancerio, Petro Johannis Mistrali, etc.*

Ministeriales, apud Alamannos seu Germanos varie appellantur : nam in Speculo Saxonico lib. 1. art. 16. § 2. art. 38. § 2. art. 52. § 1. lib. 3. art. 42. § 2. 3. art. 74. § 2. art. 80. § 2. [** Germ. *Dinst-*

man, Dinstwif.] servis vel certe hominibus obnoxiæ conditionis accensentur, adeo ut Liberis semper opponantur, et dicantur libertate donari, et permutari a dominis. Ita *Ministeriales* appellati, quod dominorum ministeria exequerentur, seu officia ab iis injuncta, quod *Liberi* non faciebant. Serrarius in Notis ad Vitam Godefridi Comitis Campebergensis, *Ministeriales* in Westphalia ait triplicis esse generis : 1. qui corpore, jumentisque suis domino alicui serviunt, et vocari *prædia integra* : 2. qui solo corpore, dictos *Rotter* : 3. qui tabellarios agunt, *Bringsitter*. Eorum *ministerium* seu juge obsequium erga dominos testatur Constitutio Caroli Crassi Imper. de Expeditione Romana ann. 881. § 5 : *Similiter de Ecclesiarum filiis vel domesticis, id est Ministerialibus, vel quorumcumque Principum clientela, qui quotidie ad serviendum parati esse debent, statuimus, etc.* Vetus Charta in Privilegiis Ecclesiæ Hamburgensis pag. 201 : *Nos Henricus et Otto Milites fratres dicti de Barmstede renuntiantes nobilitati et libertati nostræ spontanea voluntate, facti sumus Ministeriales Ecclesiæ Bremensi,... facientes corporaliter juramentum, sicut Bremensis Ecclesiæ ministeriales facere consueverunt, jurantes nos Ecclesiæ antedictæ sicut Ministeriales perpetuo servituros. Uxores nostræ, liberi nostri jam nati, et adhuc nascituri idem facient, quando prædictus D. noster Archiepiscopus, vel suus nuncius duxerit requirendos, etc.* In alia Charta ann. 1093. apud Hubertum Leodium in Monumentis antiq. *Ministeriales* a *Liberis* perinde distinguuntur : *Pro præsumptione autem delicti imperando dijudicamus, ut si liber est, 10. talenta; si Ministerialis, 5. talenta; si ex familia, totam substantiam ad Cameram nostram persolvat.* Adde Bruschium de Monast. Germ. pag. 41. Eorum liberi perinde ac servorum in partitionem veniebant. Charta Henr. Comitis Palatini Rheni ann. 1262. in Metropoli Salisburgensi tom. 1. pag. 388 : *Si quis ex Ministerialibus utriusque partis ex alterius familia uxorem duxerit, gratum utrimque tenebitur, et proles inde nata æqualiter dividetur, et primogenitus patrem sequatur, ex jure pertinentiæ; unicus autem hæres communis erit, et proles ex eo genita dividetur.*

Sed postmodum e fece hominum emersere, habitique deinceps inter nobiles, licet inferioris ordinis. Petrus de Andlo lib. 2. cap. 12 : *Post Baronum ordinem Valvassores, id est, minores Capitanei, qui et proceres sive Ministrarii dicuntur, locum sibi vindicant, simplicem Militiam transcendentes.* Crantzius in Metrop. lib. 1. cap. 2 : *Sublimius nomen ex Ministerialibus nunc aucupantes, Nobiles se dici volunt, cum sit infimus nobilium gradus in Baronibus.* Et lib. 2. cap. 11 : *Ministeriales suos, qui soli volunt hodie dici Militares, coæquavit urbicis ad militiam conscriptis, quos etiam in ordinibus duxit, nihil minoris habitos. Sed posteriora sæcula distinxerunt ordines militantium et urbicorum, ut jam non patiantur sibi illos coæquari : et quod est arrogantius, jam qui olim Ministeriales dicti sunt, aut feudatarii, nunc ambiunt dici Nobiles. Sed coarguit eorum superbiam usus principalium scribarum, et omnium recte discernentium munera graduum singulorum. Primi enim Barones inter Nobiles deputantur, inde Liberi domini, postea Comites, inde Duces, quos appellat Papa Nobiles viros. Quid patitur Ministerialis, ut in hac Nobilitatis appellatione coæquari quærat Duci?*

Quod vero Crantzius, *Ministeriales* feudatarios fuisse ait, firmatur præterea ex aliis Scriptoribus, præsertim ex Petro de Vineis lib. 3. epist. 5. adeo ut ii fuisse videantur, qui certa et rata, ac pactis definita obsequia dominis suis debebant, ut apud nostros, ii quos *servientes feodatos* vulgo dicimus, de quibus suo loco. Id præsertim colligere est ex Charta Conradi Comitis Lutzilenburg. ann. 1135. pro Monasterio S. Maximini Trevir. : *Accepimus igitur per sententiam, quod equos eorum qui Ministeriales sunt et jus Ministerialium a prædecessoribus suis integritate generis et conditionis obtinuerunt; illi qui ad hoc officium infeodati sunt, circa nonam advenientis festi in quoddam pratum, quod est Kune, deducent, et usque ad nonam sequentis diei, vel quandiu Abbas ipsos Ministeriales detinere voluerit, custodient, nullum pabulum eis debetur. Ministerialis, si cum uxore sua venerit, 12. panes, 6. sextaria vini, ovem unam recipiet. Si autem sine uxore venerit, cum Abbate ipse et famuli sui, qui duo tantum, vel tres esse debent, comedet. Et sicut nullum prædictorum Ministerialium a consilio et a mensa Abbatis in ipso festo arceri debet, ita nullus eorum prædictum servitium foris offerendum recipiet, nisi loco Militis Abbati decenter assistere et servire possit. Si quis Ministerialium Ecclesiæ extraneam uxorem duxerit, filii ejus prædictum servitium quod pater eorum, quia Ministerialis Ecclesiæ erat, habuisse videbatur, non habebunt. Femina Ministerialis Ecclesiæ, si viro extraneo nupserit, filii ejus propter conditionem matris prædicto servitio non privabuntur, ipsi Ministeriales deposito amictu chlamidis, vel alterius supervestimenti, in Vesperis, in Cœna, in Missa subsequentis festi debita cum reverentia Abbatis obsequio se offerent. Abbas, si proximo die post festum de negotiis privatis vel communibus cum Ministerialibus aliqua tractare voluerit, sive nos præsentes, sive absentes fuerimus, absque expensis eorum ipsos detinebit. Si ad placitum venire non poterimus, et Abbas eorum præsentia carere voluerit, circa nonam in ipso festo redeundi ad propria singulis licentiam dabit. Hæc igitur de jure nostro, de jure Ecclesiæ, de jure Ministerialium per sententiam nobis relata, et assensu omnium comprobata, Abbate et Fratribus atque Ministerialibus petentibus, scripto commendavimus, etc.* Similem prope Constitutionem de Ministerialibus Bambergensis Ecclesiæ descripsit Gretzerus in Divis Bambergens. pag. 89.

☞ Qualis fuerit apud Germanos *Ministerialium* infeodatorum status et conditio, fuse et aperte declarant Leges feudales Tecklenburgicæ apud Ludewig. tom. 2. Reliq. MSS. pag. 297. ex quibus, quod mihi præcipuum visum est, exscribam : *Otto D. G. Comes in Tecklenburg. Notum sit omnibus quod jus nostrum et Ministerialium nostrorum tale est. Primum est quod Ministeriales nostri infeodati, cum per nuntium nostrum infeodatum ante ad xii. dies ad nostri castri munitionem vocamus, venire tenentur et per quatuor septimanas residentiam in castro nostro facere propriis expensis, etc. Secundum est, quod si fortior nobis vellet nobis inferre violentiam, si de consilio Ministerialium nostrorum ipsi justitiam facere volumus, quamdiu juris ordinem hoc modo prosequimur; infeodati nostri nobis corpore et rebus servire tenentur, etc. Ministeriales vero nostri a nobis infeodati, si in necessitatibus se nobis exhibuerunt in servitio nostro in nobis necessariis procurare tenemur,... si vero ex detractione alicujus Ministerialis noster fuerit diffamatus apud nos, ipso ad nos vocato et Ministerialibus nostris indicato, ipsum audire tenemur, et secundum eorum sententiam causam ejus juste terminare. Si vero contrarium facere vellemus, dapifer noster per annum et diem in coquina cum familia nostra procurabit, Ministerialibus cum ipso pro jure et gratia apud nos intercedentibus. Si vero his contemtis contrarium vellemus, in palatio Episcopali Osnabrugæ per annum et diem est procurandus, Episcopo cum sua Ecclesia pro ipso jus et gratiam a nobis postulante; hac observata disciplina, quod in duobus prædictis terminis faciem nostram is de quo agitur evitabit, tali reverentia gratiam nostram captando. Si vero Ministerialis noster absque lumine et camerario dormitorium uxoris nostræ dicatur introiisse, et super hoc fuerit infamatus et jure quo convenit fuerit convictus, bona quæ a nobis tenuit libere ad nos redibunt et gratia nostra carebit. Item si ærarium nostrum absque camerario nostro introivit et ibi deprehensus fuerit, etc. Item si mortem nostram machinatus fuerit, vel in honoris nostri depressionem conspiraverit, etc. Item si aulam imperialem ire disponimus, Ministerialibus nostris pluribus vel paucioribus assumptis, ipso in expensis nostris exhibere tenemur et in omnibus necessariis iisdem providere. Profecti vero in pedem Alpium, si transalpare volumus, ipsis liberum est redire ad sua, nisi de bona voluntate sua sequi nos voluerint. Si vero Ministerialibus nostris aliquis violentiam vult inferre, et ipsi quod juri pareant coram nobis fuerint protestati; ipsos in castrum nostrum recipere tenemur, et quamdiu juri paruerint corpore et rebus juvare. In bonis vero hæreditariis in quibus nascuntur nostri Ministeriales, quamdiu in cognatione sive genealogia vir vel mulier invenitur cui talium bonorum jus et actio competere possit, hæc bona ad nos tanquam vacantia redire non possunt.*

☞ De negotiis feudalibus non *Ministerialium* modo, sed et Nobilium cognoscebant atque judicabant. Charta Henrici Reg. Rom. ann. 1222. apud *Butkens* tom. 1. Troph. Brabant. inter Probat. lib. 4. pag. 68 : *Inventum igitur et sententiatum est ibi, quod in jure feudali, omnis Ministerialis feudatarius æque judicare possit, super feudis Nobilium et Ministerialium; exceptis tamen feudis Principum. Adhuc sententiatum est ibi, quod quilibet Nobilis sive Ministerialis feudatarius, a domino suo jure feudali prima citatione ad quindenam potest citari. Iterum si aliquis sive Nobilis sive Ministerialis allodium Ducis de Duce tenet in feudum, ipse Dux eum citare potest super illo allodio,*

☞ Concessus etiam feminis *Ministerialis* titulus. Charta pro Monast. Altenburg. ann. 1237 : *Berchta Ministerialis imperii.*

Erant igitur Ministeriales ii non ex servis, ut hi de quibus agit Spec. Saxonicum, neque etiam ex iis quos nobiles et Liberos dominos vocabant, sed ex Nobilium inferiori ordine, [modo per Liberos intelligas qui nulli alteri fidem obligaverint.] Unde post *Liberos homines* vulgo recensentur in veteribus Chartis descriptis in libro de fundatione Monasterii Gozecensis pag. 211. 218. Hist. Trevirensis pag. 235. tom. 12. Spicileg. Acheriani : *Convocata ad se Liberorum et Ministerialium multitudine gravi, etc.* Liber de fundatione Gozecensis Monasterii pag. 225 : *Fecit et hoc, Ecclesiarum ipsius videlicet et Hildenesheimensis, vectigalibus, et apparitoribus primus Ministeriales instituit, Liberorum hominia suscepit, et tam illos quam istos, stipendiis Fratrum inbeneficiavit.* Hist. Archiepiscopor. Bremensium ann. 1337 :

Respondit humiliter se non eminere
Sanguine, divitiis, nec tamen egere :
Sed de mediocribus genitum sincere,
Qui sponte nobilibus multum servire.

Nobilitatis porro argumentum est, quod prædivites interdum essent, quandoque etiam *Milites* fierent. De divitiis Ministerialium agit Liber Miraculor. S. Ludgeri Episcopi Mimigard. num. 52 : *Quidam Ecclesiæ Mindensis prædives Ministerialis.* De Militiæ vero titulo, Charta Henrici IV. Imp. in Metropoli Salisburg. tom. 3. pag. 265 : *Offeruntur viri Militares, qui dicuntur Ministeriales, cum prædiis et possessionibus suis, etc.* [Litteræ Wichmanni Archiep. Magdeburg. apud Ludewig. tom. 2. Reliq. MSS. pag. 347 : *Miles quidam Conradus cognominatus Schaph, Ministerialis Ecclesiæ Magdeburgensis mansos quosdam possidebat, dicens se eos a quodam Præposito Ecclesiæ B. M. in feodo suscepisse et feodali jure tenere.* Histor. Novient. Monast. apud Marten. tom. 3. Anecdot. col. 1128 : *His itaque curtibus subjecta familia trifarie secernitur. Prima Ministericalis, quæ etiam Militaris recta dicitur, adeo nobilis et bellicosa, ut nimirum liberæ conditioni comparetur.*] Cæsarius lib. 2. cap. 12 : *Erat in proximo manens Miles quidam dives et honestus, Ministerialis tamen.* Lib. 4. cap. 77 : *Henricus de Wida Miles fuit dives, valde potens et nominatus, Ministerialis Henrici Ducis Saxonum.* Sed et Ministeriales dicti interdum ipsi Comites. Metropolis Salisburgensis tom. 3. pag. 13 : *Hi testes adhibiti sunt Perchtoldus Marchio de Andehsen, et filius ejus Perchtoldus Marchio Ministerialis eorumdem, etc.* [Charta Rudolphi Romanorum Regis ann. 1277. apud Ludewig. tom. 4. Reliq. MSS. pag. 262 : *Monetam quoque, quæ singulis annis avaritia exposcente, solebat renovari, in præjudicium commune habitatorum ejusdem terræ ex nunc volumus sine consilio communi Ministerialium majorum Stiriæ, per aliquem futurorum Principum terræ nullatenus renovari. Ministerialem Austriæ* sese inscribit Rugerus *de Prant* in Charta ann. 1267. ibid. pag. 78.] Alia de *Ministerialibus* vide apud Goldastum tom. 1. Rerum Alemann. pag. 217. et Meibomium ad Levoldi Northovii Chronicon Marcanum pag. 40.

☞ Iis adde Johannem Georg. *Estor* qui Commenrium de *Ministerialibus* nuper edidit, ubi quæ pressiori stylo pro instituti sui ratione docuerat D. Cangius, fusiori explicat ille, atque monumentis undique collectis exornat. Vide præterea Schilter. in Gloss. Teuton. voce *Dienen.* [** Fürthii librum *de Ministerialibus*, Colon. ann. 1836. editum et alios quos enumerat Mittermaier. Princip. Jur. Germ. § 50.]

Ad ejusmodi autem exercenda obsequia concedebantur a dominis feudalibus prædia, quæ *Ministeria* appellabant. Charta Ottonis III. Imp. ann. 999. apud Will. Hedam : *Insuper sibi donavimus quidquid Popo filius Waldgeri habuit in Ministerium in hoc Comitatu.* Adde quæ supra annotavimus de hac voce.

¶ Ministerialia Bona, Quæ jure *ministeriali* tenentur, in Chron. Florentii Episcopi apud Eccardum de Orig. Domus Saxon. col. 59 : *Aliæ plures beneficiorum collationes et bona feudalia et Ministerialia, et habuit in reditibus magnæ mensuræ istius patriæ centum et triginta sex moldia tritici, etc.* Vide *Ministerialitas* 2.

Ministerialis Servus, in Lege Burgund. tit. 10. § 1. qui ministri loco domino est.

Ministralis Fundi, Villicus, ni fallor, seu *Major.* Hugo Flaviniac. in Chron. pag. 245 : *Et cum calumniaretur prædictus Hugo, judicio dato, duos legitimos homines produximus, prædicti fundi servum qui pariter datus est, et Ministralem ejusdem fundi nostri, qui interfuit, etc.* Tabularium Prioratus de Domina in Delphinatu Ch. 174 : *Sciendum quoque quia in prædicto manso Domni Pontii, Humbertus Ferrolus Mestraliam habebat, etc.*

¶ Ministerialis, Artifex, qui alicujus est *ministerii*, in Privilegiis concessis a Philippo Aug. Textoribus Stampens. ann. 1204. apud D. *Fleureau* Hist. Blesens. cap. 29. pag. 133 : *Constituent..... quatuor de probis Ministerialibus illorum per quos ipsi se justificabunt et emendabunt ea quæ erunt emendanda.*

MINISTERIALIS Liber, Idem qui *Officialis*, de quo infra. Synodus Celichytensis ann. 816. cap. 2 : *Ubi Ecclesia ædificatur, a propriæ diœcesis Episcopo sanctificetur, et ita per ordinem compleat, sicut in libro Ministeriali habetur.*

1. **MINISTERIALITAS**, [Jus redecimam seu decimam partem decimæ percipiendi.] Vetus Charta apud Perardum in Burgund. : *In Gié quoque erat suus Ministralis, qui decimarum redecimam capiebat, ipsamque Ministerialitatem totam liberam dedit, ut Canonici ad velle suum Decimatorem ponerent.* [Vide supra *Cario* et *Menagium* 2.]

¶ 2. **MINISTERIALITAS.** *Jure Ministerialitatis* tenere, ea conditione scilicet qua solent *Ministeriales* : ubi observandum a jure feudali distingui. Transactio inter Henricum Comitem Palatinum et Archiepisc. Bremensem ann. 1219. apud Tolnerum Hist. Palat. inter Instr. pag. 61 : *Ministeriales autem ipsius Palatini... bona, quæ hactenus a Palatino tenuerant jure Ministerialitatis, in jure feudali ab eo receperunt.* Hoc est, ni fallor, quæ ipsi prius ex ministeriis suis ratione salarii percipiebant, eadem sub beneficii seu feodi titulo eisdem deinde concessa sunt. Vide in *Ministerium.*

¶ **MINISTERIALITER**, Virtute ministerii. Alphonsus de Castro lib. 4. contra Hær. tom. 3. Conc. Hispan. pag. 683 : *Sacerdote autem remittente Ministerialiter, Deus vere peccata tunc remittit.* Vide infra *Ministrabiliter.* [** *Ministerialiter*, Ut ministerialis, in constit. Frider. II. Imperat. ann. 1235. § 12. apud Pertz. Leg. tom. 2. pag. 316.]

¶ **MINISTERIANI**, Qui præerant castris Principum, iidem qui *Castrenses* et *Castrensiani*, de quibus est titulus in Cod. Justin. lib. 12. et in Cod. Theod. lib. 6. Vocabul. utriusque juris : *Ministeriani, dicebantur forte a ministrando, quia præerant castris Principum. Ministeriani, qui in mensa Principis ministrabant*, Pancirolo lib. 1. Thes. cap. 77.

* **MINISTERIARCHES**, Inter ministros princeps, in Mirac. S. Emmer. tom. 6. Sept. pag. 499. col. 2.

¶ **MINISTERIARIUS**, διακονός, *Minister.* Supplem. Antiquarii.

¶ **MINISTERIOLUM**, diminut. a *Ministerium.* Diploma Henrici I. Imper. ann. 1019. apud Murator. tom. 2. part. 2. col. 514 : *Ut quemadmodum ille dominam nostram S. Mariam constituit heredem de proprio, ita et nos facimus de nostro Ministeriolo publico, ne forte si alicui seculari concederemus illud, ea occasione prædictas invaderent res.*

MINISTERIUM, Abacus, mensa in qua pocula reponuntur. Gloss. Lat. Gr. : *Abaci, Delficæ*, Μηνιςέριον, quod ad abacum stent Ministri. [Fulcuinus de Gestis Abbatum Lobiens. tom. 6. Spicil. Acher. pag. 573 : *Comes cum conjuge in sacrario Ecclesiæ mansitabat, et mensa, in qua sacratissimum Domini corpus absumebatur, Ministerium calciamentorum et paterarum, seu scutellarum efficiebatur.* Bernardi Mon. Ordo Cluniac. part. 1. cap. 46. ubi de Officio coquinæ : *Quo facto congregantur omnes ante tabulam scutellarum, quæ alio nomine Ministerium potest appellari, quia quasi scutellas ministrat, quæ lotæ super eam servantur.*] Sic etiam appellant *Credentiam*, seu mensulam juxta altare, in qua reponuntur vasa ad sacrificium idonea, Usus antiqui Ordin. Cisterciensis cap. 22. 53. Interdum pro vasis ipsis. Lampridius in Alexandro Severo : *Ducentarum librarum argenti pondus Ministerium ejus numquam transiit.* Julius Africanus, seu Abdias lib. 6. Histor. Apostol : *Congregatæ sunt itaque familiæ, et vestes, et Ministerium, et argentum, et aurum, etc.* Vide Ordinar. Ord. Præmonstrat. cap. 4.

Ministerium Sacrum, *Ecclesiasticum*, Sacrorum vasorum, donariorum, et ornamentorum, atque adeo vestimentorum Ecclesiæ congeries et apparatus, quod ad *Dei ministerium* hæc omnia consecrata sint, ut ait Justinianus § *Sacræ*, Inst. de Rer. divisione, et Lex *Sancimus*, Cod. de Sacros. Eccl. Victor Vitensis lib. 1. de Persecut. Vandal. : *Statim vir Deo plenus et carus universa vasa Ministerii aurea vel argentea distrahere, et libertatem de servitute barbarica liberare, etc.* Infra : *Mittit Proculum quendam in provinciam Zeugitanam, qui coarctaret ad tradendum Ministeria divina, vel libros cunctos, Domini Sacerdotes, ut primo armis nudaret, et ita facilius inermes hostes callidus captivaret.* Concilium Valentinum III. ann. 855. cap. 20 : *Thesaurus, sive Ministerium, vel ornamentum Ecclesiarum, etc.* [Fulberti Carnot. Epistola tom. 2. Spicil. Acher. pag. 830 : *Notandum quod B. Gregorius dicit, quia omnino grave est frustra Ecclesiastica Ministeria, id est, candelabra, thuribula, et cætera hujusmodi venundare.* Hæc vero *minora Ecclesiæ Ministeria; vasa* autem *sacrata et cruces excellentiora* vocat ibid. idem Fulbertus.] Ita passim usurpant Scriptores, Sixtus I. PP. Epist. III. cap. 2. Concil. Aurelian. III. cap. 23. Arvernense cap. 8. Paulin. Epist. 12. Gregorius M. lib. 1. Epist. 66. lib. 2. Ind. 10. Epist. 27. 29. Ind. 11. Epist. 41. lib. 4. Epist. 8. Gregor. II. PP. in Capitulari cap. 5. Avitus Viennensis Epist. 6. Fortunat. lib. 1. Carm. 15. Gregor. Turon. lib. 2. Hist. cap. 27. lib. 3. cap. 10. lib. 6. cap. 11. 21. lib. 7. cap. 24. lib. 1. de Mirac. cap. 86. lib. 2. cap. 7. lib. de Gloria Confess. cap. 22. Halitgarius in Pœnitent. cap. 7. Ledradus Lugdun. in Epist. ad Carolum M. Vita S. Desiderii Episcopi Cadurcens. cap. 9. Othlonus lib. 1. de Vita S. Bonifac. Mogunt. cap. 23. Concil. Triburiense ann. 895. cap. 18. [Diurnus Romanus cap. 3. tit. 7. 9. Vita B. Anscharii sæc. 4. Bened. part. 2. pag. 84. Passio S. Philippi Episc. apud Mabill. tom. 4. Analect. pag. 136.] Anastasius in Vitis PP. pag. 3. 6. 12. 13. 16. 26. 27. 119. Flodoard. lib. 2. Hist. Rem. cap. 5. Aimoin. lib. 3. Hist. cap. 67. 71. Widradus Abbas Flaviniac. in primo suo Testamento pag. 687. Lex Bajwar. tit. 1. cap. 3. § 3. etc. Vide Balduinum ad Optatum Milevitanum pag. 87. Cæterum aurea illa fuisse, atque adeo pretiosæ materiæ vasa et ministeria Ecclesiastica jam a primis Ecclesiæ incunabulis, docent idem Optatus lib. 1. Prudent. Hym. in S. Laurent. etc. Adde Baron. ann. 303. etc.

* Nostris *Mestier*, eadem acceptione. Inventar. ann. 1415. ex Cod. reg. 9484. 2. fol. 490. r°. : *Item quatre Mestiers d'argent doré, pour mettre torches à servir sur table.* Ubi candelabra significantur.

* MINISTERIUM, Instrumentum quodvis. Lit. remiss. ann. 1355. in Reg. 84. Chartoph. reg. ch. 470 : *Cum Robinus pauper Ystrio sive Menestrellus pro ludendo de suo artificio, cum corneto ivisset,.... qui de suo ludebat Ministerio etc.* Vide infra *Misterium* 4.

¶ MINISTERIUM CANONICUM, Quod a Canonibus præscribitur. Capitul. Caroli M. ann. 801. num. 33 : *Similiter et Comes faciat contra suum Episcopum, ut in omnibus illi adjutor sit qualiter intra suam parochiam Canonicum possit explere Ministerium.*

¶ MINISTERIUM DIVINUM, Missarum solennia, et alia qua ad cultum divinum spectant. Capit. Karlomanni ann. 742. num. 2 : *Servis Dei per omnia omnibus armaturam portare vel pugnare aut in exercitum et in hostem pergere omnino prohibuimus, nisi illis tantummodo qui propter divinum Ministerium, Missarum scilicet solennia adimplenda, et Sanctorum patrocinia portanda, ad hoc electi sunt.* Idem quod *Ministerium Ecclesiasticum* ibid. num. 4. dicitur.

MINISTERIUM, Districtus seu territorium intra quod ministeriales et officiales ministeria sua exercebant. Capitulare de Villis cap. 8 : *Ut judices nostri vineas recipiant nostras, quæ de eorum sunt Ministerio.* Cap. 9 : *Volumus ut unusquisque judex in suo Ministerio mensuram... tenere habeat, etc.* Capitul. Caroli M. lib. 2. cap. 18 : *Sicut in Capitulis quæ de hac re illis Comitibus dedimus, in quorum Ministeriis moneta percutitur, constitutum est.* Vide Capitul. ejusdem Caroli pro partibus Saxoniæ cap. 33. Capitul. ann. 802. cap. 21. 25. 28. Capitul. ann. 807. cap. 3. Capit. Ludov. II. Imp. ann. 867. cap. 3. 4. et Formulas vett. cap. 30. apud Bignonium, Chartam Caroli C. in Chronic. Farfensi pag. 668. et aliam Caroli III. apud Ughellum tom. 4. pag. 594. Donationes Ecclesiæ Saltzburgensis : *Concessit ei tributales de* (in) *suo Ministerio manentes, etc.* Capitul. Radelchisi Principis Beneventani ann. 851. cap. 1 : *Quæ evenit per integra guastaldatu seu Ministeria quæ hic descripta sunt.*

MINISTERIA, Officia majora et minora, in Imperator. et Regum palatiis, et *magnatum* hospitiis. De majoribus, Charta Will. Ducis Aquitaniæ ann. 1076 : *Non Dapifer, non Præpositus, non Mariscalcus, non serviens, aut in aliquo Ministerio positus, etc.* Wippo de Vita Chunradi Salici pag. 428 : *Huic tamen sincerius et libentius jurando omnes subjiciebantur, similiter in dispositione curiali, quem Rex majorem domus statueret, quos cubiculariorum Magistros, quos Infertores et Pincernas, et reliquos officiarios ordinaret, diu non est supersedendum, cum illud breviter dicere possim, quod nullus antecessoris sui Ministeria aptius et honorificentius provisa memini vel legi.* Chronic. Besuense : *Robertus natus ex servis et ancillis hujus Ecclesiæ, et exaltatus ab ea Ministerio Præpositurœ.* Diploma Ludovici III. Imp. apud Ignotum Casin. cap. 6 : *Similiter eorum ministri si aliquem dimiserint, et proprium et Ministerium perdant.* Erchempertus in Hist. Langob. cap. 46 : *A claustro Episcopii expellens, et humili loco, in cella scilicet Ministeriorum degere constituit.* In Regesto Thesauri seu Chartophylacii Regii signato 31. fol. 92 : *Litteræ Joannis Marescalli, quod non potest retinere equos redditos ratione Ministerii sui, nec reclamabit Marescalliam jure hæreditatis.* Vide *Ministerialis.*

MINISTERIA, Officia minora. In Computo Thesauri incip. a 1. Jan. 1312. sub tit. *Ministeriorum*, describuntur *Falconarii, Valleti Falconum, Venatores, Arcuarii, Carpentarii, Furetarii, Avicularii, etc.* Fit ibidem mentio *Clericorum Ministeriorum*, in quibus recensentur *Clericus Panetariæ, Clericus Scancionariæ, Clericus Coquinæ, Clericus Fabricæ. Officia servitorum, quæ Ministeria vocant*, in Charta Willelmi Abbatis S. Dionysii ann. 1174. apud Doubletum pag. 183. *Ministeria domus* ejusdem Monasterii, pag. 508. In Concil. Lateranensi ann. 1179. can. 3. *Minora Ministeria* dicuntur *Decanatus, Archidiaconatus, et alia quæ animarum curam habent annexam.* Hinc

* MINISTERIUM SILVÆ, Illius custodia. Chartul. Celsiniam. ch. 893 : *Tradiderunt lesdam ferri picisque, quæ exigebatur in foro Celsiniensi; sed et Ministerium silvæ, quæ vocatur Bornius.*

¶ MINISTERIUM AMITTERE, pro ab Officio amoveri, Gall. *Perdre sa charge.* Additio 4. ad Capitul. § 116 : *Quicunque Vicarii, vel alii Ministri Comitum tributum quod inferenda vocatur majoris pretii a populo exigere præsumpserit... his quibus hoc tulit cum sua lege restituat, et insuper fredum nostrum componat, et Ministerium amittat.* Capitul. Ludovici II. Imp. tit. 4. § 4 : *Similiter eorum* (Comitum) *ministri, si aliquem dimiserint, et proprium et Ministerium perdant.*

A Latio igitur hauserunt Franci nostri vocem *Mestier*, quam primitus Aulæ Regiæ ministris majoribus, postea quibusvis artificibus attribuerunt. [Hinc Provincialibus artifices etiamnum *Menesteiraux* vocantur.] Aimoinus lib. 4. de Miracul. S. Benedicti cap. 33 : *In idem rus advenerat altera muliercula quæ textricis fungebatur officio... Hæc habebat cooperatricem, quæ ejusdem erat Ministerii.* Galli dicerent, *qui estoit de même métier.* [Charta ann. 1226. ex minori Chartular. S. Victoris Massil. fol. 106 : *In quo* (consilio) *Potestas major et sanior pars Consiliariorum et Capitum Ministeriorum presentes aderant.* Occurrit præterea in Litteris Johannis Reg. Franc. ann. 1360. tom. 3. Ordinat. pag. 446.] Le Roman *de Garin* MS. :

> Li Rois doura ses Mestiers à servir.

Alibi :

> Braconier mestre en fist li Rois Pepin,
> Les chiens li baille; cil volentiers les prist,
> Li Dus Gilbert richement en servi
> Celui Mestier, li Rois li retoli,
> Fauconnier mestre de ses oisiax en fist,

Le Roman *de Jourdain de Blaye* MS.

> Mar serez mais en ma cort Despansiers;
> Je vous douray assez autres Mestiers.

In Statuto pro Hospitio Regis Philippi Magni ann. 1317 : *Les Mestiers jurront que ils tiendront sans enfraindre cette Ordonnance.* Ex mox : *Par cette Ordonnance li Rois n'entend pas à nuls de ses Mestiers ou de ses Officiers qui sont à lui, donner congé, etc.* Atque hinc capienda *Mesterii* vox in Charta Odonis Abb. S. Dionys. ann. 1330. quam Gallandus in tract. de Franco alodio pag. 351. non percepit : *Matthæus dicebat se esse Cambellanum Abbatis B. Dionysii de jure Mesterii quod tenet in feodum ab Abbate S. Dionysii, etc.*

☞ Neque res est omnino insolens, *Mesterium* seu officium titulo feudi concessum; præter allatum enim exemplum, occurrit in Chartular. S. Vandreg. tom. 1. pag. 707 : *Ratione Mesteriorum quæ habemus feodaliter in Abbatia S. Vandregesilli.* Ejusdem notionis quod legitur in primo apographo Tabularii ejusdem Monast. fol. 417 : *Litera Roberti Pepin et Matillidis uxoris suæ qui vendiderunt nobis quidquid habebant in domo nostra ratione cujusdam Mesterii.* Vox Italis etiam nota. Memoriale Potestatum Regiens. ad ann. 1272. apud Murator. tom. 8. col. 1235 : *Dominus Stoldus.... de civitate Florentiæ, factus fuit Potestas Reginorum per artes civitatis Reginorum, sive* per societates *Mesteriorum*. Chron. Parmense ad ann. 1387. apud eumdem tom. 9. col. 812 : *Mesteria et artes civitatis Parmæ, etc. Legitima et honesta Mesteria*, in Charta Massil. ann. 1244.

¶ Mesterius, Eadem notione. Chron. Parmense ad ann. 1279. apud Murator. tom. 9. col. 791 : *Omnes Mesterii de Parma a majore usque ad minorem iverunt ad dictam figuram cum palleis et canellis.*

¶ Mesterum, in Charta Eduardi III. Reg. Angl. ann. 1331. apud Rymer. tom. 4. pag. 496 : *Cum Johannes Kempe... textor pannorum laneorum, infra regnum nostrum Angliæ causa Mesteri sui inibi exercendi, et illos, qui inde addiscere voluerint, instruendi et informandi, accesserit moraturus, et quosdam homines et servientes, et apprenticios de Mestero illo secum adduxerit, etc.* Vide eumdem Rymer. tom. 5. pag. 246.

¶ Ministeriorum Capita, Gallice *Chefs de métiers*. Charta ann. 1251. ex Schedis Pr. de Mazaugues : *Quod universo Consilio tam generali, quam Capitum Ministeriorum Arelatis ad sonum campanæ in aulam palatii Communis Arelatis more solito congregato.* Nullibi vero fusius describuntur quæ ad *Ministeriorum Capita* spectabant quam in Statutis Massil. præsertim cap. 10. lib. 1. cui titulus : *De Capitibus Ministeriorum eligendis.* Centum quotannis inter artifices probatos seligebantur viri, quibus licitum erat ad sonum campanæ conveniendi ut de negotiis civitatis tractarent. Exinde quod ipsis melius visum fuerat Rectori peragendum deferebant. Discordias civium sedare, scandala coercere tenebantur ex solemni juramento. Consule, si placet, Statuta laudata. Non minoris dignitatis erant qui eodem nomine donabantur apud Arelatenses. Iis proprium fuit sigillum quod nobis exhibet Petrus Saxius in Pontificio Arelat. pag. 276. in cujus parte altera effictus leo cum hac inscriptione : *Nobilis inprimis dici solet ira leonis :* in altera vero urbs Arelate conspicitur cum hisce characteribus : *Urbs Arelatensis est hostibus hostis et ensis.* [* Urbis Arelates sigillum est; quod vero indicandum erat, exhibet Saxius ibidem pag. 277. cum hac inscriptione : *Capita Mistiorum*, contracte pro *Misteriorum.*]

¶ Ministerii Introitus, Quod ab artificibus aliquam artem ineuntibus exsolvitur, Gall. *Droit d'entrée de métier.* Privilegia concessa a Philippo Aug. ann. 1204. Textoribus Stampens. apud D. *Fleureau* Hist. Blesens. cap. 29. pag. 133 : *Quittavimus omnes textores... tam de collecta quam de omni demanda et introitu Ministerii.*

Ministerium, Beneficii seu feudi species, quæ sub certi obsequii ac servitii conditione concedebatur. Lambertus Ardensis pag. 176 : *Cum Arnoldus Markiniensis terram, quæ in Ministerio, sive in Castellaria Brugensium.... sibi a Balduino sororio suo jam mortuo exciderant, et contigerant, etc.* Charta Eustachii Comitis Bononiensis ann. 1122 : *Terram quam B. Bertinus infra Ministerium de Merk possidet.* Alia Philippi Marchionis Namurcensis ann. 1210 : *Cum calumniaret quandam terram juxta mare sitam in Castellania Gandensi sub Ministerio de Hulst.* Charta Theodorici Comitis Flandriæ ann. 1147. in Tabulario Monast. S. Bertini : *Et quoniam Ministeriales villarum S. Bertini multas et magnas injustitias sæpius in suis Ministeriis faciunt, homines Sancti deprædando contra voluntatem Monachi procurationem villæ habentis, et sine judicio scabinorum coactas petitiones faciendo, et plusquam decimum nummum de placitis quæ ad Abbatem pertinent Ecclesiæ violenter auferendo, etc.* Mox : *Eam legem de cæteris Ministerialibus Ecclesiæ tenendam auctorizamus, ut scilicet nullus eorum vel per hæreditariam successionem vel in feodum habeat suum Ministerium, nec alio modo quam Abbati vel Ecclesiæ dare placuerit, et Ministerialis de Peparingehen decimum nummum tantum secundum præfatam conventionem de placitis jure suo accipiat.* [Chron. Farfense apud Murator. tom. 2. part. 2. col. 590 : *Portionem de Ecclesia S. Mariæ in Asiniano infra Ministerium de Ulmo.... et in fundo Toreliano infra Ministerium de Clenti.* Hist. Beccensis Monast. MS. pag. 486 : *Concessit in perpetuam eleemosynam..... in Ministerio de Strutart totum campum de Willernilla.*] *Mestiers* vocant Flandrenses, apud quos nota quatuor Flandriæ Ministeria, *les quatre Mestiers de Flandres.* Ita

Ministerium accipitur pro Vicaria, seu districtu Vicarii, in Tabulario Conchensi in Ruthenis, Ch. 11 : *Similiter in alio loco in pago Artintia, in Ministerio Acteracense cedo villa mea, etc.* Infra : *Similiter in alio loco in pago Arvernico, in Ministerio Cartladense in vicaria Arpajonense hæc est villa mea quæ vocatur, etc.* Ch. 111 : *Et sunt ipsas vineas in pago Ruthenico, Ministerio Dunense, in loco quem dicunt Vermecalme.* Quod vero *ministerium* hoc loco, in Ch. 112. *Vicaria* appellatur : *Et ipsa vinea in pago Ruthenico, in Vicaria Dunense, in loco qui dicitur Vermecalme.* Occurrit passim in hoc Tabulario.

¶ Ministerium, Villa, prædium rusticum. Constitutio Ansegisi sæc. 4. Bened. part. 1. pag. 640 : *De Ministerio Rosontione fabarum modios tres, pisorum modios quinque.*

¶ Ministerium Decimæ, Idem videtur quod *Ministerialitas* 2. Charta apud Stephanot. tom. 3. Antiquit. Bened. Pictav. MSS. pag. 555 : *Dimitto etiam hoc quod in terra de Jusgul habebam, id est, accipiebam decimam et retinebam meum retrodecimum, dimitto Ministerium hujus decimæ, et dimitto retrodecimum.*

¶ **MINISTRABILITER**, Virtute ministerii. Conc. Armenor. ann. 1342. apud Marten. tom. 7. Ampl. Collect. col. 360 : *Ministrabiliter datum est a Deo ministris Ecclesiæ dimittere peccata.* Vide supra *Ministerialiter.*

¶ **MINISTRALCIA**, Ministrallus. Vide supra *Ministelli.*

¶ **MINISTRALES**, Ministralia. Vide supra *Ministeriales.*

¶ **MINISTRALIS**, Operarius, artifex. Testament. Beatricis de Alboreya ann. 1367. apud Marten. tom. 1. Anecd. col. 1521 : *Sartores, drapiferi, sutores, et alii Ministrales, quibus forte secundum eorum laborem tenemur eisdem, vel aliquotiens in retinendo laborem de eis quæ emuntur ab eisdem.*

* **MINISTRALISSA**, Femina *ministerialis*, in magn. Chartul. S. Vict. Massil. pag. 1080. Vide in *Ministeriales* pag. 419. col. 1.

¶ **MINISTRALLUS**, Idem, ut videtur, qui aliis *Bajulus* dicitur, qui filiorum Principis educationi præficiebatur. Litteræ Eduardi III. Reg. Angl. ann. 1348 : *Cum Garsius de Gyvill, Ministrallus illustris Infantis primogeniti Regis Castellæ, qui nuper de partibus Ispaniæ in Angliam, ob aliquas causas, venit, jam ad easdem in comitiva Johannæ filiæ nostræ carissimæ sit celeriter rediturus, etc.* Vide *Bajulus* 2.

¶ **MINISTRANTIA**, Hierotheca, arcula in qua reconduntur Reliquiæ. Acta S. Wernheri Mart. tom. 2. Aprilis pag. 707 : *Quæ argento recondita super epitaphium quercinum cernebatur, quæ nunc in pretiosa Ministrantia, carnea.... Christi ostenditur fidelibus.* Vdie *Monstrantia.*

¶ **MINISTRARE** Sacramenta, Gall. *Administrer les Sacremens;* quibus verbis munia quæ ad parochum spectant designantur. Charta ann. 1250. tom. 2. Hist. Eccl. Meldens. pag. 153 : *Quod Canonici S. Nicholai possunt et debent Ministrare personis inferius annotatis, et nullis aliis, videlicet Vicecomiti et ejus familiæ... universa et singula Sacramenta sive sacramentalia.*

¶ **MINISTRARIA**, pro *Ministerium*, Supellex ecclesiastica. Vita S. Desiderii Episc. Cadurc. : *Jam vero in altaris Ecclesiæ Ministraria, dici non potest quantum se fuderit, quantaque fecerit, quam numerosa, quam pulchra, ... candelabra resplendent.* Vide supra in *Ministerium.*

MINISTRATIO, Ferculum, missus. *Més.* Papias : *Fercula, pluraliter, ministrationes epularum.* Chrodegangus in Regula Canonicorum Metensium cap. 22. Edit. Labbei : *Pulmentum vero ad Sextam : carnem inter duos, Ministrationem unam, et cibaria una accipiat; et si cibaria non habent, tunc duas Ministrationes de carne aut lardo habeant, etc.*

* *Ministier*, parum dissimili notione, pro distributione scilicet eleemosynarum, in Vit. SS. Mss. ex Cod. 28. S. Vict. Paris. fol. 11. v°. col. 1. ubi de S. Steph. : *La cause de cest murmurement peut estre entendue double; ou car celes* (veuves des Gentils) *n'estaient receues ou Ministier; ou car eles estoient grevées plus que li autre ou cotidian Ministier.* Quæ verba desumta sunt ex Act. Apost. cap. 6. v. 1 : *Factum est murmur Græcorum adversus Hebræos, eo quod despicerentur in Ministerio quotidiano viduæ eorum.* Ubi textus Græcus : ἐν τῇ διακονίᾳ.

* **MINISTRERIUS**, Qui instrumentis musicis canit. Comput. ann. 1478. inter Probat. tom. 3. Hist. Nem. pag. 341. col. 2 : *Et primo solverunt... Ministreriis sonantibus, tam in portando panem caritatis etc.* Vide supra *Menesterellus.*

¶ **MINISTRILIS**, Fidicen, Gall. *Joueur d'instrumens.* Epitome Constit. Valent. tom. 4. Concil. Hispan. pag. 186 : *Nec aliquis ejus* (capellæ) *singularis cantor seu Ministrilis de cætero non possit ullo tempore diebus festivis nec feriatis die aut nocte cantare... Præditi cantores et Ministriles appunctentur per eum qui a populo designabitur.* Vide *Ministelli.*

MINISTRIX, Ὑπηρέτις, in vett. Glossis.

¶ **MINITOR**, Fossor cunicularius, Gall.

Mineur. Epist. Anonymi de capta urbe CP. ann. 1204. apud Marten. tom. 1. Anecd. col. 786 : *Super turri autem illa locuti fuimus cum Duce Veneciorum viro prudentissimo, dicentes, quod nullo modo caperetur, nisi per Minitores et petrarias cum variis suis instrumentis bellicis super naves.* Et col. 787 : *Minitores vero murum inferius excavantes, unam turrim straverunt.* Vide supra *Minare* 3.

AD MINITULUM Vendere, Gall. *Vendre en détail*; Ital. *à minuto*. Charta ann. 1338 : *Emere, vendere ponem, vinum et alia victualia ad Minitulum.*

¶ **MINIUM**, Fodina, Gall. *Minière*. Testam. Rogerii Vicecom. Biterr. ann. 1193. apud Baluz. tom. 2. Hist. Arvern. pag. 500 : *Si quid defuerit, heres meus et gadiatores compleant illud de primis reditibus meis Miniorum Villæ-magnæ, et de Bruna et de Arena et de Redes. Minoria*, apud Marten. tom. 1. Anecdot. col. 598. ex eodem Testamento : *Quicquid remanserit inde ad complendum persolvatur de Minoriis meis de Villa-magna, et de Brunna, et de Avena et de Teddes.* Jam superest ex ipso autographo genuinam lectionem accipere.

1. **MINNA**. Glossæ Isonis Magistri ad Prudentium, lib. 1. in Symmachum : *Ardor, amor, Minna.* Alibi : *Furores, Minna.* Rursum : *Ignem, amorem, Minna.* Theutonibus *minnen*, est amare, diligere, atque adeo venereis voluptatibus frui, amare, amori litare, maxime superioribus Germanis, ait Kilianus. [Inde f. Gall. *Mignon*.] In Sacramento populi Theotisco apud Nithardum lib. 3. *In godes minna*, exponitur in Romano, pro *Don amur*, id est, pro Dei amore. Glossæ Keronis : *Amor, Minna. Amori, Minnu.* Vide Freherum in Expositione fœderis inter Ludov. et Carolum Reges. [** Grimm. Mythol. German. pag. 36. Graff. Thesaur. Ling. Franc. tom. 2. col. 771.]

¶ 2. **MINNA**, pro *mina*, Mensura frumentaria, Gall. *Mine*. Charta ann. 1177. apud Thomasserium Consuet. Bituric. pag. 73 : *Recipiamus de manu ejusdem Præpositi de unaquaque domo ubi boves fuerint, Minnam.* Vide *Mina* 3.

¶ **MINNARIUS**, *Morio, stultus, malus.* Gloss. Isid. ad quas Grævius : leg. *Mimarius* ex Scholiaste Juvenalis ad Sat. 6. 275 : *Tu tibi tunc, curruca, places. Curruca Mimarii stupidi nomen finxit. Quia fœmina questu frequenter fallitur, cum agit os personam mariti.* Vulcanius mallet : *Mimarius, maritus stultus.* Utcumque tamen posse retineri *Minarius* opinatur Martinius, adeo ut sit vox a Gall. *Mine*, gestus : moriones enim sunt gestuosi. Nec sanior vox *Ninnarius, cujus uxor mœchatur et tacet*, in Gloss. ejusd. Isid. *Nimnarus*, Papiæ et Johan. de Janua, a quo *Niminarus, couz c'est de qui sa femme fait avoutrerie*, in Gloss. Lat. Gall. Sangerm. Sed iis locis *Mimarius* legendum censet iterum Grævius. [* Vide supra *Minarius* 4.]

* **MINO**, f. pro *Minio*, Minium, Gall. *Vermillon*. Acta Mss. Inquisit. Carcass. ann. 1308. fol. 94. r°. : *Ostenderunt mihi quemdam librum valde pulcrum et cum obtima littera Bononiensi, et perobtime illuminatum de adhurio et Minone.* Vide *Miniare* 1.

MINOFLEDUS, Minoflidus. Capitula ad Legem Alamannor. cap. 42. Edit. Baluzii : *Si baro fuerit de Minofledis, solvat sol. 70. Si medianus Alamannus fuerit, 200. sol. componat.* Infra : *Si femina Minoflidus fuerit, solvat solidos trecentos viginti : si mediana fuerit, solvat solidos quadringentos : si prima Alamanna fuerit, solvat solidos quadringentos octoginta.* Cap. 39 : *Si quis alterius infans Minofledis fuerit, 3. sol. componat : si medianus fuerit, 6. sol. componat : si meliorissimus fuerit, 12. sol. componat.* Sic *Minofledus* fuerit infimus hominum status apud Alamannos, ex compositionis ratione. Manet vocis vestigium in *Albofledi* sorore Chlodovei I. Regis Francor. apud Gregor. Turon. lib. 2. Hist. cap. 31. de cujus obitu exstat Epistola S. Remigii Archiep. Remensis.

* **MINOLIUM**, pro *Mixtolium*, Miscellum frumentum. Charta Ludov. Jun. ann. 1142. in Tabul. Maurign. : *Concesserunt duos modios et dimidium boni Minolii de decima et campiparte granchiæ suæ de Bellovidere.* Vide *Mixtum* 2.

¶ **MINOR**, Fossor cunicularius. Vide *Minare* 3.

¶ **MINORANTIA**, Jactura, damnum, ab Italico *Minoranza*. Barthol. Scribæ Annal. Genuens. lib. 6. ad ann. 1242. apud Murator. tom. 6. col. 494 : *Audito itaque, quod Guilelmus Spinula filium suum ad Imperatorem mandaverat, ut damnum et Minorantiam Communis Januæ tractaret.* Ibid. ad ann. 1244. col. 509 : *Intendens quotidie super Minorantia et offensionibus Communi Januæ faciendis.* Vide *Minoratio*.

1. **MINORARE**, *Minuere*, Papiæ. Vett. Glossæ : *Minoro*, ἐλαττῶ. Glossæ Isonis Magistri : *Decisus, decurtatus, vel detruncatus, Minoratus.* [Gloss. Lat. Gall. Sangerm. : *Minorare, amoindrissier, faire mendre; Minoratio, amoindrissance.* Capitul. de villis Caroli M. tit. 23 : *Et, ut diximus, per hoc vaccaritias et carrucas non Minorent.* Edictum Pistense num. 20 : *Provideant ne illi qui panem coctum aut carnem per deneratas aut vinum per sextaria vendunt, adulterare et minuere possint... Quos si inventi fuerint adulterare vel Minorare, ut supra diximus, etc.*] Vita S. Virgilii Episc. Arelat. : *Nihil de nominis sui proprietate Minorans, dum vigil permansit in opere, etc.* Epist. Gregorii IV. PP. ad Episcopos Regni Francorum : *Eo quod, ut dicitis, pertineat ad injuriam ac dehonestationem Imperialis potestatis, et ad Minorationem et reprehensionem nostræ auctoritatis.* Aurora : *Majestate Patri Patre Minorateum.* [Chron. Farfense apud Murator. tom. 2. part. 2. col. 631 : *Quibus auditis maxime doluit et ingemuit; et quasi mente Minoratus, quia factum emendare non poterat, etc.* Oberti Cancellarii Annal. Genuens. lib. 2. apud eumdem tom. 6. col. 291 : *Et ne tamen videar Rempublicam minus deligere, quam quondam dilexerim, et respuendo arbitrer aliqualiter Minoratus, etc.*] Occurrit in leg. ult. D. de Serv. export. (18,7.) apud Saxon. Gramm. lib. 2. et non semel in sacris libris. Nostris Gallis, *Amermer*, eadem notione. Assisiæ MSS. Hierosolymitanæ cap. 41 : *Sans rien accroistre ne Amermer.* Cap. 135 : *Ne pooit-il Amermer le pris que de la valeur de la beste.* [*Amenuiser*, eodem significatu. Le Roman *de Vacce* MS. :

> Mez se li Roiz m'aloit de que que soit boisant,
> Que dú don qu'il m'a fait m'aloit Amenuissant.]

¶ Minorare Placita. Vide *Majorare* 2.

* 2. **MINORARE**, Fodinam aperire. Charta Oliver. abb. S. Remig. Senon. ann. 1311. in Reg. 47. Chartoph. reg. ch. 127 : *Dictus Jantianus emptor et ejus socii.... in tota petia nemoris... poterunt facere Minorari, et de mina ferrum fieri facere.* Vide supra *Minare* 4.

MINORATIO. Glossæ Isonis Magistri : *Dispendia, pericula, Minorationes.* [Capitul. Caroli Calvi ann. 844. num. 8 : *Simul etiam præcipientes injungimus, ut nullus hominum... aliquam Minorationem contra legem facere audeat.* Præceptum Ludovici Imper. memoratum in Charta ann. 1024. apud Baluz. in Append. ad Capitul. col. 1546 : *Sed liceat..... decimas ab eis suæ Ecclesiæ debitas absque cujuslibet contradictione aut usurpatione vel Minoratione recipere.* Diploma Conradi II. Imper. ann. 1027. apud Ill. Fontaninum in Antiquit. Hortæ pag. 388 : *Præcipientes ergo jubemus, ut nullus Dux, Marchio... aliquam Minorationem facere repetat.* Idem occurrit in Charta Henrici III. Imper. ann. 1040. ibid. pag. 393. Vide *Minorantia*.

Deminoratio. Charta Ludovici II. Imper. pro Ecclesia Volaterrana apud Ughellum : *Ecclesiæ varias a nonnullis occupatoribus invasiones atque Deminorationes sub occasione libellarum, etc.*

¶ **MINORENNIS**, Minor annis, minor natu. Excerpta ex opere Johannis *Rhode* Archiep. Bremensis apud Leibnit. Script. Brunsvic. tom. 3. pag. 270 : *Gerhardo de hac luce subtracto, Henricus de Schwarzenborg quia Minorennis, in administrationem eligitur.* Nostris *Mainsné*. Le Roman *d'Ogier le Danois* MS. :

> La biauté de sa suer seconde
> Blanche fu, et vermeille, et blonde....
> Or vous dirai de la Mainsnée, etc.

* *Meindre d'aage*, in Chartul. S. Benig. Divion. : *Ce sont les personnes notaubles et séculares, qui furent présens à Dyjon le 17. jour du mois de May l'an 1350. quant messire Jehans de France duc de Normandie, à cause dou bail de Philippe duc de Bourgogue Meindre d'aage, reprit de frere Pierre abbé de S. Benigne de Dyjon etc. Merme d'aage*, eadem acceptione, in Assis. Hierosol. cap. 37 : *Ci dit que por teneure que l'on face de héritage de Mermiau. Mais se il avient que celui qui requiert héritage a esté Merme d'aage, etc. Merme*, nude, pro *Moindre*, minor, ibid. cap. 216. Vide *Minoritas* 1.

MINORENNITAS, Minor et pupillaris ætas, ex Gall. *Minorité d'ans.* Magnum Chronicon Belgicum ex Chron. Traject. Episc. : *Dispensans super Minorennitate annorum.* Vide *Majorennis*.

* *Minorage*, in Instr. ann. 1331. tom. 1. Probat. Hist. Brit. col. 1356. Charta Frider. I. imper. ann. 1156. inter Probat. jur. domus Bavar. ad regna Hungar. et Bohem. pag. 5 : *Insuper potest idem dux Austriæ, quando impugnatus fuerit ab aliquo de duello, per unum idoneum, non Mino-*

rennitatis macula detentum, *vices suas prorsus supplere.*

1. **MINORES**, Posteri. Glossæ antiquæ MSS. : *Futuri, juniores, Minores.* Alibi : *Minores, juniores, futuri, posteri, nepotes.* Turtius Ruffus Asterius Quintus V. C. Exconsul ordinarius atque Patricius :

Unius ob meritum cuncti periere Minores,
Salvantur cuncti unius ob meritum.

Gloss. Gr. Lat. : Μεταγενέςεροι, *Minores, singulare non habet.* Charta Chlodovei I. Regis Francor. apud Roverium in Reomao pag. 29 : *Ut nec nos nostrique successores Reges, neque vos vestrique Minores, nec ullus quilibet de judiciaria potestate*, etc. Alia Sigeberti Regis Francor. apud Bollandum 1. Febr. pag. 234 : *Cum ipsa venna dominica, quæ dicitur Arnulfi, cum Probardo, Babone, vel Minoribus eorum, qui ibidem servire videntur.* Vide *Junior.*

Minores, Nulla dignitate conspicui, qui inde promiscue *Minores* et *privatæ personæ* dicuntur in Lege Wisigoth. lib. 12. tit. § 2. *Minores personæ*, in Lege Burgund. tit. 2. § 2. Aleman. tit. 39. § 2. Bajwar. tit. 2. cap. 3. § 3. tit. 6. cap. 1. § 3. Capitulis Caroli M. lib. 5. tit. 136. [** 207.] *Minores homines*, in Lege Bajwar. tit. 2. cap. 4. § 4. *Minimi homines*, in Lege Longob. lib. 1. tit. 9. § 21. [** Liutpr. 62. (6,9.)] *Vicini majores vel minores*, in Capit. Caroli C. tit. 12. § 13. Vide *Homo.*

Minor Natu, Eadem notione, cui opponitur *major natu.* Gregor. Turon. de Gloria Confess. cap. 23 : *Quale excidium Arvernæ regioni Rex Theodoricus intulerit, cum neque majoribus, neque Minoribus natu, aliquid de rebus propriis est relictum.* Statuta Davidis II. Regis Scotiæ cap. 11 : *Si quis major natu vel Minor Curiam Regis advenit*, etc. Cap. Car. M. lib. 6. § 230. [** 302.] : *Ut Minores qui majoribus irrogaverunt injurias, coerceantur.* Infra : *Si quis tumidus vel contumeliosus extiterit in majorem natu*, etc.

2. **MINORES**, Religiosi Ordinis S. Francisci, qui sectatoribus suis id nominis indidit, Regulæ a se scriptæ cap. 6 : *Nullus vocetur Prior, sed generaliter omnes vocentur Fratres Minores, et alter alterius lavet pedes.* Matthæus Westmonast. ann. 1207 : *Sub his diebus Prædicatores, qui appellati sunt Minores, favente Papa Innocentio, emergentes, terram repleverunt*, etc. Conradus Abbas Usperg. ann. 1219 : *Dominus Papa in loco ipsorum* (pauperum de Lugduno) *exsurgentes quosdam alios, qui se appellabant Pauperes Minores, confirmavit.* Mox : *Hi tamen postea attendentes quod nonnunquam nimiæ humilitatis nomen gloriationem importet, et de nomine paupertatis, cum multi eam frustra sustineant, apud Deum vanius inde gloriantur, maluerunt appellari Minores Fratres, quam Minores pauperes, Apostolicæ sedi in omnibus obedientes.* Adde Jacob. de Vitriaco in Hist. Occidentali cap. 38. et quæ congessit Waddingus.

¶ **MINORIA.** Vide *Minium.*

¶ **MINORIFICATUS**, Minutus, diminutus. Richardi de S. Germano Chron. apud Murator. tom. 7. col. 971 : *Tandemque cum Minorificato exercitu in Alemanniam reversus est.*

¶ **MINORISSA**, Virgo Deo sacra sub Regula S. Claræ, Gall. *Cordeliers*, vel *les filles de S. Claire.* Charta ann. 1294. apud Rymer. tom. 2. pag. 664 : *Dare possit et assignare dilectis nobis in Christo Abbatissæ et sororibus Minorissis, Ordinis S. Claræ*, etc. Testam. Johannis *de Nevill*, ann. 1386. apud *Madox* Formul. Angl. pag. 427 : *Item D. Eleanoræ sorori meæ Minorissæ, ad emendacionem domorum S. Claræ extra Algate London, c. marcas. Item Elizabethæ filiæ meæ Minorissæ ibidem*, XL. *marcas.* Vide *Minores* 2.

¶ 1. **MINORITAS**, Pupillaris ætas, Gall. *Minorité.* Nicolaus de Jamsilla de Gestis Friderici II. Imp. apud Murator. tom. 8. col. 495 : *Destruxit autem quasdam civitates, alias tempore Minoritatis suæ, alias postquam sibi rebellaverant. Esse in Minoribus*, sub alterius tutela esse, in Epist. Caroli IV. Imper. ann. 1355. apud Ludewig. tom. 5. Reliq. MSS. pag. 451 : *Dum adhuc essemus in Minoribus constituti, cum serenissimo Principe D. Johanne Rege Franciæ illustri.* Vocabul. Juris utriusque : *Minor, est qui nondum implevit vigesimum quintum annum.* Nostris olim *Merme d'âge*, Minor ætatis. Assisiæ Hierosol. cap. 37 : *Mais si il avient, que celui qui requiert heritage a été Merme d'âge, en tant que l'autre l'a tenu, et il dedans l'an et jour après ce que il fu en son droit age est venu en sa requete, bien peut requerre l'heritage, et de tant de temps comme il fu Merme d'age, la teneure de son adversaire ne li griege.*

¶ 2. **MINORITAS**, Defectus, decrementum. Chartular. Abbatiæ Boni-loci apud Baluz. tom. 2. Hist. Arvern. pag. 82 : *Ita scilicet quod si summa ejusdem decimæ quingentorum sextariorum fuerit, Minoritas de reliqua terra suppleatur.*

* Stat. pro arte pannif. Carcass. renovata ann. 1466. in Reg. 201. Chartoph. reg. ch. 121 : *Removebitur caput sive signum cotonis a dictis pannis per dictos suppositos, propter solam brevitatem seu Minoritatem ponderis ipsorum.*

¶ Minoritatis Officium, Parvum officium B. M. Synodus Valent. ann. 1590. tom. 4. Concil. Hispan. pag. 471 : *Officium Minoritatis B. Mariæ dum dicitur in choro, semper chorus stet.*

* 3. **MINORITAS**, Conditio seu dignitas minor. Bulla Innoc. IV. PP. pro Præmonst. : *Secundum majorem vel minorem evectionem et personarum numerum, pro majoritate vel Minoritate personarum, prælatorum*, etc.

* Minoritas Causæ, dicitur de re minoris momenti et ponderis. Locus est supra in *Majoritas* 5.

¶ **MINOTUS**, Mensura frumentaria, dimidia pars *minæ.* Charta ann. 1248. in Tabular. Sangerm. : *Oneratum, ut dicitur*, 95. *denariis capitalis census, tribus Minotis avenæ.* Tabular. Monast. Montis Mart. ann. 1324 : *Item duodecim pauperioribus mulieribus viduis... cuilibet* (legavit) *unum Minotum bladi.* Chartular. S. Vincentii Cenoman. fol. 69 : *Persolvent unum Minotum bladi dictis monachis.* Chartul. Kemperleg. : *Minot frumenti, et tres nummos pro carne; Minot bracei,.. in quolibet anno.* Vide Adæquationes mensurarum in v. *Modius* 2.

MINSATORIUM, *Locus, vel vas ad mingendum, quod recipit urinam, et idem dicitur Minsaterium.* Ugutio. [Adde Joan. de Janua in *Minsare.*]

* **MINTARRE**, Idem quod mox *Mintrire.* Vide supra *Baulare.*

* **MINTRIRE**, Murium vox. Carmen de Philomela ad calcem Cod. reg. 6816 :

Mus avidus Mintrit, velox mustecula drindit.

¶ **MINTHUS**, *Flos in sterquiliniis nascens, quo mire afficiuntur hirci : vel retrimenta caprarum.* Vocabul. Sussannæi. Μίνθος Hesychio, Stercus humanum.

1. **MINUARE**, Minuere, diminuere. [Præceptum Childeberti Regis ann. 528. apud Marten. tom. 1. Ampliss. Collect. col. 4 : *Aut aliquid de rebus aut de terminis Minuare cogitetis, aut in aliquo molesti esse velitis.* Testam. ann. circ. 690. apud Felibian. Hist. S. Dionys. pag. XI : *Et si quis contra hanc deliberationem ut Sanctis basileces delegavi infrangere, tollere, Minuare..., præsumpserit.* Charta S. Willelmi Ducis ann. circ. 812. sæc. 4. Bened. part. 1. pag. 90 : *Quia nos Deo juvante per istam donationem speramus aliquid de nostra Minuari peccata.*] Chrodegangus Metensis Episc. in Regula Canon. cap. 9. Edit. novæ cap. 9. 24 : *Vasa ministerii sui... sana et munda cellario reconsignet, et si aliquid ex illis Minuatum fuerit, ad Capitulum die Sabbati veniam petat.* Lex Longob. lib. 1. tit. 21. § 5. [** Rothar. 333.] *Dominus qui suum animal intricatum invenerit, aut forsitan jam marcidum aut Minuatum*, etc. [Adde Marculfi Formulas. 2. lib. 1. et 5. lib. 2. et alias.]

* *Menuier*, eodem sensu, in Lit. ann. 1372. tom. 5. Ordinat. reg. Franc. pag. 529.

* 2. **MINUARE**, Primum perscribere, Gall. *Minuter*, alias *Minuer.* Comput. ann. 1357. ex Tabul. S. Vulfr. Abbavil. fol. 10. r°. : *Item clerico pro Minuando et grossando*, vj. *sol.* Lit. remiss. ann. 1395. in Reg. 148. Chartoph. reg. ch. 123 : *Laquelle relacion ledit sergent le jour de l'exécution Minua en une feulle de papier, et icelle Minuée ledit sergent emporta pardevers lui.* Vide infra *Minuta* 3.

¶ **MINUATIM**, Particulatim, Gall. *En détail.* Charta ann. 1328. apud Rymer. tom. 4. pag. 361 : *Ita tamen quod merces, quæ vulgariter merceriæ vocantur, ac species, Minuatim vendi possint, prout antea fieri consuevit.* Supplem. Antiquarii : *Minuatim*, κατὰ λεπτόν, *minutim. Minuatim, petit à petit*, in Gloss. Lat. Gall. Sangerm.

¶ **MINUATIO**, Detrimentum, damnum. Marculfi Formul. 40. lib. 2 : *Absque ullo præjudicio Ecclesiæ nostræ vel Minuatione aliqua de qualibet re in integritate amba locella excolere debeatis. Minuatio sanguinis*, vide in *Minuere.*

¶ **MINUCIO.** Vide in *Minuere.*

* **MINUDARIA**, Rivulus, ni fallor. Stat. Mutin. rubr. 110. pag. 21. r°. : *Eodem modo teneatur* (potestas Mutinæ) *videre Minudariam, sdugarium campanæ salicetæ.*

MINUERE, *Minuere sanguinem*, Sanguinem detrahere, venam incidere. Veget. lib. 1. de Arte veterin. cap. 22. ubi de sanguinis detractione et phlebotomo : *Veteres autem prudentioresque auctores absque necessitate depleri animalia vetuerunt, ne consuetudo Minuendi, si tempore aliquo facta non* *fuerit, statim intra corpus morbum ac valetudinem generet.* Pelagius Episcopus Ovetensis in Ferdinado Rege Hispan. : *Voluit Minuere se sanguine, et postquam sanguinem Minuit, decidit in lecto, et mortuus... est.* Luc. Tudens. in Chron. æra 1129 : *Cum esset in vinculis, ægrotavit, et Minuit se sanguine.* Conr. Usperg. in Philippo : *Rex vero minutionem sanguinis fecit ibidem de venis utriusque brachii; plurimi quoque de suis Minuebant sanguinem.* Joan de S. Victore, de Utilitate tribulationis cap. 8 : *Purgatur corpus humanum Minutione, et hoc dupliciter, scilicet venæ apertione, et flebotomiæ percussione.* Petrus Diac. lib. 4. cap. 100 : *Ubi quondam Leo Papa sanctissimus cum Normannis præliaturus, sanguinem Minuerat.* Statuta Synodalia Odonis Episc. Paris. cap. 2. § 5 : *Et ne sibi tunc Minuatur, cum debent Synodo interesse, prohibetur.*

Stata autem erant minutionis tempora in Monasteriis, extra quæ sanguinem minuere fas non erat, nisi gravis urgeret infirmitas. Hujusce ritus rationem sic exequitur liber Ordinis Victoris Parisiensis MS. cap. 55 : *Iste est ordo Minuendi. Quinquies in anno fient generales Minutiones, extra quas sine periculo gravis infirmitatis licentia Minuendi nulli omnino conceditur. Propterea enim tam sæpe conceditur, ne ab aliquo, exceptis his temporibus, superfluo regulariter requiratur. Prima est in Septembri : secunda est ante Adventum : tertia est ante Quadragesimam : quarta post Pascha : quinta post Pentecosten.... tribus diebus Minutio durabit. Post tertiam diem ad Matutinas venient, et de cætero in conventu erunt : sicque die quarta in Capitulo absolutionem accipient.* Similia habet ferme S. Gilebert. in Reg. Ordinis *de Sempringham*, pag. 734. [Statuta Canon. Regul. apud R. Duellium tom. 1. Miscell. pag. 99 : *De minutionibus fratrum* :

De Minuendis quod Minuant quater, atque necesse
Valde si fuerit, plus.]

Chron. S. Trudonis lib. 9 : *Quando Minuebant Fratres, chorus totus unus simul Minuebat cum silentio et psalmodia, sedentes ordinate in cella una.* [Statuta Ordin. Cisterc. ann. 1184. apud Marten. tom. 4. Anecd. col. 1256 : *Minuantur conversi quando Abbates præcipiunt. Qui contemserit, perdat Minutionem illam.* Charta Odonis Abbat. S. Dionys. ann. 1231. in Tabular. B. M. de Argentolio : *In Minutionibus vero habeant Minuti in infirmariis a Priore pitanciam singulis diebus per tres dies.*] Adde libr. Usuum Ordinis Cisterciensis cap. 90. [Bernardi Mon. Ordin. Cluniac. part. 1. cap. 29. Guidonis Discipl. Farfens. cap. 41.] et Constitut. Ordin. Prædicat. dist. 1. cap. 8. Guigonem II. Priorem Cartusiensem in Statutis ejusd. Ord. cap 39. 54. *Minutiones generales*, in Statut. antiq. ejusd. Ordin. 2. part. cap. 8. § 12. cap. 15. § 3. et Statut. Ord. Præmonstr. dist. 1. cap. 18. 19. [*Infirmariæ generales* dicuntur non semel, in Consuet. Cluniac. MSS. ann. 1301. ex Bibl. B. M. Deauratæ Tolos.] At in Capitulari Ludovici Pii ann. 817. vetantur Monachi *certum flebotomiæ tempus observare.* Cui consentit quodammodo Udalricus lib. 2. Consuet. Cluniac. cap. 21. Addit idem Chron. Trudonense pag. 458. addicta fuisse in Monasteriis prædia ad ejusmodi minutiones : *Oppidanus quidam noster Arnulfus terram tenere volebat sine servitio, quæ debet servire Fratribus ad omnem Minutionem sanguinis eorum.* Vide Ailredum Rievall. in Vita S. Edw. Confessoris cap. ult. Concilium Dusiacense I. part. 2. cap. 33. Lambert. Ardensem pag. 160. Decretales Gregorii IX. PP. lib. 3. cap 6. Vitas Abbatum S. Albani, etc.

* Quod de statis apud monachos minutionis temporibus docet Cangius, observare etiam licet apud canonicos sæculares. Obtuar. Rotomag. Ms. : *Quilibet canonicus, dummodo fuerit residens per tres menses, potest capere in anno duodecim flobotomias; et durat tres dies; sed non valet in festis triplicibus.* Stat eccl. colleg. S. Dion. Leod. tom. 2. Monum. sacr. Actiq. pag. 445 : *Item quicumque sine licentia petita sanguinis minucionem faciendi in civitate Leodiensi, si infra triduum minucionis ipsius moretur, nihil de anno gratiæ recipiet.*

* Sed et apud laicos viguit idem usus; imo nonnulli a monachis licentiam vel jus obtinebant se se in monasterium recipiendi, cum sanguinem, cautionis causa, sibi detrahere vellent; quod parum differt a jure *pastus* et *procurationis*. Vide in his vocibus. Charta Radulfi vicecom. Bellimot. ann. 1226. ex Tabul. Major. monast. : *Poteramus in prioratu monachorum Majoris monasterii, apud Vivonium in terra nostra, Minutiones nobis ter in annis singulis celebrare; et ibidem per tres dies continuos in singulis Minutionibus immorari cum uxore notra et familia et gente; et tunc nobis monachi tenebantur, tam nobis quam nostris, in omnibus necessariis providere.*

Minutor, Venæ incisor. [Buschius de Reformat. Monast. apud Leibnit. Script. Brunsvic. tom. 2. pag. 482 : *Omnia etiam officia mechanica in suo habent monasterio, videlicet sartores.... rasores, Minutores et cetera similia officia.*] Chron. Windeshemense lib. 1. cap. 28 : *Rasor et Minutor, Chirurgicusque expertissimus.* Hinc emendandus Petr. Damian. lib. 6. Epist. 26 : *Nonnulli vegeto corpore... vaporandam Minutori venam præbent.* Perperam *nemitori* editum. Vide in *Lanceola*.

Minuatio, pro *Minutio*, in Capitulari 3. ann. 789. cap. 3 : *Et de pallore earum propter sanguinis Minuationem.*

* **MINUISERIUS**, a Gallico *Menuisier*, in Terrear. abbat. de Jugo Dei ann. circ. 1491.

MINUITAS, Diminutio, in Ep. 217. Joan. VIII. PP.

* **MINULA**, dimin. a *Mina*, Mensura frumentaria. Charta ann. 1230. apud Murator. tom. 2. Antiq. Ital. med. ævi col. 35 : *Quilibet habitator de qualibet mansa debet solvere annuatim curiæ Sernonis duas Minulas de frumento.* Vide supra *Mina* 3. et *Minellus* 1.

MINULARE Fœnum. Tabul. Fossatense : *Quilibet focus non habens equum, debet nobis corveiam ad fena nostra Minulanda, et debet habere quilibet pro corveia 3. obolos.* f. *Minutanda*. Nostri *Boteler* dicunt.

* Melius forte, Fenum in metas exstruere, Gall. *Mettre en meule.*

¶ **MINURIRE**, Μινυρίζειν, Exili voce lamentari. Gloss. Lat. Græc. MSS. Sangerm. Ugutio : *Hirundinum fintinire vel Minurrire; dicunt tamen quod Minurrire est omnium minutissimarum avicularum.* Sidonius lib. 5. Epist. 2 : *Diluculo philomelam inter frutices sibilantem, prognem inter asseres Minurientem.* Hinc

MINURITIO, apud Festum : *Minuritiones appellantur avium minorum cantus.*

¶ **MINUS**, pro *Nimium.* Spicileg. Fontanell. MS. pag. 171 : *Certus ei* (recipiendo in novitium) *usque ad quem venisse debeat dabitur terminus non Minus remotus.*

Minus Valere apud Hispanos, *Valer menos*, dicuntur qui *minorantur fide*, qui nota aliqua infamiæ notantur : ut sunt ii qui quod homagia se facturos promiserunt, non adimplent : qui se per curiam dedixerunt, generaliter infames. Vide Leges Alfonsinas part. 7. tit. 6. [et *Menoscabare.*]

MINUSCULARII, in leg. 3. Cod. Th. de Indulgent. debitor. (11, 28.) dicti speciales et minimi vectigalium exactores, *Collecteurs particuliers*, ut censet Jacob. Gothofred. Sed videntur potius fuisse vectigalium certorum conductores, qui majoribus suberant, iisque etiam rationes suas deferebant. S. Augustin. lib. 7. de Civit. Dei cap. 4 : *Ridemus cum deos videmus partitis inter se operibus distributos, tanquam Minuscularios vectigalium conductores.* Alii *Minutularios* legunt.

* **MINUSIA**, Potionis species. Comput. Ms. monast. Clareval. ann. 1364. fol. 2. v°. : *Pro quinque pintis et chopina Minusiæ pro conventu, per nonnum Laurentium subcellarium, iiij. sol. vij. den.*

MINUSTIRE, Sigillatim efferre, Gallis, *Dire par le menu.* Formula 32. ex Andegavensibus : *Vel reliquas res quam plures, quam longum est per singulas Minustire.*

1. **MINUTA**, Moneta minutissima, quam Græci λεπτὸν vocabant, de quo multa Scaliger et alii qui de re nummaria scripserunt. Aimoinus lib. 3. de Miracul. S. Benedicti cap. 3 : *Desiderio accensus est adeundi Matris Christi aulam,... quam introgressus, Minutam sibi a Vicario ejusdem viri Ermenfredo nomine, obtentu transmissam eleemosynæ, altario.... superponere cupiens, sensit suos resolvi nervos.* Tabul. Celsinianense : *Et debet in mense Maii multonem 1. cum lana, et 1. agnum, ad messes 1. sextarium de silica, et alium de civada, ad vindemias carrigium, aut 2. sol. per porcum, et pascuage, et per pastum 13. den.... et Minutam de Poies, et 1. parem.* Ubi *Minuta de Poies*, idem valet quod *Pogensis*, seu moneta Podiensis. Vide in *Moneta Baronum.* Tabul. Dervens. Monast. : *Opus vero castelli semel in anno fiet una hebdomada Martii; et non in alio mense : et si opus non fuerit, pro redemptione operis sex denarios de mansu vestito, de dimidio tres, de quarta parte mansi tres Minutas.* Ita denarius binis minutis constitit, [atque adeo idem quod *mallia.* Tabular. Saviniac. : *Debet septem denarios et unam Minutam de censu.* *Minuta Alfonsina*, in Charta ann. 1362. ex Archivis S. Vict. Massil. Vide *Massiliensis moneta*, in *Moneta Baronum.*] [* Glossar. Gall. Lat. ex. Cod. reg. 7684 : *Minutum, maille, demi denier.*] Joan. de Janua : *Minutum, quoddam*

pondus, scilicet media pars quadrantis, unde pauper vidua misit duo Minuta, id est, quadrantem.

¶ 2. **MINUTA**, Italis quælibet grana præter frumentum. Memoriale Potestatum Regiens. ad ann. 1282. apud Murator. tom. 8. col. 1152 : *Non fuit isto anno plenitudo annuæ messis quantum ad frumentum ; sed quantum ad eas segetes quas agricolæ Minuta appellant; maxima fertilitas fuit, scilicet de panico, de milio, de milica, de faxiolis et de rapis.*

¶ MINUTA SILVA, Silva cædua, Gall. *Bois taillis.* Charta ann. 706. apud *du Boucher* inter Probat. Orig. 2. et 3. stirpis Reg. Franc. pag. 70 : *Cum quartariis septem et silva Minuta ad dies viginti in loco qui dicitur Boverez silva... pratum etiam ad falces triginta, et silvam Minutam ad dies nonaginta.*

* 3. **MINUTA**, Scriptum primarium, Gall. *Minute.* Burcard. Argent. pag. 41 : *Lectæ sunt plures Minutæ brevium per ipsum, ut dicebatur, sine scitu et voluntate S. D. N. Papæ, expeditorum.* Vide supra *Machæra*, ubi *Minuta*, forte pro *Minata*, et *Minuare* 2.

MINUTALIA, Intestina animalium, Gall. *Menuailles.* Auctor Queroli sub finem : *Jam porro de ossibus fractis placuit convenitque ut in Minutalibus solidus, in principalibus vero ossibus, argenti libra protenus tradetur, quæ autem vel principalia videri ossa debeant, vel minuta, medicorum tractatus inveniat.* Eginh. Epist. 23 : *Boves vero qui occidendi sunt, volumus ut facias ad Ludivacam venire, et ibi occidere. Unum ex his volumus ut dari facias Hruotlonge, et illa Minutalia atque interranea, quæ ad nostrum opus servari non possunt, volumus ut dentur ad illam familiam quæ ibidem est.*

1. **MINUTARE**, Minutim comminuere. [Translat. S. Guthleri tom. 2. Aprilis pag. 60 : *Nisi citius ab ejus unguibus fuisset extorta, per frusta Minutasset.*] Utitur Thomas Walsinghamus pag. 267.

*2. **MINUTARE**, Minuere, imminuere, Ital. *Minuire.* Charta ann. 1429. ex Cod. reg. 9861. 2. 2. fol. 176. r°. : *Quarum* (literarum) *tenor de verbo ad verbum, nil addito vel remoto quod facti substantiam Minuet aut variet intellectum, sequitur.* Vide mox *Minutatus.*

¶ **MINUTARIUS**, f. Mercator minutarum mercium. Acta S. Francisci de Paula tom. 1. Aprilis pag. 149 : *Cornelius Chrestien Minutarius in parochia B. Mariæ divitis, etc.*

* *Menuyer*, eodem sensu, in Lit. remiss. ann. 1459. ex Reg. 189. Chartoph. reg. ch. 358 : *Au temps de laquelle deffense le suppliant et autres marchans Menuyers conduisoient leur marchandise à grant difficulté par faulte de monnoye menue.* Vide mox *Minutia* 2.

* **MINUTATUS**, Minutus, exilis. Charta Galch. de Barro ann. 1219. ex Tabul Carnot. : *Præcipi fieri de meo proprio de triginta marchis argenteis quemdam militem Minutatum super equum suum; et illud tradi... ecclesiæ B. M. Carnotensi præcepi.* Vide supra *Minutare* 2.

¶ MINUTI VARII, a Gall. *Menu-vairs.* Inquesta pro Canonizat. Caroli Blesens. tom. 2. Hist. Britan. pag. 556 : *Mantellum seu clamidem suam de panno aureo fourratam de Minutis variis eisdem pauperibus erogavit. Folraturæ variorum Minutorum*, in litt. Caroli V. Reg. Franc. ann. 1367. de forma vestium. Vide *Vares.*

¶ 1. **MINUTIA**, æ, Exiguum fragmentum, particula, parva portio. Chron. Episc. Metens. tom. 6. Spicil. Acher. pag 648 : *Singulas marmoris fracti Minutias adunans et componens orationem fudit.* Charta Nicolai Episc. Camerac. ann. 1142. tom. 4. Gall. Christ. inter Instr. col. 296 : *Minutiasque terrarum quas ubi et ubi fideles contulerunt. Minutiem* dixit Apuleius lib. 9. et 11. Metamorph.

¶ 2. **MINUTIA**, orum, Minutæ merces, res vilioris pretii. Capitul. de villis Caroli M. num. 43 : *Cardones, saponem, unctum, vascula, et reliqua Minutia quæ ibidem necessaria sunt.* Charta Aldefonsi Regis æræ 1216 : *Concedo totum portagium et de lignis omnibus et omni madera et de sale et de carbone, et de omnibus aliis Minutiis quæ per barrium S. Johannis transeunt. Menueries* nostri vocabant opuscula aurea vel argentea. Statuta Johannis Reg. Franc. pro Aurifabris Paris. ann. 1355. tom 3. Ordinat. pag. 12 : *Que nulz ofevres ne puissent mettre en nulz joyaux d'argent de Menuerie, voirrines avec garnaz ne avec pierre fines.*

* Ea potissimum, quæ exquisita arte elaborata erant, vulgo *Bijoux. Menuries*, in Stat. ann. 1378. tom. 6. Ordinat. reg. Franc. pag. 389. art. 14. *Ouvrages de Menuiserie* appellantur, in Lit. ann. 1474. ex Reg. 204. Chartoph. reg. ch. 87 : *Ung ouvrier* (de serrurerie) *mettroit bien quinze jours ou plus à faire une serrure ou autre chef-d'euvre et d'ouvrage de Menuiserie dudit mestier, dont à peine auroit il ung escu ; ainsi la main et le labeur de l'ouvrier passe et excede le chastel et prouffit.*

¶ 3. **MINUTIA**, Intestina animalium. [* Ital. *Minugia.* Vide supra *Menutæ.*] Vita S. Meinwerci Episc. Paderb. apud Leibnit. tom. 1. Script. Brunsvic. pag. 530 : xx. *maldros frumenti et* LX. *modios brasii et* III. *bacones, cum totis Minutiis dari constituit, heredi ejus dans griseas pelles et pernam unam.* [** *Minutia, æ, porcorum*, occurrit sæpe hoc sensu in Statut. antiq. Corbeiens. lib. 2. cap. 11. Guerardo Intestina ac membra minutatim concisa, unde fiunt succidiæ, farcimina, insicia porcina, varie condita, inque carnario adservanda.] Vide *Minutalia.*

¶ **MINUTIO**, Collectio, exactio tributi; quod in *minutis* seu minutissima moneta solvatur sic dictum existimo. Statuta Vercell. lib. 1. fol. 13. recto : *Item teneatur Potestas infra mensem post introitum sui regiminis facere consilium super faciendis receptis seu Minutionibus super stratis et viis venientibus ad civitatem Vercellarum.* Vide alia notione in *Minuere.*

¶ **MINUTOR**, Venæ incisor. Vide *Minuere.*

¶ **MINUTULARII.** Vide *Minuscularii.*

MINUTUM. Vide *Minuta.*

¶ AD MINUTUM VENDERE, Gall. *Vendre en détail*, Ital. *à Minuto.* Richardi de S. Germano Chr. apud Murator. tom. 7. col. 130 : *Factum canapis omnino remittitur; vendentibus vinum sive ad Minutum, sive ad grossum, nihil requiritur.* Occurrit passim.

¶ 1. **MINUTUS**, Cui vena incisa. Vide in *Minuere.*

* 2. **MINUTUS**, Plebeius, infima plebs, Ital. *Minuto*, Gall. *Menu peuple.* Lit. remiss. ann. 1350. in Reg. 80. Chartoph. reg. ch. 344 : *Oudinus operarius vinearum dixit, quod si Minuti volebant ei credere, ipsi facerent bellum contra grossos, et ipsos occiderent. Populus minutus*, in Instr. ann. 1379. inter Probat. tom. 3. Hist. Nem. pag. 24. col. 1. *Menuaille*, ut et Italis *Minutaglia*, eadem notione, apud Guill. Guiart. ad ann. 1241 :

> Et chevaliers quarante et un,
> Et quatre vingt de leur pietaille,
> Et grant nombre de Menuaille.

* 3. **MINUTUS**, Tener, junior. Lit. remiss. ann. 1367. in Reg. 101. Chartoph. reg. ch. 98 : *Præfatus Petrus a patria exulatus uxoreque prægnante ac Minutis liberis oneratus, etc. Minutulus*, eodem sensu, apud Plautum. Neque alia notione *Mingrelins*, in Lit. remiss. ann. 1406. ex Reg. 161. ch. 1 : *Jehan Tholomer dist que Jehan de Mey n'estoit que un Mingrelins, et que une commere frapperoit plus grant cop de sa quenoille, que il ne ferait d'une espée.*

* 4. **MINUTUS**, Ad minuta officia deputatus in monasteriis. Constit. S. Petri-Mont. inter Monum. sacr. antiq. tom. 2. pag. 435 : *Caveant autem tam Minuti, quam in officiis occupati, ne nimis tarde dormitorium intrantes, fratres jam quiescentes inquietent.* Nisi sit a verbo *Minuere* supra.

¶ **MIOLIUM**, Poculum, vas potorium, Longobardis *Miolo.* Statuta Montis Regal. pag. 279 : *Et non possint dicti venditores vini mensurare, seu mensurari facere, vendere seu vendi facere vinum ad copam seu Miolium, vel ad aliud vas, nisi ad dictas mensuras contentas in præsenti capitulo.*

MIR, apud Gothos, adjectum nominibus appellativis, quid significet, docemur ex Smaragdo in Comment. in Partes Donati : *In Francorum Gothorumque genere hæc patronomyca species frequentatur multotiens : a parte enim gentili et Theodisca veniunt lingua, de quibus in exemplo Gothorum pauca primum ponimus nomina, quorum hæc sunt, Altmir, Glitmir, Rigmir, Rainmir, Watmir,... et similia, quorum hæc est in Latinum interpretatio. Altmir namque vetulus mihi, interpretatur : Glitmir, debitus mihi : Rigmir, potens mihi : Rainmir, nitidus mihi : Watmir, vestimentum mihi.* [** Vide Grimm. Gramm. Germ. tom. 2. pag. 571.]

¶ MIR, veteri Gallorum lingua Princeps, dominus, aut vir eximiæ dignitatis denotatur. Hinc crebræ Regum Francorum appellationes in *Mir* desinentes, ut *Marcomir, Ingomir, Chlodomir.* Eodem significatu *Mar* usurparunt, ut *Viridomar*, etc. An a Syriaco מר *Mar*, seu Chaldaico מרא *Mare*, quod dominum sonat, ducta vocis origine, affirmare non ausim.

¶ 1. **MIRA**, Eadem notione qua *Mazer*; quod vide. Testamentum Sibillæ Comitissæ Flandr. ann. 1270 : *Item omnes scyphos de Mira tam cum pedibus argenteis, quam sine pedibus existentes.*

¶ 2. **MIRA**, Specula, ab Ital. *Mirare*,

spectare, respicere. Rolandinus Patav. de Factis in marchia Tarvisin. lib. 6. cap. 6. apud Murator. tom. 8. col. 259 : *Factis quibusdam speculis sive Miris in riveria, unde itur de Padua ad montem Silicem, positi sunt in hiis locis custodes, ne possint ad illa castra ulla victualia deportari.* Idem lib. 10. cap. 8. col. 318 : *Rusticus quidam de villa Voltæ qui singula securus intuebatur; stans enim in sublimi quadam arbore, et erat specula, quam Miram dicimus, ibi facta in capite, quasi ipsius villæ, die ac nocte videbat cuncta quodammodo, quæ fiebant in exercitu Eccelini, et gentem ejus.* Adde Chron. Estense apud eumdem tom. 15. col. 315.

* 3. **MIRA**, Punctum collineationis, Gall. *Mire;* ab Italico *Mirare*, collineare, fixis oculis aspicere, nostris *Mirer*. Guido de Vigev. Ms. de Modo expugn. T. S. : *Sic homo jacendo supinus in terra respiciat turrim, recte Mirando cacumen turris supra cacumen baculi; et cum habuerit sic rectam Miram, tunc mensurentur etc.* Stat. Saluc. collat. 8. cap. 246 : *Statutum est quod quæcumque possessiones situatæ super finibus Saluciarum, si aquæ pluviæ et diluvii in eas venientes commode scolare possunt super iis possessionibus vel super communi; si autem non possint, debeat quælibet possessio scolare inferius in possessionem magis propinquam et magis descendentem per Miram suæ possessionis. Et licitum sit frangere ripam seu cavezagnam, facta visitatione et obtenta licentia judiciali, ad dandum discursum dictæ aquæ descendendi per Miram alterius possessionis inferioris.* Vide infra *Mirare* 2.

* **MIRABILIA**. Acta capit. eccl. Lugdun. ex Cam. Comput. Paris. fol. 106. v°. col. 1. ad ann. 1345 : *Bartholomæo de Balma cancellario curiæ secularis Lugdunensis ordinaverunt et sibi præceperunt, quod Mirabilia faciat cridare ad diem Lunæ ante festum proximum nativitatis B. Johannis Baptistæ.* An Conventus publici, ad quos omnes vassalli convenire tenebantur, Gall. *Plaits généraux?* An fructuum terræ adjudicationes?

MIRABILIA Mundi, sic agnominatum Ottonem III. Imper. scribit Joannes Brompton. et alii, *les Merveilles du monde.*

¶ 1. **MIRABILIS**, Ingens, maximus. Radulfus de Gestis Friderici I. Imper. apud Murator. tom. 6. col 1178 : *Fecerunt in campis de Videgulfi cum Papiensibus Mirabile prœlium.... Et tunc erat frigus Mirabile et nix maxima.... Congregaverunt Mediolanenses exercitum Mirabilem.* Notione non multum diversa Cicero lib. 1. Offic. scribit : *Quæ forma et honesti facies, si oculis cerneretur, ut ait Plato, Mirabiles amores excitaret sapientiæ.*

* Nostris *Merveilleux*, pro Ferox, superbus, arrogans; unde *Paroles merveilleuses*, Contumeliosa verba, et *Merveilleté*, *Merveilleuseté*, Arrogantia. Lit. remiss. ann. 1376. in Reg. 109. Chartoph. reg. ch. 120 : *Lequel Oudart qui tousjours a esté Merveilleux, entreprenanz et rioteux etc.* Aliæ ann. 1399. in Reg. 155. ch. 37 : *Lequel Gilot le Feve, qui estoit homme noiseux et haultain, leur respondi pluseurs paroles Merveilleuses, en leur disant moult de villenies.* Aliæ ann. 1395. in Reg. 147. ch. 298 : *Pour cause de la Merveilleté et riote, qui estoit en la personne dudit Jehan de Poittiers, etc.* Aliæ ann. 1402. in Reg. 157. ch. 259 : *Laquelle Marie a esté en son temps merveilleuse femme,.... et par la Merveilleuseté d'elle, son dernier mari lui creva l'œil.* Sed et *Merveilleux* dixerunt, pro Stupefactus, territus, a verbo *Merveiller*, Mirari, Ital. *Maravigliare.* Lit. remiss. ann. 1443. in Reg. 176. ch. 311 : *Quant le suppliant vit le sang, il fut bien Merveilleux et esbahy.* Chron. S. Dion. tom. 3. Collect. Histor. Franc. pag. 240 : *Li rois se prist à Merveiller comment ce pooit estre.* Ubi Aimoin. lib. 3. cap. 57 : *Rex ammiratus est.* Consol. Boetii. Ms. lib. 1 :

Encor ne te dois Merveiller
Se mauvais te portent envie.

Se donner merveilles, eadem acceptione, in Lit. remiss. ann. 1450. ex Reg. 185. ch. 4 : *Jamet Torrillon dist au suppliant qu'il se donnoit Merveilles, que on ne l'avoit assis à plus grant somme de deniers en nos tailles etc.*

* 2. **MIRABILIS**, mendose, ni fallor, pro *Mutabilis*, qui ab officio amoveri potest. Assis. Abrinc. ann. 1236. in Reg. S. Iusti ex Cam. Comput. Paris. fol. 30. r°. col. 1 : *Nepos præpositi regis non feodatus, sed Mirabilis, infra ætatem quoddam breve de sesina patris cœperat, etc.*

¶ **MIRABILIUM** Annus. Sic denotatur annus 1544. in Charta ejusdem anni tom. 2. Hist. Eccl. Meldens. pag. 291 : *Item l'année des Merveilles* MDXLIV. *qu'avons toutes esté à Paris pour peur de la guerre des Bourguignons;* ob insignes victorias, ut mihi videtur, hoc anno a nostris reportatas, de quibus Thuanus lib. 1. Hist. pag. 21 : *Qui hunc* (annum 1543.) *secutus est, multis Antonii Borbonii Vindocini.... egregiis militaribus factis et urbium expugnationibus nobilis fuit : sed præcipue defenso Landrecio a Cæsare* (Carolo V.) *tam potenti exercitu, ac tot fortissimis ducibus, quos in comitatu habebat, obsesso. Tandem Anglo inde urgente, hinc Cæsare ex compacto cum ingenti exercitu, quem a Principibus Germanis impetraverat, descendente, cum distractis viribus utrique sustinendo hosti Gallus par esse non posset, parta ante aliquot menses memorabili illa ad Carinianum* (Cerizoles) *victoria duce Fr. Borbonio Angiano Vindocini fratre, etc.*

¶ **MIRABOLANUS**, Plinio, Myrobalanum, a Græco μυροβάλανος, Glans unguentaria Medicis nota. Statuta Astens. ubi de *intratis* portarum : *Mirabolani ponantur et solvant pro qualibet libra ponderis lib. 1.*

* **MIRABUTINUS**, Monetæ aureæ Hispanicæ species. Charta ann. 1242 : *Prior sanctæ Liberatæ.... dabit perpetuo unoquoque anno in die festo inventionis S. Stephani Aginni unum Mirabutinum aureum, sive decem asses.* Vide *Marabotinus.*

* **MIRACULARIUS**, ut *Miraculator*, Miraculorum patrator. Proem. Atheismi triumph. a Campanel. tom. 1. Act. liter. fasc. 2. pag. 68 : *Neque enim prophetam neque Miracularium me facio.* Actio quædam scenica, *Jeu de Miracle* appellatur, in Lit. remiss. ann. 1411. ex Reg. 165. Chartoph. reg. ch. 183 : *Le Dimenche xvj*[e] *jour d'aoust, les supplians jouerent armez, comme le jeu le requeroit, chacun un personnage à certain jeu de Miracle, qui fut joué en la parroisse de Sainceny, ou baillage de Coustantin.* Morbi vero genus, epilepsia scilicet, *Miracle de S. Widevert* dicitur, in Charta ann. 1428. ex Chartul. 21. Corb. : *Comme ledit feu Pierre dès longtemps feust entechié de plusieurs maladies, et entre les aultres, des Miracles de saint Widevert, et tellement que souventesfois cheoit à cop, perdoit sens et mémoire.*

¶ **MIRACULATOR**, Miraculorum patrator. Acta S. Wernheri tom. 2. Aprilis pag. 706 : *Ponentes super faciem et corpus tam præclari Miraculatoris sericium album.*

¶ **MIRACULOSE**, Divino et mirabili modo. Chron. Erfordiense ad ann. 1253. apud Schannat. Vindem. Litter. pag. 106 : *Et ne casus hic etiam non Miraculose contigisse videatur, in reversione sacerdotis idem factum protinus iteravit.* Laurent. Byzynius de Orig. belli Hussitici ann. 1419. apud Ludewig. tom. 6. Reliq. MSS. pag. 169 : *Dominus omnipotens Miraculose salutem Pragensi contulit civitati.*

* **MIRALE**, Speculum. Glossar. Gall. Lat. ex Cod. reg. 7684 : *Mirale, mirouer.* Aliud Provinc. Lat. ex Cod. 7657 : *Miralh, Prov. speculum.* Speculorum æreorum mentio fit in Lit. remiss. ann. 1397. ex Reg. 152. Chartoph. reg. ch. 111 : *Comme le suppliant eust marchandé à un nommé Berthelot Thiphaine, demourant en nostre ville de Paris, de fourbir et lui faire deux Mirouers d'acier pour mettre sur le coppe d'un bacinet; lesquelz Miroirs etc. Miraillier*, pro *Miroitier*, qui specula vendit aut elaborat, apud Rabelais. lib. 1. cap. 24. *Miroaillier*, Cotgravio.

MIRAMOMELINUS, Dignitatis nomen Saracenorum Chaliphæ propriæ, de qua multa diximus in voce *Amir :* quibus addo ex Gregorio Abul Faragio in Historia Dynastiarum pag. 110. ex versione Pocockii, de Omaro Chalifa filio Omari : *Cumque vocaretur Chalifa Chalifæ* (Vicarius Vicarii) *nuntii Dei, dixerunt, Longus est hic (titulus,) vocatus est ergo Amiral-muminin, (Imperator credentium) atque is primis hoc titulo insignitus est. Elmunimus* appellatur in Chronico Gottholusitano æra 1217. *Emir Elmunimus*, æra 1222.

* *Meremelin*, in Poem. reg. Navar. tom. 2. pag. 118 :

Que je ne vuil estre semblanz
Meremelin, ne ses parans.

* **MIRANDA**, Locus tecto columnis fulto coopertus, et a quo undequaque *mirari* seu videri potest. Charta ann. 1252. inter Probat. tom. 2. Hist. Occit. col. 541 : *Dono tibi Bernardo de Congusto et infantibus tuis unum localem ad ædificandum in castello meo, quod vocatur Villafort, qui locus est juxta Mirandam, quæ hodie est in eodem castello.* Alia ann. circ. 1190. in Chartul. Buxer. part. 8. ch. 3 : *Minori nepti meæ Clemenciæ dedi plantam, quæ est retro Mirandam, debentem viij. den. censuales.* Tabul. Auxit. : *Archiepiscopus cum canonicis Auxitanis in Miranda archiepiscopali constitutis capitulum facientibus etc.*

MIRANIMUS. Ordo Inclusorum, apud Raderum in Bavaria sancta : *Pambicium habeat, et Miranimum pulvinar.* Monstra verborum, pro *Pambicium*, legendum indubie *Bombycinum*, aut *bambacinum*. (vide in hac voce.) Pro *Miranimum* vero, non occurrit quod reponendum sit.

¶ MIRANTER. Epistola Eduardi II. Reg. Angl. ann. 1324. apud Rymer. tom. 4. pag. 26 : *Miranter audivimus, quod etc.* hoc est, Mirantes et attoniti, etc.

1. MIRARI, MIRARE, Sese in speculo intueri, Gallis *Mirer, se mirer*. Hispanis *Mirar*, est videre. Vita S. Eusebiæ Abbatissæ Hamaticensis cap. 4 :

Ipse meum speculum, simul exemplar venerandum,
Quo faciem Miror, quo mentem denique purgo.

Charta ann. 1258. in Hist. Eccles. Placent. in Regesto part. 2. n. 98 : *Et statuimus Mirari ad alium terminum, etc.* [Spicil. Acher. tom. 7. pag. 375 : *Murus... longo suo gyro et amplo interius spatio, amplissimos et plenos securitatis præbens illis, qui in turre Mirabantur, recessus.* Vide *Hinthica*.] Spectare, respicere, Ital. *Mirare*. [Joh. Demussis Chron. Placent. apud Murator. tom. 16. col. 491 : *Qui vult discere bene equitare, respiciat bene dictum recessorem, et ipsum Miret sicut sedet, et stat ad equum.*] Vide Salmasium ad Pollionem pag. 284.

* Nostris *Remirer* et *Mirauder*. Lit. remiss. ann. 1405. in Reg. 160. Chartoph. reg. ch. 268 : *Le suppliant en alant un soir bien tart droit à son domicile, passa pardevant l'ostel d'un sien cousin, qui lui dist : Hua! vous allez Miraudant etc.* Lit. remiss. ann. 1432. in Reg. 174. ch. 145 : *L'exposant fist songneusement Remirer et visiter icellui Mahienet par les mires d'Otsy.* Guill. Guiart. ad ann. 1241 :

François qui aus yex les Remirent.

Vide in *Mirari* 1.

* 2. MIRARE, Collineare. Charta ann. 1204. apud Murator. tom. 4. Antiq. Ital. med. ævi col. 212 : *Quod sicuti via vel limes, qui vel quæ per Folium vadit, et a Bononiensibus Mutia appellatur, extenditur per directum vel Mirat usque ad viam de Baffis inferius a Roncolamberto.* Vide supra *Mira* 3.

* 2. MIRARI, perperam pro Morari, in Arest. parlam. ann. 1323. ex Reg. 61. Chartoph. reg. ch. 305 : *Uxore et familia dicti Gombaudi Mirantibus et remanentibus in domo seu aula castri de Bussaco.*

¶ MIRATIVE, Mirabiliter. Narratio de Origine monast. Montis S. Mariæ apud Leibnit. tom. 2. Script. Brunsvic. pag. 427 : *Qui tibi tam Mirative dedit vivere, cum seclusa fueris ab aere?*

* MIRATOR. Vide infra *Miro* 2.

MIRATORES. Glossæ Isid. et Pithœanæ : *Miriones, miratores*. Supra : *Miriones, fantasiarum inanium numeratorum*. Leg. *Miratores*. Glossæ antiquæ MSS. : *Mirones, phantasiæ Miratores.*

MIRCENA, Lex Merciorum, una e tribus quæ in Anglia obtinuerunt, ut est in Leg. Henrici I. Reg. Angl. cap. 6. Vide *Lex*.

MIREDILA. Gloss. Gr. Lat. MS. : Ψίλωθρον, *Mirendila*. Alibi : *Mirendila*, ψίλωμα, ἤτοι ψίλωθρον, Edit. habet *Miredila*.

MIRGUS. Matth. Paris ann. 1224. de falso Balduino : *Procuravitque ut prædictus pater suus ignominiose suspenderetur : nam hinc et inde fecit duos canes, veteres scilicet Mirgos, suspendi.* Ubi legendum *mergos* recte adnotat Watsius : Ita enim dicuntur canes urinatores, quos Galli *Barbets*, Angli vero *Divers*, et *Water-doggs* appellant.

¶ MIRICÆ, Terræ incultæ, vepribus et dumetis abundantes; interdum et ipsa dumeta, nostris vulgo *Bruieres*. Charta ann. 1294. apud Miræum tom. 2. pag. 879 : *Præterea curtem ipsorum de Nuwelanda cum bonis antiquis, in agris, in paludibus, Miricis, pascuis, et omnibus pertinentiis.* Index MS. benefic. Eccl. et diœc. Constant. fol. 51 : *Rector... percipit.... omnes fructus et decimas bladorum et leguminum, agnorum, lanarum, porcellorum, apumque et nemorum, Miricarum in sua parrochia venditorum.* Vita S. Yvonis tom. 4. Maii pag. 604 : *Johannes quidam... prægrandi Miricarum oneri succumbens, etc.* Adde tom. 4. Gall. Christ. inter Instr. col. 322. 422. et Eccardum Hist. Landgr. Thur. col. 314.

¶ MIRIDICUS, *Mira dicens*. Gloss. Isidori.

MIRIFICARE, *Mirum facere*. Jo. de Janua. Will. Brito lib. 12. Philipp. :

. . . . . Virtutum quibus illum cælica virtus
Mirificat.

* MIRIGERULUS, Qui miro quodam modo erigitur et stat. Mirac. S. Emmer. tom. 6. Sept. pag. 504. col. 2 : *Tum videntes, qui aderant, in novo martyris Mirigerulo plenam staturam, etc.*

* MIRINGÆ, MIRINGUÆ, Panniculi duo, qui circumdant cerebrum, quorum alter crassior, *dura mater* vocatur; alter *pia mater*. Lit. remiss. ann. 1330. in Reg. 66. Chartoph. reg. ch. 1114 : *Dicta Ayronis impotens de omnibus membris suis seu ipsorum majori parte facta, ac craneto usque ad cerebrum, et ossibus sui corporis ac Miringuis, sive tela cerebri, totaliter effractis... obierat..... Phisici et surgici prædicti non invenerunt... dicti corporis aliquam membri seu ossium aut cranei sive testi vel Miringarum sive telæ cerebri difflationem, cassaturam seu fractionem, aut livores aliquos, nec concussiones, etc.* Vide supra *Matres Cerebri* in *Mater* 3.

¶ MIRIONES. Vide *Miratores*.

¶ MIRITER, Mirifice. Vita B. Hrosnatæ tom. 3. Julii pag. 808 : *Miriter attollenda laus divina; ad hanc vocem corpusculum paulo ante frigidum et rigidum, calidum et molle paulatim efficitur.*

¶ MIRLE, Species accipitris, Alberto M. lib. 23. de Animal. cap. 14. et Germanis. Vide *Smeriliones*.

¶ MIRMET, Parvus. Chron. Andrense tom. 9. Spicil. Acher. pag. 445 : *Prior de Faxineto magister Petrus cognomento Mirmet, id est, parvus, inter nos et ipsos factus est mediator, et de assensu omnium huic loco datus est pastor.* Nostris *Marmot* eadem notione : sed haud scio an inde deducenda vox *Mirmande*, ut civitatem parvam significet, uti antiquiores esse solent. Le Roman de *Blanchandin* MS. :

Blanc au vilain demande,
Amis, qui est ceste Mirmande?
Li vilain respont sans essoine :
Sire, fait-il, c'est Carsidoine,
Une cité vieille et antive.

* Et *Mirmidon*, parvus. Provinciales *Mermar* dicunt, pro imminuere, decrescere. Hinc *Mirme*, Naviculæ species, in Assis. Hierosol. cap. 314 : *Que la mise, que fu ordenée pour les Mirmes et pour les galées, soit abatue.*

¶ MIRMICOLEON, *a mirmica et leon, quod est leo, componitur... est parvum valde animal formicis adversum.* Joan. de Janua. Vide *Formicoleon*.

* Glossar. Lat. Gall. ex Cod. reg. 7692 : *Mirmicoleoum, une barbelote, bestelote.*

MIRMUMNI. Vide *Amirmumnes* in *Amir*.

* MIRNUTIA *invenitur in libris antiquis, et est pustula parva, quæ vocatur formica.* Glossar. medic. MS. Simon. Januens. ex Cod. reg. 6959.

1. MIRO, in Gloss. Lat. Gall. MS. ex Bibl. Thuan. Cod. 525 : *Regarderres de belles femmes.* Vide *Mirari*, *Miratores*.

* 2. MIRO, MIRONIS, *Secundum Hugicium a Miron, quod latum dicitur unguentum; vel a Miror, miroris, idem est quod unguentarius vel mirator. Inde etiam Mirocopos, qui laborat circa unguenta facienda vel vendenda; et Miropola, id est, venditor unguentorum; et Miropolium, id est, domus ubi fiunt vel venduntur unguenta.* Conradi Fabularius MS. Hinc nostris *Mire*, pro Medicus, chirurgus vel medicamentarius. Mirac. S. Ludov. edit. reg. pag. 406 : *Lequel Guillot demanda et quist conseill des Mires, qui li distrent que il convendroit trenchier son pié.* Lit. remiss. ann. 1389. in Reg. 138. Chartoph. reg. ch. 98 : *Eviat estant sergent de guet à cheval de nuit s'accompagna d'un nommé Colin le Conte Mire.* Infra : *Cirurgien. Un mire ou cyrurgien*, in aliis ann. 1390. ibid. ch. 163. *Mirresse*, quæ medicamenta adhibet, apud Guignevil. in Peregr. hum. gen. MS. :

Je sui de tout gouverneresse
Et de tous mais je sui Mirresse.

* Unde *Mirer* et *Mirgiciner*, Medicari. Consuet. marit. tom. 1. Probat. Hist. Brit. col. 787. art. 7 : *Mais si le maistre les envoye en aucun service pour le prouffit de la neff, et ils se blessent en nom de luy; ils debvent estre guerris et Mirez sur les cousts de la neff.* Lit. remiss. ann. 1425. in Reg. 173. ch. 289 : *A l'occasion desquelles bleceure et navreure icellui Ahaume Noise a maludé par l'espace d'un mois, pendant lequel le suppliant l'a fait Mirgiciner et visiter par les plus expers et souffisans Mires et barbiers de la ville de Reims.* Quæ omnia a Græco μύρον, unguentum, arcessenda videntur. Vide *Remirer* in *Mirari*, 1.

* MIROBOLANUS, a Græco μυροβάλανος. Glossar. medic. MS. Simon. Januens. ex Cod. reg. 6959 : *Mirobólanos Cornelius Celsus dactilos vocat; multi etiam Fenicobolanos.* Vide *Mirabolanus*.

* MIROCOPOS. Vide supra in *Miro* 2.

* MIROLARI. Glossar. Provinc. Lat. ex Cod. reg. 7657 : *Fauleiar, Prov. fabulari, Mirolari.*

¶ MIRONES. Vide *Miratores*.

* MIROPOLA, MIROPOLIUM. Vide supra in *Miro* 2.

¶ MIROPOLUM, Taberna mercatoria. Vide *Selda*.

¶ MIRRHINUM, *Genus optimi vitri, et*

sapphirini coloris, *inde mirrhina vasa dicuntur.* Papias. Vide supra *Mazer.*

1. **MIRTA**, [pro *Myrtus.* Vita B. Columbæ Reatinæ tom. 5. Maii pag. 388. * : *Cum floribus lauri et Mirtæ.* Alia notione,] vide in *Græciscus.*

* 2. **MIRTA**, Locus pascuus et aquis irriguus. Charta ann. 1264. in Chartul. S. Dion. pag. 249. col. 2 : *Cum duobus arpentis prati cum quadam noa seu Mirta.*

* **MIRTUS**, Mensuræ species. Glossar. Lat. Gall. ex Cod. reg. 7692 : *Mirtus, Gauge.* Vide supra *Gauja.*

¶ 1. **MISA**, Impensa, a Gall. *Mise.* Charta ann. 1215. apud Marten. tom. 1. Ampliss. Collect. col. 1124 : *Pro tribus rachatis, quæ ibi dominus Rex habebat, et pro magnis expensis et Misis, quas ibi facerat.* Charta ann. 1234. in Tabular. Autissiodor. : *Et quoniam Misæ et expensæ prisiarum et arestorum burgensium Autissiodorensium pagari solent de censa supradicta, nos pro hiis Misis et expensis, etc.* Mandatum Eduardi I. Reg. Angl. ann. 1304. apud Rymer. tom. 2. pag. 954 : *Vobis mandamus quod circa Misas et expensas prædictas, talem ac tantam diligentiam et solicitudinem apponatis, etc.* Chartular. 2. Campaniæ ex Bibl. Colbert. fol. 166 : *Et isti non reddunt nec gellagium, nec minagium, nec aliam costumam in villa, nec aliquid ponunt in Misis villæ.* Hinc

¶ Misæ, apud Th. *Blount* in Nomolex. Anglic. dicuntur etiam præstationes illæ, quas ob fruendas pristinas immunitates Cestriæ Palatinatus subditi novo cuique Comiti impendunt.

¶ 2. **MISA**, Idem quod *Misericordia*, Arbitrium. Scaccarium Paschæ ann. 1220. apud D. *Brussel* tom. 1. de Usu feud. pag. 602 : *Judicatum est, quod omnes illi burgenses de Bernaio qui erant in villa Bernaii quando Judæus interfectus fuit, et qui non venerant ad clamorem, sunt in Misa domini Regis, nisi unusquisque per legem Sextaniam partem suam defendat.* Frequentior formula, *in misericordia Regis*, ut videre est in *Misericordia*, sed eadem notione. Pro Arbitrium, Gall. *Arbitrage*, sumitur in Charta ann. 1262. apud Rymer. tom. 1. pag. 739 : *Tam ipse, quam Barones sæpedicti se ponerent in Misam in hac forma : ut scilicet, tres pro parte Regis, tresque pro parte Baronum ad hoc eligerentur.... Cum igitur, per formam Misæ supradictæ, ad nos exnunc pertineat rem ipsam per dictum nostrum inter memoratos Regem et Proceres suos diffinire.* Adde aliam ann. 1264. ibid. pag. 793. *Mise*, eodem sensu occurrit apud Bellomanerium cap. 4 : *Procureur ne puet fere paix ne Mise.* Cap. 34 : *Soi mettre en Mise.* Charta ann. 1284 : *Nous avons fait Mise amiablement par commun accord de haut et bas et redoutable Pere Simon Archeveque de Bourges.* Hinc etiam *Miseur*, pro Arbiter, apud eumdem Bellomaner. cap. 41.

* Petrus de Font. in Cons. cap. 18. art. 1 : *Mise, ce dist le lois, est ramenée à la semblance des jugemens, et apartient à finer les plais.* Charta ann. 1286. ex Tabul. S. Petri Insul. : *Arbitre, diseur, Miseur u ordeneur, pris dou consentement des parties.* Lit. compromis. ann. 1284. apud Marten. tom. 1. Anecd. col. 1194 : *Et ne doit, ne puet awech iaus i estre tiers, qui Miseres soit aveck iaus, ne mettre ne l'i puet souverains, ne autres, se nous et li dit Miseur ne nous i accordons tout et ensanle. Miseur* præterea appellari videtur, qui rem aliquam alterius nomine curat et exsequitur, in Charta Joan. ducis Brit. ann. 1429. ex Bibl. reg. : *Avons commis et ordonné Guillaume Lescuier Miseur de l'édifice et fondation d'icelle chapelle.* Vide infra *Misia* 2. et *Missus* 3.

¶ 3. **MISA**, pro *Mina*, ni fallor, Fodina, Gall. *Miniere.* Fragm. Hist. Britan. apud Marten. tom. 3. Anecd. col. 833 : *Captivi vero videntes hunc turbinem, per abdita insulæ omnes fugerunt, attamen ex his fuit unus magnæ invasionis audax, qui bibliothecam, quæ usque hodie in Ecclesia Nannetensi habetur, in collo suo accipiens, fugit, ut se sicut alii Misis latitaret.*

* 4. **MISA**, Quævis exactio seu præstatio. Charta Theob. comit. in Chartul. Campan. fol. 331. v°. : *Dedi dilectis meis, abbati et conventui de Nigella unum modium frumenti liberum ab omni Misa.*

* 5. **MISA**, Reditus, dominium. Charta Guill. domicelli ann. 1254. in Chartul. Buxer. part. 18. ch. 4 : *Assignavi dictos viginti solidos super Misam meam de Jusse.* Hinc fortassis *Miscie*, pro Jurisdictio, districtus, in Hist. contin. belli sacri apud Marten. tom. 5. Ampl. Collect. col. 719 : *Après ceste bataille ala l'empereor assegier une forte cité mult efforciement, qui estoit de la Miscie de Melan, et avoit nom Vincence.*

* *Mise* vero et *Misaille*, idem quod Sponsio, pignus, vulgo *Gageure*, *enjeu.* Lit. remiss. ann. 1395. in Reg. 149. Chartoph. reg. ch. 162 : *Lesquelx des Olches et Poitevin se prisdrent à jouer au jeu des dez, tant que débat se meut entre eulx sur une Mise ou fermaille qu'ilz avoient faite, et que ledit Farineau et ceulx de son costé jugerent contre icelui des Olches.* Aliæ ann. 1476. in Reg. 195. ch. 1671 : *Thomas Campion demanda à Jehan Cave, s'il vouloit point faire une gagure ou Mise.* Aliæ ann. 1395. in Reg. 149. ch. 105 : *Jehan Nicolas, qui avoit fait avec le suppliant certaine Misaille, par laquelle ledit suppliant avoit de lui gaigné une quarte de vin etc.* Denique aliæ ann. 1471. in Reg. 197. ch. 146 : *Fut fait Misaille entre icellui René et ung nommé Bouchart, se lesdites fleches avoient passé une merche ou bute parlée entre eulx etc.*

MISBOTA, in Legibus Kanuti Regis cap. 2. mendose pro *Mægbota*, ut observat Somnerus : ex Saxon. mægbote, *compensatio occisi cognatis competens.*

* **MISCEDANTIA**, Rixa, jurgium, Ital. *Mischia.* Stat. crimin. Riper. cap. 175. fol. 24. r°. : *Quod aliqua persona non debeat currere nec ire cum armis seu aliquo genere armorum ad aliquam rixam, Miscedantiam vel rumorem.* Vide *Mesleia* et mox *Misclantia.*

MISCELLA. Vide *Mesleia.*

MISCELLIO, *Qui novit artem miscendi diversos cibos vel potus.* Jo de Janua. [Festo, *Miscelliones* appellantur, *qui non certæ sunt sententiæ, sed variorum mixtorumque judiciorum.*]

1. **MISCERE**, Confabulari, *miscere sermones.* Capitula Caroli M. de rebus divers. ann. 789. cap. 10 : *Præcipimus ut Episcopi, vel Abbates non vadant per casam Miscendo.* Concil. Aquisgranense II. capit. 1. can. 4. de iisdem : *Neque irreligiosis, vel indisciplinatis locutionibus, tam in domibus, quam in forinsecis conventiculis omnino indulgeant.* Capitula Adalhardi Abbatis cap. 47 : *De Miscendo in sacrario, et cito liberando.*

2. **MISCERE**, Sese immiscere. Gregor. M. lib 7. Ind. 1. Epist. 1 : *Et juravit de omnibus quæ adversus eum dicta de mulieribus, vel ex schismate simoniaco fuerant, Mixtum se non esse*, i. quod de hisce rebus se non immiscuerat. Gregor. Turon. lib. 6. cap. 11 : *Clerici autem qui sceleri huic Mixti fuerant, etc.* Lib. 7. cap. 23 : *Loquebantur tunc multi hominum Medardum Tribunum in hoc scelere Mixtum fuisse.* Edictum Rotharis Regis Longob. tit. 59. § 3. [** 166.] : *Purificet se maritus cum sacramentalibus suis legitimis, quod Mixtus in mortem mulieris non sit.*

¶ 3. **MISCERE**, Vinum, vel quemvis alium liquorem infundere, ministrare. Vide *Mixtum* 1.

* Poculum vini aqua mixti sumere. Epist. Wigon. an. circ. 983. apud Pez. tom. 6. Anecd. part. 1. col. 119 : *Fratribus omni sabbato pro caritate Miscendum post mandatum, aliisque summis festis utendum, non modicum vini empturi sumus cum illa pecunia, quam utrique nostri dominorum largiti sunt.* Neque alio sensu intelligenda Capitula Adalhardi laudata in *Miscere* 1. teste Mabill. in Tract. de Missa et Commun. pag. 62. Consule præterea D. Claud. *de Vert* in Dissert. ad hanc eamdem rem pag. 279.

¶ **MISCETOR**, pro *Mistor. Ut Miscetor Deus elementi suscepit membra mortalia*, in Sacram. Gall. apud Mabill. Musei Ital. tom. 1. pag. 289. col. 2.

¶ **MISCHEA**, Sarracenis, Ecclesia. De V. Mart. Francisc. in India tom. 1. Aprilis pag. 55 : *Ipse Melich ædificari mandavit quatuor Mischeas, id est, Ecclesias, in memoriam Martyrum beatorum.* Vide supra *Meschita.*

* **MISCHENNINGE**, Idem quod *Miskenning.* Vide in hac voce.

MISCHINUS, Gall. *Meschin.* Charta Veremundi Regis æræ 1070. ex Tabulario Ecclesiæ Lucensis apud Bivarium : *Dicentes quod habebant de illos grande damnum et malefacturia in Ecclesias et Meskinos, etc.* Charta Sanctii Reg. Aragon. æræ 1131. apud Suritam lib. 1. Ind. Catellum in Hist. Comitum Tolos. pag. 93. et *Yepez* : *Cum omnibus decimis suis, cum villis et mansis, et cum omnibus hominibus et Mischinis suis, et posteritate illorum.* [Tabular. Pinnat. apud Moret. Antiquit. Navar. pag. 384 : *Do et concedo S. Juliano illos sex Mesquinos quos habeo in Binies.* Charta Veremundi Iranensis Abb. ibidem pag. 618 : *Senior Lope... misit omnem radicem suam quam habebat in villa, quæ dicitur Sotes, etiam et Mezquinos quos ibi habebat, ad monasterium B. Mariæ de Iran.*] Apud Francos mediæ ætatis Scriptores sumitur vox *Meschin*, pro adolescente, et juvenculo. Le Roman *de Garin* :

Trés-bien le lievent et vieillart et Meschin.

Alio loco :

Les hyaumes mettent maintenant li Meschin.

Rursum :

Li Loberans fu à l'eschole mis,
Tant come il fu jovenciax et Meschins.

Idem Poeta :

Alés en fuerre, s'ils vous plait, le matin,
Si vous sivront et donzel et Meschin.

Alibi :

Vos estes janes jovenciaux et Meschins.

Idem :

Envoyez-le l'Emperere Pepin,
Si fera bien Chevalier le Meschin,
Ses parens est, et ses cousin germain.

Le Roman *de Guillaume au Court-nez* MS. :

Nous sommes quinze mille Meschins et bacheler,
Qui devons nostre pris et nos los acheter.

Philippus *Mouskes*, de filia Comitis Flandriæ :

A Lille vint à la Meschine,
Qui mult estoit vaillans et fine.

Alibi :

Ses filles qu'il avoit enkor,
Dit la Roine Alienor,
Ale ot a nom, cele Mescine
Dont li boins Rois a fet Roine, etc.

Chronic. MS. Bertrandi *du Guesclin*, de Henrico Notho Castellæ Rege :

Dit qu'il le livrera à Henry le Meschin.

In Monast. Angl. tom. 1. pag. 74 : *Ex dono Alani de Perci le Meschin.* Et tom. 2. pag. 16 : *Willelmus Peverellus le Meschines.* Sic *Meschines* pro puellis usurpat le Roman *de Garin :*

Au matin lievent Meschines et pucelles.

Le Roman *de Rou* MS. :

Li Duc de Normendie avoit une serour,
Meschine parcrue, mez n'avoit pas Seignour,
Guillaume de Poitiers torna vers lie s'amour,
La fretes li douna, et cil en fit soisour.

Alibi :

Puis li douna une Meschine :
Fille Torchetil Leceline.

Idem Poeta :

Une Meschine i ont amée,
Arred out nom, de borjois née,
Meschine iert encore et pucelle
Avenant li sembla et belle, etc.

Postmodum vero pro famulis et ancillis vox usurpata, quod juvenculi, et puellæ, potissimum, dominorum aut dominarum servitio sese addicant. Willelm. *Guiart* sub ann. 1185. de Coterellis verba faciens :

Des sains corporaus des Yglises
Faisoient volez et chemises
Communément à leurs Meschines,
En despit des euvres divines.

Vetus Poeta MS. e Bibl. Coislin. :

Quant riens ne sai de son couine,
Se el est Dame de Meschine.

Infra :

En la chambre ot une Meschine,
Qui moult est de gentill orine.

Chron. Bonæ Spei pag. 348 : *Ordonnons que à nostre venerable frere en Dieu Abbé de Bonne Esperance, pour son gouvernement, pour un serviteur et pour une Meschine, et pour vin, cervoise, etc. pour chascun mois sera baillié par le Commis* 20. *livres.* Eadem notione etiamnum Picardi nostri *Mequaine* dicunt pro famula.] Vide Stabilimenta S. Ludovici lib 1. cap. 138. [vel 140. Edit *D. de Lauriere* tom. 1. Ordinat. Reg. Franc. pag. 224. ubi vox *Meschinnage* occurit pro famulatus, Gall. *Service ;* quod minus recte pro Lupanar interpretatus est D. *de Caseneuve* in Origin. Gall.] Consuet. Hannoniensem cap. 38. urbis Insulensis cap. 113. Italis *Meschino*, infelicem, miserum sonat. Dantes 50. 3.

Ne la sembianza mi parea Meschino.

Ita etiam usurpatur a Raimundo Montanerio in Chron. Aragon. cap. 127 : *E les gents Mesquines, velles et pobres, etc.* Vide Menagii Orig. Gall. et Ital. et Oct. Ferrarium.

MISCHITA. Auctor Mamotrecti ad Cantic. cap. 7 : *Monilia sunt Mischitæ, id est ornamenta colli.*

MISCITARE, Miscere, [Gall. *Mesler.* Marten. de Rit antiq. Eccl. pag. 176 : *Miscitat ipsa chrisma cum aqua, et spargit per omnes fontes, et super omni populo.*] Incertus agrimensor : *Collectaculum de carbonibus in calce Miscitatis.*

MISCLA. Vide in *Mesleia.*

* **MISCLANTIA,** Idem quod supra *Miscedantia.* Stat. Mantuæ lib. 1. cap. 17. ex Cod. reg. 4620 : *Consules villarum districtus Mantuæ teneantur denuntiare incontinenti vicario suo omnes rixas et Misclantias, atque gravia maleficia.* Et cap. 56 : *Si quis fecerit rumorem vel Misclantiam sine armis admenando contra aliquem et non percusserit, in quinque libris parvorum puniatur.* Vide in *Mesleia.*

MISCRAVATIO, [Injusta postulatio.] Vide *Cravare.*

MISCULARE, Miscere, unde Gallis, *Mesler.* Edictum Pistense cap. 23 : *Faber vero qui post præfatas Kalendas comprobatus fuerit aurum vel argentum ad vendendum vel emendum adulterasse, vel Misculasse, etc.* Hincmar. Remens. de Coercendis militum rapinis : *Quoniam de istis rapinis ac deprædationibus nihil vos debeatis Misculare, unusquisque sua defendat, ut potest.* Galli dicerent, *Vous ne devez pas vous Mesler des rapines, etc.*

* Ital. *Mescolare.* Stat. Riper. cap. 225. fol. 29. v°. : *Nulla persona audeat pillum Misculare cum aliqua lana etc.*

Misculatio. Vetus Placitum sub Carolo M. apud Sammarthanos in Episc. Massiliensib. : *Et sicut alias res ipsas quæ juste ad Domnum Regem Karolum obtingebant in alode, Antener adhaberet per ipsam Misculationem, seu et ipsam Caladium villam, visus fuit de ipsa casa Dei abstrahisse.*

Commisculare, Miscere, commiscere. Capitul. Caroli. C. tit. 16. cap. 7 : *Qualiscumque de vobis tali modo in isto facto Commisculatus est.* Tit 25. cap. 8 : *Ut Rex Christianus cum Rege Regum Christo concordet, et alienæ perditioni se non Commisculet.* Formula vulgaris, *se Mesler des affaires d'autruy.*

Commisculus. Gloss. Lat. Gr. : *Commisculus*, κοινός.

MISDICERE, Alienæ famæ detrahere, Gall. *Mesdire.* Hincmarus Laudun. Episc. contra Hincmarum Remensem : *Rex dixit, quod Misdictum illi fuerat, et easdem res ab Ecclesia Laudunensi distrahere nolebat.* [* Ital. *Misdire.* Nostris *Malparler*, maledictio, detractio. Charta Joan. abb. S. Germ. Prat. ann. 1352. in Reg. 81. Chartoph. reg. ch. 493 : *Voulans encore eschiver les obloquœions et Malparler de plusieurs médisans, etc.*] Vox autem *mis*, vocibus addita, vitium vel defectum denotat etiam apud Danos. Gloss. Ulphilæ Gothicum : *Missa*, defectus, error. Vide Resenium ad Canuti II. Regis Daniæ Jus aulicum pag. 586. Observat. Junii in Wileram. pag. 35. 36. Gillii Logonom. Anglic. cap. 9. et Walisii Grammat. Ling. Anglic. cap. 14. pag. 116. [** Graff. Thes. Ling. Franc. tom. 2. col. 862.]

MISDOCERE, Male docere, haud recte instituere. Leges Alfredi et Godrini cap. 3 : *Si Presbyter populum suum Misdoceat de festo, vel de jejunio, reddat* 30. *sol.* Editio Saxon. habet misvissian, a verbo vissian, al. gevissian, instruere, docere, et mis, male, inique.

¶ **MIS-DU,** Niger, *Mis-kerzu*, æque niger. Sic menses Novembrem et Decembrem vocant Armorici Britones, quod inter duos hos menses sol quasi stet iterum ascensurus.

* **MISELE,** Capitis tegumentum quoddam videtur. Lit. remiss. ann. 1460. in Reg. 192. Chartoph. reg. ch. 80 : *Dictus Georgius supplicanti unum magnum ictum in spatulis dedit, et alium super suum Misele, et plures ictus etc.* Vide *Milienda.*

* **MISELEUM,** f. pro *Mausoleum*, ut suspicantur docti Editores, ad Acta S. Aureæ tom. 4. Aug. pag. 760. col. 1 : *Taurinum vero et Herculanum in portu Romano abscondit, beatum Theodorum tribunum posuit in Miseleo suo.*

MISELLI, Leprosi. Gloss. Lat. Gall. : *Lepra, Mesellerie. Leprosus, Mesiaus.* Matth. Paris ann. 1254 : *Ecclesiæ S. Juliani ubi Miselli, et Ecclesiæ S. Mariæ de Pratis, ubi Misellæ vix habent vitæ necessaria.* Charta ann. 1165 : *Assignati sunt sex illi denarii Misellis de Mileduno semper habendi in festo S. Remigii.* Alia Raimundi Episcopi Magalon. : *Si Misellus vel Misella, Leprosus vel Leprosa recipi in domo voluerit.* Liber Revelationum Anonymi cap. 37. de duabus virgunculis lepra infectis : *Cutis superficie, (sicubi tamen cutis potuit superesse Misellis) immaniter pustulis frequentissimis turgescente.* Adde Vitam S. Clari Abbat. Viennens. num. 6. et Gariellum in Episcopis Massiliensib. pag. 107. *Mesel* Gallis medii ævi. Nangius MS. in Dagoberto : *Leens estoit demouré un Mesel, qui s'estait bouté et mussié en un anglet.* Bellomanerius MS. cap. 62 : *Quand Mesiax apele home sain, ou quant li homs sain apele un Mesel, li Mesiax pot mettre en défense qu'il est hors de la loy mondaine.* Vetus Consuet. Normanniæ MS. : *Li Mesel ne poent estre heirs à nului, portant que la maladie soit apparoissante communément, mais il tendront leur vie l'eritage que il avaient ains que il fussent Mesel.* Assisiæ Hierosol. MSS. cap. 128 : *Qui se veaut clamer par l'assise d'Esclaf ou d'Esclave, que il ait acheté, qui soit Mesel ou Meselle, ou que il chiet mauvais mau.* Le Reclus *de Moliens* MS. :

Que tes oreilles estoupas
Au Mesel pauvre pelerin
Lazarou, sans que tu soupas.

Occurrit passim apud Poetas vernaculos ævi medii. *Misello* apud Joan. Villaneum lib. 8. cap. 108.

MISELLARIA, Domus Leprosorum. Charta ann. 1245. in Regesto Comitum Tolosæ pag. 45 : *Concessit Galhardæ de Mets et Bertrando de Miravel Leprosis et omnibus Fratribus et Sororibus domus Misellariæ portæ Narbonensis, etc.* In Charta sequenti, interdum *domus Leprosariæ*, interdum *Misellariæ*, dicitur. Alia ann. 1236 : *Et tenet ultra Misellariam de Veceriis.* Tabular. Prioratus de Domina fol. 127 : *Debet 12. den. de campo in quo est Misellaria.* Perdiccas Ephesius de Themat. Hierosolymit. : Λελεπρωμένων ἀσθενῶν ἀρχαῖαι κατοικίαι. Hinc emendandæ Consuetudines Tolosæ : *Si aliquis donaverit... aliquod feudum, seu honorem,.... alicui domui religionis.... vel personæ religiosæ seu hospitali, vel Macellariæ, vel alteri loco, qui sub nomine religionis censeatur.* Ubi legendum indubie *Misellariæ*. *Mesellerie* pro ipso morbo. Gloss. Lat. Gall.: *Lepra, Elephantia, Mesellerie.* Le Pelerinage *de l'humaine lignée :*

Homs qui ne set bien discerner
Entre santé et maladie,
Entre le grant Mesellerie,
Entre le moienne et le meure.

Vide Consuetudines Aurelianens. art. 425. [et *Mesclaria.*]

* Lepræ curandæ remedium, de quo penes medicos stet judicium, produnt Lit. remiss. ann. 1408. in Reg. 163. Chartoph. reg. ch. 223 : *Guiselin de Rebesnes pria ladite Perrette qu'elle voulsist bailler ledit enfant mortné, et lui jura et afferma que ce n'estoit pour aucun mal faire; mais seulement lui mettroit on un pou d'oignement en la main et lui en feroit on oindre le visage du seigneur, qui estoit Mesel; et par ce sa raffle lui charroit de son visage.*

MISELLINUS, pro *Misellus*, apud Rabanum Maurum hymno 26. de Charitate :

Nutu Dei felix homo conlætatur fratribus,
Misellinis et pupillis, egenis et orphanis.

MISERABILES PERSONÆ, in leg. un. Cod. Justin. Quando Imp. inter pupillos, vel viduas, vel miserabiles personas, etc. (3, 14.) *Fortunæ injuria Miserabiles*, in leg. 2. Cod. Th. de Officio judicum omnium. (1, 10.) *Miseri homines*, in Append. Cod. Theodos. Const. 1. [Statuta Vercell. lib. 1. f. 7 v°. : *Item quod Potestas sive rector teneatur eligere unum judicem Vercellarum qui.... consilium et patrocinium prestabit... viduis et orphanis, pauperibus et aliis Miserabilibus personis que propter paupertatem.... non erunt sufficientes ad expensas in ea faciendas.* Advisamenta Styli curiæ Eccl. Brioc. : *Promotor curiæ adjiciet : Causas miserabiles et Miserabilium personarum posse tenus promovebo.*] [** Vide Haltaus. Glossar. Germ. col. 1450.]

¶ MISERABILIA LOCA, Gall. *Lieux de pieté*, vel ut olim dicebant, *Lieux pitoiables*, ubi scilicet *miserabiles* seu pauperes recipiuntur. Litteræ Philippi V. Reg. Franc. ann. 1320 : *Præfati beatissimi Ludovici proavi nostri sanctam intentionem quam ad Domum Dei prædictam et alia pia et Miserabilia loca semper habuit attendentes.*

¶ **MISERABILITAS**, Commiseratio. Guibertus in Vita sua lib. 1. cap. 2 : *Felix nempe alias in eo se infinitæ non tam miseriæ quam Miserabilitati addixit.*

¶ MISERABILITAS, Miseria. Concil. Dertus. ann. 1329. inter Hispan. tom. 3. pag. 666 : *Quorum astutia fraudulenta sub Miserabilitatis et oppressionis colore ad vetita peragendum excogitatas nititur semitas invenire.* [* Joan. de Cardalhaco sermo in Natale Domini : *Tertio attende homo ad pœnæ afflugibilitatem sive Miserabilitatem, cum dicit, quod repletur multis miseriis.*]

1. **MISERATIO**, Græc. οἰκτιρμός. Rufinus Presb. in Psal. 50 : *Misericordiæ virtus inseparabiliter in Deo est : cum autem ex hac misericordia nobis aliqua beneficia tribuuntur, Miserationes dicuntur.* Charta Guillelmi Archiepiscopi Dom. Parteniacensis ann. 1169. ex Tabulario Absiensi fol. 26 : *Dono eisdem et concedo in eleemosynam terras et talleas earum, et quidquid mei juris est in eis quas habitatores Absiæ acquisierunt, vel acquisituri sunt in cunctis feodis meis, excepto quod si propter acquisitionem terrarum amode acquirendarum alicujus feodati mei servitia amiserim, Abbas Absiæ inde Miserationem meam expostulet.* Vide *Merces.*

¶ 2. **MISERATIO**, Preces quæ statis diebus pro defuncto funduntur. Canones Hibern. tom. 9. Spicil. Acher. pag. 12 : *Si vero eadem familia Miserationem animæ ejus in die VII. fecerint, reddet amicus precium ejus, et sedatium commune.* Vide in *Memoria.*

* 3. **MISERATIO**. MISERATIONE DIVINA, Formula non episcopis tantum, sed et abbatibus usitata. Charta ann. 1280. ex Bibl. reg. : *Mathæus Miseratione divina ecclesiæ beati Dionysii in Francia abbas humilis etc.*

* 4. **MISERATIO** SACERDOTALIS, Absolutio, ut videtur, a peccatis. Charta ann. 1163. in Chartul. Cluniac. : *Ad infirmos etiam non accedant* (monachi) *nisi vocati, neque sacerdotalem Miserationem aliquando exhibeant.*

* 5. **MISERATIO**, Parcimonia. Comœd. sine nomine act. 2. scen. 1. ex Cod. reg. 8163 : *Sumptus pro voto sine Miseratione capite.*

* **MISERATRIS**, Misericors, Gall. *Miséricordieux*, alias *Miséricors*. B. de Amoribus in Spec. sacerdot. MS. cap. 29 :

Sis pauper, mitis, lugens, justus, Miseratris.

Doulz et miséricors, in Lit. ann. 1372. tom. 5. Ordinat. reg. Franc. pag. 496. Aliæ ann. 1413. in Memor. H. Cam. Comput. Paris. fol. 18. v°. : *Lesqueles choses sont dures, inhumaines, dampnables, iniques, cruelles et déraisonnables, par especial en royaume tres chrestien, Miséricors et catholique, comme le nostre est et doit estre.* Vide *Misericordiosus.*

¶ **MISERIA**, Commiseratio. Chron. Mauriniac. ubi de morte Philippi filii Ludovici Grossi : *Animis omnium nescio si dicam Miseriam vel misericordiam ingerebant, et doloribus augmentabant fomenta.* Miracula B. Martini apud Baluz. tom. 7. Miscellan. pag. 170 : *Patiebatur autem in natibus. Erat igitur videre Miseria.* Galli diceremus : *C'étoit pitié de le voir.* Vide *Merces.*

1. **MISERICORDIA**, Idem quod *Merces*, nostris *Mercy*, de qua voce supra egimus, indulgentia. [Lex Bajwar. tit. 14. § 8. num. 2 : *Si vero de ancilla habuerit filios, non accipiant portionem inter fratres nisi tantum quantum ei per Misericordiam dare voluerint fratres eorum.*] Concilium Remense II. can. 43 : *Qualiter omnes lites et jurgia in sua Misericordia terminum habere potuissent.* Cap. seq. : *Quatenus in sua piissima Misericordia, si qua necessaria sunt, augeantur.*

¶ MISERICORDIÆ MEMORIA, *Servitium perpetuum* pro defunctis. Annal. Bened. tom. 3. pag. 604. ubi Chartæ mentio fit qua a Gesla Abbatissa Romarici-montis instituta est *Memoria Misericordiæ*, seu *servitium perpetuum, post occisos a paganis homines de potestate, quæ dicitur Lietzeis.*

MISERICORDIA, Quod contra præscriptas Monasteriorum regulas in cibo, potu, ac etiam vestitu, Monachis, per indulgentiam, vel ex necessitate præbetur. Ordericus Vitalis lib. 13 : *Abstulit colloquia, et infirmi corporis quædam subsidia, quæ illis moderata Patrum hactenus permiserat reverendorum clementia.* Liber Ordinis S. Victoris Parisiens. MS. cap. 35 : *Quando alicui infirmo pro Misericordia aliquid datur, etc.* Udalricus lib. 3. Consuet. Clun. cap. 8 : *Per totam æstatem in diebus dominicis ad cœnam impenditur illis Misericordia de lacte.* Cap. 11 : *Et Camerarius si cui habenti tria pellicia, adhuc pro Misericordia addit et gunellam, etc.* Cap. 29 : *Coopertorium ideo non ibi datur, quia id magis habent Fratres pro Misericordia, quam pro illa regulari constitutione, etc.* Michael Scotus lib. 4. Mensæ Philosophicæ cap. 36 : *Quidam Monachus Carthusiensis, cum illi offerretur Misericordia in sextis feriis, etc.* Infra : *Semel fuit Misericordia de anguillis, etc.* Vitæ Abbatum S. Albani pag. 71 : *Hic quoque procuravit..., ut detestabiles ingurgitationes Misericordiarum (in quibus profecto non erat Misericordia) prohiberentur.* Vide pag. 66. et Statuta Ordinis de *Sempringham* pag. 727. 728. 764. et alibi passim. *Misericordiæ regulares*, quæ ex Regulæ præscripto indulgentur, in Monastico Angl. tom. 1. pag. 149.

MISERICORDIA, Indulgentia quævis : *Misericordiam quærere, Demander misericorde, pardon.* Liber Ordinis S. Vict. Par. MS. cap. 33 : *Si alicui hebdomada aliqua ascripta fuerit, si intelligit se illam propter quamlibet incommoditatem non posse complere, indicet hoc Abbati secreto, et postea si ipse jusserit, quærat inde Misericordiam in Capitulo.* Id est, indulgentiam. Statuta antiqua Cartusiens. 2. part. cap. 6. § 47 : *Priores quacunque causa judicio Capituli inutiles reputati, moneantur, ut petant Misericordiam. Quod si noluerint, Capitulum utilitati domus providere tenetur.* § 48. *Cum Prior propter infirmitatem vel senium factus inutilis voluerit super annum habere Misericordiam, significet domui Cartusiæ, etc.* Adde cap. 7. § 5. cap. 12. § 7.

MISERICORDIÆ, Sellulæ erectis formarum subselliis appositæ, quibus stantibus senibus vel infirmis *per misericordiam* insidere conceditur, dum alii stant, [nostris *Miseri-*

cordes vel *patiences*. S. Willelmi Consuet. Hirsaug. lib. 2. cap. 2 : *Primum in ecclesia quamdiu scilla pulsatur ante Nocturnos, super Misericordiam sedilis sui, si opus habet, quiescit.*] Veteres Consuetud. Floriacensis Cœnobii : *Conventus erectis subselliis, Misericordiis assidebit.* Statuta Ordinis de *Sempringham* pag. 721 : *Facta oratione super formas aut Misericordias, si tale tempus fuerit, signantes se inclinent.* Infra : *Et tunc prosternantur super formas, vel si tale tempus fuerit, inclinent, et post resideant super Misericordias.* Statuta Ordinis Cartusiensis : *Item tunc stent in sedibus suis versa facie ad altare, donec ad Misericordias, vel super formulas, prout tempus postulat, inclinent.* Et mox : *In festis* XII. *lectionum ad Misericordias inclinamus, omni vero alio tempore procumbimus super formulas.* Ita hac notione usurpant Usus antiqui Ordin. Cisterciensis cap 50. 51. 56. 68. 69. 74. 76. 82. et Statuta antiqua Ordin. Cartusiensis 1. part. cap. 8. § 3. cap. 11. § 27. cap. 13. § 10. 27. 37. cap. 31. § 1. 6. cap. 36. § 27. cap. 37. § 2.

MISERICORDIA, Aula Monasterii, in qua forte comedebant, quibus ab Abbate aliqua in cibis et potu indulgentia concedebatur. Chronicon Beccense ann. 1452 : *Tabulas in aula quæ dicitur Misericorde, fecit renovare et directorium, etc.* [Provinciale Lyndwoodi de statu Regular. pag. 211 : *Ad hæc statuimus, ut cum pro debilitate vel alia justa de causa monachi seorsum in Misericordia commorantur, semper habeant secum duos ad minus seniores, qui aliorum levitates debita correctione compescant. Et qui postmodum in Capitulo testificentur qualiter Misericorditer fuerint conversati.*]

MISERICORDIA, vox forensis : Pœna seu mulcta de quovis crimine, aut quavis forisfactura, nullis definita legibus, sed judicis relicta arbitrio, qui minorem vel majorem in reum pro delicti modo, decernit : non quod soleat hujusmodi mulcta irrogari confitenti, et misericordiam petenti, ut quidam volunt, sed quod ea ex misericordia judicis nude pendeat. [De qua sic Glanvilla apud Th. *Blount* in Nomolex. Anglic. : *Est Misericordia domini Regis, qua quis per juramentum legalium hominum de viceneto, eatenus amerciandus est, ne aliquid de suo honorabili contenemento amittat..... Mulcta lenior sic dicta quod lenissima imponitur Misericordia; graviores enim mulctas Fines vocant, atrocissimas Redemptiones.*] [** Glanvilla lib. 9. cap. 11. § 2. Posteriora verba sunt Blountii.] Galli efferunt *Mercy*, Angli *Amerciamentum*. Leges Kanuti Reg. Angl. cap. 74 : *Si quis ordinis infracturam faciat, emendet secundum ordinis dignitatem werra, wita, ...et omni Misericordia.* Leges Burgor. Scoticorum cap. 131 : *Vir suus non tenetur respondere, neque de Misericordia, neque de petitione partis adversæ.* [Charta Eduardi I. Reg. Angl. ann. 1283. apud Rymer. tom. 2. pag. 258 : *Perdonavimus etiam ei Misericordiam ad nos spectantem pro usurpatione sua prædicta.*] Historia Fundat. Prioratus de *Dunstaple* in agro Bedford. : *Et per hujusmodi confirmationes... habuerunt dicti Canonici omnia placita, et Misericordiam hominum suorum.* Adde Fletam lib. 1. cap. 48. § 8. 21. Leges Henrici I. cap 1 : *Non dabit vadium in Misericordia pecuniæ suæ, etc.* [Le Roman *de Vacce* MS. :

De noef livres fust envers l'Evesque en Merchi.]

In MISERICORDIA REGIS esse dicuntur, qui ob rata et definita legibus quædam delicta, a Rege, quali ille vult, mulcta distringi possunt ; quæ tamen Regis misericordia non extenditur ad amissionem tenementi sive hæreditatis. Ita Regiam Majest. lib. 2. cap. 74. § 7. et lib. 3. cap. 1. § 18. Vide lib. 1. cap. 8. § 35. cap. 26. § 5. cap. 27. § 7. lib. 2. cap. 74. § 5. 6. 7. lib. 3. cap. 8. § 9. cap. 36. § 4. lib. 4. cap. 1. § 16. Quon. Attach. cap. 53. § 8. cap. 54. § 5. cap. 74. Statuta Alexandri Regis Scotiæ, Leg. Burgorum Scotic. Iter Camerarii, Bractonum lib. 4. tract. 1. cap. 19. § 8. etc. Rogerum Hoveden. pag. 783. etc.

** MISERICORDIA VICECOMITIS. Glanvilla lib. 9. cap. 10 : *Adversa pars.... in Misericordia vicecomitis erit, quia generaliter verum est, quod de quolibet placito, quod in comitatu deducitur et terminatur, misericordia quæ inde provenit vicecomiti debetur. Quæ, quanta esse debet, per nullam assisam generalem determinatum est, sed pro consuetudine singulorum comitatuum, debetur in quodam comitatu plus, in quodam minus. Misericordia domini*, lib. 9. cap. 1. § 8.

IN MISERICORDIA PONI, i. mulctam aut pœnam arbitrio judicis incurrere, in Monastici Angl. tom. 2. pag. 16. et apud Bractonum pag. 102. 103.

IN MISERICORDIA *Regis corpus ejus erit*, in Legibus Edw. Confess. cap. 12.

COMMUNIS MISERICORDIA. Monasticum Anglic. tom. 1. pag. 976 : *Ac de murdro, et de communi Misericordia quando contigerit, videlicet Comitatus et hundredi coram nobis vel aliquibus Justitiariis nostris, etc.* Et pag. 669 : *Et sint quieti de scyris et hundredis..... et de turno Vicecomitum et de communi Misericordia Comitatus, et hundredi, et de opere castellorum et pontium, etc.* Ubi *communis misericordia* videtur appellari mulcta toti pago aut communitati irrogata.

MISERICORDIAM POSTULARE dicitur, qui in ordinem Cartusiensem admitti postulat, apud Guigonem in Statutis ejusdem Ordinis cap. 22. § 1. 5. in Statut. antiq. ejusdem Ordin. part. 2. cap 23. § 2. cap. 24. § 1.

¶ MISERICORDIAM FACERE, Pœnitentiam regularem imponere. Chron. Mellicense pag. 438 : *Fecimus Misericordiam Abbati post visitationem, et cum jam recipere deberemus resignationem, defecimus in notario.*

MISERICORDIA, Quodvis onus quod a Comitibus, Vicecomitibus et Præpositis, proviciarum aut urbium incolis, pro eorum arbitrio imponitur. Charta Edw. I. Regis Angl. tom. 1. Monastici Angl. pag. 938 : *Concedimus etiam..... eisdem Abbati et Monachis et eorum successoribus, quod sint quieti de omnibus Misericordiis in perpetuum.* Vide tom. 1. pag. 310. Hinc crebro *Misericordiæ Comitatus, Vicecomitum, Præpositorum hundredorum, etc.* in Chartis Anglic. tom. 2. pag. 184. 286. Vetus Charta in Hist. Monasterii S. Audoeni Rotom. pag. 480 : *Et inde coram eo placitabuntur, et de omnibus Misericordiis et emendationibus, excepta querela pro qua vadium belli datum fuerit, debemus habere... 2. solidos*

MISERICORDIA, Eleemosyna, apud S. Petrum Chrysolog. Serm. 54. S. Fulgentium lib. de Trinitate, etc. *Misericordiam dispensare pauperibus*, in Capitul. lib. 5. cap. 24. [Gesta Consulum Andegav. tom. 10. Spicil. Acher. pag. 439 : *Manus misit ad loculum Misericordiam leproso volens impendere.*]

2. **MISERICORDIA**, Pugio, cultellus brevis, sica. Nominis rationem affert Falcetus, quod milites seu equites ejusmodi pugione, quo accingebantur ad dextrum latus, prostratos hostes ad *misericordiam* victoris implorandam adigerent. Gaufredus Vosiensis lib. 1. Chron. cap. 44 : *Cumque se ad muli pedes inclinaret, abstracto Burgensis gladio, qui Misericordia vocatur, crudeliter Militi infixit.* Lambertus Ardensis : *Manus in eum injecerunt, et extractis pàtulis* (leg. *spatulis*) *sive Misericordiis, immisericordissimi eum immisericorditer jugulaverunt.* Charta Communiæ Atrebatensis ann. 1211. § 10 : *Quicunque cultellum cum cuspide, vel curtam spatulam, vel Misericordiam, vel aliqua arma multritoria portaverit, etc.* Le Roman *de la Rose* :

Pitiés qui a tous bien s'accorde,
Tenoit une Misericorde,
Décourrant de plors et de lermes,
En lieu d'espées, entre tous termes,
Certes, se li Acteurs ne ment,
Perceroit pierres diaments.

[Le Roman de *Guillaume au Court-nez*, MS. :

Misericordes et bons bastons planez.]

Willelm. *Guiart* ann. 1302 :

Plusieurs pietons François a là,
Qui pour prisonniers n'ont pas cordes,
Mais coutiaus et Misericordes,
Dont on doit servir en tiex festes.

Et ann. 1303 :

Fauchons tranchans, espées cleres,
Godendas, lances esmoulues,
Coutiaus, Misericordes nues.

Li livres de l'exemple du Riche homme et du Ladre, MS. cujus auctor Canonicus Feræ super Esiam ann. 1352. cap. *de armes de Penance* :

Et porte une Misericorde
De bonne pais et de concorde.

In Inventar. bonorum mobilium Ludov. Hutini Regis Franc. in Camera Comp. Paris. sunt *deux espées de Thoulouse, et deux Misericordes.* Libellus Catalanicus MS. : *de Batallia facienda : Jo aytal jur que asso de que he reptat aytal es veritat, e que li ho manare el camp no mettre, coltel, ne Misericordia, ne alena, no aguyello, ne neguna manera d'armes, si ne aquelles que acostumadas son de metre. Misericorde ou cousteau à croix*, apud Symphorianum Champerium lib. de Ordine Militari. [** Placit. Edward. II. Reg. Angl. ann. 7. Berk. rot. 74. in Abbrev. Placit. pag. 318 : *Percussit Ricardum fratrem suum de quadam arma, quæ vocatur Misericod, quæ est in longum 3. pedum et lata prope hiltam 2. pollicum et apud punctum dimidium pollicem.*]

¶ **MISERICORDIOSUS**, Misericors. Bulla Benedicti VIII. PP. ann. 1013. apud Murator. tom. 2. part. 2. col. 558 : *At vero qui pio intuitu custos et observator hujus nostri privilegii extiterit, gratiam atque misericordiam vitamque æternam a Misericordiosissimo Domino Deo nostro consequi mereatur in secula seculorum. Amen. Misericordissimus*, in Charta XI. sæc. apud *Chanteloup* in Hist. Mont. Major.

¶ **MISERICORDITER**, Per indulgentiam. Concilium Romanum III. tom. 2. Spicil. Acher. pag 596 : *Quicumque... aliquod ecclesiasticum beneficium per pecuniam adepti sunt, illo dimisso ibidem Misericorditer et in sacris ordinibus vivere possunt.* Occurrit passim.

¶ Misericorditer Conversari, De monachis dicitur dum in aula, quæ *Misericordia* appellabatur, existunt. Vide in *Misericordia* 1.

* **MISERUM**, Injuria, damnum, quo quis miser efficitur. Sent. ann. 1311. apud Lamium inter not. ad Hist. Sicul. Bonincont. part. 3. in Delic. erudit. pag. 201 : *Et licet de ceteris ipsorum sceleribus sub silentio et dissimulatione taceatur ad præsens, multa Misera gravissima, quæ nullatenus videntur posse tergiversatione cælari, graviter commiserunt.*

MISEVENIRE, Male evenire, male succedere, Galli *Mesavenir* dicunt. [* Italis *Misvenire*.] De eo potissimum usurpatur, qui de *murdro* vel adulterio accusatur, seque purgare, et culpa liberare satagens, non valet, sed in purgatione deficit. Leges Kanuti Regis cap. 78. apud Bromptonum : *Et si compellatio sit, et in emendando Misveniat, sit in Episcopi potestate, et ipse graviter judicet.* Eadem habentur cap. 83. et in Legibus Henrici I. cap. 92. extremo.

MISFACERE, Perperam agere : Gall. *Mesfaire*. [* Italis *Misfare*.] Adnuntiatio Hludovici Regis apud Confluentes § 7 : *In hoc si frater meus meis fidelibus, qui contra illum nihil Misfecerunt, et me, quando mihi opus fuit, adjuvaverunt, etc.* Adde Capit. Caroli Calvi tit. 27. cap. 3. part. 2. cap. 5. et Conventum Turonensem ann. 879. cap. 7. Hincmarus Laudunensis Episc. ad Remensem : *Cum... per wadia emendaverit quod Misfactum habebat.* Leges Henrici I. Regis Angl. cap. 86 : *Si homo suus Misfaciat sine posse vel velle suo.* Cap. 87 : *Videat qui Misfecit, ut per omnia secundum legem emendet.* Adde cap. 94. Charta Erardi Briennii D. *de Rameru*, ann. 1228. in Tabul. Campan. Thuani : *Quod si deficerent in aliquo, quod absit, de istis conventionibus tuendis, in quibus ego teneor Theobaldo Comiti prænotato, quod ipse licenter sine Mefacere, sine fidem mentiri posset capere de rebus meis, ubicunque eas inveniret, et eas in manu sua tandiu tenere. Quod eo ego complevissem eidem conventiones superius annotatas, etc.* Vide Fabrum Canterellum de Feodis pag. 38. 44. 45. 47. 48. 95. in Probat. *Messaite*, misfactura, in Consuetud. Marchensi art. 348. 349. 350. 355.

¶ Mefacere Se, in aliquem se reum constituere, delinquere. Litteræ Guidonis Comit. Nivern. ann. 1231. inter Ordinat. Reg. Franc. tom. 3. pag. 117 : *Burgenses possent captum excutere a quocumque capiente sine se Mefacere. Mauffacterre*, malefactor, in Litteris ann. 1291. ibid. pag. 295 : *Se aucuns Mauffacterre, quois que il fust, estoit pris en chu lieu en l'eskevinage d'Abbeville, seroit amenés et jugiez à l'esbart des Eskevins.* Vide *Mesfacere*.

MISHERING. Vide *Abishering*.

¶ 1. **MISIA**, Impensa, Gall. *Mise*. Regestum Parlamenti ann. 1339. apud Baluzium tom. 2. Histor. Arvern. pag. 425 : *Dictum Dalphinum in expensis et Misiis ob hoc factis eidem Roberto filio et heredi prædicto reddendis, etc.* Litteræ Johannis Reg. Franc. ann. 1356. tom. 3. Ordinat. pag. 78 : *Rationem legitimam de receptis et Misiis ob hoc factis semel in anno reddere teneantur.* Charta ann. 1383. tom. 2. Hist. Eccles. Meldens. pag. 239 : *Propter quæ prædictæ partes multa damna habuerunt et sustinuerunt, et magnas Misias fecerunt.* Adde Spicil. Acher. tom. 10. pag. 278. Gall. Christ. tom. 3. inter Instr. col. 69. Hist. Britan. tom. 2. pag. 410. etc. Vide *Misa* 1.

¶ Misia, Exactio, vectigal, seu præstatio quæ viritim exigitur. Charta ann. 1181. apud Baluz. tom. 7. Miscell. pag. 301 : *Præterea statuimus et concedimus ut ipsi decem burgenses probos homines communi assensu villæ eligant.... ut cum omni diligentia negotia villæ, Misias scilicet, procurent.* Charta Theobaldi Comit. Campaniæ ann. 1223. in Tabul. Latiniac. : *Immunes omnino.... ab omni exercitu, chevalcheia et exactione; præterea et ab omni Misia quæ fiat occasione mea aut hæredum meorum.* Charta Philippi Pulcri Reg. Franc. ann. 1334. apud Menester. Hist. Lugdun. pag. 93 : *Cum nuper deputati ad regendum negotia et facta civitatis Lugduni nobis exponi fecerint, conquerendo quod nonnulli habitatores dictæ civitatis, qui tenentur in talliis, Misiis, depensis et debitis ejusdem pro supportandis oneribus et necessitatibus ipsius, tallias eis debite impositas solvere contradicunt injuste.* Vide supra *Mesio*.

* 2. **MISIA**, Arbitrium. Scacar. S. Mich. apud Fales. ann. 1219. ex Cod. reg. 4653. A. : *Judicatum est quod si amicus nominatus ita infirmus sit, quod cum aliis in Misia procedere non possit, ille qui nominavit eum, alium loco ejus ponere compellatur.* Vide supra *Misa* 2.

¶ **MISIO**, Expensa, amissio. Hist. Harcur. tom. 3. pag. 19 : *Tunc divinæ illustrationem gratiæ, istic fluctuationis Misionem, illic vero orationis locationem esse percepi.* Vide *Missiones*.

MISISULÆ, Μυςίλλαι, in Glossis. veteribus. [Supplem. Antiquarii : *Misisulæ*, μυςίλαι, *canices*.]

¶ **MISIUM**, perperam pro *Juisium*, apud Perardum in Burgund. pag. 334. Vide in hac voce.

MISKENNING, Bromptono, *est variatio loquelæ* in *Curia*. Est autem *loquela* idem quod *causa*, *placitum*, *juris sui persecutio judicialis*. Ita *variare loquelam* dicitur, qui aliud petit, quam quod initio et in prima litis contestatione petierat, vel qui in prosecutione juris sui non sibi constat. Leges Henrici I. Regis Angl. cap. 2 : *Et amplius non sit Miskenninga in Hustenge, neque in Falkesmote, neque in aliis placitis infra civitatem, etc.* Et cap. 22 : *Ut qui in præfectura vel qualibet potestate constitutus sæpe differt exigere, dum licet, quod sæpe cum labore, frustraque prosequitur destitutus; transeunt autem in mislocutione Miskenninge, quæ magis inhorruit in Londonia.* Ubi *Mislocutio*, idem valet quod *Miskenninge* : *misloqui* enim dicitur, qui perperam loquitur, quæ vis est vocis : est autem *Cenning*, et Cennan, Anglo-Saxonibus, *citare, vocare*, cui *mis* adjectum, *male* sonat. [Unde in Legibus Henrici I. modo laudatis cap. 12. *Miskinning* definitur, *Iniqua et injusta in jus vocatio; inconstanter loqui in curia, vel invariare.*] Ita *Miskenning*, est *mislocutio*, quomodo *Mauparler* videtur usurpasse Petrus de Fontanis a nobis editus cap. 5. § 7 : *La paine de celui ki son ensoine ne veut nommer, ne jurer, oste de lui l'aide de Dieu en se querele, encore l'eust-il bone; et en voit-on mult souvent perdre par Mauparler, ou par autres airremens.* Qui porro *misloquebuntur*, seu *loquelas suas variabant*, in mulctam incidebant, quæ

Meschenninga et *Miskenninga* dicebatur, cum ejusmodi *variationes* vetarentur, ut ex Legibus Henrici I. colligitur. [Charta Henrici II. Regis Angliæ apud *Madox* Formul. Anglic. pag. 45 : *Habeat per totam terram suam, soccam et saccam, et toll et team, et Meschenningge, et infanghenethof, et omnes assultus in suo jure.*] At cum eæ mulctæ levioribus de causis irrogarentur a judicibus, regiique subditi iis vexarentur, has sustulit Stephanus Rex Angl. apud Ricardum Hagustald. : *Omnes exactiones, et injustitias, et Meschenningas sive per Vicecomites vel alios quoslibet male inductas funditus extirpo.* Hinc etiam in veteribus Tabulis immunitates continentibus, ut in Chartis Henrici III. et Ricardi III. Regum Angl. in Monastico Anglic. tom. 2. pag. 134. 827. hæc verba passim leguntur : *Sint quieti de... Warpani et Averpani, et Hundredespeni, et de Meskenninge, et Blodwite, etc.* [Adde Chartam Eduardi Confes. ibid. tom. 1. pag. 237.] [* Charta Eduard. reg. Angl. ann. 1044. in Suppl. ad Miræum pag. 13. col. 2 : *Concedo eis etiam in omnibus terris suis prænominatis consuetudines hic Anglice scriptas, scilicet.... Mischenninge,.... aliasque omnes leges et consuetudines, quæ ad me pertinent.*]

¶ **MISLATA**, Mislea. Vide *Mesleia*.

MISLOCUTIO. Vide *Miskenning*.

MISMALVA. Vide *Bismalva*.

* **MISMORBIA.** Vide supra *Millemorbia*.

* **MISNENSIS** Moneta memoratur in Charta ann. 1386. apud Schlegel. in Dissert. de Nummis ant. Goth. etc. edit. ann. 1717. pag. 58 : *Pro xxiv. sexagenis novorum grossorum Misnensium.* Vide ibid. pag. 68.

¶ **MISOCLUS**, f. pro *Missellus*, diminut. a *Missus*, tenue ferculum. Canones Hibern. apud Marten. tom. 4. Anecd. col. 7 : *Pane sine mensura, et ferculo aliqualenus butyro impinguato die Dominico* (utatur pœnitens :) *ceteris vero diebus paximati panis mensura, et Misoclo parvum impinguato.* Vide *Missus* 1.

¶ **MISPARTISTÆ**, Divionensibus vocantur presbyteri illi, quos Rectores ecclesiarum parochialium, vel religiosi, sibi associant ad regimen animarum, Gall. *Prêtres habituez;* iidem qui alibi *Portionarii* dicuntur : sic autem appellati videntur quod portio illis assignata minor esset cuniali, vel etiam quod dimidiam oblationum partem tantum participarent. Consule Hist. Eccl. S. Stephani Divion. authore D. Fyot. Vide *Portionarii*.

MISPERSUASIO. Roswitha Monialis in Præfat. Panegyrici ad Ottonem I. Imper. :

Sed hoc non suasit malæ Mispersuasio mentis,
Nec summa veri contempta sponte fefelli.

Ita Editum a Meibomio, ubi alii legunt *Mispræsumptio*. [** Pertz. *mis præsumptio* duabus vocibus, ita ut *mis* sit genitivus antiquus pro *mei*, de quo Quintil. lib. 8. cap. 3.]

MISPRENDERE, Idem quod *Forisfacere*, in Capitulis Caroli Calvi tit. 27 : *Ut illi homines qui in isto regno contra seniorem nostrum Domnum Karolum Mispriserunt, si se recognoverint, propter Deum.... eis vult indulgere*. Infra : *De illorum indulgentia qui in isto regno Mispriserunt*, etc. In Consuet. municipal. Britan. art. 31. 34 : *Personnes Mesprenans sciemment en leurs Offices*. Le Roman *de Vacces* MS. :

Se mi homes vous firent a Roem Mesprison,
Ne fu mie par moi, si doi avoir pardon.

Le Roman *de Garin* MS. :

S'il a vers vos nule chose Mespris.

* Nostris *Mesprendre*, eodem sensu. Joinvil. in S. Ludov. edit. reg. pag. 142 : *Se je le metoie en plet ordené, je Mesprenroie vers li*. *Malprendre* vero, pro Furari, surripere, vulgo *Dérober*. Lit. remiss. ann. 1360. in Reg. 90. Chartoph. reg. ch. 568 : *Icellui Guillemin a confessé avoir fait plusieurs larrecins et Malpris et emblez plusieurs deniers, entre lesquels il a confessé avoir Malpris et emblé etc.* Vide supra *Mescapere*.

MISPRISIO, definitur neglectio quædam supina rei cujuslibet, sed proprie, apud JC. Anglos, Rastallum scilicet et Cowellum lib. 4. Instit. Juris Angl. tit. 18. § 7. et 37. dicitur, si quis aliquem feloniam perpetrasse cognoscat, eumque Regi vel magistratui non patefaciat. Ita *Misprisio* vox nuda usurpatur, et definitur apud Guillelmum Stanfordium in Placitis Coronæ lib. 1. cap. 39. his verbis : *Misprision, est proprement quant ascun sceit, ou connust, que un auter a fait treason ou felony, et il ne voil luy descouvrer al Roy, ou son Consel, ou à ascun Magistrat, eins concela son offense, lequel offense Bracton ad mises inter l'offense de treason*.

1. **MISSA**, pro *Misia*, Impensa, Gall. *Mise*, in chart. vet. apud Perardum pag. 336.

¶ 2. **MISSA**, Error, Vide *Misdicere*.

3. **MISSA**, pro Missione, seu dimissione, ἄφεσις, quomodo *accessa maris*, pro accessione, apud Servium in 1. Æneid. et Itinerario Hierosol. *Sposita*, et *Exposita*, pro expositione, apud Interpretem Novellarum : *Ulta* apud Ovidium, pro ultione : *Remissa*, pro remissione, apud Tertullianum et S. Cyprianum : *Confessa*, pro confessione, etc. Vide Criticum Arnobianum Meursii lib. 4. cap. 10. Vox vero *missa*, pro missione seu remissione, occurrit apud Suetonium in Caligula cap. 25. et in leg. 3. Cod. Th. de Proximis, (6,26.) etc. Cassianus lib. 2. de Cœnob. Instit. cap. 7 : *Finito Psalmo, non statim ad incurvationem genuum corruunt, quemadmodum facimus in hac regione nonnulli, qui necdum bene finito Psalmo, in orationem procumbere festinamus, ad celeritatem Missæ quantocius properantes*. Cap. 13 : *Quare post Missam nocturnam dormire non oporteat*. Cap. 14 : *Post orationum Missam unusquisque ad suam cellam redeat*. Lib. 3. cap. 5 : *Missa Canonica celebrata, usque ad lucem post hæc vigilias extendunt*. Cap. 7 : *Is qui in Tertia, Sexta vel Nona, priusquam Psalmus cœptus finiatur, ad orationem non occurrerit, ulterius oratorium introire non audet, nec semetipsum admiscere psallentibus : sed congregationis Missam, stans præ foribus præstolatur, donec egredientibus cunctis submissa in terram pœnitentia, negligentiæ suæ vel tarditatis impetret veniam*. (Ubi missa, est dimissio Fratrum peracto officio.) Cap. 8 : *Post vigiliarum Missam*. His igitur locis *missa fieri* dicitur, cum populus ab Ecclesia dimittur, peracto officio, his verbis quæ adhuc obtinent, *Ite, Missa est*, id est, *Missio vobis indicitur*. Nam, ut ait Avitus Viennensis Epist. 1. *in Ecclesiis, Palatiisque, sive Prætoriis, Missa fieri pronuntiatur, cum populus ab observatione dimittitur*. Sane ejusmodi *missas* etiam in Palatiis indictas ac pronuntiatas testatur Luithprandus lib. 5. cap. 9. ubi de Palatio CP : *Moris itaque est, hoc post matutinum diluculum mox omnibus patere; post tertiam vero diei horam, emissis omnibus, dato signo, quod est Mis, usque in horam nonam cunctis aditum prohibere*. Ad hunc etiam morem referenda quæ habet Chronicon Alexandrinum anno 5. Justiniani pag. 780 : Καὶ καθῆλθεν αὐτὸς ἐκ τοῦ ἱππικοῦ ὁ Βασιλεὺς, καὶ ἔδωκεν εὐθέως μίσσας τοῖς τοῦ παλατίου, καὶ λέγει τοῖς συγκλητικοῖς, Ἀπέλθετε ἕκαστος φυλάξειν τὸν οἶκον αὐτοῦ. Vide Glossar. mediæ Græcit. in Μίσσα col. 937.

4. **MISSA**, Incruentum Christianorum sacrificium, in quo Christi Corpus conficitur : qua notione vox hæc usurpata fere semper a Romana Ecclesia, ut observatum a Baronio ann. 34. n. 60. et aliis. De vocabuli origine variæ sunt Scriptorum sententiæ. Hanc enim quidam, ut idem Baronius, ab Hebræo *Missah*, id est, *oblatio*, arcessunt : alii a *mittendo*, *quod nos mittat ad Deum*, ut est apud Alcuinum de Divinis offic. Honorium Augustod. lib. 1. cap. 2. Rupertum lib. 2. cap. 23. etc. [Huc etiam spectat quod scribit Gaufredus in Epist. 34. apud Marten. tom. 1. Anecdot. col. 333 : *Hoc autem sacrosanctum altaris mysterium iccirco Missa dicitur, quia ad placitationem et solutionem inimicitiarum quæ erant inter Deum et homines sola valens et idonea missio est*.] Alii rursum a *missu*, i. ferculo, vel a *Mittere*, quæ vox est sacrificiorum, ut Scholiastes Bedanæ Historiæ Saxonicæ pag. 4. Verum missis ejusmodi et similibus conjecturis, constans est et recepta ab omnibus viris eruditis, Bellarmino, Casaubono exercit. 16. in Baron. Scaligero, Card. Bona, et aliis, eorumdem Alcuini, Honorii Augustod. lib. 1. cap. 91. Isidori lib. 6. Orig. cap. 19. Beleti cap. 34. etc. sententia, scribentium *Missam* dictam a *Missa Catechumenorum*, ea scilicet parte sacræ Liturgiæ, in qua finita concione, et Epistolæ ac Evangelii lectione, Catechumeni exire jubebantur, Diacono dicente, *Ite, Missa est*, i. excedite : quomodo hanc vocem acceptam innuimus in *Missa*, 3. Neque enim Catechumenis licebat interesse sacris mysteriis, ut infra observabitur. Kero Monachus : *Missas, santa, quia mittitur populus*. Papias : *Missa tempore sacrificii est, quando Catecumini foras mittuntur, clamante Levita, Si quis Catecuminus remansit, exeat foras : et inde Missa, quia Sacramentis altaris interesse non possunt, quia nondum regenerati sunt*. Cum vero in sacris quibusvis Liturgiis, iis finitis, *missæ*, seu ἀφέσεις fierent, inde accidit, ut

Missa, pro quovis Ecclesiastico officio, quod in ædibus sacris peragebatur, interdum sumitur : vel, ut censet Card. Bona lib. 1. cap. 2. n. 3. pro Lectione. S. Cæsarius in Regula ad Monachos cap. 20 : *Vigilias, a mense Octobri usque ad Pascha, duos nocturnos faciunt, et 3. Missas. Ab una Missa legat Frater folia tria, et orate*. Cap. 21 : *Omni Dominica 6. Missas facite. Prima Missa semper Resurrectio legatur, dum Resurrectio legitur, nullus sedeat... Perfectis Missis dicite matutinos*. Regula S. Aureliani Episc. cap. ult. de Ordine psallendi : *Post dictos (Nocturnos) quia noctes crescunt, facite ad librum Missas sex : unus Frater legat paginas aut tres aut 4. quomodo mensura fuerit libri,... et sic impletis Missis, dicite matutinarios Canonicos*, etc. Idem Aurelianus : *In Natale Dom. et in Epiphania tertia hora surgite : dicite unum nocturnum, et facite sex Missas de Isaia Propheta. Iterum dicite secundum nocturnum, et legantur aliæ sex* (nempe Missæ) *de Evangelio.... In Martyrum festivitatibus tres aut 4. Missæ fiant. Primam Missam de Evangelio legite, reliquas de passionibus Martyrum*. Passim ibi. S. Isidorus in Regula cap. 7 : *In quotidianis officiis vigiliarum primum tres Psalmi Canonici recitandi sunt, deinde 3. Missæ psalmorum, quarta canticorum, quinta matutinorum officiorum. In Dominicis vero diebus, vel festivitatibus Martyrum, solemnitatis causa singulæ addantur Missæ*. Regula S. Fructuosi cap. 3 : *Sabbatorum vero et Dominicarum noctium curriculis, seno Missarum superadjecto officio, senis etiam Missis vigiliæ cum senis responsoriis celebrentur : ut Resurrectionis Dominicæ solennitas ampliori officiorum psalmodia magis honoretur, quod et præcipuarum festivitate Missarum præcedente nocte competenter officiorum genere de qualibet solennitate semper est celebrandum*. S. Aurelianus in Regula ad Virgines cap. 38 : *Missæ de Apostolo fiant*. Cap. 40 : *Sexta feria per nocturnos duæ feriæ fiant in æstate, in hieme tres... Post celebratos secundos nocturnos, quia noctes crescunt, quotidie ad librum facite Missas tres, etc.* [Capitul. Ordin. Cisterc. ann. 1191. apud Marten. tom. 4. Anecd. col. 1271 : *Ad Missas matutinales dicatur totum neuma in fine responsorii*.] Vide Haeftenum lib. 7. Disq. monast. tract. 8. Disquisit. 5.

☞ Eadem notione, pro lectione nimirum, accipiendus videtur Canon 15. inter Hibernenses apud Marten. tom. 4. Anecdot. col. 8 : *Qui non occurrerit ad consummationem, canat* VIII. *in ordine psalmos. Si excitatus veniat post Missam, quidquid cantaverunt, replicet ex ordine, fratres. Si vero ad secundam venerit, cœna careat*.

¶ **Missale Officium**, pro Officio præsertim matutinali, in Gestis Aldrici Episc.

Cenoman. apud Baluz. tom. 3. Miscell. pag. 49 : *Constituit etiam ut jam dicti Canonici pleniter et decenter venirent.... ad vesperas et vigilias jam dictæ festivitatis et dedicationis Domini Salvatoris et ipsius monasterii Ecclesiæ, in qua tam vespertinale quam et matutinale seu Missale officium dedicationis Ecclesiæ... agatur.*

Missa, interdum pro dimissione a quovis Ecclesiastico officio sumi videtur apud Cassianum lib. 2. Instit. cap. 13 : *Quare post Missam nocturnam dormire non oportrat.* Cap. 15 : *Post orationum Missam unusquisque ad suam cellulam redeat.* Regula S. Benedicti cap. 17 : *Post expletionem vero 3. psalmorum recitetur lectio una, versus, et Kyrie eleison, et Missæ fiant.* Quanquam non desunt qui his locis quodvis divinum officium intelligi volunt.

Missa, pro ea Liturgiæ parte, in qua Corpus Christi conficitur, usurpata legitur, etiam apud veteres Scriptores. S. Ambrosius Epist. 33 : *Ego mansi in munere, Missam facere cœpi, dum offero, raptum cognovi Castulum quendam, etc.* Cæsarius Arelat. Episcopus Homil. 12 : *Si diligenter attenderitis, cognoscetis quod non tunc fiunt Missæ, quando divinæ lectiones in Ecclesia recitantur : sed quando munera offeruntur, et Corpus vel Sanguis Domini consecratur. Nam Lectiones sive Propheticas, sive Apostolicas, sive Evangelicas, etiam in domibus vestris aut ipsi legere, aut alios legentes audire potestis. Consecrationem vero Corporis et Sanguinis Christi, non alibi nisi in Domo Dei audire, vel videre potentis. Ideo qui vult Missas ad integrum cum lucro animæ suæ celebrare, usquequo Oratio Dominica dicatur, et benedictio populo detur, humiliato corpore, et compuncto corde se debet in Ecclesia tenere. Missæ* autem nomen pro sacrosancti sacrificii Liturgia usurpatum a Pio, qui vixit ann. 166. et Cornelio PP. qui ann. 254. in Epistolis, [Supposititias illas probat D. *Coustant* in Appendice tomi 1. Epist. Rom. Pontif. pag. 17. et seqq.] atque adeo a S. Ambrosio Epist. 13. et Serm. 34. S. Augustino Serm. de Temp. 91. 237. et aliis quos laudant Cardd. Baronius, Bona, etc.

☞ Pressius iterum vox *Missa* accipitur pro ea Liturgiæ parte, quæ dimissionem Catechumenorum excipit, in Ordine officii Gotthici tom. 3. Concil. Hispan. pag. 265. Unde iterum firmatur vocis origo : *Quæ deinceps fiunt, magis huic sacrificio propria censentur, quod ab hoc loco cum quibusdam orationibus inchoatur, quarum prima nomen Missæ sortitur; eam vero præcedit, Dominus sit semper vobiscum.*

* Missam celebrare, nisi ciborum prius facta coctione, vetant Statuta Mss. S. Flori fol. 34 : *Nullus, nisi in nocte dormierit et digestione non celebrata, celebrare præsumat, qui non intelligitur esse jejunus. Sed si digestio celebrata sit, quamvis dormitio nulla præcesserit, licite poterit celebrare : sed et licet dormitio præcesserit, si tamen digestio celebrata non sit, celebrare non licet.*

* Missas aliquando cum oleo, loco ceræ, celebratas testatur Charta Will. archiep. Rem. ann. 1198. inter Instr. tom. 12. Gall. Christ. col. 62 : *Attendentes necessitatem monasterii de Joyaco.... dedimus eis in eleemosynam perpetuam centum solidos Pruvinenses .... ea utique ratione, quod Missas privatas, quas cum oleo celebrabant, cum cera deinceps celebrabunt.*

Missas Facere, Sacram Liturgiam celebrare, quod qui sacram Liturgiam peragit, *Missam* faciat, id est, Catechumenos ab ea dimittat. Ita passim usurpant Scriptores, S. Ambrosius Epist. 33. ad Marcellinam, S. Gregorius M. lib. 4. Epist. 34. Theodorus Cantuar. in Pœnitentiali cap. 2. Messianus in Vita S. Cæsarii Arelat. pag. 253. Stephanus PP. apud Doubletum pag. 449. Concilium Toletan. VII. can. 3. Aurelian. IV. can. 5. 6. 8. Capitul. ann. 789. cap. 9. Capitul. Caroli M. lib. 7. cap. 196. [** 272.] Vita S. Pamphili Epi. Salmon. num. 2. etc. Anastasius in Constantino PP. pag. 65 : *Die vero Dominico Missas Imperatori fecit.* In Hadriano pag. 108 : *In Ecclesia B. Pauli Apostoli Missas eidem Regi fecit.* Formula loquendi nostris familiaris, *Dire la Messe à quelqu'un.* Vide tom. 5. Canisii pag. 737. Vocem *facere* in rebus sacris usurpasse veteres, notum ex Nonio Marcello, et aliis. Vide Goarum ad Euchológ. pag. 122.

Missas Agere, in lib. 1. Sacram. Eccl. Romanæ cap. 75. apud Victorem Uticensem lib. 2. de Persecut. Vand. pag. 19. Flodoard. lib. 2. Hist. Rem. cap. 13. Walafrid. Strab. de Vita S. Galli cap. 26. etc.

Missas Agere *vel tractare*, apud Victorem Uticensem lib. 2. de Persecut. Vandal. initio.

¶ Missam Amittere, Phrasis Gallica, *Perdre la Messe*, huic non adesse. Epistola encyclica monachorum Burgidol. tom. 2. Spicil. Acher. pag. 517 : *Per totam hebdomadam cum Missam quotidie audisset, quam nullo modo amittere volebat.*

Missas Dicere, Gregorio Turon. l. 9. c. 20.

¶ Missas Reddere, dicitur Episcopus, cum in ecclesia quæ interdicta fuerat, sacram Liturgiam celebrare rursus permittit. Annal. vett. Mutin. ad ann. 1249. apud Murator. tom. 11. col. 63 : *Et die prædicta redditæ fuerunt Missæ Communi Mutinæ, quia tum civitas Mutinæ erat interdicta.*

Missas Tenere, in Relatione Joannis et Epiphanii Presbyteri Thessalonicensis, inter Epistolas Hormisdæ PP. : *Statuerunt omnes in unum Episcopi, ne quis Missas foras civitatem teneret.* Utitur etiam Concilium Agathense can. 21. Braccarense I. ann. 563. cap. 16. Regula S. Benedicti cap. 67. Lambertus in Vita S. Heriberti Archiep. Colon. n. 13. 25. etc. *Missas tenere*, interdum est iis interesse, eas audire, in eodem Concil. Agath. can. 47. et Braccar. can. 16. *Missas tractare*, in Concilio Autissiodor. can. 19.

Missas Consecrare, apud Gregorium Turon. de Vitis Patrum cap. 6 : *Nunc ejus Clerici concinant, qui consecrant Missas.*

Missas Celebrare, in Pœnitentiali Theodori cap. 2. Capitul. Caroli M. lib. 5. cap. 219. [** 371] : *Ut omnis Presbyter Missam ordine Romano cum sandaliis celebret.* Anastasius in S. Zephirino PP. et alii passim. Radulfus de Diceto ann. 715 : *Gregorius PP. secundus hic constituit ut quadragesimali tempore jejunium, Missarumque celebritas fieret, quod ante eum non erat.* Adde Cæsarii Arelat. ex Homilia 12. locum supra allatum, Vigilium PP. Epist. 2. cap. 4. et Concilium Matiscon. II. can. 6.

☞ *Missas celebrare* in altari in quo eadem die Episcopus celebravit, prohibentur sacerdotes in Statutis MSS. Augerii Episc. Conseran. ann. 1280. et alibi passim.

☞ Eodem verbo *celebrandi* utuntur interdum Scriptores cum de laicis agunt. Gregorius Turon. lib. 1. de Glor. Mart. cap. 75. ubi de Sigismundo Rege : *Si qui nunc frigoritici in ejus honore Missas devote celebrent.* Lib. de Glor. Conf. cap. 65. ubi de muliere quæ *Celebrans quotidie Missarum solemnia, et offerens oblationem pro anima viri.*

* Interdum pro eas audire, iis interesse; quod pluribus probat Pagius tom. 4. pag. 719. quem consule.

Missas Cantare, passim, et locis indicatis a Steph. Baluzio in Notis ad Capitular. pag. 1168.

☞ De *privatis Missis* frequens hæc formula. S. Willelmi Constit. Hirsaug. lib. 1. cap. 86 : *Sacerdos si privatam Missam cantare voluerit, innuit Converso cum signo Crucis, quod est signum cantandæ Missæ.*

* Missam Committere alicui vice sua celebrandam. Stat. Mss. S. Vict. Paris. part. 2. cap. 5 : *Si autem intra septimanam suam* (hebdomadarius) *cœperit infirmari, aut etiam si minuatur, ipsemet per singulos dies committat Missam.*

Missas Decantare, apud Frotharium Tullens. Episc. Epist. 2.

Missas Dare, quod *Missiones* Catechumenis dentur in sacra Liturgia. Anastasius Bibl. in Hist. de Exilio S. Martini PP. : *Porro dominico die datis Missis in prædicta sancta Dei Ecclesia, etc.*

Missas Legere, apud Cosmam Pragens. in Chronico Aulæ Regiæ cap. 8. Vide Card. Bona lib. 1. cap. 13. num. 5.

* Celebrare. Charta Henr. dom. Rottenburg. tom. 4. Sept. Act. SS. pag. 728. col. 2 : *In festo vero sancti illius in cujus honorem ecclesia consecrata est, Missam legere possunt de sancto illo,... et sacerdoti hanc Missam legenti cunctis diebus mensura vini in meliorationem pensionis suæ detur.*

* Missam Revocare, Reddere expletam. Vide *Revocare.*

¶ Missas Spectare, pro iis interesse, apud Gregor. Turon. lib. 8. Hist. cap. 7. et 31. lib. 9. cap. 10. lib. 10. cap. 8. et in lib. 3. de Miraculis S. Martini cap. 19. Concil. Aurelian. can. 29. prohibetur, *ne quis sacrificia Missarum cum armis pertinentibus ad bellorum usum spectet.*

Missa, pro festo Sancti alicujus, quod in eo *Missa* solennis peragatur : unde forte, inquit Vadianus, Germani *Mestag*, seu *Missas*, nundinas appellant, quod in festis principalibus indici et celebrari ob populi frequentiam soleant. Charta Dagoberti Regis Franc. apud Doubletum lib. 3. cap. 3 : *Cognoscat sollicitudo et prudentia vestra, qualiter volumus et constituimus in honore domini et gloriosi patroni nostri Dionysii mercatum constituendo ad Missa ipsa quæ evenit septimo Idus Octobris semel in anno, etc.* [Vetus Pœnitentiale MS. : *Tres Quadragesimas jejunet, unum ante Natale Domini, 2. ante Pascha, 3. ante Missam S.*

Johannis. Ei si totam Quadragesimam ante Missam S. Johannis implere non possit, post Missam impleat.] Ita missam pro festo alicujus Sancti licet passim observare apud Scriptores. [Missa luminum, pro festo Purificationis; apud Gretserum in Muricibus Christianis pag. 117.] Missa S. Martini, apud Chrodegangum in Regula Canonic. cap. ult. 2. Edit. in Vita Ludovici Pii ann. 801. 829. 832. 833. 834. 835. apud Eginhard. Epist. 23. in Edicto Pistensi cap. 8. to. 15. in Annalib. Franc. Bertinianis ann. 828. 829. 831. 866. in Donat. Ecclesiæ Salisburg. cap. 3. in Legibus Edgari Regis Angl. cap. 3. in Canonibus ejusdem Regis cap. 10. apud Beslium in Comitib. Pictav. pag. 240. Meurissium in Episcopis Metensib. pag. 169. [Missa S. Martini hyemalis, in Capitulari de villis cap. 15.] etc. Missa S. Andreæ, in Capitulari de villis cap. 15. in Capitulari ann. 823. cap. 20. et apud Continuatorem Aimoini cap. 36. 40. [Missa S. Juliani, in Charta ann. 892. apud Baluz. in Append. ad Capitul. col. 1522. Missa S. Anthimi, in Annal. Bened. tom. 2. pag. 330.] Missa S. Philiberti, in Ch. Caroli C. apud Sanjul. in Tornutio pag. 510. Missa S. Michaelis, apud Cathwlfum in Epist. ad Carolum M. Missa Domnæ Batildæ, apud Adalard. in Stat. Corb. lib. 1. cap. 2. Missa S. Joannis, apud Nicolaum PP. Epist. 27. Nithardum lib. 2. in Leg. Longob. lib. 1. tit. 25. § 75. [** Pippin. 43.] in Capit. Caroli M. ad Legem Bajwar. tit. 2. cap. 2. in Capitul. lib. 4. Append. 2. cap. 15. lib. 5. cap. 136. [** 207.] in Capitul. Caroli C. tit. 7. apud Adhemarum ann. 823. Reginonem lib. 2. cap. 247. etc. Missa S. Joannis ante Portam Latinam, apud Honorium Augustod. lib. 3. cap. 160. Missa S. Petri, in Tabul. Bellilocensi num. 162. et in Legibus Saxonicis Edgari Regis cap. 4. Missa S. Dionysii, in Charta Caroli M. apud Doubletum pag. 709. Missa S. Remigii, in Synodo Pistensi cap. 3. in Edicto Pistensi cap. 23. 31. apud Chrodegangum Metensem in Regula Canonic. cap. ult. 2. Edit. et Hincmarum in Epist. ad Carolum Regem. Missa S. Bonifacii, in Libello supplice Monachorum Fuldensium porrecto Carolo M. § 14. et in Tradit. Fuldens. lib. 2. trad. 143. Missa S. Benedicti, apud Perardum in Burgundicis pag. 44. Missa S. Galli, in Chartis Alamannicis Goldasti n. 75. Missa S. Zenonis, in Charta ann. 922. apud Ughellum in Episcopis Veronensib. Missa S. Bavonis, apud Eginhardum Epist. 24. Missa S. Mauricii, in Tabulario Vindocinensi Thuano Ch. 18. Missa S. Bartholomæi, apud Eadmerum in Vita sancti Guthlaci cap. 32. Missa SS. Primi et Feliciani, in Tabulario Belli-loci.

Ita Saxones vocem hanc usurpasse constat ex Canonibus Saxonicis Edgari Regis Angl. cap. 54. et ejusdem Legibus cap. 3. et Legibus Canuti cap. 10. ubi Petres-mæssan, est Missa seu festum S. Petri, et Martinesmæssan, festum S. Martini. Occurrit præterea non semel in Kalendario Runico, quod edidit Olaus Wormius in Fastis Danicis. Vide Monasticum Anglic. tom. 1. pag. 278. Sed et inde Germanis, Missæ nomen nundinis publicis, quæ ad alicujus Sancti festum vel Ecclesiam celebrari solent: verbi gratia Francfurter-misse, Strasburger-misse, idem valet ac Francofordienses et Argentoratenses nundinæ. Vide Gretserum in Muricibus Christianis pag. 75.

¶ Missa Adventitia, Eadem quæ votiva. Epitome Constit. Eccl. Valent. tom. 4. Concil. Hispan. pag. 171 : *Inter alia agens de ordine qui circa celebrationem Missarum, tam beneficiorum in ecclesia fundatorum... quam etiam votivarum, et ut dicunt, Adventitiarum, haberi debet.*

¶ Missa de Aguinaldo. Concilium Mexicanum ann. 1585. inter Hispan. tom. 4. pag. 356 : *Missæ vero quas Hispanice de Aguinaldo vocant antequam dies illuxerit, ne celebrentur.* Aguinaldo Hispanis idem quod Strenæ, Gall. *Etrennes.* Sic autem dicta hæc Missa videtur, quod summo mane, quasi diei primitiæ, Deo offerretur.

¶ Missa Alta, Solemnis cum cantu. Charta ann. 1377. apud Rymer. tom. 7. pag. 159 : *Usque summum altare ad Altam Missam celebrandam accesserunt.*

Missa Ambrosiana, qua utitur Ecclesia Mediolanensis, fuit a S. Ambrosio instituta, ut auctor est Walafridus Strabo lib. de Reb. Eccl. cap. 22. De ea fuse egit Cardinalis Bona lib. 1. Rerum Liturgic. cap. 10. [* Vel, ut rectius dicam, certis ritibus perfecta. Vide P. *le Brun* tom. 2. pag. 170.]

Missa Animarum, quæ cantatur pro defunctis, in Vita B. Mathildis Reginæ num. 9. 10. et apud Durandum lib. 5. Ration. cap. 5. num. 18. De Missa pro defunctis, vide Concil. Vasionense II. can. 43. Vasense III. can. 3. Bracar. ann. 563. can. 16. Bracarense ann. 572. can. 10. Alcuinum lib. de Divin. offic. c. de Exequiis mortuorum, Rabanum lib. 2. de Institut. Cleric. cap. 44. Walafrid. Strabon. lib. de Reb. Eccl. cap. 21. Capit. Car. M. lib. 7. cap. 322. [** 407.] Card. Bona lib. 1. cap. 15. num. 4. etc. Julianus Toletanus lib. 1. Prognost. cap. 22 : *Cum Deo sacrificia pro spiritibus defunctorum offeruntur, pro valde bonis gratiarum actiones sunt : pro non valde malis propiciationes sunt : pro valde malis, etiamsi nulla sint adjumenta mortuorum, qualescunque tamen sunt consolationes viventium, quibus tamen prosunt, aut ad hoc prosunt, ut sit plena remissio, aut certe ut tolerabilior fiat ipsa damnatio.*

* Missa pro Anima etiam viventis celebrata. Charta sub Henr. I. reg. Franc. apud Stephanot. in Antiq. Bened. Lemov. MSS. pag. 266 : *Hoc autem fecerunt tali conventu, ut omni anno, quamdiu ipsi vixerint, fratres ejusdem loci* (monasterii Vosiensis) *Missas decantarent pro animabus eorum et omnium parentum eorum omniumque fidelium defunctorum. Post mortem vero illorum etc.* Quod maleficii causa aliquando factum fuisse docent Statuta S. Flori Mss. fol. 36. v°. : *Nullus Missam, pro requie defunctorum promulgatam, pro vivis celebret, ad hoc ut illi mortis periculum incurrant.*

¶ Missa Annualis, Quæ singulis diebus per annum dicitur, nostris *Annuel*, in Statutis Cisterc. ann. 1189. apud Marten. tom. 4. Anecd. col. 1265 : *Nulli abbatum liceat a modo alicui personæ quotidianam Missam concedere vel Annualem.*

¶ Missa Audita. Compendium jurium et consuet. Univers. Paris. per Rob. Goulet fol. 18 : *Hora sexta pro grammatistis parva lectio fiat ut aptius congregentur in sacello, et hora septima precise celebretur Missa, ut loquuntur, Audita.* Forte ob præmissam lectionem.

¶ Missa Aurea. Buschius de Reformat. monast. apud Leibnit. tom. 2. Script. Brunsvic. pag. 494 : *In Hildensheim etiam Sabbato post conciones* (l. *Communes.* Vide *Communio.*) *quæ conciones Dominica post Michaelis incipiunt, per hebdomadam perdurantes, Aurea Missa ab omnibus Canonicis totius civitatis, et a cunctis Prælatis et religiosis cujuscunque Ordinis, etiam Mendicantibus, per tres aut quatuor horas decantari solet de B. Maria Virgine in organis. Unde cunctis præsentibus dantur notabiles præsentiæ Prælatis, sicut mihi pullus caritatis, pretiosis speciebus conditus, pullus assatus, dimidia stopa vini, cuneus sive albus panis tam magnus, quod omnibus nobis ad mensam sufficeret; et quatuor solidi dantur. Singulis vero fratribus dantur duo solidi Lubicenses pro præsentia.* Habes nominis rationem; quod iterum firmat Chron. S. Godeh. Hildesh. ibid. pag. 408 : *Item Missam singulis annis instituit de beata semper Virgine Maria, quam ob suam magnificentiam Auream vocamus.*

¶ Missa Bassa, Eadem quæ *privata*, seu quæ *submissa voce* celebratur, ut legitur apud Lobinellum tom. 2. Hist. Britan. pag. 1604. hoc est, sine cantu, vel ut habet Bulla Benedicti XIII. ann. 1419. *sine nota.* Charta Ferrici de Cluniaco apud Miræum tom. 2. pag. 1345 : *Alii vero quinque beneficiati non hebdomadarii celebrabunt per turnum singulis hebdomadis viginti Bassas Missas.* Obituar. MS. Eccles. Morin. fol. 39 : *Insuper ordinavit tres Missas Bassas celebrandas ad dictum altare.* Occurrit passim.

* Missa Benedictionis, vulgo *Messe de benisson*, Eadem quæ *Nuptialis*, ante cujus solemnia scilicet fit benedictio nuptiarum. Alibi alius usus. Vide supra in *Matrimonium*. Acta dissolut. matrim. Ludov. XII. ex Bibl. reg. fol. 65. r°. : *Per benedictionem nuptialem conjunxit, ... facta conjunctione hujusmodi, fuit celebrata Missa, vulgariter nuncupata la Messe de benisson. Missa nuptialis*, in Arest. ann. 1409 19. Mart. ex vol. 11. arestor. parlam. Paris.

Missæ Bifaciatæ, *trifaciatæ*, dictæ, cum Missæ plures diversi argumenti usque ad offertorium sæpius iteratæ, tandem uno Canone concludebantur : adversus quas studiose scribit Petrus Cantor in Verbo abbreviato. Ita Georg. Cassander de Liturg.

☞ Verum non una erat ejusmodi Missas celebrandi ratio : plures enim aliquando uno concludebantur Canone, interdum una duobus Canonibus peragebatur, uti docent Statuta MSS. Augerii Episc. Conseran. ann. 1280. exarata : *Nullus plures Missas sub uno Canone, vel cum uno sacrificio, vel unam cum duobus Canonibus vel sacrificiis celebrare præsumat, quamvis sub uno Canone possint plures hostiæ consecrari. Reprobandi ergo sunt qui incœpta Missa de die vel alia, procedentes in ea usque ad Offertorium, et tunc incipiunt aliam forte de sancto Spiritu.*

* Hinc apud *Thiers* tract. de Superst. tom. 1. part. 2. cap. 3. *Bicipites, quadrifaciatæ, multifaciatæ, etc.* Conc. Paris. ann. 1212. apud Marten. tom. 7. Ampl. Collect. col. 98. art. 10 : *Statuimus sub pœna suspensionis, ne aliquis sacerdos aut in nundinis aut alibi bifaciet aut trifaciet Missas contra canonicas sanctiones.* Vide eund. Marten. de Ant. eccl. Rit. tom. 2. pag. 273. art. 20.

* Missa absque Canone, Eadem quæ *Navalis* et *Sicca*. Annal. Victor. Mss. ad ann. 1270 : *Circa mediam noctem post Dominicam iterum orta est tempestas gravior quam prima, pro venti cujusdam valitudine : sed cum residuo* (l. residuum) *noctis cum tanto periculo pertransissent, rex in mane fecit quatuor Missas absque Canone decantari, scilicet de Spiritu Sancto et Beata Maria, de Angelis et de Sanctis, et tunc circa Terciam cessavit tempestas maris.* Vide infra *Missa ficta*.

* Missa Canonica, A canone ecclesiastico præscripta. Charta Guill. *Mauconduit* milit. ann. 1306. in Reg. 45. Chartoph. reg. ch. 205 : *Præfatus Clemens et alii capellani successores.... Missam canonicam qualibet die celebrare sunt astricti.*

¶ Missa Cardinalis, Quæ in ara *cardinali* celebratur. Miracula S. Bertini sæc. 3. Bened. part. 1. pag. 132 : *Nam post sanctum Paschalis resurrectionis diem transcursis quatuordecim diebus, die Dominico hora qua Cardinalis Missæ conventus publice agebatur, etc.* De publica seu solenniori Missa hæc accipienda videntur; quæ quidem D. Cangii sententia est in voce *Cardinalis*, ubi *altare cardinale*, præcipuum interpretatur : haud gratis certe, cum ibidem *altare capitaneum*, et apud Bovonem, *ara principalis* ibidem altare vocetur. Censet tamen Mabillonius loco citato pag. 146. *altare cardinale*, idem esse quod primum altare in apside seu in fronte Basilicæ pone majorem aram locatum, in quo Missa matutinalis celebrari solita. Quod firmat ex hodierno ejusdem altaris situ, quod eodem loco hactenus exsistit, et in eo Missa prima quotidie celebratur. Rem definiant doctiores.

Missa Catechumenorum appellatur ea sacræ Liturgiæ pars, quæ Missam Fidelium antecedit; quæ scilicet non nisi Fidelibus præsentibus peragitur : cui quidem priori parti Catechumenis licebat interesse, ei nempe, quam vulgo dicunt constare Epistolæ et Evangelii lectione. Nam lecto Evangelio dimittebantur ab Ecclesia solenni Diaconi voce, ut est apud Clementem lib. 8. cap. 12. tumque sacræ ædis fores claudebantur, ut est apud S. Maximum in Mystagog. cap. 16. ea autem Diaconi vox erat : *Si quis non communicat, det locum*, id est excedat, ut est apud Gregor. M. lib. 2. Dialog. cap. 23. unde cum ab ea dimissione inciperet Missa Fidelium, nomen inde sumpsit ipsa quæ pro Fidelibus peragi incipit Liturgia. *Missa* enim idem quod *Dimissio*, ut supra est observatum.

Missam autem Catechumenorum, peculiare Diaconorum munus fuisse, innuit Cassianus lib. 11. Instit. cap. 15. ubi de quodam Monacho κενοδοξίας tentato, qui *celebrabat velut Diaconus Catechumenis Missam*. Nam Diaconos semper spectavit Lectionis et Evangelii lectio. Fuit tamen tempus in Ecclesia, quo Catechumeni ante Evangelium dimittebantur, quod ex Concilio Arausicano patet cap. 1. ubi hæc leguntur : *Evangelia deinceps placuit Catechumenis legi apud omnes provinciarum nostrarum Ecclesias.* Quem pravum morem suo sæculo invaluisse conqueritur Amalarius Fortun. lib. 3. cap. 36. Nefas autem fuisse Catechumenis spectare mysteria, tradunt Isidorus lib. 6. Orig. cap. 19. idem Amalarius lib. 1. cap. 36. Rabanus Maurus lib. 1. de Instit. Cler. cap. 30. Micrologus cap. 51. Innocentius III. lib. 5. Myster. missæ can. 12. etc. Præsertim vero Julius I. PP. in Epist. ad Oriental. : *Ex istis rationibus Athanasii facile colligebamus fieri non potuisse, ut qui morbo post ostium decumbebat, in sacris constiterit, et oblationem confecerit, nec oblationem proponi potuisse, cum intus Catechumeni versarentur, quibus intus adhuc agentibus, tempus oblationis nondum esse potuit.* Sed et Concilium Valentin. Hisp. cap. 1. satis innuit munerum illationem factam post missam Catechumenorum.

Neque tamen *Missa Catechumenorum* prima fuit totius sacræ Liturgiæ pars, sed secunda, uti colligitur ex Concilio Carthag. IV. cap. 84 : *Ut Episcopus nullum prohibeat ingredi Ecclesiam, et audire verbum Dei, sive gentilem, sive hæreticum, sive Judæum, usque ad Missam Catechumenorum.* Ex hoc enim canone evincitur Missam Catechumenorum secundam fuisse partem λειτουργίας seu missæ : primam vero, illam in qua sermo publicus habebatur ad populum, ut satis indicat Concil. Laodicænum can. 19. cui interesse poterant gentiles, hæretici, Judæi, atque adeo ipsi excommunicati, ut est in Concilio Ilerdensi cap. 4. Cujus rei rationem reddit Concilium Valentinum Hispan. cap. 1 : *Sic enim Pontificum prædicatione audita nonnullos adtractos ad fidem evidenter scimus.* Moris istius meminit S. Augustinus Serm. de tempore 237. cap. 8 : *Ecce post sermonem fit Missa Catechumenis, manebunt fideles, venietur ad locum orationis. Id est, Catechumeni exire jubentur.* Vide Vitam S. Pelagiæ meretricis cap. 5. in Vitis Patrum.

* Missa B. M. de Choro, Quæ ad altare, quod est in choro celebratur. Charta ann. 1300. ex Tabul. Auriliac. : *Elevatione dictæ missæ* (S. Geraldi) *facta, incipiatur Missa B. Mariæ de choro.*

Missa Chrismalis, Quæ dicitur, cum sacrum Chrisma conficitur, Feria 5. majoris hebdomadæ, in libro Sacram. Gregor. M. in Cod. Remensi et in lib. 1. Sacrament. Eccles. Rom. cap. 40.

Missa Communis, Publica. Braulio Cæsaraugustanus in Epist. Vitæ S. Æmiliani præfixa : *De eadem quoque solennitate ut Missa recitaretur communis, injunxi dilecto filio meo Eugenio Diacono, etc.*

¶ Missa Conventualis, Eadem notione. Concil. Tolet. ann. 1565. inter Hispan. tom. 4. pag. 76 : *Quoniam Missa Conventualis ad quam omnes olim convenire solebant, magna celebritate peragenda est.... statuit Synodus, ne in diebus Dominicis et festis colendis a tempore decantatæ epistolæ usque ad ipsam communionem, Missæ privatæ in Ecclesiis celebrentur.* Vox apud Monachos frequentissima.

* Missa Copetata, a Gallico *Copter*, alias *Coppeter*, Campanæ alternum latus divisis et distinctis ictibus pulsare. Charta ann. 1398. inter Probat. Hist. Autiss. pag. 132. col. 1 : *Item tenetur dictus tenens sacristiam.... ad omnes pulsationes,.... exceptis pulsationibus.... Missæ copetatæ. Une Messe coppetée par trente coups*, in Testam. Ludov. ducis Aurel. ann. 1403. inter Observ. ad Hist. Caroli VI. pag. 634 : *Laquelle Messe se coppetera chascun jour trente coups par long traict à la grosse cloche*, in Charta ann. 1472. inter. Instr. tom. 12. Gall. Christ. col. 204. Quæ pulsandi ratio seu pulsus ipse *Gobet* et *Gobetei* dicebatur. Testam. Franc. ducis Brit. ann. 1449. inter sched. Mabill. : *Le plus gros sain ou cloche dudit moustier estre sonné par douze coups et Gobeteix, l'un coup distant de l'autre etc. Au son de la grosse cloche par douze appeaulx et Gobets*, in Testam. Isabel. ducissæ ann. 1482. tom. 3. Probat. Hist. Brit. col. 426.

¶ Missæ Decensitæ, in Charta ann. 760. apud Baluz. in Append. ad Capitul. col. 1392 : *Duas portiones tam de terra, vineis... vobis visus fui condonasse, ut omni tempore Missæ ibidem Decensitæ esse debeant*, hoc est, ni fallor, ut decenti cultu Missæ celebrentur.

¶ Missa *pro decimis solvendis*, in Liturgia Gallic. lib. 2. pag. 169.

Missa Diei, Quæ post *Missam Matutinalem*, orto jam die, canitur, apud Joan. Episcopum Abrinc. de Offic. Ecclesiast. pag. 36.

¶ Missa Dominica, Major, solemnis. Statuta MSS. Eccl. Lugdun. : *Nullus clericus de terra debet intrare chorum per se solum ad Missam Dominicam in festivis diebus, ex quo Angelicus hymnus inceptus est.*

* Charta Ulgerii episc. Andegav. inter Probat. ult. Hist. Trenorch. pag. 151 : *Dictum etiam confirmatum fuit, ut si abbas vel prior Cunaldensis accederet in festo S. Dionysii ad ecclesiam Doadensem, Missam dominicam celebraret, et sicut dominus ab eis honoraretur.* Vide Spicil. Acher. tom. 9. pag. 71.

Missa Dominicalis, quæ Dominicis diebus cani solet, in Missali Gotthico pag. 385. et apud Joan. Abrincens. Episc. de Eccl. offic. pag. 23.

* Missa Ducis, A Joanne scilicet duce Bituricensi quod fundata esset, sic dicta. Reg. ejusd. ducis in Cam. Comput. Paris. fol. 207. r°. ad ann. 1412 : *Ad fundationem unius missæ qualibet die solemniter celebrandæ in aurora, vocatæ Missa Ducis, etc.*

¶ Missa de Exceptato, pro *de Exspectato*, in Missali Ambrósiano, ea dicitur quæ, die vigiliam Natalis Domini præcedente, cantatur; unde eadem *Præparatio ad vesperam Natalis Domini* vocatur in Missali Gothico seu Gallicano.

* Missa Exequialis, Quæ pro defuncto solemni ritu celebratur. Parid. de Grassis episc. Pisaur. Cerem. capellar. Papal. MS. :

Pro cæsare vero, aut quovis rege absente defuncto, alioquin de sede Apostolica bene merito, pontifex in capella communiter exequialem Missam celebrari mandat per prælatum de natione defuncti regis.

* Missa Eucharistialis, in qua Corpus Christi conficitur, ad discrimen *Missæ siccæ*. Testam. Petri *Desures* ann. 1505. in Tract. de Jur. honorif. domin. in eccl. tom. 2. pag. 485. edit. 1714 : *Ordinat deinceps singulis diebus Lunæ in prædicta capella celebrari unam Missam Eucharistialem pro remedio animæ ipsius testatoris.*

Missa Familiaris, Eadem quæ pro *Familiaribus* inscribitur in libro Sacram. Gregorii M. pag. 256. Edit. Menardi, vel Missa privata, cui opponitur publica. Eadmer. lib. 1. Vitæ S. Anselmi Archiep. Cantuar. cap. 14 : *Si aliquando a celebratione ipsius Sacramenti impediebatur, eos qui Missas familiares debebant, suam pro anima fratris Missam dicere faciebat.* [Adde Bullam Johannis XI. PP. in Hist. Monast. S. Cypriani Pictav. pag. 120. Ordinar. Canonic. Regular. S. Laudi Rotomag. apud Johan. Abrinc. Episc. de Eccl. offic. pag. 291 : *Excepto quod Missas familiares non dicant.*] Vide Udalricum lib. 1. Consuet. Cluniac. cap. 7.

* Missa Familiaritatis, Eadem atque *Familiaris*, quæ nimirum pro *familiaribus* seu benefactoribus offertur. Ordinar. ant. eccl. Bisunt. inter Probat. Hist. Sequan. tom. 1. pag. 28. ubi de initio Quadrag. : *Finita sexta, cantatur Missa familiaritatis a sacerdote cui injuncta est, ... post hæc incipiatur Missa de jejunio.*

Missa Peculiaris, Eadem notione, in Capitul. Theodulfi Aurelian. cap. 45 : *Ut Missæ quæ per dies Dominicos peculiares a Sacerdotibus fiunt, non ita in publico fiant, ut per eas populus a publicis Missarum solennibus, quæ hora tertia canonice fiunt, abstrahatur.* In Additione altera ad eadem Capitula: *Missæ quæ familiariter a Sacerdotibus fiunt.* In Concilio Lambethensi ann. 1281. cap. 2 : *Sacerdotes insuper caveant universi, ne Missarum peculiarium seu familiarium se celebrationi obligent, quo minus valeant canonico officio commissam sibi Ecclesiam officiare, ut tenentur.* In Concilio Salegunstadiensi ann. 1022. cap. 10. et in Capitulari Anglicano incerti Auctoris cap. 4. superstitionis cujusdam mentio fit, qua quidam laici, ac maxime matronæ, *Missas peculiares, hoc est, de sancta Trinitate, aut de S. Michaele, quotidie audiebant, pro aliqua divinatione*, quæ ibi vetatur.

Missæ Feriales, quæ singulis hebdomadæ feriis canuntur. Priscis quippe temporibus, ait Beletus cap. 51. et ex eo Durandus lib. 4. Rat. cap. 1. num. 28. hæresibus pullulantibus, et Trinitatem impugnantibus, ex institutione Alcuini magistri Caroli, rogatu Bonifacii Archiepisc. Moguntini, statuentis, prima feria de Trinitate dicebatur : secunda de Sapientia : tertia de Spiritu sancto : quarta de Charitate : quinta de Angelis : sexta de Cruce : septima de beata Virgine. Causa vero cessante, illud cessavit, et dominicali officio ordinato, statutum fuit, quod prima feria suum haberet officium, scilicet de Trinitate, secunda de Angelis, etc. Cur autem in septima feria de beata Virgine Missa dicatur, id initium habuisse tradit idem Beletus, et ex eo Durandus, a miraculo quod in quadam Ecclesia Constantinopolis singulis diebus sabbati patrabatur, in qua velum, quod totam tegebat et velabat Deiparæ ibi depictæ imaginem, feria sexta ab ea divinitus a vesperis nemine movente recederet; iis vero peractis, rursum cunctis videntibus, in sabbato, vesperis absolutis, descenderet veluti de cœlo, et totam imaginem usque ad sequentem sextam feriam contegeret. Ex quo miraculo, inquit idem Scriptor, sancitum est, ut semper illa feria de B. Virgine cantaretur. Certe admodum probabile est istud miraculum, quod ex iis fuit, quæ consueta et συνήθη vocant, in Ecclesia Deiparæ Blachernensi patrari solitum fuisse, proindeque illud, cujus meminit Anna Comnena lib. 13. Alexiad. quod quidem miraculum mihi non occurrit, cum eum locum commentarer.

☞ *Missæ feriales* alicubi solemnes et publicæ vocantur : *feriæ* enim interdum dicti dies festi.

* Missa Ficta, quam *Simulationem Missæ* appellat Eckius in Annotatione ad librum oblatum Cæsari art. 21. ita describitur in Stat. S. Flori Mss. fol. 33. v°. : *Potest tamen sacerdos unam missam cum sacrificio et aliam fictam dicere. Missa ficta dicitur, si sacerdos non valeat conficere, quia jam forte celebravit, vel ob aliam causam ; accepta stola dicit introitum et alia cantualia, orationes quoque, epistolam et evangelium et benedictionem : scilicet nec improbandum est si forte ex devotione, non ex superstitione, acceptis vestibus sacerdotalibus totum officium missæ usque ad finem offerendæ dicat, dimittens secretam et totum canonem ; præfationem vero dicere potest, licet in eadem videantur Angeli ad confectionem Corporis et Sanguinis Christi evocari, orationem quoque Dominicam dicat, calicem et hostiam non habeat, nec de hiis, quæ etiam super ea dicuntur vel fiunt, aliquid dicat vel faciat : potest tamen dicere* Pax Domini etc. *et exinde officium peragere. Tutius tamen est a talibus abstinere et præcedentem formam servare.* Vide *Missa sicca*.

Missa Gallicana, Ea scilicet quæ ante Pipinum et Carolum M. in Gallia obtinebat : hanc eandem cum *Toletana* fuisse docte et copiose probat Cardinalis Bona lib. 1. Rerum Liturgic. cap. 12.

¶ Missa de Galli Cantu, Eadem quæ *de aurora* hodie dicitur. Gaufridi Vosiensis Chron. part. 1. cap. 27. tom. 2. Bibl. Labbeanæ : *Missam de Galli cantu Dominicæ nativitatis in ecclesia puellarum S. Mariæ, quæ dicitur ad Regulam decantavit* (Urbanus II. PP.) *Missam de luce in basilica regali apud S. Martialem celebravit : inde triumphaliter coronatus ad sedem apostolicam Episcopalem.* Ubi perperam Mabillonius *Missam de Galli cantu*, primam Dominicæ nativitatis; et *Missam de luce*, de ea quæ in aurora dicitur, est interpretatus, tom. 5. Annal. Benedict. pag. 361. Rectius de solemniori Missa intelligitur.

* Provincialibus nuncupatur *Messo de l'Aubo*, nostris *de l'Aube du jour.* Verum falso hic arguitur Mabillonius quoad *Missam de Galli cantu*; bene autem quoad *Missam de luce.*

* Missa Generalis, Solemnis, cui omnes intersunt. Charta ann. 1057. ex Chartul. monast. B. M. Dolensis : *Monachi prædicti loci cantent tres Missas generales pro anima patris mei Odonis, ad quas offerent cuncti monachi Deo laudes et hostias.*

* Missa B. Geraldi vel *B. Jacobi*, Quæ ad altare sub invocatione horum sanctorum dicatum celebratur. Charta ann. 1300. ex Tabul. Auriliac. : *Campana pulsetur in aurora, ut consuetum est ab antiquo in dicto monasterio, pro Missa quæ dicitur B. Jacobi : et post incontinenti missa dicitur cursorie : post elevationem vero dictæ missæ pulsetur una campana; deinde alia postmodum, quæ sonet pro Missa B. Geraldi.*

¶ Missa S. Gregorii, Quæ juxta ritum Gregorianum celebratur. Pauli Maffei Epist. 7. apud Marten. tom. 3. Ampliss. Collect. col. 904 : *Missas, quæ vulgo sancti Gregorii dicuntur... incœpimus.*

* Testam. ann. 1488. apud Cl. V. Garamp. in Dissert. 14. ad Hist. B. Chiaræ pag. 376 : *Item voluit quod celebrentur bis Missæ S. Gregorii pro anima ipsius testatricis, sumptibus suæ hæreditatis.* Officium 30. missarum, quod totidem diebus peragitur pro defunctis, a Gregorio M. PP. ut ferunt, institutum, hic haud dubie intelligendum est. Vide *Tricenarium.*

¶ Missa de Jejuniis, Quæ die jejunii celebratur. Statuta Eccl. Cadurc. etc. apud Marten. tom. 4. Anecd. col. 706 : *Missæ de Jejuniis in hora nona poterunt celebrari, aliæ vero antea celebrentur.* Vide Liturg. Gallic. lib. 3. pag. 231. et seqq.

¶ Missa Illyriciana, Ea scilicet quam Mathias Flaccus Illyricus olim Argentinæ vulgavit, atque Romana antiquiorem falso opinatus est. [* Anno nimirum 1557. quam uti suis dogmatibus haud faventem subduxerunt Religionis reformatæ sectatores : edita deinde a Rerum liturgicarum scriptoribus, Cardinali nempe Bona, P. *Cointe* tom. 2. et Marten. de Antiq. eccl. Ritib. Vide P. *le Brun* tom. 2. pag. 340.]

¶ Missa Judicii, inter Formulas exorcismorum tom. 2. Capitul. col. 647. cum scilicet quis ad *judicium Dei* sese disponebat, quo innocentiam suam tueri, et crimen objectum a se amoliri posset. Vide in *Judicium.*

¶ Missa de Luce. Vide *Missa de galli cantu.*

¶ Missa Lunatica, Celebrata die Lunæ, in Statutis Confratriæ clericorum apud Pontisaram.

¶ Missa Major Conventualis, Publica, solemnis. Transactio inter Abbatem et Monachos Crassenses ann. 1351. ex lib. viridi fol. 53 : *Consuetum est quod pro anima bonæ memoriæ D. Charoli Magni Imperatoris quondam fundatoris dicti monasterii offertur quotidie in Missa majori conventuali dicti monasterii, panis et vinum cum quibus debet ipsa major Missa celebrari, et ista debent offerri per D. Abbatem.*

Missa Matutinalis, Quæ post exactas matutinas dicitur, apud Joan. Episcopum Abrinc. de Offic. Ecclesiast. *Missæ matutinæ*, in Concilio Vasionensi can. 20.

* Quæ summo mane dicitur. *Messe ma-*

tineuse, in Stat. eccl. castri Clarimont. ex Reg. feud. ejusd. comitat. in Cam. Comput. Paris. : *Item le chappellain de l'autel S. Jehan en ladite église doit chanter chascun jour la Messe matineuse devant Notre-Dame, environ l'eure de soleil levant. Messe matynelle*, in Reg. Corb. 13. sign. *Habacuc* ad ann. 1513. fol. 169.

* Missa Meridiana, Quæ post *Sextam*, *Meridies* dictam, diebus jejunii celebratur. Ordinar. MS. S. Petri Aureæ-val. : *Missa meridiana sive de jejunio, dicetur de Apostolis cum solemnitate consueta.* Vide supra *Meridies.*

¶ Missa Minor, Eadem quæ *Matutinalis.* Miracula S. Columbani cap. 7. sæc. 2. Bened. pag. 44 : *Finitis vero Matutinis, et ad Minorem Missam venientibus, ipse (sicut jam dixi) advenit. Diaconus vero in ambonem adscendens, Evangeliumque pronuntians, etc.*

* Missa, Gallice *Moittiere*, ab illius fundatoris nomine, in Lib. nig. prior. S. Petri Abbavil. ann. 1487. fol. 4. r°. : *Lesquelz curés* (tiennent ladite maison) *des obis de S. Vulfran à causes de leurs messes, pour le Messe Moittiere par xxxvj. solz l'an.*

Missa Mozarabum. cujusmodi fuerit, docent præ cæteris Alvarus Gomezius lib. 2. de Reb. gest. Cardin. Ximenii et Cardin. Bona lib. 1. Rerum Liturgic. cap. 11.

* Missa Nannetensis. Stat. MSS. eccl. Brioc. cap. 6 : *Tanquam præsentes, distributiones quotidianas illius horæ et etiam Missæ Nannetensis habebunt.* Acta Mss. ejusd. eccl. : *L'estat de la Messe de Nantes est tel, vall. cc. liv.*

Missa Navalis. Vide *Missa sicca.*

¶ Missa Nova, Quæ a novo Sacerdote prima celebratur. Concil. Vallis-Oletanum ann. 1322. inter Hispan. tom. 3. pag. 558 : *Missam novam post consecrationem infra sex menses solemniter celebrent, nisi legitime fuerint impediti.* Conc. Tarracon. ann. 1591. ibid. tom. 4. pag. 564 : *Atque etiam quæ in primo sacerdotis cujuslibet sacrificio, quas novas Missas vocant, etc.* [* Charta ann. 1225. in Chartul. Buxer. part. 11. ch. 3 : *Calo, filius dom. Willelmi Ruffi de Sauz, die qua frater ejus cantavit Missam novam etc.*] Eadem quæ

¶ Missa Novella dicitur in Epist. 125. Petri Delphini apud Marten. tom. 3. Ampliss. Collect. col. 1071 : *D. Benedictus Dominica proxima Missam novellam celebraturus est, neque magno (ut moris est) apparatu.*

¶ Missa Nuptialis, In benedictione nuptiarum celebrari solita. Concil. Tolet. ann. 1323. inter Hispan. tom. 3. pag. 572 : *Qui alieno parochiano absque alia testimoniali sacerdotis proprii Missam celebraverit nuptialem, trecentos morapetinos nobis solvere teneatur.*

* Missa Ordinis Crescentis. Testam. Renati reg. Sicil. ann. 1474. tom. 2. Cod. Ital. diplom. col. 1279 : *Item ledit seigneur laisse et donne à ladite église la somme de cent livres Tournois de rente annuel et perpétuel, pour dire et célébrer à jamais perpétuelement une messe basse à l'autiel de monsieur S. Maurice, ... appellée la Messe de l'ordre du Croissant.* Vide infra in *Ordo* 6.

* Missa Pallii, Quæ sit in ecclesia Romagensi, discimus ex Obituar. ejusd. eccl. ad 29. Jan. : *Hac die major missa fit de Beata Maria, ratione pallii Theobardi; et vocatur la Messe du pallyon.* Rursum in recentiori Obituar. ad eandem diem : *Receptio pallii Theobaldi.* Ubi annotatur : *Quod hac die major missa de B. M. dicitur in choro, ratione pallii supradicti, loco majoris missæ, et ideo nulla potest celebrari Dominica.*

* Missa Pardonis. Vide infra *Missa Veniæ.*

* Missa Parrochialis, Quæ a parocho die Dominica celebratur. Stat. Joan. Piscis archiep. Aquens. emendata ab Ægidio cardin. ann. 1368 : *Missas integras parrochiales audiant.*

Missa Paschalis, Quæ in singulis septimanæ Paschalis feriis agitur, in Missali Gotthico pag. 342. 343. in Gallicano pag. 480.

¶ Missa Peregrinorum. Guid. Discipl. Farf. cap. 2 : *Post Capitulum, aliquantulum intervallum factum, sonent signum ad matutinalem Missam pro adunatione pauperum, et sacerdos qui alia hebdomada majorem Missam cantaverat, Missam peregrinorum dicat, et oblata tribuat.*

Missa Perfecta, Τελεία θυσία, τελεία, ἐντελὴς λειτουργία, perfectum sacrificium dicitur respectu Missæ τῶν προηγιασμένων, quæ *imperfecta*, quod in ea Corpus et Sanguis Christi non conficiantur, Balsamoni ad can. 52. Trull. in Typico cap. 21. Simeoni Thessal. Resp. 60. etc. Humbertus Sylvæ candidæ contra Nicetam Pectoratum : *Quod autem quotidie et quantacunque hora diei, non autem sola tertia perfectam Missam agimus, etc.* Alibi : *Deinde quotidie, sive quacumque hora fiat a nobis Missa, non fit nisi perfecta : nec reservatur ex oblatione ejus pars aliqua, ut per dies quinque agatur inde Missa imperfecta, quia nec SS. Apostoli leguntur quidquam ex illo primo Corporis et Sanguinis Christi mysterio sub ipsa Cœna distributo reservasse, nec Actus eorum indicant eos aliqando tale quid egisse, aut præcepisse.*

Missa Plana, Privata Ceremonial. Episcopor. lib. 1. cap. 12 : *Celebrans in eo sive solennes, sive planas Missas.*

Missas Plures olim ab uno eodemque Presbytero eodem die dictas testatur Walafridus Strabo cap. 22. de Reb. Ecclesiast. Quem morem attigerunt præterea Concil. Toletanum XII. cap. 5. Altisiodorense cap. 10. Petr. Damian. lib. 5. Epist. 18. Gervasius Dorobernensis in Actis Pontificum Eborac. pag. 1649. Vita S. Ayberti n. 14. Odo Parisiensis in Statut. cap. 5. n. 9. Reynerus contra Valdenses pag. 59. et alii. Qui quidem tametsi non omnino probatus usus apud Gratian. de Consecr. d. 1. cap. *Sufficit*, et apud Leonem Epist. 80. non tamen etiam omnino improbatus, adeo ut ter in die missam celebrare Sacerdoti licuerit, certis fere ac expressis diebus, vel casibus, quibus recensendis non licet immorari; in Canonibus Edgari Regis cap. 37. pag. 69. Edit. Saxon. in Legibus Presbyter. Northumbrensium cap. 18. in Concilio Salegunstadiensi ann. 1022. cap. 5. in Concilio Lambethensi ann. 1206. cap. 3. in Constit. Ricardi Episc. Sarisberiens. ann. 1217. cap. 38. in Concilio Oxoniensi ann. 1222. cap. 6. in Synodo Sodorensi ann. 1229. pag. 716. Wigorn. ann. 1240. cap. 26. in Synod. Coloniens. ann. 1280. cap. 1. 7. in Synod. Nemausensi ann. 1284. in Synodo Oxoniensi ann. 1287. cap. 21. in Synodo Bajocensi ann. 1300. cap. 15. in Legibus Alfonsinis seu partitis part. 1. tit. 4. leg. 50. etc. Vide præterea Alcuin. de Offic. Eccl. cap. de S. Joanne, Durand. lib. 4. Ration. cap. 1. n. 22. 23. 24. 25. Molanum 2. Maii, Menard. ad lib. Sacrament. Gregor. pag. 167. Cardin. Bona lib. 1. cap. 18. n. 5. 6. 7. etc. Cumeanum de Mensura Pœnitent. cap. 14. [* B. de Amoribus in Speculo sacerdot. Ms. cap. 7 :

> Quaque die Missam tibi dicere sufficit unam,
> Præter Natale, quo tres poteris celebrare.
> Si pro defunctis, sponsis, ægris, peregrinis,
> Hospitibus magnis opus est, tunc bis celebrabis,
> Dum tamen in prima, nihil accipias nisi sacra.]

Missam unam a pluribus interdum Sacerdotibus in utraque Ecclesia celebratam, quod in Latina, in Ordinationibus Sacerdotum, etiamnum observatur; pluribus probant Joann. Morin. lib. de Sacris ordinat. part 3. exercit. 8. cap. 1. et Card. Bona lib. 1. Liturg. cap. 18. n. 9.

¶ Missa Poplica. Secunda Missa quæ in festo S. Laurentii assignatur in Sacramentario S. Gregorii ex Cod. Gellonensi, apud Marten. de Offic. divin. pag. 576. sic inscribitur : *Item ad Missam poplicam in die ejusdem.* Prima vero sub hoc titulo : *Natale S. Laurentii mane prima.* Manifestus error, *poplica* pro *publica.* [* F. pro *Populica*, populari. Vide *Populicus.*]

Missa Præsanctificatorum, Græcis λειτουργία τῶν προηγιασμένων, ea dicitur, in qua Corpus Christi non conficitur, sed confectum antea, divinis laudibus decantatis, absumitur. Propria autem fuit Græcanicæ Ecclesiæ, quæ toto Quadragesimæ tempore, præterquam sabbato et die Dominica, vel etiam die Annunciationis Deiparæ, hanc celebrare solet, in qua Corpus Christi in die Dominico in Missa confectum absumitur. Tum siquidem Sacerdos venturæ hebdomadis dies quibus celebraturus est, digitis ipse suis numerat : inde tot particulas panis in oblatione abscindit, quot missas dicturus est; eas cum particula eo die absumenda consecrat, et consecratas, sanguineque Dominico intinctas, uti moris est, conservat in pyxide, ex qua postmodum celebraturus tempore opportuno, cochleari, aliis ibi ad alium usum relictis, haurit et in disco reponit, et in altare majus allatam consumit. Id potissimum statutum fuit in Concil. Trullano can. 52 : Ἐν πάσαις ταῖς τῆς ἁγίας τεσσαρακοστῆς τῶν νηστειῶν ἡμέραις, παρεκτὸς σαββάτου καὶ κυριακῆς, καὶ τῆς ἁγίας τοῦ Εὐαγγελισμοῦ ἡμέρας, γινέσθω ἡ τῶν προηγιασμένων ἡμέρα. Sed et ante id ipsum statuerat Concilium Laodicenum can. 49. nulla tamen Missæ Præsanctificatorum facta mentione : Ὅτι οὐ δεῖ τῇ τεσσαρακοστῇ ἄρτον προσφέρειν εἰ μὴ ἐν σαββάτῳ καὶ κυριακῇ μόνον. Ubi ἄρτον προσφέρειν, nihil aliud est quam *Corpus Christi conficere.* Ex quibus evidens est istius Missæ auctorem non fuisse S. Gregorium I. PP. ut habent Synaxaria, et Gregorius Protosyncellus in Epistolam Marci Ephesini. Leo

Tuscus : *Dignum scitu est, quod quadragesimali tempore Græci Missarum solennia, exceptis sabbato et Dominica, non celebrant, sed Præsanctificatis, sicut nos in die sancta Parasceves, utuntur.* Sed de Missa τῶν προηγιασμένων legendus omnino Leo Allatius in duplici Dissertatione super hac re edita post librum de Concordia utriusque Ecclesiæ, ubi nihil intactum reliquit, quod lucem possit afferre rei non adeo tritæ. Addo tantum Missam Præsanctificatorum celebrari solere in Ecclesia Romana die Parasceves. Consulendum præterea Euchologium Græcorum, in quo ritus omnes et precationes istius Missæ exponuntur. Adde Card. Bona lib. 1. cap. 15. num. 5. [et Mabill. Comment. in Ordinem Rom. tom. 2. Mus. Ital. pag. LXXIV.]

* Missa de Prima, Quæ tempore officii ecclesiastici, *Prima* appellati, celebratur. Ordinar. MS. S. Petri Aureæ-val. : *Missa de Prima dicetur de Apostolis.*

Missæ Privatæ, ad discrimen majoris et publicæ Missæ. *Solitariæ* dicuntur Stephano Eduensi lib. de Sacram. altaris cap. 13. Liber Ordinis S. Victoris Parisiensis MS. cap. 32 : *Omni tempore ante Missam majorem, interim dum Fratres in claustro sedent, possunt privatæ Missæ cantari.* Exstant Missarum privatarum jam a primis Christianismi incunabulis exempla in Vita S. Joannis Eleemosyn. num. 73. 79. Id pluribus probat Card. Bona lib. 1. cap. 13. num. 4. et cap. 14. Adde librum Usuum Ordinis Cisterciensis cap. 4. 37. 59.

Missa *ad prohibendum ab idolis*, in Cod. Remensi, apud Menardum ad librum Sacramentor. Gregorii M. quæ celebratur in festo Circumcisionis Domini ad evellendas, quæ olim Kalendis Januariis ab ipsis etiam Christianis observabantur, paganorum superstitiones.

Missa Publica, Cui interesse utrique sexui promiscue licet, quæ coram omni populo peragitur, *legitima* dicta Wal. Straboni cap. 22. *generalis* Amalario : *publica*, in Concilio Vasionensi can. 20. apud Ison. Monach. lib. 1. de Mirac. S. Othmari cap 11. in libro de Miracul. S. Bercharii n. 19. etc. Vide Amalarium lib. de Eccl. offic. cap. 8. *Missas* autem ejusmodi publicas ante horam diei tertiam non celebrari statuit Telesphorus PP. [Falsum id probat Coustantius in hoc Pontifice] ut et Concil. Aurel. III. can. 14. Bracarense ann. 572. cap. 9. Greg. Turon. lib. de Vitis Patrum : *Facta quoque hora tertia, cum populus ad Missarum solennia conveniret, etc.* Theodulfus Aurelian. in Capitul. cap. 45 : *Ut Missæ quæ per dies solennes a Sacerdotibus fiunt, non ita in publico fiant, ut per eas populus a publicis Missarum solennibus, quæ hora tertia canonice fiunt, abstrahatur.* Acta Episcop. Cenoman. pag. 72 : *Nunquam a die ordinationis suæ cognoverunt diem præterire, ut non Missam aut publicam aut secretam celebraret.* Vide Reginon. de Vita et convers. Presb. cap. 29. Burch. lib. 3. cap. 63. Ivon. 2. part. cap. 119. Radulf. in Mirac. S. Richardi Episc. Cestr. n. 5. Odonem Paris. in Statut. cap. 5. num 10. Vitam S. Pamphili Episc. Sulmonensis num. 2. etc. [Statuta Canonic. Regular. apud R. Duellium lib. 1. Miscell. pag. 89 :

Publica Missa vocatur, qua chorus omnia psallit,
Hebdomadarius hanc major colit, hoc neque fallit.]

Publicæ porro *Missæ* potissimum mentio fit in Privilegiis Monasteriis a summis Pontificibus indultis, quæ ab ordinariorum jurisdictione eximuntur, in quibus vetantur ii *Cathedram statuere*, et *Missas publicas* celebrare, tum quod jurisdictionis argumenta sint, tum ut feminarum in Monachorum, rursum virorum in Sanctimonialium Monasteria accessus vitetur. Constitutum Gregor. M. pro Monachis apud Baron. ann. 601. n. 15. et lib. 4. Epist. 43 : *Missas quoque publicas ab eo* (Episcopo) *in Cœnobio omnino fieri prohibemus, ne in servorum Dei recessibus, et eorum receptaculis, ulla popularis præbeatur occasio conventus, vel mulierum fiat novus introitus, quod omnino nec expedit animabus earum.* Idem lib. 5. Epist. 46. ad Episc. Pisauriensem : *Dum etiam in eodem præcepto inter alia mandatum sit, ut locum ipsum absque Missis publicis dedicares.* Adde lib. 6. Epist. 12. lib. 7. Ind. 2. Epist. 72. lib. 8. Epist. 3. lib. 11. Epist. 21. et Greg. VII. PP. lib. 2. Epist. 69. Charta Inæ Regis apud Spelman. in Conciliis Britann. ad ann. 725 : *Sed nec in Insulis, aliqua interveniente occasione, Episcopus Cathedram sibi Episcopalem statuere, nec Missas solennes celebrare, nec altaria consecrare... præsumat.* Vide Haræum in Castellanis Insulensib. pag. 201. et Card. Bona lib. 1. Liturg. cap. 13. n. 13. In Concil. Lateran. I. ann. 1122. can. 17. vetantur Abbates et Monachi *Missas publicas cantare.*

Missa in Kalendis Januarii hora octava dici præcipitur in Concilio Turon. II. can. 17.

Missas in *Natali Domini* noctu celebrari statuit S. Telesphorus PP. Anastasius.

Missæ Quadragesimales, Quæ in Quadragesima dicuntur, in Concilio Vasionensi can. 20. et Vasensi can. 3.

* Missa Remissa, Quæ remissa voce dicitur. Obituar. MS. S. Nic. Corbol. vj. Maii : *Hic debentur dici duæ Missæ remissæ pro animæ remedio deffuncti Nicolai Moreau.*

¶ Missa Revelata. Concil. Valent. ann. 1565. inter Hispan. tom. 4. pag. 73 : *Synodus præcipit superstitiosum cultum Missarum quæ dicuntur Revelatæ et S. Amatoris, et aliarum quarumcumque similium aboleri; certum etiam candelarum numerum, qui speciem superstitionis habet, rejiciendum esse duxit.* [* Consule *Thiers* in Tract. de Superst. tom. 1. part. 2. cap. 4.]

Missa Revocata, [celebrata.] Vide *Revocare.*

¶ Missa Romensis, in Liturg. Gallic. lib. 3. pag. 300 id est, ex Ordine Romano seu Gregoriano, ut ibid. monet Mabillonius.

Missam Sacramentorum, Missæ Catechumenorum opponit Ivo Carnotensis Epist. 219. in qua scilicet sacra mysteria peraguntur, a quibus arcebantur Catechumeni, ut observatum supra. [Vita Gregorii VII. PP. sæc. 6. Bened. part. 2. pag. 455 : *Unde contigit, ut ipse Salvator horrenda eum visione deterreret, eum forte post inchoatam Missam Cathecumenorum resideret.... Inter hæc urgente hora surgendi ad lectionem Evangelii, multi fratum innuerunt, ut excitaretur... Itaque ventum est ad Missam Sacramentorum, et tunc necessario expergefactus celebrandi causa mysterii, etc.*]

* Missa de Sancto Spiritu pro defunctis celebrata. Charta Guich. episc. Matiscon. ann. 1273. in Chartul. Cluniac. ch. 346 : *Si diebus Dominicis in dicta ecclesia Missa de Sancto Spiritu celebretur pro aliquo confratre defuncto, ut consuetum est, etc.*

Missæ Secundæ. Anastasius in S. Deusdedit PP. ex veteri Codice : *Hic constituit secundas Missas in Ecclesia.* Cum scilicet unica tantum celebraretur.

Missa Sicca, ut est apud Durand. lib. 4. Ration. cap. 1. n. 23. *dicitur,* quando *Sacerdos non potest conficere, quia forte jam celebravit, vel ob aliam causam, potest accepta stola Epistolam et Evangelium legere, et dicere Orationem dominicam, et dare benedictionem, etc.* Ita Eckius in Annotatione ad librum oblatum Cæsari art. 21. ait *Missam siccam*, esse *Missæ simulationem, Sacerdote agente quæ sunt celebrantis, cum Introitu, Collecta, Epistola, Evangelio, et Canticis; qui tamen, quia non vult communicare, non consecrat, ita ut Missa sit sine Corpore et Sanguine Domini.* Vetantur autem Presbyteri ejusmodi Missas celebrare absque communicatione, in Capitul. Caroli M. lib. 1. cap. 6. unde Missam siccam non nuperam fuisse colligitur. Concil. Parisiense ann. 1212. cap. 11. cujus lemma est, *de Sacerdotibus qui Missarum multitudine onerati, conductitios alios Sacerdotes habent, vel siccas Missas faciunt : ... propter quæ ipsos oportet conductitios habere Sacerdotes, vel alia eis vendere facienda. Nec, ut a prædictis se exonerent, siccas Missas faciant pro defunctis, sub eadem districtione prohibemus, etc.* Vide Concil. Sarisber. ann. 1217. cap. 38. [* Vide supra *Missa Ficta.*]

Missa Navalis et *Nautica*, Eadem quæ *sicca* quibusdam dicitur, eo quod in loco fluctuante et vacillante, ut in mari et fluminibus, quibus in locis *perfectam Missam* celebrandam non putant, ad hunc tantum modum Missam dici posse tradunt. Missas tamen perfectas in ipsis navibus peractas tradunt Scriptores, ac in primis Jonas Monachus in Vita S. Vulfranni num. 4. [et Eusebius Priolus in Orat. funebri Petri Delphini apud Marten. tom. 3. Ampliss. Collect. col. 1224.] tametsi haud omnino in usu fuisse evincant quæ habet Matth. Paris ann. 1247. ubi de Cardinale Legato Apostolico : *Cum navem ascensurus esset,.... jussit cuidam fratri de ordine Prædicatorum in ipsa Missam celebrare, quod et factum est non sine multorum, qui hoc non prævideraut, admiratione.* Vide Bedam in S. Benedicto Episc. cap. 21. [Balsamonem in Responso 13.] Navarrum, librum Sacerdotal. tract. 4. cap. 33. Card. Bona lib. 1. Rerum Liturgic. cap. 15. num. 6. 7. et quæ adnotavimus ad Joinvillam pag. 38. 39.

Missa Singularis, Eadem quæ *privata*, seu specialis, de qua mox. Edius Stephanus in S. Wilfrido cap. 61 : *Nam omni die pro eo Missam singularem celebrare, etc.*

* Charta ann. 1057. ex Chartul. monast. B. M. Dolensis : *Monachi prædicti*

loci cantent,.... post mortem meam pro anima mea, mille Missas singulares.

Missa Specialis, Privata. Capitula Theodori Cantuariensis cap. 10. Edit. Jac. Petiti : *Centum viginti Missæ speciales singulæ cum 3. psalteriis, et cum 300. palmatis excusant annum*, scilicet pœnitentiæ. Epist. Caroli M. ad Fastradam Reginam de Victoria Avarica : *Et Sacerdos unusquisque Missam specialem fecisset, nisi infirmitas impedisset*. Decr. Tassilonis Ducis Bajoariæ apud Canisium, et in Metrop. Salisb. tom. 1. pag. 343 : *De collaudatione quam Episcopi et Abbates in Bajoaria inter se fecerunt pro defunctis fratribus,... ut eorum quis de hac luce migraret, unusquisque superstitum Episcoporum et Abbatum, pro defuncto, in domo sua Episcopali, vel Cœnobio centum Missas speciales, et eodem numero psalteria cantare faciat*. Versus scripti in Cod. Biblior. qui fuit Ecclesiæ Metensis, de Carol. Cal. :

> Nos siquidem psalmos, Missa speciale precamur,
> Psallemus pro te, conjuge, prole, pie.

Vita Alcuini n. 26 : *Levitice se præparans, suo cum Sigulfo Presbytero Missarum celebat solennia specialium usque ad horam tertiam.*

* Missa Summa, Solemnis, major. Necrol. eccl. Paris. Ms. ad calcem : *Cantato* Sanctus *ad summam Missam, debet thus copiosum imponi in duobus turibulis, et turificabunt altare usque ad* Agnus *secundo dictum*. Charta ann. 1416 : *In quo* (cellario) *canonici se duobus horis in die, scilicet ab hora elevationis Corporis Christi summæ Missæ usque ad Nonam post meridiem,..... vinum publice vendere etc. Depuis le sacrement de la grant Messe etc.* in alia de ead. re ejusd. anni.

* Missa Tertiæ, Eodem intellectu. Consuet. Mss. monast. S. Crucis Burdegal. ante ann. 1305 : *Omnibus festis duplicibus prior claustralis tenetur... celebrare Missam Tertiæ nomine abbatis, si abbas non potest præsens interesse in istis festis.*

* Missa Venatica et *Venatoria*, Eadem quæ *Sicca* et *Nautica*, in qua scilicet sacra mysteria non peraguntur, apud *Thiers* in Tract. de Superst. tom. 1. part. 2. cap. 2.

* Missa Veniæ, quæ et *Pardonis*. Charta admort. ann. 1407. in Reg. 162. Chartoph. reg. ch. 184. bis : *Cum pro fundatione unius missæ ad notam, vocatæ Missa veniæ, quæ cotidie post Matutinas finitas in eadem ecclesia* (S. Hilarii Pictav.) *ad altare S. Pauli celebratur, etc.* Lit. capit. Ebroic. ann. 1495. ex Bibl. reg. : *Super celebratione unius missæ bassæ qualibet die ad altare capellæ pardonis, post missam, quæ Pardonis Missa vocatur etc.*

* Missa Vespertina hora Sabbato Sancto celebrata. Breve Alex. V. PP. ann. 1409. apud Lam. in Delic. erudit. inter not. ad Chron. pontif. Leon. Urbevet. : *Quum itaque, sicut accepimus, in ecclesia monasterii S. Michaelis de Furculis ordinis Vallisumbrosæ Pistor, annis singulis in vigilia festivitatis resurrectionis Dominicæ, hora diei vigesima tertia vel circa, una Missa solenniter decantari consueverit, cui magna, causa devotionis, interesse consuevit populi multitudo.*

* Missa Victoriæ, appellatur Missa de Spiritu sancto, quam ob insignem victoriam a dom. *de Chastelus* ex capituli hostibus reportatam, anno quolibet celebrari in ecclesia sua instituunt canonici Autissiodorenses in Charta ann. 1423.

Missa Votiva, Quæ ex proprio voto, seu motu, peragitur et dicitur, ad differentiam Missæ quæ a Kalendario præcipitur. Monachus Milstatensis in Miraculis. B. Domitiani n. 20 : *Cum..... iterato vota sua ad tumbam B. Domitiani devote persolveret, et Missas votivas ibidem celebrari procuraret, etc.* Franciscus Canonicus Pragensis : *Nec non Missas votivas de sanctissima Trinitate, de S. Spiritu, de Domina, de Patronis, etc.* Vide lib. Sacram. Gregor. M. Edit. Menardi pag. 255. antiquas Definitiones Ord. Cisterciens. distinct. 5. cap. 7. et quæ annotat Card. Bona lib. 1. cap. 15. n. 3.

Missare, *Missam cantare*, Ugutioni. Gregor. M. ad Augustinum Episc. Angl. lib. 12. Epist. Ind. 7. ait *formam Missandi, aliasque consuetudines, rem liberam esse.* [Vide *Messiare.*]

Missaticus, *Qui frequenter canit missam.* Ugutioni. [*Missaticus, Messages, ou qui souvent chante messes*, in Gloss. Lat. Gall. Sangerm.]

¶ Missatio, Missæ celebratio, in Orat. Ulrici in Conc. Basileensi : *Sacerdos sit diligentior aut minimum ita diligens de evangelizatione verbi Dei, sicut de Missatione.* Infra : *Et populus cæcus in multis Missationibus ponit salutem.*

Missacantaniæ, in Tabulario Sordensi apud Marcam lib. 1. Hist. Beneharn. cap. 28. n. 17. sunt oblationes et distributiones quæ a pluribus Presbyteris pro missis ab iis decantatis offerebantur. Hispanis *Clerigo Missacantario*, est Presbyter, in Leg. Alfonsi Reg. Cast. 1. part. tit. 4. leg. 20.

¶ Missale Ornamentum, Supellex ecclesiastica ad Missam celebrandam. Chronic. Farfense apud Murator. tom. 2. col. 551 : *Sed cum nollent ei dare, ut promiserant, ornamentum Missale, quod, ut fertur, mirabile erat valde. Missaticus apparatus*, in Actis S. Udalrici cap. 1. tom. 2. Julii pag. 100. [** *Paratura Missatica*, ibid. cap. 18. et 27. *Missalia vestimenta* in Othloni Vita S. Wolfkangi cap. 23.]

Missæ Presbyter, Sacerdos ordinatus, Presbyter qui Missam dicit. Gloss. Ælfrici : *Presbyter*, Messepreost. Sic passim in Canon. Saxonicis. Gloss. Saxon. exaratum sub Edw. III. : Messeþegen, *Presbyter* ubi malim Messeðegen. *Messethegnes*, in Legib. Adelstani Regis apud Bromptonum pag. 185. seu *Messetheines*, ut præfert Concilium Grateleanum ann. 928. cap. 13. quasi *Missalis Thainus*. Vide in voce *Thainus*. Capitula de Weregildis post idem Concilium Grateleanum, et Leges Henrici I. cap. 64 : *Missæ presbyteri et sæcularis Thayni jusjurandum in Anglorum Lege computatur æque carum.* Ubi opponitur *Sacerdoti qui regularem vitam ducit*, et *Sacerdoti plebeio*. Vide cap. 68. et Leges Edmundi Saxonicas cap. ult. § 8.

Missales Presbyteri. Conciliabulum Cloveshoense an. 824 : *Ad præstationem istius juramenti adfuerunt Missales* 50. *Presbyteri, et Prebyteri alii* 160. Mox : *Hæc sunt nomina Missalium illorum Presbyterorum, qui ad dictum juramentum aderant, etc.* [*Missalis Sacerdos*, in Charta Eduardi I Reg. Angl. ann. 1296. Rymer. tom. 2. pag. 731.] Ita in Legibus Presbyterorum Northumbrensium sub. ann. 977. cap. 51.

* Missa, Sacrum sodalitium, pia societas, Gall. *Confrairie*. Charta ann. 1341. in Reg. 74. Chartoph. reg. ch. 595 : *Comme les freres et suers des Messes de sainte Marie Magdalene, encommenciées et ordenées par vint et cinq mandiens à faire célébrer chascun jour, en l'église S. Huistace à Paris etc.*

¶ **MISSAGIUM**, Oblatio, seu proventus oblationum. Tabular. S. Vincentii Genoman. : *Ernaldus presbyter S. Mariæ de Altanoisia, cum in quinque festis per annum medietatem oblationis modo dictæ ecclesiæ solus haberet, duas inde partes monachis S. Vincentii qui antea alteram medietatem accipiebant, annuit. Dereliquit etiam supra nominatus presbyter Missagium, illos scilicet denarios quos in præscriptis quinque festis, quasi ex suo jure, de communi oblatione sibi retinere præsumebat. Ad cujus rei confirmationem malleolum quemdam super altare S. Vincentii posuit.*

¶ 1. **MISSALE**, Missa, officium Missæ. Charta ann. 1284. apud Kennett. in Antiquit. Ambrosden. pag. 304 : *Habebit etiam de oblationibus ad altare provenientibus unum denarium, Missale quoties celebraverit, et denarius provenerit.*

2. **MISSALE**, Liber Ecclesiasticus, in quo continetur missarum officium, a Gelasio Papa primum compositus, deinde a Gregorio Magno in meliorem formam redactus, cui *Sacramentarii*, seu *Libri Sacramentorum* titulum imposuit, ut auctor est Joannes Diaconus in Vita ejusdem Gregorii. Tabularium S. Remigii Remensis : *Missalem Gregorii, cum Evangeliis et Lectionibus,... alterum Missalem Gelasii vol. 1. etc. Missalis Gregorianus*, in Cod Epistolarum S. Bonifacii Archiep. Mogunt. Epist. 114. *Missalis qui vocatur Gregorialis*, apud Amalarium lib. 3. de Eccl. offic. cap. 40. Ugutio : *Missale, liber ubi continetur mysterium missæ. Liber Missalis*, apud Ordericum lib. 5. pag. 590. et Florentium Wigorn. ann. 1064. *Codex Missalis*, apud Leonem Ost. lib. 1. Chron. Casin. cap. 56. Agobardus de Correctione Antiphonarii cap. 19 : *Ad celebranda Missarum solennia habet Ecclesia librum mysteriorum fidei, purissima et concinna brevitate digestum.* Perperam *fide* in Edito. In Statutis Odonis Episcopi Parisiensis *præcipitur Sacerdotibus ut omnes redditus et possessiones Ecclesiæ scribant in Missalibus suis, etc.* Herbertus Monachus de Hereticis Petragoricensibus : *Nec communionem percipit, sed hostiam juxta aut retro altare, aut in Missalem projicit.* [Le Roman de Rou MS. :

> Portent Messaux, portent sautiers,
> Portent mistre et encensiers.]

☞ Præter reditus et possessiones ecclesiæ quas in *Missalibus* exscribi solitum erat, ut patet ex Statutis Odonis mox laudatis et aliis passim; nomina quoque benefactorum ad marginem Canonis in *Missali* adnotabant. [* Charta ann. 1251. ex Bibl. reg. cot. 19 : *Associatus ero missæ com-*

dianæ, quæ in honore B. Virginis decantatur; et debet poni nomen meum in margine Missalis, ut in missa fiat de me memoria specialis.] Charta ann. 1242. inter Anecd. W. Wyrcester in Lib. nig. Scaccarii pag. 529: Nomina dictorum Willelmi et Johannis in omni Missali in ecclesia Westmonasterii in margine Canonis scribentur. Quæ non nisi maturis probatisque viris exscribenda committebantur. Capitul. Caroli Magni ann. 789. § 70: Et si opus est Evangelium, vel Psalterium Missale scribere, perfectæ ætatis homines scribant cum omni diligentia.

MISSARIUS, Eadem notione, in Capitulis Caroli M. lib. 1. tit. 109. [** 103.]

¶ MISSALE MIXTUM, Ubi, ni fallor, præter ea quæ ad Missam spectant, alia occurrunt. Testamentum Mascaronæ Comitis Ruthenens. ann. 1291. apud Baluz. tom. 2. Hist. Arvern. pag. 550: Donamus Fratribus Minoribus unum Missale mixtum ad opus dictæ Capellaniæ. Vide Mixtum 3.

MISSALE PLENARIUM, nude interdum Plenarius vel Plenarium, Liber Ecclesiasticus, in quo Evangelia et Epistolæ pleniter continentur. Acta Murensis Monasterii pag. 31: Sunt et hic Missales libri 5. ex iis tres pleniter scripti sunt, quartus vero habet Graduale cum Orationibus, quintus tantum Orationes habet. Leo Ost. lib. 3. cap. 19: Librum ad Missam describi curavit,.... namque usque ad illud tempus in Plenario Missali tam Epistolæ quam Evangelia legebantur, quod quam esset inhonestum, modo satis advertitur. Leo IV. PP. de Cura Pastorali, Ratherius Veron. in Synodica ad Presbyteros, et Regino in Inquisitione Episc. cap. 19: Inquirendum... si Missale plenarium, et Lectionarium, et Antiphonarium unaquæque Ecclesia habeat: nam sine his Missa perfecte non celebratur. Testamentum Heccardi Comitis Augustod. apud Perardum pag. 26: Missale plenario cum Evangeliis et Epistolis. [Inventar. ornament. apud Marten. Itin. Litter. pag. 241: Missalis liber plenus, etc.]

PLENARIUM, nude. Honorius Augustod. in Gemma animæ lib. 1. cap. 4: Post quos septem Diaconi cum Plenariis incedunt. Durandus lib. 4. Ration. cap. 6. n. 17. ubi de Processionibus: Illos sequuntur Subdiaconi cum Plenariis, significantes illos, qui per eandem gratiam, plenitudinem divinitatis in Christo habitaturam corporaliter docuerunt. Wildebrand. ab Oldenborg in Itinerario Terræ Sanctæ: Processionibus igitur in unum convenientibus, hinc inde discantari, et longas eorum barbas, quæ illorum pectora, sicut quædam Plenaria contegebant, multo hiatu vidimus laborare. Acta Murensia pag. 29: Adhuc sunt ibi duo Plenaria, unum cum auro et lapidibus pretiosis optime factum est, alterum autem cum argento. Acta Episcopor. Cenoman pag. 149: In Pollegiticis tamen et Plenariis sanctæ matris prædictæ urbis Ecclesiæ hactenus pleniter operiuntur insertæ. Et pag. 259: Et aliis villulis ad eas pertinentibus, sicut in Plenariis jam dictæ Ecclesiæ continetur. Adde Adamum Bremensem cap. 161. Chronic. Episcoporum Mindensium cap. 15. Chron. Mindense Meibomii pag. 106. Chronic. Novæ Corbeiæ, Appendicem ad Concil. Salegunstadiense ann. 1022. etc.

PLENARIUM dicitur etiam de aliis libris. Acta Murens. Monasterii pag. 30: Deinde de novo Testamento sunt hic duo Plenaria, unum ab invicem est divisum. Vita S. Hadoindi Episcopi Cenoman. num. 5: Et cæteras villulas, quarum nomina propter fastidium hic non inseruimus, in Polyptychis tamen, et Plenariis Ecclesiæ hactenus pleniter reperiuntur insertæ. Charta Ludovici Pii in Vita Aldrici Episcopi Cenomanens. num. 11: Sicut in Plenariis et breviariis ejusdem Ecclesiæ continentur, etc. Adde pag. 40. et 144. Sed hoc loco idem est quod Missale.

* MISSALETUM, dimin. a Missale. Inventar. ann. 1218. inter Probat. tom. 1. Hist. Nem. pag. 67. col. 1: Item apud S. Spiritum inveni duas vestes sacerdotales; calicem argenti; pixidem eboris; missale; textum et Missaletum.

* MISSALIS, Idem quod Missale 2. Chartul. S. Joan. Angeriac. fol. 172. v°.: Hujus rei ipsa Aldeardis et filii sui cum libro sacramentorum, qui vulgo dicitur Missalis, donum super altare S. Petri fecit. Messier, eodem sensu, in Ch. ann. 1304. tom. 1. Probat. Hist. Brit. col. 1187.

¶ MISSALIS ANNONA, Decima. sic dicta quod Missali presbytero seu Curato debeatur. Charta ann. 1319. apud Ludewig. tom. 1. Reliq. MSS. pag. 287: Cui videlicet plebano de agris suæ parrochiæ decimam seu annonam Missalem solventibus dimidius modius siliginis præter priorem decimam seu annonam Missalem per totam parrochiam annuatim quolibet persolvatur. [** Vide Haltaus. Glossar. German. voce Messkorn, col. 1341.]

* MISSALIS NUMMUS, Oblatio, quæ sacerdoti pro missa ab eo celebranda offertur. Charta Engelb. Colon. archiep. ann. 1219. inter Probat. tom. 2. Annal. Præmonst. col. 528: Qui (sacerdos) ibidem in propria persona deserviens, hos fructus ab inde cum animarum cura suscipiat.... nummos Missales, qui vulgo dicuntur Missanc. Vide Missacantaniæ in Missa 4. et infra Missio 6.

* MISSARANA, Vasis genus ad usum missæ, urceolus, Gall. Burette. Inventar. ann. 1379. MS.: Item duæ Missaranæ cum covercellis et una alia sine covercello stagni.

* 1. MISSARE, Missitare, mandare, mandar, Prov. Glossar. Provinc. Lat. ex Cod. reg. 7657.

¶ 2. MISSARE. Vide in Missa 4. et Messiare.

¶ MISSARIA, Officium missarii seu nuncii publici. Statuta Astens. collat. 4. cap. 5. pag. 17: Quilibet nuntiorum qui electi et constituti fuerint ad officium Missariæ sive nuntiorum communis Astensis, et qui securitatem fecerint de ipso officio bene et fideliter exercendo secundum formam capituli de nuntiis eligendis, etc. Neque alio significatu accipienda hæc vox in Statutis MSS. Augerii Episc. Conseran. ann. 1280: Sed nec aliqua opera inhonesta exerceant (Sacerdos) ut pote de Missariis, seu quibuslibet aliis, quæ sacerdotalem dedeceant honestatem. Vide Messagarius et Missaticus in Missus 2.

* 1. MISSARIUS, Presbyter, qui missam dicere tenetur; Missier, in Tabul. monast. de Regula. Stat. ann. 1446. in Suppl. ad Miræum pag. 192. col. 1: Item primus Missarius suam missam in dies celebrare vel celebrari facere sit obligatus. Ebdomadarius seu presbiter Missarius, in Instr. ann. 1402. inter Probat. tom. 3. Hist. Nem. pag. 159. col. 2.

* 2. MISSARIUS, Ad missam pertinens. Stat. colleg. Fuxens Tolos. ann. 1457. in Cod. reg. 4223. fol. 204. v°.: I esperæ defunctorum, sacerdote cum cappa Missaria seu pluviali armis nostris fulcita induto...... celebrentur. Vide alia notione in Missale 2.

* MISSATICIA, Missi officium. Lit. Saladini apud Lam. in Delic. erudit. inter not. ad Hist. Sicul. Bonincont. part. 1. pag. 206: Carta vestri archiepiscopi et consulum pervenit ad nos, repræsentata nobis per manum vestri missatici Bulgarini, quem elegistis et mandastis nobis,... quem... juxta nos venire fecimus, et audivimus, et intelleximus ejus Missaticium, et honorem ei fecimus.

* MISSATICUM, Donum, munus, vel missi seu nuncii Servitium. Charta Bern. de Mirabello ann. 1195. apud Ughell. tom. 1. Ital. sacr. col. 1126. edit. 1717: Feudum Giberti debet xxxvj. cuppas olei et iv. salmas vini et vj. staras grani et vj. staras hordei et exenia et Missatica et operas. Vide alia notione in Missus 2.

MISSATICUS, MISSATICUM. Vide Missus 2.

¶ MISSATIO, Missæ celebratio. Vide in Missa 4.

MISSERVIRE, Male servire. Le Roman de Vacce MS.:

Et par losengiers qu'il créi,
Richart son frere Messervi.

¶ MISSIATICUM. Vide Missus 2.

¶ MISSIBILIS MONETA. Vide Moneta.

MISSICIUS, Ad mittendum aptus, vel qui militiam exhibet. [Ita Joan. de Janua, ex Glossis Isidori: Missicius, qui militiam exhibet, unde emendandæ editæ, Missilius, qui missilia exhibet.] Sed videtur legendum exhibuit: [vel, ut emendat Carolus de Aquino, Missicius, qui militia exivit.] Missicii enim dicti veterani milites, qui a militia missi erant, nec amplius militabant. Vetus Incrip.: TRIB. LEG. XI. AUG. ET MISSICIUS LEG. VI. AUG. Gl. Basil.: Μισσίκιος, παλαιὸς στρατιώτης, ἀπολυθεὶς.

* MISSIFICARE, Missam celebrare. Contin. Hist. sacr. Severi a Sleydano ad ann. 1076: Has leges ubi probasset ille (imperator), Papa Missificat. Ibid. ad ann. 1212: Ad hæc grave tum erat inter Græcos atque Latinos dissidium: nam super quibus aris Latini Missificassent, etc.

¶ MISSILIA, alias Missalia, dicuntur donalia, vel quædam præstationes quas novus prætor creatus mittebat in vulgus, ut quod quisque apprehenderet ejus fieret: ut in coronatione Papæ vel Imperatoris fieri solet, etc. Vocabular. Juris utriusque.

* Pontif. MS. eccl. Elnens. ubi de coronat. imper.: Camerariis seu dispensatoribus ipsius Missilia seu pecunias in vulgo longe ad turbam arcendam spargentibus ante ipsum (imperatorem).

* MISSILLA. Stat. Reatina MSS. cap. De pœna clericorum, qui vadunt ad funera: Inhibemus ne quis eorum (clericorum) de cætero cum ad funus alicujus mortui una cum aliis clericis ire contigerit ad domum vel

ad ecclesiam, sibi caputia seu biretum extrahat, vel manus ad Missillas suas extendat, vel ululatus alios more laicorum emittat.

1. **MISSIO**, Legatio. Ekkehardus Jun. de Casibus S. Galli : *Ut cras matutini conveniant, et Missionis suæ responsa Regibus reddenda communi disponerent consilio.* Vide *Missus.* In Vita S. Bernardi Episc. Hildeshem. dicitur, quod cum electus est, multi nobiles Clerici missionem illam optarent. Hinc

¶ Missio, pro Verbi incarnatio, in Opusculis S. Benedicti Anian. apud Baluz. tom. 5. Miscell. pag. 18 : *Sed sicut Filii Missio incarnatio intelligitur, ita Spiritus sancti Missio manifestatio declaratur.*

¶ 2. **MISSIO**, Cessio, dimissio. Bulla Urbani II. PP. ann. 1096. tom. 6. Spicil. Acher. pag. 21 : *Raimundus... honores omnes ad B. Ægidium pertinentes... ob honorem Dei et B. Ægidii reverentiam dereliquit. Quam videlicet Missionem apud Nemausense Concilium jurans in manu nostra Odiloni Abbati, et ejus Fratribus fecit.... Si quis ergo ecclesiastica sæcularisve persona hanc supradicti Comitis Missionem, et nostram, atque totius Concilii confirmationem evacuare aut pervertere præsumpserit, etc.*

¶ 3. **MISSIO**, Administratio, onus, impensa, Hispan. *Mission.* Charta ann. 1206. apud Marten. tom. 1. Ampliss. Collect. col. 1072 : *Mando vobis... ut operetis et construatis castrum de Civitate, et habeatis super illam potestatem dicti castri, illam Missionem illius operis, et cum dictum castrum constructum et operatum fuerit, ego vel mei successores persolvamus vobis dictam Missionem, tamen a vobis fideliter et bona fide computatam.*

* 4. **MISSIO**, Traditio, addictio, Gall. *Délivrance.* Lit. ann. 1411. tom. 9. Ordinat. reg. Franc. pag. 600. art. 6 : *Super vero bonis immobilibus, debet vocari pars cujus fuerant, ad se opponendum, si vellet, Missioni ipsorum; et si non compareat, per solam contumaciam ipsius rei decernitur Missio realis fienda, et mandatur emptor mitti in possessionem realem ipsorum bonorum.*

* 5. **MISSIO**, Jus concedendi facultatem utendi re aliqua. Charta ann. 1201. ex Chartul. monast. de Bauges. : *Missio bosci et prohibitio erit Tancredi.*

* 6. **MISSIO**, Oblatio, quæ sacerdoti pro *Missa* ab eo celebranda offertur. Vide supra *Missalis Nummus.* Charta ann. 1154. inter Instr. tom. 12. Gall. Christ. col. 41 : *Hæc omnia non per medium, sed ex integro et sine sacerdote ad monachos pertinere* (sciendum est); *sacerdos vero Missionem sine monachis suscipiat.*

MISSIONES, Expensæ, *Mises.* Charta Jacobi Regis Aragon. ann. 1228. apud Joan. Dametum in Hist. Regni Balearici pag. 204 : *Promittimus vobis insuper quod si de isto viatico desistemus, reficiamus vobis omnes Missiones et expensas, etc.* Adde Chartam aliam anni 1270. in Probat. Histor. Castilioneæ pag. 69. [Charta ann. 1225. ex Archivis S. Victor. Massil. : *Comes habeat quartam partem liberam et expeditam sine aliquo onere et sine aliquibus Missionibus, etc.* Tabular. Eduense ann. 1294 : *Damna, deperdita, Missiones, costamenta... tenebitur dictus Johannes eidem Episcopo restaurare.* Bartholomæi Scribæ Annal. Genuens. ad ann. 1227. apud Murator. tom. 6. col. 449 : *Omnes tamen venerunt ad expensas et decentes Missiones Communis Januæ.* Mandatum Caroli Regentis ann. 1360. tom. 3. Ordinat. pag. 430 : *Comme il nous esconviengne à present faire plusieurs Missions, etc.*] Assisiæ Hierosol. MSS. cap. 111 : *Et la Mesion que il fera, doit estre conté à la déte.* Part. 2. cap. 28 : *Des dons et ventes, et échanges, et apans qui touchent en la haute court, et en la segrete, lesqués ont deniers donés, doivent recouvrer leurs deniers, et doivent rendre le surplus qu'ils auront receu, acueillant les Mecions que ils auront faites, et les bastimens.* Cap. 30 : *Le Seignor de l'esclaf, ou de l'esclave doit rendre en genereau les Mencions que l'on aura faites, jusques à tant qu'il sera mené en la ville.* Et infra : *Celui est tenu de rendre les Mencions et les choses ordenées.* Cap. 31 : *Et toutes les Mensions que l'on aura fait, le Seignor de la chose les doit paier.* Vide *Misia.* *Far las Messions, frais, et mises*, in Consuetud. Solensi tit. 35. art. 16.

¶ Missionum Jactus, Distributio pecuniæ viritim solvendæ, Gall. *Taxe.* Vide *Jactus Missionum.*

* Alias Gall. *Missions;* unde *Missionner*, Impensis aliquem fatigare, ad expensas cogere, vulgo *Faire des frais à quelqu'un.* Charta ann. 1380. inter Probat. ult. Hist. Trenorch. pag. 252 : *Lesquelx plateaulx ne se doivent point prendre en nos bois : et ledit prieur les maintenir à sa Mission.* Lit. remiss. ann. 1383. in Reg. 124. Chartoph. reg. ch. 1 : *Comme ja pieça Andrieu Fromageau eust mis en cause et procès Robert de Chartres chevalier, pere dudit escuier, sanz cause raisonnable;.... et ce voyant ledit filz que sondit pere estoit ainsi inquietez et Missionnez etc.* Aliæ ann. 1451. in Reg. 181. ch. 30 : *Icellui bastart faisoit excommenier et Missionoit très grandement les citez et convenuz, etc.* Unde *Mettre*, nude, pro Impendere, *Dépenser, employer*, in Lit. remiss. ann. 1409. ex Reg. 163. ch. 308 : *Le suppliant demanda à icelle Jehanne : qu'avez vous fait de l'argent que vous avez receuz?... laquelle lui respondi qu'elle l'avoit Mis et qu'il n'avoit que faire ou elle l'avoit Mis.* Vide infra *Mittere* 6.

¶ **MISSIPULARE**. Supplem. Antiquarii : *Missipulat*, ποππύζει, *sibilat, aplaudit.*

¶ **MISSONUM**, Fascis, Gall. *Paquet, botte.* Charta ann. 1330. ex Archivis S. Victoris Massil. : *Item pro decima canabis et lini decimum tertium Missonum.*

¶ **MISSOR**, Idem qui *Missus*, qui alterius nomine agit. Charta ann. 1313. in Regest. 56. Bibl. Colbert. : *Per dominum Regem Missores constituti Bernardus Mergholoni sindicus de Leucata,... et prædictus Castellanus, ac magister Guillelmus Aragalli jurisperitus, etc.*

MISSORIUM, Lanx, seu discus. Glossæ antiquæ MSS. : *Fercula, Missoria.* Gloss. Arabico-Lat. : *Discum, Missorium.* Papias : *Lances, vasa quibus sacrificatur, Missoria.* Vide eundem in voce *Vas.* Glossæ Isidori : *Lancibus, Missoriis.* Papias et ex eo Will. Brito in Vocabular. MS : *Ferculum dicitur mensa seu discus edentium, alias vasculum Missorium in quo epulæ feruntur. Missorium, Mensorium dicitur a mensa, vas scilicet parvulum, quod in mensa ponitur.* Joan. de Janua : *Missorium, concha modica, ubi aliquid liquoris immittitur, et dicitur a mitto.* Auctor Mamotrecti ad Cantic. cap. 3 : *Ferculum, mensa sive discus edentium, et vasculum Missorium in quo epulæ feruntur.* Gregor. Turon. lib. 6. cap. 2 : *Ibique nobis Rex Missorium magnum, quod ex auro gemmisque fabricaverat, in 50. librarum pondere ostendit, etc.* Adde lib. 7. cap. 4. Hist. Episc. Autisiod. cap. 20 : *Dedit et alium Missorium similiter anacteum gracellatum :* ubi leg. *granellatum*, granis interstinctum. Hist. Translat. S. Sebastiani n. 64 : *Præter monilia virorum, atque mulierum, Missoria quoque diversi ponderis, aliaque vasa.* Fortunatus in Vita S. Germani Paris. cap. 13 : *Incidens aurata Missoria, argentea vasa comminuens, etc.* Idem [in Vita S. Radegundis] cap. 19 : *Missorium: cochleares, cultellos, cannas, potum, etc.* Occurrit passim, in Testamento S. Remigii Episc. Remensis, [in Testamento Ermentrudis Liturgiæ Gall. pag. 463.] in Chron. S. Benigni pag. 385. apud Fredeg. in Chron. cap. 74. Flodoardum lib. 1. cap. 4. lib. 2. cap. 5. Aimoin. lib. 3. Hist. cap. 16. 58. l. 4. cap. 25. Monach. Autisiod. pag. 66. Reginonem ann. 605. Ennodium Epigr. 18. etc. [*Mez* eadem notione dixerunt nostri. Litteræ Johannis Reg. Fr. ann. 1362. tom. 3. Ordinat. pag. 584 : *Et chascune acouchiée dudit Hostel-Dieu doit avoir un Mez entier.*]

Missorius, in Gestis Dagoberti Regis cap. 30.

Messorium. Isidorus lib. 20. cap. 4. de Vasis escariis : *Messorium vocatur a mensa per derivationem, quasi mensorium,* [Gloss. Lat. Gall. Sangerm. : *Messorium, Vaissiaux à mettre viande pour table.*]

Mensorium, *a mensa dicitur, quod est in mensa, ut mantile, et vas escarium.* Jo. de Janua. Charta Sisnandi Archiep. Compostellani æræ 952. apud Anton. *de Yepez*, tom. 4. Chron. Ord. S. Benedicti : *Venapes 4. plumatios 5. tapete 1. lectos 6. cathedras 10. mensas 8. Mensorios 8. concas 15. arcas 3. etc.*

* Hinc *Prendre metz*, Simul convivari, in Lit. remiss. ann. 1443. ex Reg. 176. Chartoph. reg. ch. 296 : *Lesquelz compaignons se associerent et prindrent Metz pour soier et labourer ensemble en la presente messon.*

MISSURIUM, pro *Missorium*, in Charta Athelberti Regis Angl. apud Will. Thorn cap. 1. § 9. et pag. 2124. et in Monastico Angl. tom. 1. pag. 24 : *Missurium etiam argenteum, scapton aureum, iterum sellam cum freno aureo, etc.* Ita Græci recentiores Μινσούριον interdum dixere, ut Constant. Porph. de Themat. pag. 7. Μινσώριον alii, ut in Anthol. Græc. Edit. H. Steph. pag. 378. 379. Vide Theophilum Instit. lib. 2. tit. 1. § 44. Et sane a *missu*, nostris *Mes* vocis etymon arcessit Sirmondus ad Ennodium, quod malim, quam quod Vossius ait, ita vocatum, quia dono mitti soleat a Principibus.

1. **MISSUS**, nostris *Més de mariage*, Jus

quod domino castri *d'Assi* competit, quod ejusmodi est, ut ex singulis cibis qui in vassallorum nuptiis apponuntur, discus unus ad dominum deferri debeat. Aliud simile debetur Domino *de la Boullaie* in Normannia, quod *Regal de mariage* appellatur, quo tenetur sponsus die nuptiarum, cum citharista afferre ad dominum 2. amphoras vini, 2. panes, et *spatulam mutonis*, et semel saltare, deinde domum redire. Charta alia Ludovici *de Sainte-Maure D. de Caenchi, de Saulx, et de Richebourg* ann. 1615 : *Item nous avons droit de Mets de mariage, qui est deu par ceux qui se marient, et qui viennent espouser en l'Eglise dudit Saulx, lequel se doit apporter jusqu'au chasteau par l'espouse avec les joueurs d'instrument; ledit Mets doit estre composé d'un membre de mouton, deux poullets, deux quartes de vin vallants quatre pintes, quatre pains, quatre chandelles, et du sel le jour des espousailles, en peine de* 60. *sols parisis d'amende.*

☞ *Plat nuptial*, in Chartular. Gemmet. tom. 1. pag. 52 : *Et quand aucun se marie au dit lieu, il est tenu le jour de ses espousailles nous aporter à nostre manoir de Genesville ung plat de viande, deux pains et ung pot de vin, les menestriers precedans, quy s'apelle le Plat nuptial.* Ab Ecclesiasticis quoque ejusmodi fercula pro matrimonio celebrando exigi poterant, etiam sub excommunicationis pœna. Statuta Eccl. Meldens. ann. circ. 1346. tom. 2. Histor. Eccl. ejusd. pag. 483 : *Ne ullus sacerdos aut capellanus exigat aliquid ante benedictionem nuptialem, sive pro testimonio ferendo, sive pro matrimonio celebrando, occasione ferculorum quæ debentur in nuptiis. Celebrato autem matrimonio, recipiat fercula sua, et exigat, si fuerit necesse, publice sub excommunicatione.* Vide *Fercula.*

** Ejusmodi juris mentio fit in Arest. ann. 1468. 20. Jul. ex Reg. parlam. Tolos. in Bibl. reg. : *La Cour adjuge à frere Armand de Polignac, prieur du prieuré du bourg de Dumiere,... de prendre, lever et percevoir des habitans dudit lieu, toutes et quantes fois ilz ou leurs enfans ou leurs gens estant en leur pouvoir et gouvernement solemniseront nopces dedans l'église dudit lieu,... trois pichiers de vin, un pain ou tourte de la grandeur de la tierce part d'un metanh de segle,... et une besanche de lart ou chair salée.*

** Sed et a novo sacerdote, qui primam missam celebrabat, uti a recens nuptis, idem ferculum a juvenibus ejusdem loci interdum exigebatur, ut colligitur ex Lit. remiss. ann. 1384. in Reg. 124. Chartoph. reg. ch. 274 : *A laquelle solennité* (de la nouvelle messe) *icellui Henri pria et requis plusieurs de ses amis et voisins.... au disner et soupper... Après lequel soupper... ledit Jaquet demanda le Més, c'est assavoir un pot plain de vin, un pain et une piece de char : auquel ledit Henry respondi qu'il s'en allast; car à telle feste n'en devoit on rien payer.* Vide supra *Bannum* 5. et *Cochetus* 3.

2\. **MISSUS**, Legatus, nuntius, qui ab alio mittitur. Gloss. Græc. Lat. : *Missus*, ἀπόστολος. Glossæ MSS. ad Concil. African. : *Legati, Missi.* Vita Ludovici Pii Imp ann. 814 : *Beneventanorum itidem Principem Grimoaldum non quidem venientem, sed Missos suos mittentem, pacto et sacramentis constrinxit, etc.* Conventus apud Marsnam cap. 3 : *Sciatis quia communiter Missos nostros ad Nordmannos pro pace accipienda mittimus.* Domnizo lib. 1. de Vita Mathild. cap. 19 : *Inde suus Missus, donec redeat, jubet ipsum Regem nullo modo super ipsos pergere.* Ita idem lib. 2. cap. 17. Lex Alemann. tit. 21. 30. 36. Vita Ludov. Pii ann. 817. Chronicon Moissiacense ann. 802. Annales Francorum Bertiniani ann. 781. 864. etc. Flodoard. lib. 4. cap. 6. Chron. S. Vincentii de Vulturno pag. 679. et Scriptores alii passim.

Ex Latio hauserunt Scriptores nostri vernaculi medii ævi suum *Més*; unde vox *Messager*, pro nuntio etiamnum apud nos mansit. Le Roman *de Garin* MS. :

> Li Dus Garin est el palés monté,
> O lui le Més que il a reçoivez.

Alibi :

> Un Més retourne qui en vint à Belin.

Chron. Bertrandi Guesclini MS. :

> Devant eus se getta li Més à genouillon.

[Le Roman *de Vacce* MS. :

> Li Més qui du Roy vint, dist au Duc en l'oreille, etc.

Le Roman *d'Athis* MS. :

> Atendirent sur le rivaige
> Le repairier de leur Messaige...
> A tant est le Més retourné,
> Qui là dedans c'est divisé.

Le Roman *de la guerre* de Troyes MS. :

> A tant les messes leens entrerent,
> Contr'els les plussors se leverent,
> Devant le Roy sont aresté
> Ulixes ot premiers parlé.]

Stabilimenta S. Ludovici lib. 1. cap. 126 : *Se aucuns devoit au més le Roy deniers, et le Més s'en fu alé clamer à la Justice le Roy, et le Ber de qui castelerie ce seroit, en demandast la court à avoir, il n'en auroit point, car les meubles au Més le Roy sont au Roy.* [Ubi pro *Més* in quibusdam MSS. legi *Niés* vel *Niex*, id est, *Neveu*, monet D. *de Lauriere* in hunc locum.]

Missi, apud Scriptores nostros, proprie dicebantur qui e Palatio in civitates et provincias extra ordinem mittebantur a Principe cum amplissima potestate, *ut de omnibus causis quæ ad correctionem pertinere viderentur, quanto possent studio, per semetipsos regia auctoritate corrigerent : et si aliqua difficultas in qualibet re eis obsisteret, ad Regis seu Imperatoris notitiam deferre curarent :* deinde ut inquirerent *quomodo hi qui populum regere deberent, unusquisque in suo ministerio se custoditum haberet,* quique *gratiarum actione,* et qui *correctione et increpatione* digni haberentur : ut est in Capitulari 3. Ludovici Pii cap. 3. 4. 5. unico verbo mittebantur, *ad justitias faciendas, exequendas, ad recta judicia determinanda, ad oppressiones populorum relevandas, etc.* Quo spectat quod in veteri Inscriptione legitur : *P. Aquius Scævæ et Flaviæ filius .. extra sortem auctoritate C. Cæsar. et S. C. Missus ad componendum statum in reliquum provinciæ Cypri, etc.* [Ermoldi Nigelli Carmen elegiacum pro Ludovico Imper. lib. 2. apud Murator. tom. 2. part. 2. col. 44 :

> Nam mihi mente sedet, dederim quod nuper in orbem
> Legatos, populos qui pietate regant,
> Nunc, nunc, ô Missi, certis insistite rebus,
> Atque per imperium currite rite meum.]

[** Vide Francisci *de Roye* librum de Missis Dominicis editum Andeg. ann. 1672. Lips. ann. 1744. et in Venetian. Capitul. Baluz. editione. Eichhorn. de Missis agit in Histor. Jur. Germ. § 160.]

Præsertim enim Missi delegabantur ut in Comitum et Judicum pravitates inquirerent, *ut si aliqui homines injuste privati fuissent de hæreditate parentum per eorum cupiditatem, aut divitum, ut reddere facerent,* ut est in Chronico Moissiacensi ann. 815. *Ut nobiles et sapientes et Deum timentes Judices* constituerent, ex Lege Longob. lib. 2. tit. 52. § 24. [** Lothar. I. 94.] de *Comitum* et Judicum *negligentia* ad Principem referrent, ex Capit. 3. Ludov. Pii. cap. 5. et ex Edicto Pistensi cap. 2. Unde in iis tantum *Comitum ministeriis* morari jubebantur, de quibus quærimoniæ ad Principem pervenerant; non autem eorum qui *bonas justitias factas habebant;* proinde placita tenere vetabantur absentibus Comitibus reipublicæ causa, ex d. titulo 52. Legis Longobard. § 19. 20. [** Ludov. Pii 50. 51.] Atque ex hac Missorum in Comites auctoritate, iis *præponi* dicuntur Missi, in Epist. Episcop. Franciæ ad Ludov. II. Regem cap. 14. Quo spectant ista Theodulphi Aurelian. Episcopi in Parænesi ad Judices v. 99. ubi ait a Carolo Rege *Missi* onus sibi commissum :

> Præfectura mihi fuerat peragenda tributa,
> Resque actu grandis, officiumque potens.
> Nulli vi, studiisque piis, armisque secundus
> Rex dedit hanc Carolus, primus ad omne bonum.

Malis Scabinis, præterea ejectis, *bonos in eorum locum eligebant*, qui juste judicarent, *ut et meliores et veraciores homines ad inquisitiones faciendas, et rei veritatem dicendum*, quique *adjutores Comitum essent ad justitias faciendas*, ex Addit. 4. Ludovici Imper. cap. 73. 74. [Liber. 3. Capitul. cap. 33 : *Ut missi nostri Scabineos, Advocatos, Notarios per singula loca eligant.*]

In ipsos etiam Episcopos et Abbates inquirebant, si forte *res* aut *libertates injuste* abstulissent, vel *si justitiam facere noluissent aut prohibuissent*, ex L. Long. lib. 2. tit. 52. § 17. 21. [** Lud. P. 38. 52.] *Inquirebant qualiter Episcopi, Abbates, Comites, et Abbatissæ per singulos pagos agerent, qualem concordiam et amicitiam ad invicem tenerent, et ut bonos et idoneos Vicedomnos et Advocatos haberent, et undecunque necesse fuisset, tam regias, quam Ecclesiarum Dei justitias, viduarum quoque et orphanorum, sed et cæterorum hominum inquirerent et perficerent, et quodcumque emendandum esset, emendare studerent, in quantum melius possent, et quod emendare per se nequivissent, in præsentiam Imperatoris adduci facerent, et de his omnibus eidem Principi fideliter renuntiare studerent*, ex Flodoardo lib. 2. Hist. Remensis cap. 18.

De Monasteriis etiam ac Ecclesiis inquirebant, ac potissimum *de conversatione virorum et puellarum*, de sartis tectis Ecclesiarum, *si emendatæ vel restauratæ* essent, ex Capitul. Caroli M. lib. 1. cap. 122. [** 116.] Synodo Suession. ann. 854. cap. 2. et seqq. et ex Capitulari Compendiensi ann. 868. ubi multa de Missorum officio circa Ecclesias et Monasteria habentur.

Curabant ut provinciæ latronibus ac prædatoribus purgarentur, ex Capitul. Caroli C. tit. 11. cap. 1, tit. 12. cap. 4. tit. 13. cap. 1. tit. 20. cap. 7. 8. 9. denique ad hoc potissimum mittebantur, *ut querelas pauperum et oppressiones, sive quorumcunque causas examinarent, et secundum legis æquitatem definirent*, ex iisdem Capitul. tit. 17. cap. 7. et Annalibus Francor. Bertinianis ann. 814. Præterea *de orphanorum et viduarum causis, et de regalibus justitiis*, et maxime, *de raptoribus puellarum, et viduarum, et Sanctimonialium*, et de his qui durius in Presbyteros sævirent, cognoscebant, ex Edicto Pistensi cap. 2.

De hisce porro rebus omnibus ita auctoritate regia decernebant, ut siquidem civiles essent causæ, vel Laicos spectarent, eas in pleno mallo seu placito cum loci judicibus judicarent, ex Chronico Farfensi pag. 653. etc. si vero Clericos et Ecclesias, in Synodo cum Episcopis et Sacerdotibus dirimerent, quod testatur Theodulphus in Parænesi ad Judices vers. 107. ubi ait Missum se a Rege delegatum in aliquot provinciis, quas sic describit :

Quo Synodus Clerum, populum lex stringeret alma,
Urbibus et validis mosque decorque pius.
Quas Arar et Wardo, Rhodanus quas alluit acer,
Elauris, sine his connumerandus Atax,
Quasque Alpes Latio, Lybiæ discriminat æquor,
Quasque Pyrenæus orbe ab, Ibere, tuo,
Seu quas Lugduoum Arcturo aut Aquilone revellet,
Resque Aquitana tuis pulcra Tolosa locis.

Et vers. 143 :

Undique conveniunt populi, Clerique catervæ,
Et Synodus Clerum, lex regit alma forum.
Quis bene compositis, nos tandem opulenta recepit
Urbs Arelas, cives quam statuere sui.

Mox :

Quo Synodo Cleri, legum moderamine plebis
Pectora contudimus juris et artis ope.

Quater in anno legationes suas obibant, *propter justitias quæ usquemodo de parte Comitum remanserant*, in hieme Januario mense, in verno Aprili, in æstate Julio, in autumno Octobri. Cæteris vero mensibus unusquisque Comitum placitum suum habebat, et justitias faciebat. Ita Capitul. 3. ann. 812. cap. 8. et lib. 3. cap. 83.

Missi porro seligebantur ex ditioribus et honoratioribus Palatii, ne si pauperiores essent, muneribus corrumperentur. Chronicon Moissiacense ann. 802 : *Recordatus piissimus Karolus Imperator in die sua de pauperibus, qui in universo Imperio ejus erant, et justitias pleniter habere non poterant, noluit de intra Palatio suo pauperiores vassos suos transmittere, ad justitias faciendas propter munera : sed elegit in regno suo Archiepiscopos, et reliquos Episcopos et Abbates cum Ducibus et Comitibus qui jam opus non habebant super innocentes munera accipere, et ipsos misit per universum regnum, ut Ecclesiis, viduis, et orphanis, et pauperibus, et cuncto populo justitiam facerent.* Crebro quippe muneribus tentari solitos Missos innuit Theodulphus in Parænesi ad Judices v. 169 :

Hoc animi murum tormento frangere certant,
Ariete quo tali mens male pulsa ruat.
Hic et crystallum, et gemmas promittit Eoas,
Si faciam alterius ut potiatur agris, etc.

☞ Ii vero *Missi majores* dicuntur, in Capitul. Caroli Calvi ann. 860. tit. 32. § 8. ad quos proinde Missi alii, qui iidem atque *Missi discurrentes*, de quibus infra, D. Cangio videntur, res majoris momenti, quasque per se definire non poterant referre jubentur : *Et quidquid exinde quod commendamus per se adimplere non potuerint, ad Missos majores per ipsum missaticum constitutos referant, ut cum illorum consilio et auxilio omnia impleant.*

Ad obeundas functiones suas sumtibus publicis tum in itinere, tum in ipsis provinciis alebantur, *Tractoria* in eum finem a Principe iis data, qua jubebantur Provinciales *mansionaticum* et *metatum* iis, resque necessarias ad victum præbere : idque *conjectum* vulgo appellabant, qui vel in ipsis *tractoriis*, vel in Constitutionibus definiebantur. Capitula Ludovici Pii : *Volumus ut talem conjectum Missi nostri accipiant, quando per Missaticum suum perrexerint; hoc est, ut unusquisque accipiat panes* 40. *friskingas* 2. *porcellum aut agnum unum, pullos* 4. *ova* 20. *de vino sextarios* 9. *de cervisa modios* 2. *de annona modios* 2. *Et quando prope sunt de illorum domibus, nullum accipiant conjectum.* Hinc Theodulphus in Parænesi ad Judices v. 283 :

Hæc ego detractans sumebam parva libenter,
Quæ non sæva manus, cara sed illa dabat.
Scilicet arboreos fructus, hortique virentis,
Ova, merum, panes, cornipedumque cibos.
Sumpsimus et teneros pullos, modicasque volucres,
Corpora sunt quarum parva, sed apta cibis.

Ad *Missorum conjectum* spectant etiam quæ habet Lex Longob. lib. 3. tit. 1. § 38. [** Ludov. Pii 54.] : *Et Missi nostri qui vel Episcopi, aut Abbates sunt, aut Comites, usquequo infra suam judiciariam vel terminum fuerint, nihil de aliorum conjectu accipiant. Postquam vero inde longe recesserint, tunc accipiant quod in sua tractoria continetur. Vassi vero nostri et Ministeriales qui missi sunt, ubicunque venerint, inde conjectum accipiant.* Vide Henric. Valesium ad Excerpta Diodori Siculi pag. 60.

Sed de Officio Missorum legenda omnino Capitularia 5. et 6. Ludovici Pii ann. 819. 828. 829. etc. in varia Capitula dispertita, quæ fere omnia in libros Capitulorum Caroli M. relata sunt.

Seligebantur *Missi ex utroque ordine*, id est, ex Clericali et Laico, ut est in Capitul. Caroli Cal. tit. 6. cap. 20. Episcopi scilicet, Abbates, Comites, et vassi dominici, in iisdem Capit. tit. 12. post cap. 13. [Ermoldi Nigelli Carmen elegiacum pro Ludovico Imper. lib. 2. apud Murator. tom. 2. part. 2. col. 44 :

Legatos etiam monachorum ex ordine lectos
Cæsar adesse jubet, qui sua jussa colant,
Quos iterum mittat per sacra monastica castra.

Ex quocumque vero ordine selecti, a Romano Pontifice simul et Imperatore interdum constituebantur. Capitular. Lotharii Imper. ann. 824. tit. 1. cap. 4 : *Volumus etiam ut Missi constituantur a Domno Apostolico et a nobis, qui annuatim nobis renuntient qualiter singuli Duces et judices justitiam populo faciant.* Quæ de partibus transalpinis Lothario subjectis intelligenda sunt.] Quod vero a Rege mitterentur, dicti ut plurimum

Missi Dominici, id est, *proprii*, ex domo Regia selecti, in Lege Longob. lib. 1. tit. 13. § 3. lib. 2. tit. 16. [** Carol. M. 29. 94.] in Capitul. Carlomanni tit. 2. cap. 8. apud Flodoardum lib. 2. Hist. Rem. cap. 18. Adrevaldum de Miracul. S. Bened. cap. 25. Perardum in Chartis Burgundicis pag. 148. etc.

Missi Regales, in Capitulis Caroli M. ann. 797. editis ab Holstenio cap. 4. [et in Notitia ann. 1014. apud Murator. delle Antic. Estensi pag. 191.]

Missi Regii, in Synodo Pistensi ann. 862. cap. 4. in Edicto Pistensi Caroli Calvi cap. 25.

Missi Palatii, in Lege Longob. lib. 2. tit. 52. § 17. lib. 3. tit. 13. § 3. [** Ludov. P. 38. Guid. 4.]

Missi a Latere, ex *latere*, in Synodo Romana sub Bonifacio II. edita ab Holstenio pag. 77. 78. Vita S. Præjecti cap. 3 : *Incusat Pontificem, quod prædia prædictæ feminæ Claudiæ sibi vendicaret, causasque Regi depromit : obtinuitque cum Principe, ut Missos ex latere dirigeret, qui eum per fidejussores nuntiarent, et in aula Regis facerent præsentari.* Vita Ludovici Pii ann. 824 : *Statutum est etiam juxta antiquum morem, ut ex latere Imperatoris mitterentur, qui judiciariam exercentes potestatem, justitiam omni populo facerent, et tempore quo visum foret Imperatori, æqua lance penderent.* Anonymus de Miraculis S. Vedasti part. 2. num. 10 : *Isdem Comes dicitur adiisse Principem, rogans mitti viros a latere suæ auctoritatis,... jussusque est Remensis provinciæ Comes his interesse altercationibus.*

Legati, *Legati a latere regii.* Concilium in Verno cap. 2 : *Quæsumus ut scelerum patratores... missis a latere vestro probatæ fidei Legatis, absque respectu personarum, et excæcatione munerum coerceantur.* Annales Fr. Bertiniani et Metenses ann. 798 : *Seditione commota Legatos regios, qui tunc ad justitias faciendas apud Regem conversabantur, comprehendunt.* Et ann. 814 : *Habito quoque Aquisgrani populi sui conventu, ad justitias faciendas, et oppressiones populorum relevandas, Legatos in omnes regni sui partes dimisit.* Ratbertus de Casib. S. Galli cap. 5 : *Contigit autem tempore quodam Wolfharium Remensem Episcopum legatione a Domno Karolo sibi injuncta ad justitias in Rhetia Curiensi faciendas ad ipsum pagum venisse. Judices a latere dati*, in Chronico S. Vincentii de Vulturno pag. 690.

Missi Discurrentes, seu *decurrentes*, ut est in Capitul. 3. ann. 811. cap. 8. videntur appellati, non quidem Missi de quibus agimus, sed qui ad certas quasdam functiones a Principe extra ordinem mittebantur. Fredegarius in Chron. cap. 87 : *In crastino videntes quod Radulfo nihil prævaluissent, Missis discurrentibus, ut pacifice Renum iterum transmearent, cum Radulfo convenientia Sigibertus et ejusdem exercitus ad propria remeant.* Capitula Caroli Calvi tit. 30 : *Et volumus ut sicut nobis convenit, inter nos fideles Missi discurrant, et quæ in uniuscujusque nostrum regno emendanda sunt, et alter alteri innotuerit, emendentur.* Ibidem : *De fidelibus autem Missis inter nos discurrendis, et de his quæ in regnis nostris emendanda sunt, emendandis, etc.* Et tit. 27 : *Hæc Missi nostri discurrentes faciant, omnibus in suo Missatico firmitatem quæ inter nos carissimum fratrem nostrum atque dilectos nepotes nostros facta est, notam faciant.* Ex quibus, et aliis locis, ita jurisdictionem exercuisse *Missos discurrentes* colligitur, ut si res essent majoris momenti, vel quæ mandatum eis injunctum excederent, ad *Majores Missos* per ipsum *Missaticum constitutos* referre, vel cum iis res ipsas peragere tenerentur, ut est d. tit. 27. pag. 245. 253. Ubi *Missi Majores* iidem sunt qui *Dominici*, qui in certas provincias mittebantur a Principe *ad justitias faciendas. Missorum* vero discurrentium crebra est mentio in veteribus Tabulis. Charta Carlomanni Regis ann. 882. in Tabul. Abb. Belliloci n. 7 : *Ut nemo sanctæ Dei Ecclesiæ fidelium nostris aut futuris temporibus, non Comes, vel Vicecomes, aut Missus discurrens, seu quilibet Reipublicæ minister ab ejusdem loci Abbatibus sive Monachis... expensas requirere præsumat.* Quæ quidem formula passim fere habetur in Chartis aliis, in Chronico Laurishamensi pag. 59. in Chronico Farfensi pag. 652. 658. 666. apud Willelmum Hedam pag. 227. 1. Edit. Sanjulianum in Tornutio pag. 510. Doubletum pag. 713. Beslium in Regib. Aquitanis pag. 40. etc.

¶ MISSI DISCUSSORES iidem vocantur, in Edicto Chlotarii II. Regis ann. 615. tom. 1. Capitul. col. 24 : *Episcopi vero vel potentes, qui in aliis possident regionibus, judices vel Missos discussores de aliis provinciis non instituant nisi de loco, qui justitiam percipiant et aliis reddant.*

MISSI FISCALES, in Lege Ripuar. tit. 89. et *Missi fiscalini*, in Lege Longob. lib. 2. tit. 52. § 13. [** Carol. M. 127. ubi codex unus *judices fiscalini*.] videntur fuisse ii qui in fiscos regios mittebantur a Principe, ut villicis invigilarent, resque dominicas recte disponerent.

¶ MISSUS DUCIS, in Lege Alaman. cap. 30 : *Si quis Missum Ducis infra provinciam occiderit, tripliciter eum solvat sicut lex habet.*

MISSI COMITUM, qui vices Comitum absentium agebant in placitis et mallis publicis, et eorum mandata exequebantur, in Lege Aleman. tit. 36. § 1. 3. 4. 6. in Capitul. Caroli M. lib. 2. cap. 24. in Edicto Pistensi cap. 6. 32. etc. qui *ministri Comitum* dicuntur in Lege Longob. lib. 2. tit. 52. § 12. [** Carol. M. 120.]

MISSI REIPUBLICÆ, *id est, Ministri Comitis*, in Epistola Episcoporum Franciæ ad Ludovicum II. Regem cap. 7. qui nude *Missi reipublicæ* dicuntur in Edicto in Carisiaco ann. 861. in Edicto Pistensi cap. 31. etc.

¶ MISSUS JUDICIS, in Capitul. excerptis ex Lege Longobard. cap. 39. idem qui apparitor.

¶ MISSUS PRESBYTERI, Idem qui Procurator, in Lege Alaman. cap. 21. *Missus Abbatissæ*, eadem notione, in Synodo Vernensi ann. 755. cap. 6.

MISSI EPISCOPORUM, in Edicto Pistensi cap. 31. Vide *Ministri Episcoporum*. [** Convent. Erford. Henr. I. Imper. ann. 932. cap. 5. Otton. I. an. 952. cap. 10. ap. Pertz. etc.]

MISSI S. PETRI, Legati Apostolici. *Archiepiscopus Bonifacius, qui est Missus sancti Petri*, in Capitulari 1. Carlomanni Principis ann. 742. cap. 1. Zacharias PP. Epist. 11. ad eumdem Bonifacium : *Tu vero Legatus es et Missus, ut fuisti Apostolicæ.* Adde Concil. Liptinense cap. 1. et Nicolaum PP. Epist. 26. [Leonem Gabinensem Episc. *Sanctæ Romanæ Ecclesiæ Missum et Apocrisiarium* vocat Capitulare Caroli C. ann. 876.]

MISSATICUM, *Missaticus, Nuntium*, Ugutioni; Legatio, Gallis *Message*. Capitulare 3. ann. 813. cap. 7 : *Si quis Missum dominicum occiderit, quando in Missaticum directus fuerit, etc.* [Diploma Caroli Crassi ann. 887. apud Marten. tom. 1. Ampliss. Collect. col. 223 : *Sed quoniam ejusdem loci* (Corbeiæ novæ) *Abbates Missaticum regium peragere soliti erant, concedimus eis ut triginta homines ab aliis profectionibus secum immunes habeant.*] Leo III. PP. Epist. 5 : *Nam Missaticum per patrias deportare non nobis videtur quod idoneus sit.* Concil. Engelenheimense ann. 948. in Præfat. : *Hujusmodi proculdubio affaminis tam salubri Missatico gloriosissimi Reges... congratulantes, etc.* Vita Alcuini n. 12 : *Et precibus postulavit, ut ad se post expletionem Missatici in Franciam reverteretur.* Histor. Translat. S. Sebastiani n. 18 : *Dominus Papa æquanimiter nostra non fert Missatica.* Codex Epistolarum S. Bonifacii Arch. Moguntini Epist. 115 : *Contigit ut Dominus Imperator patruelem meum miserit in Missaticum super Elbam.* Guillelmus Bibliothecarius in Hadriano II : *Marino CPolitanum Missaticum devotissime, ut diximus, sortito, etc.* Id est, legationem, seu dignitatem Apocrisiarii. Will. Brito in Vocab. MS. : *Dæmones nostra Missatica deferentes.* Adde Capitula Caroli C. tit. 26. Vitam S. Aicadri Abbat. Gemet. cap. 13. Annales Francor. Bertinian. ann. 861. 866. Hariulfum lib. 3. cap. 14. Flodoard. lib. 3. Hist. Remens. cap. 18. Hugonem Flaviniac. in Chronic. pag. 204. Hincmarum tom. 2. pag. 285. 339. 593. 611. 806. Concil. Duziacense I. part. 1. cap. 4. part. 4. cap. 9. etc.

¶ MISSIATICUM, Eadem notione. Vita S. Aicadri Abb. Gemetic. cap. 13. sæc. 2. Bened. pag. 959 : *Cognoscens ea quæ in animo B. Aicadri Abbatis versabantur pro suo sancto Missiatico, quam celerrime peractis omnibus quæ in via erant necessaria, etc.*

¶ MISSATICUM, Epistola. Acta S. Johannis presbyteri tom. 4. Junii pag. 483 : *Missaticum tulit ipsi summo Pontifici, pro communi utilitate sanctæ universalis Ecclesiæ Catholicæ.*

MISSATICUM, Alia notione. Charta ann. 1195. apud Ughellum tom. 7. pag. 1321 : *Debet.... 8. salmas vini, et 6. manuas lini, et Missatica, operas 5. tres ex his in persona, et duas in alia cum bobus.* Infra : *Et exenia, et Missatica, et operas.* [Forte, idem quod decima. Vide *Missalis annona*.]

MISSATICUM, Districtus et jurisdictio Missi, seu *ministerium Missi*, ut est in Concilio Suession. II. ann. 853. cap. 10. Concilium Duziacense I. part. 5. pag. 293. 1. Edit. de quodam Comite : *Et omnia quæ ibi habuit* (idem Comes)... *sine Misso, vel literis, vel verbo Regis, in sua parochia, et Missatico illi per violentiam abstulit.* Ita passim usurpatur in Capitulis ad Legem Bajwar. tit. 2. cap. 4. in Capitulis Caroli M. lib. 3. cap. 17. 64. 80. 84. 87. lib. 4. cap. 68. in Lege Longob. lib. 1. tit. 13. § 3. lib. 2. tit. 52. § 20. [** Carol. M. 29. Ludov. P. 51.] in Capitulari tertio Ludovici Pii cap. 10. § 1. in Capitul. Caroli C. tit. 6. cap. 57. tit. 11. cap. 2. tit. 12. cap. 7. 12. 13. tit. 21. in Synodo Suessionensi II. cap. 12. in Synodo Carisiac. can. 2. in Synodo Pistensi cap. 2. etc. Ubi etiam non pro districtu duntaxat semper sumitur, sed interdum pro ipso Missorum officio, quod *Legatio Missorum*, in Lege Longob. lib. 2. tit. 52. § 17. [** Ludov. P. 38.] *Justitiaria*, lib. 3. tit. 1. § 38. [** Idem 54.] dicitur. *Messagerie* porro videtur appellari in Consuetudine Solensi tit. 4. art. 1. districtus Missi, seu *Missaticum*. [Vide *Messegaria*.]

MISSATICUS, Missus, nuntius. Ugutio : *Missaticus, qui frequenter mittitur, nuntius.* Synodus Pontigonensis ann. 876. cap. 13 : *Ipsi nihilominus Episcopi singuli in suo Episcopio Missatici nostri potestate et auctoritate fungantur.* Vita S. Deicolæ Abb. cap. 8 : *Præfatæ Lupæ Missatici notho agiliores supervenere.* Tabularium S. Martini Turonensis apud Sammarthanos in Archiepiscopis Turonensibus num. 64 : *Amatus Romanæ sedis Missaticus.* [Jacobi Auriæ Annal. Genuens. ad ann. 1280. apud Murator. tom. 6. col. 574 : *Ordinatum quoque fuit quod in ipsis iret Missaticus pro Communi Januæ vir nobilis Manuel de Nigro ad Imperatorem Palæologum.*]

MESSATICUS, Eadem notione. Anonymus Barensis in Chron. ad ann. 1053 : *Argiro direxit ipso Episc. Troanense Constantinopoli Messatico.* Tabularium Lascurrense : *Et misit Messaticum Gassiarnaldum Vicecomitem Aquis, qui tenuisset placitos ante se, sicut Comes debebat facere.* [Bartholomæi Scribæ Annal. Genuens. ad ann. 1237. apud Murator. tom. 6. col. 476 : *Ipso quidem anno Messaticus Regis Tuensis venit Januam in una galea armata de Saracenis.*]

* 3. **MISSUS**, Procurator, qui res alterius administrat, nostris alias *Miseur*. [** Chart. Pipin. Reg. ann. 758. apud Mabil. Dipl. lib. 6. num. 44 : *Venientes jam dicti Missi et advocati S. Dionysii, etc.*] Chartul. Celsinian. ch. 501 : *Accipiat Missus S. Petri partem meam de mansione et de vinea, et sepeliat me.* Vide supra in *Misa* 2. et *Missus*, 2.

* 4. **MISSUS**, Positus, Gall. *Mis*. Chron. Andr. Presbyt. ad ann. 873. tom. 7. Collect. Histor. Franc. pag. 206 : *Vinum postquam vindemiatum, et intra vascula Missum, statim turbulentum fuit.* Vide *Misus* et *Mittere* 2.

* 5. **MISSUS**, *Navis vel genus navium*, ἀπόστολος, ex Cod. reg. in Castigat. ad utrumque Glossar.

* **MISTERIALITER**, Ministerii seu officii virtute. Stat. Synod. eccl. Corisopit. MSS. :

Qui naturas de nichilo creavit, potest unam in aliam mutare; sed a sacerdote virtute verborum fit Misterialiter et quasi instrumentaliter. Vide *Misterium* 2.

¶ **MISTERIALUM**, f. Vasa mysteriis celebrandis necessaria. Acta S. Judicaelis MSS. : *Dimidium superius erat aureum, lucens ut pharus angelicus, in quo erant cavilli aurei curvi, pleni candelabrorum, thuribulorum, Misterialorum, stolarum, librorum Evangeliorum.*

1. **MISTERIUM**, pro *Ministerium*, vulgo *Mestier*, Ars. Tabularium Fiscanense fol. 87 : *Notum facio quod ego nihil hæreditatis habeo... in ministeriis de pistrino Fiscanensi, videlicet in custodia hostii ejusdem pistrini, nec in Misterio quarti breatorii quod Abbas dedit mihi pro servitio meo ad vitam meam. Misteria, æ*, in Monastico Anglicano tom. 4. pag. 102. [Statuta Avenion. MSS. : *Statuimus quod nullus de civitate cujuscumque Misterii sit tenens operatorium, etc.*] Vide *Ministerium.*

¶ Mistera, Eadem notione, in Charta apud Rymer. tom. 4. pag. 751 : *Ac quidam alii operarii lanarum ac pannorum... pro lanis ibidem operandis, et Mistera alias sua in eodem regno exercenda... et lanas operando, et Misteram suam alias exercendo, etc.*

¶ Mysterium, in Constitut. Caroli M. in Codice Sangall. pag. 223.

* Alias Gall. *Mistere*. Lit. ann. 1369. tom. 5. Ordinat. reg. Franc. pag. 209 : *Penisq. consueverant, opus hujusmodi Misterii facere non verentes, etc.* Ubi legendum videtur, *Pejus quam consueverant.* Lit. Phil. VI. ann. 1334. in Reg. 69. Chartoph. reg. ch. 1 : *Establissons par la teneur de ces présentes lettres que en nostredite ville de Hellebeke soit dores-en-avant fait tout mestier et Mistere de drapperie, qui plus profitablement y pourra estre fait, tant de filler, tressir, fouler, laner et taindre, comme de toutes autres choses, qui à Mistere de drapperie appartient.* Hinc *Mistement*, pro Artificiose, vulgo *Artistement*, in Hist. Caroli VIII. pag. 176.

¶ Misterium, Jugum, fabrilis machina, nostris *Métier* Codex MS. redituum Episcopat. Autissiodor. ann. circ. 1290. exaratus : *Omnia Misteria textorum debent quodlibet* XII. *den. Comiti; et illa de sago et tapetis* VI. *den... Si aliquis homo haberet* XX. *Misteria ad texandum pannos, deberet quodlibet summam supra dictam, scilicet de Misterio sago et tapetis* VI. *den. et de Misterio ad pannos* XII. *den.* Nostris *Mistere*, pro Opificium, Gall. *Ouvrage*. Le Roman *de la Violette* MS. :

Ung jour en la chambre son pere
Fist une estoile et ung Mistere
De soie et d'or moult soubtilmant.

¶ 2. **MISTERIUM**, pro *Officium*. Charta Philippi Pulcri Franc. Regis in Bullario Fontanell. fol. 39 : *Damus et in hæreditatem concedimus redditus avenarum, garbarum bladi, tortellarum, gallinarum et ovorum quos et quas ratione Misterii Soriamnaire in foresta Brotonne, etc.* Vide *Ministerium.*

* Simul et officii emolumentum et quidquid ad illud pertinet. Charta Henr. reg. Angl. et ducis Norman. in Reg. 62. Chartoph. reg. ch. 368 : *Sciatis me concessisse... Odoino de Mala palude servienti meo totum suum Misterium de mea panetaria,... et volo et confirmo quod in curia mea habeat...., quatuor fercula, unum ex magnis et duo ex militibus et unum dispensabile. Mistere*, pro *Ministere*, in Prol. ad Chron. S. Dion. tom. 3. Collect. Histor. Franc. pag. 154.

* 3. **MISTERIUM**, Officium ecclesiasticum, et ejusdem pars, Italis *Misterio*, eadem acceptione. Cerem. vetust. MS. eccl. Carnot. : *Feria vj. vigilia Domini fit totum Misterium sicut prædiximus.* Ibid. ubi de officio Tenebr. : *In his tribus diebus provideant mansionarii ut tot ad Tenebras accendant luminaria, quot finienda sunt Misteria, scilicet antiphonæ, psalmi, versus, lectiones, responsoria, versus, et quot finientur, tot extinguantur.* Stat. ant. Florent. lib. 5. cap. 77. ex Cod. reg. 4621 : *Nullus de magnatibus.... habens guerram sive inimicitiam patentem, audeat... ire ad aliquam invitatam.... pro aliquo defuncto, vel ad exequias alicujus defuncti,... seu pro Misterio alicujus mortui.* Vide supra *Mestitia.*

* 4. **MISTERIUM**, vox generica, Res, negotium, quodvis instrumentum rei alicui conficiendæ aptum. Chartul. S. Joan. Angeriac. fol. 60. r°. : *Donum suum super altare S. Joannis per quoddam pargamenum posuerunt, recapitulato ex ordine toto Misterio superius comprehenso.* Ibid. fol. 141. r°. : *Rainaldus et frater ejus Macaris dederunt S. Joanni in marisco Yviæ salinam unam,... cum omni Misterio et maracione.* Stat. Cadubr. lib. 2. cap. 126 : *Ordinamus quod aliquis terrigena vel forensis non sit ausus... in nemoribus Cadubrii... lignamen aliquod incidere.... pro carbono nec pro alio Misterio faciendo.* Vide *Maracio* et supra in *Ministerium.*

MISTICO, Mysticus, Μυςικός, Secretorum Principis conscius, *Auricularius*, dignitas Palatina apud Byzantinos. Will. Tyr. lib. 15. cap. 23. de Manuele Imp. CP. : *Ubi fratrem natu se priorem palatium, audita patris morte, jam obtinentem, per Misticonem suum, qui palatio et thesauris præerat universis,... ex improviso captum in vincula conjecit.* Μυςικός inter præcipuas et illustriores Aulæ CPolitanæ dignitates recensetur a Contantino de Administrando Imperio cap. 51. et Codino de Offic. Aulæ CP. Mysticos aliquot habent Scriptores Byzantini, [Anonymus in Lacapeno n. 15. 17. in Porphyrog. n. 10. 14.] Niceph. Gregoras lib. 8. pag. 206. Joannes Cantacuzenus lib. 3. cap. 36. et 89. Joan. Tzetzes in Ep. pag. 268. et alii quos laudat Meursius. Tzetzes, loco citato, Mysticum Servilium compellans, ὀφθαλμὸς γηρουσίας, ὑπεροχὴ τῆς ἀρχῆς, μυςηρίωτις βουλῆ. [Vide Glossar. mediæ Græcit.]

¶ **MISTILIO**, Miscellum frumentum, in Chron. Rotomag. apud Labbeum tom. 1. Bibl. MSS. ad ann. 1278. et in Chartul. S. Vandreg. Vide *Mixtum* 2.

* **MISTIOLUM**, Miscellum frumentum, Gall. *Méteil*. Charta Phil. episc. Aurelian. in Chartul. S. Aviti : *Duo modii bladi, scilicet unum Mistioli et unum avenæ.*

MISTIRIOL, Canpo, in Glossa interlineari in Grammatica Smaragdi MS.

¶ **MISTOILUM.** Vide *Mixtum* 2.

* **MISTOLIUM**, ut *Mistiolum*. Charta ann. 1242. ex Lib. albo episc. Carnot. : *Duos modios bladi ibidem percipiant annuatim ad mensuram Montisfortis, medietatem scilicet frumenti, vel boni Mistolii, si frumentum purum ibi non creverit, et medietatem avenæ.* Occurrit etiam in Ch. ann. 1212. ex Tabul. episc. Paris. fol. 105. Vide *Mixtum* 2.

¶ **MISTRA**, *Odia, mensura.* Papias MS.

* **MISTRALÉ**, Frustum, Gall. *Morceau, piece*, alias *Mistral.* Lit. remiss. ann. 1398. in Reg. 153. Chartoph. reg. ch. 220 : *En laquelle place ou jardin* (des arbalestriers de la ville de Douay) *le connestable desdis confreres de l'arbaleste avoit intention de faire traire par esbatement à un pié de buef, qui devoit estre mis en hault à un pel,....et cellui qui le copperoit en beau jeu d'un bougon, ordonné à maniere de farchiel, devoit gaigner deux Mistraulx de buef cuis et saussis par bonne amour.*

¶ **MISTRALES**, Mistralia. Vide *Ministeriales.*

* **MISTRUM**, *Lo odio nascoso*, in Glossar. Lat. Ital. MS. unde emendandus Papias in *Mistra*, ubi leg. *Odia occulta*, vel quid simile.

¶ **MISTUM**, pro Vinum, apud Cencium in Ord. Rom. tom. 2. Mus. Ital. Mabill. pag. 201 : *Marescalci debent, quando vadunt ad herbas, vel paleas, vel ad fœnum, habere Mistum et furcas.* Vide *Mixtum* 1.

¶ **MISTURA.** Vide *Mixtum* 2.

¶ **MISURARE**, Metiri. In pervetusto Cod. MS. Epist. S. Pauli Græco et Latino litteris uncialibus scripto e Bibl. Sangerm. hæc verba Græca 2. Cor. cap. 10. 12. ἀλλὰ αὐτοὶ ἐν ἑαυτοῖς ἑαυτοὺς μετροῦντες, καὶ συγκρίνοντες, etc. sic Latine redduntur : *Sed ipsi intra nosmetipsos Misurantes et comparantes, etc.*

MISUS, pro *Missus*, Positus, Gallis *Mis.* Capitula ad Legem Alamannor. cap. 22 : *Si in clida Misa non fuerit, etc.* Occurrit ibi pluries.

¶ **MIT**, Volat. Vide *Falcus* in *Falco. Mit* Anglo-Sax. *Met* Belgis, et *Mith*, in Evangeliis Gothicis, ut observat Eccardus ad Legem Salicam tit. 36. Græcorum μετὰ respondet atque Latinum *cum* denotat.

1. **MITA**. Lex Bajwar. tit. 9. cap. 2. § 3. et 4 : *De illo Granario, quod Parch appellant, cum 3. sol. componat; de Mita vero si illam detegerit, vel incenderit, cum 3. sol. componat.* Ubi, opinor, recte viri docti existimant esse idem quod *meta*, acervus segetum. Vide in hac voce. Quidam Codd. *meda* præferunt.

2. **MITA**, Monetæ æreæ Flandrensis species, 4. obolorum pretii. [Chron. Trudon. ad ann. 1282 : *Tempore Guilielmi Abbatis Arnulfus de Los nullum jus habuit in villa nostra de Berlo, nec reditus aliquos,... nisi solummodo ad Mosam Schandich ibidem, quæ solvebat veterem Mitam cum dimidia. Mitte*, in Edicto Philippi VI. Reg. Franc. ann. 1332. tom. 2. Ordinat. Reg. pag. 87 : *Que nulles Mittez, doubles, cornuz, esterlins, ne nulles autres monnoyes faites hors de notre royaume n'aient nul cours.*] Vide Lindanum in Teneræmunda lib. 2. cap. 2. n. 46. et *Mitta*, 2.

* Lit. remiss. ann. 1377. in Reg. 110. Chartoph. reg. ch. 322 : *Comme,.... Ector*

de l'Arbre.... avec Gosset le Lonc... jouassent amiablement et paisiblement l'un à l'autre pour Mites de Flandres etc. Aliæ ann. 1459. in Reg. 189. ch. 358 : *Le duc de Bourgoigne... fist forger à son coing autres monnoies noires, nommées mailles et Mittes, dont les deux mailles ou les quatre Mittes se alouoient pour ung denier.* Hinc *Mitaille*, Nummus æreus vel ex ære et argento conflatus, in aliis Lit. ann. 1397. ex Reg. 152. ch. 115 : *Icellui du Rat trouva un petit sachet où il y avoit Mitaille, qui est appellé billon.* Pro Ferri fragmenta, vulgo *Mitraille*, in Lit. ann. 1406. ex Reg. 161. ch. 57 : *Quantité de menue ferraille, appliquée à fait de marchandise de Mitaille.* Ubi ter legitur.

¶ 3. **MITA**, Mensura potus. Usus Culturæ Cenoman. : *Ad cœnam habeant Prior et Præpositus, et cellerarius et bajulus, et duo Priores de foris, magnam Mitam.*

¶ 4. **MITA**, Idem quod *Mitana* infra. Charta ann. 1218. ex Tabular. S. Victoris Massil. : *Prohibemus ne Prior vel monachus (deferat) Mitas nisi forte Mitas quas suerunt de panno.*

¶ 5. **MITA**, f. Cibus, esca, et quidquid ad cibum pertinet. Concil. Limense ann. 1585. inter Hispan. pag. 430 : *Quoniam indecens est quod puellæ doctrinarum sacerdotum, eorundem domos ad verrendum vel rigandum frequentent, vel Mitam, vel alios res in eis domibus faciant; ordinamus, etc.* Aliud ann. 1590. ibid. pag. 452 : *Diligenter invigilent parochi, ne permittant ut Indi in templis quæ sunt domus orationis, faciant partitiones Mitarum, seu tributorum, vel rerum rusticarum.* Hispanis *Migas de pan cozido* est pulmenti species ex *mica* panis, oleo, aqua, sale et allio conferta.

* 6. **MITA**, Blatta, Gall. *Mite*. Stat. MSS. eccl. S. Laurent. Rom. : *Ordinarunt quod sacratissimum Corpus Domini nostri Jesu Christi in parvis formis et rotundis factum sit, et non per frusta pro infirmis reservetur, quia sæpe scatinenta et Mitæ ex dictis frustis eveniunt.*

* **MITABUNDUS**. Vide infra *Mitare*.

¶ **MITADELA**, pro *Metadella*, ut etiamnum a Thuscis appellatur, Mensura solidorum simul et liquidorum, quæ est pars octava Sextarii apud Etruscos. Albertinus Mussatus de Gestis Henrici VII. lib. 13. rubr. 8. apud Murator. tom. 10. col. 536 : *Angebatque Imperatoris Pisanorumque animos, quod jam victum* (l. victus) *penuria intolerabilis suos afficeret, præsertim vini defectus, cum minima ejus cessus mensura, quam Mitadelam terrigenam vocant, Pisanæ monetæ solidis duobus arrogatis venditoribus emeretur.* Consule Villani notam in hunc locum.

* **MITADENCUS**, Mitadenquus, Mitadenus, Mensura annonaria, variæ capacitatis pro diversis locis, vulgo *Mitadenc*. Charta ann. 1336. in Reg. 68. Chartoph. reg. ch. 17 : *Item unum Mitadencum civatæ censualem cum dominio, quod percipiebat in et super domo dicta del Colombier.* Alia ann. 1338. in Reg. 72. ch. 533 : *Item acquisiverunt a Poncio de Sapo, procuratore Raymundi de Turreta, quatuor sextaria et unum Mitadencum siliginis.* Alia ann. 1352. in Reg. 82. ch. 101 : *Item duo sextaria, copa et media copa avenæ,... et unum Mitadencum siliginis... Item pro manso del Tayrac septem Mitadenquos siliginis, et novem Mitadenquos avenæ de censu.* Alia ann. 1377. in Reg. 112. ch. 102 : *Unum Mitadenc frumenti, quod facit octavam partem sestarii.... in territorio Marologii.* Pluries ibi. Lit. admort. pro eccl. Mimat. ann. 1464. in Reg. 199. ch. 448 : *Item ung quartel, ung Mitadenc froment et Mitadenc avoyne.* Vide *Mitadela* et supra *Meytencus*.

¶ **MITADENQUUM** Bladum, Miscellum frumentum, *Bled méteil*, Provinc. *Metadié*. Charta ann. 1395. ex Schedis Præs. *de Mazaugues : Pro quibus bonis dat et servit annuatim in quolibet festo S. Michaelis.... unum quartale bladi Mitadenqui, etc.* Vide *Mixtum* 2.

* Alias *Mitadenc*. Charta ann. 1254. ex schedis Pr. *de Mazaugues : Sub tali pacto, quod tu.... debes dare nobis annuatim.... quatuor saumatas bladi Metadenc ad mensuram Tharasconis.* Alia ann. 1321. in Reg. 61. ch. 318 : *Quinque sextaria bladi Mitadenc censualia. Moitable*, eodem sensu, in Chartul. Corb. sign. *Ezechiel* ad ann. 1415. fol. 18. v°. : *xxiiij. muis de grain Moitable et l'autre avaine, etc.* Vide supra *Bladum Mediastinum*.

MITADOLUS. Inscriptio cujusdam vasis, apud Sugerium de Rebus in administratione sua gestis :

> Hoc vas sponsa dedit Aanor Regi Ludovico,
> Mitadolus avo, mihi Rex, Sanctisque Sugerus.

Forte nomen proprium.

MITANA, Mitanna, Lanea, vel pellicea chirotheca, Gallis *Mitaine*. Institutiones Capituli Cisterciensis, distinct. 5. cap. 7 : *Pueri euntes assidue cum personis ordinis non deferant cutellos acuminatos, vel vestes varias, nec serta in capitibus, nec chirothecas in manibus, sed Mitanas. Mitanæ de panno*, in distinct. 13. cap. 11. [Statuta Ord Grandimont. apud Marten. tom. 4. Anecd. col. 1234 : *Mitanas vero laneas eis non prohibemus.*] Statuta Ordinis S. Gilberti *de Sempringham* pag. 720 : *Cyrothecarum et Mitannarum omnis superfluitas... caveatur.* Guigo II. Prior Cartusiæ in Statutis ejusdem Ordinis cap. 57. § 1 : *Mantellum caputium, Mitanas laneas unas, lumbaria duo, etc.*

* Lit. remiss. ann. 1356. in Reg. 85. Chartoph. reg. ch. 83 : *Prædictus Nigasius..... percussit dictum Richardum..... in mentone de extremitate digitorum manus suæ, tunc indutæ de quadam Mitana drappellorum. Mitanæ* præbebantur magistris Computorum, ut legitur inter eorumdem *vadia* in Reg. ejusd. Cam. sign. *Croix* fol. 126. v°. : *Quilibet magistrorum percipit per manum argentarii quasdam Mitaines de panno et quasdam cirothecas de cervo.*

* **MITARE**, Glossar. Provinc. Lat. ex Cod. reg. 7657 : *Duptar, Prov. ambigere, dubitare, dubare, mussare, sitare, Mitare. Doptos, Prov. dubius, Mitabundus, anxius.*

* **MITARIUS**, Particeps, ut videtur, qui aliquid cum aliis commune possidet. Charta ann. 1366. in Chartul. S. Joan. de Jardo : *Item quandam peciam terræ, in qua sunt plures Mitarii, continentem circiter unum quarterium. Mitanier* vero, idem qui *Métayer*, colonus partiarius, *medietarius*, a veteri Gallico *Mitan* vel *Mitie*, pro *Moitié*, medietas, ut legitur in Charta ad calcem Chartul. S. Joan. Laudun. : *Si nous offroient de quitter la Mitan des taillis, si nous voulions iciaus faire garder; ... lydits abbés et couvent penront une moitié à leur chois, et l'autre moitié desdits taillis à nous appartiendra.* Alia ann. 1285. ex Chartul. Pontiniac. : *La Mitié ou bois de Montiguy, qui part au conte d'Auceurre, que l'an appelle Booloy, et la Mitié ou bois de Merri, qu part de Jeufroy de Migie.* Lit. remiss. ann. 1397. in Reg. 152. Chartoph. reg. ch. 304 : *Ilz hurterent à l'uys de certaine maison des appartenances de ladite granche, en laquelle estoit le bouvier ou Mitanier d'icelle granche,.... Lequel Jehan Sorel soy sentant ainsi frappé par ledit bouvier ou Mitanier, etc.* Vide infra *Mitonentum*.

¶ **MITATORICIUM**, Sacrarium, secretarium. Acta SS. tom. 3. Maii ubi de S. Nicolao Patriarcha CP. pag. 510 : *Ut exinde pariter dextera ecclesiæ parte, via consueta penitus relicta, ad Mitatoricium usque pertransiret.* Μετατώριον vel μιτατώριον, Græcis recentioribus. Leo Grammat. in Leone Philos. pag. 483 : Ὅθεν διήρχετο ἀπὸ τοῦ δεξιοῦ μέρους μέχρι τοῦ μιτατορικίου, etc. Vide Gloss. med. Græc. v. Μετάτον et Suicerum v. Μετατώριον.

MITCHA. Charta Henrici III. Imper. ann. 1049. apud Chiffletium in Tornutio : *Caldarias quatuor ad sal conficiendum, cum propriis sedibus, quæ vulgo Mitchæ vocantur.* Vide *Mitta*.

¶ **MITELLA**. Vide *Mitræ*.

¶ **MITELLITA**, Placentæ genus, ex Turneb. Advers. lib. 24. cap. 6.

MITERIATA, Modus agri. Charta Ludovici VII. Regis Franc. ann. 1172. apud Sammarthanos in Episcopis Matiscon. n. 40 : *Quatuor Miteriatas terræ Capitulo donavit.* [Vide *Meiteriata*.]

* Charta ann. 1331. inter Probat. ult. Hist. Trenorch. pag. 244 : *Quandam peciam terræ, cum quodam prato eidem terræ contiguo, continente circa unam Miteriatam terræ.* Vide supra *Meyteria*.

* **MITERIUM**, Mensuræ annonariæ species, eadem quæ supra *Mitadencus*. Charta ann. 1326. in Reg. 65. Chartoph. reg. 278 : *Item acquisiverunt duo Miteria avenæ et quandam vineam subtus Chacquot.* Vide supra *Meyterius*.

¶ **MITGERIA**, Mensuræ species. Vide *Migeria*.

¶ **MITHIUM**, ut *Methium*. Vide in hac voce.

¶ **MITHRA**, pro *Mitra*, capitis tegumentum, apud Caffarum lib. 1. Annal. Genuens. tom. 6. Murator. col. 255.

¶ **MITHRIDATUM**, Plinio : *Mithridaticum antidotum*. Epist. Ambrosii Camaldul. apud Marten. tom. 3. Ampliss. Collect. pag. 410 : *Vascula duo testacea, alterum opiatæ, alterum Mithridati lectissimi.*

* *Métridat*, in Lit. remiss. ann. 1460. ex Reg. 189. Chartoph. reg. ch. 476 : *Icelle femme bailla entre deux escailles ou quoquilles de jambles, qui croissent en la mer, une chose resemblant de couleur à tiriacle ou Métridat.*

MITHRIDI. Lex Frision. tit. 22. § 50 : *Si membranam qua jecur et splen pendent,* *quod Mithridi dicunt, vulneraverit*, 18. *sol. componat.* Ubi Sicama legendum censet *midrift*, vel *middelrist*, i. pellicula, qua exsta ab intestinis inferioribus separantur, [a Saxon. Midhrife, quod Somnero diaphragma, mesenterium significat.]

* **MITICITAS**, Mansuetudo, benignitas. Lit. remiss. ann. 1383. inter Probat. tom. 3. Hist. Nem. pag. 56. col. 1 : *Regalis consuetudinis juvata Miticitas benigna compassione subveniat.* Vide *Mititia.*

MITIFICARE, *Mitem facere*, in Glossis antiq. MSS. [*Amoloier*, eadem notione usurpat le Roman *de la Rose* MS. :

> Il se set bien Amoloier
> Par cuer et par sonploier.]

* **MITIPLANARE**, Leniter declivem facere, Gall. *Donner une pente douce.* Stat. Placent. lib. 5. fol. 61. r° : *Statutum est antiquum, quod omnes rivi civitatis Placentiæ, qui non sint terminati vel Mitiplanati, ad postulationem cujuslibet, cujus interest, terminentur et fundentur et Mitiplanentur per magistros aquarum, et manuteneantur per illos, qui ducunt aquam, secundum quod terminati et Mitiplanati fuerint per magistros aquæ.*

MITISCUS, *ubi tenet homo pedes suos, cum sedet in caballo*, in Glossis MSS. Stapes.

MITITIA, a *Mitis*, Mansuetudo, apud Ebrardum Bethun. lib. contra Valdenses cap. 2. pag. 56. *Mititas*, in Glossa ad Genesis 15. [Concilium Tolet. ann. 1323. inter Hispan. tom. 3. pag. 571 : *Castitas, Mititas, sobrietas, benevolentia, etc.* Charta ann. 1383. apud Marten. tom. 1. Anecd. col. 1589 : *Regalis consuetudinis innata Mititas benigna compassione subveniat.* Occurrit præterea quod S. Laurent. Justin. in ligno vitæ tract. de Charit. cap. 5.]

¶ **MITIUM**, et Mittium. Vim vocis minime attigisse videntur doctissimi viri Bignonius et Cangius noster, cum *Mitius* pro *Missus* scriptum suspicantur ; ad rem propius accedit eruditus Eccardus in Notis ad Legem Sal. a Carolo M. emendatam pag. 176. ubi *forasmitio* uno verbo, idem esse tradit quod *projectio*, seu *gurpitio* ; quod scilicet veteribus solemne erat alicujus symboli projectione rei cujusvis possessione sese exuere, atque adeo alium investire. Hinc est etiam quod *Mittio* apud Marculfum lib. 1. Form. 23. de legali ad judicium citatione interpretatur, quod ramo perinde abjecto et in sinum adversarii projecto, ejusmodi citatio fieri solitum erat. Mihi vero *Mitium*, idem videtur quod Dominium, legitima possessio : quo sensu non obscure occurrit in Charta Caroli M. ann. 771. apud Marten. tom. 1. Anecdot. col. 11 : *Præcipientes ergo jubemus, ut nullus judex publicus.... homines ipsius ecclesiæ et monasterii ipsius* (Morbacensis) *tam ingenuos quam et servos, qui super eorum terras et Mitio manere videntur, etc.* Præceptum Pippini Regis ann. 751. apud eumdem Marten. tom. 1. Ampliss. Collect. col. 26 : *Præcipimus, ut neque vos, neque juniores aut successores vestri Abbatibus ipsius loci* (Anisolensis) *nec Mitio potestatis illorum, nec hominibus qui per ipsos legibus sperare videntur, inquietare.... præsumatis.* Aliud ejusdem Regis ann. 760. ibid. col. 27 : *Vel quicquid ad ipsum monasterium sperare videntur, unde legitimo redebet Mitio, sub sermone tuitionis nostræ, etc.* Quæ alia non videntur ab iis quæ leguntur in Diplom. Caroli M. ann. 769. ibid. col. 32 : *Ita ut nullus judex publicus in curtes ipsius monasterii* (Corbeiensis) *vel homines qui supra terras commanere videntur, etc.* Et in alio ann. 782. ibid. col. 42 : *Ut nullus judex publicus fisci nostri in jam dictas villas vel facultates ipsius Sancti* (Martini) *ad agendum, etc.* Cui interpretationi alia quæ a D. Cangio laudantur, haud invita Minerva posse accommodari existimo. Vide *Foras-mixtos* in *Foras.*

MITIUS, pro *Missus*, Legatus, in Formulis Lindenbrog. 36. 37. 123. [Vide *Mitium.*]

¶ **MITOLOGIA**, pro *Mythologia*, in Epist. Gunzonis ad Augienses Fratres ann. 960. apud Marten. tom. 1. Ampliss. Collect. col. 300.

* **MITONENTUM**, Prædium rusticum, quod a colono partiario colitur, Gall. *Métairie.* Charta Joannæ comit. Fland. ann. 1233. in Suppl. ad Miræum pag. 395. col. 1 : *Volo insuper.... ut prædicta ecclesia in omnibus communibus pascuis et usuagiis, sive usanciis terræ meæ, ubi ipsa ecclesia curtes vel Mitonenta habuerit, habeat usuagia et usancias suas.* Vide supra *Mitarius.*

* **MITONNUS**, Mitonus, Mensuræ annonariæ species, eadem quæ supra *Mitadencus*, Gall. *Miton.* Charta pro monast. Vezeliac. ann. 1378. in Reg. 113. Chartoph. reg. ch. 142 : *Quilibet focus debet quinque Mitonnos avenæ..... Item quinque Mitonos a pluribus personis debitos etc.* Lit. remiss. ann. 1366. in Reg. 97. ch. 643 : *Icelle Ysabel prist larrechineusement en l'hostel dudit Guillaume troiz Mitons de fourment.* Vide infra *Moitonnus.*

¶ **MITOS**, Filum. Ebrardus Bethuniensis in Græcismo cap. 10 :

> Est, mihi crede, Mitos, filum : sed fabula Mithos :
> A Mitos, examitum : de Mithos, Mithologia.

¶ **MITPHIUM**, perperam pro *Mithium.* Vide supra *Methium.*

¶ 1. **MITRA**, Apex, fastigium campanilis, Gall. *Fleche d'un clocher*, quod in acumen desinat sic dictum. Acta S. Bertrandi tom. 1. Jun. pag. 785 : *Et Mitram campanilis ecclesiæ nostræ non fecimus fieri gratis.*

2. **MITRA**, Isidoro lib. 19. Orig. cap. 4. et Ugutioni, *Funis, quo navis media vincitur.* [*Mitra, la corde de quoy le milieu de la nef est lié*, in Gloss. Lat. Gall. Sangerm.] Tertullianus Carm. de Jona :

> Nauticus interea geminus clamor omnia tentat
> Pro rate, proque anima, spiras mandare morantes,
> Oblaqueare Mitram, clavorum stringere nisus,
> Vel reluctantes impellere pectora gyros.

MITRÆ, Feminarum sunt, ut pilea virorum, ait Servius ad. 9. Æneid. [Gloss. Lat. Gall. Sangerm. : *Mitra, coiffe à femme.*] Warnerius MS. in Caprum Scottum Poetam, ut veteres omittam :

> His dictis sapiens subrisit domna parumper,
> Et Mitræ pulcram supposuit faciem.

S. Hieronym. Epist. 10. de Magdalena : *Non habuit crispantes Mitras, nec stridentes calceolos, nec orbes stibio fuliginatos.* Epist. 32 : *Tunc crines ancillulæ disponebant, et Mitellis crispantibus vertex artabatur innoxius.*

☞ Erat autem *Mitra* tæniæ species, qua mulieres caput cingebant ; quod ornamentum ita ipsis proprium existimabatur, ut viris probrosum esset, iisque non nisi in desidiæ insimulationem concedetur. Servius ad Æneid. 4. 216 : *Quibus effœminatio crimini dabatur, etiam Mitra iis adscribebatur.* Vide Mercerum ad Alex. Gen. Serm. pag. 424. Passerat. ad Propert. et Salmas. ad Hist. August. pag. 390. Interdum *Mitra* pro quavis fascia sumitur, ut apud Celsum lib. 8. cap. 10. pro fascia ad involvendum brachium fractum.

¶ Semimitra, Dimidiata mitra. Ulpiano leg. 25. § 10. D. de auro, arg. et mund.

Mitra, dictum Deo dicatarum capitis tegumentum. Isidorus lib. 19. Orig. cap. 31 : *Mitra est pileum Phrygium caput protegens, quale est ornamentum capitis devotarum. Mitram* autem a *velo* distinguit idem Isidorus lib. 2. de Offic. Eccl. cap. 17. ubi ait *mitram* virgines Deo dicatas, *quasi coronam virginalis gloriæ præferre in vertice.*

Mitrellas vocat Optatus Milevitanus lib. 6 : *Jam illud quam stultum, quam vanum, quod ad voluntatem et quasi ad dignitatem vestram revocare voluistis, ut virgines Dei agerent pœnitentiam ; ut jamdudum professæ signa voluntatis capitibus postea vobis jubentibus immutarent ? ut Mitrellas alias projicerent, alias acciperent ?* Mox de ejus materia : *Nec ulla sunt præcepta conjuncta, vel de qua lana Mitrella fieret, aut de qua purpura pingeretur ; non enim panno potest virginitas adjuvari, etc.* Utitur ibi non semel. *Mitellas*, dixit Virgil. in ludicro Poëmatio, ut et Apuleius lib. 7. et 8. Metamorph. *Mitras* Monialibus etiam tribuunt Statuta Ordinis *de Sempringham* pag. 762 : *Habent etiam, si voluerint, et Mitras lineas nigras et forratas de agninis pellibus.* Alibi : *Omnes habeant Mitras lineas de grossiori panno, etc.*

Mitra proprium hodie dicitur summorum Pontificum capitis ornamentum ac tegumentum, atque adeo Cardinalium, Archiepiscoporum et Episcoporum : cujus tamen mentionem inter ornamenta Pontificum, apud veteres Auctores, qui de Officiis divinis scripsere, aut in Sacramentariis, vel veteribus Liturgiis fere nullam fieri observavit Menardus ad librum Sacramentorum Gregorii M. adeo ut vix ann. 1000. ea tribuatur Pontificibus et Episcopis, ut apud Petrum Damian. serm. 1. de Dedicat. et lib. 1. Epist. 20. Hugonem Flaviniacensem in Chron. ann. 1100. pag. 260. S. Bernardum Epist. 40. etc. Honorius Augustod. lib. 11. cap. 24 : *Mitra quoque Pontificalis sumpta est ex usu legis. Hæc ex bysso conficitur et thyara, etc.* Adde Hugonem a S. Victore lib. 1. de Sacram. cap. 55. et in Speculo Eccl. cap. 6. Philippum Eystetensem in Vita S. Willibaldi cap. 32. Innocent. III. PP. lib. 1. de Myster. Missæ cap. 10. 11. 44. 60. etc. Jacobus Cardinalis de Bonifacio VIII :

> Cornua fronte gerit duplicem signantia legem,
> Legem quippe novam Christi veteremque figuram.

Symeon Thessalonicensis lib. de Templo et Missa, ait Episcopos Orientales sacra facere nudo capite, excepto Alexandrino Patriacha qui in capite gerit, quod vocant ἱερόν, deinde hæc subdit : Ἔφερε γὰρ ὁ νομκὰς ἀρχιερεὺς ἐπὶ κεφαλῆς κίδαριν, ἣν δὴ καὶ μίτραν ὀνόμαζον, κατὰ δὲ καὶ οἱ περιτιθέντας ἱεράρχαι τοῦτο καλεῖν εἰώθασιν.

☞ *Mitræ* Folquini Morinensis Episc. qui ann. 855. mortuus est, meminit Johan. Iperius in Chron. cap. 13. apud Marten. tom. 3. Anecd. col. 510. ubi eam in monasterio suo Sithiensi asservatam una cum cappa ejusdem Folquini et chirothecis atque sandaliis testatur : *Adhuc sub antiquo decore conservamus cappam ejus unam processionalem, Mitram, chirothecas atque sandalia, stolas quoque tres, etc.*

* Theodulf. Aurel. episc. lib. 5. carm. 3 :

Illius ergo caput resplendens Mitra tegebat.

Longe ergo sæculo x. antiquior est mitra ad usum episcoporum. Consule Marten. de Ant. eccl. ritib. tom. 1. col. 356. edit. 1736. et Tract. nov. dipl. tom. 4. pag. 325.

☞ Episcopos interdum non nisi ex concessione Romani Pontificis *mitra* usos fuisse, colligitur ex Epist. Calixti II. PP. ann. 1120. in Batav. sacra pag. 139. qua Godebaldo Trajectensi Episcopo ejusque successoribus *pro commissæ ipsi ecclesiæ reverentia, et diutinæ ad invicem dilectionis affectu* concedit *Episcopalem Mitram.*

Episcopalis autem mitræ triplicem speciem statuit Cerimonialis Episcoporum lib. 1. cap. 17 : *Mitræ usus antiquissimus est, et ejus triplex est species ; una quæ pretiosa dicitur, quia gemmis et lapidibus pretiosis, vel laminis aureis vel argenteis contexta esse solet ; altera auriphrygiata sine gemmis, et sine laminis aureis vel argenteis, sed vel aliquibus margaritis composita, vel ex serico albo auro intermisto, vel ex tela aurea simplici sine laminis et margaritis. Tertia quæ simplex vocatur, sine auro, ex simplici serico Damasceno, vel alio, aut etiam linea, ex tela alba cofecta, rubeis laciniis seu franciis et vittis pendentibus. Pretiosa utitur Episcopus in solennioribus festis, etc.*

¶ Mitra Consistorialis, Qua utitur Papa cum in consistorio sedet. Gajetanus in Ord. Rom. apud Mabill. Mus. Ital. tom. 2. pag. 440 : *In pronunciatione ipsorum legatorum vel nunciorum ipse* (Papa) *debet portare pluviale aurifrigiatum, et Mitram consistorialem nuncupatam.* Alter Ordo Rom. ibid. pag. 232. sic eam describit : *Mitra cum aurifrisio in titulo sine circulo utitur* (Papa) *cum sedet in consistorio, et judicat ; unde coronam regulem repræsentat.*

Mitras gerebant Cardinales, antequam pro capitis ornamento galerus iis assignatus esset in Concilio Lugdunensi ann. 1245. Ægidius Aureæ valli Monach. in Alberto Episc. Leod. cap. 61 : *Constituit eum summus Pontifex sanctæ Ecclesiæ Romanæ Cardinalem, et imposita Mitra capiti ejus, inter Cardinales summos eum fecit considere.* [Mitræ Cardinalium meminit etiam Cencius in Ord. Rom. apud Mabill. tom. 2. Mus. Ital. pag. 204.] Balsamon de Chartophylace, lib. 7. Juris Græcorom. pag. 462 : Καὶ τούτους δώδεκα Καρδηναρίους τοῦ Πάπα ὁμοίως βλέπομεν κεκοσμημένους χρυσοῖς ἐπιβλήμασιν, ὡς ἀντιπροσωποῦντας τῷ Πάπᾳ, καὶ τὰ τούτου στηρίζοντας δίκαια.

* Cangio assentit Lazar. Andr. Boquillotus in disquisit. histor. de Sacra Liturgia, ut observat Georg. Rhodig. de Liturg. Rom. Pontif. cap. 26. num. 7. quod non ita inteligendum esse monet, ut mitras dehinc gestare cessaverint, iis quippe semper usi sunt et etiamnunc utuntur, cum in sacris summo pontifici inserviunt, et quidem sericis ex concessione Pauli II. initio sui pontificatus, teste Gobel. Persona seu Pio II. in Comment. lib. 2. num. 40 : *Cardinalibus qui sacris induti vestibus, a prælatis inferiorum ordinum, præterquam loco non cognoscebantur, unum Mitræ sericæ Damasceni operis, rubraque capitia indulsit.*

Mitra Romana, ejusdem nempe formæ quæ Cardinalium. Charta Leonis IX. PP. in favorem Eberhardi Archiep. Trev. ann. 1049 : *Quapropter omnibus ipsis laudantibus et respuentibus pro investitura ipsius Primatus, Romana Mitra caput vestrum insignimus, qua et vos et successores vestri in Ecclesiasticis officiis Romano more semper utamini, semperque vos esse Romanæ sedis discipulos reminiscamini.*

Mitræ privilegium indultum a summis Pontificibus interdum aliis quam Episcopis, verbi gratia Abbatibus, de quorum *mitra* egimus in voce *Abbas mitratus* : præterea Canonicis Ecclesiarum Cathedralium. Anonymus Hasenrietanus in Gebhardo Episc. Eystetensi, de Clemente PP : *Qui eisdem Babergensibus hoc privilegium, ut in summis festivitatibus, tum ministri altaris, tum etiam cæteri seniores Mitram haberent in capitibus.* Habentur in Bohemia Pia lib. 5. pag. 64. 65. Bullæ Pontificum Urbani et Bonifacii, quibus facultas conceditur Canonicis Pragensis Ecclesiæ, cum Archiepisc. celebranti in Subdiaconatus et Diaconatus officio adsunt, uti mitris albis. In Vitis Abbatum S. Albani pag. 52. Pictaviensis Archidiaconus, *Meus*, inquit, *Vicarius in Ecclesia B. Hilarii incedit mitratus in omnibus anni festivitatibus, nec derogat Mitra Episcopali dignitati.* Vide Vitam S. Henrici Imperatoris cap. 18. et Bonfilium Constantium in Messana lib. 8. fol. 58. v°.

☞ *Mitras* Canonicorum interdum nihil fuisse nisi eorum *almucia*, colligitur ex Georg. Christ. Reg. Mogunt. tom. 1. pag. 737. ubi de Conrado III : *Edito voluit Edicto ut pastor et plebanus Mitras sive almucia de asperiolis ; altaristæ vero et beneficiati temporibus divinorum Mitras de pellibus agninis nigris gestent.*

¶ Mitrata Beneficia, Episcopatus, Abbatiæ. Gualvaneus *de la Flamma* apud Murator. tom. 12. col. 1009 : *Ille* (Johannes XXII. PP.) *fuit in concedendis gratiis ultra modum benevolus ; iste* (Benedictus XII. PP.) *fuit crudelissimus ; retinuit enim 330. beneficia Mitrata cum baculis pastoralibus, et sic ecclesiarum non pastor, sed destructor fuit.*

* Mitras omnibus clericis communes fuisse, docet synod. Tornac. ann. 1366. inter Stat. ejusd. eccl. pag. 51. art. 14 : *Item intrantes vel exeuntes cancellum capita humiliter inclinent ad altare ; et dum divina celebrantur, Mitras in capitibus non habeant.* Ubi capitis tegmen clericorum proprium intelligendum est.

Mitras Monachis tribuit etiam liber Ordinis S. Victoris Parisiensis MS. cap. 18 : *Mitras laneas, quales Conversis formavimus, in opere tamen operariis, et itinerantibus in itinere concedimus.* Et cap. 40. ubi de Infirmis : *Cum in superpelliciis ante infirmariam sedent, concedatur eis ad protegendum caput, capparones, vel Mitras laneas ferre.* [Regula reformat. Monast. Mellicens. ann. 1451. in chron. ejusd. Monast. pag. 360 : *Item quilibet habebit unam Mitram de lana ad tegendum caput tempore dormitionis, et etiam unum pannum lineum pro capite.* Mitrella, eadem notione. ibid. pag. 413 : *In refectorio conventualiter constituti sicut et in aliis actibus conventualibus caputiis habitus tecti, nisi necessitas vel consuetudo discopertionem exigat, solemus existere, nudam Mitrellarum delationem, quantum commode fieri potest, congrue devitantes.*] Ubi *mitræ* [et *mitrellæ*] videntur appellari ejusmodi capitis tegumenta quæ *capparones* vocant : quomodo hæc vox videtur sumi in Jure Feudali Saxonum cap. 33. art. 5 : *Antequam vassallus accedat ad dominum, gladium, cultellum, et calcaria, pileum, et Mitram deponat, chirothecam et cappas exuat, etc.*

Mitra viris etiam tribuitur. Albert. Argentin. ann. 1317 : *Rex alloquens jocose hospitem suum, videns eum pulcram habere Mitram in capite, sicut tunc moris erat, dixit Rex, se oportere Mitram eandem habere, et ipsam extraxit de capite illius.*

* Quandonam vero ea uti abstinuerunt, innuit Anonymus Leob. in Chron. ad ann. 1336. apud Pez. tom. 1. Script. rer. Austr. col. 948 : *Capuciis etiam omnes inceperunt uti, tam rustici, Judæi, pastores. Cessavit etiam tunc usus Mitrarum virilium, per quas inter laicos plures Christianus agnoscebatur a Judæo.*

Mitram denique vocabant nostri capitis tegumentum, quod Imperatorum et Regum coronis substernitur. [* *Mitra, Vitta, regalis corona, vel frontalis seu amictum capillorum.* Glossar. vet. ex Cod. reg. 7641.] Ceremoniale Rom. lib. 1. sect. 5. ubi corona Imperatoris describitur : *Differt forma coronæ Imperialis ab aliis : nam ea sub se thiaram quandam habet in modum fere Episcopalis Mitræ, humiliorem tamen, magis apertam et minus acutam : estque ejus apertura a fronte, non ab aure,* [Gajetanus in Ord. Rom. ubi de coronat. Imper. apud Mabil. Mus. Ital. tom. 2. pag. 401 : *Cumque lecta fuerit epistola, et graduale cantatum, Imperator procedit processionaliter ad altare, ubi summus Pontifex imponit ei Mitram clericalem in capite, ac super Mitram imperatorium diadema, dicens ut sequitur : Accipe signum gloriæ, diadema regni, coronam imperii, in nomine Patris, etc.*] Chronicon Ceccanense ann. 1209. de Ottone Imperat. : *Oddo coronatus Imperator, vestitus Imperialibus vestimentis sacratis, Mitratus et coronatus, ivit cum D. Papa, etc. Mitram* etiam Vratislao Bohemiæ Regi, *quamvis laicæ personæ mitti non consuevisset, in signum intimæ dilectionis misit* Alexander II. PP. ut est in Epistolis Gregorii VII. PP. lib. 1. Epist. 38. [* *Mitra*, ducibus Boemiæ concessi a Romano pontifice sub annuo censu, cujus meminit Liber. cens. eccl. Rom. : *Item in quodam thomulo Lateranensi, inter cætera Spicicineus dux Boemiæ accepit licentiam* *a PP. Nicolao sibi portandi Mitram, et promisit se daturum omni anno centum libras argenti de terra sua sub nomine census.*] Rogerio Siculorum Regi concessit Lucius II. PP. de quo ita Otto Frising. lib. 1. de Gest. Frider. c. 27. 28 : *Concordiam inter Siculum et Papam hujusmodi esse accepimus, Papa concessit Siculo virgam, et annulum, dalmaticam, et Mitram atque sandalia.* Et Innocentius III. PP. Regi Aragoniæ, in Gestis ejusdem PP. pag. 135 : *Regalia insignia universa, mantum videlicet et colobium, sceptrum et pomum, coronam et Mitram ad opus tuum non minus pretiosa, quam speciosa fecimus præparari, et ea liberaliter tibi donavimus, insignum gratiæ specialis.* Adde Odor. Rainaldum ann. 1204. n. 71. et tom. 5. Hist. Francor. pag. 878. Ita apud Hebræos, Pontifices præter cidarim mitram gestabant, ne caput cidaris lamina statim attingeret. Philo de Vita Mosis lib. 3 : Μίτρα δὲ ἦν ὑπ' αὐτὸ, τοῦ μὴ ψαύειν κεφαλῆς τὸ πέταλον. Vide Seldenum de Success. Hebr. lib. 2. cap. 7. De mitra pluscula congessit C. Paschalius de Corona lib. 4. cap. 20. 21.

* Mitra, Capitis tegmen militibus proprium. Stat. provinc. conc. Trevir. ann. 1310. tom. 2. Hist. Trevir. Joan. Nic. ab *Hontheim* pag. 45. col. 1 : *Presbyteri, canonici et clerici rugatas et scacatas vestes gestantes, nec non Mitras, ut vulgariter dicamus, seu cutusas* (l. cucufas) *coram episcopis et ordinariis, ac etiam in ecclesiis in quibus ipsi beneficia obtinent, deferentes, venerabile clericale signum.... deferre.... vilipendunt, ut sic alterati in milites armatæ militiæ videantur.* [** *Mitra Ferrea*, in Notit. ann. 1329. apud Guden. Cod. Diplom. tom. 2. pag. 1365. Ruodlieb. fr. 1 vers. 25 :

In Mitra galeam rutilam gestat chalybinam,
Districtus gladio compto capulotenus auro.

Occurrit ibidem fr. 5. vers. 45.

Mitra Baptizatorum. Vide *Chrismale* in *Chrisma*.

Mitra Græcorum, seu capitis amiculum. Guillelmus Apul. lib. 1. de Gest. Normann.:

.... Ibi quendam conspicientes
Mox virum Græco vestitum nomine Melum,
Exulis ignotam vestem, capitique ligato
Insolitos Mitræ mirantur adesse rotatus.

Ita sane sunt Turcorum *Turbani;* Græcos vero ejusmodi capitum tegmenta gestasse, nescio an legatur.

Mitra, Capitegium, seu operculum, quo falconis caput et oculi teguntur, ne videat, apud Albertum Magnum lib. 23. de Animal. cap. 3. 4.

Mitratus. *Tu fuisti Mitratus pro falso*, apud Bartol. ad Leg. *Eum qui* D. de Injur. Memoriale Petri de Paulo sub ann. 1393. de quibusdam maleficis : *Ubi unus dictorum Sacerdotum S. Bermeæ Mitriatus fuit, et in eadem mitria ductus fuit una cum prædictis aliis Clericis ligatus, etc.* Vide Julium Clarum in Sentent. pag. 328. Poeta Gallicus inferioris ævi, editus ann. 1530. in Carm. hoc titulo : *Epitheton contre deux faux tesmoins mitrez :*

Nous faux tesmoins que vous voiez Mitrez,
Par gens lettrez, qui ont bien veu les livres,
Pour nos meffaits, qui sont enregistrez,
Sommes monstrez et ainsi accoustrez,
Sous le hazard d'en avoir quatre livres.

Adde Ludovicum *d'Orleans* in Expostulat. pag. 207.

* Mitra Papyracea quibuscumque reis, maxime falsi crimine damnatis, in ignominiam imposita. Stat. Mantuæ lib. 1. cap. 50. ex Cod. reg. 4620 : *Falsum comittens qualibet vice in falsitate deprehensus et condemnatus aliquo ex casibus suprascriptis, si præsens fuerit, mitretur cum Mitra papiri, in qua sit scriptum nomen et prænomen ipsius mitrati, et cognomen et agnomen, et causa qua sit mitratus, et per totam civitatem Mantuæ ducatur per loca publica dictæ civitatis, et demum cum dicta Mitra ad berlinam ponatur, in qua per totam diem resideat..... Quæ quidem Mitra, postquam prædicta fuerint executioni mandata, in palatio communis Mantuæ appendatur ibidem ad perpetuam infamiam, notam et detestationem criminosi perpetuo permansura.* Stat. crimin. Cumanæ cap. 12. ex Cod. reg. 4622. fol. 64. v°. : *Si quis fecerit vel fabricaverit, seu fabricari vel fieri fecerit Cartam falsam, vel acta publica falsa,.... condempnetur pro prima vice in quadruplum contenti in tali instrumento,.... et ulterius quod Mitrietur, et tribus diebus continuis sic Mitriatus perducatur in publico.* Lit. remiss. ann. 1383. in Reg. 124. Chartoph. reg. ch 180 : *Il a esté imposé à Jehan Roche avoir esté en plusieurs assemblées à Sens..... et y (avoir) saché sa dague et dit certaines paroles de menaces de tuer et autres, tant à nos officiers comme à autres ;.... sur quoy..... nos réformateurs..... condempnerent ledit suppliant à estre mis et tourné ou pillory audit Sens tenant en sa main une figure de dague et avant sur sa teste une figure de Mitre ronde de papier, où il auroit en escript au dehors en effect ces paroles : Il menaça de tuer en l'assemblée en tenant sa dague, etc.* Aliæ ann. 1473. in Reg. 195. ch. 1159 : *Jehan le Bourrelier prestre..... print et vola ung encencier d'or du poix de six marcs, quatre onces et dix-sept esterlins d'or,... pour lesquelz cas il a este condempné à estre eschelé et Mitré.* Lib. rub. fol. parvo domus publ. Abbavil. ad ann. 1478. fol. 242. r°. : *Belot Cantine pour avoir voulu attraire par manière de macrelage Jehannette fille Witaxe de Queux à soy en aler en la compaignie de ung nummé Franqueville, homme d'armes de la garnison de cette ville, soubz la charge de Mons. de Joyeuse, et à faire sa volenté d'elle, fu condempnée et a esté menér Mitrée en ung benel par les carrefours et ses cheveux brulez au pillory, et ce fait banye.*

* Jus damnandi ad *mitram*, argumentum altæ seu majoris justitiæ, ut colligitur ex Aresto ann. 1574. 14. Aug. inter Arest. Tournet. lit. I. pag. 976. quo pronuntiatur archiepiscopum Senonensem habere jus *de lever eschelles pour condamner à la Mitre et faire amende honorable, non seulement dedans sa court ou circuit d'icelle, mais aussi au dedans de tous endroits et environs de sa maison archiepiscopale.*

Mitrale, Theca in qua reponitur mitra, Charta Joannis Archiep. Capuani ann. 1304. in Sanctuario Capuano : *Mitram unam cum smaltis... cum Mitrali in quo ponitur ipsa mitra.* [Adde Gajetanum in Ord. Rom. apud Mabill. tom. 2. Mus. Ital. pag. 280.]

MITRALE, Liber sic inscriptus a Ricardo Episcopo Cremonensi compositus. Laudatur sæpe a Durando Mimatensi Episc. in Rationali divin. offic.

** **MITRARE**, Mitra ornare, apud Virgil. Grammat. pag. 80.

¶ **MITRIDII** Infirmitas. Miracula B. Humilianæ tom. 4. Maii pag. 406 : *Quædam mulier de Florentia,... cum per tres hebdomades infirmitatem Mitridii pateretur tam periculosam, quod a multis medicis judicaretur moritura penitus.* Ubi Bollandistæ : An semitertiana febris, ἡμιτριταῖος Galeno dicta? Ast in expanso quodam Italico folio de vita Sanctæ, dum summatim enumerantur miracula, dicitur unus liberatus a malo convolvuli, vulgo *Miserere*, dicti. [* Vide *Mithridi*.]

MITRULA. Fulcherius Carnot. lib. 3. Hist. Hierosol. cap. 60 : *Basilicus autem* (serpens) *est ad semipedem longitudinis, albus quasi Mitrula, lineatus caput, etc.*

☞ Hæc emendanda ex Solino cap. 27. quem exscripsit Fulcherius : *Serpens est* (basiliscus) *pene ad semipedem longitudinis, alba quasi Mitrula lineatus caput.* Ubi *Mitrula* est diminut. a *Mitra*. *Maculam*, pro *mitrula* dixit Plinius. Vide Notas Salmasii ad laudatum Solini locum.

1. **MITTA**, Mensuræ salariæ et frumentariæ species, a Saxonico mitten, mensura. Monasticum Anglic. tom. 2. pag. 262 : *Ego vero dedi dictis Canonicis... redditus 20. solidorum apud Stokes, et septem Mittas salis ad Wiz.* Infra : *Excepta 7. Mittis salis. 14. Mittæ salis*, tom. 1. pag. 528. *Mittæ brasii*, pag. 136. Alia vide apud Spelmannum. Vide *Mitcha*.

* 3. **MITTA**, Pars panis interior et mollior, Gall. *Mie*. Lit. remiss. ann. 1357. in Reg. 86. Chartoph. reg. ch. 59 : *Mittam duodecim panum calidorum in vippis comedisse dicebatur memoratus Johannes.*

¶ 2. **MITTA**, Monetæ Flandrensis species, in Charta ann. 1480. apud Miræum tom. 2. pag. 1342. Vide supra *Mita* 2.

¶ **MITTARE**. Litteræ Guidonis Comit. Nivern. inter Ordinat. Reg. Franc. tom. 3. pag. 119 : *Quotiens baillivam vel præpositum, aut aliud mandatum nostrum de Nivern. Mittaverimus, ipsos jurare faciemus, quod omnia præmissa per suum juramentum observent, etc.* Si mendum non est pro *instituerimus* vel *ordinaverimus*, hic *Mittare* ejusdem significationis est atque infra *Mittere* 3.

¶ **MITTELA**, Lanea, vel pellicea chirotheca, Gall. *Mitaine*. Regula reformat. Monast. Mellicens. in Chron. ejusd. Monast. pag. 413 : *Contra aeris inclementiam per hyemem conceduntur duo pellicia, majus et minus, de pellibus ovinis cum calceamentis, caligis, et Mittelis, soccis aliisque necessariis.* Vide *Mitana*.

MITTENDARII, Palatini, qui in sacro Palatio militabant, et in provincias extraordinarie mittebantur a Principe, ut eorum mandata perferrent, cum Comitatenses Palatini in ipso palatio subsisterent, ut docent Glossæ Basilic. in voce παλατῖνοι· Οἱ δὲ εἰς τὰς ἐπαρχίας πεμπόμενοι, Μιττενδάριοι. Senator lib. 4. Epist. 47 : *Expeditos enim* properare Mittendarios volumus, non migrare censemus. Vide. l. 2. 5. 7. 8. 22. 23. Cod. Th. de Palat. (6, 30.) et Pancirolum ad Notit. Imp. lib. 1. cap. 86.

¶ **MITTENTES,** mendose pro *Nutrices*, in Ordinat. Philippi Augusti Spicileg. Acher. tom. 6. pag. 493 : *Item Clerici non debent excommunicare eos qui vendunt blada, vel alias merces diebus Dominicis, vel eos qui vendunt Judæis, vel emunt ab illis;... sed bene volunt quod Mittentes Judæorum excommunicent.* Vide in voce *Judei* ad lineam, Quæ quidem, etc.

1. **MITTERE,** Permittere. Paulus PP. in Epistola ad Pipinum : *Et Mittat Deus ut semen vestrum usque in finem mundi fruatur, etc.*

2. **MITTERE,** Ponere. Lactantius de Mortib. persecutor. n. 2 : *Per omnes provincias et civitates Ecclesiæ fundamenta Miserunt.* Ubi idem scriptor l. 4. Instit. cap. 20 : *Discipuli vero per provincias dispersi fundamenta Ecclesiæ ubique posuerunt.* Ita usurpant passim Agrimensores, quorum locos indicavit Rigaltius. Capitul. Caroli C. tit. 36. cap. 5 : *Quia multos dies in illius servitio Misit*, i. posuit. Fulbertus Carnot. Epist. 96 : *Ego vero Misi causam hanc totam in manu ipsius.* Vita B. Torelli Puppiensis num. 15 : *Quicunque poterit solus eum Mittere* (in feretro,) *hic ad Ecclesiam suam ferat.* [Statuta Arelat. MSS. art. 32 : *Quod nullus Mittat ignem in stipulis.*] *Mittere manum ad pecuniam alterius*, Gall. *Mettre la main sur l'argent d'autrui*, in Legib. Henrici I. Regis Angl. cap. 13. Adde cap. 88.

¶ 3. **MITTERE,** unde pro Tradere, in possessionem mittere, instituere, in Chartario Celsinianensi a Mabill. Diplom. lib. 2. cap. 28. n. 8. laudato : *Et in hac eleemosyna Mitto D. Amblardum Archiep. Lugdunensem, et D. Stephanum Arvernensem Episc. ut partem habeant, etc.* Ibidem : *Pro filio meo Willelmo, quem monachum Mitto in eodem monasterio.* Iterum : *Et in ista eleemosyna Mitto D. Stephano et D. Roberto Abbate, ut ipsi sint defensores mei.*

¶ Mittere in Possessionem *nomine ventris, est mittere in possessionem nomine ejus qui est in ventre : ut cum mulier prægnans mittitur in possessionem nomine filii vel filiæ heredis, quem vel quam habet in utero et marito præmortuo.* Vocabul. Juris utriusque.

¶ 4. **MITTERE,** Instituere, introducere. Chron. S. Petri Vivi tom. 2. Spicileg. Acher. pag. 744 : *Consuetudines pravas, injustas et malas, quas Galduinus in ea Miserat, et Rainardo Comiti sua inertia Mittere siverat, omnes ad nihilum magna vi et potentia redegit* (Mainardus.)

¶ Mittere Se *in aliquo per convenientiam*, De re aliqua pacisci, convenire. Charta ann. 1196. apud Murator. delle Antic. Estensi pag. 368 : *Set cum dicta lis diu fuisset agitata coram predictis arbitris, predicti arbitri dixerunt partibus, quod Mitterent se in eis per convenientiam : quod partes fecerunt.*

5. **MITTERE,** Induere, Gall. *Mettre.* Paulus Warnefrid. lib. 4. de Gestis Lang. cap. 23 : *Cœperunt osis uti, super quas equitantes tybrugos byrreos Mittebant.*

¶ Mittere-Manum, Gall. *Mettre-main*, Dolia terebrare, *Mettre en perce.* Statuta Avenion. MSS : *Ne tabernarii Mittant-manum antequam vocaverint bannerios.*

* 6. **MITTERE,** Contribuere, conferre. Lit. Matild. comit. Nivern. ann. 1223. tom. 6. Ordinat. reg. Franc. pag. 422. art. 15 : *Homo qui non habuit uxorem et est bachelarius, quamdiu in illo statu erit et hospicium tenebit, reddet annuatim quinque solidos de censa,.... et ad negotia communitatis Mittet, sicut et uxorati.* Vide supra *Missiones.*

* Mittere Se in Amicos, Arbitris rem definiendam committere. Scacar. S. Mich. ann. 1220. ex Cod. reg. 4653. A. : *Judicatum est quod Adam de Cornuto miles, postquam se Misit in amicos cum fratre suo, potest facere essoniam de via curiæ.* Aliud apud Cadom. ann. 1228. in Reg. S. Justi ex Cam. Comput. Paris. fol. 22. v°. col. 2 : *Judicatum est quod secuti de combustione domus, qui Miserunt se ad finem in amicos, faciant peregrinationes et alia abjudicata.*

* Mittere Alicui Supra, Prasis Gallica, *Mettre sus*, pro *Imputer, charger*, Culpam crimen alicui assignare. Tabul. S. Albini Andegav. : *Venit latro viarius ad aliquem de villanis et Mittit ei supra, quod olim vel sanguinem alicujus fudit, vel furtum fecit, etc.* Pluries ibi. [** Hincmar. Remens. Annal. ad ann. 862 : *Hunfrido super quem Warengandus infidelitatem Miserat.* Idem ad ann. 863 : *Duo quoque Nortmanni, qui nuper cum Welando.... de navibus exierunt, infidelitatem super eum Miserunt, quorum unus secundum gentis suæ morem cum eo negante armis coram rege contendens, illum in certamine interfecit.* Alio sensu *Mittere super aliquem* pro Ei injungere in Adnuntatione D. Hludov. Reg. ann. 860. apud Confluentes art. 2 : *Misimus hoc super episcopos et cæteros fideles nostros; ut illi hoc invenirent, qualiter nos ad hæc, quæ diximus, exequenda, adunaremus.*] *Mettre sus*, pro *Rétablir, réparer*, Reficere, reparare, Charta ann. 1449. ex Chartul. Latiniac. fol. 120 : *Et par deux fois avoit icelluy prioré fait rédiffier et Mettre sus, comme il est à présent.* Sensu opposito *Mettre sus*, pro Rixas tollere, controversiam sedare, in Stat. ann. 1370. tom. 5. Ordinat. reg. Franc. pag. 359. art. 19 : *Toutes riotes seront Mises sus, et sera bonne paix et amour entre les dessus dits.* [** Lat. *Controversias Dimittere*, ut in chart. ann. 1312. apud Herrgott. Geneal. Habsburg. vol. 2. pag. 165. et passim.]

* Mittere post Aliquem, Arcessere, Gall. *Envoyer quérir.* Acta M.. Inquisit. Carcass. ann. 1308 fol. 21. v°. : *Dicta Raimunda Misit post ipsum testem quod veniret ad domum suam.*

* Mittere Curiam, Ab officio judicis abstinere. Charta Guid. episc. Claromont. ann. 1281. in Reg. 73. Chartoph. reg. ch. 1 : *Item si bajulus aliquem habentem causam in villa vult fovere, vel manutenere, vel eidem patrocinari, Mittat curiam sine suspicione.*

* Mittere in Deperditum, In pignus deponere, unde damnum resarciatur. Charta Petri comit. Antiss. ann. 1199. in Reg. I. Chartoph. reg. ch. 1 : *Castrum cum omnibus pertinentiis ejus domino regi et hæredibus ejus Mitto in deperditum, si has conventiones ei non tenerem.* Vide *Deperditum.*

* Mittere in Opere, Phrasis Gallica, *Mettre en œuvre*, Adhibere, uti Chartul. S. Vandreg. tom. 1. pag. 84 : *Præterea veteres essoullas de monasterio, quæ non poterunt Mitti in opere, etc.*

* Mittere in Placitum, In jus vocare, citare. Charta Phil. Aug. ann. 1195. in Reg. 34. bis Chartoph. reg. part. 2. fol. 116. r°. col. 1 : *Si vero consanguinei Galcheri eos super hoc Mittebunt in pœnam et placitum, etc.* Vide *Ponere* 4.

* Mittere ad Rationem, Eadem notione. Chartul. S. Steph. Drocens. : *Si ille, qui partem pedagii recipit, reddendi decem solidos in taxatis festivitatibus.... transgressus fuerit, ad rationem Mittetur; et si reddere noluerit infra quindenam, anathemate plectetur.* Vide in *Ratio* 1.

* **MITTIBILIS,** Legitimus, qui expendi potest. Charta ann. 1234. in Chartul. Raym. comit. Tolos. pag. 315 : *Damus vobis.... in unoquoque anno, in festo omnium Sanctorum, septuaginta quinque solidos Tholosæ bonos et bene Mittibiles.* Vide supra *Metibilis.*

MITTIO, pro *Missus*, occurrit apud Marculfum lib. 1. form. 23. et 24. Vide ibi Bignonium, [et *Mitium* supra.]

¶ **MITULUS,** Turnebo Adversar. lib. 27. cap. 26. est id quod in ædificiis extra prominet, aliudque sustinet, unde vocis origo.

* **MITUS,** *La fiavola jocosa.* in Glossar. Lat. Ital. Ms.

* **MIXA,** Mixalis, pro *Missa, Missalis.* Chartul. Cassin. : *Ponemus ibidem intro de ecclesia duos libros Mixales,... e quinque paramentos de panno de Mixa, cum omnia arminium ipsorum.*

¶ **MIXARIUM.** Acta SS. tom. 5. Julii pag. 474. De S. Johanne Cassiano : *Deinde apposuit salem frictum, olivas ternas, quibus post hæc superintulit canistrum habens cicer frictum,... Mixaria bina, caricas singulas.*

* **MIXOLIDIUM,** Ellychnium, lucerna, lumen. Epist. Benzon. episc. Albens. apud Ludewig. tom. 9. Reliq. Mss. pag. 322 : *Domino Dionisio planetarum gaudenti Mixolidio, etc.* Vide *Myxus.*

¶ **MIXTA,** Quæ ex parentibus diversæ gentis nata. Concil. Mexican. ann. 1585. inter Hispan. tom. 4. pag. 351 : *Quando Mixta aliqua fœmina in monialem alicujus monasterii recipitur,... pro eleemosyna amplius quam aliæ non det.* Vide *Mestizus.*

MIXTARABES. Vide *Mosarabes.*

¶ **MIXTARE.** Vide in *Mixtum* 1.

* **MIXTEOLUM,** Miscellum frumentum. Chartul. Floriac. fol. 217. v° : *Cum Petrus de Montigniaco perciperet in decimis et terragiis nostris in parochia de Messeriis ratione majoriæ, vel alia ratione, ut dicebat, decimas et terragia sigali, Mixteoli et aliarum segetum, etc.* Vide *Mixtum* 2.

* **MIXTERIUM,** Mensuræ annonariæ species. Lit. remiss. ann. 1385. in Reg. 128. Chartoph. reg. ch. 188 : *Qui* (agricola) *cum dicta pediceca composuit ad tria Mixteria bladi et tres parvos florenos auri.* Vide supra *Miterium.*

¶ **MIXTIM,** pro *Mistim.* Vetus Ceremoniale MS. B. M. Deauratæ Tolos. : *Et post* *omnes similiter tendunt ad mensam tam monachi quam seculares; sed qui sunt honorabiliores debent esse primi Mixtim cum monachis.*

¶ **MIXTIOLUM**, Mixtolium. Vide *Mixtum* 2.

¶ **MIXTIONARE**, Miscere, Gall. *Mixtionner.* Charta ann. 1484. apud Baluz. tom. 2. Histor. Arvern. pag. 234 : *Quod ad dictam venditionem terræ de Livradois faciendum per dolum et fraudem dicto contractui causam dantibus vinum Mixtionatum sibi bibere faciendo, et in ejus vino rubeo vinum album loco aquæ ponendo inductus fuerat.*

* **MIXTIS**, pro *Mixtus*, in Charta ann. 1399. ex schedis Pr. *de Mazaugues : De actionibus .... realibus, et personalibus seu Mixtibus etc.*

MIXTONES. Petrus Boerius ex Abbate S. Aniani Tomeriarum Episcopus Urbevetanus, in primo Comment. in Regulæ cap. 38 : *Apud nos quibusdam Monasteriis fiunt quidam panes, qui Mixtones seu Mixtoni vocantur : sic forte dicti, quia ex mixtura frumenti et hordei vel siliginis fiunt et sunt ita modici panes, quod quatuor aut quinque sunt necessarii uni fratri per diem. Et quia quarta pars annonæ debet dari fratri prægustanti, dicitur hic, quod frater Lector Mixtum accipiat, id est, unum panem, Modicum vocatum sive Mixtonum; vel ab hoc Mixto sunt verius appellati Mixtones.*

1. **MIXTUM**, Latinis Scriptoribus sumitur pro vino mixto, cui opponitur *merum.* Gloss. Græc. Lat. : Κράμα, *Temperatum, Mixtum.* Κράσις, *Mixtum.* Martialis lib. 3. Epigr. 56 :

Cum peterem Mixtum, vendidit ille merum.

Ps. 74. vers. 9 : *Vini meri plenus Mixto.* Novatus Catholicus Homil. ad Fratres : *Infinitum putant esse, quod alius non potest facere, et arbitratur quod ipse solus hoc potest facere, aut forte nec bibit, nec ipsam aquam Mixtam.* S. Eulogius lib. 2. Memor. Sanct. cap. 10. de Georgio quodam Monacho : *Merum aqua tandiu temperabat, usque dum color inficeretur, sapor abesset. Insipidus namque ille gustus (ita referebat) nec bibere nimium, nec temulari convivam patitur.* Charta Caroli Calvi pro Monast. S. Mariæ Suession. ann. 858 : *Vini modii 200. et mellis modii 10. ad dandas omni tempore regulares eminas, et in solemnitatibus Mixtas purasque potiones propinandas.* Potioni mixtæ Monachicæ opponitur *pura*, apud Ratpertum de Casibus S. Galli cap. 16. pag. 104 : *Hic cum circa Subdecanum Ruodpertum mensuram puræ potionis suæ coram se habentem consedisset, ut domi solitus erat, statim bibere volens, eam manu sumpsit, et impiger hausit, etc.* Vide Regulam Magistri cap. 23. 27. 77. et Ordinem conservationis Monasticæ cap. 11. ubi *Mixtum* pro ipsa potione mixta sumitur. Hinc

Miscere, Vinum et aquam in scyphum infundere, bibere, in eodem Ordine convers. Monast. d. cap. Ugutio : *Miscere dictum est pro ministrare et propinare.* Theodemarus in Epist. ad Carolum Mag. : *Aliis diebus, prandentibus Fratribus, quum vinum nobis abundat, singulas phiulas Miscere facimus, in summis quoque festivitatibus,... jam bis ad prandium Miscere facimus.* Capitula Monachor. ad Augiam directorum cap. 7 : *Ut autem signum Cellararius ad potum pulsaverit benedicendum, statim octo vel decem surgunt juvenes absque ulla tarditate ad Miscendum Fratribus.* Capitula Monachorum S. Galli ann. 817. cap. 18 : *Ut quatuor Fratres juniores... deputentur ad Miscendum, qui tamen reficiantur cum cæteris.* [Fortunatus in Vita S. Radegundis num. 4. sæc. 1. Bened. pag. 320 : *Virorum capita diluens, ministerium faciens, quos ante levarat, eisdem sua manu Miscebat, ut fessos de sudore sumpta potio recrearet.* Alcuinus in Vita S. Willibrordi Episc. n. 17. sæc. 3. Bened. part. 1. pag. 612 : *Mandavit specialem suam flasconem sumere, ac pauperibus Miscere Christi.* Adde Vitam sancti Anscharii Episc. sæc. 4. part. 2. pag. 108. cap. 35. et Vitam S. Guidonis sæc. 6. part. 1. pag. 513.] etc. Hinc

Mixtum, quævis potio. Kero Monachus : *Mixtum, merod, sc. poculum.* Vita S. Desiderii Episc. Cadurcensis cap. 10 : *Subito rubore perfusus, Mixtum aquæ poscere cæpit, anxie ac vehementer satagere : quem Episcopus cernens nimis anxie palpitare, festinanter vinum servis suis afferre mandavit... allato igitur vino, nullatenus homo ori suo applicare permisit, sed longe repellens guttam aquæ clamare cæpit, cumque aqua fuisset allata, cyathum præripiens deglutivit.*

* Unde *Messcé*, ut videtur, potus seu cerevisiæ species. Jura castellani Camerac. ex Cod. reg. 8428. 3. fol. 217. r° : *Item le Chastellain doit avoir des cambiers pour donner congié de brasser, et aussi de ceulx qui font le Messcé, toutesfois qu'il brassent, un sextier et xij. deniers Cambresis.* Vide supra *Mezium.*

At quid *Mixtum* significet in Regulis Monasticis, ambigunt viri docti. Regula S. Benedicti cap. 38 : *Frater autem hebdomadarius accipiat Mixtum, priusquam incipiat legere, propter communionem sanctam, et ne forte grave sit ei jejunium sustinere.* Ubi S. Hildegardis ait *Mixtum*, esse panem vino intinctum. Boherius in eamdem Regulam cap. 39. scribit Italis *Mixtum*, significasse *jentaculum*, seu quod nos vulgo *le Déjûner* appellamus. [Ea notione *Mixtum* occurrit in Constitut. Sororum Pœnitent. S. M. Magdal. apud R. Duellium tom. 1. Miscell. pag. 170 : *Nec tunc serviunt quæ Mixtum sumant;* hoc est in Adventu, Quadragesima, aliisque jejuniis ab Ecclesia indictis.] Certe vini certam mensuram et panis certam quantitatem ita appellari docet Bernardus Monachus in Consuetudinibus Cluniacensibus MSS. ex Bibl. Sangermanensi cap. 7 : *Est autem consuetudo quatenus reindutis pannis afferatur scyphus plenus vino, et dimidia libra panis, dicente Priore post verberationem, Modo date ei Mixtum.* Et cap. 32 : *Et sicut alio tempore mos est, cum infantibus sumant de pane et vino Mixtum.* Liber Usuum Ordinis Cisterciensis cap. 73 : *Mensura Mixti sit quarta pars libræ panis, et tertia pars heminæ vini.* Quod firmat etiam Beletus cap. 119 : *Statutum est in quibusdam Ecclesiis, et ubique terrarum sic debet fieri, ut illo die* (quo *Communio* seu Eucharistia datur) *panis et vinum in Ecclesia habeatur, et cum homines communicaverint, detur statim unicuique panis buccea priusquam recedant, et paululum vini; ne forte quippiam de Sacramento in ore remanserit, quod expuendo facile emitti queat. Posset enim facile contingere, si non statim comederetur. Quæ sane laudata consuetudo omnibus probatur, sumpsitque originem ex institutione B. Benedicti; instituit namque vir sanctissimus ob eandem causam, ut illi qui aliis Fratribus debent in prandio post Communionem ministrare, aliquid prius comederent. Atque hoc quidem prandium Mixtum appellari solet.* Ita etiam *mixtum* interpretatur Smaragdus. Chrodegangus Metensis in Regula Canonicorum Metensium cap. 21 : *Et Lector et Cellerarius, et Portarius vel Septimanarius, vel qui ministrant quando Episcopus cum Clero in refectorio reficit, antequam Fratres in refectorium veniant, Mixtum de pane et potu accipiant, ut grave eis non sit jejunium sustinere, interim quod Clerus reficit.* Liber Ordinis S. Victoris Parisiens. cap. 12 : *Eos qui post Capitulum Mixtum accipiunt, aut qui profecturi quoquam ante Conventum cibum sumant, etc.* Et cap. 48. de Lectore mensæ : *Ipse autem debet ab Armario quærere, quid et ubi legere debeat. Mixtum, si voluerit, accipiat.* Capitula Monachorum ad Augiam directorum, cap. 5. Edit. Baluzianæ : *Lector vero post Sextam, antequam accedat ad legendum, accipiat Mixtum supra : accipiant super constitutam annonam Mixtum, ut non sit eis grave jejunium, dum ministrant.* Neque aliter Consuetudines Floriacenses : *Post Tertiam Mixtum pueri accipiunt, et debent habere a Cellerario caseum.* Consuetudines Eoveshavensis Monasterii in Anglia : *Quandocunque est potus post Nonam, percipiet Refectorarius duas justas de Cellario, et ad Mixtum unam.* Ibidem : *Qui ad superiorem mensam sederit, ut Custos ordinis sederit, duplum* (panem monachilem percipiet :) *qui missam majorem celebraverit, duos : Lector vero et servitores unum ad Mixtum.* Eadmerus de S. Anselmi similitudinibus cap. 46 : *Datur Mixtum interea cibi, donec conveniant omnes qui cum eo erunt cœnaturi, etc.* Leo Ost. lib. 1. cap. 14 : *Pondus quoque libræ panis et mensuram vini, sed et calicis mensuram, quam in Mixto servitores accipere debent,... transmisit.* Atque ita passim *mixtum* usurpant Usus antiqui Cistercienses d. cap. 73. 75. 82. 84. 90. 91. 106. 108. 112. 114. et Statuta Ord. Præmonstrat. dist. 1. cap. 7. 17. 19. [** Vide Glossar. med. Græcit. voce Εὔκρατον, col. 445. et App. pag. 75.]

☞ Ex quibus omnibus vix dubitare licet quin *Mixtum* apud Monachos idem fuerit quod *jentaculum*, ex pane scilicet et modico vino constans; quod aliis iterum monumentis firmari potest. Hildemarus in Comment. ad Regulam S. Benedicti, quod sub Ludovico Pio edidit, ad cap. 38 : *Mixtum enim intelligitur panis et vinum, sicut superius dixit, singulos biberes et panem.* Cui consona sunt quæ Bernardus Mon. in Ord. Cluniac. part. 1. cap. 74. scribit : *Perlatum est aliquando R. P. D. Henrico sedenti in Capitulo, quod mensæ Lector, Hebdomadarii etiam coquinæ, et Cellerarius, Custosque ecclesiæ qui consuetudinaliter post majorem Missam Mixtum accipere solent, mensuræ panis et vini olim* a B. Benedicto statutæ, alia quædam epularum munuscula, a Decanis horas canonicas, professionis causa, in prandendo prævenientibus, sibi largita intermiscerent; quæ res non modo ei irrationabilis visa est, verum etiam contra Constitutionem Regulæ prædicti Patris Benedicti usurpata, in qua præcipitur singulos biberes tantum et panem hebdomadariis coquinæ atque lectori dari super statutam annonam; unde generali definitione sancivit nihil penitus aliud, quam quod Regula præcipit, in Mixto esse sumendum. Quæ vero fuerit panis et vini mensura in hoc jentaculo assignata docet S. Wilhelmus lib. 1. Constitut. Hirsaug. cap. 97 : *Ad Mixtum non accipiunt, nisi quod S. Benedictus præcipit, quartam partem panis absque libra sua, et de vino* (similiter quartam partem mensuræ solitæ.) Adde lib. Usuum Ord. Cisterc. cap. 73. supra laudato.

Mixtare, Mixtum sumere, quod nostri dicunt *dejejunare*. Statuta Ordinis *de Sempringham* : *Debilitati plurimum nostrorum gratia misericordiæ condescendentes, Canonicos permittimus Mixtare quousque* 30. *annos ætatis compleverint : in majori vero ætate id fieri omnino prohibemus, nisi ordinate in Capitulo, petita misericordia, alicujus infirmitati a Priore ad tempus condescendatur,.... Mixtum sumentibus panis et cervisia detur, et nihil melius, nisi forte necessitate cogente alicui misericordia impendatur ad tempus. Adolescentiores quibus diebus jejuniorum Mixtum sumere conceditur, semper ante Tertiam in æstate, ante Sextam in hieme illud sumant,.... mensura Mixti sit quarta pars libræ panis, et tertia pars eminæ potus, ...et sciendum quod a capite jejunii usque ad Pascha, exceptis dominicis diebus, et* 3. *diebus Rogationum, et* 4. *Temporum, et vigilia Domini et Sanctorum, Mixtum non sumitur, nec pulsatur.*

Mixtum. Charta Caroli Calvi ann. 23. Ind. 10. ex Tabulario S. Dionysii n. 31 : *Ipsi quoque Fratres oblationes pro nobis Domino offerant, et de vino, quod in vineis prædictæ villæ natum fuerit, decem modia in Sacrario Fratres mittant, quod Mixtum fiat vino in sacrificio deputato, quatenus et donariis voti nostri etiam sacrosancto sacrario portio deesse non debeat.* Occurrunt eadem verba in alia Charta ejusdem Caroli ejusdem anni pro Ruolio : sed quid hoc loco *mixtum* sonet, non omnino constat. [Videtur pro vino usurpandum, quomodo *mistum* aliquando sumi supra observavimus : de vino quippe ad sacrificium Missæ deputato ibi loqui Carolum Calvum opinor.]

2. **MIXTUM**, Mixtolium, Mixtura, etc. Miscellum frumentum, nostris *Bled méteil.* Tabularium Fossatense : *Valent quolibet anno* 6. *modios grani... medietatem Mixti; et aliam medietatem ordei.* Alibi *mixtura* dicitur. *Mixta annona*, non semel in Tabulario S. Remigii, ubi interdum etiam *mixtura*. Occurrit etiam in Tabulario Prioratus de Domina in Delphinatu fol. 56. [*Bled Moitangé*, in Charta ann. 1336. ex Tabular. Commerciaci : *Il nous doit payer et rendre audit jour en nostre dit chastel un septier de bled Moitangé.*]

Mixtura, *Mixture*, in Consuet. Arvern. cap. 31. art. 23. 29. nostris *Méteil.* Gloss. Græc. Lat. : Μῖξις χρωμάτων, ἢ ἄλλης ὕλης, *Mixtura*. Tabularium Bellilocense in Lemovicibus Ch. 95 : *Mixturam vero quam debent Rustici per censum, hoc sunt de quarteria* 2. *sestaria de avena*, 3. *eminas, et quartum ex hordeo aut annona. Si vero Mixturam simul recipere noluerint, reddant cui addant cumula et non caleate; de ordeo vero eminam cumulam, aut de annona rasam.* Tabular. Dalonensis Abbatiæ fol. 63 : *Ad censum* 7. *sextariorum et unius eminæ Mixturæ.* Utitur Rigordus ann. 1195. *Datiarii vini et Misturæ plebis de Aplano*, in Charta Italica ann. 1327.

☞ *Mixturam* a *mixto* seu miscello frumento, Gall. *Méteil*, distinguendam omnino arbitror : hoc enim ex frumento et secali hyberno constat, illa ex frumento, vel interdum siligine, hordeo et avena. Acta S. Yvonis MSS. : *Erat autem panis ejus grossus, siliginis videlicet, avenæ, hordei furfuris, vel Mixturæ. Panis variæ annonæ*, in Charta ann. 1066. apud Miræum tom. 1. pag. 66. Vide *Mescalia.*

¶ Mistura, Idem quod *Mixtura.* Codex MS. Irminonis Abb. Sangerm. fol. 85 : *Habet ibi farinarias* II. *unde exeunt in censu de annona mod.* CXX. *de frumento mod.* XL. *de Mistura* LXXX. Charta ann. 1564. e Tabular. Eccl. Massil. : *Et pro Mistura dictæ eleemosynæ faciendæ* 75. *eminæ annonæ.*

¶ Mistoilum, Idem quod *Mixtum.* Tabular. S. Clodoaldi : *Dixerunt etiam quod* X. *sextarios Mistoili sui et* X. *sextarios avenæ injuste detinebat.*

¶ Mistolium. Charta ann. 1222. in Tabul. Pontisar. : *Radulphus presbyter de Argentolio contulit presbytero ecclesiæ de Villanis sextarium Mistolii.*

¶ Mixtillum, in Charta ann. 1212. in Tabular. S. Vincentii Cenoman. : *Monachi vero pro his omnibus tenentur dare eidem Philippo in primo anno* VII. *modios bladi, scilicet* XXI. *sextarios de tritico, totidem de Mixtillo, totidem de hordeo, totidemque de avena. Mestellum*, in Charta ann. 1211. in Tabular. Monast. Hederæ fol. 49.

Mixtiolum, in Charta ann. 1226. in Probat. Hist. Monmorenciacæ pag. 402.

Mixtolium. Magnum Pastorale Ecclesiæ Parisiensis ann. 1220. pag. 134 : *Titulo pignoris obligaverunt... unum modium bladi, medietatem Mixtolii competentis, et medietatem avenæ. Bladum Mixtolium*, in alia ann. 1250. in Probat. Hist. Drocens.

Mestilo, ex Gallico *Mesteil.* Monasticum Angl. tom. 1. pag. 504 : *Et nonam gerbam frumenti, Mestilonis, siliginis, et omnis generis bladi*, etc. Vetus Charta in Hist. Monmorenciaca pag. 36 : *Habent etiam prædicti Fratres in molendino de Stagno sex annonæ modios, tres de mousturenge, et tres de Mesteil.*

¶ Mestillio. Charta ann. 1260. in Chartular. S. Vandreg. tom. 2. pag. 1567 : *Sex minas bladi annui redditus scilicet Mestillionis boni et sufficientis. Mistilio*, in eodem Chartular. pag. 1463.

3. **MIXTUM**, Liber, ni fallor, Ecclesiasticus. Hist. Abbatiæ Condomensis pag. 507 : *Scripsit manu propria libros Ecclesiasticos, videlicet duo Missalia, duos Graduales sive Jornaria, duo Prosaria, et unum Mixtum.* scil. ex aliis. [Vide *Missale mixtum* in *Missale* 2.]

¶ 4. **MIXTUM.** *Supertunica de Mixto*, f. quia varii coloris, vel diversi panni. Testamentum ann. 1326. apud *Madox* Formul. Anglic. pag. 426 : *Item volo quod collobium et capicium meum de Mixto vendatur... Item lego Waltero filio meo unam supertunicam de Mixto.*

¶ 5. **MIXTUM** Imperium, Justitia media. Vide *Imperium.*

* 6. **MIXTUM** Ordinarium, Extraordinarium, Jumentorum vel plaustrorum præstatio per viam directam aut transversam, idem proinde quod *Angaria* et *Parangaria.* Vide in his vocibus. Charta ann. 1354. in Reg. Cam. Comput. Paris. sign. *Vienne* fol. 56. v° : *Sint de cætero liberi et immunes.... a quacumque exactione,.... angario, parangario seu Mixto ordinario, extraordinario, etc.*

¶ **MIXTURA.** Vide *Mixtum* 2.

MIXTUS. Vide *Foras mixtos* et *Mitium.*

Mixto *sacrificio communicare*, [Panem Eucharisticum, in sanguine intinctum sumere.] Vide *Eucharistia.*

MIXUS, Ellychnium lucernæ. Vide *Myxa.*

MIZELA, Arboris species, apud Petr. Crescentium lib. 1. de Agricult. cap. 7.

¶ **MIZILUM**, f. ut *Camisile.* Vide *Imizilum.*

* **MIZMAZ**, *Arabice*, *Fistula, quæ vulgariter zamara dicitur, idem minuta alcahi, i. fistula pastoris.* Glossar. medic. Ms. Simon. Januens. ex Cod. reg. 6959.

MIZZULA. Vetus Charta apud Ughellum tom. 8. pag. 360 : *Item hebdomadarii, videlicet Sacerdos, Diaconus, et Subdiaconus, qualibet die hebdomadæ eorum habere debet ab Episcopo panes* 4. *et Mizzulam unam de vino omni tempore.* Ex Italico *Misura*, mensura.

¶ **MNA** *habet libram unam et semiunciam, qui sunt solidi* 75. *Mna duas libras et semis appendit.* Papias.

* Glossar. Lat. Gall. ex Cod. reg. 7692 : *Mna, besant, idem quod talentum.*

¶ **MNASITERNA**, *Urna aquæ, id est, urceus.* Idem Papias.

¶ **MNEMOSYNUM**, Monumentum. Acta S. Leonii III. PP. tom. 2. Junii pag. 588 : *Isthæc Mnemosyni loco... sindone elegante involvi plumbeoque sigillo obsignari curavimus.* Usus est etiam Catullus Carm. 12. 13.

Verum est μνημόσυνον mei sodalis.

* **MOA**, a Gallico *Moue*, Fœda labrorum projectio, oris depravatio. Lit. remiss. ann. 1354. in Reg. 82. Chartoph. reg. ch. 301 : *Eidem baillivo faciendo sibi Moam, Gallice la Moe, in derisionem ipsius, etc.*

¶ **MOABITA**, Sarracenus, Maurus. Chron. Malleacense tom. 3. Concil. Hispan. pag. 334 : *Fuit bellum in Hispania inter Ildephonsum et Reges plures et Aucaetas et contra innumerabiles Moabitas.* Epist. Callisti II. PP. ibid. : *Irruentibus Mauris seu Moabitis, et Metropolis dignitas imminuta et parochiarum termini sunt confusi.*

* **MOAGIUM**, Pensitatio, quam a vassallis exigit dominus pro frumenti molitura in molendinis suis. Charta Barthol. episc. Laudun. ann. 1143. ex Chartul. S. Vinc. Laudun. ch. 49 : *Hujus concessionis testes*

sunt.... illi quoque qui Moagium ex inde (molendinis scilicet) *singulis annis persolvebant; sed et ipsi molendinarii.* Vide *Molta* 2.

¶ **MOBILE**, Idem quod *Mobilia*, Gall. *Biens meubles, mobiliaires.* Formulæ vett. Andegavens. apud Mabill. tom. 4. Analect. pag. 251 : *Et exinde perdedit et pecunia sua, et Mobele suo.* Quid vero hac voce denotetur indicat sequens formula : *Vel res suas, aurum, argentum, species vestimentum, fabricaturas suas, vasa ærea, vel reliquas res quamplures.* Vide Marculfum lib. 1. Form. 33. et 34. Charta ann. 1196. apud Lobinell. tom. 2. Hist. Britan. pag. 184 : *Sepulture mee tam de Mobili meo quam de terre mee redditibus necessaria jussi per omnia preparari.* Bulla Nicolai PP. in Tabular. Centul. : *Devotionis vestræ precibus inclinati ut possessiones et alia bona Mobilia et immobilia quæ personas liberas fratrum vestrorum ad monasterium vestrum, mundi relicta vanitate convolantium, et professionem facientium in eodem, si remansissent in sæculo jure successionis vel quocumque alio justo titulo contigissent, et ipsi potuissent aliis libere elargiri (feudalibus dumtaxat exceptis) petere, recipere, ac retinere libere valeatis.* Caffari Annal. Genuens. ad ann. 1162. apud Murator. tom. 6. col. 278 : *Ad pedes domini Imperatoris inermes venerunt, et personas et civitatem, et Mobile et immobile quæ habebant, sine ullo tenore in potestate Imperatoris posuerunt.*

* Alias nostris *Meule, Moble, Moeble* et *Moible.* Charta Ferr. ducis Lothar. ann. 1256. in Chartul. Campan. : *Vaissel où on met vin, et tuit aisement d'or et d'argent, seront prisié chascuns avec les autres Moibles.* Alia ann. 1270. ex Chartul. Valcel. sign. E. ch. 60 : *Leurs biens tous Meules et yretages.* Rursum alia ann. 1272. in Chartul. eccl. Lingon. fol. 29. r° : *Obligons touz nos biens Mobles et non Mobles etc.* Denique alia ann. 1296. in Chartul. 23. Corb. : *Ly abbés et ly convents auront le justice de Moebles, des cateux etc.* Hinc *Contract mobiliaire* appellatur, Contractus de rebus mobilibus, in Lit. remiss. ann. 1427. ex Reg. 173. Chartoph. reg. ch. 664. Unde *Desmeublé*, pro Supellectili domestica vel alia qualibet re privatus. Lit. remiss. ann. 1450. in Reg. 180. ch. 153 : *Le suppliant qui estoit fort Desmeublé à l'edifice de sa maison, et n'avoit de long temps gueres peu prouffiter en son fait de marchandise,.... se trouva tres poure et indigent. Meublage* vero, Præbitio, suppeditatio, vulgo *Fourniture, provision.* Charta Caroli V. ann. 1374. in Reg. 153. ch. 478 : *Donnons et octroions ledit office de sergenterie de Meublage desdittes forges en Bray etc.* Charta ann. 1310. in Reg. 45. ch. 135 : *Item pour les esploiz dou Mueblaige de la prévosté de Gaillefontaines etc.* Vide *Mobilitas.*

MOBILIA, *liæ*, Res mobiles. Occurrit apud Ottonem Morenam in Hist. Rerum Laudensium pag. 10. 14. 18. 24. 28. Rollandinum in Summa Notariæ cap. 8. [et Petrum Azarium in Chron. ad ann. 1361. tom. 16. Murator. col. 397.]

¶ **MOBILITAS**, de servis et ancillis dicitur, qui prædium rusticum excolunt. Charta ann. 942. apud Baluz. tom. 2. Hist. Arvern. pag. 479 : *Ego igitur Engelbertus... dono prædicto loco, Cluniaco scilicet monasterio... mansus indominicatus qui est in villa Flaviaco cum omnibus suis apendenciis, vineis, campis... cultis et incultis.... cum sua Mobilitate, servis videlicet et ancillis.*

* Inter res mobiles recensentur servi glebæ adscripti. Lit. remiss. ann. 1353. in Reg. 82. ch. 2 : *Cum præfati habitatores de Aguilleyo sint homines sui de corpore et manu mortua et Mobile suum proprium, etc.*

¶ Movile, Eadem notione, in Charta ann. 884. apud Murator. delle Antic. Estensi pag. 211 : *Cum curtis, hortis, terris,... Movile seu se Movile, seu qui se moventibus sint servis et ancillis, etc.*

¶ **MOCA**, Cerevisia. Vide *Mama.*

* **MOCADUS**, Mocatus, a Gall. *Mouché*, Emunctus. Dicitur de candelæ semiustæ reliquo, Ital. *Moccolo.* Comput. ann. 1362. inter Probat. tom. 2. Hist. Nem. pag. 243. col. 2 : *Item pro viij. brandonibus... propter Rogaciones, ponderantibus xlij. libras, computatis pro libra iij. grossis et medio, et deducta cera aliorum brandonum Mocatorum, etc. Torcha mocada*, in Comput. ann. 1399. ibid. tom. 3. pag. 153. col. 1. Instr. ann. 1459. ibid. pag. 297. col. 1 : *Item volo et ordino quod dicti cerei sint de cera alias accensa sive Mocada, quæ minori pretio venditur et diutius durat.* Vide *Muscatoria.*

* **MOCCUS**, Mercurii nomenclatura a quodam monte in diœcesi Lingonensi ubi Mercurius colebatur, ex vet. Inscript. inter Collect. var. script. D. *LeBeuf* tom. 2. pag. 279 : In H. D. D. Deo. Mercur. Mocco L. Mascl. Masculus et Sedatia Blandula Mater I. ex voto.

* Hinc *Moce*, forte pro *Mote*, Collis, in Charta ann. 1312. ex Reg. 48. Chartoph. reg. ch. 222 : *Item dou sixte que il aquistrent de madame Johanne Barrabyne, que elle avoit eu des Moces qui sont audit Pierres Aymer, assises à Manse.* Vide infra *Mota* 1.

¶ **MOCHA**, Vestis ornamentum : quodnam sit docent Litteræ Caroli V. Reg. Franc. ann. 1367. de forma vestium pro Monspeliens. : *Item quod nullus vir vel mulier audeat portare in Mochis vel pendentibus manicarum aliquam pellem vel foderaturam erminorum, vel alterius pellis, vel panni cirici reversatum.* Infra : *Item quod non audeant portare Mochas vel manicas pendentes latiores trium digitorum, etc.*

* **MOCHNOMILON**, *Cassio Felici, Manualis mola, qua teruntur medicinalia.* Glossar. medic. Ms. Simon. Januens. ex Cod. reg. 6959.

¶ **MOCIMA**, Scrofa, Belgis, *Mocke*, Gall. *Truie.* Charta apud Ludewig. tom. 7. Reliq. MSS. pag. 473 : *Et jussit ut singulis annis post obitum suorum utriusque anniversario die dentur servitio fratrum v. Mocime, II. porcine, II. onine*, (l. ovine) IIII. *duce*, (l. aucæ) x. *galline, et duo porcelli, etc.*

* **MOCINAGIUM**, pro *Macinagium*, ni fallor, Jus torcularium, quod scilicet domino pensitatur pro uvis prelo supponendis, idem quod *Pressoragium.* Charta ann. 1243. ex Chartul. eccl. colleg. de Castel. super Indriam : *Noveritis quod in præsentia nostra constitutus Barthelot Polnins miles omne Mocinagium suum, quod habebat in vineis, de censivo suo moventibus, in castellania de Castellione, ecclesiæ nostræ dedit.* Vide supra *Macina* 2.

¶ **MOCTA**, f. Avis species, Gall. *Mouchet*, Hisp. *Mochete.* Acta B. Bartholomæi Eremitæ tom. 4. Junii pag. 835 : *Ad approbandam vero sive corroborandam rudis adhuc anachoritæ parsimoniam, ad ministrandum ei Dominus Moctam deputavit, quæ singulis diebus Quadragesimæ primi anni pisciculum... ad refectionem detulit.*

MOCULUS. Ugutio : *Cassidilis, vel cassidile, dicitur sacculum, pera, sanciperium, ficacium, marsupium, Moculus, loculus, crumena.*

¶ **MOCUM**, *Simile est fabæ, legumen est.* Papias MS.

¶ **MODAGIUM.** Vide in *Modiatio.*

¶ **MODAMEN**, Modanum, Modus, exemplar; nostris *Modéle.* Statuta Montis Regal. pag. 270 : *Et etiam teneatur quilibet venditor solarum, habere solas ad Modamen Communis quod est signatum in lapide cisternæ. Et quicunque vendiderit, seu penes se habuerit solas venales in minori Modano seu modanis Communis, signato vel signatis in lapide prædicto, etc.* Occurrit rursus *Modanum* infra.

* **MODEKINUS**, Modius, mensura frumentaria. Chartul. Mont. S. Mart. part. 3. fol. 96. r° : *Ernoul de Erweteghiem trois Modekins de blet et quatre capons de se masure à Erweteghiem.* Vide supra *Mitadencus.*

MODELA, Modus, unde nostri *Modéle*, pro exemplari. Fulbertus Carnotensis in Carminib. pag. 182 :

> Est tamen observanda diuturna Modela diæta,
> Libra cibi solidi, simplex emina Falerni.

Ubi quidam reponunt *medela.*

* **MODELLUM**, Gruis tractoriæ species. Tract. Ms. de Re milit. et mach. bellic. cap. 76 : *Bancacium sive Modellum duplicatum alias grossum quatuor rotellarum, habens varochium cum perticis volgentibus ac trahentibus funem sive canapem cum colona altius levata, est apprime utile ad opus lignamina, lapides, saxa et omnia alia necessaria causa casamenta ædificandi.* Quod ex trabibus compingebatur, sic nuncupatum : nam

* 1. **MODELLUS**, Trabs, in eodem Tract. cap. 135 : *Machina ista cum ariete intus, proprium ejus nomen est testudo... Ista machina est composita lignaribus trabunculis et Modellis et aliquando tegitur corio bubalino.*

¶ 2. **MODELLUS**, Lagena, Gall. *Bouteille*, vel quodvis aliud vas in quod vinum infunditur. Usus et Consuet. Monast. S. Germani Paris. inter Probat. Hist. ejusd. pag. 135 : *Primo versu dicto lectionis, quidam juvenis pulsabit uno ictu campanam quæ pendet super petram eleemosynæ, et tunc surgent quatuor aut quinque vel plures, et accipiunt Modellos vitreos, non argenteos et implebunt eos vino.* Vide *Modiolus* 2.

MODERABILIS, pro *Moderatus.* Theganus de Ludovico Pio cap. 19 : *Erat in cibo potuque sobrius, et indumentis suis Moderabilis.*

¶ **MODERAMEN**, Temperamentum, Gall. *Reserve.* Litteræ Joannis Reg. Franc. ann. 1356. tom. 3. Ordinat. pag. 66 : *Articulus vero de subsidio faciendo ab ipsis Consulibus.... ad quatuor necessitates, in* suo remanebit vigore, hoc Moderamine adhibito, ut jus illorum qui non morabantur in castro.... circa hoc remaneat eis salvum, etc. [** Vide Haltaus. Glossar. German. col. 141, voce Bescheidenheit.]

¶ MODERANTIA, Temperies. Miracula B. Ambrosii Senens. tom. 3. Martii pag. 224 : *Calor febris extinctus est et reductus ad plenam Moderationem sanitatis.*

¶ Moderantia, Modestia, continentia. Vita sancti Guthlaci tom. 2. Aprilis pag. 40 : *Sub clericali habitu vitam immensæ Moderantiæ peregit.*

¶ MODERATIO : *Salva Moderatione Concilii generalis*, Formula non infrequens in Bullis summorum Pontificum, pro *Salvo modo, statuto, etc.* Bulla Gregorii X. PP. ann. 1274. apud Rymer. tom. 2. pag. 23 : *Specialiter autem decimas, terras, domos et agros.... vobis et per vos eidem monasterio vestro auctoritate Apostolica confirmamus et præsentis scripti patrocinio communimus, salva in prædictis decimis Moderatione Concilii generalis.* Eadem habentur in alia Bulla Gregorii XI. PP. ann. 1373. apud Ludewig. tom. 1. Reliq. MSS. pag. 387. Nostram interpretationem firmat Bulla Honorii IV. PP. ibid. pag. 506 : *Eis privilegia et indulgentias Apostolicæ Sedis eisdem* (Cisterciensibus) *concessas inviolabiliter conservetis et faciatis ab aliis conservari, salva Moderatione Concilii generalis, videlicet ut de alienis terris a tempore predicti Concilii acquisitis et de cetero acquirendis exsolvant decimas ecclesiis, quibus ratione prediorum antea solvebantur, nisi aliter cum eis duxerint componendum.*

** MODERATOR, Dignitas præsidum Hellenoponti et Arabiæ apud Byzantinos. Vide Glossar. med. Græcit. in hac voce col. 942.

* MODERATUS, Ad modum seu morem exquisite accommodatus; vel Moderatioris seu exigui pretii. B. de Amoribus in Speculo sacerdot. Ms. cap. 2 :

Sit tuus ornatus non carus, non Moderatus,
Non argentatus, aureatus nec variatus.

Vide infra *Modus* 2.

* MODERNITER, Nuper, Gall. *Dernièrement.* Libert. villæ de Naiaco ann. 1368. tom. 7. Ordinat. reg. Franc. pag. 222. art. 12 : *Concedimus per præsentes, ut ipsis consulibus Moderniter nominatis seu electis, seu quos nominari seu eligi de cœtero contingat, etc.* Vide mox

MODERNUS. Joan. de Janua : *Modernus, i. istius temporis, et dicitur a modus, inde modernitas.* Senator lib. 4. Epist. 51 : *Antiquorum diligentissimus imitator, Modernorum nobilissimus institutor.* Occurrit passim.

* Epist. Hincmari pro instit. Carolom. tom. 2. ejusd. oper. pag. 201 : *Ad institutionem istius juvenis et Moderni regis nostri.* Occurrit præterea apud Goldast. in Eginart. pag. 160, edit. in 4. et alibi passim. [** *Noverint igitur tam Moderni quam futuri*, formula frequens in chartis secul. XIII.]

Modernitas, Sugerius in Ludov. VI. : *Quo facto nostrorum Modernitate, vel multorum temporum antiquitate nihil clarius Francia fecit.*

¶ MODERO, δὐέπω : *rogo.* Supplem. Antiquarii.

¶ MODIADA. Vide *Modius* 2.

* MODIAGIUM, Datio ad firmam sub certa præstatione tot modiorum frugum, de quibus convenit, idem quod *admodiatio.* Vide in *Admodiare* 2. Charta Ernaldi archid. Carnot. ex Tabul. S. Petri Carnot. : *Hoc facto monachi eamdem decimam Gosberto ad Modiagium tradiderunt, ut sex sextaria de ibernagio annuatim reddat.* Alia capit. S. Quint. Viromand. ann. 1349. in Reg. 78. Chartoph. reg. ch. 176 : *Terræ nostræ vel omnino remanent incultæ vel satis, pro minori pretio seu Modiagio tradentur ad censam, quam consuetum fuit eas tradi. Muyage*, eadem acceptione, in Lit. remiss. ann. 1372. ex Reg. 104. ch. 91 : *Comme Jehan Mauclerc eust tenu à ferme ou Muyage partie des terres à blés de Jehan Daridel etc.* Charta ann. 1340. in Chartul. 21. Corb. fol. 299. v° : *Pour le cause des arrerages des Muyages des terres dudit chevalier.... que ledit Pierre a tenu à ferme; lyquel Muyage ont esté esvalué à ladite somme de noef cens livres Par.* Chartul. ejusd. monast. sign. *Ezechiel* ad ann. 1415. fol. 18. v° : *Sauf et reservé xxxix. journaux et lxtij. vergues de terre, séans au terrair de Warfusée, bailliez à Muyages.* Unde *Muieur*, qui ea conditione aliquid tenet, infra in *Moiso* 2. *Modiagium*, alia notione, vide in *Modiatio* 1.

¶ MODIALIS, Mensura agraria, eadem quæ *Modius* infra. Testamentum Tellonis Curiensis Episc. ann. 767. in Append. ad tom. 2. Annal. Benedict. pag. 708 : *Item in territoriis agrum ad Bulitu Modiales sexaginta quinque.* Occurrit ibid. pluries.

¶ MODIARE, Modiationem percipere. Vide in *Modiatio.*

¶ MODIATA. Vide *Modius* 2.

¶ MODIATICUM. Vide *Modiatio.*

1. MODIATIO, Mensura quæ fit per modios. [Codex MS. redituum Episcopat. Autissiodor. ann. circ. 1290. exaratus : *Et si emptum fuerit, debet roagium et minagium cujuscumque Modiationis sit.*] Vide Cujac. ad leg. 6. Cod. de Naufrag. et Jac. Gothofredum in Notis ad leg. 32. Cod. Th. de Navicular.

Modiatio, Præstatio pro quolibet *modio* vini. [Charta Richardi Reg. Angl. ann. 1195. apud Marten. tom. 1. Ampliss. Collect. col. 1012 : *Trecentos modios vini percipiendos singulis annis in Modiatione nostra Rotomagensi per integra dolia, sicut ea recipere solemus in Modiatione nostra.*] Charta Henrici Regis Angliæ filii Mathildis, pro Ecclesia Pratensi, ex Regesto Normannico sign. P. in Camera Comput. Paris. fol. 24 : *Concedo eis in perpetuam eleemosynam 3. masuras terræ quietas de omni censu et consuetudine, et omni alia re, excepta sola Modiatione mea de vino.* Alia Odonis Archiepiscopi Rotomag. ann. 1266. ibid. : *Terræ arabiles, vineæ, Modiationes vini, prata, nemora, warennæ, etc.* Charta Johannis Episcopi Carnotensis ann. 1178. in Tabulario Drocensi fol. 33 : *Adducent quoque eandem Modiationem Monachi de Broilo, etc.* Monasticum Anglic. tom. 2. pag. 994 : *Reddendo sine contradictione sex modios de Modiatione de Waeneio*, Pag. 997 : *Decima Modiationis de Rotomago.* Pag. 1002 : *Et in civitate Rotomagensi quietantiam de teloneo, et de Modiatione, et de aliis omnibus consuetudinibus.* Charta Communiæ Rotomag. ann. 1207 : *Modiationem tamen nostram de vino Rotomagensi reddent nobis, præterquam de vino quod eis datum fuerit ad potum suum, quod nullo modo vendere poterunt, quin inde reddant Modiationem.*

¶ Modiatio, Pensitatio frumentaria pro quolibet *modio* annonæ. Charta ann. 1191. in Tabular. S. Vincentii Cenoman. : *Controversia inter monachos S. Vincentii et personam ecclesiæ de Reneio, super Modiatione ecclesiæ de Soona. Asserebat Robertus de Guereme persona de Reneio quod de Modiatione ecclesiæ de Soona duos modios annuatim habere debebat. Monachi, quod prædictus Robertus de Modiatione prædicta non debebat accipere nisi tantum* xviii. *sextarios, asserebant. Statuimus quod dictus Robertus duos modios singulis annis haberet de Modiatione ecclesiæ de Soona, scilicet* vii. *sextarios frumenti,* vii. *sextarios et minam de mestel,* vi. *sextarios et minam hordei,* iv. *sextarios avenæ.* Idem Tabular. fol. 98 : *Et si forte personæ ecclesiarum quæ Modiationem habent in decimis monachorum S. Vincentii, aliquid de leguminibus reclamaverint; monachi S. Vincentii eis super hoc satisfacere non tenebuntur.* Tabular. Abbatiæ de Strata : *Monachi singulis annis reddent eis octo sextarios Modiationis, quatuor annonæ et quatuor avenæ ad mensuram Drocensem.*

Modiaticum, Idem quod *Modiatio.* In Capitulari Sicardi Principis Beneventani ann. 836. cap. 34. est *de Modiatico* : cap. 35. *de responsatico et Modiatico.* Charta Rogerii Regis Siciliæ ann. 1137. apud Ughell. tom. 7. pag. 564 : *Ut deinceps nec Salernitani, nec eorum homines pro Modiatico aliquid persolvant, sed semper ab hac conditione liberi et absoluti permaneant.* Ubi perperam editum *mediatico.* [Adde Præceptum Pippini Reg. ann. 831. apud Baluz. in Append. ad Capitular. col. 1431.]

Modiagium, Idem quod *Modiaticum.* Tabular. Prioratus S. Vincentii Laudunensis, ann. 1274 : *Recognoverunt unum modium ad mensuram S. Quintini, qualiter solvitur in Modiagio Ecclesiæ S. Vincentii.*

¶ Modagium, Eadem notione. Charta ann. 1203. in Tabular. Crisenon. : *Ego Acelinus de Merriaco notum facio quod Regina mater mea.... donavit Ecclesiæ B. Mariæ de Crisenone... Modagium terræ meæ de Lissi.*

Modiare, Modiationem percipere. Tabularium Episcopatus Autissiod. : *Roagium et plaintagium sunt Comitis, Episcopi, et Vicecomitis, et in hoc roagio et plaintagio Comes 1. den. Episc. 1. Vicecomes 1. obol. percipiunt; Clerici, Milites, Religiosi non debent roagium, plaintagium, nec minagium, nisi Modiant. Si vero Modiant, debent de modio unum den.*

Modiatio Capitalis. Vetus Inquesta in Regesto Philippi Augusti Regis Franc. Herouvalliano fol. 171 : *Quicunque vero habeat capitales Modiationes, sive Miles, sive alius, ipse habet venditiones et justitiam.*

* 2. MODIATIO, Quod pro mensura, quæ per *modios* fit, exigitur. Charta ann. 1246. in Chartul. S. Corn. Compend. fol. 126. r°. col. 1 : *Salvis dictis abbati et con-*

ventui Compendiensi omnibus juribus et justitiis suis, quæ in præfata terra antea habebant, videlicet decima, terragio, carija, Modiatione, placitis generalibus, etc.*

* 3. **MODIATIO**, Fruges, quæ ex *modiagio* seu conventione percipiuntur. Vide supra *Modiagium*. Charta ann. 1220. ex Chartul. 21. Corb.: *Mansuarii.... Modiationes Corbeiensis ecclesiæ illius territorii apud Corbeiam propriis vehiculis ducere tenebantur.* Tabul. capit. Carnot.: *Reddet eis quinque modios annonæ, cujus medietas erit ivernagii rationabilis, et alia medietas avenæ. Hæc Modiatio solvetur ad mensuram de Bruerolüs.* Hinc

* 1. **MODIATOR**, Qui ad *modiationem* seu firmam tenet. Charta Inger. dom. de Bona ann. 1219. ex Chartul. 21. Corb. fol. 190. v°: *Quittavi inperpetuum ecclesiæ beati Petri Corbeiensis traversum, quod petebam a cultoribus et Modiatoribus terrarum de Gutsi et S. Nicolai de Regni, ita videlicet quod dicti Modiatores et cultores terrarum prædictarum quiti et liberi, sine prædicto traverso, remanebunt.*

** 2. **MODIATOR**, Moderator, rector, in Notit. ann. 1545. apud Guden. in Cod. Diplom. tom. 4. pag. 651.

* **MODIATUM**, Mensura agraria, ut supra *Modiata*. Charta ann. 1163. in Chartul. Clarifont. ch. 29: *Sex Modiata terræ de terra Fulkeri jure tenenda perpetuo... Concessit etiam ecclesiæ decimam dimidii Modiati terræ.* Vide in *Modius* 2.

¶ **MODIATURA**. Vide *Modius* 2.

* **MODICILLUM**, Modicum. Acta S. Stanisl. tom. 2. Maii pag. 264. col. 2: *Puerulus pro mortuo ab universis habitus et extinctus,.... tandem quasi Modicillum sub pectoris loco respirare visus est.*

* **MODICITAS**, Tenuitas, parvitas. Lit. ann. 1372. tom. 5. Ordinat. reg. Franc. pag. 562: *Verum quia ex hoc nullæ recognitiones fieri consueverunt, sed solum parvi cartelli parti solventi clamorem antedictum tradi consueverunt; qui quidem cartelli, propter eorum Modicitatem sæpius amittuntur, etc.*

¶ **MODICUM**, *In modico, paulo post, post exiguum tempus.* Gasp. Barthii Glossar. apud Ludewig. tom. 3. Reliq. MSS. pag. 209. ex Baldrici Hist. Palæst.

¶ **MODIETARIA**, Prædium rusticum quod a colono partiario colitur, Gall. *Métairie*. Charta ann. 1262. in Tabular. Centul.: *Nobis vendiderunt totam Modietariam suam cum appendiciis, quam de nobis tenebant in feudum et per homagium ligium, et erant* LX. *jornalia in diversis peciis... remiserunt etiam nobis pro certa summa denariorum quatuor sextarios bladi et quatuor avenæ quos singulis annis illis dare tenebamur pro seminatura illius terræ seu Moyteiries.* Vide supra *Medietarius*.

MODIETAS, Modus agri. Tabularium Ecclesiæ Carnotensis Ch. 72: *Dono... duodecim carrucatas terræ, unamquamque novem Modietarum, in silva quæ vocatur Gaudus sancti Stephani.* Vide *Modius*.

¶ **MODIFICATIO**, Moderatio, exceptio, conditio, a Gall. *Modification*. Epist. Clementis VII. PP. ann. 1384. in Tabular. Episcopat. Meldens.: *Faciatis auctoritate nostra exemptionem, liberationem, decretum et ordinationem, concordiam, Modificationes, interpretationes ac declarationes et confirmationem prædictas inviolabiliter observari.* Charta Henrici IV. Reg. Angl. ann. 1406. apud Rymer. tom. 8. pag. 454: *Cum quibuscumque clausulis, conditionibus, Modificationibus, et circumstantiis necessariis.* Charta ann. 1503. apud *Madox* Formul. Anglic. pag. 338: *Summam centum librarum legalis monetæ Angliæ in pecunia numerata, præfatis Abbati et Conventui monasterii S. Crucis de Waltham, sub quadam Modificatione infrascripta disponendam.* Hinc

¶ **MODIFICARE**, Moderare, in Charta Henrici III. Reg. Angl. ann. 1259. apud Rymer. tom. 1. pag. 680: *Plenam damus potestatem ad Modificandum, nomine nostro, illam summam pecuniæ, quam etc.*

MODIFICATUS. Apud Witikind. lib. 3: *Vasa eburnea etiam, et omni genere Modificata stramenta, balsamum, etc.* i. variis modis elaborata.

MODIGUS, Modius. Testamentum Sancii II. Reg. Portugalliæ æræ 1286. apud Brandaon. tom. 4: *Septem Modigos panis, qui consueverunt mihi dari.*

¶ **MODILIA**, Melodia, modulatio. Exposit. brevis antiq. Liturg. Gallic. apud Marten. tom. 5. Anecd. col. 95: *Spiritalibus vocibus præclara Christi magnalia dulti Modilia psallet Ecclesia.*

MODIOLUM. Gloss. Latin. MS. Regium sign. 1013: *Situla, quod vulgus Modiolum dicit.* Papias: *Situla dicta, quod sitientibus apta sit ad bibendum, quod Græci cadum dicunt, vulgo Modiolum dicitur.* Græculis μοδίολος, vestis species est. Vide Meursii Gloss. et infra *Modus*.

* Idem quod *Modius*, mensura annonaria. Martyrol. Autiss. ex schedis D. *Le Beuf*: *Cellerarius per unumquemque annum canonicis persolvere debet de frumento Modiola xx. de ordeo Modiola iij.*

1. **MODIOLUS**, *um*, Modus agri. Charta Bonfilii Fulginatensis Episcopi apud Ughellum: *In campo S. Valentini Modiola tres, et in Casiolo Modiola quinque, etc.* Alia in Tabulario Casauriensi: *Vendidi... terram petiam unam per mensuram Modiolum unum et quartarium unum.* Crebrius ibi occurrit. [Chron. Farfense apud Murator. tom. 2. part. 2. col. 543: *Excepta ecclesia S. Mariæ cum Modiolo* 1. Et col. 556: *Tradidit pro anima Dodæ uxoris suæ in hoc monasterio Modiola cccc. consentiente genitore suo.*] Vide *Modius*.

¶ 2. **MODIOLUS**, Mensura liquidorum. Bernard. Mon. in Ord. Cluniac. part. 1. cap. 12: *Hoc est autem quod specialiter pertinet ad ipsum Refectorarium majorem, quoties pigmentum datur ipse Modiolis infundit.* S. Wilhelmi Constitut. Hirsaug. lib. 2. cap. 49: *Quotienscunque ad charitatem propinatur, ipse et aliquis adjutor ejus Mediolis* (l. *Modiolis*) *infundunt*. Vide *Modellus*.

3. **MODIOLUS**, Medium rotæ, cui infiguntur radii, nostris *Moieu*. Occurrit in Mirac. S. Berlindis Virg. cap. 2.

* Hinc nostris *Moyeu*, pro *Jaune d'œuf*. Glossar. Gall. Lat. ex Cod. reg. 7684: *Moieuf de euf, vitellus.*

* **MODIORA**, terminatione Longobardica, si tamen mendum non est pro *Modiola*. Vide *Modiolus* 1. Charta 1131. apud Murator. tom. 1. Antiq. Ital. med. ævi col. 963: *Damus,.. unam petiam de terra culta et inculta,.... quæ est per mensuram cum justa pertica mensurata Modiora quadraginta.*

¶ **MODITIO**, Præstatio frumentaria, eadem quæ *Modiatio*, nisi ita legendum. Charta ann. 1185. in Tabular. Centul.: *Si autem prædictum bladium ad jam dictos terminos non reddiderint, ad molturam molendini, sicut consuetudo est, Ecclesia per se tenebit, donec supradictus census vel Moditio reddatur.*

¶ **MODIUM**, Mensura liquidorum simul et aridorum. Testamentum Haganonis ann. 819. apud Marten. tom. 1. Anecd. col. 22: *Unde dabit ipse, et quicumque post eum de sua progenie tenuerit, ad prædictam festivitatem omni anno ad refectionem fratrum tritici Modia* v. *vini Modia* v. *pullos* LXXX. Occurrit ibid. pluries. Charta Lamberti Comitis ann. 850. ibidem col. 36: *De sale annuatim modia* c. Dotatio Gulfradi diaconi ibid. col. 68: *Annuatim in die obitus mei dare studeant fratribus congregationis S. Martini* VIII. *Modia panis, et* VIII. *vini, et in isto hospitali Modium* 1. *vini, et in illo pullatorio* 1. *Modium*. Vide infra.

¶ 1. **MODIUS**, *Est cui arbor navis insistit, ob similitudinem mensuralis vasis dictus.* Papias.

2. **MODIUS**, Mensura liquidorum, constans 16. sextariis. Adalardus in Statutis Corbeiensib. lib. 1. cap. 4: *De potu autem quotidie detur Modius dimidius, id est, sextaria octo, etc.* Vetus Agrimensor pag. 344: *Quemadmodum de sextario, sic et de Modio. Aliis placuit* 16. *sextariis Modium impleri; aliis* 20. *et duobus aliis vero* 24. *sed has mensuras ad votum Principum vel judicum esse deprehendimus.*

☞ Majoris sunt momenti atque instituto nostro accommodatiora quæ ad mensurarum æstimationem spectant; quam ut alicui absurdum videatur, si ea quæ de mensuris liquidorum et aridorum, ad mensuram Parisiensem reductis, habet Codex MS. Sangerman. ann. circ. 400. hoc loco inseramus, cum id genus antiquitatis non omnino obvium sit. Atque 1°. de liquidis fol. IX^xx. VI. verso hæc leguntur: *C'est le rapport que les Jaugeurs de la ville de Paris ont fait à nos Seigneurs des Comptes sus les moisons des tonneaus des vins et d'esgues* (eau) *des pais et des liens ci après nommez selonc ce que il leur est avis que nos dits Seigneurs leur avoient enchargé à faire, et à rapporter par Jehan Rotangis, Robert Daucengny, et Maci de Saint Port, à l'acord de tous les autres Jaugeurs de Paris, si comme les dessus nommez disoient. Cest escript fut baillé l'an mil ccc. XXX. par les dessus dis le* XXVI. *jour de Juillet:*

1. *Un tonnel de vin de Gascoigne doit tenir* VI. *muis*, X. *sextiers de vin, à la mesure de Paris, se il est de moison.*

Item, un tonnel de S. Jehan (d'Angely) VI. *muis*, VIII. *sextiers, à la mesure de Paris.*

Item, un tonnel de Rochelle VI. *muis et* VIII. *sextiers, à la mesure de Paris.*

Item, un tonnel d'Espaigne VI. *muis*, VI. *sextiers à la mesure de Paris.*

Item, un tonnel de S. Pourcein que lesdis

Jaugeurs appellent queue, III. muis et XII. sextiers à la mesure dessus dite et Souvegny.

Item, un tonnel d'Anjou que ils appellent queue, III. muis, XII. sextiers, à ladite mesure.

Item, un tonnel d'Orliens et de Dervoy que ils appellent queue, III. muis, V. sextiers, à ladite mesure.

Item, une queüe de Gastinois, III. muis, IIII. sextiers, à lad. mesure.

Item, un tonnel de Nevers, IIII. muis et demi, à ladite mesure.

Item, un tonnel de Biaune, VI. muis, à ladite moison de Paris.

Item, un tonnel de Bourgoigne, VI. muis, à ladite mesure.

Item, un tonnel François, VI. muis, à lad. mesure.

Item, un tonnel Drouays, VI. muis, à ladite mesure et la queüe III. muis.

Item, un tonnel de Loonnois et de Soissonnois, VI. muis, et la queüe III. muis à ladite mesure.

Et tous autres tonneaux, quel part que ils soient, doivent tenir, se ils sont de droite moison, VI. muis chascun à la mesure de Paris, et la queüe III. muis; et se ils tiennent plus, celui qui achate doit rendre le surplus d'icelle moison; et se ils tiennent moins, le vendeur le doit rendre et parfaire à l'achateur, et ainsi en ont veu user les dis Jaugeurs à leurs devanciers et euls memres veu user et usent encore. Et pour ce fu la jauge enciennement establie et ordenée en la Chastellenie de Paris, et en la Vicomté pour les fausses moisons des tonneaux, de quoi les marchans estoient deceus et le Roy pour ses garnisons.

☞ De mensuris vero aridorum simul et liquidorum hæc habet laudatus Codex fol. 1 : *Adæquationes bladorum, avenarum et vinorum regni. Mensura bladi Paris.* XII. *boisselli faciunt sextarium.* Parisius. III. *boisselli faciunt quarterium* VI. *minotum,* II. *quarteria* [* In Reg. Cam. Computorum Paris. sign. Noster *fol.* 327. v°. : *quarterium seu minotum,* II. *quarteria seu minota*] *faciunt minam,* II. *minæ faciunt sextarium,* XII. *sextaria faciunt modium. Mensura avenæ ibid.* XX. *boisselli faciunt sextarium; quinque boisselli faciunt quarterium,* II. *quarteria faciunt minam,* II. *minæ faciunt sextarium et* XII. *sextaria faciunt modium. Mensura vini ibid.* XVI. *sextaria vini clari faciunt modium vini Paris. In vindemiis vero* XVIII. *sextaria faciunt modium vini Paris.*

BALLIVIA SENONENSIS.

Senon. *Modium bladi Paris. valet* IX. *sextaria,* III. *minellos Senon. et* XII. *sextaria faciunt modium, et* IIII. *minelli faciunt sextarium, et* II. *bichez faciunt minellum, et* XXXIX. *sextaria* I. *minellus faciunt* IIII. *modia* IIII. *sextaria Paris.*

Modius avenæ Par. valet XV. *sextaria* III. *minellos, dimid. Senon. et* XII. *sextaria faciunt modium, et* IIII. *minelli faciunt sextar. et* II. *bichez faciunt minellum, et* LXIII. *sextar. dimid. faciunt* V. *modios Par.*

Modius vini Par. æqualis est modio vini Senon.

Villa-nova juxta Senon. *Modius bladi Par. valet* VI. *sextar. Villæ-novæ juxta Senon. et* XII. *sextar. faciunt modium, et* VIII. *pichez faciunt sextar. et* II. *pichez faciunt minellum. Sed computantur* C. *pichez razi* III. *modii propter jonteias traditas ultra mensuram.*

Modius avenæ Paris. valet X. *sextar. et* I. *pichez et dimid. Villæ-novæ. Et modius et sextarium ac pichez computantur in avena sicut in blado.*

Modius vini Villæ-novæ valet I. *modium et dimid. et dimid. sextarii Paris. et* XX. *sextaria faciunt modium vini Villæ-novæ.*

Vallis-Mauri et Ripparia. *Modius bladi et avenæ ac vini Vallis-Mauri et Ripparia æqualis est modio bladi et avenæ ac vini Senon. et mensura Vallis-Mauri et Ripparia respondet ad mensuram de Maaley.*

Flagiacum. *Modius bladi Par. valet* VIII. *sextar.* III. *pichez et dimid. Flagiaci, et* VIII. *pichez faciunt sextar. et* XII. *sextar. faciunt modium Flagiaci.*

Modius avenæ Par. valet. I. *modium,* I. *sextar.* I. *minam,* II. *pichez dimid. Flagiaci, et* VIII. *pichez faciunt sextar. et* XII. *sextar. faciunt modium Flagiaci.*

Modius vini Flagiaci valet III. *modios Par. et* XVI. *sextar. faciunt modium Flagiaci.*

Lorriacum in Bostagio. [* Boscagio leg. ex cod. Cam. Comput.] *Modius bladi Par. valet* I. *modium,* IIII. *sextar.* III. *minellos, et quartam partem minelli ad mensuram Lorriaci in Bostagio, et* IIII. *minelli, vel* IIII. *pichez faciunt sextarium, et* XII. *sextar. faciunt modium Lorriaci in Bostagio.*

Modius avenæ Par. valet II. *modios,* III. *sextar.* III. *minellos Lorreti, et* IIII. *minelli, vel* IIII. *pichez faciunt sextarium, et* XII. *sextar. faciunt modium.*

Modius vini Lorreti vel Lorriaci in Bostagio valet III. *mod. Par. et* XVI. *sextaria vini faciunt modium Lorriaci in Bostagio.*

Gressium et Capella. *Modius bladi Par. valet.* I. *modium et dimid. ad mensuram Gressi, et* XII. *sextar. faciunt modium et* IIII. *minelli vel pichez faciunt sextarium.*

Modius avenæ Par. valet II. *modios,* V. *sextaria,* I. *minellum et quartam partem minelli Gressi, et* IIII. *minelli vel pichez faciunt sextarium.*

Modius vini Gressi valet III. *mod. Par. et* XVI. *sextar. faciunt modium Gressi.*

Moretum. *Modius bladi Moreti valet* I. *mod.* V. *sextar.* I. *minam,* II. *boissellos dimid. Par. et* XII. *boiselli faciunt sextarium.*

Modius avenæ Moreti valet X. *sextar.* I. *minam,* VI. *boissellos Par. et de illis boissellis* XX. *faciunt sextarium Par.*

Modius vini Moreti valet II. *mod.* II. *sextar. et dimid. Par.*

Samesium. *Modius bladi et avenæ Samesii æqualis est modio bladi et avenæ Meleduni.*

Modius vini Samesii valet XXV. *sextar. Par. et* XVI. *sextar. vini faciunt modium Samesii.*

Fons Bliaudi. *Modius blabi, avenæ et vini Fontis Bliaudi est æqualis modio Samesii.*

Meledunum. *Modius bladi Par. valet* I. *mod.* III. *minellos,* I. *boissellum Meleduni, et de illis boissellis* IIII. *faciunt minellum, et* XII. *sextar. faciunt modium Meleduni.*

Modius avenæ Par. valet I. *mod.* I. *minam,* I. *boissellum Meleduni, et de illis boissellis* VII. *faciunt minellum et* XII. *sextar. avenæ faciunt modium ibi.*

Modius vini Meleduni valet XXI. *sextar.* III. *chopinas Paris.*

Corbolium. *Modius bladi Corbolii valet* I. *mod.* I. *minellum et dimid. boissell. ad modium* [* l. *mensuram*] *Par. et* XII. *sextar. faciunt modium Corbolii et* XII. *boisselli faciunt sextarium bladi Corbolii.*

Modius avenæ Corbolii valet I. *mod.* III. *minellos,* II. *boissell. ad mod. Par. et* XII. *sextar. faciunt modium Corbolii et* XX. *boisselli faciunt sextar. Corbolii.*

Modius vini Corbolii valet XXI. *sextar.* I. *quartam et dimid. Par. et* XVI. *sextar. faciunt modium Corbolii.*

Mons Algi. [* l. Argi] *Modius bladi Par. valet* XI. *sextar.* I. *quartam et dimid. pichez Montis Algi, de quibus pichez* VIII. *faciunt sextarium,* XII. *sextar. faciunt mod. et* IIII. *quartæ sextarium.*

Modius avenæ Par. valet XVIII. *sextar.* I. *minam Montis Algi et* XII. *sextar. faciunt mod. et* IIII. *quartæ faciunt sextarium.*

Modius vini Montis Algi valet III. *mod. Par.*

Lorriacum in Gastineto. *Modius bladi Par. valet* XVI. *sextar.* III. *quartas Lorriaci, et* XII. *sextar. faciunt modium,* IIII. *quartæ faciunt sextar. et* II. *quartæ faciunt minam.*

Modius avenæ Par. valet XXVII. *sextar.* III. *quartas Lorriaci.*

Modius vini Lorriaci valet III. *mod. Par.*

BALLIVIA AURELIANENSIS.

Vitriacum. *Modius bladi Par. valet* III. *mod. et dimid. et* II. *boissellos Vitriaci; de quibus boissellis* VI. *faciunt minam, et* XII. *minæ faciunt modium ad mod. Vitriaci.*

Modius avenæ Par. valet V. *mod.* IIII. *boissellos Vitriaci; de quibus boissellis* VI. *faciunt minam et* XII. *minæ faciunt modium ut supra.*

Modius vini Vitriaci valet II. *mod.* VI. *sextar. Par. et* XVI. *jalonni faciunt mod. Vitriaci.*

Bostus [* Boscus] Communis. *Modius bladi, avenæ et vini Bosti communis æqualis est modio Lorriaci in Gastineto.*

Castrum-Novum. *Modius bladi Par. valet* III. *mod.* II. *boissellos Castri-novi, et* VI. *boisselli faciunt minam, et* XII. *minæ faciunt modium Castri-novi.*

Modius avenæ Par. valet IIII. *modios,* III. *minas ad mensuram Regis, in qua mensura avenæ reg. recipiuntur ibid. et* XII. *minæ faciunt modium, et ad mensuram currentem in villa* V. *mod.* XII. *minæ avenæ de unaquaque mensura faciunt modium.*

Modius vini Castri-novi valet II. *mod.* IIII. *sextar. Par. et* XVI. *jalonni faciunt modium.*

Stampæ. *Modius bladi Par. valet* XXI. *sextar. et* XVI. *havechiaus; de quibus havechiaus rés* (rasi) *faciunt minam,* II. *minæ faciunt sextarium, et* XII. *sextar. faciunt modium apud Stampas.*

Modius avenæ Par. valet XIX. *sextar.* I. *minam ad mod. Stamparum, et* XII. *sextaria, et* XII. *havechiaus combles faciunt mod. Stamparum, et* II. *minæ faciunt sextar. et* II. *minelli faciunt minam, et* X. *havechiaus combles faciunt minellum avenæ Stamparum.*

Modius avenæ ad mensuram Granerii Stampensis valet XX. *sextar.* IIII. *havechiaus combles minus ad mensuram villæ Stampensis, et* X. *havechiaus combles faciunt mino-*

tum villæ Stampensis, et XVIII. minoti faciunt modium ad mensuram granerii.

DORDANUM. Modius bladi Par. valet XI. sextar. ad mod. Dordani, et XII. sextaria faciunt modium, et IIII. minoti faciunt sextarium, et II. minoti faciunt minam, et XII. boisselli faciunt sextarium.

Modius avenæ Par. valet XIII. sextar. III. boissellos ad mod. Dordani, et XII. sextar. faciunt modium, IIII. minoti faciunt sextarium, et II. minoti minam, et XVI. boisselli faciunt sextarium.

Modius vini Dordani valet I. mod. III. sextar. et dimid. quartæ Par.

HYENVILLA. Modius bladi Par. valet XIIII. sextar. I. minam, et IIII. boissellos Hyenvillæ, et XII. sextaria faciunt modium Hyenvillæ, IIII. minoti faciunt sextar. II. minoti faciunt minam, et XII. boisselli faciunt sextar. Hyenvillæ.

Modius avenæ Par. valet II. mod. II. boissellos ad mod. Hyenvillæ, XII. sextar. faciunt modium, IIII. minoti faciunt sextar. II. minoti faciunt minam, et XII. boisselli faciunt sextar.

Modius vini Hyenvillæ est æqualis modio vini Aurel.

AURELIANUM. Modius bladi Par. valet III. modios, VIII. minas, IIII. boissellos Aurel. XII. minæ faciunt mod. et XII. boisselli faciunt minam.

Modius avenæ Par. valet VI. modios, VIII. boissellos, et XII. minæ faciunt mod. et XII. boisselli faciunt minam. Item, modius bladi Par. valet II. modios, IX. minas ad magnam mensuram granerii Aurel. XII. minæ faciunt mod. et XVI. boisselli faciunt minam. Item, modius avenæ Par. valet IIII. mod. dimid. et IIII. boissellos ad magnam mensuram granerii Aurel. et XII. minæ faciunt mod. et XVI. boisselli faciunt minam Modius avenæ Aurel. ad magnam mensuram granerii Aurel. valet XVI. minas et II. boissellos ad parvam mensuram, XII. minæ faciunt mod. et XII. boisselli faciunt minam ad parvam mensuram.

Modius vini Aurel. valet II. mod. VI. sextar. Par. et II. sexterons; de quibus III. sexterons faciunt quartam Par. et IIII. quartæ faciunt sextar. Par. et XVI. jalonni faciunt mod. vini Aurel. en reschaisons, et XVIII. jalonni in vindemiis.

BALLIVIA BITURICENSIS.

BITURICÆ. Modius bladi, avenæ et vini Bituric. est æqualis modio Par.

YSOLDUNUM. Modius bladi Par. valet XV. sextar. ad mod. Exold. XII. sextar. faciunt mod. et X. boisselli faciunt sextar. Ysolduni.

Modius avenæ Par. valet XIII. sextar. I. minam Ysold. et XII. sextar. faciunt modium et XVI. boisselli faciunt sextar. avenæ.

Modius vini Ysold. valet I. mod. III. sextar. Par. et XVI. jalonni faciunt modium.

CASTRUM RADULPHI. Modius vini Castri Radulphi valet XX. sextar. I. quartam et I. sexteron. Par.

ALBIGNIACUM. Modius bladi Par. valet I. mod. dimid. et I. minam ad mensuram Albigniaci, XII. sextar. faciunt mod. IIII. quartæ faciunt sextar. et II. quartæ faciunt minam.

Modius avenæ Par. valet XIX. sextar. I. minam et II. boissellos rés, et IIII. boisselli rés faciunt quarterium, IIII. quarterii faciunt sextar. et XII. sextar. faciunt mod.

Modius vini Albigniaci valet XXV. sextar. et dimid. Par. et XXIIII. sextaria faciunt mod. Albiniaci.

PISSIACUM. Modius bladi Par. valet XIII. sextar. et I. boissellum Pissiaci, et XII. boisselli faciunt sextar. Pissiaci.

Modius avenæ Par. valet XVI. sextar. Pissiaci, et XVI. boisselli faciunt sextar. Pissiaci.

Modius vini Pissiaci valet XXXVI. sextar. II. quartas et dimid. Paris. et XXV. sextaria Pissiaci faciunt modium Pissiaci tempore vindemiarum.

MEDONTA. Modius avenæ Medonte valet XV. sextar. I. minam, IIII. boissellos combles ad mod. Paris. de quibus XX. boisselli combles faciunt sextar. avenæ Par. et XII. sextar. avenæ faciunt mod. Medonte.

MELLONTA. Modius vini Mellonte valet XXXVI. sextar. III. quartas et I. sexteron Par. III. sexterons faciunt quartam Par. et XXIIII. sextar. faciunt mod. vini Mellonte ex reschaisons, et XXX. sextar. in vindemiis.

VERNO. Modius vini Vernonis valet XXXV. sextar. II. quartas Par. et XXX. sextar. faciunt mod. Vernonis.

CALVUS-MONS. Modius bladi Par. valet I. mod. III. minotos Calvi-montis, IIII. minoti faciunt I. sextar. et XVI. boisselli faciunt sextar. et XII. sextar. faciunt modium.

Modius avenæ Par. valet I. mod. II. sextar. et I. minotum Calvi-montis, IIII. minoti faciunt sextar. et XVII. boisselli faciunt sextar. et XII. sextar. faciunt modium.

BELLUS-MONS. Modius bladi Bellimontis valet ad mod. Par. IX. sextar. I. minam, III. boissellos et dimid. quartæ.

Modius vini valet II. modios, II. sextar. I. chop. minus ad mensuram Par.

BALLIVIA VIROMANDENSIS.

SILVANETUM. Modius bladi Par. valet XIII. sextar. I. minam Par. Silvan. et modius Par. Sil. valet X. sextar. I. minam, VI. boissell. Par. unde XX. boisselli faciunt sextar. Par. Sil.

Modius avenæ Par. valet XIII. sextar. I. minam Par. Sil. ut supra.

Modius vini Bernulæ valet XXX. sextar. et II. quartas Par. XXIIII. sextar. faciunt mod. Bernuliæ.

BESTISIACUM. Modius bladi Par. valet XIIII. sextar. Bestisiaci.

Modius avenæ Par. valet XIIII. sextar. II. boissellos Bestisiaci, et XVI. boisselli Bestisiaci faciunt sextar.

Modius vini Par. valet XVIII. sextar. Bestisiaci et XVIII. sextar. faciunt modium ibi.

VERBERIA. Modius bladi Par. valet I. mod. I. minam, VI. boissellos ad mod. Verberiæ, et XVI. boisselli faciunt sextar. et XII. sextar. modium.

Modius avenæ Par. valet I. mod. III. minas, I. quartam et dimid. ad mod. Verberiæ, et III. quartæ faciunt minam.

Modius vini Verberiæ valet XX. sextar. I. quartam Par. et XVI. sextar. faciunt modium.

COMPENDIUM. Modius bladi Par. valet II. modios et dimid. et I. quartam et dimid. Compendii, XXIIII. minoti faciunt modium et II. quarterons faciunt minam.

Modius avenæ Par. valet LXVII. minotos et III. boissellos Compendii, unde XII. boisselli rés faciunt minotum, et XXIIII. minoti faciunt mod. Compendii.

Modius vini Compendii valet XXIIII. sextar. II. quartas Par. et XXII. sextar. faciunt modium vini Compendii.

CRISPIACUM. Modius bladi Par. valet LXVIII. pichez et I. boissellum et dimid. Crispiaci, unde III. boisselli faciunt I. pichez, et XXIIII. pichez faciunt mod. Crispiaci.

Modius avenæ Par. valet LXX. pichez et II. boissellos Crispiaci, unde V. boisselli faciunt I. pichez et XXIIII. pichez faciunt modium.

Modius vini Crispiaci valet I. mod. et dimid. Par. et XXVII. sextar. faciunt mod. vini Crispiaci.

PETRAFONS. Modius bladi Par. valet LXI. pichez, II. boissellos Petræfons, unde XII. boisselli faciunt I. pichez, et XLVIII. pichez, faciunt modium, et IIII. pichez sextarium Crispiaci.

Modius avenæ Par. valet LXIII. pichez et IIII. boissellos Crispiaci, unde XIX. boisselli faciunt I. pichez, et XLVIII. pichez faciunt mod. Petræfontis.

REMY. Modius bladi Par. valet LVIII. pichez et I. quartam ad mod. de Remy, et IIII. quartæ faciunt I. pichez, et XXIIII. pichez faciunt modium.

Modius avenæ Par. valet LXVIII. pichez, I. quartam, et II. boissellos de Remy, et III. boisselli faciunt I. quartam, et XXIIII. pichez faciunt mod. avenæ ibid.

Modius vini de Remy valet II. modios ad mod. Par. et XXIIII. sextar. faciunt mod. vini de Remy.

FERITAS MILONIS. Modius bladi Par. valet I. mod. III. sextar. I. minam, et III. boissellos Feritatis Milonis, unde V. boisselli rast faciunt I. pichez.

Modius avenæ Par. valet XVI. sextar. II. boissellos combles, unde V. boisselli combles faciunt I. pichez ad mensuram Feritatis.

VILLARE-CAUDA-RESTI. Modius bladi Par. valet LXVIII. pichez, I. boissellum et dimid. ad mod. Villaris, unde III. boisselli faciunt I. pichez, et XXIIII. pichez faciunt mod. Villaris.

Modius avenæ Par. valet LXX. pichez et II. boissellos Villaris, unde V. boisselli faciunt I. pichez, et XXIIII. pichez faciunt mod. Villaris.

LAUDUNUM. Modius bladi Par. valet XIX. jalonnos et II. boisselli faciunt jalonnum, et XXII. jalonni faciunt modium, et II. essins faciunt I. jalonnum.

Modius avenæ Par. valet XIX. jalonnos et III. boissellos Laudun. VIII. boisselli faciunt I. jalonnum, et XII. jalonni faciunt mod. et II. essins faciunt I. jalonnum.

CRISPIACUM IN LAUDUNO. Modius bladi Crispiaci in Lauduno ad mensuram Gastineti valet XIII. jalonnos et dimid. et II. boissellos ad mensuram Laud. et XXI. boisselli faciunt jalonnum, XII. jalonni faciunt mod. et II. essins faciunt I. jalonnum.

Modius avenæ Laud. valet XVII. jalon. et II. boissell. ad mensuram Crispiaci in Laud. Gastineti, et XI. boisselli faciunt I. jalon. Gastineti, et XII. jalon. faciunt mod. et II. essins faciunt I. jalon.

RIBEMONS. Modius bladi Par. valet XLV. jalon. et I. boissellum Ribemontis, de quibus boisselli IIII. faciunt I. jalon. et XII. jalon. faciunt mod.

Modius avenæ Par. valet III. modios, I.

jalon. minus, et XXIIII. jalon. faciunt modium.

S. QUINTINUS. Modius bladi Par. valet IIII. modios, II. sextar. I. maincot, et I. boissellum S. Quintini, et VIII. boisselli faciunt I. sextar. et II. maincos faciunt I. sextar. VIII. sextar. faciunt mod. et I. sextar. facit I. res, et VIII. res faciunt modium.

Modius avenæ Par. valet III. modios et II. res S. Quintini et XVI. res faciunt mod. S. Quintini.

Modius vini S. Quintini valet XVII. sextar. I. quartam Par. et XVI. sextar. faciunt modium vini S. Quintini.

PERONA. Modius bladi Par. valet III. modios et XII. minas ad mod. Peronæ, et II. minæ faciunt I. sextar. et VIII. sextar. faciunt modium.

Modius avenæ Par. valet II. modios, VI. sextar. III. boissellos Peron. et XVI. sextar. ultra, XVI. res faciunt modium et IIII. boisselli faciunt dimid. res Peron.

Modius vini Peron. valet I. mod. II. quartas Par. et XV. sextar. faciunt mod. vini Peron.

RESSONS. Modius bladi Par. valet LVI. maincos et dimid. Resson. et II. maincos faciunt I. minam, et mina facit sextar. et XXIIII. maincos modium.

Modius avenæ Par. valet LXV. maincos et medietatem dimidii quartæ Resson. et IIII. quarterons faciunt I. maincot, II. maincos faciunt minam, mina facit sextarium, et XXIIII. maincos faciunt mod. Resson.

CALVIACUM. [* CALNIACUM.] Modius bladi Par. valet III. modios, et VI. maincos, et III. boissellos Calviaci, et II. maincos ultra, II. res faciunt sextarium, VIII. boisselli faciunt I. maincot, et X. sextar. ultra, X. res faciunt mod. bladi Calviaci.

CLARUS-MONS. Modios bladi Par. valet LXXI. minotos Clarimontis, et II. minoti faciunt minam, et XXIIII. minoti ultra XII. minæ faciunt mod. Clarimontis.

Modius avenæ Par. valet LXXVI. minotos Clarimontis, II. minoti faciunt minam, et XXIIII. minoti, ultra XII. minæ faciunt mod. Clarimontis.

Modius vini Clarimontis valet XXX. sextar. Par. et XXIIII. sextaria mod. Clarimontis.

CREDULIUM. Modius bladi Par. valet LI. minotos, et dimid. et I. boissellum ad mod. Credulii, et II. minoti faciunt minam, et IIII. boisselli faciunt I. minotum, et XXIIII. minoti faciunt modium Credulii.

Modius avenæ Par. valet LXI. minotos, et dimid. et I. boissellum ad mod. Credulii, et II. minoti faciunt minam, et IIII. boisselli I. minotum, et XXIIII. minoti faciunt mod. Credulii ultra XXII. minæ.

Modius vini Credulii valet II. modios, I. sextar. et dimid. ad mod. Par. et XXIIII. sextaria faciunt modium Credulii.

* His subjicienda duximus descripta ex Reg. Cam. Comput. Paris. sign. *Noster* fol. 335. r°:

Le mui de vin de S. Denis vaut xxxvj. sextiers de Paris.

Le mui de Gonnesse vaut xl. sextiers de Par.

Le mui d'Asnieres vaut xxxvj. sext. de Par.

Le mui de Vurmes vaut xxxvj. sext. de Par.

Le mui de Berron vaut xiv. sext. de Par.

Le mui de Senliz vaut xiv. sext. de Par.

Le mui de Crécl vaut xxxviij. sext. de Par.

Le mui du Pont S. Mexance vaut xviij. sext. de Par.

Le mui de Verberie vaut xvij. sext. ij. quartes de Par.

Le mui de Crespi vaut xxiv. sext. de Par.

Le mui de Pierrefonz vaut xxvij. sext. de Par.

Le mui de Villés-cousterest vaut xxxiij. sext. de Par.

Le mui de Compiegne vaut xxiv. sext. de Par.

Le mui de Soissons vaut xxviij. sext. de Par.

Le mui de S. Eloy de Noyon vaut xxviij. sext. de Par.

Le mui de Peronne vaut xvij. sext. de Par.

Le mui de Laon vaut xiij. sext. de Par.

Le mui de Bruieres en Laonnois vaut xiv. sext. de Par.

Le mui de Mondidier vaut xix. et une quarte de Paris.

Le mui d'Amiens vaut x. sext. de Par. une quarte moins.

Le mui de Corbie vaut xj. sext. de Par.

Le mui de Bapaumes vaut xxvj. sext. ij. quartes de Paris.

Le mui de Tournai vaut xx. sext. de Par.

Le mui de Gant vaut xiij. sext. iij. quartes de Par.

Le mui de Courtray vaut xxviij. sext. de Par.

Le mui de Lille vaut xxij. sext. de Par.

Le mui d'Arras vaut xxvij. sext. de Par.

Le mui de S. Riquier vaut xiv. sext. de Par.

Le mui de Hedin vaut xxvj. sext. de Par.

Le mui de Monstereul vaut xvj. sext. de Par.

Le mui de Sichen vaut xxvij. sext. de Par.

Le mui de Dorlenz vaut xiij. sext. et iij. quartes de Paris.

Le mui de Rue sus la mer vaut xiv. sext. de Par.

Le mui d'Abeville vaut xiv. sext. de Par.

Le mui de Bianquesne vaut . . . . . .

Le mui de Paillart vaut xxxij. sext. de Par.

Le mui de Breteuil en Beauvoisin xxxij. sext. de Paris.

Le mui de Biauvez vaut xxiv. sext. de Par.

Le mui de Braieres vaut xiij. sext. de Par.

Le mui de la Villeneuve en Hés xxxij. sext. de Par.

Le mui de Clermont en Biauvoisin xxx. sext. de Par.

Le mui de S. Just en Biauvoisin xxxij. sext. de Par.

Le mui de la Ferté Milon xxx. ij. quartes de Par.

Le mui du Fresnay vaut xxxiij. sext. de Par.

Le mui de Noisi vaut xxxij. sext. de Par.

Le mui de Villers S. Pol vaut xxxiij. sext. de Par.

Le mui de Longuel vaut lij. sext. de Par.

Le mui de Noyentel en Beauvoisin vaut ij. muis de Paris, qui font xxxij. sext. de Par.

Le mui de Quesnel de lez Villeneuve en Hés vaut xxxij. sext. de Par.

Les v. quartes de Miauz valent vj. quartes de Par.

Le mui de Dant Martin en Gouelle xxvij. sext. de Paris.

Le mui de Nantueil le Houdoin xx. sext. de Par.

Le mui de S. Leu de Cerenz vaut xl. sext. de Par.

Le mui de Biaumont vaut ij. muis de Par.

Le mui de Fraisne l'Aguillon ij. muis, iv. sext. de Par.

Le mui de Chaumont en Veuguessin xxx. sext. de Par.

Le mui de Pontoise vaut xl. sext. de Par.

Le mui de Chars en Veuguessin xxxvj. ou xl. sext. de Paris.

Le mui de Gisors vaut xxx. sext. de Par.

Le mui du Neumarché vaut xxxv. sext. de Par.

Le mui d'Arches en Normandie ij. muis, ix. sect. de Paris.

Le mui de Gournai en Normandie xxxiij. sext. de Paris.

Les xiij. sextiers de Lyencourt valent xvij. sext. de Paris.

Le mui de Tiebes (ou Treles) *vaut xxxviij. sext. de Paris.*

Le mui de S. Victor en Caus vaut ij. muis, ij. sect. de Paris.

Le mui de Lillebonne vaut xxxiv. sextiers, qui sont xl. sext. de Paris.

Le mui de Harefleu vaut ij. muis, xij. sext. de Par.

Le mui de Gournay de lez Langny xxiv. sext. de Par.

Le mui de Villeneuve S. Denis xxiv. sext. de Par.

Le mui de Creci vaut xxiv. sext. de Par.

Le mui d'Ajenville vaut ij. muis, ij. sext. de Par.

Le mui de Roen vaut xxx. sext. ij. quartes de Par.

Le mui du Bec Helloyn vaut iij. muis, iv. sext. ij. quartes de Paris.

Le mui de Lyons vaut xxxiij. sext. de Par.

Le mui du Chastel en Mortemer a xxiv. sextiers, dont les xij. valent xix. sext. de Par.

Le mui de Biauveoir en Lyons vaut xxxiij. sext. de Paris.

Le mui de Novyon sus Andelle vaut xxxiv. sext. de Paris.

Le mui d'Andeli sous Gaillart vaut xxxiv. sext. de Paris.

Le mui d'Estrepegny vaut xxx. sext. ij. quartes de Paris.

Le mui de Vernon vaut xxxvj. sext. de Par.

Le mui de Maante vaut xxviij. sext. de Par.

Le mui d'Espones vaut xxix. sext. de Par.

Le mui de Poissi vaut xxxvj. sext. de Par.

Le mui de S. Germain en Laye xxxvj. sext. de Par.

Le mui de Taverni vaut xxxiij. sext. de Par.

Le mui de S. Clou vaut xvij. sext. iij. quartes de Par.

Le mui de Trapes vaut xxxvj. sext. de Par.

Le mui de Neafle le viez vaut xxxviij. sext. de Par.

Le mui de Montfort vaut xxvij. sext. de Par.

Le mui de Houden vaut xxvij. sext. de Par.

Le mui de S. Liger vaut ij. muis de Par.

Le mui de Nogent le Rembert xxviij. sext. de Par.

Le mui d'Anet vaut xl. sext. de Par.

Le mui de Pacy vaut xxx. sext. ij. quartes de Par.

Le mui de Biaumont le Roger vaut iij. muis de Par.

Le mui de Bourcachart vaut lj.

Le mui de Pontiau de mer vaut ij. muis, ij. sext. ij. quartes de Par.

Le mui de Bonneville sur Touque vaut iij. muis de Paris.

Le mui de Caan vaut ij. muis xij. sext. de Par.

Le mui de Quarenten vaut ij. muis, x. sext. ij. quartes Paris.

Le mui de Valoingnes vaut ij. muis, xj. sext. de Par.

Le mui de Chierbourc vaut ij. muis, ij. sext. de Par.

Le mui de S. Lo vaut iij. muis, vj. sext. iij. quartes de Paris.

Le mui de Periers vaut iij. muis, xiv. sect. ij. quartes de Paris.

Le mui de Coustances vaut iij. muis, viij. sext. de Paris.

Le mui d'Avrenches vaut iij. muis, x. sext. ij. quartes de Paris.

Les ij. sextiers de Pontorson valent xix. quartes et demie de Paris.

Les ix quartes de S. Jame de Bevron valent xiij. quartes de Paris.

Les iij. demiz galons de Moretuen valent v. quartes de Mornen.

Les xiv. poz de Danfron valent xv. quartes de Par.

Les x. poz de Tenierchebray valent xj. quartes de Par.

Les viij. poz de Chatiau de Vite valent ix. quartes de Paris.

Le pot de Condé vaut une quarte de Paris.

Le mui de Falasse vaut ij. muis, x. sext. de Par.

Les xvij. poz de Visures valent xv. quartes de Par.

Les v. galons de Sez valent ix. quartes de Par.

Les xx. galons d'Alençon valent xxxj. quartes de Paris.

Le mui de Essay vaut xl. sext. de Par.

La quarte de Bons-Molins vaut la quarte de Par.

Le mui de Breteuil vaut iij. muis, vij. sext. ij. quartes de Paris.

Le mui d'Evreues vaut xxxviij. sext. de Par.

Le mui de Verneuil vaut iij. muis, ij. quartes de Par.

Le mui de Conches vaut iij. muis, iv. sext. ij. quartes de Paris.

Le mui de Mortaigne vaut xij. sext. de Par.

La paelle de Belesme vaut xxxij. poz, dont les poz valent iv. quartes de Par.

Le mui de Timer vaut iv. muis iv. sext. j. quarte de Paris.

Le mui de Leigle vaut iv. muis de Par.

Le mui de Mortaigne vaut iij. muis de Par.

Le mui de Nonancourt vaut iij. muis, ij. sext. ij. quartes de Paris.

Le mui de Dreues vaut xxiv. sext. de Par.

Le mui de Antoingny vaut xxiv. sext. de Par.

Le mui de Gommez vaut xxiv. sext. de Par.

Le mui de Dourdan vaut xx. sext. de Par.

Le mui de S. Ernoul vaut xix. sext. j. quarte de Par.

Les xij. sextiers d'Estampes valent xix. sext. de Par.

Le mui de Chartres vaut xlij. sext. de Par.

Le mui de Bonneval vaut xxxvj. sext. de Par.

Le mui de Mourées vaut iij. muis, vj. sext. de Par.

Le mui de Vandosme vaut iij. muis, xij. sext. de Par.

Le mui de Chastel Renaut vaut iv. muis, viij. sext. de Paris.

Le mui du Mans vaut vj. muis, xij. sext. de Par.

Le mui de la chité de Tours vaut iij. muis de Par.

Le mui de S. Martin de Tours vaut iv. muis, viij. sext. de Paris.

Le mui du Pont-le-Roy vaut iv. muis, vj. sext. de Par.

Le mui de Loches vaut iij. muis, xij. sext. de Par.

Le mui de Biaulieus vaut iij. muis, x. sext. de Par.

Le mui d'Ambaide (Amboise) *vaut lxxj. sext. de Paris.*

Le mui de Montrichart vaut iij. muis et vj. sext. de Paris.

Le mui de Cormery vaut ij. muis, xiij. sext. de Par.

Le mui d'Aiay sur Gudre vaut iij. muis, viij. sext. de Paris.

Le mui de Lerons lez Cormery vaut xxxvj. jaloies, qui valent xlvj. sext. de Paris.

Le mui de Bournaut a xxxvj. jaloies, qui valent iij. muis, xv. sext. de Par.

Le mui de la Haye en Touraine a xxxvj. jaloies, qui valent iv. muis, viij. sext. de Par.

La sme (p. e. somme) *de Chastiau-Leraut vaut xij. sext. iij. quartes de Par.*

Le mui de Selles sur Chier vaut xxiv. sext. de Par.

Le mui de Monestor sur Chier vaut xxx. sext. de Par.

Le mui de Chasteillon sur Aindre vaut vij. muis de Paris.

Le mui de Chinon vaut v. muis, xij. sext. de Par.

Le mui de Lordren vaut viij. muis, xij. sext. de Par.

Le mui de S. Martin de Queule vaut viij. muis de Par.

Le mui de Frontevaux vaut viij. muis de Par.

Le Mirabiau vaut xxiv. sext. de Paris.

Le mui de Poitiers a xxiv. jaloies, qui valent xxj. sext. ij. quartes de Par.

La jaloie de Saussois vaut v. quartes de Par.

Cinq muis de Monstereul valent xxj. jaloies, qui valent ij. muis de Par.

Le mui de S. Messant a xxvij. jaloies, qui valent xxiv. sext. de Par.

Le mui de Niors vaut xxx. sext. de Par.

Le mui de Chest de lez Niors vaut xxx. sext. de Par.

Le mui de Beneou vaut xlviij. sext. de Par.

Le mui de Rochele vaut xlviij. sext. de Par.

Le mui de Surgieres vaut iij. muis de Par.

Le mui de S. Jean d'Angeli xxx. sext. de Par.

Le siaume de Ponz emporte xxij. sext. de Par.

Le mui de Saintes vaut xxx. sext. de Par.

* Ne nimius ea in re videar, supersedeo hic exscribendis, quæ circa mensurarum aridorum adæquationes ex Reg. Cam. Comput. Paris. sign. *Pater* deprompseram, ea contentus subjicere, quæ ex aliquot libris seu chartis occurrerunt, et menda, quæ ex Codice Ms. Sangerm. in Glossarium irrepserunt, corrigere.

* Reg. Cam. Comput. sign. *Noster* fol. 334. v°. Noviomum. : *Modius bladi Noviom. currit per viij. sextaria, quæ faciunt ad mensuram Paris. iij. sextaria.* Suessio. *Modius bladi Suession. currit per xxiiij. essinos, qui faciunt ad mensuram Paris. vij. sextaria, ij. boissellos ad mensuram Paris.*

* Charta capit. Ambian. ann. 1187. ex Chartul. 21. Corb. fol. 178. v°. : *Concessimus ecclesiæ S. Nicolai de Regni, sub censu sex modiorum annonæ, quicquid habebamus in terrotorio de Amell, in terris, pratis et aquis, sive in aliis rebus, ita quod prædictos sex modios, tres frumenti per decem et octo sextarios, tres vero avenæ per viginti duos sextarios ad mensuram cellarii persolvendorum.* Alia ann. 1220. ibid. : *Ita quod pro Modio frumenti tresdecim sextarii computari debebunt.* Rursum alia ann. 1404. ibid. fol. 199. v°. : *Le muy de blé à la mesure d'Amiens, ne vault que xviij sestiers, tant au blé comme à l'avaine.... Le muy de blé au muy et à la mesure de cappitle, vault xix. sextiers de blé, et le muy d'avaine vault xxj. sestiers et la xviij. partie d'un sestier.* Consuet. Castel. ad Sequanam ex Cod. reg. 9898. 2 : *La grandeur de la mesure du blé doit tenir justement six pintes au minot, et la doit en adjouster à menue graine, comme de millet.... Les deux mesures font ung moiton; les deux moitons font ung bichot : les deux bichots font une émine : les deux émines font ung setier : douze setiers font ung muy de blé.*

* Modius *inter panem et vinum*, Cujus scilicet æstimatio ex æquo partitur inter panem et vinum. Chartul. prior. de Guilcio fol. 10. r°. : *Confirmans imperpetuum S. Albino... unum Modium inter panem et vinum singulis annis.* Nisi modium bladi et vini intelligas.

* * Modius Judaicus, Mensura ad usum Judæorum. Testament. Isaac. medici Carcass. Judæi ann. 1305. ex Chartoph. reg. Montispess. : *In remissionem peccatorum meorum lego uno Modium vini Judaicum quolibet anno.*

** Modius Fraternalis. Vide *Fraternalis modius.*

** Modius Forensis. Vide post *Forensis*, 4.

☞ Ex quibus hic iterum observare juvat, quod jam non semel a nobis, pro data occasione, factum est, miram scilicet fuisse in mensuris diversitatem : quot enim loca, tot mensuræ. Modius ubique receptus; si vocem spectes, nullibi fere ejusdem capacitatis reperitur. Ex statutis Adalardi supra memoratis modius liquidorum xvi. sextariis constabat : Papiæ vero est *mensura librarum 44. id est, sextariorum 22.* In Charta ann. 1070. apud Miræum tom. 1. pag. 160. modius 20. sextarios ad minus capit : *Nihil amplius inde mihi vel successoribus meis accipere debeat, quam carratam vini decem et octo modiorum tantummodo, nec modius plus contineat, quam viginti sextarios.* Nec magis constans fuit, ubi de re frumentaria agitur, ut ex superius allatis facile colligitur. Iis addo Elenchum ecclesiarum Cellæ Cariloci subditarum apud D. *Chanteloup* in Hist. MS. Mont Major. ubi modius 16. sextariorum esse dicitur : *unum modium annonæ pulchræ et electæ, et valet Modium sexdecim sexteria ad mensuram Relaniæ.* Infra : *Unum modium, seu* XVI. *sexteria.* In agro Cenoman. 12. sextariis et dimidio constat modius, ut discimus ex Charta v. *Modiatio* laudata : Rotomagi vero 12. tantum sextariis. Charta ann. 1204. in Tabul. S. Audoeni : *Percipiet singulis annis unum modium bladi, scilicet sex sextarios frumenti, et sex sextarios martellis in granchia d'Alboe.*

Modius, Mensura agraria, verbi gratia, ager seu terra tot modiorum esse dicitur, quot ejusdem mensuræ sementis capax est. Vetus Agrimensor : *Jugerum unum, pedes 240. et in latitudine pedes 120. faciunt terram Modiorum 3.* Modii vero, quoties de re frumentaria agitur, non semel mentio fit in Digestis. Formula 21. ex Andegavensib. *Ad illo campello ferente Modius tantus, etc.* Ita Form. 53. Charta ann. 1195. apud Ughellum tom. 7. pag. 1322 : *Unam petiam terræ capacem sementis Modiorum 6. ad justum sextarium Pennensis civitatis.* Necrologium Ecclesiæ Carnotensis : *Acquisivit apud Ermenonvillam terræ arabilis capientis septem Modios seminis, etc.* Alexander Monach. in Chron. S. Bartholomæi de Carpineto lib. 5 : *De terris S. Cæciliæ reliquit ei tantum quod erat capax sementis 8. Modiorum.* Charta ann. 962. ibid. pag. 1277 : *Tantum de terra quod capit in semine Modios trecentos.* Liber de Fundat. Monast. S. Clementis Insulæ Piscariæ : *Est ad mensuram tritici seminis terra Modiorum 614.* Gregor. M. lib. 9. Epist. 16 : *Terrula Modiorum plus minus decem.* Ita lib. 10. Epist. 50 : *Terrula Modiorum triginta. Campi trecentorum Modiorum,* in Testamento S. Cæsarii Arelat. Vita S. Amati Abb. cap. 7 : *Abscisso nemore campellum fecit... capientem quartam Modii, in quo hordeum serere solebat* [Charta ann. 1070. apud Miræum tom. 1. pag. 160 : *Apud Haluce terram unius Modii et curtile et dimidium.... In pago Atrebatensi apud S. Leodegarium dimidii Modii terram.* Chron. Farfense apud Murator. tom. 2. part. 2. col. 568 : *In Comitatu Asisio, ubi dicitur ad Pratum; collatæ sunt in hoc monasterio quædam res Modiorum* IV.] Occurrit passim, in Chr. Casin. lib. 1. cap. 36. 41. 47. 48. 59. lib. 2. cap. 6. et alibi non semel, apud Falcon. Benevent. pag. 341. Alexandr. Monach. in Chron. S. Barthol. de Carpineto pag. 1234. etc.

Modiola Terræ. Charta Ottonis Imp. ann. 956. apud Ughellum tom. 1. part. 1. pag. 418 : *Ubi sunt mille Modiola terræ, et... duo millia Modiola de terra, quæ tendunt, etc.* Adde pag. 419. 740. [Vide *Modiolus* 1.]

Modiata, Idem quod *Modius,* Ager modiorum certo numero constans. [In agro Cameracensi *Modiata terræ* æquiparatur 16. mencoldis : in Viromand. vero 8. sextariis.] *Modiata terræ, prati,* in Charta Ludov. Pii ann. 824. pro Ecclesia Arelatensi, [*Modiata nemoris,* in Charta ann. 1231. apud Miræum tom. 1. pag. 750.] Testamentum S. Cæsarii Arelat. Archiep. in Libro nigro Eccl. Arelat. fol. 19. editum non semel : *Agellum igitur Ancharianum, unde parvam particulam Monasterio dedimus, multa servavimus, nam plus minus centum aripennos vineæ, et trecentorum modiorum campos reservavimus, et supradicto Monasterio centum Modiatas de terra quæ ego plantavi, habent Modiatas 40. et de vetere vinea vix 30. aripennos contulimus.* Testamentum S. Fulcranni Episcopi Lutevens. : *Decem Modiatas de vinea, quæ mihi advenerunt, etc.* Ubi perperam *mediatas,* editum apud Bollandum. Charta Lotharii Regis Provinciæ ann. 855. tom. 12. Spicilegii Acheriani pag. 133 : *Sunt autem de rebus S. Stephani, quas Witgarius proprietario jure possidebat, Modiatæ duo millia, prata quibus possunt tolli et fœni carra quingenta, de silva achallæ* (l. ad mille) *quingentos porcos saginandos. Tribuit insuper in ipsa commutatione ex rebus ipsius sancti loci, quas usurpatione ad jus proprium detinebat, Modiatas trecentas sexaginta novem, et Modiatum de vino ad modios centum octoginta.* Charta Bernardi Vicecom. Carcasson. ann. 1108 : *Et ipsam Modiadam de terra de Casellas.* [Charta ann. 1277. in Tabul. S. Nicasii Rem. : *Homines de Baio habeant pasturagium et jus pasturagii in* CXX. *Modiatis.*] Vide Hemereum in Augusta Viromand. pag. 233. 234. *Muy et muiée de terre,* in Chartis Gallicis. Regestum Feodor. in Camera Comput. Paris. fol. 215 : *Lige de 4. fauchiées de pré, et de demy Muy de terre.* Adde Consuetud. Dunensem art. 25. Castellinovi art. 11. etc. Charta Matthæi D. *de Beauvoir,* ann. 1260. in Regest. signato 30. Ch. 325. et Reg. sign. 51. fol. 102. ex Chartophylacio Regio : *Au bos Lancelot huit Moyes de bos, au bos Medame Aelis dix et sept Moijes, à Longpré 30. Moijes, etc.* Charta ann. 1290. apud Carpentar. 4. parte Hist. Camerac. pag. 36 : *Deux Muiées de terre ahanaule. Semimodiata de terra,* in Tabulario Conchensi in Ruthenis Ch. 32. et alibi. [*Semimodiata de vinea,* in Tabular. S. Victoris Massiliens.]

Modiatura Terræ : sic legendum pro *Mediatura,* in Charta ann. 1067. tom. 11. Spicilegii Acheriani pag. 294.

Moiata, Idem quod *Modiata.* Tabularium S. Eparchii Inculism. fol. 1 : *Item in Enguena unum ortum tenentem dimidiam Moiatam de terra.* [* Nostris *Modérée.* Lit. remiss. ann. 1460. in Reg. 192. Chartoph. reg. ch. 9 : *Trois Moderée de terre etc.* Vide infra *Moia.*]

¶ **MODIX,** *Chorus.* Papias.

¶ **MODO,** perperam pro *Medo,* apud Ludewig. tom. 2. Reliq. MSS. pag. 396. Vide in hac voce.

* **MODOLAGIUM,** Modologius, f. Præstatio pro mensura, idem quod *Mensuraticum.* Dipl. Caroli C. ann. 864. inter Instr. tom. 12. Gall. Christ. col. 98 : *Rocovorumque cum eodem Conrado pro Modolagio commutaverunt..... In Bernensi pago vinea una, urus et Modologius.* Ubi leg. forsan, *unus;* quanquam rursum occurrat, ibid. col. 100.

¶ **MODOLAISCLO.** Vide *Modula.*

MODOLON, Congeries *garbarum;* seu mergitum, nostri Picardi dicunt, *Moie.* Vide *Garbera.*

* **MODRIS,** Idem quod *Maltra,* mensura Germanica continens quatuor modios. Charta Henr. Dalph. episc. Metens. ann. 1320. ex Cod. reg. 9861. 2. 2. fol. 130. v°. : *Bauduinus Voenc de Kop domicellus... confessus fuit se tenere a nobis in feodum triginta Modres siliginis, duas Modres avenæ.* Ubi *Maldra* legitur in Charta ann. 1315. de eadem re ibid.

¶ **MODULA,** si vera lectio est, Quercus. Leges Rotharis apud Murator. tom. 1. part. 2. pag. 40 : *Si quis roborem, aut cerrum, seu quercum, quod est Modula, iscol, aut glandem, quod est sata inter agrum alienum, aut inter culturam, vel clausuram, in cujus vicino inciderit, componat pro arbore tremisses duos.* Ubi Codex Mutin. habet, *Modolaisclo;* Estensis vero, *Modulahisclo.* Vide *Laiscum.*

* **MODULATOR,** Consors, qui alteri accinit; unde vox. Charta ann. 1382. tom. 3. Cod. Ital. diplom. col. 1572 : *Poscit in dictis logiis et gettis ludere vel tenere ludum... ad pœnam librarum viginti quinque denariorum Pisanorum pro qualibet vice, et a suis Modulatoribus auferendis.* Vide supra *Accessor.*

MODULISARE, Musicis modulis cantare. Gaufredus Vosiensis cap. 59 : *Responsorium Canonici incipiunt, versumque sequentem quibus voluerint melodiis musicis explent : Alleluia... Monachi Modulisant.*

¶ **MODULUM,** Idem quod *Modolon,* Congeries *garbarum,* Gall. *Plongeon,* quod inverso capite *garbæ* simul colligantur. Charta ann. 1330. in Tabular. S. Victoris Massil. : *Decimam prestent de omnibus Modulis* XIII. Consuetud. Brageriac. art. 93 : *Item si quis furatus fuerit munimina aratrorum in campis aut perforatus fuerit Modula sive columnas bladorum de campis, et de dicto blado furatus fuerit, etc.* Versio Gallica : *Tout homme qui aura derobé des instrumens aratoires aux champs, ou percé les Gerbiers ou Plongeons de bled des champs, etc.* Vide *Molonus* et *Medella,* 1.

¶ 1. **MODULUS,** Moles, species aggeris, Gallice *Mole, jettée.* Bartholomæi Scribæ Annal. Genuens. ad ann. 1227. apud Murator. tom. 6. col. 448 : *Dominus vero Lazarius ex decreto consilii fossata ipsius civitatis explanari fecit... et Modulum destrui, ut occursionem portus non possent ulterius subire.* Jacobi Auriæ Annal. Genuens. ad ann. 1284. ibid. col. 586 : *Quod prope portum Januæ venirent in tantum, quod supra Modulum projicerent lapides taliter factiutos.* Vide *Moles.*

¶ 2. **MODULUS**, Cantus rythmicus. Vide *Modus*.

¶ 3. **MODULUS**, Modus agri. Vita MS. S. Winwaloei : *Fundum quendam reperiens non parvum, sed quasi unius plebis Modulum silvis dumisque undique circumseptum.*

4. **MODULUS**, Mensura struis ligni, Gallis, *Moule de bois*. Charta Philippi Pulcri Regis ann. 1309. in 9. Regesto ejusdem Regis Ch. 79. ex Tabul. Reg. : *Centum quadraginta quadrigatas bosci ad ardendum, qualibet quadrigata 4. Modulos tantum continente, etc.* Eadem habentur in Charta alia Caroli IV. Reg. ann. 1322. tom. 7. Spicil. Acher. pag. 241.

* 1. **MODURA**, Modius, mensura annonaria. Lit. ann. 1383. tom. 7. Ordinat. reg. Franc. pag. 41. art. 16 : *Quod dicti auditores vel clerici, tenebuntur scribere in principio cujuslibet compoti et subsequenter, propter diversitatem mensurarum locorum, quot sestaria faciunt somatam granorum vel vinorum, quot eminæ, sestarium; quot quartalia, eminam; quot civeria, quartale; quot bicheti, quot Moduræ, sestarium.* Vide supra in *Modius* 2. et infra *Mondina*.

¶ 2. **MODURA**. Vide *Molta* 2.

* **MODURANCHIA**, Variæ molituræ miscellum frumentum, nostris *Modurenge*. Charta ann. 1407. in Reg. feudor. comitat. Pictav. ex Cam. Comput. Paris. fol. 129. r°. : *Item duos boicellos Moduranchiæ redditus, quos habeo super molendinum de Villars. Deux charges de Modurenge*, in Lit. remiss. ann. 1459. in Reg. 188. Chartoph. reg. ch. 51. Vide infra *Mousdurachia* et *Mousturangia*.

* **MODURARE**, *Moduram* percipere. Libert. villæ de Pineto ann. 1343 : *Item quod in molendinis teneatur una cazola ferrea, quæ catzola plena octo vicibus, valeat unam cuppam, cum qua Moduretur; et quod blada sua ibi molere possint.* Vide *Modura* 2.

* **MODUREYRA**, Mensura annonaria, eadem quæ supra *Modura* 1. Charta ann. 1247. ex Chartul. S. Eparch. : *Nos.... dedimus... prioratui de Circulo.... duodecim Modureyras avenæ vendentis et ementis ad mensuram Turris albæ.*

1. **MODUS**, Cantus rythmicus. Onomasticum : *Modus*, μέτρον, τρόπος. Sueno in Hist. Danica cap. 1 : *A quo primum Modis Isladensibus Skioldauger sunt Reges nuncupati.* Id est, in rythmis, carminibus, sive catilenis antiquis, quibus Islandi fortia heroum facta ad lyram in conviviis decantare solebant. Ita Stephanius Suenonis Editor.

Modulus, Eadem notione. Vetus Vocabul. : *Modulus, Tropus, Cantus.* Gloss. Lat. Græc. : *Modulus*, μελῳδῆμα. Apud Auctorem Mamotrecti ad libr. Judith cap. 16 : *Modulus dicitur cantus qui præcinitur in principio Missæ, vel Horarum, et dicitur etiam Tropus.*

* 2. **MODUS**, Mos, ritus, usus. Elmham. in vita Henr. V. reg. Angl. edit. Hearn. cap. 31. pag. 73 : *Regnorum Angliæ et Franciæ nobilitates, Modos et gesturas, quorum fama laudabilis digno laudis præconio, multorum assercione fideli, suis auribus frequencius insonabat, cognoscere et videre desiderat* (Sigismundus).

* **MODUTA**. Vide in *Modura* 2.

¶ **MŒCHARE**, pro *Mœchari*. Index veterum Canonum tom. 3. Concil. Hispan. pag. 3 : *Ut virginitatem profitentes, si Mœchaverint, inter bigamos habeantur.*

* **MŒCHIA**, Adulterium. Pasch. Radbert. in vita vener. Walæ abb. Corb. inter Acta SS. Bened. part. 1. sæc. 4. cap. 10 : *A palatio namque sacri imperii pepulit omnes abominationes, Mœchiam fugavit, etc.*

* **MŒLLEDA**. Constit. Woldem. reg. Dan. ann. 1200. apud Ludewig. tom. 12. Reliq. Mss. pag. 166 : *Si vero aliquis possessionem alicujus, quæ dicitur Mœlledam vel fiskedam, destruxerit, reddat eum indampnem cum jure xl. marcarum, et tantum solvat regi.* An proprietas seu possessio, quæ jure hæreditario tenetur? [** Stagnum, unde aqua in molam decurrit. V. *Fiskeda*.]

¶ **MŒNICARE**, *Communicare*, Papias.

¶ **MŒNIRE**, Eidem Papiæ, *Mœnia construere. Mœri*, pro muri, apud eumdem ex Virgilio Æn. lib. 10. 24 :

> Quin intra portas atque ipsis prælia miscent
> Aggeribus Mœrorum, et inundant sanguine fossæ.

* **MOERDAET**, Belgis, Homicidium. Lit. remiss. ann. 1420. in Reg. 171. Chartoph. reg. ch. 242 : *Qui feroit le contraire de ce, ce seroit sur enfrainte de paix et sur murtre, que l'en dit up paisprale ende up Moerdaet.* Vide *Morth*.

MŒSILEUM. Vide *Musileum*.

¶ **MŒSTICUS**, pro *Mœstus*, Epit. Aurel. Episc. Lugdun. apud Severt. pag. 191 :

> Damnaque rerum nunc positarum morte patescunt,
> Cum sibi sublatis Mœstica dicta tenent.

¶ **MŒSTIFICARE**, Tristitia afficere. Epist. Synodica Episc. exsulum in Sardinia tom. 2. Concil. Hispan. pag. 257 : *Accepimus itaque vestræ charitatis epistolam, quæ nostrum ex parte relevavit, ex parte vero Mœstificavit exsilium.* Camillus Peregrinus in Hist. Principum Longobard. apud Murator. tom. 2. pag. 28 : *Sed maxime Mœstificabantur, quod hoc de illo contigerat.* Vita S. Romani Archiep. Rotomagens. apud Marten. tom. 3. Anecdot. col. 1664 :

> Excessu Patris simul omnes Mœstificati.

* **MŒSTITIA**. Vide supra *Mestitia*.

MŒSTORIUM, *Tristitia*. Papias.

¶ **MŒSTUOSUS**, Tristis, luctuosus. Litteræ ann. 1282. apud Rymer. tom. 2. pag. 215 : *Hujusmodi Mœstuosam materiam sub breviloquio transeuntes.*

¶ **MOFEUM**. Candelabri majoris species. Charta ann. 1398. in Tabular. Capituli Autissiodor. : *Item die Sabbati sancti tenetur facere fieri et ministrare unum grossum cereum de 50. libris vel circa, et alium de 17. libris vel circa ceræ quadratos, qui sunt in Mofeis fusteis ad hoc a longo tempore factis.*

MOFFADOR. Charta originalis cujusdam Majoricensis ann. 1253 : *Miramomeni dat mihi de decem in decem diebus 40. Bisancios pro expensis : et de die in diem mittit 40. equos summo mane ad equitandum cum multitudine venerabilium Moffadorum, qui me et totam meam familiam intus civitatem et extra honorifice comitantur.* [*Mofador*, Hispanis, Irrisor, Gall. *Moqueur*, a verbo *Mofar*, Irridere. Forte de quadam joculatorum hominum societate hic agitur.]

¶ **MOFFLET**, Mofletus, Mofletus, Panis delicatioris species, qui diatim distribui solet Canonicis præbendariis; Tolosatibus *Pain Moufflet*, quasi *Pain molet* dictus; forte quod ejusmodi panes singulis diebus coquantur, atque recentes et teneri distribuantur. Transactio inter Abbatem et Monachos Crassenses ann. 1351 : *De quo* (tritico) *fiunt hodie duo panes, vulgariter nominati Mofflets, facti de bona et sufficienti farina frumenti.* Ibidem : *Cuilibet de dictis pauperibus datur ad minus unus panis sive Moffletus et medius cancillus.* Limborch. lib. Inquisit. Tolos. pag. 70 : *Misit dictis hereticis per dictam Guilielmum duas placentas, et duos panes Mofletos.* Vide *Panes præbendarii* in *Panis* 2.

* *Mouflet*, in Mirac. Mss. B. M. V. lib. 2.

> Pain d'orge vent pour pain Mouflet.

¶ **MOFFOLUM**. Vide *Machale*.

MOFFULA. Lambertus Ardensis pag. 258 : *Hæc enim rustici cum bigis marlatoriis, et carris funariis* (fimariis) *calculos trahentes ad sternendam viam in Moffulis et scapulariis se ipsos ad laborem invicem animabant.* [Eadem notione qua *Muffulæ*, Gall. *Moufles*. Le Roman *de S. Leocade* MS. ubi de Episcopis :

> Et comportant de sor lor Moffles,
> Lor coetes et lor escoffles, etc.

Le Roman *de Florance et de Blanche Flore* MS. :

> Et Moufflcs metre en lor mains.]

* Nostris *Moffle* et *Mofle*, Acervus, congeries. Lit. remiss. ann. 1397. in Reg. 151. Chartoph. reg. ch. 283 : *Icellui Simon print un tison de feu et de l'estrain, et ala bouter le feu en un Mofle de foing; ... lequel Mofle estoit en la terre dudit Simon.* Aliæ ann. 1402. in Reg. 157. ch. 114 : *Ilz estoient en aguet derriere un Mofle d'esteule.* Aliæ ann. 1414. in Reg. 167. ch. 398 : *Laquelle fille tiroit et sachoit à un Moffle ou tas de feure, estant emmy la court d'icellui Thomas.*

* **MOFILIS**, Morbi genus, an idem quod supra *Mascla* 1. Mirac. metrica S. Steph. episc. tom. 3. Sept. pag. 186. col. 2 :

> Specialiter in morbis
> Caducis, paraliticis,
> Mofilibus et cyragris, etc.

¶ **MOFLETUS**, Species panis. Vide *Mofflet*.

* **MOGENSA**, Taberna seu Præstatio, quæ domino pro vino in taberna divendendo solvitur. Inventar. ann. 1476. ex Tabul. Flamar. : *Omne jus quod habebant et habere poterant in toto emolumento simul profiguo Mogensæ sive tabernæ et macelli dicti loci de Flamarenxis.*

* **MOGGIATICHA** Terra, ab Italico *Moggiata*, idem quod *Modiata*, ager modiorum certo numero constans. Charta ann. 1358. apud Corbinel. inter Probat. domus de Gondi pag. clvij : *Item unum petium terræ Moggiatichæ cum quercubus.* Vide mox *Moia*.

MOGGUS, *Blesus, sive Balbus.* Ita Anastasius Bibl. ad VIII. Syn. act. 5. ubi de Petro Mongo hæretico, qui Græcis μογγὸς,

Gloss. Lat. Græc. : *Atubus*, μογίλαλος, μόγγος, i, qui cum difficultate loquitur, *Atubus* vero, quasi ἄτυπος dictus, qui inarticulate loquitur. Liberatus Diacon. cap. 16 : *Petrum cognomento Moggum, qui vocatus est Blæsus.*

MOGNERIA. Tabular. S. Eparchii Iuculism. fol. 40. v°. : *Quicquid habemus in molendinis et in anguillari de Fissac, id est tertiam partem, et unam Mogneriam, etc.*

* F. Quantum manu continetur. Haud scio vero quid sit *Moigneux*, qui inter minores coquinæ regiæ ministros recensetur in Ordinat. hospit. reg. sub Phil. III. apud Marten. tom. 1. Anecd. col. 2201 : *Item, soufleurs desquels l'un sera Moigneux.* Neque mihi notior vox *Moigneans* in Lit. ann. 1259. tom. 4. Ordinat. reg. Franc. pag. 391. art. 5 : *Avecques ce, nous leur avons octroié les Moigneans en leur cense, au fuer des autres du commun; en tele maniere que li uns d'eulz fait* (f. leg. *soit*) *au faire majour et jurez et sergens.* Ubi agitur jus eligendi majorem, juratos etc. Unde mendum hic subesse autumo.

* **MOGRA**, *Arabice, Magra vel almagra est sinopida architecturum, qua lineas signant.* Glossar. medic. Ms. Simon. Januens. ex Cod. reg. 6959.

¶ **MOGTONAGIUM**, Tributum ex vervecibus, seu *mutonibus*. Chartular. S. Vincentii Cenoman. fol. 4 : *Noverint universi Robertum filium Comitis Johannis.... dedisse in perpetuam eleemosynam... Ecclesiæ S. Vincentii Cenomanensis Mogtonagium de Corgoein pro salute animæ fratris sui.* Vide in *Multo.*

* **MOGUDA**, Molestia, motus, perturbatio. Pactum inter Roger. vicecom. Bitter. et Guid. Guerrejat. ann. 1177. inter Probat. tom. 3. Hist. Occit. col. 140 : *Per omnes Mogudas et remogudas, quas Raymundus comes supradictus et filii ejus vobis fecerint, vigore hujus jurisjurandi, fidelis adjutor et deffensor semper vobis existam.* Vide *Remogudæ.*

¶ **MOGUM**, Territorium Moguntinum, maxime quod Mœno adjacet. Carmen de varia fortuna Ernesti Bavar. Ducis lib. 2. apud Marten. tom. 3. Anecd. col. 321 :

> Surgitur in facinus. Vadit comitante tumultu
> Heinricus, figens molli tentoria Mogo.

¶ **MOHATRA**, Vox portentosa qua significatur Contractus quo, inquit Escobarius, *quis egens pecunia emit pecunia credita a mercatore merces summo pretio; et statim ei pecunia numerata pretio infimo revendit.* Qui contractus divinis ac civilibus Legibus prohibetur ut observatum est in Diction. Trevolt. Idem *Barata* interdum dicitur, quo nomine fraus, dolus, indigitatur. Vide in *Baratum.*

* In propositione a Clero Gallicano damnata ann. 1700. definitur : *Contractus, quo a mercatore res majore pretio ad certum tempus solvendo, distrahuntur, ac statim ab eodem, stante eo contractu, minore pretio præsente pecunia redimuntur, licitus est, etiam respectu ejusdem personæ, et cum contractu revenditionis prævio, imo cum intentione lucri.* Consule Leon. Leotard. de Usur. qu. 24. num. 25. et *Petitpié* de Usur. lit. 3. edit. ann. 1731. pag. 112. Vide Diction. Acad. Hispan. in hac voce.

* **MOIA**, Mensura agraria, ager modii sementis capax, nostris *Moée, Moiée, Mouée, Moye* et *Moyée*. Charta Odardi *de Ham* milit, ann. 1260. in Reg. 30. Chartoph. reg. ch. 562 : *Concessimus viginti tres Moias terræ et duodecim Moias bosci, quæ omnia habemus apud Buciacum.* Reg. Joan. ducis Bitur. in Cam. Comput. Paris. fol. 14. r° : *Item une autre piece de terre, contenant cinq Moées de terre. Cinquante et trois Moiées de bos*, in Ch. ann. 1269. ex Tabul. S. Autb. Camerac. Lib. feub. ducat. Aurel. fol. 46. r° : *Deux Moées et demi de terre ou environ, assis en trois pieces en la paroisse de S. Lorent des eaux.* Recognit. feud. pro castell. *de Buri* ann. 1366 . *Item une mestarie assise audit lieu de Buri, contenant douze Moues de terre.* Infra : *Une Mouée de terre etc.* Charta Joan. *de Haugest* ann. 1247. inter Probat. tom. 1. Annal. Præmonst. col. 583 : *Et si ai donné à ladite abbeye en accroissement.... au Més Quesnel quatre Moyes : en Langle quatre septiers : au Sart Remy une Moye : en Hatiermont une Moye.* Alia ann. 1280 : *Ou terroir de Marchais onze Moyes de terre à la mesure dou liu, etc.* Inquisit. ann. 1338. in Reg. 74. Chartoph. reg. ch. 429 : *Item dix et sept Moyes ou environ de bois, séant en une piece.... Item trois Moyes de terre ou environ, séant au terroir d'Appeilli. Chascune Moye fu prisié neuf vins livres, huit deniers Parisis, c'est assavoir chascune mencaudée onze livres, cinq soulz, maaile Parisis*, in Charta ann. 1341. ibid. ch. 663. Lit. admort. ann. 1466. in Reg. 194. ch. 216 : *Pluseurs terres, tant en labeur comme en riés, contenant vingt Moyées et demie, vallans chacune Moyée, à la mesure de S. Quentin, huit septiers.* Vide *Modiata* in *Modius* 2.

* *Moye* præterea dicitur Rei cujuslibet congeries. Joinvil. in S. Ludov. edit. reg. pag. 28 : *Gran Moyes de tonniaus de vin.*

¶ **MOIATA.** Vide in *Modius.*

* **MOJATICUM**, Idem quod *Modiaticum*, ab Ital. *Moggio*, modius, Pensitatio frumentaria pro quolibet *modio* annonæ. Vide in *Modiatio* 1. Charta ann. 1183. in Access. ad Hist. Cassin. part. 1. pag. 382. col. 1 : *Qui aliquo titulo habuerit res ipsas, non tenetur inde facere aliud servitium vel Mojaticum reddere.... Servitium aliquod vel Mojaticum non quæratur a filio, vivente patre. Veruntamen mortuo patre, faciat mater servitium et reddat Mojaticum.* Vim vocis apertius explicat alia Charta ibid. col. 2 : *Universi habitatores castri Pedemontis et villæ, tam ratione municipali, quam ratione bonorum quæ possident,.... tenentur solvere et reddere annuatim monasterio Cassinensi de grano tumulum unum, et de ordeo tumulum unum, nomine redditus sive Mojatici.*

* **MOIL**, Piscis species. Tract. Ms. de Pisc. ex Cod. reg. 6838. C. cap. 106 : *Mullus,.... a Gallis surmulet, a nonnullis barbarii, ab aliis Moil, id est, maris perdrix, dicitur.*

¶ **MOINERIUS**, Molitor, Gall. *Meunier.* Charta ann. 1364. ex Adversariis Pr. *de Mazaugues : Item habet ibi in quodam molendino sito in Grava duas partes, excepto quod Moinerius percipit illo die quo molit unam tinnhateriam ultra tertiam partem lucri.*

* **MOINUS**, a Gallico *Moine*, Monachus. Charta ann. 1459 : *Appellavit eum Cuffa de Moino.* Nostris alias *Moines*, pro *Moineau.* Glossar. Lat. Gall. ann. 1348. ex Cod. reg. 4120 : *Passer, Gall. Moinnes, et dicitur a pluma.* Charta ann. 1343. ex Chartul. S. Vinc. Laudun. : *Item lidis religieus avoient pris Jean Cousin nostre soubsmanant tendant ou chassant aus Moines.* Chartul. Corb. sign. *Cæsar.* fol. 59. r°. : *Fut donné congié .... à Jehannet .... de tendre aux Moisnetz.*

* **MOJOLARIUS**, Vasorum, quæ *Mojoli* appellabantur, artifex. Stat. Mantuæ lib. 1. cap. 128. ex Cod. reg. 4620 : *Nullus terrerius vel forensis.... præsumat conducere in civitatem Mantuæ.... aliquod vitrum laboratum,.... sine licentia magistri Francisci Mojolarii seu alterius Mojolarii.* Vide mox *Mojolus.*

* **MOJOLASCA.** Decret. Rachisii Langobard. reg. ann. 747. apud Murator. tom. 1. Antiq. Ital. med. ævi col. 517 : *De alio latere per fluvium ipsum Nure ascendente per aquam et loca designata inter duas Mojolascas exeunte ad lacoraria et capanna Gajaria.* An Collis vitibus consita, vel nude Tumulus terreus, colliculus? Vide infra *Molare* 1.

¶ **MOJOLUS**, Vas quoddam vinarium. Johan. Demussis Chron. Placent. apud Murator. tom. 16. col. 582 : *Et duo comedunt super uno tajore, et quilibet habet menestram suam, et unum Mojolum, vel duos vitri pro se, unum pro vino et alium pro aqua.*

* Stat. Mantuæ lib. 1. cap. 114. ex Cod. reg. 4620 : *Quælibet persona.... quæ vendat vinum ad minutum in civitate Mantuæ vel districtu, habere et tenere unum circulum cum una casella a Mojolis appensa ad ostium. De qualibet cargatura Mojolorum et vitreorum etc.* in Stat. datiar. Riper. cap. fol. 4. v°. Nostris *Moyau*, Cupæ vel dolii species. Lit. remiss. ann. 1387. in Reg. 130. Chartoph. reg. ch. 268 : *Lesquelx par maniere de blasonnement, de injure ou autrement mistrent le suppliant en une Moyau ou cuve,.... et lui getterent grant quantité d'eau. Moilon* vero, Crater, poculum, ut videtur, in Inventar. eccl. Camerac. ann. 1371 : *Item un tassel doret quarret à pierres verdes et rouges, et une grande vermeille ou Moilon.*

¶ 1. **MOISO**, Mensura, a verbo metiri. Tabular. S. Benigni Divion. : *Secundum Moisonem locorum.* Occurrit passim in Chartis Burgundicis. *Moison*, nostris eadem notione. Le Roman *de la Rose* MS. :

> Le col fu de bele Moison,
> Gros, aisez, et lonc par raison.

* Lit. ann. 1373. tom. 5. Ordinat. reg. Franc. pag. 682. art. 6 : *Quiconques fera tonneaux ou pippes pour vendre, qui ne seront de loyalle Moison, etc. Mueson*, in aliis ann. 1388. tom. 7. earumd. Ordinat. pag. 216. *Mesure ou Muison*, in Ch. W. comit. Pontiv. ann. 1202. ex Lib. albo domus publ. Abbavil. fol. 176. v°.

* 2. **MOISO**, Contractus, quo sub annuo reditu fundi ad aliquot annos possidendi dantur, simul et ipse reditus, Gall. *Moison* et *Moeson;* unde *Moisonneur, Moisonnier*, et

Muieur, qui ea conditione aliquid tenet. Charta Airardi Bren. comit. ann. 1177. ex Chartul. S. Lupi Trec. : *Abbas vel ministri ejus eidem furno pro sua voluntate furnerum utilem provideat et ponat, aut cui voluerit et pro quanto potuerit ad Moisonem tradat.* Assis. comit. Fuxi in Reg. S. Ludov. Chartoph. reg. fol. 112 : *Moiso, tres modios et quatuor sextaria et eminam bladi.* Charta ann. 1257. ex Chartul. Compend. fol. 182. r°. : *Se il avenoit que li abbés et li convens donnaissent leur disme à Moison, ou qe il fesissent cuellir par leur propre serjant, il me feroient avoir le serment des Muieurs ou de leur propre serjant.... de garder toute ma droiture.* Lit. Phil. Pulc. ann. 1294. in Lib. rub. Cam. Comput. Paris. fol. 127. r°. col. 1 : *Des terres et des vignes audit Renier que nous ou autres de par nous avons fait semer et coultiver ceste présente année, nous et les autres aurons droite Moison; c'est à scavoir la moitié, et l'autre moitié demourra audit Renier.* Lit. remiss. ann. 1391. in Reg. 141. ch. 226 : *Icellui Girart disoit que le suppliant lui avoit baillée certaines terres à certain temps et pour certaine pension ou Moeson etc. Le fermier ou Moysonneur*, in Instr. ann. 1392. tom. 7. Ordinat. reg. Franc. pag. 526. art. 5. Lit. remiss. ann. 1389. in Reg. 136. ch. 260 : *Jehan censier ou Moisonnier de la maison S. Ladre de la ville de S. Pol etc.* Aliæ ann. 1396. in Reg. 150. ch. 112 : *L'exposant qui est fermier et Moisonnier d'une maison et terres appartenantes à Jehan de Messelles escuier, scituée en la ville de Ramolu en Beauce.* Vide supra *Modiagium* et *Modiatio* 3.

* **MOISONNA**, Idem quod *Modiatio* 1. Præstatio pro quolibet *modio* vini. Arest. ann. 1414. 12. Maii in vol. 11. arestor. parlam. Paris. : *Super acquitamento vinorum ibi* (Rotomagi) *affluentium duo modi seu duæ maneries, quorum seu quarum una consuetudo et alia modiatio seu Moisonna nuncupabantur.... Modiatio duo membra continebat, quia in ea modus quidam acquitandi vina per argentum seu pecuniam, bassa modiatio appellatus, et alius optio nuncupatus, observabantur.*

* **MOISSINA**. Necrol. eccl. Paris. Ms. ad Kal. Maii : *Obiit Goifridus episcopus qui perdonavit nobis quasdam consuetudines de emptione et venditione vini et de Moissinis, quas habebant episcopi in Orlivilla.* Vim vocis explicat Glossar. Lat. Gall. ex Cod. reg. 521 : *Acinus, pepinus uvæ. Inde, acinatium, congregatio racemorum, Gall. Moissine.* Idem ergo *Moissina*, quod Scopus uvarum, racemorum, Gall. *Marc de vin.* Vide Cotgrav. voce *Moissine*.

MOISSO, Messio, messionis tempus, Gallis *Moisson, Temps de la Moisson.* Guibertus lib. 2. Hist. Hierosol. cap. 8 : *Pars sine ullis stipendiis, imo turpi pauperie, magis autem pudore in Franciam consumpta rediret. Et quia idem castrum Moissonem vocabant, et reversi ad suos, ad Moissonem usque se fuisse dicebant, etc.* Vide *Messio*.

* **MOITOIERIA**, Prædium rusticum, quod a colono partiario colitur. Lit. Phil. VI, ann. 1335. in Reg. 69. Chartoph. reg. ch. 281 : *Nous avons ottroié et ottroions aus freres Prescheurs du couvent du Mans la Moitaiere, appellée le Plexeis, assise en la parroisse de Cepoy.* Ubi ad marginem : *Gratia facta fratribus Prædicatoribus conventus Cenomanensis, quod Moitoieriam, vocatam le Plaisseys, possint transferre cuicumque personnæ. Moiterie*, in Charta ann. 1291. ex Chartul. Namurc. in Cam. Comput. Insul. fol. 41. v°. *Moietoirie*, in alia ann. 1516. ex Chartul. Latiniac. fol. 244. v°. Vide supra *Mediatoria*.

* **MOITONNUS**, Mensuræ agrariæ species, seu ager meusuræ, *Moiteon* vel *Moiton* nuncupatæ, sementis capax, eadem quæ supra *Meyteria*. Charta admort. ann. 1374. in Reg. 106. Chartoph. reg. ch. 170 : *Item unum Moitonnum terræ vel circiter ante dictam masuram; qui quidem Moitonnus terræ a quadam via publica præbet iter et aditum dictis hospitio, jardino et masuræ.... Item tria jornalia cum quinque Moitonnis et una perchia terræ.* Libert. villæ *de Vandeuvre* ann. 1271. in Reg. 72. ch. 188 : *Le cheval paiera cinq Moiteons de blef, moitié fourment et moitié aveine.* Charta ann. 1321. in Reg. 61. ch. 17 : *Item sex Moitons frumenti..... percipiendos in et super quamdam domum,.... sitam in villa de Barro* (super Albam.). *Item quatuor Moitons frumenti.... percipiendos in et super quamdam vineam.* Infra : *Moyton. Dix Moiteons froment et dix Moiteons avene*, in Charta Odon. ducis Burgund. ann. 1337. ex Reg. 74. ch. 464. Consuet. Castell. ad Sequanam ex Cod. reg. 9898. 2 : *La grandeur de la mesure du blé doit tenir justement six pintes au minot..... Les deux mesures font ung Moiton : les deux Moitons font ung bichot. Boissello* æquiparatur in Lit. remiss. ann. 1422. ex Reg. 172. ch. 122 : *Une sachée d'environ cinq Moitons ou boisseaulx de froment, que le suppliant porta à Chaalons etc.* Vide supra *Mitonnus* et infra *Moteonus*.

MOL. Tabularium Abbatiæ Conchensis in Ruthenis Ch. 44 : *Et donant de censum duos solidos Pogesios, et ad Calendas 4. membros, et duo sestaria, et duos de civada, et duos panes, et a meyssos unum Mol sans la pel, et 2. sestaria de vino, etc.* Occurrit ibidem alio loco. [An unum *multonem* sine pelle?]

1. **MOLA**. Jo. de Janua : *Mantica, i. sarcina, scilicet Mola :* sed legendum *Mala*. Vide in hac voce.

☞ Occurrit tamen ea, ut videtur, notione in Tabular. Compend. : *De aliis piscibus maris, summa debet 1. denar. Mola integra obolum, Mola transforata 1. den.* Ubi *mola* minor sarcina quam *summa*. Vide *Sagma*. Ejusdem significationis *Mola* in Capitulari 2. Caroli Magni ann. 813. num. 10.

* Hinc *Mole*, pro Fascis, vulgo *Bote*, in Stat. ann. 1398. tom. 8. Ordinat. reg. Franc. pag. 369. art. 4 : *Que nul ne puist vendre osier.... fardé de pire osier dedens les Moles que par dehors.*

2. **MOLA**, Molendinum. Anastasius in Honorio : *Et ibi constituit Mola in murum in loco Trajani juxta murum civitatis, et formam quæ deducit aquam in lacum Sabbatinum.* Lucas Tudensis æra 880 : *Clausit nox obscurissima diem : et in una Mola omnes Christiani conclusi sunt, totam noctem in lacrymis et orationibus peragentes.* Leo Ost. lib. 2. cap. 86 : *Terras et Molas in fluvio Saone.* Chartæ Impp. pro Ecclesia Hammaburg. : *Cum... Molis, molendinis, piscationibus, etc.* pag. 161. 162. 163. 164. [Bulla Stephani III. PP. ann. 753. sæc. 4. Bened. part. 1. pag. 6 : *Necnon aquis, Molis, olivetis, vel quidquid in quibuscumque locis habere vel tenere videtur.* Chron. Fossæ-Novæ apud Murator. tom. 7. col. 893 : *Devastavit segetes S. Mariæ Fluminis et incendit ei unam Molam et duas Molas S. Clementis.*] Adde Chronic. Episc. Mindens. pag. 742. [et Farfense apud Murator. tom. 2. part. 2. col. 452. et 592.]

* *Mole*, pro *Meule*, in Lit. ann. 1389. ex Reg. 146. Chartoph. reg. ch. 223 : *Lequel maistre Bernart.... tolly (de son Moulin) et osta les Moles et autres harnois et abbilemens appartenans audit moulin. Maul*, pro *Moulin*, in Lit. remiss. ann. 1397. ex Reg. 152. ch. 260 : *Jehan Morel print aux Maulx d'Arcels quatre aulnes et demie de drap pers,..... et porta icelles quatre aulnes et demie de drap aux Maulx Badin pour fouler.*

3. **MOLA**, Idem quod *Modulus*, de qua voce supra, in 9. Regesto Philippi Pulcri Regis Franc. Ch. 94. ex Tabular. Regio, Mensura lignaria, *Mole de bois.*

¶ 4. **MOLA**, Moles, agger, Gall. *Môle.* Breviarium Hist. Pisanæ ad ann. 1168. apud Murator. tom. 6. col. 180 : *Fuerunt enim illo tempore novem inundationes maxime fluminis Arni, quæ villam de Putignano, et arcus magni pontis de stagno destruxerunt, et Molas inclinaverunt ipsius pontis.* Vide *Modulus* 1. et *Moles*.

¶ 5. **MOLA**. Informationes pro *passagio* transmarino in Cod. MS. Sangerm. : *Item* xv. *Molas de sarcia subtili quelibet ponderis duorum quintalium.... quelibet Mola vult habere longitudinis* c. *passus.* Inventar. machinarum bellicarum castri Somneriæ in Occitan. ann. 1260 : *Item* 11. *torni ad opus balistarum. Item* 1. *Mola in fabrica, etc.* Pro mensura frumentaria occurrit in *Mella* 1.

* 6. **MOLA AD CUTELLOS**, Acuendis cultellis apta. Reg. S. Justi in Cam. Comput. Paris. fol. 197. v° : *Pro quadam Mola ad cutellos perpetuum etc. Meule à taillant* dicitur, in Lit. remiss. ann. 1390. ex Reg. 138. Chartoph. reg. Vide infra *Molendinum ad cultella.*

* 7. **MOLA**, Mensura liquidorum. Libert. Montisol. tom. 7. Ordinat. reg. Franc. pag. 505. art. 39 : *De vini præconizatione Molam plenam vini ejusdem quartonem continentem et obolum habeat* (præco) *antedictus.* Vide infra *Moleta* 2. et *Moletam.*

* 8. **MOLA**, Piscis species. Tract. Ms. de Pisc. cap. 41. ex Cod. reg. 6838. C. : *Mola in nostro mari aliquando capitur, sed rarissime..... Massilienses Mole vocant a rotunditate, quod molæ molendinariæ similis sit. Hispani bout appellant; et nonnulli ex nostris, qui Provinciam Hispaniamque frequentarunt, utraque conjuncta appellatione, Molebout nominant.*

MOLACHINUS, Monetæ aureæ (Saracenicæ, ni fallor) species. Charta Alexandri III. PP. ann. 1162. apud Petrum Mariam Campum in Regesto part. 2. Hist. Eccl. Placent. n. 16 : *Statuimus, ut de cætero solummodo duos Molachinos nobis nostrisque* *successoribus annis singulis solvere teneatur.* Vide *Meloquinus.*

¶ **MOLACIO**, ἄλεσμα, *Molitura.* Supplem. Antiquarii. Vide *Molta* 2. [* Adde ex Castigat. in utrumque Glossar. *Molatio*, ἄλεσμα. *Molator*, ἀλετής. Delrius ad Oedip. Senecæ pag. 100. legendum censet ἄλευμα et ἀλετής, ab ἅλς, salsugo, et mola in sacrificiis salsa.]

* **MOLADA**, Idem quod infra *Moleya.* Stat. pannif. Carcass. renovata ann. 1466. in Reg. 201. Chartoph. reg. ch. 121 : *Item quod nullus potest.... tingere seu tingi facere aliquem pannum brunetæ.... cum Molada nec alio tinctu nigro, nisi cum pestello.*

¶ **MOLAGIUM.** Vide *Molta* 2.

MOLANUS. Vide *Miramolinus.*

¶ 1. **MOLARE**, an Molendinum, vel agger, seu aliquod propugnaculi genus? Computus ann. 1334. tom. 2. Hist. Dalphin. pag. 251 : *Item, libravit in cavalcata facta per ipsum baylivum ad capiendum Molare quod erat in dicta bastida, etc.*

* Idem quod *Molare* 2. Meta, tumulus terreus, colliculus. Charta ann. 1346 : *Quandam molam nostram seu Molare in parochia de Fontanis araverunt.* Vide infra *Molarium* 3.

¶ 2. **MOLARE**, Meta, tumulus terreus, Gallice *Butte, motte de terre.* Codex censualis Calomontis : *Quoddam Molare cum vercheria contigua.* Vide infra *Molaris.*

¶ 3. **MOLARE**, Molere, Gall. *Moudre.* Charta ann. 1278. apud Thomasserium Consuetud. Bituric. pag. 110 : *Ipsi manumissi et heredes sui Molare teneantur ad molendina nostra.* Chronic. Vormat. ad ann. 1407. apud Ludewig. tom. 2. Reliq. MSS. pag. 152 : *Similiter nec pistoribus neque Molandi notoribus aliquid dabunt.* Charta ann. 1468. apud *Madox* Formul. Anglic. pag. 148 : *Et prædictus Johannes idem molendinum per se emendatum, ut in eo grana bene possint Molari, in fine termini sui prædicti dimittet.*

* Quam vocem varie efferunt nostri. *Maure*, in Convent. inter dom. Bretol. et abb. ejusd. loci : *Et devoient li oste venir Maure à mes muelins. Maurre*, in Charta ann. 1308. ex Reg. 72. Chartoph. reg. ch. 309. *Molre* et *Morre*, in Ch. ann. 1343. ex Chartul. S. Vinc. Laudun. *Moorre*, in Libert. Jonvil. ann. 1354. tom. 4. Ordinat. reg. Franc. pag. 298. art. 27. *Mourre*, in Ch. ann. 1322. ex Reg. 74. ch. 443. *Moulir* in Ch. Guid. comit. Fland. ann. 1283. ex Chartul. Namurc. in Cam. Comput. Insul. fol. 24. v°. *Moure*, in Ch. ann. 1240. ex Chartul. S. Joan. Laudun. *Moulre*, in Ch. Joan. comit. *de Roucy* ann. 1338. Hinc *Grain molable* appellatur frumentum, quod ad molendinum domini molere vassalli tenentur, in Ch. Ludov. comit. Stampens. ann. 1378. ex Chartul. S. Carauni. *Moudre* vero in Stat. ann. 1330. inter Consuet. Genovef. MSS. fol. 2. v°. pro Exacuere, vulgo *Emoudre*, ut et *Mouldre*, in Lit. remiss. ann. 1385. ex Reg. 127. ch. 150. Vide infra *Molere* 2.

¶ 4. **MOLARE**, Prima alicujus rei lineamenta exprimere, a Gall. *Mouler.* Acta S. Francisci de Paula tom. 1. Aprilis pag. 159 : *Et vidit corpus defuncti exanime, et ut similitudinem vultus ejus secundum veram figuram depingeret, Molavit et impressit.* Vide *Molarium* 1.

* *Se mouler*, pro *Se remettre*, Se colligere, in Chron. S. Dion. tom. 3. Collect. Histor. Franc. pag. 197 : *Il* (Clodomir) *tourna envers se anemis, puis se Moula en armes et s'acesma pour combattre.* Ubi Aimoin. lib. 2. cap. 4. *Se se collegit in arma.*

* 5. **MOLARE**, Vexare, spoliare. Acta S. Oswini tom. 4. Aug. pag. 64. col. 2 : *Fluctus sævientes nautas, præter paucos, submerserunt, et ad littus ecclesiæ, quam Molaverant, spolia ejecerunt.*

¶ 1. **MOLARIA**, Molaricia, Idem quod *Molta* 2. Litteræ Henrici V. Reg. Angl. ann. 1421. apud Rymer. tom. 10. pag. 89 : *Una cum libra Molaria in molendinis nostris dictæ villæ.* Statuta Vercell. lib. 7. f. 151. v°. : *De his qui pro eorum usu non debent solvere Molariciam. Item statutum est quod si quis civis vel districtuabilis Vercellarum emerit aliquam vel aliquas molas ad usum suum, scilicet molendini sui ; vel quod ad alio teneurit, non debeat solvere communi vel alicui pro communi Molaria. Et si emerit non ad usum suum, sed causa vendendi, solvat Molariam, ut consuetum est.*

2. **MOLARIA**, Idem quod *Mola*, et Molendinum. Charta Theobaudi *Chabot*, tom. 4. Galliæ Christianæ pag. 4 : *Donamus eisdem Molarias, quæ sunt in descripto feodo.* Mox : *Universas autem concessiones nostras... liberas ab omni costuma, tallia, ac servientia esse concedimus, cunctosque ad eorum Molarias ac molendinum et opera venientes, etc.*

* 3. **MOLARIA**, Locus, unde *molæ* extrahuntur, lapicidina. Vide infra *Moleria* 1.

MOLARIS, [Colliculus, aliqua terræ congeries, rusticis Dumbensibus etiamnum *Molard.*] Charta Humberti *de Miribel* ann. 1086. apud Joan. Columbum lib. de Cartusianorum initiis : *Ipsa vero, quam eis dedimus, eremus, hos habet terminos, scilicet infra locum qui vocatur Clusa, et rupem claudentem vallem, et pertingentem usque ad Molarem claudentem et dividentem Combam caldam,.... deinde Molarem alium, qui descendendo perducitur per crepidinem plataneti, etc.* Charta Amedei Comitis Sabaudiæ ann. 1360. apud Guichenonum in Episcopis Bellicensib. pag. 59. 60 : *Usque ad summitatem montis de Les Aux, et a dicto Molari de Les Aux, recte tenendo usque ad Molare d'Armont, etc.* Mox : *Usque ad crestatam seu summitatem cujusdam Molaris vocati de Escrini.* [Vide *Molare* 2.]

¶ 1. **MOLARIUM**, Bollandistis, Numisma honorarium alterius vultu effigiatum, sic dictum a *Mola* seu *Modulo*, id est, typo cui infusum metallum formam recipit, Hispan. *Molda*, Francis *Moule*, Teutonibus *Mol.* Leges Palatinæ Jacobi II. Reg. Majoric. tom. 3. Junii pag. LII. : *Item quod non recipiat vestes alicujus neque Molarium.*

¶ 2. **MOLARIUM**, Molendinum. Charta ann. 1307. tom. 2. Hist. Dalphin. pag. 131 : *Recognovit... se tenere ab ipso D. Dalphino in feudum et de feudo ac dominio prædicta omnia donata, et quoddam Molarium, quod asserit se nuper acquivisse.*

* *Molage*, pro Molendini infundibulum, vulgo *Tremuie*, in Lit. remiss. ann. 1419. ex Reg. 172. Chartoph. reg. ch. 23 : *Quant le suppliant fu entré ou moulin, il se baissa et regarda par dessus le Molage dudit moulin.* Aliæ ann. 1478. ex Reg. 201. ch. 195 : *Le suppliant geta le blé dedens le Molage du molin, et puis descendit de ladite entremuye etc.*

* 3. **MOLARIUM**, Tumulus terreus, colliculus, idem quod supra *Molare* 1. Pactum inter Humbert. dalph. et episc. Gratianop. ann. 1343. in Reg. 134. Chartoph. reg. ch. 34 : *A quodam lapide albo, in summitate dicti Molarii de Colletto existente, recte descendendo per pedem bordariæ prati mollis.* Vide *Molaris.*

* **MOLARIUS**, Qui *molas* ex lapicidina extrahit et secat, nostris alias *Molier.* Charta ann. 1299. ex Chartul. S. Maglor. ch. 228 : *Noverint universi nos tradidisse et concessisse Simoni Pastourelli et Johanni dicto Bonneri Moliariis* (sic) *nostra tria quarteria terræ vel circiter... pro molis trahendis et lapidibus taillendis, sub tali conditione et pacto, quod ipsi Molarii tenentur nobis reddere et solvere nonam partem pretii seu valoris molarum et lapidum prædictorum.* Lit. remiss. ann. 1374. in Reg. 105. Chartoph. reg. ch. 439 : *Comme Aubelet Gouvet ouvrier et faiseur de moles à moulins alloit aus vespres pour la solennité de S. Ligier, dont les Moliers faisoient la feste etc.* Vide infra *Moleria* 1.

¶ **MOLATA** Scarlata, f. Acupicta. Computus ann. 1202. apud D. *Brussel* tom 2. de Usu feud. pag. CLXXXIII : *Pro capa scarlatæ Molatæ quam Rez tunc habuit*, xv. *l.* Vide *Mollicia.*

* **MOLATIO.** Vide supra *Molacio.*

* **MOLDUREIRA**, Mensuræ annonariæ species. Vide in *Molta* 2.

¶ **MOLATURA.** Vide *Molta* 2.

¶ **MOLCHUS**, Pessulus, Gall. *Verrou*, a Græco μοχλός, eadem notione. Agnellus in Vita S. Damiani apud Murator tom. 2. pag. 155 : *Confregerunt Molchos et serras, et cum victoria in suas reversi sunt domos.*

¶ **MOLDA**, Moldura, etc. Vide *Molta* 2.

¶ **MOLDIUM**, pro *Modius*, apud Eccardum in Origin. Saxon. lib. 2. pag. 59 : *Habuit in redditibus magnæ mensuræ istius patriæ centum et triginta sex Moldia tritici.* Ibid. non semel occurrit.

MOLDURA. Vide *Molta.*

¶ **MOLEARIA**, *Mola*, molendinum. Charta ann. 1239. in Tabular. Portus regii : *Guerrinus de Porresio recognovit se dedisse monasterio de Porresio totam decimam bladi quam habebat et vendidisse medietatem Molearii prope domum suam.... et quamdam peciam terræ sitam juxta Moleariam prædictam.* Ubi *medietas Molearii* idem videtur quod *medietas Moltæ.* Vide in hac voce.

* Est potius Lapicidina molaris, Gall. *Moliere.* Vide infra *Moleria.*

* **MOLEBOUT.** Vide supra *Mola* 8.

¶ **MOLEGIA**, Molegium. Vide *Mollegium.*

* **MOLEGIUM**, Pensitatio pro molitura frumenti, Gall. *Mouture ; Molage*, in Lit. ann. 1369. tom. 5. Ordinat. reg. Franc. pag. 222. Charta ann. 1331. in Reg. 66. Chartoph. reg. ch. 527 : *Quod exactiones, quæ vulgariter appellantur in eadem* (villa Montispessuli) *los meliors, las tacidas, e las beassas amodo cessare deberent... Quam-*

plures rationes proponentes ad finem, quod impositiones, quæ fiebant pro Molegiis, tacidis et beassis in dicta villa remanere deberent.... Ad quæ dicti molinerii seu dicta molendina gubernantes blada molenda..... ponderare haberent. Maunaige, eodem sensu, in Pacto inter dom. Bretolii et abb. ejusd. loci : *Je ne mi oir n'i poons demander ne reclamer ne banerie, ni Maunaige.* Vide *Mollegium.*

¶ **MOLENARE.** Vide *Molina.*

* **MOLENDA**, Frumentum molitum. Tract. MS. de Re milit. et mach. bellic. cap. 92 : *Turris cum molendino, quod volvitur ab asino, est utilissimum in altitudine turris, quia turristæ de Molenda sunt fulciti.*

** **MOLENDARIUS**, Molendinarius, qui moletrinam exercet, in veter. Notit. e cod. San-Germ. apud Guerard. post Irminon. pag. 305. col. 1.

* **MOLENDIARIUS**, Ad *molendinum* pertinens. *Molendiarium jus*, idem quod *Molegium*. Charta ann. 1174. inter Probat. ult. Hist. Trenorch. pag. 161 : *Guillelmus de Neblens... in eleemosinam dedit, videlicet duo molendina et Molendiaria jura, cum stagnis cæterisque suis adjacentibus.* Vide infra *Molendinensis.*

¶ **MOLENDICIA** Loca, ubi exstrui possunt molendina. Charta ann. 1049. inter Additam. ad Chr. Casaur. apud Murator. tom. 2. part. 2. col. 1000 : *Et tradidimus nos suprascripti omnes ipsas res in ipso prædicto monasterio una cum casis, terris, vineis, campis, silvis... cum pomis et arboribus suis, seu et cum olivis, et locis Molendiciis.* Vide *Mulneda.*

¶ **MOLENDINA**, fem. gen. Moletrina. Charta Theobaldi V. Comit. Blesens. ann. 1180. inter Probat. Hist. Bles. pag. VII : *Id jam scire volo quod monachis S. Launomari dedi partem mediam in duobus molendinis et exclusis Viennæ, et nemus ubicumque opus fuerit ad emendandas Molendinas et exclusas.*

¶ **MOLENDINAGIUM.** Vide *Molta* 2.

¶ **MOLENDINARE**, MOLENDINARIA. Vide *Molendinum.*

* **MOLENDINARIA**, Pensitatio pro molitura frumenti, idem quod *Molta* 2. Charta ann. 1226. in Lib. 1. nig. S. Vulfr. Abbavil. fol. 22. r°. : *Cum dilectus noster Willelmus decanus christianitatis Abbatisvillæ concanonicus noster Molendinariam in molendino Raagon et viginti solidos censuales in eodem molendino hereditarie possideret, etc.* Pro molitrix, vide in *Molendinum.*

¶ 1. **MOLENDINARIUM**, MOLINAR, Sedes, seu locus ad construendum *molendinum* aptus. Charta ann. 1300 : *Item do eidem filiolo meo quidquid..... habemus in quodam Molendinario sive Molinar sito in dicto prato... Dans et concedens ego dictus presbyter eidem domicello filiolo meo plenam et liberam potestatem construendi et edificandi in dicto Molendinario sive Molinar, molinum nomine et ad opus sui et suorum.*

¶ 2. **MOLENDINARIUM**, Moletrina, pistrinum; sed molendino minus. Charta ann. 1084. tom. 8. Gall. Christ. inter Instr. col. 23 : *Majora et submajora, et ut ita dicam, molendini et Molendinaria S. Dionysii, in manu et potestate Abbatis sint.* Charta ann. 1264. apud Stephanot. tom. 1. Antiquit. Bened. Vascon. MSS. pag. 532 : *Percipiant... sua molendina et sua Molendinaria et aquarum loca quæ habent et habere debent in dicto flumine Olti.*

* Charta senesc. Bigor. ann. 1391. in Reg. 142. Chartoph. reg. ch. 80 : *Cum ipse supplicans habeat... quoddam Molendinarium extra villam Tarniæ in capite mercadalis ejusdem villæ a parte superiori in alveo seu aquali domini nostri regis.... In quo quidem Molendinario etc.*

¶ 1. **MOLENDINARIUS**, MOLENDINATOR. Vide in *Molendinum.*

* 2. **MOLENDINARIUS**, Ad *molendinum* pertinens. *Molendinaria delatio*, Jus instituendi servientes, qui frumentum molitum deferant. Charta Henr. reg. Angl. ex Tabul. B. M. de Lonleio : *Molendina de Condeto constructa et construenda cum jure bannati et leugæ, Molendinariæ delationis, etc. Mouléeur*, qui ad molendinum domini sui frumentum suum molere tenetur, in Stabil. S. Ludov. ann. 1270. tom. 1. Ordinat. reg. Franc. pag. 197 : *Et se il avenoit que li monsniers feist dommage à aucun de ses Mouléeurs, etc.* Vide in *Molendinum.*

¶ **MOLENDINATA**, Moletrina. Tabular. S. Martini Pontisar. : *Quando Amalericus de Novavilla venit ad conversionem dedit Deo et S. Germano Pontisarensi unam Molendinatam de villa sua, quæ dicitur Vitriacus.*

* **MOLENDINATIO**, Pensitatio pro molitura frumenti, Gall. *Mouture.* Chartul. S. Germ. Prat. sign. tribus crucibus fol. 94. r°. col. 2 : *Hugo de Baston* (tenet) *Molendinationem de Aurenvilla et usuarium in nemore ad corpus molendini reficiendum.* Vide supra *Molendinaria.*

* **MOLENDINATURA**, Eodem intellectu. Libert. villæ *de Poys* ann. 1208. tom. 7. Ordinat. reg. Franc. pag. 605. art. 14 : *Quicumque autem advena accesserit,... si constiterit ipsum habere unde debeat..... Molendinaturam vel furnagium, juxta consuetudinem villæ, michi tenebitur persolvere. Mouture*, in Charta Joan. comit. *de Roucy* ann. 1338. ex Chartul. S. Vinc. Laudun. : *Maintenient nous estre en paisible possession de.... recevoir la moitié de la Mouture et autres émolumens quelcumques appartenans à iceulz moulins.*

¶ **MOLENDINELLUS**, Parvum molendinum, in Chartular. S. Vandreges. tom. 1. pag. 644.

* Charta ann. 1291. in Chartul. Thenol. ex Cod. reg. 5649. fol. 46. r°. : *Dicebamus nos habere tres jaletos et unum witellum frumenti ad mensuram de Brueriis super Molendinellum ad Barram.*

* **MOLENDINENSIS**, Ad *molendinum* pertinens. Chartul. S. Joan. Angeriac. fol. 75. r° : *Ab Acalliaco usque ad viam Molendinensem et fraxinati.* Vide supra *Molendiarius.*

MOLENDINUM, pro Moletrina, seu pistrino. Priscis ignotam constat, vocemque esse nuperam et a mediæ ætatis Scriptoribus tantum usurpatam. Glossæ antiquæ MSS. : *Monlendinus, molinus.* S. Augustinus in Psalm. 36. 99. 132. enarrans illud Matthæi cap. 24 : *Duæ molentes in mola, etc.* pro *mola, molendinum* habet. Utuntur passim Gregorius Turon. de Vitis Patrum cap. 18. Flodoard. lib. 1. Histor. Remens. cap. 14. 15. Petrus Damian. lib. 1. Epist. 9. Ivo Carnot. Epist. 77. 259. Fulbertus Epist. 14. Aimoinus lib. 3. Histor. Fr. cap. 61. Radevicus lib. 4. cap. 5. Baldricus lib. 1. cap. 25. Constantinus Afric. lib. 2. de Morbor. curat. cap. 7. veteres Chartæ apud Chiffletium in Trenorchio pag. 194. 210. etc.

¶ MOLENDINUM DE BRACHIIS, Gall. *Moulin à bras.* Chron. Parmense ad ann. 1247. apud Murator. tom. 9. col. 773 : *Et Molendina de brachiis et equis, propter defectum aquarum et canalium, facta fuerunt per civitatem.* Dictum etiam

MOLENDINUM MANUALE, in Statut. Gildæ Scoticæ cap. 19. [et in Inventar. MS. castri Sommeriæ in Occit. an. 1260. Idem videtur quod *Molin à manonelle* dicitur in Charta burgesiæ Vervini ann. 1238 : *Et leur ottroi ensi que quiconques d'iaux vorroit four, ou cambe, ou Molin à manonelle, faire le peust.*]

* Tract. MS. de Re milit. et mach. bellic. cap. 95 : *Parvum molendinum est utile in rochis et fortilitiis, et giratur a pedite cum sude capite ferrato cum labore girantis, et modicum molit, et dicitur hoc Molendinum in vulgari sermone, Molino ad manicho de paviolo.*

MOLENDINUM AD VENTUM, nostris, *Moulin à vent*, cujus usum aquis molariis multo recentiorem constat. Decretum Celestini III. PP. cap. *Ex transmissa* 23. Ext. de Decimis : *Miles quidam Molendinum quoddam ad ventum.... infra fines parochiæ suæ construxit.* [Occurrit etiam in Charta ann. 1205. apud Lobinell. tom. 2. Hist. Britan. pag. 389.] *Molendinum ventorium*, in Monastic. Anglic. tom. 1. pag. 816. *Ventosum*, in Chron. Andrensi pag. 532. *Ventitium*, in Fleta lib. 4. cap. 1. § 20. *Ventriticum*, in Statuto 2. Westmonast. cap. 50. et tom. 2. Monastici Angl. pag. 459. 1040. tom. 3. pag. 107. De ejusmodi molendinis agunt Olaus Magnus lib. 13. Hist. Sept. cap. 11. Pomponius Sabinus ad Virgilii Moretum pag. 595. Cardanus lib. 1. de Rer. variet. cap. 10. Chopin. lib. 1. de Morib. Paris. tit. 2. num. 43. Francisc. Baconus in Hist. natur. et experimentali de ventis, Brodeus in Cons. Paris. art. 72. etc.

* Philippo Augusto antiquiorem esse probat Charta Guill. comit. Moret. ann. 1105. in Reg. 62. Chartoph. reg. ch. 232 : *Concedo monialibus antedictis... Molendina ad aquam et ad ventum.* Alia Eduardi III. reg. Angl. inter Probat. tom. 2. Annal. Præmonst. col. 715 : *Cum uno molendino aquatico in Wendlyng, uno Molendino ventricio in Skernyng. Molendinum ventile*, in Charta ann. 1490. apud Pez, tom. 6. Anecd. part. 3. pag. 429. col. 1.

¶ MOLENDINUS ALBUS, qui frumento molendo, quemadmodum *Brunus*, qui siligini seu annonæ mixtæ molendæ destinatus. Charta ann. 1309. tom. 1. Hist. Dalphin. pag. 86 : *Item habet dominus quinque Molendinos in quinque domibus, videlicet tres Albos et duos Brunos, qui valent ad firmam, ut nunc, per annum septuaginta sextaria frumenti, et septuaginta sextaria siliginis sine expensis.*

* Molendinum Aquæ, Idem quod *Aquaticum*, Gall. *Moulin à eau*, in Charta ann. 1312. ex Reg. 53. Chartoph. reg. ch. 88. Vide *Aquimola*.

¶ Molendinum Aquaticum, Gall. *Moulin à eau*. Charta ann. 1468. apud *Madox* Formul. Anglic. pag. 148 : *Ac cum piscariis, et Molendino Aquatico ibidem cum pertinenciis.*

* Molendinum Aurerium, Cujus mola aura seu vento versatur, in Charta ann. 1377. ex Cam. Comput. Aquens.

Molendinum Bannale. Hugo Flaviniac. in Chron. pag. 132 : *Molendina 4. cum banno ipsius villæ*. Vide *Secta molendini*, in *Secta* 2.

* Molendinum Bastardum, Idem quod *Bannale*, ad quod subditi frumenta sua molere tenentur. Vide supra in *Bastardus*.

* Molendinum Batannum, vulgo *Bouterez*, Quo panni densantur et desquammantur, vel quernei cortices, aliaque id genus tunduntur. Charta Joan. ducis Bitur. ann. 1385. in Reg. 130. Chartoph. reg. ch. 172 : *Molendinum bladi roderium et etiam batannum pannorum etc.* Vide supra *Botoerum*.

* Molendinum Bladaturum, *Bladerium*, *Bladiarium*, Ubi *bladum* molitur. Vide supra *Bladaturus* et *Bladerius*.

Molendinum Brasarium, ubi *brasium*, seu *brace* molitur, occurrit in tom. 2. Monastici Anglic. pag. 951. et in Itinere Camerarii Scotici cap. 26. § 3.

* *Molin braseret*, in Charta ann. 1448. ex Chartul. 23. Corb. : *Si n'avoit audit lieu* (Corbie) *que troys molins seulement, dont l'ung nommé le Molin braseret n'estoit que à molre braie, grain à brasser cervoise ou goudalle.*

Molendinum Caballarium, in Charta Philippi Comitis Flandriæ ann. 1188. apud Buzelinum lib. 1. Gallo Fland. cap. 41. *Molendinum ad equos*, in Regesto Philippi Augusti Regis Herouvalliano ann. 1218. fol. 77. [*Molendinum de equis*, in Chron. Parm. ad. 1247. *Molendinum equitum*, apud *Blount* in Nomolex. Anglic.] Vide *Animal de hoste*. [* *Molendinum equorum*, in Reg. S. Justi ad ann. 1232. fol. 23. v°. col. 2. ex Cam. Comput. Paris.]

* Molendinum Cambellarium, Ubi granum pro *camba* seu cerevisia conficienda molitur, idem quod supra *Molendinum brasarium*. Locus est supra in *Cambellarius* 2.

* Molendinum Choiseullum, *Moulin à Choisel*, in Charta ann. 1319. ex Reg. 59. Chartoph. reg. ch. 243. Charta Nic. Suession. episc. ann. 1142. inter Probat. tom. 1. Annal. Præmonst. col. 477 : *Dedit molendinum suum choiseullum, dictum en Ru-pré, inter Dormans et Soilliacum situm.* Unde emendanda Bulla Clem. III. PP. ann. 1190. tom. 1. Probat. Hist. Brit. col. 718. ubi *Chostella*, pro *Choisella* : *Duo molendina chostella intra Guingampum, quæ dedit comitissa... Dimidium molendinum choesel; ... unum molendinum chosel ex occidentali parte.* Idem quoque est *Molinellum quod volvitur ad coisellum*, in Chartul. Thelon. ex Cod. reg. 5649. Quodnam sit vero ejusmodi molendinum, facile colligitur ex Phil. de Greves serm. 96. in Psalter. : *Molendina ad aquam collectam et conquisitum, quæ dicuntur Molendina ad choysel*. Ibidem : *Qui nituntur in proprio ingenio et humana sapientia, non semper habent aquæ copiam, et sunt quasi Molendina ad choysel*. Id est, quæ sine aquarum undequaque collectarum auxilio, molere non possunt. Ex quibus manifestum est illa molendina, non ratione situs rotarum, ut dictum est ad *Molendinum coisellarium*, ab aliis discrepare; sed quod ipsorum rotæ versentur aquis, quæ undequaque collectæ *clusis* continentur et per canalem factitium ad molendinum ducuntur. Unde a corrupta voce *Clusa* sic nuncupata existimo; est autem *Clusa* Joan. Hering. de Molend. qu. 19. § 3 : *Fistula sive canalis excipiens claudensque aquam profluentem et ad molas deferens, illarumque gyrationem efficiens.*

Molendinarium Coisellarium, [Britonibus *Milin coazell*, cujus rota aquaria perpendiculariter vertitur.] Charta fundationis Abbatiæ de Fonteneto in Norman. in Regesto 106. Tabul. Reg. Ch. 370 : *Unum Molendinum Coisellarium juxta ædificia Ecclesiastica, quod Robertus pater meus ad victum Monachi dedit huic ipsi Ecclesiæ, etc.* Occurrit rursum infra. Vide *Molendinum Choiseullum*.

* Molendinum ad Cultella, Mola ad cultellos acuendos, in Reg. 34. bis Chartoph. reg. fol. 90. v°. col. 1. Vide supra *Mola* 6. et infra *Molere* 2.

* Molendinum Draperium, Idem quod *Fullonarium*, quo panni densantur et desquammantur. Charta ann. 1168. ex Chartul. monast. Caunens. : *Berengarius Caunensis abbas Bernardo.... unum logar in villa de Caunis, ut Molendinos ibi draperios et bladerios ædificent et faciant quantos volent,... concessit*. Pactum inter reg. et episc. Anic. ann. 1307. in Reg. 37. Chartoph. reg. ch. 20 : *Item medietas Molendini draperii.* Reg. feud. comitat. Pictav. ad ann. 1408. fol. 255. v°. ex Cam. Comput. Paris. : *Item advouho unum Molendinum drapier, situm ad maussum de brolio de Vitraco.*

* Molendinum Filatorium, f. pro *Fullatorium*, in Ch. Isab. comit. Carnot. ex Chartul. B. M. de Trappa.

* Molendinum Fiscalinum, Ad fiscum pertinens, in Charta ann. 1154. inter Probat. tom. 2. Hist. Occit. col. 549.

* Molendinum Folereum, Idem quod *Fullonarium*. Charta Juelli dom. de Meduana ex Tabul. Major. monast. : *Ad petitionem monachorum Majoris monasterii dedi... decem solidos Cenomanensis monetæ annuatim persolvendos ... de molendinis meis folereis. Molendina folerez*, in alia Charta ibid.

Molendinum Fullonarium, Quo panni densantur, desquammantur, poliuntur, [in Charta Philippi Augusti Reg. Franc. ann. 1191. apud Marten. tom. 1. Ampliss. Collect. col. 995. et] in Charta Ludovici Comitis Blesensis in Magno Pastorali Eccl. Parisiens. lib. 19. Ch. 47. *Molendinum fullonicum*, in Monastico Anglic. tom. 1. pag. 837. [*Molendinum fullencium*, in Charta ann. 1208. ex Chartul. Campan. Thuano fol. 187. *Molendinum ad pannos*, in Charta Guidonis Archiep. Bitur. pag. 114. *Molendinum fullarium*, et *de fulelez*, apud Th. *Blount* in Nomolex. Anglic.]

Molendinus Hibernaticus, in quo moluntur fruges hibernaticæ. Polyptychus S. Remigii Remensis : *Est ibi Molendinus Hibernaticus, unde recipiuntur annonæ modii* 5. Vide *Hybernagium*.

* Molendinum de Meso, f. Nomen loci, nisi idem sit quod *Pulsatorium*. Vide infra in hac voce.

* Molendinum ad Molam, Quod molit, non tundit. Charta ann. 1358. in Reg. 86. Chartoph. reg. ch. 492 : *Cum accepissent quemdam locum seu plateam..... ad Molendinum ad molam construendum, et non ad piletos etc.*

* Molendinum Navale, Navencum, Quod navi imponitur. Pariag. inter reg. et monast. Grandis-silvæ ann. 1290. in Reg. 152 Chartoph. reg. ch. 25 : *Item retinent duo Molendina navalia, quæ sunt in Garona.... Dictum monasterium semper possit habere et tenere duo Molendina navalia propria et in solidum.* Charta Joan. comit. Arman. ann. 1357. in Reg. 159. ch. 25 : *Concedimus Guillelmo Rolande militi, quod ipse et hæredes sui.... possint construere, habere et tenere Molendina navalia etc.* Vide mox *Molendinum Pendens*.

* Molendinum Pastellerium, Pestelerium, Quo *pastellum* seu glastum premitur. Vide *Guaisdum*. Charta ann. 1361. in Reg. 103. Chartoph. reg. ch. 78 : *Pro quodam Molendino pastellerio etc. Pro quodam Molendino pastelli, cum borda ibidem sita*. Alia Caroli VII. in Reg. Cam. Comput. Bitur. nunc Paris. fol. 151. v°. : *Item super Molendino pestelerio, cum viridario eidem contiguo,..... j. den. Turon.* Lit. remiss. ann. 1449. in Reg. 179. ch. 169 : *Un molin à pastriller, autrement dit molin à guedes.* Aliæ ann. 1470. in Reg. 195. ch. 521 : *Quant les compaignons furent en ung Moulin postellier, etc.*

* Molendinum Pendens, Mobile : dicitur illud, quod navi impositum facile loco moveri potest. Charta ann. 1301. in Reg. 37. Chartoph. reg. ch. 4 : *Molendina terrena, navenca seu pendentia, vel alterius formæ cujuscumque cum suis introitibus, exitibus et ribagiis, cum una seu pluribus rotis, etc.* Alia ann. 1306. in Reg. 40. ch. 117 : *Item le Moulin pendus, que nous avions sus le pont d'Orliens.*

* Molendinum ad Piletos, Quod pilis tundit, idem atque *Batannum*. Locus est supra in *Molendinum ad molam*.

* Molendinum de Planchia, Tabulis serra desecandis accommodum. Redit. præposit. Ebroic. in Reg. 34. bis Chartoph. reg. part. 1. fol. 90. v°. col. 1 : *Molendinum taneret et Molendinum de Planchia sunt extra firmam et extra præposituram.*

Molendina Quadrata, Quæ interdicuntur in Consuetud. Blesensi art. 241. et Burbon. art. 537.

* Molendinum Ressegæ, Eadem notione. Charta Gadifferi de Aula milit. senesc. Bigor. ann. 1376. in Reg. 148. Chartoph. reg. ch. 52 : *Paulus de Nogareto dedit monasterio Scalæ Dei licentiam ædificandi Molendinum resseguæ ad ressegandum fustes.* Vide infra *Ressega*.

* Molendinum Roderium A rotis sic

nuncupatum. Charta Joan. ducis Bitur. ann. 1385. in Reg. 130. Chartoph. reg. ch. 172 : *Molendinum bladi Roderium,.... videlicet molendinum cum duabus rotis et duabus molis etc.* Fragm. Hist. Fulginat. ad ann. 1286. apud Murator. tom. 4. Antiq. Ital. med. ævi col. 140 : *Fuerunt facta Molendina rotaria per commune juxta pontem Cavallum.* Charta ann. 1214. ex Chartul. Campan. fol. 289. col. 1 : *Blanca nobilis comitissa excambivit et admodiavit Molendinum suum in tribus rotis, quod adquisivit et de novo construxit apud Pruvinum.*

* Molendinum Sanguinis, Idem quod *Molendinum de brachiis*, ab operoso et molesto molitoris labore sic dictum. Lection. vet. inter Probat. tom. 1. Hist. Nem. pag. 10. col. 1 : *Dominus Johannes de Blandiaco.... tempore suo fecit fieri.... in auspicio episcopali.... Molendinum sanguinis.* Stat. ann. 1356. ibid. tom. 2. pag. 181. col. 2 : *Item quod fiant infra muros civitatis x. vel xij. Molendina sanguinis.*

* Molendinum ad Sichum. Tract. MS. de Re milit. et mach. bellic. cap. 93 : *Rota, habens aliam rotam dentatam volgentem raccham molendini, volvitur ab homine intus in ea, et volvitur tarde aut festine secundum hominem sæpe sæpius passus moventem,.... et dicitur Molendinum ad sichum. Notandum est quanto magis rota distat a centro stigli, magis giratur et frequentius, quia jam cursum suum cepit.*

* Molendinum ad Stannum, pro ad *Tannum*, quo scilicet cortex querceus teritur, in Reg. Phil. Aug. de feudis Norman. ex Cod. reg. 4653. A. fol. 188.

* Molendinum Terrenum, Quod terræ infixum est, ad distinctionem *navalis*. Vide supra *Molendinum navale*. Charta ann. 1194. ex Tabul. B. M. Deaur. Tolos. : *Dedit totam ripam Garonæ et graveria et aquas, quæ erant ex parte S. Cipriani, a ponte novo usque ad alburedam vij. denariorum ad faciendum ibidem Molendinos terrenos, quantos facere vellent.*

Molendinum ad Than, in Charta ann. 1217. in Hist. Drocensi pag. 245. [*Molendinum ad tann*, in Charta ann. 1231. tom. 2. Hist. Britan. pag. 159.] quod *Molendinum tannarium* dicitur in Charta fundationis Blancæ landæ ann. 1154. apud Columbum. [*Molendinum tanereum*, in Chartular. S. Vandreg. tom. 1. pag. 1060. *Molendinum tannerez*, in Chartular. S. Martini Pontisar.] Nostri *tan* vocant querceum corticem in pulverem redactum, quo Coriarii ad subigenda coria utuntur. [Hinc *Molendina ad corticem* dicta quibus ejusmodi cortex teritur, in Charta ann. 1228. in Tabular. B. M. de Charitate, et in alia ann. 1279. apud Thomasser. Consuet. Bituric. pag. 114.]

¶ Molendini Fossatum, Canalis aquæ qua molæ versantur, in Charta ann. 1243. apud Jofredum in Niciensibus Episc. pag. 182.

Moledina, seu *Moletrinas in leuclis*, adinvenisse Belisarium scribit Procopius lib. 1. de Bello Gotthico cap. 19.

* 1. Molendinare, Molendinum. Reg. Cam. Comput. Paris. sign. JJ. rub. ad ann. 1274. fol. 19. r°. : *Tenent a domino rege Angliæ et duce Aquitaniæ... Molendinare de Sesques.*

2. Molendinare, Molere. Domnizo lib. 1. de Vita Mathild. cap. 10 :

Non ibi pigmenta tritantur, sed quasi spelta,
Ad cursum lymphæ Molendinantur ibidem.

* Charta ann. 1225. ex Bibl. reg. : *Dicti tenentes prædictarum masurarum ad molendinum nostrum tenerentur Molendinare, sicuti alii homines de villa.* Alia Henr. reg. Angl. et ducis Norman. in Reg. 62. Chartoph. reg. ch. 368 : *Odoinus de Mala palude debet Molendinare totum bladum suum in molendinis meis de Rothomago, liberum et quietum sine motura.* Alia ann. 1410. ad calcem Chartul. S. Joan. Laudun. : *Furni et molendini villarum prædictarum bannales nostri erunt, ita quod nec coquere nec Molendinare alias poterunt.*

¶ Moliri, Eadem notione. Charta ann. 1279. apud Thomasser. Consuet. Bituric. pag. 114 : *Homines dictæ villæ Moliri facient blada sua, etc.*

Molendinarius, *Molator*, ἀλετής, in Gloss. Gr. Lat. [Charta Hugonis Ducis Burgund. ann. 1171. tom. 4. novæ Gall. Christ. inter Instr. col. 91 : *Molendinarios quoque de fluvio Arrio ab omni calumpnia et exactione mea et meorum absolvo et quittos clamo.* Alia Godefridi Episc. Lingonens. ibid. col. 179 : *Molendinarius autem per manus monachorum intret et exeat.* Codex Legum Normann. cap. 15. apud Ludewig. tom. 7. Reliq. MSS. pag. 181 : *Omnes etiam illi qui habent in membro lorice prepositum, vel fornarium vel Molendinarium; dum tamen furnum vel molendinum Baronum habeant.* Occurrit præterea in Statutis Synod. Eccl. Leodiens. an. 1287. apud Marten. tom. 4. Anecd. col. 853. in Statutis Avenion. MSS. et in Chartular. Capituli Ambian.]

¶ Molendinator, Eadem notione. Vita S. Chartaci tom. 3. Maii pag. 384 : *Pater, Molendinatorem nostrum non diligo.... cum enim vado ad molendinum, ipse non vult mecum onera de equis tollere.* Raim. Duellii Miscell. lib. 1. pag. 419 : *Notum facimus universis, quod Chunradus Molendinator, cum etc.* Necrolog. Lauresham. Vindem. Litter. Schannati pag. 25 : *Johannis Molendinatoris familiaris nostri.*

¶ Molendinaria, Molitrix, Gallice *Meuniere*. Ludewig. Reliq. MSS. tom. 8. col. 360 : *Margaretha Molendinaria in Sprengenberge per rotam molendini enormiter læsa.* Vide alio sensu suo loco.

* **MOLENDURA**, Pensitatio pro molitura frumenti. Charta Hugon. dom. Berziaci ann. 1215. in Chartul. Cluniac. : *Cum crederem me... tale jus in molendino de Firmitate... habere, ut sine Molenduris ibi deberem molere, tamdem... comperi quod in hoc nichil juris habebam, sed Molenduras, sicut et alius extraneus, debeo persolvere.* Vide infra *Moleria* 2.

¶ **MOLENDUS**, pro *Molendinus*, in Chartulario S. Vandreg. tom. 2. pag. 1237.

* 1. **MOLERE**, Facere molere. Libert. villæ de Stagello ann. 1331. in Reg. 69. Chartoph. reg. ch. 174 : *Possint facere per dicta loca besalia, paxeriam et paxerias, resclausam seu resclausas congruentes seu ydoneas ad irrigandum possessiones suas et suos fundos, et ad Molendum molendina sua.*

* 2. **MOLERE**, Acuere, a veteri Gallico *Moudre*, quod pro *Emoudre*, dixerunt. Charta S. Ludov. ann. 1229. in Chartul. Barbel. pag. 606 : *Poterunt etiam uti dictis molendinis... ad Molendum ferramenta et ad omnes usus alios, præterquam ad molendum bladum.* Lit. remiss. ann. 1383. in Reg. 122. Chartoph. reg. 219 : *Une meule à Moudre couteaux.* Vide supra *Molare* 3.

* 3. **MOLERE**, Piscis genus, Hispanis. Vide supra *Fuca* 2.

¶ 1. **MOLERIA**, Chartular. S. Vincentii Cenoman. fol. 133 : *Contentio facta fuit... super quibusdam pratis... quæ sunt sub monte Maherocioha de Braceriis usque ad Moleriam.* Vide *Molaris.* An Molendinum, vel colliculus?

* Neutrum; est enim Lapicidina molaris, seu locus unde *molæ* eruuntur, Gall. *Moliere.* Charta ann. 1300. ex Chartul. Guill. abb. S. Germ. Prat. fol. 250. r°. col. 1 : *Inquirant diligenter de communi jure, quod nos... habemus super... nemus de Bricel... Item Molerias dicti nemoris.* Quæ sic Gallice redduntur in Ch. Blanchæ reg. Navar. ibid. fol. 248. v°. col. 2 : *Item le bois de Bruisselle... Item les Molieres de ce bois.* Charta ann. 1323. in Reg. 61. Chartoph. reg. ch. 321 : *Duos solidos Turonenses super qualibet mola fabricanda de sua Molaria,... nec non Moleriam seu Molerias, magistros et operarios dictarum molarum fabricandarum.*

* 2. **MOLERIA**, Pensitatio pro molitura frumenti, ut supra *Molendura*. Bulla Cælest. III. PP. ann. 1196. inter Probat. tom. 1. Annal. Præmonst. col. 696 : *Molendinum censuale ex concessione abbatis et capituli Flaviacensis cum tota Moleria.* Et col. 697 : *Molteriam annonæ ejusdem curiæ liberam in molendino de Eures.* Pactum inter eccl. Rom. et episc. Tricastr. ex Cod. reg. 5956. A. fol. 74. v°. : *Item sibi retinuit* (episcopus) *venaciones, Molerias et omnes alios redditus,... molendina, furna etc.* Vide *Molta* 2.

MOLES, Portus, Italis *Molo*; a molibus, seu crepidinibus, quarum objectu maris atrocitas frangitur et retunditur. Vita S. Virgilii Archiepisc. Arelat. : *Ad littus æquoris, quod vocatur Molis, accessit, ubi insidiator ille* (diabolus) *quasi navem onerariam advenisse fallaciæ speciem imaginis ante oculos ausus est confingere, etc.* At apud Dinamium Patricium in Vita S. Maximi Episc. Reg. ubi eadem verba leguntur, *moles* scribitur. Vim et originem vocis attigimus in Notis ad Alexiadem pag. 305. ex Scriptoribus Græcis inferioris ævi, quibus μόλος, et μῶλος, et μοῦλος, idem sonat quod *Moles*, seu portus : quibus consentit Procopius lib. 4. de Ædific. cap. 10 : Πρὸς δὲ τὴν ἑκατέρωθι τοῦ ἰσθμοῦ θάλασσαν προβόλους τεκτηνάμενοι βραχεῖς τε καὶ φαύλους, οὕσπερ καλεῖν νενομίκασι μώλους, τὴν μεταξὺ χώραν τοῦ τε ῥεθίου καὶ τοῦ περιβόλου ἐφράξαντο, etc. Gloss. Gr. Lat. : Μῶλος, *Moles.* [Vide *Modulus* 1. et *Mola* 4.]

¶ **MOLESCERE**, pro Inolescere, ut recte emendat D. *Secousse* tom. 4. Ordinat. pag. 138.

¶ **MOLESTATIO**, Molestia. Charta ann. 1177. in Chron. Andr. Danduli apud Murator. tom. 12. col. 500 : *Vel alterius reipublicæ exactoris pertimescat, aut sentiat Molestationem.* Utitur Constant. Afric. lib. 7. cap. 6.

* Unde nostris *Moleste*, eodem sensu. Charta ann. 1322. ex Tabul. S. Petri Carnot. : *Si lesdits religieux veulent icele tourele hébergier en quelque maniere que il leur plaira, que il le puissent fere sans dangier et sans Moleste de nous ne de nos hoirs.* Occurrit præterea in Lit. ann. 1371. tom. 5. Ordinat. reg. Franc. pag. 435.

¶ **MOLESTATOR**, Qui molestiam alicui exhibet. Charta Wilhelmi Roman. Reg. ann. 1253. apud Ludewig. Reliq. MSS. tom. 5. pag. 447 : *Vos contra Molestatores quoslibet defendamus.*

* **MOLESTER**, STRI, *La pelle de cervo.* Glossar. Lat. Ital. MS.

MOLESTIA, Ægritudo. *Ut in Molestiam cholicam caderem*, apud Gregor. M. lib. 2. Epist. 31. *De eadem capitis qua detinebatur Molestia*, lib. 7. Ind. 11. Epist. 49. Vide Glossar. mediæ Græcitatis in Ἀγανακτεῖν.

* **MOLESTOR**, pro *Molestator*, Qui molestiam alicui infert. Libert. Ayriaci ann. 1328. tom. 7. Ordinat. reg. Franc. pag. 311. art. 13 : *Non teneat* (burgensis) *in hospicio suo de nocte extra horam latrones, jocatores seu aliquos Molestores.*

* 1. **MOLETA**, a Gallico *Mollette.* Stellatum calcar. Invent. S. Capel. Paris. ann. 1363. ex Bibl. reg. : *Item alia casula, dalmatica et tunica de dyapreto albo ad Moletas.* Aliud ann. 1376 : *Una tunica de dyappre albo ad Moletas.* Inventar. Gall. : *Item une autre chasuble, dalmatique et tunique de dyapre blanc à Molettes d'or.* Memor. C. Cam. Comput. Paris. fol. 234. v°. ad ann. 1359 : *Petrus Lermite præpositus Pisciaci portavit ad Cameram sigilla præpositura suæ, quæ prædecessor suus, qui fuerat captus per inimicos, ut dicebat, miserat, supplicans ut in eis fieret aliqua additio vel signum novum ad tollendam omnem sinistram suspicionem; et in crastinum dictæ diei fuit addita una Moleta in dictis sigillis per quemdam sigillifabrum.*

* 2. **MOLETA**, Mensuræ agrariæ species. Charta ann. 1232. in Chartul. S. Dion. pag. 366. col. 1 : *Dederunt quintam partem de duodecim arpentis terræ et quintam partem quatuor arpentorum prati : quæ terra et prata sunt ad Moletam beati Dionysii.* Vide supra *Mola* 7.

* 3. **MOLETA**, Morbus equinus, mollis scilicet tumor in imo tibiæ flexu, Gall. *Molette.* Lit. remiss. ann. 1368. in Reg. 99. Chartoph. reg. ch. 519 : *Eo quod ipse equus in suis tibiis Moletas habebat, ut ab eis valeret curari, ipsum adduxit in domo cujusdam hominis, vocati le Mareschal de Goclefin, qui marescallus dictum equum posuit in equisatio,.... pluresque Moletas, quas dicebat ipsum equum habere in tibiis, flebotomavit, Gallice, effondrit. Mol*, pro *Mollet*, sura, in Lit. remiss. ann. 1455. ex Reg. 187. ch. 255 : *Icelui Valete... en tumbant se va attaindre de la coignié qu'il tenoit, en la rabe ou Mol de l'une de ses jambes.*

¶ **MOLETUM**, Gall. *Moulet*, Mensura liquidorum apud Tullenses, quæ quatuor sextarios Gallicos, seu duas *pintas* Paris. capit. Hist. Tullensis pag. 102.

¶ **MOLETURA**, ut *Molta* 2. Vide in hac voce.

* **MOLEYA**, a Gallico *Molée* et *Moulée*, Intritæ species ex ramentis cultrorum aliorumque ferrariorum fabrorum coactæ. Arestum ann. 1395. 13. Febr. in vol. 8. arestor. parlam. Paris. : *Ordinatum fuerat quod non venderentur panni... tincti mala tinctura, et specialiter in altera duarum, quarum una Moleya, vulgariter en Molée, etc.* Stat. pannif. Paris. eod. an. ibid. : *Item aucun ne pourra vendre.... draps teints en Moulée pure, pour ce que c'est une teinture corrosive, mauvaise et ardente de soy.* Aliud pro filand. ann. 1320. in Reg. 78. Chartoph. reg. ch. 49 : *Que nulz ne tainde de Molée florée.* Adde tom. 7. Ordinat. reg. Franc. pag. 357. art. 2. et pag. 632. art. 1. *Mollée* tom. 8. earumd. Ordinat. pag. 379. art. 16. *Molet*, eodem sensu, in Stat. pellion. Rotomag. ann. 1470. ex Reg. 201. ch. 67 : *Item que nul ne puisse mettre tainture de charbon, ne de Molet, ne d'ocre, ne d'autre painture, fart, ne polissement en cuyr, ne en poil, en peaulx. Molée* etiam appellatur Fuligo aheni, in Stat. textor. ann. 1391. inter Consuet. Genovef. MSS. fol. 24. r°. : *Aucun ne mettra... noir de chaudiere, que on appelle à Paris Molée.* Vide supra *Molada.*

* Neque aliud sonat vox Gallica *Moilleron*, in Poem. belli Trojani MS. :

En celle chambre n'oit noienz
De chaux, d'areine, de cimenz,
Enduit, ni Moillerons, ni emplaistre;
Tote entière fu d'alambastre.

Hinc *Moillonner*, pro *Enduire, crépir*, Inducere, in Chartul. Corb. sign. *Daniel* ad ann. 1427. fol. 75. v°. : *Doit lever toute la viese machonnerie dudit cay et icelle rassir et remachonner bien et souffisamment et ce Moillonner.*

¶ **MOLGI**, *Fures, a mulgendi consuetudine.* Vocabul. Sussannæi.

¶ **MOLIARIUM**, Moletrina, pistrinum minus. Charta Eduardi II. Reg. Angl. ann. 1312. apud Rymer. tom. 3. pag. 336 : *Cum dedissemus... castrum de Tantalon, cum omnibus pertinentiis suis, simul cum... vineis, terris, molendinis, Moliariis, pratis, etc.* Occurrit rursum ibidem pag. 425. Vide supra *Molendinarium* 2.

* Vel potius Lapicidina molaris, ut supra *Moleria* 1. Reg. feud. Aquit. in Cam. Comput. Paris. sign. JJ. rub. fol. 25. r°. : *Terræ, vineæ, nemora, plana, aquæ, Moliaria, vel aliud etc.*

¶ **MOLIARIUS**, μολόκοπος. Gloss. Lat. Gr. Sangerm. [* Vide supra *Molarius.*]

MOLICINA. Vide *Melocineus.*

* **MOLIAZUM**, Sponsalia, ab Italico *Mogliera* vel *Mogliere*, uxor, conjux. Stat. ant. Florent. lib. 5. cap. 77. ex Cod. reg. 4621 : *Nullus de magnatibus... habens guerram sive inimicitiam patentem audeat... ire ad aliquam invitatam... pro Moliazo seu sponsalibus.*

* **MOLIBDOS**, *Plumbum, in lib. de Doctr. Græc. Molibdena, quam alibi gelenam vocamus, est plumbi et argenti vena communis, melior quanto magis aurei coloris, quandoque minus plumbo sociabilis et in modice granis adhærescit, auri argentique fornacibus hanc metallicam vocat, laudatissimaque a Ciprio fit.* Glossar. medic. MS. Simon. Januens. ex Cod. reg. 6959. Aliud Lat. Ital. MS : *Molibdotum, la fece del auro e el piombo arso.*

MOLINA, Mola, molendinum. Glossæ S. Benedicti cap. de Agricultura : *Molinæ*, ὑδραλεσίαι. P. Victor in Reg. 14. urbis Romæ habet *Dianæ Molinas.* Ammianus lib. 18 : *Quem* (ascensum) *scissis collibus Molinæ ad calles arctandas ædificatæ densius constringebant.* Marius Aventicensis : *Hoc anno mons validus in territorio Vallensi subito ruit,.... et pontem Genavarum, Molinas, et homines per vim dejecit. Officina Molinarum*, in Testamento S. Remigii Episcopi Remensis apud Flodoardum. Occurrit non semel in Charta Rachisi Regis Longobard. apud Ughellum tom. 5. Ital. sacræ pag. 671. [et in Chron. Farf. apud Murator. tom. 2. part. 2. col. 398.]

MOLINUM. Greg. Turon. lib. 3. cap. 19 : *Ante portam autem Molina mira velocitate divertit*; quo loco Aimoinus lib. 2. cap. 23 : *Molendinos summa vertit velocitate.* Frodoardus lib. 14. Carm. 19 :

Farriteri fabricam vexare Molini.

[Charta ann. 1004. tom. 2. Hist. Eccl. Meldens. pag. 7 : *Et terram quæ pertinet ad eos in suburbio Meldensi cum prato uno et arca una ad Molinum.* Charta Adelfonsi Regis æra 216 : *Confirmo omnem hæreditatem in qua fundatum est monasterium cum Molino et furno.*] Occurrit præterea in Legib. Wisigoth. lib. 7. tit. 2. § 12. lib. 8. tit. 4. § 30. in Legib. Longob. lib. 1. tit. 19. § 4. tit. 27. § 1. [** Roth. 149. sqq.] in Chron. Farfensi pag. 955. apud Cogitosum in Vita S. Brig. cap. 7. num. 34. Ardon. in Vita S. Bened. Anian. cap. 3. num. 12.

¶ MOLINIUM, Idem. Locus est in *Curvis.*

MOLINUS, in Lege Salica tit. 24. § 1. [Præceptum Caroli Reg. ann. 859. apud Marten. tom. 1. Anecd. col. 30 : *Terminat prædictus alodis de una parte ad Molinos Gualampadi, qui sunt serti in ripa Urbione.* Tabular. S. Petri de Cella-froini in pago Engolism. 12. circ. sæc. : *Dono... meam partem de terra de Sompretio.... excepto stagno et Molinos, quos habeant clerici sine me.* Occurrit ibi non semel.]

MOLINARIUM, Eadem notione, in Tabulario Abbatiæ Belliloci num. 59.

MOLENARE. Charta Lotharii Regis Franciæ ann. 987. apud Michaelem Carbonellum in Chron. Reg. Hispan. : *Cum domibus, vinetis, terris, cultis et incultis, cum decimis et primitiis, seu Molenaribus.*

¶ MOLINARE. Donatio Monast. S. M. de Ovarra tom. 3. Concil. Hispan. pag. 125 : *Cum totos illos census et usaticos quos nos habemus... fontibus et rivulis, Molinaribus, etc.*

* *Molinare* est sedes seu locus ad molendinum construendum aptus, idem quod *Molendinarium* 1. Ch. ann. 1305. in Reg. 37. Chart. reg. ch. 21 : *Cum rex habeat unum Molinare, situm prope Nigram pelliciam in rivo vocato del Graulier,... habile ad ædificandum molendinum, de quo Molinari ipse dom. rex nunquam habuit aliquod emolumentum.* Chartul. Celsinian. ch. 616 : *Adjunxit huic donationi unam apendariam et unum Molinare, in quo nuper fuit constructum molendinum.*

Mulinare, Eadem notione. Tabularium Casauriense ann. 24. Ludovici Imp. filii Lotharii : *Ipsum Mulinare cum ipsa terra ubi positum est, cum curte sua, et cum ipsa forma, et albio de ipsa aqua, etc.*

¶ Molinaria, Eodem sensu, in Charta Adelgastri Principis ibidem pag. 89.

Molinarius Molitor. Vetus Glossarium : *Molinarius*, ὑδραλέτης. Gloss. Lat. Gall. : *Molendinarius*, *Molinier*. *Servus Molinarius*, in Lege Salica tit. 11. § 5. [Placitum sub Ludovico VIII. tom. 2. Annal. Bened. pag. 723 : *Molinum unum in Amiterno cum Molinario suo.*] Jacob. Hemricurtius in Speculo Hasbanico pag. 8. ait primum Warsuseæ gentis stipitem *Moulnier* appellatum, *partant qu'il avoit plusieurs molins.*

* Nostris *Molnier* et *Moulnier*. Libert. castri Montisol. ann. 1312. tom. 7. Ordinat. reg. Franc. pag. 506. art. 44 : *Quod quilibet solvat cuilibet Molinerio* (ita leg. pro *Molinio*, cui superscripta est nota abbreviationis in Reg.) *de duobus sestariis unam ponheriam* (sic) *et non plus, pro moltura.* Lit. remiss. ann. 1395. in Reg. 47. Chartoph. reg. ch. 261 : *Jehannin Consmarcle varlet du Moulnier de Cheppy etc.* Aliæ ann. 1442. in Reg. 176. ch. 113 : *La femme Gilet s'en ala bien matin à la maison du Molnier pour moldre son blé.* Vide in *Molina.*

¶ Molinerius, Ead. notione. Charta ann. 1356 : *Damnum quod cognitum esset per bonos viros expertos in talibus sicut sunt Molinerii.* Occurrit præterea in vet. Catalogo Confrat. de Nativit. B. M. Tolos. Vide *Molnarius* et *Mulnarius* suis locis.

Molinellum. Glossæ Pithœanæ; *Fractillum, Molinellum ad frangendum piper.* Le Roman *de Garin* MS. :

Del bruit de l'eue tornent un Molinel.

Molinellum. Ugutio : *Camus, quoddam genus ferri fræni, vel pars, scilicet quod vulgo dicitur Molinellum.*

Mulinum, in Lege Alemann. tit. 83. § 1. et in Lege Bajwar. tit. 8. cap. 2. § 1. Vandalis, *Mule*, et Slavis *Mlin* est molendinum, ut auctor est Orbinus.

Mulnetum, Eadem notione, in Tabular. S. Cyrici Nivern. ch. 17 : *Ex alia fronte rivulum Credandum cum uno Mulneto.* Occurrit rursum ibid.

Mulinum Animal. Vide *Animal de hoste.*

* Molina Ferrea, Ad tundendum ferrum. Charta ann. 1311. in Reg. 48. Chartoph. reg. ch. 133 : *Concessimus et acensavimus Raimundo,... quod ipse possit tenere et facere quamdam Molinam ferream in nemore dom. nostri regis de Fenoledosio. Si eas Molinas ferreas tenere velint*, in alia ann. 1327. ex Reg. 65. ch. 65. Vide infra *Molinum fabrile.*

¶ **MOLINAGIUM**, Idem videtur quod *Molta* 2. Charta ann. 1192. apud Marten. tom. 1. Anecd. col. 649 : *Sint liberi et immunes per totam terram nostram... absque venda, telonio,... pasnagio, Molinagio, fornagio, etc.*

¶ **MOLINAR**, ut *Molendinarium*. Vide ibi.

¶ 1. **MOLINARE**, Molinaria, Molinarius, etc. Vide *Molina.*

* 2. **MOLINARE**, *Mola* fullonia pannos densare, desquammare et polire; unde *Molinatura*, ipsa desquammatio. Charta ann. 1316. in Reg. 53. Chartoph. reg. ch. 334 : *Plures panni lanei fiebant in villa Tholosæ per nonnullos textores, in quibus pannis texendo immiscebantur filaturæ, vocatæ tramadas sive filaturæ falsi lanagii, propter quod dicti panni fiebant et erant viciosi :... nam tales filaturæ, vocatæ tramadas seu falsi lanagii, colores tincturarum capere non poterant commode.... De vicio prædicto talium pannorum laneorum Molinatorum ratione tincturarum seu falsi lanagii cognoscent.... Vicium hujusmodi apparebit pretextu operum seu Molinaturæ paratorum.* Vide *Molendinum fullonarium.*

* **MOLINELLUM**, Vectis versorius, Gall. *Moulinet*. Munit. castr. dom. reg. : *Molinella, balistæ de cornu, etc.* Histor. belli Forojul. apud Murator. tom. 3. Antiq. Ital. med. ævi col. 1197 : *Venerunt super collem Grisellum cum balistris grossis de Molinellis et arganellis.* *Molinet*, pro fustis specie, in Lit. remiss. ann. 1418. ex Reg. 170. Chartoph. reg. ch. 277 : *Un baston, nommé Molinet de poignée.* Vide in *Molina.*

¶ **MOLINIA**, *Vestis quæ ex albo stamine fit, etc.* Papias MS. Bituric. Vide *Melocineus.*

* **MOLINUM** Fabrile, Idem quod supra *Molina ferrea*. Reg. feud. Aquit. in Cam. Comput. Paris. sign. JJ. rub. fol. 29. r°. : *Helias de Beuvilla... et Willelmus frater suus.... tenent ab eo* (rege) *tres solidos de firma de Molino fabrili, cum una quarantata terræ.* Vide in *Molina.*

* **MOLIO**, Molitor, Gall. *Meunier*. Mirac. S. Apri tom. 5. Sep. pag. 73. col. 2 : *Cum Molio farinarium suum tempestive negligeret ab opere compescere, etc.* Vide supra *Molinerius.*

¶ **MOLIONE**, ut *Molina*, in Tabular. S. Millan. apud Moret. Antiquit. Navar. pag. 547 : *Ad rivo valle Venarie, ad Gramneto ubi est Molione sito, etc.*

* **MOLIRE**, Molere. Lit. ann. 1371. tom. 5. Ordinat. reg. Franc. pag. 393 : *Valeant tot molendina ad ventum, quot et quociens sibi placeret, ædificare seu ædificari facere, et in ipsis grana sua Moliri pro suo libito voluntatis.* Comput. ann. 1479. inter Probat. tom. 3. Hist. Nem. pag. 337. col. 1 : *Illi fontanerio, qui dicebat facere Molire continue molendina aquæ Nemausi.* Vide in *Molendinum.*

* **MOLIRI**, in significatione passiva, Strui. Annal. Metens. ad ann. 869. tom. 7. Collect. Histor. Franc. pag. 197 : *Formidans ne forte insidiæ sibi a Caroli fautoribus Molirentur, etc. Si molitum est*, pro Si factum est, in synod. apud Vermer. ann. 853. ibid. pag. 612.

¶ **MOLIRI**. Vide in *Molendinum.*

¶ **MOLIS**. Vide *Moles.*

¶ **MOLITIO**, Quidquid molitur. Charta ann. circ. 1226. apud Hearn. ad calcem Annal. Edwardi II. Reg. Ang. pag. 266 : *Ita tamen quod Molitio mea et familiæ meæ in eisdem molendinis quieta sit ab omni molitura.*

¶ 1. **MOLITURA**, Idem quod *Mixtura*. Charta Anserici domini Montis-regalis ann. 1202 : *Concessi illi presbytero, qui Missam meam celebrabit, unum sextarium bladi laudabilis, cujus medietas erit frumenti, alia Molturæ.* Vide *Mixtum* 2. et *Moustarangia.*

¶ 2. **MOLITURA**, Gall. *Mouture*. Vide *Molta* 2.

* 3. **MOLITURA**, Granum molendum. Charta ann. 1059. inter Instr. tom. 11. Gall. Christ. col. 14 : *Unum molendinum ubi tota Molitura de Grimonth-maisnil debet venire, si dominus villæ molendino caruerit.*

¶ **MOLITUS**. *Molita arma*, samiata, acuta. Vide in *Arma* 1.

* **MOLIUS**, Vas vinarium. Stat. Taurin. ann. 1360. cap. 270. ex Cod. reg. 4622. A : *Non mensuretur vinum vendle.... ad mensuram quæ non impleatur, nec in uno sypho vel Molio ultra unam minutam.*

* 1. **MOLLA**, Mensura lignaria, nostris *Molle*; unde *Moller*, lignum ea ratione mensurare, *Molleur*, qui *molla* metitur, et *Mollage*, ejusdem merces. Charta Phil. Pulc. ann. 1293. in Lib. rub. Cam. Comput. Paris. fol. 7. v°. col. 2 : *Statuentes ut prior et monachi sæpedicti, tam pro se quam pro posteris suis, in restitutionem consuetudinis usuariæ memoratæ, sexcentos decem et octo Mollas lignorum pro ardere suo... habere possint et perpetuo possidere.* Alia Phil. V. ann. 1320. in Reg. 58. Chartoph. reg. fol. 59. r°. : *Donamus una cum fusca* (l. fusta) *sive merreno cujusdam rotæ et quadam Molla et aliis domus ejusdem pertinentiis.* Lit. remiss. ann. 1389. in Reg. 138. ch. 98 : *Les Molleurs de busche de Paris doivent avoir de chacun Molle de busche Moller et compter certaine somme d'argent etc.* Ordinat. ann. 1415. in Reg. 170. ch. 1 : *Item les molleurs et compteurs auront droit de comptaige et Mollage de toute maniere de busche vendue et livrée à Paris à compte et à Molle.* Vide *Mola* 3. et infra *Mollare.*

* 2. **MOLLA**, Typus, forma, Gall. *Moule*. Pactum inter abb. et consul. Aurel. ann. 1350. in Reg. 78. Chartoph. reg. ch. 246 : *Item quod statuantur in dicta villa certæ formæ sive Mollæ de tegulis, sive teulez, magnis et parvis.* Vide mox *Molle* et infra *Mollis.*

* 3. **MOLLA**, pro Mola, Gall. *Meule*, in Charta fundat. prior. Montis-Guid. ann. 1098. inter Probat. Hist. Sabol. pag. 359.

* **MOLLARE**, Mensura lignaria, *Molla* nuncupata, mensurare. Charta ann. 1271. in Reg. 45. Chartoph. reg. ch. 94 : *Tenebuntur.... quinque molas bosci vivi et mortui pro qualibet quadrigata liberare Mollatas fideliter et paratas.* Vide supra *Molla* 1.

¶ **MOLLE** Ferreum, Forma, Gall. *Moule*. Inventarium MS. ornament. Eccl. S. Martialis Lemovicens. ann. 1257 : *Item Molle ferreum cum quo fiunt ostie.*

* Inventar. ann. 1476. ex Tabul. Flamar. : *Item plus unum Molle fusti, cum quo est assuetum facere candelas sepi.* Vide supra *Molla* 2.

MOLLEGIUM. Charta MS. Galeacii Comitis Virtutum : *Officiales Mollegii frumenti Vercellarum compellere nituntur ipsos de Colobiolo ad solutionem Mollegii prædicti.* Alia ann. 1370 : *Quod ipsi possint percipere Molegium ab illis personis quæ non solvunt toltam et fodrum Communi Terdonæ ab illis personis de Molo et de Garbanea, et de Episcopatu et aliunde, quæ ibunt ad mazinandum sive franzendum frumentum, bladum, legumina, etc.* Vide *Molta* 2.

☞ Ex his colligitur *Mollegium* præstationem esse quæ ex frumento molito percipiebatur. Pro ipso molendino accipi videtur in Statutis Astens. pag. 107. v°. : *Quod omnes et singuli introducentes farinam in dicta civitate, durantibus nundinis, qui pro ipsis farinis non solvissent revam ad Molegium ejusdem civitatis, teneantur et debeant ipsam farinam consignare et pro ipso earum introitu solvere revam Molegii Ast. consuetam.* Vide *Molegium*.

¶ Molegia, Bladum in farinam redactum, seu molitum. Statuta Arelat. MSS. art. 57 : *Et si molendinarii portaverint Molegiam, habeant pro singulis portandis*, 11. *den.* Art. 180 : *Quisque possit habere eminam... ad opus levandi Molegiam.*

¶ **MOLLEIA**, f. Idem quod *Molta* 2. Computus ann. 1219. apud D. *Brussel* tom. 1. de Usu feud. pag. 483 : *De Priore Argentolii pro Molleia Trapat.* xxv. *libras.*

* **MOLLERE**, pro Mollire, Provinc. *Molleguar*, in Glossar. Provinc. Lat. ex Cod. reg. 7657.

1. **MOLLES**, inquit Alcuin. de Offic. divin.: *sunt effeminati, qui vel barbas non habent, sive qui alterius fornicationem sustinent*; seu, ut loquitur Salvian. qui *in semetipsis feminas profitentur. Viri qui nubunt in feminas*, in leg. 3. Cod. Th. ad Leg. Jul. de adult. (9, 7.) S. Paul. 1. ad Cor. 6 : *Neque Molles enim, neque masculorum concubitores regnum Dei possidebunt.* Οὔτε μαλακοὶ, οὔτε ἀρσενοκοῖται. Παῖδες ἁπαλοὶ, Dioni Chrysost. de Regno. [Gloss. Græc. Lat. : Μαλακός, ὁ ἁπαλός, *Mollis*.] Martial. lib. 2. Epist. 84 :

Mollis erat, facilisque viris Pæantius heros.

Julius Firmicus lib. 3. cap. 7 : *Faciet Molles, cynædos, et qui se dulcibus actibus dedant.* Cælius Aurelian. lib. 4. Chron. cap. 9 : *Molles sive subactos Græci Malthacos vocaverunt, quos quidem esse nullus facile virorum credit. Non enim hoc humanos ex natura venit in mores, sed pulso pudore, libido etiam indebitas partes obscœnis usibus subjugavit, etc.* Quo spectant ista Alani de Insulis in Planctu naturæ pag. 295 : *Multi etiam alii juvenes mei gratia pulcritudinis honore vestiti, debriato amore pecuniæ, suos veneris malleos in incudum transtulerunt officia.* Salvian. lib. 7. de Gubernat. Dei : *Non quia Molles plurimi fuerint, sed quia mollicies paucorum labes est plurimorum.* Infra : *Igitur in tanta affluentia rerum nullus eorum Mollis effectus est. In illis nullus qui Romanorum illi Mollium pollueretur incestu.* Eodem libro : *Abstulerat enim de omni Africa sordes virorum Mollium, contagiones etiam horruere meretricum.* Liber Pœnitentialis Gregorii II. PP. : *Si qua mulier cum altero coitum fecerit*, 4. *quadragesimas pœniteat. Molles unum annum pœniteant.* Capit. Theodori Cantuar. cap. 180 : *Perjuri* 3. *annis pœniteant : Sodomitæ* 7. *annis : Molles uno anno.* Orderic. Vitalis lib. 8 : *Molles flammisque cremandos turpiter fœdabat Venus sodomitica.* Vide Joan. Sarisber. lib. 3. Policrat. cap. 13. [Salmasium de Trapezit. fœnore pag. 154.] et Gloss. med. Græcit. voce Μαλακός.

Sunt qui *Molles* putant esse illos Eunuchos, de quorum prodigiosa Venere agunt S. Basilius lib. de Vera virginitate : Arnob. lib. 5. S. Hieron. lib. 1. adv. Jovinian. etc. Adde præterea Pœnitentiale Rom. tit. 3. Bedam lib. de Remed. peccator. cap. 2. præter Juvenal. Sat. 16. Philostrat. lib. 1. cap. 21. 23. etc. Vide S. Augustin. lib. 7. de Civit. Dei cap. 26. et supra in vocibus *Effeminati*, *Ephebia*, *Feminare*.

Mollities, Peccatum ipsum mollium. Synodale MS. Eccl. Andegav. : *Cum autem peccatum Molliciei vincat adulterium, et hominem et mulierem ministrum faciat, etc.*

* 2. **MOLLES**, Expressa in cera imago, specimen. Lit. remiss. ann. 1397. in Reg. 153. Chartoph. reg. ch. 234 : *Item quod postmodum dictus præventus hujusmodi litteras, cum quibusdam Molles clavium scultis in cera, tulit et posuit..... subtus quasdam gelimas, et ibi fuerunt repertæ cum dictis Molles, etc.* Vide *Molla*, 2. et *Mollis*.

* 3. **MOLLES**, ab Italico *Molle*, Forceps. Acta B. Joan. Firm. tom. 2. Aug. pag. 463. col. 1 : *Cogitavit ire ad coquinam fratrum, et accepit illud instrumentum ferreum, quo ignem aptamus, quod usitato vocabulo Molles vocamus.* Inventar. ann. 1218. inter Probat. tom. 1. Hist. Nem. pag. 67. col. 2 : *Capud foci, et parrisengle, quasdam Molles, etc.* Vide *Molletum* 1.

¶ **MOLLESTRA**. Festus : *Mollestras dicebant pelles oviles quibus galeas extergebant.*

¶ 1. **MOLLETUM**, Forficulæ, ni fallor, nostris etiam *Molets, Pincettes*. Mirac. MSS. Urbani V. PP. : *Fistula in oculo taliter grossum et inflammatum in quo supervenerunt vermes et jam offuscaverant visum; quidam extraxit* 24. *vermes cum Molleto.*

2. **MOLLETUM**. Vetus Charta apud Ughellum tom. 1. part. 1. pag. 390 : *Et de ipso Molleto, et de mollino omnia exinde faciamus, etc.* [* F. Tumulus terreus, colliculus. Vide supra *Molarium* 3.]

* **MOLLIA**, Locus cavus, per quem aquæ decurrunt. Charta ann. 1377. in Reg. 112. Chartoph. reg. ch. 151 : *Accensat et abbergat et in emphiteosim perpetuam tradit, cedit et concedit insulam supradictam, cum dicta Mollia seu decursu etc.*

¶ **MOLLIARCERE**, *Extrahere, parcere.* Papias, unde emendandus MS. Bituric. : *Moliarcere, extrahere partem.*

¶ **MOLLICIA**, Tapes acupictus, opere plumario decorus. Expositio brevis antiq. Liturg. Gallic. apud Marten. tom. 5. Anecd. col. 98 : *Ideo autem venientem sacerdotem symbolum tradere, expandetur super cancellum Molliciis plumarum, vel candida sabana.*

MOLLIDITAS, Mollities. Vita S. Marculfi Abbat. n. 10 : *Lectus ejus, nec etiam quidquam Molliditatis habebat, sed tantum nuda jacens in humo, etc.*

¶ **MOLLIFICATIO**, Actio qua aliquid molle efficitur. Boncompagnus de Obsidione Anconæ cap. 11. apud Murator. tom. 6. col. 936 : *Deficientibus tandem iis, accipiebant coria boum, et ea post Mollificationem diuturno labore coquebant : post decoctionem vero quidam cum piperata vini... comedebant.*

¶ **MOLLIMEN**, Mollities. Acta S. Monegundis tom. 1. Julii pag. 314 : *Nullum habens stratum fœni paleæque Mollimen.*

¶ **MOLLINUM**. Vide *Molletum* 2.

MOLLIPES, Ἁπαλόπους, in Gloss. Græc. Lat. [Cicero de Divinat. lib. 1. num. 9 :

Mollipedesque boves spectantes lumina cæli.]

* **MOLLIRE**, Molere. Charta Hugon. de Montef. in Reg. 74. Chartoph. reg. ch. 61 : *Tradidi Hugoni de Quesneio militi meo senescallo.... quitantiam totius moltæ; et Molliet ille Hugo post primum, quem inveniet ipse molentem ad mea molendina; nec poterit retardari Molliendi, nisi pro pane de propriis canibus castelli.* Vide supra *Molire*. [** Alio sensu *Tirannidem Mollire*, pro *Moliri*, in Annal. Xantens. ad ann. 873. apud Pertz. Scriptor. tom. 2. pag. 235.]

* **MOLLIS**, Typus, exemplar. Libert. civit. Caturc. ann. 1344. in Reg. 68. Chartoph. reg. ch. 312 : *Item habent.... mensuras ad mensurandum blada, vina, oleum, sal, calcem et lateres sive teules..... Quæ quidem mensuræ, Molles et pondera signantur..... signo consulatus prædicti.* Vide supra *Molla* 2.

¶ **MOLLITIES**. Vide *Molles*.

¶ **MOLLITIVUS**, Molliendi vim habens, Medicis nostris *Emollient. Mollitivum cataplasma*, apud Constant. Afric. lib. 4. cap. 17.

* 1. **MOLLUS**, Mensura lignaria, Gall. *Moule de bois*. Assignat. dotalit. Joan. reg. Franc. ann. 1319. in Reg. 60. Chartoph. reg. ch. 69 : *Item pro mille octingentis viginti quinque Mollis lignorum in foresta de de Hallate,..... Mollo æstimato sexdecim denarios.* Vide supra *Molla* 1.

* 2. **MOLLUS**, Acervus, meta, Gall. *Meule de foin*. Charta ann. 1280. ex Chartul. S. Vinc. Laudun. : *Prato prædicto falcato et in Mollis posito, licebit infra tres ebdomadas post hoc vel citius, si dicti Molli fuerint portati, dictis hominibus animalia sua in dictum pratum immittere ad pascendum.* Vide infra *Mulus* 2.

MOLMAN. Tabular. Prioratus *de Lewes* in Anglia fol. 16 : *Item omnis Molman inveniet equum, si habuerit, ad portandum corredium Prioris : et si habebit, duos panes hordei : et si panes portaverit, de iisdem* 2. *habebit, cum companagio, et flagellabit prœbendam Prioris per unum diem, cum corredio domini, et habebit* 2. *panes ad vesperam cum companagio, exceptis illis qui non dant vilager* Ubi Spelmannus putat idem esse quod *Maalman* et *Malman*. Vide in hac voce.

¶ **MOLMUTINA** Lex. Vide in *Lex*.

¶ **MOLNAGIUM**, Idem quod infra *Molta*, *Droit de mouture*. Charta ann. 1183. apud Pillet. Histor. Gerbored. pag. 337 : *Vel* xviii. *minas frumenti quas ibi habet Wido de Achis pro medietate Molnagii.*

¶ **MOLNAIRONUS**, Molnarius, Molnerus. Voces ejusdem significationis, quæ molitorem aliosque in molendino servientes denotant. Statuta Massil. lib. 1. cap. 55 : *De Molneriis et Molnaironis, et mulateriis et duobus officialibus super hoc eligendis.* Infra : *Prædicti tam Molneri quam Molnaironi jurent ad sancta Dei Evangelia bene et fideliter tam bladum quam farinam custodire et fideliter molere bladum.* Occurrit ibid. pluries non sine aliqua interdum vocum mutatione. Charta ann. 1215. in Tabul. Corbeiensi : *Ea scilicet conditione quod ipsum molendinum in levatione et his quæ ad molendinum pertinent, ita temperari faciam, ut molendinum de Eskenfol, quod prædicto subjacet, aquam sufficientem ha-*

beat, secundum arbitrium Molnariorum pace utrinque servata.

* **MOLNARE**, Molere. Charta Isemb. de castro Allionis ann. 1190. in Chartul. S. Joan. Angeriac. fol. 187. v°. : *Venientes etiam ad ista molendina et redeuntes Molnandos sub sua protectione in pace et in guerra miserunt.* Vide supra *Molendinare* 2.

¶ **MOLNARIA**, MOLNERAGIUM, MOLNEA. Vide *Molta* 2.

* **MOLNARIUM**, Moletrina. Charta Theob. *Chabot* in Tabul. Absiensi ch. 681 : *Donamus monachis Absiæ.... molarias quæ sunt in dicto territorio et nostram partem unius Molnarii et unius stanni.*

* **MOLNERIA**, pensitatio pro molitura frumenti, Gall. *Droit de mouture.* Charta ann. 1342. in Reg. 74. Chartoph. reg. ch. 62.: *Tradimus communitati seu universitati castri de Montaniaco.... totam et integram illam partem seu Molneriam dotalem mei dictæ Angletinæ, quam nos dicti conjuges habemus.... in quadam rota molendinorum dictæ universitatis; .... et vocatur dicta rota communiter molendinum meyssonerii; quæ insuper pars seu Molneria est dare duas ponherias inter diem et noctem, quando dicta rota molet;.... est vero etiam pars prædicta seu Molneria dare medietatem farinæ seu remoltæ, quam lucrabitur rota prædicta.* Vide *Molta* 2.

* **MOLNERIATA**, Pari intellectu. Chartul. priorat. de Guilcio fol. 26. v°. : *Vendidit Gurhanno monacho totam illam partem Molneriatæ molendinorum stagni de Castello.*

MOLOCENARII, *Qui pascunt canes, quia molos canum dicitur.* Ita Ugutio. Forte *Molossarii.*

¶ **MOLOCHINUS**. Vide *Melocineus.*

¶ **MOLOLUTA**. Vide *Molta* 2.

¶ **MOLON**, vox Hispanica, eadem notione qua *Molaris* supra. Charta Adelgasiri Principis tom. 2. Concil. Hispan. pag. 89 : *Et per peña sarnosa et per illo Molon, de inter ambos rios et per lumbilas.* Ubi, quod notandum, de limitibus agitur.

* Acervus cujuslibet rei. Glossar. Provinc. Lat. ex Cod. reg. 7657 : *Molon, Prov. acervus, sorica, cumulus. Molonar, Prov. acervare, cumulare. Moloton, Prov. globus cujusque rei.* Formulæ Mss. ex eod. Cod. fol. 35. r°. : *In corpore erant diversi glomi et Moloni vermium, quare in illis partibus præsumebat esse vulnera.*

¶ **MOLONUS**, Congeries *garbarum*, Massiliensibus *Molon*, vel *Garbairon.* Charta ann. 1330. in Tabular. S. Victoris Massil. : *Solvant tertiam decimam garbarum.... quod divisio fiat per Molonos sive garbaironos.* Vide *Modulum.*

¶ **MOLONYMPHIUS**, *Qui nondum uxorem duxit.* Vocabul. Sussannæi.

* **MOLOSIRICUS**. *Palleum molosiricum tetrafotum*, in Charta ann. 471. apud Angel. Calog. in *Raccolta* Venet. edita tom. 9. pag. 505. Ubi leg. *Holosericum.* Vide in hac voce.

¶ **MOLOSUS**, Grandis, qui est instar molis. Miracula S. Augustini Episc. Cantuar. tom. 6. Maii pag. 403 : *Interea vis ventorum acrius justo intumuit, et fluctus qui Molosam puppim æquis viribus ducebant, indomito bello frangere aut absorbere parabant.*

¶ 1. **MOLTA**, Cæmentum. Vide *Malta.*

2. **MOLTA**, Pensitatio quam a vassallis exigit dominus pro frumenti molitura in molendinis suis : *Moulte*, in Consuetud. Andegav. art. 17. Cenoman. art. 36. *Droit de moulage*, in Consuetud. Turon. tit. 1. artic. 14. et Burbon. art. 535. [Charta Philippi Aug. Reg. Franc. ann. 1201. in Tabular. Calensi pag. 102 : *Si vero contingat quod alicui hominum de Calouns imponatur quod ad aliud molendinum moluerit, Bartholomæus querimoniam faciet Abbatissæ, et quisquis hominum se altero purgare poterit, quitus erit; qui vero hoc jurare non poterit, Moltam reddet et duos solidos de emenda.*] Monast. Anglic. tom. 2. pag. 97 : *Concedo S. Amando quatuor viros panificos ab omni servitio meo quietos et liberos, et Moltam suam, sed et Moltam similiter omnium civium S. Amandi.* Adde tom. 1. pag. 760. Tabularium Burguliense ann. 1214. fol. 10 : *Prior debet Moltam de unoquoque sacco unum boissellum, et plenum farinagium.* Adde Probat. Hist. Geneal. des *Chasteigners* pag. 182.

* A qua præstatione immunitas *Franc moudre* et *Franc molu* nuncupatur. Charta Phil. Pulc. ann. 1308. in Lib. rub. Cam. Comput. Paris. fol. 344. v°. col. 1 : *Les autres dismes que les diz religieux avoient en ladite ville, rabatuz les Moudres francs et coustumenz ou pris de dis livres.* Alia ann. 1380. ex Chartul. 21. Corb. fol. 312. v°. : *Saouf et reservé Franc-molu audit molin.*

MOLTA SICCA, [Quæ in pecunia numerata exsolvitur.] Charta Ottonis Rotomagensis Episcopi ann. 1262 : *Denarii, oboli, vendæ, furni, molendina, Molta sicca, estoublagia, etc.* [Charta ann. 1276. in Chartular. S. Vandreg. tom. 1. pag. 781 : *Tenendas et habendas dictas duas pechias terræ libere, pacifice, sine campipartu et sine sicca Mouta, etc. Molta sicca et madida*, in Charta Philippi Pulchri Reg. Franc. ann. 1308. tom. 4. Hist. Harcur. pag. 2147.] Vide *Census siccus*, [et infra *Multura.*]

* MOLTA HUMIDA, VIRIDIS, Quæ frumento molito solvitur. Reg. S. Justi ex Cam. Comput. Paris. fol. 207. v°. : *Item Molta humida.* Charta ann. 1318. in Reg. 56. Chartoph. reg. ch. 392 : *Item ratione molendini dictæ villæ cum Moltis siccis et viridibus, lvj. lib. Motes seches et moistes*, in Ch. ann. 1308. ex Bibl. reg. Alia ejusd. ann. ex. Lib. rub. ejusd. Cam. Comput. fol. 302. r°. col. 1 : *Et avecques ce toutes les Moustes seiches et moistes, et tous les baniers.*

¶ MAUTURA, Idem quod *Molta*, in Statutis MSS. Eccl. Glandatensis ann. 1327.

¶ MODURA. Tabular. Cartusiæ Bellilarici : *Dedit quatuor bichetos Modurœ super molendina.*

* Charta ann. 1352 : *Propter raritatem gentium, quæ remanserint ex mortalitate prædicta, ipsa molendina et Moduræ et exitus eorum non valuerunt per annum, omnibus computatis, ultra tertiam partem dicti census.* Ita quoque legendum pro *Moduta*, in Lit. ann. 1312. tom. 8. Ordinat. reg. Franc. pag. 109. art. 17.

¶ MOLAGIUM. Litteræ ann. circ. 1180. tom. 2. Hist. Eccl. Meldens. pag. 67 : *Mando etiam vobis et precor, quatenus Molagium.... capellæ S. Mariæ de Fonte Sereno monacho ibi habitanti habere faciatis.*

MOLATURA, non semel in veteri Notitia ann. 1174. in Tabulario S. Laudi Andegav.

MOLDA. Tabular. Burguliense fol. 63 : *Simulque Moldam ipsius terræ concedo molendinis S. Petri.*

¶ MOLDUREIRA. Tabular. S. Eparchii Inculism. fol. 130 : *De panibus vero oblitais, concordatum est, ut duo fierent de una Moldureira bene concussa et in testa rasa.*

¶ MOLEARIUM, in Charta ann. 1230. Locus in *Molearia.*

¶ MOLENDINAGIUM. Bulla Pauli III. PP. ann. 1537. tom. 4. Gall. Christ. inter Instr. col. 118 : *Immunes sint perpetuo a solutione Molendinagii seu molituræ suorum granorum.*

¶ MOLETURA, in Charta ann. 1151. apud D. Calmet. tom. 2. Hist. Lotharing. col. 340 : *In molendinis quæ sunt in alodio Domini-Castri molent, nec dabunt Moleturam.* Consuetud. MSS. Auscior. ann. 1301. art. 98 : *Item consuetudo est ibidem quod omnes habitatores civitatis et villæ de Auxio et pertinentiarum ejusdem possent in omnibus molendinis intra terminos et pertinentias prædictæ civitatis et villæ Moleturam habere pro 30. parte, nec plus poterit a volentibus molere exigi ratione Moleturæ.*

¶ MOLITURA. Charta ann. 1257. ex Schedis Pr. *de Mazaugues* : *Retento... jure coquendi panem sine fornagio et molendi bladum ad opus sui et familiæ suæ sine Molitura.* Charta ann. 1324. tom. 3. Hist. Harcur. pag. 40 : *Cum fossa juxta pratum et Molituram ejusdem terræ, etc. Molitura libera*, in Charta ann. 1245. apud Kennett. in Antiquit. Ambrosden. pag. 236. Vide *Molitio.*

¶ MOLNARIA. Charta ann. 1216. in Tabular. S. Barthol. Betun. fol. 32 : *Quintum bostellum Molnariæ in molendino de Coisiaus elemosinavi... Ego enim dictam portionem Multuræ a Mathæo de Duaco emi bene et legitime secundum legem et judicium patriæ.*

¶ MOLNEA, in Charta Johannis dom. Pinchonii (*Picquigny*) ann. 1199. e Tabular. Corbeiensi : *Concessimus in eleemosinam eisdem infirmis Molneam suam liberam et absque emolumento perpetim quietam... in duobus nostris molendinis Pinchonii.*

¶ MOLNERAGIUM, in Charta apud Lobinell. tom. 2. Hist. Britan. pag. 212 : *In molendino de Ardona dominium* (habebunt) *et medietatem molendini et totum Molneragium.*

¶ MOLOLUTA. Tabular. B. M. Piperac. : *Molendinum brunum et percipiendi Mololutas et proventus ex ipsis provenientes.*

¶ MOLTRUM. Consuetud. MSS. Eccl. Coloniens. e Bibl. Eccl. Atrebat. : *Pistori in qualibet septimana assignantur* xviii. *maldra tritici et dimidium mensuræ claustralis : et domini non dant Moltrum, quia pistor recepit unum maldrum.*

MOLTURA, in Monastico Anglic. tom. 1. pag. 738 : *Concessit quoque Monachis Molturam totius civitatis Salopesbiriæ.* Adalardus in Statutis Corbeiensibus lib. 1. cap. 7 : *Et illam Molturam salvam faciat.* [Charta ann. 1137. in Tabular. Veteris villæ : *Et dimidiam Molturam molendini qui ex stanno pendet.*] Occurrit etiam apud Ordericum Vitalem lib. 5. et alibi passim.

¶ Molucia. Charta Ægidii D. *de Mailly* ann. 1230. in Tabular. Corbeiensi : *Dederunt mihi in augmentum feodi mei Moluciam hospitum suorum de Colincamp hæreditarie possidendam : ita quod dicti hospites tenentur ire molere ad molendinum de Maliaco ad usus et consuetudines hominum meorum de Maliaco... In tota autem prædicta villa de Colincamp, nec in alta justitia nec in aliis aliquid ultra Moluciam,... sicut prædictum est, aliquid clamare, etc.*

¶ Molueta. Charta Bartholomæi Belvac. Episc. ann 1164. in Tabular. Sangerm. : *Moluetam monachorum liberam ad molendinum de Hamello, medietatem in furnis et furnagiis totius villæ Britoliensis.*

¶ Moluta, in Charta ann. 1205. ex Tabul. Eccl. Cathed. Massil. : *Quod centum eminas bladi sine omni Moluta moletas in molendino S. Pontii.*

¶ Mostiera. Charta Guidonis Archiep. Bituric. ann. 1279. apud Thomasser. Consuet. Bituric. pag. 114 : *Homines dictæ villæ moliri facient blada sua, solvendo Mostieram, prout consueverunt.*

¶ Motura, in Charta Guidonis D. de Dampetra apud Baluz. tom. 2. Hist. Arvern. pag. 108 : *Molendinum de Chastelet, in quo Bernardus... habet suum molere sine Motura.* Chron. Senon. tom. 3. Spicileg. Acher. pag. 391 : *Constitutum est quod domus de Ogieviller ad dictum molendinum sine Motura moleret.* Occurrit præterea in Statutis Montis Regal. fol. 273. et alibi.

¶ Moustura, in Charta apud Lobinell. tom. 2. Hist. Britan. pag. 197 : *Ex parte mea dedi eis, quod ipsi molant blada sua in molendino novo super aquam quæ dicitur Sicca constituto ad usum eorum sine Moustura.*

¶ Mouta. Charta ann. 1229. in Chartular. S. Vandreg. tom. 2. pag. 1840 : *Molere meum bladum ad molendinum eorumdem de Livreio sine Mouta, et totam Moutam hominum de feodo Abbatis S. Vandregesilli.* Mouta quieta, i. e. libera, in Charta ann. 1269. ex eod. Chartul. tom. 1. pag. 667. Leges Normann. cap. 33. apud Ludewig. tom. 7. Reliq. MSS. pag. 235 : *Molendina tamen, bannum et Moutas habencia, si per se teneantur sine aliis feodis, per LX. solidos solent relevari, etc.*

¶ Moutura. Charta ann. 1220. apud Miræum tom. 1. pag. 740 : *Molendinum cum libera Moutura, et omnia jura ad molendinum pertinentia.* Alia ann. 1270. tom. 1. Chartular. S. Vandreg. pag. 588 : *Octo boissellos Mouturæ.... et prædictam Mouturam.... contra omnes garantizare tenemur.*

Multagium, in Charta ann. 1088. apud Beslium in Episcopis Pictav. pag. 73. *Droit de moulage.*

Multura, in Monastico Anglic. tom. 1. pag. 426. [Charta ann. 1201. apud Miræum tom. 1. pag. 727 : *Assignavimus Thesaurario prædictæ Ecclesiæ 14. sextarios frumenti... percipiendos de Multura melioris frumenti.* Adde Kennett. in Antiq. Ambrosd. pag. 120.]

Moldura, ex Gallico, *Mouture*, [quæ molitori ratione salarii competit.] Charta ann. 1152. apud Catellum in Comit. Tolosanis lib. 2 : *Molendinarii... non accipiant propter suam Molduram ultra sexdecimam partem.*

☞ Est etiam *Moldura* mensuræ genus; quod in ea *moltam* suam accipiat molitor sic dici videtur. Hanc alicubi *Mulet* nuncupant : et 16. alibi 20. vel 24. partem *quartelli* continet. Charta ann. 1324. ex Tabul. D. *de Flamarens* : *Et salvis et retentis sibi et suis una eymina frumenti et sex Molduris.*

¶ Mottura, et Mouttura, ut *Molta*. Tabular. Capituli Ambian. : *Molendinarii autem in hebdomada octo boissellos habere debent de Mottura communi.* Ibidem : *Nec molendinarii farinam aut aliquid præter justam Moutturam ab his exigere poterunt.*

¶ Molta, Ipsum frumentum in farinam redactum. Arestum Parlamenti ann. 1272. apud D. *Fleureau* Hist. Blesens. cap. 22. pag. 75 : *Quod consuetudo est in campania Stampensi quod illi qui habent molendina in dicta castellania possunt capere tamquam commissos equos alterius castellaniæ quærentes Moltam in castellania Stampensi.*

** Moltura, Multura, Eodem sensu. Polypt. Irminon. Br. 21. sect. 1 : *Habet ibi farinarios 3...., qui solvunt de Moltura modios* 300. Br. 24. sect. 1 : *Habet... farinarios 6. qui solvunt inter totos de Moltura modios* 285. Br. 9. sect. 2 : *Habet farinarios 22. qui reddunt de Multura inter totos* 1490. *de viva annona, de braciis modios* 177. Ibid. sect. 158 : *Farinarius 1. qui solvit de Multura, inter totas annonas, modios* 500. Adde Br. 13. sect. A. et Statut. S. Petri Corbeiens. lib. 1. cap. 7.

* 3. **MOLTA**, Præstatio agraria seu quæ fructibus agri solvitur, notris *Molte* et *Moulte*, idem quod *Agrarium*, Charta Amaur. de Vernaio ann. 1205. ex Bibl. reg. cot. 19 : *Dedi monachis et abbatiæ S. Mariæ de Noa totam Moltam meam de sex acris terræ, quas eis dederant Willelmus Rossel, etc.* Alia Th. de S. Joanne ann. 1180. ibid. : *Dedi.... terram absolutam ab omnibus, a Molta, a relevamentis, ab omni tallia.* Reg. S. Justi ex Cam. Comput. Paris. fol. 194. r°. : *Item sex acræ pratorum, molta sica, Molta gerbarum.* Lit. remiss. ann. 1389. in Reg. 136. Chartoph. reg. ch. 156 : *Comme Robert Vasse, demourant à Caudebec, ait tenu certaines terres sur lesquelles Colart de Villequier chevalier, à cause de son fié, seignorie et juridiction qu'il a à Villequier, se dit avoir droit de Moulte, qui est un droit et proffit, qui se doit sur les fruiz, qui viennent ès dittes terres.* Aliæ ann. 1424. in Reg. 173. ch. 23 : *Comme le suppliant eust chergié une cherrette de gerbes, sans paier de dix-sept gerbes une, pour la Molte ou seigneur de Bienfaite et de Hellebandiere etc.*

* **MOLTARIUS**, Molterius, Qui *moltæ* seu pensitationi pro molitura frumenti obnoxius est. Charta Phil. Pulc. ann. 1300. in Lib. rub. Cam. Comput. Paris. fol. 494. r°. col. 2 : *Si inter dictum militem aut ejus heredes vel causam habentes ab eo, et homines bannerios seu Moltarios ipsius medietatis molendinorum, occasione moltæ ejusdem medietatis vel pertinentiarum ejusdem, contingat oriri querelam, etc.* Alia ann. 1308. in Reg. 40. Chartoph. reg. ch. 48 : *Si inter dictum Robertum.... et homines bannerios seu Molterios ipsorum molendinorum, occasione moltæ eorumdem, etc.* Alia Ludov. X. ann. 1315. in Reg. 56. ch. 164 : *Quod si inter religiosos prædictos seu causam habituros ab ipsis et homines bannerios seu Moltarios molendinorum prædictorum, occasione moltarum.... oriri contingat querela etc.* Vide infra *Monancius*.

* **MOLTERIA**, ut supra *Moleria* 2. Vide in hac voce.

* **MOLTERIUS**. Vide supra *Moltarius*.

¶ **MOLTIRUM**. Statuta Veronensia lib. 4. cap. 33 : *Nec aliquod vas calcinatorum seu Moltirorum, nec biscotarum ponere, etc.* [* Italis *Molticcio*, Limus, cœnum.]

¶ **MOLTO**, Moltunagium. Vide *Multo*.

* **MOLTONINA**, Pellis vervecina. Leudæ min. Carcass. Mss. : *Item de duodena Moltoninarum apparatarum, iij. den. Item de duodena de Moltoninis non apparatis, iij. ob.*

¶ **MOLTRUM**, Moltura. Vide *Molta* 2.

¶ **MOLTURENGIA**, Variæ molituræ miscellum frumentum. Chartular. S. Vincentii Cenoman. fol. 42 : *Duos modios annonæ Molturengie monachis reddet.* Vide *Mousturangia*.

¶ **MOLUCIA**, Molueta. Vide *Molta* 2.

MOLUCRUM, *Illud cum quo mola vertitur, i. tumor ventris.* Jo. de Janua. [*Roet de molin, c'est ce qui fait tourner la mole*, in Gloss. Lat. Gall. Sangerman.]

¶ 1. **MOLUM**, Idem quod *Moles*. Chronic. Farfeuse apud Murator. tom. 2. part. 2. col. 614 : *In Catulo ad molas Palumbi medietatem unius sedii Moli pro solidis* xv. Chron. Andr. Danduli apud eumdem tom. 12. col. 455 : *Thadæus ergo submersis galeis* VII. *et navigiis, se ad defensionem exposuit in terra supra Manfredonico Molo.*

* 2. **MOLUM**, Mensura lignaria, Gall. *Moule de bois.* Inventar. Chart. reg. ann. 1482. fol. 92. v°. : *Littera acquisitionis seu exonerationis trecentorum Molorum bosci, sive molse de busches, quæ Rudulphus de Bello-monte accipiebat in foresta S. Germani in Laya. De anno* 1315. Vide supra *Mollus* 1.

¶ **MOLUMENTUM**, pro Emolumentum, in Charta Eduardi II. Reg. Angl. ann. 1315. apud Rymer. tom. 3. pag. 508 : *Quodque ipse, eo prætextu dampnificatus fuit in Molumento jurisdictionis ballivarum prædictarum, et expensas fecit pro prædictis, etc.*

¶ **MOLURI**, *Verberibus atriores facti.* Vocabular. Sussannæi.

¶ **MOLUTA**. Vide *Molta* 2.

MOLUTA Arma. Vde *Arma* 1.

* **MOLZESO**, Mulctus, a mulgere, Gall. *Traire*. Charta ann. 1308. in Reg. 40. Chartoph. reg. ch. 137 : *Homines dicti castri* (de Brusca) *et pertinentiarum ejusdem dent... de quolibet grege, continente quadraginta peccora et ultra, unam Molzeso de mane unius diei,... et tenentes dictum gregem teneantur facere de lacte ex dicta Molzeso provenient caseum seu caseos,.... et prædictos caseos reddere ad suas expensas dominis supradictis.* Vide infra *Mulsio*.

¶ **MOMAR**, *Siculus, stultus, qui cito movetur ad iram.* Plautus : *Quid tu, o Momar Sicule homo præsumis?* Vide Festum in hac voce, et quæ ibi notat Scaliger.

¶ **MOMBOOR**. Vide *Mundiburdus*.

¶ **MOMENTALITER**, Idem quod *Momen-*

tative. Fulgentius Mytholog. 2. 3 : *Iris ornatus varios pingens arcuato curvamine*, *Momentaliter refugit.*

¶ **MOMENTANA**, Libra. De SS. Petro et Paulo tom. 5. Junii pag. 438 : *Quod si beata auferre desiderat pignora, palliolum aliquod*, *Momentana* (*id est libra*) *pensatum*, *facit intrinsecus*. Sic etiam legendum pro *Momentanea* apud Isidorum, monet Grævius.

¶ **MOMENTANEI** Loci. Johannes in Vita S. Odonis sæc. 5. Bened. pag. 162 : *Nec obstantiæ opponens querelas*, *sed Momentaneos quærens locos*, *terra prostratus veniam est deprecatus*. Id est, opportuna momenta observans.

¶ **MOMENTATIM**, Vix continue. Vita MS. S. Winwaloei : *Tum corda pavidorum Momentatim tremunt.*

*In singula momenta. Vita S. Joan. Laudens. episc. tom. 3. Sept. pag. 169. col. 2 : *Talibus ergo virtutum exercitiis dum more suo Joannes instaret*, *apostolique instar quæ retro oblitus*, *Momentatim in anteriora contenderet*, *etc.*

MOMENTATIVE, In momento, statim, de repente, in Historia Translationis S. Guthlaci n. 6.

* **MOMENTIOLUM**, dimin. a Momentum. Vita S. Columbæ abb. tom. 2. Jun. pag. 233. col. 1 : *Tum post modicum alicujus Momentioli intervallum*, *etc.*

¶ **MOMENTUM**, *Stilus*, *quo momentaria inclinatur*. Gloss. Isid. ubi Grævius legendum putat : *quo movente libra inclinatur*. Nihil mutandum videtur, cum *momentanam* pro *Libra* dixerint inferioris ævi Scriptores, quidni etiam *momentarium*? Vide *Momentana*. Gloss. Lat. Gall. Sangerm. ex Johan. de Janua : *Momentum*, *Mouvement*, *ou moment*, *la* 40. *partie d'une heure*, *ou l'instrument où sont perçus les momens*, *ou languette de balance.*

* *Moement*, pro *Conséquence*, *force*, *valeur*, in Lit. ann. 1354. tom. 4. Ordinat. reg. Franc. pag. 302 : *Et n'est mie nostre entencions que les choses dessus dictes soient d'aucune valour ou d'aucun Moement.*

MOMERIUM. Commodianus Instructione 59 :

Das tibi Momerium.

Id est, *te ridiculo exponis.*

* Hinc nostris *Momme* et *Mommerie*, Personatorum chorea, turba, Gall. *Mascarade* ; unde *Mommer*, ejusmodi ludum agere, et *Mommeur*, illius actor. Lit. remiss. ann. 1400. in Reg. 156. Chartoph. reg. ch. 19 : *Comme plusieurs bourgeois de la ville d'Aire feussent alez esbatre à un esbatement*, *que on dit Momme* ;... *lesquels demanderent ausdiz serviteurs dudit Sohier s'ilz estoient Mommeurs*, *lesquelz respondirent oil* ; *et lors ledit Coustant leur dist qu'ilz Mommassent à lui*, *et ledit Simonnet respondi qu'ilz n'avoient point de clarte*, *car leur torche estoit faillie*, *et ne vouloient Mommer à lui*, *ne à autre*. Aliæ ann. 1454. in Reg. 184. ch. 515 : *Icellui suppliant le Dimenche xij^e. jour de Janvier partist de l'ostel de son maitre*.... *en entention de aler Mommer* ; *et de fait y ala desguisé*, *ainsi que l'on a accoustumé faire au pais* (Therouenne) *en temps d'iver*. Monstrel. ad ann. 1453. 3. vol. fol. 56. r°. : *Après le banquet furent les dances et les Mommeries*. *Mommerie*, ludi species, in Lit. remiss. ann. 1477. ex Reg. 206. ch. 1000 : *Icellui Darleux commença à dire au suppliant qu'il failloit jouer à la Mommerie aux dez*. Ex quibus firmatur Perizonii etymon, qui a Græco μομμώ, larva, has voces arcessit. Vide mox *Momus.*

¶ **MOMIA.** Vide *Mumia.*

* **MOMOLIS.** Charta ann. 1212. in Chartul. Raym. VII. comit. Tolos. pag. 97 : *Totum quicquid habemus vel tenemus*,.... *videlicet boscos et bartas*, *domos et casales*, *ædificia et bastimenta*, *Momoles*, *et vineas*, *prata et pascua*, *etc.* Sed legendum *Maloles*, ut pluries infra occurit in eod. Chartul. Vide supra *Maleollus.*

MOMPAR. Vide *Mundiburdus.*

* **MOMUS**, Larva. Testam. reginæ Mafaldæ ann. 1256. tom. 1. Probat. hist. geneal. domus reg. Portug. pag. 32 : *Item infanti domino Petro fratri meo meum Momum*. Et pag. 33 : *Mendo ei meum Momum quadratum et aliam petram quadratam*. Vide supra *Momerium.*

¶ **MONA**, Vidua, a Græco μόνη, sola. Leges Normann. apud Ludewig. tom. 7. pag. 292 : *De protectione Monarum et orphanorum*. *Quum autem Duces*, *Normanniæ assueto ductu cantatis ex antiquo viduas sub protectione sua susceperint et pupillos*. Vita B. Augustini Novelli tom. 4. Maii pag. 621 : *Quidam puerulus filius dictæ Monæ Margaritæ.*

¶ **MONACHA**, Monachare, Monachatio. Vide in *Monachi.*

MONACHATUS. Vide *Fraternitas*, et *Monachi.*

* **MONACHATUS**, Monachorum orationes et suffragia. Charta prior. Cartus. Paris. ann. 1390. ex Reg. Joan. ducis Bitur. in Cam. Comput. Paris. fol. 144. v°. : *Concedimus etiam eidem* (Joanni duci Bitur.) *in quantum possumus*, *tricenarium perpetuum*, *videlicet de S. Spiritu quandiu vitam duxerit in humanis*, *et post ejus obitum*.... *de deffunctis* ;.... *necnon duos Monachatus*, *unum videlicet de præsenti*, *quem ad decentas missas taxamus*, *una cum psalteriis et aliis debitis per non presbyteros*, *clericos*, *redditos et conversos*, *et alium in obitu*, *non comprehendentes in hoc tempus sepulturæ*, *quo quilibet monachorum et aliorum religiosorum*, *secundum tanti principis benefactoris nostri eximii decentiam*, *debitum adimplere curabit*. Vide aliis notionibus in *Monachi.*

* Monacatus Officium, in Constit. capitul. eccl. Barchin. ann. 1423. rubr. 15. ex Cod. reg. 4332 : *Verum quia ex commissione et concordia nostrorum dicti capituli cum venerabili Guillelmo Carbonelli sacrista dictæ ecclesiæ factis pro officio Monacatus sublato*, *etc.*

MONACHI, ex Gr. Μοναχοί, appellabantur, qui strictioris vitæ Christianæ intuitu, in solitudines recedebant, vitato omni hominum consortio. Gloss. Gr. MSS. Regiæ : Μοναχός, ὁ μόνῳ ζῶν Θεῷ. Rutilius Numatian. lib. 1. Itinerar. :

Ipsi se Monachos Graio cognomine dicunt,
Quod soli nullo vivere teste volunt.

S. Hieronymus Epist. 1 : *Interpretare vocabulum Monachi*, *hoc est*, *nomen tuum* : *quid facis in turba qui solus est?* Epist. 4. de Vita Monachorum : *Quid desideramus urbium frequentiam*, *qui de singularitate censemur?* Epist. 13 : *Si cupis esse*, *quod diceris*, *Monachus*, *id est*, *solus*, *quid facis in urbibus*, *quæ utique non sunt solorum habitacula*, *sed multorum?* Quo spectat Epigramma ex Antholog. lib. 1. pag. 189 :

Εἰ μοναχοί, τί τοσοίδε; τοσοίδε δέ, πῶς πάλι μοῦνοι;
Ὦ πληθὺς μοναχῶν ψευσαμένη μονάδα.

Canones Hibernici lib. 38. cap. 1 : *Monachus Græce*, *Latine unalis*, *sive quod solus in eremo vitam solitariam ducat*, *sive quod sine impedimento mundiali mundum habitet* ; *sive quod in hac vita solus*, *etsi inter multos habitet*, *versetur*. Geraldus in Vita S. Stephani fundatoris Ordinis Grandimont. cap. 3 : *Monachorum* (ait idem Sanctus) *nomine non utimur*, *qui nomen sanctitatis*, *vel singularitatis sortiti sunt vocabulum* ; *quorum illi specialiter Monachi dicuntur*, *qui sui curam agunt*, *nec aliud cogitant*, *nisi tantummodo de Deo*. Monachismum in urbes primum invectum a sancto Athanasio, auctor est Hieronymus ad Principiam Epist. 16.

Triplex autem Monachorum genus statuit Cassianus Collat. 18. cap. 4. et 5. primum *Cœnobitarum*, *qui scilicet in congregatione pariter consistentes*, *unius senioris judicio gubernantur* : alterum *Anachoretarum*, *qui prius in Cœnobiis instituti*, *jamque in actuali conversatione perfecti solitudinis elegere secreta* : tertium denique *Sarabaitarum*, de quibus omnibus agimus suis locis. [Quartum addit S. Benedictus in Regula sua cap. 1 : *Quartum vero genus*, *monachorum quod nominatur Gyrovagum*, *qui tota vita sua per diversas provincias ternis aut quaternis diebus per diversorum cellas hospitantur*, *semper vagi*, *et nunquam stabiles*, *et propriis voluptatibus*, *et gulæ illecebris servientes*, *et per omnia deteriores Sarabaitis*. De iis præterea occurrit mentio in Capitul. 2. Caroli M. ann. 789.] De Vitæ monasticæ laude ac præconio hæc habet præ cæteris Arnoldus Lubecensis lib. 3. cap. 9 : *Quid olim erat vita Monachorum*, *nisi puritas innocentiæ*, *semita justitiæ*, *vivendi forma*, *via paradisi? Hæc enim est Angelorum socia*, *Apostolorum assecla*, *Martyrum lætitia*, *Confessorum gloria*, *Virginum corona*. Mitto reliqua, ut et quæ in hanc rem habent ipsi heterodoxi Scriptores, quorum loci congesti leguntur in Monast. Anglic. tom. 1. pag. 1047.

☞ Monachos Clericorum nomine interdum apud Veteres designatos fuisse, probat Præceptum Caroli Calvi ann. 873. apud Marten. tom. 1. Ampliss. Collect. col. 197 : *Sunt autem ipsæ res sitæ per diversa loca in comitatu Cenomanico*, *id est*, *quæ dicitur Chanon*, *quam S. Domnolus Clericis S. Vincentii atque Laurentii pretiosorum Martyrum tradidit*. Eamdem donationem referunt Acta Episcoporum Cenoman. tom. 3. Analect. pag. 99. ubi loco *Clericis*, habent *Monachis* : *Alia vero pars de suo Episcopo erat*, *cujus vocabulum est Canon*, *quam et per licentiam canonicorum suorum Monachis in Ecclesia S. Vincentii*, *et S. Laurentii*.... *dedit.*

Voce *Monachus*, nullius familiæ nota

subjecta, *Benedictinum* intellectum semper apud veteres, uti apud Græcos *Basilianum*, observat Seldenus ad Eadmerum pag. 115.

Monachi Laici, in lib. Miraculor. S. Winboci Abbat. cap. 25. et apud Lanfrancum in Statut. Ord. S. Benedicti cap. 1. sect. 4. qui *Fratres laici* dicuntur sect. 5.

¶ Monachus Miles, Idem qui *Advocatus*. Vide in *Miles*.

Monachi Seculares, qui strictiorem regulam non amplectebantur, dicti Orderici Vitalis ævo, uti testatur lib. 8. pag. 716. Herimannus de Restauratione S. Martini Tornacensis cap 67 : *Postea vero cognovit a Monachis juxta urbem habitantibus, quos populares sive sæculares quidam nominant, non ex toto antiquorum instituta posse servari.* Contra

Monachi Regulares, in Concilio Lemovicino ann. 1031. sess. 2. dicuntur, *qui illicita nolentes, non suo, sed alieno imperio vivunt : quibus omnia in medium conferuntur communia, nec aliquid habent, quod Abbas non dederit, aut permiserit.* [Capitula Monachorum ad Augiam direct. in Appendice ad Capitular. col. 1380 : *Ne, dum Regulares Monachi venerint, qui jussu imperiali tota cœnobia gentis nostræ, ubi opus fuerit, regulariter instruere debebunt, etc.*]

Monachi, *albi*, *nigri*, *grisei*, *etc.* Vide *Ordo*.

Monachi ad Succurrendum dicuntur, qui dum extrema agunt, vel urgente mortis periculo, monachicam vestem induunt, quo fratrum ac monachorum suffragiorum, seu orationum fiant participes, eoque ipso animæ suæ saluti consulant, ac *succurrant*, quomodo hac voce utitur Inquisitio de Presbyteris apud Reginonem cap. 87 : *Similiter ordinem baptismi ad succurrendum infirmis.* Quo spectant orationes, quæ describuntur in lib. 1. Sacrament. Eccl. Roman. cap. 73. et 74: *Cum expoliatur infirmus et fons benedicitur.* Deinde : *Benedictio aquæ ad succurrendum.* Et cap. 26 : *Ad succurrendum benedictio olei exorcizati.* Bernardus Mon. in Consuet. Cluniac. MSS. cap. 22. et ex eo Udalricus lib. 2. cap. 28 : *Si quis infirmus, et, ut aiunt, ad succurrendum benedictionem acceperit, etc.* Monasticum Anglican. tom. 1. pag. 632 : *Si quis ad succurrendum metu mortis se loco prænominato dederit, illic recipietur.* Statut. Ord. *de Sempringham, c. de susceptis in morte,* id est, qui monachicum habitum induunt morituri : *In domo vero qua suscipitur, scribetur in martyrologio, et in brevibus mortuorum scribetur ad succurrendum, si habitum habuerit.* Liber Ordinis S. Victoris Parisiensis MS. cap. 22 : *De his vero qui in infirmitate constituti habitum religionis exposcunt, quid fieri oporteat, in dispositione Abbatis relinquimus. Sicut enim tales nec omnino recipiendos esse, nec omnes repellendos, sive nostræ possibilitatis, sive salutis illorum respectu dicere audemus, ita quoque qui magis suscipiendi sint, vel non suscipiendi, determinare non possumus : maxime cum quorundam festinatam susceptionem, quorundam dilationem non solum Ecclesiis, sed ipsis etiam magis utilem fuisse viderimus : hoc tamen summopere observandum est, ut ii qui in infirmitate converti volunt, si eis pro aliqua dispensatione pro voto non annuitur, consilio tamen et auxilio quomodo possibile est, et eis expedit ad salutem, adjuventur.* Vide in hanc sententiam Thomam Cantiprat. lib. 2. de Apib. cap. 51. n. 8. 9. Charta Prioratus S. Ægidii de Medunta : *Odo Ruffini filius maxima ægritudine vexatus, suscepit habitum monachicum,..... et Monachus ad succurrendum effectus est.* Tabularium Conchensis Monasterii in Ruthensis Ch. 82 : *Et his omnibus Militibus supradictis concesserunt Dom. G. Abbas et Conventus, et promiserunt habitum religionis illis extremis morbis se daturos, etc.* Nomocanon nuper editus a V. Cl. Joann. Baptist. Cotelerio cap. 445 : Ἐάν τις ἀσθενῶν ἐπιζητεῖ τὸ ἅγιον σχῆμα, χρὴ διδόναι αὐτῷ ἀνυπερθέτως, καὶ αὐτὸν μὴ κωλύειν. Καλὸν ἐστιν εἴκειν μετὰ ὀλίγων συνετῶν. Tabul Celsinianense : *Quod si in vita Monachi non fuerint, ad succurrendum recipiantur.* Alibi : *Pro hoc itaque dono supra dicti Monachi Celsinienses eundem Geraldum Monachum fecerunt ad succurrendum et honeste sepelierunt* [Necrolog. Corbeiense : vi. *Id. Febr. Johannes presbiter de Hamel Monachus ad succurrendum, qui dedit nobis* xiii. *jornalia terræ in territorio de Bousencourt.*] Quod si conjugii nexu illigati essent, *Monachi ad succurrendum* fieri non poterant absque uxoris consensu, ut est in Epist. 11. Alexandri II. PP. ad Landulfum. Bromptonus ann. 1088 : *Hoc anno Rogerus de Belleme illustris Comes Salopiæ obiit, qui cum decubaret, ad succurrendum animæ suæ Monachus factus est, Adelissa Comitissa consentiente. Miserat namque Reginaldum Priorem Salopiæ Cluniacum pro tunica S. Hugonis Abbatis induenda.* Statuta Ordin. Cartus. ann. 1368. 1. part. cap. 4. § 36 : *Domus associatæ non tenentur nisi ad brevem solum pro illis qui recipiuntur in habitu ordinis metu mortis, nisi permanserint in ordine anno uno post habitum sic susceptum.* Part. 3. cap. 3. § 8 : *Donati et præbendarii senes, debiles, et infirmi, sicut indui possunt ad succurrendum, etc.* Susceptum demum habitum monasticum, si pristinam valetudinem rursum consequerentur, dimittere haud fas erat : [quare, ut id ratum magis esset, recuperata sanitate iterum more solemni professionem emittebant. Dialogus inter Cluniac. et Cisterc. Mon. apud Marten. tom. 5. Anecd. col. 1606 : *Deinde cum per misericordiam Dei convaluissem de infirmitate mea, eduxerunt me de infirmaria, et statuerunt me ante altare, et fecerunt me litteras professorias legere secundo.* S. Wilhelmi Constit. Hirsaug. lib. 1. cap. 76 : *Si vero ad monasterium allatus de infirmitate convaluerit, post Primam vel alio tempore post Tertiam in cellam Novitiorum per infirmarium in capitulum pro petitione facienda per magistrum ducitur; sed quamvis monastica benedictione adjutus sit, tamen capitulo carebit, etiamsi a domno Abbate consecratus sit... quousque cum aliis, qui benedicendi sunt, professionem faciat*] Quod si habitum dimitterent, pro apostatis habebantur, nisi a voti religione summi Pontificis dispensatio intercederet. Gesta Dominor. Ambasiensium : *Burchardus de Monthesauro morbo coactus Monachus efficitur, qui convalescens Monachum exuit, et Romæ ante Papam quod ignorans effectus esset Monachus, nec se ordini acquievisse, jurando affirmavit, qui cum rediret in Lombardia, quamdam Marchisiam duxit uxorem, etc.* Denique si uxor conjugi in extremis habitum Monachi postulanti consensum præstitisset, eodem ad pristinam sanitatem reverso, datum semel consensum convellere non poterat. Exstat in eam rem Epistola Marbodi Episcopi Redonensis in tom. 13. Spicilegii Acheriani pag. 295. Vide præterea Balsamonem ad Can. 2. Pseudo-Synodi Photianæ. Ejusmodi *Monachorum ad succurrendum* crebra est mentio in Monasticis Necrologiis. Martyrolog. Corbeiense *Nevelonis* nomine inscriptum 5. *Id. Jan. O. Valterus Monachus et laicus N. C.* (i. noster Conversus) *ad succurrendum* 7. Kal. Febr. : *Garnerus S. et Mon. N. ad succur.* Apud Louvetum in Stemmatibus Belvacensib. pag. 418. quidam *Miles Canonicus ad succurrendum* dicitur in Necrologio Belvacensi. Ita *Canonicus ad succurrendum*, passim in Necrologio S. Victoris Parisiensis : 2. *Idus Julii Natalis conversus ad succurrendum...... Robertus de coquina frater noster familiaris ad succurrendum. Droco Meldensis Canonicus, et noster ad succurrendum Conversus.* Idem Necrolog. 2. Kalend. Septembr. : *Anniversar. Haimonis Militis Conversi ad succurrendum.* 8. Id. Decembr. : *Guillelmus Chapitre Conversus noster. Soror ad succurrendum.* Idem Necrolog. : 3. *Id Octobr. Simon le Daubeur, laicus frater noster ad succurrendum, et Margareta uxor ejus, soror nostra ad succurrendum. Conversus et familiaris ad succurrendum*, ibid. 7. Id. Novemb.

☞ Qua ratione vero *Monachus ad succurrendum* quis efficiebatur, docet Dialogus inter Cluniac. et Cisterc. Monach. apud Marten. tom. 5. Anecd. col. 1606 : *Puniente et miserante Deo, tam gravem ægritudinem incidi, quod a perito et sapienti medico desperatus fui. Venit ad me visitandum quidam monachus, qui postea factus est Abbas : qui videns me dixit, homo, mortuus estis : quare non facitis vos portari ad monasterium?.... Vix respondi, dicens, meus monachatus nullus esset, nec Deo acceptus, qui in extremis jaceo. Et ille, nolite, inquit, diffidere, ecce promitto vobis in vera fide, me pro vobis rationem Deo redditurum, si feceritis quod dixi. Qua promissione audita, cœpi confidere in ea, et dixi, date fidem ponendo manum vestram in manum meam. Ita factum est; portatus sum ad monasterium. Monachi in infirmaria assistentes lecto meo, dixerunt mihi : vos debetis D. Abbatem rogare, ut faciat vos monachum. Rogavi, scriptæ sunt mihi litteræ continentes professionem monachi. Tunc ego qui non potui me vertere de latere in aliud latus, vix legens litteras, promisi magna fortium opera, scilicet conversionem, et obedientiam, et stabilitatem, secundum Regulam S. Benedicti, quam penitus ignorabam absque omni conditione.*

Neque tamen prædictos istos omnes revera Monachicum habitum induisse ausim asserere, cum existimem ita postmodum, ac ut plurimum etiam sic dictos, qui societatis monachicæ seu fraternitatis participes fiebant, eoque nomine inscribebantur Martyrologio. Quippe Necrologium S.

Martini Laudunensis hæc de Joann. Brienensi (non Comneno) Imp. CP. habet : 16. *Kal. Maii Commemoratio Jo. Imper. hujus Eccl. Fratris ad succurrendum*, quem saltem non induisse vestem monachicam in eo Monasterio constat, cum CPoli obierit. Consule quæ de hisce ad succurrendum Monachis attigere viri pereruditi, Lucas Acherius ad Guibertum pag. 634. et Joan. Mabillonius in Præfat. ad 3. tom. SS. Ordinis S. Benedicti num. 21. Vide *Angelica vestis*.

☞ Alia iterum Monachorum species, eorum scilicet qui in monachicam fraternitatem adscripti, non in orationum modo, sed et in rerum temporalium participationem admittebantur. Ii monasticam vestem aliquando induturos se profitentes monachorum privilegiis et munitatibus gaudebant, adeo ut eorum causis, prout suis, patrocinarentur monachi. Unde ab iis distinguendi videntur, qui nude in *fratres* assumti, licet interdum *monachi* appellati, tamen non nisi orationum suffragiorumque monachorum participes erant. Vide *Fraternitas*. Liber Usuum Eccl. S. Victoris Paris. in Bibl. S. Germani Autissiodor. : *In hoc loco quorumdam consuetudinem (quæ utrum imitatione aut omnino reprehensione digna sit, judicare nolumus) prætereundum esse non puto. Siquidem quædam monasteria hanc consuetudinem tenent, ut sæculares in suam societatem, ac fraternitatem omnino, sicut oportet, statim ingressuros, per investituram communionis, tam corporaliter, quam spiritualiter suscipiant : et post talem plenariam susceptionem, sine præfixo termino conversionis, quantum libuerit, in sæculo permanere sinunt. Hoc tamen in ejusmodi hominum tali susceptione indubitanter periculosum esse consideramus, quod sæpe tales non voto religionis, sed defensionis suæ causa in societate religiosorum adscripti volunt videri, non ut ipsi ad religionem conversi, meliores fiant; sed ut in nequitia persistentes, sub patrocinio et tutela ecclesiarum maneant tutiores. Propter quod sæpe gravem maculam atque infamiam puritati religionis inferunt, dum eos qui in religione constituti sunt, ad patrocinandas causas turpes, et ignominias pro sua defensione, quasi ex debito compellunt.*

¶ Monachellus, in Gestis S. Anselmi tom. 2. Aprilis pag. 927 : *Abjecto Monachellorum testimonio.*

¶ Monacholus, *Monachulus*. Testamentum Herlemundi Episc. tom. 3. Analect. pag. 218 : *Ut ipsi Monacholi vel pauperes ibidem conversantes substantiam minime habebant, etc.* Acta S. Innocentii Episcopi tom. 3. Junii pag. 862 : *Domno Carileffo et suis Monachulis per scripturam tradidit.*

* Monachus junior. Consuet. Mss. S. Crucis Burdeg. ante ann. 1305 : *Ille qui capitulat, debet se induere sacris vestibus, et debet incensare omnia altaria eclesiæ, et clericus sacristæ debet eum sociare cum naveta, ubi est incensum, et Monachulus vel juvenilis sustinere cappam.* Cerem. vet. Ms. eccl. Carnot. : *In medio chori responsorium Constitues cantet puer noster cum Monaculo.* Acad. Hispan. in Diction. *Monacillo* est Parvus minister altaris, cerifer. Vide in *Monachi*.

Monacha, Sanctimonialis, Monialis. Anastasius in S. Leone pag. 27 : *Hic constituit ut Monacha non acciperet velaminis capitis benedictionem, nisi probata fuerit in virginitate sexaginta annorum.* [Tabul. Vosiense fol. 18 : *Notum sit cunctis hominibus quia Bernardus Vicarius de Aient dedit Deo et S. Petro Vosiensi pro matre sua, quam Monacham fieri fecit in monasterio Vosiensi, bordariam, etc.*] Vide *Diaconissa*.

¶ Monachina, diminut. a *Monacha*. Acta vener. Mariæ Bagnesiæ tom. 6. Maii pag. 135 : *In vasculo vini albi, quod ipsi servabant reverendæ matres monasterii Angelorum, vulgo dictæ Monachinæ. Et vere Monachinæ seu monachulæ, quia pauperes spiritu, sed multa pace ac gratia Dei divites.*

Monachare, Monachum agere, vel facere. Zacharias PP. in Epist. ad Anglos apud W. Malmesbur. lib. 1. de Gest. Pontif. : *Ut prius probentur laici, quam Monachentur.* S. Bernardus Epist. 261 : *Unus de Militibus templi voluit Monachari in ordine nostro.* Chartular. S. Amantii Inculism. : *Petrus Jordanus filius Bernardi Jordani Monachavit se in Ecclesia S. Amantii, et donavit eidem Ecclesiæ, etc.* [Tabular. Conchense in Ruthenis : *Et si utilis fuerit, faciet illum ordinare ad presbyterum. Et quando voluerit, faciat illum Monachare in monasterio.* Charta ann. 1156. in majori Chartular. S. Vict. Massil. pag. 150 : *Gaufridus Vicecomes Massiliæ donavit S. Victori quartam partem de sex furnis pro hereditaria possessione duorum suorum filiorum quos tradidit Monachandos.*] Adde Joan. Sarisberiensem Epist. 291. Speculum Saxonicum lib. 1. art. 25. lib. 2. art. 22. Vitam S. Willelmi Abbat. Roschild. n. 4. Will. Malmesbur. lib. 2. de Gest. Pontif. pag. 238. Christianum in Vita S. Geraldi Abbatis Grandis-Silvæ n. 27. etc. Μανδρεύειν, eodem sensu dixit Nicetas Choniates in Isaacio lib. 3. num. 1.

Monachizare, Eadem notione. [Charta Rodulphi Episc. Leodiensis ann. 1178. apud Marten. tom. 1. Ampliss. Collect. col. 913 : *Item domna Rengardis de Morellimanso cum quodam filio suo in ecclesia Walciodorensi Monachisato.*] Vita S. Findani Confess. cap. 1 : *Tunc senior ejus in proprio Monasterio, quod Rinungia vocatur, eum Monachizari fecit, etc.* Florentius Wigorniensis ann. 991 : *Clericos Wigorniensis Ecclesiæ monachilem habitum suscipere renuentes de Monasterio expulit, consentientes vero.... Monachizavit.* Et ann. 1078 : *Ante suum obitum Monachizatus.*

¶ Monachile Cingulum Profiteri, Monasticæ vitæ nomen dare. Translatio S. Sebastiani sæc. 4. Bened. part. 1. pag. 385 : *Licet enim Monachile cingulum in agonia spiritualis militiæ professus sim, etc.*

¶ Monachismum Profiteri, Eadem notione. Charta ann. 1163. tom. 4. Hist. Harcur. pag. 1302 : *Beccensem bibliothecam centum et quadraginta voluminibus adauxit, bona spe ductus quod brevi eo loci Monachismum profiteretur.*

Demonachare, Monachum degradare. Continuator Aimoini lib. 5. cap. 51 : *Quemdam etiam eorum nomine Isaac in Monasterio quondam timore mortis tonsuratum, Demonachatum patibulo affixit.* Utitur etiam Sugerius in Ludovico VI.

¶ Monachatio, Monasticæ vitæ professio. Testamentum ann. 1202. ex Schedis Pr. de Mazaugues : *Guidonem filium meum volo esse monachum Cluniaci... et si ante Monachationem decesserit, etc.* Vide *Ciratio*. Le Roman *de Vacce* MS. :

A plusors de sez homes descouvri son courage,
Qu'il vout prendre à Jumeges ordre de Mongniage.

Ibidem :

A Fescamp puiz moingne devint,
Le Moingnage ama et tint.

¶ Monachatus, Eadem notione. Charta apud *Madox* Formul. Anglic. pag. 295 : *Sciatis quod Willelmus filius Durandi Nani veniens in præsentiam meam, propositum se habere asseruit ad Monachatum transeundi.*

¶ Monachatus, Cella seu *obedientia* monastica ab Abbatia dependens. Chartular. S. Vincentii Cenoman. fol. 22 : *Bartholomeus pistor dedit monachis S. Vincentii unum arpennum vineæ in Monachatu suo perpetualiter possidendum.*

¶ Monachatus Plenarius, Cibi et potus integra portio, quæ monachis quotidie datur, idem quod *Præbenda*. Charta ann. 1482. in Tabular. Cartusiæ de Bello-Larico : *Bartholomeus habet Monachatum plenarium.*

¶ Monachitas, Idem quod *Monachatio*. Charta ann. 1086. in Tabular. S. Florentii : *Et insuper adolescentem clericum, nomine Hubertum, ad Monachitatem rogatu illorum susceperunt.*

Monachia, pro *Monachismus*, apud Guibertum lib. 1: de Vita sua cap. 9. et alibi.

¶ Monachia, Cella seu *obedientia* ab Abbatia dependens. Capitulum gener. S. Victoris Massil. MS. : *Item statuimus quod nullus Prior sine monacho socio morari præsumat, et nisi in locis ubi duo monachi vel plures resident, Monachia de cætero assignetur : nec ubi unus monachus tunc cum corpore moratur, ipse Prior cum monacho non audeat de Monachia ad invicem concordare.*

* Idem quod prioratus seu præpositura. Charta ann. 1152. tom. 1. Probat. Hist. Brit. col. 613. *Concessimus.... abbatiam fundari,.... eo tamen tenore retento, quod si in Monachiam ordo ipsius abbatiæ mutaretur, nulli nisi nobis ipsa daretur.* Alia ejusd. ann. ibid. col. 616 : *Et si aliqua rationalis causa exegerit, ut domus ad Prioratum redeat, eorum propria cella sit.*

¶ Monachia Sempiterna. Sic possessiones Monachorum vocabant, quæ ipsis jure morticinii concessæ erant. Charta an. circ. 854. apud Lobinell. tom. 2. Hist. Britan. pag. 56 : *Requisivit Salomon Princeps Britanniæ Ratfrid, quare fregisset securitatem suam super Conwoion Abbatem et monachos S. Salvatoris in illa perturbatione post mortem Erispoe? Quia supradictus Ratfrid et fratres ejus in supradicta perturbatione venerunt ad monasterium Roton, dicentes se esse hæredes in Bain, et nisi Conwoion Abbas et sui monachi redderent eis suam hæreditatem in Bain, totam Abbatiam S. Salvatoris incenderent et prædarent. Tunc supradictus Abbas et ejus monachi inviti dederunt eis quod quærebant, id est octo partes in Bain et IV. partes et dimidium in Siz... Sed postquam Salomon totum dominium Britanniæ obtinuit et hoc audivit, valde ei displicuit. Deinde jussit Ratfrid venire ad se, et interrogavit cur Monachiam sempiternam S. Salvatoris per vim et tyrannidem teneret.* Tabular. Rothon. : *Vurhasoin dat monasteriolum suum situm in pago Broverec super fluvium Ult in Monachia sempiterna, tradens illud per suam crucem quæ de collo suo pendebat, super altare S. Salvatoris.* Vide *Abbatia sempiterna.*

¶ Monachicalis, Monasticus. Charta apud Stephanot. tom. 3. Antiquit. Bened. Pictav. MSS. pag. 550 : *Si vero Monachicalem habitum accipi sibi coisum* (l. concessum) *fuerit, etc.*

¶ Monachilis, Eadem notione. Vita S. Idinneti in Chartul. Landeven. : *Et ad sanctum Similianum Abbatem venit, Monachilem habitum de manu ejus accepit.*

* **MONACHILE** Conjugium, *Fraternitas* seu societas et communio inita cum monachis. Charta Buchardi episc. Camerac. ann. 1118 : *Quod si cominus eorum parochialis infirmitatis causa Monachile conjugium elegerit, non nisi concessione et ductu parochialis presbyteri sui a monachis recipi poterit.* Vide in *Monachi.*

** **MONACHORDUM**, pro *Monochordum*, quod vide; in Reinard. Vulpe lib. 4. vers. 651.

MONACHIUM, Monasterium, ex Gr. μονάχιον, in leg. 13. Cod. de Sacrosanct. Eccl. (1, 2.) [Concil. Rotomag. ann. 1231. apud Marten. t. 4. Anecdot. col. 182 : *Cum contingat interdum quasdam excommunicationes generales ab Abbatibus in suo Monacho* (leg. Monachio) *promulgari, etc.*]

* **MONACIA**, *La noce dura*, in Glossar. Lat. Ital. MS.

¶ **MONACOSMUM.** Vide *Monocosmum.*

* **MONACUS.** Vide infra *Monocosmum.*

MONADES, Charta MSS. ann. 1162 : *Ego Gaufredus Comes Rosselionensis, et Girardus filius meus.... donamus tibi Guillelmo de Apiano et omni tuæ posteritati in feudum duas Monades aquæ, ut ducas illam aquam ad Apianum per quemcunque locum per tuam terram volueris, ad faciendos molendinos quotquot tibi placuerit, et in quocunque loco volueris, ad irrigandos agros atque ortos, et generaliter ad omnes voluntates tuas faciendas, etc.* In dorso scriptum, *Originale de Monadex molendinorum de Apiano.* [Vide *Monale.*]

* **MONAGA**, Monagia, Vehiculum una rota, unde forte vocis etymon, instructum et manu versatile, Gall. *Brouette*, vel ejusdem onus. Comput. fabr. S. Petri Insul. ann. 1481. ex Tabul. ejusd. eccl. : *Item Lucæ Carlier, pro tribus Monagiis et aliis partibus in sua cedula contentis, iv. lib. xv. sol.* Alius ann. 1485. ibid. : *Item Lucæ Carlier, pro una Monaga, uno vehiculo et aliis reparationibus in sua cedula declaratis, lvj. sol.* Vide infra *Moniga.*

¶ 1. **MONAGIUM**, Idem quod *Monetagium*, id quod a vassallis domino præstatur, ut monetam mutare ei non liceat. Charta ann. 1192. apud Marten. tom. 1. Anecd. col. 649 : *Sint liberi et immunes per totam terram nostram... absque venda, telonio... navagio, Monagio, biano, etc.* Statuta Eccles. Andegav. ann. 1294 : *Et nos qui a plurimorum relatu accepimus, quod nonnulli domini temporales civitatum, vel diœcesis Andegavensis, et eorum allocati qui et publicani dicuntur, eorum pedagia, vectigalia, Monagia et costumas colligentes, etc.*

* Nihil necesse est, cur ex locis supra laudatis eo sensu intelligatur vox *Monagium*; idcirco præstationem esse existimo, quæ pro jure utendi molendino pensitabatur, qua notione aperte occurrit in Charta Henr. Dalph. Metens. episc. ann. 1322. ex Reg. 101. Chartoph. reg. ch. 105 : *Nullomodo possint in dicto loco* (Regalis-montis) *construi facere molendinum aliquod, seu batistorium, seu quodvis aliud instrumentum, quod.... minuere posset jus Monagii,... imo prædicta rivagia et aquæductus et Monagium prædictum sint perpetuo libera.* A pensitatione pro molitura frumenti, quæ scilicet molitori fit, debere distingui, innuere videtur Charta Guill. comit. Hannon. ann. 1326. in Cod. reg. 10196. 2. 2. fol. 62. v°. : *Nous donnons au devandit maistre Jehan.... le monnée, le Monnage et le moulture avoekes toutes les frankises, les droitures et les appartenances que nous aviens en le ville et sour le ville de Marke en Ostrevant.* Vide mox *Monancius*, *Monare* et infra *Mounagium.*

* Alia notione *Monnage*, Præstatio nempe a mercatoribus forensibus exsoluta pro facultate vendendi et emendi merces. Vide in *Monetagium.* 4.

* 2. **MONAGIUM**, Monasterium. Charta ann. 1328. in Reg. 65. bis Chartoph. reg. ch. 184 : *Jardinum hujusmodi cum pertinentiis, sicut se comportat, a vico qui dicitur Astamet, usque ad Monagium dictorum religiosorum, etc.* Vide *Monachium.*

¶ **MONALE**, f. Alveolus. Charta Calomontis ann. 1395 : *Quoddam pratum et quoddam Monale.* Vide *Monades.*

* **MONANCIUS**, Qui præstationem, quæ *Monagium* dicebatur, debet, seu qui ad molendinum domini frumentum suum molere tenetur. *Mounant*, in Charta redit. comitat. Namurc. ann. 1289. ex Reg. sign. *Le papier aux ayssellés* in Cam. Comput. Insul. fol. 25. v°. : *Encor i a li cuens les Mounans à ses molins vers Golesines. Moultent*, in alia ann. 1305. pro monast. Montisburg. ex Reg. 173. Chartoph. reg. ch. 548 : *Lesquelz religieux demandoient que icellui Gieuffroi feust banier et Moultent de leurs moulins.* Charta ann. 1308. in Reg. 40. ch. 92 : *Affirmamus ad perpetuitatem religiosis viris, priori et fratribus domus Dei de Monte Maurilii Pictaviensis diocesis,.... molendina ipsius domini regis de Monte Maurilii, cum exclusis dictorum molendinorum et cum omnibus molentibus ad dicta molendina et cum omnibus Monanciis seu monaus, qui possunt ad dicta molendina et debent pertinere.... Ad molendina dictorum religiosorum.... dicti monantes et Monancii seu monaus bladum suum molere tenebuntur.... Dicti monentes* (sic) *et Monancii seu monaus tenebuntur ad alia prædicta molendina molere blada sua.... Est actum quod præpositus Montis Maurilii.... compellere dictos molentes et Monancios ad molendam... tenentur.... ut molentes et Monancii ad dicta molendina molant.* Vide supra *Monagium* 1. et mox *Monare.*

¶ **MONANTESIUS**, perperam pro *Mornantesius.* Vide in hac voce.

¶ **MONARCHA**, Episcopus. Fridegodus in Vita S. Wilfridi sæc. 3. Bened. part. 1. pag. 184 :

> Annuit ipse quidem regalibus improbe cœptis,
> Substituens ternos sub nomine Præsulis intra
> Contiguos Patri fines illo usque Monarchas.

* Hinc *Monarcha supremus militantis Ecclesiæ* dicitur Romanus pontifex, in Act. S. Sebaldi t. 3. Aug. pag. 772. col. 2.

¶ Monarcha *et Legum Evangelista* inscribitur Andreas de Ysernia in titulo Commentarii quem de utroque jure edidit, quasi Jurisconsultorum Princeps.

¶ **MONARCHES**, Titulus honorarius Comitum Flandrensium, in Vita S. Winnoci cap. 16. sæc. 3. Bened. part. 1. pag. 311 : *Quem* (Carolum Calvum) *præfatus* (Baldewinus) *Flandriarum Monarches adiens etc.* Hinc

¶ Monarchiæ titulo ibid. cap. 15. insignitur Comitatus Flandriæ : *Carolus cognomine Calvus Francorum in sceptris imperium agebat, Baldewinus ejusdem gener Monarchiam Flandriarum gloriose pollebat.*

* Charta ann. 1047. in Chartul. S. Petri Gand. ch. 14 : *Rege Henrico regnante in Francia et Flandrensium Monarchiam moderante Balduino glorioso marchiso.* Eo titulo etiam donatur Normanniæ ducatus, in Charta ann. 1052. a Mabillonio laudata tom. 4. Annal. Bened. pag. 536 : *Actum est hoc in Vernone castro,... Willelmo illustri comite tenente Nortmanniæ Monarchiam.* [** *Gramaye* in Antiq. Brabant. scribit cap. 7. pag. 22. Antwerpianos majus sigillum vocare *sigillum Monarchiæ suæ.* Vide Haltaus. Glossar. German. voce *Majestæt-Siegel*, col. 1298.]

¶ **MONARCHIA** Regia, pro Majestas seu dignitas regia. Charta Roberti Reg. Franc. tom. 4. Annal. Bened. pag. 692. col. 2 : *Adiit regiam culminis nostri Monarchiam Fulco Comes, pro commodis et profectibus nostra auctoritate stabiliendis et roborandis cujusdam cœnobii, nomine Cormarici.*

¶ Monarchia, Regio, provincia, ejusque dominium. Vita S. Romualdi sæc. 6. Bened. part. 1. pag. 299 : *Per totam namque illam Monarchiam usque ad Romualdi tempora, vulgata consuetudine vix quisquam noverat simoniacam hæresim esse peccatum.* Ubi de provincia Camerina agitur.

¶ Monarchia, Quivis principatus, dominatio; unde de jurisdictione Episcopi dicitur in Epist. 3. Hilari PP. ad Leontium Arelat. Episcopum; Abbatis, in Vitis Patrum apud Gregorium Turon. cap. 1. Capellani regii, in Chron. Hariulfi : *Qui* (Hugo) *Monarchiam clericatus in palatio obtinens, ducatum etiam regni post Regem nobiliter administrabat.*

Monarchia Palatii. Vide *Comes Palatii.*

¶ **MONARCHIANI**, Hæretici, qui Praxeam sectantes, teste Tertulliano lib. adversus eumdem hæresiarcham, Deum unum fatebantur, Trinum negabant.

MONARCHOPRÆSUL Cœnobitarum, id est, Abbas, in sermone de Elevatione S.

Quintini pag. 25. ubi quidam *Monachopræsul* legendum putant.

MONARCHUS, [Aleæ species, apud Johan. Sarisberiensem lib. 1. de Nugis Curialium cap. 5.] Vide *Vulpes*.

* **MONARE**, Molere. Charta ann. 1323. in Reg. 62. Chartoph. reg. ch. 153 : *Ita quod Monantes dictorum molendinorum non sustineant dampna ob deffectum ædificii seu garnimenti dictorum molendinorum; quod si contingebat Monantes dictorum molendinorum sustinere aliqua dampna,.... idem Gaufridus tenetur..... prædictis Monantibus..... dicta dampna emendare.* Vide supra *Monagium* 1. et *Monancius*.

** **MONARIA**, Monoptota, quæ unam tantum positionem habent. Probi Ars minor. sect. 483 : *Sunt nomina binaria, ut se; sunt nomina Monaria, ut puta* cornu.

MONASTA, Monachus, ex Gr. Μοναςής. Versus antiqui in Metropoli Salisburgensi tom. 2. pag. 518 :

> Ædes deinde Monastarum fundavit amœnas.

MONASTERIA dicuntur cellæ, in quibus unicus degit Monachus. Ita Cassianus Collat. 18. cap. 6. S. Hieronymus in Vita Paulæ, S. Anastasius in Vita S. Antonii cap. 9. S. Nilus narrat. 5. pag. 77. etc. Isidorus lib. 2. de Offic. Eccl. cap. 15 : *Inter Cœnobium et Monasterium ita distinguit Cassianus, quod Monasterium possit etiam unius Monachi habitatio nuncupari : Cœnobium autem non nisi plurimorum.* [* *Moster*, in Charta ann. 1266. ex Chartul. Campan. fol. 403.]

MONASTERIA postea etiam ipsa Cœnobia dicta. Synodus Romana sub Eugenio II. PP. ann. 826. can. 27 : *Abbates per Cœnobia, vel, ut hoc tempore nuncupantur, Monasteria, tales constituantur, etc.*

¶ MONASTERIA, Agnello dicuntur capellæ seu sacella circa basilicas ædificata, in quibus defunctorum corpora sepeliebantur, cum ea intra basilicas ipsas sepelire nondum liceret. Agnellus in Vita S. Maximiani cap. 2. apud Murator. tom. 2. pag. 106 : *Ad latera vero ipsius basilicæ Monasteria parva subjunxit, quæ omnia novis tessellis auratis, simulque promiscuis aliis calci infixis mirabiliter apparent... Monasteria vero parte virorum, etc.* Vide Observationes ad Vitas S. Joh. Angelopti et Joh. II. ibid. pag. 70. et seq. ubi hi S. Paulini versus referuntur quibus hæc sententia mire confirmatur :

> Cellula de multis, quæ per latera undique magnis
> Appositæ tectis præbent secura sepultis
> Hospitia.

[** Vide Marin. Diplom. papyr. pag. 246.]

MONASTERIA CANONICORUM, in Concilio Turonensi III. can. 31. Vide Molanum lib. 1. de Canonicis cap. 12.

MONASTERIUM DUPLEX, διπλοῦν μοναςήριον, virorum scilicet et feminarum. Balsamon ad can. 7. VIII. Synodi : Διπλᾶ δὲ μοναςήρια εἶπον τινὲς λέγεσθαι, οὐ τὰ ἔχοντα ἐν ταυτῷ καὶ ἄνδρας καὶ γυναῖκας, ἀλλὰ τὸ πλησίον καὶ ἡνωμένως κτισθέντα, καὶ λογιζόμενα ἓν ὡσανεὶ διὰ τὴν πολλὴν ἑνότητα. Adde Zonaram ad cap. 20. Synodi VI. Jul. Anteces. Const. 115. cap. 483 : *In nullo loco Monachos et Monachas permittimus unum Monasterium habere : sed nec ea quæ duplicia vocant, etc.* S. Eulogius lib. 3. Memorial. Sanctor. cap. 10 : *Expleto jam propriis sumptibus Tabanensi Cœnobio, eo se viri cum mulieribus Christo militaturi conferunt.* Et infra : *Claustra feminarum a cellulis Monachorum altis interjectis disparata maceriis, licet unius Patris gubernaculo regerentur, hæ tamen sequestratis se mansiunculis retrudentes, nulli omnino contuendi se facultatem præbebant.* Rudolphus Monachus Fuldensis in Vita S. Liobæ cap. 1 : *In quo duo Monasteria antiquitus a Regibus gentis illius constructa sunt, muris altis et firmis circundata, et omni sufficientia sumptuum rationabili dispositione procurata : unum scilicet Clericorum, et alterum feminarum : quorum ab initio fundationis suæ utrumque ea lege disciplinæ ordinatum est, ut neutrum illorum dispar sexus ingrederetur : nunquam enim virorum congregationem femina, aut virginum contubernium virorum quisquam intrare permittebatur, exceptis solummodo Presbyteris, qui in Ecclesias earum ad agenda Missarum officia tantum ingredi solebant, et consummata solenniter oratione ad sua redire.* Mox ibidem subditur Tettam Abbatissam utrumque Monasterium rexisse. Ejusmodi vero monasteria duplicia in posterum fieri vetantur in Synodo Nicæna II. can. 20. Agunt præterea de hisce duplicibus Monasteriis Isidorus lib. 2. de Eccl. offic. cap. 15. Beda lib. 4. Hist. cap. 15. Vita S. Hadelogæ virg. cap. 3. Vita S. Elfledæ, Vita S. Gileberti Sempringhamensis pag. 678 Jo. Bollandus ad Vit. S. Angilberti n. 13. etc. Vide præterea Ignatium Diac. in Vita S. Nicephori Patr. Constantinopol. n. 27. Mandatum dari solitum Metropolitanis § 16. in Jure Græcorom. pag. 432. et infra in voce *Sorores*.

* An ejusmodi monasteria apud Italos umquam extiterint, ignotum sibi esse profitetur Muratorius tom. 5. Antiq. Ital. med. ævi col. 527. Cæterum Gregorio M. nullatenus probabantur, quippe qui lib. 11. Epist. 25. Januarium episcopum Calaritanum laudet, quod in domo Epiphanii *monachorum monasterium construi vetuisset, ne pro eo quod domus ipsa ancillarum Dei monasterio cohærebat, deceptio exinde contingeret animarum.* Idem interdixerat Justin. l. sanctiss. C. de Episc. et Cleric. (1, 3.)

* Singularius est monasterii genus, de quo Anonymus Leob. in Chron. ad ann. 1330. apud Pez. tom. 1. Script. rer. Austriac. col. 933 : *Ludwicus occasione cujusdam visionis (ut asseruit) Monasterium novæ consuetudinis et hactenus inauditæ fundare cœpit, quod Etal, id est Vallis legis dicitur, nigros monachos ibi locans, milites emeritos cum uxoribus ad defensionem monasterii ordinans, res monasteriorum aliorum abstractas huic adjecit. Potuit tamen eum instruere ad hoc factum, sine scientia zelus Dei : nec enim decet militem ad prælium accedere cum uxore, sicut B. Martinus dixisse legitur cuidam militi, qui suam conjugem secum in monasterio vivere et servire Domino postulavit.* Haud scio tamen an illud monasterium *novæ consuetudinis et hactenus inauditæ* dixerit Anonymus, quod monachi una et milites cum uxoribus suis sub eodem tecto manerent; vel quod laicis monasterii bonorum administratio fuerit commissa. Novum certe utrumque; at primum hactenus inauditum merito visum fuisset.

¶ MONASTERIUM CAPITALE, A quo alia dependent monasteria. Charta Bathildis Reginæ ann. 1030. tom. 1. Chartul. Gemetic. pag. 303 : *Dedit ad Gemmeticensis Abbatiæ capitale Monasterium.*

¶ MONASTERIA COENOBIALIA, In quibus Cœnobitæ degunt. Theganus de Gestis Ludovici Pii cap. 24 : *Drogoni Episcopatum dedit, et Hugoni cœnobialia Monasteria.*

MONASTERIA CONSISTORIALIA, dicta ea de quibus non nisi consistorialiter, seu in Consistorio Romano disponi consuevit. Vide Octav. Vestrium lib. 1. de Judiciis Aulæ Rom. cap. 1.

¶ MONASTERIA EPISCOPALIA, Quæ jurisdictioni Episcoporum subjecta, in Synodo Vernensi ann. 755. cap. 20.

MONASTERIUM MONASTICUM, ad discrimen Monasterii Canonicorum, in lib. 2. Miraculorum S. Bertini cap. 9.

MONASTERIA REGULARIA, *ut secundum regulam vivant*, in Lege Longob. lib. 3. tit. 1. § 3. [** Car. M. 3.]

MONASTERIA exempta a jurisdictione Episcoporum et Sedi Apostolicæ immediate subdita, cujusmodi complura exstant ; de quibus ita Gregorius VII. PP. lib. 2. Epist. 69 : *An ignoras quod sancti Patres plerumque et Religiosa Monasteria de subjectione Episcoporum, et Episcopatus de Parochia Metropolitanæ Sedis propter infestationem præsidentium diviserunt, et perpetua libertate donantes, Apostolitæ sedi velut principalia capiti suo membra adhærere sanxerunt?* Vide [Bignonii Notas ad Marculfum et] *Abbates exempti* in *Abbas*.

MONASTERIA REGALIA vocant quæ a Rege nude pendent, [*quæ in mundio palatii esse noscuntur*, ut est in Capitul. Pippini Reg. *quæ ad mundium palatii pertinent*, in Capitul. 6. Ludovici Pii ann. 819. *quæ ex regali largitate sunt*, in Capitul. ejusdem Imper. ann. 823.] *quæ ad jus regium proprie pertinent*, apud Monachum Sangallensem lib. 1. cap. 14. *Quæ ad Regem pertinent*, apud Abbonem Floriacensem in Canonib. cap. 19. *quæ pendent de manu regia*, apud Baldricum Noviom. lib. 3. cap. 20. *quæ ab Imperio dependent*, in Chronico Senoniensi lib. 2. cap. 1. *quæ sunt juris regii*, in Charta Ottonis IV. Imper. ann. 1210. apud Ughellum in Episc. Dertonensib. βασιλικὰ μοναςήρια, Theophani pag. 411. et Constantino de Administr. Imp. cap. 52. In Jure Græcorom. pag. 141. 253. et apud Crusium in Turcogr. lib. 4. Epist. 18. *Imperialia*, apud Innocentium III. lib. 13. Epist. 39. et Anastasium Biblioth. in Præfat. ad Serm. Theodori Studitæ de B. Bartholomæo : *Monasteria regalia*, in Chronico Farfensi pag. 671. in Capit. Pipini cap. 20. in Lege Longob. l. 3. tit. 1. c. 30. [** Pipin. 31.] etc. In Charta Caroli C. quæ habetur in Tornutio Chiffletii pag. 223. Compendium, *Regium Monasterium appellatur*, Monasterium nempe S. Cornelii, *cui*, ait idem Imp. in feudationis Charta *Regium vocabulum dedimus*. Monasterium S. Albini apud Andegavenses, *una e Regalibus Abbatiis*, in Charta Nefingi Episcopi Andegavensis dicitur, ut Monasteria S. Dionysii, S. Germani de Pratis, et S. Benedicti super

Ligerim, *Regales Abbatiæ*, in Charta Philippi Regis ann. 1210. in Tabulario Fossatensi fol. 153. Abbatia Ferrariarum, in Chronico Moriniacensi pag. 369. Corbeia nova, in libello de Fundatione Cœnobii Bigaugiensis pag. 248. Philippus frater Ludovici VII. Regis Fr. *Abbatem* se inscribit *quarumdam regalium Abbatiarum, videlicet S. Mariæ de Stampis, S. Mariæ de Corbolio, S. Mariæ de Medanta, S. Mariæ de Pinsiaco, et S. Melonis de Pontisara*, in aliquot Chartis quæ descriptæ habentur in Probat. Hist. Drocensis pag. 226. 228.

FISCALIA etiam MONASTERIA, interdum dicuntur, quod in fiscis regiis exstructa essent, et ab ipsis Regibus dotata. Τὰ τοῦ δημοσίου μοναστήρια, in Nov. 8. Alexii Comneni in Jure Græcorom. Flodoardus lib. 4. cap. 46 : *Quod Monasterium Domnus Gunthertus vir illustris in honore S. Petri construxisse traditur, quod Regale vel Fiscale vocatur, eo quod in Regali potestate usque ad moderna tempora fuerit habitum.* Vita Aldrici Episcopi Cenoman. n. 6 : *Quod Abbatia S. Vincentii non esset de jure antedicti Episcopi, sed fiscus sæpedicti HLadovici Imperatoris esse debebat.* Diploma Henrici II. Imp. ann. 1012. apud Ughellum tom. 2. pag. 513 : *Abbatia super res juris nostri constructa.* Chartæ Alemannicæ apud Goldastum cap. 96 : *Testes auditi super controversia, an Monasterium S. Galli sub ditione Episcopi Constantiensis esse deberet, an vero sui magis juris esset : pars Episcopi Hattonis dixit, quod nostrum Monasterium temporibus Pipini et Karoli Episcopis Constantiensibus fuisset subjectum : nostri vero jurati dixerunt, quod nostrum Monasterium in loco libero, non in fisco, non in terra Ecclesiastica esset, non per ullius hominis traditionem, sed in solo Imperatorum arbitrio stare, quem ei loco præficiat, etc.* Charta Ludovici VII. Reg. Franc. ann. 1172. ex Tabulario Fossatensi fol. 20 : *Cum omnes Dei Ecclesias nobis subjectas dextera Regiæ potestatis ab incursu malignantium habeamus protegere, et earum jura illibata conservare, de illis tamen specialem tenemur gerere sollicitudinem, quas de nobis regale tenentes ab antecessoribus nostris bonæ memoriæ Regni Francorum Regibus in fisco Regio fundatas esse cognoscimus.* Hinc ejusmodi Abbatiæ *Regum hæreditariæ possessiones* dicuntur apud Wandelbertum de Miraculis S. Goaris cap. 45 : *Orta est inter Treverorum Pontificem tunc Wernadum et Abbatem Assuerum pro eadem Cella contentio, asserente Episcopo eam ad suæ Ecclesiæ jus pertinere, Abbate contradicente, esse illam Regis lege hæreditaria possessionem, etc.*

Ea vero erat Monasteriorum Regalium vel Imperialium conditio, ut ab omni jurisdictione Episcopali exempta essent, nulli que alii, præterquam Imperatori aut Regi, immediate subjecta. Concilium Vernense ann. 755. can. 20 : *In alia Synodo nobis perdonastis, ut illa monasteria, ubi regulariter monachi vel monachæ vixerint, hoc quid vis de illis rebus dimittebatis, unde vivere potuissent, exinde, si regalis erat, ad dominum Regem faciant rationes Abbas vel Abbatissa; et si Episcopalis, ad illam Episcopum.* Capitulare ann. 793. cap. 6 : *De Monasteriis et Xenodochiis quæ per diversos Comitatus esse videntur, ut regalia sint, et quæcunque ea habere voluerit, per beneficium domini Regis habeat.* Charta Caroli Cal. apud Steph. Baluzium in Append. ad Capitul. num. 61 : *Et postmodum veniens in memorati genitoris præsentiam prædictum Monasterium contulit, ut sub defensione atque mundeburdo piissimi genitoris nostri consisteret, et perpetuo ibidem Monachi famularent, ita ut nullius ditioni subditi essent, nisi solius Dei, et semper sub defensione atque immunitate Regis consisterent.* Adde num. 122. Chartæ Ottonis M. ann. 965. et Ottonis II. ann. 974. et Ottonis III. ann. 990. pro Monasterio S. Maximini Trevirensis, apud Nicol. Zyllesium : *Eo siquidem ratione ut idem Cœnobium sub nostro successorumque nostrorum mundiburdio vel defensione perpetualiter permaneat, nec alicui sedi aut Ecclesiæ, vel cuilibet personæ beneficiarium aut subjectum, nisi Imperatori vel Regis dignitati subjaceat.* Charta Ottonis III. Imp. ann. 1001. apud Ughellum tom. 2. pag. 357 : *Unde Abbatiam de Pomposa ab omni subjectione Archiepiscopi sive aliorum excutimus, ut Regalis sit, nulli donantium personarum subjecta.* Alia Friderici II. Imp. apud Rocchum Pirrhum tom. 1. pag. 156 : *Asserens dictum Monasterium nostræ regali dignitati fore immediate subjectum.* Charta ejusdem Friderici ann. 1193. pro Monasterio S. Quirini Tegernseensi : *Ut sit regalis Abbatia in perpetuum, et omnimoda libertate sublimata, et ab omnis obligationis subjugatione libera, ut nullus Episcoporum vel Archiepiscoporum, vel Ducum, vel Marchionum, vel Comitum, vel aliqua omnino persona præsumat hanc molestare, vel a sui statu dimovere.* Innocentius III. PP. lib. 16. Epist. 162 : *Cum ipsorum Monasterium, juxta morem patriæ* (Græcorum) *a jurisdictione quorumlibet Ecclesiasticorum Prælatorum exemptum fuerit ab antiquo, et soli CPolitano Imperatori subjectum.* Idem vero summus Pontifex in Epist. ad Patriarcham CP. in Gestis ejusdem pag. 108. satis insinuat ea Monasteria ab ipsa etiam Patriarchæ jurisdictione fuisse exempta. Vide Metropolim Salisburgensem tom. 1. pag. 276. tom. 3. pag. 398. et Bullarium Casinense tom. 2. pag. 78.

* Pertinacius duriusque interdum monasteriorum ab episcopali jurisdictione exemptiones a summis Pontificibus seu ab eorum legatis propugnatæ sunt, ab ipsis episcopis licet primum sint concessæ. Illæ etenim legitimæ tantummodo censeri debent, quas *Ordinarii*, monachorum commodis potius consulentes quam juribus suis, approbaverunt confirmaruntque, ut canones definiunt. Id potissime observo ex sententia Anselmi de Breda archidiaconi Leodiensis ab Eugenio IV. PP. delegati in Herveum episcopum Briocensem, qui monasterii Belli-portus ordinis Præmonstratensis exemptionem impugnare ausus fuerat. Hæc sunt Anselmi verba inter Probat. tom. 1. Annal. Præmonst. col. 269 : *Mandamus quatenus singulis diebus Dominicis et festivis in suis ecclesiis, monasteriis et capellis infra præscriptarum Horarum solemnia.... eumdem D. Herveum et contradictores et rebelles excommunicatos nominatim* (denuntient), *campanis pulsatis et candelis accensis, ac demum [in terram projectis, cruce erecta et religion.... inducta, aquam benedictam aspergendo ad fugandum dæmones, qui eos detinent ligatos et suis laqueis catenatos, orando quod D. N. J. C. ipsos ad catholicam fidem reducere dignetur, ne eos in tali perversitate dies eorum finire permittat;.... et hoc facto et finito, ad januas ecclesiarum suarum una cum clericis ac parochianis accedendo, et ad terrorem, ut ipse D. Herveus episcopus ac contradictores et rebelles eo citius ad obedientiam redeant, tres lapides versus domos habitationum suarum projiciendo, in signum maledictionis æternæ etc.* Hæc in rebus etiam gravissimis fortean nimis graviora viderentur; neque tamen his terminis stat sententia; interdicto subjicitur tota episcopi diœcesis, ac demum ipse principi puniendus dimittur, si hujusce monasterii exemptionem exagitare persistat. Legesis Chartam ipsam loco laudato.

* Verum eo aliquando pervenit exemptionum hujusmodi abusus et licentia, ut ab omni jurisdictione, cum sæculari tum ecclesiastica, liberarentur monasteria, solique Deo permitterentur; quod in institutione monasterii puellaris de Caramania diœcesis Taurinensis factum a Maginfredo marchione et ab ejus conjuge Berta comitissa observat Muratorius tom. 5. Antiq. Ital. med. ævi col. 526. ex Charta ann. 1028 : *Ut nullo modo permaneat ipsum monasterium in regimine illius episcopi, in cujus episcopio est situm, nec alterius personæ, nisi in Dei omnipotentis, quem ejusdem facimus heredem, et sequente eo sit ordinatum.*

Hinc nude *Monasteria libera* passim dicuntur, *Abbatiæ liberales*, in Charta Ottonis Imp. in Metropoli Salisburgensi tom. 3. pag. 344. [αὐτοδέσποτα μοναστήρια, in Nov. 8. Alexii Commeni Imp. lib. 2. juris Græcorom.] Innocentius III. lib. 13. Epist. 39 : *Cum libera Monasteria, quæ Imperialia nuncupantur, Græcorumque domino nulli essent Archiepiscoporum vel Episcoporum subjecta.* Charta Roberti Episcopi Messanensis ann. 1094. apud Rocchum Pirrhum in Episc. Pactensib. pag. 387 : *Placuit... præfato Comiti Rogerio* (Siciliæ) *ut per Siciliam in territoriis Episcopalium Ecclesiarum libera constitueret Monasteria Monachorum, etc.* Charta alia Ricardi I. Regis Angliæ in Monastico Anglic. tom. 1. pag. 527 : *Ita ut præfata Abbatia in perpetuum libera et in capite de Corona nostra sit, sicut Abbatia S. Edmundi, et aliæ Abbatiæ Regales, quæ per Angliam sunt constitutæ.* Ita tamen interdum *libera* erant, ut Sedi Apostolicæ immediate subjicerentur. Ditmarus lib. 3 : *Congregatis ibi Monachis liberam fecit Abbatiam, datisque sibi rebus necessariis, Apostolico confirmavit privilegio.* Historia Monasterii Melicensis : *Tertium vero* (Monasterium) *a progenitoribus suis fundatum... libertati donavit, ac sedi Apostolicæ obtulit exemptum permissione et rogatu D. Udalrici Episcopi Pictaviensis nobiliter ditavit.* Charta Henrici Regis ann. 1048. ex Tabulario Fossatensi fol. 15 : *Sed usque in ævum Apostolicalis atque regalis Abbatia existat.* Et si in hisce immunitatibus Episcoporum, in quorum diœcesibus erant Monasteria libera, consensus interveniret, hæc semper conditio apponebatur : *Salva tamen personæ nostræ successorumque nostrorum canonica reverentia*, ut est in Epistola Walteri Episcopi Cabilonensis pro Monasterio Cisterciensi, in Hist. de ejusdem Ordinis exordio. Privilegium Joannis Papæ pro Ecclesia Lochiensi a Goffrido Grisagonella constructa : *Quos nos divina fulti fiducia ita confirmamus, ut præfata Ecclesiæ sit semper ab omnium hominum dominatione libera, ut præter Romanum Pontificem nullum habeat præsulem... Hoc autem factum est assensu et voluntate Harduini tunc temporis Turonensis Archiepiscopi*. Vide Vitam Aldrici Episcopi Cenom. num. 47. Vitam S. Baboleni n. 20. Edit. Petri Chiffletii, Ughellum tom. 4. Italiæ sacræ pag. 674. et Baluzium ad Lupi Ferrariensis Epist. 12.

Monasteria Libera interdum etiam appellabant, quibus integra libertas erat in Abbatum electionibus. Chronicon Mauriniacense lib. 3 : *Abbatiam enim liberam, et a tempore avi sui per liberalitatem Vulgrini ab omni obnoxietate emancipatam, in illo jam proximæ electionis articulo potestativæ coactionis districtione ad hoc tentavit pertrahere, ut Monachi nostri in electione sua liberam vocem non haberent, sed ut subjugales Abbatem, qui per manus aliorum et considerationem eis esset impositus, susciperent*. Epist. 15. ex Sugerianis.

Monasteria Libera deinde appellata, quæ ab omni sæculari jurisdictione exempta erant. Acta Murensis Monasterii pag. 15 : *Dixitque eis ut ipsi componerent et dictarent cartam libertatis,... et dimisit locum liberum penitus ac perfecte, ut nullus posterorum suorum vel hæredum posset ullam rationem habere vel excogitare ad istum locum*. Adde pag. 16. 21.

Monasteria Libera denique dicta, quæ exempta erant a jurisdictione Episcoporum. Charta Joann. Episcopi Pergamensis ann. 1210. in Hist. Pergam. tom. 3. pag. 372 : *Statuit et ordinavit* (id. Episcopus) *ut Monasterium beatæ Gratæ liberum sit, et similiter venerabilis Justina Abbatissa, et cæteræ sorores ejusdem loci, quæ nunc sunt, vel pro tempore fuerint, sint liberæ et exemptæ a jurisdictione Pergamensis Episcopi et successorum ejus*. Interdum fundatores ipsi Monasteria a se extructa Sedi Apostolicæ offerebant, cui soli obnoxia esse volebant, sub aliquo censu annuo. Bertholdus Constantiensis ann. 1093 : *Idemque Monasterium... sic melioratum et de sua potestate emancipatum S. Petro sub jure tributario contradidit, ut Apostolicæ Sedi deinceps principaliter subjaceret, et sub ejus defensione, ut alia libera Monasteria, jure perpetuo polleret*. Vide Acta Murensia pag. 21. Ughellum tom. 7. pag. 705. 715. etc.

☞ *Monasteria libera* ab *ingenuis* interdum distincta fuisse, observat Mabillonius tom. 4. Annal. Bened. pag. 48. *Libera*, dicebantur, quæ Romano Pontifici in Spiritualibus; *ingenua* vero quæ soli Regi in temporalibus subjecta erant.

Monasteriorum Regalium ea etiam erat prærogativa, ut eorum Abbates non nisi ab ipsis Imperatoribus aut Regibus, vel certe cum eorum nutu, instituerentur, deligerentur, et investirentur, atque adeo installarentur. Hariulfus in Vita S. Angilb. Abb. Centul. cap. 2 : *Et quoniam moris erat in locis Regalibus, ut nemo præficeretur absque regio nutu, etc.* Lex Longob. lib. 3. tit. 1. § 30. [** Pipin. 31.] : *De Monasteriis et Xenodochiis, quæ per diversos Comitatus esse videntur, et regalia sunt, ut quicunque ea habere voluerint, per beneficium domini Regis habeant*, id est, ea ab ipso Rege impetrent, sed forte in beneficium : nam § 29. solæ Ecclesiæ Baptismales a laicis hominibus teneri vetantur, non item Monasteria. Odo Fossatensis Monachus in Vita Burcardi Comitis Corboilensis, eumdem Comitem hisce verbis Robertum Regem convenisse scribit : *Oro namque ut Ecclesiam Fossatensis Cœnobii quæ regali subdita est dominio, vesterque fiscus fore videtur, mihi servitutis vestræ obsequiis parenti tuo præcelsa Majestas concedere dignetur. Cui Rex ait : Cum omnibus constet prædecessorum nostrorum temporibus regalem semper fuisse Abbatiam, quomodo valet fieri, ut a nostra regali potestate separetur?* Vide Joann. VIII. PP. Epist. 34. Vitam S. Willelmi Abbatis Roschild. n. 20. et Vitam S. Walteri Abbatis Pontisarensis num. 5.

De Regalium Abbatiarum investitura prostat Charta Henrici II. Imp. ann. 1012. apud Ughellum in Episcopis Faventinis : *Quandam Abbatiam ad honorem S. Benedicti super res nostri juris constructam, in Alpe quæ dicitur Bifurco, tantum a Regibus vel Imperatoribus solitam investiri, etc.* Ex quibus docemur Abbatias de quibus investituræ, perinde ac Episcopatuum, per baculum fiebant, Regales fuisse.

In Monasteriis vero ubi electio locum habebat, fiebat illa Regis consensu prius expetito. Testamentum Philippi Aug. Regis Franc. ann. 1190. apud Rigordum : *Si forte contingerit Sedem Episcopalem, vel aliquam Abbatiam Regalem vacare, volumus ut Canonici Ecclesiæ, vel Monachi Monasterii vacantis veniant ad Reginam et Archiepiscopum, sicut ante nos venirent; et liberam electionem ab eis petant*. Unde scribit Sugerius in Ludov. VI. pag. 310. Adamo Abbate Sandionysiano mortuo, se in Abbatem a toto Conventu electum : sed quia *inconsulto Rege* id factum fuerat, eumdem Regem electionem noluisse admittere. Exstant complures aliæ Chartæ, quibus Abbatum Regalium electiones confirmari a Regibus expetuntur ab ipsis Monachis electoribus, in Prob. lib. de Immunit. Ecclesiæ Gallicanæ cap. 16. num. 6. 8. 9. 11. 14. 20. 21. De Regalium vero Abbatum installatione per Reges ipsos, legitur Charta Philippi Aug. ann. 1185. pro Episcopo Silvanect. in Regesto ejusd. Regis Herouvalliano fol. 166 : *Galfrido Episcopo Silvanectensi concessimus donum illud quod genitor noster bonæ memoriæ Ludovicus Rex fecit Amalrico Episco Silvanectensi de Abbatibus regalibus in stallum mittendis, videlicet ut non per alium quam per eum tantum, vel per ejus successores possint institui*. Atque inde

Abbates Regales dicti. *Abbates ad Palatium pertinentes*, in Capitulari Radelchisi Principis Beneventani ann. 851. cap. 4. 7. In Regesto Feodorum Ecclesiæ Lingonensis part. 2. fol. 107. verso habetur Epistola Regis Philippi Augusti ad Innocentium III. PP. ann. 1212. in qua fit mentio contentionis quæ inter Regem et Episcopum Lingonensem pro jurisdictione Abbatiæ Besuensis vertebatur, cujus Abbas *Abbatem Regalem* se esse asserebat, proindeque a jurisdictione Episcopi exemtum : hanc descripsit Jacobus Petitus post Pœnitentiale S. Theodori pag. 706. [* Lit. Phil. Aug. ann. 1212. in Chartul. eccl. Lingon. ex Cod. reg. 5188. fol. 247. v°. : *Abbas Besuensis se esse dicebat Abbatem nostrum regalem; et episcopus contra asserebat ipsum abbatem et ecclesiam suam et burgenses suos, esse de sua jurisdictione temporali*.]

Cum igitur Abbatiæ istæ Regales ex fundis Regiis dotatæ essent, earum Abbates *in militiam ire, et Regalitati servire* tenebantur, ut est in Diplomate Henrici Imp. ann. 1063. pro Monasterio S. Maximini Trevirensi; quod a Duchesnio descriptum est in Historia Limburgensi pag. 29. Quæ quidem Monasteria Regia ea sunt, *quæ Regi militiam vel dona debere* dicuntur, in quodam Constituto, quod habetur in tomo 2. Scriptor. Histor. Franc. pag. 323. Chronicon Senoniense cap. 16. de Mediano Monasterio : *Sed quia idem Monasterium, sicut et alia circumjacentia, Imperio Romano subjacebant, et in expeditione Imperatoris armatorum cuneos de jure mittere solebant, præliis crebrius innovantibus, Ecclesiæ miserabiliter opprimebantur*. Ardo Monachus in Vita S. Benedicti Abbatis Anianensis : *Erant etiam quædam ex eis munera militiamque exercentes* (Abbates :) *quapropter ad tantam devenerant paupertatem, ut alimenta vestimentaque deessent Monachis*.

Id præterea juris Regi competit in Monasteriis Regalibus, *quod utendo jure suo regio possit Monachum vel Monialem in iis in principio sui regiminis post suam coronationem ponere*, ut est in Regesto Parlamenti *Olim*, fol. 26.

Regalium denique Monasteriorum et Abbatiarum *Annatæ* ad Regem spectabant, quas Ludovicus VII. Rex Franc. Monasterio S. Victoris Parisiensis concessit. Vide *Annuale*.

Præterea *Abbates Regales*, perinde ac Episcopi Buticulario Franciæ centum solidos exsolvere tenebantur, cum Abbatialis dignitatis confirmationem ab Rege expetebant, vel forte cum eidem fidelitatis præstabant sacramentum. Ad id sane Abbatem S. Sulpitii Bituricensis et Abbatem S. Dionysii in Francia Aresto ann. 1265. condemnatos docemur ex 1. Regesto Parlament. fol. 147. et Stylo antiquo Parlamenti part. 6. § 36 : *Buticularius Franciæ proposuit contra Abbatem Bonæ-vallis, quod Abbates Regales Regni Franciæ in nova creatione sua generaliter solvere tenerentur Ministerialibus de Hospitio Domini Regis 25. libras Paris. videlicet Dapifero 10. libras, Buticulario 100. sol. Cambellano 100. sol. et minoribus Cambellanis centum sol.* qui quidem Abbas, licet diceret se ad hoc non teneri, *cum domino Regi non faceret fidelitatem vel homagium*, ad id exsolvendum Judicio et Aresto Curiæ damnatus perinde fuit. Meminit Alexand. III. PP. Ep. 162. ex iis quæ habentur in tomo 4. Hist. Franc. hujusce præstationis *ab Abbatibus Regalibus*, Franciæ Buticulariis fieri solitæ, licet frustra contra reclamarent. De hocce jure Buticulariorum, et de hominiis et sacramentis fidelitatis ab Abbatibus Regibus præstitis, extat insigne Diploma in Tabulario S. Genovefæ Paris. quod hic describere visum est.

Anno Dom. 1282. *die Jovis in Cœna Dom. videlicet* 8. *Kl. April. Frater Guillelmus dictus de Autisiodoro, novus Abbas S. Genovefæ Paris. per provisionem summi Pontificis, comparuit coram Dom. nostro Rege Franciæ Philippo, apud Montem Argi, in Camera ipsius Regis, et obtulit dicto Regi quod paratus erat ei facere nomine prædictæ Ecclesiæ quod debebat. Atque respondit Consilium Regis, quod homagium debebat facere dictus Abbas, et fidelitatem jurare, et Prior, et Conventus dicti loci per literas pendentes regalia petere. Dictus vero Abbas juramentum fidelitatis statim obtulit facere, quod fecit sub hac forma. Allatum fuit Missale, et datum in manibus ejus, et stola collo ejus apposita, et tunc juravit, quod Regi in omnibus fidelis esset, et quod secreta Regis fideliter servaret, et quod Regi bonum et fidele consilium daret, si super hoc requireretur. De homagio autem faciendo et regalibus petendis, dilationem petiit, donec super his cum Conventu suo deliberasset : quæ dilatio concessa est ei. Ad hæc præsentes fuerunt Decanus S. Martini Turon. tunc Cancellarius Regis, et Guillelmus de Crepi Notarius Regis, Dom. dictus Granche Miles, Frater Gaufridus Cancellarius, et Frater Legerius Canonicus S. Genovefæ. In Parlamento sequenti circa festum Ascensionis Domini venit dictus Abbas ad Regem in Camera sua, et fecit homagium sub his verbis Gallice :* Sire, je deviens vostre hom liges, et vous promés leauté jusque à la mort. *De Regalibus petendis dixit Abbas, quod Papa suppleverat per literam quam miserat ei super provisione sua, quod Conventus et Prior facere debuissent : quod Rex gratanter acceptavit. Pro droituris Curiæ Regis super præmissis solvit dictus Abbas in omnibus ad dictum Magistri Gaufridi de Templo et Magistri Petri de Condé Clericorum Regis* 25. *libr. Paris. videlicet ipsi Regi pro Senescalia* 10. *libr. Paris. domino Joanni de Acon* 100. *sol. pro Buticularia, Domino Joanni dicto Parcin* 10. *libr. Paris. pro Cambellanis.* In Regesto 7. Tabularii Regii hi dicuntur Abbates regales, *S. Dionysii, S. Germani, S. Genovefæ, Ferrariarum, S. Benedicti, S. Maximini, Mauriniaci, S. Maxentii in Pictavia, de Burgolio, Majoris Monasterii, S. Egidii, Trinorcii, S. Columbæ, Compendii, S. Medardi, S. Crispini, S. Remigii, Corbeiæ, S. Richarii.*

Monasteria Patriarchalia, quæ solius Patriarchæ Constantinopolitani jurisdictioni subdita erant, ab Episcoporum jurisdictione exempta. De iis præ cæteris Georgius in Vita S. Theodori Syceotæ num. 72. Vide Gloss. med. Græcit. in Σταυροπήγιον.

Monasteria Minuta, *ubi Nonnanes sine regula sedent*, in Capitulari ann. 789. cap. 3.

In Monasteria Amandari aut relegari, vice pœnitentiæ, solebant Clerici et Laici. Vide Nov. 123. cap. 44. Responsa Stephani II. PP. cap. 10. 13. Concil. Cabilon. II. cap. 40. Isidorum Hispalensem de Scriptor. Eccles. in Victore Tunnensi. Anastasium in S. Siricio PP. Gregor. Mag. lib. 1. Epist. 42. lib. 2. Ind. 11. Epist. 27. 42. 49. lib. 4. Epist. 5. Gregor. Turon. lib. 5. Hist. cap. 49. Vitam Ludovici Pii ann. 818. Leges Wisigoth. lib. 3. tit. 5. § 1. Capitularia Caroli M. lib. 6. cap. 98. Concil. Sarisberiense ann. 1217. cap. 9. Petr. Fabrum lib. 3. Semestr. cap. 21. pag. 335. et Morinum lib. 7. de Pœnitent. cap. 15. Monachi ipsi interdum *in aliud districtius Monasterium in pœnitentiam redigi* dicuntur apud Gregor. Mag. lib. 3. Epist. 9.

Monasterium sæpe sumitur pro Ecclesia cathedrali, quod plerisque in Ecclesiis Cathedralibus Monachi, non ut hodie Canonici, olim sacra munia obirent : unde usu servato etiamnum in Germania Cathedrales Ecclesiæ dicuntur *Munster*, ut observant Nebridius Mundelheimius Ep. 17. Antiq. Monast. et Gretzerus lib. 1. Observat. ad Vitam S. Willibaldi cap. 17. [*Polonis quoque familiaris hæc appellatio. Charta Alberti Rigens. episc. ann. 1211. tom. 5. Cod. diplom. Polon. pag. 16. col. 1 : *Poscente tandem tempore aream quoque, quam decuit ad construendum Monasterium et claustrum cum domibus necessariis nobis, ecclesiæ nostræ cathedrali placuit assignare.*] Ita Ecclesias Cathedrales Atrebatensem et Cameracensem *Monasterii* nomine donat Baldricus Noviom. lib. 3. cap. 4. et 48. Sic perinde Marianus Scotus ann. 1081. Ecclesiam Cathedralem Moguntiæ *Monasterium Episcopale*, Dodechinus ann. 1137. *Monasterium principale* vocant. *Monasterium Cathedralis Ecclesiæ*, apud Philippum Eystetensem in Vita S. Willibaldi cap. 38. § 5. pro ipsa Ecclesia seu Basilica, ubi de cæca quadam : *Et statim properans sine ductore ad Monasterium Cathedralis Ecclesiæ S. Willibaldo perpetuam continentiam vovit.* Ubi *Monasterium Cathedralis Ecclesiæ*, non est navis Ecclesiæ, quod vult idem Gretzerus. In Tabul. S. Cyrici Nivern. Ch. 59. Hugo Episcopus Nivernensis Ecclesiam S. Cyrici *monasterium* vocat.

☞ Probabilius forte quis existimaverit Ecclesias Cathedrales ob id potissimum *Monasterii* nomine designatas fuisse, quod Canonici, qui in iis sacra munia obirent, sub Episcopo suo vitam a Monastica non multo diversam agerent; quare eorum habitatio *Monasterium* dicebatur, unde ad Ecclesias quibus addicti erant, quemadmodum a Monachis ad ædes sacras Monasteriorum, Monasterii nomen fluxit. Nec dubium certe quin vox *Monasterium* pro Canonicorum domo interdum usurpata fuerit. Marianus Scotus in Chron. ad ann. 1058 : *Padelbrunna civitas cum duobus Monasteriis, id est episcopatus et monachorum, feria sexta ante Palmas igne consumitur.* Idem narrat Trithemius in Chron. Hirsaug. ad eumdem annum, ubi, quod mire sententiam nostram firmat, Ecclesiam Cathedralem a monasterio seu canonicorum domo distinguit : *Anno prænotato civitas Padelbronnensis in Saxonia cum duobus Monasteriis Cathedralique Ecclesia majore, feria sexta ante Palmas incendio miserabiliter conflagravit.* Vita S. Bernwardi Episc. sæc. 6. Bened. part. 1. pag. 224 : *Duodecimo Kalendas Februarii nobile Monasterium sanctæ Hildenensemensis Ecclesiæ... pœnincendio perditum est... Verum S. Dei Genitricis interventu... illud venerabile templum mansit incolume.*

Sed et universim Ecclesiæ omnes *Monasteria* dictæ. Vita S. Protadii Episc. Vesontini n. 9 : *Corpus vero ejus* (Sancti) *delatum est ad B. Petri Monasterium.* Ea enim ædes non Monachorum, sed Parochialis est. Concilium Rotomagense ann. 1072. cap. 14 : *Nuptiæ non in occulto fiant, neque post prandium : sed sponsus et sponsa jejuni a Sacerdote jejuno in Monasterio benedicantur.* [Charta Petri Abb. S. Dionysii ann. 1214 : *De terra in qua fecimus Monasterium de Trapis edificari pro eo quod fecimus dirui vetus Monasterium quod erat in castello nostro de Trapis.*] Ita S. Eulogius lib. 1. Memorial. S. cap. 1. *Cœnobium* vocat, quod *Basilicam* paulo ante appellaverat. Vilharduinus num. 138. 139 : *le Mostier des Apostres, le Mostier sainte Sophie.* Vetus Gallicus Interpres MS. Codicis ad tit. de S. Trinitate : *Aucuns ierent qui voloient estre ensevelis dedens les Mostiers, si fu dit à l'Empereur, que nul lai ne doit cuider que les Iglises soient otroiées à cors d'homes, etc.* [Vetus Poeta MS. e Bibl. Coislin. :

Uns vileins ala au Mostier
Soventes fois por Dieu proier.]

¶ Monasterium, nude pro Ecclesia Monasterii. Iperius in Chron. S. Bertini part. 4. cap. 21. apud Marten. tom. 3. Anecd. col. 541 : *Cumque corpus* (Balduini) *pars aliqua militum hic in Sythiu Monasterio juxta patrem vellet sepelire, Elstrudis comitissa ejus uxor cupiens cum illo in eodem loco incinerari, eum ad Blandinium transferri, et ibidem tumulari fecit anno Domini* CMXVII... *Nondum enim erat licitum mulieribus hoc intrare Monasterium.* Adde cap. 23. part. 2. Hist. MS. Beccensis Monast. pag. 80 : *Et quoniam discedenti ipsi nepoti suo Lanfrancus rogando præceperat, ne primo sui novitiatus anno aliquam vel in refectorio, vel in capitulo, aut in Monasterio lectionem legeret, etc.* Tortarius in Miraculis S. Bened. part. 2. pag. 398 : *Si placet itaque vobis meum consilium, ingressi Monasterium, coram ipso* (Benedicto) *terræ prosternamur, etc.* Adde Vitam S. Geraldi sæc. Bened. 6. part. 2. pag. 882. et seqq.

* Monasterium, Locus occultus vel solitarius, ut interpretantur docti Editores ad Acta SS. Firmi et Rust. tom. 2. Aug. pag. 420. col. 2 : *Audiens autem beatus Proculus episcopus, qui, propter metum paganorum cum paucis Christianis non longe a muris civitatis in Monasterio suo latitabat, etc.* De sacello seu loco sepulcrali intelligi potest.

Monasteriolum, Parvum Monasterium, ab alio majori dependens. Hadrianus II. PP. in Epist. ad Hincmarum Remensem : *Monasteriolum illud, quod in tua diœcesi tenuisse dicitur. Monasteriola regalia,* in Notitia anni 818, apud Ughellum in Episcopis Veronensibus. *Monasteriola puellarum*, in Capitulari ann. 828. cap. 3. Hinc inditæ appellationes aliquot oppidis Galliæ, quæ *Monstreuils* vocant, ut est *Monasteriolum ad mare* in Picardia, etc. Vide *Metochium.*

Monasteriales, Monachi, non semel in Concilio Clovesbovensi ann. 747.

¶ Monasterialis Ecclesia, Quæ monachorum est. Charta ann. 1046. in Tabular. S. Victoris Massil. : *Donamus S. Victori et sociis ejus quorum Monasterialis Ecclesia corpora se gaudet retentare, etc.*

* Monasterialis Disciplina. Consuet. antiq. S. Petri-montis inter Monum. sacr. antiq. tom. 2. pag. 430 : *Dicere debebunt si quid a capitulo antecedenti usque illam horam contra disciplinam Monasterialem viderint factum.*

* Monasterialis Grex, Monachi, apud Greg. Turon. lib. 6. Hist. cap. 9.

¶ **MONASTERIUS**, pro Monasterium. Epist. Johannis Monachi ad Richardum Card. apud Marten. tom. 1. Ampliss. Collect. col. 523 : *De Lucensis audivi de hoc quod tristatum valde, quod Monasterius noster non habuit nisi c. solidos.* Charta Wifredi Comitis Barcin. tom. 3. Concil. Hispan. pag. 165 : *Imprimis in Comitatu Flusonensi, ubi ipse Monasterius fundatus est.*

* **MONASTERUM.** Charta ann. 1270. in Access. ad Hist. Cassin. part. 1. pag. 312. col. 2 : *Excepit etiam de Monasteris ad siccum, de quibus dixit se ignorare utrum consuetum sit petere licentiam pro ipsis construendis.* Leg. *Montanum.* Vide infra in hac voce.

¶ **MONASTIUM**, contracte pro Monasterium. Testamentum Henrici II. Reg. Angliæ ann. 1192. in Lib. nig. Scaccarii pag. 5 : *Domui majoris Monastii perdono* M. *marcas argenti.*

MONASTRIA, Monacha, ex Gr. Μοναστρία. Gregorius M. lib. 6. Ep. 23 : *Ancillis Dei, quas vos* (Constantinopolitani) *Græca lingua Monastrias dicitis.* Julianus Antecessor Const. 115. § 34 : *Si quis contra Clericum vel Monachum, vel Diaconissam, vel Monastriam, vel Ascetriam habeat aliquam actionem, etc.* Adde § 67.

¶ **MONATARIA**, f. Locus monetæ. Concil. Legion. ann. 1012. inter Hispan. tom. 3. pag. 193 : *Monatariæ dent singulos argentos Sayoni Regis per unam quamque hebdomadam.*

¶ **MONATOR**, σημαντήρ, *Monitor, significator.* Supplement. Antiquarii.

MONAZONTES, Monachi, seu potius Eremitæ, Μονάζοντες, apud Gregor. Nazianzenum in Carm. εἰς ἐπιπλάςως μονάζοντας, et Basilium Epist. 304. Lex 63. Cod. Th. de Decur. (12, 1.) : *Quidam ignaviæ sectatores, desertis civitatum muneribus, captant solitudines ac secreta, et specie religionis cum cœtibus Monazonton congregantur. Hos igitur atque hujusmodi intra Ægyptum deprehensos, per Comitem Orientis, erui e latebris consulta præceptione mandamus, atque ad munia patriarum subeunda revocari.*

* Cassian. Collat. 18. cap. 5 : *Qui paulatim tempore procedente segregati a credentium turbis, ab eo quod a conjugiis abstinerent, et parentum se consortio mundique totius conversatione secernerent, monachi sive Monazontes singularis ac solitariæ vitæ districtione nominati sunt.*

¶ **MONBORATIO**, Defensio, tutela; *Monboratus*, qui sub tutela vivit. Codex MS. Irminonis Abb. Sangerman. fol. 63 : *Dedit ibi mansum... tenet eum nunc Rotueus Monboratus; donat pro sua Monboratione de cera valentem denar.* 1. Vide *Mundiburdus.*

* **MONCA** vel Mouca, Cuspis. Charta Guill. ducis Norman. in Reg. 72. Chartoph. reg. ch. 191 : *Habeant tantum quantum poterunt sursum percutere de Monca spatæ suæ, si eques fuerint, ignem deffendendo.*

* **MONCALDUS**, pro *Mencaldus*, Mensura frumentaria. Charta Jacobi abb. S. Bert. ex Tabul. ejusd. monast. : *Qui vinum vendiderit, dabit de dolio vini sextarium ad foragium de furno, qui debet tenere quatuor Moncaldos ad minus, solvent in qualibet furnatione panem unum, quales possunt fieri viginti quatuor de uno Moncaldo.*

¶ **MONCELLUS S.** Gervasii, Certum Parisiis territorium ab æde S. Gervasio sacra sic dictum, Gall. etiamnum *Monceau S. Gervais.* Vetera monumenta Monast. S. Victoris apud Marten tom. 6. Ampliss. Collect. col. 225 : *Item, D. Galerannus Comes Meulenti 40. solidos de censu quem habet Parisius in Moncello S. Gervasii.*

¶ **MOND-BAER**, Mond-Boor, Mondeburdis. Vide *Mundiburdus.*

* **MONDBRUCE**, Anglis, Mulctæ vel præstationis species. Charta Eduardi reg. Angl. ann. 1044. in Suppl. ad Miræum pag. 13. col. 2 : *Concedo eis etiam in omnibus terris suis prænominatis consuetudines hic Anglice scriptas, scilicet.... Mondbruce,... aliasque omnes leges et consuetudines, quæ ad me pertinent.*

* **MONDECIA**, Munditiés, Ital. *Mondezza.* Inquisit. ann. 1196. apud Murator. tom. 2. Antiq. Ital. med. ævi col. 92 : *Quicumque descenderet per ripam pro causa foci, vel lupo, vel latrone, debet dare tres solidos curiæ : de Mondeciis viarum tres solidos.*

¶ **MONDIFICATUS**, Mundus. Statuta Pallavic. lib. 2. cap. 69. pag. 127 : *Ordinatum est quod quælibet persona stans et habitans in castro Buxeti teneatur Mondificatas, purgatas et nitidas tenere et manutenere dugarias.*

¶ **MONDINA**, Mensura frumentaria, eadem, ut videtur, quæ *modius.* Regestum 87. Chartophylacii Regii : *Item dimidium jornalis terræ situm in Vernanson juxta terram Guillelmi Espa, pro quibus facis domino unam Mondinam frumenti, quatuor denarios, unam Mondinam et dimidium avenæ, etc.* Occurrit ibidem pluries.

* Male lectum pro *Mondura*, ut legitur in Charta ann. 1359. ex Reg. 87. laudato ch. 282 : *Pro quibus omnibus debent dicti fratres domino unam cartam, quinque Monduras et dimidium avenæ et decem denarios.* Vide supra *Modura* 1.

¶ **MONDOALDUS.** Vide infra *Mundualdus.*

¶ **MONEATA** Via, Lapidibus strata, munita, Gall. *Pavée.* Forte a verbo munire ducta vocis origo. Statuta Montis Regal. pag. 208 : *Item statutum est, quod quælibet persona quæ habeat domum, vineam vel hortum, seu possessionem intus civitatem Montis Reg. teneatur Moneatas factas... manutenere aptatas suis expensis quilibet in rectitudine suæ possessionis, usque in medium viæ... Et si aliquis projiceret... terram, fimum seu vinaciam in aliquam viam, seu Moneatam... teneantur prædicta auferre... Eligantur duo massarii in quolibet terzerios qui facient fieri Moneatas novas expensis Communis, et vias Moneatas veteres procurent.* Ibid. pag. 210 : *Teneatur projicere terram... in viam, nisi via esset Moneata, etc.*

* **MONEDAGIUM**, ut *Monetagium*, Id quod monetarii seu monetæ fabricatores domino, cujus est moneta, exsolvunt. Charta Gauf. comit. Pictav. et Agnet. comit. pro fundat. S. Mariæ Xanton. ann. 1047. in Reg. 123. Chartoph. reg. ch. 234 : *Adjunximus autem donis nostris monetam et Monedagium et cambitum totius episcopatus Xantonensis.* Hinc

¶ **MONEDATUS**, pro *Monetatus*, in lib. 6. Capitul. cap. 284. Vide *Monetare.*

* Charta Alfonsi reg. Aragon. ann. 1444 : *Jubemus quod ex qualibet marcha argenti alleyati ad legem xj. denariorum et oboli et ad numerum lxxij. denariorum argenti..... ista salaria..... de dicta marcha argenti Monedati deducantur.* Hispan. *Monedar*, monetam cudere.

* **MONEFACERE**, Commonefacere. Acta S. Gauger. tom. 2. Aug. pag. 678. col. 1 : *Et ne ab incepto desisteret, sed magis de die in diem proficiens, clerocinari cum omni devotione satageret, Monefecit.*

* **MONEGAGIUM**, Professio monastica. Testam. Burgond. de Podio Luperio ann. 1350 : *Item lego in subsidium maritagii vel Monegagii filiarum nobilis Johannis de Affanello de Mimeto xxv. florenos auri. Si vero de dictis filiabus una decederet absque nuptu vel Monegagio, etc.*

MONEIA, pro *Moneta*, ex Gall. *Monoie*, seu *Moneie*, uti efferimus. Domesdei tit. *Wirecestre : Burgenses plures habuit, et pro* 15. *hidis se defendit, quando Moneia vertebatur, quisque Monetarius dabat* 20. *solidos ad Londinum, pro cuneis monetæ accipiendis.* Ubi *vertebatur* idem valet ac *mutabatur.*

MONELLA, Monitio, admonitio. Lucifer Calaritanus lib. 2. pro S. Athanasio pag. 97 : *Tanquam fugisset nos domini Monella dicentis, etc.*

¶ **MONELLUS**, Campanæ species. Statuta Capit. Tullensis ann. 1497. cap. 1. de Pulsationibus : *In Dominicis et profestis ultimæ cum duabus mediocribus campanis simul; et in duplicibus cum Monellis.* Vide *Mannellus* et *Meenellum.*

* Nostris *Moisneau.* Ordinar. MS. eccl. S. Vulfr. xiv. sæc. : *Campanis Guillelmo majore et les deux Moisneaux.* Est et tubæ seu buccinæ bellicæ genus. Le Roman de *Garin :*

Et les eschieles font à fossez flatir,
Là oisiez les Moiniax glatir,
Et les buisines et les greilles bondir.

Aliud poëma :

Là sonnent Moieniaus, tropes et olifans.

¶ **MONERIUS**, Molitor, Gall. *Meunier.* Charta apud Stephanot. tom. 3. Antiquit. Pictav. MSS. pag. 944 : *Actum item fuit in dicto compromisso quod triginta solidi qui fuerant levati per manum præpositi a Monerio dicti Abbatis.* Vita S. Yvonis tom. 4. Maii pag. 599 : *Dum canalis seu aquæ meatus clausioni minis cautus insisteret..., senex Monerius causam explorans.*

¶ **MONESTERIUM**, pro Monasterium,

plures occurrit in Charta Henrici I. Imper. ann. 1074. apud Murator. delle Antic. Estensi pag. 110.

¶ MONESTERIUS, pro *Monetarius*, qui monetam cudit. Conspectus Instr. ad Histor. Occitan. spectantium a R. P. *de la Porte* Ord. Minimorum editus : *Sententia contra quosdam falsos Monesterios.*

MONETA, Monetæ ipsius character ac figura. Papias : *Moneta, similitudo.* [*Moneta*, μνημοσύνη, in Gloss. Lat. Græc. Sangerm.] Chirius Fortunatianus lib. 3. Artis Scholasticæ : *Verbis utendum est, ut nummis publica Moneta signatis.* Ita *monetam latiaris eloquii* dixit Symmachus, pro charactere. Vide Juretum ad hunc locum pag. 315. Eadmerus lib. de S. Anselmi similitud. cap. 9 : *Denarius bonus puro ex ære, recto pondere, Monetaque legitima debet constare.* Infra : *Is autem Monachus qui adeo est senex, ut ante et retro jam nequeat inclinare, denario illi est similis, cujus Monetam temporis antiquitas jam delevit.* Rursum : *Assimilatur nummo ponderoso, Monetam tamen non habenti, et ideo non æque venali.* [Guillelm. Nangius in Chron. ad ann. 1173 : *Tertio Idus Februarii apparuerunt de nocte igneæ acies... et lux tanta enituit quod nummus cujus Monetæ esset posset agnosci.*] [* Bened. abb. Petroburg. in Henr. II. reg. Angl. edit. Hearn. tom. 2. pag. 611 : *Et ne aliquis conet monetam domini regis, in qua Moneta apparebit, nisi fracta fuerit infra circulum.*] Alanus in Anticlaudiano lib. 2. cap. 7. de Grammatica :

Infantes docet illa loqui, linguasque ligatas
Solvit, et in propriam deducit verba Monetam.

Moneta, apud Papiam, *eadem et trutina dicta, quia admonet ne qua fraus in metallo vel in pondere fiat.* Iter Camerarii Scotici cap. 10. § 5. de Brasiatoribus : *Non habent mensuras, videlicet quartam, pintam, tertiam, et partes concordantes Monetæ domini Regis, per quas mensuras populus possit deservire debite, cum indiguerit.* Ubi *Moneta* sumitur pro mensura publica ac regia quæ pretium *monetæ* fixum habet. Ibid. cap. 9. § 31 : *Quod non faciunt panem concordantem monetæ, panem pro denario, panem pro obulo, panem pro quadrante.*

* Eo sensu occurrit in Charta Guerard. II. Camerac. Episc. ann. 1089. apud Miræum tom. 1. pag. 75. Diplom. Belgic. : *Trado ad usum fratrum S. Camerac. Ecclesiæ ... alodium de Lietscinis et de Wilrehem, cum Moneta, cum teloneo et macera et districto, cum molendinis, cum terris cultis, etc.*

¶ Moneta, Officina, seu locus ubi moneta cuditur. Charta Agnetis Comit. Pictav. ann. circ. 1050. inter Anecd. Marten. tom. 1. col. 187 : *Videns autem hæc admodum pœna superadjeci decimam mei monetagii in Moneta Pictavensi.* Occurrit rursum in Charta ann. 1215. ibid. col. 844. et alibi passim.

* Moneta, Instrumenta monetalia seu quibus cuditur et fabricatur moneta. Testam. Guill. monetarii ann. 1213. ex Cod. reg. 5525 : *Majori filio meo Johanni lego.... totum mansum majorem in quo maneo ad [illegible], cum sua Moneta et cum suis omnibus batiguis et operatoriis.*

¶ Moneta, Jus cudendi monetam, vel emolumenta quæ monetæ domino obveniunt. Charta Pontii Comit. Tolos. ann. 1037. tom. 2. Hist. Occitan. inter Instr. pag. 200 : *Dono tibi dilecte sponse mee Majore, episcopatum Albiense, et civitatem, et Moneta, et mercatum.*

* Moneta, Tabula nummularia, Gall. *Change.* Charta Otton. imper. ann. 1001. inter Instr. tom. 3. Gall. Christ. col. 1 : *Dedimus jus, fas atque licentiam faciendi, statuendi atque construendi mercatum cum Moneta, teloneo, banno et totius publicæ rei ministeriis, in quadam proprietate sanctæ Cameracensis ecclesiæ, in loco qui vocatur Castellum S. Mariæ..... Atque prædictum mercatum, Monetam, teloneum, bannum, cum tota publica functione, in proprium concedimus sanctæ Cameracensi ecclesiæ, tali tenore, ut nullus dux, marchio, sive comes, seu aliquis homo ullam potestatem habeat super memoratum mercatum.* Ubi haud obscurum est præcipuum hujusce concessionis propositum ad *mercatum* spectare, seu fori instituendi facultatem, cujus appendices enumerantur omnes, mensa nummularia scilicet, jus exigendi tributa ex mercibus, *banna* indicendi atque officiarios constituendi, qui iis servandis invigilarent. Neque alio sensu intelligendæ videntur Chartæ huic similes, in quibus monetæ percussio non exprimitur aut indicatur. Aliunde vero jus cudendi monetam ecclesiæ Cameracensi assertum infra, ubi de monetis baronum, ostendemus. [** Huc etiam pertinet charta ann. 1089. supra e Miræo laudata. Vide *Mercatum*. *Moneta* vero hic locis est Jus statuendi de omnibus quæ ad monetas et earum usum pertinent.]

¶ Moneta Anniversariorum dicta quæ iis distribuebatur qui Anniversariis intererant. Est penes nos nummus in cujus una parte efficta inter duo lilia littera major A, cui imminet corona, cum inscript. Moneta Anniversariorum : in altera numerus XII. Cum 3. liliis et inscript. Requiescant in Pace.

* Moneta Auri, Nummus aureus. Lib. cens. eccl. Rom. : *In episcopatu Constantiensi, Fratres de Monte Angelorum* (debent) *unam Monetam auri.* Ibidem : *Ecclesia de Monte Angelorum unam Monetulam auri.*

¶ Moneta Blencha, Argentea, *Monnoie Blanche*, cui *nigra* seu ærea opponitur. Edictum pacis Jacobi Reg. Arag. ann. 1228. tom. 8. Spicil. Acher. pag. 386 : *Præstantes insuper centum viginti solidos de Blencha Moneta.*

* Charta ann. 1429. ex Chartul. Corb. : *Tant en monnoie d'or comme en blancque monnoie.*

¶ Moneta Bossanaya, Monetæ Barcinonensis species. Locus est in *Bossanaya.*

¶ Moneta Bruna, Eadem quæ ærea seu *nigra* aliis dicitur. Vide *Bruna* 1.

* Moneta Censualis, Qua *census* persolvi debent, atque adeo eadem atque *fortis*, cujus scilicet materia purior erat, qualis nimirum eo tempore, quo instituta fuerat ejusmodi pensitatio ; tunc quippe minus erat adulterata. Instr. ann. 1389. tom. 7. Ordinat. reg. Franc. pag. 373 : *Dedit et concessit, videlicet pro summa quadraginta librarum bonæ Monetæ censualis.* Vide supra *Censuales nummi.*

* Moneta Computabilis, Quæ in *Computis* datur et accipitur, in Charta ann. 1261. ex parvo Reg. S. Germ. Prat. fol. 53. r°. col. 2.

¶ Moneta [** Ære] Contaminata, Ærea, eadem quæ *nigra.* [** Gall. *Billon.*] Tabular. Mimat. ann. 1306 : *Ad episcopum et ecclesiam Mimatensem pertinet jus... cudendi monetam ære Contaminatam et monetam argenteam, etc.* Occurrit præterea apud Rymer. tom. 5. pag. 444. col. 2.

¶ Moneta Coriacea *cum clavo argenteo.* Hanc tempore captivitatis Johannis Reg. Franc. cusam scribit Guido Papa qu. 493 : *Ponamus*, inquit, *quod a tempore venditionis citra facta est Moneta de corio, sicut fuit tempore captivitatis Regis Johannis, de qua moneta licet curribilis sit centum floren. non valent duos florenos de Moneta currente tempore contractus, etc.* Eadem de re habet Philippus *de Commines* lib. 5. cap. 18 : *Et mit* (*le Roy Jean*) *le royaume en si grande pauvreté qu'il y avait long temps monnoye comme de cuir, qui avoit un petit clou d'argent.* Ex his tamen minime certo efficitur iis temporibus exstitisse ejusmodi monetam coriaceam, præsertim cum nullum supersit hac de re Edictum, unde opinionem hanc deliramentum esse atque puerilem fabellam ait Molineus de Usur. n. 799. neque probabilior videtur D. *le Blanc* pag. 230. De moneta itaque debiliori, quam urgente necessitate cudi jusserat Carolus Regens, hæc accipienda existimo. Et quidem exstat Edictum datum Parisiis 25. Jan. ann. 1356. tom. 3. Ordinat. reg. Franc. pag. 95. in quo memorantur gravissimæ querelæ quas de imminutione monetæ habuerat populus, quibus ut fieret satis fortiorem monetam cudendam eodem Edicto curavit. Huc spectant Chron. S. Dionysii tom. 2. pag. 17. et Belgicum cap. 93. Antiquioris usus fuit hæc coriacea moneta apud Francos, si fides Joh. Iperio in Chron. S. Bertini cap. 49. apud Marten. tom. 3. Anecd. col. 727 : *Aliquanto tempore per regnum Franciæ intermissum est fabricari monetam, et maxime quandiu Rex erat absens, sed monetæ curre* (currebant) *frusta de corio cum infixo clavo aureo vel argenteo, majori vel minori, et secundum hoc erat majoris pretii vel minoris.* Hæc credat qui aliis quas ibi profert fabulis fidem habere volet. Monetam coriaceam apud Lacedæmonios in usu fuisse docet Seneca lib. 5. de benef. cap. 14. quod et propter exhaustam diuturnitate Italici belli pecuniam fecisse Fridericum II. Imper. narrat Antoninus Florentinus in Chron. ad ann. 1240.

* Similem fabellam, quam de Mediolanensibus vulgarunt Gobell. Persona in Cosmod. æt. vj. cap. 48. et Theod. *de Niem* in lib. de Privil. et Jur. imper. ex conficto Ottonis M. decreto, evertit et exsibilat Muratorius tom. 2. Antiq. Ital. med. ævi col. 590. Vide infra *Britanniæ ducum denarii* in *Moneta Baronum.*

¶ Moneta Debilis, Qua *forti* opponitur. Vide infra. Occurrit præterea in Privilegiis Capituli S. Barnardi de Romanis ann. 1358. tom. 3. Ordinat. pag. 277. et alibi passim. *Nummi leves*, in Charta Philippi senioris *de Falkenstein* pro monast. Fuld. ann. 1266. apud Schannat.

* Moneta Frivola, Eadem quæ *Debilis* seu non justi ponderis. Vide supra *Frivolis.*

Moneta Fortis, vel *fortium.* Ita vocabant eam monetam, cujus materia purior erat, minusque adulterata. Vetus scheda : *Ad Nativitatem beatæ Mariæ* 1306. *incipit fortis moneta, et fuerat cursus debilis monetæ ab Omnibus Sanctis* 1303. *usque ad dictam Nativit. Libræ fortes, libræ fortium*, in Chartis aliquot, in Histor. Monasterii S. Mariæ Suession. pag. 450. apud Duchesnium in Hist. Drocensi pag. 276. Guichenonum in Histor. Sabaudica pag. 52. 60. 61. eumd. in Bibl. Sebusiana pag. 349. 355. et in Episcopis Bellicensib. pag. 78. Justellum in Hist. Turenensi pag. 90. Roverium in Reomao pag. 327. etc. Charta Lud. Imp. ann. 1329. pro Monetariis Papiensibus : *Et debent taliare monetas prædictas tali modo, quod in duabus unciis non sint plures quam* 3. *denarii fortes, et* 3. *debiles, etc.* Infra : *Et debent taliare monetam tali modo, quod nullus de prædictis denariis erit fortior vel debilior suo justo pondere ultra* 1. *granum.* Charta ann. 1306. pro Moneta Comitatus S. Pauli : *Et les derniers seront taillez à douze fors, et à douze foebles ; c'est à sçavoir les fors à* 14. *sols* 6. *d. et les foibles à* 19. *s.* 6. *d.* Adde Statuta Leodiensia art. 19. et formulam *assidendi terras* in Ducatu Burgundiæ post Consuetudinem Municipalem, sub finem capitis. In Charta ann. 1162. apud Ghirardaccum lib. 3. Hist. Bonon. pag. 85 : *Receptis ab eo centum libris afforciatorum. Denarii infortiatorum*, passim in Tabul. Abbat. Dalonensis fol. 4. 5. 7. 49. 55. etc. Ibidem fol. 70 : *Acceptis* 8. *libris de forzats, vel Pictavinis.* [* *Solidi exforçati*, eadem acceptione, in Charta ann. 1171. apud Stephanot. ex Antiq. Pictav. Bened. Mss. part. 4. pag. 566.] [*Solidi inforciatorum*, in nova Gall. Christ. tom. 2. inter Instr. col. 451. *Solidi reforciati*, in Charta ann. 1323. tom. 2. Hist. Dalph. pag. 110. col 2 : *Lego... Esmenjardæ filiæ meæ* 500. *libras Reforciatorum, sive Turonensium bonorum*, in Testam. Isnardi de Antravenis apud Gaufridum tom. 1. Hist. Provinc. pag. 79. Hinc]

¶ Refortium Monetarum dicitur cum ad materiam puriorem monetæ revocantur, apud Franc. Marcum Decis. 432. part. 2. pag. 224. [** Vide Savin. Histor. Jur. Rom. med. temp. tom. 3. cap. 22. § 161. not. f.]

Moneta Cum Granis. Chronicon Malleacense : *An.* 1112. *nummi mutati sunt, et cum granis alii facti sunt.*

* Moneta Mixta, Nummi diversi generis. Charta ann. 1327. in Reg. 66. Chartoph. reg. ch. 715 : *Item et duos sacos Monetæ mixtæ dicti regni, ponderantes cc. marchas.*

* Moneta Plumbea. Lit. remiss. ann. 1396. in Reg. 151. Chartoph. reg. 239 : *Comme le suppliant eust acheté certaine Monnoye de plont de huit et de quatre deniers Parisis pour le pris et somme de huit blans; et huit jours après ou environ eust icelle monnoye de plont vendue à un nommé Jehan Michau le pris et somme de cinq sols Tournois, et d'icelle monnoye eust esté trouvé quatre ou cinq jours après icellui Jehan Michau saisi en la ville de Lillebouchart, et pour ce eust esté emprisonné audit lieu etc.*

Moneta Nigra, Ærea, vel ære mixta, cui *alba*, seu argentea opponitur. Martialis lib. 1. Epigr. 100 :

> Ut convivia sumtuosiora,
> Toto quæ semel apparas in anno,
> Nigræ sordibus explices monetæ.

Sic enim *æream* monetam intelligi censet Salmasius. Nicolaus Oresmius Episc. Lexov. de Mutatione Monetar. cap. 3 : *Et quoniam aliquoties in aliqua regione non satis competenter habetur de argento.... imo portiuncula argenti quæ juste dari deberet pro libra panis, vel aliquo tali, esset minus bene palpabilis propter nimiam parvitatem, ideo facta fuit mixtio de minus bona materia cum argento : et inde habuit ortum Nigra Moneta, quæ est congrua pro minutis mercaturis.* Charta Joannis Nigellensis Domini apud Vassorium in Novioduno pag. 952 : *Centum solidos Nigrorum vel Atrebatensis monetæ, in pretio* 18. *nummorum nigrorum singulis annis me et hæredem meum solutu-rum concedo, etc. Turonenses nigri*, in Charta ann. 1369. in Probat. Hist. Turenensis pag. 42. *Nigelli*, in Charta Communiæ Crespiacensis ann. 1223 : *Dicta vero Communia pro his omnibus tenetur reddere Baillivis nostris apud Crespiacum singulis annis trecentas et septuaginta libras Nigellorum;* [Et in Charta ann. 1242. tom. 2. Hist. Eccl. Meld. pag. 155 : *Damus et concedimus in puram et perpetuam eleemosinam sexaginta libras Nigellorum.*] In Consuetudine Vadensi art. 7. sexaginta sol. nigri, (60. *sols nerets*) dicuntur valere 36. sol. Paris. Vide Renaldum in Probat. Histor. Suess. pag. 23. Justellum in probat. Hist. Turenensis pag. 64. Hist. Monasterii S. Mariæ Suessionensis pag. 466. etc.

Moneta Ternalis, *de terno*, [*de quaterno, de duplo,*] sic dicta moneta Barcinonensis in Usaticis Barcinon. et in Charta Petri Regis Aragon. ann. 1285. Chronicum Barcinonense : *XI. Kl. Aprilis ann.* 1212. *fuit aspersa a domino Rege Petro moneta de Quaterno Barchinon.* [*X. Kl. Martii an.* 1221. *fuit a domino Rege Jacobo aspersa moneta de Duplo Barchinon. VIII. Kl. Sept. an.* 1258. *fuit aspersa a domino Rege Jacobo moneta de Terno Barchinon.*] Andreas Boschus de Titulis honorar. Catalaniæ lib. 4. pag. 490 : *La moneda de tern de Barcelona, qual era cousta ab la constitucio del Rey Don Pere del any* 1365. *so es la moneda se fabricava en Barcelone en virtut deldits privilegis del Rey Don Jaume any* 1258. *Rey Don Pere ab pragmatica del any* 1283. Chronicon Petri Regis Aragon. lib. 3. cap. 8 : *Sino a nos solament batre moneda en Catalanya, e que sia moneda Barcelonesa, e ques bata dins la Ciutat de Barcelona : laquel moneda es appellada de Tern.* Monetæ *de bino*, in Catalania meminit Paulus Xammer lib. de Antiquit. Barcinonæ § 10. num. 41. [** Vide Capmanyi Antiquit. Barcinon. tom. 1. Probat. Append. pag. 122.]

Moneta Septena. Charta Aimerici de Castro novo ann.... in Regesto Tolosano Cameræ Comput. Paris. ch. 70 : *Hoc prædictum donum... nos et successores nostri, si voluerimus, possimus recuperare datis, imo persolutis successoribus nostris* 5. *millib. solid. Tholos. Monetæ septenæ, vel Malgor. duplos largos ad ipsorum electionem, vel ex singulis* 26. *solid. Tholos. unam marcham argenti fini, et de pure pro eadem ratione, si Tholos. et Malgor. abjiciebantur vel minorabantur expenso de lege, etc.*

Moneta Octava. Tabularium Ecclesiæ Viennensis, sub Guidone Archiep. fol. 71 : *Acquisivit a laicis hominibus aliam medietatem Ecclesiæ, cum decimis, et oblationibus, et sepultura; a Barlione filio Barnardi quartam partem ejusdem Ecclesiæ, et dedit ei inde* 4. *libras denariorum Viennensis octavæ Monetæ, etc.* Infra : *A Falcone filio Isardi accepit Gatgeriam laudante Ademaro fratre suo, dedit ei* 300. *solidos Viennensis octavæ Monetæ, etc.*

Moneta Decima, Tabular. Monasterii S. Andreæ Viennensis :... *Vobis impignoravimus pro solid. unius quadrannos duos de Moneta decima, etc.* Alibi : *Donec prædicti solidi integro numero jam dictis restituantur Monachis. Est autem Moneta decena et electissima.* Idem Tabular. apud Acherium tom. 13. Spicilegii pag. 284 : *Longa per tempora stetit ipsa Moneta bona in pondere, et mensura decena. Moneta decima octava.* Charta Arcembaldi de Soliaco ann. 1229 : *At sciendum, quod debemus Prioratui dictæ villæ de Capella triginta et octo solidos Monetæ decimæ octavæ ad Parisiensem, annuatim censuales, etc.*

Cur autem Monetæ istæ *Ternæ, Octavæ*, et *Decimæ* appellatæ fuerint, haud facile est definire, nisi ad voces a Monetariis vulgo receptas *Moneta prima, secunda, et tertia, etc.* referri debeant, et quarum mentio habetur in Consilio Curiæ Monetariæ sub Philippo Pulcro Rege Franc. ad quarum explanationem hæc vernacula ex Adversariis Magni Peirescii, ipsiusque manu descripta, olim excerpsimus, quæ ut minime trita hic inserere haud absurdum fortasse fuerit : *Monnoye douziéme, quinziéme, dix-huitiéme, etc.; de laquelle il est parlé dans l'Advis de la Cour, sur le fait des monnoyes, dressé sous Philippes le Bel. Ces termes se prennent ordinairement pour la monnoye d'argent et billon, qui estoit une façon de parler usitée entre le Roy et les Maistres generaux des monnoyes, pour par le moyen d'icelle, et le prix que le Roy faisoit donner au marc d'argent hors œuvre, qui estoit toujours contenu és mandemens qu'il envoyoit aux Maistres generaux, sçavoir la traitte, ou l'imposition que le Roy prenoit sur chascun marc d'argent le Roy en œuvre, des especes qu'il faisoit fabriquer. Pour entendre ce que dessus, il faut prendre pour fondement que* Monnoye Premiere *que d'autres appellent* Gros, *est cinq sols.* Monnoye Deuxieme *est dix sols.* Monnoye Troisieme, *quinze sols, et ainsi du plus au plus.* Monnoye xii. *soixante sols, parce qu'en* 60. *il y a cinq fois* 12. Monnoye xv. 75. *sols.* Monnoye xviii. 4. *l.* 10. *s. Or quand le Roy ordonnoit une fabrication d'espece, posé que soit celle qui est mentionné au* 2. *art. de l'advis de la Cour donné au Roy Philippe le Bel sur le fait de monnoyes, qui est à* 6. *den.* (*de loy*) *de* 14. *s.* 8. *den.* (*de taille*) *ayant cours pour* 3. *den. Tournois piece : il faut considerer premierement que lesdits* 14. *s.* 8. *den. qui font* 176. *pieces, ayant cours pour* 3. *den. chascune, vallent* en tout 528. den. Tournois, revenans à 44. sols Tournois, qui est la valeur du marc d'argent à 6. den. de loy, en œuvre desdites especes, qu'il appelle Monnoye XVIII. laquelle pour n'estre qu'à 6. den. de loy, (qui est la moitié d'argent le Roy) il faut doubler la valeur de 44. sols pour sçavoir la valeur de la susdite monnoye XVIII. qui seroit à cette raison 4. livres 8. s. encore que ladite monnoye XVIII. doit valoir 4. livres 10. sols, qui sont 2. sols sur le tout, ou sur les deux marcs de 6. den. de loy. De sorte qu'en cet article il y auroit faute à la taille desdites especes, laquelle il faudroit augmenter de 4. den. pour la faire venir à 15. sols de taille, n'est que lesdits 2. sols fussent retenus par celuy qui en donnoit l'avis pour la façon et fabrication des 2. marcs. Et pour sçavoir la traitte et l'imposition que le Roy prenoit sur ladite monnoye, il faut remarquer, que le Roy par le mandement qu'il envoyoit aux Maistres generaux des monnoyes, leur mandoit le prix du marc d'argent, sur lequel devoient estre fabriquées lesdites especes, qui valloit moins que le marc d'argent en œuvre desdites especes: Comme en cet exemple de la Monnoye XVIII. le marc d'argent en œuvre, c'est à dire, monnoyé, doit valoir 4. livres 10. sols; et pouvoit mander que l'on donne du prix du marc d'argent 4. livres son intention estant de prendre 10. s. de traitte ou d'imposition, ou pour la façon, sur chascun marc d'argent desdites especes. Et la monnoye cinqcentiéme, du temps du Roy Jean, vaut cent 25. livres Tourn. et le Roy faisoit donner en ses monnoyes aux Marchands qui livroient l'argent, ou le billon, 102. livres Tournois, lesquels desduits de 125. liv. restera 23. liv. que le Roy prenoit de traitte, et ainsi du plus au plus, et du moins au moins. De façon que pour sçavoir la traitte, ou le profit que le Roy y faisoit desdites monnoyes XV. XVIII. etc. il faut sçavoir le prix du marc d'argent, lequel estoit toujours specifié et arresté dans les mandemens que le Roy envoyoit ausdits Maistres generaux des monnoyes. La différence desdites monnoyes XV. XII. etc. est que la plus basse, c'est à dire, la XII. est la plus forte monnoye, parce que les especes cy-dessus mentionnées n'auroient cours que pour 2. den. Turon. sur le pied de la monnoye XII. lesquelles sur le pied de la monnoye XVIII. deveroient courir pour 3. d. Turon. et ainsi plus la monnoye est haute, plus les especes de mesme poids et de mesme bonté sont augmentées en cours. Comme par exemple, les susdites especes estans à 6. den. de loy, et de 14. s. 8. den. de taille, dressée sur le pied de monnoye cinqcentiéme, auroient cours pour 7. s. un d. 40. de denier. De tout ce discours se tire que la monnoye XII. est le pied de la monnoye qui se fabriquoit à raison de 60. s. le marc d'œuvre. Et la monnoye XVIII. est le pied de celle qui se battoit sur le prix de 4. l. 10. s. ledit marc d'œuvre: et à mesure que le marc augmentoit de prix, on augmentoit aussi le nombre du terme de monnoye, d'autant qu'il y avoit de fois cinq sols; jusques à la monnoye cinqcentiéme, qui valloit 125. livres.

* Propositam a Cangio Peirescii harum vocum explanationem legimus in Lit. Phil. VI. ann. 1336. 1. Jan. ex Reg. B. Cam. Comput. Paris. fol. 105. r°. : *Ordenons que l'en face nos monnoies d'or, blanches et noires, dishuitaines; c'est assavoir nos monnoies blanches et noires sur le pié de lx. gros Tournois d'argent le roy au marc de Paris, et nostre monnoie d'or fin sur le pié de douze mars d'argent le roy audit marc de Paris; c'est assavoir que un marc d'or fin vaudra et courra pour douze marcs d'argent. Et ainsi parmi ce seront toutes nos dites monnoies d'or, blanches et noires avaluées dishuitaines, en courant le marc d'argent le roy audessus du marc pour quatre livres, dix sols Tournois, et un marc d'or fin pour cinquante quatre livres Tournois argent le roy des monnoies dessus dites.* Aliæ ejusd. reg. ult. Oct. ann. 1338. ibid. fol. 106. r° : *Ordenons que l'en face nos monnoies blanches et noires vintquatriemes sur le pié de lx. gros Tournois d'argent le roy au marc de Paris, et nostre monnoie d'or fin sur le pié et la value à courir un marc d'or fin pour soixante deux livres, dix sols Tournois..... Et aura chascun denier d'or cours pour vingt-cinq sols Tournois, et nos monnoies blanches et noires, courans à present, seront et demouront du pois, du cours et du coing que elles sont à présent.... Et donnez en tout or fin au marc de Paris cinquante huit livres Tournois, et en tout argent et billon à ceuls qui seront leur loy, quatre livres, douze sols Tournois de celle méme monnoie.*

☞ Hæc vero loquendi formula, quæ sub Philippo Pulcro in usu esse cœperat, desiit sub Ludovico XI. ann. 1467. ut monet D. *le Blanc* pag. 254.

☞ Atque hic non abs re fuerit observare proportionem 12. inter aurum et argentum statutam esse ann. 864. in Edicto Pistensi cap. 24 : *Ut in omni regno nostro non amplius vendatur libra auri purissime cocti, nisi duodecim libris argenti de novis et meris denariis.* Ubi libra auri purissimi, vel, ut monetariorum voce utar, ad 24. karats, duodecim libris argenti puri, seu ejusdem legis æquiparatur.

* MONETA DECIMA, Pars decima monetæ seu *monetagii*. Pactum inter archiep. Lugdun. et comit. Forens. ann. 1167. ex Cod. reg. 5190. fol. 13. v° : *Pedagia tam in fluminibus, quam in terra, communia sunt inter archiepiscopum et comitem Forensem, Moneta similiter communis est; excepta decima, quæ archiepiscopi specialis est.* [** De *decima*, non de *moneta decima* agitur.]

MONETÆ PERFORATÆ. Fleta lib. 1. cap. 22. § 1 : *Si quis denarium inveniat retonsum, vel de alio cuneo, quam de cuneis communibus Angliæ, Hiberniæ, et Scotiæ, statim illum faciat perforari et restitui.*

☞ Perforabantur monetæ cum earum cursus prohibebatur, vel inveniebantur adulteræ. Litteræ Philippi Pulcri ann. 1309. tom. 1. Ordinat. Reg. Franc. pag. 469 : *Et se lesdites personnes ès Monnoies qui einsi leur seront monstrées, trouveront aucuns deniers contrefaitz, ou faus, il les perceront, ou trencheront, et perciés ou trenchiés les rendront franchement.* Occurrit pluries in veteribus Edictis ad monetam spectantibus : at in recentioribus, *Cizailler*, legitur. Vide *Copator Monetæ*.

MONETA USUALIS, quæ in *usu publico constituta*, in leg. 1. Cod. Th. Si quis pecunias conflaverit (9,23.); *quæ in usu versatur*, apud Lampridium in Alex. Severo; *in conversatione publica*, leg. 2. dicto tit. et leg. 1. de Conlat. æris. (11,21.) Senator in formula Comit. sacr. Largitionum lib. 6. Epist. 7 : *Hanc liberalitatem nostram alio decoras obsequio, ut figura vultus nostri metallis usualibus imprimatur, monetamque facis de nostris temporibus futura sæcula commonere.* [*Usualis*, in Statutis MSS. Augerii Episcopi Conseran. ann. 1280. *Cursibilis*, in Charta ann. 1215. apud Calmet. tom. 2. Hist. Lothar. col. 14.] *Usualis et cursibilis*, in Tabulario Palensi apud Marcam in Hist. Beneharn. lib. 4. cap. 16. num. 7. et in Chronico Senoniensi lib. 2. cap. 16. *Denarii usuales et dativi*, in Charta Caroli IV. Imp. ann. 1351. in Chronico Constantiensi. [Vide *Cursibilis*.]

¶ MONETA CURSUALIS, Eadem notione, in Charta Libertat. Bellomont. ex Cod. MS. Coislin. : *Mansurus infra mettas prædictas... solvet nobis viginti solidos Cursualis monetæ in comitatu Nivernensi. Monnoie coursable*, in Edicto Philippi VI. Reg. Franc. ann. 1336. et in alio ann. 1339. tom. 2. Ordinat. pag. 142. Vide *Cursualis*.

¶ MONETA CURRIBILIS, in Charta Jacobi Reg. Aragon. ann. 1272. infra laudata.

MONETA DATIVA *et accepta*, i. quæ in usu est, et datur et accipitur. Charta Friderici I. Imper. ann. 1156. in Hist. Pergamensi tom. 3. pag. 459 : *Ut liceat ei in sua civitate monetam publicam cudere, quam per omnem Comitatum et Episcopatum ejus dativam et acceptam esse præcipimus.* Occurrit etiam in Charta ann. 1258. apud Maximilianum Henricum in Apologia Archiep. Coloniensis pag. 33. Tabularium Conchense in Ruthenis Ch. 85 : *Centum 84. solidos denariorum exhibilium et pecunibilium publicæ monetæ Carcassonæ, etc. Nummi usuales*, in Speculo Saxonico lib. 1. art. 65. § 5 : *Nummi communiter currentes vel usuales*, lib. 3. art. 40. § 4. Occurrit passim. Vide *Ambulare*.

* MONETA LIBRABILIS, Quæ est justi ponderis, eadem quæ *Usualis*. Vide supra *Librabilis*.

MONETA MISSIBILIS, Gall. *de mise*, in Charta ann. 1322. in Maceriis S. Barbaræ Lugdun. pag. 203.

¶ MONETA PONIBILIS, Eodem intellectu. Vide *Ponibilis*.

* MONETÆ ARCA, Curia, quæ de causis ad monetas spectantibus cognoscit et judicat. Charta Henr. I. reg. Angl. ex Tabul. S. Petri super Divam : *Bellum, si ortum fuerit de placito monetæ,.... apud Arcam monetæ terminabitur.*

MONETÆ FORISFACTUM, quod fuerit, docet Charta Stephani Dom. Sacricæsaris ann. 1178 : *De forisfacto Monetæ ita specialiter statutum est, quod qui accusaverit aliquem de hominibus prædictis, quod accepit monetam quam Dominus Sacricæsaris accipi noluerit, postquam voce præconia prohibita fuerit, etc.*

¶ MONETÆ PES, Nostris *Pied de monnoye*, Budelio, *est meta monetariis præscripta in cudendis nummis, quam omnino observare tenentur.* Occurrit passim in Edictis ad rem monetariam pertinentibus. Vide laudatum Budelium lib. 18. pag. 75. *de Lauriere* tom. 2. Ordinat. Reg. Franc. pag. 329. et *Poullain* ad calcem Tract. de Monet. pag. 423.

Monetæ Vestitio, [Ejusdem monetariis cessio sub aliqua præstatione.] Charta Guillelmi Episcopi Cadurcensis in Tabul. ejusdem Ecclesiæ : *De Monetæ vero redditibus unde controversia multa exorta est, hoc constituimus; ut habeant Canonici medietatem omnium, et super medietatem decimam ex omnibus quæcunque ex Moneta recto usu pervenîunt. De investitura quoque ejusdem Monetæ, quam vestitionem dicunt, cum tempus expostulaverit, ita disposuimus fieri, ut cum post mortem Episcopi, per manum succedentis Episcopi Monetarii Monetam suam acquisierint, pecuniæ inde provenientis habeant Canonici præstitutam partem, scilicet medietatem et decimam, etc.*

Monetæ Relevatio. Charta Ludovici VII. Regis Franc. ann. 1159. ex Tabulario S. Maglorii Paris. fol. 67. et apud Brolium lib. 1. Antiq. Paris. : *Prædia, possessiones, beneficia, libera sunt et quieta ab omni exactione, redditione, consuetudine, et relevatione Monetæ quæ tertio anno a nobis exigitur.* Idem videtur quod *Monetagium* in Normannia.

¶ Monetæ Consuetudo *et relevatio* dicitur in Charta Ludovici VII. Reg. Fr. ann. 1159. apud D. *le Blanc* pag. 156.

¶ Monetæ Redemptio, Eadem notione, idem quod *Monetagium*. Charta Philippi Aug. Reg. Fr. ann. 1187. laudata a D. *le Blanc* pag. 156. ex Reg. 8. Chartophylacii regii fol. 66 : *Monetam Aurelianensem quæ in morte patris nostri currebat, in tota vita nostra non immutandam concessimus et eam neque mutari neque alleviari patiemur. In tertio anno pro Redemptione ejusdem Monetæ de singulis modiis vini et hiemalis annonæ binos denarios, et de singulis modiis avenæ singulos denarios, sicut in tempore patris nostri fiebat, capiemus.*

¶ Moneta Terræ, Quæ in certo territorio in usu est, eadem quæ *usualis*, in Charta ann. 1398. apud Schlegel. Dissert. de Nummis antiq. Gothan. etc. pag. 61 : 10. *libris denariorum bonorum usualium seu Monetæ Terræ.*

Moneta, Matrix feminea, in qua formatur embrio, et χαρακτερίζεται. Ægidius de Corbolio de Urinis :

> In muliere magis portendit probra Monetæ,
> Si calor est rufus etc.

Ubi Gentilis de Fulgineo : *Matrix, Moneta dicitur metaphorice, quia sicut super incudem moneta tunditur, sic in matrice fœtus, monetariorum.*

Moneta, in Edicto Rotharis Regis Longobard. tit. 60. § 3. tit. 65. § 1. 2. 4. [** 167. 178. 179.] scribitur, ubi Lex Longob. habet *Meta.* Vide in hac voce.

MONETA Regia, dicebatur, quæ a Rege cudebatur, vulgo *Monnoie le Roy* vel *Monnoie du Roy*, ad discrimen Monetæ Baronum, quibus id etiam juris competebat.

* Civitates, in quibus erant officinæ monetariæ, sic appellantur in Reg. Cam. Comput. ex Cod. reg. 8406 : *Villæ, in quibus fiunt monetæ regni, sunt, Parisius, Tornacum, Trecæ, S. Portianus, Monspessulanum, Tholosa, Monsterelium, Rothomagum.* Vide infra pag. 497. col. 2. et pag. 500. col. 1.

Monetæ vero Regiæ in Francia plures erant prærogativæ, quarum prima censeri debet, quod auream vel argenteam cudere solius Regis esset, quod Baronibus haud licebat, nisi regio indultu : eoque casu non altioris pretii quam unius denarii, ut est in quadam Scheda de Monetis circa ann. 1300. exarata : *Nuls des Barons de France ne puet, ne ne doit faire Monnoie d'or et d'argent, se ce n'est li Rois, ou par son commandement, ne Monnoie qui vaille plus d'un denier.* Mox, cum de Baronibus qui Statuta de Monetis infringunt, agitur : *Le Quens de Bretagne a encommencé à faire une Monnoie qui valoit deux deniers.* Eidem porro Britanniæ Toparchæ Ludovicus XI. Rex monetam auream cudendi facultatem indulsit Diplomate mense Oct. ann. 1465. exarato, quod descriptum legitur in primo volumine Ordinationum ejusdem Regis f. 97. Chartophylacio Parlamenti Parisiensis. Habetur illa apud Hautinum lib. de Monetis Fr. pag. 99.

☞ Hæc emendat D. *Brussel* tom. 1. de Usu feud. pag. 201. uti minus accurata censetque laudato Edicto reprobari veterem usum, quo Baronibus assertum hactenus fuerat jus monetam argenteam cudendi, eamque altioris pretii quam unius denarii : haud immerito quidem, cum ex infra dicendis certum sit monetæ regiæ cursum non in omnibus Baronum dominiis invaluisse, in quibus proinde necessarium erat cudi monetam auream vel argenteam, ut esset commercio locus. Exstat præterea Charta ann. 1306. in Tabular. Mimat. qua Philippus IV. Rex Franc. agnoscit Ecclesiæ Mimatensi competere jus cudendi monetam argenteam; quod a prædecessoribus suis illis concessum non dicit : *Ad episcopum et ecclesiam Mimatensem pertinet jus... cudendi Monetam ære contaminatam et Monetam argenteam, etc.* Ex monetis vero argenteis Baronum, quæ etiamnum supersunt, nihil videtur certo colligi posse : aut enim ad Barones qui eo jure, ex regio indultu, gaudebant, referri debent; aut esse monetas regias in iis locis cusas suspicari licet.

☞ Id tamen moris iis temporibus alicubi viguisse, ut monetæ argenteæ non cuderentur nisi ex regio indultu, utcumque suadet Charta Jacobi Regis Aragon. ann. 1272. ex lib. magno *Talamus* Montispess. fol. 21 : *Jacobus Rex... percepto quod moneta Melgorii in villa nostra Montispess. curribili ab antiquo sufficere non valente usibus hominum ejus ville... ad requisitionem fidelium nostrorum Consulum Montispess. volentes occurere.... Monetam grossam argenteam, denarios scilicet et obolos, cujus quilibet denarius valeat* 12. *denarios Melgorienses, et quilibet obolus* 6. *denarios Melgor. cudendam in ipsa villa, seu ejus dominatione et non alibi.... duximus ordinare.*

Atque hanc quidem aureæ monetæ cudendæ facultatem vassallis suis sæpe concessisse Imperatores Germanicos legimus, cum in ipsa Germania, tum in Italia, quæ eorum juris fuit, qua etiamnum ii gaudent. [** Vide Pfeffing. ad Vitriar. lib. 3. tit. 4. § 4. not. c. pag. 459. sqq.] Chronica Sclavica Anonymi : *Anno D.* 1340. *Bartholdus Comes de Hennenberg impetravit ab Imp. Ludovico Lubicen. auctoritatem faciendi auream Monetam sub Bulla aurea Imperatoriæ Majestatis.* [** Ibid. pag. 471.]

Monetæ regiæ altera erat prærogativa, ex Statuto S. Ludovici Regis Carn[...]tis ann. 1262. circa mediam Quadragesimam scripto, quod monetæ regiæ in universo regno, nulliusque alterius in terris Baronum, qui monetæ jure non gauderent, usus obtineret : *Et que nulle Monnoie ne soit prise au Royaume, de la S. Jean en avant, là où il n'a point de propre monnoie, fors la Monnoie le Roy. Et que nuls ne vende, n'achipte, ne fasse marchié fors que à celle monnoie. Et puet et doit courre la Monnoie le Roy par tout son Roiaume sans contredit de nulli qui ait propre monnoie, ou point, que ele courra en la terre le Roy. Et ne seront refusez Parisis, ne Tournois, tout soient-ils pelez; mais qu'ils aient cognoissance devers Croix ou Pile, que ils soient Parisis, ou Tournois, pour qui n'y faille piéce. Et li Rois veut et commande que telles Monoies soient receües à ses rentes, comme il commande à prendre en sa terre, et que nuls ne puisse recouvre, ne trebucher la Monnoie le Roy, sus paine de corps et d'avoir.* Similia habet de *tonsis monetis* Statutum Philippi Pulcri ann. 1313. In Philippi III. Regis Fr. Statuto exarato circa Pentecosten ann. 1273. descripto in 10. Regesto Chartophylacii f. 62. [nunc edito apud *de Lauriere* tom. 1. Ordinat. pag. 297.] in terris suis dominicis nullam aliam præter regiam in usu esse debere statuitur : præterea ut in terris Baronum qui jure monetæ gauderent, præter regiam, et ipsorum Baronum, [nulla alia cuderetur et esset in usu :] in terris vero Baronum, quibus id juris non erat, nulla alia præter regiam in usu perinde esset, vel ea cujus ex antiquo usus ac cursus in iis invaluisset : denique eo Statuto vetantur Barones monetam regiam imminuere. Similia habentur in Statutis Regis Philippi Pulcri mens. Aug. ann. 1289. 29. Maii ann. 1305. et mens. Jun. ann. 1313. Consilium Nicolai *de Mignianes*, Guillelmi *Contet*, et Joannis *Disinier*, datum Regi super Monetis, ex Regesto Cameræ Comput. sign. *Noster*, fol. 211. 212 : *C'est l'ordenance que li bons Rois Loys, cui Diex face merci, fist sur le fait des monnoies. Premierement il ordena que nulle monnoie ne courussent en sa terre fors que les senes propres; et és terres des Barons corussent que leur propre monnoie en la terre de chascun Baron tant seulement. Et les Monnoies nostre sire le Roy doivent courre et estre prises par toutes les terres aus Barons pour le pris que elles valent à leurs monnoies.* Statutum Philippi Regis Franc. 17. Jan. 1308. in Regesto ejusd. Regis Chartophylacii Regii : *Et volumus insuper quod nostræ Monetæ currant et capiantur in terris ipsorum Baronum pro pretio monetarum suarum, valore ad valorem.*

☞ Hæc quidem erat ea ætate monetæ regiæ prærogativa, vel ut verius dicam, hanc illi asserere tum curabant Reges Francorum : prius vero alium obtinuisse morem, quem iis Ordinationibus emendatum voluere, merito ex allatis colligitur. Huc etiam spectant repetita Regum Edicta, quibus ballivis regiis præcipitur ut monetam regiam per ballivias suas currere faciant; unde id juris regii inique tulisse Barones, atque regiæ monetæ cursum in eorum terris aliquando inhibitum suspicari liceι. Id aliis rursum argumentis probandum suscipit D. *Brussel* de Usu feud. tom. 1. pag. 197. 198. 292. et sqq. quod præsertim efficit ex conventione inter Ducem Burgundiæ et Episcopum Lingon. ann. 1195. qua nulla alia moneta præter Divionensem et Lingonensem in usu esse apud Castellionem permittitur; unde et regiam prohibitam fuisse contendit. Ne quis vero hac in re remaneat scrupulus, subjicimus monumentum hactenus ineditum, Litteras nempe Philippi Augusti, quibus ab Abbate Corbeiensi postulat, ut moneta regia Parisiensis in Comitatu Corbeiensi cursum habeat, sub fide in verbo regio præstita ejusdem Abbatis monetam, cum eam iterum cudere ei placuerit, in usu futuram sine ulla contradictione. Hinc tunc temporis a cudenda moneta cessasse certis ex causis Abbatem Corbeiensem conjicio; unde necesse erat monetæ vicinorum Baronum cursum permittere; quam libertatem præter alios monetæ suæ obtinere his litteris nititur Philippus Rex. Ut ut sit iis aperte declaratur monetam regiam in terris Baronum, qui jure monetæ gauderent, usum ea ætate non habuisse, nisi forte id ex more jam obtinuisset. Chartularium nigrum Corbeiense ann. circ. 1220. exaratum pag. 34 : *Philip. Dei gratia Francorum Rex. Noverint universi ad quos litteræ istæ pervenerint, quoniam nos fidelem nostrum Joscium abbatem Corbeiæ rogavimus et postulavimus, ut Monetam nostram Parisiensem in villa sua currere faceret, salvo jure suo; et eidem concessimus, et in verbo regio creantavimus, quod quum monetam suam iterum facere voluerit, contra non ibimus neque vim aliquam ei aut successoribus ejus inde faciemus; imo ad beneplacitum suum monetam suam in villa sua sine contradictione currere faciet. Quod ut firmum et stabile permaneat præsentem paginam sigilli nostri auctoritate præcepimus confirmari. Actum Ambiani anno incarnati Verbi* MCLXXXV. *regni nostri anno* VII. *mense Martio.*

☞ Alterum vero, quod moneta Baronum, uti et regia, in usu perinde fuerit in terris aliorum Baronum, ubi ex antiqua consuetudine id obtinuerat, ex superius dictis non minus recte sequitur. Idem rursum efficitur ex eo maxime quod Baronibus licebat alterius Baronis monetæ usum intra dominiorum suorum limites inducere; quod factum fuisse ab Alberone Episc. qui obiit ann. 1159. docet Bercarius in Hist. Episc. Virdun. apud D. Calmet. tom. 1. Histor. Lotharing. inter Probat. col. 236 : *Nec illud de laude Episcopi prætereundum est, quod per 15. annos quibus præsul sedet, plebiculæ suæ ita pepercerit, ut percussuram proprii numismatis depravatam, mox post primum annum deposuerit, et Catalaunensem monetam inducens, nunquam deinceps nummi percussuram, ne pauperes inde gravarentur, mutari fecit.* Id etiam colligitur ex eo quod de monetarum suarum cursu Barones inter se componere poterant. Hinc Henricus Trecensis Comes Episcopo Meldensi concedit ut ipsius moneta per comitatum Pruvinensem et Trecensem currat. Charta ann. 1165. apud *Brussel* Tract. cit. pag. 194 : *Meldensem Monetam nec bonam nec falsam deinceps fieri faciam aut fieri permittam, ... sed cum Pruvinensi et Trecensi moneta eadem lege et eodem pondere per comitatum Pruvinensem et Trecensem curret in toto posse meo.* Eo etiam pertinet inita societas inter Blancham Comitissam et Godefridum Episcopum Meldensem ann. 1208. quam confirmat ejus successor Willelmus ann. 1214. Vide laudatum D. *Brussel* ibid. pag. 195. At cum dignitati regiæ hæc minus consentanea viderentur, Edictis supra memoratis statuitur, ut monetæ Baronum cursus intra eorum dominia, qui eo jure gauderent, cohiberetur : quod ut facilius obtinerent Reges Franc. jus cognoscendi de delictis circa monetas etiam Baronum commissis, atque mulctas ob *forisfacta* imponendi, sibi attribuere, ut pluribus probat idem D. *Brussel* pag. 204. et sqq. Quibus addi potest Arestum Candelosæ ann. 1274. apud Molin. tom. 2. pag. 661. quo Comes seu Dux Britanniæ mulctatur, quod monetam suam in metalli probitate vitiasset. Neque tamen continuo is invaluit usus : exstat quippe in Tabular. Vivar. Transactio inter Philippum Pulcrum Reg. Franc. et Episc. Vivar. ann. 1307. qua constat monetam Baronum tunc temporis, etiam extra eorum terras, in aliquo usu fuisses : *Nos* (Philippus Rex) *non impediemus directe vel indirecte, quo minus moneta dicti episcopi, quam ipse episcopus cudi faciet, in terra sua cudatur, et cursum habeat in civitate Vivarii, et toto episcopatu Vivariensi, extra vero episcopatum prædictum, moneta ipsa libertatem habebit illam, quam monetæ aliorum Baronum regni nostri habebunt extra terras eorum.*

Tertia monetæ regiæ prærogativa erat, quod ejus typi ac figuræ, ejus solius essent, nec Baronibus, qui monetæ jure gaudebant, monetis suis eas imprimere fas esset. Statutum S. Ludovici ann. 1262 : *Il est esgardé que nuls ne puisse faire monnoie semblant à la Monnoie le Roy, que il n'y ait dessemblance aperte, et devers Crois et devers Pille, et que elles cessent à estre faites dorenavant.* Idem statuitur in Statutis Philippi III. ann. 1275. et Philippi IV. ann. 1313.

* Quod servaturos se barones solemni sacramento jurabant. Reg. Cam. Comput. Paris. sign. B. ad ann. 1345. fol. 186. v° : *Mes. Jehan de Landas fu en la Chambre des Comptes,.... et jura à saintes Evangiles que jamés il ne fera, ne souffrira estre faite monnoie au chastel de Ellincourt et ès appartenances semblable à celle du roy, et que celle que il fera, il la fera telle et si... différente, que le peuple le pourra appercevoir clerement.* Hinc prævaricatores, bonorum suorum privatione multabantur, ut patet ex Lit. ann. 1373. tom. 5. Ordinat. reg. Franc. pag. 661.

Cum vero Barones, quorum monetæ usus intra dominiorum suorum limites coarctabatur, suis ut plurimum easdem ferme figuras, quibus regiæ insignitæ erant, imprimerent, ut apud literarum saltem ignaros harum sese usus longius proferret, variæ subinde Regum nostrorum promulgatæ hac super re inhibitiones. Hinc etiam crebræ super his Baronum usurpationibus querelæ, etiam ad ipsos summos Pontifices delatæ, ut constat ex Bulla Clementis VI. PP. data apud Villam novam Avenionensis diœcesis, 3. Id. Martii ann. 1. Pontific. in Regesto Memorialium Cameræ sign. C. fol. 122. sub ann. 1353 : *Nonnulli nullam habentes auctoritatem juris vel consuetudinem seu privilegium faciendi monetam, falsam cudunt et fabricant in regno Franciæ et locis vicinis, alii vero monetam fabricatam sub vero signo carissimi in Chr. filii nostri Johannis Regis Franc. illustris studiose depravant, et ex hoc cadit a suo recto pondere. Quam plures etiam in locis circumvicinis, quibus de jure aut consuetudine seu privilegio jus competit fabricandi monetam, signum proprium monetæ regiæ, monetæ suæ quam fabricant, quantum possunt similius speciem et formam insculpunt, constituunt et imponunt. Et quamvis moneta prædicta eorum ad usurpatam similitudinem prædictam deficiat a justo pondere argenti, et solito in Regia moneta et more et consuetudine observato, simplices tamen et populares personæ non habentes inter monetas tantæ similitudinis peritiam discernendi, falluntur quotidie ea occasione in usu monetarum, recipientes monetas falso assimilatas pro veris, etc.* Habetur integra tom. 11. Spicilegii Acheriani pag. 402. cui Chartam aliam earumdem usurpationum indicem adnectemus, ex Cartophylacio Regio, scrinio *Monetarios*, tit. 28.

Nous Eudes Duc de Bourgongne, Comte d'Artois et de Bourgongne, Palatins et Sire de Salins, façons savoir à tous, que come nous aiens entendu que nostre chier et redoubté Seignour le Roy de France, se tient mal apaié de nous, pour ce que le Maistre de ses monnoies li hont donné à entendre que nous façons à maintenant battre monnoie en nostre ville d'Auxerre, et semblable au coing et à la forme de sa monnoie, que petite différence y avoit entre sa monnoie et la nostre, et que mult de gens pouvoient estre décheus en prenant nostre monnoie comme la monnoie de nostredit Seignour; Nous qui pour riens ne vouldrions fere chose qui depleust à nostredit Seignour, voulons et promettons faire muer le coing en la forme que nous facions quant à present abattre en nostre ville d'Auxonne, et fere en nostre dite monnoie tel differance, et tel forme, que un chascun pourra apertement cognoistre nostre monnoie dissemblable à la monnoie le Roy Monseig. pour tel que nostre dite monnoie haura son cours tant seulement en nostre Comté de Bourgoigne, et en la terre de l'Empire : et commenderons et deffenderons, et ferons deffendre, que il ne forgent la monnoie du Royaume, et les ferons jurer, et auxi ne receveront, ne feront recevoir le billon du Royaume. En témoignage de laquelle chose nous avons fait mettre nostre seel en ces presentes Lettres faites et données au Bois de Vincennes le tiers jour d'Octobre 1337.

Ob crebras igitur Baronum super Monetis regiis usurpationes, statuit Philippus Pulcher Statuto anni 1313 : *Que les Maistres qui feront les monnoies des Prelats et Barons, soient tenu de jurer sur les SS. Evangiles, que ils ne fonderont, ne feront fondre nulle des Monnoies du Roy... Et d'autant que nulle monnoie ne peut, ne ne doit estre sans garde, elle ordonne qu'en chascune monnoie des Prelats et des Barons il y aura un Garde de par le Roy, à ses propres cousts et despens, laquelle Garde pour ce que fraude contre les Ordonnances ne puisse estre faite, delivrera les deniers de tel prix comme il sera ordonné, et sera à tous les achaps d'argent et de billon; et que l'on ne pourra fondre, ne mettre à fournel, se laditte Garde n'est presente, par quoy l'on ne puisse fondre nulles monnoies contre lesdites Ordonnances, et iront les Maistres des monnoies du Roy par toutes les monnoies des Prelats et des Barons, et prendront les boistes desdites monnoies, et en feront essay, pour sçavoir se icelles monnoies seront faites de tel poids et de telle loy, comme ils doivent estre, etc.* [Vide Ægid. Gelenium in S. Engilberto pag. 203.] [** Frequentes admodum exstant Baronum monetæ regiarum typo insignitæ, temporibus imprimis Johannis Caroli VI et Caroli VII. neque regum inhibitiones impedire potuerunt, quominus Robertus dux Barensis factus, aliorum Baronum exemplum secutus, monetas Johannis et Caroli V regum, usque in suis monetis accurate describeret. Ludovici IX. et successorum *grossi Turonenses* non solum in Gallia, sed in Germania etiam imitando exprimebantur, necnon Flandrenses dynastæ nonnulli, Caroli VI. *Albos magnos* effingebant. Hæc Vir Clarissimus *de Saulcy*.]

☞ Inter monetæ Regiæ prærogativas hæc etiam recenseri potest, quod ejus adulteratores graviori supplicio punirentur, quam qui Baronum monetam adulteraverant. Vide *de Lauriere* tom. 1. Ordinat. Reg. Franc. pag. 93. Iis manus amputatur, ex Capitul. Ludovici Pii ann. 819. cap. 19. [** Vide Grimm. Antiq. Jur. Germ. p. 706.]

* Monetæ regiæ adulteratores oculis privantur, ex Stabil. S. Ludov. cap. 29. : *Et cil pert les iex,.... qui fait fausse monoye.* Dehinc aquæ bullientis supplicio multati patibulo suspensi fuere, ut videre est supra in *Bullire* 3. Feminæ vero fossa immergebantur vivæ. Lib. rub. fol. parvo domus publ. Abbavil. ad ann. 1296. fol. 18. r° : *Watiers Heraus fu envoié en le court l'eveske pour fausse monnoie que il alouoit et que on trouva en se maison, et pour chu fait meisme Maroie Pissons se femme fu enfouie toute vive le Mardi de Penthecouste.* Monetarum falsarii, vel qui adulterata moneta scienter utebantur, igni damnabantur apud Italos. Stat. crimin. Cumanæ cap. 147. ex Cod. reg. 4622 : *Si qui fecerit vel fabricaverit.... monetam falzam, vel monetam falzam spendiderit scienter,.... comburatur, ita quod moriatur.*

Denique monetæ Regiæ id juris peculiaris erat, quod ad eam cudendam universi Regni Monetarii, dimissis Baronum monetis, evocati convenire tenerentur, ut est in Chartophylacio Regio, scrinio *Monetarios*, tit. 31.

MONETA PALATINA, Quæ in Palatio cudebatur. Capitulare Caroli Mag. ad Legem Salicam tit. 3. cap. 11. et lib. 3. Capitul. cap. 13. et Capitul. 3. ann. 805. cap. 17 : *De falsis monetis, quia in nonnullis locis contra justitiam, et contra Edictum nostrum fiunt, volumus ut nullo alio loco moneta sit, nisi in Palatio nostro; nisi forte iterum a nobis aliter fuerit ordinatum.* Capitulare ejusdem Caroli ann. 808. cap. 7 : *De monetis, ut in nullo loco percutiantur nisi ad curtem; et illi denarii Palatini mercentur, et per omnia discurrant.* Meminit præterea Monetæ quæ in Palatio regio cudebatur, Edictum Pistense cap. 12. quæ quidem pro Inscriptione hanc præferebant, MONETA PALATINA. Adde Capitul. ann. 823. cap. 18. Buteroum de Monetis Francicis pag. 287. 376. [et D. *le Blanc* Tract. de Monet. pag. 49. 75. 98. et 109.] [** *Trientes* sub regibus primæ stirpis cusas hanc inscriptionem habere monuit nos V. Cl. *De Saulcy*. Vide Tab. 1. num. 21.]

Sed priusquam ulterius progrediamur, rem Lectoribus haud injucundam nec inutilem fore arbitramur, si monetas nostras Regias ac Palatinas, de quibus sermonem instituimus, earumque figuras, pondera ac pretia hic perstringamus, cum frequens apud Scriptores et in veteribus Tabulis harum occurrat mentio, et absque hujusce rei notione hærere plerumque necesse sit Lectoribus, dum monetarum pretia, atque adeo ipsas nomenclaturas vix noscant. At cum ante Philippum Pulcrum Regem, id est, ante ann. 1300. monetariæ fabricæ in Regiis vel Cameræ Computorum aut Curiæ Monetariæ archivis nulla fere certa exstent monumenta, et in doctorum Gazophylaciis perpaucæ habeantur ante hæc tempora aureæ Regum, tertiæ maxime stirpis, monetæ, qui huicce disquisitioni operam hactenus dederunt, ab eodem Rege fere semper seriem Monetariam Francicam orsi sunt, quorum exemplum secuti, ab ejus ævo quicquid sani ex veteribus Tabulis depromere licuit, in gratiam hujusmodi rei monetariæ studiosorum proponemus, ut quorum sint quas tanto servant studio, monetæ, vel inde addiscant quibus id ignotum est, additis ipsarum duntaxat monetarum aurearum et argentearum ectypis, quotquot sub manum occurrerunt. Neque enim Regum nostrorum monetas omnes aureas ac argenteas hocce loco describere statuimus, cum id argumenti jam incœperit vir pereruditus, edito uno volumine, in quo qui prioris stemmatis Regum sunt, nummos aureos delineavit, spesque sit operi a viris doctis expetito, diuque intermisso ultimam tandem manum positurum : sed illas tantum utriusque metalli monetas dare præstat, quæ et certum nomen, et statum pondus habent ac pretium : ut cum eæ apud Scriptores occurrent, sciat Lector a quibus cusæ sint qualeve fuerit singulis temporibus earum pretium. Denique ut quem typum prætulerint, agnoscat, si non omnium, complurium saltem figuras delineari curavimus. Monetarum autem Francicarum pondus, pretium, nomina peculiaria, ac tempus quo primum cusæ sunt, sub tertia duntaxat stirpe certa habentur : neque tamen, ut diximus, ante Philippum Pulcrum Regem, quo imperante describi ea cœpere in rerum monetariarum tabulis et archivis, a quibus quæ deinceps dabimus, excerpta sunt. Nam earum quæ antea cusæ habentur in Gazophylaciis, nomina ac pretia fere incerta manent, ut aurearum Philippi II. Ludovici VIII. et S. Ludovici IX. tametsi posterioris quædam nomen ipsum monetæ præferant. [** Ante Ludovicum IX. nullas a tertiæ stirpis regibus monetas aureas cusas esse inter omnes harum rerum peritos hodie constat. *De Saulcy*.] A Philippo igitur quarto ordiemur, cum ipsis monetariis archivis.

☞ Rem monetariam altius repetere animus fuerat, idque haud infelici successu facturos nos sperabamus, maxime cum amplissimam collectionem Edictorum ad monetas spectantium, immenso studio summisque impensis undique comparatam, singulari urbanitate nobis suppeditaverit Monetis Francicis Præfectus D. *Grassin* : iis tamen aliisque, quantum licuit, attente perlectis, cum D. Cangio a Philippo Pulcro exordium ducendum existimavimus, quod nihil maximi momenti aut indubitatæ fidei de anteactis temporibus nobis occurrerit. Id præterea suasit exemplum D. *le Blanc* qui hac in re licet versatissimus sæpissime implicatus hæret. Ad sequiora vero tempora illustranda non minimum proderit locupletissima hæc collectio, cujus etiam ope figuras, pondera ac pretia monetarum ad hanc usque ætatem dabimus. [** Figurarum hujus editionis indicem vide ad calcem voluminis. Eas a primis regni incunabulis usque ad Ludovici XVI. tempora exhibemus, typos ab ipsis nummis musei regii repetente viro sollerti E. *Cartier*, usi in hac re consiliis viri clarissimi *de Saulcy*, Academici regii.]

MONETÆ AUREÆ REGUM FRANCIÆ TERTII STEMMATIS.

Sub PHILIPPO IV.

☞ Moneta in pondere et lege imminuta a Philippo Pulcro ann. 1295. ut patet ex Litteris datis mense Maio ejusd. anni apud *de Lauriere* tom. 1. Ordinat. pag. 325.

¶ *Grossi regales auri* (*Gros Royaux d'or,*) nuper cusi currere jubentur pro 20. s. Paris. *Edicto ann.* 1295. *apud de Lauriere tom.* 1. *Ordinat.* pag. 543.

Floreni magni et parvi, (*Florins d'or grands et petits*) cusi ann. 1302. 1303. *Regest.* 36. *Archivi Regii ch.* 60. Florenus aureus exstat, qui forte is est qui hic indicatur, tametsi id nolimus asserere. Ab altera parte Joannem Baptistam præfert cum Inscript. S. JOHANNES B. in altera lilium Florentinum, cum Inscript. P. DI. GRA. FRA. [** Floreni qui Florentinos imitando exprimunt ante finem seculi XIV. in Francia cusi non sunt, sed pluribus seculis omnes monetæ aureæ vulgo *Floreni* dicebantur. *De Saulcy*. Vide in voce *Floreni*.]

☞ *Florenorum* mentio occurrit in Charta ann. 1068. unde merito colligit D. *le Blanc* pag. 147. florenos antiquiores esse ann. 1252. quo primum Florentiæ cusos scribit Villaneus Histor. univers. sui temporis lib. 6. cap. 54. [** Hanc chartam, quæ exstat in libro inscripto *Histoire veritable de l'antiquité du vicariat de Pontoise* pag. 22. seculo decimo quarto exaratam esse, anno forte 1368. harum rerum peritus, quisquis eam legerit, facile videbit.]

Regales parvi auri puri et examinati, (*petits Royaux d'or fin*) ponderis 3. denariorum et 15. granorum, et 70. ad marcam Parisiensem, pretii 11. solid. parvorum Turonensium, [leg. videtur Parisiensium] cusi ann. 1305. [in Edicto 3. Maii ann. 1305. apud *de Lauriere* tom. 1. Ordinat. pag. 429. et in alio dato die Lunæ post

Magdalenam ejusd. an. ibid. pag. 434. currere dicuntur pro 11. sol. bonorum parvorum Paris.] In eorum antica Rex sedet in sella leoninis capitibus exornata, inter bina lilia, cum Inscriptione, PHILIPPUS D. G. FRANCORUM REX. In postica, crux efficta conspicitur inter 4. lilia, cum Inscript. XRC. VINCIT. XRC. REGNAT. XRC. IMPERAT : *Regest.* 36. *Archivi Regii ch.* 138. 249. *Statut.* 1. *Febr.* 1306. *aliud m. Maii ejusd. ann.* [** Regalis parvi sub Philippo III. cusi typum exhibemus Tab. VI. num. 17.]

Ad Nativitatem B. Mariæ 1306. *incipit fortis moneta et fuerat cursus debilis monetæ ab Omnibus Sanctis* 1303. *usque ad dictam Nativitatem.* Vet. Regest.

Anno 1308. *Floreni cum Cathedra*, (*Florins d'or à la Chaire*) pretii 20. solid. Turon. in *Edicto Philippi Regis dat. Paris.* 18. *Jan. ann.* 1308. Sic dicti quod Rex in cathedra sedens effingitur. Typum exhibet Tab. VII. num 3.

Eodem anno *Denarii* dicti *cum Regina*, (*Deniers à la Reine*) currebant pro 16. sol. 8. den. *Idem Statut.* Quærunt viri docti, cujus Reginæ fuerint hi denarii : nam cum ii interdicantur in Edicto ann. 1310. cum Florenis Florentinis et aliis monetis extraneis, videretur conjici posse extraneæ pariter Principis fuisse. Verum ex ipsis statuti verbis id omniuo non evincitur : [imo et contrarium utcumque ex iis colligere licet; ii quippe denarii in Francia interdum cusi dicuntur.] Præterea in Consilio Monetariorum ann. 1308. *Denarii cum Regina* dicuntur currere pro 14. sol. et 54. conficere ad marcam, ut et *Boni cum Regina* (*Bons à la Reine*) 52. et semissem ad marcam, et currere ut *Agni* pro 15. sol. unde plerique opinantur ejuscemodi denarios fuisse cusos in Navarræ regno a Joanna Regina Navarræ, Philippi Regis uxore. Verum in Francia ipsa cusos arguit Statutum 4. Aug. ann. 1310. de quo mox. Proinde ii fortasse fuerint, qui Blancam Reginam stantem inter 2. lilia præferunt, cum Inscriptione BLANCHA REG. LUDOVICI FRANC. REGIS MATER : habetur in Gazophylacio Regio. [** Nemo unquam vel unicum hujus monetæ exemplar vidit. *De Saulcy.*]

☞ Alia est figura hujusce denarii in Gazophylacio regio asservati, si fides D. *le Blanc*, qui se præ manibus sæpius illum habuisse scribit, cujus etiam genuinum typum delineari curavit pag. 168. Sed neque ex eo certo concludi posse auctor est idem D. *le Blanc* cujus sit ætatis, cum in sequioribus temporibus cusum fuisse perspicuum sit. Ejusmodi tamen denarios cusos sub Philippo IV. dubium non est ex laudatis Edictis, unde eos fuisse opinatur in quibus Regis et Reginæ efficta protome : at cujus tituli et ponderis fuerint prorsus incompertum.

Statuto dato die Martis post Pascha ann. 1308. *Denarii aurei ad Cathedram* currere jubentur pro 25. sol. Turon. *Denarii cum Massa*, (*Deniers à la Mace*) pro 22. sol. 6. den. Turon. [** *Denarii cum Massa* typum exhibemus Tab. VII. num. 1. et Semissis ejusdem ibid. num. 2.] *Denarii cum Regina*, pro 16. sol. 8. den. Turon. et *parvi den. nuper cusi* pro 12. sol. 6. den. Turon. *Ita in alio Statuto* 18. *Jan.* 1308.

In Consilio Monetariorum ejusdem anni 1308. supra laudato dicuntur præterea *Floreni cum Massa*, 26. ad marcam confecisse, et valuisse 21. sol. 3. den. *Floreni cum Massa*, 37. ad marcam confecisse, et valuisse 20. sol. 8. den. *Floreni cum Cathedra*, valuisse duobus Florentinis : quorum quidem Florentinorum alii 70. ad marcam conficiebant et valebant 12. sol. 2. den. obol. alii conficiebant 72. ad marcam, et valebant 11. s. 10. den.

Regales duri (*Royaux durs*) duplum fere pendentes parvorum Regalium, sed legis minoris, scilicet 22. karats auri, cum iisdem ferme figuris, pond. 5. den. 12. gran. et pretii 24. solid. Paris. quorum 34. et dimid. conficiebant marcam auri, ann. 1310. *die Jovis ante Assumptionem Deiparæ, usque ad* 8. *Febr. seq.* Regales Philippi Aug. Regis et Ludovici, incertum an VIII. vel IX. nonnulli circumferuntur.

Denarii aurei cum Agno, (*Deniers d'or à l'Agnel*) cum iisdem figuris, quibus insigniuntur *Mutones*, (*les petits Moutons*) pond. 3. den. 5. gr. pretii 15. solid. Turon. ab. 8. *Febr.* 1310. *usque ad* 1. *Sept.* 1311.

☞ Hæc emendanda probat D. *le Blanc* pag. 180. ex Statuto 22. Jan. ann. 1310 : *Agnels que nous faisons forger comme au temps de S. Louis nostre aieul, pour* 16. *sols Par.* Unde leg. 16. *sol. Par.* vel. 20. *sol. Turon.* Ipsum consule.

Edicto dato die Martis ante S. Vincentium ann. 1310. cudi jubetur moneta aurea, *qui est et sera appellé à l'Aignel, laquelle est du temps S. Louis nostre aieul, pour* 16. *s. Parisis, et aussi pour* 8. *s. de Bourgeois fors, et pour* 16. *s. de Bourgeois petits.* [Idem legitur in Mandato Cameræ Comput. dato Dominica ante Candelosam ann. 1311. apud *de Lauriere* tom. 1. Ordinat. pag. 482 : *Ne mettre les deniers d'or à l'Aignel pour plus de* 16. *sols petits Bourgois.*] Unde colligitur monetam auream Franciam Agno signatam jam inde a S. Ludovici temporibus obtinuisse quod suo loco docuimus in voce *Multo.*

☞ Exstat illud Edictum apud *de Lauriere* tom. 1. Ordinat. pag. 477. quod datum dicitur Pisciaci die Martis post S. Vincentium 1310. i. e. 27. Jan. ubi hæc leguntur quæ cum laudatis a D. Cangio non omnino conveniunt : *Qui est et sera apelée à l'Aignel, laquelle est du temps de S. Loys, nostre tres chier aieul, que nous fesons forger à present, faces prendre et mettre pour sexe sols parisis, et aussi pour huit sols de Bourgois petits, etc.*

Edicto alio dato Paris. 7. Febr. 1310. cudi jubetur moneta auri examinati, *d'or fin, qui sera appellé à l'Aignel, de* 58. *den. et un tiers, au marc de Paris, et seront taillez sans fors et sans feuble.* [Quod factum non fuisse ex consilio Monetariorum monet D. *le Blanc* pag. 181.]

Edicto dato Paris. 4. Aug. ann. 1310. prohibetur cursus denariorum aureorum dictorum *cum Regina*, (*à la Reine*) quod in multis locis *contraficti* fuerint, ac eorum plerique falsi, vel minoris pretii, quam ii qui in Francia cusi fuerant : quo etiam Edicto inhibentur Floreni Florentini.

Edicto laudato dato Pisciaci die Martis ante S. Vincentium ann. 1310. inhibentur *Denarii aurei cum massa*, (*à la Mache*) post proximum Pascha, ut et Turonenses argentei 21. denariorum, et *Denarii aurei cum Regina.*

A 1. Sept. 1311. usque ad 24. Augusti 1312. cusi fuere denarii aurei cum Agno, ponderis et pretii supradicti.

A 24. Aug. 1312. usque ad Sabbatum Sanctum 1313. cusi iidem denarii cum Agno, ejusdem ponderis, pretii vero 20. solid. Turon. vel 20. solid. Burgensium.

Denarii aurei cum massa, interdicti Statuto dato Parisiis 12. April. ann. 1311. [apud *de Lauriere* tom. 1. Ordinat. pag. 480.]

Iidem rursum prohibiti, ut et *Denarii cum Regina* : et *Denariorum cum Agno* cursus pro 16. sol. parvorum Burgensium statuitur, Statuto dato Meldis 16. Febr. ann. 1311.

Rotulus Thesauri ann. 1312 : *Et est sciendum quod duo solidi dictorum Grossorum argenti computantur ibi pro uno Regali ad Massam.*

In locatione Monetarum die Jovis post Conversionem S. Pauli ann. 1311. fit mentio *Denariorum cum duplici cruce* et *cum Pallio*, (*au Mantelet*) ut et Denariorum durorum cum Massa, *des Deniers durs à la Mace*, et *Denariorum cum Regina*, qui interdicuntur.

Edicto dato Pontesiæ mense Junio ann. 1313. moneta aurea *ad Agnum*, cudi jubetur 15. solid. Turon. parvorum, cæteris monetis interdictis, præter Turonenses, Parisienses et Burgenses. Guillelmus Nangius in Chronico ann. 1313 : *Philippus Rex Franciæ circa festum B. Virginis... monetam ejusdem valoris et ponderis quo fuerant tempore Beati Ludovici, fabricari fecit, Florenos ad Agnum, qui in quindena pro* 22. *solidis parvorum Burgensium communiter ponebantur, usque ad aliam super hoc ordinationem pro* 15. *solidis Turonensibus duntaxat cursum suum habere decernens. Fecit insuper Edicto Regio et sub pœna amissionis totalis bonorum districtius inhiberi publice et proclamari, ne quis alia moneta quacunque auri vel argenti aliter vel sub alterius æstimatione pretii uteretur publice vel occulte. Quanquam ex hujus mutationis causa subita multum extitit murmur in populo : in brevi, quod multa damna saltem exinde perpessi sunt et incommoda, et præcipue mercatores, etc.*

Sub LUDOVICO X. HUTINO.

Edicto alio dato Parisiis 17. April. ann. 1314. interdicta omnis moneta præter auream *cum Agno*, quæ tum cudi statuitur pretii 15. sol. parvorum Turon. vel 12. solid. Paris. cum Inscript. LUD. REX, sub Agno. Adde Statuta 6. Maii 1315. et 23. Januarii 1319. Typus hic describitur. Tab. VII. num. 17.

☞ Perperam Edictum 17. Aprilis 1314. Ludovico X. tribuitur : nondum enim regnum erat adeptus; neque in eo memoratæ Inscriptionis occurrit mentio, ut videre est apud *de Lauriere* tom. 1. Ordinat. pag. 536. Verum exstat aliud Edictum datum Meldis 26. Febr. 1315. ibid. pag. 617. quo interdicitur quævis alia moneta præter *Denarios aureos cum Agno*, quorum cursus permittitur usque ad Pascha proximum pro 12. sol. Paris. bonis, et subinde pro 10. solid. tantum currere jubentur.

Sub Philippo V. Magno.

Idem *Denarius cum Agno*, ejusdem ponderis et pretii, a 23. al. 24. Jan. 1319. usque ad 27. Martii 1323. Tab. VII. num. 18. Typum damus Tab. VII. num. 18.

* Charta hujus reg. ann. 1319. mense Jun. in Reg. 59. Chartoph. reg. ch. 212 : *Chascun florin à la chaere pour xxvj. soulz Par. Chascun florin à la mace pour xxiij. soulz Par. Chascun florin au mouton et à la royne pour xv. soulz Par. Chascun florin de Florence pour xiij. soulz Par. Chascun gros Tournois à deux Oz pour xiiij. den. Par. Chascun gros Tournois à un O pour xij. den. Par.*

Sub Carolo IV. Pulcro.

Idem *Denarius cum Agno*, a 27. Martii ann. 1323. usque ad 16. Febr. cum Inscript. Krl Rex, sub Agno. Typus hic describitur, Tab. VII. num. 19.

¶ Edicto dato Paris. 5. Maii 1322. apud *de Lauriere* tom. 1. Ordinat. pag. 767. cudi jubentur *Denarii aurei cum Agno* ejusdem ponderis et tituli ac ii qui tum cudebantur, pretii 10. sol. monetæ currentis pro 2. den. Turon. vel 20. sol. monetæ simplicis (*monoye sengle*) aut pro 16. sol. Paris. interdicta quavis alia moneta aurea.

Regales duplices auri puri, (*Royaux doubles d'or fin*) in quibus effictus Rex stans in porticu cum Inscr. Krol. Rex Francor. et in aversa parte, Crux in quadricircino (quidam hosce aureos *Longs vestus* vocant) pond. 3. d. 7. gr. pretii 20. sol. Paris. 58. pond. ad marcam Parisiensem, a 16. Februar. 1325. ad 20. Sept. 1330. Statuto ann. 1329. currere jubentur pro 12. sol. Edictis aliis eorumdem Regalium pretium subinde usque ad 20. s. adauctum legitur. Typum hic exhibemus. Tab. VII. num. 20. *Regalis parvus* auri puri (*Petit Royal d'or*) ibidem num. 21.

☞ Monetas quæ sub initia hujus regni ejusdem legis et ponderis fuerant ac sub finem Philippi Magni, imminuit Carolus IV. ob impensas belli Aquitanici : quod ab ann. 1322. usque ad ann. 1330. perseverasse videtur. Consule D. *le Blanc* pag. 205.

* Chart. 1324. ann. 3. Apr. ex Lib. pitent. S. Germ. Prat. fol. 132. v° : *Cent livres Parisis,..... c'est assavoir en florins d'or au mouton, xliiij. liv. et xvj. souz Par. en florins d'or à la mace, xl. liv. et xvj. souz Par. et en gros Tournois à un O et esterlins viij. souz Par.*

* Charta ann. 1328. ex Tabul. Carnot. : *Moyennant le prix de quatre mille cinquante florins royaux, pour xxviij. sols Par. chacun florin.*

* *Denarii auri ad reginam*. Vide in *Moneta argentea* sub hoc voce.

Sub Philippo VI.

¶ *Floreni Regales aurei*, (*Florins Royaux d'or*) iidem qui infra *Regales* nude dicuntur, currere jubentur pro 28. sol. Paris. usque ad Natale Domini ann. 1329. ab hac die usque ad Pascha seq. pro 21. sol. Paris. subinde pro 16. sol. Paris. *Edicto dato Luparæ* 21. *Martii an.* 1328. *tom.* 2. *Ordinat. p.* 28. *Edicto alio* 25. *Mart. an.* 1332. *ibid. p.* 85. currunt pro 12. sol. Paris.

Parisienses aurei, (*Parisis d'or*,) in quibus effictus Rex in cathedra sedens, cum binis leonibus ad pedes, pond. 5. den. 10. gran. pretii 20. sol. bonorum parvorum Parisiensium. In Regestis vero Curiæ Monetarum dicuntur fuisse pond. 5. den. 17. gran. et 33. denar. aureorum et 3. quintor. ponderis ad marcam Paris. *die Sabbato post S. Michael. an.* 1329. 20. *Septemb.* 1330. 9. *Jan.* 1331. Typum hic describimus. Tab. VIII. num. 2.

☞ Edicto 6. Sept. 1329. tom. 2. Ordinat. pag. 35. cudi jubentur *per pondus et legem, pro* 20. *s. bonorum parvorum Paris. illius valoris et quales erant parvi Parisienses, tempore quo vivebat B. Ludovicus Rex.* Sic autem dicti quod libram seu 20. sol. Paris. valebant.

Edicto Regio ann. 1329. in Regesto *Noster*, fol. 216. statuitur ut boni Parisienses aurei qui cuduntur currant per universum Regnum postridie Natal. Domini usque ad proximum Pascha pro 30. solid. Paris. tantum, et 3. Parisienses aurei pro 5. Regalibus aureis, iidemque Regales graves currant pro 18. solid. Paris. et Agni aurei graves pro rata, cæteris monetis interdictis. Post Pascha vero ut currat fortis moneta, scilicet Parisiensis aureus qui tum cudebatur, pro 20. sol. Regalis pro 12. solid. bonorum Parisiensium, et Angelus aureus pro rata.

¶ Edicto 6. Sept. supra laudato, interdicta veteri moneta aurea, cursus *Aurei vocati ad Agnum* permittitur pro 14. grossis Turon. argenti, et 7. parvis Turon. In Charta 8. Nov. 1345. tom. 3. novæ Gall. Christ. inter Instr. col. 122. 10. *Agni aurei* valere dicuntur sex libras.

¶ *Malliæ aureæ* pretii 8. sol. Paris. fortium, mentio fit in Charta Theodorici Abbat. S. Martini Tornac. ann. 1330. Locum vide in *Malgia*.

Regales auri examinati et puri, (*Royaux d'or fin*) similes Duplicibus Regalibus Caroli Pulcri, pond. 3. den. 10. gran. pretii 15. Turon. 9. *Jan.* 1331. 1. *Febr.* 1336. *usque ad* 1. *Febr.* 1337. Typum hic exhibemus. Tab. VIII. num. 1. Regestum Cameræ Comput. Paris. *Noster*, fol. 478. *A* 20. *die Sept.* 1330. *usque ad* 1. *Febr.* 1336. *fiebant Parisienses auri, ponderis* 34. *et* 4. *quint. et Regales de* 58. *et* 1. *tert.* [In Computo ann. 1334. ad 22. Jan. tom. 2. Hist. Dalphin. pag. 281. *Regales auri* dicuntur *valere* 30. *grossos.*]

Denarii auri puri cum Scuto (*Deniers d'or fin à l'Escu*) in quibus Rex in cathedra sedet sinistra scutum liliatum, ensem dextra tenens, pond. 3. d. 13. gr. et pretii 20. sol. Tur. vulgo *Scuta prima* (*Escus premiers*) appellantur. *A* 1. *Febr.* 1336. *ad* 1. *Febr.* 1337. 24. *Nov.* Typus hic describitur Tab. VIII. num. 3.

Denarii auri puri cum Leone, (*Deniers d'or fin au Lion*) in quibus Rex sedet in cathedra, cum leone prostrato sub pedibus, pond. 3. den. 20. gr. pretii 25. Turon. 14. *Nov.* 1338. 12. *Dec.* 1338. 25. *Maii* 1339. 14. *Jun.* 1339. Regestum *Noster* : *A* 1. *Febr.* 1336. *usque ad* 14. *Nov.* 1338. *fiebant Leones ponderis* 50. scilicet ad marcam, Typum hic perinde describimus. Tab. VIII. num. 4.

Denarii auri puri cum Papilione, (*Deniers d'or fin au Pavillon*) in quibus Rex sedet sub papilione seu tentorio liliato, pond. 4. den. pretii 30. sol. 48. pond. ad marcam Paris. 14. *Jun.* 10. *Aug.* 1338. 20. *Jan.* 1339. [8. *Jun.* 1339.] Regestum *Noster* : *A* 14. *Nov.* 1338. *usque ad* 14. *Jan.* 1339. *fiebant Papiliones ponderis* 48. Horum typus hic describitur. Tab. VIII. num. 5.

Denarii auri puri cum Corona, (*Deniers d'or fin à la Couronne*) in quibus efficta major Corona in campo liliato, ut *Coronæ* Comitum Provinciæ, pond. 4. den. 6. gran. pretii 40. sol. Turon. a 7. *Febr.* 1339. *usque ad* 7. *April. ante Pascha ann.* 1340. Regestum *Noster* : 7. *Febr.* 1339. *fiebant Coronæ ponderis* 45. ad marcam Paris. scilicet. Typum hic damus Tab. VIII. num. 6. De hisce prædictis monetis ita Joannes Villaneus lib. 11. cap. 71 : *E fece fare nuova moneta d'oro, che si chiamavano Scudi, piggiorando la lega della buona moneta* 25. *per cento : e le monete del argento a l'avenante. E poi fece un altra moneta d'oro, che chiamavano Leoni, e poi un altra che chiamavano Padiglioni, piggiorando ciascuna et di lega et di corso, per modo che doue il nostro Fiorino d'oro, chè ferma e leal moneta, e di fine oro, valea alla buona moneta ch'era prima in Francia soldi* 10. *di Parigini, inanzi fosse gli anni* 1338. *valse il Fiorino d'oro in Francia soldi* 24. *di Parigini, e il quarto piu a Tornesi piccioli. Et poi l'anno* 1340. *fece un altra moneta nuova d'oro, chiamata Agnoli, e piggiorolla tanto, et cosi quella dell' argento e piccioli, chel nostro Fiorino d'oro valse a quella moneta soldi* 30. *di Parigini.*

Denarii auri puri, id est, *Duplices Regales*, in quibus Rex cum sago militari liliato sedet in cathedra veluti operis cementitii, sceptrum et manum justitiæ utraque manu tenens pond. 5. den. 8. gr. et pretii 60. sol. Turon. 24. *April.* 27. *Maii*, 27. *Jul.* 17. (*al.* 7.) *Oct.* 1340. Regestum *Noster* : 20. *April.* 1340. *post Pascha fiebant Duplices auri fini ponderis* 36. ad marcam Parisiensem. 17. [vel 12.] *Maii* 1340. *Duplices auri de* 23. *kar. ponderis* 36. *ut supra.* Typus hic describitur. Tab. VIII. num. 7.

☞ Iidem sunt qui *Doubles d'or* appellantur in Edicto 15. April. ann. 1339. tom. 2. Ordinat. Reg. Franc. pag. 131. ut et in alio 8. Jun. ann. 1340. ibid. pag. 146. qui cæteris monetis aureis interdictis currere jubentur pro 60. sol. Turon. In iis etiam memorantur *Demi doubles d'or* qui tum cudebantur pretii 30. sol. Turon.

* Literæ ann. 1340. 12. Maii in Reg. B. Cam. Comput. Paris. fol. 109. r° : *Faites faire et ouvrer nos deniers doubles d'or du pois et du coing que l'en fait à present, à xxiij. quaras d'or fin et un quarat de tenue.*

Denarii auri puri cum Angelo, (*Deniers d'or fin à l'Ange*) in quibus efficius Angelus togatus et coronatus draconem pedibus premens, dextra crucem floriigeram, et læva scutum tenens, in quo tria tantum expressa lilia ; pond. 5. den. 16. gr. et pretii 75. Turon. ponderis 33. et 2. tert. ad marcam Parisiensem. Atque hi *Primi Angeli* vulgo appellantur. 28. *Jun.* 1340. Rursum a 7. *Febr.* 1340. *usque ad* 23. *Aug.* 1341.

cusi denarii auri puri cum Angelo, pretii 75. sol. Turon. et 33. et 1. tert. ponderis ad marcam Parisiensem. *A* 23. *Aug.* 1341. *ad* 19. *Jan. seq.* cusi similes denarii. Ita denique a 19. *Jan.* 1341. *ad* 18. (*al.* 28.) *Junii* 1342. Horum typum exhibemus, Tab. VIII. num. 8.

☞ Iidem denarii (*Deniers d'or fin appellez Angles*) ejusdem pretii et ponderis ut supra, cudi jubentur Edicto 27. Jan. 1340. ubi etiam eorum semisses pretii 37. sol. 6. den. Turon. vel 30. sol. Paris memorantur. [* Aliæ ejusd. ann. 27. Jan. ibid. fol. 109. v° : *Faites faire et ouvrer deniers d'or fin, appellez Angles, qui auront cours pour lxxv. solz Tour. la piece, et pour lx. solz Par. de xxxiij. et deux tiers de pois au marc de Paris.... Faites ouvrer deniers d'or fin, appellez demi Angles, qui auront cours pour xxxvij. solz, vj. den. Tour. et pour xxx. sols Par. dont les deux vandront justement un des Angles doubles.*] Edicto 8. Aug. 1341. cuduntur ponderis 38. et 1. tert. ad marcam Parisiensem. Antiquior est Philippo VI. hæc moneta, cum ejus mentio occurrat in Poemate *de la Rose* sub Philippo Pulcro, ut vulgo creditur, exarato :

Pour noyant fut un Angelos.

Secundi Angeli, (*seconds Anges*) pond. 5. den. tantum, et pretii 75. Turon. pond. 42. ad marcam Paris. a 28. *Jun.* 1342. ad 16. Febr. seq. In Regesto 123. dicuntur pretii fuisse 4. lib. 5. sol. Tur.

Tertii Angeli, pond. 4. den. 13. gr. pretii 4. lib. 5. sol. Turon. 16. *Sept. et* 10. *April.* ante Pascha 1342. Regest. *Noster* : 7. *Febr.* 1340. *fiebant Angeli fini pond.* 33. *et duo tertia.* 23. *Aug.* 1341. *Angeli ponderis* 38. *et* 1. *tert.* 28. *Jan.* 1342. *Angeli ut supra, ponderis* 42.

Denarii auri puri cum Scuto, (*Deniers d'or fin à l'Escu*) ejusdem figuræ et formæ qua prædicti aurei, ann. 1336. pond. 3. den. 13. gr. pretii 36. Paris. 54. ad marcam Paris. At ann. 1344. 27. Mart. currebant pro 16. sol. 8. den. Turon. secundum fortem monetam; [quod anno præcedenti factum fuisse docet Edictum 26. Octob. 1343. apud *de Lauriere* tom. 2. Ordinat. pag. 192. qui cursus iterum confirmatur Edicto 13. Dec. ejusd. anni.] 10. *April. ante Pascha* 1342. 1. *Nov.* 1343. Regestum *Noster* : 1. *April.* 1342. *fiebant scuta auri ponderis* 54. *Marca auri empta* 52. *scuta* 27. *Mart.* 1344. *scuta ut supra, Marca auri empta* 53. *scuta.* In Regesto 123. dicitur eorum pretium fuisse usque ad 22. Sept. ann. 1343. 56. 58. et 59. solid. pro populi arbitrio : deinde Statuto 22. Sept. ann. 1343. 36. sol. usque ad 1. Novemb. seq. quo cusi iidem denarii, pretii 16. sol. 8. den. usque ad 27. Mart. 1344. quo rursum cusi iidem denarii ejusdem pretii. Quo pertinent quæ habet Joannes Abbas Laudunensis in Speculo Historiali scripto ann. 1388. lib. 11. cap. 73 : *En ce mesme temps* (ann. 1343.) *le Roy de France fist cheoir sa monnoye, par telle condition, que ce qui valoit* 12. *deniers de la monnoye courante, ne vaulroit que* 9. *deniers : c'est à sçavoir que le Escu qui valoit* 60. *sols, ne vauldroit que* 36. *sols, et le gros Tournois ne valdroit que* 3. *sols, le* 22. *jour de Septembre, et en la Pasque ensuivant prochaine l'Escu ne vaulroit que* 24. *sols, et le gros deux sols, et la maille blanche six deniers jusqu'en my-Septembre l'an dix-neuviéme, et plus ne dureroit, etc.* Mox : *Et fut la clameur du peuple si grant, que le Roy ce meisme an, c'est assavoir l'an* 1343. *le* 28. *jour d'Oct. fit cheoir du tout les monnoies devant dites par telle maniere, que le gros vaulroit* 12. *deniers, et la maille blanche vaulroit trois Tournois : le Florin à l'Escu* 13. *sols* 4. *den. le Florin de Florence* 9. *sols six deniers, jaçoit ce que paravant il eut osté le cours aux autres monnoiesexcepté aux Bruslez qui valoient* 2. *deniers, lesquels furent à une maille Tournoise, etc.*

Denarii auri puri cum Cathedra, (*Deniers d'or fin à la Chaire*) in quibus Rex in cathedra sedet, cum longiori sceptro, et manu justitiæ, uti vulgo appellatur : cathedra vero collum non excedit; pond. 3. den. 16. gr. pretii 20. sol. Turon. pond. 52. ad marcam Paris. 17. *Julii* 1346. [2. Oct. ejusd. anni apud *de Lauriere* tom. 2. Ordinat. pag. 251.] 4. *Mart. et* 6. *April.* 1347. Regestum *Noster* : 14. *Julii* 1346. *fiebant Cathedræ auri, ponderis* 52. *Marca auri empta* 50. *Cathedr. auri* 6. *Matth.* 1346. *Cathedræ ut supra. Marca auri empta* 48. *Cathedr.* 7. *April.* 1347. *post Pascha Marca auri empta* 50. *Cathedr. auri.* Regestum 123. a 4. Mart. 1346. usque ad 6. April. 1347. iidem denarii cusi, quorum pretium fuit. 30. sol. Rursum a 6. April. ann. 1347. ad 11. Jan. seq. iidem cusi denarii, quorum pretium fuit ex arbitrio populi 26. 28. 30. et 32. sol. licet aliud statutum esset Edicto regio. Typum hic damus Tab. VIII. num. 9.

¶ Edicto dato Paris. 16. Jan. 1346. tom. 2. Ordinat. pag. 254. prohibetur quælibet moneta aurea præter *Denarios aureos ad Cathedram* (*à la Chaiere*) qui tum cudebantur pretii 16. sol. Paris. Alio Edicto 24. Febr. seq. ibid. pag. 257. aliis etiam monetis interdictis, eorumdem den. pretium statuitur 24. sol. Paris. ut in Edicto 21. Julii 1347. Alio 6. Jan. ejusd. anni reducuntur ad 16. sol. Paris. Rursum 27. Mart. 1347. et 3 Jun. 1348.

Denarii cum Scuto, (*Deniers d'or à l'Escu*) ut supra dicti, pond. 3. den. 13. gr. pretii 15. sol. Paris. et pond. 54. ad marcam Paris.

Ann. 1347. cusi ad unum kar. æris, id est, ad 23. kar. auri : vulgo appellantur *Secunda scuta*, Gall. *Escus deuxiemes* Statuto 5. 11. [5.] 1347.

¶ Statuto dato Paris. 3. Junii 1348. tom. 3. Ordinat. pag. 288. currere jubentur pro 15. sol. Paris. et Edicto 27. Aug. seq. ibid. pag. 290.

Ann. 1348. 12. Mart. cusi sunt ad 22. kar. [Edicto 23. Aug. ejusdem anni cusi ad 22. karats et 8. quart. pond. 54. ad marcam Paris. pretii 15. sol. Paris. tom. 2. Ordinat. pag. 290.]

¶ Edicto 6. Maii 1349. cudi jubentur pond. 64. ad marcam Paris. tituli 21. kar. pretii 20. sol. Paris. tom. 2. Ordinat. pag. 301.

Ann. 1349. 13. Maii cusi ad 21. kar. pretii 20. sol. ex populi vero arbitrio 34. sol.

¶ Edicto 19. Maii 1349. tom. 2. Ordinat. pag. 302. cusi per 6. vel 7. dies ad 22. kar. subinde ad 21. kar. tantum.

Ann. 1349. 5. Decemb. pretii 25. sol. ex populi arbitrio.

¶ Ann. 1350. 12. April. cusi ad 21. kar. pond. 54. ad marcam Paris. tom. 2. Ordinat. pag. 322.

Ann. 1350. 23. April. et 1. Sept. similiter, eorum non immutato cursu, id est, pretii 15. sol. Regestum *Noster* : 26. *Jan.* 1347. *fiebant scuta auri de* 23. *karats, ponderis* 54. *Marca auri empta* 55. *scuta* 18. *Maii* 1349. *fiebant scuta ut supra. Marca auri empta* 55. *et* 1. *tert.*
10. *Maii* 1349. *scuta, ut supra, et* 1. *tert.* 4. *Sept.* 1350. *valuit* 57. *scuta et tert.*
10. *Jun.* 1351. *valuit* 68. *scuta et* 1. *tert.*
17. *Sept.* 1351. 60. *scuta.* }
4. *Octobr.* 1351. 62. *scuta.* } *minus* 1. *quart.*
19. *Octobr.* 1351. 64. *scuta.* }
21. *April.* 1352. 65. *scuta.* }
Habentur in Camera Computor. Parisiensi varia Monetarum aurearum pretia sub Philippo VI. Rege, ex Edicto 13. Jun. ann. 1346. in quo *Denarius aureus cum scuto* valere dicitur 13. sol. 4. d. *Florenus Florentinus* 10. sol. *Cathedra* 20. sol. *Parisiensis aureus* 20. sol. *Muto*, seu *Agnus* 12 sol. *Regalis* 12. sol. 13. den. *Leo* 14. sol. *Papilio* 14. sol. 8. den. *Corona* 15. sol. 6. den. [** Typum exhibemus Tab. VIII. num. 6.] *Duplex aureus* 19. sol. 6. den. *Primus denarius ad Angelum* 20. sol. 10. den. *Secundus Angelus* 18. sol. 4. den. *Postremus Angelus* 16. sol. 9. den.

Cursus Florenorum ad Scutum voluntar.

1345. 23. *Mart.* 14. *s.*

1346. *S. Joan.* 14. *sol.* 3. *d.* 2. *Nov.* 15. *s.* 21. *Nov.* 14. *s.* 2. *Decemb.* 15. *s.* 1. *d.* 5. *Jan. seq.* 16. *s.* 8. *d.* 1. *Febr.* 16. *s. Martio seq.* 17. *s. fine Martii* 19. *s.* Ea sunt Scuta Philippi prima.

1347. 15. *April.* 22. *sol. S. Joan.* 24. *s. O. SS.* 27. *s.* 4. *d.* 10. *Nov.* 28. *s.* 16. *Nov.* 28. *s.* 2. *d.* 2. *Octobr.* 27. *s.* 4. *d. Nativit. Dom.* 28. *s.* 6. *d.* 28. *Jan.* 29. *s.* 8. *den. et* 30. *s.* 11. *Jan. fiebant Scuta Philippi à* 23. *karats cupri* 22. *Febr.* 15. *s. In Martio* 16. *s.* 8. *den.* Ea sunt Scuta Philippi secunda.

1348. 28. *Jun.* 18. *s.* 30. *Aug. fiebant Scuta Philippi de* 22. *karats* 3. *quart.* 8. *Octob.* 18. *s.* 6. *den.* 1. *Nov.* 19. *s.* 23. *Dec.* 19. *s.* 2. *d.* Ea sunt Scuta Philippi tertia ad 22. karats 3. quart. 12. *Mart. fiebant Scuta de* 22. *karats, in Martio* 22. *s.* 6. *den.* Ea sunt Scuta Philippi quarta ad 22. karats.

1349. 24. *Maii fiebant Scuta de* 21. *karats, ad S. Joan.* 24. *s.* 6. *den. ult. Jun.* 25. *s.* 14. *Jul.* 25. *s.* 2. *den. Nov.* 29. *s. Mart.* 29. *s.* 4. *den.*

1350. 25. *April.* 30. *s.* 26. *April.* 15. *s. In Aug.* 16. *s.* 6. *d. in Sept.* 17. *s. ad Nativit.* 20. *s. in Mart.* 20. *s.*

1351. *Ad Pascha* 23. *s.* Ea sunt Scuta Philippi quinta.

Ex Regesto *Noster* fol. 481 :

11. *Jan.* 1347. *fiebant Scuta Philippi à* 23. *karats auri fini, et* 1. *habebat cupri.*

30. *Aug.* 1348. *fiebant Scuta Philippi de* 22. *karats* 3. *quarts.*

12. *Mart.* 1348. *fiebant Scuta de* 22. *karats.*

20. *Maii* 1349. *fiebant Scuta de* 21. *karats.*

10. *Jun.* 1351. *fiebant Scuta Joannis prima de 21. karats.*

Item 21. *Jun. fiebant Scuta Joan. de* 20. *karat, et demi.*

Item 27. *Jul. fiebant Scuta Joan. de* 20. *karats.*

1. *Sept.* 1358. *fiebant Regales auri fini ponderis* 70. *ad marcam pretii* 20. *sol. et postea facti fuerunt* 70. *ad marcam.*

12. *Decemb.* 1360. *facti fuerunt Francici auri fini ponderis* 63. *ad marcam, pretii* 16. *sol. Paris. Regales de* 69. *ad marcam* 13. *sol.* 4. *den. Par. Scuta Joan.* 10. *sol.* 8. *den. Par.*

Statutum præterea fuit ut ad Natalem ann. 1360. *Regalis* pretium esset Parisiis, apud S. Marcellum, et apud S. Germanum, 20. solidorum, in aliis vero locis 13. solid. 4. den.

Ad Regis etiam Philippi VI. monetas aureas spectant quæ de iis habet Budæus lib. 5. de Asse, pag. mihi 655. ubi de Numismatibus extenuatis : *Hoc idem Francia experta est. Si quis enim hujus temporis nomisma cum antiquo examinet exploretque, dimidio uberius illud hoc inveniet et pondere et indicatione, atque eo etiam amplius. Nos enim Philippeos habuimus geniatos plus sesquisolato pendentes. In his genius est alatus, quales divini statores pingi solent, liliata insignia tenens. Extant et alii Philippei sceptrati nonnulli, alii etiam soliati, Rege intus trabeato jura pro potestate reddente. Ibi Majestatem regiam plane agnosceres, qualem hodie nemo meminit, Rege utroque vestigio Leonibus innitente. Hi triplici forma percussi sunt : sed qui minima signati sunt, binos Solatos trahunt; qui maxima et gravissima, ii pondus habent secundum Eduardeos Angliæ maximum, eisque proximum. Hoc genus omnium, quæ vidi, (tametsi nullius generis non habui quod quidem hodie extet,) scite formatum erat. Hos et Rosatos Eduardeosque pondere superant Caroli Aquitaniæ, qui Fortes appellantur, in quibus Dux armatus genu nitens Leonem manibus Herculis more elidit : sed superiorum indicatura Pecuatorum bonitate par est, quos Joannes Rex signavit, triplici et ipsos forma et magnitudine, omnes primam auri notam obtinentes. Quanto autem jejunior sit, et exanguior, uti ita loquar, res nummaria, ex eo certe constare potest, quod qui Francici extant aurei equites peditesque, olim* 20. *solidos valentes, (unde quoque appellamus) nunc solidis* 40. *Edicto etiam Principis æstimantur, pluris etiam in foro permutabiles.* [Iis adde Villaneum lib. 11. cap. 71. supra laudatum.]

Præter supra memoratos nummos aureos Philippi VI. visitur alter in Gazophylaciis, cujus mentio nulla occurrit in Edictis monetariis, in cujus parte altera Eques galeatus conspicitur, hastam vel spiculum longius in serpentem equi pedibus substratum intorquens, in area liliata, cum Inscriptione, PHILIPPUS DEI GRA. FRANCORUM REX. In altera efficta crux in quadricircino, in cujus angulis exurgunt totidem scutula cum tribus liliis, et Inscriptione solita, XBC. etc. Ejus typum hic delineari curavimus. Tab. VIII. num. 10.

☞ Hæc moneta eadem videtur quæ *Florenus S. Georgii*, vulgo *Florin S. George* dicebatur, cujus cursus permittitur mense Feb. ann. 1340. Edicto Johannis Philippi VI. Reg. primogeniti, 27. April. ann. 1346. tom. 2. Ordinat. pag. 242 : *Denarii boni auri puri* (*bons deniers d'or fin, appellez Florins S. Georges*) qui tum cudebantur, currere jubentur pro 20. s. Turon.

* Charta ann. 1336. in Chartul. Lingon. eccl. ex Cod. reg. 5188. fol. 103. v° : *Mutuo receperunt.... a dom. episcopo Lingonensi septies centum libras Turon. parvorum,.... videlicet in florenis de Florentia, regalibus Parisiensibus et agnis aureis ac Turonensibus et obolis argenteis, computato videlicet floreno de Florentia pro xiij. solidis Turon. parvorum, regali pro xvj. solidis, tribus denariis, Parisiensi aureo pro xxvj. solidis, agno aureo pro xv. solidis, Turonensi argenteo ad O rotondum pro xiij. denariis, et obolo argenteo pro iiij. denariis Turon. parvorum.*

* Charta ann. 1341. 7. Jan. in Reg. 74. Chartoph. reg. ch. 410 : *Confiteor habuisse.... sexcentas libras Turon. videlicet cxxxv. denarios auri, vocatos Angels, pretio cujuslibet quatuor libr. Turon. et xxx. florenos auri, pretio cujuslibet xl. sol. Turon.*

* *Computato scudato auri pretio viginti quinque solidorum Turonensium*, in Charta ann. 1350. inter Instr. tom. 6. Gall. Christ. col. 289.

Sub Rege JOANNE.

Eo regnante aurum argento miscebatur : unde Monetæ ejusce subalbidæ sunt.

Denarii aurei cum Scuto, ejusdem ponderis et pretii, 1. Sept. 1350. ad 20. karats et semissem, 20. Jun. 1351. ad 20 karats, 27. Julii et 17. Sept. ad 18. karats, 24. Sept. 20. Nov. 1351. 21. April. et 18. Jan 1352. 25. Oct. 1353. ejusdem pretii. Auctarium ad Chronicon S. Albini Andegavensis : *Anno* 1351. *valuit sextarium frumenti fere duas marchas argenti. Nam valuit apud Bracum saccum* 18. *libr. monetæ currentis, et valebat Florenus Florentiæ* 40. *sol. Florenus ad Scutum de primis* 50. *sol. de ultimis* 43. *sol. et vinum etiam fuit carissimum sed optimum, nam pipa vini valebat* 13. *Florentinos, videl.* 12. *denarios ad Scutum de novis.* Typus hic describitur Tab. IX. num. 12. [** Vulgo *Escu.*]

¶ *Denarii aurei cum scuto* (*Deniers d'or à l'Escu*) nuper cusi et qui tum cudebantur currere jubentur pro 20. sol. Turon. *Edicto* 12. *Martii* 1353. tom. 2. Ordinat. pag. 550. *Alio Edicto* 14. *Nov.* 1354. ibid. pag. 560. pro 12. sol. den. Turon. Horum præterea mentio fit in Annal Rer. Angl. Wilh. *Wyrcester* ad ann. 1356. Lib. nig. Scaccarii pag. 432 : *Taxata fuit postea redemptio prædicti Regis Johannis ad tres miliones scutorum, quorum duo valerent* VI. *s.* VIII. *den. et est millis millesies mille, vel secundum quosdam, taxata est redemptio ad tria milia milium florenum, quod idem est.*

* Memoriale C. Cam. Comput. Paris. fol. 144. r° : *Die* 17. *Martii* 1353. *fuit ordinatum per regem in consilio suo, quod floreni ad scutum habeant cursum de cetero pro xvj. sol. Par.*

* Ibidem fol. 157. v°. ad 6. Febr. 1354 : *Advaluatio in auro fiet faciendo de lxxiiij. scutis Johannis unam marcham auri; quæ advaluabuntur ad pretium marchæ auri in agnis nunc currentibus, videlicet pro dictis lxxiiij. scutis xlviiij. floreni ad agnum, quolibet computato pro xx. sol. Par.*

Denarii auri puri cum Liliis, (*Deniers d'or fin aux Fleurs de lys*) [qui et *Floreni aurei* nude dicti,] pretii 40. sol. Tur. 50. pond. ad marcam. Paris. a 20. [16.] Aug. 1351. ad 17. Sept. seq.

Regales auri puri, (*Royaux d'or fin*) in quibus Rex stans in tabernaculo effingitur pallio instar pluvialis amictus ad pectus clauso, cum sceptro liliato in dextra, quod sinistræ digito videtur indicare : hos alii Trabeatos seu *Longsvestus* vocant, pond. 2. den. 21. gr. pretii 25. sol. Turon, pond. 56. ad marcam Paris. 30. *Aug.* 1358. 20. *April.* 1359. Vetus Regestum : *Prima Sept.* 1358. *fiebant primi Regales auri fini, ponderis* 67. *ad marcam, pretii* 20. *sol. Paris. et postea facti sunt de* 69. *ad marcam.* Ejus typum hic damus. Tab. IX. num. 14.

¶ Edicto Caroli Regentis 22. Aug. 1358. tom. 3. Ordinat. pag. 244. cudi jubentur *Regales auri puri* pond. 66. ad marcam Paris. pretii 25. sol. Turon. quorum 63. dabantur Campsoribus pro marca auri fini. *Edicto* 15. *April. ann.* 1358. ejusdem Caroli ibid. pag. 335. cuduntur pond. 69. ad marcam Paris.

A 20. April. 1358. ante Pascha usque ad 2. Junii 1359. cusi iidem Regales pretii 25. sol. pond. 69. ad marcam Paris.

A 2. Junii 1359. ad 1. Jan. 1360. similes Regales cusi.

¶ Edicto 10. Sept. 1359. Caroli Regentis tom. 3. Ordinat. pag. 368. cusi pond. 66. ad marcam Paris. Alio ejusdem Caroli 22. Nov. 1359. ibid. pag. 376. eorum cursus reducitur ad 40. sol. Turon. Rursum alio dato eod. die ibid. pag. 377. ad 32. sol. Paris. qui cursus confirmatur Edicto 27. Mart. 1359.

¶ Edicto 18. Jun. 1360. ejusdem Caroli ibid. pag. 418. cudi jubentur pond. 69. ad marcam Paris. pretii 25. sol. Turon. ita et 30. Aug. seq. ibid. pag. 424. At Edicto 5. Dec. ejusd. anni ibid. pag. 438. recunduntur ad 13. sol. 4. den. Paris. vel 16. sol. 8. den. Turon.

A. 5. Aug. ann. 1364. usque ad 10. Sept. seq. cusi iidem Regales, pretii 20. sol. pond. 63. ad marcam Paris.

Denarii auri puri cum Agno, (*Deniers à l'Agnel d'or fin*) in quibus effictus *Agnus*, quem *Dei* dicimus, sub cujus pedibus scriptum, JOH. REX. cum hac Inscriptione : AGNUS. DEI. QUI. TOLLIS. PECCATA. MUNDI. MISERERE. NOBIS. In aversa parte crux florigera cum 4. liliis in angulis efficta : cujus hic typum damus, Tab. IX. num. 13. ponderis 3. den. 16. gr. pretii 25. sol. Turon. pond. 52. ad marcam Paris. 24. *Novemb.* [17. *Jan.*] 1354. 9. *Jun.* [30. *Dec.*] 28. *Jan.* [et 23. *Febr.*] 1355.

¶ Edicto 10. Jun. 1356. tom. 3. Ordinat. pag. 70. cæteris monetis interdictis, currere jubentur pro 20. sol. Par. Edicto Caroli Regentis 25. Nov. seq. pag. 90. eorum pretium statuitur 30. sol. Turon. ita alio 22. Mart. ejusd. anni, quod 19. ejusd. mensis reducitur ad 20. sol. Turon. pro partibus Occitanicis. Edicto 23. Jan. 1357. ibid. pag. 196. currunt pro 30 sol. Paris. ubi Turon. leg. puto.

Semisses Denariorum ad Agnum, (*Demi-*

Deniers à l'Agnel) ponderis denarii et 20. granorum 30. *Aug.* 1358. Froissart. 1. vol. cap. 154 : *Ce mesme mois le Roy de France fit faire Florins de fin or appellez Florins à l'Agnel, pource qu'en la pille avoit un Agnel, et estoient de 52. au marc : et lorsqu'ils furent faits, le Roy en donnoit 48. pour un marc de fin or, et deffendit l'on le cours des autres Florins.*

☞ Iidem qui *Petits Aignelez* vocantur, pretii 15. sol. Turon. *Edicto* 12. *Martii* 1356. tom. 3. Ordinat. pag. 148. Alio 23. Jan. 1357. ibid. pag. 196. currunt pro 15. sol. Paris.

Denarii auri puri, (*Deniers d'or fin*) 52. ad marcam, pretii 13. sol. et 4. den. 28. *Decemb.* 1355.

Anno vero insequenti quale fuerit monetarum, aurearum præsertim, pretium, accipe ex Regesto Memorialium Cameræ Computor. Paris. signato C. fol. 67 : *Die 22. Martii* 1356. *Joannes Poilevilein retulit in Camera quod Domini de Consilio ordinaverunt prout in scedula scribitur, cujus tenor talis est :*

Deniers d'or fin à l'Agnel du coing du Roy, qui est à present pour 20. *s. pour la piece.*

Deniers d'or fin au Pavillon, pour 20. *s.* 6. *den.*

Deniers d'or fin au Lyon, 19. *s.* 8. *d.*

Deniers d'or fin à l'Escu viez pour 18. *s.*

Royaux d'or fin pour 16. *s.* 8. *den.*

Florin d'or de Florence de bon poids, pour 13. *s.* 10. *d.*

Escu de Philippes, si comme il cherront, pour 15. *s.* 4. *d.*

Escu de Jean du coing du Roy pour 13. *s.* 4. *d,*

Gros deniers blancs que l'en fait à present pour 8. *deniers Tournois.*

Doubles que l'en fait à present pour 8. *deniers Tournois la piece.*

Paresis petits, et Tournois petits, et mailles Parisis, et mailles Tourn. pour leur droit cours.

Gros Tournois d'argent viez et de poids, pour 2. *s. Tourn.*

Gros Tournois d'argent viez de non poids, pour 20. *deniers Tournois.*

Deniers blancs viez à la qüe, pour 7. *d. obole Tour.*

Deniers blancs à la qüe darreinement faits pour 2. *den. obole Tournois.*

Francici auri puri, (*Francs d'or fin*) in quibus Rex sinistra gladium vibratum tenens, sago liliato et armis militaribus instructus, equo vestito ac liliato insidet. In aversa parte crux florigera effingitur : pond. 3. d. 1. gr. pretii 20. s. pond. 63. ad marcam Par. *a* 12. *Jan.* 1360. *ad* 18. *Aug.* 1363. et 5. *Aug.* 1364. Statuto alio Regis Joannis e captivitate reducis, dato Compendii 5. Decem. ann. 1360. de Institut. Auxiliorum, et instauratione fortis monetæ, Denarius auri puri, dictus *Francicus aureus*, appretiatus fuit 16. sol. Paris. et *Regalis auri puri*, 13. sol. 4. den. Paris. Exstat illud in 8. Regesto Memorialium Cameræ Comput. Paris. fol. 33. Typum hic delineamus. Tab. IX. num. 15. [** Vulgo *Franc à cheval.*]

¶ *Franci magni auri puri* (*grans Francs d'or fin*) qui tum cudebantur, currere jubentur pro 24. sol. Paris. *Edicto* 10. *April.* 1361. tom. 3. Ordinat. pag. 484. In alio 14. ejusd. mensis ibid. pag. 486. dicuntur pond. 42. ad marcam Paris. et pretii 30. sol. Turon.

* Ordinatio ann. 1361. 17. Sept. in Memor. D. Cam. Comput Paris. fol. 28. v° : *Avons fait faire bonnes monnoies et fines d'or et d'argent, c'est assavoir bons deniers d'or fin, appellez Frans, ausquelz nous donnasmes darrenier cours pour xvj. Par. piece.*

☞ Sub Johanne Rege *Francos aureos* primum cusos vulgo creditur : quod falsum esse prorsus efficit D. *le Blanc* pag. 147. ex Charta ann. 1068. in qua memorantur *Franci auri : dimisit septem solidos Parisienses supra dictam domum, pro pretio quatuor Francorum auri.*[** Hanc chartam seculo decimo quarto, forte anno 1368. exaratam esse, supra monuimus.]

Videtur hoc loco describendus, qui in Regesto *Noster*, Cameræ Computorum Paris. fol. 481. habetur *Cursus Florenorum ad Scutum voluntarius*, ut inde non modo percipiat Lector monetæ istiusmodi pretium sub Philippo VI et Joanne Regibus, sed etiam quam crebra in monetis, et earum pretio mutatio fuerit.

Cursus Florenorum ad Scutum.

1345.	
23. *Mart.*	14. *sol.*
S. Joan.	14. *s.* 3. *d.*
2. *Nov.*	15. *s.*
1346.	
21. *Nov.*	14. *s.*
2. *Decemb. seq.*	15. *s.* 1. *d.*
5. *Jan. seq.*	15. *s.* 8. *d.*
1. *Febr.*	16. *s.*
Martio seq.	17. *s.*
1347.	
15. *April.*	22. *s.*
S. Joan.	24. *s.*
O. SS.	27. *s.* 4. *d.*
10. *Nov.*	28. *s.*
16. *Nov.*	28. *s.* 2. *d.*
1. *Oct.*	37. *s.* 4. *d.*
Nativ. Dom.	28. *s.* 6. *d.*
8. *Jan.*	39. *s.* 8 *d.*
11. *Jan. fiebant Scuta Philippi auri fini, et* 1. *karat cupri.*	23. *karatz*
22. *Feb.*	15. *s.*
3. *Mart.*	16. *s.* 8. *d.*
1348.	
28. *Jun.*	18. *s.*
8. *Oct.*	18. *s.* 8. *d.*
1. *Nov.*	19. *s.*
23. *Dec.*	19. *s.* 2. *d.*
In Martio	20. *s.* 6. *d.*
1349.	
Ad S. Joan.	24. *s.* 6. *d.*
Ultima Jun.	25. *s.*
14. *Jul.*	25. *s.* 2. *d.*
Nov.	29. *s.*
Martio	29. *s.* 4. *d.*
1350.	
25. *April.*	30. *s.*
26. *April.*	15. *s.*
In Aug.	16. *s.* 6 *d.*
3. *Sept.*	17. *s.*
Ad Nativ. Dom.	20. *s.*
In Mart.	22. *s.*
1351.	
Ad Pascha,	23. *s.*
Ad Indictum,	24. *s.*
Ad O. SS.	30. *s.*
Ad Nativ. Dom.	36. *s.*
6. *Febr.*	12. *s.*
Martio,	14. *s. et* 15. *s.*
April.	17. *s.* 6. *d.* 18. *s.*
In fine April.	30. *s. et* 20. *s.*
1352.	
In Martio,	16. *s.*
In Jun. et Jul.	16. *s.* 8. *d.*
In Aug.	17. *s.*
In Sept.	18. *s.*
In Octob.	20. *s.*
In Novembr.	22. *s.* 8. *d.*
In Decemb.	24. *s.* 1. *d.*
24. *Decem.*	26. *s.*
3. *Janu.*	26. *s.*
10. *die Jan.*	28. *s.*
2. *Febr.*	30. *s.*
1353.	
April.	32. *s.*
Principio Junii,	24. *s.*
Ad Indictum,	37. *s.*
In Julio,	38. *s.*
In Aug.	40. *s.*
In Sept.	42. *s.*
3. *Nov.*	12. *s.*
1. *Januar.*	23. *s.*
15. *Febr.*	14. *s.*
In Mart.	16. *s.*
1354.	
April. ante Pascha,	18. *s.*
Medio Maii,	21. *s.*
Fine Maii,	24. *s.*
In Junio,	30. *s.*
Principio Julii,	28. *s.*
Fine Julii,	30. *s.*
In Aug.	32. *s.*
22. *Sept.*	34. *s.*
1. *Octob.*	36. *s.*
5. *Nov.*	40. *s.*
16. *Nov.*	42. *s.*
24. *Nov.*	10. *s.*
1. *Jan.*	12. *s.*
15. *Jan.*	12. *s.* 6. *d.*
1. *Febr.*	13. *s.*
1. *Mart.*	14. *s.*
1355.	
Ad Pascha,	16. *s.*
Fine April.	18. *s.*
In Maio,	20. *s.*
Ad Indictum,	22. *s.*
8. *Jul.*	24. *s.*
20. *Jul.*	26. *s.*
Princip. Aug.	27. *s.*
Fine Aug.	30. *s.*
9. *Sept.*	32. *s.*
20 *Sept.*	33. *s.*
8. *Oct.*	36. *s.*
18. *Octob.*	38. *s.*
24. *Octob.*	40. *s.*
10. *Nov.*	42. *s.*
14. *Nov.*	43. *s.*
17. *Nov.*	44. *s.*
21. *Nov.*	45. *s.*
12. *Dec.*	46. *s.*
18. *Dec.*	50. *s.*
27. *Dec.*	52. *s.*
1. *Janu.*	53. *s.*
5. *Jan.*	13. *s.* 4. *d.*
1356.	
1. *Junii,*	14. *s.*
1. *Aug.*	15. *s.*
18. *Aug.*	16. *s.*
1. *Sept.*	18. *s.*
19. *Sept.*	20. *s.*

27. *Oct.* 22. *s.*
8. *Nov.* 24. *s.*
18. *Dec.* 28. *s.*
1. *Janu.* 30. *s.*
18. *Janu.* 32. *s.*
1. *Febr.* 34. *s.*
12. *Febr.* 36. *s.*
Ult. Febr. 37. *s.*
8. *Mart.* 38. *s.*
26. *Mart. ante Pasc.* 16. *s.*
1357. etc. usque ad annum 1360.
12. *Dec.* 1360, 26. *s.*

Eodem die facti fuerunt Francici auri fini ponderis 63. *ad marcam, pretii* 16. *s. Par. Regales de* 69. *ad marcam*, 13. *s.* 4. *d. Par. Scuta Joannis*, 10. *s.* 8. *d. Par.*

Sub Carolo V.

¶ *Florenos aureos*, quos cum Delphinus esset cudi jusserat, [** Typum habes Tab. X. num. 14.] ubi regnum est adeptus immutavit : in iis quippe se Regem Franc. et Delphinum Viennensem inscripsit. Hi ex cod. MS. quem laudat D. *le Blanc* pag. 235. erant pond. 68. et 1. tert. ad marcam Gratianopolit. pretii 12. gross. et semiss. Delphinalium, hoc est, circiter 18. sol. 9. den. Ante Inscript. Kar. etc. Delphinum præferunt : in altera parte stat S. Johannes inter Delphinum et scutum cum duobus Delphinis una crucicula divisis cum Inscript. S. Johannes.

Regales auri puri, (*Royaux d'or fin*) in quibus effictus Princeps armis militaribus et sago liliato instructus, stans in tabernaculo, ensem dextra, et manum justitiæ sinistra tenens, in campo liliato, pond. 3. den. 1. gran. pretii 20. solid. Turon. pond. 63. ad marcam Par. *A* [27. *Julii*] 5. *Aug. ad* 10. *Sept.* 1364. Typus hic exstat Tab. X. num. 12. et in Edictis monetariis editis.

Francici auri puri, (*Francs d'or fin*) ejusdem figuræ et ponderis quibus alii, præterquam quod loco Joannis Karolus scribitur, pond. 3. d. 1. gr. pretii 20. s. [3. *Sept.*] 10. *Sept.* 1364. 15. *Maii* 1365. Typum habes, Tab. X. num. 13.

☞ Horum mentio occurrit in Tabular. Brivat. ann. 1365 : *Unus denarius auri vocatus* Franc *pro* xx. *sol. computatus.* Pro eodem pretio currunt *Edicto* 6. *Febr.* 1360. 1. *Maii* 1371. 10. *Aug.* 1374. 28. *Jul.* 1378.

Denarii auri puri cum liliis, (*Deniers d'or fin aux fleurs de lys*) ejusdem figuræ et ponderis quibus Regales supra descripti, pond. 3. den. 1. gr. pretii 20. sol. Tur. pond. 64. ad marcam Par. Atque hi postremi unde *Fleurs de lys d'or* appellantur in Computo Auxiliorum pro liberatione Regis Joannis ann. 1366. fol. 32. vers. *A* [20. *April.* 15. al.] 5. *Maii* 1365. *ad* 30. *Aug.* 1368. [6. *Febr.* 1369.] 12. *Mart.* 1371. [1. *Maii* 1371. 10. *Aug.* 1374. 28. *Julii* 1378. 8. *Mart.* 1379.] 18. *Mart.* 1384. [*Franci aurei* dicti etiam ii denarii quod pretii essent 20. sol. qui ut ab aliis in quibus effictus Rex eques distinguerentur, *Franci pedites* (*Francs à pied*) nuncupati, alii vero *Franci equites* (*Francs à cheval*)] ubi Rex sagatus effictus eques cum gladio, equo ipso, ut aiunt, vestito, vesteque liliis et delphinis interstincta, cum hac Inscriptione, Karolus Francorum Rex Dalps Vienn. In parte altera, crux florigera cum solita Inscript. xbc. etc.

* Literæ ann. 1365. 2. Jul. in Memor. D. Cam. Comput. Par. fol. 75. r° : *Les florins que nous faisons à présent faire, appellez Fleur de lis d'or,..., qui à présent ont cours pour xx. solz Tour. la piece.*

* Charta ann. 1367. 15. Sept. in Chartul. Guill. abb. S. Germ. Prat. fol. 39. r°. col. 1 : *Novem centum libræ Turonenses in novem centum denariis auri, Francis nuncupatis, boni auri et legitimi ponderis.*

* *Trente francs d'or, franc d'or pour vingt sols*, in Ch. 17. Mart. ann. 1373. ex Chartul. episc. Carnot. *Trois cent flourins, frans d'or du coing du roy pour vingt sols*, ibid. ex Ch. 18. Jan. ann. 1379.

* Literæ admort. ann. 1375. in Reg. 109. Chartoph. reg. ch. 401 : *Quæ venditio fuit facta pro pretio undecim denariorum auri, vocatorum Floreti, boni ponderis.*

Sub Carolo VI.

Denarii auri puri, dicti *Escus à la Couronne*, quos vulgo *vetera Scuta* nuncupamus, in quibus effictum scutum coronatum, in quo descripta tria lilia, absque sole, cum cruce admodum variegata, pond. 3. d. 4. gran. pretii 22. s. 6. d. Tur. pond. 60. ad marcam Par. [11. al.] 18. *Mart.* 1384. [8. *Julii* 1385. 5. al.] 5. *Sept.* 1386. Typus hic exhibetur, Tab. XI. num. 3.

Denarii auri puri cum Corona, (*Deniers d'or fin à la Couronne*) cum iisdem figuris pond. 3. den. 3. gr. pretii 22. sol. 6. den. Turon. 3. *Mart.* 1387. [27. *Nov.* 1388. currunt pro 22. sol. Turon. pro 22. sol. 6. den. Turon. 11. *Sept.* 1389.] 8. *April.* 1391. 1. *April.* 1392. 8. al. 28. *Aug.* 1393. [29. *Julii* 1394. 2. *April.* 1407.]

Similes *Denarii cum Corona*, pond. 3. d. 2. gr. pond. 64. ad marcam Paris. 28. *Aug.* 1394. [2. vel] 5. *Nov.* 1411. [In Charta ann. 1411. Parisiis exarata dicuntur pretii 18. sol. Paris.]

Alii denarii ejusdem figuræ pond. 3. den. pretii 22. solid. 6. den. *Stat.* [2. vel] 5. *Nov.* 1411. 5. *Mart.* 1411. [3. *Julii* 1413. 20. *Jan.* 1416.] 11. *Octobr.* 1415. Atque hi nummi aurei *Couronnes*, et *Couronnes de France*, dicuntur Froissarti tom. 4. cap. 26. 64. 66. Adde Historiam Betuniensem pag. 375. Hist. Durdanensem pag. 108. etc.

Alii *Denarii parvi* seu *Scuta cum Corona*, dicti *Escus à la Couronne petits*, cum iisdem figuris, pond. 2. d. pretii 15. s. Tur. [pond. 96. ad marcam Paris.] 3. *Jul.* 1413. 11. *Octob.* 1415. [20. *Jan.* 1416.] 10. *Maii* 1417.

¶ *Denarii auri puri cum liliis* (*Deniers d'or fin aux fleurs de lys*) cum iisdem figuris, ejusdem etiam ponderis et pretii quibus sub Carolo V. cudi jubentur *Edicto* 25. *April.* 5. *Aug.* 10. *Aug.* 30. *Oct.* 1381. 15 *Maii* 1382. 11. *Sept.* 1389.

Agni, vel *parvi Agni*, (*Moutons, ou petits Moutons*,) [** vel *Aignel.*] veteribus *Agnis* similes, præterquam quod sub agno scriptum est, k. f. rx. pond. 2. denar. pretii 20. sol. *A* 10. *Maii usque ad* 21. *Dec.* 1417. Typum hic describimus, Tab. XI. num. 4.

☞ Iidem denarii pond. 96. ad marcam Paris. currere jubentur pro 30. sol. Turon. *Edicto* 18. *Junii* 1419. Alio 26. Febr. ejusdem anni reducuntur ad 26. sol. 8. den.

¶ *Franci auri puri* ejusdem figuræ et ponderis quibus sub Carolo V. currere jubentur pro 20. sol. Turon. *Edicto* 27. *Nov.* 1388. *et* 11. *Sept.* 1389. ejusdem pretii statuuntur in Arresto ann. 1390. 20. s. Provincialib. æstimantur in Charta 17. Jun. 1408. inter Schedas Præs. *de Mazaugues.*

Scuta Galeata, (*Escus Heaumez à 3. fleurs de lys*) simplicia et duplicia, in quibus effcta galea coronata, cui imminet majus lilium apicis vice : in aliis deest apex,

ponderis {4 d. / 2 d.} pretii {40 s. Tur. / 20 s. Tur.} pond. 48. et 96. d. *A* 21. [*Oct.*] *Decemb.* 1417. *ad* 12. *Junii* 1418. 18. *Jan.* 1419. Typi hic perinde delineantur. Tab. XI. num. 1. 2.

Scuta cum Corona, (*Escus à la Couronne*) veteribus similia, præterquam quod in crucis centro stella perforata, quam *molettam* dicimus, ad stellatorum scutorum quæ multo meliora sunt, discrimen habetur : pond. 2. d. 20. gr. pretii 30. sol. Tur. 23. karats, pond. 67. ad marcam Paris. *Stat.* 17. *Jun.* 1418. In hisce Denariis statutum, ut ad cæterorum discrimen versus crucem, inter *Carolus* et *Dei*, crucicula vice puncti, et in aversa parte inter primum *Christus*, et vocem subsequentem pariter similis crucicula, cum cæteris solitis discriminibus effingeretur. Ita Regest. 123.

¶ Eadem *Scuta* sub iisdem figuris ad 23. karats, pond. 67. ad marcam Paris. pretii 30. sol. Tur. cuduntur in moneta Tornac. in aliis vero locis itidem ad 23. karats, pond. 64. ad eamd. marcam, pretii 30. sol. Turon. *Edicto* 7. *Martii* 1418. *et* 16. *ejusdem mens.* At *Edicto* 26. *Febr.* 1419. cudi jubentur ad 23. karats, pond. 62. ad marcam. Paris pretii 40. sol. Paris.

Agni, vel *parvi Agni*, (*Moutons, ou petits Moutons*) pond. 2. den. pretii 30. sol. Tur. 22. karats, pond. 96. d. ad marcam Paris. *A* 18. *Jun. usque ad* 2. *Mart.* 1419.

Vetera scuta cum Corona, (*vieux Escus à la Couronne*) ut alia, pond. 2. den. 20. gran. pretii 50. sol. Turon. 24. karats, et pond. 67. ad marcam Paris. *A* 2. (al. 12.) *Mart. ad* 11. *Aug.* 1419. quo etiam Edicto 2. Martii statutum ut Agnorum pretium esset 33. sol. 4. den.

¶ Edicto 19. Dec. 1420. usque ad 12. Oct. 1241. cuduntur similia *Scuta* ad 24. karats, pond. 66. ad marcam Paris. pretii 22. sol. 6. den.

¶ *Denarii auri puri* dicti *Duplices aurei* (*Doubles d'or*) currere jubentur in Francia et Delphinatu pro 8. lib. Turon. Eorumdem semisses pro rata portione *Edicto Caroli Regentis* 25. *Aug.* 1420.

Salutes cum Armis Franciæ, (*Saluts aux Armes de France*) in quorum aureorum altera parte, scutum cum tribus liliis effingitur inter Angelum et Deiparam : in volumine scriptum Ave, supra, radii cœlestes eminent. In altera visitur crux plana inter duo lilia, cui subest litera k. cusi ad 24. karats, 8. parte minus, pond. 3. den. 1. gr. et pretii 25. s. Turon. pond. 63. den. ad marcam Par. *Ab* 11. *Aug.* 1421. *usque* ad 6. *Febr.* 1422. Typum hic damus. Tab. XI. num. 6.

Semisses eorumdem aureorum, ponderis et pretii pro rata portione, dicti *Demisaluts.* De Monetarum aurearum pretii sub Carolo VI. immutatione, vide Monstrelletum 1. vol. cap. 251. [et Scriptorem brevis Hist. Caroli VI. ad calcem Juvenalis *des Ursins*.]

Aureus alius præterea prostat, *Parisiensis* forte, cum is typum eumdem fere præferat quem Parisiensis Philippi VI. Regem scilicet sedentem in cathedra leoninis capitibus exornata, cum binis leonibus ad pedes jacentibus, binisque hinc inde scutulis 3. lilia præferentibus, et hac Inscriptione, † KAROLUS DEI GRA. FRANCORUM REX. In altera parte crux liliata conspicitur cum solita Inscr. XRC. etc. Typus hic exhibetur. Tab. XI. num. 5.

* Computus fabr. S. Petri Insul. ann. 1383. ex Tabul. ejusd. eccl. : *Item ex legato dom. Willelmi de Walecamp ij. francos, valentes lxxviij. sol. franco computato pro xxxix. sol.*

* Ordinatio ann. 1384. 11. Mart. in Memor. E. Cam Comput. Paris. fol. 58. r°. : *Denarii auri fini, vocati scuta ad coronam, qui habebunt cursum pro xviij. sol. Par. petia, et erunt ponderis lx. scutorum ad marcham Paris. marcha auri fini empta lxv. lib. x. sol. Tur. Denarii albi cursus x. den. Tur. petia, ad vj. den. leg. argenti regis et pond. vj. sol. iij. den. alborum ad marcham Paris. Duplices Turonenses cursus ij. den. Tur. petia, ad ij. den. xij. gr. leg. argenti regis et pond. xiij. sol. cum quarto j. den. ad marcham Par. Parvi denarii Par. et parvi Tur. qui habebunt cursum pro j. den. Par. et j. den. Tur. petia, ad ij. den. leg. argenti regis et pond. xvj. sol. viij. den. Par. ad marcham Par. videlicet parvi Par. et parvi Tur. pond. xx. sol. x. den. Tur. ad marcham Par. Item parvi oboli Par. ad iij. ob. leg. argenti regis et pond. xxv. sol. ad marcham Par. Et dabuntur campsoribus pro marcha auri fini lxv. lib. x. sol. Tur. et pro marcha argenti in albo allegiato ad vj. den. leg. cxvj. sol. Tur. et in nigro allegiato, ut supra, cxij. sol. Tur.*

* Charta ann. 1385. die 8. Jul. ex Chartul. 23. Corb. : *Deux cent quarante neuf escus d'or couronnés de xxij. sols, vj. den. Tour. la piece, ijmlxxx. liv. ij. sols, vj. den. Tour. en francs, xx. sols Tour. la piece; vjmlilj. liv. Tour. en blancs de xv. den. Tour. la piece; sept livres, quinze sols Tour. en blancs de x. den. Tour. la piece; xxxiij. liv. xvij. sols, vj. den. Tour. en blancs de vj. den. Tour. la piece.*

* Alia ann. 1386. in Chartul. Latiniac. fol. 127. v°. : *Pour le pris de treize livres Tournois, fort monnoye, courant à présent le franc d'or pour xx. sols Tour.*

* Alia ann. 1394. die 21. Jun. ex Bibl. reg. : *Mille francorum auri in scutis, octo scutis videlicet pro novem francis computatis.*

* Alia ann. 1396. 7. Aug. in Lib. pitent. S. Germ. Prat. fol. 138. v°. : *Cent frans d'or..... en quatre vingt et huit escus d'or à la couronne de dix huit souz Par. la piece, de fin or du coing du roy nostre sire et en un franc de fin or du coing de France.*

* Alia ann. 1397. 20. Aug. ibid. fol. 141. v°. : *Pour le pris et somme de xxxviij. escus d'or à la couronne du coing du roy nostre sire de xxij. solz, vj. den. Tour. piece.* Inventarium Chartar. monast. Athanat. fol. 54. v°. : *Instrumentum 27. Sept. ann. 1399. decem librarum Turon. monetæ regiæ, cujus xxij. solidi cum dimidio valent unum scutum auri regis Francorum, boni auri et legittimi ponderis.*

* Computus ann. 1400. ex Tabul. S. Petri Insul. : *Datum procuratori ecclesiæ in Cameraco pro pensione sua iiii. francos, franco pro xxxiij. sol. vj. lib. xiv. sol.*

* *Scuta* dicta *Houpellandes*, a sago, quo rex vestitus in iis effictus erat, memorantur in Lit. remiss. ann. 1402. ex Reg. 157. Chartoph. reg. ch. 61 : *Sept escus d'or, nommez Houpellandes, trente quatre escus d'or nommez Couronnes.*

* Charta ann. 1408. 29. Aug. ex Bibl. reg. : *Pour le pris et somme de huit mile quatre cens livres Tournois, monnoye courant,..... qui ont été nombrez en sept mile, quatre cens soixante six escus d'or à la couronne, du coing du roy nostre sire, aians cours pour xxij. solz, vj. den. Tour. piece et xv. solz Tour. en blans de x. Tour. piece.*

* *Scuta cum corona* pretii 18. sol. ann. 1413. 1417. 1418. et 1420. ex Tabul. Corb. 20. sol. Par. ann. 1421. 1423. ex eod. Tabul. 24. sol. ann. 1426. ibid.

Sub HENRICO VI. *Rege Angliæ.*

Salutes cum Armis Franciæ et Angliæ, (*Saluts aux Armes de France et d'Angleterre*) in quibus effictus εὐαγγελισμός, scilicet Angelus et Deipara, pone utrumque scutum, cum volumine continente AVE, inter utriusque capita, et hac Inscript. HENRICUS. DEI. GRATIA. FRANCORUM. ET. ANGLIÆ. REX. In aversa parte, crux plana inter lilium et leopardum : pond. 3. d. 1. gr. pretii 25. s. Tur. cum 4. parte remedii, pond. 63. den. ad marcam. 6. *Febr.* 1422. 3. (al. 4.) *Jun.* 1423. Vide Monstrelletum 1. vol. cap. 251. Typus hic describitur. Henrici V. Tab. XII. num. 1. Henrici VI. ibid. num. 3.

Similes *Salutes*, ponderis 2. den. 17. gr. pretii 22. sol. 6. den. Tur. conficientes ad marcam Paris. 70. d. cum 4. parte remedii 6. *Sept.* 1423.

Angeli, (*Angelots*) qui sunt duo tresses *Salutum*, in quibus effictus Angelus utrumque Franciæ et Angliæ scutum tenens : in aversa parte, eadem cruce cum lilio et leopardo exaratis, pretii 15. sol. conficientes 105. d. ad marcam Paris. 24. *Maii* 1427. Typus hic perinde describitur. Tab. XII. num. 4.

Aureum alium descripsit præterea Hautinus pag. 127. in quo Rex ipse sagatus equo vestito et liliis ac leonibus distincto insidet, gladium vibrans, cum Inscr. HENRICUS D. G. FRANCORUM ET ANGLIÆ REX. In altera parte crux florigera, cum solita Inscrip. XRC. etc. Typus exhibetur. Tab. XII. num. 5.

Hactenus monetarum fabricæ ex Magistrorum Monetariorum rationibus. Postmodum vero in Regesta receptæ sunt ex Regiis diplomatibus, quarum proinde dies et annus incerti manent, quod eæ ut plurimum multo post cuderentur, sicque haud est proclive earum publicationis tempus indicare.

Sub CAROLO VII.

Regales auri, (*Royaux d'or*,) in quibus Rex effictus palliatus in area liliata, dextra virgam, sinistra sceptrum tenens, pretii 25. sol. *Octob.* 1429. Typum hic describimus. 16. Tab. XII. num. 13.

Regales auri, prioribus similes, præterquam quod punctum apertum (O) ante cruciculam præferunt. 1430.

Denarii auri puri, (*Deniers d'or fin, appellez Escus à la Couronne*) in quibus efficta 2. lilia coronata ad scuti latera, cum 4. parte remedii, pond. 2. den. 17. gran. (pendunt tantum 2. den. 14. gran.) pretii 25. sol. Tur. pond. 70. den. ad marcam Par. *Statuto* 1435. 28. *Jan.* quod demum executioni mandatum Parisiis 4. *April.* 1436. [Idem statuitur Edict. 12. Julii 1436. et 31. Dec. 1441.] Horum hic exaratur typus. Tab. XII. num. 14.

☞ Horum denariorum mentio fit in Statutis MSS. S. Audomari ann. 1432 : *Verum cum monetas sæpius variari, deteriorari vel meliorari contingat, libras supradictas intelligi volumus 40. grossis Flandrensibus pro libra computatis, in eo et tali valore quod 42. grossi similes Coronam auri de 67. in marcha ad minus valeant.*

Eorumdem denariorum semisses, pondere et pretio similes, cusi Edicto 26. April. 1438. dicti *demi Escus.* Tab. XII. num. 15.

Diplomate Regio dato Salmurii marcæ auri puri pretium fuit 86. lib. 17. sol. 6. den. putato quolibet scuto pro 25. sol. Turon.

☞ Edicto dato Parisiis 12. Julii 1436. reprobantur omnes monetæ quas in Francia cudi jusserat Henricus Rex Angliæ.

Similia *Scuta*, et eorum semisses paris ponderis, pond. 70. et semiss. et 141. den. ad marcam Paris. *Diplom.* 12. *Aug.* 1445.

Similia *Scuta*, ad 23. karats et semiss. cum 8. parte remed. pretii 27. sol. 6. den. pond. 70. d. et semiss. ad marcam Par. *Edicto* 20. *Jan.* 1446. 26. *Maii* 1447. 18. *Maii* 1450.

Eorum semisses, pro rata.

¶ Similia *Scuta*, ad 23. karats et 3. quart. cum 4. parte remedii, ponderis et pretii ut supra, *Edicto* 26. *Maii* 1447. 18. *Maii* 1450. quo anno *marcha auri fini et optimi æstimatur* 95. lib. in Charta ejusdem ann. tom. 2. Hist. fundat. Capellæ et Cathedr. Catalaun. pag. 159.

Similia *Scuta*, ponderis 2. d. 16. gr. pretii 27. sol. 6. den. [pond. 71. den. ad marcam Paris.] *Diplom.* 16. *Jun.* 1455. [*et* 7. *Junii* 1456.]

* Computus ann. 1421. ex Tabul. S. Petri Insul. : *Receptum ab executoribus domini decani pro quadam emenda, per unum hominem de Dixmude perpetrata, xij. francos, valentes xix. lib. xvj. sol. Receptum a dom. Guillelmo Moreau pro loco suæ sepulturæ in circuitu chori per eum electo, lx. scuta aurea, pro quolibet xlij. sol. valentia cxxvj. lib.*

* Chartul. Corb. sign. *Daniel* ad 6. Febr. ann. 1427. fol. 72. v°. : *Telle monnoie de tel pris et valleur, que pour xxij. solz Par. on puist avoir ung Salux d'or.* Idem fol.

183. v°. ad ann. 1432. 12. Jan. *xxiij. Par. pour un Salut d'or*, ibid. ann. 1433. 9. Jun. fol. 194. v°.

* Charta ann. 1438. 20. Mart. ex Chartul. 21. Corb. fol. 251. v°. : *Dix couronnes d'or du coing et forge du roy nostre sire ad présent ayans cours, tellement que les lxx. ns et faisans le marcq d'or au marcq de Troyes.*

* *Scuta aurea* pretii 22. sol. memorantur in apocha ann. 1452. ex Tabul. S. Germ. Prat.

Sub Ludovico XI.

¶ *Scuta* vetera 25. sol. æstimantur in Charta 14. Febr. 1465. ex Tabul. Corisopit. : *Duodecim scutorum antiquorum ad xv. libras monetæ ascendentium.*

¶ *Scuta fortia aurea* quæ tum cudebantur in Francia et Delphinatu, pond. 2. den. 16. gr. pretii 27. sol. 6. den. Turon. *Edicto* 4. *Jan.* 1470.

¶ Eorumdem semisses, pro rata.

¶ Ejusdem pretii statuuntur *Scuta vetera Franciæ* (*à pied et à cheval*) eod. Edicto.

¶ *Regales auri* pond. 2. den. 23. gr. pretii 30. sol. Turon. laudato *Edicto* 4. *Jan.* 1470.

¶ *Scuta nova* (*Escus neufs*) tam in Francia quam in Delphinatu, pretii 28. sol. 4. den. Turon. *Edicto* 12. *Mart.* 1472.

Similia Scutis Caroli VII. *Scuta*, cum binis liliis ad latera, ad 23. karats cum 8. part. remedii pond. 2. den. 16. gr. pretii 30. sol. 3. den. Turon. pond. 72. ad marcam Paris. *Diplom.* [28. *Dec.* 1473.] 4. *Jan.* 1473. Typus hic exhibetur. Tab. XIII. num. 1.

Semisses, pro rata. Typus habetur apud Hautinum pag. 169.

☞ *Scutum aureum* æstimatur 22. sol. 6. den. fortis monetæ, in Charta 7. Aug. 1473.

Scuta cum Sole, (*Escus au Soleil*) in quibus effictus sol octo radiorum supra coronam flosculis adornatam, ad 23. karats, et 8. part. remed. pond. 2. den. 17. gr. (nulli tamen reperiuntur graviores 15. gran.) pretii 33. sol. Tur. *Diplom.* 2. *Nov.* 1475. Eorum fabrica decreta tam in Franciæ quam Delphinatus officinis monetariis. Eodem Diplomate statutum, ut prius cusa Scuta pretii essent 32. sol. 1. den. [Typus hic delineatur. Tab. XIII. num. 2.]

Angeli varii ponderis et pretii, vulgo *Angelots*, in quibus effictus S. Michael, gladium dextra, læva scutum cum tribus liliis tenens, pedibus serpentem terens effingitur, cum Inscript. Ludovicus Dei Gra. Francorum Rex. In altera parte, [Scutum Francicum, vel] crux florigera, cum solita Inscript. xpc. Describuntur ab Hautino pag. 173. [Typum habes hic. Tab. XIII. num. 3.]

☞ Servantur in Gazophylaciis ejusmodi numismata aurea et argentea varii ponderis, quæ perperam inter monetas annumerari observat D. *le Blanc* pag. 249. cum ob institutum ab ipso Ordinem S. Michaelis cusa fuerint, non ut in publico usu essent. Id tamen affirmare non ausim.

* Charta ann. 1462. 6. Febr. ex Tabul. Carnot.: *cxxxj. livres, six solz payez en quatre vingt-quatre escus d'or neuf du coin du roy, ayant cours pour xxvij. sols, vj. deniers chaque peice, dix reaux d'or du prix de xxx. sols piece et xv. sols Tournois.*

* Instrumentum ann. 1469. 2. Nov. ex Tabul. Flamar. : *Et hoc totum pro pretio et summa xij. scutorum et xij. grossorum auri; scuta vero boni auri et recti ponderis, cugni et legis dom. nostri Franciæ regis, videlicet cugni novi nunc cursum habentis, computando scutum auri pro decem et octo grossis auri et duobus ardicis, et pro quolibet grosso auri sex ardicos, et pro ardico duos jaquetos monetæ nunc currentis.*

* Necrologium eccl. Paris. ubi de donatione Guill. *Chartier* de Bajocis, qui obiit 1. Maii ann. 1472. : *Summa septuagintorum scutorum auri, quolibet pretii xxij. sol. Par.*

* *Scutum aureum* æstimatur xxx. sol. iij. den. in Charta ann. 1475. 29. Oct. xxxiij. sol. in alia ann. 1481. ex Tabul. Corb.

Sub Carolo VIII.

¶ *Scuta cum Corona* currere jubentur pro 35. sol. Turon. *Edicto* 30. *Julii et* 29. *Jan.* 1487. 24. *April.* 1488. Ejusd. pretii memorantur in Charta ann. 1493. apud Rymer. tom. 12. pag. 528 : *Valente unaquaque Corona* 35. *sol. Turon.*

¶ *Scuta cum sole* statuuntur pretii 36. sol. 3. d. Turon. *Edicto* 30. *Julii et* 29. *Jan.* 1487. Tab. XIII. num. 13.

Scuta, Francicis et Delphinalibus similia, pret. 36. sol. 3. den. Turon. *Diplom.* 24. *April.* 1488. [** Habes typos *Scutorum aureorum* tab. XIII. *Francici* num. 13. *Delphinalis* num. 15. *Britannici* (*escu au soleil de Bretagne*) num. 14.]

Habentur præterea ejusdem Regis aurei alii, in quibus *Regis Siciliæ*, et *Jerusalem*, alii in quibus *Pisanorum Liberatoris* titulus ei adscribitur.

Legitur in Regesto viridi novo Castelleti Paris. fol. 83. Statutum de monetarum pretio, 16. Februar. 1485 :

Grans Blans unzains tant aux armes de France, que du Dauphiné pour 11. *den. Tourn. piece, demi unzains à l'équipollent.*

Grands Blans au soleil tant aux armes de France, que du Dauphiné pour 12. *den. Tourn. piece, demi unzains à l'équipollent.*

Liars et hardis pour 3. *den. piece.*

Doubles et petits deniers Tournois pour 2. *den. T. et* 1. *den Tournois.*

Les Parisis pour 1. *den. parisi piece.*

Les Gros d'argent tant aux armes de France, que du Dauphiné pour 2. *sols* 10. *den. Tourn.*

Tous les Escus à la couronne qui sont faits à divers poids, à tout le moins, qui poisent deux d. 14. *gr. au pris de* 32. *s.* 1. *d. T. piece. Les demi Escus à l'équipoll.*

Les Escus faits au pays de Dauphiné du poids dessusdit pour 32. *s.* 1. *d. T. piece, et les demy à l'équipollent.*

Les Escus au soleil, qui sont faits de 70. *de poids au marc à tout le moins, qui poisent deux den.* 16. *gr. pour* 33. *s. T. piece, et les demi Escus à l'équipollent.*

Les Escus au soleil, qui sont faits oudit pays de Dauphiné de semblable poids pour 33. *s. T. piece, et les demi à l'équipollent.*

Habetur Statutum aliud Caroli VIII. Reg. 10. Jun. ann. 1488. fol. 131. quo perinde monetarum Francicarum pretium indicatur, scilicet :

Bons viels Escus pour 40. *s. Tourn.*

Bons Francs à pié et à cheval et Royaux pour 39. *s. Tournois.*

Bons Saluts à 37. *s. Tourn.*

Bons Escus au soleil pour 36. *s. den. Tourn.*

Bons Escus appellez à la couronne pour 35. *s. T. piece.*

Grans Blans au soleil appellez douzains pour 13. *den. Tournois.*

Grans Blans à la couronne appellez unzains pour 12. *den. T. peice, et les demi à l'équipollent.*

Gros du Roy, qui par cy devant ont eu cours pour 2. *s.* 10. *d. T. aurons cours pour* 3. *s. T.*

Liars et Hardis, doubles Tournois, Petits Tournois et deniers Parisis au pris qu'ils courent à present.

Statuto denique alio ejusd. Caroli 17. Decemb. ann. 1488. ibid. fol. 122. statuitur nova cusio *des Grans-Blans à la Couronne à* 4. *den. d'aloi argent le Roy, à* 2. *g. de remede, de* 7. *s.* 8. *den. et demi de poids au marc de Paris, qui auront cours pour* 10. *den. T. la piece, sur le pié de* 11. *livres T. marc d'argent.*

In Regesto cæruleo Castelleti Paris. fol. 50. exstat aliud Caroli Regis Statutum 31. August. ann. 1493. quo cudi statuuntur monetæ aureæ et argenteæ, scilicet :

Les Escus fins au soleil de 70. *de poids au marc, qui est* 2. *den.* 17. *gr.* 3. *quarts de gr. du poids de* 2. *d.* 16. *gr. du prix de* 36. *s.* 3. *d. T. les demi à l'équipollent.*

Les Escus à la Couronne, qui sont à 72. *de poids au marc, qui est* 2. *den.* 14. *gr du prix de* 35. *s. T. Les demi à l'équipollent.*

Les gros de Roy de 2. *den.* 16. *gr. pour* 3. *s. T.*

Les grans Blancs au souleil aux armes de France et du Dauphiné pour 13. *den. T. les demi à l'équipollent*

Les grans Blans à la Couronne pour 10. *den. T. etc.*

* *Albi magni regii cum sole*, in Invent. Chart. monast. Athanat. fol. 12. v°. : *Instrumentum ann.* 1486. *pensionis annuæ xxv. florenorum monetæ regiæ, quolibet floreno valente xviij. albos magnos regios sive solem.* Et fol. 25. r°. : *Instrumentum* 26. *Mart. ann.* 1493. *annuæ pensionis unius scuti auri ad coronam sine sole, valoris xxxv. solid.* Idem legitur in Ch. 3. Sept. ann. 1495. ibid.

Sub Ludovico XII.

¶ *Scuta vetera* pond. 3. den. currunt pro 40. s. Turon. *Edicto* 4. *Julii* 1498. 12. *et* 22. *Novemb.* 1506. quæ vero pendunt tantum 2. den 23. gran. pro 39. sol. 6. den. Turon.

¶ *Scuta cum Corona* pond. 72. ad marcam Paris. seu pond. 2. den. 14. gr. statuuntur pretii 35. sol. Turon. *Edicto* 4. *Julii* 1498. 23. *Mart.* 1503. 12. *et* 22. *Nov.* 1506. 25. *Decem. et* 3. *Febr.* 1511.

¶ *Scuta cum Sole* quæ tum cudebantur pond. 70. den. ad marcam Paris. vel pond. 2. den. 16. gr. currere jubentur laudatis mox Edictis pro 36. sol. 3. den. Turon. Typum exhibet Tab. XIV. num. 1. semissem num. 2.

¶ *Regales Franci pedites et equites* (*à pied et à cheval*) pond. 2. den. 22. gr. currere permittuntur pro 39. sol. Turon. *Edicto* 4. *Julii* 1498. 12. *et* 22. *Nov.* 1506.

Scuta cum Histrice, (*Escus au Porc espic*) in quibus binæ histrices scuti latera ambiunt: in aversa parte crux visitur in muris Pontici vellus desinens, inter binas histrices, et bina L. pond. 2. den. 17. gran. pretii 36. sol. 3. den. Turon. *Diplom.* 19. *Nov.* 1507. [*et* 25. *Decem.* 1511.] Typum damus. Tab. XIV. num. 3.

Sub Francisco I.

Scuta similia [*cum Sole*] pond. 2. den. 16. gran. currere jubentur pro 40. sol. Turon. *Edicto* 27. *Nov.* 1516. [21. *Jul.* 1519. 28. *Sept.* 1526. Pro 45. sol. Turon. currunt *Edicto* 5. *Mart.* 1532 *et* 18. *Octob.* 1539.]

Scuta cum parva Cruce, (*Escus à la petite Croix*) pretii 45. sol. Tur. pond. 2. den. 16. gran. *Diplom.* 19. *Mart.* 1540.

¶ *Scuta cum Sole* ad 23.⅛ karats cum 8. parte remedii quæ prius cudi jusserat pond. 71. den. et 1. sextar. ad marcam Paris. quolibet scuto ponderis 2. denar. 16. gran. pretii 45. sol. Turon. iterum cudi jubentur *Edicto* 24. *Febr.* 1539. 19. *Mart.* 1540. 15. *April.* 1545. Debiliora 1. gr. pro 44. sol. 3. d. Turon. currere jubentur laudato Edicto 19. Mart. 1540. quæ vero 2. gr. minus pendunt pro 43. sol. 6. d. Turon. At Litteris datis mense Jan. 1544. *Scuta* pond. 2. den. 15. gran. currunt pro 45. sol. Turon.

¶ *Scuta vetera* pond. 64. ad marcam Paris. cusa ad 23. karats et semiss. currere jubentur pro 51. Turon. *Edicto* 19. *Martii* 1540.

¶ *Scuta cum Corona* ad 23. karats, pond. 2. d. 14. gran. pretii 39. sol. Turon. pond. 74. ad marcam Paris. *Edicto* 27. *Nov.* 1516. 28. *Sept.* 1526. In Charta ann. 1525. apud Rymer. tom. 14. pag. 45. dicuntur valere 38. sol. Turon.

¶ Eadem *Scuta* statuuntur pretii 40. sol. 6. den. Turon. *Edicto* 5. *Mart.* 1532. Pro 43. sol. 6. den. currunt *Edicto* 18. *Octobr.* 1539. *et* 15. *April.* 1545.

¶ *Franci pedites et equites* (*Francs à pied et à cheval*) cusi ad 24. karats minus 4. parte, pond. 2. den. 20. gran. pretii 48. sol. 10. den. Turon. *Edicto* 19. *Mart.* 1540.

¶ Eodem Edicto *Regales auri* ad 23. karats, pond. 2. den. 20. gr. pretii 47. sol. 3. den. Turon. statuuntur.

☞ Ex his vero minime colligendum *Scuta cum sole* quæ cudi jussit Franciscus I. veteribus prorsus similia exstitisse, ab iis quippe distincta fuerunt vel Salamandris, unde *Escus à la Salamandre* nuncupata, vel parva cruce in aversa parte efficta, unde *Escus à la petite Croix*, vel *à la Croisettée* dicebantur. Horum typi hic exarantur. Tab. XIV. cum Salamandris num. 19. cum parva cruce num. 13. [** et semissis num. 14. cum F. littera coronata num. 15. semisses cum cruce liliata num. 16. et 17.]

☞ Sub eodem Francisco I. cœpit usus ut caput Regis effingeretur in *Scutis* aureis, uti monet D. *le Blanc* pag 264. quod jam sub Ludovico XII. in *Grossis Testonibus* factum videre est infra in monetis argenteis. Ab eo etiam institutum ut annus cusionis in monetis notaretur; quem morem Edicto confirmavit Henricus II. Primi scuti hac nota signati typum damus. Tab. XIV. num. 20. [** Alterum adjecimus num. 18. qui speciminis loco cusus publici juris non est factus.]

☞ Ab instituto nostro minime alienum existimamus litteras hic subjicere, quibus monetæ distinguebantur ex Statuto 14. Jan. 1539. ut si qua in iis fraus fieret, meritas pœnas penderet reus.

Paris.	A	*Fanum S. Portiani*	O
Rotomag.	B	*Divion.*	P
Fanum S. Laudi	C	*Catalaun.*	Q
Lugdun.	D	*S. Andr.*	R
Turon.	E	*Trecæ*	S
Andegav.	F	*S. Menehild.*	T
Pictav.	G	*Taurin.*	V
Rupella	H	*Villa-franc.*	X
Lemovic.	I	*Bituricæ*	Y
Burdig.	K	*Dalphin.*	Z
Bayona	L	*Provinc.*	&
Tolosa	M	*Britan.*	9
Monspess.	N		

Sub Henrico II.

Denarii Auri, dicti *Henrici*, (*Deniers d'or, dits Henris*) in quibus regis laureati et armis instructi efficta protome, et in aversa parte Crux ex litteris H. coronatis compacta pond. 2. den. 20. gran. pretii 50. solid. Turon. *Ducati* etiam appellantur, cusique et duplices. *Diplom.* 14. *Jan.* 1549.

Scuta cum sole (*Escus au soleil*) in quibus loco crucis, Rex coronatus effitcus, pond. 2. den. 15. gran. pretii 46. sol. Turon.

¶ *Scuta cum Sole* in quibus caput Regis coronatum ad vivum effingitur cum Inscriptione, Henricus II. Dei Gra. Francor. Rex, quam præcedit crucicula: ex altera parte inter bina H. coronata Scutum Francicum cum corona imperiali cui sol imminet, et solita Inscript. XPC. etc. ann. 1549. cudi jubentur *Edicto ult. Jan.* 1548. Typum hic habes. Tabul. XV. num. 15.

¶ *Scuta duplicia cum sole* dicta *Henrici*, in quorum una parte caput Regis coronatum effictum cum Inscript. Henricus etc. et in aversa parte inter quatuor lilia crux ex quatuor litteris H. coronatis compacta, cui sol imminet, cum crucicula in medio crucis, et Inscript. Dum Totum Compleat Orbem. 1549. cudi jubentur *Edicto* 8. *Febr.* 1548. [** Typum semissis scuti ita inscriptum exhibemus Tab. XV. num. 16. ubi caput regis nudum apparet.]

¶ *Duplices Henrici* pond. 5. den. 17. gran. pretii 5. lib. Turon. simplices et semisses pro rata parte *Edicto* 23. *Jan.* 1549. 5. *Febr.* 1550. 29. *Januar.* 1551. 12. *Sept.* 1554. 13. *Maii* 1555.

Henrici duplices et simplices, paris ponderis, cum figura muliebri galeata super trophæo sedente Victoriolam lauream porrigentem dextra præferente, cum Inscript. Galliæ Optimo Principi. Typum descripsimus. Tabul. XV. num. 14. [** Speciminis loco cusus hic nummus.]

Semissis, pro rata.

Scuta cum *Sole* et *Lunulis*, paris ponderis et pretii. Typum damus Tab. XV. num. 13.

Monetæ, quam ad molendinum dicimus, (*Monnoye au molin*) fabrica Parisiis instituta in Domo Thermarum Regiarum, ad caput horti Palatii, in quo cusa. [*Edicto* 29. *Jan.* 1551.]

¶ *Scuta* vetera pond. 3. den. statuuntur pretii 51. sol. Turon. *Edicto* 29. *Jul.* 1549. Pro 55. sol. Turon. currere jubentur *Edicto* 23. *Jan.* 1549. 5. *Febr.* 1550. 5. *Jun.* 1551. 12. *Sept.* 1554.

¶ *Scuta cum Corona* pond. 2. den. 14. gran. pretii 43. sol. 6. den. Turon. *Edicto* 29. *Jul.* 1549. Pro 45. sol. Turon. currunt Edictis mox laudatis.

¶ *Scuta cum Sole* pond. 2. den. 15. gran. pro 45. sol. Turon. currere jubentur *Edicto* 29. *Jul.* 1549. Pro 46. sol. Turon. *Edicto* 23. *Jan.* 1549. 5. *Febr.* 1550. 5. *Junii et* 29. *Jan.* 1551. 12. *Sept.* 1554.

¶ *Franci pedites et equites* pond. 2. den. 20. gr. statuuntur pretii 48. sol. 10. den. Turon. *Edicto* 29. *Jul.* 1549.

¶ Eodem Edicto *Regales* pond. 2. den. 20. gr. currere jubentur pro 47. sol. 3. den. Turon.

Sub Francisco II.

Sub quo nullæ aureæ cusæ monetæ quæ ejus nomen præferant, sed typis Henrici parentis, [ejusdem ponderis et pretii *Edicto* 24. *Febr.* 1559.]

☞ Eodem Edicto veterum monetarum cursus sic statuitur:

Scuta cum Sole pond. 2. den. 15. gran. et supra, pretii 50. sol. Turon. semisses pro rata.

Scuta vetera pond. 3. den. ejusdem pretii.

Scuta cum Sole et *corona* pond. 2. den. 14. gran. pretii 46. sol. Turon.

Salutes pond. 2. d. 17. gr. pretii 49. sol. Tur.

Sub Carolo IX.

¶ *Duplices Henrici* pond. 5. den. 17. gran. statuuntur pretii 5. lib. 8. sol. Turon. simplices et semisses pro rata. *Edicto* 17. *Aug.* 1561. Pro 5. lib. 16. sol. Turon. currere jubentur *Edicto* 21. *April.* 16. *Oct.* 1571. et 26. *Maii* 1573.

Scuta cum Sole (*Escus au Soleil*) absque ulla effigie, [in quorum una parte scutum Regis effictum cum corona, cui imminet sol, et aversa parte crux liliata, cudi jubentur ad 23. karats cum 4. parte remedii,] pond. 2. den. 15. gran. pretii 50. sol. Turon. *Diplom.* 17. *Aug.* 1561. [ejusdem pretii *Diplom.* 31. *Dec.* 1563.] pretii 52. sol. *Diplom.* 11. *Aug.* 1568. [pretii 53. sol. *Diplom.* 23. *Nov.* 1569.] pretii 54. sol. [*Edicto* 30. *Aug.* 1570.] et *Aresto Intimi Consilii* 16. *Sept seq.* pretii 54. sol. usque ad 1. April. 1572. *Diplom.* [21.] 27. *April.* [16.] 1571. pretii 52. sol. usque ad Natalem S. Joan. *Dipl.* 1. *April.* 1572. pretii 54. sol. *Dipl.* 2. [27.] *Septemb.* 1572. [20. *Dec. seq.* 30. *Jan.* 1573.] 26. *Maii* ejusd. anni. [Ex arbitrio populi 17. *Dec.* 1573. pretii 57. et 58. sol. anno seq. 59. et 60. sol. *Edicto* 8. *Junii* 1574.] pretii 58. sol. *Diplom.* 22. *Septemb.* 1574. pretii 60. sol. *Dipl. ult. Maii* 1575. pretii 65. sol. *Diplom.* 22. *Mart.* 1577. pretii 66. sol. *Aresto Curiæ* 13. *et* 21. *Jun.* 1577. Typum describimus. Tab. XVI. num. 2.

¶ *Scuta cum Regina* currere permittuntur pro 51. sol. Turon. *Edicto* 23. *Nov.* 1569.

¶ *Scuta* vetera pond. 3. den. pretii 60.

sol. Turon. *Edicto* 17. *Aug.* 1561. pretii 65. sol. *Edicto* 21. *April.* 16. *Oct.* 1571. *et* 26. *Maii* 1573.

¶ *Scuta cum Sole* pond. 2. den. 14. gran. pretii 49. sol. Turon. *Edicto* 17. *Aug.* 1561.

¶ *Scuta cum Corona* ejusdem pond. et pretii eodem Edicto : pretii 51. sol. Turon. *Edicto* 11. *Aug.* 1568. pretii 53. *Edicto* 21. *April.* 16. *Oct.* 1571. *et* 26. *Maii* 1573.

¶ *Regales* et *Franci* (*à pied et à cheval*) pond. 2. den. 20. gran. pretii 55. sol. Turon. *Edicto* 17. *Aug.* 1561. pretii 59. sol. statuuntur aliis Edictis mox laudatis.

Sub Henrico III.

☞ Sub quo monetæ omnes cusæ typis Caroli IX. usque ad 26. Julii 1575. qua die *Aresto Curiæ Monet.* cudi jubentur *Scuta cum Sole* ejusdem figuræ et ponderis quibus alia, præterquam quod loco Caroli Henricus scribitur, pretii 60. sol. Turon. Pro 66. sol. currere jubentur *Aresto Parlamenti* 13. *Jun.* 1577. et *Diplom.* 28. *Sept.* 1577.

Edicto M. Sept. ann. 1577. interdictæ rationes seu numerationes *ad libram*, inductæque *ad Scuta*, quorum pretium fuit 66. sol. Turon. usque ad ultimum Dec. et deinceps 60. sol.

¶ *Duplices Henrici* pond. 5. den. 17. gran. pretii 5. lib. 16. sol. Turon. *Edicto* 7. *Jul.* 1574. pretii 6. lib. 4. sol. *Edicto* 22. *Sept. seq.* pretii 6. lib. 10. sol. *Edicto ult. Maii* 1575. *et* 14. *Jun. seq.* pretii 7. lib. 1. sol. *Edicto* 22. *Mart.* 1577. pretii 7. lib. 4. sol. *Aresto Parlamenti Rotomag.* 9. *Jul. seq.* ad 6. lib. 10. sol. reducuntur *Edicto dato mense Sept. ejusdem anni.*

¶ Simplices et semisses pro rata. [** Semissem scuti ann. 1587. exhibemus Tab. XVI. num. 8.]

¶ *Scuta vetera* pond. 3. den. pretii 65. sol. Turon. *Edicto* 7. *Jul.* 1574. pretii 69. sol. *Edicto* 22. *Sept. ejusdem anni*, pretii 72. sol. *Edicto ult. Maii et* 14. *Jun.* 1575. pretii 78. sol. *Edicto* 22. *Mart.* 1577. pretii 4. lib. *Aresto Parlamenti Rotomag.* 9. *Jul. seq.* reducuntur ad 72. sol. Turon. *Edicto mense Sept. ejusdem anni.*

¶ Iisdem Edictis *Scuta cum Sole* pond. 2. den. 15. gran. varii pretii 54. 58. 60. 65. 66. et 60. sol. Turon. semisses pro rata portione.

¶ Edictis laudatis varium etiam fuit pretium *Scutorum cum Corona* pond. 2. den. 14. gran. 53. 57. 59. 64. 65. et 59. sol. Turon.

¶ Cursus *Regalium aureorum et Francorum* (*à pied et à cheval*) pond. 2. den. 20. gran. sic statuitur iisdem Edict. 59. 63. 68. 73. 75. et 68. s. Tur.

☞ Consulto prætermisimus monetas quas Consilium sanctæ Unionis cudi jussit typis Cardinalis Borbonii quem Regem sub nomine Caroli X. renuntiaverat post obitum Henrici III. neque enim inter seriem monetariam Regum nostrorum annumerari debent. Consulat D. *le Blanc* pag. 293. qui plura voluerit. [** *Scutum cum corona* ann. 1292. damus Tab. XVII. num. 1.]

Sub Henrico IV.

¶ *Duplices Henrici* pretii 6. lib. 10. sol. *Aresto Parlamenti* 2. *Dec.* 1596.

¶ Eodem Aresto *Scuta vetera* pond. 3. den. pretii 72. sol. Turon. pretii 78. sol. *Edicto mense Septemb.* 1602.

¶ *Scuta cum Sole* pond. 2. den. 15. gran. pretii 60. sol. Turon. *Edicto* 5. *Jun.* 1596. 24. *Maii* 1601. *Aresto Curiæ Monet.* 13. *Mart.* 1602. pretii 65. sol. *Edicto mense Sept. seq.* Pro 72. sol. currere jubentur *Edicto mense Aug.* 1609. usque ad 1. Sept. seq. subinde pro 70. sol.

¶ *Scuta cum Corona* pond. 2. den. 14. gran. pretii 59. sol. Turon. *Aresto Parlamenti* 2. *Decemb* 1596. pretii 64. sol. *Edicto dato mense Sept.* 1602. Typus exhibetur Tab. XVII. num. 8.

¶ *Regales* et *Franci* pretii 3. lib. 8. sol. Turon. *Aresto mox laudato.*

☞ Interdicta computatione *ad Scuta*, numerationes *ad libram* restitutæ Edicto dato mense Septemb. 1602.

¶ *Litteris* 23. *Junii* 1604. cursus monetarum præscriptus Aresto 2. Sept. 1603. prorogatur usque ad 1. Julii 1605. Rursum usque ad festum S. Johannis 1606. *Aresto Consilii Regii* 4. *Augusti* 1605.

¶ *Henrici Aurei*, seu *Duplices Henrici* qui et *Libræ Henrici* (*Livres Henry*) dicti pond. 9. den. 6. gran. pretii 12. lib. cudi jubentur *Edicto dato mense Aug.* 1609.

Sub Ludovico XIII.

¶ *Scuta cum Sole* pond. 2. den. 15. gran. pretii 3. lib. 15. sol. Turon. Eorumdem semisses pro rata portione, *Edicto* 5. *Dec.* 1614. pretii 3. lib. 16. sol. *Aresto Consilii Reg.* 18. *Sept.* 1621. pretii 3. lib. 15. sol. *Arestis Curiæ Monet.* 4. *Febr.* 1625. *et* 30. *Martii* 1626. pretii 4. lib. *Edicto* 5. *Febr.* 1630. usque ad ult. Mart. seq. a dicta die usque ad ult. Jun. seq. 3. lib. 18. s. subinde reducuntur ad 3. lib. 15. sol. pretii 4. lib. *Edicto* 28. *Januar.* 1631. usque ad ult. Jun. seq. a dicta die usque ad ult. Sept. seq. 3. lib. 18. sol. At *Edicto* 13. *Aug.* 1631. statuuntur pretii usque ad ult. Oct. ejusd. ann. 4. lib. 3. sol. ab hac die usque ad ult. Jan. 1632. 4. lib. a dicta die usque ult. April. 3. lib. 17. sol. subinde reducuntur ad 3. lib. 15. sol. Sed cum ex arbitrio populi currerent pro 4. lib. 10. s. *Aresto Consilii Reg.* currere jubentur pro 4. lib. 6. sol. tantum : qui cursus pluribus Edictis et Arestis prorogatus, iterum statuitur *Edicto* 30. *Jun.* 1635. pretii 4. lib. 14. sol. *Edicto mense Mart.* 1636. pretii 5. lib. 4. sol. *Edicto* 25. *Jun. ejusdem anni.*

¶ *Scuta cum Corona* pond. 2. den. 14. gran. pretii 3. lib. 14. sol. *Edicto* 5. *Dec.* 1614. pretii 3. lib. 19. sol. *Edicto* 19. *Febr.* 1635. pretii 4. lib. 13. sol. *Edicto mense Mart.* 1616. pretii 5. lib. 3. sol. *Edicto* 25. *Jun. ejusd. anni.* Typus Tab. XIIX. num. 1.

¶ *Scuta vetera* pond. 3. den. pretii 5. lib. 14. sol. *Edicto mense Mart.* 1636. pretii 6. lib. *Edicto* 25. *Jun. ejusd. anni.* Semisses eorum pro rata.

¶ *Duplices Henrici* pond. 5. den. 17. gran. pretii 8. lib. *Edicto* 5. *Dec.* 1614. pretii 10. lib. 4. sol. *Edicto mense Mart.* 1636. pretii 11. lib. 4. sol. *Edicto* 25. *Jun. ejusd. anni.*

¶ *Regales Auri* pond. 2. den. 20. gran. pretii 5. lib. 10. s. *Edicto* 25. *Jun.* 1636.

¶ Eodem Edicto *Franci pedites et equites* pretii 5. lib. 15. sol.

☞ Marca auri fini statuitur pretii 384. lib. *Edicto* 20. *Dec.* 1636.

☞ Cursus monetarum aurearum argentearumve præscriptus Edicto 25. Jun. 1636. prorogatur *Edictis* 17. *Nov.* 1639. 18. *Oct.* 1640. *Sept.* 1641. 19. *Dec. seq.* 12. *Febr.* 1642. 29. *Mart. seq.* 24. *Aug.* 1643.

¶ *Ludovici Aurei* (*Loüis d'or*) ad 22. karats cum 4. parte remedii, in quibus effictum caput Reg. laureati, cum inscript. Lud. XIII. D. G. Fr. et Nav. Rex. In altera parte inte quatuor lilia Crux ex litteris L. coronatis compacta cum Inscript. Chrs. Regn. Vinc. Imp. pond. 5. den. 6. gran. pretii 10. lib. cudi jubentur *Edicto* 31. *Martii* 1640. Typus hic exaratur. Tab. XIIX. num. 2. Duplices et semisses pro rata parte. Typus ibidem num. 3.

¶ Eodem Edicto cudi perinde jubentur *Scuta aurea cum Armis Franciæ.*

Sub Ludovico XIV.

☞ Monetarum aurearum et argentearum debiliorum cursus obtinuit ex pluribus Edictis a 30. Dec. 1643. usque ad 1. April. 1648.

¶ *Scuta Aurea* et *Ludovici Aurei* ponderis, tituli et remedii statutorum in Arestis Curiæ Monet. cudi jubentur *Aresto Consilii Reg.* 21. *Mart.* 1646. [** Typum Scuti aurei ann. 1647. damus Tab. XIX. num. 1. Ludovici aurei ann. 1644. ibid. num. 2.]

¶ *Scuta cum Sole* pond. 2. den. 15. gran. pretii 5. lib. 4. sol. *Aresto Curiæ Monet.* 1. *Aug.* 1650. pretii 5. lib. 14. sol. usque ad 1. Jul. seq. subinde 5. lib. 4. sol. *Edicto* 23. *Mart.* 1652. pretii 5. lib. 14. sol. usque ad finem anni *Aresto consil. Reg.* 31. *Jul.* 1652. pretii 6. lib. sol. *Edicto* 29. *April.* 1653. usque ad ult. Jun. seq. a dicta die usque ad ult. Sept. 5. lib. 19. sol. ab hac die usque ad ult. Dec. 5. lib. 14. sol. rursum usque ad ult. Mart. 1654. 5. lib. 9. sol. subinde 5. lib. 4. sol. ejusd. pretii *Edicto mense Dec.* 1655. pretii 5. lib. 14. sol. *Aresto Consil. Reg.* 7. *Dec.* 1665. usque ad 1. Jan. seq. a qua die currunt ex eod. Aresto pro 5. lib. 11. sol. 6. den. ad 5. lib. 14. sol. revocantur *Aresto Consil. Reg.* 15. *Mart.* 1656. qui cursus prorogatur *Edicto* 8. *April. ejusd. anni*, *Arestis Curiæ Monet.* 16. *Dec.* 1660. 16. *Dec.* 1662. *et Aresto Consil. Reg.* 1666. pretii 5. lib. 19. sol. *Edicto* 27. *Jul.* 1686. reducuntur ad 5. lib. 16. sol. 6. den. *Aresto consil. Reg.* 20. *Octob.* 1687. pretii 6. lib. *Edicto mense Dec.* 1689. qui cursus invaluit usque ad 1. Jan. 1691. subinde pretii 5. lib. 16. sol. 6. den. *Aresto Consil. Reg.* 19. *Dec.* 1690. Demum eorum cursus inhibetur *Edicto mense Septemb.* 1693.

¶ *Ludovici Aurei* pretii 20. lib. cudi deinceps prohibentur *Aresto Curiæ Monet.* 18. *Jul.* 1648.

¶ *Ludovici Aurei* pond. 5. den. 6. gran. pretii 10. lib. *Aresto Curiæ Monet.* 12. *Aug.* 1649. pretii 11. lib. *Edicto* 23. *Mart.* 1652. usque ad 1. Jul. seq. subinde 10. lib. rursum pretii 11. lib. usque ad finem anni *Aresto Consil. Reg.* 31. *Jul.* 1652. pretii 12. lib. *Aresto Consil. Reg.* 7. *Mart.* et *Edicto*

29. April. 1653. usque ad ult. Jun. seq. a dicta die usque ad ult. Sept. seq. 11. lib. 10. sol. ab hac die usque ad ult. Dec. seq. 11. lib. rursum usque ad ult. Mart. 1654. 10. lib. 10. sol. subinde 10. lib. pretii 11. lib. *Aresto Consilii Reg.* 15. *Mart.* et *Edicto* 8. *April.* 1656.

¶ *Ludovici Aurei* pretii 11. lib. cudi permittuntur *Aresto Consilii Reg.* 19. *Aug.* 1656. ejusd. pretii *Arestis Curiæ Monet.* 16. *Dec.* 1660. *et* 16. *Dec.* 1662. a 1. Jan. 1666. currere jubentur pro 10. lib. 15. sol. *Aresto Consil. Reg.* 7. *Dec.* 1665. revocantur ad 11. lib. alio *Aresto* 16. *Sept.* 1666. eorum cursus permittitur, interdictis *Scutis aureis* et *Francis*, *Edicto* 28. *Mart.* 1679. pretii 11. lib. 10. sol. *Edicto* 27. *Jul.* 1686. pretii 11. lib. 5. sol. *Aresto Consil. Reg.* 20. *Oct.* 1687. pretii 11. lib. 12. sol. *Edicto mense Dec.* 1689. qui cursus obtinuit usque ad. 1. Jan. 1691. ab hac die pretii 11. lib. 8. sol. 6. den. *Aresto* 19. *Dec.* 1690. ejusd. pretii *Arestis* 23. *Jan.* 1691. 20. *Februar. et* 20. *Mart. seq.* pretii 11. lib. 5. sol. *Aresto* 18. *April.* 1691. usque ad *Arestum* 28. *Febr.* 1693. quo eorum cursus omnino est prohibitus.

¶ *Ludovici Aurei* ad 22. karats, in quibus effictum caput Regis laureati cum Inscript. Lud. XIIII. etc. in aversa parte scutum Francicum coronatum cum Inscript. Sit. Nomen, etc. pond. 5. den. 6. gran. pretii 12. lib. 10. sol. duplices et semisses pro rata, cudi jubentur *Edicto mense Dec.* 1689. ejusd. pretii *Aresto Consil. Reg.* 2. *Maii* 1692. usque ad 1. Jun. subinde 12. lib. 5. sol. pretii 12. lib. *Aresto* 13. *Dec.* 1692. pretii 11. lib. 10. sol. *Aresto* 7. *Febr.* 1693. pretii 12. lib. *Arestis* 24. *ejusd. mensis*, 31. *Mart.* 28. *April.* 30. *Maii seq.* pretii 11. lib. 15. sol. *Aresto Consil. Reg.* 16. *Jun.* 1693. usque ad 1. Aug. seq. subinde 11. lib. 10. sol. ejusd. pretii *Arestis* 19. *Aug. et* 22. *Sept.* 1693. pretii 11. lib. 15. sol. *Arestis* 1. *et* 22. *Dec. seq.* pretii 12. lib. 15. sol. *Aresto* 22. *Sept.* 1699.

¶ *Ludovici Aurei*, ejusdem tituli et ponderis quibus alii, in quorum aversa parte inter quatuor litteras L. crux conspicitur ex quatuor liliis coronatis compacta, cum solita Inscript. Chrs etc. pretii 13. lib. duplices et semisses pro rata, cudi jubentur *Edicto mense Sept.* 1693. pretii 14. lib. *Declarat.* 11. *Oct. seq.* pretii 13. lib. 10. sol. *Aresto Consil. Reg.* 10. *Nov.* 1699. pretii 13. lib. 15. sol. *Aresto* 22. *Dec. ejusd. anni* a 1. Jan. 1700. usque ad 1. Febr. seq. ab hac die usque ad 1. April. seq. 13. lib. 10. s. subinde 13. lib. 5. s.

¶ *Ludovici Aurei* tituli et ponderis statutorum in Edicto mense Sept. 1693. in quorum altera parte crucem ex litteris L. coronatis compositam decussant virga seu manus justitiæ et sceptrum, cum solita Inscript. Chrs etc. pretii 13. lib. cudi jubentur *Declarat.* 8. *Jun.* 1700. pretii lib. 12. 15. sol. a 1. Jan. 1701. *Arestis* 30. *Nov. et* 21. *Dec.* 1700. quo ult. Aresto *Ludovici* veteres ejusd. pretii statuuntur, interdictis deterioribus; pretii 12. lib. *Arestis Consil. Reg.* 17. *Maii*, 28. *Jun.* 1701. *et Edicto mense Sept. seq.*

¶ *Ludovici Aurei* ejusdem tituli, ponderis et figuræ quibus alii, pretii 13. lib. cudi jubentur *Edicto mense Sept.* 1701. pretii 14. lib. *Declarat.* 27. *ejusd. mensis*, pretii 13. lib. 10. sol. *Aresto Consil. Reg.* 25. *Jul.* 1702. pretii 13. lib. 15. sol. usque ad 1. Jan. 1703. *Arestis* 22. *Aug.* 17. *Oct. et* 18. *Nov.* 1702. pretii 13. lib. 5. sol. a 1. April. seq. *Aresto* 6. *Febr.* 1703. pretii 13. lib. 10. sol. *Arestis* 17. *April.* 15. *Maii*, 19. *Jun.* 1703. pretii 13. lib. 5. sol. a 1. Aug. seq. usque ad ult. Sept. ejusd. anni *Arestis* 14. *Julii et* 21. *Aug.* 1703. pretii 13. lib. *Aresto* 30. *Oct.* 1703. ejusd. pretii *Arestis* 29. *Dec.* 1703. 22. *Jan.* 19. *Febr.* 18. *Mart.* 1704. a 1. Maii usque ad 15. ejusd. mensis pretii 12. lib. 15. sol. *Aresto* 1. *April.* 1704.

¶ *Ludovici Aurei* veteres nec reformati, quorum cursus inhibitus fuerat Aresto Consil. Reg. 24. Febr. 1693. iterum currere permittuntur pro eodem pretio ac reformati, *Aresto* 23. *Mart.* 1700. pretii 12. lib. 10. sol. *Aresto* 19. *Sept.* 1701. pretii 13. lib. *Declarat.* 27. *ejusd. mensis*, ejusdem pretii usque ad. 21. Nov. subinde 12. lib. *Arestis* 29. *Oct.* 13. *Dec.* 1701. 11. *Mart.* 1702. pretii 13. lib. *Edicto mense Maii* 1704. usque ad 15. Jun. seq. subinde 12. lib. 10. s. reformati vero ex eodem Edicto pretii 14. lib. 15. sol. a 1. Febr. seq. *Aresto* 20. *Jan.* 1705. pretii 14. lib. 10. sol. a 1. Martii seq. *Aresto* 3. *Febr. ejusd. anni.*

¶ *Ludovici Aurei* tituli, ponderis et remedii statutorum in Edicto mense Sept. 1693. in quibus efficta crux ex quatuor liliis coronatis, manu justitiæ et sceptro decussatim positis, pretii 15. lib. cudi jubentur *Edicto mense Maii* 1704. Iidem pretii 14. lib. 15. sol. *Aresto Consil. Reg.* 14. *Febr.* 1705. qui cursus obtinuit usque ad 1. Sept. seq. ab hac die pretii 14. lib. 5. sol. *Aresto* 18. *Aug.* 1705. ejusd. pretii *Aresto* 17. *Nov.* 1705. usque ad 1. Jan. 1706. ab hac die usque ad 1. Mart. seq. pretii 14. lib. a dicta die usque ad 1. April. seq. pretii 13. lib. 15. sol. ejusd. pretii usque ad. 1. Jul. seq. *Aresto* 20. *Mart.* 1706. pretii 13. lib. 10. sol. a 1. Jul. *Aresto* 8. *Jun.* 1706. ejusd. pretii usque ad 1. Jan. 1707. ab hac die pretii 13. lib. 5. sol. Typus hic exaratur Tab. XIX. num. 4. *Aresto* 27. *Nov.* 1706. ejusd. pretii statuuntur pluribus Arestis usque ad 1. Mart. 1708. ab hac die pretii 13. lib. *Aresto Consil. Reg.* 31. *Jan.* 1708. qui cursus prorogatus fuit usque ad 1. Jan. 1709. a dicta die pretii 12. lib. 15. sol. *Aresto* 20. *Nov.* 1708. ejusd. pretii usque ad 1. Maii seq. *Aresto* 19. *Februarii* 1709. ab hac die pretii 12. lib. 10. solid. usque ad *Arestum* 14. *Maii* 1709. quo currere jubentur pro 13. lib. usque ad 15. Jun. seq. pretii 13. lib. 5. sol. *Aresto* 4. *Jun.* 1709. usque ad 1. Jul. seq. subinde pretii 13. lib. usque ad 1. Octobr. ejusdem anni; ab hac die usque ad 1. Nov. seq. pretii 12. lib. 10. sol. *Aresto* 13. *Aug.* 1709. qui cursus obtinuit usque ad 1. Jan. 1710. *Aresto* 7. *Decemb.* 1709. Iidem *Ludovici* pond. 5. den. 6. gran. currere jubentur pro 13. lib. usque ad 1. Febr. seq. *Declarat.* 7. *Oct.* 1710.

¶ *Ludovici Aurei* ad 22. karats, in quorum aversa parte inter quatuor liliola crux visitur ex litteris L. coronatis compacta, in cujus medio effictus sol, cum solita Inscript. Chrs etc. pond. 2. gross. pretii 16. lib. 10. sol. cudi jubentur *Edicto dato mense April.* 1709. Duplices et semisses pro rata.

¶ *Ludovici Aurei* ejusdem tituli et figuræ quibus alii, pond 6. den. 9. gran. et 3. quint. pretii 20. lib. duplices et semisses pro rata parte, cudi jubentur *Edicto dato mense Maii* 1709. *Aresto Consil. Reg.* 30. *Sept.* 1713. currere jubentur a 1. Dec. seq. pro 19. lib. 10. sol. a 1. Feb. 1714. pro 19. lib. a 1. April. seq. pro 18. lib. 10. sol. a 1. Junii seq. pro 18. lib. a 1. Sept. pro 17. lib. *Aresto* 25. *Aug.* 1714. a 15. Oct. seq. pro 16. lib. 10. sol a 1. Dec. ejusd. anni pro 16. lib. *Aresto* 8. *Decemb.* 1714. currere debent a 1. Febr. 1715. pro 15. lib. 10. sol. a 1. April. seq. pro 15. lib. a 1. Jun. seq. pro 14. lib. 10. sol. *Aresto* 23. *Jul.* 1715. statuuntur pretii 14. lib. a 1. Sept. seq. qui cursus confirmatur *Declarat.* 13. *Aug.* 1715.

¶ *Lilia Aurea* (*Lis d'or*) ad 24. karats 4. parte minus, in quibus efficta Regis effigies cum Inscript. Lud. XIIII. etc. in altera duo Angeli scutum Franciæ efferentes cum Inscript. Domine Elegisti Lilium Tibi, pond. 2. den. 17. gran. et semiss. pretii 6. lib. duplices eorumdem pro rata, cudi jubentur *Edicto mense Martii* 1655.

¶ *Lilia Aurea* ad 23. karats et 1. quart. in quibus loco capitis Regis conspicitur inter quatuor liliola crux ex liliis coronatis compacta, pond. 60. den. et semiss. ad marcam, pretii 7. lib. cuduntur *Edicto mense Dec.* 1655. ejusd. pretii *Aresto Consil. Reg.* 15. *Mart. et* 8. *April.* 1656. Typus hic delineatur. Tab. XIX. num. 3.

¶ *Lilia Aurea* ejusdem pretii cudi permittuntur *Litteris Patentibus* 19. *Aug.* 1656. ejusd. rursus pretii *Arestis Curiæ Monet.* 16. *Dec.* 1660. 16. *Dec.* 1662. 21. *Apr.* 1664. *et Aresto Consil. Reg.* 16. *Sept.* 1666.

☞ Pretium marcæ auri puri seu ad 24. karats sub Ludovico XIV. ex pluribus Edictis et Arestis hic subjiciendum duximus.

Aresto Curiæ Monet. 18. *Jun.* 1649. 384. *lib.*

Aresto ejusd. Curiæ 7. *Jul.* 1662. 423. *lib.* 10. *d.* $\frac{10}{11}$.

Aresto ejusd. anni, 423. *lib.* 10. *s.* 11. *den.*

Edicto 3. *Jan.* 1690. 457. *lib.* 16. *sol.*

Edicto M. Sept. 1693. 450. *lib.*

Aresto Consil. Reg. 12. *Dec.* 1693. 465. *lib.*

Aresto 22. *Sept.* 1699. 502. *lib.* 10. *sol.*

Declarat. 8. *Jun.* 1700. 494. *lib.* 6. *s.* 4. *den.*

Aresto 30. *Nov.* 1700. 499. *lib.*

Aresto 17. *Maii* 1701. 469. *lib.* 15. *sol.*

Aresto 28. *Jun.* 1701. 462. *lib.* 6. *sol.*

Aresto 20. *Mart.* 1703. 474. *lib.* 10. *s.* 10. *d.* $\frac{10}{11}$.

Aresto 16. *Jun.* 1703. 484. *lib.* 8. *sol.* 7. *den.*

Aresto 30. *Oct.* 1703. 514. *lib.* 1. *s.* 9. *den.* $\frac{9}{11}$.

Edicto M. Maii 1704. 514. *lib.* 1. *s.* 9. *den.*

Aresto. 21. *Jul.* 1705. 533. *lib.* 17. *sol.* 3. *den.*

Edicto M. April. 1709. 531. *lib.* 16. *s.* 4. *d.* $\frac{4}{11}$.

☞ Addimus etiam urbium nomina, in quibus cuduntur monetæ ex Edicto ann. 1681. quæ in serie sub Francisco I. descripta non reperiuntur.

Riomum	O	*Ambianum*	V
Narbo	Q	*Aquæ-Sextiæ*	X
Rhemi	S	*Grattanopolis*	Z
Nannetes	T	*Rhedones*	9

Sub Ludovico XV.

¶ *Ludovici Aurei* tituli, ponderis et remedii statutorum in Edicto mense Maii 1709. et Declarat. 5. Nov. ejusd. anni, in quibus effictum caput Regis cum Inscript. Lud. XV. etc. in altera parte scutum Francicum rotundum, cui imminet corona, manu justitiæ et sceptro pone scutum decussatim positis, cum solita Inscriptione Chrs etc. pretii 20. lib. cudi jubentur *Edicto mense Dec.* 1715. Typus hic exhibetur. Tab. XX. num. 1. Eodem Edicto marca auri puri pretii 523. lib. 12. sol. 8. den. $\frac{8}{11}$.

¶ *Ludovici Aurei* cusi ex Edicto mense Maii 1709. et non reformati, pretii 16. lib. *Edicto mense Decemb.* 1715. usque ad ult. Jan. 1716. a 1. Febr. seq. pretii 14. lib. usque ad ult. Mart. ejusdem pretii usque ad ult. April. *Aresto Consil. Reg.* 21. *Mart.* 1716. pretii 24. lib. 12. sol. *Aresto* 22. *Jan.* 1720. pretii 23. lib. 9. sol. *Arestis* 28. *ejusd. mensis*, 3. 9. *et* 20. *Febr. seq.* pretii 24. lib. 12. sol. *Aresto* 25. *ejusd. mensis*, Parisiis pretii 28. lib. 14. sol. a 20. mensis Mart. 1720. in toto regno a 1. April. seq. pretii 24. lib. 12. sol. *Declarat.* 11. *Mart.* 1720. pretii 33. lib. 16. sol. *Aresto* 29. *Maii* 1720. usque ad 1. Jul. seq. ab hac die usque ad 15. ejusdem mensis pretii 30. lib. 15. sol. subinde pretii 27. lib. 12. sol. *Aresto* 10. *Jun.* 1720. pretii 49. lib. 12. s. *Aresto* 30. *Jul.* 1720. usque ad 1 Sept. seq. hinc usque ad 15. ejusdem mensis pretii 43. lib. 8. sol. ab hac die pretii 37. lib. 4. sol. usque ad 1. Oct. inde usque ad 15. ejusd. mens. pretii 31. lib. dein pretii 24. lib. 16. sol. ejusdem pretii ad placitum Regis *Aresto* 26. *Dec.* 1720. Eorum cursus inhibetur post mensem Jan. *Edicto* 21. *ejusdem mensis* 1721.

¶ Iidem *Ludovici Aurei* reformati ad figuram eorum qui tum cudebantur, pretii 20. lib. duplices et semisses pro rata, *Edicto mense Decemb.* 1715. ejusd. pretii *Edicto mense Nov.* 1716. pretii 24. lib. *Edicto mense Maii* 1718. *et Aresto* 17. *Jul. seq.* pretii 30. lib. *Aresto* 22. *Jan.* 1720. pretii 28. lib. 6. sol. 8. den. *Arestis* 28. *Jan.* 3. 9. 20 *Febr.* 1720. pretii 30. lib. *Aresto* 25. *ejusd. mens.* pretii 40. lib. *Aresto* 5. *Mart. seq* Parisiis pretii 35. lib. a 20. Mart. 1720. in toto regno a 1. April. seq. pretii 30. lib. *Declarat.* 11. *Mart.* 1720. pretii 41. lib. 5. sol. *Aresto* 29. *Maii* 1720. usque ad 1. Jul. seq. ab hac die usque ad 15. ejusd. mens. pretii 37. lib. 10. sol. subinde pretii 33. lib. 15. sol. *Aresto* 10. *Jun.* 1720. pretii 60. lib. *Aresto* 30. *Jul.* usque ad 1. Sept. hinc usque ad 15. ejusd. mens. pretii 52. lib. 10. sol. a dicta 15. die usque ad 1. Oct. pretii 45. lib. ab hac die usque ad 15. ejusd. mens. pretii 37. lib. 10. sol. subinde pretii 30. lib. ejusdem pretii ad placitum Regis *Aresto* 26. *Dec.* 1720.

¶ *Ludovici Aurei* ad 22. karats, in quorum antica parte caput Regis coronatum visitur, in postica bina scutula Franciæ et bina Navarræ coronata in modum crucis inter quatuor lilia, disposita, cum solita Inscript. Chrs. etc. pond. 9. d. 14. gran. et 2. quint. pretii 30. lib. cudi jubentur, marca auri puri tum pretii 472. lib. 10. sol. *Edicto mense Nov.* 1716. pretii 36. lib. *Edicto mens. Maii* 1718. *et Aresto* 17. *Jul. seq.* usque ad 1. Aug. vel Sept. seq. pretii 45. lib. *Aresto Consil. Reg.* 22. *Januar.* 1720. pretii 42. lib. 10. sol. *Arestis* 28. *ejusd. mens.* 3. 9. *et* 20. *Febr. seq.* pretii 45. lib. *Aresto* 25. *ejusd. mens.* pretii 60. lib. *Aresto* 5. *Mart.* 1720. Parisiis pretii 52. lib. 10. sol. a 20. Mart. 1720. in toto regno a 1. April. seq. pretii 45. lib. *Declarat.* 11. *Mart.* 1720. pretii 61. lib. 17. sol. 6. den. *Aresto* 29. *Maii* 1720. usque ad 1. Jul. seq. ab hac die usque ad 15. ejusdem mens. pretii 56. lib. 5. sol. subinde pretii 50. lib. 12. sol. *Aresto* 10. *Jun.* 1720. pretii 90. lib. *Aresto* 30. *Jul.* usque ad 1. Sept. seq. hinc usque ad 15. ejusd. mens. pretii 78. lib. 15. sol. a dicta 15. die usque ad 1. Oct. pretii 67. lib. 10. sol. ab hac die usque ad 15. ejusd. mens. pretii 56. lib. 5. sol. subinde pretii 45. lib. ejusdem pretii ad placitum Regis *Aresto* 26. *Decemb.* 1720. Typum hic damus Tabul. XX. num. 2. Duplicis Ludovici aurei.

¶ *Ludovici Aurei* ad 22. karats, in quibus effictum caput Regis laureati, in aversa parte Crux Melitensis in cujus medio tria lilia, cum Inscript. Christus, etc. pond. 7. den. 16. gran. $\frac{6}{25}$. pretii 36. lib. duplices et semisses pro rata, cudi jubentur *Edicto mense Maii* 1718. marca auri puri ex eodem Edicto pretii 654. lib. 10. s. 11. den. Iidem denarii pretii 35. lib. *Aresto Consil. Reg.* 7. *Maii* 1719. pretii 34. lib. *Aresto* 25. *Jul. seq.* pretii 33. lib. *Aresto* 23. *Sept. seq.* pretii Parisiis 32. lib. *Aresto* 3. *Dec.* 1719. in aliis regni locis pretii 31. lib. *Aresto* 15. *Jan.* 1720. pretii 36. lib. *Aresto* 22. *ejusd. mensis*, pretii 34. lib. *Arestis* 28. *ejusd. mens.* 3. 9. *et* 20. *Febr.* 1720. pretii 36. lib. *Aresto* 25. *ejusdem mensis*, pretii 48. lib. *Aresto* 5. *Mart.* 1720. Parisiis pretii 42. lib. a 20. Mart. 1720. in toto regno a 1. April. seq. pretii 36. lib. *Declarat.* 11. *Mart.* 1720. pretii 49. lib. 10. sol. *Aresto* 29. *Maii* 1720. usque ad 1. Jul. seq. ab hac die usque ad 15. ejusd. mens. pretii 45. lib. subinde pretii 40. lib. 10. sol. *Aresto* 10. *Jun.* 1720. pretii 72. lib. *Aresto* 30. *Jul.* usque ad 1. Sept. seq. hinc usque ad 15. ejusd. mens. pretii 63. lib. a dicta 15. die usque ad 1. Oct. pretii 54. lib. ab hac die usque ad 15. ejusd. mens. pretii 45. lib. subinde pretii 36. lib. ejusd. pretii ad placitum Regis *Aresto* 26. *Decemb.* 1720. Typum hic habes Tabul. XX. num. 3.

¶ *Ludovici Aurei* veteres pond. 5. den. 6. gran. pretii 19. lib. 12. sol. *Edicto mense Maii* 1718. usque ad 1. Aug. vel Septemb. seq. eorum cursu subinde prohibito.

¶ *Quindeni Aurei* (*Quinzains d'or*) ad 24. karats cum 1. quart. remedii, pond. 65. den. et $\frac{5}{11}$. ad marcam, pretii 15. lib. in quorum aversa parte Crux ex litteris L. coronatis compacta, cum Inscript. Chrs. etc. cudi jubentur *Edicto mense Dec.* 1719. quod licet exsecutioni mandatum non sit, eorum nihilominus hic mentionem injicere voluimus.

¶ *Ludovici Aurei* ad 22. karats cum $\frac{10}{32}$. remedii; in quibus effictum caput Regis laureati, in altera parte inter tria lilia binæ L. aversæ quibus imminet corona, cum Inscript. Christus etc. pond. 25. ad marcam, quolibet aureo pond. 7. den. 16. gran. pretii 54. lib. cudi jubentur *Edicto mense Sept.* 1720. semisses pro rata. Typus describitur. Tab. XX. num. 4. Eorumdem cursus post 1. Dec. seq. sive de novo cusi, sive reformati, reducitur ad 45. lib. post 1. Jan. 1721. ad 36. lib. *Aresto Consil. Reg.* 24. *Oct.* 1720. pretii 44. lib. *Aresto* 21. *Jul.* 1723. Iidem pond. 7. den. 15. gran. pretii 39. lib. 12. sol. qui vero tantum 7. den. 14. gran. pendunt, pretii 39. lib. 7. sol. *Edicto mense Aug.* 2173. quo eorum cursus subinde inhibetur.

¶ *Ludovici Aurei* ejusdem tituli et remedii quibus ii qui tum currebant, in quorum postica parte effictæ inter duas palmas binæ L. implexæ, quibus imminet corona, pond. 37. et semiss. ad marcam, pretii 27. lib. aliorum cusione prohibita, cudi jubentur *Edicto mense Aug.* 1723. Duplices et semisses pro rata; marca auri puri tum pretii 1087. lib. 12. sol. 8. den. $\frac{4}{11}$. Iidem statuuntur pretii 24. lib. *Aresto Consil. Reg.* 4. *Febr.* 1724. pretii 20. lib. *Aresto* 27. *Mart.* 1724. sed promulgato 4. April. seq. pretii 16. lib. *Aresto* 22. *Sept.* 1724. pretii 14. lib. a 1. Jan. 1726. et 12. lib. a 1. Febr. seq. *Aresto* 4. *Decemb.* 1725. Typum hic exaramus. Tab. XX. num. 5.

¶ *Ludovici Aurei* ad 22. karats, in quibus effictum caput Regis cincinnati, in altera parte scuta Franciæ et Navarræ juncta, eidem coronæ subjacent, pond. 30. ad marcam, quolibet aureo ponderis 6. den. 9. gran. pretii 20. lib. duplices et semisses pro rata, cæteris monetis interdictis; cudi jubentur, marca auri puri tum pretii 536. lib. 14. sol. 6. den. $\frac{6}{11}$. *Edicto mense Jan.* 1726. pretii 24. lib. *Aresto Consil. Reg.* 26. *Maii seq.* qui cursus etiamnum obtinet.

Monetæ Argenteæ Regum Franciæ, *partim ex Regesto inter duos asseres dicto, quod in Curia Monetarum asservatur, partim ex Regesto Cameræ Computor. Paris. signato* 123. *et aliis monumentis excerptæ.*

Sub Philippo IV.

Parisienses duplices, (*Parisis doubles*) id est, denarii duo Parisienses, quarta parte Turonensi graviores : in quorum parte altera Crux effingitur in florem desinens, cum Inscript. Philippus Rex. In altera lilium in medio nummo, cui vox Regalis subest : in circulo, Moneta Duplex. *Die Lunæ post Quasimodo* 1293. *die S. Trinit.* 1296. [3. *Parisienses duplices* pretii 2. den. Paris. *Edicto dato Pontesiæ mense Jun.* 1313. tom. 1. Ordinat. pag. 520. *Alio Edicto* 1. *Oct. ejusd. an.* ibid. pag. 532. 3. *duplices Paris. debiles* statuuntur pretii 2. Turon. parv. bonor.] Typum hic damus. Tab. VII. num. 10.

☞ A voce *Regalis* in iis denariis exarata dicti etiam *Regales Parisienses duplices*, ut in Edicto ann. 1295. apud D. *le Blanc* pag. 184. ubi dicuntur pretii 2. den. Paris. Horum Regalium præterea meminit le Roman *de la Rose MS.* :

Si com chil ki jeue a noiaux,
Tant leur doint deniers et Roiaux.

Turonenses duplices (*Tournois doubles*) id est, denarii 2. Turon. Parisiensibus paulo minores, cui efficta crux pedata (*Croix patée*) cum Inscriptione in circulo, † PHILIPPUS REX. In adversa, triangulus, seu fastigium ædis sacræ cruce supra insignitum, [inter bina lilia,] cum hisce characteribus in circulo, MON. DUPLEX. REGALIS. [** Typus qui hic describitur a Cangio est *Duplicis Parisiensis*, quem exhibemus Tab. VII. num. 11. ut et *simplices Parisienses* ibid. num. 13. et 14. *Turonensis denarius* est ibi num. 12. Advertat lector *Crucem pedatam* Cangii semper eam esse quæ Gall. *patée* vel *épatée* dicitur, scilicet cujus trabes quatuor extremæ excedunt latitudine interiores partes quibus conjunguntur. *De Saulcy*.]

¶ *Parvi Turonenses* (*Petits Tournois*) nuper cusi, pretii 6. den. Paris. *Edicto ann.* 1295. [** Typum exhibemus Tab. VII. num. 5.] Iidem dicebantur

Malliæ albæ, (*Mailles blanches*) quarum mentio est in Tabulis Philippi Regis ann. Regis ann. 1303. in 36. Regesto Archivi Regii num. 60. [** Vide mox ad lineam *Oboli tertii*. Sunt 4. denariorum.]

Parvi Parisienses. (*Petits Parisis*) In eodem Regesto ch. 91. descriptum legitur Edictum Regium, quo jubetur ut parvus Parisiensis nuper cusus pro duplici Parisiensi currat, [in Edicto apud *de Lauriere* tom. 1. Ordinat pag. 379. legitur, *Parisiensis parvus noviter factus pro uno duplici Turonensi* : ubi prætermissum existimo, *pro uno duplici Parisiensi, et parvus Turonensis*; quod ex sequentibus satis liquet :] et pariter Parvus Turonensis novæ etiam fabricaturæ, pro duplici Turonensi, quia Parisienses et Turonenses simplices ejusdem sunt pretii, dat. Vincennis Sabbato ante S. Magdalenam 1303.

☞ *Denariorum Parisiensium* mentio fit, teste D. *le Blanc* pag. 148. in Charta ann. 1060. ex Tabul. S. Dionysii : *Quam in vadimonio tenebat pretio* 60. *librarum denariorum Parisiensium*; Turonensium vero in Charta ann. 1105. ex Tabul. S. Cypr. Pictav. *Habui octo libras Turonenses*. Ex quibus perspicuum fit hanc monetarum distinctionem antiquiorem esse Philippo Augusto, cui tamen vulgo tribuitur.

Annales Victor. Mss. ad ann. 1295 : *Tunc facta est duplex moneta, Parisiensis et Turonensis : unde postea multa mala sunt orta.*

Charta ann. 1306. die Jovis post festum S. Mart. hiberni ex Chartul. 21. Corb. fol. 182 : *Je Guerars de Pincquegni chevalier.... ai vendu.... pour dix noeufz cens et xxiiij. livres de Parisis, de le monnoie qu'il couroit devers le Nostre Dame en Septembre, lesquelz dix noeufz cens et xxiiij. livres valent six cens et quarante et une livre, onze solz et viij. den. de bons petis de Parisis.* Alia ejusd. ann. die Veneris ante Advent. : *Deus mille huit cens quarente et cinq livres, dis et sept sols et quatre deniers de Parisis viés, dont lidis deniers et maaille valent un gros Tournois viés, de la loy et du poids comme li gros Tournois, que li rois S. Loys fist battre et courre en son realme.*

Grossi Turonenses argentei, (*Gros Tournois d'argent*) cusi æque probi ac erant tempore S. Ludovici, [pond. 58. ad marcam, leg. 11. den. 12. gran.] pretii 10. den. et malliæ bonorum parvorum Parisiensium. *Paris.* 3. *Maii* 1305. ex eodem Regesto ch. 226. 229. *Denariorum Grossorum ad pondus Parisiense* mentio est sub ann. 1268. tom. 5. Hist. Fr. pag. 435. [et in Computo Magistri Monet. a festo Omn. SSt. ann. 1291. ad Ascensionem ann. 1292.]

Grossi Turonenses argentei, (*Gros Tournois d'argent*) cusi sub S. Ludovico et Philippo Audace, ejusdem ponderis, et legis, pretii 31. den. et malliæ Paris. monetæ currentis. *Dat. Atheiis die Jovis post S. Trinitatem an.* 1305. *Ex eod. Regesto* 36. *ch.* 229. In altero scriptum legitur, Grossum Turonensem S. Ludovici, et alios esse 12 den. legis argenti regii, *à* 12. *den. de loy argent le Roy*. In Edicto die Mart. post Pascha, ann. 1308. statuitur, ut Grossi Turonenses currant pro 10. den. et mallia Paris.; Grossis Turon. 21. den. interdictis et conflandis. In alio, dato Parisiis 18. Jan. ann. 1308. idem Rex, ut reducerentur monetæ ad pretium et legem, quibus erant sub S. Ludovico, statuit : ut duplices Parisienses et Turonenses ejusdem essent pretii, quo prius erant, ut et Grossus Turonensis argenteus 10. denar. et malliæ Parisiensis, nec illud augere liceret : prohibitis cæteroquin Grossis Turonensibus 21. den. qui antea etiam interdicti fuerant; cum Malliæ haud ita pridem cusæ fuissent, ut mercatores res suas facilius transferre possent, iique mallias ipsas pro 4. den. exponerent, vetantur eæ majori pretio quam 3. denariorum [et malliæ Parisiensis] exponi. *Regest. noster.*

☞ Ii denarii crucem nudam præferunt, cum duplici Inscript. BENEDICTUM SIT NOMEN DOMINI [** NOSTRI DEI JESU CHRISTI] et PHILIPPUS REX, et in aversa parte templum Turonense solitum, cum Inscriptione in ambitu, TURONUS CIVIS et limbo liliato. Typus hic exaratur. Tab. VII. num. 4.

¶ *Grossi Turonenses* pretii 27. den. currere inhibentur *Edicto* 30. *Jun.* 1306. tom. 1. Ordinat. pag. 442. ut Parisienses ita et Turonenses *Regales* interdum eadem ex causa dicti, in Edicto ann. 1295. ibid. pag. 543.

¶ *Grossus Turonensis argenti Regis Francorum cum O rotundo justi ponderis*, computatur pro 16. denar. in Charta 7. Maii 1312. tom. 1. Histor. Dalphin. pag. 203.

Burgenses fortes duplices, (*Bourgeois doubles forts*,) ponderis 1. den. gravioris, legis 6. den. pretii 2. den. Paris. in quibus efficta crux, quæ ipsum Inscriptionis limbum inferiorem pertingit : PHILIPPUS REX. In aversa parte sub lilio : NOVUS, et in circulo : BURGENSIS. 20. *Jan.* 1310. *ad* 8. *Julii* 1311. Typum hic damus. Tab. VII. num. 8. [** Quæ moneta est *Denarius burgensis* vel *Burgensis duplex novus*, *Burgensem fortem* exhibemus ibidem num. 7. *De Saulcy*.]

Exstat Edictum Philippi Regis dat. Pissiaci die Martis post S. Vincentium [27. Jan. 1310.] quo præcepit fieri parvos denarios nigros qui appellantur et appellabuntur *Burgenses*, [** Burgenses novi.] quorum pretium erit, 4. pro alba Mallia, et 12. pro 1. Grosso Turonensi S. Ludovici : Burgenses vero fortes, duos pro una alba Mallia, et 6. pro 1. Grosso Turonensi S. Ludovici. Typum exhibemus Tab. VII. num. 9.

¶ Edicto dato Pontesiæ mense Junio ann. 1313. tom. 1. Ordinat. pag. 520. statuuntur pretii 3. malliarum Paris.

Regestum *Noster*, fol. 301 : *Le* 20. *Jan.* 1310. *courrut bonne monnoie. Dudit* 20. *Janv. lors jusques à la S. Jean, coururent Bourgeois pour Parisis.* [** i. e. in rationibus Burgenses computabant, non Parisienses. *De Saulcy*.] *De ladite S. Jean lors commença à courre bonne monnoie, jusques en l'an* 1310. *que courrut bonne monnoie, et fu cette monnoie advaluée en l'an* 1320. *que le Marc d'argent valut* 60. *sols Tourn. en l'an* 1321. *couroit la bonne monnoie.* Idem Regestum fol. 305 : *L'an* 1307. 8. *et* 9. *courut forte monnoie, au temps de Bourgeois, comme Bourgeois l'an* 1314. *et* 15. *au prix de* 10. *den. ob. le Gros Tournois dés l'an* 1316. *jusques à l'an* 1325. *Parisis lors valoit Tournois fors.*

Aliud Regestum : *Ad candelosam* 1310. *inceperunt Burgenses, et fuerunt ad Natale B. Mariæ.* [* Regestum Cam. Comput. Paris. sign. *Croix* fol. 122. r° : *Ad nativitatem B. Mariæ cccvj. incepit fortis moneta. Ad candelosum cccx. inceperunt burgenses, et finierunt ad nativitatem B. Mariæ cccxiij.*] Continuator Nangii ann. 1310 : *Philippus Rex Franciæ simplicium ac Duplicium Burgensium fieri fecit monetam, pro simplicibus, Duplicibus Parisiis denariis concurrentem, etc.*

Burgenses fieri jubentur Tolosæ. Dat. Pissiaci ante S. Vincent. 1311 : *Ex* 1. *Regesto Memor. Cameræ Computor.*

Oboli Tertii, (*Oboles Tierces*) sic dicti, quod pretii essent tressis solidi, id est, 4. den. Turon. ponderis 1. den. 2. gran. et 12. den. legis argenti regii, pond. 14. sol. 6. den. ad marcam Paris. quæ quidem monetæ species admodum exigua est, cum duplici inscriptione : † BENEDICTUM. SIT NOMEN. DOMINI. et PHILIPPUS. REX. Et in aversa parte templum Turonense solitum, cum inscriptione in ambitu, TURONUS CIVIS. et limbo liliato [*Edicto* 18. *Jan.* 1308.] 11. *al.* 10. *Nov. et* 20. *Jan.* 1310. Typus hic describitur. Tab. VII. num. 6. [** Typus qui in editione Benedictina exhibetur num. 4. et nobis Tab. VII. num. 15. est *Oboli Turonensis*, quæ est moneta cypria, non argentea.]

Sub LUDOVICO X. HUTINO.

Parisienses, pond. 20. gr. legis 4. den. 12. gr. pretii unius denar. Paris.

Turonenses, pond. 21. gr. legis 3. den. 18. gr. pretii 1. den. Tur. 9. *Sept.* 1313. 10. *Mart* 1315. quæ quidem binæ monetæ dictæ *parvi Cornuti*, (*petits Cornus*) quia minus bene cusi et formati, in Edicto ann. 1315. quo prohibentur : figura similes sunt et Turonensibus, de quibus mox.

☞ Exstat inter Ordinationes Regum

Franc. tom. 1. pag. 616. Edictum datum Parisiis 15. Jan. 1315. in quo nulli *Cornuti* memorantur, præter *Cornutos* quos ad figuram Turonensium duplicium cudi fecerat Guillelmus Flandrensis Comes : unde dubium mihi est utrum *Cornuti* inter monetas Ludovici X. debeant annumerari.

Parisienses et *Turonenses parvi* ejusdem ponderis quo *Cornuti* similes Turonensibus cruce pedata insignitis, cum Inscript. LUDOVICUS. REX. et in aversa parte, templo solito et Inscript. TURONUS CIVIS. *A* 30. *Mart.* 1315. *ad* 1. *Mart.* 1317. Typum oboli Turonensis damus. Tab. VII. num. 16. [** Parisiensem cum templo Turonensi, qualem exhibent Benedictini num. 5. equidem nunquam vidi. *De Saulcy.*]

Sub PHILIPPO V. MAGNO.

Grossus Turonensis argenteus, (*Gros Tournois d'argent*) pond. 3. den. 5. gran. legis 11. den. obol. argenti puri, pretii 12. den. Paris. quorum 59. et sexta pars marcam Parisiensem conficiunt, Moneta magnitudinis Julii Romani, cruce insignita, cum duplici Inscriptione, BENEDICTUM SIT NOMEN DNI NRI IHV XRI et † PHILIPPUS REX. In aversa vero parte, templo cum cruce, et Inscript. FRANCORUM et limbo liliato. *A.* 1. *Mart.* 1317. *ad* 7. *Maii* 1322.

Sub CAROLO IV. PULCRO.

Parisienses duplices, (*Parisis doubles*) ponderis 1. den. 2. gr. et legis 6. den. pretii 2. d. Paris. 14. sol. Par. pond. ad marcam Paris. Haud bene constat, an ea sit moneta, quæ crucem liliatam præfert, cum Inscript. MONETA DUPLEX. et in aversa parte coronam, cum Inscript. CLUS REX. *Ad* 27. *Oct. ad* 2. *Mart.* 1322.

Edicto Caroli Regis dato Parisiis 15. Octob. 1322. jubetur fieri moneta, cujus pretium sit 2. parvorum Parisiensium, et parvus Denarius, cujus pretium sit unius Parisiensis, quorum duo ejusdem erunt pretii, quo unus ex prædictis. Item Malliæ parvæ, quarum duæ erunt pretii unius denarii simplicis; et ut Grossi Turonenses, seu S. Ludovici, seu alii non currant nisi pro sex denariis eorum qui current pro 2. Paris. et pro 12. ex simplicibus. *Ex* 1. *Regesto Memorialium Cameræ Comput. Paris.* [** Typum damus. Tab. VII. num. 24. *Denarii Parisiensis.* Num. 25. *Malliæ Turonensis*, et num. 26. denarii vulgo dicti *à la couronne.*]

¶ *Grossus Turonensis* pretii 17. den. *Ex Charta* 21. *Mart.* 1323. tom. 1. Hist. Dalph. pag. 41. col. 2.

¶ *Grossus Turon. argenti cum O rotundo* æstimatur 16. den. et sine O rotundo 15. den. cum obolo, *in Charta* 6. *Nov.* 1323. tom. 2. Hist. Dalph. pag. 110. col. 2. Item cum O rotundo pretii 21. den. *Ex Computo* 29. *Aug.* 1324. ibid. tom. 1. pag. 130. col. 2.

☞ *Cursus voluntarius Grossi Turon. cum O rotundo, ex Regest. Cameræ Comput.*

An. 1312. 22. 23. 24. *pretii*, 12. *den.*
An. 1325. *circa Candelosam*, 13. *den.*
An. 1326. *circa S. Remig.* 14. *den.*
Circa Nativitatem, 15. *den.*
An. 1327. *ad Pascha*, 16. *den.*
Ad S. Johannem, 16. *den.*
Circa S. Remig. 17. *den.*
An. 1328. *circa Pascha*, 18. *den.*
Circa S. Remig. 19. *den.*
Ad Nativitatem, 20. *den.*

Et tant ont depuis valu; et pource que li Gros ne se haussoit pas d'un denier au coup; ains valoit au Change : et pource qu'ils prirent cours d'eux-mesmes sans ordonnance du Prince, il n'y a nulle certaine journée de muance. Hæc post D. *le Blanc* pag. 205. Typum hic habes. Tab. VII. num. 22.

¶ *Grossus Turonensis cum flore lilii seu cum O fenduto* pretii 20. den. *Ex Computo* 29. *Aug.* 1324. tom. 1. Hist. Dalph. pag. 130. col. 2.

Oboli albi, (*Oboles blanches*) pond. 1. den. 15. gr. legis 10. den. argenti regii, pretii 6. den. Paris. 9. sol. 10. den. ad marcam Paris. prædictorum Parisiensium medietatem conficientes et similis figuræ, sed minoris, cum duplici circa crucem Inscriptione BENEDICTUM SIT NOMEN DNI. NRI. et CAROLUS REX. et in aversa parte templum, cum Inscriptione, FRANCORUM, et limbo liliato. 2. *Mart.* 1322. 4. *Maii* 1323. 18. *Jan.* 1324. 3. *April.* 24. *Jul.* 20. *Jan.* 1326. 7. *Nov.* 1328. Typus hic describitur. Tab. VII. num. 23. *Turonensis parvus.*

* Historia Occit. inter Probat. tom. 4. col. 169 : *Anno* 1322. *die sabbati in vigilia Ramis palmarum, quæ fuit xiiij. Kal. Apr. fuit præconisatum publice apud Burgum,.... quod Parisienses cornuti currant et habeant cursum iij. pro ij. den. Tur. et mites ij. pro j. den. Tur... Denarii auri ad reginam pro xiiij. sol. monetæ prædictæ.*

* Charta ann. 1324. in Reg. C. Chartoph. reg. ch. 28 : *Estellins chacun baillié pour cinq petiz deniers; gros Tournois d'argent à un O, chacun pour quinze deniers, et monnoye double neufve, chacun double compté pour deux petiz deniers et une maille.*

Sub PHILIPPO VI.

Oboli albi, et

Duplices Parisienses, (*Doubles Parisis*) ejusdem ponderis, legis, pretii, figuræ et Inscriptionis, præter nomen Principis. *A.* 7. *Nov.* 1328. *ad* 10. *Nov.* 1329.

¶ *Malliæ albæ* pretii 6. Turon. et

¶ *Parisienses duplices* 3. malliarum Paris. usque ad Pascha ann. 1330. et subinde *malliæ albæ* pretii 4. Turon. et *Parisienses duplices* 1. Paris. *Edicto* 21. *Mart.* ann. 1328. tom. 1. Ordinat. Reg. Franc. pag. 28.

Parisienses, pretii 12. bonorum Parisiensium parvorum. *Sabbat. post S. Michaelem* 1329.

Parisienses parvi, (*Parisis petits*) pond. 1. den. legis 4. den. pretii 1. den. Paris. in quorum parte altera nuda crux [efficta inest stellula,] cum Inscript. PARISIUS CIVIS. In aversa, in campo FRA in

NAꓤꟻ

circulo, PHILIPPUS REX. Quidam exstant, quorum in medio scriptum FRAN

NAꓤꟻ

A 20. *Sept.* 1330, *ad* 12. *Jun.* 1333. Typum hic damus. Tab. IX. num. 9. [** Sed forte sunt Philippi Augusti hi denarii, quorum inscriptio FRAN dubito an invenia-

NAꓤꟻ

tur. *De Saulcy.*] Continuator Chronici Guill. Nangii ann. 1331 : *Hoc eodem anno Philippus Rex monetam antea mutabilem valde in meliori statu posuit : nam ipse ordinavit, quod unus Florenus de Florentia non valeret nisi 10. solidos Parisienses, et aliæ monetæ de auro secundum tale pretium; unus Grossus de argento 9. Parisienses parvos : et parvus Denarius, qui valebat 2. denarios, reduxit ad unum : et sic res multæ, quæ ante erant caræ valde, quasi ad medium reducuntur.*

Huc etiam referri debent, quæ habentur in Regesto *Noster* fol. 204. de monetarum argentearum hujusce tempestatis pretio :

Modus solvendi in Thesauro debita de temporibus retroactis, habitis tam per Cameram Computorum, quam al. tam secundum æstimationem cursus Grossi Turonensis argenti, quam al.

De toto tempore præterito usque ad annum 1301. *exclusive solvuntur debita consideratione cursus Grossi Turonens. pro* 10. [*den. et*] *ob. Par. exceptis eis, quæ debentur pro guerris, et specialiter pro vadiis gentium armorum, quæ fuerunt in guerris Vasconiæ et Flandriæ ab anno* 1295. *usque ad annum prædictum, quæ vadia solvuntur per reductionem ad tertiam partem, ut* 30. *lib. ad* 10. *lib.*

Ab. an. 1301. *usque ad festum B. Mariæ Septemb.* 1306. *reducuntur* 3. *denar. ad unum.*

A festo B. Mariæ in Septemb. 1306. *usque ad Pascha* 1311. *valuit Grossus Turon. argenti* 10. [*den. et*] *obol. Par. et secundum hujusmodi æstimationem recipitur et solvitur.*

A Pascha 1311. *usque ad festum B. Mariæ in Sept* 1313. *habuerunt Burgenses cursum, quilibet pro* 2. *den. P. et pro illo tempore Paris. reducuntur ad Turon.*

A dicto festo usque circa Pascha 1316. *aliquando habuit cursum Grossus Turonus pro* 10. *denar. ob. Par. aliquando non habuit aliquem cursum, sed utitur ac si habuisset cursum pro* 10. *den. ob. Par. licet aliquando minus valuerit.*

Ab Pascha 1316. *usque ad ann.* 1325. *habuit Grossus Turon. cursum pro* 12. *denar. Paris.*

Anno 1325. *circa Candelosam habuit cursum pro* 13. *den. Par. et ante ipsam Candelosam eodem anno, et in parte anni* 1324. *habebatur* 6. *den. pro libra penes Campsores super magnum pontem Parisiis.*

Anno 1326. *circa festum B. Remigii valuit Grossus Turon.* 14. *den. Par. et a prædicta Candelosa usque ad dictum festum S. Remigii habebatur* 6. *den. Par. vel plus vel minus pro libra.*

Anno 1326. *prædicto valuit Grossus Turon.* 15. *den. Paris.*

Ad Pascha 1327. *valuit Grossus Turon.* 16. *d. P.*

Ad S. Joann. 1327. *valuit* 16. *den. Paris. et quasi obolum.*

Ad S. Remigium 1327. *valuit* 19. *den. Par.*

Ad Nativitatem Domini 1327. *incepit ascendere paulisper usque ad* 20. *d. Par. sed pro toto anno* 1328. *et pro toto anno* 1329. *usque ad* 26. *diem Decemb. exclusive utitur sic, quod* 2. *denar. reducuntur ad unum, quasi Grossus Turon. habuisset semper cursum per dictum tempus pro* 2. *sol. Turon.*

A 26. *die Decemb.* 1329. *exclusive usque ad crastinum Pasch.* 1330. 9. *diem Aprilis exclusive valuit Grossus Turon.* 18. *den. Tur.*

Et in dicto crastino 9. *April.* 1330. *incœpit habere cursum ad* 12. *den. Tur.*

Exstat in eodem Regesto *Noster* fol. 213. Edictum Philippi Regis ann. 1329. die Sabb. post S. Michaelem publicatum, quo statuit, ut *Grossi Turonenses* argentei cudantur pretii et legis, quibus erant sub S. Ludovico, pro 12. bonis parvis Turon. præterea boni *parvi Parisienses* pretii et legis, quibus erant sub S. Ludovico. Item *parvi Turonenses* pretii et legis ut sub S. Ludovico. Item *parvæ malliæ Parisienses et Turon.* pretii et legis eorumdem denariorum. Item *parvæ Pictavinæ*, quarum 4. valebunt pondere et lege bono parvo Turonensi, et 5. 1. bonum parvum Parisiensem.

Habetur præterea in eodem Regesto fol. 216. Edictum aliud ejusdem Regis ann. 1329. quo statuit, ut *boni Parisienses*, qui tum cudebantur, currant pro 18. den. Paris. *Grossi Turonenses* S. Ludovici, et veteres boni et graves, et qui tum cudebantur, pro 16. den. Tur. *Malliæ albæ* pro 6. d. Tur. *Duplices Parisienses* pro 3. obol. Paris. *Boni parvi Parisienses*, qui tum etiam cudebantur, pro tribus obolis Turon. cujusmodi pretia obtinere debebant a die Christi natalitio ad Pascha : deinceps fortis moneta currat, scilicet ex monetis argenteis, *Parisiensis* pro 12. bonis seu probis parvis Paris. *Grossi Turonenses* S. Ludovici et veteres pro 12. Turonensibus bonis, *Malliæ bonæ* vel probæ, pro 4. Turon. parvis bonis, *Duplices et boni parvi* (*Parisienses*) qui tum cudebantur, pro 1. bono parvo Paris. denique *parvi Turonenses*, qui tum etiam cudebantur, pro 1. den. Tur.

¶ *Turonenses argentei* æstimantur 22. denar. *in Charta* 19. *Octob.* 1329. 12. den. *in Charta ult. Oct.* 1330. tom. 2. Hist. Dalph. pag. 230. col. 2.

¶ *Turonenses argentei cum O rotundo* statuuntur pretii 14. Turon. parv. *in Charta* 10. *Jun.* 1332. apud D. *Chanteloup* Hist. Mont. Major. 12. den. æquiparantur, *in Charta an.* 1337. ex Archivis S. Vict. Massil. ubi 12. Turon. cum O rotundo dicuntur valere florenum auri. Vide infra.

* Ejusdem regis *Valesii* nomine appellatur moneta, cujus valor non indicatur, in Pacto inter abbat. et homines Anianæ ann. 1332. ex Reg. 69. Chartoph. reg. ch. 176 : *Determinamus quod pro solvendis prædictis.... levetur vintenum de quibuscumque fructibus et redditibus et capsol, scilicet unum Valoy a quolibet capite hospitii, qualibet septimana dicti anni, ab habitantibus in dicta villa et ejus juridictione.*

A 9. Martii 1334. cessavit monetarum fabrica, defectu materiæ, usque ad 13. Febr. 1336.

Denarii argentei cum Corona, (*Deniers d'argent à la Couronne*,) pond. 2. den. legis 10. d. 16. gr. arg. regii pretii 10. den. 8. solid. ad marcam Paris. In Edictis vulgo appellati *Blans deniers à la Couronne*, magnitudinis Julii Romani. Crux Inscriptionem attingit : Benedictum sit nomen etc. et Philippus Rex. In aversa parte templum coronatum, cum Inscr. in circulo, Francor. et limbo liliato. *A* 13. *Febr.* 1336. *ad* 3. *Nov.* 1337. *et a* 3. *Nov.* 1337. *ad* 1. *Febr. seq.* 18. *Febr.* 1337. 6. *Febr.* 1338. 28. *Oct.* 16. *Nov.* 18. *Dec.* 3. *Jan.* 1338. 19. *Aug.* 17. *Decemb.* 5. *Febr.* 10. *April.* 1339. 1. *Aug.* 1340. Typus hic describitur. Tab. IX. num. 5.

☞ Eorumd. denariorum mentio occurrit in Charta ann. 1337. apud D. *Chanteloup* Hist. Mont. Major. : *Monetæ deferendæ juxta legem hujusmodi esset extimatio, ut legitimæ Turonicus esset* 13. *denariolis justis, antiquis, et Corona notatis*, 12. *vero de prædictis Turonicis argenteis, unius floreni Florentini, vel assium tredecim, et denariolis memoratis Corona signatis coalescentium.*

¶ *Malliæ parvæ Parisienses et Tur.* prius inhibitæ, iterum currere jubentur *Edicto ult.* 1339.

¶ *Turonenses cum Leone* memorantur *in Litteris* 26. *Aug.* 1339. At cujus figuræ aut pretii fuerint mihi incompertum, cum alibi non occurrant. [** Forte moneta ducum Aquitaniæ. *De Saulcy.*]

Duplices Turonenses, (*Doubles Tournois*) pond. 1. den. 1. gr. legis 2. den. pretii 2. den. Turon. 13. Febr. 1340. incertum, an eadem sit moneta, ut altera Philippi Pulcri. Hujus mentio est in Computo Bartholomæi *Du Drach*, Thesaurarii Guerrarum ann. 1349. 1350.

Grossi Turonenses argentei cum lilio, (*Gros Tournois d'argent à la fleur de lys*) pond. 2. den. 6. gran. legis 6. den. et pretii 15. den. Turon. 8. solid. pond. ad marcam Paris. ea parte, qua crux est effícta, inest liliolum, cum duplici Inscriptione, ut supra. In altera vero lilium visitur cum Inscript. in circulo, Francorum, et limbo liliato. *A* 5. *ad* 13. *Febr.* 1340. 23. *Aug.* 13. *Decemb.* 10. *Mart.* 1341. *ult. Jun.* 7. *Sept.* 9. *April.* 1342.

¶ Iidem denarii legis et pretii ut supra, sed pond. 10. sol. ad marcam Paris. cudi jubentur *Edicto* 26. *Jun.* 1342. Eorum cursus inhibetur *Edicto dato penult. Aug.* 1344.

Duplices cum lilio, (*Doubles à la fleur de lys*) pond. 2. den. 3. gr. legis 2. den. argenti regii, pretii 2. den. Paris. 14. solid. pond. ad marcam Paris. Crucem liliatam præferunt, cum Inscript. Moneta Duplex. In aversa vero parte majus lilium, cum Inscript. Philippus Rex. 13. *Febr.* 1340. [pretii 3. den. Turon. a 15. Sept. 1344. *Edicto* 26. *Oct.* 1343. Typus hic exhibetur. Tab. IX. num. 7.]

¶ *Grossi Turonenses* pretii 15. den. Turon. parv. vel 12. den. Par. leg. 6. den. argenti regii, pond. 7. sol. ad marcam Paris. cudi jubentur *Edicto* 27. *Jan.* 1340. pro 17. den. computantur, *in Charta an.* 1342. tom. 2. Hist. Dalphin. pag. 446. col. 2. pretii 15. den. Turon. *Edictis* 26. *Oct. et* 13. *Decembr.* 1343.

¶ *Denarii duplices Parisienses* pond. 20. sol. ad marcam Paris. ejusdem legis et pretii atque alii, cudi jubentur *Edicto* 26. *Jun.* 1342.

¶ Iidem denarii. leg. 3. den. pond. 18. sol. ad marcam Paris. cuduntur *Edicto* 24. *Febr.* 1346. pretii 1. den. Turon. *Edicto* 27. *Mart.* 1347. Eorum cursus inhibetur *Edicto* 3. *Jun.* 1348.

Grossi Turonenses, (*Gros Tournois monnoye moyenne*) pond. 3. den. 4. gran. legis 12. den. pretii 3. sol. 9. den. pond. 60. ad marcam Paris. Crucem perinde præferunt, cum solita duplici Inscript. Phil. etc. In aversa templum cruciatum cum limbo liliato, et Turonus Civis. 22. *Sept. et* 1. *Nov.* 1343. Typum delineamus. Tab. IX. num. 3.

Parvi denarii Parisienses, (*Petits deniers Parisis*) pretii 1. den. Paris. legis 3. den. 16. gran. argenti Regii, pond 18. sol. 4. d. ad marcam Paris. et

Parvi Oboli Parisienses (*Petits Oboles Parisis*) quorum duo erant pretii parvi denarii Paris. legis 2. den. 6. gran. pond. 22. solid. 6. den. ad marcam Paris. 22. *Sept.* 1343. 16. *Febr.* 1344. 9. *April.* 1345.

¶ *Parisienses parvi* 12. æstimantur 1. gross. Turon. et

¶ *Turonenses parvi* 15. ejusdem pretii, *Edicto* 26. *Oct.* 1343.

Denarii Parisienses, (*Deniers Parisis*) ponderis 21. gran. legis 3. den. 16. gran. pretii 3. den. Paris. Cruce insigniuntur liliata, cujus pars inferior Inscriptionem pertingit : Moneta Duplex. In aversæ partis medio bina lilia, cum hisce ad eorum latera characteribus, Fran. et in circulo, Philippus Rex.

Grossi, et *Parisienses*, (*Gros, et Parisis*) similes, ejusdem ponderis et legis, scilicet *Grossus*, pretii 15. den Turon. et *Parisiensis*, denarii Parisiensis solummodo, sicque pretium eorum imminutum. *A* 1. *Nov.* 1343. *ad* 16. *Feb.* 1344. [ejusdem pretii *Edicto* 25. *Jan.* 1348.] Parisiensis typum damus Tab. IX. num. 8. grossus ibidem num. 2.

Grossi Turonenses argentei,

Parisienses parvi, et

Oboli parvi, (*Oboles petites*) quorum duo pretii erant parvi Parisiensis, ejusdem ponderis et pretii, quo prædicti. *A* 9. *April* 1345. *ad* 17. *Jul.* 1346.

¶ *Duplices Parisienses nigri* (*Doubles Parisis noirs*) pretii 2. den. Paris. leg. 2. den. argenti regii, ponderis 14. sol. ad marcam Paris. *Edicto* 27. *Jan.* 1340. pretii 1. malliæ Turon. *Edicto* 26. *Octobr.* 1343. pretii 2. den. et malliæ Turon. *Edicto* 27. *April.* 1346. pretii 1. den. Paris. *Edicto* 6. *Jan.* 1347.

* Literæ ann. 1340. 27. Jan. in Reg. B. Cam. Comput. Paris fol. 109. v° : *Item faites ouvrer deniers d'argent, appellez Gros Tournois, qui auront cours pour xv. petits Tour. et pour xij. den. Par. a vj. den. de loy, et de vij. solz de pois audit marc, et deniers doubles noirs, qui auront cours pour ij. den. Par. la piece, à ij. den. Par. la piece, à ij. den. de loy argent le roy, et de xiiij. solz de pois audit marc.*

Denarii duplices Parisienses nigri, (*Deniers doubles Parisis noirs*) pretii 2. den. Paris. legis 3. den. 18. gran. argenti regii, et pond. 15. sol. ad marcam Paris. *A* 17. *Jul.* 1346. *ad* 27. *Jan. seq. et a* 27. *Jan.* 1346. *ad* 3. *Mart. seq.*

Duplices Parisienses nigri, pretii 2. den. Paris. legis 3. d. argenti regii, pond. 18. s. ad marcam Paris. *A* 3. *Mart.* 1346. *ad* 23. *Jul.* 1347. *et* 11. *Jan. seq.* Cusi iidem denarii pretii 2. den. legis 3. den. 8. gran. pond. 15. s. 3. den. ad marcam Par. Typus duplicis Parisiensis est Tab. IX. num. 6.

Denarii albi, dicti *Grossi*, (*Deniers blancs*,

appellez Gros) ponderis 2. den. 16. gr. legis 6. den. pretii 15. den. pond. 6. solid. ad marcam Par. 22. *Januar.* 1348. 12. *Maii* 1349. 22. *August.* 1350. Incertum an ea sit moneta quæ crucem nudam, Inscriptionem inferiore sui parte pertingentem, præfert, eamque coronatam cum solita duplici Inscriptione, et in aversa parte templum coronatum, et in circulo, TURONUS CIVIS, cum limbo liliato. Typus hic exhibetur. Tab. IX. num. 1.

☞ Iidem videntur qui *Denarii albi cum cauda*, (*Deniers blancs à la queüe*,) de quibus infra sub Joanne Rege.

Parvi Denarii Turonenses (*Petits Deniers Tournois*) pond. 18. gran. legis 2. den. 16. gr. pretii den. Tur. pond. 20. sol. 7. den. ob. ad marcam Par. similes Denariis Ludovici Hutini, cum templo cruciato, et Inscript. TURONUS CIVIS, et cruce et PHILIPPUS REX. *Ab* 11. *Jan.* 1347. *ad* 30. *Aug.* 1348. Typum hic describimus. Tab. IX. num. 11.

¶ *Grossi Turonenses* leg. 6. den. pond. 6. s. cudi jubentur *Edicto* 15. *Jan.* 1348.

Hac potissimum tempestate inventum reperitur *Remedium* ad pondus, *le Remede sur le poids par villains forts, et villains foibles*, voces sunt Monetariorum. Neque illuis ulla antiquior occurrit mentio in Regestis Curiæ Monetarum, tametsi Diploma Alphonsi Comitis Tolosani, pro moneta Albiensi ann. 1272. illius meminerit. Vide Regestum 123. fol. 38.

☞ Recentior videtur inventio *remedii* ad legem, *Remede de loy*; primum enim hujus mentio est in Edicto Johannis Regis 14. April. 1361. tom. 2. Ordinat. pag. 487 : *Voulons que se les Maistres particuliers qui tiendront nosdites Monnoyes, font leurs boestes du blanc escharses de troy jusques à quatre grains de Remede, ilz n'en soyent pour cause de ce, tenus de nous en payer aucune amende.* Ubi observatur ad hæc verba in margine manu recentiori annotatum, *Cy-devant n'est fait mention de remede;* i. e. hactenus inaudita vox *Remedium*.

Denarii duplices nigri, (*Doubles tous noirs*) pretii 2. den. Turon. legis 3. den. 1. gr. pond. 15. s. 3. den. et tert. ad marcam Par. *A* 30. *Aug.* 1348. *ad* 8. *Decembr. seq.* Typus est Tab. IX. num. 10.

Duplices Turonenses nigri, (*Doubles Tournois noirs*,) legis 2. den. 5. gr. et tert. argenti regii et pond. 16. s. 8. den. ad marcam Par. *A* 22. *Jan.* 1348. *ad* 12. *Maii* 1349.

1. Maii 1350. publicata fuit fortis moneta.

Duplices Parisienses nigri, (*Doubles Parisis noirs*) pond. 1. den. 3. gr. legis 2. den. 8. gr. pretii, 2. den. Par. 11. *et* 22. *Aug. et* 14. *Nov.* 1350.

Sub JOHANNE *Rege.*

Duplices Parisienses nigri, (*Doubles Parisis noirs*) pretii 2. den. prædictis similes, valuitque marca argenti tam albi, quam nigri, 112. solidis Tur. *A* 22. *Aug. et* 14. *Nov.* 1350. *ad* 5. *Febr. seq.*

Duplices Turonenses, (*Doubles Tournois*) ponderis 1. den. 1. gr. legis 2. den. pretii 2. Tur. pond. 15. sol. Turon. ad marcam Par. vulgo dicuntur *Turonenses nigri*. *A* 24. *Mart.* 1350. *ad* 17. *Maii* 1351.

¶ *Duplices Turonenses* (*Doubles Tournois*) pretii 2. den. Turon. leg. 2. den. 8. gran. pond. 14. s. 7. den. ad marcam Par. cudi jubentur *Edicto* 22. *Jan.* 1351. pretii 1. obol. *Edicto* 23. *ejusd. mensis.*

¶ *Duplices Turonenses boni nigri* (*Bons doubles Tournois noirs*) qui tum cudebantur pretii 2. d. Turon. *Edicto* 23. *Jan.* 1351.

Duplices Turonenses, (*Doubles Tournois*,) pond. 21. ac fere 22. gran. legis 1. den. 18. gr. pretii 2. den. Tur. pond. 17. sol. 6. den. ad marcam Par. *A* 17. *Maii ad* 23. *Jun.* 18. *Aug.* 12. *Septembr.* 28. *Sept.* 14. *Febr. et* 27. *Mart.* 1351. 2. *Jun.* 1352. *etc.*

Malliæ albæ, (*Mailles blanches*) pond. 1. den. 8. gr. absque remedio, legis 4. den. 12. gr. pretii 6. den. Paris. pond. 12. sol. ad marcam. Par. iidem sunt cum obolis quantum ad pretium, sed figura diversi. *A* 17. *Maii ad* 23. *Jun.* 1351. 28. *Septembr.* 1351. Vide Hautinum pag. 81.

¶ *Malliæ albæ* pretii 2. den. Paris. *Edicto* 23. *Jan.* 1351.

¶ *Grossi Turonenses* pretii 8. den. Turon. leg. 4. den. 8. gr. pond. 6. sol. 9. den. et 1. quart. grossi Tur. cudi jubentur *Edicto* 22. *et* 23. *Jan.* 1351.

Grossi Turonenses, (*Gros Tournois*) pond. 2. den. 8. gr. legis 4. den. pretii 8. den. Tur. Crucem pedatam cum spiculis in extremis præferunt cum Inscriptione duplici, † JOHANNES REX, et in aversa parte templum cruciatum et liliatum ad latera, cum Inscript. TURONUS CIVIS. 4. *Febr.* 27. *Mart.* 1351. 24. *Nov.* 1354 Typum hic damus. Tab. X. num. 16. [** ibi vero templum nec est cruciatum nec liliatum sed coronatum.] Vide præterea Hautinum pag. 81.

¶ *Parvi Parisienses* pretii 1. den. Paris. Item

¶ *Parvi Turonenses* pretii 1. den. Turon. *Edicto* 24. *Mart.* 1351.

¶ *Grossi Turonenses* leg. 4. den. argenti regii, pretii 8. den. Turon. pond. 8. sol. 4. d. ad marcam Paris. cudi jubentur *Edicto* 22. *Julii* 1352. Iidem denarii cuduntur leg. 4. d. pond. 10. sol. ad marcam Par. *Edicto* 24. *Nov. seq.*

¶ *Duplices Turonenses* pretii 2. den. Turon. leg. 2. den. argenti regii, pond. 16. sol. 8. den. ad marcam Par. cuduntur *Edicto* 22. *Jul.* 1352. ejusdem leg. et pretii, pond. 20. *Edicto* 24. *Nov. et* 3. *Febr. seq.* ejusd. pretii, leg. 1 den. 16. gr. argenti regii, pond. 22. sol. 2. den. et 2. tert. den. duplicis Turon. *Edicto* 20. *April.* 1353. ejusd. rursus pretii, leg. 2. den. 12. gr. pond. 13. sol. 6. den. obol. *Edicto* 5. *Oct. seq.*

¶ *Grossi Denarii albi* pretii et pond. ut infra, leg. 3. den. 12. gran. argenti regii *Edict.* 3. *Febr.* 1352. 20. *April.* 1353.

¶ *Malliæ albæ* pretii 2. obol. *Edicto* 26. *Octobr.* 1353.

Grossi Denarii albi (*Gros Deniers blancs*) pretii 8. den. legis 3. den. 8. gr. argenti regii, pond. 11. solid. 8. den. ad marcam Paris. *A* 22. *April.* 1353. *ad* 2. *Aug. seq.* 2. *Aug.* [18. et] 27. *Nov.* 8. *Decembr.* 1353.

Duplices Turonenses, (*Doubles Tournois*) pretii 2. den. Turon. legis 1. den. 16. gr. argenti regii, pond. 16. sol. 8. den. ad marcam Par. *A* 26. *April.* 1354. *ad* 24. *Maii seq. et a* 28. *Maii* 1354. *ad* 5. *Jul. seq.* 5. *Jul.* 1354. 7. *Septembr.* 1354. Turonensis duplicis typum exhibet Tab. X. num. 9. simplicis num. 11.

¶ *Denarii albi* leg. 3. den. 8. gr. pretii 5. den. Turon. pond. 6. sol. 8. den. ad marcam Par. cudi jubentur *Edicto ult. Oct.* 1354.

Denarii parvi Turonenses, (*petits Deniers Tournois*) pretii 1. den. legis 1. den. 20. gr. argenti regii, pond. 18. s. 4. den. ad marcam Par. *A* [31. *Oct*] 24. *Nov.* 1354. *ad* 24. *Jan. seq.*

Denarii albi cum Corona, (*Deniers blancs à la Couronne*) pretii 5. d. Tur. leg. 3. d. 8. gr. pond. 6. s. 8. d. ad marcam Par. *A* [14. tom. 2. Ordin. pag. 560.] 24. *Nov.* 1354. *ad* 24. *Jan. seq.* Crucem liliatam præferunt cum inferiore sui parte longiori Inscriptionem pertingente, † JOHANNES DEI GRA. et in aversa parte coronam in superiori parte, cum hisce infra exaratis characteribus FRANCORU. REX. et limbo liliato. Typum hic describimus. Tab. X. num. 1. Edicto Regio pretium supradictorum Duplicium Tur. fuit oboli Turon. et eorumdem alborum Denariorum qui currebant pro 8. den. 2. gr.

¶ *Duplices Turonenses nigri* (*Doubles Tournois noirs*) pretii 1. malliæ Turon. Item

¶ *Parvi Turonenses nigri* (*Petits Tournois noirs*) qui tum cudebantur, pretii 1. den. Turon. Edicto 14. Nov. 1354.

Denarii parvi Turonenses (*petits Deniers Tournois*) pretii 1. den. Turon. legis 1. den. 9. gr. argenti regii, pond. 18. sol. 4. den. ad marcam Paris. *A* [24. tom. 2. Ordinat. pag. 571.] 27. *Jan. ad* 4. *April.* 1354.

Denarii albi cum Corona, pretii 5. den. Turon. leg. 2. den. 12. gr. argenti regii, pond. 6. solid. 8. d. ad marcam Par. *A* 27. *Jan. ad* 4. *April.* 1354. 20. *Maii*, 24. *Maii*, 6. *Jul.* 1355.

☞ Iis non omnino conveniunt Edicta quæ reperiuntur tom. 2. Ordinat. Reg. Franc. nam

¶ *Denarii albi cum Corona* legis, pretii et ponderis ut supra, cuduntur *Edicto* 24. *Jan.* 1354. ejusd. pretii, leg. 3. den. argenti regii, pond. 10. sol. ad marcam Paris. *Edicto* 20. *Mart. seq.* leg. 2. den. 12. gr. argenti regii, pond. 10. sol. *Edicto* 23. *Maii* 1355.

¶ *Denarii albi cum Corona* (*Deniers blancs à la Couronne*) pretii 12. den. Paris. leg. 3. den. 9. gr. argenti regii, pond. 6. sol. ad marcam Par. cudi jubentur *Edicto* 11. *Jul.* 1355. pretii ejusdem et pond. leg. 3. den. argenti regii *Edicto* 17. *Aug. seq.* leg. 3. den. arg. reg. pond. 6. sol. 8. den. ad marcam Paris. *Edicto* 27. *Sept. ejusdem anni.*

Duplices Parisienses nigri, (*Doubles Parisis noirs*) pond. 1. den. legis 1. den. 12. gr. pretii 2. d. Par. pond. 16. sol. ad marcam Paris. Crucem ut supra effictam præferunt, et Inscript. † MONETA DUPLEX. et in aversa parte lilium, et JOHANNES. FRANC. REX. [11.] 17. *Jul.* 1355. et 28. *Sept.* Tab. X. num. 8.

Grossi Denarii albi cum cauda, (*Gros deniers blans à la queüe*) pretii 12. den. Paris. legis 3. den. arg. regii, pond. 6. sol. ad marcam Paris. *A* 17. *Jul. ad* 22. *et* 26. *Aug.* 1355.

Grossi Denarii albi cum cauda, (*Gros Deniers blans à queüe*) pond. 2. den. 9. gr. legis 3. den. pretii 15. den. Tur. pond. 6. sol. ad marcam Paris. crucem, ut cæteri alii, caudatam, sed coronatam, et eamdem duplicem Inscriptionem præferunt, et in aversa parte templum liliatum et TURONUS CIVIS, cum limbo liliato. 22. *al.* 28. *Sept.* 19. *Oct.* 5. *Jan.* 1355. *etc.* [Typum hic habes. Tab. IX. num. 19.]

¶ *Grossi Denarii albi cum cauda* leg. 3. den. arg. regii, pond. 8. sol. 4. den. ad marcam Paris. *Edicto* 27. *Octobr.* 1355. Iidem denarii pretii 12. den. Paris. dicuntur *in Edicto* 9. *Nov. seq.* quo cudi jubentur ejusdem pond. leg. vero 2. den. obol.

¶ *Denarii Duplices Turonenses* leg. 2. den. 18. gr. argenti regii, pond. 13. sol. 9. d. ad marcam Paris. pretii 2. den. Turon. et

¶ *Parvi denarii Parisienses* leg. 2. den. 7. gran. argenti regii, pond. 18. sol. 4. den. ad marcam Paris. pretii 1. parvi den. Paris. et

¶ *Parvi denarii Turonenses* leg. 2. den. argenti regii, pond. 20. sol. ad marcam Paris. pretii 1. den. Turon. et

¶ *Malliæ parvæ Turonenses* leg. 1. den. 12. gran. arg. regii, pond. 30. sol. ad marcam Par. pretii 1. malliæ Turon. Item

¶ *Denarii albi* (*Deniers blancs*) leg. 8. den. arg. regii, pretii 10. den. Turon. pond. 8. s. ad marcam Par. cudi jubentur *Edicto* 30. *Dec.* 1355.

Duplices Turonenses, pretii 2. Turon. legis 2. d. 12. gran. pond. 12. sol. 6. den. et

Parvi denarii Parisienses, pretii 1. den. legis 2. den. pond. 20. solid. ad marcam Par. et

Malliæ Turonenses, pretii oboli Turon. legis 1. den. 12. gran. pond. 30. sol. ad marcam Par.

Grossi denarii albi cum lilio, (*Gros Deniers blancs à la fleur de lys*) pond. 3. den. 4. gr. legis 4. den. pretii 8. den. Tur. cruce pedata inter 4. lilia insigniuntur, cum Inscript. BENEDICTUM SIT NOMEN DNI. NRI. DEI. JHU. XRI. et in aversa parte lilium Florentinum coronatum in limbo dentato cum Inscript. JOHANNES DEI GRA. FRANCORUM REX. 5. *Jan.* 1355. 9. *Aug.* 19. *Sept.* 26. *Oct.* 1356. Typus hic delineatur. Tab. X. num. 6. Vide Hautinum pag. 87.

¶ *Grossi Denarii albi* leg. 4. den. arg. regii, pond. 5. sol. ad marcam Paris. pretii 8. den. Tur. cudi jubentur *Edicto* 16. *Jan.* 1355. ejusd. pretii, leg. 3. den. pond. 6. sol. 3. den. ad marcam Par. *Edicto* 26. *Jul.* 1356. ejusd. leg. et pretii, pond. 9. sol. 4. den. et semiss. *Edicto* 13. *Sept. seq.* leg. 4. den. arg. reg. pond. 6. sol. 8. den. pretii 12. d. Turon. cudi jubentur, præterquam in Occitania, *Edicto* 28. *Nov.* ejusdem anni.

¶ *Grossi Denarii albi cum Corona* (*Gros Deniers blancs à la Couronne*) pretii 12. den. Paris. leg. 3. den. 9. gr. argenti regii, pond. 6. sol. ad marcam Paris. cuduntur *Edicto* 11. *Julii* 1355. ejusdem pond. et pretii, leg. 3. den. arg. regii, *Edicto* 17. *Aug. seq.* rursus leg. 3. den. pretii ejusdem pond. 6. sol. 8. den. *Edicto* 27. *Sept.* 1355. pretii 10. d. Turon. *Edicto* 12. *Mart.* 1356.

Grossi Denarii cum Corona, pretii 10. Tur. den. legis 5. den. argenti regii, pond. 18. sol. 8. den. ad marcam Par. Item

Parvi Denarii Parisienses, (*Petits Deniers Parisis*) legis 2. den. pond. 12. sol. ad marcam Par. Item

Parvi Turonenses, legis 1. den. 20. gran. argenti regii, pond. 21. sol. 4. den. ad marcam Par. *A* 26. *Mart.* 1356. *ad* 23. *Jan.* 1357.

¶ *Parvi denarii Parisienses* pretii 7. den. Par. et

¶ *Parvi Turonenses* pretii 7. den. Turon. *Edicto* 23. *Jan.* 1357.

¶ *Grossi Turonenses argentei* leg. 6. den. argenti regii, pond. 6. sol. 8. den. ad marcam Paris. pretii 12. den. Turon. Item

¶ *Duplices Turonenses nigri* leg. 2. den. 12. gr. arg. reg. pond. 16. sol. 8. d. ad marcam Paris. et

¶ *Denarii parvi Turonenses* leg. 1. den. 18. gr. pond. 23. sol. 4. den. cudi jubentur in monetis Occitanicis *Edicto* 23. *Nov.* 1356.

¶ *Grossi Denarii albi* pretii 12. den. Tur. *Edicto* 25. *Nov.* 1356.

¶ *Denarii albi* pretii 3. den. Turon. *Edicto* 25. *Nov.* 1356. leg. 3. den. arg. reg. pond. 9. sol. 4. den. et semiss. ad marcam Par. *Edicto* 25. *Jan. seq.*

¶ *Duplices Turonenses* pretii 2. d. Turon. *Edicto* 25. *Nov.* 1356.

¶ *Grossi Denarii argentei cum Corona* ex 2. s. Turon. reducuntur ad 16. den. Turon. et

¶ *Parvi denarii argentei cum Corona* ex 12. den. Turon. ad 8. den. Turon. Item

¶ *Denarii duplices* dicti *Burgenses fortes* (*Bourgeois forts*) ex 2. den. Turon. ad 1. den. Par. pro partibus Occitanicis *Edicto* 19. *Mart.* 1356.

* *Oboli albi ad caudam cursum non habentes*, in Lit. remiss ann. 1357. mens. Jun. ex Reg. 85. Chartoph. reg. ch. 143.

Grossi Denarii albi cum lilio, (*Gros Deniers blancs à la fleur de lys*) pretii 15. d. Tur. legis 4. den. argenti regii, pond. 5. sol. ad marcam Par. Item

Denarii Duplices Turonenses, pretii 2. den. legis 1. den. 16. gr. argenti regii, pond. 15. sol. 7. d. et semiss. *A* [22. et] 23. *Jan.* 1357. *ad* 1. *Maii* 1358.

¶ *Grossi Denarii albi cum lilio* leg. 3. den. 8. gr. arg. regii, pond. et pretii ut supra *Edicto* 7. *Maii* 1358. leg. 3. den. arg. regii, pond. 6. sol. 8. d. ad marcam Paris. *Edicto* 5. *Aug. seq.*

¶ *Duplices Turonenses* leg. 2. den. 6. gran. arg. regii, pond. 15. sol. ad marcam Paris. Item

¶ *Parvi Parisienses* leg. 1. den. 18. gr. arg. reg. pond. 18. sol. 8. den. ad marcam Paris. et

¶ *Parvi Turonenses* leg. 1. den. 12. gr. pond. 20. sol. ad eamdem marcam. Item

¶ *Grossi Denarii albi cum Corona* leg. 4. den. arg. reg. pond. 4. sol. 5. d. et 1. tert. ad marcam Par. pretii 12. den. *Edicto* 22. *Aug.* 1358. leg. 3. d. arg. reg. *Edicto* 16. *Nov. seq.*

¶ *Grossi Denarii albi* ex 12. den. Paris. reducuntur ad 6. den. Turon. *Edicto* 22. *Aug.* 1358.

¶ *Denarii albi* (*Deniers blancs*) leg. 3. d. arg. regii, pond. 7. sol. 6. d. ad marcam Par. pretii 6. den. Turon. *Edicto* 22. *Febr.* 1358. ejusdem leg. et pretii, pond. 8. sol. 4. den. ad eamd. marcam *Edicto* 25. *ejusdem mensis.*

¶ *Duplices Turonenses*, leg. 1. den. 20. gr. arg. reg. pond. 13. sol. 9. den. ad marcam Paris. pretii 2. den. *Edicto* 22. *Febr.* 1358. leg. 1. den. 18. gr. arg. reg. pond. 14. sol. 7. den. ad marcam, *Edicto* 25. *ejusd. mens.* legis 1. den. 12. gr. arg. reg. pond. 15. sol. ad marcam *Ed.* 15. *April. seq.*

¶ *Parvi denarii Parisienses* leg. 1. den. 9. gr. et 1. tert. arg. reg. pond. 16. sol. 8. den. ad marcam Paris. pretii 1. den. Paris. *Edicto* 22. *Febr.* 1358. leg. 1. den. 6. gr. arg. reg. pond. ejusd. *Edicto* 25. *ejusdem mensis.*

¶ *Parvi Turonenses* leg. 1. den. 6. gr. arg. regii, pond. 20. sol. 10. den. ad marcam Paris. *Edicto* 25. *Febr.* 1358.

Denarii albi cum Corona, (*Deniers blancs à la Couronne*) pond. 2. den. 13. gr. legis 4. den. pretii 12. den. Turon. pond. 4. sol. 5. den. ad marcam Paris. cum cruce pedata inter 2. lilia, et duplici solita Inscriptione : in aversa parte cum corona rosæ imminente, et in Inscript. FRANCOR. REX, et limbo liliato 30. *Aug.* 21. *Oct.* 22. *Nov.* 1358. [** Denarios albos cum corona paulo diversos exhibet Tab. X. num. 4. et 5.]

Grossi Denarii albi, (*Gros deniers blancs*) pretii 6. Turon. legis 3. den. argenti regii pond. 7. sol. 6. den. ad marcam Paris. Item

Parisienses parvi, (*Parisis petits*) pond. 23. gr. legis 1. den. 8. gr. pretii 1. den. parvi, pond. 16. sol. 8. den. ad marcam Par. cum cruce pedata, et Inscript. † PARISIUS CIVIS, et in postica, FRA et in
ODM
circulo † JOHANNES REX. 25. *Febr.* 1358. 1. *Jan.* 1359. Tab. X. num. 10.

Denarii albi cum Corona, pretii 6. den. Turon. *A* 27. *Martii ad* 16. *April.* 1358. 24. *April. et* 3. *Maii* 1359.

¶ *Denarii albi cum Corona* pretii 6. den. Turon. leg. 3. d. arg. reg. pond. 10. sol. ad marcam Par. *Edicto* 15. *April.* 1358. ejusd. leg. et pretii, pond. 12. sol. 6. d. ad eamd. marcam *Edicto* 28. *April.* 1359. ejusd. pretii et pond. leg. 2. den. 12. gr. arg. regii *Edicto* 6. *Maii seq.*

¶ *Grossi Denarii albi* leg. 3. d. arg. reg. pond. 6. sol. ad marcam Paris. pretii 15. den. Turon. *Edicto* 25. *Maii* 1359. leg. 3. den. 12. gr. arg. regii, pond. 5. sol. 10. den. ad eamdem marcam, ejusd. pretii *Edicto* 3. *Jun. seq.* ejusd. pretii et pond. leg. 3. den. *Edicto* 7. *ejusd. mens.* leg. 2. den. 15. gran. arg. reg. cudi jubentur præterquam in Occitania *Edicto* 8. *Jul.* 1359.

Denarii albi cum tribus liliis, (*Deniers blancs à trois fleurs de lys*) pond. 2. den. 17. gr. legis 3. den. 12. gr. pretii 15. den. pond. 5. sol. 10. den. ad marcam Paris. cum cruce pedata, et duplici solita Inscriptione, et in aversa parte, cum tribus liliis coronatis, et in circulo, Francorum Rex. 1. *et* 12. *Jun.* 9. *Jul.* 12. *Jul.* 5. 19. 22. *Oct.* 12. *Mart.* 1359. Typum hic damus. Tab. IX. num. 18.

¶ *Denarii albi cum tribus liliis* leg. 2. den. 6. gr. arg. reg. pond. 7. sol. 6. d. ad marcam Paris. *Edicto* 7. *Sept.* 1359. ejusdem leg. pond. 9. sol. 4. den. et semiss. ad eamd. marcam *Edicto* 2. *Octobr. seq.* leg. 2. den. arg. reg. pond. 10. sol. ad marcam Paris. *Edicto* 18. *ejusdem mensis;* ex 12. den. Paris. reducuntur ad 4. den. Paris. *Edicto* 22. *Nov. seq.*

Denarii albi cum Stella, (*Deniers blans à l'Etoille*) pond. 4. den. legis 4. den. pretii 2. sol. 6. den. Turon. pond. 4. sol. ad marcam Paris. Crucem præferunt pedatam, cum 4. parvulis spiculis inter 2. stellas perforatas, quas *moletes* dicimus, et duplicem solitam Inscriptionem : in aversa vero parte limbum liliatum ambientem hosce in medio descriptos characteres, Francor. quos binæ coronæ, et iis quatuor adjuncta lilia infra et supra ambiunt. *Novemb.* 4. 19. *Dec.* 21. *Jan.* 10. 25. *Febr.* 3. *Mart.* 21. ann. 1359. Vide Hautinum pag. 85. [** Exhibet Tab. X. num. 7. Denarium album cum stella duplicem, qui crucem præfert pedatam sed sine spiculis; in aversa vero parte habet in medio Johs. Franco. Rex in circulo Moneta Duplex Alba et limbum liliatum.]

☞ Ex Edictis a D. Cangio laudatis forte quis existimaverit toto illo tempore horum denariorum idem obtinuisse pretium, eosque ad eamdem legem cusos fuisse : cui errori ne locus præbeatur, Edicta subjicimus in quibus eorum cursus vel cusio statuitur. In iis vero nullum antiquius occurrit ann. 1359. quamvis paulo post institutionem Ordinis Stellæ ann. 1351. denarios cum Stella percussos fuisse credat vir doctissimus.

¶ *Denarii albi cum Stella* leg. 4. den. arg. regii, pond. 4. sol. ad marcam Paris. pretii 2. sol. 6. d. *Edicto* 22. *Nov.* 1359. pretii 2. sol. tantum *Edicto dato eod. die;* leg. 3. den. arg. reg. ejusdem pretii et pond. *Edicto* 2. *Dec. seq.* quod occultum haberi jubetur; leg. 2. den. 12. gr. arg. reg. pond. 5. sol. ad marcam Par. pretii 2. sol. Paris. *Edicto ult. ejusd. mens.* leg. 2. den. arg. reg. ejusd. pretii, pond. 6. sol. ad eamd. marcam *Edicto* 21. *Jan.* 1357. ejusdem leg. et pond. sed pretii 2. sol. 6. den. Paris. *Edicto* 29. *ejusd. mens.* leg. 2. den. arg. reg. pond. 6. sol. 8. den. ad marcam Paris. pretii 2. sol. 6. d. Turon. *Edicto* 10. *Febr. seq.* ejusd. leg. et pretii, sed pond. 8. sol. 4. den. ad eamd. marcam *Edicto* 22. *ejusdem mens.* leg. 1. den. 12. gr. ejusd. pond. *Edicto* 28. *ejusd. mens.* leg. ejusd. pond. 10. sol. 5. den. ad marcam Paris. pretii 2. sol. 6. den. *Edicto* 15. *Mart. seq.* pretii 2. den. Turon. *Edicto* 27. *ejusdem mensis.*

¶ *Denarii albi* ex 15. den. Turon. reducuntur ad 5. den. Turon. *Edicto* 22. *Nov.* 1359.

Duplices Parisienses, (*Doubles Parisis*) pretii 2. den. Paris. legis 18. gr. 15. sol. pond. ad marcam Paris. *Ult. Dec.* 1359.

¶ *Denarii Duplices Parisienses nigri* pretii 2. d. Paris. leg. et pond. ad arbitrium monetarii *Edicto* 22. *Feb.* 1359.

¶ *Parvi Denarii Parisienses* leg. 1. den. arg. regii, pond. 16. sol. ad marcam Paris. pretii 1. den. Par.

¶ *Parvi Turon.* leg. 1. d. arg. reg. pretii 1. d. T. pond. 20. s. ad marc. Par. *Ed.* 27. *Mart.* 1359.

Grossi Denarii albi, (*Gros Deniers blancs*) pond. 3. den. legis 3. [4.] den. pond. 5. sol. 4. den. ad marcam Paris. pretii 15. den. Turon. 27. *Mart.* 1359. 23. *April.* 1360.

¶ *Grossi Denarii albi* leg. 3. den. arg. regii, pond. 5. sol. 4. d. cudi jubentur præterquam in Occitania *Edicto* 25. *April.* 1360. leg. 4. den. arg. reg. pond. 5. sol. 6. den. ad marcam Paris. pretii 10. den. Turon. *Edicto* 30. *Aug. seq.* leg. 4. den. 12. gr. arg. reg. ejusdem pretii, pond. 4. sol. 6. den. ad eamd. marcam *Edicto* 26. *Febr. ejusd. anni.*

¶ *Parvi denarii Parisienses nigri* (*Petits deniers Parisis noirs*) legis 18. gr. arg. reg. pond. 16. sol. ad marcam Paris. et

¶ *Parvi denarii Turonenses* ejusd. leg. pond. 20. sol. ad eamdem marcam *Edicto* 25. *April.* 1360. Iidem denarii Paris. et Turon. ejusd. pond. et pretii, leg. 1. den. arg. regii, *Edicto* 28. *Maii seq.*

¶ *Denarii albi* (*Blancs Deniers*) pretii 12. den. Paris. leg. 2. den. arg. reg. pond. 5. sol. 4. den. ad marcam Paris. *Ed.* 26. *Maii* 1360. ejusd. leg. et pond. pretii 6. d. Par. *Edicto* 28. *ejusd. mens.* leg. 2. d. arg. reg. pond. 6. sol. 8. d. ad marcam Par. *Ed.* 27. *Jun. seq.* ejusd. pond. et pretii, leg. vero 1. d. 12. gran. cuduntur in monetis Paris. Rotomag. Trec. Bituric. Lemovic. et Turon. *Edicto dato eodem die;* in monetis S. Portiani et Matisc. *Edicto* 22. *Jul.* 1360. in moneta Pictav. *Edicto* 27. *ejusd. mens.* leg. 1. den. 12. gran. pond. 8. sol. 4. den. pretii 6. den. Paris. *Edicto* 6. *Aug. seq.* pretii 1. d. Paris. *Edicto* 30. *ejusd. mens.* pretii 4. den. Turon. *Edicto* 5. *Dec.* 1360.

¶ *Grossi Denarii argentei boni* (*Bons gros Deniers d'argent*) qui tum cudebantur pretii 8. den. Paris. *Edicto* 30. *Aug.* 1360.

¶ *Denarii albi cum Corona* (*Deniers blancs à la Couronne*) qui tum cudebantur leg. 4. d. ut deinceps cudantur leg. 2. den. et obol. statuitur *Edicto* 15. *Octobr.* 1360. vel ut habet aliud Edictum 7. Nov. seq. leg. 2. den. 12. gran. arg. regii, pond. 5. sol. 6. den. ad marcam Paris.

☞ Typum delineari curavit D. Cangius, in cujus antica parte major Crux pedata, cum Inscript. Moneta Argent. in altera majus lilium visitur in quadruplici circino et Inscript. Gloria In Excelsis Deo. Incertum cujusnam monetæ typus hic exaratur. [** Moneta Argentoratensis, Gall. *de Strasbourg.*]

¶ *Denarii albi cum lilio* pretii 8. den. Par. *Edicto* 5. *Decembr.* 1360.

Parvi Denarii Parisienses, (*Petits Deniers Parisis*) pretii 1. den. Par. legis 2. den. argenti regii, pond. 16. sol. ad marcam Paris. Item

Parvi Turonenses, pretii 1. den. Turon. legis 1. den. 18. gran. pond. 17. sol. 6. den ad marcam Paris. Item

Denarii albi cum liliis, (*Blans deniers aux fleurs de lys*) pond. 3. den. 13. gran. legis 4. d. 12. gr. pretii 10. den. Tur. pond. 4. sol. 6. den. ad marcam Paris. Majorem crucem pedatam præferunt Inscriptionem priorem pertingentem, inter 4. lilia [** coronas] cum Inscriptione, ✝ Johannes Dei Gra. et in aversa parte campum liliatum, cum Inscript. Francorum Rex. in circulo liliato [5.] 17. *Dec.* 1360. 23. *April.* 1361. Continuator Nangii ann. 1361 : *Eodem anno fecit fieri Rex Franciæ monetam valde bonam scilicet grossos albos* 12. *den. Paris. non tamen ita magnos, sicut erant Grossi antiqui, quia illi* 16. *Parisienses tunc temporis valuerunt.* Typum hic damus. Tab. X. num. 2.

¶ *Denarii albi cum liliis* pretii 8. den. Turon. *Edicto* 10. *April.* 1361. pretii 6. den. Turon. ut ex parvis albis, qui ad 3. den. Turon. reducuntur, conjicio, *Edicto* 14. *ejusdem mens.* unde recte pretii 6. den. Turon. rursum statuuntur in *Edicto* 3. *Mart. ejusdem anni.*

Albi Denarii, (*Blans Deniers*) in Grossorum speciem, pond. 2. den. 6. gr. legis 42. den. argenti puri, pretii 15. Tur. pond. 1. sol. 6. den. ad marcam Paris. cruce insigniti pedata, et duplici solita Inscriptione : in aversa parte, templo coronato, [** cruce insignito] et Inscript. Turonus Civis cum limbo liliato. 23. *April.* 1361. 2. *Maii seq.* Typum damus Tab. X. num. 3.

Semisses Alborum Denariorum, (*Demi Blans Deniers*) pretii 7. den. obol. legis 12. den. argenti regii, pond. 14. sol. ad marcam Par. *A* 22. *April.* 1361. *ad* 2. *Maii seq.*

¶ *Grossi boni Turonenses argenti puri* (*Bons gros Tournois d'argent fin*) pretii 12. den. Paris. *Edicto* 10. *April.* 1361. ejusd. pretii, leg. 12. den. arg. regii, pond. 7. sol. ad marcam Paris. *Edicto* 14. *ejusd. mens.* 29. *Oct. seq.* ejusd. pretii *Edicto* 3. *Mart. ejusdem anni.*

* Ordin. ann. 1361. 17. Sept. in Memor. D. Cam. Comput. Paris. fol. 28, v° : *Le gros Tournois de bon argent.... pour xij. den. Par. la piece, et le demi gros de bon argent.... pour vj. den. Par. la piece, et le petit denier noir, qui est en fourme de Parisis, pour j. den. la piece, et l'autre petit denier noir, qui est en fourme de Tournois, pour une obole Par. la piece; et pour ce que d'icelles monnoies n'avoit pas encore assez de faittes, eussions donné cours aux blans à la couronne pour iiij. den. Tour. la piece, et depuis ramené à trois, et depuis leur avons osté le cours : et aussi eussions donné cours aus deniers blans, à fleur de lis pour x. den. Tour. piece, et depuis ramené à huit.*

¶ *Semi-grossi Turonenses argenti puri* (*Demiz-gros Tournois d'argent fin*) pro rata ex iisdem Edictis.

¶ *Duplices Turonenses* pretii 2. den. Tur. *Edicto* 10. *April.* 1361. ejusdem pretii, leg. 2. den. 12. gr. arg. reg. pond. 11. sol. 8. den. ad marcam Par. *Edicto* 14. *ejusd. mens.* ejusd. pretii et pond. leg. vero 2. den. 16. gr. *Edicto* 29. *Octobr. seq.* ejusd. pretii *Edicto* 3. *Mart. ejusdem anni.*

¶ *Denarii Parisienses* leg. 2. den. arg. reg. pond. 14. sol. ad marcam Paris. pretii 1. den. Par. *Edicto* 14. *April.* 1361.

¶ *Parvi Parisienses* pretii 1. den. Turum pretii 1. den. Paris. leg. 2. den. pond. 14. Item

¶ *Parvi Turonenses* pretii 1. malliæ Par. pretii 1. den. Turon. leg. 2. den. arg. reg. pond. 17. sol. 6. den. ad marcam Paris. *Edictis* 10. *et* 14. *April.* 1361. 29. *Octobr. et* 3. *Mart. seq.*

Sub Carolo V. *sub Oresmii tempora.*

¶ *Grossi Denarii argentei* (*Gros Deniers d'argent*) pretii 15. den. Turon. leg. 12. den. arg. regii, pond. 7. sol. ad. marcam Paris. Typum habes Tab. X. num. 15. Item

¶ *Duplices Denarii Turonenses* leg. 3. d. arg. reg. pretii 2. d. Tur. pond. 13. sol. 1. den. et semiss. ad marcam Paris. cudi jubentur *Edicto dato Paris.* 27. *Jul.* 1364.

¶ *Parvi Parisienses* et *Turonenses* pretii 1. den. Paris. et 1. den. Turon. leg. 2. den. arg. reg. pond. 16. sol. ad marcam Paris. *Edictis* 20. *April.* 15. *Maii et* 18. *Nov.* 1365.

Albi Denarii, (*Blans Deniers*,) pond. 2. den. legis 4. den. pretii 5. den. pond. 8. sol. ad marcam Paris. Crucem nudam præferunt, et Inscript. Sit. Nomen. Dni. Benedictum. et in aversa parte literam K. coronatam inter 2. lilia, et Inscript. Karolus Francorum Rex in limbo. 2. *Maii* 1365. Typum damus. [** Quem nos damus Tab. X. num. 16. præfert literam K. coronatam inter duo lilia et Inscript. Dei Gracia intra limbum liliatum, et in aversa parte crucem cum Inscript. Francorum Rex. et in limbo Benedictum, etc.] Item.

Parvi Denarii Parisienses, (*Petits Deniers Parisis*) pond. 1. den. legis 2. den. pretii 1. d. Par. pond. 8. sol. ad marcam Paris. Item.

Parvi Denarii Turonenses, pretii 1. den. Turon. legis 2. den. argenti regii, pond. 20. sol. ad marcam Paris.

¶ *Denarii albi argentei* nuper cusi et qui tum cudebantur pretii 4. den. Paris. *Edicto* 15. *Maii* 1365. pretii 5. den. Tur. *Edicto* 6. *Febr.* 1369. Incertum an de iis denar. intelligendum Chron. Bonæ-Spei pag. 323. ubi ad ann. 1365 : *Solidi albi* 14. *currentes æquivalent in Comitatu Hannoniæ* 15. *Turonensibus.*

¶ *Denarii albi argentei* (*Deniers blancs d'argent*) leg. 12. den. aut circiter arg. reg. pond. 8. sol. ad marcam. Paris. pretii 15. den. Turon. *Edicto dato Rotomagi* 3. *Aug.* 1369. *et* 6. *Febr. seq.* ejusdem pond. et pretii, leg. 11. den. 3. gran. et 1. quart. *Edicto dato Paris.* 19. *Jun.* 1370. 1. *Maii* 1371. ejusd. pretii leg. 11. den. 6. gran. pur. *Edicto* 28. *Maii* 1372. ejusd. pretii et leg. pond. 8. sol. ad marcam Paris. *Edicto* 17. *Jun.* 9. *Aug.* 22. *Nov.* 21. *Febr. seq.* ejusd. pond. et pretii, leg. 11. den. 17. gr. arg. reg. aut circiter *Edicto* 7. *April. ejusd. anni.*

¶ *Denarii albi* pretii 5. den. Turon. Item

¶ *Parvi Parisienses* et *Turonenses* pretii 1. denar. Paris. et Turon. *Edicto* 1. *Maii* 1371.

☞ Anno 1372. ex Cod. MS. a D. *le Blanc* pag. 236. laudato, cusi Grossi argentei leg. 9. den. pond. 1. den. 1. gran. in quibus effictum castellum, cruce loco coronæ insignitum, cum limbo. 10. liliis ornato et Inscript. Benedictum Sit etc. qui denarii interdum *Spinæ* (*Espines*) nuncupantur.

¶ *Denarii albi argentei* pretii 15. den. Turon. pond. 8. sol. ad marcam Par. leg. 11. den. 6. gr. arg. reg. *Edicto* 11. *Sept.* 1373. ejusdem pretii et pond. leg. 12. arg. reg. *Edicto* 13. *Octobr. seq.* ejusd. pond. et pretii, leg. 11. d. 6. gr. *Ed.* 4. *Aug.* 1374.

¶ *Parvæ Malliæ Turonenses* leg. 1. den. 6. gran. arg. regii, pond. 25. sol. ad marcam Paris. *Edicto* 10. *Jun.* 1374.

¶ *Denarii albi* pretii 5. den. Turon. *Edicto* 10. *Aug.* 1374. ejusd. pretii, leg. 4. den. arg. regii, pond. 8. sol. ad marcam Paris. *Edicto* 12. *Dec. seq.*

¶ *Parvi Denarii Parisienses* pretii 1. den. Paris. leg. 2. den. arg. reg. pond. 106. den. vel 16. sol. ad marcam Paris. Item

¶ *Parvi Turonenses* pretii 1. den. Turon. leg. 2. den. arg. regii, pond. 200. den. vel 20. sol. ad marcam Paris. *Edictis* 9. *et* 20. *Janv.* 1374.

¶ *Denarii albi argentei* pretii 15. den. Turon. leg. 12. den. arg. reg. pond. 8. sol. ad marcam Par. *Edictis* 15. *Oct. ult. ejusd. mens. et* 6. *Nov.* 1375. ejusd. pretii et pond. leg. 11. den. 6. gran. pur. aut circiter *Edicto* 23. *Sept. et* 3. *Octobr.* 1377. ejusd. pretii *Edicto* 28. *Julii* 1378. ejusdem pond. et pretii, leg. 11. den. 17. gran. *Edictis* 19. *Aug. seq. et* 8. *Mart.* 1379.

¶ *Denarii parvi Turonenses* leg. 2. den. arg. reg. pond. 20. sol. ad marcam Paris. pretii 1. den. Turon. *Edicto* 20. *Nov.* 1378.

¶ *Denarii albi* pretii 5. den. Turon. Item

¶ *Parvi Parisienses* et *Turonenses* pretii 1. den. Paris. et Turon. *Edicto* 8. *Mart.* 1379. [** Typus parvi Parisiensis est Tab. X. num. 19. duplicis num. 17. et 18.]

* Literæ remiss. ann. 1376. in Reg. 110. ch. 242 : *Iceulx Oodin et Regnaut par esbatement gaigerent ensemble pour la somme de dix solz, que icellui Oudin ne sçauroit à dire combien vj^c. blans valent de frans ; lequel Oudin respondi que vj^c. blans valent vj. frans ; et lors icellui Regnaut dist audit Oudin que il avoit perdu la gaigeure : car vj^c. blans ne valent que vj. frans et demi.*

Sub Carolo VI.

¶ *Denarii albi argentei* (*Deniers blancs d'argent*) pretii 15. den. Turon. leg. 11. den. 6. gran. pur. pond. 8. sol. ad marcam Paris. *Edictis* 16. *et* 23. *April.* 1381. ejusd. pretii et pond. leg. 11. den. 6. gr. pur. aut circiter *Edictis* 25. *ejusd. mens.* 5. *et* 15. *Aug.* 1381. 15. 29. *Maii*, 17. *Jun.* 14. *Jul.* 7. et 12. *Aug.* 1382. 5. *Dec.* 1383.

¶ *Denarii parvi Parisienses* sub forma currente pretii 1. den. Paris. leg. 2. den. arg. reg. pond. 16. sol. ad marcam Paris. cudi jubentur Edicto 24. Octob. 1381. 24. Octob. 1382. 19. Jul. 16. Mart. 1383.

Albi Denarii cum Scuto, (*Blans Deniers à l'Escu*) dicti a *Cambiatoribus*, seu trapezitis *Guenars*, pond. 2. den. 13. gr. legis 6. den. pretii 10. den. Turon. pond. 6. sol. 3. den. ad marcam Paris. Crucem majorem pedatam inter binas coronas et bina lilia præferunt cum Inscriptione : Sit Nomen, etc. et in postica scutum cum 3. liliis, et Inscript. † Karolus Francor. Rex. 11. *Mart.* 1384. 30. *Oct.* 1389. 7. *Jun.* 1413. Typum damus. Tab. XI. num. 10. Semissis num. 11.

Eorumdem *Alborum* semisses, pro rata.

* Literæ remiss. ann. 1380. mens. Apr. ante Pascha ex Reg. 118. Chartoph. reg. ch. 403 : *Pour lesquelx deux solz Jehan Thomas bailla audit Reliot un gros Tournois d'argent à deux Os, qui tant valoit au pais.*

¶ *Grossi Denarii argentei* (*Gros Deniers d'argent*) leg. 12. den. arg. reg. pond. 8. sol. ad marcam Paris. pretii 15. den. Turon. *Edicto* 22. *Nov.* 1384. 27. *Nov.* 1388.

¶ *Denarii parvi Parisienses* pretii 1. den. Paris. leg. 2. den. arg. reg. pond. 15. sol. ad marcam Paris. *Edicto* 22. *Nov.* 1384. ejusd. leg. et pretii, pond. 16. sol. 8. den. ad eamd. marcam *Edicto* 11. *Mart. ejusd. ann.* ejusd. leg. pretii et pond. *Edicto* 19. *Febr.* 1385. 27. *Jun.* 1386. 11. *Sept.* 1389. ejusd. pretii et leg. pond. 15. sol. *Edicto* 2. *Mart. ejusdem anni.*

¶ *Parvi Turonenses* pretii 1. den. Turon. leg. 2. den. arg. reg. pond. 20. solid. ad marcam Paris. *Edicto* 22. *Nov.* 1384.

¶ *Denarii albi* pretii 10. den. Turon. leg. 6. den. arg. reg. pond. 6. sol. 3. den. ad marcam Paris. *Edicto* 11. *Mart.* 1384.

¶ *Duplices Turonenses* pretii 2. den. Turon. leg. 2. den. 12. gr. arg. reg. pond. 13. sol. et 1. quart. den. ad marcam Paris. *Edicto* 11. *Mart.* 1384. 26. *Nov.* 1388. 11. *Sept.* 1389.

¶ *Parvi Turonenses* legis et pretii ut supra, pond. 20. sol. 10. den. ad marcam Paris. *Edicto* 11. *Mart.* 1384. 11. *Sept.* 1389.

¶ *Parvæ Malliæ Parisienses* leg. 3. mall. arg. reg. pond. 25. ad marcam Par. *Ed.* 11. *Martii* 1384.

¶ *Denarii parvi albi cum Scuto* (*Petits deniers blancs à l'Escu*) pretii 5. Tur. leg. 6. d. arg. reg. pond. 12. s. 6. d. ad marcam Par. cudi jubentur sub figura et typo magnorum alborum cum Scuto præter quam quod una tantum corona et unum lilium in iis effingitur, *Edicto* 26. *Sept.* 1388.

¶ *Alborum* veterum cursus inhibetur *Edicto* 11. *Sept.* 1389.

¶ *Denarii albi cum Scuto* pretii 10. den. Turon. leg. 5. den. 12. gr. arg. reg. pond. 6. sol. 2. den. 1. quart. den. ad marcam Paris. cudi jubentur in Francia et Delphinatu sub forma et typo currentibus *Edicto* 11. *Sept.* 1389. Item

¶ *Albi cum Scuto*, dicti semisses alborum (*demi Blancs à l'Escu*) pretii 5. den. Turon. leg. ut supra, pond. 11. sol. 4. den. et semiss. Item

¶ *Duplices Turonenses* leg. 2. den. 12. gr. pond. 14. sol. 3. quart. den. ad marcam Paris. Item

¶ *Parvi Parisienses* leg. 1. den. 16. gr. arg. reg. pond. 15. sol. ad marcam Paris. Item

¶ *Parvi Turonenses* ejusdem leg. pond. 18. sol. 9. den. ad eamdem marcam.

Duplices Denarii Turonenses, (*Doubles Deniers Tournois*) pond. 1. den. 3. gr. legis 2. den. 13. al. 12. gran. pond. 13. sol. et 4. part. den. ad marcam Paris. pretii 2. den. Turon. Cruce ornantur pedata et in-lilia desinente, quæ Inscriptionem pertingunt, et in circulo, † MONETA DUPLEX. et in aversa parte tribus liliis in area, aut in scuto, cum Inscript. † KAROLUS FRANCORUM REX. 31. *Oct.* 1389. Typum damus. Tab. XI num. 14. Item

Parvi Denarii Parisienses, pretii 1. den. Paris. legis 1. den. Paris. pond. 16. sol. Paris. ad marcam Paris. Item

Parvi Denarii Turonenses, pretii 1. den. Turon. legis 2. den. pond. 20. sol. ad marcam Paris. Item

Albi Denarii cum Scuto, (*Blans Deniers à l'Escu*) pretii 10. d. Tur. leg. [5. d.] 12. gr. arg. reg. pond. 6. sol. 2. den. 1. quart. ad marcam Paris. Item

Albi cum Scuto, dicti semisses alborum, (*demi blans*) pretii 5. den. Tur. ejusd. legis, pond. 12. sol. 4. den. et semiss. den. ad marcam Paris. Item

Duplices Denarii Turonenses, (*Doubles Deniers Tournois*) legis 2. den. 12. gr. pond. 14. sol. 3. quart. den. ad marcam Paris. Item

Parvi Denarii Parisienses, legis 1. den. 16. gr. pond. 15. sol. ad marcam. Item

Parvi Denarii Turonenses, ejusd. legis et pond. ad marcam 18. sol. 9. den. *A* 30. *Oct.* 1389. *ad* 31. *ejusd. mensis seq.* 7. *April.* 1390. 8. *April.* 1391.

¶ *Denarii albi* pretii 4. den. Turon. *Edicto* 3. *Nov.* 1389. qui cursus prorogatur usque ad Pascha proximum *Edicto* 18. *Dec. seq.*

¶ *Parvi Parisienses* pretii 1. den. Paris. leg. 1. den. 16. gran. arg. reg. pond. 15. sol. ad marcam *Edicto* 27. *April. et* 24. *Mart.* 1392.

¶ *Malliæ parvæ Turonenses* pretii 1. mall. Turon. leg. 1. den. 3. gr. arg. reg. pond. 25. sol. 3. den. 3. quart. den. ad marcam *Edicto* 23. *Jul.* 1393. 2. *April.* S407.

¶ *Denarii albi cum Scuto* leg. pretii et pond. ut supra, et eorum semisses *Ed.* 29. *Jul.* 1394. Item

¶ *Duplices Turonenses* et

¶ *Parvi Parisienses* et *Turonenses*: quod iterum statuitur *Edictis* 12. *Jan.* 1395. 7. *Dec.* 1396. *et* 2. *April.* 1407.

¶ *Denarii albi cum Scuto* qui tum cudebantur pretii 10. den. Turon. *Edicto* 2. *April.* 1407.

¶ Eorumdem semisses pro rata. Item

¶ *Duplices Turonenses* pretii et leg. ut supra, pond. 13. sol. et 4. part. den.

Denarii albi cum Scuto (*Deniers blans à l'Escu*) pretii 10. den. Turon. legis 5. den. argenti regii, pond. 6. sol. 8. den. ad marcam Paris. Item

Albi Denarii cum Scuto, dicti alborum semisses, (*demi blans*) pretii 5. den. Turon. ejusdem legis, pond. 13. sol. 4. den. ad marcam Paris. Item

Duplices Denarii Turonenses, (*Doubles Deniers Tournois*) pretii 2. den. Tur. leg. 2. den. pond. ad marcam 13. sol. 4. den. Item

Parvi Denarii Parisienses, legis. 1. den. 12. gran. pond. ad marcam 16. sol. Item

Parvi Denarii Turonenses, ejusdem legis, pond. ad marcam 20. sol. *A* [20.] 26. *Oct.* 1411. *ad* 30. *Nov.* 1412. *et* 7. [20.] *Jun.* [3. *Jul.*] 1413. Item

¶ *Malliæ* leg. 1. den. pond. 26. sol. 8. den. ad marcam Paris.

Albi Denarii, dicti *Grossi argentei*, (*Blans Deniers appellez Gros d'argent*) pond. 2. den. 6. gran. legis 11. den. 16. gr. pretii 20. den. Tur. pond. 7. sol. 1. und. den. [vel. 5. sol. 5. den. cum. 4. part.] ad marcam Paris et Inscript. SIT NOMEN, etc. et in aversa parte cum 3. liliis et Inscript. KAROLUS FRANCORUM REX. 7. *Jun.* [3. *Jul.*] 3. *Novemb.* 1413. Vide Monstrellet. 1. vol. cap. 111. Item

Albi Denarii, dicti semisses Grossorum: (*demi Gros*) pretii 10. den. Tur. ejusdem legis, pond. ad marcam 14. sol. 1. den. 2. duod. den. Item

Albi Denarii, dicti *quarts de Gros*, pretii 5. den. Tur. ejusdem legis, pond. ad marcam 18. sol. 12. den. 4. duodec. den.

Albi Denarii, dicti *Grossi argentei*, (*Blans deniers appellez Gros d'argent*) pond. 2. den. 22. gran. legis 9. den. pond. ad marcam 5. sol. 5. den. pretii 20. den. Tur. cum crucicula, et duplici Inscript. SIT NOMEN. et KAROLUS D. G. FRANCOR. REX. et in postica cum 3. liliis coronatis, corona ipsam attingente Inscriptionem, † GROSSUS TURONUS, et cum limbo liliato *A.* 3. *ul.* 13. *Nov.* 1413. *ad.* 4. *Jun.* 1414. Typum damus. Tab. XI. num. 7.

Eorumdem semisses.

Albi Denarii cum Scuto, (*Blans Deniers à l'Escu*) pretii 10. den. Tur. legis 5. den. argenti regii, pond. ad marcam 6. sol. 8. den. similes iis quos *Guenars* appellatos diximus. Item

Eorum semisses dicti *Demi Blans.* Item

Duplices Denarii Turonenses, pretii 2. den. Tur. legis 2. den. pond. ad marcam Par. 13. sol. 4. d. [** Duplicem denarium Turonensem exhibemus Tab. XI. num. 14. et Obolum Turonensem ibid. num. 16.]

Parvi Denarii Parisienses, (*Petits Deniers Parisis*) monetæ exiguæ, pond. 1. den. legis 1. den. 12. gran. pond. ad marcam 13. sol. 4. den. pretii 1. den. Paris. cum cruce liliata, et Inscript. † PARISIUS CIVIS, et in postica hisce in medio characteribus, FRAN. quibus imminet corona, et in circulo, KAROLUS REX. Typum damus. [** Est Turon. Duplex Caroli V. nobis Tab. X. num. 17.] Item

Duplices Denarii Turonenses, pretii 2. den. Tur. legis 2. den. pond. ad marcam 13. s. 4. den. Item

Parvi Denarii Parisienses, legis 1. den. 12. gr. pond. ad marcam 16. sol. Item

Parvi Denarii Turonenses, ejusdem legis, pond. ad marcam 20. solid. *A* 4. *Junii* 1414. *ad* 10. *Maii* 1417.

¶ *Denarii albi argentei* pretii 20. den. Tur. Item

¶ *Albi Denarii* dicti semisses Grossorum pretii 10. den. Turon. Item

¶ *Albi Denarii* dicti *quarts de Gros* pretii 5. den. Turon. Item

¶ *Denarii albi cum Scuto* pretii 15. den. Tur. et

¶ *Parvi albi cum Scuto* pretii 5. den. Tur. Item

¶ *Duplices Turonenses* pretii 2. den. Tur. Item

¶ *Parvi Paris.* pretii 1. den. Paris. et

¶ *Parvi Turonenses* pretii 1. den. Turon. *Edicto* 20. *Jan.* 1416.

Albi Denarii, *Grossi* dicti (*Blans Deniers appellez Gros*) pond. 2. den. 2. gr. legis 8. den. pond. ad marcam 6. sol. 8. den. pretii 20. den. Tur. cum cruce liliata et binis coronis inter brachia, et Inscript. SIT NOMEN, et in aversa parte cum 3. liliis coronatis, et Inscript. KAROLUS FRA. REX. 10. *Maii*, 20. *Octob.* 1417. Typus hic delineatur. Tab. XI. num. 8. Semissis num. 9.

¶ *Parvi Denarii albi* pretii 5. den. Turon. legis 4. den. arg. reg. pond. 13. sol. 4. den. ad marcam Paris. *Edicto* 10. *Maii et* 14. *Junii* 1417.

¶ *Malliæ parvæ Turonenses* pretii 1. malliæ Turon. leg. 1. den. arg. reg. pond. 33. sol. 4. den. ad marcam Paris. *Edicto* 10. *Maii* 1417.

¶ *Denarii albi cum Scuto* pretii 10. den. Turon. leg. 2. den. 16. gr. arg. reg. pond. 6. sol. 8. den. ad marcam Paris. *Edicto* 21. *Oct.* 1417.

Albi Denarii, dicti *Grossi*, pretii 20. den. Tur. legis 8. den. argenti regii, pond. ad marcam Paris. 6. sol. 8. den. Item

Albi Denarii cum Scuto, (*Blans Deniers à l'Escu*) pretii 10. den. Turon. legis 4. den. pond. ad marcam Paris. 6. sol. 8. den. Item

Eorum semisses dicti *demi Blans.* Item

Duplices Denarii Turonenses, (*Doubles Deniers Tournois*) pretii 2. den. Turon. legis 2. den. argenti regii, pond. ad marcam 16. sol. 8. den. Item

Parvi Denarii Parisienses, (*Petits Deniers Parisis*) pretii 1. den. Paris. legis 1. den. malliæ argenti regii, pond. ad marcam Paris. 20. sol. Item

Parvi Denarii Turonenses, (*Petits Deniers Tournois*) pretii 1. den. Turon. legis 1. den. malliæ argenti regii, pond. ad marcam 25. sol. Item

Parvæ Malliæ (*Petites Mailles*) pretii malliæ Turon. legis 1. den. argenti regii, pond. ad marcam 36. sol 3. den. *A* 17. *Maii* 1417. *ad* 21. *Octobr. seq.* 28. *Maii*, 19. *Jan.* 7. *Martii* 1418. 9. *April. post Pascha* 1420. 6. *Maii* 1420.

Parvi Denarii albi cum Scuto, (*Petits Deniers blans à l'Escu*) pretii 5. den. Turon. legis 3. den. argenti regii, pond. ad marcam Paris. 12. sol. in quibus effictum in utraque parte liliolum initio Inscriptionis, ubi crucicula præponi solet 16. *Maii* 1417. Vide Hautinum pag. CXLV. 1. et pag. CLIX. 6.

¶ *Grossi Denarii albi* pretii 20. den. Turon. leg. 3. den. 8. gran. arg. reg. pond. 6. sol. 8. den. ad marcam Paris. Item

¶ *Denarii albi cum Scuto* pretii 10. den. Tur. et

Parvi albi pretii 5. den. Turon. *Edicto* 7. *et* 16. *Mart.* 1418.

¶ *Grossi Denarii albi* ejusd. pretii et pond. quibus alii, leg. 4. den. arg. reg. Item

¶ *Albi Denarii* dicti semisses Grossorum pretii 10. den. Turon. leg. 3. den. 8. gr. arg. reg. pond. 11. sol. 8. den. ad marcam Paris. sub figura eorum qui nuper cusi fuerant, *Edicto* 18. *Jun.* 1419.

¶ *Parvi Denarii albi* pretii 5. den. Turon. leg. 2. arg. reg. pond. 14. s. ad marcam Paris. Item

¶ *Parvi Parisienses* leg. 18. gran. pond.

28. sol. ad marcam Paris. pretii 1. den. Paris. *Litteris* 17. *Januar.* 1419.

¶ *Grossi Denarii albi*, (*Gros Deniers blancs*) pretii 20. den. Turon. leg. 2. den. 12. gran. arg. reg. pond. 8. sol. 4. den. ad marcam Paris. sub eadem figura, nisi quod loco trifoliorum, eorum corona uno lilio et binis semi-liliis ornatur ex Ordinat. General. Monetar. cudi jubentur *Edicto* 6. *Maii* 1420. ejusd. pretii *Edicto* 24. *Aug. seq.*

¶ *Duplices Turonenses* pretii 2. den. Turon. et

¶ *Parvi Turonenses* pretii 1. den. Turon. *Litteris... Jun.* 1420.

¶ *Denarii albi cum Scuto* pretii 10. den. Tur. et

¶ *Parvi albi cum Scuto* pretii 5. den. Tur. Item

¶ *Denarii Duplices Turonenses* pretii 2. den. Turon. Eorumdem semisses pro rata, *Edicto* 24. *Augusti* 1420.

¶ *Denarii nigri*, dicti *Quarts de Gros*, pretii 4. den. Paris. leg. 1. den. arg. reg. pond. 12. sol. ad marcam Paris. Item

¶ *Denarii nigri*, dicti *Duplices Denarii Parisienses*, pretii 2. den. Paris. leg. 16. gr. arg. reg. pond. 16. sol. ad marcam Paris. Item

¶ *Duplices Denarii Turonenses* pretii 2. den. Turon. leg. arg. reg. pond. 20. solid. ad marcam Paris. Item

¶ *Denarii parvi Parisienses* pretii 1. denar. Paris. legis 12. gr. argenti regii pond. 24. sol. ad eamdem marcam; et

¶ *Parvi Turonenses* pretii 1. den. Turon. ejusdem leg. pond. 30. sol. ad marcam Paris. *Edicto* 13. *Octobr.* 1420.

¶ *Grossi denarii albi* pretii 20. den. Turon. leg. 11. den. 12. gr. arg. reg. pond. 17. sol. 2. den. cum 4. part. den. ad marcam Paris. Item

¶ *Albi Denarii* dicti semisses Grossorum legis ejusd. pretii 10. den. Turon. pond. 14. solid. 4. den. et semiss. den. ad marcam. Item

¶ *Albi Denarii* dicti *Quarts de Gros* ejusd. leg. pretii 5. den. Turon. *Edicto* 19. *Dec* 1420.

Albi Denarii, dicti *Duplices Denarii Turonenses*, (*Blans Deniers appellez Doubles Deniers Tournois*) pond. 1. den. 17. gran. legis 1. den. 12. gr. pond. ad marcam Paris. 9. sol. 4. den. [et semiss. den.] pretii 2. den. Turon. præferunt crucem pedatam, cum Inscript. † DUPLEX TURONUS FRANCIE. et in aversa parte, lilium coronatum, cum Inscript. KAROLUS FRANCORUM REX. 11. *Aug.* 1421. *ad* 23. *Nov.* 1422. Typus Tab. XI. num. 12. Ii forte quos *Florettes* appellatos ea tempestate scribit Monstrelletus 1. vol. cap. 251. quorum 2. den. pretium fuit. Eorum semisses. Typum exhibet Tab. XI. num. 15.

¶ *Grossi Denarii albi* pretii 20. sol. Turon. reprobantur. *Edicto dato Paris.* 22. *Maii* 1422.

Sub HENRICO VI. *Rege Angliæ.*

Albi Denarii, cum binis scutis Franciæ et Angliæ, (*Blans Deniers à 2. Escus de France et d'Angleterre*) pond. 2. den. 13. gr. legis 5. den. argenti regii, pond. ad marcam Paris. 6. sol. 3. den. pretii 10. den. Crucem nudam præferunt et caudatam, inter lilium et leopardum, infra HENRICUS, in circulo, SIT NOMEN, etc. In postica, duo scuta juncta, et supra, HENRICUS, et in circulo coronulam, et Inscript. FRANCOR. ET ANGLIE REX. In aliis loco coronulæ est lilium vel leopardus. *A* 23. *Nov.* 1422. *ad* 4. *Jun.* 1423. Typum hic damus. Tab. XII. num. 6. Miror non descriptum ab Hautino, cum passim occurrat. [** Alterum hujus regis denarium album exhibet Tab. XII. num. 8. ubi in medio tria lilia, quibus imminet corona et in utraque parte leopardus, cum Inscriptione HENRICUS FRANCORUM REX, in aversa parte crux pedata et liliata, quæ præfert in medio literam H, juxta crucis brachia corona et leopardus, cum Inscript. BENED. SIT. etc.]

Semisses eorumdem *Alborum*, pretii pro rata, cruce nuda et caudata inter H. et R. decorantur, cum Inscript. SIT NOMEN, etc. et in aversa parte binis scutis ipsam Inscriptionem pertingentibus, HENRICUS REX. In aliis loco coronulæ effingitur crucicula. Describitur ab Hautino cxxv. 3. atque hic delineari curavimus Tab. XII. num. 7.

Parisienses (*Parisis*) cusi ab Anglis similes Parisiensibus Caroli VI. ann. 1417. qui crucem pedatam præferunt et liliatam, cum Inscript. PARISIUS CIVIS. In aversa parte, hosce in medio exaratos characteres, HENRI, cum coronula, supra, et lilio ac leopardo, infra: pond. 23. gran. alterius legis, scilicet 1. den. et 12. gr. pretii 1. den. Paris. Nulla fit hujusce monetæ, cujus hic typos damus, Tab. XII. num. 11. et 12. mentio in Regestis Curiæ Monetarum. [** Vulgo *Niquets* dicuntur.]

Denarii nigri, (*Deniers noirs*) pond. 1. denar. 6. gran. gravium, legis 3. den. pretii 3. den. Tur.

Parvi Denarii Turonenses, (*Petits Deniers Tournois*) pond. 20. gran. legis 11. den. 12. gran. pretii 1. den. Turon. Crucem habent pedatam, et Inscript. TURONUS FRANCIÆ. [leg. TURONUS CIVIS, vel OBOLUS FRANCIÆ.] In aversa vero parte lilium et leopardum, cum Inscript. H. REX FRANCIÆ ET ANGL. Vide Hautinum CXXVII. 3. 4. 5. Typos habes hic. [** Tab. XII. num. 9. *Denarii Turonensis* cum inscriptionibus TURONUS FRANCIÆ et in aversa parte HENRICUS REX; et num. 10. *Oboli Turonensis* cum inscript. OBOLUS CIVIS et HENRICUS REX.]

Parvæ Malliæ Turonenses, (*Petites Mailles Tournoises*) pond. 15. gran. legis 1. den. pretii semissis denarii, quod est *Malliæ*.

De monetis aureis et argenteis ab Henrico in Francia cusis, audiendus Monstrelletus 1. vol. cap. 251: *Esquels jours aussi fut ordonné par le Conseil Royal, que les Flourettes qui avoient cours pour 4. deniers, seroient remises à deux: Et l'Escu d'or qui avoit couru pour neuf frans, fut mis à 18. sols Parisis, pour lesquelles mutations en ensuivant telles dont dessus est faite mention, furent moult de gens troublez, voians que leurs chevances qu'ils avoient ès monnoies dessusdites, estoient diminuées la huitiéme partie. Et pour avoir provision d'autre monnoie nouvelle qui fut de valeur, furent forgez Saluz d'or, qui avoient cours pour 25. sols Tournois la piece: et i avoit en iceux 2. Escus, l'un de France et l'autre d'Angleterre. Et au regard de la blanche monnoie, on forgea Doubles qui eurent cours pour deux deniers Tournois, et enfin en commun langage furent nommez Niquetz, et furent en regne environ trois ans tant seulement.*

* Charta ann. 1435. 22. Aug. ex Tabul. S. Petri de Regula: *Vendidit quandam vineam in decimaria S. Aniani pretio viginti quatuor francorum, computatis pro quolibet franco sexaginta arditis.*

Sub CAROLO VII.

¶ *Denarii albi cum Scutis Franciæ et Angliæ* reducuntur ad 7. den. Paris. *Litteris* 26. *Jun.* 1436.

¶ *Magni Albi cum Scuto Franciæ*, (*Grands Blancs à l'Escu de Erance*) crucem pedatam præferunt in quadruplici circino cum 2. coronis et 2. liliis inter crucis brachia, et Inscript. SIT NOMEN, etc. in altera parte Scutum Francicum inter 3. coronulas in triplici circino, et Inscript. KAROLUS FRANC. REX. pretii 10. d. Typum exhibemus Tab. XII. num. 18. Item

¶ *Parvi Albi* sub iisdem figuris, pretii 5. den. *Edicto* 12. *Jul.* 1436. Typum damus Tab. XII. num. 19.

Diplomate Regio dato Turonibus 9. Augusti 1436. jubentur Trapezitæ, seu *Cambiatores*, dare marcam argenti pro 7. lib. Turon.

¶ *Magni Albi* leg. 5. den. pond. 6. sol. 8. den. ad marcam Paris. pretii 10. den. Turon. *Edicto* 31. *Dec.* 1441. Item

¶ *Parvi Albi* ejusd. leg. pretii 5. den. Turon. pond. 13. sol. 4. den. ad eamdem marcam.

¶ *Magni Albi* pretii 10. den. Turon. leg. 4. d. 21. gran. arg. reg. cum 1. gran. remedii, pond. 6. sol. 10. den. 3. quart. et remiss. ad marcam Paris. Item

Parvi Albi, (*Petits Blancs*) pond. 1. den. 3. gr. legis ejusd. pretii 5. den. Tur. cum cruce pedata, et Inscript. SIT NOMEN, etc. In postica cum K. coronato inter 2. lilia et Inscript. KAROLUS FRANCOR. REX. Item

¶ *Duplices Nigri*, (*Doubles noirs*) pretii 2. den. Turon. leg. 2. den. arg. reg. pond. 15. solid. ad marcam. Item

¶ *Denarii Parisienses* pretii 1. den. Paris. leg. 1. den. 8. gr. pond. 16. sol. ad marcam. Item

¶ *Parvi Turonenses* ejusd. leg. pretii 1. den. Turon. pond. 20. sol. ad marcam. Item

¶ *Oboli Turonenses* leg. 18. gr. pond. 25. sol. ad marcam Paris. *Diplom.* 20. *Jan.* 1446.

Denarii Parisienses, (*Deniers Parisis*) pond. 1. den. legis 1. den. 8. gr. pretii 1. den. Paris. Crucem habet liliatam, et Inscript. PARISIUS CIVIS, et in aversa parte in medio, FRAN. corona supra imminente, cum Inscript. KAROLUS REX. [** Est Caroli V. nobis Tab. X. num. 17.] Item

Parvi Denarii Turonenses, ponderis 18. gran. legis 1. den. 8. gr. pretii 1. den. Tur. cum cruce pedata, et Insc. TURONUS CIVIS, et in postica cum 2. liliis, et Inscript. KAROLUS REX. Habes typum. [** Est Caroli VII. nobis Tab. XI. num. 16.] Item

Malliæ Turonenses, (*Mailles Tournoises*) pond. 15. gran. legis 18. gr. pretii semissis Turon. cum cruce pedata, et Inscript.

Obolus Franciæ. In aversa parte, corona cum lilio supra imminente, et Inscript. Karol. Rex. Item

Grossi Turonenses argentei, (*Gros Tournois d'argent*) quos *Cambiatores* vulgo *Jaques Cœur*, vocant, pond. 2. den. 19. gr. legis 11. den. 15. gr. pretii 2. sol. 6. den. Turon. cum cruce liliata, et binis liliis, inter crucis brachia et Inscript. Sit Nomen, etc. in postica, cum 3. liliis coronatis, et Inscr. Karolus Fran. Rex. Typus describitur. Tabul. XII. num. 17. *Diplomate* 26. *Maii* 1447.

Albi, (*Blans*) ponderis 2. den. 8. gran. legis 5. den. pretii 10. denar. cum cruce [in 4. coronulas desinente inter 4. lilia, vel bina lilia et binos Delphinos,] et Inscript. Sit Nomen, etc. aversa parte, lit. K. coronata inter 2. lilia, [vel lilium inter et Delphinum et] Inscript. Karolus Fr. R.

Grossi similes, et

Albi cum Corona, (*Blans à la Couronne*) magni et parvi, pond. 2. den. 8. gran. legis 4. den. 12. gr. pretii 10. den. Crucem præferunt pedatam ut in vulgaribus solidis, cum 2. liliis, et 2. coronis inter crucis brachia in quadruplici circino. In aversa parte scutum cum 3. liliis inter 3. coronulas, in triplici circino et Inscript. † Karolus Francor. Rex. *Eodem Diplom. et alio* 6. *Jun.* 1455. Typos damus. Tab. XII. num. 18.

☞ *Grossi Turonenses* 30. æstimantur 37. sol. et semiss. in Charta ann. 1454. ex vet. Necrolog. Eccl. Vivar. : *Procurator Universitatis distribuere debet in quolibet dictorum anniversariorum* 30. *Grossos valentes* 37. *sol. cum dimidio.*

¶ *Grossi Denarii argentei*, pretii 2. sol. 6. den. Turon. leg. 11. den. 12. gr. arg. reg. pond. 5. sol. 9. den. ad marcam Paris. Typum damus Tab. XII. num. 16. Item

¶ *Magni Denarii albi* pretii 10. den. Turon. leg. 4. den. 12. gr. arg. reg. pond. 6. sol. 9. den. ad marcam; et

¶ *Parvi Albi* ejusd. leg. pretii 5. den. Turon. pond. 13. sol. 6. den. Item

¶ *Denarii Albi* pretii 10. den. Turon. leg. 4. den. arg. reg. pond. 6. sol. ad marcam. Item

¶ *Duplices Turonenses* pretii 2. den. Turon. [** Typum habes Tab. XII. num. 20.] et

¶ *Parvi Parisienses* et *Turonenses* pretii 1. den. Par. et Tur. *Ed.* 16. *Jun.* 1455. *et* 7. *Jun.* 1456.

Sub Ludovico XI.

* Arestum parlam. Par. 18. Febr. 1463. ex Tabul. S. Germ. Prat. : *Fut dit et déclaré que lesdits de Citeaux seroient tenus de payer laditte pension à laditte monnoye de petits Tournois, au pris et valeur quatre francs, cinq sols Tour. le marc d'argent, pour les années* 1461. 62. *et* 63. *et dès lors en avant sans diminution.*

* Literæ Ludov. XI. ann. 1464. 3. Mart. ex Bibl. reg. : *La somme de sept mille trois cent vingt-huit livres, quinze solz Tournois, monnoye de xxvij. solz, vj. den. Tour. pour escu.*

Parvi Liardi Delphinatus, (*Petits Liards du Dauphiné*) seu denarii albi dicti *Liards*, pond. 1. den. legis 3. den. pretii 3. den. Tur. cum cruce inter bina lilia, et binas coronulas, et Inscript. Sit Nomen, etc. In aversa parte, cum Delphino, et Inscript. Ludovicus Francor. Rex. *Diplom. dato Parisiis* 18. *Sept.* [*et* 18. *Octobr.*] 1467. [ejusd. pretii *Edicto* 4. *Jan.* 1470.]

Parvi Liardi Franciæ, (*Petits Liards de France*) cusi in aliis officinis monetariis, atque adeo Aquitanicis, in quibus loco Delphini effingitur parvulus Rex pallio involutus, ensem manu tenens, cum eadem Inscriptione. Quæ quidem monetæ species non recensetur in veteribus Regestis. Hujus typum exhibemus. Tab. XIII. num. 10. Vide *Liardus*.

¶ *Grossi Denarii argentei* pretii 2. solid. 6. denariorum. [** Grossum denarium argenteum dat tab. XIII. num. 4.] Item

¶ *Magni Albi* pretii 10. den. et

¶ *Parvi Albi* pretii 5. den. Turon. Item

¶ *Duplices Turonenses* pretii 3. den. Tur. Item

¶ *Parvi Parisienses* pretii 1. den. Paris. et

¶ *Parvi Turonenses* pretii 1. den. Turon. *Edicto* 4. *Jan.* 1470. [** Parisiensem exhibet Tab. XIII. num. 8. Turonensem ibid. num. 9.]

¶ *Grossi Denarii argentei* pretii 2. sol. 9. denar. Turon. Item

¶ *Magni Albi* pretii 11. den. Turon. et

¶ *Parvi Albi* pretii 5. den. obol. Turon. Item

¶ *Ardici* et *Liardi Franciæ et Delphinatus* pretii 3. den. Turon. *Edicto* 28. *Decemb.* 1473. Vide *Ardicus*.

¶ *Duplices Turonenses* pretii 2. den. Tur. Item

¶ *Parvi Parisienses* pretii 1. den. Paris. et

¶ *Parvi Turonenses* pretii 1. den. Turon. *Edicto* 28. *Dec.* 1473.

Magni Albi cum Corona, (*Grans Blans à la Couronne*) prædictis similes, pond. 2. den. 5. gr. legis 4. den. 12. gran. pretii 11. den. 4. *Jan.* 1473. Typus hic describitur. Tab. XIII. num. 5.

¶ Eorumdem semisses pro rata.

☞ Scutum auri æquivalet 33. Magnis albis, in Litteris Ludovici XI. ann. 1475. apud Rymer. tom. 12. pag. 20.

Magni Albi cum Sole, (*Grans Blans au Soleil*) pond. 2. den. 10. gran. legis 2. den. 12. gran. pretii 13. den. Turon. cum cruce pedata in quadruplici circino, et Inscript. Sit Nomen, etc. et in postica, cum 3. liliis in triplici circino inclusis, et sole in superiori parte Inscript. Ludovicus Francor. Rex. *Diplom.* 2. *Nov.* 1475. Typum damus. Tab. XIII. num. 6. Semissis ibid. num. 7.

¶ *Duplices Turonenses* leg. 1. den. 12. gran. arg. reg. cum 2. gran. remedii, pond. 14. sol. pretii 2. den. Turon. Item

¶ *Parvi Parisienses* leg. 1. den. arg. reg. cum 2. gran. remedii, pond. 16. sol. ad marcam, pretii 1. den. Paris. et

¶ *Parvi Turonenses* ejusd. leg. et remedii, pond. 20. sol. ad marcam, pretii 1. den. Turon. *Edicto* 15. *Sept.* 1476.

¶ Eodem Edicto *Malliæ* quarum duæ pro 1. den. tum currebant, reprobantur.

¶ *Grossi Denarii argentei* pretii 2. sol. 6. denar. Turon. *Edicto* 30. *Maii* 1477.

¶ *Ardici* leg. 3. den. argenti reg. cum 2. gran. remedii, pond. 18. sol. ad marcam, pretii 3. den. cudi jubentur in moneta Burdigal. *Edicto* 12. *Novemb.* 1478. Item

¶ *Denarii Burdigalenses*, (*Deniers Bourdelois*) sic dicti quod in moneta Burdigalensi cuderentur, leg. 16. gran. ejusdem remedii, pond. 25. sol. 6. den. ad marcam, quorum quinque pro uno *Ardico* dabantur. Typus hic delineatur. [** Oboli Burdegalensis Tab. XIII. num. 12. Obolum Parisiensem habes ibid. num. 11.]

Sub Carolo VIII.

¶ *Grossi Regii* (*Gros de Roy*) pretii 11. sol. 10. d. Turon. Eorumdem semisses pro rata, *Edicto* 29. *Jan.* 1478. Item

¶ *Magni Albi cum Sole* pretii 12. den. Turon. unde *Duodenarii* (*Douzains*) appellati. Item

¶ *Magni Albi cum Corona* dicti *Undenarii* (*Onzains*) pretii 11. denar. Turon. Semisses pro rata. Item

¶ *Liardi* et *Ardici* pretii 3. den. Turon. Item

¶ *Duplices Turonenses* pretii 2. den. Turon. et

¶ *Parvi Parisienses* et *Turonenses* pretii 1. den. Paris. et Turon.

Magni Albi cum Corona, (*Grans Blans à la Couronne*) prædictis similes, nomine Karolus excepto, pond. 2. den. 5. gran. legis 4. den. 12. gr. pretii 12. den. Turon. *Diplom.* 24. *April.* 1488. Typus exaratur. Tab. XIII. num. 18. Prædicti vero magni Albi solares, (*Grans Blans au soleil*) æstimantur eodem Diplomate 13. den. unde postmodum *Trezeni* (*Trezains*) nuncupati. [** Album solarem grossum Caroli habes Tab. XIII. num. 19. Semissem vel parvum num. 20. Parvum album cum delphino num. 22.]

Albi cum K. coronato, (*Blans au K. couronné*) postea *Karolus* appellati, pond. 2. den. legis 4. den. pretii 10. den. Turon. cum cruce quæ in 4. coronulas desinit, [inter 4. lilia] et Inscript. Sit Nomen, etc. et in postica, cum K. coronato inter bina lilia, et Inscript. Karolus Francor. Rex. *Diplom. dato Stampis* 11. *Novemb.* 1488. Typum damus. [** paullo diversum Tab. XIII. num. 16. Semissis ibid. num. 17.]

☞ Iidem denarii a littera K. inciis efficta dicti *Carleni* vel *Carlini*, interdum etiam *Dizains* quod essent pretii 10. den. Turon.

¶ *Grossi Denarii* pretii 3. sol. cudi jubentur in moneta Tornac. *Edicto* 24. *Maii* 1489.

** *Liardi Franciæ* typum dat Tab. XIII. num. 21. *Liardi Delphinatus* num. 22.

☞ In Statutis Eccl. Meldens. ann. 1493. tom. 2. Hist. ejusd. pag. 518. 32. *Albi* æstimantur 13. sol. 4. den. Turon. *Ne ratione visitationis quam in qualibet parrochiali ecclesia exercuerint* (decani) *ultra summam* XXXII. *Alborum valentium* XIII. *sol.* IV. *den. Turon. pro sua procuratione exigere præsumant.*

Sub Ludovico XII.

¶ *Grossi Regii* (*Gros de Roy*) leg. 2. den. 16. gr. pretii 3. sol. Turon. Item

¶ *Magni Albi cum Sole* pretii 13. d. Tur. Item

¶ *Magni Albi cum Corona* pretii 12. denar. Turon. [** Magni albi cum corona typum exhibemus tab. XIII. num. 9.] Item

¶ *Magni Albi cum K. coronato* pretii 10. denar. Turon. Item

¶ *Liardi, Duplices Turon. Parvi Paris. et Turon.* pro solitis pretiis, *Edicto* 4. *Jul.* 1498. 12. *et* 22. *Novembr.* 1506.

Magni Albi cum histrice, (*Grans Blans au Porc-Espic.*) dicti *Ludovicus*, pond. 2. den. legis 4. den. 12. gran. cum cruce inter 4. lilia, et Inscript. SIT NOMEN, etc. in aversa parte, cum scuto et 3. liliis coronato, et ab histrice sustentato, et Inscript. LUDOVICUS FRANCOR. REX. *Diplom. dato Blesis* 19. *Novemb.* 1607. Typus hic describitur. Tab. XIV. num. 8.

¶ *Magni Albi cum Sole* pretii 13. d. Tur. Item

¶ *Magni Albi* dicti *Ludovicus*, vel *cum Corona* qui tum cudebantur pretii 12. den. Turon. *Edicto* 25. *Dec. et* 3. *Febr.* 1511. quo etiam Edicto deinceps cudi prohibentur. Item

¶ *Magni Albi cum K. coronato* pretii 10. denar. Turon. Item

¶ *Liardi, Duplices Turonenses, etc.* pro solitis pretiis. [** Liardi typum exhibet Tab. XIV. num. 11. Turonensis ibid. num. 12.]

Grossi Denarii, (*Gros Deniers*) pond. 4. den. 3. gr. legis 6. den. pretii 2. sol. 6. den. cum cruce liliata, et binis coronulis et binis L. inter crucis brachia, et Inscript. SIT NOMEN, etc. In aversa parte, cum scuto 3. liliorum coronato, et binis L. coronatis ad latera. Inscript. LUDOVICUS DEI GRA. FRANCOR. REX. *Diplom. dato Blesis* 3. *Febr.* 1511. Typum describimus. Tab. XIV num. 7. Item

Semissi Grossi (*demi Gros*) pond. 2. den. 19. gran. legis 4. den. 12. gr. pretii 15. den. Turon. cum cruce anchorata, et liliis, et binis L. inter brachia : in postica, cum scuto inter bina lilia coronata, etc. Item

Denarii cum L. coronato, (*Deniers à l'L. couronnée*) pond. 2. den. 2. gr. legis 4. den. pretii 10. den. Tur. cum simili cruce et Inscript. in aversa parte cum L. coronato, et ad ejus latera X. et II. quæ XII. conficiunt, et Inscript. LUDOVICUS, etc. Typum describimus. Tab. XIV. num. 10.

Grossi Capitones, seu *Testones*, (*Gros Testons*) pond. 7. den. 12. gr. pretii 10. sol. Turon. præferunt Regis caput pileo depresso opertum, et in aversa parte scutum Francicum coronatum cum limbo dentato, et Inscript. XRC VINC. etc. atque hi sunt primi *Testones* Francici, [anno 1513. primum cusi,] pond. 12. gran. argenti regii *Testonibus* Francisci I. longe meliores. Typus passim habetur in Edictis monetariis a quibus hic delineamus. Tab. XIV. num. 5. Semissis num. 6.

Grossi Capitones, seu *Testones Mediolanenses*, (*gros Testons de Milan*) Regis caput eodem opertum pileo præferunt, cum lilio ad pectus, et Inscript. † LUDOVICUS D. G. FRANCORUM REX. In aversa parte, S. Ambrosium mitratum, equitem, manu flagellum tenentem, sub quo, et in ipso circulo Inscriptionem continente, est scutulum cum 3. liliis coronatum, MEDIOLANI DUX. [In aliis vero scutum Francicum coronatum inter bina lilia; in postica parte S. Ambrosius mitratus effingitur in cathedra sedens, manu dextra tenens flagellum, sinistra pedum Episcopale.] Vide *Ambrosini*.

☞ Alterum *Testonem* numisma esse existimant Viri Eruditi, quod cudi jusserat Julius II. PP. ut Ludovicum e Mediolani ditione depulsum significaret atque irrideret : idque innuere videtur flagellum quo Pontifex eques armatus Ludovicum in altera parte efformatum cædens, atque scutum Francicum equi pedibus proterens effingitur. Sed hæc omnino suadere opinantur alterum numisma quod Ludovicus, ut injuriam injuria repelleret, cudi pariter jussit, de quo sic Thuanus lib. 1. Hist. : *Cum Julio II. non eamdem amicitiam coluit Ludovicus, quippe eum infestissimum hostem semper expertus, quem gratissimum amicum habere debuit.... quin et eo usque provectus est, ut... moribundi senis inanes diras contraria obnuntiatione generose rejecerit, cuso etiam aureo numo, qui titulos Regis Franciæ regnique Neapolitani cum effigie sua ex una parte et insignia Franciæ ex altera referebat, cum hoc elogio*, Perdam Babylonis nomen; *quales adhuc hodie multi reperiuntur.* [** Numismatis typum damus tab. XIV. num. 4.] Neque tamen iis adduci possum ut nummum esse non credam qui in usu publico fuerit; præterquam enim quod scutum Franciæ equi pedibus proteri perperam ipsis visum est, constat longe antea S. Ambrosium hac specie in nummis Ducum Mediolani effingi solitum, post victoriam scilicet reportatam ann. 1339. ut supra observatum in v. *Ambrosini*. Nihil ergo mirum sub Ludovico, dum Mediolani ditione potiretur, eamdem monetam cum solitis figuris in usu fuisse; maxime cum in moneta Astensi idem factum esse certum sit. Ad alterum vero numisma quod spectat, necesse non est illud cusum supponere ut alteri opponeretur : neque enim aliunde Ludovico deerat unde ad vindictam contra hostem infensissimum accenderetur.

☞ Typus alius exstat in cujus una parte Ludovicus *Rex Franc. Siciliæ et Jerusalem*, in altera *Mediolani Dux Astensisque Dominus* inscribitur; unde in Italia cusum existimo ante initum fœdus cum Ferdinando Catholico. Alterum prostat numisma quo Ludovicus hostes debellando celebris, celebrior parcendo fuisse memoratur. Hæc monuisse satis est.

* Regestum 13. Corb. sign. *Habacuc* ad ann. 1510 : *Depuis le jour S. Remi jusques au Caresme ensuivant xxxij. francz, xvj. solz pour chascun francq.* Ibid. ad 23. Aug. 1511 : *La somme de xij. liv. de gros, qui vallent lxxij. liv. Tour. de xl. gros pour chacune livre.*

Sub FRANCISCO I.

¶ *Grossi Testones* leg. 11. den. 18. gr. pond. 25. et semiss. den. ad marcam, pretii 10. sol. Turon. *Edicto* 27. *Nov.* 1516. Typum hic damus. Tab. XV. num. 2. Item

¶ *Liardi, Duplices et Parvi Turon.* pro solitis pretiis.

Magni Albi cum corona, (*grands Blans à la Couronne*) pond. 2. den. 2. gr. legis 4. den. 6. gr. pretii 12. den. Tur. *Diplom.* 21. *Jul.* 1519. Typum exhibemus Tab. XV. num. 5. Item

Magni Albi cum F. coronato, (*grands Blans à l'F. couronnée*) pond. 1. den. 22. gran. legis 3. den. 18. gr. pretii 10. den. Turon. Typus hic delineatur. Tab. XV. num. 7.

Grossi Testones, pond. 7. den. 12. gran. legis 11. den. 6. gran. pretii 10. sol. Turon. Inscript. XRC REGNAT, etc. usque ad Carolum IX. [et semisses pro rata *Edicto* 10. *Sept.* 1521.] et *Dipl.* 5. *Mart.* 1532. Typos damus num. 1. et 3. Semissis num. 4.

¶ *Grossi Testones* ejusd. leg. et ponderis, pretii 10. sol. 5. Turon. *Edicto* 18. *Octob.* 1539. qui cudi deinceps prohibentur *Diplom.* 24. *Febr. anni ejusdem.*

Duodenarii cum Salamandris, *Douzains aux Salemandres*) pond. 2. gran. legis 4. den. 4. gr. pretii 12. den. Turon. *Diplom.* 26. *Febr.* 1539. [marca argenti tum pretii 12. lib. 10. sol. Turon. In eorum vero parte crux pedata conspicitur in quadruplici circino inter cujus brachia duæ Salamandræ, cum Inscript. SIT NOMEN, etc. in altera scutum Franciæ coronatum inter duas pariter Salamandras in triplici circino, cum Inscript. FRANCISCUS, etc. Typum exhibemus. Tab. XV. num. 6.]

Denarii Duodenarii, (*Deniers Douzains*) seu solidi qui longiorem crucem præferunt, pond. 2. den. 2. gr legis 3. den. 16. gr. pretii 12. den. Tur. *Diplom.* 19. *Mart.* 1540.

¶ *Testones* eodem Edicto cudi prohibentur; at eorum cursus modo sint ponderis 7. den. 10. gr. leg. 10. den. 18. gr. ¾ fin. permittitur pro 10. sol. 8. den. Turon.

Parvi Liardi, (*Petits Liards*) pond. 12. gr. legis 2. den. 6. gran. pretii 3. den. Turon. cum F coronato, et Inscript. FRANCISCUS D. G. FRANCOR. REX. In postica, cum crucicula, et Inscript. SIT NOMEN, etc. [** Typum damus Tab. XV. num. 12. *Liardi Delphinatus* num. 11.]

Duplices Turonenses, (*Doubles Tournois*) pond. 23. gran. legis 1. den. 6. gr. pretii 2. den. Tur. cum crucicula, et Inscript. SIT NOMEN, etc. et in aversa parte, cum scuto 3. liliorum, et Inscript. FRANCISCUS, etc. [** Typum damus Tab. XV. num. 8. *Duplicis Delphinatus* num. 9.]

Parvi Denarii Turonenses, (*petits Deniers Tournois*) pond. 18. gr. legis. 18. gr. pretii 1. den. Tur. cum crucicula, et Inscript. TURONUS CIVIS FRANCOR. In postica cum 3. liliis in triplici circino, et Inscript. FRANCISCUS D. GR. FRANCO. REX. Typus Tab. XV. num. 10.

¶ *Grossi Testones* leg. 11. den. 6. gran. argenti regii, cum 1. gr. remedii, pond. 2. sol. 1. den. et semiss. seu 25. et semiss. den. ad marcam cudi jubentur *Diplom.* 20. *Sept.* 1542.

Anno 1543. Diplom. dato 25. Julii *Testonum* pretium fuit 11. sol. Turon.

¶ *Duodenarii cum Salamandris*, legis, ponderis et pretii ut supra *Diplom.* 15. *April.* 1545.

¶ *Duplices et Parvi Turonenses* cudi deinceps prohibentur. *Diplom.* 6. *Jul.* 1546.

Sub Henrico II.

¶ *Denarii Duplices et parvi*, *ut et Liardi* cudi iterum ad tempus prohibentur *Edicto* 3. *Sept*. 1548.

☞ Edicto dato ultima Januarii 1548. *Duodenariorum* (*Douzains*) hæc forma præscribitur. In una parte scutum Franciæ effingitur inter binas lunulas coronatas, supra imminente corona imperiali, cum Inscript. Henricus II. etc. In altera crux ex 8. lunulis compacta desinens in lilia, inter crucis brachia binæ coronulæ et binæ litteræ H. cum Inscriptione; Sit Nomen, etc. et ann. 1549. Typum hic delineamus Tab. XV. num. 20.

Grossi Testones, (*Gros Testons*) pond. 7. den. 12. gran. legis 11. den. 6. gr. pretii 11. sol. 4. den. [sub eadem forma qua Scuta cum sole] *Dipl*. 14. *Jan*. 1549.

Magni Albi, dicti *Duodenarii*, (*grands Blancs appellez Douzains*) cum cruce ex lunulis simul implexis compacta, pond. 2. den. legis 3. den. 12. gran. pretii 12. den. Turon.

Grossi dicti *Nigellenses*, (*Gros de Nesle*) quod Parisiis in Turri Nigellensi primum cusi, vulgo appellati *Pieces de six Blancs*, pond. 4. den. 13. gran. legis 4. den. pretii 2. sol. 6. d. *Diplom*. 25. *Mart*. 1549. Typum habes. Tab. XV. num. 19.

Semisses eorumdem *Grossorum*.

¶ *Duodenarii* (*Douzains*) pond. 93. et semiss. den. cum 1. gran. remedii cudi jubentur *Edicto* 20. *April*. 1550.

Diplomate Regio dato Blesis 27. Jan. 1550. Moneta Molendinaria, seu *la Monnoie du Molin*, instituta in domo Thermarum Parisiis, ubi hodie est *la place Dauphine*, in qua cusi

Grossi Testones, (*Gros Testons*) cum lunula, et Inscript. Dum Totum Impleat Orbem, et alii prædicti, similes pondere, pretio et remedio. Tab. XV. num. 17.

¶ *Grossi Testones* pond. 7. den. 10. gr. gravium, pretii 11. sol. 4. den. Turon. cuduntur in domo Thermarum Paris. *Edicto* 29. *Jan*. 1551. Item

¶ *Duodenarii*, (*Douzains*) pond. 2. den. gravium, pretii 12. den. Turon.

¶ *Duplices et Parvi Turonenses* cum crucicula nuper cusi prohibentur *Edicto* 22. *Jan*. 1552.

¶ *Grossi Testones* ponderis et pretii ut supra. [** Typum exhibet Tab. XV. num. 18.] Item

¶ *Duodenarii* pond. et pretii ut supra. Item

¶ *Grossi Nigellenses* pond. 4. den. 14. gran. gravium, pretii 2. sol. 6. den. Tur. Semisses pro rata, *Edicto* 12. *Sept*. 1554.

Sub Francisco II.

Nullæ, ut supra observatum, cusæ sub ejus typo monetæ, sed sub typo parentis Henrici.

¶ *Grossi Testones* (*Gros Testons*) cum scuto Regis, pond. 7. den. 10. gran. pretii 12. sol. Turon. [** Typum exhibemus, Tab. XVI. num. 1.] Semisses eorum pro rata. Item

¶ *Grossi Nigellenses* (*Gros de Nesle*) pond. 4. den. 14. gran. gravium, pretii 2. sol. 6. Tur. Item

¶ *Duodenarii* (*Douzains*) aliæque monetæ pretii ut supra *Edicto* 24. *Febr*. 1558.

Sub Carolo IX.

Grossi Testones, et semisses, (*Gros et demi Testons*) in quorum aversa parte [effictum scutum Franciæ cui imminet corona imperialis inter binas litteras C. coronatas,] cum Inscript. Sit Nomen, etc. [in altera caput Regis laureati, et Inscript. Carolus VIIII. etc.] ponderis et legis quibus prædicti, et pretii 12. sol. Tur. *Diplom*. 17. *Aug*. 1561. Typus exhibetur. Tab. XVI. num. 3.

¶ *Monetæ sex Alborum* (*six Blancs*) aliæque pro solitis pretiis currunt *Eodem Edicto* 17. *Aug*. 1561.

¶ *Denarii* pretii 20. sol. Paris. unde *Franci* dicti, leg. 10. den. 18. gran. $\frac{3}{4}$ et 1. sol. quolibet denario pond. 15. den. 14. gran. cudi jubentur *Diplom*. 31. *Dec*. 1563.

¶ Eorumdem semisses leg. 11. den. 6. gran. argenti reg. pond. 10. sol. 2. den. Item

¶ *Solidi Parienses* (*Sols Parisis*) leg. 6. den. 18. gr. arg. reg. pond. 12. s. 6. d. pretii 12. d. Item

¶ *Liardi* pretii 3. den. leg. 3. den. 6. gran. arg. reg. pond. 32. sol. 6. den.

Solidi Parienses, (*Sols Parisis*) qui vulgo dicuntur *Pieces de* 3. *Blans*, cum cruce ex 4. lunulis seu C. composita, pond. 1. den. 6. gran. legis 6. den. 18. gran. pretii 15. den. Turon. *Diplom*. 5. *Octob*. 1564. Typum damus. Tab. XVI. num. 5.

¶ *Duplices Solidi Parisienses* leg. 1. den. 6. gran. arg. reg. cum 2. gran. remedii, pond. 21. sol. 2. den. ad marcam. Item

¶ *Denarii parvi* leg. 18. gr. arg. reg. cum 2. gr. remedii, pond. 29. s. 4. d. Tur. ad marcam. Et

¶ *Liardi* leg. 2. den. 6. gran. arg. reg. cum eod. remedio, pond. 22. sol. 8. den. ad marcam *Diplom*. 3. *Mart*. 1566. [** Typum damus Tab. XVI. num. 7.]

Duplices Solidi Parienses, (*doubles Sols Parisis*) pretii 2. sol. den. cum 3. liliis coronatis in aversa parte. *Diplom*. 18. *Jan*. 1568. [pretii 2. sol. *Diplom*. 23. *ejusd. mensis*. Typus hic delineatur. Tab. XVI. num. 4.]

¶ *Minutæ Monetæ* pro solitis pretiis currere jubentur *Edictis* 21. *April. et* 16. *Oct*. 1571.

¶ *Denarii Duodenarii* (*Douzains*) leg. 4. den. 2. gran. arg. reg. cum 2. gr. remedii, pond. 118. d. ad marcam, pretii 12. den. Tur. Item

¶ *Denarii Turonenses* leg. 16. gr. arg. reg. ejusd. remedii, pond. 336. den. ad marcam. Item

¶ *Liardi* leg. 2. den. arg. reg. ejusdem remedii, pond. 256. den. ad marcam *Edicto* 17. *Oct*. 1571.

Denarii Duodenarii, (*Deniers Douzains*) pond. 1. den. 21. gran. legis 3. den. 12. gran. pretii 12. den. Turon. atque hi sunt vulgares solidi *Dipl*. 3. [13.] *Jun*. 1572.

¶ *Solidi Parisienses Duplices et Simplices* cudi deinceps prohibentur *eodem Edicto* 13. *Jun*. 1572.

¶ *Duodenarii* (*Douzains*) pond. 1. den. 20. gr. gravium, leg. 3. den. 8. gr. et semis. arg. puri, cum 2. gran. remedii, *Aresto Curiæ Monet*. 16. *Julii* 1572. [** Typum exhibemus Tab. XVI. num. 6.]

¶ *Grossi Testones* pretii 12. sol. den. *Aresto Curiæ Monet*. 27. *Sept*. 1572. *Diplom*. 20. *Dec. seq*.

¶ *Duplices Solidi Parisienses* leg. 1. den. 2. gr. arg. reg. cum 2. gr. remedii pond. 240. den. ad marcam. Item

¶ *Denarii Turonenses et Liardi* leg. et pond. ut supra *Aresto Curiæ Monet*. 9. *Dec*. 1572.

Testonum pretium fuit 12. sol. 6. den. *Diplom*. 2. *Septemb*. 1572. Deinde 13. sol. *Diplom*. 26. *Maii* 1573.

¶ Eodem Edicto minutæ Monetæ pro solitis pretiis currere jubentur.

¶ *Solidi Parisienses Duplices* leg. pond. et remedii statutorum *Diplom*. 23. *Jan*. 1568. cudi jubentur per tres menses in monetis Divionensi et Trecensi *Diplom*. 29. *Mart*. 1574.

Sub Henrico III.

¶ *Monetæ minutæ* pro solitis pretiis currere jubentur *Edictis* 7. *Jul*. 2. *Septemb*. 1574. *et ult*. *Maii* 1575.

Testones interdicti. *Dipl. ult. Maii* 1575. Item

Francici argentei, (*Francs d'argent*) cum Regis capite laureato, etc. et H. coronato in crucis centro in lilia et flores desinente, cum Inscript. Sit Nomen, etc. 11. den. 2. gran. legis 16. den. argenti puri, pretii [20.] 21. sol. Tur. Typum hic damus. Tab. XVI. num. 9.

Semisses et Trientes eorumdem. [** Typos exhibemus Tab. XVI. num. 10. et 11.] Item

Duodenarii (*Douzains*) prædictis similes, pond. 1. den. 21. gran. legis 2. den. [21 gr.] argenti puri, pretii 12. den. Tur. Item

Parvi Liardi, cum H. coronato, pond. 18. gr. legis 1. den. 15. gr. pretii 3. den. Tur.

In Officina monetaria molendinaria cusi *Duplices* et *Denarii* ærei, qui vulgares sunt *Duplices* quos *Doubles* vocamus, in quibus scilicet Duplicibus efficta 3. lilia cum Inscript. *Doubles Tournois*, In Denariis vero 2. lilia, cum eadem Inscript. [** Typum damus. Tab. XVI. num. 17. et 18.]

¶ *Francici argentei* leg. 10. den. arg. puri, cum 2. gran. remedii, pretii 20. sol. Tur. cudi jubentur loco *Testonum*, semisses et quadrantes eorum pro rata *Aresto Curiæ Monet*. 26. *Jul*. 1575. Item

¶ *Duodenarii* ad rationem 17. lib. 15. sol. marcæ arg. regii. [** Typum exhibemus Tab. XVI. num. 15.]

¶ *Grossi Testones* ejusdem leg. pond. et remedii quibus ii qui ex Edicto 26. Maii 1573. cusi fuerant, cuduntur in moneta Paris. *Diplom*. 7. *Maii* 1576. Item in moneta Tur. *Diplom*. 20. *Jul. seq*.

¶ *Francici argentei* pond. 11. den. 1. gr. pretii 20. sol. Turon. usque ad 1. Jan. seq. *Edicto* 22. *Mart*. 1577. pretii 22. sol. per idem tempus *Aresto Parlamenti Rotomag*. 9. *Jul*. 1577. Item

¶ *Testones* pond. 7. den. 11. gr. pretii 16. sol. Tur. laudato vero Aresto pretii 16. sol. 6. den.

Quadrantes Scutorum, (*Quarts d'Ecu*) pond. 7. den. 13. gran. [vel 7. den. 12. gran. et semis. gravium,] legis 11. den. argenti puri, pretii 15. sol. Tur. *Diplom. dato Pictavis mense Sept*. 1577. Typus hic exhibetur. Tab. XVI. num. 12.

Octava pars Scuti, pro rata. [** Typum exhibet Tab. XVI. num. 13.] Item

¶ *Testones cum Armis Franciæ* pond. 7. den. 10. gr. gravium, pretii 14. sol. 6. den. Turon.

¶ Eorumdem semisses pro rata. Item *Monetæ sex alborum*, (*Pieces de six blancs*) pond. 3. den. 14. gr. legis 4. den. pretii 2. sol. 6. den. Tur. eæ vulgo *Pinatellæ* appellantur, a quodam Jacobo Pinatello Monetario earum inventore. Typum habes. Tab. XVI. num. 14.

Earumdem semisses.

¶ Eædem Monetæ cusæ sub Carolo IX. pond. 78. ad marcam, ejusdem statuuntur pretii, ut et aliæ nuper cusæ pond. 54. ad eamdem marcam. Item

¶ *Semisses Francorum* (*Demi Francs*) pond. 5. den. 12. gr. gravium; eorumdem *Quadrantes* pro rata. Item

Parvi Liardi, (*petits Liards*) pond. 18. gr. legis 1. den. 12. gran. argenti puri, pretii 3. den. [** Typum damus Tab. XVI. num. 16.]

☞ In *Liardis* postea cudendis ejusdem pretii quo supra, loco crucis tria lilia effinguntur cum H. aut Dalphino ex *Edicto* 22. *Jun.* 1583.

¶ *Francici argentei* pretii 20. sol. Tur. Item

¶ *Quadrantes Scutorum* (*Quarts d'Escu*) pretii 15. sol. Turon. Item

¶ *Testones* pretii 14. sol. 6. den. Turon. *Edicto* 13. *Oct.* 1586.

¶ *Francici argentei* licet 6. gran. debiliores, eorumque semisses et quadrantes recipi jubentur *Diplom.* 7. *Septemb.* 1587. 23. *April. et* 31. *Decemb.* 1588.

Sub Henrico IV.

¶ *Denarii Duodenarii* (*Douzains*) pretii 12. den. Turon. [** Typum habes Tab. XVII. num. 13.] Item

¶ *Duplices cuprei* (*Doubles de cuivre*) cum Armis Franciæ pretii 2. den. Turon. *Edicto* 30. *Mart.* 1596.

¶ *Francici argentei* pretii 20. sol. [** Tab. XVII. num. 9.] Item

¶ *Quadrantes Scutorum* pretii 15. sol. [** Tab. XII. num. 11. *Semisses scutorum* num. 10.] Item

¶ *Testones* pretii 14. sol. 6. den. *Edicto* 6. *Jun.* 1596. *et Aresto Parlamenti ejusd. anni.*

¶ *Duplices cuprei puri* ejusdem pretii, ponderis et remedii quibus ii qui cusi fuerant sub Henrico III. *Diplom.* 10. *Febr.* 1598.

¶ *Francici argentei* pond. 11. den. 1. gr. gravium, pretii 20. sol. *Edicto* 24. *Maii* 1601. *Aresto Curiæ Monet.* 13. *Mart.* 1602. Item

¶ *Quadrantes Scutorum* pond. 7. den. 12. grán. pretii 15. sol. Item

¶ *Testones* pond. 7. den. 10. gr. pretii 14. sol. 6. denar.

¶ *Francici argentei* pretii 21. sol. 4. den. Item

¶ *Quadrantes Scutorum* pretii 16. sol. Item

¶ *Testones* pretii 15. s. 6. den. *Edicto mense Sept.* 1602.

¶ *Denarii* pretii 20. sol. unde *Piece d'une livre* nuncupabantur, pond. 9. den. 6. gr. gravium; eorumdem semisses et quadrantes cudi jubentur *Edicto dato mense Aug.* 1609.

¶ *Quadrantes Scutorum* leg. 11. denar. pur. qui tum dicebantur *Pieces de* 16. *sols* fortioris ponderis et legis cudi jubentur eodem Edicto. [** *Semissis quadrantis* Tab. XVII. num. 12.]

☞ De minutioribus monetis deinceps pauca dicemus quod in iis scrupulosius referendis frustra, ut nobis visum est, immoraremur. [** *Duplicem Turonensem* habes Tab. XVII. num. 14. *Semissem Turonensem* ibid. num. 15. *Liardum* num. 16.]

Sub Ludovico XIII

☞ Monetarum cursus Edicto mensis Sept. 1602. præscriptus iterum statuitur *Edicto* 5 *Dec.* 1614. marca argenti tum pretii 20. lib. 5. sol. 4. den.

¶ *Francici argentei* (*Francs d'argent*) pond. 11. denar. 1. g. gravium, pretii 27. sol. *Edicto dato mense Mart.* 1636. *et* 25. *Jun. ejusd. anni;* pretii 28. sol. *Edicto mense Sept. et Aresto Curiæ Monet.* 5. *Dec.* 1641. [** *Francum argenteum, semissem et quadrantem* habes Tab. XVIII. num. 4. 5. et 6.]

¶ *Quadrantes Scutorum* (*Quarts d'Escu*) pond. 7. den. 12. gran. gravium, pretii 20. sol. *Edicto mense Mart. et* 25. *Jun.* 1636. pretii 21. s. *Edicto mense Sept. et Aresto Curiæ Monet.* 5. *Dec.* 1641. [** Semissis Quadrantis typum exhibet Tab. XVIII. num. 7.]

¶ *Testones* pond. 7. den. 10. gr. gravium, pretii 19. sol. 6. den. *Edicto mense Mart. et* 25. *Jun.* 1636. pretii 20. sol. 6. den. *Edicto mense Sept. et Aresto Curiæ Monet.* 5. *Dec.* 1641.

¶ Eorumdem semisses pro rata.

¶ *Duodenarii* (*Douzains*) leg. 2. den. 21. gr. pur. pond. 102. ad marcam cudi jubentur *Edicto* 24. *Dec.* 1639. *et mense Febr.* 1640. pretii 15. den. *Edicto mense Jun.* 1640. in iis efficta crux pedata inter cujus brachia binæ coronulæ et binæ litteræ L. cum Inscript. Sit Nomen, etc. in altera parte scutum 3. liliorum, cui imminet corona imperialis, inter binas L. et Inscript. Ludovicus XIII. etc. Typum hic exhibemus. Tab. XVIII. num. 13. [** Semissis vel *sixain* num. 14.]

¶ *Ludovici argentei* seu *Scuta alba* (*Escus blans*) pretii 60. sol. leg. 11. den. pur. pond. 21. den. 8. gr. gravium, in quibus effictum caput Reg. laureati cum Inscript. Ludovicus XIII. etc. in altera parte scutum Franciæ cum corona imperiali et Inscript. Sit Nomen, etc. reprobata cusione *Francicorum* argenteorum, marca argenti regii tum pretii 26. lib. 10. sol. cudi jubentur *Edicto dato mense Septemb.* 1641. Typus hic exaratur. Tab. XVIII. num. 8. [** *Semissis* num. 9. *quadrantis* num. 10. *octonarii* num. 11. *dimidii octonarii* num. 12.]

☞ Monetarum argentearum debiliorum cursus permittitur usque ad ult. Dec. 1643. *Aresto Consilii Reg. ult. Dec.* 1642. [** *Denarii Turonensis* et *Duplicis Turonensis* typos habes Tab. XVIII. num. 16. et 15.]

Sub Ludovico XIV.

¶ *Francici argentei* pond. 11. den. 1. gr. gravium, pretii 28. sol. *Aresto Consilii Reg.* 30. *Dec.* 1643. *Aresto Curiæ Monet.* 27. *Mart.* 1646. 9. *Jan.* 1648. 1. *Aug.* 1650. Item

¶ *Quadrantes Scutorum* (*Quarts d'Escu*) pretii 21. sol. Item

¶ *Testones* pretii 20. sol. 6. den.

¶ *Duodenarii* (*Douzains*) pretii 15. den. *Aresto Concilii Reg.* 29. *et* 27. *Jan.* 1644. *Aresto Curiæ Monet.* 29. *April.* 1654.

¶ *Denarii* nuper cusi a 1. die Mart. seq. currere inhibentur *Aresto Consil. Reg.* 7. *Jan.* 1645.

¶ *Denarii* pond. 150. ad marcam, pretii 1. d. Turon. cudi jubentur *Edicto* 12. *Maii* 1648.

¶ *Ludovici argentei* (*Louis d'argent*) pretii 60. sol. cudi deinceps prohibentur *Aresto Curiæ Monet.* 18. *Jun.* 1648. ejusd. pretii, pond. 21. d. 8. gr. gravium *Aresto* 1. *Aug.* 1650. pretii 3. lib. 6. sol. usque ad 1. Jul. sequ. subinde 3. lib. *Edicto* 23. *mensis Mart.* 1652. rursum pretii 3. lib. 6. sol. usque ad finem anni *Aresto Consil. Reg.* 31. *Jul.* 1652. pretii 3. lib. 10. sol. *Aresto* 7. *Mart. et* 29. *April.* 1653. usque ad ult. Jun. seq. a dicta die usque ad ult. Sept. seq. pretii 3. lib. 9. sol. ab hac die usque ad ult. Dec. seq. pretii 3. lib. 6. s. rursum usque ad ult. Mart. 1654. pretii 3. lib. 3. sol. subinde 3. lib. ejusd. pretii *Edicto mense Dec.* 1655. *Aresto* 15. *Mart. et* 8. *April.* 1656. 16. *Dec.* 1660. 16. *Dec.* 1662. pretii 58. sol. 21. Jan. 1666. *Aresto Consil. Reg.* 7. *Dec.* 1665. ad 3. lib. revocantur *Aresto* 16 *Sept.* 1666. pretii 3. lib. 2. sol. *Edicto mense Dec.* 1689. qui cursus obtinuit usque ad 1. Jan. 1691. a qua die pretii 3. lib. 1. sol. statuuntur *Aresto* 19. *Dec* 1690. pretii 3. lib. *Aresto* 18. *April.* 1691. usque ad 29. Aug. 1693. qua die ex Aresto currunt pro 3. lib. 2. sol. quod alio Aresto 22. Sept. ejusdem ann. confirmatur. [** Typi exhibentur Tab. XIX. num. 5. et 8. *Semissis* num. 7.]

☞ Marca argenti regii statuitur pretii 26. lib. 10. sol. *Aresto Curiæ Monet.* 18. *Jan.* 1649.

¶ *Lilia argentea* (*Lis d'argent*) in quibus efficta Regis laureati effigies cum Inscript. Ludovicus XIV. etc. in altera parte crux ex liliis coronatis, et Inscript. Domine Elegisti Lilium Tibi, inhibita cusione *Ludovicorum* argenteorum, cudi jubentur leg. 11. den. 20. gr. quolibet lilio pond. 6. den. gravium, pretii 20. sol. *Edicto mense Mart.* 1655.

¶ Eorumdem semisses pro rata.

¶ *Lilia argentea* in quibus efficta crux ex 4. litteris L. duplicibus coronatis, inter cujus brachia 4. liliola, cum eadem Inscript. leg. 11. den. 12. gr. pond. 30. et semiss. liliorum ad marcam, ejusdem pretii cudi jubentur *Edicto mense Dec.* 1655. Typum delineamus. Tab. XIX. num. 6. Semissis.

¶ *Monetæ sex alborum* (*Pieces de six blancs*) pretii 3. sol. *Aresto Curiæ Monet.* 12. *Dec.* 1656. Earum cursus inhibetur *Edicto* 19. *Nov.* 1657. quo

¶ *Denarii* pretii 30 den. cudi jubentur; at eorum cusio interdicta *Aresto Consil. Reg.* 14. *Aug.* 1658.

☞ Marca argenti puri statuitur pretii 27. lib. 13. sol. $\frac{10}{21}$. *Aresto Curiæ Monet.* 1. *Febr.* 1661. pretii 26. lib. 10. sol. *Aresto ann.* 1662.

¶ *Monetæ* pretii 2. sol. 3. sol. et 4. sol. leg. 10. den. pur. cudi jubentur *Edicto* 8.

April. 1674. *Monetæ* pretii 3. sol. prohibitæ *Aresto Consil. Reg.* 2. *Octobr.* 1674. *Monetæ* pretii 4. sol. currere jubentur a 1. April. seq. usque ad 1. Jul. pro 3. sol. 9. den. subinde pro 3. 6. *Edicto* 28. *Mart.* 1679.

☞ Monetarum argentearum cursus præscriptus Aresto 16. Septemb. 1666. et Edicto 28. Mart. 1679. iterum statuitur *Edicto* 27. *Jul.* 1686.

¶ *Ludovici argentei* (*Louis d'argent*) in quibus effictum caput Regis cum solita Inscript. in altera parte crux inter 4. lilia ex 4. litteris L. duplicibus quibus imminet corona, cum Inscript. CHRISTUS REGNAT, etc. leg. 11. denar. pur. pond. 21. den. 8. gr. gravium, pretii 3. lib. 6. sol. semisses eorum pro rata, cudi jubentur *Edicto mense Dec.* 1689.

☞ Marca arg. puri pretii 30. lib. *Ed.* 3. *Jan.* 1690.

¶ *Ludovici argentei* recusi ex Edicto mense Dec. 1689. pretii 3. lib. 6. sol. usque ad 1. Jun. seq. subinde 3. lib. 5. sol. *Aresto Consil. Reg.* 2. *Maii* 1692. pretii 3. lib. 4. sol. *Aresto* 13. *Dec. ejusd. ann.* pretii 3. lib. 2. sol. *Aresto* 7. *Feb.* 1693. pretii 3. lib. 4. sol. *Aresto* 24. *ejusdem mens.* 31. *Mart.* 28. *April.* 30. *Maii* 1693. pretii 3. 3. sol. usque ad 1. Aug. subinde 3. lib. 2. sol. *Aresto* 16. *Jun.* 1693. ejusdem pretii *Edicto mense Sept. seq.* pretii 3. lib. lib. 3. sol. *Aresto* 10. *Oct. ejusd. ann.* pretii 3. lib. 12. sol. *Declarat* 11. *ejusdem mens.* ad 3. lib. 2. sol. reducuntur *Aresto* 20. *ejusd. mens.* pretii 3. lib. 3. sol. *Aresto* 1. *et* 22. *Dec.* 1693. 3. lib. 7. sol. *Aresto* 22. *Sept.* 1699.

¶ *Monetæ* 5. *sol.* cusæ ex Edicto mense Sept. 1611. currunt pro 5. sol. 6. d. *Edicto mense Dec.* 1689. ejusdem pretii leg. 11. den. pur. pond. 42. gr. cum 2. tert. gravium, sub figura Ludovici argentei cudi jubentur *Edicto mense Dec.* 1690.

¶ *Monetæ* pretii 3. sol. 6. den. ejusd. leg. et pond. sub alia figura, pretii 4. sol. statuuntur Edicto 28. Aug. 1691.

¶ *Duodenarii* (*Douzains*) qui tum currebant pro 12. den. reformati currere jubentur pro 15. den. *Edicto mense Octobr.* 1692.

¶ *Ludovici argentei* (*Louis* vel *Escus d'argent*) leg. 11. den. pur. pond. 21. d. 8. gr. gravium, in quibus effictum Scutum Franciæ rotundum, cui adhærent binæ palmæ, cum Inscript. SIT NOMEN, etc. pretii 3. lib. 8. s. marca argenti puri tum pretii 30. lib. cudi jubentur *Edicto mense Sept.* 1693. Iidem *Ludovici* pretii 3. lib. 12. s. semisses pro rata, *Declarat.* 11. *Oct. seq.*

☞ Marca argenti puri statuitur pretii 31. lib. *Aresto Cons. Reg.* 12. *Dec.* 1693. 33. lib. 10. sol. *Aresto* 22. *Sept.* 1699.

¶ *Ludovici argentei* cusi vel reformati ex Edicto mense Sept. 1693. pretii 3. lib. 10. s. *Aresto Cons. Reg.* 10. *Nov.* 1699. pretii 3. lib. 11. sol. a 1. Jan. 1700. usque ad 1. Febr. seq. ab hac die usque ad 1. April. seq. pretii 3. lib. 10. s. subinde 3. lib. 9. s. *Aresto* 22. *Nov.* 1699. pretii 3. lib. 8. sol. a 1. Jun. seq. *Aresto* 23. *Mart.* 1700. qui cursus obtinuit usque ad 1. Jan. 1701. ab hac die pretii 3. 7. sol. *Aresto* 30. *Nov.* 1700. pretii 3. lib. 4. s. *Aresto* 17. *Maii* 1701. pretii 3. lib. 5. sol. *Aresto* 28. *Jun. seq. Edicto mense Sept. et Aresto* 13. *Dec. ejusd. ann.* ejusd. pretii usque ad ult. April. seq. cursu deinde prohibito, *Aresto* 11. *Mart. et* 22. *April.* 1702.

¶ *Ludovici argentei* veteres nec reformati, quorum cursus inhibitus Aresto Cons. Reg. 24. Febr. 1693. item currere permittuntur pro eodem pretio quo reformati *Aresto* 23. *Mart.* 1700. pretii 3. lib. 7. sol. 6. den. *Aresto* 19. *Sept* 1701. pretii 3. lib. 10. sol. 6. den. *Decl.* 27. *ejusd. mensis et Aresto* 29. *Oct. seq.* usque ad 21. Nov. seq.

¶ *Duodenarii* pretii 15. den. Item

¶ *Monetæ* dictæ *Pieces de quatre sols* pretii 4. sol. *Aresto Cons. Reg.* 18. *Maii* 1700. pretii 3. sol. 9. den. *Aresto* 17. *Maii* 1701. *Edicto mense Sept. seq.* pretii 4. sol. *Declarat.* 14. *Mart.* 1702. usque ad ult. Jun. seq. quo tempore reformatæ current pro 5. sol. non reformatæ pretii 4. sol. statuuntur *Aresto* 27. *Jun.* 1702. usque ad ult. Aug. seq. eorum cursu postea inhibito.

☞ Marca argenti puri pretii 31. lib. 15. sol. *Aresto* 30. *Nov.* 1700. 30. lib. 5. sol. *Aresto* 17. *Maii* 1701. 30. lib. 16. sol. *Aresto* 28. *Jun. seq.*

¶ *Ludovici argentei* (*Louis* vel *Escus d'argent*) in quibus effictum Scutum Franciæ rotundum, sceptro et manu justitiæ decussatim positis, cum Inscript. SIT NOMEN, etc. leg. 11. den. pur. pond. 21. den. 8. gr. gravium, pretii 3. lib. 10. sol. marca argenti puri tum pretii 32. lib. 16. sol. 7. d. cudi jubentur *Edicto mense Sep.* 1701.

¶ *Ludovici argentei* cusi vel reformati ex mox laudato Edicto pretii 3. lib. 16. sol. *Declarat.* 27. *Sept.* 1701. pretii 3. lib. 14. sol. a 1. Sept. seq. *Aresto Cons. Reg.* 22. *Aug.* 1702. qui cursus obtinuit ad 1. April. 1703. *Arestis* 17. *Octobr.* 18. *Nov.* 1702. 6. *Febr.* 1703. quo Aresto a dicta 1. April. currere jubentur pro 3. lib. 11. sol. pretii 3. lib. 12. sol. usque ad. 1. Aug. seq. *Arestis* 17. *April.* 15. *Maii et* 19. *Jun.* 1703. a dicta 1. Aug. pretii 3. lib. 11. sol. usque ad 1. Octob. seq. *Arestis* 14. *Jul.* 21. *Aug.* 1703. pretii 3. lib. 10. sol. *Aresto* 30. *Octobr.* 1703. marca argenti puri tum pretii 34. lib. 10. den. $\frac{10}{11}$. pretii 3. lib. 8. sol. usque ad 1. Jan. seq. *Aresto* 24. *Nov.* 1703. pretii 3. lib. 10. solid. usque ad 1. Maii 1704. *Arestis* 29. *Decembr.* 1703. 22. *Jan.* 19. *Febr. et* 18. *Mart.* 1704. a dicta 1. Maii usque ad 15. ejusd. mensis pretii 3. lib. 9. s. *Aresto* 1. *April.* 1704.

¶ *Monetæ* pretii 10. sol. pond. 2. den. 9. gr. gravium, leg. 10. den. pur. cudi jubentur *Declarat.* 29. *Maii* 1703.

¶ *Ludovici argentei* (*Louis* vel *Escus d'argent*) leg. 11. den. pur. pond. 21. den. 8. gr. gravium, pretii 4. lib. in quibus conspiciuntur 4. litteræ L. duplices coronatæ in modum crucis, inter cujus brachia 4. lilia et in medio 3. lilia circulo contenta, cudi jubentur, marca argenti puri tum pretii 34. lib. 10. sol. *Edicto mense Maii* 1704.

¶ *Ludovici argentei* veteres pretii 3. lib. 10. sol. usque ad 15. Jun. seq. subinde 3. lib. 8. sol. ex eodem Edicto.

¶ *Ludovici argentei* reformati ex laudato mox Edicto pretii 3. lib. 19. sol. a 1. Febr. seq. *Aresto* 20. *Jan.* 1705. usque ad 1. Sept. seq. *Arestis* 3. 14. *Febr.* 17. *Mart.* 7. 21. *April.* 19. *Maii*, *et* 7. *Jul.* 1705. a dicta 1. Sept. pretii 3. lib. 17. sol. usque ad 1. Jan. 1706. *Arestis* 18. *Aug.* 19. *Sept.* 13. *Oct. et* 17. *Nov.* 1705. a dicta 1. Jan. usque ad 1. Mart. pretii 3. lib. 16. s. ab hac die usque ad 1. Jul. seq. 3. lib. 14. s. *Aresto* 17. *Nov.* 1705. *et* 20. *Mart.* 1706. a dicta 1. Jul. pretii 3. lib. 12. sol. *Aresto* 8. *Jun.* 1706. usque ad 1. Jan. 1707. *Arestis* 17. *Jul.* 24. *Aug.* 28. *Sept.* 30. *Oct.* 27. *Nov.* 1706. a dicta 1. Jan. pretii 3. lib. 11. sol. *Aresto* 27. *Novembr.* 1706. usque ad 1. Mart. 1708. *Arestis* 26. *Febr.* 29. *Martii*, 19. *Aprilis*, 24. *Maii*, 21. *Junii*, 26. *Julii*, 30. *Augusti*, 27. *Septembr.* 22. *Octob.* 26. *Nov.* 27. *Decembr.* 1707. *et* 17. *Jan.* 1708. a 1. April. 1708. pretii 3. lib. 10. s. *Aresto* 14. *Febr.* 1708. usque ad 1. Jan. 1709. *Arestis* 17. *April.* 21. *Jul.* 21. *Aug.* 68. *Septem.* 20. *Nov.* 1708. a dicta 1. Jan. pretii 3. lib. 8. s. *Aresto* 20. *Nov.* 1708. usque ad 25. Mart. *Arestis* 22. *Jan.* 19. *Febr.* 1709. subinde pretii 3. lib. 7. sol. qui cursus prorogatur usque ad placitum Regis *Aresto* 16. *April* 1709.

☞ Marca argenti puri pretii 35. lib. 4. den. *Aresto Cons. Reg.* 21. *Jul.* 1705.

¶ *Monetæ* pretii 20. sol. pond. 4. den. 18. gr. gravium, leg. 10. den. pur. cum 3. gr. remedii cudi jubentur *Declarat.* 9. *Aug.* 1707. pretii 18. sol. *Aresto Cons. Reg.* 31. *Jan.* 1708. usque ad 1. April. seq. et ab hac die usque ad 1. Maii seq. pretii 17. sol. *Aresto* 14. *Febr.* 1708. ejusdem pretii usque ad 1. Jun. seq. *Aresto* 17. *April.* 1708. usque ad 1. Aug. seq. pretii 15. sol. 6. den. *Aresto* 21. *Jul.* 1708. a dicta 1. Aug. usque ad 1. Jan. 1709. *Arestis* 21. *Aug.* 18. *Sept.* 20. *Octobr.* 20. *Novemb.* 1708. quo ultimo Aresto a dicta 1. Jan. statuuntur pretii 15. sol. qui cursus obtinuit usque ad 1. Maii 1709. *Arestis* 22. *Jan. et* 19. *Febr.* 1709. a dicta 1. Maii pretii 14. sol. 6. den. quod prorogatur usque ad placitum Regis *Aresto* 16. *April.* 1709.

¶ *Ludovici argentei* (*Louis* vel *Escus d'argent*) in quibus effictæ tres coronæ, in quarum angulis tria lilia, cum monetarii nota (Gall. *Different*) in medio et solita Inscript. SIT NOMEN, etc. leg. 11. den. pur. pond. 1. unc. pretii 4. lib. 8. s. eorum semisses pro rata, cudi jubentur *Edicto mense April.* 1709. quo marca argenti puri statuitur pretii 35. lib. 9. sol. 1. den. $\frac{1}{11}$.

¶ *Ludovici argentei* ejusdem legis, ponderis et figuræ quibus alii, pretii 5. lib. cuduntur *Edicto mense Maii* 1709. *Aresto Cons. Reg.* 30. *Sept.* 1713. a 1. Dec. seq. statuuntur pretii 4. lib. 17. sol. 6. den. a 1. Febr. 1714. 4. lib. 15. sol. a 1. April seq. 4. lib. 12. sol. 6. den. a 1. Jun. seq. 4. lib. 10. sol. a 1. Sept. seq. 4. lib. 5. sol. a 15. Oct. 4. lib. 2. sol. 6. den. a 1. Dec. seq. 4. lib. *Aresto* 25. *Aug.* 1714. a 1. Febr. 1715. pretii 3. lib. 17. sol. 6. den. a 1. April. seq. 3. lib. 15. sol. a 1. Jun. seq. 3. lib. 12. sol. 6. den. *Aresto* 8. *Octob.* 1714. usque ad 1. *Sept.* 1715. subinde pretii 3.

lib. 10. sol. *Aresto* 23. *Jul.* 1716. *et Declarat.* 13. *Aug. ejusdem anni.*

¶ *Ludovici argentei* cusi vel reformati ex Edicto mense April. 1709. pretii 3. lib. 7. sol. usque ad 1. Sept. seq. *Edicto mense Maii* 1709. pretii 3. lib. 10. s. usque ad 15. Jun. seq. *Aresto* 14. *Maii* 1709. pretii 3. lib. 12. sol. *Aresto* 4. *Jun.* 1709. usque ad 1. Jul. seq. ab hac die pretii 3. lib. 10. s. usque ad 1. Oct. seq. *Arestis* 20. *Jul. et* 13. *Aug.* 1709. a dicta 1. Oct. pretii 3. lib. 7. s. usque ad 1. Jan. 1710. *Arestis* 22. *Oct.* 11. *Nov. et* 7. *Dec.* 1709. subinde eorum cursus prohibetur; attamen iterum currere jubentur usque ad 1. Febr. 1711. pro 3. lib. 10. s. *Declarat.* 7. *Octob.* 1710.

¶ *Monetæ* pretii 20. sol. cusæ vel reformatæ currere jubentur usque ad 1. Sept. seq. pro 14. s. 6. den. *Edicto mense Maii* 1709. pretii 15. sol. *Aresto Cons. Reg.* 4. *Jun.* 1709. usque ad 1. Jul. seq. ab hac die pretii 14. sol. 6. den. usque ad 20. Aug. seq. *Aresto* 20. *Jul.* 1709. pretii 15. s. *Aresto* 13. *Aug.* 1709. usque ad 21. Sept. *Edicto* 17. *Sept. et Aresto* 22. *Octob.* 1709. subinde pretii 14. sol. 6. den. pretii 15. sol. *Aresto* 7. *Dec.* 1709. usque ad 1. Jan. 1710. ab hac die usque ad 17. ejusdem mensis pretii 14. sol. 6. den. subinde 14. sol. qui cursus prorogatur usque ad 1. Febr. 1711. *Declarat.* 7. *Octobr.* 1710.

Sub LUDOVICO XV.

¶ *Ludovici argentei* (*Louis* vel *Escus d'argent*) in quibus effictum Scutum Franciæ rotundum, cui imminet corona imperialis, cum solita Inscript. SIT NOMEN, etc. leg. 11. den. pur. pond. 1. unc. pretii 5. lib. marca argenti puri tum pretii 34. lib. 18. sol. 2. den. $\frac{2}{11}$. cudi jubentur *Edicto mense Dec.* 1715. Typum hic damus. Tab. XX. num. 8.

¶ Eorumdem semisses pro rata.

¶ *Ludovici argentei* cusi ex Edicto mense Maii 1709. et reformati ad figuram eorum qui tum cudebantur, pretii 5. lib. *eod. Ed. mense Dec.* 1715.

¶ *Ludovici argentei* cusi ex laudato Edicto mense Maii, nec reformati pretii 4. lib. *Edicto mense Dec.* 1715. usque ad 1. Jan. seq. dehinc a 1. Febr. 1716. usque ad ult. Mart. seq. pretii 3. lib. 10. sol. qui cursus prorogatur usque ad ult. April. seq. *Aresto Cons. Reg.* 21. *Mart.* 1716.

¶ *Ludovici argentei* pond. 10. ad marcam, leg. 11. den. pur. pond. 6. gross. 1. den. et 1. quint. pretii 6. lib. marca argenti puri tum pretii 43. lib. 12. sol. 8. den. $\frac{8}{11}$. In quorum antica parte effictum scutum incisum (*Echancré*) in cujus angulis 1. et 4. scuta Franciæ, in 2. et 3. scuta Navarræ cum solita Inscript. SIT NOMEN, etc. cudi jubentur *Edicto mense Maii* 1718. Typus hic delineatur. Tab. XX. num. 7.

¶ *Ludovici* iidem reducuntur ad 5. lib. 16. sol. *Aresto Cons. Reg.* 23. *Sept.* 1719. marca argenti puri tum pretii 50. lib. 12. s. 4. den. $\frac{4}{11}$. rursum pretii 6. lib. *Aresto* 22. *Jan.* 1720. reducuntur ad 5. lib. 13. sol. 6. den. *Aresto* 28. *ejusdem mens.* pretii 6. lib. *Aresto* 25. *Feb.* 1720. pretii 8. lib. *Aresto* 5. *Mart. seq.* a 1. April. seq. pretii 7. lib. a 1. Maii post pretii 6. lib. 10. sol. *Declarat.* 11. *Mart.* 1720. pretii 8. lib. 5. sol. usque ad 1. Jul. seq. *Aresto* 29. *Maii* 1720. a dicta 1. Jul. pretii 7. lib. 10. sol. usque ad 16. ejusdem mens. ab hac die pretii 6. lib. 15. s. *Aresto* 18. *Jun.* 1720. pretii 12. lib. *Aresto* 30. *Jul. seq.* usque ad 1. Sept. 1720. ab hac die usque ad 16. ejusdem mens. pretii 10. lib. 10. s. a 16. Sept. usque ad 1. Oct. pretii 9. lib. a dicta 1. Oct. usque ad 16. ejusdem mens. pretii 7. lib. 10. sol. subinde pretii 6. lib. qui cursus confirmatur *Aresto* 24. *Oct.* 1720.

¶ *Ludovici argentei* pond. 9. ad marcam, pretii 5. lib. 6. s. usque ad 1. Aug. vel Sept. seq. *Edicto mense Maii* 1718. *et Aresto* 17. *Jul. seq.* ejusdem pretii *Aresto* 20. *Sept. ejusd. an.* pretii 4. lib. 18 sol. *Aresto* 3. *Dec.* 1719. qui cursus Parisiis prorogatur usque ad 1. Mart. seq. *Aresto* 15. *Jan.* 1720. in aliis regni locis currere jubentur pro 4. lib. 14. sol. pretii 6. lib. 13. sol. 4. den. *Aresto* 22. *Jan.* 1720. ad 6. lib. 6. s. reducuntur *Aresto* 28. *ejusd. mens.* qui cursus obtinuit usque ad 25. Febr. seq. *Arestis* 9. *et* 20. *ejusd. mens.* pretii 6. lib. 13. sol. 4. den. *Aresto* 25. *dicti Febr.* pretii 8. lib. 17. sol. 9. den. *Aresto* 5. *Mart.* 1720. a 1. April. seq. pretii 7. lib. 15. sol. a 1. Maii 7. lib. 4. sol. *Declarat.* 11. *Mart.* 1720. pretii 9. lib. 2. sol. usque ad 1. Jul. seq. *Aresto* 29. *Maii* 1750. a dicta 1. Jul. pretii 8. lib. 6. sol. usque ad 16. ejusd. mens. ab hac die pretii 7. lib. 10. sol. *Aresto* 10. *Jun.* 1720. pretii 13. lib. 6. sol. 8. den. *Aresto* 30. *Jul. seq.* usque ad 1. Sept. 1720. ab hac die usque ad 16. ejusdem mens. pretii 11. lib. 13. sol. 4. den. a 16. Sept. usque ad 1. Oct. pretii 10. lib. a dicta 1. Oct. usque ad 16. ejusd. mens. pretii 8. lib. 6. sol. 8. den. subinde pretii 6. lib. 13. sol. 4. den. qui cursus iterum statuitur *Aresto* 24. *Octobr.* 1720.

¶ *Ludovici argentei* pond. 8. ad marcam, pretii 6. lib. usque ad 1. Aug. vel Sept. seq. *Edicto mense Maii* 1718. *et Aresto* 17. *Jul. seq.* ejusd. pretii *Aresto* 20. *Sept. ejusd. an.* pretii 5. lib. 12. s. *Aresto* 3. *Dec.* 1719. qui cursus Parisiis prorogatur usque ad 1. Mart. seq. *Aresto* 15. *Jan.* 1720. in aliis regni locis currere jubentur pro 5. lib. 8. sol. pretii 7. lib. 10. sol. *Aresto* 22. *Jan.* 1720. ad 7. lib. 1. sol. 8. den. reducuntur *Aresto* 28. *ejusdem mens.* qui cursus obtinuit usque ad 25. Febr. seq. *Arestis* 9. *et* 20. *ejusd. mens.* pretii 7. lib. 10. sol. *Aresto* 25. *dicti Febr.* pretii 10. lib. *Aresto* 5. *Mart.* 1720. a 1. April. seq. pretii 8. lib. 15. sol. a 1. Maii 8. lib. 2. sol. 6. d. *Declarat.* 11. *Mart.* 1720. pretii 10. lib. 6. sol. usque ad 1. Jul. seq. *Aresto* 29. *Maii* 1720. a dicta 1. Jul. pretii 9. lib. 7. sol. 6. den. usque ad 16. ejusd. mens. ab hac die pretii 8. lib. 8. s. 9. den. *Aresto* 10. *Jun.* 1720. pretii 15. lib. *Aresto* 30. *Jul. seq.* usque ad 1. Sept. 1720. ab hac die usque ad 16. ejusd. mens. pretii 13. lib. 2. s. 6. den. a 16. Sept. usque ad 1. Oct. pretii 11. lib. 5. sol. a dicta 1. Oct. usque ad 16. ejusd. mens. pretii 9. lib. 7. sol. 6. den. subinde pretii 7. lib. 10. sol. qui cursus confirmatur *Aresto* 24. *Oct.* 1720.

¶ *Sextantes Scutorum* (*Sixièmes d'Ecu*) pond. 60. ad marcam, leg. 11. den. pur. pretii 20. s. ejusd. figuræ qua *Ludovici argentei* cusi ex Edicto mense Maii ult. cudi jubentur *Declarat.* 19. *Decembr.* 1718. Item

¶ *Duodenarii* (*Douzièmes*) pond. 120. ad marcam, pretii 10. sol.

¶ *Monetæ* pretii 20. sol. cusæ ex Edicto mense Maii 1718. pretii 18. sol. *Aresto Cons. Reg.* 10. *Dec.* 1719. pretii 20. sol. Parisiis usque ad 1. Mart. seq. eorum cursu pro 18. sol. perseverante in aliis regni locis *Aresto* 15. *Jan.* 1720. pretii 20. sol. *Aresto* 25. *Febr. seq.* pretii 30. *sol. Aresto* 5. *Mart.* 1720. a 1. Maii seq. pretii 27. sol. 6. den. *Declarat.* 11. *ejusd. mens. Mart.* pretii 20. sol. a 1. Aug. seq. *Aresto* 10. *Jun.* 1720.

¶ *Libræ argenteæ* (*Livres d'argent*) quod essent pretii 20. sol. sic dictæ, leg. 11. den. pur. pond. 65 $\frac{5}{11}$. ad marcam, in quibus effictæ binæ L. aversæ coronæ subjacentes, cum Inscript. SIT NOMEN, etc. cudi jubentur *Edicto mense Decemb.* 1719. ejusd. pretii *Aresto* 25. *Febr.* 1720. pretii 30. sol. *Aresto* 5. *Mart. seq.* pretii 27. sol. 6. den. a 1. Maii seq. *Declarat.* 17. *Mart.* 1720. qui cursus prorogatur usque ad 1. Jul. seq. *Aresto* 29. *Maii* 1720. a dicta 1. Jul. pretii 25. sol. *Aresto* 10. *Jun.* 1720. usque ad 16. ejusd. mens. ab hac die usque ad 1. Aug. seq. pretii 22. sol. 6. den. a 1. Aug. pretii 40. sol. usque ad 1. Sept. seq. ab hac die usque ad 16. ejusdem mens. pretii 35. sol. a 16. dicti mens. pretii 30. sol. a 1. Octob. usque ad 16. ejusd. mens. pretii 25. sol. subinde pretii 20. sol. *Aresto* 30. *Jul.* 1720.

¶ *Ludovici argentei* seu *Trientes Scutorum* (*Tiers d'Escu*) in quibus effictæ 4. litteræ L. duplices coronatæ in modum crucis, inter cujus brachia 4. lilia, cum monetarii nota in medio et Inscript. CHRISTUS REGNAT, etc. leg.. 11. den. pur. pond. 30. ad marcam, cudi jubentur *Edicto mense Martii* 1720. quo eorum pretium statuitur usque ad ult. April. seq. 60. sol. a 1. Maii 55. s. ejusd. pretii usque ad 1. Jul. seq. *Aresto* 29. *Maii* 1720. pretii 50. sol. a dicta 1. Jul. usque ad 16. ejusd. mens. ab hac die 45. sol. *Aresto* 10. *Jun.* 1720. pretii 4. lib. *Aresto* 30. *Jul.* 1720. usque ad ult. Aug. seq. a 1. Sept. 3. lib. 10. sol. a 16. ejusd. mens. 3. lib. a 1. Oct. 50. sol. a 16. ejusd. mens. 40. sol.

¶ *Ludovici argentei* seu *Trientes Scutorum* ejusd. leg. et pond. quibus alii, pretii 60. sol. cudi jubentur *Edicto mense Sept.* 1720.

¶ *Ludovici argentei* pond. 10. ad marcam cusi ex Edicto mense Maii 1781. deferri jubentur ad monetas post 15. Oct. seq. ut reformati ad figuram eorum qui tum cudebantur in quibus effictum nudum Franciæ Scutum, currant pro 9. lib. *Edicto mense Sept.* 1720. ejusdem pretii usque ad 1. Jan. 1726. *Arestis* 8. 24. *Octob.* 1720. 16. *Jan.* 24. *April.* 24. *Jul. et* 18. *Octob.* 1725.

¶ *Ludovici argentei* pond. 10. ad marcam, leg. pond. et remedii statutorum Edicto mense Maii 1708. ad eamdem figuram qua reformati Edicto mense Sept. 1720. cudi jubentur ex veteribus monetis *Declarat.* 9. *Aug.* 1723.

¶ *Ludovici argentei* tum pretii 7. lib. 10. s. recudi jubentur leg. pond. et figuræ quibus alii *Edicto mense Aug.* 1723. quo statuuntur pretii 6. lib. 18 sol. Eorumdem semisses pro rata. Marca argenti puri tum pretii 74. lib. 3. sol. 7. den. $\frac{7}{11}$.

65.

¶ *Ludovici argentei* pond. 10. ad marcam non reformati ejusd. pretii *eodem Edicto et Aresto* 30. *Nov.* 1723. pretii 6. lib. 3. sol. *Aresto* 4. *Febr.* 1724. pretii 5. lib. *Aresto* 27. *Mart. seq. sed promulgato* 4. *April. seq.* quo marca argenti puri æstimatur 53. lib. 9. sol. 11. den. $\frac{1}{11}$. ejusd. pretii 5. lib. usque ad 1. Febr. 1725. *Edicto mense Septemb.* 1724. sed reducuntur ad 4. lib. *Aresto* 22. *ejusdem mensis.*

¶ *Ludovici argentei* ejusd. legis et remedii quibus alii cusi ex Edicto mense Sept. 1720. pond. 10. et $\frac{3}{8}$. ad marcam, in quorum una parte crux efficta ex 4. liliis, quibus singulis imminet corona, inter quas 4. litteræ L duplices conspiciuntur, pretii 4. lib. marca argenti puri tum æstimata 44. lib. 8. sol. cudi jubentur *Edicto mense Sept.* 1724. Typum hic habes. Tab. XX. num. 10.

¶ Eorumdem semisses pro rata.

¶ *Ludovici argentei* veteres vel novi a 1. Jan. 1726. pretii 3. lib. 10. s. a 1. Febr. seq. 3. lib. marca argenti puri tum reducta ad 33. l. 6. s. *Aresto Cons. Reg.* 4. *Decembr.* 1725.

¶ *Ludovici argentei* (*Louis* vel *Escus d'argent*) in quibus effictum caput Regis cincinnati, in altera parte scutum Franciæ rotundum inter binas laureas inferne junctas coronæ imperiali subjacet, cum solita Inscript. Sɪᴛ Nᴏᴍᴇɴ, etc. leg. 11. den. pur. pond. 8. $\frac{3}{10}$. ad marcam, pretii 5. lib. marca argenti puri tum pretii 37. lib. 1. s. 9. d. $\frac{9}{11}$. cudi jubentur *Edicto mense Jan.* 1726. quo cæterarum monetarum cursus inhibetur. Typum hic delineamus. Tab. XX. num. 11.

¶ Eorumdem semisses etc. pro rata.

¶ Iidem *Ludovici* pretii 6. lib. statuuntur *Aresto Cons. Reg.* 26. *Maii* 1726. qui cursus etiamnum in usu est, mense Oct. 1732.

¶ Semisses et Trientes eorumdem.

☞ Consulto prætermisimus Edicta quæ vel ex posterioribus irrita fuerunt, vel quæ ad publicum monetæ cursum non spectant, cum videlicet in iis de pretio tantum statuitur quo recipiendi nummi qui reformandi deferuntur ad monetarum officinas: ea etiam tacuimus quæ de monetarum Alsatiæ et Flandriæ promulgata sunt, quod extra monetas nostras vagari animus non fuerit, iisque duntaxat illustrandis operam dederimus, quæ fuerunt publici usus.

MONETA BARONUM,

Dicitur jus cudendæ Monetæ, quod Principes ac Barones interdum vassallis suis concesserunt, vel quod ii usurparunt, dum bella civilia vigerent. [* Vel etiam quod feudorum suorum jure habuerunt, si fides habeatur D. *Bouquet* tom. 1. Jur. publ. Franc. pag. 265.] Histor. Translationis S. Sebastiani, de Ludovico Pio : *Monetam etiam publicam, cum incudibus et trapezetam perpetuo famulatu, sacris ipsius* (Monasterii S. Medardi Suessionensis) *deservituram subdit.* Charta Caroli Crassi ann. 887. in Tabular. Lingonensis Eccles. Ch. 5 : *Obtulit præterea obtutibus Celsitudinis nostræ auctoritatem præcepti piæ recordationis avunculi nostri Caroli Imperatoris, qualiter ipse ob deprecationem Isaac venerabilis Episcopi ejusdem Lingonensis Ecclesiæ, et in eadem Lingonis civitate, et in Divione castro monetas fieri concessit, ea tamen ratione, quod absque alicujus judicis seu Comitis inquietudine ad jus sive ordinationem jam supra memoratæ Ecclesiæ Rectorum pertinere perpetuo debeant.* Exstant similes Chartæ de concesso a Principibus, præsertim Ecclesiis, monetæ cudendæ jure : quod a Proceribus, qui Comitatus inclinata alterius Regii Stemmatis auctoritate sibi in proprium asseruere, deinceps usurpatum : quod simili de causa accidisse in Anglia narrat Willelmus Neubrigensis lib. 1. cap. 22 : *Illis quippe diutinæ concertationis pertæsis, et mollius agentibus, Provinciales discordantium procerum motus efferbuere. Castella quippe per singulas provincias studio partium crebra surrexerant, erantque in Anglia quodammodo tot Reges, vel potius tyranni, quot Domini Castellorum, habentes singuli percussuram proprii numismatis, et potestatem subditis regio more dicendi juris.*

☞ Ex his aliisque monumentis quæ post Mabillonium Diplom. lib. 3. cap. 1. num. 6. D. *le Blanc* Tract. de Monet. pag. 137. D. *Brussel* de Usu feud. tom. 1. pag. 192. et seqq. exscribere piget, perspicuum fit jus cudendæ monetæ Ecclesiis, Monasteriisve, quidquid contra sentient viri eruditi concessum fuisse ante Carolum Simplicem. Illud vero in primis rem conficit quod ipse Carolus Rex Waloni Eduensis ecclesiæ Episcopo *monetam ejusdem urbis, dudum ab eadem ecclesia pravitate quorumdam indebite alienatam, sua innovatione redintegrat et restituendo restaurat*, in Hist. Vergiac. pag. 22.

☞ Sed, ut quod res fatear, id juris prius Ecclesiasticis viris concessum videtur quam laicis; quod majorum pietati adscribendum est : neque enim antiquius quod laicos spectet nobis occurrit monumentum præter Chartam Rodulphi Regis qua ann. 924. Episcopo Podiensi jus cudendi monetam asserit, quod hactenus ad dominium Comitis pertinuisse dicitur. Vide infra *Podiensium Episcoporum moneta.*

☞ Id autem jus sæpissime Ecclesiis, ut mox dicebamus, non earum Episcopis tantum, quamvis ad eos potissimum spectaret ejusdem jurisdictio, titulo beneficii concessum, laicis interdum *subfeodabant* : primum probant Charta Philippi Meldens. Episc. ann. 1225. mox laudanda et Diploma Alberti Roman. Reg. pro Episc. Leodiensi ann. 1299. apud Marten. tom. 1. Ampliss. Collect. col. 1405 : *Permittimus ut idem episcopus monetam quam ab Imperio tenet in feodum cudere, malliare, sive fabricare debeat in sua diœcesi, in æquivalentia et pondere, in quibus viciniores episcopi... cudi faciunt.* Alterum colligitur ex Charta Burchardi episc. Meld. ann. circ. 1130. exarata apud eumdem ibid. col. 696 : *Quod Meldensem monetam quæ episcopalis juris est, quam sicut plerique testati sunt, prædecessores nostri aliis atque aliis, qui non erant de genere Brimodi, pro commodo suo ad beneplacitum suum dederant*, etc.

☞ Neque vero cum laudato D. *Brussel* ibid. pag. 196. sentire possum monetam Episcoporum plerumque extra episcopalis urbis mœnia in usu non fuisse : quin etiam illud contra consuetum morem, si tamen umquam, factum existimo. Et quidem Episcopi pejoris conditionis non erant, quam alii Barones quorum moneta in toto eorum districtu cursum obtinebat; quidni perinde Episcoporum in toto eorum episcopatu? maxime si Barones intra ejusdem episcopatus limites non essent, qui jure monetæ gauderent. Sed id apertius patebit ex monumentis infra laudandis ubi de monetis Episcoporum litterarum ordine dicetur : unum hic exscribemus. Charta Conventionis inter Philippum Pulcrum Reg. Franc. et Episc. Capitulumque Eccles. Vivar. ann. 1307. [* in 122. Chartoph. reg. ch. 294. :] *Nos non impediemus directe vel indirecte quominus moneta dicti Episcopi, quam ipse Episcopus cudi faciet in terra sua, cudatur et cursum habeat in civitate Vivarii et toto Episcopatu Vivariensi.* [* *Extra vero episcopatum prædictum, moneta ipsa libertatem habebit illam, quam monetæ aliorum baronum regni nostri habebunt extra terras eorum.* Quoad monetas ergo iisdem privilegiis, quibus laici barones, gaudebant episcopi.]

Cum Philippus IV. Rex cognomento Pulcher, consilium cepisset de emendandis monetis, et ad meliorem materiam reducendis; literas scripsit ad Franciæ Barones, qui jure cudendæ monetæ gaudebant, quo ad Octavas Omn. SS. Legatos suos mitterent, qui cum Magistris Cameræ Computorum, et Magistris Monetarum Regis super hac re deliberarent, ac statuta ederent, quæ Rex ipse ac ii observarent. Ii porro ita recensentur in primo Memoriali Cameræ Comput. Paris. fol. 27. 29 : *Archiepiscopus Remensis, Episcopi Cadurcensis, Magalonensis, Tornacensis, Podiensis, Albiensis, Dom. Comes Vadensis,* (seu de Valois) *Comes Autisiodorensis, Duces Burgundiæ et Britanniæ, Comes Suessionensis, Dom. Castriradulphi, Vicecomes Lemovicensis, Comites Flandriæ, Vindocinensis, Sacri Cæsaris, D. Ludovicus de Claromonte, D. Burboni, D. Comitissa Atrebatensis, Comes Torniodorensis, et Dominus Virsonis.* Ubi observandum, non Barones omnes, qui eo jure in Francia gaudebant, tum submonitos, cum longe plures alii essent, quibus id juris competebat.

Præterea ne qua fraus in Baronum Monetis deinceps fieret, seu in figuris, seu in pondere, vel denique in metalli probitate, statuit Rex Philippus Edicto dato Pontesiæ mense Junio ann. 1313. quod descriptum legitur in 1. Regesto Memorialium Cameræ Computorum Parisiensis fol. 21. 22. et 23. ut Regii Monetarum custodes in singulis Baronum monetis statuerentur, regiis sumptibus, qui dum eæ cuderentur, adessent ipsi, et ut Statuta regia strictius observarentur, invigilarent. Statuti ipsius verba hic damus : *Item pource que nule monoie ne puet ne ne doit estre sans garde, nous avons ordené et ordenons que en chascune monoie de Prelats et Barons aura une Garde propre de par nous à nos propres cousts et despens, laquelle Garde porce que fraude encontre nos Ordenances ne puisse estre faite, delivrera les deniers de tels poids comme il sera ordené, et sera à tous les echez* (essais) *de l'argent et du* billon, et ne porra l'en fondre ne mettre en fournel, se nostre dite Garde n'est presente, parquoy on ne puisse fondre nule monoie contre nos dites ordennances : et iront les Mestres de nos monoies par toutes les monoies des Prelats et Barons, et prendront des boëtes desdites monoies, et en feront essai, pour savoir si icelles monoies seront faites de tel poids et de tel loi, comme elles doivent estre. Et s'il avenoist que il fausist en la boiste de ladite monoie un grain ou deux grains de loi, que celui à qui la monoie seroit, fut tenu de faire autant large à ses despens, parquoi le profit du puepie ne venist en la bourse des Barons.

* Ut fraus omnis, quæ in monetis, tam regiis quam baronum, fieri posset, præverteretur, *servientes* delegabantur a rege in provincias, qui de monetis inquirerent. Charta Phil. Pulc. ann. 1308. in Reg. 41. Chartoph. reg. ch. 36 : *Servientes nostros exhibitores præsentium.... destinamus per omnia loca totius regni nostri, in quibus monetæ fiunt, ad inspiciendum, probandum et temptandum utrum prædictæ monetæ fiant eo modo quo debent fieri, vel aliter, tam monetæ nostræ, quam nostrorum etiam baronum. Et volumus insuper quod nostræ monetæ currant et capiantur in terris ipsorum baronum pro pretio monetarum suarum, valore ad valorem.*

* Monetarum emendas, etiam in terris baronum, ad regem pertinere, judicatum est in Scacar. S. Mich. ann. 1277. ex Reg. S. Justi Cam. Comput. Paris. fol. 38. r°. col. 1 : *De dicto comite* (de Guelles) *et aliis nobilibus Normanniæ altam justitiam in sua terra habentibus, petentibus emendas monetæ. Concordatum fuit quod non haberent, immo domino regi remanerent.* Et quidem monetarum abusus ad regem ita spectare opinabantur, ut solus de iis legitime judicaret. Lit. Phil. VI. ann. 1336. in Reg. B. 2. ejusd. Cam. Comput. fol. 66. v°. : *Comme Jehannot Bougiers eust esté prins par nostre baillif de Lille atout certaine quantité de la monnoye du coing nostre amée et féale la dame de Neele, et ycelle monnoie eust esté apportée à Paris pardevers nos gens des Comptes et trésoriers, pour ce que nos dites gens maintenoient que elle nous devoit estre acquise,.... pour ce que à nous et à nul autre appartient en nostre royaume le cognoissance du mesus de monnoies; .... l'évesque de Tournai repliquant au contraire que la cognoissance en appartenoit à li, pour ce que ce n'estoit pas monnoie fausse ne contrefaite au coing de la nostre ;.... accordé est... que la value d'icelle monnoie seroit donnée à Robert Bougier pere dudit Jehannot en pur don, sans ce que ce face ou porte préjudice à nous ne audit évesque.*

Si quando Barones monetam novam cudere aut mutare vellent aut imminuere, veteri reprobata, Regem hac de re commonere tenebantur, ne subditi Regii ex hac imminutione damnum paterentur, ut patet ex hoc Diplomate : *P. Dei gratia Meldensis Episcopus universis præsentes litteras inspecturis, salutem in Domino. Universitati vestræ notum facimus, quod cum nos fecissemus Meldis fieri novam monetam, veteri reprobata, Dominus noster Ludovicus D. G. Rex Franc. dicebat, quod homines in feodis suis manentes in locis illis, in quibus vetus moneta currere consueverat, lædebantur, eo quod ante reprobationem eis non fuerat nunciatum, ut de veteri se liberarent. Quia vero ad sacrum spectat officium proximum non lædere, et subvenire oppressis, Nos eidem concessimus, ut quotiescunque Nos et successores nostri mutabimus monetam nostram, quam tenemus ab eo, faciendo fieri novam, veterem reprobantes, Nos ei, vel successoribus suis hoc significabimus per 4. menses ante, ut hominibus in feodis suis manentibus in locis illis in quibus vetus moneta currere consueverat, faciat notificari, ut se liberent de veteri moneta. Ita tamen quod si nobilis Vir Th. Comes Campaniæ et successores sui facerent fieri novas monetas, veteribus reprobatis, Nos et successores nostri, quantum ad dominia, et feoda, et totam potestatem prædicti Comitis, statim possimus monetam nostram Meldensem (quam, sicut supra dictum est, tenemus ab eodem Domino Rege) veterem reprobare, et novam facere. Quod ut firmum, etc. Dat. Parisiis anno Dom. Incarn. 1225. mense Maio.*

* Unde comes Britanniæ multatur, quod de solito monetæ suæ pondere detraxerat, Aresto ann. 1274. ex Reg. *Olim* parlam. Paris. : *Comes Britanniæ emendavit hoc quod ipse monetam suam, quæ erat de pondere novem solidorum, minoravit et posuit ad pondus duodecim solidorum; ac injunctum fuit dicto comiti, ut expelleret Lombardos de terra sua, juxta ordinationem domini regis.*

Interdum etiam certis emergentibus causis Reges monetarum Baronum cusionem ac operationem inhibebant, ut docet sequens Charta : *Philippus Dei gratia Franc. Rex dilecto ac fideli nostro Nicolao Episcopo Meldensi S. et dilect. Cum nos nuper diligenti deliberatione præhabita et Reipublicæ utilitate pensata, cusionem seu operationem monetarum Prælatorum et Baronum quorumlibet Regni nostri ad manum nostram ex causa posuerimus, donec super hoc aliud duxerimus ordinandum, mandamus vobis sub fidelitatis vinculo, quo nobis astricti tenemini, firmiter injungentes quatenus ab hujusmodi monetarum cusione visis præsentibus penitus desistatis. Actum Meleduni die 22. Marcii ann. Dom. 1307.*

☞ Atque hæc cusionis inhibitio tamdiu durabat, dum Litteras regis acciperent quibus monetam rursum cudere ipsis liceret, ut colligitur ex laudato supra Edicto ann. 1313. num. 14. tom. 1. Ordinat. pag. 522 : *Item, pour ce que la bonne monnoie que nous entendons à faire ouvrer, pour la nécessité, et les causes dessus dittes, ne soit empeschiée ou retardée, pour les monnoies de nos Barons, nous avons ordenné et ordenons, commendons et deffendons que nuls Prelats, Barons, ne autres de nostre royaume, qui ont droit de faire monnoie ouvrer en leurs terres, ne puissent ouvrer, ne commancier leur monnoies jusques à tant qu'ils aient Lettres pendants de Nous, contenants comment et quant ils devront ouvrer.*

☞ Illud præterea erat Regis in monetas Baronum jus, ut ad se *pyxides assaiarum* (Gall. *boëtes des essais*) ut monetariorum voce utar, deferre juberet, si qua fraus in iis monetis fieri suspicabatur. Litteræ Philippi V. Reg. Franc. ann. 1317. tom. 1. Ordinat. pag. 754 : *Quascumque monetas Prelatorum ac Baronum et aliorum quorumcumque regni nostri, qui monetas ipsas faciebant, poni mandavimus ad regiam manum nostram, capique fecimus, et ad certam diem precepimus nobis afferri pissides assaiarum monetarum ipsarum, ut per hoc deffectus cuilibet possit plene cognosci.* Eædem Litteræ Gallico idiomate habentur ibid. pag. 755.

* Monetarii regii cudendis baronum, extraneorumve principum monetis operam dare non poterant, ut colligitur ex Lit. Phil. VI. ann. 1339. in Reg. 72. Chartoph. reg. ch. 524 : *Comme Aymeri de la Coste eust esté accusé d'avoir ouvré en aucunes monnoies des barons de nostre royaume et dehors; c'est assavoir en la monnoie de la dame de Seuly, de Galeran, de Ligny, du conte de Namur, de la contesse de saint Pol, ou d'autres etc.*

Ex hac monetarum in Regno diversitate non minima oriebantur incommoda, quæ Regios, ipsosque Dominorum vassallos ac subditos gravabant, adeo ut Philippus V. Rex ann. 1321. consilium ceperit, non modo de mensuris, sed etiam de monetis ad unicam redigendis. Continuator Nangii : *Præposuit etiam idem Rex, ut in toto Regno omnes monetæ ad unicam redigerentur; et quoniam tantum negotium sine magnis sumptibus impleri non poterat, falso, ut dicitur, detentus* (f. deceptus) *consilio, proposuerat ab omnibus Regni sui quintam partem bonorum suorum extorquere : unde et propter hoc ad diversas partes solennes Nuntios misit Prælatis et Principibus, quibus ab antiquo jus diversas monetas secundum diversitatem locorum suorum et hominum exigentiam faciendi, una cum Communitatibus bonarum villarum Regni dissentientibus, infecto negotio ad Dominum sunt reversi.*

Verum crebræ quæ Regem inter et Barones super monetis emergebant controversiæ, eo Barones ipsos tandem adegere, ut ultro Regibus nostris jus monetæ cudendæ distraherent, Regesque illud ab iis compararent : unde extinctum ferme in Francia jus istud monetæ. Exstant quippe in Chartophylacio Regio, scrinio *Monnoies*, tit. 13. 14. 15. 16. 27. varia Diplomata, quæ ejusmodi juris distractiones et emptiones iis de causis continent : ex quibus docemur a Carolo Comite Vadensi 14. Maii ann. 1319. Monetas Carnotenses et Andegavenses pretio 50000. lib. bonorum parvorum Turon. Philippum V. comparasse, ut a Comite Claromontensi D. Borbonii Monetam Claromontensem et Borbonensem pretio 15. mill. libr. bonorum parvorum Turon. 27. Jan. ann. 1320. et Philippum VI. Monetam Blesensem a Guidone de Castilione Comite Blesensi pretio 15. mill. librar. Tur. 3. Maii ann. 1328.

☞ Monœci Principi jus cudendæ monetæ aureæ vel argenteæ conceditur Aresto Consilii Regii 16. Oct. 1643. cujus monetæ cursus in Francia permittitur Edicto dato mense Sept. 1644. et Aresto ejusd. Consilii 31. Jul. 1652.

☞ Eodem jure gaudet etiamnum Dominus *de Bois-belle* et *d'Enrichemont*, ut patet ex Litteris 10. Maii 1635. quibus Petro *Freté* et Claudio *Minard* facultatem concedit monetam suam cudendi, dum Statuta Reg. Fr. quæ ad monetas spectant, observent : quod egregie confirmatur Edicto dato mense Jan. 1644. *Avec le pouvoir de battre monnoie d'or et d'argent.* Sed et anno 1719. 6. Julii Edictum tulit Dux Sulliaci contra monetarum adulteratores, qua jurisdictione Barones, quibus jus cudendæ monetæ servatum est sub Ludovico IX. privati sunt, ut supra docuimus.

Servatur in Camera Computor. Parisiensi Regestum de monetis, signatum in 1. fol. 123. quod sic inscribitur : *Ce sont les monnoies des Barons et des Prelats du Royaume de France, qui se dient avoir droit de faire monnie, telle comme il la doivent faire de poids, de loi et de coing, qu'ils ont faites anciennement, etc. vers Noel l'an* 1315. In quo quidem Regesto describuntur figuræ earumdem monetarum. Ex eo autem et variis aliis monumentis quædam excerpsimus, quæ Baronum Francicorum ejusmodi monetas spectant, literarum serie hocce loco utcunque digesta, descriptis etiam eorum typis, præsertim iis, qui in eo volumine exarantur. [** Nos maluimus ex ipsis monetis typos delineare, quod summo studio perfecit supra laudatus Dom. *Cartier*, nummos describendos indicante V. Cl. *de Saulcy*.]

Monetæ Baronum Francicorum, *vel certe eorum, quibus in Galliis cudendæ monetæ jus fuit ab antiquo, et quarum mentio occurrit apud Scriptores.*

¶ Acromotensis monetæ in Comitatu Urgellensi, mentio occurrit in Constit. pacis a Jacobo I. Rege Aragon. editis ann. 1234. in Append. Marcæ Hispan. col. 1430.

¶ Ægidiensis moneta. Vide infra *Egidiensis.*

¶ Agathensium Episcoporum monetæ meminit Clemens IV. PP. in Epist. 377. apud Marten. tom. 2. Anecd. col. 404.

Agennensis monetæ, [quam Episcopus in feudum a Comite tenere dicitur in Charta ann. 1217. inter Instrumenta tom. 2. novæ Gall. Christ. col. 431.] mentio fit in Charta P. Episcopi Agennensis ann. 1246. in Regesto Tolosano Cameræ Comput. Paris. fol. 45.

** Airacensis moneta. Gall. d'*Aire*. Typus num. 1.

¶ Albiensium Episcoporum monetæ mentio est in 1. Memoriali Cameræ Comput. Paris. fol. 27. Monetam Albiensem uxori suæ concedit Pontius Comes Tolosanus Charta inter Instr. tom. 1. novæ Gall. Christ. pag. 4. col. 2. Typum exhibemus. Num. 1. 2.

Altisiodorensis monetæ meminit Innocentius III. PP. lib. 14. Epist. 123. Typum hic damus. Num. 4.

Ambianensis monetæ meminit Guibertus lib. 3. de Vita sua cap. 7. pag. 504. de qua etiam consulendus Adrianus Morlerius in Antiquitatibus Ambian. Hic unam damus ex Gazæo Nicolai *Du Mont*, Consiliariorum apud Ambianos Decani meritissimi. Num. 6. [** et aliam argenteam num. 5.]

Andegavenses Denarii, ex Regesto 123. jubentur esse 3. den. 10. gran. legis argenti Regis, et 19. sol. 6. den. ponderis ad marcam Parisiensem; *Malliæ* vero eorumdem denariorum, 2. den. 21. gran. legis argenti Regis, et 17. sol. 4. den. malliar. duplic. ponderis, etc. [quorum 14. den. æstimantur in eodem Regesto 12. parvis Turon. idem fere pretium iis assignatur in Statuto S. Ludovici Reg. Franc. ann. 1265. tom. 1. Ordinat. pag. 94 : *Quinze Angevins pour douze Tournois.*] [* Scheda ann. 1308 : *La monnoie d'Angiers quieure pour Tournois, et vaut moins viij. den. la livre.*] Monetæ typum descripsit Thevetus lib. 15. cap. 7. ut et Hautinus lib. de Monetis Francicis pag. 57. Monetæ Andegavensis mentio est apud Ordericum Vital. lib. 12. pag. 87; Innocentium III. PP. in Epist. pag. 185. 435. Edit. Colon. in Hist. Franc. tom. 4. pag. 649. apud Beslium in Comitib. Pictav. pag. 439. et in Episcop. Pictav. pag. 124. Chopinum de Sacra Politia lib. 3. tit. 1. § 8. tit. 6. § 17. Duchesnium in Hist. Drocensi pag. 224. Typos damus num. 7. 8. 9. Minutissimam fuisse monetam docet le Roman *d'Aubery* MS. :

Ne me forfirent vaillant un Angevin.

Le Roman *de Garin :*

Que ja i mette vaillant un Angevin.

Alibi :

Si ne vos prisent vaillant un Angevin.

Chron. Bertrandi *du Guesclin* MS. :

Mais on y conquesta vaillant un Angevin.

[** In nonnullis Galliæ provinciis e. g. Metensi *Angevine* dicebatur minutissima moneta, quæ est quadrans denarii; eadem alias parva Pictavina, Gall. *Poitevine*. Vide supra Ordinat. Phil. V. ann. 1329. pag. 508. col. 1.]

Aquitanici, monetæ ita dictæ, apud Duchesnium in Probat. Hist. *des Chastaigners* pag. 88. Typi num. 10. 11. 12.

¶ Arausiensis Principatus monetæ, in qua effictum cornu, quod insigne fuit Guillelmi primi, ut fertur, Arausiensis Principis, typum hic delineamus. Typi num. 13. 14.

¶ Arelatensi Ecclesiæ in gratiam Manassis Archiep. jus cudendi monetam concessit Ludovicus III. Imper. Charta inter Instr. tom. 1. novæ Gall. Christ. pag. 95. col. 1. Ejusdem monetæ meminit Bulla Anastasii IV. PP. ann. 1153. ibid. pag. 98. col. 1. cujus fabricam ann. 1186. Petro de Toro concessit Petrus Aynardus vel Isnardus (Eynardum vocat Saxius in Pontif. Arelat. pag. 239.) Archiep. Charta ibid. pag. 100. col. 1. Hanc eusam interdum fuisse in castro Bellicadri, quo jure simul cum castro cessisse Michaelem Archiep. ann. 1214. in gratiam Simonis Comitis Montisfortis discimus ex Charta ibid. edita col. 2. Vide Altaserram de Ducib. et Comit. Prov. lib. 2. cap. 5. pag. 142. Typi num. 15. 16.

¶ Argentinensis monetæ meminit Charta ann. 1275. in Hist. Mediani Monast. pag. 334.

** Ariensis. Vide *Airacensis*.

¶ Arnaldensis moneta, eadem forte quæ Leomaniæ Vicecomitum Carcassonensium, aut Convenensium, quibus perinde commune fuit Arnaldi nomen. Vide *Arnaldensis*.

* Artesiani, Artisienses, Moneta Atrebatensis. Charta Joan. dom. *de Oysi* ann. 1200. in Chartul. Mont. S. Mart. ch. 22 : *Hanc sibi libertatem seu liberationem ecclesia comparante undecies viginti libris veteris Attrebatensis monetæ, etc.* Charta S. Ludov. in Reg. 30. Chartoph. reg. ch. 527 : *Cum Thomas de Sabaudia comes singulis annis perciperet et haberet in Flandria ad vitam suam, ut dicebat, sex milia librarum Artisiensium, etc.* Alia ann. 1242. in Chartul. S. Petri Insul. sign. *Decanus* fol. 127. v°. : *Adans de le Faleske a enwagiet à l'eglise S. Pierre de Lisle, por sissante et dis livres d'Artisiens, trois muis de le dime k'il tient de mi en fiés.* Rursus memorantur *Artisienses* in Charta ann. 1374. pro monast. S. Nicol. prope Tornacum ex Reg. 105. ch. 523. Arest. ann. 1270. in Reg. *Olim* parlam. Paris. : *Cum major et jurati Silvanectenses quosdam, qui falsos et pravos Artesianos et stellingos apud Silvanectum expendebant, cepissent, etc.* Reg. Corb. 13. sign. *Habacuc* ad ann. 1514. fol. 217 : *La somme de huit vingt livres monnoye d'Artoys de xl. gros monnoye de Flandres pour la livre.*

Atrebatensis monetæ mentio est apud Vassorium in Annalib. Noviodunens. pag. 952. et Hemeræum in Augusta Viromand. pag. 202. Typi num. 17. 18. 19.

* S. Augendi vel Eugendi seu S. Claudii monetæ mentio fit in Lit. remiss. ann. 1376. ex Reg. 110. Chartoph. reg. ch. 104 : *Oye l'umble supplication de nostre bien amé Guillaume de Beauregart abbé de S. Oyant en l'empire, contenant que comme ja piéça en usant de son droit et des priviléges ottroyez à son église par plusieurs empereurs, lesquelz priviléges ont esté confirmez par nostre très amé oncle l'empereur, qui est à présent, ledit abbé eust fait faire et forger monnoye à son coing en sa ville de Moyranc en l'empire, ou diocese de Besançon, senz avoir contrefait monnoie d'autrui; et pour ce que l'arcevesque de Besançon disoit et maintenoit que, senz son congié et licence en son diocese, aucun ne povoit faire forger monnoie, ledit arcevesque eust fait mettre le cex enladitte ville de Moyrenc, dont ledit abbé, qui de ce se senti agrevé, appella à court de Rome, où il ala et y poursuy sadite appellation, tant et si longuement qu'il obtint sentence pour lui contre ledit arcevesque.... Mais au plustost qu'il fu retourné de ladite court de Rome fist cesser de batre ou forger monnoie en sa terre, senz ce que depuis aucune y ait esté faite ou forgée.* Vide *Moneta Condatescensis.*

Augustodunensium Episcoporum monetæ mentio est in Hist. Fr. tom. 1. pag. 65. apud Frisonum in Gallia Purpurata pag. 167. in Probat. Hist. Vergiacensis pag. 22. 28. [et apud Johan. *Munier* in Disquisit. Antiquit. Augustod. pag. 87. et 159.] Exstat Charta Caroli Simplicis Regis Franc. ann. 8. Ind. 3. qua monetam urbis Heduensis, *dudum ab Ecclesia ejusdem urbis pravitate quorundam alienatam, et quam in præfata urbe comitalis auctoritas dominabatur*, eidem Ecclesiæ restituit.

Aurelianensium Episcoporum monetæ mentio est in tom. 4. Hist. Franc. pag. 338. 498.

☞ *Aurelianenses*, Dominorumne an Episcoporum non mihi constat, monetæ meminit Tabul. Dunense Ch. 30. [** In voce *Monetæ Redemptio*, supra col. 486.

item mentio est *Monetæ Aurelianensis*, nullum vero hodie cognitum est exemplar Monetæ Aurelianensis nec Ducum, nec Episcoporum. *De Saulcy.*]

¶ Ausonensis in Catalonia monetæ meminit Charta ann. 911. in Append. Marcæ Hispan. col. 839.

Auxonensium dominorum monetæ meminit Golutus in Histor. Sequanica pag. 56. 422. 593. Typi num. 20. 21.

☞ *Auxonensis* monetæ solidum Stephaniensem (*Sol Estevenant*) sub Philippo Audace cusum exhibet Juranus in Hist. Comit. Auxon. pag. 54. meminit ibid. pag. 63. grossi Auxon. quem cudi jussit Carolus ultimus Burgundiæ Dux. Vide infra *Burgundiæ Ducum moneta.*

* Barbarini, Moneta vicecomitum Lemovicensium. Vide supra *Barbarini.*

¶ Barchinonensis monetæ mentio fit in Charta ann. 1299. tom. 8. Spicil. Acher. pag. 259 : *Constituo vobis eidem marito meo in dotem quatuor millia librarum Barchinonensium de terno, de qua moneta* 65. *solidi valent unum marcham argenti fini, recti, pensi Perpiniani.* Adde marcam Hispan. col. 1430. et Chartam ann. 1302. apud D. le Blanc de Monet. pag. 29. *Moneta Barcheona*, in Charta ann. 1067. inter Probat. Hist. Occit. tom. 2. col. 257.

¶ Barensium Ducum moneta alba uno denario levior moneta Franciæ, nigra vero ejusdem legis et ponderis cuditur ex Litteris ann. 1354. apud D. Calmet. Hist. Lotharing. tom. 2. inter Probat. col. 623. Typos plures ibidem exhibet laudatus Auctor num. 122. et seqq. Nos unum damus num. 22. et alterum aureum num. 23.

* Charta Yoland. comit. Barens. ann. 1354. inter Probat. Hist. Virdun. pag. 24 : *Jofroys de Gondrecourt, maistres de nostre monnoye de Clermont* (en Argonne) *ha delivrez,.... pour dous queues de vin achetées à Varennes, quinze escus et demey d'or des Johannes.*

* Baviardi, Bauviardi. Vide in voce *Baviardus.*

Bellovacensium Episcoporum monetæ mentio habetur apud Anton. Loisellum in Hist. Bellov. pag. 29. 30. 98. 132. 267. 268. 276. 277. 317. 328. Louvetum pag. 452. [Pilletum in Hist. Gerbored. inter Instr. pag. 344.] in Monastico Angl. tom. 2. pag. 978. 1008. etc. [Tabular. S. Martini Pontisar. : *Solvit unoquoque anno in festivitate S. Remigii* xii. *denarios Belvacenses seu* xviii. *Parisienses, etc.*] Typum damus num. 24.

Benearnensium Vicecomitum monetæ Morlanensis meminit Marca in Hist. Benearn. pag. 972. 308. 405. 496. 429. a quo et describitur. [Vide *Morlanus.*] Typos damus num. 25. 26.

** Bergensis Monetæ typum damus num. 27.

* Bernardini, Moneta a Bernardo de Andusia nomen habens. Arest. ann. 1265. in Reg. *Olim* parlam. Paris. : *Rex in dicta terra* (de Andusia) *non tanquam successor dicti Bernardi, sed tanquam dominus principalis, facit monetam suam Turonensem currualem per totum regnum, et non monetam Remundinorum et Bernardinorum, quæ erat moneta dicti Bernardi, et habebat cursum tantum in dicta terra.* Typus num. 29.

** Bethunensis Monetæ typus num. 28.

Biterrensium solidorum sub Philippo I. Rege mentio est in Tabulario Conchensi in Ruthenis Ch. 26. [Charta ann. 1078. inter Probat. Hist. Occitan. tom. 2. col. 301 : *Per hanc vero dimitionem sive guirpitionem accipio de abbate* D. *solidos Biterrenses.*]

Bituricensium Ducum monetam auream descripsit Joan. *Chaumeau*, in Hist. Bituric. lib. 6. cap. 8. [** Ea vero moneta est Brabantina; monetam Bituricensem damus num. 30. et 31. *De Saulcy.*]

Blesensium Comitum Denarii, ex Regesto 123. jubentur esse 3. den. 10. gr. legis argenti regii, et 19. sol. 7. den. ponderis ad marcam Par. Eorumdem vero *Malliæ*, 2. den. 21. gran. legis argenti Regis, et 17. sol. 4. den. malliar. duplic. ad marcam Par. [ejusdem pretii atque *Andegavenses.*] Monetæ typus exstat in Regesto, quem etiam delineavit Thevetus in Cosmogr. lib. 15. cap. 6. ut et Hautinus pag. 49. Adde Historiam Castilionensem pag. 139. et in Probat. pag. 97. 99. [Antiquiorem typum exhibet Petavius in Gnorism. veterum nummorum.] Typi num 32. 33.

** Bolonensium Comitum monetam exhibemus num. 34.

* Briennensis monetæ mentio fit in Reg. Cam. Comput. Paris. sign. *Croix* fol. 122. r°. : *Briennenses valent vj. lib. xv. sol. vj. den.*

Britanniæ Ducum Denarii, ex Regesto, debent esse legis 3. den. 16. gran. argenti regii, et pond. ad marcam Paris. 19. sol. 6. den. *Malliæ*, eorumdem denariorum debent esse legis 3. den. argenti regii, et pond. 16. sol. 9. den. obol. duplic. ad marcam Par. etc. [13. ejusdem. monetæ denarii 12. parvis Turon. valere dicuntur.] Monetæ typus exstat in eodem Regesto, quem descripsit etiam Thevetus lib. 15. Cosmogr. cap. 11. ut et Hautinus in lib. de Monetis Francicis pag. 41. Adde eumdem Hautinum pag. 99. 101. 103. et Argentreum in Histor. Armoric. lib. 1. cap. 13. pag. 95. Hujus præterea meminit Monstrelletus 3. vol. p. 8. Berrius in Carolo VII. pag. 168. [et Lobinell. passim in Hist. Britan.] Vide *Targa.* Typos monetæ Britanicæ damus num. 35. 36. et 37.

* Charta ann. 1088. ex Cod. reg. 8542. 3 : *Tunc temporis currebat in Britannia moneta argentea, valente quolibet albo argenteo sex denarios Turon. et etiam parvi denarii nigri currebant etiam tunc in Britannia; in qua si quidem moneta alba erant insculptæ duæ erminæ circa crucem et in pila tres erminæ, in cujus quidem monetæ margine seu circumferentia erat sculptum sic :* Moneta Alani Britonum Ducis. Instr. ann. 1391 : *Vit trover à Nantes en la tour neuve ès trésors dou duc Jehan plusieurs especes de monnoie de Bretagne, qui estoient merchées dou coin de plusieurs et divers Ducs, et aussi en fut trouvé de monnoie noire de diverses especes, et de celles que l'en disoit qui estoit de cuir.*

Brossiæ Vicecomitum, ex familia Saviniaca, Denarii, ex Regesto 123. debent esse legis 3. den. 6. gr. argenti regii, et pond. ad marcam Paris. 20. s. *Malliæ* eorumdem Den. legis 2. den. 16. gr. argenti regii, pond. 17. sol. 2. den. malliar. duplic. etc. Adscribitur hæc moneta Andreæ *de Sauvigny*, Vicecomiti *de Bursse*, seu, ut vulgo efferimus, *de Brosse.* Vide Thevetum tom. 1. pag. 547.

Dom. Petri de Brossia, Dom. *de Huet*, et *de sainte Severe*, ex eodem Regesto, Denarii debent esse leg. 3. den. 6. gran. arg. regii, pond. 20. sol. ad marcam Paris. *Malliæ* eorumdem Denariorum leg. 2. den. 16. gr. pond. 17. sol. 2. den. obol. dupl. Utrique monetæ inscriptus merges triticeus, familiæ insigne. Vide eumdem Thevetum pag. 550. Typum exhibemus num. 38.

* Bruxellensis Moneta. V. in hac voce.

Burdegalensis monetæ meminit Chronicon Burdegalense Arnaldi sub finem. [In ea tertiam partem habebant Episcopi, ex Charta Richardi Ducis Aquitan. ann. 1186. inter Instr. tom. 2. novæ Gall. Christ. col. 285.] Typus num. 39.

* Reg. Cam. Comput. Paris. sign. in Bibl. reg. 8406. ad ann. 1310. fol. 161. v°. : 5. *Burdegurenses valent* 4. *Turon.*

Burgundiæ Ducum monetæ *Divionensis* mentio est apud Duchesnium in Hist. Ducum Burgund. in Prob. pag. 55. 100. 101. in Hist. Vergiacensi pag. 116. 117. in Prob. pag. 170. in Histor. Castilion. in Prob. pag. 2. Roverium in Reomao pag. 257. 264. Sammarthanos in Gallia Christ. tom. 4. pag. 368. 369. 370. etc. Typos damus num. 40. 41. 42. Describitur in Tabulario Communiæ Divionensis ex Bibl. Petaviana Charta Hugonis Ducis Burgundiæ ann. 1187. qua *monetam suam Divionis non posse fortiorem facere, quam ad legem* 5. *denariorum*, profitetur.

* *Digenois*, in Testam. Hugon. ducis Burg. ann. 1314. ex Cod. reg. 9484. 2. fol. 155. r°. : *Nous denons à ces de la chapelle d'en vaul de Nuient, près de Bremur, cent souldées de terre à Digenois.... Nous denons et laissons à cent pucelles, à chascune vingt livres de Digenois por elles marier.*

☞ Ejusdem monetæ pretium colligitur ex Charta Guillelmi de Bellavaura Episc. Cabilon. ann. 1297. inter Instr. tom. 4. novæ Gall. Christ. col. 253 : *Dedit centum solidos Divionenses veteres, quorum duo valent unum Parisiensem.* Ut Ducis Burgundiæ moneta cursum obtineat in Francia uti regia jubetur Edicto Caroli VI. Reg. Franc. ult. Maii 1419. Huc etiam revocanda duximus quæ de monetis Comitum Burgundiæ scripsit D. Cangius sub nomine *Stephanienses*, ut quæ ad Burgundiam hac in re spectant simul collecta habeat lector.

Stephanienses, Monetæ Comitum Burgundiæ, a Stephano Comite dictæ, quo nomine duo potissimum indigitantur, nempe Stephanus Guillelmi Comitis filius sub ann. 1101. et Stephanus alter sub ann. 1147. a quo postremo cusas ejusmodi monetas probabile est, cum ante eum harum mentio non occurrat. Vetus Regestum sub ann. 1310 : *Stephan. qui currunt in provincia Bizuntina, sunt idem qui Turonenses, quinque Burdegalenses vel* 4. *eodem modo Divionenses, Arnaldenses, Petragoric. Viennenses* 4. *Sanchez qui currunt in Navarra, vel quinque Turon. Estevenars* dicuntur in

Charta Ægidii Episcopi Tullensis ann. 1255. apud Perardum pag. 482 : *Trente-cinq livres d'Estevenars*. Sed legendum *Estevenans*, ut est in Historiæ Vergiacensis Probat. sub ann. 1322. 1370. pag. 306. 396. et apud Golutum in Hist. Comitatus Burgundiæ sub ann. 1294. et 1401. lib. 7. cap. 20. lib. 9. cap. 26. [*Stephaniensium* pretium in dicat Charta ann. 1334. tom. 2. Hist. Dalphin. pag. 248 : *Valere asserit quatercentum libratas terræ annui redditus, Stephaniensi computo grosso Turonensi pro* XV. *den.* Eorumdem mentio fit in Statutis S. Claudii ann. 1448. pag. 46.]

* *Centum et viginti libræ Stephani*, in Tabul. Morbac. Ejusdem monetæ pluries fit mentio in Testam. Joan. *de Nant* episc. Paris. ex comitatu Burgundiæ oriundi ann. 1426. in Tabul. archiep. Paris.

☞ A Divionensi basilica S. Stephani dictos *Stephanienses* existimat Valesius in Notit. Gall. pag. 279. cui utcumque favet D. *le Blanc* de Monet. pag. 130. Probabilius vero a Stephano Comite Auxonensi, quem *Estevenon* appellabant, sic nuncupatos censet D. *Brussel* de Usu feud. tom. 1. pag. 355. Sed si conjecturis conjecturas opponere licet, longe verisimilius mihi videtur a S. Stephano, cujus sub nomine Deo dicata ecclesia cathedralis Vesontionis, qui Comitatus Burgundiæ caput est, nomen et originem habuisse : præterquam enim quod antiquior celebriorque fuit Vesontionensis ecclesia quam basilica S. Stephani Divionensis, certum est hanc ante ann. 34. Caroli Calvi, hoc est 874. jus cudendi monetam non obtinuisse, ut liquet ex Charta ejusdem Imper. inter Probat. Hist. S. Stephani Divion. pag. 31 : *Isaac Lingonensis ecclesiæ reverendus Antistes... postulavit quatinus..... ecclesiæ S. Mammetis Lingonensis, atque ecclesiæ S. Stephani Divionensis... monetam quam antea habere non consueverant, concederemus.* Porro multo ante hæc tempora eo jure gaudebat ecclesia Vesontionensis, ut videre est apud Chiffletium in Vesont. part. 1. pag. 187. Ex his etiam non absurde colligitur a Burgundia potius in Comitatum Auxonensem, inter utramque Burgundiam situm, *Stephanienses* inductos, quam a Comitibus Auxonensibus eos accepisse Burgundiones. [* Ecclesiæ Vesontionensis S. Stephano dicatæ sub eodem nomine fertur moneta, cujus duos typos penes nos habemus; in quorum uno legitur in una parte *Bisontium*, in altera *Pthomartyr*, in alio *Porta nigra B. Stephani.*][** Addit Dom. *de Saulcy* Vesontionenses denarios, qui frequenter occurrant, omnes inscriptos esse S. STEPHANUS PROTHOMARTYR, indeque sine dubio monetæ nomen exstitisse.] Restat nunc opinio D. Cangii quæ eo ipso quo stabilita est fundamento corruit : exstat enim Charta Arelate exarata in Tabular. S. Victoris Massil. ann. 1032. ubi *Stephaniensium* occurrit mentio : *Accepit in pretium sicut bona fide inter ipsos complacuit de denarios Stephanineos lib.* VI. Erant itaque *Stephanienses* ante appellatos a D. Cangio Stephanos, quibus proinde nomen acceptum referri non debet; neque enim a quoquam in dubium revocari posse arbitror eo loci de *Stephaniensibus* Burgundiæ agi, cum utraque provincia eidem imperio tunc temporis subjaceret; maxime cum Arelat. Episcoporum moneta sub nomine S. Stephani percussa nusquam occurrat. A corrupta pronuntiatione nominis Stephani, quem *Estevenon* efferebant, dicti etiam iidem denarii

¶ ESTEVENENSES, in Charta ann. 1265. apud D. *Brussel* de Usu feud. tom. 1. pag. 353 : *Sub pretio quinquagentarum libratarum terræ annui redditus monetæ Estevenensis.* Testament. Philippi Boni Fland. Comit. ann. 1441. apud Miræum tom. 2. pag. 1260. col. 2 : *Cessimus castrum, oppidum et districtum Monevrei... cum omnibus quæ eo pertinent, cujuscumque generis sint, et reditum quingentarum librarum Estevenons dictarum producere æstimantur.* Ubi denariorum ecclesiæ Metensis, qui nomine S. Stephani etiam insigniebantur, mentionem fieri opinor. [** Libræ Stephaniensium Burgundiæ sunt, Metenses enim monetæ numquam a S. Stephano dictæ. *De Saulcy.*] *Sols Estevenans*, in Consuet. Burgundiæ Comitatus sub finem. Litteræ Philippi Dom. Joinvillæ ad Ararim ann. 1354. inter Ordinat. Reg. Franc. tom. 4. pag. 294 : *Paierait chascuns feux... dix solz d'Estevenonx.*

CABILONENSIUM Comitum monetæ figuræ describuntur in nupera Historia Cabilonensi, initio tom. 1. tab. 2. et lib. 1. pag. 100. Typum hic delineari curavimus. num. 43.

CADURCENSIUM Episcoporum Denarii, ex Regesto 123. jubentur esse 3. den. 16. gr. legis argenti Regis, et 21. sol. 10. den. ponderis ad marcam Paris. et 1. den. amplius in 3. marcis; eorumdem vero *Malliæ* 2. den. 4. gr. legis argenti Regis, et 18. sol. 8. den. ponderis ad marcam Paris. [in eodem Regesto horum denariorum pretium sic statuitur, ut 20. den. Cadurc. valeant 12. parvis Turon.] Monetæ typum hic damus, num. 44. dedit etiam Hautinus pag. 51. Hujus mentio occurrit apud Cruceum in Hist. Episcop. Cadurcens. pag. 65. 121. Justellum in Hist. Arvern. pag. 47. in Probat. Hist. Turen. pag. 38. etc.

¶ CAMERACENSIUM Episcoporum monetæ mentio est in Charta Ottonis III. Imp. ann. 1001. tom. 3. novæ Gall. Christ. inter Instr. col. 1. qua Herluino Episcopo id juris conceditur. Typos exhibemus 45. et 46.

* *Cameracensium* Episcoporum, qui et Comitum titulo insigniuntur, monetæ mentio primum nobis occurrit in Charta Caroli Simplicis ann. 912. ex Tabul. eccl. Camerac. : *Præcipientes ergo jubemus et hujus præcepti vigore invicto firmamus, quo præfatæ locus villæ munimen Castelli nostra possideat perpetuo munificentia ac mercatum et proprii nomismatis percussuram. Monetæ officinam simili modo donamus*, in alia ejusd. reg. ex eod. Tabul. quam minus recte Carolo C. attribuit Miræus Diplom. Belgic. cap. 10. Charta Ottonis reg. ann. 941. in eod. Tabul. : *Concedimus præfato episcopo* (Volcberto) *et successoribus ejus omne telonium, cum Moneta civitatis suæ Cameracensis.* Ordinar. MS. ejusd. eccl. fol. 11. r°. ubi de missa in die Nativit. : *Duo canonici, vel alii cantant* Christus vincit; *quo cantato, accedunt ad episcopum; recepturi ab eo singuli duodecim denarios Cambrisienses.* Inter plures hujus monetæ typos ex museo D. *Mutte* ecclesiæ Cameracensis decani selectos aliquot hic exponimus; quibus duos ejusdem capituli ante annum 1440. cusos subjicimus ex eodem museo.

* Primus est Nicolai de Fontanis ann. 1249. qui in altera parte exhibet caput episcopi mitratum cum inscriptione, *Nicholaus epischopus;* in altera crucem cum inscriptione in circulo exteriore *Ave Maria gratia plena.* Et in crucis angulis; *Cameracu.*

* 2. Guidonis de Collemedio ann. 1297. in quo aquila expansis alis visitur, cum inscriptione : *Guido epis. Cameracensis.* In altera parte cum duplici Inscriptione *Ave Maria gratia plena* et *Dominus tecum.*

* 3. Roberti de Gebennis ann. 1368. in quo ille eques sagatus et gladio armatus effingitur, equo vestito insidens; cum inscriptione : *Robertus Dei gra. eps. et comes Camerac.* In altera parte, XPC. IMPERAT. XPC. VINCIT. XPC. REGNAT. [** Confer Tab. IX. num. 15.]

* 4. Joannis *de Gavre*, alias *de Lens*, ann. 1412. ubi duo scuta, unum gentilitium, alterum comitatus Cameracensis, cum inscriptione : *Johanes epus. et comes Camerac.* In altera parte, *Sit nomen Domini benedictum.* Et in interiori circulo, *Moneta fca in Cameraco.*

* 5. Maximiliani a Bergis, primi Cameracensis archiepiscopi ann. 1559. in quo ipsius scutum gentilitium, cum inscriptione: *M. a Bergis D. G. eps. Sd. Ca. S. Imp. P. Co. Ca.* In altera parte, *Nec cito, nec temere.*

* 1. Capituli, ubi caput mitratum cernitur, cum inscriptione : *Moneta capituli.* In altera, *Ave Maria gratia plena.* Et in crucis angulis, *Cameracu.* Simillimus nummo Nicolai de Fontanis.

* Alter typus præfert in medio *Camerc.* et in circulo, *Capitulum sede vac.* In altera parte crux, cum inscriptione in ambitu, *Moneta duplex.*

CAMPANIÆ Comitum monetæ *Pruvinensis* [dictæ, quod in oppido Pruvinensi cuderetur,] mentio est non semel apud Scriptores, et in veteribus Tabulis, apud Innocentium III. lib. 14. Epist. 91. 92. 126. Roverium in Reomao pag. 231. 232. 236. 237. 297. in Hist. Castilion. in Probat. pag. 43. in Hist. Brecensi pag. 38. [in Charta ann. 1137. tom. 2. Hist. Eccl. Meld. pag. 32. Charta Johannis Valerici ann. 1231. in Tabul. Sangerm. : *Nos erga fratrem Johannem de Milliaco de* 100. *libris Pruviniensibus deliberetis, videlicet unoquoque solido pro* 17. *denariis, minus Pictavina.*] Hinc *Libræ Pruvinensium*, apud Arnulfum Lexoviensem in Epist. pag. 56. in Chron. Ceccanensi, seu Fossæ novæ ann. 1201. 1202. 1209. 1216. et alibi passim. Charta ann. 1216. apud Ughellum tom. 3. pag. 499 : *Nos profitemur mutuo recepisse... 20. libras bonorum Provesinarum Senarum.* [*Moneta Proveniensis*, in Charta ann. 1194. tom. 2. Hist. Eccl. Meld. pag. 81. Alia ann. 1213. ibid. pag. 127 : *Si cum la prevosté de Collomiers le contient, et si cum je la tenoie... pour* VIII. *vingt et* IX. *liv. de Provenisiens.*] Chron. MS. quod legitur in Tabul. S. Maglorii :

L'an mil deus cent et vint trois
Fist Thibaut sa monnoie abatre,
La viez monnoie de Prouvins,
Ou l'on boit souvent de bons vins.

[Monetæ typum describimus num. 47.]

* *Provisiens fors*, in Charta ann. 1268. ex Chartul. monast. de Escureio. Ad hujus monetæ exemplar denarii Romæ cusi, appellati sunt *Provenienses Senatus*, perperam *Senarum* apud Ughell.. supra laudatum, quod eorum denariorum valor Senatus Romani decreto statueretur, ut censet Muratorius tom. 2. Antiq. Ital. med. ævi col. 808. Charta ann. 1195. ibid. col. 810 : *Pro ducentis sex libris Proveniensium Senatus, et quinque solidis, eo quod denarius Papiensis secundum statutam formam a judicibus et mercatoribus Urbis, duodecim denarii pro viginti Proveniensibus veteribus nunc computantur : et habita portione Proveniensium veterum ad Provenienses Senatus, qui nunc duodecim Provenienses veteres pro sex Proveniensibus et dimidio Senatus cambiantur*. Alia ann. 1232. ibid. col. 807 : *Item et ducentas et viginti libras bonorum Proveniensium Senatus*. Vide ibi col. 815. Grimaldi animadversiones in hanc ipsam monetam.

CARCASSONENSIS monetæ mentio est in Tabulario Abbat. Conchensis in Ruthenis Ch. 85. [et in Charta ann. 1069. inter Probat. Hist. Occitan. tom. 2. col. 267. Concessio ad *firmam* monetæ Carcasson. ann. 1159. ibid. col. 574 : *Ego Raymundus Trencavelli dono licentiam operandi vobis... in moneta mea de Carcassona... de* XXIV. *solidis denarios in libra, et de* XXVI. *solidis mealas in libra, et sexta pars sint de mealas. Item quando voluntas nostra erit habeatis licentiam minuendi unam mealam et non plus.*] Typum habes num. 48.

¶ CARENTONII in pago Burbonensi diœcesis Bituric. dominorum monetæ typus infra describitur; quem potius ad Comites Sacricæsaris, qui et Carentonii domini erant, referendum existimo. Vide infra *Sacricæsaris*. [** Nos typum exhibemus num. 49.]

CARNOTENSIS Comitis Denarii, in Regesto 123. jubentur esse 3. den. 10. gran. legis argenti Regis, et 19. sol. ponderis ad marcam Paris. [quorum 14. valere dicuntur 12. parvis Turon.] *Malliæ* vero eorumdem Denariorum, 2. den. 21. gr. legis argenti Regis, et 17. sol. 4. den. malliar. duplic. ad marcam Paris. Monetæ typum hic damus, num. 50. et 51. Hujus meminerunt Ordericus Vitalis pag. 581. Fulbertus Epist. 34. etc. [*Carnotorum nummorum* mentio est apud Mabill. tom. 4. Annal. pag. 424.]

* CASTELLETI dominorum, gentis apud Sequanos nobilitate insignis, monetæ typum intra schedas meas habeo, ubi in una parte legitur : SIT LAUS DEO ET GLORIA, in area crux variegata; in altera : NICOLAUS DU CHATELET et in medio arx. Ejusdem Nicolai, tanquam domini Vauvillaris, monetæ typi duo extant in Hist. geneal. domus Castelleti pag. 203.

CASTRIMELIANDI (perperam scriptum in Regesto 123. *Castrivillani*) dominæ, Domini de Sully matris, Denarii [quorum 15. æstimantur 12. parvis Turon.] ex eodem Regesto debent esse 3. den. 6. gran. legis argenti regii, et 20. s. ponder. ad marcam Paris. *Malliæ* eorum Denariorum 2. den. 16. gran. legis argenti regii, et 17. sol. 2. den. malliar. duplic. ponderis ad marcam Parisiensem. Monetæ typum hic exaramus num. 52. Fuit autem illa Margareta *de Bomés*, Domina Castrimeliandi, uxor altera Henrici D. de Suliaco, et mater Henrici Franciæ Buticularii. Vide Hist. Moumorenciacam pag. 227.

CASTRI RODULFI dominorum Denarii, ex Regesto 123. jubentur esse 3. den. 6. gran. legis argenti Regis, et 20. sol. ponderis ad marcam Paris. *Malliæ* eorumdem denariorum 2. den. 16. gr. legis argenti regii, et 17. sol. 2. den. malliar. duplic. ad marcam Paris. [pretii vero ut denarii Castrimeliandi.] Monetæ typum hic describimus, num. 54. quem delineavit etiam Hautinus pag. 51. Alterum damus num. 53.

CATALAUNENSIUM Episcoporum monetæ mentio est apud Laurentium Leodiensem pag. 327. et Hemeræum in Augusta Viromand. pag. 174. Typum habes num. 55.

☞ Ejusdem typum sub Rogero II. Episc. percussum habet D. *le Blanc* qui Tract. de Monet. pag. 148. scribit id juris vel ejus confirmationem obtinuisse Rogerum a Philippo I. cujus inaugurationi ann. 1060. interfuerat. [** Est moneta *episcopi Laudunensis*, quam pro Catalaunensi exhibet *le Blanc. De Saulcy*.]

* Bulla Alex. III. PP. in Chartul. Campan. fol. 17. v°. col. 2 : *Bizantium auri boni et ponderis trium denariorum et oboli Cathalanensis monetæ, quem Cathalanensis ecclesia singulis annis.... ecclesiæ vestræ rationabiliter debet persolvere,... vobis confirmamus*. Charta ann. 1290. ex Chartul. S. Vinc. Laudun. : *Item onze Parisis sur la vigne Watin Chardon devers Bucy. Item deux Chaalons et une maille Chaalons sus la maison Gilon le boucher*.

* CELLENSES CORNUTI. Vide supra *Cornutus* 3.

CENOMANENSES Denarii, quos *Mansois* vocabant, ex Regesto 123. debent esse legis 6. den. argenti Regii, et 16. sol. ponder. ad marcam Paris. Mox additur : *Et ainssi vaudront les Mansois dessusdits 20. deniers moins la livre, que Tournois petits; c'est à dire que les 13. Mansois ne vaudront que 2. sols de petits Tournois, etc.* Monetæ inscriptum, SIGNUM DEI VIV. In altera parte : MONETA CENOMAN. Ita etiam habetur apud Thevetum lib. 15. cap. 7. et Hautinum pag. 45. Est penes me denarius alter Cenomanensis, in cujus parte altera crucicula cum 2. globulis et 2. liliolis in singulis crucis lateribus, cum hac Epigraphe : SIGNUM DEI VIVI. In altera : COMES CENOMANN. [Non multum absimilis denarius cujus typum describimus; loco liliorum effictæ litteræ Græcæ A et Ω, in altera parte Comitis monogramma. Alii typi penes nos sunt qui solo monogrammate differunt.] Vide Thevetum lib. 15. Cosmogr. cap. 3. Charta ann. 1315. de Cenomanensibus denariis hæc subdit : *Et avoient cours pour 20. deniers moins que la livre Tournoise du Roy composée de 240. deniers. Ladite livre de deniers Mansois valloit à cette raison, et estoit composée de 260. deniers*. Cenomanensis monetæ mentio præterea occurrit apud Ordericum Vitalem pag. 579. 684. 708. Innocentium III. PP. pag. 415. Edit. Colon. etc. Apud Raymundum *de Agiles* in Hist. Hierosol. pag. 165. *Mansei* dicuntur, ex Gallico *Mansois*, vel *Mansais*, quomodo appellantur in Consuetudine Cenoman. art. 4. 5. 6. etc. et apud Philippum *Mouskes* in Hist. Francor. MS. :

Fu sa raençons aramie,
Et de Bezans, et d'Estrelins,
Et de Mançois, et d'Angevins,
Qui li vinrent de Normandie.

Bertrandus Clericus, au Roman *de Girard de Vienne* MS.

Totes nos terres nos ont si en destrois,
Que nos n'i prenons vaillans deus Mansois.

[Charta ann. 1280. in Chartul. S. Vandreg. tom. 1. pag. 188 : *Penitus dimisi Nicolao Tyebout fratri meo, pro viginti uno Mansois tres virgatas terræ*. Haud scio an iidem denarii indicantur in Charta Guill. Estandardi Senescalli Provinciæ ann. 1267 : *Pro marcha Mansen. novorum dent* XXVII. *sol. Provinciales*.] Typi 56. et 57.

Ut porro vel pondere, vel pretio Cenomanensis denarius Turonensi inferior, ita Andegavensi superior erat, ut qui in veteri Statuto S. Ludovici Regis de Re monetaria duobus Andegavensibus (*deux Angevins*) valere dicatur. Nec Andegavensibus duntaxat, sed et Normannicis denariis graviores erant Cenomanenses, cum Cenomanicus Normannico et semisse valeret : atque inde vulgo apud nostros *Metalla morum metientes*, ut verbo utar Stephani Episc. Tornac. Epist. 103. in proverbium abiit, Cenomanensem valere Normanno et semisse, quod ad utriusque gentis acutum ingenium traducunt, quo Normannis, quantumlibet callidis ac astutis, præcellunt Cenomanenses. Ita Cardinus Bretius lib. 2. de supremo Regis Imperio cap. 13. Metalli porro probitatem denariorum Cenomanensium arguit lex 6. denariorum, quæ in cæterorum trium tantum fere semper esse solet. Jus vero cudendi monetam habuisse Episcopos Cenomanenses ex concessione Pipini Regis, colligitur ex Vita Aldrici, ejusdem urbis Episcopi pag. 100.

☞ Antiquius videtur jus cudendæ monetæ concessum Episcopis Cenomanensibus, cum in Præcepto Ludovici Pii apud Baluz. tom. 3. Miscell. pag. 100. a Pipino sive a Theoderico atque anterioribus Regibus id habere memorantur : unde an merito Charta Theoderici suspectæ sit fidei eruditis viris nescio. Ut ut sit ex ea discimus sub nomine S. Gervasii Cenomanensis ecclesiæ patroni, et Regis percussam fuisse; atque adeo non ejusdem figuræ qua moneta Comitum Cenomanensium : *Aiglibertus Cenomanicæ urbis archiepiscopus, nos deprecatus est, uti monetam publicam in sua civitate, et in nomine S. Gervasii ac nostro ei concederemus*, apud Mabill. tom. 3. Analect. pag. 200.

CLAROMONTENSIS Episcopi et Capituli Denarii, ex Regesto 123. debent esse 3. den. 16. gran. legis argenti Regis, et 20. sol. 6. den. ponderis ad marcam Paris. [13. ejusmodi den. valent 12. parvis Turon.] *Malliæ* eorumdem Denariorum 3. den. leg.

arg. Regis, et 16. sol. 9. d. obol. duplic. ponderis ad marcam Parisiensem. Monetæ typum hic damus, quem proferunt etiam Thevetus lib. 14. cap. 12. Savaro in Orig. Claromont. pag. 278. 1. Edit. ut et Hautinus pag. 45. Hujusce monetæ mentio occurrit apud Gallandum de Franco alodio pag. 107. Justellum in Hist. Arvern. in Probat. pag. 56. 144. 145. 146. in Probat. Hist. Turenensis pag. 57. etc. In Charta ann. 1219. in Regesto Philippi Aug. Herouvalliano fol. 165. hæc habentur : *Levabuntur* 15. *Claromontenses qui valent* 30. *Podienses.* [* Vide supra *Durantingi.*]

¶ Claromontensium Comitum in pago Bellovaco monetæ typum recentiorem, cum antiquior nobis non occurrat, hic delineamus. Vide supra. [** Nos satis antiquum Episcopi exhibemus num. 58.]

Cluniacensium Abbatum monetæ mentio est in Bibliotheca Cluniacensi pag. 1410. 1505. 1535. et apud Gallandum de Franco alodio pag. 57. Typus num. 59.

* *Cluniensis*, pro *Cluniacensis*, in Charta ann. circ. 1150. et 1160. inter Probat. ult. Hist. Trenorch. pag. 166 : *Accepit ab eo prædictus prior ccc. solidos Cluniensis monetæ.* Alia Beatr. comit. Cabilon. ann. 1212. in Chartul. Cluniac. : *Ego Beatrix comitissa Cabilonensis.... Deo et ecclesiæ Cluniacensi in perpetuam elemosinam contuli, ut moneta Cluniacensis per univeram terram meam amodo currat, nec alia de cetero possit currere moneta ibi, excepta sollummodo in præpositura mea Cabilonensi.... Si vero, quod absit, contigerit quod moneta Cluniacensis tantum pondere et lege pejorescat, quod marca argenti minus duos solidos, quam tempore meæ concessionis valebat, vel successores mei juramentum præstitum servare non tenerentur. Erat autem tunc temporis moneta Cluniacensis, videlicet xij. denarii, secundum legalem probationem in pondere argenti quinque denariorum et oboli, et cuperis sex denariorum et oboli.*

¶ Coloniensis monetæ mentio est in Charta ann. 950. apud Marten. tom. 2. Ampl. Collect. col. 45.

¶ Condatescensis monasterii, seu S. Eugendi vel S. Claudii monetæ mentio fit in Histor. rythmica ejusdem Monast. apud Mabill. tom. 1. Annal. pag. 608. quod quidem jus acceptum referri debet Friderico Imper. ut patet ex Charta ann. 1175. inter Instr. tom. 4. novæ Gall. Christ. col. 22. [* Vide supra *S. Augendi moneta.*]

¶ Corbeiensium Abbatum monetæ mentio occurrit in Charta Philippi Aug. ann. 1185. quam supra retulimus inter præmissa ad monetas regias; unde etiam colligere promptum est Abbates id juris antiquitus obtinuisse. Penes nos est recentioris typi pars antica in qua effìcta Crux pedata inter cujus brachia binæ coronæ et bina lilia cum Inscript. Sit Nomen, etc. alteram recuperare non licuit. Haud scio an iidem sint cunei de quibus Mabill. tom. 3. Annal. pag. 337.

* Charta ann. circ. 1085. in magn. Chartul. nig. Corb. ch. 24. fol. 48. r°. : *Everardus abbas Corbeyæ scriptis retinere volumus qualiter Moneta Corbeyæ nostris temporibus agenda sit, quantave firmitate nobis viventibus sit tenenda. Constituimus autem eam ad septem denarios argenti, juxta legem et pondus Ambianensis monetæ : obolos quoque ponimus ad sex denarios, et ita ut tredecim ex illis denarii integrorum, duodecim denariorum pondus efficiant, nec ad singulos centum solidos denariorum, nisi tantum viginti solidos ex eis admisceri permittimus.* Typus hujus monetæ sub Joanne quodam abbate exstat in cimeliarcho D. *Fauvel*, in cujus antica parte effìcta crux pedata cum binis coronis et binis liliis inter illius brachia, et inscriptione : Johannes; in altera pedum pastorale inter A et ω : cum inscript. Abas Corbeien. [** Nos paulo diversum exhibemus num. 60.]

Crespiacensium, seu Vadensium Comitum monetæ mentio est apud Hemeræum in Augusta Viromand. in Regesto pag. 46. 47. [*Moneta Crispeii*, in Charta ann. 1184. tom. 2. Histor. Eccl. Meld. pag. 72.] Typus num. 61.

* Charta Phil. Aug. ann. 1214. in Hist. Abbavil. pag. 126 : *Comes Bellimontis et de Crespeiaco et Alienor uxor ejus, quondam comitissa Viromandiæ, dederunt in perpetuam eleemosynam ecclesiæ S. Judoci supra mare decem libras de moneta patriæ Crespiacæ..... Dicta comitissa dedit et concessit in perpetuam eleemosynam dictæ ecclesiæ centum solidos monetæ Crespeiacæ.* Vide infra *Valozius.*

¶ Delphinalium monetarum origo repetenda a Guigone II. cui ann. 1155. jus cudendi monetam concessit Fridericus I. Imper. Bulla descripta in Diplomate Friderici II. ann. 1238. quo idem jus Delphinis asseritur tom. 1. Hist. Dalphin. pag. 93 : *Præterea potestatem condendi et fabricandi novam monetam in villa quæ dicitur Sesana, quæ sita est ad radicem montis Jani, quia ibidem monetæ fabrica non erat, a nostra Majestate impetravit* Guigo Dalphinus. Aliæ etiam fuere Delphinalium monetarum officinæ, apud Oysencium videlicet, unde *Libræ Oysencii*, in Decis. 432. Franc. Marci part. 2. pag. 224. Avisanum, Crimiacum, Cerviam, Gratianopolim et Romanum, in quibus monetæ auræ, argenteæ et cupreæ cudebantur, ut discimus ex Extracto Computi ann. 1339. tom. 1. Histor. Dalph. pag. 95. et Instrum. ann. 1327. ibid. tom. 2. pag. 214. 215. Jam vero de earum figura, lege et pondere paucis dicendum; ac primo quidem

¶ *Floreni* jubentur esse de 24. *quaratis auri fini, ad remedium ligæ octavæ partis unius quarati pro qualibet marcha, et ad remedium ponderis octavæ partis* 1. *floreni pro qualibet marcha. Item in dictis florenis sit... ab una parte imago B. Johannis Bapt. et supra spatulam dextram ipsius imaginis sit... unus parvus Dalphinus, et circumscribatur a dicta parte* Sanctus Johannes Baptista. *Ab alia vero parte dicti floreni sit... unus flos de lilio, circumscribatur a dicta parte* Guigo Dalphinus. Consilium ann. 1327. tom. 2. Hist. Dalph. p. 214. ejusdem legis, ponderis et figuræ ex Ordinat. ann. 1340. ibidem pag. 415. [** Florenum Delphinalem exhibemus num. 64. ubi circa lilium scriptum Hu. Dph. Viens.] Item

¶ *Albi denarii*, dicti *Grossi Dalphinales* pond. 60. ad marcam Dalph. leg. 11. den. argenti puri, ad remedium legis 1. gr. circiter, et ad remedium ponderis sex septenarum 1. grossi, pretii 17. den. : *Quilibet grossus habeat ab una parte in medio figuram seu imaginem unius hominis sedentis super duobus piscibus Dalphinis, uno ad dextram, et alio ad sinistram partem, habentis in manu dextera unam virgam, et in summitate ipsius virgæ unum florem, et habentis in capite unum circulum florum, et circumcirca sint.... primo supra caput dictæ imaginis una crux, et præterea litteræ continentes hæc verba,* Humbertus Dalphinus Viennensis, *ab alia vero parte debeat esse una magna crux in medio, et quatuor pisces Dalphini parvi, videlicet unus in quolibet quarteno seu vacuo dictæ crucis, et circumquaque, primo crux et deinde litteræ...* Grossus Dalphinalis. Item

¶ *Oboli grossi Dalphinales* cursus 8. de d. ob. leg. 8. den. argenti puri, pond. 7. s. 4. d. dictorum obol. ad marcam, ad remedium leg. 1. gr. et semis, et ad remedium ponderis semis. den. : *Quilibet obolus grossus habeat ab una parte in medio unum magnum piscem Dalphinum, et circumcirca primo crux, et deinde litteræ...* Humbertus, etc. *alia vero parte debet esse in medio una magna crux, et duo Dalphini, in duobus quartenis dictæ crucis et circumquaque præmissa cruce litteræ...* Obolus Grossus Dalph. Item

¶ *Duplices Dalphinales* leg. 4. den. pond. 15. s. 10. den. ad marcam, ad remedium legis 1. gr. circiter, et ad remedium ponderis 1. duplicis, pretij 2. den. ejusdem figuræ in antica qua *oboli* supra, *in alia vero parte sit quædam crux magna quæ vadat a qualibet parte usque ad summitatem circuli, et unus piscis Dalphinus in uno quartenorum dictæ crucis, et litteræ circumcirca...* Duplex Dalph. Item

¶ *Denarii nigri Dalphinales* leg. 3. den. ponderis 24. sol. ad remedium legis 1. gran. circiter, et ad remedium ponderis 2. den. pretii 1. den. in antica effictus Dalphinus ut in *obolis*, in altera crux cum Inscript. Denarius Dalph. Item

¶ *Oboli nigri Dalphinales* pretii 1. ob. leg. 2. d. minus 2. gr. pond. 33. sol. 4. den. ad marcam, ad remedium leg. 2. gran. circiter, et ad remedium pond. 4. ob. ejusd. figuræ in antica parte qua denarii nigri, in postica *sit in medio una crux quæ extendatur a qualibet parte usque ad summitatem circuli, et litteræ circumquaque præmissa cruce....* Obolus Dalphinalis.

¶ *Dozeni* pretii 12. den. leg. 6. d. argenti puri, pond. 10. sol. ad marcam. Item

¶ *Moneta alba* leg. 6. d. arg. puri, pond. 6. s. ad marcam, *et habeat ab una parte circulum infra quem sit unus Dalphinus, et ab alia parte sit una crux parva, prout habent Turonenses argenti regni Franciæ*, ex laudato supra Computo ann. 1339. Vide *Dozenus.* [** Typos exhibemus num. 63. et 62.]

* Ordinat. Caroli V. dalph. ann. 1357. 8. Jun. in Reg. Cam. Comput. Paris sign. *Vienne* fol. 18. r°. : *Primo* (cudantur) *denarii albi curribiles pro decem octo denariis ad octo denarios argenti fini, de liga et de pondere ix. sol. den. pro marcha.... Et habeant dicti denarii ab una parte arma nostra dalphinalia infra compassum rotundum, et in*

circuitu sint hæc verba : Karolus primogenitus Francorum Regis; *et ab alia parte sit una crux longa transiens totum compassum, et inter brachia crucis sint duo flores lilium et duo pisces dalpini, et in circuitu*, Dalphinus Viennensis. *Item denarii nigri currentes pro sex denariis, de liga iiij. den. argenti fini, et de pondere xiij. sol. iv. den. dictæ monetæ.... Et habeant ab una parte unum compassum rotundum, et in medio sint hæ litteræ*, Krol, *et desuper dictas litteras unum florem lilii, et a parte inferiori unum piscem dalphini, et in circuitu*, K. primog. Franc. Reg. *et ab alia parte sit una crux cum tribus brachiis floretatis de flore lilio et pede transeunte compassum, et in circuitu sit*, Dalphinus Viennensis. *Item denarii nigri curribiles pro iij. den. ad ij. den. et xij gr. de liga, et de pond. xvj. sol. viij. den. pro qualibet marcha dictorum denariorum.... Et possunt esse in fretone duo fortes et duo debiles; et habeant ab una parte infra compassum duos flores lilium et duos pisces dalphini, et in circuitu*, K. primog. Franc. Reg. *et ab alia parte infra compassum unam crucem planam, et in circuitu*, Dalphinus Viennensis. *Item denarii nigri curribiles pro j. den. de liga j. den. argenti fini, et de pond. xxij. sol. iij. den. pro qualibet marcha.... Et habeant ab una parte infra compassum quatuor flores lilium, et sit scriptum in circuitu*, K. primog. Franc. Reg. *et ab alia parte infra circuitum litterarum habeant unum piscem dalphini sine compassu, et in circuitu*, Dalphinus Viennensis.

¶ S. Deodati (*S. Diey*) apud Lotharingos monetæ mentio fit in litteris Ermengardis ann. 1051. apud D. Calmet. tom. 1. Hist. Lothar. col. 441. in Chartis ann. 1115. 1176. ibid. tom. 2. col. 261. 368. ubi monetæ typum delineavit num. 153. ejusd. præterea meminit P. *Benoist* in Origin. Domus Lothar. pag. 531. Typi num. 65. et 66.

** Diensis Civitatis nummi typum exhibemus num. 67.

S. Dionysii in Francia Abbatum moneta, de qua Doubletus pag. 407.]

* Hujus typum delineari curavit Molinetus in Museo S. Genov. pag. 145.

¶ Divionensis moneta. Vide supra *Burgundiæ Ducum Moneta*.

* Dolensis monetæ mentio fit in Charta Gir. Villelup. abb. ann. 1212. ex Chartul. Bauges. Turon. diœc. : *Pax et amicabilis compositio inter partes taliter intercessit, quod dictus abbas* (de Baugeseio) *dedit dicto Petro pro bono pacis duodecim libras Dolensis monetæ.* [** Vide *Castri Rodulfi* dominorum moneta.]

Drocensium Comitum monetæ mentio est apud Ordericum Vital. lib. 5. pag. 576. 596. 685. [Adde Vitam S. Hildeburgis tom. 2. Spicil. Acher. pag. 690.] [* Hujus meminit quoque Charta ann. 1287. ex Tabul. capit. Carnot.] [** Typum damus num. 68.]

* Duacensis moneta. Charta Nic. S. Humb. Maricol. abb. ann. 1185. ex Chartul. S. Vinc. Laudun. ch. 165 : *Ecclesia Lescheriensis nobis propter hoc..... duodecim solidos Duacensium in festo S. Remigii annuatim persolvet.* Alia Joan. episc. Camerac. ann. 1202. ex Chartul. Mont. S. Mart. part. 3. ch. 84 : *Acceptis ab ecclesia Montis S. Martini centum libris Duach. monetæ.* Census ejusd. monast. ibid. fol. 78. v° : *Nous avons à Douay une maison,.... liquele doit de rente par an quatre solz de Douesiens.* Charta ann. 1210. ibid. part. 6. fol. 113. r°. col. 1 : *Viginti quatuor modios frumenti et triginta libras veteris monetæ Duacensis.* [** Typum habes num. 69.]

Dunenses denarii, [quorum 14. dicuntur valere 12. parvis Turon.] ex Regesto 123. jubentur esse 3. den. 10. gr. legis argenti Regis, et 19. sol. 7. den. ponderis ad marcam Paris. *Malliæ* eorumdem denariorum 2. den. 21. gr. legis argenti Regis, et 17. sol. 4. den. ob. duplic. ad marcam Paris. Monetæ inscriptum, Castriduni. Figuram hic damus, quam delineavit etiam Thevetus tom. 2. Cosmogr. p. 519. ut et Hautinus p. 49. [cui alterum typum subjicimus. num. 70. et 71.] Hujus mentio occurrit in Hist. Drocensi pag. 137. [et in Charta Ludovici Comit. Blesensis ann. 1197.]

* Horum meminit Charta Theob. comit. Blesens. ann. 1190. in Chartul. B. Magdal. Castridun. fol. 1. Alia ann. 1320. in Reg. 59. Chartoph. reg. ch. 471 : *Robertus comes Boloniæ et Arverniæ* (transtulit) *in dictum dom. Credonio et cum ipso totum vicecomitatum Castriduni, cum mero et mixto imperio, jurisdictione alta et bassa, feudis et retrofeudis, dominiis et jure fabricationis monetæ.* Scheda ann. 1308 : *La monnoie de Chasteaudun queure pour Tournois et vaut pis quatre sols la livre.*

* Duni ad Mosam moneta. Elenchus Chart. quæ continentur in Chartul. 2. castell. Asperim. ex Bibl. reg. 49 : *Instrument comment mesires d'Aspremont ait estaubli maistre Lambert de Namur par deux ans à faire sa monnoie à Dun, blanche, noire et d'or, et de queil loi et quantité, et comment li nons monsigneur y doit i estre.* Aliæ ibidem extant Chartæ ad eandem monetam sepectantes.

¶ Ebredunensium Archiepiscoporum monetæ mentio fit in Charta ann. 1147. tom. 1. Hist. Dalphin. pag. 89. col. 1. qua id juris Willelmo Archiep. concedit Conradus II. Imper. Typus num. 72.

¶ Egidiensis monetæ, quæ in civitate S. Egidii sub Comitibus Tolosanis cudebatur occurrit mentio in Charta ann. 1093. inter Probat. tom. 2. Hist. Occit. col. 336. Vide *Egidienses.* Typus num. 73.

Exoldunensis monetæ typos sistimus num. 74. et 75.

Falcumbergensis Dominæ (*Fauquenberge*) Denarii ex Regesto 123. jubentur esse 4. den. 12. gr. legis argenti Regis, et 17. sol. pond. ad marcam Paris. Monetæ nulla est Inscriptio, cujus typum hic damus. [** Nos aliam exhibemus cum inscriptione num. 76.]

Flandrenses monetæ priscæ et recentiores passim habentur in libris Monetariis. Exstat in Regestis Parlamenti fol. 84. Arestum pronuntiatum in Parlamento S. Martini ann. 1289 : quo *non obstantibus propositis a Comite Flandriæ, pronuntiatum fuit, quod ordinatio, quam dominus Rex fecit super monetis, in Comitatu Flandriæ tenebitur : et fuit præceptum dicto Comiti ut eam teneri faciat et servari.* Typi num. 77. 78.

¶ Forensium Comitum monetæ mentio occurrit in Charta ann. 1223. inter Instr. novæ Gall. Christ. tom. 4. col. 28.

¶ Fuxensium Comitum monetæ figuram hic describimus, de qua nihil mihi præterea occurrit. [** Hunc typum nos ex editione D. Benedictinorum iteramus.]

¶ S. Galli moneta Agnum paschalem seu vexilliferum præferebat, ex Vadiano in Johan. Christoph. Olear. Isagog. ad Nummophyl. bracteat. pag. 24.

** Gapiensis monetæ typus num. 80.

¶ S. Gaugerici Cameracensis moneta, cujus typum descripsit D. *le Blanc* pag. 127. Incertum tamen an id juris unquam habuerit istud monasterium : nullum quippe ea de re mihi occurrit monumentum; unde monetam regiam esse suspicor S. Gaugerici nomine insignitam, quod in monasterio, vel Cameraci, ubi in primis colebatur, percussa fuerit. Id autem non semel factum ex infra dicendis observare est.

Genevensium Episcoporum monetæ meminit Scriptor libri, cui titulus *le Citadin de Geneve*, pag. 177.

☞ Ejusdem sub nomine *Gebennensis monetæ* occurrit mentio in Charta ann. 1231. inter Instr. novæ Gall. Christ. tom. 4. col. 30. et in Statutis S. Claudii ann. 1448. pag. 83.

¶ Gerundensis monetæ, in qua tertiam partem habebant Episcopi, meminit Silvester II. PP. in Epist. ann. 1002. Append. Marcæ Hispan. col. 959.

¶ Giemensis in diœcesi Autissiodorensi monetæ mentio fit in Computo ann. 1202. apud D. *Brussel* tom. 2. de Usu feud. pag. cl. Fuit autem Giemum prisci Comitatus caput, teste Valesio in Notit. Gall. pag. 234. Typus num. 81.

* Charta ann. 1197. in Chartul. Buxer. part. 6. ch. 6 : *Hugo filius Willielmi de Quercu.... vendidit fratribus de Buxeria vineam quandam.... pro xx. libris et x. solidis Giemensium.* Alia Will. arhiep. Bitur. ann. 1200. ex Chartul. Bauges. : *Abbas et fratres de Baugeseio dicto Archambaudo et filiis ejus lxx. libras Giemensis monetæ caritative dederunt.* Alia ann. 1211. ex Lib. 1. feud. Borbon. : *Propter hoc dedit mihi dominus Guido quinquies centum libras Giemenses.* Lit. remiss. ann. 1380. in Reg. 117. Chartoph. reg. ch. 137 : *L'exposant et Estienne le Joudray se prirent à jouer aux dez sur un denier, appellé Giennois, qui valait demi blanc.*

* Guianensis vel Guiennensis moneta, Guiennæ scilicet seu Aquitaniæ ducum. Vide supra voce *Guianensis.*

¶ Guillelmenses, Moneta Comitum Forcalquerii, quibus commune fuit *Guillelmi* nomen, unde vocis origo. Charta ann. 1202. apud Gaufridum Hist. Provinc. pag. 79 : *In pace et concordia facta per Raimundum Comitem Tolosanum, inter Willelmum Comitem Forcalquerii et D. de Simiana et de Relhania, mandat dictus Raimundus ut... haberet albergam 200 equorum, vel redemptionem pro alberga* 500. *solidorum Guillelmensium.* Anno 1242. 58. sol. Guillel. computantur pro marca argenti puri, apud D. *le Blanc* pag. xxix. *Libri et solidi Willelmenses*, in Charta Gaufridi Episc. Apt.

ann. 1146. apud Sammarth. *Willelmenses solidi*, in Ch. ann. 1247. inter Instr. tom. 1. novæ Gall. Christ. pag. 80. Typum damus. Num. 82.

* Guingampensium *libræ* memorantur in Charta ann. 1215. tom. 1. Probat. Hist. Britan. col. 829. Typus num. 83.

¶ Heduensis moneta. Vide supra *Augustodunensium Episcop. etc.*

¶ Hugonenses, Moneta Comitum Ruthenensium, ab Hugone, ut videtur, qui ab ann. circ. 1010. usque ad ann. 1056. Comitatum Ruthenensem obtinuit, sic dicta. *Hugonenci*, in Charta ann. 1095. tom. 2. Hist. Occitan. inter Probat. col. 337 : *Propter* 800. *solidos Hugonencos de moneta octena, exhibiles et percurribiles. Ugonenci*, ibidem col. 338. ex Charta ann. 1095. et in Chartis ann. 1125. col. 429. 431. *Hugonenqui*, in Charta ann. 1101. Vide in voce *Marteror*. Eorumdem mentio rursum occurrit in Charta manumissionis ann. 1251.

Inculismensis monetæ meminit [Tabular. Dalonensis Abbatiæ fol. 30.] Ademarus Cabanensis pag. 160. Histor. Pontific. et Comitum Engolismensium cap. 13. et Beslius in Episcopis Pictav. pag. 79. Typi num. 84. 85.

* Hujus figuram regnante Ludovico Juniore exhibet Molinetus in Museo S. Genov. pag. 147. altera exstat in cimeliarcho Baronis *de Grassier* ab ea nonnihil diversa.

¶ Indensi seu S. Cornelii monasterio prope Aquisgran. jus cudendi monetam a genitore suo traditum confirmat Otto III. Imper. Diplomate ann. 985. apud Marten. tom. 1. Ampl. Collect. col. 336 : *Mercatum quoque ibidem habendum, una propria cum Moneta, sicut a pio genitore nostro illis traditum comperimus, ita et nos... concedimus.*

Laudunensium Episcoporum monetæ, quas *Mailes Loviziennes* appellatas docet Regestum 123. debent esse 3. den. 18. gran. legis argenti Regis, et 15. sol. malliar. duplic. ponderis ad marcam Paris. Iis inscriptum, Ludovicus Rex... Gazo Episcopus. [Statutum Ludovici IX. ann. 1265. tom. 1. Ordinat. Reg. Franc. pag. 94 : *Que nuls ne prangnent en sa terre, fors purs tournois et parisis et Loevesiens, deus pour un parisis.*] Earum figura exstat in Regesto : hanc etiam descripsit Thevetus lib. 15. Cosmogr. cap. 3. ut et Hautinus pag. 47. Vide Guibertum lib. 3. de Vita sua cap. 7. et Hermannum Monach. de Mirac. S. Mariæ cap. 17. [** Typum damus num. 86. cum Inscript. *Philippus rex* et *Rogerus Eps.*]

* *Sub censu duorum minimorum Laudunensium*, in Ch. ann. 1202. ex Tabul. S. Crisp. in cavea. Pactum inter Phil. V. et episc. Tornac. ann. 1320. ex Bibl. reg. : *Pierre de Merlaing deus Loevisiens de cens à la S. Remy.... Ernouls li quens.... sis Loenois. Agnes.... douze Loviziens.* Charta ann. 1343. ex Chartul. S. Vinc. Laudun. : *Nous signour de Coucy disant lesdis cent sols estre Laonnisiens, qui valent l. sols Parisis.* Hujus monetæ typum sub Galtero episcopo ann. circ. 1155. profert Molinetus in Museo S. Genov. pag. 145.

Ledonensis monetæ meminit Golutus in Hist. Sequan. pag. 300. Typum damus num. 87.

* Charta ann. 1155. in Chartul. Cluniac. : *Fratres de Miratorio lxx. solidos Ledonensis monetæ eis* (Cluniacensibus) *annuatim persolvant.* Alia G. comit. Matiscon. ann. 1177. ex Bibl. reg. : *Aimo Desideratus.... totam moriam, quæ ei in puteo contingebat, locavit prædictæ ecclesiæ* (Clarevallis) *fratribus per octo annos, mille solidis fortium Ledonensis monetæ et decem libris Divionensium.*

Lemovicensium Vicecomitum Denarii, [quorum 13. valent 12. parvis Turon.] ex Regesto 123. debent esse 3. den. 16. gr. legis arg. regii, et 19. sol. [6. den.] ad marcam Paris. *Malliæ* eorumdem denariorum 3. den. legis argenti regii, et 16. sol. 9. den. malliar. duplic. ad marcam Paris. Eorum figura exstat in Regesto : hanc etiam descripsit Duchesnius in Historia Castilionensi, ut et Thevetus lib. 14. cap. 8. et Hautinus pag. 47. Ejusce monetæ mentio habetur apud Justellum in Probat. Hist. Arvern. pag. 47. et Hist. Turen. pag. 50. ut et in Tabul. Abbatiæ Conchensis in Ruthenis ch. 56. 115. 134. et alibi passim sub Roberto Rege, ubi *Lemovicani* appellantur. [Adde Litteras ann. 1275. inter Ordinat. Reg. Franc. tom. 3. pag. 60.] Vide *Barbarini*. Typos habes num. 88. 89.

* Scheda ann. 1308 : *La monnoie au vicomte de Limoges qui queurt en sa terre et ailleurs pour Tournois et pis vaut deux sols la livre.* Vide Chron. Lemov. tom. 1. Bibl. Mss. Labb. pag. 332. et supra in voce *Barbarini*.

Leodiensis moneta, seu Episcoporum Leodiensium, de qua sic in Magno Recordo Leodiensi pag. 109 : *Item des Liegeois fait doit montier sur le marc vingt deux sols et owit deniers Liegeois, et doit avoir en les marc de Liegeois d'aloy quatre deniers et obole et dechy de chinque deniers il se passe cheyans en bourse,,et se il passe chinque deniers, et un cope li monnoies, est attaint de son honneur, etc.*

Lingonensium Episcoporum monetæ mentio est apud Perardum in Burgundicis pag. 48. [ubi descripta Charta Caroli Calvi qua Isaaco Lingon. Episc. concedit jus cudendi monetam,] et Claudium Robertum in Gallia Christ. pag. 368. 369. In Regesto feodorum Ecclesiæ Lingon. fol. 14. Pactum describitur initum ann. 1185. inter Hugonem Ducem Burgundiæ et Episcopum Lingonensem, quo cavetur, *quod nullæ aliæ monetæ currant apud Castellionem nisi Divionenses et Lingonenses.* Ibi etiam Dux promittit, *quod monetam Divionensem a lege nec a pondere mutabit in vita sua absque consensu Episcopi.* [In Charta ann. 1190. ex Chartul. Lingon. in Bibl. Colbert. Henricus dominus de Fouvento concedit Manassero Episc. Lingon. : *Ut moneta Lingonensis semper apud Fouventum in tota terra sua de cetero liberius currat et plenarie recipiatur.*] Charta alia ann. 1255. fol. 31 : *Je Richars Sirre de Passavant, salus. Cogneue chouse soit à tous que mes oncles li sires Richars de Mostriel ha reconnu qu'il est hon l'Evesque de Leingres pour* 12. *livres de Langoines qu'il doit panre en la vente de Leingres chascun an tousjours, etc.* [Vide Gaultherotium in Anastasi Lingon. pag. 388.] [** Typus num. 90. ex *Duby* de monetis Baronum.]

* Lochiensis moneta, Eadem quæ comitum Andegavensium. Charta Fulcon. Andeg. comit. ann. 1104. pro fundat. Belliloci : *Addo præterea eis, ut habeant et faciant in ipso alodo monetam meam de Lochis.*

Lodovensium Episcoporum monetæ meminit Plantavitius in Episc. Lodovens. pag. 81. 90. 97. 112. [ubi Raymundus Episc. qui et Pastor bonus nuncupatus, dicitur ann. 1122. instituisse Bernardum Guibertum monetæ magistrum cum facultate ipsam cudendi, vel ab aliis nomine suo cusam probandi. Pag. 96. Philippus Aug. regio Diplomat. ann. 1188. confirmat Lodovens. Episcopis jus cudendi monetam, quæ, *ad instar monetæ regiæ*, ut habetur pag. 112. ex alio Dipl. ann. 1210. *per totum Lodovesium ab omnibus acceptaretur.* Adde pag. 97. et 237. ubi quævis alia moneta prohibetur præter Parisiensem et Lodovensem, ex Charta ann. 1285.] [** Typus num. 91. ex eodem *Duby*.]

¶ Lotharingiæ Ducum monetarum typos quotquot reperire potuit, profert D. Calmet initio tom. 2. Hist. Lothar. ubi de iis pluribus disserit; unum aut alterum ex iis quos antiquiores existimat hic delineari curavimus. Primus denarius Ferrici III. esse videtur qui ann. 1298. obtinuit ab Alberto Imper. jus cudendi monetam apud Yram : alter Theobaldi II. qui ab ann. 1303. ad ann. 1312. Ducatum habuit. A *Spatha* iis efficta denarios esse putat qui *Spatharii* seu *Espadins* dicebantur. Vide eadem de re P. *Benoist* de Orig. domus Lotharing. pag. 530. et *Baleicourt* in Tract. Hist. de Orig. ejusdem familiæ pag. XXVII. et CCLXXVII. Typi num. 92. 93. [** Librum V. C. *de Saulcy, Essai sur les monnaies des ducs héréditaires de Lorraine.*]

Lugdunensis monetæ typum ex Hautino hic exhibemus num. 94. Charta ann. 1151. in Hist. S. Barbaræ Lugdun. : *Misit .... in gageriam pro* 10. *millibus solidorum Lugdunensis monetæ, cujus* 20. *solidi valebant marcam puri argenti.*

☞ Jus cudendæ monetæ Archiep. Lugdunensibus concessum videtur a Friderico Imper. ann. 1157. Bulla aurea in Instr. tom. 4. Gall. Christ. col. 17.

* Jus eam cudendi ad archiepiscopum simul et capitulum pertinebat, ut colligitur ex Actis capit. ejusd. eccl. in Cam. Comput. Paris. ad ann. 1338. fol. 40. r°. col. 2 : *Domini decanus et capitulum monetam cudendam, nomine ipsorum et dom. archiepiscopi Lugdunensis, concesserunt.* Charta pro institutione monetarii ann. 1368. ex Cod. reg. 5187. fol. 74. r°. : *Dicto magistro concedimus quod ipse dictas monetas.... possit facere fieri.... cum omnibus signis, signaculis seu caracteribus, quæ sibi placuerint,... dum tamen in dictis monetis sit scriptum in articulo* : Prima Sedes Galliarum.

* Luxoviensis monasterii monetæ aureæ figuram, alii omnibus, ipsa etiam Condatescensi antiquiorem habeo inter schedas meas descriptam; in cujus antica parte crux monti imposita effingitur cum inscript. Monasterio; in altera calix seu vas sacrum duabus ansis instructum, cui supereminet crucicula, cum inscript. Lossovio. Hujus

monetæ antiquitatem probant litera O in *Losangiam* efformata et litera S prostrata : unde ad Walbertum Luxovii abbatem electum ann. 625. referendam opinor, quod indicare videtur litera W. cruci supposita. Nisi moneta regia apud Luxovium cusa.

MAGALONENSIS Episcopi Denarii, [quorum 13. computantur pro 12. parvis Turon.] ex Regesto 123. debent esse 3. den. 16. gr. legis argenti regii, et 19. sol. 6. den. ponderis ad marcam Paris. *Malliæ* eorumdem Denariorum 3. den. legis argenti regii, et 18. sol. 6. den. malliar. dupl. ponderis ad marcam Paris. Moneta una parte crucem præfert, [crucem hic non agnosco;] altera 4. globulos in quadrum effictos, absque ulla Inscriptione. Typus exstat in Regesto. Habetur etiam apud Hautinum pag. 45. et Thevetum lib. 14. cap. 8. pag. 530.

MAGDUNI in Biturigibus (*Meun sur Yevre*) domini (Roberti Atrebatensis) Denarii, [quorum 15. valere dicuntur 20. parvis Turon.] ex Regesto 123. debent esse 3. den. 6. gr. legis argenti regii, et 20. sol. pond. ad Marcam Paris. *Malliæ* eorumdem Denariorum 2. den. 16. g. legis argenti regii, et 17. sol. 2. den. obol. duplic. ponderis ad marcam Paris. Monetæ mentio est præterea in Charta ann. 1177. apud Thomasserium in Consuetud. localib. Bituricensibus pag. 73. Vide Thevetum lib. 14. cap. 15. Typum damus num. 95.

* MALILEONIS, vulgo *Mauleon*, in valle Subola apud Novempopulos, moneta. Charta Honor. PP. inter census eccl. Rom. : *Honorius episcopus etc. dilecto filio nobili viro Savarico de Maloleone crucesignato, salutem.... Idem rex* (Anglorum Joannes) *pensatis tuæ devotionis obsequiis, in terra tua cudendæ monetæ tibi liberam potestatem de liberalitate regia concessit.... Nos concessionem hujusmodi gratam habentes, eam tibi, sicut ipsam juste obtines et quiete, auctoritate Apostolica confirmamus.* Typum exhibemus num. 96.

MARCHIÆ Comitum, ex Regesto 123. denarii debent esse legis 3. den. 6. gran. argenti regii, et pond. ad marcam Paris. 20. sol. [ejusdem pretii atque Magduni denarii.] Eorumdem *Malliæ*, leg. 2. den. 16. gr. argenti regii, pond. 17. sol. 1. den. obol. duplic. Atque hi denarii *Marchiones* et *Marchistenses* vulgo appellabantur. Chronic. S. Stephani Lemovicensis : *Anno 1211. Hugo li Bruns Comes Marchiæ fecit novos Marchiones fieri. Libræ Marchionenses*, in Charta ann. 1251. *Libræ Marchionum* ann. 1252. *Marchiones veteres*, in Charta ann. 1256. apud Justellum in Probat. Histor. Turenensis pag. 47. 49. 54. 56. *Solidi Marchisienses*, in Charta Wilelmi Burdegal. Archiep. ann. 1227. in Tabulario S. Amantii Inculismensis. [*Solidi Marchenses*, in Testam. Aimerici apud Stephanot. tom. 3. Antiquit. Pictav. MSS. pag. 756 : *Pro alia marcha reddidit eidem L. solidos Marchenses.* Pluries ibi. *Marchienses*, in Charta ann. 1251, ibid. pag. 861. *Marchisanorum moneta*, in Bulla Nicolai V. PP. ann. 1451. in Bullar. Carmelit. pag. 225.] Ex Charta anni 1231. apud eumdem Justellum colligimus hac tempestate 13. solidos Marchionum valuisse 12. Turonensibus. Alii videntur *Oboli de Marchia*, in Visitatione Thesaurariæ Ædis S. Pauli Londinens. ann. 1295. in Monastico Anglic. tom. 3. pag. 312. Marchiæ Comitum denariorum figura est in Regesto : hanc etiam descripsit Thevetus in Cosmographia lib. 14. cap. 8. ut et Hautinus pag. 41. Typos damus num. 97. 98.

MARCULIENSIS moneta. Vide infra *Melgoriensium Comitum moneta.*

S. MARTINI Turonensis Abbatum monetæ meminit Proustius in Loduno pag. 23. 25.

☞ A prædecessoribus suis Regibus id juris concessum Ecclesiæ S. Martini testatus Carolus Simplex in Charta qua idem jus rursum eidem asserit ann. 919. apud Marten. tom. 1. Ampl. Collect. col. 275 : *Expetiit* (Robertus abbas) *ut ... sicut priscis temporibus, a prædecessoribus nostris Regibus concessum fore probatur, propriam Monetam et percussuram proprii numismatis nostra auctoritate concederemus.* Eadem habent Diplomata Rodulfi Reg. ann. 930. apud eumdem tom. 1. Anecd. col. 65. et Hugonis Reg. ann. 987. tom. 1. Ampl. Collect. col. 341. Hujus monetæ typum hic describimus, num. 99. Frequentissimi usus fuit hæc moneta, ut pote quæ nec pretio, nec lege, nec pondere unquam mutaretur.

MASSILIENSIS monetæ, urbis, vel Vicecomitum, aut Episcoporum Massiliæ, vulgo *Marseillez* dictæ, meminerunt Statuta Massiliensia confirmata ann. 1257 : *In moneta grossa, quæ vulgariter Marsellez, vel in minuta, quæ similiter appellatur Marsellez, habeant dominus Comes 12. denarios Massilienses minutos de qualibet marca argenti fini operata in dicta moneta, et idem intelligitur de moneta Millarensium.* In eo Fœdere quod dictum est inter Carolum Comitem Provinciæ et Massilienses, ann. 1257. art. 20. eadem propemodum habentur; [ubi ea conditione id juris conceditur ut *in Massilia, et non alibi et per homines Massiliæ* cudatur hæc moneta.] In illo vero quod inter eosdem sancitum est ann. 1269. statutum est, ut deinceps 14. denarii Massilienses, 12. Turonensibus valerent. Legi in Analectis Peirescianis, Raimundum Berengarii Comitem Provinciæ facultatem Massiliensibus concecisse *grossam monetam* cudendi, in inferiore urbis parte, dummodo moneta illa esset proba et *legalis*, et ut ex unaquaque marca denarii duo sibi darentur, Tabulis 17. Kal. Jan. ann. 1218. Vide Guesnaium in Massilia Gentili lib. 1. cap. 31. et supra in voce *Miliarensis.*

☞ Duplex itaque moneta Massiliis in usu fuit, minuta una, dicta *solidi minuti Massilienses*, pretii 1. sol. Reg. quorum 20. libram Regalem efficiebant : altera fortior, quæ *Grossa* nuncupabatur. *Marseillez gros* et *Marseillez menus*, in Comput. ann. 1251. Kal. Feb. ann. 1228. 3. *libræ Massilienses* computantur *pro 1. uncia auri*, et 3. *bezancii et medium de suria pro 2. lib. Massil. et 3. bezancii de cibo pro 1. lib. Massil.* Idem legitur in Pace Comit. Provinc. et Communit. Massil. ann. 1243. In Computo ann. 1241. *Florenus parvus et justus* dicitur valere 12. sol. Massil. sive Regal. Plura videsis apud Ruffium Hist. Massil. 2. Edit. ann. 1696. tom. 2. pag. 323. et seqq. Minuti Massiliensis typum hic damus num. 100. ex iis qui nuper Massiliæ effosi sunt; quem etiam descripsit Ruffius pag. 444. Histor. Massil. 1. Edit. Hujus pretium est 7. solid. hodiernæ monetæ.

MATISCONENSIS monetæ mentio est apud Sanjulianum in Matiscone pag. 251. 290. et Thevetum lib. 14. Cosmogr. cap. 17. ubi ea describitur. Typum exhibemus num. 101.

* Charta ann. 1239. in Chartul. Cluniac. : *Tradiderunt ecclesiæ Cluniacensi pro xxxv. libris Matisconensium, quicquid juris.... habere poterant.... apud Chasoil.* Alia Caroli regnum regentis ann. 1359. ex Reg. Joan. ducis Bitur. in Cam. Comput. Paris. fol. 88. v°. qua concedit Joan. Pictav. comit. fratri suo comitatum Matisconensem *cum auctoritate sive potestate faciendi et cudendi monetam auri et argenti, album et nigram, etc.*

¶ S. MAXIMINI Trevirensis Monasterio jus cudendæ monetæ concessum ab Ottone III. Imper. Diplom. ann. circ. 1000. apud Marten. tom. 1. Ampl. Collect. col. 361.

¶ S. MEDARDI moneta. Huic monasterio jus cudendi monetam concessum a Ludovico Pio supra docuimus ex Hist. Translat. S. Sebastiani. Typum profert D. *le Blanc* pag. 136. in cujus altera parte inscriptum MONETA S. MEDARDI, unde a monachis S. Medardi cusum certo existimat, re haud satis perpensa; est enim moneta palatina, seu in palatio regio S. Medardi percussa, quod fieri solitum jam monuimus. Alterum descripsit Dormaïus initio tom. 2. Histor. Suess. quem monetæ monasterii S. Medardi typum esse lubentius crediderim.

* Typum hujus monetæ, si tamen regia non est, profert Molinetus ex cimeliarcho S. Genov. pag. 146. cum inscript. S. MEDARDUS et CIVITAS SIBESIS. [** Alium typum damus num. 102.]

MEDUNTENSIUM Comitum monetæ meminit Ordericus Vitalis pag. 595. 596.

MELDENSIUM Episcoporum Denarii, [quorum 14. computantur pro 12. parvis Turon.] ex Regesto 123. jubentur esse 3. den. 10. gran. argenti Regis et 19. sol. 7. den. ponderis ad marcam Par. *Malliæ* vero eorumdem Denariorum 2. den. 21. gr. legis argenti Regis, et 17. s. 4. den. obol. dupl. ad marcam Paris. Monetæ typum damus ex Regesto. [** Nobis 103. et 104.]

☞ Eo jure privatim a Comite, longe ante annum 1130. gaudebat Episcopus Meld. ut constat ex Charta Burchardi ejusd. urbis Episc. eo circ. anno exarata apud Marten. tom. 1. Ampl. Collect. col. 696 : *Notum facio.... quod Meldensem monetam, quæ episcopalis juris est, quam sicut plerique testati sunt, prædecessores nostri aliis.... ad beneplacitum suum dederant, etc.* Charta Henrici Comit. Trec. ann. 1165. ibid. col. 873 : *Juravi quod Meldensem monetam nec bonam nec falsam deinceps fieri faciam.*

MELGORIENSIUM Comitum moneta in Occitania, deinde Episcoporum Magalonensium, seu Montispessulani, postquam idem Comitatus in eorum jus devenit ex Innocentii III. PP. concessione ac infeudatione, ann. 1197. qui longe antea summo Pontifici concessus fuerat a Petro Comite Melgoriensi, Godefrido Episcopatum Magalonensem obtinente ann. 1085. ut docet

Catellus lib. 5. Rerum Occitanarum pag. 987. Hujus porro monetæ cudendæ juris partem postea vendiderunt Episcopi Magalonenses Montispessulani Consulibus et Dominis ut habet idem Catellus pag. 991. Id tamen jus cudendæ monetæ Magalonensibus Episcopis deinceps controversum fuit a S. Ludovico, qui super hac re querelas suas exposuit Clementi IV. PP. ut ex Epistolà ejusdem Pontificis docemur, quam descripsit Illustriss. Episcopus Monspeliensis, in Notis ad Epistolas Innocentii III. pag. 195. ex quo idem Clemens Episcopum ob indebiti juris usurpationem objurgavit scripta alia Epistola data Viterbii 6. Kl. Oct. ann. 2. cujus partem descripsit Dadinus Altaserra lib. 2. de Comit. Provincial. cap. 5. pag. 142. non quo Regia sibi is jura vindicaret, quandoquidem Comitatus Melgoriensis Ecclesiæ, non Regni Franciæ, feudum erat; sed quod id juris Summi esset Pontificis, neque in ea quam Innocentius III. Comitatus Melgoriensis Magalonensi fecerat concessione contineretur, nihil ad rem faciente quam proferebat, possessione. Ubi licet advertere in binis istis Epistolis, monetam hanc *Miliarensem* appellari, et ita scribi in MSS. Codd. non vero *Melgoriensem*, uti edidit Altaserra, cum *Miliarensis* nomine species monetæ Melgoriensis intelligi debeat. *Mergoresos*, quos alii *Melgorienses*, vocat Raimundus de *Agiles*, seu de *Agilers*, qui vixit ann. 1100. [Ex Charta ann. 1130. inter Probat. Hist. Occit. tom. 2. col. 456. discimus qua lege et quo pondere cusi ea ætate Melgorienses : *Præterea ipsam monetam de Melgorio de cætero non faciam fabricari nisi in hoc pondere et in hac lege; videlicet denarios integros ad* IV. *den. argenti fini, et* XXIV. *denar. in uncia, et mesallas ad* III. *den. argenti fini, et* XXV. *in uncia, et in* XX. *sol. habeat semper* III. *sol. de medallias tantum.* Eadem fere habentur in Charta ann. 1132. ibid. col. 464 : *Si vero interim moneta fuerit facta apud Melgorium, Ildefonsus comes faciat eam fieri æquo pondere et lege qua fieri debet, videlicet* XII. *denarios ad* IV. *den. argenti fini, et* XII. *den. medallarum ad* III. *den. argenti fini et* XXIV. *denarios denariorum ad pondus unius unciæ, et* XXV. *denarios medalarum ad pondus unius unciæ, et ut in* XX. *sol. sint tantum* III. *solidi medalarum.* Adde ibid. col. 467. et 477. Eorumdem pretium ibid. col. 461. statuitur in Charta ann. 1131 : *Debemus reddere ... libram de argento fino ad pensum directum de Biterris ad computum de solidis* LXV. *Melgoriensibus.*] Charta ann. 1145. ex Tabular. Arelatensi fol. 126. docet 46. sol. Melgorienses confecisse marcam argenti, [ejusd. pretii ann. 1145. ex Charta inter Schedas Pr. *de Mazaugues*; in Charta ann. 1150. ex Bibl. Colbert. 48. sol. Melgorienses computantur pro una marca argenti fini; in Charta ann. 1161. 50. sol. Melgor. conficere dicuntur marcam argenti; item in Charta ann. 1167.] Plantavitius in Episc. Lodovens. pag. 96. testatur ann. 1188. 60. millia sol. Melgoriensium valuisse 24. millibus librarum Turonensium : *Valebat enim*, inquit idem Scriptor, *asses octo Gallicos hodierni temporis solidus unus Melgoriensis*; [in Charta 8. Aug. ann. 1190. inter Schedas mox laudatas 700. marcæ argenti fini æquiparantur 35000. sol. Melgor. ibid. ex Charta ann. 1198. 50. sol. Melgor. marcam conficiunt; ejusd. pretii ann. 1204. 1209. ex Tabul. Carcasson. ann. 1213. ex Plantavitio in Episc. Lodovens. pag. 119. solidi Melgor. ejusd. valoris atque Turonenses statuuntur in Charta 22. Jan. 1395. Ex his facile colligitur errare Pittonem cum scribit lib. 2. Hist. Aquensis pag. 100. 25000. sol. Melgorienses valuisse 26000. Scutis : nusquam enim solidi Melgor. pluris æstimati quam 11. vel 12. sol. nostræ monetæ.] In Tabular. Ecclesiæ Narbonensis habetur Charta ann. 1163. in qua *solidus Melgoriensis* dicitur esse *a lege* 4. *denariorum argenti*, et marcam argenti fini valuisse 48. Melgoriensibus. [Chartular. Montispessul. dictum *Magnus Talamus* fol. 19 : *Promittimus vobis ... quod monetam nostram Melgoriensem cudi et fabricari faciemus in perpetuum ad legem* 4. *denar. minus picta argenti fini Montispessulani, et ad pondus* 18. *sol. et* 9. *den. in marca Montispess.*] Sed et etiamnum in Ecclesia Narbonensi *solidis Melgorensibus* rationes ineuntur. Observat præterea Catellus lib. 1. Rerum Occitan. pag. 51. in compluribus Occitaniæ tractibus fodinas exstitisse auri ac argenti, maximeque in Melgoriensi, quod potissimum ex cavernis et latumiis, quæ adhuc visuntur, colligere est : unde forte accidit, ait idem Scriptor, ut Melgoriensis monetæ officinæ præsertim inclaruerint. Id autem juris erat Dominis Montispessulani in hasce monetas, ut pro quacumque libra quæ cuderetur, tres denarios percipere eis liceret. Guillelmus cognomento de Tortosa, quod ejusce urbis in Hispania dominus esset, filius secundogenitus Guillelmi Domini Montispessulani et Sibyllæ, tres hosce denarios in hæredii sortem a patre obtinuit, quos Guillelmo Domino Montispessulani fratri donavit Diplom. ann. 1157. quod in Camera Computor. Parisiensi asservatur. Adde Gariellum pag. 128. 133. 149. Alio deinde mense Mart. ann. 1188. scripto, Guillelmus Dominus Montispessulani filius Ducissæ Mathildis, professus est tenere se in feudum a Raimundo Comite Tolosano, et Melgoriensi Comite, *illos tres denarios Melgorienses, quos habebat et percipiebat in moneta Melgoriensi in singulis libris ipsius monetæ sicut in Chartis exinde factis continetur.* Eodemque Diplomate pollicetur Guillelmus Raimundo et ejus successoribus Comit. Melgor. : *quod monetam Melgoriensem non faciet contrafacere, nec aliam monetam aliatam argento non faciet fieri in Montepessulo, nec extra in toto Comitatu Sustantionensi contra istam, nec aliam monetam discurrere faciet in Montepessulo, nec in toto posse suo, nisi istam monetam Melgoriensem, quamdiu erit ejus legis et ponderis qua statuta sunt, sicut in Chartis ipsius monetæ inter eos factæ continetur.* Descripsit Gariellus in Episcopis Magalonensibus pag. 100. Edit. ann. 1652. Diploma Honorii PP. II. qua Melgoriensem monetam alibi quam Melgorii cudi, eamque adulterari vetat. Ad Monetas denique Dominorum Montispessulani pertinet, quod in veteribus schedis sub ann. 1320. scriptis legitur : *Ce sont ceus qui vont contre ces establissemens dessusdiz des monnoies. Li Rois d'Arragon fait faire une monnoie en la terre de Monpellier qui court pour 12. Tournois par toute la terre le Roy qui est en Provence, et ne valent pas tant comme deniers d'argent de 4. l. le marc, et fait faire en la ville de Monpelier plusieurs monnoies d'or contrefaites, dont onques mes nul Sires de Monpelier n'ot ne ne fist monnoie coursable en la terre de Monpellier.*

☞ Eædem jam tum ante hæc tempora expositæ querelæ, ut discimus ex Concordia inter Petrum Comit. Melgor. et Guillelmum dom. Montispess. ann. circ. 1080. tom. 2. Hist. Occit. inter Probat. col. 311 : *Manifestum est quia Petrus comes interpellavit et rancuravit de hominibus de Montepessulano, et de aliis hominibus de Guillelmo de Montepessulano, de ipsas cogocias, et de ipsos raptus et de ipsis homicidiis, et de ipsis arquinturs, et de ipsa Moneta de ipso auro, etc.* Typum monetæ *Melgoriensis* habes num. 106.

¶ *Margulienses*, ut *Melgorienses*, in Charta ann. 1113. ex Chartul. Aptensi fol. 15.

¶ *Melgiorenses*, in Charta ann. 1109. inter Probat. tom. 2. Hist. Occit. col. 373.

¶ *Melgurenses*, in Charta Raimbaldi Archiep. Arelat. apud D. *Chanteloup* in Hist. Montis Majoris MS.

¶ *Malgoyrenses*, apud *la Faille* tom. 1. Hist. Tolos. pag. 37. ex Charta ann. 1271. *Melgoryenses*, in Statutis Arelat. MSS. art. 76.

¶ *Milgorienses*. Annal. Genuens. Oberti Cancell. apud Murator. tom. 6. col. 308.

¶ *Milgurisi Denarii*, in Charta XI. sæculi ex Chartul. Aptensi fol. 72.

METENSIUM Episcoporum monetæ mentio est apud Valaderium in S. Arnulfi Basilica pag. 2. et apud Meurissium in Episc. Metens. pag. 333. 476. 529. 624. [Charta ann. 1206. in Hist. Mediani Monast. pag. 314 : *Invadiavit tertiam partem decimarum sub summa* XV. *lib. Metensis monetæ, quando* XXVI. *solidi valebant marcham puri argenti.*]

* Reg. Cam. Comput. Paris. sign. *Crotx* fol. 122. r°. : *vij*^{c}. *xxxv. lib. Mettensium currentium in provincia Remensi valent m. iiij*^{c}. *lxx. lib. vj. sol. Tur.* Hujus monetæ typum delineari curavimus, in cujus antica parte crux efficta cum duplici inscriptione : BENEDICTUM SIT NOMEN DOMINI NOSTRI JESU CHRISTI. GROSUS METIS; in aversa Episcopus benedicens cum inscriptione in circulo, THEODORUS EPS. METIS. num. 105.

☞ Id jus cudendæ monetæ Consulibus civitatis a prædecessoribus suis venditum redemit Cardinalis Lenoncurtius 7. Oct. 1553. quod Henrico II. Reg. Franc. cessit Cardinalis a Lotharingia ann. 1556. ut scribit D. Calmet. tom. 3. Hist. Lothar. col. 42. qui ejusd. monetæ typos descripsit ibid. tom. 2. num. 130. et seqq. Vide præterea P. *Benoist* de Orig. Domus Lothar. pag. 530.

¶ S. MICHAELIS Ecclesiæ (*S. Mihiel*) jus cudendi monetam concessum a Richero Virdunensi Episc. docet Charta ann. 1099. apud D. Calmet. ibid. tom. 1. col. 512.

MIMATENSIS Episcopi monetæ mentio est in Charta ann. 1265. in Regesto 31. S.

Ludovici ex Tabulario Regio, in qua hæc habentur : *Nec valuit præterea Rex quod cursus monetæ Episcopalis, si quam habebat,* (Episcopus Gabalitanus) *impediretur in tota diœcesi sua.* [Ejusdem mentio fit in Charta ann. 1306. ex Tabular. Mimat. Vide *Moneta Contaminata* supra pag. 483. col. 3.] Typus num. 107.

* Arest. ann. 1266. in Reg. *Olim* parlam. Paris. : *Cum episcopi Mimatenses essent in possessione faciendi et cudendi monetam in civitate Mimatensi, cujus monetæ denarii appellantur vulgariter Mendois.*

* Moirencensis moneta. Vide supra *S. Augendi moneta.*

¶ Mosomensis monetæ meminit Mabillonius tom. 4. Annal. pag. 442.

* Charta Widon. archiep. Rem. ann. circ. 1040. ex Chartul. S. Viton. Virdun. : *Habito consilio cum clericis, fidelibus et laicis nostris pro restauratione monetæ Mosomensis, etc.*

¶ Nannetensis monetæ occurrit mentio in Statuto S. Ludovici ann. 1265. tom. 1. Ordinat. reg. Franc. pag. 94 : *Et commande, pource que le pueple cuide qui ne soit mie assez de monnoie tournois et de parisis, que l'en prange Nantois à l'Ecu et angevins, quinze pour douze tournois.*

Narbonensis monetæ meminit Catellus in rebus Occit. pag. 77. 587. [et Charta ann. 1007. inter Probat. Hist. Occit. tom. 2. col. 165. Charta ann. 1098 : *Aut de moneta de Biterris, aut de Narbona quæ octena esset, aut plata bona et fina ad computum libræ per solidos* 34. Adde Testam. Vicecom. Agathens. apud Marten. tom. 1. Anecd. col. 180.] Typum num. 108.

* Charta Amalr. vicecom. Narbon. in Reg. 13. Chartoph. reg. ch. 22 : *Retinemus.... jus cudendi Narbonæ et cudi faciendi monetam auream, argenteam et ære contaminatam.*

¶ Nemetensis monetæ mentio est in Diplom. Dagob. Reg. apud Trithem. Annal. pag. 52.

¶ Niortensem monetam Cluniacensibus concedit Guillelmus Dux Aquitaniæ Charta apud Acher. tom. 6. Spicil. pag. 459. *Niortum* in Pictonibus *castrum nobile* appellant Gesta Ludovici VIII. ut observat Valesius in Notit. Gall. pag. 376.

¶ Nivernensium Comitum denarii ex Regesto 123. debent esse legis 3. den. 16. gran. argenti regii, et pond. ad marcam Paris. 19. sol. 6. den. Eorumdem denariorum *Malliæ* debent esse legis 3. den. pond. ad marcam Paris. 16. sol. 9. den. obol. duplic. Mox hæc adduntur : *Et ne porront faire que le dixiéme de maailes, c'est à dire, 900. liv. de deniers, et 100. liv. de maailles doubles; et ainsi vaudront les deniers et maailes dessusdites avalué l'un parmi l'autre, à petits Tournois et à maailes Tourn. 20. den. moins la livre que petits Tournois : c'est à sçavoir, que les 13. den. de la monnoie dessusdite ne vaudront que 12. petits Tournois.* Typus habetur apud Thevetum lib. 14. cap. 14. et Hautinum in lib. de Monetis Franciscis pag. 441. Monetæ Nivernensis mentio est in Hist. Autissiod. cap. 63. pag. 500. Typi num. 109. 110.

Novi Castelli dominorum monetæ mentio occurrit apud Vignerium in Orig. Alsatic. pag. 155. Typus num. 111.

* Charta Phil. IV. ann. 1300. in Reg. 61. Chartoph. reg. ch. 45 : *Ottroions qu'il* (*Thiebaus de Loherecine sire de Rumillei*) *puisse avoir et tenir Lombars et Juis à Nuefchastel,.... et qu'il puisse faire en sa terre monnoies accoustumées, qui courront en l'empere, et non ou royaume de France.*

Noviomensium Episcoporum monetæ meminit Vassorius in Novioduno pag. 913. 914. [et Dormaïus in Hist. Suession. lib. 5. cap. 2.] Typus num. 112.

S. Pauli Comitum Denariorum figura habetur in Historia Castilionensi pag. 279. et apud Hautinum pag. 47. Describitur etiam in Regesto 123. Typus num. 113.

* Peronensis moneta. Charta Radulfi comit. Peron. ann. 1159 : *Ecclesia Aylcurtensis.... sexaginta libras Peronensis monetæ Petro persolvit.* Chartul. prior. Lehun. ch. 28 : *Sub tali tamen pactione, quod censuali redditu per annos singulos octo Peronensis monetæ solidos.... nobis Lehuni persolvant.*

Perticensium Comitum monetæ meminit Ægidius *Bry* in Hist. Pertic. pag. 208. Typus num. 114.

¶ Petrocoriensium Comitum monetæ mentio et in Scheda ann. 1308. infra laudanda.

* Reg. Cam. Comput. Paris. sign. *Croix* fol. 122. r°. : *xx. libræ Petragoricensium valent xvj. lib. Tur.*

Pictavensium Comitum Denarii, [quorum 14. computantur pro 12. parvis Turon.] ex Regesto 123. jubentur esse 3. den. 10. gr. legis argenti Regis, et 19. sol. 6. d. ponderis ad marcam Paris. Eorumdem vero *Malliæ*, 2. den. 21. gr. legis argenti Regis, et 17. sol. 4. den. obol. duplic. ad marcam Paris. [Charta ann. circ. 1105. apud Besalium in Comit. Pictav. inter Probat. pag. 393 : *Dedit .. propter hoc ccc. solidos Pictavenses veteres, et cc. alios solidos minutarum optimæ monetæ. Poitevins,* in Statuto S. Ludovici ann. 1265. tom. 1. Ordinat. pag. 95.] Monetæ typum descripsit Thevetus lib. 14. cap. 6. ut et Hautinus pag. 49. Nos damus 115. Vide in *Picta* 3. et supra *Andegavenses.*

* *Pictavenses bruni et optimi*, in Chartul. S. Joan. Angeriac. Charta Alf. comit. Pictav. ann. 1269. in Reg. 11. Chartoph. reg. fol. 23. r°. : *Et doivent estre faites les malles à trois deniers de loi, ausint comme li deniers sont à quatre deniers, poniaise mains, et se doivent délivrer les malles de dis et vint sols et deus deniers à celui marc, auquel li deniers sont délivrés.*

* Pinchoniensis monetæ mentio fit in Charta Garn. abb. ann. 1300. ex Chartul. 23. Corb. ubi inter privilegia dominorum Pinchonii recensetur illud, *de faire monnoye propre et de faire le courre en leurs terres et en leurs fiefs.*

Podiensium Episcoporum moneta. [Id juris Adelardo Episc. Podiensi concessit Radulphus Charta ann. 924. inter Probat. tom. 2. Histor. Occitan. col. 62 : *Concedentes ei... universa quæ ibidem ad dominium et postestatem Comitis hactenus pertinuisse visa sunt; forum scilicet, teloneum, Monetam et omnem districtum.* Quod confirmavit Lotharius Charta ann. 954. ibid. col. 97. Ejusdem monetæ mentio est in Chron. Podiensi ad ann. 1077. et 1102. ibid. col. 8. 9. in Chartis Ludovici VII. Reg. Franc. ann. 1146. 1158. inter Instr. tom. 2. Gall. Christ. col. 231. 232. in Tabular. Casæ Dei et Piperac. non semel.] Vide *Pogesia.*

* Lit. remiss. ann. 1447. in Reg. 178. Chartoph. reg. ch. 246. *Ung moyne de l'ordre de Grantmont, nommé frere Pierre Roy; lequel faisoit d'une monnoye, nommée Nodes; en laqulle estoit l'enseigne de Nostre Dame du Puy, qui avait cours en la ville et dyocese du Puy.*

Pontesiensis monetæ meminit Ordericus Vitalis pag. 576. 596. 685.

* Charta ann. 1112. ex Tabul. S. Petri Carnot. : *Acceptis a monachis lj. sol. nummorum Pontesiorum, eidem ecclesiæ hospitem unum.... dedi.*

☞ Sed hæc Pontesiensis seu Pontisarensis moneta Palatinis monetis, quæ Pontisaræ in palatio regio cudebantur, videtur accensenda, ut ex denario Ludovici VI. vel VII. cujus typum descripsit D. *le Blanc* pag. 154. colligitur.

Pontivi Comitum monetæ mentio est in Hist. Comitum Pontivi pag. 32. et in Hist. Eccl. Abbavill. pag. 49. 50. 90. 465. ubi et describitur. Typus num. 116.

¶ Popelicani Denarii, Moneta Comitum Redonensium, apud Lobinell. tom. 2. Hist. Britan. pag. 200. ex Tabul. Majoris Monast. : ccxxv. *libras veterum denariorum Redonensium, qui fuerunt ante Popelicanos denarios ei* (Radulfo de Filgeriis) *præstitimus.* Incomperta mihi vocis origo : an huc spectat Manichæorum aut Valdensium hæreticum nomenclatura, qui *Popelicani* interdum appellabantur, ut videre est in *Populicani.*

Provinciæ Comitum monetas, earumque figuras delineavit Anton. Ruffius in Hist. Comitum Provinciæ pag. 81. 150. 214. 244. 274. etc. [et Honorat. *Bouche* tom. 2. Hist. Provinc. pag. 144. 306. 337. et 357. etc.] Vide *Regales.* Typos exhibemus num. 117. et 118.

☞ Provinciæ Comitum nomine et typo tum primum insigniri cœperunt monetæ Provinciales, cum ann. 1146. Raymundus de Baucio Comitatum obtinuit a Conrado III. Imperatore, ut ex Charta hujusce concessionis conficit Gaufridus lib. 3. Hist. Provinc. pag. 78 : *Tradimus tibi vir nobilis Raimunde de Baucio,... jus habendi percussuram monete et cudendi proprie figure denarios, qui in toto regno nostre Provincie, ubi jam a longis retro temporibus nulla propria et specialis moneta fuit, legitimum et auctoritate regia confirmatum cursum... habeant; exclusis ab ejusdem terræ commerciis et omni facultate dandi aliorum regnorum monetas, quam monetam præcepto in æternum valituro a regia munificentia nostra acceptam, apud Arelatem metropolim et apud Aquis metropolim, et in castro de Trinquatalis, si sibi commodum fuerit fabricari facies, remota inde tam in puritate quam in pondere totius falsitatis fraudulentiæ.* Id quidem mirum videtur, cum in eo jure Ecclesiis, Baronibusve, qui Comitibus Provinciæ longe inferiores erant, concedendo perfaciles fuerint Imperatores. Ut ut sit sub Raimundo

Berengario cui, retracta Conradi III. traditione, Comitatum Provinciæ contulerat Fridericus I. Imperat. primum occurrit solidorum Provincialium mentio, quos paulo post *Regales* vel *Coronatos* appellavere a corona in iis efficta, ubi Ildefonsus Aragonum Rex Comitatui Provinciæ præfuit. Horum typi plures exstant apud *Bouche. Provenceaux*, in Statuto S. Ludovici ann. 1265. tom. 1. Ordinat. pag. 95. *Regales coronati* memorantur in Charta ann. 1197. ex Tabul. Cartusian. Montisrivi diœc. Massil. *ad rationem* LX. *sol. pro marcha argenti fini.* In Chartular. processuum Clavar. ann. 1200. 424. lib. 15. solid. 4. den. Provinciales valere dicuntur 500. lib. 9. sol. 14. den. Regal. Ibid. ad ann. 1209. libra Regal. minor statuitur libra Provinciali 3. sol. 4. den. Anno 1229. 4. Id. Jan. ex Tabul. S. Vict. Massil. 58. sol. Regal. coronatorum conficiunt marcam argenti puri. In Chartul. mox laudato ad ann. 1320. libræ 80. Provinciales monetæ tunc currentis computantur pro 64. lib. *reforciatorum.* Ex Charta ann. 1325. in lib. viridi Episcopat. Massil. fol. 69. denarii 16. coronatorum valent uno Turon. grosso argent. cum O rotundo. in Litt. Senescalli Provinc. 19. Sept. 1330. 5. Provinciales ad 4. cornatos reducuntur. In Computo ann. 1344. 102. lib. 8. sol. coronat. computantur pro 160. Florenis de Florentia, quorum unus valet 16. sol. Provinc. parvis. Ex Charta 27. Maii 1346. in lib. rub. Tabul. Capit. Aquens. fol. 213. 1. sol. Provinc. pro 10. den. computantur; ejusd. pretii 26. Mart. 1348. ex eod. lib. pag. 270. Anno 1364. 20. Dec. ex Charta inter Schedas Peiresc. 150. lib. coronat. valent 140. lib. 12. sol. 6. den. In Testam. ann. 1390. ex lib. rub. supracit. 16. sol. Provinc. æquiparantur 1. floreno auri; ejusd. pretii 17. Jun. 1408. ex Charta inter Schedas Peiresc. Anno 1433. in lib. process. antiq. ex Schedis Pr. *de Mazaugues* 20. grossi computantur pro 26. sol. 8. den. Provinc. Anno 1484. ult. Jul. ex lib. rub. supra cit. florenus de Rege valet 16. sol. Provinc. Statuta Aquensis Cur. submiss. ann. 1559. pag. 50 : *Et tam actor quam reus dent pignora aut fidejussores Curiæ ad rationem* 3. *sol. pro libra.* Ubi in margine scriptum : *Solidum accipe ex valore* 9. *den. Regal. pro unoquoque solido, sive valant chescun trois liars.*

* Renati regis, comitis Provinciæ monetæ argenteæ typus exstat in cimeliarcho Pr. *d'Aigrefeuille*, in cujus antica parte effictum scutum gentilitium ejusdem regis, cum inscript. RENATUS EX LILIIS SICILIE CORONATUS; in postica vero crux duplex, cui in circulo supereminet monstri genus, Provincialibus *Tarasque* nuncupatum, quo Tarascone cusam fuisse significatur, cum inscript. O CRUX AVE SPES UNICA. Altera cuprea extat in eodem museo, in qua ex utraque parte prostant Neapolis et Hungariæ insignia.

¶ PRUMIENSI monasterio jus cudendi monetam concessum a Lothario Reg. Charta ann. 861. apud Marten. tom. 1. Ampliss. Collect. col. 158.

* S. QUINTINI Viromanduensis monetæ typum exhibet Molinetus ex Cimeliarcho S. Genov. pag. 146. Charta capit. S. Quint. ann. 1181. in Chartul. Mont. S. Mart. part. 6. fol. 98. v°. : *Prædictam silvam ex omni exactione liberam in perpetuum possideat, ita tamen ut in constitutione novi abbatis tres solidos monetæ sancti Quintiniensis nobis præfata persolvat ecclesia.* Alia ann. 1193. ibid. : *Tribus solidis pro forestel de Nouroi sancti Quintiniensis monetæ, xij. denariis pro Booni ejusdem monetæ.* Charta Elien. comit. Virom. ann. 1197. ibid. part. 1. ch. 6 : *Hugo Sotus ecclesiæ Montis S. Martini persolvit ducentas libras monetæ sancti Quintini.* Vide *Viromandensium Comitum moneta.*

RAIMUNDENSIS, in nuncupata moneta Comitum Tolosæ, apud quos *Raimundi* nomen frequens fuit, (nam ad septem recensentur in eorum stemmate.) *Raimundenci solidi*, sub Henrico et Philippo I. Regib. Franc. occurrunt non semel in Tabul. Conch. Abb. in Ruthenis ch. 68. 268. 269. 412. etc. [In Charta ann. 1077. inter Probat. Hist. Occit. tom. 2. col. 296. computantur 8. den. Raimundenses pro 1. multone.] Hujusce monetæ præterea mentio est apud Innocentium III. PP. lib. 15. Epist. 186. [in Charta ann. 1205. apud Gaufridum lib. 3. Histor. Prov. pag. 78, in Charta ann. 1212. apud *Chanteloup* in Histor. MS. Montis major. ubi *Raimundenses novi* dicuntur esse *ad legem* 3. *den. cujus moneta* 88. *sol. valent marcam argenti;* ibid. in Charta ann. 1222. et] in Charta ann. 1232. ex Tabul. Vallis-bone descripta a D. Luca Acherio ad Guibertum pag. 635 : *Item dat dicta Jordana librorum* 35. *denarios Raimundensium, unum denarium, et solidos centum Raimundensium, in rebus, retento ipsis jugalibus usufructu in vita sua.* Quinetiam extincta Comitum Tolosæ stirpe, ipsoque Comitatu ad Regiam Coronam delapso, mansit eidem monetæ ipsum idem *Raimundensium* nomen. Quippe exstat in Regesto 19. Tabularii Regii ch. 146. continens compositionem super moneta Raimundensium, Albiensium inter R. Comitem Tolosæ, Durandum Episcopum Albiensem et Sicardum Alamanni, super eo quod eorum quisque habebat pleno jure tertiam partem in dicta moneta, et in omnibus redditibus, ex ea provenientibus, in qua convenerunt, quod prædicta moneta cuderetur, et fabricaretur, quandocunque eam cudi vel fabricari contingeret, in Castro novo de Bonafos, et non alibi, quod Castrum Sicardus Alemanni tenebat in feudum a Dn. Comite et Dn. Comes ab Episcopo Albiensi. Convenerunt insuper, quod dicta moneta curreret, et reciperetur communiter ab omnibus in civitate Albiensi, et in omnibus terris et diœcesibus Albiensi, Ruthenensi et Caturcensi constitutis. Act. 11. Kal. Jul. ann. 1248. in Castro Narbonensi. Describitur præterea in Tabulario Regio, scrinio *Monetarios*, Charta 8. Kal. Junii ann. 1278. quo B. Episcopus Albiensis et Philippus de Furcis pro Philippo Rege Franciæ, *vendiderunt, concesserunt et tradiderunt ad cudendum, fabricandum, et faciendum in civitate Albia monetam suam Raimundensem Albiensem Navarro Casa-forti burgensi Mars.* ad duos annos, *sub modis et pactis inferius comprehensis, scilicet quod ipsi Navarrus et Joannes cudant et fabrificent ipsam monetam ad tres denarios legis, ad tale argentum, et ita bonum et finum, sicut Turonenses sunt ad quatuor denarios, minus pieça, et ad pondus* 18. *sol. et* 8. *denariorum ad pondus marchæ, ad quam marcham dictus dominus Rex deliberat et expedit pecuniam sive monetam suam.* Ibidem præterea statuitur, *ut oboli cudantur et fabricentur ad legem prædictorum denariorum superius designatam, et sint ipsi oboli ad* 19. *sol. et* 2. *den. ad marcham prædictam. Remondensium* denique mentio occurrit in Aresto Parlam. Paris. dato penult. Januar. 1319. Typus num. 119.

☞ Celebrior est solidorum Raimundensium æstimatio cui præfuit Præses *de Mazaugues* ann. 1711. cum enim judicio 7. Oct. 1251. statutum fuerat solidum Raimundensem semisse Turonico valere, appenso Turonico qui iis temporibus vel circiter in usu fuerat, effecit Eruditissimus Præses 50. sol. Turon. marcam argent. confecisse ann. 1233. unde solidi Turon. tum pretium erat 11. sol. 2. den. 1. ob. et $\frac{3}{25}$. ob. atque adeo solidus Raimundensis, qui Turonici media pars erat, valebat 5. sol. 7. den. 1. pict. $\frac{3}{25}$. quod Aresto 18. Jul. 1711. confirmatum fuit. *Raimundensium* rursus mentio occurrit in Charta ann. 1253. et in Statutis Arelat. MS. art. 60. Errat Pittonus, ut obiter moneamus, cum scribit pag. 100. Hist. Aquens. solidos Raimundenses aureos fuisse; argentei erant, uti apud omnes certum est.

* Reg. Cam. Comput. Paris. sign. 8406. in Bibl. Reg. : *ix. lib. ix. den. Raimundensium, valent vj. lib. xv. sol. vj. den. Tur.*

Ita præterea dicta moneta Vicecomitum Turenensium, apud quos pariter Raimundi nomen familiare fuit, cum ad sex recenseantur; in cujus facie altera crux, cum voce RAYMUNDUS, describitur, in altera binæ cruciculæ, cum voce TURENNE. Alia Vicecomitum Turenensium insignia præfert cum voce RAYMUNDUS, in altera facie crucem cum hisce characteribus : MON. VICECOM. apud Justellum lib. 1. Hist. Turen. cap. 14. qui has monetas Raimundo I. Vicecomiti, qui expeditioni Hierosolymitanæ interfuit, adscribit : sed viri doctissimi fidem nolim omnino hac in re præstare, cum familiarum insignia monetis ea tempestate, qua et forte neque fixa erant, minime apponerentur. Præterea Charta anni 1252. ab eodem relata pag. 54. *Raimundenses* fuisse monetas Vicecomitum Turenensium diserte innuit ; *Quinquaginta libras Marchionum, vel Raimundensium de Turena.* Anni 1312. pag. 38. docet ejusdem fuisse ponderis, quo fuit Caducensis, et 20. solidos cum semisse confecisse Raimundensium Marcam. [Hujus monetæ typum exhibemus num. 141.] Occurrit præterea mentio *Raimundensium* Turenensium in Chartis ab eodem Justello descriptis pag. 66. 70. 154.

☞ Fuit etiam Comitum Provinciæ ejusdem nominis moneta; si fides Gaufrido lib. 3. Histor. Prov. pag. 78. quæ a Raimundis Berengariis sic nuncupabatur. Fucum fecit erudito viro *Raimundi* nomen, quo tamen nulla moneta Comitum Provinciæ insignita occurrit : unde Raimundenses Tolosanos in Provincia usum obtinuisse certum videtur; maxima quippe erat inter utrumque Comitatum societas.]

* Raymonetus, Remundinus, ut *Raimondensis* Tholosanus. Testam. Romei de Villanova ann. 1250. ex Tabul. D. Venciæ : *Item confiteor me debere Bertrando de Garda militi meo de equis, quos ab eo habui, tres mille solidos Raymonetos. Moneta Remundinorum*, in Arest. ann. 1265. ex Reg. *Olim* parlam. Paris.

¶ Redonensis monetæ mentio est in Epist. civium Redonensium, apud Marten. tom. 1. Anecd. col. 603. Vide supra *Popelicani*.

* Charta ann. 1184. ex Tabul. S. Juliani Turon. : *Prior spopondit se redditurum eis decem solidos Redonensis monetæ.*

Regitestensium Comitum Denarii, [quorum 13. valere dicuntur 12. parvis Turon.] ex Regesto 123. jubentur esse 3. den. 16. gr. legis argenti Regis, et 19. sol. 6. denar. ponderis ad marcam Paris. *Malliæ* vero eorumdem Denariorum, 3. den. legis argenti Regis, et 16. sol. 9. den. malliar. duplic. ponderis, etc. Monetæ typum delineavit Thevetus tom. 2. Cosmogr. pag. 569. ut et Hautinus pag. 47. [** Alium typum damus num. 210.]

Remensium Archiepiscoporum Denarii, ex Regesto 123. debent esse leg. 4. den. 12. gr. argenti regii, pond. ad marcam Paris. 17. sol. 8. d. *Malliæ* eorumdem denariorum leg. 2. den. 18. gr. argenti regii, ponder. ad marcam Paris. 15. sol. 5. den. obol. dupl. [Mox hæc adduntur : *Et ne porra faire que le disieme partie de maailes doubles; et ainsi vaudront les deniers et les maailes dessus dites autant, plus ne moins, come les Parisis petitz et les maailes Parisies.*] Monetæ typum descripsit Thevetus lib. 15. Cosmogr. cap. 2. Remensis monetæ mentio est apud Alexandrum III. PP. Epist. 56. ex iis quas Sirmondus edidit, Duchesnium in Hist. Castilion. pag. 682. etc. Videtur olim appellata *Rancien*, in Charta Hugonis Comitis Regitestensis et Felicitatis ejus uxoris, pro villa *de Machau : Que chacuns chevaus traihens paiera* 3. *sestiers de blé*, et 3. *sols de Ranciens*. Infra : *Dis oit deniers Ranciens.* Vide præterea Marlotum in Metropoli Remensi lib. 4. cap. 16. Typos exhibemus num. 121. 122.

☞ Id juris Artoldo Episcopo una cum Comitatu Remensi concessit Ludovicus Transmarinus, ut ex Flodoardo lib. 4. cap. 27. docemur. Consule Altaserram de Comit. Provinc. pag. 141.

¶ S. Remigii monetæ mentio est in Focagio civit. Aquensis inter Schedas Pr. *de Mazaugues* ubi *Turonus S. Remigii* dicitur valere 13. den. pro 14. den. computantur in Ration. Clavarii Avenion. ann. 1315. ibid.

** Riomensis monetæ typum damus num. 123.

¶ Rossilionensis monetæ meminit Charta ann. 1102. inter Probat. Hist. Occit. tom. 2. col. 359.

Rotomagensis monetæ meminerunt Alexander Celesinus Abbas lib. 3. cap. 8. lib. 4. cap. 1. et Ordericus Vitalis fol. 495. 583. Typos damus 124. 125.

Rupellensis monetæ meminit Froissart. 1. vol. pag. 394. et Hist. Rupellensis pag. 39. 88. Edit. in 8.

Ruthenensis monetæ sub Roberto et Henrico Regibus crebra est mentio in Tabular. Conchensi in Ruthenis. Ch. 14. 53. 83. 141. 257. etc. *Solidi Rodenesi* in Ch. 349. Typum dedit Thevetus lib. 14. cap. 8. [Vide supra *Hugonenses*. In moneta Ruthenensi 12. nummos singulis septimanis habebat Episcopus, ex Charta ann. 1161. inter Instrumenta tom. 1. novæ Galliæ Christianæ pag. 51. col. 1.] Typum damus num. 126.

* Reg. Cam. Comput. Paris sign. 8406. in Bibl. reg. : *vj. lib. xiiij. sol. j. den. Ruthenensium, valent iiij. lib. ij. sol. ij. den. Tur.*

Sabaudiæ Comitum ac Ducum monetas aureas ac argenteas omnes veteres ac novas collegit ac descripsit Guichenonus in Histor. Sabaud. lib. 1. cap. 15. a pag. 142. ad pag. 160.

Sacri Cæsaris Comitum Denarii, [quorum 15. computantur pro 12. parvis Turon.] ex Regesto 123. jubentur esse 3. den. 6. gran. legis argenti Regis, et 20. sol. ponderis ad marcam Paris. Eorumdem vero *Malliæ* 2. den. 16. gran. legis argenti Regis et 17. sol. 2. den. malliar. duplic. ponderis ad marcam Paris. Monetæ binos typos descripsit Hautinus pag. 49. et 51. Vide Thomasserium in Historia Bituricensi lib. 6. cap. 41. et 76. Typos damus 127. 128.

Santonensis monetæ meminit Tabularium Deipar. Santon. : *Moneta Santonensis civitatis est Comitis propria : et si quis refutaverit eam, justitia est Comitis.* Ibid. : *Willelmus Comes filius Guidonis fecit fundare monetam suam, quæ dicebatur de Goilart.* Typus 129.

☞ Id tamen juris cessit aliquando percelebri S. Mariæ Santonensis parthenoni, ut discimus ex Charta Gaufridi Comit. ann. 1047. inter Instr. tom. 2. novæ Gall. Christ. col. 480 : *Adjunximus autem donis nostris Monetam et monetagium, per cambitum totius episcopatus Xantonensis... Congregatis autem monetariis, monetam qui facerent, ex diversis civitatibus, fecimus eos facere fidelitatem et securitatem S. Mariæ, in abbatissæ manu Constantiæ, et omnibus sub castimoniæ jugo sibi parentibus. Dedimusque ad Monetam fabricandam domum juxta arcam pontis sitam.*

Sauviniacensis moneta fuit Dominorum Borbonii et prioris ejusdem Prioratus, ex variis Pactis utrimque initis, quorum meminit Historia ejusdem Monasterii pag. 340. seqq. Hujus Denarii, [qui ejusd. pretii dicuntur atque Turon. parvi,] ex Regesto 123. jubentur esse legis 3. d. 16. gran. argenti regii, et pond. 19. sol. 6. den. Malliæ, leg. 3. den. argenti regii, et pond. 16. sol. 9. den. malliar. dupl. ad marcam Paris. Monetæ inscriptum in eo Regesto, S. Maiolus, cujus vultus effingitur, in altera parte, De Saviniaco. Typum damus [** nobis 130. ubi Silviniaco.] qui habetur etiam apud Hautinum pag. 41. et Thevetum tom. 2. pag. 547. [Ejusdem monetæ 35. solidi marcam argenti puri conficiebant, ut colligitur ex Charta Archembaldi dom. Borbonii apud D. *le Blanc* pag. xxix : *Persolventur autem vel in nummis, vel in argento, ita ut Sylviniacensis marca argenti puri pro* xxv. *solidis accipiatur.*

* Recte Molinetus in Cimeliarcho S. Genov. pag. 143. emendat *Silviniacensis*, legendumque censet *Silviniaco*; atque adeo non *Sauvigni*, sed *Souvigni*, Cluniacensis prioratus in Arvernia, ubi S. Maiolus obiit, sepultusque est, hic intelligendus : quod mire probat diploma Hugon. Capeti ann. 995. t. 10. Collect. Histor. Franc. p. 565 : *Cum essemus Silviniaco villa, et adiremus ecclesiam S. Petri, ubi gloriosus confessor Christi et dilectus noster quondam Maiolus abba in corpore requiescit,.... concedimus ut malias de bona lege, cum nomine et imagine confessoris memorati Maioli, possit facere Odilo abbas venerandus et successores sui, nomine ecclesiæ Silviniacensis : et current maliæ S. Maioli omni tempore, et valoris perpetui erunt in terra Archimbaldi comitis cum maliis nostris in perpetuum.* Id rursus confirmat Charta Joan. comit. Catal. ann. 1232. ex Reg. comitat. Clarimont. ubi denarii hujus monetæ *Silviniens*, non *Sauviniens*, appellantur : *Pour la procuration que je ay en le terre et ès homes de Bragny, je dois avoir tant seulement sept livres de fors Silviniens chascun an.*

* Secusiensis moneta, pro *Segusiensis*, id est, Lugdunensis. Charta ann. 1150. in Chartul. Cluniac. : *Placuit... ut ab Angusone priore Contaminiæ mille quadringentos solidos Secusienses eo pacto et tenore acciperent, etc.*

Stampensis, moneta Dominorum *Stampurum*, in agro Aurelianensi. Le Roman d'Aubery le Bourguignon MS. :

Ervis son frere maintint moult bien ses drois,
Qu'il n'en perdi vaillant un Estampois.

☞ Exstat Charta Ludovici VII. Reg. Fr. ann. 1137. apud Basilium *Fleureau* in Antiquit. Stampens. cap. 27. pag. 103. ubi hæc habentur : *Concessimus quod præsentem Stampurum monetam, quæ ibi a patris nostri decessu habebatur, nos omnibus diebus nostræ vitæ neque mutabimus, neque lege, neque pondere alleviabimus, neque alleviari ab aliquo patiemur.* Ex quibus verbis non absurde efficitur id tantum Stampensibus concessum fuisse, ut moneta regia quæ Stampis perculeretur Regis nomine ejusdem semper esset legis et ponderis; neque aliud innuunt typi, de quibus ibidem mentio fit. Sed illud in primis rem conficit quod plurimæ exstent eadem de re Regum nostrorum Chartæ, quibus aliis civitatibus pollicentur nusquam se monetam mutaturos, quamdiu certam præstationem exsolvent. Id ergo unum ex laudata Charta sequitur, Stampenses scilicet jus quod *monetagium* vocabant, præstitisse. Vide D. *le Blanc* pag. 156.

¶ Stephanienses. Vide supra *Burgundiæ Ducum moneta.*

Suessionensium Comitum Denarii, quos appellant *Noirés*, ex Regesto 123. debent esse 3. den. 12. gr. legis argenti regii, et 23. sol. pond. ad marcam Paris. Mox subditur : *Et vaudront les Deniers dessusdits avaluez à Parisis petits et à Maailles Parisies les* 20. *Noirés* 7. [12.] *Parisis petits.* Monetæ figuram descripsit Thevetus lib. 15. Cosmogr. cap. 3. ut et Hautinus pag. 45. Mentio habetur Suessionensis monetæ in Histor. Suession. passim, in tom. 2. Hist. Francor. pag. 335. etc. Typum habes num. 131.

Tolosani, Gall. *Tolosans*, moneta Comitum Tolosanorum, quorum *cursus* interdictus in Statuto S. Ludovici Regis Franciæ ann. 1265. intra regni limites, hoc est, intra *Dominica* Regia. In Chartophylacio Regio, scrinio *Monetarios*, est Charta Alphonsi Comitis Tolosani pro locatione Monetæ suæ Tolosonæ, in qua sequentia habentur : *Simplices Tolosani debent esse legis et ponderis Turonensium, hoc est sciendum, ad quatuor Pougeesses minores legales, sicut debet fieri moneta domini Regis apud Carcassonam et Nemausum : dicti enim simplices Tolosani debent deliberare de pondere 18. solidorum unius denarii ad marcam Trecensem. Oboli vero debent esse de eadem lege, de qua sunt Tolosani simplices, et ponderis 18. solidor. et 10. denar. ad marcam Trecensem. Et Grossi Tolosani debent esse legis et ponderis Cenomanensium, videlicet de lege ad 6. denar. et obolum, et de pondere 14. sol. et dimid. ad marcam Turonensem*, etc. Charta alia ejusdem Alfonsi ann. 1265 : *Debent autem facere dicti burgenses infra dictos duos annos apud Tolosam 25. millia grossa Tholos. alborum ad 7. den. de lege, ad bonum argentum de Montepessulano : qui dicti Tolosani debent esse de pondere 18. sol. ad marcham Tolosanam, etc.* Vide Historiam Abbatiæ Condomensis tom. 13. Spicilegii pag. 460. 481. Typos exhibemus num. 132. 133.

☞ Hujus monetæ præterea mentio fit in Charta ann. 1095. inter Probat. Histor. Occitan. tom. 2. col. 337. Charta ann. 1098. ibidem col. 348. in Charta ann. 1111. ibid. col. 378. etc. Ex Charta ann. 1212. apud D. *le Blanc* pag. xxx. 26, sol. Tolos. marcam argenti puri conficiunt. *Deniers Toulsas*, in Charta ann. 1286. apud *la Faille* Annal. Tolos. tom. 1. pag. 17. quem rursus consule inter Probat. ejusd. tom. pag. 13. 14. 15. et 37. Moneta exstat a D. Cangio in Dissertat. 14. ad Joinvillam Raimundo a S. Egidio minus bene adscripta, cum in expeditionem Hierosolymitanam ann. 1097. profectus ibi mortem obierit : sed ea tempestate, ut supra monuit vir doctissimus, familiarum insignia monetis minime apponebantur; unde Raimundo V. alterius Raimundi nepoti, qui et Palatini nomenclatura insignis fuit, tribuendum censeo.

☞ Nec sanior videtur eorum opinio, qui Consules Tolosanos una cum Comitibus jus cudendi monetam habuisse arbitrantur : nullum quippe ea de re exstat monumentum præter Litteras Alphonsi II. Comitis apud Catellum de Comitibus Tolos. pag. 382. ex quibus id inferre difficillimum est : *Certos nuntios nostros videbitis, qui vobis... super confirmatione monetæ quam petitis, secundum vestrum beneplacitum taliter respondebunt.* Quod de monetarum imminutione accipiendum existimo.

* *Solidi Tholosani cum flore*, in Charta ann. 1308. ex Tabul. B. M. Deauratæ Tolos. Reg. Cam. Comput. Paris. sign. 8406. in Bibl. reg. : *i. den. Tholosanus, valet ij. den. Turon. Tholosains*, in Stat. ann. 1265. tom. 1. Ordinat. reg. Franc. pag. 95. art. 3. *Thelouzain* et *Thelouzin*, in Lit. remiss. ann. 1483. ex Reg. 207. Chartoph. reg. ch. 299.

¶ Tornacensium Episcoporum monetæ mentio fit in 1. Memoriali Cameræ Comput. Paris. fol. 27. et apud Acher. tom. 11. Spicileg. pag 351.

* Charta Mich. episc. Tornac. ann. 1286. in Suppl. ad Miræum pag. 421. col. 1 : *Nous evesques de Tournay.... ferons batre et forgier monnoye en la chité de Tournay,... dont li doi deniers vauront un Parisi bien et lotalment.*

¶ Tornodorensium Comitum monetæ ibid. mentio est fol. 29. Typus num. 134.

Trecensis monetæ meminit Innocentius III. lib. 13. Epist. 45. pag. 36. 442. Hujus typum hic damus num. 135.

¶ Trenorchiensi monasterio jus cudendi monetam ab Odone Rege obtinuit Blitgarius Abbas ann. 889. ut patet ex Charta edita apud Chiffletium in Hist. ejusd. loci pag. 270. Id confirmavit Carolus Simplex ibid. pag. 272. Charta ann. 915. ex qua discimus in ea moneta effictum fuisse regium monogramma : *Concedimus quoque ut trapezetas locus prædictus habeat, qui nostri nominis signum singulis imprimant nummis.* Et quidem in eo, quem hic describimus, num. 136. typo inesse monogramma videtur, sed cujus sit non satis agnosco : in une facie inscriptum Scs. Valerianus, qui Trenorchiensium est apostolus et patronus; in altera Tornucio Castro. Vide laudatum Chiffletium cap. 24. Alterum ejusdem monetæ typum videre licet apud Petavium in Gnorism. vett. nummor, unde idem jus cudendæ monetæ Trenorchiensibus a Lothario confirmatum, forte et amplificatum ex ipsa in primis Inscript. Lotharii Regis Permissione colligitur.

¶ Trevirensi Ecclesiæ jus cudendæ monetæ restituit Ludovicus Rex ann. 902. apud Brower. Annal. Trevir. tom. 1. pag. 443. Hujus monetæ typos delineari curavit D. Calmet. initio tom. 2. Hist. Lothar. n. 127. 128.

¶ Trevoltii Dominorum moneta, quæ ab ann. 1310. cudi cœpit, ad hæc usque ferme tempora obtinuit, ut ex variis monumentis constare testatur D. *Aubret* eruditus Dumbarum historiographus. Typi 137. 138.

¶ Tricastinensis monetæ *tam auri quam argenti, arma regis Delphini, et crossam communiter habentis*, cujus *emolumenta inter delphinum et episcopum communia* sunt, mentio est in Pariagio ann. 1409. tom. 1. novæ Gall. Christ. inter Instr. pag. 123. col. 2. Typi 139. 140.

Tullensis, moneta Episcoporum Tullensium, *Toullois*, in Charta Theobaldi Ducis Lotharingiæ ann. 1312. interdicta in Francia sub nomine *Thoulais*, legitur in Statuto Regis Philippi dato Pissiaci Sabbato post Theophaniam ann. 1313. cum *Pillevillis*, et *Venetianis* (*Pilles Vuilles* et *Veniciens*) propter defectum.

☞ Id erat Episcoporum Tullensium jus ex Charta Udonis Episc. ann. 1069. apud D. Calmet. tom. 1. Hist. Lothar. col. 467. ut monetam suam mutare possint *sine consilio Comitis.* Hanc apud Liberdunum cudi concessit Fridericus I. Imper. Charta ann. 1168. ibid. tom. 2. col. 364. Vide P. *Benoist* cap. 7. Hist. Tullens.

* *Tullois*, in Charta Feder. III. ducis Lothar. ann. 1285. *Tolotz*, in Lit. ann. 1357. tom. 6. Ordinat. reg. Franc. pag. 632. art. 12. Reg. Cam. Comput. Paris. sign. *Croix* fol. 122. r°. : *viij. lib. xvj. sol. Tullensium currentium ibidem* (in provincia Remensi) *valent xj. lib. xv. sol. ij. den. Turon.*

Turenensium Vicecomitum monetæ mentio occurrit apud Justellum in Histor. Turenensi pag. 31. 37. et in Prob. pag. 40. 53. 62. 63. 64. 88. 95. 98. 104. 105. 110. Vide supra *Raimundensis.* Typum num. 141.

¶ Turicino parthenoni jus cudendi monetam concessit Carolus Crassus : cujus monetæ typos adhuc reperiri quibus] una facie vultus mulieris velatæ, altera scriptum Carolus Imper. refert Guilliman. lib. 3. Rer. Helvet.

* Valenensis, Valentiana, Vallencenensis, Valentianarum, vulgo *Valenciennes*, in Hannonia moneta, Gall. *Valentiennois*. Charta Buch. episc. Camerac. ann. 1119 : *Statuimus ut præfata S. Mariæ ecclesia priori et fratribus S. Salvii quotannis decem Vallentianensis monetæ solidos pro rebus parochialibus.... persolvat.* Alia Nic. S. Humb. Maricol. abb. ann. 1185. ex Chartul. S, Vinc. Laudun. ch. 165 : *Ecclesia Lescheriensis nobis propter hoc octo solidos alborum Valentianorum aut xij. solidos Duacensium in festo S. Remigii annuatim persolvet.* Lit. Jac. dom. Gusiæ ann. 1189. apud Vales. in Not. Gall. pag. 260. col. 2 : *xl. solidos alborum Valecenensium in vinagio mec de Landreciis.* Charta ann. circ. 1200. in Chartul. Mont. S. Mart. part. 6. fol. 104. r°. col. 2 : *Singulis annis Ehamensis ecclesia xxx. solidos Valenensis monetæ ecclesiæ Montis S. Martini in festo B. Lucæ Cameraci persolvet.* Alia Guich. prior. S. Salvi ann. 1202. ex Tabul. S. Gauger. Camer. *Memoratum hospitale singulis annis die Natalis Domini talentum unum septem solidorum Vallencenensis monetæ censualiter nobis persolvet.* Ordinat. Phil. III. reg. Franc. ann. 1282 : *Nous avons de nouvel ordenné que quiconques aura en nostre roiaume baudekins, ou Valentiennois, ou autre blanche monnoye ou noire de hors du roiaume, quele que ele soit, fors que esclins, et ne l'aura fete percier dedens un mois après ce que cestes ordenance aura esté criée, soit changeur, soit autre, il l'aura desores-en-avant perdue et forfete.* Typum damus num. 146.

Valentinensium monetæ Comitum, vel Episcoporum Valentinensium, in Delphinatu provincia Franciæ, meminit Raimundus *de Agiles* in Histor. Hierosol. pag. 165. et Charta Hugonis Episcopi Gratianopolit. descripta a Jacobo Petito pag. 601. Occurrit præterea non semel in Tabulario Prioratus Dominæ in Delphinatu. Typus num. 143.

☞ Valentinensi Ecclesiæ concessam facultatem cudendi monetam a Friderico I. Imper. confirmavit Fridericus II. Diplomate ann. 1238. *Solidi Valentinenses*, apud Spon. tom. 3, Itiner. pag. 17. *Va-*

lenciani, in Tabular. Prioratus Dominæ. Typum episcopalis monetæ hic delineamus. num. 142.

* VAUVILLARENSIUM dominorum monetæ typus ann. 1555. exstat in Tabulario abbatiæ Luxoviensis. Vide supra *Moneta Castelleti dominorum*. [** Typum monetæ antiquioris damus num. 144.]

* UCETICENSIS moneta Episcopo ejusdem civitatis concessa a Ludovico Juniore Charta ann. 1156. tom. 6. Gall. Christ. col. 299.

VESUNTIONENSIUM Archiepiscoporum monetæ figuram delineavit Jo. Jacobus Chiffletius in Vesontione part. 1. cap. 4. Hujus etiam meminit Golutus in Hist. Sequanica pag. 593. Typum damus num. 146.

VIENNENSIS monetæ mentio in Tabulario ejusdem Ecclesiæ pag. 25. in Hist. Franc. tom. 1. pag. 21. in Hist. Episcopor. Bellicensium pag. 46. in Hist. Beneharn. pag. 838. apud Justellum in Hist. Arvern. pag. 177. in Prob. pag. 51. 81. 139. in Spicilegio Acheriano tom. 13. pag. 284. [in Hist. Dalphin. tom. 2. pag. 185. et 253.] apud Jacob. Petitum post Pœnitentiale Theodori pag. 601. etc.

☞ Hujus monetæ typum damus num. 147. cum Inscript. S. M. (Mauritius) VIENNA MAXIMA GALL. qua uti solitos Viennenses Archiepiscopos testatur Gervasius Tilber. in Otiis Imper. apud Leibnit. tom. 1. Script. Brunsvic. pag. 915 : *Viennensis Burgundiæ Archiepiscopus et Regis cancellarius, cujus numismatis inscriptio habet* : MAXIMA SEDES GALLIARUM.

* Reg. Cam. Comput. Paris. sign. 8406. in Bibl. reg. : *Quinque Viennenses valent quatuor Turonenses*. Terrear. Bellijoc. : *Unum denarium Viennensis monetæ, cujus decem octo solidi valent et ponuntur pro viginti octo solidis Turon*. Legendum esse *viginti solidis* certum videtur ex pluribus aliis locis ibidem.

VINDOCINENSIUM Comitum Denarii, [quorum 14. computantur pro 12. parvis Turon.] ex Regesto 123. jubentur esse 3. den. 10. gr. legis argenti regii, et 19. sol. 7. d. ponderis ad marcam Paris. *Malliæ* eorumdem Denariorum, 2. den. 21. gran. legis argenti Regis, et 17. sol. 4. den. malliar. duplic. ponderis ad marcam Paris. etc. Monetæ typum descripsit Thevetus lib. 15. Cosmogr. cap. 6. Ejusce monetæ mentio est [in Tabul. B. Magdal. Castrodun.] apud Beslium in Comitib. Pictav. pag. 428. et Gallandum de Franco alodio pag. 283. Typi num. 148. 149.

VIRDUNENSIUM Episcoporum monetæ meminit Laurentius Leodiensis pag. 327.

VIROMANDENSIUM Comitum, seu S. Quintini monetæ mentio est apud Vassorium in Novioduno 1. vol. pag. 26. et Hemeræum in Augusta Virom. pag. 34. 35. 154. 162. [* Vide supra *S. Quintini moneta*.] Typus num. 150.

VIRSIONENSIS Dominæ in Biturigibus Denarii, [quorum 15. dicuntur valere 12. parvis Turon.] ex Regesto 123. jubentur esse 4. den. 6. gr. legis argenti Regis, et 20. solid. ponderis ad marcam Paris. Eorumdem *Malliæ*, 2. den. 16. gr. legis argenti Regis, et 16. sol. 2. den. malliar. duplic. ponderis ad marcam Paris. Monetæ typum descripsit Hautinus. [** Alios damus num. 151. 152.]

¶ VIVARIENSIUM Episcoporum monetæ mentio est in Charta ann. 1307. quam supra retulimus inter præmissa ad Monetas Baronum. Typus num. 153.

¶ WISIMBURGENSI monasterio diœcesis Spirensis jus cudendæ monetæ concessit Dagobertus Rex Diplomate ann. 23. ejus regni, apud Trithemium Annal. pag. 52.

Complura habentur monumenta de Baronum nostrorum monetis, ex quibus sequentia excerpsimus ex Regesto Cameræ Computor. Paris. signato *Qui es in cœlis*, fol. 159. et ex signato *Croix* fol. 122. et ex signato *Noster* f. 212. 213 :

Ad Nativit. B. Mariæ 1306. *incepit fortis moneta.*

Ad Candelosam 1310. *inceperunt Burgenses et finierunt ad Nativ. B. Mariæ* 1313.

Burdegalenses currunt Burdegalæ.

In diœcesi Petragor. currunt Petragoric. Lemovic. et Marchiens. et Engolism. qui debeant valere 2. *den.*

In diœcesi Engol. currunt Engolism. et Marchiens.

In Agenno currunt Arnald. Chapoten. et Petragoric.

150. *Stephan. qui currunt in Provinc. Bisunt. valent.* 150. *Tur.*

20. *libr. Divion. val.* 16. *lib. Tur.*

5. *Burdegal. valent* 4. *den. Tur.*

5. *Arnaldi et Chipotois valent* 4. *den. Tur.*

20. *libr. Petragor. valent* 16. *lib. Turon.*

20. *libr. Viennens. valent* 16. *lib. Tur.*

1. *denar. Tholos. valet* 2. *denar. Tur.*

16. *lib.* 13. *sol.* 1. *den. Ruthen. et Caturc. valent* 4. *lib.* 2 *sol.* 2. *den.*

9. *lib.* 9. *d. Rñd. et Brienn. valent* 6. *lib* 15. *s.* 6. *d.*

5. *Morlan. valent* 8. *den. Tur. nisi in diœcesi Baionensi, ubi* 3. *Morlan. valent* 4. *den. Tur.*

40. *Lemovic. et March. valent.....*

7260. *Marchisi* 15. *s.* 1. *d. Leod. valent* 1141. *lib.* 2. *s.* 7. *den. obol. Tur. parvorum.*

Marcha pro 10. *stelling. vidi alibi quod quilibet... valet* 4. *den. Tur.*

100. *lib. Melegon.* (Melgor.) *in diœcesi Uticensi valent....*

119. *lib.* 16. *sol. Tur. de tempore Burg.* (Burgensium) *valent* 95. *lib.* 16. *s.* 9. *den. Bonorum Tur.*

666. *lib.* 2. *sol. Divionens. debilium cum Burgenses currebant per Paris. valent* 500. *lib.*

32. *lib.* 17. *s.* 7. *d. Divionens. fortium et bonorum.*

350. *lib. Tur. debilis monetæ valent* 54. *sol.* 8. *d. monetæ Burgensium parvorum.*

735. *lib. Metensis currentis in Provincia Remensi valent* 1470. *lib.* 6. *sol. Turonensium.*

8. *lib.* 16. *sol. Tullensis currentis ibidem valet* 11. *lib.* 15. *sol.* 2. *den. Tur.*

Scheda alia ann. 1308 : *La monnoie au Vicomte de Limoges qui queurt en sa terre et ailleurs pour Tournois, et pis vaut* 2. *sols la livre. La monnoye au Vicomte de Turenne et celle du Comte de Pierregort queurent* 15. *den. pour* 12. *den. Tourn. dont les* 16. *ne vallent que* 12. *Tournois. La monnoie de Bretagne, d'Angiers et du Mans queurent pour Tournois, et vallent moins* 18. *den. la livre. La monnoie de Vandosme et de Chasteaudun, queurent pour Tournois, et vallent pis* 4. *sols la livre. La monnoie au Comte de Nevers queurent pour Tournois, et vaut moins* 12. *den. à la livre.*

☞ Hæc sane est præcipua nostri Glossarii pars, quæ diligentiorem exigere curam et accurationem videbatur : sed res est nimii laboris quam ut, ea qua par esset diligentia, pertractaremus. Qui enim poteramus tot tantisque rebus distenti in evolvendis historiis, in Gazophylaciis invisendis et perscrutandis, in exquirendis undequaque nummis tempus, quod necessarium erat, ponere? opus certe non unius anni. Quantacumque igitur sit hac in re Cangii nostraque lucubratio, multis adhuc augeri posse ultro agnoscimus : quæ omnia, ut spes est, abunde præstabit Vir pereruditus, cum operi quod jamdiu incœpit, ultimam tandem manum adhibere voluerit.

¶ **MONETABILIS** POENA, Mulcta pecuniaria. Statuta Eccl. Avenion. ann. 1337. apud Marten. tom. 4. Anecd. col. 560 : *Et si quis contra fecerit, eo ipso hac Monetabili pœna seu mulctatione plectatur, scilicet quod fructus eorum sic venditorum medietatem perdat, qui in ecclesiæ fabricam, vel alios pios usus nostro arbitrio convertantur.*

MONETAGIUM, Id quod Monetarii, seu Monetæ fabricatores, domino, cujus est moneta, exsolvunt ex monetariæ fusionis et signaturæ proventibus. [Charta fundationis Abbatiæ S. M. apud Santonas ann. 1047. tom. 2. novæ Gall. Christ. inter Instr. col. 480 : *Adjunximus autem donis nostris monetam et Monetagium, per cambitum totius episcopatus Xantonensis.*] Charta Philippi Aug. ann. 1202 : *Everardus de Vineis homo noster concessit nobis et hæredibus nostris tertiam partem Monetagii Tornacensis, et ipse duas partes habebit.* Alia Gaufridi Electi Meldensis ann. 1208. ex Tabulario Campaniæ : *De omni Monetagio et de servitio quod fuit pro moneta..... duas partes habebit, etc.* Charta Alphonsi Comitis Pictavensis et Tolosæ Jun. ann. 1265. de Moneta Tolosana : *Iidemque burgenses* (Monetarii) *debent nobis Monetagium nostrum solvere bis in anno, scilicet in festo O. SS. et in Ascens. Domini, secundum quod singulis terminis fecerint de moneta.* Testamentum Raimundi Comitis Melgoriensis : *Dimitto ei septingentos solidos Melgoriensis monetæ in moneta Melgoriensi de Monedatge, postquam redempta fuerit de tredecim millia solidis, antequam aliquis homo vel femina habeat de moneta suprascripta de Monedatge, si mortuus fuero in itinere.* [Computus ann. 1270. in Tabular. castri Nannet. : *Computavit magister monetæ. De Monetagio de* XXIV. *gross. milleri de denariis, videlicet* XL. *lib. quolibet miller* 960. *lib. pro Monetagio* 11. *mill. obolorum* 630. *lib.* Alter Computus ann. 1279. apud D. *Brussel* de Usu feud. tom. 1. pag. 472 : *Pro Monetagio cujuslibet marchæ* XV. *denarii Turon.... valet Monetagium* VI^c. IIII^xx. XVII. *lib.* XIII. *sol.* I. *den. Turon.* Occurrit rursum in alio Computo ann. 1289. ibid.] Vide Probat. Histor. Castilionensis pag. 98. 162. *Decima monetæ*, seu *Monetagii*. Domnizo lib. 1. de Vita Mathild. cap. 2 :

Unde bonus Princeps, valde miratus, eidem
Continuo terræ propriæ, decimamque Monetæ
Vovit.

☞ Hæc autem exactio quam nostri *Seigneuriage*, quod ex monetæ signatura percipiatur, vocant, antiquis penitus ignota, sub prima Regum Franc. stirpe in usu fuisse videtur : vix est enim ut credam a Pipino inductam fuisse, quamvis antiquius non occurrat editum ea de re statutum. Ut ut sit sub altero Regum stemmate eo jure gaudebant, quibus jus cudendi monetam concessum fuerat, ut ex pluribus Instrumentis supra relatis colligitur. Vide D. *le Blanc* pag. 90.

Monetagium, Præstatio quæ a tenentibus et vassallis domino fit tertio quoque anno, ea conditione ut monetam mutare ei non liceat, quæ *Focagium* [et *Relevatio monetæ*] dicitur, obtinebatque potissimum in Normannia. Charta Ludovici Hutini Regis anni 1315. pro Normannis: *Item quod redditus nobis debitos pro dicta pecunia non mutanda, qui in dicto ducatu Monetagium, alias Focagium nuncupatur, levari non faciemus, etc.* Vetus Consuetudo Normanniæ MS. 1. part. sect. 2. cap. 3 : *Le Monneage est une aide de deniers qui doit estre payée au Duc de Normandie de trois ans en trois ans, et doit len receivoir de cele ayde tele monoie come elle est mise communément en la terre, ne ne la doit len pas faire changier, etc. Au tiers an tous communément doivent paier le Monneage lesquiex ont terres et meubles pourquoy ils sont tenus à paier le. De ceste aide sont quittes toutes gens de Religion qui sont promeus en saintes Ordres, et les serjans fieulx des Yglises, et tous ceus qui sont beneficiez ès Yglises, tous Chevaliers, et leurs hers, si en sont quites femmes veves qui n'ont 20. s. de rente pour elles soutenir, ou qui n'ont pas en meubles 40. s. par dessus leur robes et leur lits, et celles qui n'ont la valuë de 40. s. sont quites del Moneage. Et chascune parsone del comun poeple qui aura 20. s. vaillant le paera. Tuit cil sont quites de cest aide qui ont membre de hauberc, qui ont Prevost, Monnier et Fornier, pourtant que il aient molin à ban ou four, il sont quites du Moneage etc.* Deinde additur ab hacce pensitatione pariter immunes esse in Normannia Castellanias S. Jacobi, et Vallis et Moritonii, et aliquot alias. Infra: *A ceste aide fere et à cest Monneage paier les robes de leur propre cors, le lit, et l'ostel, ne doivent pas estre comptez pour moebles, et pour cen souloit-il estre apelé Fouage, que cil le paioient principalement qui tenaient feu et lieu. Adecertes tuit li autre qui ne tiennent ne feu ne lieu, si comme les serjans et les chamberiers qui ont de moeble 10. s. ou la valuë, sont tenus à payer le Monneage, et les femmes qui onques ne furent mariées, qui tiennent feu et lieu, payeront le Monneage.* Nova Consuetudo Norman. art. 76 : *Le Roy pour droit de Monneage peut prendre 12. deniers de trois ans en trois ans sur chascun feu pour son Monneage et fouage, qui luy fut octroyé anciennement pour ne changer la monnoyé.* Vide artic. seq. Ejusmodi autem *monetagium* in Anglia antiquarunt Henricus I. et Joannes Reges Angl. Leges ejusdem Henrici cap. 1 : *Monetagium commune quod capiebatur per civitates et per Comitatus, quod non fuit tempore Edwardi Regis, hoc ne amodo fiat, omnino defendo.* Vide Ricardum Hagustaldensem ann. 1135. et Matthæum Paris pag. 38.

* *Monoiage*, eodem sensu, in Charta ann. 1319. ex Reg. 59. Chartoph. reg. ch. 243 : *Item les resseans desdites vavassories... paient de trois ans en trois ans cent solz Tournois pour ayde d'ost, c'est assavoir l'an que le Monoiage chiet.*

☞ Hæc eadem præstatio in minori Britannia obtinuit, ut in voce *Foagium* docuimus; concessa etiam aut usurpata ab iis quibus jus cudendæ monetæ competebat, quod in plurimis Chartis legisse se testatur D. *le Blanc* pag. 156. Sed et apud Aragonenses singulis septenniis in usu fuit, sub nomine *Monetaticum*; quod primum Jacobo I. Regi ab Aragonensibus ann. 1236. concessum est, ut non immutaretur moneta Jaccensis; subinde vero ad alia translatum est, ut videre licet infra in *Monetaticum*. Hanc consuetudinem in Francia penitus sustulit Carolus V. Rex Diplomate 16. Sept. ann. 1380. quod ex Memoriali Cameræ Comput. Paris. refert D. *Brussel* tom. 1. de Usu feud. pag. 216.

Adnectendum præterea hocce loco videtur quod Magni Peirescii manu adnotatum et scriptum de hac vocis notione in ejusdem Adversariis olim legimus : *La livre de Monnoyage, le sol de Monoyage, et le denier de Monnoyage, en termes de Monnoyes, vallent autant d'especes que chacune d'icelle vallent de derniers de la monnoye courante. Comme une livre de Monnoyage vaut 20. s. tout ainsi que la livre vaut 20. sols de la monnoye courante, et un sol. de Monnoyage vaut 12. deniers, de quelque espece que ce soit, soit or, argent, ou cuivre, de mesme que le sol vaut 12. deniers de la monnoye courante, et un denier, est une espece seule de quelque matiere que ce soit, comme d'or, d'argent, ou billon, l'on dira en terme de monnoye, un Denier d'Escu, un Denier quart d'Escu, etc. Et en ce faisant, dans un sol de Monnoyage il y a 12. deniers de Monnoyage, qui sont 12. especes de quelque coing et matiere que ce soit, et dans une livre 20. de cesdits sols, qui sont 240. deniers, de quelque espece ou matiere que ce soit. Par exemple, au 2. art. de l'Advis donné au Roy Philippe le Bel, dans lesquel est parlé de monnoye 18. à six deniers de loy, de 14. s. 8. den. de taille, qui avoient cours chacune pour 3. den. Tour. piece, les 14. s. 8. den. est la taille, ou quantité d'especes que le Prince ordonnait estre en chacun marc, vallants à raison de 12. den. le sol, avec les 8. den. 176. den. que le Prince ordonnait en chacun marc d'œuvre desdites especes 6. den. de loy, argent le Roy, ayans cours pour 3. den. Tourn. piece. Et pour trouver ce que devoit peser chacune desdites especes, par ladite taille ou quantité, faut considerer la subdivision du marc, et sçavoir combien il contient de derniers ou d'onces. Le marc est composé de neuf vingt douze deniers, vallans à raison de 24. grains le denier 4608. grains, lesquels divisez par ladite taille de 76. pieces, vous aurez 26. grains de poids, vallans un denier 2. grains, et 32. grains qui resteront à partir par 176. pieces.*

¶ Monetagium, Jus cudendi monetam. Charta Philippi Pulcri Reg. Franc. ann. 1307. apud Marten. tom. 1. Ampliss. Collect. col. 1415 : *Notum facimus, quod super Monetagio et cursu monetæ, quos dilectus noster Nicolaus Meldensis Episcopus, per se et ejus prædecessores, nomine ecclesiæ suæ Meldensis, se habere dicebat, plenius informati; eumdem de dicta moneta, et cursu ipsius recepimus in nostrum homagium.* Litteræ Johannis Reg. Franc. ann. 1350. tom. 4. Ordinat. pag. 60 : *Nec volumus quod per hoc nobis aut successoribus nostris Franciæ Regibus, in dicto* (Britanniæ) *Ducatu aut super dicto Duce, vel alia quavis persona sui Ducatus in jure Monetagii seu monetam cudendi, vel aliter quomodolibet, saisina vel novum jus aliud acquiratur.*

¶ Monetagium, Monetæ officina, locus ubi cuditur moneta. Edictum Caroli Johan. Reg. primogeniti ann. 1356. tom. 3. Ordinat. Reg. Franc. pag. 106 : *Ut in tota lingua Occitana in locis et Monetagiis consuetis, fiat pecunia aurea, etc.*

* Lit. pro clero Mimat. ann. 1304. tom. 5. Ordinat. reg. Franc. pag. 632. art. 1 : *Facimus paulative cursum minui monetarum, quæ in Monetagiis nostris cuduntur ad præsens.* Charta pro civit. Agen. ann. 1369. in Reg. 198. Chartoph. reg. ch. 545 : *Insuper concedimus.... quod Monetagium auri et argenti sit perpetuo in civitate Agenni prædicta, et inibi auri et argenti moneta cudatur. Monnoiage*, Ipsa monetæ cusio, in Lit. ann. 1369. eod. tom. Ordinat. pag. 690.

In Comitatu Bononiensi jus quoddam obtinuit, seu præstatio, quæ *Monnage* dicitur, in Computo Domanii ejusdem Comitatus ann. 1402 : *C'est assavoir de tous Marchans forains et faisans residence hors de la Comté, qui doivent de toutes denrées et marchandises qu'ils vendent et achatent en ladite ville et Vicomté de Boulogne, 2. den. ob. pour livre.*

¶ **MONETALE**, Idem quod *Monetagium*. Charta ann. 1339. apud Ludewig. tom. 5. Reliq. MSS. pag. 544 : *Cessimus perpetuo et cedimus totaliter civitatem nostram Lubin.... cum juribus, jurisdictionibus... Monetalibus et anonalibus.*

MONETARE, Monetam cudere, fabricare, signare, *Monnoier.* Capitula Caroli M. ad Legem Salicam tit. 3. cap. 11 : *Illi denarii qui modo Monetati sunt, si pensantes et meri fuerint, habeantur.* Ita in Capitul. 2. ann. 805. cap. 18. lib. 3. Capitul. cap. 13. in Edicto Pistensi cap. 13. 14. etc. Leges Athelstani cap. 19 : *Placuit nobis ut una moneta sit in toto Regni Imperio, et nullus Monetet extra portum.* [Annal. antiqui Corbeiens. ad ann. 833. apud Leibnit. tom. 2. Script. Brunsvic. pag. 296: *Mercatio publica cum jure Monetandi datur, etc.* Chron. Farfense apud Murator. tom. 2. part. 2. col. 661 : *Omnia hæc dederunt pro anima Transarici genitoris usque in perpetuum pro libris* xxx. *argenti Monetati.* Bertrandus Clericus in Poemate MS. de Girardo Viennensi :

Ne pris avaine, ne denier Monée.

Interdum et metaphorice usurpatur.] Alanus de Insulis in Planctu naturæ contra Sodomitas :

Cudit in incude quæ semina nulla Monetat,
Horret et incudem malleus ipse suam.

Alibi : *Illic psittacus cum sui gutturis incude vocis Monetam fabricabat humanæ.* Ibidem : *Illic ursa per portas narium fœtus enixa deformes, ipsos stylos linguæ crebrius delambendo Monetans, meliorem ducebat in formam.* Rursum :

Quæ Noys plures recolens ideas,
Singulas rerum species Monetans, etc.

In eodem Opusculo : *Statuit ut expressæ conformationis Monetata sigillo, sub derivandæ propagationis calle legitimo, ex similibus similia educerentur.* Mox : *In propriis incudibus rerum effigies Commonetans.* Adde eumdem in Anticlaudiano lib. 1. cap. 4. et cap. 8. lib. 2. cap. 6. lib. 7. cap. 1. 5. [Summâ Magistri Pauli apud Raymundum Duellium tom. 1. Miscell. pag. 65 :

Quidquid agant homines, intentio judicat omnes,
Sola voluntatis forma Monetat opus.]

Monetarium, *Locus Monetæ*, Ugutioni. [* Glossar. Gall. Lat. ex Cod. reg. 7684 : *Monetarium vel Monetum, Locus ubi fit moneta.*]

Monetator, Qui monetam cudit, in Edicto Pistensi cap. 16. *Monnoieur.*

¶ **MONETARIS**, Idem qui *Monetarius.* Charta ann. 1284. apud Rymer. tom. 2. pag. 284 : *In novos denarios ab ipsis Monetaribus redigendo.*

MONETARIUS, Ἀργυροκόπος, qui monetam cudit, signat. Lexicon Gr. MS. Reg. Cod. 2062 : Μονητάριος, ὁ τὸ κέρμα ἐργαζόμενος. Willelmus Malmesbur. lib. 5 : *Trapezitæ, quos vulgo Monetarios vocant.* Senator lib. 5. Epist. 39 : *Monetarios autem quos specialiter in usum publicum constat inventos, in privatorum didicimus transiisse dispendium.* *Monetarius urbis*, apud Gregor. Turon. de Gloria Confess. cap. 105. S. Audoenus in Vita S. Eligii lib. 1. cap. 3 : *Tradidit eum imbuendum honorabili viro Abboni vocabulo, fabro aurifici probatissimo, qui eo tempore in urbe Lemovicina publicam fiscalis monetæ officinam gerebat.* Et cap. 15 : *Cum omnis census in unum collectus Regi pararetur ferendus, ac vellet domesticus simul ac Monetarius adhuc aurum ipsum fornacis coctione purgare, etc.* [Charta Ludovici VII. Reg. Franc. ann. 1171. apud Baluz. tom. 2. Hist. Arvern. pag. 67 : *Monetarios etiam et alios quoscumque qui aliquid in Podio a Vicecomite tenebant, ab hominio et fidelitate et sacramentis sibi factis absolvit.* Alia Philippi VI. ann. 1339. tom. 2. Ordinat. Reg. Franc. pag. 141 : *Magistri autem Monetarii et operarii sunt quieti et liberi ab omnibus consuetudinibus, ad usus et consuetudines, quam fuerunt tempore piæ recordationis Regis Philippi genitoris nostri.*] Vide Leges Athelstani Regis cap. 19. apud Bromptonum. Le Roman *d'Aubery* MS. :

Aval la ville avoit maint Monnoier,
Et maint orfevre, et maint bon loremier.

Illud porro observatione dignum, quod in Monetis Regiis stante prima Regum nostrorum stirpe, licet eorum vultus ac imago imprimeretur, nomen tamen fere semper ac tituli minime describerentur, sed nomen monetarii, adjectis hisce characteribus m. vel. mo. vel. mon. vel monet. aut monitar. etc. qui *Monetarius* sonant; ex altera vero parte urbis nomen, in qua cusa fuerat moneta, quod maxime patet ex nummis illis Regum nostrorum ejusdem stirpis, quos nobis exhibuit Bouterous. Id etiam obtinuisse in Anglia colligitur ex nummo Plecmundi Archiepiscopi Cantuariensis, qui vixit ann. 889. quem descripsit Seldenus ad Eadmerum pag. 217. [Vide D. *le Blanc* Tract. de Monet. ubi de Monetariis pluribus disserit.]

* Lit. remiss. ann. 1451. in Reg. 185. Chartoph. reg. ch. 109 : *Le suppliant Monnoyer d'estoc et ligne etc.*

Monetariorum Districtiones. Charta Gerardi Episcopi Cardurcensis in Tabul. ejusdem Ecclesiæ : *Justitiæ vero et districtiones Monetariorum, sive mutetur moneta, sive non mutetur, et ipsa mutatio absque cujuslibet personæ calumnia, proprie erunt Episcopi.*

Monetarius, ad quem pertinet, non tam jus cudendæ monetæ, quam ejusdem cusionis emolumenta et commoda. Ita recte D. Lucas Acherius ad Herimannum de Restaurat. S. Martini Tornacensis cap. 59. observat Goswinum fratrem Castellani Tornacensis *Monetarium* agnominatum, quod esset *Dominus monetæ* Tornacensis, (cujus cudendæ jus ad Episcopum pertinebat) ut est in Charta Communiæ Suessionensis ab eo edita tom. 11. Spicilegii pag. 351.

Monetarius ex Sacramento Imperii. Exstat in Regesto 120. Tabul. Regii Charta 136. Caroli VI. Regis data in Ponte Archæ 28. Martii ann. 1387. hocce argumento : *Charles etc.... Comme de nostre droit à cause de nostre joieux avenement en nostre Duchié de Normandie nous appartiengne et puissions faire et créer un Monnoier du serement de l'Empire, savoir faisons que nous pour la bonne relation à nous faite, de sens, loiauté, et suffisance de nostre bien amé Ancheaume de Marronie bourgeois de Rouen, et aussi pour contemplation de nostre amé et feal Conseiller l'Evesque de Baieux duquel il est neveux, icelui Ancheaume avons aujourd'hui fait et créé par la teneur de ces presentes, faisons et créons de nostre autorité, grace speciale et pleine puissance Monnoier du serement de l'Empire, à avoir, faire, et exercer ledit office de Monnoier par lui et ses hoirs perpetuellement, aux droits, franchises, et libertez, et autres proffits et emoluments qui à office de monnoier dudit serement doivent et peuvent appartenir, et à lui et à sesdits hoirs avons ottroié et ottroions que par toute nostre dite duchié de Normandie ils puissent ouvrer et monnoier, et user desdites franchises, privileges, et libertez, ainsi que font et ont accoustumé faire d'ancienneté les autres ouvriers et monnoiers dessusdit. Si donnons en mandement au Prevost, Gardes et ouvriers desdites monnoies, qui à present sont, etc.* His opponuntur *les Monnoiers du serment de France*, in manuali Placitorum Parlamenti, 19. Jul. 1374. ubi mentio fit controversiæ inter *Monetarios Sacramenti Franciæ, et Monetarios Sacramenti Imperii*, super eorum privilegiis, ubi Monetarii Sacramenti Imperii, iisdem, quibus Francici immunitatibus ac privilegiis gaudere se, et in Regnum Franciæ a Rege evocatos fuisse asserunt.

¶ Monetarius, Ad monetam pertinens. *Turris monetaria*, in qua scilicet moneta cudebatur, in Charta ann. 1125. inter Probat. Histor. Occitan. tom. 2. col. 431.

* Vel ad *monetarium* spectans. Testam. Guill. monet. ann. 1213. ex Cod. reg. 5255 : *Filio meo Ermengaudo dimitto et dono jure hæredituario.... totam vineam meam Monetariam cum campo sibi contiguo.* Nisi idem sit quod recens plantatam. Vide *Monetare.*

¶ Monetarius. Chronicon Podiense ibidem col. 9. ad ann. 1102 : *Cives Anicienses... elegerunt sibi antistitem... Pontium : qui unctus chrismate locatus in pontificali sede, milites superbos, Monetarios vocatos, magnis injuriis affligentes cives urbis, in tantum humiliavit, ut turres eorum et maximas sedes quas in urbe fecerant,.. terræ coæquaret.* Præcipui quidam Milites hic indigitantur, atque in primis Proconsules Podomniacenses de quibus in eodem Chron. ad ann. 1077. ubi legitur, D. Ademarum pretio 25000. sol. Podiensis monetæ libertatem ecclesiæ suæ ab ipsis obtinuisse; quod et Pontium Ademari successorem datis 10000. solid. fecisse loco laudato memoratur : unde *Monetarios* appellatos censeo vel quod monetam, quæ Episcopi erat, sibi arrogare tentabant, vel quod pecunia numerata pacem ecclesiarum ab iis redimere non semel coacti fuerant Episcopi.

MONETATICUM, Tributum in Aragonia et Catalania impositum a Petro Rege Aragonum, quod ejusmodi erat, ut omnes duodecim denarios pro singulis rerum mobilium libris exsolvere tenerentur : a qua tamen pensitatione immunes erant Milites, ut scribit Surita lib. 2. cap. 52. cui *Monedatge* dicitur : ut et Ecclesiastici et Religiosi. Petrus II. Rex Aragon. in Charta pro liberat. Catalaniæ : *Item quod nos nec successores nostri non recipiamus Monetaticum, nec Quintam ab hominibus Ecclesiarum, Religiosorum, Baronum, etc.* Eximinus Petri de Salanova Justitia Aragonum, apud Hieron. Blancam in Commentario Rerum Aragon. pag. 748 : *Quod sine Monetatico locorum regni Aragonum sunt aliquæ assignationes factæ in generali, aliæ super Merinatibus, aliæ vero in speciali super terris et locis.* Infra : *Super Monetatico specialis assignatio censetur, ac si super certo loco facta esset assignatio. Hoc tamen attendendum est, quod qui habet assignationem super Monetatico in generali, vel super Merinatu in generali, non potest exigere nec petere Monetaticum unius loci : sed collectores omnes regni debent solvere illi qui habent assignationem generalem.* Michael del Molino in Repertorio Fororum Aragon. : *Monetaticum non recipit D. Rex a vassalis Varonum, Militum, et Infancionum, quia illud tantum solvunt Dom. Regi ejus vassalli, et vassalli Ecclesiæ, Ordinis, aut Religionis, etc.* Infra : *Monetaticum et Morabetinum solvitur D. Regi de septennio in septennium, etc.* Occurrit ibi pluries, ubi semper cum *Morabetino* conjungitur. Quippe primo institutum *Monetaticum*, et concessum ab Aragonensibus Regi Jacobo I. in Curia generali Montisoni ann. 1236. ut non immutaretur moneta Jaccensis, *servatis lege, pondere et figura.* Tum enim promiserunt, seque ipsos obligarunt, hæredes et successores suos, *quod omnes habitantes pro sin-*

gulis domibus, quod valeat suum decem aureos et ultra, de septennio in septennium Regi et successoribus unum morabetinum tantum dare tenerentur. A qua pensitatione *homines Religionum et ordinum, et Ecclesiarum et Regis*, non eximuntur in eo Diplomate. Sed postmodum immunes dicti, ut supra observatum. Vide Foros Aragon. Edit. 1624. fol. 8. v. 129. v. 172.

MONETATIO, Idem quod *Monetagium*. Matth. Paris ann. 1248 : *Pondus veteris monetæ pro pondere novæ dabatur trutinatum, et præterea pro opere fabrili, id est, Monetationis, quam vulgariter dealbationem vocant, pro qualibet libra tredecim denarii solvebantur.*

¶ **MONETATOR.** Vide *Monetare.*

¶ **MONETICUM**, pro *Monetaticum*, in Charta Petri Reg. Aragon. apud Rymer. tom. 2. pag. 210 : *Arrarum nomine damus et assignamus loca inferius notata... cum omnibus villis, aldeis, pechis, Moneticis, etc.*

* **MONETULA**, dimin. a *Moneta.* Vide supra in hac voce.

MONETUM. Will. Brito in Vocabul. : *Monetarium, locus monetæ, quod hodie Monetum dicitur.* Id est, *la Monnoie.* [* Vide supra *Monetarium.*]

¶ **MONGERIUS**, Monticulus, Gall. *Mont-joye.* Litteræ ann. 1447. in Cod. MS. Coislin. : *Ad et prehendendum de podio de Montagu usque ad Mongerium, Gallice Mont-joye d'Achueres. et per viam etc.* Vide *Mons gaudii.*

* **MONGNALE**, MONGNILE, Moletrina, molendinum. Charta ann. 1343 : *Guillelmus filius quondam Petri Baralis.... confessus fuit.... se tenere a domino nostro dalphino in emphiteosim.... quamdam domum et curtem,.... situm.... juxta Mongnile seu alveum molendinorum ipsius Guillelmi Barralis etc.* Infra *Mongnale.* Vide *Mongnarius.*

¶ **MONGNARIUS**, Molitor, Gall. *Meunier.* Charta ann. 1258. in Chartul. S. Vandreg. tom. 2. pag. 1966 : *Per testimonium duorum suorum vicinorum propinquiorum absque contradictione tenentium molendinum et Mongnariorum credentur.*

* **MONIACATIO**, pro *Monachatio*, Monasticæ vitæ professio. Conc. Lateran. III. ann. 1179. tit. de Simonia : *Ne merces pro Moniacatione recipiatur. Moniage*, eodem sensu, in Chron. S. Dion. tom. 8. Collect. Histor. Franc. pag. 344 : *Et li dux* (Guillaume) *qui en toutes manieres désirroit à prendre l'abit de Moniage et entrer en religion, etc. Monial*, vulgo *Monachal*, monasticus. *Une provende monial*, in Ch. ann. 1263. ex Chartul. 21. Corb. fol. 77. v°. Vide in *Monachi.*

¶ **MONIALE**, Monasterium monialium. Charta ann. 1550. apud Rymer. tom. 15. pag. 224 : *Quod talia nuper monasteria, abbatiæ, prioratus, Monialia, collegia, etc.*

MONIALIS, Monacha, Sanctimonialis. Ildephonsus Toletanus æra 674. de S. Isidoro Hispalensi : *Doctor et sustentator Monachorum ac Monialium.* Odorannus in Chr. ann. 883 : *Judæos certa de causa, et Moniales ab urbe Senonica expulit.* Tidericus Langenius in Saxonia :

Nam volucres tales sistunt Christi Moniales.

¶ MONIALITER, Cum habitu *Monialis.* Chronic. Domin. de Gravina apud Murator. tom. 12. col. 554 : *Quod videns Sancia Regina præfata, quod eam non posset talibus ab actibus removere, subito Deo conversa monasterium sanctæ Crucis de Neapoli Monialiter est ingressa, regali dignitati renuntians.*

¶ MONICA, ut *Monialis.* Bleyn. Instit. pag. 272 : *Adde quod et Nonnæ et Monicæ, interdum quoque appellentur, idque a piis et religiosis duorum Ecclesiæ Doctorum matribus, si credamus Baronio in Martyrol. sub S. Augustino; ait enim Moniales, a matre D. Gregorii Nazian. Nonnas apud Græcos, sicuti et a Monica matre B. Augustini Monicas apud Latinos fuisse appellatas.*

* **MONIANIUS.** *Venditores Monianiorum*, in lib. 1. cap. 2. Hist. et Ant. Universit. Oxon. pag. 158. Vide supra *Momerium* et *Momus.*

MONICULUS, pro *Monachulus.* Testament. Bertichramni Episcop. Cenoman. [tom. 3. Analect. Mabill. pag. 133 :] *Ad ipsa basilica in honorem ipsius obedum civitatis* [pro *obitus in civitate*] *Cenomannicæ ædificavi, et casas inibi ædificavi, et Moniculos institui, qui inibi Christo propitio in perpetuis temporibus officium et servitium procurent.*

¶ **MONIETAS**, Idem quod *monachitas*, Receptio in monachum. Tabular. Vosiense fol. 66 : *Cunctis præsentibus atque futuris notum esse volumus quoniam Bonius de Vosias propter Monietatem suam dedit Deo et B. Petro Apostolo Vosiensi medietatem mansi Albou.* Vide in *Monachi.*

* Occurrit præterea tom. 1. Probat. Hist. Brit. col. 415.

* **MONIGA**, Quantum *monaga* seu vehiculo una rota instructo et manu versatili continetur, Gall. *Brouetée.* Comput. fabr. S. Petri Insul. ann. 1473. ex Tabul. ejusd. eccl. : *Item pro duabus Monigis, Gallice Broutées, terræ figuli ad apponendum lapidibus marginis putei, etc.* Vide supra *Monaga.*

MONILIUS. Charta Ottonis I. Imp. apud Ughell. in Archiepiscopis Florentinis n. 15 : *Habeatis... potestatem et in ipsa Ecclesia vestra Monilios in sui ibidem mittendum, et omnes Monilios quam ibidem inveneritis, quæ de ista plebe et de ista curte pertinet, aut pertinere debet, foras trahendum et tollendum, et faciendi... quod vobis placuerit.* [Vide *Mundilio.*]

1. **MONIMEN**, Monimentum. Ebrardus Bethun. in Græcismo :

Momentum dicas tempus, Monimen monimentum.

Vide *Munimina.*

* 2. **MONIMEN**, Monitio. Epist. 33. Nic. I. PP. tom. 7. Collect. Histor. Franc. pag. 421 : *Ac per hoc tamquam conventum a nobis et admonitum, ac salubri Monimini satisfacere nolentem etc.*

¶ **MONIMERIUM.** Julianus Antecessor Constit. 98 : *Quarta autem* (processio Consulum) *ea quæ Monimerium dicitur, ubi et quod pancarpum vocant, celebrandum est.* [* Vide supra *Momerium.*]

¶ **MONIMINA**, pro Monimentum, in Charta ann. 1053. apud Murator. delle Antic. Estensi pag. 203 : *Et alie exemplar de alie cartule, et Monimmas exinde pertinentes, quas vos exinde aberetis et ostendere potueritis, etc.* Occurrit rursum infra.

* **MONIMINÆ**, Idem quod *Munimina*, Privilegia, præcepta, diplomata principum pro ecclesiis. Charta ann. 952. apud Murator. tom. 1. Antiq. Ital. med. ævi col. 163 : *Unde et omnes Moniminas de suprascriptis immobilibus locis aput me meosque heredes rejacent, ad conservandas et salvas faciendas.* Alia ann. 956. ibid. col. 165 : *Unde et alias Moniminas vetustas et novas apud me reservo.* Vide *Monimina.*

MONINUS. Acta B. Torelli Puppiensis n. 7 : *Ecce lupus, quem vulgo Moninum vocant, hoc est, humana carne vescentem, puerum rapuit.* Ubi Hieronymus Radiolanus *Homininum* legit, quasi scilicet etymon daturus lupo, qui homines vorat. Nos ejusmodi lupos *Loups Cerviers*, seu *Cervarios* appellamus, quod in cervos potissimum irruant. Statius lib. 5. Thebaid. vers. 165 :

.... Qualis cum cerva cruentis
Circumventa lupis.

Verum lupi cervarii, si Plinium audimus lib. 8. cap. 34. innocui hominibus sunt. Italis *Monino*, et Occitanis *Mounino*, simiam sonat.

¶ **MONIPOLA**, Fraternitas, sodalitium, collegium. Telomonius de Bello cum civit. Brunsvic. apud Leibnit. tom. 2. pag. 91 : *Habent hic singulæ artes mechanicæ societates, quas Monipolas aut gildas appellant, quibus singuli magistri præsunt.* Vide *Gildum.*

¶ **MONITAS**, Immunitas, seu districtus qui aliqua immunitate seu jure asyli gaudet. Charta ann. 4. (i. e. 933.) Rodulphi Regis apud Stephanot. tom. 8. Fragm. Hist. MSS. pag. 56 : *Quod nullus Comes seu Vicecomes, nec vicarius, nec centenarius nec ullus homo in eorum* (monachorum) *vocatione, in illorum Monitate prendidisset nec boves, nec caballos, nec asinos:... sed omnia sint in alimoniam pauperum et stipendia monachorum.* Vide *Dextri*, et *Munitas* 2.

¶ 1. **MONITIO**, Proclamatio. Epistola Simonis Archiep. Bituric. apud eumdem Stephanot. tom. 13. Fragm. Hist. MSS. pag. 450 : *Et est sciendum quod dominus super hoc fecit fieri quamdam Monitionem generalem sine nominum expressione cum denuntiatione excommunicationis a canone latæ in malefactores facinoris antedicti.*

** 2. **MONITIO** pro *Motio*, expeditio bellica, nisi sit pro *Submonitio*, *Herebannus.* Chronicon Salernitan. cap. 5 : *Idem Francorum rex.. generali contra eum decrevit facere Monitionem.* Cap. 40 : *Contra eosdem Francos decrevit facere Munitionem, et cum magno exercitu obviavit eis.* Cap. 44 : *Contra eum decrevit facere Monicionem, et congregato valido exercitu, etc.* Cap. 81 : *Audito hoc Agarenorum gens, generalem faciens Monicionem, Calabriæ finibus adiunt, etc.*

¶ 1. **MONITORIUM**, Citatio juridica. Acta S. Petri Regalati tom. 3. Martii pag. 873 : *Quæ quidem citatio seu Monitorium tamquam de substantialibus judicii erant omnino necessaria.*

2. **MONITORIUM**, *Locus monentium*,

sicut Scholæ, ubi discipulos docemus et monemus. Ugutio et Joan. de Janua. [Vetus Gloss. Lat. Gall. Sangerm. : *Monitorium, lieu ou l'on fait ammonestemens, monitoires.*]

¶ **MONITUS**, pro *Munitus*, in Exposit. brevi antiq. Liturg. Gallic. apud Marten. tom. 5. Anecd. col. 94 : *Qui non est purgatus baptismo, vel non Monitus Crucis signaculum.*

* **MONIUM**, *La cathedra.* Glossar. Lat. Ital. MS.

* **MONNARIUS**, Molitor, Gall. *Meunier.* Charta Ludov. VII. ann. 1168. in Reg. 98. Chartoph. reg. ch. 610 : *Si in molendinis Monnarii vel aliqui alii aliquid forefecerint, etc.* Vide *Mongnarius.*

¶ **MONOB.** Charta ann. 1117. tom. 2. novæ Gall. Christ. inter Instr. col. 107 : *Hæc autem carta Monob facta est in communi capitulo, perlecta est, etc.* Forte idem quod authentica, originalis, uti conjectat Sammarthanus noster.

MONOCA. Charta Decani S. Petri Insulensis ann. 1230. apud Haræum in Castellanis Insul. pag. 198. et Buzelinum lib. 2. Gallo-Fl. cap. 13 : *Contulit etiam decem libras ad altare S. Joannis, quod est in Monoca Ecclesiæ.*

MONOCHORDUM, Instrumentum musicum, quod unica chorda constat. Μονόχορδον ὄργανον, Polluci lib. 4. cap. 9. Nicetas Choniates in Andronico lib. 2 : Τραγῳδίαν ὑποκρίνεται. Ubi Codex Græcobarbarus, Μονοχόρδιον λαβών, θρηνεῖται μέλος. Nostris vulgo *Manicordion.* Chron. Trudonense lib. 8. pag. 441 : *In hoc profecit, quod quidquid alicubi in Monocordo cantari potuit de Usu Ecclesiæ non prætermisit, etc.* Vide Jul. Scalig. lib. 1. de Arte Poet. cap. 48.

* *Mouscorde*, inter Instrumenta musica recensetur tom. 1. Poem. reg. Navar. pag. 148 :

> Buissine, eles, Mouscorde
> Où il n'a c'une seule corde.

Minus vero recte illud instrumentum cum nostro *Manicordion* confundit Cangius : hoc enim organi fidicularis species est pluribus constans chordis; quod alterius definitioni repugnat.

¶ **MONOCHROMA**, Unius coloris pictura, a μόνος solus, unus, et χρῶμα, color. Acta B. Petri Petronii tom. 7. Maii pag. 226 : *Cum illius effigiem passim sub obscuro Monochromate.... effictam aspiciamus.*

¶ **MONOCOLEI**, Semicastrati. Bleyn. Instit. pag. 167 : *Habemus Monocoleos, qui nempe unum duntaxat amiserunt testem. Ex Græco* μόνος *et* κόλεος, *testiculum.*

MONOCOSMUM, Isidoro, Ugutioni, et aliis, est genus vehiculi, quod ab uno jumento trahitur. Vide Meursium in Κόσμον. [*Monacosmum* edidit Grævius ex Isidoro, ubi addit : Glossar. Arab. Lat. : *Monacosmum, vehiculum unum tantum portans, a* μονόπτης, μονοπτικός.]

* Lapsus est Grævius in referendo loco Glossarii Arab. Lat. ubi legitur : *Monacus, vehiculi genus, quod ab uno jumento ducatur,* in Thesaur. utriusque ling. B. Wulc. pag. 207. Glossar. Lat. Ital. MS. : *Monocosmum, uno caro che porta morti, o altro.* Vide supra *Monaga.*

MONOCOSSIS. Anastasius in Leone IV. pag. 197 : *Item aliam crucem de auro unam habentem in medio Monocossim.* Ubi Bulengerus *Mancosum* legendum subdubitat, inani, ni fallor, conjectura. Videtur enim hic intelligi lapis quispiam pretiosus.

¶ **MONOCRATOR**, Imperator. Anastasius in Epitome Chron. Casin. apud Murator. tom. 2. pag. 352 : *Post hæc Tertullus Patricius, cupiens oblationem quam Deo et Sanctis ejus fecerat, imperiali sanctione roborare, novam Romam adiit, et orbis Monocratorem Justinum sua auctoritate firmare obnixis precibus postulavit.* Μονοκράτωρ, qui solus tenet imperium.

¶ **MONOCUBITALIS** Candela, hoc est, unius cubiti, in Chartular. S. Vandreg. tom. 2. pag. 1949.

¶ **MONOCULARE**, Vide mox in *Monoculus.*

¶ **MONOCULUM** Beneficium, Unicum. Expositio compendiosa benefic. fol. 37 : *Neque enim... (beneficia) Monocula, duplicia, regularia, in nominationibus sæcularium, sæcularia in nominationibus regularium... comprehenduntur.* Consule Decisiones Rotæ Decis. 40. 1. rescript. et alios qui de Benefic. scripserunt. *Monoculare beneficium, unicum, quo unico lumine clericus non privandus.* Laur. in Amalth. ex Gonzal.

MONOCULUS, Cocles, μονόφθαλμος, vox hibrida, qua utitur Guillelmus Armoricus in Philippo Aug. ann. 1163. Ebrardus Bethuniensis in Græcismo cap. 7 :

> Gorgonæ atque tres Monoculæque fuere sorores.

Regestum Castri Lidi in Andibus f. 47 : *Præco habet consuetudinem caprarum, de prædicta ipse habet capram Monoculam.* [Statuta MSS. S. Victoris Massil. : *Statuimus quod nullus de cetero alicubi recipiatur in monachum epilepticus, aut alio morbo incurabili vel contagioso percussus, aut claudus, surdus, Monoculus, deformis aliter, gibbosus. Monoculus, seu claritate alterius oculorum suorum privatus,* in Charta ann. 1333.] Utuntur Ealredus in Vita S. Edw. Confess. Cæsarius Heisterb. l. 4. cap. 62. Rotharis Rex Longob. in Edicto tit. 117. [** 380.] et aliquot alii. Vett. Glossæ : *Unioculus*, μονόφθαλμος.

Monoculare, Altero oculo privare. Occurrit apud Matth. Paris ann. 1253.

¶ **MONOGAMUS**, Unius uxoris vir. Vita S. Joh. Gualberti tom. 3. Julii pag. 356 : *Non alicujus pretii datione palam vel occulte aliquis ad ecclesiasticum promoveatur officium, non nisi virgo aut Monogamus.* Landulphi Mediolan. Hist. apud Murator. tom. 4. pag. 65 : *Orta dissensio inter sacerdotes Monogamos, et alios caste simulantes se vivere.* Vox notissima.

MONOGIUM, ex Gallico *Monnoie*, Moneta minutior. Gesta Willelmi Majoris Episcopi Andegav. cap. 30 : *Pedagia, vectigalia, Monogia, et coustumas exigunt, et extorquent.* Occurrit rursum infra.

* Idem videtur quod supra *Monagium* 1. quomodo etiam forte legendum est. Vide ibi.

MONOGRAMMA, ex Græc. μονόγραμμα, Nomen compendio descriptum, ac certis literarum implexionibus concinnatum, quod scilicet magis intelligi, quam legi promptum est, ut ait Symmachus; seu, ut habet Plutarchus in Catone, σημεῖον ἐν μικροῖς καὶ βραχέσι τύποις πολλῶν γραμμάτων δύναμιν ἔχον. Rabanus Maurus Abbas Fuldensis de Inventione linguarum : *Litteræ Monogrammæ scriptæ nonnullis in locis inveniuntur, ubi pictura cum museo in pariete imaginis, aut in velis, vel alicubi aliter facta fuerit, ibi eorum nomina cum congerie litterarum, unum caracterem pictores facere soliti sunt, quod Monogramma dicitur.* [Papias : *In fine* (Præcepti) *Monogramma est ponendum, in quo nomen Imperatoris, et Imperatoris Augusti, et Dei gratia connexum habeatur, vel alia quæ Imperatorem deceant.*] Vita S. Baboleni num. 21. ex Edit. Petri Chiffletii : *Sed et Rex ipse (Clodovæus) favens subscripsit, et suo Monogrammate facto, anulo regio insigniri jussit.* Historia Translationis S. Sebastiani : *Cum patena patris sui, Magni Caroli Monogrammate insignita.* Edictum Pistense Caroli Calvi cap. 11 : *Ut in denariis novæ nostræ monetæ, ex una parte nomen nostrum habeatur in gyro, et in medio nostri nominis Monogramma, ex altera vero parte nomen civitatis, et in medio crux habeatur.* Odo Cluniac. in Vita Burchardi Comitis : *Facto itaque testamento, Monogrammate firmatur.* VI. Synod. Act. 12 : Καὶ ἐπεδόθησαν δύο χαρτία ἐσφραγισμένα ἀπὸ κηρίου ἐκτυποῦσα μονόγραμμον Κωνσταντίνου Δεσπότου. Act. 15 : Χαρτίον βεβουλλωμένον διὰ βούλλας ἐκτυπούσης μονόγραμμον.

Monogramma, femin. gen. Primasius Africanus Episc. S. Augustini discipulus in Apocalyps. lib. 4. cap. 13. de nota Labari : *In Monogramma, quæ in hunc modum fit, exprimitur, ubi compendio totum Christi nomen includitur.* Charta Adalberonis Episcopi Metensis : *Manu propria nostri nominis Monogrammam subtus signavimus.*

Monogrammatum vero usus non nuperus, ut ex Plutarcho et Symmacho innuimus, atque adeo in nummis. Siquidem exstat Marciani Imp. numisma apud Octavium Stradam pag. 249. in quo ejus monogramma exaratur. Descripsimus præterea æreum insignem Placidii Valentiniani Medallionem in Familiis Byzantinis ex Archeio Regio, qui Bonifacii triumphum præfert, cui subduntur 4. monogrammata; quorum vim haud proclive sit divinare. Vide Notas nostras ad Alexiadem pag. 253. et Descript. Ædis Sophianæ num. 70.

Veteres integra sua non tam nomina quam prænomina haud scripsisse, palam est ex veteribus Inscriptionibus, et Ausonii Epigr. 34 :

> Lucius una quidem, geminis sed dissita punctis,
> Littera prænomen sic nota sola facit.

In subscriptionibus præsertim nomina ipsa posterioribus sæculis brevi literarum compendio scripsere, eaque deinde in Monogrammatis contraxere formam, quod septimo maxime obtinuit, tametsi horum usum antiquiorem evincant nummi, quos ex Gazophylacio Regio ære incidi curavimus cum cæteris inferioris ævi Imperatorum Constantinopolitanorum numismatibus ad Zonaræ, aliorumque Byzantinorum Scriptorum illustrationem.

☞ Verum si scrupulosius quæsieris, quis primus Regum Francorum perpetuum monogrammatis usum ac morem in regia Diplomata induxerit, Carolum Magnum hujusce moris auctorem tibi assignat Mabillonius Diplomat. lib. 2. cap. 10. quamvis enim antiquiorum Regum nonnulla proferantur monogrammata, interruptum tamen eorum usum non semel licet advertere; sed inductum a Carolo Mag. morem ceteri ad Philippum III. Francorum Reges retinuere; qui nec tum penitus desiit. Qua ratione autem id fecerit Carolus M. docet Eginhardus, *ut scilicet imperitiam hanc* (scribendi) *honesto ritu suppleret*, inquit ille, *monogrammatis usum, loco proprii signi invexit*. Eadem ex causa eo interdum usi sunt Episcopi. Quibus vero monogramma in usu fuit, id *characterem nominis* sui appellabant; recte quidem, ut cum littera unica esse videretur, omnes tamen nominis litteras exprimeret : unde usitatissima hæc in veteribus Chartis formula, *nostrum character impressimus; nostri nominis karactere et sigillo signari et corroborari præcepimus; sigilli nostri auctoritate muniri, nostrique nominis subter inscripto karactere, etc.* nihil nisi monogrammatis descriptionem innuere videtur, licet nullum aliquando reperiatur appositum monogramma.

☞ Sed illud animadversione dignum censet idem Mabillonius, quem hic exscribere non gravabor, quod quæ in crucis formam concinnata sunt monogrammata, in medio præferunt acuminatam quadram, (vulgo *Losange*) et in ipsa quadra speciem Græcæ litteræ Y, in aliquibus in modum V conformatæ, plerumque cum puncto de more superposito. Insuper littera hæc in plerisque Diplomatibus alia manu, et quidem regia, expressa est. Quo respicit vulgata illa formula in Diplomatibus Carolinis : *manu propria subter firmavimus, et anuli, etc.* Quid vero mysterii hæc continet? an hoc Pythagoræ symbolum affectarunt Reges nostri? an hæc littera cum superiori cuspidatæ quadræ parte composita signat *Ya*, quod non recentioribus modo Germanis, Armoricis et Anglis, sed etiam antiquis *ita* significat? An Carolus qui Theudisce aliquando loqui amabat, ut rata sibi Diplomata hoc compendio contestarerur, id usurpavit? [** Literam *s cursivam* esse, primam vocis *subscripsi*, sententia est Gattereri; sed occurrit etiam in monetis Caroli M. quæ monogramma præferunt.]

Principum porro monogrammata, quibus ea propria fuerant, quæcumque fere cum in veteribus Tabulis, tum ab ævi nostri Scriptoribus ex iis delineata, sub manum occurrerunt, unica tabella hic repræsentare haud alienum duximus, ut quæ ex variis corroganda fuissent locis, uno conspectu, ea Lectori percipere utcunque liceat.

Ex Monogrammatibus autem summorum Pontificum antiquioribus sex potissimum selegimus, ex Nicolai Alemanni libro de Lateranensibus Parietinis cap. 3. interim dum multo plura nobis exhibeantur a viro summæ eruditionis Francisco *Menestrier*, in eo opere quod de Armis et insignibus inscripsit.

Primum igitur a nobis delineatum ex Pontificiis Monogramma, est Adriani I. quod ad S. Prudentianam visitur.

Alterum est Paschalis I. in ædibus sacris S. Cæciliæ, et S. Praxedis in Exquiliis.

Tertium est Nicolai I. in Basilica S. Clementis.

Quartum est Xysti III. in Basilicæ Liberianæ arcu majore.

Quintum est Leonis III. in fastigio tribunalis ejusdem Basilicæ Liberianæ.

Sextum denique est ejusdem *Leonis* in Ecclesia SS. Nerei et Achillei.

His subjunximus Monogrammata Imperatorum Occidentis, ac primum

Caroli M. ex Ughello tom. 8. Italiæ sacræ pag. 50.

Aliud ejusdem *Caroli*, ex eodem Ughello tom. 5. pag. 600. Zyllesio in S. Maximino pag. 13. et Monumentis Paderbornensib. pag. 326. 328. Vide Browerum in Annal. Trevir. ann. 773. [** Monogrammata Caroli M. et successorum usque ad Ludovicum omnia collegit Heumannus in commentariis de re diplomatica Imperatorum, usque ad Conradum III. Baudissius in libro de Monogram. Imperat. edit. Lips. ann. 1737.]

Ludovici Pii, ex Tabulario Heduensi, Ughello tom. 2. pag. 118. et Chiffletio in Trenorchio pag. 195.

Ejusdem *Ludovici*, ex Beslio in Regibus Aquitan. pag. 18.

Ejusdem *Ludovici*, ex eod. Beslio ibid. pag. 19. 25.

Ejusdem *Ludovici*, ex Ughello tom. 2. pag. 118. tom. 3. pag. 625. 673.

Lotharii I. ex Tabulario Eccl. Viennensis, Joanne a Bosco in Vienna pag. 52. Strada pag. 374. 375. et Chiffletio in Trenorchio pag. 267.

Ejusdem *Lotharii*, ex Tabul. Eccl. Comensis.

Ludovici II. ex Tabul. Casauriensi, Goldasto tom. 3. Rerum Alemann. pag. 151. et Ughello tom. 4. pag. 481. tom. 5. pag. 255. 619. Vide Stradam pag. 375. 377.

Ejusdem *Ludovici*, ex Ughello tom. 8. pag. 65.

Caroli Calvi, ex ejusdem Monetis, etc. Vide Stradam pag. 380.

Caroli III. ex Tabulario Casauriensi, Ughello tom. 4. pag. 382. 484. 595. 598. 1340. tom. 5. pag. 627. et Strada pag. 382.

Ejusd. *Caroli*, ex tom. 1. Hist. Leodiensis Chappeavilli pag. 162.

Arnulphi, ex Ughello tom. 3. pag. 708. tom. 4. pag. 601. ex Metropoli Salisburg. tom. 2. pag. 19. 154. 236. et Strada pag. 385. aliter apud Browerum tom. 1. Annal. Trevir. pag. 436. 2. Edit.

Ludovici III. ex Tabul. Eccl. Viennens. et ex tom. 2. Histor. Leod. pag. 169. Vide Stradam pag. 381. 382.

Henrici I. ex Metropoli Salisburgensi tom. 2. pag. 591. tom. 3. pag. 407. et Ughello tom. 2. pag. 205. 207. et tom. 4 pag. 1007. Vide Stradam pag. 400. [* Henrico II. imperatoriam dignitatem adepto tribuendum esse hoc monogramma observat Godefridus abbas Gottwicensis lib. 2. Chron. Gottwic. pag. 141. Si quidem eæ tantum literæ Henrici I. monogrammatibus inserebantur, quæ purum putumque ejus nomen exprimebant. At vero nullum Henrici I. monogramma visitur apud Ughellum locis hic annotatis.]

Ottonis I. ex Tabul. Casauriensi, Chronico Mindensi pag. 734. Hist. Leod. tom. 1. pag. 176. 212. Ughello tom. 1. pag. 898. Browero ann. 942. et Strada pag. 400.

Ottonis II. ex Chronico Mindensi pag. 738. et Zyllesio pag. 21. 27.

Ejusdem *Ottonis*, ex Tabul. Casaur. Chronico Mindensi pag. 738. Oct. Strada pag. 404. Hist. Leod. tom. 1. pag. 209. et Ughello tom. 1. pag. 495. 960. et tom. 3. pag. 279.

Ottonis III. ex Baldrico lib. 1. Hist. Camerac. cap. 107. 108. Chronico Mindensi pag. 736. 740. et Zyllesio pag. 28.

Ejusd. *Ottonis* ex Bibl. Cluniac. pag. 409. Histor. Leod. tom. 1. pag. 210. Strada pag. 405. 406.

Ejusd. *Ottonis*, ex Ughello tom. 1. pag. 495. Vide præterea Brower. in Annalib. Trevir. tom. 1. pag. 491. 2. Edit.

Henrici II. ex Chron. Mindensi pag. 749. Zyllesio pag. 32. et Ughello tom. 2. pag. 207. 514. tom. 4. pag. 628. tom. 5. pag. 269.

Ejusdem *Henrici*, ex Tabular. Eccl. Comensis, Chron. Mindensi pag. 735. Hist. Leod. tom. 1. pag. 213. 226. Zyllesio pag. 29. et Strada pag. 407. 408.

Ejusdem *Henrici*, ex Ughello tom. 4. pag. 959. tom. 5. pag. 673.

Conradi II. cogn. *Salici*, ex Chron. Mindensi pag. 743. et Hist. Leod. tom. 1. pag. 264.

Ejusd. *Conradi*, ex Tabul. Casaur. et Ughello tom. 1. pag. 497. 902. tom. 2. pag. 144. 208. 209. 211. et Strada pag. 411.

Ejusd. *Conradi*, ex Chron. Mindensi pag. 736. 746. Zyllesius paulo aliter pag. 34.

Henrici III. ex Cosma Pragensi pag. 14. Chron. Mindensi pag. 439. Zyllesius pag. 41. 47. paulo secus.

Ejusd. *Henrici*, ex Tabul. Casaur. et Ughello tom. 2. pag. 212. 566. tom. 4. pag. 509. 636. tom. 5. pag. 279. tom. 6. pag. 864.

Ejusd. *Henrici*, ex Chr. Mindensi pag. 737. Hist. Leod. tom. 1. pag. 280. Jo. a Bosco in Vienna pag. 88. et Zyllesio pag. 36. Vida Stradam pag. 413.

Henrici IV. ex Chron. Mindensi pag. 743. 746.

Ejusdem *Henrici*, ex Actis Murensis Monast. pag. 23. Chr. Mindensi pag. 741. Zyllesio pag. 43. 45. 52. Ughello tom. 1. pag. 743. tom. 2. pag. 363. Browero tom. 1. pag. 536. 2. Edit. etc.

Ejusd. *Henrici* ex Waldo in Chron. Lobiensi pag. 401. Vide Stradam pag. 414. 415.

Lotharii II. ex Ughello tom. 1. pag. 568. et Strada pag. 421.

Conradi III. ex Ughello tom. 1. pag. 510. tom. 4. pag. 517. Vide Stradam pag. 423.

Friderici I. ex Aventino pag. 390.

Ejusd. *Friderici* ex Privileg. Ecclesiæ Hammaburg. pag. 182. Joan. a Bosco pag. 88. et Hist. Leod. tom. 2. pag. 109. 121. et Ægidio Gelenio in Colonia pag. 74.

Ejusd. *Friderici*, ex Ughello tom. 1. pag. 515. 916. tom. 2. pag. 220.

Ejusdem *Friderici*, ex Ughello tom. 1. pag. 515. 916. Vide Stradam pag. 424. 425.

Henrici VI. ex Jo. a Bosco pag. 90. Ughello tom. 1. pag. 617. tom. 2. pag. 221. 764. tom. 4. pag. 1088. tom. 6. pag. 866. 893. et Strada pag. 426. 427. et Guilino in Annalib. Alexandriæ pag. 15.

Philippi II. ex Privileg. Eccl. Hammaburg. pag. 195. paulo aliter in Metropoli Salisburg. tom. 3. pag. 361. et apud Ægidium Gelenium in sancto Engilberto pag. 32.

Ottonis IV. ex Ughello tom. 1. pag. 689. tom. 3. pag. 367. et Strada pag. 430. 431. Aliter exhibetur apud Gelenium in S. Engilberto pag. 27.

Friderici II. ex Ughello tom. 1. pag. 469. Strada pag. 434. et Metrop. Salisburg. tom. 2. pag. 182. tom. 3. pag. 261. 272. 363.

Guillelmi, ex Octavio Strada.

Rodolphi, ex Metrop. Salisburg. tom. 2. pag. 183. tom. 3. pag. 262.

Adolphi, ex Octavio Strada pag. 448.

Alberti, ex veteri Charta.

Caroli IV. ex Chron. Mind. pag. 748. 750.

Monogrammata Regum Franciæ.

Chlodovei I. apud Perardum in Burgundicis pag. 2.

Chlotarii I. apud eumdem pag. 3.

Dagoberti, apud Ægid. *Waulde* in Histor. vernac. Lobiensi pag. 317.

Pipini Senioris, apud eumdem pag. 327. 340. Hæc porro quatuor Monogrammata absit ut tanquam genuina hic proferamus : quinimo ea omnino adulterina et fictitia censemus, cum viro eruditissimo Daniele Papebrochio in Propyleo 2. ad tom. 2. Aprilis, qui bina ista Waldensia jure proscripsit. Ea tamen hic describenda censuimus, ut ad simile proferendum judicium Lectorem provocaremus.

Caroli Martelli, ex Goldasto tom. 2. Aleman. pag. 145.

Pipini Regis, apud Browerum tom. 1. Annal. Trevir. pag. 378. ult. Edit.

Ludovici II. cogn. *Balbi*, ex Tabul. Eccles. Heduensis, et Chifflետio in Trenorchio pag. 23. 232.

Ludovici III. ex Bibl. Cluniac. pag. 266. 277.

Karlomanni, ex Tabul. Eccl. Heduensis.

Odonis, ex Chiffletio in Trenorchio pag. 271.

Caroli, cogn. *Simplicis*, ex Hist. Leod. tom. 1. pag. 161. 170. et Chiffletio in Trenorchio pag. 274.

Rodulphi, ex Beslio, in Hist. Pictav. pag. 239.

Ejusd. *Rodulphi*, ex Bibl. Clun. pag. 411. et in Notis pag. 71.

Ejusd. *Rodulphi*, ex Beslio pag. 239. et Chiffletio in Hist. Trenorch. pag. 277.

Ludovici IV. ex Bibl. Cluniac. pag. 266. 267. et Chiffletio in Trenorchio pag. 280.

Lotharii, ex Tabul. Monast Humolariensis.

Ejusd. *Lotharii*, ex Beslio pag. 252.

Ejusd. *Lotharii*, ex Buzelino pag. 343.

Hugonis Capeti, et

Roberti filii Regum, ex Charta ann. 987. in Tabulario Corbeiensi.

Ejusd. *Roberti*, ex ejusd. nummo in ἀρχείῳ RR. PP. Canonicor. Regul. S. Genovefæ Paris.

Ejusd. *Roberti*, ex Perardo in Burgundicis pag. 171. paulo aliter in Tabular. S. Genovefæ Paris. ann. 1035.

Ejusdem *Roberti* ex Tabul. Fossatensi.

Henrici I. ex Tabul. Humolariensi.

Ejusdem *Henrici*, ex Chiffletio in Trenorchio pag. 315.

Ejusdem *Henrici* ex Tabular. Fossatensi.

Philippi I. ex ejus nummo.

Ejusdem *Philippi*, ex Chiffletio in Trenorchio pag. 316.

Ejusdem *Philippi*, ex eod. Chiffletio pag. 325. Bibl. Cluniac. pag. 528. 530. et Spicilegio Acheriano tom. 2. pag. 600.

Ludovici VI. ex Bibl. Clun. pag. 1391.

Ludovici VII. ex Bibl. Cluniac. pag. 1430.

Ejusdem *Ludovici*, ex 30. Regesto Chartophylacii Regii.

Ejusd. *Ludovici*, ex Histor. S. Aniani Aurelian. pag. 83. 85. et Hist. Trenorch. pag. 447. 452.

Philippi II. cogn. *Augusti*, ex Bibl. Cluniac. pag. 534. 1490. et Hist. S. Aniani pag. 82.

Ludovici VIII. ex 30. Regesto Chartophylacii Regii Ch. 271.

Ejusd. *Ludovici*, in eod. Regesto ann. 1224.

S. Ludovici IX. ex Bibl. Cluniac. pag. 1503. 1520.

Ejusd. *S. Ludovici*, ex 30. Regesto Tabularii Regii Ch. 271. et al.

Philippi III. ex eod. Regesto.

Philippi IV. ex Tabul. Regio.

Monogrammata Aliorum Regum.

Pipini I. *Regis Aquitaniæ*, ex Beslio in Regib. Aquitan. pag. 25.

Pipini II. et III. *Regum Aquitan.* ex eodem Beslio pag. 21. 26. 28. et Chiffletio in Trenorchio pag. 193.

Caroli *Regis Provinciæ*, Lotharii F. ex Tabul. Viennensi.

Karolomanni *Regis Bajoariæ*, ex Ughello tom. 2. pag. 184. et Strada pag. 385.

Ejusdem *Karlomanni*, ex Tabul. Casauriensi.

Ludovici *Regis Bajoariæ*, ex Aventino pag. 185.

Caroli *Regis Bajoariæ*, ex Ughello tom. 2. pag. 186. 188. 189.

Zuentebaldi *Regis Lotharingiæ*, ex Hist. Leod. tom. 1. pag. 163. et Browero tom. 1. Hist. Trevir. pag. 441. 2. Edit.

Bosonis *Regis Provinciæ*, ex Tabul. Ecclesiæ Viennensis fol. 13.

Ludovici *Regis Provinciæ*, Rodulphi Regis ex Ermengarda F. ex Tabul. Eccles. Gratianopol. pag. 84.

Conradi *Regis Burgundiæ*, Rodulphi F. ex Bibl. Cluniac. pag. 267.

Ejusd. *Conradi*, ex Tabul. Viennensis Eccles.

Ejusd. *Conradi*, ex Tabul. Eccl. Vienn.

Rodulphi III. *Regis Burgundiæ*, ex Notis ad Bibl. Clun. pag. 72.

Ejusd. *Rodulphi* Regis, ex Tabul. Eccl. Vienn.

Ejusd. *Rodulphi* Regis, ex eod. Tabul. fol. 9. 10. Vide Oct. Stradam. pag. 394.

Widonis *Regis Italiæ*, ex Ughello tom. 2. pag. 122. 191. tom. 3. pag. 275. tom. 4. pag. 491. Vide Octav. Stradam pag. 391.

Lamberti *Regis Italiæ*. Vide Stradam pag. 392.

Berengarii *Regis Italiæ*, ex Ughello tom. 1. pag. 896. tom. 2. pag. 126. tom. 3. pag. 37. tom. 4. pag. 88. 488. 606. 795. tom. 5. pag. 260.

Ejusd. *Berengarii*, ex Tabular. Casauriensi, et Tabul. Episcopatus Comensis, et Strada pag. 390. et Annalib. Alexandriæ pag. 336.

Hugonis *Regis Italiæ*, ex Tabular. Episcop. Comensis, ex Joan. a Bosco pag. 60. et Ughello tom. 1. pag. 855. tom. 2. pag. 197. Vide Stradam pag. 395.

Lotharii *Regis Italiæ*, Hugonis F. ex Tabul. Eccl. Viennens. Vide Stradam pag. 396.

Ejusdem *Lotharii*, ex Ughello tom. 1. pag. 855. tom. 2. pag. 262.

Ejusdem *Lotharii*, ex Jo. a Bosco. p. 60.

Arduini, cujus meminit præ cæteris Petrus Damian. lib. 5. Epist. 16. ut et Leo Ostiensis lib. 2. cap. 68. ex Tabul. Episcopat. Comensis.

¶ **MONOGRAMMI** Sermones, Qui admodum breves sunt, vel etiam concisi, minuti, exiles. Vita S. Syncleticæ tom. 1. Jan. pag. 252 : *Nam nudi sermones eorum et Monogrammi videntur similes picturis quæ scitis quidem, sed facile delebilibus coloribus exaratæ, pereunt brevissimo tempore. Monogrammus, homo longus, macilentus, delineatus tantum non additus coloribus*, apud Laur. in Amalth. [** Vide Forcelin. in *Monogrammus*.]

MONOLINUM, Filum, [monile,] quo margaritæ insertæ sunt. [Aliis *Monolum*.] Capitolinus in Maximino juniore, *Manserunt apud eum arrhæ Regiæ, quæ tales fuerunt, Monolinum de albis, reticulum de prasinis undecim, etc.* Nostris, *un filet de perles.* Glossæ veteres : Τετράλινον, *quadrifilum gemmarium.* [Vide Salmasium ad Hist. Aug. pag. 255.]

¶ **MONOLOR.** Vopiscus in Aureliano : *Paragaudas vestes ipse primus militibus dedit, cum non nisi rectas purpureas accepissent, et quidem aliis Monolores, aliis dilores, trilores aliis, et usque ad pentelores, quales hodie lineæ sunt.* Facta compositio a loro. *Monolores* Turnebo sunt vestes lineæ viriles sub aliis vestibus quibus una tantum intexta fascia aurea aut sericea.

¶ **MONOMACHIA**, Singulare certamen ; interdum et mulcta quæ ad dominum spectabat ratione *Monomachiæ*. Charta ann. 1095. apud D. Calmet. tom. 1. Histor. Lothar. col. 501 : *Nullus advocatus debeat habere placitum et servitium, nisi pro Monomachia, et sanguinea percussura.* Adde Reginon. lib. 2. de Eccl. discipl. cap. 77. Tabular. Virzionense fol. 15 : *Garnerius dedit eidem monasterio perpetuo possidendam Monomachiam suorum hominum Collibertorum.* [** Opposita his locis Monomachia *Mesleiæ*, quæ est Rixa multorum. Pro *Duello* occurrit in Henrici regis treuga ann. 1230. art. 13. et in Sententia de violat. treug. ann. 1234. apud Pertz. Leg. tom. 2. pag. 268. 301.] Vide *Duellum*.

¶ Monomachice, Singulari certamine. Acta SS. Nicandri et Marciani tom. 3. Junii pag. 275 : *Luctasti Monomachice adversus diabolum et vicisti eum.* Hinc

¶ Monomachus dicitur qui contra Diabolum suo ductu pugnat, in Actis S. Cassiani apud Ill. Fontaninum in Antiquit. Hortæ pag. 344 :

Monomachos gignens, et eos cælestibus indens.

* **MONOPAGIA** *in Passionario Gariopanti, si una pars capitis in acutum dolorem venit.* Glossar. medic. MS. Simon. Januens. ex Cod. reg. 6959.

¶ **MONOPALIUM**, Stola seu manipulus. Acta S. Mevenni MSS. : *Vir autem Domini Mevennus, intrepidus pergens, serpentem adiit, in Domino confisus. Hunc audacter invasit; Monopalium enim suum illius circumdedit collo baculique curvitate adnexus, veluti canem domesticum post se eum trahens, in nomine Jesu Christi flumine Ligeris eum præcipitavit.*

¶ **MONOPEDÆ**, Genus hominum. Odo in Carm. de varia Ernesti fortuna lib. 7. apud Marten. tom. 3. Anecd. col. 362 :

Sunt homines uno tantum fulti pede, cursu
Auram vincentes, qui recto nomine dicti
Monopedæ, faciunt umbram sibi tegmine plantæ.

Iidem qui *Monocoli* appellantur apud Gellium lib. 9. cap. 4 : *Atque esse* (traditur) *item alia apud ultimas Orientis terras miracula homines, qui Monocoli appellantur, singulis cruribus saltuatim currentes, vivacissimæ pernicitatis.*

* **MONOPHTALMUS**, vox Græca, Uno oculo captus. Mirac. S. Emmer. tom. 6. Sept. pag. 503. col. 1 : *Alius mancus et Monophtalmus, etc.* Vide *Monoculus.*

¶ **MONOPOLIUM**, *Statio, ubi res una venditur tantum.* Gloss. Isid. Est etiam societas hominum qui sibi solis jus vendendi comparant, vel aliquod genus mercaturæ universim emunt, quo carius vendant; quod ut obtineatur pensio interdum fit Principi, quod *Monopolium* etiam dicitur. Hinc denique eadem vox ad quasvis illicitas confœderationes fluxit, qua ultima notione sæpius occurrit. Vide *Manipolium.* Statuta Collegii Thesaurar. ann. 1268. apud Lobinell. tom. 3. Hist. Paris. pag. 288 : *Non facietis ad partem conspirationem, aut Monopolium contra bursarios, etc.* Statuta Vercell. lib. 4. fol. 68 : *Item quod nulla societas, conspiratio, seu Monopolium, etc.* Literæ Philippi Reg. Franc. ann. 1320. in Tabular. Calensi pag. 339 : *Relicus Thibaudi et ejus complices ac alii habitatores dictæ villæ Monopolia et confœderationes illicitas facientes contra tenorem arresti curiæ nostræ... pluresque alias congregationes, confœderationes et Monopolia faciendo, etc.* Statutum Humberti Dalphini ann. 1349. tom. 2. Hist. Dalphin. pag. 589 : *Possint intra districtum et jurisdictionem suam punire collegia et Monopolia illicita.* Vide Marten. tom. 1. Anecd. col. 1590. et tom. 4. col. 665. et 989.

* Quo sensu nostri etiam *Monopole* dixerunt. Lit. ann. 1343. in Reg. 74. Chartoph. reg. ch. 60 : *Sans faire aucun harele, Monopole, asemblée etc. Par maniere de Monopole ou conspiration*, in Lit. remiss. ann. 1375. ex Reg. 108. ch. 86.

¶ **MONOPTICUS**, *Mimus*, Gloss. Isidori.

* **MONOPTOCUS**, *Che a uno solo caso*, in Glossar. Lat. Ital. MS.

MONOS, Monachus. Glossæ antiquæ MSS. : *Monos, solus, Græci : bene ergo monachus, singularis.* Canones Hibern. lib. 36. cap. 35 : *Si qua contumacia inter Principem* (i. Episcopum) *et Monon ejus, per discordiam aliquam orta sit, non rejiciat pastor gregem suum in dispersionem, nec oves pastorem fugiant, sed invicem pacificentur.* Chronicon Novaliciense lib. 6. pag. 643. de quodam Monacho obedientiario : *Tunc Monos acephalus ait, etc.*

Monos, Unus, μόνος. Inscriptio in Eccl. Mutinensi :

Mille Dei carnis Monos centum minus annis
Ista domus clari fundatur Geminiani.

Id est, ann. 1099. Alia ex Chronico Magdeburgensi MS. apud Jo. Henricum Meibomium :

Post M. postque duo CC. post nonaginta Monosque,
Harliuberg capitur, moritur Rex, Dux superatur.

* **MONOSUM**, *Lo logo de moneta*, in Glossar. Lat. Ital. MS. Vide *Monetum.*

MONOTANUS, *Rigidus.* Papias. Leg. *Monotonus*, [uti habent Gloss. Isidori; ad quas Grævius : Μονότονος, *pervicax, pertinax*, in Glossis.]

* **MONOTESSARON.** Necrol. Casal. Bened. iv. Non. Aug. obiit fr. Petrus sacerdos 1552 : *Is composuit librum, cujus titulus Monotessaron, cujus duo habentur exemplaria in bibliotheca Casalina. Et sic incipit præfatus liber : In nomine D. N. J. C. Amen. Integrum ejusdem Evangelium secundum quatuor Evangelistas, quod Monotessaron, id est, unum ex quatuor, nuncupari potest. In tres autem partes et 150. capitula secatur. Complectitur autem prima pars decem capitulis Christi infantiam; Secunda nonaginta capitulis ejus gesta et doctrinam; Tertia quinquaginta capitulis ejus passionem, resurrectionem et ascensionem.*

¶ **MONOTHELANI**, Hæreticorum genus, quos alii *Monothelitas* vocant. Acta S. Johannis Camilli boni tom. 1. Jan. pag. 622 : *Monothelani vero et quisquis rem catholicam absque capite ac præside mallet esse.*

¶ **MONOXYLLULA**, Linter uno ligno excavato constans, a Græco μόνος et ξύλον, lignum. Ratherius Veron. tom. 2. Spicileg. Acher. pag. 174 : *Me latronem appellas, qui cum una Monoxyllula dorso meo advecta, et in flumine missa, parum quid ab isto littore rapio.*

¶ **MONOZANTES**, pro *Monazontes*, Monachi, in opusculo Rabani Mauri tom. 2. Annal. Bened. pag. 734 : *Monachi sive Monozantes, hoc est, singulares, a solitariæ vitæ districtione nominati sunt.*

* **MONPENSIRIUS**, Monthpensirius, a Gallico *Monpensier*, Ludovici VIII. regis Francorum cognomen. Chron. abbat. Corb. fol. 44. r°. ex Tabul. ejusd. monast. : *Anno sequenti* (1226) *Raimundo comite Tholosano, qui fuerat fautor et deffensor hæreticorum Albigensium, ecclesiæ reconciliato, Ludovicus dictus Monthpensirius Francorum rex et Crucesignati contra Avinionenses Albigensibus hæreticis faventes venerunt.* Ibid. fol. 45. r°. : *Eodem anno* (1227.) *mortuo Ludovico ejus nomine VI.* (VIII.) *Francorum rege Monpensirio cognominato, regnat Ludovicus sanctus, ætatis quatuordecim annorum.*

MONRERARE, Morrerare, Monstrare, ostendere, Gall. *Monstrer.* Notitia judicati in Tabulario Casauriensi : *Ibique veniens Angerisi... et dixit; Facite mihi justitiam de Presbytero nomine Renorius, filio quondam Honorati, quia ipsa terra cum pomis et arboribus, quam ei Monreravimus in casale quod dicitur Tertiano, debet esse domini Regis, et de ipsa colonicia de Arepaldo servo domini Regis.* Et infra : *Quia ipsa terra quam iste Angerisi nobis Morreravit, nos non tenuimus.*

MONS GAUDII, Monticulus, ex Gallico *Montjoye*, quæ vox diminutivum est ex *mont* : qua appellatione donatum Collem Vaticanum ad urbem Romam ab Ottone Frisingensi lib. 2. de Gest. Frid. cap. 22. Gunthero lib. 4. Ligurini, Acerbo Morena Laudensi ann. 1167. pag. 116. in Chronico Casin. lib. 4. cap. 39. in Vita S. Geraldi Abbatis Silvæ majoris n. 8. et aliis locis, docuimus in Dissert. 11. ad Joinvillam. Ademarus Cabanensis pag. 173 : *Ubi tandiu reliquias ejusdem Confessoris in Monte gaudio tenuit, etc.* Supra : *Montanam* appellavit. Idem pag. 272 : *Levaverunt corpus S. Martialis Apostoli, et in Montem gaudii transtulerunt.* Vita S. Roberti Abb. Molismensis n. 21 : *Cum autem venisset ad locum, in quo erat quædam congeries lapidum, quæ vocatur Mons gaudii-Dei, etc.* Vide Raimundum *de Agiles* in Hist. Hierosol. pag. 171. et Ricordanum Malaspinum cap. 156. Vetus Poëma, cui titulus, *le Lusidaire* MS. :

Tant i ot pierres aportées,
C'une Monjoie i fu fondée.

[Vetus Poeta MS. e Bibl. Coislin.

Celant son pensser sor sa voie
Tant qu'ils vinrent à la Monjoie
Du chastel ou cele menoit.]

Locos alios vide in laudata Dissertatione.

Mons Gaudii, Clamor militaris Regum Franciæ, *Montjoie*, vel *Montjoie S. Denys*, ab eo monticulo ad Lutetiam, in quo S. Dionysius martyrium subiit, Decio imperante, ut ibidem docuimus. Matth. Paris : *Et facto congressu acclamatum est terribiliter, Ad arma, Ad arma, hinc Regales Regales, inde Montis gaudium, scilicet Regis utriusque insigne.* Occurrit apud eumdem aliis locis. Le Roman *de Guillaume au Court nez* MS. :

Roi Looy escrie, Monjoie Diex aie.

Infra :

Crie Monjou, aidiez sainte Marie.

Rursum :

Monjoie escrie, Diex aide et saint Pol.

Le Roman *de Roncevaux* MS. :

Monjoie crient por lor gent ralijer.

Infra :

Monjoie escrie por sa gent resbaudir.

Le Roman *de Vacce* MS. :

A restorer Gautier ont fait grant estormie,
Francheis crient, Monjoie, et Normans, Dex aie,
Francheis crient Asras et Angevin Valie,
Et li Quens Tiebaut Chartres et Passavant crie.

[Ibidem :

Cil de France crient Monjoe,
Ceu lor est bel que l'en les oe;
Guillaume crie, Dex aye,

C'est l'enseigne de Normendie;
Et Renouf crie o grant pooir,
Saint Sever, sire saint Sevoir;
Et Hamadens va reclamant,
Saint Amant, sire saint Amant.]

Quanto vero cultu S. Dionysium coluerint Reges Franc. ex Epistola Ludovici Pii ad Hilduinum Abb. S. Dionysii, qua illum hortatur ad conscribendam Vitam ejusdem, abunde colligitur, ut ex Charta S. Ludovici ann. 1269 : *Quia cum postquam beatissimus Dionysius patronus et Apostolus Franciæ Francorumque legislator primordia fidei orthodoxæ Francis dudum evigilasset, et ab errore paganeo illos salubriter divertens, felicem martyrii palmam inde reportasset, sacrumque suum sepulcrum mira Dei ordinatione in agro Franciæ elegisset, Francorum Reges Christianissimi nostri antecessores, tanquam vere discipuli et imitatores Dionysii, ac eorum populi et regnicolæ, Catholicam legem ita duxerunt, quod ad præsens lex ipsa Christianaque fides, a nulla tam alia natione, sicut a Gallis veris Christicolis inviolabiliter colitur, et tantum ab eodem Sancto sumpserunt fiduciam, ut sua prece non solum in prosperis scelera, sed etiam ipsi et eorum milites in ejus gloriosi Dionysii nominis exclamatione inimicorum tela in bellis devicisse crediderunt.* Vide supra laudatam Dissertationem. [** et Grimm. Mythol. German. pag. 114. not.]

* Mons gaudii, Heraldi seu fecialis Franciæ nomenclatura, a cujus officio *Monjoie* etiam appellatur omnis sequester pacis. Mirac. MSS. B. M. V. lib. 2 :

Entre Dieu et home est Monjoie, (la Ste. Vierge)
Toutes les pais fait et ravoie.

* Mons Gaudii, Nomen castri in silva de Marliaco paucis ab hinc annis diruti. Lit. ann. 1358. in Reg. 86. Chartoph. reg. ch. 615 : *In capitannia et custodia castri nostri de Montjoye saint Denis. Moultjoye* appellatur, in aliis Lit. ann. 1406. ex Reg. 160. ch. 290 : *Pierre Morelet, dit Marescot, escuier, capitaine de notre chastel de Moultjoye.* Memor. D. Cam. Comput. Paris. fol. 52. r°. : *Die xvj. Nov. 1362 : Stephanus Rat institutus custos turris Montis Gaudii, loco magistri Johannis Pastorelli.* V. *Mongerius.*

MONS PLACITI. Vide *Malbergium.*

¶ 1. **MONSTRA**, pro *Monasterium*, si tamen mendum non sit. Charta ann. 1202. apud Marten. tom. 1. Ampliss. Collect. col. 1039 : *Dederunt Deo et B. Mariæ, et fratribus Grandimontis ordinis.... omnimodam justitiam altam et bassam, et ... quidquid habuerunt vel habere potuerunt temporibus futuris occasione quacumque infra fossata, ex quibus Monstra eorumdem fratrum cingitur.*

¶ 2. **MONSTRA**, Militum recensio. Vide infra *Monstrum* 1. Item alio sensu mox in *Monstræ.*

* 3. **MONSTRA**, a Gallico, *Montre*, Ostensio, specimen. Stat. ann. 1391. ex Tabul. Massil. : *Nulla persona privata aut extranea audeat portare blada vel Monstras bladorum vel leguminum diebus Lunæ ad forum, vel plateam fori seu bladariam.* Vide infra *Mostra* 2.

* 4. **MONSTRA**, Scyphi species, quo vinum degustandum offertur et *monstratur*, nostris *Monstre*. Lit. remiss. ann. 1358. in Reg. 86. Chartoph. reg. ch. 119 : *Præfatus Petrus unam Monstram xviij. denariorum vel circa præfato Guillelmo abstulit. Une Monstre d'argent à monstrer vin*, in aliis ann. 1395. ex Reg. 147. ch. 212. Aliæ ann. 1397. in Reg. 153. ch. 167 : *L'exposant print et mist en son saing une tasse d'argent appellée Monstre.* Rursum occurrit in aliis Lit. ann. 1404. ex Reg. 158. ch. 342. Hinc *Mose* appellari videtur Doliolum halecum, quod ementibus in specimen datur, in Stat. ann. 1350. tom. 2. Ordinat. reg. Franc. pag. 358. art. 92 : *Si le vendeur et l'acheteur s'accordent que harau soit compté, le vendeur prendra une Mose et l'acheteur une autre par main estrange, et à la revenue que ces deux reviendront, doit revenir tout le remanant du haran.*

* 5. **MONSTRA** Manicarum, Assutus manicis ornatus, Gall. *Parement*, Ital. *Mostra*. Inventar. ann. 1449. ex Tabul. D. Veneiæ : *Item quandam aliam raupam de viride foderata tellæ rubæ, cum colleto rauversato, foderato de tersenet, cum Monstris manicarum, ipsius quondam dominæ.*

MONSTRABILIS, Conspicuus. Sidon. lib. 3. Epist. 7 : *Ob omnia felicitatis naturæque dona Monstrabilis.* Vide Savaronem. [Conventio inter Henric. Reg. Angl. et Robert. Com. Fland. in lib. nig. Scaccarii pag. 9 : *Si non remanserit propter Monstrabilem sui corporis infirmitatem.*]

MONSTRÆ, vox Fori Aragon. Instrumenta, documenta, quibus quis in lite jus suum asserit ac tuetur. Jacob I. Rex Aragon. in Foris Oscæ ann. 1247. fol. 17 : *Cum aliquis infantio, aut alius homo demandaverit alteri homini ratione sui avolorii hæreditatem, quam possidet, secundum forum bene potest eam petere, donec ille, qui possidet hæreditatem illam, monstret illi sufficientem Monstram, pro qua possit se defendere*, etc. Rursum : *Non possent demonstrare demandatori quod antecessores eorum diviserunt hæreditates cum cartis, aut aliis certis Monstris, etc.* [* Vide *Ostensio* 1.]

☞ Hinc *faire moustranche* dicitur is, qui Instrumentorum exhibitione se legitimum possessorem rei alicujus esse demonstrat; nisi malis idem esse quod feudi limites et conditiones in clientelari professione declarare, Gall. *Faire aveu et dénombrement.* Charta ann. 1280. in Tabular. Corbeiensi : *A tous chiaus, etc. Henris chevalier sires de Flay, salut. Comme nobles hom et mes chiers sires Jehans Vidames d'Amiens sires de Pinkeigny, m'eust kemandé que je ad journée certaine, qui me fu assignée de par li, fusse à Pinkeigny pour faire men estage, si comme je li devoie, et pour faire certaine Moustranche des fiés que je tenoie de li, à laquele journée je fu et li moutrai les tenanches des fiées et des avant-fiés que je tenoie de li, etc.* Aliud est *Monstre* vel *Monstrée* in nostris Consuetud. municipalibus, testante Raguello; dicitur enim cum litigantes in rem præsentem veniunt, et in prædium, de quo litigatur, simul proficiscuntur, quo actor certior fiat de hæreditate, et facilius judex possit suam ea de re ferre sententiam.

¶ **MONSTRALIA** Lex, Qua quis jus suum asserere et probare nititur. Leges Normann. apud Ludewig. tom. 7. Reliq. MSS. pag. 399 : *Est autem quedam lex que probalia, sive Monstralia in laicali curia nuncupatur, per quam quis probare nititur in curia, quod intendit.*

MONSTRANFELIS, *Equus detestabilis.* Ita Papias MS. et editus.

* **MONSTRANTIA**, Militum recensio, Gall. *Montre, revûe*, Germ. *Musterung.* Knebel. Chron. MS. : *Quod dux Burgundiæ esset in Disjon et ibidem fecisset omnes suos congregari in campum, et singulos quosque vidit, et fecit Monstrantiam de singulis armis, et postea reintravit oppidum.* Vide *Monstratio* 2.

MONSTRANTIÆ, Phylacteria, seu arculæ in quibus reconduntur Reliquiæ, atque adeo sacra Eucharistia, quomodo *Monstrances* in Belgio etiamnum vocantur, quod Fidelibus osculanda præbeantur et monstrentur. Acta S. Quirini Mart. n. 11 : *Effluxi sanguinis testimonium... præbet quadrangularis argentea, ut vocant, Monstratia, in qua sub vitro crystallino cruor.... inclusus continetur.* [Chron. Wormat. apud Ludewig. tom. 2. Reliq. MSS. pag. 137. ad ann. 1427 : *Fecit autem fieri in suam memoriam magnam Monstrantiam pro deportatione Sacramenti in festo Corporis Christi.* Hist. Monast. Villar. lib. 1. cap. 16. apud Marten. tom. 3. Anecd. col. 1304 : *Iste fecit fieri Monstrantiam argenteam deauratam, qua defertur sacrosanctam Corpus Christi ipso die ejusdem sacramenti.* Necrolog. Lauresham. apud Schannat. in Vindem. Litter. pag. 27 : *Contulit S. Nazario 10. florenos in auro ad unam Monstrantiam pro remedio animæ suæ suorumque parentum.*]

Monstrum, Eadem notione. Inventarium Ecclesiæ Eboracensis in Monast. Anglic. tom. 3. pag. 173. sub titulo *Reliquiæ : Item unum Monstrum cum ossibus S. Petri in Beryl, et crucifixo in summate, etc.* Vide Descriptionem nostram ædis Sophianæ num. 62. Aliud vero est *Monstrance*, in Consuetud. Hannoniensi cap. 57. Vide supra.

¶ **MONSTRARE**, Milites censere. Vide infra *Monstrum* 1.

* **MONSTRARE** Duellum, Monomachiam seu singulare certamen proponere et inire, quo ambigua disceptatio dirimatur. Divisio jurisdict. villæ Chabl. in Chartul. Campan. fol. 258. v°. : *Si vero judicetur, quod... unus possit Monstrare contra alium duellum, etc.*

* *Monstrant*, pro *Avantageux, orgueilleux*, Superbus, arrogans, gloriosius de se ipso prædicans, in Lit. remiss. ann. 1396. ex Reg. 151. Chartoph. reg. ch. 79 : *Pierre Labbé, qui en sa vie estoit homme assez Monstrant et de diverse cole, incontinent se feust esmeu moult chaudement contre ledit Thevenot, etc.*

MONSTRATA, Certa mensura nemoris, quæ forte *monstratur*, id est, designatur cædenda. Charta G. Abbatis Molismensis ann. 1215. in Tabular. Campaniæ : *Permisit nobis vendere tres Monstratas nemoris, quod est in grueria sua, factas Præposito de Maraia, etc.* [Vide *Monstrea.*]

* Charta Phil. Pulc. ann. 1308. in Reg. 201. Chartoph. reg. ch. 120 : *Pro qualibet Monstrata ad capiendum merranum pro ædificando, libram.* Alia ejusd. reg. ann. 1309. in Reg. 13. ch. 95 : *Tres quadrigatas bosci viridis... capiendas in boscis prædictis*

in Monstrata sibi et aliis usuageriis villarum vicinarum, per manum nostri forestarii facienda. Monstrée, eodem intellectu, in Lit. remiss. ann. 1474. ex Reg. 195. ch. 1093 : *Icellui suppliant qui avoit prinse une Moustrée de bois des religieux abbé et convent de Lorroys.* Vide infra *Mostra 4.*

¶ 1. **MONSTRATIO**, Probatio quæ instrumentorum exhibitione fit in re judiciaria. Chartular. S. Vincentii Cenoman. fol. 123 : *Tunc vero Hamelinus de Roorta, qui loco domini Regis et meo intererat, ad querimoniam Abbatis et monachorum jam dictum Philippum apud Balaon in curia domini Regis venire coegit; et audita monachorum querela et dicti Philippi responso post quamdam Monstrationem inde eis adjudicatam carta* (sic) *quas dictas Gauterius de supradictis eleemosinis dabat Abbatiæ judicio curiæ domini Regis, idem Hamelinus et milites viri legitimi in curia præsentes audierunt.* Vide *Moustræ.*

¶ 2. **MONSTRATIO**, Idem quod *Monstrum*, Militum recensio. Lib. nig. Scaccarii pag. 107 : *Cum feodatis de dominio ex veteri et ex novo, debetur vobis in custodia Sarisberiæ et in Monstratione servitium* xx. *militum.* Charta ann. 1468. apud Lobinell. tom. 2. Hist. Britan. 1299 : *Inchoando dictum servitium die Monstrationis seu exhibitionis dictorum sagittariorum, quæ vulgariter dicitur la Monstre; quorum sagittariorum et eorum capitaneorum Rex solvet stipendia pro tribus mensibus, etc.* Vide *Monstrum* 1.

¶ **MONSTREIA**, Certa nemoris portio, quæ a domino *monstratur*, seu assignatur pro pascendis porcis vassallorum suorum. Charta ann. 1234. tom. 2. Gall. Christ. inter Instr. col. 71 : *Item quod per Monstreiam servientium domini Magdunensis et pasnagium quitum ad quadraginta porcos suos proprios et pascuagia et æsancia animalibus suis.... ubicumque tempore hujusmodi donationis nostræ communia habebantur.* Vide *Monstrata.*

* **MONSTRIPARUS**, Qui monstra parit; metaphorice dicitur de machinis bellicis jaculatoriis. Elmham. in Henr. V. reg. Angl. edit. Hearn. cap. 54. pag. 134 : *Sedibus aptissimis plurima grandia saxivoma.... situari constituit, quorum dum uteri Monstripari nocivis erant vicini partubus,.... prolis immisericordis natalicia prædicabant.*

1. **MONSTRUM**, Monstra, ex Gallico *Monstre*, cum milites recensentur, vel se spectandos præbent ad militaria stipendia percipienda : δεῖξις apud Pachymer. lib. 12. cap. 23. Rotulus Parlamenti tenti apud apud Westmonast. ann. 5. Henrici IV. apud Spelman. : *Assignavimus vos conjunctim et et divisim ad arriandum et triandum omnes et singulos homines ad arma, ac homines armatos et sagittarios in comitatu prædicto,... et ad Monstrum sive ad Monstrat onem eorundem hominum ad arma, ac hominum armatorum et sagittariorum de tempore in tempus, quotiens indiguerit, diligenter faciendum et supervidendum, etc.* Historia Cortusiorum, lib. 1. cap. 5 : *Dum Paduæ fieret Monstra militum, etc. Monstra publica, Monstrationes armorum*, in Statuto Henrici V. Regis Angliæ tempore guerræ, apud Uptonum pag. 136. [Charta ann. 1314. tom. 2. Hist. Dalphin. pag. 150 : *Committet idem dominus Rex vel hæredes uni personæ quam eligerint ut Monstram videat de gente armigera.* Charta Philippi Reg. Fr. ann. 1331. in Tabular. Bonæ-Vallis : *Licet essent et fuissent per tempus sufficiens in possessione... faciendi fieri Monstram de burgensibus propriis quotienscumque opus fuerit, etc.* Adde Murator. tom. 6. col. 495. tom. 8. col. 570. Statuta Vercell. lib. 1. fol. 3. Ordinat. Reg. Franc. tom. 3. pag. 35. 105. 171. etc.] Vide in *Parlamentum.* Hinc

Monstrare, Milites censere. Matth. Paris ann. 1253 : *Ut secundum pristinam consuetudinem arma civibus competenter assignarentur, et Monstrarentur, et censerentur, ut essent sufficientia et competentia secundum cujuslibet facultates.* Huc spectat vetus Saxum : Temporibus. Claudii. Tiberii. Facta. Hominum. Armigerorum. Ostensione.

¶ 2. **MONSTRUM**, Alia notione. Vide *Monstrantiæ.*

¶ **MONSTURAGIA**, Variæ *mixturæ* frumentum. Charta ann. 1164. in Tabular. Sangerm. : *Decem sextarios et plenam minam bladi Monsturagiæ videlicet annui redditus... quos siquidem sextarios et plenam minam bladi, videlicet Monsturagiæ.... quod si processu temporis alios redditus bladi seu Monsturagiæ.* Vide *Mousturangia.*

* **MONTA**, perperam pro *Mouta*, ex Consuet. Norman. part. 1. cap. 29. apud Ludewig. tom. 7. Reliq. MSS. pag. 223. Vide *Molta* 2.

* **MONTADA**, Mons, collis, idem quod *Montana.* Inquisit. ann. 1268. ex schedis Pr. *de Mazaugues : Et a dicto dente per vallem majorem foras usque ad verceillum de Nagueilla, juxta Montadam per caminum. Monte*, eadem, ni fallor, notione, in Charta ann. 1343. ex Reg. 74. Chartoph. reg. ch. 519 : *Une Monte assise emprès la voye de Laignes Bourieuses d'une part et la chauciée de la maison ausdiz freres d'autre part, et avec ce environ xl. arpens de terre emble* (f. *arable*) *assise devant ladite Monte.*

MONTAGIUM, Montatio, Tributum, quod a navigiis, quæ in fluviis adversa aqua remigant, exigitur, Gallis *Montage.* Charta Matthæi Dom. Montismorenciaci ann. 1200 : *Et ego propter illa nemora 12. libras Ecclesiæ B. Dionysii annuatim ipsi reddendas in Montagio meo aquæ Secanæ assignavi.* Infra : *De primis redditibus Montagii aquæ, etc.*

Montatio, Eadem notione. Charta Raimundi Comitis. Tolos. pro Aicardo Archiep. Arelat. In Tabul. Eccl. Arelat. : *Et de lezda navigiorum et navium, quæ Montatio vocatur, quam Bertrannus Comes habet apud Arelatem.* In eod. Tabular. fol. 16. est alia Charta cum tit. *de Montatione navium*, ann. 1140 : *Conquerebatur de eo, quod de Montatione salarum navium, quæ cum sale ascendebant, debitum censum sibi persolvere nollent.* Ibidem apud Sammarthanos : *Quartam partem de pascuis, lesdis, et Montationibus.* Adde Catellum in Comitib. Tolosanis pag. 49. Chronol. Episc. Lodovens. pag. 96. Annales Massilienses Guesnaii pag. 350.

¶ **MONTAGNIOLA**, Mons parvus. Charta Francisci de Vigintimillis Comit. Gulisani apud Rocchum Pirrum in Sicilia sacra pag. 486 : *De Busurrubu ascenditur ad Sarram magnam seu Montagniolam ibi sistentem; et de dicta Montagniola itur per terram, etc.*

¶ **MONTALIS**, Mons. Chronic. Parmense ad ann. 1294. apud Murator. tom. 9. col. 828 : *Capti fuerunt et ducti Parmam, et trascinati ad caudas mulorum usque ad Montales de Colio, et ibi fuerunt appensi per gulam.*

MONTANA, Montanea, Mons, *locus montanus.* Innocentio Agrimensori, *montuosus* aliis Gromaticis. *Montana Cordubensis*, apud S. Eulogium lib. 2. cap. 11. lib. 3. cap. 12. *Montana.* Odo de Diogilo, et Epist. 39. ex Sugerianis : *Fuerunt enim mortui in ascensu Montanæ Laodiciæ minoris, inter districta locorum, etc.* Adde Brocardum in Descript. Terræ sanctæ, Petrum de Vineis lib. 3. Epist. 55. etc. [** *Ultra Montana transire*, Italiam adire in Stat. Friburg. ann. 1120.]

Montanea, apud Tudebodum lib. 1. pag. 785. Baldricum lib. 4. Hist. Hieros. pag. 127. Ordericum Vitalem lib. 9. pag. 743. 747. 752. Sanutum lib. 2. part. 4. cap. 25. etc. Vita B. Stephani Abb. Obasin. lib. 1. cap. 26 : *Habitatio eorum Montaneis hiemalibus cingitur.* [Charta ann. 1293. tom. 2. Histor. Dalphin. pag. 72 : *Item, quod monasterium sanctæ Crucis prædictum non possit tenere in Montaneis ipsius, nisi septem trentenaria ovium.* Bernardus de Acquisit. T. S. apud Murator. tom. 7. col. 688 : *Intra civitatem sunt quatuor Montaneæ satis altæ, in quarum sublimiori est castellum præminens urbi.* Adde Statuta Montis Regal. fol. 33.]

¶ Montaneus, in Vita MS. S. Winwaloei in Tabular. Landeven. pag. 141 : *Qui morabatur in quemdam Montaneum, qui vocatur Nin.*

Montanum. Willelm. ab *Oldenborg* in Itinerario T. S. de Cypro insula : *Habet in se alta Montana.* Infra : *Conscendimus montem S. Crucis appellatum, quia omnia Montana Cypri supereminet.*

Montaniosus Locus, apud Innocentium de Casis literarum pag. 246.

De Montanis agnominatos Armeniæ, seu potius Ciliciæ Toparchas, quod hæc regio montibus et rupibus altissimis passim aspera sit, docuimus ad Bryennium lib. 1. n. 21. Otto de S. Blasio cap. 35 : *Principibus Armeniorum ad eum undique confluentibus, et præcipue Leone illarum regionum nobilissimo Christianorum Principe qui in Montanis habitabat.*

Montana, in Glossis antiquis MSS. : *Circum castella in montibus posita.*

¶ **MONTANARIUS**, Qui montes incolit, Gall. *Montagnard.* Memoriale Potestatum Regiens. ad ann. 1250. apud Murator. tom. 8. col. 1120 : *Unde Potestas et Commune Regii fecerunt magnum exercitum de Montanariis ad ipsam rocham, et obsederunt eam.* Chron. Farfense apud eumdem tom. 2. part. 2. col. 446 : *Terra quam tenet Teuzo filius Latonis Montanarii in colle Lizano.* Adde eumd. Murator. tom. 18. col. 981. Vide *Montarius.*

* **MONTANEOSUS**, Gall. *Montagneux*, Montibus frequens. Charta ann. 1341. in Reg. 72. Chartoph. reg. ch. 250 : *Ipse locus*

et districtus est sterilis et Montaneosus. Vide *Montana.*

* **MONTANERIUS**, Montium incola, Ital. *Montanaro*, Gall. *Montagnard.* Annal. Victor. MSS. ad ann. 1378 : *Rusticos homines, effeminatos, utique bestiales et ratione carentes, [illegible] vocabulo Montanerios appellatos, ad dictorum cardinalium terrorem in multitudine innumerabili Romam intromiserunt.* Infra : *Montanarii.* Vide in hac voce.

¶ **MONTANIA**, Idem quod *Montana.* Testam. Guifredi Comitis Cerritan. ann. 1035. tom. 6. Spicileg. Acher. pag. 434 : *Et ipsa Montania relinquo filio meo Berengario.* Occurrit præterea in Chron. Farfensi apud Murator. tom. 2. part. 2. col. 659.

* Ital. *Montagna.* Tract. MS. de Re milit. et mach. bellic. cap. 97 : *Rubertus habebat recursum ad fossatores, qui fodant* (sic) *dictam Montaniam aut montem.* Vide supra *Montada.*

¶ **MONTANIOSUS.** Vide *Montana.*

1. **MONTANISTÆ**, Hæretici, sub Arcadio Imp. Papias, et ex eo Ugutio : *Montani, hæretici dicti quod tempore persecutionis in montibus latuerunt, unde se diviserunt ab Ecclesia Catholica.* Hi et *Phryges* appellati. Synod. Trullana cap. 93 : Μοντανιςὰς τοὺς ἐντεῦθεν λεγομένους Φρύγας. Vide Leges 34. 48. 57. et 65. Cod. Th. de Hæret. (16, 5.)

2. **MONTANISTÆ**, apud Hungaros, dicti proceres quidam, in quorum territoriis montes erant, in quibus erant *mineræ auri, et cupri*, unde decimas Regi pendebant. De iis plura in Scheda subjecta Decretis Regum Hungariæ pag. 113.

* **MONTANUM**, Moletrina, molendinum. Charta ann. 1270. in Access. ad Hist. Cassin. part. 1. pag. 312. col. 1 : *Nullus de eodem castro potest construere Montanum ad aquam vel ad siccum ad macinandum olivis in eodem castro,... sine licentia prædicti monasterii.* Eadem rursus leguntur in Inquisit. ann. 1273. ibid. pag. 338. col. 1. *Montant de terre,* Modus agri, in Ch. ann. 1497. ex Tabul. Commerc. : *Item encore un Montant de terre au bout du prey devant dit, contenant environ un bon quartier.*

¶ 1. **MONTARE**, Valere. Charta Blanchæ Comitissæ Campaniæ ann. 1206. apud D. *Brussel* tom. 1. de Usu feud. pag. 452 : *De omnibus autem donis et forisfactis quæ non Montabunt plus quam* xx. *solidos, domina Comitissa habebit quatuor partes, et præpositi quintam.* Statuta Massil. lib. 2. cap. 1. § 12 : *Quantum Montaret pecunia debita pro qua fieret executio. Montance,* valor, pretium, in Stabilim. Franciæ lib. 2. cap. 41. *Monte*, pro fenus, usura, Gall. *Interésts de l'argent*, in veteri Poeta MS. ex Bibl. Coislin. :

S'il atent paiement,
Il aura tant de honte,
Jamais n'aura paié
Le chetel ne la Monte.

Montes montes, in Edict. Caroli VI. Reg. Franc. 10. Febr. et mens. Dec 1389. nostris *Interests d'interests.*

* Le Roman *d'Alexandre* MS. part. 2 :

Se j'aime la pucelle, et je sui bien courtois,
J'ainerai touz les siens, que c'est raison et drois,
Je ne li mefferai la Montance d'un pois.

* *Monter* vero Pertinere, spectare, vulgo *Concerner, appartenir,* sonat in Charta Godefr. episc. Camerac. ann. 1228. ex Tabul. ejusd. eccl. : *Pluseurs querieles ki Montent à amendes et à cateus... Par nos mesmes à qui le queriele Monte.*

¶ 2. **MONTARE**, In altum tollere, a Gall. *Monter.* Computus ann. 1324. tom. 1. Histor. Dalphin. pag. 132 : *Pro fusta garitarum castri de Lueys adducenda, charreanda, carpentanda et Montanda supra murum garitarum.*

* 3. **MONTARE**, Carius vendere, augere. Stat. datiar. Riper. cap. 2. fol. 17. v°. : *Quod aliqua persona, non debeat aliquod genus bladi, grani vel leguminis, quod conduxerit seu conduci fecerit ad mercatum, in aliquo ascendere vel Montare alicui personæ, quæ illi tali personæ petierit causa illud volendi emere, ultra primum pretium quod sibi dixerit.* Sic et nostri *Mauveses Montées* dixerunt, cum ex clandestina conspiratione merces carius divenduntur. Charta ann. 1319. in Reg. 59. Chartoph. reg. ch. 414 : *Il* (les tisserans) *firent compilation, taquehans, mauverses Montées et enchérissemens à leurs volentez de leurs euvres.*

* Nostris vero *Contremonter,* pro Gliscere, increscere. Gesta Ludov. Pii tom. 6. Collect. Histor. Franc. pag. 152 : *La traison et la conspiration..... Contremontoit et seurprenoit ausi comme chancres.* Hinc *Monte*, pro Accessio, incrementum, in Charta Joan. dom. Musiaci ann. 1292. ex Tabul. S. Petri Carnot. : *Je confirme que l'abbé et le couvent de seint Pere de Chartres... tiennent... tout ce que il ont en mon fié, en quencque leu que ce soit, quitement, franchement, sans Monte, sans taille, sans corvée, sans aides feaus, etc.* Unde *Monteploier*, pro Pecuniam pecuniis addere, in Poem. *de la Rose* MS. ubi de Avaro :

Ne ne cesse de soussier,
D'acroistre et de Monteploier,
Ne jamais assez n'en aura.

MONTARIUS, Venator, qui in montibus venatur : Hispanis *Montero.* Rodericus Tolet. lib. 6. de Reb. Hisp. cap. 17 : *Et collocatis ibi Montariis et venatoribus, remansit locus suæ subditus ditioni, et paucolos Christianos guaros venandi et officii sagittando ibi accolas collocavit.* Fori Leirenæ : *Montarium* (f. Montarius) *det de venato lumbum costale.*

¶ **MONTATA**, ut *Montana*, Mons, in Statut. Montis Regal. fol. 292 : *Eundo versus Carassonum est cima Montatæ Bassorum et Ronchorum. Eundo versus Bredulum est cima Montatæ Breduli.* Vide alia notione in *Montea.*

MONTATICUM, [Idem, ut mihi videtur, quod *Montagium* supra, in Charta Karlomanni Regis Franc. ann. circ. 880. in Append. Marcæ Hispan. col. 812.] [* Idem sonat quod *Montasgo* Academicis Hispanis, Vectigal scilicet pro gregum in *montana* transmeatione. Charta Aldef. reg. Castel. ann. 1173. inter Probat. tom. 1. Annal. Præmonst. col. 93 : *Dono ut omnes vestri ganados per omne regnum meum secura et absque omni inquietatione, exactione et Montatico libera habeant pascua.* Vide infra *Montitium.*] Charta Raimundi Comitis et Urracæ filiæ Adefonsi Regis, uxoris, æræ 1140 : *Et adhuc damus vobis ex omni tertia parte Salamantinæ civitatis census, quæ in nostra parte evenerit, ut tertia inde pars sit vestra in quocunque loco, vel quolibet modo eam reperire poteritis, tam de portatico, quam etiam de Montatico, vel de calumniis, aut de facinore, vel aliquo reatu, qui in prædicta urbe contigerit, etc.* Alia Adefonsi, ejusdem Raimundi filii, æræ 1164 : *Item ut ex omnibus reditibus ejusdem civitatis ubicunque possent inveniri, tam de Montatico, quam de portatico, de quinta, de moneta, de calumniis, vel homicidiis tertiam partem, et de acenis et piscariis, etc.* Fori Alcaçonenses : *Omnes qui quæsierint pausar cum suo ganado in termino de S. Maria des Alcaçonas, prendant de illis Montadigo de grege dus oves, 4. carnarios, et de busto das vacas, una vaca. Isto Montadigo est de Concilio.* Supra : *Ganado de Alcaçonas non sit Montado in nulla terra.*

MONTATIO. Vide *Montagium.*

* 1. **MONTATUS**, Equo insessus. Charta Galcheri de Barro ann. 1219. ex Tabul. Carnot. : *Quidam miles Montatus super equum suum etc.*

* 2. **MONTATUS.** Aquæ Montées, an Quæ sali conficiendo aptæ? Vide *Montea.* an Quæ sclusis continentur? Charta ann. 1266. ex Chartul. S. Petri Insul. sign. *Decanus : Dicimus quod aquæ, quæ vulgariter dicuntur Montées, existentes ad præsens in terris dictorum Insulensium apud Deulesmons, in jus dictorum decani et capituli Insulensis remaneant, sicut sunt, et eorum hospitum; et quod de cetero non fiant tales aquæ, quæ vulgaliter dicuntur Montées, nec possint fieri, nec debeant.*

MONTEA, Monteia, Montata, Burgundis, *Montée*, [Certa aquæ quantitas sali conficiendo aptæ; quod ex receptaculis aliquo vase 26. situlas circiter continente hauriatur, sic dicta. Chartular. Accincti fol. 59 : *Fratres de Aceyo habent de Comite Stephano unam Monteyam in puteo Ledonis de Rolant Santiz, de uxore ejus et de Johanne filio eorum unam Monteyam et 5. situlas, de Huberto Magzaligne 15. situlas, de Duranno Corde et Pontio filio ejus 26. situlas.*] Charta Stephani Burgundiæ Comitis ann. 1173 : *Notum facio.... quod Ecclesiæ Theoloci unam Monteam salis apud Laudonium dederim.* Alia Stephani filii ann. 1213 : *Tres Monteias muriæ, etc.* Alia Joannis Comitis ann. 1251. apud Chiffletium in Beatrice : *Nos Jeans Cuens de Bourgoigne et sire de Salins, façons savoir... que tant de muyre, come Estienes sire d'Oiseler nostre frere, pourra conquerir ou Puis de Laon, tant que à trois Montées de muyre, en accroissement de son chasement et de fié que il tient de nous, li affranchissons, etc. Monteiæ muriæ apud Ledonem; dimidia Monteia*, in Bibl. Sebusiana Cent. 2. cap. 8. 48; *Montatæ salis in puteo Ledonesi*, in Charta anni 1250. ibid. cap. 66.

MONTENSES, Donatistæ hæretici, sic Romæ appellati, quibus ex Africa solebat Episcopus mitti, ut auctor est S. August. lib. de Hær. cap. 69. sic dicti, quod *Speluncam quandam foris a civitate cratibus sepsissent, ubi conventiculum habere potuissent*, inquit Optatus lib. 2 : *eo quod Eccle-*

siam Romæ primum in monte habere cœpissent, ut Hieronymus in Chron. Lex 43. Cod. Theod. de Hæretic. (16, 5.) : *In Donatistas, qui et Montenses vocantur.* Horum præterea meminit idem Hieronymus in Luciferum, in Epist. ad Marcellam, Augustinus Epist. 156. Epiphan. Gennadius de Scriptorib. Eccles. in Macrobio, etc. Perperam vero Altaserra a *limite Montensi*, in Africa, cujus mentio est in Notitia Imperii, dictos scripsit.

¶ **MONTERA**, Genus pilei per æstatem apud Hispanos, Ital. *Montiera.* Concil. Mexic. ann. 1585. inter Hispan. tom. 4. pag. 339 : *Galerum acuminatum, seu id genus pilei, quod Hispani Montera aut gorra appellant, aut sericum pileum ne deferant, sed tantum laneo galero, et ea forma confecto utantur, qua gravitatem sui status profiteantur.*

* Academ. Hisp. *Cobertura de la cabeza, con un casquete redondo, cortado en cuatro cascos, para poderlos unir y coser mas facilmente, con una vuelta o caida al rededor, para cubrir la frente y las orejas. Pileolos venatorios, quos Monteras vocant*, in Conc. Tolet. ann. 1582. apud Jos. *de Aguirre* tom. 4. pag. 215.

MONTERIUS, Idem qui *Montarius*, Venator, de qua voce supra. Vide *Desparare.*

¶ **MONTES** FORTES, seu etiam *Montes* sine adjuncto vocarunt Majores nostri castella, quod in montibus, quo accessu difficiliora essent, ædificari solebant. Hæc monuisse sufficiat.

* **MONTESCERE**, Montis instar attolli. Vita S. Moctei tom. 3. Aug. pag. 743. col. 2 : *Itaque cum Moctei parentibus.... cæterisque suis intrat mare : et ecce venti sæviunt, æquora fervent, fluctus Montescunt, etc.*

MONTESIANI. Apud Commodianum Instructio 21. inscripta est *Montesianis;* primusque versus ita concipitur :

Monteses deos dicitis, dominentur in auro
Obscurati malo, etc.

In MS. scriptum *nominentur.* Ubi Rigaltius, *Montes et deos dicitis*, restituit, *Montesianos*que existimat, qui numina quædam in montibus esse credebant, ut alii in lucis. Cui conjecturæ favet Lactantius de Mortibus Persecutor. num. 11 : *Erat mater ejus Deorum montium cultrix, mulier admodum superstitiosa.* Sed *Montenses deos* malim reponere procliviori emendatione, vel potius *Monteses*, quomodo Epiphanius Novatianos Μοντησίους vocat. *Deorum Montensium* mentio est in vet. Inscript. apud Gruter. pag. 21. *Monteses* tamen habet etiam Auctor Prædestinati lib. 1. hær. 44 : *Sicut Donatistas, et Monteses, et Parmenianos vocamus, Donatistas a Donato, Monteses a montis latebra, etc.* Et hæresi 69 : *Hi hæretici in partibus Italiæ Monteses appellantur, in interiore Africa Parmeniani, in Carthaginensi Donatistæ.*

¶ **MONTEYA.** Vide *Montea.*

* **MONTHPENSIRIUS.** Vide supra *Monpensirius.*

MONTICELLUS, Collis, vox Agrimensoribus familiaris. Vide Rigaltii Glossar. ad Agrimens. [Chron. Farfense apud Murator. tom. 2. part. 2. col. 537 : *In ipso Monticello cum omnibus pertinentiis.* Vita S. Columbæ tom. 2. Junii pag. 231 : *In cujusdam Monticelli cacumine qui eidem supereminet campulo, se occulte conlatebat.*]

¶ **MONTICIUM**, Continui montes, Gall. *Chaîne de montagnes.* Vita MS. S. Winwaloei : *Hinc vero silva conspicitur decora super Monticium posita, et vallis in medio constituta, ad ortum solis conspecta.*

¶ **MONTICULOSUS**, Montuosus. Lambertus Ardensis pag. 11 : *Eo quod in armentis et pecoribus nutriendis totam perfunderet intentionem, terram in parte Monticulosam, etc.*

¶ **MONTIFODINA**, Fodina, Gall. *Minière.* Charta Henrici V. Reg. Angliæ ann. 1414. apud Rymer. tom. 9. pag. 176 : *Super omnibus ipsorum electoralibus*, (f. electoratibus) *principatibus, juribus,.... monetis, Montifodinis, etc.* f. *Aurifodinis.*

* **MONTINA**, vulgo *Montine*, Ludi genus. Lit. remiss. ann. 1450. in Reg. 182. Chartoph. reg. ch. 74 : *En la ville d'Arras les jeunes compaignons enfans de bourgois de ladite ville et autres, ont acoustumé de leur assembler et aler la veille de la feste des Roys ès hostelz de leurs voisins desdiz bourgois et autres gens d'icelle ville, et porter par esbatement et joye de la solempnité de ladite feste aucuns petits joyaulx, dons ou présens à son de menestrez ou autres joyeulx instrumens, et jouer en l'ostel du bourgois ou autre où ilz entrent, à ung jeu nommé Montine; et se iceulx compaignons perdent audit jeu aux gens dudit hostel où ilz entrent, on les chasse dehors par esbatement, sans leur donner à boire; et se ilz gagnent, on leur donne à boire, et ont l'onneur.* Ex quibus videtur fuisse ludicræ sortionis species, vulgo *Loterie;* cui ludere qui proponebant, si ludebant adversa fortuna, eo fere modo habebantur, quo apud nos olim crustularii, Gall. *Oublieux.* Vide supra *Epiphania.*

* **MONTISCILIUM**, Montis vertex, supercilium. Gualt. Hemingford. in Eduardo I. reg. Angl. ad ann. 1298. pag. 163 : *Statuerunt enim Scotti omnem plebem suam per turmas quatuor, in modum circulorum rotundorum, in campo duro et in latere uno cujusdam Montiscilii juxta Fawkirke.*

* **MONTITIUM**, Vectigal pro gregum in *montana* seu pascua transmeatione, idem quod supra *Montaticum.* Charta Caroli II. reg. Sicil. ann. 1304. apud Murator. inter not. tom. 6. Antiq. Ital. med. ævi col. 563 : *Ipsa civitas Aquilæ cum districtu et præfata terra Laposte sub unius capitanei, seu rectoris officio, jurisdictione consistant, et etiam gubernentur; regalibus tamen, ac regalium juribus, bajulatione, Montitiis, passagio, pedagio... dominio reservatis.*

¶ **MONTO**, MONTONAGIUM, etc. Vide *Multo.*

¶ **MONTONINA**, vox Italica, Vervecina pellis, *Peau de mouton.* Statuta Astens. ubi de *intratis* portarum : *Montonine sive bazane affaitate ponantur et solvant pro quolibet rubo, et si plus vel minus pro rata lib.* 6.

* **MONTONNAGIUM**, ut *Montonagium* in *Multo.* Locus est infra in *Neiagium.*

¶ **MONTONUS**, Acervus, Ital. *Montone*, nostris *Monceau.* Statuta Vercell. fol. 83 : *Et teneantur fornasarii predicti de qualibet fornasata lapidum facere tres Montonos, scilicet unum de blanchis, et alium de ferriolis, et alium de vermeliis, et Montonos duos de cupis.* Occurrit rursum fol. 72. Vide alia notione in *Multo.*

* Hisp. *Monton*, nostris etiam *Mont*, eadem acceptione. Lit. remiss. ann. 1406. in Reg. 160. Chartoph. reg. ch. 355 : *Lesquelx en reculant cheirent sur un mont de chennes.*

* **MONTORIUM**, Idem quod *Monticium*, Continui montes. Constit. MSS. Roberti reg. Sicil. : *Robertus Dei gratia rex Jerusalem et Siciliæ justitiario principatus citra serras Montorii, gratiam et bonam voluntatem. Montouer*, Scalæ, gradus, vulgo *Escalier*, in Lit. remiss. ann. 1378. in Reg. 113. Chartoph. reg. ch. 289 : *En la court de nostre palais royal à Paris, entre la pierre de marbre, nostre Montouer et nostre audience, etc.*

MONTRAGIUM. Charta Arcembaldi D. Borbonensis pro libertatibus Villæfranchæ, etc. ann. 1217. apud Thomasserium : *Omnes liberi homines Domini Borbonii possunt venire apud Villamfrancham causa Montragii, si hæreditare venerint aliquem de parentela sua, potest manere licite in Villafrancha.* [Mendum librarii; legendum enim ex emendatione ejusdem Thomasserii : *Causa maritagii, si hæreditates venerint alicui, etc.*]

* **MONTZOEVE**, vox Belgica, Mulcta pecuniaria, quæ proximis alicujus occisi penditur. Lit. remiss. ann. 1420. in Reg. 171. Chartoph. reg. ch. 242 : *Pour l'amendement des proximes et amis, que l'en appelle ouer de Montzoeve, eu de Maechzoeve de ladite mort, et monte ladite Montzoeve à la somme de cxxv. livres de Parisis.* [** Leg. *Mortzoene* et *Maechzoene.*]

¶ **MONTUOSITAS**, Eminentia. Nicolaus de Jamsilla de Gestis Friderici II. Imper. apud Murator. tom. 8. col. 550 : *Ad defendendum civitatis ingressum, quæ ad duo fere milliaria longe a civitate poterat ex loci Montuositate et passuum angustia et declivositate defendi.*

MONUBILIS. Sidonius lib. 2. Epist. 2 : *Porticus columnis invidiosa Monubilibus.* Itinerarium Burdigalense : *Inde non longe, quasi ad lapidis missum, sunt monumenta duo, Monubiles miræ pulcritudinis facta.* Cyprianus in Vita S. Cæsarii Arelatensis : *Et ut conferret sacris Virginibus, quas congregaverat, curam necessariam sepulturæ, Monubiles arcas corporibus humandis de saxis ingentibus noviter fecit excidi.* Variæ sunt super hac voce eruditorum sententiæ, quarum fere nulla arridet. Sirmondus ad Sidonium, *monubiles*, insignes ac præclaros, ut sunt monumenta, interpretatur. Salmasius in Itinerario Burdigal. *volubiles* legendum censet, id est, concameratos, εἰλημματικάς. At vox *volubilis*, columnis etiam convenit, quas concameratas dicere absurdum fuerit. Anastasius in Gregorio III. pag. 72 : *Columnas sexaginta onychinas volubiles.* Unde emendandus locus alter apud eumd. Scriptorem pag. 132 : *Simulque et columnas volatiles*, legendum enim *volubiles*, nisi utrobique *monubiles* legatur. Ludovicus Cerda *monubiles, columnas adstructas ad monumenta* esse putat. Denique

Vossius nescio quid de machinis bellicis hic commentatur, quæ ad vim vocis percipiendam nihil conferunt. Sane in præallatis locis, *monubiles* non modo *columnæ* dicuntur, ut apud Sidonium, sed et *monumenta*, vel sepulcra, in Itinerario Hierosol. et *arcæ*, seu corporum conditoria apud Cyprianum, adeo ut quid insigne ac præclarum denotari hocce vocabulo par sit credere, tametsi incertum hactenus maneat etymon.

☞ Mihi vero *Monubilis* idem videtur quod *monumentalis*, ad monumentum seu sepulcrum pertinens; vel quod *memorialis*, cui notioni egregie, nisi me fallit animus, præallati loci conveniunt.

¶ **MONUMEN**, Charta, instrumentum publicum. Acta S. Majoli tom. 7. Maii pag. 689 : *Dominus Majolus Cluniacensis Abbas venit, et præsentavit duo Monumina.*

¶ **MONUMENTARIUS**, Bustuarius. Apuleius in Floridis num. 4 : *Is igitur cum esset in tibicino apprime nobilis; nihil æque se laborare et animo angi et mente dicebat, quam quod Monumentarii ceraulæ, tibicines dicerentur.*

¶ **MONUMENTUM** Nominis, Lapis sepulcralis cum epitaphio. Vita S. Ansegisi sæc. 4. Bened. part. 1. pag. 635 : *In qua (curia) etiam Monumentum nominis sui collocari jussit, ut dum vitæ præsentis terminum daret, illic a suis deponeretur.*

* **MONUS**, Tegulæ species. Stat. Taurin. ann. 1360. cap. 271. ex Cod. reg. 4622. A. : *Habeatur modus Monorum et coporum fornasariorum ripolarum, ad quem modum fiant Moni et copi bene cocti.*

¶ 1. **MONZIA**, Mansio, domus cum aliqua agri portione. Chartularium Camalar. : *Ad pinum est una Monzia quæ reddit quartum. A la Brivaireta una Monzia cum quarto... Item a la Concheta una Monzia cum horto.*

* 2. **MONZIA**, f. Præs, fidejussor. Charta ann. 1054. ex Tabul. S. Vict. Massil. : *Et dedit eis Ugo Guillelmus monachus viginti quinque solidos, et apprehenderunt filium de Ricau Petroni Ricau pro Monzia.* Academ. Hispan. *Monzon*, vox nautica, Ventus pro tempore firmus.

¶ **MOPSICUS**, Μόωψ, *Lusciciosus*. Suppl. Antiq.

1. **MORA**, Erica. Statuta Roberti III. Regis Scotiæ cap. 11 : *Non fiat combustio Morum, sive bruarii, nisi in Martii, etc.* Ubi Skenæus : Nostrates *muirburne* vocant. Erica enim *heat or hedder* in suo ericeto incenditur, quæ brevi reviviscens, teneris agnis pascendis matura inservit. Fleta lib. 2. cap. 71. § 7 : *Item de pannagio, herbagio et melle, et omnibus aliis exitibus forestarum, boscorum, Movarum, bruerarum, et vastorum, quantum valeant per annum.*

2. **MORA**, Morus; Locus palustris, aquaticus; [palus, stagnum, Gall. *Marais*,] Anglis *Moore*, Flandris *Moer*, et *Moeren*. Hinc dictos *Morinos* plerique censent, populos Galliæ, scilicet ad Oceanum Britannicum, quod palustres regiones incolerent, ut sunt *Flandrenses*, quos peculiari vocabulo, *Morinos* vocat Otbertus Abbas Gemblacensis lib. de Miracul. S. Veroni cap. 2. [Chartul. SS. Trinit. Cadom. fol. 44 : *Robertus gener Symonis tenet de dominio duas particulas et unam Moram.* Consuet. Furn. MSS. : *In More Comitis ubicumque aqua est, erunt Comitis et pisces et aves.*] Monast. Angl. tom. 1. pag. 501 : *Sunt 3. carrucatæ terræ arabilis, cum bosco, Mora, et pastura, quam de eis habemus ibidem.* Pag. 559 : *Unum molendinum, et Moras ibi adjacentes ad piscandum, et warennam.* Tom. 2. pag. 50. 52 : *Usque ad Moram, id est, muccosam et humidam planitiem.* Adde tom. 1. pag. 591. tom. 2. pag. 8. [Chartam ann. 997. apud Knippenberg. in Hist. Eccl. Geldriæ pag. 58.] Roger. Hoved. pag. 455. Will. Thorn. in Chron. ann. 1240. § 13. Seld. de Tit. honor. pag. 38. etc.

Morus, Eadem notione. [Charta ann. 1191. tom. 3. Gall. Christ. inter Instr. col. 123 : *Octo mensuras Mori, ad fodiendas turbas.*] Lambertus Ardensis : *Quidquid etiam habebat in Hondescoto, sive terram, sive mariscum, vel Morum, sive altare.* Infra : *Et Morum, sive mariscum.* Galterus in Vita Caroli Comitis Flandriæ n. 89 : *Ut libertatem obtinerent rustici nostri exeundi et depascendi pecudes suas super terram, quæ dicitur Mor.* Passim in Chartis apud Buzelinum in Gallo-Flandr. pag. 396. Miræum in Donat. Belg. lib. 2. cap. 59. 68. in Diplom. Belg. lib. 1. cap. 24. 55. in Notit. Eccles. Belg. cap. 73. Malbrancum lib. 10. cap. 36. etc.

Mera, Eodem etiam significatu, ex *Moere*, in Charta Philippi Alsat. Comitis Fland. apud eumdem Malbrancum lib. 10. de Morin. cap. 28.

Morosus, Paludosus. Monasticum Anglic. tom. 1. pag. 648 : *In viis et semitis per vallem quandam Morosam et aquosam, etc.* Infra : *Per Morosum fontem.* Adde pag. 649. *Limosa palus*, in Charta Philippi Flandriæ Comit. ann. 1172. apud Miræum in Diplomat. Belg.

* *Meur*, in Charta Gallica Guid. comit. Fland. ann. 1290. ex Reg. 48. Chartoph. reg. ch. 200 : *Comme nostre chiere compaigne Yzabeaux contesse de Flandre et de Namur tenist aucun yretage, si comme Meur et poulres, ki sont waingnet des giés de le mer.* *Muer*, in Chartul. Namurc. ex Cam. Comput. Insul. fol. 5. r°. Hinc *Mourmaistre*, qui moris præfectus est, in Charta Phil. comit. Fland. ann. 1389. ex ead. Cam. : *Establissons par ces lettres nostre Mourmaistre général de tout nostredit mour de Flandres, aux gages de cxl. livres Parisis de nostre monnoie de Flandres par an.... Donnons plain povoir, de exercer bien et deuement ledit office de Mourmaistre, de visiter et aviser soigneusement et faire visiter nostredit mour et les diques de mer.*

¶ 3. **MORA**, vox Italica, Columna structilis, Gall. *Pile.* Chron Parmense ad ann. 1279. apud Murator. tom. 9. col. 793 : *Cuilibet ex pontibus de Galeria et dominæ Giliæ facta fuit una Mora seu pila per Commune Parmæ.* Ibid. ad ann. 1287. col. 813 : *Inceptus fuit pons Salariorum, et factæ sunt ibi septem Moræ et quinque voltæ. Morra* ibid. col. 830. [** Vide Murator. Antiq. Ital. tom. 2. col. 1251.]

¶ 4. **MORA**, Mansio, habitatio, Gall. *Logement.* Mandatum ann. 1314. apud Rymer. tom. 3. pag. 476 : *Et ei cameram infra dictum castrum competentem, pro Mora sua assignari.* Aliud ann. 1360. apud eumdem tom. 6. col. 173 : *Magnam turrim nostram Londoniæ (in qua Moram adversarii nostri Franciæ, de assensu Consilii nostri, certis de causis ordinavimus,) etc.* Statuta Collegii Dainvillæ ann. 1380. apud Lobinell. tom. 3. Hist. Paris. pag. 511 : *Si aliqui forenei scholares boni et honesti vellent accipere Moram in dicta domo nostra, etc.* Vide *Moratus.*

* *Moram seu mansionem facerent in eadem villa*, in Lit. ann. 1369. tom. 5. Ordinat. reg. Franc. pag. 389. art. 5.

¶ 5. **MORA**, pro *Morum*, Gall. *Mûre.* Miracula B. Ambrosii Senens. tom. 3. Martii pag. 206 : *Et brachium erat nigrum in modum Moræ.*

* Alias *Meuron.* Lit. remiss. ann. 1390. in Reg. 139. Chartoph. reg. ch. 19 : *Qui donrroit à menger ou à boire à une personne du jus ou du noir de Meurons, dont l'en noircist les cuirs, ou du prunele, mais qu'il feust cueilly à la feste S. Estienne, estant ou mois d'Aoust ou environ icelle feste, elle en mourroit.*

MORABATINUS, Morbotinus, etc. Vide in *Marabotinus.*

¶ **MORABIDES**. Vide *Mosarabes.*

MORACUM. Vide *Moratum.*

* **MORADA**, Modus agri vineis consitus. Charta ann. 1162. ex Bibl. reg. cot. 17 : *Unam sextairadam terræ ad combam in termino S. Laurentii, et mediam Moradam vineæ ad condaminam de Portello.* Vide infra *Morata* 2.

¶ **MORAGIIS**, *Nutibus longis.* Papias. Unde emendandum vetus Glossar. MS. Sangerm. *Moragis, nucibus longis.*

* **MORAIA**, Vestis seu ornatus species videtur. Comput. MS. ann. 1245 : *De quadam Moraia date Aelipdi de Pissiaco, vj. sol.*

¶ **MORALE** Colloquium, Longum. Guidonis Discipl. Farfens. lib. 2. cap. 54 : *Prior sonet tabulam (si tempus fuerit loquendi in claustro absque Morali colloquio) quousque ex illo redierint.*

* **MORALEA**, Locus, ni fallor, olivis, quæ Italis *Moraiuoli* nuncupantur, consitus. Charta ann. 880. apud Murator. tom. 1. Antiq. Ital. med. ævi col. 919 : *Insuper, donec vivimus, illi de nostra terra unam legitimam perticam, una cum Moralea cohærente perpetualiter possidendam.*

* **MORALIGATUS**, perperam pro *Moralizatus*, in Lib. 1. Rer. Danic. apud Ludewig. tom. 9. Reliq. MSS. pag. 200. ubi inter aliquot libros recensetur *Ovidius moraligatus.* Vide *Moralizare.*

¶ **MORALIS**, perperam apud Guichenonum in Vita S. Domitiani, pro *Motalis.* Vide in hac voce.

¶ **MORALISATIO**, Moralis sermo, apud Dionysium Carthus. in Enarrat. Johannis.

1. **MORALITAS**, Morum probitas. [S. Ambrosius tom. 2. pag. 1039 : *Ista ad commoditatem et Moralitatem disciplina, illa ad abstinentiam adsuefacta atque patientiam.* Otto de S. Blasio in Chron. de Rebus gestis Friderici I. Imper. cap. 12. apud Murator. tom. 6. col. 871 : *Præter hæc librum sermonum mira subtilitate composuit, in quo præter alia utilia, Moralitatem mentibus mortalium miro modo inculcavit.*] Petrus Blesensis Epist. 120 : *Hanc non promovet*

honestas, sed cupiditas, non Moralitas, sed venalitas. Utitur etiam Fulbertus Carnot. Epist. 12.

* 2. **MORALITAS**, Actio scenica informandis moribus destinata, ut putabant; quanquam in ea sacra mysteria sanctorumque facta ridicule agerent, nostris *Moralité.* Vide supra in *Ludus* et infra in *Pius* 2. Stat. MSS. eccl. Tull. ann. 1497. fol. 67. r°. : *Fiunt ibi Moralitates vel simulacra miraculorum cum farsis et similibus jocalis, semper tamen honestis.* Lit. remiss. ann. 1477. in Reg. 201. Chartoph. reg. ch. 189 : *Certaine Moralité ou farce, que les escolliers de Pontoise avoient fait, ainsi qu'il est de coustume.* Eodem etiam nomine appellabant *Bazochiensium* facetias seu satyras. Vide supra *Bazochia.*

¶ 1. **MORALITER**, *Diuturna aliqua mora, aut commansione:* Gasp. Barthii Gloss. ex Hist. Palæst. Fulcherii Carnot. apud Ludewig. tom. 3. pag. 354.

** 2. **MORALITER**, Secundum bonos mores. Translatio S. Alexandri cap. 4 : *Quem prædictus rex secundum regium morem clementer suspiciens, ac Moraliter nutritum suæ familiaritatis participem inter alios principes esse concessit.*

¶ **MORALIZARE**, Dicta ad mores aptare. Epist. Roberti Prioris Celsin. ann. 1419. apud Marten. tom. 7. Ampliss. Collect. col. 1119 : *In deductione non fuit oblitus Moralizare, illud videlicet quod Magi obtulerunt Regi æterno tria munera, aurum, thus et myrrham.* De virtut. B. Ambrosii Senens. tom. 3. Martii pag. 212 : *Quæcumque nautæ, agricolæ et quique artifices faciunt, propriissime moribus hominum adaptabat, et ea sæpe sicut et Scripturarum gesta, Moralizabat.* [** Vide Glossar. med. Græcit. in Ἠθικεύεσθαι Append. col. 80.]

¶ **MORALIZATOR**, Qui moralia docet. Chron. Trivetti tom. 8. Spicil. Acher. pag. 573 : *Suavissimus quippe Moralizator erat (Johannes de S. Ægidio) ut satis considerare poterit, qui libros ejus inspexit manu propria emendatos.*

¶ **MORALLA**, Cadivus seræ pessulus, Gall. *Moraillon*, ferrum quod arcæ operculo annexum in seram immittitur; Armoricis *Morail* idem est quod ille posticus obex quo portæ clauduntur, qui Gallis *Loquet* dicitur : hinc forsan vocis etymon. Tabular. Dunense Charta 93 : *Tunc unus ex famulis qui vocatur Furrerius vi extorsit Morallam de serratura et aperuit archam... Et ibi negavit Furrerius se vi extorsisse Morallam de serratura, sed dixit archam non esse firmam, et ideo se traxisse Morallam de serratura et se nullam vim intulisse Morallæ.*

* Alias *Morillon.* Lit. remiss. ann. 1381. in Reg. 119. Chartoph. reg. 124 : *Un coffre, duquel le Morillon fu rompu.* Eodem sensu *Morreul*, in aliis Lit. ann. 1457. ex Reg. 186. ch. 33 : *Le suppliant, d'une serpe qu'il avoit, rompit le Morreul d'un forcier ou coffre.*

* **MORALLUS**, Mensuræ vinariæ species. Stat. MSS. eccl. Tull. ann. 1497. fol. 3. v°. : *Gengulphini nequeunt sub gravibus pœnis prævenire pulsationem majoris hujus ecclesiæ,.... exceptis vigilia et die festi B. Gengulphi, in quibus eis licet pulsare ad libitum, mediante responsione unius modii vini ad Bayart, constituente xlij. Morallos mensuræ capituli.*

¶ **MORAMENTUM**, Mora, impedimentum. Apuleius in Floridis cap. 21 : *Hisce igitur Moramentis omnibus qui volunt devitari* (f. *deviare* subintel. præpos. *ab*) *advectorem sibimet equum deligunt.*

¶ **MORAPETINUS.** Vide *Marabotinus.*

¶ 1. **MORARE**, Remanere. Spicileg. Acher. tom. 9. pag. 333 : *Quodque... liberi orbati parentibus Morassent, injustitia sine fallo regnasset.* Gloss. Lat. Græc. MSS. Sangerm.: *Morare, degere,* διάγειν, διατρίβειν.

* 2. **MORARE**, pro Morari, Gall. *Demeurer, habiter.* Libert. Clarim. in Bassig. ann. 1248. tom. 5. Ordinat. reg. Franc. pag. 601. art. 21 : *Si vero aliqui alieni in dicta libertate apud Clarimontem Morare venerint, etc. Morisager* vero, pro Æstimare, vel Moderare, Gall. *Abonner*, in Charta ann. 1385. ex Reg. 128. Chartoph. reg. ch. 51 : *Et a ledit seigneur de Buffaloise court et usaige,.... laquelle court et usaige feust Morisagée et jugié valoir de rente xx. solz Tournois.*

¶ **MORARI AD SOLDOS**, De militibus dicitur, qui stipendio merent. Bartholomæi Scribæ Annal. Genuens. lib. 6. ad ann. 1255. apud Murator. tom. 6. col. 438 : *Sicque ambæ civitatis milites et pedites quasi fessos undique circumdantes converterunt in fugam,* XXVII. *de nostris militibus retinentes, quorum* XII. *de civitate erant, et alii Morabantur ad soldos.*

MORARIUS, Morus, *Meurier*, in Capitulari de Villis cap. 70.

¶ 1. **MORATA**, Breve temporis spatium. Translatio S. Thomæ Aquin. tom. 1. Martii pag. 730 : *Dominus Papa aliquantulum hæsitans, post Moratam cœpit loqui.*

* 2. **MORATA**, Modus agri. Charta ann. 852. pro S. Eparch. Engolism. monast. tom. 8. Collect. Histor. Franc. pag. 521 : *Item in Enguena unum hortum tenentem dimidiam Moratam de terra.* Vide supra *Morada.*

MORATORES, Incolæ, Cives, in Chartis Hispanicis apud Brandaon. in Monarch. Lusitan. tom. 3. pag. 287. tom. 4. pag. 237. [Gloss. Isid. : *Moratores, advocati.* Ubi Grævius : Sed Papias : *Morator, cessator, signis, piger.* Si sic dicti sunt advocati aliquando, facilis est ratio. Quia moras semper faciunt, et lites protrahunt quæstus sui causa.] [* Leg. forte *Narratores.* Vide in hac voce.]

* **MORATORIA**, Litera, qua juridica actio retardatur. Instr. ann. 1410. apud Murator. tom. 6. Antiq. Ital. med. ævi col. 862. inter not. : *Moratoriæ non concedantur debitoribus, et necnon salvi conductus in præjudicium creditorum.* Vide *Moratorius.*

¶ **MORATORIUS**, Quo mora effertur, in Statut. Avenion. lib. 1. rubr. 21. art. 19. pag. 91. Utitur Paulus JC.

MORATUM, Potionis genus, [f. ex vino et moris dilutis confectæ.] Capitulare de Villis cap. 34 : *Vinum, acetum, Moratum, vinum coctum, etc.* Adde cap. 62. Henricus Huntindon. lib. 6. Hist. : *Singulis vasis vini, medonis, cervisiæ, pigmenti, Morati, siceræ, etc.* Perperam *moraci*, editum, apud Bromptonum ann. 1056. Vetus Pœnitentiale MS. Thuanum : *A vino, medone, cervisia, Morato, et carne.... abstinere debes.* [** Vide veter. notit. ex cod. Sangerm. apud Guerardum post Irminon. pag. 305.] [Charta Richardi Abb. Fuldens. ann. circ. 1032. apud Schannat. pag. 250 : *Talentum piperis, sextarium Morati, sextarium aceti.* Vetus Poeta MS. e Bibl. Coislin. :

Moult ot boñs vins et Morez,
Et moult fu li Quens honorez.

Infra :

Moult ont bons més et bon viez vins,
Et bons Morez et clarez fins.]

* Gloss. Cæs. Heisterbac. in Reg. Prum. tom. 1. Hist. Trevir. Joan. Nic. ab *Hontheim* pag. 671. col. 2 : *Moras, brabiren, homines nostri tenentur colligere ad faciendum Moratum, propter solennitates et infirmos fratres et magnos hospites.* Alia videtur ab ea potione, quæ *More* appellatur, in Lit. remiss. ann. 1412. ex Reg. 166. Chartoph. reg. ch. 282 : *Lequel Bertier faisoit taverne d'un beuvrage fait de miel et d'eaue, que l'en appelle More.* Vide *Medo.*

MORETUM, Eadem notione. Statuta antiqua Canonicorum S. Quintini in Viromanduis : *Ad postmeridiem debet nebulas, et abbatas, et Moretum, et vinum.* Infra : *Ipsodie post meridiem et nebulis et oblatis et Moreto cum duplis.* Rursum : *Et debet habere unusquisque privatus demi esteu de Moreto.* [Supplem. Antiquarii : *Moretum,* τρίμμα, *ex variis herbis contusis edulium,* Antiquis haud ignotum.]

¶ 1. **MORATUS**, Mansio, habitatio. Vita S. Dunstani tom. 4. Maii pag. 351 : *Jussit eum ablata dignitate, etiam omni honore privari, et sibi seni Moratum ubi vellet sine se suisque conquirere.* Vide *Mora* 4.

* 2. **MORATUS**, Niger, fuscus, Ital. *Morato.* Charta ann. 1496. ex schedis meis : *Unam cotam panni Morati, panni Franciæ.* Vide infra *Morelus.*

* 3. **MORATUS**, Alia notione. *Moratam Galliam*, quæ moribus suis regitur, vulgo *La France coutumiere*, appellat Mornacus in leg. 15. ff. de inoffic. testam. pag. 285. tom. 3. non. semel.

¶ **MORBATUS**, Morbo aliquo et pestilentia infectus. Chron. Bergom. ad ann. 1339. apud Murator. tom. 16. col. 916 : *Quod eliguntur de bonis civibus Bergomi homines* ccc. *qui personaliter teneantur facere guardias ad novem portas burgorum Bergomi occasione pestis, ne nullus de partibus Morbatis intret in civitatem Bergomi.*

MORBERE, Ægrotare, morbo laborare. Gloss. Gr. Lat. MS. : Ἀσθενῶ, *ægroto, langueo, Morbeo, languesco.* In Edito *morveo.*

¶ **MORBIDARE**, Morbo afficere. Acta S. Valeriani etc. tom. 2. Aprilis pag. 206 : *Ardores exiccant, aeres Morbidant, escæ inflant.* [** Miracul. S. Adalberti cap. 7 : *Incantaciones et maleficia sua ad maledicendos nos et Morbidandos exercet.*]

* **MORBIDUS**, Pretium acquisitionis factæ ab hominibus *manus mortuæ*, seu monasteriis aut collegiis religiosis. Charta Alf. reg. Castel. æra 1260. tom. 6. Jul. pag. 56. col. 1 : *Quod nullus homo de Toleto, sive vir sive mulier, possit dare vel vendere hæreditatem suam alicui ordini, excepto, si voluerit eam dare vel vendere sanctæ Mariæ de Toleto, quia est sedes civitatis;... et ordo,*

qui eam acceperit datam vel venditam, amittat eam; et qui eam vendiderit, amittat Morbidos; et habeant eos consanguinei sui propinquiores. [** Forte pro *Marabotinos*.]

MORBIFICATUS, Ægrotus, apud Petrum de Vineis lib. 3. Epist. 8.

* MORBILLOSUS, Laborans *morbillis*, apud Henr. ab *Heers* in Observ. Vide mox

MORBILLUS. Gloss. MSS. ad Alexandrum Iatrosoph. : *Tarpedo, nihil aliud est nisi cutis deturpatio facta ex varia macularum diversarum distinctione. Hanc passionem quidam: Morbillum, i. minimum morbum communiter dixerunt, eo quod patientes per totum corpus minutas videantur habere pustulas. Alii lepram, quod sit lepræ similis, etc.* In sequentibus, quatuor turpedinis species explicantur.

* *Morbille* Italis vocantur pustulæ rubentes sive varioli, ut notant docti Editores ad Mirac. S. Rosæ tom. 2. Sept. pag. 446. col. 2: *Cum quædam Maria Antonii Abonis Lombardi de Sutrio, pateretur Morbillos, ex quorum uno exorto in sinistro oculo ejus, oculis cæca effecta penitus.*

¶ MORBITER, Instar morbi. Vita B. Bernardi pœnit. tom. 2. Aprilis pag. 683 : *Puer quoque circa genitalia Morbiter inflatus.*

¶ MORBOSUS. Vide *Meligniosus*.

¶ MORBOTINUS. Vide *Marabotinus*.

* MORBUS AMBIANENSIS, qui et *S. Firmini*, Sacer ignis. Lit. remiss. ann. 1427. in Reg. 173. Chartoph. reg. ch. 707 : *Par accident d'une maladie, que on dit le Mal d'Amiens, icellui Buisson ala de vie à trespas.* Aliæ ann. 1369. in Reg. 100. ch. 113 : *Icellui prestre fu navré et playé en plusieurs lieux sans mort, èsquelles playes trois ou quatre jours après ce la Maladie S. Fremin se mist; et pour ce fu menez pardevers le benoit saint en dévotion à son eglise à Amiens, etc.* Vide supra *Ignis S. Firmini*.

* MORBUS S. ANDREÆ, qui et *S. Antonii*, Eadem notione. Lit. remiss. ann. 1346. in Reg. 75. Chartoph. reg. ch. 423 : *Le feu S. Anthoyne et S. Andrieu se prist en son braz, et pour ce lui fut coppé.*

* MORBUS S. ANIANI. Lit. remiss. ann. 1423. in Reg. 172. Chartoph. reg. ch. 558 : *Le suppliant estoit et est encores malade et enferme d'une maladie, que l'en nomme le Mal saint Aignen.*

¶ MORBUS S. ANTONII, qui et *infernalis* Sacer ignis. Miracula B. Edmundi apud Marten. tom. 3. Anecdot. col. 1896 : *Magister Simon canonicus Eduensis sanatur a Morbo qui dicitur S. Anthonii, vel infernalis.* Vide *Ignis inferni*.

* Monstrel. vol. 1. cap. 265 : *La principalle maladie, dont ledit roy* (Henri) *alla de vie à mort, lui vint par feu, qui lui print par dessoubs au fondement, assez semblable que l'on dit estre la Maladie sainct Anthoine.*

* MORBUS Gall. d'AVERTIN, Qui a sensu avertit, epilepsia. Vide supra *Adversatus*.

* MORBUS S. BLASII. Barel. serm. 2. in Domin. 1. Quadrag. : *Quinto tentat de gula : sicut Morbus S. Blasii.* Vide infra *Morbus S. Martini* et *Vitium S. Blasii*.

* MORBUS CALIDUS, Febris ardens, vulgo *Fievre chaude*, Lit. remiss. ann. 1355. in Reg. 84. Chartoph. reg. ch. 132 : *Ipsa Johanna patiebatur febrem, et deponit Petronilla se credere quod ex illa febre, quam* vocat *Mal de chaleur, mortua fuit dicta Johanna.* Aliæ ann. 1459. in Reg. 188. ch. 160 : *La femme du suppliant fut surprinse de la maladie de fievres, et aussi de certaine maladie, que on appelle ou pais* (d'Auvergne) *le Mal chault.*

* MORBUS DRAGUNCULI, Ulceris vel cancri species. Excerpt. ex Jord. Chron. apud Murator. tom. 4. Antiq. Ital. med. ævi col. 975 : *Morbo autem draguneuli, qui sibi erat nativus, mortuus est* (Henricus imperator). Vide *Dracunculus*.

MORBUS S. ELIGII, seu, ut Galli efferunt, *Le mal S. Eloi*. [Miracula B. Edmundi ibidem : *Ermengardis de sancto Juliano de Saltu a Morbo sancti Eligii curatur.*] Vide Vassorium in Annalibus Noviomensibus pag. 469.

* F. Scorbutus morbus. Lit. remiss. ann. 1376. in Reg. 110. Chartoph. reg. ch. 148 : *Pour cause de son mauvez gouvernement se engendra en la plaie du genoul le Mal de S. Eloy, et y vindrent deux ou trois pertuis.*

* MORBUS S. EUTROPII, nostris *Eutrope*, *Ytrope* et *Ytropice*, Hydropisis; unde *Ytropite*, pro *Hydropique*, Hydrops. Lit. remiss. ann. 1378. in Reg. 112. Chartoph. reg. ch. 271 : *Lequel Rolant, qui estoit infers d'une maladie nommée Ytropice, etc. Ytropisiée*, in aliis ann. 1371. ex Reg. 102. ch. 114. Aliæ ann. 1454. in Reg. 191. ch. 64 : *Il survint à icellui Lienart une maladie de S. Eutrope, etc.* Aliæ ann. 1447. in Reg. 178. ch. 257 : *Ainsi qu'icelle femme engroississoit, disoit et faisoit entendant icellui Frobert à l'oncle d'icelle, qu'elle lui sembloit estre ytropite..... Icelle femme, tant qu'elle peut, cela sa ditte groisse, et dist à sondit oncle qu'elle doubtoit estre malade de ladite maladie de S. Ytrope.*

¶ MORBUS FRANCIOSUS, Italis, Morbus venereus, quem Galli contra *mal de Naples* vocant, quod eumdem in obsidione Neapolitana recenter ex novo mundo advectum, contraxerint, atque inde revertentes, primi sparserint quacumque transibant Vita S. Columbæ Reatinæ tom. 5. Maii pag. 361* : *Ita Morbo Francioso laborabat, ut laberetur in desperationem.*

¶ MORBUS GALLICUS, Scabies. Miracula S. Bennonis tom. 3. Junii pag. 190 : *Morbo Gallico ita graviter laborabat, ut oculum alterum penitus amitteret.*

* Rectius Strumæ. Mirac. S. Hyacint. tom. 3. Aug. pag. 374. col. 1 : *Margareta Szimonowa institrix de Cracovia per sex annos continuos passa Morbum Gallicum, ita quod videbatur facies putrefieri.*

* MORBUS S. GENOVEFÆ, Sacer ignis. Lit. remiss. ann. 1411. in Reg. 166. Chartoph. reg. ch. 85 : *Icelle Jehanne qui estoit malade en sa jambe du Mal, que l'en dit de Sainte Genevieve et de S. Anthoine, etc.*

* MORBUS S. GERMANI, f. Eadem notione. Lit. remiss. ann. 1408. in Reg. 162. Chartoph. reg. ch. 368 : *Une meschine amaladi; pour laquelle maladie, un nommé Jehan Marquien, ... qui se entremettoit de garir de Maladie de saint Germain etc.*

* MORBUS GROSSUS, qui et *Magnus* dicitur, idem atque *S. Johannis*, Epilepsia. Lit. remiss. ann. 1370. in Reg. 100. Chartoph. reg. ch. 748 : *Icellui Jehannin chey à terre, si comme plusieurs autres foiz estoit* cheu : car il estoit malades de la grosse maladie. *Barigot estant entechié du grant mal etc.* in aliis ann. 1390. ex Reg. 138. ch. 232. Aliæ ann. 1395. in Reg. 149. ch. 124 : *Un tel homme entachié de mauvaises conditions ou maladies, et par especial de la grant maladie, dont l'en chiet.* Denique aliæ ann. 1415. in Reg. 168. ch. 294 : *Dès le temps de sa nascion le suppliant a esté entachié d'une maladie contagieuse, que l'en appelle le grant Mal ou le mal S. Jehan.*

¶ MORBUS INIQUUS, Sacerignis. Vide *Iniquus*.

¶ MORBUS S. JOHANNIS, vulgo *Mal de saint Jean*, Epilepsia, in Chartophylacio regio Reg. 80. Ch. 214. ann. 1350. Vide infra.

MORBUS S JULIANI, *S. Fiacrii*. Anonymus de Miraculis S. Thomæ Cantuar. edit. a Stapletono, cap. 33 : *Sanavit etiam eos, qui apostematibus, læsionibus, cæterisque morbis, vulgo S. Juliani, et S. Fiacrii appellatis, laborabant.*

* Charta ann. 1347. in Reg. 77. Chartoph. reg. ch. 124 : *On trouva que il estoit mort du Mal S. Julien, dont il estoit entachiez.*

* MORBUS S. LAZARI, Lepra. *Mal S. Ladre*, in Lit. ann. 1369. tom. 5. Ordinat. reg. Franc. pag. 197. Vide *Lazari*.

* MORBUS S. LUPI, Epilepsia, comitialis morbus. Lit. remiss. ann. 1352. in Reg. 81. Chartoph. reg. ch 494: *Morbum beati Lupi, seu aliter caducum, sustinere sæpius dicebatur.* Aliæ ann. 1379. in Reg. 115. ch. 194 : *Et disoit icellui Regnault,... que du Mal S. Leu fussent eulx abatuz. Icellui homme faignant qu'il feust malade du Mal monsieur saint Loupt etc.* in aliis ann. 1413. ex Reg. 167. ch. 79.

* MORBUS MAGNUS. Vide supra *Morbus grossus*.

* MORBUS B. MARIÆ, qui *Flores* vel *Rosæ B. Mariæ* etiam appellatur, Scorbutus morbus, vel Eresipelas, sacer ignis, Ital. *Rosellia* et *Rosolia*. Vide infra *Rosillia*. Charta capit. Paris. ann. 1248 : *Cum ecclesia nostra in parte anteriori, qua ægri et Morbo, qui beatæ Mariæ nuncupatur vulgariter, laborantes..... reponi consueverunt, etc.* Lit. remiss. ann. 1358. in Reg. 86. Chartoph. reg. ch. 157 : *Pour certaine maladie que ledit Grant-Jehan avoit paravant ladite navreure, et dont il estoit entachiez, c'est assavoir du Mal des roses Nostre Dame, etc.* Aliæ ann. 1381. in Reg. 119. ch. 156 : *Icelle femme fu emprise et entechiée d'une maladie, nommé le Mal Nostre Dame, et aussi du Mal saint Santin, tellement que assez tost après ele ala de vie à trépassement.* Vide supra *Flores* 3.

1. MORBUS S. MARTINI, Gall. *Le mal de S. Martin*, Ebrietas, propter vina quæ in feriis seu nundinis vinariis circa festum S. Martini distrahuntur Chronicon MS. Bertrandi Guesclini, de quodam feciali, qui inebriatus fuerat :

> Et response donner pour le Heraut devant,
> Que le Mal S. Martin tenait moult forement.

* 2. MORBUS S. MARTINI, Angina, Gall. *Esquinancie*. Charta ann. 1342. in Reg. 81. Chartoph. reg. ch. 424 : *Supervenit ei quædam infirmitas in gula, quæ in illis partibus*

infirmitas S. Martini vulgaliter appellatur, et inde causata fuit magna inflatura in gula. Quæ Gallice ibid. in alia eadem de re Charta sic efferuntur : *Pour cause dou Mal mons. saint Martin, qui le tenoit en la gorge et en la bouche, si que à grant paine pouvoit parler, et que il en avoit la gorge toute enflée.*

* MORBUS S. MATHELINI vel *Mathurini*, Vertigo, stupor, Gall. *Vertige, étourdissement, folie.* Lit. remiss. ann. 1416. in Reg. 169. Chartoph. reg. ch. 369 : *La suppliante qui aucuneffoiz est maladive de saint Mathelin etc.* Aliæ ann. 1448. in Reg. 179. ch. 173 : *Le suppliant estoit seurprins d'une maladie, appellée la Maladie saint Mathurin, qui encores bien souvent le tient deux ou trois foiz le jour, et est tout estourdi quant elle le tient, telement qu'il ne scet qu'il fait.*

* MORBUS S. MAXENTII, Gall. *Mal S. Messent*, f. Sacer ignis, vulgo *Erésipele*. Lit. remiss. ann. 1379. in Reg. 115. Chartoph. reg. ch. 62 : *Depuis vint à laditte jambe une maladie, que l'en appelle le Mal S. Messent, et d'icelle maladie ledit Jehan jut au lit malade xv. jours, et puis est alez de vie à trépassement.*

* MORBUS NEAPOLITANUS, nostratibus; Italis contra, Gallicus, Morbus venereus. Chron. abbat. Corb. Ms. fol. 90. r°. : *Anno salutis 1496. novum morbi genus cœpit in tota Francia, vulgariter Neapolitanus nuncupatus, propterea quod sub descensu Francorum in ipsum regnum primo ibidem inchoaverit. Dira lues et quam nulla sit ætas experta : pauci, pro numero ægrotantium, extincti; sed multo pauciores a morbo servati.* Longe antiquior est lues illa, si de ea intelligendus sit Guillelmus de Placentia in opere quod ann. 1275. inscripsit : *Summa conservationis et curationis*, edito Venetiis ann. 1502. lib. 1. cap. 48. cujus titulus : *De pustulis albis et scissuris et corruptionibus, quæ fiunt in virga et circa præputium propter coitum cum meretrice vel fœda, vel ab alia causa.* Huc etiam spectant, aut prope accedunt, quæ leguntur apud Murator. tom. 18. Script. Ital. pag. 358. ad ann. 1399 : *Dom. Nicolaus marchio* (Estensis) *passus fuit in inguine unum tuberem sive angum, qui fuit ita rabidæ molestationis, quod dubitantibus quibusdam ex medicis, ne foret morbus naturæ pestilentis, de salute ipsius domini accidit non modica dubitatio. Sed divina gratia redactus cum medelis ad mollificationem et saniem, et demum scissus, nihil attulit dispendii formidati.* Consule Transact. philosoph. et D. *Astruc.* Vide *Morbus Franciosus.*

* MORBUS OBSCURUS, Gall. *Maladie obscure*, Epilepsia, comitialis morbus. Lit. remiss. ann. 1389. in Reg. 138. Chartoph. reg. ch. 3 : *Garin le Tresaudat poure homme, sourt, malade de Maladies obscures, desquelles il chiet souvent soubdainement, etc.*

* MORBUS S. NAZARII, Idem videtur qui supra *Morbus S. Mathelini.* Lit. remiss. ann. 1463. in Reg. 199. Chartoph. reg. ch. 277 : *Jehan Carbonnel poure homme, incensé de sens et entendement, malade et entachié de la Maladie de S. Nazaire etc.*

MORBI OFFICIALES. Vide Constantinum African. lib. 5. de Morb. curat. cap. 1. 5. lib. 4. Pantechn. cap. 7. lib. 6. cap. 7.

¶ MORBUS PAPICI. Vita B. Humilianæ tom. 4. Maii pag. 397 : *Sicut cum recessisti a me, nunquam ilicet lateris dolorem sensi.... Infirmitas illa vulgo Papici vocabatur; alio autem vocabulo ignis volatilis, alio modo gutta salsa nominatur.*

¶ MORBUS PERSICUS, Paralysis, vel potius Eresipelas, ut interpretantur Bollandistæ, qui morbus Belgis vulgo *Rosa* dicitur, a roseo seu persico, quem affectæ parti inducit, colore. Acta S. Bennonis tom. 3. Junii pag. 177 : *Gravissimum pedum dolorem contraxerat, quem Morbum nunc Persicum, nunc paralysim medici vocant.* Ibid. pag. 180 : *Magnum tumorem in altero pede cum morbo Persico conjunctum contraxerat.*

¶ MORBUS PONDERUM. Miracula S. Mariæ Magd. *de Pazzis* tom. 6. Maii pag. 310 : *Dominus Fabius.... gravem infirmitatem quam Ponderum vulgus nominat, cum febri continua intensisque doloribus patiens, etc.*

* MORBUS PULCHER ex adverso appellatur Morbus comitialis, in Lit. remiss. ann. 1404. ex Reg. 158. Chartoph. reg. ch. 360 : *André Guibretea qui paravant pou de temps avoit esté détenu et cheu du mal caduc, appellé vulgalment le Beau mal, etc.*

MORBUS S. QUINTINI. Chronicon Bertrandi Guesclini, ubi ita Angli qui Niorti in Pictonibus obsidebantur :

Et disoient en haut, Entendez Francequin,
Alés boire à Paris la chopine de vin,
Et la soupelinette, et rostir le boudin;
Car vous ne vallez rien à maintenir hustin,
N'a gesir tous vestus en haubert doublentin,
N'à mengier le pain sec, boire l'eauë au matin,
Vous y pourrez bien prendre le grant Mal S. [Quentin.

* Hydropisis, ut videtur. Lit. remiss. ann. 1382. in Reg. 122. Chartoph. reg. ch. 34 : *Icellui Estevenin avoit le visage et le corps enflé, et lui sembloit et aussi le disoient les gens, que c'estoit le Mal S. Quentin.* Aliæ ann. 1459. in Reg. 189. ch. 368 : *Il survint a icellui varlet une Maladie de S. Quentin, tellement qu'il fut tout enflé, etc.*

¶ MORBUS REGIUS, Icterus Recentioribus, Gall. *Jaunisse*, Antiquioribus vero *Lepra*, Gall. *Lepre.* Epist. Zachariæ Episc. ad S. Bonifacium tom. 1. Rer. Mogunt. pag. 262 : *De his, qui Regio Morbo vexantur, inquisisti, sive homines sive equi sint, quid faciendum sit de illis. Si homines ex nativitate aut genere, istius morbi sunt, hi extra civitatem conversari debebunt.* Vide Ruffinum lib. 10. Hist. cap. 25. [* et infra *Regius Morbus.*]

MORBUS ROMANUS. Petrus Cluniacensis lib. 2. de Mirac. cap. 13 : *Irruit post paucos dies, tam in victos, quam in victores; Romanus ille pestifer Morbus, et pœne omnes tam Monachos, quam famulos in brevi prosternit.* Infra, de Pontio Cluniacensi Abbate : *Ille quidem Morbo Romano aliquamdiu fatigatus moritur.* Mox apud eumdem *Febres Romanæ* dicuntur pestiferæ, contagiosæ. Petrus Damianus lib. 1. Epist. 9 : *Cur ego non deseram pro cavendis tot animæ vulneribus Romam? quanquam et ipsi corpori meo non sit prorsus innoxia, ut pote ferax febrium nec vagurum. Unde et tetrasticon hoc olim protulisse memini :*

Roma vorax hominum, domat ardua colla virorum,
Roma ferax febrium, necis est uberrima frugum.
Romanæ febres stabili sunt jure fideles,
Quem semel invadunt vix a vivente recedunt.

Qui quidem versus laudantur ab Alberico in Chron. MS. Vide Carmen de Curia Romana v. 110. apud Mabillon. tom. 4. Analector. vel *Febris Italica*, apud Eckeardum juniorem de Casibus S. Galli cap. 1. pag. 47.

¶ MORBUS SAGITTÆ, Quo celerrimus noxii alicujus humoris motus et dolor significatur. Vita S. Bernardi pœnit. tom. 2. Aprilis pag. 694 : *Morbo advolante unius cruris sui virtute sub momento privatus est, Sagittæ vero Morbo non cessante.... non solum cruris virtute, sed etiam a totis viribus suis ab articulorum suorum novissimis pube tenus in una parte sui destitutus est.*

* MORBUS S. SANCTINI, Galli *Saintin*, alias *Santin.* Vide supra *Morbus B. Mariæ.*

¶ MORBUS SONTICUS, Epilepsia, Plinio aliisque. Vita B. Simonis de Lipnica tom. 4. Julii pag. 528 : *Quod Morbis Sonticis vel quorum feritas omnem ingentis artem eripit, ex solo pallii et chordæ divi nostri contactu remedia promiscue quærantur.* Idem qui

¶ MORBUS VALENTINI dicitur, in Miraculis S. Bennonis tom. 3. Junii pag. 186 : *Cum eadem epilepsia infestaretur, voto facto divo Valentino, cui nostrates curam propriam hujus morbi dicarunt, quin et ipsi Morbo Valentini nomen indiderunt.* Gallis *Mal de sein*, vel *Mal de saint Jean.* Vide supra.

* MORBUS S. VERANI, Idem qui *S. Antonii*, Sacer ignis. Lit. remiss. ann. 1389. in Reg. 135. Chartoph. reg. ch. 225 : *Lequel enfant cheoit en maladie, que l'en dit de S. Othoine et de S. Verain, si avant, que lesdiz clers ne le porent plus souffrir en leur chambre, pour la puantise de laditte maladie.*

* MORBUS S. VICTORIS, Idem qui supra *S. Mathelini.* Lit. remiss. ann. 1369. in Reg. 100. Chartoph. reg. ch. 364 : *Icellui Regnaut, qui n'a guerres avoit esté malades du Mal S. Victor, et lié comme homme hors du sens et de son mémoire etc.*

* Qui morbi idcirco appellantur sanctorum nominibus, quod eorum curatio ab iis potissimum exorabatur.

MORCHIDUM. Vide *Morth.*

¶ **MORCIDARE**, Macerare. Supplem. Antiquarii : *Morcidat*, σήπει, *macerat.*

¶ **MORCUFLEX.** Vide *Murtiphlo.*

* **MORDACIUM**, Fibula, Gall. *Agraffe*, alias *Mordant.* Arest. parlam. Paris. ann. 1304. inter Stat. artif. Paris. lib. 1. fol. 344. v°. : *Declarantes quod licet dicti selarii sui officii ratione.... non possint strigiles seu estrivos, batulos, Mordacia, capos seu clavos facere aut fabricare, ipsi tamen.... poterunt.... ea in selis et bastis suis ponere, clavare et rivare.* Vide *Morsus.* 2.

¶ **MORDAD.** Vide *Morth.*

* **MORDANTUS**, ut *Mordacium*, Gall. *Mordant.* Comput. Ms. ann. 1245. : *Pro quodam Mordanto ad bracale, ij. sol.* Lit. remiss. ann. 1355. in Reg. 84. Chartoph. reg. ch. 553 : *Quia transeundo extremitas ferraturæ, vocatæ Mordant, zonæ ipsius Johannis sommelerii adhæsit mantello dicti Ingerranni, etc. Un Mordant d'argent à lievre,* in aliis ann. 1395. ex Reg. 148. ch. 315.

* MORDANUS, Eodem intellectu, in Comput. ann. 1392. inter Probat. tom. 3. Hist. Nem. pag. 170. col. 1 : *Pro quadam boucleta et duobus Mordanis sotularibus, etc.* Hinc *Morden* appellantur postes, in Stat. ann. 1357. ibid. tom. 2. pag. 195. col. 1 : *Item est faciendum.... una nova turris, quæ exeat extra murum per unam cannam, et fiat in latitudine, prout protenditur de una Morden in altera Morden dicti antiqui muri.*

MORDAX, Instrumentum ad evellendas ex corpore, si quæ infixæ fuerint, spinas : *Pince*. Regula S. Pachomii cap. 82 : *Nullus habeat separatim Mordacem parvulam ad evellendas spinas, si forte calcaverit, absque Præposito domus et secundo, pendeatque in fenestra, in qua Codices collocantur.*

¶ MORDENS CANDIDUS, Dens lupinus in scutis gentilitiis. Charta ann. 1402. apud Ludewig. tom. 6. Reliq. MSS. pag. 83 : *In usu habentes, seu in clypeo gestantes, tres Mordentes candidos, hoc est, dentes lupinos in lævam partem inclinatos, galeam coronatam, in eaque duas alas aquilæ.*

MORDER, Parvum animal, sic dictum quod maxime mordeat, et cujus pellis vestibus idonea est. Ita Interpres Joan. de Garlandia in Synonymis, ad ista :

Dant pelles pallis Morder, bever, cyrogrillus,
Id quoque cuniculus, cisimus dant et lareones.

[* Vide *Martures*.]

1. MORDERE, Attingere, conjungere. Vetus Agrimensor : *Super se montem habet, et ad pectus stricta alia casa, eam ibidem Mordet, post se rivum habet, etc.* Infra : *A plano contra pectus jacet, et sub se Mordet eam alia casa.*

2. MORDERE. Expositio in Regulam S. Benedicti, quam quidam Paulo Diacono adscribunt, cap. 38. de *Mixto* commentans : *Illius terræ consuetudo fuit, unde nos dicimus Mordere, Mixtum vocare.*

* MORDHERN. Leg. Danicæ apud Ludewig. tom. 12. Reliq. Mss. pag. 182 : *Si vero negaverit et veridici ipsum defenderint; et postea testimonio episcopi et aliorum fide dignorum in provincia doctum fuerit, quod reum defenderunt, extunc sit ille pace privatus, quia homicida erat et negavit se fecisse, et pace merito privabitur, quia erat crudelis occisor, qui dicitur Mordhern, quia factum suum negavit.* Vide *Morth*.

* MORDICATUS, Actio morsibus, veluti forcipibus laniandi. Mirac. S. Joan. Gualb. tom. 3. Jul. pag. 443. col. 1 : *Pedes totumque corpus Mordicatu cruciabat, non secus ac famuli prætoris ignitis forcipibus nudum damnati corpus variis in partibus.... excruciant.* Vide *Mordicium* et *Morsciare*.

¶ MORDICIUM, Morsus. Acta S. Winebaudi tom. 1. Aprilis pag. 575 : *Rabidus... Mordiciis et labiis quæcumque consequi potuisset truculentis dentibus lacerabat.*

MORDOSUS, Δηκτικός, in Gloss. Græc. Lat. Qui mordet.

* MORDTHOTUM, Homicidium. Vide infra in *Morth*.

MORDRIDATUS, MORDRUM. Vide *Morth*.

¶ MORECA, Morbi genus. Academ. della Crusca, *Morice* in plurali dicitur hæmorrhoidum morbus, ex copia sanguinis ad venas secretarum partium concurrentis. Acta SS. tom. 7. Maii pag. 159 : *Monachus quidam.... infirmitatem quæ a medicis malum Moreca vocatur, incurrit, et nec quiescere poterat, nec dormire.* Hinc emendanda videntur Miracula MSS. Urbani V. PP. ex Tabular. S. Victoris Massil. : *Patiebatur dolorem gravissimum de Morenis circa posteriora.* Ubi legendum *de Morecis*. [* Nihil emendandum, nam Provincialibus *Mourano* est Hæmorrhois. *Morene*, eadem notione, apud Cotgravium.]

MOREGESPECHE. Regestum Abbatiæ *de Osney* in Anglia fol. 104. apud Spelman. *Hanc donationem feci apud Oxon. in placitis Regis, quæ appellantur Moregespeche.* Vide *Morgenspracke*.

* 1. MORELLA, *sive Maurella, Solatrum et strignum, et in libris de Græco una lupina; sed apud Arabes una vulpis dicitur.* Glossar. medic. MS. Simon. Januens. ex Cod. reg. 6959. Vide supra *Maurellum*.

* 2. MORELLA, MORELLUS, Lignum, tigni genus, Charta ann. 1297. apud Lam. in Delic. erudit. inter not. ad Hodoepor. Charit. part. 1. pag. 115 : *Pariter in fluvium Ecclesiæ per dicta confinia et loca fieri fecerunt plures Morellas et palos figi, loco terminorum et confinium inter dictum commune castri Florentini et sancti Miniatis, et pro terminis et confinibus dictas Morellas poni et palos figi fecerunt, præsentibus testibus etc.* Pluries infra pag. 120. 121. et 122. Correct. stat. Cadubr. pag. 51 : *Decernimus quod quilibet mercator vel alia persona,.... qui tayolas, Morellos sive mezenas extra districtum Cadubrii trahere, ducere vel duci facere quoquo modo voluerit, teneatur et debeat duas partes ad minus ipsarum tayolarum dimittere ad seccandum in serris.* Vide *Morenare* et infra *Morta* 2.

1. MORELLUS, Subfuscus. Michael Scotus de Physionomia cap. 46 : *Cum sanguis regnat, homo somniat se videre... scarlatam sindonem rubeam, vel violaceam, Morellum, rosam ingranatem, etc.* Item Color equi, [Gall. *Cheval moreau*. Computus ann. 1328 : *Item pro uno corserio Morello affolato in Flandriis, etc.* Testament. ejusd. anni tom. 2. Hist. Dalphin. pag. 226 : *Item, Guillermo Burgarelli ejus scutifero legavit equum suum Morellum.* Occurrit etiam apud *Madox* Formul. Anglic. pag. 423. *Morello* eadem notione usurpant Itali. Vide Menagium in Orig. Gall. voce *Moreau*.] Le Roman *de Roncevaux* MS. :

Broche Morel des esperons burnis.

Le Roman *de Gaydon* MS. :

Et Bernard sist sor le vair d'Alemaigne,
Et Viviens en Morel d'Aquitaingne.

[Le Roman *de la Rose* MS. :

Et ce que je di de Morele,
Et de fauvel et de fauvele,
Et de liart et de Morel,
Dige de vache et de torel.]

2. MORELLUS, *Vitellus sive meditullium ovi*. Ugut.

* MORELUS, ut *Morellus*, Subfuscus, niger, Ital. *Morello*. Charta ann. 1227. apud Murator. tom. 2. Antiq. Ital. med. ævi col. 903 : *Unam gonelam de Morelo, etc.* Nostris *Morequin*. Lit. remiss. ann. 1456. in Reg. 183. Chartoph. reg. ch. 209 : *Cinq aulnes de drap noir, appellé Morequin, du pris l'aulne de xxv. solz Tour.* Vide *Moretum* 1. et mox *Moreta*.

¶ 1. MORENA, Contextus ni fallor, et series palorum, vel materiatura, Gall. *Charpente*. Vide *Morrenum*. Vetus Chron. S. Martialis Lemovic. MS. : *Anno 902. obiit Fulbertus* (abbas S. Martialis) *et successit Stephanus anno* XVII. *et fecit Morenam et turrem de cortine.* Vide mox *Morenare*.

¶ 2. MORENA, Imago. Chron. Gaufridi Prioris Vosiensis apud Labbeum tom. 2. novæ Bibl. MSS. pag. 312 : *Classo personato, conveniunt omnes super Ecclesiam sancti Pauli cum tentis, crucibus .... ferentes Morenam, id est imaginem Protomartyris cum gleba sanctæ Flaviæ.* Vide *Moreca*.

* 3. MORENA, Cistæ species. Tabul. Massi : *Unus banastonus de sardinis solvat j. patar. Morona ij. denar. Morenne*, Globulus, Gall. *Gland*, ornamenti genus. Lit. remiss. ann. 1392. in Reg. 142. Chartoph. reg. ch. 284 : *Une petite bourse de soye, garnie de petites Morennes ou sonnetes d'argent.*

¶ MORENARE, Palos ligno transverso munire, ligare. Charta ann. 1347. tom. 1. Hist. Dalph. pag. 66 : *Viderunt etiam burgum de Monte retro castrum in quo plures pali deficiunt, et non est Morenatum seu freciatum dictum palium, tamen injunxerunt castellano, ut dictos palos per illos de villa seu mandamento venire, adducere et plantare faciat, et etiam Morenare et freciare.* Et infra : *Injunxerunt castellano ut dictum palicium reficere, replantare, Morenare et refreciare faciat.*

¶ MORENTES, Manentes, habitantes. Charta D. de Linieriis ann. 1268. apud Thomasserium Consuet. Bituric. pag. 196 : *Ut gaudeant eschaetis, si sibi obvenerint, ac si essent Morentes in villa de Linieriis.*

¶ MORESC, vox Gallica obsoleta, eadem notione qua *Morellus*, subfuscus. Testamentum Beatricis de Alboreya ann. 1367. apud Marten. tom. 1. Anecd. col. 1523 : *Item, legamus ecclesiæ B. Mariæ de Crassa unum pannum aureum Moresc vermellum, foratum de tela livida.*

* MORETA, Idem quod supra *Morelus*, Pannus niger. Conc. Trevir. ann. 1310. cap. 35. tom. 2. Hist. ejusd. eccl. Joan. Nic. ab *Hontheim* pag. 50. col. 2 : *Nec habeant* (*abbates vel monachi, abbatissæ vel moniales*) *pannos de nigra bruneta, nec de Moreta; sed quanto haberi potest humilioris pretii.* Ita quoque apud Marten. tom. 4. Anecd. col. 249. ubi legendum esse *de Moreto* frustra monitum in v. *Moretum* 1. quod vide.

1. MORETUM, Panni subfusci species. [Concil. Trevir. ann. 1227. apud Marten. tom. 7. Ampl. Collect. col. 121 : *Præcipimus districte ut abbates et monachi, abbatissæ et moniales, nec mantella, nec surchotos portent de cetero, nec habeant pannos de nigra bruneta, nec de Moreto.* Rursum infra occurrit. Hinc perperam editum *de Moreta* ex alio itidem Trevir. Conc. ann. 1310. apud eumd. Marten. tom. 4. Anecd. col. 249.] Matth. Paris ann. 1258 : *Venit enim Londinum cum 20. equitaturis, cujus familia collateralis 8. capis, videlicet 5. clausis et 5. manicatis de optimo Moreto superbivit redimita.*

¶ 2. **MORETUM.** Potionis genus. Vide *Moratum*.

¶ **MOREX**, *Tarditas*. Papias.

¶ **MORFOSIS**, *Transformatio*. Idem Papias. A Μόρφη, forma, et μόρφωσις, formatio, etc.

¶ **MORGAGIFA.** Vide *Morganegiba*.

¶ **MORGAGIUM**, Gall. *Mortgage*, Hypotheca creditori sic oppignerata, ut fructus, quos durante tempore oppignerationis producit, omnes fiant creditoris, idque sine computo inde faciendo debitori. Ita Cowellus lib. 2. Instit. 4. § 1. Charta Henrici V. Reg. Angl. ann. 1421. apud Rymer. tom. 10. pag. 144 : *Qui Ducatus in pignus, ypothecam, seu Morgagium obligatus sive impignoratus existit*. Vide *Vadium*.

¶ **MORGANATICA.** *Matrimonium ad Morganaticam*. Vim vocis profert Liber 2. Feudorum tit. 29. ad calcem Nov. Justin. edit. Paris. ann 1552 : *De filiis natis ex matrimonio ad Morganaticam contracto. Quidam habens filium ex nobili conjuge, post mortem ejus non valens continere, aliam minus nobilem duxit : qui nolens existere in peccato eam desponsavit ea lege ut nec ipsa nec filii ejus amplius habeant de bonis paternis quam dixerit tempore sponsaliorum : verbi gratia decem libras, vel quantum voluerit dare, quando eam desponsavit, quod Mediolanenses dicunt accipere uxorem ad Morganaticam, alibi Lege Salica*. Vide Berengarii Fernandes Commentar. in hunc tit. Eadem docet Jacobinus de S. Georgio Turinensis JC. in Tract. de Feudis cap. ult. Vide *Vadium*. [** Mittermaier. Princip. Jur. Germ. § 414. Grimm. Antiq. Jur. Germ. pag. 439.]

* **MORGANATICUM**, Idem videtur doct. viro Schœpflino ac *Viduum*, quod Argentinenses appellant *Ein widem*. Charta ann. 1436. ex Lib. sal. S. Thom. Argent. fol. 266 : *Item super Morganatico prædictæ Barbaræ, per præfatum Bartholdum ejus maritum super et de prædictis redditibus centum florenorum... Ipsique venditores in solidum, pro se et eorum hæredibus universis, jam dictos redditus et Morganaticum esse voluerunt obnoxios, obligatos et hypothecatos præfatis emptoribus... Et quod redditus viginti florenorum et Morganaticum præscriptum non sint dotales, ipsique redditus viginti florenorum et Morganaticum ac redditus sexaginta florenorum non sint feudales et nulli alias obnoxii, venditi vel obligati seu revenditi*. [** Vide Haltaus. Glossar. Germ. voce *Morgengabe* col. 1366.] Idem ergo quod mox

MORGANEGIBA, Morgincab, etc. Dos a marito profecta, *donum matutinale; dotis* vero nomine donatur, licet revera aliud sit a dote. Glossarium Saxonicum Ælfrici : *Dos*, morgen-gifa, vox formata ex Saxonico et Germanico morgen, aut morghen, *mane*, et gife, aut gift, *donum*, *munus*, quod ita appellarent donum illud quod maritus uxori offerebat in die nuptiarum; ante *nuptiale convivium*, ut est apud Kilianum : seu, ut est in Specul. Saxon. lib. 1. art. 20. § 1. quod *unusquisque militaris ordinis suæ uxori sine hæredum assensu, nomine dotis, erogare valet, antequam cum ea ad prandium discubuerit*. Verum libellus dotis, qui ex Tabular. Casauriensi descriptus est a Gallandio in Tractatu de Franco alodio pag. 323. prorsus indicat donum istud matutinale factum *mane*, post primam noctem nuptialem, quasi ob pretium virginitatis, cujus spolia proxime prætерita nocte retulerat, uti fuere apud Græcos διαπαρθένια. Munus autem illud fuit, apud Longobardos potissimum, quartæ partis bonorum mariti, ut est apud Papiam et Hugutionem, et in eodem Diplomate quod ipsi etiam ex ipso Tabulario descripsimus. Ita autem se habet : *In Dei nomine, scriptum Morgincap, qualiter ego Joannes, filius quondam Dominici, dono, trado, atque confirmo, tibi Miczæ, filiæ condam Joannis dilectæ conjugi meæ, quartam portionem de omnibus rebus proprietatis meæ, quas modo habeo, vel inantea, Deo juvante, conquirere potero, sive infra territorium Pinnense, in loco qui nominatur Salajano, aut infra istam marchiam Firmanam, aut infra totum regnum Longobardorum, ubicunque habitaturus, vel possessurus fuero, quartam portionem de casis, terris, vineis, campis, pratis, pascuis, silvis, salectis, cannetis, olivetis, ficariis, pomis, arboribus fructiferis et infructiferis, cum rivis, ripis, et aquis, aquarum decursibus, et usu aquarum, de rebus censuitis, et manualibus, de montibus et planis, de castellis et civitatibus, de Ecclesiis et ornamentis et pertinentiis suis, de locis molendinis, de servis, ancillis, de auro, et argento, de caballis et jumentis, de bubus et vaccis, et minutis animalibus, de ferro et rame, de pannis laneis et lineis, et sericis, de omnibus mobilibus et immobilibus rebus, ut alia die post noctem nuptialem, qui est dies votorum nostrorum, ante parentes et amicos nostros ostendam hoc scriptum testibus roboratum, et dicam : Ecce quod conjugi meæ in Morgincap dedi. Quod sic ab hodierno die firmum et stabile tibi Miczæ vel tuis hæredibus permaneat. Quod vero scripsi ego Aczo Notarius et Judex ab Incarnat. Dn. Jesu Christi anno M. XLIIII. mense Octobr. Ind. XIII. Actum in Pinnensi feliciter. Bernardus, Joannes, Ardoinus testes*. Vide Spicilegium Acherianum tom. 12. pag. 153. [** Grimm. Antiq. Jur. Germ. pag. 441. Phillips. de Jure Anglos. § 40. Mitterm. Princip. Jur. Germ. § 398. Murator. Antiq. Ital. tom. 2. col. 115.]

☞ Notandum vero donum istud voluntarium omnino fuisse, adeo ut modo majus, modo minus pro mariti erga conjugem suam majori vel minori amore et caritate, exstiterit; hinc gratuitam donationem vocat lex Longobardorum lib. 2. tit. 1. cap. 8. [** Rothar. 223.] seu, ut merito suspicatur Baluzius, vetus quidam ejusdem legis interpres : *Per gratuitam donationem, id est, Morgengap*. Cum autem in profusam et dissolutam liberalitatem aliquando abiret ejusmodi donatio, modum huic intemperantiæ lege lata adhibuit Rex Longobardorum Liutprandus anno quinto regni sui, qua vetuit ne quis in *Morgincap* uxori tribueret supra quartam partem bonorum suorum. Hinc *Quartisium* dicitur in Testament. ann. 1193. apud Murator. delle Antic. Estensi pag. 365. Plura vide apud laudatum Baluzium in notis ad Capitular. Ad de Origines Gallicas D. *de Caseneuve*, in hac voce. Varie autem hæc vox effertur

Morganegiba, apud Gregor. Turon. lib. 9. cap. 20 : *Tam in dote, quam in Morganegiba, hoc est, matutinali dono*.

Morgengeba, in Lege Burgund. tit. 42. § 2.

Morgangeba, in Lege Alemann. tit. 56. § 2. in Lege Ripuar. tit. 37. § 2.

Morgincap, apud Papiam : *Morgincap, id est, quarta pars in Lege Longobardorum*; [Gregorium Mon. in Chron. Farfensi apud Murator. tom. 2. part. 2. col. 577. et in Testam. ann. 1145. apud Murator. delle Antic. Estensi pag. 332.]

Morgingap, in Lege Longob. lib. 1. tit. 9. § 12. [** Rothar. 201.]

¶ Marginhap, in laudato mox Testam. apud Murator. ibid.

Morgengab, Morgengaba, in Lege Longob. lib. 2. tit. 1. § 4. et 8. tit. 4. § 1. 4. tit. 12. § 1. tit. 14. § 15. [** Roth. 182. 123. Liutpr. 7. (2, 1.) Aist. 5. Roth. 217. 199.]

Morgagifa, in Legib. Kanuti Reg. cap. 99. apud Bromptonum.

Morgangifa, et Morgangiva, in Legibus Henrici I. Regis Angl. cap. 11. et 70. [** ex Legib. Canut. et Ripuar. tit. 37.] Saxonibus morgangyfe.

Morgicapud, in Capitulari Adelchis Principis Beneventani cap. 3 : *Si mulier Morgicapud factum non habuerit aut factum perdiderit. Si clarum manifestumque fuerit qualibet feminam consuetudo, et legaliter habuisset maritum, et quartam seu octavam habuisset ab eo sibi factam, eamque perturbatione temporis perdidisse quomodocunque, vel si etiam, ut accidere solet multotiens, quarta eadem vel octaba non fuerit scripta, etc.*

Morganaticum, in Charta ann. 1310. descripta in Probat. Histor. Sabaudicæ Guichen. pag. 159.

Morgicaph, apud Rollandinum in Summa Notariæ cap. 2. rubr. *de Donat. propter nuptias : Nota, quod instrumentum prædictum in civitate Bononiæ a consuetudine temporis nostri abolitum esse dignoscitur : sed ipsius donationis recta non est tantundem donare, quantum datur in dotem ; et dicitur hæc donatio jure Lombardorum Morgicaph, etc.*

Morghengab, in Charta ann. 1396. Ernesti Ducis Bavar. ex originali : *Et in executione alicujus donationis factæ D. Ducissæ Elizabeth per præfatos Dominos Duces pro Bono mane, quæ vocatur per Theutonicum Morghengab, etc.* Ubi nescio an non legendum, *pro dono mane*, nisi *bonum mane*, ibi sit quod dicimus *le bon jour*. Ex Rollandino porro et hoc Diplomate liquet hujus vocis usum diu etiam post Longobardos retentum, maxime in Italia. Ex his etiam restituenda vox *Morgingab*, pro *Mortinapli*, in Charta Longobardica apud Ughellum tom. 7. Ital. Sacr. pag. 581. Vide Steph. Baluzium ad Capitular. Regum Franc. pag. 992. et Johan. Stiernhookum lib. 2. de Jure Sueon. vetusto cap. 1.

¶ Murganale, Murgitatio. Odofred. in L. cum multæ C. de Donat. ante nupt. fol. 283 : *Et nota hic quod istæ donationes propter nuptias variis modis nuncupantur, secundum Longobardam vocatur Murgitatio, sed secundum vulgare nostrum vocatur Murganale.*

* *Pretium in mane quando surrexit de lecto*, dicitur in Charta ann. 1163. apud Fontan. in Append. ad Vindic. ant. Diplom. *Morgengave*, in Charta Isabel. Rom. regin. ann. 1305. inter Probat. tom. 2. Hist. Burg. pag. 122. col. 2 : *Com Raouls jadiz roys des Romains, nostres tres chiers sires et amez compeins, hait promis doner à nos, pour nos et pour nos hoirs, en don fait au matin, que l'on appele vulgaument, selonc les us d'Alemaigne, Morgengave, trois mile marcs d'argent, etc.* Neque aliud videtur esse donum, quod *Enepwert* et *Enepguerth* appellatur tom. 1. Probat. Hist. Brit. col. 328. et 337.

☞ Aliis vocibus a præallatis multum diversis idem significatur inter populos qui alio utuntur idiomate. *Screix* idem donum nuncupatur apud Catalaunenses, testante Fontanella de Pact. nupt. tom. 2. claus. 7. gl. 1. part. 1. *Greix* dicitur in Valentiæ regno, in Aragonia *Hæreditamentum maritorum*, vel *Firma dotis*; *Arrhæ* vero a Castiliensibus apud eumdem Fontanell. ibid. n. 8. in Leg. Taur. 50. et 41 : *La Ley del fuero que dispone que non pueda el marido dar mas en Arras a su muger de la decima parte de sus bienes, no se pueda renunciar.*

* **MORGARIUS**, Fibula, nostris *Morgant*. Comput. fabr. S. Petri Insul. ann. 1481. ex Tabul. ejusd. eccl. : *Item pro duobus Morgariis* (f. Morganiis) *argenteis, qui libro missali capellæ serviverunt, ponderis unius onchiæ et xviij. esterlinis argenti, Guillelmo van Maye aurifabro venditis, iv. lib. xv. sol. iij. den.* Inventar. ann. 1393. ex Cod. reg. 9484. 2. fol. 366. r°. : *Item une seinture d'un rouge tissu, la bocle, le Morgant et trois cloux d'or.* Vide supra *Mordantus*.

* **MORGENGHELT**. Vide supra *Margenghelt*.

* **MORGENSPRACKE**, Matutinum colloquium, a *Morgen*, mane, et *sprache*, colloquium. Privil. sutor. ann. 1284. apud Ludewig. tom. 11. Reliq. MSS. pag. 622 : *Item statuimus, quod prædicti sutores nullam habeant, quod dicitur in vulgo Morgenspracke, nisi duobus de consilio consulum præsentibus et duobus de sutoribus.* [** Vide Haltaus. Glossar. Germ col. 1367.]

MORGOME. Vide *Aliphasis*.

¶ **MORHD**, *id est, homicidium in absconso, in Lege Longobarda.* Papias MS. Bituric. Vide *Morth*.

* **MORI**, Dicitur de animalibus, quæ in societatem commendantur. Chartul. S. Joan. Angeriac. fol. 91. r°. : *De omnibus quæcumque gainaverit, habebit S. Joannes medietatem; et dabit illi monachus de Murone tres boves, qui nunquam Moriuntur.* [** i. e. mortui loco alium dabit.]

¶ 1. **MORIA**. *Carnes de Moria*, hoc est, animalium ex quovis morbo mortuorum, carnes morticinæ. Statuta Massil. lib. 2. cap. 33 : *Constituimus ut nullus macellarius vendat in Massilia scienter carnes hircinas vel caprinas... vel carnes de Moria, nec carnes leprosas, vel infirmas, etc.* Statuta Avenion. MSS. : *Item statuimus quod carnes mortuæ vel carnes de Moria, vel porci granati, vel leprosi non vendantur in macello crudæ vel coctæ.* Veteribus Gallis *Morie*, Damnum quod morte accidit. Le Roman *de la Rose* MS. :

Et ne fut mie grand Morie,
S'elle morut, ne grand pechié.

Vide *Morina*.

* Nostris *Mornie* vel *Morine* et *Murie*. Stat. ann. 1379. tom. 6. Ordinat. reg. Franc. pag. 616. art. 6 : *Nul bouchier ne pourra vendre char de Mornie.* Sed legendum videtur *Morine*, ut in Stat. ann. 1360. tom. 7. earumd. Ordinat. pag. 253. art. 3. Aliud ann. 1381. eod. tom. 6. pag. 607. art. 2 : *Aucunes chars ou poissons corrompuz, infectueux ou de Murie ne soient vendu. Char de Murie*, in Constit. civit. Tull. ann. 1297. ex Reg. A. Chartoph. reg. ch. 1. Ital. *Moria*, morbus, lues.

* 2. **MORIA**, Muria, Aquæ sali conficiendo aptæ receptaculum. Charta G. comit. Matiscon. ann. 1177. ex Bibl. reg. : *Aimo Desideratus... totam Moriam, quæ et in puteo contingebat, locavit prædictæ ecclesiæ* (Clarevallis) *fratribus per viij. annos mille solidis fortium Ledonensis monetæ et x. libris Divionensium. Hæc est autem Moria quæ juris ejus est, tertia pars nonæ dimidia montata singulis ebdomadis, et quinta quæ est juris prædictæ badiernæ. Duas montatas Muriæ nostræ in puteo Ledonis dedimus*, in Ch. Steph. comit. Burg. ann. 1206. ibid. Alia ann. 1216. ex Chartul. Cluniac. : *Ego Willermus Viennensis et Matisconensis comes... dedi ecclesiæ Cluniacensi in perpetuum dimidiam monteiam Moriæ apud Ledonem, etc.* Neque aliud significare videtur *Mortelayras*, in Charta ann. 1449. ex Reg. 179. Chartoph. reg. ch. 72 : *Pour maintenir en estat lesdites salines, cabanes, Mortelayras, divers pons et pluseurs gorges nécessaires à la façon du sel.* Vide *Mora* 2. et infra *Mortarium* 4.

¶ **MORIANDA**, Impedimentum, haud dubie quia moram facit. Statuta Arelat. MSS. art. 144 : *Si aliquod lignum steterit... ad stricam vel ad Moriandam de passono, etc.*

¶ **MORIBUNDUS**, Lethifer. Vita S. Godebertæ tom. 2. Aprilis pag. 35 : *Quatenus per ejus sacratissimam intercessionem Moribundæ paralysis a Domino mereretur curationem.*

MORIFICARE, *Moram facere*, in Glossis Isid.

¶ **MORIGERALITAS**, Idem quod *Morigerositas*. Auxilii libellus tom. 4. Analect. Mabill. pag. 614 : *Hic enim* (Formosus) *cum esset celebrior ea tempestate suis contribulibus nobilitate, Morigeralitate, gravorique omni probitate, etc.*

MORIGERARI, Morem gerere, [accommodare, componere.] Gordianus in Vita S. Placidi Martyris n. 3 : *Præcepit ut passionem illius atque miracula exerens, S. Ecclesiæ filiis ad legendum Morigerarer.* Hucbaldus Elnonensis in Vita S. Rictrudis cap. 15 : *Factus postmodum Levita eidem nomini et officio condigna Morigerari curavit conversatione et vita.* [** Vide Forcellinum in hac voce. Pro *Moratus* occurrit in Ruodlieb. fragm. 2. vers. 28 :

... Non est sic Morigeratus
Ut quid verborum soleat mutare suorum.

Thietmar. lib. 1. cap. 10 : *Bene morigeratus.*

Morigerositas, Morum probitas. Vita S. Endei Abbatis Arianensis n. 1 : *Velut rosa inter spinas odorem Morigerositatis, ac ruborem naturalis honestatis cæteris pleniter ostendit.* Vide *Morigeralitas*.

MORIGINATUS, Idem quod *Morigeratus* : *Moratus*, Plauto, Gallis, *Morigené*. Ebrard. Betuniens. in Græcismo cap. 13 :

Est homo morosus, si sit bene Moriginatus.

Morigenatus, apud Joan. de Deo in Pœnitiario lib. 5. cap. 17.

* **MORIKINUS**, Maurorum seu Hispanicæ monetæ species, ab Hispan. *Morisco*, Maurus, nostris *Moriscle* et *Mouricle*. Charta ann. 1360. ex Chartul. 21. Corb. fol. 240. v°. : *Theodericus de Campo prædictus solvit tres Morikinos cum dimidio... Item solvit dictus Nicolaus de Curia septem Morikinos cum dimidio.* Lit. remiss. ann. 1397. in Reg. 151. Chartoph. reg. ch. 255 : *Icellui prisonnier n'avoit que or d'Espaigne, c'est assavoir Moriscles, jusques la somme de quatre cenz soixante et cinq.* Aliæ ejusd. an. ibid. ch. 328 : *Ouquel sachet avoit environ quatre cenz soixante et deux pieces d'or, appelées Mouricles, et environ cinq ou six escus et quinze ou seize solz en menue monnoie.* Vide supra *Meloquinus*.

* Ejusdem originis est vox Gallica *Morisque*, Saltationis species, in Lit. remiss. ann. 1475. ex Reg. 195. ch. 1594 : *Lesquelz compaignons vindrent veoir une Morisque que certains compaignons estrangiers faisoient par la ville et suivirent ladite Morisque.* Aliæ ann. 1479. in Reg. 205. ch. 331 : *Le suppliant et plusieurs autres se misdrent à dancer par maniere de Morisque,... et se habillerent les uns de chanvre, les autres retournerent leur robbes à l'envers et les autres se habillerent diversement, ainsi que à chacun venoit à appetit.* Vide supra *Maurusia*.

1. **MORINA**, [Lues, Gall. *Maladie, mortalité.*] Fleta lib. 2. cap. 79. § 6 : *Lana* (ovium ægrotarum) *per se vendatur cum pellibus, Morina mortuarum.* § 9. *Venire faciat Ballivus coram eo omnes pelles ovium occisarum, nec non et Morinas mortuarum* § 16. *Cum aliquis pro mortua fuerit præsentata, et visa fuerit, quod mortua sit per Morinam, infirmitatem, vel ex casu inopinato, etc.* [Wilhel. *Wyrcester* Annal. Rer. Angl. ad ann. 1363 : *Hoc anno... fuit magna Morina animalium.*] Vide *Mortitivus*, [et *Moria*. Le Roman *de la Rose* MS. :

Les noires brebis douleureuses,
Lasses, chaitives, Mourineuses, etc.]

* Est et lana, quæ ex pellibus ovium aliquo ex morbo mortuarum a pellipariis raditur, nostris ea propter nuncupata *Moraine* vel *Morine*.

¶ 2. **MORINA**, *Divina potio, quæ appellatur a Græcis Falernum vinum.* Papias. Vide *Moratum*.

¶ **MORINUM**, Σμῆγμα ἀπὸ φύλλων συκίνων γενόμενον, *Smegma ex ficulneis foliis.* Supplem. Antiquarii.

MORIO. S. Augustin. Epist. 7 : *Illi quos vulgo Moriones vocant, quanto magis a sensu communi dissonant, magisque absurdi et insulsi sunt.* Idem Epist. 28 : *Quidam tantæ sunt fatuitatis, ut non multum a pecoribus differant, quos Moriones vulgo vocant.*

MORIOC, vox Longobardica, cujus vim profert Lex Long. lib. 1. tit. 6. § 6. [** Roth. 387.] : *Si quis homini libero brachium super* *cubitum, hoc est, Morioc, ruperit, componat sol.* 20. Edictum Rotharis Regis tit. 121. § 4. habet *morioth.*

MORIRE, pro *mori.* Decretio Childeberti Regis cap. 5 : *Quia justum est, ut qui injuste novit occidere, discat juste Morire.* Ita in Cod. MS. haberi monet Steph. Baluzius. [Tabul. Conchense in Ruthenis cap. 311 : *Et si ipse filius primus Morierit ante suam sororem, etc.* Ibid. cap. 431 : *In tali convenientia ut si Petrus et Bernardus filii sui Morierint sine filiis, etc.*]

¶ **MORISCUS.** Concil. Toletan. ann. 1582. inter Hispan. tom. 4. pag. 218 : *Præcipua... cura adhibenda est in his Christianis instituendis atque in fide confirmandis, qui ex Sarracenorum secta ad fidem recens conversi sunt, vel ab illis proxime genus ducunt, quos nostri tum neophytos, tum Moriscos vocare consueverunt.*

* **MORIUM**, *Gallice, Morvel*, in Glossar. Lat. Gall. ann. 1348. ex Cod. reg. 4120. Aliud Provinc. Lat. ex Cod. 7657 : *Morvel, Prov. Mucus, polipus.*

* **MORKEN**, vox Scotica, Magnum caput, interprete Bollando ad vit. S. Kentigerni tom. 1. pag. 818. col. 2.

¶ **MORLANUS.** *Libra morlana, solidi morlani.* Moneta Beneharnensis, sic dicta ab oppido *Morlaas* sito prope civitatem Palensem, in quo cudebatur. Morlanus Turonensem triplo cum quadrante superabat; ita ut solidus Morlanus tres valeret solidos et tres denarios Turonenses. Currebat hæc moneta non per Beneharniam tantum, sed et per totam Vasconiam. Vide Marcam Histor. Beneharn. lib. 4. cap. 16. pag. 306. et 307. Testamentum Dominici Episc. Baion. ann. 1302 : *Capellani habeant et percipiant annuatim dictas 18. libras Morlanas.* In margine veteris exemplaris ejusdem Testam. legitur : *Libra Morl. est* xv. *sol.* Adde tom. 1. novæ Gall. Christ. inter Instr. pag. 201. col. 2.

* Reg. Cam. Comput. Paris. sign. *Croix* fol. 122. r°. : *Quinque Morlani valent viij. den. Tur. nisi in diocesi Bayocensi, ubi tres Morlani valent iiij. den. Tur.* Charta ann. 1328. in Reg. 65. 2. Chartoph. reg. ch. 194 : *Invenimus quod idem. dom. noster rex habet in dicto loco de Ynossio ex una parte perpetui et annui redditus ccc. solidos Morlanorum, qui in festo assumptionis B. Mariæ et xx. sol. Morlanorum, vocatos Carraus* (sic) *et alios xx. sol. Morlanorum, vocatos Carnaus* (sic) *qui in mense Septembri, et Dec. sol. Morlanorum ex talia parte, qui in festo O. SS. et xx. sol. Morlanorum ex alia parte, vocatos Carnaus, qui in mense Madii dom. nostro regi per sindicos, consules seu juratos dicti loci. Item et invenimus quod clxxxxv. sol. Morlanorum, qui vocantur Majestade, habet dictus dom. rex in dicto loco de Ynossio, et solvuntur anno quolibet in mense Madii... per certos homines et pro certis rebus.*

* MORLANENSES SOLIDI, in Charta ann. 1288. ex Tabul. archiep. Auxit. : *Item prædictus dom. abbas retinet sibi et suis successoribus omnes leges xx. solidorum Morlanensium. Item dedit dictis consulibus omnem legem x. solidorum Morlanensium, etc.*

* **MORMYLUS**, *hodie a Romanis Mormillo, a Venetis mormyro, Massiliæ et in toto Liguriæ sinu mormo, in Gallia Narbonensi mormo, in Hispania marmo.* Tract. MS. de Pisc. ex Cod. reg. 6838. C.

MORNANTESIUS, [Gall. *Mornancet*, f. a vico *Mornan* nomen habens : Mensura frumentaria apud Lugdunenses, quæ duos bichetos Lugdunenses, vel tres Vimiacenses continet.] Statuta Eccl. Lugdunensis cap. 21. [tom. 9. Spicileg. Acher. pag. 76.] : *Statutum est, ut quicunque honores Ecclesiæ, quæ obedientiæ appellantur, vel habent vel habituri sunt, quot diebus in refectorio, ex obedientiæ debito fratribus refectionem debent, tot mensuras siliginis, quæ Mornantesii appellantur, minori eleemosynæ,... præstare debent, etc.*

☞ Hinc emendanda Charta ann. circ. 1225. tom. 4. Gall. Christ. col. 138 : *Pro suo anniversario reliquit conventibus trium Ecclesiarum centum marcas argenti, cum quibusdam terris apud Coindriacum. Ad opus majoris Ecclesiæ centum marcas, et in memoriam eleemosynæ quingentos Monantesios siliginis.* Ubi legendum *Mornantesios.*

¶ MORTENTARIUS, Eadem notione, in Charta ann. 1123. apud Menester. Histor. Lugdun. pag. 23 : *Deberent tot mensuras siliginis, quæ Mortentarii appellantur, alibi Mornantesii, etc.*

¶ **MOROBATINUS**, Moneta Hispanica. Vide *Marabotinus.*

¶ **MORONA.** Supplem. Antiquarii : *Celumcrudum*, ὠμοτάριχος, *edulium ex thynni piscis carne salita, quod Veneti Moronam appellant.* Italis *Morona* thynnum sonat.

¶ **MORONUS**, Morus, *Meurier*, Ital. *Morone.* Statuta Montis Regal. fol. 230 : *Delata fuit plantatio Moronorum albarum, de quarum foliis aluntur vermes facientes setam.*

¶ **MOROSITAS**, Cura, attentio, diligentia. Vita S. Catharinæ Senens. tom. 3. Aprilis pag. 955 : *Vulnusque detegeret, saniem abstergeret et lavaret, ac omni Morositate circumligaret.*

¶ 1. **MOROSUS**, *Nimis exacte omnia fieri cupiens.* Laur. in Amalth. Hinc *Morosa confessio* quæ *cum mora et non superficialiter* fit, in Summa Magistri Pauli apud Duellium tom. 1. Miscell. pag. 62. *Morosus*, alia notione, Vide in *Mora* 2.

* 2. **MOROSUS**, Duplici notione accipitur, nempe pro Bene moratus et pro Tardus, apud B. de Amoribus in Spec. sacerdot. MS. cap. 66 :

Sis bene Morosus et ad impia facta Morosus;
Scandala rectorum, sunt perditio populorum.

MOROTH, Homicidium. Vide *Morth.*

¶ 1. **MORPHEA**, Frustum, Gall. *Morceau.* Tabul. Piperacense : *Morphea panis et pintaphus vini.* Quo in tractu *Morfier* dicunt pro comedere, Gall. *Manger.*

¶ 2. **MORPHEA**, Infirmitas, cum color in alium mutatur. Medecina Salern. edit. 1622. pag. 242. Rochus *le Baillif* in Diction. Spagyrico pag. 124 : *Alboras est maculosa defœdatio planæ cutis, neque in principio est ulla exulceratio, sed in processu temporis idem quod Morphea.* Italis *Morfea*, est species scabiei, Gall. *Gale.*

* **MORPHEATICUS** FACIE, Qui faciem scabiosam habet. Ladisl. Sunthem. apud Oefel. tom. 2. Script. rer. Boicar. pag. 567. col. 2 : *Fuit* (Ludovicus Dives dux Bavariæ) *amabilis atque probus princeps, et amator mulierum, et fuit pinguis et facie Morpheaticus et podograicus.* Vide *Morphea* 2.

¶ **MORRUM**, Columna structilis. Vide *Mora* 3.

¶ **MORRENA**, Materiatura, Gall. *Charpente.* Statuta S. Claudii ann. 1448. pag. 79 : *Item, tenetur idem eleemosynarius consimiliter manutenere claustrum ejusdem monasterii de coopertura, atque ædificia præscripta, adeo ut coopertura defectu nemus seu Morrenum non corruat.* Vide *Materia.*

¶ **MORRERARE**, Monstrare. Vide *Monrerare.*

* **MORRIA**, ut supra *Moria* 1. Consuet. Carcass. in Reg. L. Chartoph. reg. ch. 3 : *Carnem de Morria, vel infirmam, vel non natam nullus vendat.*

MORRONENSIS ORDO, vulgo *Cælestinorum*, cujus auctor et institutor fuit S. Cælestinus PP. ante Pontificatum agnominatus *de Morrone.* Charta Philippi Pulcri Oct. 1313. in Regesto Chartophylacii Regii 49. n. 172 : *Religiosi viri dilecti nobis fratres Ordinis Morronensis, apud Ambertum, et apud Cantolium, diœcesis Aurelianensis, commorantes de novo ibidem fundati et instituti. Fratri del Morrone* dicuntur Joanni Villaneo lib. 12. cap. 50.

* **MORRUDE**, Piscis genus. Vide supra *Circulus* 2.

¶ 1. **MORS**, Sic nuncupatur sexta e novem particulis in quas frangitur Hostia, in Missa ritu Mozarabico celebrata. Vide *Hostia.*

* 2. **MORS.** Charta ann. 1157. apud Cenc. inter Cens. eccl. Rom. : *Propria spontaneaque voluntate mea et inter vivos, non causa Mortis investiens, ad propriam perpetuamque hæreditatem trado... Et inter vivos, non causa Mortis, irrevocabiliter dono et offero.* Formula est, ut videtur, qua quis sana mente nec mortis metu perculsus aliquid tradidisse se testatur. [** Vide JC.]

¶ **MORS** CIVILIS, Reditus ad meliorem frugem. Regula reformat. monast. Mellicens. in Chronic. ejusdem pag. 349 : *Debetis etiam reputare, quod per hoc triduum cum fueritis mortui, non quidem Morte natura, sed Civili, hoc est, a vita veteri quam traxistis ab Adam, etc.*

MORSARIUS. Wichbild Magdeb. art. 26 : *Ad hæreditatem pertinent... vasa seu dolia quæ vacua sunt, et item galli et aliæ aves, canes et cati, Morsarius, ac omnis generis armatura, clypeique, etc.* Vide *Morsus* 2. [** In Germ. *Mœrser*, Mortarium.]

¶ **MORSELLA**, Buccella, frustulum. Johan. de Janua : *Buccella, Morsella panis.* Processus de Vita S. Yvonis tom. 4. Maii pag. 574 : *Multoties momordit eum... et levavit unam Morsellam de latere suo sinistro.*

* **MORSELLUM**, Pars, portio. Reg. S. Justi ex Cam. Comput. Paris. fol. 195. r°. : *Quoddam Morsellum de reva. Item sex libras et decem denarios censuales. Morceau* nostris, pro Sortilegium, quo quasi frustulo veneNato quis inficitur. Lit. remiss. ann. 1480. in Reg. 206. Chartoph. reg. ch. 554 : *Perrete la Baudoyne empoisonna le suppliant et lui bailla ung mauvais Morceau, tellement*

que à cause de ce et depuis ledit temps il ne s'est peu, ne ne peut aider, labourer, ne gaigner sa vie; mais a tousjours depuis esté, comme encores est, en langueur; et ce cognoissant ledit suppliant, afin d'avoir alligence et garison, et que laditte Baudoyne lui voulsist oster le mauvais Morceau qu'elle lui avoit baillé etc. Ibid. ch. 555 : *Le suppliant disoit par icelle la Baudoyne estre ensorcelé et que trois ans avoit qu'elle le tenoit en son sort.*

¶ **MORSELLUS**. Vide *Morsus* 1.

* **MORSERIUM**, Frustum, Gall. *Morceau.* Comput. ann. 1426. ex Tabul. S. Petri Insul. : *Item magistro dicti operis unum Morserium metalli, ponderis xxxij. lib. pro libra iij. sol.*

¶ **MORSI**, pro Momordi, in Miraculis S. Zitæ tom. 3. Aprilis pag. 525 : *Una serpens Morsit sibi in calcaneo.*

¶ **MORSICARE** Tenaleis, Sontis carnes laniare forcipe, nostris *Tenailler.* Chronic. Mutin. apud Murator. tom. 15. col. 613. *Deinde fuit tenaleis Morsicata, etc.* Apud Apuleium *Morsicare*, est sæpius mordere.

¶ 1. **MORSUS**, Morsellus, Buccella, frustum. Glossæ Isonis : *Offas, morsus.*

* *Mors*, eodem sensu, in Lit. remiss. ann. 1459. ex Reg. 189. Chartoph. reg. ch. 363 : *Après que icellui Drouet ot mengié ung Mors de pain et beut une fois sur-bout à la table, où souppoit le suppliant, etc.*

Morsellus, Frustulum, Gall. *Morceau.* Auctor Mamotrecti ad cap. 23. Ecclesiatic. : *Infrunitus, gulosus, qui saporem non quærit in Morsello quem devorat semicoctum.* Sanutus l. 3. part. 13. cap. 9 : *Cibum vel potum in terram projicere et specialiter Morsellum cujusquam ori impositum.* Chr. Windesheimense lib. 2. cap. 14 : *Dominus aperit manum suam, sicut buccellas, parvum Morsellum de sua nobis præbens dulcedine, etc.* Utuntur Matth. Paris. pag. 438. Cæsarius l. 4. cap. 89. lib. 10. cap. 8. Cantipratanus, et alii aliquot.

Morsellus Terræ, agri portiuncula, quomodo etiamnum dicimus *un morceau de terre*, in Monastico Anglic. tom. 2. pag. 84. [Charta ann. 1289. in Chartul. S. Vandreg. tom. 1. pag. 289 : *Vendidi Abbati et Conventui S. Vandregesili pro* XLIII. *solidis Turon. unum Morsellum terræ etc.* Tabular. S. Vincentii Cenom. : *Vendiderunt monachi quemdam Morsellum terræ cum totidem prati, unde reddet singulis annis octo denarios censuales.*]

2. **MORSUS**, Fibula, *Fermail. Morsus fibulæ*, apud Tertull. lib. de Pallio cap. 6. Virgil. lib. 12. Æneid. :

> ...et laterum juncturas fibula mordet.

Sidon. in Panegyr. Anthemii Carm. 2 :

> Fibula mordaci refugas a pectore vestes
> Dente capit.

Et Carm. 5. in Panegyr. Majoriani :

> Ostricolor pepli tentus, quem fibula torto
> Mordax dente vorat.

Matth. Paris. ann. 1250 : *Firmaculum, quod vulgariter Morsus dicitur, avulsit.* Idem in Vitis Abbatum S. Albani : *Capam unam purpuream, Morsu et tassellis carissimis redimitam.* Historia Hidensis Monasterii in Anglia : *Cruces quinque, scrinia decem, textus totidem, auro, argento, gemmisque pretiosos, cum Morsibus capparum aureis excrustavit.* Visitatio Thesaurariæ S. Pauli Londinensis ann. 1295 : *Capa Roberti le Moyne de cendato afforciato albo, cum margaritis ante, loco Morsus.* Adde Monasticum Anglic. tom. 3. pag. 173. 309. part. 2. pag. 83. ubi varii *Morsus* describuntur. Statuta MSS. artificum Paris. tom. 1 : *Quiconques veut estre attacheur à Paris, c'est assavoir, faiseur de clouds pour clouer, boucles, Mordans, et membres sur courroies, etc.* Vide Oct. Ferrarium in Orig. Ital. v. *Morsi.* [Le Roman *de la Rose* MS. :

> La bougle d'un pierre fu
> Qui out grant force et grant vertu...
> D'une pierre estoit li Mordens
> Qui garissoit du mal des dens.]

¶ 3. **MORSUS**, Stimulus conscientiæ, Gall. *Remords.* Epist. Roberti Reg. Calabriæ in Chronic. Siciliæ apud Marten. tom. 3. Anecd. col. 71 : *Quod itaque est legitime apud Deum et homines, nec Morsum recepit, ut pœnalis exigit aculeus punctionis.*

¶ 4. **MORSUS**, Rostrum, Gall. *Museau.* Charta ann. 1309. tom. 1. Hist. Dalphin. pag. 98 : *In qualibet bestia bovina occisa in macello, ut supra, quatuor pedes bovis, et Morsus sive Groin ejusdem.* Nostris *Moué*, eadem notione. *Pathelin* apud Borellum :

> Vous en avez pris par la Moue,
> Il doit venir manger de l'oue.

¶ 5. **MORSUS** Infernalis, Morbi genus, idem, ut videtur, quod *sacer ignis.* Charta ann. 1226. apud Marten. in Itiner. 2°. pag. 102 : *Universitati vestræ notum fieri volumus, quod cum olim peccatis hominum et mulierum exigentibus... quædam infirmitas quæ vulgo dicitur Morsus infernalis invaserit populum diocesis Tornacensis et Cameracensium diocesum, etc.* Vide *Ignis.*

6. **MORSUS** et Remorsus Candelarum, [f. Reliquiæ, Gall. *les Restes.*] Ordinatio Hospitii S. Ludovic. Reg. Franc. ann. 1261. edita in Notis ad Joinvillam, de Valletis Cameræ : *Quilibet eorum habet unum valletum, ad curiam comedent, pro roba* 100. *sol. per annum, quilibet partem suam æqualiter Morsuum candelarum.* Infra : *Candelam, fabricam, et partem suam Remorsuum candelarum, sicut Valleti Cameræ.*

7. **MORSUS**. Petrus de Crescentiis lib. 9. de Agricult. cap. 1. de Equorum ætate : *Masticare equorum est per dentes molares : dentes autem primi, quos ibi mittant, sunt duo superiores et duo inferiores, qui vocantur primus Morsus, et vocatur pullus primus Morsus, quod quidam dicunt fieri secundo anno, etc.* Hinc proverbium, *Prendre le mors aux dents.*

* 8. **MORSUS** Malus, Fraus, fallacia, ut opinor. Charta Milon. episc. Morin. ann. 1166. in Reg. 75. Chartoph. reg. ch. 172 : *Notum sit... Symonem de Maigny pepigisse, quod ipse et hæredes sui nobis et successoribus nostris decem modia vini legitimi et sine malo Morsu, ad mensuram Noviomensem in Noviomi singulis annis persolvet.*

¶ 1. **MORTA**, Locus in quo aqua fluvii stagnat, et quasi mortua videtur, unde vocis etymon. Charta Thossiacensis ann. 1404 : *Guillelmus Regis tenet tria foramina seu pertuis ad ponendum volvous existentia in dicto prato a parte nuncupata la Morta.*

* Sent. arbitr. inter Petr. de Caslucio dom. Eccl. novæ et abb. monast. Vallis de Fener. ann. 1327. in Reg. 65. Chartoph. reg. ch. 47 : *Ascendendo de aqua de Sira per dictum rivum de Condat ad gahanam et Mortam, quæ sunt inter mansum del Giolo sobeira ;... et a dicta gahana et Morta, prout labitur aqua descendendo ad gahanam, quæ est in fine dels angles.* Hinc *Marteau*, pro *Morteau*, vocant Autissiodorenses fossas in vineis transversas, quibus aqua dilabatur. Ejusdem originis est pagus quidam Autissiodorensis, qui nunc *Marteau* et in Chartis 500. annorum *Mortua-aqua* nuncupatur.

* 2. **MORTA**, Lignum, ut videtur, tigni species. Vide supra *Morella.* 2. Stat. Taurin. ann. 1360. cap. 57. ex Cod. reg. 4622. A : *Plaustratæ lignorum, feni, paleæ, Mortarum, palleorum, etc.*

* **MORTAILLIA**, Jus domini in bona hominum *manus mortuæ* defunctorum. Charta Herv. dom. Virsion. ann. 1213. apud Thaumasser. in Consuet. Bitur. pag. 79 : *Si mortuus filium vel filiam manentem secum habuerit, et eum mori contigerit, dominus suus nullam in eo habebit Mortailliam.* Alia Joan. ducis Bitur. ann. 1405. ex Bibl. reg. : *Cum omnibus... Mortailhis, foremaritagiis, etc.* Hinc *Mortalier*, qui huic juri percipiendo præpositus est. Lit. remiss. ann. 1411. in Reg. 165. Chartoph. reg. ch. 279 : *Symon Cronay nostre sergent et Mortalier ou bailliage de saint Pere le Moustier, etc.* Vide *Mortalia* 2.

¶ **MORTAILLIABILIS**, Qui servituti *mortuæ talliæ* seu *manus mortuæ* obnoxius est, *Mortaillable.* Charta Caroli VII. Reg. Franc. ann. 1446. apud Thomasser. in Biturig. pag. 107 : *Secundum usum et consuetudinem dictarum terræ et castellaniæ de Culanto Mortailliabiles erant et semper fuerant.* Vide *Mortalia* 2.

¶ **MORTAIROL**, Species pulmenti, f. sic dictum ab Hispan. *Mortero*, vel Italico *Mortaio*, Gall. *Mortier*, quod in mortario contunderentur ea, unde conficiebatur; nisi idem sit quod nostris *Mortadelle*, Crassior lucanica quæ ut ex carnibus ita ex piscibus diversis confici potest. Charta ann. 1261. in Tabular. S. Victoris Massil. : *In omnium caparum festivitatibus quibus dare tenetur duo pulmenta, quorum unum sit de Mortairol et tres pitantias, etc.* Vide *Mortariolum* 2.

* Constit. Abbat. S. Pauli Narbon. ann. 1127. inter Instr. tom. 6. Gall. Christ. col. 33 : *De Pascha usque ad nativitatem S. Johannis Baptistæ donent illis in Dominicis diebus carnem mottoninam cum Mortairolibus.* Glossar. Provinc. Lat. ex Cod. reg. 7657 : *Mortayrol, Prov. incensatum. Morteyroulx*, in Consuet. MSS. S. Crucis Burdeg. ante ann. 1305 : *Dantur quotidie duo fercula, et in diebus duplicibus additur tertium, scilicet Morteyroulx.... Infirmarius habet dare semel in anno.... abbati et suis servitoribus.... quosdam astes unius porci integri et species ad faciendum Morteyroulx.* Ex quibus certum est tomaculum hic si-

gnificari. *Morteruelo* Academicis Hispanis, moretum.

MORTALAGIUM, Quod ex mortuis, seu ex decedentium legatis, Ecclesiis obvenit. *Jus Mortalagii*, in Charta ann. 1192. apud Gassendum in Notitia Ecclesiæ Dignensis pag. 139. Alia Raimundi Archiep. Arelatensis ann. 1166. apud Sammarthanos : *Cum cœmeteriis, et Mortalagiis, et cum omnibus ad ipsas Ecclesias pertinentibus.* Mox : *Deinde dimidiam partem Mortalagii et omnium obventionum mortuorum, etc.* Alia Petri Episc. Massiliensis ann. 1170 : *Et in sepeliendo et in Mortalagio liberam eis facultatem concedimus.* Alia Raimundi Episc. Massiliensis ann. 1204 : *His tamen pactis totius Mortalagii et relicti sive in rebus mobilibus et immobilibus, seu se moventibus, seu in pannis illorum, qui ibi sepulti fuerunt, etc.* Alia apud Columbum in Episcopis Sistaricens. lib. 2 : *Tertiam partem Synodi, et tertiam partem suæ quartæ partis Mortalagii in omnibus Ecclesiis donavit.* Alia lib. 3 : *Cum oblationibus et omni jure parochiali, et Mortalagio ad Ecclesiam pertinente.* Alia lib. 4 : *Cum ad nos de jure communi quarta pars mortalagiorum seu legatorum ad pias causas pertineat, etc.* [Charta ann. 1299. tom. 2. Hist. Dalphin. pag. 90 : *Salvis nobis et retentis nostris et dicti Prioris redditibus spiritualibus; videlicet decimis, primitiis, Mortalagiis, oblationibus, etc.* Statuta Capit. Glandat. ann. 1327 : *Statuerunt quod Præpositus primitias panis et vini, fructuum et cæterarum decimandarum, Mortalagia et alia funeralia habebit.*] Adde Petrum Jofredum in Episcopis Niciensibus pag. 165. 174. 175. et Guesnaium in Annal. Massiliens. pag. 340.

Mortalitas, Eadem notione. Charta ann. 1103. apud Sammarthanos in Archiep. Arelat. : *Donavit etiam tertiam partem Mortalitatis totius Episcopatus, operibus S. Mariæ et S. Salvatoris, in illis Ecclesiis, quas in dominio suo retinere placuit.*

☞ Est et *Mortalagium*, Jus quod domino competit in bona decedentis vassalli, cum de iis testamento minime disposuit. Charta ann. 1315. tom. 1. Hist. Dalphin. pag. 108 : *Exceptis obventionibus quæ dicto Nobili adventare possent ratione Mortalagiorum, seu interventu mortis alicujus suorum hominum mortuorum quorumcumque, quam obventionem dicti Nobilis sibi retinuit.* Vide *Mortalia* 2.

MORTALE Peccatum, quod mortem æternam infert, passim. Pro *crimine*, cujus pœna mors est. Capitula Caroli M. de Partib. Saxoniæ cap. 13 : *Si quis pro his Mortalibus peccatis latenter commissis ad Sacerdotem confugerit, etc. Mortalis culpa*, in Lege Bajwar. tit. 1. cap. 5. *Mortale crimen*, tit. 6. cap. 3. § 1. et in Concilio Coloniensi can. 56. apud Abbonem Floriac. in Canonib. cap. 36. *Mortifera crimina*, in Inquisitionibus Synodalibus cap. 56. apud Reginonem lib. 2. de Ecclesiastica disciplina cap. 5.

1. **MORTALIA**. S. Augustin. Enarrat. in Psalm. 78 : *Morticinia* (θνησιμαῖα) *dicuntur mortuorum, Mortalia vero vivorum corporum nomen est.* Eadem habet Beda lib. de Orthogr. Vide eumdem S. Augustinum in Psalm. 8.

* Nostris *Mortailles*, Exequiæ, funebria justa, vulgo *Funérailles*. Lit. remiss. ann. 1414. in Reg. 168. Chartoph. reg. ch. 83 : *Comme le suppliant venoit des Mortailles ou obseques de la mere etc.* Occurrit præterea in Stat. ann. 1399. tom. 8. Ordinat. reg. Franc. pag. 388. art. 17. *Mortable* vero, pro *Mortel*, mortiferus, in Lit. remiss. ann. 1395. ex Reg. 148. ch. 23 : *Depuis fu envoyez un barbier pour visiter et cirurgier Jehan Langlois, lequel dist et raporta en vérité que la plaie estoit curable et non Mortable.* Vide infra *Mortuarium* 3.

2. **MORTALIA**, Idem quod *Mortua manus*, quasi *mortua tallia*, vel *mortui tallia*, quod scilicet post mortem alicujus exigitur. *Mortaille*, in Consuet. Arvernensi cap. 17. art. 14. cap. 21. art. 12. 14. cap. 22. art. 16. in Burbonensi art. 207. et in veteri Consuet. Bituricensi tit. 1. art. 1. Unde eidem servituti obnoxii, *Mortaillables* dicuntur in Consuetud. Marchensi cap. 17. art. 125. 126. 127. etc. ubi ejusmodi servi, a servis consuetudinariis (*Coustumiers*) distinguntur. [Charta ann. 1269. in Tabular. Virzion. : *Hominem Stephani de Melluno Militis et Marquisiæ matris suæ de capite et corpore talhabilem et explectabilem et de Mortalia ad voluntatem eorum.* Privilegia S. Palladii ex Cod. MS. Coislin. num. 522. pag. 1 : *Quietamus ab omnimodo jugo servitutis, servicii, talliæ, Mortaliæ, etc.*] Charta Roberti Comitis Arvernensis ann. 1276 : *Illam autem servitutem quæ vocatur Mortalia, sive Manus mortua, quam in aliquibus hominum meorum de Comitatu meo de Arvernia percipere consuevi, hominibus meis... remitto in perpetuum.* Charta Ebonis domini Castri Meliandi de Immunitatibus dicti Castri : *Concessi etiam quod dicti homines ad mei dominium pertinentes, et eorum hæredes, a manu mortua, quæ vulgariter Mortalia appellatur, liberi sint et immunes; sed cum decesserit quislibet illorum, qui commode poterit, ad plus 5. sol. mihi et hæredibus meis dabit in recognitione dominii.* Compotus Baillivorum Franciæ ann. 1306 : *De Mortalia uxoris Thibaudi Burgundi deducto jure Præpositi.* Vide Thomasserium de Consuet. localib. Bituricensib. lib. 1. cap. 6. 64.

¶ **MORTALISSIME** Peccare, Gravissime, in Summa Magistri Pauli apud Duellium tom. 1. Miscell. pag. 72.

1. **MORTALITAS**, Pestis, lues, quæ in populo grassatur. Gloss. Gr. Lat. : Θνῆσις, *Mortalitas. Mortalitas animalium*, in Capitul. 2. ann. 810. et in Epist. Ludovici Pii ann. 828, etc. Anastasius in Benedicto PP. : *Et dum cognovisset piissimus Imperator, quia Roma periclitaretur fame et Mortalitate, misit in Ægyptum.* Ditmarus lib. 2 : *Sæva Mortalitas Imperatoris exercitum subsequitur.* Utuntur S. Cyprianus lib. de Mortalitate, lex penult. D. de Vi et vi arm. (43, 16.) lex 6. de Offic. Præs. (1, 18.) etc. Gregorius M. in Sacramentario, etc. [** Vide Glossar. med. Græcit. voce Θανατικόν, col. 485.]

2. **MORTALITAS**, pro *Mortalagium*. Vide in hac voce.

* Charta ann. 1243. ex Tabul. S. Andr. Avenion. : *Petit ab ipso Silvacanæ monasterio quartam decimæ et tertiam Mortalitatis ecclesiarum S. Johannis de Valleboneta et S. Mariæ de Goro.*

¶ 3. **MORTALITAS**, Clades, strages, Gall. *Carnage, Massacre.* Memoriale Potestatum Regiens. ad ann. 1229. apud Murator. tom. 8. col. 1107 : *Et fuit maximum prælium quadam nocte inter eos et Bononienses... et fuit maxima Mortalitas hominum peditum et militum.* Occurrit iterum col. 1127. Vide *Mortarium* 3.

* Ital. *Mortalita.* Glossar. Provinc. Lat. ex Cod. reg. 7657. *Mortaudat, Prov. clades.* Vide mox *Mortarium* 3.

¶ **MORTALITER**, Lethaliter, Gall. *Mortellement.* [* Ital. *Mortalmente*, ut et Hispanis.] Bartholomæi Scribæ Annal. Genuens. ad ann. 1239. apud eumdem Murator. tom. 6. col. 480 : *Quosdam interfecit, et quosdam Mortaliter vulneravit.*

* **MORTALOGIUM**, ita inscribitur Necrologium monasterii S. Andreæ Avenionensis. Vide *Mortilegium* et *Mortuarium* 2.

¶ **MORTAREISIUM**, Querneus, ni fallor, pulvis coriarius, quo coria subiguntur; quod in mortariis contundatur sic dictus videtur. Statuta Montis Regal. fol. 270 : *Et pelles etiam tenere debeant in bono affeito, scilicet de Mortareisio per spatium quod sint diligenter affeitatæ.*

¶ 1. **MORTARIOLUM**, Mortariolus, Bollandistis, Igniariæ machinæ genus aliquod. Miracula S. Angeli Mart. tom. 2. Maii pag. 87 : *Se velle... in gratulationis publicæ signum Mortariola aliquot suo sumptu explodi.* Acta S. Humilitatis tom. 5. Maii pag. 217 : *Ut eodem die v. ad S. Salvii adduci fecerit sexcentos Mortariolos, quibus ex communi bombardiorum munitione, absque monasterii impendio, sæpius explosis, aucta lætitia fuit plaususque popularis.* Adde tom. 2. Aprilis pag. 364. Vide *Mortarium* 1.

¶ 2. **MORTARIOLUM**, Species pulmenti, idem quod *Mortairol.* Statuta ann. 1208. in Archivis S. Victoris Massil. : *A dispensatore de piscibus, et pegimento, et nebulis, et Mortariolo secundum antiquam consuetudinem monasterii temporibus constitutis, etc.*

¶ 1. **MORTARIUM**, Tormenti bellici genus, Gall. *Mortier.* Epist. ann. 1480. apud Ludewig. tom. 5. Reliq. MSS. pag. 291 : *Ad id quoque exequendum bombardiis et Mortariis muros circumdant, verberant, diruunt.* Bernhardi *de Breydenbach* Iter Hieros. pag. 264 : *Collocat ex omni parte tormenta et Mortaria qua ex transverso ædificia urbis verberent, diruant, mortalesque conterant. Hæc tormenta Mortaria dicta, interdiu, noctuque saxa in aera sublime jaciunt.* Adde Rymer. tom. 15. pag. 113.

¶ 2. **MORTARIUM**, Arenatum, Gall. *Mortier.* Liber Miracul. S. Sulpitii Episc. Bituric. : *Mortarium arripit, illudque in gremio cæca mulier projicit.* Illud autem ex aceto et calce viva subigebant veteres, ut docet le Roman *de la Rose* MS. :

> Li murs ne doit pas faire faute
> Pour enging qu'on y puist gitre;
> Car l'en destrempa le Mortier
> De fort vinaigre et chaus vive.

* Hinc *Mortellier*, qui *mortarium* subigit, in Lib. 1. statut. artif. Paris. ex Camer. Comput. fol. 185. v°. : *Li Mortellier et li plastrier sont de la meme condition et du*

meme establissement des maçons en toutes choses. Minus ergo bene *Mortelier*, Liquandi metalli artifex intelligitur a D. *Le Beuf* tom. 3. Hist. diœc. Paris. pag. 261.

¶ 3. **MORTARIUM**, ut *Mortalitas* 3. Laudes Papiæ apud Murator. tom. 11. col. 21 : *In Lomellina... est locus, qui antiquitus Pulchra sylva dicebatur, postmodum vero propter mortalitatem et cædem magni exercitus Caroli Regis Francorum, qui ibi primo superatus est a Rege Longobardorum, Desiderio, Mortarium nomen habuit.*

* *Morteis*, eadem, ut videtur, notione. Pactum inter Henr. comit. Luxemb. et archiep. Trevir. ann. 1302. tom. 2. Hist. Trevir. Joan. Nic. ab *Hontheim* pag. 15. col. 1 : *Tous lor biens il puent meneir et rameneir à Treves sauvement et en nostre conduict, sens empeschement de nous ne de noz songis, sauf ce que nous n'entreprenons riens des Morteis faictes.*

* 4. **MORTARIUM**, Idem videtur quod supra *Moria* 2. Aquæ sali conficiendo aptæ receptaculum, quia ejusmodi aqua stagnat, sic dictum. Charta ann. 1010. apud Murator. tom. 5. Antiq. Ital. med. ævi col. 419 : *Salinam unam integram cum aliis vasis utque Mortario suo, quæ rejacet in Cumaclo in fundamento.*

* 5. **MORTARIUM**, Stagnum, quodvis aquæ stagnantis receptaculum. Charta Rainardi archiep. Rem. ann. 1137. inter Probat. tom. 1. Annal. Præmonst. col. 205 : *Ex parte Hosomensis castri usque ad Mortarium de Vinceio cum mortua aqua, quæ dicitur Rannus.* Vide supra *Morta* 1. et mox *Morteria.*

¶ **MORTARIUS**, pro *Mortarium*, Gall. *un Mortier.* Inventar. utensil. in Tabul. Compend. : *Duos Mortarios cum pestallis suis et 10. sedes quarratas, etc.*

¶ **MORTAS**, pro *Mortuæ*, ut videtur. Form. vet. Andegav. 24. tom. 4. Analect. Mabill. pag. 248 : *Quasi animalia per sua menata eos ducere habuissit, et ipsa animalia per sua menata aliquas Mortas fuerant, et ipsa pecora illi excorticassit, posteaque Mortas fuerunt. Interrogatum fuit ipsi illi quid de hac causa responso daret : et ipsi illi taliter locutus fuit, quod nec sua animalia numquam menassit, nec per sua menata ipsa animalia degere numquam habuissit, nec de manus suas excorcitatas numquam fuissent.*

* **MORTATUS**. Chron. Tarvis. apud Murator. tom. 19. Script. Ital. col. 749 : *Veneti perpendentes rem bellicam inter utrosque esse oportere, student gentes suas ordinare et balisterios omnes atque arcerios de Candia, quos Mortatos appellabant, in paludibus per costam adversus exercitum Paduanum locant.*

¶ **MORTAUDIRE**, Mortaudus. Vide *Morth.*

MORTEA. Consuetudines Monast. Floriacensis : *Ipso die in refectorio ad prandium Morteas, generale piscium, mortariola, pitanciam de optimo vino debemus habere, et ad cœnam trutas.*

☞ Placentulæ species fuisse videtur ex iisdem Consuetud. ubi de signis : *Pro signo Mortearum facias signum panis et lactis, quia ex utroque fit.* Proinde non idem quod *Mortia* Barberino in Gloss. ad Documenti d'amore, si tamen de crassiore lucanica bene est interpretatus Ubaldinus in suo Lexico.

* Pulmenti genus ex pane et lacte, veluti *mortarium* quod ex arena et calce fit, unde vocis etymon, simul mixtis confectum; quod *Mortreux* appellatur in Charta ann. 1450. ex Reg. 185. Chartoph. reg. ch. 61 : *Après ont chacun une ribellete de lart routi sur le greil, chacun une esculée de Mortreux, fait de pain et de leit, et à boire, tant qu'ils veulent, cidre ou cervoise.*

* **MORTELARIA**, vulgo *Mortellerie*, Vicus Parisiis. Charta Phil. V. ann. 1318. in Lib. rub. Cam. Comput. Paris. fol. 577. r°. col. 2 : *Supra domum Radulphi Normanni, sitam in vico de Barris desuper Mortelariam, lxx. sol. Paris.*

1. **MORTELLA**. Processus de Vita S. Thomæ Aquin. n. 39 : *Vidit eum sanum et laborantem cum dicto brachio de arte Mortellæ, de qua consueverat laborare in dicto Monasterio.* Incertum viris doctis cujusmodi fuerit *Mortellæ* ars.

☞ Fortassis ars est materiariæ, a Gall. *Mortoise*, quæ res materiarios artifices spectat; nisi ad officium crassiores lucanicas, Gall. *Mortadelles*, condiendi referas, si tamen id artem dixeris. Vide *Mortariolum* 2. Erunt fortean qui a sinapi triturando vocis etymon accersant : *Morteile* enim nunc pro *Moutarde* usurpant rustici Dumbenses.

* F. Ars *mortarium* subigendi. Vide supra *Mortarium* 2.

¶ 2. **MORTELLA**, vox Italica, Myrti granum. Acta S. Johan. Abb. Pulsan. tom. 4. Junii pag. 42 : *Nec cibus alius ei fuit, nisi ficus sylvestres et myrti grana quæ vulgariter Mortellas vocant.* Nostris *Meurte*, eadem notione. Vide Menag. in Origin. Gall.

¶ 3. **MORTELLA**, Mortarium, Gall. *un Mortier.* Vita S. Coemgeni tom. 1. Junii pag. 315 : *Faber quidam... Mortella lapidem terens, particula de lapide scissa exilivit et fregit oculum fabri.*

¶ **MORTENTARIUS**, ut *Mornantesius.* Vide ibi.

* **MORTERIA**, Palus, locus ubi aqua stagnat. Charta ann. 1279. in Chartul. S. Dion. pag. 458. col. 2 : *Tenet in territorio de Boissiaco inter dictum locum et Morterias et canaberias triginta duo arpenta.* Vide supra *Mortarium* 5.

¶ 1. **MORTERIUM**, Mortarium. Inventar. ann. 1342. in Tabular. S. Victoris Massil. : *Unum Morterium et unum pestellum.*

¶ 2. **MORTERIUM**, Arenatum, non semel, in Reparationibus MSS. Senescalliæ Carcasson. ann. 1436.

¶ **MORTGATGIUM**. Vide in *Vadium.*

MORTH, Moroth, Mordrum, Murdrum, etc. Homicidium, ex Saxonico morð, *mors, letum, perditio, interitus* : unde morð-laga, *homicida*, morð-lage, *homicidium.* [** Vide Grimm. Antiq. Jur. German. pag. 625. et Haltausii Glossar. Germ. voce *Mord*, col. 1363.] Papias : *Mordou, i. e. homicidium in absconso, in Lege Longobarda.* Ita MS. Editus habet *Morhou.* Eadem Lex Longob. lib. 1. tit. 2. § 8. [** Roth. 373.] : *Omnes regales causæ, quæ ad manum Regis pertinent, unde compositio expectatur, aut culpa quæritur, dupliciter secundum antiquam consuetudinem componantur, excepto mundio de libera, aut Morth, aut aliis quæ similes sunt, unde 900. solid. judicantur.* Tit. 9. § 15. [** Roth. 373.] : *Si servus Regis Morth fecerit, ita decernimus, ut componat ipsam personam, sicut appretiata fuerit, et servus ipse super fossam ipsius mortui appendatur, etc.* Inquisitiones Synodales cap. 6. apud Reginonem lib. 1. de Ecclesiast. disciplina cap. 5 : *Est aliqua femina quæ in fornicatione concipiens, timens ne manifestaretur, infantem proprium aut in aquam projecerit, aut in terra occultaverit, quod Morth dicunt.*

Moroth. In Edicto Rotharis Regis Longob. titulus 5. [** 14.] inscribitur de *Moroth*, ubi agitur de eo qui *homicidium in absconso perpetraverit.*

Morchidum. Concilium Moguntiacense : *Hæc eadem pœnitentia imponenda est... qui sponte per fraudem et avaritiam hominem innoxium occidunt, quod Morchidum vocant.* Ita apud Rabanum, Reginonem, Burchardum, Ivonem, et in Pœnitentiali Romano constanter legi observavit Steph. Baluzius, ubi Lindenbrogius et alii *mortridum* præferunt. Vide Capitul. 4. ann. 803. cap. 12.

¶ Mordad. Consuetudines Arkenses ann. 1231. in Tabular. S. Bertini : *Majores causæ, ut sunt raptus mulierum, berof, Mordad, etc.*

Mortaudire, Interficere, *furtive hominem occidere*, apud Ulpianum in Collat. Legis Mosaïcæ tit. 11. Lex Alemannor. tit. 76 : *Si quis Mortaudit barum aut feminam, qualis fuerit, secundum legitimum weregeldum nono geldo solvatur.* Ubi Editio Heroldi tit. 77 : *Si cui Mortaudus imponitur, sive sit baro, aut femina, etc.*

Mortaudus, Per *morth* interfectus. Lex Aleman. tit. 49. cap. 1 : *Si quis hominem occiderit, quod Alamanni Mortaudo dicunt, etc.* Ubi varie hanc vocem efferri in MSS. monet Baluzius, *morstaudo, mortoto, mortot, morttudo, mortudum*, et *mortuum.*

* Mordthotus, Eadem notione. Vet. Pœnit. ex Cod. reg. 3878 : *Hæc eadem pœnitentia imponenda est.... his, qui sponte per fraudem et avariciam hominem innoxium occidunt, quem Theudisca lingua Mordthotum vocant.*

Mortraidus. Constitutio Friderici I. Imp. ann. 1158. apud Goldastum tom. 3. Constit. Imper. pag. 231 : *Occiditur alicujus pater, frater aut cognatus, quamvis sibi de patratoris scelere constet, eundem licite, dummodo cum ipso Mortraido judicialiter actionem non incœperit, tumulabit, etc.*

Mordrum, Eadem origine et notione. Lex Saxon. cap. 1. § 6 : *Si Mordrum totum quis fecerit, etc.* Capitulare 3. ann. 813. cap. 44. : *Si quis hominem in Mordro occiderit, etc.* ut et

Mordum. Conradus Uspergensis ann. 1198 : *Unde et illi rei habiti sunt de tali Mordo.*

¶ Meurtrum. Charta Henrici domini de Soliaco ann. 1031 : *De rapto, de Meurtro, de homicidio, etc.*

¶ Muldrum. Charta ann. 1230. in Tabul. Centul. : *Exceptis Muldro et latrone et rato et scato et lege duelli quæ ad abbatem et conventum pertinent.*

¶ MULTRUM Charta Hugonis Vicecom. Bruciæ ann. 1282. in Tabular. Floriac. : *Dictus Præpositus, de Saltu... omnimodam habebit et exercebit jurisdictionem et justitiam,... exceptis tantummodo istis casibus, videlicet Multro, incendio, raptu, etc.* Charta Communiæ Ambian. ann. 1190. apud Baluz. tom. 7. Miscellan. pag. 325 : *Si quis bannitus est pro aliquo forisfacto, excepto Multro, homicidio, etc.* Charta Drogonis de Melloto ann. 1223. apud Marten. tom. 1. Ampliss. Collect. col. 1177 : *Notum facimus universis... quod dominus Rex habet in toto terra regalium abbatiæ Cormeriaci, raptum, Multrum, etc.* Adde Perardum in Burgundicis pag. 334.

¶ MULTRICIUM, in Legibus Norman. cap. 55. apud Ludewig. tom. 7. Reliq. MSS. pag. 257 : *Habet etiam curiam de omni placito spadæ, et de roberiis, et Multriciis, homicidiis, treugis fractis.*

¶ MULTRIUM, Charta Roberti Magdun. domini ann. 1177. apud Thomasserium Consuet. Bituric. pag. 73 : *Neque furtum, neque sanguinem, neque Multria, neque batalium* (requirere poterimus.)

¶ MURDIFICATIO. Consuetud. Furnenses in Archivo Audomar. : *Dominus Comes retinet sibi ad justificandum per curiam suam, Murdificationem, id est, murdrum.*

¶ MURDREDUM. Charta Elizabethæ Reg. Angl. ann. 1566. apud Rymer. tom. 15. pag. 660 : *Ad inquirendum de omnibus et omnimodis proditionibus, feloniis, Murdredis, etc.*

¶ MURDRUM. Charta Henrici Regis Angl. ann. 1134. in Hist. MS. Monast. Beccens. pag. 36 : *Habeant in tota parochia Becci omnes regias libertates, Murdrum, mortem hominis, etc.*

¶ MURTRE, in Charta Bernardi de Turre ann. 1256. apud Baluz tom. 2. Hist. Arvern. pag. 510 : *Si quis malefactor extraneus vel familiaris deprehensus fuerit in Murtre, etc.*

¶ MURTRUM. Statuta Ludovici VIII. Reg. Franc. ann. 1223. apud Acher. tom. 1. Spicil. pag. 646 : *Eo excepto, quod nobis retinemus Murtrum, raptum, homicidium et justitiam pedagii nostri.* Statuta Eduardi I. Reg. Angl. apud Rymer. tom. 2. pag. 260 : *Nec sasiemus bona sua... nisi pro Murtro. Murtrum perpensum*, in Consuetud. MSS. Auscior. Occurrit præterea tom. 3. Ordinat. Reg. Fr. pag. 64. et 204.

¶ MUTRUM, in Charta ann. 1265. in Tabulario S. Albini Andegav. : *Excepta villicaria seu jurisdictione trium delictorum, videlicet raptus, Mutri et encim*, seu *encimi*. Vide *Encimum*.

MURDRUM, Vox quæ passim occurrit, nostris *Meurtre*. *Murdrum* autem *homicidium furtim factum* definitur in Charta Willelmi Comitis Pontivi ann. 1250. in Hist. Eccles. Abbatis-villæ cap. 46. Lex Bajwar. tit. 18. § 1 : *Si quis liberum occiderit furtivo modo, et in flumen ejecerit, vel in talem locum, ut cadaver reddere non quiverit, quod Bajwarii Murdrido dicunt, etc.* Lex Frisionum tit. 50. § 2 : *Si quis hominem occiderit, et absconderit quod Morditum vocant, etc.* Leges Henrici I. Regis Angl. cap. 92 : *Murdritus homo antiquitus dicebatur, cujus interfector nesciebatur, ubicunque vel quomodo cunque esset inventus, nunc adjunctum est, licet sciatur quis Murdrum fecerit. Homicidium per proditionem*, apud Matth. Paris ann. 1216. de Joanne Rege : *Arthurum nepotem suum propriis manibus per proditionem interfecit, pessimo mortis genere, quod Angli Murdrum appellant.* Ita Chronicon Mauriniacense lib. 2. ann. 1108 : *Nefandissimo et abominabili super omnia genere mortis, quod vulgo Murt vocatur, hominem innocentem morte suffocavit. Homicidium per forehocht... felonie, sive Murther*, in Statutis Roberti II. Regis Scotiæ cap. 50. § 1. *quod factum fuit per Morther, vel præcogitatam malitiam.* Regiam Majestatem lib. 4. cap. 5. § 3 : *Duo sunt genera homicidii, unum quod dicitur Murdrum, quod nullo vidente, vel sciente, clam perpetratur, præter solum interfectorem et ejus complices, ita quod mox non sequatur clamor, aut vox popularis.... Secundum genus homicidii est illud quod dicitur simplex homicidium.* Ita *murdrum* opponitur homicidio quod *per infortunium* fit, in Legibus Malcolmi II. Regis Scotiæ cap. 15. § 4. seu *calore iracundiæ, videlicet Chaudemelle*, in Statutis Roberti II. Regis Scotiæ cap. 3. Latinis hisce vernacula subjicimus, ac primum ex Assisiis Hierosolymitanis MSS. cap. 77 : *Mutre est quant home est tué de nuit, ou en repos, dehors ou dedans vile. Et qui viaut faire apeau de Mutre, il doit faire aporter le cors murtri devant l'hostel dou Seignor, etc.* Cap. 82 : *Home murtri, et home tué autrement que murtre, n'est pas une chose; car le tué sans Murtre est homicide.* Cap. 83 : *Murtre est fait en repos, et pour ce est l'assise faite, tel que l'on peut prover par son cors; car en cest cas le cors murtri porte partie de la garantie, et l'appellant l'autre, et celui à qui l'on donne cos, dequoi il reçoit mort, est homecide, ne homecide ne peut home prover par l'assise, ou l'usage dou Roiaume de Jerusalem, que par 2. loiaus guarens de la loy de Rome, qui facent que loiaus guarens que ils jurent les cos donner de quoi il a mort recue.* Cap. 86 : *Et qui fait apeau d'homecide il doit savoir que est homecide, si que il se mette en droit gages. Quant l'on fait apeau d'homicide, est quant home est tué en appert devant la gent en mehlée, et homecide ne peut l'on prover de son cors, si le convient prover par guarens.* Hinc vetus Consuetudo Andegavensis, et Statuta S. Ludovici lib. 1 : *Meurtre si est, quand l'en tue homme ou femme de jour ou de nuit, en son lit ou en autre maniere, pourquoy ce ne soit en meslée, ou sans tancer, ou sans li deffier. En une foire pourroit l'en homme tuer en Meurtre, se l'en le feroit sans tancier avec lui, ou sans li deffier.* [*Murdre*, in Litt. ann. 1356. tom. 3. Ordinat. Reg. Franc. pag. 92. Le Roman *de la Rose* MS. :

Par foi se j'estoie ore lierres,
Ou traitres, ou ravissieres,
Ou d'aucun Murdre achaisonnés, etc.]

Duplex autem statuitur *murdrum*, in Legibus Malcolmi Regis Scotiæ cap. 15. *publicum et privatum. Publicum murtrum*, quod et *apertum* dicitur, quod in loco publico coram testibus fit : *Privatum, cum aliquis est interfectus, vel submersus, vel in aliquo loco inventus.* In Arestis ann. 1262. in Nativitate B. Mariæ in 1. Regesto Parlamenti fol. 117 : *Dictum fuit ejus qui se suspenderat, factum ad Multrum pertinere.* Vide præterea Bractonum lib. 3. tract. 2. cap. 15. § 2. Fletam lib. 1. cap. 30. § 1. Willelmum Stanffordium lib. 1. Placitor. Coronæ cap. 10. Rastallum in voce *Murder*, etc.

MURDRUM, *Pecunia quæ solet dari pro Murdro.* Hinc *quietum esse a Murdro*, in Leg. Henrici I. Regis Angl. cap. 2. et in eodem Monastico Angl. tom. 1. pag. 687. 688. 689. 722. 851. tom. 2. pag. 16. etc. hoc est, a mulctis pecuniariis, quæ villanis locorum, in quibus *murdrum* perpetratum fuerat, irrogabantur. *Si quispiam enim*, ut habent Leges Edwardi Confessoris cap. 15. *murdratus alicubi reperiebatur, quærebatur apud villam ubi inveniebatur, interfector illius. Qui si inveniri poterat, tradebatur justitiæ Regis infra ipsos 8. dies interfectionis. Si vero inveniri non poterat, mensis et unius diei respectum habebant ad eum perquirendum. Quod si intra terminum non inveniebatur in villa 46. marcæ, etc.* Adde Leges vernaculas et Latinas Willelmi Nothi cap. 26. 46. et Henrici I. cap. 91. et Monasticum Angl. tom. 1. pag. 669. 830. etc.

☞ Eadem notione, scilicet pro mulcta quæ domino competit ex *murdro*, seu pro jurisdictione et cognitione *murdri*, vocem *Murdre* usurpat le Roman *de Vacce* MS. :

Et tant franchisse lour donna,
Comme le duc en sa terre a;
Il out le Murdre et le larron,
Le raps, l'omicide, l'arson.

¶ MURDRUM, Eadem notione, in Charta Henrici II. Reg. Angl. ann. 1156. apud Kennett. in Antiquit. Ambrosden. pag. 114 : *Concedo eis etiam quod ubicumque ierint cum mercationibus, emptionibus vel venditionibus suis, per totam terram meam Angliæ.... sint quieti de thelonio, pontagio,... et de Murdredis et de variis ad Murdredum pertinentibus.*

☞ Haud scio an eodem significatu accipienda sit vox *Murthra*, in Charta ann. 1153. apud Hickesium Dissert. pag. 36. ibi enim *Murthra* intelligitur tributum quod de terris exigi solitum erat, a cujus præstatione immunes dicuntur terræ quas *dominicas*, hoc est, a nullo dependentes, vocabant : *De ista eadem terra, quidam Vicecomes Radulphus Picot nomine scottum et denegeldum et de Murthra et cætera quæ de terris reddi solent, exigebat injuste.... Per judicium totius Comitatus ostensum et diratiocinatum est a justiciis vel ministris Regis, vel ab alio aliquo nichil omnino de prædictis exigi vel accipi debere.... quia Dominica terra eorum est.*

¶ MULTRARE, MURTRARE, Per *Multrum* occidere. Leges Norman. apud Ludewig. tom. 7. Reliq. MSS. pag. 276 : *P. queritur de T. qui patrem suum in pace domini Regis nequiter Multravit.* Regestum Magn. Dien. Campaniæ ann. 1286. fol. 43. apud D. *Brussel* tom. 1. de Usu feud. pag. 223 : *Cum quidam in villa Meldensi in justitia domini Regis Murtratus fuisset, et relicta ipsius Multrati femina de corpore abbatis, etc.*

¶ MURDRARE, Eadem notione. Litteræ

Henrici V. Reg. Angl. ann. 1421. apud Rymer. tom. 10. pag. 159 : *Qui Johannem, nuper Ducem Burgundiæ, occiderunt et Murdraverunt. Murdrir*, in Edicto Caroli Regentis ann. 1358. tom. 3. Ordinat. Reg. Franc. pag. 225.

MURDRARI, Per *murdrum* occidi. Parlamentum ann. 1. Henrici VI : *Rex præfatum Ducem.... crudeliter Murdrari fecit. Murdratus*, per *murdrum* interfectus, in iisdem Legibus Edwardi Confess. cap. 15. apud Knyghtonum lib. 2. cap. 4. etc.

MURDRATOR, Qui *murdrum* perpetrat, in Legib. Edwardi Confess. cap. 15. 19. in Legibus Malcolmi II. Regis Scot. cap. 11. § 1. apud Henricum Knyghtonum lib. 2. cap. 4. etc.

MURDRIRE. In Fleta lib. 1. cap. 18. § 8 : *Jus alicujus Murdrire.* § 10. *Murdrire appellum.* Galli dicerent, *Etouffer un appel.*

MURDRITOR. Thomas Walsinghamus in Ricardo II : *Ut nullus occultus jugulator, quales Murderers appellant Angli, etc.* [* *Mordrita* Ruodlieb. fr. 6. vers. 20.]

MORDRIDATUS, Peremptus, per *murdrum* occisus, in Concilio apud Theodonis-Villam ann. 821. apud Burchard. lib. 6. cap. 15. [* *Mortritus, Mutritus*, in Annal. Fossens. ad ann. 1225. et 1270. apud Pertzium Scriptor. tom. 4. pag. 32. et 33.]

MULTRARIUS, ex Gallico *Meurtrier.* Charta Communiæ S. Quintini ann. 1195 : *Si quis extraneus qui Multrarius sit, vel latro, vel qui raptum fecerit, etc.* [Charta Philippi Augusti Reg. Franc. ann. 1214. apud Duchesn. Script. Norman. pag. 1065 : *Neque similiter Multrarius, aut aliquis forbannitus ab ipso Rege Angliæ, etc.* Occurrit iterum in alia ejusd. Regis ann. 1218. apud Baluz. tom. 7. Miscell. pag. 338. Tabul. Calense pag. 31 : *Multrarium ibi captum per Præpositum debere reddi abbatissæ, etc.*]

¶ MURTRARIUS, Eadem notione et origine, apud Stephanot. tom. 1. Fragm. Hist. MSS. : *Anno 1214.... postquam liberati fuerunt, iterum contempto compromisso facto per juramentum, munierunt castrum cibariis et Murtrariis qui ceperunt invadere homines, etc.* Charta ann. 1232. apud eumdem tom. 3. Antiquit. Pictav. Bened. MSS. pag. 844 : *Licebit vigerio advocatis vicinis quos voluerit fide dignis ire ad domum Murtrarii et videre cum his qui secum fuerint bona Murtrarii absque alia potestate saisiendi.* Charta Johann. de Castellione Comit. Blesensis ann. 1265. inter Schedas D. Lancelot : *Catalla hominis Murtrarii vel homicidæ, etc.* Edictum Johannis Reg. Franc. ann. 1352. tom. 2. Ordinat. Reg. Franc. pag. 496 : *Alii Murtrarii, alii latrones, nonnulli monetarum falsatores, etc.*

¶ MULCTRARIUS. Charta ann. 1220. apud Marten. tom. 1. Ampliss. Collect. col. 1144 : *Nullus Mulctrarius nec aliquis qui fuerit forbannitus a prædicto Rege Franciæ, etc.*

* MURTRERIUS, Homicida, qui *murtrum* perpetrat, Gall. *Meurtrier*, alias *Mourdreur* et *Muldrieux.* Charta ann. 1321. in Reg. E. E. Chartoph. reg. ch. 33 : *Quod duos Murtrerios in carcere regio Limosi detentos de nocte per corruptionem abire permiserat. Pillars, robeuns, Muldrieux et autre malfaiteurs*, in Lit. remiss. ann. 1371. ex Reg. 103. ch. 6. Lex Godefr. episc. Camer. ann. 1227. art. 41 : *Infames, homicidas, qui vulgo Mourdreurs appellantur,...., bannitos ab oppido vel civitate per suos judices pro tali crimine, civitas non recipiat. Murdreur*, in Lit. remiss. ann. 1385. ex Reg. 127. ch. 16. *Multre*, homicidium, in Lit. ann. 1371. tom. 5. Ordinat. reg. Franc. pag. 719.

¶ MURTRARIUS, in Consuet. Lemovic. art. 7.

¶ MULTRITORIA ARMA, Eadem quæ *Moluta*, Gall. *Armes esmoulues*, in Stabilimentis S. Ludovici lib. 2. cap. 11. Vide *Arma* 1.

¶ **MORTH-BOSCH**, Mortuus boscus, hoc est, siccus. Bullarium Fontanell. : *Quod si forestarii vocati noluerint venire et dare, tunc fratres licenter et sine calumpnia et tamen convenienter quantum opus fuerit ad suas necessitates de his duabus forestibus accipient et Morth-bosch quantum voluerint.* Vide *Boscus mortuus.*

MORTHWRTHI Vide *Faldwrthi.*

¶ **MORTIA.** Vide supra *Mortea.*

1. **MORTICINIUM**, MORTICINUM. Gloss. Lat. Gr. : *Morticina*, θνξσιμα. Papias : *Morticinium, quod ab hominibus non utitur, eo quod non occisorum, sed mortuorum animalium est morbida caro, nec apta ad salutem corporis, cujus causa sumitur. Prius quidem observatum propter unitatem duorum parietum. Sed nunc quis Christianus observet, ut turdos vel minutiores aviculas non attingat, nisi quarum sanguis effusus est, aut leporem non edat, si manu a cervice percussus, nullo cruento vulnere occisus est.* Theodorus Cantuar. in Capitul. cap. 83 : *Qui manducat Morticinum, 40. dies jejunet.* [Boncompagnus de obsidione Anconæ cap. 3. apud Murator. tom. 6. col. 929 : *Vivebat enim sicut milvus ex raptu; et velut corvus Morticinum, sic quorumlibet bona requirebat.*] Vide Ivonem parte 15. cap. 100. Pœnitentialem Halitgarii cap. 10. Adamum Bremensem cap. 178. et quæ observat Baronius ann. 51. n. 13. et seqq.

2. **MORTICINIUM**, Idem quod *Mortuarium*, de quo infra. Charta Friderici I. Imper. ann. 1153. apud Hundium in Metrop. Salisburg. tom. 2. pag. 377 : *Stabilimus et ut Morticinia quæ vel dicuntur* (quidam reponunt *vendicantur*) *de hominibus sæpe dicti Monasterii, ubicunque defuncti fuerint, Monasterio salva sint et custodita, nec in eis alicujus loci libertate injuriam patiatur.* [* Emenda ex Probat. Hist. S. Emmer. Ratisbon. pag. 146 : *Stabilimus etiam et* (monasterio) *ut Morticinia, quæ Val dicuntur etc.* Ita legendum esse probat usitata etiamnunc ejusdem juris appellatio, *Todtfall* nimirum.]

¶ 3. **MORTICINIUM**, Mortifer et gravis morbus. Miracula S. Gengulphi tom. 2. Maii pag. 650 : *Hujusce mortis laqueo hic idem extricatus, acrius Morticinii genus incurrit rursus. Per tres nimirum hebdomadas infirmitatis lectum tenuit, nec cibi aliquod genus omnino deglutire valuit. Morticinio corruere*, in Annal. Edwardi II. Reg. Angl. auctore Johan. *de Trokelowe* pag. 35.

* 4. **MORTICINIUM**, Licentia tenendi possessiones in manu mortua, Gall. *Amortissement*; unde *Morticina possessio*, apud Chopin de Leg. Andium part. 1. pag. 630. col. 1. Vide *Mortificatio.*

* **MORTICINIUS**, Mortuus; dicitur de ligno exsiccato, Ital. *Morticino.* Stat. Taurin. ann. 1360. cap. 178. ex Cod. reg. 4622. A. : *Nulla persona ad collum apportet...... ligna de lignario, nisi essent Morticinia.*

¶ **MORTICINUS**, Lethalis, ibid. pag. 654 : *Inter Morticinos angores suggerunt mihi fratres assistentes etc.*

MORTIDATOR, Homicida, idem qui *Murdrator.* Gall. *Meurtrier.* Lambertus Ardensis : *Mox quæsitis Mortidatoribus et proditoribus alios inrotavit, alios impartiavit.*

* **MORTIETUM**, a Gallico *Mortier*, Arenatum. Comput. S. Egid. Abbavil. Ms. ann. 1386 : *Pro Mortieto in recouvertura ecclesiæ, recouvertori xx. den.* Vide *Mortarium* 2.

¶ **MORTIFERABILITER**, Lethaliter. Vita S. Bibiani Sancton. Episc. apud Marten. tom. 6. Ampliss. Collect. col. 767 : *Puer quidam a vipera percussus Mortiferabiliter inficitur, cujus miseranda tabe turgescens, præ nimiis aculeorum doloribus morti fit contiguus.*

¶ **MORTIFEROR**, νεκρεύομαι, *Interimor.* Gloss. Lat. Græc. MSS. Sangerm.

1. **MORTIFICARE**, Idem quod *Amortizare*, de qua voce supra, In manum mortuam ponere. Charta ann. 1280. in Tabulario Prioratus S. Nicasii de Mellento fol. 40 : *Ego Guillelmus dictus de Mota armiger vendidi omnino et dimisi, et penitus et expresse Mortificando quitavi religiosis viris Priori et Conventui S. Nigasii de Mellento, omne jus, proprietatem et dominium quod habebam vel habere poteram super 3. solidos Paris. quos quidem 3. solidos Joannes dictus Poucin de Aubergivilla vendidit dictis religiosis viris super prata, etc.... quos vero tres solidos a prædicto Joanne Poucin sibi venditos super sua prata de Spedona prædicti viri religiosi ac eorumdem successores tenebunt et possidebunt sic Mortificatos, sicut superius expressum est, in tali libertate sicut ego prædictus Guillelmus de Mota ante Mortificationem istam primitus obtinebam, etc.* [Charta ann. 1276. in Chartul. Domus Dei Pontisar. : *Quod ipsi teneantur Mortificare ex toto venditionem dictarum decimarum ac ipsas decimas erga virum nobilem Guillelmum dominum de Pois.*]

* Testam. Guid. de Melloto ann. 1270 : *Item de redditibus legatis Mortificandis, volumus ut Mortificentur qui Mortificari poterunt.* Occurrit præterea in Ch. Frider. reg. Sicil. ann. 1209. tom. 2. Cod. Ital. diplom. col. 1648.

2. **MORTIFICARE**, Morti dare, occidere. Venericus de Unitate Ecclesiæ conservanda pag. 24 : *Quærebant omnibus modis Mortificare Regem Henricum.* [Diarium Belli Hussitici apud Ludewig. Reliq. MSS. pag. 135 : *Ipso ergo sic Mortificato clerus perversus præcipue in regno Boemiæ et marchionatu Moraviæ, qui condemnationem ipsius contributione pecuniarum et modis aliis diversis procuravit.*] Ita hanc vocem usurpant Lucifer Calaritanus lib. 1 pro S. Athanasio, ut et Flodoardus lib. 1. Hist. Remens. cap. 4.

¶ 3. **MORTIFICARE**, Graviter vulnerare,

mutilare. Charta ann. 1244. tom. 1. Hist. Dalphin. pag. 22 : *Si hominem crepaverit, aut ei membrum Mortificaverit, remaneat in misericordia dominorum.* Excerpta e Johanne a Bayono in Hist. Mediani Monast. pag. 265 : *Sigiffridus pincerna cujus collegæ patrem... olim graviter Mortificaverat, etc.* Vide *Mahamium.*

* Libert. villæ de Alavardo ann. 1337 : *Item statuimus quod si quis alium percusserit unde membrum aliquod Mortificatum fuerit sive scissum, seu aliquis ex ea percussione de aliquo membro impotens fuerit aut difformis, pro banno et offensa justitiæ et nostræ misericordiæ submittatur.* Vide infra *Mortificatio*, 3.

¶ 4. **MORTIFICARE**, Corpus macerare, pœnis affligere. Concil. Ilerdense inter Hispan. tom. 2. pag. 283 : *Si... digne pœnituerint, ita ut Mortificato corpore cordis contriti sacrificium Deo offerant.* Vox nota Scriptoribus asceticis.

¶ 5. **MORTIFICARE**, f. Pudore suffundere. Anonymus de Gestis Manfredi et Conradi Reg. apud Murator. tom. 8. col. 606 : *Irruunt quidem equites numero forte mille in Saracenos prædictos, quod Mortificati universaliter cum arcubus, et quodammodo facti exanimes solo metu, se nemine adhuc percutiente, prosternuntur.*

¶ 6. **MORTIFICARE**, Abrogare, rescindere. Statuta Astens. cap. 10. fol. 26 : *Juro omnia ea quæ in hoc statuto superius vel inferius scripta sunt, et non sunt deleta, canzellata, vel Mortificata, vel vacuata, attendere, facere et complere, et observare bona fide et sine fraude.*

* 7. **MORTIFICARE**, Extinguere. Lit. remiss. ann. 1410. in Reg. 165. Chartoph. reg. ch. 34 : *Dicta mater desiderans ipsum Maynardi salvare, dictam torchiam extinxit seu Mortificavit.* Mirac. S. Rufin. tom. 6. Aug. pag. 822. col. 1 : *Statim eamdem candelam, quam tenebat, sub pede suo Mortificans, etc.*

¶ 1. **MORTIFICATIO**, Gall. *Amortissement*, Licentia tenendi possessiones in manu mortua. Sine domini feudalis permissu non licebat ecclesiis aliisque communitatibus aliquod prædium tenere, sive emptum sive datum, ultra unius anni spatium, debebantque illud *extra manum suam ponere*. Hinc illa nata lex dandi *hominem morientem et viventem*, quo nomine bona ab ecclesiis occupata domini feudalis juri caducario aliquatenus sunt obnoxia; communitates quippe sunt caducariæ legis peremptoriæ clientes, propter quamdam immortalitatem corporis. In Tabul. Calensi omnes Chartæ quibus caducaria lex aboletur sic inscribi solent, ut pag. 158 : *De Mortificatione facta ab ecclesia Calensi abbati et conventui Frigidimontis.* Charta ann. 1280. in Tabular. Portus-regii : *Promisit dictus Johannes Burgevin armiger, fide data in manu nostra, quod contra hujusmodi concessionem et Mortificationem non veniet in futurum.* Vide *Mortificare* 1. et *Admortizatio.*

* Necrolog. abb. Crucis S. Leufr. ex Bibl. reg. : *v. Kal. Nov. Ob. Maria condam regina Franciæ et Ludovicus ejus filius comes Ebroicensis. Fiat servitium pro Mortificatione aquæ de Paceolo nostro prioratu.* Vide mox *Mortizatio.*

* 2. **MORTIFICATIO**, Coercitio, cohibitio, interprete D. *Bouquet* ad Capitul. Caroli C. ann. 859. tom. 7. Collect. Histor. Franc. pag. 635 : *Confisi de Dei misericordia, apud quem sic acceptatur mensura temporis ut doloris, nec abstinentia ciborum sicut Mortificatio vitiorum etc.* Vide *Mortificare* 4.

* 3. **MORTIFICATIO**, Idem quod *Mahamium*, Membri mutilatio, enormis læsio. Charta Phil. comit. Fland. pro castel. Brug. ex Cam. Comput. Insul. : *Homicidium de uno homine tantum et incendium et Mortificatio relinquitur in manu comitis et castellani.* Vide supra *Mortificare* 3.

1. **MORTIFICATURA**, [Vulnus leve, sine sanguinis effusione.] Vitalis Episcopus Oscensis : *Et respondeant eis de calonñis, hoc est, de pœnis pecuniariis et aliis juribus, quæ ipsorum locorum curiæ sunt recipere assuetæ. Pecuniariæ enim pœnæ usque ad mediam Mortificaturam, et fractionem cultelli inclusive, et similia, vel minora, ad ipsum Ricum hominem, vel ejus curiam dignoscuntur sine dubio pertinere.* Vide *Ictus orbus*

* 2. **MORTIFICATURA**, Abrogatio, rescissio. Stat Mantuæ lib. 2. cap. 8. ex Cod. reg. 4620 : *Pro Mortificatura banni non accipiatur ultra parvos quatuor; et hoc sub quocumque judice et officiali servetur : et non possint nisi semel vel bis exire de banno non curso.* Vide *Mortificare* 6.

¶ **MORTILEGIUM**, Necrologium, in quo nomina benefactorum defunctorum inscribuntur. Charta ann. 1513. apud *Madox* in Formul. Angl. pag. 272 : *In memoria in dicta Missa cotidie in capella prædicta, ut præmittitur, celebranda, ut tunc et ibidem recolentur quorum nomina et cognomina, ad perpetuam rei memoriam, in Mortilegio monasterii prædicti inter alios benefactores ejusdem ibidem exarantur et continentur.*

* **MORTILOGIUM**, Liber de morte disserens. Chron. Tegerns. apud Oefelium tom. 1. Script. rer. Boicar. pag. 630. col. 1 : *Scripsit anno Domini 1266. tunc temporis pro pace in congregatione servanda Mortilogium satis utile.*

¶ **MORTIMANUS**. Vide *Manus mortua.*

¶ **MORTIMENTUM**, Idem quod *Manusmortua*. Charta ann. 687. apud Miræum tom. 2. pag. 1125 : *Cum jure Mortimenti, et omnium accolarum advocationis ad fisci dominici opera in acceptæ libertatis signum.*

¶ **MORTINA**, vox Italica, Myrtus. Chron. Estense ad ann. 1347. apud Murator. tom. 15. col. 442 : *Coronatus fuit magnificus Miles dominus Nicolaus tribunus Romanus,... et imposuerunt ei sex coronas, primam quercus, secundam elleræ, tertiam Mortinæ, quartam lauri, quintam olivarum, sextam argenti.*

MORTITIUM, Caducum, jus caduci, *mortua manus*. Charta Tancredi Comitis Licii ann. 1185. apud Ughell. tom. 9. pag. 67 : *Et aquarium juxta eum, qui ex parte Mortitii ad nostras pervenit manus, et quicquid Mortitii habemus in terricellis juxta Ecclesiam.* Occurrit in Constit. Sicul. lib. 1. tit. 84.

MORTITIVUS, Monasticum Anglican. tom. 2. pag. 114 : *Præterea concessi eis ad pellicias Fratrum omnes pelles agnorum de omnibus maneriis meis,... tam de his quæ eduntur, quam de Mortitiis.* Id est, quæ moriuntur. [*Carnes Mortitivæ*, in Statutis Aven. MSS.] Vide *Morina* 1.

* **MORTIZATIO**, Concessio in manum mortuam, Gall. *Amortissement*. Stat. eccl. Barchin. ann. 1423. rubr. 18. ex Cod. reg. 4332 : *Numquam de cetero possint per episcopum vel capitulum fieri concessiones, alodiationes, Mortizationes aut cujusvis generis alienationes rerum immobilium ecclesiasticarum.* Vide supra *Mortificatio* 1.

¶ **MORTORIUM**, pro *Mortarium*. Charta ann. 1329. in Tabular. S. Victoris Massil. : *Item unum Mortorium cum suo trissono.*

¶ **MORTRAIDUS**, Homicida. Vide *Morth.*

¶ **MORTUA**. Vim vocis docet Concil. Tarrac. ann. 1591. inter Hispan. tom. 4. pag. 530 : *Singulares personæ tam ecclesiasticæ quam seculares, hujusmodi pecuniis indigentes, ut cum minori incommodo eas habere possint, per venditiones annualium censualium, quæ Mortua nuncupantur.*

* **MORTUA-AQUA**, Locus in pago Dunensi, corrupte pro *Martis-Aqua* vel *Campus Martis*, ex Chartul. Major. monast. pro bonis apud Castridunum sitis, in Bibl. S. Germ. Prat. ch. 21 : *Concedo Deo et S. Martino Majoris monasterii aliquid de rebus meis, quod mihi a quodam propinquo meo, nomine Fulcherio, dimissum est, unum videlicet alodem in territorio Dunensi, juxta Campum Martis situm, in loco qui antiquitus Martis-aqua, novitatis depravatione appellatur Mortua-aqua.*

¶ **MORTUAGIUM**, Idem quod mox *Mortuarium*. Bulla Clementis V. PP. ann. 1309. apud Lobinell. tom. 2. Hist. Britan. pag. 461 : *Super Mortuagiis seu præstationibus ecclesiis parrochialibus... videlicet in tertia parte bonorum mobilium, quæ tertiagium dicitur, etc.*

MORTUAMANUS. Vide *Manus mortua.*

* **MORTUARE**, Gall. *Amortir*, in manum mortuam ponere. Necrol. Ms. S. Joan. in Valle : *Nonis Martii obiit Joannes comes Drocensis, qui Mortuavit nobis tres modios grani.* Vide supra *Mortificare* 1.

1. **MORTUARIUM**, Jus illud dicitur, quod Ecclesiæ, seu illius Rectori debetur, cum quis decedit, [quod jus, *canonica portio* dicitur, in Statutis Eccl. Cadurc. apud Marten. tom. 4. Anecd. col. 736.] Quippe *si decedens* parochianus *tria vel plura cujuscunque generis in bonis suis habuerit animalia, optimo, cui de jure fuerit debitum, reservato, Ecclesiæ suæ, a qua Sacramenta recepit, dum viveret, sine dolo, fraude, seu contradictione qualibet, pro recompensatione subtractionis decimarum personalium, necnon et oblationum, secundum melius animal reservatur post obitum, pro salute animæ suæ, hujusmodi liberandum. Quod si duo tantum in bonis decedentis extiterint animalia, de mansuetudine Ecclesiæ exactio quælibet nomine Mortuarii remittitur.* Hæc Statuta Provincialia Stephani Archiep. Cantuariensis apud Lambethe ann. 1206. et ex iis Simon Langham Archiepisc. Cantuariensis in Provinciali Eccles. Cantuar. lib. 1. tit. 3. Adde lib. 2. tit. 2. lib. 3. tit. 15. et Concil. Mertonense ann. 1300. cap. 3. Eamdem *mortuariorum* originem et causam attigit Synodus Exoniensis ann.

1287. cap. 51 : *Mortuariorum præstationem ex eo intelleximus salubriter sumpsisse initium, quod decimis majoribus et minoribus, ac cæteris juribus parochialibus per ignorantiam non solutis, læsis Ecclesiis præstarentur, ut talis oblivio procedens ex incuria non solventis, posset saltem per hoc apud districtum judicem excusari.* Mox dicitur *mortuarium esse secundum melius averium.* Synodus Sodorensis ann. 1229. in Insula Manniæ cap. 3 : *In Mortuariis principale animal Ecclesiæ persolvatur vacca, vel bos, vel equus, si fuerit ad valorem sex solidorum aut minus. Et quantum ad vestes, si homo Mortuarium persolverit, ad arbitrium Ecclesiæ stabit, an veltes, aut tres solidos et sex denarios habere maluerit, etc.* Regiam Majestatem lib. 1. cap. 19. § 7 : *Si vero dixerit* (*Sacerdos*) *quod pro Mortuario rem illam receperit, etc.* Charta Edw. II. Reg. Angl. an. 1316 : *Item si Rector petat Mortuarium, ubi mortuarium dari consuevit.* Ch. Aleman. 2 : *Post mortem vero eorum Abbas qui pro tempore fuerit, de singulis Mortuarium accipiet.* Fleta lib. 2. cap. 60. §. 30 : *Item si Rector petat Mortuarium in partibus quibus dari consuevit.* Chron. Constantiense cap. 19 : *Ut autem servi bono animo ministrarent dominis, hujusmodi donario cumulavit ipsos, scilicet ut cum quis præsentium, vel ipsorum successorum, qui de progenie illorum esset, moreretur, exuviæ de iis non sumerentur, sed hæredes relictam hæreditatem indivisam possiderent.* Charta Arnaldi Niciensis Episc. ann. 1159. apud Josfredum : *Omnes primitias, et omnes pannos et lectos sive reditus, sive receptus mortuorum, et ipse dedit Canonicis, et nos adjudicavimus.* Vide Gul. Prynneum in Libertatib. Eccles. Angl. tom. 3. pag. 336. 349. Ughellum tom. 1. part. 1. pag. 817. et infra in *Pirottum.* Vide etiam *Catallum*, *Heriotum.* Non defuere denique ex Parochis, qui jus istud mortuarii ab iis, qui Vitam Monasticam amplectebantur, deberi contenderint, ut qui in sæculo pro mortuis haberentur, quod prohibuit Honorius III. Pap. Bulla data Laterani II. Non. Decembr. Pontif. ann. 11. ex Tabulario Abbatiæ Barbellensis juxta Meledunum : *Significastis siquidem nobis, quod in quibusdam partibus consuetudo detestabilis inolevit, videlicet quod cum aliqui æmulantes carismata meliora, monasteria vestri ordinis volunt causa religionis intrare, ut ibi Domino famulentur, capellani eorum, donec ab ipsis pecuniam, quæ Mortuarium nuncupatur, extorqueant, prout a parochianis suis consueverunt accipere, illis se temere opponunt, quarum super hoc nostræ providentiæ remedium flagitastis, etc.* [Eadem Bulla sub nomine Gregorii, qui Honorio suffectus est, legitur in Chartulario Regniacensi data apud Urbem veterem IV. nonas Julii pontific. ann. IV. hoc est, ann. 1230. ad Abbatem Cisterc. et coabbates directa.] [** Vide Haltaus. Glossar. German. voce *Fall*, col. 420.]

* Varie a diversis ecclesiis perceptum, ut docent Statuta eccl. Castr. ann. 1358. part. 2. cap. 4. ex Cod. reg. 1592. A. : *Ubi distincte et cum sua sana intentione elegerit in alio cimiterio sepeliri, tunc canonica portio erit parrochiali ecclesiæ restituenda.... Portio vero prædicta secundum consuetudinem diversarum ecclesiarum aliquando est media, aliquando tertia, aliquando quarta : sed quartam dicimus deberi, ubi de aliqua portione per consuetudinem non apparet.* Vide supra *Funeralia* 2.

☞ Eodem *mortuarii* nomine designatum reperimus tributum, quod a domino post mortem vassalli exigebatur, nisi fortean et illud inter jura ecclesiastica a laicis usurpata recenseas, atque adeo a jure *mortuarii*, de quo mox dictum est, indistinctum velis. Charta ann. 1348. apud Kennett. Antiquit. Ambrosden. pag. 470 : *Jurati præsentant.... quod Willelmus Foul qui de domino tenuit unum messuagium... diem suum clausit extremum, et debentur domino nominibus heriettæ et Mortuarii 2. vaccæ pret. XII. s.* Vide *Mortalia* 2.

Mortuarii appellatione, in Statutis Ordinis Hospitalariorum S. Joannis Hieros. tit. 5. § 4. tit. 17. § 1. tit. 19 § 16. intelliguntur *fructus Commendæ, qui colliguntur a die obitus Commendatarii ad proximum festum Nativit. S. Joannis Baptistæ.* [* Vel potius ad primam Maii post mortem possessoris. *Mortuaire*, in Lit. ann. 1401. tom. 8. Ordinat. reg. Franc. pag. 479. ubi in notis minus bene definiuntur Fructus, qui colliguntur a die obitus commendatarii ad alterius institutionem : *Selon les ordonnances et constitutions de leurdit ordre* (*de l'Ospital saint Jehan de Jherusalem*) *les Mortuairos et vaccans des prieurés, chastelainies et commenderies dudit Hospital appartiennent au commun trésor du couvent de Rodes.*]

¶ 2. **MORTUARIUM**, Necrologium. Ludewig. tom. 8. Reliq. MSS. pag. 223. ex vetustis membranis : *Continet scriptura Mortuariorum Sereni-montis, quod pro anniversario ejus oblatus sit unus mansus.*

* 3. **MORTUARIUM**, Funus, exequiæ, idem quod *Mortuorium.* Charta ann. 1308. in Reg. 40. Chartoph. reg. ch. 166 : *Faciemus dictæ Yolam restitui... omnes fructus et exitus levatos de dictis terris, ab illo tempore dictæ mortis citra, deductis et retentis expensis factis in Mortuario dicti Guiardi.* Vide supra *Mortalia* 1.

* *Mortuaire* vero pro Pestis, lues, quæ in populo grassatur, in Poem. cui titulus *Les Adventures advenues en France* ab ann. 1214. ad 1412 :

En l'autre année (1347.) advint si grant mortalité
Qu'il mouru bien le tiers de la Crestienté...
Après le Mortuaire, fu le temps si très chier,
Que poures gens n'avaient pas grandment à mengier.

MORTUATUS, Morti datus, occisus, seu potius per *morth*, id est, *murdrum.* Capitula ad Legem Alamannor. cap. 23. Edit. Steph. Baluzii : *Si quis Mortuatus fuerit baro aut femina, etc.* Vide *Morth.*

¶ **MORTUORIUM**, Funus, Gallic. *Enterrement.* Epitome Constit. Eccles. Valent. inter Concil. Hispan. tom. 4. pag. 199 : *Unicuique ex cantoribus dictæ sedis in particularibus Mortuoriis tantummodo dentur... portiones sequentes, etc.*

1. **MORTUOSUS**, Mortuo similis. Cælius Aurelian. lib. 1. Acut. cap. 3 : *Mortuosus vultus.* Cap. 10 : *Mortuosum accidens.*

* 2. **MORTUOSUS**, Morticinus; dicitur de carne animalis ex aliquo morbo mortui. Consuet. Carcass. ex Reg. L. Chartoph. reg. ch. 3 : *In nullo loco macelli vendatur caro hyrcorum vel de ede, nec caro Mortuosa, nec infirma vel leprosa pro sana.* Vide supra *Moria* 1.

MORTUUS, pro *Occisus.* Histor. Cortusiorum lib. 1. cap. 13 : *In cujus obsidione Mortuus fuit Dn. Galerannus frater Imperatoris ictu sagittæ.* Occurrit passim in hac Historia.

Mortuum *super mortuum ponere.* Vide *Bisomum.*

Mortuos in Ecclesia Sepelire vetant Canones. Vide Notata a Lindenbrogio in hac voce.

¶ Carmina *diabolica, quæ super Mortuos nocturnis horis vulgo fieri solent*, prohibent Statuta MSS. ann. 1280. Augerii Episc. Conser.

¶ Mortuus Saisit Vivum, Gall. *Le mort saisit le vif*, Practicis nostris est, cum heredis et defuncti possessio cohæret et continuatur. Charta Caroli Reg. Franc. ann. 1322. apud Miræum tom. 1. pag. 308 : *Cum Robertus de Flandria, Miles, filius defuncti Roberti quondam Comitis Flandriæ, tanquam proximior et unicus superstes ejus filius, ut dicebat, diceret se esse saisitum, per consuetudinem patriæ notoriam, qua dicitur, quod Mortuus saisit vivum, de Comitatu et patria Flandriæ, etc.* Stabilim. S. Ludovici ann. 1270. cap. 4. tom. 1. Ordinat. Reg. Franc. pag. 250 : *Et li usages de Paris et d'Orliens si est tieux que li Mort sesit le vif, et que il doit avoir sesine, se autre ne se tret avant qui ait plus grand droit en la chose que cil.* Vide Gloss. Juris Gall. in hac voce.

* Mortuus, Mortuorum cadavera suis insignibus et armis vestiendi atque publice exponendi antiquus mos, ut colligitur ex Præfat. ad Chartul. S. Petri Carnot. quod inscribitur *Aganus : Astingus in feretro armatus, quasi mortuus collocatur, et in ecclesia a suis deportatus, patrino suo præsuli cum simulato fletu exhibetur, ut Christianorum ex hoc sæculo decendentium festinus officium perageret; qui devote humanitatis officium peragens, cum in sepulcro ex more cadaver mortui, ut æstimabatur, deponi juberet, Barbari* (Normanni) *ingentis vocibus clamare cœperunt, maledicta perstrepunt, totaque ecclesia attonita in voces simul attollitur. Quid plura? Ille funestus satelles de lecto subito exiliens, evaginato gladio facinus conceptum satagit peragere : et primo quidem in patrinum suum antistitem.... ensem levat eumque crudeli crudelior, capite truncato, martyrem efficit.* Vide supra *Funeralia* 1.

* Mortuorum Divisio, Quod ex mortuis seu ex decedentium legatis, ecclesiis obvenit. Charta ann. 1154. inter Instr. tom. 12. Gall. Christ. col. 41 : *Beneficia vero ad sacerdotem quoquo modo venientia, videlicet baptisterium, ... Mortuorum divisionem, monachi et sacerdos per medium dividant. Sciendum est præterea.... quidquid eisdem monachis vel datur vel dividitur pro Mortuis,.... sine sacerdote ad monachos pertinere.* Vide *Mortalagium.*

* Mortuus et Vivus, nude, dicitur Census, qui pro facultate depascendi, in pecunia aut pecude solvitur. Charta ann. 1038. ex Tabul. S. Vict. Massil. : *Facimus guirpitionem S. Victori Massiliensi et S. Ge-*

nesio in territorio de Dromone.... de toto alode, de terris cultis et incultis,.... de Mortuis et de vivis, etc. Nisi de ligno viridi et sicco intelligas. Vide supra *Herbagium.*

* Mortuus Census, qui redimi non potest, practicis nostris *non rachetable.* Constit. Mss. Ferd. reg. Aragon. ann. 1413 : *Ordinamus quod nullus pro debito civili querelam offerat per viam constitutionum, pacium et treugarum, et si oblata fuerit nullatenus admittatur. Si autem per venditores censualium, quæ censualia Mortun vulgo in Cathalonia nominantur, etc.* Charta ann. 1504. in Reg. 3. Armor. gener. part. 2. pag. xlv : *Unum florenum annualem et pensionalem ac Mortuum, sine aliquo dominio directo.* Vide in *Census.*

* **MORTXION**, vox vulgaris, Monetæ argenteæ nomen. Lit. remiss. ann. 1385. in Reg. 127. Chartoph. reg. ch. 41 : *En laquelle boursette ladite femme avoit pris quatre petites vergettes d'argent, une piece d'argent, appellée Mortxion.*

¶ **MORUA**, Gall. *Moruë*, Piscis genus. Charta ann. 1309. tom. 1. Hist. Dalphin. pag. 98 : *Item grossa bestia onerata... piscibus, alecibus, Morua et similibus, debet pro pedagio octo denarios.*

* **MORUBULA**, an Horreum in quo decimæ reconduntur? Charta ann. 962. tom. 9. Collect. Histor. Franc. pag. 699 : *Decimam etiam unius vici, in qua sita est cæterarum Morubula.*

MORUCLA, Boletorum species, Gallis, *Morille.* Monachus Saviniensis in Vita S. Matthæi Abbatis Cluniac. cap. 14 : *Quadam die ad horam refectionis suæ sibi jubet parari Moruclas, quæ species sunt cujusdam boleti, quas Sibrandus famulus ejus confractas, et nulli usui aptas invenit.* Infra : *Jussit iterum perquiri, si inibi vel in circuitu quo consederant, aliquas invenissent Moruclas.*

MORVISIUS, ita dicta moneta aurea Alphonsi Regis Hispaniæ, voce, ut videtur, detorta ex *maravedinus.* De hacce monetæ specie multa commentatus est Covarruvias in Collat. veterum numismatum cap. 6.

¶ **MORULA**, Brevis mora. Bernhardi *de Breydenbach* Iter Hieros. pag. 274 : *Quomodo tam parva Morula temporis, tanta hostium manus cecidisset, nisi etc.* Utitur August. Confess. lib. 11. cap. 23.

* *Brevis temporis vix transacta Morula*, apud Elmham. in Henr. V. reg. Angl. edit. Hearn. cap. 71. pag. 205.

¶ **MORULARE**, Moram trahere, manere. Guillelmus Gemmet. lib. 2. Hist. Norman. cap. 8 : *Cumque diu Morulans Walgras depopularet.* Histor. Harcur. tom. 4. pag. 1317 : *Interim Rex Ludovicus Morulans Rothomagensis urbis mœnibus, etc.* Dudo de Ducibus Norman. apud Duchesn. Script. Norman. pag. 113 :

Quia dux bonus et Comes almus
Eris indigenæ Morulanti hic,
Eris et decus ecclesiarum.

* Hinc *Morueux*, non *Morveux*, qui lares fovet, homo ignavus, iners, in Poem. reg. Navar. tom. 2. pag. 133 :

Or s'en iront cil vaillant bacheler,
Ki aiment Dieu et l'onour de cest mont,
Ki sagement voelent à Dieu aler ;
Et li Morueus, li cendreus demourront.

Unde *Moruement*, Morose, mœste, in Hist. Joan. *de Saintré* pag. mihi 530. Vide supra in *Caminata* 1.

¶ **MORULI**, *Verberibus atriores facti, a moris nigris dicti.* Amalth.

* **MORULUM**, dimin. a *Morum.* Glossar. Provinc. Lat. ex Cod. reg. 7657 : *Mora, Prov. morum, Morulum, cessum.*

* **MORULUS**, a Gall. *Mors*, Frenum. Charta ann. 1361. in Reg. 103. Chartoph. reg. ch. 78 : *Petrus Gosini de Caramanno.... tenetur facere quoque anno pro amparantia unum Morulum parvum, cum sonnulis argenteis et layssis de cirico, pro quibusdam bonis, sitis prope villam Montis Galhardi, sine aliqua alia servitute.*

¶ 1. **MORUS**, f. Morosus, in Charta Alfonsi Reg. Aragon. Vide *Mais.*

2. **MORUS**, Locus palustris. Vide *Mora* 2.

* **MORUTA**, vel Moruca, Piscis genus, Gall. *Morue.* Comput. Ms. ann. 1244 : *De allecíis et Morutis datis Guillelmo de Lorriac.* Vide *Morua.*

* **MOS**, Pensitatio, quæ ex more præstatur, cujus initium ignoratur et a quo inducta. Charta ann. 1235. in Chartul. Cluniac. : *Jocerannus Grossus, Branceduni dominus,... concedo quitationem, quam Stephanus dominus Calvimontis fecit monachis Cluniacensibus de Bernardo des Pomiers, quem ipse Stephanus quitavit ab omnibus, exceptis Moribus usis in villa de la Verrere.* Vide *Consuetudo* 4.

* **MOSAGIA**, *Lo fluxo de sangue*, pro *Moragia*, in Glossar. Lat. Ital. Ms.

MOSAICUM. Vide *Musivum.*

MOSARABES, dicti Christiani in Hispania, qui sub Arabum dominatu vivebant, quasi mixti Arabibus, uti censent Stephanus Præcentor Ulyssiponensis de Miraculis S. Vincentii Ulyssipone editis cap. 1. n. 3. Surita lib. 1. Indic. Aragon. æra 752. et ex iis Baronius anno 633. n. 87. Quippe *Musa* Arabice Christianum significat, ut auctor est Blanca ann. 714. quod etymon attigit Julianus Toletanus, cui *Mixtarabes* dicuntur : *Era 757. die Madii data est civitas Toleti Mauris sub hac conditione, ut relinquerent Christianis septem Ecclesias, Mixtarabum quas vocant, etc.* Infra : *Erant autem ipsi Mixtarabes sanctæ Justæ, ubi jacent in pace, etc.* Alii volunt Mosarabes dictos a Muza Arabum duce, qui Hispaniam domuit. Jacobus de Vitriaco in Hist. Hierosol. cap. 80 : *Illi vero Christiani, qui in Africa et Hispania inter Occidentales Saracenos commorantur, Mosarabes nuncupati, Latinam habent literam, et Latino sermone in scripturis utuntur, et sanctæ Romanæ Ecclesiæ, sicut alii Latini, cum omni humilitate et devotione obediunt, ab articulis Fidei vel Sacramentis ab ullo deviantes, etc.* Adde Eugenium III. PP. Epist. 83. Sanutum lib. 3. part. 8. cap. 4. Vitam S. Theotonii Canonici part. 2. cap. 2. n. 8. Horum Officium divinum, *Mosarabis* inde appellationem retinuit, jam olim, et maxime D. Leandri Hispalensis et D. Isidori temporibus usitatum. Imo hoc usa est Hispania usque ad Alphonsum VI. quo tempore auctoritate Gregorii VII. PP. mutatum est æra 1109. ut est in Charta S. Ramirezii Regis Aragon. descripta in Hist. Pinnatensi lib. 3. cap. 16. licet et Toleti adhuc in sex Parochiis servetur, et in Cathedrali Ecclesia in sacello Fratris Francisci Ximenes, ac Salmaticæ statis diebus in secello Doctoris Talabricensis. Ordinem vero divini istius officii descripsit et edidit Eugenius Roblesius, ex quo in Bibliothecam Patrum relatus est, tom. 6. ult. Edit. De Mosarabico sive Gothico officio in aliquot Ecclesiis Hispanicis consulendi Rodericus Toletanus lib. 6. Hist. cap. 26. 27. Ambrosius Moralis lib. 12. cap. 19. Mariana lib. 9. cap. 17. 18. etc. V. Bivarium ad Pseudochronicon Marci Maximi pag. 424. Notas ad Concilia Hispaniæ ann. 1068. et Sebast. Cobarruviam in Thesauro linguæ Castellanæ. Huc etiam spectant Epist. 63. 64. 83. Gregorii VII. lib. 1. et Epist. 18. lib. 3. Epist. 2. lib. 9.

* Consule prætcrea P. *Le Brun* de Liturg. et Tract. Hist. Chronol. de Liturg. ant. Hisp. initio tom. 6. Jul. Act. SS. cap. 4. § 2.

Morabites, perperam, ni fallor, pro *Mosarabes*, editum in Chronico Mauriniacensi pag. 379.

* **MOSATA**, Præstationis species ex vino, vel Modus agri vineis consitus. Vide supra *Morada* et *Morata* 2. Charta ann. 1350. in Reg. 84. Chartoph. reg. ch. 611 : *Item in et pro Mosata vini, æstimata viginti quatuor solidos Turonenses.*

* **MOSCADUS**, Ital. *Moscado*, Maculis, quasi muscis, distinctus, Gall. *Mouchetté.* Monstra ann. 1339. inter Probat. tom. 4. Hist. Occit. col. 182 : *D. Pontius de Villamuro miles et baro cum equo ferrando, facie Moscada, æstimato cc. libras.* Vide infra *Moscosus.*

¶ **MOSCATELLUS**, Ital. *Moscadello*, Apiana uva, Gall. *Raisin muscat.* Statuta Astens. cap. 97. fol. 35 : *Si quis homo vel femina vendiderit uvas preter Moscatellum... amittat pro pena sol. x. Astens.* Occurrit præterea in Statutis castri Redaldi lib. 3. fol. 51. Vide *Muscatellus.*

¶ **MOSCHEDA**, Templum Mahumetanorum, Ital. *Moschea*, nostris *Mosquée.* Continuat. Chronic. Andr. Danduli ad ann. 1291. apud Murator. tom. 12. col. 403 : *Melchisadar soldanus Babiloniæ... civitatem Achon... die* xviii. *Maii viriliter cepit, quam statim, exceptis Moschedis, fecit funditus ruinari, etc* Vide *Meschita* et *Muscheta.*

* **MOSCHETA**, Templum Mahumetanorum. Acta S. Peregr. tom. 1. Aug. pag. 78. col. 2 : *Duxerunt ad Moschetam, id est ad synagogam eorum, ad templum Dei ipsorum, ut ibi incensum offerret Mahometæ.* Vide *Moscheda.*

¶ **MOSCHETTA**, Telum quod balista validiori emittitur. Chron. Estense ad ann. 1309. apud Murator. tom. 15. col. 365 : *Propter magnam multitudinem Moschettarum quas sagittabant, dicti domini de Ferraria non præsumpserunt accedere ibi ad domum prædictam.* Vide *Muschetta.*

MOSCHETTUM. Vide in *Muscarium.*

MOSCHUS, Moscus. Vide *Muscus.*

MOSCIA, [Telæ tenuioris species, Picardis nostris *Musquinier*, qui ejusmodi telas texit.] Gobelinus Persona in Cosmodromio cap. ult : *Quod in refectorio simul reficerentur,... silentium in locis debitis servarent, cellas Moscis fenestratas habebant,* nec lectis de plumis, neque camisiis lineis uterentur, etc. [* Vide supra *Melocineus*.]

* **MOSCLARIS**, Hamus, Massiliensibus *Musclau*. Glossar. Provinc. Lat. ex Cod. reg. 7657 : *Mosclalh*, *Prov. hamus*. Charta ann. 1252. ex Tabul. Massil. : *Et de quodam modo piscandi alio utili, consueto jam est diu fieri cum Mosclari magna, personarum multitudo dictæ civitatis Massiliæ victum suum solita est lucrari*.

* **MOSCOSUS**, Maculis, quasi muscis, distinctus et varius, Gall. *Mouchetté*. Monstra ann. 1339. inter Probat. tom. 4. Hist. Occit. col. 182 : *Ahven Dunzen cum equo ferrando Moscoso, lxx. libras*. Vide supra *Moscadus*.

¶ **MOSENA**, Species bladi, *Moussene* apud inferiores præsertim Occitanos, Vasconibus *Mouzene*. Sententia arbitralis ann. 1292. inter abbatem et consules de Gimonte : *Alia vero blada quæ ligari non possunt in eorum paleis ut est milium, fabæ et Mosena, et alia similia, partiantur*.

* Glossar. Provinc. Lat. ex Cod. reg. 7657 : *Mossenna, Prov. solia*. Vide mox *Mossola*.

¶ **MOSIBUM**, Mosivum. Vide *Musivum*.

* **MOSICHA**, *Pocha*. Glossar. Lat. Ital. Ms.

MOSLEMES. Vide *Musulmani*.

¶ **MOSNARE**, f. Mansio, domus molitoris. Charta Oliverii abbatis S. Johan. Angeriac. ann. 1285. in Tabular. ejusd. monast. pag. 196 : *Item prædictum Mosnare nostrum situm subtus molendina de Codreto in aqua... cum omni jure et deverio quod habemus et habere debemus in dicto Mosnari et aqua et circumstantiis ipsius*.

* **MOSNERIUM**, Molendinum, vel Aqua, qua mola versatur. Chartul. S. Joan. Angeriac. fol. 185. v° : *Gislebertus de Rochefort do et concedo.... ecclesiæ S. Joannis Angeliacensis,... ex integro levatgium et ribatgium ab esterio Sebilio usque ad Mosnerium de Labessa de ponte Natali*. Vide *Mosnare*.

* **MOSO**, *Lo factore*, in Glossar. Lat. Ital. Ms.

¶ **MOSSEN**, in Aquitania, Occitania, Vasconia, Benearno, et alibi; voce composita ex *Mos* et *Sen*, quasi diceres *Meus Senior*, idem esse quod Francis *Messire*, observat Petrus de Marca lib. 3. cap. 9. Marcæ Hispan. col. 261.

¶ **MOSSES**, Locus uliginosus, stagnum, Anglis *Mosse*. Cambdenus in Descriptione Lancastrensis agri : *Ubique solo tolerabili, nisi uliginosis quibusdam et minus salubribus locis, Mosses vocant, qui tamen hæc sua incommoda, commodis suis resarciunt uberioribus*. Vide *Mussa* 2.

MOSSICLUM, in Gloss. Saxonico Cottoniano; in alio *Mosicum*, ragu. Voces admodum incertæ. [Legendum forte ex Somnero *Mosylicum*, et Rubus Mosylicus intelligendus.]

* **MOSSOLA**, ut supra *Mosena*. Charta ann. 1469 : *Tres cartones cum dimidio bladi frumentali seu Mossolæ*.

¶ **MOSSUS**, Dimotus seu luxatus. Processus de S. Thoma Aquinate tom. 1. Martii pag. 695 : *Ex qua percussione os ipsius brachii quod jungitur cum humero, erat totaliter Mossum et fractum*.

* **MOSTA**, Pensitatio pro molitura frumenti, f. pro *Molta*. Charta Guill. de Rupibus ann. 1209. inter Probat. tom. 2. Annal. Præmonst. col. 356 : *Dederunt molendina de Rogeret,.... et totam Mostam et molentes parochiarum de Precineio et de Courtilliers. Mosrrage*, pro ipsa molitura, in Charta ann. 1254. ex Chartul. 2. Fland. Cam. Comput. Insul. fol. 23. r° : *Li moulin devant dis ne peust souffire au Mosrrage de la ville de Hulst*.

¶ **MOSTALE**, Species tenementi, ad excolendum sub onere præstationis, census et operarum concessi. Charta ann. 812. tom. 2. Annal. Benedict. pag. 719 : *Dono, donatumque esse volo in perpetuum pro bona ecclesiæ retributione, hoc est res infra civitate Nemauso, id est mansum seniore, ubi ipse commanere videor, cum reliquis mansis ad ipsum mansum aspicientibus, cum ædificiis... hortis, vineis et Mostalibus*. Infra : *Concidis, communiis, Mostalibus*, etc. Vide *Motalis*.

* **MOSTARDERIA**, a Gallico *Moutardier*, Intritæ sinapis vasculum, in Instr. ann. 1438. inter Probat. tom. 3. Hist. Nem. pag. 259. col. 1. Vide *Mustarda*.

* **MOSTASAFUS**, Cujus officium, *Mostasafia* nuncupatum, pluribus describitur, in Charta institutionis ejusdem a Petro III. reg. Aragon. ann. 1339 : *Cum pro parte consiliariorum ac proborum hominum universitatis civitatis Barchinonæ nobis fuerit instantissime supplicatum, ut pro bono statu dictæ civitatis et habitatorum ejusdem concedere dignaremur, quod officium Mostasafiæ sit de cetero in civitate jam dicta; ea propter nos.... concedimus,... quod amodo in civitate ipsa sit Mostasafus, qui dictum Mostasafiæ officium teneat atque regat, sub modo et forma inferius comprehensis; quique eligatur anno quolibet in festo S. Andreæ.... Statuentes ac etiam ordinantes, quod dictus Mostasafus.... teneat penes se originalia ponderum et mensurarum, tam panis, vini, olei, pannorum et aliorum omnium, quæ venduntur ac vendi consueverunt sub penso, pondere vel mensura.... Qui quidem Mostasafus in fine sui officii subsequenti successori in officio suo dicta originalia tradere teneatur. Dictus vero Mostasafus, sine vicario, bajulo et alio officiali nostro, auctoritate propria sui officii, recognoscat et possit recognoscere et judicare pro veris et falsis pensa, pondera et mensuras, et delinquentes punire, vel eis gratiam facere usque ad decem solidos Barchinonenses tantum et infra, et etiam ultra decem solidos, cum et de consilio vicarii vel bajuli Barchinonæ.... Tertia pars* (pœnæ) *curiæ nostræ; tertia vero universitati civitatis prædictæ, et tertia dicto Mostasafo pro suo salario et labore, factis tribus et æquis partibus adquiratur.... Dictus vero etiam Mostasafus habeat seu teneat, et habere seu tenere debeat unum vel duos sagiones, qui sibi assistant continue, vel illi qui ponderabit pro eodem, et illud, quod sagionibus ipsis vel alteri eorum per ipsum Mostasafum in exequtionem ipsius officii mandatum fuerit, exequantur. Teneatur esse ipse Mostasafus, et in fine anni, quo dictum dimittit officium, reddere rationem et compotum bajulo nostro Barchinonæ vel ejus locumtenenti, præsentibus consiliariis dictæ civitatis.... Dictus tamen Mostasafus, si occurrerit dubium de aliquibus rebus, an sint malæ, mixtæ, incameratæ vel falsæ, de et cum consilio consiliariorum prædictæ civitatis cognoscat et determinet supradictam* (pœnam) *secundum ordinationes seu statuta, quæ per dictos consiliarios edita fuerint super eis, et faciat prout cognitum fuerit, exequtionem publice per plateas, et exhigat calonias sive pœnas a delinquentibus seu transgressoribus, prout sibi visum fuerit expedire.... Præterea super discentionibus et quæstionibus operum, portalium, fenestrarum, despilleres, stillicidiorum, parietum mediorum, viarum et aliorum consimilium, idem Mostasafus cognoscat et procedat summarie et de plano, non recepta in scriptis petitione vel responsione, sed solum rationibus partium verbo auditis, et ea omnia determinet et dicat verbo tantum, per se vel cum et de consilio, si dubia sibi occurrerint, consiliariorum civitatis prædictæ, ac illorum qui præterito tempore ipsum officium tenuerint; a qua quidem cognitione vel decisione nemini liceat appellare, et si fuerit appellatum, ipsis appellationibus non admissis, dictæ causæ seu quæstiones per dictum Mostasafum terminentur et etiam exequantur. Nos enim jam dicto Mostasafo tenore præsentis Cartæ damus et concedimus cognitionem, decisionem, exequtionem et exactionem omnium prædictorum et etiam universorum et singulorum bannorum ordinatorum per consiliarios et probos homines dictæ civitatis Barchinonæ præsentes et futuros, super illis rebus videlicet, super quibus in civitate Valentiæ banna exhiguntur ac levantur per Mostasafum ejusdem, ac super eisdem omnibus et singulis eidem potestatem et liberam facultatem conferimus, ut superius continetur. Mustaçafus* et *Mustaçafia* ex eadem Charta in Cod. reg. 4673. Acad. Hisp. in Diction. *Almotazen*, Publicarum mensurarum et ponderum curator, ædilis.

¶ **MOSTAYLA**. Charta ann. 1327. in Tabul. S. Victoris Massil. : *Tertia mensis præteriti fecit carricari* LXII. *giaras alquitrani, et tria pondera de Mostayla*. An mustela seu mustelinæ pelles? nostris olim *Moustoille* vel *Moustille* pro mustela, *Belette*.

¶ **MOSTELLUM**, φάσμα, *Monstrum*. Supplem. Antiquarii et Gloss. Lat. Græc. MSS. Sangerm. [* Adde ex Castigat. in utrumque Glossar. an *Monstrellum*?]

* **MOSTILLUS**, Mostulus, *dimin. a Mos, costuma, Prov*. Glossar. Provinc. Lat. ex Cod. reg. 7657.

MOSTERINUM. Anonymus [quem Nicolaum de Jamsilla esse docet Murator. tom. 8. col. 576.] de Rebus gestis Friderici II. Imp. pag. 843 : *Inter quos currus unus inventus est Mosterinis et flabellis tantum oneratus, quæ pro infirmis deferebantur ad muscas depellendas, vel ad refrigerium caloris incendii faciendum, et aliis rebus medicinalibus oneratus, etc*. [Codex alter apud laudatum Murator. habet : *Mosternis*.] Legendum *moscherinis* : muscarium enim Italis est *moscherino*, voce a Latino formata.

¶ **MOSTIERA**. Vide *Molta* 2.

* **MOSTONAGIUM**, Tributum ex vervecibus seu *mutonibus*. Charta Caroli regent. ann. 1358. ex Bibl. reg. : *Item Mostonagium regium, quod colligi debet et recipi quolibet*

anno circa festum ascensionis Domini. Vide in *Multo.*

¶ 1. **MOSTRA**, pro *monstra*, Militum recensio, ab Ital. *Mostra.* Charta ann. 1372. apud *la Faille* tom. 1. Annal. Tolos. inter Instrum. pag. 96 : *Promittent nobiles Mostram facientes tempore dictæ Mostræ prædictis deputandis, sub eorum bona fide et alii Nobiles jurabunt ad Sancta quatuor Dei Evangelia eorum manibus dexteris tangenda, quod ipsi revelabunt quam primum poterunt commode Marescallo seu Marescallis dictæ guerræ omnes illos quos viderint vel sustinuerint aliqua bona a subditis regiis mediate vel immediate rapientes, etc.* Vide *Monstrum* 1.

* Charta ann. 1356. inter Probat. tom. 4. Hist. Occit. col. 236 : *Item quod Mostræ per deputatos ab universitate recipientur.* Inter servitia vassallorum dom. Apchon. in ejusd. Terrear. recensetur : *Mostram facere totiens quotiens.*

* 2. **MOSTRA**, Ostensio, specimen, Gall. *Montre*, Ital. *Mostra.* Stat. ann. 1454. inter Probat. tom. 3. Hist. Nem. pag. 286. col. 1 : *Eidem Pellorgas tradidit Mostram dictorum allecorum, ut manifestaret quibuscumque de dictis allecis emere volentibus; in tantum quod idem Pellorgas, una cum Mostra dictorum allecorum, fuit et accessit.... ad mercatores.* Stat. Astæ collat. 15. cap. 26. pag. 45. r° : *Statutum est quod aliquis portator, non possit stare sub sextayratico nec tenere Mostram alicujus grani sive blavæ.* Vide supra *Monstra* 3.

* 3. **MOSTRA**, Instrumentorum exhibitio, quibus quis in jure se legitimum possessorem rei alicujus esse demonstrat. Arest. parlam. Paris. ann. 1331. in Reg. 69. Chartoph. reg. ch. 96 : *Dicto milite petente dictas altas voariam et justitiam dicti burgi villæ d'Esnaude, prout inde Mostra seu venda facta fuerat.* Vide *Monstræ.*

* 4. **MOSTRA**, Moustra, Certa mensura nemoris, quæ *monstratur*, id est, designatur cædenda. Charta ann. 1263. ex Tabul. Major. monast. : *Dedi abbatiæ Majoris monasterii.... peciam terræ et nemoris, sitam inter Moustram Stephani de Toufou militis et antiquam Mostram de Gihart.* Vide supra *Monstrata.*

* **MOSTULUS.** Vide supra *Mostillus.*

MOSTURANGIA. Vide *Mousturangia.*

¶ **MOSUM**, vel Mosus, f. pro Mansum. Regest. feodorum Campaniæ fol. 82. apud D. *Brussel* tom. 2. de Usu feud. pag. 946 : *Henricus de Hans, ligius, post Comitem Barri-ducis, et Comitem Grandisprati, ut dicit, de his quæ Comitissa Suessionensis tenuit apud Hans; scilicet de bosco, Moso, et charuagio.*

1. **MOTA**, Collis, seu tumulus, cui inædificatum castellum, [idem quod in Delphinatu aliisque provinciis *Poypia* nuncupatur. Vide in hac voce.] *Mote*, in Consuetud. Arvernensi cap. 12. art. 51. *Mote Seigneuriale*, in Consuetudine Trecensi art. 14. et Calvimontensi artic. 8. Lambertus Ardensis pag. 147 : *Motam altissimam, sive dunjonem eminentem in munitionis signum firmavit, et in aggerem coacervavit.* Orderic. Vitalis lib. 10. pag. 772 : *Et fortissimam, quam apud Balaonem possidebat, Motam Regi tradidit, per quam totum oppidum adversariis subactum paruit.* [Charta ann. 1272. apud Guichenon. pag. 21 : *Perretus de Salmoya... recognovit se tenere a Domino Baugiaci Motam seu poypiam, quam habet apud Salmoya cum proprisia et fossatis.* Regimina Paduæ ad ann. 1320. apud Murator. tom. 8. col. 433 : *Iverunt die prædicta summo mane per viam Pontis-corvi versus quamdam Motam magnam, quam faciebat facere dominus Canis cum mulfossis et tajatis ad claudendum Paduanos.* Tabular. Veteris-villæ : *Filii Gualterii Trusses dederunt abbatiæ Veteris-villæ totum pleissicium suum et Motam et sedem molendini.*] Occurrit apud Sugerium in Lud. VI. cap. 20. Bromptonum in Stephano Rege, in Chronico Andrensi pag. 396. in Gestis Dominor. Ambasiensium cap. 6. n. 9. apud Albertinum Mussatum lib. 6. de Gest. Henrici VII. rubr. 3. [Hist. Dalphin. tom. 1. pag. 66. etc. Le Roman *de Vacce* MS. :

Hubert de Rie est à sa porte
Entre le mostier et sa Mote....
Encore est Hubert sor son pont
Gardoit à val, gardoit à mont.

La Bataille *des sept Arts* MS. :

Tuit chapelerent sus Aristote
Qui fu fier com chastel sur Mote.]

Ejusmodi porro *Motas* præclare describit Joannes de Collemedio in Vita B. Joannis Episc. Morinorum cap. 6. n. 25 : *Mos namque est ditioribus quibusque regionis hujus hominibus et nobilioribus, eo quod maxime inimicitiis vacare soleant exercendis, et cædibus, ut eo modo ab hostibus maneant tutiores, et potentia majore, vel vincant pares, vel premant inferiores, terræ aggerem quantæ prævalent celsitudinis congerere, eique fossam quam late patentem, multamque profunditatis altitudinem habentem circumfodere, et supremam ejusdem aggeris crepidinem, vallo ex lignis tabulatis firmissime compacto, undique vice muri circummunire, turribusque secundum quod possibile fuerit per gyrum dispositis, intra vallum, domum, vel quæ omnia despiciat, arcem in medio ædificare, ita videlicet ut porta introitus ipsius villæ non nisi per pontem valeat adiri, etc.* *Motas* vero quasi *metas*, seu acervos, dictas vult Octav. Ferrarius in Orig. linguæ Ital. Vide *Meta* 1. [** et Murator. Antiq. Ital. tom. 2. col. 504.]

* Ipsum castrum, præcipua feudi domus. Charta ann. 1329. ex Chartul. 21. Corb. fol. 195 : *Premierement le Motte et les fossez d'entour le Motte de Maieux. Le Motte de men manoir de Caieux et les fessez entour*, in alia ann. 1331. ibid. fol. v°. *Sans raparelier Motte ne fossez*, in Ch. dom. Musiaci ann. 1292. ex Tabul. S. Petri Carnot. *Moteau* etiam nostris, pro Gleba. Lit. remiss. ann. 1358. in Reg. 86. Chartoph. reg. ch. 114. bis : *Perrin de S. Denis prist un Moteau de terre de forge et le geta par jeu à Guillot.* Pro cujusvis rei collectione legitur in aliis Lit. ann. 1388. ex Reg. 135. ch. 26 : *Lesquelx venoient recevoir les guedes, que leur pere avoit acheté dudit debteur, chacun cent de Motiaux, le pris de trois solz Parisis.*

☞ *Mota* vero ea notione duplicis est generis : una quæ præcipuum est feudi manerium, de qua Consuet. Trecensis tit. 2. art. 14 : *Le principal chastel ou maison-fort, Mote, ou place de maison seigneuriale.* Altera quæ in *villenagio* possidetur, cujus tenentes in Annal. Fuldensibus dicuntur *homines Motales* et *Motales servi*, quorum conditio eadem perinde est ac eorum qui *servi glebæ*, Gall. *Mortaillables* nuncupantur. Vide Custumar. gener. tom. 4. part. 1. pag. 411. et seq.

¶ Motta, Eodem significatu. Charta ann. 1112. apud *Musnier* in Augustodun. part. 3. pag. 44 : *Confiteor tenere in feudum... domum et Mottam meam de Cluniaco, etc.* Chron. Parmense ad ann. 1297. apud Murator. tom. 9. col. 837 : *Et multi homines capti et ducti in carceribus Communis Parmæ; inter quos fuit captus D. Simon de Manfredis, qui aufugerat in quadam sua Motta, et ductus Parmam in carceribus; quæ Motta capta et combusta fuit, et erat in terra Scazani.*

¶ Mota, Quævis eminentia. Charta ann. 1319. in Tabular. Montis S. Michaelis : *Cum contentio moveretur inter Priorem de Monte Doli et Robinum Paicnel clericum super quadam Mota seu platea in qua nos solebamus habere molendinum ad ventum, quæ platea nominatur magna Mota.*

2. **MOTA**, Curia, placitum, conventus, ex Saxonico gemote, *conventus.* Vide in *Gemotum.* [Chartularium 2. Campaniæ ex Bibl. Colbert. fol. 166. apud D. *Brussel* tom. 2. de Usu feud. pag. 776 : *Comes habet census suos apud Chableias, in quibus habet vendas, et homines suos, et Motam, et plateas circa Motam, et domos in castro et in burgo. Credentiæ et Mottæ fuerunt similiter* XXXII. in Annal. Mediolan. ad ann. 1258. apud Murat. tom. 16. col. 659.] Charta Mathildis Imperatricis filiæ Henrici I. Reg. Angl. : *Sciatis me fecisse Milonem de Glocestre Comitem de Hereforde, et dedisse ei Motam Herefordiæ cum toto castello in feudo et hæreditate sibi et hæredibus suis, ad tenendum de me et hæredibus meis.* Hinc forensibus Anglis *to mote*, est placitare; Scotis, *to mute*, unde illis *the mute hill*, i. mons placiti, de quo in *Malbergium.* Sed in hac Charta videtur *Mota* usurpari pro colle seu tumulo cui inædificatum castellum, non vero pro curia, aut placito, tametsi *motas* ejusmodi seu colliculos, ita dictas censuerim, quod in iis placita dominorum tenerentur, indeque *montes placiti*, appellatas. [Vide *Muta* 6.]

3. **MOTA**, Expeditio bellica. Vide *Movere* 1.

4. **MOTA**, Motarium. Charta Philippi Regis Franc. ann. 1200. in Magno Pastorali Eccles. Parisiens. lib. 21. Ch. 21. et 26 : *Motas quoque et piscationes, sive in Motariis, sive in aqua mortua, sive in magno fossato, etc.* Idem forte quod *montatio.* Vide in *Montagium.*

☞ Rem non attigit Cangius; *Mota* quippe hic nihil videtur nisi ignaria illa et palustris gleba, quæ Gall. *Tourbe*, Parisiis *Mote* dicitur. *Motarium* vero palustris est locus, unde ejusmodi *Motæ* eruuntur. Charta ann. 1210. in Tabular. Calensi pag. 226 : *Nos vero Ansello et hospitibus qui in prædicta possessione continentur ad usus suos marescum concessimus, ut Motas accipiant, et bruerian in scopulo.* Charta ann.

1472. apud Th. *Blount* in Nomolex. Anglic. : *Rogerus tradidit præfato Thomæ tria stagna et unam Motam piscariam existentem infra manerium D. de Yeffyn, habenda et tenenda prædicta tria stagna et prædictam Motam cum tota piscatione in eisdem.* Vide *Motaticum*.

* Non melius de igniaria et palustri gleba exponitur : aggerem enim sonat, quo continentur aquæ, cui construendo et reparando facultas conceditur cespites eruendi, ut ex sequentibus mihi manifestum est. Charta Awalonis de Sollegniaco ann. 1188. ex Tabul. S. Mariani Autiss. : *Quia vero molendinarii et homines nostri ad continendam aquam Motas de eisdem pratis auferre consueverant, hæc omnino deinceps fieri prohibui.* Alia Alani de Montetenero in Reg. 56. Chartoph. reg. ch. 543 : *Cum omnibus et singulis dictorum molendinorum pertinentiis, scilicet chauceis, exusiis, exclusis, Motis, motagiis, piscaturis, rivagiis, etc.* Lit. ann. 1371. tom. 5. Ordinat. reg. Franc. pag. 439 : *Et quædam Mota sive platea, sita super duo stangna dictæ villæ.* Quæ sic Gallice redduntur in aliis eadem de re Lit. ejusd. ann. ibid. pag. 444 : *Et la Mote qui est sur les deux estangs du chastel de Limoges.* Charta Rob. de Veteriponte ann. 1330. ex Chartul. S. Joan. in valle : *Le prieur* (de S. Nicolas de Courbeville) *ou prieurs de leur droit peuet et pourront prendre Mote et motage en touz noz frouz, pour la réparation de touz leurs molins, lices et chauciés, sanz contredit de nous, ne de nos gens.* Quibus haud invite applicari possunt, quæ allegantur supra : appellationis vero rationem nemo non videt. Vide *Motaticum*.

* Mota Papelardorum, Terreus agger, qui hodie *Le terrein Notre-Dame* appellatur. Sent. ann. 1282. ad calcem Necrol. eccl. Paris. Ms : *Item de septimo articulo, videlicet de Mota Papelardorum ; ordinamus quod nichil projiciatur in aquam, per quod cursus aquæ valeat impediri, Mota permanente ut prius.*

5. **MOTA**, Campanula. Vide *Muta* 4.

6. **MOTA** Canum, ex Gall. *Meute de Chiens.* Vide Prynneum in Libertatibus Eccles. Angl. tom. 3. pag. 930. 931. [Le Roman *de la guerre de Troyes* MS. :

> Un cerf troverent maintenant
> De xvi. ramers fiers et grant,
> Les Muetes li ont descoplées
> Baudes et bien entalentées.]

* 7. **MOTA.** *Obitus de Mota* sæpius occurrit in Obituario, celebrandus pro Cardinali de Mota.

** **MOTABILITER**, *hoc est in transitu*, apud Virgil. Gramm. pag. 91.

¶ **MOTACISMUS.** Vide *Metacismus*.

* **MOTADENCHUM** Bladum, Miscellum frumentum. Charta ann. 1313. in Reg. 50. Chartoph. reg. ch. 1 : *Pontius Petri de Salviano domicellus vendidit universitati prædictæ tres eminas bladi Motadenchi censuales.* Vide supra *Mitadenquum bladum*.

* **MOTAGIUM**, Obligatio, qua vassallus placitis domini sui interesse tenetur ; *Mota* quippe idem quod *Curia, placitum.* Vide in hac voce num. 2. Charta ann. 1361. in Reg. 92. Chartoph. reg. ch. 10 : *Avons baillié à Regnaut Willot.... en pur fieffage à fin et perpétuel héritage nostre manoir de Berengerville.... avecques certaines franchises ; c'est assavoir.... estre franc de Motage et de guet en nostre chastel.* Alia notione, vide in *Motaticum*.

* **MOTALDUS**, Idem Muratorio qui *Mundualdus*, Tutor. Vide in hac voce. Charta ann. 936. apud eumd. Murator. tom. 2. Antiq. Ital. med. ævi col. 135 : *Per largitatem Motaldi filio itemque Motaldi item ex Alemagnorum genere etc.*

MOTALIS, Modus agri, jugerum. Tradit. Fuld. lib. 1. cap. 3 : *Trado in eleemosynam... quidquid proprietatis habeo in Larungum et in Sulzidorpfero Marcu, nisi tamen in Lurungum 20. Motales, id est, jugeres, et unam arialem.* Occurrit præterea hæc vox, sed nescio an eadem notione, in Charta Garsiæ Regis Navarræ æræ 1034. apud Antonium *de Yepez* in Chron. Ordin. S. Benedicti tom. 1 : *Id est, de Guardia de Comite per semitam ad vallem de Pozos, desursum ad illam arborem vallis de Fabrici, et per illam Motalem usque ad portellum medianum.* [Ubi *Motalis*, ni fallor, idem ac *Mota*, eminentia.] Hinc emendanda videtur Vita S. Domitiani, apud Guichenonum : *Et ipsum campum secundum Morales defunctos cum integritate vobis donamus.* Legendum enim censuerim, *motales defunctos*.

☞ Recte *Motales* pro *Morales* emendat Cangius ; sed nescio an non retinenda sit vox *defunctos* ; ita ut sensus sit, *campum, qui mihi jure manus mortuæ motalium hominum competit, vobis donamus.* Bonis quippe *Motalium* hominum succedebant domini feudales, ubi non aderant hæredes masculi. Vide in *Mota* 1.

MOTARIUM. Vide *Mota* 4.

MOTATICUM, quid sit, docet Tabularium Majoris Monast. Turon. seu Vindocinense Thuani, Charta 87 : *Et quidem census 4. denar. de terra illa reddebatur, non tamen pro palatico, sed pro Motatico, hoc est, pro eo quod ex ipsa terra prenditur ad opus exclusæ molendini illius.* [Est ergo *Motaticum* præstatio, quæ pro facultate eruendi *Motas* seu cespites exigitur. Vide *Mota* 4.]

Motagium, Eadem notione. Charta ann. 1225. in M. Pastorali Eccl. Paris. lib. 16. Ch. 14 : *Si autem contigerit quod Canonici Parisienses prædictas pasturas ad prata, vel Motagium, vel terras arabiles, vel ad alios usus reduxerint, etc.* Tabularium Monasterii Deiparæ de Josaphat Charta 1213 : *Reliquit Ecclesiæ de Chevas 6. denarios censuales, quos Hugo de Suavilla Miles mihi debebat pro Motagio sui molini.* Tabular. Absiense : *Duas sextariatas terræ e lo beth ad molendinum, e lo Motage al besh adobar, e l'autre Motage subtus pratum, etc.* Infra : *Qui etiam percalcavit terram e lo Motadges ad molendinum cum Petro Abbate, etc.* Liber Chirographorum ejusd. Monasterii fol. 20 : *Et concessit ipse Petrus rivagium et Motagium molendini, etc.*

¶ 1. **MOTATIO**, Lis, controversia, qua quis a possessione amoveri potest. Charta apud Hickesium Grammat. Anglo-Sax. pag. 174 : *Ut hæc largitio eo stabilior sine Motatione et disceptatione perseveret.*

¶ 2. **MOTATIO**, Vulnus non grave, levis percussio. Canones Hibern. apud Marten. tom. 4. Anecd. col. 6 : *Si ad terram non perveniat* (sanguis) *percussor ancillam reddat ; si in specie ejus, tertiam partem de argento retribuat. Percussio ejus ancillæ pretio restituatur, Motatio ejus, ut prædiximus, sanetur.*

* **MOTAVITOR** vel Motavitus, Artifex, nescio quis. Libert. Petræ assisiæ ann. 1341. in Reg. 74. Chartoph. reg. ch. 647 : *Item quod dicti consules possint instituere et destituere bajulum seu bajulos super quolibet ministerio textatorum, macellariorum et aliorum Motavitorum similium.* Ubi forte legendum *Mecanicorum*.

MOTBEL, Anglo-Saxonibus, Campana, qua conventus publicus indicitur, *Campana bannalis* : a Mot, conventus et bell, campana. Leges Edwardi Confess. cap. 35 : *Debent statim pulsatis campanis, quod Anglice vocant Motbel, convocare omnes et universos, quod Anglice dicunt Folcmote, i. vocatio et convocatio populorum, etc.* Vide *Campana bannalis*, in *Campana* 2.

* **MOTELETUS**, Globulus, Gall. *Motte* vel *Pelote.* Lit remiss. ann. 1354. in Reg. 82. Chartoph. reg. ch. 669 : *Cum multi juvenes.... de nive ad invicem luderent, et unus contra alium projicerent plures globos sive Moteletos nivis, etc.*

¶ **MOTELLA**, diminut. a *Mota.* Charta ann. 1256. in Tabul. S. Nicasii Remens. : *Vendidit totum tenuriam, jardinum, Motellam, terras, etc.*

* Pro Parva insula, in Charta ann. 1319. ex Reg. 60. Chartoph. reg. ch. 69 : *Item pro quadam Motella, sita in Sequana, tres solidos.*

* **MOTEONUS**, Mensuræ annonariæ species, nostris *Moiteon.* Charta ann. 1278. in Chartul. eccl. Lingon. ex Cod. reg. 5188. fol. 224. v°. : *Debet censualiter dom. Jacobus de Valle quinque Moteonos avenæ ad mensuram dicti loci.* Et fol. 225. r°. : *Debet censualiter dom. Guillermus Fatui unum Moteonum frumenti ad comblum, ... unum Moteonum siliginis ad comblum.* Vide supra *Moitonnus*.

MOTETUM, Cantus ecclesiasticus, quem *Motet* vulgo dicimus. Guillelm. Durandus de Modo generalis Concilii celebrandi cap. 19 : *Videtur valde honestum esse quod cantus indevoti et inordinati Motetorum et similium non fierent in Ecclesia, etc.* [Le Roman *de la Rose* MS. :

> Qu'il feist rimes jolivettes,
> Motes, flabiax, et chansonnettes,
> Qu'il vueille a sa mie envoier.

Ibidem :

> Chantant en pardurableté
> Motes, gaudins et chansonnettes.]

* Motetus, Cantus species. Constit. Carmelit. Mss. part. 1. rubr. 3 : *Neque Motetos, neque uppaturam, vel aliquem cantum magis ad lasciviam quam devotionem provocantem, aliquis decantare habeat, sub pœna gravioris culpæ.* Vide infra *Motulus*.

¶ **MOTHA**, Idem quod *Mota* 1. Charta Henrici VII. Reg. Angl. ann. 1509. apud Rymer. tom. 13. pag. 243 : *Pro ripariis, gurgitibus,... weris aut Mothis factis, ædificatis, exaltatis, elargatis vel extensis, etc.*

MOTIBILIS, Qui non est perpetuus,

sed moveri potest. Ita autem dicitur leguleis Anglis persona, quæ cum sit in aliquo statu vel dignitate, ex ea amoveri potest, verbi gratia, Prior, Religiosus, proinde in jure conveniri non potest. Fleta lib. 6. cap. 6. § 22 : *In carceribus detenti, Canonici, vel alii Religiosi, Motibiles, furiosi,... surdi, muti... conveniri non poterunt. Motibilitas*, ibid. lib. 2. cap. 54. § 9. *Amotibiles*, lib. 6. cap. 37. § 3. cap. 38. § 1. 4.

MOTIO. Vide *Movere* 1.

* **MOTIRE**, a veteri Gallico *Motir*, Monere, declarare. Charta ann. 1218. in Chartul. Campan. ex Cam. Comput. Paris. : *Si aliquo modo deficerem de emenda facienda, comes Barri-ducis et dominus de la Fauche, post xl. dies in quibus me Motierent de emenda facienda, etc.* Assis. Hieros. cap. 12 : *Puisque l'on demande conseill, sans Motir de quoy, etc.* Stat. ann. 1320. tom. 2. Ordinat. reg. Franc. pag. 576. art. 4 : *Et le panier se deffaut de plus de trente harens, que il l'aura Moti au vendre, etc. Moteier*, eodem sensu, in Charta ann. 1313. ex Hist. Sabol. pag. 246 : *Lesquelles raysons nous voulons que soient eues* (leg. tenues) *pour expressément Moteiées e nommées.* Hinc *Motison*, Declaratio, significatio, in Guill. Tyrii contin. Hist. apud Marten. tom. 5. Ampl. Collect. col. 708 : *En cele frairie avoit establissement, devises et Motison et privileges, etc. Motissement*, eadem acceptione, in Cons. Petri de Font. cap. 15. art. 23 : *Et aucune fois avient ke le cose meimes fait le covenant sans autre Motissement.* Vide *Motitio.*

MOTITIO, in Statutis Ordinis Hospital. S. Joan. Hieros. tit. 19. § 22. vulgo *Smutitio, Gallica dictio est, et significat nominationem, seu pronuntiationem : Nam veteri Gallorum lingua Motir, idem est quod dicere, nominare, vel pronuntiare. Eo utuntur Fratres in linguis, cum declaratur cui commenda, cujus administratio vacat, concessa fuerit.* Vide quæ observamus ad Stabilimenta S. Ludovici pag. 183. [*Motir le jour*, apud Petrum *des Fontaines* in Consil. cap. 3. *Motir la querelle*, in Assisiis Hieros. cap. 20. 48. 89. *Motir le terme*, cap. 228. ibid.] [* Vide infra *Smutitio.*]

¶ **MOTIVUM**, a Gall. *Motif*, Causa, incitamentum. Litteræ Henrici VI. Reg. Angl. ann. 1452. apud Rymer. tom. 11. pag. 312 : *Non possumus aliud vestræ nobilitati rescribere respondereve, quam quod contenti sumus de Motivis litteris vestris adductis, etc.* [* Inventar. Chart. reg. ann. 1482. fol. 281 : *Rotulus pergameni in quo continentur Motiva, quæ movere debeant dom. papam ad committendum unctionem, consecrationem et coronationem Henrici imperatoris Romanorum quibusdam cardinalibus.*]

* 1. **MOTIVUS**, Movendis animis accommodatus, Ital. *Motivo*, Gall. *Touchant.* Acta S. Domin. tom. 1. Aug. pag. 602. col. 1 : *Quibus coram se positis prædicavit jacens sermonem pulcrum valde et Motivum.*

* 2. **MOTIVUS**, Seditiosus, turbulentus, Gall. *Remuant*, alias *Esmouvens.* Lit. remiss. ann. 1369. in Reg. 101. Chartoph. reg. ch. 127 : *Præfatus Guigo erat homo bricosus et Motivus et minas inferre solitus.* Aliæ ann. 1370. in Reg. 100. ch. 914 : *Icellui Bisot, qui estoit homs de grant langage et Esmouvens, parlast audit marchant plusieurs fois de grosses paroles, etc. Esmouveur de hustins*, in Lit. ann. 1371. tom. 5. Ordinat. reg. Franc. pag. 713. *Muetemavers*, forte pro *Muetemakers*, a Belgico *Muitemaker*, eodem sensu. Libel. supplex duci Burgundiæ a Gandensibus oblatus apud Marten. tom. 1. Anecd. col. 1623 : *Item, s'il fust que aucun.... donnast malvais parlers ou reproches pour aucuns dedens ces guerres, ou appellant stershomme ou Muetemavers, etc.* Vide *Movimentum* 1.

¶ **MOTONAGIUM.** Vide in *Multo.*

¶ **MOTOTA**, Colliculus. Charta ann. 1276. in Tabular. S. Benigni Divion. : *Et super unam peciam terræ,... et super Mototam sitam a latere domini Marcelli cum omnibus ejus arboribus.*

* **MOTTA**, Acervus, cumulus, moles, Gall. *Meule.* Stat. Perus pag. 54 : *Si quis fuerit in fenerio seu Motta de die, solvat pro banno solidos quinque.* Vide aliis notionibus in *Mota* 1. et 2.

¶ **MOTTOENIUS**, Moneta Brabantina, Belgis *Mottoenen.* Charta ann. 1382. apud Miræum tom. 2. pag. 1249 : *Ut prædictum nostrum oppidum Lovaniense nobis hoc præstet obsequium, persolvendi undecim millia Mottoeniorum monetæ nostræ Brabantiæ.*

* **MOTTONUS**, Vervex, Gall. *Mouton.* Convent. Saonæ ann. 1526 : *Pro omni trentenario Mottonorum, grossos tres.* Hinc

* Mottoninus, Vervecinus, in iisdem Convent. *Caro Mottonina*, in Constit. S. Pauli Narbon. ann. 1127. inter Instr. tom. 6. Gall. Christ. col 33.

¶ **MOTTURA**, Motura. Vide *Molta* 2.

* **MOTUI.** Stat. ant. Florent. lib. 1. cap. 38. ex Cod. reg. 4621. fol. 24. v° : *Nullus rector possit procedere de aliquo negotio civili vel criminali contra notarios forenses, qui vulgariter appellantur Motui forestieri, de maleficio deputati.*

* **MOTULUS**, Cantus species. Reg. visitat. Odon. archiep. Rotomag. ex Cod. reg. 1245. fol. 358. v°. : *In festo S. Johannis et Innocentium nimia jocositate et scurrilibus cantibus utebantur* (moniales monasterii Villaris) *ut pote farsis, conductis, Motulis : præcepimus quod honestius et cum majori devotione alias se haberent.* Vide supra *Motetus.*

MOTUS Aquæ, Piscatio, ni fallor. [* Rota est aquaria, qua in piscatione anguillarum utuntur.] Chronicon S. Michaelis Virdun, pag. 388 : *Dedit... 7. mansos et dimidium cum molendino in villa Ormariscurte super fluvium Matartz, eo pacto ut solvant singulis annis 15. modios Kalendis Maii et 30. modios vini in festo S. Remigii : et si Motus fuerit aquæ, 30. anguillas in festo S. Andreæ.*

¶ Motum Facere, Vela dare, Gall. *Faire voiles.* Caffari Annal. Genuens. lib. 1. apud Murator. tom. 6. col. 286 : *Galeæ vero viginti quinque et milites una Motum fecerunt, et istæ galeæ invenientes alias recolligentes steterunt secum. Movere*, eadem notione adhibuit Bartholomæus Scriba lib. 6. Annal. Genuens. apud eumdem ibid. col. 467 : *Moverunt dictæ galeæ x. ut ad partes ultramarinas accederent.*

¶ Motu Proprio. Hac formula primum usi sunt Romani Pontifices in Statutis, quorum longe minor auctoritas et usus quam bullarum; exinde sensim in bullis inserta quoque est, ut eas, inconsulto Cardinalium concilio, nulloque petente, promulgare se significent. Hæc invidiosa Gallis semper fuit, quam uti libertatibus Gallicanis contrariam et adversam constanter rejecere. Bulla Eugenii IV. PP. ann. 1437. apud V. Ill. Fontaninum in Antiquit. Hortæ pag. 466 : *Motu proprio, non ad alicujus super hoc nobis oblatæ petitionis instantiam, sed de nostra mera liberalitate, etc.*

* *Propre Move*, eodem sensu, in Lit. ann. 1364. tom. 4. Ordinat. reg. Franc. pag. 522.

¶ **MOTWRTHI**, Qui conscribi merentur in placita et conventus publicos, ut exponit Spelmannus; a Saxon. Mot, conventus, et wrthi, dignus, aptus, idoneus. Vide *Faldwrthi.*

* **MOTZES**, Vox vulgaris, qua lignum calefaciendo furno aptum significatur; f. lignum siccum, quod *mortuum* appellant. Charta ann. 1308. in Reg. 40. Chartoph. reg. ch. 29 : *Domini de Fontesto possint depascere animalia sua, et ibidem ligna, videlicet Motzes et boisses et argilax et curatiers, dumtaxat colligere ad voluntatem suam, ad opus furni sui.*

* **MOUCA.** Vide supra *Monca.*

¶ **MOVENTES** Res, Pecora. Edictum Nunonis Sancii tom. 8. Spicil. Acher. pag. 368 : *Sub pace et treuga ponimus omnes ecclesias cum earum cemeteriis et sacrariis, quæ speciali hominum censura in bonis Dei intelliguntur, et cum omnibus rebus earum mobilibus et immobilibus, et se Moventibus, et cum hominibus earum et rebus.*

* Libert. Montisol. ann. 1312. tom. 7. Ordinat. reg. Franc. pag. 501 art. 9 : *Quod nullus contra voluntatem, juramento completo, teneatur mansitare; set si alibi voluerit transferre se, sua bona mobilia et immobilia et se Movencia, possit in omnibus suam facere voluntatem et complere.*

1. **MOVERE**, Expeditionem suscipere. Annales Francorum Bertiniani ann. 867 : *Reliquum populum regni sui paratum esse præcipit, quatenus mox ut ipse jusserit, præparati Movere hostiliter possint.* Anastasius in Hist. Eccl. : *Exercitum Movit Gamer cum Arabum multitudine contra Romaniam.* Ubi Theophanes habet ἐπεστράτευσεν. [Litteræ Ludovici Hutini ann. 1315. tom. 1. Ordinat. Reg. Franc. pag. 603 : *Et se il avient que l'en Meuve à aler oudit ost, les dites gens de Paris payeront pour tous retours de chevaux, cinq cens livres tournois tant seulement, mais se l'on n'y Mouvoit à aler, ils n'en paieroient riens.*]

* *Movoir*, eodem sensu, in Charta ann. 1278. ex Chartul. Fossat. fol. 51 : *Il fu esgardé et jugié,... qu'il ira outre mer et Movra dedans les octieves de la S. Remi.*

Mota, Expeditio bellica, Gallis, *Meute*, ex Latino *Movere*, quod est expeditionem militarem aggredi, suscipere. Stabilimentum pro Crucesignatis ann. 1214, tom. 5. Spicilegii Acher. pag. 407 : *De debito vero contracto a communia post Crucis assumptionem, immunis erit Crucesignatus usque ad præsentem Motam, et quandiu erit in peregrinatione.* Philippus *Mouskes* MS. in Philippo Augusto :

Et Dans Roumains ki li plus baus
Estoit de tous les Cardenaus,
Et fait le Pape conferner,
Par son saijel, et affermer
La Meute pour les Albigeois.

Alibi :

Par tout fu la Meute annoncié.

[Le Roman *de Vacce* MS. :

En icel temps, j'os bien monstrer,
Fu la grant Meute d'outre mer,
Quant Antioche fu conquise,
Et la cité de Meques prise,
Et que Jerusalem fut pris.]

* *Muete*, in Guill. Tyrii contin. Hist. apud Marten. tom. 5. Ampl. Collect. col. 592 : *Il* (le roi de Hongrie) *le garde* (Alexis) *et norri jusques à un tans, que Muete fu de France et d'autres terres, qui outre mer aloient.* Hinc *Muete de guerre*, pro ea præstatione, quam tenentes ac vassalli domino exsolvunt in belli sumtus. Charta ann. 1300. in Lib. rub. Cam. Comput. Paris. fol. 132. r° col. 2 : *Quites et délivrés.... de tout don, de toute taillée, de chevauchiée deue à nous ou à autres par nons de nous, par Muete de guerre, par don de nosces, etc.* Sed et *Muete* nude, pro Discessus, profectio, vulgo *Départ.* Lit. Alani de Montenero ann. 1307. inter Probat. Hist. Villehard. pag. 59 : *Desquex flourins il me doit paier.... deus mil, avant sa Muete en icelui voiage.* Ita et apud Bellom. Ms. cap. 3. pag. 11. v°. col. 1. quo etiam sensu intelligendus *Perceval* laudatus in *Mueta* 1. Vide infra *Motio.*

MOTIO, Eadem notione, apud Erkempertum in Hist. Long. : *Sequenti anno generalem Motionem faciens cum suis Neapolitanis de Saracenis super Colossum, etc.* [* Charta Frider. imper. ann. 1184. ex Tabul. eccl. Camerac. : *Præterea quocumque Motio agatur, firmissimam pacem cunctos in procedendo statuimus habere.*]

* MOTIONEM SUMERE, E loco moveri. Stat. eccl. S. Vulfr. ann. 1233. ex Lib. rub. ejusd. fol. 8. r°. : *Non discurrat per chorum aliquis, nisi de stallo suo sumpserit Motionem.*

¶ MOVERE, Iter ingredi. Chron. S. Petri Vivi tom. 2. Spicil. Acher. pag. 755 : *Quapropter idem Abbas* XII. *Kal. Novembris Movit et Cluniacum tetendit, et ibi per tres dies commoratus est.*

MOVERE CERVUM, *aprum*, Gallis, *Faire lever un cerf, ou un sanglier pour la chasse*, in Pacto Legis Salic. tit. 36. § 5. 6.

¶ 2. MOVERE, Dependere, Gall. *Mouvoir.* De feodis dicitur quæ certis servitiis sunt obnoxia, et ab alio dependent. Charta ann. 1244. in Tabular. Meldensi : *Concessit ecclesiæ Cameræfontis sex arpenta terræ et dimidium quæ Movebant de terra ipsius.* Charta Bernardi de Turre ann. 1308. apud Baluz. tom. 2. Hist. Arvern. pag. 782 : *Item, dominus potest retinere rem quæ Movet de censiva seu feudo ipsius venditam infra viginti dies et non ultra.* Alia ann. 1341. apud Lobinell. tom. 2. Hist. Britan. pag. 486 : *Cum feuda Moventia aliqua castellania et immediate resortantia ad eam judicentur et terminentur secundum usum et consuetudinem loci unde Movent.* Adde Rymer. tom. 13. pag. 748.

* 3. MOVERE, Dicitur de portis, qua parte aperiuntur. Reg. 34. bis Chartoph. reg. part. 1. fol. 96. r°. col. 1 : *Duæ portæ ibi erunt, quæ Movebunt de fossato, et pontes tornatiles.*

* 4. MOVERE CRIDUM, Clamorem ciere in aliquem. Lit. remiss. ann. 1357. in Reg. 89. Chartoph. reg. ch. 68 : *Oportuit quod dictus Chartrotus, timens hostium suum frangi, Moveret cridum contra defunctum et suos complices.* Nostris *Esmouvoir la main*, vulgatius *Lever*, Manu minas intendere. Charta ann. 1433. in Chartul. Latiniac. fol. 40 : *Il eust Esmeu la mains pour le frapper.*

¶ MOVILE, pro *Mobile.* Vide *Mobilitas.*

¶ 1. MOVIMENTUM, Motus, seditio. Albertinus Mussatus de Gestis Henrici VII. lib. 15. rubr. 6. apud Murator. tom. 10. col. 554 : *Novum in Placentia Movimentum exortum est circum Julias Cal. Dum Placentini cives, qui in castro S. Johannis erant placandorum concivium litiumque causa, etc.* Vide mox *Movita.*

* *Esmouvement*, eadem notione, in Stat ann. 1370. tom. 5. Ordinat. reg. Franc. pag. 358. art. 19 : *Pour ce que plusieurs riotes sont meues en la marchandise, pour l'Esmouvement d'aucuns vendeurs, etc.*

¶ 2. MOVIMENTUM, Quo quis ad aliquid agendum movetur, nostris *Motif.* Literæ Johannis Reg. Franc. ann. 1363. tom. 3. Ordinat. pag. 640 : *Laquelle information faite estre portée pardevers eulx* (les Gens du grand Conseil) *et ottis pluseurs Mouvemens que lesdiz bouchers avoient sur les choses dessusdites, etc.*

3. MOVIMENTUM, Affectus, Gall. *Mouvement.* Occurrit apud Baltherum Mon. in Vita S. Fridolini Abbat. num. 11.

MOVITA, Motio, contentio, rixa, Gallis *Esmeute*, aliis *Meslée.* Formulæ veteres apud Bignonium, cap. 30 : *Postquam ipsos præsentes livores recepit, necessitate compulsus, ipsum plagavit, per quem mortuus jacet : et in sua contentione, vel in sua Movita atque per suas culpas ibidem interfectus fuit.* Occurrit in alia apud Lindenbrogium. Spelmannus inde Gallicum *Mauvaitié*, id est, *improbitas*, arcessit : sed *Mauvaitié*, a *Mauvais* deducitur, de qua postrema voce quædam adnotavimus ad Joinvillam.

* MOULA, Mensura lignaria, Gall. *Moule.* Charta ann. 1309. in Reg. 13. Chartoph. reg. ch. 131 : *Sexaginta quadrigatus bosci, quamlibet Moulas quatuor continentem.... concedimus et damus.* Vide supra *Molla* 1.

* MOULDURA, Pensitatio pro molitura frumenti, Gall. *Mouture.* Charta ann. 1317. in Reg. Cam. Comput. Paris. fol. 20. v°. : *Qui in dicto molendino molere consueverunt,.. molere teneantur..... et ad hoc compellantur et pignorentur pro deverio Mouldurœ, si contrarium facerent.* Vide supra *Molta* 2.

* MOULTUNAGIUM, Tributum ex vervecibus, Gall. *Moutons.* Charta Phil. episc. Belvac. ann. 1256. ex Chartul. Guill. abb. S. Germ. Prat. fol. 100. v°. : *Miles pro advocatione sua decem solidos singulis annis de parte S. Germani accipiet et Moultunagium proprium habebit.* Vide in *Multo.*

¶ MOULTURA, Pretium quod datur pro mutatione prædii, cum alteri ceditur aut venditur. Charta Galerani Comitis Mellenti tom. 3. Histor. Harcur. pag. 44 : *Radulphus Croc vendidit eis quamdam terram juxta pratum eorum pro duodecim solidis Carnotensibus, pro Moultura hujus terræ habuit Radulphus Efflanc duodecim denarios Carnotenses, quia quietam eam concessit.* Vide *Muta* 2.

* MOUNAGIUM, Pensitatio, quam a vassallis exigit dominus pro frumenti molitura in molendinis suis. Charta Humb. dalph. ann. 1349. in Reg. 79. Chartoph. reg. ch. 33 : *Concedimus.... castrum nostrum, nuncupatum Castrum-villanum,... cum universis et singulis censibus,.... furnis, furnagiis, molendinis, Mounagiis, etc.* Vide supra *Monagium* 1.

¶ MOUNAIRONUS, Massiliensibus vulgo *Mousnairon*, secundus a molitore. *Mounetius*, Molitor, Gall. *Meusnier.* Statuta Massil. lib. 1. cap. 53 : *Si aliquis de prædictis mulateriis, vel Mounetiis vel Mounaironis in prædictis repertus fuerit fraudem committere, etc.* Charta ann. 1396. in Tabul. S. Victoris Massil. : *Stephanus de S. Egidio Mounetius.* Vide *Molnarionus.*

¶ MOURELLUS, pro *Morellus.* Vide in hac voce. Inquisitio pro canonisatione S. Yvonis MS. : *Et vidit quadam die servientem Regis Franciæ, qui quemdam equum Mourellum, valoris L. librarum de domo episcopali ceperat.*

¶ MOURUS, pro *Morus*, Locus palustris, aquaticus. Charta ann. 1276 apud Miræum tom. 2. pag. 865 : *Insuper dedimus prædictis religiosis silvam,.... integraliter cum omni fundo, ducentaque bonaria Mouri jacentia juxta eamdem sylvam.* Occurrit iterum ibid. pag. 866. Vide *Mora* 2.

* MOUSDURACHIA, Variæ moliturae miscellum frumentum, ut supra *Modurancha*, Gall. *Mousterange* et *Mousturenche.* Charta ann. 1272. ex Chartul. eccl. Vastion. : *Item lego canonicis Vastionensibus unam minam Mousdurachiæ super molendinis redditualem, et unam minam Mousdurachæ super molendino de Polegny.* Alia ann. 1297. in Lib. rub. Cam. Comput Paris. fol. 11. r°. col. 2 : *Jehan Fouguet le genne et Estevenon sa femme.... recognurent eus avoir vendu deux sextiers de Mousturenche à la mesure de Chastillon.* Alia ann. 1300. ex Bibl. reg. : *viij. muis de froment, xij. muis de Mousterange, et x. muis d'aveine.* Vide *Mousturangia.*

* MOUSTARDERIUS, a Gallico *Moutardier*, Sinapatius artifex, propola. Charta ann. 1276. in Reg. A. Chartoph. reg. ch. 20 : *Item pro domo quam Radulphus sellarius et Guillelmus Moustarderius tenent, quatuor denarios.* Vide supra *Mostarderia.*

* MOUSTRA. Vide supra *Mostra.*

¶ MOUSTURA, MOUTA. Vide *Molta* 2.

MOUSTURANGIA, MOUTURANGIA, Variæ molituræ miscellum frumentum, seu *bladum*, quod a molitoribus ex frumento, quod ad molendinum defertur, pensitatur : ex Gallico, *Mousture*, *Mousturage*, in Charta ann. 1365. apud Duchesnium in Hist. *des Chasteigners* pag. 41. Diction. Occitan. : *Carrou, Modure, meslange de froment et d'orge.* Charta ann. 1240. ex Tabulario Fossatensi f. 159 : *Concesserunt mihi et hæredibus meis 16. sextarios Mouturengiæ competentis, etc.* Alibi : *Molendinum dicti loci valet quolibet anno 6. modios Multurangiæ ad mensuram dicti loci.* Rursum : *Molendina.... valent annuatim* 13. *modios bladi, videlicet* 4. *modios frumenti, et* 10. *modios Multurangiæ.* Charta ann. 1248. in Magno Pastorali Ecclesiæ Paris. lib. 9. Ch. 43 : *Decem sextarios tam frumenti, quam Mousturangiæ annui redditus, quos| percipiebant annuatim in molendino Capituli, etc.* Occurrit et in Ch. 51. lib. 11. Ch. 5. lib. 23. Ch. 97. [Charta ann. 1264. in Tabular. Sangerm. : *Decem sextarios et plenam minam bladi videlicet Mousturagiæ... Alios... redditus bladi seu Mousturangiæ in quibus dictum molendinum dicitur oneratum.*] Alia Gaufridi Episcopi Meldensis ann. 1211. in Tabular. Campan. : *Et in molendino de Stagno... diximus Comitissam.... debere eis reddere singulis annis tres modios Mouturengiæ in perpetuum in festo S. Martini hiemalis ad mensuram. Nongenti, etc.* Alia in Hist. Monmorenciaca cap. 36 : *Habent etiam prædicti Fratres in Molendino de Stagno sex annonæ modios, tres de Mousturenge, et tres de mesteil. Mosturangia*, in Necrologio Eccles. Paris. Kalend. Martii.

¶ **MOUTA**, Pretium quod datur pro mutatione prædii, cum alteri ceditur, ut supra *Moultura.* [* Nisi idem sit quod supra *Molta* 3. Vide ibi.] Charta Nicolai *d'Estouteville* tom. 4. Hist. Harcur. post *Errata : Has donationes dono et concedo... possidendas libere et quiete et pacifice absque servitio et auxilio et releveio et Mouta et absque omni exactione.* Tabular. S. Fromondi : *Dedi in eleemosinam liberam et quietam ab omnibus servitiis... exactionibus secularibus et exercitu et Mouta.* Charta ann. 1260. in Tabul. B. M. de Bono-nuntio Rotomag. : *Quiete ab omnibus servitiis, redditibus, querelis, Mouta et exactionibus, etc.* Vide *Muta* 2.

¶ **MOUTANAGIUM**, Moutonagium. Vide in *Multo.*

* **MOUTONNAGIUM**, Tributum ex vervecibus, Gall. *Moutonnage*, in Charta Phil. Pulc. ann. 1310 ex Lib. rub. Cam. Comput. Paris. fol. 350. v°. col. 1. Vide in *Multo.*

¶ **MOUTO**, a Gall. *Mouton*, Vervex, in Chartul. S. Vandreg. tom. 1. pag. 74. Vide *Multo.*

¶ **MOUTTURA.** Vide *Molta* 2.

¶ **MOUTUM** Bladum, Molitum, a Gall. *Moudre*, Molere. Statuta Massil. lib. 1. cap. 55 : *Officii teneantur... facere esmendari et restitui a molteriis molendinorum damnum datum seu factum in blado male Mouto, sive in farina male Mouta.*

2. **MOUTURA.** Vide *Molta*, 2..

* **MOUTURARE**, *Moutam* seu præstationem pro frumenti molitura capere, nostris *Moulturer.* Stat. Avenion. ann. 1243. cap. 53. ex Cod. reg. 4659 : *Statuimus quod omnes molendinarii non possunt pro moutura accipere ultra quaranteiram, et habeant pognadinas et alias mensuras ferro communis signatas, et non Mouturent, nisi cum poingnadina.* Lit. remiss. ann. 1411. in Reg. 165. Chartoph. reg. ch. 268 : *Lequel prestre dist au meunier qu'il esmoutast ou prist moulture de Guillaume de Banquemare qui lors mouloit; auquel il respondi qu'il estoit bien tost de l'esmouter ou Moulturer et qu'il n'avoit à piece moulu.*

¶ **MOUTURENGIA.** Vide *Mousturangia.*

MOWNTEE. Statuta Henrici V. Regis Angliæ tempore guerræ, apud Nicolaum Uptonum de Militari officio lib. 4 : *Volumus insuper, quod nullus cujuscumque conditionis, nationis, gradus vel dignitatis existat, clamores vel turbationes facere audeat, quibus nos vel exercitum nostrum turbari contingat quovis modo : et specialiter illum clamorem; quem Mowntée appellamus, vel aliquem alium clamorem irrationabilem, etc.*

¶ **MOYATUS**, Mensura vinaria. Necrolog. S. Martialis Lemovic. : IX. *Kal. Julii Jordanus Dares monachus dedit nobis Moyatos vini cum cepiis, et Prior de multone solvit.*

¶ **MOYDA**, Mensuræ species, quam æstimare licet ex Charta ann. 1309. tom. 1. Hist. Dalphin. pag. 91 : *Johannes venditor pro dicto heminali accipere debebat... videlicet pro quolibet animali portante sal ad vendendum in dicto mandamento, unam Moydam, de quibus valent duodecim unam heminam salis.*

MOYOLUS, [Vasis species inter ministeria sacra.] Vide *Lito.*

* **MOYTERIA**, Prædium rusticum, quod a colono partiario colitur, nostris *Moiterie.* Vide supra *Moitoieria.* Charta Nic. abb. Corb. ann. 1191. in magn. Chartul. nig. ejusd. monast. fol. 216. r°. : *Viginti quatuor marcas de quibus Moyteriam de Bertehen a filiis Walcelini qui eam clamaverant, comparuerat, nobis in eleemosinam legavit.*

¶ **MOZICA**, *quasi modica, unde mozus*, z pro d, *sicut solent Itali dicere hodie pro hozie; nam antiqui hozie dicebant.* Papias. Vide *Mozina.*

MOZINA, Mozitia. Jo. de Janua : *Mozina, a modus, genus repositorii, quasi Modina.* Gloss. Anglo-Sax. Ælfrici : *Mozitia, vel arcula*, tæg, i. clausula, clusura, uti interpretatur Somnerus in Gloss. Saxon. in teag, qui hæc laudat ex veteri Charta Ecclesiæ Cantuariensis : *Mansionem quoque quæ est in aquilonari parte Dorobernicæ, et clausulam quod Angli dicunt teage, quæ pertinet ad prædictam mansionem, etc.* [Vide *Mozica.*]

MOZOLUS Rotæ, Italis *Mozzolo*, Truncus, Gallis *Moieul*, apud Petr. de Crescentiis lib. 5. extr.

MOZZETA, ex Italico *Mozzeta*, nostris *Mossette d'Evesque.* Ceremonial. Episcopor. lib. 1. cap. 1 : *Utantur domi et foris loco mantelleti, Mozzeta ejusdem coloris supra rochetum.* [Hinc emendandum *Mazzetta* tom. 4. Anecd. Marten. col. 1194.]

☞ Est etiam *Mozetta* vestis canonicorum et sacerdotum. Miracula B. Stanislai tom. 1. Maii pag. 791 : *Superpellicio scilicet et almucia sive Mozetta, desuper nigra, rubeo colore subducta et birreto nigro quadrato in capite.* Concilium Limense inter Hispan. tom. 4. pag. 757 : *Et Sacerdos indutus sit superpelliceo, stola et Mozzetta. Mozettam* quoque vocant Franciscani eam vestis partem quæ humeros tegit, alias *Lunula.*

* **MUA**, a Gallico *Muë*, Domuncula in qua includuntur falcones, cum plumas mutant. Charta ann. 1352. in Reg. 81. Chartoph. reg. ch. 554 : *Johanni de Serans falconario nostro et custodi falconum nostrorum in mutis seu Muis falconum, quas habemus in villa de Serans, etc.* Vide in *Muta* 3.

* **MUAGIUM**, Pensitatio frumentaria pro quolibet modio annonæ. Charta ann. 1340. in Reg. 71. Chartoph. reg. ch. 364 : *Johannes de Antsiaco... supplicavit ut ei vellemus concedere, quod sibi liceret octavam partem grani, quam in Muagio civitatis et pacis Laudunensis habere noscitur.* Idem esse atque *Modiagium* in *Modiatio* 1. aperte declarant Lit. thesaur. reg. huic Chartæ annexæ, ubi legitur : *Octavam partem grani, quam habere dicitur in Modiagio civitatis et pacis Ludunensis.*

¶ **MUANDA**, Servitii genus. Charta Rigoldi de Alsunza pro Stabul. monast. : *Tertia etiam parte servitii quod Muanda vocatur.*

* **MUANUM**, f. Emissarium, Gall. *Evier.* Libert. Castri novi de Arrio ann. 1356. in Reg. 185. Chartoph. reg. ch. 36 : *Cognitio contractuum simplicicium, aquæversus, stillicidiorum, carreriarum, exituum, et Muanorum inter vicinos, etc.* Nisi sit Murus intermedius, Gll. *Mur mitoien.*

¶ **MUARIUM**, f. Locus palustris, aquaticus, vel Piscatio. Charta ann. 1386. apud Rymer. tom. 7. pag. 530 : *In bosco et plano, in pratis et pasturiis, in aquis et molendinis, in viis et semitis, in stagnis et Muariis, in mariscis et piscariis, etc.* Vide *Motus aquæ.*

¶ **MUCALES**, *Dactili palmarum.* Papias.

¶ **MUCATA** Vestis, Brevis, ni fallor, quam puerulus vestiret, ab Hisp. *Muchacho*, puerulus. Gualvaneus *de la Flamma* apud Murator. tom. 12. col. 1033 : *Ipsi enim cœperunt strictis et Mucatis vestibus uti more Hispanico.*

* Acad. Hisp. in Diction. *Muceta* est Amiculum humerale.

* **MUCATORIUM**, Forfex candelaria, Gall. *Mouchette.* Glossar. Lat. Gall. ex Cod. reg. 7679 : *Mucatorium, Gallice Esmucete.*

¶ **MUCCAGO**, Viscositas quædam, *Humeur epaisse.* Medicina Salernit. pag. 76. edit. ann. 1622. Vide *Muccus.*

¶ **MUCCARE.** Vide *Muccus.*

* **MUCCATUS**, Nasus, quo *muccus* fluit. Lex Ripuar. tit. 68. § 5 : *Quod si quis absque effusione sanguinis alium brachio, pede, oculo, auditu, Muccatu, vel quocunquelibet membro mancaverit, etc.* Hinc *Mousque*, pro *Moustache*, Barba, quæ naso subjacet, in Poem. Rob. Diaboli Ms :

Tout entour lui oste les Mousques,
Plusours en fait et clos et lousques.
Des Sarasins qu'il mehaigne,
Est couvierte toute la plaigne.

Unde in Mirac. Mss. B. M. V. lib. 3 :

Mors a le glaive qui tout tue,
Mors fait juer à Mousque-mue.

Vide *Muccus.*

* **MUCCILAGO**, Vox medicorum. Alex. Iatrosoph. Ms. lib. 2. Pass. cap. 80 : *Patitur igitur conationes cum assellandi delectatione et ventositate; faciunt enim per secessus ventris Muccilagines cum pondere.* Vide *Muccago.*

MUCCINIUM, apud Arnobium lib. 2. Mappula, facitergium, *Mouchoir*, Occitanis, *Moucadou.*

* *Mouschenez*, apud Rabelais. tom I. pag. 78.

MUCCUS, Quod e naribus fluit, Latinis *Mucus*. Glossæ Isonis Magistri ad Prudent. : *Muculentis*, *sordidis*. *Muccus*, *Rots*. Lex Alamann. tit. 62. § 2 : *Si autem summitas nasi ut Muccus contineri non possit, abscissa fuerit, etc.* Adde Leg. Ripuar. tit. 70.

Muccare, Muccum ejicere, *Moucher*. Lex Ripuar. tit. 5. § 2 : *Si nasum excusserit, ut Muccare non possit.* Editio Heroldi habet *Mucare*.

Muccosus. Gloss. Græc. Lat. : *Muccosus*, μύξων, *Morveux*. Hinc pro *humidus*. Monasticum Anglic. tom. 2. pag. 50. et 52 : *Usque ad moram, id est, Muccosam et humidam planitiem.* Vide *Mora* 2. Angli *Muck* vocant quicquid purgaminis in stercorarium projicitur, ipsumque inde stercorarium *a muckhill*, quasi mucci acervum.

MUCERANII, Christiani Hispani sub dominio Saracenorum degentes, apud Ordericum Vitalem lib. 12. pag. 892. videntur iidem qui *Marani*, atque ita forte legendum.

MUCETUM, [Instrumentum ad piscandum.] Vide *Saurarium*.

MUCHEUNT. Leges Forestarum Canuti Regis cap. 11 : *Viridis et veneris* (venationis) *forisfactiones, quas Mucheunt dicunt, etc.*

MUCIS. Vide *Macis* 1.

MUCIA. Vide in *Capitagium*.

¶ **MUCLA** Oculi, *Arabice est Anterior pars ejus aeri patens*. Glossar. medic. Ms. Simon. Januens. ex Cod. reg. 5959. Vide *Mucula*.

* **MUCLEA**. Charta Frider. I. imper. ann. 1177. tom. 4. Cod. Ital. diplom. col. 11 : *Confirmamus..... tam silvas quam Mucleas.* Ubi leg. videtur *Nuclearias*. Vide *Nuclearius*.

MUCRA. Vita S. Agili Abb. MSS. : *Comperit tandem inter duas Mucras, adjacentias ex fisco quodam Nantholiacense, sed tunc ad villam quæ Mailus dicitur aspicere.* Ita etiam Edita cap. 13.

* Fluvii nomen, vulgo *Morain* : duo ejusdem nominis sunt, quorum unus *le grand Morain*, alter *le petit Morain* appellatur, ut me monuit D. *Le Beuf*.

¶ **MUCRELUS**, Asinorum ductor. Bernhardi *de Breydenbach* Iter Hieros. pag. 192 : *Quod unicuique peregrinorum pro equitatu asinum disponeret cum ductoribus eorumdem, qui scilicet ductores Mucreli ab ipsis appellati.* Occurrit iterum pag. 217. [* Vide *Muscio*.]

MUCRO. Anastasius in Gregorio IV. pag. 161 : *Obtulit... vestem de fundato unam habentem Mucrones per circuitum.* Infra : *Cortinam Alexandrinam unam, vel alia habentia Mucrones de fundato* 4. [f. Fimbria quæ in acumen seu Mucronem desinit, non secus ac *folia cultrato Mucrone*, de quibus Plinius lib. 13. cap. 7. *Mucronatum rostrum*, apud eumd. lib. 32. cap. 6.]

¶ **MUCROLUDIUM**, Hastiludii species. Chron. Estense ad ann. 1352. apud Murator. tom. 15. col. 473 : *Dom. Aldrovandinus marchio fieri fecit in Ferraria quoddam Mucroludium super platea Ferrariæ.*

¶ **MUCTA**, perperam pro *Mueta*. Vide in hac voce.

¶ **MUCUCIO**, Tributi genus. Charta Richardi Reg. Angl. tom. 4. Hist. Harcur. pag. 1281 : *Prædicti monachi... sint quieti de theloneo et portagio... et de wreckmaris, et de Mucucione in mari et foragio, etc.*

MUCULA Oculi, *Anterior pars oculi : Mucla oculi est interior pars ejus aeri patens, muca.* Ita Matth. Silvaticus.

¶ **MUCULENTUS**. Vide *Muccus*.

MUDA, pro *Muta*, seu *mutatio* : vox Italica, quæ occurrit in Charta Petri Ziani Ducis Venet. ann. 1211. in Hist. Bellunensi pag. 109. Vide *Muta* 2. [Item alia notione, vide in *Muta* 7.]

¶ **MUDAGIUM**, ut *Muta* 2. Pretium quod datur pro mutatione prædii, cum alteri ceditur. Tabular. S. Roberti de Montis-ferrando apud Baluz. tom. 2. Hist. Arvern. pag. 63 : *Dederunt etiam.... quartam partem capellaniæ libere et quiete perpetuo possidendam sine Mudagio.* Occurrit eadem notione non semel in Chartular. S. Illidii Claromont.

¶ **MUDANTIA**, Mutatio, Italis *Mudança*. Acta S. Franciscæ tom. 2. Martii pag. 105* : *Et cave ne ab illo latere tibi veniat Mudantia.*

¶ **MUDBURDUM**. Vide *Mundiburdus*.

MUDEIARES, Mauri, qui expugnata ab Alphonso Rege Cæsaraugusta, in quadam urbis regione remanserunt, tributa conferentes Regi, qui inde ita vocati, ait Hieronymus Blanca in Comment. Rerum Aragon. pag. 637.

MUDELLUS. Tabularium Prioratus de Paredo fol. 64 : *Et in alio loco ad Pratum rotundum dedit Mudellos duos feni.* [pro *muellus*, ut videtur. Vide mox in hac voce.]

MUDINUS Salis, Modius, in charta Gerundensis Sacristæ ann. 1268. Vide *Miliaresium*.

¶ **MUELLUS**, Moles, cumulus, Gall. *Meule*. Charta Thossiacensis ann. 1462 : *Pratum continens plateam trium Muellorum fœni vel circa.* Vide *Mullio*.

* Consuet. Domb. Mss. ann. 1325. art. 30 : *Si de feno furatur in Muello vel cuchonibus, ad summam prædictam solvere tenetur.* Aliud vero sonat vox Gallica *Muelle*, in Lit. remiss. ann. 1408. ex Reg. 163. Chartoph. reg. ch. 166 : *Un cuir fort, autrement dit Muelle, coppé en deux ou trois pieces, et la teste de ladite Muelle coppée en trois.*

¶ 1. **MUETA**, Specula, turris, in cujus fastigio excubant vigiles; a veteri Gall. *Meute*, quod inde in tumultibus bellicis convocentur cives, ut sint ad arma parati. Vide *Movere* 1. Charta ann. 1347. tom. 1. Hist. Dalphin. pag. 66: *Faciat unam Muetam bastardam cum quatuor culiis,... Item injunxerunt dicto Cellarerio, quod Muetam quæ est super portale de burgo dicti burgi de Monte faciat præparari, ita quod gayta possit jacere desuper, et quod sit defensibilis cum expensis domini.* Ibid. pag. 67 : *Item cum in portalibus dicti burgi Turris non possit aliqua ad deffensam stare neque gayta jacere, ordinaverunt et injunxerunt Cellerario, quod dicta portalia reficiantur, et ad deffensam ponantur; sic quod dictæ gaytæ possint jacere et ad deffensam venire, cum expensis domini.* Computus ann. 1334. ibid. tom. 2. pag. 251 : *Item, pro quodam ingenio magno et duobus parvis et eorum ornamentis et necessariis et quibusdam Muetis ibidem factis et aliis ædificiis*, XLIX. *l.* II. *s.* Charta ann. 1341. ibid. pag. 429 : *Item, quod muri, chasfallia, schaffæ, Muetæ et omnia alia facta constructa ad resistendum dicto domino Dalphino, seu ad ipsius emulationem, vel villæ fortificationem.* Ubi perperam editum, *Muctæ*. Haud scio an eadem notione *Perceval* :

De la Muete, ne de l'aléé.

* Nostris *Muette*. Charta offic. Paris. ann. 1299. ex Chartul. episc. Paris. fol. 184 : [*Obligavit specialiter unam domum seu masuram, quam habet, ut dicebat, ante Muetam S. Martini de Campis Paris. ultra pissotum in censiva S. Maglorii.* Lit. remiss. ann. 1423. in Reg. 172. Chartoph. reg. ch. 556 : *Eulx estans à la Muette du chastel,.... tirerent deux viretons, etc.*

¶ 2. **MUETA**. Liber niger Scaccarii pag. 357. *Mueta Regis* VIII. *d. in die.* Ubi Hearnius editor : Cavea, aviarium. Vulgo autem per *Muetam Regis* ipsum locum intelligunt, ubi olim Regis accipitres adservabantur ac nutriebantur. Vide

* 3. **MUETA**, Domus venatoria, vel in qua includuntur falcones, cum plumas mutant. Charta Gir. abb. S. Germ. Prat. ann. 1278. ex Chartul. AD. ejusd. monast. fol. 81. r°. : *Emimus totum boscum Galteri cum fundo, clausura, Mueta, quæ impetravimus et procuravimus a domino rege Francorum illustri.* Vide supra *Mua*.

MUFA, Muffa, vox Italica *Mucor*, nostris *Fleur de vin*, *Moisissure*. Joan. de Janua : *Mucor, in vino et aqua, sc. Mufa vini.* Mox : *Mufa, idem est quod mucus, vel muca. Muffa*, apud Petrum de Crescentiis lib. 4. de Agricult. cap. 42.

MUFFLA. Vide *Muffulæ*.

MUFFULÆ, Gall. *Mouffles*, Chirothecæ pellitæ et hibernæ. Capitul. Aquisgran. ann. 817. et Capitul. M. addit. 1. cap. 22 : *Wantos in æstate, Muffulas in hieme vervecinas.* Et cap. 79 : *Ut Muffulæ vervecinæ Monachis dentur. Mulfolas* habet eadem notione Adelardus in Stat. Abb. Corbeiens. lib. 1. cap. 3 : *Wantos duos, Mulfolas duas. Musfulas*, Leges Henrici I. cap. 70. seu ut quidam Codd. præferunt, *mufflas*. Ita etiam Statuta Ordin. Præmonstrat. dist. 2. cap. 13 : *Muffulas de panno albo vel griseo sine nota curiositatis foderatas pellibus permissis sustinemus haberi pro frigore repellendo.* [Miracula S. Martialis apud Stephanot. tom. 2. Fragm. Histor. MSS. : *Sed et de gemmis, aureis ornamentis interlucentibus, Muffulas suarum manuum complevit, et sufficere sibi credens quod abstraxerat, qua parte exire posset, omnia perambulans temptabat.... obdormivit.... Muffula cum gemmis capiti supposita apparuit.* Computus ann. 1202. apud D. *Brussel* tom. 2. de Usu feud. pag. CLVII. : *Pro grisiogr' intorun et Muflorum*, v. s. Menagio a *Moffel*, quod Germanis idem sonat, vocis etymon.] Vetus Poema MS. de Vulpe Coronato :

De chauces, aussi chaperon,
Et de Mouffles, housiaus à chievre.

[Le Roman *de la Rose* MS. :

N'aiés pas les bras en Mouffles.]

Joan. Molinetus pag. 93. v° :

Prinst manteau gris, chappellet, et Mouffiette.

Vide *Moffula*.

* Est etiam vestium ornatus species, ut colligitur ex Lit. ann. 1365. tom. 4. Ordinat. reg. Franc. pag. 555. art. 8 : *Quilibet secretarius et notarius de cetero creandus, illico quod erit per regem retentus in secretarium vel notarium, tenebitur decenter et honeste se gerere et vestire; nec poterit aliquis ipsorum radiatas vel partitas vestes, aut manicas tunicarum super manus extensas, quæ Moufle vocantur, aut poulenam in sotularibus defferre.*

¶ **MUFLUS.** Vide *Muffulæ*.

MUFO. Papias : *Cubitale, Mufo.*

MUGA, [f. Cumulus, acervus. Vide *Mullio*.] [* Acad. Hisp. *Muga*, Limes, terminus.] Observantiæ Regni Aragon. lib. 6. tit. de Generalib. privileg. § 36 : *Imo debent redire sua ganata ad aream villæ vel prope, qualibet die si volunt jacere nocte sequenti: alias si pernoctarent prope Mugam, essent prompta ad pascendum, et destruerent pastus alterius villæ.* [Vide *Mugium*.]

MUGÆ. Matth. Silvaticus : *Perniones vel rasulæ, sunt excoriationes quæ fiunt in nimio frigore in calcaneis, quæ Mugæ vulgariter dicuntur. Mugæ fiunt etiam in digitis pedum et manuum.*

¶ **MUGER**, *Mucosus*. Festus et Paulus : *Muger dici solet a castrensibus, quasi muccosus is, qui talis male ludit.* Sive simpliciter tanquam *mucer* ex muccus, sive tanquam *muciger*. Ita Martin. in Lexic. Vide supra *Muccus*.

* **MUGILLARE**, *onagrorum*, in Glossar. Provinc. Lat. ex Cod. reg. 7657.

MUGILLARIS, Papiæ, *Mutus, a mugio.*

MUGILLATIO, Papiæ, *Tarditas.*

¶ **MUGINARI**, *Murmurare*. Nonius. Gloss. Lat. Gr. : *Muginor*, γογγύζω. Festo : *Muginari, est nugari et quasi tarde conari.*

MUGISSOR. Papiæ : *Fallax, callidus, murmurator.* In Glossis Antiquis MSS. : *Callidus anus, musator.*

¶ **MUGITIÆ**, Murmurationes, querimoniæ. Vita B. Columbæ tom. 5. Maii pag. 328* : *Cum tamen affines consanguinei Mugitiis trutannicisque verbis una cum procacibus minis eam sæpius retunderent.*

* Ab Italico *Mugiolare* et *Mugolare*, Acad. Crusc. Gannire, subejulare, conqueri.

¶ **MUGIUM**, Acervus, cumulus, ut *Mullio*. Statuta Vercell. lib. 5. fol. 125 : *Item si quis faxum paleæ vel stipulæ alienæ positæ in paleario vel Mugio feni, etc.* Vide *Muga*.

* **MUGIUS**, *Modius*, mensura vinaria. Charta ann. 1405. in Reg. feud. comitat. Pictav. ex Cam. Comput. Paris. fol. 66. r°. : *Item unam vineam,.... quam tenet a me Thomas Ducis ad unum Mugium seu muy vini redditus.*

* **MUGLIAS**, vox Gallica, Panni species. Lit. remiss. ann. 1409. in Reg. 163. Chartoph. reg. ch. 310 : *Une petite bourse de soye quarrée et doublée de Muglias, etc.* Vide mox *Muihotus*.

* **MUGNARIUS**, Molitor, Ital. *Mugnaio*, Gall. *Meunier*. Stat. Pistor. ann. 1107. apud Murator. tom. 4. Antiq. Ital. med. ævi col. 563. § 149 : *Ut faciant jurare Mugnarios et suos familiares a xiv. inantea, quod non tollent fraudulenter, nec fraudabunt blavam aliquo ingenio nec farinam, quam acceperint pro macinare. Et si invenerint aliquem ex Mugnariis etc.*

* **MUGNERIUS**, Eadem notione. Proces. Ms. ann. 1374 : *Mandamus quatenus citetis et adjornetis Guillelmum de Tractu, alias Riveta, Mugnerium molendinorum de Sallia, etc.*

MUGULARE, Mugire, Gall. *Meugler*, more boum, in Addit. ad Vitam S. Antonini num. 66. [tom. 1. Maii pag. 348 : *Et a sua nativitate sic mutus usque ad prope septennium sine spe ulla locutionis perseveravit, signum non habens ullum vel faciens unquam loquendi, sed neque etiam Mugulandi.* Ubi Editores eruditi : Hic *mugulare*, est labiis clausis per nasum efferre quemdam inconditum et inarticulatum sonum, ad instar litteræ μῦ.]

* Alias *Muir*. Mirac. S. Ludov. edit. reg. pag. 428 : *S'escrioit ausi com en Muiant, etc.* Unde *Muiement* et *Muyment*, mugitus Vitæ SS. Mss. ex Cod. 28. S. Vict. Paris. fol. 3. r°. col. 1 : *Les bestes marines apparistront sus la mer, et donneront Muyment dusques au ciel.... Toutes les bestes as chans Muyans etc.* Bestiar. Ms. ubi de Panthera :

.... Jete un si grant Muiement,
C'on la puet oir cleirement

MUGULI. Sanutus lib. 3. part. 12. cap. 17. de Soldano Babyloniæ : *Reperit sex mille Mugulos, qui illi multam intulere molestiam, etc.* Ita, opinor, vocat eos qui suberant Principi, quem *le Grand-Mogol* dicimus.

¶ **MUIBLA**, Idem, ni fallor, quod *minutalia*, Intestina animalium, Gall. *Menuailles*. Charta Philippi Augusti ann. 1211. apud Marten. tom. 1. Ampliss. Collect. col. 1101 : *Tantum capit ecclesia S. Martini quantum Comes; et qui ea recipiunt debent esse per fidem constricti servientibus B. Martini, et qualibet septimana eadem ecclesia debet habere consuetudinem Muiblorum et costuciæ carnificum.*

* **MUIHOTUS.** Inventar. Ms. ann. 1356 : *Item duos Muihotos copertos de taffata signatos.* Vide supra *Muffulæ*.

¶ **MUIOLUS**, f. Modius. Charta ann. 1418. apud Rymer. tom. 9. pag. 563 : *De qualibet pipa cisaræ, cervisiæ et boscheto quinque solidos Turonenses ac etiam de quolibet Muiolo salis.*

* Vel Acervus, ut supra *Muellus*, a Gallico *Muyot*, eadem notione. Lit. remiss. ann. 1423. in Reg. 172. Chartoph. reg. ch. 285 : *Le suppliant trouva icelle musse, et deffouy le Muyot de terre, et print les biens qui y estoient. Mujol* vero, Mullus, piscis genus, vulgo *Mulet*, in Comput. ann. 1488. inter Probat. tom. 4. Hist. Nem. pag. 47. col. 2 : *Pro 84. libris piscium, tam pagelli, daurades et Mujolz, etc.* Vide infra *Mulés*.

* **MUIRA**, Aquæ sali conficiendo aptæ receptaculum, idem quod supra *Moria* 2. Vide in hac voce. Charta ann. 1241. Probat. tom. 1. Hist. Burg. pag. 106. col. 2 : *Concedimus quatenus abbatissa de Tart et conventus Muiram suam, quam possident in puteo Leodonensi, ... habeant potestatem ponendi in manu cujuscumquelibet voluerint.*

¶ **1. MULA**, perperam pro *muta*, Quodvis vectigal. Charta ann. 1336. apud Ludewig. tom. 5. Reliq. MSS. pag. 524 : *In bonis suis hereditariis, videlicet theloneis, Mulis et aliis quibuscunque possessionibus seu bonis et eorum juribus, etc.* Alia ejusdem anni ibid. pag. 525 : *Et nihilominus ipse dom. Joannes parte redituum, theloneorum et Mularum... de nosto beneplacito uti ac frui debet.... Hoc ipsum habere tenebitur super Mula et theloneo supradictis.* Vide *Muta* 1.

¶ **2. MULA**, Crepida, Gall. *Mule*. Concil. Tarracon. ann. 1591. inter Hispan. tom. 4. pag. 509 : *Nullus clericus subuchlam collari et manicis rugatis seu lactucatis deferat... sed nec Mulas ornamentis aureis, argenteis aut sericis ornari patiatur.* Vide *Mule*.

* **MULA FERRANDA.** Charta ann. circ. 1130. ex Chartul. Stirpensi : *Unde Gaufridus de Monz cepit Mulam ferrandam cum sella et freno.* Vide supra *Ferrandus*.

MULAMINUM. Leges Adelstani Regis apud Thundreffeldam editæ cap. 19. ubi de ferri igniti examine : *Quando ferrum projiciet, et sanctum altare festinet, insigilletur manus ejus, et inquiratur die tertia si Mulaminum sit intra constgillationem.* Textus Roffensis Saxonicus habet : *Inquiratur die tertia si munda sit, vel immunda intra consignationem.*

☞ Mendose fortassis pro *velamen*; velo quippe manus, quæ ferrum candens tetigerat, involvebatur, cui apponebatur sigillum. Andreas Suenonis, Archiep. Lundensis lib. 7. Leg. Scanic. cap. 15 : *Si ferrum gestatum fuerit, panno aliquo involventur, cui diligenter astricto, sigillum etiam apponetur... Hoc velamen in pedibus vel manibus usque ad sabbatum permanebit.* Vide *Ferrum candens*.

¶ **MULATERIUS**, a Gall. *Muletier*, Mulio, Ital. *Mulattiére*. Statuta Massil. lib. 1. cap. 53 : *Statuentes insuper quod nullus Mulaterius accipiat de saumata* VII. *eminarum vel* VIII. *pro vectura ultra quatuor denarios* Pluries ibid. occurrit. Computus Dalphin. ann. 1336 : *Pro expensis personarum hospitii sui et Mulateriorum portantium raubam dominæ, et avenam, etc.*

* Glossar. Provinc. Lat. ex Cod. reg. 7657 : *Mulatier, Prov. mulio, mulins. Colinet, dit Prevost, Muletier de noz chiens etc.* in Charta Caroli IV. reg. Franc. ex Reg. 62. Chartoph. reg. ch. 451.

¶ **MULATI**, Hispanis *Mulatos*, nostris *Mulates* vel *Mulatres*, dicuntur ii qui ex parentibus Africanis et Indis mixtim nati sunt; a Mulus, ut notum est, quod sit ex asino et equa. Concil. Liman. ann. 1582. inter Hispan. tom. 4. pag. 267 : *Item si sciant quod aliqua persona interturbet vel impedire prætendat quod Indi, Nigri et Mulati suo servitio mancipati contrahant matrimonium.* Vide *Mestizus*.

¶ **MULATINUS**, Mulinus, in Statutis Montis Regal. pag. 221 : *Item statutum est quod si aliqua bestia cavallina, Mulatina, asinina, vel bovina, etc.*

* **MULÇA** vel MOLÇA, Dici videtur de re quavis molli, in Invent. ann. 1361. ex Tabul. S. Vict. Massil. : *Unam abricam plenam Mulçæ, duo pulvinaria plena plumæ, etc.* Forte muscus, Gall. *Mousse*.

1. **MULCARE**, MULCATOR. Papias : *Mul-*

care, affligere, vexare, calcare, afficere, cedere. Mulcator, peremptor, qui corpora afficit vel cruciat. Mulcata, damnata. Gloss. Arabico-Lat. : Mulco, pugnis calcibusque afficio.

2. **MULCARE**, Mulcere. Althelmus de 7. Vitiis capitalibus :

Denique si potuit cæli Mulcare catervas.

¶ **MULCARIUM.** Vide *Mulgarium.*

MULCEBRIS. Joan. Sarisb. lib. 1. Policrat. cap. ult. : *Duæ sunt, inquit ille, ut opinor, virtutes ignis; altera edax et peremptoria; altera Mulcebris et innoxia lumine.* Id est, quæ demulcet, fovet. [Epist. Johan. Troester apud R. Duellium lib. 1. Miscell. pag. 242 : *Amor est mixtus cum ratione furor, naufragium dulce,.... moriens vita, Mulcebris tartarus, triste cœlum, amœnus carcer.* Bulla Bonifacii VIII. PP. ad. Reg. Angl. de abdicatione Celestini V. et sua electione, apud Rymer. tom. 2. pag. 669 : *Eam* (ecclesiam) *de amissione pastoris interdum inutilis, per promotionem Mulcebrem accommodi successoris instaurans.*]

¶ **MULCEDO**, Concentus. Sidonius lib. 5. Epist. 17 : *Ad S. Justi sepulcrum vigilias alternante Mulcedine monachi clericique psalmicines concelebrabant.*

MULCHUMAT. Epistola Basilii Macedonis Imp. ad Hadrianum II. PP. apud Baronium ann. 871. num. 8 : *Transmisimus autem sanctitati vestræ,.... usin unum aerem habentem unum, Mulchumat unum, planetilia castanea duo.* Monstra verborum, quæ nescio an quis intelligat.

¶ **MULCIFER**, pro *Mulciber.* Papias.

* **MULCRUM**, *Lo vaso da mongere.* Glossar. Lat. Ital. Ms. Aliud Lat. Gall. ex Cod. reg. 7679 : *Mulcrum, faicelle, a mulgeo.* Aliud Provinc. Lat. ex Cod. 7657 : *Molsoyra, Prov. Mulctrum, multrale, mulgarium. Molser, Prov. mulgere.* Vide *Mulctrale.*

MULCTA, Tributum, vectigal, seu potius exactio injusta, *malatolta.* Guillelmus Bibl. in Stephano VI. PP. pag. 236 : *In qua Ecclesia, cum idem sanctissimus Papa... malam consuetudinem invenisset, ut Presbyteri, qui ibidem Domino sacrificium quotidie offerebant, omni anno unam Mulctam darent, quam consuetudinem Marinus PP. antecessor ejus fregerat,... sub forti obtestatione præcepit, ut nullus unquam ab eis non solum hoc, verum etiam aliquod tributum acciperet, etc.*

☞ Mulctas pecuniarias seu corporales Chartis appositas legimus ante Christum natum, non solum in testamentis, sed etiam in inscriptionibus tumulorum, ut videre est apud Gruterum in cap. XVII. Indicis seu conspectus Inscriptionum. Eas postmodum adhibuut Imperatores Christiani; apud Reges vero Francorum, si Chilpericum excipias qui, teste Greg. Turon. lib. 6. cap. 46. *oculorum evulsione* Chartarum contemtores mulctabat : rarissima ejusmodi pœnæ exempla ante Capetianos. Mulctæ pecuniariæ frequentior usus in Chartis privatorum; quam ut persolvat, qui Chartam infregerit, præcipit Lex Alaman. cap. 1. num 2 : *Et Multam illam quam charta continet, persolvat.* Vide Mabill. Diplom. lib. 2. cap. 8.

MULCTRALE. Glossæ MSS. in Prudentium ex Bibl. S. Germani Paris. Cod. 561 : *Mulctra, vas in quo mulgetur. Mulctrale, locus in quo coagulationes fiunt.* Vide *Mulgarium.*

¶ **MULCTRARIUS**, Homicida. Vide *Morth.*

¶ **MULCTUM**, pro *Mulcta*, in Charta ann. 857. apud Lobinell. tom. 2. Hist. Britan. pag. 59 : *Mille solidos Mulctum componat cui litem intenderit, etc.*

¶ **MULDIO**, perperam pro *Aldio.* Charta Albrici clerici et abbatis apud Marten. tom. 2. Ampliss. Collect. col. 21 : *Interjacens de uno latere fisci ipsius qui vocatur palatiolus atque Beveris, unde est abstractus, et de altero latere, Aldemega, Muldionibus meis ex villa Granda sub tributo annali.* Vide *Aldius.*

¶ **MULDRUM.** Vide in *Morth.*

¶ **MULE**, *Genus calceamenti.* Gloss. vetus MS. Sangerm. De vocis etymo consule Menagium in Orig. Gall. voce *Mules.*

¶ **MULENDINUM**, Moletrina. Charta ann. 5 regni Rodulphi Indict. XII. in Tabular. Matisc. : *Tantum de terra ubi ædificet Mulendinum.*

¶ **MULERARIUS**, pro *Mulierosus*, apud Jul. Capitolinum.

* **MULES**, Piscis genus, mullus. Libert. villæ de Lunacio diœc. Agen. ann. 1295. in Reg. 48. Chartoph. reg. ch. 124 : *Obtineant imperpetuum omnia jura.... et libertates suas, quæ et quas habent.... in portibus fluminum Garonæ et Olti, et piscariis ipsorum fluminum et padentiis dicti loci, excepto piscium vocato Mulés.* Vide supra in *Muiolus.*

¶ **MULETTINUS**, Mulus parvus, in Addit. ad Vitam S. Antonini tom. 1. Maii p. 342 : *Cum parvulo suo Mulettino ipsum tumidum* (flumen) *transvadavit.*

¶ **MULETTUS.** Vide *Mulletus.*

¶ **MULETUS**, Mulus, a Gall. *Mulet.* Charta ann. 1337. tom. 2. Hist. Dalphin. p. 334 : *Librentur equi usque, ad numerum sexaginta, computatis Muletis pro hospitio et somertis.*

MULFOLA. Vide *Muffulæ.*

¶ **MULFOSSA**, Fossa, vallum quo urbs vel castrum munitur. Regimina Paduæ ad ann. 1320. apud Murator. tom. 8. col. 433 : *Iverunt... versus quamdam motam magnam, quam faciebat facere dominus Canis cum Mulfossis et tajatis ad claudendum Paduanos.*

* **MULGARIS**, Idem quod *Melgoriensis*, monetæ species. Vide in *Moneta Baronum.* Charta ann. 1201. inter Probat. tom. 3. Hist. Occit. col. 191 : *Propter XIV. M. et C. sol. Mulgares.... bonos ac rectos, etc.*

MULGARIUM, *Vas in quo mulgetur, idem et mulctra*, Papias. In Glossis antiquis MSS : *Vas in quo mulgentur pecora.* Alibi : *Mulcaria, vasa in quibus lac mulgetur.* [Ita Gloss. vetus MS. Sangerm.]

* **MULGUS**, Congeries, cumulus, acervus, Ital. *Mucchio.* Stat. Taurin. ann. 1360. cap. 213. ex Cod. reg. 4622. A. : *Quicumque..... ignem posuerit in feno vel in bladis, solvat bampnum pro quolibet Mulgo, seu qualibet carrata blavæ libras decem.* Vide *Mugium.*

¶ **MULICURIUS.** Vide *Mulomedici.*

MULIEBRIA, Menstrua, seu purgationes mulierum : γυναικεῖα, Aristoteli. Papias : *Muliebria, supervacuus mulierum sanguis.* Genes. cap. 18 : *Erant autem ambo senes, provectæque ætatis, et desierant Saræ fieri Muliebria*, quæ sic expressit Leonius in Historia Sacra MS. :

. . . . Dum seque virumque
Cogitat esse senes, provectæ ætatis utrumque,
Jam desisse sibi fieri Muliebria noscens.

Leges Hoeli Boni Principis Walliæ cap. 13. ds Virgine : *Scilicet sit matura in pilis et uberibus, et si venerint Muliebria ejus, etc.*

MULIEBRIARIUM. Veteres Glossæ MSS. Sangermanenses : *Muliebre, a mulieribus aliquid factum. Muliebriarium, per mulieres ordinatum, et per viros gestum.*

¶ **MULIEBRUM**, γυναικεῖον, *Conclave mulierum.* Gl. Lat. Græc. MSS. Sangerm.

MULIER, Uxor, Hispanis *Muger*, Italis *Moglie*; Provincialibus *Mouillé*, Beneharnensibus *Moché*, [*Molhé*, in Foro Navarræ Rubr. 25. art. 18.] nostris olim *Moillier, Mullerar*, uxorem dare filio, in Chronico Petri IV. Reg. Arag. lib. 6. post cap. 12. Acta S. Prudentii Garrayensis Episcopi, apud Bivarium : *Sacerdotes dormiebant cum mulieribus eorum.* Concilium Duziacense I. part. 5 : *Mulier Comitis Regis, nomine Northmanni.* Hac passim notione vocem usurpatam reperire est, apud S. Cyprianum de Discipl. et habitu virg. Ulpianum in leg. Titius, § 1. de Legat. 3. in Collat. Legis Mosaicæ cap. 4. in Lege Bajwar. tit. 14. cap. 9. Alamann. tit. 58. § 1. in Capitulari Suession. ann. 744. cap. 9. in Compendiensi ann. 757. cap. 3. 5. in Concilio Wormatiensi cap. 63. in Synodo Romana ann. 863. cap. 2. apud Nicolaum I. PP. Epist. 22. Anastasium in Hist. Eccl. pag. 62. 120. etc. Adde Diploma Henrici Imper. ann. 1081. apud Ughell. tom. 3. Ital. sacr. pag. 419. Monastic. Anglic. tom. 2. pag. 92. Hist. Pergamensem tom. 3. pag. 191. Ruffium in Comitib. Provinciæ pag. 59. etc. Brunetus in Thesauro 2. part. cap. 206 : *Li fils sont li bien qui lient mari et Moillier ensemble en un amor, por ce que li fils sont si commun bien d'aux.* Chronic. Flandriæ cap. 50 : *Et vous supplie que vous li veuillez otroier votre fille Madame Ysabel, à estre sa Mouillier.* Le Roman *de Guillaume au Court-nez* :

Puis l'éponsa à Moller et à per.

Le Roman *de Garin :*

Puis vos prendrai à per et à Moiller.

Willelm. *Guiart* ann. 1210 :

Avoit esté el tens passé
Au Comte Phelippe Moillier,
Qui cuida le Roy despouiller.

Le Roman *du Renard couronné* MS. :

Entre ses bras tint sa Moillier
Dame Ermengart la sire espeuse.

Chronicon MS. Bertrandi *du Guesclin* :

Et se Dieu me prenoit sans hoir de ma Mouillier.

[Philippus *Mouskes* pag. 216 :

S'avez oi d'un Duc Joisbier,
C'on ne tenoit mie à bobiert,
C'on cuida mors outre la mer
Dont ses gens curent duel amer,
Et sa Moullers a cuer mari
Redevoit prendre à cuer mari
A époux un fillon gaynart
Ki mult estoit de male part.]

Robertus Borronus in Merlino MS : *Et amaint chascuns avec soi sa Moillier.* Hist. Bellorum ultramarin. MS : *Et tant fisent vers lui, kil donna sa seror à Guion à Mouillier.*

* *Molher*, in Lit. remiss. ann. 1418. ex Reg. 170. Chartoph. reg. ch. 232 : *Sa femme ou Molher etc. Mollier* et *Moulier*, in Compend. Hist. Franc. tom. 10. Collect. Histor. Franc. pag. 279.

* Mulier Levis, Vana, pro Meretrix. Lit. remiss. ann. 1404. in Reg. 158. Chartoph. reg. ch. 307 : *In qua domo erat quædam Mulier levis, sive meretrix communiter reputata.* Stat. villæ Baln. ann. 1344 : *Item quod nulla Mulier vana sit ausa portare aliquam gerlendam, neque velum in capite, nec in raubis suis hermines, nec capucium apertum cum botonibus, nisi totum clausum.*

* Mulieres Bonæ ex adverso appellantur Mulierculæ delirantes, quæ ad nocturnos illos conventus, quos *Sabbats* vocant, se deferri somniant, in Mirac. S. Germ. Autiss. tom. 7. Jul. pag. 287. col. 2 : *Hospitatus* (S. Germanus) *in quodam loco, cum post cœnam iterum mensa pararetur, admiratus interrogat, cui denuo prœpararent. Cui cum dicerent, quod bonis illis Mulieribus, quæ de nocte incedunt, præpararetur, etc.* Vide supra *Diana*.

Mulier, Mulieratus. In Jure Angliæ si quis concubinam post susceptum ex ea bastardum in uxorem duxerit, et ex ea filium vel filios susceperit, is filius, sive sit unus, sive plures, dicitur *mulier*. Littleton, sect. 399 : *Si home est seisie de certaine terre en fée, et ad issue deus fits, et l'eigné fits est bastard, et le puisné frere est Mulier, etc.* In Jure autem Scotico dicitur *filius Mulieratus*, et patri suo de jure succedit, ut hæres. Regiam Majestatem lib. 2. cap. 19. § 3. 6 : *Si autem plures filios habuerit Mulieratos, id est, ex sua sponsa legitime procreatos, etc.* Legitima scilicet uxore, quam ante nuptias in concubinatu cognovit. [Hos in *Mulieratu* procreatores, Gall. *Engendré en Mulerie*, Dicebant veteres Galli. Thomas *Blount* in Nomolex. Anglic. : *Lequel Reynald engendra Simon de Asseles en Mulerie, lequel Simon engendra Alive, Agnès et Margerie en Mulerie.*] Bastardi vero de jure Regnorum Scotiæ et Angliæ per subsequentes nuptias non legitimantur, ut est in lib. 2. cap. 51. § 3. Vide Bastallum v. *Bastarde*, et *Mulier*, et infra in *Pallium* 1.

¶ Mulier, pro Virgine adulta, in Testamento Ludovici VIII. Reg. Franc. apud Duchesn. tom. 5. Hist. Franc. pag. 325 : *Item legamus et donamus orphanis et viduis et pauperibus Mulieribus maritandis tria millia librarum.*

Mulier, *Vorax*, in Glossis antiquis MSS.

¶ **MULIERARE**, Effœminare, apud Nonium. Hinc *Mulierarius*, mulieribus deditus. Vide *Femellarius*.

* **MULIMENTUM**, *Lo guadagno*. Glossar. Lat. Ital. MS.

¶ **MULIERATUS**. Vide *Mulier*.

¶ **MULIERITAS**, Pubertas. Tertull. de Virg. velandis cap. 12 : *Vertunt capillum, et acu lasciviore comam sibi inserunt, crinibus a fronte divisis apertam professæ Mulieritatem... Sola autem manifesta paratura totam circumferunt Mulieritatem.*

¶ **MULINARE**. Vide *Molina*.

¶ **MULINARIUS**, Mulindinum, Mulinum, Molendinum. Charta regnante Lothario in Tabular. Matisc. fol. 113 : *Do Mulinarium qui est situs in pago Lugdunensi in villa Corcellis.* Tabular. Aptense fol. 65 : *Ubi ædificet Mulindinum... Aliam autem medietatem de ipso Mulino ad fidelitatem episcopi... teneat.* Miracula S. Vincentii Ferrerii tom. 1. Aprilis. p. 512 : *Cum autem imprudentius Mulino qui proximus erat adhæsissent, ambo impetu aquæ et vorticibus rapti in profundum ferebantur. Mulinum*, in lege Alaman. cap. 83. num. 1. Vide *Molina*.

¶ Mulinarius, Molitor, *Meunier*, Italis *Mulinaro*. Statuta Astens. fol. 78 : *Mandamus quod si quis colonus, partiarius, massarius, fictabilis, aut Mulinarius, qui aliquas domos, terras, massaritia, possessiones, molendina, vel alia bona immobilia conduxerit, etc.* Pluries ibi. Occurrit præterea in Memoriali Potest. Regiens. ad ann. 1280. apud Murator. tom. 8. col. 1147. in Statutis Placent. lib. 6. fol. 68. v°. Vide *Mulnerius*.

MULINUM Animal. Vide *Animal de hoste*.

* **MULIO**, Mulus, Ital. *Mulo*, Gall. *Mulet.* Vitæ Brachii lib. 3. apud Murator. tom. 19. Script. Ital. col. 512 : *Sed, quæso, quid si Muliones, si jumenta vestra (nam his plurimum utimini) a latronibus correpta fuerint?*

* **MULITA**, pro *Mulcta*, in Libert. Figiaci ann. 1369. tom. 5. Ordinat. reg. Franc. pag. 264. art. 1. *Multe*, in Lit. ann. 1368. ibid. pag. 149. *Multer*, multa punire, in Lit. remiss. ann. 1389. ex Reg. 137. Chartoph. reg. Hinc

* **MULITARE**, pro *Multare*, in Lit. remiss. ann. 1391. ex Reg. 140. Chartoph. reg. ch. 205 : *Citando voce præconis, Mulitando et aliter, sicut proceditur contra absentes.* Vide infra *Multitare*.

¶ **MULITIO**. Vide *Munitio* in *Munimen*.

** **MULITUDO**. Virg. Gramm. pag. 121 : *Mulier a Mulitudine sexus.* Ibid. pag. 102 : *Prolitatem in filiis, Mulitatem in conjugibus.*

* **MULIUS**. Vide supra *Muloterius*.

MULLETUS, Piscis, quem nostri *Mulet* vocant, Latini *Mugiles*. Occurrit apud Radulfum in Vita S. Ricardi Episcopi Cicestrensis n. 78. [Bollandistæ ediderunt, *Mulettus*.]

¶ **MULLIFICATOR** Ceræ, Qui ceram emollit, in Consuet. MS. Eccl. Colon. in Bibl. Atrebat.

MULLIO, Mullo, Acervus, cumulus, [Saxon. move, Gall. *Mule*. Redditus et servitia custumar. apud Kennett. Antiquit. Ambrosden. pag. 401 : *Debent tornare et inde fœnum levare et Mulliones inde facere.* Ibid. pag. 402 : *Inveniet unum hominem ad Mullionem fœni faciendum.*] Ordericus Vitalis lib. 13. pag. 899 : *Ut strepitum rugientis aquæ audivit, territa... monticulum fœni, quod extra tugurium erat, velociter ascendit. Impetus autem irruentis et omnia involventis aquæ fœnum sublevavit, et de loco illo Mullonem hac et illac fluctuantem longe transtulit.* Liber Chirographorum Absiæ fol. 104 : *Donavit... fœnum rastrorum et fœnum sessionis Mullonum.*

** **MULLO** pro *Mullus*, piscis, in Chart. Margar. comit. Flandr. ann. 1251. apud Lappenb. Orig. Hans. pag. 63 : *Centenum Mullonum, hoc est hardres, 2. den.*

* **MULLONUS**, Acervus, cumulus. Charta ann. 1265. in Tabul. S. Petri Carnot. : *Dicebant se habere debere in prato... sedem Mullonorum.* Vide *Mullio*.

¶ **MUL-MEDICUS**. Vide *Mulomedici*.

¶ **MULMUTINA** Lex. Vide *Lex*.

¶ **MULNARE**, Molendinum. Charta ann. circ. 1000. in Chartul. Matisc. fol. 13 : *Dono eis usuarium exeundi et intrandi ad Mulnare eorum quod est sub ponto petrino de Mergi.* Vide *Molina*.

MULNARIS, Sedes molendini. Tabularium Prioratus Paredi in Burgundia fol. 70 : *Addidit etiam ad augendam eleemosynam loci, loco qui dicitur Ververis, situm molini, quem Mulnarem vocant, ad construendum molendinum.*

MULNEDA, Locus ubi molendinum exstrui potest, *sedes molendini*. Vide in hac voce. Monasticum Anglic. tom. 2. pag. 284 : *Et quoddam pratusculum secus stagnum molendini usque ubi rivus descendit in veterem rivulum, et ipsam Mulnedam ad faciendum ibi molendinum, ubi fuit antiquitus vos*, (f. vas) [melius vel] *si alicubi in confinio per ipsam Mulnedam melius fieri poterit, fiat, etc.* [Vide supra *Molendinarium*.]

* Melius fortasse, Aquarii canalis valvula, quæ *Meulenge* appellatur, ni fallor, in Lit. remiss. ann. 1460. ex Reg. 192. Chartoph. reg. ch. 63 : *Le suppliant trouva le molin fermé et le Meulenge dudit molin levé.* Vide *Ventalium*.

¶ **MULNELLUS**, Piscis. Vide *Mulvellus*.

MULNERAGIUM, Idem quod jus *moltæ*, quod domino pro molitura in suo molendino competit. Tabularium Vindocinense fol. 224 : *Angagiavit domino Abbati Goffrido medietatem duorum molinorum cum aquis, piscationibus et Mulneragio.* [Chartular. S. Vincentii Cenom. fol. 110 : *Willelmus Chofier dedit Deo... omne jus Mulneragii quod ipse habebat in molendino de Vaugout... videlicet tertium bossellum bladi.* Vide *Molta* 2.]

* **MULNERICIA**, Pensitatio pro molitura frumenti, in Tabul. Casalino. Vide *Mulneragium*.

¶ **MULNERIUS**, Molitor, Gall. *Meunier*. Charta ann. 1220. in Tabular. S. Vincent. Cenom. : *Radulfus de Alleneto eleemosinavit abbatiæ S. Vincentii quidquid habebat in molendino de Codrais... et Mulnerius qui ibi erit positus, erit per manum monachorum.* Vide *Mulinarius*.

¶ **MULNETUM**. Vide *Molina*.

MULOCISIARIUS, *Caruchariûs*, καρουχάριος, in Gloss. Gr. Lat.

MULOMEDICI, *Medici equarii*, Valerio Maximo lib. 9. cap. ult. *Qui herbis medelas pecoribus ægrotis aptissime componunt.* Firmico lib. 8. cap. 17. Manilius lib. 5 :

Ille tenet medicas artes ad membra ferorum.

Vetus Glossarium : *Mulomedicus*, ἱππίατρος. *Mulicurius*, ἡμιονόχουρος. Vegetius lib. 1. de Arte veterin. in Præfat. : *Mulomedicinæ doctrina ab arte medicinæ non adeo in multis discrepat, sed in multis plurimisque consentit.* Frodoardus lib. 13. Carm. 8 :

Id capitur Monacho simulati fraude subacto
Mulmedici, etc.

Occurrit in leg. 31. de Cursu publico, (8,5.) etc. leg. 2. de Excusat. artif. (13,4.) Cod. Th. apud eumdem Firmicum lib. 8. cap. 13. Gregorium M. lib. 2. Dial. cap. 30. S. Audoenum in Vita S. Eligii lib. 2. cap. 44. etc.

MULOSUS, *Molossus*, *Caniculus rusticus*, in Glossis Pithœanis. [Melius Papias : *Molossus*, *canis rusticus*.]

MULOTES, Mures agrestes, μύες ἀρουραῖοι, *Nitelæ* Servio, nostris *Mulots*. Baldric. Dolensis in Hist. de Capite S. Valentini Mart. n. 4 : *Misit* (Deus) *bestiolas ad genus humanum impugnandum et expugnandum, muribus assimiles, quas vocant Mulotes, quæ totam agriculturam depopulabantur.*

* **MULRA**, *apud Dioscor. Sinopida carpentatorum, alibi mellitus in sinopida.* Glossar. medic. Ms. Simon. Januens. ex Cod. reg. 5959.

¶ **MULSA** Vacca, id est, Lactans, in Lege Bajwar. tit. 8. cap. 2. num. 6 : *Si bovem domitum, vel vaccam Mulsam, id est, lactantem, furaverit, etc.*

MULSA, Mulsum, Potio ex melle et vino confecta. Glossæ medicæ MSS. Reg. Cod. 148 : *Mulsa, mel et aqua.* Alexander Iatrosophista MS. lib. 1. Passionum cap. de Mulsa : *Qualiter hæc conficiatur dicendum est : oportet enim Mulsam neque satis mel habere, neque pinguem esse. Gustu autem sit non satis acra, et suavem linguæ prœbeat et in sensu dulcedinem.* Constantinus African. lib. 5. Commun. loc. med. cap. 28 : *Mellita* (vina) *calidiora et sicciora coleram generantia etc.* Concilium Autisiod. cap. 8 : *Non licet in altario, i. sacrificio divino, mellitum, quod vulgo Mulsum appellant, nec ullum aliud poculum, extra vinum cum aqua mixtum, offerre.* Vide *Mellita*, *Medo*.

* **MULSIO**, Mulctus. Charta ann. 1319. in Reg. 59. Chartoph. reg. ch. 318 : *Item pro quolibet habente oves seu capras in dicta villa caseum, qui fieri potest ex Mulsione matutina vel serotina unius diei.* Vide *Molzo* et *Mulsis*.

¶ **MULSIS**, Quidquid lactis semel mulgetur ab una vacca, aut ab ove, Occitanis *Movisson*, quibus *Mouze*, est lac mulgere. Saisimentum Comitatus Tolos. ann. 1271. apud *La Faille* tom. 1. Annal. Tolos. inter Instr. pag. 17 : *Et de quolibet foco unam gallinam in festo Natalis Domini, et in festo Paschæ viginti ova, et unum caseum unius Mulsionis a quolibet habente oves.*

¶ **MULSITANTER**. Vide *Musivatur*.

¶ **MULSOR**, Qui *mulsum* conficit. Buschius de Reform. monast. apud Leibnit. tom. 2. Script. Brunsvic. pag. 482 : *Omnia etiam officia mechanica in suo habent monasterio; videlicet sartores, sutores,... agricultores, Mulsores, pistores, braxatores, opiliones, etc.* Vide *Mulsa*.

¶ **MULSUM**. Vide *Mulsa*.

¶ 1. **MULTA**, *Collectitia pecunia*. Gasp. Barthii Gloss. apud Ludewig. tom. 3. Reliq. MSS. pag. 357. ex Hist. Palæst. Fulcherii Carnot.

* 2. **MULTA**, f. pro *Muta*, Quodvis vectigal. Charta Arnulph. imper. ann. 897. apud Meichelbec. tom. 1. Hist. Frising. pag. 147 : *Ut homines ecclesiæ* (Frisingensis) *licentiam habeant hoc sine Multa, seu navigio sive cum carris afferre.* Vide *Muta* 1.

MULTAGIUM. Vide *Molta* 2.

* **MULTANN**, in Lit. ann. 1202. tom. 5. Ordinat. reg. Franc. pag. 486. art. 3. perperam lectum, pro *Multrum*, ut habet Reg. 103. Chartoph. reg. ch. 251.

MULTANNUS, *Vivax*, *longævus*, πολυχρόνιος, in Gloss. Gr. Lat.

MULTARA, [Commune, Gall. *Commune*.] Charta Ottonis de *Kuich*, Do. *de Zelhem* Militis ann. 1311. apud Frideric. Sandium in Consuetudines feudales Gelriæ pag. 38 : *Quarum trecentarum librarum dicto domino nostro annuos reditus 30. librarum in Multara nostra dicta Teutonice Gemale, apud Massen assignavimus; ita videlicet quod nos et nostri hæredes annuos reditus 30. librarum a prædicto domino nostro Comite Gelriensi, et a suis hæredibus in prænotata Multara jure feodali erimus perpetuo servati.*

¶ **MULTARIUS**, pro *Multrarius*, homicida, qui *murdrum* perpetrat, Gall. *Meurtrier*. Charta Philippi Aug. Reg. Franc. pro Communia Calniaci, ann. 1213 : *Si quis extraneus, qui Multarius sit vel latro, vel qui raptum fecerit, etc.* Vide *Morth*.

MULTATIO, Exactio, tributum, *malatolta*. Vide in *Tonna*.

* **MULTATITIUS**, Collectitius. Ære Multaticio C. F. curavit fieri, in Inscript. Gudii lxxxiij. 5. Vide *Multa* 1.

MULTAX. Fulcardus Abbas Lobiensis Epistol. ad Henric. Imper. : *Precaturas, imo rapinas,... de avena, de Multacibus, de denariis... tollendo faciunt.* [f. pro *Multonibus*.]

¶ **MULTEIA**, Panni species, idem quod *Multicia*. Gesta Guillelmi Cenom. Episc. apud Mabill. tom. 3. Analect. pag. 374 : *Infulas sericas quinque, unam de purpura nigra auro intextam cum bestiarum figuris, alteram de samito rubeo, quintam de Multeia stellarum cum floribus violarum.*

¶ **MUTIBARBUS**, Qui est prolixa barba. Apuleius in Floridis cap. 3. ex edit. Aldina : *Eo* (Hyagne) *genitus Marsyas... hispidus, Multibarbus, spinis et pilis obsitus.* Melius in edit. Delphinali *Illutibardus*, hoc est, qui illautam et sordidam barbam habet.

¶ **MULTIBIBUS**, Bibax. Præter Plautum hac voce utitur Macrobius Saturnal. lib. 5. cap. 21. de Hercule : *Et Multibibum heroa istum fuisse, ut taceam quæ vulgo nota sunt.*

** **MOLTICAVUS**, Esuriens. *Multicavus venter*, in Rein. Vulp. lib. 1. vers 1060.

MULTICIA, *Vestes subtiles*, *camisiæ*. *Lucidæ vestes ex serico et lana, dicta quod mulceant suavitate sua.* Papias. [Gesta Gaufredi de Loduno Episc. Cenom. apud Mabill. tom. 3. Analect. pag. 377 : *Multæ* (matronæ) *scobem ecclesiæ Multiciis deportantes, ipsa Multicia squalore pulveris squalere gaudebant.*] Utitur Juvenalis. πολύμιτοι.

¶ **MULTICIDIUM**, Homicidium. Charta Richardi Reg. Angl. inter Privilegia Equit. Melit. pag. 3 : *Concessimus omne jus... in latrociniis, et in raptu mulierum, et in incendiis et in Multicidiis, etc.* Eadem habentur apud Rymer. tom. 7. pag. 533.

¶ **MULTICIUM**, Purgamenta quævis. Statuta Vercell. lib. 7. fol. 150 : *Item statutum est quod si quis homo vel aliquis de familia sua aliquas scopaturas vel letamen, vinacias,... Multicium, calcinarium, etc.*

¶ **MULTICOLÆ** de paganis dicitur, qui multos Deos colunt. Fulgent. adv. Arian. *Multicolæ pagani.*

¶ **MULTIFIDI** Gradus, Varii. Versus antiqui apud Marten. Itinerario 2. pag. 232 :

En aliam ingrediens Sion in collibus urbem
Aurea Multifidos pandit ad astra gradus.

¶ **MULTIFORA**, Multis scissuris aperta. Charta Caroli C. ann. 861. apud Doublet. Hist. Sandion. pag. 791 : *Aspicientes quin etiam adnullatum pœne jam dicti monasterii contiguum lumen, Multiforamque crebri populatione jam elapsum.*

¶ **MULTIFORABILIS**, Multiforatilis Tibia, Quæ multis foraminibus est cavata. Apuleius Metamorph. lib. 10 : *Jam tibiæ Multiforabiles cantus Lydios dulciter consonant.* Idem in Floridis cap. 3 : *Solus ante alios catus canere : nondum quidem tam flexanimo sono, nec tam pluriformi modo, nec tam Multiforatili tibia.* Simplex quippe erat antiquorum tibia, unius parvique foraminis, ut describit Horat. in Arte poetica :

Tibia non ut nunc, orichalco vincta, tubæque
Æmula, sed tenuis, simplexque foramine parvo.

MULTIFORIS, Multifariam. Charta Jonæ Eduorum Episcopi ann. 859. apud Perardum in Tabulis Burgundicis pag. 147 : *Et quia sæpissime evenire solet, ut quæ pie et devote ad divini cultus honorem ordinantur, occasione Multiforis convelluntur, necessarium judicavit, etc.*

¶ **MULTIFORMITAS**, Summa varietas. Wernerius Rolevinc. de antiq. Saxonum situ et moribus, apud Leibnit. in Præfat. ad Script. Brunsvic. tom. 3. pag. 608 : *Tam multiformi varietate variaque Multiformitate, rationalem animam ad imaginem suam formatam dignificavit, etc.*

¶ **MULTINUBENTIA**, Repetitæ nuptiæ. Tertull. de Jejun. cap. 1 : *Agnosco igitur animalem fidem studio carnis qua tota constat, tam multivorantiæ quam Multinubentiæ pronam.* Occurrit iterum lib. de Pudicit. cap. 1. Hinc

MULTINUBI, [apud Hieronym. adv. Jovin. 1. 15. et Epist. 11. ad Ageruchiam.] apud Crisconium in Breviario cap. 113. ubi Synodus Neocæsar. can. 3 : Οἱ πλείοσι γάμοις περιπίπτοντες.

¶ **MULTIPETAX** Scelerum, Multis opertus criminibus. Vox ibrida. Fridegodus in Vita S. Wilfridi sæc. 3. Bened. part. 1. pag. 172 :

Tellus æquoreis circum gyratur ab undis,
Multipetax olim scelerum, cultrixque deorum,
Anglicus extruso colit hanc athleta Britanno.

Forte *athleta*.

¶ **MULTIPLICATORES**, Novorum Secretorum adinventores. Charta Henrici VI. Reg. Angl. ann. 1456. apud Rymer. tom. 11. pag. 379 : *Quia timor pœnalis ab investigatione et practica tantorum secretorum multos viros ingeniosos, naturalibus scien-*

tiis doctissimos... ab multis diebus hucusque abduxit.... ne ipsi in pœnam incidant cujusdam statuti tempore regni Henrici avi nostri contra Multiplicatores editi et provisi; quapropter congruum et expediens visum est nobis viros aliquos ingeniosos,... statuto prædicto, aut quocumque alio statuto pœnali, in contrarium, vel contra Multiplicatores edito seu proviso non obstante, etc.

* **MULTIPLICIES**, Pluries, sæpenumero, Gall. *Plusieurs fois.* Charta ann. 1225. inter Instr. tom. 12. Gall. Christ. col. 390 : *Obsides infra positos Multiplicies nobis præstiterunt.*

* **MULTIPLICIUM**, Volumen panni vel lini. Necrol. abbat. Altorf. : *Obierunt Nicolaus Kesch et uxor ejus iv. Cal. Nov. qui dederunt Multiplicium ad albam et duo umbralia.* Vide *Multeia.*

* Nostris *Monteplieme*nt, pro *Accroissement*, Incrementum, propagatio. Præfat. ad Chron. S. Dion. tom. 3. Collect. Histor. Franc. pag. 153 : *Elle* (la nation des Francs) *desirroit plus le Montepliement de la foi, que elle ne faisoit l'acroissement de la seignourie terrienne.*

MULTIPLICUS, Multiplex. Eulogius Cordub. lib. 2. Memor. Sanctor. cap. ult. : *Multiplicus scelere, iniquitate prælargus.*

¶ **MULTIRUMIGER** Sonitus, Rumor maximus, qui de re aliqua circumfertur. Luitprandus Hist. lib. 5. apud Murator. tom. 2. pag. 465 : *Fit quam mox Multurimiger Constantinopoli sonitus, Romanum quidem ejectum, Constantinum vero ejus generum alii interfectum clamitabant.*

MULTISSIMUS, *Plurimus*, in Charta ann. 1452. apud Bolland. [tom. 2. Maii pag. 608.] in Vita S. Miri Eremitæ : *Multissimis miraculis claruit, etc.* [*Multissimo et antiquissimo tempore*, in Chron. Andr. Danduli apud Murator. tom. 12. col. 493.]

* **MULTITARE**, Multare. Gualt. Hemingford. de gestis Eduardi I. reg. Angl. ad ann. 1403. pag. 214 : *Indictati sunt multi, quorum quidam capti fuerunt, incarcerati et suspensi, quidam vero Multitati graviter.* Vide supra *Mulitare.*

* **MULTITAS**, Tributum, exactio. Charta Henr. II. imper. ann. 1016. tom. 1. Hist. Trevir. Joan. Nic. ab *Hontheim* pag. 351. col. 2 : *Poppo sanctæ Trevirensis ecclesiæ archiepiscopus nos sæpe monuit,.... ut Multitatem rerum et familiæ S. Petri..... dignaremur revocare.*

¶ **MULTITUDO**, *Superfluitas omnium in corpore humano humorum.* Gasp. Barthii Gloss. apud Ludewig. tom. 3. Reliq. MSS. pag. 243. ex Raimundi Agilæi Hist. Palæst. : *Tanquam de Multitudine convalescentes.*

¶ **MULTIVIDUS**, Oculatus homo, vir perspicacis ingenii. Roberti monachi Hist. Palæst. lib. 3. cap. 4 : *Tunc Boamundus ut vir Multividus, et Normannus Comes ut miles animosus, ut viderunt animos quorumdam titubare, præcipiunt milites omnes descendere.* Papias : *Multivida, multa videns.*

¶ **MULTIVIRA**, *Meretrix.* Johan. de Janua.

* **MULTIZARE** Pelles, Illas alumine et sale maritimo cum aqua decoctis, quod *Multizium* vocabadt, imbuere. Stat. crimin. Riper. cap. 221. fol. 29. r°. : *Omnes peliparii teneantur Multizare pelles bono et non marcido Multizio sub pœna librarum quinque pro quolibet et qualibet vice ; et teneantur et debeant fecisse Multizium et Multizasse per totum mensem Julii, vel ad plus usque ad quindecim dies Augusti.*

MULTO, Muto, Vervex, Gallis *Mouton.* Vita Aldrici Episcopi Cenoman. num. 56 : *Et debentur 7. Multones de pascuario cum lana.* Charta ann. 862. apud Doubletum : *Et de Flandris censum de Multonibus et formaticis, ac bubus, etc.* Testamentum S. Fulcranni Episcopi Lodovensis : *Porcos* 3. *optimos, et Multones sex.* [Charta ann. 1064. in Archivis S. Victoris Massil. : *Donando in vita mea per singulos annos præfatis viris ex eodem manso unum Multonem et agnellum.* Alia ann. 1247. tom. 1. Gall. Christ. inter Instr. pag. 80 : *Excepto quod censum de dicto castro, sive canonem qui erat unius sterlingi, permutamus in unum Multonem vivum, qui valeat octo solidos Villelmenses.*] Vetus Notitia ex Tabulario S. Albini Andegav. : *Sicut panem, vinum et carnem, et Multones, et agnellos, et friscingas, etc.* Thom. Walsinghamus in Edw. II : *Quilibet porcus duorum annorum vendatur pro* 3. *solidis* 4. *d. Multo tonsus crassus pro* 14. *den. Multo lanatus crassus vendatur pro* 20. *den.* Adde Chartam Henrici III. Imp. ann. 1043. apud Ughellum tom. 5. pag. 278. aliam Gastonis Vicecomitis Beneharn. ann. 1101. apud Marcam lib. 5. cap. 13. num. 2. Will. Thorn in Chron. pag. 1804. 1905. eumd. Ughel. tom. 4. pag. 810. etc.

☞ Ex his patet nihil immutandum in contextu Anonymi de Bello Palæst. lib. 4. cap. 1. apud Ludewig. tom. 3. Reliq. MSS. pag. 15. ubi legendum esse *Mutones* censebat Barthius; atque adeo per *Multones*, non minutos mulos, ut idem exposuit, sed verveces intelligendos esse.

Multo Vestitus, cum lana. Tabularium Prioratus de Paredo fol. 65 : *Et debet tale servitium,* 1. *porcum pretio* 2. *solid. et Multonem vestitum,* 2. *sextarios vini, etc.* Alibi : *Et reddit ipse masoerius porcum bonum, Et Multonem vestitum, et coxam vaccæ, etc.* Fol. 45 : *Quæ debet tale censum, omni anno Arietem* 1. *vestitum lana, aut* 12. *den.* Fol. 64 : *Arietem cum lana etc.* Alibi : 1. *Arietem nudum.* Tabularium Prioratus de Domina in Delphinatu fol. 108 : *Et debent unum Multonem vestitum, etc.*

¶ Molto, Idem quod *Multo*, in Charta ann. 907. in Append. Marcæ Hispan. col. 838. Charta ann. 997. in Tabular. Matisc. : *Omnique anno ad mense Madio persolvat Moltonem unum, et in mense Octubrio porcum unum.*

¶ Molton, in Charta ann. 1116. Append. Marcæ Hispan. col. 1245. *Moltonus*, in Statutis Vercell. lib. 3. fol. 56.

¶ Mutilo, in Charta ann. 1277. apud Kennett. Antiquit. Ambrosden. pag. 287 : iv. *boves,* vi. *Mutilones, et sex africanæ fœminæ.*

¶ Monto, et Munto, in Diplomate Guillelmi Reg. Siciliæ apud Rocchum Pirrum in Sicil. sacra pag. 280 : *Et pro tarenis, vino, Muntonibus, agnellis, porcellis... Et pro tt. vino, Montonibus, agnellis, etc.*

¶ Montonus, ut *Multo*, in Statutis Montis Regal. fol. 264.

Muto, Eadem notione. Ebrardus in Græcismo cap. 9. et Joan. de Garlandia in Synonymis, de Ariete :

Et cum sit mutus, poterit bene Muto vocari.

Tabularium Bellilocense n. 91 : *Et exeunt duos solidos ad Nativitatem Domini, et* 2. *panes, et* 2. *gallinas, in Augusto,* 8. *denarios et* 9. *sextaria de sivada; in Martio duos Mutones.* Unde vero vox *Multo*, vel *Muto*, orta, non omnino constat. Ferrarius ita dictos existimat arietes, quod in feminas saliant, quasi *montans.* Certe Picardi *montons* dicunt. Vide *Animal*, et Origines Gallicas.

¶ Mutto, in Charta ann. 1113. apud D. Calmet. tom. 1. Hist. Lothar. col. 534.

Mutonagium, Moutanagium, Tributum ex vervecibus, seu *mutonibus*: *Moutanage*, in Consuetudinibus Bononiensi et Herliacensi; [*Montenage*, in Consuet. Monstrol. art. 24. *Montonage*, in Edicto Caroli Regentis ann. 1358. tom. 3. Ordinat. pag. 223. Male editum in quibusdam Consuet. ut monet Raguellus, *Montrouvage* et *Montaigne.*] In Chartophylacio Regio, scrinio, cui titulus, *Monetarios*, est Charta Joannis *de Fonsomme* Senescalli Viromand. ann. 1269. qua S. Ludovico Regi vendit 20. *solidos annui reditus, quos habebat super Moutonagium villæ S. Quintini.* Charta Joannis Abbatis S. Bertini ann. 1228 : *Moutanagia vero habeo apud Scales, sicut hactenus habui.* Occurrit sæpe in Tabulis vernaculis. Computum Domanii Stapularum in Comitatu Bononiensi ann. 1475. fol. 36 : *Recepte de Moutonnages, qui se payent au jour de S. Jean-Baptiste, en paine de 60. sols d'amende : est à sçavoir pour chascune beste à laine, un denier.* Regestum Feodorum Comitatus Andegav. ann. 1387 : *Perrot Rileau de Perçay homme lige à cause du sep et maison de la Baume à devoir garder les prisonniers, quand le cas y échet, et les rendre à Baugé, et aussi cueillir le Mousonnaige en la paroisse de Perçai et de Biteux.*

* Redit. comitat. Hannon. ann. 1265. ex Cam. Comput. Insul. : *De xiij. bestes prent on une, et se tant n'en y a, chascune doit j. den. jusques à xij. deniers : si appiel l'on ceste valeur Moutonnage; si le prent on à l'Ascension.* Hinc *Moutonnier* appellatur, qui ejusmodi tributum exigit, in Reg. feud. eccl. Camerac. : *Et pareillement est l'un des Moutonniers avec le iiij. frans fiefvés, et eux deux ensemble sont tenus de cacher le Moutonnage, dont pour ce il doibt avoir pour sa part au jour S. Jehan deux moutons.*

¶ Moltunagium, Eadem notione, Charta ann. 1256. in Tabular. Sangerm. : *Pro advocatione sua x. sol. singulis annis de parte S. Germani accipiet et Moltunagium proprium habebit.* Vide *Largagium.*

¶ Montongium. Chartular. B. M. de Bono-nuntio Aurel. : *Quando famulus in terram veniet Montongium quærere, hospes ad cujus domum veniet, etc.*

¶ Motonagium, in Charta anni 1205. in Hist. MS. monast. B. M. de Blanchâ : *Confirmo dictæ abbatiæ feodum quem nobilis domina mater mea cum una domo in Hero insula et Mótonagio suo de Bving eidem abbatiæ in perpetuum donavit.* Alia anni 1236.

in Tabular. S. Quintini in insula pag. 344 : *Retinemus extra partem et nos in Motonagio, corveis, etc.* Vide *Wartepain*.

¶ MOTUNAGIUM, in Tabular. S. Vincentii Cenoman. fol. 39 : *Dedi.... abbatiæ S. Vincentii..... illud servitium quod Motunagium vocatur, quod antecessores mei habebant de suis hominibus in Sagonensio.*

¶ MULTONAGIUM. Chartular. B. M. de Bono-nuntio Aurel. : *Persolvunt decem et octo denarios per singulos annos propter Multonagium.* Histor. Britan. tom. 2. pag. 162 : *Frumentagium, et Multonagium, et bidemium et talliatum*, etc. Vide *Frisengagium* in *Frisinga*.

Accipitur etiam pro quovis tributo, in 1. Regesto Parlamenti Paris. fol. 6. sub ann. 1257 : *Inquesta facta super eo quod Præpositi D. Regis capiebant duo Moutanagia apud S. Richarium de burgensibus villæ, unum rationi burgesiæ, et aliud pro herbagio, etc.* Charta ann. 1248. in Tabular. Maurigniacensi : *De quibus nobis singulis unaquæque masura integra directuram integram, Moutonagium scilicet 6. denariorum... reddebant.* In Tabulario domus publicæ Ambianensis fol. 200. est Charta Caroli VI. Regis 20. Jul. 1385. in qua fit mentio auxilii, seu subventionis, pro facto guerrarum, appellatæ *Moutonnage courant*.

Memor. D. Cam. Comput. Paris. fol. 43. r°. : *Dies xxviij. Martii assignata domino de Bethisy ad computum de subsidio, vocato Moutonnage, in diocesi Ambianensi.* Lib. cens. terræ *d'Estilly* ann. circ. 1430. ex Cod. reg. 9493. fol. 20. r°. : *Ce sont les cens rendus audit lieu de Destille au jour de la S. Florons, appellez anciennement Moutonnages.*

MULTONES, MUTONES, Monetæ aureæ Regum Franciæ, in quibus effictus *Agnus Dei*, uti vulgo dicimus, seu agnus lanatus cum crucicula, quas inde *Denarios* vel *Florenos ad agnum* appellabant nostri, *Deniers, Florins à l'aignel*, vel *Moutons*; [quorum valor erat 12. sol. 6. den. Turon. qui solidi cum ex puro argento essent, ad 7. lib. 9. sol. 6. den. hodiernæ monetæ referri possunt.] Charta laudata in voce *Marca* : *A 15. Junii 1354. usque ad 1. Junii 1355. fiebant Mutones fini, auri fini, cursu 25. solid. etc.* Charta Edw. II. Regis Angl. : *Rex tenetur Ottoni de Grandisono in 10. millibus Multonum auri.* [Charta ann. 1363. in Tabular. castri de Blein. : *Ego Herveus de Leonia dominus de Noion... testamentum meum facio... Do et lego abbatissæ et conventui de Gaudio prope Hennebont centum Mutones auri semel solvendos.* Advisamenta styli curiæ eccl. Brioc. : *In causis excedentibus valorem unius Mutonis auri veteris, sommam triginta duorum solidorum et sex denariorum usualis monetæ valentis, edatur libellus, nisi causa et persona fuerint de exceptis.* Reparationes factæ ann. 1436. in Senescallia Carcasson. apud D. *Lancelot* : *Pretio* XXV. *Mutonum auri, valente Mutone* XVI. *sol.* VIII. *den.*] Froissartes 1. vol. cap. 171. ait post prælium Pictavense tum primum cusos ejusmodi nummos : *Item en cel an ou mois de Janvier fit faire le Roy Florins de fin or, appellez Florins à l'aignel, pour ce qu'en la pile avoit un aignel, et estoient de 52. ou marc, et le Roy en donnoit lors qu'ils furent faits 48. pour un marc de fin or, et defendi l'endors li cours de tous autres Florins.* Regestum Memorialium Cameræ Comput. Paris. signat. C. : *Ordinatio cursus Florenorum ad agnum, et evaluationis ad Scuta et marcam argenti : in contractibus communibus advaluatio in auro fiet faciendo de 74. Scutis Joannis unam marcam auri, quod advaluabitur ad pretium marchæ auri in Agnis nunc currentibus, videlicet pro dictis 74. Scutis 48. Florenis ad agnum, quolibet computato pro 20. solid. Paris. aut faciendo pretium quod habebunt. 6. Febr. ann. 1354.*

Verum longe antea hac figura a Regibus nostris cusos nummos aureos constat, cum legamus Parlamentum Parisiense erga Regem Philippum Pulcrum potissimum institisse, ut monetæ Franciæ ad probitatem et valorem reducerentur quibus erant sub S. Ludovico, atque adeo *Mutones auri*, ad 5. solidorum pretium, uti erant sub eodem Rege. Chartam porro præstat hic describere ex Tabul. Regio, scrinio, *Monetarios*, uti in duobus Rotulis pergamenis habetur, quibus inscriptum nude : LA COURT.

Item, si comme il li semble, que quant au fait de la monnoye de l'or, li Rois nostre Sire, ou sa Gent commis ou fet des monnoyes de l'or, pourroient donner 58. MOUTONS *du marc à 24. quarres d'or monnoié et à monnoier, et au feur de l'autre à 20. quarres, ou à 18. ou au dessous en descendant jusques à la fin, sans rien rabattre de l'affiner.*

Item dit, si comme il li semble, que qui ne prendroit que FLORINS AU MOUTON, *qui courroient pour 6. sols 8. deniers de la monnoie à 6. deniers de 14. sols 8. deniers, et qui auroit cours pour 3. deniers à la* MONNOIE XVIII. *ou pour 2. den. à la* MONNOIE XV. *ou pour 2. den. Tourn. petits à la* MONNOIE XII. *et courroient pour 13. s. 4. den. de la monnoie à 3. den. 18. gr. qui courroient les deux pour un de ceux à 6. deniers et de 14. sols et 8. deniers qui courroient pour 3. oboles à la* MONNOIE XVIII. *ou pour un Parisis à la* MONNOIE XV. *ou pour un petit Tournois à la* MONNOIE XII. *dit, que peu courroient de* DENIERS D'OR, *se n'en couroit que d'une piece par le Royaume, quant aux marchandises qui s'y font : car autrement se corromproient les Ordonnances, qui les feroit, ne le les pourront l'en tenir.*

Item dit, si comme il li semble, qu'il vaudroit mieux donner cours à la monnoye de son Royaume, qu'il ne feroit à celle dehors. Pourquoy je di, Je ferois courre les DENIERS DU ROY DE LA MASSE, *les deux pour trois de ceux* AU MOUTON, *c'est à sçavoir pour 10. s. de la monnoie à 6. den. de 13. s. et 8. den. et pour 20. s. de la monnoie à 3. den. 18. grains, et de 18. s. 4. den. et pour 25. s. du Tournois petit, de ceux de 22. s. et 2. den. et pour 20. s. de Parisis à 4. den. 12. grains, et de 22. s. 2. den. et tout en la maniere que dessus est dit desdits* MOUTONS, *et non autrement.*

Item dit, si comme il li semble, que s'il plesoit au Roy nostre Sire qu'il laissast courre de grace especiale les DENIERS DE FLORENCE *en son Royaume, tant comme il li plairait, et que l'en les prinst de poids de 70. au marc, pour 5. s. 5. den de la monnoie à 6. den. et de 14. s. 8. den. et pour 10. s. 10. den. de la monnoie à 3. den. 18. gr. et de 18. s. 4. den. ou pour 14. s. de petit Tournois de 22. s. et 2. den. et par ainsi ne vuideroit le Foiblage dudit Royaume, ou se fondroit au coing de la monnoye du Roy nostredit Sire, et par ainsi les* MANTELEZ *et ceux* A LA CHAIRE *courroient pour deux de Florence, et par les prix que dit est en cet article.*

Item dit, si comme il li semble, qu'il laissast courre FLORINS A LA ROYNE *pour 6. s. 3. den. de la monnoye à 6. den. et à 14. s. 8. den. et pour 12. s. 6. den. de la monnoye à 3. den. 18. grains, et de 18. s. 4. d. et par ainsi de la monnoye, comme dessus dit est.*

Item dit, si comme il li semble, comme l'en donnast cours à FLORINS DE FLORENCE, *à* MANTELEZ, *à* CHAIRES, *et à ceux* DE LA ROYNE, *s'entention est que pour le prix à quoy ils sont, si comme dessus est dit, et devisé, qu'ils n'ont nul cours; mais seulement pour tout fondre et convertir au coing des* DENIERS AU MOUTON *de nostre Sire le Roy.*

Item dit, si comme il li semble, que quant au fait de la monnoie d'or, qu'il face crier solemnellement par tout son Royaume, et sur la paine telle comme elle y appartient, et face tenir fermement les Ordonnances desdites monnoies pour le prix qui dessus sont dits, et bien garder à toutes les issues de son dit Royaume, qu'il n'en isse monnoie nulle, s'elle n'est d'or, avec la neuve à 6. den. et de 14. s. 8. den. et celle à 3. den. 18. gr. et de 18. s. 4. deniers.

Item dit, si comme il li semble, que s'il est tenu et gardé sans corrompre, ne enfraindre en la maniere que dessus est dit et devisé, l'on ouvrera à la XVIII. *à la* XV. *ou à la* XII. *et tout pour regle, sans corrompre l'œuvre de l'or.*

Item dit, si comme il li semble, que par celle Regle, ceux dehors le Royaume rapporteront pour un marc d'or 14. marcs d'argent, ou la valuë; ainsi s'emplira le dit Royaume d'argent à grant planté, et vuidera de l'or, en confondant ceux de hors du Royaume, que par leur cautelle, engin, ou soustiveté, l'ont mis dedans ledit Royaume.

Item dit, si comme il li semble, que qui aura audit Royaume 14. marcs d'argent pour un marc d'or, qui ne deveroit valoir que 10. marcs d'argent, si comme autrefois il vallu, quant l'en faisoit petits Tournois, l'en pourra bien laisser aller vuider hors du Royaume ledit or, quar encore y en demeurra-t-il assez.

Item, dit, si comme il li semble, que quand DENIERS AU MOUTON *ne vaudroient que 6. s. 8. den. de la monnoie à ob. den. et de 14. s. et 8. den. qui ne courroient de la bonne que pour deux petits Tournois, et de 13. sols 4. den. et de la monnoie à 3. den. 18. gr. et de 18. s. 4. den. qui courroient chascun pour un petit Tournois, il convendroit mettre les* MOUTONS *de 6. s. 8. den. à 6. s. et de 13. s. 4. den. à 12. s. et les* FLORENTINS *qui courroient pour 5. s. 5. den. de la monnoie à 6. den. et de 14. s. 8. den. et pour 10. s. 10. den. de la monnoie à 3. den. 18. gr. et de 18. s. 4. et tout pour le prix dessusdit : et ainsin conviendroit-il que l'en mist les* FLORENTINS *de 5. sols 5. deniers à 5. s. et 10. s. 10. den. à 10. s. et tous les autres* DENIERS D'OR, *évaluez, si comme dessus est dit : et par tel point ne courroit-il audit Royaume pour un marc d'or que* 12. *marcs d'argent.*

Item dit, si comme il li semble, que qui voudroit évaluer l'or selon le bon temps du Roy Monsieur S. Louys, *il conviendroit que l'on meist* Deniers au Mouton *à* 5. *s. de la monnoie à* 3. *den.* 18. *grains et de* 18. *s.* 4. *den. et* Florentins *à* 4. *s.* 2. *den. de la monnoie à* 6. *den. et de* 14. *s.* 8. *den. et pour* 8. *s.* 4. *den. de la monnoie à* 3. *den.* 18. *grains, et de* 18. *s.* 4. *den. et tous les autres* Deniers d'or, *conviendra avaluer au prix comme cy dessus est dit. Et par tel point ne courroit-il audit Royaume pour un marc d'or, que* 10. *marcs d'argent.*

Item dit, si comme il li semble, que s'il plesoit à nos Maistres Nosseigneurs de la Court, à nous ouir sur le fét des monnoies dessusdites, tant à l'argent comme à l'or, de donner grace de nous entendre, il nous est advis que tout ce que dessus est dit, est bon et vrai, à la grand honneur du Roy nostre Sire et au grand profit du commun peuple, pour toujours més ouvrer sans muer coing, tant de l'argent comme de l'or.

Id etiam firmat Instrumentum aliud ejusce ævi, quod ex Regesto Cameræ Computor. Parisiensi signato *Noster* f. 208. eruimus, hicque perinde descripsimus in rei monetariæ nostratis studiosorum gratiam.

Veezcy l'accort qui fu fait par les gens des bonnes villes, qui furent mandées pour le fait des monnoies l'an 1304. *etc.*

Premierement il fu accordé que l'en face petits Tournois et petits Parisis et Mailles petites Tourn. et Par. du temps et de la loy S. Louys, et nulle autre monnoie.

Item il fu accordé que toutes monnoies fussent abatues d'or et d'argent, exceptez les Gros Tournois et les Mailles d'argent, le Gros Tournois pour 12. *Tourn. et la Maille d'argent pour* 4. *Tourn. pour la faute qui est de monnoie, tant comme il plairoit à notre Seigneur le Roy.*

Item, il fu accordé que la monnoie d'or à l'Aignel courre pour 10. *sols Parisis, et toute autre monnoie d'or soit abatue.*

Item, il fu accordé pour avoir plus matiere à faire monnoie, que l'en praigne le quart de la vessellemente d'argent par souffisante pris, et que l'en n'en face nulle vessellemente jusques à 2. *ans.*

Item, que le Roy pourchace pardevers ses Barons, que il se sueffrent de faire ouvrer jusquês à 2. *ans; car autrement il ne puet pas remplir son peuple de bonne monnoie ne son Roiaume: et furent à accort que li Rois doint tant en or en argent, que il ni preigne nul profit.*

Item, que li doubles que l'en appelle Cornus, fussent abattus de tous poins.

Ejusmodi monetarum aurearum ab ipsomet Philippo Pulcro cusarum mentio est præterea in illius Statut. Monetariis. Statuto quippe dato Pissiaci die Martis post festum S. Vincentii ann. 1310. statuitur, *qu'il sera forgé monnoie d'or, qui est et sera appellée à l'Aignel, laquelle est du temps S. Louys nostre ayeul, pour* 16. *s. Paris. et pour* 8. *s. de Bourgeois fors, et pour* 16. *s. de Bourgeois petits.* Statutum aliud Ludovici Hutini Regis 15. Jan. ann. 1315: *Item, parce que c'est notre volonté de garder les Ordonnances de Mons. saint Loys nous avons fait garder en nos Registres sus le fait de la monnoie de l'or, et aavons trouvé que il fist faire le denier d'or, que l'en appelle à l'Aignel, et le fist aajuster le plus lealement que il pot, et qu'il eust cours pour dix sols Parisis tant seulement.* Ex quibus patet obtinuisse id genus monetæ etiam sub ipso S. Ludovico. In Charta alia scripta die Jovis post Conversionem S. Pauli ann. 1311. ea moneta esse debet 88. denar. et tremiss. ad marcam Regiam. Statuto dato Pissiaci die Sabbati post Epiphaniam ann. 1313. statuitur ut Moneta *à l'Aignel*, quæ tum cudebatur, valeat 15. solidis Turon. parvis. Et Statuto dato Paris. 17. April. 1314. omnis aurea moneta interdicitur, præter eam quæ dicitur *à l'Aignel*, quæ tum cudebatur, pretii 15. sol. parvorum Turon. aut 12. solid. Paris. Denique Statuto Caroli IV. dato Parisiis 15. Octob. ann. 1322. statuitur fieri *deniers à l'Agnel pour* 7. *sols et six deniers qui courront pour deniers Parisis,* 15. *sols des deniers sengles.* Habentur ea Statuta in primo Regesto Memorialium Cameræ Comput. Paris. fol. 13. 21. 35. 38. 39. 62. 131. 132.

* Reg. 138. Chartoph. reg. ch. 287: *Anno Domini* 1359. *die prima Februarii... Muto auri tunc currente pro* xxxvij. *sol. Turon.* Invent. Chart. monast. Athanat. ann. 1519: *Instrumentum ann.* 1460. *donationis cujusdam annuæ pensionis, quatuor Mutonum auri, quolibet ponderante duos denarios auri.* Lit. remiss. ann. 1379. in Reg. 115. ch. 18: *Icellui Mahiet lui dist qu'il lui avoit presté un Mouton rex et dix sols.* Aliæ ann. 1422. in Reg. 172. ch. 60: *La somme de soixante-quinze escuz, c'est assavoir deux dourderes et trois Moutonneaulx en or et le residu en blanche monnoye. Moutonnet,* ibid. Lib. rub. fol. parvo domus publ. Abbavil. ad 15. Febr. ann. 1426. fol. 198. r°.: *xij. Moutoncheaux d'or et dix frans en vieulx blancs.* Charta ann. 1472. 9. Febr. ex Tabul. Flamar.: *Summa decem Mutonum auri, computando pro quolibet Mutone auri decem grossos auri, et pro quolibet grosso auri sex ardicos, et pro ardico duos jaquetos monetæ nunc currentis.* Eadem rursum leguntur in Ch. ann. 1475. ex eod. Tabul.

* Multones Duplices, Moneta Brabantina, in Lit. remiss. ann. 1377. ex Reg. 111. Chartoph. reg. ch. 195: *Florint de Brabant, appellez doubles Moutons.*

Hinc igitur planum est, ea ætate, *Mutones aureos* in usu fuisse. Sed altius eorum originem repetendam censebat Magnus Peirescius, existimabatque, a Regibus nostris cusos, vigentibus contra Albigenses bellis, in quibus præcipua Crucesignatorum vexilla eo ipso *Agno Dei* insignita erant, qui inde pro insignibus toti Franciæ Clero, et compluribus Ecclesiis Cathedralibus et Collegialibus mansit, atque adeo ipsi urbi Tolosanæ, ex quo in eorumdem Crucesignatorum potestatem venit, servata tamen ejus, quam in insignibus gestabant Comites Tolosani, Crucis figura. Proinde putabat Peirescius cusas hac imagine monetas, quibus Crucesignatorum stipendia exsolverentur.

☞ Hanc Peirescii sententiam utcumque firmant monetæ Comitum Tolosanorum typi duo; unus Raimundi a S. Egidio, alter Alfonsi ejus filii, in quibus effictus erat *Agnus Dei*, ut testatur D. *le Blanc.* An inde *Mutones aureos* antiquiores esse S. Ludovico, an aliunde collegerit vir oculatissimus, tacuit. Ut ut est *Mutonum* originem à sanctissimo Rege repetendam nihilominus censet laudatus *le Blanc*; quorum usus ad tempora Caroli VII. obtinuit.

Mutones Flandrenses memorat præterea Tilius lib. de Pactis inter Francos et Anglos sub ann. 1351. et 1361. pag. 273.

Habuit etiam Hispania suos *Agnus Dei*, de quibus ita Covarruvias de Veterum numismatum collatione cap. 5. n. 9: *Ante ejusdem Henrici III. hisce in regnis habuit cursum moneta nuncupata* Agnus Dei, *quæ initio æquivalebat Maravedinum: deinde percussa fuit ex tam infima materia, ut saltem valuerit unum Coronatum,* vulgo Cornado, *veluti traditur in Chronicis ejusdem Regis Henrici III.* Istius monetæ meminit etiam Mariana lib. de Ponder. et mensuris cap. 22.

☞ Obtinuit etiam hæc moneta in Delhinatu sub Humberto II. ut probat Computus ann. 1333. tom. 2. Hist. Dalph. pag. 272: *Item, recepit ab eodem ibidem Agnos de auro* LXXV. *et fuerunt expensi ad rationem de Carolinis* XIV. *cum dimidio pro quolibet, sunt in summa in Carolinis argenti unc.* XVIII. *taren.* III. *et grands* XV.

Muto, seu *Mouton*, apud Froissartem 3. vol. cap. 102. pro machina bellica usurpatur, quam forte veteres *Arietem* vocabant. [* Qua saxa emittebantur ad quatiendos muros, atque adeo ab antiquorum ariete distincta; ab ipso tamen nomen inditum videtur, quod quemadmodum eo ariete, ita illa machina diruerentur muri: *Un engin qui estoit merveilleusement grand; lequel avoit vingt piez de large et 40. piez de long; et appelloit-on celui engin un Mouton, pour getter pierres de faix dedans la ville et tout effondrer.*]

* *Moutonniere* vero appellatur, Locus in carcere angustus, vulgo *Cachot*, in Lit. remiss. ann. 1479. ex Reg. 205. Chartoph. reg. ch. 258: *Certains lieux de la geolle, nommez les Moutonnieres; qui sont les lieux où l'en a acoustumé mettre et tenir les prisonniers détenuz pour cas de crime.*

MULTOCIUS, pro *cito*, usurpat auctor 1. Vitæ S. Marculfi Abbat. n. 14. [pro *multo amplius* legitur in Vita S. Benedicti Anian. sæc. 4. Bened. part. 1. pag. 208: *Piissimus quoque Ludovicus Rex, quo ab insanis magis magisque irridebatur Benedictus venerabilis Abba, eo sibi eum in dilectionis sociabat Multocius amore, sciens mundi amatorum esse consuetudinem profectibus obesse justorum.*]

¶ **MULTOR**, Molitor, Gall. *Meunier.* Vita S. Godelevæ tom. 2. Julii pag. 432: *Verum Multoris quo nescio interveniente impedimento, et exequiarum nutabat religio consueta, et egenorum periclitabatur egestas famelica.* Chron. Corn. *Zantfliet* apud Marten. tom. 5. Ampliss. Collect. col. 387: *Hi Leonino more super cornutos irruentes plurimos ex fabris et Multoribus, fugato mamburno, peremerunt.* Occurrit etiam in Chartular. S. Vandreg. tom. 1. pag. 182.

¶ **MULTOTIES**, Sæpius. Concil. Tolet. XIII. inter Hispan. tom. 2. pag. 699: *Ac-*

cidit enim Multoties, ut caussa salutis alicujus vel collationis necessariæ, evocati a principe vel metropolitano confinitimi sacerdotes, venire differant.

* MULTRA, *Mulgaria lactis.* Glossar. vet. ex Cod. reg. 7641. Vide *Mulctrale.*

* MULTRALE. Vide supra *Mulcrum.*

¶ MULTRARE, MULTRICIUM, MULTRUM, etc. Vide *Morth.*

* MULTROCINIUM, Homicidium, seu mulcta quæ domino compelit ex *multro;* vel jus de eo cognoscendi et judicandi. Libert. Domni-medardi ann. 1246. tom. 7. Ordinat. reg. Franc. pag. 690. art. 4 : *Lex duelly ex quo dantur vadia et Multrocinium sunt domini.* Quæ rursum leguntur ibid. pag. 692. art. 26. Vide in *Morth.*

¶ MULTUM, pro Mulcta. Tabul. Rothon. : *Si quis contra hanc donationem calumniam generare præsumpserit, mille solidos Multum componat.*

* MULTUOSE, pro Tumultuose, in Lit. ann. 1372. tom. 5. Ordinat. reg. Franc. pag. 586 : *De suspendendo vel subjungendo dictos olim servientes Multuose, impetuose ac seditiose renunciare fecerunt.*

1. MULTURA, Quod molitori ex frumento quod molit, præstatur. Monasticum Anglic. tom. 3. pag. 91 : *Dabunt Multuram ad vicesimum vasculum, quando et quandiu ad molendinum meum molere voluerint, etc.* [Hist. Mediani monast. pag. 257 : *Contulit S. Petro... ea scilicet ratione ut quandiu ipse viveret, in usus proprios retineret unum tantum denarium de censu et quartalium unum de Multuris persolveret.* Adde Chartam ann. 981. in Append. Marcæ Hisp. col. 927.] Vide *Molta* 2.

¶ MULTURA SICCA, Quæ in numerata pecunia exsolvitur. Charta Roberti II. Reg. Scot. in Supplem. Diplom. pag. 108 : *Dono... octo mercatas terræ cum octodecim bollis farinæ de sicca Multura de dicta terra.* Vide rursum in *Molta* 2.

* 2. MULTURA, Moletrina, Gall. *Moulin.* Charta ann. 981. tom. 9. Collect. Histor. Franc. pag. 647 : *Omnia quicquid in his villis, et in cuncto Rossilionense pago sanctus Genesius habere dinoscitur, in silvis, in pratis, in vineis, in aquis, in Multuris et in salinis, etc.*

* MULTURARIUS, Mensuræ annonariæ species; quod in ea *multuram* suam accipiat molitor, sic dici videtur. Stat. Avellæ ann. 1496. cap. 104. ex Cod. reg. 4624 : *Unus sestarius rasus faciat et contineat xxiv. Multurarios rasos,... capiendo pro multura cujuslibet sestarii et quolibet sestario unum Multurerium* (sic) *rasum.* Vide *Moldura* in *Molta* 2.

¶ MULTURENGIA, Variæ molituræ miscellum frumentum. Charta ann. 1190. in Tabular. Sangerm. fol. 73 : *Dedit illis in eleemosinam in molendino suo septem sextaria annonæ, medietatem hibernagii et medietatem Multurengiæ.* Charta Galerani Com. de Mellento tom. 4. Hist. Harcur. pag. 1620 : *Retinuimus in manu nostra duos modios et dimidium Multurengiæ, singulis annis nobis persolvendos.* Ubi perperam editum, *Multurengræ.* Vide *Mousturangia.*

* MULTUS, Molitus, Gall. *Moulu.* Charta ann. 1331. in Reg. 66. Chartoph. reg. ch. 527 : *Ad quæ pondera dicti molinerii seu dicta molendina gubernantes blada molenda et farinam Multam apparere et ponderare haberent.*

MULVELLUS, Piscis, qui in mari Angliæ Boreali copiose capitur in æstate, Londoniis *Greenfish* : Lancastrensibus *Milwin*, apud Silvestrum Giraldum lib. 2. Itiner. Cambr. cap. 9. et in Descript. Cambriæ cap. 5. ubi perperam *Mulnellus*, ut et in Fleta lib. 2. cap. 12. § 12. Vetus Charta laudata a Spelmanno : *Dedit... quibuslibet leprosis Eborum venientibus in vigilia diei S. Johannis Bapt. Mulvellum, butyrum, panem, cerevisiam, etc.*

1. MULUS. Epitaphium S. Prudentii Episcopi Tarracon. apud Ambrosium Moralem lib. 11. cap. 74 :

Funus sacratum, non mortali luce latum,
Sed proprio Mulo conditur hoc tumulo.

Quid hic *mulo* sonat, non percipio.

☞ Nativa et propria significatione hic *Mulus* accipitur, ut discimus ex ejusdem Prudentii Vita tom. 3. April. pag. 593 : *Præcipio ut corpus meum imponatis super mulum, cui insidere consuevi; et ubi requieverit ibi sepulchrum mihi parate.... Straverunt mulum, et corpus venerandum leviter ab ecclesia trahentes, illud super mulum imposuerunt... mulum in via absque ductore miserunt... Ibi introivit mulus cum corpore S. Prudentii, et genu flexo ibidem pausavit.*

* 2. MULUS, Acervus, cumulus, Gall. *Meule.* Lib. nig. episc. Carnot. : *Major de Putovillari advoavit se tenere a domino Carnotensi episcopo, videlicet.... unum Mulum feni in prato de Berjonvilla.* Vide supra *Mollus* 2.

¶ MUMAX IGNIS, Confectitius, qui et Ignis Græcus, Gall. *Feu Grégois*, dicitur. Vide *Ignis.* Pandulphus in Vita Gelasii II. PP. : *Sæva insuper jam per ripam Alemannorum barbaries tela contra nos mixta toxico jaciebat. Minitabantur etiam nos intra aquam natantes Mumaci igne cremare, nisi Papam et nos in manibus eorum redderemus.*

¶ MUMBURDUM. Vide in *Mundiburdus.*

MUMIA, apud Matth. Silvaticum, *est illud quod invenitur in sepulcris balsamatorum, in quibus humor mortui cum aloe et myrrha resolvitur, quibus ipsa corpora condiebantur, et similatur pici marinæ. Solebant antiquitus corpora balsamo, myrrha et aloe condiri, et fit apud paganos et Saracenos circa Babyloniam, ubi est copia balsami.* Idem Silvaticus : *Kretal, i. Mumia.* Constantinus Africanus lib. de Gradib. : *Mumiam quidam dicunt esse aspalathum; quædam tamen species est in veteribus monumentis inventa, quæ optima est. Antiqui etiam mortuos ex ea ungebant, ne cito putrescerent, aut vermes producent. Calida et sicca est in tertio gradu. Valet contra fracturam capitis, etc.* [Anastasius in Epitome Chron. Casin. apud Murator. tom. 2. pag. 361 : *Jam vero de sceleratissima peccatorum sentina et totius perversitatis et nequitiæ radice Strumbulo qui et Mummulo, quod dicam? qui juxta nominis sui derivationem liquor fœtidus interpretatur, Mummia enim liquor fœtidus est, fluens de cadaveribus mortuorum.*] Salmasius ad Solinum *mumias* et *momias* dictas putat a thure, quod ἄμωμον vocabant, quo condiebantur corpora. In describenda Ægyptiorum conditura multa habent Herodotus lib. 2. et Diodorus lib. 1. ex quibus observare licet cadavera olim domi subrecta in loculo ad parietes statuta : sed postmodum lectulis imponi consuevisse scribit Athanasius. Silius lib. 13. vers. 474 :

.... Ægyptia tellus
Claudit odorato post funus stantia saxo
Corpora, et a mensis exsanguem haud separat umbram.

Vide Kirkmannum lib. 1. de Funeribus cap. 8. Chiffletium de Linteis sepulcralibus cap. 3. Petrum de Valle in Epistolis, etc. Alias vocis *Mumiæ* originationes ex Bocharto et aliis, vide apud Menagium in Orig. Gall. pag. 812. et Octavium Ferrarium in Orig. Ital. Adde Leonardum Fuchsium ad Myrepsum sect. 1. cap. 13. et lib. 1. Paradox. medicin. cap. 40.

¶ MUMIA, Cadaver siccum, in Miraculis B. Gregorii Verucul. tom. 1. Maii pag. 539 : *Ex quo præ infirmitatis longitudine tantum pellem et ossa retinet.... ita quod cadaver et Mumiam diceres.*

¶ MUMMENTUM. Remigius Autissiodor. in Homil. de Nicodemo : *Quia ergo iste alicujus sibi Mummenti, ut pote doctor, esse videbatur.* Ubi Glossator quidam, i. e. *Sublimitatis.* Legerem ego *momenti*, promta et facili emendatione.

MUNA. Charta Italica ann. 1287 : *Voverunt.... quod apportabunt ad sepulturam suam* (S. Ambrosii Senensis) *unam Munam*, an *minam?* Vide Bollandum 20. Mart. pag. 208. [*Muna, munera quæ militibus dantur*, in Gloss. Isid. Ital. *Muno*, munus, donum.]

¶ MUNATA. Statuta Vercell. lib. 1. fol. 15 : *Ut becharii suo loco et tempore de carnibus Munatas faciant meliores et bonas carnes vendent.* Alia perinde mihi ignota notione lib. 2. fol. 34 : *Habito respectu ad statutum quo cavetur quod de bonis immobilibus dentur Munate quinque pro quatuor in solutum creditoribus.*

¶ MUNBURDUM, MUNBURDUS, MUNBURNARE. Vide *Mundiburdus*,

MUNCHEWAT. Monasticum Anglic. tom. 1. pag. 398 : *Prohibeo etiam ne aliquis piscetur infra stagnum et Munchewat, præter Monachos.*

1. MUNDA, [f. Idem quod *Defensa*, Locus *forestæ* in quo nec venari nec *usagiam* capere licet, a Saxon. Mund, Defensio.] Charta Pontii Comitis Tolosani Primarchionis et Ducis Aquitanorum, et Garsis uxoris, apud Catellum : *Damus similiter totum allodium et totum potestativum de Ecclesia et omni Parochia,.... et fontes, montes et colles, et Mundas cum nemoribus, cum silvis et forestis, et cum omnibus ficalibus et mercariis, etc.*

2. MUNDA, Os : unde *Teneremunda*, urbs in Flandria, quod exstructa sit ad ostium Teneræ fluvii, vox orta a Gothis apud quos *munt* os et buccam sonat, ut testatur Smaragdus in Comment. ad Partes Donati; cui *Wigmunt* est *Valens bucca : Riemunt, Potens bucca : Ratmunt, Consilium oris, etc.* Vide Lindanum in Teneremunda, [et Schilt. in Gloss. ad vocem *Munt.*]

¶ 3. MUNDA, Mappa. Regula consueta

Toribii Archiep. Limæ, tom. 4. Concil. Hispan. pag. 674 : *Singulis septimanis apponent Mundas et pallia et corporalia et purificatoria ad omnia altaria.*

¶ **MUNDALIA**, MUNDANALIS. Vide *Mundus* 1.

* **MUNDALIS**, Sæcularis, nostris alias *Mondain*. Lib. de Mirab. Romæ apud Montemfalc. in Diar. Ital. pag. 289 : *Et sicut ipsi sunt nudi, ita omnis Mundalis scientia nuda et aperta est mentibus eorum. Toutes justices, tant ecclesiastes comme Mondaines*, in Charta ann. 1335. ex Chartul. Valcel. sign. E. *Œuvres mondaines* appellantur, Opera consueta, a quibus abstinere solent diebus Dominicis et festivis, in Lit. ann. 1372. tom. 5. Ordinat. reg. Franc. pag. 606 : *Pour ce que le jour de Dimenche est jour solempne, et doit on cesser de toutes œuvres Mondaines par tout féal Crestien, etc.* Vide in *Mundus*.

¶ **MUNDAT**, Immunitas, locus vel districtus exemtus a jurisdictione civili ordinaria. Codex MS. Ruffacensis apud Schilt. in Gloss. Teuton. : *Hic notantur redditus et possessiones Episcopi A. in districtu Rubiacensi, qui vulgariter dicitur die Mundat.* Vide *Munitas* 2.

* **MUNDATA**. Charta Guidon. Malivic. ann. 1234. inter Probat. tom. 1. Annal. Præmonst. col. 235 : *Dedi etiam dictis canonicis.... sexaginta solidos Parisienses in reditu meo de Mundata illis annuatim reddendos.* Sed leg. *Medunta*, Gall. *Mante.*

¶ **MUNDATIO**, Purgatio. Charta Hilduini ann. 832. apud Felibian. in Hist. Sandionys. pag. LI : *Infra monasterium in ponte perticas quinque, in Mundatione Crodaldi ut supra.*

¶ **MUNDATORIUS**, Advocatus monasterii, a Saxon. Mund, Protectio, tutela, defensio, sic dictus, quod monasterii jura defendat ac tueatur. Præceptum Pipini Reg. Aquitan. in Tabulario S. Florentii : *Si in immunitate monasterii de Glonna reus repertus fuerit vel dictus, a nemine distringatur, nisi a loci Mundatorio, nisi forte exinde ipsius latronis fuerit ejectio.* Nec cuiquam mirum esse debet quod *Advocatus* judicis partes hic agat, eos quippe jus dixisse, intra jurisdictionem ecclesiarum, quarum *Advocati* erant, certum est. Vide *Advocati*.

¶ **MUNDATUS PER ASSISAM**, Solemni judicio absolutus. Leges Malcolmi II. Regis Scotiæ cap. 3. n. 2 : *Pro quolibet homine Mundato per assisam, pro tractu extra rotulos, quatuor denarios.* Galli dicerent : *Pour être tiré du rôle des accusations ou des amendes.*

¶ **MUNDBRICE**, MUNDBRICHE. Vide infra *Mundbrece.*

MUNDBRECE, in Legibus Edmundi Regis cap. 6. *Mundbrice*, in Legib. Alvredi cap. 3. *Mundbriche*, in Legibus Kanuti cap. 2. *Mundebriche*, apud Bromptonum, ubi exponitur *læsio Majestatis : Infractio pacis*, in iisdem Legibus cap. 32. Maxime vero, si etymon vocis spectetur, protectionis, tutelæ, ac defensionis Regiæ violationem et infractionem sonat, *Infraction de la sauvegarde du Roy.* Confecta enim ex Saxonico mund, protectio, tutela, ut in voce *Mundius*, docemus, et brice, ruptura. Occurrit præterea in Legibus Henrici I. Regis Angliæ cap. 37. 66. [** Æthelb. cap. 75.]

¶ **MUNDBURGUM**, MUNDEBORO, etc. Vide *Mundiburdus.*

¶ **MUNDERUS**, f. Libellus memorialis, Gall. *Memoire*, a Sax. Mund, Memoria. Charta Ottonis Comit. Palatini ann. 1231. apud Tolner. Histor. Palat. inter Instr. pag. 148 : *Volumus ut..... utensilia capellaniæ nostræ conservet, vel faciat Camerarium nostrum subjecto Mundero conservare, et distributio eleemosinarum nostrarum juxta discretionem prædicti Prælati fiat et ordinetur.*

* *Nunderus* ex eadem Charta inter Probat. tom. 2. Annal. Præmonst. col. 294.

¶ **MUNDIA**, Idem quod *Mundium* infra, apud Jo. de Janua. Vide *Frea.*

MUNDIALIS, [MUNDIALITAS, MUNDIANUS, etc.] Vide *Mundus* 1.

MUNDIATUS. Vide *Mundium.*

¶ **MUNDIBRIUM**, MUNDIBURDUM, etc. Vide *Mundiburdus.*

MUNDIBURDUS, Patronus, defensor, tutor : vox ejusdem originis ac *mundius*, Anglo-Saxonibus mund-bora, Kiliano *mond-boor, mond-baer*, et *momboor.* [** Vide Grium. Antiq. Jur. Germ. pag. 465. Graff. Thes. Ling. Franc. tom. 3. col. 147. voce *Muntporo.*] Ridicule porro Ugutio, et ex eo Will. Brito in Vocabular. MS. et auctor Mamotrecti : *Mundus muliebris dicitur apparatus ad ornatum mulieris,.... unde et ministros talium Mundiburdos vocamus.* Charta Rodulphi Arch. Bitur. ann. 855. in Tabul. Bellilocensi Ch. 14 : *Ut pro voto et arbitrio sui quem tutorem et Mundiburdum habere voluerint,... eis concedatur facultas eligendi.* Alia Friderici I. Imper. ann. 1171 : *Memoratus Episcopus oppignoratum sibi beneficium,..... in manum nostram reportavit, nosque illud petitione et assensu ejus de manu propria in manum Henrici ejusdem Ecclesiæ Præpositi et Ægidii Comitis de Durachio, qui traditionis hujus Advocatus et Mundiburdus institutus est,... libere et absolute tradidimus.* Burchardus Wormaciensis in Lege Familiæ : *Si quis eorum domum alterius cum armata manu introierit, et filiam ejus vi rapuerit, cuncta vestimenta quibus tunc induta fuerat, quando rapta est, singulariter in triplum patri ejus, vel Mundiburdo restituat.*

☞ Nostris *Mainbourg*, eadem notione. Confœderatio inter Carolum VIII. Reg. Franc. et Maximilianum I. Reg. Rom. ann. 1495 : *Item que les Comtez de Bourgogne, Artois, etc. seront rendus au Roy des Romains comme pere et Mainbourg de mondit Seigneur l'Archiduc.* [** Germanis *Mompar, Mombaer*, etc. Vide Haltaus. Glossar. German. col. 1373. voce *Mundburd.*]

* MUNDIBURGUS, ut *Mundiburdus*, Tutor. Charta Bern. episc. Hildeshem. apud Leuckfeld. in Antiq. Walckenried. part. 1. cap. 10. § 6 : *Consensu et adstipulatione fratris sui Bodonis legitimi Mundiburgi et hæredis.*

¶ MUNBURDUS, Eodem significatu, in Præcepto Rodulphi Reg. Franc. ann. 930. apud Baluz. Hist. Tutel. col. 328 : *Quo decedente, qualem communiter voluerin Munburdum et causedicum habeant.*

¶ MUNDEBORO, Idem qui *Mundiburdus.* Charta Chlodovæi III. ann. 693. apud Felibian. Histor. Sandionys. pag. XIV : *Ipsi Amalberethus nec venissit ad placitum, nec ipso Mundeborone suo inlust. viro Ermechario.*

MUNDIBORDIS, Eadem notione, in Charta apud Willelmum Hedam in Bernulfo Episcopo Traject. 20 : *Mundibordem vero vel defensorem alibi non inquiramus, nisi ad supradicti Sancti altare, ad defendendum scilicet, etc.*

MUNDEBURDIS, et MUNDIBURDIS, Defensio, tutela, in Leg. Rip. tit. 35. § 3. tit. 58. § 13. in Capitul. 1. Caroli M. ann. 802. cap. 40. in Capit. 3. ann. 813. cap. 13. in Capitul. 1. incerti anni Caroli M. cap. 54. in Concil. Meld. ann. 845. cap. 41. Marculf. lib. 1. form. 24 : *Et sub Mundeburde vel defensione illustris viri illius Majoris domus nostri... quietus debeat residere.* [Testam. Karileffi ann. 14. Childeberti apud Mabill. tom. 3. Analect. pag. 81 : *Ipsi prædicto Pontifici domno Innocenti tradere cupiebam, sub cujus Mundiburde vel defensione tam ego, quam et ipsæ res sive homines ibidem degentes, futuris temporibus esse meruissemus.*] Charta Caroli Martelli apud Serrarium lib. 3. Rerum Moguntinarum pag. 470 : *Cum nostro amore, vel sub nostro Mundeburde et defensione quietus et conservatus esse debeat.* Capit. Caroli Cal. tit. 26. 27 : *Ut Ecclesiæ..... talem Mundeburdem et honorem habeant, sicut tempore antecessorum nostrorum habuerunt.* Et tit. 33 : *Mundeburdem autem ad defensionem Rom. Ecclesiæ pariter conservabimus.* Adde Tradit. Fuld. lib. 1. trad. 39. [*Mainbournie*, in Edicto Philippi Pulcri ann. 1308. tom. 1. Ordinat. Reg. Franc. pag. 459 : *Commandons quant as vivres, que nous, la Royne nostre compaigne, quant nous l'aurons, nos effans estans avec nous, en nostre Mainbournie.*]

¶ MONDEBURDIS, Eodem significatu, in Præcepto Caroli C. ex Tabular. Compend. : *Volumus pariterque jubemus ut sub ea lege qua res fisci nostri jugiter maneant, atque sub eo Mondeburde et defensione tueantur ac defendantur et sub ea tuitione imperiali consistant qua cœnobia.*

MUNDEBURDUM, Eadem notione. Concilium Meldense cap. 41 : *Causa defensionis et Mundeburdi.* Charta Pipini Regis Aquitaniæ apud Beslium : *Sub nostro Mundeburdo vel immunitatis tuitione.* [Capitul. 4. Caroli M. ann. 806 : *Ut viduæ et orphani et minus potentes sub Dei defensione et nostro Mundeburdo pacem habeant.* Adde Diploma Caroli Simplicis Reg. Franc. sæc. 5. Bened. pag. 8. et Odonis Reg. ann. 890. inter Probat. tom. 2. Hist. Occit. col. 25.]

MANDEBURDA. Charta Ludovici Imper. ann. 815. apud Meurissium in Hist. Episc. Metensium : *Deprecans ut ipsam precariam quam a supramemorato Abbate Optario acceperat, per nostram Mandeburdam et licentiam diebus vitæ suæ, sicut inter eos convenerat, habere potuisset.*

¶ MANDIBURDIUM, et MANDIBURNIUM, in Charta Ottonis II. Imperat. ann. 980. apud Miræum tom. 1. pag. 655 : *Sub Man-*

diluminii et defensione succedentium Regum vel Imperatorum deliberatum est mansurum... Sub defensione nostra ac Mundiburdio nostro sint, atque successorum nostrorum.

* MUNDBURDIUM, Defensio, tutela. Charta Odon. reg. ann. 889. inter Probat. tom. 2. Hist. Occit. col. 24 : *Quatenus ipsum locum in nostra defensione, cum omnibus ad eum pertinentibus, haberemus simul et defensione, sicut præcedentes reges comprobantur hactenus præceptorum indagine fecisse. Quod nos quoque audientes libenter eorum acquievimus consiliis, et præfatum cœnobium sub nostro Munburdio ac tuitione statuimus.* Vide in *Mundiburdus.*

MUNDBURGUM. Withredus Rex Cantuariorum in Judiciis cap. 2 : *Pacis Ecclesiæ, quod Mundburgum vocant, 50. solidorum esto compensatio.*

MUNDEBURGIUM. Epistola Caroli Martelli 32. inter Epist. S. Bonifacii Archiepisc. Moguntini : *Bonifacius Episcopus ad nos venit, et nobis suggessit, quod sub nostro Mundeburdio vel defensione eum recipere deberemus.... Proinde nos taliter visi fecimus et roratum dare, ut ubicunque ubi et ubi ambulare videtur, cum nostro amore, vel Mundeburgio et defensione quietis vel conservatus esse debeat.*

¶ MUNDOBURDUM, in Capitulari 2. Caroli M. ann. 802. cap. 20.

MUNDOBURDIUM ECCLESIARUM, in Capitulari 7. Caroli M. ann. 803. cap. 1.

MUNDEBURNIUM, et MUNDIBURNIUM, in Charta Ottonis II. ann. 980. apud Hermannum Stangefolium lib. 2. Annalium Circuli Westphalici pag. 201. et in alia apud Bartholomæum Fizen in Hist. Leodiensi pag. 275. [Præceptum Chlodovæi Reg. Franc. ann. 496. (si tamen genuinum) tom. 4. Gall. Christ. inter Instr. col. 125 : *Nostræ celsitudini tradidit et commendavit, ut sub nostra emunitate et Mundiburnio, nostrorumque successorum Regum semper maneat.* Charta Pipini Reg. ann. 765. apud D. Calmet. tom. 1. Hist. Lothar. col. 281 : *Sub Regum Mundiburnio in sæcula manere decerno.* Adde Chartam Henrici III. Imperat. ann. 1051. apud Tolnerum Histor. Palat. inter Instrumenta pag. 26.]

BUNDURDUM, pro *Mundeburdum.* Diploma Alberti Regis Italiæ pro Monasterio Casauriensi in Tabul. MS. ejusd. Monasterii : *Idcirco hunc Bundburdum scribere jubentes, præcipimus, etc.*

MUDBURDUM et MUNDBURBUM. Charta Ottonis Imp. ann. 968. apud Ughellum tom. 7. pag. 1311 : *Si quis igitur confirmationis, præcepti, seu cessionis Mudburdi violator extiterit, etc.* Adde pag. 1334.

¶ MUNBURDUM. Charta Hugonis et Lotharii Reg. Ital. ann. 943. apud Eccardum in Origin. Habsburgo-Austr. pag. 154 : *Recipimus insuper prætaxatam ecclesiam cum sacerdotibus et clero nunc et in posterum inibi famulantibus sub nostræ tuitionis Munburdum.*

MUNBURDUM. [Charta Caroli M. ann. 798. sæc. 3. Bened. part. 2. pag. 265 : *Præcipimus præterea præfatum monasterium... cum fratribus et monachis ibidem Deo famulantibus, sub nostræ tuitionis Munburdum omni tempore permanere.*] Chronicon S. Vincentii ad Vulturnum lib. 1 : *Sub ipsius tuitionis Munburdum omni tempore pacata et quieta valerent persistere.* Adde pag. 675. 677. 694. etc. Testamentum Ademari Vicecomitis Scalensis et Abbatis Militis Monasterii Tutelensis : *Sunt autem Monachi in Munburdo Regis ad locum salvum faciendum.*

* MUNBURGUM, Eadem notione. Charta Hugon. reg. Ital. ann. 928. apud Murator. tom. 5. Antiq. Ital. med. ævi col. 940 : *Monasterium de Gazo.... cum omnibus quæ dici vel nominari possunt ad eundem monasterium pertinentibus vel aspicientibus, pro Dei amore animæque nostræ remedium, sub nostræ tuicionis Munburgum defendimus et custodimus.*

¶ MUNDIBRIUM, in Charta Henrici Reg. Rom. ann. 1003. apud Marten. tom. 1. Ampliss. Collect. col. 363 : *Nostram suppliciter precata est clementiam, ut et nos ipsum locum cum suis pertinentiis in nostrum Mundibrium et defensionem, pro redemptione animæ nostræ susciperemus.*

MUNDIBURDUM. [Donatio Rodulfi Comit. Turen. ann. 824. apud Baluz. Hist. Tutel. col. 309 : *Quemcumque de heredibus nostris vestra elegerit voluntas in Mundiburdo vel tuitione, etc.*] Charta Caroli C. Imp. ann. 859. in Tabulario Abbatiæ Bellilocensis in Lemovicensibus num. 4 : *In nostra defensione et tutela seu Mundiburdo reciperemus.*

MUNDIBURDIUM, [in Charta Pipini Reg. ann. 764. apud Calmet. tom. 1. Hist. Lothar. col. 280. Præceptum Arnolfi Regis ann. 891. apud Marten. tom. 1. Ampliss. Collect. col. 238 : *Sub nostræ protectionis tutamine et Mundiburdio quiete persistere, Deique misericordiam pro nobis attentius exorare.*] Joannes XVII. PP. in Epist. a Gretzero edita in Vita S. Henrici Imp. de Episcopatu Bambergensi : *Sit ille Episcopatus liber, et ab omni potestate extranea securus, Romano tantummodo Mundiburdio subditus.* Ditmarus lib. 2 : *Eandem Abbatiam Mundiburdio Etheldagi Bremensis Archiepiscopi subdidit.* Acta Murensis Monasterii : *Prædia sua sub censu legitimo illi contradiderunt, ea conditione ut sub Mundiburdio ac defensione illius semper tuti valerent esse.* Charta Henrici IV. Imp. ann. 1111. in Metropol. Salisburg. tom. 3. pag. 94 : *In Mundiburdium defensionis eos suscepi.* Ita rursum pag. 396. et in Bullario Casinensi tom. 2. pag. 7. Vide Joannem VIII. PP. Epist. 238. Roverium in Reomao pag. 29. Diplomata Belgica Miræi lib. 1. cap. 8. etc.

** MUNBORATIO. Polypt. Irmin. Br. 9. sect. 268 : *Qui per chartam Munborationem S. Germani habet.*

Mundiburdia dicta præterea ipsa Imperatorum ac Regum Diplomata, quibus Ecclesiæ ac Monasteria in eorum *Mundiburdio*, seu tuitione ac defensione ponuntur : ut apud Ughellum tom. 2. pag. 569. 645. 708. tom. 7. pag. 1311. 1334. et alios. Papias : *Mundiburdia, Regum vel Principum sunt præcepta.* Quo spectant ista ex Vita S. Hermelandi Abb. : *Si autem pro parvæ retributionis intuitu Monasterium ædificare desiderat, hortor ut regalibus eum manibus tuendum committat, et ut Regis clementia talem præceptionem facere dignetur, ut nulla alia potestas maligno instigatus spiritu, omni dominationis occasione sublata, molestiam habitantibus in eo ingerere audeat, quatenus Regali defensi præsidio, pro ejus totiusque sui Regni pace, libere, remota pravorum impulsione, Christi interpellent clementiam.*

¶ MUNBURNARE, Tueri, regere. Charta ann. 1264. tom. 2. Hist. Eccl. Meld. pag. 166 : *Mittent duos fratres ecclesiæ suæ in dicta domo ad servandum et Munburnandum domum prædictam et omnia bona ipsius.*

¶ **MUNDIBURGIS**, Quod a curte dominica dependet, ejus pertinentiæ, appenditiæ. Hist. Novientens. Monast. apud Marten. tom. 3. Anecd. col. 1132 : *In Viswilre quæ est in pago Prisiacensi curtis dominica cum omni Mundiburge sua, ecclesia videlicet cum decimis suis, salica terra, mansus serviles et censuales, etc.* Ibidem, ubi aliæ curtes recensentur loco *mundiburge*, legitur *pertinentus, appenditiis, consequentiis, utilitatibus*; unde genuina vocis *mundiburge* notio accipienda videtur.

¶ **MUNDICINA**, Id quo aliquid tergitur, mundatur. Apuleius in Apologia : *Nam petiisse eum a me aliquid tersui dentium, versus testantur :*

> Calpurniane, salve, properis versibus.
> Misi, ut petisti, Mundicinas dentium.

MUNDICORDIS, unica voce, Mundus corde, in Vita Alcuini num. 9. [Occurrit præterea apud S. Bernardum Serm. de S. Martino, in Vita vener. Idæ tom. 2. Aprilis pag. 168. et in Actis S. Veroli tom. 3. Junii pag. 383.]

¶ **MUNDICULUS**, Idem qui infra *Mundilio.* Concil. Trevir. ann. 1152. apud Marten. tom. 7. Ampliss. Collect. col. 72 : *Super Mundiculos vero minister ecclesiæ et advocatus placitum tenere debent, et ecclesia totum censum habebit.... Idem vero de placito fabrorum, ecclesia videlicet medietatem questus recipiet.*

* **MUNDIFICATIO**, Mundities, Ital. *Mondificazione.* Pactum inter reg. episc. et consul. Caturc. ann. 1351. in Reg. 80. Chartoph. reg. ch. 487 : *Poterunt dicti consules statuere super ipsis, quæ concernent decoramentum et Mundificationem civitatis.*

¶ **MUNDIFICATIVUS**, Purgando, mundando aptus, apud Matthæum Silvaticum. Vide supra *Mondificatus.*

¶ **MUNDILIA**, Italis *Mondiglie* sunt purgamenta, Gall. *Epluchures*; hic vero frumenti excreta intellige, Gall. *Criblures.* Statuta Astens. cap. 17. fol. 25 : *Teneatur Potestas sine tenore facere jurare omnes pistores et pistorissas.... quod non immiscebunt legumina, neque siliginem, neque Mundiliam vel barbareatum cum frumento.*

¶ MUNDILLA, Eadem notione. Bulla Benedicti XII. PP. ann. 1337. in Tabul. S. Victoris Massil. : *Debeant solvere blada sic mundata et munda quod de centum sextariis non oporteat fieri immunditias seu Mundillas ultra unum sextarium.*

MUNDILIO. Charta Adalberonis Episcopi Metensis, apud Meurissium : *Statuimus quoque ad usus fratrum in prædicto sancto loco Deo militantium quandam daglam in finibus villæ nostræ sitam, nomine Parnedo, ubi etiam Mundiliones plurimi B.*

Arnulphi commanent, atque commanentes eandem supradictam daglam legitima sanctione custodiunt ac procurant, quatenus a præsenti die et deinceps supra memorati servi Dei inibi degentes teneant, possideant, liberamque in omnibus habeant potestatem quidquid ex illa voluerint agendi. Vox ejusdem, ut videtur, originis qua est *mundius*, tutor, qui aliis *mundio*. Vide *Mundium*.

☞ Vocis quidem origo repetenda videtur a *Mundium*, tutela, defensio, patrocinium; ea vero non tutor ipse, sed qui sub tutela est, significatur : de iis quippe servis hic agitur qui patronos habebant perinde ac liberti, quique *Aldii*, *Fiscalini*, vel *Liti* nuncupabantur, ad rurales præsertim operas addicti, licet aliqua jam libertatis specie donati essent. Hæc præter allata non obscure innuit Charta ann. 765. apud D. Calmet. tom. 1. Hist. Lothar. col. 283 : *De omnibus Mundilionibus, quos in Wormaciensi regione damus, veniunt quinque solidi, et octo denarii in missa S. Martini, et in anno tria placita non jussa in Flammersheim curte requirunt.* Alia ann. 1121. ibid. tom. 2. col. 267 : *Mundiliones quoque annali placito debent interesse et nullum jus debent advocato persolvere.* Vide *Mundiculus*.

¶ **MUNDILLA.** Vide *Mundilia*.

¶ **MUNDIO.** Vide *Mundium*.

¶ **MUNDITENENS**, unica voce, Mundi rector, apud Tertull. lib. adv. Valentin. cap. 22 : *Et tamen diabolum quoque opus Demiurgi affirmant, et Munditenentem appellant.* Occurrit apud eumdem lib. 5. adv. Marc. cap. 18. et lib. de Fuga cap. 12.

MUNDITER Jurare, secundum veritatem, in Lege Longob. lib. 2. tit. 55. § 14. [** Luitpr. 61. (6,8.)]

MUNDITIAS Facere, Scopis purgare, mundare : vox Monachorum præsertim : *Balaier, Nettoier.* Plautus in Sticho :

Munditias volo fieri, afferte scopas.

Regula S. Benedicti cap. 35 : *Egressurus de septimana, sabbato Munditias faciat.* Bernardus Mon. in Consuet. Cluniacens. MSS. cap. 48 : *Die vero sabbati facient Munditias, quod est bene lavare cum scopis fontem claustri, atque lavatorium, et mundare pavimentum necessariarum.* Capitula Monachorum ad Augiam directorum cap. 10 : *Ut in sabbato, quando Munditias facere solent, pedes cum silentio lavent, etc.* Chrodogangus Metensis Episc. in Regula Canon. cap. 9 : *Munditias vasorum faciat, et vasa ministerii sui, quæ ad ministrandum accepit, sana et munda cellario reconsignet.* Vita B. Stephani Abb. Obasin. cap. 30 : *Vestes abluere, domo scopare, et cæteras Munditias sollicite exercere.* Kero monachus : *Munditias, hreinida.* Ardo in Vita S. Benedicti Abbatis cap. 2. num. 8 : *Munditias Monasterii, quoties opportunitas expetiit, exercuit.* Vide Vitam S. Marinæ cap. 4. et Joannem Abb. S. Arnulphi in Vita B. Joannis Abb. Gorziensis num. 77. Statuta Guigonis II. Prioris Cartusiensis cap. 4. § 20. cap. 28. § 5. Statuta antiqua ejusd. Ord. 1. part. cap. 13. § 7. *Mundare* porro vox in hac re propria. Ebrardus in Græcismo cap. 10 :

Scoba domum mundat ; scobs est quod mittitur extra :
Scobs est quod mundo ; quo scoba fit æde repello.

Gregor. Tur. lib. 9. cap. 35 : *Cur non sunt scamna hæc operta stragulis, aut domus scopis Mundata?*

Munditia. Leges Luitprandi Regis Longobard. tit. 69. § 1 [** 94. (6,41.)] : *Si quiscunque liber homo ancillam suam pro religioniset Munditiæ causa vestem religiosam induerit, etc.*

MUNDIUM, Mundio, ex Saxon. m u n d, Pax, securitas, protectio, tutela, tuitio, patrocinium, defensio; m u n d a n, tueri, protegere. [** Vide Graff. Thesaur. Ling. Franc. tom. 2. col. 813. radice *Mund.*] Apud Longobardos quævis feminæ in *mundio* erant, ac puellæ quidem in mundio ac tutela parentum, vel si deessent, agnatorum; feminæ vero nuptiali jugo devinctæ, in *mundio* erant maritorum. Quemadmodum olim feminæ erant in perpetua tutela apud Romanos, ut docet Ulpianus in fragm. institut. de tutelis. Lex Longob. lib. 2. tit. 10. [** Roth. 205.] : *Nulli mulieri liberæ sub regni nostri ditione Lege Longobardorum viventi liceat in suæ potestatis arbitrio, id est, sine Mundio vivere, nisi semper sub potestate viri, aut potestate curtis Regiæ debeat permanere : nec aliquid de rebus mobilibus aut immobilibus sine voluntate ipsius, in cujus Mundio fuerit, habeat potestatem donandi aut alienandi.* Adde Edictum Rotharis tit. 89. § 1. In Speculo Saxonico lib. 3. art. 45. § 5 : *Maritus est tutor uxoris post desponsationem.* Ita etiam Jure Francico, ubi *Mari et Bail* vulgo appellatur in Consuetudinibus municipalibus. De *mundio* puellarum agitur in eadem Lege Longob. lib. 1. tit. 9. § 12. 113. tit. 30. § 11. lib. 2. tit. 11. tit. 21. § 11. 20. [** Roth. 200. 202. Liutpr. 31. (5, 2.) Roth. 195. 196. 197. Liutpr. 120. 57. (6, 67. 4.) Roth. 388.] De *mundio* nuptarum, lib. 1. tit. 17. § 5. tit. 30. § 2. [** Liutpr. 141. (6, 88.) Roth. 187.] (vir autem uxoris *mundium* ab ejus parente *acquirere* dicitur in Lege Alem. tit. 54.) De *mundio* Religiosarum, lib. 1. tit. 33. § 3. [** Luitpr. 92.(6,39.)] De *unmdio* viduarum, lib. 2. tit. 6. § 1. tit. 37. § 4. [** Liutpr. 99. 100. (6, 46. 47.)] Quo spectat Ch. ex Tab. Casaur. : *Ego Helegrina filia quondum Caroli.... consensu et voluntate de filio meo Aliperto, in cujus Mundium ego permaneo.. venundavi, etc.* De *mundio* ancillarum agitur etiam lib. 2. tit. 12. § 9. tit. 34. § 4. [** Liutpr. 139.)6, 86.) 10. (2, 4.) Vide Grimm. Antiq. Jur. Germ. pag. 447. Mitterm. Princip. Jur. Germ. § 359.]

¶ Mundium. Capitul. Caroli M. ann. 793. cap. 12 : *De mancipiis palatii nostri et ecclesiarum nostrarum nolumus Mundium recipere, sed ipsa nostra mancipia habere*, id est, *Pretium pro mundio*, ut habet Glossa interlinearis in uno codice regio, teste Baluzio.

Mundium Facere, Tutelam gerere, [** Pretium mundii exsolvere.] in Lege Longob. lib. 1. tit. 30. § 2. lib. 2. tit. 2. § 1. 2. tit. 7. § 1. tit. 12. § 1. 7. [** Roth. 187. 188. 190. Liutpr. 127. (6, 74.) Roth. 226. Liutpr. 126. (6, 73.)] *Mundium suscipere*, lib. 1. tit. 9. § 12. lib. 2. tit. 12. § 9. [** Roth. 200. Liutpr. 139. (6, 86.)]

Causa de Mundio Liberæ, inter *Regales*, seu quæ ad Regem pertinent, accensetur, in Lege Longob. lib. 1. tit. 2. § 8. [** Roth. 372. ubi videnda lectionis varietas.]

Mundium, pro hæreditaria portione in bonis paternis, in Lege Longob. lib. 2. tit. 14. § 8. 9. 15. tit. 34. § 3. 4. [** Roth. 160. 161. 199. Liutpr. 9. 10. (2, 3. 4.)]

Mundio Filiorum, Tutela, in Lege Aleman. tit. 51. § 2.

Mundiata mulier, quæ in mundio est. In Legib. Luitprandi Regis Longob. titulus 68. inscribitur. *De Mundiata in sacramentum missa, etc.* Ita tit. 109. § 3. [** 92. 139. (6, 39. 86.)] At Glossæ Isidori videntur legisse *mundiana : Freta vel Mundiana, de parente suo relicta.*

Mundium, Quævis protectio. *Ecclesiæ et Monasteria, et Senodochia, quæ ad Mundio palatii pertinent, aut pertinere debent*, in Capitul. 5. ann. 819. cap. 5. [*Quæ in Mundio palatii esse noscuntur, vel etiam in Mundio episcopi, vel ceterorum hominum*, in Capit. Pip. Reg. Ital. ann. 793. cap. 18.]

* **MUNDLUDE.** Dipl. Caroli IV. Imper. ann. 1346. tom. 2. Hist. Trevir. Joan. Nic. ab *Hontheim* pag. 170. col. 1 : *Item volumus et firmiter inhibemus, ne quis homines ecclesiæ Trevirensis aut subditorum ipsius, in cives seu oppidanos, qui vulgariter pailburger vel Mundlude nuncupantur,... admittantur. Mundtleuth* in Charta ann. 1376. ibid. pag. 271. col. 1. Ubi designantur vassalli seu subditi. Vide *Leudes*. [** et *Mundman*. Germani voce *Leute* alias *Lude* pro plurali vocis *Mann* utuntur.]

MUNDMAN, Qui in *mundio* seu tutela alterius sunt, qui se alterius potestati commendant, idemque qui *Commendati* : ex *mund*, tutor, protector, et *man*, homo. Laudum seu sententia lata ann. 1258. apud Maximilianum Henric. in Apolog. pro Archiep. Colon. pag. 21 : *Item quod diversi cives et potentes recipiunt, et recipere consueverunt populares et impotentes in suam protectionem, nominantes vulgari nomine Muntman : Ita quod quando tales populares delinquant, clandestina servitia dant potentibus, et ob hoc ipsorum excessus defendunt.* Charta Caroli M. in Monumentis Paderbornensibus pag. 325 : *Omne regale vel sæculare judicium super servos suos, et lidones, et liberos, malman, et Mundman, et omnes utriusque sexus homines, etc.* Charta Friderici II. Imp. ann. 1219. de Juribus ac privilegiis civitatis Norimbergensis, apud Goldastum : *Quicunque civis antedictæ civitatis fecerit se alicujus Muntman, tam civis ille, quam qui hoc modo receperit, enim gratiam nostram demeruit, et in utroque pax non violatur.* Alia ejusdem Imper. ann. 1230. pro Privilegiis urbis Ratisponensis, in Metropoli Salisburgensi tom. 1. pag. 240 : *Statuentes, ut singuli potentes de civitate sua, qui vassallos sibi faciunt ad turbandam pacem civitatis, qui Mundman vulgariter nominantur, ad munitionem civitatis dent 10. libras, nihilominus a fidelitate præscita relinquentes hujusmodi absolutos.*

¶ **MUNDOBARDIA**, Tutela nobilis pupilli, Gall. *Garde noble.* Charta Friderici II. Imp. ann. 1235. apud Ludewig, tom. Reliq. MSS. pag. 220 : *Cum nos concessimus Gottofredo de Hohenloe fideli nostro Mundobardiam filiorum et bonorum quorumdam Rudolphi de Kiselow qui in servitio nostro decessit, etc.*

MUNDUALDUS, Tutor, qui tenet in

mundium, in Lege Longob. lib. 1. tit. 16. § 8. tit. 17. § 5. tit. 30. § 11. tit. 33. § 3. lib. 2. tit. 2. § 4. tit. 6. § 1. tit. 8. § 2. tit. 37. § 1. [** Aist. 6. Liutpr. 141. (6, 88.) 31. (5, 2.) 92. 93. 99. (6, 39. 40. 46.) 12. (2, 6.) 30. (5, 1.)] *Defensor Legibus constitutus*, dicitur lib. 1. tit. 30. § 13. [** Lud. P. 17] : *Si quis alienam sponsam rapuerit, aut patri ejus, aut ei qui legibus defensor esse debet, cum lege suaeam reddat.* Tab. Casaur. *Ego Adelberga filia quondam Luponi, consentiente mihi Sigolfo filio et Mundualdo meo, concedo ad usum fruendum vobis*, etc. Alio loco : *Vere ipsam Gundi uxorem habeo, eo quod mihi eam ad legitimum matrimonium tradidit Amelfredus filius ejus, cum Mundualdo suo.* Et infra : *Et prædictus Amelfredus Mundualdus qui in hac illicita conventione consentiens fuit.* Notitia Judicati ann. 1061. ibid. : *Tunc ista Purpura per consensum de Odemundo Mundualdo suo manifestavit et dixit.* Charta Richildæ Comitissæ ann. 1025. in Bullario Casin. tom. 2. pag. 77 : *Bonifacius marchio jugale et Mundoaldo meo.* Vide Ughellum tom. 1. part. 2. pag. 371. tom. 3. pag. 785. etc. Statuta MSS. Caroli I. Reg. Sicil. cap. 141. ubi de feminis deceptis : *Mais il puet avoir la presence d'autres juges, ou de lor Modoals, ou de lours parens, etc.* [Vide *Frea* 1.]

¶ Mondoaldus, Eadem notione, in Charta ann. 1033. apud Murator. delle Antic. Estensi pag. 98 : *Adeleyda.... filia quondam Bosoni Comitis.... ipso namque jugale et Mondoaldo meo michi consentiente et supter confirmante*, etc.

¶ Mundualdus, Procurator, quia partes alterius tuetur. Constitut. Caroli II. Reg. Siciliæ lib. 2. tit. 44. Edit. 1560. pag. 189 : *Mulieres Longobardorum seu Francorum jure viventes, in judiciis tantum restituendas esse sancimus, cum per negligentiam vel fraudem Mundualdorum seu procuratorum suorum, enormiter læsæ probantur.*

Mundualdum, Idem quod *Mundiburdum*. Charta Ugonis et Lotharii Regum Italiæ circa 934. apud Ughellum tom. 2. pag. 123 : *Constituimus ut... omnia sub nostræ tuitionis Mundualdo, quieto ac pacifico ordine habeant atque possideant.* Alia Lamberti Imperatoris ann. 898. pag. 124 : *Eam recipientes sub nostræ tuitionis Mundualdo*, etc.

1. **MUNDUS**, vulgo *Sæculum*, *le Siecle*. Epitaphium Afrodites Christianæ laudatum a Grutero pag. 1177. et a J. Sponio in Itin. pag. 14 :

Restitit hæc Mundo, semper cœlestia quærens, etc.

Walafridus Strabo lib. de Reb. Eccl. cap. 31 : *Habet Mundus veredarios, commentarienses, ... habet Ecclesia acolytos, lectores*, etc. Ita apud Palladium in Hist. Lausiaca cap. 54. κόσμος usurpatur pro eo quod *sæculum* Latini Patres vocant : Ἠρώτα ἡμᾶς τὰ ἐν τῷ κόσμῳ πραττόμενα. Hinc Κοσμικός, apud eumdem Palladium cap. 61. 68. et alios, qui Latinis

Mundialis, Sæcularis. Glossæ Isid. : *Mundialis, homo mundi statu.* Leg. *in mundi statu.* [Charta ann. 1069. in Archivis S. Victoris Massil. : *Frater autem Aicardi juvenis, Mundialis ac sæcularis animi*, etc. Constantius in Vita S. Germani Autissiodor. ubi de S. Genovefa : *Cæterum universa alia Mundialis pulchritudinis ornamenta, auri gemmarumve compacta fulgoribus, numquam tuis vel collo vel digitis inseri patiaris ?* Adde Monast. Angl. tom. 1. pag. 52.] Prudentius Peristeph. :

Doctor aulæ Mundialis ire ad aram jusserat.

¶ Mundanalis, Eadem notione. S. Ildephonsus in Addit. ad S. Isidor. de Viris illustr. tom. 3. Concil. Hispan. pag. 80 : *Sicque post lucis Mundanalis occasum, in basilica S. Leocadiæ tenet habitationem sepulcri.* Charta ann. 1424. apud Stephanot. tom. 2. Antiquit. Occitan. Bened. MSS. pag. 497 : *Porro nos Geraldus memoratus episcopus considerans quod corpora humana sine aliqua Mundanali sustentatione in terris non possunt vivere*, etc.

¶ Mundanus, Laicus. Charta Roberti Comit. Arvern. ann. 1286. apud Baluz. tom. 2. Hist. Arvern. pag. 122 : *Per quemcumque judicem ecclesiasticum seu Mundanum.* Alia ann. 1329. in Tabular. Eduensi : *In omni loco dominationis et alio quovis et coram quibuscumque judicibus ecclesiasticis et Mundanis.* Litteræ ann. 1313. apud Rymer. tom. 3. pag. 461 : *In quacumque curia ecclesiastica vel Mundana.* Ita tom. 10. pag. 122. et Ordinat. Reg. Fr. tom. 2. pag. 159.

¶ Mundiales, pro Homines. Glaber Rodulphus apud Duchesn. tom. 4. Hist. Franc. pag. 36 :

Plasmator parce mœstis Mundialibus,
Succurrat fletus intimis doloribus :
Pascat mœrentes singultuum gemitus,
Humanum decus dum rapit interitus.

Mundiales Historici, apud Sulpitium Severum lib. 2. Hist. Utuntur præterea S. Hieronym. Epist. 17. Rusticus Episcop. Burdegal. in Epist. ad Eucherium, Victor Utic. lib. 3. Salvianus lib. 1. de Gub. Dei, Joan. Diac. in Vita S. Gregor. PP. Odo Cluniac. in Vita Geraldi lib. 2. cap. 1. Theoder. Mon. in Hist. Invent. S. Celsi Episc. Trevir. cap. 1. num. 10. Wolfardus Presb. lib. 2. de Vita S. Walburgis cap. 3. n. 17. Eadmerus lib. 2. Vitæ S. Anselmi Cantuar. cap. 38. Concil. Hispal. II. can. 1. 3. Gildas de Excidio Britan. Philippus Eystetensis in Vita S. Willibaldi cap. 7. Vita S. Aviti Episcopi Viennensis n. 4. Vita S. Pauli Episcopi Virdun. cap. 1. etc. Ἄρχοντες κοσμικοί, in Constit. Apostol. cap. 23. *Sæculares potestates*, Dionysio Exiguo, etc. Apud Tolosanos, *Moundi* vocantur, præcipui e civitate adolescentes delicate vestiti et viventes, quasi *mundiales*.

¶ Mundanitas, Vanitas, mundi amor. Vita B. Coletæ tom. 1. Martii pag. 577 : *Cujus quidem Principis... Mundanitas conversa fuit in religiositatem.*

Mundialitas. Arnoldus Lubec. lib. 3. cap. 9. de Monachis : *Refrixit caritas, subintravit Mundialitas.*

Mundialiter, [apud Tertull. lib. de Resurrect. carnis cap. 46. et] apud Fulbert. de Ortu S. Mariæ.

Mundalia, apud Ruricium lib. 2. Epist. 42.

¶ 2. **MUNDUS**, Muliebris supellectilis. Lex Alaman. inter Addit. cap. 30 : *Si maritus uxorem suam dimittit, quadraginta solidos ipse componat, et de Mundo suo non habeat potestatem, et omnia ei reddat quod ei per legem obtingit.* [** Vide *Mundium*.] Elegantur Tertull. *Mundum* muliebrem sic describit lib. 1. de Cultu fem. cap. 4 : *Habitus feminæ duplicem speciem circumfert, cultum et ornatum. Cultum dicimus, quem Mundum muliebrem vocant : ornatum, quem immundum muliebrem convenit dici. Ille in auro, et argento et gemmis, et vestibus deputatur : iste in cura capilli, et cutis, et earum partium corporisquæ oculos trahunt.*

¶ Mundum neutr. gen. Eadem notione, apud Nonium ex Lucilio : *Legavit quidam uxori Mundum omne, penumque.*

* 3. **MUNDUS**, Multitudo, certus hominum numerus, Ital. *Mondo* et nostris *Monde*, eadem significatione. Charta ann. 1377. ex Bibl. reg. : *Quod dominus dux Andegaviæ haberet promittere regi Aragonum in adjutorium certum Mundum gentium armorum*, etc.

MUNECMA. Fragmentum Petronii : *Tu læticulosus, nec Munecma arguta suasus fictilis.*

MUNERA, [Ciborium, quo altare tegebatur. Vide in hac voce.] Ademarus Cabanensis in Abbatibus S. Martialis Lemovic. de Abbate Stephano : *Hic composuit super altare Salvatoris Ecclesiam ex auro et argento, quam vocant Muneram.*

1. **MUNERARE**, Honorare. *Honore Principatus Muneramus*, in leg. 3. Cod. Th. de Princip. agent (6, 28.)

* 2. **MUNERARE**, Munire, instruere, Gall. *Garnir*. Form. MSS. ex Cod. reg. 7657. fol. 43. r°. : *Quemdam mantellum ipsius talis frezatum sive Muneratum certis mezalhetis argenti latenter accepit.*

¶ **MUNERARIUM**, f. Villa, prædium rusticum. Vita S. Turketuli sæc. 5. Bened. pag. 503 : *Transiens itaque venerabilis Cancellarius... regali sanguine generosissimus... sexaginta Munerariorum dominus, divina gratia disponente*, etc.

MUNERARIUS. Gloss. Gr. Lat. : Φιλότιμος, *Ambitiosus, Munerarius, liberalis.* Eædem Glossæ : Ἀγωνοθέτης, *Munerarius*, id est, *qui gladiatorium munus impendit*, in leg. 2. Cod. Th. de Gladiator (15, 2.) Cujus vocis primum auctorem facit Augustum Quintilianus lib. 8. Vide Columellam lib. 7. cap. 7. Hieron. Epist. 26 : *Munerarius pauperum et egentium candidatus, sic festinat ad cœlum.* [Ubi *Munerarius* idem qui eleemosynarum distributor. Gloss. vetus MS. Sangerm. *Munerarius, qui munera dat.* Johannes de Monsterolio Epist. ad Petrum et Gontherum præceptores suos, apud Marten. tom. 2. Ampliss. Collect. col. 1400 : *Sed Munerarii, animus erat designatiori vocabulo dicere, de ærario publico aut thesauro Regis supra modum curant.*] Adde Passionem S. Mariæ Mart. num. 4.

¶ **MUNERATIONES** Sacræ, id est, *Sacræ largitiones*, apud Symmachum lib. 10. Epist. 43.

¶ **MUNERATOR**, Qui spectaculo, quod *munus* vocabant, præsidebat. Aldelmus de Virg. cap. 19 : *Igitur urgente Muneratorum decreto, SS. Martyres in circi spectaculo terdenis cuparum gremiis traduntur.*

MUNERBA, Lagenæ vel urcei species. [Sic cucurbitæ cujusdam fructum appellant, qui nostratibus vocatur *Callebasse*, in urcei modum cavari solitus, etiam ab antiquis. Plinius lib. 19. cap. 24 : *Cucurbitarum numerosior usus... Nuper in balinearum usum venere urceorum vice, jampridem vero etiam cadorum ad vina condenda.*] Itinerarium S. Willibaldi : *Quando erat in Hierusalem, emebat sibi balsamum, et replevit unam Munerbam. Tulit igitur unam Munerbam quæ fuit concava, et habuit linum : et illam replevit de petræ oleo, et fecit intus in Munerbam, et secuit illam cannam parvam Munerbæ, ita ut in margine ambæ similes essent, et sic claudebat os Munerbæ.*

MUNERIUS, Molendinarius, ex Gallico *Musnier*. Occurrit in Tabulario Ecclesiæ S. Laudi Andegavensis, fol. 92. [et in Vita S. Philippi Archiep. Bituric. apud Marten. tom. 3. Anecd. col. 1936. et 1938.]

* **MUNGHU**, vox Scotica. Vita S. Kentigerni tom. 1. Jan. pag. 816, col. 2 : *In oculis S. Servani dilectus fuit : illumque Munghu, quod Latine dicitur Carissimus amicus, ex consuetudine appellavit.*

¶ **MUNGOS**, Nomen cujusdam animalis Indici, quod ad plantam quamdam qua libenter utitur translatum est. Vide Diarium Trivolt. mensis Octobr. ann. 1715. pag. 1844.

* **MUNHYT**. Lit. Joan. ducis Brit. ann. 1431, ex Bibl. reg. : *In ecclesia Trecorensi est quædam immunitas, quæ vulgariter nuncupantur le Munhyt de Trecoria, quæ durat spatio quatuor leucarum sive duodecim milliarium; ubi quicumque homicidæ, raptores,.... et quicumque alii criminosi plena gaudere volunt immunitate.* Vide *Menehiz*.

MUNIACI. Papias : *Munia, officia civitatum, tributa. Muniaci, Regis Consiliarii.* Glossæ antiquæ MSS. : *Muniaces, Regis Consiliarius.*

MUNICEPS, Πολίτης, in vett. Gloss. Will. Brito in Vocab. MS. : *Municeps, et Municipalis et Muniparis, omnia dicuntur in eodem sensu : hoc enim nomine censentur Castellani in municipio nati et permanentes, et etiam milites stipendiarii, qui pro custodia municipii munia capiunt, et etiam originales, etc.* Certe pro *Castellanis*, seu Castellorum præfectis, non semel usurpat Ordericus Vitalis, lib. 4. pag. 532 : *Guillelmum de Firmitate, aliosque Regis Municipes expugnant et ejiciunt.* Lib. 11. pag. 805 : *Consul de Mellento per partem Yvonis, qui Municeps erat et Vicecomes, et Firmarius Regis, callide intravit.* Et pag. 822 : *Alii quoque Municipes per totam Normanniam a Duce absoluti sunt, eoque annuente, ante omnia, reddentes municipia, triumphatori reconciliati sunt.* Adde pag. 807. 818. 853. 856. 857. *Castrorum municipes vel domini*, apud Hariulfum lib. 4. Chron. Centul. cap. 21. initio. Vide Guibertum lib. 1. de Vita sua cap. 7. et Galfridum Monemuthensem lib. 2. cap. 4. Vide *Muniones*.

* Vide Ulpian. L. 1. ff ad Municipal.

¶ Municipalia Gesta, Instrumenta publica. Charta ann. 8. regni Theoderici tom. 2. Annal. Bened. pag. 702 : *Præsentem vero donationem, nequaquam civiliter gestis Municipalibus alligare curavimus, et omnino decernimus, ne alioquin in eam ob hunc casum quisquam valeat repetere.*

* Municipes Dii, quorum honor intra muros suos terminatur, Minucio Felici init. Octav. qui et *Speciales* dicuntur Sidonio, Græcis vero scriptoribus πατρῷοι θεοί; de quibus præ ceteris S. Athanasius in Orat. contra Gentes. Vide Dissert. Cangii de Numism. infer. ævi num. lxj.

Municipatus, Castellania. Ordericus Vitalis lib. 4. pag. 522 : *Hugoni vero de Grentemaisnilio Municipatum Legrecestræ commendavit.*

* Municipatus, pro Patria, apud Tertul. de Corona cap. 13 : *Sed tu peregrinus mundi hujus, civis supernæ Jerusalem, noster, inquit, Municipatus in cœlis est.* Ita et lib. 3. adv. Marcion. cap. 24. Vide Cleric. in not. ad Hammon. ad cap. 3. v. 20. D. Pauli ad Philipp.

¶ Municipatus, Præfectura. Vita S. Præjecti sæc. 2. Benedict. pag. 640 : *Genesius eo tempore vir illustris et generositate pollens opibusque opulentus, in præfata urbe* (Arvernorum) *Municipatum obtinebat.*

¶ Municipium, Castrum, castellum muris cinctum. Sugerius in Vita Ludovici Grossi apud Duchesn. tom. 4. Hist. Franc. pag. 284 : *Terram ejusdem Burchardi depopulans, Municipia et incurtes præter castrum subvertens, pessumdedit, incendio, fame, gladio contrivit.* Vita S. Norberti tom. 1. Junii pag. 854 : *Et coegerunt eum ut ascenderet quoddam Municipium, quod ab Imperatore Ottone ibi constructum erat antiquitus, loco turris cujusdam ecclesiæ.*

Municeps, *Telonearius, minister, vel civis*, in Glossis Isonis Magistri.

* **MUNICIALIS**, idem quod *Municipalis*, Civilis, publicus. Placit. ann. 927. inter Probat. tom. 1. Hist. Nem. pag. 19. col. 1 : *Priscarum legum et jure constituuntur, aut omnis homo in causis generalibus per aures Municiales remedia consecuntur.*

¶ **MUNICIO**. Statutum Johannis Reg. Franc. ann. 1358. tom. 4. Ordinat. pag. 188 : *Quod cum oblacione predicta cessant penitus omnia alia subsidia ac etiam mutua tam universitatum quam personarum, nec non Municiones et missiones propter hæc servientium gratis ab eis procederent.* Ubi *servientes* seu apparitores, qui in debitorum ædes tributa exacturi immitebantur, intelligit D. *Secousse*. Mallem ego accipere de expensis cibariis aliisve quæ pro iis exactoribus fiunt, et a quibus eximuntur cives. Vide *Munitio* 1.

* De expensis apparitorum, qui in domum debitoris a judice mittuntur, hæc revera accipienda esse probant Lit. ann. 1368. tom. 8. Ordinat. reg. Franc. pag. 544. art. 2 : *Quandoque plures mittuntur comestores, commissarii vel servientes, aut alii in Municionem in domibus dictorum debitorum, qui ex hoc multipliciter agravantur.* Nostris vulgo *Garnison*. Vide *Comestores*.

¶ **MUNICIUM**, Quidquid usui humano necessarium ad victum. Charta Alfonsi Reg. Castiliæ apud Stephanot. tom. 3. Fragm. Hist. MSS. : *Dono et concedo totum portagium, et de lignis omnibus et de omni madera, et de sale et de carbone et de omnibus aliis Municiis quæ per barrium S. Johannis transeunt.* Vide *Munitio*. 1.

MUNIE. Chronicon Andrense : *Anno 1161. præfato Domino Petro Munie, id est, parvo, ad regimen hujus loci divinitas, sicut credimus, transmisso, etc.* Legendum videtur *munio*, id est, Monachulus : quippe Picardi pueros chorales symphoniacos *Moiniots* vocant.

¶ **MUNIFER**, *Qui munera fert.* Gloss. Isid. *Munifex, munera dans*, in vet. Gloss. MS. Sangerm. Vita S. Abundii tom. 1. Aprilis pag. 91 : *Unde summa præconia tais studiis et meritis paria, non de artifice eloquentia, sed de Munifice sunt sapientia, quæ dedit lapidi laticem fundere.*

¶ **MUNIFICARE**, Munera largiri. Dudo apud Duchesnium Hist. Norman pag. 71 :

Illum ditabit locupletans, Munificabit.

MUNIFICATIO, Munus, *munerum præbitio*. Isidorus Pacensis Episcopus in Chronico æra 750 : *Diversisque Munificationibus remunerando sublimant.*

¶ **MUNIFICENTIA**, *Publicum opus.* Gloss. Isidori.

MUNIFICES, Milites gregarii *qui munia facere coguntur*, diversi *a Principalibus qui privilegio muniuntur*, apud Vegetium lib. 2. cap. 7. Ammianus lib. 16 : *Munificis militis et fortuito cibo contentus.* Glossæ vett. : *Munifex*, λειτουργός. Glossæ antiquæ MSS. : *Munerarius, munera dans. Munus facit, i. officium aliquod.*

MUNIFICIA, pro *Munificentia*, nisi ita legendum sit, in Hist. Translationis SS. Ragnoberti et Zenonis cap. 18 : *Qui tantis Munificiarum suarum rebus exornando Ecclesias Dei, etc.*

¶ **MUNILIA**, Papiæ, *Pectoralia equorum vel ornamenta in cervice mulierum*; pro *monilia*.

¶ **MUNIMEN**, Defensio. Concil. Ovetense inter Hispan. tom. 3. pag. 159 : *Qui ipsum locum muro firmissimo, montium videlicet Munimine vallavit.*

¶ Munimen Sigilli, Sigilli impressio, appositio : *Et ut hoc firmum et stabile permaneat præsentem cartam sigillorum nostrorum Munimine confirmavimus.* Frequens hæc formula in veteribus Chartis, qua authenticæ probantur.

Munimen Villæ. Historia Archiep. Bremensium ann. 1142 : *Concessit etiam omnes colonos Ecclesiæ ab omni censu, expeditione, villæ vel urbis Munimine et petitione precaria immunes et liberos.* Vide *Fossatum, Muragium*.

¶ **MUNIMENTUM**, Monimentatus. Vide *Munimina*.

MUNIMINA, Monimina, Munitiones, Privilegia, Præcepta, Diplomata Principum pro Ecclesiis et in earum favorem, quod iis eæ *muniantur* adversus invasores bonorum Ecclesiasticorum. Charta Ludov. Ultramarini Reg. ann. 948. ex Tabulario Humolariensi : *Isdem vero Comes nostræ ditionis eandem* (Abbatiam) *obtulit, ea scilicet ratione, ut præcepto nostræ auctoritatis ita hanc muniri juberemus, quo absque ulla omnino diminutione, et sine alicujus subjectione Abbati regulari concessa inviolabilis in perpetuum permaneret.* Charta Karlomanni Regis ex Tabulario S. Crucis Pictav. : *Munimina Chartarum.* Petr. Diac. lib. 4. Chr. Casin. cap. 70 : *Simul etiam et Munimina nostra secum deferens.* Cap. 89 : *Revolvite Casinensis Cœnobii Munimina, ejusque li-*

bios perscrutate. Vide eumd. cap. 111. Notitia Judicati sub Conrado I. Imp. apud Ughellum tom. 7. pag. 1417 : *Ostenderunt ibi in judicio Monimen unum, id est, doctum* (leg. *documentum*) *de prædicta Ecclesia, etc.* [Placitum ann. 829. apud Murator. tom. 2. col. 375 : *Dixerunt quia et Monimina et testes exinde habemus, et præsentialiter ostendimus, et ipsa Monimina præ manibus ostenderunt, et cum ipsa Monimina relegi fecissemus, continebatur in eis qualiter, etc.*] Occurrit non semel in Legibus Luitprandi Regis Longob. tit. 35. § 1. 2. [** 54, (6, 1.)] in Capitulari Adelchisi Principis Beneventani cap. 4. 7. et in Capitulari Radelchisi Princ. cap. 18. 21. apud Falconem Benevent. in Chr. pag. 221. in Chronico Benevent. S. Sophiæ pag. 602. 605. etc. in Chronico Farfensi pag. 653. 656. etc. apud Ughellum tom. 1. pag. 1100. etc.

Munitio, apud Gregor. M. lib. 12. Epist. 2. lib. 3. Epist. 43. lib. 9. Epist. 24. Charta Pandolphi Ducis Benevent. in Chron. S. Sophiæ : *Ut concederemus in eodem Monasterio cuncta... de quibus petiit a nostra Excellentia Munitionem fieri, etc.* Hinc emendandæ, ni fallor, Glossæ Isidori : *Mullitiones, ardianum, serretum, sive constitutionis.* Sic enim legendum puto : *Munitiones, archivum, secretum, constitutiones.* Vide *Munitio*, 3.

Munimentum. [Vocabular. utriusque juris : *Munimenta dicuntur probationes et instrumenta quæ causam muniunt.* Charta ann. 1381. apud Rymer. tom. 7. pag. 338 : *Cartæ, scripta, Munimenta, rotuli, evidentiæ, etc.*] Matth. Paris : *Episcopus itaque cum Munimentorum inspectionem habere non potuit, etc.*

* Nostris *Muniment*, eadem acceptione. Charta Guidon. comit. Fland. ann. 1272. ex Chartul. S. Autb. Camerac. fol. 70 : *Nous renonchons fermement à toutes lettres, à toutes chartres et à tous Munimens que nous avons ou poons avoir des quarante chiunc livres de rente devant dites.* Lit. ann. 1379. tom. 6. Ordinat. reg. Franc. pag. 451 : *Privileges, chartres, usages et Munimens, etc.* Hinc emendandæ aliæ Lit. ann. 1363. tom. 3. earumd. Ordinat. pag. 640. ubi perperam editum *Mouviment*, pro *Mouniment*. Lit. remiss. ann. 1451. in Reg. 181. Chartoph. reg. ch. 67 : *Les supplians se rendirent en l'ostel du juge de la court de Coingnac, lui requerant instamment qu'il lui pleust leur bailler et rendre les procès, actes et Munimens de ladite cause.*

¶ Munimentatum Scriptum, Subscriptione munitum. Acta S. Nennocæ tom. 1. Junii pag. 411 : *Suæ donationis scripta Munimentata bullataque, etc.*

MUNIONES, Defensores munitionum. Ordericus Vitalis lib. 9. pag. 739 : *Pugnantes urbis Muniones pondus Turcani belli tota die sustinere, etc.* Lib. 10 : *Belesmensis itaque Munio ad hæc promptus oppida nova condidit, et antiqua præcipitibus fossis cingens ad modum firmavit. Custodes munitionis, qui mox muniones*, lib. 11. pag. 806. *Simonialis munio*, de quodam Abbate simoniaco, pag. 817. et lib. 12 : *Robertus de Sandos Munio Regii dangionis.* Lib. 13. pag. 907 : *Dum in arcem Sappi impetum facerent, et Muniones illius acerrime resisterent, etc.* Vide *Municeps*.

¶ **MUNIPARIS.** Vide *Municeps*.

* **MUNIRE** Infirmos, Sacramenta illis administrare. Charta Brunon. Colon. archiep. ann. 1193. inter Probat. tom. 1. Annal. Præmonst. col. 115 : *Ipsi fratres Rumbecke indubitanter per omnia curam animarum gerant in Wedencksausen, tam in baptizandis pueris, quam in Muniendis infirmis et confessionibus suscipiendis.* Quod de sacra infirmorum unctione potissime intelligendum innuit Charta sequens, in qua legitur : *quam in ungendis infirmis.* Vide supra *Adresciare*.

¶ **MUNIS**, Officiosus, qui munia lubens præstat. Festus : *Munem significare certum est officiosum ; unde e contrario immunis dicitur, qui nullo fungitur officio.* Vide Lexicon Martinii.

¶ 1. **MUNITAS**, f. Mansio, Gall. *Séjour*, vel, ut conjectant docti Hagiographi, Exactio pecuniaria. Vita S. Meinwerci tom. 1. Junii pag. 528 : *Denique contra jus et fas ubique fidelium res invadens et diripiens, ...quodam tempore iter suum ad monasterium Herivordiæ direxit, faciensque ibi magnam Munitatem, Sanctorum ibidem requiescentium et suæ sororis abbatissæ nomine Godesti, et congregationis S. Mariæ thesaurum confregit, et inde plus justo pecuniæ detraxit.*

¶ 2. **MUNITAS**, pro Immunitas. Arbitramentum Rudolfi Reg. apud Schilt. in Gloss. Teuton. ex Frehero : *Quæstiones etiam, quas ab his, qui extra civitatem, quæ vulgo dicitur Munitate, spectantibus habitant, ante cameram prænotati abbatis deduci contigerit.* Charta Radulfi episc. Leodiensis ann. 1170. apud Marten. tom. 1. Anecd. col. 492 : *Reverentia legum longe a se posita, Munitates atrii frangunt.* Infra : *Quasi nolint ecclesias Dei ob sacras Munitates ardere.* Vide *Dextri* et *Monitas*.

¶ Munitas, Charta immunitatis. Diploma Ludovici Reg. Franc. ann. 877. apud Leibnit. tom. 2. Script. Brunsvic. pag. 373 : *Si vero persona quælibet posterorum nostrorum, quod minime fore credimus, hoc nostræ concessionis Præceptum irrumpere temptaverit, et quod in Munitatis et electionis a nobis concessæ scripto continetur violandum decreverit, Dei omnipotentis iram incurrere se nullo modo dubitet.*

* 3. **MUNITAS**, Munimen, arx, castrum. Vita S. Eucher. sæc. 3. Bened. part. 1. pag. 597 : *Ne silenter cum ipsis clientia addita Alpinam Munitatem convolaret, etc.*

¶ 1. **MUNITIO**, Omnis generis annona, cibaria, Gall. *Vivres, Munitions de bouche.* Computus ann. 1202. apud D. *Brussel* tom. 2. de Usu feud. pag. clx : *Pro famulo qui custodivit arietes et vaccas Munitionis, etc.* Infra pag. ccvii : *Pro* iii. *festariis et plena mina pisarum et fabarum ad Munitionem Feritatis*, xxii. *s.* Computus ann. 1334. tom. 2. Hist. Dalphin. pag. 284 : *Expensæ factæ in terra Turris pro hospitio, imprimis liberavit pro* 23. *vaccis pro Munitione hospiti, etc.* xxiv. *flor. et dim. Item, in Munitione facta apud Lugdunum per fratrem Simonem, de speciebus, cera, elaptuariis, et pannis lineis, etc.* Acta S. Richardi Episc. tom. 2. Junii pag. 248 : *Quatenus cives Munitiones in castra mitterent.* Vide *Municio* et *Municium*.

¶ 2. **MUNITIO**, Quo vestes ornantur et instruuntur, Gall. *Fourrure, Garniture.* Computus ann. 1334. tom. 2. Hist. Dalphin. pag. 278 : *Item, Ugolino sutori pro Munitione robarum domini factarum ibidem, taren.* x. *gran.* x. Hinc

¶ Munita Vestis, in Contractu matrimonii inter Fulconem de Fortia et Margaretam Bermunde ann. 1349. ex Archivis D. *de Flamarens* : *Videlicet lectum et vestes competentes Munitas ad opus dicte Marguarite.*

* Glossar. Lat. Gall. ex Cod. reg. 521. *Munitio, garnement, Gallice.* Vide infra *Munitus*.

¶ 3. **MUNITIO**, Privilegium, diploma. Vide *Munimina*.

* Charta Ludov. Jun. ann. 1145. ex Chartul. Maurign. : *Universa, quæ in Munitione patris nostri designata sunt, per eadem verba subscribi et eodem ordine fecimus enumerari.* Eadem habentur in Charta Phil. Aug. ann. 1182. ibid.

* 4. **MUNITIO**, Reditus, fructus, quidquid ecclesiæ *muniendæ* et constituendæ assignatum est. Bulla Eugen. III. PP. ann. 1146. inter Instr. tom. 6. Gall. Christ. col. 280 : *In Lutevensi episcopatu fiscum S. Genesii Litenis et ecclesiam S. Johannis cum villa, atque Munitione sua, cæterisque pertinentiis suis.* Vide *Mundiburgis*.

* Munitionis Observatores dicuntur vassalli, qui ex feodis suis tenentur ad tuenda castra dominorum suorum, iidem qui *Stagerii*. Vide in *Stagium*. Epist. ad Blancham comitis. Campan. ann. 1213. apud Villehard. pag. 254 : *Intimamus vobis præterea quod scripta feodorum vestrorum sunt in ecclesia S. Stephani Trecarum, et in scriptis continentur duo millia et ducenti milites, quorum mille et octoginti sunt tam ligii, quam Munitionis observatores.*

¶ **MUNITIOSUS**, Munitus, Gall. *Fortifié.* Tabular. S. Johannis apud Moret. Antiquit. Navarræ pag. 298 : *Turres et Munitiosa tutaque loca fabrecare volentes.*

MUNITIUM. Joann. de Janua : *Obsidio, unde, inquit, in* 4. *Regum dicitur : Rex Assyriorum non ingredietur urbem hanc, nec circumdabit eam Munitio.* Vulgatæ Editiones habent *munitionibus*.

Munitium, etiam dixit Guillelmus Apul. lib. 5. de Gestis Norm. :

> ... Sed præsidiis Munitia tuta
> A Duce dimissis, Castelli jura negavit.

* Glossar. vetus ex Cod. reg. 521 : *Munitium, circuitus castri, quando aliquis princeps vult capere illud castrum.* Glossar. Gall. Lat. ex Cod. 7684 : *Munitium, i. obsidio, siege, i. ost de gens d'armes devant une ville.*

MUNITORIA, *Præcinctoria, succinctoria*, in Glossis Isid. Joann. de Janua : *Munitorium, locus in quo sunt munimenta, vel ipsum munimentum.* Gloss. Lat. Gall. : *Munitorium, Garnisons, lieu de Garnissement.*

* **MUNITUS**, Ornatus vesti assutus. Form. MSS. ex Cod. reg. 7657. fol. 43. r°. : *Quemdam mantellum ipsius talis frezatum sive muneratum certis mezalhetis argenti latenter accepit, et omnes mezalhetas prædictas*

seu dictum Munitum argenti de dicto mantello amovit. Vide supra *Munitio* 2.

* 1. **MUNIUM**, *Lo tributo*, in Glossar. Lat. Ital. MS.

* 2. **MUNIUM**, *Functio, munus, officium*, apud Laur. in Amalth. Testam. Bertr. Cassinelli canon. ann. 1397. inter Probat. Hist. Autiss. pag. 127. col. 2 : *Item voluit quod si aliquo modo possit apparere, quod dictus magister Marchus sibi teneretur in aliquo, tam ratione administrationis vel Munio,.... de eisdem remaneat et sit quittus.*

* **MUNIUS**, pro *Munerius*, non attenta abbreviationis nota, in Charta ann. 1210. ex Diario Virdun. mens. Dec. ann. 1764. part. 1. pag. 441. Locus est infra in *Torcellus.* Vide *Munerius.*

MUNSTERIUM, *Munsterialis.* Synodus apud *Celchyt*, ann. 816. can. 2 : *Sicut in libro Munsteriali habet.* Et mox : *Per Munsterium.* Et can. 11 : *Aliquid alterius Munsterii ad se pertrahere.* Sed opinor legendum *Ministerium*, *Ministerialis*, nisi idem sit quod *Monasterium*, Gall. *Monstier.*

¶ **MUNTATOR**, Idem, Hearnio, qui fossor cunicularius, Gall. *Mineur*, in lib. nig. Scaccarii pag. 142 : *Rogerus, filius Odonis, tenet feodum 1. militis et 3. Muntatorum.*

MUNTMAN. Vide *Mundman.*

¶ **MUNTO**, Vervex. Vide *Multo.*

¶ **MUNUA**, Piscis genus, f. idem qui capito fluviatilis, seu mugil, Gall. *Munier.* S. Wilhelmi Constitut. Hirsaug. lib. 1. cap. 8 : *Pro signo Munuæ; generali signo præmisso, manum dextram extentam per medium pollicis, et indicis alterius manus, quasi ferrum trahere simulando.*

1. **MUNUS**, Ipsum Christi corpus mysticum, quod offertur per commemorationem veræ illius oblationis. Canon missæ : *Supplices rogamus et petimus, uti accepta habeas hæc dona, hæc Munera, hæc sancta sacrificia illibata, etc.* Rationem reddit ejusce appellationis Hildebertus Episc. Cenomanensis, de Officio Missæ :

> Munera sunt, quoniam Deus hic donatur, et inde
> Munerat auctorem, cui dedit auctor eas, etc.

Stephanus PP. in Epist. ad Pipinum tom. 3. Hist. Franc. : *Et Munera sancta, id est, Corpus Domini nostri J. C. in suis contaminatis vasibus, quos folles vocant, miserunt. Munerum illatio*, in Concilio Valentino Hisp. ann. 1254. cap. 1. Greg. Tur. lib. 7. Hist. cap. 32 : *Adprehende pallium altaris, quo sacra Munera conteguntur, ne hinc abjiciaris.* Idem de Vita PP. cap. 16 : *Ventumque est ut sanctum Munus, juxta morem Catholicum, signo crucis superposito benediceretur, etc.* Fortunatus lib. 4. de Vita S. Martini :

> Immaculata Deo cum dona imponeret aræ,
> Et Pater attonitus ceremonia diva sacraret,
> Munera vel Christi benediceret ore Sacerdos.

Othlonus lib. 2. de Vita S. Bonifacii Arch. Mogunt. : *Attamen in Ecclesia, dum ad Communionem venerit, post omnium suppletionem erit ingressurus ad participandum Munus.* Concilium Lemovicense ann. 1031. sess. 1 : *Facto consilio, cum ad horam confectionis dominici Corporis venisset, atque ex more Archiepiscopus benedictionem populo funderet, super B. Martialis nomine mentionem interseruit, ita dicens : Benedicat et custodiat vos omnipotens Deus, domumque hanc sui Muneris præsentia illustrare, atque suæ pietatis oculos super eam die et nocte dignetur aperire, amen.* Ubi Editor ad marginem perperam *numinis* reposuit. Anast. Bibl. in Hist. Eccl. in Leone pag. 133 : *Comedentes, de sacris Muneribus participabantur.* Ubi Theoph. : ἐσθίοντες μετελάμβανον τῶν ἁγίων δωρεῶν. Adde Gregor. Mag. lib. 4. Dial. cap. 60. Capitula Caroli M. lib. 7. cap. 327. [** 422.] et lib. 1. Sacrament. Eccles. Rom. cap. 80. etc. Vide *Donum.*

Munus Ecclesiasticum, Munus Rogificum. Charta Edmundi Regis Angliæ tom. 2. Monastici Anglic. pag. 838 : *Quinque mansas... in hereditatem* (Athelnodo Ministro) *concedo, ea tamen ratione, ut omni anno in solennitate S. Martini, ad vetustam Ecclesiam beatæ Dei Genitricis, in Monasterio Glastingensium, quinque congios celiæ, et unum ydromelli, et triginta panes cum pertinentibus pulmentariis, et quinque congios frumenti reddat : insuper et omne sacrificium, quod nos dicimus Munus Ecclesiasticum, et opus Ecclesiasticum, et Munus rogificum ab omni familia illius terræ reddatur, etc.* Ubi utrobique perperam *minus*, pro *munus*, editum. Est autem *Munus Ecclesiasticum*, panis qui benedicitur, ex quo particula desumitur ad sacrificium; *Rendre le pain benit.* Quid sit autem *Munus rogificum*, nondum percepi; [nisi præstatio sit, quæ ab ecclesiasticis quasi rogando exigebatur.]

2. **MUNUS**, Beneficium, feudum. Marculfus lib. 1. form. 12 : *Dedit igitur prædictus vir ille per manum nostram jam dictæ conjugi suæ ill. villas nuncupatas ill. sitas in pago ill. quas aut Munere Regio, aut de alodio parentum, vel undecunque ad præsens tenere videtur, etc.* Ubi Bignonius *munere Regio*, per beneficium Regis, quod postea feudum dictum est, interpretatur. Guntherus lib. 1. Ligurini :

> Si patris dominum vassalli filius acri
> Læserit offensa, festinet providus illum
> Conciliare pater. Quod si contemnet agendum,
> Munere privetur. Si vero audire monentem
> Filius indomita neglexerit aure parentem,
> Non erit in feudo successor idoneus illo,
> Ni prius accensam Domini placaverit iram.

Per Munus Triplex Simoniacus. Landulphus de S. Paulo in Chronico Mediolan. cap. 9. apud Ughellum tom. 4. pag. 179 : *Et illico apprehendit cappam Grosulani* (Archiep. Mediolan.) *ipsamque quassavit, dicens, Iste Grosulanus, qui est sub ista cappa, et non de alio dico, est simoniacus de Archiepiscopatu Mediolani per Munus a manu, per munus a lingua, per munus ab obsequio.* Conc. Aquisg. ann. 816. cap. 38. ubi de simonia : *Aliud est Munus ab obsequio, aliud Munus a manu, aliud Munus a lingua. Munus quippe ab obsequio, est subjectio indebite impensa : Munus a manu, pecunia est : Munus a lingua, favor.* Epist. Episcoporum Synodi Carisiac. ad Ludov. II. cap. 12 : *Munus enim est a lingua, favor : Munus a manu, donatio : Munus ab obsequio, indebita subjectio.* Goffridus Vindocin. Opusc. 10. ita triplicem simoniam definit : *Simoniam a lingua, simoniam a manu, et simoniam ab obsequio.* Mox addit, ubi de Abbatum consecrationibus quæ fiunt ab Episcopis, muneribus acceptis : *Est a lingua, cum publice recitatur illa promissio : fit a manu, quando charta, qua continetur, scripta ponitur super altare : fit ab obsequio, cum ipsum male promissum subjectionis obsequium servatur.* Vide Petrum Damian. lib. 2. Epist. 3. initio, Gregorium VII. PP. lib. 6. Epist. 34. Steph. Tornac. Epist. 51. et Sibertum Priorem S. Pantaleonis pag. 525. et pag. 530. ubi *trivium simoniæ* dicitur.

¶ 3. **MUNUS**, Pugna gladiatorum vel bestiarum, spectaculum, ab officio, quod munus est, dictum, quia in parentum funere exhiberi cœptum est, ut docet Tertull. de Spectac. cap. 12 : *Munus dictum est ab officio : quoniam officium etiam Muneris nomen est. Officium autem mortuis hoc spectaculo facere se veteres arbitrabantur, posteaquam illud humaniore atrocitate temperaverunt. Nam olim quoniam animas defunctorum humano sanguine propitiari creditum erat, captivos vel mali status servos mercati in exequiis immolabant. Postea placuit impietatem voluptate adumbrare. Itaque quos paraverunt, armis quibus tunc et qualiter poterant eruditos, tantum ut occidi discerent; mox edicto die Inferiarum apud tumulos erogabant : ita mortem homicidiis consolabantur. Hæc Muneri origo.* Passio SS. Perpetuæ etc. tom. 1. Martii pag. 635 : *Munere enim castrensi eramus pugnaturi.*

¶ 4. **MUNUS**, Præstationis vel *corvatæ* species, quæ sub nomine *muneris* exigebatur. Conventio inter Ludovic. Reg. Sicil. et Arelatensem urbem ann. 1385. ex cod. MS. D. *Brunet* fol. 4. v° : *Omnes cives... sint liberi et immunes ab omnibus pedagiis, vectiginalibus* (sic) *et quibusvis impositionibus, Muneribus ordinariis sordidis, vel extraordinariis.* S. Ambros. de Obitu Valent. : *Rerum extraordinarium Munus.* Consule lib. 11. Cod. Theod. tit. 16. de Extr. sive sord. muner.

* 5. **MUNUS.** Lit. Alfonsi comit. Pictav. ann. 1270. tom. 5. Ordinat. reg. Franc. pag. 413 : *Coram conestabulo nostro Arverniæ,.... sive ejus locumtenente, qui non sit de Munere dictorum baillivorum emencium etc.* Restituendum *de numero* ex iisd. Lit. in Reg. 126. Chartoph. reg. ch. 130.

* 6. **MUNUS**, **NI**, in Charta Rob. comit. Alencon. ann. 1207. ex Reg. forest. comitat. Alencon. in Cam. Comput. Paris. fol. 13. v°. : *Reddendo ex inde pro servicio quatuor Munos census, pro salute animæ meæ ecclesiæ B. Margaretæ Bellimasus annuatim in anniversario meo faciendo.* An pro *Nummus*?

MUNUSCULARIUS, Ugutioni, *Qui pro munere servit, vel qui munus dat.* Unde Augustinus de Civit. Dei : *Tanquam Munuscularios vectigalium conductores. Munuscularios* vocat Joan. Sarisberiensis lib. 3. Polícrat. cap. 11. 12. qui datis muneribus Magnatum favorem captant.

1. **MURA**, Specula. Monachus Paduanus lib. 1. Chron. ann. 1252 : *Fossatis magnis districtum suum circumdederat, et super ipsa fecerat speculus, quas Marchiani* (incolæ Marchæ Trevesinæ) *Muras appellant, in quibus erant die ac nocte speculatores.*

Ubi videtur legendum *minas*. Vide in hac voce, et in *Merulum*. [f. etiam pro *Mueta*, quod vide.]

* 2. **MURA**, Mansio, domus, vel quod lapidibus exstructa, vel quod muro cincta, sic dicta videtur. Acta capitul. MSS. eccl. Lugdun. ad ann. 1347. fol. 136. r°. col. 2: *Petrus Bourdas* (tenet) *quandam Muram, sitam ibidem, sub servitio unius bichoni avenæ.... Petrus Servos quandam Muram sub servitio unius bichoni avenæ*. Lit. remiss. ann. 1376. in Reg. 108. Chartoph. reg. ch. 335: *Item quod dictus Girinus..... venit.... ad quandam Muram, sitam juxta Muram Johannis Chanezon;.... quæ quidem Mura de præsenti vacat,.... lapidesque dictæ Muræ ad bonos suos ad domum suam charreyare fecit*. Terrear. Bellijoc. fol. 8. v°. : *Item octo denarios Viennensis monetæ.... in, pro et super quibusdam terra et Mura simul contiguis*. Ibid. fol. 351. r°. : *Pro et super quadam area nova cum curte, olim Mura, et curtili simul contiguis... Super quibusdam stabulis, olim Muris et orto etc*. Terrear. S. Maurit. in Foresio ann. 1474 : *In sua terra, in qua solebat esse Mura et ortum etc*.

* 3. **MURA**, Mus, Gall. *Rat, souris*. Cod. reg. 4609. 2. fol. 101 : *Qualis est homo Christianus qui, pro Domino, Muras et tineas veneratur*.

¶ **MURÆNULÆ**. Vide *Murenæ*.

MURAGIUM, Vectigal ad muros urbium ædificandos, aut reparandos, ut *Pontonagium* ad pontes reficiendos. In Addit. ad Matth. Paris pag. 132 : *Si Rex concesserit alicui civitati vel burgo, quod possit accipere Muragium, vel aliquibus novum concedat telonium*. Fleta lib. 1. cap. 20. § 84 : *De civibus et burgensibus capientibus Muragia sibi a Rege concessa aliter quam facere deberent*. Lib. 2. cap. 50. § 31 : *Qui Muragium ad villam claudendam gravius repererint, quam concessum fuit*. Monast. Anglic. tom. 1. pag. 722 : *De Muragio, pontagio, pannagio, pavagio, passagio, etc*. Occurrit iterum pag. 922. 993. et tom. 2. pag. 827. [** Adde Chartas ann. 1282. et 1303. apud Lappenb. Orig. Hans. pag. 124. et 230.] Istius pensitationis ad muros perficiendos mentio apud Senatorem lib. 9. Ep. 14 : *Pro reparatione Murorum pecuniæ diversis Provincialibus dicuntur extortæ, cum tamen nulla exinde surrexerit promissa constructio. Operatio murorum* dicitur in Monastico Anglic. tom. 2. pag. 286. 627. Usatica Regni Majoricarum MSS : *Statuimus in posterum quod omnes homines, nobilium sive capitalium, et ordinum Clericorum et Militum... mittant et solvant partem suam ex bonis suis in reparandis et operandis muris et vallis civitatis Majoricarum, et in talahiis, et armamento maris et terræ, ad defensionem civitatis et regni Majoric*. Charta Jacobi Regis Majoric. ibid. : *Volentes providere reparationi et Muri civitatis nomine Feussæ,... de rebus vel mercibus ascendentibus ad quantitatem 20. sol. et ultra, donent denarium Dei de mercibus de quibus consuetum est dari*. Conc. Avenionense ann. 1209. cap. 8 : *Prohibemus ne ab Ecclesiis seu Religiosis dominibus et Ecclesiasticis personis, sicut in quibusdam locis hac usque præsumptum audivimus, vicesimam partem annuorum redituum in posterum ratione Murorum, vel aliqua occasione laici extorquere præsumant*. Vide leg. 34. Cod. Th. de Op. publ. (15, 1.) et novellam Theod. et Valent. de Pantapolis, Harmenopul. lib. 2. tit. 5. § 6. etc. infra *Vintenum*.

* *Murage*, eadem notione, in Charta ann. 1299. inter Instr. tom. 10. Gall. Christ. col. 139 : *Derechef le Murage de Pavent, en prix de deux sols de rente par an*.

¶ **MURAILLIA**, Murus, a Gall. *Muraille*. Computus ann. 1347. tom. 1. Hist. Dalphin. pag. 84 : *Computum F. Chaberti de Auriis... de Muraillis in dicto monasterio constructis,... quæ Muraillia datæ fuerunt per D. nostrum Dalphinum facere ad pretium etc*. Vide *Muraylia*.

MURALE. Ugutio : *Murale, idem est quod murus*, Gall. *Muraille*, Italis *Muraglia*. Henric. Huntindon. lib. 8. pag. 392 : *Resonabant colles, resonabant urbis Muralia*. Gerv. Tilleberiensis de Otiis Imper. MS. : *Extunc ergo* (Carolo Mag. regnante) *apud Latinos est terminata Græcorum potentia, Romaque nomen accepit amissum, non dominium, modico tamen contenta termino, non caput orbis, ut assolet, sed umbra vetusti capitis dici potest, quod sic ab omni potentia evacuatur, quodque fræna totius orbis tenuerat, nunc sua Muralia cohibere non sufficit*. [Bartholomæi Scribæ Annal. Genuens. ad ann. 1225. apud Murator. tom. 6. col. 439 : *Civitatem Albæ usque ad Muralia et portas ipsius civitatis vastarunt*.] Ægid. Corboliensis lib. 1. Karolini MS. :

> . . . raptuque pedis Muralia nutant.

Idem lib. 3. de Medicaminib. :

> Incumbit pelago, suaque Muralia radit.

MURALIS, in Notis Tyronis pag. 163.

¶ **MURALHA**, Murus. Charta ann. 1413. ex Schedis D. *Lancelot* : *Ad complendum ordinationem factam super Muralha villæ Balnaolis et reparatione ejusdem*. Vide *Muraillia*.

* **MURALHIA**. Inventar. ann. 1491. inter Probat. tom. 4. Hist. Nem. pag. 55. col. 2 : *Et ibidem fuit traditum inventarium capellæ per dominos; primo xxxvij. sudaria, tam parva quam magna; item xxij. de Muralhia*. An sudaria muro appensa?

MURAMEN, Murus, Italis *Muramento*. Charta ann. 1239. [tom. 7. Spicil. Acher. pag. 271.]: *Ita quod perpetuo Muramine inclusæ* (Monachæ) *maneant*. Vide *Murata* 1.

* **MURANUS**, Muralis. Acta S. Gauger. tom. 2. Aug. p. 689. c. 2 : *Altare quod intra Muranum ambitum cryptæ erat, servavit*.

1. **MURARE**, Murum circumducere, muro oppidum munire. Concilium Narbonense sub Recaredo ann. 598 : *Die dominico nullam operam faciant, nec boves jungantur, excepto si in Murando necessitas incubuerit*. Ubi quidam reponunt *metendo*. Willelm. Brito lib. 10. Philippid. :

> Protinus Andegavim nullo munimine cinctam
> Ingressus, lapide incœpit Murare quadrato.

Itali *Murare*, *fabricar muri*, ædificare, struere, muros ducere, dicunt. [Breviarium Hist. Pisanæ ad ann. 1159. apud Murator. tom. 6. col. 172 : *Anno 1159. in quarto consulatu Cocchi, Pisani se in Murando semper intenti, fecerunt quinque galeas ad guardiam maris, etc*. Memoriale Potest. Regiens. ad ann. 1281. apud eumdem tom. 8. col. 1149 : *Factæ fuerunt duæ fornaces pro Communi occasione Murandi residuum muri dictæ civitatis*.] Vide *Murus*.

* *Amurer*, eodem sensu, in Charta ann. 1316. tom. 1. Probat. Hist. Brit. col. 1265 : *Nostre clos de outre l'eue,.... si comme il est clos et Amuré*. Pro lapidibus exstruere, in Chron. Tegerns. apud Oefelium tom. 1. Script. rer. Boicar. pag. 631. col. 2 : *Domum Muratam comparavit; sed et capellam Muratam ad fontem S. Quirini de novo erexit, quæ antea lignea fuit*.

¶ MURARE, Munire, claudere. Memoriale Potest. Regiens. ad ann. 1218. apud Murator. tom. 8. col. 1088 : *Et illico ligna et trabes in fluvio submergi fecit, et ripam ipsius fluminis petreriis et manganis et aliis machinis Muravit, et castris lignorum*.

¶ 2. MURARE VIVOS IN CRUCE, Ad muros crucifigere. Chron. Pisanum ad ann. 1017. apud Murator. tom. 6. col. 108 : *Fuit Mugetus reversus in Sardiniam, et cœpit civitatem ædificare ibi, atque homines vivos in cruce Murare; tunc Pisani et Januenses illuc venere, et ille propter pavorem eorum fugit in Africam*.

* 3. **MURARE**, *Muro* seu carcere includere. Elmham. in Henr. V. reg. Angl. cap. 4. edit. Hearn. pag. 9 : *Rebelles quosdam captos variis plectebat mortibus, alios aut in loca montana Murabat, aut in alias municiones seu castella valida fugere compellebat*. Vide *Murus*.

MURARII, Murorum artifices, Eginhardus ann. 821 : *Cum... eum ad castella sua munienda artifices et Murarios mittendo juvaret, etc*.

MURARIUM, Gloss. Græco-Lat. : Τριβάς, *Tritorium, Murarium*. [* Adde ex Castigat. in utrumque Glossar. leg. *Murtarium*. Vide in hac voce.]

¶ 1. **MURATA**, Monasterium, proprie Sanctimonialium, muris undique obseptum, claustrum. Vita S. Justinæ de Aretio n. 3 : *Ad quandam Muratam, quæ tunc temporis juxta Ecclesiam S. Antonii facta erat, in qua sorores aliquæ Deo servientes, accessit*.

2. **MURATA**, vox Italica, pro burgo muris clauso. Bulla Urbani VI. PP. apud Ughellum tom. 2. pag. 477 : *Cum Ecclesia cathedralis... posita sit et inclusa in cittadella seu fortalitio, alias vulgariter Murata nuncupato etc*. [** Adde chart. Gerlac. Archiep. Magunt. ann. 1349. apud Guden. in Cod. Diplom. tom. 3. pag. 342.]

* 3. **MURATA**, Agger, moles, quia instar muri. Charta ann. 1259. in Chartul. Buxer. part. 14. ch. 7 : *Nemus dou Boichart.... descendendo usque ad vadum de Noa, prout Murata, quæ est in dicto nemore, dividit*. Alia ann. 1202. ibid. part. 18. ch. 5 : *Concessit Deo et monachis de Buxeria vineam,.... sicut via dividit, quæ veniens Belna dirigit versus Corbot, usque ad territorium canonicorum Belnæ, erigens se per Muratas quasdam versus chiminum, quod dicitur Levez*.

* 4. **MURATA**, perperam pro *Minata*, Mensura agraria. Charta ann. 1307. in Reg. 44. Chartoph. reg. ch. 64 : *Concedimus duodecim Muratas terræ in territorio de Villarson in feodo nostro*. Vide supra *Mina* 3.

MURATIO, Eadem ferme notione. Brompton. in Stephano Rege : *Ego vero de castris et Murationibus meis securitatem talem Duci... consilio sanctæ Ecclesiæ feci, ne Dux me decedente per hoc damnum aut impedimentum regni incurrat.*

MURATOR, Confector murorum. Mamotrectus ad 4. Reg. cap. 25 : *Trulla, instrumentum cementarii, sive Muratoris.* [Acta B. Michelinæ tom. 3. Junii pag. 936 : *Septimo accedere debeant beccarii, barberii, Muratores.* Occurrit præterea in Statutis Vercell. fol. 212.]

* Glossar. Provinc. Lat. ex Cod. reg. 7657 : *Murador, Prov. architectus, Murator.*

MURATUM, Murus. Acta Synodi Cicestrensis ann. 1157 : *Ipsum Hugonem in quodam castro suo,... obsedit, valloque et castris undique circumdedit, omnemque illi egrediendi spem Murato interclusit.* Sic enim ibi legendum. Acta Episcoporum Cenoman. pag. 289. tom. 3. Analect. : *Vinum quoque et Muratum juxta altare positum, nullum Deo et sanctis ejus dans honorem, violenter abstulit, etc.* Ubi videtur sumi pro Cancello altaris. [Marchisii Annal. Genuens. ad ann. 1221. apud Murator. tom. 6. col. 425 : *Insuper cophanum unum plenum lapidibus et Muratum ante faucem Vintimilii pro ipsa* (urbe) *claudenda demersit.* Occurrit rursum ibid. col. 1196.]

¶ **MURAYLLIA**, Murus, a Gall. *Muraille.* Computus ann. 1324. tom. 1. Hist. Dalphin. pag. 132 : *Computavit dictus cellarerius... super Muraylliа per ipsum de novo facta in castro S. Saturnini.* Vide *Muraillia.*

¶ **MURCA**, pro Amurca. De S. Romano Abb. Jurensi tom. 3. Febr. pag. 740. ubi de Evangelico amico qui tres panes ab amico suo postulat : *Quod licet ineffabili divinoque, ut diximus, præemineat sacramento, habet tamen in Murca remunerationis quæstum, etiam dum simpliciter servatur in littera.*

¶ **MURCARE**, Murcinarius. Vide *Murcus.*

* **MURCINA**. Steph. de Infestura MS. ubi de Innoc. VIII. : *Cepit multas Murcinas rusticorum secure metentium et ibi laborantium.*

* **MURCORIUM**, Murcum. Glossar. Provinc. Lat. ex Cod. reg. 7657 : *Nerca, Prov. Nerca, Murcum. Nercas, Prov. Murcorium.* Ital. *Morchia* et *Morcia*, amurca.

MURCUS, Segnis, ignavus, mutilus. Iso Magister in Gloss. ad Prudentium : *Murcus, qui præcisum habet nasum.* Ammianus lib. 15 : *Nec eorum aliquando quisquam, ut in Italia, munus Martium pertimescens, pollicem sibi præcidit, quos localiter,* (al. *localiter*) *Murcos appellant.* Innocentius I. PP. Epist. ad Felicem Nucerianum Episc. : *Scripsisti in his Clericos quos constituas, non habere, aliquos vero Murcos, aliquos bigamos esse. Mursiam segnium Deam* statuit Arnobius lib. 4. adv. Gentil. Hinc *Murcidus*, pro ignavo, apud Plautum et al. et *Murcinarius, mutilus,* in Glossis Isidori. Vide leg. 5. Cod. Th. de Tyronib. (7,13.) et ibi Jac. othofredum, præterea Menagium in Amœnitat. Juris pag. 12. Edit. Martini.

Murcare Ungues, Resecare ungues, apud Monachum Sangallensem lib. 1. cap. 34.

¶ **MURDIFICATIO**, Murdrare, Murdrator, Murdrum, etc. Vide *Morth.*

* **MUREA**, Idem forte quod Italis *Murello* et *Muricciuolo*, Sedile lapideum. Charta ann. 1293. apud Murator. tom. 4. Antiq. Ital. med. ævi col. 669 : *Ædificium cujusdam domus longitudinis viginti septem pedum, et largitudinis decem pedum et dimidii, scilicet cupos, lambreclas, columpnas, spondas, Mureas positas in ea.*

MURELDEN. Charta Waldemari Regis Daniæ ann. 1326. apud Pontanum lib. 7. Rerum Danic. pag. 443 : *Si aliquis incusatus fuerit quod alecia in aquis emerit, ipse tertia manu se purgabit, et hac de causa constrictus Advocato nostro tantum tres Murelden tamen emendabit.*

¶ **MURELEGINUS**. Vide *Murilegus.*

¶ **MURELEGIS**, Cuniculus, Gall. *Lapin*, quia *Murilego* seu feli non dissimilis. Consuetudines et Assisiæ Forestæ : *Licitum est abbati de Burgo S. Petri venari et capere lepores, vulpes et Mureleges, infra metas forestæ.*

* Mallem, Feles silvatica, vulgo *Chat sauvage.*

¶ **MURELLUS**, Parvus murus. Miracula B. Simonis tom. 2. Apr. pag. 830 : *Et in quodam Murello dedit cum capite, etc.*

MUREMIUM. Vide *Materia.*

MURENÆ, Murenulæ, Mulierum ornamenta aurea, quibus metallo in virgulas lentescente, quadam ordinis flexuosi catena collum cingebatur, ut scribit D. Hieronymus Epist. 15. et ex eo Isidorus lib. 19. Orig. cap. 31. Gillebertus Episcop. London. in cap. 1. Cantici Canticor. n. 10 : *Murena piscis est, sed proceritate decorus, colorisque varietate conspicuus : unde dicuntur Murenulæ catenæ ex auro fabrefactæ, quæ collo circumdatæ protenduntur in longum, et annexæ monili hoc immobiliter fasciæ pectorali restringunt.* [Chron. Romualdi II. Archiep. Salern. apud Murator. tom. 7. col. 62 : *Instrumenta regii cultus in foro Trajani distrahi jussit, vasa aurea, pocula cristallina, et Murenam uxoream, ac suam, aureas et sericas vestes, et multa ornamenta gemmarum.* Unde et *murenam* virorum perinde ac mulierum ornamentum fuisse patet. Papias : *Murænulæ, cathenæ latæ et spissæ, de auro mire factæ, quæ capite defluentes ad cervicem ornandam optantur. Hæ auri et argenti texuntur virgulis, dictæ a Murena quæ capta vertit se in circulum.*] Auctor Mamotrecti : *Murenula, est catena in ornatum colli, ex virgulis auri et argenti, et contexta in similitudinem Murenæ piscis.* Leges Angliorum tit. 6. § 6 : *Murenas, nuscas, monilia, inaures.* Willeramus Abbas in Cantica Canticor. :

Auri Murenas argento vermiculatas
Nos tibi nectemus.

Murenulæ. Moses lib. 4. cap. 31 : *Periscelides, et armillas, et annulas, et dextralia, et Murenulas.* S. Hieronym. Epist. 15. ad Marcellam : *Aurum colli sui, quod quidem Murenulam vulgus vocat, quod scilicet metallo in virgulas lentescente, quadam ordinis flexuosi catena contexitur, absque parentibus vendidit.* Idem Hieronym. in cap. 3. Isaiæ : *Et Murenulas, quæ auri atque argenti texuntur virgulis.* Gregor. M. in Cantica Cantic. cap. 2 : *Murenulis monilia collo ligantur.* Gregorius Turonens. de Gloria Confess. cap. 33 : *Annulos Murenulasque aureas.* Willel. Tyr. lib. 18. cap. 31 : *Murenulæ, inaures, periscelidæ, etc.* Ubi vetus Interpres Gallicus murenulas, *Mousches fermaux* vertit. *Murenas et murenulas aureas* inter Basilicarum ornamenta non recenset Anastas. in Leone III. et Greg. IV : *Murenulas prasinales pretiosissimas duas.* Item : *Murenam trifilem auream, quæ habet buticulas 33.* Item, *Murenam in qua pendent gemmæ hyacinthinæ 13.* Item : *Murenam filatam.* Item : *Murenas tres, omnes morenas cum pettinante eorum.* Erant, inquit Bulengerus, monilia oblonga *munerarum* instar. *Pettinantem* vocat radiolos pectinatim insertos.

MURES, *Eminens saxum*, in Glossis antiq. MSS.

¶ **MURETUM**, Murus parvus. Charta ann. 1375. tom. 1. Gall. Christ. inter Instrum. pag. 52 : *Et ipsam ecclesiam desuper et ab exteriori parte ipsius barbacanæ, et Mureto fossatorum, quod est a parte sinistra ipsius ecclesiæ, junctum est.*

* 1. **MURETUS**, Parvus murus, Ital. *Muretto.* Lit. ann. 1384. in Reg. 125. Chartoph. reg. ch. 106 : *Jussit fieri per magistros prædictos lapicidas duos Murtos* (sic) *sive aleyas largitudinis sive spicitudinis trium palmorum.... A dicta turnella etiam fient simili modo duo Mureti spicitudinis, prout supra.* Vide *Muretum.*

* 2. **MURETUS**, Purpureus, murice tinctus. Testam. Phil. episc. Sabin. ann. 1372. ex Bibl. reg. : *Item capam et mantellum escallatæ Muretæ, cum capuciis folratis dominæ de Podio nepti meæ.* Provincialibus vero *Muret*, idem quod Gallice *Loir.* Glossar. Provinc. Lat. ex Cod. reg. 7657 : *Muret, Prov. Glis.*

MUREZNUS, [Pinna, ut videtur, Gall. *Creneau.*] Fori Oscæ ann. 1247. fol. 26 : *Si villanus, qui habet domos prope murum, in muro trabes fixerit, debet ipsum murum cum ipsis Mureznis, quoties necesse fuerit, reparare.* Infra : *Nullus debet in hæreditatem suam construere castrum,... nec munitionem cum Mureznis.* Vide Foros Aragon. fol. 145.

¶ **MURFACA**. Vide *Marfaca.*

¶ **MURGANALE**, Murgitatio. Vide *Morganegiba.*

* **MURGERIUM**, a veteri Gallico *Murgier*, Acervus, congeries, maxime lapidum. Charta ann. 1260. in Chartul. Buxer. part. 3. ch. 16 : *Ab illa comba usque ad Murgerium, quo quædam meta est.* Stat. Avellæ ann. 1496. cap. 166. ex Cod. reg. 4624 : *Si aliqua persona ceperit alienos lapides.... in alieno Murgerio vel amasso lapidum, etc.* Lit. remiss. ann. 1368. in Reg. 99. Chartoph. reg. ch. 188 : *Lequel vallet ainsi mort, ledit Nicolas l'eust fait trayner aus champs et fait enterrer et couvrir en un Murgier de pierres.* Aliæ ann. 1384. in Reg. 125. ch. 53 : *Ils s'enfouierent vers un Murgier de pierres près d'illec pour eulx deffendre.*

MURGISSO, *Callidus murmurator, irrisor, illusor*, Papias. [Festus : *Murgisonem dixerunt a mora et decisione.* Vide Martinii Lexicon.]

¶ **MURI** Mariani, *Furculæ, quibus via-*

toves sarcinas ferunt, a Mario inventæ. Vocabul. Sussannæi.

¶ 1. **MURIA.** *Puteus muriæ*, Aquæ sali conficiendo accommodatæ receptaculum. Vide *Montea.*

¶ 2. **MURIA**, *Fex olei*, in Gloss. ad Doctr. Alex. de Villa-Dei. Alia notione, vide supra in *Moria* 2.

¶ **MURICA**, inter animalia domestica, recensetur, in Monastico Anglic. tom. 2. pag. 666 : *Item de multonibus* 381. *de hurtis et Muricis* 207. *de hogris* 121. *et de agnis* 100.

MURICEPS, Felis, qui *mures capit.* Gloss. Ælfrici : *Muriceps vel musio, murilegus*, Catt. Petrus Diac. lib. 4. Chron. Casin. cap. 98 : *Paratos esse ex toto ante se canum, Muricipum, et equorum carnes comedere, quam, etc.*

MURICEPS, Avis quæ mures capit. Pœnitentiale MS. Thuanum : *Si tunc avis illa, quæ Muriceps vocatur, eo quod capiat mures, et modo Pascata nominata est, etc.* [** Apud Burcard. Wormat. Collect. Decret. pag. 198. *eo quod mures capiat et inde pascatur nominata, etc.* Vide Grimm. Mythol. Germ. pag. 657.]

MURICINUS. Charta Amati Archiep. Salernitani apud Ughellum tom. 7. pag. 506. de quadam Ecclesia : *In his hanc Salernitanam civitatem, inter muro et Muricino, etc.* Italis *Muriccia* est acervus lapidum; *muricio* vero et *muriciovolo*, parvus murus.

¶ **MURIES.** Charta Principis Adelgastri tom. 3. Concil. Hispan. pag. 89 : *Et quicquid infra istos terminos continetur, villas populatas, et illa villa de sancto Romano, Muries Vaccello et Villaluz.*

* **MURIGNALE.** Charta ann. 1343 : *Item quamdam domum, sitam infra villam Alavardi juxta Chavalam ex una parte,..... et juxta Murignale de Cuchifata ex altera.* Haud scio an sit pro *Mongnale*, vide supra.

MURILEGULI, Κογχυλευταί, in Gloss. Qui legendis conchyliis, seu murice, vel purpura, ad fucationem, seu ad colorandam et tingendam blattam sericam et metaxam in usus Principis, operam dabant, de quibus copiose agit titulus Cod. Th (10, 20.) et Justin. (11, 8.) *de Murilegulis*, ubi et *Conchylioleguli* dicuntur. Vide ibi Cujacium et Jacobum Gothofredum.

MURILEGUS, Felis. Glossæ Isid. : *Murilegus, Catus.* Gloss. Ælfrici : *Muriceps, vel musio, Murilegus*, Catt. Ugutio : *Murilegus, catus vel cata, quia legit, i. colligit mures.* Unde quidam :

> Murilegus bene scit, cujus gernobada lambit.

Ebrardus in Græcismo cap. 19 :

> Sed catulus latrat : hinc Murilegusque catillat.

Matth. Silvaticus : *Cattus, vel Murilegus.* Adde Nicolaum Uptonum lib. 4. de Militari officio, pag. 167. Odoricus de Foro Julio in Peregr. T. S. : *Canes illic capiunt mures, quia Murilegi, seu catti, nihil ad hoc valent.* Utitur etiam infra. Ordericus Vital. lib. 10 : *Porro leopardi rependo velut Murilegi murum transilierunt.* Fori Oscæ Jacobi I. Reg. Aragon. ann. 1247. fol. 34 : *Est trahendus Curiæloci, quæ ipsum nudum cum Murilego suspenso in collo ex parte posteriore duci faciat ab uno ostio civitatatis usque ad aliud; et cædi corrigiis isto modo, quod latro et Murilegus æqualiter feriantur, etc.* Adde Statuta Alexandri II. Regis Scotiæ, cap. 25. Falconem Beneventan. pag. 163. etc.

MURELEGUS, apud Knyghtonem lib. 3. pag. 2535.

MURELEGINÆ PELLES, in Statutis Abbatum Nigri Ordinis ann. 1249 : *Coopertoria sunt de albo vel nigro panno, vel de russeto cum pellibus agninis albis vel nigris, aut Mureleginis, aut vulpinis.* Julius Scaliger exercit. 215. in Cardanum : *Murilegos, Feles appellat : hanc vocem apud Plinium non memini, sed ne analogiam quidem habet. Longe diversa res, legere, et rapere. Montani vulgi nostri vocabulum est, neque felem significat, sed felis prædam soricem, eumque nonnisi parvum, et a reptione qua muros superat : aut quasi pusillum murem, translatis elementis.*

MURILEGUS, Catus, machina quam *Catum* vocant. Willel. Brito lib. 1. Philipp. :

> Cratibus interea, pluteis, et robore crudo,
> Murilegus struitur, sub quo secura lateret,
> Dum studet instanter fossas implere, juventus.

Vide *Catus.*

MURINA, Ἀρωματεῖον, in Gloss. Gr. Lat. Vide *Mus.*

MURINUS SONIPES, Equus a murium colore sic dictus, Gall. *Poil de Souris.* Agnellus in S. Felice PP. apud Murator. tom. 2. pag. 161 : *Ille vero Murino sedens sonipede, extrinsecus lustrata Italia, sexta reversus est hora, et ait ad socios : demus excubias istis, quo peragravimus civitatibus.*

MURIONES. [Papias : *Murio, morio.* Vide in hac voce.] Gregorius Turon. lib. 9. cap. 41 : *Exurgens turba Murionum præfatorum, tanta eos in ipsa sancti Hilarii Basilica cæde mactavit, etc.* Supra cap. 40. dixit, *congregati secum furibus, homicidis, adulteris, omniumque criminum reis, etc.* Putat Vossius legendum *Miriones*, quæ vox occurrit apud Tertull. lib. de Præscript. *Attius* apud Varron. lib. 6. de Ling. Lat. ita appellari ait *personas distortas oribus.* Glossæ Isid. et Pithœi : *Miriones, Miratores. Miriones, fantasiarum inanium numeratorum* (miratorum) *imitatores.* [Vide *Murones.*]

¶ **MURITIUM**, Parvus murus. Testament. Adelaidis Vicecom. Narbon. ann. 989. apud Marten. tom. 1. Anecd. col. 103 : *Et in burgo Villa-nova dono eis..... infra murum et Muritium casalem unum, cum ipsa curte.*

* **MURMARATIO**, pro *Immuratio*, ni fallor, in perpetuum carcerem inclusio. Charta ann. 1234. ex Chartul. Campan. fol. 436. col. 1 : *Super magna justicia hominum nostrorum de Pruvino pro sceleribus suis ad mutilationem membrorum, vel ad Murmarationem, vel ad mortem dampnandorum, etc.* Vide supra *Murare* 2.

* **MURMIRE**, *Peragrare, circuire.* Glossar. vet. ex Cod. reg. 7641.

MURMURIUM, pro *Murmur.* Vita S. Bertilæ cap. 2 : *Absque Murmurio studebat adimplere omnia quæ sibi fuerant injuncta.* Ita in Regulæ S. Benedicti MSS. Codicibus cap. 5. legi observant viri docti. Vox etiam nota S. Augustino. Occurrit præterea in lib. 2. Miracul. S. Rictrudis n. 80.

* Nostris *Murmurement*, Conquestio, querela. Vitæ SS. MSS. ex Cod. 28. S. Vict. Paris. fol. 11. v°. col. 1 : *La cause de cest Murmurement peut estre entendue double etc.* Lit. remiss. ann. 1448. in Reg. 179. Chartoph. reg. ch. 195 : *Plusieurs des manans et habitans des villes et lieux du païs de Languedoc,... qui ont esté... receveurs,.... ont fait monopoles, congrégations, assemblées, Murmuremens, etc.* Pro rumor, susurratio, in aliis ann. 1378. ex Reg. 114. ch. 208 : *Sur le Murmurement d'icelles paroles se départi d'illec ledit Guillaume Hue.* Ejusdem originis *Murmeler*, murmurari, verba indistincte proferre, in Mirac. MSS. B. M. V. lib. 1 :

> Ce m'est avis si sunt isneles,
> C'ains c'on ait dit deux misereles,
> Ont il dites et Murmelées,
> Bauboiés et verbelées
> Et lor eures et lor matines.

Ibidem :

> Siaumes rungier et Murmeler.

MURMURIOSUS, in Regula S. Benedicti cap. 7. Glossæ veteres : *Murmuriosus*, γογγυστής. Kero Mon. : *Murmuriosum, murmulontan.* [Vita MS. S. Winwaloei : *At vero illa ut puta prudentissima, non ad lucrum Murmuriosum, sed ad Deo gratias agendum.*]

* MURMUROSUS, Jurgiosus, rixarum amans, nostris alias *Murmureur.* Reg. visitat. Odon. archiep. Rotomag. ex Cod. reg. 1245. fol. 556 : *Frater Thomas se infestum seu exosum omnibus reddebat,... et coram nobis in capitulo invenimus litigiosum et Murmurosum.* Pœnit. Adami MS. cap. 22 : *Maulvais Murmureurs et rihoteux, qui ont vescu en cestui monde selonc leurs concupiscence.*

* **MUROBRECHARIUS.** Vide infra *Myrobrecharius.*

¶ **MUROLUS**, diminut. a Murus. Statuta Capituli Tull. ann. 1497. cap. 37 : *Cantetur Missa solemnis de Requiem, et fient exequiæ super eum. Officio expleto conducatur ab omnibus, et cum cruce usque ad Murolum ante ecclesiam.* [* Vel *Murotus.* Vide supra *Muretus* 1.]

¶ **MURONES**, Iidem qui *Muriones.* Formula 15. inter Baluzianas : *Nolite Domnæ, nolite sanctæ, nolite credere fabulas falsas : quia multum habetis falsatores, qui vobis proferunt falsos sermones, furi atque Muronis, similis etiam et susurronis.*

¶ **MURRA.** Vide *Mazer.*

¶ **MURRARE**, pro Murmurare. Gloss. Isid. : *Murrat, murmurat.*

* **MURRECHUS**, Idem quod *Murretus*, Xerampelinus color. Inventar. MS. thes. Sedis Apost. ann. 1295 : *Item iiij. med. obolos de Murrecho de auro.*

MURRENA, Lues, Anglis *Murraine.* Henr. Knyghton. lib. 5 : *Murrena damarum, ferarum.* Vide *Morina* 1.

MURRET, *Leviter distillat.* Ita Papias MS. ubi editus habet *mueret.*

MURRETUS, *Muretus*, Xerampelinus color, pullus et ater, ex Anglico *Murrey.* Visitatio Thesaurariæ S. Pauli Londinensis ann. 1295 : *Item baudekinus Murretus cum notis et floribus, de dono Reginæ. Item baudekinus murretus cum griffonibus... Item 2. baudekini murreti cum rotis et griffonibus duplicibus, etc.* Alibi : *Item pannus cum* *campo Mureto per partes, et aureo per partes, cum griffonibus.*

MURREUS, Murrinus. Vide in *Mazer*.

¶ **MURRHINA**, *Vinum myrrha conditum*. Papias.

¶ **MURRIRE**, *Clamare, proprie murium*. Gloss. Isid.

¶ **MURRUZ**, Morua, Gall. *Morue*. Charta ann. 1339. apud Rymer. tom. 5. pag. 146: *Quingenta* (lasta) *de Murruz,... allecia, Murruz et stokfish.*

¶ **MURSIA**. Vide *Murcus*.

¶ **MURT**, ut *Morth*. Vide in hac voce.

1. **MURTA**, Myrthus, apud veterem Agrimensorem. [Supplem. Antiquarii : *Murta*, μυρσίνη, *myrtus*.]

* 2. **MURTA**, Tomaculum, Ital. *Mortadella*. Convent. Saonæ ann. 1526 : *Item pro piscibus salsis sive saluminibus ac etiam recentibus, coctis sive de Murta, etc.* Vide supra *Mortairol*.

¶ **MURTARIUM**, θυία, *Mactatio*. Gloss. Lat. Gr. MSS. Sangerman. Vide *Morth*.

¶ **MURTETA**, *quasi Morteta, id est, aquæ refusæ a loco mortuorum, id est, inferis*. Papias.

* **MURTETUM**, *Lo bagno, e aqua calida de bagno*, in Glossar. Lat. Ital. MS. Vide *Murteta*.

¶ **MURTHRA**, Murtrum. Vide *Morth*.

MURTIPHLO, Flos cordis. Ita Guntherus in Histor. Constantinopol. cap. 8. ubi de Alexio Duca Imp. CP. cognomento Μουρτζοῦφλῳ : *Consilio cujusdam cognati sui, nobilis quidem viri, sed perfidi, qui Murtiphlo, id est, Flos cordis, in gente illa vocabatur.* At Nicetas in Isaac et Alex. num. 4. Alexium ita appellatum scribit, ἐκ τοῦ συνεπᾶσθαι τὰς ὀφρῦς, καὶ οἷον ὀφθαλμοῖς ἐπικρέμασθαι. *Morcuflex*, dicitur Villharduino num. 116.

* **MURTRERIUS**. Vide supra in *Morth*.

* **MURTUS**. Vide supra *Muretus* 1.

* **MURULENTUS**, Mucidus, Gall. *Moisi*. Gabr. Barel. sermo in Domin. 4. Advent. : *Nonne reputaretur insipiens, qui optimam romaniam vel malvaticum poneret in vase Murulento?* Infra : *In vase musido.*

¶ **MURUM**, pro Murus, Gall. *Muraille*. Charta ann. 1277. in Chartul. S. Vandreg. tom. 2. pag. 1500 : *Vendidi ... unam virgultam terræ quam habebam in excambio pro augmento hebergamenti dictorum religiosorum in quo augmento Mura hebergamenti fuerunt sita juxta culturam dictorum religiosorum.*

MURUS, Carcer. Concilium Tolosanum ann. 1229. cap. 11. de hæreticis : *Ad agendam pœnitentiam per Episcopum loci in Muro cum tali includantur cautela, quod facultatem non habeant alios corrumpendi.* Consilium Archiep. Narbon. in Concilio Biterrensi cap. 35 : *Bona quoque hæreticorum et credentium, vel pro hæreticis, vel ad Murum, faciatis similiter confiscari.*

Immurare, Carcere includere. Concilium Narbonense ann. 1235. cap. 9 : *Quia tamen intelleximus vos de his tantum in pluribus partibus multitudinem* (hæreticorum Albigensium) *invenisse, ut nedum expensæ, sed vix etiam lapides aut cæmenta sufficere possint ad carceres costruendos, consulimus ut eorum Immurationes, ubi expedire videbitur, differatis.* Nos dicimus, *Mettre en quatre murailles.* Mandatum Philippi Pulcri Regis Franc. ann. 1302. ad Senescallos Tolos. et Carcasson, in 12. Reg. ejusd. Regis Chartoph. regii num. 16 : *Mandamus vobis quatenus carceres nostros, Muros ad custodiam detentorum pro crimine hæresis vulgariter appellatos, in solo nostro constitutos, etc.* Adde Consilium Archiepiscopi Narbonensis in Concilio Biterrensi ann. 1246. cap. 22. 23. 25. 26. et Gariellum in Episcopis Magalonensibus pag. 276. Utitur etiam Thomas Walsinghamus pag. 464. [Le Roman *de la Rose* MS. :

Et jure qu'il ne puet durer,
Qu'el nel face vif Emmurer.

Murus Antepectoralis, Murus brevior, Vide *Anpits*.

* Murus Falsus, Quo porta, dehinc aperienda, occluditur. Charta Rogeri episc. Camerac. ann. 1180. ex Tabul. ejusd. eccl. : *Tempore guerræ* (porta) *clausa erit; et adhuc, si invaluerit timor, falso Muro interim munietur; sed pace reddita, absque calumnia reaperietur.*

* Murus Plenus, Lapidibus et saxis exstructus. Charta Eust. dom. *de Conflans* ann. 1242. in Chartul. Campan. ex Cam. Comput. Paris. fol. 380. v°. col. 2 : *Ego teneo domum meam de Maruel de domino Theobaldo Dei gratia rege Navarræ, Campaniæ et Briæ comite palatino legialiter; et ipse mihi concessit, quod ego possim ipsam perfirmare de plenis Muris, sine turribus.* *Murus*, nude, eodem sensu, in Charta ann. 1343. ex Reg. 75. Chartoph. reg. ch. 227 : *Quæ quidem hospitia erant tunc in parte constructa de Muro.*

Muris Ecclesiasticis Excludi, Excommunicari, apud Facundum Hermianensem lib. 6. cap. ult. et alibi.

MURUSCULUM, *Bellicum machinamentum, unde muri dissolvuntur, unde et dicitur.* Papias. [Ubi *Murusculum* pro *musculum* irrepsisse opinantur Carolus de Aquino in Lex. milit. Vide *Musculus* 1.]

MUS Peregrinus, Mus Ponticus, *Hermine. Peregrini muris pellicula*, apud S. Hieron. lib. 2. contra Jovin. Idem Epist. 8. ad Demetriadem : *Cincinnatulos pueros, et calamistratos, et peregrini Muris olentes pelliculas... virgo devitet. Renonem de pretiosis pellibus peregrinorum Murium*, apud Ordericum Vital. lib. 4. pag. 535. *Pelles silvestrium murium*, apud Ammianum lib. 31. Guibertus lib. 3. de Vitâ sua cap. 5 : *Cui etiam cum pacta pecunia tunicam ex peregrino Mure pelliciam, quam Renonem vocitant, puerorum mater misit.* Vide Dissertationem 1. ad Joinvillam.

Murina, Pellis muris Pontici. Alcuinus [** Angilb. lib. 3. vers. 225.] in Poemate de Carolo Magno :

Lactea quippe ferunt pretiosam colla Murinam.

Quidam legunt *murenam*, de qua voce supra : sed potior videtur *murina*, pro pelle collum ambiente; cujusmodi Roberto Regi tribuit Helgaudus, quod *ornamenta pellium a collo dependentium* vocat pag. 65. et 70. *Mure* dicitur in Poemate MS. de Expugnata Hierosolyma a Tito :

Li Seneschaus i vait, s'ot la Mure anfautrée,
Vestus d'une pelice richement agolée.

Est etiam *Murina*, lapidis pretiosi species, de qua Isidorus lib. 16. Orig. cap. 1[illegible].

¶ **MUS** Ponticus, Ordo Equestris de Britannia, institutus aut restauratus a Joanne V. Britanniæ Duce, circa ann. 1365. His torques aureus maculis distinctus, symbolum *A ma vie*. Hofman. ex Sammarthano.

1. **MUSA**, Instrumentum musicum, a *Musa* dictum, nostris *Cornemuse*. Herodianus lib. 4 : Πάσης τε μούσης ὄργανα πανταχοῦ διακείμενα ποικίλον ἦχον εἰργάζετο, *Omnifaria Musica instrumenta.* Lib. 3. Miracul. S. Dionysii cap. 7 : *Cum quidam rusticus irrefragabiliter Musa caneret, etc.* Joan. Molinetus Valentianensis, *au Chapellet des Dames* :

Et d'instrument dont j'oy les records,
Plus resonans que Muse de berger.

Ejusmodi instrumento musico pro tuba in bellis ac præliis utuntur Hiberni, ut testatur Richard. Stanihurstus lib. 1. de Reb. Hibernicis, a quo ita describitur : *Utuntur etiam Hibernici, loco tubæ, lignea quadam fistula, callidissimo artificio fabricata : cui saccus ex corio compositus, et cingulis arctissime complicatus, adhærescit. Ex pellis latere dimanat fistula, per quam, quasi per tubum, fistulator, inflato collo, et buccis fluentibus, inflat. Tum pellicula aere farcta, turgescit : intumescentem rursus premit brachio. Hac impressione duo alia excavata ligna, brevius scilicet ac longius, sonum emittunt grandem et acutum. Adest item quarta fistula, distinctis locis perforata, quam buccinator ita articulorum volubilitate, qua claudendo, qua aperiendo foramina, moderatur : ut ex superioribus fistulis sonitum, seu grandem seu remissum, quemadmodum ei visum erit, facile eliciat. Totius tamen rei prora et puppis est, ut aer per ullam aliam folliculi particulam, præter fistularum introitus, pervadat. Nam si quis vel acu punctum in culeo rimaretur, actum esset de isto instrumento, quandoquidem follis subito flaccesseret. Hoc genus sistri apud Hibernos bellicæ virtutis cotem esse constat. Nam ut alii milites tubarum sono, ita isti hujus clangore ad pugnandum ardenter incenduntur.* Ejusmodi γλωσσίδας τῶν αὐλῶν invenerunt Lydi, ut est apud Scholiastem Pindari Olymp. od. 5.

* Hinc *Muser*, eo instrumento canere. Mirac. MSS. B. M. V. lib. 3 :

Chaus qui Musent et qui flagolent, etc.

2. **MUSA**, *Confectio quædam, opiata*. Gloss. MSS. ad Alexandr. Iatrosoph.

3. **MUSA**, pro *Musivo* opere. Vide in *Musivum*.

4. **MUSA**, seu μοῦσα, inter ministeria sacra apud Græcos inferioris ævi, de cujus vocis notione consulendi Meursius in Gloss. et Leo Allatius lib. de Recentiorum Græcor. templis pag. 149. et de Concordia utriusque Eccl. pag. 1604.

* 5. **MUSA**, Libri cujusdam titulus. Obituar. eccl. Lingon. ex Cod. reg. 5191. fol. 174. v°. : *Frater Ludovicus porterius prioris prioratus Barri-ducis, ordinis S. Benedicti, Tullensis diocesis, huic ecclesiæ librum, qui dicitur Musa magistri Hugonis de Orchiis, in duobus voluminibus, in choro ejusdem ecclesiæ cathenatis, erogavit.*

* 6. **MUSA**. Polypt. Matiscon. fol. 12. v°. : *Curati et rectores earumdem* (ecclesiarum parochialium) *per se vel alium presbi-*

rerum assistere debent circumcirca altare majus B. Vincentii Matisconensis induti sacerdotalibus vestimentis, quando episcopus celebrat in pontificalibus, et ibidem stare; quæ astantia seu statio, vulgo Musa nuncupatur.

** **MUSAC**, Vox Hebraica quæ occurrit 4. Reg. cap. 16. vers 18. ubi Mammotr. : *Musach, i. archam in quam reponebant donaria regum et principum ad reficienda sarta tecta templi.* Unibos vers. 26 :

> Non est in Musac cæsarum,
> Nec corbanon pontificum,
> Argenti tantum pretium,
> Quantum tegit tugurium.

Inde pro ventre in Rein. Vulpe lib. 4. vers. 925 :

> Sis mihi tu Jonas, et tibi cetus ego.
> Ecce prophetatum satis est, tibi sicut amico
> Dicitur, in Musac projiciere meum.

¶ **MUSACHINUM**, Dorsi armatura, Academicis della Crusca : *Musachino, parte di armatura di dosso, della quale s'e perduto l'uso.* Computus ann. 1334. tom. 2. Hist. Dalphin. pag. 278 : *Item pro arnense uno de malla de aczario sine Musachinis et collario cum paro uno de caligis unc.* v.

* Nostris *Musequin*. Pedag. Peron. ex Chartul. 21. Corb. fol. 334. v°. : *Item le Musequin ne doit riens.*

¶ 1. **MUSÆUM**, *Ægyptia erat mensa continens viros in toto terrarum orbe doctrina celebres.* Vocabular. Sussannæi.

¶ 2. **MUSÆUM** Opus, Musaicum. Vide infra *Musivum*.

* **MUSAICUS**, Musicus. Elmham. in Henr. V. reg. Angl. edit. Hearn. cap. 30. pag. 73 : *Festum nativitatis D. N. J. C. constituit celebrari, cujus solitas observancias devotis laudibus,... et Musaicis concentibus,... dilatavit.*

¶ **MUSALAMII**. Vide *Musulmani*.

MUSANDINUS. Egidius Corboliensis qui vixit sub Philippo Aug. lib. 2. de Medicaminibus MS. :

> Dulcia Threicii resonans modulamina vatis
> Tange cheli, digitisque fides percurre sonoras,
> Largo Cirrei libamine pota fluenti,
> Diva Musandinas evolve et dissere leges.

Idem in Proœmio ad librum de Urinis : *Ab hoc autem opere fugiant, qui planetici sunt, et discursores alienis fecibus imbuti, et a Musandino dogmate recedant alieni.* Idem :

> Claude Musandini torrentes fluminis undas.

Ubi Gentilis de Fulgineo : *Id est, inundationes documentorum illius viri qui dictus est Petrus Musandinus, quem imitatus est Egidius.* Idem Egidius lib. de Pulsibus :

> Verba Musandino maneant condita sapore.

Ubi Gentilis : *Id est, sapidis et sententiosis auctoritatibus Petri Musandini, qui fuit patronus et supremus opifex hujus facultatis, qui alium non habuit parem, nec habiturus est sequentem.* De Petro Musandino non meminerunt, opinor, qui de Scriptoribus Medicis scripserunt; nisi quod is laudatur ab Arnoldo de Villanova in Breviario practicæ, ubi Medicum Pariensem fuisse ait.

MUSARABES. Vide *Mosarabes*.

MUSARDUS, Otiosus, piger, stupidus, forte ex Germanico, *Muss*, otium : aut ex *Musare*. Papias : *Musat, dubitat in loquendo, timet, murmurat. Musare*, Florentinis, est *stare senza far niente, come stupido.* Ita etiam *Muser* Gallis est otiari, vel rebus nullius momenti immorari. [Edictum Caroli Johannis Reg. primogeniti ann. 1356. tom. 3. Ordinat. Reg. Franc. pag. 131 : *Ainsoiz leur convenoit Muser et despendre tout le leur, et eulz en aler senz rienz faire.*] Adelbero Laudun. Episcop. in Carmine ad Robertum Regem :

> Si musas celebres, clament Musarde Sacerdos.

Galterus *de Mets* in Mappa mundi MS. cap. 50 :

> Quant à la Ville fui revenus,
> Des gens fui pour Musars tenus,
> De che que gy osai monter.

Joinvilla in S. Ludovico pag. 6 : *Ha foul masart, Musart.* Guill. *Guiart* ann. 1208 :

> Sont-il bien tous Musars et nices.

Le Roman *de Vacces* MS. :

> Li Rois fu mult dolens, mult se tint à Musart.

[Vetus Poëta MS. in Bibl. Coislin. :

> Musard dit l'oisel estordi
> Or as tu tot mis en oubli.]

Le Roman *de la Male Marastre : Et li Empereres dist, Mal de het au qui nous salve, maistre Musart, et moult i estes hardes qui i estes venu en ma presence.* Adde Christinam Pisanam lib. *de la Cité des Dames*, 1. part. cap. 4. Hinc *Musardie*, segnities, stupiditas. [Le Roman *de la rose* MS. :

> Quiconques croye, ne qui die,
> Que ce soit une Musardie.]

Ægidius *de Vieils maisons :*

> Je ne voi point comment on peut baer,)
> Ne attendre à plus haut Musardie,
> Que de querir le bien là ou n'est mie.

Guill. Guignevilla in Peregrinatione animæ:

> En toy je ne voy que sotie,
> Et nichetie et Musardie.

Le Roman *de la Violette :*

> Puis dist, Je vous ferai sçavoir,
> Sire Vassaus, vo Musardie.

Vide Menagii et Ferrarii Orig. Ital.

* *Museteeur*, in Mirac. MSS. B. M. V. lib. 2 :

> Ne soyons pas Musetéeur,
> Mais tout ades aions péeur.

Hinc *Muserie*, Nugæ, ineptiæ, in Lit. remiss. ann. 1448. ex Reg. 179. Chartoph. reg. ch. 191 : *Lequel* (bateleur) *faisoit agenoiller les bonnes gens devant lui et leur preschoit plusieurs gabuseries et Museries.* Glossar. Provinc. Lat. ex Cod. reg. 7657 : *Musar, Prov. vagari, unde vagus.* Conf. *Muta*, 3.

¶ 1. **MUSARE**, Musicæ operam dare. Hugo Metellus Epist. 40. ad Humbertum quemdam condiscipulum tom. 3. Analect. Mabill. pag. 463 : *In Tullio simul declamavi tecum, in arithmetica numeravi tecum, in musica Musavi tecum, sub geminis natus sum tecum.* Vide *Musardus*.

¶ 2. **MUSARE**, Visere, adire, salutare. De B. Notkero Balbulo sæc. 5. Bened. pag. 14 : *Nam Rex* (Carolus) *cum ob caritates agendas fratribus, ut solebat, cœnobio veniret, totumque triduum gratia reverentiæ conversantium ibidem moraretur, sanctisque nostris, ut et Ratpertus scribit, munificus abbate jam Musato abire parasset, etc.* Notione non multum diversa *Muser* pro spectare usurpat le Roman *de la Rose* MS. :

> Tout l'estre du vergier encusent
> A cels qui dedans l'euc Musent.

¶ **MUSATICUS**. Vide *Pierius*.

MUSATILIS Ars. Vide in *Musivum*.

¶ **MUSATOR**. Vide *Mugissor*.

MUSCA. Auctor Mamotrecti ad 8. Judic. : *Monile ornamentum quod dicitur Musca.* Monasticum Anglicanum tom. 1. pag. 240 : *Dedit unum aureum calicem,... et unam auream Muscam pulcre gemmis ornatam.* Vide *Muscarium*, et *Nusca*.

Musca in Cerebro. Conradus Usperg. in Frider. I. ann. 1167 : *Principatum Ravennæ Conrado de Luzelinhart contulit, quem Itali Muscam in cerebro nominabant, eo quod plerumque quasi demens videretur. Musca in cervello* appellatur in Actis Innocentii III. PP. pag. 5. et apud Anonymum Casinensem ann. 1193. Vide Scaligerum in Eusebium pag. 201. 2. Editionis.

¶ **MUSCADELLUM**, Vinum ex *muscatello* confectum. Charta ann. 1345. tom. 2. Hist. Dalphin. pag. 519 : *De vino* D. *somat... de Muscadello* IIII. *som. val.* XIII. *flor.* Vide *Muscatellus*.

* **MUSCALE**, Idem quod *Muscarium*. Inventar. S. Capellæ Paris. ann. 1363. ex Bibl. reg. : *Item duo flabella, vulgarice nuncupata Muscalia, ornata perlis.* Aliud ann. 1376 : *Item duo flabelli, Gallice Esmouchoirs, ornati de perlis.*

* Nostris alias *Mouchete* et *Mouchote*, Examen apum, vulgo *Essaim*. Libert. villæ *de Poilly* ann. 1341. in Reg. 74. Chartoph. reg. ch. 68 : *Se il avenoit que lesdiz habitans... trouvassent une Mouchete ou plusieurs ou finage de Poilly,... les trouveurs auront la moitié de ladite trouveure pour leur part.* Consuet. Castel. ad Sequanam ex Cod. reg. 9898. 2 : *Quiconques trouve Mouchotes en la ville et finage de Chastillon et il la reçoit en son vaissel, etc. Mouchette*, in Lit. remiss. ann. 1407. ex Reg. 161. ch. 297 : *Le suppliant avoit emblé environ six bezennes ou paniers de Mouchettes, etc.*

¶ **MUSCARDA**. Vide *Muscerda*.

* **MUSCARDUS**, Accipitris species, Tertiarius, Ital. *Moscardo*, Gall. *Mouchet*. Stat. Cadubr. lib. 3. cap. 82 : *Quicumque invenerit vel acceperit hæram falconi vel trizoli, austuris, seu trizoli ab austure, sparaverii vel Muscardi, vel aliquem de dictis avibus ceperit, etc* Vide *Muscetus*.

MUSCARIUM, Μυοσόβιον, in Gloss. Lat. Gr. Gloss. Lat. MS. Reg. : *Flavellum, Muscarium.* Jo. de Janua : *Flabellum, Muscarium, scilicet quo muscas abigimus.* S. Hieronym. Epist. 20 : *Quod autem et matronis offertis Muscaria, parvis animalibus eventilandis, etc. Moschetto*, Italis : *Moschetum*, in Statut. Mediolan. part. 2. cap. 457. Vide *Flabellum*.

☞ Insigne est inprimis Muscarium in ecclesia Trenorchiensi asservatum, quod delineari curavit Auctor Historiæ ejusdem loci propediem in publicum proditurae. Cui usui fuerit indicant versus ei inscripti, referente Mabillonio tom. 4. Annal. pag. 356 :

Sunt duo quæ modicum confert æstate flabellum :
Infestas abigit muscas, et mitigat æstum.

Manubrium eburneum sculptili opere decorum duos amplius pedes longum est, in quo auctoris nomen hoc versu exprimitur :

Joel me sanctæ fecit in honore Mariæ.

¶ **MUSCATA**, Nux aromatica, Gall. *Muscade*. Rolandinus de Factis in marchia Tarvisina lib. 1. cap. 13. apud Murator. tom. 8. col. 181 : *Pomis, dactylis et Muscatis, tortellis, pyris et cotanis.* Vita B. Lidwinæ tom. 2. Apr. pag. 274 : *Interdum sumebat modicum zucaræ vel cynnamomi aut dactylorum sive Muscatæ.*

* Alias *Noix mugnaute*. Card. Cajet. in Summa v. *Communio* num. 2 : *A fide dignis accepi quemdam bonum sacerdotem multo tempore, pro reverentia sacramenti præaccepisse nucem Muscatam, ut bonum odorem stomachi Eucharistiæ præpararet.* Consuet. feriar. Trecens. ex Cod. reg. 8312. 5. fol. 150. v°. : *Chascune livre de saffran, de noix Mugnautes, de girofle, etc.* Hinc emendandæ Lit. ann. 1349. tom. 2. Ordinat. reg. Franc. pag. 320. art. 3. ubi perperam editum *Nois Muguettes;* legendum enim *Nois mugnettes* vel *Mugnautes.*

¶ **MUSCATELLA**, Eadem notione qua *Muscatellus*. Charta ann. 1461 : *Debeant et sint astricti de novo cavare et plantare unam vineam de Muscatella.*

¶ **MUSCATELLUM**, Vinum Apianum. Computus ann. 1336. tom. 2. Hist. Dalphin. pag. 285 : *Item, die 19. Decembris apud Bellumvidere liberavit cuidam nuntio qui portavit vinum Muscatellum domino ad terram Faucigniaci, pro expensis suis et animalis deferentis vinum prædictum., IX. d. gr.* Adde Chron. Bergom. apud Murator. tom. 16. col. 895. Vide mox *Muscatellus.*

* Nostris *Muscadet*. Ordinat. ann. 1415. in Reg. 170. Chartoph. reg. ch. 1 : *Vin bastart, Muscadet, ou autres semblables vins, etc.*

MUSCATELLUS, Vitis species, ex qua vinum Apianum conficitur, de qua Petrus de Crescentiis lib. 4. cap. 4. sic dicta, inquit Oct. Ferrarius, quod *Muscæ* et apes hujusmodi uvas appetant. [Vide *Moscatellus.*]

*Gall. *Muscat*, alias *Muscade*. Lit. remiss. ann. 1473. in Reg. 194. Chartoph. reg. ch. 370 : *Lesquels compaignons estans en ung jardin assis prez la muraille de la ville de Romans, où ilz estoient allez en entention de y trouver des Muscades, etc.*

MUSCATORIA, Emunctoria candelarum, *Mouchete*, vel *Emouchoir*. Liber Ordinis S. Victoris Parisiensis MS. cap. 12. de Officio Refectorarii : *Sed et matas, supersedes, et Muscatoria, et duciculos ad lavatorium, et ipsum lavatorium, quoties opus est, emundare, etc.*

* Nostri *Moucheron* appellarunt accensæ candelæ residuum. Lit. remiss. ann. 1409. in Reg. 163. Chartoph. reg. ch. 485 : *Thomas M chelot soufla et estaingny la chandelle, et n'en demoura que un Moucheron, dont l'en ne veoit gueres cler en la chambre où ilz estoient.* Aliæ ann. 1448. in Reg. 176. ch. 628 : *Le suppliant respondi qu'il n'avoit point de chandelle; et ce nonobstant leur en fist bailler par sa femme ung Moucheron.* Vide supra *Mocadus.*

MUSCATORIUM, Idem quod *Muscarium*. Visitatio Thesaurariæ S. Pauli Londinensis ann. 1295 : *Septem osculatoria, et unum Muscatorium de pennis pavonum.*

MUSCATUM. Vide *Muscus.*

MUSCERDA, *Stercus murium*. Papias. [Male in Gl. Isid. *Muscarda.*]

* *Estront de souris*, in Glossar. Gall. Lat. ex Cod. reg. 7684.

MUSCETUS, Accipitris vel falconis species, quem alii *Fragellum* vocant, apud Albertum M. lib. 23. de Animal. et Anonymum de Natura rerum. *Muschetus*, dicitur Petro de Crescentiis lib. 10. de Agricult. cap. 2.

¶ **MUSCHEA**, ut mox *Muscheta*, *Mosquée*. Jacobus de Varagine in Chronic. Januensi apud Murator. tom. 9. col. 32 : *Patriarcha autem et quidam Apostolicæ Sedis Legatus Muscheam majorem in honorem B. Petri Apostoli, et aliam in honorem S. Laurentii consecravit.*

MUSCHETA, Mosquea, Templum Mahumetanum. Will. Apul. lib. 3. Rer. Norman. :

Glorificansque Deum, Templi destruxit iniqui
Omnes structuras, et quæ Muscheta solebat
Esse prius, Matris fabricavit virginis aulam :
Et quæ Machameti fuerat cum dæmone sedes,
Sedes facta Dei, fit dignis janua cœli.

Bernardus *de Breydenbach* in Itinerario Terræ Sanctæ : *His diebus quibus in Muschetis congregantur, et quando præcipuas habent solemnitates, etc.* [Idem : *Juxta illud templum modernus Soldanus novam edificavit ecclesiam sive Muschteam.* Caffari Annal. Genuens. lib. 1. apud Murator. tom. 6. col. 252 : *Saraceni namque illico arma et alia dimiserunt, et ad Muschetam eorum fugere incœperunt.* Occurrit ibid. non semel.] Nicolaus *Huen* in Itinerario Hierosol. : *A la maison S. Anne a une tres belle Eglise en l'honneur d'elle fondée : mais ils en ont fait une Musquette.* [Vide *Moscheda.*]

MUSCHETTA, Telum quod balista validiori emittitur, apud Sanutum lib. 2. part. 4. cap. 22 : *Potest præterea fieri quod hæc eadem balistæ tela possent trahere quæ Muschettæ vulgariter appellantur.* [Hist. Cortusior. lib. 2. apud Murator. tom. 12. col. 795 : *Alia tertia pars immediate balistas suas ponderet cum Muschettis, et quod telis etiam sagittet.* Joan. Villaneus lib. 10. cap. 21 : *Molti ne furo feriti e morti di Moschetti, e di balestri di Genovesi.*] Guill. de Guignevilla in Peregrinatione hominum :

Ne nuls tels dars ni puet meffaire,
Combien que on i sache traire,
Malevoisine dos sajettes,
Ne espringalle ses Mouchettes.

Hinc fortasse nostris sclopetariæ machinæ, *Mousquets* : nam ut a falconibus venaticis machinas tormentarias *Falcones* et *falconia* appellarunt; ita et *Muschetas*, quo nomine dicuntur *sparvarii* masculi, vulgo *Mouchets* : Germanis vero *Sprintz*, unde *Springalles*, et *Espringales*, ejusmodi machinæ, quibus emitti *muschetas* innuit Guignevilla, ut auctor est Oct. Ferrarius in v. *Smeriglio*. *Espringalarum* meminit Chronicon Flandriæ cap. 110. extremo, et alii passim. [Vide Gloss. Græc. Barb. in Μου., et supra *Moschetta*]

¶ **MUSCHETUS** Vide *Muscetus.*

¶ **MUSCHTEA**. Vide *Muscheta*.

¶ **MUSCHUM**. Vide *Muscus*.

* **MUSCIDUS**, Mustarius. *Vinum muscidum*, mustum. Charta ann. 1315. in Reg. 93. Chartoph. reg. ch. 65 : *Cum ipsi prædicti servitia annua vinaria domino regi ab eis debita, tempore vindemiarum, vel statim post, de vinis suis calidis et quasi Muscidis ac in tinis adhuc existentibus consuevissent ipsi solvere.* Vide mox *Mustalis.*

¶ **MUSCILLAGINOSUS**, apud Roch. *le Baillif* in Diction. Spagyr. : *Aqua lubricata est Muscillaginosa, ut sirupi.*

* **MUSCINARIUS**, ut supra *Musardus*, Otiosus, piger, stupidus. Glossar. vet. ex Cod. reg. 7641 : *Muscinarius, inutilis, ἄχρηστος.*

MUSCIO, Musoino, vel *Musmo* et *Musimo*, Asinus. Jo. de Janua : *Muscino vocatur animal quod ex capra et ariete nascitur, et est dux gregis.* Hericus Monachus de Miraculis S. Germani Autisiod. Episcopi cap. 52 : *Tum exanime atque extensum* (asini) *cadaver ostenditur : ad quod accedens ait, Surge Muscio, et revertamur hospitio. Hic baculo ammonitus contremiscit, et statim prosiliens, dorso auribus concussis, nihil adversitatis se passum alacri vigore testatur.* Supra *Asinulum* appellavit. [Isthæc asini fabula integra omittitur in vetustissimo Sangerm. ejusdem Herici MS. Codice.] Apud Papiam, *Musciones, vulgo, a muscis vocantur : iidem et bibiones, sicut et Poeta ait : In oculis suis bibiones volant.* [Gloss. vetus MS. Sangerm. : *Musmo, vocatur animal quod ex capra et ariete nascitur.* Vide Isid. lib. 12. Orig. cap. ult.]

¶ **MUSCIPULA**, Felis, quod muribus insidias faciat sic dictus. Vide *Masipula.* Boncompagnus de Obsid. Anconæ cap. 11. apud Murator. tom. 6. col. 936 : *Quidam eorum canes, Muscipulas et mures eo tempore comederunt.* Chron. Andr. Danduli apud eumdem tom. 12. col. 358 : *Fatentur canes et Muscipulas ac vilissima quædam gustasse.*

¶ **MUSCIPULARE**, Insidias componere, alicui quiddam machinari, Gall. *Tramer contre quelqu'un*. Fredegarius in Chron. : *Brodulfus volens nepotem stabilire in regnum, adversus Dagobertum Muscipulare cœperat : sed hujus rei vicissitudinem probavit eventus.* Vetus Vocabul. ex Grævio ad Gloss. Isid. *Muscipulor, decipio;* quia mures muscipulis decipiuntur. Hinc

MUSCIPULATOR, *Deceptor*, Ugut. et Isid.

1\. **MUSCLUS**, pro *Musculus*, licentia Poetica, Machina bellica, de qua Cæsar lib. 2. de bello civili, Vegetius lib. 4. cap. 16. Isidorus lib. 18. Orig. et alii passim. Abbo lib. 1. vers. 99. de Obsidione Lutetiæ :

Qui vero cupiunt murum succidere Musclis.

Guillelmus Armoricus in Philippo Aug. ad ann. 1202 : *Musculi ductiles, sub quibus tuto latebant qui expugnabant castrum.* [Vide Carolum de Aquino in Lexico milit. et supra *Catus* 2.]

¶ 2. **MUSCLUS**, rursum pro *Musculus*, Mytilus, piscis genus, Gallice *Moule*. Charta Henrici IV. Reg. Angl. ann. 1401.

apud Rymer. tom. 8. pag. 634 : *De quolibet batello piscatorio, cum pisce, allece, ostriis vel piscibus vocatis Musclis, etc.*

* 3. **MULSCUS**, Fustis seu baculi species videtur. Lit. remiss. ann. 1415. in Reg. 169. Chartoph. reg. ch. 77 : *Ut saltim traderent unam tunicam, quam alter ipsorum* (pastorum) *supra Musclum portabat.*

¶ **MUSCO**, *Magna musca.* Vocabular. vetus apud Martinium.

MUSCULA, Concha margaritifera. Henricus Huntindon. lib. 1. Hist. : *Inter quæ sunt et Musculæ, quibus sæpe inclusam margaritam omnis quidem coloris optimam inveniunt.* Videtur legendum *nusculæ*, vel *nuculæ*, parvæ nuces. Vide *Musca.* [Hæc medica manu non indigent; est enim *Muscula* vel *Musculus*, conchæ species in qua margaritæ reperiuntur; Græcis μύαξ, Athenæo μύες.]

* **MUSCULARIUM**, dimin. a *Muscariam.* Glossar. Provinc. Lat. ex Cod. reg. 7657 : *Devendalh, Prov. flabellum, muscarium, Muscularium.*

* **MUSCULATUS**, Ad modum *musculæ* seu conchæ effictus. Vide *Muscula.* Inventar. MS. thes. Sedis Apost. ann. 1295 : *Item duodecim boctoni auri Musculati, ponderis quatuor unciarum.*

1. **MUSCULUS**, Navigii species. Gloss. Saxon. Ælfrici, cap. de Navibus : *Musculus*, s c e o r t s c i p, i. brevis navis. Gloss. Isid. et Ugutio : *Musculus, parva navis.* Occurrit præterea in Notis Tyronis inter alia navigiorum vocabula.

* 2. **MUSCULUS**, *Instrumentum, quo murus cito laceratur, Gall. Pic.* Glossar. Lat. Gall. ex Cod. reg. 521. Pro machina bellica, de qua Cæsar lib. 2. de Bello civili, occurrit in Tract. MS. de Re milit. et mach. bellic. cap. 65 : *Omne ædificium sive machina bataglandi, ante se habere debet mantellum ambulatorium, sive Musculum ambulatorium, sub quibus stantes balistari sive scopitari defendentes machinam et eam ducentes retro aut ante.* Vide *Musclus* 1.

* 3. **MUSCULUS**, Os, facies, nostris popularibus *Museau.* Lit. remiss. ann. 1372. in Reg. 104. Chartoph. reg. ch. 37 : *Dictus Jarosse cum uno magno baculo percussit dictam Margaretam supra Musculum, quem adhuc ipsa dolet ex illo ictu.* Aliæ ann. 1399. in Reg. 154. ch. 407 : *De plato dicti ensis dictus clericus percussit ipsum Bernardum supra Musculam, et cum puno duobus ictibus supra pectus.* Vide *Musum.*

MUSCUS, Moscus, Moschus, Odoramentum quod ex umbilico cujusdam animalis colligitur, quod ita describitur a Paulo Veneto lib. 1. cap. 62 : *Invenitur in hac provincia Muschum optimum, et quo melius in mundo non invenitur. Est enim animal quoddam pulcherrimum in hac provincia, catti habens magnitudinem, et pilos grossos ut cervus, pedes quoque habens ungulatos, et dentes quatuor, duos supra, et duos infra, longitudine trium digitorum : juxta umbilicum vero inter cutem et carnem vesicam habet sanguine plenam, et sanguis iste est Muschum, a quo tam suavissimus exhalat odor.* Adde lib. 2. cap. 34. 37. 38. *Gazelam* vocat Julius Scaliger exercit. 211. in Cardanum § 3. 4. 5. 6. Vita S. Pelagiæ cap. 11 : *Totum implevit aerem ex odore Musci. Musco fragrare*, apud Hieronymum in Jeremiam cap. 23. Et in Epitaphio Marcellæ : *Aurum portare cervicibus, et auribus perforatis rubri maris pretiosissima grana suspendere, fragrare Musco mure, etc.* Joannes Sarisber. lib. 8. Policr. cap. 12 : *Istos tamen qui Musco et speciebus exoteris placant olfactum, et provocant, etc.* Chronicon Reicherspergense pag. 269 : *Misit ei centum folliculos Mosci.* Mox : *Et bestiolam quæ fert Moscum.* [Computus ann. 1334. tom. 2. Hist. Dalphin. pag. 278 : *Item, pro Musco, pro Domina Dalphina, taren.* XII.] Quod attinet ad vocem *muscus*, occurrit apud Arnobium et Apuleium, ita ut non adeo recens videatur. Vide Diodorum Euch. lib. 1. Polychemiæ cap. 23 et Constantinum African. lib. 5. de commun. loc. medic. cap. 31. [Medicina Salern. pag. 240. Edit. 1622 :

Gaudet hepar spodio, mace cor, cerebrum quoque Moscho.]

* Gall. *Musc; Muge*, eadem notione, nisi sit pro *Muguet*, in Mirac. MSS. B. M. V. lib. 2 :

Que plus que Muge ne que mente
Flaira souef lor renomée.

Muscatum, Musci odor, apud Ruffin. lib. 3. de Vitis PP. num. 39 : *Propter thymiamata et Muscata, et alia diversa, etc.* [Computus ann. 1334. tom. 2. Hist. Dalphin. pag. 283 : *Item, cuidam Lombardo per manus Michaelis ypothecarii domini pro Muscato empto per dominum*, XII. *flor.*]

MUSEA, Musia, Musiarius. Glossæ Isidori : *Musea, nidi soricum. Musiæ, nidi soricum. Musiarius, qui per musia quærit.* Hinc forte *Musardi*, de quibus supra, dicti, quod rebus nihili immorentur, dum in foraminibus quidpiam quærunt. Glossæ Pithœanæ : *Musea, cavi murium.*

MUSEIARIUS. Vide *Musivum*,

MUSELENENSES, pro *Mosellanenses*, Populi ad Mosam, apud Ditmarum lib. 5. pag. 54. quam vocem non intellexit Editor.

MUSELEUM. Vide *Musivum.*

MUSELLA, Tributi species, apud Turcos Asiaticos. Guibertus lib. 8. Hist. Hieros. cap. 8 : *Satrapa itaque pacto inter eos inito, Comiti eidem portam illam aperuit, per quam eatenus Hierusalem introeuntes peregrini, et introire, et pensiones, quas Musellas vocare solebant, solvere nimis indebite ac crudeliter cogebantur.*

¶ **MUSELLARE**, Os pastomide occludere. Chron. Farfense apud Murator. tom. 2. part. 2. col. 662 : *Insuper Dei famulum spoliatum nudum cum quadam muliere in foveam miserunt; alium vero Musellaverunt, et morti tradiderunt.*

* **MUSELLATUS**, Appellans, apud Speculat. de Appellat v. *Si quis est Musellatus.*

MUSELLUM. Vide *Musum.*

¶ **MUSELLUS**, Rostrum, rictus, Gallice *Museau.* Charta ann. 1309. tom. 1. Hist. Dalphin. pag. 86 : *Item sciendum est, quod de quolibet bove seu vacca venditis in dicto macello, lingua, quatuor pedes et Musellus cum tribus plenis digitis de corio cum Musello levantur.* Vide *Musum.*

* **MUSEPENEGHE**, vox Belgica, Quod pro mensura exigitur, idem quod *Mensuraticum.* Charta Margar. comit. Fland. ann. 1275. in Chalur. Fland. ch. 343. ex Cam. Comput. Insul. : *Les droitures qu'il avoit achatées à ceaus ki nos doivent la rente de tel espier, deniers que on apele Musepeneghe; c'est assavoir de trois termines de la recepte, de chascun hoet de fourment quatre deniers, et de chascun hoet d'avaine deus deniers de nostre monnoye de Flandre.*

¶ **MUSEUM.** Vide *Musivum.*

¶ **MUSEUS**, Qui penui præest. Leges Palatinæ Jacobi II. Reg. Majoric. tom. 3. Junii pag. XX : *Ordinamus itaque et volumus, quod unus bonus et legalis, qui cognominetur Museus, ex nostris coquinariis deputetur, qui clavem reservatorii nostræ coquinæ teneat et deferat; nec non die quolibet carnes, quæ emptæ et portatæ ad dictam coquinam per emptorem et subemptorem fuerint, ante illarum fractionem præsentibus scriptore rationis vel ejus scriptore, et altero dictorum emptore, reponderare fideliter non omittat. Quibus sic reponderatis, faciendo certas pecias scindat, et frangat diligenter easdem, et etiam pisces frangere teneatur, et illas quæ pro persona nostra emptæ fuerint et fractæ, coquinariis ad fercula pro ipsa nostra persona præparanda et decoquenda; et alias carnes emptas et fractas ad opus nostrorum domesticorum, coquinariis ad illas præparandas et decoquendas deputatis, tradat ordinate.* Ex his videtur vocis etymon a veteri Gallico *Musser*, abscondere, servare, non absurde posse deduci; *Musei* quippe erat servare ea quæ ad penum spectabant.

MUSFULÆ. Vide *Muffulæ.*

¶ **MUSIA**, Musiarius. Vide *Musea.*

¶ **MUSIARIA** Ars, Musibium, Musidium. Vide *Musivum.*

¶ **MUSICA**, nude pro *Cantus.* Vetus Codex MS. Fontanell. de modo canendi : *Musica, est pericia modulationis sono cantuque consistens, et sunt partes ejus tres. Armonia, quæ decernit in sonis acutum et gravem. Rithmica, quæ requirit incursionem verborum, utrum sonus bene aut male cohæreat. Metrica, quæ mensuram diversorum metrorum probabili ratione cognoscit.*

* Egid. Carlerius de laude et utilitate musicæ cap. 1. ex Cod. reg. 7212. A. : *Musicam tripharium doctores quidam esse dixerunt, scilicet armonicam, organicam et rithmicam. Armonica vocali concordia geritur; organica flatu sonum emittit; rithmica pulsu sive tactu completur.*

¶ Musica Cordula, Quæ fidibus canitur. Statuta antiqua Canonic. Regul. apud Duellium tom. 1. Miscell. pag. 86 :

Non vox, sed votum, non Musica cordula, sed cor.

¶ Musica Muta. Vide *Muta* 5.

¶ **MUSICALITER**, Cum notis, apud Marten. de Discipl. celebr. divin. Offic. pag. 222 : *Hymnum, Vexilla regis prodeunt, incipiunt Musicaliter ad pulpitum.*

¶ **MUSICARE**, Instrumentis musicis ludere, canere. Lambertus Ardensis apud Ludewig. tom. 8. Reliq. MSS. pag. 558 : *Et cum instrumento Musicari et decantari.* Vita S. Landelini tom. 2. Junii pag. 1067 : *Nec velis in monasterio diutius immorari vel cum clericis Musicantibus otiari.*

¶ **MUSICARIUS**, Instrumentorum musicorum artifex. Vetus Inscriptio apud

Gruter. : *Colocasio vernæ dulciss. et Musicario ingeniosiss.*

* Salmasio in not. ad Tertul. de Pallio pag. 443 : *Musicarius, qui voce caneret.*

MUSILEUM, Idem quod *Mausoleum*, Papiæ. Glossæ antiquæ MSS. : *Musuleum, monimentum.* Innocentius Agrimensor : *Circa Musileum in pedes 70. amplius pedes minus invenies.* Aggenus *Mæsileum* dixit : *Mæsilea vero habent juris sui hortorum modum circumjacentem, vel præscriptum agri finem.* Ubi uterque loquitur de tumulis ac monumentis quæ in agrorum finibus collocabantur. Quæ *locos* eadem ratione vocat Frontinus. Vide *Loculus.* Anastasius in Leone III. PP. : *In Musileo beatæ Petronillæ, quod ponitur ad B. Petrum Apostolum, fecit coronam ex argento pensantem libras* 20. Occurrit mox infra idem *Musileum B. Petronillæ*, ubi videtur esse *feretrum*, seu *loculus*, in quo reconditum erat corpus sanctæ istius virginis. Idem in Stephano II. ex Cod. MS. Bibl. Cæsareæ apud Lambecium lib. 2. pag. 927 : *Fecit autem et juxta Basilicam B. Petri Apostoli, et ab alia parte B. Andreæ Apostoli, in loco, qui Musileus appellatur, Basilicam in honorem S. Petronillæ.*

Mesoleus, in veteri Inscriptione Tarraconensi : *Hic Mesoleus nemini III. debet. Mesolus*, in alia Romæ, apud Gruter. 607. 1. Vide *Musivum.*

¶ **MUSIMO**. Vide *Muscio.*

¶ **MUSINARI**, *Mulcere, placare, lenire.* Papias MS.

MUSIO, *Dictus quod muribus infestus sit, hunc vulgo Catum a captura vocant, etc.* Papias. Versus scripti in fine Bibliorum Codicis qui fuit Ecclesiæ Metensis :

Ante Brito stabilis fiet, vel Musio muri
Pax bona, quam nomen desit honosque tuum.

MUSIPULA, Catus, felis. Anonymus de Desolatione Monasterii Morimundensis in agro Mediolanensi : *Persequebantur Fratres fugientes per abdita loca, quemadmodum solet Musipula persequi mures, etc.* [Vide *Muscipula.*]

* **MUSIRIFFUS**, Regis Tunetani minister primarius. Pact. inter reg. Tunet. et Pisanos ann. 1398. tom. 1. Cod. Ital. diplom. col. 1120 : *Item, si aliquis Pisanus emerit mercimonia vel alias res ab aliquo officiali vel Musiriffo dicti regis, etc.*

MUSITARE, pro *Missitare*, apud Goffridum Vindocinensem lib. 2. Epist. 28. lib. 4. Epist. 31.

* **MUSITATUS**, Notis musicis, ut videtur, descriptus. Statuta S. Vict. Paris. MSS. part. 1. cap. 18 : *Quoties historiæ graves et Musitatæ in ecclesia cantari debent, tempestive fratres præmoneat* (cantor) *ut cantanda prævideant.* Vide *Musicare.*

¶ **MUSIVARIUS.** Vide *Musivum.*

MUSIVATUR, *Mulcet, placet, lenit; musivanter, leniter.* Papias. Unde emendandæ Glossæ, ubi perperam *mulsitanter* editum. [Mallem, *musitanter*, ut in Excerptis legitur.]

MUSIUM, ex Græco μουσεῖον, Schola Alexandriæ, apud Spartianum in Hadriano : *Apud Alexandriam in Musio multas quæstiones professoribus proposuit.*

MUSIVUM Opus, dicitur illud quod tessellatum est lapillis variorum colorum, ψηφίδων λεπτῶν ἐπιθέσεσι, ut est apud Nicetam in Alexio Man. F. n. 6. qui μουσουργικαὶ ψηφίδες dicuntur in Synodica Orientalium ad Theophilum Imp. pag. 113. erantque ex vitro confectæ. Glossæ MSS. : *Musivum, quod fit de vitro parietibus.* Vetus Scheda apud Marlotum de Eccl. S. Nicasii cap. 3 : *Est quædam Ecclesia in suburbio Remensi posita miro columnarum ornatu, arcubus, auro et vitro lapillis interposito micantibus, etc.* Vita S. Laurentii Episcopi Sipontini cap. 2 : *Ex minutis vitreis lapidibus, etc.* Ejusmodi autem musivum videre est passim Romæ, CPoli, et in variis Christianorum templis in Italia, Gallia, etc. quod quidem a concinnitate et elegantia dictum vult Scaliger ad 5. Manilii, cum μοῦσαν, et εὔμουσον, et μουσικόν, in eam partem accipiant Græci. Quæ sententia longe probabilior ea quam profert Ant. Nebrissensis, qui *Musaicum* dictum putat, quod ejusmodi picturis ornarentur *musæa.* Spartianus in Pescennio Nigro : *De Musivo picta vidimus.* S. August. lib. 16. de Civit. cap. 8 : *Quæ in maritima platea Carthaginis Musivo picta sunt.* Paulinus Epist. 12 : *Camera Musivo illusa.* Λιθένδυτα, in Origin. CP. Idem Paulinus Epistola 67. in Epistolis Pontificum : *Ravennæ civitatis Musiva atque marmora, cæteraque exempla, tam in strato quamque in parietibus, etc.* Vetus Inscriptio Romæ in æde S. Stephani : *Opus quod Basilicæ B. Martyris Stephani defuit, a Joanne Episcopo marmoribus inchoatum, juvante Domino, Felix Papa addito Musivo splendore, Sanctæ Dei perfecit.* Alia ibidem : *Domino juvante Felix Episcopus Dei famulus forum Basilicæ beati Martyris Musivo et in marmoribus decoravit.* Occurrit passim apud Anastasium in Vitis PP. pag. 28. 32. 46. 47. etc. Gregor. Turon. lib. 1. Hist. cap. 30. Usuardum 15. Octob. in Vita S. Sabini Episcopi Canusini cap. 2. num. 6. etc. Adde Philandrum ad Vitruvium lib. 7. cap. 1. [* Consule Murator. tom. 2. Antiq. Ital. med. ævi col. 361. et seqq.]

A Græcis Byzantinis *Musivariam* artem in cæteras Europæ provincias transiisse scribit Manuel Chrysoloras in Epist. de Veteris et novæ Romæ comparatione pag. 122. quod Constantinopoli omnes pene ædes publicæ ac sacræ musivo exornatæ essent; hincque *Musivarii* peti solerent, quod sane testatur Leo Ostiens. lib. 3. cap. 27. Edit. Brolii, hisce verbis : *Legatos præterea Constantinopolim ad conducendos Musæi et quadratarii operis peritos artifices mittit : ut alii absidam et arcum, atque vestibulum majoris Ecclesiæ Musivo componerent : alii Ecclesiæ totius pavimentum lapideum pulcra varietate consternerent. Quam vero periti ipsi artifices fuerint, ex opere ipsorum facile conjici potest : cum et in Musivo animatas fere effigies, et virentia quæque te plures aspicere, et in marmoribus omnigeni coloris flores pulcra varietate vernare videantur. Et quoniam hujusmodi artes quingentis jam fere annis obmiserat magistra Latinitas, eas hujus industria recuperare promeruit ætate nostra.* Quæ quidem licet prolixiora descripsimus, ut *musivarios* a *quadratariis* distingui, et *musivariam* parietes, *quadratariam* vero artem pavimenta spectasse, vel inde constet : proindeque error patescat Scaligeri ad Manilium, et aliorum, qui *Musivum* in pavimentis locant : tum etiam ut hoc loco illustretur Paulus Silentiarius in Descript. S. Sophiæ part. 2. vers. 230. et seqq. ubi *musivariam* et *quadratariam* artem bellé describit. Vocem ψῆφος promiscue Græci usurpant etiam pro pavimento tessellato. Gloss. Gr. Lat. : Ψηφοτέτης, *tessellarius, tessellator;* Ψηφολογία, *tessellatus, pavimentum.* Ψήφωσις, *pavimentum.*

Musivum Auratum, quod confectum est ex *minutis vitreis lapidibus auro fulvo supertectis* : ut est in Vita S. Laurentii Episc. Sipontini. Anastasius in Leone IV. : *Absidamque ejus ex Musivo aureo superinducto colore glorifice decoravit.* In Gregorio IV. : *Absidamque ejusdem oratorii superaurato Musivo depinxit.* Vetus Inscriptio Romæ in æde S. Agnetis Martyris :

Aurea concisis surgit pictura metallis,
Et complexa simul clauditur ipsa dies, etc.

Μωσίον χρυσοῦν, apud Anonymum de Locis sanctis pag. 81. Χρυσαυγαὶ ψηφῖδες, apud Sophronium in Encomio SS. Cyri et Joannis. Nicephorus CP. in Breviario ann. 765 : Τοῦ Σωθῆρος καὶ τῶν ἁγίων οὔσας διὰ ψηφίδων χρυσῶν, καὶ κηροχύτου ὕλης εἰκονογραφίας ἀπέξυσε : *Christi Domini ac sanctorum imagines opere tessellato atque ex cera factas erasit.* Nicetas in Manuele lib. 7. num. 3 : Ἀνδρῶνες... ψηφίδων χρυσῶν ἐπιθέσεσι διαυγάζοντες. Vide Nicol. Alemannum de Parietinis Lateranensib. pag. 38. [Le Roman *de Partonopex* MS. ubi de Palatiis :

Devers la ville sont torné,
Et sont d'or Musique aorné.]

Musivarius, *Musæi artifex*, ut est apud Leonem Ostiens. lib. 3. cap. 27. Μουσιάτωρ, in Inscriptione a nobis allata ad Joinvillam Dissert. 27. Τὴν τοῦ μουσάρου (f. μουσείου) τέχνην ἐπιστάμενος, apud Eustach. in Vita S. Eutychii P. CP. num. 53. Senator lib. 7. Epist. 5 : *Quidquid enim aut instructor parietum, aut sculptor marmorum,... aut gypsoplastes, aut Musivarius ignorat, etc.* Ita *Musivarii* dicuntur in leg. 1. Cod. Justin. de Excus. artif. lib. 10. et apud Julium Firmicum lib. 3. ex emendatione Scaligeri : *Inauratores aut Musivarios*, pro *in usu varios.* Sed et idem forte musarius, qui ποικιλτής, *variator*, in Glossis vett. de qua voce Valesius ad Ammiani lib. 28.

Museum, ex μουσεῖον. Trebellius Pollio in Tetrico juniore : *Coronam civicam picturatam de Museo.* Vetus Inscriptio ann. 153. apud Jacob. Sponium in Itinerario : *Et hoc amplius pro sua liberalitate cameram superposuit, et opere Muséo exornavit.* Alia Inscriptio Romæ, in Ecclesia S. Anastasii :

Marmora cui pretiosa dedit Museumque columnas.

Leo Ostiensis lib. 3. cap. 27 : *Legatos præterea Constantinopolim ad conducendos Musæi et quadratarii operis peritos artifices mittit, ut alii absidam, et arcum, atque vestibulum majoris Ecclesiæ musivo componerent, etc.* Hist. Trevirens. : *Qui Carolus multum marmor, et Museum plurimum de Treberis ad Palatium Aquis vexit.* VII. Synod. Act. 4 : Ἅγιαι καὶ σεβάσμιαι εἰκόνες, καὶ ζωγραφίαι, καὶ ὑλογραφίαι, καὶ διὰ μουσείων. Vide Gloss. med. Græcit. in Μουσεῖον. col. 963. et Ψηφίς, col. 1782.

Musiarius, qui *Musivarius.* Vetus Inscriptio Romæ : *T. Julius Aug. lib. Nicephor. Museiar. fecit sibi et libertis libertabusque eor.*

Musium, perinde ex Græco Μουσεῖον, quomodo in vett. Codd. Spartiani legi observat Salmasius, pro *musivum.* Anastasius Bibl. in Hist. Eccl. : *Iconas ex Musio factas, etc.* Catalogus MS. Episcopor. Catanensium apud Rocchum Pyrrum : *Fecit exedram majoris Ecclesiæ pingere, et chorum et cathedram Episcopi in choro cum Musio.*

Musiaria Ars, [quam τὴν ἀπὸ τῶν ψηφίδων ἐν τοῖς τοίχοις τέχνην vocat Manuel Chrysoloras in Epist. ad Johan. Chrysolor. edita post Codini Origines CP. pag. 128.] Leo Ost. lib. 3. cap. 29 : *Artifices destinat peritos in arte Musiaria et quadrataria.*

Musa, Idem quod *Musivum.* Joan. Diaconus in Vita S. Gregorii M. lib. 4. cap. 40 : *Sicut in vetustissimis Musis, vel picturis, ostenditur.*

Musatilis Ars. Inscriptio in templo maximo Messanæ, ad fornicem majorem, apud Gualterum in Antiq. Sicul. pag. 77 : *Antistes Guidoctus opus Musatilis artis hoc cœperę.... rgi ducibus regiumque.*

Musidium, pro *Musivum*, in Chronico MS. Romualdi Archiepiscopi Salernitani ann. 1166 : *Capellam S. Petri quæ erat in Palatio mirabilis Musidii, fecit pictura depingi.* [*Musibii*, edidit Murator. tom. 7. col. 207.]

¶ Mosibum, apud Mabillon. Musæi Ital. tom. 2. pag. 161 : *Ante imaginem beatæ Mariæ, quæ est de Mosibo.*

Mosivum, in Notis Tyronis pag. 163. Inscriptio Epistolæ 67. Codicis Carolini : *In qua continetur de Mosivo atque marmore Palatii Ravenat. civitatis.* In ipsa Epistola : *Palatii Ravennatis Musiva atque marmora.*

Mosaicum Opus, quod alii *Musivum;* hanc enim vocem confictam contendit Scaliger ad Manilium, ut μουσαϊκὸς dictum sit a μουσαῖος, ut ἀχαϊκὸς, ab ἀρχαιὸς, licet aliter sentiat Salmasius, qui a μουσεῖος. Guillelmus *de Baldensel* in Hodœporico cap. 5 : *Ubi est locus præsepii artis ministerio, marmoribus et opere Mosaico pulcherrime decoratus.* Sanutus lib. 3. part. 3. cap. 21 : *Turrim conspiciunt variis stratam marmoribus, opere depictam Mosaico.* Joannes XXII. PP. lib. 9. Epist. : *Cum itaque, sicut accepimus, in facie majoris Ecclesiæ dicti Monasterii... quoddam opus Mosaicum sit incœptum, etc.*

¶ Musaicum, in Appendice ad Agnellum, apud Murator. tom. 2. pag. 207 : *Qui jacet.... sub lapide marmoreo opere Musaico.*

Mausoleum Opus, Eadem notione. Vita S. Laurentii Episcopi Sipontini n. 11 : *Et aliam* (Basilicam) *quam disposuit incipiens, præclara et admiranda speciositate diversis coloribus, minutisque vitreis lapidibus fulvo auro supertectis, opere Mausoleo,... fabricare et consummare studuit.* Ubi perperam viri doctiss. ad Mausoleum Ægyptiacum vocem referunt. Sed legendum videtur *museleo.* Papias : *Musivum*, (Edit. *musium*) *museleum, opus depictum.* De Musivo porro legendus omnino Andreas Agathopœus, seu Felibianus lib. 3. de Architecturæ elementis cap. 11.

¶ **MUSMO.** Vide *Muscio.*

* **MUSNARE**, Molere, Gall. *Moudre.* Charta ann. 1222. in Chartul. Campan. fol. 310. v°. : *Postmodum statutum fuit quod post Musnantem, qui jactaverit in tremuia, idem Guillelmus statim molere poterit.* Unde *Mosnant*, Molitor, *Mosneie*, præstatio pro molitura frumenti, et *Mosnée*, frumentum molendum, in Charta ann. 1235. ex Tabul. eccl. Camerac. : *Les Mosneies et li Mosnant et li buirons sont tout nostre... Sires Bauduins n'y retient fors ke.... se Mosnée molre franquement.* An vero *Muisnage* idem sit quod modo *Mosnei* definire non ausim. Charta Renaldi vicecom. Fales. ann. 1295. in Lib. rub. Cam. Comput. Paris. fol. 242. v°. col. 2 : *Item la Muisnage en ladite ville pour xx. solz.* Vide *Molta* 2. et supra *Mulnericia.*

* **MUSONES**, Muxones, Vermium genus, de quibus Guido de Vigev. MS. in Opusc. de Modo conservandi sanitatem etc. ex Bibl. reg. : *Inveni vermes, quos ipsi magistri facientes venenum ipsos appellant Musones, et sunt grossi ut est cauda calami, et longi ut parvus nodus unius digiti; sicque quasi assimilantur vermibus, qui nutriuntur ex foliis raparum, et sic ipsi Muxones nutriuntur ex foliis napelli.*

¶ **MUSQUATA** Nux, Aromatica, Gall. *Muscade.* Peregrinatio B. Odorici tom. 1. Januarii pag. 989 : *In ipsa* (insula Java) *nascitur camphora, cubebæ crescunt, et melegetæ, nucesque Musquatæ.*

* **MUSQUETA**, Telum, quod balista validiori emittitur. Stat. senesc. Bellic. ann. 1320. inter Probat. tom. 4. Hist. Occit. col. 162 : *Quicumque portaverit.... arcum cum sagittis dictis Musquetis, etc.* Vide *Muschetta.*

¶ 1. **MUSSA**, *Almucium*, Canonicorum amictus, Gall. *Aumuce.* Statuta Eccl. Valent. tom. 4. Concil. Hispan. pag. 134 : *Nullus clericus..... dum divinum officium celebratur, intret chorum, nisi sit superpelliceo et Mussa indutus.* Vide *Muza.*

2. **MUSSA**, Locus uliginosus, stagnum, Anglis *mosse*, ut auctor est Camdenus in Descriptione agri Lancastrensis. Charta Edwardi III. Regis Angl. in Monastico Anglic. tom. 1. pag. 499 : *Item a Balholm directe ultra Mussam, quam Dominus Comes Joannes Moreton. inter ipsum et me divisit, etc.* Et mox : *Scilicet in terris cultis et incultis, in bosco et plano, in pratis et pasturis, in moris, et Mussis, et mariscis, in aquis, etc.* Occurrit præterea pag. 88. 938. tom. 2. pag. 426. *Mossa*, cod. tom. 2. pag. 632. Vide *Mosses* et *Mussula.*

☞ Eadem notione vox *Monsue* vel *Moussue* usurpare videtur le Roman *de la Rose* MS. :

Une fosse tote reonde
Trove tenebreuse et parfonde,
Pleines d'espinois grans et fiers,
Et de molt poignans aiglentiers,
Molt estoit auciene et Monsue,
Et si avoit petite issue.

Infra ubi de terris incultis :

Il deviendront toutes Moussues
S'il sont en oiseuses tenues.

* Hinc *Moisseron*, pro *Mousseron*, Boleti species, in Lit. remiss. ann. 1389. ex Reg. 138. Chartoph. reg. ch. 27 : *Jehan le Curetet et Perrin Breyart alerent ensemble par esbatement aux champs,.. pour cuillir des Moisserons. Monsu* vero et *Moussu* ibi, idem quod Muscosus, musco oppletus.

MUSSAL. Tabularium Prioratus de Paredo pag. 7 : *Cum vercheria quæ debet 2. sextarios avenæ et 2. panes, et 2. capones, et 1. denar. et 1. Mussal de canavo.* Fol. 34 : *Et reddit ipse masoerius porcum bonum, et multonem vestitum,... et taschiam de fructibus, et 1. caponem, et Mussal de canobo.* Fol. 51 : *Sex panes et taschiam ipsius terræ, et 1. caponem, et 1. Mussal canabi, et per vindemiam plenam refectionem.* Ubi *Mussal* forte *fasciculum* sonat.

¶ **MUSSANTER**, Occulte, tecte, latenter, a veteri Gall. *Musser*, abscondere. Charta ann. 1170. tom. 13. Fragm. Hist. MSS. Stephanot. pag. 19 : *Considerantes ocli Domini diabolum Mussanter insidias parare, etc.*

* Nostris alias *Mucéement* et *Musséement.* Lit. remiss. ann. 1404. in Reg. 158. Chartoph. reg. ch. 442 : *Icellui suppliant s'en ala couvertement et Musséement après ledit de Paris.* Aliæ ann. 1410. in Reg. 165. ch. 29 : *On imposoit au suppliant qu'il avoit fait et forgié monnoie Mucéement et en repost.*

* **MUSSIA**, Locus secretus et occultus, Gall. *Cache*, alias *Muce, muche, musse* et *mucheure.* Lit. remiss. ann. 1397. in Reg. 151. Chartoph. reg. ch. 317 : *Plurima bona mobilia in quadam Mussia, Musse Gallice, existentia... ceperat.* Charta ann. 1325. in Reg. 64. ch. 56 : *Une condempnation de trois cenz livres... sus Michiel Sautier et Juliane la Giraude,... pour cause d'une Muce d'argent que il avoient trouvée,... laquelle Muce il avoient recellée.* Lit. remiss. ann. 1470. in Reg. 201. ch. 107 : *Icelle chapelle.... a une retraicte en maniere de ung bouelet ou Muche, qui est maçonnée.* Vitæ Patrum MSS. :

Du sorplus qui li ramenoit
As povres Dieu le départoit,
Ne fait tresor, ne Mucheure.

¶ **MUSSIARE**, διακρίνειν, Dijudicare. Gloss. Lat. Græc. MSS. Sangerm.

MUSSIO, *est qui in vino nascitur.* Ita Glossæ Arabico-Lat. Supra in iisdem : *Bibones dicuntur, qui in vino nascuntur.* Joannes de Janua : *Muscio, dicitur quasi mustio, quod mustum bibat, Item et bibio, onis.*

MUSSULA, Muscus, seu *musculus*, nostris *Mousse.* Gregorius Turon. lib. de Gloria Confess. cap. 44 : *In hoc loco et Tranquillus beatus Confessor requiescit, super terram sepulcrum habens, de quo magnum beneficium præstatur petentibus : nam de Mussulis super natis medicamina populi promerentur, etc.* Vide *Mussa* 2.

MUSSUS, vel Mussum. Cæsarius lib. 6. Mirac. cap. 5 : *Cum pauperes Musso, quem de nemore collegerant, oneratos præterire cerneret.* Fascis lignorum vel herbarum, aut muscus, herba seu lanugo arborum et locorum palustrium, inquit editor, Gallis, *Mousse.* Gloss. Græc. Lat. : Βοτάνη τοῖς τείχοις καὶ φλοιοῖς συνηγμένη, *Muscus.*

1. **MUSTA.** Monasticum Anglic. tom. 2.

pag. 426 : *Donationem quam fecit Canonicis ejusdem loci de tota terra et tenemento... cum illa medietate novæ Mustæ, quæ est versus Aquilonem.* Forte *massæ*. Vide in hac voce.

¶ 2. **MUSTA**, Orbis, ni fallor, in quo, ne mensa inquinetur, reponuntur pocula. Usus Culturæ Cenom. : *Surgant fratres juniores et accipiant cyphos, et impletur de vino, et deponant unicuique super Mustam suam.*

* **MUSTACAFIA**, Mustacafus. Vide supra *Mostasafus*.

* **MUSTACIA**, *Mala vina*, in vet. Glossar. ex Cod. reg. 7613.

* **MUSTALIS**, Mustarius. *Vinum mustale*, Mustum. Charta ann. 1244. ex Chartul. S. Dion. Vergiac. fol. 21. v°. : *Viginti sextaria vini puri Mustalis in puris racemis de vino dictarum vinearum.* Alia ann. 1259. in Chartul. Buxer. part. 20. ch. 26 : *Dedit duos modios vini puri Mustalis... in vendemiis de primo vino puro et Mustali, quod ex vinea provenict supradicta. Mustaigialis*, eadem notione, in Obituar. Eccl. Lingon. ex Cod. reg. 5191. fol. 80. v°. A Mustum, *Mostaige* et *Moustaige* appellari videtur Tempus quo præstatio in musto exsolvitur, in Charta ann. 1254. ex Chartul. S. Petri de Monte : *Et pour lo cens de ceste vigne devons nos randre... deus mues de vin à Mostaige ou cours de vandenges.* Alia ann. 1273. ibid. : *Demi mui de vin à Moustaige ou cours de vandanges.* Vide *Mustaticum*.

¶ **MUSTARDA**, Sinapis, a Gall. *Moutarde*. Ordinat. super numero et ordine mensarum Delphin. tom. 2. Hist. Dalphin. pag. 312 : *Cum una libra de carnibus salsis, et d midio rotulo de carnibus bovinis in aqua cum salsamento de Mustarda aut eruga prout supra.*

¶ **MUSTATICUM**, Mustum. Codex MS. Irminonis abb. Sangerm. fol. 108 : *Et solvit omni anno de vino modios* II. *de Mustatico sestaria* II.

¶ **MUSTELLARIUM**, Aviarium, cavea, γαλεάγρα. Gloss. Lat. Græc. MSS. Sangerm. Vide *Muta* 3.

¶ **MUSTELLINUS** Color, *Sublividus ac lentiginosus, qualis est in vestibus cruore maculatis.* Vocabul. Sussanæi.

¶ **MUSTELLUM**, φάσμα, *Monstrum*. Supplement. Antiquarii. [* Vide supra *Mostellum*.]

¶ **MUSTIO**. Vide *Mussio*.

* **MUSTO**, pro *Multo* vel *Muto*, Moneta aurea regum Franciæ. Charta Bern. vicecom. Ventador. ann. 1330. in Reg. 66. Chartoph. reg. ch. 440 : *Cum tribus obolis pro chenaria et tresdecim denariis pro Mustone, etc.* Nisi de tributo ex vervecibus intelligas. Vide supra *Moutonnagium*. Alia ann. 1358. ex Bibl. reg. : *Item illa quæ custos ecclesiæ prædictæ S. Quintini debet quolibet anno pro pascagio regio, videlicet unum modium vini,... et quatuor Mustones.* Vide in *Multo*.

¶ **MUSTOLIUM**, Miscellum frumentum, Gall. *Bled méteil.* Charta ann. 1261. in Tabular. Portus-regii : *Cum haberemus annuatim in abbatia monialium Portus-regii sex sextarios tam Mustolii, quam avenæ annui redditus, etc.* Vide *Mixtum* 2.

¶ **MUSTRICOLA**, *Machina ad stringendos mures*. Gloss. Isid. Ubi Grævius : Forte *ad stringendos pedes*, hoc est, ad calceum suendum, qui pedes tegit et stringit. Est enim, si Festo fides, *Mustricola*, forma in qua calceus suitur. Vide Lex. Martinii in hac voce.

* *Moutardelle* vero rusticum quoddam videtur esse instrumentum, furca scilicet vel marra, in Lit. remiss. ann. 1453. in Reg. 182. Chartoph. reg. ch. 328 : *Icellui Cotier dist à Jehan Colinet, vous avez emporté ma Moutardelle, que j'avoye mis sur ma terre, tenant à vostre fossé... La femme de feu Fremin vint illec dire audit Cotier qu'elle avoit print ladite Montardelle ou fenerier et qu'elle la rendroit voluntiers.*

MUSTRUM. Palladius de Architectura, ex MS. Cod. Pithœano : *Mustrum autem, quod pro colore purpureo temperatur, etc.*

¶ **MUSTURA**, pro *Multura*, Gall. *Mouture*. Charta ann. 1236. apud Marten. tom. 1. Anecd. col. 998 : *Ita quod idem Miles toto tempore vitæ suæ medietatem Musturæ de ipso molendino percipiet.* Vide *Molta* 2.

¶ **MUSUERE**, pro *Minuere*, damnum inferre. Bulla Clementis VI. PP. in Chartul. Gemmet. tom. 1. pag. 129 : *Decernimus ergo, ut nulli omnino liceat præfatum monasterium temere perturbare, aut ejus possessiones aufferre, vel ablatas retinere, Musuere, seu quibuslibet vexationibus fatigare.*

¶ **MUSULEUM**. Vide *Musileum*.

MUSULMANI, inquit Leunclavius in Pand. Turc. n. 22. dici volunt Turci, vel potius Saraceni, *tanquam recte credentes*, ubi ille plura. *Moslemes*, appellantur in Charta Aragonica æræ MIII. in Hist. Pinnatensi lib. 3. cap. 5. Vide Meursium in Μυσουλμανίζειν. *Musulamiorum*, in Lybia vel Ægypto, gentis ita dictæ meminit Aurelius Victor Schotti in Claudio, a quo potuere *Musulmani*, Ægyptii potissimum, veteri nomenclatura appellari. Nihil tamen definio. [Consule Hofmannum voce *Muslimi*.]

MUSUM, Rostrum, rictus, Gallis *Museau*. Michael Scotus de Physionomia cap. 20 : *Omnium animalium quædam habent labia ex quibus dicitur os; quædam non labia, sed aliud loco ejus; et tunc dicitur Musum, vel grugnum, vel rostrum, vel fistula.* Occurrit etiam in Miraculis B. Simonis Tudertini n. 37. *Musellum*, apud Petrum de Crescentiis lib. 9. cap. 8. Vide Ægid. Menagium et Octav. Ferrarium in Orig. linguæ Italicæ.

¶ 1. **MUSUS**, Eadem notione qua *Musum*, in Epist. Hadriani PP. ann. 784. apud Mabill. Diplom. pag. 492 : *Insuper et oblatrantes canis Musibus sanctam catholicam et apostolicam Romanam Ecclesiam... velleant expugnari.*

¶ 2. **MUSUS**, Fructus species, qui quavis parte scindatur, figuram crucis exhibet. Bernhardi *de Breydenbach* Itiner. T. S. pag. 211 : *Sunt autem poma illa dulcissima quando ad debitam perveniunt maturitatem et dicuntur Musi et quacumque parte scindantur, utraque pars scissuræ crucem cum Crucifixi imagine gerit impressam.*

1. **MUTA**, Mensa publicanorum, Germanis *eine Maut*, nostris *le Change*. Helwicus in Rationario Styriæ : *Primo moneta et Muta, et judicium intra muros oppidi Grætzensis, etc.* Occurrit ibi pluries. [Charta Rudolfi Imper. ann. 1277. apud Ludewig. tom. 4. Reliq. MSS. pag. 262 : *Statuimus ut omnes Mutæ per Styriam, quæ ultra debitam fuerant in suis redditibus aggravatæ, in summam redditTuum quam solverunt Ducis Leopoldi tempore revertantur, nullique Principi ejusdem terræ liceat eas præter quod dictum est quibuslibet exactionibus aggravare.*] *Mutarii et Monetarii* junguntur in Metropoli Salisburgensi tom. 3. pag. 17.

¶ Muta, pro Mensa communi, Gall. *Mense commune.* Vide in hac voce. Statuta Eccl. S. Stephani Vienn. art. XVII. apud R. Duellium lib. 2. Miscell. pag. 91 : *Omnia et singula emolumenta percipiat... exceptis dumtaxat his quæ de Muta in primo anno recipi consueverunt pro anima et anniversario defuncti.*

Muta, Quodvis vectigal. [** Chart. Ludov. Germ. reg. ann. 837. apud Neugart. Alem Diplom. tom. 2. num. 807. pag. 8 : *Nullum theloneum, neque quod lingua theodisca Muta vocatur, aut portaticum aut pontaticum, etc.*] Charta Arnolfi Reg. ann. 998. in Metropoli Salisburgensi tom. 1. pag. 128 : *Homines istius Ecclesiæ licentiam habeant hoc sine Muta, sive navigio, sive cum cæteris afferre quodcumque eis jubetur, sine ulla alicujus judiciariæ potestatis contradictione.* Tom. 3. pag. 16 : *Justitiam quoque nostram de theloneo quod Muta vocatur, in navibus ipsorum victualia deportantibus, etc.* Alia Henrici Comitis Palatini, ibid. pag. 388 : *Nec Muta nec teloneum requiretur.* Alia Rudolfi Imp. ann. 1276. pag. 392 : *Muta seu thelonium.* Alia Ottocari Ducis Austriæ ann. 1353. ibid. tom 2. pag. 66 : *Sine naulo quod vulgo possumus dicere Mutam, ad sua libere deducant.* Adde pag. 425. tom. 2. pag. 33. 34. 69. 534. 578. tom. 3. pag. 16. 17. 18. 26. 28. 29. 378. 379. [** Vide Haltaus. Glossar. Germ. voce *Maut*, col. 1333.]

☞ *Mutam* navigium interpretatur D. *de Lauriere*, in Gloss. Jur. Gall. voce *Muages*, ex Charta Arnolfi Regis mox laudata; quam in sententiam descendisse ob id potissimum videtur, quod *sive muta* legerit, pro *sine muta*, ut editum est loco citato. Hanc vero genuinam esse lectionem dubitare nequaquam sinunt ea quæ in hanc rem protulit D. Cangius, atque adeo *Mutam* vectigal esse constat, quod pro navigiis mercibus oneratis exactum arbitror, ut tradit ibid. laudatus Glossator.

Mutarius et Mutnarius, Publicanus, exactor vectigalium, Germanis *ein Mautner*. Occurrit in Metropoli Salisburgensi tom. 2. pag. 581. in Historia de Particula S. Crucis quæ asservatur in Cœnobio Mellicensi, et in Privilegiis Academiæ Viennensis in Austria, apud Lambecium lib. 2. Comment. de Casarea Biblioth. pag. 120. 624.

2. **MUTA**, Muda, Mutatio, Mutaticum, Pretium quod datur pro mutatione prædii, cum alteri ceditur.

Muta. [Litteræ Philippi I. Reg. Franc. ann. 1079. tom. 4. Ordinat. pag. 46 : *De donationibus autem, vel pignoribus... non accipiatur laudimium vel Muta, vel etiam de successione hereditaria.*] Tabularium Ecclesiæ Uzetiensis f. 15 : *Tres partes decaptarum, censuum et Mutarum tuæ sint et tuorum in perpetuum.* Tabularium Ecclesiæ Cadurcensis : *Domus...... alium porcum vivum, et unum arietem, et Mutam, et quicquid Guillelmus Diutrandus ibi possedit.* Alibi : *Raimundus Caput-bovis... fevum, quem tenebat de dominis ex Castronovo, donat Muda 3. sols.* Occurrit pluries.

Mutagium, Eadem notione. Consuetudo municipalis Bellaici in Pictonibus, in Regesto Iuculismensi : *Si dominus fundi retinere voluerit rem ipam quam habet vendi, de singulis solidis pretii factæ venditionis unum denarium habebit, et Mutagium debitale habebit de illo qui succedit in possessionem.* Infra : *Debet reddere de nummis illis vendas domino fundi, sed Mutagium debet esse Burgensium.* [Charta ann. 1291. tom. 1. Hist. Dalphin. pag. 27 : *Hæredes seu propinquiores dictorum defunctorum ratione Mutagii vel laudum, nobis vel nostris in nullo teneantur.* Alia ann. 1256. ibid pag. 59 : *Item, si alio modo quam per venditionem tenementum mutari contigerit, debemus habere pro Mutagio nos et successores nostri censum a novo tenementario duplicatum. Hoc idem intelligimus ad mutationem domini.*] Occurrit in variis Chartis apud Justellum in Comitib. Arvern. pag. 29. 94. 138. 145. et Galandum de Franco alodio pag. 106. 107. 366. Charta Joannæ Reginæ Comitissæ Bononiæ et Arvern. ann. 1352 : *Appartiendront ausdits Religieux les hommages, investions, ventes, surventes, Muages, reconnaissances, saisines de toutes et chascunes les possessions, etc.* In quodam Aresto Parlamenti an. 1634. appellatur *Remuage*, Jus illud quod habet Dominus feudi superior, cum a Linea directa in aliam transit. [*Milods*, in Delphinatu dicitur, quod in ejusmodi mutationibus dimidium laudum domino tantum debeatur. Consulendus Guido Papa quæst. 48.]

¶ Mutamentum, Eodem significatu. Charta ann. 1325. apud Rymer. tom. 4. pag. 165 : *Persolvant solita juramenta, homagia, fidelitates, obedientias, census, redditus et omnia ac singula alia servitia tam in Mutamento dominii, quam alias, debita vel consueta.*

Mutatio, Idem quod *Muta.* Tabularium Ecclesiæ Viennensis fol. 89 : *Ego Petrus Viennensis Archiepiscopus dono tibi, Guigo Berardi, et uxori tuæ, prafati castri de Saxeola medietatem, cum medietate de appenditiis ad ipsum castrum pertinentibus, ad fidelitatem et servitium nostrum et Ecclesiæ nostræ : habenda tibi pro feudo et hæredibus tuis, sine redemptione illa quæ vulgo dicitur Mutatio : tali convenientia, ut de præscripto feudo nihil dones, vendas, impignores, vel quolibet modo alienes tu vel hæredes tui sine nostro successorumque nostrorum laudatione et consensu.* Tabular. Ecclesiæ S. Stephani Cadurcensis : *Habeant Canonici per totum honorem Mutationes et investituras, et quæsturas, et hospitia, et justitiam suam.*

Mutaticum, Eodem etiam fortean significatu. Hugo Flaviniacensis, in Chronico Virdun. ann. 755 : *Nec de rotatico, barganatico, pulveratico, Mutatico, salutatico, etc.* Adde Doubletum pag. 656. nisi legendum sit *motatico.*

☞ Frequentior hujusce vocis occurrit mentio in veteribus Chartis, quam ut in ea aliquid immutandum existimem; sensum vero deprehendere non ita promtum est. Videtur tamen Tributum esse quod pro vino vendito exigitur, eadem notione qua *Mueson*, in Charta ann. 1358. in Chartular. Gemmet. tom. 3. pag. 51 : *Comme à la requeste des Fermiers de la Viconté de l'eau de Rouen, les vins de Religieux hommes l'Abbé et le couvent de Jumieges qui avoient creus en leurs vignes eussent esté arrestez en la Viconté de l'eau de Rouen pour ce que l'en leur demandoit la Mueson de leur vins vendus, et lesdites Religieux avaient maintenus que rien n'en debvoient.*

3. MUTA, Accipitrum morbus, Gallis *la Mue* : accipitres enim quotannis pennas mutant, vetusque spolium deponunt, quo tempore vehementer ægrotant, etiam usque ad periculum mortis. Fridericus II. Imp. lib. 1. de Venatione cap. 46 : *Et ad singulas Mutas mutantur colores plumagii.*

Muta, Domuncula in qua includuntur falcones, cum plumas mutant. Describitur illa a Guillelmo *Tardif* part 1. *de Fauconnerie*, cap. 47. Idem Fridericus lib. 2. in Præfat : *Quædam in conservando sanas etiam quando jam mutant pennas, ut domuncula quæ dicitur Muta. In mutam includere*, eidem; *Mutare*, Petro de Crescentiis lib. 10. cap. 7. quod μουτεύειν est apud Demetrium Constant. lib. 2. Hieracosophii cap. 49. Albertus M. lib. 23. de Animalib. cap. 20 : *Domus autem Mutæ apta et ampla sibi quæratur, et de muta quando perfectus est, trahatur.* Helinandus Poeta MS. qui sub Ludovico VII. :

> Mors qui m'a mis muer en Mue,
> En tel estuve ou li cors sue, etc.

Alius Poeta MS. :

> Sire, qu'est-ce que votre niece
> Est demeurée si grant piece,
> Que n'est à Karoles venue
> Ne sai se l'avés mise en Mue.

[Ubi pro carcere usurpatur, ut et in Poem. MS. : *Les Adventures advenues en France* ab ann. 1214. ad 1412 :

> Fu mené en la Mue au pallais, etc.]

Mutatus, accipiter *mutatus*, qui mutam evasit, *Qui a mué, qui a passé la mué*, μούτατος ἱέραξ, apud Demetrium Constant. lib. 1. cap. 41 Domnizo lib. 1. de Vita Mathildis cap. 13. :

> Mutatos centum, non Mutatos quoque centum
> Astures pulcros Regi simul obtulit ultro.

Vide *Acceptor* et *Falco.* [** et Beneck. ad Hartmann. Augens. *Iwein*, vers. 284.]

* *Faucon muier*, in Vitis Patrum MSS. :

> Pour déduire, pour déporter,
> Et pour son cors reconforter,
> Porter faisoit faucons Muiers
> O lui et mener deux levriers.

* *Beste mue*, Pro Bestia silvatica, in Lit. Caroli VI. ann. 1413. ex Memor. H. Cam. Comput. Paris. fol. 18. v°. : *Eulx mors, leur a esté dényée sépulture, mesmement en terre prophane : mais ont esté gettez sur terre pour estre mengiez par les chiens, oiseaulx et bestes muës.*

4. MUTA, Species campanulæ monasticæ, quod forte surdum, ut loquimur, haberet sonum, id est, minus acutum. Vitæ Abbatum S. Albani pag. 91 : *Facta nola, cui Muta vel scilla est nomen. Mota* dicitur in Ordinario MS. Ecclesiæ Rotomagensis : *In die sanctæ Resurrectionis Matutinæ festive pulsentur, primitus Mota, postea trini et trini, et in fine festive cum pluribus campanis grossis, et tota Ecclesia illuminetur*, etc. Vide *Skella.*

5. MUTA Musica, quæ χειραγωγία, *Pantomimus*, apud Senatorem lib. 1. Epist. 20 : *Hanc partem musicæ disciplinæ Mutam nominavere Majores, scilicet quæ ore clauso manibus loquitur, et quibusdam gesticulationibus facit intelligi, quod vix narrante lingua, aut scripturæ textu possit intelligi.*

¶ 6. MUTA, Curia, conventus, concilium, cœtus. Chron. Parmense ad an. 1292. apud Murator. tom. 9. col. 822 : *Quidam boni viri de populo Parmensi fuerunt additi in libro societatis Cruxatorum, approbati primo singuli per tres Mutas sapientum, et postea per consilium credentiæ populi.* Ibidem ad ann. 1302. col. 844 : *Factum fuit per Commune Parmæ generale æstimum per certas Mutas sapientum cujuslibet portæ, et viciniarum civitatis Parmæ ad arbitrium dicti domini capitanei. Et duæ portæ fiebant per Potestatem Parmæ, aliæ duæ portæ per capitaneum*; *et Muta sapientum unius portæ stabat ad palatium domini Episcopi, alia ad monasterium S. Johannis, alia ad palatium de Arena, et alia ad domum Religionis veteris, stando ibi de die et de nocte, et non discedendo, et nemo alius audebat loqui cum eis.* Hinc habes, ni fallor, vocis originem. Vide *Mota* 2.

¶ 7. MUTA, dici videtur de navibus, quæ securitatis causa simul navigant. Chron. Parmense ad ann. 1307. apud Murator. tom. 9. col. 867 : *Commune Venetiarum... voluit et exposuit ducere salem et alias eorum mercationes per Padum, et transire sursum cum ipsis, sed Commune Parmæ viriliter prohibuit ne transirent. Et Commune Venetiarum multos ambaxatores misit Parmam, ut permitterent ire naves eorum et Mutam suam, dicendo quod iter Padi erat suum. Sed nihil eis factum fuit seu provisum per Commune Parmæ.*

¶ Muda, Eadem notione, in Continuat. Chron. Andr. Danduli ex Cod. Ambros. apud Murator. tom. 12. col. 427. in Notis : *Consiliarii Venetiarum de cætero teneantur... mittere Duchæ et Consiliariis Cretæ ducatos 4000. videlicet per Mudam Martii ducatos 4000. et per Mudam Sept. alios ducatos 4000.*

* 8. MUTA, Mensuræ species. Charta ann. 1335. inter Acta SS. tom. 4. Sept. pag. 729. col. 1 : *Dein prædium in Pfons, quod nunc Zundius Conradi gener de Pulle colit, et pendet decem Mutas, partim siliginis partim hordei, et undecim modios betarum.*

* Aliud vero sonat vox Gallica *Mute*, metam scilicet, unde forte vocis etymon, seu scopum, ad quem sagittatores sagittas suas dirigunt. Lit. remiss. ann. 1379. in Reg. 116. Chartoph. reg. ch. 78 : *Comme le suppliant et autres compaignons arbalestriers s'esbatoient à traire aux bersaux ou Mutes accoustumez à traire en la ville de Monstiervillier, etc.* Aliæ ann. 1391. in Reg. 142. ch. 24 : *Pour ce que lors le temps estoit obscur et chargié, et veoit l'en à grant peine*

de l'une des Mutes ou enseignes jusques à l'autre. Unde dimin. *Mutelete*, in Lit. remiss. ann. 1414. ex Reg. 168. ch. 16 : *Comme le suppliant.... eust trouvé en un champ... pluseurs Muteletes et huis faiz et ordonnez par maniere de bersaulx ou bustes, etc.*

MUTAGIUM, [Mutamentum.] Vide *Muta* 2.

* **MUTAMEN**, Pretium, quod datur pro mutatione prædii, cum alteri ceditur. Charta ann. 1331. in Reg. 66. Chartoph. reg. ch. 924 : *Item quod dictus magister Jacobus Rodomi habuit in magnum præjudicium domini regis unum Mutamen a Jacob Chacinarii de Villazello.* Vide *Muta* 2.

MUTANDÆ, Mutatoria, vestes quæ mutantur. Papias : *Mutandæ, mutatoriæ vestes, et camisiæ, et bracæ.* Occurrit in Regula Magistri cap. 81. Vide *Mutatoria*, 2.

¶ 1. **MUTARE**, Falcones in domuncula, quæ *muta* dicitur, includere. Charta ann. 1425. apud Kennett. Antiquit. Ambrosden. pag. 559 : *John Mauduit... per serjantiam Mutandi unum hostricum domini Regis, vel illum hostricum portandi ad curiam domini Regis.* Vide *Muta*, 3.

* Et curare. Reg. 58. Chartoph. reg. fol. 10. r°. ad ann. 1317 : *Item concessit Johanni Fouille officium Mutandi falcones regios in domo prædicta de Chastelayo.*

¶ 2. **MUTARE**, pro Commutare, permutare, Gal. *Echanger*. Tabular. Rothon. : *Ecce dedisti in manu mea quod tenebas de abbatia S. Salvatoris; nunc quære tuum sumptum, et fac quod tua hæreditas sit secundum legem et veritatem ac rationem, et ego Mutabo illam* (terram) *monachis, et tibi illam reddam.*

* Nostris *Muer*. Charta ann. 1240. in Chartul. S. Joan. Laudun. : *Je ou mi oir... Muerons ce serjant et meterons un autre pour garder ce bos.* Occurrit præterea in Lit. ann. 1402. tom. 8. Ordinat. reg. Franc. pag. 514. *Muablece*, Inconstantia, in Chron. S. Dion. tom. 3. Collect. Histor. Franc. pag. 160 : *Il leur respondi que moult s'esmerveilloit de la légiereté et de la Muablece de leurs cuers.* »

* 3. **MUTARE SE**, E loco moveri, abire. Acta MSS. Inquisit. Carcass. ann. 1308. fol. 5. r°. : *Volebant se Mutare et exire de domo Arnaldi Piquerii in qua erant.* Vide *Movere* 1.

¶ **MUTARIUS**. Vide *Muta* 1.

¶ **MUTATICUM**, Mutatio. Vide *Muta* 2.

MUTATIONES, Loca, in viis regalibus, ubi veredi vel animalia mutabantur in cursu publico : quarum *Mutationum* mentio est in legg. 34. 36. 53. 58. 60. de Cursu publ. (8, 5.) leg. 9. de Tribut. (11, 2.) Cod. Th. in Itinerariis Antonini, Hierosolymitano, et aliis, apud Senatorem lib. 4. Epist. 47. etc. Ἀλλαγαί, Annæ Comnenæ pag. 139. Vide Glossar. med. Græcit. in hac voce col. 52.

¶ Mutationes Auri, perperam editum pro *Mutones*, apud *la Faille* inter Probat. Annal. Tolos. tom. 1. pag. 97. Vide *Multo*.

¶ Mutationes Domorum, Præstationes quæ fieri solebant ab eo qui alteri in domum succedebat. Charta ann. 1124. apud Spon. inter Instr. Histor. Geben. tom 2. pag. 5 : *Placitum generale, forationes vini, et totum rippale, corealam, et Mutationes domorum, si dominus mortuus fuerit, debet ut dominus possidere.*

Mutationes Presbyteri, Præstationes quæ fieri solebant domino loci in quavis mutatione Sacerdotum seu Curionum. Tabularium Prioratus de Paredo fol. 31 : *Quidam Miles alti generis, territorii Forensis, nomine Aricus, rumorem calumniarum et minarum agebat erga Priorem hujus loci, donum hoc per emptionem Ecclesiæ * dio, ubi suæ portionis. 10. sol. annuatim, et Mutationes Presbyteri * ee proclamabat. Obtulit ergo Deo rectum et werpivit tortum.* Fol. 70. *Introitus Presbyteri* appellatur quod hic *Mutatio* : *Dedit Deo in hoc loco ea quæ in Ecclesia Luurciaco vocata possidebat, id est, medietatem Ecclesiæ, omnium oblationum, Introitum Presbyteri ex toto, presbyterium, medietatem omnium decimarum et cimiterii, omnia, ut diximus, sicut ipse habebat.* Græcis ἐνδρονιτικόν.

¶ 1. **MUTATORIA**, *Dicuntur vulgo diversoria vel fullonica, quasi secreta ædificia.* Vocabul. Juris utriusque. Ridicule omnino; genuinam vocis originem vide in *Mutationes*.

2. **MUTATORIA**, Vestes quæ aliis mutantur : *vicaria indumenta*, apud Cassianum lib. 4. cap. 10. ἐξημοιβὰ ἱμάτια, Homero : *Mutatoriæ vestes*, apud Cogitosum in Vita S. Geraldi lib. 1. cap. 34. *vestimenta Mutatoria*, in Testamento Guillelmi D. Montispessulani ann. 1212. Gregor. Nazian. Orat. 2. in Julian. : Ἐσθῆτος ἐξαλλαγή, pag. 106. Vita S. Nili Junioris pag. 56 : Καὶ ἀφείλοντο τὸ τρίχινον τῆς ἀλλαγῆς αὐτοῦ. Ἀλλαγαὶ ἱματίων, apud Pachymer. lib. 7. cap. 29. Vide Notas ad Alexiad. pag. 285. et Descript. ædis Sophianæ n. 87 : *Vestes quas persæpe mutare consueverunt Principes*, apud Rigordum ann. 1185. Will. Tyrius lib. 6. cap. 6 : *Vestes etiam præ continuis laboribus laceræ, et assiduitate utendi prætendentes vetustatem; non enim erant populo peregrinanti diversa, quibus alternatim uterentur, Mutatoria.* Lambertus Ardensis : *Alii scutellas metalli similis cum culicibus, alii vestium Mutatoria, alii pictas culcitras et tapetia... distribuit.* Udalricus lib. 2. Consuet. Clun. cap. 13 : *Est apud nos lavatorium... ibique lavat femoralia sua... aut si habet in promptu Mutatorium suum, mutat quod est indutus.* [** Adde Thietmar. lib. 4. cap. 24.] [Ordinar. Can. Regul. S. Laudi Rotomag. ad calcem Johan. Abrinc. edit. 1679. pag. 312 : *In lectis interim singulorum munda et nova Mutatoria ponantur a camerario.*] Sed præsertim *Mutatoria* dicuntur vestes pretiosæ quæ aliis minoris momenti ac pretii mutantur. Papias : *Mutatoria, solennia vestimenta aliis meliora. Mutatoriæ, mutandæ vestes, et camisiæ, bracæ.* Ugutio : *Mutatorium, vestis pretiosa, pro qua alia mutatur.* Gloss. Lat. Gall. : *Mutatorium, Vestemens precieux.* Historia Belli Saxon. pag. 149 : *Arma generis universi, Mutatoria, cæteraque sine æstimatione vestimenta, etc.* S. Bernardus de Morib. Episcop. cap. 2 : *Quid conferunt tot Mutatoria, vel extensa in perticis, vel plicata in manticis.* Quo spectant ista apud Jacobum de Vitriaco in Histor. Occident. cap. 30 : *Mimus et histrio ad mensam cantant : multa vestium Mutatoria ad ostentationem vanitatis in pertica extenduntur, et Christi pauperes fame et frigore cruciantur.* Vita S. Richardi Episcopi Cicestrensis n. 44 : *Nec phaleris auro vel argento fulgentibus equos suos ornari voluit, nec Mutatoria superflua circumferre, etc.* Vita Joannis Gorziæ Abbatis : *Cum a legatis ei diceretur... ut veste lautiore se appararet, uti regiis conspectibus præsentandum, illeque renueret, rati illi non ei vestium Mutatoria subesse, Regi nuntiant.* Monachus Pegaviensis ann. 1096 : *Præfatæ namque dedicationis festivitate, per dies 15. solemniter protensa, D. Juditha Comitissa totidem diebus singulis Mutatoriorum insignibus æqualiter redimitis, non sine admiratione cunctorum, adornata processit.* Matthæus Paris ann. 1107 : *Jussit eum arctiori carceri et custodiæ mancipari... Mutatoria quasi autem sua ei non substraxit.* An. 1236 : *Sericis vestimentis ornati, cicladibus auro textis circumdati, excogitatis Mutatoriis amicti, insidentes equos pretiosos, etc.* An. 1245 : *Appropinquante... Dominicæ Nativitatis festivitate, qua Mutatoria recentia, quæ vulgariter novas Robas appellamus, Magnates suis domesticis distribuere consueverunt.* Cosmas Pragensis : *Accipe thalitarium et chlamydem, ac Mutatoria Duce digna.* Gervasius Tilleberiensis MS. in Otiis Imperial. parte 2 : *Levioribus Mutatoriis Rex indutus ad mensam accedit.* [Ep. 21. Adami abb. Persenniæ apud Marten. tom. 1. Anecd. col. 754 : *Ubi, inquam, regnat mediocritas, non de pupillorum prædiis augentur prædia, nec partitæ onerantur Mutatoriis, quibus corpora, vasa stercorum, adornentur.*] [** Vide Schmidt. ad Petr. Alphons. Discipl. Cler. cap. 27. § 3.]

¶ **MUTATORIUM** Cæsaris, de quo Rufus in descriptione Romæ, intelligitur de domo, ubi secessus oblectamentique causâ aliquando maneret. Vide quæ hac de re disseruit Dom. Bern. *de Montfaucon* tom. 3. Antiquit. explic. part. 1. cap. 5.

¶ **MUTATUS**. Vide *Muta* 3.

* **MUTATUS**, *Scabinus*, ædilitius; forte quia quolibet anno *mutatur*. Charta ann. 1230. apud Cenc. inter Cens. eccl. Rom. : *In quo consilio etiam interfuerunt capitanei lavatorum S. Petri majoris et capitanei illorum de S. Christoforo et viginti quinque consiliarii de unaquaque porta, et Mutati duodecim de burgo, et viginti de qualibet porta.* Vide *Muta* 6.

* **MUTERE**, *Estre muet*, in Glossar. Gall. Lat. ex Cod. reg. 7684. Nostris alias *Mus* et *Muiaus*, pro *Muet*, mutus. Serm. Gall. 14. sæc. ex Cod. S. Vict. Paris. serm. 11 : *Nostre sires gita un deable de cors à un home, et si dit li Evangiles que cil deaubles estoit Muz, por ce qu'il avoit l'ome amui, an cui cors il estoit.* Consolat. Boet. MS. lib. 1 :

Quant je me voy blasmer si fort,
De ce que j'estoie si Mus,
De parler fit tout mon effort.

Le Roman *de Robert le Diable* MS. :

Tous li mont cuidoit sans faillance
Qu'il fust Muiaus dès s'enfance.

Ibidem :

Oil, peres, dist la pucielle,
Jou ay esté toujours Muielle
Très qu'à huy, etc.

Vide *Mutitas*.

* **MUTIBERNI**, Vox ignota Argentræo lib. 1. cap. 18. Hist. Brit.

* **MUTICULARE**, pro Mutilare. Stabil. Crucesignat. ann. 1214. in Reg. 1. Chartoph. reg. fol. 31. r°. : *Si ballivi domini regis aliquem crucesignatum deprehenderint ad præsens forefactum, pro quo debeat membris Muticulari, vel vitam amittere, etc.* Pluries ibidem. *Mutilure*, Mutilatio, in Lit. remiss. ann. 1372. ex Reg. 104. ch. 67 : *Lesquelz férirent ledit Jéhan le Gueux sans aucune Mutilure.*

** **MUTIFICARE**, Mutum esse, apud Virgil. Gramm. pag. 40.

* **MUTILITAS**, Vitium, defectio. Glossale super tres libros Salom. in Bibl. Heilsbr. pag. 26 :

Si quid perfectum tenet hoc opus, est Deitatis,
Qui dat perfectum, sine qua nichil est bonitatis;
Quicquid neglectum, vel quicquid Mutilitatis,
Supletis etc.

¶ **MUTILO**. Vide *Multo*.

MUTINUS. Ælfricus in Gloss. Anglo-Saxon. cap. de nominibus ferarum : *Mutinus*, gadinca, *vel* Hnoc. Non liquet, inquit Somnerus. [*Mutinæ carnes*, in Consuet. MSS. Eccl. Colon. e Bibl. Eccl. Atrebat. eædem quæ vervecinæ. Vide *Multo*.]

¶ **MUTIO**, *id est*, *Fatuus*. Vocabul. utriusque Juris.

* **MUTIS**, Truncus, stirps. Pactum inter Humb. dalph. et episc. Gratianopol. ann. 1343. in Reg. 134. Chartoph. reg. ch. 34 : *Recte tendendo ad pedem cujusdam margassii seu claperii,... in quo margassio seu cleppe-rio sunt duæ Mutes arborum.*

MUTITAS, Ἀφωνία, in Gloss. Græc. Lat. [Mirac. S. Bernhardi Episc. tom. 5. Julii pag. 112 : *Eoque quippiam petere volente, verbis in ore reclusis, subito mutus effectus est; qui a plerisque tentatus, an videlicet astu Mutitatem simularet, et tandem certa loquendi impotentia comprobatur.* Occurrit præterea tom. 2. Sanctorum Apr. pag. 429.]

MUTO, Mutto, Mutonagium. Vide *Multo*.

¶ **MUTOFEDA**, Ovis, Massiliensibus *Moutonfede*. Charta ann. 1390 : *Quilibet Mutofeda solvat XVI. denarios.*

* Lugdunensibus, *Feye*. Vide supra *Feda* 2.

¶ **MUTONIUM**, κυδώνιον, *Malum cotoneum*. Supplem. Antiquarii et Gloss. MSS. Lat. Græc. Sangerm. Aliud itidem Gloss. : *Mutonium*, πρόθεμα, *Additio*.

¶ **MUTPHARACHÆ**, Genus Turcici equitatus, quod sic describit Jovius Hist. lib. 14 : *Mutpharachæ admirabili virtute præstantes, toto orbe conquisiti, ea conditione militant, ut quos velint Deos, impune colant; præsentique tantum Imperatori operam navent.* Hæc post Carolum de Aquino in Lex. milit.

¶ **MUTRELLA**, perperam pro *Mitrella*, capitis tegumentum, quod monachi *capparonem* vocabant. Gall. Christ. tom. 4. col. 782 : *Statuimus, quod liceat fratribus uti Mutrellis in dormitorio.* Vide *Mitræ*.

¶ **MUTRUM**, Homicidium. Vide *Morth*.

* **MUTTATGIUM**, ut supra *Mutamen*. Terrear. villæ *de Busseul* ex Cod. reg. 6017. fol. 47. v°. : *Item unum Pariziensem Muttatgii pro quodam campo etc.* Vide in *Muta* 2.

MUTTUM, γρύ, in Gloss. Lat. Gr. Hinc vox *Mot*, apud nostros, et loquendi formula, *ne Muttum quidem audet dicere*. Vide Scaliger. ad Festum in *Mutire*. Epistola Ludovici II. Imp. ad Basilium Maced. Imp. Constantinop. : *Verum super hoc si est, qui summo Pontifici saltem unum faciat Mutum, congruo profecto illius non carebit responso.* [Guibertus de Pigner. SS. lib. 1. cap. 2 : *Et dum nec spiritum nec Muttum quidem facientis impio hauriret auditu.* Amalarius in Epist. ad Guntardum tom. 2. Annal. Benedict. pag. 595 : *Quando hoc audivi a te, nec Muttum tibi dixi; neque cogitavi ex hoc tibi respondere.* Vita S. Odonis sæc. 5. Bened. pag. 167 : *Quod si fortassis aliquis a nostris famulis non ferens eorum improbitatem, aliquid Mutum responderet eis aspere, etc.* Quo spectat illud Hieron. in Epist. 65. ad Pammachium : *Et Mu ultra non faciam, juxta Ennium.* Le Roman *de la Rose* MS. :

Mu le fera teoir et quoi.]

* **MUTUA** Gratia, Practicis nostris, *Don mutuel*. Charta ann. 1326. in Chartul. thesaur. S. Germ. Prat. fol. 12. r°. : *Dicta Ysabellis exhibuit dicto thesaurario quasdam litteras Mutuæ gratiæ dudum confectas inter dictam Ysabellam et prædictum defunctum dum vivebat, et constante legitimo matrimonio inter ipsos.*

¶ **MUTUARE**, *Mutuum*, seu exactionem nomine *mutui* impositam solvere. Vide *Mutuum*.

MUTUATIM, pro *Mutuo*, in Vita Antidii Archiep. Bisonticensis cap. 5 : *Benedictionis ergo dono Mutuatim dato, etc.*

¶ **MUTUATIO**, pro Mutatio, in Consuet. MSS. Auscior. art. 3 : *Fiat autem Mutuatio Consulum annuatim in festo S. Joan. Baptistæ.*

MUTULA, ex Ital. *Mutola*, Muta. Occurrit in Vita B. Justinæ de Aretio n. 9.

MUTULATUS, Idem quod *Expeditatus*, in Charta Forestæ cap. 9. forte pro *mutilatus*. Locum vide in *Mastinus*.

¶ **MUTULOSUS**, ψιλός, Nudus, glaber. Gloss. Lat. Græc. MSS. Sangerman.

* Castigat. in utrumque Glossar. forte *Mentulosus*, ψωλώδης, ex Vulc.

MUTULUS. Lex Ripuar. tit. 60. § 4 : *Si autem ibidem infra terminationem aliqua indicia sua arte, vel butinæ, aut Mutuli facta extiterint, ad sacramentum non admittatur, etc.* Ubi *mutuli*, videntur esse aggeres terrei, quos *Motes* nostri vocant : aut forte lapides ii quos *Mutos* vocant Agrimensores, i. sine inscriptione, vice terminorum positi. Vide *Bonna* 2.

☞ Errat Cangius, si fides Eccardo, in Notis ad Legem citatam, quam ad calcem Legis Salicæ edidit. *Mutuli* enim sunt machinationes clandestinæ, vel seditiones clam excitatæ, a veteri German. *Meuten*, clandestine agere, unde *Meutmacher*, Flabellum seditionis, Gall. *Mutin*. Hæc vir eruditus; quæ tamen in meam fidem recipere nolim.

¶ **MUTUNUS**, Vervex, Gall. *Mouton*. Charta ann. 1307. ex Archivis Massil. : *Item super eo quod petebant dicti parerii quartam partem Mutunorum, astorium et cabastragiorum pro dicto territorio.* Vide *Multo*.

* Hinc forte *Meutin* appellatur Pars quædam aratri, illa scilicet quæ in rhedis *Mouton* dicitur. Lit. remiss. ann. 1409. in Reg. 163. Chartoph. reg. ch. 473 : *Un baston, nommé un demi Meutin de charrue.*

* **MUTURIUM**, Motio, contentio, rixa. Lit. ann. 1367. tom. 5. Ordinat. reg. Franc. pag 723 : *Ameudeum de Lacu, licentiatum in legibus, judicem curiæ communis Anicii, consiliarium nostrum ad locum de Lauveria duxerimus transferendum, ad finem ut super prædictis debatis et Muturiis inter eos ortis diligenter se informaret, etc.* Vide supra *Movita*.

MUTUS, Obscurus : *Muta verba*, apud Abbonem in Præfat. ad libros de Bellis Parisiac.

Muti, inter divinatores reponuntur apud Paschasium Ratbertum in Vita Arsenii seu Walæ Abb. Corbeiensis lib. 2. cap. 9 : *Divini, conjectores, et Muti.* Atque hi putantur esse *Engastrimythi*, seu *ventriloqui*.

Mutorum Poena. Vide *Panis fortis*.

Muti Lapides, sine inscriptione, apud Hygenum de Limitibus constituendis.

MUTUUM, Exactio nomine mutui. [Charta Rogerii I. Reg. Sicil. ann. 1129. apud Murator. tom. 6. col. 623 : *Nulla angaria, parangaria, echioma, gabella, Mutuum, extorsio jaciatur, imponatur.* Chron. Parmense ad ann. 1296. apud eumdem tom. 9. col. 834 : *Et impositum fuit per Commune Parmæ unum Mutuum octo millium librarum imperialium per episcopatum, et quinque millium per civitatem. Et Mutuum clericis fuit impositum duo millium librarum, etc.* Chron. Mutin. ibid. tom. 11. col. 122 : *Tria Mutua extorsit.*] Historia Cortusiorum lib. 3. cap. 14 : *Teutonici cruciabant Paduanos mutuis et daciis.* Infra : *Mutua imposuit et datias.* Lib. 7. cap. 1 : *Vexabantur Mutuis et datiis.* Albertinus Mussatus lib. 12. de Reb. gest. Italic. pag. 86 : *Communes datiæ, exactionesque et Mutua publica et privata etc.* Charta R. Abbatis Monasterii Karoffensis in Pictonib. ann. 1308. ex 2. Regesto Philippi Pulcri Regis Franc. Tabularii Regii n. 11 : *Non recipiemus ibi Mutuum, nisi gratis mutuare voluerint habitantes.* Ita in Libertatib. Novæ Bastidæ in Occitania ann. 1298. in alio Regesto ejusdem Regis ann. 1299. n. 16. Vide *Credentia*, *Creditum*.

Mutuum Coactum, Exactio, quæ a dominis in urgentibus negotiis suis ac necessitatibus fiebat super subditos, vassallos, ac tenentes cum restitutionis conditione ac pollicitatione : a qua quidem exactione exempta pleraque oppida, quibus concessæ libertates, leguntur. Charta libertatum Aquarum Mortuarum ann. 1246 : *Omnes habitatores loci illius sint liberi et immunes ab omnibus questis, talliis, et toltis, et Mutuo coacto, et omni adempta coacto.* Consuetudines Monspelienses MSS. cap. 56 : *Toltam nec quistam, vel Mutuum coactum, vel aliquam exactionem coactam non habet; nec unquam habuit dominus Montispessulani in hominibus Montispessulani.* Eædem vernaculæ, *totas inquistas, ni prest forsat, o alcuna action destrecha, etc.* Libertates concessæ oppidis Castelli Amorosi et Valentiæ, in diœcesi Aginnensi, ab Edwardo I. Rege Angliæ ex Regesto Constabulariæ Burdegalensis fol. 55. 140 : *Nec recipiemus ibi Mutuum, nisi gratis nobis mutuare velint habitantes.* Eadem habent libertates Riomagi in Arvernis.

MUTUUM VIOLENTUM, in Charta libertatum Jasseronis, apud Guichenonum in Histor. Bressensi pag. 106. *Roga coacta*, in Charta Ludovici Comitis Blesensis et Claromontens. ann. 1197. pro Creduliensi villa : *Omnes homines Credulio manentes taliam mihi debentes, et eorum hæredes, a talia, ablatione, impruntuto et Roga coacta de cætero penitus quitos et immunes esse concedo.* Exstat Statutum Philippi VI. Regis Franc. 3. Febr. ann. 1343. quo vetat in posterum fieri ullum *Mutuum coactum* super subditos suos : quod scilicet paulo ante exegisse docet Diploma anni 1342. 28. Junii, sed et Philippum Pulcrum Regem aliud ann. 1302. in 12. Regesto Chartophyl. Reg. Ch. 15. et in 36. Regest. Ch. 48.

☞ Laudatum Philippi VI. Statutum frustra quæsitum in Regestis publicis testatur D. *de Lauriere* tom. 2. Ordinat. Reg. Franc. prg. 234. Unde existimat D. Cangium lapsum memoria art. 4. et 5. Statuti ejusd. Regis ann. 1345. 15. non 3. Febr. spectasse, quo vetat Philippus Rex in posterum a subditis suis exigi equos, currus, etc. nisi ad utilitatem Hospitii sui.

* MUTUUM VIOLATUM, Exactio nomine mutui, quæ a subditis exigitur. Charta Guid. Episc. Clarom. pro villis Biliomi et S. Lupi ann. 1281. in Reg. 73. Chartoph. reg. ch. 1 : *Item homines villæ non debent... Mutuum Violatum, vel messionem bajuli vel servientum.* [** Leg. *Violentum*, ut supra.]

MUTUUM EBRALDUM. Charta Henrici Comitis Portugalliæ tom. 3. Monarchiæ Lusitanæ pag. 282 : *Non introducam Mutuum Ebraldum Colimbriam.*

* MUTUUM, Stipendium datum in antecessum. Lit. ann. 1408. tom. 9. Ordinat. reg. Franc. pag. 363. art. 1 : *Ordinamus per senescallos, receptores, thesaurarios,... tam nobilibus quam innobilibus, cum ex parte nostra mandati fuerint ut ad guerras nostras accedant, Mutuum fieri prius quam iter arripiant, secundum statum cujuslibet Eorumdem, super stipendiis suis, etc.*

¶ **MUWES**, Mensuræ species, nisi ab Angl. *Mow*, quod acervum, cumulum sonat, accersas. Charta Henrici VI. Reg. Angl. ann. 1432. apud Rymer. tom. 10. pag. 514 : *Duo millia Muwes salis, in Insula de Gerrau... in Britannia.*

* **MUXONES**. Vide supra *Musones.*

¶ **MUZA**, Vestis species, qua cæteri Clerici æque ac Episcopi utebantur. Epitome Constit. Eccl. Valent. tom. 4. Concil. Hispan. pag. 175 : *Rectores autem, vicarii perpetui, beneficiati altaris majoris, diaconi et subdiaconi ecclesiæ, Muzas panni nigri ex saya nigra lividi seu viridis coloris fodratas* (portent.) Vide *Birrus.*

¶ **MUZECTA**, Eadem notione, qua *Muza.* Notitia Eccles. Catanensis apud Rocchum Pirrum in Sicil. Sacra pag. 77 : *Canonicalis habitus ex Pii V. litteris almutium et superpellicium erat, sed dein rochetum et birrum seu Muzecta nigri coloris.*

¶ **MUZZETA**, Eodem significatu. De S. Juvenale Episc. tom. 1. Maii pag. 399 : *Episcopus Narniensis ex suo palatio, talari veste indutus, rocheto et Muzzeta.* Vide *Mozzetta.*

¶ **MYCETIAS**, *vocatur tetri rudoris inquietudo terrena.* Ita Apuleius de Mundo. A Græco nimium μύκω, Mugio, reboo.

¶ **MYLLEWELL**, Piscis genus, qui alius videtur ab eo quem Spelmannus piscem viridem vocat. Computus ann. 1425. apud Kennett. in Antiquit. Ambrosden. pag. 575 : *Et in* III. *copulis viridis piscis... Et in* XV. *copulis de Myllewell minoris sortis* X. *sol.* VI. *d. et in* XX. *Myllewell majoris sortis* XII. *sol.* [* Vide *Mulvellus.*]

MYNECENÆ, Moniales, ex Anglo-Saxon. mẏnecen̄e, vel minicene, hodie Anglis *Minneken* et *minnekenlasse.* Concil. Ænhamiense in Anglia ann. 1009. cap. 1 : *Episcopi et abbates, monachi et Mynecenæ, canonici et nonnæ, etc.*

¶ **MYOBARBUM**, apud Ausonium in lemmate Epigrammatis 30. Cantharus potorius Scaligero, qui a similitudine muris et barbæ, quæ in conum desinit, *Myobarbum* voce ibrida dictum existimat. Turnebus vero Advers. lib. 3. cap. 19. putat verbum compositum *mure* et *barbo*, quod mensuram, liquidorum sescunciam pendentem sonat, ut sit tamquam muris cyathus. Quidam legunt *Myhobarbum*, alii *Myohobarbum*; emendat Lil. Gyraldus *Myxobarbarum*, quod non placet. Vide Cuperum in Harpocrate pag. 78.

* **MYOCEPHA**, MYOCEPHALUM. Alex. Iatrosoph. MS. lib. 1. Passion. cap. 100 : *Ad staphylomata enim et ad ypopias et Myocephala facit cum ovi liquore albo inunctum... Si autem Myocepha aut ypoptius fuerit, post inunctionem ligabis oculos aut linteo in aqua infuso frigida, aut spongia in ipsa aqua infusa.*

¶ **MYOPARO**, Navigii piratici genus a Paro insula et Myunte urbe, ut placet Turnebo lib. 3. Adversar. cap. 1. nomen adepti. Melius Scaliger, a forma μυῶνες, hoc est, angusta et oblonga, dictum tradit.

* Hist. Franc. Sfortiæ ad ann. 1427. apud Murator. tom. 21. Script. Ital. col. 209 : *Florentini, qui aliquando Myoparonibus et perpaucis triremibus, prædonum non belligerantium more, onerariis minoribus navigiis insidiabantur.*

MYRACH, vox Arabica, quam Medici usurpant pro partibus continentibus stomachi. Vide Mundinum in Anatomia pag. 43.

¶ **MYRIONYMA**, Isidis epithetum, quod illa variis nominibus afficeretur. Mabillonius in Itiner. Germ. pag. 91. tom. 4. Analect. ex veteri Inscriptione : ISI MYRIONYMÆ ET SERAPI EXSPECTA... METIS. AUG. D. V. S. L. Similis inscriptio occurrit apud Gruterum pag. 83.

¶ **MYRMICOLEON**, Formicarum vorator, leo formicarius, Gr. μυρμηκολέων. Vita B. Columbæ Reatinæ tom. 5. Maii pag. 373* : *Et velut Myrmicoleon involveret formicam frumenta gestantum.*

* **MYROBRECHARIUS**, a Græco μυρόβρεχος, Qui unguento perfundit et madefacit, apud Gudium inter vett. Inscript. clxv. 6 : L. FURFANIO L. LIB. PHILOSTORGO MYROBRECHARIO VIX ANN. LIIII. FURFANIA L. L. OLYMPUSA FECIT. MUROBRECHARIUS, in Inscript. ccxcix. 3. Vide Martin Lex. in hac voce.

MYRONES, *Fantasiæ, miratores.* Papias.

¶ **MYRRHINUM**, MYRRINUS. Vide *Mazer.*

¶ **MYRTA**, pro Myrtus, in Statutis Montis Regal. fol. 318 : *Debeat solvere emptori gabellæ piscium, solidos quatuor pro quolibet rubo piscium, et intelligatur detracta Myrta et cestis ac funibus.*

MYRTHA, Eadem notione, usurpant Cælius Aurelianus, Celsus, et Apicius. Vide *Murta.*

* **MYSTACE** INCEDERE, Graviter, composite ambulare. Chron. Ditm. Mersburg. episc. tom. 10. Collect. Histor. Franc. pag. 131 : *Henricus Dei gratia rex inclytus a senatoribus duodecim vallatus, quorum sex rasi barba, alii prolixa Mystace incedebant cum baculis, etc.*

¶ **MYSTARCHUS**, Sacerdotum præpositus; titulus honorarius Archiep. Toletani, ex Hierolex. Macri.

¶ **MYSTERIALES**. Vide *Ministeriales.*

¶ **MYSTERIARCHES**, Mysteriorum peritus, vel princeps. Prudent. Peristeph. 2. 349 : *Bene est, quod ipse ex omnibus Mysteriarches incidit.*

¶ **MYSTERICUS**, pro Mysticus. Epist. Zachariæ PP. ann. 748. tom. 1. Rer. Mogunt. pag. 255 : *Affirmantum sine Mysterica invocatione, aut lavacro regenerationis posse fieri Catholicum Christianum.*

1. **MYSTERIUM**, Officium, sacra Liturgia. Pelagius Episcop. Ovetensis in Ferdinando Rege Hispan. : *Tunc Alfonsus Rex velociter Romam nuntios misit ad Papam Aldebrandum cognomento septimus Gregorius. Ideo hoc fecit, quia Romanum Mysterium habere voluit in omni Regno.* Infra : *Confirmavit itaque Romanum Mysterium in omne regnum Regis Adefonsi æra* 1123. (Chr. 1088.)

* MYSTERIUM CHRISTI, Missæ sacrificium. Acta S. Gratil. tom. 2. Aug. pag. 728. col. 2 : *Indutus est* (Gratilianus) *vestimentis albis, et celebraverunt Mysteria Christi.*

* MYSTERIUM DEFUNCTORUM, Officium solemne pro defunctis. Charta ann. 1220. inter Instr. tom. 6. Gall. Christ. col. 545 : *Pro quibus omnibus Mysterium defunctorum sequenti die, vel alia, juxta quod visum fuerit conventui, facient celebrari.*

2. **MYSTERIUM**, Statuta Roberti I. Regis Scotiæ cap. 8. § 4 : *Salvis ipsis custodibus, non rationalibus Mysteriis suis seu necessariis impensis* : sed legendum indubie *misiis.* Vide in hac voce.

¶ 3. **MYSTERIUM**, Tragœdia sacra. Comment. P. Soucherii Canon. Lemovic. apud Stephanot. tom. 2. Fragm. Hist. MSS. : *Anno* 1521. XI. *Aug. fuit inceptum Mysterium passionis D. J. C. figurative in castro Lemovicensi representari quod fuit solemniter et magnifice ostensum et figuratum, tam in indumentis, quam jocalibus et aliis ad hoc necessariis et opportunis.*

¶ 4. **MYSTERIUM** NUPTIALE, Nuptiæ solennes cum cæremoniis ecclesiasticis celebratæ. Capitul. lib. 7. cap. 165 : *Dubium non est eam mulierem non pertinere ad matrimonium in qua docetur nuptiale non fuisse Mysterium.*

* 5. **MYSTERIUM**, pro Ministerium. Stat. synod. eccl. Tornac. ann. 1366. pag. 51. art. 13 : *Item clerici Dominicis diebus et festivis, cum solemnisat tota Ecclesia, missæ et horis intersint in cancello, divinis officiis celebrandis, et secundum sententiam sibi dotam a Deo devote Mysterium suum impendant.*

MYSTICARE, Sensum arcanum exprimere, includere. Petrus Rigensis in Leviticо :

. . . Ecclesiam Mysticat illa domus.

Hugo a S. Victore in Speculo Ecclesiæ cap. 1 : *Cancellus humilior reliquo corpore Ecclesiæ, Mysticat quanta humilitas debeat esse in clero.* Utitur etiam cap. 7. [Rituale antiquum Suession. apud Marten. de Ant. Rit. pag. 380 : *Novem psalmi, novem lectiones et novem responsoria, quæ in his tribus noctibus celebrantur, Mysticant quod tria genera hominum ab inferis rapuit, quæ ad societatem novem ordinum Angelorum transvexit.*] Observat Ugutio, *mysticum* dici de temporalibus; *mysterium* de spiritualibus.

MYSTICUS. Vide *Sarica.*

¶ **MYSTILE**, *Panis qui canibus objicitur, Lat. Canice; vel panis excavatus sorbitioni accommodus.* Vocabul. Sussannæi. Vide Lex. Martinii.

¶ **MYTHISTORIA**, Fabulosa historia. Jul. Capitolinus in Macrino : *Libros Mythistoriis replevit talia scribendo.* Hinc

¶ **MYTHISTORICUS**, apud Flav. Vopiscum in Firmo : *Marius Maximus homo omnium verbosissimus, qui et mythistoricis se voluminibus implicavit.*

MYTRUM. Testament. Hugonis I. Episcopi Tolosani apud Catellum pag 858 : *Dono itaque unum Mytrum ab auro sancto Stephano, et unum missalem, etc.* Mitram, forte.

MYXA, Myxus, Mixus, ex Gr. Μύξα, Ellychnium lucernæ. Anastasius in S. Silvestro : *Myxum ex stuppa amianthi.* Item : *Posuit lucernam ex auro purissimo Mixorum* 10. *pens. lib.* 30. In S. Hilaro pag. 28 : *Lucernam auream cum Mixis luminum decem.* Sed ibi perperam *nixis*, ut et pag. 14. 16. 17. 28. 258. pro *mixis*, uti præferunt alii Cod.

* Gall. *Meche*; unde *Amecher*, ellychnio instruere, in Stat. candelar. Rotomag. ann. 1403. tom. 8. Ordinat. reg. Franc. pag. 599. art. 2 : *La plus grosse* (chandelle) *sera Amechée à la value.*

Bimixæ, Lucernæ quæ habent bina *Mixa*, δίμυξοι. Idem, in Leone III : *Fecit.... lucernas majores fusiles Bimixas anaglyphas duas pens. etc.* Infra : *Et super ipsa cerostata, fecit lucernas fusiles Bimixas duas ex argento.* In Leone IV. *Lucernam Bimixyn. Lucerna Bilychnis*, in Fragmento Petronii pag. 15.

¶ **MYZINUM.** Vide *Imizilum.*

¶ **MYZQUITA.** Vide *Meschita.*

NA NAA NAB

N LITERA numeralis, quæ 90 denotat. Unde versus apud Ugutionem :

N. nonagiota capit, quæ sic caput esse videtur.

Ita etiam in Notis antiquis : *N.* LXXXX. *nonaginta.* At apud Baronium N. 900. efficere dicitur hoc versu :

N. quoque nongentos numero demonstrat habendos.

Eidem literæ si recta linea supperaddatur, nonaginta millia significat.

N. Literam loco nominis proprii poni cœpisse paulo ante annum Christi millesimum, observat Hugo Menardus ad librum Sacramentorum Gregorii : cum nota hæc *ill. i. ille*, poneretur. Vide in voce *Ille.* At vir doctissimus, hisce in rebus, ut et in aliis, versatissimus Joan. Mabillonius tom. 5. Vitar. SS. Ord. S. Benedicti pag. 291. tum ex variis MSS. tum ex Frotharii Episcopi Tullensis editis Epistolis ante annos octingentos literam N. eo sensu adhibitam contendit. [Vide *Nestigantio.*]

N. *in superscriptione cantilenæ, notare, hoc est, noscitare, norificat.* Ita Notkerus Balbulus Opusc. *Quid singulæ literæ significent in superscriptione cantilenæ.* Vide *A.*

1. **NA**, [Saxonibus, Non, minime.] Vide *Ya.*

¶ 2. **NA**, in Aquitania vicinisque provinciis, a mulieribus, quæ maritorum luce fulgebant, præpositum fuisse, docet Petrus de Marca Marcæ Hispan. col. 262. Vide *En, Ena.*

* Hanc vocem nominibus mulierum nobilium, æque ac plebeiarum, apud Occitanos præpositam fuisse, colligitur ex Instr. ann. 1217. inter Probat. tom. 1. Hist. Nem. pag. 58 : *Lite contestata et juratum de calumpnia inter Vilelmam Trevellam et Vidaletum Judæum,.... quod Wilelma Trevella percussit eum.... Ad probandum quod Vidaletus vocaret Na Trevellam putam, vetulam, merdosam.... Na Vinceza testis jurata dixit, etc. Na Cap de Compainna.... Na Bannieira testis, etc.* Unde D. Menardus a voce *Dona* contracte dictum esse putat, non secus atque Parisiis, ubi etiam mulierculæ *Dames* nuncupantur. Haud scio tamen an non sit præpositionis species, quæ, honestatis causa mulierum nominibus præponeretur; quod innuere videtur locus ubi primum *Na* Trevellæ nomini anteponitur. Vide supra *En.*

* **NAAM**, Facultas, certis casibus, sibi ipsi jus dicendi, interprete Ludewigo ad Leg. Danic. tom. 12. Reliq. Mss. pag. 173 : *Item si aliquis de aliquo jus, quod Naam dicitur, receperit contra leges, quæ in libro legali continentur, tunc habeant licentiam causam herrewerck vel rapinæ prosequendi contra illum.*

* **NABA**, pro Nabus, fluvius Germaniæ, Gall. *Nab.* Mirac. S. Emmer. tom. 6. Sept. pag. 503. col. 1 : *Post pauros annos in flumine Naba solus, comitatu salvo, subita morte vitam finivit.*

¶ **NABALIS**, *Campi culture dediti*, in Gloss. Sangerman. MS. num. 501. An corrupta vox a *Navare*, Operam collocare?

¶ **NABATÆ**, *Ex adulterio concepti.* Sussannæus.

¶ **NABETINUS**, f. *Fundici* curator, inferior *fundegario*, aut Exactor *nabuli.* Statuta Massil. lib. 1. cap. 18. § 14 : *Similiter statuimus ne aliquis fundegarius vel Nabetinus, vel qui suum vinum vendit vel vendi faciat ad minutum, nec aliquis qui præter mercadariam, ministerium suum vel corratoriam exerceat, in terra illa possit fieri vel constitui Consul.* Ibid. § 16 : *Si aliquis fundegarius vel Nabetinus, vel aliqui quandocunque facient contra sacramentum, quod fecerint vel facient Rectori Massiliæ, in redemptione dicti fundici perdant incontinenti omne jus, quod tunc haberent in dicto fundico, et ab inde non sint fundegarii fundici supradicti.* Vide *Funda* 1. et mox *Nabulum.*

¶ **NABILIS**, *Ad nandum habilis, Nabundus, Facilis ad nandum, vel similis nanti*, Johanni de Janua. Gloss. Lat. Gall. Sangerman. : *Nablis, Bien noant ou nagent; Nabundus, Idem.*

* Nostri *Noer* et *Nouer*, pro *Nager*, nare, natare, dixerunt. Chron. S. Dion. tom. 3. Collect. Histor. Franc. pag. 188 : *Il levoient les bras aussi comme pour Noer. Dum brachia quasi nataturi extenderent*, apud Aimoin. lib. 11. cap. 13. ibid. pag. 54. Lit. remiss. ann. 1418. in Reg. 170. Chartoph. reg. ch. 211 : *Ilz s'attendoient qu'icellui Robert eust passé la riviere à Nou, et ne cuidoient pas qu'il feust péry en icelle, attendu qu'il estoit tres-bon ouvrier de Noer.* Proverb. rural. in Glossar, ad calcem Joinvil. edit. reg. *Souef Noue, cui on tient le menton.* Bestiar. Ms. :

> En l'eue n'ose pas entrer,
> Car il ne set noient Noer.

* **NABINUS**, Napus, Hisp. *Nabo*, unde dimin. *Nabillo.* Leudæ major. Carcass. Mss. : *Item pro saumata Nabinorum, j. den. Turon.* Ubi versio Gallica ann. 1544 : *D'une saumade de naveaux, etc.*

¶ **NABITA**, *Nancta.* Gloss. Isid. Emendandum cum Grævio : *Navita, Nauta.*

NABLISARE, *Psalmisare*, ψάλλειν. Gloss. Gr. Lat. : *Nablio*, ψάλτης, *Psalta*, ex quibus corrigendæ Glossæ aliæ : *Navilio*, ψάλτης. *Nablium* erat Phœnicium organum lyræ vel cytharæ simile. Eucherius Lugdun. : *Nablum, quod Græce appellatur Psalterium, quod a psallendo dictum est, ad similitudinem cytharæ barbaricæ in modum Delta.* Joseph. lib. 7. Antiquit. Judaic. : Ἡ μὲν κινύρα δέκα χορδαῖς ἐξημμένη τύπτεται πλήκτρῳ, ἡ δὲ Νάβλα δώδεκα φθόγγους ἔχουσα τοῖς δακτύλοις κρούεται.

* **NABULLUM**, Naulum vel tributum, quod ex navibus exigitur. Charta ann. 951. apud Murator. tom. 5. Antiq. Ital med. ævi col. 965 : *Et specialiter naves et porta et et quæ necessaria sunt, per lacum Luanas potestative et absque ulla inquietudine vel detentione, vel ulla publica exactione vel Nabullo, discurrere vel exigere liceat.* Vide *Nabulum.*

NABULUM, *Merces nautica*, Joanni de Janua : [*Loyer de Notonnier*, in Glossis Lat. Gall. Sangerman.] imo tributum pro merce nautica, *naulum*, Italis, *Nolo.* Statuta Venetorum lib. 6. cap. 68 : *Quod vertitur.... in damnum patronorum, et aliarum mercationum propter dacias, Nabula, et vareus.* Ita et cap. 70. ubi interpres *Nolo* vertit. Utitur Andr. Dandulus in Chron. MS. ann. 1202.

1\. **NACA**, Navigii species, scapha, Germanis *Nachen*, iisdem *Née*, et *Næhe*, naves latiore alveo, qua vehicula trajiciunt, dicuntur : quas voces quidam a Græco ναῦς deducunt. Monachus Altisiodorensis pag. 96 : *De Flandriis quidem 60. rates mediæ quantitatis, quas illi Nacas vocant, necessariis omnibus præmunitæ mare ingressæ sunt.* [Le Roman *de la Rose* MS. :

> Je vous eschaufferois les Naches,
> J'ardroi pylers, murs et estaches.]

[* Male Gallicum *Nache*, quasi ejusdem significationis, allegatur ex Poemate *de la Rose*, ut videre est infra in *Naticæ.*]

¶ Necchia. Jac. de Vitriaco lib. 3. Hist. Orient. apud Marten. tom. 3. Anecd. col. 283 : *Nam diebus paucis evolutis venerunt Daci, Normanni, Franci, Scoti et ceteræ gentes, quæ inter Occidentem et Septentrionem sitæ sunt... navibus jocundis, quæ Necchie dicuntur ac nocte.* Locum hunc mendis scatentem ex subsequenti corrigendum esse liquet. Legi tamen posset *Nachiæ* pro *Necchie*, vel *Hilnachiæ.*

Hilnachia, apud Conradum Usperg. ann. 1187 : *Ceteræ gentes insularum, quæ inter Occidentem et Septentrionem sitæ sunt, ... navibus rotundis, quæ Hilnachiæ dicuntur, advectæ.*

Isnecia, vel Ilnechia, Eadem notione, Scriptoribus nostris *Esneches*, Theutonibus *Snack* et *Sneck*. Miracula S. Wlfranni Episc. num. 8 : *Ecce repente ingens paro, qui barbara lingua Isnechia dicitur, apparuit.* Philippus *Mouskes* MS. in Philippo Augusto :

> Prirent Galies et Esnekes,
> Bien bailliées à breteskes,
> Et gens armées felenes kes,
> Qu'il orent tous és lius alvekes.

Et alibi :

> Galies et berges, et nés
> Esneques, et dromons fiers,
> Roges, et busses, et vissiers, etc.

Sanutus lib. 3. part. 10. cap. 3 : *Jacobus de Avesnis cum multitudine navium, quas Esneches appellant, adducens Flandrenses, etc.*

Nacella, diminut. a *Naca*, nostris *Nacelle.* Matth. Paris : *Transitum* (fluminis) *per Nacellas et alia vasa præparavit.* [Epistola Friderici II. Imp. apud Marten. tom. 2. Ampliss. Collect. col. 1119 : *Competentiorem in Nacellis et chelendris aliis fieri fecimus apparatum.*] Et

Nasselia, in Gestis S. Ludov. pag. 352. tom. 5. Hist. Franc. Will. *Guiart :*

> De tous lez se rappareillerent
> D'armes, de nez, et de Nasselles.

[Hist. Gallica Belli sacri apud Marten. tom. 5. Ampliss. Collect. col. 731 : *Si fist le Soudan venir d'Alixandre 22. galies et une Navisole, qui portoit la viande et estouvoirs des galies.*] [** Vide Jal. Antiq. Naval. tom. 2. pag. 251. sqq.]

* Unde *Nacellée*, ejusdem onus, in Ordinat. ann. 1415. ex Reg. 170. Chartoph. reg. ch. 1 : *Item aucun vendeur ne aura à une foiz que une batelée ou Nacellée de vin pour vendre.*

¶ Nanca, pro *Naca*, ut conjecto, Navicula piscatoria. Transactio Guillelmi Comitis Forcalquerii cum Monachis Montismajoris ann. 1212 : *Testes probaverunt Monasterium habuisse pacifice ab omnibus ibi piscantibus, singulis septimanis, levatam piscium, excepto die lunæ, et singulis noctibus singulos obolos pro singulis Nancis aut tres denarios pro una septimana.*

* Vel potius idem quod *Nassa*, piscatorii vasis genus, in quo pisces servantur ; quo sensu *Nance* accipi videtur, in Lit. remiss. ann. 1390. ex Reg. 140. Chartoph. reg. ch. 115 : *Lesquels alerent de nuit ou molin de Courtangis pour lever les gommes ou Nances, qui étoient aus portes ou escluses de la riviere dudit molin, et prendre les anguilles, s'aucunes en trouvoient.* Vide in *Naca.*

¶ 2\. **NACA**, *Cancer*, apud Papiam.

1\. **NACARA**, Crotalum, vel tympani species. Academici Cruscani : *Nacchera, strumento simile al tamburro che si suona a cavallo*, Tympanum, *senese dicono anco Nacchera ad un certo cerchio ò triangolo di ferro, che si percuote con una verghetta di ferro : Latine* Crotalum. Scriptor infimi ævi in codice MS. 1343. Biblioth. Regiæ fol. 81 : *Quidam sambuco jocabant, gravatos dulciter recreantes : quidam Nacaria baculabant, magnum sonum facientes, etc.* Petrus de Valle in Epist. 6. ita appellari ait *Tamburlorum*, seu tympanorum bellicorum speciem, qua equitatus militaris Alemannicus, Septentrionalis præsertim, uti solet. [*Tamburi a cavallo, che noi in Italiano chiamomo Nacchere.*] *Tymbales* nostri vocant. Sanutus l. 2. part. 4. cap. 20. 21 : *Sint quatuor tubatores, tibicines, tibiatores, et qui sciant pulsare Nacharas, Tympana seu Tamburla.* Arestum 24. Jan. ann. 1320 : *Lusor seu menesterius Nacariarum.* Hinc emendanda Gesta Ludovici VII. Reg. Franc. cap. 8 : *Tympanis et Nacariis, et aliis similibus instrumentis resonabant.* Perperam enim Editio præfert *Macariis* : quo loco tribuuntur *Nacaræ* Turcis ac Saracenis, quas etiam iis ascribunt Scriptores nostri vernaculi, Joinvilla in S. Ludovico pag. 28. Froissart. 1. vol. cap. 147. et Orronvilla in Hist. Ludovici Ducis Borbon. cap. 76. apud quos ejusmodi tympana *Nacaires* dicuntur, ut *Nachere*, Joanni Villaneo lib. 10. cap. 59. *Nacres*, Raimundo Montanerio in Chron. Aragon. cap. 19. 139. 220. Joan. Molinetus Valentianensis fol. 96 :

> Car en dançant tant me lassa,
> Que ma muse à bruyant cassa,
> Et mes Nacaires pourfendy,
> Onques puis corde ne tendy,
> Sur tabourin, ne sur rebeque.

A Turcis igitur ea nostri hausere ; nam et Francis non semel tribuuntur a Scriptoribus laudatis in Notis ad eumdem Joinvillam : ubi etiam observatum interdum ab iis *Anacaires* appellari, ut et apud Græcos Ἀνάκαρα, Codino de Off. cap. 6. n. 15. Ἀνακάραδα, apud Nicetam, unde Ἀνακαρισταὶ, Tympanistæ dicti apud eumdem Codinum loco citato, et Nicetam in Man. lib. 5. n. 7. et in Isaac. lib. 1. n. 10. qui ejusmodi tympana pulsabant. Vett. Gloss. Lat. Gall. : *Tinctitare, Jouer des Nacaires.* Alibi : *Tarantarizare, Tromper, ou Naguairer : Jouer des Nagaires.* Vide Octavianum Ferrarium in voce *Onaccare* [** et Muratorium voce *Nacchere*; Antiq. Ital. tom. 2. col. 1252.]

* Nostris *Nacàire* et *Naguaire.* Guill. Tyr. contin. Hist. apud Marten. tom. 5. Ampl. Collect. col 660 : *Tantost comme il orroit les Nacaires sonner, qu'ils s'armassent et montassent et alassent après lui.* Vetus Poeta Ms. ex Cod. reg. 7612. pag. 55 :

> Harpe, tabour, trompes, Naquaires,
> Orgues, cornes plus dex paires.

* 2\. **NACARA**, Nacchara, Conchyliorum genus, Hisp. *Nacara*, Ital. *Nacchera*, Gall. *Nacre.* Invent. Ms. thes. Sedis Apost. ann. 1295 : *Item quatuor vasa de Nacchara consimilia cum pedibus...... Item unam cupam de Nacchara...... Item sex rotulæ de argento, cum quibusdam Nacaris amatistis.* Stat. Eugub. apud Cl. V. Garamp. in not. ad Leg. B. Chiaræ pag. 53 : *Quod nulla*

mulier..... portet aliquam cinturam,..... in qua sit.... ambra, Naccara seu corallus. Vide Nacrum.

* NACSELIDE. Vide infra Natselde.

¶ NACTARIUS, vel potius Nacarius aut Nacharius, Tympanotriba, Gall. Timbalier. Computum ann. 1333. tom. 2. Hist. Dalphin. pag. 277 : Item, pro infoderandis robis duorum tumbatorum et unius Nactarii Domini, tarcn. xv.

NACCUM, Nachum. Vide Nactum.

¶ NACE, Piscaria. Vide in Nassa.

¶ NACER. Vide mox Nacrum.

¶ NACHSCHAIT. Vide Nastaid.

¶ NACHTBRAND, Nocturnum incendium, a Belgico Nacht, Nox, et Brant, combustio. Leges Furnenses ex Archivo S. Audomari : Qui vero de Nachtbrand inclamatus fuerit, per quinque coratores purgare se poterit.

NACISTERNA, Aquarium vas, apud Papiam.

¶ NACRUM, vel Nacer, Concha margaritifera, Gall. Nacre, Hisp. Nacar. Inventarium ann. 1347. tom. 2. Hist. Dalphin. pag. 556 : Item, unum gobelettum de Nacro circumligatum circum, circa, inferius, superius et in medio, cum argento deaurato, cum uno coopertorio de Nacro.

¶ NACTA, Apostema. Vide Natta 2.

¶ NACTARIUS. Vide in Nacara.

NACTUM, vel Nactus. Jacobus Stephanescus Cardinalis lib. 1. de Coronatione Bonifacii VIII. cap. 9 :

Post ipsum quadratus equus, detextus ad ante,
Velatusque rubro scarleti tergora Nacto
Cygneus ad dextram vehitur.

Et infra :

Cornipedemque sedens niveum sub tegmine Nacti.

Hinc emendandus Alexander III. PP. Epist. 52. ad Philippum Coloniensem Archiepisc. : Insigne quoque festivi equi, quod a quibusdam vulgo Naccum vocatur,... confirmamus. Ita etiam præfert illa quam descripsit Maximilianus Henric. in Apolog. Archiep. Colon. pag. 3. Et Innocentius III. PP. lib. 1. Epist. pag. 34. Edit. Colon. et 36. Edit. Venetæ : Denique ut Pisana civitas... amplius honoretur, equo albo, cum Nacho albo in processionibus utendi tibi licentiam damus. Ita perperam Navo, editum apud Ughellum tom. 4. pag. 1200 : Equo cum Navo albo in processionibus uti, etc. Legendum enim utrobique Nacto. [** Nattum in Bulla ann. 1052. pro Archiep. Colon. apud Guden. Cod. Dipl. tom. 1. pag. 18.] Quod porro hi Nactum, alii coopertorium, vel udonem appellabant, (locos dedimus in voce Equus albus) ita ut Nactus fuerit stragulum, quo totus equus insternitur. Balsamo in Nomocan. Photii tit. 8. cap. 1. ait, magnum Chartophylacem in Festi SS. Notariorum processione, Καβαλικεύειν τὸ πατριαρχικὸν ἄλογον μετὰ ὀθονίου λευκοῦ. Vossius nachus reti-net, et a νάκος, i. vellus vel lana, deducit : sed vix est ut assentiar. Vetus Interpres Juvenalis Sat. 6. v. 80. testitudineum conopeum Poetæ interpretatur, linum tenuissimis maculis Nactum. Quo loco Pithœus netum aut nexum frustra conatur reponere : est enim Nactum, quod in Gloss. Gr. Lat. νακτὸν, τὸ πεπιλωμένον, dicitur, Densum, pressum, a νάσσειν, Premere, densare. Hinc fullo, νάκτης, a densando et premendo, Nactina, fullonis uxor apud Apuleium. Hesychius νακτά, πῖλους, ἐμπίλια, etiam interpretatur. Vide Thoracomachus, Equi albi et Udo.

* Nactum legendum censet Cangius, ubicumque vox Naccum occurrit : sed vix est ut assentiar; frequentius quippe legitur, quam ut mendum esse putem; præter enim allata, Naccum habet Bulla Bened. VII. PP. ann. 975. tom. 1. Hist. Trevir. Joan. Nic. ab Hontheim pag. 313. col. 2 : Equitando cum Nacco per stationes. Ita etiam Ordo eccl. Ambros. Mediol. ann. 1130. apud Murator. tom. 4. Antiq. Ital. med. ævi col. 888 : Tunc extra atrium ecclesiæ, equus albo Nacco coopertus stat præparatus ad suscipiendum dominum suum pontificem, ut ei supersedeat. Utrumque ergo admittendum videtur.

¶ Nactum, methaphorice, Stragula seu casula ambiens totum corpus Sacerdotis, ut conjectat Sollerius. Translatio S. Apollinaris, tom. 5. Julii pag. 378 : Erat eadem mitra cum superhumerali et Nacto, quam sibi S. Apostolus Petrus, ipsum Ravennam dirigendo, contulerat.

¶ Nacum, pro Nactum, Stragulum. Gualvaneus Flammæ apud Murator. tom. 12. col. 1047 : Equus debet esse albus coopertus Naco in panno aureo, etc.

* Sed et pro Panni specie, Gallice Nac, non semel legitur in Invent. S. Capel. Paris. ann. 1363 : Item una infula, una dalmatica et una tunica de Nacto albo parvi valoris. Item duæ cappæ de Nacto viridi. Item duæ cappæ de Nacto rubeo. Item duæ aliæ cappæ de Nacto albo. Alius ann. 1376 : Item sunt duæ cappæ coloris violacei, pro servicio Quadragesimæ ordinatæ, quæ solebant esse albi coloris, dictæ de Nac. Rursum aliud Gallicum : Item un chasuble, dalmatique et tunique de Nac blanc de petite valeur. Item deux chapes de Nac vert. Item deux chapes de Nac vermeil. Item deux autres chapes de Nanc (sic) blanc. Unde non temerarie fortassis a νάκος, vellus vel lana aut a Netum seu Nexum quis deducet. Vide infra Nattus.

¶ NADILHA. Reparationes factæ in Senescallia Carcassonæ ann. 1435. e MS. D. Lancelot : Item pro uno alio ferro et Nadilha positis in alio molendino, et pro alia necessaria reparando, xxx. s. tur. [* f. Ferrum quo mola sustinetur, vulgo Anille.]

NADIVUS, pro Nativus. [Capitulum generale S. Victoris Massil. ann. 1218 : De panno vero Nadivo, qui fit in ipsa provincia, in qua quisque moratur.] Vide Mantellarium in Mantum.

NADONES, [Nadoni, Agni, capreoli, Provincialibus, Nadons, quasi recens nati. Elenchus Ecclesiarum Cellæ Cariloci subditarum, apud Domnum Chanteloup in Histor. MS. Montis-majoris : Medietate omnium decimarum Nadonorum ad eas spectantium. Charta ann. 1454. ex Archivo S. Victoris Massil. : Conveniunt dare... partem omnium et singulorum bladorum, vinorum, leguminum, Nadonorum, canapum, etc.] Liber Rubeus Archiepiscopatus Aquensis ex Bibl. Regia fol. 17 : Eæ sunt Ecclesiæ quæ faciant quartanos Nadonum, lini et canabi Domino Aquensi Archiepiscopo et primo de citra Durentiam, videlicet Ecclesia de Malamorte facit quartam partem Nadonum. Item quartam partem lini et canabi, etc.

¶ Nadi, Eadem notione. Charta ann. 1416. ex Archivo S. Victoris Massil. : Percipit medietatem Nadonum. Alia Charta ejusdem Archivi : Decimam omnium fructuum, Nadorum, pullorum, etc.

* NAGALE, Animalis genus, in Gloss. super tres Lib. Salom. et Lament. Jerem. ex Bibl. Heilsbr. pag. 54.

NAGARE. In Gloss. Isid. : Vacillare, huc et illuc fluctuare. Quidam putant idem esse quod Natare, nare, unde nostri Nager hauserunt : sed mallem legere, vagare, vel vagari, nisi ita etiam haberet Papias : Nagat, vacillat, huc illucque fertur. [Grævius mallet nutare, si quid tamen mutandum.]

* Nostris Nager et Nagier, Navigare, remigare, nave transvehere; unde Nageur, remex. Joinvil. edit. reg. pag. 34 : Il avoit bien trois cenz Nageurs en sa galie et à chascun de ses Nageurs avoit une targe de ses armes...... En dementieres que il venoient, il semblait que la galie volast, par les Nageurs qui la contreingnoient aus avirons. Ibid. pag. 66 : L'on escrivoit à nous qui Nagons par l'yaue, etc. Najer, in vita S. Ludov. ibid. pag. 372. Lit. remiss. ann. 1398. in Reg. 153. Chartoph. reg. ch. 431 : Blanchet osta audit varlet du basquier ses advirons et voult Nagier, combien qu'il ne savoit; et par sa force et maistrise Naga par telle maniere, que à peu tint que le batteau ne feust perilé. Aliæ ann 1423. in Reg. 172. ch. 339 : Lequel batel ilz Nagerent et firent Nager par la riviere de Saine. Le Roman d'Alexandre Ms. part. 2 :

Devaient contreval, plus entrent el Ponton,
Li marounier les Nage contreval les sablon.

¶ NAGARIA, f. pro Angaria : de quo supra. Charta Alexandri Leodicensis Episc. ann. 1131. apud Marten. tom. 1. Ampliss. Collect. col. 710 : In his locis et vicis præscriptis possidet Ecclesia bannum et justitiam, impetum et burinam... fora, telonea, vicecomitatum, præter in Sen deserta, qui tenetur ab Abbate dumtaxat in eadem villa in feodo, Nagaria, rectum et non rectum, vectigalia, et quidquid pertinet ad judicatum. [* Legendum esse Wagaria monet Martenius in Glossario ad calcem Ampl. Collect. Vide in Waga.]

¶ NAGDEDEN. Vide mox in Nagleden.

¶ NAGELLUS, Germ. Nagel, Clavus, apud Marten. tom. 2. Itiner. Liter. pag. 365. in Itinere Indico Balthasaris Spingeri.

¶ NAGEUM, Nugium, pallium tenue, apud Papiam. Gloss. Sangerman. MS. num. 501 : Nageum, Nugeum, palleum tenuem.

* Hinc forte Naie, Linamentum, vulgo Charpie, ut videtur. Mirac. Mss. B. M. V. lib. 2 :

De toutes pars est plains de plaies,
De toutes pars est plains de Naies......
Es grans plaies, ès creus parfons
Convient souvent Naie ou estoupe.

* Naeures vero, Particulæ auri vel argenti appellari videntur, in Charta ann. 1253. ex Tabul. capit. Carnot. : Residuum auri et argenti remanentis post manum ope-

rarii seu operariorum, quo residuum vocatur vulgaliter cendres et Naeures, debent esse dicti Guillermi sive tenentis dictum feodum.

NAGLEDEN. Charta Balduini Comitis Guinensis ann. 1228. in Tabul. S. Bertini : *Propter hoc autem quod Castellanus de Broborgh in initio Augusti, et etiam per totum Augustum debet Nagleden prohibere, præter de decimis, etc.* [In autographo legitur *Nagdeden* : quod erat interdictum aliquid exportandi ante solis ortum et post occasum, mense Augusto. *Ban d'Aoust*, in Consuetud. Atrebat. art. 48.]

NAHPRANT, [Idem quod *Nachtbrand*, Nocturnum incendium.] Vide *Heimsuchung.*

¶ **NAIBIS**, f. Fritillus seu alveolus aleatorius. Vita S. Bernardini Sen. tom. 5. Maii pag. 281* : *Naibes, taxillos, tesseras, et instrumenta insuper lignea, super quæ avare irreligiosi ludi fiebant, combustos esse præcepit.*

* Ital. *Naibi*, Ludi puerilis genus. Acad. Crusc. Serm. Barel. in fer. 2. hebd. 4. Quadrag. : *Ludus taxillorum, chartarum et Naiborum, et omnis ludus qui innititur fortunæ.*

¶ **NAICUS**, Nativus. Hist. Gemmetic. MS. pag. 59 :

> Fata peremerunt Franciscum tristia mortis,
> Naica cui Fontis nomina nuper erant.

[** i. e. qui nominatus erat *de Fontenay*.]

* **NALIS.** Stat. Avellæ ann. 1496. cap. 124. ex Cod. reg. 4624 : *Nulla persona..... portare audeat...... aliquem cultellum.... majorem et longiorem uno pede et dimidio cum Nalibus.*

NALUM. Acta Murensis Monasterii pag. 39 : *Unusquisque enim debet ex constitutione 4. boves præstare, et 5. hydrias supradictæ mensuræ adducere, et omnia quæ sunt necessaria ex sua parte dare, nisi Nalum ad unum quodque, aut jugium nisi ad ultimum : dant tamen panem unum qui illis debet restitui a Præposito.*

NAM, secundo loco in oratione, ut vox *Enim*. Vetus Interpres Juvenalis Sat. 7 : *Armaria Nam advocatorum apud veteres scalas habebant.* Utitur et Sat. 7. vers. 192. et alibi non semel.

Nam Non, pro *Non vero*. Testamentum Notberii Episcopi Veronensis sub Berengario Rege : *Nam non habeant potestatem ipsum xenodochium meum in emphyteusim, id est, precariam dandi, etc.* Infra : *Et ipsi ipsos denarios inter Monachos dividant, ad eorum vestimenta comparanda, Nam non Abbati eos dent ad dividendum, qui non eos conditionabiliter, aut exigitive dare censemus.* Occurrit non semel in Leg. Longobard. lib. 1. tit. 8. § 29. lib. 2. tit. 8. § 6. tit. 21. § 5. tit. 29. § 7. tit. 55. § 1. 16. [**Roth. 357. Liutpr. 104. (6,51.) Roth. 253. Liutpr. 149. (6,96.) Roth. 164. Liutpr. 121. (6,68.)] in Capitulari tertio ann. 811. cap. 6. etalibi passim.

¶ **NAMARE.** Vide mox in *Namium.*

* **NAMARE**, *Narrare*, in vet. Glossar. ex Cod. reg. 7641. Vide alia notione in *Namium.*

¶ **NAMBIPAYA.** Georgius Marcgravius de vestitu Brasiliensium lib. 8. cap. 6 : *Auriculas perforant in tantum, ut digitum immittere possint foramini. Huic immittunt vel os aliquod cercopithecorum et vocant Nambipaya : vel lignum aliquod digiti humani magnitudine, filis gossypinis circumvolutum.*

* **NAMFILUM.** Vide infra *Namphile.*

NAMIUM, Pignus, ex Saxonico Nam, pignoris ablatio, et Nyman, distringere, ut vult Lambardus : vel ut vult Joannes Stiernhookus lib. 1. de Jure Sueonum vetusto cap. 10. a voce Suecica *Nema*, et *nam*, quæ capturam sonat : *naas*, apud Petrum de Fontanis in Consilio cap. 10. et in veteri Consuetud. Normanniæ 1. part. ubi complura habentur capita de ejusmodi *namiis*; et in nova art. 63. et seqq.

☞ Hickesio tom. 1. Thesauri Ling. Sept. pag. 164. ubi de Grammatica Anglo-Saxon. *Namps* cum Latino-Barbaro *Nampta* videtur factum a *Namfes*, *Namfs* per contractionem a plurali *Namfeos* vel *Namfeohs*, quod pecora districta significat, ut *Namfæ* in vetustis Danicæ et Scandicæ linguæ libris; *Nams* vero eliso *p* a *Namps* vocabulo.

Namium Capere, Pecora seu pignus auferre. Leges Henrici I. Regis Angl. cap. 2 : *Quod si reddere noluerint, neque ad disrationandum venire, tunc cives, quibus debita sua debent, capiant in civitate Namia sua, vel de Comitatu in quo manet, qui debitum debet.* Adde cap. 51. [Polyptychus Fiscamn. ann. 1235 : *Rogerius Anfrei tenet* IX. *acras terre, et debet facere submonitiones, et Nammia capere, et grantiam retegere et mundare. Nammiam capere*, in Charta ann. 1275. ex Chartul. S. Vandregesili tom. 1. pag. 1052.] Leges vernaculæ Willelmi Nothi cap. 42 : *Ne prenge hum Nam ni l'en Conté, ne defors, dici qu'il eit tres fois demanded dreit, el Undred, ú el Conté, et sil a la tierce fiée ne pot dreit aver, alt à Conté, et le Conté l'en asene le quart jur : et celi eli defaut deki il se claime, dunt prenge congé qui il puisse Nam prendre pur le son lum et pref.* Sic ea verba dispungenda èt reddenda : *Non capiat quis Namium, neque extra, priusquam ter rectum petierit in Hundredo vel in Comitatu : et si ad tertiam vicem rectum non potest habere, eat ad Comitatum, et Comitatus assignet quartum diem : et si is deficit de facto cujus se clamat, tum licentiam capiat capiendi Namium pro suo proficuo.*

¶ Per Namia Distringere, Ablatis pignoribus compellere. Charta Matillis apud Th. *Madox* Formul. Anglic. pag. 313 : *Et si dictos sex solidos eisdem Monachis... ad dictum terminum non solverimus annuatim ... volo et concedo... quod Baillivi Insulæ distringant me.... per Namia nostra in dicto manerio de Gatecumbe.*

Namium Excutere, Datum vel ablatum eripere, *Enlever le Namps.* Leges Henr. I. cap. 51 : *Nemo Justitiæ vel Domino suo Namium excutere præsumat, si juste vel injuste capiatur, sed juste repetat, plegium offerat, et terminum satisfaciendi... Qui Namium excussit, reddat, et oversennessa sit.* Vide Statuta secunda Roberti I. Regis Scotiæ cap. 21. § 1.

Namium Vetitum, Illegitima pecorum prehensio, et in locum illicitum abactio, sub prætextu damni per ea abigenti facti, quo casu clarigationis jus conceditur, quod *Placitum de Vetito Namii* dicitur; *Namium enim extra Hundredum duci vetatur*, in Legibus Henrici I. cap. 29. Quod quidem Placitum pertinet ad Coronam Regis, ex Regiam Majest. lib. 4. cap. 27. Vide Statuta secunda Roberti I. Regis Scotiæ cap. 24. § 7. Bractonum lib. 3. Tract. 2. cap. 37. § 1. et Cowellum.

Namiare, Pignorare, pignus auferre. Leges Henrici I. Regis Angl. cap. 51 : *Si Vicecomes injuste aliquem Namiet, convictus noxæ suæ causam perdat, et suppliciter* (simpliciter) *emendet.*

Nammium, Nammiare, in Consuetudinibus municipalibus, *Nantir*, passim. Charta Henrici Abbat. Fiscan. in Tabulario Fisc. fol. 36 : *Nammia quæ capta fuerint in terra Abbatis non nisi in terra Abbatis ponentur in parcum... forestarius sequetur forefactum usque in villam de Asiaco per roeriam, et si equus attelatus fuerit, Nammiabit, et Præposito Abbatis usque ad placita replegiabit.*

* *Mors-namps* appellatur pignus omne, quod non ex animalibus, sed ex pecunia capitur, in Lit remiss. ann. 1384. ex Reg. 125 : Chartoph. reg. ch. 90 : *Jehan le boucher trouva en son dommage certaines bestes à laine, qui estaient à Geffroy le jeune, lesquelles bestes ledit Jehan print et mist en parc, selon ce que par la coustume du pays lui loisoit à faire ; et venu à la cognoissance dudit Geffroy ala en l'ostel dudit Jehan, vouloit et soy efforçoit avoir ses dites bestes, parmi baillant Mors-namps.*

* Namma, Idem quod *Namtum.* Charta ann. 1259. tom. 1. Probat. Hist. Brit. col. 974 : *Præcipio quod si dictum quarterium dicto termino a me vel successoribus meis, vel a locatis integre persolutum non fuerit, dicti religiosi vel sui allocati capiant Nammas,...... et vendant dictas Nammas ad solutionem dicti quarterii faciendam.* Hinc

* Nammeare, *Nammas* seu pignora auferre. Charta ann. 1281. ibid col. 1059 : *Quotiescumque cessatum fuerit in solutione dicti redditus, quocunque termino, in parte aut in toto, procurator dictæ abbatiæ.... faciat Nammeari et Nammas distrahi et etiam explectari.*

Exnammiare. Vetus Charta in eodem Tabulario Fiscannensi f. 71 : *Forestarius tam in bosco quam extra, etiam in tota terra manerii Exnammiabit forefactum nemoris, et mittet Nammia in feodo manerii, sed non debent reddi vel plegiari nisi per cellarium.*

Namum, in Legibus Burgorum Scoticorum cap. 34. 47.

Namus in Statutis secundis Roberti I. Reg. Scot. cap. 21. etc.

Namare. Leges Burgorum Scotic. cap. 4 : *Burgensis non potest Namare burgensem in eodem burgo commorantem, sine licentia Præpositi sui.*

Namnum. Concilium Islebonense cap. 19 : *Si duellum sine licentia Episcopi susceperit, aut Namnum ceperit, aut assultum fecerit... Clericus, etc.* Ordericus Vital. lib. 9. pag. 721 : *Ut nullus homo alium assaliat, aut vulneret, aut occidat, nullus Namnum vel prædam capiat, etc.*

Nannum. Charta Willelmi Comitis Ponvensis ann. 1135. pro fundatione Abbatiæ Persiniacensis, apud Ægidium Bryum in

Hist. Perticensi : *Nullusque in dicto Monasterio, nec in locis ejusdem hominem capere aut percutere, Nanna, animalia, blada, vina, aut alia bona eidem constituta capere, vel portare audeat.*

¶ NANTISSAMENTUM, Eadem notione, Gall. *Nantissement*. Litteræ Philippi Pulcri Franc. Regis ad Archiepiscopum Senon. et Episc. Altissiod. : *Nantissamenta, id est pignora... propter hoc accipiant.* Vide Glossar. Juris Gallici v. *Nantissement.*

NANNEARE. Tabular. Majoris Monast. circa ann. 1200 : *Si quis audeat Nanneare, vel molestiam facere, etc.* Passim ibi.

¶ NAMPTUM. Regestum *Olim* ann. 1273. fol. 195 : *Et quia nolebant solvere, capta fuerunt et detenta Nampta eorum*, id est, Pecora. Vetus Consuetudo Normanniæ cap. 7 : *L'en doit sçavoir que celui qui tient Namps, ne leur doit pas donner à manger, mais il doit pourvoir de les mettre en lieu convenable, qu'ils n'empirent par la raison des lieux où ils sont.*

¶ NAMTUM. Leges Norman. cap. 7. apud Ludewig. tom. 7. pag. 159 : *Bedelli autem sunt servientes minores, qui Namta debent capere et officia minus honesta exercere.* Charta ann. 1205. e Tabulario Meldensi : *Querela est de Namtis captis in clauso S. Celiniæ.*

NANTUM. Charta ann. 1247 : *Item concordamus et unanimiter arbitramur, quod domina et hæredes Montis-morentiaci possunt capere Nanta in censiva sua.... et tenere Nanta in castro B. Dionysii, donec eis satisfactum fuerit de redditibus suis et emendis.* Occurrit in alia ann. 1252. in Hist. Monast. S. Martini de Campis pag. 207. [Charta ann. 1205. ex Archivo Castri Vitreii : *Et si forte contingeret, quod prædicti nummi ad dictum terminum non solverentur, Nanta pro prædicta pecunia... capientur.* Occurrit rursus tom. 2. Hist. Eccl. Meld. pag. 129.]

¶ NAUTUM, Idem quod *Nantum*, ni ita legendum sit. Tabular. Calense part. 116 : *Tenemur nauta ipsorum penes nos conservare... et nulli eorum Nauta reddemus, nisi per consensum Abbatissæ. Datum an. Dom.* MCCXXXVI

NANTARE. Charta Ludovici Comitis Blesensis et Clarimontis ann. 1197. pro Credulio : *Quilibet plegium Nantare poterit, sicut debet : ego plegium meum Nantabo, sicut soleo, nisi plevinæ emendandæ plegium dederit.* Charta Communiæ Bituric. ann. 1181 : *Plegium vero vel societas illa pro homine de Duno seu Castellania data, non poterit Nantari vel capi, etc.* Adde Raguellum, et Thomasserium in Consuetud. localib. Bituric. pag. 64. 95.

☞ Ex hoc *Nantare* nostris dictum *Nantir* potius crediderim, quam a *nancisci* vel recentiori Græco ναντίζειν, ut volunt alii.

¶ NAMPHILI, Vox quæ non semel occurrit in Chartis Comitatus Venuxini, ac præsertim in licitationibus seu auctionibus Carpentoractensibus sæculi XIV. quæ factæ dicuntur *sono tubæ vel Namphili.* An tympani? Sed unde nata vox?

* NAMPHILE; NAMPHILUM, Tympanum Gall. *Tambour.* Charta ann. 1321. inter Probat. tom. 2. Hist. Nem. pag. 30. col. 1 : *Præcepit..... præconi jurato dictæ curiæ,...... quod per loca, in quibus est consuetum fieri præconisationes in Montepessulano,...... dicat et notificet gentibus palam et publice ordinationem infrascriptam cum tuba sive Namphilo.* Comput. ann. 1356. ibid. pag. 172. col. 1 : *Solvit clavarius Petro Sabbaterii et Jacobo Ynardi qui fuerunt per majorem partem dictæ diei cum eorum Namphilibus, dum dominus Baudilius Filioli consul scubiam faciebat de die.* Charta ann. 1384. in Reg. 126. Chartoph. reg. ch. 117 : *Qui præco iens et expost rediens, retulit suo juramento dicto domino regenti se prædicta.... voce tubæ et Namphili proclamasse et notificasse per loca et trivia, talia fieri consueta.* Vide *Nacara* et *Namphili.*

* NAMPHILUM, in Charta ann. 1387. ex Reg. 132. Chartoph. reg. ch. 54 : *Præconisavit palam et publice voce tubæ et Namphili etc.*

* NAMPIUM, f. pro *Namptum*, Pignus. Charta Henr. reg. Angl. in Reg. 118. Chartoph. reg. ch. 473 : *Præcipio vobis, quod non capiatis hominem aliquem vel Nampium ejus, pro aliqua occasione in mercato de Monteburgi, die ipso quo mercatum est.* Vide in *Namium.*

¶ NANCA, f. Navicula. Vide in *Naca* 1.

¶ 1. NANCTUS, pro Nactus, non semel usurpat S. Paulinus, sicque passim legi in aliis optimæ notæ MSS. observat Mabillonius in Onomastico ad calcem tom. 2. et 3. SS. Benedict. Gloss. Lat. Græc. Sangerman. : *Nanctus*, διξάμενος.

2. NANCTUS, [Densus, pressus.] Vide *Nactum.*

NANDOMEAT. Tabul. Prior. Paredi in Burg. Ducatu f. 61 : *Dedit pratellum cum terra arabile, qui terminatur de una parte terra Assidei ;... de tertia, terra S. Georgii; de quarta Liger fluvius Nandomeat.* Quid id sit, non percipio, nisi vox dividenda, *nando meat*, i. ubi Liger fluit.

¶ NANGUINATA. Maffeius Hist. Ind. lib. 12. ubi de Japoniis : *Accedit pilum auro argentove bracteatum falce præfixum, Nanguinatam appellant.*

* NANITIRE, perperam pro *Namtire*, Pignorare, apud Bened. abb. Petroburg. in Henr. II. tom. 1. edit. Hearn. pag. 249. ad ann. 1177 : *Ceteræ vero res hominum propriæ, sint in pace, neque eis pro dominorum debitis liceat cuique Nanitire.* Vide in *Namium.*

¶ NANNA, Avia, in Actis B. Jacobi Bitectensis, tom. 3. Aprilis pag. 530. [* Vide in *Nonnus.*]

NANNUM, NANNEARE. Vide *Namium.*

* NANNUS. Chartar. Norman. ex Cod. reg. 4653. A. fol. 72 : *Viderunt aliquando Nannos episcopi capi propter brancas, et postea reddi.* Leg. *Mannus.* Vide in hac voce.

¶ NANSIA. Miracula B. Felicis Cappucini, tom. 4. Maii pag. 270 : *Cumque invenisset aquam odoratam ex floribus aurantiorum vel gelsominorum (Namsiam vulgus appellant) in amphora quinque circiter quartalium, naturalem ratus, totam ebibit.*

* f. pro *Nanfa.* Acad. Crusc. *Nanfa, aggiunto d'acqua odorifera.* Unde Provincialibus *Aiguo nafro*, Gallice, *Eau de fleurs d'orange.*

¶ NANTARE, Pignus auferre. Vide *Namium.*

¶ NANTEE. Chronicon MS. Eccl. Nannet. : *Est autem Nannetum civitas Armoriæ, et dicitur secundum aliquos Nannetis, quasi navium tenax vel naves tenens, ab eo quod habet portum aptum ad naves tenendas et recipiendas. Vel Nannetum a Nantee, quod est illa aqua sordida in qua coria macerantur et depilantur, unde dicunt aliqui, quod primi fundatores Nannetensis civitatis erant alutarii, seu cordoues, Gallice* Tenneurs, *et quod a fovea illa, in qua coria sua reponebant, dicta est Nannetum : nunquam tamen audivi, quod Nannetenses se occuparent circa coria vel exteriores pelles, sed bene circa interiora, unde dicitur* Tripier de Nantes.

¶ NANTISSAMENTUM, NANTUM. Vide *Namium.*

* NAOFILAX, pro *Naophylax*, vox Græca, Æedituus, templi custos. Mirac. S. Gauger. tom. 2. Aug. pag. 690. col. 1 : *Vir Domini Gaugericus a somno custodem ecclesiæ Baudegisilum excitavit.... Ad hæc Naofilax properato consurgens, etc.*

¶ NAPA, Mappa, Gall. *Nape.* Charta ann. 1181. ex Archivo Eccl. Dolensis : *Debent invenire Napas Archiepiscopo in Natale Domini.* Constitut. Cluniac. MSS : *Rursus et de domibus, quæ committunt, extraunt animalia, culcitas, sargas, coopertoria, Napas, etc.*

NAPARIA, seu *Mapparia*, Officium in aula Regia, cui incumbit mappas, canabum, manutergia, et similia providere, in Fleta lib. 2. cap. 19. *Napes*, nostri mappas vocant. Vide Octav. Ferrarium in Orig. Ital. voce *Nappa.*

* Hinc *Servant de Naperie*, in Ordinat. domus Joan. V. ducis Brit. ann. 1403. tom. 2. Probat. Hist. Brit. col. 737.

* NAPARSTEK, vox Polonica, qua haud dubie significatur Digitale instrumentum, in Mirac. S. Hyacint. tom. 3. Aug. pag. 370. col. 2 : *Puer quatuor annorum filius Nicolai muratoris Cracoviensis casu digitarium, alias Naparstek, deglutivit.*

NAPATICA. Polyptychus Ecclesiæ Floriacensis [** Guerardo post Irmin. pag. 285.] : *Debet unusquisque mansus servilis per totas hebdomadas dies 5. et unam Napaticam in vineis.* Alibi : *Solvit unusquisque mansus servilis* [** *ingenuilis*] *per totas hebdomadas in anno dies 5... debet Napaticas* 11. *etc.* [** *habente unaquaque in longum perticas* 40. *et in transversum* 4.] Rursum : *Debet unusquisque mansus servilis per totas hebdomadas dies 5. et unam Napaticam in vinea de qua recipit tertiam partem, etc.* Vide *Mappa*, Modus agri, et mox *Nappa.*

¶ NAPERII, Angl. *Napery*, Linteum ad mensam, ut mappæ, Gall. *Napes.* Ordinatio Henrici VI. Angl. Regis ann. 1430. apud Rymer. tom. 10. pag 471 : *Emat aliquem pannum lineum de Flandria aut de Hannonia, vel Naperii sive bokerum, in eisdem partibus confectum.*

* Gall. *Naperon*, Major mappa, Ital. *Noppone*, Lit. remiss. ann. 1391. in Reg. 142. Chartoph. reg. ch. 92 : *Icellui Perrin en l'ostel de Jehan Alot le Roux embla un Naperon, que il vendi trois solz Parisis.* Aliæ ann. 1394. in Reg. 146. ch. 278 : *Une*

vieille nappe, une touaille, un viez Naperon.

NAPINA, Ager napis consitus, Pictavis, *Nabine*, in Lege Salica tit. 29. § 13. *Napinam*, et *rapinam*, pro satione naporum et raporum habent Cato et Columella lib. 11. cap. 2.

* Nostris *Naviere* et *Navine*. Lit. remiss. ann. 1369. in Reg. 100. Chartoph. reg. ch. 25 : *Le suppliant se transporta en sa Naviere, et là trouva Guillaume le Moyne, qui roboit les navez de ladite Naviere.* Aliæ ann. 1399. in Reg. 154. ch. 733 : *Le suppliant ala veoir certains blés et Navine où avoit navés, etc.*

¶ **NAPLIA**, Neapolis, Gall. *Naples*, in Actis S. Francisci de Paula tom. 1. April. pag. 122.

¶ **NAPOCAULIS**, *ex duobus oleribus compositum nomen habet, quia dum sit sapore napo similis, non in radice, sed in tyrso conscendit, ut caulis*, Isidoro lib. 17. cap. 10. et Johanni de Janua; *une maniere de chos semblans à navez*, in Glossis Lat. Gall. Sangerman MSS.

NAPPA. Tabular. S. Eparchii Inculism. fol. 33. v : *Et inde reddant 3. sol. censuales, et 12. pro avena, et quæstam, et agrerium terræ, exceptis Nappis, et agrerium sine monacho S. Eparchii vel ejus misso non excutietur.* Vide *Napatica*.

* f. idem quod *Napina*, ager napis consitus : unde *Napatica*, naporum cultura. *Naptz*, napi, in Charta ann. 1407. ex Reg. feud. comit. Pictav. Cam. Comput. Paris. fol. 246.

* **NAPPETUM**, dimin. a *Nappus*. Vide

* **NAPPUS**, Napus, Italis, *Nappo*, Poculum, crater, scyphus. Charta ann. 936. apud Murator. tom. 2. Antiq. Ital. med. ævi col. 1064 : *Et in merito recipimus de vobis domina Matelda.... duo Napi argentei, etc.* Alia ann. 971. tom. 4. Cod. Ital. diplom. col. 1525 : *Portare debeamus.... catinos et Napos.* Inventar. Ms. thes. Sedis Apost. ann. 1295 : *Item unum Napum de auro ad faciendum azagium.... Item unum Nappetum purificatorium vel perfusorium de auro, cum una manica. Item unum aliud purificatorium sive Nappetum de auro, cum una manica.* Charta ann. 1351. in Reg. N. Chartoph. reg. ch. 26 : *Item duos Nappos a tribus pedibus cum cooperturis de auro.... Item unum Nappum seu ciphum a tribus pedibus cum tribus servientibus.... Item unum Nappum seu ciphum cum tribus pedibus.*

** Nappa. Eadem significatione. Walthar. vers. 308. Vide *Hanapus* et Graff. Thesaur. Ling. Franc. tom. 4. col. 1130. voce *Hnapf.*

¶ **NAPTA**, pro *Naptha*, Bitumen quod facile accenditur, scribunt Papias, Ugutio et Johannes de Janua : unde in Glossis Lat. Gall. Sangerman. : *Napta, Norrissement de feu, ou os de olive, ou purgement de lin, ou d'autre chose.*

* Glossar. Provinc. Lat. ex Cod. reg. 7657 : *Granhos, Prov. Napta olearum est.*

* **NAPUS**. Vide supra *Nappus.*

* **NARANCUM**, Malum aureum, Ital. *Narancio*, Gall. *Orange.* Hist. belli Forojul. apud Murator. tom. 3. Antiq. Ital. med. ævi col. 1203 : *Cito vobis mittemus in castrum unum de nostris Narancis. Quibus fuit responsum : Et nos mittemus vobis de nostris pomellis.*

* **NARCHA**, *Stephano est Piscis, quem si quis manu tenuerit, tremit manus ejus ob frigus.* Glossar. medic. Ms. Simon. Januens. ex Cod. reg. 5959.

* **NARCISSUS**, Narcisus, Coloris species, idem qui Cineraceus. Inventar. S. Capel. Paris. ann. 1335. in Reg. J. Chartoph. reg. ch. 7 : *Item una pulcra casula de Narciso albo. Item una alia capa pulcra de Narciso Indo.* Aliud ann. 1363. ex Bibl. reg. : *Item una pulcra infula de Narcisso albo, cujus aurifrasus est ad losenginas Franciæ et Navarræ et quasdam alias losenginas. Item alia pulcra infula de Narcisso Yndo, cujus aurifrasus est ad aquilas aureas et losenginas albas.* Quæ sic redduntur in altero Invent. Gall. : *Item un chasuble cendré, dont l'orfroiz est losengé aux armes de France et de Navarre. Item un autre bel chasuble de Narciz Ynde, dont l'orfroiz est à aigles d'or et à losenges blanches.*

* **NARCUS**, *Lo magistro de la nave.* Glossar. Lat. Ital. Ms. Vide *Nargus*.

NARDIFICARE, *Fragrare*, in Gloss. Arabico-Lat. Spirare odorem nardi. [Gr. ναρδίζειν.]

NARDINUM, *id est, oleum.* Ita Joannes de Garlandia in Synocymis Chymicis.

* **NARDIUM**, f Molendinum olearium. Charta Otton. III. comit. Burg. ann. 1195. inter Probat. tom. 1. Annal. Præmonst. col. 455 : *Grangium de Masnil cum appenditiis suis, allodium cum molendino, Nardium de Noirant, etc.* Vide *Nardinum*.

¶ **NARDOSTACHYUM**, Spica nardi, apud Apicium lib. 7. cap. 6. Vide in *Pisticus.*

¶ **NARDUS** Equus. Processus de Vita S. Yvonis, tom. 4. Maii pag. 558 : *Qui quemdam equum Nardum, valoris 40. librarum vel circa, de domo episcopali ceperat.* Puto legendum *Liardus*, Gall. *Gris pommelé*, ut suo loco dictum.

NARES Præcidere. Vide *Denasatus.*

* **NAREZ**, Tributi species apud Bohemos. Vide infra *Narod.*

¶ **NARGUS**, *Navis magister*, Papiæ in MS. Bituric. ex *Navargus* pro *Navarchus*, et per syncopen *Nargus.*

¶ **NARICI**, *Brutti.* Gloss. Isid. Recte Grævius : *Narycii, Brutii*, Narycia enim in Brutiis posita. Vide Virgilium lib. 3. Æneid. et ibi Servium.

¶ Naricia, Papiæ, *locus est in quo abundant picæ*, vel potius *piceæ*, ut Grævius restituit, qui emendationem confirmat hoc Poetæ versu :

Naryciæ picis, aut Actæi mellis Hymetti.

De pice Brutia, vide Plin. lib. 14. cap. 19.

* **NARICUS**, *A chi goça el naso.* Glossar. Lat. Ital. Ms.

* **NARIGIA**, Ferrum cavatum, cui vectis impositus facile volvitur. Guido de Vigev. Ms. de Modo expugn. T. S. cap. 12 : *Et in fundo ipsius ferri super lecto carri ponatur una Narigia ferri sic facta, super qua ponatur pes ipsius ferri acuati, sic quod ferrum volvatur super ipsa Narigia.*

¶ **NARINOSI** Dii, si hæc vera lectio apud Lactantium lib. 5. cap. 12. dici videntur quod odoribus thuris colantur; sed alii legunt *cariosi*, alii *varicosi*. Vide ibi notas Thomasii.

NARIRE, *Nares fricare*, [*subsannare*, Johanni de Janua;] in Catholico parvo, *Nariller, froter la narine, ou mouquer* : [*Nariller, foncier la narille, moquer*, in Glossis Lat. Gall. Sangerman.] Hinc *Nario, subsannans*, in Glossis Isid. *Nario, subsannator*, in aliis.

* Glossar. Gall. Lat. ex Cod. reg. 7684 : *Narire, nazillier des nazilles. Narille* etiam, pro *Narine*, naris. Joinvil. edit. reg. pag. 64 : *La reume me filoit de la teste parmi les Narilles.* Stat. eccl. Turon. ann. 1396. cap. 15. ex Cod. reg. 1237 : *Aliud* (manutergium) *sit pendens circa missale ad tergendum os et nares sacerdotis.* Ubi versio Gallica habet : *A essuer la bouche et les Narilles du prestre.* Hinc præterea *Nare*, Irrisio, ludibrium, et *Faire des nares*, Deridere, ludificari. Lit. remiss. ann. 1420. in Reg. 171. Chartoph. reg. ch. 274 : *Lequel Jehan dist au suppliant : Que vous faites de Nares et de fredaines, pour le port que vous prenez.... de vostre neveu.*

NAROD, Tributi species apud Bohemos, in Charta Ottocari Regis Bohem. ann. 1221. in Bohemia Pia, pag. 88.

* Narok. Charta Wencesl. reg. Bohem. ann. 1249. inter Probat. tom. 1. Annal. Præmonst. col. 521 : *Ecclesiæ Sanctæ Mariæ in Doxan.... talem concessimus libertatem, videlicet quod homines jam dictæ ecclesiæ.... sint liberi et exempti ab omni jugo servitutis, seu exactionis et gravaminis, tam ab his quæ vulgariter dicuntur Narok seu swoode, quam ab his quæ vocantur Narez seu Nozlech, etc.*

1. **NARRATIO**, Causa, lis intentata. Prima Statuta Roberti I. Regis Scotiæ cap. 15 : *Ordinatum est et assensum, quod in placitis de conventione, Narratio non sit cassata, nec calumniata in aliqua curia, quandiu querelam vel suus prælocutor dicat annum et diem conventionis factæ, etc.*

* *Narramie*, pro *blâme, reproche*, Vituperatio, in Lit. remiss. ann. 1398. ex Reg. 153. Chartoph. reg. ch. 330 : *Icellui Champion dist audit Grenet que c'estoit un très mauvais garçon, qui riens ne valoit, ne lui ne pié de son lignage : et icellui Grenet lui dist qu'il mentoit et que il faisoit que homme de neant de mettre son lignage en Narramie.*

* 2. **NARRATIO** Feodata, Quæ et *Nominatio* dicitur, Vassalli clientelaris professio, qua feudalium prædiorum cum suis limitibus ac terminis, atque adeo juribus ac oneribus descriptionem domino ex debito offert. Tabul. Trenorch. : *Protestatur idem Humbertus quod si aliqua in supradicta Narratione sua feodata omisit, quod ea in futurum possit præsenti Nominationi addere, dum et quando ad suam notitiam pervenerit; et si aliqua in eadem præsenti Nominatione posuerit, quæ non sint de feodo, dum fidem de hoc fecerit, non sibi noceat; et his salvis confitetur se esse hominem feodalem ipsius domini abbatis.* Vide *Denominatio* et infra *Numeramentum.*

* **NARRATIVE**, Computando. Chron. Joan. Whethamst. edit. Hearn. pag. 442 : *Qua* (summa pecuniæ) *in medium allata, et per ipsum dominum regem Narrative numerata, etc.*

NARRATORES, Advocati, Patroni causarum, *Conteurs*, in veteri Consuetudine Normanniæ cap. 64 : *Cil est appellé Conteur, que aucun establit à parler et conter pour soi en court.* Ubi Latina Editio : *Prolocutor autem dicitur, quem quis pro se instituit ad loquendum.* Matth. Paris ann. 1239 : *Cum Prolocutoribus Banci, quos Narratores appellamus.* Vitæ Abbatum S. Albani : *Placitantium advocatorum, quos Banci Narratores vulgariter appellamus.* Bracton. lib. 5. Tr. 5. cap. 15. § 1 : *Justitiarius potest recusari, si... fuerit consiliarius vel Narrator suus in causa illa, vel in alia.* Fleta lib. 2. cap. 37 : *Et ulterius in Curia Regis pro aliquo Narrare non audietur, nisi pro semetipso, si Narrator fuerit.* In Glossis Isidori lego, *Moratores*, *Advocati.* Ubi forte legendum *Narratores*, vel *oratores.*

* **NARSIA**, Nemus. Necrol. prior. S. Rob. Cornill. ex Cod. reg. 5247 : *Petrus Clavelli dedit quatuor sestaria prati et quartam partem Narsiæ seu nemoris sui.*

¶ 1. **NARTA**, Species solearum lignearum, quibus in transmittenda glacie altissimisque nivibus utuntur Scricfinni aliæque gentes finitimæ. Nil aliud sunt, ut Hofmannus exponit, quam lignum tenue et longiusculum, anteriori sui parte incurvum, in cujus medietate ansa est ex corio, cui pes inseritur, subjecta ex contorto vimine alia, qua posteriora pedis firmantur. Plura vide apud eumdem Hofmannum et apud Bened. Balduinum de Calceo antiquo cap. 6.

¶ 2. **NARTA**, Tuber, ganglionis species. Miracula S. Antonii de Padua, tom. 2. Junii pag. 738 : *Mulier... quædam morbum periculosum, quod Narta dicitur, in cranio capitis radicatum, in quantitate pugni, passa fuit decem annis.*

¶ **NARUS**, ἐπίγνωσις, ἔννοια, in Glossis Lat. Græc. Sangerman. cognitio, cogitatio. Emendo *Narritas*, quod dictum sit pro *Gnaritas*, quemadmodum *Narus* pro *Gnarus.* Joh. de Janua : *Narus, Sciens, peritus; Sages*, in Glossis Lat. Gall. Sangerm.

NASALE, Nasile, Pars cassidis demissa quæ nasum tegit, Italis *Nasale*, Lat. *Errhinum.* Catholicon parvum : *Nasile, ce qui défend le nez.* [Joh. de Janua : *Nasilis, Pertinens ad nasum, Nasale, Quod nasum protegit.* Gloss. Lat. Gall. Sangerman. : *Nasilis, Nasile, Appartenant au nez, naziere,*] Matth. Silvaticus : *Nasale, intectorium nasi.* Ugutio : *Nasale, quod nasum protegit.* Ægidius de Roya ann. 1371 : *Dux Geldriæ habita hac victoria dum Nasale cassidis suæ pro respiratione levaret incaute, volante sagitta occubuit apud Beziers.* Le Roman d'Aubery MS. :

> Jus l'abati dou destrier sejorné,
> Par le Nazal l'a errament combré.

Le Roman *de Roncevaux* MS :

> Jusque Nazal l'a tranchié et fendu.

Le Roman *de Girard de Vienne* MS. :

> Et Duc Rolland ne n'ot que corrocer,
> Quand de son elme vit le Nasel trancher
> Et son aubert desrot et desmaillé.

Vide *Ocularium.*

Nasale, in Gloss. Isid. *Ornamentum equorum.*

¶ **NASANUS**, inter pisces numeratur ab Angelo Rumplero lib. 1. Hist. Monast. Formbac. apud Pezium tom. 1. Anecd. part. 3. col. 433. Vide *Naso.*

¶ **NASARE** Canapum, Cannabem macerare, aqua subigere. Statuta Saluciarum Collat. 3. cap. 103 : *Nulla persona debeat Nasare canapum in fossatis civitatis Saluciarum.* Vide *Nassa.*

NASCALE, *Quod matrici imponitur, simile suppositorio, pessarium vero simile clysteri, quamvis pro Nascali pessarium in libris antiquis sæpe inveniatur.* Matth. Silvaticus.

¶ **NASCARDUS.** Joh. Eremita in Vita S. Bernardi Abb. lib. 2. num. 11 : *Est dictus Tescelinus Nascardus, quia de aqua fuerat sublatus et piscatus sicut piscis.* Lubentius legerem *Nassardus* vel *Nassatus*, a *Nassa*, vel *Nacardus* seu *Natus*, a *Naca*, de quo supra.

NASCENDO Esse. Lex Longob. lib. 2. tit. 21. § 9. [** Roth. 365.] : *Et ille qui pulsat et wadiam suscepit, proximiores sacramentales, qui Nascendo sunt, debeat nominare tantum, etc.* Id est, qui genere proximiores sunt. Ubi Edictum Rotharis Regis tit. 109. § 4 : *Qui Nascendeim.*

1. **NASCENTIA**, Horoscopus, *Genitura*, Suetonio, Spartiano, Firmico, et aliis, *Genesis*, Juvenali; *Nativitas*, sancto Ambrosio lib. 4. Hexaem. Gall. : *Naissance, temps de la naissance.* Vita S. Eligii lib. 2 : *Nullus sibi proponat fatum, vel fortunam, aut genesim, quod vulgo Nascentia dicitur, ut dicat, qualem Nascentia attulit, taliter erit.* Vitruvius lib. 9. cap. 7 : *Achinapolus, qui non e Nascentia, sed ex conceptione genethliologiæ rationes explicatas reliquit.* Vide *Genesis.*

¶ Nascencia, Origo, genus. Codex MS. Irminonis Abb. Sangerman. fol. 123. col. 1 : *Est de Nascencia eorum una mulier nomine Adelaidis.*

¶ Nascentia, Apostema, nascens seu excrescens tuber. Acta B. Gerardi, tom. 1. Junii pag. 770 : *Apostema ad modum ovi grossi natum est... et tunc tam pro calore febris, quam pro dolore Nascentiæ, in periculo mortis se agnosceret.*

Nascentia Terræ, Fructus qui ex terra proveniunt, apud Luciferum Calaritanum lib. 1. pro S. Athanasio pag. 15. 1. Edit. ex lib. Paralipom. cap. 28 : *Maledicti filii ventris tui, et Nascentia terræ tuæ, armenta boum tuorum*, ubi Vulgata, *fructus terræ tuæ.* Occurrit etiam in veteri Charta imperante Lothario Francor. Rege, apud Jo. Lucium lib. 2. Hist. Dalmat. cap. 2. Atque ita hæc vox capienda in Regula S. Benedicti cap. 39 : *Ergo duo pulmentaria cocta Fratribus sufficiant. Et si fuerit unde poma, vel Nascentia leguminum, addatur et tertium.* Id est, si eo anno, vel hac anni tempestate, pomorum, seu fructuum, et leguminum ubertas fuerit, etc. quomodo *Nativitatem* hac notione usurpavit Gregor. M. Hic enim hallucinantur Interpretes Regulæ Benedictinæ. Lactantius lib. de Mortibus Persecutor. num. 31 : *Cum omnes fructus auferas, universa Nascentia violenter eripias, etc.* Sic *gignentia*, neutro gen. in plurali, pro iis quæ e terra gignuntur, etiam dixisse veteres Scriptores observavit Juretus ad libellum secundum S. Ambrosii post Symmachum pag. 329. Vide *Natura* et Glossar. med. Græcitat. in Γέννημα.

* 2. **NASCENTIA**, Fetura, Gall. *Portée.* Stat. Vallis-ser. rubr. 129. ex Cod. reg. 4619 : *Præsumatur quod quælibet vacha, capra, ovis, quæ data fuerit in socidum, peperit seu produxerit unam Nascentiam quolibet anno, etc.* Nostris alias *Naissement*, pro *Naissance.* Vitæ SS. Mss. ex Cod. 28. S. Vict. Paris. fol. 62. v°. col. 2 : *Son Naissement et son commencement veons.* Vita J. C. Ms. :

> Après icestui Naissement, etc.

NASCIO, nis, *Nascendi proprietas, actus vel passio nascendi*, apud Ugutionem.

¶ **NASDA**, Gibbus. Vide *Natra* 2.

* **NASELLO**, Piscis marini genus. Tract. Ms. de Pisc. cap. 117. ex Cod. reg. 6838. C : *Asellus, alus asino, aliis Nasello, nostris merlus dicitur.* Vide *Nasanus.*

¶ **NASELLUS**, *Nasicelus*, *Nasitellus*, *a Nasus*, Joban. de Janua; *Petit nerf*, (*nef* vel *nez*) in Glossis Lat. Gall. Sangerman.

* Glossar. Provinc. Lat. ex Cod. reg. 7657 : *Nas, Prov. nasus, Nasellus, nasiculus, Nasitellus.*

NASIDIANITA. Joan. Sarisberiensis lib. 8. Policr. cap. 8 : *Ab his ergo* (conviviis civilibus) *Nasidianitæ arceantur, et quicunque supercilii gravitate et inamœno vultu admissorum hilaritatem offendit.* [* f. Irrisor. Vide supra *Narire.*]

¶ **NASILE**, Quod tegit nasum. Vide *Nasale.*

* **NASIS.** Vide supra *Gresa.*

¶ **NASISTERGIUM** vel Nasitergium, Linteolum quo nasus emungitur, Gall. *Mouchoir.* Sebastianus Perusinus in Vita B. Columbæ, tom. 5. Maii pag. 351.* : *Receperatque munusculum et Nasistergium consutum propria manu B. Columbæ.* Menotus Sermon. fol. 54 : *Si sit macula in Nasitergio tuo, oportet ponere in lotritio*

** **NASO**, Piscis quidam. Ruodlieb fr. 13. vers. 13 :

> Pisces namque vorant, illos ubi prendere possunt,
> Prabsina, lahs, charpho, tinco, barbatulus, orvo
> Alnt, Naso, qui bini nimis intus sunt acerosi, etc.

Alant est *Capito.* Vide *Nasanus.*

¶ **NASONA**, Species glareæ. Statuta Astensia fol. 32 : *Si quis de cetero vetaverit alicui capere Nasonas vel garavellam vel sablonum in glarea Fanagri vel burburis, etc.*

* **NASOSUS**, Nasutus. Glossar. Gall. Lat. ex Cod. reg. 7684 : *Nasosus, qui a grant nés.*

* **NASOYRUM**, Locus, ut videtur, ubi aliquid reponitur et servatur. Stat. Avellæ ann. 1496. cap. 46. ex Cod. reg. 4624 : *Quæ extraxerit seu exportaverit alienum canapum vel linum, in et de aliena canaperia, linerea, Nasoyro, exsutorio vel repositorio, solvat, etc.*

* **NASPUM**, Instrumentum ad modum alabri, quod Italis *Naspo* dicitur, factum, carchesii versatilis species, cujus usus describitur in Tract. Ms. de Re milit. et mach. bellic. cap. 39 : *Naspum est facile atrahendi, levandi altius omne magnum pondus et agiliter cum pertica aut sude intus ab homine sive hominibus giratur.* Cap. 40 : *Hoc*

quatripes cum Naspo est apprime utilissimum levandi de terra bombardas;.... cum suo Naspo possunt pondera altius elevari et facile declinari ad beneplacitum operantis. Vide infra *Varochium.*

NASSA. Charta Occitanica ann. 1312. in 48. Regesto Tabularii Regii n. 44 : *Dedisse et concessisse eidem Bertrando Nassam illam quæ vocatur la Viscontau in Castellania de sancto Makario, cum omnibus quæ ad nos ratione Nassæ illius in præsenti pertinent, et in futurum pertinere poterunt, habendam et tenendam eidem Bertrando et hæredibus suis,.... reddendo inde nobis et hæredibus nostris unam lanceam ad Sporlam in mutatione domini.* Charta ann. 1216. in Tabular. Abbatiæ Frigidi montis fol. 88 : *Quitavi etiam Nassam dictæ Ecclesiæ quam contra eam in molendino de Cires reclamabant.*

☞ Nihil impedit, ut opinor, quominus iis in locis *Nassa* intelligatur Piscaria. Gall. *Pescherie*, ut intelligi certo debet in Literis Eduardi III. ann. 1341. apud Rymer. tom. 5. pag. 229 : *Querelam dilectorum et fidelium nostrorum Majoris Juratorum... civitatis nostræ Baionæ recepimus, continentem quod ratione.... cujusdam fortalisii ibidem per ipsum constructi (prope) quandam Nassam sive piscariam, in aqua vocata la Dore, ubi naves et batellæ transire... hactenus solebant.* Notum est *Nassam* esse *Piscatorii vasis genus*, ex vimine fere contextum, *quo*, ut habet Festus, *quum intravit piscis, exire non potest*, hinc piscaria, *Nassa* generatim dicta; in piscariam enim ingressus piscis, ut in *nassam*, evadere non potest.

* Gurges, locus in fluvio coarctatus piscium capiendorum gratia, vulgo *Gort*, alias *Nause*. Libert. villæ de Lunacio diœc. Agen. ann. 1295. in Reg. 48. Chartoph. reg. ch. 124 : *Dimiserunt medietatem Nassarum seu piscariarum in fluminibus de Garona et de Olto. Une Nause à prendre anguilles*, in Charta ann. 1310. ibid. ch. 164. Alia ann. 1455. ex Cod. reg. 5956. A : *In medio dicti fluminis Vidassoa est ædificata quædam Nassa sive piscaria, vocata Mongelos ;.... dictæ piscariæ sive Nassæ alæ pertingunt utrumque extremum dictæ ripariæ.* Vide mox *Nasserium.*

¶ Nace, Nasse, Eadem notione. Charta ann. 1409. apud Rymer. tom. 8. pag. 580 : *In qua quidem riparia idem Carolus habet quoddam Nace piscenarium vocatum la Nasse Guissen, dictis terræ et dominio pertinens, per quæ quidem Nasse et ripariam diversæ mercandisæ.... quæ per Nasse et ripariam prædicta transibunt, certum peagium, etc.*

¶ Nassa Follaria. Charta Girardi Hamensium Domini ann. 1145. ex Tabulario Corbeiensi : *In tota præfata aqua nec ego nec aliquis piscari poterit, nisi in fossatis castelli mei, et homines de Seancourt inter molendinum de Margellis et molendinum de Seancourt piscari poterunt cum Nassis Follariis.* Alia Johannis, Girardi successoris, ann. 1248 : *Sciendum etiam quod homines de Seancourt, illi tantummodo qui cum Nassis Follariis pedes piscari de jure hactenus consueverunt subtus sclusam de Eskenfol, piscari pedes tantummodo cum Nassis Follariis ibidem in posterum poterunt prout debent.* Ex adjectis in hac altera Charta verbis *pedes tantummodo* forte quis suspicabitur, *Nassas follarias* eas dici, quas homo *pedes*, sine navicula, in ripa fluvii ponere tantum potest. Erit f. qui suspicetur pro *follariis* legendum *fossariis*, a *fossis*, in quibus nassæ poni consueverunt.

NASSALE. Vide *Macepediculum.*

NASSELLA, [Navicula, *Nacelle.*] Vide *Naca.*

¶ **NASSERIUM.** Inventarium *Piquet* n. 18. cap. 41. de Volta fol. 14. v°. ex Archivo Principis *de Rohan* : *Item quoddam Nasserium cum tenemento itinere medio scitum... confrontans oriente cum flumine Rodani.* An legendum *Massorium*, quod idem sit ac *Mansus* vel *Massa*. Utramque hanc vocem vide.

* Eadem notione atque *Nassa*, nostris *Nassier*. Lit. remiss. ann. 1403 : in Reg. 158. Chartoph. reg. ch. 52 : *Les exposans firent faire un Nassier ou chavissier en la riviere de Hercon.... avec certaines nasses ou cochoiz pour prendre les poissons. Nasson*, Nassa major, in Charta Phil. Pulc. ann. 1289. inter Consuet. Genovef. Mss. fol. 5. v°. Unde diminut. *Nasseron*, in Libert. villæ *de Poilly* ann. 1341. ex Reg. 74. ch. 68 : *Lesquelz habitans ont droit de tendre par touz les travers de ladite riviere à Nassons, à Nasserons et à jonchées. Nasten* vero, Naviculæ species, in Lit. remiss. ann. 1393. ex Reg. 144. ch. 318 : *Lesquelx comme ilz voulsissent passer la riviere d'Alier, pristrent un petit batel, appellé Nasten.*

NASTAID. Lex Alem. tit. 56. § 2 : *Liceat illi mulieri jurare per pectus suum, et dicat : Quod maritus meus mihi dedit in potestate, et ego possidere debeo. Hoc dicunt Alamanni Nastaid.* Ubi Editio Heroldi habet *Nasthait*. Vox composita, ut volunt, ex *Næst*, sive *Naest*, hoc est, proximum, et *aid*, sive *eed*, i. juramentum; quia, aiunt, nihil corde sive vita propius hominem tangit. [** Vide Grimm. Antiq. Jur. Germ. pag. 906.]

☞ Aliam lectionem tum verbis legis, tum praxi forensi convenientiorem affert Schilterus, scilicet *Nachschait*, quod significat, inquit, donationem propter nuptias post pacta dotalia, durante matrimonio factam.

NASTALÆ, Josepho, Ἀρπεδόνες : nostris *Esguilletes*, Germanis *Nestel*, unde *Nestelen*, ut observat Josephus Scaliger Epist. 205. Gloss. Gr. Lat. : Ἀρπεδών, *pendiclum*, ἀρπεδόνιον, *pendiculus*, *peniculum*. Ugutio : *Nastale, cingulum, vel fibula quæ restringit pallium circa collum.* Vetus Interpres Josephi Annal. 1 : *Nastale ex utraque parte ejusdem a parte pectoris et scapularum astringit.*

Nastola, Eadem notione. Tabularium S. Remigii Remensis : *Casulam de cendato viridi* 1. *Nastolam cum margaretis* 1. *mapulam* 1. *etc.* Infra : *Albæ* 2. *stolæ* 2. *Nastolæ* 2. *fanon.* 2. Occurrit ibi pluries. Hariulfus lib. 3. Chronol. Centul. cap. 3 : *Vestimentum lineum dominicale* 1. *Nastolæ ex auro paratæ* 2. *wanti castanei auro parati* 2. *etc.* Hinc forte *Nastro*, Itali usurpant pro vitta, fasciola. Dantes :

Ne si parti la gemma dal suo Nastro.

Nastula, et Nastila, apud Petrum Comestorem in Histor. Scholast. cap. 63. Exod. : *Nastilibus vel Nastulis hinc inde super humeros capitium constringentibus.* Adde cap. 64.

* Translat. S. Vandreg. ex Cod. reg. 5506 : *De linteamine super quod transivit* (S. Audoenus) *et camisia et Nastula. Pro xij. Nastulis, xj. sol.* in Comput. Ms. ann. 1245.

Nastulus. Statuta Ord. Præmonstrat. dist. 2. cap. 13 : *Et tam prælati quam subditi subtularibus rubeis, non Nastulos, sed ligaturas habentibus sint contenti.* [Joh. Coleti Glossa in Statuta Trecensia xiv. sæc. fol. 6. edit. 1530 : *Duo Nastuli seu duæ cordulæ, quibus amictus ante pectus ligatur, significant intentionem et finem.*]

* Glossæ Biblicæ anonymi ex Bibl. reg. : *Nastuli, dicuntur illæ vittæ subtiles, quæ solent in albis et in superpelliciis ad stringendum circa collum; et quandoque improprie ponuntur pro modulis vel nodulis.*

1. **NASUS.** Charta Silonis Regis Ovetensis in Hispania ann. Ch. 777. apud Sandovallium : *Calicem argenteum, et patenam, cum aquamanili, et cum suo Naso, etc.* Ubi ita reddit Sandovallius : *con aguamanil, y con su pico.* Puto legendum *vaso*, seu *vase*, hoc est, pelvi. Vide *Vassus.*

☞ D. *Châtelain* in suis Notis ad Martyrologium Romanum pag. 439. retinet *Naso*, qua voce calamum intelligit, quo fideles ad hauriendum sacrosanctum Christi Domini sanguinem olim utebantur. Hanc interpretationem confirmat verbis mox sequentibus : *Serviet ad dandum sanguinem Domini populo.* Dein addit calamum hunc sacrum non ita absurde dici *nasum*. 1°. Quod nasi formam utcumque referat; 2°. Quod eo Christi sanguinem sugerent, ut naso ducimus aerem. Nec prætermisit quod in veteribus vasorum sacrorum enumerationibus, ut hic *Nasus*, sic calamus aut *Pugillar* calici et patenæ subjungi consuevit. Vide *Pugillares* et *Canna argentea* in *Canna* 4.

Nasi Abscissio. Vide *Denasatus.*

* 2. **NASUS.** *Nasum suum digitis per summitatem tenendo*, injuriam expiabant in jure Normannico. Consuet. Norman. part. 2. cap. 20. ex Cod. reg. 4651 : *Quod si tali convicio querela fuerit procreata, et querelatus super hoc confessus fuerit vel convictus, per justitiarium debet graviter per pecuniam puniri, et passo per injuriam, per obprobrium corporale debet taliter emendare, quod Nasum suum digitis per summitatem tenebit, et sic dicet : Ex eo quod vocavi te latronem, homicidam,.... mentitus fui, quia hoc crimen in te non est, et ore meo quo illud protuli, me mendacem exhibui; et hoc sollempniter debet fieri in assisiis, vel in ecclesia die sollempni.*

¶ 1. **NATA**, ut *Natta*, Gall. *Natte*, Storea. Usus Fontanell. MSS. : *Veniam accipiant super Natam.* Codex MS. Montis S. Michaelis : *Tenetur etiam invenire juncum, et Natas in choro.* Reformatio Monasterii Castrensis ex Archivo S. Victoris Massil. : *Helemosinarius faciat Natas in claustro.*

* 2. **NATA**, Idem quod *Noa* 1. Locus pascuus, sed uliginosus, et aquis irriguus. Arest. parlam. Paris. ann. 1536. ex Tabul. *de Chissé* in Turon. : *Item unam aliam*

terræ petiam.... ex alia (longitudine) Natis, Gallice aux noues, ejusdem medietariæ contiguam.... Item unam prati et Natæ petiam, etc. Vide infra Natatorium 2. et Noa 1.

1. NATALE, Conditio, status, dignitas. Leges Henrici I. Regis Angl. cap. 64 : *Si quis de homicidio accusetur, et idem se purgare velit secundum Natale suum*, etc. Id est, productis testibus suæ conditionis. Cap. 68 : *Si quis liber aut servus occidatur, Natalis sui pretio legitime componatur*, etc. Adde cap. 69. 75. 76. *Pretium Nativitatis*, cap. 88. *Natalitium*, in Legibus Edwardi Confessoris. [*Secundam Nataliciam meam*, in Testamento Nobilis Johannis Thomassini Equitum armatorum Regis Capitanei ann. 1450. ex Schedis Presidis *de Mazaugues*.] Vide *Pretium*.

2. NATALE, Γενέθλιον, in Gloss. Gr. Lat. Ammonius Grammaticus : Γενέθλια ἐπὶ τῶν ζώντων,... γενέσια ἐπὶ τῶν τεθνηκότων, ἐν ᾗ ἕκαστος ἡμέρᾳ τετελεύτηκε. Præfat. ad Libellum precum Marcellini et Faustini pag. 11. de Damaso PP. *Quos etiam cum ad Natale suum solemniter invitasset*, etc. Senator lib. 8. Epist. 33 : *Qui ad Natale S. Cypriani religiosissime venerant peragendum*, etc. Lex 5. Cod. Th. de Spectacul. (15,5.) : *Dominico, qui septimanæ totius primus est dies et Natale*, etc.

3. NATALE, Acclamatio nostris olim familiaris in lætitia publica, *Noel, Noel!* Frodoardus de Pontif. Roman. in Leone III :

> ... Proceres præconia Christo
> Læta ferunt, Regique poli Natale frequentant.

Chronicon Beccense an. Dom. 1390 : *Receptus cum gaudio magno, cunctis clamantibus Noël, Noël.* Vide Monstrelletum 1. vol. pag. 32. 52. 125. 147. 208. etc. Berrium in Hist. Caroli VII. ann. 1437. et ibi Andr. Duchesnium, Chronicon Scandal. Ludovici XI. Doronvilleum pag. 271. Histor. Arthuri Ducis Britan. pag. 7. etc. ☞ Hujusmodi usus etiamnum viget apud Rotomagenses, die Ascensionis Domini, in celebri illa processione, in qua vinctus unus dignus morte cum sociis suis, si quos habet, tribus vicibus S. Romani capsam sublevat, in absolutionis signum, toties acclamante populo Noel Noel Noel.

* Memor. D. Cam. Comput. Paris. fol. 94. ubi de baptismo Caroli VI : *Cum maxima multitudine plebis acclamante cum gaudio magno, Noe, Noe.* Hinc *Jeux de Noel* appellati, qui diebus lætitiæ publicæ agebantur. Vide supra *Ludus Natalis*.

* 4. NATALE, nude dicitur Festum Nativitatis B. M. V. Charta ann. 1257. in parvo Reg. S. Germ. Prat. fol. 47. col. 2 : *Actum anno Domini 1257. die Jovis post Natale, mense Septembri.* Sed nescio quis festus dies significetur in Lib. nig. prior. S. Petri Abbavil. fol. 34. v° : *Lesquelx capellain en recepvent xxx. sols l'an de Noel here, altas Noel le bruyant.*

¶ NATALIA, Oblationes pro baptismo, Gallic. *Nataux*, ut in Chartulario Gemmeticensi tom. 1. pag. 34 : *Nous tenons... le patronage et presentation de l'Eglise paroissiale de S. Vaast dudit lieu ou diocese de Rouen... et la moitié des sepultures, Nataux, offrandes et oblations, qui se font chaque jour de l'an en ladite Eglise.*

* NATALICIA, Conditio, status, dignitas. Vide *Natale* 1.

¶ 1. NATALICIUM, Nativitas, natalis dies. *Anno a Dominico Natalicio 1476.* apud Madox Formul. Anglic. pag. 336.

* 2. NATALICIUM, Donum, quod alicui die ejus natalitio offertur. Censorin. de Die natali cap. 1 : *Natalicii titulo tibi mitto.* Vide ibi Lindenbrog.

1. NATALIS, Festus dies Sanctorum a Christianis cultus. Beletus de Divin. off. cap. 4 : *Nativitas proprie appellatur festum illius Nativitatis, quæ est in carne et in mundo, ita ut hinc solum dicatur Nativitas Christi, B. Mariæ, et Joannis Baptistæ, quod horum Nativitates duntaxat ab Ecclesia celebrentur. Natalis, vel Natale, et Natalitium vocatur Sanctorum ex hoc sæculo commigratio : quia ut sæculo et mundo moriuntur, ita tunc cælo nascuntur.* Adde Amalarium lib. 4. de Eccles. offic. cap. 35. Rabanum lib. 2. de Instit. Cleric. cap. 43. Honorium Augustod. lib. 3. cap. 17. et Durandum lib. 7. cap. 1. n. 18. Smyrnensis Ecclesia apud Eusebium lib. 4. Hist. Eccl. cap. 15. diem mortis S. Polycarpi γενέθλιον ἡμέραν vocat : *diem passionis* vertit Rufinus. S. Augustinus Serm. 10. de Sanctis : *Digne Natalem istorum colimus, quos beatius æternæ vitæ mundus edidit, quam mundo maternorum viscerum partus effudit.* Idem in Psalm. 39 : *Mortes in quas Pagani sævierunt, in illis hodie reficimur, Natalem Martyrum celebramus, exempla Martyrum nobis proponimus.* Eusebius Gallicanus sive Cæsarius Homil. 50. de S. Genesio : *Beatorum Martyrum passiones, Natales vocamus dies, quando eos martyrii vita et Gloriæ fides, dum ingerit morti, genuit et æternitati, et perpetua gaudia brevi dolore parturiit*, etc. Paulinus Natali 3. S. Felicis :

> Venit festa dies cælo, celeberrima terris,
> Natalem Felicis agens, qua corpore terris
> Occidit, et Christo superis est natus in astris,
> Cælestem nactus sine sanguine Martyr honorem.

Philippus Eystetensis in Vita S. Willibaldi cap. 11 : *O quam optabilis est illa dies Sanctis et Dei fidelibus, in qua etsi moriuntur mundo, nasci tamen feliciter incipiunt in cælo! Et ideo sancta mater Ecclesia hunc diem non mortis, sed Nativitatis appellat, quia post mortem carius gaudia incipiunt possidere æternæ hæreditatis.* Adde Petrum Chrysologum Serm. 129. Nicolaum PP. ad Consulta Bulgaror. cap. 5. Radulphum Flaviniac. lib. 4. in Levit. cap. 2. etc.

NATALIS, vox etiam usurpata in festo Translat. Reliquiarum. Martyrologium S. Hieronymi : 4. *Non Aug. in Antiochia Natalis reliquiarum Stephani Protomartyris et Diaconi*, etc. Ita

NATALIS CALICIS, Dies Cœnæ Domini appellatur, cujus nomenclaturæ rationem affert Eligius Noviomens. Episcop. Homil. 10 : *Vocatur hæc dies Cœna Domini : vocatur et Natalis Calicis : et merito talibus præfulget miraculis, quia hac eadem die mysticum Pascha Dominus cum Discipulis celebrans, Sacramenta Corporis et Sanguinis sui illis atque per illos nobis tradidit, et ipse celebrationis initium fecit.* Vita S. Genovefæ num. 33 : *A die sancto Epiphaniæ, usque ad Natalem Cœnæ Calicis, qui est Domini*, etc. Ratramnus Monachus Corbeiensis lib. 4. contra Græcos, cap. 3. ex Vita S. Silvestri PP. : *Natalem Calicis similiter ut diem Dominicum habere debemus, in quo sacrificium Dominici Corporis et Divini Sanguinis ab ipso Domino celebrationis sumpsit initium.* Græca Eusebii, cui Vitam S. Silvestri adscribit Ratramnus, ut et aliquot Codices MSS. profert eadem Vita a Combefisio edita pag. 268. quo loco πέμπτη ἡμέρα vocatur, quæ *Natalis Calicis* Ratramno. Petrus Blesensis, qui in Codd. MSS. *Pictor* cognominatus, in Tract. de S. Eucharistia cap. 13 :

> Hoc in Natali Calicis non est celebratum,
> Quando pascha novum vetus est post Pascha dicatum.

Exstant Homiliæ *in Natalem Calicis* ab Avito Viennensi conscriptæ fragmenta, inter illius opera. *Natalem Calicis*, pro ipsa divina Eucharistia usurpat Paschasius Abbas Corbeiensis, de Corpore et Sanguine Dom.

NATALIS SACRAMENTI, lib. 1. Sacrament. Eccl. Roman. n. 1. sed et γενέσια quasvis rerum memorabilium seu illustrium memorias annuas vocabant. Ita Sozomenus lib. 6. cap. 2. ait, γενέσια σεισμοῦ sub Valentiniano quotannis celebrasse Alexandrinos, seu forte publicarum Litaniarum ob istum terræ motum institutionem.

NATALES, Quatuor præcipuæ anni festivitates, nostris *Jours Nataux*. Charta Pontii Episcopi Atrebatensis in Tabulario S. Bertini : *Singulis annis 20. solidos cursalis monetæ reddere tenebitur 4. Natalibus, scilicet in festo omnium SS. 5. sol. in Natali Domini 5. sol. in Pascha 5. sol. et reliquos 5. sol. in Pentecoste.*

* Charta Nic. I. Camerac. episc. ex Tabul. S. Crucis Camerac. : *Ita quidem quod in solempnibus diebus, qui Natales vulgo dicuntur*, etc. Redit. comitat. Namurc. ann. 1289. ex Reg. Cam. Comput. Insul. sign. *Le papier aux aysselles* fol. 23. v° : *Encor i a (à Spies) li cuens iij. fies l'an, à iij. Nautaux de l'an, iij. plés, k'on apele plés centains, c'est à chacun Natal j. plait.*

NATALIS, Dies solennis, seu anniversarius, quo quis in dignitate quapiam inauguratus est. *Natalis imperii*, apud Capitolinum in Pertinace, et Eumenium Paneg. 9. *Natalis Valentiniani purpuræ*, in Laterculo Silvii. *Natalis adoptionis*, apud Spartian. in Adriano. Lactantius de Mortib. Persecutor. num. 46 : *Statuit Imperator prælium diei Kalendarum Maiarum, quæ octavum annum nuncupationis ejus implebant, ut suo potissimum Natali vinceretur.* Ita Sixtus PP. in Epist. ad Cyrillum Alexandrinum anno 430. et in Epist. ad Joannem Antiochenum, Hilarus Papa in Ep. 2. ad Episcopos Tarraconens. provinciæ, S. Ambrosius Ep. 60. ad Felicem Comensem, Augustin. Ep. 255. Paulinus Ep. 16. Gregorius M. in libro Sacram. Fortunatus lib. 5. Poem. 3. Ennodius dict. 1. Anastasius in Hadriano I. Hadrianus II. Epist. 11. ad Actardum, Leo VII. in Epist. post Chronicon Reichersp. pag. 17. lib. 1. Sacrament. Eccles. Rom. cap. 97. 98. 101. lib. 3. cap. 37. Diurnus Rom. cap. 3. tit. 13. Testamentum Aldrici Episcopi Cenoman. in illius Vita pag. 51. 54. 92. Et hinc

NATALIS CATHEDRÆ PETRI, cujus festum

agunt Christiani, de quo sic Augustin. Serm. 15. de Sanctis : *Institutio solemnitatis hodiernæ a senioribus nostris Cathedræ nomen accepit, ideo quod primus Apostolorum Petrus hodie Episcopatus Cathedram suscepisse referatur. Recte ergo Ecclesiæ Natalem sedis illius colunt, quam Apostolus pro Ecclesiarum salute suscepit.* Vide Turneb. lib. 23. Adv. cap. 4. Baron. ad Martyrol. 3. et 13. Jan. Rosweidum ad Paulini Ep. 16. Bollandum ad 18. Januarii, Livineium ad Paneg. pag. 332. etc.

☞ Solemnis erat Episcoporum, ac præsertim Romanorum Pontificum Natalis seu anniversarius ordinationis dies, atque ad eum celebrandum Consacerdotes suos, hoc est Episcopos invitare solebant, eosque solos ex more, nisi honoris ergo quandoque Presbyteri invitarentur. Hæc patent ex Epistola 20. S. Paulini adhuc Presbyteri ad Delphinum num. 2. ubi loquens de Anastasio PP. ait : *Ad Natalem suum, quod Consacerdotibus suis tantum deferre solet, invitare dignatus est.* Aderant autem hisce festivitatibus Episcopi non pauci, ut constat tum ex illa *venerabili Synodo, quam Natalis* Sixti PP. *dies favente Domino congregarat*, ut ipse loquitur in Epistola ad Cyrillum jam laudata, tum ex pluribus Sermonibus, quos Natalibus suis ad Episcopos habuit Leo M. Sic Sermone 1. cap. 3 : *Cumque hanc venerabilium Consacerdotum splendidissimam frequentiam video, angelicum nobis in tot sanctis sentio interesse conventum.* Exinde celebritatem illam ad B. Petri gloriam refert, ut et Sermone 3. quem sic claudit : *Illi ergo hunc servitutis nostræ Natalitium diem, illi adscribamus hoc festum, cujus patrocinio sedis ipsius meruimus esse consortes.* Simili modo loquuntur Sixtus et Hilarus citatis epistolis.

Natalis Templi, Basilicæ, seu ejus dedicationis, in Sermone de Dedicatione Ecclesiæ edito a Jac. Petito.

¶ 2. **NATALIS**, Patria, Gall. *Pays natal.* Vita MS. S. Winwaloei : *Natalem autem propriam linquentes, coacti acriter alienam petivere.*

¶ 3. **NATALIS**, Fraternus, vel naturalis. Gesta Consulum Andegav. tom. 10. Spicil. Acheriani pag. 489 : *Sulpitius vir prudens armisque strenuus fuit, cujus frater Lisoius non inferior virtute extitit, qui ita Natali amicitia erant conjuncti, ut eorum vita ab omnibus laudaretur.*

¶ **NATALITIUM** Vide *Natale* 1. et *Nalicium.*

¶ **NATALITIUS** Dies. Vide *Natalis* 1.

¶ **NATATA**. Vide *Chatasiarares.*

¶ **NATATICUM**. Vide *Navaticum.*

NATATORIA, *Piscina*, in Gloss. Lat. MS. Regio, [et in Auctario Janssonii, ad Glossar. Isid.] *Natatoria Siloe*, Joann. cap. 9. Κολυμϐήθρα in Gr. [quam vocem Græcam idem Interpres *Piscinam* reddit cap. 5. v. 4. et 7. Ambrosius autem hic modo *natatoriam* usurpat, modo *Piscinam* cap. 4. de iis qui myst. init.] Glossæ Græc. Lat. : Κολυμϐήθρα, *Piscina, Natatura*, leg. *Natatoria.* Vide Sidonium lib. 2. Epist. 2.

1. Natatorium, Fons Baptismatis, κολυμϐήθρα. Hist. Miscella in Zenone : *In Natatorio sancti Martyris Barlaæ.*

* 2. **NATATORIUM**, Idem quod supra *Nata* 2. Locus pascuus, sed uliginosus, et aquis irriguus. Charta Hug. episc. Autiss. ann. 1135. in Chartul. Pontiniac. lib. 5. ch. 18 : *Bertrannus de Salliniaco et Walterus filius ejus.... dederunt quicquid, tam in plano quam in nemore apud Ulmeta, quæ sunt juxta Natatoria S. Aniani.* Alia Manas. episc. Aurelian. ann. 1177. inter Instr. tom. 8. Gall. Christ. col. 521 : *Præterea Natatorium vel noam semoris* (vel senioris) *Tellei sub annuo censu xij. denariorum præscripti canonici S. Evurtii possidebunt.*

¶ **NATATUS**. Charta Piscatorum Massil. ann. 1451 : *Petierunt quod valeant visitare tonairas omnes, quotiescumque voluerint, ut sint stagnæ et Natatæ*, hoc est, suberis frustis seu particulis instructæ ex una parte, ut natent, et ex alia plumbi globulis, ut in profundum descendant ex ea parte, ut in retibus passim videmus.

* **NATELLUS**, dimin. a Natus, puerulus. Vita S. Claræ tom. 2. Aug. pag. 767. col. 1 : *Sancta et gloriosa virgo Clara, redde mihi miserum filium meum. Redde, ait, redde infelici matri Natellum. Neino*, pro *Nain, petit enfant*, in Lit. remiss. ann. 1426. ex Reg. 173. Chartoph. reg. ch. 421 : *Huguenin Sauleu dist au suppliant qu'il n'estoit que ung Neino, qu'il lui tordroit le nez, si qu'il lui en feroit saillir le lait.*

* **NATES** Percutere, Usus apud Italos in cessione bonorum. Vide supra in *Cessio.*

¶ **NATHA**, Gibbositas. Vide in *Natta* 2.

¶ **NATHINÆUS**, Dedititius. Vide *Natineus.*

¶ **NATHWITE**. Charta Anglicana : *Quod nec dictus Philippus de Avery, nec hæredes sui de cætero petere possint aliqua tallagia, nec etiam francum plegium, nec etiam aliam demandam, quæ vocatur Nathwite.* Thomas *Blount* in Nomolexico suspicatur vocem derivari a Saxonco Nyð, Nequitia, et Wite, Pœna, mulcta, adeo ut idem sit quod *Lairwita.* Vide in hac voce.

NATICÆ, Clunes, Ital. *Natiche*, præsertim Danti in Inferno cant. 20. Vetus Interpres Moschionis apud Scaligerum in Epistolis : γλουτοί, *Naticæ.* Glossæ Græc. Lat. : Πυγή, *Natica.* [S. Ambrosius de Noe et Arca cap. 7 : *Latera, Naticæ femora et crura mensuræ latitudinem ipsa specie significant.*]

* Glossar. Provinc. Lat. ex Cod. reg. 7657 : *Natica, natulæ, dim. nates, ancas, Prov.* Tract. Ms. de Re milit. et mach. bellic. cap. 150 : *Habens cornuum, remum, ac corio caprino cinctus super Natices conflato, vadit ac supernatat per pelagum sive flumen.* Hinc nostris alias *Nache, Nage* et *Naige.* Lit. remiss. ann. 1363. in Reg. 95. Chartoph. reg. ch. 58 : *Le suppliant courroucié et esmeu feri ledit Guillot Longuet de sa main deux cops sur les Naches.* Aliæ ann. 1385. in Reg. 126. ch. 248 : *Lequel Robert prist ledit Tassin et le bati sur les Naches ou sur les fesses d'unes verges.* Glossar. Gall. Lat. ex Cod. reg. 7684 : *Nage, fesse, nates.* Charta Auberti abb. Castr. ann. 1247. ex Chartul. Campan. fol. 343. col. 1 : *La femme qui dira vilonie à autre, si comme de putage, paiera 5. s. ou ele portera la pierre toute nue an sa chemise à la procession, et cele la poindra après an la Nage d'un aguillon.* Lit. remiss. ann. 1387. in Reg. 132. ch. 65 : *L'exposant prist ledit Adenin, qui estoit enfant de l'aage de douze ans ou environ, le rebrassa par derriere et lui donna pluseurs cops de la pausme sur ses Nages.* Aliæ ann. 1426. in Reg. 173. ch. 455 : *Le suppliant fery Jehan Husson ung cop ou visbraon de la Nage.* Aliæ ann. 1451. ex Reg. 185. ch. 106 : *Le suppliant frappa par chaude cole icelle Agnès deux ou trois coups, tant en l'un de ses bras que ès Naiges, d'un petit coustel qu'il avoit.* Vide supra *Naçu.*

* **NATICIDIUM**, Flagrum natibus exceptum, apud Scioppium.

* **NATIMEATO**. Charta ann. 1043. apud Murator. tom. 3. Antiq. Ital. med. ævi col. 1080 : *De isti rebus, quæ superius legitur, omnia ex omnibus tollere vel suptraere aut minuare voluerit, sit Natimeato et maledicto, etc.* Ubi aliæ similes Chartæ habent, *Anathematizatus.*

¶ **NATINARI**, *Negotiari.* Gloss. Isid. ex Festo, apud quem : *Natinatio, negotiatio et Natinatores*, (Negotiantes vel Negotiatores, ut supplendum videtur, et) *ex eo seditiosi. Natinare* dictum pro *natare*, docet Martinius in Lexico, exponitque *More natantium semper in negotiis fluctuare* : ubi et illud Catonis : *Audito tumultu Macedoniæ Etruriam et cæteros Natinare*, redditur *tumultuari.*

¶ **NATINEUS**, Acolythus. Vita S. Hugonis Monachi Æduensis, sæc. 5. Benedict. pag. 94 : *Sicque ex more ecclesiastico gradatim sacratus processit usque ad Natinei officium; et licet in minoribus gradibus adhuc constitutus, tamen ipsis reverentissimis Sacerdotibus erat admirandus.* Vitæ scriptor allusit ad vet. Testamenti *Nathinæos* seu Gabaonitas perpetuo famulitio addictos decreto, de quo Jos. cap. 9. tumque dictos *Nathineos*, cum David constituit ut Levitis servirent, sicut Levitæ Sacerdotibus scilicet ab Hebræo נתינים, Dedititii, ministri, servi publici. *Nathinæi* memorantur lib. 1. Paralip. 9. 2. et passim apud Esdram. Quidam legunt *Nathinæi.* Leg. *Nithenæi.*

* **NATINNEUS**, Minister inferioris ordinis inter ecclesiasticos. Codex Ms. tom. 1. Hist. Cassin. pag. 62. col. 2 : *Induunt se omnes pariter sacerdotes et levitæ, Natinneique sacris optimisque vestimentis, et procedunt caute.* Vide *Natineus.*

* Hinc forte *Natier* inter officiales nauticos infimi subsellii recensetur, in Reg. *Pater* Cam. Comput. Paris. fol. 180. r°. : *Item comites prenoient chascun vj. l. le mois et pour despens xxx. solz.... Item Natiers iiij. l. le mois et pour despens xx. solz.*

1. **NATIO**, Nativitas, generis et familiæ conditio. Lex Longob. lib. 1. tit. 9. § 16 : *Pro homine libero secundum Nationem suam.* Adde Edictum Rotharis Regis Long. tit. 77. § 3. [** Roth. 377. 98.] Hinc emendandæ vet. Glossæ : *Navitio*, γενεά. Legendum enim *Natio.* [Gesta Trevir. Archiep. apud Marten. Ampliss. Collect. col. 383 : *Nam proprium occultæ Nationis fratrem, qui propriam uxorem occulte interfecerat spe solemnioris obtinendæ, licet ab Archiepiscopo pro fratre esset reputatus, supplicio rotali interimere permisit.*]

¶ 2. **NATIO**, Agnatio, cognatio, familia. Chartularium Matiscon. fol. 25 : *Dat mansum cum mancipiis illic commanentibus, cum Natione eorum.*

* Charta ann. 1029. apud Murator. tom. 1. Antiq. Ital. med. ævi col. 343 : *Ordinamus, ut semper qui major fuerit ex Natione, habeat ipsam ordinationem. Nation*, eadem acceptione, in Pacto inter Rob. comit. Proc. advocat. monast. S. Valer. et monachos ejusd. monast. ann. 1321. in Reg. 61. Chartoph. reg. ch. 290 : *Item du debat meu pour les frans de la Nation de S. Walery, sur che que les gens dudit conte disoient que il devoient estre appelé, quant aucuns veut prouver que. il est de ladite Nation.* Id est, de iis qui de familia monachorum habebantur.

3. **NATIO**, pro *Natatio*, apud Celsum lib. 3. cap. 24. qua scilicet æstate utebantur veteres, ut balneis hieme. Vide eumdem cap. 21. ejusdem libri, et lib. 4. cap. 5.

* 4. **NATIO**, Regio, Gall. *Païs, contrée.* Chron. Anglic. Th. *Otterbourne* edit. Hearn. pag. 26 : *Qui* (Aurelius) *fœdere inito, dedit eis vitam et Nationem juxta Scotiam.* Vide infra *Naturalis* 3.

1. **NATIONES**, in quas *Studiorum*, seu Academiarum Scholastici dividuntur, quæ in singulis quaterno fere semper definiuntur numero; verbi gratia Parisiensis quatuor nationibus constat, Franciæ, Picardiæ, Normanniæ, et Germaniæ, quæ olim Angliæ dicebatur. Ita in Privilegiis Academiæ Viennensis in Austria ab Alberto III. Duce Austriæ concessis ann. 1384. eadem Universitas *in quatuor partes, quas solitum est Nationes vocari, ad instar Parisiensis studii dividitur*, in Nationes scilicet *Australium, Rhenensium, Ungariæ, et Saxonum.* Vide Lambecium lib. 2. Comment de Bibl. cæsar. cap. 5. et Histor. nuperam Academiæ Parisiensis. [** Savin. Histor. Jur. Rom. med. temp. tom. 3. cap. 21. § 71. et 127.]

* 2. **NATIONES**, Plebeii. Charta ann. 1059. inter Instr. tom. 11. Gall. Christ. col. 15 : *Testificor etiam omnia dona, quæ, me præsente, volente ac rogante, barones, milites et Nationes terræ meæ eidem ecclesiæ in eleemosynam liberam contulerunt, etc.*

* **NATITENUS**, Usque ad nates. Vita S. Corbin. tom. 3. Sept. pag. 293. col. 2 : *Femur ejus dextrum ita flectebatur, ut calcaneum ejus Natitenus rigebatur.*

1. **NATIVITAS**, Annonæ abundantia, fructuum collectio, Gallis *Recolte.* Gregorius M. lib. 1. Ep. 70 : *Tantum hic parva Nativitas fuit, ut nisi... frumenta de Sicilia congregentur, fames vehementer immineat.* Vide *Nascentia.*

2. **NATIVITAS**, Dies Sancti natalitius. *Martyrum nativitates*, in 1. Indice Concilii Cloveshoviensis ann. 747. cap. 13. Vide *Natalis* 1.

3. **NATIVITAS**, Ingenuitas, sinceritas, quomodo *Naïveté* dicimus. Dinamius Patricius in Vita S. Maximini Episc. Regiensis : *Nam ut mysticæ actionis ejus insignia nihil habeant ambiguum, nihilque ex iis vulgaris assertio fabulosum efficiat, aut de Nativitate suspectum, quæ ab illo facta sunt et comprobata, veridico sermone narranda sunt.* Vide alio sensu in *Nativus.*

* *Niceté* vel *Nicheté*, nostris, Simplicitas, imbecillitas. Lit. remiss. ann. 1395. in Reg. 147. Chartoph. reg. ch. 340 : *Le suppliant par Niceté et jeunesse fust par nuit en l'ostel de Jehan du Jat et de Guillemette sa femme, laquelle il prinst oultre le gré d'elle et de sondit mary.* Guignevilla in Peregr. hum. gen. MS. :

> En toi je ne voi que sotie,
> Et Nicheté et musardie.

* Hinc *Nice* in *Nidering*, et *Niche*, pro Stolidus, ineptus. Le Roman *du Chevalier au Barisel :*

> Il n'espargnoit sage ne Niche.

Unde etiam *Nichément*, pro *Follement*, ut apud practicos, id est, Præter jus et æquum, in Consuet. Bellovac. Bellom. Mss. cap. 61. et 64. Vide *Nidasii.*

* Huc quoque pertinet vox *Nigosseurément*, Inepte, inscienter, in Lit. remiss. ann. 1478. ex Reg. 206. ch. 1022 : *Icellui Petit dist au suppliant, veez cy une lettre bien Nigosseurément faicte. Et lors ledit suppliant demanda pourquoy; et ledit Petit lui dist qu'il y avoit beaucoup plus de terres declarées dedans qu'il n'en estoit contenu au nombre d'icelles.*

4. **NATIVITAS**. Corporis habitus, dispositio, temperamentum, qua notione utitur Gariopontus in Passion. lib. 4. cap. 4.

¶ 5. **NATIVITAS**, Secunda ex novem partibus Hostiæ in Missa Muzarabica. Vide *Hostiæ fractio* in *Hostia*, 1.

¶ 6. **NATIVITAS**, Servitus. Vide mox in *Nativus.*

¶ 7. **NATIVITAS**, Ætas, tempus a nativitate, ab ortu. Inscriptio vetus apud Gruterum 712. 11 : *Variæ Jucundæ defunctæ anno Nativitatis* XVIII. *Nativitas* pro ortu seu natali die, quæ desideratur apud melioris notæ Scriptores, passim ab aliis usurpatur, ab Ulpiano, leg. 1. dig. ad munic. (50,1.) Minutio Felice pag. 143. Tertulliano de Anima cap. 39. Claudio Mamerto in Hymno *Pange lingua gloriosi Lauream certaminis*, et aliis recentioribus passim. Jacobus 3. 6 : *Lingua... maculat totum corpus et inflammat rotam Nativitatis nostræ.* φλογίζουσα τὸν τροχὸν τῆς γενέσεως, in Græco, hoc est totum vitæ nostræ cursum sive circulum accendit, seu corrumpit actiones universas.

Secundum Suam Nativitatem Componere, in Capitulari 3. ann. 913. cap. 6. 7. Vide *Weregeldum.*

* Nostris *Nascion* alias, pro *Naissance.* Lit. remiss. ann. 1415. in Reg. 168. Chartoph. reg. ch. 294 : *Dès le temps de sa Nascion le suppliant a este entachié d'une maladie contagieuse, que l'en appelle le grant mal.* Sed et pro Ipso in utero materno conceptu usurpatur a Bellomanerio Ms. cap. 18 : *Tiex batardies, si sont aucunefois si couvertes, que on n'en puet pas bien savoir le vérité, et aucunefois que la vérité est seuee par l'apparanche dou tans de la Nascion, etc.*

¶ **NATIVITUS**, A nativitate, ab ortu. Tertull. de Anima cap. 12 : *Ingenitum, insitum et Nativitus proprium.* Ibid. cap. 39 : *Quæ omnia Nativitus animæ collata.*

¶ 1. **NATIVUM**, *Natum, genitum*, Ottoni Frisingensi. Locum vide in *Genuinum* 2.

2. **NATIVUM**, pro *Natalis* festo. *In Nativo S. Mariæ*, in Hepidanni Annalibus Goldastinis.

NATIVUS, Oriundus, quomodo *Natif* nostri dicunt. *Natiu*, apud Littletonem. Catholicon parvum : *Nativus, Natif.* Hincmar. Remensis Ep. 7. ex Labbeanis, de Hincmaro Laudunensi Episcopo : *Nam Attrabatis, Viromandis, et Bononia, ex cujus territorio es Nativus, etc.* Vita S. Udalrici Episc. Augustensis : *Ab eo interrogatus de qua provincia vel civitate esset Nativus : qui respondens dixit, De provincia Alamannia, et de civitate Augusta oriundus sum.*

Nativi, Servi glebæ, origine et nativitate, eoque ipsi dominis suis obnoxii, Anglis *Niefes : Naifs*, in Legibus Willelm. Nothi vernaculis cap. 23. *Neifs*, Littletoni sect. 286. 287. cui proprie ita dicuntur ancillæ, seu servituti obnoxiæ, ut e contra viri, *Villani. Nativitate servi*, in Legibus Henrici I. Regis Angliæ cap. 70. Le Roman *du Renard* MS. :

> Car cil qui sunt serf par Nature,
> Ne sevent garder mesure.

Bracton. lib. 1. cap. 6. § 4 : *Servi aut nascuntur, aut fiunt. Nascuntur autem ex Nativo et Nativa alicujus copulatis vel solutis, etc. Item nascitur servus qui ex Nativa soluta generatur, quamvis ex patre libero, quia sequitur conditionem matris, quasi vulgo conceptus. Item dicitur servus natione de libero genitus, qui se copulavit villanæ in villenagio constitutæ, sive copula maritalis intervenerit, sive non.* Eadem habet Fleta lib. 1. cap. 3. Adde eumdem Fletæ Scriptorem lib. 2. cap. 51. et Rastallum verbo *Nativo habendo.* Ingulphus pag. 875 : *Et si quis hominum Nativorum suorum, vel native de iis tenentium, aliquod delictum fecerit, etc.* Ejusmodi Nativorum mentio fit apud Thomam Walsinghamum pag. 258. 261. in Chartis variis tom. 1. Monast. Angl. pag. 372. 603. tom. 2. pag. 56. 93. 94. 174. 243. 827. 976. [apud Thomam *Madox* Formul. Anglic. pag. 349. 417. 418.]

Sequela Nativorum, Cowello appellatur *Regale privilegium, quo qui fruitur, habet Villanorum, i. servorum et mancipiorum intra feudum suum propaginem, et potestatem de illis, ut de cæteris suis, seu liberis, seu bonis mobilibus vel immobilibus pro libito disponendi.* Vide in *Theam.* [Charta ann. 13. Edwardi III. Regis Angl. apud Thomam *Blount* in Nomolexico v. *Neif : Sciant præsentes et futuri, quod ego Radulphus de Crombewel, Miles senior et dominus de Lambeley, dedi domino Roberto Vicario de Dedeling Beatricem, filiam Willelmi Hervy de Lambeley, quondam Nativam meam, cum tota sequela sua, cum omnibus catallis suis perquisitis et perquirendis, habendam et tenendam prædictam Beatricem cum tota sequela sua, et omnibus catallis suis, et omnibus rebus suis perquisitis et perquirendis, predicto domino Roberto vel suis assignatis libere, quiete, bene et in pace imperpetuum. Ita quod nec ego predictus Radulphus et heredes mei, sive assignati mei aliquid juris vel clamii in predicta Beatrice, vel in catallis suis, sive in sequela sua, ratione servitutis vel Nativitatis, de cetero exigere vel vendicare poterimus, sed quieta sit et absoluta de me et heredibus meis, seu assignatis meis, ab omni onere servitutis et Nativitatis imperpetuum.*]

Placitum de Nativis, *id est, de servis*

fugitivis a veris dominis suis, ad Vicecomites pertinere dicitur in Regiam Majest. lib. 1. cap. 3. § 4. Adde lib. 2. cap. 11. 12. et Quoniam Attachiamenta cap. 56. ubi plura de ejusmodi Nativis. Charta Eadredi Regis tom. 1. Monastici Angl. pag. 169 : *Et præcipio quod omnes homines fugitivi, quos iidem Monachi, et testimonium 4. vel 5. hominum fide dignorum coram Vicecomite in patria, in qua tales manent, possunt affidare suos Nativos esse, reducantur per prædictum Vicecomitem in Abbatiam eorum cum omnibus catallis et sequelis eorum.*

Nativitas, Servitus, *Naiverie*, in Legibus Willelmi Nothi vernaculis cap. 23. Quoniam Attach. cap. 56 : *Si autem nativi domino suo negent Nativitatem suam, sive bondagium, etc.* Occurrit ibi pluries. Acta S. Erconwaldi Episcopi n. 20. de quodam captivo : *In hunc modum est exorsus : Deus, quem nemo petit in vanum nisi vanus, Nativitatem meam evacua, etc.* Id est, servitutem, seu captivitatem. Apud Ratbertum de Casibus S. Galli pag. 48. *Nativitas* alia videtur notione accipi : locum expende.

• Nayvitas, Idem quod *Nativitas*, Nativa servitus. Fleta lib. 4. cap. 2. § 8 : *Quod dicitur de his, qui in Nayvitate sunt procreati.* Lib. 5. cap. 5. § 39 : *Liberatus fuit a Nayvitate cum tota sequela sua quocunque modo liberationis.* Adde Radulfum de Hengham in Parva cap. 8.

NATRIX, Serpens, hydrus, Columellæ lib. 1. cap. 5. Gloss. Lat. Gr. : *Natrix*, βόα, ἰχθύος εἶδος. Nonio cap. 1. num. 334 : *Natrices, angues natantes.* Sulpitius Severus lib. 3. de Vita S. Martini : *Serpens ipsum flumen secabat, et ripam, in qua constiteramus, adnatabat.* Fortunatus lib. 4. de Vita S. Martini :

> Obvius ecce venit Serpens adnando per amnem,
> Pectoris impulsu sulcans vaga remige cauda.

Althelmus de Laude Virginitatis cap. 20 :

> Dum contempserunt Christo famularier uni,
> Natricis horrendi cultum præstare putantes.

Cap. 45 :

> Quatenus in crypta tibi, Natrix unde nefanda
> Aufugit, etc.

Aldhelm. Abb. Malmesbur. : *Et ubi primum nefandæ ejus Natricis Ermuli, cervulique cruda fanis colebantur stoliditate in profanis, etc.* Supra *Celidrum*, i. diabolum, dixit. [Le Roman *de la Rose* MS. de Avaritia :

> Dieu het avers et vilains Natres,
> Et les dampne, comme ydolatres.]

* Ital. *Natrice.* Glossar. Lat. Gall. ex Cod. reg. 7692 : *Natrix, noerresce, un serpent.* A veteri Gallico *Noer*, Natare, sic appellatur. Vide supra *Nabilis.*

* **NATSELDE**, Natselide, ex Gloss. Cæsar. Heisterbac. in Reg. Prum. tom. 1. Hist. Trevir. Joan. Nic. ab *Hontheim* pag. 663. col. 2 : *Quælibet curia tenetur solvere hostilicium domno abbati. Hostilicium vulgariter appellatur Natselde.* Infra pag. 670. col. 2. *Nacselide*, et pag. 688. col. 1. *Natselide.* Perperam utrobique pro *Matselde*, ut legitur apud Brower. lib. 8. ejusd. Hist. pag. 472. 1. edit. Vide *Hostilitium* in *Hostis*, 2.

1. **NATTA**, Storea, *Matta*, Gallis et Germ. *Natte.* Gregorius Turon. de Vitis Patrum cap. 18 : *Illud quod intextis junci virgulis fieri solet, quas vulgo Nattas vocant.* Will. Malmesburiensis : *Natta in qua cubare solebat.* Quo loco Ranulfus Cestrensis habet *Mattum.* Raimundus de *Agiles* in Hist. Hierosol. : *Veluti mortuus cecidit in terram, et præ angustia sudans, Nattam, super quam ceciderat, humefecit.* [*Stratum bene dura Natta*, in Actis SS. Julii tom. 1. pag. 317. ubi de S. Monegunde.] Vetus Poema MS. de Vulpe coronato :

> Saint Martins, dont trovons lisant,
> Trovoit-on mult souvent gisant,
> Dedens Nates faisoit son lit.

¶ 2. **NATTA**, Tuber, ganglion, Ital. *Natta.* Miracula B. Simonis Erem. Aug. tom. 2. April. pag. 829 : *A die suæ originis ortus fuit cum una magnissima Natta in capite dextero, magna ut ovum anseris.* Ambr. Tægius in Vita S. Petri Mart. tom. 3. April. pag. 691 : *Sanctum rogavit virum, ut ipsum manu sua tangens eum a Natra, quam decem annis in manu habuerat, curaret.* Laurentius in Amalthea : *Natta, Steatoma.* Michael Toxites in brevi Onomastico, ubi voces a Paracelso usurpatas explanat : *Nacta, Apostema pectoris.* Et paulo post : *Nasda, vel Natta, Gibbus.* Rochus *le Baillif* in Diction. Spagyr. : *Nasda vel Natha, Gibbositas.* Vocis origo forte Νάσσειν, Premere, densare, et in Glossis Græc. Lat. *Farcire;* unde in iisdem Glossis, Ναχτή, *Farsa*, id est, *Farta*, Tumor fartus, densus, oppletus. Vide *Nactum.*

* **NATTULA**, Ligula, vitta, Gall. *Eguillette.* Comput. Ms. ann. 1239 : *Pro xij. duodenis Nattularum lxxviij. sol.* Vide supra *Nastalæ.*

* **NATTUS**, Panni species. Inventar. S. Capel. Paris. ann. 1335. in Reg. J. Chartoph. reg. ch. 7 : *Item una tunica, una dalmatica et una casula de Natto albo. Item duæ capæ de Natto viridi. Item duæ capæ de Natto rubeo.* Sed legendum videtur *Nactus*, ut supra in *Nactum.*

* **NATULA**, dimin. a *Natica.* Vide supra *Naticæ.*

1. **NATURA**, Pars corporis, qua quis aut vir est, aut femina : *Naturalia*, Justino lib. 1. *Non solum abscondimus*, inquit S. Ambros. lib. de Offic. cap. 18. et lib. 1. de Noe et arca cap. 8. *verum etiam quæ abscondenda accepimus, eorum indicia, ususque membrorum suis appellationibus appellare indecorum putamus.* S. Hieronym. in cap. 47. Esaiæ : *Disputant Stoici multa re turpia, prava hominum consuetudine verbis honesta esse, ut parricidium, adulterium, homicidium, incestum, et cætera his similia : rursumque re honesta, nominibus videri turpia, ut liberos procreare, inflationem ventris crepitu digerere, alvum relevare stercore, vesicam urinæ effusione laxare, denique non posse nos, ut dicimus a ruta rutilam, sic ὑποκοριστικῶς a mente facere.* [Et ante Hieronymum Tullius lib. 1. de Officiis cap. 35 : *Nec vero audiendi sunt Cynici, aut si qui fuerunt Stoici pæne Cynici, qui reprehendunt et irrident, quod ea, quæ turpia re non sunt, nominibus ac verbis flagitiosa ducamus; illa autem, quæ turpia sunt, nominibus appellemus suis. Latrocinari, fraudare, adulterare, re turpe est; sed dicitur non obscœne : liberis dare operam, re honestum est; nomine obscœnum; pluraque in eam sententiam ab eisdem contra verecundiam disputantur. Nos autem naturam sequamur, et ab omni, quod abhorret ab oculorum auriumque approbatione, fugiamus.*] Leges Henrici I. Regis Angl. cap. 83 : *Pensandum autem est per visum accusantibus, visum concubitus propensius advertendum, ut scilicet ipsas coeuntium Naturas viderint commisceri.* Ita usurpant Cicero lib. 2. de Divinat. Vegetius lib. 1. de Arte veterin. cap. 61. Apuleius de Virtutib. herbar. cap. 40. Celsus Platonic. lib. 1. de Medic. animal. cap. 1. § 15. cap. 3. § 10. vetus Interpres Juvenalis Sat. 3. v. 97. Sat. 6. v. 73. Anastasius in Histor. Eccl. anno 8. Mauricii, et 7. Phocæ, ubi Theophanes habet τὴν φύσιν, ut et Nomocanon editus a Jo. Bapt. Cotelerio cap. 405. etc.

* Hinc *Homme naturel* appellatur, qui ea parte bene instructus est, in Lit. remiss. ann. 1469. ex Reg. 196. Chartoph. reg. ch. 82 : *Icelle Marote mettoit sus au suppliant* (son mary) *qu'il n'estoit pas homme Naturel, ne capable de mariage.*

2. **NATURA.** Vetus Interpr. Iatrosoph. Alexandri lib. 1. Pass. : *Educi enim oportet materiam extrinsecus, quod ipsa Natura facere festinat.* Ubi Glossæ MSS. : *Natura, id est, virtus expulsiva.* Ordericus Vitalis lib. 5. pag. 592 : *Agnovit tamen se Naturas corporis sui, quibus physici perniciem hominibus vel incolumitatem prædicunt, amisisse.* Vide Leges Henrici I. Regis Angl. cap. 70.

3. **NATURA**, pro Sexu, in lege 17. Cod. Theod. de Prætoribus. (6, 4.)

4. **NATURA**, pro Vita, apud Jul. Firmicum lib. 8. Math. cap. 30 : *Qui in desertis locis a bestiis lacerati Naturam perdent, etc.*

5. **NATURA**, Natio, patria. Aimoinus lib. 1. de Mirac. S. Benedicti cap. 26 : *Peregrino sermone rusticitatem causandi exequebatur, nam Natura Germanus erat.*

* 6. Natura, Pars. Vita S. Hildeg. tom. 5. Sept. pag. 688. col. 2 : *In vera, inquit, visione vidi figuram hominis, qui quamvis in duabus Naturis sit, animæ et corporis, unum tamen ædificium est.* Qua notione sæpius occurrit in eadem vita, ut observant docti Editores.

* Naturas Audire, Physicæ studere; unde *Naturalis*, Physicus. Acta Mss. Inquisit. Carcass. ann. 1308. fol. 59. r°. : *Item dixit.... se intellexisse, ut dixit qui audiebat Naturas Tholosæ, et dixit ipsi qui loquitur,.. quod ipse et quasi omnes Naturales Tholosæ et Parisius tenebant quod impossibile erat, et etiam contra naturam, quod de pane fieret Corpus Christi.*

* Naturæ Concedere, Mori. Bonincont. Hist. Sic. part. 1. apud Lamium in Delic. erudit. pag. 116 : *Interea Mathildes senio confecta Naturæ concessit, et Lucæ sepulta est.* Vox Latinis quoque nota.

* Naturam Facere. Vide supra in *Facere* 16.

¶ **NATURABILIS**, Naturalis. Apul. lib. 2. Floridorum : *Pythagoras fertur Naturabilia commentatus.* Idem de Dogmate Plationis : *Sollicitudo et labor si Naturabiles essent.*

NATURALES, Iidem qui *Nativi*, de quibus in hac voce. Eadmerus lib. de S. Anselmi similitudinib. cap. 73 : *Ita inter Deum et homines agitur, quomodo inter dominum aliquem et servos illius, qui vulgo Naturales vocantur, etc.* [Le Roman de la Guerre de Troyes MS. :

Ses homes liges, Naturaus,
Hardis, pros et buens vassaux.]

NATURALESIA. Charta Hugonis de Mataplana Comitis Pallariensis ann. 1304. in Camera Computor. Parisiensi : *Absolvimus, liberamus, et quitamus ab homagio, Naturalesia, et fidelitate, aliis omnibus vinculis et obligationibus, etc.*

* Idem quod *Naturalitas* 3. Vide in hac voce.

NATURALIA, Idem quod *Natura* 1. Pars qua viri sumus. Collectio Canonum Martini Bracarensis cap. 21 : *Si quis pro causa ægritudinis Naturalia a medicis habuerit secta, etc.*

1. **NATURALIS**, Filius nothus. Adrevaldus Floriac. lib. 1. de Mirac. S. Benedicti cap. 6 : *Remigium Rotomagensem Episcopum Naturalem suum ac Carlomanni fratrem cum Imperio dirigit.* Fuit autem Remigius filius nothus Caroli Martelli. [*Filius Naturalis*, Gallis *Fils naturel*, in Regiminibus Paduæ apud Murator. tom. 8. col. 451. et in Chronico Veron. ibid. col. 653. In Appendice ad Marculfum form. 52. *Filii Naturales* dicuntur ex conjugio procreati, si vir uxori suæ *libellum dotis*, ut lege jubebatur, dare neglexerat : *Ideoque ego ille, dum non est incognitum, quod femina aliqua nomen illa bene ingenua ad conjugium mihi sociavi uxore, sed qualis causas vel tempora me oppresserunt, ut chartolam libelli dotis ad eam, sicut lex declarat, minime excessit facere, undi ipsi filii mei secundum legem, Naturales appellantur.* Adde formulam 54. et notas Bignonii ibidem.]

* Legitimum quoque et ex legali conjugio procreatum significat, in Charta ann. 1354. ex Reg. 84. Chartoph. reg. ch. 822 : *Et quintus casus est* (præstandi auxilium) *in casu quo maritabit aliquam de filiabus suis Naturalibus et legitimis.*

2. **NATURALIS**, Proprius, domesticus, subditus. Baldricus Dolensis Episc. in Vita B. Roberti de Arbressello pag. 9 : *De quo loquimur, Robertus, domine* (sermo fit ad Episcopum Redonensem) *tuus Naturalis est : nam et Redonensis est, tuisque institutionibus satis accommodus, etc.* Charta Ludovici Regis Franc. ann. 1171 : *Notum facimus quod fidelis ac Naturalis noster vir venerabilis Manasses Aurelianensis Episcopus, etc.*

3. **NATURALIS**, Incola, Civis. Charta Henrici Comitis Portugalliæ apud Brandaon. tom. 3. pag. 282 : *Judex et Alcaida sunt nobis ex Naturalibus Colimbriæ.* [*Naturalis de regno Aragoniæ*, in Concilio Turiasonensi inter Hispanica tom. 3. pag. 494. *Naturales monachi*, Cœnobii incolæ seu possessores legitimi, in Chartula ann. 1063. ubi narratur *quomodo Cluniacenses occupaverunt locum S. Martialis* Lemovicensis, apud Baluzium tom. 6. Miscell. pag. 519. *Cum hominibus et feminabus inde Naturalibus*, in Donatione ann. 1110. apud Acherium tom. 10. Spicil. pag. 165.]

* Charta Ludovic. VII. ann. 1162. in Reg. 62. Chartoph. reg. ch. 313 : *Porro Naturales carnifices non audierunt* (leg. nos adierunt) *et suæ miseriæ pondus exposuerunt nobis, etc.* Vide supra *Natio* 4.

¶ NATURALIS DOMINUS, Legitimus, qui jure dominium obtinet. Charta Henrici Ducis Glogoviæ, qua Regi Bohemiæ tanquam Domino suo naturalli obedientiam et auxilium pollicetur ann. 1351. apud Ludewig. tom. 5. pag. 542 : *Promittimus etiam pro nobis, heredibus ac successoribus nostris, Regibus Boemiæ et ejusdem regni coronæ, fideliter assistere et parere et obedire, sicut vassalli Principes Naturalibus et ordinariis dominis suis noscuntur ex debito obligari.* [** Vide Haltaus. Glossar. Germ. voce *Naturlich*, col. 1408.]

NATURALES PETRÆ, *Lapides naturales*, qui et *nativi*, ex ipso solo, ex ipso metallo, apud Agrimensores.

* 4. **NATURALIS**, Physicus, qui physicæ seu *naturæ* studet. Vide supra *Naturas audire* in *Natura* 1.

¶ 1. **NATURALITAS**, Qua quid naturale est et necessarium. *Naturalitas somni*, apud Tertullianum de Anima cap. 43.

2. **NATURALITAS**, [Cohærentia, necessitudo.] Carolus Magnus de Gratia septiformis spiritus : *Sapientia enim et intellectus adeo sibi Naturalitatis nexu conjuncta sunt, ut unum sine altero nullo pacto subsistere queat.*

¶ 3. **NATURALITAS**, Fidelitas, seu fides, ut videtur, quam subditus debet Regi suo. Literæ Alphonsi Regis Aragoniæ ann. 1179. inter Concilia Hispan. tom. 3. pag. 657 : *Quapropter mandamus.... sub fide et Naturalitate, quibus nobis adstricti sunt, universis ac singulis Viceregibus, Gubernatoribus, Bajecisis, Generalibus, Procuratoribus justitiæ.... et aliis quibusvis personis subditis nostris, quatenus, etc.*

¶ **NATURALITUS**, Naturaliter, natura. Sidonius lib. 9. Epist. 11 : *Mortalium mentibus vis hæc Naturalitus inest.*

¶ **NATURARE**, Creare, res naturales condere, iis naturam donare. Verbum est Theologorum Scholasticorum, quibus Deus dicitur *Natura Naturans, non natura naturata*, id est, Auctor naturæ seu omnium in rerum natura constantium, non natura *Naturata*, seu res creata, ab alio condita, constituta. Charta Henrici Angl. Regis ann. 1417 : *Inter quos natura Naturans ipse Deus naturale fœdus instituit.* Sallas Malaspinæ lib. 3. Rer. Sicul. apud Baluzium tom. 6. Miscell. pag. 258 : *Gallicorum non aliter Naturata complexio.* Vita S. Richardi Episc. tom. 1. Aprilis pag. 311 : *Cui ab ipsa natura et omni Naturato honor et gloria in secula seculorum.* Vita S. Catharinæ Sen. tom. 3. Aprilis pag. 884 : *Sicut enim ignis naturaliter sursum tendit, sic spiritus ejus... quadam visibili consuetudine quodammodo Naturata semper tendebat ad ea quæ sursum sunt.* Hinc

* Nostris *Naturer*, pro Ejusdem esse naturæ, alicui esse persimilem, Gall. *Ressembler*. Paraphr. psalmi *Miserere* MS. :

Bien Naturons à noster mere,.....
Bien nous puet Eve fiex clamer.

* *Renaturer*, eodem sensu, ibid. :

Bien Renature à la viés paste,
La chars qui ne veut estre caste.

* *Naturé* vero, pro Natus, oriundus, vulgo *Natif*. Lit. remiss. ann. 1408. in Reg. 162. Chartoph. reg. ch. 235 : *Loron de Pulegny bourgoiz de Toul Naturé dudit lieu de Toul, etc.*

NATURATUM. Willibrandus ab Oldenborg in Itinerario Terræ sanctæ de Antiochia : *Habet infra muros tres montes magnos et asperrimos, quorum medius adeo altus est ut suo cacumine nubibus innitens, cursum planetarum putetur impedire. Quem, ut puto, ipsa natura suis usibus præparaverat, ut dum sabbato ager a laboribus requiesceret, illic per amantissima loca, quæ circumjacent, reficiebatur, et ab alto prospiciens, defectum sui Naturati consideraret ac repararet.*

¶ **NATUS**, us, Ortus, dies natalis. Acta Georgii Mart. tom. 3. Aprilis pag. 215 : *Magnus quidem Georgius ante natalem diem, qui sanctus est in utero matris habitus, magnus post Natum, qui tam illustris, etc.*

* **NATUS** *indutus et calciatus*, nostris *Né chaussé et vêtu*, Tritum adagium, de quo ita Cardalhacus in Serm. ex Cod. reg. 3294 : *Unde communi proverbio de quibusdam dicitur, quod Nati sunt induti et calciati, quando sunt in prosperitatibus.*

NAVA. Nebrissensis in Præfat. ad libros de bello Navariensi : *Navaria, nomen est novum, nuperque excogitatum, dicta, quantum assequi possumus conjectura, quod Hispani vocant Navas camporum areas planas, arboribusque purgatas, quæ tamen habent in circuitu silvas dumetaque fruticosa : et inde Navarria fortasse dicta loca, quæ complures habeant ejusmodi Navas.* Nebrissensi subscribunt Garibaius lib. 21. cap. 2. et Vasæus in Chron. cap. 17. At Ludovicus *de Lacerda* in Advers. cap. 39. n. 10. *Navas*, apud Hispanos significare ait mapalia pastorum, et casas rusticas, cujus vocis originem ab Hebræa, *Neoth* arcessit, quæ idem sonat. [* Acad. Hispan. vox Arabica, Campi planities.]

NAVACULUM, Navale, navium statio. Glossæ Gr. Lat. : Ναυςαθμόν, [Ναυςαθμόν, minus recte in Supplemento Antiquarii,] *Navaculum*. In MS. Cod. S. Germani Paris. *Navalium* habetur. Infra : Νεώριον, *Navalium*.

* Nostris alias *Navay*. Lit. remiss. ann. 1391. in Reg. 141. Chartoph. reg. ch. 236 : *Comme le suppliant eust prins es dittes boutiques* (de poisson) *ou Navay de la ville de Chalon sur la Saonne une chaienne de fer.* Nude pro Nave hæc eadem vox legitur in Charta ann. 1328. inter Probat. ult. Hist. Trenorch. pag. 243 : *Item quatre deniers Parisis de chacun gouvernail de Navay de plus de ung fust, ouquel on charge vin à Tornus.*

NAVADA, Navis onerata. Tabul. Dalonensis Abbat. sub ann. 1179 : *Dono... uno quoque anno semel unam Navadam salis sui liberam et quietam ab omni consuetudine.* [Vide *Navata*.]

NAVAGIUM, Onus quod tenentibus incumbebat res domini navigio deducendi quo vellet, vel vectigal ex navium transitu. Monasticum Anglic. tom. 1. pag. 922 : *Liberi sint ab.... omni cariagio, summagio, Navagio, passagio, muragio, etc.* Charta Ricardi Reg. Angl. ann. 1192. pro Grandimontensibus Monachis Regest. 106. Tabularii Regii Ch. 293 : *Ab omni pedagio, fortalitio, venda, teloneo, passagio, foagio, rivagio, pondere et mansivo,* (sic) *excubiis, exercitu, equitatu, vinagio, fossagio, muragio, pasnagio, molinagio, fornagio, pontagio, tallia, Navagio, minagio, bianno, et ab omnibus emendis et forfactis,* [Pro *mansivo*, *mensura* legendum, ut apud Marten. tom. 1. Anecdot. col. 649.] Vide *Navaticum.*

¶ **NAVALE,** Navis onerata, vel onus navis. Will. Heda in Rixfrido Episcopo : *Nec de Navale, nec de carrale, neque de saumis... teloneus exigatur.* Formula 12. Lindenbrogiana : *Nec de Navali, nec de carrali evectione, nec de rotatico... telonius exigitur.*

¶ **NAVALIA,** Tubi aquæductus. Meisterlinus in Hist. Noriberg. apud Ludewig. tom. 8. pag. 34 : *Aquæductum porro Consules a longe per Navalia subterranea introduxerunt, hinc indeque per civitatem... emanatoria fecerunt.*

* 1. **NAVALIS,** Onus navis. Charta Rob. episc. Lincoln. inter Probat. tom. 2. Annal. Præmonstr. col. 210 : *In Baruca unam Navalem lignorum, quam mihi debent homines mei.* Vide infra *Navata.*

* 2. **NAVALIS,** adject. NAVALE FLUMEN, Navigabile, ut infra *Navigalis.* Charta ann. 1333. in Reg. 66. Chartoph. reg. ch. 1317 : *Prope et inter duo flumina prædicta Navalia* (Garonam et Tarnum) *est dicta foresta situata. Molendinum navale.* Vide supra in hac voce.

¶ **NAVALITIUM,** Navale, statio navium. Vita S. Illidii, tom. 1. Junii pag. 428 : *Pontem esse lapideum.... super Elaverim fluvium stratum, prope ejus Navalitium.*

¶ **NAVALIUM.** Vide *Navaculum.*

* **NAVARE,** In aliquem irruere. Lit. remiss. ann. 1383. in Reg. 124. Chartoph. reg. ch. 124 : *Item pervenit quod dictus præventus, ad verba dictæ mulieris de eo conquerente, commotus Navit in eadem impetuose et rapuit eam ad gulam.*

¶ **NAVARETIUS,** NAVARGUS. Joh. de Janua : *Navargus, Navis magister, a navis et argus secundum Papiam.* Gloss. Lat. Gall. Sangerman. : *Navargus, Maître de nef.* Sed legendum *Navarchus*, a Græco Ναύαρχος. Gloss. Isid.: *Nauregus, Navaretius,* pro *Navaregius* aut *Navem regens*, ut videtur Grævio. Detorqueri potuit *Nauregus*, ut *Navargus*, a *Navarchus.*

* **NAVARII,** Navarri, Gall. *Les Navarrois.* Concil. Lateran. ann. 1179. apud Bened. abb. Petroburg. in Henr. II. reg. Angl. edit. Hearn. pag. 299 : *De... Navariis et Basclis, qui tantam in Christianos immanitatem exercent, etc.*

* **NAVAROLUS,** Navarchus, navicularius. Stat. Mantuæ lib. 1. cap. 143. ex Cod. reg. 4620 : *Ordinamus quod aliquis nauta seu Navarolus non audeat vel præsumat cum navibus aliquibus.... arrivare ad ripam civitatis Mantuæ.* Vide *Navaretius.*

* **NAVARRENI,** NAVARRENSES, Gall. *Navarrois*, appellati, qui partibus regis Navarræ adhærebant contra Carolum V. cujus fautores *Dalphinales*, Gall. *Dalphinois* cognominabantur. Memor. D. Cam. Comput. Paris. fol. 177. v°. : *Robertus Assire.... fuit ordinatus..... commissarius ad capiendum, ponendum et aplicandum ad manum et domantum regis omnes terras et possessiones quascumque, quæ fuerunt Jacobi de Rue, magistri Petri dicti du Tertre ac Giloti de Hoyer, qui fuerunt justiciati tanquam proditores dicti domini regis, necnon omnes alias terras aliorum Navarrenorum proditorum existentes in regno Franciæ.* Charta ann. 1365. in Chartul. S. Joan. de Jardo : *Ego Guillelmus abbas monasterii S. Johannis de Jardo.... juro quod a tempore, quo Navarrenses villam de Meleduno hostiliter invaserunt et occuparunt ac occupatam detinuerunt, etc.* Lit. remiss. ann. 1359. in Reg. 87. Chartoph. reg. ch. 170 : *Icellui Colinet Navarrois, ou pur alié de nostre frere le roi de Navarre et de sa guerre contre nous, reprocha au suppliant, pour ce qu'il estoit frequentans devers les nostres, qu'il estoit Dalphinois.* Aliæ ann. 1389. in Reg. 138. ch. 98 : *Audoint voulut verifier la rémission que Pierre de la Rue avoir obtenue pour avoir tenu le parti des Anglois, Navarrois, etc.*

¶ **NAVATA,** Onus navis. Tabularium Matisconense fol. 167. v°. : *Navatam unam de lignis et tabulam et tripodes.* Charta ann. 1270. apud Menesterium in Probat. Hist. Lugdun. pag. 12. col. 2 : *Item quamdam Navatam lignorum..... adduxerunt.* Charta ann. 1309. tom. 1. Hist. Dalphin. pag. 98. col. 2 : *Pedagium per aquam levatur in hunc modum... Item quælibet Navata lapidum ad calcem faciendam, debet 12. denarios.* Vide *Navada.*

* Nostris *Navée. Une navée de blé,* in Lit. remiss. ann. 1394. ex Reg. 146. Chartoph. reg. ch. 70. Aliæ ann. 1398. in Reg. 154. ch. 87 : *Icellui Gaultier avoit fait monter deux Navées de buche audessus dudit pont de Vernon.* Charta ann. 1409. in Reg. 163. ch. 322 : *Sur chacune Navée ou vessel chargié de sel, qui arrive en la ville de Paris, une mine de sel. Navée ou batellée de sel,* in alia ann. 1415. ex Reg. 170. ch. 1. Sed et navium classis, *Navée* appellatur, in Libert. mercat. Castel. ann. 1364. tom. 4. Ordinat. reg. Franc. pag. 431. art. 19. Vide supra *Navalis* 1.

NAVATICUM. Chartæ Caroli C. et Caroli Simplicis pro Monasterio Trenorchiensi, apud San-Julianum et Chiffletium : *Præcipimus ut nullus... neque in mari aut Rhodano, seu Sagona aut Dou, vel Ligeri fluminibus navigantibus, aut littoribus commorantibus, requirere audeat, aut præsumat, aut Navaticum, aut cespitaticum, aut salutaticum, aut pontaticum, aut in terra rotaticum.* Quo loco *Navaticum* quidam volunt esse vectigal illud, seu *conjectum*, quod *ad navium compositionem*, ut loquuntur Capitula Caroli C. tit. 38. ad repellendos Normannos et inhibendos eorum incursus, populis indixit idem Carolus. Capitulare 1. ann. 810. cap. 15. et Append. 2. Capit. cap. 15 : *De materiamine ad naves faciendas.* Ingulfus pag. 891 : *Tertio etiam anno pro triremibus per omnes portus fabricandis, et navali militia cum victualibus... 200. libræ exactæ sunt.* Καραβοπόδιον vocat Leo in Tacticis cap. 20. § 71. a qua pensitatione, ingruente præsertim bello, nemo immunis erat. Vide Monachum Sangall. lib. 1. de Carolo M. cap. 32.

Alii *Navaticum* esse contendunt, quod *navale telonium* appellant Chartæ Henrici III. Imper. ann. 1052. apud Meurissium in Episcopis Metensibus pag. 359. Henrici Ducis Bajoariæ ann. 1170. et Celestini PP. ann. 1191. quæ exstant inter Privilegia Eccles. Hamburg. quod *Naulage* dicitur in Foris Benebarnensib. Rubr. *de peages*; art. 13. 14. Charta Caroli C. apud Beslium in Episcopis Pictavensib. : *Postulavit Serenitatem nostram ut.... Teloneum de navibus eorum qui per fluvium Sequanæ sive per alia flumina discurrunt,.... indulgere dignaremur.* Alia ejusdem Caroli apud Catellum in Archiepisc. Narbon. : *Et de quocunque commercio Telloneus exigitur, vel portaticus, ac de navibus circa littora maris discurrentibus, nec non salinis, etc.* Alia Alexandri II. PP. apud Ughellum in Episcopis Cremonensibus : *Cum uniuscujusque navis solito censu, etc.* Perperam *Nataticum* pro *Navaticum*, habetur tom. 5. pag. 1561. Vide Capitulare 5. ann. 819. cap. 4. lib. 4. Capitul. cap. 47. Capitul. Caroli Cal. tit. 13. cap. 5. etc.

¶ NAVIGIUS, Eadem notione. Charta Dagoberti Franc. Regis ann. 630 : *Neque... telonios, vel Navigios, portaticos, rivaticos, rotaticos... exactare potuerit.* Alia ejusdem Regis apud Doubletum pag. 656 : *Persolvant de illos Navigios de unaquaque quarrada denarios duodecim.*

¶ **NAVATIM,** Per mare, navibus. *Navatim venire,* in Literis ann. 1322. apud Rymer. tom. 3. pag. 947.

NAUBARE. Petrus Damian. lib. 8. Epist. 11 : *Ne qui quietus poterat dormire sub tecto, exclusus foribus compellatur Naubare sub divo.* Ubi Caetanus, *f. cubare.*

¶ **NAUCELLA,** Navicula. Vita S. Dunstani Episc. tom. 4. Maii pag. 346 : *Alfegus Naucellæ injectus ad Grenewic vehitur.* Occurrit leg. 17. § 1. Dig. de Instruct. vel Instr. leg. (33,7.) Vide *Naca* 1.

NAUCHERIUS, Nauta, nostris olim *Nocher*, vel *Naucher*, Italis *Nocchiere. Naucherius ligni*, i. navis, in Charta ann. 1273. apud Joan. Lucium lib. 4. de Regno Dalm. cap. 9. [*Naucherius dictæ navis*, in Statutis Massil. lib. 4. cap. 17. Adde cap. 20. § 1. cap. 29. etc.]

¶ NAUCHERUS, in iisdem Statutis lib. 1. cap. 18. § 13 : *Sed nec magister, qui vulgariter Naucherus appellatur, vel aliquis dominus... navis, etc.*

¶ **NAUCI.** Chartularium S. Vandregisili tom. 2. pag. 1288 : *Limonagium etiam quod de decima habuerat, et Naucos qui bubulcis dabantur, jam dictæ Ecclesiæ in perpetuum condonavit.*

NAUCLEARIUS, Nauclerus, navicularius, nauta, Italis *Nocchiere, governatore di navilio.* Arnoldus Lubec. lib. 7. cap. 10 : *Transitus terræ ejus difficillimus et incognitus est, ... ut vix a quoquam sciatur, nisi ab Odewinis, qui sæpius illuc transeunt, et alios transeuntes ducunt, sicut Nauclearii navigantes in mari. Nauclearii galearum,* in Pactis inter Michaelem Palæologum Imper. et Genuenses ann. 1261. a nobis editis. Iniisdem Gallice editis *Nocherii*, dicuntur *Nocliers*. Vide in *Naucherius*.

¶ Naucleus, Eadem notione. Caffari Annal. Genuens. apud Murator tom. 6. col. 253 : *Præter honorem Consulis et Naucleorum*. Annotat Cl. Editor in MS. legi *Naucliorum*.

¶ **NAUCLERARE**, Nauclerum agere, in Onomastico ad calcem tomi 2. SS. Maii.

¶ **NAUCULA**, Navicula. S. Paulinus Epist. ad Citherium v. 247 :

Cum puppe præceps ardua
Saliens in illam decidisset Nauculam.

* **NAUCUM**, Naucus, Vasis genus ad modum navis excavatum, canalis, alveus, Gall. *Auge*. Inquisit. ann. 1268. ex schedis Pr. de Mazaugues : *Item dixit quod eodem tempore ipse fecit apportare quoddam Naucum de puteo de Sauseto ad castrum de Mororium, pro eo quia illi de Sallone reputabant esse suum, quod Naucum erat Bernardi Gorcini de Sallone, etc.* Inventar. ann. 1218. inter Probat. tom. 1. Hist. Nem. pag. 68. col. 1 : *Item inveni in domo sacristiæ, quæ est ad pratum, extra claustrum quatuor vaissellos, quorum unum plenum est vini puri,.... duas tinas magnas et tres paucas; duos Naucos olivarum, unum ferratum*. Vide *Nauci* et infra *Navia*.

¶ **NAUCUPES**, *Ad eundem acutum habens pedem*, Gloss. Isid. *Ad eundum* post Martinium recte restituit Grævius, putatque pro *Naucupes* legendum *Acupes* : quod videtur probabilissimum. Vide *Acupedium*.

¶ **NAUCUPLETIO**. Vide *Navipletio*.

NAUDA. Charta ann. 1215. in Tabulario Ecclesiæ Carnotensi num. 305 : *Præterea terram capientem 18. sextarios seminis, et unam Naudam quæ est prope illud herbergamentum*. [Charta ann. 982. in Probat. Histor. Lotharingiæ col. 391 : *In Gisboni manso mansum unum, in Beverone Naudam quæ dicitur S. Mansueti, campum unum in Vercilliaco, Naudam quoque Widonis : hæc omnia in usus Monachorum in eodem loco Deo deservientium delegamus*. Similia habentur in Charta ann. 965. ibid. col. 374. Videtur esse modus agri. Quid si idem quod *Hoba* nonnihil detorta voce? Vide *Huba*.]

* Idem prorsus videtur quod *Noa* 1. Locus pascuus, sed uliginosus et aquis irriguus. Charta ann. 842. inter Instr. tom. 8. Gall. Christ. col. 411 : *Fiscum nostrum, qui dicitur Vicus-Levandriacus,... cum sancta Maxentia, Nauda et geli, cumque omni exactione*, etc. Leg. *et qualicumque*. Vide supra *Nata* 2. et infra *Nausa*.

NAUDIUM. Chronicon Breve Cremonense : *Fuit captus Burgus Pisonii et combustus et fere omnes habitantes fuerunt, et totum suum Naudium*. Videtur leg. *Nantum*, quod vide in *Namium*.

¶ **NAVEGIUM**, ut infra *Navigium*, Classis. Literæ an. 1263. apud Rymer. tom. 1. pag. 772 : *Dicitur enim pro certo quod Rex Dacyæ, una cum Rege Norwayæ cum magna multitudine Navegii, in forencisis insulis Scotiæ applicuit*.

NAVELLUM, Sepulcrum, tumulus, arca sepulcralis, ex Italico *Naviglio* forte, quod naviculæ formam referret. Gualvaneus Flamma in Chronic. Mediolan. cap. 284 : *Cum autem morerentur, sepeliebantur in Navello rubeo marmoreo, quod erat positum super duos leones marmoreos rubri coloris*. Infra : *Et super Navellum est una Aquila ubi cantatur Evangelium*.

* 1. **NAVELLUS**, Navis, navicula, Gall. *Navel*. Lit. remiss. ann. 1358. in Reg. 90. Chartoph. reg. ch. 11 : *Post sonum campanæ, vocatæ riote, nullus debet per dictum pontem* (Abbatisvillæ) *pertransire, nec subtus vaissellos sive Navellos conducere*. Charta ann. 1360. in Reg. 88. ch. 120 : *Aussi et par maniere que de celui* (sc!) *que on amenoit à ladite ville* (Corbie) *à nef ou à Navel*. Occurrit præterea in Lit. ann. 1380. ex Reg. 116. ch. 182. et alibi.

* 2. **NAVELLUS**, Napus, Gall. *Navet*. Lit. Ludov. VI. ann. 1119. tom. 7. Ordinat. reg. Franc. pag. 445 : *Amodo majoritatem terræ habeat Valdricus et ejus hæres cum milis et Navellis*. Id est, Præstatio quæ ex napis percipitur. Vide supra *Nappa*.

* **NAVENCUS**. Molendinum Navencum, Navi superimpositum. Vide supra in *Molendinum*.

* **NAVERIA**, Gurges, locus in fluvio coarctatus piscium capiendorum gratia. Charta ann. 1333. in Reg. 66. Chartoph. reg. ch. 1159 : *Dictus miles Petrus de Via quasdam paxeriam, Naveriam, piscariam et molendina apud Villam-murum in flumen Tarni dicebatur construxisse*. Alia ann. 1334. in Reg. 69. ch. 65 : *Ordinantes quod si dictus miles* (Petrus de Via) *hæredes seu successores sui et ab eo causam habentes seu habituri Naveriam, paxeriam, piscariam et molendina prædicta, seu alia tenere et habere voluerint ibidem, sic ea teneant, quod non impediant competens navigium in dicto flumine faciendum; hoc etiam salvo, quod si nos.... vellemus alias dicere seu proponere quod propter Naveriam, piscariam et molendina prædicta, seu eorum occasione in nostris pedagiis... dampnum.... inferretur*, etc. Alia ann. 1377. in Reg. 113. ch. 69 : *Cum quædam Naveria ac piscaria, in qua pisces regales et cujuscumque alterius conditionis in ascendendo, cum tensutis et filatis ad hoc necessariis et condecentibus, capi possunt*, etc. Lit. Lanceloti de Roya magist. forest. et aquar. in Occit. ann. 1394. ex Reg. 146. ch. 121 : *Quod non erant ausi cum dictis eorum gaburrotis et parvis navibus per Naveriam sive piscariam... dessendere nec assendere*. Vide supra *Nassæ*.

¶ 1. **NAVETA**, Navetta, Navicula. Annal. Genuens. lib. 10. ad ann. 1288. apud Murator. tom. 6. col. 594 : *Et inde in Hispaniam navigantes, quum invenissent quamdam Navettam... oneratam sale*, etc. A naviculæ forma *Naveta* vugo dicitur vasculum seu cymbium, ubi micæ thuris asservantur, Gall. *Navette*. Inventarium Eccl. Noviom. ann. 1419 : *Item una Naveta argentea cum porvo cocleari argenteo tenente ad parvam cathenam ad ponendum thus*. Occurrit hac notione in alio Inventario Monasterii S. Johannis Bapt. apud Stephanotium tom. 1. Antiq. Occit. MSS. pag. 421. Inventario MS. Eccl. Anic. ann. 1444. Testamento ann. 1461. apud Baluzium tom. 2. Histor. Arvern. pag. 726. etc. Vide *Navicula*.

* 2. **NAVETA**, a Gallico *Navette*, Napi granum. Lit. official. Attrebat. ann. 1349. in Reg. 77. Chartoph. reg. ch. 427 : *Domicella Maria... nutrivit eundem buffonem districta Navetæ et pane benedicto*.

* **NAUFFRAGIUM**, Jus quod principi vel domino competit in naufragiis, seu in navibus vi tempestatis *fractis*. Lit. ann. 1471. inter Probat. tom. 3. Hist. Nem. pag. 321. col. 1 : *Pro faciendo quamdam summariam apprisiam... de et super quodam Nauffragio, vocato Mast de nau, apud Villam-novam secus Magalonem : ... quod quidem Nauffragium sive mast officiarii domini episcopi Magalonensis ad se pertinere asserebant et occupare volebant*, etc. Vide *Naufragium*.

¶ **NAUFICUS**, *Navis factor*, in Glossis Isid. unde emendandus Papias, qui perperam habet *Nausitus*.

* **NAUFRAAGA** Res, Quæ ad littus a mari ejicitur tempestatis vi. Lit. ann. 1277. tom. 4. Ordinat. reg. Franc. pag. 672. art. 15 : *Si autem aliquem de dicta universitate naufragium in nostris domaniis pati contingat, propter hoc res eorum Naufraagæ, in parte vel in toto, nostræ non erunt*.

* **NAUFRAGARE**, Navigare, *Naufrager*, in Chron. Caroli VIII. ad ann. 1496. ad calcem Monstrel. fol. 86. r° : *Pour lors estoit le seigneur d'Orléans absent d'Ast : car il Naufrageoit sur la rive de la mer de Genes pour les affaires du roy et en asseurant son voyage*. Vide alia notione in *Naufragium*.

NAUFRAGIUM, Jus quod Principi vel Domino competit in naufragiis, seu in navibus vi tempestatis *fractis*. *Naufragia quæ Curiæ debentur*, lib. 1. Constit. Sicul. Diploma Caroli Simplicis pro Ecclesia Narbonensi : *Concedimus præterea medietatem salinarum, telonei, portatici, et raficæ, sive Naufragii, atque pascuarii*. Charta ann. 1099. apud Gariellum in Episcopis Magalonensibus pag. 90 : *Notum sit omnibus quod Raimundus, Melgoriensis Comes propter Naufragium et albergas, quas per vim in villa nova, et alibi in allodio S. Petri contra testamentum patris sui accipiebat, a Gotofredo Episcopo excommunicatus est*. Libertates Regni Majoricar. ann. 1248. MSS : *Naufragium aliquod non erit unquam in partibus insulæ supradictæ. Naufragium* igitur interpretor *navim fractam*, quæ ad littus a mari ejicitur, quod Angli *Shipwrech* vocant, id est, *wreccum de navibus*. Charta Edwardi Confessoris in Monastico Anglic. tom. 1. pag. 237 : *Cum omnibus quæcunque maris procellosis tempestatibus in aquam vel in terram ejecta fuerint, quod Anglice Schip-wrech promulgatum est onomate*. Alia Edwardi III. Reg. pag. 902 : *Similiter si naves aut scaphæ, aut bona ipsorum Monachorum infra dominium meum per procellam maris au Naufragium, aut per aliud infortunium fracta aut submersa fuerint, ipsa vasa et bona sint ipsorum Monachorum*. Charta Philippi Regis Franc. ann. 1317. apud Argentreum lib. 5. Hist. Armoric. cap. 34 : *Exceptis et retentis dicto Duci... peceio seu Naufragio marino, forefacturis, emendis, et emolumento ex fractura navium, et ratione præmissorum peceii et Naufragii ob defectum brevetorum*, etc. [Charta ann. 1343. ex Archivo Eccl. Massil. : *Præpositus et Capitulum Ecclesiæ Massil. vendidit Dominæ nostræ Reginæ Dei gratia Jerusalem et Siciliæ Reginæ omne do-*

minium, senhoriam et jurisdictionem quam habet et possidet in villa superiori civitatis Massil. et in territorio ipsis necnon lesdas, pedagia, Naufragia, piscarias, etc.] Vide *Lagan, Wrech.*

In Naufragium Ponere, Disperdere, dissipare. Formulæ vett. Pithœi cap. 19 : *Nec vendere, nec donare, nec alienare, neque in Naufragium ponere, nisi quicquid ibidem elaborare et emeliorare potuerimus.* Cap. 30 : *Nec minuare, nec per nulloque ingenio in Naufragio ponere pontificium non habeas faciendi, etc.* Capitulare de Villis, cap. 8 : *Et ipsum vinum in bona mittant vascula, et diligenter providere faciant, quod nullo modo Naufragium sit.* Tabularium Brivatense Ch. 13 : *Et tamen nec venundandi, nec in ullo Naufragio ponendi non habeat potestatem.* Adde Ch. 138. Testamentum Andreæ Dertonensis Episcopi editum ab Ughello in Appendice tom. 4. pag. 9 : *Aut ipsis casis et rebus in Naufragium miserint, aut ullam divisionem exinde fecerint, etc.* Charta vetus in Metropoli Salisburgensi tom. 3. pag. 321 : *Nec vendere, nec alienare, nec ullum Naufragium imponere, sed emelioratus ad ipsum Monasterium revocare.*

Naufragare, Eadem notione. [Charta Deodati Clerici ann. 32. regni Caroli gloriosissimi Regis ex Archivo S. Bertini : *Et aliubi ipsam rem nec dare, nec vendere, nec commutare, nec Naufragare pontificium non habeam.*] Concilium Tolet. xvii. cap. 4 : *De universis Ecclesiæ ornamentis nihil unusquisque Sacerdotum pro suis usibus confringere, vendere, aut Naufragare pertentet.* Occurrit in Legibus Wisigoth. lib. 8. tit. 3. § 12. in Legibus Longob. lib. 2. tit. 29. § 6. tit. 32. § 5. [** Liutpr. 117. 86. (6, 66. 33.)] in Formula Lindenbrog. 175. in Annal. Bertin. ann. 870. etc. Vide *Nauratus.*

¶ Naufragiare. Charta Childeberti Regis Franc. ann. 697. apud Felibianum Hist. San-Dionys. pag. xvii : *Mancipia vel reliquas res... Naufragiassent.*

¶ Naufragius, Infortunium, damnum. Formulæ Andegav. art. 33. apud Mabillon. tom. 4 Analect. pag. 253 : *Contegit gravis Naufragius, quod in villa illa casa sua per nocte fuit effracta, et omnes præsidios suos, aurum, argentum... fuit deportata.*

¶ Naufragalis, Naufragus, Mart. Capellæ l. 6.

¶ Naufragiosus, Naufragio expositus, periculosus. *Naufragiosum pelagus*, apud Claudium Mamertum de Statu animæ lib. 1. cap. 1. et Sidonium lib. 4. Epist. 12.

¶ Naufragosus, Eadem notione. *Naufragosum sæculum*, in Capitul. Caroli C. tit. 27. cap. 15. extr.

Naufragus, Decoctor. Glossæ antiquæ MSS. : *Prodigus, Naufragus.* Leges Luitprandi Regis tit. 119. § 3. [** 152. (6, 99.)] et Lex Longob. lib. 1. tit. 25. § 60 : *Si quicunque homo qui est pauper aut Naufragus, qui vendidit aut dissipavit substantiam suam, etc. Naufragi homines*, eadem notione lib. 2. tit. 55. § 17. [** Rach. 4.]

NAUFUS, [Sarcophagus, loculus.] Vide *Noffus.*

¶ **NAUGERS**, incerta mihi notione, numerantur inter munitiones Castri Brestensis, in Charta ann. 1378. laudata in *Balcones* 2.

¶ **NAVI**, *Operarii*, in Glossis Sangerman. MSS. n. 501. *A Navus*, industrius, solers, sic dici videntur Operarii.

¶ 1. **NAVIA**, *Sapientia, strenuitas, vigilantia*, Johanni de Janua in *Navus.* Hinc in Glossis Lat. Gall. Sangerman. : *Navia, Sagesse.*

* 2. **NAVIA**, *Lignum cavatum instar navis, linter. Item, vas vindemiatorum*, apud Laur. in Amalth. *Navium*, in Macrob. Saturn. lib. 1. cap. 7. Vide supra *Naucum.*

* **NAVIARE.** Aurel. Victor seu Auctor Orig. gent. Rom. : *Unde hodieque aleatores, posito nummo opertoque, optionem collusoribus ponunt renuntiandi quid putent subesse, caput aut navem; quod nunc vulgo corumpentes, Naviandi dicunt.*

NAVICELLA, Ornamenti species in Navicellæ speciem. Anastasius in Gregorio IV. pag. 165 : *Signum Christi habet Navicellas duas et murenas tres.*

NAVICIES, *Industria, virtus*, ἀρετή, in Glossis Græco-Lat. ex *Navus.* [*Navities*, in Gloss. Sangerm.]

¶ **NAVICIO**, γενεά, *Generatio.* Suppl. Antiq. *Navitio*, in Glossis Lat. Græc. Sangerman.

NAVICLERUS. Veteres Glossæ MSS. : *Navigium, omnis classica profectio. Navicleras, omnis consortii navalis exercitus.*

NAVICULA, *Navetta*, Italis : *Acerra*, Tertulliano de Adorat. Gentil. cap. 9. Glossæ Isonis ad Prudentium : *Acerra, vas thurarium, turibulum.* Magnum Pastorale Ecclesiæ Paris. lib. 20. Ch. 208 : *Duas Naviculas argenteas cum quibus ponitur incensum in thuribulis.* Liber Anniversariorum Basilicæ Vaticanæ fol. 144. ubi de Bonifacio VIII. PP. : *Tria paria candelabrorum... duas Naviculas de argento : unam pyxidem de argento deauratam pro hostiis.* Historia Abb. Condomensis tom. 13. Spicilegii pag. 504 : *Unum thuribulum argenteum deauratum et subtiliter operatum, unam Naviculam, etc. Navis*, in Monastico Anglic. tom. 3. pag. 171. 311. Vide Bzovium ann. 1280. pag. 1280. [et supra *Navetta.*]

Navicula. Ugutio : *Radius, instrumentum texendi, scilicet pecten, vel Navicula.* Nostri etiamnum *Navette* appellant.

Navicula Pedis. Constantinus Afric. lib. 2. Pantechn. cap. 8 : *Pedis calcanei divisio est necessaria : est enim cavilla, est et calcaneus, et pedis Navicula, et racha, quæ sic lingua vocatur Arabica, est et pecten, sunt et digiti.* Infra : *Os Naviculæ ad modum navis est factum superius et retro, et utrumque operiens extremitatem cavillæ; ante est ligatum, sicut esset concatenatum, per hoc pedi datur liberalis motus. Utrinque ista cum calcaneo est ligata, etc.*

¶ 1. **NAVICULARIUS**, Isidoro lib. 19. Orig. cap. 19. *navium est fabricator et artifex.* Aliis est nauta.

2. **NAVICULARIUS**, Non gratuitus, sed mercenarius, et pro quo aliquid exigitur, ut pro transvectione naulum et merces a navicalariis, *Institorius. Navicularia benedictio*, non gratuita, apud Goffridum Vindocin l. 2. Epist. 11 : *Nam si pro benedictione, quam omnino gratis dare debuistis, usurpastis professionem, et pro professione ab alodiario B. Petri exigitis subjectionem, profana fuit illa professio; et ideo non tenenda : quoniam subsequens benedictio, quam exhibuistis, Navicularia potius videtur, quam gratis data, quandoquidem pro illa temporalem mercedem cum injuria fidei Christianæ exigere non erubescitis.* Utitur præterea eadem loquendi formula Opusc. 10. S. Augustinus Serm. 1. de Vita Clericorum suorum : *Navicularium nolui esse Ecclesiam Christi.* Id est, obnoxiam naviculariæ functioni, quod sequentia suadent. Et ni fallor, Severus in Epistola ad Salvium, in tom. 5. Spicilegii Acheriani pag. 535 : *Siquidem Dionysius fertur ejus possessionis jura servasse, neque hæredes illius defecisse, qui dum viveret, rei Navalis in plurimos venenales aculeos intendebat.* Infra : *Multum mecum fuit et domi et in foro, cum me et apud patrem defensore, et apud judicem patrono sæpius uteretur, aliquando etiam Dionysium comprimebant, quod Porphyrio non deberet viginti jugerum causa Navicularia jurgia commovere.* Vide *Nauticatio.*

* **NAVIFEX**, *Faiseur de nefs.* Glossar. Gall. Lat. ex Cod. reg. 7684. Vide *Naufficus.*

¶ **NAVIGALE**, Idem quod supra, *Navaticum.* Charta Theodorici III. ann. 668. apud Felibianum Hist. Sandionys. pag. ix : *Tam carrale quam de Navigale nullus quislibet de judicibus nostris, vel de tellonearis nullo tillonio de ipsa carra exigere nec rerequirire præsumatur.*

* **NAVIGALIS**, Navigabilis. Charta ann. 1339. in Reg. 72. Chartoph. reg. ch. 546 : *In loco de Blanhaco est flumen publicum, Navigale, videlicet Garona,... in quo nullus portus extitit, per quem gentes per et supra dictum flumen Garonæ transire seu transvehi cum animalibus vel sine animalibus possint seu valeant.* Vide supra *Navalis* 2.

* **NAVIGATUM**, Idem quod *Navaticum*, Vectigal ex navium transitu. Dipl. Caroli M. ann. 781. tom. 5. Collect. Histor. Franc. pag. 745 : *Propterea per præsentem præceptionem decernimus, quod perpetualiter mansurum esse jubemus, ut nullo telonio, nec Navigato, nec carrado...... nec vos nec juniores aut successores vestri eisdem requirere nec exactare faciatis.* Vide *Navigale.*

¶ **NAVIGER**, Nauclerus. *Navigeros sive pilotas ac navium magistros, nautas, naucleros*, in Charta ann. 1547. apud Rymer. tom. 15. pag. 161.

* *Navieur*, eadem notione, apud Froissart. 2. vol. cap. 37 : *Le comte de Flandres pour le recouvrer* (Jehan Lyon) *en chevance et tenir son estat, le fit doyen des Navieurs.* Unde *Naviage*, eorum officium, ibid. cap. 38 : *Jehan Lyon vouloit dire que Guisebert Matthieu avoit achapté l'offices des rivieres et du Naviage.* Vide *Nauta.*

NAVIGERIUM, Iter, via navi emensa, navigatio. Visio Taionis : *Cumque ab eis interrogaretur.... quis ab Occidente properans tam longum peteret Navigerium.* Ubi Isidor. Pacensis æra 680. eamdem visionem referens, habet *Navigium.*

¶ **NAVIGIATA**, Navis onerata. Charta an. circiter 1330. tom. 2. Hist. Dalphin. pag. 230. col. 2 : *Item levavit idem Johannes Raymundi... pro qualibet Navigiata salis.*

continenté infra 50. saumatas salis unum larerium ipsius.

¶ 1. **NAVIGIUM**, *Classis*, apud Barthium in Glossario ex Baldrici Hist. Palæst. Epistola de expugnatione urbis CP. per Latinos ann. 1205. apud Miræum tom. 1. pag. 111. col. 2 : *Iterato Navigium nostrum flammis aggreditur, intempestæ noctis silentio, sexdecim naves suas accensas, velis in altum expansis et inferius colligatis, ad proram flante fortiter austro, nostras mittit in naves.* Literæ ann. 1315. apud Rymer. tom. 3. pag. 509 : *Venit Navigium vestrarum gentium de Anglia, cujus Amiratus existebat dominus Bonacorta.* Occurrit rursus in Mandato Edwardi III. ann. 1335. apud eumd. Rymer. tom. 4. pag. 656.

¶ Navigium Facere, Navi vehere. Codex MS. Irminonis Abb. Sangerman. fol. 99. col. 2 : *Et facit caropera usque ad silvam Waveram et Navigium usque ad Monasterium.*

* 2. **NAVIGIUM**, Res nautica, Gall. *Marine.* Chron. Angl. Th. *Otterbourne* edit. Hearn. pag. 229 : *Capti sunt hoc anno* (1400.) *dominus Robertus Logan miles Scoticus, qui pactus fuerat destruxisse Navigium nostrum, et præcipue piscatores regni.*

* 3. **NAVIGIUM**, Navigatio, iter navi emensum, Gall. *Navigation.* Aurel. Victor seu Auctor gent. Rom. : *Ex eo scilicet inditum, quod ejus consilio impulsuque matres Trojanæ, tædio longi Navigii, classem ibidem incenderint.* Acta S. Felic. tom. 1. Aug. pag. 26. col. 2 : *Igitur cum ante Navigium inaudita opinio per populos divulgaretur, eo quod in Hispaniarum littore gravis in Christianos persequutio grassaretur, etc.* Vide *Navigerium.*

* 4. **NAVIGIUM**, Canalis ad navigandum idoneus. Charta ann. 1281. apud Murator. tom. 2. Antiq. Ital. med. ævi col. 900 : *In communi fuerunt concordia, quod per commune Mutinæ canale sive Navigium Mutinæ asecurari debeat per ipsum commune Mutinæ et securum teneri usque ad foveas de Rufalcano.* Chron. Patav. ad ann. 1189. tom. 4. eorumd. Antiq. col. 1123 : *Eo tempore incisum fuit nemus Gadii, et factum fuit Navigium, per quod itur ad Montem silicem.* Ad ann. 1201. col. 1124 : *Eo tempore facta fuit venire aqua a Montesilice propter Navigium veniendo Paduam.* Charta ann. 1334. in Reg. 66. Chartoph. reg. ch. 1415 : *Erat Navigium ita periculosum, quod vix poterat navis transire, quin periret vel dampnificaretur. Navigage,* Navigatio, scientia nautica. Hist. Caroli VI. ad ann. 1388. pag. 71 : *Leur fut permis de faire des moulins, tellement que le Navigage des vaisseaux ne fust point empesché.* Lit. remiss. ann. 1456. in Reg. 191. Chartoph. reg. ch. 234 : *Pour ce que icellui Village suppliant est fort duit et experimenté en fait de Navigage, etc. Navire,* eodem intellectu, in Lit. remiss. ann. 1397. ex Reg. 152. ch. 20. Vide infra *Navilium* 2.

* **NAVIGIUS**, ut supra *Navigatum*. Dipl. Dagob. I. ann. 629. apud Dublet. Hist. S. Dion. pag. 655 : *Neque intra ipsa civitate Parisius, neque ad forus in ipso pago, theloneos, vel Navigios portaticos.... exactare potuerit.*

¶ **NAVILAGIUM**, Portorium, ut videtur, dandum pro trajectione. Charta ann. 1480 : *Exceptis tamen et reservatis passagiis ripariarum, in quibus transire cum navi, quæ passagia exsolvuntur respectu Navilagii.* Vide *Naulum.*

¶ **NAVILE**, Navis. Statuta Massil. lib. 6. cap. 45 : *Liceat curiæ Massiliæ... facere intrare naves, galeas, ligna et alia Navilia, transeuntia seu naviganlia per mare Massiliæ, quæ portarent blada, farinam, etc.*

* *Navile*, eodem sensu, nostri dixerunt. Lit. ann. 1398. in Reg. 153. Chartoph. reg. ch. 243 : *Le Navile venant ou havre de la ditte ville de Harfleur, etc.*

¶ **NAVILIO**, pro *Nablio.* Vide *Nablissare.*

1. **NAVILIUM**, Classis, ex Ital. *Navilio* Occurrit non semel in Historia Cortusiorum, [ut et in Memoriali Potestatum Regiens. Chronico Parmensi, etc. Le Roman de *Vacce* MS. :

> Li Dus out grant Chevalerie,
> Et mout out nels en sa Navie.]

¶ Navilium, Navis, navigium. Informationes Civitatis Massil. de passagio transmarino in MS. Sangerman. : *Deinde salvo deliberato consilio venire Alexandriam et igne comburere omnia Navilia, quæ reperirentur in portu.*

* *Navile*, eadem notione, apud Villehard. paragr. 17 : *Les messages alors empruntèrent* 2000. *mars d'argent en la ville* (de Venise) *et si le baillerent le duc pour commencer le Navile. Navie*, in Hist. S. Ludov. Joinvil. edit. reg. pag. 92 : *Après ces choses atirerent les freres au roy leur Navie. Navire*, apud Froissart. vol. 1. cap. 10. et Christ. Pisan. in Carolo V. part 2. cap 38.

* 2. **NAVILIUM**, ut supra *Navigium* 4. Pactum inter Mutin. et Regiens. ann. 1202. apud Murator. tom. 4. Antiq. Ital. med. ævi col. 385 : *Et quicumque ire voluerit per Navilium Mutinæ, libere possit et debeat ire sine contradictione Regiuorum : et quicumque ire voluerit per Navilium Regiuorum, libere possit et debeat ire sine contradictione Mutinensium.*

* **NAVIMACIA**, *La pugna de la nave*, in Glossar. Lat. Ital. MS.

¶ **NAVIOLUM**, [* Lege Navilium, ut in textu.] Navicula, navigium. Vita S. Francæ, tom. 3. Aprilis pag. 393 : *Quia Navilium habere non poterunt nec pontem... flumen illud absque incommodo transierunt.*

NAVIPLETIO. Charta Edgari Anglor. Regis ann. 964. pro Ecclesia Wigorn. tom. 1. Monast. Anglic. pag. 141 : *Quatenus posset ipse cum Monachis suis unam Navipletionem, quod Anglice Scypfilled dicitur, per se habere.* Et infra : *Constituant unam Navipletionem, quod Anglice dicitur Scypfylled oththe Scyphorne, in loco quem ob ejus memoriam Oswaldes-lay deinceps placuit appellari, ubi querelarum causæ secundum morem patriæ et legum jura juridice discernantur.* Porro scypfylled, vox est Saxonica, ex scyp, *Navis*, et fyllan, *Implere*, vel fyll, *Plenitudo.*

☞ *Navipletio*, vel ut Hickesius legit ad calcem Dissertationis Epistolaris, *Naucupletio*, Tributum erat, quod ad navium constructionem exigebatur, Anglis hodie dictum *Ship-money*, alias *Scyp-fylled*, vel *Scypsocne*, ut habet Wanleius pag. 309. Antiquæ suæ Litteraturæ Septentr. ubi ex laudata Edgari Charta, quamvis eam censura sua notet Hickesius Dissert. Epist. pag. 86. luculentum testimonium ducit ad probandum, inquit, in antiquis temporibus regiam illam exactionem obtinuisse. Eidem Wanleio Charta hæc scripta fuisse videtur circa tempora Henrici I. Anglorum Regis.

¶ **NAVIRE**, pro *Navare.* Papias : *Navit*, *strenue agit.*

1. **NAVIS**, Pars ædis sacræ in qua plebs consistit. Ordericus Vitalis lib. 11 : *Navem quoque Basilicæ .. auxit.* Et lib. 12 : *Ingens Basilicæ Navis quæ nuper edita fuerat, corruit.* Leo Ostiensis lib. 3. cap. 27 : *Fenestras omnes et Navis et Tituli plumbo ac vitro compactis... inclusit.* Adde cap. 32. etc. Sugerius lib. de Administr. sua cap. 29 : *Media Ecclesiæ testudo, quam dicunt Navim.* Chronicon Moriniacense lib. 2 : *Exterius etiam tabernaculum, quod Ecclesiæ Navis a populo vocatur, consummationis perfectionem acceperat.* Consuetudines Floriacensis Monasterii : *Atque in Navi ad stationem sedes antea Conventui præparant.* Willelm. Abbas in Chron. Andernensi : *Eum pro vitæ merito in Navi Ecclesiæ.... tumulari præcepit.* Bernald. Baldus ad Vitruvium scribit, quod Itali dicunt *naves*, seu *navatas templorum*, a ναός Græca voce emanasse. Salmasius vero ad Solinum, hanc partem templi ita dictam putat, quod camera ejus veluti navium carina sit : ex Sallustio, ubi de mapalium Africanorum cameris : *Oblonga incurvis lateribus tecta, quasi Navium carinæ sunt.* Certe navim in ædibus sacris, pro camera usurpasse videtur Anastasius in Leone III. PP. pag. 121 : *Sarta vero tecta Basilicæ B. Petri Apostoli, id est, Navem majorem, sed et aliam Navem super altare cum quadriporticu, simul et fontem, etc.* Ibid. pag. 128 : *Similque et in Nave, quæ est super altare, sarta tecta omnia noviter restauravit.* Et in Benedicto III. pag. 206 : *Sed et ipsius præcipuæ sarta tecta Ecclesiæ B. Petri Apostoli nutritoris sui, id est, Navem majorem, et aliam Navem quæ super corpus ejus est .... luciflue renovavit.* Ex quibus confici videtur longiori ædium sacrarum parti, *Navis* nomenclaturam postmodum inditam, tum quod in ea major sit concameratio, tum etiam quod ex sua longitudine navis carinam referat. Non desunt tamen qui ex Græca ναός vocis etymon hauriunt, quo nomine apud recentiores Græcos ea pars templi donatur, seu quod pars amplior sit ναοῦ, ædis sacræ : seu vox ipsa ναὸς hac notione a ναῦς, *navis* ortum habeat. [** Vide Glossar. med. Græcit. voce Ναὸς col. 985.]

2. **NAVIS.** Testamentum Philip. Episc. Bellovacensis ann. 1217 : *Do, lego Ecclesiæ B. Petri Belvacensis... calicem unum aureum, et navem argenteam, et Missale, etc.* Ubi *Navis*, forte sumitur pro *Navicula*, in qua thus asservatur, de quo vase supra agimus. Nam et *Navis*, dicitur in Concilio Mertonensi ann. 1300. cap. 4 : *Turibulum cum Navi et ture.* [Leges Palatinæ Jacobi II. Regis Majoric. in Actis SS. Junii tom. 3. pag. LXXII : *Duo thuribula cum suis Navibus ad tenendum thus deputatis.* Adde Præceptum Philipp. Pulcri ann. 1311. tom. 1

Ordinat. Reg. pag. 481.] Potest præterea sumi pro eo quod in aulis Principum *Nef* vocant, abaci scilicet argentei specie, in navis formam confecti, in quo vasa ad potum reponuntur in ipsa interdum mensa. [Charta ann. 1338. tom. 2. Hist. Dalphin. pag. 363 : *Navem magnam pro mensa Dominæ Dalphinæ de vitro, unam duodenam saleriarum vitri, etc.*] Le Roman *de Garin* :

> Tressaut la table, s'est à Garin saillis,
> Que la Nef d'or lui vost des poins tolir,
> Li vins espant sor le peliçon gris.

Alibi :

> Devant Gerin tint Mouvoisin la Nef,
> Toute fu plene de vin et de claré.

Chronicon MS. Bertrandi Guesclini :

> Hanaps, couppes et Nez de fin or reluisant.

* Inventar. ann. 1389. tom. 3. Cod. Ital. diplom. col. 366 : *Navis una deaurata cum rotis quatuor et fochis et banneriis et aliis operagiis.* Codicil. Oliver. de Clicio ann. 1406. tom. 2. Probat. Hist. Brit. col. 782 : *Item ordinavit quod Navis sua, nuncupata Riquerou, reddatur nobili viro Oliverio de Castello filiolo suo.* Lit. remiss. ann. 1393. in Reg. 145. Chartoph. reg. ch. 428. bis : *Rogier Percepot, sommellier de nos napes,... en venant querre la Nef et les tranchouirs d'argent, que l'en met à table devant nous, etc.*

Navis Auri. Glaber Rodulphus lib. 3. cap. 2. extremo : *At Henricus* (Imp.) *cernens amici* (Roberti Regis Fr.) *liberalitatem, suscepit ex illis tantum librum Evangelii,... uxor vero illius pares auri tantum Naves accepit, cætera autem egrediens in gratia dimisit. Sequenti igitur die iterum Rex Robertus cum Episcopis ad Imperatoris tentoria transiens, qui eum satis sublime suscipiens, expletoque simul prandio, centum libras ei ex auro puro obtulit; Rex quoque pares tantum Naves auri ex illo sumpsit; firmatoque uterque pacto amicitiæ, rediere ad propria.*

3. **NAVIS.** Apicius lib. 6. cap. 9 : *Pullum aperies a Navi, et in quadrato ornas, etc.* Ubi Gabriel Humelbergius : hoc est a parte posteriore ventris, qui ut navis cavus, et figuræ ejus non dissimilis est.

* 4. **NAVIS**, Jus piscandi cum nave. Charta ann. 1138. inter Probat. tom. 2. Hist. Occit. col. 486 : *Vendimus.... tibi R. Trencavello,... totam leddam, totamque Navem, quæ habemus de temetipso Trencavello in stagno et in salinis.* Alia Barthol. episc. Laudun. ann. 1142. tom. 2. Monum. sacr. antiq. pag. 23 : *Qui et ipse pro sua suorumque salute pratum et piscationem duarum Navium in Ausona concessit supradictæ ecclesiæ.*

* 5. **NAVIS de Portu**, Qua *portantur* seu transvehuntur homines, equi et currus, vulgo *Bac.* Charta Joan. abb. S. Germ. Prat. in Chartul. Guill. itidem abb. fol. 144. r°. col. 1 : *Prædicti homines bona fide promiserunt, quod si Navis de portu perdita fuerit, vel aliquo casu in detrimentum venerit, quantum ad eorum partem pertinet, ex integro restituere, vel si necesse fuerit, novam de suo facere tenebuntur. Navisole*, Navis onerariæ species, in Guill. Tyrii contin. Hist. apud Marten. tom. 5. Ampl. Collect. col. 731 : *Si fist le soudan venir d'Alixandre xxij. galies et une Navisole, qui portoit la viande et estouvoirs des galies. Navisone*, paulo ante col. 728.

* **NAVISSA**, Instrumentum piscatorium. Charta Bonæ princ. Sabaud. ann. 1424. inter Stat. Perus. pag. 31 : *Eis licitum sit die noctuque, ac libere et impune piscari et facere ad rette, Navissam, trubiam, etc.* Vide infra *Naza*.

¶ **NAVITIES.** Vide *Navicies*.

¶ **NAVITIO.** Vide *Navicio*.

¶ **NAVITOR**, Nauta, navigator. Vita S. Columbæ Abb. tom. 2. Junii pag. 203 : *In hac quoque die aliqui de Scotia adventantes nautæ, hæc eadem vobis de illis indicabunt Regibus. Quod venerabilis viri vaticinium eodem die de Hibernia Navitores, ad locum qui dicitur Muirbole paradisi pervenientes, suprascriptis ejus binis Comitibus, sed eadem navi cum Sancto navigantibus, de iisdem interfectis Regibus expletum retulerunt.*

NAVIUM. Annales Francor. Fuldenses ann. 888 : *A Rege est clementer susceptus, nihilque ei antequæsti Regni abstrahitur : excipiuntur curtes, Navium, et sagum.* Editio Freheri habet, *curtes Navium*, absque virgula. [** Vide Petrz. Script. tom. 1. pag. 406. not 9.]

¶ **NAULA.** Vide supra *Jus Naulæ* in *Jus*.

* **NAULAGIUM**, Naulum, transvectio, Gall. *Passage.* Lit. Alfonsi comit. Pictav. ann. 1269. in Reg. 11. Chartoph. reg. fol. 146. r°. : *Debet etiam dominus comes eidem* (Imberto) *providere de Naulagio sive loco in navi, pro se et dictis militibus suis.*

¶ **NAULEIARE**, Navem locare *naulo* convento. Statuta Massil. lib. 4. cap 25 : *Qui navem in Massilia peregrinis Nauleiabunt, etc.*

* **NAULIGARE**, Naulisare, Navem ad vecturam conducere, unde *Naulisatio*, ipsum naulum. Contract. navigii inter reg. Franc. et Massil. ann. 1268. in Reg. sign. *Noster* Cam. Comput. Paris. fol. 287. r°. : *Item si voluerint Nauligare naves ad plateas, secundum quod consuetum est fieri in Massilia, etc.* Form. MSS. ex Cod. reg. 7657. fol. 17. r°. : *Gaspar mercator.... constituit... Petrum præsentem... ad ducendum.... ipsum lignum,... ipsumque lignum Naulisandum quibuscumque personis voluerit, et in illis naulis seu pretiis modo et forma, quibus eidem Petro patrono melius videbitur expedire,... et etiam de quibuscumque Naulisationibus per eum fiendis, promittendis et firmandis instrumenta quæcumque faciendum.* Vide *Nauleiare*.

¶ **NAULIGIARE**, De *naulo* convenire. Litteræ Potestatis Pisanorum Vicario Massil. ann. 1340 : *Quidam... Pisanorum... Nauligiaverunt cum... patronis unius galeæ... ensis in portu Massiliæ.*

¶ Naulizare, Eadem notione. Charta Massil. ann. 1357 : *Quidam cum esset super quodam laudo, quem ibi Naulizavit et cepit, cujus erat Dominus, et patronus, etc.* Chron. Tarvisinum, tom. 19. Muratorii, col. 801 : *Illius crudelitatem aufugientes ad marinam venerunt, et Naulizatis navibus atque galeis a Januensibus, etc.*

¶ Naulizare, Navi imponere accepto *naulo*, apud Murator. tom. 12. col. 396. in Notis : *Patronus Venetus non possit Naulizare aliquam mercantiam forensem supra valorem yperperorum* cm. *a Monovasia versus Nigropontem.*

NAULUM. Gregorius M. lib. 12. Epist. 16 : *Propterea misimus lanas 15. rachanas 30. lectos 15. pretium quoque de emendis culcitris vel Naula dedimus. Naulum* ad transvectionem? Gloss. Gr. Lat. : Ναῦλον, *navis vectura, Naulum.*

¶ Naulum, Portorium pro trajectione, *Nolis*, in Ordinatione Gallica maritima. Venditio partis civitatis Massil. a Benedicto Ep. facta Carolo Andegav. Comiti Provinciæ ann. 1257. ex Schedis Præsidis *de Mazaugues* : *Episcopus possit... ad sui voluntatem recipere Naulum sive passagium, et reditum dictarum navium, etiam specialiter pedagium.*

Naulum, Quævis exactio de novo imposita. Concilium Andegavense ann. 1365. cap. 28 : *Novas exactiones, servitutes, Naulum intelligimus in hoc casu, quorum impositio sive exactio memoriam hominum non excedit.* Supra : *Qui præmissa de novo imposuerit personis Ecclesiasticis, vel hominibus Ecclesiæ sine consensu illorum ad quos spectat, vel præmissa exegerit, etiamsi Naulum sit de novo impositum nomine suo vel alieno, excommunicationis sententiam incurrat ipso facto. Naulum sive jus passagii*, in Charta Petri Episcopi Pataviensis ann. 1277. in Metropoli Salisbugensi tom. 1. pag. 390. Vide *Navicularius 2*.

¶ **NAVO**, vox Italica, Gall. *Naveau* vel *Navet.* Laudes Papiæ apud Murator. tom. 11. col. 42 : *Olera cujuscumque generis, rapæ suo tempore, et napi, quos Navones appellant.*

¶ **NAUPEGIARIUS**, ut *Naupegus*, apud Sponium Miscell. Erud. Antiq. pag. 67. et Reines. Inscr. pag. 602. Vide *Naupicus*.

NAUPEGO, *Navis inunctio*, Papiæ, ναυπεγία, *navium ædificatio.*

NAUPICUS, *Navis factor*, Papiæ, ex Gr. ναυπηγός, *faber navalis*, in Gloss. Gr. Lat.

¶ **NAUPREDA**, Piscis genus, idem, ut videtur, quod *Lampreta*, Gall. *Lamproie*, *Piscis qui vulgo Naupreda dicitur*, in Vita S. Hermelandi Abb. Antrens. sæc 3. Benedict. part. 1. pag. 393. Vide *Lampedra* et *Laupreda*.

NAURATUS. Chartæ Regales ac Parensales, cap. 13. apud Biguonium : *Taliter ei fuit professus, quod ipsam rem superius denominatam per suum neglectum et per suum facinus fuit perdita vel Naurata.* At in Cod. MS. *Naufragata* legi monet Baluzius. Utcunque sit, ab hisce vocabulis nata videtur vox Francica *Navré*, pro læsus, vulneratus. [Statuta MSS. Galterii Domini Commerciaci ann. 1263 : *Item si aulcun bourgeois de cette ville brise le marché de cette ville, s'y payera* c. *sols, au mayeur* xii. *den. aux eschevins* xii. *den. au Navray* xx. *sols, et au batu* x. *sols.*] Vetus Charta Anglo-Gallica in libro *Justice of peace* fol. 116. v°. : *Et illonques en ledit assaut fist et lui bata, Naufra, et malement treta, et ouesque un espé lui ferist sur le test et sur le bras, etc. Nafrat*, apud Raimund. Montaner. in Chron. Catalanico Reg. Arag. cap. 191. et in Chron. Petri IV. Reg. Arag. lib. 3. cap. 16. 21. quasi *naufragat.*

* Glossar. Provinc. Lat. ex Cod. reg. 7657 : *Nafra, Provinc. læsio, plaga, vulnus. Nafrar, lædere, vulnerare.* Nostris *Navreure*, eadem notione. Charta Phil. VI. reg. Franc. ann. 1348. ex Chartul. 23. Corb. : *Le procureur desdits religieux les a accusé ou dénoncié d'une bature et Navreure, que fist Huet Crau et ses complices aux dessusdits prisonniers.* Occurrit in Charta ann. 1445. ex Chartul. Latiniac. fol. 42. Consule Menag. Diction. Gall. v. *Navrer.*

¶ **NAUREGUS.** Vide supra in *Navaretius.*

* **NAUSA**, Locus pascuus, sed uliginosus et aquis irriguus, idem quod *Noa* 1. Charta ann. 1195. inter Instr. tom. 11. Gall. Christ. col. 141 : *Radulfus Ebroicarum... dedit S. Taurino... omnem piscationem et Nausas ejusdem aquæ.* Lit. admort. pro eccl. Tolos. ann. 1454. in Reg. 187. Chartoph. reg. ch. 111 : *Item plus quatuor macellatas prati,... confrontatas ab una parte cum honore Bernardi Bissa de castanèto et cum Nausa publica prædictæ ripariæ.* Vide supra *Nauda.*

* **NAUSARE**, pro Nauseare, in Glossar. Provinc. Lat. ex Cod. reg. 7657 : *Gigar* (leg. *Gitar*) *Nausare, vomere. Gitadura, Prov. nausea, vomitus.*

¶ **NAUSIA.** Papias : *Helvus, rufus, pallidus vel Nausia.* Puto legendum *Nausea* vel *Nauseator*, ut *Helveus* pro *Helvus.*

NAUSIFICUS, Nauseam provocans. Willelmus Brito lib. 10. Philippidos :

Illum Nausifico crucians pedoris odore.

* **NAUSITARE**, Clamor palumbis. Carmen de Philom. ad calcem Cod. reg. 6816 :

Nausitat arborea clamans de fronde palumbes.

¶ **NAUSIUM**, pro Nausea. *Nausii fastidium*, in Miraculis S. Udalrici, tom. 5. pag. 130. et sæc. 5. Benedict. pag. 470.

¶ **NAUSUM**, Species navigii Gallici. Ausonius Ep. 22 : *Nauso aliave quavis navi.* Rursum utitur infra. Bulla Frederici Imp. ann. 1157. inter Instrum. tom. 4. Gall. Christ. col. 17 : *Concessimus... omnia jura regalia in... comitatibus, foris, duellis, mercatis, monetis, Nausis, teleonis, pedagiis, castellis.* An *Nausis* hic indicantur portoria pro trajectione? Mallem *Naulis* hoc ipso significatu. Vide *Naulum.*

¶ **NAUTA**, Genus magistratus in portubus navigationi et commercio præpositi. Vetus Inscriptio relata in Commentariis literariis Trevoltianis April. 1717. pag. 627 : *Tib. Cæsare Aug. Jovi Optum. Maxsumo Ram°.* (f. aram.) *Nautæ Parisiaci publice posierunt.* Hic non esse intelligendos nautas vectores ibidem probatur pag. 639. ex eo maxime, quod Eques Romanus *Nauta Araricus* dicatur in alio veteri monumento ibidem pag. 640. memorato.

* **NAUTATICUM**, Vectigal ex nautis seu navium transitu persolvendum, idem quod *Navaticum.* Occurrit in Charta Caroli C. tom. 2. Annal. Bened. pag. 746. col. 2. Alia Rodulfi reg. ann. 927. tom. 9. Collect. Histor. Franc. pag. 572 : *Nec teloneum, aut inferendas, aut rotaticum, vel ripaticum, sive portaticum, seu etiam exclusaticum, vel Nautaticum, etc. Nauticum* ex eadem Ch. in *Retiaticum.* Vide *Nauticatio.*

NAUTELLA, Navicula, seu navicella, Gallis. *Nacelle.* Eradius Presbyter de Lection. Evangel. cap. 2 : *Nautellam quippe istam, Fratres, Ecclesiam cogitate, turbulentum mare, hoc sæculum.*

¶ **NAUTEO**, ὀσμὴ βύρσης, Odor corii, in Gloss. Lat. Græc. Sangerman. legendum *Nautea, quæ* Nonio dicitur *Aqua de coriis, vel, quod est verius, aqua de sentina, dicta a nautis.* Vox est Plauti.

NAUTICATIO. Anastasius in S. Vitaliano : *Et talem afflictionem posuit in populo, seu habitatoribus.... per diagrapha, seu capita, atque Nauticationes per annos plurimos, quales a sæculo nunquam fuerant.* Codd. alii habent *Nauticationem.* Tributum forte cujusmodi imponitur nautis, vel mercatoribus in mari negotiantibus, vel potius *navicularia* præstatio, seu quodvis tributum. Vide *Navicularius* 2.

NAUTICI, Nautæ. Chronicon Casin. lib. 3. cap. 60. (al. 61.) : *Constituit ut omni tempore navis nostra cum nauclero et Nauticis suis libera maneat ab omni conditione et debito pensionis.*

NAUTILENI, Nautæ, *Nautileni galearum*, in Pactis initis inter Michaelem Palæologum et Genuenses ann. 1261. Ναυτίλοι Aristophani.

NAUTOLOGI, Qui naulum a vectoribus exigunt : Ναυςολόγοι, apud Clementem lib. 1. Constit. Apost. cap. 57. ubi Latina Editio vetus, seu ejusdem Pontificis Epistola ad Jacobum § 14. 15 : *Proretæ officium Episcopus impleat, Presbyteri nautarum, Diaconi dispensatorum locum tenenant : hi qui catechizant, Nautologis conferantur.* Eadem habentur in Epist. 1. quæ Anacleto tribuitur. Hesychius : Ναυσθλοῦν, ναυτολογεῖν. Vide Notas Cotelerii ad Constit. Apostol. pag. 182.

¶ **NAUTONERIUS**, a Gallico *Nautonnier*, Nauta, in veteri Catalogo MS. Sodalium Confraternitatis B. Mariæ Deauratæ Tolosanæ.

NAUTONIUM. Vetus Charta apud Guichenonum in Hist. Bressensi pag. 228 : *Concessit teloneum infra regni sui spatia, jussit ut nullus sit exactor non in civitatibus, non in vicis sive in portis, sed nec ex Nantonio navium.* Ita habetur, sed puto legendum *Nautonio*, ut tributum fuerit a nautis pendi solitum, *Navaticum.*

¶ **NAUTOR**, Nauta. *Sicut Nautor desiderat venire ad proprium portum, ita scriptor ad ultimum desiderat venire versum*, in veteri Monito ad Lectorem ad calcem Collectionis Canonum e MS. DD. *Chauvelin* Custodis Sigillorum Regiorum.

* Passio S. Floscel. tom. 5. Sept. pag. 478. col. 2 : *Commoniti in somnis Nautores Christiani,.... euntes furati sunt corpusculum ejus; quod optimo sindone vestitum navi immittentes, etc.*

¶ **NAUTUM**, pro *Nantum*, Pignus. Vide *Namium.*

¶ **NAVUM**, pro *Nactum.* Vide in hac voce.

* **NAUZILARE**, pro *Naulizare*, Navem conducere. Vide in *Nauligiare.* Lit. Alfonsi comit. Pictav. ann. 1269. ex Reg. 11. Chartoph. reg. fol. 42. r°. : *De quadam navi pro ipsa conducenda seu Nauzilanda, etc.* Vide supra *Nauligare.*

* **NAXA**, pro *Nassa*, Piscaria, gurges. Charta ann. 1197. ex Chartul. prior. Lehun. ch. 20 : *Prior vero et monachi habent coram suis molendinis à la Repentie et supra bordelum versus Brie suas naxas.* Charta 34. ibid. habet *Nassas.* Vide supra in hac voce.

* **NAXO**, Nasus, vultus. Auctor Patav. anonym. apud Murator. tom. 2. Antiq. Ital. med. ævi col. 317 : *At illo finito tempore, infulas et galeros, Forojuliano more, incipiebant portare, aut capucia cum rostris, ante Naxonem plus in altitudinem, quam ad depressionem tendentibus.*

NAYVITAS. Vide *Nativus.*

* **NAZA**, Nassa, instrumentum piscatorium. Charta ann. 1157. ex Chartul. Miciac. : *Piscationem per totam aquam,.... quolibet modo piscationis in eadem aqua, quo placuerit eis loco, duarum Nazarum, vel unius furetii continuam piscationem, et naviculam propriam ad eadem ingenia levanda.*

NAZARENI, dicti primum qui Christi sequebantur doctrinam, postmodum vero a Christo deducto nomine auctoritate Synodi sub D. Luca Antiochiæ habitæ Christiani dicti sunt Fideles universi. Hæc Willelmus Tyrius lib. 4. cap. 9.

NCUNQUILT. Charta Henr. IV. Imp. ann. 1065. ex Tabul. S. Maximini Trevir. : *Si qui ex familia interfectus fuerit, pretium illius id est, Ncunqult, totum Abbatis erit.* [* Niungilt.]

NEANISCOLOGUS, Qui juvenilia loquitur, ex Græc. νεανίσκος. Vetus Interpres Juvenalis Sat. 8. v. 190 : *Planipedes audit Fabios, Nobiles Neaniscologos.* [Quidam legunt *Neanicologos.* Vide Salmasium de Pallio pag. 335.]

¶ **NEBBIA**, vox Italica, Gall. *Brouillard*, Nebula. Miracula S. Zitæ, tom. 3. Aprilis pag. 515 : *Nec videbat nisi ut in umbra et in Nebbia.*

¶ **NEBLA.** Vide mox *Nebula* 2.

* **NEBRIDA**, *Vestis sacerdotalis*, in Gloss. ad Doctrin. Alex. de Villa-Dei.

1. **NEBULA.** Fragm. Petronii : *Palam prostare nudam in Nebula linea.* Ita enim legendum, pro *lanæ.* Vestis tenuis ac subtilis, dicta quod transpareat sub illa corpus, ut cælum sub nebula. Hesychius : Φάρη, ἱμάτια, νεφέλαι. Fulgentius, lib. 1. Mythol. : *Astiterant itaque Syrmate Nebuloso lucidæ ternæ viragines, etc.* Suidas διαφανῆ χιτώνια vocat τὰ ἰσχυὰ, δι' ὧν διαφαίνεται τὰ σώματα τῶν γυναικῶν. Hesychio et alii, Λακωνικὸς χιτών. LXX. Interpretes apud Isaiam cap. 3. Linteamina τὰ διαφανῆ λακωνικὰ verterunt. Vide ibi Hieronymum. Ita *Coæ vestes*, apud Horatium lib. 1. Sat. 2. aranearum modo textæ. Plinius lib. 6. cap. 17. bombycinas factas ait, *ut in publico matrona transluceat.* Ammianus lib. 14 : *Sudant sub ponderibus lacernarum, quas collis insertas singulis ipsis adnectunt, nimia subteminum tenuitate perflabiles.* S. Hieronym. adversus Helvidium cap. 6 : *Ingrediuntur expolitæ libidinum victimæ, et tenuitate vestium nudæ impudicis oculis ingeruntur.* Idem Epistola ad Lætam : *Talia vestimenta paret, quibus pellat frigus, non quibus vestita corpora nudentur.*

2. **NEBULA.** Glossæ Biblicæ MSS. : *Tipsa-*

nas, panes qui dicuntur Nebulæ. Gloss. Lat. Gall. : *Nebula, Oublée, mente.* Glossæ MSS. ad Alexandrum Iatrosoph. : *Fabriciæ buccellæ, quæ fiunt super ferrum, ut Nebulæ.* Ebrardus in Græcismo :

Aeris est nubes, Nebulæ de flumine surgunt,
Ac panis Nebula tibi subtilissimus extat.

[* Glossar. Lat. Gall. ex Cod. reg. 521 : *Nebula, nubicula, Neule ou Nuble, Gallice. Nieule* et *Niule*, in Stat. pro talemel. ann. 1300. inter Consuet. Genovef. MSS. Glossar. Provinc. Lat. ex Cod. reg. 7657 : *Neula, Prov. Nebula ex flore farinæ et aqua, colerida.*] Bernardus Mon. in Consuet. Cluniac. MSS. cap. 77. et ex eo Udalricus lib. 1. cap. 49 : *Vel ea quæ in ferramento caracterato de conspersione farinæ tenuissime fiunt, et ab hominibus Romanæ linguæ, Nebulæ, a nostratibus appellantur oblatæ.* Idem Bernardus cap. 8 : *Et omni die in qua sumus omnes in capis ad Missam, per consuetudinem facit fieri Nebulas ad cœnam Fratrum.* [Editus part. 1. cap. 7. præfert *Neblas.* Literæ ann. 1217 : *Unam pitansiam* L. *solidorum in vino piscibus et Nebulis in die Translationis S. Benedicti.*] Vetera Statuta Canonicorum S. Quintini : *Ad postmeridiem debet Nebulas, et oblatas, et moretum, et vinum, Præp. debet ligna et sal.* Infra : *Debet habere unusquisque privatus* 10. *Nebulas et* 5. *oblatas.* Tabularium Brivatense Ch. 110 : *Et habet concessum, et ubladas et Nebulas, et pigmentum.* Ordinarius MS. Eccles. Rotomagensis : *Tunc Nebulæ cum vino distribuantur.* Et alibi, ubi de festo Pentecostes : *Et dum incipitur,* Veni Creator, *projicientur per familiares Thesaurarii existentes in deambulatoriis inferioribus Turris, ante Crucifixum scilicet inferius et quam poterunt infra chorum, folia quercuum, Nebulas, et stupas ardentes in magna quantitate. Et a* Gloria in excelsis, *emittent volare versus chorum aves parvas et mediocres cum Nebulis ligatas ad tibiam in competenti numero, et continuabunt præmissa usque ad Officium Missæ, nec cessabunt, nisi dum dicetur Evangelium. Et hæc omnia fient expensis Thesaurarii et Capituli, æquis partibus.* [Ordinarium Eccl. Lexoviensis sæc. XIII. exaratum in die Pentecostes : *Ad processionem Missæ stuppæ inflammantur, quas custodes invenient : ad Kyrie Missæ pulsatur flores et Neullas* (f. *Nebulas*) *projicit.*] Qui quidem ritus ad exprimendum sacræ solemnitatis mysterium in aliquot apud nos Ecclsiis etiamnum obtinet. [Adde Leges Palatinas Jacobi II. Regis Majoric. tom. 3. SS. Junii pag. XIV. Statuta Eccl. Barchinon. ann. 1332. apud Marten tom. 4. Anecd. col. 613.] Vide Joan. Bruyerinum lib. 6. de Re cibaria cap. 9. pag. 420. et infra in voce *Oblata.*

☞ *Nebulas* non esse cum *Oblatis* confundendas, præter locum e Statut. S. Quintini laudatum, suadent Antiqui ritus Ecclesiæ Bisuntinæ, quos refert Martinius Tract. de Antiq. Eccles. Disciplina in Divinis Officiis celebrandis pag. 311. ubi de Cœna Domini : *Interim dum cantatur hymnus, deferantur panes azymi et Nebulæ et Oblatæ, et benedicantur ab Episcopo vel Decano hoc modo* : Benedic Domine hanc creaturam panis, etc. Sic in Consuetudinibus MSS. Monasterii Solemniac. iterum atque iterum legitur : *Ad Cœnam Nebulas et Oblatas et tria ova.* Quibus in locis frustra *Nebulis* adderentur *Oblatæ*, si nullo modo discreparent.

¶ 3. **NEBULA**, Macula in oculo. Miracula e Henrici Baucen. tom. 2. Junii pag. 384 : *Habebat Nebulam in oculo sinistro, de quo nihil omnino videbat.*

¶ **NEBULARE**, Obscurare, quasi nebula tegere, obumbrare. Tertull. Apolog. cap. 35 : *Elatissimis et clarissimis lucernis vestibula Nebulant*, scilicet fuligine, quam edunt lucernæ vel clarissimæ. Victor Utic. lib. 3. de Persecut. Vandalica : *Semper cupiunt splendorem et genus Romani nominis Nebulare.*

¶ **NEBULARI**, Nebulonem esse vel fieri. Gloss. Lat. Græc. : *Nebulor*, ἀχρηστῶ.

¶ **NEBULARIUS**, Pistor qui *Nebulas* conficit. *Nebularius, consuetudinarium cibum et* III. *ob. homini suo in die*, in Libro nigro Scaccarii pag. 344. Cum eo in capite de pistoribus agatur, patet *Nebularium* hic dici pistorem *Nebularum;* seu panum eorum, de quibus in *Nebula* 2. non textorem vestium illarum transparentium, quas etiam *Nebulas* vocabant, ut dictum est in *Nebula* 1.

* Nostris alias *Nieullier.* Charta Phil. V. ann. 1320. in Reg. 60. Chartoph. reg. ch. 3 : *Cum Nebularii villæ Parisiensis a longe retroactis temporibus confratriam inter se tenere et habere in honore gloriosi Dei archangeli S. Michaelis consueverint, etc.* Arest. ann. 1402. 19. April. in vol. 9. arestor. parlam. Paris. : *Pour le Nieullier de ladite eglise* (du Pui) *une pierre de cire.* Ubi in alio Aresto legitur *Nebularius.* Sed is forte intelligitur, qui *nebulas* subministrabat.

¶ **NEBULGEA**, Rocho *le Baillif*, in Dictionario Spagyr. : *Est Sal ex humiditate nebulæ, sæpius in pratis cadentis, vi solis induratum.*

¶ **NEBULLA**, Panis levior in ferro coctus, de quo in *Nebula* 2. Usus MSS Culturæ Cenoman. : *Ad cœnam habeant Nebullas dobletas, et ad collationem charitatem de bono vino.* [* Ubi forte legendum *Nebulas et oblatas*, pro *Nebullas dobletas.*]

¶ **NEBULONITAS**, Nebulonis malitia, fraus, dolus. Guibertus lib. 1. de Pigner. Sanct. cap. 2. § 5 : *Quarum tanta Nebulonitate concutimur, etc.*

¶ **NEBULOSITAS**, Nebula, obscuritas. Arnobius lib. 7 : *Non si mille tu pondera masculi thuris incendas, cœlumque hoc totum redundantium vaporum Nebulositate claudatur, etc.* Angelomus Præfat. in Genesim apud Pezium tom. 1. Anecd. part. 1. col. 48 : *Quoniam spiritualem intelligentiam, quæin nonnullis magnam obtinet Nebulositatem, etc.*

¶ **NEBULOSUS.** Vide in *Nebula* 1.

* **NEBULUS**, Lumbus, imbrex porci, nostri *Nuble*, idem quod infra *Numbile.* Charta ann. 1367. in Reg. 99. Chartoph. reg. ch. 137 : *Percipere consuevit in dicto macello linguas omnium animalium bovinarum, quæ ibi occiduntur, et Nebulos, sive Nubles, omnium porcorum et porcarum, quæ etiam in dicto macello occiduntur pro vendendo.... Leydam linguarum et Nebulorum.* Vide *Nunblicus.*

¶ **NECA**, f. pro *Veta*, Ornatus vestis, de quo infra. Statuta Arelat. art. 53. e MS. D. *Brunet* : *Sartores accipiant pro cordiris vestium sine fresso et Neca factarum infra scripta, scilicet pro capa cum pellibus* III. *sol.*

NECARE, NEGARE, Submergere, ut Italis, *Annegare.* Lex Burgund. tit. 34. § 1 : *Si qua mulier maritum suum, cui legitime juncta est, dimiserit, Necetur in luto.* Lactantius de mortib. Persecutor, n. 38 : *Si qua detractaverat, in aqua Necabatur, tanquam majestatis crimen esset.* Adde n. 32. Gregorius Tur. lib. 3. Hist. cap. 52. de feminis maleficis : *Alias Enecat, alias incendio tradit.* Gesta Regum Francor. cap. 11 : *Uxoremque ejus ligato saxo ad collum, in aqua Nequare præcepit.* Alii Codd. habent *Negare.* Agobardus lib. de Grandine : *Propter quam causam multos comprehensos audivimus, et vidimus, et aliquos occisos, plerosque autem affixos tabulis in flumen projectos et Necatos.* [Hinc emendandam puto Inquisitionem ann. 1276. tom. 1. Hist. Dalphin. pag. 25. edit. Genev. et pag. 28. edit. Paris. ubi : *Quidam juvenis de Fuissino mortuus fuit, scilicet Nectitus in Rhodanum casu fortuito* Legerem *Necatus.*] Chronicon breve Andegavense ann. 1126 : *Filius Regis Anglorum in mari Necatur.* [Adde Memoriale Potestatum Regiens. ad ann. 1276. apud Murator. tom. 8. col. 1139. etc.]

NEGARE. Lex Alemann. tit. 73. cap. 3 : *Si aliquis aliquam clausuram in aqua fecerit, et ipsa aqua inflaverit, et ibi alicujus pecus Negaverit, etc.* Ita Editio Heroldi et veteres Codd. alii *Necaverit* habent. Lupus Protospata ann. 940 : *Et Negavit eum Pao in mari.* Id est, submersit. [Chronicon Novaliciense apud Murator. tom. 2. part. 2. col. 744 : *Diabolus autem antiquus homicida perdidit hunc Negando; suffocavit enim eum in gurgitem aquæ.* Harumce vocum origo *Hneigen*, Celtis, Submittere, ut observat Schilterus in Glossario Teutonico.]

* Glossar. Provinc. Lat. ex Cod. reg. 7657 : *Negar, Prov. Mergere, submergere.*

¶ NECATIO, Submersio. Chronicon Astense apud Murator. tom. 1. col. 280 : *Et alia infinita mala, quæ fecit ipsum flumen Padi ... tam in Necationibus hominum et bestiarum, quam aliter, esset longum scribere.*

* **NECARONI**, Iidem qui Hunni. Vita S. Vedast. tom. 1. Febr. pag. 793. col. 1 : *Quæ olim ab Attila Necaronorum rege diruta, etc. Hunnorum regi Attilæ*, in altera ejusd. Sancti vita ibid. pag. 797. col. 2.

NECCAR, Allium, σκόροδον, in Gloss. Gr. Lat.

¶ 1. **NECCHIE**, Mendosa vox. Vide *Naca*

¶ **NECESSARE**, Cogere. *Nisi quod natura Necessat*, Fortunato lib. 2. Mirac. S. Martini. [** *Id quod domui Necessatur*, apud Marin. in Diplom. Papyr. ann. c. 444. num. 73. lin. 32.]

NECESSARIA, NECESSARIUM, Latrina, secessus. Descriptio Regionum Urbis Romæ edita a Mabillonio pag. 514 : *Posternæ* 3. *Necessariæ* 4. *fenestræ majores forinsecus* 107. *minores* 66. Infra : *Propugnacula cum porta Prænestina* 302. *Necess.* 1. *fenestræ* *major. forins.* 80. *etc.* Adde pag. 516. Lanfranc. in Decr. pro Ord. S. Bened. cap. 4 : *Unus eorum in dormitorio debet circumire lectos omnium, et omnia sedilia in Necessariis sollicite considerans, ne forte aliquis Frater dormiens ibi remanserit.* Liber Ordin. S. Victoris Parisiensis MS. cap. 22. de Novitio : *Debet autem ipse Magister diligenter instruxisse eum qualiter se discalceare debeat, vel cooperire, et Necessaria non nisi cooperto capite intrare.* Adde cap. 37. Hincmarus Opusc. 24 : *In mansione in qua degit, caminatum habet et Necessarium.* Passim Scriptores, Bertholdus Constantiensis ann. 1076. Udalricus lib. 2. Consuetud. Clun. cap. 5. 35. lib. 3. cap. 6. 89. Usus antiqui Ord. Cisterc. cap. 55. 72. 74. 77. 83 108. Hugo Flaviniacensis in Chron. Vird. pag. 263. Regula Magistri cap. 30. etc. *Loca Necessaria*, apud Gregor. Tur. lib. 1. de Mirac. S. Martini cap. 37. *Locus Necessariorum*, in Chronico Afflegemensi cap. 15. *Domus necessaria*, in Statutis Ordinis *de Sempringham* pag. 732. et Ord. Præmonst. dist. 1. cap. 14 Chron. Laurishamense ann. 948 : *Dormitorium renovavit, ædificium Necessariorum prominens aptavit, etc.* Sic Χρείας, Græci usurpant pro latrinis : Χρεία enim sine adjectione interdum pro necessitate redditur. Glossæ Græco-Lat. : Χρείαι, ἐν αἷς ἀποπατοῦμεν. Apud Artemido. lib. 1. Onirocr. cap. 2 : Καθέζειν εἰς χρείας. *Desidere exonerandæ alvi gratia : ad Necessitatem corporis sui sedere*, in Lege Longob. lib. 1. tit. 16. § 5. [** Liutpr. 152. (6,72.)] *Ad Necessitatem naturæ secedere*, apud Lamb. Schafn. ann. 1076. *Ad officia naturalia secedere*, apud Aurel. Victorem in Caracalla. Etiamnum dicimus, *Faire ses nécessitez.* Palladius in Hist. Lausiaca cap. 28 : Οὐκ ἐξῆλθε ἐπὶ ἡμέρας τρεῖς δι' αὐτὸν, οὐδὲ πρὸς τὴν ἰδίαν χρείαν. Ado Viennensis in Chron. de Ario : *Divertens post forum Constantini ad causam necessariam, viscera ejus repente simul cum vita effusa sunt.* Gillebertus Episc. Londinensis in Cantica Canticor. cap. 2. n. 7. de eodem Ario : *Et cum Necessitate ad publica purgatoria pervenisset, etc.* Computum Stephani *de la Fontaine*, Argentarii Regii incip. 1. Jul. 1351 : *Pour les couvertures de cinq chaires, etc. et pour cinq Nécessaires enveloppées de cuir, et couvertes de drap par dessus.* In præcedenti Computo, *selles Necessaires* appellantur. Vide *Calciarium*. Sed et *Necessaria* vocant Statuta Mediolanensia part. 2. cap. 268. ipsa hominum excrementa : *De Necessariis in æstate non spatiandis*, id est, deportandis. Vide Gloss. med. Græcit in voce Χρεία, col. 1759. et Ἀναγκαῖα, col. 66.

* Ipsa ventris exoneratio. Liber de Mirab. Romæ ex Cod. Reg. 4188 : *Per plurimas enim noctes viderat illum regem ad pedem cujusdam arboris pro Necessario venire.* Infra : *Ivit contra eum, qui jam pergerat Necessarium.*

* NECESSITAS, Eadem notione, unde nostris *Faire ses necessitez*. Lit. remiss. ann. 1354. in Reg. 82. Chartoph. reg. ch. 695 : *Quadam Necessitate dictum Johannem cogente pro grossa materia et urina faciendis, in quodam parvo nemore prope dictum iter ivit,.... in quo Necessitatem suam prædictam fecit.*

NECESSARIUS, pro *Magis necessarium*, dixit Alcuin. Epist. 1.

¶ **NECESSITARE**, Cogere, Gall. *Necessiter*, Ital. *Necessitare*. Verbum a Scholasticis non semel usurpatum, quod occurrit in Miraculis B. Coletæ, tom. 1. Martii pag. 573. in Vita S. Catharinæ Senensis, tom. 3. Aprilis pag. 907. et alibi.

NECESSITAS. Charta Arturi primogeniti Ducis Britanniæ, Vicecomitis Lemovicensis ann. 1292 : *Super subsidio nobis et liberis nostris in quatuor Necessitatibus faciendo : scilicet ad filiam maritandam, ad novam Militiam recipiendam, ad redemptionem solvendam, ad sustinendum crucis expensas, etc.* Vide *Auxilium*. [** *Trinoda Necessitas* apud Anglosaxones, Militia, arcis et pontis exstructio. Vide Phillips. Hist. Jur. Angl. tom. 2. pag. 76. et infra in hac voce.]

¶ NECESSITAS, Quævis exactio, f. sic dicta quod necessaria sit et coacta. Charta Ludovici II. Regis Siciliæ e MS. D. *Brunet* fol. 115. v° : *Questus aut tallias, angarias sive parangarias, aut Necessitates aliqualiter imponere.*

¶ NECESSITAS, *Indigentia, inopia*, Gall. *Nécessité*, in Barthii Glossario ex Hist. Palest. Roberti Monachi. Privilegium Caroli C. pro Monasterio Vedastino ann. 867. apud Marten. tom. 1. Ampliss. Collect. col. 183 : *Si autem ex his præfatis villis, quæ ad cameram deputatæ sunt, Necessitas Fratrum suppleri non potuerit, etc. Maxima monasterii Necessitas*, seu penuria, in Charta ann. 1417. apud Ludewig. tom. 6. pag. 85.

¶ NECESSITAS CORPORIS. Vide *Necessarium*.

* NECESSITAS. *De necessitate virtutem facere*, in Annal. Eduardi II. reg. Angl. auctore Joan. *Trokelowe*, edit. Hearn. pag. 39. Phrasis Gallica, *Faire de necessité vertu*, ut facile est credere; qua tamen utitur Quintilianus. Alio sensu vide in *Necessaria*.

* **NECESSITATIVUS**, Necessarius. Mirac. S. Helenæ tom. 3. Aug. pag. 612. col. 1 : *Qui* (Teutgisus) *ex quadam Necessitativa causa non aderat præsens.*

¶ **NECESSITUDO**, Opus. Charta ann. 1130. in Instrum. tom. 4. Gall. Christ. col. 164 : *Et omnia sua usibus eorum nemora, tam ad domorum suarum materiam, quam ad cætera domus utensilia, sed ad Necessitudinem ignis.*

NECESTUOSUS. Indigens, a necesse, nostris, *Necessiteux*, [*indigent*.] Epistola Episcoporum Synodi Carisiacensis ad Ludovic. Germaniæ Regem cap. 12 : *Quicunque Necestuosi palatium adierint.* Flodoardus lib. 3. Hist. Rem. cap. 26 : *Et quia Missus Imperatoris erat, et Capitula ipsius pro defensandis advenis et Necestuosis habebat.* Liber 2. Miraculor. S. Bertini cap. 8 : *Propalans etiam quod competentibus Necestuosorum vicissitudinibus dignatur precibus electorum suorum pro sibi votivis supplicatibus præbere effectum.* [Vox Hincmaro familiaris, ut notat Simondus in Notis ad Capitulare 23. Caroli Calvi.]

NECNE, pro *Necnon*. S. Hieronym. Epist. 7 : *Offerre Necne filiam potestatis tuæ fuit, etc.* Epithaphium Ælfrici Præsulis auctoris Glossarii Anglo Saxonici :

Defensor regni Necne salus populi.

Ordericus Vitalis lib. 11 :

Nam leo Necne lupus, draco, perdix, et basiliscus.

Et lib. 4. pag. 513. b et alibi. Vide tom. 1. Sæculi III. Benedictini pag. 178. 181. 199. 202. etc. Glossæ antiquæ MSS. : *Necne vel non, necnon, quod si non.*

* Nostris *Neis*, pro Etiam atque etiam. Gesta Ludov. Pii tom. 6. Collect. Histor. Franc. pag. 160 : *Pour sa restitution crut merveilleusement grant joie et grant léece ou pople ; Neis li element.... s'en resléecierent.* Ubi vita ejusd. Imper. ibid. pag. 115. habet : *Ut etiam ipsa elementa*, etc. Vita S. Ludov. edit. reg. pag. 298 : *Lequel abit ele reçut purement, Neis à tenir.* Pedag. Paris. in Cam. Comput. Paris. fol. 5 : *Si out.... une haste de porc a quelque jour que la feste* (de S. Vincent) *soit, Neis se elle estoit au Vendredi.* Occurrit apud Bellom. MS. pag. 30. r°. col. 1. et pag. 70. v°. col. 2. *Nis* apud Petr. de Font. in Consil. pagg. 128. 151. et 154.

¶ **NECROLIUM**, Rocho *le Baillif* in Dictionario Spagyr. : *Medicamentum prohibens mortem et vitam conservans.*

¶ **NECROTHYTHUS**, Mortuis immolatus, a Græco Νεκροθύτης, apud Tertull. de Spectaculis.

¶ **NECSILES**. Charta ann. 964. apud Murator. delle Antic. Estensi pag. 143 : *Præceptum istum ibi ostensimus, ut nullus quislibet dicere possit, quod nos eum occulte et concludiose abuissemus et tenuissemus, et Necsiles appareat.* An nescientibus appareat, notum sit?

NECTAR, *Vinum pigmentatum*, Ugutioni. [Joh. de Janua addit : *Dulcis liquor.* S. Ambrosius de Bono mortis cap. 5 : *Hinc Nectar illud ex vino et melle prophetico.* Rochus *le Baillif* in Dictionariolo Spagyr. : *Nectar sit ex vino rubeo coagulato et ex vino albo.*] Potionis delicatioris species, interdicta in Statutis Ord. Cartusiensis ann. ann. 1368. 2. part. cap. 5. § 30 : *Nectar quoque aut qualibet alius vini et speciorum confectiones nullo unquam tempore in refectorio ministramus.* Tabularium Carrofense : *Et ipsi Monachi præfati Cœnobii afferrant illis gantos unos, et duos cereos, cum duobus botis Nectare plenis, etc.* [Vetus Ordinarium Cabilon. a Martenio laud. tum pag. 77. Tractatus de ant. Eccl. Disciplina in divinis Offic. celebrandis : *His octo diebus* (postremis Adventus Domini quibus totidem Antiphonæ O. in Ecclesia Cabilon. canebantur) *post Vesperas... venit chorus in refectorio ordine processionali, duobus ceroferariis præcedentibus ; et interim sonatur campana grossa, et datur ibidem potus de Nectare et de vino.* Hujus consuetudinis rationem reddit Ordinarium Namnet. his verbis : *Item bibitur cum illo, qui incipit Antiphonam, ad significandum quod sitis antiquorum refrigata est per adventum Christi.* Aliis quoque diebus in quibusdam Ecclesiis *Nectar* distributum fuisse, quod postmodum in pecuniam commutatum fuit, nos docent Statuta Eccl. Barchinon. ann. 1332. apud eumdem Marten. tom. 4. Anecd. col. 613. ubi : *Item volumus... quod Præpositi dictæ sedis, et quivis alii, qui Canonici ejusdem Ecclesiæ Nectar et nebulas* *dare consueverunt et debent, dent et dare teneantur cuilibet Canonico, in festo Paschœ resurrectionis Domini inclusive usque carnisprivium Adventus Domini exclusive, scilicet in festivitativus et diebus ejusdem temporis, in quibus Nectar et nebulæ Canonicis ministrantur, pro eodem Nectare et nebulis* XII. *denarios monetæ Barchinonensis decerno. Item fiat officialibus et Ministris ejusdem Ecclesiæ, et aliis quibus Nectar et nebulæ dari consueverunt et debent, juxta ratam perceptionis ipsarum,* f. *ipsorum.*] Vide *Pigmentum.*

* *Nectareus et mellitus potus*, in Cærem. vet. MS. eccl. Carnot. qui *Ipocras* appellatur in Lib. virid. ejusd. eccl. Glossar. Gall. Lat. ex Cod. reg. 7684 : *Clare, mellicratum, i. Nectar.* Idem ergo quod *Medo* et *Mellita*. Vide in his vocibus.

** *Nectar carnis* in Ecbasi vers. 112. et *caro Nectorea* ibid. vers. 272.

* **NECTESARE**, Purgare, mundare, Ital. *Nettare*, Gall. *Nettoyer*, alias *Niier* et *Nier*; unde *Niage*, Expurgatio. Chartar. notar. *Dambagne* ex schedis Pr. a S. Vincent. : *Quod teneatur curare et Nectesare vallata.* Redit. comitat. Namurc. ann. 1265. ex Reg. Cam. Comput. Insul. sign. *Papier velu* fol. 9. v°. : *Cil doivent Niier l'estaule des kiens le conte et faire nete, se on les mande.* Sent. arbitr. ann. 1313. in Reg. 53. Chartoph. reg. ch. 53 : *Item nous voulons.... que se lidis biés avoit mestier de Nier, que il soit niés de sis ans en sis ans,.... et se fera chius Niages as termes dessus dis,.... desquieux niages et frais fais pour le niage, li ville paiera le tierch.... Lesqueis* (accord) *fait mention des hentis, des voies, des Neis, de ouvretures et des resures.* Hinc *Netaieure* et *Netoieure*, Immunditiæ, purgamentum, vulgo *Ordure, immundice.* Charta ann. 1372. in Reg. 103. ch. 104 : *En laquelle place l'en porte communément les Netaieures et ordures, etc.* Lit. remiss. ann. 1409. in Reg. 163. ch. 407 : *Comme le suppliant eust admené le tumberel.... pour vuider grant foison de Netoieures, qui estoient issues de l'ostel de son maistre, et icelles Nettaieures, etc.* Vide infra *Netegamentum.*

¶ **NECTITUS**, pro *Necatus*, Submersus. Vide *Necare.*

* **NECTUM**, Statim, continuo, ut videtur. Libert. Clarim. ann. 1248. tom. 5. Ordinat. reg. Franc. pag. 600. art. 8 : *Quociescunque dicti burgenses a villico suo vel scabinis ex parte nostra requisiti fuerint, Nectum cum armis venire tenebuntur per duos dies in propriis sumptibus suis.*

¶ 1. **NECTUS**, Nitidus, mundus, ut conjecto, Gall. *Net*, Ital. *Netto.* Chronicon Parmense apud Murator. tom. 9. col. 846 : *Item eodem anno* (1333.) *magna siccitas fuit... et blavæ steterunt ad nascendum, taliter quod vix videantur usque ad mensem Aprilis... sed frumenta et aliæ blavæ satis bona et Necta, Deo concedente, fuerunt.*

** 2. **NECTUS.** *Canto dolis Nectum*, in Antiq. Rhythm. de S. Othmar. apud Pertz. tom. 2. Scriptor. pag. 55. ubi glos. interl. *mortificatum.*

¶ **NECUTIARI**, pro Negotiari. Charta Pipini Fr. Regis apud Doubletum Hist. San. Dion. pag. 694 : *De omnes Necutiantes... tam ibidem et alicubi ad Necuciandum vel Necucia plurima exercendum, etc.* Alia vetus Charta : *Vineas vero... nos antea de Sargite quondam Necutiante, parte divina, cum terra comparavimus.*

¶ **NEDACRA**, Modus agri, fortean idem quod *Arca.* Vide locum in *Nydbedripes.*

* **NEDDERLAGE.** Charta ann. 1312. apud Ludewig. tom. 9. Reliq. MSS. pag. 585 : *Omnes hospites navigiis advenientes et pausam communem, quæ Nedderlage dicitur, in eadem aqua facientes, evolutis duobus diebus thelonium obligatorie dare tenebuntur.* Sensum vocis docet Charta ann. 1424. inter Leg. Polon. tom. 1. pag. 88 : *Teloneum et depositum, vulgariter Niderloge,... suspendantur, nec a mercatoribus.... exigantur.* [** Vide Haltaus. Glossar. German. col. 1417. voce *Niederlage.*]

NEDFRI, [vel **NEDFRATRES**, ut minus recte scribit Baluzius, ex *Nedfres*, quam pro *Nedfratres* acceperunt.] Capitularia Caroli M lib. 5. cap. 2 : *Illos sacrilegos ignes, quos Nedfri vocant, sive omnes... paganorum observationes diligenter prohibeant.* Concilium Leptinense ann. 743. cap. 2. *Nedfratres* habet, perperam, inquit Lindenbrogius, ubi ille : Rusticani homines in multis Germaniæ locis, festo S. Joannis, palo ex sepe extracto, funem circumligant, illumque huc illuc ducunt, donec ignem concipiat : quem stipula aliisque aridioribus lignis aggestis curate fovent, ac cineres collectos supra olera spargunt, hoc medio erucas abigi posse inani superstitione credentes. Eum ergo ignem *Nedfeur*, quasi necessarium vocant. Hæc ille. Sed nec vox *Nedfri*, subdit Spelmannus, aliena est omnino ab ista significatione apud Saxones Anglicos : n e d enim *Necessarium* sonat, et fyr, ignem. Is tamen aliam voci originem statuit : ductam scilicet a prisco Saxon. n e o d, quod *obsequium* sonat : proinde putat n o d f i r s, *ignes* esse *in obsequium* manium ethnicorum editos. Hæc sane omnia valde incerta sunt : ut et an sacrilegi isti ignes ii sint, quos in mysteriis suis, arte quadam magica, et nescio quibus præstigiis excitabant pagani Sacerdotes ut auctoritatem ac reverentiam sacris suis conciliarent; de quibus Henricus Valesius ad lib. 4. Eusebii de Vita Constantini cap. 20.

☞ Schilterus *Notfyr* et *Notfeur* exponit *Coactus ignis fricando*, non male, ut probat ex Indiculo superstitionum et paganiarum in Concilio Liptin. ann. 743 : *De igne fricato de ligno, id est, Nodfyr. Notfyres* etiam pro mendoso *Nodfratres* restituit in Capitulari 1. Carlomanni ann. 742. cap. 5. Dein addit hunc ignem longe diversum esse a rogo, qui in Concilio Trullano can. 69. damnatus est his verbis : *Qui in novilunis a quibusdam ante suas officinas accenduntur rogi, super quos etiam antiqua quadam consuetudine, salire inepte et delirare solent, jubemus deinceps cessare* : quem ibi Ehingerus, inquit, eumque secutus Spelman. confundit cum nostro ex ligno vel palo excitato, nec in obsequium numinum ethnicorum edito. Observat denique idem Schilterus utramque hanc superstitionem in festo S. Johannis alicubi probabiliter concurrisse, quod hodieque Germanis dicitur *ein Johannes feur;* de quo laudatus Ehingerus : *Hanc impiam consuetudinem hodie in Germania, in festo S. Johannis Bapt. observant quidam, ut in plateis excitato igne, super ipsum saliant. Sed pii Evangelici Magistratus per ministros urbis tales ignes dissipant, et delirantes de plateis abigunt.* Ejusdem originis sunt ignes, qui in Galliis nostris etiamnum excitantur ipso Nativitatis S. Johannis Bapt. pervigilio.

* A calamitate (*Not*) quadam, cui averruncandæ superstitioni hunc ignem adhibebant, ex Wacht. Glossar. Germ. voce *Feur* pag. 443. [** Vide Grimm. Mythol. German. pag. 341.]

NEENUM. Charta MS. ann. 1315 : *Ex parte Ecclesiæ Majoricar. extitit exposita querela coram illustrissimo D. Jacobo felicis recordationis Rege Majoricar. quod ipse seu ejus Officiales non permittebat, quod in locis dictæ Ecclesiæ assignatis et datis ratione Neeni terræ insulæ Majoricar. quæ fuit per illustrem D. Jacobum bonæ memoriæ Regem Aragonum, et Barones et Prælatos qui captioni dictæ insulæ interfuerunt, datum et concessum ipsi Ecclesiæ, eadem Ecclesia seu ejus Officiales possent punire aliquos extraneos delinquentes in locis supradictis, etc.* Infra : *Imo per instrumenta Neeni dictæ terræ constabat quod nulla jurisdictio fuit concessa in dictis locis... tempore concessionis dicti Neeni.*

¶ **NEEZ**, in Schedis D. *Aubret* Dumbensis Historiographi, Locus in fluvio, ubi cannabis maceratur. Vide *Rothorium.*

* Idem forte sonat vox *Néette* in Charta ann. 1318. ex Reg. 56. Chartoph. reg. ch. 233 : *La riviere si comme elle se comporte en lonc et en ley, avec aucunes Néettes et illettes appartenans à ladite riviere.* Vide infra *Neisius.*

¶ **NEFANDARIUS**, in Glossis Isid. Grævius putat legendum, *Nefandus, Nefarius;* quæ promiscue a Scriptoribus usurpantur, quamvis discrimen inter utrumque statuatur.

* **NEFFLERIUS**, Mespilus, Gall. *Neflier.* Charta ann. 1177. inter Instr. tom. 10. Gall. Christ. col. 320 : *Statutum igitur ex concessione utriusque partis, quod quidquid monasterium S. Richarii jure ecclesiastico possidebat.. in.. potellis et Nefferiis, etc.* Vide infra *Neplarius.*

* **NEFFN-I-KYN.** Leg. Danicæ apud Ludewig. tom. 12. Reliq. MSS. pag. 168 : *Item pro quacunque causa aliquis impetitur, quod ad illam causam consilium dederit vel mandaverit, pro qua causa aliquis privari potest pace, si juramento cognatorum, quod dicitur Neffn-i-kyn, se non defenderit, etc.* Ibid. pag. 177 : *Item notandum, quod in istis legibus novis omne juramentum cognatorum sit juramentum Neffn-i-kyn.*

NEFFNINGER. Andreas Sueonis lib. 3. Legum Scaniæ cap. 1 : *Est præstanda defensio ætatem legitimam alleganti cum duobus testibus; et per Neffninger de placito ubi bona vendita sunt.*

* Qui jurato tenetur asserere aliquem deliquisse, interprete Ludewigo ad easd. Leg. Dan. ibid. pag. 169 : *In qualibet villa forensi sint veridici et Neffningi.... Item in quocumque hareth vel villa forensi facta fuerit rapina in placito illius hareth, debent Neffningi illius heret discernere, et qui accusatur pro causa rapinæ, debet in placito sui hareth tempestive citari ad illum placi-*

tum, etc. Vide *Jurata* 2. *Nembda* et *Veredictum*.

NEFINGERE, *Non fingere, et putare*, in Glossis antiquis MS.

NEFRENDICIUM, in Glossis Isid. : *Annuale tributum, quod certo tempore rustici dominis vel discipuli doctoribus afferre solent, duntaxat sit carneum, et porcellus*. Addit Ugutio *circa nativitatem*. Vide *Maialis*.

* Glossar. Lat. Gall. ex Cod. reg. 7692 : *Nefrendicium, panage*. Melius in altero sign. 521 : *Nefrendium, pernage*; a *Nefrendus, porcus etesticulatus*, ibid.

NEFUS, Nefastus, malus, improbus. Hadrianus PP. in Carmine ad Carolum M. Imp. :

Nefa perfidi Regis calcabis Desiderii colla.

¶ NEGANTIA, Recusatio. Vita B. Agnetis de Bohemia n. 5. Martii tom. 1. pag. 510 : *Nec Venceslaus patris Ottogari decreto quidquam suis Negantiis derogare præsumpsit*.

* *Nianche*, pro Negatio, apud Bellom. MS. cap. 29.

¶ 1. NEGARE, Ejurare, abjicere, Gall. *Renoncer, Renier*. Memoriale Potestatum Regiens. ad ann. 1218. apud Murator. tom. 8. col. 1095 : *Et quotidie quidam Saraceni exhibant de civitate, et negabant eorum legem et baptizabantur; et de malis Spagnolis et de malis Anglicis fugientes ad exercitum paganorum, Negabant Christum filium S. Mariæ Virginis*.

2. NEGARE, [Submergere, *Noyer*.] Vide *Necare*.

¶ NEGATIVI, Hæretici, qui coram Inquisitoribus fidei per testes legitimos, quos nolunt, vel non possunt repellere, de aliqua hæresi rite, secundum leges Inquisitionis, convicti sunt; sed non confessi, imo in *negativa* constanter perseverant, Catholicam fidem profitentur et hæreticam pravitatem detestantur. Hæc et plura Hofmannus in Lexico : quod, si vacat, consule. Iis opponuntur *Affirmativi*, de quibus supra.

NEGATOR, [Reus, qui quod actor ait, negat. Bernardus *de Breydenbach* Itin. Hierosol. pag. 110 : *De possessionibus recuperandis judicia talia sunt inter eos, qualia et apud Hebræos, ut scilicet petitor comprobet, ac Negator semetipsum expurget*.] Vide *Lapsi*.

NEGGILDARE. Leges Henrici I. Regis Angliæ cap. 70 : *Non cogitur liber cum servo Neggildare, nisi velit ei facionem facere, nec servus cum libero*. Ubi Leges Inæ Regis § 78, exponunt hanc vocem per *cognationem solvere*. *Non cogatur liber cum servo Cognationem solvere, nisi velit eum factione liberare*. Vide *Gildare* in *Gildum*.

¶ NEGITARE, Pernegare, in Onomastico ad calcem tomi 4. SS. Maii.

¶ NEGLECTIBILIS, Contemnendus, vilis. *Neglectibiles herbæ, quibus vix brutum pascitur animal*, Salas Malaspinæ lib. 1. Rerum Sicul. apud Baluzium tom. 6. Miscell. pag. 202.

* NEGLECTRIX, Negligens, non curans, in Chron. Adem. tom. 10. Collect. Histor. Franc. pag. 145 : *Ecclesiarum potius Neglectrix, quam nutrix*.

NEGLECTUM, Negligentia, sed maxime ea quæ culpæ proxima est. Capitulare de Villis cap. 4 : *Si familia nostra partibus nostris aliquam fecerit fraudem de latrocinio aut alio Neglecto, illud in caput componat*. Occurrit ibidem semel ac iterum. Adde Legem Alemann. tit. 36. § 3. et Leges Luitprandi Regis Longob. tit. 58. § 2. tit. 60. § 16. [** Liutpr. 80. 84. (6,27,31.)]

* NEGLIGENTIÆ COGITATIONUM, apud Salvian. adv. Avarit. lib. 1. cap. 12. Quod de peccatis minutis, quæ theologis *venialia* appellantur, intelligit Baluzius ad hunc loc.

NEGLIGENTIAS *suas profiteri coram Abbatissa*, in lib. 4. Insinuat. S. Gertrudis cap. 2.

¶ NEGOCIENS, Negotiator, Gall. *Negociant*. Formulæ Andegav. num. 50 : *Domini fratri illo ego illi Negociens rogo, preco atque suppleco per hunc mandatum ad vicem meam servo meo nomen illo, natione gentile, quem mihi confugio fecit, ubi et ubi cum ipso invenire potueris... quidquid exinde ad vicem meam prosequere et excausare vel admallare eas facias*. Vide infra *Negotium* 1.

NEGOSSA, Retis ad capiendos pisces species, quæ describitur a Petro de Crescentiis lib 10. de Agricultura cap. 37.

1. NEGOTIARE, pro Negotiari, in Pacto Legis Salicæ tit. 43. § 8 : *Si quis cum servo alieno sine consilio domini sui Negotiaverit*, etc. Hoc autem loco, ut et cap. 50. in malam partem sumitur, nempe pro Machinari, moliri furtum aut crimen aliquod cum alio. [Vide mox in *Negotium* 1.]

* 2. NEGOTIARE, Alicui operi vacare. Memor. F. Cam. Comput. Paris. fol. 24. ad ann. 1395 : *Nicolaus de Pratis et Johannes Bouillon qui Negotiabunt* (i. e. auditioni computorum vacabunt), *videlicet dictus Nicolaus in camera Campaniæ cum magistro Johanne de Cruce, et dictus Johannes Bouillon in camera monetarum, cum magistro Johanne Regis*.

* NEGOTIARI, Eadem notione. Lit. remiss. ann. 1417. in Reg. 170. Chartoph. reg. ch. 47 : *Sicuti faciunt mulieres antiquæ, quando per domum Negotiantur*.

¶ NEGOTIATA, *Besoignement*, in Glossis Latino-Gall. Sangerman. MSS.

¶ NEGOTIATIO, NEGOTIATOR. Vide *Negotium* 1.

NEGOTITÆ, vel NEGOTISTÆ, *Mercenarii, sellarii vel tabernarii, opifices, institores*. Papias, Ugutio. [Joh. de Janua : *Negocita, Negotiator, institor, opifex, mercenarius*.]

1. NEGOTIUM, NEGOTIATIO, Mercatura, χαπηλεία, nos vulgo *Negoce, Trafic, Commerce*. Gloss. Lat. : Græc. *Negotiatio*, πραγματεία. Gloss. Gr. Lat. : Πραγματεία, *Negotiatio, nundinatio*. Πραγματευτής, *Negotiator, mercator*. Glossæ MSS ad Canones Concilior. : *Mercimonia, Negotia*. Mela de Ægyptiis : *Forum ac negotia feminæ, viri panes ac domos curant*. Gregorius M. lib. 6. Epist. 36 : *Lucris tamen Negotii vestri congaudeo*. Canones Afric. cap. 16 : *Placuit ut Episcopi, Presbyteri, Diaconi non sint conductores, aut procuratores, neque ullo turpi Negotio et inhonesto victum quærant*. Charta Ottonis Imp. ann. 964. pro Ecclesia Patavina, apud Ughellum : *Castella cum turribus et propugnaculis erigere; Negotia constituere, molendina componere*, etc. Ita etiam usurpari in leg. 1. De exercit. act. annotarunt alii. Adde Alypium Antiochen. seu auctorem Descript. orbis cap. 16. cap. 17. § 7. 19. 21. 36. 38. 40. 47. 50. etc. Capit. Caroli M. lib. 1. cap. 131. lib. 5. cap. 210.

NEGOTIUM. Merx ipsa. Formulæ vett. Bignonianæ form. 45 : *Venditor vel commercius quodlibet Negotium habeat vendendi*. Synodus Vernensis ann. 755. cap. 26 : *De teloneis vero sic ordinamus, ut nullus de victualio et carris, quæ absque Negotio sunt, teloneum prehendat*. Ita in Capitulari Metensi cap. 6. in Concilio seu Capitulari Francofordiensi ann. 794. cap. 5. alias 3. etc.

NEGOTIARE, Mercaturam exercere, *Negocier*. Apuleius lib. 5 : *Magnis pecuniis Negotiantem*. Capitulare ann. 803. cap. 2 : *De negotio super omnia præcipiendum, ut nullus audeat in nocte Negotiare in vasa aurea et argentea, mancipia, gemmas,... sed in die coram omnibus et coram testibus unusquisque suum negotium exerceat*. Adde Capitul. 2. ann. 805. cap. 7. et lib. 3. Capitul. cap. 6.

¶ NEGOCIATOR. Diploma Neapolitanorum pro Amalphitanis ann. 1190 : *Ita ut vos Negociatores, Campsores seu Apothecarii*, etc. Brencmannus Dissert. 1. de Republica Amalph. pag. 17. *Negociatores* mercatores, interpretatur qui particulatim merces suas distrahunt, *Apothecarios* vero eos, qui acervatim seu per aversionem vendunt. De *Campsoribus* dictum in *Cambiare*.

* Institor. nostris *Négociateur*, eadem acceptione. Lit. remiss. ann. 1391. in Reg. 141. Chartoph. reg. ch. 183 : *Guillaume Corault varlet et Négociateur de Marguerite de Montagu,... gouvernant les négoces et besongnes d'icelle Marguerite*. Vide *Negotitæ*.

¶ NEGOCIATUS, Negotiator, qui *negotium* seu mercaturam exercet. Ratherii Veron. Synodica ad Presbyteros, tom. 2. Spicil. Acher. pag. 261 : *Sacra vasa et vestimenta sacerdotalia nolite in pignore dare Negociato aut tabernario*.

2. NEGOTIUM. Res. Arnobius lib. 6 : *Sicut illi referunt, qui Negotia Thespiaca scriptitarunt*.

¶ NEGOTIUM FISCALE, Jus fisci. Privilegium ann. 704. tom. 1. Monastici Anglic. pag. 12. col. 2 : *Ego Ina Rex.... hanc libertatem Monachis, qui in Ecclesia B. Dei genitricis Mariæ et B. Patricii,... hanc privilegii dignitatem super altare pono, ut sine impedimento secularium rerum, et absque tributo fiscalium Negotiorum, liberis mentibus, soli Deo serviant*.

¶ NEGOTIUM SÆCULARE. Epistola Monachorum Montis-majoris ad Gregorium PP. apud Mabillon. lib. 51. Annal. Benedict. num. 55. ad ann. 997 : *Prorupit quidam Monachus ex Monasterio S. Ægidii, et a Negotio sæculari, vel a Principibus sæculi ultro se ingerens, ausus est se facere Abbatem*. Idem sonant *a Negotio sæculari* et *a Principibus sæculi; a Negotio* igitur *sæculari* hic idem est quod Principum sæcularium ac Magnatum auctoritate vel patrocinio.

* Nostri *Négoce*, eodem sensu, dixerunt.

Feuda Norman. in Reg. S. Justi ex Cam. Comput. Paris. fol. 154. r°. col. 1 : *Robertus de Castello tenet terram suam de rege per sergenterium, et debet ire cum serviente regis ad capiendum latrones, vel ad capiendum Negotia* (sic lego) *defortiata. Willelmus de Pulcro campo tenet terram suam usque ad xxv. acras tali servicio, quod debet adjuvare ad tenendum placita Rothomagi ter in anno, et ad capiendum latrones et Negotia defortiata per submonitionem famuli regis.* Lit. ann. 1372. tom. 5. Ordinat. reg. Franc. pag. 516 : *L'arcevesque de Tours estant en la court de Romme pour les Négoces de son eglise, etc.*

3. **NEGOTIUM**, Ipsa actio venerea. Sic enim plerique interpretantur illud S. Pauli 1. Thessalon. cap. 4 : *Ne quis supergrediatur, neque circumveniat in Negotio fratrem suum.* Græcum habet ἔργον. Hincmarus Remensis Epist. 7. cap. 11 : *Non de hoc verecunde quæramus, quod et Apostolus non nudo, sed velato nomine loquens apud legitime conjugatos studuit appellare dicens, Ne quis circumveniat in Negotio fratrem suum.*

4. **NEGOTIUM**, pro Prælio. Saxo-Grammaticus lib. 1 : *A quo terrestri Negotio superatus Hadingus, etc.*

¶ **NEGRITA**, pro *Nigrita*. Vide *Niger*.

¶ **NEGROMANTICUS**, pro *Necromanticus*, Gall. *Necromantien*. Qui ad divinandum evocat animas mortuorum. Utitur Jac. Malvecius in Chronico apud Murator. tom. 14. col. 930.

¶ **NEGUOSSIARE**, Negotio seu Rei alicui vacare, incumbere, Gall. *s'Occuper*. Vet. Ceremoniale MS. B. M. Deauratæ : *Post* (Vesperas) *intramus claustrum, et quilibet Neguossiat ad libitum usque ad Completorium.* Paulo post iterum recurrit.

* **NEIAGIUM**, Neyagium, Præstatio, quæ ex *nebulis* fit. Charta Phil. Pulc. ann. 1310. in Reg. 45. Chartoph. reg. ch. 147 : *Item montonnagium, Neyagium, cum uno boissello bladi annui redditus pro obleis faciendis, valentia tres solidos annui et perpetui redditus. Neiagium*, in Reg. 47. ch. 85. Vide supra *Nebula* 2.

* **NEISIUS**, Locus in fluvio, vel aquarum receptus, ubi cannabis maceratur. Terrear. Trevolt. ann. 1535 : *Juxta Neisium hæredum Philiberti Verne.* Vide supra *Neez*.

* **NE ISSAC**, vox vulgaris, qua significatur Vectigal pro mercium exitu. Charta ann. 1452. in Reg. 181. Chartoph. reg. ch. 109 : *Cum a prædecessoribus nostris ducibus Aquitaniæ concessum extiterit hospitelario hospitalis S. Andreæ, in civitate nostra Burdegalensi tunc existentis, et suis successoribus, quod acustumare potuissent xl. dolia vini, de suis propriis vineis et redditibus et decimis exeuntia, absque alicujus custumæ Ne issac in castro nostro Burdegalensi solucione.*

¶ **NEMA**, Filum. Glossæ Græc. Lat. : Νῆμα, *Netum*. Σηρικὸν νῆμα, apud Suidam. *Nema sericum*, lib. 39. Dig. tit. 4. cap. 16. § 7.

¶ Nemen, Eodem significatu, in antiqua inscriptione laudata in Thesauro Fabri.

NEMANCEPS, in Gloss. Lat. Gall. *Franc*, [Liber, non subditus. Vox, ut conjecto, ficta ex hoc Ulpiani loco Instit. 19 : *Omnes res mancipi sunt, aut nec mancipi*, hoc est ut exponit Martinius in Lexico, sunt in mancipio, aut non sunt; subsunt dominio, juri et potestati, aut non subsunt. Aliter, at minus recte, Joh. de Janua : *Nemanceps, i. Emanceps, ex ne et manceps, quasi qui jam non est manceps, et a Manceps et Nemanceps dicitur Mancipi et Nemancipi, nomina indeclinabilia et omnis generis... Res mancipi dicitur, quæ cum alienatur, i. quæ, cum a potestate vendentis transit in potestatem ementis, manu capi potest, ut equus. Sed res mancipi* (*Nemancipi*) *dicitur, quæ, cum præmisso modo alienatur, manu capi non potest, ut ager.*]

NEMBDA, in Jure Sueonum vetusto *judicem* significat. Vide Joan. Stiernhookum pag. 31. 52. et seq.

☞ *Nembda, Nempda* vel *Nemda* non judicem, sed cœtum duodecim proborum seu legalium hominum significat, quos vel partes ipsæ litigantes, vel ipse Judex eligebat, et quibus quarumdam causarum inquisitionem atque etiam sæpius judicium committebat, præsertim cum nulli aderant testes. Ita in Legibus Urbanicis Biorco Sueonum antiquæ metropoleos, ab Hadorphio Stockolmiæ editis cap. 11. n. 1 : *Si nulli adfuerint testes, Nempdæ sive duodecim virorum judicio res committatur. Næmd*, inquit Olaus Verelius, *ubique in legibus judicium ordinarium duodecim assessoribus constans; dicitur a Nemna, denomniare, eligere, quod a litigantibus denominabantur, sex ab actore, totidem a reo.* Idem in Notis ad Bervarar Sagæ cap. 14 : *Postea deprehensum magis ex usu esse, non requisita litigantium nominatione, duodecim hos judices auctoritate constitui publica, non in causas singulas, sed omnes judicandas.* In Legum Wisigothorum libro, quem edidit Olaus Rudbeckius, multa leguntur de *Nemda* et *Nemdariis* a capite 2. ad 10. Idem itaque est duodecim *Juratorum* numerus sive *Jurata* apud Anglos, quod *Nemda* apud Danos, Suecos et Norvegos, a quibus per Normannos in Angliam invectum videtur ejusmodi judicium. Plura Hickesius Dissert. Epist. pag. 37.

¶ Nendarius, Unus e duodecim judicibus seu legalibus viris, qui *Nemdam* constituunt. Ol. Rudbeckius in suo libro Legum Wisigothorum cap. 2 : *Nullus qui servit Nemdarius esse debet, ni cum colonorum et præfecti territorii consensu.* Et cap. 3 : *Si ad judicia non veniat Nemdarius octo trientibus mulctabitur.*

* Huc spectare videtur vox Belgica *Niemschewit* vel *Nimpscewit* ex Charta Arnulphi comit. Ghinar. pro homin. Bredenardi ann. 1272. in Reg. 147. Chartoph. reg. ch. 325 : *Voirs est que chil de Bredenarde doivent avoir et tenir et warder de droit et de anchien establissement et par droite longue tenanche, eschevinage et de loy plainement et entierement de Bailloen en Flandres, qui en Flameng est ditte Nimpscewit.* Lit. confirmat. ejus Chartæ ann. 1279 : *Je me suis assentis que mi eschevins de Bredenarde.... aient le loy de Bailoeul en Flandres, que on appelle la Niemschewit.* Vide supra *Neffinger*.

¶ **NEMEN**, Filum, a *Nere*. Vide *Nema*.

NEMITOR. Vide *Minutor* in *Minuere*.

NEMO, Nullus. *Nemo dies*, apud Prudentium.

* **NEMOMENUS**, *Antiquus*, ex Gloss. ad Alex. Iatrosoph. MS. lib. 1. Passion. cap. 106 : *Hoc enim adjutorium probatum est et maxime ad diuturna ulcera et Nemomena.* Ibid. cap. 111 : *Item ad nimium sordida ulcera et Nemomena, vinum et urinam pueri, in vescibus commixtis cum melle, in aurem mittes.*

** **NEMORALE** Jus, Emphyteuticum. Jus est consuetudinarium, scribit Haltausius, concedendi fundos silvestres, duro labore exstirpatos, in emphyteusim Germanicam, in proprietatem sub censu annuo plerumque satis modico; placuit favor ejusmodi novalium, unde factum est ut etiam extra silvas, agros, areas, molendina sub jure ac nomine *Wald-recht* impetrarent. Alii scribunt *Walt-recht* a *Walten*, Pro suo arbitrio agere. Charta Hassiac. ann. 1353. apud Haltaus. Glossar. col. 2021 : *W. de Twiste concedit 2. hortos monasterio... singulis annis 4. solidos graves cadentes de 6. agris satis in monte juxta molendinum de Jure Nemorali, id est Emphyteutico, quod vulgariter Waltrecht nominatur.*

* **NEMORATUS**, Nemorosus. Charta Gerardi de S. Oberto ann. 1193. in Chartul. Mont. S. Mart. ch. 31 : *Quandocumque voluerint eam* (partem nemoris) *sartent vel incidant, vel Nemoratam conservent.*

¶ **NEMOREUS**, Ligneus. Vita S. Gervini, tom. 1. Martii pag. 287 : *Repertum est corpus domini Nitardi ... sepulti in sepulchro Nemorio cum sale.*

* Memor. G. Cam. Comput. Paris. fol. 207. v°. ad ann. 1412 : *Pro construendo et faciendo unum pontem Nemoreum in villa Paris. incœpturum in buto vici S. Martini, in loco qui dicitur vulgaliter la planche de Mibray, transversaturum flavium Secanæ usque ad S. Dionysium de carcere, iturum recto tramite ad parvum castelletum Paris.*

¶ Nemoseus, Eadem notione. : *Corpus B. Winwaloei a dicta veteri theca in novam thecam Nemoseam... seposuimus.*

* **NEMORISTA**, Nemorum incola. Vita S. Bertel. tom. 3. Sept. pag. 452. col. 1 : *Sanctus vero Dei, gloriam et honorem timens temporalem, abiit in desertis montibus vagans, ut Nemorista.*

* **NEMOROSITAS**, *La spezeça de arbori*. Glossar. Lat. Ital. MS.

¶ **NEMUS**, Arbor, vel fructus. S. Paulinus Epist. 30. pag. 190. novæ edit. : *Ut qui naturali bono oculos mentis apertos innocentiæ, et iniquitati clausos habebam letalem prudentiam boni malique delecta, de infausto Nemoris interdicti cibo cæcatus pariter et male luminatus haurirem.* Idem in Poem. pag. 179 :

Munere quo signum dedit et peccata piare,
Et Nemoris vetiti vincere septa fide.

¶ Nemus, Lignum, materia. Statuta Monasterii S. Claudii pag. 79 : *Item tenetur idem eleemosynarius consimiliter manutenere claustrum ejusdem monasterii de coopertura atque ædificia prœscripta, adeo ut coopertyræ defectu, Nemus seu merrenum non corruat.* Ibidem pag. 82. de Pitantiario : *Item tenetur ministrare mantilia pro noviliis et juvenculis in refectorio, nec non scutellas Nemoris.*

* Charta Joan. comit. Pontiv. ann. 1178. in Liber. nig. prior. S. Petri Abbavil. fol. 323. v°. : *Concessi.... unam quadrigatam Nemoris libere et absolute.* Comput. ann. 1450. ex Tabul. S. Vulfr. : *Item Codino le Carpentier serrario, propter quamdam serruram Nemoris cum clave alto ostio posterioris grangiæ appositum, xij. den.*

* Nemus Adapertum dicitur in Chartul. Montis-Maur. illud quod non est defensum, in quod nimirum hominibus bestiisque patet ingressus.

* Nemus Grossum, Cui opponitur silva cædua. Charta ann. 1320. in Lib. rub. Cam. Comput. Paris. fol. 572. r°. col. 2 : *Item sexdecim arpenta cum dimidio et decima parte unius grossi Nemoris dictæ forestæ.*

* Nemus Nigrum, Dicitur de quercu aliisque solidis arboribus. Libert. Brianc. ann. 1343. tom. 7. Ordinat. reg. Franc. pag. 729. art. 21 : *Et etiam banna Nemorum omnium, tam nigrorum quam aliorum, dictæ baillivicæ, etc.*

¶ Nemus Nigrum, Præaltis densisque arboribus umbrosum, Gall. *Bois de haute futaye.* Vetus Charta : *Omnia autem Nemora nigra et egressus aquarum... sunt propria Comitis.*

Nemus Vivum, Mortuum. Vide *Boscus.*

* **NENA**, Potionis species. Charta ann. 1319. in Reg. 59. Chartoph. reg. ch. 316 : *Item duæ sarcinatæ vini et Nenæ, æstimatæ annuatim valere xiij. sol. iiij. den. Turon.*

* **NENIUM**, pro Nenia. Glossar. Provinc. Lat. ex Cod. reg. 7657 : *Mensonegua, Prov. mendacium, Nenium, nuga, gerra.* Ubi leg. forte *Messonegua.* Vide infra *Nugidus.*

* **NENTUM**, Nentare, pro *Nantum* et *Nantare*, in Charta Romani card. ann. 1228. ex Chartul. Campan. fol. 89. v°. Vide in *Namium.*

NEOCORUS. Ædis sacræ æditums. Νεωκόρος. Julius Firmicus lib. 4. Math. cap. 7 : *Aut simulacrorum consecratores, seu certe Neocoros, vel Sacerdotum Principes, etc.* Vox Græcis Scriptoribus notissima, sed quæ negotium jure facessit rei antiquariæ ac nummariæ studiosis, in veteribus numismatibus, ubi hæ voces. vel A. vel B. vel Γ. ΝΕΩΚΟΡΩΝ epitheton populis integris adscribitur, tanquam publici Æditui fuerint alicujus atque adeo publici etiam templi; quemadmodum Phlegon Trallianus lib. περὶ θαυμασ. p. mihi 69. ait Ναύπακτον τῆς Αἰτωλίας, fuisse ἱερὸν κοινὸν τῶν Ἑλλήνων, nisi legendum sit οὗ ἐςιν ἱερὸν, etc. pro ὅ ἐςιν, ita ut Græciæ populi ejusce communis templ. vicissim Νεωκόροι fuerint. Sed consulendi de hac re Antonius Augustinus Dial. 5. Sebast. Erizzus part. 2. de Numismatib. Veterum, Adolphus Meckerus de Linguæ Græcæ pronuntiat. pag. 53. Nonius, Goltzius, Casaubonus ad Monumentum Ancyranum, Seldenus ad Marmora Arundeliana pag. 103. 1. Edit. et Santamantius in Julio Cæsare, [ac præsertim *Vandale* Dissert. 4. et *Vaillant* in Numismat. Imperatorum Græcorum.]

¶ **NEOFYTUS** Vide mox *Neophytus.*

NEOMENIÆ Judeorum, in Concilio Viennensi in Austria ann. 1267. cap. 18. Nota sunt quæ de hisce commentantur passim Scriptores.

¶ **NEOMINUS**, Nihilominus, Gall. *Neanmoins*, in Charta Officialis Rotomag. ex Archivo B. M. de Bono nuntio ejusdem urbis.

* Instr. ann. 1452. inter Probat. tom. 3. Hist. Nem. pag. 281. col. 2 : *Cum ad notitiam eorundem.... pervenisset diversas personas.... esse de morbo lepræ infectas, tactas et suspectas, et Neominus conversantes dietim..... cum aliis personis sanis, etc.* Occurrit ibid. tom. 4. pag. 62. col. 2.

¶ **NEONIDES**. Gervasii Tilberiensis Otia imperialia apud Leibnitium tom. 9. Scriptor. Brunsvic. pag. 889 : *Luna enim secundum sui augmentum nomina variat, in neomenia, hoc est, in novilunio dicitur Neonides, in majori incremento Diaconios, in circuli perfectione Amphikyrtos, in plenilulio Pansilenos.* Forte legendum *Neonidos*, a νέον εἶδος, *Nova facies.*

¶ **NEOPATRIA**, Vox ibrida, a νέος, Novus et Patria, in Decreto Alphonsi Regis Aragon. tom. 3. Concil. Hispan. pag. 670.

NEOPHYTUS. Gloss. Lat. MS. Reg. Cod. 1013 : *Rudis, Novellus*, Νεόφυτος. Isidorus lib. 8 : *Neophytus Græce, Latine Novellus, et rudis fidelis.* Papias : *Neophytus, nuper renatus, nuper ad fidem veniens, vel noviter :* Suidæ, νεωςὶ φυτευθεὶς, qui nondum Confirmationis sacramentum suscepit, in Concilio Regensi cap. 4. et Arelat. III. eoque ipso ad Diaconatus vel Sacerdotii officium ordinari non poterat, ex Apostolo 1. ad Corinth. 3. Concilio Nicæno can. 2. Arelat. II. cap. 1. etc. *Neophytorum* seu *Neofytorum*, epitaphia aliquot proferunt Baronius ann. 367. n. 1. 5. et Gruterus 1051. 9. 1053. 7. 1054. 1. 1057. 6. 1060. 3. Vide Diploma Leonis VII. apud Gervoldum, et Justellum ad Canones Ecclesiæ universæ.

Neophyti, etiamnum in Comitatu Provinciæ vocantur novelli Christiani e Judæis facti, quos Lusitani *Christianos nuevos* dicunt, a quibus Ludovicus XII. Rex 5000. libras ad bellorum impensas exegit 21. Decemb. ann. 1511.

Neophyti dicuntur præterea Novitii Clerici, et nuper e Monachorum, vel Laicorum numero in Clerum adscripti, in Concilio Sardic. can. 13. et apud Zozimum PP. in Epist. ad Patroclum. Nam Neophytorum duplicem ordinem statuit Synodus VIII. can. 5. κατὰ τὴν πίςιν scilicet, et κατὰ τὸν ἱερατικὸν κλῆρον. Gregorius I. PP. lib. 7. Ind. 2. Epist. 112 : *Sicut autem tunc Neophytus dicebatur, qui initio in sanctæ fidei erat conversatione plantatus : sic modo Neophytus habendus est, qui repente in religionis habitu plantatus, ad ambiendos honores sacros irrepserit.* Hincmarus Remensis ad Clerum et plebem Bellovac. : *Neminem et Laïcis Neophytum, id est, noviter attonsum, et sine disciplina, vel non per tempora constituta ad Ecclesiasticos gradus provectum Episcopum eligatis.* Adde Vitam S. Hermelandi Abb. n. 6. Goffridum Vindocin. lib. 1. Epist. 1. ubi Sirmondus. Leon. Oct. lib. 1. cap. 43. lib. 2. cap. 29. lib. 3. cap. 14. etc.

Neophyti, Novitii in Monasteriis. Ordericus Vital. lib. 3 : *Neophitos ad conversionem non nisi quatuor susceperat.* Infra : *Mitibus et modestis indoctisque Neophitis affabilitate et obsequiis semper placere studuit.* Et lib. 6 : *Novitiorum copiam monachali normæ mancipavit, Neophitisque optimos ritus rigidæ conversationis tradidit.*

Neophytos, Novos inductos Monachos vocat idem Ordericus Vitalis lib. 8 : *Ritus Cluniacensium .... imitatus non est, sed modernas institutiones Neophytorum, prout sibi placuit, amplexatus est.*

NEOPTOLEMUS, Tyro, novus *Miles*, ex Græco Νεοπτόλεμος, quod fuit cognomen Pyrrhi Achillis filii. Brito in Synonym. :

> Miles, Eques, Tyro, Tyrunculus, atque Quirites,
> Atque Neoptolemus, novus est regnator in illis.

Vita S. Neoti Abb. num. 10 : *Hunc ergo locum Christi miles eligens, tamquam Neoptolemus, et conversus a sæculo, rursus elapsus est, etc.* Cunradus Fabariensis de Casib. S. Galli cap. 14 : *Junior frater Neoptolemus in Curia, frater Imperatoris magni, Cremonæ factus, auxilio venerabilis Curiensis Episcopi et Abbatis nostri, cingulum Militare morum decoravit honestate.* Ubi legendum puto *a fratre Imperatoris, etc.* [Pactum ann. 1306. tom. 2. Hist. Dalphin. pag. 125 : *Item promittit ipse Johannes* (Comes Vapincensis) *quod ipsum Rolletum* (Dominum de Intramontibus) *ad suam requisitionem Neptolomum faciet, et quod ipsum tenebit ad raubas sui corporis, quandiu ipse Rolletus fuerit in humanis.*] Vide *Tyro.*

* **NEPCIA**, Neptis. Charta ann. 1058. apud Murator. tom. 3. Antiq. Ital. med. ævi col. 241 : *Ut si aliquis eorum sine filio legitimo mortuus fuerit, tunc filiæ et Nepciæ legitime habeant; et si filium aut nepotem vel pronepotem, seu filiam aut Nepciam, ut supra legitur, non habuerit, et fratrem legitimum, vel filium fratris legitimum habuerit, ipsi habeant.* Vide *Nepta.*

¶ **NEPHIAS**. Sebastianus Perusinus in Vita B. Columbæ, tom. 5. Maii pag. 374* : *Nephias vetus subito turbine superbiret.* Cl. Editor putat legendum *Coecias*, qui est Euroboreas, nubes non dispellens, sed adducens. An non *Nephias* fingi potuit a νέφος, nubes?

* **NEPHIDUS**, Macellarius, ut videtur, Gall. *Boucher.* Lit. remiss. ann. 1362. in Reg. 93. Chartoph. reg. ch. 101 : *Cum quadam die festi S. Romani Raymundus Peyroni.... luderet cum Merudone Justerio dicti loci,.... et casualiter ibi supervenisset Johannes dictus Barganas, Nephidus dicti loci..... Dictus Johannes cepit quoddam ferreum instrumentum, vocatum partidor, cum quo carnes venales scinduntur, etc.*

¶ **NEPITA**, Herba quæ Latinis Græcisque vocatur Nepenthes, vel quam iidem Calamentham dicunt, quæ ab Academicis della Crusca Italice redditur *Nepitella.* Acta S. Francisci de Paula, tom. 1. Aprilis pag. 135 : *Et postea imposuit quamdam herbam dictam Nepitam et mentam silvestrem.*

*Adde ex Animadv. D. *Falconet* : Nusquam Latinis Græcisque *Nepenthes* : utrum vero *Nepenthes* apud Homerum fuerit planta, aut compositum pharmacum, dubitatur.

Nepita est Nepeta, mentha, calamentha. Castigat. in utrumque Glossar. : *Nepita*, *montana*, *nitilla*, ὀρίγανον. Latina desunt in edit.

* **NEPLARIUS**, Mespilus, Gall. *Néflier*; unde, ni fallor, *Neiplerant*, Ager mespilis consitus. Charta Oliver. abb. S. Remig. Senon. ann. 1311. in Reg. 47. Chartoph. reg. ch. 127 : *Et poterunt dicti emptores..... dicta centum arpenta nemorum scindere,.... sive sint pomerii, pirarii, alierii, Neplarii, et quæcumque aliæ arbores*. Alia ann. 1336. ex Cod. reg. 8448. 2. 2. fol. 138. v°. : *De la maison du prieur de Courtenay en retournant audit chemin, qui est en droit le Neiplerant*. Vide supra *Nefflerius*.

NEPOS, Filius fratris aut sororis, ἀδελφιδοῦς, Dinam. Patricius in Vita S. Maximi Episcopi Regiensis : *Ansam Diaconi Regiensis Nepos, id est fratris ejus filius. Neptis per sororem*, apud Spartianum in Adriano. Joannes Sarisberiensis Epist. 89 : *Ricardus cognatus Willelmi de Saccavilla et Nepos, sicut sororis filium vulgus Nepotem dicere consuevit, etc.* Decretio Childeberti Regis cap 1 : *De illis tamen Nepotibus illud placuit observari, qui de filio vel filia nascuntur, non de fratre*. Fortunatus lib. 6. Poëm. 4 :

Non cedidit patruus, dum stat in urbe Nepos.

Gregorius Turon. lib. 1. Hist. cap. 8 : *Octavianus Julii Cæsaris Nepos, quem Augustum vocant*. Et lib. 3. cap. 18. de Chlotario qui filios fratrum occiderat : *Parvipendens de interfectione Nepotum*. In Historia Miscella Justinianus dicitur *Nepos Justini Imp.* qui ἀνεψιός, Theophani. Abbo lib. 1. de Bellis Parisiacis vers. 452 :

Unde Nepos ejus, nimius tristans Adalelmus.

Ubi Glossa : *Adalelmus Nepos ex sorore Regis Odonis*. Capitul. Caroli C. tit. 26 : *Ut sic simus sicut fratres ad invicem, et patrui cum Nepotibus, et Nepotes cum patruis sse debent*. Ita passim usurpant S. Hieronym. Epist. 3. ad Heliodorum, Concil. Autisiod. can. 32. Lex Longob. lib. 2. tit. 14. § 18. [** Grimoald. 5.] Annales Francor. Fuldenses ann. 880. 881. Regino ann. 892. Sermo de Tumulatione SS. Martyrum Quintini et Victorici, etc. Vide Casaubonum ad Spartianum. [Le Roman *de Partonopex* MS. :

Cil estoit Niés l'Ampereor,
Si avoit fait moult bien le jor.]

* Glossar. Provinc. Lat. ex Cod. reg. 7657 : *Nebot, Prov. fratruus, filius fratris*. Rursum : *Nep, Prov. Nepos, filius fratris, fratrualis, sobrinus, sororius. Nessa, Prov. fratrua, sobrina, sororia*. Monet nihilominus Eckartus tom. 2. Comment. de Reb. Fr. Orient. pag. 824. Nepotis vocem medio ævo non solum de nato ex fratre, sed etiam de nato ex patris, avi, et proavi fratre usurpatam. Nostris alias *Niés*. Annal. regni S. Ludov. edit. reg. pag. 251 : *Mainfroy avoit pris par force et par barat le royaume de Sezile et de Calabre, contre le droit que Courradins ses Niez i povoit et devoit avoir*. Unde emendandus Marten. in Guil. Tyrii contin. Hist. tom. 5. Ampl. Collect. col. 709 : *Johan d'Ibelin.... envoia plusors lettres à Balian de Sajette et à Johan de Cesaire, qui estoient ses Mesfil de sa seror*. Ubi legendum, *Ses Niés, fil de sa seror*. Vide infra *Netus* 2.

¶ Nepos, Patruelis vel Consobrinus, Gall. *Cousin germain*. Annales Metenses ad ann. 892 : *Walgarius, Nepos Odonis Regis, filius scilicet avunculi ejus Adelelmi*. Tum vero maxime patrueles vel consobrinos *nepotes* dictos volunt, cum ætate inferiores erant, aut dignitate. Vide Menagium in Hist. Sabolìensi pag. 21. 45. et 304.

* Charta Phil. Aug. in Chartul. Campan. ex Cod. reg. 5993. fol. 7. v° : *Nos karissimum nepotem nostrum Theobaldum comitem Campaniæ recepimus in hominem nostrum ligium. . . . de tota terra, quam avunculus noster comes Henricus pater ejus tenuit*. Conradi Fabularius Ms : *Nepos etiam dicitur cognatus, quasi natus post*.

¶ Nepos, fem. gen. Fratris aut sororis filia, Gall. *Niéce*. Charta ann. 1229. ex Chartulario S. Vandregesili tom. 1. pag. 10 : *Ego Ricardus Anglicus.... vendidi et concessi Rothaisiæ Nepoti meæ et Eliæ Amiot sponso suo, etc.* Miracula B. Ægidii Ord. Min. tom. 3. Aprilis pag. 244 : *Si ei Dominus meritis B. Ægidii redderet suam Nepotem*. Breve Sixti IV. PP. ad Episcopum Patav. ann. 1472. in Actis SS. Maii pag. 601 : *Confirmari in Abbatissam, dilectam in Christo filium ejus Nepotem canonice electam*.

Nepotus. Glossæ antiquæ MSS. : *Pronepos, filios* (sic) *Nepotorum. Pronepos, Nepos Nepoti*.

¶ Nepotulus. Charta ann. 1242. tom. 2. Histor. Eccl. Meld. p. 150 : *Legavit.... Johanni Nepotulo suo omnia utensilia domus suæ*. Gall. *Petit Neveu*.

* Joan. de Cardalhaco Serm. in festo S. Nic. : *Si boni beneficii vacatio evenerit, Nepotulis et consanguineis dabitur*.

* Nepotula, Gall. *Petite niéce*. Reg. visitat. Odon. archiep. Rotomag. ex Cod. reg. 1245. fol. 94. v° : *Præcepimus priorissæ et subpriorissæ Bondevillæ quod suas Nepotulas et quandam aliam amoverent*.

* Nepticula, Eadem notione, in Glossar. Provinc. Lat. ex Cod. reg. 7657 : *Felena, Prov. neptis, Nepticula*.

¶ Neptus, Filius fratris, in Actis S. Rudesindi Episcopi tom. 1. Martii pag. 105 : *Ex semine supra memorati Herminigildi Comitis et Neptus supra dicti Pontificis Rudesindi*.

¶ Neptus, ut Nepos Latinis, Filius filii vel filiæ. Quæstiones Jurisperitorum ad Leges Longobard. apud Murator. tom. 1. part. 2. p. 163 : *Si homo decesserit et reliquerit filium vel filiam et Neptum filium de filio suo vel filia, æqualiter succedant*.

¶ Nepus. Epistola Monachorum Montismajoris ad Gregorium PP. tom. 4. Annal. Benedict. p. 112. ad ann. 997 : *Omnes congregati in unum, una cum Episcopo Riculfo, qui fuit Nepus prædictæ Deo devotæ*.

Nepotismus Pontificius. Carmen de Curia Romana v. 929 :

Res tamen est constans, aliquis de sanguine Papæ,
Si tecum fuerit, dicta petita feres.
Si potes, efficias Papæ venturus ad aures,
Proferat illius ut tua verba Nepos.
Papa facit quod sæpe volunt : Verumtamen illi
Justa petunt, non rem quæ rationis eget.

¶ **NEPOTA**, Neptis, seu fratris aut sororis filia. Codex MS. D. Præpositi S. Martialis Lemov. apud Stephanotium tom. 1. Fragm. Histor. MSS : *Anno* MCLXXVII, *Nonis Octobris Audebertus Comes Marchiæ, unici filii morte turbatus, cum præter Marquisiam sterilem nullum haberet fratrem aut sororem, filium vel filiam, nepotem vel Nepotam, etc.* Vide *Nepta*.

¶ **NEPOTALIS**, Conveniens nepotibus seu luxuriosis. Ammian. lib. 31 : *Dum in Nepotali mensa ludicris concrepantibus diu discumbens vino marcebat et somno, etc.* Vide *Nepotatio*.

¶ **NEPOTARI**, de beneficiis ecclesiasticis ad nepotes vel consanguineos transmissis, dicitur in Hieratio juris pontificii pag. 181.

NEPOTATIO, Prodigalitas. Ordericus Vitalis lib. 8 : *De sanctitate et miraculis Sanctorum mallem scribere multo libentius, quam de nugis infrunitorum frivolisque Nepotationibus; etc.* Cur vero *Nepos* dicatur prodigus, vide Reinhardum Robigium lib. 7. Robigal. cap. 9.

¶ Nepotatus, Eadem notione. Gloss. Lat. Græc. Sangerman. : *Nepotatus*, ἀσωτία; *Luxuria, lascivia*, in Supplemento Antiquarii.

¶ **NEPOTISMUS**, Nepotulus, Nepotus. Vide paulo ante *Nepos*.

NEPTA, pro *Neptis*, crebro occurrit, in Capitulari Suessionensi ann. 744. cap. 8. Vermeriensi ann. 755. cap. 1. in Capitul. Compendiensi ann. 757. cap. 19. Capit. 5. ann. 803. cap. 14. etc.

¶ Neptia. Charta Nobiliac. ann. 12. Caroli Regis, apud Stephanot. tom. 3. Antiquit. Pictav. MSS. pag. 240 : *Donatque cum infantis suis quatuor et Neptias suas his nominibus Juliane, Odolenane cum infantiæ eorum et alius hæredis*.

NEPTICULA, *Vestis brevissima*, Papiæ.

NEPTITAS. Vide Eginhardum Epist. 34.

* Neptitas, Titulus, quo Lotharium alloquitur Eginhardus in Epist. 34. tom. 6. Collect. Histor. Franc. pag. 378 : *Quapropter admonendum censui Neptitatem vestram, ut per prudentiam a Deo vobis concessam caveatis periculum vestrum*. Hanc vocem varie varii scriptores interpretati sunt, quos hic appellabo ex Animadv. D. *de Foncemagne* tom. 14. Comment. Acad. Inscript. pag. 216. Mabillonio tom. 2. Annal. Bened. pag. 246. gradum cognationis sonat; si quidem Imma, quam uxorem duxerat Eginhardus, filia erat, ut vult Chronographus Laureshamensis, Caroli Magni, ac proinde Lotharii amita. Idem quoque censet Papebrochius tom. 2. Jun. aliunde licet repetita cognatione : nempe quod Imma soror esset Ermengardis imperatricis et matris Lotharii. Pro *Neptitatem* legendum esse *Pietatem* autumat Leibnitius; cui accedit Fabricius, modo addatur *a me*, quo facile formari potuit prima syllaba vocis *Neptitatem*. Verbum esse suspicatur Sminckius ad Vitam Caroli M. ab ipso editam, quo Eginhardus suum erga imperatorem studium et amorem significare voluit. Denique D. *Le Beuf* in Dissert. ann. 1740. merito præmio donata ab Acad. Suess. *Neptitas* idem est quod *Principalitas*, a voce Teuton. *Nempt* vel Nept, Principalis, præcipuus. Hinc D. *Bouquet* in-

Glossar. ad calcem tom. 6. supra laudati : *Neptitas*, principalis seu præcipua dignitas.

NEPTUNUS. Gervasius Tilleberiensis MS. lib. 3. de Otiis Imperial. cap. 63 : *Anglia dæmones quosdam habet, dæmones, inquam, nescio dixerim, an secretas et ignotæ generationis effigies, quos Galli Neptunos, Angli Portunos nominant. Illis insitum est quod simplicitatem fortunatorum colonorum amplectuntur, et cum nocturnas propter domesticas operas agunt vigilias, subito clausis januis ad ignem calefiunt, et ramunculas e sinu projectas prunis impositas comedunt, senili vultu, facie corrugata, statura pusilli, dimidium pollicis non habentes, panniculis consertis induuntur, et si quid gestandum in domo fuerit, aut onerosi operis agendum, se ingerunt citius, humana facilitate expediunt. Id illis inditum est, ut obsequi possint, et obesse non possint. Veruntamen unicum nocendi modulum habent; cum enim inter ambiguas noctis tenebras Angli solitarii quando equitant, Portunus nonnunquam invisus equitanti se copulat, et cum diutius comitatur, eumdem tandem loris arreptis equum in lutum ad manum ducit, in quo dum infixus volutatur, protinus exiens cachinnum facit, et sic hujuscemodi ludibrio humanam simplicitatem deridet.* Adde quæ de ejusmodi Neptunis refert Thomas Cantipratanus lib. de Apib. cap. 57. n. 10. 11.

¶ **NEPTUS**, Nepus. Vide supra in *Nepos*.

* **NEPUS**, pro Nepos, in Epist. ad Gregor. V. PP. ann. 997. tom. 10. Collect. Histor. Franc. pag. 491.

¶ **NEQUIS**, ἀχρεῖος, *Nugator, Spurcus*. Supplement. Antiquarii. Mox infra habetur *Nequus*.

¶ **NEQUITARE** et Nequitari, Nequam esse, nequiter agere, Prisciano lib. 8. et apud Papiam.

¶ **NEQUITAS**, Nequitia, Rolandino Patavino de factis in Marchia Tarvisina lib. 8. cap. 7.

* **NEQUITIA**, *Nugacitas*, ἀχρειότης. Reg. *Enugax*. Germ. *Enugæ*. forte *Hæ nugæ*. Castigat. in utrumque Glossar.

NEQUITIOSUS, Nequam, improbus. Thwroczius in Joanne Huniade cap. 48 : *Sed quid Nequitiosa rebus in bellicis valeat proditio, tunc patuit.*

NEQUUS, Nullus. Gloss. Gr. Lat. : Ἀπὸ μηδένος, *a Nequo* ; ἀπὸ μηδένων, *a Nequibus*. Idem Gloss. Ἀχρεῖος, *Nequus, spurcus, nuga, nugator*.

NERA, Σκόρπιος, in Gloss. MSS. Sangerman. in Editis : *Scorpius, Nepa*, [ut omnino est legendum.]

NERBILIUM. Consuetudines et jura Ecclesiæ de Regula in Aquitania : *Si extraneus portaverit sturjonem, denarium habebit claviger : et si ibidem fractus fuerit sturjo, Nerbilium et budellum habebit claviger, nec minus habebit denarium* (denario.)

* **NERCA**, Amurca. Glossar. Provinc. Lat. ex Cod. reg. 7657 : *Nerca, Prov. Nerca, murcum. Nercas, Prov. murcorium.*

* **NERETUS**, Monetæ minutioris species, quæ argenteæ opponitur; unde *nigra* seu ærea appellatur, nostris *Neret*. Charta Phil. V. ann. 1319. in Reg. 59. Chartoph. reg. ch. 194 : *Item Odinus dictus Chat-brulé, pro domo sua in qua moratur, sex denarios. Item pro planta de la Minote, unum Neretum.... Et sic ascendit summa dictorum censuum ad quatuor libras, xiij. solidos, tres denarios et unum Neretum.... xv. lib. xiij. den. cum obolo et uno Nereto.* Lit. remiss. ann. 1462. in Reg. 198. ch. 372 : *Une grant quantité de mailles ou Neretz, pesant le poix de soixante six livres pesant ou environ.* Vide *Neret* in Diction. Gall. Menag. edit. ann. 1750. et *Moneta nigra*.

¶ **NERI**, *Pensa mulierum; Neris, Viris*, Papiæ in MS. Bituric. Vide *Nero* 1.

¶ **NERIES**, ἐξουσία θαλάσσης, in Supplem. Antiq. *Salaria*, seu Licentia, potestas maris; ut sonat Græcum. Vide mox *Nero* 2.

* **NERITEI**, Villici, coloni *Massariorum* consortes. Charta ann. 1033. apud Murator. tom. 1. Antiq. Ital. med. ævi col. 17 : *Offerimus nos qui supra jugales..... mansos sex in loco, ubi dicitur Fredo, qui regere videtur una per Petro, alia per Martino, tercia per Jeminiano masaritis, sive suis consortibus, qui vocantur Neritei, quod sunt rebus ipsis sicuti per nostris regitur masartis per mensura justa inter sediminibus et areis.* Vide *Massarius*.

¶ 1. **NERO**, Ἀνδρεῖος, *Fortis*, in eodem Antiquarii Supplemento. Vide *Neri*.

* Nostri *Neron* appellarunt partem securis alteriusve instrumenti, quæ in crucem formata erat, vulgo *Croisée*. Lit. remiss. ann. 1383. in Reg. 124. Chartoph. reg. ch. 181 : *Icellui maistre Pierre reçut dudit Jehan un coup de Neron de la hache qu'il tenoit, près de l'oreille senestre.* Aliæ ann. 1406. in Reg. 161. ch. 68 : *Le suppliant getta audit Cleret la serpe, et du bout d'icelle, nommé Neron, chey sur cornet dextre de la teste dudit Cleret.* Aliæ ann. 1427. in Reg. 173. ch. 92 : *Laquelle navreure avint par aucunes choses, qui sont autour d'une hache, que l'en nomme Nerons, et sont trenchans.* Denique aliæ ann. 1467. in Reg. 201. ch. 14 : *Le suppliant donna ung seul coup à icellui Marchaison sur la teste de la croisée ou Neron de son espieu.* Nairon, in Mirac. B. M. V. Ms. lib. 3 :

Mors porte une miséricorde,
Ou n'a point de miséricorde;
Li Nairon sont si affilé,
Qu'ele en fiert tout à filé

2. **NERO.** Gloss. MS. Regium : *Nero, Aqua.* Papias : *Nero, Græce, Aqua.* Jacobus de Vitriaco in Hist. Hierosol. cap. 32 : *Et quoniam fontibus et rivis totus est irriguus, Mons Nero, id est, aquosus nuncupatur. Neros enim Græce, aqua Latine. Simplices autem et laici Noire, id est, nigra exponunt in vulgari sermone.* Apud Sanutum lib. 3. part. 5. cap. 4 : *Alius mons versus Septemtrionem vocatur Montagnera Neros, id est, aquosa.* Adde part. 7. cap. 1. Græci recentiores νερὸν aquam vulgo dicunt, voce corrupta ex Græco νηρὸς, humidus, uti censet Salmasius. Jo. Cananus pag. 190 : Ἄλλοι τοὺς ἀγωγοὺς ἐγύρευον τοὺς ἐκ πάλαι, τὸ νερὸν εἰς τὰς σέρνας πόλεως ἔφερον. Charta Rogerii Comitis Siciliæ apud Ughell. tom. 1. pag. 1027. να ἔχει τὸ νερὸν ἐλεύθερον ἀεὶ, etc. Anonymus de Locis Hierosol. cap. 15 : Ἐκεῖ, ὁ τόπος ὅπου ἔχωσαν ἡ Σαλώμη τὸ νερὸν, etc. Hist. Politica pag. 9 : Κατεβίβασαν δὲ αὐτὰ ἀντιπέραν εἰς τὰ γλύκεα νερά, etc. Historia Apollonii Tyrii : Τὸ νέφος τοὺς ἐσκέπασε, καὶ ἄρχισε νὰ χειμάζει, καὶ ῥικτηκίονι καὶ νερὸν μετεχὸν τροχαλάζει. Ex his emendandæ Glossæ Basil. χρηστήρια, οἱ νεροχύται. Perperam νεβοχύται editum. Utitur non semel Nicolaus Myrepsus sect. 1. cap. 505. 511 sect. 8. cap. 52. Adde Meurs. in Gloss. Casaubonum ad Capitolin. Salmasium ad Solinum pag. 1298. et ad Hist. Aug. pag. 311. ubi plura de hac voce. Vide supra in *Aquarius*. [et Glossar. med. Græcit. in Νερόν.]

* Bonincont. Hist. Sic. part. 1. apud Lamium in Delic. erudit. pag. 93 : *A latere vero Septentrionis murus ubi* (Antiochiæ) *propinquus satis ingens aquarum abundantia, Græco vocabulo nomen accepit Montagnanero. Nero enim Græce aqua dicitur.* Ubi Lamius sic notat : Vel locus corruptissimus est; vel ineptit Bonincontrius. Certe nemo nisi Lamius.

* **NERONIANUS** Lapis, Smaragdus. Vide in *Lapis*.

¶ **NEROZARE.** Annales Genuens. ad ann. 1194 : *Non solum promissa non observavit, verum etiam in cuncta asperrime erga civitatem Januæ, quam ei regnum tradidisse proprio ore confitebatur, Nerozavit.* Cl. Editor Murator. tom. 6. col. 371. annotat in alio codice legi *tractavit* ; tum addit forte legendum *Neronizavit*, id est, expressit Neronis tyrannidem.

¶ **NERTAGIUM**, f. Præstatio succi expressi e foliis et fructibus myrti, Provinciali *Nerte*, Myrtus, Gall. *Myrte*. a Literæ Caroli II. Regis Siciliæ ann. 1307. ex Armario Forojul. S. Victoris Massil. num. 133 : *Super petitione, quam faciebant, Nertagii, candelarum, seu cere, lesde et aliarum omnium perceptionum.*

¶ Nertegeare, Nertijare, Myrti folia et fructus excerpere et inde succum exprimere. Sententia arbitralis ann. 1497. inter Dominos et Communitatem Calliani : *Neque eam dicti Domini licentiam dare valeant ac possint aliquibus exteris in dictis Mauris leigneirandi, fusteiandi, eyssurtandi, Nertegeandi, rusqueiandi, ac pegas faciendi.* Et infra : *Rusqueiare tamen seu Nertijare pos sint.*

¶ Nertus, Myrtus. Statuta S. Victoris Massil. ann. 1531. MSS : *Tenetur providere eleemosynarius de bonis virgis de Nerto, pro regularibus disciplinis ad vapulandum pueros.*

¶ **NERVA.** Appendix ad Agnelli Pontificale, tom. 2. Muratorii pag. 196. col. 2 : *Oravit ad Dominum et Nervam illam abjecit, et velocitatem pristinam recepit in Christo Jesu Domino nostro.* Additur in Notis f. leg. *Herniam* vel *Ignaviam*. Si retinendum *Nervam*, dici posset fuisse morbum nervorum, quo in lectulo detinebatur æger, de quo hic agitur.

¶ **NERVARE**, *Ligare, constringere*, Papias.

NERVICEUS, Funis e nervis, Judic. 16. 7. νευρία, in versione Græca.

¶ **NERVICUS**, *Nervicosus, fortis*, in Glossis Isid. Vitruvio lib. 8. cap. 3. *Nervici* dicuntur qui nervorum morbo laborant : qua notione etiam legitur *Neurici*, a Græco νεῦρον, unde νευρικός apud Dioscoridem.

NERVORA, pro *Nervi*, enuntiatione Longobardica, in Capitulis ad Legem Alamann. cap. 4. Edit. Baluzii : *Si* (coxa) *non fuerit transpuncta, et Nervora tetigerit, ut ibi wasilus intrat, solvat sol.* 3. Occurrit rursum cap. 8.

¶ **NERVUM**, pro Nervus, apud Nicolaum Specialem de Rebus Siculis lib. 1. cap. 11.

NERVUS, pro Carcere quod *Nervis* in eo [compedibus ligneis] alligarentur rei, vel quod *Nervis* torquerentur. Gloss. Græc. Lat. : *Nervos*, ξυλοπέδην, f. *Nervus*, ξυλοπέδη. *In Nervum rapere, In Nervo jacere, enecare*, apud Plautum, [*In Nervum ire*, apud Terentium.] Paral. 2. cap. 16. v. 10 : *Jussit eum mitti in Nervum*. Edit. Græc. εἰς φυλακήν. Ubi Mamotrectus : *In Nervum, i. in cippum.* Adde Hierem. cap. 20. Ubi Hieronymus ait, Symmachum βασανιστήριον, sive στρεβλωτήριον, vertisse, quod utrumque *tormenta* significat : *Nos autem*, inquit, *Nervum diximus more vulgari, etc.* Facundus Hermianensis lib. 6. cap. 1 : *Quasi amplioris sit criminis lapsum putasse Cyrillum Episcopum, quam Prophetam, ut alia omittam, de peccato arguentem, in Nervi custodiam tradidisse.* Vita S. Mederici cap. 13 : *Audiens duos fures retrusos in Nervo a judice, etc.* Ex quo emendandus Folcardus in Miracul. S. Bertini cap. 2. ubi de quodam Sacrilego : *Missus est in Nervum in loco famoso, Castello videlicet Menapiorum.* Quod scilicet hodie *Cassel* vocant, ubi perperam editum in *Nervium*. Adamus Bremensis cap. 183 : *Erat autem videre alios flagris torqueri, multos in Nervum mitti, quosdam pelli a domo, etc.* Vide Dissertat. 91. ad Joinvillam.

☞ Huc referri potest festivum illud Catonis adagium, quod exscripsit Gellius lib. 11. cap. 18 : *Fures privatorum furtorum in Nervo atque in compedibus ætatem agunt : fures publici in auro atque in purpura.* Sed hic, ut et alibi non semel, *Nervus* intelligi potest genus vinculi lignei, quo vinctorum pedes arctabantur. Sic apud Tertullianum ad Martyres cap. 2 : *Nihil crus sentit in Nervo, quum animus in cœlo est.* Et apud Livium lib. 6. cap. 36 : *Corpus in Nervum et supplicia dare.* Passio Martyrum Lugdun. n. 8 : *Alias machinas diabolus excogitavit, ut scilicet in obscurissimum ac molestissimum carceris locum conjicerentur, utque pedes in Nervo ad quintum usque foramen distensos haberent, ac reliqua hujusmodi cruciatuum genera perferrent.* Truncum ligneum intelligit Valesius, quinis hinc et inde foraminibus certo invicem spatio divisis excavatum, in quæ foramina, tamquam in ocreas quasdam, pedes inferebantur noxiorum, et vinculis seu nervis astringebantur. Henschenius vero exponit Pœnale lignum, super quo Martyrum corpora velut nervi in cithara tendebantur, septem punctis notatum, tamquam gradibus levioris graviorisve tormenti a judice præscribendi; nec ultra, inquit, septimum procedere tendendo licuit aut potuit, citra præsens periculum mortis, quam opus erat caveri in quæstionibus. Grave id supplicium fuisse ex eo colligit Ruinartius, quod in eo Martyres plures occubuerint. De omnibus ejusmodi instrumentis consulendus omnino Gallonius de Martyrum cruciatibus.

NESAPIUS, Qui non sapit, ignarus. Occurrit in Fragmento Petronii de Cœna Trimalcionis : *Ne me putetis Nesapium esse, valde bene scio.*

¶ **NESAPUS**, Eadem notione. Terent. Scaurus de Orthographia : *Ne, pro non positum est apud antiquos. Sic, nefrendes porci sunt, qui sine dentibus sunt, id est, qui fabam frendere non possunt. Sic Nesapus, qui non sapit.*

* **NESCIENTEM** Se Facere, Ignarum agere. Vide supra in *Facere* 16.

NESCIENTIA, Ignorantia. Claudianus Mamertus lib. 1. de Statu animæ cap. 11 : *Cumque non nisi ab ignorantia proficiscatur dubitantis arbitrantis, agnosco te nobis quærentibus veritatem, pro una quam polliceris scientia multorum Nescientias attulisse.* Utitur etiam lib. 3. extremo, ut et sanctus Eulogius lib. 1. Memor. Sanct. : *Claritatem sacræ legis pravo errore Nescientiæ interpolantes.* Idem in Documento martyrii : *Et si fortassis in aliquibus sanæ doctrinæ sententiam meum obstare repererint, Nescientiæ, id est, non voluntario errori ascribant.* Adde Legem Wisigoth. lib. 12. tit. 1. § 3. et Concil. Toletanum XVI. can. 6.

* **NESCIRE** Certitudinem, De re aliqua nihil certo scire. Charta ann. 1273. in Chartul. eccl. Lingon. ex Cod. reg. 5188. fol. 243. r° : *Super quo dictus Jaquinus Nescit certitudinem, sicut dicit.*

¶ **NESPILA**, Mespilum, Gall. *Nefle*, S. Wilhelmo lib. 1. Constitut. Hirsaug. cap. 10.

¶ Nespilus, Mespilus, Gall. *Neflier*, in Literis ann. 1152. apud Marten. tom. 1. col. 431.

NESTIGANTIO, Nestigantius, in Pacto Legis Salicæ tit. 53. nomen proprium esse, sicut *Titii*, vel *Sempronii* sunt paradictica apud Romanos, censet Wendelinus, [et post eum Eccardus, qui addit fabricatam fuisse hanc vocem ex *nesciens*, passive pro *ignoto* vel *incerto* usurpato; atque ex hoc, ut videtur, loco morem ad nos derivatum, incertum nomen litera *N* exprimendi. Vide supra.]

* **NETEGAMENTUM**, a Gallico *Nettoyement*, Ital. *Nettamento*, Expurgatio. Comput. ann. 1362. inter Probat. tom. 2. Hist. Nem. p. 261. col. 1 : *Solvit.... tribus puerulis, qui vaccarunt ad mundandum domum veterem, quia valde indigebat de Netegamento.* Vide supra *Nectesare*.

¶ **NETHINÆUS**, Dedititius. Vide *Natineus*.

¶ **NETHIRDES**, Famuli inferiores, vilioribus operibus addicti, ab Anglico *Nether*, inferior. Testamentum Johannis *de Nevill* ann. 1386. apud *Madox* Formul. Anglic. pag. 428 : *Item volo quod cc. marcæ... distribuantur inter carucarios, plaustrarios et custodes animalium meorum, videlicet hyne, Nethirdes et shephirdes.*

* **NETI**, orum, *Li venti*, in Glossar. Lat. Ital. Ms.

¶ **NETON**. Macrob. lib. 1. Saturn. cap. 10 : *Martem solem esse quis dubitet? Accitani etium, Hispana gens simulachrum Martis radiis ornatum maxima religione celebrant, Neton vocantes.*

NETORIUM, *Fusus*, quo netur. Isid. Gloss. : *Netorium, fusum, fusile.* Perperam *Netorsum*.

* **NETTURA**, Netio, Gall. *Filage*. Charta Henr. episc. Claromont. ann. 1392. in Reg. 153. Chartoph. reg. ch. 169 : *Petebamus nobis solvi.... quoddam tributum, appellatum badatge, videlicet.... per quamlibet mulierem viduam, vel aliam viventem ex sua Nettura, unam cuppam bladi.*

¶ **NETTUS**, Nitidus, clarus, Ital. *Netto*, Gall. *Net*. Joh. Demussis Chron. Placent. apud Murator. tom. 16. col. 533 : *Insula Siciliæ remansit de Netto dicto Regi Frederico*, hoc est plane, penitus, nostris. *Tout net.*

¶ 1. **NETUS**, *Netus*, *Filamen*; unde *Marcialis* (Martianus lib. 2.) *Capella* : *Ex candentis bissi Netibus ludebantur.* Ita Joh. de Janua. Gloss. Lat. Gal. Sangerman. : *Netus, ûs, Filement.*

2. **NETUS**, Nepos, ex Hispanico *Nieto*. Occurrit in Charta Jacobi Regis Aragon. ann. 1238. apud Diagum in Historia Regni Valentiæ lib. 7. cap. 24.

* Charta Petri III. reg. Aragon. ann. 1343 : *A modico tempore citra accidit quod quidam nepotes sive Nets, mortuo eorum patre vel matre, et consequenter mortuo avo seu avia eorumdem, petunt legitimam aut supplementum ejus in bonis dicti avi seu aviæ.* Vide supra *Nepos*.

¶ **NEVEROFRESIS**. Miracula S. Dionysii lib. 2. cap. 6. in Actis SS. Benedict. sæc. 3. part. 2. pag. 354 : *Alius, vocabulo Airbertus, ex fisco Riogilo, eam quam Medici Græco vocabulo Neverofresim vocant, passionem inciderat.* An *Nephresis*, inquit Mabillonius. Puto esse morbum nervorum, a Græco νεῦρον, Nervus.

* **NEUGAVIUS**, Desponsatus, Gall. *Fiancé*. Comput. ann. 1399. inter Probat. tom. 3. Hist. Nem. p. 154. col. 2 : *Cum uxor Johannis Thenchardi, Neugavii noviter facti, dicta die se declinasset in præsenti villa Nemausi, pro nuptias suas faciendo, etc.* Ibid. p. 155. col. 1 : *Cum Guillermus Salvatoris convolasset neptem uxoris suæ in uxorem Johanni Lobeti,... domini consules fuerunt invitati, quod.... irent apud Montempessulanum, pro dictam Neugaviam associando.*

¶ **NEULLA**, f. pro *Nebula* 2. Ibi vide.

¶ **NEUMA**, tis, Neuma, æ, *Vocum emissio, modulatio*, Johanni de Janua; *Emission de voix, modulation, espris*, in Glossis Lat. Gall. Sangerman. Vide *Pneuma*.

¶ Neumaticus, Neumatizare. Vide ibid.

¶ Neuma Floridum, Moneta minutior, f. eadem quæ infra *Nummus*. Charta Geraldi Abbat. S. Johan. Angeriac. ann. 1385, ex Chartulario ejusdem Monasterii : *Item dominus Abbas debet facere tribus pauperibus Mandatum, et cuilibet dare unum panem et unam justam vini de Conventu; et illis tribus pauperibus debet dare Neuma floridum.* Haud raro post *Mandatum* seu lotionem pedum pauperibus distribuebatur pecunia, ut etiamnum fit die Cœnæ Domini pluribus in locis. Vide *Mandatum*.

* **NEUMATIZARE**. Vide infra in *Pneumatica Nota*.

* **NEUMATUM**, an Neomenium? Charta ann. 1252. in Reg. M. Chartoph. reg. ch. 2 : *Quod Januenses possent in Neumato stare et esse secundum modum et formam, de qua*

dictus dominus rex vel aliquis pro ipso esset in concordia cum dicto syndico.

NEVO, *Candidus.* Papias.

¶ **NEVOLA**, ut supra *Nebula* 2. Species crustuli. Chron. Parm. ad ann. 1308. apud Murator. tom. 9. col. 870 : *Omnes libros... dilacerarunt et de fenestris in plateam projecerunt ad modum Nevolarum, ita quod tota platea erat plena de chartis laceratis.* In Statutis Placentiæ fol. 55. v°. memorantur *Ludi qui fiunt cum Nevolariis, vel Nevolis.*

¶ **NEUPMA** Sacrum, Spiritus Sanctus, Gr. Πνεῦμα. *In omnipotentis Dei nomine, Unigenitique Filii ejus, D. N. J. C. et in Neupmate Sacro,* in Tabulario S. Maxentii. Vide *Pneuma.*

¶ **NEUROBATA**, vel Neurobates, Νευροβάτης, Funambulus, ambulans super nervis, a νεῦρον et βαίνω. Utuntur Firmicus lib. 7. Hyginus cap. 273. Mytholog. Vopiscus in Carino cap. 19. Vide Turnebum lib. 11. cap. 15.

* **NEUSTERUS.** Lit. ann. 1382. ex Bibl. reg. : *Quia idem episcopus* (Redonensis) *magnæ potentiæ et Neusterus est, adeo quod de facili capi non posset, etc.* Cur Radulfus *de Treal*, de quo hic sermo est, *Neusterus* appelletur, haud satis scio ; cum ex Britannica gente nobilissima esset oriundus. An quod partes ducis Britanniæ contra Carolum V. regem pertinaciter teneret ? Sed et tum quare *Neusterus* dictus ? Unde legendum fortassis *Austerus;* quod innuere videntur verba *Episcopus magnæ potentiæ.*

* **NEUSTRIA.** Vide *Austria*, 1.

NEUTERICUS. Guibertus Abbas Novigenti lib. 1. contra Judæos cap. 1 : *Plane hunc non incongrue Neutericum novo vocabulo dicam, qui neutrum sectatur, dum ea quæ laudat, jure non prosequitur, et quæ videtur prosequi, Christiani studii jura non laudat.*

¶ **NEUTHA**, Rocho *le Baillif* in Dictionariolo Spagyr. *Pellicula oculis adnascens, sive auriculis puerorum, sive totam pueri faciem in partu contingens.*

¶ **NEUTER**, *Nullus*, apud Barthium in Glossario ex Baldrici Historia Palæst.

¶ **NEUTRALICALIS**, Neutralicana, Scripturæ genus. Vide in voce *Scriptura.*

¶ **NEUTRALIS**, Medius, neutrius partis, Gall. *Neutre. Francigenæ facti fuerunt Neutrales*, in Chronico Engelhusii, apud Leibnitium tom. 2. Scriptor. Brunsvic. p. 1136.

* **NEUTRALISARE**, Neutram in partem inclinare, neutræ parti favere : unde *Neutralisatus* dicitur is, qui nec admittitur nec rejicitur. Arest. ann. 1411. 12. Mart. in vol. 11. arestor. parlam. Paris. : *Bullas a Petro de Luna, in regno nostro Neutralisato, et a papatu postea expulso, concessas obtinuerant.* Hinc

1. **NEUTRALITAS.** Joan. Sarisber. lib. 2. Policrat. cap. 2. de Medicis : *Futuram etiam sanitatem, aut ægritudinem, aut statum quem dicunt Neutralitatem, fatalitatem quoque ipsam ex præcedentibus signis agnoscunt.* Et cap. 29 : *Sanitatis, ægritudinis, et Neutralitatis censores sunt.*

* Neutralitas, Media conditio, Gall. *Neutralité.* Instr. ann. 1408. inter Instr. tom. 11. Gall. Christ. col. 43 : *Et insuper temporis qualitas Neutralitatis in quo sumus, quo non poterat neque potest ad superiorem, nec est spes quod in proximo haberi possit recursus, etc.*

* 2. **NEUTRALITAS.** Calendar. Ms. eccl. Camerac. fol. 36. v° : *Hic fiat celebris et votiva deprecatio pro Christianissimo rege Francorum Ludovico, qui suu regia dignatione nobis Neutralitatem restituit.* An Libertas ab omni dominatione, immunitas ?

NEUTRI, apud Luitprand. in Legat. ubi de Græcis : *Molles, effeminatos, manicatos, tiaratos, teristatos, mendaces, Neutros, desides.* Ubi Baronius *Eunuchos* hac voce designari putat. Atqui Græci omnes non Eunuchi fuerunt. Proinde nescio, an hoc loco *neutri* dicantur pro neutroti, quorum nervi succisi sunt, eoque imbelles, quæ est significatio vocis, ut mox docemus. [** Idem Luitpr. cap. 43. *qui neutrius erat generis* scribit, ubi agit de Niceta eunucho, neque cap. 54. omnes Græcos *neutros* dicit, sed homines ejusmodi apud Græcos purpura indutos esse, eis exprobrat.]

¶ **NEUTRONES**, pro *Nitores.* Vide *Nitela.*

NEUTROTUS. Octavianus Horatianus lib. 1. cap. 19 : *Si telo, seu morsu canum, aliarumve ferarum, seu ex quolibet casu neutro vulnerato, quos Neutrotos appellamus, impactis vulneribus omnibus, generaliter continuo hoc adhibendum erit, quod glutinare et curare valeat membra vulnerata.* Locus non sanus. Legendum enim videtur, *seu ex quolibet casu nervo vulnerato, quos Neurotrotos appellamus :* νευροτρώτους, [quomodo habetur apud Galenum lib. 3. de medicam. gener. pag. 346.] Emendationem firmant sequentia : *Si vero his accidentibus vulneribus etiam nervus fuerit vulneratus, etc.* [Νεύτρετα τραύματα habet Democrates ap. Galen. tom. 2. Edit. Basil. pag. 327.]

NEUVOD. Charta Hermanni Ord. Militum Prussiæ Magistri ann. 1233 : *Si vero major fuerit, quocumque instrumento in eo piscari voluerit ad commodum duntaxat mensæ suæ, præter rete, quod Neuvod dicitur, habeat liberam facultatem.*

* **NEXA**, Regio, tractus ab alio dependens, Gall. *Canton.* Inventar. ann. 1476. ex Tabul. Flamar. : *Item plus pari modo dixit se reperisse in parsano sive Nexa, vocata de Sunt Leuge, pertinentiarum dicti loci Montis-astruci, etc.* Vide *Parsanum.*

* **NEYAGIUM.** Vide supra *Neiagium.*

¶ **NEXARE**, Nectere, in Vita S. Wilfridi, tom. 3. Aprilis pag. 304 : *Trementes catenæ pedes Nexare devitant. Nexans nodos* dixit Virgilius Æneid. lib. 5. *Nexantur ab ictu* Lucretius lib. 2. pro copulantur.

¶ **NEXIBILIS**, Nexilis, Ammiano lib. 19. cap. 13.

¶ **NEXIM**, *Conjunctim*, Johan. de Janua; *Conjoinctement*, in Glossis Lat. Gall. Sang.

** **NEXURA**, pro *Nexus*, apud Virgil. Grammat. pag. 85.

NEYRIALE. Charta Philippi Regis Franc. ann. 1299. pro *Pariagio* villæ Sarlatensis, in ejusdem Regis Regesto ejusd. ann. ex Tabulario Regio n. 6 : *Item in muris dictæ villæ non fient portæ privatæ a privatis personis, nec fenestræ, sive Neyrialia, vel archeriæ, quæ non sint ampliora vel ampliores a parte exteriori dimidio pede manuali, etc.* Vide *Archeria.*

¶ **NIBARUS**, *Splendidus.* Gloss. Isidori : Gebhardus mallet : *Nivatus, Splendidus;* Grævius vero : *Nitens, nitidus, lucens, micans, splendens*, ex Papia. Legendum *Nibotus*, ut habet Joh. de Janua. Vide mox *Nibulatus.*

NIBATA, Nibita. Gloss. Isidori : *Nibita, aqua ex nubibus facta.* Emendant viri docti, *aqua ex nivibus facta.* Ugutio : *Nibata, aqua veniens ex nivibus. Nivatam* Petronius dixit. [Legi posset et *Nivica*, ut observat Grævius, et *Niblata*, ut putat ex voce subsequenti.]

* **NIBLUS**, *Lo vento cum aqua.* Glossar. Lat. Ital. Ms.

NIBULATUS, Niblatus, Nibulata. Ugutio, et ex eo Joh. de Janua : *Nibulatus*, (al. *Niblatus*) *a Nix, splendidus, et hæc Nibulata*, (al. *Nibata*,) *aqua veniens ex nivibus.* In Gloss. Latin. Gall. : *Nibatus, Resplendissant, et dicitur a nive.* Jo. Diaconus in Vita S. Gregorii M. PP. lib. 4. cap. 83 : *Ferens in capite matronalem mitram, candentis brandei varitate Niblatam.* Ita præferre omnes Codd. monet Angelus Roccha, ubi *Niblata*, est *splendida.*

¶ **NICES**, pro *Merces*, scriptum videtur tom. 4. Hist. Harcur. pag. 1554. ut jam dictum in *Arrivare.*

¶ **NICETERIA**, Græcis Νικητήρια, Præmia victorum et convivia post partam victoriam. Joh. de Janua : *Niceterium, a Nice vel Nicos* (Νίκη vel Νῖκος, *victoria*) *et dicuntur Niceteria filateria, quæ gestabant athletæ, facta de summitatibus armorum, quæ a victis acceperant, et ea collo suo suspensa gerebant, quotiens victores extiterant, quasi signa victoriæ; ideo filateria talia in quibus designabantur victoriæ a victoria Niceteria sunt dicta.* Perottus : *Niceteria, Torques, qui donari ludorum victoribus solebant.* Carolus de Aquino censet, quicquid pro victoria, præsertim apud Athletas, tradebatur in præmium, appellatum fuisse *Niceterium* et plane nomen esse generatim omnia complectens, idque sibi persuadet ex iis, quæ edicit Jason apud Xenophontem lib. 6 : *Et Niceterium auream coronam fore, si quis e civitatibus bovem ductorem pulcherrimum Deo aleret.* Vide *Filaterium.*

¶ Niceterii, Milites a victoria seu victoriæ præmio sic appellati. Ammianus lib. 6 : *Eum insectabatur Dorus quidam ex medio scutariorum, quem Niceteriorum Centurionem sub Magnentio Romæ provectum retulimus accusasse Adelphium.*

¶ **NICHAIM**, pro *Mahaim*, Membri mutilatio. Charta Henrici Regis Angl. tom. 3. Hist. Harcur. p. 183 : *Cum murdro et morte hominis, et plaga, et Nichaim et sanguine, et duello, et lacone, et aqua, et rapo.* Paulo aliter tom. 4. p. 1411 : *Plaga Nichaim, et sanguine, et duello, et lectione;* pro quo, ut et pro *lacone* restituendum *Latrone.* Vide *Mahamium.*

NICHILARE. Vide *Nihilari.*

NICHILIANISTÆ, Hæretici, qui negabant, Christum esse aliquid, quorum auctorem Petrum Abaelardum statuit Gualterus de. S. Victore.

* **NICHILUS**, Nichilinus Lapis, Achatæ species. Inventar. Ms. thes. Sedis Apost. ann. 1295 : *Item unum urceum de argento deauratum, cum lapidibus Nichilinis et calcidoniis.... Item unam aliam cupam de cri-*

stallo vel de Nichilo cum pede. Item unam cupam de Nichilo nigri coloris.... Item unum annulum de argento, cum uno Nichilo inciso. Italis, *Nicchio*, Concha, ostrea. [** Vide Murator. Antiq. Ital. tom. 2. col. 1254.]

* Nichinus, Eadem notione. Inventar. sacræ supellect. abb. Prum. ann. 1003. tom. 1. Hist. Trevir. Joan. Nic. ab *Hontheim* p. 349. col. 2 : *Urcei tres, unus aureus cum aquamanili,.... alius ex Nichino totus absque aquamanili.*

¶ **NICITARE**, *a Nictare, Vigilare vel palpebras movere*, Johanni de Janua ; *Veiller ou mouvoir la paupiere des yeux*, in Glossis Latin. Gall. Sangerman. *Nictere*, vel *Nictare*, eidem de Janua, *proprie canum est, quoniam bestiarum vestigia insequuntur et acute ganniunt ; unde Cecilius de quodam cane dicit : Bene Nictit oletque.* Gl. Isid. : *Nictit canis, quum acute gannit.* Si vera lectio est *Nicere* pro Movere dixit Plautus :

Emoriere ocyus, si manus Niceris,
Quid si manus Nicerim?

Vide Turnebum lib. 24. Adversar. cap. 17.

¶ **NICOLAUS**, *Dactylus*. Gloss. Isid. Sic a quodam Nicolao Damasceno, Peripatetico, Augusti familiarissimo, eos dactylos dictos scribit Rhodignius lib. 2. cap. 6. ex Plutarchi Sympos. 8. quæst. 4. et Athenæo. Horum meminit Plinius lib. 13. cap. 4. Vide Lexicon Martinii et *Palatæ*.

¶ Nicolaus Panis. Vide in *Panis*.

NICONTE, Machina bellica. Vide in *Lupus* 2.

* **NICROMANTUS**, Necromantes, magus. Vita S. Anton. tom. 1. Maii p. 339. col. 1 : *Joannem de Canibus dictum, adventitium accolam Florentini soli, magicum et Nicromantum, etc.*

¶ **NICTARA**, Nictere. Vide *Nicitare*.

* **NICTATUS**, *La vigilancia*, in Glossar. Lat. Ital. Ms. Vide *Nicitare*.

NICTILOPA. Alex. Iatrosoph. Ms. lib. 1. Passion. cap. 96 : *Qui post transmutatum solem non vident, hos Nictilopas vocant.*

* **NIDALIS**, Dicitur de falcone, qui ex nido raptus est. Vide infra *Nisus*. Nostris alias *Nyée*, pro *Nichée*, *couvée*, Pullatio. Lit. remiss. ann. 1397. in Reg. 152. Chartoph. reg. ch. 70 : *Lequel suppliant avoit une Nyée de grans poucins bons à mangier.* Aliæ ann. 1428. in Reg. 174. ch. 196 : *Jehan Blanchet estoi monté en un arbre, pour avoir une Nyée d'estourneaulx estans audit arbre. Niera, Prov. Pulex*, in Glossar. Provinc. Lat. ex Cod. reg. 7657. Unde *Anichier*, Nidificare, apud Guignevil. in Peregr. hum. gener. Ms. :

Et tout ausi comme l'agache,
Par son crier et agachier,
Nul oysel ne la sse Anichier,
Près de li : ains les fait fuir.

NIDASII, Falcones dicuntur Friderico II. Imp. lib. de Arte venandi cap. 30. 31. et alibi. *Nidarii*, Petro de Crescentiis lib. 10. de Agricult. cap. 3. Thuano, *Nidularii*, nostris vulgo *Niais*, qui in nido capiuntur, seu, ut Budæus in Pandect. qui ex nidulo rapti sunt, et domi aluntur. *Nidasi*, etiam Italis appellantur.

NIDERING vel Nidernig, Nequam, ignavus; nostris, *Faineant*. Will. Malmesbur. in Willelmo II. p. 121 : *Anglos suos appellat, jubet ut compatriotas advocent ad obsidionem venire, nisi si qui velint sub nomine Nidering* (al. *Nidernig*) *quod nequam sonat, remanere. Angli qui nihil miserius putarent quam hujusce vocabuli dedecore aduri, catervatim ad Regem confluunt, et invincibilem exercitum faciunt.* Quo loco Matthæus Paris ann. 1089. habet sub *nomine Nithing, quod Latine nequam sonat, recenseri.* Codd. alii *Olthing* præferunt. Annales Waverl. MSS. eodem anno, apud Spelmannum : *Rex Willelmus junior misit per totam Angliam, et mandavit, ut quicunque foret Unnithing, sive Francus, sive Anglicus, sive in burgo, sive extra, veniret ad eum ; et adunato magno populo, ivit ad Rovecestre, et obsedit Castellum.* Ubi vox scribitur charactere Saxonico. Leges convivii in memoriam et honorem B. Erici Regis Ringstadiensis olim celebrati : *Si confratrem suum propter nimiam stultitiam suam et negligentiam, et longævo rancore existente confratrem occiderit, exeat a consortio omnium confratrum, cum malo nomine Nithing, et recedat.* Occurrit ibi pluries.

Vocem Runicam esse aiunt : Runice enim *Nidingur*, est contemptus, infamis, inhumani alicujus patrator. Vide Lexicon Runicum Wormii pag. 22. 92. Ejusdem notionis est vox *Nithing-sorth* apud Suenonem in Legibus Castrensibus cap. 10. et 11. de qua Stephanus Stephanius Suenonis editor pag. 179. Janus Dolmerus ad Jus aulicum Norveg. vetus cap. 37. et Petrus Resenius ad Jus aulicum Canuti II. Regis Daniæ cap. 4.

☞ Ejusdem significationis videtur vox Gallica *Nice*, quam usurpat le Roman *d'Athis* MS. :

Trop estes malostrus et Nices,
N'entrerez huy par vos estices.

* Nequaquam, ut videre est supra in *Nativitas* 3.

* **NIDERLOGE**. Vide supra in *Nedderlage*.

* **NIDIUS**, Subniger. Charta ann. 1219. ad calcem Chron. Walt. Hemingf. edit. Hearn. tom. 2. pag. 598 : *Item ut habitum et vestes ferant clericales, prout decet fratres hospitalis,.... cruce tamen nigri aut Nidii coloris in mantellis et indumentis suis superioribus decenter impressa.* Vide *Nigellus*, 1.

¶ **NIDOROSUS**, Nidore plenus, fumosus, vapidus. *Holocaustomata Nidorosa*, Tertulliano lib. 5. adv. Marc. cap. 5. Medicina Salern. pag. 62. edit. 1622 : *Caput quoque dolentibus malum est* (lac)... *cujus rei causa alia non est, quam quod sit Nidorosum, ac facile evaporet, caputque petat, etc.*

¶ **NIDULARII** Falcones. Vide *Nidasii*.

* **NIDUY** vel Nidduy, Excommunicationis levioris species apud Judæos, ab aliorum societate separatio. Arest. ann. 1374. 3. Febr. in vol. 6. arestor. parlam Paris. : *Certa sententia seu excommunicatio, quam Judæi inter se vocant Niduy..... Dictus Viventius Columbum prædictum in Niduy posuerat.... Nostra curia inhibet expresse.... Judæis omnibus ,.... ne ipsi de cætero in regno nostro Franciæ utantur dictis sententiis seu pronuntiationibus de Niduy, etc.*

NIELLATUS. Vide mox in *Nigellus*.

* **NIEMSCHEWIT**. Vide supra in *Nembda*.

* **NIENAGANIL**, Nienaganiona, Voces Polonici juris. Stat. Casimiri ann. 1347. inter Leg. Polon. tom. 1. p. 23 : *Petrus non provocavit nec appellavit, vulgariter Nienaganil. Nos itaque hujusmodi sententiam judicis, quæ non fuit aliqua provocatione suspensa, vulgariter Nienaganiona, declaramus transivisse in rem judicatam.*

* **NIGEIRAL**, Mensuræ nomen apud Claromontanos, an eadem qua carbonem metiuntur? Charta Guidr episc. Clarom. ann. 1281. in Reg. 73. Chartoph. reg. ch. 1 : *Qui solvet bladum, radat quartam, si voluerit, exceptis censibus avenæ ; qui nobis debentur in dicta villa ad magnam quartam Nigeiral, de quibus volumus, quod solvantur ad dictam quartam.*

¶ **NIGELLA**, Melanthium, sic vulgo dictum a seminis nigredine, Gall. *Nielle*. Bernardus *de Breydenbach* Itin. Hierosol. p. 277 : *Culices ex fumo palee et ex fumo vaccini stercoris, et quam maxime ex fumo calami et Nigelle fugantur.* Vide Valesium in Notitia Gall. pag. 375. col. 2.

1. **NIGELLUS**, *Aliquantum niger*, Joanni de Janua. Anastasius in S. Silvestro PP. : *Scriptum ex literis Nigellis puris in cruce, etc.* Vita S. Fulgentii Episc. Ruspens. cap. 18 : *Nigello vel lactineo pallio circundatus incessit.*

Nigellum, Encaustum nigrum, vel subnigrum, et argento et plumbo confectum, quo cavitas sculpturæ repletur, uti describitur a Vasario in Vitis Pictorum cap. 33. Italis *Niello*. Gloss. vett. : *Nigellum*, μελανόν. Epistola Nicephori Patr. Constantinopol. ad Leon. III. Pap. apud Baron. ann. 811. num. 58 : *Encolpium aureum, cujus una faceis crystallum inclusum, altera puta Nigello est.* Ubi Gr. δι' ἐγχύσεως. Vita S. Odilonis Abbatis Clun. cap. 11 : *Cujus columnas vestivit argento, cum Nigello pulcro opere decoratas.* [Perperam *jugello*, tom. 1. SS. Januarii pag. 69.] Leo Ost. lib. 2. cap. ult. : *Laternam argenteam magnam librarum quinque cum Nigello.* Lib. 3. cap. 5 : *Scrinium argenteum super altare cum Nigello librarum novem ,... scutellam argenteam cum Nigello, etc.* Cap. ult. : *Fumigatorium cum Nigello.* Anastasius in S. Silvestro PP. : *Scriptum ex litteris puris nigellis.*

* Inventar. Ms. thes. Sedis Apost. ann. 1295 : *Item unam cupam auri,.... cum lapidibus, perlis et corallis et scutis ad Nigellum.*

Nigellatus, Nigello distinctus, in Historia Episcoporum Autisiod. cap. 20 : *Bacchonicam anacteam circulatam et Nigellatam, etc.* Ibidem : *Scutella Nigellata, patella Nigellata, etc.* [Testamentum Ermentrudis Matronæ apud Mabillon. Liturg. Gallic. pag. 463 : *Baselicæ domini Stephani anolo aureo Nigellato valente sol. quatuor dari volo.*]

* Invent. S. Capellæ Paris, ann. 1376. ex Bibl. reg : *Item duo alii morsus argenti Nigellati.*

Niellatus. Testamentum Leodeboldi Abbatis apud Helgaudum in Roberto Rege : *Scutellas 2. minores Massilienses deauratas.*

quæ habent in medio cruces Niellatas. Idem videtur quod *Noellé* nostratibus. Le Roman *de Parise la Duchesse* MS. :

Et brandissent les astes des espiés Noellez.

Le Roman *de Garin* MS. :

Affichiez s'est ens estriers Noelez.

Alibi :

Cors ot gaillart, et espié Noelé.

Le Roman *de Garin* MS. :

Et vint espées au pont d'or Noielez.

* Fallitur vir doctus : *Noellé* enim idem sonat quod *Noueux*, nodosus.

¶ NIELLATUS PANNUS, ut *Nigellus*, Aliquantum niger. Computum ann. 1333. tom. 2. Histor. Dalphin. p. 283 : *Pro cannis octo de panno Niellato de liberata Domini pro robis Pandulphi Fisici, etc.*

NIGELLATUM, apud Paulinum Nolanum Epist. 1. Vide ibi Rosweidum, [et Notas in Epistolam 5. novæ editionis pag. 32. num. XX.]

2. **NIGELLUS**, Species monetæ. Vide *Moneta nigra.* [* Eadem quæ supra *Neretus.* Vide ibi.]

¶ **NIGER**, Nigrita, Gall. *Negre*, Hisp. *Negro.* Synodus Limæ ann. 1582 : *Intelleximus quod... aliqui Clerici habeant Nigros ad lucrandum pecunias... Præcipimus... quod posthac eorum nemo habeat Nigrum vel Nigras ad ejusmodi lucrum, sub pœna perdendi quidquid ejusmodi Negrita lucrabitur. Nigros* etiam appellat Nigritas, seu mancipia ex Nigritia Africæ regione aliisve terris abducta, Tiburtius Navarrus in Vita S. Francisci Solani, tom. 5. Julii pag. 884.

¶ NIGER EXERCITUS, apud Hungaros : de quo hæc habet Bonfinius Rer. Hungar. lib. 9 : *Exercitus hic idcirco Niger appellatus, quia Matthiæ jussu sub dio semper hibernare et æstivare solebant, æstu et algore juxta obdurati, et assiduis militiæ laboribus obfirmati, ut nihil esset ita arduum et difficile quod expugnare non auderent.*

NIGOSUS, pro *Ningosus*, Nivosus. Chronic. Abb. S. Trudonis lib. 12 : *Per Nigosa et saltuosa devia fatigabiliter deductus.* Sed videtur legendum *jugosa.*

* **NIGRATUS**, Miser, infelix, tenebrosus. B. de Amoribus in Speculo sacerd. Ms. cap. 27. ubi de peccato mortali :

Efficit Nigratam vitam tollitque beatam.

¶ **NIGRERE**, *Nigrescere*, Johanni de Janua; *devenir noir*, in Glossis Lat. Gall. Sangerman.

¶ 1. **NIGRI** et ALBI, Factiones duæ in Italia famosissimæ, de quibus hæc Spondanus ad ann. 1295 : *Observat quoque Ptolemæus Lucensis, se in gestis Lucensium invenisse, hoc anno cœpisse discordiam Cancellariorum de Pistorio, ut nominarentur Albi et Nigri, quod nomen, inquit, fermentavit Florentiæ et Lucæ, et ex eo nomine utrobique exorta sunt multa mala.* Odericus Rinaldus Annal. Eccl. : *Emersere eodem tempore in Etruria Alborum et Nigrorum perditissimæ factiones, quæ in alias Italiæ partes serpere cœperunt; ad quas sedandas, et alias plurium Italiæ provinciarum res componendas, Matthæus Aquaspartanus Episcopus Portuensis missus a Bonifacio est.* De origine harumce factionum non consentiunt Scriptores Florentini : quorum opiniones vide apud Carolum de Aquino in Lexico Milit. v. *Albi.* [* Vide supra *Albi.*]

¶ 2. **NIGRI**, Monetæ genus. Vide *Moneta argentea.*

NIGROMANTIA, pro *Necromantia.* Ebrardus in Græcismo cap. 8 :

Mors nigron est, Nigromantia dicitur inde.

Et cap. 10 :

De nigris proprie Nigromantia dicitur esse.

* *Nigremanche*, in Mirac. B. M. V. Mss. lib. 1 :

Tant savoit d'art et de Nigremanche,
Qu'a l'anemi faire faisoit
Toutes les riens qu'il li plaisoit.

LIBRI NIGRI, Necromantici, apud Eckehardum de Casibus S. Galli cap. 2.

¶ NIGROMANTICI, pro *Necromantici. Sortilegi, magici, incantatores, Nigromantici*, in Literis ann. 1406. apud Rymerum tom. 8. pag. 427. *Nigromanticus diabolica illum machinatione pervertere cogitavit*, in Vita S. Petri Mart. tom. 3. Aprilis pag. 693. *Nigromanticus* legitur in Vita Edwardi II. Regis Angl. pag. 249.

NIGROMONACHI, in Gestis Innoc. PP. pag. 126. qui cæteris *Nigri Monachi*, quo nomine intelligi Monachos Benedictinos infra docemus, in v. *Ordo.* Apud Græcos Monachi etiam nigri, μελανειμονοῦντες dicuntur, in Synodo Trullana cap. 42. [** Vide Glossar. med. Græcit. col. 897.]

* **NIGRUM**, Appellari videtur Textus legis, *Rubrum* vero commentatio in textum. [** Inscriptio.] Charta ann. 1362. in Reg. Cam. Comput. Paris. sign. *Vienne* fol. 47. r° : *Renunciantes.... juri dicenti in Rubro plus valere quod agitur, quam quod simulate concipitur; et in Nigro quod in contractibus prospici debet veritas potius quam scriptura.*

¶ **NIHIL**, Nullo modo. Consuetud. Fontanell. MSS. *Dicitur in Regula* : In conventu omnino brevietur oratio. *Ita Nihil producendæ vel corripiendæ sunt orationes.* Occurrit alibi.

¶ **NIHILARI**, In nihilum recidere, exinaniri, mori. Rolandinus Patav. de factis in Marchia Tarvisina lib. 7. cap. 8 : *Sed illic multi consumti fame, siti quoque arida Nihilati.* [** Occurrit in *Ruodlieb* fr. 2. vers. 116. fr. 3. vers. 244. 436. *Nihilasse*, ibid. fr. 2. vers. 140. Vide *Nullificare* et Forcellin. in *Annihilo.*]

NIHILEITAS, Qua quid nihil censetur, apud Henr. de Hassia in Spec. anim. pag. 7.

NIHILFECIT, ita cognominarunt aliquot ex Regibus Franciæ, primæ et secundæ stirpis, quod deliciis palatinis dediti, rerum civilium et militarium summam Majoribus domus demandarent : quamquam non desunt qui illos ab ejusmodi Scriptorum calumniis vindicare conantur. Hinc vox nota nostris *Faitneant*, pro ignavo. Harigerus Lobiensis de Vita S. Ursmari apud Mabillonium sæculo 3. tom. 2. pag. 610 :

Tunc fratres gemini Dagoberto Rege creati,
Francorum gentem simili nec sorte duellem
Secernunt sceptris, Chlodoveus Belgica segnis
Regni sceptra tenens, sed Nil laudabile linquens,
Tres ibidem segnes proprio de semine fratres
Liquit Hlotarium, Hildricum, et Theodericum, etc.

Maxime vero Ludovicus Balbus Caroli C. filius ita indigitatur. Aimoinus lib. 2. de Miracul. S. Benedicti cap. 1 : *Verum Augusto Karolo rebus humanis exempto, filius ejus Hludovicus successit, qui Nihil-fecisse nomen sortitus est, sive quod vix duobus annis regno potitus nil strenue gessit, sive quod sanctimonialem quandam, sicuti a majoribus accepimus, Kalæ Monasterio puellarum abstractam conjugio copulans suo, peccatum, quod Nihil esse dicitur, perpetrarit.* Gesta Consulum Andegav. cap. 2. n. 5 : *Ætate Ludovici Balbi cognomento Nihilfecit.* Et cap. 3. n. 1 : *Tempore Ludovici Regis Nil-facientis.* Sic etiam cognominatur ab Orderico Vitali lib. 5. pag. 571. et Willelmo Gemetic. lib. 2. cap. 21. [Vide *Facere nihil.*]

¶ **NIHILIFICARI**, Ad nihilum redigi. Hist. elevationis S. Illidii apud Stephanotium tom. 3. Fragm. MSS. : *Intrans Pontifex locum illum cum devotione maxima et reverentia, quæ decebat, sacra membra collegit, quæ propter tot temporis intervalla et humiditatem fuerant aliquo modo Nihilificata et extenuata.*

¶ **NIHILITAS**, Humilitas, abjectio, vilitas, Gall. *Neant.* Vita B. Joh. Bonvisii n. 15. tom. 5. Maii pag. 104 : *Humilitas vera est quoddam Dei lumen, per quod nostram Nihilitatem conspicimus.* Claudius Rapine Cælestinus Paris. XV. sæc. in Psalm. 118. MS. : *Seipsum exuere quærit dicens : Vide humilitatem meam, paupertatem meam, Nihilitatem meam.* Occurrit rursum in Libris de Imit. Christi.

¶ NIHILITAS, Rescisio, qua quid refigitur et aboletur. Concil. Pisan. ann. 1409. sess. 9. apud Marten. tom. 7. Ampliss. Collect. col. 1089 : *Processus autem et sententias, condemnationes, privationes, Nihilitates, constitutiones et censuras quascumque per ipsos contendentes in ipsorum alterum in præjudicium unionis Ecclesiæ... factos... hæc sancta Synodus cassat et annullat.*

* Nostris *Nierelle*, Res nihili, vulgo *Bagatelle, chose de néant.* Lit. remiss. ann. 1361. in Reg. 92. Chartoph. reg. ch. 6 : *Icellui Jehan dist à Guillaume Forthomme : Forthomme te souvient-il point que je te fis perdre une foiz une pougnie d'or? Lors dist ledit Guillaume et lui respondi tout courtoisement : Feustes vous ce qui me feistes perdre telle Nierelle?*

NIHILOMINUS, Etiam, perinde. Sedulius in Præfat. ad Opus Paschale : *Cognoscant peritissimum divinæ legis Origenem tribus Nihilominus editionibus prope cuncta quæ disseruit, aptavisse.* Leo Ost. lib. 3. cap. 20 : *Similiter fecit et de Sacramentariis... et duobus Nihilominus Evangeliis et Epistolario uno.* Infra : *Sed et gradum Nihilominus ligneum extra Chorum... constituit.* Cap. 28 : *Eique ejusdem Nihilominus operis* (donum) *copulavit.* Cap. 32 : *A pedibus vero fusæa Nihilominus lista.... circundatam.* Ita Salvianus lib. 4. de Gubern. Dei, Rupertus de Divin. off. lib. 8. cap. 5. et alii passim.

* Nostris *Nekedent* et *Nequedent*, pro *Cependant, néanmoins*, Verumtamen. Vita S. Ludov. edit. reg. pag. 364 : *Nequedent, se vos vos i tenez, ja n'estes vos que uns hons ne que uns autres.* Charta Joan. comit. Pontiv. vernacule reddita in Lib. albo

domus publ. Abbavil. fol. 3. vº· : *Nekedent sauve le droiture du segneur.* Ubi Ch. orig. ann. 1184. habet : *Tamen salvo jure domini.* Occurrit præterea in Cons. Petri de Font. p. 79. art. 6. et alibi.

NIHILUS, [Homo nibili, feneus.] Vide *Cenitus.*

* **NIMA.** Nimarum [** Nimarus] Patiens, Maritus, cujus uxor, ipso tacente, mœchatur. Lit. remiss. ann. 1354. in Reg. 82. Chartoph. reg. ch. 275 : *Baudericus Mutez præfatum Colardum in ejus absentia vocaverat publice Nimarum patientem, Gallice Coux souffrant.* Vide *Nimuarus* et *Patientia.*

¶ **NIMBUS**, Isidoro lib. 19. Orig. cap. 31 : *Fasciola transversa ex auro assuta in linteo, quod est in fronte feminarum. Plautus : Quo magis eam aspicio tanto magis Nimbata est. Nam et lumen, quod circa angulorum capita pingitur, Nimbus vocatur : licet et Nimbus sit densitas nubis.* Eadem Papias, qui pro *angulorum* rectius scribit *Angelorum.* Agitur enim de *nimbo* seu fluido illo lumine, quo Angelorum capita sæpe cinguntur, Gr. μνίσκος : qua notione Virgilius Æneid. lib. 2.

> Jam summas arces Tritonia, respice, Pallas
> Insedit, Nimbo effulgens, etc.

Vox hac notione antiquariorum familiaris, qui hujusmodi *nimbos* seu circulos lucidos bene multos observant in numismatibus Imperatorum Mauricii, Phocæ, etc. [** Vide Glossar. med. Græcit. in Φεγγίον, col. 1669.]

NIMIDA. Indiculus superstitionum et paganiarum, in Concilio Liptin. ann. 743 : *De sacris silvarum, quæ Nimidas vocant.* [** Vide Grimm. Mythol. Germ. pag. 372.]

* **NIMIETAS**, Vehementia. Mirac. B. Simon. de Lipn. tom. 4. Jul. pag. 570. col. 1 : *Item quædam alia maxima capitis gravitate et dolore sic consternata, ut pene ex Nimietate doloris amentiam sibi evenire speraret, etc.*

¶ **NIMIETUDO**, *Immoderatio, nimietas.* Goclenius.

¶ **NIMITICUS**, *Nimius, eximius, immanis*, in Excerptis Pithœanis. In Glossis Isid. habetur *Niniticus;* male procul dubio. Suspicatur Grævius, in ipsis Excerptis *Nimiticus* expungendum, ut in Glossis Isid. *Niniticus*, ut *eximius* sit explicatio τοῦ *nimius* : qua certe notione passim accipitur apud Scriptores non adeo purioris Latinitatis amatores, ut mox vide.

¶ **NIMIUS**, in Scripturis sacris passim, ut et apud Auctores Ecclesiasticos, Magnus, ingens, eximius, excellens, præclarus, validus. Sic Ephes. 2. 4 : *Deus autem, qui dives est in misericordia, propter Nimiam* (Gr. πολλὴν) *charitatem suam, qua dilexit nos, etc.* S. Hieron. in Isaiæ cap. 66 : *Sudore et labore Nimio ad ubertatem fructuum pervenitur.* Petrus Damiani in Vita S. Romualdi n. 37 : *Erat autem prædictus Imperator* (Otto III.) *monastico Ordini valde benevolus, et Nimia circa Dei famulos affectione devotus.* Innumera prætermitto, ne longior sim in re nota. Huc spectat vox *Nimis* pro *valde* passim usurpata in sacris Bibliis, sed et illud notum.

¶ **NIMNARUS**, pro *Minnarius*, ut ibi dictum est.

* **NIMSEWIT.** Vide supra in *Nembda.*

* **NIMUARUS**, *Cujus vox* (leg. *uxor*) *mœchatur et ipse tacet.* Glossar. Provinc. Lat. ex Cod. reg. 7657. Vide supra *Minarius* 4. et *Nima.*

¶ **NINGIDUS**, *Niveus, candidus.* Joh. de Janua.

NINGUIDUS, Nivosus : *ninguis* enim pro *nix* dixerunt veteres. *Ninguidi saltus*, apud Ennodium in Vita S. Epiphanii. *Ninguidi montium colles*, in veteri Epitaphio apud Gruterum 1169. 6. Adde Prudentium Hymno 6. v. 97.

* Et recentiores, qui etiam eodem loco utraque voce usi sunt. Wigon. epist. 4. ann. circ. 913. apud Pez. tom. 6. Anecd. part. 1. col. 112 : *Quando nivoso prosternimur pavimento ex omni parte nive afflati, cœnosi volutamur. Sed tamen communiter degentes hæc opportune toleraremus, si dominicum altare a Ninguine defendere possemus. Niele*, eadem notione, apud Guill. Guiart. ad ann. 1269 :

> Comme par brueillaz, ou par Niele,
> En tous les vaissiaus n'a eschicle.

* Sed et *Noif*, *Nois* et *Nef* dixerunt nostri. *Noif*, in Chron. S. Dion. tom. 3. Collect. Histor. Franc. pag. 196. *Nois*, in Cons. Petri de Font. cap. 6. pag. 85. art. 4. et 5. Lit. remiss. ann. 1456. in Reg. 187. Chartoph. reg. ch. 6 : *Le suppliant couchoit la pluspart du temps par gellée, Noyfz et pluye en un jardin soubz ung orme.* Galt. Met. *dans la Mappemonde :*

> Les gelées et les grans Nois
> Aviennent par l'air qui est frois.

Le Roman *de Garin :*

> Plus estoit blans que n'estoit Nef sor giel.

Vide infra *Nivare.*

¶ **NINIOSUS**, Gall. *Garrulus*, in Glossis Isid. pro *Næniosus*, *Nugator*, ut habet Papias.

¶ **NINITICUS.** Vide supra *Nimiticus.*

¶ **NINNARIUS**, pro *Minnarius.* Vide in hac voce.

* *Nynnyn*, nomen proprium, in Lit. remiss. ann. 1470. ex Reg. 195. Chartoph. reg. ch. 414 : *Ung nommé Innocent Sale, Nynnin Sale freres, etc.* Vide *Niniosus.*

¶ **NIOBA**, *Mutus aut mente alienus.* Papias MS. Bituric. Notio ducta ex fabula Niobes, quæ, ut refert Ovidius lib. 6. Metamorph. ex liberorum orbitate in saxum, seu luctum æternum conversa est ; unde Tullius lib. 3. Tuscul. cap. 26. *Niobe fingitur lapidea, propter æternum, credo, in luctu silentium.*

¶ **NIOTA**, *Latro*, apud Papiam MS.

¶ **NIQUETUS**, Æreus quadrans tempore Caroli VI. Fr. Regis cusus, Gall. *Niquet.* Statuta Monast. S. Claudii ann. 1448. pag. 59 : *Quilibet ejusdem Ecclesiæ* (S. Romani) *parochianus in festo...* (debet sacristiæ S. Petri) *unum Niquetum pro quolibet, qui quidem Niqueti in tribus partibus dividuntur, etc.* Vide Monstrell. 1. vol. cap. 251.

*Comment. Petri Fenini de Carolo VI. ad ann. 1415. pag. 495 : *Tost après ledit roy Henry V. fit forger une petite monnoye, qu'on nommoit Doubles, qui valloient trois mailles, en commun langage on les appelloit Niquets.* Le Monologue *des armes et des Dames :*

> Bien assailly, bien deffendu ;
> Tout ne m'a pas valu trois Niques.

* *Niquet* præterea vocarunt nostri gestum quemdam, quo aliquis irridetur. Lit. remiss. ann. 1458. in Reg. 188. Chartoph. reg. ch. 16 : *Perrin Cohen fist au suppliant, en soi mocquant de lui, le Niquet.*

* **NIR.** Bened. abb. Petroburg. in Henr. II. reg. Angl. tom. 2. pag. 682 : *Draco ille attrahit ad se undas, hauriendo cum tanta aviditate, quod si navis aliqua fuerit prope haustum illum, etiamsi fuerit onusta Niris, vel quibuslibet aliis ponderosis, tamen hauritur et defertur in sublime.* Ubi Hearnius editor, forte *Viris* : non placet.

NISARE, *Implicare;* Papias.

1. **NISI**, pro Præterquam. Victor Schotti in Augusto : *Adjectis Imperio civium Rhetis, Illyricoque, ac pacata externarum gentium ferocia, Nisi Germaniæ.* [Sed et Terentius ipse : *Nihil aliud Nisi Philumenam volo.* Et Tullius de Amicitia cap. 5 ; *Nisi in bonis amicitia esse non potest.*]

2. **NISI**, pro Sed. Capitulare ann. 779. cap. 10 : *De eo qui perjurium fecerit, nullam redemptionem dat, Nisi manum perdat.* Adde Capitulare Suession. ann. 744. Anastasius in S. Cælestino PP. : *Constituit ut 150. Psalmi David ante sacrificium psallerentur antiphonatim, quod ante non fiebat, Nisi tantum recitabantur Epistolæ Pauli Apostoli, etc.* Adde pag. 41. d. præterea Legem Burgund. tit. 66. § 1. Formulas secundum Legem Romanam form. 1. Synodum Romanam ann. 743. cap. 3. Legem Longobardorum lib. 1. tit. 9. § 9. tit. 36. § 5. 6. lib. 2. tit. 8. § 4. 5. tit. 10. § 1. tit. 14. § 27. tit. 15. § 2. tit. 21. § 28. tit. 26. [** Rothar. 144. Grim. 3. Liutpr. 96. (6, 43.) 33. 34. (5, 4. 5.) Roth. 205. Aist. 1. Roth. 173. ubi Murat. et. Bach. 1. Liutpr. 95. (6, 42.)] Constitutiones Sicul. lib. 3. tit. 30. Formulam 13. ex Lindenbrogianis, Concilium Londoniense ann. 1328. can. 1. etc. [Eadem notione Terentius in Adelphis : *Ecce autem de integro ; Nisi quicquid est scire volo.* Rursum utitur in Eunucho 3. 4. extr. ut et Plautus, et alii.] Concilium Rotomagense ann. 1074. cap. 9 : *Hos vero qui sacros Ordines reliquerunt, placuit sanctæ Synodo Nisi anathematizari.* Ubi *Nisi* nihil sonat. [Apocal. 21. 27 : *Non intrabit in eam aliquid coinquinatum aut abominationem faciens et mendacium, Nisi* (Gr. εἰ μὴ) *qui scripti sunt in libro vitæ Agni*, id est, sed solum, etc.]

¶ Obligatio, Clausula de Nisi, Qua quis fidem suam obstringit se quippiam præstiturum, ea conditione ut si promissa non perfecerit, pœnis subjaceat in hujusmodi obligationibus appositis sub hac, aliave simili, formula : *Nisi contenta adimpleverit, etc.* Literæ Ludovici XI. Franc. Regis ann. 1475. apud Rymerum tom. 12. pag. 543 : *Obligabimus nos sub pœnis Cameræ apostolicæ et per Obligationem de Nisi.* Iisdem verbis utitur Ludovicus XII. in suis Literis ann. 1498. ibid. pag. 688. Tractatus ann. 1518. tom. 13. pag. 643 : *Præfatus Francorum Rex obligabit se sub pœnis Cameræ apostolicæ et per Obligationem de Nisi.* Literæ Francisci I. Franc. Regis ann. 1527. tom. 14. pag. 196 : *Dantes etiam prædictis nostris Oratoribus... omnimodam* potestatem pro securitate præmissorum... in animam nostram jurandi... et sub censuris ecclesiasticis etiam Cameræ apostolicæ, si opus fuerit, cum Clausula de Nisi... confitendi omnia promissa.... consentiendi quod, Nisi contenta, acta, conclusa et capitulata, realiter et de facta (facto) adimpleantur, sententia excommunicationis contra Constituentem aut Confitentem proferatur, a qua non solvatur, Nisi prius adimpleverit quæ implenda forent. Literæ de Nisi, eadem notione memorantur in Statutis Eccl. Æduensis, apud Marten. tom. 4. Anecd. col. 515.

* Quam vocem eodem sensu legimus in instrumentis vernacule scriptis. Lit. remiss. ann. 1388. in Reg. 132. Chartoph. reg. ch. 305 : *Lequel notaire fist audit exposant un Nisi ou obligation.* Aliæ ann. 1396. in Reg. 149. ch. 330 : *Lesquelz Huguenin et Jehan furent en accord, par lequel ledit Jehan fist un Nisi, ouquel il estoit obligié à paier, etc.*

¶ **NISUS**, Avis nota, Haliæetus, seu aquila maritima. Numeratur *cum sparveriis seu austoribus inter feras bestias, quæ ad majus dominium spectare noscuntur*, in Sententia arbitrali MS. inter Aymarum de Pictavia, Comit. Valentin. et Abbatem de Lioncellis ann. 1303. Id est, Harumce ferarum venatio ad solos superiores dominos pertinet. Etiam inter præstationes majoribus dominis debitas *Nisi* recensentur, ut in Testamento Guillelmi de Gisortio Militis ex Chartulario Pontisarensi : *Item, cum Robertus et frater suus scutiferi mei singulis debeant michi annis unum Nisum, volo et concedo quod loco hujus Nisi solvant annuatim unum par cerothecarum valore sex sol. Paris.*

* Minus recte; Falco enim intelligendus, qui ex nidulo raptus domi alitur, vulgo *Niais*, ut ex sequentibus patet. Charta ann. 1216. ex Chartul. monast. de Bauges.: *Cum Gaufridus de Lauduno miles et antecessores sui quemdam redditum sive retributionem annuatim in monasterio Villelupæ haberent, videlicet duos Nisos nidales, etc.* Ubi in margine, *Eperviers niais.* Charta ann. 1317. in Reg. 54. Chartoph. reg. fol. 35. v° : *Dominus rex remisit et dedit Guillelmo de Buessautier armigero ad ejus vitam xl. libras Turon. in quibus eidem domino regi singulis annis tenebatur, pro feodi firma molendinorum fullonum de Moritonio : ita tamen quod quamdiu vivet, tenebitur quærere Nisos in foresta de Landa putrida, ipsosque nutrire, custodire, et ad curiam regiam mittere suis propriis sumptibus et expensis.* Chron. Bohemic. ad ann. 1300. apud Ludewig. tom. 11. Reliq. Mss. pag. 148 : *Non opus est armis, aut arma ad speciem militiæ jam portare, sed potius falcones, Nisos et crodios (l. erodios) aliaque volatilium genera, quæ ad ludum et jocunditatem pertinent.* Vide *Nidasii.*

¶ **NIT**, *Fluit*, apud Papiam.

¶ **NITAS**, Nicolaus Specialis lib. 7. Rerum Sicul. cap. 17. ad calcem Marcæ Hispan. col. 733. et apud Murator. tom. 10. col. 1069 : *Ipsas etiam acripomorum arbores, quas vulgo arangias vocant, quæ sub antiquis temporibus in regio solatio olim velut nemus Massiliensium consecratum diis Nitate concreverant, quas ipsi etiam ad debitum sibi regni dominium aspirantes defensare debuerant, immaniter succiderunt.* Pro *diis nitate* corrigo *diuturnitate.*

¶ **NITELA**, Nitella. Glossæ Isidori : *Nitellæ Neutrones, parunitores, deminuti.* Reponunt viri docti : *Nitellæ, Nitores, parvi nitores.* Papias : *Nitela, nitor; Nitelæ, nitores parvi.* Johan. de Janua : *Nitella, parvus nitor.* Grævius nollet *parvus; Nitela* enim, inquit, idem est quod Nitor : quod probat ex hoc Solini loco cap. 35 : *Præcipua virorum gloria est in armorum Nitela.* Sed *Nitelas* nitores *parvos* dici potuisse patet ex alio ejusdem Solini loco cap. 36 : *Depurgant in minium Nitelas pulveris*, id est, micas aureo colore resplendentes ex arena.

☞ Hac notione solent exponere *Nitellam* apud Martialem lib. 5. Epigr. 38. de Erotio puella :

> Quæ crine vincit Bætici gregis vellus,
> Rhenique nodos, aureamque Nitellam.

Quem ad locum Raderus pag. 396 : *Nitella aurea, pulvis aureus fuit, aureaque ramenta, quibus illuminarunt capillos.* Sed rectius Salmasius ad Solinum pag. 22. *Nitellam* Martialis interpretatur murem agrestem vel sciurum, adeo ut rutilos puellæ crines comparet Poeta cum lana Bætica, capillis Germanorum et pilis *Nitelæ* seu Nitedulæ. *Nitela* vero dicitur non quod *niteat*, sed quod *nitatur* in scandendis arboribus. Hinc in Glossis Lat Gall. Sangerm. *Nitela*, δενδροβάτης, Scandens arbores. Vide Vossium Etymol. pag. 343.

¶ **NITERE**, νήθειν. Gl. Lat. Gr. Sangerm. MSS. Suppl. Antiquarii : *Nitit*, νήθει, *Net.*

¶ **Nitum**, νῆμα, *Filum.* Idem Suppl. pro *Netum.*

NITHING, [Nequam, ignavus.] Vide *Nidering.*

¶ **NITIRE**, Nitum. Vide in *Nitere.*

* **NITRUM**, nude, pro Nitratus pulvis, Gall. *Poudre à canon.* Inscript. Patav. Tomas. pag. 48 : Franc. Barbarossa vir prudens in scientia Nitri. Idem forte qui nostratibus *Artificier*, ut suspicatur D. *Falconet.*

* **NITTERE**, *Prov. Glatir*, in Glossar. Provinc. Lat. ex Cod. reg. 7657. Latinis, Gannire.

¶ **NITURA**, *Genitura*, in Glossis Isid. et apud Papiam. Grævius reponit *Nisura*, a *Niti* vel *Eniti*, Parturire, unde *Nixus*, Partus.

¶ **NIVARE**, *Ningere*, apud Johannem de Janua; *Néger*, in Glossis Lat. Gall. Sangermanens. MSS.

* Hispan. et Provinc. *Nevar.* Glossar. Provinc. Lat. ex cod. reg. 7657 : *Nevar, Prov. Ningere, nivare.* Vide *Ninguidus.*

¶ **NIVARIÆ** Tabernæ, in quibus Romani servabant nives per totum annum, ex quibus vinum per æstatem refrigerabant. Vide Pancirolum tom. 1. Rerum memorab. pag. 501.

¶ **NIVATA**, Aqua nivalis. Vide *Nibata.*

* **NIVELLUS**, a Gall. *Niveau*, Libella. Instr. ann. 1490. inter Probat. tom. 4. Hist. Nem. pag. 52. col. 2 : *Accipiendo sub eodem et simili contextu et Nivello, etc.* Hinc *Nivius.*

¶ **NIVERE**, Nivescere, Albescere, album esse instar nivis. Tertull. de Pallio cap. 3 : *Nivescunt lavacro.* Vita S. Eulogii Presb. tom. 2. Martii pag. 95. n. 21 : *Columba miro candore Nivescens.* Ibid. num. 22 : *Sacerdotes miro candore Niventes.* Gloss. Phil. : *Niviet*, νήφει. Martinius emendat *Nivet* vel *Nivit*, νείφει vel νίφει. Gloss. Cyrilli : Νίφει, *Ninguit*, pro *Ningit* more veterum.

NIVICOLLINI Britones, appellati Walli Anglici, qui colles seu montes altissimos, nivibus oppletos habitant, a Joan. Sarisber. lib. 2. Policrat. cap. 27 : *Cum adversus Nivicollinos Britones Regis esset expeditio producenda, etc.* Horum præterea meminit lib. 6. cap. 6. ubi et Wallorum regionem *Nivium Collem* vocat, et cap. 16. ubi *Wallenses* eos nominat : quibus verbis expressit Wallica ista, *Craig-Ericy*, [*Eiry*,] id est, niviferos montes, qui potissimum in ea Walliæ sunt regione, quam *Caernarvonshire* Angli vocant. Vide Camdenum in Britannia pag. 539. 3. Edit.

¶ **NIVIGARE**, Ningere. *Nivigavit multum per totam diem, et pluit cum magno frigore*, in Regiminibus Paduæ ann. 1327. apud Murator. tom. 8. col. 439.

¶ **NIVITARI**, Nive conspergi. Glossæ Cyrilli : Χιονίζομαι, *Nivitor.*

* **NIVIUS**, Ad libellam exactus, Gall. *Nivelé.* Elmham. in vita Henr. V. reg. Angl. edit. Hearn. cap. 62. pag. 167 : *Alii vero.... per alveos fossarum Nivios, ipsas, laboriosa telluris injectura replente, semitas planas conabantur dirigere.* Vide *Nivellus.*

NIUNGILDUM, Idem quod *Novigildum*, quod vide. Apud Keronem *niun*, novem sonat. Vide Guillimannum lib. 1. Rer. Helvet. cap. 9. pag. 81.

¶ **NIUS**, *Miser*, apud Papiam.

NIUSALTUS. Capitulare de Villis cap. 34 : *Lardum, siccum, sulcia, Niusaltus, vinum, acetum, etc.* Cap. 67 : *De capris et hircis, et eorum cornibus et pellibus nobis rationes deducant, et per singulos annos Niusaltos crassos nobis inde adducant.* [** Pertzio Caro recens sale condita.]

NIXA, Hispanis, Prunus Damascena, *a multitudine enixi fructus* dicta, ut est apud Isidorum lib. 17. cap. 7. Occurrit apud Pelagium lib. 5. de Vitis Patrum, libello 4. cap. 65 : *Et attulit quidam frater Nixas siccas, et fecit pultes.* [* Glossar. Provinc. Lat. ex Cod. reg. 7657 : *Coquinella, prunus, pruniens, Prov. Nixa, idem.*]

¶ **NIXÆ**, ὠδῖνες, *Dolores partus*, in Supplemento Antiquarii. Dicitur *Nixa*, vel saltem *Enixa*, de femina partu levata.

¶ 1. **NIXARE**, Parturire. Vita S. Guthlaci tom. 2. Aprilis pag. 39 : *Cum parturiendi tempus immineret, et viscera Nixandi inscia, etc.*

* 2. **NIXARE**, *Sæpius natare*, in vet. Glossar. ex Cod. reg. 7641.

¶ **NIXE**, *Munite*, in Glossis Isid. Melius, ut puto, Constantiensis : *Nixæ, Munitæ.* Papias : *Nixæ, conjuncta. Nixus vel Nisus, a Nitor, id est, Munitus, illigatus, incumbens.* Putat Grævius, cum *Nixus* explicatur *Munitus*, respici illa dicendi genera, *Nixus ejus auctoritate, potentia, etc.*

NIXUS, pro *Myxus.* Vide in hac voce.

¶ **NIZOLA**, Nux avellana, Ital. *Niz-*

zola, Gallice *Noisette*, in Statutis Vercell. fol. 57. recto.

* **NIZOLLA**, Nux avellana, Acad. Crusc. *Nocciuola*. Charta ann. 1281. apud Murator. tom. 2. Antiq. Ital. med. ævi col. 901 : *De soma amigdalarum : de soma pignolorum extractorum de pignis : de soma Nizollarum, etc.* Vide *Nizola*.

1. **NOA**, in Tabulario Majoris Monasterii, videtur esse locus pascuus, sed uliginosus et aquis irriguus. Tabular. Absiense : *Tertium partem et molnarii, et vernæ et Noæ, etc.* Rursum f. 60 : *Quandam Noam inter prata ipsorum.* Charta Petri filii Regis Franc. Comitis Carnotensis ann. 1279 : *Item apud Esseyum unam Noam usque ad valorem 8. solidorum Turon.* Charta pro libertatibus S. Palladii in Biturigib. ann. 1279. apud Thomasserium : *Prata vero sive Nohe, quas et quæ dicti homines habent in dicto nemore, etc. L'arpent de Noè*, in Consuet. Carnotensi art. 12. et Castellinovi in Thimeraisio art. 11. æstimatur 6. sol.

☞ Occurrit vox *Noa* in Chartulario S. Vincentii Cenoman. fol. 75. 79. in Tabulariis Monasteriorum, Virzionensis, S. Sergii Andegav. et S. Albini de Nemore, sed ita nude, ut nihil addatur, unde vera significatio vocis innotescat. Ceterum indubia nobis est expositio Cangiana, quæ confirmari posset tum ex Tabulario Calensi pag. 40. ubi memoratur *Noa sita in maresiis*; et ex Chartulario B. M. Magdalenæ Castridun. fol. 22. ubi *Noa* adjungitur *erbagio* animalium; tum ex ipsis vocibus Gallis *Noe* vel *Noue*, quibus etiamnum intelligunt in plerisque provinciis hujuscemodi loca pascua, paludosa, vel aquis e vicinis collibus defluentibus irrigua. Sic vocem hanc exponit Lobinellus in Monito Vitis SS. Britanniæ præfixo pag. 12. quam minus attente Nucetum exposuerat in Glossario ad calcem Histor. Britan. Quod spectat etymon, conjicit Menagius, sed levi fundamento, *Noam* dictam fuisse a *Nova*, supplendo *prata* : cui opinioni favet Glossarium Juris Gallici, ubi *Noue* dicitur Ager, recens redactus in pratum. Certe pro prato sumitur in Testamento ann. 1382. apud Menagium in Probat. Histor. Sabol. pag. 390 : *Une Noe contenant journér à deux hommes faucheurs de pré : laquelle Noe est joignant à la riviere d'Arve.*

* Charta ann. 1215. in Tabul. S. Petri Carnot. : *Dedi etiam eis.... dietas trium falcatorum in Nois meis de Fatgermont.* Abbatia B. Mariæ de *Noa* in diœcesi Ebroicensi nuncupatur *Ecclesia S. Mariæ de Nathatoria*, in Chartis ann. circ. 1150. ex Bibl. reg. Unde confirmari videtur eorum opinio, qui vocis *Noa* etymon a *Natare* deducunt. Hinc etiam *Nata* et *Natatorium*, eadem acceptione, videre est supra. *No* vero Canalis seu molendini alveus aut gurges in quo aqua ex molendino cadit, dicitur in Instr. ann. 1406. ex ead. Bibl. : *Leur a convenu faire de nouvel l'année passée de bonne pierre de taille le No du moulin.* Lit. remiss. ann. 1479. in Reg. 206. Chartoph. reg. ch. 335 : *Guillotin Barbes avoit getté et mis certaines pierres au No du moulin à fouler draps,.... en telle maniere que ledit moulin et la tourneure d'icellui en estoient empeschez.* Vide infra *Novium*.

¶ Noia, Eadem, ut puto, significatione. Charta Hugonis Episc. Altissiod. ann. 1146 : *Salo donavit prædictæ Ecclesiæ* (Pontiniac.) *Noias suas de Ponte Naiselas, et inde viginti octo libras habuit.* Vide *Noda*.

¶ 2. **NOA**, Idem, ut puto, quod Altissiodorensibus *Noue*, Congeries majorum herbarum in aquis crescentium, in quibus pisces delitescunt. Literæ Odonis Primogeniti Ducis Burgundiæ ann. 1265. e Chartulario civitatis Altiss. fol. 39 : *In dicto biezio de Brichol piscari valeant quicumque voluerint, et cum omnibus ingeniis : ita tamen quod non impediant aliquatenus cursum aquæ, hoc excepto quod dicti piscatores vel alii habere vel facere non poterunt in memorato biezio vel in aliqua parte ipsius Noas vel boichetas.*

* **NOARA**, Prov. *Nurus, uxor filii*, in Glossar. Provinc. Lat. ex Cod. reg. 7657.

¶ **NOBÆ**, Idem, ut videtur, quod *Nobiæ*, Nuptiæ, seu census Domino solvendus ad obtinendam licentiam ducendi matrimonii : quo de jure plura in *Maritagium*. Charta ann. 1068. Marcæ Hispan. col. 1144 : *Et castros istos.... dono.... in ecclesia S. Petri Agerensis cum omnibus juribus et pertinentiis.... et servitiis cunctis, cum calonicis et placitis, et cum cartariis silvaticis, cum pregera et questia, et hostes et cavalcatas, et carrigamentis et fabricas et Nobas, et cum baucias, cugucias, et exerquias, et homicidiis, et omnia placita, etc.* Vide *Nubeiæ*.

NOBIÆ, [Nuptiæ.] Vide infra *Nubeiæ*.

NOBILE, Genus monetæ Anglicæ, vulgo *Noble à la rose*. Lexicon Cambro-Britannicum : *Nobl. aureus.* Henricus Knyghton sub ann. 1344 : *Eodem tempore Nobile, et Obolus, et Ferthing de auro cœperunt florere in regno.* Chronicon Windesem. lib. 1. cap. 31 : *Centum Nobilia dedit Monasterio.* Ibid. : *Dedit Nobilia quinque.* [Charta ann. 1430. apud Rymer. tom. 10. pag. 454 : *Recepimus... 25000. Nobilium monetæ Anglicanæ pro summa 50000. salutiarum auri.* Conventio ann. 1489. apud eumd. Rymer. tom. 12. pag. 369 : *Concordatum.... quod denarius currens in Anglia valeat in Britannia... secundum ratam* 80. *denar. Angl. ad valorem unius Nobilis Angliæ vocati Angelet, unus grossus Angl. valeat in Britan.* 4. *den. Angl.* 20. *grossi Angliæ valeant* 1. *Nobile vocatum Angelot.* Tractatus ann. 1502. apud eumdem tom. 12. pag. 790 : *Unoquoque Nobili, vocato Angel nobillis, valente*] 20. *grossos legalis monetæ.*] Vide Lindwodum ad Provinciale Eccl. Cantuar. lib. 3. tit. 13. [et novam Gall. Christ. tom. 4. col. 703.] Octavianus *de S. Gelais* in Viridario honoris :

> Recueilli fut en somptueuse entrée,
> Ou espargné ne fut Escu ne Noble.

* Lit. remiss. ann. 1377. in Reg. 111 Chartoph. reg. ch. 195 : *Florins,.... appellez Nobles d'Angleterre, etc.*

Noblus, Eadem notione, apud Ericum Upsaliensem lib. 4. Hist. Suecicæ pag. 141.

Nobulus, lib. 5. ejusd. Hist. pag. 148. 159. 189.

¶ **NOBILIS**, Dominus, Gall. *Seigneur.* Privilegium Brunonis ann. 1317. apud Ludewig. tom. 1. pag. 276. : *Nos Bruno Dei gratia Nobilis in Sman dictus de Quernvorde, etc.* Alia Charta ejusdem Brunonis ibid. pag. 277 : *Ea propter nos Bruno Nobilis de Quernvorde, Dominus in Sman, etc.* Quandoque etiam *Nobiles* nude dicuntur regni Proceres, ut in Vita S. Leodegarii Augustod. Episc. non semel; neque absimili notione Primores *Andegavæ civitatis*, *Nobiles* vocat Aimoinus lib. 2. de Miraculis S. Benedicti cap. 24.

Nobilis Homo, in Lege Longob. lib. 2. tit. 4. § 2. [** Liutpr. 88. (6, 35.)] Apud Nithard. lib. 4. Hist. Saxones dicuntur in tres ordines divisi : *Sunt enim*, ait ille, *inter illos qui Edhilingi, sunt qui Frilingi, sunt qui Lazzi illorum lingua dicuntur. Latina vero lingua hoc sunt, Nobiles, Ingenuiles, atque Serviles.* Capitulare Saxonum ann. 799. cap. 3 : *Nobiliores Saxones solidos* 12. *ingenui* 5. *liti* 4. *componant.* Adde cap. 5. Capitulatio Caroli M. de Partibus Saxoniæ cap. 14. de iisdem *Et inter centum viginti homines Nobiles et ingenuos similiter et litos, servum et ancillam eidem Ecclesiæ tribuant.* Adde cap. 16. 18. 19. 20. Lex Saxonum tit. 2. § 1 : *Qui Nobilem occiderit, etc.* Adde § 3. 4. 7. et Legem Frision. tit. 1. 2. et 3.

Nobiles Personæ, in Legibus Wisigoth. lib. 2. tit. 3. §. 4. lib. 6. tit. 1. § 2. in Decreto Tassilon. § 9. Arno Archiepiscopus Salisburgensis : *Reliqua vero quod ibi traditum est, de genere Nobilium hominum esse videtur, etc.*

Nobilis Natu, in Vita S. Theodardi Archiepiscopi Narbon. ut *Majores natu*, apud Scriptores alios : *Principes autem et Nobiles natu, omnesque bellatores qui contra illum arma tulerunt, etc.*

Nobiles Nomine et Armis, in Charta Institutionis Ordinis Velleris aurei a Philippo Burgundiæ Duce, ann. 1431. apud Miræum in Diplomat. Belg. lib. 2. cap. 98 : *Gentilshommes de nom et d'armes*, de quibus integram dissertationem instituimus ad Joinvillam. Sed non desunt viri doctissimi, qui eam quam hic protulimus conjecturam, non omnino amplectuntur, aliasque subnectunt; sed utra harum probabilior, eruditorum erit decernere.

* Nobilis Terrerius, Indigena nobilis. Lit. Caroli VI. ann. 1418. tom. 10. Ordinat. reg. Franc. pag. 493 : *Cum in casu eminentis periculi certi barones et Nobiles terrerii dictæ civitatis nuncupati, cum suis arnesiis, familia et victualibus in dicta civitate nobis serviendo residere habeant, periculo durante.* Vide *Terrerius*.

NOBILISSIMUS, Epitheton honorarium tributum Imperatorum filiis, qui interdum *Nobillissimi pueri* nude appellantur, in Constutionibus Impp. hisce litteris; *N. P.* ut observatum a Cujacio ad leg. 4. Cod. de Privileg. eorum qui in sacro Palatio militant, lib. 12. tit. 28. interdum hisce *Nob. P.* ut est in Notis Magnonis. Exstat Epistola Valentis et Ursacii in Fragmentis S. Hilarii, *data Gratiano Nobilissimo P. et Dagalaifo Coss. Nobilissimæ* dictæ perinde Augustorum filiæ, ut ex Cod. Th. colligitur leg. un. de Privileg. domus August. et (10, 25.) leg. 21. de Lustrali conlat. (13, 1.) *Domus Nobilissimæ*

Marinæ, Arcadiæ, in Descriptione CP. a quibus *Domus* ipsæ *Nobilissimæ* dicuntur in Collectione civitatis. Sed Cæsaribus potissimum id nominis adscriptum deinceps. In Passione SS. Perpetuæ et Felicitatis, Geta *Nobilissimus Cæsar* dicitur : in nummis a nobis descriptis, *Nobilissimi Cæsares* passim appellantur, qui postea nude *Nobilissimi*. Vetus Inscriptio Baiocensis : *C. Pesubio Tetrico Nobilissimo Cæs. P. F. Aug. L. I.* Vide Gualterum in Tabulis Siculis n. 159. Sed et *Nobilissimi* interdum dicti ipsi Augusti. In Collatione Legis Mosaicæ cap. 15. Diocletianus et Maximianus *Nobilissimi AA.* inscribuntur.

Divulsa deinde *Nobilissim* dignitas a Cæsarea. Nam, ut auctor est Zozimus lib. 2. Constantinus Mag. Constantium fratrem, et Anaballianum ex fratre nepotem, *Nobilissimos* creavit. Vetus Inscriptio Belluni in Ecclesia S. Petri, *Imp. Cæs. Fla. Valer. Constantio Nobilissimo anno* XX. *DD.* apud Philostorgium lib. 8. cap. 8. Jovianus alterum ex filiis Varronianum ἐπιφανέςατον, ὃ παρὰ Ρωμαίοις τὸν Νωβελίσσιμον δύναται, renunciat. Apud eumdem lib. 12. cap. 10. Honorius Valentiniano, Constantii filio, ex sorore nepoti, τὴν τοῦ ἐπιφανεςάτου ἀξίαν, seu, ut habet Olympiodorus, Νωβελισσίμου, contulit : qui quidem Valentinianus postea Cæsar a Theodosio dictus est. Ex hinc fluxit *Nobilissimi* dignitas diversa a Cæsarea. Marcellinus Comes : *Justinus Imperator Justinianum ex sorore sua nepotem, jamdadum a se Nobilissimum designatum, regni quoque sui successorem creavit.* Hac postea donati dignitate subinde Imperatorum liberi vel fratres, ut ex Stemmatibus nostris Byzantinis colligere est, atque interdum alii e proceribus, ut apud Annam Comnenam in Alexiade pag. 274. Ab hac formata alia πρωτονωβελισσίμου, de qua nos quædam attigimus in Notis ad eamdem Alexiadem pag. 339. [** Vide Glossar. med. Græcit. in Ἐπιφανέςατος et Νωβελίσιμος, col. 431. 1010. et Append. 73.]

Id etiam honorificum epitheton ad Regum seu Imperatorum nostrorum filios transiisse videtur. Quippe in veteribus Litaniis sub Carolo M. apud Mabillonium tom. 2. Analect. hæc legimus : *Pipino et Carolo Nobilissimis filiis ejus vita.* [Et lib. 6. de Re Diplom. pag. 503. Chartam Ghyselæ, Caroli M. sororis, ann. 791. subscribunt ipsa *Ghysela Nobilissima filia Pippini Regis, Carolus, Pippinus, Chlodoicus Nobilissimi filii domni Caroli præcellentissimi Regis.*]

☞ Sed et Regibus ipsis interdum tributus *Nobilissimi* titulus, ut patet ex Pauli PP. Epistola 42. e Codice Carolino, quam inscribit *Dominis Nobilissimis atque excellentissimis filiis Carolo et Carolomanno Regibus Francorum.* Ex posterioribus Stephanus Tornac. Epistolam 34. perinde inscribit *Nobilissimo B. Hungariæ Regi*, ut observat Mabillonius Diplom. pag. 90. qui et pag. 602. refert Chartam Samsonis Archiep. Remensis quæ data dicitur *anno Incarnati Verbi millesimo* CLVII. *Indictione* VI. *regnante Ludovico Nobilissimo Francorum Rege anno* XXI. Vide *Nobilitas.*

¶ **NOBILISTA**, Nobilis alumnus. Sebastianus Perusinus in Vita B. Columbæ Reatinæ, tom. 5. Maii pag. 344 * : *Illustrissimus dominus Cæsar Borgia, nunc Dux Valentinus, adolescentulus inter Nobilistas studii Perusini sacris legibus operam dabat.*

¶ **NOBILITARE**, Clarum, illustrem et notum facere, celebrare ut in hoc Ciceronis loco libri 1. Tuscul. cap. 15 : *Poetæ post mortem Nobilitari volunt.* In malam partem apud Terentium in Eunucho : *Tu jam pendebis, qui stultum adolescentulum Nobilitas flagitiis.* Posterioribus vero Scriptoribus idem est quod hominem plebeium in nobilium numerum cooptare, adsciscere, Gall. *Annoblir*, Ital. *Nobilitare :* qua notione non semel occurrit in Instrumentis inferioris ævi; unum dumtaxat exscribam locum ex Literis Humberti II. tom. 2. Hist. Dalphin. pag. 537. quibus Jaqueminum et Perrinum Vauterii in Nobilium ordinem aggregat ann. 1346 : *Probitatis merita, morum decor, fidelitatis sinceritas, quibus personæ vestræ laudabiliter decorantur, nobis merito induxerunt affectum, ut vos quos dignos dignoscimus ab experto, favore specialis gratiæ prosequamur ac honoribus congruis attollamus; potissime contemplatione dilecti et fidelis nostri Capellani Fratris Humberti de Saletis Cartusiensis Ordinis, germani vestri, qui se.... nostris gratum reddidit obsequiis.... ut igitur affectum nostrum evidenter agnoscatis.... ut fides vestra et memoria Fratris Humberti vestris aperta servitiis et obsequiis comprobata, de bono semper in melius augeatur, vos et quemlibet vestrum, ac etiam omnes et singulos liberos vestros, præsentes et futuros ex nunc in antea Nobilitamus, et Nobilium consortio aggregamus; volentes ac etiam de gratia speciali concedentes, quod et vos et quilibet vestrum, nec non liberi vestri omnes et singuli, præsentes et futuri, uti, frui et gaudere possint et debeant omnibus franchesiis et libertatibus, immunitatibus, privilegiis, gratiis et honoribus, quibus alteri Nobiles nostri Dalphinatus soliti sunt gaudere, absolventes et liberantes vos et quemlibet vestrum, ac etiam liberos vestros omnes et singulos, præsentes et futuros, ex nunc in posterum ab omni tallia, cumplinta, corvata, gayta, exchalgayta, focagio, cornagio, rentagio et alio quovis usagio, ac etiam ab omnibus sordidis muneribus et extraordinariis, a quibus omnibus volumus vos et quemlibet vestrum, et liberos vestros omnes et singulos, præsentes et futuros, penitus excusandos... potissime a tallia quatuor solidorum Viennensium, quam vestri predecessores et vos, nobis et nostris hactenus inferre estis consueti, quam vobis remittimus pleno jure, ac etiam quittamus et donamus.* Hanc *nobilitationis* formulam fere descripsimus integram, tum ut hinc innotescat, quæ fuerint Nobilium prærogativæ, tum quia singularis visa est, ex eo maxime quod viris non militibus honores deferantur, qui iis temporibus solius bellicæ virtutis merces esse consueverant. Vide *Miles literatus.*

* Nostris *Nobiliter.* Lit. procur. Caroli V. reg. Franc. ann. 1380. pro Joan. duce Bitur. locumtenente in partibus Occit. ex Reg. Cam. Comput. Paris. fol. 31. r°. : *Damus auctoritatem et potestatem.... innobiles subjectos nostros Nobilitandi, et pro dictis nobilitationibus financiam recipiendi et levandi.* Aliæ ann. 1351. in Reg. 137. Chartoph. reg. ch. 89 : *Item donnons auctorité et plain pouvoir de Nobiliter ou légitimer, etc.*

* Nobilitatem suis etiam subditis concesserunt domini ecclesiastici sæcularesve, si tamen ejusdem vocis eadem est vis et acceptio. Angelus abbas Cassinensis Joannem Petri Riccii de S. Victore nobilium collegio aggregat *de certa ejus scientia et speciali gratia*, Literis ex archivo ejusd. monast. Sæpius vero immunitas a servitiis aut vectigalibus intelligenda est, ut eruitur ex Charta ann. 1273. ejusd. Tabul. : *Volumus, statuimus et firmiter ordinamus, ut omnes nobiles ejusdem castri, qui per nostras litteras vel privilegium nobiles assignabuntur, ad hoc quod melius vivere valeant et melius possint alia sua onera supportare, de ordeo, spelta, avena et surico, de vino etiam et hortis nihil monasterio Casinensi persolvant aut reddere compellantur, nec ut terraticum, nec ut decimam spiritualem, sed omnino a præstatione prædictorum sint liberi.*

1. **NOBILITAS.** Titulus honorarius, quo Bovo Sithiensis Abbas Widonem Archiepiscopum Remensem compellat, in Epistola præfixa Relationi de Inventione et elevatione S. Bertini. Eodem etiam *Nobilitatis* titulo compellantur Reges Fr. in Epist. 34. et 52. ex iis quæ habentur tom. 4. Hist. Franc. Adde Joannem VIII. PP. Epist. 1. 73. Gregor. VII. lib. 1. Epist. 18. 19. 38. 45. et alibi passim. [Declaratio Barrali domini Bauciensis facta Carolo I. Comit. Provinciæ ann. 1251. ex Schedis Prædisis de Mazaugues : *Promittimus... quod... de dicta terra et castro de Baucio cavalcatam faciemus vobis et heredibus vestris secundum quod Nobilitas nostra, et possibilitas terræ et Constitutiones Provinciæ requirunt.*]

* Comes et comitissa Campaniæ eo titulo donantur ab Honor. PP. III. in Chartul. Campan. fol. 26. v°. : *Nobilitatem vestram monendam duximus, etc.* Marchio Montisferrati a Greg. X. PP. in Epist. ann. 1272. Instr. tom. 6. Gall. Christ. col. 70 : *Nobilitatem tuam rogamus et hortamur, etc.* Abbas monasterii Ambrosiani Mediolanensis in Charta ann. 957. apud Murator. tom. 3. Antiq. Ital. med. ævi col. 718 : *Vestra magnificentissima Nobilitas scriptio facere dignetur, etc.*

Nobilitates, Prærogativæ, privilegia, jura honoraria. Regestum 8. Memorialium Camer. Comput. Paris. fol. 208 : *Dom. de Cliçon institutus in officio Constabularii Franciæ ad nobilitates, jura, vadia et emolumenta consueta per literas Regias datas 28. die Novemb.* 1380.

¶ **Nobilitates**, Dona, munera, largitiones. Le Roman *de Vacce* MS. :

> Des Noblesces qu'il fist, si comme nous lison,
> Et du contenement qui i ert en sa meson,
> De chandelle et de vin et d'autre livroison,
> Porroit un sage clerc fere une grande lechon.

* 2. **NOBILITAS**, Idem quod *Feudum nobile* et *honoratum*, prædium rusticum illudque præcipuum. Chron. Mediol. ad ann. 976. apud Murator. tom. 4. Antiq. Ital. med. ævi col. 160 : *Et tunc isti omnes capitanei, derelicta civitate, terras et Nobilitates suas inhabitantes, numquam de cetero bene fuerunt civitatis habitatores. Noblece*

vel *Noblesse*, nostris alias, idem quod Jus domini capitalis, prærogativa. Charta ann. 1353. in Reg. 82. Chartoph. reg. ch. 256 : *Item la Noblece du haule, que le seigneur d'Ault a de deffendre à vendre poissons, jusques il en y ait pris ce que à lui en appartient pour son hostel.... Item la Noblece que lidiz sires a sur les poissons royaulx et sur les gros poissons.* Lit. ann. 1371. tom. 5. Ordinat. reg. Franc. pag. 415 : *Les fiez, arrerefiez, seigneuries, Nobleces, hommes, vassaulx, etc.* Charta ann. 1454. ex Chartul. 21. Corb. : *Ouquel fief et en ce qui en estoit tenu, il avoit toute justice et seigneurie haulte, moyenne et basse, avec tous drois, prouffis et Noblesses apartenans à icellui justice.* Adde tom. 1. Probat. Hist. Brit. col. 793.

* 3. **NOBILITAS**, Morum elegantia, urbanitas, agendi ratio quæ *nobiles* decet. Elmham. in vita Henr. V. reg. Angl. edit. Hearn. cap. 31. pag. 73 : *Regnorum Angliæ et Franciæ Nobilitates, modos et gesturas, quorum fama laudabilis digno laudis præconio, multorum assertione fideli, suis auribus frequencius insonabat, cognoscere et videre desiderat* (Sigismundus).

* 4. **NOBILITAS**, Amplitudo, magnificentia. Vita Ms. S. Mart. Lemovic. : *Quantumcumque habuit* (Stephanus dux) *in provincia Lemovicensi, ipsi sanctissimo viro tradidit, ut faceret exinde Nobilitatem ecclesiarum, quas esset fabricaturus, et suppleret omnem indigentiam clericorum, qui in eisdem Deo essent servituri.*

* 5. **NOBILITAS**, pro *Notabilitas*, ni fallor; dicitur de re quavis resplendente. Stat. Mss. eccl. S. Petri Insul. ann. 1388. ex Tabul. ejusd. : *Nullus portet sotulares rostratos, laqueatos, decisos vel desuper fenestratos, neque caligas albas, rubeas aut virides, aut minus notabilis coloris; de qua Nobilitate stabitur simplici dicto quatuor personarum.* Nostri *Nobloiz* de pompa et magnifico apparatu dixerunt. Chron. S. Dion. tom. 3. Collect. Histor. Franc. pag. 240 : *Rigonde la fille le roi Chilperic, qui en Espaigne s'en aloit à tel Nobloiz, com vous avez oy.* Vitæ Patrum Mss. :

A lendemain à grant Noblois
Emfneus sa fame li rois,
Un hermitage ot en chel bois,
Lès un castel de grant Noblois.

¶ **NOBILITATIO**, In nobilium ordinem cooptatio, Gall. *Annoblissement*, in Literis ann. 1361. apud Rymerum tom. 6. p. 342. Vide *Nobilitare*.

* *Nobilitacion*, in Instr. ann. 1372. tom. 5. Ordinat. reg. Franc. pag. 480. art. 6.

* Plurima hac de re disquirenda sunt, quæ ad Glossarii institutum quam maxime pertinent. Et primo quidem, quando plebeios homines nobilium ordini et prærogativis aggregandi usus incœpit; tum qua ratione quave de causa id fiebat; denique inquirendum utrum acquisita semel nobilitate quis poterat spoliari, imo et ab antiqua, a parentibusve accepta desciscí; et quo pacto id contingebat. Quibus utcunque ad faciendum satis, ea, quæ mihi Regesta Chartarum regiarum ex Chartophylacio regio evolventi hanc in rem notanda occurrerunt, hic exhibere propositum est, iis tamen prætermissis, quæ satis accurate et ex Chartis authenticis profert D. *La Roque* in suo de Nobilitate tractatu.

* In primis vero monitum velim lectorem, observandi, non decernendi animo hæc a me proponi, cum nonnulla sint, quæ non modo hodiernis nostris moribus, sed et iis, quæ ætatis ejusdem sunt, monumentis repugnare videantur; ita ut in hac re, uti et in pluribus aliis, quæ ad historiam nostram spectant, aliquid statuere difficillimum sit, quod omni ex parte certum stabilitumque ab omnibus existimetur. Quæ nequaquam gratuito dicta esse ex sequentibus patebit.

* Hæc certe inter homines, qui natura pares sunt, distinctio cuique sanæ mentis probaretur, si ingenii acuendi aut virtutis remunerandæ duntaxat causa adinventa fuisset : nam, quæ ex iis ortum habet, sola propriam laudem meretur, non quæ fortuito et casu accidit. Hinc literis, quibus homines plebeii in nobilium ordinem cooptantur, hæc vulgo præmittitur formula : *Licet usus gentium nobilitatem in divitiis acquisitis introduxerit dominari, rationi tamen sagacius disponenti placuit ut mores et actus demonstrent nobilitatem hominum, et exinde mereantur nobiles verius reputari.* Verum favori pecuniisve sæpissime accepta referri debet nobilitatio : neque enim ex hujusmodi literis, quæ formulæ sunt, quidquam in gratiam illius cui conceduntur, certo concludi potest; nisi in iis singularia afferantur hujusce concessionis argumenta, ex quibus persona æstimari liceat : ea quippe interdum levissima sunt, cujusmodi est pia ad Jerosolymam peregrinatio, ob quam Arnaldus Bernardus civis Tornacensis a rege nobilitate donatur anno 1476. in Reg. 195. ch. 1615.

* Latino sermone sæpius scribebantur literæ nobilitationum : tametsi plurimæ Gallico idiomate exaratæ reperiuntur, quarum prima, quæ mihi occurrerit, ad annum 1323. pertinet.

* Antiquior, quæ a me visa est, nobilitationis litera, ad finem 13. sæculi spectat, annum inter 1285. et 1290. pro Egidio de Curte superiori in Reg. 34. ch. 71.

* Feudorum itaque institutione longe posterior est nobilium creatio, quæ tum tandem cœpisse videtur, cum plebeis hominibus feuda possidendi facta est licentia. Sed cum inde etiam nobilibus nequaquam exæquarentur, licet divitiis eos plerumque superarent, quo ad eos accederent propius, et a paribus suis magis secernerentur, literas a rege pecuniis aut favore obtinuerunt, ut qui ordine dispares erant, privilegiis saltem æquales forent : neque enim feuda nobilitatem conferebant, quod exemplis probare facile est. Poncius dictus *le Roy*, dominus castri de Cortona, nobilitatur anno 1315. ex Reg. 52. ch. 115. ita et Grimoardi anno 1319. ex Reg. 59. ch. 232. qui domini *de Ville-Brumier* et *de Monbet* nuncupantur; eodem quoque beneficio, ut cæteros omittam, donatus Stephanus de Caritate, dominus feudi trium puellarum Parisiis anno 1389. ex Reg. 136. ch. 166. Non omnium tamen feudorum hæc fuit conditio : erant quippe feuda nobilibus tantum adscripta, ut patet ex Literis anni 1321. in Reg. 61. ch. 43. quibus nobilitas Petro *Touset* ea ratione conceditur, ut feudum obtinere valeat.

* Nobiles creare unius regiæ seu supremæ dignitatis potestatisque est prærogativa, quam principes interdum legatis suis, in dissitis præsertim provinciis, attribuerunt; modo literæ ab ipsis concessæ ad regem confirmandæ deferrentur; quod passim occurrit. Quam consuetudinem ad imperatores CP. ex Gregorii Nazianzeni poemate 2. nonnulli referendam esse censent. Consule Desmolet. tom. 9. pag. 161. et novum Tract. de re diplom. tom. 4. pag. 551.

* Extraneæ regionis nobiles, qui regnum incolere volebant, literis regiis petebant nobilitatem suam firmari et stabiliri; ejusmodi sunt quæ dantur anno 1348. in Reg. 76. ch. 1. Hennequino *de Lucerode* equiti, qui ex comitatu Juliacensi transductus apud Viromanduos uxorem duxerat, ibique consederat.

* Sponte assentior D. *la Roque*, qui eos tantum inter nobiles cooptatos censet, qui honesto et libero loco nati erant. Hinc est sane quod libertatis prius concessæ mentio fit in literis, quibus nobilitate donantur homines glebæ adscripti. Extant nihilominus Literæ annorum 1354. et 1365. quæ libertatem ab ejusmodi hominibus obtentam antea fuisse, silent. An a Cancellario scribave id oscitanter prætermissum esse probabiliter allegari possit, haud satis scio. Vide supra in *Miles*.

* Nobilitatio ad vitam illius, cui concedebantur, interdum fuit determinata, uti docent Literæ ann. 1363. ducis Barrensis pro Hussone *Chaulmont*, quæ a rege confirmantur ann. 1364. in Reg. 98. ch. 118.

* Vulgaris usus est memorari in literis officia exhibita ab eo, qui nobilis efficitur; singulare vero prorsus ea enumerari, quæ futura sunt, ut videre est in Literis ann. 1373. ex Reg. 105. ch. 430. quibus Rogerus, dictus *Louvet*, burgensis seu civis Rotomagensis inter nobiles adscribitur ob ea servitia, quæ ab ipso anno sequenti præstanda dicuntur in officio majoris et præfecti ejusdem urbis.

* Extant literæ, ut recte monet D. *La Roque*, quibus nobilitas viduis filiisque ex eisdem natis confertur; cui addi potest, et nascituris; quod legitur in Literis ann. 1393. ex Reg. 145. ch. 145. pro Jaqueta *Bertine*, vidua Laurentii de Petraponte, et in aliis pro Maria, vidua Joannis *de Bezegneul* ibid. ch. 229. Neque etiam prætermittendum quod ejusmodi literæ viri defuncti nomen aliquando taceant, ut efficere licet ex Literis annorum 1368. et 1384. ex Reg. 100. ch. 154. et 126. ch. 159. pro Mauguiola, dicta *la Patenne* et Margarita *la Gaillarde*; nisi, prout tunc temporis mos erat, virorum nomina, *le Paien* nimirum et *le Gaillard*, inflexione feminina hic efferantur.

* Sed quod maxime notandum est, ipsi etiam superstites viri nobilitatis, uxoribus liberisque suis concessæ, aliquando non erant participes; quod demonstrare videntur literæ, quæ appellatis licet virorum nominibus, de eorum nobilitate silent; id enim eas tacuisse haud probabile est, si gente fuissent aut concessione nobiles. Ubi conjecturis nos liberius indulgere nemo

suspicabitur, si sequentia paululum attente adverterit. Margarita filia naturalis Joannis *de Kyerisy* militis, domini de Mureto, tunc uxor Colini *des Cais*, omissa ipsius conditione, legitima et nobilis cum prole sua masculina declaratur Literis ann. 1363. in Reg. 95. ch. 104. Joannes *le Coq*, cujus uxor Jaquelina filia Joannis *Maillart*, cum patre et fratribus suis nobilitatur ann. 1372. in Reg. 104. ch. 175. ejusdem concessione particeps nequaquam dicitur. Iis addi potest Joanneta *de Villepinte*, filia naturalis Petri *du Chateau* consiliarii Cameræ Computorum, et uxor Reginaldi *Freron* regis archiatri, quæ ann. 1391. ex Reg. 142. ch. 231. legitimatur, et cum prole sua nobilitatur. Eo etiam spectant Literæ ann. 1428. in Reg. 174. ch. 203. et 204. quibus Perreta *de Billy*, necdum nupta, legitimatur, et cum nascituris ex ea liberis nobilitatur : neque enim id privilegii ea conditione ipsi concessum est, ut nobili viro nubat; si secus itaque fecisset, ex plebeio homine procreasset liberos nobiles. Idem denique probant Literæ ann. 1320. ex Reg. 59. ch. 458. quæ nobilibus accensent Nicolaum et Joannem de Molendinis *cum eorum posteritate etiam ex feminis descendente*, et aliæ ann. 1368. ex Reg. 99. ch. 230. pro Philippoto *de Modulan* et Coletta Joannaque sororibus suis. Matris ergo, non patris, conditionem nonnunquam sequebantur liberi, ut rursus ex infra dicendis manifestum erit.

*Armigeri seu Equitis appellatio nobilium propria erat; hæc tamen tribuitur Guillelmo *de Conros*, filio illegitimo Astorgii *d'Orelhac*, in Literis ann. 1341. ex Reg. 74. quibus legitimatur et nobilitatur. An militum *bastardis* attributa hæc prærogativa, qui nihilominus legitimationis nobilitationisque literis, prout cæteri, indigebant? In exemplum sit Joannes de Bosco, dominus de Domo forti, *d'Onay* et *de Toussi*, filius illegitimus Radulphi comitis Aucensis, Franciæ comitis stabuli, qui an 1395. Literis regiis ex Reg. 149. ch. 146. nobilitatur.

* Cingulo militari donabantur publice, qui ad nobilium ordinem promovebantur; adeo ut, si certa de causa privatim id actum fuisset, auctoritate regia resarciretur quod minus legitime factum esse putabant. Hinc est quod Gerardus de Turre *d'Escure* regi supplicat, ut nobilitatem suam confirmare velit, quæ ei denegabatur unicam hanc ob causam, quod Petrus de Turre pater suus moriens, militiæ honoribus domi intra privatos parietes fuisset ornatus. Cui supplicationi annuit rex Litteris ann. 1337. ex Reg. 70. ch. 365. quibus Petrum de Turre militem obiisse pronuntiat, non secus ac si ex nobilibus ortum habuisset.

* Cum de alicujus nobilitate controversia erat, auctoritate regia de ea inquirebatur, quæ hac inquisitione primo statuta, literis regiis deinde firmabatur, quibus hæc addebatur formula, *Eumque, quantum opus est, nobilitamus* : quod non omnibus gratum fuisse non injuria suspicor. Ubi vero nobilitatis argumenta proferre difficillimum erat, iis exhibendis, simul et inquisitione de iis facienda nonnunquam liberabantur a rege; cujus dispensationis mentio fiebat in literis, quibus nobilitas, etsi invalidis argumentis stabilita, asserebatur, vel etiam conferebatur; quod factum reperimus ann. 1408. ex Reg. 163. ch. 201. in gratiam Joannis de Bosco, scribæ parlamenti in re criminali, et ann. 1409. in Reg. 167. ch. 325. pro Michaele et Roberto *de Rouvres*, qui ridenda potius quam probanda in suo supplici libello afferunt argumenta; sed, ut quod res est fatear, ridicula magis sunt, quæ a Joanne et Gasparo *Bureau* ann. 1447. in Reg. 178. ch. 256. allegantur, ut pote qui nobilitatem suam ad Literas Henrici comitis Campaniæ ann. 1161. etsi a Joanne rege ann. 1361. confirmatæ reperiantur, referre non dubitant. Simplicior est Joannis *des Bourdils* ex senescallia Carcassonensi agendi ratio : is enim, cum gentis suæ antiquitatem non satis dilucide probare potuisset, Literas obtinet a rege ann. 1382. ex Reg. 122. ch. 1. quibus inter nobiles adsciscitur.

* Nobilitas ergo amitti poterat; et id quidem multiplici ratione. Prima est *practicam*, ut cum ipsis loquar, artemve mercatoriam exercendo. Occurrunt quamplurimæ literæ, quæ id evincunt.

* Altera est, non vivendo seu non se gerendo prout nobiles decet, uti habent literæ, quibus, quid his verbis significatum voluerint, non apertius declaratur. Sic Petrus *Saffroy* armiger, ex patre et matre nobilibus ortus, nobilitate donatus, vel nobilitati restitutus, dicitur in Literis ann. 1358. ex Reg. 87. ch. 58. quod parentes ejus nobilium more non vixerint. Iis tamen nonnullam lucem præferunt ea, quæ leguntur in Instr. ann. 1391. inter Probat. tom. 3. Hist. Nem. pag. 116. col. 1. ubi quibusdam nobilitas denegatur ea potissimum ex causa, *quod prædicti dicentes se nobiles, non habent equum seu equos, nec alia arma in domibus ipsorum*. Verum non armis duntaxat, sed et vestium forma nobiles ab aliis distinguebantur, ut videre est supra in *Miles*, unde qui ejusmodi privilegiorum minus erat studiosus, more nobilium non censebatur vivere.

* Tertia, quæ frequentior est, quantumvis minus nota videatur, uxores plebeias ducendo; quod pluribus facile est probare argumentis. Guillelmus *de Savigny* ann. 1345. ex Reg. 68. ch. 340. Bertrandus *de Batut* ann. 1356. ex Reg. 84. ch. 701. et Joannetus *de Marton* ann. 1365. ex Reg. 98. ch. 462. ex patribus nobilibus orti, quod matres ex plebe habuerint, literis regiis nobilitantur. Sic et Beatrix, viri nobilis Petri *de Rochedun* uxor, cum posteritate sua ann. 1372. in Reg. 103. ch. 88. et Isabella, uxor Joannis *Thibaut* armigeri, cum liberis natis et nascituris ann. 1405. ex Reg. 60. ch. 198. pari donantur beneficio pari ex causa. Neque ab iis secernenda est Joanna *de Clamecy*, quæ cum posteritate sua nata et nascitura ann. 1362. ex Reg. 91. ch. 341. nobilitatur, tametsi nobilitatem Andreæ *du Moustier*, ejusdem Joannæ mariti, in dubium revocare videatur D. *La Roque*, maxime ex iis verbis : *qui a nobilibus traxisse dicitur originem, sicut fide digna relatio testatur*, ut legitur in iisdem literis. Erroris occasio fuit verbum *dicitur*, quod ubi etiam de re certissima, puta de Dei existentia, sermo est, usurpari solitum hac ætate non attendit : id tamen suspicari promptum erat ex iis quæ adduntur, *sicut fide digna relatio testatur*, quæ cum re dubia nequaquam alligari possunt. Sed vereor ne quis hæc superflue dicta esse existimet, quando ipse Andreas *Domicelli* nomine ibi appelletur. Hanc denique nostram de amittendæ nobilitatis ratione sententiam invicte, ut arbitror, probant Literæ ex Reg. 97. ch. 7. quas anno 1366. supplicando regi exhibent Petrus *des Bordes* et Jacobus ejus fratris filius, ut antiquæ nobilitati suæ restituantur, a qua majores sui defecerant, dum, ut rebus suis providerent, uxores copiis amplissimas, posthabito genere, duxissent, quod a rege ipsis ultro conceditur.

* Eadem quoque erat virginis nobilis conditio, si viro plebei ordinis nupsisset. Id sane innuere videntur Literæ ann. 1374. ex Reg. 106. ch. 118. quibus nobilitate donatur Gileta, quæ *domicella* appellatur, una cum viro suo Eustachio *de la Pierre*, castelleti Parisiensis consiliario. Unde effici potest, quod tamen pro certo ponere non ausim, nobilitate privatos fuisse, qui dispari genere conjungebantur. Ut quid enim nobilis efficeretur, quæ a parentibus suis hanc habuerat prærogativam? quando quidem, ut superius diximus, matris conditionem sequerentur filii. Vide *Disparagare*. Idem quoque opinatus est Auctor Cæremonialis Gallici MS. a Cangio laudati in Dissert. 10. ad Joinvill. : *Et se un noble homme d'ancienneté est issu après sa noblesse de quatre lignes non nobles, c'est à savoir de celle de l'esle* (ayeule) *de suzesle* (bisayeule) *et de mere, il ne se devroit plus nommer gentilhomme, et pour cette cause tout noble homme doit desirer à soy marier à noble ligne*. Unde ejusmodi nobiles degeneres appellat Monstreletus 1. vol. cap. 44. imo nothi vel spurii habebantur liberi ex dispari conjugio prognati, ut legitur in Glossar. Provinc. Lat. ex Cod. reg. 7657 : *Spurius, de parte nobili et de matre vili*. Ibidem : *Notus* (pro Nothus) *de patre non nobili et de matre nobili*.

* Hæc vero, quanquam certis pluribusque stabilitæ sint monumentis, ab usu tamen recepto aliquando discessum esse, videre est in voce *Bastardus* supra, ubi homines etiam illegitimæ originis, nobilitatis privilegia cum uxore plebeia liberisque ex ea natis communicasse observavimus. Nihil itaque est, ut paulo ante monuimus, quod adeo firmum statutumque sit, cui statim opposito exemplo repugnari non possit. Idcirco nobis sufficiat facta protulisse, rem alii definiant. Et quidem pro libito hac in re actum olim fuisse conjicere est, cum nobili S. Juliani Brivatensis collegio, cui nemo nisi ex nobilissima gente adscribi asseritur, huic tamen præpositum reperiamus Joannem *Talapin*, qui Literis ann. 1391. ex Reg. 142. ch. 109. inter nobiles cooptatur.

* 1. **NOBILITER**, Libere ab omni servitio. Arest. parlam. Paris. ann. 1390. ex Bibl. reg. : *Nobiliter et in francum allodium terram suam tenere*. Vide supra *Nobilitas* 2.

* 2. **NOBILITER**, Large et copiose; quo sensu *Noblement* dicimus. Charta Carol.

Crassi ann. 886. tom. 9. Collect. Histor. Franc. pag. 346 : *Monachis in monasterio jam dictæ abbatiæ Deo famulantibus una refectio Nobiliter præparetur et honorifice exhibeatur.*

¶ **NOBILITIÆ**, ut *Nobilitates*, Prærogativæ, etc. Marten. tom. 5. Ampliss. Collect. col. 1151. in Fragmentis Chronicorum Principum Pictav. et Aquitan. : *Helvisæ primogenitus Hugo, Rainaldi primi viri sui filius castrum de Podio Jagi tenuit a Roberto de Mauritania consobrino, terramque totam de Podio-fagi... mero et mixto imperio, cum Nobilitiis, hostagitiis, hominibus, censibus, etc.*

NOBISCUM, Clamor militaris, a Christianis in præliis inclamari solitus, apud Vegetium lib. 3. cap. 5. et alios a nobis laudatos in Dissertat. 11. ad Joinvillam pag. 206. id est, *Deus nobiscum*, Θεὸς μεθ' ἡμῶν, apud Annam in Alexiade. Χριςὸς μεθ' ἡμῶν, apud Theophanem ann. 2. Justiniani.

¶ **NOBLUS**, Nobulus. Vide in *Nobile.*

¶ 1. **NOBUS**, pro *Novus*, tom. 4. Annal. Benedict. pag. 263. ex Charta anni circiter 1018.

* 2. **NOBUS**, Viciæ species. Glossar. Lat. Gall. ann. 1352. ex Cod. reg. 4120 : *Nobus, Vesse de champ.*

NOCA, Modus agri. Monasticum Anglic. tom. 2. p. 331. : *Unam virgatam terræ quam tenuit... et tres Nocas terræ quas tenuit Willelmus Gloyn, etc.*

Nocata Terræ, Agri modus, in veteri Inquesta apud W. Dugdalum in Antiquitat. Warwic. pag. 665 : *Illi qui tenuerunt dimidiam virgatam terræ, vel Nocatam terræ, vel cotagium de bondagii tenura, etc.* [Vide *Nocha terræ.*]

* **NOCCUS**, Plumbeus canaliculus, nostris alias *Noc*, vulgo *Gouttiere.* Comput. ann. 1469. ex Tabul. S. Petri Insul. : *Item pro reficiendo et majorando in utroque latere borduram Nocci, qui est inter tectum navis ante crucifixum et novum portale, etc.* Alius ann. 1367. ex eod. Tabul. : *Item à mestre Pierre le couvreur... pour ressauder le Nock de Nostre Dame, etc.* Lit. remiss. ann. 1382. in Reg. 121. Chartoph. reg. ch. 172 : *Annette de Boussen estant en une chambre derriere en l'ostel de son pere accoucha d'une fille, laquelle... elle getta par un Noc estant en ladite chambre, en un jardin d'une sienne voisine. Nocq* et *Nolz*, pro *Baquet, auge*, Canalis, alveus. Lit. remiss. ann. 1443. in Reg. 176. ch. 276 : *Wiart le Wauquier dist à icellui Laurens qui lui rendist un Nolz ou auge de pierre de maubre, qu'il disoit lui avoir prins en sa maison.* Comput. ann. 1526. ex Tabul. S. Petri Insul. : *Pour un Nocq de marbre, servant audit four, etc.* Vide *Nogueria* 2.

¶ **NOCENTIA**, Iniquitas, qua quis sons est, nocens. Tertul. Apolog. cap. 40 : *Nocentiæ judex et exactor.* Idem adv. Marc. lib. 2. cap. 13 : *Quomodo innocentiæ mercedem secter, si non et Nocentiæ spectem.*

¶ **NOCHA** Terræ, apud Madox Form. Anglic. p. 424 : *Hengeromus de Bullées legavit Christinæ filiæ suæ unam Nocham terræ.* Agellum puto sic dictum ab Anglico *Look*, Angulus. Vide *Noca* et *Loka.*

NOCHERIUS, [Nauclerus.] Vide *Nauclearius.*

¶ **NOCHIA**, Species monilis seu armillæ, quæ infra dicitur *Nosca* et *Nusca.* Testamentum Ricardi II. Regis Angl. ann. 1398. apud Rymer. tom. 8. pag. 76 : *Ordinamus quod de omnibus jocalibus nostris residuis, videlicet circulis, Nochiis et aliis jocalibus quibuscumque, perficiatur nova fabrica navis Ecclesiæ S. Petri Westmonasteriensis per nos incepta.*

* **NOCHUS**, Arboris species, Corylus, ut videtur, Ital. *Nocciuolo.* Charta ann. 1198. apud Murator. tom. 1. Antiq. Ital. med. ævi col. 442 : *Nullas arbores diminuetis, nec per venditionem nec per alium modum, exceptis scopis, Nochis et carpinis, quæ liceat vobis habere.*

¶ **NOCIBILIS**, Nocivus, noxius, Gall. *Nuisible*, in Concilio Tolet. XV. inter Hispanica tom. 2. pag. 727. Gloss. Græc. Lat. : Βλαβηρός, *Detrimentabilis, Nocibilis.*

¶ **NOCIBILITAS**, Noxa. Ordo celebrandi Concil. Hispan. pag. 229 : *Qui tibi tribuit regnum, ipse cor tuum conservet inlæsum a Nocibilitate omnium populorum.* Et tom. 2. pag. 727. in Concilio Tolet. XV : *Illæsum semen regium a Nocibilitate servabitur.* Adde Regestum Ecclesiæ Andegav. ann. 1444. in Vita Matth. Menagii p. 93.

* **NOCIMENTUM**, Malum, damnum, jactura, Ital. *Nocimento.* Annal. Bertin. ad ann. 851. tom. 7. Collect. Histor. Franc. pag. 67 : *Ut omnium præteritorum malorum et contrarietatum et supplantationum, ac malarum machinationum seu Nocimentorum in invicem actorum abolitio ita inter nos fiat, etc.* Vide *Nocumentum* 1.

¶ **NOCITUS**, Cui nocitum est. Vetus Interpres S. Irenæi lib. 5. cap. 7 : *Ananias et Asarias et Misael missi in caminum ignis septuplum exardentem, neque Nociti sunt aliquid, neque odor ignis inventus est in eis.*

* Acta S. Andoch. tom. 6. Sept. pag. 676. col. 2 : *Accenso igne, ligatis manibus et pedibus, eos in ignem jactari præcepit : et nihil Nociti ab omni combustione ignis, etc.* id est, Passi, ut notant docti Editores. Vide infra *Nocuatus.*

NOCIUM. Monasticum Anglic. tom. 2. p. 380 : *Et quolibet die unum panem,... dimidiam lagenam cervisiæ, unum Nocium carnis, die carnium, et tria allecia quolibet die piscium.* [Segmen puto sic dictum ab Anglico *Nock* vel *Notch*, Incisura.]

* **NOCQUERIA**, ut supra *Noccus.* Comput. ann. 1518. ex Tabul. S. Petri Insul. : *Pro scopis datis Francisco pro mundatione Nocqueriarum per plures vices, etc.*

NOCTANTER, De nocte, Gallis, *Nuitamment. Noctanter furari*, in Fleta lib. 2. cap. 72. §. 10. cap. 76. § 8. cap. 79. § 7. [Occurrit apud Rymer. tom. 3. p. 672. et apud Marten. tom. 1. Ampliss. Collect. col. 958. etc.]

* *Neuctantement*, in Lit. ann. 1354. tom. 4. Ordinat. reg. Franc. pag. 295. art. 9. *Nuitrantré*, eadem notione, in Charta ann. 1343. ex Chartul. S. Vinc. Laudun. : *Item quant à l'article faisant mention de Jehennot Cousin pris pour ce qu'il chassoit aux moines et Nuitrantré.* Paulo ante, *Par nuit.* Nostris, *A la Nuitier*, pro *Sur le soir*, Sub vesperum, vespere. Guill. Tyrii contin. Histor. apud Marten. tom. 5. Ampl. Collect. col. 599 : *Quant vint à la Nuitier, etc.* Stat. ann. 1395. ex Cod. reg. 8312. 5. fol. 145. r°. : *Esquels* (bouticles) *à la Nuittier elles seront tenues d'avoir chandelles allumées ou autre clarté. A heure obscure et sur la Nuytier*, in Memor. E. Cam. Comput. Paris. fol. 277. r°. ad ann. 1392. [** *A l'anuitier.*] Vide infra *Nuterans.*

¶ 1. **NOCTARE**, Noctem agere. Supplem. ad Vitam S. Bonifacii, tom. 1. Junii pag. 476 : *Ut in omnibus locis in quibus contigit meridiare sive Noctare, etc.* Aliter Joh. de Janua : *Noctare, nocte vigilare.*

* 2. **NOCTARE**, *i. Nocte vigilare, veiller*, in Glossar. Gall. Lat. ex Cod. reg. 7684. Vide in *Noctare*, 1.

* 3. **NOCTARE**, f. Canalem fodere, quo aqua excurrat, vel pro *Nectare* aut *Nettare*, Expurgare, Gall. *Nettoier.* Vide supra *Nectesare.* Charta ann. 1228. in Lib. nig. S. Petri Abbavil. fol. 308. r°. : *Et sciendum quod ego et hæredes mei dicta fossata vel marisca, sine licentia prædictorum prioris et conventus expressa, non potero Noctare vel exalrare, vel aliquem cursum facere.*

* Aliud sonat vox Gallica *Nocter*, in Lit. remiss. ann. 1410. ex Reg. 164. Chartoph. reg. ch. 358 : *Lesquelx compaignons dirent à icellui Benjamin que l'en pourroit bien Nocter ou dire qu'ils estoient de ce coulpables.* An Murmurare, venire in suspicionem de scelere?

¶ **NOCTESCERE**, Noctem venire, fieri vel esse. Nicolaus Specialis lib. 2. Rerum Sicul. cap. 10 : *Cumque Noctesceret in Augustam Rex terrestrem movet exercitum, ad quam etiam ab occasu Rogerius navigabat.* Occurrit apud Nonium pro *Cæcari*, ut exponit ipse.

NOCTIANUS. Gloss. Gr. Lat. : Νυκτοφύλαξ, *Noctianus, nocte custos, vigilis.* [Lege *Vigil.* Supplementum Antiquarii : *Noctianus*, Νυκτοφύλαξ *Nocticustos.*] Vox *Noctianus* abest in MS. Cod. S. Germani Parisiensis. *Nocticula*, in Glossis antiquis MSS. et apud Ugutionem, *Luna*, exponitur, ubi legendum forte *Noctiluca*, quod nocte luceat. Ugutio, *Noctilucam* vermem esse ait, sic dictum, *quod noctu luceat.* [Joh. de Janua : *Nocticula, parva nox; item luna. Petite nuit*, in Glossis Lat. Gall. Sangerm.]

¶ **NOCTICIA**, pro *Notitia*, in Charta ann. 692. apud Felibian. Hist. Sandionys. pag. XII.

¶ **NOCTICULA**, *Luna*, apud Papiam MS. Lege *Noctiluca*, et vide *Noctianus.*

¶ **NOCTIFICARE**, Noctem agere. Chron. Veron. ad ann. 1333. apud Murator. tom. 8. col. 648 : *In episcopali curia duobus diebus requievit.... ipse dominus Carolus in castro Avii Noctificavit.*

NOCTIOSUS, *Qui melius vespere videt.* Papias. [Perperam in MS. Bituric. *Notiosus.* Et alibi : *Nuscio, Noscio; Nosco, Nusciosus, etc.*]

¶ **NOCTIPUGA**, *Obscœna dicta, quod quasi noctibus pungantur*, Papiæ. Festus habet : *Noctilucam Lucilius cum dixit, obscœnum significat.* Legendum *Noctipugam.* Calepinus : *Noctipuga Lucilius vocavit obscœna, quod noctu pungant atque excitent venerem.* Hinc, opinor, mendose, Joh. de Janua : *Noctipugnas, Obscurus, quia quasi noctibus contrapugnatur, vel compugnat.*

¶ **NOCTISSIMUS**, Qui fit media nocte,

si ita legendum; sed lubens emendarem *Novissimus.* Pontificale Pictav. annorum circiter 800. apud Marten. de antiqua Eccl. Disciplina p. 374 : *Providendum est, quatenus mox ut in nocturno officio lampades accensæ fuerint, et Noctissimus clangor signorum vel tabularum fragor personare cœperit, illico antiphona primæ nocturnæ incipiatur a cantore.*

NOCTIVAGI. Charta Communiæ Hamensis : *Habent et potestatem banniendi quoslibet infames, et malefactores, et Noctivagos mali testimonii pro voluntate sua, etc.* Eadem Gall. : *Maufaiteurs et chiaus qui vont par Nuit, etc.* In Legibus Burgorum Scoticorum cap. 118 : *Nulli liceat transire de Nocte sine legalibus testibus, nisi sit homo boni testimonii, vel ob istas causas, pro Sacerdote ad infirmum, pro blado ad molendinum portando, etc.* Ita νυκτεδάδα, noctuam appellatam scribit Hesychius, in voce γλαύξ. Glossæ Græc. Lat. : Νυκτοδρόμος, *Noctuago,* forte *Noctivagus.* Νυκτιπλάνης, apud Oppian. lib. 3. Cyneget.

¶ **NOCTIVALIA**, Tinnitus et vociferationes, quibus sponsis ad secundas nuptias convolantibus illuditur, præsertim in Galliis. Statuta Eccl. Meldens. ann. 1365. apud Marten. tom. 4. Anecd. col. 923 : *Nonnulli cupiditatis et gulositatis filii, dum vir aut mulier ad secunda sponsalia vel nuptias transeunt, injurias, carmina, libellos diffamatorios contra eosdem sponsos, et de eisdem, seu altero eorum dicant, faciant et palam vociferantur, et lingua materna promulgant Noctivalia, Gallice* Charivaris, *durantibus dictis sponsalibus, et alias insolentias et nefanda quamplura committunt, etc.* Hujusmodi ineptiæ *Noctivalia* dictæ, quod potissimum noctu peragerentur. Vide *Chalvaricum.*

¶ **NOCTIVIDUS**, Noctu videns. *Noctivida ales*, Noctua, quæ noctu videt, Martiano Capellæ lib. 6.

* *Noctue*, pro *Chouette*, *hibou*, in Consolat. MS. Boetii lib. 4 :

Il sout semblant à la Noctue,
Qui tant a foible la vehue,
Que plus clerement voit de nuit,
Que de jour, quant le soleil luit.

¶ **NOCTUAGO.** Vide supra in *Noctivagi.*

1. **NOCTURNA**, Jus piscandi per unam noctem in molendinis. Charta Alelmi de Ambianis in Chartul. Eccl. Ambian. : *Pro banno vini, et Nocturna anguillarum reddidit 15. sol. et 15. capones.* Alia Theodorici Episc. Amb. ann. 1146. in eodem Tabulario Ch. 31 : *Alelmus de Ambianis... Amb. Ecclesiæ annuam piscium capturam, quæ vulgari nomine Nocturna appellatur, perpetuo jure donavit.* Charta alia in Hist. Monasterii S. Nicolai Andegav. : *Piscaturam quoque piscium unius Noctis molendinorum de Braum eis donavi.* Tabular. S. Eparchii Inculism. fol. 63 : *Dono iterum Deo et S. Eparchio illam levationem anguillarum, quam habebam in anguillariis de Visnaco semel in anno, id est in una Nocte, quæ melior et utilior hominibus meis habebatur, etc.* Tabular. Dalonensis Abbat. : *In illa piscatoria, quæ derivatur per fossatum novum de Barbarello capturam anguillarum unius Noctis per singulos annos.* Tabul. Vindocinense Ch. 104. ubi de juribus Comitis Burchardi : *A Tociaco usque ad Fractam vallem habebat unam Noctem in unoquoque anno ad capiendos pisces.* Occurrit præterea in alia Ludovici Pii Imp. a Mabillonio edita tom. 4. SS. Ord. S. Benedicti pag. 118. Adde Prob. Hist. Guin. pag. 310. Vetus Regestum Cameræ Comput. Paris. signat. M. ubi de Episcopo Ambianensi : *Item a le tent et prinse de le raiz des anguilles par une Nuit telle comme il lui plait, à chascune escluse de la chité d'Amiens.* Charta Philippi Com. Flandriæ pro portoriis et præstationibus ejusdem urbis Ambian. : *Li Vesques et li Cuens cascundans une Nuit en l'an, quelconque nuit que il vauront, ont le tent et le prise de le raje as anguilles à cascune escluse de la chité d'Amiens; puis l'escluse Doisel et l'escluse de Soustraine en aval dusque à l'écluse Destous, et à tous les moulins qui sont dehors la fermeté de la chité, et qui sont entre ches escluses devant dites, si comme au moulin de Camons et au molin de S. Pierre, etc.*

2. **NOCTURNA**, Nocturni. *Nocturnale officium*, quod noctu peragitur, in Capitularibus Carol. M. lib. 1. cap. 80. Messianus in Vita S. Cæsarii Arelatensis : *Omnibus rebus sanctus vir semper modum voluit custodire, præcipue ad Nocturnos vigilantissime observabat, ut absque eo quod sibi peculiariter Deo solo teste dicebat, nullus suorum qui secum maneient excitaretur ante horam legitimam.* Infra : *Tunc implevimus Nocturnos.* Beletus cap. 20. et ex eo Durandus lib. 5. Ration. cap. 3. n. 7 : *Nota quod Nocturna, næ, ponitur pro Hora : sed Nocturni, nocturnorum pro officio. Vel Nocturna, nocturnæ, est collectio Psalmorum qui dicuntur ante Lectiones in Dominica, vel in profestis diebus. Nocturnæ in plurali, dicuntur tempora in quibus Psalmi cantantur. Nocturni, nocturnorum, dicuntur novem Psalmi, et novem Lectiones cum suis Responsoriis in solennitatibus.* [Vide *Noctissimus.*] Rupertus lib. 1. de Divin. off. cap. 10 : *Vigilias in tribus dispertimur Nocturnis.* In tres autem nocturnos ejusmodi officium distinguitur, quod ter in nocte surgerent prisci Christiani, quo Deo laudes persolverent, ut observat Durandus loco laudato num. 17.

NOCTURNALES, Crepidæ, Gall. *Mules, Pantoufles*, quibus de nocte utimur. S. Lanfrancus in Decretis pro Ordine S. Benedicti cap. 12 : *Crastina die Nocturnales suos calcient.* Et cap. 23 : *Calcietur caligis supradicto panno factis, usque ad genua attingentibus et Nocturnalibus.* Capitulare Aquisgranense ann. 817. cap. 22 : *Calciamenta diurna paria duo, subtalares per Noctem in æstate duas, in hieme vero soccos, etc. Sotulares diurni et Nocturnales*, vel *Nocturni*, apud Guigonem II. in Statutis Cartusiensibus cap. 57. et alibi, in Regula Ordinis *de Sempringham* pag. 718. 720. *Nocturnalibus calciari*, pag. 769. *Nocturnales calcei*, in Chronico Trudon. lib. 13. pag. 510. et apud Bernardum in Consuet. Clun. MSS. cap. 5. et Udalricum lib. 2. cap. 24. Adde lib. 1. cap. 40. lib. 2. cap. 21. [Guidonem in Disciplina Farfensi cap. 2.] et Usus antiquos Ordin. Cisterciens. cap. 71. *Betæ* videntur appellari in Tabulario S. Martini de Campis : *Ego Theobaldus Prior S. Martini de Campis et omnes seniores nostri concedimus et singulis annis in festivitate S. Remigii... et in festivitate hiberna S. Martini agnina pellicia, et Nocturnales, qui vulgo Betæ dicuntur.* Vide *Subtalares.*

1. Nocturnalis, Alia, sed incerta mihi notione. Tabularium Bellilocense num. 110 : *Et omni anno unum Nocturnalem ad Missam S. Petri ad Vincula per consensum donamus... Facta regnante Roberto Rege.* Testamentum S. Fulcranni Episcopi Lodovensis : *Et det in Ascensu Domini Nocturnalem de candela S. Genesio.* [Fortasse sic a Nocturnis Horis dictus certus cereorum numerus.]

Nocturnales Libri, in quibus Nocturni matutini continentur. Acta Murensis Monasterii pag. 32 : *Sunt et hic quinque Nocturnales libri, quorum primus habet tantum Lectiones ab Adventu Domini usque ad Pascha; secundus autem a Pascha usque ad Adventum Domini; tertius vero habet tantum Lectiones de Sanctis per circuitum anni : alii duo pleniter scripti sunt.*

* 2. Nocturnalis, Liber continens officium nocturnale, Gall. *Nocturnal.* Anonym. de Casib. monast. Farf. apud Murator. tom. 6. Antiq. Ital. med. ævi col. 293 : *Antiphonarium optimum,... Nocturnalem perfectum, etc.* Inventar. ann. 1492. in Necrol. eccl. Paris. MS. : *Item ung breviaire contenant seullement le Nocturnal.* Vide *Nocturna* 2.

** Noturnale Analogium, Ad quod officia nocturna leguntur, apud Ekkehard. IV. in Casib. S. Gall. Pertz. Script. tom. 2. pag. 81. lin. 5.

¶ **NOCTURNARE**, Noctem ducere, peragere. Statuta Collegii Dainvillensis ann. 1380. apud Lobinell. tom. 3. Hist. Paris. pag. 511. col. 1 : *Si propria stultitia vel per alium inductus Nocturnet extra eandem domum absque licentia... expellatur.* In Actis MSS. S. Winwaloei fol. 95. idem est quod Nocturnas horas officii divini peragere : *Dum vero hæc ita agebantur... in Basilica cum suis Nocturnabat Gwingualoeus. Cumque Nocturnas debite percelebrassent vigilias, etc.*

NOCTURNUM, Magica Gentilium illusio, quæ noctu fiebat. Augustinus Serm. de Tempore barbarico, cap. 4 : *An non sacrificavit, qui imagines idolorum per noctem ludentes, quod Nocturnam vocant, libentissime spectavit?*

* **NOCTURNUM** Dare, Hospitio per noctem excipere, Galli dicimus, *Donner à coucher.* Acta B. Goth. apud Pezium tom. 1. Script. Austr. col. 111 : *Cum una dierum suæ peregrinationis ad villam dictam Maur... pernoctando venisset, et quidam rusticus Nocturnum ei dedisset, ad horreumque dormitum ivisset, etc.*

* **NOCUATUS**, Læsus, vulneratus. Vita S. Corbin. tom. 3. Sept. pag. 288. col. 2 : *Veretro Nocuato calcibus jumentarum, etc.* Vide supra *Nocitus.*

* **NOCULUS**, Navicula. Charta ann. 1377. apud Lamium in Delic. erudit. inter not. ad Hodoepor. Charit. part. 2. pag. 625 : *Quod omnibus et singulis piscatoribus et aliis de Monte Lupo et de Capraria, et etiam aliunde, liceat navigare cum navibus*

et Noculis, et omnibus aliis artefictis aptis ad navigandum et piscandum per flumen Arni. Et pag. 626 : *Quod navis sive Noculus cum qua vel quo transirent, etc.*

¶ 1. **NOCUMENTUM**, Damnum, detrimentum, Practicis *Nuisance; Nusance* Thomæ *Blount* : quem consule in hac voce : *Noisement*, in Glossis Lat. Gall. Sangerman. Bulla Alexandri III. PP. ann. 1172. e Tabulario S. Nicasii Rem. : *Altare de curte monasteriali cum decima et Nocumento.* An mulcta propter *damnum* irrogata? Vide *Damnum* 2.

¶ In Nocumentum Esse Alicui, Ei resistere, vel in eum animadvertere. Literæ Willelmi Rotomag. Archiep. et Suffraganeorum ad Philippum Franc. Regem circa ann. 1296 : *Et si aliquis clericus contra hujus institutionem venire præsumeret, nos essemus in Nocumentum eidem clerico de querela ista.*

¶ 2. **NOCUMENTUM**, Excusatio, ratio vel causa. Statuta Ordinis Artigiæ apud Stephanotium tom. 1. Fragm. MSS : *Inhibemus ne præceptores jaceant in cameris sic a dormitorio separatis, quod ingressus ad eas potest haberi per aliud ostium, quam per ostium dormitorii; quod si fecerint, et justum Nocumentum super hoc non habuerint, excommunicationis sententiam ipso facto incurrere volumus.* Mendosa vox, si recte puto. An legi posset *Documentum* hac notione? Vide *Documenta.*

* 3. **NOCUMENTUM**, Fragmentum, Gall. *Eclat.* Lit. remiss. ann. 1352. in Reg. 81. Chartoph. reg. ch. 505 : *Qui* (pater) *quoddam parvum Nocumentum de bosco, quod habebat* (filius suus) *in oculo, quam dulcius poterat, adimebat eidem. Nuisement* vero, pro Mulcta, quæ propter damnum seu *Nocumentum* irrogatur, in Reg. feud. Norman. ex Cod. reg. 4653. A. fol. 184 : *Item totum Nuisement juxta nemus Guillelmi.*

¶ 1. **NODA**, Nodula, Idem quod *Noa* 1. Locus pascuus et aquis irriguus. Vetus Charta apud Lobinell. tom. 2. Hist. Britan. col. 250 : *Et in capite marcasii levat fossa per montem Huelgoret, que recte vadit quasi ad Orientem. Tunc relinquens Nodam, que vadit ad puteum, tenens Nodum unam cum fossa contra horam tertiam... et tunc vadit fossa S. Catuodi quasi ad horam nonam per abrupta loca usque dum pervenit ad unam Nodulam; tunc namque fallit fossa et accipitur Nodula per ipsam petram, que est in ipsa Nodula in directo transversa, et postea recte vadit per marcasium usque ad mare. Ibi sunt mirande aque, videlicet tria marcasia miro modo ebullentia.* Alias *Noda* et *Nota*, si credimus Valesio in Notitia Gall. pag. 413. Nucetum significat; unde *Centinodium* apud Sugerium de Administratione sua, Vicus non procul a Sequana et Argentolio, qui *Centumnuces* dicitur in vett. instrumentis. Quod autem ibi addit idem Valesius, Gallicum *Noue* aut *Noux* Nucetum esse, nullo, quod sciam, nititur fundamento, neque hinc dicta esse credo varia Galliarum loca in *Noue* desinentia, sed a *Noa*, eo quo supra exponitur, significatu. Valesii sententiæ adversatur ipse Centumnucum vicus, qui non *Centnoue* nostris, sed alias *Centnois*, deinde *Connois*, ac tandem corrupta voce, *Sanois* appellatur.

* 2. **NODA**, Grex. Stat. Vallis-Ser. cap. 65. ex Cod. reg. 4619. fol. 117. r°. : *Sub pœna librarum trium.... pro quaque Noda pecudum.* Hinc

* Dare in Nodam, Idem quod *Dare in socidam.* Vide in hac voce. Stat. Cadubr. lib. 3. cap. 79 : *De peccudibus, de medietate vel Nodu. Decernimus et mandamus, quod si aliquis de Cadubrio dederit peccudes, sive fetas vel capras alicui in Nodam, vel ad medietatem, quod tales peccudes in capite trium annorum dividantur, videlicet illæ de medietate, et quod illæ de Noda, restituantur.* Vide *Nodus* 1. eo quo apud Isidorum sensu.

¶ **NODATOR**, Qui pro rei firmitate *Nodum* faciebat in corrigio ex Charta pendente : cujus moris, in Vasconia præsertim vigengentis, exempla refert Mabillonius Diplom. pag. 632. ducta ex Chartis Monasterii S. Severi. Sic Petrus de Olbjio *dedit unam culturam*, postea vero Vicecomitissa et Ulnalnaldus filius *affirmarunt factis in corrigio Nodis.* Similiter in Charta donationis factæ per quemdam Fort-Anerium Vicecomitem de Saltu, circa ann. 1130. hæc leguntur : *Horum necnon signo donorum ipse Forto-Anerius Nodum in hoc corrigio primus fecit, et alium Nodum Bruno de Saltu frater ejus : alios deinceps Nodos idonei Barones. Hujus rei testes fuerunt Bonus-homo Adurensis Episcopus.* Ex qua Charta patet *Nodatores* esse a testibus distinguendos. Conventus Aquitaniæ Procerum Burdigalæ habitus ann. 1079. apud eumd. Mabill. ibid. pag. 587 : *Isti sunt Nodatores ac præfatæ donationis firmatores, etc.*

¶ **NODATUS**, Nodus calceamentis ad ornatum annexus. Synodus apud Montempessulanum ann. 1214. in Fragmentis Stephanotii MSS. tom. 10. pag. 79 : *Item non habeant* (Canonici et Monachi) *calceamenta cum Nodatis, vel aliter aperta, sed sint clausa et alta calceamenta eorum.* Vide mox *Nodellus.*

NODELLUS, Nodulus, species ornamenti virorum, vel feminarum, cujusmodi fuit *Nodus* Militaris, de quo mox, fibulæ. Vetus Charta in Hist. Vergiacensi pag. 113 : *Insuper dedit eis Domina duos equos, et 4. libras, et 10. solidos, et Nodellum aureum.* [Testamentum Adalaidis ann. 978. apud Marten. tom. 1. Anecd. col. 97 : *Rogo ut filia mea sit inde Abbatissa*, (S. Salvatoris Narbon.) *et ad ipsam remaneant ipsi Nodelli mei, cum ipsos mancusos et inaure.*]

* *Noiel* et *Nouel*, nostris. Joinvil. edit. reg. pag. 85 : *Et y avoit* (aux robes) *grant foison de Noiaus touz d'or.* Stabil. artif. Paris. ibid. in Glossar. : *Noiaus à robe que on fait de os, de cor et de yvoire.* Lit. remiss. ann. 1369. ex Reg. 100. Chartoph. reg. ch. 711 : *Jehan Viart s'estoit prins injurieusement audit Jehan le Boucher en le ferant et dessirant les Noulaux de son mantel, qu'il avoit vestu. Nollure* et *Noueleure*, vulgo *Garniture de boutons.* Lit. remiss. ann. 1406. in Reg. 160. ch. 329 : *La suppliante acheta aussi deux Noueleures d'argent dorées.* Aliæ ann. 1473. ex Reg. 195. ch. 1018 : *Deux Nollures de chaperon ou boutonneures d'argent, valans ensemble cinquante deux solz et demi les deux.* Unde *Noler* et *Nouler*, Globulis constringere, vulgo *Boutonner.* Lit. remiss. ann. 1402. in Reg. 157. ch. 46 : *Une fillette commune, vestue d'une houppelande longue à grans coudieres Nolées au poing.* Aliæ ann. 1408. in Reg. 162. ch. 181. bis : *Icellui Jehannin fu feru de ce horion, et depuis Jehan Rousselin lui dist, Noule toy et te va chauffer; car tu es tout deslarré.* Vide infra *Nosca* et *Nucleatus.*

¶ **NODFYR**, Ignis accensus fricando. Vide *Nedfri.*

¶ **NODITAS**, Nodatio, nexus. Statuta Guidonis Episc. Helen. ann. 1340. tom. 3. Concil. Hispan. pag. 599 : *Hæc est virga de radice Jesse absque tortuosa Noditate culpæ.* Mallem

¶ **NODOSITAS**, ut apud S. Augustinum Confess. lib. 2. cap 10 : *Tortuosissima et implicatissima Nodositas.* Occurrit hæc vox in Concilio Tolet. VII. inter Hispanica tom. 2. pag. 541. in Vita S. Swiberti apud Leibnitium tom. 2. Scriptor. Brunsvic. pag. 223.

* **NODOSUS**, Impeditus, intricatus, Gall. *Embarrassé, compliqué.* Charta ann. 1180. inter Probat. tom. 1. Annal. Præmonst. col. 46 : *Quod si querela eis gravis visa fuerit et Nodosa, adeo ut alieno suffragio se egere cognoverint, etc.* Nostris *Nouilleux* et *Noullu* alias, pro *Noueux*, nodosus. Lit. remiss. ann. 1426. in Reg. 173. Chartoph. reg. ch. 397 : *Le suppliant dessira la manche de la robe d'icellui Douin dudit baston, qui estoit Nouilleux.* Alia ann. 1454. in Reg. 182. ch. 124 : *Le suppliant... tenant en sa main ung baston Noullu à pluseurs broz, etc. Nouteilleux*, apud Math. de Couc. in Carolo VII. pag. 697.

** **NODRIGAMENTUM**, Nodrimintal, Victus, res ad victum necessariæ. Tradit. Sangall. ann. 745. apud Neugart. Cod. dipl. Alem. tom. 1. pag. 21. num. 15 : *Costa me ... donare Audemaro abbati de parvola terra mia pro mircete mee vil pro stritium sum, vil pro Nodrigamentum, quod inter vivo servia Audemaro, et ille me nutricet, etc.* Infra : *Pro mercede mea vel pro Nodrimintal que me Audemaros nōtricat.*

NODSYR, Indiculus superstitionum et paganiarum, in Concil. Liptin. ann. 743. apud Lalandum : *De igne fricato de ligno, id est, Nodsyr.* [Leg. *Nodfyr.*] Vide *Nedfri.*

NODUA, vel Nodwa, vox Cambrica, Asylum, protetio, refugium, Boxhornio, *Nodded.* Occurrit in Legibus Hoeli Boni Regis Walliæ cap. 10.

¶ **NODULA**, Parva *Noda.* Vide ibi.

* **NODULATUS**, Nodulis ornatus et distinctus. Conc. Turon. ann. 1277. apud Maan. pag. 75. et 201 : *Ne insuper ipsi canonici regulares decolatos aut Nodulatos habeant sotulares, nisi tres nodos ad minus habeant in quolibet sotulari.* Vide *Nodatus* et *Nodellus.*

¶ **NODULITAS**, Tuber. Processus de B. Petro Luxemburgo, tom. 1. Julii pag. 598 : *Sibi supervenit una Nodulitas ad modum unius avellanæ.*

1. **NODUS**, seu *Nodisocietas*, Ordo Militaris 300. Militum, institutus a Ludovico Tarentino Rege Siciliæ sub ann. 1352. ita dictus quod singuli illius Ordinis Milites *Nodum*, seu *Nodellum* aureum, gemmis interstinctum ad pectus deferrent, in mutuæ

amicitiæ symbolum, ut ex Matthæo Villaneo lib. 3. cap. 79. et ex tractatu MS. de Institutione ejusdem Ordinis, docuimus in Historia nostra Franco-Byzantina lib. 8. n. 13. Habetur apud Carolum de Lelis in Familiis Neapolitanis sequens Epitaphium : *Hic jacet strenuus Miles Colutius Bozzutus, qui fuit de societate Nodi illustris Ludovici Regis Siciliæ, quem Nodum in campali bello victoriose dissolvit, et dictum Nodum relegavit in Hierusalem, qui obiit anno Dom.* 1370. *etc.*

¶ Nodus, Isidoro lib. 9. Orig. cap. 3. sect. 60. *proprie est densa peditum multitudo, sicut turma equitum; Nodus autem dictus pro difficultate, quod vix possit resolvi.*

¶ Nodus *in corrigio Chartarum.* Vide *Nodator.*

* 2. **NODUS**, Vertebra. Charta ann. 1341. in Reg. 72. Chartoph. reg. ch. 250 : *De cer is dare consueverunt domino nostro regi.... de Nodo aquarum usque ad renes.* Vide supra *Aqua* 6.

* 3. **NODUS**, Globus, ut videtur, Gall. *Boule*. Hist. Ratispon. ad ann. 1430. apud Oefelium tom. 2. Script. rer. Boicar. pag. 512. col. 2 : *Tonitruus tantus factus est, quod cunctos terruit et Nodum turris magnæ in pede montis Ratisponensis dejecit; Nodum vero turris de prope in suburbio, quæ dicitur judicis, accendit.*

NODWERS, seu Nood-Were, Necessaria defensio, apud Kilianum. Consuetudines Arkensis villæ ann. 1231. in Tabul. sancti Bertini : *Qui se defenderit in necessitate, quæ vulgo dicitur Nodwers; si a Chora cognitum fuerit, non cadet in emendam.*

¶ **NOEGA**, Fundus, imum, a Germanico *Neige* : quod idem significat. Adagium acrioribus Alemanniæ et Prussiæ potoribus notum :

Qui bibit ex Noegis, de Frischibus incipit ille;
Cur sic, si quæras? Sic lex Pruthenica sanxit.

Hoc est, ut in Bibl. German. exponitur tom. 15. pag. 73. Qui siccat fundum calicis, primus ex eodem calice rursum repleto bibit; sic enim sanxit lex Prussiæ : cujus hanc afferunt rationem, quod alias quidam in exhaustum calicem venenum injecerint, ut ex eo potantes enecarentur. Id ut caveretur, lata lex vino devotis haud ingrata.

* **NOELLUM**, Canaliculus, quo aqua fluvii excurrit. Charta Guill. Senon. archiep. ann. 1176. in Chartul. Guill. abb. S. Germ. Prat. fol. 193. r°. col. 1 : *Noellum aquæ, quod beatus Germanus titulo elemosinæ possidebat, et Reginaldus auferebat, præfatæ ecclesiæ possidendum adjudicavimus. Noellum aquæ in Secana*, ibid. fol. 204. r°. col. 2.

* **NOELLUS**, pro Novellus. Doctr. Alex. de Villa-Dei :

Scribere clericulis paro doctrinale Noellis.

Ubi Glossæ : *Librum dantem doctrinam Novellis clericulis.*

¶ **NOERETUS**, Nux arbor, Gall. *Noyer*. Charta Stephani Comitis XII. sæc. : *In eleemosynam delegavit Ecclesiæ, videlicet B. Mariæ de Rupibus duos sextarios nucium de Noereto*, Gall. *Noix de noyer*, ad discrimen nucularum seu avellanarum.

* **NOERIUM**, Nux, arbor. Charta ann. 1268. in Chartul. S. Maglor. ch. 138 : *Cum.... orta esset materia quæstionis super duobus Noeriis,.... super eo videlicet quod.... volebant eradicare vel eradicari facere dicta duo Noeria, etc. Nouerdier*, eodem sensu, in Lit. remiss. ann. 1396. ex Reg. 149. Chartoph. reg. ch. 290 : *Pierre Lengloys de une serpe avoit copez ou jardin dudit exposant pluseurs arbres, c'est assavoir Nouerdiers ou jorrassiers.* Vide *Noerius.*

¶ **NOERIUS**, Idem quod *Noeretus*. Charta venditionis ann. 1276. e Chartul. minori S. Benigni Divion. : *Super le paleton situm super le Noyer et super dictum Noerium... et super unum Noerium situm... in campo... qui fuit patris Johannis Omairot usque ad Noerios Constantii.*

¶ **NOERUS**, Νοερός, Intellectualis. Tertull. adv. Valentin. cap. 20 : *Cœlos Noeros deputant, eosque Angelos faciunt.*

NOFFUS, Naufus. Gloss. Pithœi : *Naufo, sarcofago ligneo*, quibusdam, quod navis formam referat, quæ Francis nostris olim *Nau* dicta. Lex Salica tit 17. § 1 : *Si quis mortuum hominem, aut in Noffo, aut in petra, quæ vasa ex usu Sarcophagi dicuntur, super alium miserit.* Edit. Heroldi tit. 17. § 4. habet *in offo*; tit. 57. § 4. *Naufo* habetur, ut et apud Gregorium Turon. de Gloria Confess. *Sancta corpora pallis ac Naufis exornata* : sic enim vett. Cod. præferre observant viri docti. Leges Henrici I. Regis Angl. cap. 83 : *Si quis corpus in terra, vel Noffo, vel petra, vel pyramide, vel structura qualibet positum... effodere præsumpserit.* [** Vide Graff. Thesaur. Ling. Franc. tom. 1. col. 1052. voce *Noff.*]

* Forte leg. *Toffus*, ut legitur in Cod. Estensi Leg. Salicæ, teste Muratorio tom. 1. part. 2. Script. Ital. quod sarcophago satis convenit. Vide *Tufus.*

* **NOGADERA**, Nogaderia, Nucetum, ager nucibus consitus; *Noueroie*, in Charta ann. 1340. ex Chartul. abbat. Boni portus. Invent. ann. 1476. ex Tabul. Flamar. : *Item plus unam Nogaderiam sive Nogadera ultra riperiam Loti,.... loco vulgariter vocato.... la Nogareda de Madelhum.* Vide *Nogareda.*

NOGAREDA, Nucetum, *Nogarede*, Occitanis, *Nochiere* aliis. Charta fundationis Abbatiæ Vabrensis ann. 23. Caroli C. apud Catellum in Comitib. Tolosan. pag. 69 : *Villam cujus vocabulum est Vaber, cum omni integritate et Vedotio, similiter Biarcio, similiter Nogareda, similiter et in Tarnesca, in villa quæ dicitur Betianus, vineas nostras quas Leotgarius ibi construxit.* [Hic est loci nomen proprium.]

1. **NOGUERIA**, Idem quod *Nogareda*. Charta Occitanica ann. 1213. in 49. Regesto Philippi Pulcri Tabularii Regii Ch. 91 : *Item sex quartonatæ, et quarta pars quartæ partis alterius quartonatæ terræ oblialis, cum quadam borda, et quadam mota, et Nogueriis ibi existentibus.*

☞ Malim *Nogueriis* a *Noguerius*, quæ sit ipsa arbor Nux dicta, quam a *Nogueria*, Nucetum, deducere : quod innuunt voces subsequentes.

¶ Nogarius, Nux, Gall. *Noyer*, Provinc. *Nougicier*. [* *Nouguié*.] Charta ann. 6. regnante Radulfo Rege Alamandorum, ex Chartul. Eccl. Apt. fol. 120 : *Cedimus... clausam de vinea superiore cum ipsos Nogarios et ipsas salices.*

¶ Nogerius, Eadem notione. Charta ann. 1312. ex Archivo S. Victoris Massil. Armar. Din. n. 46. data dicitur *in cimeterio B. M. subtus Nogerios.*

* Charta ann. 1317. ex schedis Pr. *de Mazaugues* : *Quod dicta domus S. Andreæ seu podium totum, in quo dicta domus est situata, usque ad Nogerium seu nucem, quæ est prope introitum seu gradarium, per quod ascenditur ad dictam domum, et recta linea descendendo a dicto Nogerio seu nuce usque, etc.* Pariag. inter reg. et abb. Gemondi ann. 1322. in Reg. 65. Chartoph. reg. ch. 53 : *Si sint ibi Nogerii, medium partem nucum excussarum vel collectarum ad pedem seu radicem Nogerii reddant.*

* Noguerium, Eadem notione. Charta ann. 1035. ex Tabul. S. Vict. Massil. : *Unam arborem, quæ est prope condaminam, quæ vocatur Noguerium, dono.* Vide infra *Nucarius* 2.

* Noguerius, Nogurrus, Pari intellectu. Lit. remiss. ann. 1352. in Reg. 81. Chartoph. reg. ch. 400 : *Transeuntibus ipsis subtus aut prope quemdam Noguerium, idem supplicans unum lapidem pro habendo de nucibus in dicto Noguerio jactavit.* Stat. pro arte parator. pannor. Carcass. renovata ann. 1466. in Reg. 201. ch. 121 : *Item quod nullus possit.... tingere sive tingi facere aliquos pannos.... cum escorcia nucis seu Noguerri. Noé* et *Noullon* appellari videtur viridis nucis cortex, in Lit. remiss. ann. 1402. ex Reg. 157. ch. 241 : *Laquelle femme avoit mis au four bannal certaine quantité de Noez ou Noullons de noiz à faire de l'uille pour les faire saicher.*

¶ 2. **NOGUERIA**, Plumbeus canaliculus, Gall. *Noquet*. Processus criminalis MS. Roberti Comitis Atrebat. fol. 25. e Bibl. DD. *Chauvelin* Custodis Sigillorum Reg. : *Elle étoit montée en haut en une échielle pour mettre led. coffret ou lesd. lettres et mucier jouxte la Noguierre ou goutiere de lad. maison.*

* **NOHA**, Locus pascuus et aquis irriguus, idem quod *Noa* 1. Vide in hac voce. Charta ann. 1261. ex Chartul. S. Sulpit. Bitur. : *Sarlo de Vallibus.... dedit in eleemosinam ecclesiæ B. Mariæ de Acheriis quamdam Noham sitam in parochia de Nonesto Sarloniz.*

* **NOIARIUS**, Nucetum. Charta ann. 1108. ex Chartul. S. Hugon. episc. Gratianopol. : *Gaufredus.... habet terram de Colongis, ubi est Noiarius.* Vide *Nojeria.*

* **NOIERETA**, Idem quod supra *Noha*, nostris *Noeraye*. Charta Guar. de Venisiaco ann. 1140. in Chartul. Pontiniac. ch. 66 : *Ab occidentali parte rivi usque ad Noieretas, etc.* Lib. censual. terræ *d'Estilly* ann. circ. 1430. ex Cod. reg. 9493. fol. 4. r°. : *Quatre soulz assis sur le herbergement de la Barre-Dieu et sur les terres, Noerayes, vignes et vergiers appartenants audit herbergement.* Hinc diminutivum *Noette*, in Lit. remiss. ann. 1373. ex Reg. 105. Chartoph. reg. ch. 43 : *Icellui Drion un baton en sa main encontra ledit Jehan tout seul en une Noette.* Aliud vero est *Noerie*, Aqua nimirum profluens et abundans, in Charta ann-

1328. ex Reg. 65. 2. ch. 4 : *Et se y a Noeries, ou cretine d'yaue y venoit en cas perillous, li religieux le porroint torner a aler entre leur dous portes pour leur dommage eschiver.*

¶ **NOJERIA**, ut *Nogueria*, Nucetum. Charta ann. 1022. apud Menest. in Probat. Hist. Ludgun. pag. VII. col. 2 : *Per vetulas cappas Nojeriarum, quæ sunt juxta plantata Burciaci, et per Nojerias quæ sunt juxta mansionem Gislandi.*

¶ **NOIM**. Acta S. Turiani tom. 3. Julii pag. 617 : *Omnes ergo tam laici ephibati, quam clero Noim una voce gratulantes, toto ore et corde glorificaverunt Deum.* Lectio mendosa, quæ varie posset emendari. 1°. pro *Clero Noim*, restitui posset *Cleronomi*. Vide *Cleronomus*. 2°. legi posset *Clerici Noim*, posito vocem hanc *Noim* esse pro *Noel*, Acclamatio lætantium, de qua in *Natale* 3°. Denique pro *Clero Noim*, corrigi posset *Clerici Nautæ*, hancque lectionem hinc reor esse probabiliorem, ut quemadmodum laici *ephibati* vel potius *epibati*, ita clerici *nautæ* vocabantur, ut supra dictum in *Epibati*.

* **NOIO**. Inquisit. forestæ *de Lyons* in Reg. 34. bis part. 2. Chartoph. reg. fol. 118. r°. col. 1 : *Robertus de Pissiaco habet.... mortuum boscum ad ardendum, ad Noionem vel ad Herum.* Forte loca quædam forestæ nominibus suis hic appellantur.

* **NOIS**, Idem quod *Noa* 1. Locus pascuus et aquis irriguus. Charta Hugon. episc. Autiss. ann. 1146. in Chartul. Pontiniac. ch. 19 : *Extra fossatam tres pecias terræ, unam ante Noem Ysambardi, etc.* Rursum occurrit in Ch. ann. 1156. ibid.

* **NOISIA**, a Gallico *Noise*, Altercatio, rixa, contentio. Privil. curiæ Rem. fol. 8. r°. ex Bibl. reg. : *Registri autem officium odibile est ultra modum, super omnia etiam servilia opera, ponderosum; et qui ipsum exercet satis habet hujusmodi in colo : asinus enim est curiæ, et talis debet esse quod patienter sustinere valeat clamores, Noisias, jurgia, minas, rixas, convitia, etc.* Hinc *Noiser* et *Noisier*, Altercari, rixari, et *Renoisier*, Rixam iterare. Lit. remiss. ann. 1375. in Reg. 107. Chartoph. reg. ch. 376 : *Le suppliant respondi qu'il ne vouloit point rioter ne Noisier.* Aliæ ann. 1401. in Reg. 157. ch. 42 : *Commença icellui Perrin à Renoisier et rioter audit Jehan de Neully comme devant, et en Noisant, ainsi qu'ilz se débatoient ensemble, etc.* Unde *Noisif*, pro *Querelleur, qui cherche noise*, Rixosus, ad jurgia proclivis, in Lit. remiss. ann. 1408. ex Reg. 163. ch. 95 : *Icellui François, qui estoit moult rigoreux et Noisif, etc.*

* **Noysium**, Eodem intellectu. Charta official. Autiss. ann. 1338. in Reg. 72. Chartoph. reg. ch. 40 : *Incœpit fortius clamare et sibi dicere : Surgatis ex parte diaboli,.... secum duxit seu duci fecit tres equos, quandam quadrigam cum hoc Noysio ipsorum, etc.*

¶ **NOKA**, Idem quod *Noca*, Modus agri seu agellus, ab Anglico *Nook*, Angulus. Charta ann. 5. Edwardi III. Regis Angl. apud *Blount* in Nomolexico v. *Nok : Ego Johanna quæ fui uxor Walteri le Blount... tradidi... Henrico Adams unum mes. et unam Nokam terræ cum pertin. in villa de Momele.*

NOLA. Ugutio et Joan. de Janua : *Nola civitas Campaniæ, et hinc Nola, illud tintinnabulum quod appenditur collis canum, vel pedibus avium, vel aliud, quod appenditur frænis et pectoribus equorum... et dicitur a Nola civitate, quia ibi primum inventum et factum fuit tale instrumentum; et ampliato nomine invenitur Nola pro quolibet parva campana, vel pro campanella refectorii.* Anselmus Episcopus Havelbergensis lib. 3. Dialog. cap. 16 : *Signa Ecclesiæ, quæ in Campania apud Nolam civitatem primo inventa sunt, unde et Nola Campana vocantur.* Vox non omnino nupera. Avienus de cane :

> Hunc dominus, ne quem probitas simulata lateret,
> Jusserat in rabido gutture ferre Nolam.

Ita porro campanulas, seu minores campanas vocant. Walafridus Strabo libro de reb. Eccles. cap. 5 : *Minora vero* (vasa) *quæ et a sono Tintinnabula vocantur, Nolas appellant, a Nola civitate Campaniæ, ubi eadem vasa primo sunt commentata.* Chronicon Montis Sereni ann. 1128 : *Nolam cujus signo homines solent eleemosynam petere.* Fridericus II. Imp. lib. 2. de Arte venandi cap. 41. de campanula quæ falconum pedibus alligari solet : *Sequitur de campanella, quæ etiam Nola dicitur, etc.* [Vita S. Hiltrudis Virg. sæc. 3. Benedict. part. 2. pag. 428: *Nolarum audiri cœpit sonus, quæ feretro S. Virginis anteferebantur.*]

* Glossar. Lat. Gall. ex Cod. reg. 7692 : *Nola, Eschelette.*

Ita pariter appellant Scriptores campanulam quæ in refectorio ad mensam Abbatis appenditur, qua is, vel lectionis, vel convivii finem significat. Unde *Nola refectorii*, dicitur in Statutis Ordinis *de Sempringham* pag. 770. et *sedere ad Nolam* in refectorio, est Abbatis ibidem munus exercere in libro Ordinis S. Victoris Parisiensis MS. cap. 17. Constitut. Ordin. Prædicat. Dist. 1. cap. 5. § 1. in Usibus antiq. Ordinis Cisterciensis capit. 80. 111. 112. et in Institutionibus Capitul. gener. ejusdem Ordinis cap. 60. Vide eosdem Usus cap. 77. 79. 106. [Statuta ejusd. Ordinis ann. 1134. apud Marten. tom. 4. Anecd. col. 1243. Alia ann. 1195. ibid. col. 1283. Capitulum generale Ordinis Prædicat. ann. 1257. ibidem col. 1717.] Vita S. Willelmi Abbatis Roshildensis n. 20 : *Willelmus animatus zelo Ordinis, et amore justitiæ, post ingressum refectorii, præsumptorem illum* (Priorem) *a Nola submovit, et Subpriorem adhibuit.* Exstant apud Canisium hi versus antiqui in Nolam Capituli :

> Præceptor fratres hoc signo convocat omnes,
> Exemplo Domini cum lavit unda pedes.
> Necnon consilium constat si forte gerendum,
> Hoc moniti signo conveniunt subito.
> Laudibus et noctis interdum rite peractis,
> Captamus somnum, si dederit sonitum.
> Cœperit et radiis Phœbus conspergere lucem,
> Hoc resonante sopor ocius omnis abit.

Eadem, de qua Cæsarius lib. 7. cap. 19 : *Nocte quadam putans in oratorio Nolam ad matutinas esse pulsatam.* Libro 9. cap. 51 : *Wido Cardinalis aliquando Abbas Cisterciensis cum missus fuisset Coloniam ad confirmandum electionem Ottonis, bonam illic consuetudinem instituit : præcepit enim ut ad elevationem hostiæ, omnis populus in Ecclesia ad sonitum Nolæ veniam peteret, sicque ut ad calicis benedictionem prostratus jaceret.* [Ermenricus Augiensis apud Mabill. tom. 4. Analect. pag. 336 : *Ita ut noctu ante tinnitum Nolæ hunc versum cantaret ante me :*

> O alumne tuos comprime luctus.]

Nolam etiam cum majori campana confundit Flodoardus lib. 2. Hist. Rem. cap. 12. [Giraudus in Vita S. Johannis Valentin. Episc. apud Marten. tom. 3. Anecd. col. 1699 : *Nolis sonantibus ad altare Dei Genitricis* Te Deum laudamus *clara voce canendo pervenit.*] *Nolam* denique in Monasteriis *pulsari* ait Beletus cap. 86. seu ut habet Durandus lib. 1. Rationalis cap. 4. n. 11. in Choro.

Nolula, seu *Dupla*, Campana, quæ in horologio pulsatur, inquit Beletus cap. 86. et ex eo Durandus lib. 1. Ration. cap. 4. n. 11.

Nolarium, *Campanarium*. Charta ann. 894. tom. 4. Miscellan. Baluzii : *Sicque veniens Ludermus Tullensis Episcopus ad eundum locum, Nolarium ipsius capellæ evertit, campanas cum vestibus sacerdotalibus secum detulit, ipsam capellam anathemathizavit, secundum Ecclesiasticam auctoritatem, omnesque qui ad prædictum locum deinceps attenderent, a liminibus Ecclesiæ Catholicæ repulit.*

¶ **NOLENTIA**, ut mox *Noluntas*. Tertull. lib. 1. adv. Marc. cap. 15 : *Ira, discordia, odium, dedignatio, indignatio, bilis, Nolentia, offensa.*

¶ **NOLISATIO**, Nolizamentum, Conductio navis, a *naulo* præstando. *Nolizamentum duarum galearum*, in Charta Massil. ann. 1344. *Nolisatio*, in alia ann. 1317. Vide supra *Naulizare*.

* **NOLLE** Alicujus habere, Recusari, Gall. *Etre refusé.* Helgald. in Roberto rege tom. 10. Collect. Histor. Franc. pag. 113 : *Ut in his quæcumque volui nunquam ejus habuerim Nolle.*

¶ **NOLULA**, Parva *Nola*. Vide in hac voce.

NOLUNTAS, cui opponitur *voluntas*. Glossæ Arabico Lat. : *Noluntas, ab eo quod nolumus.* [Papias : *Noluntas, ab eo quod nolumus, sicut voluntas, ab eo quod volumus.*] Utitur sanctus Augustinus lib. 14. de Civit. Dei cap. 6. [et Auctor. Dialogi inter Cluniacensem et Cisterciensem, apud Marten. tom. 5. Anecd. col. 1618.]

¶ 1. **NOLUS**, pro *Nola*, Campanula. Buschius de Reform. Monast. apud Leibnitium tom. 2. Scriptor. Brunsvic. pag. 870 : *Cœna finita cum omnes a comestione cessassent, Nolum contra me super mensam pendentem ad unum latus parumper tetigi, ut sonum daret.*

2. **NOLUS**, Qui spernit, nec vult, contemptor. S. Columbanus Instruct. 14 : *Amator mediocrium, Nolus opum, animi depressor, etc.*

NOMEN. Nominis Impositio. Lex Ripuar. tit. 36. § 10 : *Si quis partum in femina interfecerit, seu natum priusquam Nomen habeat*, 100. *sol. culp. jud.* Leges Henrici I. Regis Anglor. cap. 70 : *Si infans occidat,* vel occidatur, sive Nomen habeat, sive non habeat, plena wera conjectetur. Romanos maribus nono die a nativitate, feminis octavo nomen imposuisse, auctor est Plutarchus in Problemat. Neque multo aliter Græci, ut ex Aristotele, Aristophane, et Polluce constat. De his Nominalibus, vel περὶ ὀνοματοθεσίας, multa viri docti congessere; atque in his Casaubonus in Notis ad Capitolinum, et ad Persii Sat. 2. Menardus ad librum Sacrament. Gregorii Magni pag. 98. Goarus ad Euchológ. pag. 322. 323. et Meursius 1. parte Exercit. Critic. pag. 182. Vide Leges Presbyterorum Northumbrensium sub ann. 977. cap. 10. et Simocattam lib. 8. cap. 13.

* NOMEN, pro Persona, ex forensi usu sæculi IV. ut observant docti Hagiographi ad Acta SS. Donat. et Rogat. tom. 5. Maii pag. 280. col. 2. et pag. 281. col. 2 : *De Nomine tuo, Donatiane, currente relatione comperimus, quod Jovem vel Apollinem.... non solum contumaciter adorare recuses, sed etiam blasphemiis.... infames*. Occurrit præterea tom. 6. Sept. pag. 582. col. 1.

NOMINA MUTARI in Confirmatione possunt, ex Constitut. Odonis Episc. Parisensis cap. 4. § 4. etc.

* Hujus moris testis est Charta ann. 1173. in Chartul. Clarifont. ch. 65 : *Guiricia, quæ postea Agnes in Confirmatione vocata est, etc.* Vide in *Patrinus* et *Tenete* 2.

Summos Pontifices nomina mutare consuevisse notum est, quod Sergium Papam primum fecisse scribunt, quod *Os porci* vocaretur. Vide Michaelem Scotum lib. 4. Mensæ Philosophicæ cap. 25. et alios.

Nomen etiam mutabant Monachi : quod in aliquot Ordinibus Ecclesiasticis etiam hodie in usu est. Chronicon Malliacense ann. 1080 : *Hoc anno perfectus est introitus Monasterii*, (sancti Maxentii) *sicut scribitur in versibus :*

Arcu circarum celatur tempus earum,
Anni tunc mille Christi sunt 80.
Istam confratres aulam domino faciente,
Ad Christum precibus ducat Maxentius almus,
Qui prius Adjutor Baptismi lege vocatus,
Post me noscatur, Maxentius ultro vocatur.

Vide Procopium lib. 1. Persic. cap. 25.

Nomina personarum interdum mutabantur, cum ea commode efferri non poterant ab ea natione, ad quam vel nuptiarum, vel alterius occasionis gratia secedebant. Liber de fundatione Monasterii Gozecensis ann. 1088 : *Hæc proprio nomine dicta fuit Hilaria; sed quia lingua Theutonica non facile promit Latina vocabula, nomen mutavit Uda.*

Solenne etiam fuit Græcis Byzantinis, et præsertim ipsis Augustis, cum ex Latinorum gente uxores sibi adsciscerent, earum nomina mutare. Ita Joannis Comneni uxor, Ladislai Hungariæ Regis filia, quam Pyriscam vocant Thwrozius, Bonfinius, Pistorius; et Bertha Conradi Imp. filia, Manueli, Joannis filio, nupta, *Irenes*, et Agnes Ludov. VII. Franciæ Regis filia Alexii Comneni conjux, *Annæ* nomine donatæ sunt. Alia ejusce moris exempla subinde suggerimus in Familiis Byzantinis, quæ hic referre non patitur Glossarii institutum. Quod quidem ii non tam ob nominum exoticorum, et quæ ægre efferre vix possent, dissonantiam, factitabant, quam quod in iis Latinæ originis, atque adeo cultus Romani notam omnem abolere studerent : adeo ut priusquam in manus convenirent, iterati baptismi, in quo nomina dari vel mutari consueverant, speciem quodammodo in Latinis uxoribus adumbrarent, quod certe Græcis olim objectum ab Anselmo Episcopo Havelbergensi lib. 3. Dialog. cap. 21 : *Sicut audio, consuetudo apud vos est, ut si quando Græcus uxorem Latinam ducere voluerit, sicut plerumque fit, et sicut etiam inter personas Augustales sæpe factum esse dignoscitur, quod prius oleo sanctificato in vase aliquo infuso eam perfunditis, et per totum corpus lavatis, et sic demum quasi in ritum et legem vestrum transiens matrimonio copulatur : quod quare fiat, si tamen fit, oppido scire vellem; videtur enim quædam forma esse rebaptizandi, etc.* Sed et revera Latinos rebaptisasse objectum Græcis a Leone IX., Papa, ut in edicto Michaëlis Cerularii Patriar. Constantinopol. de projecto pittacio, apud Allat. de libr. Eccl. Græcor. pag. 167 : Ὡς οἱ Ἀρειανοὶ ἀναβαπτίζουσι, τοὺς ἐν ὀνόματι τῆς ἁγίας τριάδος βεβαπτισμένους, καὶ μάλιστα τοὺς Λατίνους.

PROPTER NOMEN PATI, id est, *pro nomine Christi :* ita usurpant Tertul. lib. de Resur. carn. et S. Cyprian. Epist. 52. 54. 57.

NOMEN DARE dicebantur baptizandi. Epist. 3. Clementis PP. : *Accedat autem qui vult ad Sacerdotem suum, et ipsi det Nomen suum,... ut tribus mensibus jam consumptis in die festo possit baptizari.* Historia ejusdem S. Clementis : *Credidit enim Sisinnius cum omni domo sua, et dato Nomine, proximo Paschate futuro baptizatus est.* Siricius PP. in Epist. ad Himerium cap. 2 : *Quibus solis per annum diebus ad fidem confluentibus generalia baptismatis tradi convenit Sacramenta, his duntaxat electis, qui ante 40. vel eo amplius dies Nomen dederint, etc.* Concilium Carthag. IV. can. 85 : *Baptizandi Nomen suum dent, etc.* Hincmarus Remensis Arch. in Concilio Suessionensi ann. 853. act. 1 : *Legum Ecclesiasticarum consuetudo et auctoritas talis est, ut in causis gestorum semper scripturam requirant : adeo ut qui ad sacrum fontem accedit, suum dare Nomen præcipiatur.* Timotheus Patr. Alexandr. in Responsis Canonicis : Ἐὰν γυνὴ κατηχουμένη δέδωκε τὸ ὄνομα αὐτῆς ἵνα φωτισθῇ, etc. Concilium CP. sub Menna Act. 5. meminit Stephani Diaconi, qui τὰς προσηγορίας τῶν εἰς τὸ θεῖον βάπτισμα προσιόντων ἐγγράφειν τεταγμένος erat. Ordo Romanus : *Ut autem ad Ecclesiam venerint, quarta feria* (quartæ hebdomadæ Quadragesimæ) *hora tertia scribantur Nomina infantum, vel eorum qui ipsos suscepturi sunt, et Diaconus clamet, dicens, Catechumeni procedant; et vocentur infantes ab Acolyto in Ecclesiam per nomina vel ordinem, sicut scripti sunt, etc.* Adde lib. 1. Sacram. Eccles. Rom. cap. 26. 29. At posterioribus sæculis nomina demum imponebantur inter ipsa Baptismi solennia, ut colligitur ex Theophane pag. 341. quod multis docet Menardus ad libr. Sacrament. Gregor. pag. 98. 99. quo referri debent ista ex libro Dodanæ manuali cap. 7 : *Hæc verba a me tibi directa lege, intellige, et opere comple, fratremque tuum parvulum, cujus modo inscia sum Nominis, cum baptismatis in Christo* (*non*) *acceperit gratiam, insinuare, nutrire, amare.* Ubi in Editione Mabillonii vox *non* deest, quæ addi debuit. Secus tamen usurpatur a Græcis, ut est in Euchologio pag. 320. Vide *Pagani*.

NOMEN PUERUM. In capitulis Adalhardi Abbatis caput 39. *De puris Nominibus* inscribitur, nullo alio indicio.

* PER NOMEN, Nominatim. Confirm. Chartæ Ludov. VI. ann. 1122. per Carolum IV. ann. 1324. in Reg. 62. Chartoph. reg. ch. 200 : *Præcipimus ut tam ipse, quam hæres ipsius,.... sit liber ab omni servitio, et per Nomen ab omni expeditione et cavalcaria.*

NOMINA, Commemoratio vivorum et defunctorum in Missa ex diptychis. In Missali Gothico describuntur *collectiones post nomina*. Vide *Diptycha*.

NOMENCLATOR, NOMENCULATOR, cujus officium erat convivas ad convivia vocare. Lexicon Gr. MS. Reg. Cod. 2062 : Ἑστιάτωρ, ὁ δειπνοκλήτωρ. Glossæ Gr. Lat.: Ὀνομακλήτωρ, *Nomenculator*. Gloss. Lat. MS. Regium Cod. 1013 : *Nomenculator, nomen est officii per nomen clamare ad prandium, vel nomen scitatur.* De ejusmodi veterum Nomenclatoribus agunt Casaubonus ad Suetonium, Henricus Valesius ad lib. 14. Ammiani, et alii Criticorum filii.

Nomenclatorem habuere etiam Pontifices Romani, cujus perinde munus erat eos, qui ad mensam Pontificis invitandi erant, vocare. In Processibus Pontificis, post equum ejus equitabat cum Vicedomino, Vestiario, et Sacellario, ut est in ordine Romano. Cum Pontifex Missam celebrabat, postquam dixerat *Agnus Dei, etc.* idem Nomenclator, atque una cum eo Sacellarius et Notarius Vicedomini, *ascendebant ad altare ante faciem Pontificis, ut annueret eis scribere nomina eorum qui invitandi erant sive ad mensam Pontificis, per Nomenclatorem, sive ad Vicedomini, per Notarium ipsius, quorum nomina ut impleverant, descendebant ad invitandum, et redibant ad sedem.* Is enim invaluerat, qui etiamnum in nostratibus Ecclesiis Cathedralibus perdurat, mos, ut quoties Pontifex aut Episcopus publicam Missam celebraret, Primates ex Clero qui ei inserviebant ad altare, convivio exciperet. Idem Ordo Romanus : *Deinde descendunt Primates Ecclesiæ ad accubita, invitante Notario Vicedomini, et bibunt ter, de Græco primo, de Pactisi secundo, de Procovia tertio. Postquam biberint omnes Presbyteri et Acolythi per singulos titulos, redeunt ad faciendos vesperos.* Hunc etiam spectabat causarum discussio eorum qui ad ipsius Pontificis justitiam recurrebant. Idem Ordo Romanus : *Si quis autem adire voluerit Pontificem, si equitat, statim ut eum viderit, descendit de equo, et ex latere viæ expectat usquedum ab eo possit audiri, et petita benedictione, discutitur a Nomenclatore vel Sacellario causa ejus, et ipsi indicant Pontifici, et finiunt.* Nomenclatorum Ecclesiæ Romanæ meminit præterea Anastasius in S. Agathone et in Constantino. pag. 53. 65. Flodoardus lib. 3.

Hist. Rem. cap. 21. Leo Ost. lib. 1. Chron. Casin. etc.

☞ Qui in Concilium introducebat eos, quos audiri volebant congregati Patres, *Nomenculator* etiam dicitur in Synodo Romana ann. 745 : *Gregorius Regionarius et Nomenculator dixit : Deneardus religiosus Presbyter, legatus Bonifacii sanctissimi Archiepiscopi provinciæ Germaniæ directus ad vestrum sanctum Apostolatum, præ velo est et petit ingredi; quid præcipitis? Dictum est : Ingrediatur.* Infra : *Gregorius Notarius regionarius et Nomenculator dixit*, fere eadem quæ supra. Sed incertum an ideo *Nomenculator* dictus hic Gregorius, quod ad Concilium invitaret, quos jubebant Patres accedere. Mabillonius in Onomastico ad calcem partis 2. Actorum SS. Benedict. sæc. 3. *Nomenclatorem* interpretatur *Notarium*, forte quod Gregorius dicatur et *Notarius* et *Nomenclator*. Levis videtur conjectura; unus enim et idem Gregorius duplici munere fungi potuit. Dubitari tamen vix potest, quin *Nomenclator* idem omnino fuerit qui *Notarius*, in Bulla Paschalis I. PP. ann. 817. in Chronico Farfensi apud Murator. tom. 2. part. 2. col. 372. quæ data dicitur *Kal. Februarii per manus Theodori Nomenclatoris sanctæ Sedis apostolicæ;* notum quippe Literas pontificias a *Notariis dari* et subscribi consuevisse, ut dicitur in voce *Notarius.* Alius exstat locus in eodem Chronico Farfensi col. 377. ubi *Theophilactus* quidam *Nomenculator* appellatur, vel *Numinculator*, ut scribitur tom. 2. Annal. Benedict. pag. 736. nullo addito certæ notionis indicio; sed et hic *Notarius* omnino videtur intelligendus; siquidem apud Baronium legimus ad ann. 817. n. 25. Literas Paschalis PP. scriptas per manum *Theophylacti Notarii et Scriniarii in mense Decembri Ind.* 10. Qui in Chronico Farfensi *Nomenculator* nude, hic *Notarius et Scriniarius* indigitatur, nihil quippe necesse est, ut eodem tempore duos Theophylactos admittamus. De *Nomenclatoribus* apud Romanos vide Hofmannum, Pitiscum, etc.

NOMERIA. Consuetudines et Jura Monasterii de Regula in Aquitania, apud Labbeum tom. 2. Biblioth. : *De Nomeriis et cultris, et fosseriis, sarculis, falcibus,... quæ venduntur in foro.* Legendum *vomeriis* videtur.

¶ **NOMICOLÆ.** Vide infra *Noncolæ.*

¶ **NOMINA.** Synodus Compostellana ann. 1565. inter Hispanica tom. 4. pag. 105. col. 2 : *In chartulis, quas vulgus Nominas vocat, inutilia et vana sæpe reperiuntur.* Synodus Limana ann. 1582. ibid. pag. 267 : *Item si quæ personæ utantur amuletis, vulgo Nominas, in eis recondendo scripturas verborum vel nominum incognitorum, vel quæ per verba curent infantes a fascinatione, etc.*

1. **NOMINABILIS.** Leges Henrici I. Regis Angl. cap. 5 : *Talis est Nominabilis, ut ait Apostolus, qui confitetur, vel ordine judiciario convincitur.* [** Alias *Abominabilis.*]

* 2. **NOMINABILIS**, Celebris, famosus. Chron. Sigeb. ad ann. 1027. tom. 10. Collect. Histor. Franc. pag. 219 : *Florebat hoc tempore ecclesiastica religio per abbates Nominabiles, etc.* [** Charta ann. 1301. apud Westphal. in Monum. Cimbr. tom. 4. pag. 3279 : *Si quis Nominabili furto deprehensus fuerit.*] Vide *Nominativus* et *Nominatus.*

NOMINALES, dicti quidam Philosophi, qui ut ait Aventinus lib. 6. Annal. Bojoar. ita appellati, *quod avari rerum, prodigi nominum atque notionum, verborum videntur esse assertores :* seu ut ait Stephanus Episc. Tornac. Epist. 97. *verborum venditores*, ut qui juxta Heremannum de Restaurat. S. Martini Tornacensis cap. 2. *in voce, non vero more Boetii antiquorumque doctorum, in re*, Philosophiam profitebantur ac docebant, qui inde *Reales dicti.* Ac *Nominalium* quidem dialectica, *ad exercitium disputandi vel eloquentiæ, imo loquacitatis et facundiæ* potissimum utilis habebatur, ut ait idem Scriptor. Hos porro *Dialecticæ hæreticos* appellat Anselmus Cantuariensis lib. de Verbi Incarn. *qui non nisi flatum*, inquit, *universales putant esse substantias.* Joan. Sarisberiensis Epist. 226 : *Nosti pridie Nominalium tuorum eo mihi minus placere sententiam, quod in sermonibus tota consistens, utilitatem rerum non assumpserit, cum rectum sapientibus indubium sit, quod res quærit Philosophia, non verba. Ut ergo compendiosius agam tecum meorum more Realium, etc.* Idem in Metalogico lib. 2. cap. 10 : *Adhæsi Magistro Alberico, qui inter cæteros opinatissimus Dialecticus eminebat, et erat revera Nominalis sectæ acerrimus impugnator.* Adde cap 17. *Vocalium* præterea meminit Fragmentum Hist. Francor. sub Roberto Rege : *In dialectica quoque hi potentes extiterunt sophistæ, Joannes, qui eandem artem sophisticam Vocalem esse disseruit, Robertus Parisiacensis, etc.* Ebrardus Bethun. lib. contra Vald. cap. 1 : *Ne simus Nominales in hoc, sed potius Porretani.* De utraque secta copiose egit Cæsar Egassius Bulæus tom. 1. de Universitate Parisiensi ann 1067. Vide præterea tom. 4. Miscellan. Baluzii pag. 581.

¶ **NOMINALIA**, Dies solemnis, quo puero nomen imponebatur, ὀνοματεθεσία, in Glossis Lat. Græc. ὀνομαστήρια, Gregorio Nazian. Tertull. de Idololatria cap. 16 : *Circa officia vero privatarum et communium solemnitatum, ut togæ puræ, ut sponsalium, ut nuptialium, ut Nominalium, etc.* Vide *Nominis impositio* in *Nomen.*

NOMINARIUS, [Puer qui cognitis literis et syllabis simul connexis nomina legit integra.] Vide *Abecedarius.*

¶ **NOMINATI**, viri probi in litigiis ad jurandum electi, de quibus supra in *Juramentum.*

¶ 1. **NOMINATIO**, nude, Jus aliquem designandi ac nominandi ad beneficium ecclesiasticum, in Charta ann. 33. Henrici VIII. Regis Angliæ, apud *Madox* Formul. Anglic. pag. 71.

* 2. **NOMINATIO**, Vassalli clientelaris professio. Locus est supra in *Narratio* 2. *Nommée* appellatur in Invent. Chartarum, quæ ad baroniam de Mercorio pertinent, ex Bibl. reg. fol. 17. r°. : *Une Nommée ou recoignoiscence baillée l'an* 1333. *à Charles conte d'Alençon, seigneur de Mercueur, par Robert Alchier, par laquelle il recoignoit tenir en fief dudit seigneur le mas de Fontimieres... La Nommée ou denombrement*, pluries ibi. Vide *Denominatio.*

NOMINATIVE, Nominatim, in Capitul. ad Legem Bajwar. tit. 2. cap. 8. in Legibus Longobard. lib. 2. tit. 21. § 21. [** Liutpr. 66. (6, 13.)] in Capitulari. 2. ann. 806. sub finem, et in aliquot Chartis apud Ughellum tom. 4. pag. 1073. 1449. 1455.

NOMINATIVUS, Celebris, famosus, Renommé. *Locus Nominativus*, in Vita B. Idæ Comitissæ Bononiensis n. 9. Cosmas Pragensis in Chron. Bohem. : *Si forte contigerit me mori in prælio, sepelite me in hoc colliculo, etc. Construite mausoleum mihi in secula Nominativum et memoriale.* In Gloss. Isidori : *Nominosus, famosus, celeber.*

NOMINATORES AD PENNAM, dicti in Academia Parisiensi Philosophiæ Professores, qui scripta sua discipulis dictabant, in Histor. Acad. Paris. tom. 4. pag. 948.

* **NOMINATUS**, ut supra *Nominabilis* 2. Chron. ducum Bavar. apud Oefelium tom. 1. Script. rer. Boicar. pag. 41. col. 1 : *Frater Arnoldus de ordine Prædicatorum, vir literatus et Nominatus, etc.* [** Vide Haltaus. Glossar. Germ. voce *Namhaftig*, col. 1405.]

¶ **NOMINOSUS**, Famosus. Vide *Nominativus.*

NOMISMA, Demostheni, cæterisque Scriptoribus Græcis sumitur pro consuetudine, more, et lege non scripta : inde nomen hoc hæsit nummo, quia ex privatorum more et consensu institutus sit. Sed vox

NOMISMA, maxime usurpata pro nummi figura ac imagine. Isonis Magistri Glossæ : *Nomisma, imaginem.* Glossæ antiquæ MSS. : *Nomisma, moneta, nummorum percussio, forma ad nummos, solidus, vel pecunia.* Gloss. Lat. MS. Regium : *Numisma, figura quæ in nummo fit, vel nummi percussura, id est denarius.* Ita pro monogrammate quod in monetis describitur, usurpat Concilium Francoford. ann. 794. cap. 5. al. 3. de denariis : *Si autem nominis nostri Nomisma habent, et mero sunt argento, etc.* Chronicon Colmariense 1. part. ann. 1274 : *Rex Rudolphus fecit novam monetam, imprimens Numisma Regis coronati.* Sed

NOMISMA sæpius pro ipso nummo usurpant Scriptores. Gloss. Ælfrici : *Numisma*, scylling, i. dragma. Aimoinus lib. 4. de Miraculis S. Benedicti cap. 26 : *Quatenus injuncto sibi operi aliquid subsidii impendendo, vel pauca largirentur Nomismata.* Idem in Vita S. Abbonis cap. 6. : *Aureus calix, et numerosum argenti Nomisma.* Idem in Sermone de S. Benedicto : *Æther pluit Numismata.* Vide a nobis notata in Dissertatione de Nummis Byzantinis, et Paschasium Radbertum in Epitaphio Walæ Abbat. Corbeiensis pag. 513. edit. Mabillonii.

* **NOMIUS**, Legalis. *Nomius pastor*, in Cath. et Breviloq.

* **NOMMARE**, a Gallico *Nommer*, vel Italico *Nomare*, pro Nominare, in Sent. deposit. Joan. XXIII. tom. 2. Conc. Constant. part. 15. col. 413 : *Inhibendo insuper universis Christi fidelibus, ne eundem a papatu, ut præmittitur, sic depositum, de cætero in papam recipiant, seu eum papam Nomment.* Nostris alias *Nommer*, pro *Blamer, reprendre*, Arguere, vituperare facta nominatim appellando. Lit. remiss. ann. 1453. in Reg. 182. Chartoph. reg. ch. 77.

Pierre Besson prestre, lequel Nommoit ledit Beauchamp de ce qu'il faisoit, etc.

¶ 1. **NOMUS**, Territorium, Lusitanis *Comarca*, Districtus minor diœcesi, quæ in plures *comarcas* dividitur, à Græco νόμος, Præfectura, vel locus pascuus; unde Ægyptus pascuis abundans in *Nomos* antiquitus divisa, sive in *Præfecturas oppidorum, quas Nomos vocant*, ut Plinius lib. 5. cap. 4. Resendius in Vita S. Ægidii Ord. Prædicat. tom. 3. Maii pag. 417 : *Turribus novis agebat Pelagius quidam Martinus, qui exactoribus vectigalium Reginæ in eodem Nomo præpositus erat; nam per Nomos distribui præpositos hos, qui vectigalia, vel ab exactoribus jam collecta, vel a redemptoribus adhuc debita cogunt, si vos nescitis*, etc.

* 2. **NOMUS**, *Legale*, in Glossar. Lat. Ital. MS. Vide supra *Nomius*.

1. **NONA**, Officium Ecclesiasticum diurnum, quod hora diei nona peragitur et decantatur. Durandus lib. 5. c. 8. Vide *Hora*.

2. **NONA**, Pars fructuum nona. Charta Philippi II. Imper. ann. 1199. in Metropoli Salisburgensi tom. 1. pag. 77 : *Nonam quoque de omnibus curtibus Regalibus inibi cum theloneo in civitate et piscina ad Salabingam curtem*, etc.

Nonam ex agrorum cultu persolutam, docemur ex Capitulis Caroli M. lib. 5. cap. 147. [** 278.] : *De his qui agros dominicatos propterea neglexerunt excolere, ut Nonas exinde non persolvant, et alienas terras ad excolendum propter hoc accipiunt, volumus, ut de tribus annis ipsam Nonam cum sua lege persolvant*. Ubi *Nona*, est *nona*, ut loquimur, *gerba*, quæ præstatur ab eo qui agrum dominicatum et in beneficium datum colit : unde fluxit apud nos ejusmodi *gerbarum* præstatio. Ex quibus intelligendus Harigerus in Vita S. Landolini n. 13 : *Delegavit ad ipsam quietis eorum Basilicam Nonam fructuum suorum portionem, quia decimam alterius constaret esse Ecclesiæ*. Decima nempe fructus agri est Ecclesiæ cujus est districtus : *Nona* vero Ecclesiæ alteri delegatur, intuitu pietatis, ac si jure precario ejus olim fuisset. [Charta Adalberti I. Toscani Marchionis pro fundatione Monasterii S. Caprasii ann. 884. apud Murator. delle Antic. Estensi pag. 211 : *Decimas et Nonas in ipsa ecclesia S. Mariæ in ipso castello venient, decimas ab ipso abbate et monacis, qui in ipsa ecclesia deserviant; Nonæ vero exinde ad hospitale nostrum illic de ipso castello venient, pro animæ nostræ remedio pauperes reficiens.*] Acta S. Forannani Abbatis Walciodorensis num. 11 : *Et ut hæc constitutio fixa et inconvulsa et immobilis permaneret in sempiternum, de villa scilicet Heidra et ex indominicatis beneficiis Nonam sibi retinuit*, etc. Et num. 15 : *Ob protectionem, advocatiam et defensionem prædictæ Walciodorensis Abbatiæ, Nonam superius memoratam conditione retinuit supradicta*. Charta ann. 871. pro Monasterio S. Medardi Suessionensi, in Hist. S. Mariæ Suession. nuper edita a Michaele Germano pag. 434 : *Et Hospitalis Nobilium accipiat Nonam ex villis ipsius Abbatiæ secundum antiquam consuetudinem, et habeat Cauciacum simul cum lignariis de Pivone; et Hospitalis peregrinorum accipiat decimam, et habeat Hatonis curtem*. Utramque scilicet ex prædiis quæ nonam et decimam præstabant. Fragmenta Capitular. edita ex MSS. a Baluzio pag. 362 : *Nonæ vero et decimæ tantum de annona, legumine, vino, fœno, et nutrimine, et omnis generis animalium dandæ sunt*.

Nonæ et decimæ, una simul ex prædiis interdum persolvebantur, Ecclesiis scilicet quarum ea fuerant, quæque ab iis in beneficium vel precariam data fuerant; ac *Nonæ* quidem jure colonario, *Decimæ* vero jure Ecclesiastico. Nam cum earum essent prædia, nulli decimæ alteri Ecclesiæ obnoxia erant : si vero alienarentur, *Decimæ* iis reservabantur una cum *Nonis*. Capitularia Caroli M. lib. 1. cap. 163 [** 157.] : *Ut qui Ecclesiarum beneficia habent, Nonam et decimam ex eis Ecclesiæ, cujus res sunt, donent : et qui tale beneficium habent unde ad medietatem laborent, de eorum portione proprio Presbytero decimas donent*. Ubi *Nonæ* et *decimæ* præstantur a beneficiario; *decimæ* vero tantum a medietario de sua portione. Quippe ex Lege Longob. lib. 3. tit. 3. § 1. [** Carol. M. 61.] Capitul. Caroli M. lib. 5. cap. 89. [** 154.] : *Decimam unusquisque homo dare tenetur*. § vero 2. ejusdem Legis Longob. [** Carol. M. 60.] præcipitur, *ut quicunque de rebus Ecclesiasticis beneficia habent, pleniter secundum morem regionis Nonas et decimas donent absque ulla diminutione*. Concil. Tullense ann. 859. cap. 13 : *Ut de rebus Deo sacratis saltem Nonæ et decimæ Ecclesiis quibus jure debentur, fideliter ab iis, a quibus retinentur, ministrentur. Quia si de proprio, Deo ex voto offeruntur, multo magis divino in Lege præcepto, post redhibitionis oblationem, quinta pars insuper ejus ministris jure offertur*. Id etiam præ cæteris firmant Chartæ complures. Charta Caroli Calvi apud Baluzium in Append. ad Capitular. num. 72 : *Sed et medietatem decimæ ac Nonæ quæ de rebus ipsius Ecclesiæ ab iis, qui iis utuntur, exigi solent*. Charta Rodulfi Regis Franc. ann. 933. apud Perardum in Burgundicis : *Si autem hæ res præfatæ de Episcopatu tractæ fuerint, Nonas et decimas, sicut mos Ecclesiarum est, sine alicujus contradictione persolvant*. Charta Gilleberti Comitis Heduensis ex Tabulario Flaviniacensi ann. 942 : *Ergo donamus ei a die præsenti mansum unum et dimidium ea ratione S. Stephano,..., ut Nonas et decimas, sicut statutum, prædicta Ecclesia recipiat*. Ita *Decimas et nonas* simul ab iis qui res Ecclesiasticas in beneficium tenebant, vel in precariam, præstitas docent Concilium Francoford. ann. 794. can. 25. al. 23. Turonense III. can. 46. Suession. II. can. 6. Moguntinum ann. 813. can. 42. Meldense cap. 62. Valentinum III. ann. 855. can. 42. Wormatiense cap. 53. apud Saponarias cap. 13. Capitul. Gregorii IV. PP. cap. 5. Capitul. ann. 779. cap. 13. Capitul. 1. ann. 809. can. 9. Capit. 1. Caroli M. incerti anni cap. 56. Capit. 4. ann. 819. can. 5. Capit. ann. 823. can. 1. Liber 1. Capitul. cap. 95. [** 89.] lib. 2. cap. 21. lib. 4. cap. 49. lib. 5. cap. 92. 127. 145. [** 158. 198. 276.] Addit. 4. cap. 132. Capit. Caroli Cal. tit. 6. cap. 63. tit. 32. cap. 6. Capit. Compendiense ann. 868. cap. 6. Præceptum Ludovici Pii de Eulania, et aliud Caroli C. de Monte aureo in Spicilegio Acheriano tom. 12. Testamentum Henrici Episcopi Eduensis apud eumdem Acherium, Acta Episcoporum Cenom. pag. 245. 263. apud Mabillon. tom. 4. Analect. Joannes VIII. PP. Epist. 121. Flodoardus lib. 3. Hist. Rem. cap. 3. Hariulfus lib. 3. cap. 3. etc. Vide præterea Monasticum Anglic. tom. 2. pag. 399. et Seldenum in Hist. Decimar. cap. 6. sect. 7. pag. 113. Marcam in Hist. Benearn. lib. 1. cap. 28. n. 15. 16. et Dominicum lib. de Prærogativa alodior. cap. 11. num. 10. [** Prodiit Londini anno 1807. liber inscriptus *Nonarum Inquisitiones in curia Scaccarii tempore regis Edwardi III.*]

3. **NONA**, Mensuræ agrariæ species. Charta ann. 1321. apud Waddingum in Regesto tom. 3 : *Item quædam quantitas terræ vacuæ, quæ fuit pars unius horti,... et est in mensura, quartæ duæ, et Nonæ tres, et fuit Petri Grandacii*, etc.

¶ 4. **NONA**, *Aurora, non autem dies*, apud Papiam.

5. **NONA**, NONALES BIBERES, [Pocula quæ Monachis post *Nonas* exactas et decantatas propinantur in æstate.] Vide *Biberis*.

NONAGIUM, Pars non mobilium defuncti, quam ad se spectare contendebant Parochi, sub specie de ea disponendi ad pios usus. Exstat Bulla Clementis VI. data Avenione ann. 4. Pontif. qua *mortuarium*, seu tertiam partem bonorum mobilium, quæ et *Tertiagium* dicebatur, ac Episcopis et Clero pensitabatur ex bonis defunctorum parochianorum, ad nonam tantum eorumdem mobilium partem reducit, quam *Nonagium* ibidem vocat. Arestum Dominicæ post S. Georgium ann. 1315 : *Macloviensis diœcesis ex una parte, et Rectores parrochialium Ecclesiarum dictæ diœcesis ex alia; super eo quod dicebant populares jam dicti quod cum ipsi essent liberæ personæ, correctores jam dicti Nonagium, seu nonam partem bonorum mobilium cujusdam decedentis nitebantur ab eis exigere*, etc. [Tabularium Eccl. Maclov. ann. 1422 : *Noveritis quia Robinus Baudri de partibus Normanniæ oriundus, jam per plures annos continue in civitate Macloviensi moram traxit, Nonagia uxoris quondam et liberorum suorum persolvit, seque parochianum nostrum confitetur; quocirca dictum Robinum, recepto ab ipso prius fidelitatis juramento, in verum parochianum nostrum et habitatorem civitatis Macloviensis recepimus*] Vide *Testatio*.

* **NONARIA**, *Meretrix, quia ante nonam de prostibulo non licebat exire*. Glossar. Provinc. Lat. ex Cod. reg. 7657. Franc. de Monte-Belluna in Tragico argumento MS. de Regno Franciæ sub Joan. reg. : *Cur tibi virgines dicatæ, Nonariæ factæ sunt?*

* **NONATUS**, pro *Non natus*, Abortivus. Inventar. MS. thes. Sedis Apost. ann. 1295 : *Item duas pelles de agnis Nonatis antiquas*.

¶ **NONCOLÆ**, *Tubercula, quæ sub mento capræ sunt*, in Excerptis Pithœanis. *Nomicolæ*, perperam in Glossis Isid. Festus habet : *Noneolæ vocantur papillæ, quæ ex faucibus caprarum dependent. Sub rostro mamillas pensiles* vocat Varro lib. 2. de Re Rust. cap. 3. Vide Reinesium Var. Lect. 11. 14.

NONDECEM. Sanctimonialis anonyma in Vita S. Wunebaldi Abb. Heidenhem. cap. 1 : *Edisserere volumus qualiter infantialis seu pueritialis transmeatis annorum curriculis, ad adolescentiæ Nondecem annorum ætatem citatus cælebs usque pervenit.* Et cap. seq. *Cum illuster ille celeberrimusque Christicola Nondecem annorum ætate jam grandævus, facie decorus, etc.* Eadem Sanctimonialis in Itinerario S. Willibaldi n. 29. hanc vocem aliter, etsi perinde obscure, expressit : *Quia jam illum prius octo annorum spatio, et Nono dimidio, ab eo quod de Roma pergebat, non vidit.* Quæ postrema sic interpretor, ut *ab octo annis, vel octo annis et dimidio eum non viderit.* Id enim videtur significare vox *Nonus dimidius*, ut in voce *Dimidius* docuimus. Nolim porro asserere *nondecem*, hoc loco, pro *Novemdecim* usurpari.

* **NONETAS**, Minor et pupillaris ætas; dicitur de eo qui nondum annos pubertatis attigit, aut nondum est sui juris; *Nonage*, in Stabil. S. Ludov. lib. 1. cap. 122. in veteri Consuet. Norman. cap. 43, etc. Charta Joan. dom. Castrinovi ann. 1247. ex Tabul. S. Petri Carnot. : *Etiam alia, si quæ eis collata fuerint in dictis locis in mea Nonetate, prædictis monachis firmavi et firmo.* [** Non-ætas.] Vide *Inennis.*

NONNA, Nonnanes, etc. Vide *Nonnus.*

NONNATUS. Charta Condomensis : *Arnaldus Comes Astariacensis, cognomento Nonnatus, quod cæso matris ventre extractus fuerit.*

NONNONES, Matricularii Ecclesiarum, id est, pauperes senes, unde fortassis legendum *Nonnanes*, in Præcepto pro Abbatia S. Germani Autissiod. ann. 886. tom. 2. Spicilegii Acheriani : *Res quoque quas dedit Herimarus vir nobilis, ad stipendium Matriculariorum quos Nonnones vocant, etc.* Vide *Nonnus.*

¶ **NONNULA**, *Rete ad capiendas aves.* Gloss. Isid.

NONNUS. Papias : *Nonnos vocamus majores ob reverentiam : nam intelligitur paterna reverentia.* Hausit a Regula S. Benedicti cap. 62 : *Juniores autem Priores suos Nonnos vocent, quod intelligitur paterna reverentia.* Arnobius Junior in Psal. 105 : *Si ille qui sanctus vocatur et Nonnus sic agit, ego quis, aut quotus sum, ut non agam?* Et in Psalm. 140 : *Adulantes nobis invicem, in præsenti positi sanctos vocamus et Nonnos.* Synodus Aquisgr. ann. 817. cap. 54. et ex ea Additio 1. Ludov. Pii cap. 54 : *Ut qui præponuntur, Nonni vocentur.* Hac notione Cæsarius lib. 1. cap. 7. et 27. *Nonni* vocabulum præmittit quandoque Monachorum seniorum appellationibus : *Sicut mihi dicere solitus erat Nonnus Conradus senex Monachus noster.* Alibi : *Hæc mihi dicta sunt a Nonno Frederico Monacho.* Quibus in locis *Nonnus* Monasteriorum Præfectum vel Abbatem haud significat, ut perperam censuit vir doctus, sed *Domnum.* Ita etiam in libro Usuum Cisterciensium cap. 98. extremo concipitur formula brevis Monachi defuncti : 1. *Aug. obiit in Monasterio N. Nonnus N. de N. Sacerdos et Sacrista ejusdem Monasterii, etc.* Vita Caroli Abbatis Villariensis n. 13 : *Una cum Nonno Waltero, tunc simplici Monacho postea Abbate Villariensi.* Salomon Episc. ad Dadonem Episc. :

> Ut sicut Nonnus scripsit felixque Sacerdos
> Hieronymus noster, sanctus, sapiensque magister.

Vetus Charta, seu *Tabula officialis* Casinensis, apud Arnold. *Vion* lib. 2. cap. 61 : *Vicarius ordo postulat, ut in hac futura ebdomada canat Nonnus Amicus Missam : Epistolam frater Desiderius legat : Evangelium, Responsorium et Versum frater Vincentius canat : Lectionem memoriter frater Thomas legat : Lucernam frater Andreas procuret : Coquinæ servitium Nonnus Remigius cum fratre Macario faciat : Lectionem ad mensam frater Antonius legat : ad collationem vel ad Capitulum frater Maurus legat : ad servitium Ecclesiæ Nonnus Jacobus cum fratre Basilio ministerio succedat.* Adde Smaragdum in cap. Regulæ 63. et Chronic. Monast. de Fontanis cap. 10. Sed et apud S. Columbanum Epist. 4. S. Petrus *clavicularius, et communis omnium Nonnus* dicitur. Vocem Egyptiacam quidam putant, alii ex *Domnus* effictam, Salmasius parum consulte ex μόνος, [Fletwoodus in Sylloge vett. Inscriptionum pag. 386. a νέννος, avunculus, νάννη, matertera.] Italis etiamnum, *Nonno*, avus dicitur, pater patris, vel pater matris [atque etiam pater mariti,] ut avia, *la Nonna.*

¶ Nunus, Eadem notione. Vetus Inscriptio apud Fleetwoodum pag. 386 : *Donata Nuno suo Tertullo cum filia sua in pace.*

Nonnæ, Sanctimoniales, præsertim antiquæ et senes virgines, aut sacræ viduæ : sicut enim *Nonnus* reverentiam paternam, ita *Nonna* maternam denotat. Hieronymus Epist. 22. ad Eustochium : *Illæ interim quæ Sacerdotes suo viderint indigere præsidio, eriguntur in superbiam, et quia, maritorum expertæ dominatum, viduitatis præferunt libertatem, Castæ vocantur et Nonnæ, et post cœnam dubiam Apostolos somniant.* Adde eumdem in Præfat. ad Vitam S. Hilarionis. Vetus Scheda de Ordinatione Episcoporum edita in Appendice ad Capitularia Regum Franc. : *Pro ancilla Dei sacrata, quæ a Francis Nonna dicitur.* Vetus Chronicon Francicum editum a Lambecio : *Anno 3. Ludovici factum est Concilium magnum in Aquisgrani in mense Augusto, et præceptum est ut Monachi omnes cursum S. Benedicti cantarent ordine regulari, et duo Codices scripti sunt, unus de Vita Clericorum, et alter de Vita Nonnarum.* Waldramnus ad Salomonem Episcopum :

> Turba Sacerdotum, Monachorum corpus inerme,
> Nonnæ cum viduis, pauper, inopsque phalanx.

Vita S. Prudentii Martyri lib. 4 :

> Protinus audivit Sanctus, quod Nonna petivit.

Nonnæ velatæ, in Synodo Moguntin. ann. 742. sub S. Bonifacio cap. 13. et in Capitul. lib. 5. cap. 2. Visiones Flotildæ : *Audivit quod Nonna fieri deberet.* Utuntur hac voce Capitul. Caroli C. tit. 26. cap. 4. etc. Synodus Augustana can. 5. Concil. Rom. ann. 743. can. 5. Concil. Liptinense can. 6. Stephanus II. PP. in Respons. cap. 7. S. Bernard. Epist. 114. S. Bonifac. Moguntin. Epist. 19. Flodoard. lib. 3. Hist. Rem. cap. 27. Walafridus Strabus de Vita S. Galli cap. 16. Paulus Diacon. Neapolit. in Vita S. Mariæ Ægypt. cap. 17. Vita S. Gudilæ cap. 8. Vita S. Deicoli Abb. n. 38. Baudovinia in Vita S. Radegund. cap. 4. etc. Le Roman *d'Aubery* MS. :

> Se None n'est, ou rancluse au monstier.

Infra :

> Nonne devint, et le siecle laissa.

Nunna, in Legibus Alvredi Regis Westsaxiæ cap. 20. apud Bromptön. et Henr. I. Regis Angl. cap. 73. et in Gloss. Ælfrici, [necnon in Miraculis S. Letardi, tom. 6. Maii pag. 441.] Vide Rosweidum in Onomastico ad Vitas Patrum.

Nonnanes, Nunnones, Monachi et Sanctimoniales. Monachi. Concilium Cloveshovense ann. 747. cap. 19 : *Monachi sive Nonnones. Nunni*, in cap. 20. Capitul. Caroli M. lib. 5. cap. 78. [** 143.] : *Eorum custodiam habeant Canonici, vel Monachi atque Nonnanes, ne detur eis occasio maledicendi.* Tradit. Fuldenses lib. 2. cap. 38 : *Totum et ad integrum tradiderunt coram testibus, et Regenburgis ad ipsas reliquias, quas Einhildis Abbatissa donavit, et tradidit illis Nonnanis ad Milizze, quorum nomina subscripta sunt, etc.*

Nonnanes, Monachæ. Capitula ejusdem Caroli M. ann. 789. cap. 3 : *De Monasteriis minutis, ubi Nonnanes sine regula sedent.* Concil. Liptin. cap. 6 : *Ut Episcopi puellarum Monasteria diligentissime perscrutentur, quomodo primum ipsa Abbatissa sic se contineat, aut caste vivat ; deinde seu diligenter discutiantur Nonanes, ne adulterium et fornicationes faciant, et hoc a præpositis Monasteriorum summopere inquiratur.* Eadem habentur in Capitul. S. Bonifacii Mogunt. cap. 13. Idem Carolus M. in Capitulare 5. ann. 803. cap. 2 : *Cæteri Clerici et Nonnanes disciplinam corporalem et carceris custodiam sustineant.* Charta Aldrici Episcopi Cenoman. in ejus Vita num. 36 : *Tertia tribuatur Canonicis et famulis S. matris Ecclesiæ et Nonnanis, quæ in ea quotidie oblationes Deo offerunt.*

¶ Noniales, Eadem notione, ni legendum sit *Moniales*, vel *Nonnanes.* Testamentum Armandi *d'Alegre* ann. 1263. ex Tabulario Casæ-Dei : *Margaritam et Aelis filias meas Noniales et donatas damus de las Chesas, et ipsam domum pro eis instituo in inhæredes, quamlibet earum in mille solidis Podiensibus.*

¶ Nonnaicus, Monachicus. *Puella quædam in habitu Nonnaico*, in Vita S. Liobæ Abb. sæc. 3. Benedict. part. 2. pag. 258.

** Nonnosus, Senex monachus, in libro de Translat. Sanguin. Domin. in præfat. apud Pertz. Scriptor. tom. 4. pag. 447.

* *Nonnetier* inter supellectilem domesticam recensetur in Lit. remiss. ann. 1404. ex Reg. 158. Chartoph. reg. ch. 342 : *Un petit Nonnetier, une nappe, trois draps à lit, etc.*

* **NONOBSTANCIA**, Practicis nostratibus, *Nonobstance*, vox forensis, Derogatio. Charta Renati reg. ann. 1476. ex schedis Pr. *de Mazaugues* : *Declarantes expresse quod omnes Nonobstanciæ, dispensationes et aliæ clausulæ in similibus nostris privilegiis, litteris et donationibus apponi et exprimi*

consuetæ, *etc.* Lit. ann. 1407. tom. 9. Ordinat. reg. Franc. pag. 284. art. 11 : *Et ne y mettent aucunes Nonobstances, s'il ne leur est dit et commandé par exprès.*

NON PLEVINA, seu *Defalta Nonplevinæ*: vox Practicorum Anglic. Radulfus *de Hengham* in Magna Summa cap. 8 : *Et ista defalta vocatur Gallice Nonplevine, et æquipollet naturaliter defaltæ post defaltam.* Supra : *Caveat sibi reus deficiens quod infra* 15. *dies terram suam captam in manum domini Regis replegiet : quod si non fecerit ad calumniam petenti proximo die placiti amittet seisinam terræ sicut per defaltam post defaltam.* Infra : *Captio tamen ut sanetur, defalta Nonplevinæ per legem dedici non potest.*

¶ **NON PUTATIVUM**, *Non est dubium.* Gloss. Isid.

* **NONSTUS**, pro Nuntius. Libert. S. Marcel. ann. 1343. tom. 9. Ordinat. reg. Franc. pag. 378. art. 1 : *Eorumque uxoribus, liberis, Nonstis, anxillis, etc.* Vide infra *Nuncillus.*

NONTENURA, vox Practicorum Anglicorum, cum aliquis negat se *tenere* tenementum de quo est controversia. Radulphus *de Hengham* in Magna Summa cap. 4 : *Etiam si apparentibus partibus querelelur et respondeatur, sive loquela per Nontenuram, vel per quemcunque bipertijocum cavilletur lis illa, etc.*

¶ **NOODUBERS**, Vox Belgica. Constitut. Furn. ex Archivo Audomar. : *Quicquid aliquis se defendente, id est, Noodubers fecerit, nisi cum canipulo se defenderit, liber erit a forisfacto, et insultor pro utroque emendabit.* Germanis *Nothwehr* est necessaria defensio, et inculpatæ tutelæ moderamen.

¶ **NOPPA**, Villus, Belgice *Noppe.* Buschius lib. 2. de Reform. Monast. cap. 11 : *Super saccos dormire consueverunt Noppis impositis.* Et infra : *Responderunt, quod sic non possent dormire, quia Noppæ linteamium laneorum in ora earum introeuntes, somnium earum impedirent.*

¶ **NORA**, Nurus, Gall. *la Bru*, uxor filii, Ital. *Nora.* Testamentum Ermentrudis apud Mabillon. ad calcem Liturg. Gallic. pag. 463 : *Vinea quem Vincimalus in monte Vultoricino colit, et puella nomine Sunnechilde, et ancilla nomine Iveriæ cum filio Leudino, dulcissimæ Noræ meæ Bertovaræ habere jubeo.*

* Nostris alias *Nore*, Provincialibus *Nouere.* Lit. remiss. ann. 1456. in Reg. 191. Chartoph. reg. ch. 219 : *Le suppliant sceut par les gens de sa famille que Jehanne Grousse sa Nore, femme de Jehan Palat son fils, etc.* Aliæ ann. 1466. in Reg. 201. ch. 67 : *Le suppliant et avec lui deux siennes bruz ou Nores, femmes de ses enffans, etc.*

NORAX, Glossæ Isid. et Papias : *Norax, peccator, criminosus.* Emendat Martinius *Noxax*, ut sit a *noxa.* [Suspicatur Grævius an non scripserit Glossarum pater, *Noxat, peccat*, quod apud Papiam legatur, *Noxa, culpa, crimen, peccatum. Noxit, Noxat, nocet.*] Vetus Poeta Gallicus :

> Adont que Bucefal li bons destriers Norais.

id est, Niger.

* *Norais* male Niger exponitur, idem quippe quod *Norois* infra in *Northus*, ex Septentrionali plaga.

* **NOREGUERIUS**, Provincialibus et Occitanis *Norriguié*, Pastor, ovium aliorumque animalium nutritor. Charta ann. 1378. ex Tabul. Massil. : *Nomine et pro parte Antonii de Trienis Noreguerii communis dictæ civitatis, etc.* Vide *Norigarius* et infra *Norriguerius.*

NORGA, Papiæ, *Sordes naris.* Perperam in Edito, et in quibusdam MSS. *maris.*

¶ **NORIGARIUS**, Pastor, qui alit oves. Charta ann. 1405. ex Archivo S. Victoris Massil. Armar. Din. n. 29 : *Quilibet homo possit et valeat banniare et gayare pro banno avere quorumcumque exontium, grossum vel minutum cum Norigariis.* Vide *Norriguerius Noreguerius* et *Noyregarius.*

NORMA, Regula monastica. Charta Chrodegangi Episc. Metensis ann. 770 : *Turbam Monachorum sub sancta Norma Vitam degentes concervavit.* Helgaudus in Roberto Rege Franc. : *Abbates et Monachi sanctæ Normæ non nescii, etc.* Tortarius Floriacensis de Translatione sancti Mauri Martyris :

> O decus Abbatum, lampas clarissima Patrum,
> Audio te tantum quantum decet esse Magistrum,
> Teque tuosque sacram directo tramite Normam
> Observare, pius quam constituit Benedictus.

Carmen de Origine gentis Francorum :

> Hic decreta patris Benedicti lege tenenda
> Sancit, et antiquæ renovat legalia Normæ.

Charta Caroli C. tom. 6. Vit. SS. Ord. S. Benedicti pag. 251 : *Ubi quidem olim Norma monastica floruit.* Charta donationis, seu fundationis Abbatiæ Agaunensis, seu Synodus Agaunensis : *Sanctus Victorius urbis Gratianopolitanæ Episcopus ait,.... Recte mihi videtur, ut secundum plenissimam devotionem domini Regis, et psallendi institutionibus, fiant novem Normæ, id est, Granensis, Isiana, Jurensis, et Meluensis, et cæteræ, ut succedentes sibi in officiis Canonicis, id est, Nocturnis, Matutinis, Prima, Tertia, Sexta, Nona, Vespertina, in hanc die noctuque indesinenter Domino famulentur.* Infra : *Quidquid a Prioribus ordinatum fuerit, juniores sine murmuratione expleant, et per singulas Normas Decani constituantur digni, ut Abbas diviso pondere, providentia eorum sit securus.* Quo loco *Normæ* dicuntur turmæ Monachicæ ex variis Monasteriis erutæ, quas in recens a se exstructum Agaunense Monasterium induxerat Sigismundus, eo numero, ut indeficiens esset hymnodia, eæque in obeundis Ecclesiasticis et Canonicis officiis vicissim sibi succederent. [Vide Vitam S. Pachomii Lat. num. 15.] *Normæ* autem appellantur singulæ istæ novem turmæ, quod singula Monasteria, unde accersitæ erant, suis regerentur *Normis* ac regulis ; unde *Regula Tornatensis*, et similes, quod in iis ejusmodi servarentur Monasteriis. Hinc in Formulis vett. Lindenbrogianis 21. 22 : *Ubi illustris Abbatissa ill. Castrix præesse videtur, una cum Norma plurima ancillarum ibidem consistentium.* [Charta ann. 3. Childeberti Franc. Regis apud Mabillon. tom. 1. Annal. Benedict. pag. 705. col. 2 : *Ad monasterium S. Vincentii et S. Crucis Parisius civitate, ubi S. Germanus in corpore quiescit; ubi Autharius una cum Norma plurima Monachorum præesse videtur, donatum perpetuo volumus.*] Charta Chilperici Regis apud Meurissium in Episcopis Metensibus pag. 146 : *Ubi venerabilis vir Leutbertus Abba una cum Norma plurima Clericorum deservire videntur.* Charta Abbonis fundatoris Monasterii Novalicensis ex Tabul. Ecclesiæ Gratianopolitanæ fol. 36 : *Ego in Dei nomine Abbo cum me dispensatio divina de hac luce migrare præceperit, et debitum naturæ complevero, tunc in sacrosancta Ecclesia in honore beati Petri Apostoli, seu et cæterorum sanctorum Novaliciis Monasterii in valle Segusina, quem ex opere nostro in rem proprietatis nostræ construximus, ubi Norma Monachorum sub religionis ordine spiritale, et Regula sancti Benedicti custodiendis Domino adjuvante conlocavimus, ubi a præsens vir Abbo præesse videtur, etc.* Tabularium Ecclesiæ Viennensis fol. 22 : *Sacrosanctæ Dei Ecclesiæ quæ est constructa in honore Domini Salvatoris, et gloriosi Mauricii Martyris sociorumque ejus, ubi Dominus ac venerabilis Barnuinus Archiepiscopus præesse videtur cum Norma Canonicorum suorum, qui competentibus horis in conspectu omnipotentis Dei in eadem Ecclesia officia peragit divina, etc.* In alia fol. 32 : *Ubi Canonicorum venerabilis Congregatio Deo militare cognoscitur.* Tabular. Celsinianense : *Celsinianense cœnobium, ubi in Christi nomine Maiolus Abbas præesse videtur, una cum Norma monachorum ibidem Deo agonizantium.* Adde Chartam Theodorici Reg. Franc. apud Mabillon. de Re diplomat. pag. 471. Epistola Monachorum S. Remigii Remensis ad Casinenses : *Sanctis ac Deo dignissimis Fratribus Cassini summæ diuturnitatis Normali rubrica indefatigatis humeris clientibus, sanctarum munuscula precum.*

¶ **NORMA REGULARIS**, Gregorio Magno lib. 7. Epist. 1. Indict. 1. dicitur Sancitum Justiniani Imp. Novellæ 5. cap. 2. quo Novitium *per triennium totum, sive liber sive servus* sit, probari decernebat.

2. **NORMA**, Glossæ Græco-Latinæ : Καλόπους, *Forma Calcis, Norma.*

NORMALES LIMITES, *Normalis linea*, quæ et *mensuralis. Normaliter, Normatura*, voces Agrimensorum. Est autem *Norma*, hisce locis, linea limitum, quæ ab uno limite ad alium tendit. Vide Aggenum et alios.

* **NORMALIS HONOR**, Debitus, congruens. Charta Lothar. reg. tom. 9. Collect. Histor. Franc. pag. 645 : *Volumus... ut idem locus semper abbatem habeat ex propria congregatione, qui ipsam causam Dei et monachos degentes cum Normali honore custodiendo tractet.*

* **NORMALITER**, Recta. Præfat. ad Chartul. Agani ex Tabul. S. Petri Carnot. : *Memoratus locus* (S. Petri) *non longe a mœnibus Carnotinæ urbis Normaliter situs, non modico monachorum cœtu resplendebat.* Vide *Normales limites.*

* **NORMANNIGENA**, Ex Normannia ortus. Charta Theod. comit. Fland. in Tabul. Lehun. ch. 89 : *Hanc autem elemosinam Roberti comitis Robertus filius ejus comes, Balduinus etiam filius Roberti minoris et Karlus comes, Willelmus quoque Normannigena devote et alacriter concesserunt.*

* **NORMANNUS**, Famulus, qui alterius voluntati, quasi *Normæ*, subjectus est. Inquisit. ann. 1235. apud Cencium inter Cens. eccl. Rom. : *Item dicit quod vidit bucarones, qui habitat* (sic) *in Palcano esse Normannos curiæ et servire nunciis curiæ, sicut proprii curiæ manuales in omnibus sicut volebant et præcipiebant ipsi nuncii.*

¶ **NORMATRIX**, Abbatissa, a *Norma* 1. Fridegodus in Vita S. Wilfridi sæc. 4. Benedict. part. 1. pag. 725 :

> Interulamque puer Sancti sudore madentem
> Corripuit, Normatrici tulit atque beatæ,
> Quam sibi flamineo sociaverat atque verendo
> Egregius heros, redimitam castificando.

NORMIS, Εὔρυθμος, in Glossis MSS. et Editis Lat. Græc. Vide *Abnormis*. [Melius in Supplemento Antiquarii : Εὔρυθμος, *Concinnus*.]

¶ **NORMULA**, Piscis portio, vulgo *pitantia*. Walafridus Strabus de morte Wetini Mon. Augiensis, in Actis SS. Benedict. sæc. 4. part. 1. pag. 293 :

> Interea dulcis fertur mihi Normula piscis
> Asconis calidi : sequitur vas denique musti.

¶ **NORRENSES**, *Septentrionales*, *scilicet Norwegii et Dani*, apud Barthium in Glossario ex Lisiardi Hist. Palæstina. Vide mox *Northus*.

¶ **NORRIGUERIUS**, ut supra *Norigarius*, Qui nutrit oves. Controversia Domini de Monte-meyano cum incolis ejusdem loci ann. 1497 : *Dominus de Monte-meyano dicebat se esse, et prædecessores suos fuisse in possessione pacifica, seu quasi, exigendi singulis annis a Norrigueriis averis minuti dicti castri de Monte-meyano pro singulo grege servitium perpetuum 4. caseorum vocatum las Vendrieros pro quatuor diebus Veneris mensis Maii.*

* Instr. ann. 1476. inter Probat. tom. 3. Hist. Nem. pag. 335. col. 2 : *Deinde reddita ex parte Norriguerioruni civitatis prædictæ Nemausi requesta coram domino senescallo, effectualiter continente ut dignaretur et vellet pœnas superius pro animalibus grossis et minutis, metas et prohibitiones superius expressatas transgredientibus, diminuere. Norriguié*, ibid. pag. 3. col. 1. ex Chron. Nem. ad ann. 1472. Vide infra *Nurigarius*.

¶ **NORRISSA**, Species armorum, forte sic dicta quod esset propria *Norrensium* seu populorum Septentrionalium. Videtur fuisse genus lanceæ, cujus ferrum erat solito longius. Le Roman *de Vacce* MS. :

> En sa compaigne out cent armes
> De plusours armes atornez,
> Hache, Norroisse tient mout bele,
> Plus, de plain pié out d'alemele.

* *Norroise* adjectivum est vocis *Hache*, quo significatur regio, *Northus* nempe, ubi fabricata; vel indicantur gentes Septentrionales, qui ea utebantur; eadem quæ *Securis Danica*. Vide in hac voce.

¶ **NORTALBINCI**, Nortmanni, de quibus mox in *Northus*. Fulcuinus de Gestis Abbatum Lobiensium tom. 6. Spicil. Acher. pag. 559 : *Gens quædam Aquilonaris... quam plerique Nortalbincos, alii usitatius Normannos vocant.* Haud scio quid sit vocis pars posterior *Albinci*, nisi forte sit pro *Albini* vel *Albani*, Extranei, advenæ, ita ut *Nortalbinci* sint Advenæ ex *Northo* seu Septentrione. [** Qui trans *Albim* fluvium habitant.]

NORTHINTUS, Plaga Septentrionalis, ex Nord, Septentrio, et Inne, cubiculum, cella, caverna, et per translationem, plaga, regio, etc. in Legibus Edw. Regis. Vide *Eastintus*.

NORTHUS, Septentrio, *le North*. Dudo libro 1. de Act. Norman. : *Zephyro, Northoque nobis contrariis obtriti, etc.* Hinc

Nortmani, pro Gentibus Septentrionalibus. Aimoinus libro 1. de Miracul. S. Germani cap. 1 : *Gens Danorum, qui vulgo Nortmanni, id est, Septentrionales homines appellantur.* Chronicon a Pipino usque ad Ludovicum VII : *Dani Suevique, quos Theotisci Norman, i. Aquilonares appellant, etc.* Guillelmus Apuliensis lib. 1. de Gest. Normannor. :

> Hos quando ventus, quem lingua soli genialis
> North vocat, advexit Boreas regionis ad oras,
> A qua digressi fines petiere Latinos : [nos :
> Et Man est apud hos, Homo, quod perhibetur apud
> Normanni dicuntur, id est, homines Boreales.

Chronicon Magdeburgense MS. ex Bibl. S. Germani Paris. ann. 952 : *Dani siquidem ac Sueones, quos Normannos vocamus, Septentrionale littus, et omnes in eo insulas tenent.* Mox : *Dani et Sueones, cæterique trans Daniam populi ab Historicis Francorum omnes vocantur Nordmanni.* Willelm. Brito lib. 8. Philipp. :

> Qua prius antiquum cum Neustria nomen haberet,
> Post a Normannis habuit Normannia nomen,
> Quo gaudent patrii memores idiomatis esse,
> In quo North, Boreas, homo, Man sonat : inde vocatus
> Normannus priscæ meminit patriæque tribusque.

Hermoldus Nigellus in Poemate de Ludov. Pio :

> Nort quoque Francisco dicuntur nomine Manni
> Veloces, agiles, armigerique nimis.

Le Roman *de Rou et des Dus de Normandie* MS. :

> Mant en Engleiz et en Norroiz,
> Senefie home en Francbois,
> Ajoûtez ensemble Nort et Mant,
> Ensemble dites donques Normant,
> C'est honz de North en Romanz,
> De la vint le nom as Normanz.

Vide Cluverium lib. 3. German. antiq. cap. 41. extr.

* Idem etiam sonat quod Ferox, superbus, in Mirac. MSS. B. M. V. lib. 2 :

> Se contesse estiés de Guines,
> Si faites vous trop le Norois.

NORTNUNFT, [vel *Notnunft* et *Notnuft*, ut ex Jure Alem. Prov. cap. 250. et 300. et ex Jure Augustano MS. scribit Schilterus in v. *Numeft*, Violentum stuprum.] Locum vide in *Heimsuchung*.

¶ **NORUNT** Fideles, vel *Initiati*, Græcis ἴσασιν οἱ μεμυημένοι, οἱ πιστοί, Formula familiaris Patribus, qui de mysteriis, ac præsertim de sacrosancta Eucharistia, sermonem habebant, ne horum cognitio ad paganos promanaret. Plurima proferuntur exempla a Casaubono exercit. 16. ad Annal. Baron. n. 43. a Suicero in Thesauro Eccl. v. Μυέω et ab Hofmanno in Lexico vv. *Norunt fideles* et *Quod norunt fideles* : quæ prætermittimus consulto, ne ab aliis dicta repetamus.

¶ **NOSALA**, Nux, ut conjecto, Ital. *Noce, Nosella*. Statuta Montis-regalis pag. 310 : *Item pro quolibet rubo rasiæ sol. den. sex ; item pro quolibet amandolarum seu Nosalarum denar. sex.* Vide *Noxala*.

¶ **NOSATA**. Tabularium Communis Massil. : *Melchior de Grimaldis dominus et patronus cujusdam baliguerii intendit venire Massiliam et dictum baliguerium desarmare... aut eum armare, si sibi videatur, pro eundo ad Nosatam... si armare voluerit piratico more.* Ex quibus posterioribus verbis suspicor *ire ad Nosatam* idem esse quod ad nocendum ire, seu piraticam facere, nisi *Nosata* sit nomen proprium.

¶ **NOSCA**, Armilla ex imagine sacra dependens. Translatio S. Gorgonii Mart. in Actis SS. Benedict. sæc. 4. part. 1. pag. 596 : *Munusculum argenteum a capite ipsius* (S. Gorgonii) *furtim abstulerit, quod Noscæ vocatur.* Vide *Nusca*.

* *Noscla, Prov. spinter, monile*, in Glossar. Provinc. Lat. ex Cod. reg. 7657. Vide *Nochia* et *Nusca*.

NOSCENTIA, pro *Notitia*, apud Symmachum lib. 3. Epist. 9. ubi Juretus.

Noscentia. Fridericus I. in Constit. Sicul. libro 2. tit. 17 : *Cavillationes et captiones antiquas jure Francorum qui Noscentias et momenta temporum, quæ inter Francos litigantes in judiciis hactenus servabantur, nec non quasdam alias subtiles observationes tam in civilibus quam criminalibus causis submovemus.* Forte legendum, *Nascentias*. Vide in hac voce.

** **NOSCIO**, pro Notio, in Annal. Corb. apud Pertz. Script. tom. 3. pag. 17 : *Quod ut quantocius Noscioni meæ claruit.*

NOSCITARE. Notkerus de Notis Musicis : *N. Notare, hoc est, Noscitare, notificat.*

¶ **NOSIARE**, f. vox mendosa, pro *Herciare* vel *Occare*, seu glebas occa frangere : quod sæpius recensetur inter opera rustica dominis debita. Chartularium SS. Trinitatis Cadom. fol. 47. v° : *Si domina non possit per se arare waretum suum ad Pascha, homines sui... ei adjuvent, et tribus vicibus Nosiare in autumpno.*

¶ **NOSOCOMIUM**, Νοσοκομεῖον. Locus in quo ægrotantes curantur. S. Hieronymus in Epitaphio Fabiolæ seu Epist. ad Oceanum cap. 2 : *Prima omnium* Νοσοκομεῖον *instituit, in quo ægrotantes colligeret de plateis, et consumta languoribus atque inedia miserorum membra foveret.* Passim occurrit apud Scriptores Ecclesiasticos. [** Vide Murator. Antiq. Ital. tom. 3. col. 592. et Glossar. med. Græcit. voce Νοσοκόμος col. 1003.]

¶ **NOSODOCHIUM**, Νοσοδοχεῖον, Idem quod *Nosocomium*, iisdem Scriptoribus Ecclesiasticis.

NOSTRACISMUS. Vide *Metacismus*.

NOSTURMA, Aimoinus lib. 4. cap. 26 : *Collegit electam e Franciæ bellatoribus Scaram, quam Nosturmam, vel cuneum appellare possumus.* Hunc locum attulit Spelmannus : sed nemo non videt legendum, *quam nos turmam, vel cuneum, etc.*

1. **NOTA**, *Notæ*, Petro Diacono de Notis literar. *dictæ sunt eo quod verba, vel syllabas præfixis characteribus notent, ut ad notitiam legentium revocent : quas qui scribunt, proprie Notarii appellantur.* Notæ igitur sunt *signa* quædam literarum, qui-

bus vox integra intelligitur : unde σημεῖα γραμμάτων dicuntur Dioni libro 55. *Signa verborum*, sancto Hieronymo ad Julianum, et Epist. ad Principiam. Sexta Synodus Act. 12 : Ἐπιφερόμενος ὑπαναγνωστικὸν διὰ σημείων. Qui iis utebantur, σημειογράφοι dicti, Latinis *Notarii*, ut est in Glossis Græc. Lat. Apud Ammianum lib. 18. *Ancilla Notarum perita*. De earum usu, sic Valerius Probus Grammaticus de Notis Romanorum interpretandis : *Apud veteres cum usus Notarum nullus esset, scribendi facultatem, maxime in Senatu, qui aderant, scribendo, ut celeriter comprehenderent, quædam verba atque nomina ex communi consensu primis literis notabant : et singulæ quid significarent, in promptu erat. Quod in nominibus, prænominibus, Legibus publicis, Pontificumque monumentis, Jurisque civilis libris etiam nunc manet. Ad quas Notas publicas accessit et studiosorum voluntas, ut unusquisque familiares sibi notas pro voluntate signaret.*

A quibus vero primum inventæ sint ejusmodi *Notæ*, docet idem Petrus diaconus ex Isidoro lib. 1. Orig. cap. 21 : *Vulgares Notas Ennius primus mille et centum invenit, ad hunc scilicet usum, ut quicquid per contentionem præsentium diceretur, Librarii complures scriberent simul adstantes, divisis inter se partibus, quot quisque verba, et quo ordine excipere. Dehinc Tullius Tyro Ciceronis Libertus Notas præpositionum commentatus est. Post hunc Philargyrus Samius et Aquila Mæcenatis Libertus alias addiderunt. Deinde Lucius Annæus Seneca contractis omnibus, digesto et aucto numero, opus in quinque millia extendit.* Ex quo quidem Diacono emendandus idem Isidorus, in hisce verbis : *Post eum tertius Persannius Philargyrus ;* legendum enim *post eum Samius Phylargyrius*, quod non advertit Lipsius. Istiusmodi per notarum compendia scribendi rationis passim mentio est apud Sriptores. [Gellius lib. 17. cap. 9 :

> Scriptor eris felix, cui littera verbum est,
> Quique Notis linguam superet, cursumque loquentis
> Excipiens longas nova per compendia voces.

Martialis lib. 14. Epigrammate 208. de Notario :

> Currant verba licet, manus est velocior illis :
> Nondum lingua suum, dextra peregit opus.

Prudentius περὶ ςεφάνων de passione S. Cassiani :

> Præfuerat studiis puerilibus, et grege multo
> Septus, magister literarum sederat,
> Verba Notis brevibus comprendere cuncta peritus;
> Raptimque punctis dicta præpetibus sequi.]

S. Hieronym. Epist. 111 : *Mea autem lingua in similitudinem scribæ velocis, quem Notarium possumus intelligere, quodam signorum compendio breviatum Evangelii, strictumque sermonem exaravit in tabulis cordis carnalibus.* S. Augustinus Epist. 258. de quodam Notario : *Erat autem strenuus in Notis, et in scribendo bene laboriosus.* Idem lib. 2. de Doctr. Christ. cap. 26 : *Ex eo genere sunt etiam Notæ, quas qui didicerunt, proprie jam Notarii appellantur.* Idem in Collat. 2. diei cum Donatist. cap. 3 : *Et cum se Notas ignorare dicerent, petentes, ut prius eis ederentur gesta conscripta, Cognitor jussit, ut quod eorum Notarii exceperant, eis recitaretur.* Collatio Carthag. 2. cap. 43 : *Notas non novimus, neque ea natura rerum est, atque ipsarum, ut ita dixerim, literarum, ut quisquam notas legat alienas. In Codicibus legere non possumus, nisi edita fuerint gesta in paginis, non habeo quod tractem, non habeo quod legam.* Martyrium sancti Genesii Arelat. apud Surium 25. Aug. : *Sanctus itaque Genesius in juventutis flore primævo provincialis militiæ tyrocinium suscepit, eam officii partem studio et arte complexus, quæ patronorum verba, vel nova signorum velocitate, vel dexteræ, sonum vocis æquaret, spiritalem futuræ gloriæ imaginem præfigurans, ut, qui præcepta divina celeritate audiret, ea fidelibus Notis piæ mentis exciperet.* Ennodius in Vita sancti Epiphanii Episc. Ticinensis : *Notarum in scribendo compendia, et figuras varias verborum multitudinem comprehendentes brevi assecutus, in Exceptorum numero dedicatus enituit.* Marcus Diaconus Gazensis in Vita S. Porphyrii Episc. Gazensis n. 88. ex versione Gentiani Herveti : *Cornelius... sciens Notis scribere, quibus utuntur in Jure,... notabat omnia, quæ dicebantur et opponebantur.* Sanctus Rembertus in Vita S. Anscharii Arch. Brem. cap. 15 : *Porro... quam studiosus fuerit, testantur Codices magni apud nos, quos ipse propria manu per Notas conscripsit.* Quæ sic extulit Gualdo Corbeiensis Monachus :

> Quam fervens in amore Dei fuit, et studiosus,
> Indicio libros, quos ipse Notavit, habemus,
> In quibus Omnipotentis laus æterna resultat.

Idem :

> Sedis Apostolicæ fecit decreta Notare
> Pluribus in foliis.

[Vide Glossarium mediæ Græcit. in Νοτάριος. col. 1003. et voce Σημεῖα col. 1361.]

** Nota, Nomen, vel potius literæ quæ nomen efficiunt. Richer. in præfat. : *Unde cum hic atque illic sepe Karoli, sepe Ludovici Notæ afferuntur pro tempore actorum prudens lector reges æquivocos pernotabit.*

Notare, Notis exscribere, apud Quintilianum in Præfat. libr. de Institut. Orat. Epitaphium descriptum a Gelenio in Sacrario Coloniensi pag. 356. ac nuper repertum, quod videtur a Sidonio Apollinari fuisse compositum, quo lubentius integrum hic subjicimus :

> Hoc hoc sepulcrum respice,
> Qui Carmen et Musas amas,
> Et nostra communi lege
> Lacrymando titulo nomina,
> Nam nobis pueris simul,
> Ars varia, par ætas, erat,
> Ego consonanti fistula
> Sidonius acris perstrepens,
> Hoc Carmen, hæc ara, hic cinis,
> Pueri sepulcrum est Xanthiæ,
> Qui morte acerba raptus est,
> Jam doctus in compendia
> Tot literarum et nominum
> Notare currenti stylo,
> Quot lingua currens diceret.
> Jam nemo superaret legens,
> Jam voce herili cœperat,
> Aurem vocari ad proximam.
> Heu morte propera concidit,
> Arcana qui solus sui
> Sciturus Domini fuit.

Consule, si lubet, de scriptione per *Notas*, Hermannum Hugonem de Prima scribendi origine cap. 18. et quæ de ejusmodi Notis observavit Lipsius Centur. 1. ad Belgas Epist. 27. præfixa Notis Tyronis a Grutero editis. [Adde Brencmannum lib. 2. Hist. Pandect. cap. 3.] [* Consule Præfationem nostram ad Alphabetum Tironianum et quæ de iisdem notis effutiunt Auctores novi Tract. de re diplom. tom. 2. et 3.] [** Koppii Palægraph. critic. tom. 1. c. 3.]

* Nota, Commentarius compendiose scriptus, seu primarium exemplar notis descriptum. Flos Histor. ex Cod. reg. 5515. ad calcem : *Quem* (librum) *ego Nicolaus Falconi primo scripsi in Gallico idiomate, sicut idem frater Hayto michi ore suo dictabat absque Nota sive alio exemplari, et de Gallico transtuli in Latinum, anno Domini* 1307.

2. **NOTA.** Notæ Musicæ, quæ in Libris Ecclesiasticis, singulis vocum syllabis superaddebantur. Capitulare Aquisgranense ann. 879. cap. 70. et Capitul. Caroli Magni lib. 1. cap. 68. lib. 6. cap. 277 : *Psalmos, Notas, cantus, compotum, Grammaticam per singula Monasteria, vel Episcopia discant.* Joan. Sarisberiensis lib. 1. Metalogici cap. 20 : *Nec miretur quis tantam vim fuisse in Notulis, cum et musici cantores paucis characteribus multas acutarum et gravium differentias indicent vocum. Et ob hoc quidem characteres illos musicæ Claves dicunt.* Ademarus in Carolo Magno ann. 787 : *Et omnes Franciæ Cantores didicerunt Notam Romanam, quam nunc vocant Notam Franciscam : excepto quod tremulas, vel vinnulas, sive colligibiles, vel secabiles voces in cantu non poterant perfecte exprimere Franci, etc.* Ingulfus pag. 886 : *Missæ, quæ cum Nota canuntur*, id est, cum modulatione musica, libro notis musicis notato coram proposito. Vitæ Abbatum S. Albani : *Cantator composuit historiam, et ei Notam melicam adaptavit. Missa sine Nota*, ibidem. [*In dicta Capella fiet servitium solenne cum Nota*, in Charta ann. 1362. ex Chartophylacii Regii Regesto 92. num. 155. Charta ann. 1393 tom. 2. Hist. Eccles. Meld. pag. 253 : *Cantare solemniter et ad Notam officium divinum singulis diebus Dominicis.* Adde Formulare Anglic. Thomæ *Madox* pag. 339.] Vide Capitul. Caroli Magni lib. 1. cap. 72. [** 68.] et supra, *Cantus Romanus*.

Notare, Notas musicas Libris Ecclesiasticis adscribere. Sanctus Anselmus lib 1. Epist. 21 : *Suis vos precibus ad Notandum Antiphonarium adhortare desiderat.* Ademarus in Vita Caroli Magni : *Antiphonarios sancti Gregorii, quos ipse Notaverat nota Romana.* Liber Anniversariorum Basilicæ Vaticanæ fol. 144 : *Item unum Breviarium pulcrum Notatum in duobus voluminibus. Item unum Graduale Notatum parvi voluminis.* Acta Murensis Monasterii pag. 32 : *Est et Evangelicus Liber, et 4. Gradualia : ex his unus Musicen vocatum est, et duo libri cum versibus Offertoriorum ; ex his unus musice Notatus est. Et tres Antiphonarii, ex quibus unus musice Notatus est.* Petrus Damian. libro 6. Epistola 32. de quodam Monacho : *Erat autem ille frater multis exercitiorum artibus pollens, scribendi videlicet et Notandi, tornandi insuper et fabricandi*. Chronic. Trudonense lib. 8 : *Raro unquam ipse cessabat, quin semper aut scriberet, aut Notaret.*

¶ NOTATOR, Qui libris Ecclesiasticis notas musicas adscribit. Bernardus Monachus Tractatum de ratione cantandi Gradale incipit his verbis : *Sicut Notatores Antiphonarum præmunivimus, ita et eos, qui Gradalia notaturi sunt, præmunimus.*

NOTA, Cantus, quomodo *Note* usurpant e vulgo nostri. Tidericus Langenius in Saxonia :

> Restant alaudæ, quæ subsistunt sine fraude,
> Perque suas Notas rudes sistunt idiotas.

* Lit. remiss. ann. 1418. in Reg. 170. Chartoph. reg. ch. 200 : *Lequel avoit un petit flaiolet de bos et l'eust fait flaioler et dire une Note, à laquelle Note icellui Willardin eust dancié un tour ou deux.* Aliæ ann. 1470. in Reg. 195. ch. 420 : *Pour l'amour de laquelle jeune fille lesdiz joueurs commencerent à jouer une Note joyeuse.*

Jam vero qualis olim fuerit Cantus, quem Gregorianum dicimus, et an notis, quibus vulgo utimur, musicis constiterit, non omnino constat : quanquam id minus vero consentaneum videtur, cum ejusmodi notas multo post adinventas tradant plerique. Incertum etiam, an earum vice aspersa fuerint literis alphabeticis, quæ vocis tonos denotarent, Antiphonaria et Gradalia, uti postea factitatum palam est : etsi videatur id diserte indicare Eckehardus Junior de Casibus sancti Galli cap. 4. ubi de Petro, uno, uti vult, e Cantoribus, quos Roma in Galliam ad Carolum misit Adrianus Pontifex, verba facit : *In ipso quoque* (Antiphonario) *primus ille literas Alphabeti significativas notulis quibus visum est, aut susum, aut jusum, aut ante, aut retro, assignari excogitavit : quas postea cuidam amico quærenti Notker Balbulus dilucidavit.* Exstat vero Opusculum istud Notkeri tom. 5. Antiq. Lect. Canisii, parte 2. pag. 739. cum hocce titulo : *Notker Lanthberto fratri salutem. Quid singulæ litteræ in superscriptione significent cantilenæ, prout potui, juxta tuam petitionem explanare studui.* Singularum vero literarum in Musica vim ex eodem Notkero, initio literarum Alphabeti hujusce Glossarii ascribendam curavimus. Certe Cantus Gregorianus *Notis* constitit, quæ Musicæ et cantandi tonos indicarent : has *Romanas* vocabant. Monachus Egolismensis ann. 787 : *Tribuitque Antiphonarios sancti Gregorii, quos ipse notaverat Nota Romana.* Infra : *Omnes Franciæ Cantores didicerunt Notam Romanam, quam nunc vocant Franciscam.*

Hæ porro Notæ singulis syllabis adcriptæ erant. Chronicon Trudonense lib. 8 : *Graduale unum... scripsit, illuminavit, musiceque notavit, syllabatim, ut ita dicam, totum usum prius a senioribus secundum antiqua eorum Gradualia discutiens.* Exstat in Biblioth. Monasterii Corbeiens. vetus Graduale hisce notatum characteribus, seu notis. Ejusmodi etiam descripsit Menardus ad lib. Sacram. Greg. pag. 76. Sed an eædem sint, quæ Petri Cantoris, vel Notkeri, non ausim definire. Nam extremis sæculis, ut ait Hugonis Reutlingensis Interpres, ei, ut putatur, coævus, in Procemio, *processu temporis quidam Alemanni; et præcipue Monachi Ordinis S. Benedicti, qui cantum musicalem non solum ex arte, verum etiam ex usu et consuetudine perfecte et cordetenus didicerant, ipsum, omissis clavibus et lineis, quæ in neuma seu nota et musicali requiruntur, simpliciter in libris eorum notare cœperunt, et sic decantaverunt deinde juniores, et suos discipulos sine arte ex frequenti usu et ex magna consuetudine cantum informare, qui cantus sic per consuetudinem doctus ad diversa pervenerit loca. Unde jam non musicæ, sed Usus est denominatus, etc.* Ut ut sit, pro certo habetur *regulas, claves, et notas* musicas hodiernas, Guidonem Aretinum Monachum sub ann. 1022. adinvenisse, uti post Vincentium Belvac. lib. 25. cap. 14. et alios, observat Baron. ad. hunc ann. n. 20. Is enim syllabas *ut, re, mi, fa, sol, la*, reperit, quibus septem discrimina vocum vulgo designantur : quod longe antea similiter factitasse Ægyptios, et septem vocalis sonos hos expressisse testatur Dionysius Halicarnasseus lib. Περὶ Ἑρμηνείας, qui vulgo Demetrio Phaleræo ascribitur, pag. 35. Editionis Morellianæ. Tradit præterea auctor Vitæ S. Benonnis Episcopi Misnensis cap. 16. apud Surium tom. 7. (vixit Benno ann. 1066.) docuisse *notas musicales regulare, et sic cantare in Ecclesia Misnensi.* Chronic. Trudonense lib. 8 : *Instruxit etiam eos arte musica secundum Guidonem.* Nec scio, an hanc novam musicæ rationem improbet Letaldus, qui eodem sæculo vixit, in Vita S. Juliani Cenoman. : *Sane Responsoriorum et Antiphonarum, ut petistis, digessimus ordinem, in quibus, pro vitando fastidio, de unoquoque modo singula compegimus corpora. Neque omnino alienari volumus a similitudine veteris ritus, ne barbaram aut inexpertam, uti perhibetur, melodiam fingeremus. Non enim mihi placet quorundam musicorum novitas, qui tanta dissimilitudine utuntur, et veteres sequi omnino dedignentur auctores, etc.*

3. **NOTA**, Instrumentum Notariorum, qui inde nostris *Gardenotes* dicuntur, seu Instrumentorum custodes. Concilium Avenionense ann. 1279. can. 14 : *Statuimus, quod tam hæres quilibet, quam notarius, qui Notam cujuslibet receperit testamenti, etc.*

☞ Commentariolum intelligo, qui compendiariam rei rationem complectatur, ut et in Extracto ann. 1336. e venditione partis urbis Massil. a Benedicto Episc. facta Carolo Andegav. Provinciæ Comiti ann. 1259. ex Schedis Præsidis *de Mazaugues : De Notis et abreviaturis in dictis cartulariis contentis facere publica instrumenta.* Aliud extractum ann. 1430. ex Homagio ab incolis Masalgii suo domino Galterio de Ulmeto ann. 1371. præstito, ex iisdem Schedis : *Et me... Notario qui... et de ipsis Notam recepi, ex qua hoc instrumentum publicum in hanc publicam formam per aliam manum scribi, redigi et grossari feci, aliis negotiis occupatus, virtute gratiæ regiæ mihi benigne concessæ, hicque manu propria me subscripsi, quia inveni concordare invicem.* Hic tam prima perscriptio, nostris vulgo *Minute*, intelligi potest, quam commentariolus : et certe pro primario ejusmodi scripto, seu *matrice sive imbreviatura*, ut verbis utar Statutorum Rom. l. 1. cap. 149. accipienda vox *Nota* in Edicto Philippi Pulcri ann. 1304. tom. 1. Ordinat. Reg. pag. 417. ubi : *In primis ordinamus... quod cum Notarii seu Tabelliones publici contractus in loco in quo morari et tenere cartularia sua consueverunt, dictos contractus receperint, in ipsis cartularibus seu protocollis substantialiter et serialim in continenti ponant et inserant, et in cartulariis redacta, contrahentibus præsentibus legant et exponant, et si opus fuerit, Notam suam corrigant in præsentia contrahentium prædictorum.* Processus ann. 1459. ex Regesto *Columba* Cameræ Comput. Provinciæ : *Et inde facta decenti collatione de Nota cum suo extenso.* Charta Bernardi de Stabulo ann. 1412. ex Schedis Marchionis *de Flamarens : Et anullo omnes et singulas litteras, Notas, acta, memorialia.* Hic referenda sunt, quæ de hujusmodi *Notis* scribit Zinzelinus Extravagantium Johannis XXII. in cap. 5. tituli 14. De verborum significatione lit. X. in hanc clausulam *Et cetera : Hæc clausula comprehensiva est multorum verborum... unde facit in argumentum, pro more Tabellionum, qui habent in aliquibus regionibus, quod recipientes Notam in protocollo de aliquo facto vel contractu, utuntur frequenter ista clausula; et post redigendo instrumentum in mundum, apponunt multa verba, quæ non apposuerunt in Nota vel in protocollo, et illa subintellecta fore dicuntur sub tali clausula, Et cetera. De jure tamen scripto nihil plus in mundo, quam in protocollo debet reperiri, ut omnis falsitas et suspicio evitetur.* Vide *Chartularium* et *Notula.*

* Charta Theob. comit. Trec. pro monast. Corbiniac. in Reg. 105. Chartoph. reg. ch. 16 : *Actum Trecis teste me ipso, anno Verbi incarnati* 1199. *mense Novembri. Data per manum Galteri cancellarii, Nota Alermi.* Nisi sit pro Signum seu subscriptio. Vide mox *Notamen.*

☞ Porro cum hæ *notæ* seu perscritiones Notariorum in foliis separatis et disjunctis describerentur, amittebantur sæpe, quod ne deinceps eveniret, Ludovicus XII. Franc. Rex statuit, *qu'à l'avenir tous Notaires et Tabellions feront bons et suffisans registres et protocolles des contrats et autres acts par eux reçus et passez, et qu'iceux mettroient par ordre selon la priorité et posteriorité des contrats et autres acts, afin que si doresenavant en étoit question, on pût avoir recours au protocolle, ou registres, fors et excepté les Notaires du Châtelet de Paris.*

¶ 4. **NOTA**, Alia notione. Vide in *Noda.*

¶ **NOTABILIS**, Suspectus, nota dignus. Literæ Henrici III. Angl. Regis ann. 1262. apud Rymer. tom. 1. pag. 737 : *Præsertim cum ipse nullo prorsus tempore aliquem de regno nostro Notabilem reddiderit, nec dissensionem seu discordiæ scrupulum cum aliquo ex aliis alio prætextu habuerit.* Aliquot e Latinis Scriptores hanc quoque vocem interdum in malam partem acceperunt, ut Quintilianus : *Notabile verbum et veluti macula.* Rursus : *Notabilia ad reprehensionem. Notabilis fœditas*, apud Plinium lib. 36. cap. 5.

* In malam partem accipitur hæc vox, in Homag. Guill. de Petra pertusa ann. 1217. ex Reg. 30. Chartoph. reg. ch. 23 : *Tenebo fideliter frontariam contra ipsos; quod nisi facerem, tanquam infamis ab omnibus de cætero et Notabilis haberer. Notauble*, pro *Notable*, Insignis, illustris. Chartul. S. Benign. Divion. : *Ce sont les personnes Notaubles et seculares, qui furent présens à Dyjon le 17. jour du mois de May l'an 1350. quant messire Jehans de France duc de Normandie, à cause dou bail de Philippe duc de Bourgogne meindre d'aage, reprit de frere Pierre abbé de S. Benigne de Dyjon.*

* **NOTABILITER**, Jure indubio, sine ulla controversia. Charta ann. 1203. inter Instr. tom. 10. Gall. Christ. col. 336 : *Si quis piscator ceperit infra terminos maris circumadjacentis sturionem et salmonem, et porcum marinum, et helpinum, in jus ecclesiæ cedit integre et Notabiliter.*

¶ **NOTABUNDUS**, Celebris. Vita S. Guthlaci tom. 2. Aprilis pag. 46 : *Nam illo tempore tanti viri fama ubique Notabunda vagabatur.*

¶ **NOTACULUM**, Nota, signum. Minutius Felix in Octavio cap. 31 : *Nos non Notaculo corporis, sed innocentiæ ac modestiæ signo facile dignoscimur.* Respondet Cæcilio, qui prius de Christianis dixerat : *Occultis se notis insignibus noscunt.*

¶ **NOTAMEN**, Nomen, vel signum. Adrevaldus in Hist. translationis S. Benedicti et S. Scholasticæ num. 7 : *Pro foribus autem petræ scilicet superpositæ præfixa erant Notamina, quorum interius busta jacebant.*

* **NOTAMEN**, Nominis subscriptio, vel notæ sibi propriæ appositio. Charta ann. 1056. inter Instr. tom. 11. Gall. Christ. col. 227 : *Alii plures episcopi et abbates, nonnulli etiam sui regni proceres, quorum supra præfixa sunt Notamina, illud attestarunt.* Vide mox *Notare.*

¶ **NOTAMENTUM**, Annotatio. Leges Palatinæ Jacobi II. Regis Majoric. in Actis SS. Junii tom. 3. pag. 1 : *Quibus dantur certa salaria seu annuæ pensiones, quorum salariorum seu pensionum quantitates scriptis teneat dictus Rationalis in libro suo Notamentorum.*

* **NOTARE**, Subscribere, *notam* seu signum apponere. Charta ann. 1342. tom. 9. Ordinat. reg. Franc. pag. 42 : *Et ego Humbertus Pilati de Buxia,... notarius publicus,.... inde instrumentum præsens recepi et Notavi, etc.* Aliis notionibus, vide in *Nota* 1. et 2.

¶ 1. **NOTARIA**, seu Notoria, Scriptura, qua notum aliquid fit, relatio. Glossæ vett. : *Notoria*, ἀναφορά. Glossæ Gr. Lat. : Μηνυσις, *Indicatio, Notaria, Indicium.* Acta S. Maximini Martyr. : *Cum Centenarius diceret Notariam sibi datam esse, qua contineretur eam fingere, dixit : An non est verisimile me mentiri, et illum verum dicere, qui Notariam falsam dedit?* S. Augustinus Epist. 160 : *Circumcelliones quosdam et Clericos Donatistas cura eorum, qui disciplinæ publicæ inserviunt, præmissa Notaria, ad judicia legesque perduxit.* Utitur alias hac voce in Brevic. Collation. coll. 1. cap. 4. 6. 7. et 14. et coll. 2. cap. 2. et 3. post Coll. cap. 24. et Epist. 159. Occurrit etiam in Collat. 1. cum Donat. edita a Massono cap. 14. 17. 18. 29. Coll. 2. cap. 8. 12. apud Apuleium, Pollionem, etc.

¶ 2. **NOTARIA**, Munus Notarii. Venditio partis urbis Massil. a Benedicto Episc. facta Carolo Andegav. Comiti Provinciæ ann. 1257 : *Notarii a dicto domino Episcopo creati non possint exercere officium Notariæ, nisi in terra domini Episcopi.* Edictum Ludovici X. Franc. Regis ann. 1315. tom. 1. Ordinat. Reg. pag. 571 : *De venditionibus autem Notariarum nostrarum, generalem Ordinationem ad utilitatem publicam, de Prælatorum, Baronum et aliorum bonorum fide dignorum consilio faciemus.*

* *Notorie*, eodem sensu, in Charta ann. 1293. ex Chartul. S. Vandreg. tom. 1. pag. 177.

¶ Notariatus, Eadem notione, Gall. *Notariat.* Edictum Philippi Pulcri ann. 1304. tom. 1. Ordinat. Reg. pag. 419 : *Tabelliones, seu Notarii publici, auctoritate regia confirmati..... potestatem habebunt Tabellionatus, seu publici Notariatus officium more debito exercendum.* Constitut. Frederici Regis Siciliæ cap. 32 : *Jubemus quod credenzeriæ et Notariatus tonnariarum et dohanarum et aliarum gabellarum Siciliæ concedantur et commictantur tantum Siculis idoneis et sufficientibus, et quod ipsi Credenzerii, Notarii et particulares Subportulani exerceant officia ipsa per se personaliter, et non per substitutos eorum.*

* 3. **NOTARIA**, Forense tabularium, Gall. *Greffe.* Charta ann. 1319. in Reg. 61. Chartoph. reg. ch. 428 : *Item pro Notaria bajuli et judicis dicti loci* (sancti Juliani) *quadraginta solidos Turonenses.*

NOTARII dignitas varia ac diversa fuit in Palatiis Imperatorum. Alii enim et in iis præcipui erant, qui *Notarii* et *Tribuni*, seu *Tribuni Notariorum* dicebantur, de quibus in voce *Tribunus.* Alii erant *Tribuni et Notarii Prætoriani*, qui ex Cornicularíis et Primiscriniis officii Præfecturæ Præt. ad eum locum pervenerunt, ut docet Senator lib. 6. Ep. 3. lib. 11. Epist. 20. Tertii denique erant *Notarii* et *Domestici* ut est in leg. 2. et 3. Cod. Th. de Primicerio et Notariis. (6,16.) De singulis multa congessere Pancirolus Notit. Imper. Gutherius de Officiis domus Aug. Sirmondus ad Sidonium, Henric. Valesius ad 17. Marcellini, Cujacius, Jacobus Gotofredus ad Cod. Theod. etc.

¶ Notarii, Incerta mihi notione. Statuta Astens. f. 16. v°. cap. 3 : *Juro... quod non sum homo alicujus Marchionis, nec vassallus, vel Comitis, vel Comitisse de Lumbardia, exceptis Comitibus de Lumelo, si fuerint Notarii et Episcopi Astens.*

Notarii Ecclesiæ Romanæ, apud Gregor. M. lib. 2. Ind. 11. Epist. 54. Hi Epistolas summorum Pontificum subscribebant, ut idem testatur lib. 4. Epist. 25.

Notarii Episcoporum, Eorum scribæ, qui ut plurimum assumebantur ex Clericorum ordine, et in Ecclesiis munia alia obibant Ecclesiastica, ut ex libro Sacramentorum Gregorii colligitur : *Et tunc illuminantur duo cerei, quos tenent duo Notarii, etc.* Messianus Presbyter in Vita S. Cæsarii Arelat. *Cum ecce vir Dei Cæsarius per eadem loca ad aliam pergeret Ecclesiam, Clericus, cui cura erat baculum illius portare, quod Notariorum officium erat, oblitus est, etc.* [Fortunatus in Vita S. Germani Paris. tom. 6. Maii pag. 787 : *In tantum quoque sacris amplificatus provectibus, etiam diem beati sui transitus ita prædixit, ut subdimus. Ante aliquos dies vocans ad se Notarium suum, imperat in cubiculum supra lectum suum scribere hoc tantummodo : Quinto Kalendas Junias.*] Vide Henric. Valesium ad Socratem lib. 5. cap. 22.

☞ Episcopi plerique non unum dumtaxat, sed plures habuere Notarios, quorum primus *Cancellarii* nomen sibi sumebat, imo et *Archicancellarii*, ut patet ex litteris Wifredi Episcopi Virdun. quas laudat Mabillonius Diplom. pag. 124. quasque *Rainerus* recognovisse dicitur *ad vicem Ber.... Archicancellarii.* In Litteris Gerardi Tulli-leucorum Episc. ann. 962. apud Perardum pag. 166 : *Ego Bernierius Notarius ad vices Wizilonis Cancellarii recognovi.* Idem habetur apud eumdem Perardum pag. 169. in Litteris Beroldi ejusdem urbis Episcopi. Cancellarios istos Notariis litteras non raro dictasse argumento sunt litteræ Raynaldi Lingon. Episc. apud eumdem Perardum pag. 75. datæ Philippo I. Rege regnante, *Stephano Cancellario dictante*; et in subsequentibus aliæ Roberti ejusdem urbis Episc. ubi : *Præsul Rotbertus sanxit, dictavit Humbertus et scripsit Galo Procerus de Gibriaco.*

☞ Distincti fuisse videntur Episcoporum et Capitulorum Cancellarii. Hi dicebantur *Sigilliferi* et *Registratores*, quibus in annum Capituli sigilla et registra committebantur, ut in Decretis Ecclesiæ Lugdunensis legisse se testatur Mabillonius loco citato : qui ibidem memorat Litteras Guillelmi Officialis Rem. ann. 1295. quæ datæ dicuntur per *Sigilliferum et Registratorem.* Litteras Rocleni Episc. *Nivern. regnante Rotberto an.* v. scripsit *Tetbertus Geronta Tabellarius* ex Chartario Nivernensi : ubi Notarii, eodem semper teste Mabillonio, sæpe *Cancellarios* se dicunt, *A commentariis* semel, *Johanens se Tabellionem.*

¶ Notarii Abbatum. Abbatibus suos etiam fuisse *Notarios* seu *Cancellarios* patet ex Caroli M. Capitulari I. ann. 805. in quo statuitur cap. 3 : *Ut unusquisque Episcopus et Abba et Comites suum Notarium habeant.* Monachis quoque, ex Historia Ghisnensi Duchesniana pag. 50. ubi *Rodulfus Cancellarius et omnium Monachorum ultimus* subscribit Litteris Arnulfi Comitis Flandrensis; sed maxime id patet ex Traditionibus Fuld. pag. 530. 528. et 516. ubi *Hemmo* subscribit *in vice Althuringi* ann. 822. et *Berinhoh in vice Hemmonis*, et *Wolfleoz in vicem Gerolfi.* Idem observare licet in Chartis S. Galli apud Goldastum : idem etiam in Monasterii S. Benigni Divion. ubi *Artaldus ad vicem Cancellarii* Litteras scripsit ann. 727. Cancellarius seu Notarius nonnunquam dicebatur *Amanuensis*, ut in Traditionibus Fuld. pag. 408. sub Pippino Rege *Woframnus.* Non raro etiam appellabantur *Lectores. Ruodo laicus Lector scripsi*, in Charta 69. apud Goldastum. *Clericus et Lector*, in Charta 77. *Sicbrandus Lector* et

Dodo Lector, in Monasterio S. Benigni sæc. VIII. apud Perardum pag. 10 : *Recomarus Lector hanc donationem scripsi* sæc. VII. apud Doubletum pag. 659. Scilicet, inquit Mabillonius Diplom. pag. 125. unde hæc fere exscripta, ob id *Lectores* dicebantur, quod essent scholis præfecti. Certe Ruodolfus Cancellarius Fuldensis *Scholasticus* dicitur in Tradit. modo citatis pag. 524. Lectores vero dictos esse monasteriorum Scholasticos et Præceptores supra probatum in voce *Lector*. Ceterum præter Monachorum seu Capituli Cancellarium, proprium etiam fuisse Abbatis, probat inter alias Charta Sugerii Abbatis, hoc modo subscripta apud Doubletum : *Ego Gregorius domni Sugerii Abbatis Cancellarius, relegi et subscripsi.*

Notarii Regionarii, dicti septem Notarii Romæ, a S. Clemente PP. primum instituti. Anastasius in S. Clemente : *Hic fecit septem regiones dividi Notariis fidelibus Ecclesiæ, qui gesta Martyrum sollicite et curiose unusquisque per regionem suam diligenter perquirerent.* Idem in S. Antero : *Hic gesta Martyrum diligenter a Notariis exquisivit, et in Ecclesia recondidit.* Et in S. Fabiano : *Hic regiones divisit Diaconibus, et fecit 7. Subdiaconos, qui 7. Notariis imminerent, ut gesta Martyrum in integro colligerent.* Hi etiam inter cætera populo per urbem (quod hodie *Cursores* faciunt) denuntiabant, quando Papa Litanias, id est, Processiones vel supplicationes facere, aut ubi Missam celebrare, vel Stationem indicere constituisset. Præterea nomina et numerum baptizatorum Pontifici referebant, ut colligitur ex Ordine Romano. Anastasius in S. Hadriano PP. : *Eum clericari jussit, quem Notarium Regionarium in Ecclesia constituens, postea eum Subdiaconum fecit.* Vide Gregor. M. lib. 7. Ind. 1. Epist. 17. Horum postea aucto numero, qui ex 7. illis primis fuerunt, *Notarii regionarii*, vel *Protonotarii* vocati sunt, reliqui *Notarii* simpliciter. Vide Diurnum Roman. cap. 6. tit. 1. 2.

☞ Prætermitti non debet, quod de *Notariis* seu *Scriniariis* habet Mabillonius Diplom. pag. 125. et 126. horum nomina in Bullis Pontificiis ante annos quingentos adscripta fuisse continue post contextum hoc modo : *Scriptum per manum* seu *manus N. Notarii Regionarii et Scriniarii S. R. E.* (pro quo Paschalis II. Diploma apud Perardum pag. 206. habet *sacri palatii*) appositis mense et indictione; tum majoribus litteris integre in medio intervallo scribebatur, *Bene valete*; ac postremo *Datum* seu *Data* v. g. x. *Kal. Novemb. per manum* seu *per manus Anastasii Bibliothecarii*, seu *Cancellarii, S. R. E. imperantibus, etc.* ut in speciminibus quæ ex Benedicto III. Nicolao I. summis Pontificibus exhibet idem Mabillonius, ac passim videre est apud horumce monumentorum Collectores. A Leone IX. paulatim immutari cœpit iste ritus, atque unius *Cancellarii* nomen adscribi postremo loco, cum titulo *Diaconi* seu *Presbyteri Cardinalis*, aliquando etiam *Cancellarii.*

* An iidem plane fuerint atque *Scriniarii* subdubitat Muratorius tom. 1. Antiq. Ital. med. ævi col. 680. cum iis ipsis temporibus occurrant, qui non *Scriniarii*, sed *sanctæ Romanæ ecclesiæ Notarii* appellantur : cujus rei exempla profert loco laudato vir doctissimus. Ii itaque fortassis *Scriniarii* appellati, qui publici scrinii sive archivi curam haberent, cum nihilominus Chartas conficerent, reliquorum notariorum more; *Notarii* vero cæteri, qui instrumenta tantum conscriberent.

* Notarii inter clericos ecclesiæ metropolitanæ Mediolanensis, post subdiaconos et ante lectores, recensentur in Charta ann. 1186. apud Murator. tom. 4. Antiq. Ital. med. ævi col. 856. Eorumdem officium assignatur in alia ann. 1179. ibid. col. 857 : *Notarii duo, quos volo interesse ipsi festivitati, scilicet unum pro causa legendi, et alterum causa canendi* [** an *cavendi?*], *habeant denarios quatuor pro unoquoque.*

Notarii Regis apud nostros, alii olim fuere ab iis, quos *Secretarios Regis* vocabant, quod potissimum colligitur ex Statuto dato Lorriaci pro Hospitio Regis Philippi M. ann. 1317 : *Notaires suivans le Roy, un Secretaire et 2. autres, dont l'un sera du sanc, et non plus que les trois. Et prendra le Secretaire 2. provendes d'avoine, et mangera à Court, et prendra à Court fer et clou. Et pour les gaiges de leurs varlez et toutes ses autres choses 19. den. par jour : mais il aura livroison, vin de coucher, une quarte chandelle, deux quayers, et 12. menuès; et prandront en la fourriere 2. coustes et 2. bottes de feurre et demy mole de busche; et se les trois Secretaires y sont à Court, les 2. qui surviendront, ne prandront riens.* Præterea ex Edicto Caroli V. tunc Regentis Regnum Franciæ 27. Febr. ann. 1359. quo magnum Officiariorum numerum rescindit, ex Notariis 50. tantum reservans, atque in iis 18. in aula munus suum executuros : *Et ne sera nul Secretaire jusques à tant qu'ils soient reduits à six.* Et in eodem Edicto : *Les Secretaires ou Notaires ne prendront or ni argent, ni aucune chose de quelques lettres qu'ils facent, ce ne sont choses permises de droit, exceptez les lettres de sang, et les chartres dont ils prendront les seaux, et la taxe raisonnable par nostre Chancellerie.* Sed postmodum unita eadem munia. [De *Notariis* plura Mabillonius lib. 2. de Re Diplom. integris capp. 11. 12. 13. *de Lauriere* in Glossario Juris Gallici, ac præsertim tom. 1. et 2. Ordinat. Reg. passim : quorum omnium indices locupletissimos consulere potes ad calcem.]

¶ Notarii Cancellariæ Dalphinatus, de quibus plura leguntur in Ordinatione Humberti II. ann. 1340. tom. 2. Hist. Dalphin. pag. 400.

¶ Notarii Comitum. Ut Comites suum haberent Notarium sancivit Carolus M. Capitulari 1. ann. 805. cap. 3. paulo ante relato. Illustrium personarum Capellani fere munus obibant *Notariorum* seu *Cancellariorum*. Hinc Literas Aimonis Comitis Gebennensis scripsit *Andreas Comitis Capellanus Papa Urbano regnante*, in Bibl. Sebus. apud Guichenonem pag. 106. Alia ejusmodi exempla passim occurrunt, ut dictum in voce *Capellanus*, licet cautum esset lib. 1. Capitul. cap. 192. *ut ullus Presbyter chartas scribat, nec conductor sui Senioris existat. Tabellionatus* officium Presbyteris, Diaconis et Subdiaconis interdixit Innocentius III. PP. pag. 268. apud Bosquetum, sed plerique ex illis Notariis solum Clerici erant, qualis fuit *Carus Clericus ac Notarius atque Scriba* Landolfi Principis Beneventani tom. 8. Ital. sacræ col. 746. Ex iis unus aliis superior : quare in Charta Philippi Comitis Flandriæ apud Duchesnium Hist. Guisnensis pag. 223. subscribit *Robertus Præpositus de Arie summus Notarius.* Hæc fere post Mabillonium de Re Diplom. pag. 126.

Notarii Apostolici *et Imperiales*, passim occurrunt, etiam in veteribus actis, alibi quam in Summorum Pontificum, aut Imperatorum territoriis descriptis. Id enim juris tum invaluerat, ut *Notarius vel Tabellio ab Imperatore, vel Papa, vel ab eo cui hoc speciali privilegio indultum erat, ordinatus, posset ubique, etiam in Francia vel Anglia, seu Hispania, non solum in terris eis specialiter subjectis, suo officio uti, et instrumenta conficere, etc.* Ita Speculator tit. de Fide Instrumentor. § Restat. n. 23. Atque id quidem necessario observandum fuit, quod vulgo quæratur, cur acta publica in Francia et alibi exarata, tam crebro confecta dicantur a Notariis auctoritate Apostolica et Imperiali constitutis. Vide Petrum de Vineis lib. 6. cap. 32. et Dionysium Pontanum ad Consuetud. Blesensem art. 17. pag. 150. 2. Edit.

☞ Carolus VIII. Francorum Rex Edicto ann. 1490. omnibus subditis interdicit *de faire passer ou recevoir aucun contrat par Notaires Imperiaux, Apostoliques ou Episcopaux en matiere temporelle sur peine de n'être foy ajoutée aux dits instrumens, lesquels d'oresenavant seroient reputez nuls.*

* Notarii Causarum, vulgo *Greffiers*, in Stat. comitat. Venaiss. sub Clem. VII. PP. cap. 20. ex Cod. reg. 4660. A. : *Causarum Notarii, antequam regestrum curiæ inhibeant et copias in publicam formam.... redigant, etc.*

* Notarii Inquestarum, in Lit. ann. 1365. tom. 4. Ordinat. reg. Franc. pag. 568 : *Notarii in officio notariatus inquestarum curiæ bajuli Montispessulani instituti, etc.* Vide Hevin. in Aresta parlam. Brit. tom. 2. pag. 33.

¶ Notarii Sacri Palatii, sæculo XI. frequenter memorati, apud Puricellum pag. 372. 416. 430. etc.

¶ Notarius Secundi Scrinii, in Annalibus Bertinianis ad ann. 877.

Primicerius Notariorum, in Notitia Imperii pag. 61. 146. apud Senatorem lib. 6. Ep. 16. *Primicerius Notariorum Castrensis sacri Palatii*, in Notitia Imperii pag. 3. 114.

Primicerius Notariorum Ecclesiæ Romanæ, qui postmodum *Protonotarius*, apud Greg. M. lib. 2. Ind. 11. Epist. 22. Paulum Warnefridum lib. 4. de Gest. Longob. cap. 24. etc. Anastasius in S. Julio PP. : *Hic constitutum fecit, ut nullus Clericus causam quamlibet in publico ageret, nisi in Ecclesia, et notitia, quæ omnibus pro fide Ecclesiastica est, per Notarios colligeretur, et omnia monumenta in Ecclesia per Primicerium Notariorum confecta celebrarentur, sive quod cautiones, etc.*

Protonotarius, *Primus inter Notarios*, Ammiano lib. 25. dignitas Palatina; apud Socratem lib. 7. cap. 23. Codinum de Offic. cap. 2. n. 57. etc.

¶ Protonotarius apud nostros interdum dictus summus Cancellarius. Sic Hadrianus PP. I. in Epist. 85. Codicis Carolini *dilectissimum Protonotarium* vocat Radonem Abbatem S. Vedasti, quem in serie Cancellariorum diximus fuisse Caroli M. summum Cancellarium. Eadem ratione Lotharius Imp. Hilduinum S. Germani Pratensis Abbatem *Archinotarium* appellat, ut jam dictum in *Archinotarius* : ubi *Archinotarius* alter memoratur ab Archicancellario distinctus sub Ludovico Pio.

Protonotarius τοῦ δρόμου, apud Nicetam Choniatem, [Publici cursus. Vide Glossarium mediæ Græcitatis in Νοτάριος.]

Protonotarius Thematis, seu provinciæ, apud Leonem in Tacticis cap. 4. num. 31. ubi de ejus officio, qui in Glossis Basilic. dicitur, ὁ τοῦ θέματος δικαστής.

Protonotarius in Ecclesia Constantinopolitana est πρῶτος τῶν πατριαρχικῶν Νοταρίων, apud Goarum ad Codinum pag. 5. 12. ubi de ejus officio plura.

Protonotarius Apostolicus, cujus munus sic describit Christoph. Marcellus in Ceremoniali Romano lib. 3. pag. 317 : *Protonotarii officium est notare ea, quæ in publicis Consistoriis geruntur, cum rogantur a Procuratore fiscali, cum opus fuerent, in publicam redigere formam. Ideo oportet eos interesse publicis consistoriis, etc.* Et pag. 328 : *De Protonotariis, scimus decretum fuisse a Pio II. in Conventu Mantuano, quod deinceps non præcederent Episcopos aut superiores, et ita servatur.* Idem lib. 1. cap. 13. ait *Protonotarios participantes* ante Abbates, *non participantes* post Abbates sedere.

* **NOTARIUM**, Charta, instrumentum a Notario digestum. Pactum inter Pontium episc. et gentes reg. Biter. ex Chartul. ejusd. urbis ch. 6. ann. 1290 : *Notaria quoque testamentorum et instrumentorum nuptialium, in terra domini regis suæ temporali jurisdictioni subjecta, ad ipsum dominum regem vassallorumque ipsius et eorum notarios pertinebit.* Vide *Notula*.

* **NOTARIUS**, Notabilis, præcipuus. Elmham. in vita Henr. V. reg. Angl. edit. Hearn. cap. 67. pag. 192 : *Ipse idem, per composicionem post habitam, inter alios Notarios transgressores, a regii favoris exceptus gracia, etc.*

* **NOTATOR**, Notarius. B. de Amoribus in Spec. sacerd. MS. cap. 5. De officiis quæ presbyteris prohibentur :

> Non sis mercator injustus, sive lucrator,
> Nec procurator laycorum, sive Notator.

Vide alia notione in *Nota* 2.

¶ **NOTATOR** cantus ecclesiastici. Vide *Nota* 2.

¶ **NOTATURA**, Ars scribendi notis, ut videtur, vel notas musicas libris ecclesiasticis apponendi. Chron. Windesem. lib. 2 : *Cui tunc temporis meliorem in fractura et Notatura monasterium nostrum non habuit.* Vide *Nota* 1. et 2.

¶ **NOTESCERE**, Notum facere. Concil. Tolet. III. inter Hispan. tom. 2. pag. 338 : *Quicquid vero verbis apud Sacerdotium vestrum nobis agendum erat de fide atque spe nostra, quæ gerimus in hunc tomum conscripta atque alligata Notescimus.*

NOTIFICARE, Notum facere, in leg. 5. D. de Jure immunit. (50, 6.) et alibi non semel.

¶ Notificatio, Significatio, declaratio, Practicis nostris *Notification*. Nicolaus de Jamsilla de Gestis Friderici II. Imp. apud Murator. tom. 8. col. 519 : *Marescallus summi Pontificis, sicut ex ejus Notificatione accepi, etc.* Andreas Dandulus in Chronico apud eumd. Murator. tom. 12. col. 495 : *Ea prædicta ergo Notificatione verum constare potest, etc.*

* **NOTINUS**, Significans. Stat. pro arte parat. pannor. Carcass. renovata ann. 1466. in Reg. 201. Chartoph. reg. ch. 121 : *Item quod quilibet pannus.... habebit aurerias sive listones de blavo colore vel burello Notino. Notice*, a Latino Notitia, vulgo *Connoissance*, in Lit. ann. 1372. tom. 5. Ordinat. reg. Franc. pag. 606 : *Selon qu'il vint à la Notice du suppliant, etc.*

NOTIO, pro *Notitia*. Charta S. Bonifacii de finibus et limitib. Fuld. Monasterii apud Brow. lib. 1. Antiq. Fuld. cap. 4 : *Scripta est hæc Notionis Charta in Fuldensi Monasterio, etc.*

¶ **NOTIOSUS**, pro *Noctiosus*. Vide in hac voce.

¶ **NOTITAS**, Notitia, evidentia. Processus de Vita S. Yvonis, tom. 4. Maii pag. 578 : *Cœperunt clamare Heloy, Heloy, et ad Notitatem addebant verba referendo ad me, Lamma sabactani.*

NOTITIA, Instrumentum, quod de re inter præsentes in re quapiam gesta, nec scripto mandata, aut in chartas relata, ad hoc vocatis testibus, conficiebatur, ut præsentibus posterisque nota fieret : et in posterum nullus de ea dubitandi locus oriretur. Nam cum primis istis sæculis ea esset fidei inter homines integritas, ut solo verbo, certisque traditionum seu investiturarum adhibitis formulis et ritibus, prædia Ecclesiis aliisque conferrentur ac traderentur; interdum, et ut plurimum coram testibus, ad majorem firmitatem, donatariis ita postulantibus, Charta conficiebatur ad posterorum *Notitiam*, quæ et rem donatam ac collatam, donatoris nomen, traditionis ritum ac formulam, testes, qui adfuerant, annumque, mensem ac diem continerent. Unde *breve memoratorium, seu recordationis* crebrius appellatur in Tabulario Casauriensi : *Decretum securitatis et firmitatis pro futuris temporibus ad memoriam retinendam, etc.* In Charta ann. 1152. in Historia Bellunensi pag. 77 : *Breve recordationis ad memoriam retinendum.* Exstat in Tabulario Heduensis Ecclesiæ Notitia ann. 1107. cujus initium ita concipitur : *Quia negligentia, noverca memoriæ, benefacta delere solet, aut pervertere, scripturæ custodiendum mandavimus.* Quo sane referri possunt ista ex Collat. 2. Carthagin. cap. 28 : *Intelligis ita rem esse gestorum, adeo memoriæ scripturarum per literas digeruntur, ne sola memoria, quæ capax esse non potest, oblivione decepta, quid gesserit, nesciat.* [Vide Tabularium S. Cyrici Nivern. num. 13.]

Atque ejusmodi Notitiæ secundum contractus naturam varias sortiebantur appellationes. Aliæ enim dictæ *Warpituriæ*, quibus quis rem aliquam dimittebat, ut in Tabulario Persiensi Ch. 26. *Traditionales*, quæ rei traditionem continerent, Ch. 2. *Traditoriæ et revestitoriæ*, apud Perardum in Burgundicis pag. 172. *Sacramentales*, quæ ab testibus post edita sacramenta firmabantur, in eodem Tabulario Persiensi Ch. 16. Aliæ in ipso mallo describebantur, judicibus ipsis præcipientibus, in Chronico Besuensi pag. 505. in eodem Tabular. Persiensi Ch. 18. 19. apud Beslium in Comitib. Pictav. pag. 218. 224. etc. Quæ quidem fortassis eæ sunt, de quibus agit Capitulare 6. ann. 803. cap. 2 : *De secundo vero, unde me interrogasti, si Comes de Notitia solidum unum accipere deberet, et Scabinii, sive Cancellarius, etc.*

Notitiarum aliæ ab ipsis partibus, id est, donatoribus et donatariis, atque adeo ab ipsis testibus, qui in rei gestæ fidem advocati erant, subscribebantur, cujusmodi passim observare est, ex quibus unicam tantum describemus ex Tabular. Bellilocensi Ch. 154 : *Notitia traditionis vel consignationis, qui hanc Notitiam subtus firmaverunt, qualiter veniens aliquis homo nomine Aicardus... manibus tradidit ipsam villam... Garulfo Abbati... per cordam signi et per hostium domo.... sicut in Carta testamenti loquitur, et tunc necesse fuit ipso Abbati vel ad ipsos Monachos, ut exinde Notitiam colligere deberent, quod ita et fecerunt his præsentibus, actum fuit factam hanc Notitiam traditionis in mense Octobro ann. 3. Caroli Imperatoris. S. Aicardi, qui traditionem ita firmavit. S. Adelgario. S. Adraldi, etc.* Notitiæ aliæ ab ipsis donatariis interdum describebantur, ut eorum posteris notum fieret, qualiter prædia ipsis et a quibus, quibusque præsentibus testibus essent collata : quæ quidem nudam rei gestæ narrationem continebant, nullis adhibitis signaculis, ac subscriptionibus, cum eas *in polyptycha* sua referre satis esse ducerent, ut est apud Gregor. M. lib. 7. Ind. 2. Epist. 40. Ejusmodi passim exhibet Chronicon Besuense. Atque hæ quidem Notitiæ vim Diplomatis habebant. Charta Henrici Imp. apud Ughellum tom. 4. pag. 808 : *Et cætera, quæ in præceptis et Notitiis antecessorum continentur.* Alia Lucii PP. ibid. pag. 817 : *Sicut continetur in præcepto et in tuis Notitiis.* Ejusmodi notitiarum mentio post annum 1100. rarius occurrit. Porro de vocis *Notitia* notione apud Scriptores Latinos, egit Pancirolus ad tit. Notitiæ Imperii. Vide Mabillonium tom. 5. Vitar. SS. Ordin. S. Benedicti pag. 761. [et lib. 3. de Re Diplom. cap. 4.] Acta Episcop. Cenoman. pag. 272 : *Ipsamque per Notitias atque judicia multorum nobilium virorum evindicavit.*

* Consuet. Neapolit. MSS. : *Instrumentum vero divisionis curialiscum, quod Neapolis Notitia dicitur, subscriptum duobus testibus curialibus et non completum, robur habet inter dividentes eorumque hæredes et successores perinde ac si esset per tertium curialem scriptum et completum.*

Notitiam Facere, pro *Notum facere*, in Legibus Luitprandi Regis Longobard.

tit. 17. § 1. tit. 52. § 1. [** 22. (4,4.) 73. (6,20.)]

* **NOTITIALIS** Recordatio, Inquisitio juridica per testes, qua quid notum fit. Charta ann. 1170. in Chartul. Cluniac. : *Notitialis facta est recordatio, si contingeret terram de Fulciniaco impugnari ab hostibus.*

¶ **NOTITIOLA**, Parva notitia, modica scientia. Tortarius in Miraculis S. Benedicti cap. 25 : *Jactitabat aliquantulam medicaminis se habere Notitiolam.*

NOTNUNFTI, *Violentia*, in Gloss. Lat. Theotisco. Lex Frision. tit. 8 : *De Notnumfti : Si quis rem quamlibet vi rapuerit, etc.* Occurrit in Speculo Saxonico lib. 1. art. 45. et lib. 3. art. 1. [** Vide Grimm. Antiq. Jur. Germ. pag. 633.]

NOTORIA, Epistola, qua aliquid Principi aut Magistratui notum fit. Trebellius Pollio in Claudio, ex Epistola ejusdem Claudii : *Nihil me gravius accepit, quam quod Notoria tua intimasti, Claudium parentem amicumque nostrum insinuantis sibi falsis plerisque graviter irasci.* In Glossis Isidori, *Notoria, elogium, textum malorum dictorum, quod Notoriam dicunt*, appellatur : scilicet libellus accusationis, sic dictus, quod in eo reus *notetur*. Ita usurpat Augustinus Epist. 159 : *Qui non accusantibus nostris, sed illorum Notoria, ad quos tenendæ pacis vigilantia pertinebat, præsentari videntur examini.* Idem Epist. 160 : *Præmissa Notoria, ad judicia legesque perduxit.* Adde leg. 7. Cod. de Accusat. (9,2.) Apuleium lib. 7. Paulum JC. etc. et quæ observant Marcilius ad Sueton. in Tito, Juretus ad Symmachum lib. 10. Epist. 4. Jacobus Gotofredus in leg. 31. Cod. Th. de Episcopis, (16,2.) etc. [Vide *Notaria* 1.]

¶ **NOTORIANS** Fama, Qua quid notum fit et vulgatum. Bulla Benedicti XIII. PP. dicti ann. 1407. tom. 6. Spicil. Acher. pag. 182 : *Ad nostrum siquidem auditum fama publica Notoriante pervenit, etc.*

* **NOTORIARE**, Notum facere. Proces. contra spoliatores thes. Clem. V. PP. ex Reg. Joann. XXII. PP. fol. 94. v°. col. 2 : *Sicut nota evidentia facti Notoriat et adeo nota reddit, quod nulla possint tergiversatione celari.* Vide *Notescere.*

¶ **NOTORIETAS**, Pervulgata notitia, Gall. *Notorieté*, Evidentia, in Processu de B. Hermanno Joseph tom. 1. Aprilis pag. 720. in Concilio Pisano ann. 1409. apud Marten. tom. 7. Ampliss. Collect. col. 1093. in Charta ann. 1424. apud *Madox* Formul. Anglic. pag. 69. in alia ann. 1554. apud Rymer. tom. 15. pag. 370. etc.

NOTRIA, *triæ*, *Pinna*, apud Joannem de Janua.

* **NOTRIMINA**, Nutricatus animalium, ipsa animalia, idem quod *Nutrimen.* Vide ibi. Charta ann. 790. apud Murator. tom. 3. Antiq. Ital. med. ævi col. 561 : *Et duas casas meas massaricias in loco Tussie, cum rebus et hominibus et Notriminas, movile et inmovile, qualiter mihi sunt pertenentes in integrum.* Occurrit rursum infra.

* **NOTTOLA**, vox Italica, Fenestræ obex, repagulum. Acta MSS. notar. Senens. ad ann. 1283 : *Confiteor conduxisse a vobis.... unum molendinum cum domo positum in flumine de Bocone,.... cum duabus Nottolis et cum duabus rallis, etc.*

¶ **NOTULA**, Charta, scriptum. Charta Heinrici Marchionis Misnensis ann. 1234. apud Ludewig. tom. 1. pag. 51 : *Noverint universi præsentem Notulam inspecturi, quod... tertiam partem advocatie, quæ ad nos spectabat, omnium bonorum de omnibus villis, quas supradictum cœnobium* (Dobrilucense) *possidet, in præsenti jure perpetuo duximus conferendam... Et ne aliquis imposterum huic donationi ausu temerario valeat obviare, presentem super ea Notulam conscribi fecimus et sigilli nostri munimine roborari.* Alia ann. 1325. pag. 311 : *Ut autem donationes atque largitiones nostre premisse proprietatis stabiles permaneant et inconvulse... presentem Notulam... conscribi jussimus et munimine nostri sigilli fecimus firmiter roborari.*

¶ Notula, Commentariolus, vel perscriptio, Gall. *Minute*, seu, ut habet Johan. de Janua, *Brevis, lucida et aperta traditio eorum quæ sunt alibi diffusius pertractata ; Notule*, in Glossis Lat. Gall. Sangerm. Edictum Philippi Pulcri Franc. Regis ann. 1328. de Forma juramenti qua uti debent Tabelliones, apud Acherium tom. 6. Spicil. pag. 491 : *Nec faciam instrumenta, protocolla, seu libros Notularum et registra ad cautelam et securitatem Reipublicæ, etc.* Computum ann. 1347. tom. 1. Hist. Dalphin. pag. 84. col. 2 : *Formis contentis et declaratis in quadam Notula recepta per me Hugonem Moteti Notarium.* Vide supra *Nota* 3.

¶ Notula Codicalis, Curtana, Formata, Poeticalis, etc. Vide *Scriptura.*

* **NOTULATOR**, Qui libris ecclesiasticis *notulas* musicas adscribit. Comput. fabr. S. Petri Insul. ann. 1493. ex Tabul. ejusd. eccl. : *Item cuidam scriptori et Notulatori, qui notulavit officium contra pestem, etc.* Vide *Notator* in *Nota* 2.

* **NOTULATUS** Cantus, Qui notis musicis exequitur. Stat. eccl. Paris. MSS. ann. 1408. ad calcem Necrol. ejusd. eccl. : *Nec debet in cantu Notulato regulariter immisceri discantus, pueris exceptis, propter exercitationem suam.*

* **NOTUS**, pro Nothus. Glossar. Provinc. Lat. ex Cod. reg. 7657 : *Notus, de patre non nobili et de matre nobili.*

¶ **NOVA**, vox Italica, Res nova, nuntius, Gall. *Nouvelle. Quum nulla amplius de inimicis audiretur Nova*, in Annal. Genuens. apud Murator. tom. 6. col. 496.

¶ **NOVACULATOR**, f. Qui secat seu effodit cespites ad munitionem urbis, de qua Lambertus Ardensis apud Ludewig. tom. 8. pag. 600 : *Fossarii cum fossoriis, ligonistæ cum ligonibus, picatores cum picis, malleatores cum malleis, Novaculatores sive rasores cum rasoriis, paratores quoque et wallatores, et deuparii, et hiatores, etc.* [* Vide *Rasor* 1.]

NOVALE, Novalis Ager. Varie hæc vox accipitur : interdum enim pro terra proscissa, quæ anno cessat, interdum pro agro, qui de novo ad cultum redigitur. Petrus Crescentius lib. 2. de Agricult. cap. 18 : *Ager, qui Novalis ab antiquis sapientibus vocatur, est duplex : unus quidem, qui primum ad cultum redactus est : alter autem, ad quem interpositis quibusdam quietibus necesse est suam redire novitatem, sicut est ager, qui duobus annis seminatur, in tertio quiescit, etc.* Gloss. MS. : *Novalis ager est primum proscissus, vel qui alternis annis vacat, causa novandarum virium. Novalia enim semel cum fructu, et semel vacua sunt. Novalia, agri à novando per singulos annos dicti. Novales campi, ut silvæ nuper satæ.* Eadem ferme habet vetus Agrimensor pag. 299.

Novale, priori notione. Papias : *Novalis ager dicitur, qui vacat anno intermisso.* [* Glossar. Gall. Lat. ex Cod. reg. 7684 : *Novale, Nouveau garet.*] In Gloss. Lat. Gall. *Gaschiere.* Lex 30. D. de Verbor. signif. : *Novalis est terra præcisa vel quæ anno cessavit, quam Græci νεατὶν vocant.* Glossæ : Νεατός, *Novalis, novalis terra.* Νέασις Theophrasto, et νέασις χειμερὶη, prima terræ aratio, quæ proxime sequitur τὸν ἄροτον, i. sementem. Gloss. Lat. MS. Regium : *Novale, nova cultura. Novales campi, culturæ dediti.* Lactantius ad 12. Thebaid. Statii : *Novalia, agrorum loca, quæ verno tempore scrobibus factis vinetis aptantur.* Joannes Sarisberiensis lib. 1. Policrat. cap. 2 : *A Novalibus suis arceantur agricolæ, dum feræ habeant vagandi libertatem.*

Novale, vel *Novalem agrum* altero significatu sumi potissimum in Chartis Pontificiis observat Innocent. III. PP. in Decretal. Greg. lib. 5. cap. 21. pro agro scil. *qui de Novo ad cultum redigitur, de quo non extat memoria, quod aliquando cultus fuisset.* Gloss. antiquæ MS. : *Novales campos, vel silvas nuper satas.* Vita S. Pirminii cap. 20 : *Excolentes diu infertilia, gratissima ex eis reddidere Novalia.* Vetus Charta apud Joach. Vadianum lib. 3 : *In Novali loco, qui Abbacella nuncupatur... Basilicam ad servitutem Dei condidi.* [Alia Abbatis Fusniac. ann. 1237 : *In hanc formam pacis amicabiliter convenimus, videlicet quod boscum Houdini et boscum ad Tilium cum Novali vel sarto adjacente predicto bosco, etc.*] Hinc

Novale Novare, Ad cultum reducere, proscindere. Tradit. Fuld. lib. 3. cap. 29 : *Novale quoddam in Hogebach Novavit, quod 22. solidos persolvit.* Et cap. 35 : *In silva Branvirst cœpit Novare Novale, ut in Ecclesia Fuldensi suo labore acquireret sibi nomen et sempiternum memoriale.* [** Vide Mittermaier. Princip. Jur. Germ. § 188.]

¶ **NOVALIS**, Novus. Miracula B. Simonis de Lipnica, tom. 4. Julii pag. 567 : *Novalia subnectuntur miracula virtute omnipotentis Dei, ad invocationem almi Simonis operata.*

¶ **NOVALITAS**, Res nova, Gall. *Nouveauté* : quæ vox in pravam partem sæpius accipitur. *Sans faire à iceux grief et Nouvelleté*, in Charta ann. 1334. apud Menesterium in Probat. Hist. Lugdun. pag. 93. col. 1 : *Ulteriusque fuit inter eos apointatum quod Rex non edificaret aliquod fortalicium, nec alium Novalitatem faceret aut fieri permitteret in civitate Macloviensi sine licentia Ducis*, apud Lobinellum. tom. 2. Hist. Britan. col. 866. Vide *Novitas* 2.

* Nostris alias *Novalité* et *Noviauté*, Usurpatio. Charta ann. 1312. ex Tabul. S. Petri Carnot. : *Disoit que je li fesoie Novalité et li enpeschoie son dict ; et je oye sa complainte, li confesse que je ne li avoie feste*

nulle Noviauté. Hinc Avoir nouvelles, De injusta occupatione litigare, in Lit. remiss. ann. 1408. ex Reg. 162. Chartoph. reg. ch. 346 : Martin Freschet et Jaquet Petit eurent Nouvelles ensemble, pour ce que les bestes dudit Martin vindrent en une tope ou pasquier,..... lequel pasquier appartenoit, au moins pour la plus grant partie audit Martin : pendant lesquelles Nouvelles, etc. Vide Novitas 2.

¶ **NOVANA**, Preces novendiales, Gall. Neuvaine. Vita S. Philippi Archiep. Bivaric. apud Marten. tom. 3. Anecd. col. 1941 : *Isabellis dixit quod vidit ad sepulturam dicti Philippi facientem Novanam, et in sui septimum diem vidit eum sanatam.* Vide infra *Novena* 1.

¶ Novania, Eadem notione, in Statutis MSS. Ecclesiæ Andegav. ann. 1591.

¶ **NOVARIA**, Meretrix. Vide *Centrix*. [* Perperam pro *Nonaria*. Vide supra in hac voce.]

¶ 1. **NOVATIO**, Idem quod *Novale*. Privilegium Lotharii Imp. ann. 1136. in Actis SS. Junii tom. 5. pag. 485 : *Hæc omnia ipsis Ecclesiis confirmamus, cum terris, vineis, pratis, pascuis, silvis, Novationibus, aquis, aquarumque decursibus, etc.* Vide alia notione in *Novitium*.

* 2. **NOVATIO**, Novus seu recens fetus; dicitur de junioribus feris. Charta Rob. de Veteri-ponte inter Probat. tom. 1. Annal. Præmonst. col. 645 : *Dedi etiam dictis canonicis... omnes decimas Novationis bestiarum, quæ captæ erunt de cætero in omnibus forestis meis,.... sive per arcus, sive per canes.*

¶ **NOVEGELDI**. Vide infra in *Novigildum*.

¶ 1. **NOVELLA**, Idem quod *Novale*, secunda notione. Charta ann. 971. apud Menesterium in Probat. Hist. Lugdun. pag. XXXVIII. col. 1 : *Cellam quoque de Occiaco cum ecclesia S. Andreæ... et Novellis, universaque illis adjacentia.*

¶ 2. **NOVELLA**, Johanni de Janua, *Ramus arboris tener, novus. Psalm. Filii tui sicut Novellæ olivarum.* Gloss. Lat. Gall. Sangerman. : *Novella, Rain d'arbre tendre et nouviau.* In Psalmo olea ipsa tener et junior intelligenda est, non ramus.

¶ Novella Silva, f. Recens consita vel cæsa. Codex MS. Irminonis Abb. Sangerman. : *De vinea aripenna v. de prato arip. v. de silva Novella bun.* 6.

* 3. **NOVELLA**, Nostris vulgo *Nouvelle*. Hinc *Nouvelier*, qui nova ultro nunciat et audit, Gall. *Nouveliste*. Vita J. C. MS. :

En la chambre ot deux chamberieres,
Qui moult estoient Nouvelieres,
Qui lor dame orent escoutée,
Qui forment s'estoit demenée,
Chou sache Diex nostre Sire
El bourc le vont conter et dire.

* *Nouvelleur* vero, Qui novis rebus studet, in Epist. ann. 1562. tom. 2. Comment. Cond. ult. edit. pag. 37. Vide infra *Novum*.

NOVELLÆ, *Suggestiones*, in veteribus Glossis MSS. ad Canon. Concilior. Idem Codex, qui est ex Bibl. Reg. : *Eodem tempore, cum multi Novellis gauderent, quod Constantinus baptizatus a Silvestro Episcopo urbis Romæ emundatus fuisset a lepra, etc.* Vita S. Mauri metrica MS :

Est pater in cella, cum noscitur ista novella.

Guill. de Podiolaurentii cap. 14 : *Tandem Novella tristris intonuit, quod Prælati capti essent, etc.* Nostri *Nouvelle*, vulgo dicunt.

Novellæ, ita recentiores Constitutiones suas appellarunt Imperatores : quod nomen, inquit Antonius Augustinus, vetustissimum est, et a pluribus post Theodosianum Codicem editum et usurpatum, et quo Justinianus ipse utitur frequentius in his eisdem Legibus appellandis. *Novellas* autem cum appellat Accursius, Juliani editionem intelligit, cum barbaram translationem Bulgari tempore factam, *Authenticam* appellavit. [** Vide Glossar. med. Græcit. voce Νεαραί, col. 988.]

¶ **NOVELLARE**, Silvestrem agrum extricare, agrum ante incultum colere. *Novellabam nuper in agro*, in Vita S. Hugonis Abb. tom. 3. Aprilis pag. 646. Verbum Suetonio notum in Domitiano cap. 7. pro Vites pangere : *Edixit, ne quis in Italia Novellaret, utque in provinciis vineta succiderentur.* Gl. Lat. Græc. : *Novello*, Νεάω, φυτεύω. Aliæ Græc. Lat. : Φυτεύω, *planto, complanto, Novello*.

¶ 2. **NOVELLARE**, Renovare. Miracula S. Gengulphi, tom. 2. Maii pag. 651 : *Evangelicum nobis miraculum innovatur, antiquatum itidem Novellatur.*

¶ 3. **NOVELLARE**, Nova nunciare, scribere. Epistola Sigismundi Rom. Regis ad summum Pontificem circa ann. 1412. apud Marten. tom. 1. Anecd. col. 1744 : *Ut vestra Sanctitas de emergentiis rerum nostrarum, quas gerimus, Novelletur, scire placeat, quod, etc.* Le Roman de Rou MS. :

Et Richier qui est Sire et Duc des Bourguoignons,
Oirent Noveler du Roi et des Barons,
Qui de la paiz requireut Rou et ses compaingnons.

Italis *Novellare*, Fabellas et nugas garrire est.

¶ **NOVELLASTER**, Novus, novellus. Marcullus Empir. cap. 8 : *Vinum optimum, sed Novellastrum.*

NOVELLETUM, Νεοφυτεῖον, in Glossis Græc. Lat. Ibidem : Νεόφυτον, *Novellum*. [Vinea novis vitibus consita, Paulo JC. leg. 6. Dig. de impensis in res dotales factis (25,1.) Hac notione in Statutis Vercell. lib. 5. fol. CXXI. recto : *Ordinatum est quod de qualibet bestia quadrupede... que invente fuerint in plantato, in vinea, altineto, Novelleto, riveria, campo imblavato, etc.*]

¶ **NOVELLITAS**, Novitas. Tertull. adv. Praxeam cap. 2 : *Hanc regulam* (fidei) *ab initio Evangelii decucurisse, etiam ante priores quoque hæreticos, nedum ante Praxean hesternum, probabit tam ipsa posteritas omnium hæreticorum, quam ipsa Novellitas Praxeæ hesterni.*

¶ **NOVELLUM**. Vide *Novelletum*.

¶ **NOVEMDIALE**. Vide in *Novenarium*.

¶ **NOVEMGELDUM**. Vide in *Novigildum*.

¶ **NOVEMPLICITER** Componi debet furtum in Ecclesia commissum, juxta Legem Alaman. tit. 5. §. 1. Vide infra *Novigildum*.

¶ 1. **NOVENA**, Preces seu Missæ per novem dies continentes pro defunctis celebrandæ, Gall. *Neuvaine*. Testamentum Gregorii XI. PP. apud Acherium tom. 6. Spicil. pag. 677 : *Successor cum dictis executoribus de pannis aureis et sericis, luminaribus, facibus, Missis et eleemosynis tam in Ecclesia de domis in depositione corporis nostri et per Novenam, quam in itinere et Monasterio Casæ Dei, habeant disponere et ordinare, sicut decet honorem Ecclesiæ sanctæ Dei.* Testamentum Beatricis de Alboreya Vicecomitissæ Narbon. ann. 1367. apud Marten. tom. 1. Anecd. col. 1522 : *Item, quatuor Capellani... celebrent cotidie pro anima nostra... et in fine dictæ Novenæ factæ et completæ, dentur cuilibet quatuor floreni auri.* Testamentum Petri Gerardi Cardinalis ann. 1410. apud Stephanotium tom. 10. Fragm. MSS. pag. 415 : *Exequiæ celebrentur pro nobis et una Novena prout est pro personis DD. Cardinalium fieri consuetum in curia Romana, et ultra hoc volumus et præcipimus quod... prædicta Novena durante... centum franci.... Christi pauperibus erogentur.* Vide *Novenarium* et *Novendium*.

* Vel pro recuperanda sanitate, vel ex alia quavis religionis causa celebrandæ. Consuet. MSS. monast. S. Crucis Burdegal. ante ann. 1305 : *Item est statutum quod qulibet faciens Novenam, recipit per novem dies continue a cellerario unum panem grossum et unam lagenam vini; et ideo reputatur familiaris, quamdiu facit Novenam, etiamsi moriatur interim; quod si facientes Novenam sint furiosi et fortes, debent jejunare per novem dies continue in pane et aqua; si non sint furiosi, sed aliis infirmitatibus detenti, et etiam furiosi, si essent debiles, bibent vinum cum aqua temperatum, et si sunt multum debiles, non debent jejunare. Item est statutum quod tales facientes Novenam, debent vilgilare per xj. noctes continue in prædicto monasterio, et prima et secunda nox non computantur; et quilibet faciens Novenam, debet tradere sacristæ x. candelas ceræ, quarum qualibet possit durare ardendo ante corpus B. Mommoli per unam noctem naturalem, et debent tradere sacristæ xxv. solidos monetæ Burdegalensis pro x. missis celebrandis coram altari B. Mommoli, cum officio ejusdem, continue faciendo Novenam; item xj. denarios, unam imaginem ceræ, aliter Bot, quæ ponitur coram altari B. Mommoli, et debet esse unius libræ pro voto facto, quod dictus B. Mommolus impetret facienti Novenam sanitatem de infirmitate, quam patitur, a Domino Deo Patre omnipotenti.* *Noveine*, in Lit. remiss. ann. 1383. ex Reg. 123. Chartoph. reg. ch. 260.

2. **NOVENA**, Mensuræ frumentariæ species. Charta fundationis Abbatiæ Sorpiensis in Diœcesi Regiensi in Provincia, ann. 1255 : *Dedit dicto Monasterio dotando illud decem Novenas bladi, quas habet Ecclesia Vallis Naynæ, et octo Novenas quas habet in Ecclesia de Montemejano.* [Charta fundationis Parthenonis S. Catharinæ Massil. ann. 1255 : *Quatuor Novenas frumenti et hordei.* *Novena* apud Dumbenses paulo minor Lugdunensi, continet mediam *asinatam*, seu *novem cupas* vel *bichetos*, a quo numero *Novena* dicta. Vide Colletum in suis Notis ad Statuta Sabaudiæ part. 2. pag. 75.]

3. **NOVENA** appellatur, munus rerum novarum, diversarumque, ut sunt panni ex seta confecti, scarlati, resque aliæ, quæ a Legatis Principibus offeruntur. Ita Jose-

phus Barbarus in Itinerario ad Tanaïm, pag. 445.

¶ 4. **NOVENA**, Decimarum pars apud Indos Hispanos, de qua sic in Synodo Limæ ann. 1586. inter Hispanica tom. 4. pag. 444 : *Ut Indorum Hispanorumque Parochi intelligant quales et cujus quantitatis sint quatuor Novenæ et tres Novenæ, et qualis fiat decimarum distributio; et ut non prætendant ignorantiam ejus quod facere debent, declaramus et advertimus quod decimæ cujuscumque beneficii vel doctrinæ, partis vel loci, in quibus decimæ solvantur, dividuntur in quatuor portiones, juxta erectionem hujus archiepiscopatus; quarum una portio spectat ad nos, et alia ad præbendarios et reliquos ministros nostræ sanctæ Ecclesiæ cathedralis, et ex reliquis duabus fiunt novem partes, quarum duas, quas Novenas appellamus, accipit sua regia Majestas, quæ ad ipsum pertinent : aliæ quatuor partes, quas quatuor Novenas vocant, spectant ad Rectores decimarum et reliquorum beneficiorum, dempta octava earum parte, quam percipit sacrista; reliquæ tres partes quæ remanent ex novem primæ divisionis dividuntur iterum in duas, quarum una quæ Novena et media dicitur, spectat ad Ecclesiam dicti Rectoris, tam Hispanorum quam Indorum; et altera medietas, quæ est alia Novena et media, pertinet ac debetur xenodochiis tam Hispanorum quam Indorum.* Rursus memorantur *Novenæ* eod. tom. pag. 423. 442. et 443.

¶ **NOVENARIUM**, ut *Novena* 1. Hispan. *Novenario*, Gall. *Neuvaine*. Testamentum ann. 1286. tom. 2. Hist. Dalphin. pag. 61 : *De quibus* (10000. solidis coronatis) *volo fieri dictum lectum meum et exequias meas et Novenarium meum, etc.* Constitutiones Cardinalis de Mendoza tom. 4. Concil. Hispan. pag. 32 : *Item pro Novemdialibus et Missis Novenarii ac responsoriis et pro adeundo sepulturam singulis Novemdialibus, Clerici ecclesiæ in qua adest sepultura et sepultus defunctus, percipere debeant* 150. *Morapetinos pro suo labore.* Ibid. pag. 33 : *Ut in Novemdialibus exequiis et initio anni, quando celebrantur in civitate in quacumque parochia, Clerici seu Presbyteri hujus parochiæ debeant recitare officium duplex et percipere pro suo labore, ut in die sepulturæ, pro quolibet officio.* Et mox : *Quando aliquis parochianus obierit et sepeliri jusserit in monasterio Religiosorum... Presbyteri dictæ parochiæ percipiant ratione laboris* 300. *Morapetinos, et dicant prima officia, videlicet Litanias, Vigiliam et Missam, et ulterius percipere debeant dicti Clerici pro Novenario, initio anni et Novemdialibus* 300. *Morapetinos.* Quibus in locis *Novenarium* inter et *Novemdialia* discrimen apparet, in eo forte situm, quod *Novenarium* fuerint Missæ per novem continuos dies celebratæ, *Novemdialia* vero totidem officia feralia iisdem novem diebus continuis peracta. Vide *Novendium*.

1. **NOVENARIUS**, Novem Psalmi, qui cantantur in Matutinis, apud Udalricum lib. 1. Consuetud. Cluniac. cap. 12. [et Bernardum Mon. in Ordine Cluniac. part. 2. cap. 15.]

2. **NOVENARIUS**, Qui nonam fructuum domino persolvit, nisi fallor. Fori Oscæ ann. 1247. fol. 31 : *Emptio hæreditatis Judæi et Saraceni Novenarii, aut tributarii domini Regis omnibus cujuscumque conditionis sint, maneat interdicta.* [Vide *Novennarius*.]

NOVENDIUM, Luctus novem dierum, qui ut ait Donatus, parentalia concludit, quique apud Latinos *Novendial* appellabatur, ut testatur Augustinus, qui in exequiis Christianorum nonum hunc diem celebrari improbat. Gloss. Lat. Gr. : *Novendialia*, Ἔννατα ἐπὶ νεκροῦ ἀγόμενα. Alcuinus lib. de Divin. offic. sub finem : *Quod autem apud aliquos nonus dies celebratur et vocatur, Novendialis, Augustinus in libro Quæstionum redarguit, maxime, cum nullus Sanctorum hoc fecisse probetur, cum sit consuetudo Gentilium.*

¶ **NOVENGELDUS**. Vide infra *Novigildum*.

NOVENNARIUS, Novennaria. Vitalis Episc. Oscensis apud Blancam in Comm. Rerum Aragon. pag. 728 : *Quinetiam Dn. Rex secundum meliorationem et deteriorationem loci auget vel minuit quantitatem. Ubi autem sunt Novennarii, precaria non exigitur, sed ipsammet Novennartam percipit Ricus homo.* [Vide *Novenarius* 2.]

¶ **NOVENSE**, f. Nona pars ex aliqua re. Charta ann. 1268. ex Archivo Episcopatus Massil. : *In proprietate ipsius Episcopi totum Novense de salibus et tertiam partem lesdæ et in toto stagno dominium.*

¶ **NOVENSILES**, *id est*, *Novem salientes vel saltatores Jovis*, apud Papiam. Joh. de Janua : *Novensiles a novem et salio, Dii sic dicti, quia novem insultibus navem infestant; unde dicunt, quod si evaserit navis decimum insultum non deinceps timet.* Unde hæc hausta? Deos Novensiles appellabant Romani, vel a novenario numero, vel a novitate, quasi recens essent facti Dii, ut fuse deridens exponit Arnobius lib. 3. Quidam *Novemsides* vel *Novensides* vocant, quod eadem sede, qua Dii, consedere fingerentur, ut habet Marius Victorinus lib. 1. Artis Gramm. cap. de Orthographia. Varro lib. 4. de Lingua Lat. : *Feronia, Minerva, Novensiles a Sabinis.* Hinc Vossius suspicatur vocis etymon non esse a Latino ducendum. Ex Martiano Capella, qui cœlum omne in sexdecim regiones dividit, in secunda inter alios collocantur *Lymphæ Diique Novensiles.* Vide Giraldum Syntagm. 1. Histor. Deor. fol. 19. Cælium Calcagninum lib. 1. Epist. 29.

¶ **NOVENUS**, Nonus. *Novena hora*, in Charta ann. 1445. apud Rymer. tom. 11. pag. 90. *Noveni*, pro Novem, usurparunt Livius lib. 27. et Plinius lib. 3. cap. 11.

* Nostris *Novain*. Charta ann. 1325. in Reg. 65. 2. Chartoph. reg. ch. 215 : *Rem acquisivit nonam partem, sive le Novain, quem* (sic) *ipsa habebat quolibet anno in tertia parte complanti dicti feudi de Vianays.*

¶ **NOVERCA**, Mater uxoris. Charta Thossiacensis in Dubis ann. 1462 : *Petrus Bonet nomine Philibertæ, relictæ Joannis de Columberio, ejus Novercæ, et Joannette filii dicti Columberii ejus uxoris confitetur, etc.*

Noverca. Hygenus de Castrametatione : *Iniqua loca, quæ a prioribus Novercæ appellantur, omni modo vitari debent.* Occurrit apud Agrimensores : metaphora ducta a novercis, *quod genus mulierum solet esse pessimum*, ut est apud Anonymum de Mirac. in Circumlatione S. Ursmari per Flandriam, num. 4. [et apud Menandrum :

Δεινότερον οὐδὲν ἄλλο μητρυιᾶς κακόν.]

¶ Novercari, *More novercæ se habere, sevitiam novercæ exercere*, Johanni de Janua; *Soy avoir en maniere de marastre, forcener*, in Glossis Lat. Gall. Sangerman. μητρυιάζειν, in Glossis Lat. Græc. Sidonius lib. 7. Epist. 16 : *Quorum imbecillitati quodammodo Novercaretur.* Charta ann. 1213. tom. 2. Rerum Mogunt. pag. 757 : *Ne rerum effectui racionabilium diuturnitate temporum oblivio valeat Novercari.* *Novercans*, in Epistola Friderici II. Imper. apud Marten. tom. 2. Ampliss. Collect. col. 1194. *Novercante maris et temporis qualitate*, in Annal. Genuens. lib. 6. ad ann. 1227. *Novercante fortuna*, in Litteris ann. 1440. apud Rymer. tom. 10. pag. 782. et alibi : quod improbat Vossius lib. 4. de Vitiis sermonis.

* **NOVERCALE**, Infortunium, calamitas; metaphora ducta a *Noverca*. Vide in hac voce. Charta Phil. V. ann. 1317. in Reg. 53. Chartoph. reg. ch. 200 : *Major, scabini et villa Ambianensis, tam ex frequentibus guerrarum conflictibus, quam ex Novercalium importabili duritate premuntur.*

* **NOVERIA**. Charta Sancii reg. Navar. pro hominibus de Larraga æra 1246. in Reg. 64. Chartoph. reg. ch. 68 : *Quod non peccent ad ricomtnem, neque ad ullum hominem, villam Noveriam* (sic) *neque carnale, neque cenam, neque ullam alteram causam, etc.* Forte leg. *Ullam noveriam*; adeo ut *Noveria*, idem sit quod mox *Novia*.

* **NOVIA**, vox Hispanica, Nova nupta. Homag. præstitum Aymerico vicecom. Narbon. ann. 1273. inter Probat. tom. 4. Hist. Occit. col. 59 : *Debetis ducere ad ecclesias et reducere nuptas sive Novias, et habere inde procurationem.*

¶ **NOVICUPLUM**, Lex Bajwar. tit. 8. § 6 : *Si quis alienum servum ad furtum suaserit... in Novicuplum compositionem cogatur exsolvere.*

NOVIGALE. Thwroczius in Ludovico Rege Hungar. cap. 27 : *Item tertia vice circa fluvium Brentham Novigale contra Theutonicos et stipendiarios Venetorum transpassato flumine super equos cum magno periculo propter fluminis profunditatem, etc.*

NOVIGILDUM, Niungeldum, Mulcta pro re qualibet ablata furto aut alio quovis modo, qua reus novies ejusdem rei pretium reddere tenetur. Vide *Geldum*. Lex Burgund. tit. 8. § 2 : *Si autem permissus juraverit, et post sacramentum potuerit forte convinci, in Novigildo se noverit redditurum.* Adde tit. 9. tit. 19. § 11. tit. 45. tit. 76. § 2. Lex Alem. tit. 7. § 1 : *Si quis res Ecclesiæ furaverit,.... tres Novigildos solvat.* Tit. 72. § 1 : *Ille fur furtivam reddat Novemgeldis.* Tit. 76 : *Novemgeldo solvatur.* Tit. 99. § 6. 11. 15. etc. *Novem geldos componat.* Lex Bajwar. tit. 1. cap. 3. § 1 : *Si quis res Ecclesiæ furaverit,... de qualicumque re Niungeldos solvat, id est, novem capita restituat.* Tit. 2. cap. 13. § 1 : *Triuniungeldum componat, hoc est, ter novem donet homo, servus vero Niungeldo solvat.* Tit. 8. cap. 1 : *Niungeldo componat, hoc est, no-*

rem capitalia restituat. In Lege Frision. tit. 20 : *Novies componere, Novem Weregildos componere. Novengeldus*, in Capitulari 3. ann. 813. cap. 23. Vide *Niungeldum*.

☞ Hinc emendandas puto Leges Rotharis art. 262. 263. 264. et 265. apud Murator. tom. 1. pag. 37. col. 2. ubi male, nisi fallor, *Novum reddere* vel *componere* legitur, pro *Nonum*. Agitur enim de furtis, quæ *Nonogildo* componi consueverunt.

* **NOVINUPTIÆ**, f. Secundæ nuptiæ, vel nuptiarum post quinquaginta annos nova benedictio. Conc. Tortos. ann. 1429. apud Labb. cap. 7 : *Neque etiam missa pro nuptiis, vel sepulturis, vel Novinuptiis in domibus celebretur.*

¶ **NOVISSIMALIS**, Novissimus, postremus. *Versus finalis sive Novissimalis*, Mario Victorino lib. 2. Grammat.

¶ **NOVISSIMIOR**, Posterior. Vide *Novitior*.

¶ 1. **NOVITAS**, Dignitas, seu muneris initia, adeptio. Charta A. Archidiaconi de Bria ann. 1232. ex Tabulario Meld. fol. 65 : *Notum facimus, quod nos pro Novitate nostra... licentiam faciendi demandam in nostro Archidiaconatu... concessit* Episcopus Meldensis. Constitutiones MSS. Cluniac. ann. 1301. ex Archivo B. M. Deauratæ : *Statuimus, Abbates nostri et Priores in suis Novitatibus, et post factam eis commissionem et datam administrationem, etc.* Charta Philippi Franc. Regis ann. 1273. apud Lobinell. tom. 3. Hist. Paris. pag. 28. col. 2 : *Tenebuntur autem Majores dictæ Ecclesiæ* (S. Mederici,) *tam Major clericus quam laicus... jurare in Novitate sua sine dilatione et diffugio, in præsentia Præpositi Parisiensis.* Infra : *Consimile vero sacramentum vice versa sine dilatione et diffugio tenebuntur facere Præpositi Parisienses... in Novitate sua.* Rursum occurrit in Statutis Collegii Burgundici ann. 1335. ejusd. Hist. tom. 5. pag. 641. col. 2. *Novitas regni*, in Litteris Ludovici XII. Regis Franc. ann. 1498. quo regnum adeptus est, apud Ludewig. tom. 6. pag. 119.

* Charta ann. 1197. ex Tabul. S. Petri Carnot. : *Prior S. Romani per se poterit tailliare homines suos pro justis auxiliis meis ita quod iidem homines non graventur, videlicet pro Novitate militiæ meæ, etc.*

¶ 2. **NOVITAS**, Usurpatio, cum quis alium interpellat in jure suo, Practicis nostris *Nouvelleté*. Querimoniæ Flandrensium ad Anglos ann. 1402. apud Rymer. tom. 7. pag. 277 : *Præsertim cum per habitatores ipsos Flandriæ nulla est commissa super Anglicos Novitas... tantum facere dignemini, ut præfatæ Novitates et consimiles amodo cessent, et factæ, prout decet, restituantur.* Regestum Parlamenti ann. 1379. apud Baluzium tom. 2. Hist. Arvern. pag. 165 : *Dicereturque dictum Cardinalem et Comitem eorum causam seu causas in casu Novitatis et saisinæ contra dictum avunculum nostrum lucratos fuisse.* Eadem verba *in casu Novitatis et saisinæ* leguntur in Arresto ann. 1531. inter Privilegia Equitum S. Johannis Hierosol. *en matiere* vel *cas de saisine ou de Nouvelleté*, in Consuetudinibus Blesensi art. 20. et Insulensi tit. *des matieres possessoires* : quod accidit, cum possessor agit in eum, a quo interpellatur in possessione. Porro *celui qui se plaint en cas de Nouvelleté*, ut habet Auctor *du grand Coutumier* cap. 21. pag. 151. *se doit garder de dire, qu'il soit dessaisi ou depouillé de sa saisine, car il ne pourroit pas intenter la Nouvelleté, s'il ne possedoit ou contendoit posseder.* Plura vide apud *de Lauriere* in Glossario juris Gallici in vocibus *Complainte* et *Nouvelleté* : quam posteriorem vocem probat Cl. Vir interdum accipi pro novis rebus seu turbis recens excitatis, ut apud Guillelmum *de Guigneville* in suo *Pelerinage* MS. :

> Mais pour ce que je me suis teue,
> Maintenant étes revenue
> Pour faire vos Nouvelletez,
> Par lesquelles vous m'excitez
> A maintenant tencier à vous
> Par tres grande ire et grand courous.

Simili significatione etiamnum dicimus *Nouveautez*. Vide supra *Novalitas*.

* 3. **NOVITAS**, Ager, qui de novo ad cultum redigitur. Charta Droconis de Melloto ann. 1233. ex Tabul. Major. monast. : *Concessimus abbatiæ Majoris monasterii et priori Meduanæ decimas omnium Novitatum, quæ fiunt et fient in castellaria Meduanæ, videlicet decimam redituum, qui nobis provenient et provenerunt de extirpatione forestæ nostræ de Meduana.* Vide *Novale*, secunda notione, et infra *Novitus*.

* 4. **NOVITAS**, Juventus. Chron. Alber. ad ann. 881. tom. 9. Collect. Histor. Franc. pag. 58 : *Incidit* (Ludovicus) *in languorem, quo quasi fructus in Novitate a vita est præruptus : et regnavit Karlomannus frater ejus.*

¶ **NOVITER**, Rursus, iterum, denuo, Gall. *De nouveau*. Confirmatio fundationis Monast. S. Mariæ de Alaon ann. 1015. tom. 3. Concil. Hispan. pag. 136. col. 1 : *Hanc chartam a patre meo Lupo Athone .. et ab omnibus majoribus nostris laudatam et firmatam, Noviter laudo et affirmo.* Alias pro Nove, recens, Gall. *Nouvellement*, usurpatur, ut in veteri Inscriptione apud Gruterum 571. 7 : *Basilicæ Noviter reparatæ.* Fulgentius lib. 1. Mythol. cap. 1 : *Amor Noviter venit.* Hac notione non semel occurrit apud Jurisconsultos.

NOVITIA, Novitas, Gallis *Nouveauté*. Edidit Baluzius tom. 2. Capitula Monachorum Sangallensium ann. 817. hoc titulo : *Capitula Novitiarum de his, in quibus præceptum Regulæ et Constitutiones novellorum Conciliorum acutius nos considerare et promptius exercere jussio imperialis ammonet.* [Novas Constitutiones bene Mabillonius interpretatur sæc. 4. Benedict. part. 1. pag. 741.]

¶ **NOVITIARI**, *Novitiatum inire et fieri Novitium*, in Amalthea ex Concilio Turon. Regula reformationis Mellicensis in Chronico ejusdem Monasterii pag. 345. col. 2 : *Novitiandus autem de casibus infra scriptis aut potioribus ex eis, priusquam induatur, est caute examinandus.*

* Stat. Congregat. Exempt. cap. 31 : *Si abbas de Novitiando aut ad novitiatum nominando infra trimestri non providerit, eo casu liceat monachis candidatum et supplicantem ad novitiatum admittere. Novisserie*, pro *Noviciat*, in Charta ann. 1326. ex Reg. 64. Chartoph. reg. ch. 738 : *Icellui abbé recevra les professions, le temps de la Novisserie accompli.* Haud scio an idem sit *Novice*, in Sent. locumten. baillivi Ebroic. ann. 1591. ex Bibl. reg. : *Frere Jullien Bernard docteur en théologie, religieux au convent de S. Louis de ce lieu* (d'Evreux) *ayant fait les prédications durant le Caresme, et son Novice.* Vide *Novitii*.

NOVITII, Qui in Monasterio religiosæ vitæ experimenta subeunt, et probationis elapso tempore, si idonei fuerint inventi, ad professionem admittuntur. Conventus Aquisgranensis ann. 817. cap. 34 : *Ut Novitio non facilis in Monasterium tribuatur ingressus.* Guigo I. Prior Portarum Epist. 3 : *Incipientes, quos Novitios vocant, etc. Novitii ad religionis conversationem conversi*, apud Orderic. Vitalem lib. 3. pag. 477. Novitiorum porro diversitatem observare est ex Udalrico lib. 2. Consuet. Clun. cap. 1 : *Aliqua diversitas est eorundem Novitiorum : nam non solum absque habitu veniunt, ut Laici et Clerici, sed etiam cum habitu, et Monachi jam facti : et tales trifariam sunt differentes. Quidam sunt de longinquis et alienis Monasteriis, et ad hoc veniunt, ut rursum profiteantur, et de cætero maneant nobiscum. Quidam de cellis nostris, et vel pro infirmitate, vel loci longinquitate benedictionem jam a D. Abbate acceperunt, professione interim dilata, et ad nostrum locum usque reservata. Quidam sunt de tali Monasterio nostro, quod absque D. Abbate proprium habent Abbatem, ubi et si benedictionem accipiant, et professionem faciant, tamen habentur a nobis per omnia in vita et post vitam, ac si apud nos fuissent : et isti cum primum venerint, fiducialiter et absque mora, intrant, et secundum tempus, quo in præfato Monasterio sunt recepti, hic etiam ordine suo non carebunt. Reliqui omnes non permittuntur intrare, nisi prius juxta verbum S. Benedicti vel unam noctem in hospitio morentur; prius quoque, quam intraverint, instruendi sunt, quemadmodum faciant petitionem suam, etc.* In eodem porro Conventu Aquisgranensi, ut Novitius *nec tondeatur, nec vestimenta pristina, immutet, priusquam obedientiam promittat*, præcipitur. Vide Formulam 32. ex Baluzianis, Haeftenum lib. 4. Disq. monast. disq. 1. et Acherium ad Vitam S. Lanfranci pag. 19.

Novitius fieri apud Monachos præterea dicebatur, qui in pœnam in Novitiorum ordinem redigebatur. Statuta antiqua Ord. Cartusiensis 2. parte, cap. 14. § 9 : *Alias vero, si Prior fregerit*, (jejunium) *vel fecerit frangi, sit extra sedem suam in Ecclesia per* 40. *dies. Et si Vicarius idem fecerit, sit Novitius per* 40. *dies.* Adde cap. 21. § 5. cap. 23. § 2. cap. 31. § 22. part. 3. cap. 32. § 15.

¶ **NOVITIOR**, Posterior, recentior. Præfatio in Acta SS. Perpetuæ et Felicitatis : *Cum majora reputanda sint Novitiora quæque ut Novissimiora.* Loquendi modus Africanus. Sic Tertullianus dixit *Extremiora, Extremissiora; Postremissimum* Apuleius; *Minissimum* Arnobius, etc.

NOVITIUM. Vita S. Aicadri Abb. Gemetic. cap. 25 : *Quadam die, quæ nominatur Sabbatum, quo solent Monachi exercere Novitia, sanctus Dei famulus præcepit cuidam Monacho, procuratori suo, ut capillos* *sancti sui capitis cum forcipe adæquaret.* Id est, forte, cum et comam et barbam *renovare* solent Monachi, singulis scilicet sabbatis : nam et *novare barbam* dixerunt Latini. Arnobius : *Quid novatio et revelatio pudendorum?* Hinc *novacula*, qua pili raduntur et novantur. Capitulare Aquisgranense ann. 817. cap. 6 : *Ut in Quadragesima, nisi in sabbato sancto, non radantur, etc.*

* **NOVITUS**, De novo ad culturam redactus. Charta ann. 1222. in Chartar. Norman. ex Cod. reg. 4653. A : *Pro quatuor acris nemoris Noviti et asserti, duodecim solidos.* Vide supra *Novitas* 3.

* **NOVIUM**, Gurges, in quem aqua ex molendino cadit, seu Canalis aut alveus molendini, nostris alias *No.* Vide supra in *Noa* 1. Charta fundat. Blancæ-landæ ann. 1154. inter Probat. tom. 1. Annal. Præmonst. col. 293 : *Concedimus assisiam retis in Novio molendini ad capiendas anguillas, et si voluerint sub illo facere piscaturam.*

NOVOGESTA, Nove ac recens gesta. Eginus Monachus in Vita sancti Ansovini Episcopi Camerini n. 4 : *Aiunt non debere quemquam post antiquorum dicta Patrum sanctorum quidquam Novogestorum narrare.*

NOVUM, vulgo *Nouvelle.* Ugutio : *Rumor, murmur quod vulgo dicitur Novum.* Occurrit non semel in Epistolis Marini Sanuti. [*Novis de obitu Papæ auditis*, in Requesta Universitatis Paris. ann. 1394. tom. 6. Spicil. Acher. pag. 60. *Supervenerunt nobis Nova certa*, in Charta ann. 1346. apud Rymer. tom. 5. pag. 497.]

* *Novum optimum*, in Instr. ann. 1411. apud Marten. tom. 7. Ampl. Collect. col. 1190. *Felix novum*, in Epist. Calixti III. PP. ann. 1456. ad Car. VII. reg. Franc. ex Bibl. reg. Comput. ann. 1482. inter Probat. tom. 4. Hist. Nem. pag. 19. col. 1 : *Equiti qui portavit Nova matrimonii domini dalphini, etc.* Vide supra *Novella.*

¶ Novum Componere. Vide *Novigildum.*

¶ **NOVUPLUM**, Idem quod *Novigildum.* Lex Bajwar. tit. 18. § 2. n. 3 : *Si servus furtivo modo supradicto more occcisus fuerit... Novuplum componat, id est, centum octuaginta solidos.*

1. **NOX**. Pridem a viris doctis annotatum, Gallos olim ac Germanos spatia temporis, non dierum, sed noctium numero distinxisse ac finiisse, ex Cæsare lib. 6. de Bello Gall. *Spatia omnis temporis non numero dierum, sed Noctium finiunt.* Et ex Tacito de Morib. Germ.: *Nec dierum numerum, ut nos, sed Noctium computant, sic constituunt, sic condicunt, ut nox ducere diem videatur.* Id a Francis nostris, et aliis populis Septentrionalibus perinde observatum testantur Lex Salica tit. 37. § 4. tit. 43. § 9. 10. 11. 14. tit. 47. § 2. tit. 49. tit. 52. § 2. Lex Aleman. tit. 36. § 2. Lex Bajwar. tit. 9. § 6. tit. 17. § 2. Lex Ripuarior. tit. 33. § 2. tit. 58. § 5. tit. 66. § 1. Capitulare Pipini Regis Italiæ cap. 5. Lex Longobard. lib. 1. tit. 23. § 2. tit. 25. § 23. lib. 2. tit. 18. § 6. tit. 21. § 10. 25. tit. 43. § 1. tit. 55. § 6. [** Roth. 351. 279. Pip. 33. Roth. 255. Liutpr. 109. (6, 56.) Carol. M. 27. Roth. 366.] Capitul. 3. ann. 813. cap. 15. 41. 42. Capitulare 3. Ludovici Pii ann. 819. cap. 1. Capitulare Caroli M. lib. 3. cap. 45. Edictum Pistense Caroli Calvi cap. 33. Formulæ vett. Bignonii cap. 38. Formulæ vett. secundum Legem Romanam cap. 40. Formulæ Parensales cap. 12. etc. Charta 17. et 44. editæ a Mabillonio post libros de Re diplomat. Epistola II. inter Tegernsenses, Goffridus Vindocin. lib. 2. Epist. 27. Charta Caroli Mag. pro Monasterio S. Dionysii apud Doubletum pag. 709 : *Si quis vero contra præcepta anteriorum Regum, vel nostra aliquid facere, vel contraire voluerit, tunc Missus noster, vel Comitis super Noctes viginti una ante nos per bannum nostrum venire faciat in rationes contra Missos sancti Dionysii et Foleradi Abbatis.* Notitia vetus ex Tabulario Persiensi : *Proinde taliter Fredelono judicatum fuit, ut tale testimonia arremisset in proximo mallo post 40. Noctes, quem ipse Comes in Augustidunense tenet, ut secundum Legem suam Salicam adprobat, sic ut superius postulavit, aut faciat, quod lex est.* Anonymus in Vita sancti Goaris cap. 11 : *Quot Noctes habet infans iste?*

Islandi, Olao Wormio auctore in Fastis Danicis libro 1. cap. 12. per noctes, natalitiorum ætates computant.

Abraham Ecchellensis in Historia Arabum cap. 11. vetustissimum esse Arabum institutum scribit, in ratione temporum non dies, sed noctes putare, cujus, inquit, ratio est, quod a neomenia suas supputationes exordiantur, et Lunam noctis dominam sequantur, ac ducem in hoc habeant. Creationis opus etiam a vespere accepisse ex his sacrarum Literarum verbis colligunt : *Factumque est vespere et mane dies unus.*

Apud Saxones idem obtinuisse colligitur ex Speculo Saxon. libro 1. art. 2. 67.

Per noctes, inducias dinumeratas suo etiam ævo testatur Gaufredus Vindocinensis libro 2. epist. 27 : *In hoc tamen non Noctes, secundum consuetudines Laicorum, sed secundum instituta Canonum inducias postulamus.*

Idem obtinuisse in Anglia sub Regibus Anglo-saxonibus, docet Conciliabulum Clovesboense ann. 824 : *Et ibi finita et proscripta illa contentione coram Episcopo post 30. Noctes illum juramentum to Westmynstre deductum est.* Sub Normannis vero, Leges Henrici I. cap. 66. 76. Sed et etiamnum *sennight, fortnight*, i. septem noctes, quatuordecim noctes, magis usitate dicunt, quam septem dies, etc. [Sic Armorici *seisun* vel *seishun*, id est, septem somni, dicunt pro septimana, et *henos* vel *henoas* pro hodie, quod proprie hac nocte significat.] Vide Canones datos sub Edgaro Rege cap. 15. et 54.

Nox Sacrata, Quæ diem Paschatis præcedit, in qua Baptismus conferebatur, ut testatur Augustinus Serm. ad Catechumenos. Senator libro 8. Epist. 33 : *Cum die sacratæ Noctis precem Baptismatis cœperit Sacerdos effundere.* Helgaudus in Roberto Rege Francorum : *Sanctas Noctes, hoc est, Nativitatis Domini, sancti Paschæ, et Pentecostes sic totas ducebat insomnes usque ad summum mane, ut nec sedens, vel stans somnum caperet, etc.* Vide lib. Sacrament. Eccl. Rom. cap. 47. 78. Missale Gotthicum pag. 336. 337. Rhabanum lib. 11. de Institutione Clericorum cap. 38.

Nox Sancta. Epitaphium Pacifici Archidiaconi Veronensis, qui vixit sub Lothario I. Imp. apud Panvinium et Ughellum :

> Mole carnis est solutus,
> Perrexit ad Dominum,
> Nono sane Kalendarum
> Obiit Septembrium,
> Nocte sancta, quæ vocatur
> A Dominica....

2. **NOX**, Oneris, aut servitii species. Tabularium sancti Vitoni Virdunensis : *Census de aliis mansis et de sedilibus, quæ sunt in Monte sancti Vitoni et Virduni, pullos et ova ad Pascha et Festivitatem sancti Vitoni, et ad Nativitatem Domini. De integro manso carrum dimidium, de carropera 20. den. Noctes 15. in Maio homo de capite suo tenens terram, etc.* Infra : *Unusquisque mansus in Maio solvit 20. den. et 24. Noctes, etc.* Rursum : *Unam carratam de virgis et 40. Noctes, et 12. crodas, unam herbæ, alteram feni, etc.* Ubi *nox* videtur sumi pro opere unius diei. Vide *Dies.*

* *Nuytée*, eadem significatione, in Recognit. feud. MS. pro castell. *de Buri* ann. 1366 : *Et aussi adveue à avoir... ou molin de Cholet une Nuytée, quant il lui plaira une foiz touz lez anz.*

* 3. **NOX**, nostratibus *Nuit*, Pridie, dies antecedens festum, vulgo *La veille d'une féte.* Charta ann. 1310. ex Tabul. Corb. : *Derechef lidis religieus ont accordé as dis habitans de grace especial, que il voisent ès marés dessusdis desclos soyhier de l'erbe à le fauchille, tant seulement les samedis et les Nuits des festes gardables.* Charta ann. 1312. ex Cod. reg. 10196. 2. 2. fol. 11. v°. : *Che fu fait bien et souffisamment en l'oratore de le capielle à le sale à Valenchiennes en l'an de grace* M. CCC. *et* XII. *le Nuit saint Phelippe et saint Jaqueme, c'on dist le Nuit de May.* Alia ann. 1447. ex Tabul. Audomar. : *C'est assavoir que la veille ou Nuit des trois Rois ou de l'Epiphanie à l'heure de huit heures du matin, etc.*

* 4. **NOX**, Occidens, nostris *Nuit.* Lit. remiss. ann. 1469. in Reg. 196. Chartoph. reg. ch. 93 : *Ung champ contenant entour neuf demanchées de terre, joustes les terres du lieu de Vernet devers Nuit, les terres dudit Bonnel devers midi, etc.*

¶ **NOXALA**, f. Nux, Ital. *Noce, Nosella.* Statuta Montis-regalis pag. 288 : *Quæ vendi solent per apothecarios specierum, excepta tamen triacha, confectionibus, ficubus, amandalis, Noxalis.* Vide *Nosala.*

¶ **NOXARE**, dicitur in saltatione de quadam pedum inflexione. Le Roman *de Vacce* MS. :

> Mettre pié destre avant et entre deuls doubler
> Talons sout remuer et retraire et Noxer.

¶ **NOXIALIS**, Nocens. *Lex Noxialis*, apud Prudentium in Cathemerino. *Pomum Noxiale*, in Hymno *Pange lingua*, etc.

¶ Noxalis, Eadem notione. Lex 1. Dig. Si ex *Noxali causa* (2, 9.) : *Noxalis actio. Judicium Noxale* leg. 3. eod. tit. *Malum Noxale*, Tertulliano de Genesi cap. 2.

¶ Noxilis, *Nocens*, in Glossis Isidorianis.

¶ **NOYREGUERIUS**, apud Provinciales, qui alit oves, ut vendat, opilio. Sententia arbitralis inter Dominos et Communitat. Calliani ann. 1497 : *Ultra modum inter Noyreguerios observari solitum*. Vide *Norigarius*.

* **NOYSIUM**. Vide supra in *Noisia*.

* **NOZELLUS**, an idem quod supra *Nebulus*? Vide in hac voce. Charta senesc. Tolos. ann. 1323. in Reg. 62. Chartoph. reg. ch. 252 : *Item in deverio consueto linguarum boum et vacarum ac tibiarum porcorum et Nozellorum, collorum mutonum, etc.*

* **NOZLECH**, Tributi vel servitii species, apud Bohemos. Locus est supra in *Narod*.

NUA. Pactum inter Venetos et Tragurienses ann. 1322. apud Joannem Lucium in Hist. Dalmat. lib. 4. cap. 14. : *Item, quod dictus Comes Traguriensis non possit... dona aliqua recipere,... nisi Nuas et fructus recentes*. Forte *nuces*. [* An melius *Uva*?]

* **NUBALIS**. Charta fundat. monast. monial. in civit. Veron. ann. 744. apud Murator. tom. 5. Antiq. Ital. med. ævi col. 529 : *Item omnem nostram substantiam, quicquid habere videmur, ibidem offerimus : id est,... terris, vineis, colonicas, pradis, pascuis, Nubalibus, montibus, servis, etc.* An pro *Vallibus*? an idem quod *Noa* 1?

* *Nubelle* vero est Instrumentum musicum, de quo vetus Poeta in Cod. reg. 7612. pag. 55 :

Violle, Nubelle, guiterne, etc.

* **NUBATA**, *L'aqua de nave, o de niviole*. Glossar. Lat. Ital. MS.

NUBEIÆ, Nuptiæ, *Mariage*. Charta Willelmi Episcopi Inculism. ann. 1206. in Tabulario sancti Amantii : *In oblationibus altaris, in pœnitentiis, in obliis, in purificationibus mulierum, in septenariis, in tricenariis, in percursibus, in Nubeiis, in baptismis, in legatis sive eleemosynis mortuorum*. Vetus Charta apud Columbum in Episcopis Sistaricens. libro 2. num. 29 : *Retinuit in ea Ecclesia sancti Marii quartas matrimonii*.

Nobiæ. Eadem notione. Charta ann. 1204. apud Catellum : *Fecerunt stabilimentum tale, quod joculatores, et joculatrices non intrent in domibus hominum, vel feminarum Tolosæ, nisi ad Nobias, nisi cum domino domus, vel cum domina, quæ sine marito erit*.

* **NUBERCA**, pro Noverca, in Cod. reg. 7530. laudato tom. 3. novi Tract. diplom. pag. 249.

NUBERE, Coire, misceri. Capitul. Caroli Magni lib. 6. cap. 55 : *Mulier, quæ cum viro suo non potest Nubere*. Adde Fulbertum Epist. 64. Vetus Pœnitentiale MS : *Qui in Ecclesia consecrata Nubunt*, 6. *dies*. Vide Pœnitentiale Theodori cap. 11. ejusdem Capitula cap. 35. 48. Pœnitentiale Gregorii II. Papæ cap. 30. Pœnitent. Bedæ cap. 2. 10. Herardum Turon. Archiep. in Capitul. cap. 89. Chrodogangum Metensem in Regula Canonic. cap. 73. Rabanum in Epist. ad Heribaldum cap. 29. Concil. Calchutense ann. 787. can. 16. etc. Vocem hanc in re veneris a veteribus sæpius usurpatam observarunt viri docti. Auctor de Disciplina Scholarium cap. 2 : *Quotidianis et ultra debitum Nuptiis gaudebat, etc.*

Ita *Nuptias facere*, pro *coire*, dixit Petronius. Sic etiam Græci γάμον dixere. Prometheus apud Æschylum pag. 45. Jovis et Europæ concubitum γάμον appellat, ut et Aristænetus Epist. 21. quod alibi μίξιν. Quod etiam translatum ad pecua omnia, quibus nuptiarum nihil cognitum, nisi coitus, ut apud Ælianum lib. 9. de Animalibus cap. ult. pag. 208. Hesychius : Γῆμαι, συνεικῆσαι. Ita γημεῖν usurpat non semel Nomocanon nuper editus a Joanne Baptista Cotelero tom. 1. Monumentorum Ecclesiæ Græcæ cap. 211. 212. 340. In leg. 3. Cod. Th. ad Leg. Jul. de Adulter. (48,5.) *Vir Nubere in femina*, in *in feminam* dicitur, ubi consulendus Jacobus Gothofredus. Sed et *innuptam* dictam Deiparam volunt, apud sanctum Augustinum Serm. 18. de Sanctis, et Epist. 3. ad Diaconum, quod ab omni venere impolluta, incontaminata, nec ulli unquam viro cognita fuerit. [** *Mater Innupta*, apud Marium Mercator. pag. 405. Vide Baluzium ad hunc locum. Tertull. Apolog. adv. gent. cap. 21.] Ἀπειρογάμοις λοχείαις natum Christum de Virgine Maria dixit Paulus Silentiarius in Descript. Eccl. sanctæ Sophiæ, part. 2. v. 20. Drepanius de Cereo Paschali :

Ignea quem celsi linquentem mœnia cœli,
Intacto prægnans utero dedit Innuba Mater.

Vide Filesacum libro 1. Selector. pag. 249. 250.

* Eodem intellectu, *Faire les nôces* nostri dixerunt. Lit. remiss. ann. 1402. in Reg. 157. Chartoph. reg. ch. 361 : *Laquelle femme disoit audit Jehannin, que il s'estoit vanté que un nommé Billecoq et un autre nommé Hance... lui avoient faites les Nôces,... et que le premier d'iceulx nommez, ne lui avoit donné que huit deniers Parisis, quant ilz lui orent fait les Nôces*. Aliæ ann. 1408. in Reg. 163. ch. 83 : *Icelle femme dist au suppliant qu'il estoit garcon,... et que aucuneffoiz on faisoit les Nôces à sa femme, entretant qu'il aloit au vin*. Denique aliæ ann. 1415. in Reg. 169. ch. 3 : *Icelle femme commença à frapper son mary des paulmes parmi les joes, en lui disant qu'il lui feroit la nuit trois foiz les Nôces*.

Retro Nubere, in Pœnitentialib. Libris. Pœnitentiale MS : *Concubuisti cum uxore tua, vel cum aliqua alia Retro, more canino, etc.* Aliud Pœnitentiale MS : *Uxor post natam sobolem abstineat se Ecclesia, si filius est, dies* 30. *si filia*, 40. *Nam in tempore menstrui sanguinis qui tunc Nupserit*, 30. *dies pœniteat : qui Dominica*, 7. *dies. Si quis cum uxore sua retro Nupserit*, 40. *dies pœniteat. Si in tergo*, 3. *annos, quod sodomitium scelus est*. Ibidem : *Si vir cum muliere sua retro Nupserit, pœniteat, quomodo de animalibus, id est, si in consuetudine non erit*, 3. *annos*. Vide Cumeanum Abb. de Mensura pœnitent. cap. 3. Egberti Archiep. Pœnit. pag. 16. Hincmarus de Divortio Hlotarii et Theotbergæ : *Uxor domini Regis Hlotarii primo quidem reputata est de stupro, quasi frater suus cum ea masculino concubitu inter femora, sicut solent masculi in masculos turpitudinem operari, scelus fuerit operatus, et inde ipsa conceperit, etc.* Idem Cumeanus cap. 2 : *Viri inter femora fornicantes, primo annum unum pœniteant : si in crura fornicantes, si pueri sunt, annis duobus pœniteant : si viri, annis tribus*. Εἰς τοὺς μηροὺς, in Pœnitentiali Joan. Jejunator. pag. 86. 99. 108. et in Canonario Joannis Monachi pag. 117. quod quidem peccatum de *interfemore* inscribitur in Pœnitentiali Egberti Archiep. Eborac. pag. 17. Infra : *de pollutione inter femora*. Vide Regi nonem lib. 2. de Eccl. disciplina, cap. 249.

NUBES. Fleta libro 2. cap. 79. § 15. ait oves sæpe inter duo Festa beatæ Mariæ in Augusti et Septembris mensibus infirmari... *per comestum cujusdam Nubis escuetæ, quæ tunc temporis cadere contingit, vel per comestum albarum testudinum*.

* **NUBIARE**, Nubire, Nubere, uxorem ducere. Comput. ann. 1399. inter Probat. tom. 3. Hist. Nem. pag. 154. col. 1 : *Cum dominus judex major senescalliæ Bellicadri et Nemausi filiam domini de Fara militis Nubiasset in uxorem, etc.* Ibid. pag. 152. col. 1 : *Pro duabus duodenis perdicium et duabus duodenis pullorum, datis clavario, quando Nubiit uxorem suam, etc.* Pluries ibi. Vide infra *Nuptiare*.

* **NUBICULA**, dimin. a *Nebula*, Panis subtilissimi species. Vide supra *Nebula* 2.

¶ **NUBIGER**, *Nubem gerens*, Johanni de Janua; *Portant nue*, in Gloss. Lat. Gall. Sangerm. *Nubifer*, apud Ovidium non semel.

¶ **NUBIGOSUS** Aer, apud Claudium Mamertum lib. 1. de Statu animæ cap. 7. Nebulosus.

NUBILUM. Regula Pauli et Stephani Abbatum capite 11 : *Æstatis tempore nulli liceat meridie præter in suo lectulo dormire, nisi forte jubente Priore ad Nubila pro custodia areæ extra suum lectulum dormiat*. [Sub dio, Gall.] *Dormir à l'air*.

¶ **NUBILUS**, Cœcus. Aimoinus in Translatione SS. Georgii et Aurelii Mart. sæc. 4. Benedict. part. 2. pag. 56 : *Juvenis quidam annos, ut ferebatur, quinque in cæcitate gerens, se omni tempore Nubilum fore gemebat*.

* *Nuble*, eadem ut videtur, notione; aut saltem qui quasi per nebulam videt. Le Roman *de Robert le Diable* MS. :

La pucielle qui moult fu gente,
Ne fu parreceuse, ne lente,
Vilaine, ne fole, ne Nuble, etc.

* **NUBIRE**. Vide supra *Nubiare*.

¶ **NUBITARE**, Papias : *Nubitant*, *Nubunt*.

¶ **NUBIVOLUS**, Qui per nubes volat. Notkerus Balbulus de Interpr. Scripturæ cap. 4. apud Pezium tom. 1. Anecd. part. 1. col. 5 : *Joannem cœlipetam Nubivolus Augustinus paribus alis insecutus est*.

* **NUBS**, pro Nubes, Gall. *Nuage*. Vita S. Emmer. tom. 6. Sept. pag. 481. col. 2 : *Eodem vero momento cœlum tantam reddidit serenitatem, ut Nubs in nullis appareret plagis*. Hinc Gallicum *Nublece* et *Nublesse*, Nubila, tenebræ. Annal. regni S. Ludov. edit. reg. pag. 261 : *Une obscurtés et une Nublesse et uns vens si grans esmus sus la mer, etc.* Mirac. MSS. B. M. V. lib. 3 :

Il (*Adam*) mist nostre joie en tristece,
Vie en mort, clarté en Nublece.

* **NUBTIÆ**, Nubtialis, pro Nuptiæ et Nuptialis, in Charta Poncii archiep. Aquens. ann. 1019. ex major. Chartul. S. Vict. Massil. fol. 78. *Nuesces*, in Lit. remiss. ann. 1398. ex Reg. 153. Chartoph. reg. ch. 200 : *Lesquelx comme ilz eussent disné ensemble au racroq des Nuesces d'icelui Vavasseur, etc.*

* **NUCA**, f. pro *Nusca*, Eadem notione Glossar. Lat. Gall. ann. 1352. ex Cod. reg. 4120 : *Nuca, Bandiaus.*

* **NUCARIUM**, Nucetum. Charta ann. 1210. ex Chartul. S. Vinc. Laudun. ch. 159 : *Et inde tot le roillon ad Merdençon fontaine, et inde ad fossam en Hupelainmont, et inde ad Nucarium.* Vide *Nuclearius.*

1. **NUCARIUS**, in Capitulari de Villis cap. 70. v. 6. Videtur legendum *Nuclearius.* Vide in hac voce.

¶ 2. **NUCARIUS**, Nux arbor, Gall. *Noyer.* Tabularium S. Cypriani Pictav. fol. 47 : *Concesserunt silvam, Nucarios, domos, etc.*

* Tabul. S. Albini Andegav. : *Dedit.... medietatem Nucariorum, qui tam in terra, quam in vineis ejus erant, ut omni anno secretarius S. Albini nuces de illis colligeret ad luminare ecclesiæ faciendum.* Tabul. S. Sergii Andegav. : *Ivo de Cimbreio dedit in eadem villa S. Sergeio xxxvj. Nucarios... Statuit etiam Burchardus, ut oleum supradictorum Nucariorum semper ante altare S. Sergii ardeat.* Vide supra *Noguerius.*

* **NUCCIÆ**, pro Nuptiæ, in Charta contract. matrim. apud Salernum.

* **NUCELLA**, Nux parva, Gall. *Noisette.* Arest. ann. 1319. in Reg. *Olim* parlam. Paris. : *Judicatum est, tam nobiles quam populares et ignobiles villarum vicinarum nemoribus de Seguiny, esse in saisina... habendi avellanas seu parvas Nucellas et omnes alios fructus in dictis nemoribus existentes.* Correct. stat. Cadubr. cap. 108 : *Castaneæ, nuces et avellanæ sive Nucellæ ad mensuram tantum vendi debeant.*

* **NUCELLETUM**, dimin. a *Nucetum*, Ager nucibus consitus. Tabul. S. Vict. Massil. : *Cum redditibus quibuscumque, censuariis, censibus, servitiis, bannis,..... nemoribus, olivetis, arbustis, Nucelletis, vineis, etc.* Vide supra *Nuscarium* et infra *Nuscentum.*

¶ **NUCERIUS**, ut *Nucarius* 2. Charta ann. 1163. ex Archivo Radoliensi : *D. Nivardus de Caminiaco dedit... Monachis de omnibus Nuceriis... nuces in terra sua cadentes, quas antecessores sui quasi ex jure colligere volebant.*

NUCHA, Postica pars colli, nostris, *Nuque du col*, vox Arabica. Matth. Silvaticus : *Nucrati* (leg. *Nukati*) *locus, ubi collum cranco jungitur.* Constantinus Africanus libro 1. Commun. loc. med. cap. 3 : *Cum enim multa membra a cerebro sint remota, et viæ longinquitate eis denegetur sensualitas, vis quædam cerebri data est spondylium medullis, quæ quasi medullæ, Lingua Arabica vocantur Nucha.* Infra : *Eadem est Nucha, quæ et cerebri natura.* Idem cap. 10 : *Nucha a cerebro descendit in spondyle dorsi incipiens a fine puppis, id est, a prima spondyli colli. Ab hac Nucha ex necessitate procedunt nervi, sensum, et voluntarium motum præstantes membris sub collo positis.* Adde cap. 12. Fridericus II. Imperat. lib. 1. de Venat. cap. 36 : *De Nucha vero, quæ dicitur medulla spinalis, quomodo procedit a cerebro, transiens per foramina omnium spondylium, usque ad extremum caudæ continuata, etc.* Adde caput 23. Utitur etiam non semel Mandinus in Anatomia. Danti *Nuca*, dicitur pars superior capitis, in Infern. cant. 32 :

La' ve'l cervel s'agiugne colla Nuca.

In Paradiso cant. 8 :

Che 'l sol vagheggia hor da coppa, hor da Nuca.

Vide Octavium Ferrarium in *Gnucca*, [Martinium in Lexico v. *Nucha.*] [** et Murator. Antiq. Ital. tom. 2. col. 1255.]

¶ **NUCICLA.** Papias : *Nuciclam amygdalum quidam Nuclam vocant, quasi minorem nucem.* Johannes de Janua : *Nucicula, Parva nux; Nucilla, Amygdala, scilicet minor nux.*

* **NUCILLA**, Bombycis folliculus, Gall. *Coque de ver à soye.* Marcha concessa ann. 1345. 4. Maii in vol. 3. arestor. parlam. Paris. : *Cum in dicto ligno de Nucillis barbarollis* (infra *barbaricis*) *serico et aliis mercaturis onerari fecisset, etc.*

NUCINÆ Mensæ, apud veterem Interpretem Juvenalis Sat. 11. vers. 117. quæ hodie passim in usu apud nos, *Tables de noyers.* Harum meminit Strabo lib. 12.

¶ **NUCISPINEA**, ϛρόβιλα, in Gloss. Nuces pineæ.

NUCLEARIUS, Nuclearium. [Johan. de Janua : *Nuclearius, Arbor quæ fert nuces; Nuclearium, Idem, vel locus, ubi nuces crescunt : Lieu où croissent les noyers*, in Glossis Lat. Gall. Sangerman.] Gloss. Lat. Gall. : *Nuclearius, Noyer, arbre.* Charta Theobaldi Comitis Blesensis ann. 1140. pro Monasterio Vallis Secretæ apud Sammarthanos in Gall. Christ. : *In qua præfata Ecclesia, quæ antiquitus habebat, retinet Nuclearia.* [Bernardus part. 1. Ordinis Cluniac. cap. 175 : *Granatarius vero per consuetudinem ornasse debet totum pistrinum de intus foliis Nuclearii.*]

Nucleatorium, Ager *nuclearis* consitus. Historia Episcoporum Autissiod. cap. 20 : *Agrum quoque Genusiacum, vel Talnisiacum, cum Nucleatorio sitos in territorio Santonico.*

* **NUCLEATUS**, *Nucleis* seu globulis, Gall. *Boutons*, instructus et ornatus. Constit. Carmel. MSS. part. 1. rubr. 11 : *Habeant ipsas* (tunicas) *satis latas, non Nucleatas et sine filis de serico, tam in manicis quam collo et alibi.... Sint albæ tunicæ rotundæ in pectore simili modo fissæ et Nucleatæ, cum apertura competenti... In manicis autem tunicarum inferiorum poterunt, secundum quod prælatis videbitur, unum aut duos Nucleos habere, non ad lasciviam, sed ad necessitatem.* Vide supra *Nodellus.*

* **NUCLIRE**, Hircorum vox, in vet. Glossar. ex Cod. reg. 7657.

¶ 1. **NUCULA**, f. pro *Nuscula.* Vide in *Nusca.*

* 2. **NUCULA**, orum, *Li sompnii.* Glossar. Lat. Ital. MS.

¶ **NUDA**, pro *Muda*, ut videtur, Cœtus, conventus, consilium. Statuta Arelat. MSS. art. 120. e Musæo D. *Brunet* : *Quicumque tenuerit hostagia, nonobstante juramento, possit venire ad coison* (sic) *et consilium, et Nudam, et in stadium, et venire ad domum Archiepiscopi.* Vide *Muta* 6.

* **NUDEUS**, *Noel*, in Glossar. Lat. Gall. ex Cod. reg. 7682.

¶ **NUDIBUCCIUS**, Imberbis. Vide *Barbasterili.*

* **NUDILLU**, ut supra *Nodellus*, ni fallor. *Nudillu una cum gemmæ duæ*, in Charta ann. 1065. tom. 2. Hist. Cassin. pag. 254. col. 1.

NUDIMANUS, Qui manus vacuas ac inanes habet, apud Eckehardum Juniorem libro de Casibus S. Galli cap. 1.

NUDIPEDALIA, Papiæ, *Nudo pede deambulatio Judæorum.* [Nempe nudis pedibus incedentes Judæi plerumque sacra celebrabant et jejunia, de quibus sic Juvenalis Sat. 6. ubi describit Judæam :

Observant ubi festa Mero pede sabbata Reges.

Quo referendum id quod Josephus narrat lib. 2. de Bello Judaico cap. 15. ubi de Berenice : *Venerat Hierosolymam, ut vota Deo solveret. His enim, qui morbo vel aliis necessitatibus implicantur, mos est orare per triginta dies, antequam immolent hostias : abstinere quoque vino et capillos radere. Quem morem Berenice Regina illis exercens diebus, Nudipes etiam ante tribunal stetit, deprecans Florum, etc.* S. Hieronymus lib. 3. in Jovinianum : *Multa compellitur Apostolus velle, quæ non vult. Circumcidit Timotheum, rasit in se calvitium, Nudipedalia exercuit et totondit Cenchris.* Adde Tertullianum de Jejunio cap. 16. et in Apolog. cap. 40.] Arnobius lib. 5 : *Aquilicia Jovi immolatis, Nudipedalia populo denuntiatis, etc.* Joannes Laudensis, in Vita sancti Petri Damiani Cardinalis cap. 3. num. 16 : *Nudipedalia passim per eremum cunctis temporibus exercebant.* Guibertus in Historia Hierosolym. lib. 7. cap. 6 : *Processiones agendo, Sanctorum nomina flebiliter inclamando, Nudipedalia exercendo, Iherusalem circumeunt.* De Nudipedalibus vide Ludovicum *de la Cerda* ad Virgilium.

* Vide Ordinar. Eccl. Vesunt. falso S. Protadio adscriptum, inter Probat. novæ Hist. comitat. Burgund.

* **NUDIUS**, Quondam, olim. Lit. remiss. ann. 1408. in Reg. 162. Chartoph. reg. ch. 316 : *Pro parte Michaelis Balistæ paratoris Narbonæ expositum extitit, quod Nudius nocte quadam hora tarda, etc.*

NUDUS, Mensuræ species. Charta Ludovici Pii Imper. apud Doubletum pag. 740 : *De lignis dentur eis mensuræ, quæ Nudi appellantur, mille centum.* Legendum censerem *moli*, nisi Charta originalis, quam legi in Archivo S. Dionysii, omninò præferret, *nudi.* [Leg. *Midi.* Vide in hac voce.]

¶ **NUENE**, Nuenet, Novem. Vide *Chunna.*

NUGA, Nugator. Gloss. Græc. Lat. : ἀχρεῖος, *nequus, spurcus, Nuga, nugator.*

¶ Nugacio, *Nugacion, mensonge*, in Glossis Latino-Gallicis Sangermanensibus MSS.

¶ Nugacitas, *Falsitas*, in Barthii Glossario ex Hist. Palæst. Roberti Monachi. Gloss. Græc. Lat. : Ἀχρειότης, ἀχρειοσύνη, *Nequitia, Nugacitas.* S. Augustinus Epist. 67. sub finem : *Omnis ab eo deleta est Nugacitas.*

¶ NUGACULUS, *Aliquantulum nugax*, J. de Janua.

NUGALUS, Nugator. Glossæ Latino-Gallicæ : *Nugalus*, *Petit Jengleur*.

NUGALISSIMUS. Regula sanctorum Patrum cap. 10 : *Si casu quis Frater de cellula ex quolibet scandali causa exire voluerit, nihil penitus nisi Nugalissimo induatur vestimento, et extra communionem infidelis discedat.* Regula sancti Macarii cap. 28. habet, *nisi in notatissimo vestimento*, id est, quod risum moveat occurrentibus. Holstenius, *parvi momenti ac nullius valoris*, interpretatur.

¶ NUGALITAS, σαπρότης, *Nugacio*. Suppleм. Antiq. Aliæ Gloss. Lat. Græc.: *Nugalitas*, φλυαρότης.

¶ NUGAMENTA, ὑθλήματα, Gloss. Lat. Græc.

¶ NUGAS, *Inutilis*, in vet. Onomastico, apud Turnebum lib. 28. cap. 6. *Nugas*, Σαπρός, in Glossis Latino Græc. Sangerm. MSS. et aliis. Glossæ Cyrilli : Σαπρός, *Nugatorius*, *Nugax*, *Fœdus*. Pro *Nugax* fere *Nugas* dicebant antiqui, non male, ut *Nefas*. Vide Priscianum lib. 5. Papias : *Nugas, Inutilis, qui ad nullam utilitatem pertinet. Nugax*, *Mendax*, in Gasparis Barthii Glossario, ex Baldrico Dolensi.

¶ NUGERCULUS, Nugax. Acta S. Molingi, tom. 3. Junii pag. 407 : *Nunquid iste Nugerculus apud nos post patronum nostrum erit Antistes?*

** NUGECULUS, Idem. *Accusatio Nugecula* in veter. Notit. de Luitpr. Episcop. Cremon. apud Pertz. Script. tom. 3. pag. 266. lin. 46.

¶ NUGIDICUS, Qui nugas dicit, *Diseur de trufes*, *(ruses)* in Glossis Lat. Sangerman. *Nugidici ventilatores*, Johanni Sarisber. lib. 2. Metal. cap. 7.

¶ NUGIGERULUS, *Turpis nuncius*, in Glossis Isid. *Mendaciorum nuncius*, in Barthii Glossario, ex Hist. Palæst. Fulcherii Carnot. Epistola Hugonis Metelli ad S. Bernardum : *Hugo Metellus, quondam Nugigerulus, nunc crucis Christi bajulus*, etc. Plautina vox, si vera lectio, pro qua Lambino magis probatur *Nugivendulus*.

¶ NUGIPARUS, *Qui parit nugas*. Gloss. Isid.

* NUGALE, Animalis genus, in Gloss. ad tres libros Salomonis ex Bibl. Heislbr. pag. 54.

* NUGEIR, Nux, arbor. Terrear. villæ de Busseul ex Cod. reg. 6017. fol. 2. v°. : *Item unum cartonem de couvetz pro quadam plutea, in qua solebat esse quædam nuez sive Nugeir; et potest plantare, si vult.*

* NUGIDUS, f. pro *Nugidicus*. Vide in *Nuga*. Glossar. Provinc. Lat. ex Cod. reg. 7657 : *Messoneguier, Prov. mendax*, *Nugidus*, *nugax*, *nugatorius*.

¶ NUGIUM, Pallium tenue. Vide *Nagium*.

* NUGNATAS, ATIS, *L'abundancia de sanc*. Glossar. Lat. Ital. Ms.

* NUGRUS, pro Nurus, uxor filii, Gall. *Bru*. Charta ann. 889. apud Murator. tom. 1. Antiq. Ital. med. ævi col. 755 : *Lupus filius Ragimperti, cum uxore sua et filiis, filiabus, Nugris ac nepotibus suis.... Et proinde supradictum Lupum concessimus in prædicta sancta ecclesia, cum uxore sua et filiis et filiabus, Nugris et nepotibus suis.* Vide supra *Nora*.

* NUINTAILIS, mendose, forsan pro *Minutuilis*, silva cædua ? Tradit. Diessens. apud Oefelium tom. 2. Script. rer. Boicar. pag. 700. col. 2 : *Tradiderunt.... tertiam partem unius Nuintalis in loco, qui dicitur Houbtacchere* Vide in *Minuta* 2.

NULLARE, *Nihilare*, Johanni de Janua, *Noiantir*, in Glossis Lat. Gall. Saugerman. MSS.

NULLATIO, *Mutatio*. Ita Gloss. Arabico Lat. Legendum forte *Nutatio*. [Retinendum *Nullatio* suadet Papias, qui scribit : *Nullatio*, *Mutatio*, *unde adnullare*, *nullius pretii facere*. *Nullationem*, *Mutationem*, in Glossario Sangerm. MS. n. 501.]

NULLIFICARE, Contemnere. [Tertull. adv. Psychic. cap. 15 : *Qui manducat, ne Nullificet non manducantem*. Gr. μὴ ἐξουθενείτω, *Non spernat*, in Vulgata. S. Hieronymus Epist. 135. ad Sun. et Frotel. ἐξουδένωσας, *non putatis transferendum despexisti; sed secundum disertissimum istius temporis interpretem Nullificasti, seu annihilasti, vel annullasti*.] Versus Euceriæ lib. 4. veterum Epigrammatum :

> Nunc simul optemus dispectis piscibus ergo
> Delicias magni Nullificare freti.

Libellus Precum Marcellini et Faustini : *Et si non est dubitandum paucos Episcopos esse pretiosos de merito Confessionis, et inviolabilis fidei, multos vero Nullificari hæreseos vel prævaricationis*, etc. Utitur etiam Commodianus Instruct. 80. Vide *Nihilari*.

¶ NULLIFICAMEN, Contemtio. Tertull. lib. 3. adv. Marcion. cap. 7 : *Ignominia hominis et Nullificamen populi.*

¶ NULLIFICATIO, Eidem Tertull. lib. 4. adv. Marcion. cap. 14 : *Quæ ignominia? quæ Nullificatio?*

* NULLIMANNI, quasi Nulli homines. Comment. Benzon. episc. Albens. in Henr. III. imper. apud Ludewig. tom. 9. Reliq. Mss. pag. 283 : *Normanni enim, qui melius dicuntur Nullimanni, fœtidissima scilicet stercora mundi, castrum Sancti Pauli, alteram partem imperii aspirant sibi subjicere, non jam tyrannice, sed quasi hæreditarii*. Vide in *Northus*.

* NULLITAS, JC. dicitur Sententia contra leges, canonesve, aut ab alio quam judice lata. Lit. ann. 1411. tom. 9. Ordinat. reg. Franc. pag. 603 : *Gubernatori dicti nostri Dalphinatus, necnon judicibus Viennesii et Valentinesii, ac appellationum et Nullitatum majoribus*, etc. Hinc

* NULLITER, Iisdem pro Injuste, præter leges, illegitime. Charta ann. 1380. inter Probat. tom. 3. Hist. Nem. pag. 43. col 1 : *Indebite tamen et injuste, Nulliter*, etc. Instr. ann. 1459. ibid. pag. 289. col. 1 : *Comissarius per vos, ut fertur, Nulliter et absque potestate ad universitatem causarum institutus.*

¶ NULLUMQUAM, Nunquam. Charta Ottonis III. Imp. ann. 998. apud Murator. delle Antic. Estensi pag. 132 : *Ut amodo Nullumquam in tempore non habeamus licentiam, nec potestatem*, etc.

* Seu Nullo unquam. Dipl. Pipp. reg. ann. 768. tom. 8. Collect. Histor. Franc. pag. 677 : *Nullumquam tempore judex publicus ad causas audiendas*, etc.

* NULLUS, Aliquis, quilibet. Charta ann. 1096. inter Probat. Hist. geneal. domus reg. Portugal. tom. 1. pag. 2 : *Pro Nullo abere, que venditus fuerit per minus de xij. denarios, non dent inde portaticum.... Qui emerit aut vendiderit Nullo abere in Constantin*, etc. Chartul. Celsinian. ch. 404 : *Habuit.... de Deruntci duas uncias de auro cocto monedato, in tali convenientia ut Nullam rem non tollat, et Nullam rem non forfosza.* A Latino *Nullus*, nostrates *Nullui* et *Nully* dixerunt, pro *Nul*, *personne*, *qui que ce soit*. Joinvil. in Hist. S. Ludov. edit. reg. pag. 5 : *Onques jour de ma vie je ne li oy mal dire de Nullui*. Lit. remiss. ann. 1404. in Reg. 159. Chartoph. reg. ch. 212 : *Le suppliant trouva son huys fermé, lequel il bouta du pié tant qu'il l'ouvry et entra dedens, et demanda se il y avoit Nully*.

NUMANTIA. Charta Raymundi Comitis Tolosani ann. 1181. apud Catellum lib. 2. Hist. Comitum Tolosæ, pag. 215 : *Macellarii et carnifices urbis Tolosæ et suburbii non lucrentur in ulla carne, quam vendant in duodecim Numantiis, nisi denarium unum, nec supra, nec infra*, etc. Occurrunt eadem verba rursum infra. Vide *Nummata* in *Nummus*.

* NUMBILE vel NUMBILIS, Lumbus, imbrex porci, Gall. *Longe*, *échinée*, alias *Numble*, idem quod supra *Nebulus*. Charta ann. 1367. in Reg. 99. Chartoph. reg. ch. 514 : *Excepta leyda carnium seu linguis bovinis et Numbilibus, seu Numbles, porcorum*. Lit. admort. pro eccl. Vivar. ann. 1445. in Reg. 177. ch. 151 : *Item la moitié des langues de beufz et des Nombles des porcs, qui se tuent au mazel ou boucherie*. Vide *Lumbi*.

NUMBLE. Charta ann. 1239. ex Tabulario Ecclesiæ Bituricensis apud Thomasserium in Consuetudine Bituric. lib. 1. cap. 60 : *Videlicet in quolibet porco a carnifice occiso die Sabbati ad vendendum* les Numbles, *et de quolibet bove, vel vacca, quoquo die ad vendendum occidatur, pectus,..... solvere tenebuntur.*

☞ Venatores *Nombles* vocant frustum carnis cervinæ sectum inter femora; hic autem porci frustum est sectum circa umbilicum, nostris *Nombril*, unde vocis *Nombles* etymon ducunt, nisi forte *Numble* a *Lumbulus*, Imbrex porci, oriatur, ut fere suadent, quæ supra dicta sunt in *Lumbi* et *Lumbolus*. Vide etiam *Numbulus* et *Nunblicus*.

* NUMBLUS, ut *Numbile*, Lumbus. Charta Joan. dalph. Vienn. ann. 1313. pro homin. Belliv. in Reg. 152. Chartoph. reg. ch. 307 : *Item retinemus nobis .. leydam macelli, videlicet linguas boum et Numblos porcorum*. Alia ann. 1353. in Reg. 81. ch. 847 : *Item ad quartam Numblorum porcorum, quos carnifices morti tradunt*. Vide *Nunblicus*.

¶ NUMBO, *Fulgoris nomen*, apud Papiam.

¶ NUMBRIARE, Numerare, vel nominare, conscribere, f. ab Hispan. *Nombrar*. Charta Edwardi III. Regis Angl. ann. 1360. apud Rymer. tom. 6. pag. 170 : *Dantes eidem (Admirallo)... potestatem arraiandi*, *regendi ac gubernandi omnes naves totius armatæ prædictæ... ac singulos homines in eisdem ad vadia retentos, tam marinarios, quam alios quoscumque, et nomina eorum Numbriandi, ac querelas omnium.... audiendi.*

¶ **NUMBULUS**, ut supra *Numble.* Castellanus de Avisano in Computo ann. 1318. rationem reddit *de firma furnorum, lesdæ linguarum boum, et Numbulorum porcinorum, etc.*

*Charta ann. 1329. in Reg. 66. Chartoph. reg. 273 : *Numbulos carnium in civitate Turonensi per carnifices venditorum, etc.*

¶ **NUMELLARE**, *Numella ligare*, *Numellatus*, *Numella ligatus*, Johanni de Janua. Papias et Gloss. Arab. Lat. : *Numellatus*, *Numella ligatus.* Gloss. Sangerman. MS. num. 501 : *Numellatus*, *Numella ligatus*, *i. e. vinculo, quadrupes alligatur.* Notæ sunt latinis *Numellæ.*

* **NUMENCULATOR**, Idem quod *Nomenclator*, cujus officium erat ad mensam aut ad cœtum vocare. Cencius de *Nominibus judicum et eorum tractationibus* ad calcem Ord. Rom. ex Cod. reg. 4188 : *Numenculator Latine, apud Græcos Quæstor dicitur. Ipse debet habere curam de viduis et orphanis et omnibus senodochiis, et apud eum debet disputari de testamentis.*

* Numiculator, Eadem notione, in Charta ann. 905. tom. 9. Collect. Histor. Franc. pag. 664.

¶ **NUMERA**, ut infra *Numeri.* Acta S. Isidori Mart. in Insula Chio, ex antiquo MS. Latino, tom. 3. Maii pag. 451 : *Jussio data est procurare naves de Alexandria civitate, in quibus Numera ferri jussa sunt.* Quod factum narrans Daniel Cardanus ex Græco in Latinum verso sic habet : *Cum ab eodem Imperatore (Decio) ut milites conscriberentur, decretum emanasset, etc.*

* **NUMERABILITER**, Numerato, Gall. *En argent comptant.* Charta Hugon. de Confluentio ann. 1271. in Chartul. Campan. ex Cam. Comput. Paris. fol. 383. v°. col. 2 : *Recognoscentes quod nobis de prædicta pecuniæ summa Numerabiliter est satisfactum.*

¶ **NUMERAGIUM**. Vide mox in *Numeratores.*

¶ **NUMERALII**, Iidem qui infra *Nummularii.* Statuta Arelat. MSS. art. 72 : *Omnes libræ et alia pondera Numeraliorum, speciariorum et merceriorum quolibet anno recognoscuntur per clavarium.*

¶ **NUMERALITAS**, Numerus. *Cœpit crescere Numeralitas Fratrum undique convenientium*, in Maceriis Insulæ Barbaræ tom. 1. pag. 6. ubi de fundatione ejusdem Monasterii.

* **NUMERAMENTUM**, Professio feudalis, qua vassallus feudalia prædia, cum suis limitibus ac terminis, atque adeo juribus et oneribus, domino ex officio enumerat, Gall. *Dénombrement*, alias *Nombre.* Lit. remiss. ann. 1478. in Reg. 206. Chartoph. reg. ch. 1022 : *Icellui Petit dist au suppliant.... qu'il y avoit beaucoup plus de terres declarées dedans* (cette lettre,) *qu'il n'en estoit contenu au Nombre d'icelles.* Invent. Chartar. reg. ann. 1482. fol. 101. v°. : *Littera Johannis de Challegrey continens declarationem et Numeramentum sui feudi de Perreigny.... De anno* 1406. Vide supra *Narratio* 2.

NUMERARIUS, *Arithmeticus*, ut est in Gloss. Lat. MS. Regio. Gloss. Græc. Lat. : Ἀριθμητής, *Numerarius.* Alibi : Ψηφιστής, *Computor, Numerarius, Ratiocinator.* Augustinus in Psalm. 146 : *Excedit omnes Numerarios, intelligentia ejus numerari a vobis non potest.* Ita usurpat etiam lib. 2. de Libero arbitrio cap. 11.

Numerarii, qui in Notitia Imperii, pag. 13. 53. 119. inter Officiales Judicum, seu Magistratuum recensentur, erant ii, *qui publicum nummum ærario inferebant, hoc est, qui pecuniam Regiam ex tributis, et portoriis, et vectigalibus partam in æraria inferebant*, ut est in Glossis MSS. ad Cod. Theod. et apud Isidorum lib. 9. Orig. cap. 4. Ita ex Novella Valentiniani de Officio et Numerariis P. P. Sidonio lib. 1. Ep. 11. lib. 2. Epist. 1. Senatore lib. 12. Ep. 13. 23. et aliis, *tributariæ functioni* operam dedisse, et Præfectorum Prætorio, vel Rectorum Provinciarum Officiales fuisse observare est, ut et ψηφιστὰς et διαψηφιστὰς appellatos a Basilio Epist. 250. Eunapio, Suida, etc. Numerariorum præterea mentio est hac notione in Cod. Theodos. tit. de Numerariis, actuar. etc. lib. 8. ubi multa Jacobus Gotofredus in Paratitlo, et ad legem 4. eod. tit. in Nov. Theodos. de Postulando, apud Evodium de Miraculis S. Stephani cap. 3. Gregorium M. lib. 10. Epist. 18. in Concilio Toletano XII. et XVI. in Concilio Cæsaraugust. II. in Legibus Wisigoth. lib. 2. tit. 26. lib. 12. tit. 1. § 2. etc. [** Vide Glossar. med. Græcit. voce Νουμεράριος col. 1007.]

☞ Ad hujusmodi *Numerarios* refert Carolus de Aquino id quod legimus apud Vegetium lib. 2. cap. 19 : *Sed in quibusdam notarum peritia calculandi, computandique usus exigitur. Totius enim legionis ratio, sive obsequiorum, sive militarium munerum, sive pecuniæ quotidie adscribitur actis, majore prope diligentia, quam res annonaria vel civilis, libris adnotatur.* Etymon ducit idem de Aquino, non a *nummis ærario illatis*, sed a *numeris* seu copiis militaribus. Utque huic opinioni potius assentiatur, facit vocabulum *Supernumerarii*, qui profecto dicuntur a *Nummerariis*, nec alioqui quidquam habent negotii cum numeris notarum, sive ratione computandi. Addit tandem, *Numerarios* a Jurisconsultis appellatos fuisse *Rationarios*, a publicis rei castrensis et militaris rationibus computandis.

¶ Numerarius Canonicus, Qui de ipso collegio est, non ultra numerum constitutum. Constitut. Eccl. Valent. tom. 4. Concil. Hispan. pag. 154 : *Nullus in dicta sede, in qua certus Canonicorum et præbendarum numerus existit ad dignitatem... admittatur, nisi fuerit Canonicus Numerarius, actuque in eadem Ecclesia præbendatus.*

¶ Numerarium Pretium, Numerata pecunia, vel de qua numeranda conventum est. Roland. Patav. de factis in Marchia Tarvisina lib. 10. cap. 17 : *Capitaneus ille qui pretio Numerario summum seu castrum Montissilicis reddiderat Marchioni.*

NUMERATORES, alias Campipartores, qui a dominis feudalibus statuuntur ad numerandos in agris mergites, seu *garbas*, pro *decimis*, vel *campiparte.* Charta ann. 1179. in Tabulario Ecclesiæ Carnotensis num. 101 : *Additum est etiam, quod tempore messionis homines nostri a domino de Bellovillari sibi postulare debeant assignari, quorum unus apud Lu et Matrisvillam, alius apud Bellovillare fungatur officio numerandi, quos vel eorum aliquem, si nostris hominibus usque ad quartam diem distulerit, assignare licebit hominibus nostris Numeratore carentibus in quarta die et deinceps, adhibito duorum testimonio, et eorum testium juramentis domino de Bellovillari solvere campipartem. Qui vero ad Numerationis officium vocabuntur, accitis hominibus nostris, in præsentia domini de Bellovillari, tactis sacrosanctis jurare videbuntur, quod nec spe lucri, nec amoris, aut odii causa suæ differrent Numerationis officium adimplere, etc.* Alia ann. 1217. ibid. 228 : *Ita ordinamus et dicimus, quod Abbas et Canonici Valleienses nullam habent auctoritatem et potestatem ponendi Numeratorem, vel Campartitorem in terra Capituli, etc.* Vide *Campipars.* [** et Guerard. Proleg. Chartul. S. Petri Carnot. § 134.]

Numeragium, Jus ipsum constituendi *Numeratores.* Charta Odonis Episcopi Parisiensis ann. 1197. in Magno Pastorali Eccles. Paris. lib. 8. Ch. 24 : *Quitavit Capitulo B. M. Paris. ventas, Numeragium, justitiam et omnem jurisdictionem, etc.* Occurrit rursum in Charta seq. Adelæ Reginæ Franc. anno 1197. et Chartis 25. 26. [*Dederunt Numeragium seu campipertagium*, in Charta ann. 1259. ex Chartulario B. M. de Bono-nuncio Aurelianensi.]

* Mergites in agris pro decimis vel campiparte numerandi officium, ad majorem interdum pertinens; unde *Numeragium* appellabant, quod eam ob causam illi solvebatur, atque inter illius jura recensebatur. Chartul. Floriac. fol. 117. v°. : *Noverint universi, quod cum Petrus de Montigniaco perciperet in decimis et terragiis nostris in parochia de Messeriis, ratione majoriæ, vel alia ratione, ut dicebat, decimas et terragia sigali, mixteoli, et aliarum segetum, et stramina, et jarbarum Numeragii, videlicet unam jarbam a quolibet cui numerabat.* A domino feudi, cujus proprie erat ejusmodi jus, illud habebat major vel quivis alius, ut colligitur ex eodem Chartul. fol. 188. v°. : *Quilibet homo, in cujus terris prior habet Numeragium, etc.* *Nombraige*, eodem sensu, in Charta ann. 1361 : *Toutes les restes, cens et Nombraiges, que icelui Guillaume Machepel avoit et pouvoit avoir au terroer d'Esguillemont.* Vide supra *Decimæ Numeratæ.*

¶ **NUMERATUS**, Nominatus, delegatus. Charta ann. 1277. ex Chartulario S. Vandregisili tom. 1. pag. 1031 ; *Ego Johannes dictus de Novier tradidi et concessi in feodum... viris religiosis Abbati et Conventui S. Vandregesili totum jus quod habebam in quodam batello currente per aquam Sequanæ in portu de Caudebec... pro decem libris Turon. annui reditus solvendis quolibet anno... per manum præpositi de Caudebec vel per alium aliquem certum Numeratum dictorum Religiosorum.*

NUMERI, Cohortes : vox Ulpiano, Vopisco, Ammiano, et aliis nota. Optatus lib. 3 : *Reversi sunt vexati milites ad Numeros suos. Numeri militares*, apud Will. Tyrium lib. 2. cap. 20. Ita νούμερον usurpant Græci recentiores. Martyrium S. Niconis : Στρατευόμενος ἐν νουμέρῳ τινὶ καὶ διατρίβων ἐν αὐτῷ. Palladius in Vita Chrysostomi pag. 32 : Ἦλθέ τις ἀφηγούμενος ἑνὸς ἀριθμοῦ, et pag. 84. Adde Chronicon Alexandrin. pag. 690. Metaphrastem in Martyrio S. Georgii num. 2. Constantinum de Adm. Imper. pag. 192. et alios a Meursio et Fabroto ad Cedrenum laudatos. Ita etiam ἀριθμὸν hac ipsa notione dixerunt Sozomenus lib. 2. cap. 7. Nicephorus Call. lib. 6. cap. 9. Anthologium Arcudii 7. Maii, Novella Justiniani 85. cap. 1. Leo in Tactic. cap. 6. § 28. Zonaras, et alii. Vide [Theod. Marsilium ad Suetonii Vespasianum cap. 5. et] quæ annotamus ad Alexiadem pag. 423. [et in Glossario mediæ Græcit in Νούμερα : quibus adde Lexicon Militare Caroli de Aquino, ubi *Numeris*, ut hic pro Copiis militaribus, expositis, disserit de *Numero militum*, majori vel minori, justis exercitibus convenienti.]

NUMERORUM LIBER *vocatur, eo quod in eo egressæ de Ægypto Tribus dinumerantur, et quadraginta duarum per eremum mansionum in eo descriptio continetur.* Isidorus lib. 6. cap. 2.

¶ **NUMERIA**, *Dea numeri*, in Glossis Isid. Vide S. Augustinum lib. 4. de Civ. Dei cap. 11. Cato in fragmento de liberis educandis : *In partu precabantur Numeriam, quam Deam solent etiam indigitare pontifices.*

¶ **NUMERICÆ NOTÆ** Romanorum solæ fuerunt in usu in veteribus instrumentis, ut omnes norunt, cum ante sæculum XIV. incogniti fuerint Arabum numeri. His usus est Petrarcha in Codice Librorum S. Augustini in Psalmos ann. 1375. narrante Mabillonio lib. 2. de Re Diplom. cap. 28. num. 18. cui nonnulla subdit scitu digna de variis numerorum Romanorum figuris, ut videre potes, cum opus fuerit. Vide *Cifræ*. [* Hæc emendanda ex iis quæ supra diximus v. *Cifræ*.]

¶ **NUMEROSITAS**, Multitudo, apud Tertullianum de Monog. cap. 4. Orosium lib. 4. cap. 5. Augustinum lib. 2. de Doct. Christ. cap. 14. et alios recentiores passim.

¶ **1. NUMERUS**, Populus, multitudo. S. Paulinus Poemate 16. seu Natal. 5. de S. Felice :

> Functus erat longum perfunctus Episcopus ævum
> Maximus, et Numerus ductu Pastoris egebat.

Poemate 23. Natal. 8 :

> Obtinuit captos Numeri virtute potentis.

* Ita nostri *Nombre* dixerunt, Rerum ejusdem speciei collectionem. Lit. remiss. ann. 1397. in Reg. 152. Chartoph. reg. ch. 333 : *L'exposant disoit que icellui Perrin avoit prins deux Nombres de gerbes, qui estoient audit exposant.*

¶ NUMERUS pluralis pro singulari in prima persona a Chlodoveo Magno usurpatus, exemplo Imperatorum aliorumque Regum, eo superiorum, aut ipsi æqualium, ut probat Mabillonius lib. 2. de Re Diplom. cap. 6. num. 2. Quem morem interdum etiam secuti sunt homines privati regnantibus Merovæidis, ut ibidem docetur n. 3.

¶ **2. NUMERUS.** *Denarium, et Numerum, et argentum, et aurum, et dragmam, et sestertium, et minam excussisse* legitur Carolus cognomento Crassus Imp. in Charta, quam laudat Mabillon. tom. 3. Annal Benedict. pag. 209. Chartularium S. Vincentii Cenoman. fol. 115 : *Monachi habent medietatem censuum cimeterii et duos Numeros censuales proprios in quadam noa.* Arbitror utrobique legendum *Nummus*.

¶ NUMERUS ANNORUM aliquando in compendium redactus, maxime ubi annorum integra summa præcessisset. Sic in Historia Episcoporum Autisiod. Audoinus ad eam sedem translatus dicitur *in principio* ann. 1351. et post 12. versus, translatus ad sedem Magalon. *an.* 53. Plura ejus rei exempla in seqq. capitulis occurrunt. At non solum post integram annorum summam expositam compendiosa hæc numerorum adhibita est ratio, sed etiam absolute. Nam prima libri Guillelmi Paris. editio dicitur facta Parisiis apud Gaufridum de Marnef in vico Jacobeo sub intersignio Pellicani an. MLV. id est, MDLV. Codex MS. Mellicensis libros de Imit. Christi complectens dicitur finitus *die Kiliani* 34. hoc est, 1434. itemque alius *an.* 21. id est, an. 1421. Hæc numerandi ratio aliquando in Chartis obtinuit : Hispanica apud Sandovallium de Regibus Castellæ pag. 293. *æra discurrente* LXII. id est 862. regnante Adefonso Rege, Gallicana, *imperante D. N. J. C. ab Incarnatione ipsius* CXI. *et LudovicoRege Francorum regnante an.* IV. id est, an. III. Alia suggerit exempla Mabillonius lib. 2. Diplom. cap. 23. n. 17. unde hæc descripta : quibus addo ex Schedis D. *Lancelot* Acceptilationem his verbis Gallicis conceptam : *Je Jehans de S. Michel Roys des Heraults Viennois confesse avoir eu et receu de venerable et discrete personne Seigneur Adam Chanteprime Tresorier de Dalphiné* XL. *florins d'or de bon pois, que li Roys de France nostre Seigneur m'avoit donné de grace especial une foiz tant seulement. En tesmoin de ce j'ai escript cette quittance... le derrenier jour de Decembre l'an de grace nostre Seigneur soixante-quatre,* hoc est ann. 1364. ut constat ex Præcepto regio ad hanc rem dato 8. Novemb. hujus anni. [* Vide novum Tract. de re diplom. tom. 3. pag. 522.]

NUMERUS AUREUS, Compotistis, dicitur Cyclus Lunaris, seu decemnovennalis, in eum finem institus, ut quatenus per totam seriem Calendarii deducitur, demonstret omnia novilunia, ac illud specialim, a quo supputata Luna 14. indigitat Pascha. Quippe anno 1. Cycli, v. g. ubicunque in Calendario, ac per menses singulos inscriptum vides aureum numerum 1. ipse indicat novilunium eo die contingere, vel contigisse; ac pari modo anno 2. ubicunque vides aureum numerum 2. anno 3. atque ita porro, quousque annis Cycli expletis, tum ad unitatem redeatur, tum novilunia iisdem diebus, eodemque ordine recurrant. Aureum autem numerum appellari aiunt, seu quod olim aureis literis inscriberetur, seu propter inventionis et usus ejus excellentiam. Vide Durandum lib. 8. Ration. cap. 11. et alios Compotistas : addam tantum versus sat antiquos de Usu Numeri Aurei ex Codice MS. Victorino :

> Aureus hac arte Numerus monstratur aperte
> Principium jam qui totius est caput anni,
> Ternarium retinet, ne posterus ordo vacillet,
> Majori numero debetur tertius ordo,
> Si minor assequitur numerus, tunc continuatur.
> Excipe sex menses, Julium prius, atque sequentes,
> His quamvis crescat undenis summa propinquat.
> Octavus numerus sequitur, nec continuatur,
> Tres Februi quarto Nonarum continuato.
> Quarto apponas sub Aprilis pridie Nonas,
> Tot Junius laterat, ubi Nonas quatuor aptat.
> Augusti capite tres debes continuare,
> Quatuor Octobris lateratum pone Kalendis.
> In quarto Nonis duodeni denique mensis,
> Linea tredecimum tenet una, simulque secundum.

Porro numeri aurei repertores fuisse Ægyptios scribit Josephus Scaliger in Canonib. Isagogic. pag. 180. 2. edit [Vide supra vocem *Annus*.]

* **NUMICULATOR.** Vide supra *Numenculator*.

¶ **NUMIDA**, *Qui vendit herbas, vel qui alit pecora ad vendendum*, in Glossis Isid. Paulo aliter Festus : *Numidas dicimus, quos Græci Nomadas, sive quod id genus hominum pecoribus negotiatur, sive quod herbis ut pecora aluntur.* In diversis gentibus Νομάδες a Νεμέσειν, Pascere, dicti sunt armentarii vagi, qui cum pecoribus suis pascua et mansiones sæpius mutabant, nullam fixam sedem seu habitationem habentes. Plinius lib. 5. cap. 3 : *Numidæ vero Nomades a permutandis pabulis, mapalia sua, hoc est, domus plaustris circumferentes.* Eorum mores et plaustra descripsit Hippocrates lib. de Aere, locis et aquis, sect. 3. Adde Ammianum lib. 31. cap. 6. et Isidorum lib. 9. cap. 2. ubi *Numides* et *Numidas* scribit.

¶ **NUMINCULATOR.** Vide *Nomenculator* sub finem.

¶ **NUMISMA**, NUMMATA. Vide in *Nummus*.

* **NUMMARIATÆ**, Merces, quæ nummis acquiruntur, quemadmodum *Denariatæ*, quæ denariis. Lit. remiss. ann. 1359. in Reg. 90. Chartoph. reg. ch. 120 : *Idem Guillelmus injurias dicendo, tam de persona, quam de epulis et cibariis seu Nummariatis ejusdem, etc.* Vide *Nummatæ* in *Nummus*.

¶ **NUMMELLATUS.** Vide supra *Numellare*.

* **NUMMISMATÆ**, Eodem intellectu. Lit. remiss. ann. 1371. in Reg. 102. Chartoph. reg. ch. 99 : *Cum eisdem inimicis frequentaverit et mercatus fuerit, victualia, merces et Nummismatas eisdem deferendo.*

NUMMULARII, Ἀργυραμοιβοί, κολλυβισταί, *Campsores*, qui nummulos et minutos nummos pro majoribus dabant iis, qui necesse habebant majores minoribus ad usum quotidianum permutare. Gl. Gr. Lat.: Χαλκολόγος, *Nummularius, æsculator.* Gloss. Lat. MS. Regium : *Nummularius, Collectarius, Mensarius.* Vide leg. 19. D. de Edendo. (1,13.) [Utuntur Suetonius in Galba cap. 9. Martialis lib. 12. Epigr. 57. et Interpres Latinus Matth. 21. 12. et 25. 27. Marc. 11. 15. Joan. 2. 14 et 15. ubi Græcus habet κολλυβισταί, τραπεζίται vel κερματισταί.]

NUMMULARIUS, Monetarius. [Papias :

Nummularius, *Qui facit nummos vel monetarius.*] Tabularium Ecclesiæ Gratianopolitanæ fol. 78 : *Brevis, vel computatio de consuetudine, quam Episcopi Gratianopolitanæ urbis... habuerunt... in Ecclesia sancti Donati Confessoris... Est et insuper alia consuetudo in prædicta Ecclesia, vel in supradicto loco, ut in suo cymiterio nobiles et potentes, divites et pauperes sine ulla contradictione sepeliant, et Nummularios, hoc est, Monetarios habeant.*

* **NUMMULARIUM**, Mensa nummularia. Charta Agnet. comit. ann. 1050. in Chartul. S. Joan. Angeriac. fol. 2. r°. : *Venda et Nummularium et tabulæ ejus abbatis sunt propriæ.* Eadem vernacule ibid. fol. 4. v°. : *La vente et le Change et les boutiques sont à lui.*

NUMMUS, Denarius, minutior moneta, in Codice Theod. non semel. [Papias : *Numi, Folles dicuntur a sacculo quo conduntur.*] Fulbertus Carnot. Epist. 9 : *Unum caballum a famulo nostro Deodoto debuit comparare 32. solidis, pro arrabone datis 12. Nummis.* Epist. 15 : *Dabit vobis pro hoc negotio mille libras denar. et centum palleas, et dominæ Reginæ quingentas libras Nummorum.* Ubi *denarii* et *nummi*, idem sunt. [Pelagius Diaconus de Vitis SS. Patrum cap. 12. num. 9 : *Quando permansero tota die laborans, et orans corde vel ore, facio plus minus sedecim Nummos, et pono ex eis ad ostium duos, et ex residuo manduco, et qui acceperit illos duos denarios, orat pro me tempore quo ego manduco vel dormio.* Vide *Denarius.*] Matth. Westmonast. ann. 1095 : *Cum vero essent plus quam* 300. *armatorum millia* (in Terra Sancta,) *tanta eis suppetebat copia, ut aries uno Nummo, bos vix* 12. *Nummis venderentur.* Vetus Charta Anglica : *Dedi....* 12. *Nummos reditus in Westfrel.... quicunque hanc tenuram tenet post obitum illius super altare in die festi sanctæ Mariæ Magdalenæ annuatim reddat* 12. *denarios.* Ita etiam usurpat Historia Rotonensis Monasterii lib. 1. cap. 7. Vide Dissertationem nostram de Nummis Imp. Constantinop.

¶ Nummus Abrenuntiationis, Quem quis rei alicui *abrenuntians*, seu illius possessionem dimittens, in symbolum tradit ei, cui rem illam dimittit. Diploma S. Annonis Archiep. Colon. ann. 1065. apud Tolnerum in Probat. Hist. Palat. pag. 31 : *Mihi vero reliquum dedit, ut in quocumque monasterio sepeliretur, ejus monasterii præfatum prædium esset. Sed cum ab Abbate istius loci et Palatino Comite sæpius inquietaremur, pro nummo abrenuntiationis monachis dedimus* VIII. *arpennas vinearum in Clotteno, et* IV. *in Segewel, et calicem aureum et gemmatum.* Charta ann. 1057. apud Freder. Schannatum Vindem Litter. pag. 43 : *Quoddam prædium injuste invasit, pro quo jam pridem eodem Imperatore vivente, Nummum abrenuntationis accepit.* Vide *Investitura.*

¶ Nummi Bracteati, Qui constabant ex tenuissimis laminis seu *bracteis* et in uno tantum latere signabantur. De iis agunt Scriptores Germanici, Jacobus *a Mellen* in Epistola de quibusdam Nummis German. ad D. Gasp. Sagittarium Jenæ ann. 1678. Joh. Christoph. Olearius in Isagoge ad Numophylacium Bracteatorum ibid. ann. 1694. et alii.

* Nummi pro Capitibus, Census quatuor denariorum, quem *homines de corpore* vel *de capite* quotannis domino debebant præstare. Vide *Capitale* 5.

¶ Nummi Cavi, Schyphati et in modum *Scutellæ fabricati*, præ minori densitate, apud eosdem Germanos. Aurei fuere pauciores, plures vero argenti, æuei, aut argento et ære mixti. Incogniti fuerunt ante tempora Ottonis Magni. Passim videntur cusi typis Abbatum, Abbatissarum atque Monasteriorum Germaniæ, ac præsertim Helvetiæ, plurimique nominibus, ipsis etiam imaginibus Episcoporum aliorumve Præsulum insigniti. Vide Othonem Sperlingium in Epistola de Nummis *Bracteatis* et *Cavis* ad Jacobum *a Mellen.* Si plura cupis de variis Germanorum Nummis consulere potes Christiani Schlegelii Epistolam ann. 1696. de Nummis Altemburgensibus, Schediasma ann. 1697. de Nummis Salfeldensibus, Arnstadiensibus et Jenensibus, Dissertationem ann. 1717. de Nummis antiquis Gothanis, Cygneis, Coburgensibus, Vimariensibus et Merseburgensibus, in qua simul obiter agitur de quibusdam Nummis prisci ævi Altemburgensibus, Augustanis, Halensibus, Francofurtensibus, Noribergensibus, et Ulmensibus; Schediasma Joh. Andr. Schmidii de Nummis Numburgocizensibus et Pegaviensibus ann. 1695. etc.

¶ Nummus Confirmationis. Qui datur ad confirmandam donationem vel rei alicujus abdicationem. Notitia ann. 1052. apud Schannattum Vindem. Litter. pag. 42 : *Legitima professione abjecit et Nummum confirmationis ut lex postulabat, accepit.*

* Nummi pro Crocea, Pensio, quæ ab ecclesiis episcopo quotannis exsolvitur in *signum subjectionis*, idem quod *Cathedraticum.* Vide in hac voce. Charta ann. 1224. in Chartul. Maurign. ch. 95 : *Confessus est in jure abbas Maurigniacensis, quod recepit plures episcopum Carnotensem in domo sua, et solvit expensas ejus, et credit quod quando ipse receptus fuit, servientes ejus habuerunt ea, quæ de consuetudine solent habere, quando episcopus alibi recipit procurationem, videlicet Nummos pro crocea, etc.*

*Nummi de Dominica. Oblatio, quæ Dominica die a fidelibus fit inter Missarum solemnia, idem quod *Offerenda.* Charta Manas. episc. Aurel. ann. 1168. ex Chartul. Miciac. : *Duas partes habetis.... in omnibus oblationibus, quocumque modo fiant, tam pro vivis quam pro mortuis, exceptis Nummis de Dominica die, qui Charitas appellantur.*

¶ Nummus de Legibus, Legitimus, in cujus metallo ea probitas est, quæ a *lege* requiritur; de quo supra in *Lex* pag. 86. col. 3. Narratur tom. 5. Annal. Benedict. pag. 76. Drogonem Militem de damnis illatis satis fecisse Ecclesiæ S. Caloceri, seque ejus custodem deinceps fore promisisse, *duodecim Nummis de legibus* traditis Odolrico Præposito Ecclesiæ Rem. quos *in præsentia illius perforatos* idem Odolricus *secum detulit ipsius placiti conservandos.*

* Nummi super Librum positi in sponsalibus. Charta ann. 1163. tom. 1. Probat. Hist. Brit. col. 647 : *De sponsalibus est statutum, quod Nummos a sponso et sponsa oblatos, et eos qui super librum positi fuerint, capellanus accipiat.* Alia ibid. col. 648 : *De sponsalibus, quidquid ponitur super librum ad portum monasterii, inter monachos et presbyterum per medium dividetur.*

* Nummus Lucosus, Qui pro administratione sacramentorum in extremis sacerdoti offertur. Vide supra *Denarius Lucosus.*

* Nummus Missalis, Qui pro Missa celebranda sacerdoti datur. Vide supra *Missalis nummus.*

* Nummi Pentecostales, Præstatio, quæ a parrochianis ad festum Pentecostes curioni, vel ab inferioribus ecclesiis matrici seu episcopo exsolvebatur. Charta ann. 1213. inter Probat. Hist. Autiss. pag. 43. col. 2 : *Duodecim libras Autissiodorensis monetæ in Nummis Pentecostalibus de Varziaco. Nummi qui ad Pentecosten nobis redduntur,* in Charta. Regin. Carnot. episc. ann. 1196. ex Tabul. B. M. de Josaphat. Vide *Pentecostalia.*

¶ Nummi Runici, Runis seu literis Gothicis insigniti, de quibus non semel Eruditi Septentrionales, maxime Dani et Sueci. De his nummis Commentationem edidit Nic. Kederus Holmiensis Lipsiæ ann. 1704.

¶ Nummus Synodalis. Vide in *Synodus.*

Nummata, Pretium rei per nummos, ut *Denariata*, per denarios; *Librata*, per libras, etc. Regestum Philippi Augusti Herouvallianum f. 69 : *Quisque piscator habet singulis annis unum furcum arboris, et exinde reddet in Rogationibus sex Nummatas piscium. Nummatas panis*, apud Vincentium Belvac. lib. 26. cap. 39. [et in Libertatibus Moirenci ann. 1164. tom. 1. Hist. Dalphin pag. 17. col. 1. *Nummata carnium*, in Bulla Alexandri III. ann. 1178. et alia Innocentii III. Paparum, e Chartulario Latiniac. *Nummata ciborum*, in Tabulario Monasterii Tiron. *Nummata vini ad celebrationem Missarum*, in Miraculis S. Bernwardi Episc. Hildesheim. sæc. 6. Benedict. part. 1. pag. 236. *Nummata candelæ*, in Archivo Majoris-Monasterii. *Numata terræ*, in Statutis Vercell. fol. 30. recto.] Tabul. Brivatense ann. 1306 : *De cera Nummatas 4. super altare ipsius S. Juliani deportemus.* Monast. Anglic. tom. 2. pag. 21 : *Sciatis me dedisse et concessisse Ecclesiæ sanctæ Mariæ .... in perpetuum eleemosynam 40. Nummatas terræ in Walsingham, etc.* [*Quatuor Nummatas terræ*, in Censuario S. Amatoris circa 1290. exarato. Adde Formulare Anglic. Thomæ *Madox* pag. 155.]

Nummata, Nummus ipse, vel valor nummi ac pretium. Consuetudines Prioratus de Capella in Diœcesi Bituricensi ex ejusdem Tabulario : *Si quis bovem, vel porcum ad vendendum occiderit, de porco Nummatam, de bove vero duas dabit.* Liber Chirographorum Absiæ : *Ut ille pistor Abbati et Monachis Absiæ consuetam vendam de pane suo, duas scilicet Nummatas de unaquaque coctione in perpetuum reddat.* [Charta Roberti I. Bethuniæ Domini circa ann. 1000. pro Ecclesia S. Bartholomæi, apud Miræum tom. 2. pag. 446. col. 1 : *Dedit duos modios frumenti et* XL. *Nummatas et octo panes.*]

Nummatæ, Merces ipsæ, ut *Denariatæ*,

seu *Denrées* : nam *nummi* et *denarii*, idem sunt. Libertates villæ S. Paladii in Biturigib. : *Quilibet Mercerius, qui Nummatas suas vendet in dicta villa solvet unum denarium Turonensem qualibet septimana, qua ipse vendet. Nummata vini*, ibidem. [Chronicon Petri Azarii apud Murator. tom. 16. col. 340 : *Facere tesseras et vendere pestivinum et alias Nummatas. De omnibus Nummatis et mercaturis, que venduntur*, in Literis ann. 1354. tom. 4. Ordinat. Reg. pag. 150.]

NUMMATA, Neutrius generis in plurali. Charta Ludovici Franc. Reg. ann. 1315. pro Normannis : *Item, quod illis qui nostro nomine Nummata quæcunque pro nostris munitionibus, aut necessariis, ubilibet capere voluerint, non parcatur impune, nisi literas apertas deferant et ostendant super hoc confectas, etc..... et etiam dum sic hujusmodi literas nostras, vel dicti Magistri nostri detulerint, loci Justitiarium vocare teneantur, et per fide dignos Nummata facere appretiari pretio legitimo secundum temporis et loci qualitatem, et pretium sic taxatum solvere, antequam Nummata permittantur deferre.* [Antiqua versio Gallica, quam exhibet *de Lauriere* tom. 1. Ordinat. Reg. pag. 590. habet : *Item, aucun ne obeisse à ceux, qui en nostre nom auront voullu prendre Denrées quelconques, pour nos garnisos et necessitez, si il n'apportent lettres patentes scellées de nostre scel, ou du maître de notre hostel, etc.* Vox *Nummata* plurali numero occurrit in aliis ejusdem Regis Literis ann. 1314. eodem tom. pag. 552.]

NUNBLICUS, Umbilicus, Gall. *Nombril.* Regestum Castri Lidi fol. 32 : *De bove mortuo, pectus : de porco mortuo vendito, Nunblicum, ut habeat de corio sublevando cum pellice; de uno bacone vendito in foro, 1. den. vel jocia.* Occurrit alibi in eodem Regesto. [Vide *Numble.* Le Roman *de la Guerre de Troyes* MS. :

La ou sont li Nombril de mer,
Qe nes ne pot ainc trespasser,
De quince liues, ou de plus,
N'est rien qu ne viegne au portus.

Sermo est de loco maris valde periculoso, per quem necessario transeundum.] [* Vide supra *Nebulus* et *Numblus.*]

* **NUNCILLUS**, f. dimin. a *Nuntius* 2. Mercenarius, servus ad annum conductus. Libert. S. Marcel. ann. 1343. tom. 9. Ordinat. reg. Franc. pag. 378 : *Homines et personas ibidem degentes et habitantes et in futurum habitaturos, uxores, liberos, Nuncillos, ancillas et familiares eorum, etc.*

¶ **NUNCIUS**, Vide infra *Nuntius.*

¶ **NUNCUPAMEN**, Nomen. Codex traditionum S. Emmerammi apud Pezium tom. 1. Anecd. col. 110 : *Tradidit super altare.... almi Emmerammi totam dimidietatem prædii sui Nuncupamine Weleisdorf.*

¶ NUNCUPANS, Passiva notione, non semel in Chartis, ut apud Lobinellum tom. 2. Hist. Britan. col. 23 : *In loco non ignobili Nuncupante Lis-Nowid.* Adde col. 341. etc.

¶ NUNCUPATIM, Nominatim, apud Claudianum Mamertum lib. 2. de Statu animæ cap. 9.

¶ NUNCUPATIVE, Nomine tantum, non re, in Epistola Hadriani PP. ad Episcopos Hispan. contra Elipandum, tom. 3. Concil. Hisp. pag. 95. [** Sigebert. Vita Deoderici Episc. Metens. cap. 11 : *Pastor noster Nuncupative bonus, imitatus vestigia illius pastoris, qui essentialiter est bonus, etc.*]

¶ NUNCUPATIVUM TESTAMENTUM, Quod voce declaratur, et ad cujus firmitudinem non est necessaria scriptura, licet nunc adhibeatur ad perpetuam rei memoriam. Testamentum Mariæ Reginæ Aragoniæ ann. 1213. tom. 3. Concil. Hispan. pag. 487. col. 1 : *Quamvis ægra corpore, mente sana, nolens decedere intestata, Nuncupativum, quod sine scriptis dicitur, facio testamentum.* Testamentum Jacobi Regis Aragon. ann. 1272. tom. 1. Anecd. Marten. col. 1148 : *Et statuimus jure testamenti vel Nuncupativi ac codicillorum, seu alterius cujuslibet nostræ ultimæ voluntatis, etc.* Testamentum Anglici Grimoardi Cardinalis ann. 1388. apud Stephanotium tom. 10. Fragm. MSS. pag. 331 : *Testamentum meum ultimum Nuncupativum, seu meam ultimam voluntatem, quod et quam in his scriptis præsentibus redigi facio ad futuram rei gestæ memoriam, condo.... in hunc modum.* Consule Jurisconsultos. [* Vide infra *Testamentum* 1.]

¶ NUNCUPATIVUS, Nomine solum, non re ipsa. Epistola Alcuini ad Monachos Gothiæ de Felice Urghell. tom. 3. Concil. Hispan. pag. 118 : *Ne essent duo Filii, unus proprius et alter adoptivus; aut duo Dii, unus verus Deus et alter Nuncupativus.* Utuntur Theologi Scholastici.

* **NUNCUPLUS**, *Nove numero, e ordine, e pondere*, in Glossar. Lat. Ital. Ms.

* **NUNDERUS**, in Charta Otton. comit. Palat. ann. 1231. inter Probat. tom. 2. Annal. Præmonst. col. 294. ubi Tolner. in Hist. Palat. edidit *Munderus.* Vide in hac voce.

NUNDINÆ, vox apud Eugippium in Vita S. Severini cap. 9. pro vico sumitur, ut observat Velserus, quod scilicet Germanis *Marcht* appellentur tum nundinæ, tum vici ejusmodi, Emporium Græcorum : *Quidam cum conjuge liberisque redempto, præcepit transvadere Danubium, ut hominem ignotum in Nundinis quæreret barbarorum.* Glossæ antiquæ MSS. : *Nundinæ, Locus mercati. Nundinæ, commercia, stationes.* Vide *Mercatum.*

NUNDINÆ. Matth. Paris ann. 1200. de Abbate Flaiensi : *Nundinas vero et mercata Dominicæ diei adeo interdixit, quod omnia fere, quæ diebus dominicis per Angliam fieri consueverant, constituerentur in una hebdomade sequentium feriarum, sicque Dominicis diebus fidelis populus divinis solummodo vacans obsequiis, omne opus servile penitus abdicavit. Verumtamen tempore procedente, plerique ut canes ad vomitum sunt reversi.*

NUNDINÆ, Epulæ, apud Ulpianum in leg. 69. D. pro socio, ubi (17,2.) Dionys. Gotofred.

NUNDINAS ERIGERE, nostris *Eriger une Foire.* Ordericus Vitalis lib. 6. pag. 606 : *Et Nundinas etiam ad Parcum in Nativitate S. Mariæ ipsis erigere permisit.*

NUNDINÆ CALIDÆ, Quæ in æstate habentur. Charta ann. 1322. in Histor. S. Barbaræ Lugdun. pag. 202 : *Et dictum pannum* (de bruneta) *teneatur emere vel emi facere in Nundinis Cabilonensibus calidis.* [Vide Franciscum *des Marets* de Nundinis Trecensibus pag. 5.]

NUNDINÆ BANNALES. Charta Herimanni Episcopi Metensis apud Meurissium pag. 379 : *Et quoniam has Nundinas bannales esse censemus, sollicite idem Advocatus per se seu per civitatis Castaldos provideat, ne quid tempori prænominato detrahatur, etc.*

Præ cæteris vero nundinis celeberrimæ olim in Francia fuere *Campanienses*, vulgo *Les Foires de Champagne*, quarum mentio est in Chronico S. Mariani Autisiodorensis pag. 92. et in Vita S. Bernardi Pœnitentis num. 13. Quæ vero illæ fuerint, accipe ex MS. Cod. :

Les Foires de Champagne sont premierement, la Foire de May de Provins, la Foire de S. Jean de Troyes, la Foire de S. Ayoul ou S. Ernoul de Provins, la Foire de S. Remy, alias la Foire froide de Trezet de Troies, la Foire de Lagny sur Marne, la Foire de Bar-sur-Aube.

Regestum Cameræ Computor. Paris. signatum *Noster*, fol. 170 : *Avant que marcheans repairens és Foires de Champagne eussent onques parler du denier de la livre, ne du quart denier de courretaige, ne maletouste, les Foires de Champagne valoient bien les sommes qui s'ensuivent :*

Premierement, la Foire de Bar-sur-Aube valoit bien de 1600. a 1800. liv. ou plus, qui ne vaut orendroit qu'environ 700. livres.

La Foire de May de Provins ensuivant valoit bien de 800. à 900. livres, qui ne vaut à present que 250. livres.

La Foire de S. Jean de Troyes ensuivant aprés valoit de 800. à 900. liv. qui ne vaut que 300. livres.

La Foire S. Ayoul de Provins aprés ensuivant valoit de 1000. à 1111. livres, qui ne vaut à present que 400. livres.

La Foire S. Remy de Troyes (au dessus est escrit, et la Foire froide de Trezet) valoit 160. livres, qui ne vaut que 60. livres.

La maison de la Pierre de Troies où l'en bat les toiles, valoit environ 240. livres, qui ne vaut à present que 120. livres.

Le peage des vins de Troies valoit environ 3200. liv. qui ne vaut à present que 2400. liv. ou 25. liv.

Les mesons le Roy où li Alement souloient vendre leurs toiles à Troies, valoit environ 80. ou 100. livres, qui ne vaut pas 10. livres.

Item tuit peages de Champagne sont amenuisez grandement pour les marchandises qui ne sont pas venües és foires en la maniere qu'elles souloient venir.

Et pour le defaut des marcheans qui ne viennent pas en Champaigne ainsi comme ils souloient, les mesons et li heritages du Roy, et les autres mesons des bonnes gens, où le Roy prenoit la moitié des loyers en la Foire de Bar, et le tiers des loyers en Foire és villes de Troies, et de Provins, sont decheu et déchient chascun jour.

Les choses dessus dites ont esté tesmoignées par les sermens de ceux qui ensuivent, etc. qui les marchiez dessusdiz ont tenus à ferme ou temps passé, et par plusieurs autres marcheans frequentans les Foires.

Les Foires de Champagne et les sommes du denier de la livre. Premierement

La Foire de May de Provins l'an 1296. 9215. *livr.* 12. *sols*, 1. *den. Tournois.*

La Foire saint Jean de Troies, 1375. *livres*, 18. *sols*, 1. *denier.*

La Foire saint Ayoul ou saint Ernoul de Provins, 1554. *livres.*

La Foire froide de Trezet, ou saint Remy de Troyes, 1386. *livres*, 8. *sols*, 4. *deniers.*

La Foire de Laigny sur Marne, 1813. *livres*, 7. *sols*, 8. *deniers.*

La Foire de Bar-sur-Aube, 1140. *liv.* 13. *s.* 5. *d.*

Ex eodem Regesto fol. 182 : *Ce sont les cas et les meseus qui aviennent de jour en jour és Foires de Champagne, par quoi elles sont perdues et desolées, et le menu commun essiliez, et le Roy y pert son droit et ses eschoites par mauvés gouvernement.*

Premierement, lesdites Foires furent fondées sous bonne foy et par les marcheans, et pour ce fu donné le conduit à tous marcheans et à leur denrées de quelque terre que il soient, venant et alant ésdites Foires, lequel conduit souloit faire mult tres-grant profit, et orendroit fait grans domaiges pour les abus que l'en y fait, par les mauvés marchiés, faus contrais, et grans usures qui y sont demenées sous l'ombre des privileges et du conduit desdites Foires.

Item par la coustume des Foires nul ne doit joïr des privileges, ne du conduit des Foires qui n'est loiaus marcheant, ou se il ne tient table de change résident par toutes les Foires. Car quiconques s'appelle Changeur de Foires, et il ne l'est pas, il use des privileges et des mandemens des Foires en nom de Changeur, si comme font plusieurs usuriers Lombars, et autres qui demeurent à Paris et ailleurs par le Royaume, qui prestent leurs deniers à usure, et puis font tant que leur debteur se vont obliger à eus en Champaigne, et s'obligent comme à Changeurs des foires, et cil qui s'appellent Changeurs ne sont demourans ne frequentans les Foires par le privilege et la coustume des foires. Quant tels faus Changeurs sont attaints, li cors et li avoir doit estré en la volonté du Seigneur. Et parce que l'en les laisse joïr des privileges du conduit et des mandemens des foires, n'a-t-il més nulle vraie table de change. Es Foires a l'en a bien veu 500. *residens, et avoir à chascun table grant compaignie, et il n'y a que orendroit que* 3. *qui ne sont pas encore vraies, etc.*

Item nul faus marcheans ne doit joïr du conduit ne des privileges des foires. Car le conduit des foires est de tele nature, si-tost que li marcheans partent de leurs hostiex à toutes leurs denrées, soit avoir de pois ou autre chose, il ne doivent leur denrées desplaier, vendre, ne aliener, jusques à tant que il viennent dedans le cors de la Foire, puisque il soient marcheans des foires, et que il se veulent aidier du conduit. Car en venant és foires, parmi quelque terre que il passent, se il sont robez au chemin, il convient que le Seigneur de la terre ou la roberie est faite, soit contrains par les mandemens de foires à rendre le domaige, ou li hoste, se il sont desrobé en hostel, et se l'hoste n'est solvable, il sont desrobé en ville de Loy, toujours a l'en recours au haut Justicier de ladite ville, et par tele maniere de conduit brisié s'engendrent les deffenses. Et quant l'en treuve que les marcheans qui se veulent aidier du conduit de foire, meinent et font descendre leurs denrées ailleurs que és foires, les denrées sont aquises au Roy, et li marcheans doit demourer en la volenté du Seigneur, etc.

Le Roy Charles le Bel par son Ordonnance donnée à Paris au mois de May 1327. *remit les Foires de Champagne en leur ancien état, et voulut que les coustumes mises et establies de nouvel fussent du tout abatues; c'est assavoir le quart du courretaige, six deniers pour mandement, et trois deniers pour livre; lesquels six deniers pour mandement, à trois deniers pour livre aloient au seel. Ib. fol.* 189. *verso.* Vide *Custos nundinarum*, [Franciscum *des Marets* in Libello de Nundinis Trecensibus, et *de Lauriere* tom. 1. Ordinat. Reg. locis in indice notatis, tom. 2. pag. 73. et seqq.]

Nundinæ, Decursiones militares, hastiludia, quæ *Torneamenta* vulgo vocant. Decreta Eugenii II. PP. cap. 7 : *Temerariam multorum audaciam, qui ad detestabiles Nundinas ex condicto venire solent ad ostentationem virium suarum, omnino et sub anathemate fieri prohibemus. Quod si quis ibidem mortuus fuerit, pœnitentia et viaticum ei non negetur, Ecclesiastica tamen careat sepultura.* Ex quo loco patet octavo ineunte sæculo, atque adeo Ludov. Pio imperante, obtinuisse ejusmodi hastiludia, quod etiam ex Nithardo firmavimus, in Dissert. 6. ad Joinvillam, proinde *Torneamentorum* non adeo nuperum fuisse inventum ac usum : denique ex hoc Eugenii Decreto *Nundinarum* appellatione donatas deinceps fuisse ejusmodi militares et equestres decursiones, ut et in Concilio Remensi ann. 1131. can. 12. et 1148. can. 12. Lateranensi II. ann. 1139. can. 14. Lateranensi III. ann. 1179. can. 20. apud Lambertum Ardensem pag. 13. 29. Theodericum Abbatem in Vita S. Bernardi lib. 1. cap. 11. Cæsarium lib. 7. cap. 39. lib. 12. cap. 17. Anonymum in Vita S. Roberti Abb. Molism. n. 4. etc.

Sed et prælia et bella civilia ita appellat S. Bernardus Claravallens. Abbas in Epist. ad Sugerium Abbatem S. Dionysii, tom. 4. Hist. Franc. pag. 516 : *Homines namque illi, qui reversi sunt, maledictas illas Nundinas post festa Paschalia præfixerunt, et statuerunt laxatis habenis, Dominus Henricus filius Comitis, et Dominus Robertus frater Regis, ut irruant et interficiant semetipsos.*

Nundinarii, *Mercatores*, in Gloss. antiquis MSS.

¶ Nundinator, ἀγοραῖος, Forensis, in Glossis Lat. Græc. Sangerman. MSS.

* **NUNDOFILI**, Hæretici, iidem qui *Arialdistæ* et *Paterini*. Chron. Rich. Cluniac. ad ann. 1159. apud Murator. tom. 4. Antiq. Ital. med. ævi col. 1112 : *Quod audientes Ludovicus rex Francorum et Henricus rex Anglorum, consilio Henrici Beluacensis, et aliorum Nundofilorum, sive Paterinorum, partes Alexandri sustentaverunt.* Vide *Paterinus.*

NUNNA, Nunnus. Vide *Nonnus.*

* **NUNNATIO.** *Arabes habent tantum tres vocales, a, i, o, et Nunnationem.* Joan. Heyman. in not. ad Epist. Jacob. Christman. pag. 321. tom. 2. Syllog. epist. a Burman. Per *Nunnationem* autem illam, *oun* pronuntiatur *noun* in fine vocabulorum, quod additur infinitivis et accusativis. *Nasalis* vero dicitur hæc pronuntiatio. Ex animadversionibus D. *Falconet.*

NUNTIARE, Citare, in jus vocare. Vita S. Præjecti cap. 3 : *Obtinuitque cum Principe ut Missos ex latere dirigeret, qui eum per fidejussores Nuntiarent, et in aula Regis facerent præsentari.*

* Hinc *Noncer*, pro *Annoncer*, apud Froissart. 1. vol. cap. 19. *Noncher*, pro *Déclarer*, in Cons. Petri de Font. cap. 4. pag. 80. art. 1. *Nonchier*, in Vita J. C. Ms :

> Alés vous en, si lor Nonchiés;
> Mais gardés bien que n'i targiés.

Pro Significare, vulgo *Indiquer, signifier*, in Bestiar. Ms. :

> Li coulons qu'est stephanin,
> Nos doit saint Estevene Nonchier,
> Qui pour Dieu se laissa pener.

NUNTIATICA. Diurnus Roman. cap. 6. tit. 19 : *Cujus exactionem per nostrum dispositum fecisse dignosceris, præsenti Ill. indictione de Nuntiatica vel de aliis accidentibus causis etc.*

* **NUNTIATIO**, Nuncium, Gall. *Nouvelle.* Annal. Placent. ad ann. 1444. apud Murator. tom. 20. Script. Ital. col. 887 : *Die* 14. (Februarii) *dominus presbyter Johannes Philippus Anguissola Mediolano rediit bonam referens Nuntiationem.* Vide supra *Novum.*

NUNTIATIO Novi Operis *per jactum lapilli.* Charta Occitanica ann. 1407. de Carmelitis qui Monasterium in loco de Montesquivo Rivensis Diœcesis ædificare cœperant : *Propter quod denuntiabat prædictis Carmelitis novum opus, et in signum hujuscemodi denuntiationis et prohibitionis, prædictus D. Rector seu Vicarius ibidem et in continenti per Jactum unius lapilli dixit, et verbo proposuit, dirigendo verba sua Carmelitis prædictis in dicto nova opere existentibus : Denuntio vobis opus novum. Item per Jactum secundi lapilli dixit : Ego denuntio vobis opus novum. Item similiter et tertio loco per Jactum tertii lapilli dixit : Ego denuntio vobis opus novum, et inhibeo vos antedictos Carmelitas, et quemlibet vestrum.... quantum de jure possum, et debeo, et mihi est permissum, ne ulterius in dicto hospitio construatis sive ædificetis, et ne etiam ulterius procedatis, etc.* Atque hæ quidem nuntiones novi operis, ut et restitutiones in integrum *per signa* fieri dicebantur. Manuale Placitatorum in Parlamento 28. Mart. 1374 : *Il sera dit, que les parties sont à recevoir.* Item *que la nouveauté sera ostée reaument et de fait, restablissement sera fait par Signe, et n'y eschet autre restablissement.* Et 2. Septembre 1377 : *Il sera dit qu'ils meneront à S. Merry Jean Bridelle, qu'ils meneront de S. Merry en Chastellet se ils le peuvent avoir, si non par Signe d'une verge reintegreront l'immunite de l'Eglise, etc.* Occurrit in hoc regesto non semel. Vide *Denuntiatio.* [** Ex Dig. fr. 6. § 1. si servit. (8, 5.). fr. 1. § 6. Qu. vi aut cl. (43, 24.) Vide Jurisconsultos.]

¶ **NUNTIUM**, Legatio. Chronicon Trivetti, tom. 8. Spicil. Acher. pag. 670

(a Bonifacio VIII. missi) *Nuntium suum prosequentes, et pacem suadentes, treugamque duorum annorum petentes.*

¶ 1. **NUNTIUS**, Legatus, missus. Annales Genuens. apud Murator. tom. 6. col. 47 : *Ipso quoque anno* (1235.) *quum Soldanus Septæ Nuntios sive ambasciatores (communis Januæ... detineret in verbis, et eos diu duxisset et duceret per ambages.* Hinc *Nonce* vulgo dictus, Legatus summi Pontificis, ut omnibus notum.

¶ Nuncius, Apparitor, Judicum missus, qui eorum *nuntia* portat et mandata exsequitur. Literæ Joannis Franc. Regis ann. 1350. tom. 4. Ordinat. pag. 16 : *Tres Consules et sexdecim Consiliarios habeant... et unum Nuncium pro Consiliariis suis congregandis.* Aliæ ejusdem Regis ann. 1356. tom. 3. pag. 157 : *Consules... habeant potestatem indicendi et perequandi et levandi per certos suos Nuncios talliam seu tallias hominibus et habitatoribus dicti castri et ejus mandamenti, tociens quotiens expedierit et eis visum fuerit faciendum, perequataque et indicta levandi et percipiendi seu fieri faciendi per certos Nuncios super hiis per eos destinandos.* Literæ Caroli Regentis, filii Johannis Regis Franc. ann. 1358. ibid. pag. 236 : *Que Universitati et Consulibus de Condomio* (Condomo) *debentur nomine et ex causa Universatis prædicte... leventur tanquam fiscalia et etiam exigantur, et eisdem cohercitionibus per eosdem Consules seu eorum servientes vel Nuncios perpetuo exigi valeant et levari.* Charta Ysnardi de Antravenis Senescalli Provinciæ e MS. D. *Brunet* fol. 90 : *Nullus Nuncius, cursor, sive apparitor predicte curie pro nunciatione aliquid accipere debeat a civibus Arelatis.* Synodus Oriolana ann. 1600. tom. 4. Concil. Hispan. pag. 716 : *Nuncii quoque nostræ curiæ Sacerdotes aut alios quoscumque sacris ordinibus initiatos in Ecclesia non citent, nec quamdiu ex ea exstiterint, ad judicium vocent.* Adde Statuta Astensia Collat. 4. cap. 5. etc.

¶ Nuncius Armorum, Gall. *Sergent d'armes*, in Codice MS. DD. *Daguesseau* Cancellarii ubi de Processu dissolutionis Ludovici XII. fol. 170.

Nuntius Cameræ. Vide *Camerarii Provinciarum*, in *Camerarius.*

¶ Nuntius Citatorius, Qui in jus citat seu vocat. Chron. Dominici de Gravina apud Murator. tom. 12. col. 552 : *Igitur adveniente Nuntio citatorio ad Palatinum eumdem, literas citatorias eidem Palatino porrexit, quas superbo capite spernens, ad clamorem dicti Regis penitus ire negavit.*

¶ Nuntii Conclavis, Gall. *Couriers du Cabinet*, quos habebant Majores Domini, quosque inter Nobiles feoda tenentes numeratos fuisse probat D. *Brussel* tom. 1. de Feudorum usu pag. 172. ex hoc Chartularii Montisfortis loco, ubi de feodis ad hoc castrum pertinentibus : *Magister Hubertus de Maulia est homo Comitis, et debet ire in Nunciis domini Comitis eques.*

Nuntius Curiæ. Charta Guillelmi Comitis Forcalcarii ann. 1206. pro Manoscensibus : *Item quod Bajuli et Judices et Notarii Curiæ, et Nuntii sint annales. Et qui semel Bajulus, aut Judex, aut Notarius, aut Nuntius Curiæ fuerit, etc.* Vide *Messageria.* [** et Haltaus. Glossar. German. voce *Fron-bote*, col. 535.]

¶ Nuncius Potens, Delegatus qui possit personam et vices mittentis agere. Charta Ottakeri Marchionis Styriæ ann. 1156. apud Ludewig. tom. 4. pag. 202. qua confirmat advocatiam Garstensibus : *Ter in anno, id est, bis tempore grammis, semel tempore fœni placitum suum debet habere* (*Advocatus*,) *et hoc de clamatione vel notificatione illius præconis, quem sibi Abbas vel potens ejus Nuntius debet ad latus ipsius Advocati sedere, et de omni manuum compositione sive pugnæ sive furti duæ partes ad Ecclesiam respiciunt, tertia ad ipsum.*

¶ Nuncius Portans Pyxidem. Vide *Pyxis.*

Nuntius Regis, Idem qui *Missus Dominicus*, in Decretis S. Ladislai Regis Hungariæ lib. 3. cap. 1. 2.

¶ Nuntius Virgæ, Gall. *Sergent à verge*, Apparitor qui in symbolum officii virgam portat. Leges Palatinæ Jacobi II. Regis Majoric. inter Acta SS. Junii tom. 3. pag. xxxv : *Quatuor ad minus ordinarie Nuntii virgæ sint in nostro hospitio, qui ratione eorum officii virgam deferre nec omittant.*

¶ 2. **NUNTIUS**, Mercenarius, servus ad annum conductus. Statuta Arelat. MS. art. 154. *de Nunciis locandis in festo S. Andree : Statuimus quod illi qui conducent de cetero aliquem vel aliquos mercenarios vel mercenarium ad annum, quod illos conducant a festo S. Andree; et idem dicimus de farneriis et posteriis, et quod omnes Nuncii, qui modo sunt locati ad festum S. Michaelis ad alium terminum teneantur stare usque ad festum S. Andree... Ab hoc statuto excipimus pastores ovium... et hoc continere nolumus omnes mercenarios, qui ad annum starent cum domibus religiosis.* Sententia arbitralis ann. 1292. inter Abbatem et Consules de Gimonte : *Quod si forte pastores, Nuncii, vel alii conductitii dicti domini Abbatis et Conventus dicti monasterii et grangiarum ejusdem, inveniantur aliquam talam facientes, vel damnum aliquod dantes in vineis, ortis, bladis, etc. Nuncius agriculturæ*, ad agros colendos destinatus, in Ordinatione Caroli Comitis Provinciæ ann. 1278. e Musæo D. *Brunet.*

* 3. **NUNTIUS**, Epistola, qua Exarcho Ravennæ nuntiabatur papæ obitus, in Diurno Rom. Pontif. pag. 9.

¶ **NUPENI**, vox Anglica, quam vide in *Wardpeni.*

* **NUPERITAS**, *La novita, o noveça.* Glossar. Lat. Ital. Ms.

¶ **NUPTARE.** Glossæ Isidori : *Nuptant, Nubunt.*

¶ **NUPTATORIUM.** Vide mox in *Nuptorium.*

NUPTIÆ Publicæ, vel *publice factæ*, in Concilio Vernensi ann. 755. can. 15. [Unde lib. 7. Capitularium cap. 179 : *Sancitum est, ut publicæ Nuptiæ ab his, qui nubere volunt, fiant.* Adde cap. 105. et Canones Isaaci Lingon. tit. 5. cap. 6. Concilium Trosleian. cap. 8.]

Nuptiæ, Obventiones Curionum pro nuptiis. Tabularium Prioratus de Domino in Delphinatu Ch. 215 : *Et medietatem de sepultura, excepto de militibus, et de primitiis similiter medietatem, et de Nuptiis medietatem etc.* [* Chartul. Celsinian. ch. 918 : *Monachi dimittunt ei* (presbytero) *Nuptias et quæ offerunt mulieres surgentes a partu.*]

* Nuptiæ, Solemnis ecclesiæ vel monasterii consecratio. Charta ann. 1066. inter Instr. tom. 11. Gall. Christ. col. 59 : *In loco qui Cadomum prisco ab incolis nuncupatur nomine, sanctimonialibus construxit* (Mathildis) *basilicam, quam paulo post omni commoditate exornatam ecclesiastica spiritualis constituto desponsationis tempore, convenientes imperii nostri excellentissimi pontifices, etc. Nuptiis ergo solenniter celebratis spiritualibus, etc.*

¶ Nuptiæ, Convivium solemne in receptione Episcopi recens consecrati. Testimonia pro Ecclesia Turon. contra Dolensem, apud Marten. tom. 3. Anecd. col. 914 : *Addidit etiam quod vidit prædictum Hugonem redeuntem a consecratione sua recipi processionaliter apud Dolum, et quod interfuit Nuptiis prædicti factis in domo Conani archidiaconi.* Eadem repetit alter testis ibid. col. 917. *Nuptiæ spirituales* post consecrationem *Basilicæ*, eodem, ut puto, significatu celebratæ memorantur, in Charta Guillelmi Ducis Norman. ann. 1066. e Chartulario SS. Trinit. Cadom.

* Quodvis convivium solemne. Comput. ann. 1450. ex Tabul. S. Vulfr. Abbavil. : *xx. die Aprilis, pro media parte quatuor quennarum vini domino Martino le Prevost, magistro scholarum cantus, in Nuptiis suis primæ Missæ præsentati, v. sol. iiij. den.* Ibidem : *26. die Julii, pro media parte quatuor quennarum vini sorori magistri Firmini du Four in Nuptiis ejus desponsationis præsentati, iiij. sol.*

¶ Ad Nuptias Puerorum *teneri*, in Charta ann. 1238. apud Miræum tom. 1. pag. 755. dicuntur, qui auxilium dominis suis debebant ad maritandos eorum filios, de quo dictum est in voce *Auxilium.*

* Nuptialis Vestis. Vide infra in *Vestis.*

¶ Nuptiales, Qui nuptias ineunt. *Deum... qui benedixit conjugia Nuptialium, fratres carissimi, deprecemur*, apud Mabillon. pag. 206. Liturg. Gallic. col. 2.

¶ Nuptiales Chartæ. Charta ann. 1097. e Tabulario S. Illidii Claromont. : *Ego P. de Camaleria, Dominus castri Tuiriaci dono et concedo per me et per meos in perpetuum omnes Chartas Nuptiales, quæ sunt castro Tuiriaci et in omnibus locis pertinentibus ad Tuiriacum, quæ sunt de feudo meo, tibi A. Abbati monasterii S. Illidii.* Alia ann. 1203 : *De Cartis Conjugalibus, quæ sunt in parrochia de Tuirec.* Alia ann. 1206. ex eodem Tabulario : *Magister Simon Archipresbyter d'Ermont conquerebatur de Abbate S. Illidii super Cartis Nuptiarum de Agella et de Basvilla... unde venerunt in præsentia Domini R. Arvernorum Episcopi, in cujus curia prædictæ Curtæ monasterio S. Illidii adjudicatæ fuerunt.* Has Nuptiales Chartas in voce *Charta* Cangius intelligit de Jure matrimonii sacramentum impertiendi.

* Nuptiantes, Incontinentes. Acta S. Gauger. tom. 2. Aug. pag. 684. col. 2 : *Certe de immanibus mites, de superbis humiles, de Nuptiantibus continentes.... fecit non paucos.* Vide *Nubere.*

Nuptiare, Nubere. S. Maximus Taurinensis Homil. in Epiphan. : *Nam cum defecisset Nuptiantibus vinum, etc.*

* Comput. ann. 1357. ex Tabul. S. Vulfr. Abbavil. fol. 8. r°. : *Pro una cana vini præsentata uxori Petri Peallon, qua die Nuptiavit, iij. sol. viij. den. Nochoier*, in Mirac. Mss. B. M. V. lib. 2 :

> Pour ce que li sains Esperites
> Et Nostre Dame li doinst joie
> De la pucele qu'il Nochoie.

Vide supra *Nubiare*.

Nuptiaticum, Tributum forte, aut vectigal, quod pro nuptiarum facultate solvebatur domino. In Capitulari Sicardi Principis Beneventani ann. 836. caput 27. est *de sigillatico et Nuptiatico*.

* *Noçaille*, in Libert. villæ *de Tannay* ann. 1352. tom. 6. Ordinat. reg. Franc. pag. 63. art. 14 : *Ne pourront demander lidit seigneur et dames ès diz habitanz, ne avoir d'iceulx nulle chose pour cause de ost, de chevauchée, de subvencion,.... de mortailles, de Noçailles*, (male editum *Notailles*) *de chevalerie, etc.* Vide in *Maritagium*.

* Erant præterea aliæ usu stabilitæ præstationes, quas a nubentibus juniores innupti ejusdem loci exigebant. Lit. remiss. ann. 1357. in Reg. 89. Chartoph. reg. ch 168 : *In villa de Uno-pano* (diœc. Carnot.) *nuptiæ factæ fuerant... Ad domum sponsæ in sero diei iverunt, et petierunt candelam per sponsum et sponsam prædictos, prout actenus extitit et est in dicta villa in similibus fieri consuetum, sibi dari.* Aliæ ann. 1373. in Reg. 105. ch. 434 : *Comme icellui Jehan, par maniere d'esbatement, feust alé avec pluseurs jeunes gens de la ville de Lisines en un certain hostel, ouquel il avoit noces celle journée, pour demander et avoir les pastez, comme l'en a coustume à faire en ladite ville en tel cas.* Aliæ ann. 1428. in Reg. 174. ch. 222 : *Lesquelz compaignons conclurent entre eulx que il convenoit aler en la chambre de l'espousée demander deux pots de vin pour le vin de couchier, comme l'en seult faire en teles nopces oudit pais* (de Reims), *disans que s'ilz ne les avaient, l'espousée ne s'en iroit pas couchier.* Denique aliæ ann. 1479. in Reg. 205. ch. 285 : *Une meslée de gens, qui estoient assemblez au lieu de Semur pour cuider avoir les pastés de certaines noces; lesquelz on a acoustumé de bailler aux varlets à marier.* Plura rursum ejusdem rei exempla, videsis supra in *Bannum* 5. et *Cochetus* 3.

Nuptiator, Qui nuptias ambit, amat. S. Hieronymus lib. 1. adversus Jovinianum cap. 23 : *Dicam et ego Nuptiatoribus meis, qui post castitatem et diuturnam continentiam subant ad coitum, et pecudum more lasciviunt.* Apud eumdem Epist. 11. *Secundus Nuptiator* dicitur, qui alteras init nuptias. [Pro Paranympho sumitur in voce *Druchte*.]

Nuptorium et Nuptatorium, *Domus vel locus ubi fiunt nuptiæ, vel ubi nubunt.* Gloss Isid. et Ugutio.

* *Nossailhes* nostri dixerunt Tempus, quo nubere licet. Lit. remiss. ann. 1471, in Reg. 197. Chartoph. reg. ch. 145 : *Le suppliant effiancé à une jeune fille, qu'il entendoi espouser aux prouchaines Nossailhes, etc.*

* **NURA**, Nurus, uxor filii, Gall. *Bru.* Testam. Romei de Villanova ann. 1250. ex Tabul. D. Venciæ : *Item confiteor me habuisse a Nura mea Aycarda uxore Pauleti* (filii mei) *nomine dotis suæ, duo millia librarum Raymundensium.* Vide supra *Nora*.

¶ **NURIGARIUS**, Idem qui supra *Norigarius*, qui nutrit oves, in Charta ann. 1432.

* Aliaque animalia; *Nuyraguier*, in Libert. Sommer. ann. 1463. ex Reg. 199. Chartoph. reg. ch. 41 : *Item ont iceulx habitans liberté et franchise que nul Nuyraguier ou tenant bestail, ne doit tenir bestail menu, sinon qu'ilz portent de dix en dix une sonnaille.* Vide supra *Noraguerius*.

NUROK. Vide Wadding. in Regesto tom. 1. pag. 10.

¶ **NURUS**, Νύμφος, (νυμφίος) *Sponsus.* Suppl. Antiq.

NUS, pro *Nos*; in veteribus Chartis Gallicis 9. 10. 15. 24. 26. 27 etc. apud Mabillon. post libros de Re diplomat. et apud Baluzium in vett. formulis non semel : semel ac iterum in Placitis aliquot Chlodovei III. tom. 4. Act. SS. Ord. Bened. pag. 617. 618. et apud Doubletum, ubi frustra viri docti emendant in *Nos*; unde nostri forte suum *Nous* servarunt.

* **NUSARE**, *Arabice, Seratura quæ cadit a ligno, quando secatur.* Glossar. MS. medic. Simon. Januens. ex Cod. reg. 5959.

NUSCA. Gloss. Theodisc. : *Fibula, Nusca.* Item : *Lunula, Nucula*, f. *Nuscula.* Leges Angliorum et Verinor. tit 6. § 6 : *Mater moriens filio terram, mancipia, pecuniam dimittit : filiæ vero spolia colli, id est, murænas, Nuscas, monilia, inaures, vestes, armillas, etc.* Charta ann. 1320 : *Et tres Nuscæ auri cum gemmis pretiosis, etc.* Charta Goffridi Comitis Andegavensis in Tabular. Vindocinensi : *Pro qua* (Ecclesia) *dedit ipsi Lancelino nummorum solidos mille, et suæ uxori duas Nuscas aureas in pretio 10. librarum, etc.* Chartam integram descripsit Gallandus lib. de Franco alodio pag. 283. Quibus sane locis ut *musca* legendum pro *Nusca* fere putem, facit Hugo Plagon vetus Interpres Will. Tyrii lib. 18. cap. 31. qui hæc verba, *murenulæ, inaures, periscelidæ*, vertit *Mousches fermaus*. In Glossario enim laudato *fibula* idem est quod *Nusca*. Vide *Musca*.

☞ Constantior est *Nuscæ* lectio, ut assentiamur Cangii conjecturæ. *Nusca una de aureo*, in Charta ann. 1053. apud Murator. delle Antic. Estensi pag. 203. *Scrinium eburneum et in eo Nuscæ aureæ quinque, armillæ duæ*, apud Fred. Schannattum Vindem. Liter. pag. 9. Vide *Nosca*. In Glossario Schilteri : *Nuosci, Fistulas*, ubi notatur f. legendum *Fibula*. Deinde *Sine Nuschin, Poculum* ab eodem Schiltero redditum Rythm. de S. Ann. v. 651. At Scherzio in Not. *Nuschin* est *Fibula, spinter*. Gloss. Florent. : *Nusca, Fibula, Nusculi, Lunula*. Vocabul. Lat. Germ. *Spinter, Nuschel. Vectoris est proprie spinter parvumque monile.* Hæc in laudato Schilteri Glossario. [** Vide Graff. Thesaur. Ling. Franc. tom. 2. col. 1106. voce *Nusca*.] Haud scio an idem sit vox *Noials*, quam usurpat le Roman *de la Guerre de Troyes* MS. :

> Li Rois fu sages et cortois,
> Les resnes as Noials d'orfrois,
> Ot pris dou pallefroi Hellaine,
> Il tot seul la conduit et maine.

* Anonym. de Casib. monast. Farf. apud Murator. tom. 6. Antiq. Ital. med. ævi col. 285 : *Nuscam aureum feminam.* Et col. 293. *Nuscas tres aureas femineas* inter monilia enumerat. Vide supra *Nodellus*.

* Nostris vero *Nusque* appellatur, Oculi angulus interior. Lit. remiss. ann. 1481. in Reg. 206. Chartoph. reg. ch. 722 : *Le suppliant atteigny icellui François d'un des forcherons de la fourche par le visaige, entre la Nusque du nez et l'ueil.*

* **NUSCENTUM**, Nucetum, ager nucibus consitus. Charta ann. 1359. in Reg. 87. Chartoph. reg. ch. 282 : *Item partem suam duarum peciolarum Nuscenti,.... pro quibus facit domino dimidium quartale vini.* Vide supra *Nucelletum*.

¶ **NUSCIO**, Nusciosus, Vide *Noctiosus*.

¶ **NUSCITARE**, διαπτύειν, in Glossis Lat. Græc. Sangerman. *Exspuere, fastidire*, in Suppl. Antiq.

NUTA, *Gustus oris*, apud Papiam.

¶ **NUTATUS**, Turbatus. Vita S. Conwoionis Abb. sæc. 4. Benedict. part. 2. pag. 200 : *Nutati enim erant de abscessu ejus, et dubii nesciebant quid ei evenisset.*

* **NUTERANS**, Nox intrans, a veteri Gallico *Nuitantré*, eodem sensu. Vide supra *Noctanter*. Lit. remiss. ann. 1350. in Reg. 80. Chartoph. reg. ch. 752 : *Ad hostium Johannis Turpin de Nuterante venit, etc.* Vide *Nutio*.

* **NUTIBUNDUS**, pro Nutabundus, in Act. S. Florent. tom. 6. Sept. pag. 432. col. 1 : *Nutibundis gressibus minime consistere valens, etc.*

¶ **NUTINARE**, *Corpus, ingenium, genitura.* Gloss. Isid. Post Cerdam Grævius restituit *Natura*, pro *Nutinare*, et *Genitalia*, pro *Genitura*.

¶ **NUTIO**, Concil. Legion. ann. 1012. can. 26 : *Si Miles vero in Legione in solo alterius casam habuerit, bis in anno eat cum domino soli ad junctam; ita dico, ut eodem die ad domum suam possit reverti : et habeat dominum qualemcumque voluerit, et faciat de domo sua sicut super scriptum est; et ulli domino non det Nutio.* An noctem? adeo ut sensus sit, Militem domino debere diem ad *junctam*, non vero noctem, quod statutum sit, *ut eodem die ad domum suam possit reverti*.

¶ **NUTRA**, pro *Neutre*, in Literis ann. 1224. tom. 4. Ordinat. pag. 376. art. 8. ut ibi monitum a Cl. Editore.

* **NUTRICAMENTUM**, Nutricatus animalium, ex quo decimæ penduntur ecclesiis, idem quod *Nutrimentum*. Vide supra *Notrimina*. Charta Barthol. episc. Laudun. ann. 1116. ex Chartul. S. Vinc. Laudun. ch. 32 : *Eas* (domos) *ab omni decima liberas esse concessimus, tam in carrucis, quam in Nutricamentis.*

NUTRICARE, Nutrire. Capit. Caroli Magni lib. 1. cap. 132 : *Unusquisque suo beneficio suam familiam Nutricare faciat, et sua proprietate propriam familiam nutriat.*

NUTRICARII, Matricularii, quibus enutriendi ac educandi infantes projectos cura incumbebat : *Nourrissiers*. Vita S. Goaris cap. 10 : *Hæcque consuetudo erat, ut quando aliquis homo de ipsis infantibus projectis* *misericordia motus vellet curam habere, ab illis, quos Nutricarios vocant, matriculariis S. Petri compararet, et illi Episcopo ipsum infantem præsentare deberent, et postea Episcopi auctoritas eumdem hominem de illo Nutricario confirmabat.* Id clarius explicatur a Wandelberto in Vita ejusdem Sancti cap. 20.

* **NUTRICATIO**, Eadem significatione, nostris alias *Norreture*, *Norriture* et *Norriage*. Charta Joan. abb. S. Mich. ex Chartul. Thenol. fol. 35. v°. : *Cum jam prædicti fratres in parrochia de Hussel curtem ædificassent, pro cujus decimatione, tam agriculturæ quam Nutritationis, quantum ad nos et ad sacerdotem parrochialem pertinet, etc.* Ita rursum occurrit in Charta sequenti. ann. 1144. At in Ch. Henr. archiep. Rem. ann. 1167. fol. 38. r°. melius legitur, *Nutricatio*. Lit. remiss. ann. 1393. in Reg. 144. Chartoph. reg. ch. 437 : *Lequel Thevenon avoit fait mengier grant partie de leur avoine à ses bestes et Norretures.* Aliæ ann. 1416. in Reg. 169. ch. 414 : *Icellui Philippe dist aux supplians, pourquoy a esté vostre Norriture en mes glans?... ainsi que s'il voulsist dire que les pourceaux des supplians avoient esté mengier ses glans.* Aliæ ann. 1421. in Reg. 171. ch. 336 : *Beufs, vaches, moutons et autres Norriages et bestial, etc.* Vita J. C. MS. :

> Riches hom est à desmesure
> De bestes et de Noureture...
> Si a guerpie la pasture,
> Les bestes et le Noureture.

* Hinc *faire norrin*, pro Nutrire, alere, in Libert. Buseuc. ann. 1357. tom. 4. Ordinat. reg. Franc. pag. 369 : *Li aucun laissoient à labourer leurs terres, et à faire Norrin de bestes et de chevaulx.*

NUTRICIA, pro *Nutrix*, ex Gallico *Nourrice*. Architrhenius lib. 1. cap. 2 :

> Languida segnities veneris Nutricia, tractat
> Otia, etc.

* **NUTRICIO**, Nutricius, nutritor. JULIÆ GAUDENTIÆ FILIÆ DULCISSIMÆ, QUÆ VIXIT AN. IIII. MEN. X. DIES XII. NUTRICIONES CONTRA VOTUM SUO FECERUNT LOCO PEREGRENO ETTA DECESSIT, apud Bertol. in Antiq. Aquilej. pag. 198. Vide *Nutritius*.

¶ **NUTRICIUS**, Alumnus. Gerardus Abb. in Vita S. Adalardi in Prologo : *S. Anscarius,.. S. Adalardi auditor fuit et Nutricius.* Vide *Nutritius*.

* Nostris alias *Nourris*. Le Roman *d'Alexandre* MS. part. 2 :

> Plus aime bons vassaus, que mere ses Nourris.

* **NUTRICULA**, dimin. a Nutrix; dicitur de ecclesia, in qua quis nutritus est et educatus. Flor. diac. Lugdun. carmen tom. 6. Collect. Histor. Franc. pag. 263 :

> Quid, quæso, sacrosancta tibi Nutricula nostra
> Atque eadem genetrix ecclesia hæc meruit?

Vide mox *Nutritor* 2.

¶ **NUTRIDUS**, pro *Nutritus*, Familiaris, domesticus. Formulæ Andegav. art. 53. tom. 4. Analect. Mabillonii pag. 267 : *Convenit nobis ad petitionem Nutrido nostro... pro assiduo servicio suo, etc.* Vide *Nutriti*.

NUTRIMEN, NUTRIMENTUM, NUTRITURA, Nutricatus animalium, ex quo decimæ penduntur Ecclesiis.

NUTRIMEN. Regula Canonicorum cap. 122. ex Synodo Aquisgranensi : *Loca eis congrua attribuant, in quibus Nutrimina fiant, unde necessaria pulmenta habeant.* Capit. Caroli Mag. lib. 2. cap. 21 : *De omni conlaborato, et de vino, et fœno fideliter et pleniter ab omnibus Nona et Decima persolvatur. De Nutrimine vero pro decima sicut hactenus consuetudo fuit ab omnibus observetur.* Lib. 4. cap. 40. lib. 5. cap. 146 : *Ut de frugibus terræ et animalium Nutrimine Nonæ et Decimæ persolvantur.* Adde [Chartam ejusdem Caroli Mag. tom. 3. Analect. Mabillonii pag. 266. Aliam ann. circiter 888. apud D. Calmet. in Probat. Hist. Lotharingiæ tom. 1. col. 313. Canones Hibern. apud Marten. tom. 4. Anecd. col. 15. et] Edictum Rotharis Regis Longobard. tit. 92. § 4. [**232.] etc.

☞ Hinc exponο *Nutrimen*, quod occurrit in Vita S. Deodati Abb. tom. 3. SS. April. pag. 274 : *Emicuit... quoddam Dei servorum cœnobium .. ex cujus sacro Nutrimine puer insignis pullulat Deodatus.* Ubi *Nutrimen*, quod *Educatio* reddunt viri docti, metaphorice dictum, atque ad Monachos una nutritos et educatos translatum existimo.

NUTRIMENTUM. Greg. Mag. lib. 1. Dial. cap. 9 : *Placet tibi, Domine, ut de Nutrimentis matris meæ manducare non possim, ecce enim gallinas, quas nutrit, vulpes comedit.* Epistola Episcoporum Galliæ ad Ludov. II. Reg. cap. 14 : *Laborent et excolant terras,... faciant Nutrimenta congrua et necessaria.* Vulfinus Pictaviensis Episc. in Vita S. Juniani Abbatis cap. 15 : *Pullorum Nutrimenta plurima congregavit, quorum carnibus infirmorum inopiam sustentaret.* Charta Guillelmi Forcalcariensis Comitis ann. 1180 : *Concedo eidem domui in perpetuum pascua omnibus animalibus et Nutrimentis suis, ut libere et absque omni exactione seu consuetudine ipsa animalia seu Nutrimenta in toto meo Comitatu pascantur et nutriantur.* [Donatio ann. 1121. inter Instrum. tom. 4. Gall. Christ. col. 15 : *Si eum ipsi Monachi* (Claræ-vallis) *in sua proprietate et dominatu retinuerint, et arando et fodiendo laboraverint, et de Nutrimento, quod in prædicta terra fecerint, similiter concedo.* Charta ann. 1252. Hist. Mediani Monast. pag. 323 : *Dedit... minutam decimam grangiæ suæ de Estenem... in pratis et Nutrimentis.* Adde aliam ann. 1261. ibid. pag. 328. Alia ann. 1268. apud Lobinell. tom. 2. Hist. Britan. col. 290 : *Ad pascua animalium, equarum, porcorum et aliorum Nutrimentorum.*] Vide Buzelin. in Gallo-Flandr. pag. 384. et 399.

NUTRITURA, in Charta Caroli Magni apud Adamum Bremensem cap. 9. [et tom. 1. Capitul. Baluz. col. 246. Charta Joceranni Episc. Lingon. pro Monasterio Claræ-vallis ann. 1121. inter Instrum. tom. 4. Gall. Christ. col. 157 : *De possessionibus autem et laboribus eorum præcipientes præcipimus, ut quocunque loco in toto episcopatu nostro Nutrituræ vel agriculturæ ipsi et familia eorum labores exercuerint, decimas suas ipsi habeant.* Charta Radulfi Filgeriensis ann. 1158. ex Archivo S. Petri de Rilleio : *Notum sit me dedisse ecclesiæ B. Petri de Filgeriis ecclesiam de Quintonia et communem pasturam omnibus suis animalibus, tam pecoribus quam jumentis, sive aliis Nutrituris suis.* Charta Philippi Franc. *Reg*. ann. 1187. ex Archivo Archiep. Senon. : *Nullus hominum de parochia* (Lorriaci) *tonleium nec aliquam consuetudinem reddat de Nutritura sua.* Bulla Innocentii III. PP. ann. 1198 : *Equos non ascendant, nec etiam habeant* (Frates SS. Trinit.) *sed asinos tantum liceat ascendere, datos vel accommodatos, vel de propriis Nutrituris susceptos.*]

* **NUTRITATIO**. Vide supra *Nutricatio*.

NUTRITI, Familiares, qui e familia alicujus sunt, qui in domo domini aluntur. Gregorius Turonens. lib. 9. cap. 36 : *Comitibus, Domesticis, Majoribus, atque Nutritiis, et omnibus qui ad exercendum servitium Regale erant necessarii, delegatis, etc.* Legendum *Nutritis*. [Le Roman d'*Athis* MS. ubi Regem inducit Barones suos alloquentem :

> Si leur a dit : Seigneurs ouyés,
> Et en pais dire me lassiés,
> Tous estes de ma Nourriture,
> De moi devez prendre grant cure.

Le Roman *de Vacce* MS. :

> Tint grant feste et grant court, mout y ont de deduit,
> Mout y ot des estrauges et moult de ses Norriz.]

* Guill. Guiart. ad ann. 1267 :

> Ces trois ont Lombars en leur glanne,
> Prouvenciaus et ceux de Touscaune,
> Et tiex estranges Nouretures.

NUTRITI, in Monasteriis, dicuntur pueri, qui Monasterio oblati sunt, de quibus infra. Lanfrancus in Decretis pro Ordine S. Benedicti cap. 21 : *Juvenes tam Nutriti, quam de sæculo venientes, qui magistris custodiendi commendantur, in multis, sicut infantes, de quibus superius dictum est, custodiantur. Remoti, ut supra, a se invicem sedeant : extra locum custodiæ suæ sine custode nusquam procedant, etc.* Chron. Monast. de Fontanis cap. 2 : *Qui in diebus eorum parvulus susceptus in Cœnobio isto, et Nutritus ab eis per 14. annos, etc.* Sugerius lib. de Adm. sua : *Robertus hujus Ecclesiæ professus, et ab infantia Nutritus.* Ditmarus lib. 2 : *Monachus conversatione Nutritus.* Ejusmodi autem *Monachi Nutriti* longe potioris habebantur conditionis, quam *Conversi*, ob perpetuam vitæ innocentiam; adeo ut præcipua iis commendarentur munera. Folcardus in Vita S. Bertini cap. 11 : *Erlefredum suum a puero Nutritum Abbatem successorem ordinavit.* Charta Eriberti Archiepiscopi Mediolanensis ann. 1040. apud Ughell. in Appendice ad tom. 4 : *Noster fidelissimus Albizo, a cunabulis Monachus sub Patre et Regula recte Nutritus, a nobis nuper nominati Cœnobii Abbas effectus.* Udalricus lib. 3. Consuet. Cluniac. cap. 10. de Officio Præcentoris : *Hæc est obedientia quam ex more nullus meretur, nisi Nutritus.* Eadmerus lib. de S. Anselmi Similitudinibus cap. 78 : *Verum quia de Conversis et Nutritis congregatur Ordo Monachorum, dicendum est quod solet esse contentio quædam inter Nutritos Monachos et Conversos. Asserunt enim Nutriti se nulla crimina commisisse, nec se in sæculi sordibus coinquinasse, sed quia mundam ab infantia vitam duxerunt, et in Dei servitio semper laboraverunt. At contra Conversi, quia scientiam *exteriorum habent*, *et res Monasterii sapienter tractant, Nutritis ipsis necessaria inveniunt, ordinem quoque suum ferventius custodiunt, illos vero parum in his valere considerant : ideo se meliores illis æstimant, sicque alii aliis se præferunt, dum non suam, sed aliorum infirmitatem attendunt. Sed si vere Monachi essent, sic esset inter eos quomodo inter Angelos in cœlis, et homines sanctos. Angeli enim sunt quasi Nutriti, sancti vero homines quasi Conversi*, etc. S. Hieronymus Epist. ad Lætam 7 : *Et licet quidam putent, majoris esse virtutis præsentem contemnere voluptatem ; tamen ego arbitror securioris continentiæ esse nescire, quod quæras.* Vide Hugonem de sancto Victore lib. 5. de Claustro animæ cap. 43. His addo quæ habet Regula sancti Aureliani cap. 17 : *Minori ætate in Monasterio non excipiantur, nisi ab annis decem aut duodecim, qui et Nutriri non egeant et cavere noverint culpas.* Et Chronicon S. Benigni pag. 448 : *Fuit autem Girbertus ex primis quos Nutrivit Dominus Abbas Willelmus, et ab officio Scriptor est appellatus.* Vide S. Egilum in Vita sancti Sturmii Abbatis Fuldensis in Prologo, et cap. 1. Hugonem Flaviniac. pag. 197. Warinum Abbatem Metensem in Epist. Acta Murensis Monast. pag. 42. Chronicon Casinens. lib. 4. cap. 44. 45. lib. 4. cap. 96. Histor. Figiacensis Monast. pag. 302. [Bernardum Monach. in Ordine Cluniac. part. 1. cap. 27. etc.]

Nutriti Clerici dicuntur, qui Episcopis ratione Diœceseos subduntur, quasi ex eorum familia. Capitul. 5. incerti ann. cap. 5 : *Ut ipsi Presbyteri tales Scolarios habeant, id est, ita Nutritos et insinuatos*, etc. Hincmarus Rem. in Capitulis in Synodo Rem. datis ann. 874. cap. 5 : *Sed sicut audivi, vos non inde castigatis, sed vos ipsos et vestros Nutritos in maledictionem simoniacæ hæreseos traditis.* Infra : *Quia si vos bene viveretis, et vestros Nutritos in bona vita et in bona conscientia nutriretis, non vobis esset necesse et vestra perdere, et vos ipsos in damnationem mittere.* Concilium apud Carisiacum ann. 868. ex Sirmondo : *Hincmarus Episcopus ad Herardum Archiepiscopum dixit, quia vester natus, Nutritus, vel educatus et ordinatus dinoscitur*, etc. Infra : *Et inventum est quod ab eo petere illum deberent, cujus natus, Nutritus, et ordinatus foret.* Herimannus de Restaurat. S. Martini Tornacensis cap. 107 : *Hic Tornaci natus, Nutritus Episcopii Canonicus extitit.* Charta Engenulphi vel Angenulphi Cantoris Ecclesiæ Braiensis ann. 1214. in Tabular. Campan. : *Joannes etiam Canonicus Braii Nutritus meus, si me supervixerit, eam* (domum) *quandiu vixerit, possidebit*, etc.

NUTRITIÆ, in Regula Monialium Fontevraldensium cap. 17. eædem sunt quæ *Nutriti* in Monasteriis virorum. cap. 17 : *Ut Abbatissa aut Priorissa non ducat secum in equitando quamlibet de Nutritiis, vel juvenibus claustralibus*

NUTRITIUM, pro nutricum mercede, in leg. 1. D. de Var. et extraord. crimin. (47,11.) τροφεῖον, Græcis.

* *Nourrisson*, eadem acceptione, in Lit. remiss. ann. 1387. ex Reg. 130. Chartoph. reg. ch. 187 : *Duquel Blayne l'exposant nourrissoit un enfant,.... de la Nourrisson duquel ledit Blayne devoit grant argent.*

NUTRITIUS. Gloss. Lat. Græc. : *Nutritius*, τροφεύς. Vetus Inscriptio : *Neminia Tertulla Nutricio suo et matri bene merenti posterisque suis et sibi.* Occurrit apud Paulum Warnefridum lib. 5. de Gest. Longob. cap. 7. et Adamum Bremensem cap 54. [*Nutritius Regis*, apud Gregorium Turon. lib. 5. Histor. cap. 47.]

1. NUTRITOR, ut *Nutritius*, [Pædagogus, rector pueri. Greg. Turon. lib. 8. Histor. cap. 22 : *Wandelinus Nutritor Childeberti Regis obiit ; sed in locum ejus nullus est subrogatus, eo quod regina mater curam velit propriam habere de filio.*] Vide *Bajulus* 2.

* **2. NUTRITOR**, Præsul, pater spiritualis. Charta ann. 744. apud Murator. tom. 5. Antiq. Ital. med. ævi col. 530 : *Tunc elegat sibi abbatissa cum sororibus defensionem vel admonicionem sancti Zenonis Nutritoris seu præsulis, qui in tempore fuerit.* Charta Ludov. reg. ann. 900. apud Oefelium tom. 1. Script. rer. Boicar. pag. 706. col. 2 : *Per quosdam proceres suos et Adalberonem antistitem et studiosissimum Nutritorem suum Waltonem Frisingensem episcopum*, etc. Vide supra *Nutricula.*

* **NUTRITORES** Lactanei, in vet. Inscript. apud Murator. tom. 3. Inscript. pag. 1477. 2.

¶ **NUTRITORIUM**, Locus in quo nutriuntur seu educantur infantes, vel ipsum educandi officium. Testamentum Radulphi *de Nevill* Comitis Wesmerlandæ ann. 1440. apud *Madox* Formul. Anglic. pag. 433 : *Item do et lego cuilibet mulierum cum uxore mea ad tunc existencium* x. *marcas ; et cuilibet mulierum generosarum alterius status, in Nutritorio infantium meorum ad tunc existencium*, xl. *sol.*

* Hinc *Nurreture*, pro Secundæ, Provincialibus *Nourriment*, vulgo *Arriere-faix.* Lit. remiss. ann. 1402. ex Reg. 157. Chartoph. reg. ch. 356 : *Laquelle Brouguarde ot plusieurs maulx et doleurs naturels, tellement que ledit enfant vint et fu en voie de ladite Brouguarde hors de sa Nurreture embouchié, vif, sain et fort remuant et faisant devoir avec sa mere pour naistre sur terre naturelement et en temps d'enfans avoir aide pertinente. Parquoy furent esdiz maulx naturels du Jeudi jusques au Vendredi ensuiant environ nonne, que ledit enfant fut terminez et ladite Brouguarde alée de vie à trespassement ; et tantôt après sa mort ycelle Brouguarde fu ouverte et l'enfant osté.*

¶ **NUTRITURA**, Alimentum, educatio, Gall. *Nourriture.* Testamentum Bertichramni Episc. Cenoman. apud Mabillon. tom. 3. Analect. pag. 139 : *Illud itaque rogo ac jubeo, ut quanticumque amici mei vel fideles servientes fuerint, semper eis memor sit Nutritura mea, vel benefactum meum, quod circa illos impendidi.* Literæ Edwardi I. Regis Angl. ann. 1278. ad Johannam Castellæ Reginam, apud Rymer. tom. 2. pag. 1067 : *Pro solicita et curiosa educatione et Nutritura, quas circa karissimam filiam nostram... fecistis.* Literæ Philippi Pulcri Franc. Regis ann. 1302. tom. 1. Ordinat. pag. 360 : *Nullus Senescallus, Baillivus aut aliquis Judex quicumque sub se habeat Prepositum, Vicarium seu Judicem, qui eidem consanguinitatis, affinitatis vel Nutriture vinculo teneatur.* Vide alia notione in *Nutrimen.*

* *Nourrissement*, eadem notione, in Stat. ann. 1374. tom. 6. Ordinat. reg. Franc. pag. 46 : *Selon ce que pourveu avons à la tutelle, garde et Nourrissement de noz enfans.* Infra : *Pour l'estat et gouvernement de nozdis enfans. Nourriture*, pari sensu, in Lit. ann. 1561. tom. 2. Comment. Cond. pag. 603. Vide infra *Nutrix.*

* **1. NUTRITUS.** Bene Nutritus, Liberaliter, ingenue educatus, bonæ indolis. Chartul. Andr. notarii Massil. : *Donavit donatione pura, rata et irrevocabili inter vivos, Huguetæ filiadæ suæ, tanquam bene Nutritæ et condignæ, licet de majori dono et gratia foret digna*, etc.

* **2. NUTRITUS**, Nothus, filius illegitimus. Charta ann. 1195. inter Instr. tom. 10. Gall. Christ. col. 445 : *Domno Bartholomæo, qui ecclesiæ nostræ non modica beneficia contulit, de bonis ecclesiæ nostræ annuum beneficium, quatuor videlicet modios frumenti et totidem avenæ ad mensuram capituli ; et post ejus decessum, Guiberto ejus Nutrito illud idem beneficium, toto tempore vitæ suæ habendum, concessimus ;... pratum insuper et mansuras, quæ Bartholomæus pater ipsius Guiberti sub annua pensione decem solidorum a nobis tenuerat.* Vide præterea Baluz. tom. 1. Hist. Arvern.

* **NUTRIX**, Quæ educationem alicujus curat. Charta ann. 1193. apud Cenc. inter Cens. eccl. Rom. : *Ego Johannes Nicholai Mariæ Johannis adjunctus curator Odoni, filio dudum Odonis Petri Latronis, cujus domina Luciana avia et Nutrix est.* Vide supra *Nutritura.*

* **NUTUERE.** Testam. reginæ Mafaldæ ann. 1256. inter Probat. Hist. geneal. domus reg. Portugal. tom. 1. pag. 31 : *Item meum psalterium bonum, quod me Nutuit.* Leg. videtur *quod miniatum est*, hoc est, *minio* descriptum. Vide *Miniare* 1.

NUX, Balistæ astragalus, epitoxis, *Noix d'arbaleste.* Will. Brito lib. 6. Philipp. pag. 156 :

> Guido Nucem volvit balistæ pollice lævo,
> Dextra premit clavem, sonat una nervus, et ecce
> In Regis scapula stabat fatalis harundo.

Dantes in Paradiso cant. 2 : *In quanto quadrel posa, et vota, et de la Noce si dischiava.* [Hinc Proverbium Italicum : *La corda e'n su la Noce* ; pro damno proximo.]

* Hinc *Ennosquier*, telum *nuci* imponere. Lit. remiss. ann. 1373. in Reg. 105. Chartoph. reg. ch. 22 : *Icellui Vitet tenté d'anemi retourna son arc tendu, la sayeste Ennosquiée, et deux sayestes en sa bouche*, etc. Unde et *Desnoquer*, pro arcum remittere, in aliis Lit. ann. 1380. ex Reg. 118. ch. 331 : *Ainsi que ledit Eslie eust Desnoqué son arbaleste, sa vire encontra ledit de la Chapelle et lui entra ou corps.*

* **2. NUX**, Vasis species, a forma sic dicti. Inventar. ann. 1420. inter Probat. tom. 2. Annal. Præmonst. col. 591 : *Unum plate argenteum pro speciebus pedatum, quinque Nuces pedatas, cum coopercülis.*

NUXA. Udalricus lib. 1. Consuetud. Cluniac. cap. 22 : *Sanctorum reliquiæ cruciculis, capsulis, et Nuxis inclusæ per fratres a secretario dividuntur, ut ab eis collo* *suspensæ portentur*. Sed legendum videtur *Buxis*. Vide in hac voce.

* **NUZARA**, vox Arabica a *Natzar*, adjuvit; protexit, Idolum quoddam; etym. adjutor, protector : vel a *Nazar* aut *Nasar*, rostro suo vulsit; inde *Nasron*, aquila; scilicet sidus cœleste et nomen idoli, quondam ab Arabibus Dulkelaitis in Hamjaridum terra cultum. Ita ex Lexic. heptaglot. Castelli Martenius in Glossario ad Tract. de Concord. vet. et novi Testam. tom. 9. Ampl. Collect. col. 180 : *Ubi scimus aliquid remansisse de idololatria illa, qua adorabant Jahot, et Jahoc, et Nuzara.*

NYCTAGES, aliis νυκτάζοντες, Hæretici, *qui superfluas existimabant sacras vigilias, et spiritali operi infructuosas, dicentes, jura temerari divina, qui noctem fecit ad requiem, sicut diem ad laborem. Qui hæretici Græco sermone Nyctages, hoc est, somniculosi, vocantur.* Isidor. lib. 2. de Eccles. offic. cap. 22.

NYCTALMUS, in Gloss. Sax. Cottoniano, Nihteage. Ubi Somnerus, *forte Nyctalops*, id est, qui noctu melius cernit, quam interdiu. Nyht, noctem sonat eag, oculum. Sed videtur legendum *Nyctalus*, ex Græco νυκταλός.

¶ **NYCTIMENE**, Νυκτιμένη, Noctua. Rolandinus Patavinus de factis in Marchia Tarvisina lib. 12. cap. 9 : *Sic aves aliquando, Nyctimine, quæ Noctua dicitur, in specula constituta, undique et inordinate decurrunt, garriunt, vociferant et minantur.* De fabula Nyctimenes Nyctei filiæ in Noctuam versæ, vide Ovidium lib. 2. Metamorph. v. 591. et seqq.

¶ **NYCTOSTRATEGUS**, Νυκτοστράτηγος, Præfectus vigilum qui noctu urbem perlustrant, publicæ quietis causa. Arcadius leg. ult. Dig. § 1. de mun. et honore (50,4.) : *Nyctostrategi et pistrinorum curatores personale munus ineunt.* Sic legendum pro *Nycostrategi*, quod occurrit in pluribus exemplaribus.

NYDBEDRIPES. Custumarium Monasterii de Bello, apud Spelman. tit. *Brenhame*, fol. 91 : *Alicia Frere tenet... et debet inde de redditu... et de Horsgabulo, ut supra, 4. den. falcare per 3. dies, cariare fenum ad 3. Nydbedripes in autumpno cum 2. hominibus.* Infra : *Joan. Iverton debet metere et ligare in autumpno 1. nedacram, invenire unum hominem per 3. dies ad Nydbedripes ad metendum a meridie usque ad vesperas.* Ita fol. seq.

☞ Coacta opera est in agris dominorum a tenentibus precario ponenda a Saxonico Nyd, Vis, Biddan, Rogare, precari, et Rippan, Falcare, metere. Vide *Bederipes*.

NYMPHÆUM, Aquarum receptaculum. D. Ambros. in Actis sancti Sebastiani cap. 18. num. 65 : *Circa insulas, circa vicos, circa Nymphæa quoque erant positi compulsores, qui neque emendi copiam darent, aut hauriendi aquam ipsam facultatem tribuerent, nisi qui Idolis delibassent.* [Capitolinus in Gordiano III. cap. 32 : *Opera Gordiani Romæ nulla exstant, præter quædam Nymphæa et balneas.* Ammianus lib. 15 : *Ad Septemzonium celebrem locum, ubi operis ambitiosi Nymphæum condidit Imperator.*] Vide quæ de Nymphæis congessimus in nostra Constantinopoli.

☞ In mediis Ecclesiarum atriis, seu propyleis exstrui solebant hujusmodi *Nymphæa*, unde aquæ salientes erumpebant. Anastasius in S. Hilaro PP. : *Nymphæum et triporticum ante oratorium S. Crucis, ubi sunt columnæ miræ magnitudinis, quæ dicuntur Hecaton-penta.* Johan. Diaconus in Vita S. Gregorii M. lib. 4. cap. 83 : *In cujus venerabilis Monasterii atrio jussu Gregorii juxta Nymphium duæ iconiæ veterrimæ artificialiter depictæ usque hactenus videntur.* *Nymphæum* seu *Cantharum*, unum enim et idem hic sonant hæ duæ voces, quod fuit ante Basilicam S. Petri Romæ sic describit S. Paulinus Epist. 13. novæ edit. num. 13 : *Quare prætento nitens atrio, fusa vestibulo est, ubi Cantharum ministra manibus et oribus fluenta ructantem fastigiatus solido ære tholus ornat et inumbrat, non sine mystica specie quatuor columnis, salientes aquas ambiens, decet enim ingressum Ecclesiæ talis ornatus, ut quod intus mysterio salutari geritur, spectabili pro foribus opere signetur.* Vide *Canthari* in *Cantharum*.

* Scribendum *Nympheum*; est enim a Græco νυμφεῖον, non νυμφαῖον. Cui vero usui destinata fuerint ejusmodi *Nymphea* constructa in atriis ecclesiarum, consule D. *le Vert* in Disquisit. de Missa et Communione pag. 441.

O O OAM

O Litera numeralis, quæ 11. denotat, unde versus :

> Undenos facit O, cognoscas sic numerando,

seu ut habet Ugutio :

> O, numerum gestat, qui nunc undecimus extat.

Eidem literæ si recta linea superaddatur, undecim millia significat.

O, *in superscriptione cantilenæ, figuram sui in ore cantantis ordinat.* Notkerus Balbulus opusc. *Quid singulæ literæ significent in superscriptione cantilenæ.* Vide A.

O. Sic dictæ Antiphonæ septem, quæ in Ecclesia Adventus Domini tempore cantantur, quod ab O, admirationis nota, principium habeant. Vide Honorium Augustodun. lib. 3. Gemmæ animæ cap. 5. et Durandum lib. 6. Ration cap. 11. num. 4. Statuta antiqua Canonicorum S. Quintini in Viromanduis : *Vinum de pastibus, de postmeridiis, caritatibus, et de omnibus O, ante Natale debet esse vinum decens refectorium.*

* f. eodem sensu, *Oleries*, in Lit. remiss. ann. 1478. ex Reg. 206. Chartoph. reg. ch. 84 : *Le Dimenche dernier des Oleries de devant Noel, le suppliant ala aux nopces à Joy le moustier.*

O, Literam nominibus præfigunt optimates Hiberni, *ob eminentiam*, inquit Camdenus in Hiberniæ descriptione. Jacob. Waræus in Antiquit. Hibernicis cap. 9. ait, regnante Brieno Rege Hiberniæ, Hibernorum cognomina sive familiarum nomina cœpisse esse fixa, posterisque tradita, cum præposita, vel aspiratione, *h*, vel voce, *va*, quæ postea mutata est in vocalem, O, et significat unum e potesris viri alicujus primarii, ut *O-Brien*, *O-Conner*, *etc.*

¶ O pro *u* passim scriptum in vett. Instrumentis. *Nuncopatur* pro *Nuncupatur*, in Testamento ann. 690. apud Felibian. Hist. Sandionys. pag. xr. *Jobemmus* pro *Jubemus*, apud eumdem pag. xii. *Pecodibus* pro *Pecudibus*, in antiquis Canonibus Hibern. tom. 4. Anecd. Marten. col. 10. *Ebor* pro *Ebur*, *Egomenus* pro *Egumenus*, seu *Hegumenus*, *etc.*

¶ **OAMMA**, f. Auditio, a Græco ὠάζειν, Audire, apud Hesychium. Vita B. Rodulfi et V. Petri, seu Epistola Petri Damiani ad Alexandrum II. PP : *Præcepit mihi Beatitudo tua, ut numquam tibi litteras mitterem, quæ leve quid et oblivione dignum ac frivolum continerent; quas scilicet, mox ut lector transsiliendo percurreret, edax Oamma consumit; sed tale quid semper scriberem, quod* *et ad ædificationem legentium suscipi, et inter scripturas authenticas reservari, etc.*

* Legendum opinor *Oanciu*. Vide *Oia*.

¶ 1. **OBA**, Coloni domus cum certa agri portione. Charta ann. 931. inter Instrum. tom. 3. Gall. Christ. col. 24 : *Canonicis in loco Crespin nuncupato devote Domino famulantibus ejusdem loci Obas* xv. *in villa Onainville dicta sitas, cum reliquæ familiæ mancipiis novem... ad victum et vestitum possidendas donavimus*. Vide *Aba* et *Huba*.

* 2. **OBA**, Ampulla, scyphus, patera. Glossar. Lat. Gall. ann. 1352. ex Cod. reg. 4120 : *Oba, Bouteille*. Charta ann. 1345. ex Tabul. S. Thomæ Argent. : *Lego unam Obam argenteam, dictam eine silbetine kene*. Lit. remiss. ann. 1378. in Reg. 113. Chartoph. reg. ch. 248 : *De vino suo, quod deportabant in Obis seu botilliis,... tradidit et vendidit*. Vide *Obba*.

¶ **OBAMBULATORIUM**, Peristylium monasticum, vulgo *Cloitre*. Fulcuinus de gestis Abbatum Lobiens. cap. 29. tom. 6. Spicil. Acher. pag. 578 : *Obambulatorium claustri, si ita dicendum est (quoniam nunc non aliud quomodo nominandum sit occurrit vocabulum) nullum erat præter capituli domum et ligneam ædiculam, etc.* Et pag. 595 : *Facit etiam ad templi plagam aquilonarem porticum claustralem, habentem videlicet in circuitu Obambulatorium, in medio amplitudinem congruentem, puteum etiam aquis indeficientibus*.

¶ **OBAUDIENTIA**, Obedientia. Tertull. in Exhort. Castit. cap. 2 : *Voluntas Dei in Obaudientiam venerat*.

1. **OBAUDIRE**, in vet. Lexico apud Petr. Danielem ad Querolum, est Male audire. Vide *Abaudire*.

2. **OBAUDIRE**, Parere, obedire. Gloss. Græc. Lat. : Ὑπακοή, *Obauditio, obtemperantia, obsequium*. ὑπακούω, *obaudio, obtempero*. ὑπήκοος, *subjectus, obaudiens*. Paulus Diacon. in Miscella, et Anastasius in Mauricio : *Nihil mihi gravia Imperatoris præcepta in aliena terra hyemare Romanos jubentia : nam illi non Obaudire sævum est, et rursus Obaudire sævissimum* Ubi Theophanes ἐπακούειν habet. Concilium Meldense ann. 845. cap. 6 : *Si vero Obaudire renuerit, etc.* Adde Epist. 68. inter Francicas tom. 1. Hist. Franc. [** Chart. Dagobert. I. Reg. ann. 628. Breq. num. 67.] et Sibertum Priorem S. Pantaleonis Colon. pag. 526. [Tertullianum lib. 2. adv. Marcion. cap. 2. lib. 5. cap. 18. Apuleium lib. 3. Metamorph. etc.]

3. **OBAUDIRE**, Non audire. Alanus lib. 6. Anti-Claudiani cap. 2 :

Ergo minis, precibus, pulsu, clamore soporem
Expugnare parat, sed talis somnus Obaudit.

[Angel. Pechinolii Litteræ de sua Legatione Hungarica ad Innocentium VIII. PP. ann. 1489 : *Ostendit sua Majestas dudum binas litteras Soldani in Arabico et Turco sermone scriptas : et modeste a me pulsatus quid litteræ dicerent, velut Obaudiens alio sermonem divertit*.]

¶ 1. **OBAUDITIO**, Ingrata auditio, seu ingratus sermo. Acta S. Anatholiæ, tom. 2. Julii pag. 682 : *Si nostram Obauditionem quæ durior nostris insonuit auribus, (vultis) mollescere, divinis utimini scriptis*. Vide *Obaudire* 3. [** Vide Haltaus. Glossar. German. voce *Uberhore*, col. 1817.]

** 2. **OBAUDITIO**, Obedientia, in Gl. Lat. Gr. ὑπακοή. Vide supra *Obaudire*, 2. Arnold. de S. Emmerammo apud Pertz. tom. 4. Script. pag. 554. col. 2 : *Qui aure cordis perceperint et in ejus Obauditione usque in finem perseveraverint, etc.*

¶ **OBAUDITOR**, Auditor, obediens. Charta regnante Roberto Rege in Francia, apud Stephanotium tom. 7. Fragm. MSS. pag. 315 : *Ego in Dei nomine Folcardus et mater mea Girberga.... divinarum monitionum Obauditores fieri cupientes, etc.*

OBBA, *Oba*, *genus calicis*, Ugutioni et Joanni de Janua : *Nappo* Italis. Gloss. Anglo-Sax. Ælfrici : *Cuppus, vel Obba*, Cuppe. Jo. de Garlandia in Synonymis :

Urceus, urceolus, est urna, vel amphora, testa,
Obba, vel œnophorum, simul orca, fidelia vasa.

Glossæ MSS. : *Cratera, vel Obba, calix ansas habens*. Petrus Damianus lib. 6. Epist. 26 : *Parili conversione pepigerat, ut apposita cuique vini, sicut mos est, personaliter Obba, uterque quotidie utriuslibet mensura contentus esset*. Domnizo lib. 1. de Vita Malthildis cap. 10 :

Obbas et lances ad mensam fert equus.

Monasticum Angl. tom. 1. pag. 104 : *Hac vero mensura bis in die Obbæ Monachorum implebantur, scilicet ad prandium et ad cœnam*. [Chartarium Eccl. Auxitanæ cap. 73 : *Et per unum annum ad mensam cum ceteris Fratribus libra panis et Obba vini pauperi tribuatur*.] Vide *Olba*.

* **OBBEDIENTIARIUS**, Qui prædio rustico, nomine ecclesiæ suæ administrando, præpositus est. Charta Gerardi præpos. S. Petri Insul. ann. 1190. ex Chartul. sign. *Decanus* ejusd. eccl. ch. 20 : *Quod si super homicidio, furto, raptu, incendio causa aliqua emerserit, quia ardua res est quæ geritur, Obbedientiarius me vocare et causam ipsam ad præsentiam meam deducere tenebitur*. Vide in *Obedientia* 1.

* **OBBO**, Integumentum capitis ad continendos capillos, retis instar contextum, aut etiam ex linteo vel serico confectum, interprete Eccardo ad Leg. Salic. cap. 76 : *Si quis mulierem excapillaverit, ut ei Obbonis ad terra cadat, sol. xv. culp. judicitur*.

¶ **OBBROBRIUM**, pro *Opprobrium*, in Breviario Hist. Pisanæ ad ann. 1264. apud Murator. tom. 6. col. 195.

¶ **OBCANTARE**, Fascinare, Gall. *Enchanter*. Paulus lib. 5. Sentent. tit. 23 : *Qui sacra impia nocturnare, ut quem Obcantarent, defigerent, obligarent, fecerint, etc. Obcantata mulier*, apud Apuleium in Apol.

¶ **OBCAPEDINARE**, Obstare, retardare, moram producere. *Obcapedinante dilatione*, in Testamento ann. 888. jam laudato in *Capedinare*, ubi post Editores legimus *ob capedinante*, divisis vocibus, sed unica voce videtur legendum *obcapedinante*.

¶ **OBCELARE**, Celare, occultare. Concil. Tolet. XIII. can. 11 : *Multiplici prohibitione sanctum est, ut alterius clericum nemo solicitare, nemo fugientem recipere, nemo etiam aut Obcelare, aut ordinare auderet*.

* **OBCURRERE**, pro Occurrere. Testam. Gauffr. Palmer. ann. 1392. inter Probat. tom. 3. Hist. Nem. pag. 161. col. 2 : *Item quod unus presbiter monachus teneatur qualibet die unam missam celebrare de mortuis pro anima mea,.... nisi adeo sollempnis dies Obcurret, de qua esset celebrandi missa*.

¶ **OBDERE** Sese, sese offerre. Charta Roberti Franc. Regis ann. 999. apud Doubletum Hist. San-Dionys. pag. 825 : *At non minori restitutores recompensantur gloria, qui sese Obdentes periculo, prædonum pericula, calumnias atque insidias patiuntur*.

OBDUCERE, Africanis scriptoribus, est offuscare, obscurare, imminuere, violare, lædere. Tertullianus Apolog. cap. 50 : *Sed Obducimur, certe cum obtinuimus. Ergo vivimus, cum occidimur. Denique evadimus, cum Obducimur*. Vide Rigaltium in Glossario ad eumdem scriptorem. Passio SS. Perpetuæ et Felicitatis : *Ideo ad hoc sponte pervenimus, ne libertas nostra Obduceretur*.

¶ **OBDULCARE**, Dulce reddere proprie; dein demulcere, oblectare. S. Ambrosius in Hexaem. lib. 5. cap. 21. de melle : *Fauces Obdulcat et curat vulnera*. Judith. 5. 15 : *Fontes amari Obdulcati*. Tabularium Nantolii in Probat. Hist. Comitum Pictav. : *Valet... insuper amarum calicem pietatis viribus Obdulcare*. Vita S. Fridolini Abb. n. 6. tom. 1. Martii pag. 434 : *Ad Sophiæ mamillas suspensus superno rore mentis vivacitatem Obdulcabat*. Vita S. Macharii Antiocheni, tom. 1. Aprilis pag. 891 : *Obdulcabat præsentium corda pietatis dulcedo. Obdulcare sale et oleo*, Condire, Cœlio Aureliano lib. 4. Tardarum Passionum.

* **OBEA**, *La taça da bevere*, in Glossar. Lat. Ital. MS. Vide supra *Oba* 2.

1. **OBEDIENTIA**, Munus ac officium omne monasticum, quod per *obedientiam* injungitur, vel confertur, adeo ut ipsum munus Abbatis *Obedientia* sit, et ita appelletur a Gregorio VII. PP. lib. 1. Epist. 32. et ab Udalrico lib. 3. Consuetud. Cluniacens. cap. 1 : *De officiis, vel, ut regulariter loquar, obedientiariis, nondum quicquam dixi; quarum omnium cum sit principalis Obedientia domini Abbatis, sit etiam principium relationis nostræ*. Cap. 6 : *Si dominus Abbas non adest, nec Prior, non solum omnes Obedientiarii, qui in claustro sunt, obediunt ejus imperio, sed etiam ipsi ad quodcunque opus fuerit, Decani*. Et cap. 10. de officio Præcentoris et Armarii : *Hæc est Obedientia, quam ex more nullus meretur, nisi nutritus*. Lanfrancus in Decretis Ord. S. Benedicti cap. 2 : *Omnes qui intra Monasterium Obedientias habent, et res Monasterii servant, suarum Obedientiarum claves ante pedes ejus ponant*. Chronicon Virdunense Hugonis Flaviniac. anno 582 : *Hic monasticam vitam ducens, cum in pistrino fratrum habuisset Obedientiam, etc. Obedientia hospitalis*, in Tradit. Fuld. lib. 3. Trad. 29. *Obedientia Præposituræ*, apud Leonem Ost. lib. 2. cap. 51. *Obedientia Cellerarii*, apud Gervasium Dorobernensem pag. 1504. et apud Vindricum in Vita S. Gerardi Episc. Tullensis n. 5. Vitæ Abbatum S. Albani : *Auxit siquidem supradictam Obedientiam, videlicet coquinam Monachorum proprii laboris acquisitione annuo reditu librarum 100. et 3. marcarum*.

Alibi pag. 91 : *Exceptis suarum Obedientiarum summis Procuratoribus, videlicet summis Cellerario, Coquinario, Camerario, Infirmario, et Sacrista.* [Literæ S. Abbatis Mosomensis ann. 1199. apud Marten. tom. 1. Anecd. col. 762 : *Ego siquidem ad petitionem ipsorum omnes Obedientias ad conventum pertinentes, videlicet Præposituram, Camerariam, Cellariam, Thesaurariam, Infirmariam, Præposituram de Roferolis ex integro, et absque ulla partium substractione, salvo tamen jure nostro et Regula B. Benedicti in renovando Obedientiarios et compoto recipiendo, voluntarie concessi de cetero per Monachos administrandas, qui sciant Fratribus necessaria providere.* Adde Gerardum Abb. in vita S. Adalhardi sæc. 4. Benedict. part. 1. pag. 347. Paschasium Radbertum in Epitaphio Walæ ibid. pag. 472. Gerardum Presbyt. in Vita S. Udalrici sæc. 5. Benedict. pag. 432.] [* Hinc

* Obedientia, nude, pro Monastica professione, in Charta Joan. episc. Camerac. pro fundat. hospit. S. Joan. Bapt. Bruxel. ann. 1211. ex Cod reg. 10197. 2. 2. fol. 15. r°. : *Statuimus quod quicumque divina inspiratione tractus in eadem domo se Deo famulaturum obtulerit, non prorsus ad Obedientiam recipiatur, nisi quatuor mensibus tanquam novitius inter fratres et sorores conversando probetur.... Tunc demum si.... unicorditer placuerit, sæculo et propriis ac propriæ voluntati renunciet, votum continentiæ sub stola in manu sacerdotis deponat.*

Sed et quicquid Monachis ab Abbate injungitur, *Obedientia* dicitur. Hinc *Obedientiam Abbatis sui exercere*, in Concilio Vernensi ann. 755. can. 10. Capitul. Caroli C. tit. 6. cap. 15 : *Ut Monachi ad palatium non veniant, nisi causa Obedientiæ, exceptis Abbatibus. Obedientiam suam explere*, id est munus sibi impositum, apud Chrodegangum in Reg. Canonicorum Metensium cap. 9 : *Sub prætextu Obedientiæ villicationibus inservire* vetantur Monachi, in Concilio Meldensi ann. 845. can. 57. Vita S. Romani Presbyteri MS. : *Sanctus autem vir Dei Sacerdos Romanus, illuc cum de quadam Obedientia remearet, nutu Dei accessit. In Obedientiam exire, proficisci, transmitti*, in Capitulari Aquisgr. ann. 817. in Addit. 1. Capitul. cap. 33. in Vita S. Aicadri cap. 27. in Vita S. Bavonis cap. 8. apud Leonem Ost. lib. 2. cap. 53. etc. *Ad Obedientiam foris pergere*, in Capitulari 1. Caroli M. ann. 802. cap. 17. Victor III. PP. lib. 2. Dialog. : *Quidam frater cum causa Obedientiæ e Monasterio ad civitatem descendisset, etc.* Adde Hist. Monasterii Rotonensis lib. 21. cap. 1. 2. 8. Hugonem Monachum in Vita S. Hugonis Abbatis Cluniac. pag. 442. et Rainaldum Vezeliac. in ejusdem S. Hugonis Vita n. 19. etc.

* Unde *Obedientiam facere*, pro Operi ab abbate imposito vacare, in Vita S. Almiri tom. 3. Sept. pag. 805, col. 2 : *Quadam autem die Obedientiam, cum fratribus juxta prædictam cellulam, sancto Almiro faciente, etc.*

* Obedientiam Facere, alia notione, Reverentiam scilicet profiteri, in Stat. Præmonst. MSS. dist. 4. cap. 1 : *Quo* (sermone) *finito, abbates, qui Obedientiam non fecerint, eandem faciant domino Præmonstratensi; quæ non debet recipi, nisi in capitulo generali.*

* Obedientia Manualis, Pari intellectu. Charta Hugon. Claromont. episc. ann. 1244. in Chartul. Cluniac. : *Qui Aldemarus* (electus abbas Figiacensis) *eidem abbati Cluniacensi fecit Obedientiam manualem.* Alia ann. 1287. apud Ludewig. tom. 12. Reliq. Mss. pag. 351 : *Decanum a nobis electum, postquam sibi præsentatus fuerit, confirmabit, recipiens ab ipso Obedientiam manualem.* [** Vide Haltaus. Glossar. German. voce *Handpflicht*, col. 811. *Obedientiam Manualem et cum stola ei debent facere universi*, in Transact. inter abbat. Murbac. et Collegiat. S. Amarini ann. 1222. in Alsat. Diplom. num. 429. tom. 1. pag. 348.]

Obedientiæ vero præsertim dictæ, Cellæ, Præposituræ, et grangiæ, a Monasteriis dependentes, quod Monachi ab Abbate illuc mitterentur *vi ejusdem Obedientiæ*, ut earum curam gererent, aut eas deservirent. [Vita S. Ysarni Abb. sæc. 6. Benedict. part. 1. pag. 619 : *Ego, inquit, Obedientiam, cui Languinas nomen est, procurabam, etc.* Chron. Farfense apud Muratori. tom. 2. part 2. col. 408 : *Item in Quinto concessit casam, quæ est Alpharium ad S. Laurentium, in vineam omnem, qualiter ad ipsam Obedientiam pertinet.* Juramentum Oddonis Abb. Farf. ann. 1099. ibid. col. 530 : *De Obedientiis, quas ex aliquibus fratribus dedero, nullum pretium accipiam more simoniaco.*] Gregorius VII. lib. 6. Epist. 36 : *Quicunque Obedientias vel Ecclesiæ dispensationes pretii pactione adepti sunt, etc.* Sugerius de Administratione sua cap. 23 : *In ea autem, quæ dicitur Bernevallis, possessione,... in qua etiam primam alicujus Præposituræ ab antecessore meo suscepi Obedientiam, etc.* Concilium Eboracense ann. 1195. cap. 9 : *Prohibemus ne redditus, quos Obedientias vocant, ad firmam teneant, etc.* Matth. Paris ann. 1213 : *In qualibet baliva, quas Obedientias appellamus, etc.* Idem ann. 1238. ex Statuto Honorii III. PP : *Nec alicui committatur aliqua obedientia perpetuo possidenda, tanquam in sua sibi vita locetur, sed cum oportuerit amoveri, sine contradictione qualibet removeatur.* Concilium Eboracense : *Ut ergo eis* (Monachis) *adimatur opportunitas evagandi, prohibemus ne redditus, quos Obedientias vocant, ad firmam teneant.* Ejusmodi Obedientiarum mentionem agunt Fulbertus Carnot. Epist. 1. et 21. Jo. Sarisberiensis Epist. 55. 85. S. Bernardus Epist. 326. Goffridus Vindocin. lib. 1. Epist. 9. lib. 2. Epist. 32. lib. 4. Epist. 7. lib. 5. Epist. 18. Leo Ost. lib. 1. cap. 34. lib. 2. cap. 51. Petrus Diac. lib. 14. cap. 98. 100. 101. Ivo Carnotensis Epist. 161. 187. Innocentius III. PP. lib. 1. Epist. pag. 120. Edit. Venet. Chronicon Laurishamense pag. 93. præterea variæ Chartæ apud Beslium in Comitibus Pictaviensibus pag. 468. 504. 505. in Episc. Pictav. pag. 79. Joannem Columbum in Episc. Vivariensib. n. 46. Ruffium in Comitibus Provinciæ pag. 59. Marcam lib. 5. Hist. Beneharn. cap. 12. n. 1. Henr. Meibomium ad Witikindum pag. 109. Sanjulianum in Matiscone pag. 239. Guichenonum in Episc. Bellicens. pag. 26. *Du Pas* in Stemmatibus Armoric. part. 2. pag. 510. in Chronico Besuensi pag. 621. etc.

* *Obedientiæ* a *præpositura* distinguntur, in Stat. Vodalrici patriarch. ann. 1181. inter Monum. eccl. Aquilej. cap. 64. col. 622 : *Statuimus ut omnia bona, tam ea quæ de præpositura, videlicet ecclesiis et prædiis, quam quæ de Obedientiis proveniunt, in communes usus fratrum redigantur.* Ubi census, decimæ, obventiones seu adventitia emolumenta, ut in ecclesia Lugdunensi, haud ægre intelligi possunt. Vide in *Obedientiarius* 1.

¶ Obedientiaria, Eadem notione. Charta ann. 1256. apud Rymer. tom. 1. pag. 596 : *Contra compositionem... initam inter ipsos Abbatem et dictos Priorem et Conventum, super quibusdam maneriis, Obedientiariis, possessionibus, et aliis statum eorumdem Prioris et Conventus contingentibus.*

Ab istis cellis Obedientiariis originem duxere *Prioratus* rurales. Cum enim interdum plures ad eamdem *Obedientiam* procurandam mitti necesse esset; Monachi Obedientiarii subinde Capellas et Ecclesiolas sibi construxere, quo in iis sacrum peragerent officium, et monastica munia obirent, quibus præerat qui ab Abbate *Prior* dicebatur. Liber Ordinis S. Victoris Parisiensis cap. 51 : *Fratres qui ad Obedientias commorantur, singulis locis tres, si fieri potest, aut duo ad minus esse debent. In victu et vestitu et tonsura a communi constitutione non recedant : ad mensam silentium teneant : in Ecclesia non loquantur : Completorium et in æstate et in hyeme tempestive dicant. per vicos non discurrant, etc. In quocunque loco, ubi duo vel plures simul habitant, unus eorum, cui Abbas hoc injunxerit, inter eos Prioris officium agat, et cæteri obediant ei.* Idem fere statuitur in Concilio Monspeliensi ann. 1214. cap. 30. ubi *Prioratus* et *Obedientiæ* confunduntur. Et in Conventu Aquisgran. ann. 817. vetantur Abbates, *ne minus de Monachis in cellis habitare permittant quam sex.* Hinc igitur Prioratuum ruralium origo manavit, unde Chronicon Novaliciense lib. 6. *Prioratum* vocat : quem paulo ante *Obedientiam* appellavit, pag. 643. et Concilium Lateranense sub Innocentio III. : *Prioratus quoque seu Obedientiæ pretii traditione nulli tradantur. Altare in Obedientiam suscipere*, in Catalogo Episcop. Frisingensium tom. 1. Metropol. Salisburg. pag. 138.

Cum porro labente sensim disciplina Ecclesiastica et Monachica, Monachi vel Canonici Regulares per ejusmodi *Obedientias inobedienter viverent*, ut ait Stephanus Tornac. Epist. 114. *nec Abbati revocanti responderent, nec corrigenti vellent acquiescere, nec credere corripienti*, nec nisi eorum morte ad Monasteria eæ redirent, tandem habitæ sunt pro *Beneficiis*, quomodo etiam vocamus, id est, feudis Ecclesiasticis. Statuta Ecclesiæ Lugdun. ann. 1251 : *Honores Ecclesiæ, quæ Obedientiæ appellantur.* Ubi *Honor* idem valet quod *Beneficium* et *feudum*. Et Monachi vel Clerici, qui ejusmodi feuda Ecclesiastica possidebant, dicuntur ea *tenere in Obedientiam*, in Testamento Hugonis I. Episcopi Tolosani apud Catellum pag. 838. Tabularium Brivatense ch. 32 : *Post mortem vero Ragniberti si Golfaldus Sacerdos vivit, ista superius scripta in manu teneat per Obedientiam.* Ch. 215 : *Et ipsum mansum teneat Vitalis Sacerdos in Obedientia.* Adde ch. 179. Vide Jacobum Petitum post Pœnitentiale Theodori pag. 610.

OBEDIENTIARII, Qui vel aliqua in Monasterio officia exercebant, uti supra diximus, vel qui in Cellas et Prioratus, seu *Obedientias* mittebantur, easque procurabant : qui *regebant Obedientiam*, ut est in Chron. Besuensi pag. 621. Leges Henrici I. Regis Angl. cap. 23 : *De Monacho, quem Obedientiarium fecerit, respondeat Abbas ejus per omnia sicut rectum sit.* Chronicon Andrense : *Ita ejus exemplo singuli et omnes, sive Obedientiarii, sive claustrales, ad horas canonicas et ad Missam majorem accedere certatim contendebant.* Ejusmodi Obedientiariorum meminit Matth. Paris. pag. 432. 441. et alii passim.

OBEDIENTIALIS, Eadem notione. Petrus Diac. lib. 4. Chron. Casin. cap. 102 : *Facto ab Obedientialibus sacramento.* [Idem in Disciplina Casin. apud Marquardum in vet. Discipl. Monast. pag. 3 : *Diebus autem præcipuis, id est, S. Benedicti, S. Mauri, S. Scholasticæ, Dedicatio Ecclesiæ, Idus Septembris, Caput Quadragesimæ... omnes ad Casinense monasterium Obedientiales redeant, ut insimul prædictos dies celebrent.* Adde tom. 5. Annal. Benedict. pag. 386.] Tabularium S. Amantii Inculism. : *Qui tunc temporis Obedientialis erat Turnæ.* Occurrit ibi non semel, in Provinciali Cantuariensis Ecclesiæ lib. 3. tit. 19. 29. et in Tabulario Conchensi ch. 73.

☞ Suos etiam habuit *Obedientiarios* Cathedralis Ecclesia Massiliensis, hoc uno, ut videtur ab *Obedientiariis* Monachis, qui cellas et prioratus procurabant, distinctos, quod hi Clerici essent, non Monachi; eo namque modo ad ecclesias huic Cathedrali subditas procurandas missi videntur, quo Monachi ad cellas vel prioratus, ut colligimus ex Charta Archivi Episcopatus ejusdem urbis data ann. 1158. ubi legitur : *Mandaverunt quod Præpositus Priores, vel Obedientiarios, vel illum qui ad custodiam castri de Alaudio deputatus fuerit, nullo modo præsumat mutare vel de novo instituere.*

☞ Ad hujuscemodi, ni fallor, Obedientiarios, seu cellarum Monasticarum procuratores allusit Sefridus in Vita S. Ottonis Episcopi Bamberg. et Pomeranorum Apostoli, tom. 1. Julii pag. 403. ubi S. Præsulem *Domini Apostolici Obedientiarium* appellat, qui haud parum profecerat *apud gentem illam, vellendo et plantando, ædificando et destruendo;* hæc enim fere sunt procuratorum munia, quæ etiam viris sanctis, ac præsertim Apostolis, vitiorum extirpatoribus et satoribus virtutum, spiritali modo passim tribuuntur.

OBEDIENTIARIUS, præterea idem qui Advocatus, seu Defensor Monasterii. Berthold. Constant. ann. 1092 : *His temporibus Rex Hispaniæ Aldefonsus in fide Catholicus, et in conservatione Cluniacensis Abbatis Obedientiarius*, etc. Idem ann. 1093 : *In hac Synodo venerabilis Abbas Sigefridus, de cella S. Salvatoris super Dudonem Obedientiarium suum se proclamavit, qui se et bona sua ad aliud Monasterium libere contradidit; sed non multo post sacrilege se et sua inde penitus abalienare tentavit. Unde sancta Synodus juxta Canonum statuta judicavit, ut vir ille absque omni contradictione, ad obedientiam Abbatis sui rediret, eique cum bonis suis jure perpetuo humiliter subjaceret*, etc.

* AD OBEDIENTIAM TENERE, Idem quod jure precario seu usufructuario possidere. Charta ann. 936. inter Probat. tom. 1. Hist. Nem. pag. 20. col. 2 : *Ugo levita, nepos noster, teneat eum* (mansum) *ad Obedienciam*, etc. Vide *Obedientiarius* 2.

* OBEDIENTIA CUSTODIALIS, Prædium quod *Custodis* officio assignatum erat. Vide supra *Custodialis*.

¶ OBEDIENTIA ULTIMA, Mors. Udalricus in Epistola, quam præfixit Consuetudinibus Cluniac. in tres partes seu libros a se divisis : *Tertia de obedientiis, quibus et ultima Obedientia est subjuncta, qua quisque Fratrum ab hoc sæculo migraturus vocatur ad Christum.*

¶ 2. **OBEDIENTIA**, Regio obediens seu subdita alicui Principi, quæ ejus ditionis est. Tractatus ann 1502. apud Rymerum tom. 13. pag. 16 : *Infra terras, patrias, dominia, Obedientias, portus*, etc. Paullo post : *Qui nunc sunt in regnis, terris, patriis, dominiis, territoriis, districtibus, jurisdictionibus, aliquo Obedientiarum loco imperii*, etc. Tractatus alter ann. 1514. eodem tom. pag. 419 : *Civitates, opida, villæ, territoria, et alia quæcumque sub Obedientia dicti Principis existentia, ac omnes et singuli subditi, incolæ et habitatores*, etc. Occurrit apud eumdem Rymerum et alibi non semel.

¶ 3. **OBEDIENTIA** temporibus schismatis Avenionensis dicebatur quævis secta Paparum concurrentium, quod ei obediret Pontifici, cujus partes sequebatur, ut passim videre est apud Scriptores, qui de illo schismate tractaverunt.

¶ OBEDIENTIA DEBITA, Formula qua Canonici Episcopo suo scribentes post salutem uti tenebantur. Charta ann. 1309. tom. 2. Hist. Eccles. Meld. pag. 192 : *Asserebat quod ipsi* (Decanus et Capitulum,) *quando eidem Episcopo suas litteras dirigebant, post salutem Debitam Obedientiam scribere tenebantur; et quod suo Meldensi Episcopo ita scribere assueverant ab antiquo.*

4. **OBEDIENTIA**, Homagium, vel ea quam vassallus erga dominum profitetur obedientia, seu potius *servitium*, *relevium*, uti accipi videtur vox *Obeissance* in Consuet. Andegav. art. 258. et Cenoman. art. 276. ut et in Statutis S. Ludovici Regis Franc. : *Nus ne Quens, ne Bers, ne autres ne puet donner son homme de foy, se n'est à son frere, ou à sa suer; mès à iceus le puet il bien donner en partie, mès il ne le pourroit pas donner à un estrange, se il ne le donnoit à toute l'Obeissance que il avoit sans riens retenir. Car se li Bers le donnoit à un de ses vavasors, ce seroit au domage de celui; car il convendroit faire deux Obeissances, à celui à qui il la donroit, et au Baron, de qui il tendroit son fié.* Generalius tamen in veteribus tabulis usurpatur pro quibusvis præstationibus aut servitiis vassallorum. Charta Ricardi II. Regis Angl. apud Seldenum de Titulis Honorariis pag. 40. 2. edit. : *Una cum homagiis, Obedientiis, vassallis*, etc. Charta Fulconis *de Matefelon* Militis, et Aliciæ uxoris ann. 1273. ex Regesto Andegavensi fol. 48 : *Tam in pedagio et costumis euntium et transeuntium, redeuntium, ementium et vendentium pedagiis, vectigalibus, redevantiis, angariis, parangariis, et Obedientiis*, etc. Alia ann. 1310. ex eodem Regesto : *Et omnes Obedientias et redevantias hominum, census, servitia, et alia deveria*, etc. Eadem Gallice conscripta : *Les autres appartenances d'icelui herbergement quelles qu'elles soient, et toutes les Obeissances, les cens, les servages, et autres devoirs*, etc. Alia qua Carolus V. Rex Ducatum Turonensem fratri concedit 18. April. ann. 1304. pag. 81 : *Collations et patronages de benefices, hommes, hommages, vassaux, vasselages, Obeissances, honneurs, et quelconques autres rentes et appartenances, etc.* [Adde Annal. Benedict. tom. 3. pag. 585.]

OBEISSENTIA, ex Gallico *Obeïssance*, de qua voce supra. Charta ann. 1267. apud Argentreum in Hist. Britan. lib. 4. cap. 24 : *Salvis nobis et nostris hæredibus Obeissentiis et redevantiis nostris a dictis hominibus, de terris et feudis, quas et quos tenent, etc.*

¶ OBEISSANTIA, Eadem notione. Charta ann. 1264. apud Lobinell. tom. 2. Hist. Britan. col. 407. et 408 : *Et est sciendum quod hæc omnia vendidimus dicto Petro cum omnibus homagiis, ligenciis et Obeissanciis et juribus quæ nobis competunt... Quod nos debeamus habere Obeissantiam et districtum in terris et hominibus Regalium Trecorensium et in feudis ecclesiæ Trecorensis.* Alia ann. 1266. ex Archivo Monasterii Belliportus : *Johannes Dux Britanniæ Miles. Abbatiæ Belli-portus concessi omnes possessiones suas, quitantes Religiosis ipsius Abbatiæ omne jus, dominium et Obeissantiam et justitiam altam et bassam quæ et quod in prædictis omnibus habere poteramus.*

¶ **OBEDIENTIALIS.** Vide in *Obedientia* 1.

¶ **OBEDIENTIALITER**, Obedienter. *Obedientialiter se subdere*, in Vita B. Deicoli, apud Eccardum in Origin. Habsburgo-Austriacæ familiæ pag. 163.

* Nostris alias *Obeissamment*. Lit. remiss. ann. 1364. in Reg. 98. Chartoph. reg. ch. 146 : *Ceulz qui n'avoient pas payé Obeissamment ce à quoy il avoient esté imposés*, etc. Aliæ ann. 1407. in Reg. 162. ch. 229 : *Icelle suppliante a serviz sesdiz pere et mere bien et honorablement et Obeissemment.*

¶ **OBEDIENTIARIA.** Vide supra in *Obedientia* 1.

¶ 1. **OBEDIENTIARIUS**, Prima Dignitas, ut vocant, inter Canonicos S. Justi Lugdun. Charta ann. 1287. in Actis SS. Junii tom. 5. pag. 345 : *Ad instantiam et requisitionem Obedientiarii et Capituli Ecclesiæ S. Justi Lugdunensis*, etc. Alia ann. 1305. tom. 1. Hist. Dalphin. pag. 22 : *Testes fuerunt ad hoc vocati dominus Andræas de Scalis Obedientiarius S. Justi*, etc. Idem Andreas de Scalis *Obedientiarius S. Justi*, rursum inter testes legitur in Charta ann. 1307. tom. 2. ejusdem Hist. pag. 136. Cum hoc Canonicorum S. Justi Collegium, primum fuerit Monachorum congregatio, ab *Obedientiis* monasticis, quæ, ut supra dictum est, pro quovis munere, officio vel dignitate sumuntur, Præpositum hujus Ecclesiæ *Obedientiarium* appellatum fuisse facile crediderim. Aliæ hujus Ecclesiæ Dignitates sunt Sacrista, Cantor et Præpositus. Vide *Obedientiarii* in *Obedientia* 1.

* Vulgo *Obedienciaire*, alias *Obeancier*. Charta ann. 1482. in Reg. 207. Chartoph. reg. ch. 162 : *Nos bien amez les Obeancier, chanoines et chappitre de l'église collegial S. Just de Lyon, etc.*

☞ In ejusdem civitatis Ecclesia metropolitana *Obedientiarii* dicuntur *Obedientiarum*, quas *Obeances* vocant, possessores. Facultates Canonicorum hujus Ecclesiæ bifariam dividuntur in *Mansiones* et *Obedientias*. Illæ consistunt in castellis, agris et juribus justitiæ; hæ vero in censibus, decimis, obventionibus seu adventitiis emolumentis. Qui hujusmodi redditibus fruuntur, appellantur *Obedientiarii*, in Charta Philippi Pulcri Franc. Regis ann. 1307. apud Menesterium in Probat. Histor. Lugdun. pag. 44. col. 2. ubi sic habetur : *Volumus quod in singulis castris Decani et Capituli Lugdunensis unus solus constituatur Castellanus, Præpositus seu quovis alio nomine appelletur, qui solus temporalem pro Capitulo in illo loco jurisdictionem temporalem exerceat, qui per Capitulum et Obedientiarios, quorum intererit, concorditer eligatur. Qui si infra quinque dies in unum eligendum concordare non poterunt, Decanus, Archidiaconus, Præcentor, Cantor et Sacrista, aut duo aut unus ex ipsis una cum dicto Archidiacono, illum infra triduum poterunt eligere, et salarium competens eidem statuere.*

¶ 2. **OBEDIENTIARIUS**, Usufructuarius. Charta Bellijoci ann. 1198. apud Severtium in Episcopis Matiscon. pag. 147 : *Ecclesia concessit præfato Guischardo, ut rerum quas dederat, dum vixerit, sit Obedientiarius.* A monachis, quos *Obedientiarios* vocabant, quique, ut in *Obedientia* 1. dictum est, cellas procurabant et earum fructus percipiebant, Abbati tamen rationem reddituri, Usufructuarium nuncupatum fuisse *Obedientiarium*, haud levis est conjectura.

¶ **OBEDIENTIOLA**, Parva *Obedientia* seu possessiuncula pendens a Monasterio. Charta ann. 1089. inter Instrum. tom. 3. Gall. Christ. col. 192 : *Concessit Abbati omnes illas Obedientiolas.* Vide supra *Obedientia* 1.

¶ **OBEDIENTIUNCULA**, ut *Obedientiola*, apud Mabillonium tom. 5. Annal. Benedict. pag. 525.

1. **OBEDIMENTUM**, Idem quod *Obedientia* 4. Tabularium Ecclesiæ Uzeticensis ann. 1272. pag. 6 : *Census, usatica, et Obedimenta, pascua, pacua, etc.* [Testamentum Anglici Grimoardi Episc. Alban. Cardin. ann. 1388. apud Stephanotium tom. 10. Fragm. MSS. pag. 334 : *Lego pro ipsa Capellania fundanda omnes census, servitia, deveria, usatica, domos, casaria,... pascua et Obedimenta, exitus et introitus quoscumque, etc.*]

* Præstatio scilicet seu servitium vassalli. Charta ann. 1075. ex Tabul. S. Vict. Massil. : *Et ipsi dederunt omnia quæ in terra sunt, quomodo sunt, vineæ, decimum, gardia, Obedimentum, etc.* Pariag. Montisfalc. in Vallavia ann. 1293. ex Reg. 161. Chartoph. reg. ch. 104 : *Johannes de Campo, pro Obedimento pascuarum Montisfalconis, quatuor solidos.*

2. **OBEDIMENTUM**, Idem quod *Mandamentum*, Jurisdictio, territorium. Charta ann. 1312. in Regesto 48. Philippi Pulcri Regis Franc. ex Tabulario Regio n. 70 : *Et prædia vulgariter appellata de Balazon, quæ sunt in Obedimento seu pastayragio hominum villarum S. Paulleti et S. Juliani, quorum pastayragiorum obedimentorum et bannum dicti loci vendi consuevit singulis annis 20. sol. Turon. etc.*

* **OBEDIRE** Præceptum, Illud exsequi. Charta Soldani ann. 1174. apud Lamium in Delic. erudit. : *Cognovimus quia illi* (Pisani) *volebant habere amorem nostrum et volebant nobis dare amorem eorum, et Obedire nostra præcepta, etc.* Nostris *Obéir*, idem quod Obligare se, vulgo *S'engager, se soumettre*. Lit. remiss. ann. 1380. in Reg. 116. Chartoph. reg. ch. 262 : *Icellui Thibaut respondi que.... nonobstant il Obeissoit à paier ledit Chiviere, s'il lui estoit en aucune chose tenuz.* Charta ejusd. ann. in Reg. 117. ch. 85 : *Comme nostre procureur au baillage de Caux se feust ja pieça clamé ou nom de nous,... pour avoir par retrait de marchié de bourse et par seignorie la terre du Bec de Mortemer, dit Crespin, avecques ses appartenances,... Obeissant à païer le pris que cousté avoit.*

¶ **OBEDITIO**, Jussio, præceptum. Gesta in consecratione Lamberti Atrebat. Episc. apud Baluz. tom. 5. Miscell. pag. 257 : *Ille tandem acquiescens divinæ ordinationi et apostolicæ Obeditioni consecratur in Episcopum... quod nec vestræ obversaretur, et ex quo Remensis Ecclesiæ dignitas non imminueretur.* Pro obedientia sumitur Rom. 5. 19.

Obeditio Exercitalis. Capitulare 3. ann. 811 : *De causis propter quas homines exercitalem Obeditionem dimittere solent.* Qua scilicet subditi tenentur *obedire banno* regio, quo in hostem evocantur. Vide cap. 6.

¶ **OBEDITIUNCULA**, ut *Obedientiuncula*, Parva *Obedientia*, villula. Vita S. Joh. Gualberti, tom. 3. Julii pag. 364 : *Quidam magnæ simplicitatis atque obedientiæ vir ad quandam Obeditiunculam de præfato Passinianensi cœnobio ad conversionem venit.*

¶ **OBEDUS**, pro *Obitus*, bis habetur in Testamento Bertichramni Episc. tom. 3. Analect. Mabillonii.

* **OBEISSANCIA**, Obeissencia, nostris *Obéissance*, Idem quod *Obedimentum* 2. Districtus, jurisdictio, territorium. Charta ann. 1306. in Reg. 38. Chartoph. reg. ch. 163 : *Volumus quod illud monasterium* (S. Maxentii) *membra, homines et subditi ipsius, sint de ressorto et Obeissancia Niorti, eo modo quo prius esse solebant de ressorto et Obeissancia Loduni.* Alia ann. 1317. in Reg. 53. ch. 275 : *Statuimus quod ipsa abbatia, tam in capite quam in membris,... in et de ressorto et Obeissencia Pictavensi consistat et maneat.* Alia ejusd. ann. in Reg. 56. ch. 27 : *Feodum, quod a nobis tenet Guillelmus de Cuerzai de Laudonnere,.... in castellania de Liziginaco,.... una cum justitia et Obeissancia ad dictum feodum pertinentibus.* Denique alia ann. 1319. in Reg. 59. ch. 201 : *Cum Henricus dominus de Sulhaco.... concesserit.... domino genitori nostro.... homagium, feodum et Obeissenciam castri Raynardi.* Recognit. feud. MS. pro castellania de Buri ann. 1366 : *L'Obeissance et la seigneurie sur les hommes dudit fié.* Vide in *Obedientia* 4.

¶ **OBEISSANTIA**, etc. Vide in *Obedientia* 4.

OBELLARIUS. Vide *Oblata*.

¶ **OBELUS**, Isidoro lib. 1. cap. 20 : *Virgula jacens apponitur in verbis vel sententiis superflue iteratis, sive in iis locis, ubi lectio aliqua falsitate notata est; ut quasi sagitta jugulet supervacua atque falsa confodiat; sagitta enim Græce ὀβελὸς dicitur. Obelus superne appunctatus ponitur in iis de quibus dubitatur, utrum tolli debeant, necne.* Sed *Obelus* criticorum filiis notissimus

¶ Obelare, Johan. de Janua, *Sagittare vel sagitta percutere, vel tali virgula consignare, restituere.*

* **OBERATUS**, *Subarratus*. Glossar. vet. ex Cod. reg. 7641. *Conduto, circumdato*, in Glossar. Lat. Ital. MS. Haud scio unde Gallicum *Ober du lit*, pro *Sortir du lit, se lever*, e lecto surgere. Lit. remiss. ann. 1457. in Reg. 189. Chartoph. reg. ch. 130 : *Icellui Petit Jehan à celle heure se mist en son lit, et d'ilec ne Oba jusques à ce qu'il ala de vie à trespassement.* Vide supra *Iterare*.

OBEROS. Lex Longob. lib. 1. tit. 24. § 5. [** Roth. 283.] : *Mulier curtis rupturam, quod est Oberos, facere non potest.* § seq. *Componat curtis rupturam, id est, Oberos, sol. 20.* Adde tit. 36. § 4. Papias editus : *Oberus, i. cutis ruptura.* MS. Collegii Navarræi : *Oberus, cutis ruptatur.* Ubi leg. *curtis ruptura.* Quasi *hobæ* rupturam interpretatur Lindenbrogius. Est autem *hoba* et *huba*, modus agri cum habitatione, *ros* vero, vel *ris*, sive, *risse*, quod aliis *rete*, ruptura. At Lex eadem in Edicto Rotharis tit. 113. § 8. et 9. habet priore § *vel Wegorf*; altero, *id est, Wegoranit.* Et tit. 114. § 4 : *Si servus Regis Hoberus, aut wegoren, seu marawors, aut quamlibet aliam culpam minorem fecerit, etc.*

☞ Schilterus in Glossario Teutonico v. *Hof*, pro *Oberos* corrupto, *Hoveriss* legendum monet ab *Hof*, Curtis : quam vocem *Hofe* vel *Hove* male Cangius cum *Hoba*, vel *Huba*, confundit. Quod vocem *Wegorf* vel *Weguorf* spectat, de curtis ruptura non intelligitur, sed de simili delicto, ut exponitur in eodem Schilteri Glossario.

¶ **OBERS**, Oberion, Moneta minutior, f. pro *Obolus*. Consuetudines Lugdun. ann. 1206. apud Menester. in Probat. Hist. ejusd. Civitatis pag. 97. col. 1 : *Asinata de brechis debet* 1. *Obers* III. *den. Oberion* II. *den. bacones de carnario suo qui inter domos integri venduntur nihil debent.*

OBESTA, Colostrum. Gloss. Sax. Ælfrici : *Obesta* beost, *Colostrum*; Byst.

* **OBESUS**, *i. e. Carosus*, in Gloss. ad Doctr. Alex. de Villa-Dei. f. pro *Carnosus*.

OBFIBULARE, *Concludere, circumdare.* Papias. [Idem habetur in Glossis Isidori.]

OBFICUS, *Turpis ludus, impudicus*, Papiæ, qui infra eadem verba habet in *Obsicus.*

¶ **OBFIRMATIO**, Confirmatio. *Literarum paginulis pro Obfirmatione inseratur*, in Charta Massil. ann. circiter 1039.

* **OBFUGERE**, pro Effugere. Vita S. Max. mart. tom. 1. Jan. pag. 92. col. 2 : *Ego ob hanc causam derelicta patria et parentes Obfugiens, etc.*

¶ **OBFUSQUARE** Aures, Obturare, apud Vincentium *Cigault* de Bello Italico. Aliis *Obfuscare* vel *Offuscare*, Tenebras effundere. Vide *Offuscare*,

* **OBGROSSUS**, Grossus, crassus. Mirac. S. Rosæ tom. 2. Sept. pag. 450. col. 1 : *Cum quodam bastone seu baculo ligneo, digito Obgrossiori, etc.*

¶ **OBICERE**, pro Objicere, passim in Chartis.

* Ita et nostri *Obicer*, pro *Objecter, opposer*, dixerunt. Charta ann. 1300. in Lib. rub. Cam. Comput. Paris. fol. 133. r°. col. 1 : *Les prometons à garder et à tenir sanz riens Obicer encontre.* Lit. ann. 1324. tom. 5. Ordinat. reg. Franc. pag. 381 : *Renoncens.... à toutes autres exceptions, deffenses et allegacions, qui pourroient estre dictes ou Obicéez contre la teneur de ces presentes lettres.*

OBICITER, *Celeriter*, in Gloss. Regio MS. Cod. 1197. pro *Obiter.*

¶ **OBICULA**, *Parvus obex.* Gloss. Isid. Grævius legit *Parva obex*, quod hæc obex diceretur notante Servio ad 4. Virgil. et Papia.

¶ **OB IDEO**, Ideo, idcirco, in Charta ann. 1485. apud Gothofredum in Observationib. ab Historiam Caroli VIII. Franc. Regis pag. 499.

* **OBJECTAMEN**, ἔγκλημα, *Objectus*, in Castigat. ad utrumque Glossar.

* **OBJECTUS**, Testium refutatio, Gall. *Reproche.* Lit. ann. 1409. tom. 9. Ordinat. reg. Franc. pag. 453. art. 67 : *Si contra Objectus articuli porrigantur deffensorii, etc.*

* **OBIENDARIUM**, pro *Obrendarium*, legit Muratorius tom. 3. Inscript. pag. 1491. 1. Vide in hac voce.

¶ **OBIERUS**, Qui vices obit Prioris, vulgo *l'Obier*, in Monasterio S. Crucis de Volta. Vincentius *Cigault* de Bello Ital. : *Curia suprema Parlamenti Parisius expulsit fratrem Ludovicum Bajuli Obierum de Volta.* Petrus *du Laurens* Episcopus Bellicensis erat Obierus Voltæ ann. 1653. Idem omnino videtur qui *Prior Claustri* : quem vide.

* **OBIIT**, pro *Obitus*, Anniversarium, dies obitus quotannis recurrens. Obituar. S. Nic. Corbol. ad 18. Jan. : *Obiit pro Exuperio aux Cauches, in quo debet dici et celebrari unam magnam Missam.* Rursum ad 12. Febr. : *Obiit pro Dionisia la Gregoire, etc.* Passim ibi.

¶ **OBILARE**, pro *Oblimare* : quod vide.

* **OBILE**, *Insigne*, in vet. Glossar. ex Cod. reg. 7641. An inde *Obel*, quod signi vices præstat, vel Lanii mensa, Gall. *Etal?* Lit. remiss. ann. 1450. in Reg. 184. Chartoph. reg. ch. 43 : *Jusques à ung arbre ou Obel estant au devant ou assez près de la maison.* Vide mox

* **OBILIS**, *Ab ovibus nomen accepit*, in eod. Glossario. An inde

* **OBILUM**, vel Obilus, Lanii mensa, locus ubi ovium carnes divenduntur? Charta ann. 1243. ex Chartul. Campan. fol. 337. col. 2 : *Petrus de Corpalaio miles, castellanus S. Munchæ et Ysabellis uxor ejus recognoverunt.... se vendidisse.... Theobaldo, Dei gratia regi Navarræ, Campaniæ et Briæ comiti palatino, quicquid juris habebant in macello Pruvinensi et Obilis carnificum Pruvinensium. Creantaverunt etiam per fidem suam, quod in dicto marcello* (sic) *vel Obilis carnificum, nichil de cætero per se vel per alios reclamabunt.*

¶ **OBINDE**, Exinde. *Obinde placuit nobis*, in veteri Scriptura Monachorum S. Vincentii Ovetensis, tom. 3. Concil. Hispan. pag. 88.

¶ **OBITARIUM**, Mortualis liber, in quo defunctorum nomina describuntur, Gall. *Obituaire.* Ordinarium Rotomag. laudatum in Observationibus ad librum Johannis Abrinc. de Offic. Eccles. pag. 101 : *Dehinc legatur obitus si fuerit, et dicatur*, De profundis *et preces ibi pertinentes, ut in Obitario notantur.* Charta Willelmi Abb. S. Albani diœcesis Lincoln. ann. 1476. apud *Madox* Formul. Anglic. pag. 336 : *Adstatim ut certam habuerimus noticiam de hora... qua... placebit autori vitæ jubere animas vestras ex hoc sæculo commigrare, faciemus venerabilia nomina vestra in libro nostro Obitario inscribi.* Alibi passim habetur *Obituarium.*

¶ **OBITEM**, *Intentionem*, Papiæ, f. pro *Obicem.*

¶ **OBITER**, Iter obeundo, in itinere. Ordericus Vitalis lib. 5 : *Obiterque virgo defuncta est.* Ita rursum pag. 585. 859.

* **OBITUARIUS**, Qui pecunias *obitibus* peragendis assignatas recipit atque distribuit. Lit. admort. ann. 1454. in Reg. 187. Chartoph. reg. ch. 111 : *Per receptorem pecuniarum obitum* (sic) *ecclesiæ Tholosanæ deinceps habendum, percipiendum et levandum, cum hoc quod idem Obituarius prædictos xxiiij. grossos dividat et distribuat, etc.*

1. **OBITUS**, Anniversarium, dies obitus quotannis recurrens, officium Ecclesiasticum : nostris vulgo, *Obit.* Charta Willelmi Betuniensis Domini ann. 1197. in Tabulario Monasterii S. Bertini : *Pro cujus eleemosynæ largitione septem speciales Obitus, videlicet Obitus meus, et uxoris meæ,... singulis annis debent fieri.*

☞ In Obituario MS. Ecclesiæ Morinensis *Nobilis viri Josephi du Castel, Militis scutiferi et domini de la Senne, Capitanei, etc.* memoratur solemnis *Obitus*, in quo non solum Episcopo, Canonicis, Capellanis aliisque Clericis omnibus, *Cordigeris* atque *Sororibus griseis* certus distribuitur solidorum numerus; sed etiam *Dominis Gubernatori urbis seu Locum tenenti, item Locum-tenenti generali Seneschalliatus, Dominis Advocato et Procuratori Regis, Majori dictæ urbis* : quod ideo notamus, quia singularis visa est hæc laicis insignibus facta pecuniaria distributio. Neque commune est quod ibidem additur : *Tenebuntur Presbyter, Diaconus, Subdiaconus et Cantor tenens chorum, et alii Canonici, qui voluerint cum iis prandere, post Missam, dicti Obitus se transferre circa tumulum dicti defuncti et ibidem decantare Psalmum*, De profundis, *quod itidem facient post prandium, mediante distributione 40. solidorum. Eisdem Magistro cantus, Vicariis Ecclesiæ et pueris chori pro simili decantatione ejusdem Psalmi* De profundis *24. sol. Campanistæ 4. sol. Fabricæ 40. sol.*

☞ In eodem Obituario mentio fit *Obitus à remanet*, hoc est, perpetui, si bene conjecto, quod semper *manet* : *Obitus pleni*, seu solemnioris, cujus forte pervigilio decantatur Officium defunctorum, et *Obitus semi*, dimidii seu minus solemnis, cum sola fortassis Missa celebratur, sine Officio defunctorum.

¶ Obitus, Alia, ut videtur, notione, scilicet Annuum vel perpetuum pro defuncto sacrificium. Constitutiones Synod. MSS. Pontii Episc. Conseran. ann. 1364 : *Item ut clerici et laici ad instituendum de novo perpetuos et temporales Obitus... inducantur, statuimus ut Presbyteri ad tales Obitus regendos assignati, faciant personalem residentiam in locis, in quibus consistunt Ecclesiæ in qualiter* (*quarum*) *altaribus tales Presbyteri ad tenendos dictos Obitus fuerint deputati : alias si intra unum mensem a dictis locis absentes absque nostra licentia fuerint, eo ipse jure si* (*sibi*) *in dictis Obitibus quæsito sint privati... Et quod quilibet Presbyter nobis titulum sui Obitus infra duos menses proxime subsequentes ostendere et a nobis institutionem recipere teneatur... et quod aliquis Rector nequeat deinceps tenere Ecclesiam simul cum præbenda et Obitu; sed quod prebenda vel Obitu cum curata Ecclesia sit contentus.*

* 2. **OBITUS**, pro Mortuus, in Ind. onomast. ad calcem tom. 3. April. Ita *Obit*, pro *Mort*, in Testam. ann. 1317. inter Probat. Hist. Sabol. pag. 379.

¶ **OBJURGIOSUS**, Objurgatorius. *Objurgiosa verba*, in Actis S. Bernardini, tom. 5. Maii pag. 306 *.

* **OBLACTARE**, Lactare. Ordo MS. apud Lam. in Delic. erudit. inter not. ad Hodoepor. Charit. part. 1. pag. 11 : *Si episcopus præsens non fuerit, antequam post baptismum Oblactetur, aut aliquid accipiat, Corpore et Sanguine Domini communicetur.*

* **OBLADO**, Piscis marini genus. Vide supra *Iblada.*

¶ **OBLAGIA**, Oblagiarius. Vide in *Oblata.*

* **OBLAGIUM**, Quidquid in exequiis defunctorum ecclesiæ offertur. Sent. ann. 1394. apud Pezium tom. 6. Anecd. part. 3. pag. 109. col. 2 : *Deinceps ipse custos debeat per se vel alium eisdem de Missa providere defunctorum, et postea sepelire, ac omnia sacrificia et Oblagia et alia inde provenientia recipere, levare, etc.* Acta varia ad Conc. Basil. apud Marten. tom. 8. Ampl. Collect. col. 406 : *Quo dato, omnes vigiliæ, missæ defunctorum, Oblagia, largæ eleemosynæ, anniversaria, etc.* Vide in *Heriotum* et *Oblare.*

* **OBLAIUM**, Oblayum, Administratio seu mensa rerum ecclesiis *oblatarum* seu concessarum ad cultus divini augmentum,

Tradit. Diessens. ad ann. 1335. apud Oefelium tom. 2. Script. rer. Boicar. pag. 686. col. 2 : *Gerungus oblayerius presbyter hujus monasterii professus comparavit conventui in Oblaium duas curias et unam huobam.* Infra pag. 693. col. 1 : *Eadem decima ad ipsum Widersperch est libere revoluta, et per ipsum Oblayo nostro collata.* Vide infra *Oblaya.*

OBLAQUIATIO, in veteri Kalendario, mense Sept. : *Dolea picantur, poma leguntur, arborum Oblaquiatio, epulum Minervæ.* Papias ex Isidoro lib. 17. cap. 5 : *Oblaqueare, circa codicem terram aperire, et velut lacus efficere, hoc quidam dicunt excodicare. Oblaqueatio, putatio, propagínatio, fossio. Vitibus ista conveniunt. Ablaqueare et ablaqueatio* habent Columela, Palladius, et alii.

¶ **OBLARE**, Offerre. Testamentum Johannis *de Nevill* ann. 1386. apud *Madox* Formul. Anglic. pag. 429 : *Et volo, quod... die sepulturæ meæ... unus equus sit arraiatus pro guerra cum uno homine armato de armis meis, cooperto de russeto cum scochons de armis meis, et unus alius equus de eadem setta cum uno homine desuper pro banerio meo absque pluribus equis; et dicti duo equi Oblentur die sepulturæ meæ, sicut moris est, et sint demissi cum Ecclesia.* De hoc more Ecclesiis offerendi vel equos, vel alias res mobiles, plura vide in *Heriotum.*

OBLATA, Panis ad sacrificium oblatus, hostia nondum consecrata. *Oblata non consecrata*, apud Bromptonum in Stephano Rege. Petrus Damian lib. 4. Epist. 1. extrema : *Oblati per celebriora solemnia panes.* Concilium Aurelian. V. can. 1 : *Ut Oblatæ, quæ in sancto offeruntur altario, non aliter nisi ad formam Arelatensis offerantur Ecclesiæ.* Ordo Romanus : *Tunc Subdiaconi levantes Oblatus de manu Subdiaconi sequentis porrigunt Archidiacono, et ille componit altare.* Leo IV. PP. de Cura Pastorali, et Ratherius Veronensis in Synodica pag. 261 : *Calicem et Oblatam recta cruce signate, id est, non in circulo et varicatione digitorum, ut plurimi faciunt, sed strictis duobus digitis et pollice intus incluso, per quod Trinitas innuitur, etc.* Concilium Toletan. XVI. can. 6 : *Ut aliter panis in altari Domini sacerdotali benedictione sanctificandus proponatur, nisi integer et nitidus, qui ex studio fuerit præparatus, neque grande aliquid, sed modica tantum Oblata, secundum quod Ecclesiastica consuetudo retentat.* Hincmarus Remensis in Capitul. ad Presbyt. ann. 852. cap. 7 : *Ut de Oblatis quæ offeruntur a populo, et consecrationi supersunt, etc.* Vetus Charta in Actis Murensis Monasterii : *Accepit iterum.... in prædio meo duos diurnales persolventes in censum 2. modios tritici, et dedi S. Martino, ut ex ipso tritico fiant Oblatæ ad divinorum mysteria peragenda.* Vide Christianum de Scala in Vita S. Wenceslai pag. 54. [Micrologum de Eccl. Observant. cap. 10.] Ordericum Vital. lib. 11. pag. 817. Chilienum in S. Brigida n. 52. Monastic. Angl. tom. 1. pag. 681. Probat. Hist. Guinensis pag. 676. etc.

☞ Oblatas quandoque etiam sumptas fuisse pro Hostiis consecratis patet ex Eclogis Amalarii de officio Missæ apud Baluzium tom. 2. Capitul. col. 1364 : *Fractio Oblatarum illam fractionem significat, quam Dominus duobus fecit in Emaus. Quia de re solent aliqui Episcoporum, quando invicem communicant, tres portiones facere de una Oblata.... Si enim requiris quare non integra Oblata ponatur in calicem, etc.* Ordericus Vitalis pag. 817. ubi de Eucharistia : *Hianti ore Oblatam de manu Presbyteri assumpsit.*

* Ita et vox Gallica *Oublée* usurpatur in Mirac. MSS. B. M. V. lib. 1 :

> Desour l'autel a pris l'Oublee,
> Que li prestre avoit sacree.

☞ *Oblatæ* non consecratæ, in altari tamen benedictæ, Monachis qui sanctam Eucharistiam non acceperant, ante cibum in refectorio distribuebantur a Sacerdote. Bernardus Monachus in Ordine Cluniac. part. 1. cap. 19 : *Nihil omnino comedit antequam sit incepta lectio, et antequam de manu Sacerdotis Oblatam accipiat.* Qui ritus perantiquus est, ut patet ex Libello supplici Monachorum Fuld. ad Carolum M. : *Ut communicationem fracti panis ante cibum quotidie sumere non respuatur, secundum exempla præcedentium Patrum.* Vide *Eulogiæ* 2. et 3.

Ejusmodi autem Oblatas apud Latinos in ferro calido, modica figura, et ut ait Arnulphus Roffensis Epist. 2. in Spicilegio Acheriano tom. 2. pag. 434. *in forma nummi*, confectas etiam prioribus Christianismi temporibus, probant nummi aliquot Regum nostrorum primæ stirpis quos descripsit Bouterous. Liber Ord. S. Victoris Parisiensis MS. cap. 20 : *Similiter hostias de frumento electo et purissimo in alba faciat*, (Sacrista) *in loco mundissimo linteis cooperto, cui duo fratres subministrent, ne aliud quam ipsas hostias tractare cogatur : quorum unus ignem sollicite faciat, alter vero instrumentum ferreum ad coquendas hostias teneat.* Ut porro *hostiæ* seu *oblatæ* ex grano purissimo, ab ipsis Monachis, cum statis ceremoniis et precationibus, in *ferramento characterato* fiebant, pluribus prosequuntur Udalricus lib. 3. Consuet. Cluniac. cap. 13. et Usus antiqui Cistercienses cap. 114. Anselmus Episcopus Havelbergensis lib. 3. Dialogor. cap. 18. de Oblatis : *Quod etiam* (Azymum) *apud religiosos Latinos per manus Diaconorum, et ex electis granis, et ex mundissima simila, in sacrario ad futuram hostiam cum decantatione psalmodiæ reverenter præparatur, et sub diligenti custodia usque ad tempus sacrificii reservatur.* Raymundus Ord. Prædicatorum in Summula :

> Munda sit Oblata, nunquam sine lumine cantes.
> Hostia sit modica, sic Presbyteri faciant hanc.
> Candida, triticea, tenuis, non magna, rotunda,
> Expers frumenti, non falsa sit hostia Christi.
> Spernitur Oblata duplex vel a terra levata
> Facta, vel inflata, vel discolor, aut maculata.

Wolphardus Presbyter in Miraculis S. Walburgis cap. 1 : *Actas et nitide coctas, atque in buxula obtrusas altario Oblatas impone, etc.* Vide Miracula S. Wandregisili n. 36. [unde illud notandum, *Oblatarum* conficiendarum curam haud ita Presbyteris et ministris sacris fuisse delegatam, quin aliquando matronæ piæ seu devotæ, quas Sanctimoniales vocabant, id officii in se suspicerent, etiam eo tempore, inquit Mabillonius in Dissert. de Azymo cap. 8. quo hostias infermentatas fuisse constat. Ibi enim legitur, quandam devotam feminam, quæ meritis sancti viri ann. 891. sanata fuerat, *sodales suas Sanctimoniales feminas multimoda prece rogitasse, ut Oblatas, quas oblatura Domino in crastinum erat, formarent.* Eadem religione S. Radegundis Regina *Oblationes suis manibus faciens, locis venerabilibus incessanter dispensavit*, ut Fortunatus habet in Ejus Vita lib. 1. num. 16. Notum etiam illud Matronæ Rom. quæ, ut narrat Johannes Diaconus in Vita S. Gregorii lib. 2. cap. 41. cum audisset B. Pontificem dicentem : *Corpus Domini etc. ridere præsumpsit, quia panem, quem propriis*, inquit, *manibus me fecisse cognoveram tu Corpus dominicum perhibebas.* Adde Miracula S. Walpurgis Abbatissæ sæc. 3. Benedict. part. 2. pag. 300. Ex quibus tandem innotescit, nisi me fallo, quænam fuerint *Oblatrices*, de quibus in voce *Quadragintariæ*, Sanctimoniales eas fuisse credo, seu mulieres Deo devotas, quæ *Oblatas* præparabant ad sacrificium.] Engelhardus in Vita sanctæ Mechtildis cap. 22 : *Illius amoris memor beata Mechtildis, inquit, O in Christo Pater et Domine,.. ego misella precor, vestra provida dispensatione mihi detur, ut de decima per præsentem patrem meum huic Ecclesiæ Diezzen nomine meo collato pars tantæ quantitatis ad Oblatas instituatur, ut etiam omnibus adjacentibus Ecclesiis large et perpetim tribuantur. Gaudium enim mihi generat et salutem omnibus residuis ejusdem decimæ partibus fruentibus, si panis ille mysticus, qui de cælo descendens in uterum Virginis, et in cruce pendens, qui teste Oseo Propheta* (7. Levit. 2.) *coctus est in clibano, ut nobis fieret esibilis.* Infra : *Ut igitur tui offertum desiderii ad optatum ducam affectum,... præcipio, ut singulis annis in tam superabundanti quantitate medulla frumenti de decima in Dingen, et de consilio ibidem specialiter ad Oblatas, sicut beata Mathildis petiit, perenniter tribuatur; et sicut salutaris illa Eucharistia in eadem panis forma figurata, nulli pænitentis simul et postulantis affectui est neganda, ita etiam ipsa panis substantia nunquam cuiquam denegetur.* Vide quæ de ejusmodi Oblatis congessit Mabillonius in Præfat. ad tom. 3. SS. Ordinis S. Benedicti § 53. et seqq. et in Dissertat. de Azymo.

* Qua ratione quibusve cæremoniis ejusmodi panis conficiebatur, rursum discere est ex Consuet. monast. S. Emmer. Ratispon. art. 21. in Cod. S. Germ. Prat. sign. 1074. 3 : *Oblatæ a custode præsbytero quidem et diacono componi debent; super tabulam singula eligantur grana, mola ex alio frumento mundetur, multipliciter farina purificetur, massa sine fermento conficiatur, maceretur ab ipsis, si revestiti sint capitibus coopertis et constrictis; dum compositæ fuerint et ferro parumper adustæ, manibus non tangantur, nisi a presbyteris vel diaconis ad altare.*

* *Oblatas* ejusmodi conficiendi licentia quibuscumque feminis denegatur Ordinatione ann. 1406. ex Reg. 161. Chartoph. reg. ch. 135 : *Item que femme, quelle qu'elle soit, ne puisse faire pain à célébrer en église.*

Oblatæ super pectus defunctorum positæ, non consecratæ, uti par est credere. Anonymus in Vita sancti Cuthberti Episcopi Lindisfarn. lib. 4. cap. 3 : *Postquam ergo*

Cuthbertus Episcopus abiit in viam Patrum, a navigantibus ad insulam nostram delatus, toto corpore lavato, capite sudario circumdato, Oblatis super sanctum pectus positis, vestimenta sacerdotalia indutus, in sepulchro lapideo depositus est. Iso Magister de Miraculis S. Othmari lib. 1. cap. 3 : *Sub capite autem, et circa pectus viri Dei quædam panis rotulæ, quæ vulgo Oblatæ dicuntur, ita illæsæ atque ab omni corruptione extraneæ ab eodem Episcopo inveniebantur, ut in nulla omnino parte colorem vel specimen sui amittentes aspicientium oculis infra spatium ipsius heodomadæ viderentur esse confectæ.* Adde lib. 2. cap. 2. Vide *Osculum.*

OBLATA nomen inde datum pani tenuissimo ex farina et aqua confecto ad ignem ferreis prælis tosto, nostris vulgo *Oblée* et *Oblie*. Nam quod Casaubonus ad Athenæum lib. 3. cap. 25. vocem ex Græco ὀβελίας, id est, panis veru vel ferro tostus, deducit, nihil ad rem facit. Joannes Monachus Majoris Monasterii lib. 1. Hist. Gaufredi Ducis Norman. : *His panibus, quos Oblatas vocant, conficiendis pariter et excoquendis exhibebat ministerium.* Udalricus lib. 1. Consuetud. Cluniacensium cap. 49 : *In Quinquagesima, quia de cætero nec caseum nec ova comedimus, post vesperos ad cœnam de ipsis ovis coctis in pipere habemus generale, quod toto anno amplius non contingit, ut aliud quod ea vice habeamus præter solum panem, et si forte sunt in promptu, cruda poma, vel ea quæ in ferramento characterato de conspersione farinæ tenuissimæ fiunt, et ab hominibus Romanæ linguæ Nebulæ, a nostratibus appellantur Oblatæ.* Monastic. Angl. tom. 1. pag. 149 : *Item singulis diebus Dominicis in Quadragesima dimidium prœbendarium frumenti de granario ad Oblatas ad cœnam : et dimidium similiter in Cœna Domini ad idem.* Et pag. 419 : *In crastina omnium solemnitatum, in quibus Oblatæ ad cœnam deferuntur, mittit Eleemosynarius singulis eorum, sicut singulis Monachis apponi solet, hoc est quatuor Oblatas.* Burchardus de Casib. S. Galli cap. 6 : *Quia in hebdomada Paschali, etiam in meridie, vinum et Oblatas fratribus dari constituit.* Charta Odonis de Sulliaco Episc. Paris. anno 1202. ex Tabulario Episc. Paris. anno 1202. ex Tabulario Episc. Paris. Putaneo fol. 56 : *Panes qui Eschaudati dicuntur, et Oblatas, et vinum, quæ solent reddi Clericis Pariensibus in vigilia Ascensionis.* Chron. Abbat. Gemblac. pag. 534 : *In 12. præcipuis solemnitatibus, omni hora prandii placentas et Oblatas cum aliis bellariis ad cœnam ministrari præcepit.* Vide Vitam Aldrici Episcopi Cenoman. pag. 54. 67. Falconem Beneventanum pag. 222. Radulphum in Miracul. S. Richardi Episc. Cicestr. num. 3. et in voce *Nebulæ.*

OBLIA, Idem quod *Oblata*, ex Gallico *Oblée*, vel *Oblie*. Gaufridus Vosiensis 1. part. cap. 74 : *Sunt qui depravant Eulogias, quas vocamus Oblias, seu hostias.* Statutum de Hospitio Philippi Magni Reg. Fr. ann. 1317 : *Jean de Vernon fera le pain de bouche, les patez et les Oublées, et fera l'en à luy marché de la patisserie, et ne fera l'en que dix soudées de bouches et 12. denrées d'Oublées de bouche le jour.* Statutum aliud de Hospitio Joannæ Reginæ Fr. et Navar. ann. 1316. Decemb. : *Il y aura un paticier à qui l'en fera marché de faire le pain de bouche, les Oublées, et les pastez de bouche et du commun.*

OBLIÆ præterea dictæ *Oblatarum*, seu panum tenuissimorum præstationes, quæ certis diebus fiebant dominis a vassallis et subditis, quæ postea in tenuem et pusillam pecuniæ quantitatem evaserunt : *Droit D'Oublie*, in Consuetud. Montarg. cap. 2. art. 40. *Droit d'Oubliage*, in Blesensi art. 40. ubi nolim ut quispiam amplectatur Dion. Pontani sententiam ita scribentis : *Obliagia : hoc nomine ad oblivione tracto Gallorum vulgus utitur pro juribus quæ pœnam seu mulctam suæ desidiæ habent annexam, seu quod nostro vulgarii idiomate dicimus, quæ secum suam importunt emendam, ob solutionem stata die non factam, eoque obliviosum sua sequatur pœna.* Sic nempe viri peritiores sæpius cæcutiunt in vocabulorum quæ in Consuetudinibus municipalibus occurrunt significatu. Tabularium Ecclesiæ Uzeticensis ann. 1224 : *Obliæ quæ solent præstari, videlicet 12. nummi Præposito, etc.* Charta ann. 1306. in Regesto Philippi Pulcri Regis Franc. ann. 1299. pag. 91 : *Pro minutis Obliis debitis annuatim.* Charta Raimundi Comitis Tolosani anno 1149 : *Dimitto et reddo... tibi Amelio ejusdem loci Abbati omnem medietatem totius Montis-Albani, de omni dominio, de omnibus justitiis, de Obliis, de leddis, de aquis, de omnibus rentis et de omnibus quæ pertinent ad dominium Montis-Albani.* Consuetudines Tolosæ part. 4. tit. de feud. art. 10 : *Leudatarius... tenetur solvere domino feudi pro dicto feudo Oblias, census, et alias dominationes in cartis feudi contentas. Oblia nummorum*, art. 18. [Charta fundationis Prioratus Barbezili Ord. Cluniac. inter Instrum. tom. 2. Gall. Chr. col. 270 : *In hac terra mainaverunt monachi rusticos, qui reddunt eis quartum terræ et Oblias, viginti scilicet et duos solidos.* Saisimentum Comitatus Tolos. apud *La Faille* in Probat. Annal. Tolos. tom. 1. pag. 15 : *Comes ex antiqua consuetudine percipiebat in dicta villa... 30. solidos Tolos. Obliis. Pro pretio et summa... 12. Morlanorum Obliarum annuatim solvendorum*, in Charta Edwardi II. Regis Angl. ann. 1321. apud Rymer. tom. 3. pag. 881. *Sub Obliis 20 solidorum Turon.* in Charta anni 1488.] Consuetudines urbis Vasatensis : *Item de quolibet solo de 4. canis vel ulnatis in latitudine et 12. in longitudinem habebimus sex denarios Caturcenses Obliarum.* Historia Abbatiæ Condomensis pag. 485 : *Et dedit ei Ecclesiam quæ dicitur sancta Gelada, quæ reddit 30. panes Obliales, et 2. solidos, etc.* Tabular. S. Eparchii Inculism. fol. 130 : *De panibus vero Obliaus, concordatum est, ut duo fierent de una moldareira bene concussa et in testa rasa, etc.*

☞ Ex hoc Tabularii S. Eparchii loco liquet, *Oblatas* censuales non semper fuisse tenuissimos panes; duo namque panes *Obliaus* fieri debent ex una *moldureira*, id est, ex certæ quantitatis frumenti molitione, quæ forte tanta erat, quantum frumenti in molendini infundibulum mittisolebat qualibet vice. Illud confirmat Charta Theobaldi de Fontenellis ann. 1262. ex Tabulario Calensi fol. 56 : *Item et masura dicti Galteri honerata est in plena mina avenæ et uno capone ac una Oblita, videlicet uno magno pane, debitis annuatim eidem Theobaldo in crastino Nativitatis Dominicæ. Item et masura dicti Gileberti honerata est in uno capone et dimidia Oblita in dicto crastino Nativitatis Dominicæ.* Chartularium Abb. S. Germani Pratensis fol. 5 : *Masura defuncti Mathæi piscatoris unam Obletam... masura defuncti Gaufridi le Chanverier quartam partem de una Oblia.* Vide *De Lauriere* in Glossario Juris Gallici.

* OBLIA appellatur præterea Census seu præstatio censualis, quæ ex aliis etiam rebus, quam *Obliis*, pensitabatur. Exemplis supra allatis hæc addo. Charta ann. 1193. ex Chartul. Lezat. : *Obliam trium panum, unius sextarii tritici in festo Assumptionis B. Mariæ, quas Oblias debent annuatim præfato die dare homines casalis de la Anglada.* Chartul. S. Eligii Noviom. circa ann. 1300 : *Oblia continet in se unum minotum frumenti, unum sextarium bonæ avenæ et duos capones, vel duos solidos pro valore.* Vide infra *Obliagium.*

☞ Quin imo *Obliarum* nomine interdum non solos panes, sed et alias res censuales intelligendas esse patet ex Capitulis conventionis Archirinci Abb. Montis-majoris cum incolis Correni, ubi sic legere est : *Ublias autem unusquisque, qui stationem habet, et per se focum facit, circa Kal. Januarias ex debito persolvere debent; in Ublia autem continentur gallina et hemina hordei et panis frumentitius, qui duobus hominibus sufficere possit.* Sic latiori modo vocem *Oblias* intelligo in Transactione ann. 1242. apud *Bouche* tom. 2. Hist. Provinc. : *Census, Oblias panum, fogassarum et hordei, caponum, etc.* Saisimentum Comitatus Tolos. apud *la Faille* tom. 1. Annal. Tolos. pag. 37 : *Homines dicti loci præstant annuatim Domino Regi quatuor arietes de Obliis.*

¶ OUBLEIÆ, OUBLEYÆ, Eodem intellectu. Charta Philippi V. Franc. Regis ann. 1318. apud Lobinell. tom. 3. Hist. Paris. pag. 130 : *In hebergamento, hortis, censibus, Oubleiis, pratis, lanis, etc.* Literæ Caroli Regentis regni Franciæ ann. 1358. ex Chartophylacio Regio Regest. 89. Ch. 521 : *Item octoaginta Oubleyas ibidem anno quolibet in crastino Nativitatis Domini solvendas seu solvere consuetas, scilicet quamlibet Oublyam furnitam uno sextario avenæ ad mensuram Castri Nantonis.*

OBLIGA, Eadem notione. Libellus dotis apud Bignonium ad lib. 2. Form. Marculfi : *De vineis, de pratis, de censu, de frixingis, de Obligis, et de omnibus reddituris tibi medietatem dabo.*

¶ OBLIGUM. Addimenta ad Chronicon Casaur. apud Murator. tom. 2. part. 2. col. 953 : *Ut habeamus ipsos census et ipsa Obliga de ipsis supradictis præanderiis.* Ibid. col. 985: *Et census et Obliga omnia, quanta ipsi homines de ipsis rebus a vestro monasterio per præstitum tenent, qualiter tibi Johani Abbati vel successoribus tuis dare debent, sic omnia mihi Attoni Comiti et Adelgundæ conjugi meæ donent et persolvant, diebus vitæ nostræ.*

OBLAGIA, Idem quod *Oblata*, et *Oblia*. Capitulare Aquisgran. ann. 817. cap. 59 : *Ut Oblagiæ Fratribus a Presbyteris in refe-*

ctorio dentur. [Statuta Collegii Ardacensis art. 11. apud Raim. Duellium lib. 1. Miscell. pag. 114 : *Debet insuper Celerarius ipsi Præposito dare et assignare duo Oblagia.*]

¶ OBLAGIARIUS, Qui percipit seu colligit *Oblagia*. Statuta mox laudata art. 29. pag. 123 : *Item quod nullus Celerarius, Custos vel Obligarius, aut alter officialis, infra anni spatium mutari debeat.*

¶ OBLETA. Usus Culturæ Cenoman. : *Ad cœnam habeant Obletas et nebulas.*

¶ OBLICTÆ, ut *Oblia*, Census. Chartular. SS. Trinit. Cadom. fol. 61 : *Dant unam augam de campartagio et summagio, et tres quartas frumenti de Oblictis.*

OBLITA, Idem quod *Oblia*. Charta Gosleni Episc. Carnotensis in Tabulario ejusdem Ecclesiæ n. 59 :.... *Deposuisse clamorem adversus Radulfum Præpositum de Nogento super Oblitis agrippennorum de culturis quæ apud unum pilum sunt.* Mox : *Proinde memoratus Radulphus... eas Oblitas Capitulo quietas dimisit, eo rursus a Capitulo sibi prece nostra obtento, quod dum Præposituram illam teneret, Oblitas sub nomine precariæ haberet.* Occurrit præterea in Consuetud. Lorriacensi ann. 1494. cap. 3. art. 4. [Charta Guillelmi Abb. Floriac. ann. 1296 : *Erunt quitti et immunes... de omnibus redebentiis... de Oblitis, etc.*]

¶ OBLIVIÆ, pro *Obliæ*, ut videtur. Charta Manassis Episc. Lingon. ann. 1193 : *Magister Girardus de Vangionis-rivo concessit Ecclesiæ S. Stephani Vangionis-rivi in præsentia mea terram, quam habet apud Ferranclas cum omnibus redditibus suis... inter quos redditus sunt quatuor paria Obliviarum.*

UBLADA, pro *Oblada*, seu *Oblata*. Tabular. Brivatense ch. 110 : *Et habet concessum, et Ubladas, et nebulas, et pigmentum. Ublia*, in Tabulario Prioratus de Domina.

OBLATÆ denique, seu *Oblies*, etiamnum dicuntur quæ in quibusdam Ecclesiis non in festo Ascensionis, ut habet Naogeorgius, sed in festo Pentecostes, inter Missæ majoris solemnia, cum stupis ardentibus, de supremis volutionibus sparguntur in populum. [Vide *Nebula* 2.]

* Lit. remiss. ann. 1446. in Reg. 176. Chartoph. reg. ch. 499 : *Ainsi que l'on gettoit des Oblyes des voultes de l'eglise de Havraincourt en bas, comme l'on a acoustumé faire audit jour de Penthecouste en plusieurs églises.*

OBLEARIUS, Qui *oblias* conficit, in Ordinatione Hopitii S. Ludovici Reg. Franc. ann. 1261. *Oublier* in alia Gallico ann. 1285. Habentur vero statuta pro *Oblearis* Parisiens. in Regesto 1. Artificum Parisiensium. Vide Consuetud. Monasterii Regulæ apud Labbeum pag. 746.

¶ OBLIARIUS, Idem, in Aresto Parlamenti 2. Nov. ann. 1313. ex Libro griseo Castelleti Paris.

* Nostris *Oubloyer* et *Obloyer*, unde *Oubloyerie* et *Oblayerie*, ejusdem ars. Stat. ann. 1397. tom. 8. Ordinat. reg. Franc. pag. 149 : *Au roy nostre sire supplient humblement voz Oubloyers et ceux de la royne vostre compaigne, comme pluseurs ordonnances aient esté faictes sur le fait du mestier de l'Oubloyerie en la ville de Paris, etc. Obloyer* et *Oblayerie*, in Lit. ann. 1406. ex Reg. 161. Chartoph. reg. ch. 135.

OBELLARIUS. Qui *oblias* Canonicis distribuit, in Charta Henrici Episcopi Ratisbonensis ann. 1278. in Metropoli Salisburgensi tom. 1. pag. 285.

* OBLIARUM CHARITAS, Certa panum distributio, quæ pauperibus in eleemosynam fit. Vide supra *Caritas* 1.

OBLIALIS, Censualis. Charta ann. 1306. in Regesto Philippi Pulcri Reg. Franc. ann. 1299. Tabularii Regii num. 205 : *Item 42. solidos 8. denar. Turon. cum picta et dimidia Obliales annui reditus.* [*Oblialis terra*, in Charta Occitan. ann. 1313. in 49. Regesto Philippi Pulcri Tabularii regii Charta 92.] [* *Oblialis borda*, in Charta ann. 1313. ex Reg. 49. Cartoph. reg. ch. 92. *Oblide feudum*, vide supra in *Feudum* et mox *Obligialis*.]

¶ OBLIALITER, sub annuo censu, qualis est *obliarum*. Charta Guillelmi Abb. Floriac. ann. 1316 : *Exceptis dumtaxat decimis terrarum et vinearum, quæ a Priore de Duracio Oblialiter tenentur, seu censivæ quæ dicto prioratui remanebunt.*

OBLIARIA, census *Obliarum*, in Charta R. Abbatis Caroffensis ann. 1308. in 2. Regesto Philippi Pulcri Regis Franc. num. 11. ex Tabulario Regio : *A solutione cujuslibet pensionis, aut Obliariæ, seu redhibentiæ, etc.*

¶ OBLERIA, Simili notione. Vide *Parceria*.

* OBLIARIUS, Gall. *Obliau*, Qui censui, *oblia* dicto, obnoxius est. Recognit. feud. MS. pro castel. *de Buri* ann. 1366 : *Item corvées de chascun Obliau.... Item de chascun Obliau une journée de plesseurs.*

* OBLATA VINI, Mensuræ vinariæ species. Charta ann. 1317. tom. 1. Probat. Hist. Brit. col. 1273 : *Cum dominus Herveus de Leon miles, dominus de Noione, dedisset et concessisset quatuor Oblatas vini Vasconici competentis, ad mensuram de Landeguennenc solitam et communem, ad usum octo canonicorum..... singulis diebus et festis in anno, videlicet Natalis Domini, Paschæ, Ascensionis ejusdem, Pentecostes, Assumptionis Virginis gloriosæ et festi omnium Sanctorum.* [** Vide *Ollata Vini* in *Olla*, 2.]

* OBLIA CLAVARUM, Mulcta, quæ ex rebus, quæ in commissum venerunt, exigitur. Pactum inter episc. Apam. et comit. Fuxi ann. 1297. ex Tabul. castri Fux. : *Quod omnes incursus et bona vacantia rerum mobilium et immobilium,.... et Obliæ Clavarum.... sint communia inter dom. episcopum,... et dom. comitem..... Ordinamus quod si aliquæ res obliales veniant in commissum, quarum rerum Obliæ dom. comiti non solvantur, dom. comes et dom. episcopus teneantur infra annum et diem extra manum suam ponere.*

¶ **OBLATARE**, Offerre. Miracula S. Dympnæ, tom. 3. Maii pag. 491 : *Et cum ibidem devotas meas preces Oblatassem, etc.*

1. **OBLATI**, dicti infantes ac pueruli, qui a parentibus Monasteriis in Monachos attondendi offerebantur, divinoque cultui consecrabantur, ita ut ætatem adultiorem consecutis non liceret discedere : quod si facerent, pro apostatis haberentur. Id ex Regula sancti Benedicti cap. 59. profluxit, tametsi istius liberorum Deo dicandorum ritus ac moris primus auctor haberi non debeat, de quo ita præ cæteris sanctus Hieronymus Epist. 7 : *Offerre nec ne filiam potestatis tuæ fuit ; quanquam alia sit tua conditio, quæ prius eam vovisti, quam conciperes ; ut autem Oblatam non negligas, ad periculum tuum pertinet.* Adde Epist. 12. initio. Salvianus lib. 3, ad Eccles. Cath. : *Si qui a parentibus filii offeruntur Deo, omnibus filiis postponuntur Oblati : indigni judicantur hæreditate, qui digni fuerunt consecratione.* Et Avitus Viennensis lib. 6. poem. v. 24 :

> Et quia principium jam sancti fœderis esses,
> Tu simul offerris Christo, qui protinus ipsis
> Accipit in cunis lactentia membra dicatis.

Et vers. 76 :

> Ortu quarta quidem, sacro sed munere prima,
> Dulcis nata mihi, cælo quam carne fideque
> Bis genui, Christoque rudem de ventre dicavi.

Oblatos etiam deinceps in ipsis cunis infantes testatur Anonymus in Homilia in Dominic. octavam post Pentecosten : *Sunt multi in sancta Ecclesia qui ab ipsis infantiæ suæ cunabulis mancipantur Dei servitio, et omni tempore vitæ suæ immaculate Deo servire student, sive in Monastico ordine, sive Canonico.* Herimannus de Restauratione S. Martini Tornacensis cap. 62 : *Quantus ibi omnium luctus præ dulcedine fuit, cum vidissent quartum filium Radulfum adhuc lactentem cum cunabulo allatum, et de cunis a patre abstractum sursum levatum, Deoque commendatum.* Et infra : *Minimumque cum cuna super altare ponit, non sine lacrymis multorum circumstantium.*

* Imo necdum natos clero aut monachatui aliquando a parentibus fuisse destinatos, inter cætera docet Testam. Rob. II. ducis Burg. ann. 1297. inter Probat. tom. 2. Hist. Burg. pag. 92 : *Après je vuil que Looys* (3e. fils de Robert) *soit clers, et haura le chateaul de Gyé,.... à la vie doudit Looys tant seulement, et les tiendra en fié dou duc de Borgoingne. Après, li enfans, de quoi ma chere femme Agnés duchesse de Borgoingne est grosse, se il est fils, sera clers, et haura ce que li duc li voudra doner raisonablement.* Quæ rursum repetuntur in Codic. 3. ejusd. Rob. ann. 1304. ibid. pag. 122. col. 2 : *Nous volons que il soit clers, et que il hait pour sa portion mil livrées de terre à Tournois.... Et se ce est femele, nous volons qu'ele soit en religion ; et adonc ele aura* 300. *livres de rente à sa vie.* Sed parentum voluntati neutiquam parere legibus liberi astringebantur, ut ex sequentibus ibidem patet : *Et se ensint estoit qu'ele ne fust en religion, nous volons qu'ele hait pour sa leiaul portion, six mile livres Tournois pour li marier.*

In disquirenda hujusce Oblationum moris ac ritus origine non una est virorum eruditorum sententia. Hanc enim supremæ parentum in filios potestati adscribit Suares, scribens solam patris voluntatem sufficere ut filii Monaterio obstringantur, non exquisito eorum consensu, quam voti iis vice esse contendit. Alii id a Veteri Testamento profluxisse volunt, in quo Samuel adhuc triennis templo oblatus a matre legitur, 1.

Regum cap. 24. Gregorius Nazianzenus Carm. de Vita sua, enarrans, ut statim atque in lucem editus est a parentibus Deo oblatus fuerit :

> Ὡς δ' ἧκον, εὐθὺς γίνομαι ἀλλότριος,
> Ἀλλοτρίωσιν τὴν καλὴν τῷ γὰρ Θεῷ,
> Παρίςομ' ὡς ἀμνός τις ἢ μόσχος φίλος,
> Θῦμ' εὐγενές τε καὶ λόγῳ τιμώμενον,
> Ὀκνῶ γὰρ εἰπεῖν ὡς Σαμουὴλ τις νέος, etc.

Vide eumdem Orat. 1. pag. 52. et Vitam MS. S Gaugerici Episcopi Cameracens. lib. 1. cap. 2. Et Samuelis quidem exemplum descriptum legitur in ejusmodi oblationis Charta Sanctii Ramirez Regis Aragonum apud *Yepez* tom. 7. Chron. Ord. S. Benedicti, et Martinezium in Hist. Pinnatensi lib. 3. cap. 22 : *Vos igitur confratres mei de sancto Pontio, misereminì amantissimo filio meo Ranimero, quem dono et offero Deo, et prædicto Cœnobio, ea videlicet devotione et fide, qua obtulit Abraham filium suum, et Anna Samuel filium suum Sacerdoti Heli in conspectu Dei, quatenus in templo Dei semper deserviat, atque ejus exemplo et vita ac doctrina provocatus, nec non precibus prædicti filii mei, ac vestris adjutus, valeam pervenire ad virentis Paradisi gaudia.* Aliam oblationis formulam habet sub ann. 1144. eodem tom. idem *Yepez.*

Sic porro Regula S. Benedicti : *Si quis forte de nobilibus offert filium suum Deo in Monasterio, si puer minori ætate est, parentes ejus faciant petitionem, quam supra diximus. Et cum oblatione ipsam petitionem et manum pueri involvant in palla altaris, et sic eum offerant. De rebus autem suis aut in præsenti petitione promittant sub jurejurando, quia nunquam per se, nunquam per suffectam personam nec quolibet modo ei aliquando aliquid dent aut tribuant occasionem habendi : vel certe si hoc facere noluerint, et aliquid offerre volunt in eleemosynam Monasterio pro mercede sua, faciant ex rebus quas dare volunt Monasterio, donationem, reservato sibi, si ita voluerint, usufructuario. Atque ita omnia obstruantur, ut nulla suspicio remaneat puero, per quam deceptus perire posit, quod absit, quod didicimus. Similiter autem et pauperes faciant. Qui vero ex toto nihil habent, simpliciter petitionem faciant, et cum oblatione offerant filium suum coram testibus.*

Hactenus S. Benedictus, ubi multa veniunt observanda; ac primo quidem ritus involvendi manum pueri in palla altaris, seu *qua altare coopertum est, et cujus pars anterius pendet*, ut habent Lanfrancus in Statutis cap. 18. et Boerius ad Reg. S. Benedicti cap. 59. At Paulus Diaconus, *non in palla altaris sacrata, sed in illa tobalia, in qua portatur calix, quando debet ad sacrificium offerri, quæ dicitur esse altaris, eo quod altari servitur in ea.* Bernardus Casinensis hæc verba de *Palla sacrata quæ semper est in altari* intelligenda contendit, itaque observari ait. Sed rationem istius ritus non tradunt, opinor, interpretes, quæ non alia videtur quam quod puer divino se servitio mancipat, dum manum palla altaris involvit. Scribit Artemidorus lib. 1. Onirocrit. cap. 56. oportere τὸν ἔφηβον ἐν τῇ χλαμύδι καὶ τὴν δεξίαν ἐσταλημένην ἔχειν, διὰ τὸ ἀργὴν μὴ εἶναι, καὶ πρὸς ἔργα καὶ πρὸς λόγους, τὴν χεῖρα. Addit Lanfrancus, *puerum, facta sibi prius corona, manibus portare hostiam et calicem cum vino post Evangelium Sacerdoti qui Missam celebrat*, tum vero a parentibus offerri, eaque oblatione a Sacerdote suscepta, parentes manus pueri involvere in palla, qua altare coopertum est, et cujus pars anterius pendet, deinde ab Abbate suscipi. Rem explicatius scribit Udalricus lib. 3. Consuetudin. Cluniac. cap. 8. Postquam enim petitionem parentis, vel ejus Vicarii descripsit, hæc subdit : *Accipit ipse puer cum offertorio patenam et calicem, hostia imposita, et vino infuso, et ita Vicarius ille involvit manum pueri cum palla altaris, ut tam ipsum puerum, quam ejus sacrificium offerat a sacerdote recipiendum. Postea induitur cuculla, et de cætero benedictio ejus differtur usque ad legitimam ætatem, id est, si non amplius, vel usque ad quindecim annos ætatis.*

Ex dicta præterea Regula S. Benedicti, puer oblatus omni parentum successionis spe privatur, ne ad sæculum redeat, et revera exhæredari jubetur : quod diserte docent verba parentis in oblatione apud Richardum Monachum Eremi S. Mariæ in Helvetia : *Promitto per Viventem in sæcula, quia nunquam do illi hæreditatem suam, aut aliquid quicquam : sed exhæredo illum ab omni mea hæreditate, ut exhæres sit in perpetuum, ita ut per nullum ingenium possit quærere hæreditatem meam.*

Licebat tamen parentibus Monasterio aliquid in eleemosynam *pro mercede sua*, id est, in spem divinæ remunerationis offerre : quod fere semper factum docent formulæ ejusmodi oblationum mox describendæ.

Denique ex laudato capite colligitur, pueros, istius parentum oblationis vi, ita Monasterio fuisse alligatos, ut ab eo recedere, et ad sæculum reverti neutiquam iis licitum fuerit. Quod etiam statutum legitur a Gregorio III. PP. Epist. 4. ad S. Bonifacium Moguntin. in excerptis Egberti Archiepisc. Eborac. cap. 93. in Concilio Toletano IV. can. 48. Triburiensi can. 6. et Wormaciensi ann. 868. can. 22. 23. ubi hæc habentur : *Monachum aut paterna devotio, aut propria professio facit : quicquid horum fuerit, alligatum tenebit.* Adde Legem Wisigoth. lib. 3. tit. 5. § 3. et Lanfrancum Epist. 32. qui idem de Sanctimonialibus oblatis statuit : ut et Concilium Matisconense I. can. 12 : *De puellis vero quæ se Deo voverint, et præclaræ decore ætatis ad terrenas nuptias transierint, id custodiendum esse decrevimus, ut si qua puella voluntarie, aut parentibus suis rogantibus religionem professa, vel benedictionem fuerit consecuta, et postea ad conjugium aut illecebras sæculi, quod potius stuprum est quam conjugium judicandum, transgredi præsumpserit, usque ad exitum cum ipso qui se hujusmodi consortio miscuerit, communione privetur.* In Synodo Tullensi ad Saponarias cap. 8 : *Mota est quæstio de Attone Virdunensium Episcopo, quod oblatione regulari, unde petitio ibidem est præsentata, in Monasterio S. Germani Autisiodorensium adstiterit,* [Baluz. *extiterit,*] *et contra regulas Ecclesiasticas inde discedens... ad ordinem Episcopalem pervenerit, etc.* Aliud exemplum de *Oblato* Monasterium relinquente refert Petrus Damian. lib. 1. Epist. 9. pag. 29.

Vim tamen hanc a parentibus liberis illatam improbant plerique, atque in iis (ut omittam Novellam Majoriani Imp. de Sanctimonialibus) Gaudentius Episcop. Brixiensis tract. 8 : *Imperare quidem perpetuam continentiam non possunt* (parentes filiis) *quia res esse noscitur voluntatis. Sed voluntatem tunc in melius nutrire possunt, et debitores sunt ut moneant, ut hortentur, ut foveant, ut pignora sua Deo magis gestiant obligare, quam sæculo, ut de propinquis seminis sui, vel in Cleri ordine dignos altari divino ministros exhibeant, vel in sanctarum numero feminarum puellas castimoniæ dicatas enutriant, ut Ecclesiam Dei talibus nutrimentis ornantes, beatitudinem debitam consequantur.* Atque id forte causæ fuit, cur in Concilio Aquisgranensi can. 36. cautum fuerit, ut pueri oblationem a parentibus factam *tempore intelligibili*, id est, cum ad discretionis ætatem pervenissent, confirmarent. Quo spectant ista ex libro Chirographorum Absiæ fol. 58 : *Item præfatus Richardus obtulit supradictos suos filios, scilicet Joannem et Goffridum super altare S. Mariæ Absiæ secundum instituta et usus monachorum, præsente Rainerio et fratribus, et concessit omnia supradicta, an jam supradicti filii perseverarent, an resipiscerent, an viverent, an morerentur.* Scripsit porro Rabanus Maurus *ad Ludovicum Imperatorem librum unum contra eos qui oblationem secundum regulam S. Augustini destruere volebant, cujus meminit Rudolphus Presbyter in ejus vita.* Exstat ille MS. in Cœnobio Mellicensi et Sangermanensi. Vide Capitulare 2. ann. 811. cap. 10. Oblationes ejusmodi tutantur ac defendere conantur Regulæ Benedictinæ interpretes, atque in iis Menardus et Haeftenus.

* A severiori disciplina in sequiori ætate non nihil discessum est; ipsis quippe pueris, cum ad discretionis ætatem pervenerant, parentum oblationem confirmare aut refutare liberum erat. Chartul. Celsinian. ch. 857 : *Hanc donationem vel gripitionem facio* (Bernardus de Turre) *in tali convenientia, ut accipiant unum ex filiis meis, faciantque imbuere eum litteris sacris, et teneant eum foris monasterium, usquequo, adolescentia transmissa, habitum monachilem ipse per se requirat. Si autem ad tempus statutum requirere noluerit, provocabunt eum ad hoc ipsum seniores hujus loci : quod si eos audire noluerit, facient hoc ipsud michi audire, matrique et fratribus ; si autem et me et matrem et fratres senioresque hujus loci contempserit audire, remanebit terra et substantia eis a me largita senioribus pro nutrimento ejus : ipse autem libera potietur voluntate.* Mirac. S. Germ. Autissi tom. 7. Jul. pag. 264. col. 1 : *Esopo vocabulum cuidam puerulo fuit, qui cum vix quinque annorum infantiam contigisset, sancto ordini a parentibus mancipatus, etc.* Vita ejusdem metr. ibid. pag. 254. col. 2 :

> .... Septennem ferme puellum
> Sancti servitiis me transscripsere parentes,
> Et sensus inopem, et cautæ rationis inermem,

Cujus moris recentiora longe vestigia deprehenduntur in Lit. remiss. ann. 1382. ex Reg. 122. Chartoph. reg. ch. 101 : Ro-

binet de Villefort, moine et religieux de l'église saint Mard de Soissons,.... fu receuz et vestuz en l'aage de onze ans ou environ moine d'icelle église ; et pour estudier audit lieu de Soissons a depuis demouré illec en la maison de son pere par l'espace de sept ans et plus, et aprez est alez par juenesse à Avignon et ailleurs, où il a esté vacabond par l'espace de quatre ans, etc.

Non defuere etiam qui omnino improbarunt, imo simoniæ damnarunt, eam exactionem quam faciebant Monachi pro susceptione puerorum in Monasteriis, quam vetant præ cæteris Capitulare 2. ann. 789. cap. 15. et Capitul. Francofordiense ann. 794. cap. 14. Sed hanc validis satis argumentis tutari conatus est Sibertus Prior S. Pantaleonis Coloniensis in Epist. ad Rodulphum Abbatem Trudonensem, edita tom. 2. Analector. Joan. Mabillonii.

Formulas vero ejusmodi oblationum complures habet tabularium Abb. Belliloci in Lemovic. ch. 77 : *Cum legaliter sancitum antiquitusque teneatur, et cautum, cum oblationibus Domino parentes suos tradere filios in templo Domini Domino feliciter servituros, procul dubio et de nostris filiis faciendum nobis salubriter præbetur exemplum : æquum etenim est judicium Creatori nostro de nobis reddere fructus. Idcirco Nos nomine Gauffredus et uxor mea Foscusa hunc filium nostrum nomine Pertonem cum oblatione in manu atque petitione altaris palla omnia involuta ad nomen Sanctorum, quorum hic reliquiæ continentur, et in præsentia Frodonii Abbatis, et omnis congregationis, tradimus coram testibus regulariter permansurum, ita ut ab hac die non jam liceat ei collum de sub jugo regulæ excutere : et ut nostra traditio inconvulsa permaneat, promittimus sub jurejurando coram Deo et Angelis ejus, quia nunquam per nos, vel quolibet modo per rerum nostrarum facultates, egrediendi ei aliquando de Monasterio tribuamus occasiones. Et ut hæc nostra traditio inconvulsa permaneat, manu nostra eam firmavimus, et testibus tradimus roborandam. Cedimus autem cum ipso filio nostro terram quam Galfridus tenet, totum et ad integrum dimitto Deo et B. Petro hoc quod habeo, vel visus habere, hoc est vicaria etc. S. Gaffredi et Fulcassæ matris suæ. S. Archambaldi Prensaco. S. Geraldi Cantaminum. Facta est carta ista in mense Januario, regnante Philippo Rege.* Similes oblationum formulas proferunt idem Tabularium ch. 88. 101. 173. Smaragdus, Lucas Acherius ad Epist. 32. Lanfranci, Stephanus Baluzius in nova Collect. Formul. cap. 31. et Jac. Petitus post Pœnitentiale Theodori pag. 502. 503. et 504. [Mabillonius tom. 3. Analect. pag. 469.] quibus aliam addere placet ex Tabular. Prioratus de Domina in Delphinatu ch. 96 : *Ego Oddo de Auriatge offero Deo omnipotenti et beatissimis Apostolis ejus Petro et Paulo in manu Domini Hugonis Prioris de Domina filium meum nomine Petrum, ut suscipiat habitum sancti Benedicti, ad salutem et remedium animæ ejusdem, et animæ meæ, uxorisque meæ, ipsius filii matris, nec non et aliorum filiorum meorum omniumque propinquorum meorum, tam vivorum quam defunctorum. Pro hoc autem quod supradictum est, dono in eleemosyna Domino Deo et prædictis Apostolis ad Monasterium de Domina, ubi Domnus Hugo præesse videtur, omnia quæcunque Boso Presbyter habebat de me in Ecclesia S. Mariæ, videlicet primitias, decimas, et omnia alia beneficia quæ pertinent ad ipsam Ecclesiam. Ultra hoc etiam dono cymiterium quod dicitur vetus, etc. Laudatores vero et testes fuerunt fratres mei, etc. Accepi autem pro ista guirpitione a præfato Hugone Priore unam mulam et* 130. *solidos, et unum bliasdum de fustanio.* Exstat porro Testament. Guillelmi Sibyllæ filii Dom. Montispessulani apud Gariellum in Episcopis Magalonensibus pag. 151. quo Monasterio Grandis-silvæ *relinquit pro Monacho filium suum Raimundum, et pro eo mille solidos Melgorienses.* Adde pag. 191.

Regulæ Benedictinæ interpretes plerique idem juris tutoribus quod patribus adscribunt; adeo ut iis licuerit pupillos suos offerre : quod sane vix crediderim, nisi id parentum testamento cautum esset : quomodo exstat in eodem Tabulario Bellilocensi ch. 91. alia oblationis formula fratris a fratribus factæ ex præscripto patris in testamento, iisdem pæne verbis quibus illa quæ Philippo regnante facta est : *Idcirco nos Gauffredus et Benedictus hunc fratrem nostrum nomine Potronem cum oblatione in manu atque petitione, altaris palla omnia involuta ad nomen Sanctorum quorum reliquiæ continentur, et Frodoini Abbatis et omni Congregationi tradimus coram testibus regulariter permansurum, ita ut etc... Cedimus autem cum ipso fratre nostro mansum de Rozairet, etc. S. Geraldi patris sui, qui in vita sua hoc fieri præcepit. S. Gaufredi fratris sui. S. Bernardi fratris sui.* Sane in Capitulari Caroli M. ad Salz ann. 804. cap. 6. *Ei qui filiam suam, aut neptam, aut parentem offerre voluerit, licentia conceditur.* Habetur insuper exemplum oblationis nepotis in Tabulario Celsiniacensi : *Per hoc autem recipiant infantulum nepotem meum nomine Petrum, ut alant et nutriant, et literis eum erudiant, et cum tempus fuerit, eum in monasterio recipiant monachum.* Neque tantum filii a parentibus, aut pupilli a tutoribus, sed etiam pueri quivis, qui ultro monachicam vitam inibant, ab uno e Monachis offerebantur. Bernardus Monac. in Consuetud. Cluniacens. MSS. cap. 29 : *Puer qui cum Laicali vel Clericali habitu venerit, hunc Camerarius in vestiarium ducit, eodem modo vestiendum, quo quilibet novitius vestitur, præter quod ei non stamineum, sed pro stamineo camisia linea datur. Cum visum fuerit D. Abbati capellum de frocco ejus jubet auferri, et cucullam ei dandam benedicat : Jubet etiam uni fratrum ut puerum offerat in vice parentum ejus. Qui petitionem, quam facturus est scriptam habens, confirmans eam signo propriæ manus, et postea eam legit in aperto, et mittit in manum D. Abbatis. Est autem hujusmodi : Ego frater ill. offerro Deo et sanctis Apostolis ejus hunc puerum nomine ill. in vice parentum ejus cum oblatione in manu, atque petitione, altaris palla manu ejus involuta, etc. Accipit ipse puer cum offertorio patenam et calicem hostia imposita, et ita Vicarius ille involvit manum pueri cum palla altaris, ut tam ipsum puerum, quam ejus sacrificium offerat, a Sacerdote recipiendum. Postea induitur cuculla, et de cætero benedictio ejus differtur usque ad legitimam ætatem, id si non amplius, usque ad* 15. *annos ætatis.* Eadem habet Udalricus lib. 3. cap. 8. ex quo postrema verba supra descripsimus. De Oblatis agunt præterea Capitul. Caroli M. datum ad Salz cap. 6. Addit. Capitul. cap. 26. 37. 45. Vita S. Amati Abbat. Habendensis cap. 2. Ordo Roman. ubi de consecratione sacræ Virginis, Regula Magistri cap. 91. Leo Ost. lib. 1. cap. 14. 24. 49. lib. 2. cap. 8. Ordericus Vital. lib. 3. pag. 479. lib. 5. pag. 548. Sugerius lib. de Administrat. sua extremo, Lanfrancus Epist. 32. etc. Adde Gariellum in Episcop. Magalon. pag. 120. Haeftenum, lib. 4. Disquis. Monast. tract. 1. disq. 1. et seqq. Gussanvillam ad Epist. 54. Petri Blesensis, Carolum Cointium in Annalib. Franc. Ecclesiast. ann. 544. num. 74. [Mabillonium tom. 3. Analect. pag. 473.] Vide *Nutriti*.

☞ Neque vero tantum apud Monachos Benedictinos puerorum oblationes in usu erant, sed etiam in Ecclesiis Canonicorum Regularium. Hujus rei formulam exhibet Mabillonius tom. 3. Analect. pag. 472. his expressam verbis : *In Redemptoris mundi nomine pateat cunctis hanc scripturam audientibus vel legentibus, me Bernardum Geraldi et uxorem meam, nomine Guillelmam, Domino Deo sanctisque martyribus Justo et Pastori, in manus domini Ricardi Narbon. Archiep. nostrum filium nomine Geraldum, ad Canonicum regularem faciendum, cum omnibus nostris decimis atque ecclesiasticis in Canonica ad possidendum jure perenni dedisse.* Trimulos vel quadrimulos admittit Petrus de Honestis lib. 1. Regulæ Clericorum cap. 9.

☞ Imo etiam ad Canonicos sæculares hic ritus derivatus est aliquando, ut in Turonica S. Martini Ecclesia collegiata : cujus rei exempla se legisse ait Mabillon. tom. 3. Analect. laudato pag. 476. Unum sane notandum profertur tom. 1. Anecd. Marten. col. 68. in Donatione Gulfradi hujus Ecclesiæ Diaconi, ubi hæc ipse narrat de sua oblatione : *Trado atque confirmo omnipotenti Deo necnon S. Martino Confessori suo egregio, ad sepulcrum scilicet ejusdem, ubi parentes mei me obtulerunt, novo ordine traditionis per capillos capitis mei, illic arma relinquens et comam, ut ibidem cunctis diebus, quibus adviverem, Deo sedulum exhiberem officium.*

Offerri ad Clericatum. Ado Viennensis in Chron. de Carolo Calvo : *Hic ex Regina Ermentrude quatuor filios suscepit,... ex his Deo in clericali habitu duos obtulit, Carlomannum et Lotharium.* Guillelmus de Podio Laurentii in Præfat. ad Chronicon : *Milites enim raro suos liberos clericatui offerebant : sed ad Ecclesias, quarum tunc ipsi decimas percipiebant, hominum suorum filios præsentabant.* Ludovicus VIII. Rex Francor. in Testamento statuit, *ut quintus ejus filius sit clericus, et omnes alii qui post eum nascentur.* Vide *Clericus*.

2. **OBLATI** Monasteriorum, *qui se ac sua, vel majorem partem bonorum suorum sine fraude ac dolo Monasteriis ipsis sponte ac libere obtulerunt*, ut est in Epistola

Bonifacii VIII. ann. 1296. apud Waddingum. Concilium Lateranense IV. can. 57 : *Hoc autem de illis confratribus intelligimus, qui vel adhuc manentes in sæculo, eorum Ordini sunt Oblati, mutato habitu sæculari : vel cui inter vivos sua bona dederunt, retento sibi, quandiu in sæculo vixerint, usufructu.* Atque hi quidem iidem sunt qui *Donati*, sic nuncupati, quod se totos, et bona sua Monasteriis *donarent*, ac *offerrent*. Rollandinus in Summa Notariæ cap. 7. rub. 3 : *Quando personæ laicæ conversantur alicui Ecclesiæ, offerunt se simul et sua.* Ubi Petrus de Boateriis ait discrimen esse inter *Professionem* et *Offersionem*; *Professionem* quippe esse abnegationem propriæ voluntatis vitam activam abnegantis, et contemplativam eligentis : *Offersionem* vero esse personæ, rei, vel rerum alicui domino vel loco religioso factam oblationem. Atque ita *Professionem* intelligit propriam esse Monachorum, cum Oblati ex ipsa oblatione admissa, nulla prævia probatione facta, tantummodo obedientiæ professione, in *Oblatorum* et *Donatorum* ordinem reciperentur.

Quidam tamen Monasteriis, cum bonis suis universis vel eorum parte aliqua ita se offerebant, ut monachicam vitam amplecterentur, et ad professionem admitterentur, reveraque essent Monachi : cujus quidem oblationis ea est formula apud eumdem Rollandinum : *Obtulit personam suam Deo et D. Antonio clausis manibus se intra manus venerabilis Patris D. Abbatis recipientis vice et nomine ipsius Ecclesiæ; et pro se et suis successoribus dans et ponens, nec non et promittens et profitens stabilitatem, conversionem et obedientiam debitam secundum regulam Ordinis, etc.*

Ejusmodi Oblatos spectat Charta Roncelini Vicecomitis Massiliensis ex Tabulario S. Victoris Massiliensis fol. 179. qui tanquam dominus Gardanæ confirmat donationem, *quam fecit Guillelmus de Gardana, filius Raimundi de Laurias, qui abrenuntians seipsum, cum universis rebus suis in fratrem et filium prædicto Monasterio tradidit, et hominem vice Dei super caput suum posuit, obedientiæ se subjiciens, et regulari disciplinæ collum statim penitus submittens.* Ita in Chronico Casin. lib. 1. cap. 49 : *Hermefrid civis Esculanus, vir dives, Subdiaconus, seipsum obtulit per capillos capitis sui Præposito Walmelfrid, cum omni omnino substantia sua quam in illis partibus possidebat.* Infra : *Walamir item alius ejusdem civitatis oriundus seipsum Deo in hoc Monasterio offerens, obtulit in Ecclesia S. Benedicti curtem unam magnam, etc.* Charta Ludovici Imp. in Chronico Farfensi pag. 662 : *Codimundus et Sinualdus de Furcone, qui se in eisdem cœnobiis ad serviendum Deo devoventes ibidem condonaverunt.* Ex voce vero *condonaverunt*, percipitur qui fuerint *Condonati* in Charta Gaufredi Comitis Andegavensis in Hist. Monast. S. Nicolai Andeg. pag. 10 : *Perdonavi quoque vinagium omnium vinearum suarum, quandiu ipsi, vel Condonati eorum ipsas coluerint.* Iidem enim sunt qui *Donati*, ut et in Concilio apud Campinacum ann. 1238. cap. 26 : *Ut Abbates ter in anno publice injungant Monachis suis sub pœna excommunicationis a se proprium abdicere, et in manu sua resignare compellant, et etiam Condonatos, etc.* In Synodo Bajocensi ann. 1300. can. 52 : *Statuitur ut Condonati cujuslibet domus religiosæ aliquod signum in eminenti loco portent ad arbitrium Episcopi, et religioni congruentia indumenta.* Polyptychus Floriacensis : *Hisemburgis Britonisa gratanter se condonavit S. Petro antequam acciperet maritum, ut in posterum cum filiis et filiabus sub servitutis jugo teneretur.*

Qui porro hic *Condonati*, aliis *Donati* nude dicuntur. Charta ann. 1231. in Regesto Comitatus Tolosæ Cameræ Comput. Paris. fol. 24 : *Item petebat omnes justitias Monachorum et Clericorum, et Donatorum suorum, et specialiter familiæ suæ, videlicet Donatorum illorum qui in templo S. Theodardi donant se et sua eidem Monasterio, et promittunt obedientiam Abbati et successoribus suis, et victum percipiunt a dicta Ecclesia.* Infra : *Quod Abbas haberet eorum justitiam Monachorum, Clericorum, et specialis familiæ, et Donatorum suorum, videlicet illorum Donatorum qui sunt recepti, ut supra dictum est, et non possunt facere testamentum sine assensu Abbatis.* Concilium Biterrense ann. 1233. cap. 23 : *In nulla Ecclesia laici recipiantur in Donatos ad præbendam panis et vini, de quorum turpi conversatione scandalum generetur.* Descripsit Jacobus Petitus post Pœnitentiale Theodori pag. 500. sacramentum quod Monasteriis præstabant ejusmodi *Condonati*, seu *Donati*. Vide Institutiones Capituli gener. Cisterciens. distinct. 9. cap. 11. Barralem in Hist. Lerinensi part. 2. pag. 156. Gariellum in Episc. Magalon. pag. 391. et Browerum lib. 9. Annal. Trevirens. Mentio est præterea in Capitulis ad Legem Salicam tit. 3. § 9. et in lib. 1. Capitul. Caroli M cap. 120. [** 114.] *Liberorum hominum qui ad servitium Dei se tradunt, non tam causa devotionis, quam exercitus seu aliarum functionum vitandarum causa.*

Interdum ea conditione sese monasteriis offerebant, ut in ordinem Monachorum admitterentur, si luberet, ac interim *Donatorum et Oblatorum* vice haberentur. Sed id spectabat potissimum viros nobiles, quod præ cæteris docet sequens Charta ex Tabulariis Regiis Provinciæ descripta : *Notum sit omnibus præs. et fut. quod an. Dom. incarnat.* 1209. *mense Decembr. ego Willelmus D. G. Comes Forcalcar. filius quondam Geraldi Amici, divino inspiratus amore, bono animo, et spontanea voluntate, dono animam meam et corpus meum Domino Deo et Beatissimæ Mariæ, et domui Militiæ templi, in hunc modum, quod si ad religionem venire voluero, ad religionem Templi veniam, et non ad aliam; solummodo ut veniam juste et libere, et absque omni impedimento. Si vero in sæculo me vitam finire contigerit, in cimiterio domus Templi sepeliar. Promitto equidem dare prædictæ domui Templi et fratribus ad obitum meum, amore Dei, et remedio animæ meæ, et parentum meorum, et cunctorum fidelium defunctorum, equum meum, et duas alias equituras, et omnia arma mea completa, lignea et ferrea, quæ uni Militi sunt necessaria, et* 100. *marcas argenti. Præterea dum in sæculo vixero, singulis annis ad festum Nativitatis Domini præfatæ domui Templi et Fratribus* 100. *sol. Guill. pro recognitione hujus donationis dare promitto, et universa bona dictæ domus Templi, ubicumque sint, bona fide, juste tamen et rationabiliter protegere et salvare. Hanc quippe donationem feci in posse Fratris P. de Monteacuto Magistri, et Fratris Will. Catelli Præceptoris Provinciæ, et quamplurium aliorum Fratrum. Et nos Frater P. de Monteacuto Magister, cum consilio et voluntate Fratris W. Catelli, et aliorum Fratrum, recipimus vos supradictum Dom. W. Forqualquerii Comitem in Donatum, et confratrem nostræ Domus, et in universis beneficiis, quæ in Domo Templi fiunt, vel fient usque ad finem, citra mare, vel ultra, bonam vobis concedimus portionem. Hujus donationis nostræ testes sunt de fratribus Templi Fr. W. Catelli Præceptor Provinciæ, et Fr. Bermundus Præceptor Rue, Fr. Rev. Chasoardi Præceptor de Barles, Frat. Jordanus de Mison Præceptor Embredunensis, Fr. G. de Turre Præceptor Domus Limasiæ. De secularib. vero Dn. Comitissa mater prædicti Comitis, Geraldus Amici frater ejus, R. de Medullione, Ricanus de Insula, Riambaldus de Dalfino, Bertrandus de Villamuro, Guibertus de Relano, P. Garsannus, P. Ferols, Guill. de Bedoino, Guido Roya, Raymundus Suavis scriptor fratris G. Catelli scripsit.* Charta alia ex Tabular. S. Maxentii Pictavensis : *In nomine Domini, ego Gauterius Presbyter filius Ademari de Garda dedi animam meam et corpus meum Domno Goffredo Abbati sedenti in Capitulo cum Monachis suis die quodam Dominico Adventus Domini in societatem et beneficium totius Monasterii, et quando voluero Monachus esse, cum rebus quas habuero, accipiant me, sive sanum, sive infirmum. Dedi eis unam borderiam de terra, et unum quarterium de prato pro beneficio et salute animarum parentum meorum in eleemosynam, sine ulla requisitione progeniei meæ. Ipsi autem me et fratrem meum Lucium de hoc beneficio cum Regula revestierunt nos, et osculati sunt. Et ibidem convenimus donum hoc a dominis nostris carnalibus servaturos. Hoc donum fecimus cum isto pergameno super altare, videntibus testibus istis subscriptis, etc. Facta est autem hæc Chartula an. ab Incarn. D.* 1110. *regnante Ludov. Rege et Guill. Comite in Aquitania, Petro quoque Episc. Pictavensi.* Tabularium S. Dionysii de Capella diœcesis Bituricensis, Charta 112 : *Ego Amblardus filius Bernardi Grossinelli video quod in periculo mundano positus sim, nolo degenerare, volens sequi vestigia parentum meorum, trado me Deo et S. Dionysio et Monachis Capellæ in manu Radulphi Prioris avunculi mei, tali tamen conditione, ut sim particeps de beneficiis et orationibus Ecclesiæ. Si autem Monachus esse voluero, honorifice me recipiant, et ubicumque me mori contigerit, diligentissime ut fratrem Ecclesiæ procurabunt. Hoc factum est in Capitulo S. Dionysii Capellæ coram Monachis ac famulis ejusdem Ecclesiæ.* Et Charta 173 : *Deo et B. Dionysio et loco Capellæ sese dedit et sua : hoc etiam addito, quod si aliquando sibi placeret strictioris vitæ semitas ingredi, Monachus ibi fieret, alterius Ecclesiæ sibi denegata licentia.* Ch. 173 : *Dedit namque supradictus Petrus cor-*

pus suum, omnesque res suas : unde Radulf. Prior et cæteri Monachi concesserunt ei beneficia ejusdem loci, videlicet necessarium escam, et orationum participationem. Vide L. Acherium ad Guibert. pag. 635.

Oblatorum autem et Donatorum ea erat conditio, ut ex familia Monachorum censerentur, Abbati obedientiam profiterentur, et victum et vestitum ab iis consequerentur. De obedientia est Charta ex Tabul. Grassensis Monasterii descripta ab Acherio ad Guibertum : *Seipsos et omnia bona sua generaliter dant,... et incontinenti promittunt obedientiam eidem domino Abbati nomine dicti Monasterii, junctis manibus : et ibidem Abbas recipit dictos Blacacium et Jordanam junctis manibus in fratres et participes et Donatos dicti Monasterii, etc.* De victu vero et vestitu exstat Charta in Tabulario Casauriensi, quam hic damus : *In Dei nomine, ab Incarnat. Domini Jesu Christi an.* 1159. *Ind.* 11. *die* 21. *mens. Novembr. Ego Petrus filius quondam Walteri civitatis Sulmonæ, bona et expontanea mea voluntate obtuli me et omnes res meas mobiles et immobiles in Monasterio S. Trinitatis... Cui etiam et tibi domino Leonati venerabili Abbati ac cunctis successoribus tuis in perpetuum dono, offero, et concedo unum casarinum meum infra ipsam civitatem Sulmonæ, etc. Ita tamen ut donec moriar, victum et vestimentum ab eodem vestro Monasterio ad sufficientiam habeam : quod hujusmodi omnibus absolute feci, et testes mihi esse rogavi subscriptos homines, etc.* Tabularium Vindocinense Charta 446 : *Odo de Sarveritis qui fuit bergerius, sibi et illis dedit omnia quæ ad præsens habebat, vel semper habiturus vel jure possessurus loco S. Trinitatis universis rebus quas possidebat, videlicet in ovibus et nummis, ac annona, per talem convenientiam ut ipse Odo reciperet solummodo victum et vestitum competentem a Monacho et Hulseto quamdiu vixerit, non autem ovium gregem sicut solebat assidue sequens, sed tamen super pastores secundum visum sibi erit qualiter et quomodo grex ovium tractandus sit, semper decernens. Actum Vindocini* 1081. Charta ann. 1239. tom. 7. Spicilegii Acher. pag. 272 : *Concedentes vobis dictæ dominæ Mabiliæ Priorissæ dictæ Ecclesiæ, et per vos aliis Priorissis... liberam et plenariam potestatem recipiendi Moniales tam conversas, quam Clericas, et fratres, et Donatos, et Donatas, tam Laïcos quam Clericos qui intrare voluerint Ecclesiam supradictam, hoc adhibito moderamine, ut omnes habitantes ibidem, possint de bonis Ecclesiæ commode sustentari : ita quod omnes qui intrare voluerint, vobis obedientiam promittant, et vivere juxta regulam B. Benedicti, etc.* Pactum initum inter Abbatem S. Theodardi, et Raymundum Comitem Tolosæ ann. 1231. in Regesto Tolosano pag. 25. : *Item petebat* (Abbas) *omnes justitias Monachorum et Clericorum et Donatorum suorum, et specialiter familiæ suæ, videlicet Donatorum illorum qui in templo S. Theodardi donant se et sua eidem Monasterio, et promittunt obedientiam Abbati et successoribus suis, et victum percipiunt a dicta Ecclesia.* Et infra : *Item concessit dominus Comes quod Abbas haberet totam justitiam Monachorum, Clericorum, et specialis familiæ et Donatorum suorum, videlicet illorum Donatorum qui sunt recepti ut supra dictum est, et non possunt facere testamentum sine assensu Abbatis.* Statuta contra hæreticos, apud Catellum in Comitibus Tolosan. pag. 351 : *Districtius quoque mandamus quod in nulla Ecclesia Laïca recipiantur in Donatos ad præbendam panis et vini, de quorum turpi conversatione scandalum generatur.* Sed id spectabat Oblatos et Donatos, qui in ipsis Monasteriis degebant ac deserviebant : et habitum forma et colore diversum a Monachorum cæterorum veste deferebant.

Interdum Monasteriis ac Ecclesiis ita sese offerebant, donabant, ac mancipabant, ut ipsi ac eorum progenies pro servis Ecclesiæ deinceps haberentur, dimissa ingenuitate ac libertate. Exstat præclara ejusmodi oblationis Charta in Tabulario Vindocinensi hisce verbis concepta : *Cum sit omni carnali ingenuitate generosius extremum quodcumque Dei servitium, scilicet quod terrena nobilitas multos plerumque vitiorum servos facit, servitus vero Christi nobiles virtutibus reddit, nemo autem sani capitis virtutibus vitia comparaverit, claret pro certo eum esse generosiorem, qui se Dei servitio præbuerit proniorem. Quod ego Raynaldus intelligens, justumque esse vera ratione perpendens, cum me ab avis et atavis naturaliter liberum conditio humana protulerit, nullius necessitatis penitus occasione cogente, spontanea mea voluntate meipsum, meosque, si quos mihi dederit, successionis liberos, in servitium trado S. Trinitatis, et fratrum hujus loci, reputans me ab hac die inante, sicut unum quempiam de servis eorum, ad faciendum de me et rebus meis quidquid eis salva justitiæ lege placuerit. Et ne quis putet timoris causa, vel cupiditatis adquirendi aliquid transitorium me istud agere, sciat et credat me id primum ac potissimum pro salute animæ meæ facere ; deinde quod circa eos a puero nutritus omnia pene habeo apud eos, et per eos conquirens, justius mihi esse videtur, ut ipsi habeant quam alius quispiam. In testimonium autem hujus meæ deditionis, ut certior sit, et firmior omni tempore, cartulam istam scribi rogavi, manuque mea Crucis impressione signavi, adhibitis testibus qui me hoc facere viderunt, et audierunt, quorum ista sunt nomina, Odo Sartor, Joscelinus, Garinus, Herveus filius Alcherii, Girardus Hospitalis, Odo pater Lamberti, Hugo filius Morini, omne Capitulum. Actum Vindocini in Capitulo S. Trinitatis an. Dom. Incarn.* 1079. 6. *Id. Mart. Ind.* 2. Ordericus Vitalis lib. 3. pag. 498 : *Recepta sospitate, perpetualiter in servum sancto Jodoco tradidit se.*

* Charta ann. circiter 1162. ex Lib. de Servis in Tabulario Majoris-monasterii fol. 46 : *Noveritis, si qui eritis posteri nostri, Majoris scilicet habitatores monasterii S. Martini, famulum quemdam Giraldum nomine, liberiori genere ex provincia Biturigensi, loco videlicet Cloiso, patre Geraldo, Malo-clavo cognomine, matre vero Adelende ortum, sponte pro amore Dei sancto Martino in domni abbatis Alberti præsentia se ipsum hac ratione tradidisse in servum, ut non solum ipse, verum etiam omnis ex eo nascitura progenies, cunctis diebus vitæ suæ abbati hujus loci et fratribus servili conditione famulentur. Et ut hæc ejus traditio certior et evidentior appareret, pro recognitione servi quatuor denarios super caput proprium ponens, Deo sanctoque Martino se taliter sub his testibus obtulit, etc.*

Hujus autem Oblationis is erat ritus, ut in servitutis ultro susceptæ signum quatuor denarii offerrentur. Tabular. Vindocinense Ch. 114 : *Voluntarie sese tradidit Martinus quidam juvenis perenni servitio dum advixerit, Monasterio Vindocinensi S. Trinitatis : cui conventioni coram fratribus in Capitulo factæ, præsentes interfuerunt qui subscripti sunt testes, sub quorum præsentia Martinus idem superposuit altari hanc chartam, oblatis in testimonio quatuor denariis, quod est servilis conditionis.* Idem Tabularium Charta 111 : *Tradiderunt ergo se Domno Abbati Oderico juxta consuetudinem servorum coram suprascriptis testibus in Capitulo. Postea vero firmata testibus ista traditionis suæ Charta, traditis quoque seipsis altari, manu propria præsentem chartam superposuerunt altari. Nomina testium, etc.* In eodem Tabulario f. 196. Goffridus de Pruliaco Comes Vindocinensis, cum ob quasdam Ecclesiæ S. Trinitatis Vindocinensis bonorum invasiones fuisset sacris interdictus, deinde anathemate solutus, *nudis pedibus cum quibusdam suis qui cum eo Capitulum violenter intraverant, prostravit se ante altare dominicum et Dn. Abbatis pedibus ; ibique promisit, coram Deo et Sanctis ejus quod nunquam deinceps personæ D. Abbatis vel cujuslibet Monachi sui damnum aliquod qualibet occasione quæreret, et quidquid in rebus Monasterii prius reclamaverat, seposita omni controversia quietum dimisit : quatuor etiam denarios super caput suum posuit, quos idem super altare cum quodam cultello misit, quatenus non solum præsentes, verum etiam homines post futuri, quod firmiter hoc actum fuerit, plenius agnoscerent.* Qua quidem quatuor denariorum oblatione, quodammodo Ecclesiæ servum sese professus est. Ejusmodi porro Oblati, *servi de quatuor nummis* videntur appellati. Exstat enim Charta Ranulfi Abbatis S. Mauri ex Tabulario ejusdem Ecclesiæ, in qua agitur *de quodam Coliberto S. Mauri nomine Simone Fabro, qui diu ventilatus hominem se ipsius Sancti recognoscebat, sed non sicut alii qui de quatuor nummis erant.* Et infra : *Et ille respondit se esse hominem S. Mauri, sed non sicut alii qui quatuor nummos reddebant.*

Spectabant autem fortean hi quatuor nummi seu denarii censum totidem denariorum, qui quotannis pensitari solebat ab ejusmodi servis et Oblatis Ecclesiasticis, ut colligitur ex variis tabulis quæ in Hist. Guinensi habentur pag. 57. 58. 59. 681. et alia apud Joan. Robertum in Hist. S. Huberti pag. 292. quem quidem ritum nescio an spectaverit Concilium Lateranense IV. cap. 57 : *Ne si de quibuslibet ipsorum fraternitatem assumentibus fuerit intellectum, pro duobus aut tribus denariis annuatim sibi collatis dissolvatur pariter et vilescat Ecclesiastica disciplina.*

Alius præterea fuit hanc Ecclesiasticam servitutem ultro subeundi ritus, collo scilicet campanæ fune innexo, de quo sunt sequentes Chartæ ex Tabulario Vindocinensi Ch. 135 : *Noverit omnis cœtus Cœnobii*

Vindocinensis, quod Raynaldus Monachorum famulus, cum esset vir ingenuus, recognoscens quod in eorum famulatu a puero altus et nutritus fuerat, et omnia quæ habebat, sub eorum dominio acquisiverat, obtulit Deo et S. Trinitati omnia sua, atque semetipsum ad servum : eligens magis esse servus Dei quam libertus sæculi, firmiter credens, et sciens, quod servire Deo, regnare est, summaque ingenuitas sit in qua servitus comparabatur Christi. Quod prius quam fecit in Capitulo, ac deinceps statim in Monasterio involvens juxta morem collum suum corda signi, coram testibus subscriptis, etc. Factum est hoc an. 1079. 6. *Id. Mart.* Et Charta 440 : *Ego Ingelbaldus, cum quidem naturalem secundum sæculum a progenitoribus haberem libertatem, voluntate propria me in servum trado Domino Deo et loco S. Trinitatis, quod molestia corporis urgente districtus promiseram, hoc factus sospes et incolumis libenter exsolvo. Dono etiam mecum ac eidem venerabili loco universa quæ possessionis meæ vel sunt hodie, vel etiam in tota vita mea juste poterunt, quæ dare legaliter et possum et debeo. In cujus facti memoriam etiam quatuor denarios de capitagio meo, sicut mos sæcularis est talibus facere, super altare dominicum prædicti loci gratanter imponens, funem quoque signi collo meo devote circumplicans, chartulam istam scribi in testimonium postulavi, manuque mea firmavi, addita etiam insuper congerie testium juxta humanæ opinionis æstimationem idoneorum, quorum ista sunt nomina, etc. Actum Vindocini in Capitulo S. Trinitatis an.* 1080. 10. *Kal. Oct.* Addo quæ habet in hanc rem Cæsarius lib. 7. Miracul. cap. 39 : *In tantum illius* (Deiparæ) *amore succensus est, ut in quadam paupere Ecclesia in ejus honore dedicata, conscio Sacerdote, fune collo suo injecto, servum glebæ se illi super altare offerret, solvens singulis annis censum de capite suo, qualem servi originarii solvere consueverunt.*

* Ritus ejusmodi oblatos recipiendi, interdum idem atque admittendi pueros monachos; eorum quippe manus, sive ordini canonico, sive monachico sese offerrent, *pallio altaris* involvebantur, vel ipsimet sub *panno altaris* mittebantur, ut in sequentibus Chartis animadvertere est. Formula, qua presbyter offert se capitulo canonicorum Arretinorum ann. 1075. apud Murator. tom. 5. Antiq. Ital. med. ævi col. 213 : *In nomine Domini nostri Jesu Christi. Ego Farulfus presbyter spontanea mea voluntate offero me ipsum Deo et ecclesiæ S. Donati, et Jocundo præposito atque archidiacono, secundum regulam canonicam fideliter servituturum, pallio altaris manibus involutum, cum oblationibus mearum rerum mobilium et immobilium, etc.* Charta ann. 1210. ibid. col. 596 : *Anselminus quondam Blancallonis de la Rocca Corneta dedit et obtulit et sua bona omnia.... in manu domni Johannis divina gratia abbatis S. Petri Mutinæ recipienti nomine ecclesiæ S. Petri Mutinensis, ponendo investituram 50. librarum imperialium super altare. Qui Anselminus renuntiavit omni proprio, et promisit ipsi domno abbati continentiam et veram obedientiam. Et ipse domnus abbas recepit eum in fratrem et conversum, mittendo ipsum sub panno altaris, et osculando eum ipsum, et ejus fratres tanquam conversum.* Qui porro hic *Conversus*, idem qui alibi *Oblatus* vel *Donatus* nuncupatur.

* Illud præterea erat servitutis ultro susceptæ signum, ut vinculum cervici imponerent. Acta Tull. episc. apud Marten. tom. 3. Anecd. col. 1017 : *Adducitur* (Drogo miles) *vectus subsidio servulorum, ingressusque templum venerabile, imposito cervici vinculo, Sancto se ex libero in servum dedicat, et votum censuale die certo devovet.* Vide Mabill. Diplom. pag. 632.

Ita etiam quandoque Ecclesiis et Monasteriis sese offerebant et donabant sub annuo censu, ut libertatem et ingenuitatem non dimitterent, sed eam disertis et expressis verbis retinerent. Charta Aleidis Ducissæ Burgundiæ ann. 1212. in Hist. Reomaensi pag. 247 : *Præterea dicti Odo, et Regina, et Adelina dederunt se prætaxatæ Ecclesiæ ut liberos in perpetuum possidendos.* Charta alia ann. 1243. in ead. Hist. pag. 270 : *Dictus vero Parisetus spontaneus dedit et concessit se pro homine libero Ecclesiæ nostræ Reomaensi, et ipsæ et hæredes sui erunt homines liberi nostri Conventus pro quinque solidis Divionensibus nobis annuatim in festo S. Remigii ab eisdem persolvendis. Ita quod nos, vel successores nostri ultra quam dictos quinque solidos ab ipsis non poterimus per exactionem aliquam reclamare. Imo tenemur ipsos, tamquam liberos homines nostri Conventus adversus omnes homines pro posse nostro defendere, manutenere, et bona fide garantire.* Exstat insignis in hanc sententiam Charta alia, quam ex S. Vitonis Virdunensis Tabulario descripsimus : *Summæ nobilitatis nitet decore, qui opifici suo tota sinceritate et puritate mentis studet incessanter deservire. Quapropter notum esse volumus, Ego Dei gratia Abbas Ricardus, omnibus tam præsentibus quam futuris Ecclesiæ Dei fidelibus, quod quædam religiosæ mulieres, nobilibus et ingenuis ortæ natalibus, Dei timore et amore pariter compunctæ, bona scilicet cum filiabus geminis Heredesendis, et Respendis : Conrada quoque et ejus soror Ruspendis semetipsas ultro ut liberæ et nobiles S. Petro Virdunensi Cœnobii, ubi insignis requiescit corpore Vito Præsul, subdiderunt ad potestatem villæ Haslom dictæ, suæ ditioni mancipatæ : ea scilicet ratione, ut annuatim die solemnitatis S. Remigii ejusdem villæ villicis 2. den. tam ipsæ, quam universa soboles ex eis proditura persolvat, de manu mortua 12. de licentia maritalis copulæ 6. placita generalia in jamdicta villa Haslum ter in anno serviant. Quibus etiam petentibus quia non incongruum erat, hanc chartam fieri jussimus, ne forte aliquis potentum, vel infirmorum alteram quandoque legem imponere tentet. Hæc charta facta, et plurimorum hominum præsentia et testimonio roborata, ut firma in posterum maneat et inconvulsa, nostra et fratrum est manu confirmata, et Advocati Herimanni Comitis attestatione subnixa. S. Richardi Abb. etc. Dat. an. Dom. Incarn.* 1025. *Conradi Regis* 1. *indict.* 8. Ejusmodi Chartas alias proferunt Willhel. Heda in Episc. Traject. pag. 287. 1. edit. et Miræus in Donat. Belg. lib. 1. cap. 18.

* Monialium quoque monasteriis nonnunquam vir et uxor sese offerebant, in cujus oblationis signum *tonsuram* semel ab abbatissa coram testibus acceptam deferebant. Locus est infra in *Tonsura*.

* Cum bonis itaque suis universis vel eorum parte aliqua sese monasterio offerebant *Oblati*, ne monachis oneri essent : unde qui propria bona non habebant, quæ monasteriis legarent, illa servitiis aut alia quavis ratione studebant compensare. Hinc est quod Arnaldus de Castellione notarius in monasterio Montisolivi receptus ann. 1355. ex Tabul. ejusd. abbat. *promittit eorum* (monachorum) *jura pro posse servare et illæsa custodire, inutilia evitare, dieque ac nocte in litibus et quæstionibus ejusdem monasterii ubique terrarum fideliter laborare.* Tabul. Major. monast. : *Notificamus igitur successoribus nostris, quod quidam presbiter nomine Bernardus de Valle-Guidonis volens de sæculo converti et monachus fieri, hoc nostrum Majus monasterium expetiit, et ut reciperetur obtinuit. Qui, quia multum dives non erat nec pecunias quas, ut est consuetudinis, secum afferret, habebat, cujusdam ecclesiæ haud longe a Valle-Guidonis in villa, quam antiquitus dicunt Avenarias, sitæ, donavit tertiam partem jure perpetuo possidendam.*

De jure Regum nostrorum ponendi *Oblatos* in Monasteriis, vide Chopinum lib. 3. de Sacra Polit. tit. 2. n. 12. 13. 14. 15. tit. 5. n. 14. 15.

Oblatiarii Hospites, Iidem qui sese cum universa familia, et bonis suis Monasteriis offerebant, et mancipabant. Chron. Mauriniacense lib. 1. pag. 360 : *Hospites Oblatiarios pene octoginta ibi congregavit.* *Dati*, seu *Donati hospites* etiam dicuntur in Concilio Senonensi ann. 1269. cap. 6.

* Vide Antiq. Stamp. pag. 497. et Disquisit. Pasquer. lib. 3. cap. 40.

Offerti, Eadem notione. Chron. Farfense pag. 657 : *In alio præcepto constituit ut si Monachi, vel secundum regulam S. Benedicti Offerti S. Mariæ, quos Abbas ordinaliter providere debet, fuga lapsi, per Episcopia, et certa Monasteria, sive per diversa loca perrexerunt, ubicumque eos invenerit, tam ipse quam et missi sui præsentialiter recipiant absque alicujus dilatione vel contrarietate.* Charta Caroli Magni ibidem pag. 658 : *Aut homines ejusdem monasterii tam ingenuos, quam servos libellarios, aldionem et aldianas, seu Clericos, vel cartulatos, aut Offertos super terram ipsius Monasterii commanentes, distringendos, etc.* In alia Lotharii Imp. ibid. pag. 668 : *Servis, ancillis, libellariis, cartulatis, Offertis, opilionibus, etc.* Alia Caroli C. Imp. ibid. : *Offertos vero ejusdem Monasterii nolumus in seculo vagari, sed ubicumque inventi fuerint, licentiam habeat Abbas... eos ad Monasteria reverti facere.* Alia Caroli M. in Chron. S. Vincentii de Vulturno pag. 679 : *Seu etiam excusatos, seu Offertos, qui in præfatis Monasteriis legitime jam subjecti sunt, vel qui devote offerre se cum suis rebus voluerint, juste et rationabiliter licentiam habere debeant.* Ejusmodi *Offertorum* occurrit alibi mentio.

1. **OBLATIO**, Idem quod *Oblata*, seu hostia. Ordo Romanus : *Et ponit Pontifex Oblationem in loco suo, et Archidiaconus calicem*

juxta eam. Fortunatus in Vita S. Radegundis lib. 1. cap. 16 : *Oblationes etiam suis manibus faciens, locis venerabilibus incessabiliter dispensavit.* [Præceptum Caroli C. pro Fontanella, tom. 3. Annal. Benedict. pag. 665. col. 1 : *Ut ad Ecclesiæ luminaria concinnanda et vinaticum ac Oblationes istas res habeant concessas.*] Ermenricus post Isonis lib. 2. de Miraculis S. Othmari cap. 24 : *Ut ei intimaret Oblationes non ita mundo paratas esse, ut puritas sacrificandi poposcisset.* Charta Ivonis Abbat. S. Dionysii ann. 1169 : *Hæc sunt autem, quæ jure habere debet,... Capitagia hominum nostrorum pro 40. sol. ita tamen ut de iis, qui Oblationes integras solvunt, vel dimidiam, nihil tale accipiat, etc.* [Adde Gregorium M. qui panem sacrificii *Oblationum coronas* vocat lib. 4. Dialog. cap 55.]

Oblatio, Ipsum sacrificium. Gloss. Græc. Lat. : *Oblatio*, προσφορά, sic Græci sacrificium Christianum vocant. [** Epist. synod. S. Cyrilli apud Mar. Mercat. pag. 369 : *Si quis dicit* (Christum) *et pro se obtulisse semetipsum Oblationem et non potius pro nobis solis, non enim eguit Oblatione qui peccatum omnino nescivit, anathema sit.* Occurrit apud eund. pag. 365.] Capit. Caroli M. incerti anni cap. 12. et lib. 6. cap. 305. al. 407 : *Non solum sacrificia quæ a Sacerdotibus super altare Domino consecrantur, Oblationes fidelium dicuntur, sed quæcunque ei a fidelibus offeruntur, etc.* Ita S. Cyprianus Epist. 37 : *Significet mihi dies quibus in carcere beati fratres nostri ad immortalitatem gloriosæ mortis exitu transeunt, et celebrentur hic a nobis Oblationes et sacrificia ob commemorationes eorum, etc.* Et Epist. 27 : *Communicando cum lapsis, et offerendo Oblationes eorum, etc.* id est, eorum nomina e diptychis recitando. S. Audoenus in Vita S. Eligii lib. 2. cap. 20 : *Alio vero tempore, cum diæceses suas, ut Episcopis mos est, visitaret, extitit quædam certa causa ut in una Basilica interdiceret cursum vel Oblationem, quousque ipse juberet, celebrari.* Additio 3. Ludov. Pii cap. 4. et Chrodogangus Metensis in Regula Canonicorum. cap. 72 : *Non oportet in domibus Oblationes celebrari ab Episcopis vel a Presbyteris.* Ex Concilio Laodiceno can. 58. ubi προσφορᾶς habetur. Utuntur præterea Gregorius Turon. lib. 7. cap. 22. Capitul. Caroli M. lib. 5. cap. 77. 94. 111. [** 141. 160. 178.] lib. 6. cap. 70. [** Vide Glossar. med. Græcit. voce Ἀναφορά, col. 73.]

Oblatio Formata et Sacrata, Hostia consecrata. Ordo Romanus : *Cum autem venerit ad communicandum, Dominus Pontifex porrigit ei* (novo Episcopo consecrato) *formatam atque sacratam Oblationem integram. Suscipiensque eam Episcopus, ipse ex ea communicet super altare : quod vero residuum erit, sibi reservet denuo ad communicandum unoquoque die usque ad 40. dies expletos.* Eadem verba habet Alcuinus lib. de Offic. divin. *Oblationes consecratæ*, apud Anastasium in S. Melchiade PP. pag. 17. Vide *Forma.*

Oblationes Fidelium, Quæ a Fidelibus et Christianis Ecclesiis offeruntur : in Concilio Aurel. I. can. 5. 14. 15. Aurel. II. can. 48. Matiscon. I. can. 4. in Capitul. Caroli M. lib. 1. cap. 47. lib. 5. cap. 22. lib. 6. cap. 84. 305. 1. edit. [lib. 1. cap. 46. lib. 5. cap. 24. lib. 6. cap. 84. 407. Baluzii : quem vide in Notis tom. 2. col. 1149.] et in Capitulari Aquisgranensi ann. 816. cap. 4. ubi Oblationum partes duas in usum pauperum, et tertiam in usus Clericorum aut Monachorum cedere debere præcipitur. Oblationis autem nomine intelligi debere quicquid offertur Ecclesiæ, quocunque modo, in Missa vel extra, statuitur apud Gregorium de verbor. signific. cap. 29. Adde Capitulare 2. Caroli M. incerti anni cap. 12.

Oblationes Altaris, Quæ pro Missis decantandis Sacerdoti fiunt apud Gaufridum Vindoc. lib. 4. Epist. 40. Vide *Altare.*

Oblationes Defunctorum, Quæ per Testamenta, aut alio quovis modo Ecclesiis offeruntur ac donantur, in Concilio Chartag. IV. can. 95. Vasensi I. can. 4. Arelat. II. can. 43. Aurel. II. can. 15. Aurelian. III. can. 22. Matiscon. I. can. 4. Agath. can. 4. in Capitul. Caroli M. lib. 7. cap. 199. [** 275.] in Inquisitionibus Synodalibus cap. 54. apud Reginonem lib. 2. cap. 5. apud Petrum Diacon. lib. 4. Chron. Casin. cap. 78. etc.

Oblationes Mortuorum, Quæ pro humandis corporibus mortuorum offeruntur, apud Goffridum Vindocin. lib. 3. Epist. 40.

Oblationes Calicis. Charta Ludovici VII. Reg. Franc. ann. 1071 : *Notum.... quod Manasses Ecclesiæ Aurelianensis Episcopus Canonicis suis videlicet Capitulo S. Crucis annuum redituum 15. librarum in Oblationibus magni Altaris et Calicis in eleemosynam perpetuam donavit, etc.*

Oblationes Confessionum. V. *Confessio.*

Oblationes Crucis. Charta Petri Episc. Paris. ann. 1208. in Minore Pastorali ejusdem Ecclesiæ Ch. 120 : *Donavit insuper Clericis matutinalibus partem illam quam percipiebat in Oblationibus Crucis, quæ proveniunt sexta feria in Passione Domini.* Eadem habet Necrologium ejusdem Ecclesiæ 3. Id. Julii : cum scilicet Crux inter sacram Liturgiam a fidelibus adoratur die sacræ Parasceves.

Oblationes Pentecostales. Synodus Exoniensis ann. 1287. cap. 54 : *Quia vero Ecclesia Exonii mater est omnium Ecclesiarum diœcesis, omnibus parochianis nostris per Presbyteros parochiales sollicite præcipimus suaderi, ut in signum debitæ subjectionis, Oblationes suas Pentecostales ad Ecclesiam antedictam deferant, vel saltem per suos Presbyteros parochiales transmittant.* Ubi *Synodalia* forte intelliguntur. Vide in hac voce.

Oblationes Poenitentium, in Concil. Arelat. II. can. 11. Quæ a pœnitentibus fiunt.

¶ Oblatio Puerorum. Vide *Oblati* 1.

Oblationes, Munera quibus *tenentes* dominos suos in certis occasionibus prosequi tenebantur. Polyptychus S. Remigii Remensis : *Quando autem... aut magister illuc venerit, occurant eis deferentes Oblationes prout melius potuerint, aut possibilitas fuerit.* Alibi : *Major ejusdem villæ si amplius non habet nisi unum mansum ingenuilem, ex antiqua consuetunine debet Nativitate Domini et Pascha venerari seniores in Monasterio ex his Oblationibus, de melle buticulas 2. de vino 2. sin autem, de melle 1. et de vino altera, fogat. 4. pull. 6. auga 1. Decanus similiter, Cellerarius si mansum habet, et serul. 1. fogat. 4. pull. 4. buticulas vino plenas.* Rursum : *Major ejusdem villæ, si mansum habet integrum, Nativitate Domini et Pascha in venerationibus Magistrorum, fog. 3. pullos 4. buticulas plenas vini 2.* Libertates oppidi Cellensis in Biturigib. ann. 1216. apud Thomasserium in Consuetud. Bituric. : *Nullus, nec ego, nec alius hominibus de Cellis talliam, nec Oblationem, nec rogationem faciat.*

* 2. **OBLATIO**, Pactum, conventio. Libert. Montisfer. ann. 1291. in Reg. 181. Chartoph. reg. ch. 154 : *Item non debent* (dominus aut bajulus) *impignorationes, los engetz nec Oblationes, quas et quæ fecerint alicui de dicto usatgio infringere, impedire.* Ubi leg. forte *Obligationes.*

¶ Oblationes, Propositæ conditiones, Responsio Legatorum Caroli VII. Regis Franc. ad Orationem Pii II. PP. tom. 9. Spicil. Acher pag. 326 : *Legatis et nuntiis per eamdem Sedem missis sæpenumero Oblationes et variæ aperturæ factæ sunt.*

* Chron. Angl. Th. Otterbourne edit. Hearn. pag. 118 : *Anno Christi 1337. orta est grandis discordia inter reges Franciæ et Angliæ, ex eo quod rex Franciæ multas terras et oppida in Vasconia improbe usurpaverat. Qua de causa rex Angliæ plures Oblationes humiles regi fecerat Franciæ, si saltem sic terras suas recuperare posset.*

OBLATIONARIUS, Subdiaconus, interdum et Diaconus, ad cujus ministerium pertinebat Oblatas, panem scilicet et vinum, Pontifici Missam celebranti e Patriarchio deferre, et eas Archidiacono offerre. Ordo Romanus : *Et suscipit* (Pontifex) *Oblatas de manu Presbyterorum et Diaconorum, quibus licitum est accedere ad altare : deinde Archidiaconus suscipit Oblatas duas de Oblationario, et dat Pontifici.* Alibi : *Ornato vero altari tunc Archidiaconus sumit amulam Pontificis de Subdiacono Oblationario regionario, et refundit super colum et in calicem.* Anastasius in Gregorio III. PP. pag. 74 : *Iisdem institutis disposuit, ut in cœmeteriis circumquaque positis Romæ in diebus Natalitiorum, eorum luminaria ad vigilias faciendas et Oblationes de Patriarchio per Oblationarium deportentur ad celebrandas Missas per eum quem prævideril Pontifex pro tempore Sacerdotem.* Hist. Translat. S. Sebastiani n. 27 : *Oblationario itaque vocato, cujus erat sortis ex Romana consuetudine aperire sepulchrum, etc.* Anastas. Bibl. ad 8. Synod. art. 2. ubi δομέστικος τῶν ὑποδιακόνων apud Græcos occurrit, hæc subdit : *Quem Romani Oblationarium* vocant. Oblationariorum Ecclesiæ Romanæ meminerunt Benno in Vita Hildebrandi, initio, Ditmarus lib. 4. pag. 43. Luithprandus lib. 6. cap. 7. Chartæ variæ apud Baronium ann. 963. n. 3. Ughellum tom. 1. Ital. Sacræ pag. 121. 125. tom. 3. pag 712. etc. Προσφοραρίους ejusmodi Oblationarios, quibus oblationis comparandæ cura incumbebat, vocabant Græci. Cyrillus Scythopolitan. in Vita S. Sabæ : Εἰδέτινος τῶν ἀναγκαίων λείπεσθε, πέμψει ὁ Κανινάρχης κειμήλιον, ἢ ἱμάτιον διὰ τοῦ Προσφοραρίου εἰς τὴν πόλιν.

OBLATOR, συντελεστής, in Gloss. Lat. Gr. Dicuntur autem *offerre*, qui tributa inferunt, apud Ammianum lib. 19. ut *suscipere* quia ea colligunt.

OBLATORIUM, Idem quod *Offertorium*, Vas scil. oblationibus ferendis idoneum. Bernard. Mon. in Consuetud. Cluniac. MSS. cap. 52 : *Oblatio sacra ministerii cum vino a Priore offerenda, ab uno Sacerdote cappa induto exhibetur : aqua etiam cum argenteo Oblatorio ab uno diaconorum nihilominus cappa induto cum offertorio serico infertur.* ☞ Pro *Oblatorium* legendum est *Colatorium*, Colum ad vinum expurgandum, de quo supra in *Colatorium*. Ibi vide. Alias *Oblatorium*, Ferrum est quo decoquebant *Oblatas*. Miracula S. Wandregesili sæc. 2. Benedict. pag. 558 : *Accessit ad ignem, ferroque, quo imprimendæ erant oblatæ, arrepto, mox nervi manus ejus dexteræ contracti sunt, ac Oblatorium quod sponte susceperat, invita, vi agente divina, retinuit. Ferramentum characteratum* vocat Udalricus, ut supra dictum est in *Oblata*.

* **OBLATORIUS**, *Ministerialis*, in vett. Gloss. Vide *Oblationarius*.

OBLATRICES, [Sanctimoniales vel feminæ religiosæ, seu, ut vocant, devotæ, quæ *oblatas* conficiebant ad sacrificium. Vide *Oblata* et] *Quadragintariæ*.

* **OBLAYA**, Administratio seu mensa rerum ecclesiis nomine *Oblationis* concessarum; unde *Oblayarius*, illarum administrator. Chron. Salisburg. ad ann. 1375. apud Schwart. in Hist. fin. princip. Rugiæ col. 424 : *Johannes Rosses emit.... certa prædia,.... quæ dedit conventui ad Oblayam pro ebdomadariis, qui prius nihil habuerunt; tali pacto et conditione adjectis, quod Oblayarius, qui pro tempore fuerit, cuilibet ebdomadario in prima sua ebdomada, qua scribitur ad publicam, teneatur cottidie dare tres denarios.* Et col. 425 : *Item Oblayam et præbendam in vestibus et aliis ipsis multipliciter melioravit et augmentavit.* Vide mox *Oblegium*.

* **OBLAYERIUS**, Oblegiarius, Officium monasticum, cui *oblayas* distribuere et administrare incumbit. Necrolog. Diessense apud Oefelium tom. 2. Scripl. rer. Boicar. pag. 680. col. 1 : *Tali conditione, ut in ejus anniversario Oblayerius det conventui lx. denarios.* Proces. ann. 1394. apud Pez. tom. 6. Anecd. part. 3. pag. 97. col. 1 : *Religioso viro domino Altmanno Spizer, monacho et Oblegiario dicti monasterii S. Emmerammi Ratisponensis, etc.* Vide supra *Oblaium*.

¶ **OBLEA**, Oblearius. Vide *Oblata*.

¶ **OBLECTAMEN**, Favor, gratia. S. Ildefonsus in Addit. ad S. Isidorum de Viris illust. Ecclesiæ : *Item cum successori ejus Justo episcopo, Gerontius presbyter Principis Oblectamine fotus, etc.*

OBLEGARE, *Contradicere, vel contra leges venire, circummittere. Oblegatum, injunctum mandatum.* Papias, et Glossæ antiquæ MSS. [Perperam in Glossis Isid. *Oblogat, increpat.*]

* **OBLEGIUM**, ut supra *Oblaya*. Decret. de ecclesiast. stat. reform. tom. 1. Conc. Constant. part. 12. col. 699 : *Quia quæ-nam ecclesiæ certa bona, reditus et proventus ab aliis ejusdem ecclesiæ bonis, reditibus et proventibus segregarunt, illa tanquam senioribus et capitularibus, secundum quod diutius vixerunt, applicanda, quæ aliqui Oblegia, aliqui fercula, quidam suplementa, alii officia, et cæteri feuda claustralia vocant, etc.*

OBLEIA, Obleta, Oblia, Obliga, etc. Vide in *Oblata*.

OBLERIA. Vide in *Parceria*.

* **OBLIAGIUM**, Census *obliarum*, qui ex aliis etiam rebus, quam *obliis*, pensitabatur, ut monuimus supra in *Oblata*. Charta ann. 1329. in Reg. 66. Chartoph. reg. ch. 273 : *Item Obliagia de Chedeniaco valentia duo modia, octo sextaria, unum præbendarium frumenti.* Alia ann. 1351. in Reg. 81. ch. 58 : *Cum omnibus et singulis feudis,.... obliis, Obligagiis* (sic) *censibus, censivis.... oblias, Obliagia, coustumas, etc.* Chartul. Virsion. : *Marquisia de Maciaco vendidit et recognovit se vendidisse abbati et conventui Marciacensi totam decimam bladi et canabi et unam gallinam de Obliagio apud Longum campum.* Vide *Obliaria* in *Oblata* et mox *Obligialis*.

* **OBLIALE** Feudum. Vide supra in *Feudum*.

* **OBLIARIUS**. Vide supra in *Oblata*.

* **OBLICIA**, Idem quod *Oblia*. Chartul. Maurigniac. : *Ecclesia Sarniacensis tenet de ecclesia Maurigniacensi apud Strichiacum duas vineas, unam ad censum sex denariorum, et aliam ad unum quarterium Obliciarum.* Id est, unum quarterium unde conficiantur *obliæ*.

* **OBLIGAGIUM**, pro *Obliagium*. Vide supra in hac voce.

¶ **OBLIGAMENTUM**, Ligamentum, vinculum. Liga inter Reges Bohemiæ et Hungariæ ann. 1338. apud Ludewig. tom. 5. pag. 487 : *Ut eo fortius, eo melius, ipsa compositionis fœdera ac novæ parentelæ contractus notis Obligamentis forcioribus supervenientibus inter nos. .. roborentur, etc.* Utitur Tertullianus de Corona cap. 14. et de Idololatria cap. 15.

¶ **OBLIGANTIA**, Necessitudo, vinculum, conjunctio. Charta Richardi II. Angl. Regis ann. 1393. apud Rymer. tom. 7. pag. 744 : *Ob Obligantiarum et amicitiæ fœdus inter nos et carissimam sororem nostram... mutuo ineundum et firmandum.* Sed videtur legendum *Ob alligantiarum*, etc. ut mox habetur ibidem.

¶ **OBLIGARE**, Assignare, addicere. Charta Henrici III. Regis Angl. ann. 1255. apud Rymer. tom. 1. pag. 543 : *Obligavimus eosdem Judæos prædicto Comiti ad solutionem trium millium marcarum.*

1. **OBLIGATI**, Servitio alicui obstricti. Notitia sub Ludovico II. Imp. in Chron. S. Vincentii de Vulturno pag. 690 : *Reclamans, quod de ipsa Cella... per pravos et iniquos homines subdole et ingeniose servos et ancillas, vel Obligatos, vel alias res subtractas esse de Monasterio, etc.*

2. **OBLIGATI**, Excommunicati, apud Nicolaum I. PP. Epist. 7. cap. 2. 4. *Alligati*, ibidem. Anastasius Biblioth. in præfatione ad VIII. Synodum : *Ignatius vero dum pelleretur, Ecclesiam ligavit ne quisquam absque se in ea sacra celebrare tentaret officia.* Id est, *sub interdicto posuit.*

¶ **OBLIGATIO**, pro *Obliquatio*, perperam legitur in Psalmo 24. 5 : *Declinantes autem in Obligationes adducet Dominus cum operantibus iniquitatem.* Pro quo LXX. Interpretes habent εἰς τὰς στραγγαλιάς, id est, in vias tortuosas et obliquas, seu in astutias et consilia dolosa, *pravitates*, ut vertit S. Hieronymus, *in obliquitates*, ut Chaldaicæ paraphrasis interpretatio.

OBLIGATORES, Qui ligamentis magicis ad morborum sanationes utuntur, in Capitul. Caroli M. lib. 1. cap. 64. [** 62.] Adde Capitul. 1. ejusdem Imper. incerti anni cap. 40. Apud Apuleium lib. de Herbarum virtutibus cap. 15. n. 3 : *Si quis ad mulierem non poterit affectari, Obligatus.* Id est, maleficio et veneficio incantamentoque alligatus, detentus, devinctus et impeditus, quominus *affectetur*, id est, afficiatur, commoveatur, stimuletur, et accendatur ad cupiditates et libidinem veneris. Exemplum hujuscemodi obligationis præ cæteris profert Guibertus lib. 1. de Vita sua cap. 11. 17. Vide *Ligaturæ*, [** et Grimm. Mythol. Germ. pag. 630.]

OBLIGATORIUM, ἐνοχοποιόν, in Gloss. Gr. Lat. [Gall. *Obligatoire*, quo quis ad aliquid *obligatur* seu adstringitur. *Obligatorium mandatum*, in Instit. tit. de Mandato § Illud quoque. Charta Roberti Seneschalli Scotiæ ann. 1364. apud Mabillon. in Supplem. Diplom. pag. 105 : *Et nichilominus totum jus nobis competens per cartam infeodacionis recolendæ memoriæ Domini Regis Roberti avi nostri, sive Obligatorium dictorum Abbatis et conventus, seu quascumque alias evidencias ad compellendum dictos Abbatem et conventum ad solucionem dicti annui redditus decem marcarum. Obligatoriæ literæ* ann. 1343. leguntur apud Ludewig. tom. 5. pag. 510.]

¶ **OBLIGATORIUS**, Qui habet pignori, Gallice *Engagiste*. Notitia ann. 1233. apud Schannatum Vindem. Litter. pag. 143. num. IV : *Pro xx. marcis argenti pure* (f. *puri*) *vendidimus, ita quod ipsi præfatam curiam ac decimam de manu Obligatoriorum redimere debeant, qui eadem bona titulo pignoris detinent obligata.*

OBLIGIA. Ælfrici Gloss. de partibus corporis : *Obligia*, nitte. Ubi Somnerus : *Acromphalum, ni fallor, intelligit.*

* **OBLIGIALIS**, Censualis, idem quod *Oblialis* in *Oblata*. Charta ann. 1272. in Chartul. Vastin. : *Noveritis quod Johannes de Dohaut miles vendidit et concessit venerabili viro Odoni de Gorsonio, cantori Bituricensi, unum sextarium frumenti Obligialem, quem habebat singulis annis in quadam pecia terræ.* Vide supra *Obliagium*.

¶ **OBLIGUM**, ut *Oblia*. Vide in *Oblata*.

¶ **OBLIMARE**, Joanni de Janua, *Limpidare, polire vel deterrere, demoliri, corrodere, vel limo operire.* Hæc postrema notio a *limus*, cæteræ a *lima* derivantur. Papias : *Oblimat, limpidat, sulcos obducit, limo replet.* Item : *Obliminat, limpidat.* Perperam in Glossis Isidori : *Obilat, limpidat.* Vide Grævium et Martinium in Lexico.

* **OBLIQUARE** et Obliquari, passim apud Juristas, quando substitutio ex directa vertitur in obliquam seu fideicommissariam. Fusarius de Substitut. quæst. 8 : *Substitutio directa nulla, an eveniente casu substitutionis Obliquetur?*

¶ **OBLIQUARE a Via**, Oblique ire seu aberrare. Vita B. Giraldi de Salis tom. 6. Collect. Ampliss. Marten. col. 1611 : *Veni-*

tur ad Ecclesiam, nec a dextris nec a sinistris Obliquatur a via.

¶ **OBLIQUARIUS**, pro Obliquus, in Epistola Monachi anonymi, apud Marten. tom. 1. Anecdot. col. 484.

¶ **OBLIQUILOQUUS**, λοξίας, in Glossis Gr. Lat. Qui loquitur obliqua, dolosa, non recta.

¶ **OBLITA**. Vide in *Oblata*.

OBLITERE, *Latere*. Papias. [*Oblitere*, λανθάνειν, in Glossis Lat. Græc. Sangermain. Sed videtur legendum *Oblinere*.]

* **OBLITIUM**, λοξόν, *Obliquum*, ex Cujac. in Castigat. ad utrumque Glossar.

¶ **OBLIVIA**. Vide in *Oblata*.

¶ **OBLIVIFER**, Oblivionem afferens. Flodoärdus de S. Paschali PP. tom. 7. Maii pag. 773 :

Pressa Obliviferum proflabant pectora poclum
Nuntia, dum Papæ hæc secreta silentia rumpunt.

** **OBLIVIOSE**. Virg. Grammat. pag. 55 : *Ne tam de industria quam Obliviose ponere putaretur.*

OBLIVIUM. Gloss. Gr. Lat : Λήθη, *Oblivium; Obliteratio*. Quæ quidem vox utraque Græca et Latina in memoriam revocat carceris Episcopi Parisiensis nomenclaturam sat insolentem, qui vulgari idiomate *Oubliette* dicebatur, quod qui in eum conjicerentur delinquentes Clerici, quasi *obliti*, in eo diutius detinerentur, apud Froissartum, 2. vol. cap. 84. Guillelmum Episc. Tornacensem in Hist. Velleris aurei, et in Chron. Flandrensi cap. 86. ubi de Henrico *de Malestroit*. Eadem perinde ratione castrum, nescio quod in Perside, Λήθην vocatum memorant scriptores, quod, ut ait Procopius lib. 1. de Bello Persico cap. 5. de eo qui illuc esset conjectus, mentionem unquam fieri ex lege vetitum esset, pœna etiam capitali iis proposita, qui ipsius nomen protulissent. Agunt præterea de hoc castro Theophylactus Simocatta lib. 3. cap. 5. Leontius in Vita S. Joannis Eleemosynarii, Agathias pag. 138. Theophanes pag. 220. et Miscella lib. 17. Præterea Menæa 13. Julii. Simili etiam nomenclatura postremos Imperatores Byzantinos carcerem habuisse docemur ex Nicephoro Gregora libr. 9. et Pachymere libr. 3. cap. 38. qui illud Nicææ fuisse innuit, in quem amandari solebant proceres qui deliquerant.

* Carceris episcopi Parisiensis, nostris *Oubliette*, mentio occurrit in Lit. remiss. ann. 1374. ex Reg. 105. Chartoph. reg. ch. 286 : *Plusieurs prisonniers, qui estoient condampnés à la peine de Oubliete et autres, se soient eschapez de la geole de la court de l'official de Paris.* Verum hac appellatione etiam donatur carcer episcopi Bajocensis, in Lit. remiss. ann. 1380. ex Reg. 117. ch. 141 : *Les aucuns d'iceulx malfaicteurs furent depuis pris et penduz à Baieux, et les autres mis en Oubliete en la court de l'evesque dudit lieu de Baieux, là ou ilz moururent pour leurs démérites.* Unde facile colligitur eo nomine potissimum appellatum fuisse angustum et tenebrosum carcerem, vulgo *Cachot*, et maxime, quando quis in eum ad mortem usque conjiciebatur; quod ex sequentibus satis, ni fallor, liquet. Lit. remiss. ann. 1389. in Reg. 138. ch. 98 : *Icellui Thibaut avoit esté mis en Oubliete, où il n'a aucune clarté, et où on met larrons.* Aliæ ann. 1418. ex Reg. 170. ch. 262 : *Lesquelz ont esté condampnez en chartre perpétuelle, nommée Obliete.*

¶ **OBLIXATUS**, pro *Obligatus*. Litteræ Edwardi II. Regis Angl. ann. 1314. apud Rymer. tom. 3. pag. 501 : *Omnes pecuniæ summas cameræ suæ debitas de plano personis Oblixatis remiserit, etc.*

* **OBLOMEK**, Famulus. Locus est supra in *Golota*.

¶ **OBLOGARE**. Vide in *Oblegare*.

** **OBLOQUI**, Idem quod *Diffidare*, Germ. *Absagen*, in Convent. Civitat. ann. 1254. apud Pertz. tom. Leg. 2. pag. 370.

* **OBLUVIO**, perperam pro *Abluvio*, Alluvio, aquarum decursus. Tradit. Diessens. apud Oefelium tom. 2. Script. rer. Boicar. pag. 692. col. 1 : *Teneat ipsam terram una cum introitu et exitu superioribus et inferioribus, cum aquæductis et Obluvionibus.* Vide supra *Abluvio* et *Alluvio*.

¶ **OBLYA**, ut *Oblia*. Vide *Bicocaria*.

** **OBMAGIUM**, pro *Homagium*, ut videtur, quomodo *Obstagium* pro *Hostagium*. Charta a. 1296. apud Guden., in Cod. Dipl. t. 3. p. 1184 : *Cysa et Methildis de Bucheseeke sorores, quæ mihi in Obmagio attinent.*

OBMALLARE, Vide in *Mallus*.

¶ **OBMURARE**, Muro claudere. *Obmurare fenestras*, in Chronico Mellicensi pag. 435. col. 1.

OBNOXIATIO, et *Charta obnoxiationis*, in Formulis, interdum spectat bona ipsa, interdum personas. Prioris generis exstat formula apud Marculfum lib. 2. form. 9. qua pater, qui bonorum quæ uxori suæ præmortuæ dederat, usumfructum a filiis accipit, ea conditione, ut villas alias ex suis bonis illis *Obnoxiet pro ipso usu*, ita ut vendere aut alienare ei non liceat, sed in filiorum arbitrio et potestate remaneant. Adde formulam 9. ex Baluzianis.

Obnoxiationis species alia fuit, cum quis præ inopia, necessitate, ac infirmitate, pecuniam aut bona alia in victum accipit, eoque nomine libertatem suam commodanti *obnoxiat*, ita ut, velut de quolibet mancipio proprio, ipsi commodanti facere liceat, potestatemque habeat debitorem *vendendi, commutandi et disciplinam imponendi*, ut est in Formulis secundum legem Romanam, form. 10 : *Placuit mihi ut statum ingenuitatis meæ in vestrum deberem Obnoxiare servitium, quod ita et feci. Unde accepi a te pretium, in quod mihi bene complacuit sol. tantos, ita ut ab hodierna die, quicquid de me servo tuo, sicut et de reliquis mancipiis tuis facere volueris, a die præsente liberam habeas potestatem.* Testamentum Bertichramni Episcop. Cenoman. : *Illos vero, quos de captivitate redemi, et ante ingenui fuerunt, et pro pretio modo servire videntur, tam viri quam mulieres de villa Boalcha, omnes a servitio relaxentur.* In Capitulis vero Theodori Cantuariensis cap. 12 : *Homo tredecim annorum seipsum potest facere servum.* Lex Frisionum tit. 11. § 1 : *Si liber homo spontanea voluntate, vel forte necessitate coactus, nobili, seu libero, seu etiam lito in personam et servitium liti se subdiderit, etc.* Synodus Vermeriensis ann. 752. cap. 6. *Nisi pro inopia fame cogente se vendiderit, etc.* Edictum Pistense cap. 34 : *Quidam Comites nostri nos consuluerunt de illis francis hominibus, qui censum regium de suo capite, sed et de suis rescellis debebant, qui tempore famis, necessitate cogente, seipsos ad servitium vendiderunt, etc.* Leges Henrici I. Reges Angl. cap. 76 : *Servi alii natura, alii facti, et alii emptione, alii redemptione, alii sua vel alterius datione.*

Licuisse etiam patri urgente necessitate, filium noxæ, seu in servitutem dare, docent Novella 2. Valentiniani et lex un. de Patribus qui filios distraxerunt, (3, 3.) lex un. de His qui sanguinol. (5, 8.) et lex 2. de Alimentis quæ inop. parent. (11, 27.) Cod. Th. Præterea Pœnitentiale Theodori Cantuar. cap. 12 : *Pater filium necessitate coactus potestatem habet tradere in servitium septem annos; deinde sine voluntate filii licentiam tradendi non habet.* Adde ejusdem Capitula cap. 18. Exod. cap. 21. S. Hieron. in Vita S. Paphnutii, Gregor. M. lib. 4. Epist. 33. Collation. leg. Mosaicar. tit. 3. Aimoinum lib. 3. de Miracul. S. Benedicti cap. 20. et quæ observant Cujacius ad Nov. 133. Salmasius de modo usurar. cap. ult. extremo, Aimarus Rivallius lib. 2. Hist. Juris civilis pag. 131. et Jacobus Gotofredus ad d. leg. un. de Patribus qui fil. etc. Hujusmodi servorum liberi, in tali servitio nati, liberi erant, ex Edicto Pistensi cap. 34. [Vide *Emancipatio* 1.]

Non autem seipsos semper vendebant, sed per alios vendi patiebantur, tanquam originarii essent servi, de quibus hæc sancit Lex Wisigoth. lib. 5. tit. 4. § 10 : *Ingenuum qui se vendi permiserit, et pretium cum venditore partitus sit, ut circumveniret emptorem, in servitute permanere debere, posse tamen pretio dato redimi, et in pristinam libertatem asseri, vel a se, vel a parentibus.* [** Vide Just. Inst. lib. 1. tit. 3. § 4. ibique interpr. [Quo spectant quæ habet Gregorius M. lib. 3. Dialog. cap. 1. ubi de Paulino Nolano : *Mulier, quod possim dare, non habeo, sed memetipsum tolle, servum me juris tui esse profitere, atque ut filium tuum recipias, me vice illius in servitutem trade.* Similia fere scribit Gregorius Turon. lib. 3. cap. 15 : *Veni mecum, et venunda me in domo barbari illius, sitque tibi lucrum pretium meum.* Anonymus de Miraculis S. Bavonis lib. 2. cap. 5 : *Adolescens quidam familiæ sancti Confessoris, tempore famis coactus, a quodam sua sponte est venditus, ut posset habere necessaria victus.* Verum ne fraus ejusmodi in obnoxiationibus oriretur, sanxit Lex Longobardor. lib. 3. tit. 9. § 5. [** Lothar. I. 29.] ut *in publico per antiquam consuetudinem* id ageretur, scilicet in Curia, coram Magistratibus. In Quoniam Attachiamenta cap. 70. quilibet liber homo potest relinquere libertatem suam, si voluerit, in Curia Regis, vel in alia qualibet, quam dum vixerit recipere non valeat. Lege vero Saxonum nullus se in servum dare potest, reclamante hærede : ita Speculum Saxonicum lib. 3. art. 32. § 4. art. 42. § 9.

Diversis porro modis quis sese in servum obnoxiabat. Interdum enim ut pretium sui acciperet, ut in supra allata formula Marculfi. Interdum a mortis periculo liberatus ob crimen aliquod perpetratum, ei a quo *compositio* exsoluta fuerat, cum ipse solvendo non esset, sese in servum obnoxiabat. Exstat apud Marculfum formula ejusmodi obnoxiationis lib. 2. form. 28. Gregorius Turon. lib. 6. cap. 36 : *Clericum sub pretio venundari procurant, ea videlicet ratione, ut aut esset qui redimeret, aut certe morti addiceretur obnoxius. Cumque hæc Ætherio Epicopo delata fuissent, misericordia motus, datis 20. aureis, ab imminenti eximit interitu.* Leges Astulphi Regis Longob. tit. 9. § 4. [** 14.] : *Si pro furto aut alia malicia ad serviendum in manus datus fuerit, et probatum fuerit, deserviat ei inantea.*

Præterea aliquis in servum ad vitam suam sese dabat, cum pecuniam, in quam condemnatus fuerat, pro restitutione aliqua, non haberet quam transsolveret, cujus obnoxiationis exstat formula in formulis parensalibus, form. 13. Charta ann. 1189. apud Roverium in Reomao pag. 224 : *Præterea 4. homines Joannem et fratres ejus qui in eadem villa prædictæ Ecclesiæ antea liberi fuerant, et pro sui forefacto in servitutem se redegerant, Ecclesiæ prænominatæ concessit.* Denique si quis rem furatus fuerat, donec compositionem exsolvisset, in dominium illius cujus res erat transibat, *brachio in collum posito, et per comam capitis sui*, ut est in iisdem Formulis parensalib. cap. 26. Huc etiam referri potest quod habet Capitulare Arechis Principis Benevent. cap. 6 : *Si liber homo habet uxorem liberam, nihilque proprium possidens, talem culpam perpetraverit pro qua damnatus, Quæstori secundum legem in manu pro servo tradendus fuerit, ipsa uxor maritum tantum custodiat. Ille vero qui eum in servitio acceperit, de marito ejusdem infra septimanam duos dies, sicut propriis servis, quatenus eam posset nutrire. Sin autem minorem culpam perpetraverit, unde mos legis tradendi deest, sub æstimatione justissima vir et conjux deserviat ei cui culpatum est, usque ad præfinitum tempus. Post constitutionis autem dies liberantur in pristinam libertatem. Et si ipsa uxor tantum culpata fuerit, eisdemque modis, ut de viro superius censuimus, simul de utroque æqualitate sententia detur; ita tamen ut ejus qui eos acceperit, disciplinis et imperio, sicut servi subjaceat. Si vero infra constitutum supradicti servitii tempus alteram alteri homini ingesserunt culpam vir aut conjux, in perpetuum servi tradantur, etc.* Leges Ladislai Regis Hungariæ lib. 2. cap. 11. lib. 3. cap. 5. Nobilis qui domum alterius invasit, aut illius uxorem flagellavit, si mulctam decretam solvere non possit, raso capite vendi jubetur. Adde quæ in hanc sententiam habent Lex Bajuvar. tit. 1. cap. 11. tit. 2. cap. 1. § 5. Capitulare 1. ann. 779. cap. 19. Capit. pro partib. Saxoniæ ann. 789. cap. 21. Capit. 2. ann. 813. cap. 1. Capit. 1. ann. 819. cap. 2. Capit. Ludov. Pii ann. 824. cap. 2. lib. 4. Capitul. cap. 14. Additio 4. cap. 137. et quæ notavimus ad Cinnamum pag. 485. Vide *Falsare*.

* **OBNUTUS**, *Veste circumdatus*, in vet. Glossar. ex Cod. reg. 7613.

** **OBOLARIÆ** Mulieres Luitprando, in Legat. cap. 55. dicuntur Meretrices, quæ obolo conducuntur, *scorta diobolaria* Plauto.

¶ **OBOLATA**, Obolatus. Vide *Obolus*.

¶ **OBOLATIM**, Per particulas, in Actis S. Godelevæ Virg. tom. 2. Julii pag. 402.

¶ **OBOLATURA**. Inventarium Eccles. Noviom. ann. 1419 : *Jocale argenteum deauratum... in cujus summitate veneranda crux... cum scultura imaginis Crucifixi et Obolatura rubei clari ac lapidibus pretiosis quaternario numero.* Hoc est, si recte interpretor, cum *rubeo* inserto seu incluso, Gall. *Enchassé* : quod fortean exprimitur per *Obolaturam*, quia *rubeus* ille magnus erat ut obolus.

¶ **OBOLITIO**, *Oblivio*, apud Papiam.

OBOLUS. Gloss. Gr. Lat. : *Dipondium*, διπλοῦς χρύσινος, ἤτοι ὀβολός. Sed hæc spectant veterum obolos, de quibus copiose actum ab iis qui de re nummaria scripserunt. [* Gloss. Biblicæ MSS. anonymi ex Bibl. Reg. : *Obolus, dimidius scrupulus. Item, Obolus dicitur medalia, scilicet medietas nummi.* Vide *Obulus*.] Apud nostros fuit etiam

Obolus Aureus. Charta Communiæ Abbatis-villæ cap. 20 : *Unicuique novem libras, et aureum Obolum persolvere tenebitur.* Fori Morlanenses art. 10 : *Si aliquis extraneus præsumptuose aliquem ceperit, 900. solidos et Obolum auri dabit Domino.* Pactum inter Abbatem Moissiacensem, et Simonem Comit. Montisfortis ann. 1212. ex Regesto Carcassonensi : *Castrum quod est in villa de Moissiaco, quod fuit Durandi Merceri, debet tenere Simon Comes de Abbate, inde singulis annis ipse vel bajulus suus debent offerre unum Obolum aureum super altare B. Petri in eodem festo.* Chartæ inscriptio *Maaille d'or*, præfert. In Pacto alio inter Petrum Archiepiscopum Turonensem et Judæos diœcesis Turonensis pro quodam Cœmeterio. M. Oct. ann. 1255. ex Chartophylacio Regio, scrinio *Tours* A. 2. tit. 15. habetur, Judæos præstare, ex censu annuo, Archiepisc. Turonensi 5. obolos aureos, pro 20. solidis monetæ currentis computatos. Ita obolus aureus valuit tunc temporis 4. solidis. At in alia Charta ann. 1270. in Regesto Andegavensi f. 47. Obolus aureus, 5. solidis Turonensium æstimatur : sed hic intelliguntur *parvi Turonenses.* Alia ann. 1292. in Hist. Episcopor. Cadurcens. num. 1144. *qui Obolus* (aureus de quo supra) *quinque solidorum Turonensium parvorum valorem habeat.* [*Obolus aureus novus censualis*, in Charta ann. 1228. e Chartulario Montis-Majoris.] Obolos aureos cusos in Anglia ann. 1344. auctor est Henricus de Knyghton.

* Charta Joan. comit. Pontiv. ann. 1184. ex Lib. albo domus publ. Abbavil. : *Unicuique novem libras et aureum Obolum persolvere tenebitur.* Ubi versio Gall. ibid. fol. 3. r°. : *Il sera tenus paier à chascun ix. l. et une Maaille d'or.* Vide *Medalla.* Comput. ann. 1383. ex Tabul. S. Petri Insul. : *Item ex legato sororum domini præpositi Burgensis per dom. Willelmum de Willers, decem Obolos aureos, valentes xvij. lib. Obolle d'or*, pars marcæ, idem forte quod *Granum*, in Mandat. ann. 1381. tom. 6. Ordinat. reg. Franc. pag. 581.

¶ Obolus Auri pretio 12. solidorum in Dalphinatu, ut patet ex Computo ann. 1324. tom. 1. Histor. Dalph. pag. 74 : *Idem a Vivando Judæo pro uno Obolo auri de Garda, recepit duodecim solidos.*

☞ Fuerunt etiam in Dalphinatu Oboli argentei *grossi, quorum quilibet cursum habebat octo denariorum cum obolo, et esse debebant singuli Oboli grossi ligæ octo denariorum argenti fini et ponderis*, ut habetur in Ordinatione ann. 1340. tom. 2. Hist. Dalphin. pag. 416. Horum figura sic describitur in altera Ordinat. ejusdem ann. ibid pag. 420 : *Obolus grossus Dalphinalis habeat ab una parte in medio unum magnum piscem Dalphinum, et circum circa primo Crux, et deinde literæ continentes hæc verba*, Humbertus Dalphinus Viennensis ; *alia vero parte debet esse in medio una magna Crux, et duo Dalphini in duobus quartenis dictæ Crucis, et circumquaque præmissa Cruce literæ continentes*, Obolus grossus Dalphinalis.

☞ Præter illos Obolos grossos argenteos, alia fuit in eodem Dalphinatu *moneta nigra currens pro Obolo, quæ appellatur Oboli nigri Dalphinales*, ut dicitur in priori Ordinatione ann. 1340. pag. 416, jam laudata : in posteriori vero pagin. 420. declaratur hoc modo figurandus : *Obolus Dalphinalis niger habeat ab una parte in medio unum Dalphinum et literas circum circa præmissa cruce continentes hæc verba*, Humbertus Dalphinus Viennensis; *ab alia vero parte sit in medio una Crux, quæ extendatur a qualibet parte usque ad summitatem circuli, et literæ circumquaque præmissa Cruce continentes hæc verba*, Obolus Dalphinalis.

Obolus Argenti. Monast. Anglic. tom. 2. pag. 414.

Obolus Albus. Necrologium Ecclesiæ Parisiensis, Kalend. Febr. : *Dedit nobis 200. libr. monetæ currentis... videlicet in Obolis albis, quolibet 6. denar. Obol. Paris. implicandis in reditus pro anniversario suo ... quo tempore valebant dicti Oboli albi quilibet 4. T. tantummodo una cum trecentis libris Tur. dictæ debilis monetæ currentis anno 1327. videlicet Obolis albis, quolibet Obolo 8. Tur. qui prædictæ emptionis valebant quilibet 4. Tur. tantummodo.* [Vide *Moneta Argentea*, sub Carolo Pulcro et Philippo IV.]

Obolus, pro Minutiore moneta. Hepidamnus de Vita S. Wiboradæ cap. 14 : *Cum nesciam de tot talentis hemisseclas vel Obolos observare. Droit d'obole*, quod Regi competit in Tabellionatu Senonensi; in Consuet. Senon. artic. 246. Vide Consuetudines Monasterii Regulæ in Aquitania pag. 745. apud Labbeum, et in vocibus *Moneta, Quadrans*.

¶ Obolus de Marchia. Vide *Marchiæ Comitum Denarii* in *Moneta Baronum*.

¶ Obolus Parisiensis Parvus Argent. Vide *Moneta Argentea* sub Philippo VI.

¶ Obolus Tertius. Vide *Moneta Argentea* sub Philippo IV.

* Oboli Albi *ad caudam cursum non habentes*, in Lit. remiss. ann. 1357. mens. Jun. ex Reg. 85. Chartoph. reg. ch. 143. *Oboli albi xv. denariorum* memorantur in Charta ann. 1341. apud Rymer. tom. 5. pag. 259.

¶ Obolata, Merces unius oboli seu vilioris pretii. Consuetud. Tolosæ rubrica de emptione n. 10 : *Denariatam et etiam Obolatam et etiam pogesatum potest quilibet ven-*

dere sine aliqua mensura secundum suæ arbitrium voluntatis. Inventarium Massil. ann. 1294 : *Unum barralum plenum unius Obolatæ*, hoc est, si bene conjecto, plenum vino quasi pretio unius oboli. Barralus vasculum est, in quo vinitores et opiliones, aliæque hujusmodi operæ modicum vini reponunt, ad sitim in agris extinguendam.

* Obolata Vini, Tantum vini, quantum uno obolo haberi potest. Charta Odon. ann. 1199. ex Chartul. episc. Paris fol. 51 : *Quociens taberna ad minus pretium reducetur, serviens episcopi Obolatam Vini recipiet.*

¶ Obolata, Obolatus, Obolus seu præstatio unius oboli mercibus vendendis. Codex MS. reddituum Episcop. Autisiod. : *Quilibet venditor alliorum et erucarum tenens fenestram debet in quolibet sabbati Obolatum mercedis suæ.* Infra : *Quisquis vendat unctum diebus sabbatis ad estallum, quilibet debet Obolatum.* Passim ibi memorantur *obolus* singulis sabbatis solvendus Episcopo vel Comiti pro certis mercibus distrahendis, unde etiam *Oboli sabbati* ibidem appellantur. Privilegium Leduini Abbat. S. Vedasti Atrebat. ann. 1036. e Chartulario V. ejusdem Monasterii pag. 243 : *Omnes stalli vel curete sive vehicula, super quæ victualia venduntur singulis sabbatis unum obolum vel sui venalis Obolatum.*

* Obolata Uncti. Reg. episcop. Nivern. ann. 1287 : *Item quilibet venditor uncti, seupi, debet de tribus Sabbatis in tribus, de costuma Sabbatis, Obolatam Uncti.*

¶ Obolata Panis, Panis pretii unius oboli. Statuta Massil. lib. 2. cap. 34 : *Eis liceat accipere vel habere in mane singulis diebus pro pane e beourre, nisi unam denariatam panis, et pro gustando in eodem die unam Obolatam panis tantum.*

¶ Obolatus Panis. Vide *Panis oblatus.*

Obolus, Ponderis apud Medicos species de qua ita Matthæus Silvaticus : *Obolus est pondus trium Kirat. Kirat ponderat quatuor grana hordei : ergo Obolus ponderat 12. grana hordei, etc.*

Obolus Aquæ, in leg. 2. Cod. Th. de Aquæductu. (15, 2.) : *Per singulos obolos libræ unius auri dispendiis ingravetur.*

Obolata Terræ, Terra seu ager, reditus unius oboli. Tabularium Lewensis Priroatus in Anglia pag. 21 : *In manu Domini post mortem I. S. quatuor denariatas et 1. Obolatam terræ in tenemento Quttebj.* Pag. 48 : *Simon Lucas tenet 3. Obolatas terræ cum 1. cotagio, etc.* Charta ann. 1331. in Tabulario Autissiodorensis Ecclesiæ fol. 434 : *Item unam Obolatam terræ sitam, etc.* Monasticum Anglic. tom. 1. pag. 501. 837 : *Simul cum uno Obolatu redditus etc.* Quidam, inquit Spelmannus, asserunt *obolum terræ* continere longitudine 10. pedes, latudine 5. tota scilicet superficie 50. Alii *Obolatam terræ* exponunt de dimidio perticatu, cum *denariatum terræ* pro ipso perticatu accipiunt, qui juxta Statut. *de terris mensurandis* 16. pedes et dimidium continet. Vide *Libræ terræ.*

¶ Obolata Vineæ, Simili significatu, in quadam Charta ann. 1169 : *Ego Arduinus S. Germani Autissiod. Abbas Deo et B. Mariæ Ascelino Abbati et Fratribus de Regniaco quatuor arpenta vinearum et Obolatam... ita concessi possidenda, etc.*

* Obolata Prati, Modus agri; f. quia unum obolum reddit; seu pars *Denariatæ*, habita ratione oboli ad denarium in numeranda pecunia. Charta ann. 1346. ex schedis D. Schœpflini : *Vendidimus.... per legationem, donationem, venditionem, seu quamcunque alienationem quandam Obolatam Prati, veram, allodialem, de quadam denariata prati communi cum Engela, nata Bertholdi, quondam burgensis in Sarburg, sita in banno et finagio de Fulaltorf.*

* Obolus Postulatus, Gall. *Obole postulat*, Monetæ species. Lit. remiss. ann. 1478 in Reg. 206. Chartoph. reg. ch. 377 : *Lequel Pierrequin et le suppliant donnerent chacun une Obole Postulat à icellui Domino pour sa peine.* Vide infra *Postulatus.*

* **OBON**, Cenc in Lib. cens. eccl. Rom. ann. 1192. apud Murator. tom. 5. Antiq. Ital. med. ævi col. 874 : *In archiepiscopatu Strigoniensi. Hospitales S. Stephani, unam unciam auri, quæ dicitur Obon.*

* **OBONIMENTUM**, f. pro *Abonimentum*, Gall *Abonnement*, Permutatio, commutatio. Chartul. S. Sulpit. Bituric. fol. 79. v°. ch. 127 : *Salus animæ, diuturnitas vitæ, timor Domini, quibus ad ipso et ejus Spiritui sancto fidelium suorum, quatenus in divinis Legibus legitur, concessum est haberi Obonimentum suo fine inhiantes honorare Domino cupiunt ex reditibus suis, quos jure dinoscuntur possidere sibi.* Vide in *Abonare* 2.

* **OBORRUIT**, *Offendit*, in vet. Glossar. ex Cod. reg. 7641.

¶ **OBORTUM**, Corollarium, consectarium, non semel apud Donatum Acciaolum in Commentariis in Aristotelis Ethica : ut adnotat Goclenius in Lexico.

* **OBPONERE**, pro simplici Ponere, in Vita S. Emmer. tom. 6. Sept. pag. 477. col. 2 : *Pavore immenso exterriti, per latebras domorum velamini se Obposuerunt.*

¶ **OBPOPA**, Species ligonis. Vide *Otpopa.* [* Adde ex Castigat. in utrumque Glossar. : *Obpopa*, ὄρυξ. Leg. *Opopa*, pro *upupa.* Vide Salmas. ad Hist. Aug. pag. 337.]

¶ **OBPROBRIARII**, Opprobrare, exprobrare. Concilium Armen. ann. 1342. apud Marten. tom. 7. Ampliss. Collect. col. 354 : *Incœperunt Obprobriari Armenis, et Armeni Græcis.*

¶ **OBPROVIUM**, Opprobrium. *In eorum Obprovium et derisum factum videtur*, in Chartulario V. S. Vedasti Atrebat. pag. 40.

¶ 1. **OBRA**, πειθαρχία, *Obedientia*, in Supplemento Antiquarii et in Glossis. Lat. Græc. Sangerman. [* Adde ex Castigat. *Obtemperantia* vel *obedientia.*]

* 2. **OBRA**, Modus agri, quantum quis per unum diem operari potest in vinea. Glossar. Provinc. Lat. ex Cod. reg. 7657 : *Obra*, *Prov. opus, opera. Obrar, Prov. operare.* Chartul. Celsinian. ch. 229 : *Dono vineam unam, quæ jacet in Girgoieta, quæ habet xxx. Obras.* Vide infra *Operata.*

OBRÆ. pro *Operæ.* Vide in hac voce.

* 1. **OBRAGIUM**, vox generica, Res quævis, quodlibet instrumentum. Charta ann. 1301. in Reg. 37. Chartoph. reg. ch. 4 : *Molendina... cum una seu pluribus rotis paxeriis, ædificiis, et Obragiis eisdem molendinis necessariis, utilibus et etiam opportunis, etc.* Vide *Operagium.*

* 2. **OBRAGIUM**, Opus, opificium. Stat. sabater. Carcass. ann. 1402. tom. 8. Ordinat. reg. Franc. pag. 560. art. 7 : *Ad finem quod in Obragio sive operibus dicti ministerii, quod et quæ in dicto burgo cotidie fuerit et in futurum fieri contingeret, fraus occulta per aliquem seu aliquos non fiat seu committatur, etc.*

* **OBRATGIUM**, Eadem notione. Instr. ann. 1439. inter Probat. tom. 3. Hist. Nem. pag. 257. col. 2 : *Contra dictos poterios, videlicet de potaria, pintis,.... ac Obratgio ipsorum poteriorum, in quo Obratgio, ut dicitur, miscebant plumbum, etc.*

¶ **OBRENDARIUM**, quasi *Obruendarium*, ab *Obruere*, ut existimat Rigaltius, [* in notis scilicet ad Auctores rei agrariæ.] Locus ad obruenda cadavera, seu Vas in in quo defunctorum ossa recondebant, unde *Obrendaria vasa*, apud Fabrettum Inscript. pag. 14. Vide Thesaurum Fabri et Antiquitates D. *de Montfaucon* tom. 9. pag. 47.

¶ **OBPREPILATIO**, Fremitus, tremulus motus, horror. Messianus in Vita S. Cæsarii Arelat. lib. 2. n. 11 : *Statim velut si qui solent aqua frigida respergi, ita omnia membra vel venæ ejus etiam cum parvo dolore in Obrepilationem suspensa sunt, ut corpus ipsius aliquantum horrore simul et tremore quateretur.* Vide *Horripilatio* et *Obripilatio.*

¶ **OBREPTIVUS**, Idem quod *Obreptitius*, apud JC. Gall. *Obretice. Obreptiva supplicatio*, apud Symmachum lib. 5. Epist. 66.

* **OBRICIUS**, Probatus; dicitur de auro per coctionem probato : unde *aurum obryzum*, idem quod *coctum.* Charta ann. 956. apud Murator. tom. 1. Antiq. Ital. med. ævi col. 166 : *Verum etiam daturo me promitto, una cum heredibus meis, vobis vestrisque successoribus, ante omnem litis initium, pœnæ nomine auri uncie* (uncias) *sex Obricias.* Vide *Obryzum.*

¶ **OBRIDIUM**. Vide mox in *Obryzum.*

¶ **OBRIPILATIO**, Idem quod *Obrepilatio.* Historia cujusdam Godeschalci apud Leibnitium tom. 1. Scriptor. Brunsvic. pag. 871 : *Feria tertia, vespertino tempore, Obripilatione gravi primum tactus, dein sensim viribus deficientibus, tandem stratu decubuit. Obripilatio cutis*, pro affectione non satis nota, legitur in Vita S. Udalrici tom. 2. Julii pag. 126.

¶ **OBRITIUM**, Obriziacus. Vide *Obryzum.*

* **OBRIZIATUS**, Vide *Obryzum.* Charta ann. 572. ex Tabul. Ravennat. : *Definitum aureos solidos dominicos probiter Obriziatos integri ponderis singulos, etc.*

¶ **OBRUPTE**, Subito, ex præcipiti. [* vel potius, Injusta occupatione.] Berntenii Chron. Marienrod. apud Leibnitium tom. 2. Scriptor. Brunsvic. pag. 460 : *Molendinum quod Consules Obrupte sibi attraxerant, ab hoc inducti sunt, ut ab eodem Hinrico Abbate feudi juri reciperent.*

¶ **OBRUTESCERE**, Stupidum fieri ut brutum. Statuto Synodi Ebroic. ann. 1579 : *Nec istis insisteremus, nisi spectaremus plerosque cum familiis a somno ad pastum tanquam bruta animantia ferri, nec ullo* *sensu pietatis tangi vel affici, sed quo magis affligimur, eo magis Obrutescere et stupere.*

OBRYZUM, Vox veteribus scriptoribus incognita. Papias ex Isidoro : *Obryzum aurum dictum, quod obradiet splendore. Est enim coloris optimi, quod Hebræi Ophaz, [Ophir,] Græci, Carion* [f. καθαρὸν] *dicunt. Obryzum dicitur obrude aurum, splendor auri, nitidum.* Ita etiam Ugutio. Ælfricus in Gloss. Saxon. : *Aurum obryzum*, reald gold. i. rubrum aurum. Gloss. Lat. Regium cod. 1013 : *Meram, puram, obryzam.* Infra : *Obryzum, splendor auri.* Male igitur *Abrigeum*, in Gloss. Isidori. Lexic. Gr. MS. Reg. cod. 2062. ὄβριζον χρυσίον, τὸ πολλάκις ἑψηθέν, τὸ καθαρώτατον. Glossæ Biblicæ MSS. : *Obrizum, aurum purgatum, vel obrude aurum.* Vita S. Hilarii Arelat. : *Corpus suum diversis mancipavit ægritudinibus, ut supernæ monetæ verum Obryzum ægritudinum calculo exortum thesaurus reconderet æternus.* Vide Anastasium in Vitis PP. pag. 119. 120. 145.

Obridium, nude in Glossis Arabico-Latinis.

Obritium. Vetus Charta apud Ughell. tom. 5. pag. 1540 : *Pœnæ nomine auri Obritias* (obritii) *unciæ sex.*

** Obridiacus. Charta Longob. ann. 738. apud Brunett. tom. 1. pag. 495 : *Auri soledus Obridiacus pensantis numerus duo et 2. trimissi.* Vulgo in chartis *Auri purissimi*. Vide *Obricius* et *Obriziatus*.

Aubibaicum corrupte etiam in Diplomate Longobardico Paschalis I. PP. pro Ecclesia Ravennensi. Fragmentum Petronii pag. 57 : *Reticulum aureum, quem ex sobriissa esse dicebat.* Legendum forte *obrussa*, nam Salmasius *obryzum aurum* dictum censet ab *obrussa*, quod est auri experimentum quod igne sumitur, ex Græco ὀβρύζη. Apud Suetonium, *aurum ad Obrussam.* Cicero : *Hic adhibenda tanquam Obrussa ratio est*, i. probatio. Gloss. Lat. Gr. : *Obrussa*, τὸ δοκιμάζον τὸ χρυσὸν, ὅταν παρατρίβεται. Est igitur *aurum obryzum*, probatum, et ad *obrussam* examinatum. Adde quæ annotantur in libro de Originibus populor. pag. 39. 40. et a Jacobo Gotofredo ad leg. 1. Cod. Th. de Oblat. votor. (7, 24.)

Obryzarii, in Glossis MSS. *Disauri*, vel *Thesauri*.

¶ Obryzeus, Aureus, in Vita S. Aldhelmi Episcopi, tom. 8. SS. Maii pag. 90.

¶ Obryziacus, Ead. notione, Agnello in Vita Georgii Episc. apud Murat. tom. 2. pag. 186. col. 1.

¶ Obrizzatus, Deauratus, *obryzo* vestitus. Necrolog. Laurisham. apud Fred. Schannatum Vindem. Liter. pag. 28 : *Ut de reliquis taceamus.... ciborio, cruce magna, quæ omnia velut alter Salomon puro vestivit auro, solam tabulam fecit 32. talentis purissimis Obrizzatam.*

OBSCARIONES, *Carcerum custodes*, in Glossis ad Legem Longob. lib. 2. tit. 55. § 19 [** Aist. 12.] : *Si quis in curte Regis causam habuerit, per sacramentum Obscarionum, cum auctoribus finiatur.* Videntur tamen iidem qui *Scariones*.

☞ Merito certe; siquidem pro *Obscarionum* legendum sit *ab scarione*, ut ex fide codicum Mutinensium restituit Muratorius.

* **OBSCLEARE**, Osculari ; donationem propter nuptias, dato osculo, firmare. Charta ann. 1422. in Reg. 3. Armor. gener. part. 1 : *Cum dominus Petrus de Chamboranto miles.... dictam dominam Marqueziam de Brolio.... dottasset et Obscleasset.... de sexaginta libris Turonensibus rendualibus*, etc. Alia ann. 1466 : *Item voluisset.... dictus dominus Guido,.... quod.... dicta domina Brunissenda teneret, possideret,.... emolumenta et reventus terræ suæ de Marchais, vita sua durante.... Dotabant et Obscleabant dictam dominam Brunissendam de terra de Varzella*, etc. Vide supra *Inosclare* et infra *Oscleare* et *Osclium*.

¶ **OBSCRIPTIO**, Scriptura, charta. Vetus Charta Massil. ann. circiter 1039 : *Antiquitus valebat datum, nec tamen incartatum.... modernis temporibus Obscriptionem facimus, cum aliquid donamus.*

OBSCULTARE, Obaudire, obtemperare, et secundare. Præfatio Regulæ S. Benedicti : *Obsculta, o fili, præcepta Magistri*, etc. Ita præferunt vett. codd. pro *Ausculta*, quam lectionem defendit Smaragdus. Præfatio Regulæ Magistri : *Qui me Obscultas dicentem.*

* **OBSCULTATIO**, *Vulneratio.* Glossar. vet. ex Cod. reg. 7641.

¶ **OBSCURARE**, Passiva notione. Epistola Wimundi Archiep. Aversani, apud Acherium tom. 2. Spicil. pag. 383 : *Homo enim noster interior licet Obscuret, tamen Dei imago est.* Sed f. leg. *Obscuretur.*

* **OBSCURATIO**, *Matricis vulneratio*, in Glossar. ex Cod. reg. 7641.

OBSCURILOQUIUM, *Ænigma*, Glossæ Isid. cum Cod. Regio 1013. in Glossis MSS.

* Nostris *Obculté*, pro *Obscurité, embarras*, Obscuritas. Stat ann. 1389. tom. 8. Ordinat. reg. Franc. pag. 388. art. 19 : *Et se en aucuns desdiz articles avoit aucune Obculté, etc. Occulté*, in Lit. ann. 1380. tom. 6. earumd. Ordinat. pag. 482. art. 28. *Oscurté*, eodem sensu, in Charta ann. 1330. ex Tabul. capit. Carnot.

* **OBSECIVI** Agri, Vide infra *Subsecivi*.

OBSECRATIO, Προσευχή, in Gloss. Gr. Lat. : *Obsecratio, oratio.* Προσεύχομαι, *Obsecro, adoro.* Papias : *Obsecratio, preces, gratiarum actiones.* [Passim occurrit in Scripturis.] *Obsecrationes* inquit Rabanus lib. 2. de Institut. cleric. cap. 12. *sunt implorationes, seu petitiones pro peccatis, quibus vel pro præsentibus, vel pro præteritis admissis suis unusquisque compunctus veniam deprecatur.* Adde Hugonem a S. Victore in Speculo Eccl. lib. 2. cap. 4. *Religio anniversariæ obsecrationis*, in leg. 7. Cod. Theod. de Indulgentiis criminum pro die Paschatis. (9, 38.) Proprie autem

Obsecratio dicitur Alcuino lib. de Divin. off. pars Canonis Missæ, et Beleto cap. 43.

OBSECRATIO, *Matris vulneratio*, in Gloss. MS. ex Cod. reg. 1013. Vide *Obscuratio*.

* **OBSECUNDATIO**, Obsequium. Conc. Matiscon. II. can. 4 : *Ita ut nullus eorum legitimo Obsecundationis parere velit officio Deitatis.* Occurrit præterea in leg. 92. Cod. Theodos. de Decurion. (12, 1.)

OBSECUNDATORES *sacrorum scriniorum*, in leg. 3. Cod. Th. de Proximis, etc. (6, 26.) qui in scriniis operam navant, *obsecundant*, Scriniarii omnes.

¶ Obsecundator, Idem ac *Presbyter assistens*, qui adest Episcopo sacra facienti. Forma electionis Petri Episc. Anic. tom. 4. Annal. Benedict. p. 743. col. 1 : *Acta sunt hæc tempore supradicto* (ann. 1053.) *apud Ariminum civitatem, domno Leudegario Viennensis ecclesiæ Primate, post domnum Papam mediatore et ordinatore, et ad Missas vice capellani ad altare Obsecundatore.* [* Vide infra *Observator.*]

¶ **OBSEDES.** Coronatio Cælestini V. PP. apud Murator. tom. 3. pag. 634. col. 2 :

> Nam Papa sacer succurrere discens
> Casibus Obsedis melius regnique citati, etc.

Ubi Glossulæ, id est, Regni Siciliæ, sed non intelligitur qua ratione Sicilia vocatur *Obsedes*.

¶ **OBSEDIUM**, pro Obsidium, obsidio, in Charta ann. 1342. tom. Hist. Dalphin. pag. 439.

OBSELLA. Joann. Bromptonus pag. 1224 : *Dum quadam die post celebrationem Missæ vestibus sacerdotalibus ad altare adhuc staret indutus, illi funesti satellites venientes et Obsellas, et quæcumque ejus vel clericorum suorum erant, diripuerunt.* Leg. forte *cistellas*.

OBSEPS, Obseptus. Liber Miraculor. S. Richarii sub finem : *Amplius stupendum est, hominem Deo jam sociatum tantopere humanæ infirmitatis compassionem habuisse, ut sola suorum ossium præsentia ægrotam erexerit, quam illum, qui quamvis sanctissimus, adhuc tamen carnis Obseps, miseriis hominum... trahebatur.*

¶ **OBSEQUELA.** Vide mox in *Obsequium* 2.

OBSEQUIÆ, Exequiæ funebres, Gall. *Obseques, funerailles*, quod pompas istas funebres famulorum et amicorum *obsequia* cohonestent. Petrus Chrysol. serm. 121 : *In Obsequium divitis migrat hic tota civitas, cum funus effertur.* Lex Bajwar. tit. 18. cap. 2. § 1 : *Eo quod funus ad dignas Obsequias reddere non valet.* Ita editio Heroldi et aliquot codd. MSS. ubi alii *Exequias* habent. Nicolaus I. in Responsis ad consulta Bulgarorum cap. 98 : *Non est... solito cum Obsequiis more ad sepulchra ferendus.* Occurrit in Vita Rusticulæ Abbatissæ Arelat. cap. 33. in Vitis Abbatum S. Albani pag. 3. 4. in Constitutionibus Nicosiensibus cap. 25. etc.

* *Osseque*, in Testam. ann. 1345. ex Chartul. 21. Corb. : *Item jou veul et ordene que m'Osseque et le coust de men corps soit payés et tout du mien, avant les dons dessusdits.* Infra : *L'Osseque de men corps, etc. Hoseque*, in Testam. ann. 1404. inter Probat. novæ Hist. Burg. tom. 4. pag. 233. col. 1 : *Aux prestres et notables gens qui seront audit jour de nostre Hoseque, que l'on leur donne à disner audit lieu des Chartreux.* Inscript. vet. apud Fabrett. pag. 702. ex Thes. Fabri :

Me docuit morti prius occubuisse supremæ,
Tuque mihi tales, nate, dare Obsequias.

Vide Passerat. in Propert. cap. 1. pag. 296. et supra *Exequiæ*.

OBSEQUIÆ EPISCOPALES, Munia Episcopalia, in Decreto Tassilonis Ducis Bavariæ in Prologo.

¶ OBSEQUIALE, Liber continens preces et ritus exsequiarum. *Matutinale*, *psalteriolum*, *Obsequiale*, *passionale*, *breviarium*, in Actis SS. Junii tom. 3. pag. 117.

¶ 1. **OBSEQUIALIS**, Obsequens, obediens. Annales Cæsenates apud Murator. tom. 14. col. 1127 : *Et sic frustrati sunt sua spe, qui credebant Bononiam Obsequialem partis Imperii. Obsequialis amor*, apud Fortunatum lib. 6. carm. 7.

* 2. **OBSEQUIALIS**, Qui de alicujus comitatu est, vel familiaris. Chartam procurat. eccl. Camerac. ann. 1307. ex Reg. 44. Chartoph. reg. ch. 99. inter testes subscribit : *Johannes dictus de Insula de Cameraco*, *Obsequialis domini archidiaconi*.

* **OBSEQUIANI**, f. Milites conductitii; si tamen non est populi nomen, aut si legendum non est *Ossacani*, ut apud Peregrinium. Chron. Barense ad ann. 1041. apud Murator. tom. 1. Antiq. Ital. med. ævi col. 34 : *Mense Martio*, *decimo septimo intrante*, *factum est prælium Normannorum et Græcorum juxta fluvium Dulibentis. Et ceciderunt ibi multi Russi et Obsequiani.... Deinde collectis mense Maii in unum omnibus Græcis apud Montem Majorem juxta fluenta Aufidi*, *initiatum est prælium*,... *ubi perierunt plurimi Natulicki et Obsequiani*, *Russi*, *Trachici*, *Calabrici*, *Longabardi*, *Capitantes*. Vide *Obsequium*. 1.

OBSEQUIARE, Obsequi, famulari, Gall. *Servir*. Petrus Diac. lib. 4. Chr. Casin. cap. 39 : *Custodiebatur autem a Magnatibus Imperatoris*, *ab ipsis etiam et Obsequiabatur*. [*Obsequiaturi fratres*, Monachi qui mensæ vel coquinæ juxta Regulam S. Benedicti cap. 35. debent inservire, apud Theodemarum in Epistola ad Carolum Mag. de Usibus Casinensibus.] Ita ὀφικεύειν Græci recentiores dixerunt. Lexicon Gr. MS. Reg. cod. 2062 : Πομπεύει, προοδοποιεῖται, ὀφικεύει καὶ πομπεύεται. Alibi : Πρόοδοι, οἱ ἔμπροσθεν τῶν ὀφικευόντων. Aliud sign. 930. : Προπεμπεύεσθαι, ὀφικεύεσθαι. Glossæ Basilic. : Πρεμότοι, προπορευόμενοι, καὶ ὀφικεύοντες, etc. Adde Menæa 3. April. in S. Josepho sub finem.

¶ **OBSEQUIOSE**, Obsequendo. *Obsequiose complacere*, in Epistola ann. 1497. apud Ludewig. tom. 6. pag. 110.

¶ **OBSEQUIOSITAS**, Obsequium, famulatus, lib. 1. Rerum Sicul. Sallas Malaspinæ n. 4. apud Baluzium tom. 6. Miscell. pag. 204.

¶ **OBSEQUITORES**, Qui ecclesiæ deserviunt, et *obsequia* faciunt in illa. Chartularium Aptense fol. 32 : *Ego Raimbaldus*, *Capitaneus*, *dono causa salutis animæ meæ... dominicaturas Simianæ... labores præsentes atque futuros et boves sanctæ Mariæ sanctoque Castori*, *habeant teneantque*, *possideant suorum Obsequitores*. Vide *Obsequium* 2.

1. **OBSEQUIUM**, Famulorum et amicorum comitatus, pompa. Lexicon Gr. MS. Reg. cod. 2062 : Πομπὴ, ὀφίκιον. VI. Synodus act. 4 : Ἀπό τινος Φιλίππου ςρατηλάτου τοῦ βασιλικοῦ ὀψικίου. Capitolinus in Pertinace : *Cum de castris ad Obsequium Principis convenissent*. Paulus Warnefrid. lib. 5. de Gestis Langob. cap. 33 : *Ibi omnia Obsequia Palatina*, *omnemque regiam dignitatem... præparatam se reperit expectare*. Adde lib. 1. cap. 20. Gesta Constantini M. : *Dum festinus vellet a latere Imperatoris transire*, *Obsequium ordinare volens calcavit chlamydem Imperatoris*. Corippus lib. 1. vers. 188 :

. . . . . Itur in arcem
Obsequio comitante Patrum.

Et lib. 3. vers. 214 :

Adfuit Obsequio castorum turba virorum.

Anastasius in S. Agathone : *Advocati sunt in processione ad sanctam Dei Genitricem in Blachernas*, *in tanta honorificentia*, *ut etiam de Palatio caballos stratos dirigeret cum Obsequio pietas Imperialis*. In Hadriano : *Direxit... universa Obsequia ad eumdem Regem*. Vita Aldrici Episc. Cenoman. n. 20 : *Constituit etiam*, *ut jam dicti Canonici pleniter et decenter venirent cum psallentio*, *id est cum Crucibus et reliquis divinis Obsequiis*, *et ornamentis*, *ut decet*, *etc*. [Fragmentum Histor. Franc. apud Duchesnium tom. 4. pag. 88 : *In cujus* (consecrationis Philippi I.) *Obsequio Gervasius ejusdem Metropolis* (Rem.) *Præsul expendit non modicum apparatum*.] Vide *Obsequiare*.

Ab ejusmodi Augustali obsequio dictum Thema seu legio τοῦ Ὀψικίου apud Constantinopolitanos, quod ex eo potissimum confecta esset : a qua postmodum indita nomenclatura Asiaticæ cuidam Provinciæ, cujus Metropolis fuit Nicæa, quam describit Constantinus Porphyr. lib. 1. de Them. cap. 4. Hujus etiam mentio est apud Zonaram pag. 87. 90. Nicephor. CP. in Breviario pag. 150. 155. 172. etc. Adde Cantacuzen. lib. 4. cap. 18. Vide Gloss. Meursii [et mediæ Græcit. col. 1071.]

2. **OBSEQUIUM**, Officium Ecclesiasticum præsertim pro mortuis : nostris vulgo *Service*. Nicolaus PP. in Epist. ad Michaelem Imp. : *Ecce quotidie*, *imo vero in præcipuis festivitatibus inter Græcam linguam veluti quiddam pretiosum*, *hanc* (Latinam) *quam barbaram et Scythicam linguam appellatis*, *miscentes*, *quasi minus decori vestro facitis*, *si hac etiam bene ac ex toto intellectu in vestris Obsequiis ac officiis non utamini*. Vita S. Madelgisili num. 7 : *Expletis hymnorum Obsequiis*. Herbertus de Miraculis lib. 2. cap. 24 : *Revelatum est quendam de filiis suis Clarevallensibus tunc migrasse : statimque de vehiculo descendens*, *fecit Obsequium pro defuncto*, *commendans animam ejus Deo*. Anselmus Leod. cap. ult. : *Obsequium quo honorare debent quinque ecclesiæ... matrem Ecclesiam*. Mox : *In quibus festis tenentur Ecclesiæ venire cum pleno choro et schola ad vesperas*, *etc*. Vetus Charta apud Buzelinum in Gallo-Flandr. lib. 2. cap. 23 : *Cum fratribus de Monte Eligii talem habemus societatem*, *quod annis singulis unum plenarium Obsequium faciemus pridie Non. Martii*, *et Missam in conventu*. Vide Durandum lib. 5. Ration. cap. 2.

* Cærem. Ms. S. M. Crass. ubi de Exsequiis : *Hii*, *qui fuerint de dextro choro*, *incipiant psalterium et expleant eum cum letania et Obsequio et matutinos et vespera*. Ubi *Obsequium* idem est quod alibi *Commendationes* vocant. Vide in hac voce.

¶ OBSEQUELA, Eadem notione. Donatio S. Rudesindi Episc. tom. 3. Concil. Hispan. pag. 181. col. 1 : *Reddatur obsequium pro genitrice mea Ilduara S. Andriani et Natalia : faciant Obsequelam sanctorum Facundi et Primitivi*.

* OBSEQUIUM MORTUORUM, Alia notione, idem quod *Mortalagium*, Quod ex mortuis, seu ex decedentium legatis, ecclesiis obvenit. Charta ann. 1119. apud Murator. tom. 1. Antiq. Ital. med. ævi col. 323 : *Concedimus etiam vobis prædictis petitoribus .... campos de plebe S. Petri cum usu bubulci*, *decimus* (sic) *et primitiis*, *et Obsequio mortuorum*, *et incensu*, *et synodo de prædictis ecclesiis in nobis reservato*.

¶ 3. **OBSEQUIUM**, Victus, vestitusque. Martyrologium Autiss. apud Marten. tom. 6. Ampl. collect. col. 692 : *Obiit D. Betto Episc. qui dedit Vendosam ecclesiam et Rontonnacum villam et in Corbolaco mansum 1. ad exhibendam refectionem et commune Obsequium*.

* Rectius intelliges de ferculis seu cibis, qui mensæ apponuntur. Tradit. 175. Ebersperg. apud Oefelium tom. 2. Script. rer. Boicar. pag. 37 : *Ipsum prædium serviat ad vespertinalis cœnæ supplementum et in anniversario suo promptius celebrant habeando sufficiens Obsequium*. Vide *Generale*.

¶ 1. **OBSERVABILIS**, Observandus, colendus : *Nox ista est observabilis Domini*, *quando eduxit eos de terra Ægypti*, Exodi cap. 12. v. 42.

* 2. **OBSERVABILIS**, Qui servari et exerceri potest. Vide supra *Inobservabilis*.

¶ **OBSERVACULUM**. Vita S. Austregisili Episc. tom. 5. Maii pag. 232. * : *In carceribus retrusi*, *sua oratione laxatis vinculis*, *nullus custodis Observaculo*, *ad ecclesiam confugerunt*. Labbeus reddit *reseraculo;* legendum *Obstaculo*, ut in Actis SS. Benedict. sæc. 2. pag. 99.

** **OBSERVAMENTUM**, Usus, apud Virgil. Grammat. pag. 91.

* **OBSERVANDISSIMUS**, Maxima observatione dignus, titulus honorarius, in Stat. criminalibus Saonæ pag. 113.

¶ 1. **OBSERVANTIA**, Lex, regula. Concil. Tolet. IV. can. 15 : *Universis igitur Ecclesiasticis hanc Observantiam damus*, *quam quisquis præterierit communionis jacturam habebit*. *Observantia Christiana*, lib. 7. Capitul. cap. 276. *Observantiæ regulares*, Gall. *Observances regulieres*, Religiosa disciplina, in Chronico Berntenii apud Leibnitium tom. 2. Scriptor. Brunsvic. pag. 460. [** Haltaus. Glossar. German. col. 896. voce *Herkommen*.]

** OBSERVANTIA JUDICII, Idem quod *servitium placiti*, in veteri charta apud eumdem Haltaus col. 233. voce *Dingpflicht*.

* 2. **OBSERVANTIA**, Exsecutio, obtemperatio, Gall. *Observance*. Stat. crimin. Saonæ pag. 118 : *Insuper convalidaverunt et comprobaverunt..... omnia et quæcumque acta.... in observatione dictorum capitulorum ..... respectu ejus*, *quod dici potest Observantiam seu tempus per quod dicta capitula*

et statuta.... concessa et convalidata fuere, tunc amplius non durare.

* **OBSERVANTIÆ** Funerales, Exequiæ funebres. Medulla Scheckman. lib. 3. pag. 46. inter Acta SS. tom. 4. Sept. pag. 395. col. 1 : *Celebrabantur ea die Majana tertia funerales Observantiæ dominæ illustrissimæ Mariæ Blankæ, serenissimæ imperatricis, filiæ ducis Mediolanensis.* Vide *Obsequiæ.*

1. **OBSERVARE**, Exspectare. Proverb. 8. 34 : *Observat ad postes ostii mei.* Collatio Carthag. cognitione 1 : *Perendie, si præcipis, Observabimus.* Synodus Romana sub Bonifacio II. PP. sess. 1 : *Quia non recederem, sed Observaturum esse in Regia civitate.* Sess. 2 : *Theodosius Echinensis Episcopus,... sicut præterita sessione constituistis, Observat.* Vetus Interpres Concilii Chalcedon. : *Doceant si qui Observant pro persona agentes reverendissimi monachi.* Ubi Gr. προεδρεύουσι.

2. **OBSERVARE**, dicuntur Clerici, Presbyteri, quoties in Ecclesiis munia consueta et sibi imposita *observant*, et exequuntur. Concilium Andegavense can. 10 : *Quicumque vel de Laicis vel de Clericis ministri fuerint ordinati, et Observare noluerint, si Laicus, communicare non liceat.* Epaonense can. 5 : *Ne presbyter territorii alieni, sine conscientia sui Episcopi, in alterius civitatis territorio præsumat basilicis atque oratoriis Observare.* Ita in Concil. Aurel. IV. can. 7.

Observantes Clerici, qui in Ecclesiis deserviunt, in Conc. Aurel. III. can. 5. Aurel. IV. can. 26.

3. **OBSERVARE**, Jejunare. Glossæ Isidori : *Abstinet, Observat.*

¶ 4. **OBSERVARE**, Servare, tueri, defendere. Charta ann. 1211. e Chartul. S. Vandregisili tom. 1. pag. 849 : *Si aliquis moveret controversiam supra præfatis domibus... ego dictus Rogerus propriis expensis debeo eos Observare indempnes.*

* Charta Hugon. de Castell. ann. 1241. ex Chartul. Campan. in Cam. Comput. Paris. fol. 192. r°. col. 2 : *Ego dictum dominum meum Theobaldum regem Navarræ... promitto et teneor liberare et de omnibus custis et dampnis Observare, quæ propter dictam plegiationem posset incurrere ad probotionem servientium suorum.* Alia notione, vide mox in *Observator.*

¶ **OBSERVATIO.** Charta Rudolphi Episc. Halberstad. : *De singulis mansis duo maltra frumenti et unum anserem Advocatus singulis annis recipiat hac conditione, ut in legitimis placitis suis homines sub Observatione quadam dicta Vara astare et respondere non cogat.* Et paulo post : *In majoribus vero excessibus homines deprehensi sub Observatione respondeant.* Idem est quod sub custodia; *Wara* enim custodia est Teutonibus, ut explicat Schilterus in Glossario. [* Cautio, fidejussio. Vide *Obses*, 1.] [** Vide Haltaus. Gloss. Germ. col. 437. voce *Far.*]

* **OBSERVATOR** appellatur Minister cujusvis ordinis, qui potius ad pompam, quam ad ministerium pontifici sacra facienti assistit, vulgo *Assistant*, idem qui *Obsecundator*. Ordo eccl. Ambros. Mediol. ann. circ. 1130. apud Murator. tom. 1. Antiq. Ital. med. ævi col. 867 : *Cantato* Laudate Dominum de cœlis, *pontifex aut presbyter Observator salutat et imponit psalmum directum.... In Dominicis vero diebus ac festis, post duodecim* Kyrie, *diaconus post salutationem pontificis aut presbyteri Observatoris, imponit antiphonam.... Et duo Observatores subdiaconi ferunt cerostantes ante pontificem seu presbyteros, et presbyter Observator complet matutinum in majori choro, cum Observatore diacono.* Ibid. col. 869 : *Subdiaconus, cujus septimana est, simul cum eo, qui Observat, cooperit altare.... Duo custodes Observatores portant calicem offerendæ et Observant, sicut mos est.* Et col. 871 : *Diaconus Observator dicit ad cornu altaris :* Parcite fabulis. *Et statim duo custodes minores ebdomadarii dicunt excelsa voce :* Silentium habete, *in hyemali ecclesia tantum; in æstiva vero duo minores Observatores eadem faciant.* Vide supra *Assistentia* 3. [** et Glossar. med Græcit. in Ἐπιτηρητής]

1. **OBSES**, Sponsor, præs, *caution* : *Ostagius per sacramentum*, in Epistolis Francicis tom. 4. Hist. Franc. Epist. 61. Maxime is, qui si ille, pro quo spoponderat, defecisset a pacto, in ejus, [cui prædem sese dederat,] potestatem transire tenebatur : unde ejus *hospes* esse dicebatur, quod in ejus teneretur domo manere, quamdiu is qui in pacto defecisset, fecisset satis. Charta Walteri Cabilonensis Episcopi : *Et ut ista pax firmior haberetur 20. Obsides Savaricus misit, eo modo, ut si ipse Savaricus, aut quilibet suorum aliquid male abstulerit,... hanc vero autem pactionem si prædictus Savaricus executus non fuerit, postquam obsides ab Episcopo vel Canonicis conventi fuerint, nec capitale intra 40. dies reddiderint, tamdiu capti in prædicta urbe manebunt, donec ablata restaurentur,... de Obsidibus vero hæc lex data est, ut, ubi unus mortuus fuerit, alter in loco ejus mox subrogetur.* Charta Fulconis Abbatis Corbeiensis ann. 1055. ex Tabulario Corbeiensi : *De quibus omnibus Comiti et Abbati in hac conventione sacramento ligato tradidit 7. Obsides, ut si hæc violaverit aliquando, intimabitur Obsidibus monere dominum suum, ut se justificet infra 40. dies : si vero neque se justificaverit, aut ipsi Abbati se tradent, aut 30. libras persolvent Obsides, quorum nomina sunt hæc, etc... Quando vero aliquis eorum vita decesserit, eandem Obsidionem subibit cum sacramento ejus in cujus locum successerit.* Consuetudines Montispessuli : *Debitores, qui fuerint non solvendo, creditoribus Christianis tradi debent, eo tenore quod de villa ita non trahantur, qui creditores non coguntur in aliquo illos procurare, nisi eos, qui non haberent, unde viverent, etc.* Hugo Flaviniac. in Chron. Virdunensi ann. 1197 : *Hominium recognovit, et reformavit, et ex toto cellam eandem vurpivit : Obsides dedit, quorum hæc sunt nomina, etc.* [Consuetud. Furn. MSS. ex Archivo Capituli Audomar. : *Quicumque per judicium Coratorum in obsidium venerint, debent facere per tres quadragenas in domo Comitis, vel ubi ponuntur, vel ipsi vel wissel pro eis, sine ferro et compedibus, datis etiam, tam a wissel quam Obsedibus, bonis plegiis quatuor pro quolibet, et non licet eis metas transire ipsis præfixas, si domus incedatur, et si interim non fecerint pacem, non poterunt reconciliari nisi per Comitem : et post hæc Comes potest eos ducere et ponere ubicumque voluerit inter leiam et mare, sine ferro et compedibus, hoc dico per bonos plegios; si unus autem Obsidum velit reconciliari per Coratores et adversarius suus noluerit, debet exire per bonos plegios, et adversarius suus remanebit : sed si Obses fugitivus fuerit, erit in gratia Comitis de corpore et averio, relicta parte bonorum uxori et filiis.*] Adde Ægidium Gelenium in S. Engilberto pag. 17. 66. Histor. Monaster. S. Barbaræ Lugdun. pag. 637. et supra in *Hostagius.*

Obsidum Præstatio, Jus quod dominus habet in subditos, cujus vi, vassalli ac tenentes pro ejus liberatione, si in prælio captus fuerit, ut conventi lytri obsides, in hostium potestatem transire tenebantur. Charta ann. 1288. apud Guesnaium in Annalibus Massiliensib. hoc ann. n. 14 : *Et habere de Massilia illos Obsides, qui gratis, et de sua bona et spontanea voluntate se obtulerunt ituros in Cataloniam seu Arragoniam ob liberationem Domini Principis supradicti, cum ipsa civitas Massiliæ Vicecomitalis sit, et esse debeat immunis et libera a præstatione Obsidum, prout in instrumento dictæ transactionis et pacis plenius continetur.*

2. **OBSES**, pro *Hospes.* Capitulare de villis cap. 12 : *Ut nullus Judex Obsidem nostrum in villa nostra commendare faciat.* Vide *Hostagius*, et infra, *Obsidio.*

¶ 3. **OBSES**, Obsessor. De dæmone mulierem corripiente dicitur in Vita S. Germani Paris. tom. 6. Maii pag. 785 : *Statim a circumstantibus de mulieris naribus scintillarum igne fumus egredi visus est, ut cunctis clarefieret, ejecto insidiatore, mulierem usque tunc illum saluti suæ repugnasse per Obsidem.*

* 4. **OBSES** Generalis, Submonitio, citatio ad exercitum seu bellicam expeditionem. Libert. loci de Podio-cupis ann. 1369. tom. 5. Ordinat. reg. Franc. pag. 331. art 1 : *Quod si dictus dominus rex ejusque successores, seu ipsius officiarii.... in senescallia Petragoricensi et Caturcensi Obsidem generalem mandaverit, aut servientes indicerent seu habere vellent, pro guerris et franchisiis prosequendis, etc.* Vide in *Hostis.*

OBSESSUS, Dæmone correptus, Energumenus, nostris, *Obsedé.* Victor. III. PP. lib. 2. Dialog. pag. 64. de Energumeno : *Ibique Obsessus vehementer fatigatus obdormivit.* Vide Bedam in Vita S. Cuthberti Episc. num. 62. Rodulphum Tortarium in Miraculis S. Benedicti n. 4. Cæsarium Heisterbach. lib. 3. cap. 2. lib. 5. cap. 11, 14. etc.

* *Obsessus* a *Possesso*, ut vocant, eo maxime distinguitur, quod in *Possesso* dæmon agat intus, in *Obsesso* vero foris, horrenda interdum specie illum perterrendo, nonnunquam ridicula deludendo imagine. Consule Tyroeum de *Obsessis* et Diction. Trevolt. v. *Obsession.* Quæ autem haud suspecta sint *Obsessionis* signa, quis observandus circa *Obsessos* ritus, quævé cæremoniæ in iis liberandis adhibendæ sint, profert Liber Ms. eccl. S. Petri Insulensis, unde sequentia, quæ non omnibus obvia sunt, exscripsi : *Notandum est quod ille, qui*

conjurandi Obsessos vel Obsessas habet officium, debet celebrare per novem dies pro Obsesso seu Obsessa; et est Missa de Spiritu Sancto, cum collectis in fine missalis notatis : qua finita legat evangelia, sicut processus docet.

** Item Obsessus seu Obsessa debet audire Missam jejuno stomacho, et debet habere aliquem vel aliquam jejunantem per novem dies, ita bene die Dominica sicut cæteris, pro se et sui nomine; et debet ire ad offertorium.*

** Item septima aut octava die omnes crines Obsessi seu Obsessæ, tam in partibus inferioribus quam capitis, debent radi.*

** Item octava die, a tempore quo Obsessus seu Obsessa surrexit, debet esse vigilans usque post conjurationem nonæ diei, et existentes apud eum seu eam summa diligentia custodiant eum seu eam ne dormiat, nec dimittant Obsessum seu Obsessam comedere nec bibere post mediam noctem propter periculum, quia debet esse jejunus : et cum Obsessus seu Obsessa intraverit ecclesiam octava die, non potest exire usque ad decimam; et si sit liberatus aut liberata, antequam recedat ab ecclesia, recipiat suum Creatorem, quo recepto, det tantas libras tritici B. Mariæ, quot ipse ponderatur; quo facto recedat et vadat ubi voluerit, et de consilio bibat jejuno stomacho aquam fontis singulis deibus, et in honore quinque vulnerum Christi legat quinquies* Pater noster *et totidem* Ave, Maria.

** Item unum est et summe notandum, quod aqua balnei sit frigida, et si velit conjurans ut apponatur calida præ nimia frigidate temporis aut aquæ, caveat ne apponat nisi in fine passionis, et etiam ne illa calida sit buliens propter periculum.*

** Caveat Obsessus seu Obsessa ad minus per sex ebdomadas ne comedat virides herbas, crudas aut carnes porcinas.*

** Sequitur modus sciendi an homo fuerit Obsessus, an non. Primo, conjurans aspiciat patientem, et firma fide accedat ad eum, et digitos consecratos ponat ad collum ipsius : si ingrossatur ponendo digitos, notum est quod sit Obsessus; si autem ibidem non invenerit experientiam, et possibile in partibus inferioribus se tenuerit, apponet digitos suos, quos supra, ad inferiores partes; et si senserit aliquid moveri, certe Obsessus est. Si autem nullam habuerit experientiam aut certum signum, et si voluerit experimentari an fuerit, an non, legat in aure dextra trina vice cum habitu sacerdotali, videlicet stola, hos versus :* Dereliquit Deum factorem suum et recessit a Deo salutari suo. Deum, qui te genuit, dereliquisti et oblitus es Domini creatoris tui. Benedicite, spiritus et animæ justorum, Domino. Benedicite, sancti et humiles cordes Domino : *Et det ei bibere aquam fontis.*

** Si autem non fuerit bene expertus an patiens sit Obsesus, aut non; et non dederit tibi signum, tu constringas eum hoc modo : Non ego te impero, maledicte Diabole, neque peccata mea; sed tibi imperat Dominus noster Jesus Christus, filius Dei vivi; virtute horum verborum :* Hoc est enim corpus meum, *virtute quorum verus panis mutatur in verum corpus Christi; et virtute horum verborum :* Hic est enim calix novi et æterni testamenti, mysterium fidei, qui pro vobis et pro multis effundetur in remissionem peccatorum; *virtute quorum verum vinum mutatur in verum sanguinem Domini nostri Jesu Christi, ut te manifestes et nobis ostendas in quo membro istius hominis sis absque aliqua fallacia. Si fuerit Obsessus, ostendet se dæmon, aut dabit tibi signum verum.*

OBSETRIX. Gloss. MS. Regium cod. 1013 : *Obstetrix, quæ corrupte.... Obsetrix nuncupatur.*

¶ **OBSIDATUS,** Obsidiatus. Vide *Obsidium* 1.

¶ **OBSIDEARE,** Obsidere, Gall. *Assieger.* Nicolai Smeregi Chronicon apud Murator. tom. 8. col. 106 : *D. Rodulphus de Vivario salivit super castrum de Angarano, et ibi fuit Obsideatus per Paduanos et Vicentinos, et tandem ipse cum illis qui eum sequebantur, cum illo fugierunt necessitate victualium.*

¶ **OBSIDIARE.** Vide in *Obsidium* 2.

OBSIDIO, Datio in obsidem, Gall. *Hostage.* Gregorius Turon. lib. 2. Hist. cap. 15 : *Obsides ad invicem acceperunt... Multi tunc filii Senatorum in hac Obsidione dati sunt.* Tabularium Prioratus de Domina in Delphinatu f. 118 : *Quod si Bruno suum partem* (5. solidor.) *huic termino non reddiderit, uno quoque anno revertatur in Obsidione, et inde non exeat sine jussione Prioris ipsius loci, etc.* Occurrit etiam in Charta laudata Fulconis Abb. Corbeiensis.

1. **OBSIDIUM,** Datio in obsidem. Epistola Balduini Imp. CP. apud Arnold. Lubecensem lib. 6. cap. 20 : *Imperiale Palatium, Blachernæ dictum, nobis sub Imperatoris et suo juramento promittit in Obsidium, donec cuncta nobis promissa reddantur.*

Obsidiatus. Eadem notione, apud Eutropium lib. 2. et Ammianum lib. 16. et in Codice Carolino Epist. 88 : *Petentes Ramualdum ejusdem Arichisi filium in Obsidiatum.* Adde Laurentium Leodiensem in Episcopis Virdunensibus pag. 293.

¶ Obsidatus, Eodem significatu. Ammianus lib. 16. cap. 27 : *Obsidatus pignore tentus in Gallis.* Rursum utitur lib. 18. cap. 15. lib. 25. cap. 24. Burchardus in Epistola de excidio Mediol. tom. 6. Muratorii col. 918 : *Jussit igitur Imperator omnes Consules et Exconsulares, Majores et Milites, Legistas et Judices in Obsidatu teneri, populum vero tamquam minus culpabilem tantum sacramento affectum in civitatem remitti.* Vide Romualdum II. Archiep. Salern. tom. 7. ejusdem Muratorii col. 151. et supra in *Forostagiare.*

2. **OBSIDIUM,** pro *Obsidiæ,* Insidiæ. Wichbild Magdeburgense art. 90 : *Insidias, seu Obsidia, stupra, domorum irruptiones, etc.*

Obsidiare, Insidiari. Gloss. Lat. MS. Regium cod. 1013 : *Obsidiaverunt, insidiati sunt.* Commodianus instruct. 62 :

Obsidiando perit, et ideo sentit iniquus.

Obsidias etiam dixit, [post Columellam lib. 8. cap. 1.]

* **OBSILLAGIS.** Marsus in Glossar. ex Cod. reg. 7641.

OBSOLEFACERE, Deterere, inquinare. S. Augustinus in Psalm. 29 : *Et quia contemnit in se quod melius est pecoribus, perimit in se vel deserit, et quodammodo Obsolefacit imaginem Dei.*

OBSOLETARE, Obsoletum reddere, infuscare, polluere. Gloss. Arabico-Lat. : *Obsoleto, obtero vel inquino.* Isidori Glossæ, et Papias : *Obsoletatus, inquinatus, pollutus.* Tertullianus in Apologet. cap. 5 : *Si honorem inquietant divinitatis, si majestatis vestigia Obsoletant.* Idem in Scorpiaco cap. 6 : *Qui vestitum Obsoletassent nuptialem.* Fortunatus in Vita S. Albini Episcopi Andegav. num. 1 : *Radiantem vitam, si pigri relatoris impar lingua prædicat, Obsoletat.* [Zeno Veron. Serm. de Job : *Obsoletatus sordibus.*]

* **OBSOLETUS,** Abolitus, sublatus. Chron. monast. Heilsbr. in Bibl. ejusd. pag. 9 : *In quo* (anno) *Templarium ordo est Obsoletus.*

OBSONIUM, *Convivium : nam Obsonia, i. panis.* Ita Glossæ MSS. ad Alexandr. Iatrosoph. Interdum capitur hæc vox pro *procuratione,* seu *convivio,* quod vassallus domino debet. In Charta sub Roberto Rege Franciæ ann. 1023. exarata ex Tabulario S. Vedasti Atrebatensis : *Ab Ecclesia autem Episcopali juri nullam consuetudinem persolvendam statuimus, vel statui permittimus, nisi ut in Synodo denarii octo pro Obsonio in anno persolvantur.* Vita S. Gerardi Abbat. Broniensis num. 16 : *Et Ecclesia Broniensis ab omni Obsonio Episcopis Leodiensibus debito ulterius immunis habeatur.* [Charta Samsonis Archiep. Rem. ann. 1148. e Chartul. S. Quintini in Insula pag. 40 : *Sane ipse Presbyter a sonniaticis seu Obsoniis et exactionibus, quæ plerumque ad Episcopi servitium fiunt, liber erit.* Alia Lamberti Episc. Noviom. ann. 1122. ibid. pag. 40 : *Somniatas sive Obsonia et quasdam exactiones quæ.... ad nostrum servitium fiunt, etc.* Intelligo pecuniam pro *Obsonio* seu *procuratione* solutam Episcopis, ut in Charta Nicolai Camerac. Episc. ann. 1142. apud Miræum tom. 1. pag. 531. et in Instrum. tom. 4. Gall. Chr. col. 296 : *Altare de Tournicourt, cujus Obsonium per singulos sunt annos quatuor denarii.* Occurrit alibi non semel.]

¶ Obsoniare, Tribuere, dare, solvere pro tributo. Proventus Monasterii Centul. in Actis SS. Benedict. sæc. 4. pag. 104 : *Vicus sellariorum cunctas Abbati et Fratribus ibi degentibus Obsoniat sellas. Vicus pistorum centum panes per hebdomadam.*

Obsonium, Stipendium : hinc

Obsoniator, *Stipendiarius,* in Glossis vet. Vide Casaub. ad Spart. Meur. in ὀψώνιον, et Gloss. Fabr. ad Cedrenum, [necnon Glossar. mediæ Græcit. col. 1074. B.]

* **OBSORDERE.** Laur. in Amalth. *Obsordeo, sordidus fio. Obsorduit, obsolevit.* Epitaph. Gratiani decret. compilat. instauratum ann. 1499. in eccl. S. Petron. Bonon. apud Mabill. in Mus. Ital. pag. 200 : *Monumentum, quod illic carie ruderibusque Obsorduerat.*

¶ **OBSTACULUM,** Agger, ut opinor, aquis oppositus, vel Alveus cujus aqua versat rotam molendini. Diploma Boleslai Ducis Bohemiæ ann. 993. apud Ludewig. tom. 6. pag. 49 : *De ipso flumine Vultava ad tria Obstacula molendinorum in eodem* *loco.* Et mox : *Mansum in littore fluminis Vultavæ ad horreum construendum et Obstaculum in eodem loco ad tria molendina ædificanda.*

OBSTAGIUM. Speculum Saxon. lib. 2. artic. 11. § 3 : *Cui argentum vel nummi sunt solvendi, et si ad terminum solutionis non venerit, vel si venerit, pecuniam tamen accipere noluit, per hoc pecuniam suam non amisit, illum vero diem noscat se perdidisse. Reus etiam ab Obstagio seu equitatura tunc liberatur, sed minime a pecuniarum solutione.* Id est obsidem se pro suo debito debitori tradere, neque rursum eum convenire ad debitum persolvendum tenetur. [Non semel occurrit hæc vox *Obstagium*, pro Obside seu obsidis conditione, Gall. *Otage.* Privilegium ann. 1298. apud Ludewig. tom. 1. pag. 203 : *Quod si non fecerimus, quod absit, nos cum omnibus supradictis domino Abbati et Conventui de Dobirlug, pro Obstagio, civitatem Herzberg promittimus nos intraturos et inde non exituros, donec omnia supradicta a nobis fideliter fuerint adimpleta.* Aliam Chartam adde ann. 1308. apud eumdem Ludewig. tom. 5. pag. 98. et aliam ann. 1345. ibid. pag. 586. Item aliam ann. 1187. apud Sponium tom. 2. Hist. Genev. pag. 48. Libertates Moirenci a Berlione ejusdem loci Domino concessæ ann. 1164. tom. 2. Hist. Dalphin. pag. 17 : *Fidejussores constituo, juramento Burgensibus se obligantes, ut hæc in integrum faciant observari, et si contra hæc aliquid præsumtum fuerit se Obstagium intraturos, et donec Burgensibus satisfactum fuerit, non egressuros, quorum nomina sunt hæc, Giraudus Aesmars Dominus Montilii etc.... et omnes Domicelli Moiricenses. Omnes isti fidejussione et juramento tenentur, ut hæc faciant observari; et si observata non fuerint tempore et loco quem isti qui subjecti sunt dictaverint, usque ad satisfactionem Ostagium tenere.* Hic observari licet, quantum viri Nobiles et Domicelli deberent Moiricensi Domino, ut pro concessis ab ipso libertatibus cavere tenerentur : quas si Berlioni aut ejus successoribus infringere placuisset, statim isti fidejussores Moiricensibus tradendi essent obsidio, inde non recessuri donec omnino fuisset satisfactum. Vocis etymon *Obses*, ut docet Vossius de Vitiis sermonis pag 447. Vide *Hostagium* 3. et *Ostagium* 2. [** Vide Mittermaieri Princip. Jur. Germ. § 279. not. 12. Haltaus. Glossar. German. voce *Inlager* col. 1019. et *Leisten* col. 1259. *Obstagium*, est Promissio sponsorum vel debitoris ipsius, si certo die debitum solutum non sit, cum numero definito equorum et servitorum intrandi diversorium publicum, neque inde recedendi usquedum creditori plane sit satisfactum. Vide *Jacentia Comestus.*]

¶ Obstagiare, Obsides dare vel accipere. Conventio inter Abbatem S. Urbani et Hugonem *de Villers* ann. 1173. ex Archivis ejusdem Monasterii : *Si Cellerarius voluerit aliquem de hominibus suis repignerare vel Obstagiare, de hoc quod levatum fuerit de repigneratione habebit Dominus Hugo tertiam partem, Cellerarius duas, et de Obstagiis similiter.* Libertates villæ de Villereys ann. 1253. tom. 9. Spicil. Acher. pag. 192 ; *Aliquis eorum non potest a nobis nec a nostris captus detineri pro aliquo forisfacto, si se velit Obstagiare de stando juri coram nobis, nisi pro furto, homicidio, raptu vel adulterio.* Vide *Hostagiare.*

Obstagius, Obses, in Mamotrecto ad 2. Paralip. cap. 24. [Vide *Hostagius* et *Ostagius.*]

* **OBSTANTIA**, Intercessio, Gall. *Opposition.* Charta Caroli VI. ann. 1422. in Reg. Cam. Comput. Paris. alias Bitur. fol. 19. r° : *Prætextu cujus oppositionis et Obstantiæ locus prædictus et baronia* (Montisquivi) *in manu regia remanserunt.* Stat. crimin. Saonæ pag. 114 : *In cujus sententiam decreverunt et decernunt, Obstantiis quibus in contrarium non obstantibus*, etc. Nostris alias *Obstant*, idem quod nunc *Pour, à cause, parce que*, Ob, propter, idcirco. Lit. remiss. ann. 1373. in Reg. 105. Chartoph. reg. ch. 15 : *Icellui Arondiaux sacha son coutel,.... sans ferir ledit Malprivé, ne aussi ferir ne le peust, Obstant la petitesse dudit coutel et largesse de la table d'entr'eulx.* Anonym. in Carolo VII. pag. 484 : *Y en eut de quatorze à quinze cent de tuez, qui furent mis en terre de l'ordre d'icelle dame de Laval, Obstant ce que la bataille avoit esté faite sur la terre.*

OBSTARE. Vetus interpres Juvenalis ad Sat. 6. v. 152 : (*Quo jam mercator Iason.*) *Illud significat quod Romæ in porticu Trajanarum thermarum tempore Saturnaliorum sigillaria sunt. Tunc mercatores casas de linteis faciunt, quasi picturam Obstant. Ideo autem dicit, Mercator Iason, quoniam antea in porticu Agrippinarum sigillaria proponebantur, in qua porticu historia Argonautarum depicta est, et casæ cum fierent, picturæ Obstabant*, Id est, picturam occultabant : Gallis, *Ostent la veue de la peinture, se mettent au devant de la peinture. Ita luminibus Obstare* dixit Ulpianus. Sic etiam

Obstare, et Ostare viam, est viam auferre, vel impedire : obstare alicui quominus pertranseat : unde Gall. *Oster.* Capitulatio Caroli M. de Partib. Sax. cap. 25 : *Ut nulli hominum Contradicere viam ad nos veniendo pro justitia reclamandi aliquis præsumat. Viam claudere*, in Capitul. 4. ann. 813. cap. 39. Lex Salica Pithœana tit. 33 : *Si quis Baroni viam suam Obstaverit, aut eum impinxerit, etc.* Editio Heroldi tit. 34. § 1 : *Si quis Baronem de via Ortaverit, etc.* § 2. *Si vero mulierem ingenuam de via sua Ortaverit, etc.* Ubi *viam obstare*, est viam auferre : qui enim obstat ne quis pertranseat, hic viam auferre recte dicitur. Quod si *Ortare* aliud sonat, uti vult Wendelinus, et *hurten* Flandricum, et *hurter* Gallicum exprimat, erit *ortare*, aliquem de via cum vi aliqua propellere : quomodo etiam Itali scriptores *Urtare*, pro *detrudere, impellere, vim facere, contrastare*, usurpant. [Hanc sententiam amplectitur Eccardus in Notis ad Pactum Legis Salicæ pag. 54. aitque *ortare* antiquissimum esse verbum Provinciale, posteris temporibus de collisione et impetu congredientium usurpatum : quod firmat ex *Roman de Perceval :*

Les armes de ces qui venoient,
Et sovant Hurtoient as armes.]

Le Roman *de Guillaume au Court-nez* MS.

Tel cop il Hurte del fust qui gros estoit.

Sed videtur *Ortare* idem sonare quod *Ostare.* Tit. 37. apud Herold. § 20 : *Si quis vero de campo alieno aratrum Anteortaverit, aut jactaverit, etc.* quæ apud Pithœum tit. 29. § 19. sic redduntur : *Si quis aratrum in campum alienum intrare prohibuerit, vel arantem foras jactaverit, etc.* Ubi *anteortare*, est vi propellere. Lex Alemann. tit. 98. § 2 : *Si porcarius ligatus de via Ostatus fuerit, vel battutus fuerit, etc.* In Legibus Scaniæ Andreæ Suenonis lib. 4. cap. 3. 4. 5. fit mentio *transitus ad stratam publicam, ad civitatem, ad Ecclesiam, impediti* : et cap. 6. *de pœna publicam viam inutilem facientis.* A voce *Ortare* nata vox

Ort, pro impedimento, in Capitulari 1. Caroli Mag. anno 802. cap. 28. de Missis : *Ut absque ullum Ort eant per ministeria eorum*, (Comitum) *etc.* Vide *Antestare.*

Habetur pactum nuptiale originale ann. 1133. in archivis Nobilium *de la Roche des Aubiers* in Ducatu Andegavensi, in quo mentio fit *de Monsour Lancelot Huraut Grant Otevoie du Roy d'Angleterre.* Meminit præterea Orronvilla in Hist. Ludovici III. Ducis Burbonensis pag. 313. *Jennicoti d'Ottevie*, nobilis Angli, qui eamdem forte dignitatem obtinuit, cui, si divinare licet, viarum obstacula ac impedimenta auferri jubere incubuerit. Sed an hæc dignitas, de qua non memini legere, huc pertineat, non ausim asserere. Vide *Marrire.*

¶ **OBSTATICUS**, Obses; item fidejussor, sponsor. Annales Genuens. apud Murator. tom. 6. col. 290 : *Et si non venirent ad prædictum terminum promiserunt dare civitatem Januensibus; et de hoc dederunt centum Saracenos de melioribus Obstaticos in potestate Januensium.* Chron. Estense apud eumd. Murator. tom. 15. col. 407 : *Dux Guarnerius Capitaneus.... venit civitatem Cerviæ et ibi satis dedit Obstaticos suos, ut liga tota melius posset de eo et alia societate confidere. Dicti Ostatici conducti fuerunt Bononiam.* Charta MS. Ecclesiæ Convenarum : *Sciendum est tam præsentibus quam futuris, quod ego Bernardus Comes Convenarum dedi mandatores et Obstaticos A. Wi. de la Barta, et B. de Maleon, et Garmon de S. Beato, et Petrum de Malabesina et Bern. de Juisan Arsivo Episcopo Convenarum pro omnibus debitis, quæ ei debebamus, et pro omnibus quæ mihi manulevaverat, et pro quibus pro me fidejusserat.* Vide *Ostaticus* suo loco et *Hostaticus* post *Hostagium* 3.

* Charta Raym. comit. Tolos. et Amalr. vicecom. Narbon. ann. 1242. inter Probat. tom. 3. Hist. Occit. col. 412 : *Item promittimus quod nullo tempore pro Obstatico, de civitate vel suburbiis Narbonæ aliquem vel aliquos extrahemus.*

¶ **OBSTETRICARE**, Obstetricis officio fungi, Exod. 1. 16. *Obstetricandi scientia*, ibid. v. 19. *Obstetricans manus*, Job 26. 13.

* **OBSTINACITER**, Obstinate, pertinaciter. Acta S. Erconw. tom. 3. April. pag. 784. col. 2 : *Beati Erconwaldi miracula ejusque sanctitatem Obstinaciter spreverat, etc.* Vide *Obstinatia.*

OBSTINATIA, Pertinacia, pervicacia, Gallis *Obstination*. Cummianus Hibernus de Controversia Paschali : *Vos enim estis capita et oculi populi, qui si in errorem per vestram Obstinatiam inducetur, reddetis stricto Judici rationem, etc.* Helmoldus lib. 1. cap. 25 : *Tantaque animi Obstinatia libertatem defendere nisi sunt, ut prius maluerint mori, quam Christianitatis titulum resumere.* Charta Gastonis Vicecom. Benearnensis ann. 1215. apud Marcam lib. 6. cap. 19 : *Cum propter hoc... essem multis excommunicationibus innodatus, et diu in magna Obstinatia perstitissem, etc.* Utuntur etiam Marbodus in Vita S. Gualterii Abbat. num. 9. [et Eadmerus in Vita S. Anselmi, tom. 2. Aprilis pag. 897.]

Obstinantia. Epistola Monachorum S. Remigii Remensis ad Casinenses : *Cumque pervasor iniquus solita Obstinantia diutius hoc ageret, etc.*

Obstinium, Eadem notione, in libro Miraculorum S. Rictrudis num. 30. 36.

¶ **OBSTIPERE**, vel Obstipescere, Obstupere, seu instar stipitis rigescere, ut habet Mabillonius sæc. 3. Benedict. pag. 181. Fridegodus in Vita S. Wilfridi cap. 16 :

Obstipuit, hæsitque loco temeraria latrix.

Et cap. 47 :

Obstipuere Patres hæc si forte comminiscentes.

Sed et apud Plautum, *Adstans Obstipuisti.* Pseudo-Tertull. de Judic. Dom. cap. 11 : *Obstipuere quidem plures.*

* **OBSTIPUS**, *Obliquus, contra positus*, in vet. Glossar. ex Cod. reg. 7613. Aliud Provinc. Lat. ex Cod. 7657 : *Obstipus, inclinatus, Enclinat, Prov.* Aliud Lat. Gall. ex Cod. 7692 : *Obstipus, le poure qui s'encline pour maille.* Unde leg. *Obstipus*, pro *Obstitus.*

¶ **OBSTITUS**, Κατηφής, in Glossis Lat. Græc. Sangerman. Qui præ pudore vel mœrore vultu demisso est. *Obstitus* apud Lucretium *obliquum* significat, aut *violatum attactumque de cœlo*, ut habet Festus : quem consule, ut et Vossium in Etymologico v. *Obstita.* [* Vide *Obstipus.*]

* **OBSTIUS**, *La petra come spechio ne li muri.* Glossar. Lat. Ital. Ms.

¶ **OBSTRICTIO**, Obligatio, qua inferior obstringitur superiori. Charta ann. 1523. apud Ludewig. tom. 5. pag. 319 : *Ut hoc avertatur eoque juramento subjectionem, Obstrictionem atque fidelitatem, quam nobis facere debent, minime rumpent atque infringent.*

** **OBSTRIGILLUS.** Hincmar. Remens. ed. ann. 1645. tom. 1. pag. 656. apud Grimm. Mythol. Germ. pag. 625 : *Sunt et præstigiatores, qui alio nomine Obstrigilli vocantur, quod præstringant vel obstringant humanorum aciem oculorum.*

* **OBSTRINGILLI**, *Genus calciamenti*, in Glossar. ex Cod reg. 7613. [** Vide Isidor. Orig. lib. 19. cap. 34. sect. 8.]

OBSTROPARE. Acta S. Thyrsi Mart. cap. 4. ex MS. Velseri : *Quantum arte magica Obstropandos oculos hominum facis*, i. illudendos, fallendos : vel forte *obstupandos*, i. claudendos. Vide *Obstupare.*

¶ **OBSTRUDULENTA**, *Appetenda*, apud Papiam, ab *Obstrundere*, Deglutire, devorare.

OBSTUPARE, Claudere, obturare, Gallis *Estouper*, quasi foramen *stupa* obducere. Iter Camerarii Scotici cap. 39. § 7 : *Si sint aliquæ communes venellæ Obstupatæ et obstructæ.* Monasticum Anglic. tom. 2. pag. 854 : *Quod omnes lade quas Monachi de Saltreia fecerunt in illo marisco Obstupabantur.*

OBSURDERE. Vide *Sordere.*

¶ **OBSUS**, τὸ δοκίμαζον τὸν χρυσὸν, ὅταν παρατρίβεται, in Glossis Lat. Græc. Sangerm. *Lapis aurum attritum probans*, in Supplemento Antiquarii. [* Adde ex Castigat. in utrumque Glossar. leg. *Obrussa.* Meurs. Vide *Obryzum.*]

¶ **OBTALMIA**, Morbus oculorum, Græc. ὀφθαλμία, in Vita B. Edmundi Cantuar. Archiep. tom. 3. Anecd. Marten. col. 1823.

OBTENDERE. Acta Murensis Monasterii pag. 45 : *Semen quod seminat, et metit : et fœnum quod secat, sæpe debet Obtendere.* Id est forte, *Dispergere*, Gall. *Estendre.*

¶ **OBTENEBRARE**, Obscurare, in Scripturis sacris non semel, in Translatione S. Jacobi Apost. tom. 3. Concil. Hispan. pag. 123. et alibi apud Juniores, quos improbat Vossius de Vitiis sermonis pag. 718.

* **OBTENEBRESCERE**, Tenebris involvi. Concil. Rem. ann. 991. tom. 10. Collect. Histor. Franc. pag. 517 : *Obtenebrescant oculi vestri, qui concupiverunt, etc.* Vide *Obtenebrare.*

¶ **OBTENTATIO**, Tentatio, molitio. Luitprandus lib. 4. Hist. cap. 15 : *Nunc quantum Rex sanctus Obtentationis hujus (antiqui hostis) constantiam Deo pro se pugnante crevit, in medium proferamus.* [** Ob constantiam tentationis.]

* **OBTENTIO**, Licentia, facultas, Gall. *Permission.* Stat. Synod. eccl. Tornac. ann. 1366. pag. 60. art. 2 : *Jacendi autem in ecclesiis vel ad locum sibi (custodibus) assignandum præmissas res deffendi ipsis contribuens, concedimus Obtentionem.*

* **OBTENTUS**, *Occasio, preces, intercessio*, in veteri Glossar. ex Cod. reg. 7613. Charta ann. 886. tom. 9. Collect. Histor. Franc. pag. 345 : *Pro amore omnipotentis Dei et S. Mametis eximii martyris Obtentu, etc.*

¶ **OBTESTIFICARE**, Testificari. Index veterum Canonum, tom. 3. Concil. Hispan. pag. 4. col. 1 : *De libertis familiarium Ecclesiæ, qui vel qualiter ad sacerdotium promoveantur, et de rebus eorum, quid ac ne Obtestificent vel accusent.*

¶ **OBTEX**, Codex. Formula 1. Andegav. apud Mabillon. tom. 4. Analect. pag. 234 : *Rogo te, vir laudabilis illi Defensor... vel reliquum Curia puplica, utique Obticis puplicis patere jobeatis, quia habeo quid apud acta prosevere debiam. Defensor principalis simul et omnis Curia dixerunt : Patent tibi Cotecis puplici, prosequere quæ optas.* Liquet *Cotecis* et *Obticis* unum et idem sonare; *Cotecis* autem est pro *Codices* mendosa temporum scriptione vel pronuntiatione.

* **OBTINENTIA**, Impetratio, Gall. *Obtention.* Vita S. Adalb. tom. 5. Jun. pag. 102. col. 1 : *Quisquis huc venerit hujuscemodi captivatus amentia, integerrimæ redemptionis gloriabitur Obtinentia.*

* **OBTINENTISSIMUS**, Instantissimus. Prolog. ad vitam S. Arduini tom. 3. Aug. pag. 216. col. 2 : *Verum quoniam sanctitas tua Obtinentissima prece coarctat, non audeo ultra tuæ resistere voluntati.*

1. **OBTINERE.** Occupare. Frontinus de Limitib. agror. : *Pomerium a privatis operibus Obtineri non oportebit.* Utitur alibi, ut et Aggenus.

2. **OBTINERE**, Vincere, victoriam obtinere : non semel occurrit in Historia Cortusiorum lib. 5. cap. 2. lib. 8. cap. 16. et alibi.

Obtinere, Superare, rationibus ad suas partes trahere, nostri *Gagner* dicunt. Auctor Prædestinati lib. 1. Hæres. 30 : *Hos sanctus Joannes Constantinopolites Episcopus tali ratione in multis civitatibus Obtinuit.* Et Hær. 33 : *Hos Obtinuit Craton Episcopus Syrorum.* Adde Hæres. 39. Alibi voce *superavit* utitur, ut Hæresi 27. etc.

¶ **OBTINGERE**, Pertinere. Traditio ann. 722. apud Marten. tom. 1. Ampliss. Collect. col. 23 : *Deinde per Melna suso aqua usque ubi nobis Obtingit legitimo usque ad Winardo curte, usque ad illa marca qui nobis Obtingit, et ad stipendia ipsorum servorum Dei donamus de villas nostras... de Bursis quidquid est de nostra parte totum, et de Blancio quidquid nobis Obtingit totum.*

* **OBTOCIARE**, Servare, tueri, defendere. Charta Bonif. marchion. patris Mathildæ apud Lam. in Delic. erudit. inter not. ad Chron. Pontif. Leon. Urbevet. pag. 167 : *Et si quoq. tempore quispiam persona homine insurgerit, qui vos exinde, vel ex parte, vel ex totum expellere, aut qualibet calupnia generare voluerit, nos suprascripto donatore,... ab omni persona hominum stare et Obtociare, seu defendere debeamus.* Sed forte leg. *Observare.* Vide supra in hac voce.

* **OBTRACTARE**, Attrectare. Stat. eccl. Turon. ann. 1396. cap. 77. ex Cod. reg. 1237 : *Si quis Obtractaverit puellæ pectus vel turpitudinem puellarum ;.... scriptum est enim : Neque tetigeris neque Obtractaveris turpitudinem feminarum.* Ubi versio Gallica : *S'il a debaillé la poitrine à la pucelle ou autres membres honteux des femmes,... il est escript : Tu ne bailleras ne n'attoucheras la leidesce des femmes.* Vide *Obtrectare.*

¶ **OBTRECTARE**, Eodem sensu. Statuta Eccl. Nannet. apud Marten. tom. 4. Anecd. col. 947 : *Si quis Obtrectaverit puellæ pectus, vel turpitudinem... triginta diebus pæniteat; scriptum est : Neque Obtrectaveris turpitudinem fæminarum.*

¶ **OBTUA** Columna, Species columnæ apud Gualvaneum Flammeum, tom. 12. Muratorii col. 1011.

* **OBTUITUS**, Visus, intuitus. Stat. synod. eccl. Tornac. ann. 1366. cap. 21. pag. 56 : *Presbyteri.... ne in cœtibus misceantur ubi amatoria cantantur, et turpia aut obscœni motus corporum, choreis et saltationibus afferuntur, ne auditus et Obtuitus sacris mysteriis deputatus, turpium spectaculorum et verborum contagione polluantur.*

* **OBTURATUM**, Obturamentum. Inventar. Ms. thes. Sedis Apost. ann. 1295 : *Item unum annulum cum uno robino* (leg.

rubino), *qui habet unum Obturatum de modico auro.*

* **OBTUSIO** Visus, *apud antiquos auctores, i. Obscuritas.* Glossar. medicum Ms. Simon. Januens. ex Cod. reg. 5959.

¶ **OBTUSITAS**, Stupiditas, imperitia. Johan. de Monsteriolo apud Marten. tom. 3. Anecd. col. 1394 : *Ut ejus descriptio non meæ Obtusitatis insulsiam, quin verius ingenia Carneadis et Pyndari elevatissima meretur.*

Obtusitas Hyemis, *Operis : Duræ cervicis Obtusitas*, apud Auctorem de Disciplina Scholarium cap. 1.

¶ **OBUA**, pro Obba. Supplementum Antiquarii : *Obua*, ὄμβιξ ἐν ᾧ τοῖς νεκροῖς σπένδεται, *Calix, Obba, in qua mortuis libatur.* [* Vide Cujac. lib. 11. Observ. cap. 7.]

¶ **OBVALLUM**, *Undique munitum*, in Glossis Isidori. Grævius emendat *Obvallatum.*

¶ **OBVENIMENTUM**, Quidquid obvenit mulieri post sua sponsalia, sive hæreditario jure, sive alio quavis modo. Charta ann. 1409. apud Baluzium tom. 2. Hist. Arvern. pag. 411 : *Pro... successione, escheuta, legitima seu Obvenimento quibuscumque sibi dictæ Johannæ.... contingentibus.* Vide *Advenimentum.*

OBVENTIO, Commodum, emolumentum. Gl. Græc. Lat. : Προσαγωγή, *Accessus, Oblatio, Obventio.* Arnulfus Lexoviensis in Epist. ad Alexandr. PP. pag. 42 : *Quod in Regulares personas sicut præbendæ, ita et Archidiaconatus, et omnium rerum tam potestas, quam administratio conferetur, ita nimirum ut omnes Obventiones deberent in commune referri, etc.*

☞ Passim occurrit pro iis præsertim commodis, quæ non debentur, sed casu, et sæpe præter spem adveniunt. Vide Jurisconsultos. Chartular. Gemmetic. tom. 1. pag. 49 : *Avons plusieurs autres droits, forfactures, confiscations, batardies, amendes, Obvenus, voiries, rouages etc.*

¶ **OBVIA**, Occursus. Missale Gothicum pro Dominica in Palmis apud Mabillon. Liturg. Gallic. pag. 235 : *Ut sicut illi in tua fuerunt Obvia cum arboreis virgis, etc.*

* Castigat. in utrumque Glossar. : *Obvia*, ὑπαντή. Reg. *Obviatio causa honoris.*

* **OBVIAMETUM**, Eodem intellectu. Lit. remiss. ann. 1351. in Reg. 81. Chartoph. reg. ch. 917 : *Cum Johannes de Poncallier miles et Guillermus d'Arc miles sibi ad invicem obviassent ;.... prædictus Guillermus in dicto Obviamento taliter vulneratus extitit, quod infra tempus modicum expiravit.*

* **OBVIETUM**. Charta Ludov. reg. Sicil. ann. 1382. in Reg. Cam. Comput. Paris. sub Joan. duce Bitur. fol. 27. v°. : *Cum ipsius principatus Tarentini.... molendinis, fluminibus, vineis, Obvietis, virgultis, herbagiis, etc.* Sed leg. *Olivetis.*

OBVIUS, Contrarius. Bulla Cælestini III. PP. apud Buzelinum in Gallo-Flandr. pag. 365 : *Cum detestabile sit et Obvium rationi.*

¶ **OBULUS**, pro *Obolus*, de quo supra, in Charta ann. 1047. apud D. Calmetum tom. 1. Hist. Lotharingiæ col. 416. in Bulla Alexandri III. PP. ann. 1179. tom. 2. ejusd. Hist. col. CCCLXXXVII. et alibi.

* Glossar. Lat. Ital. Ms. : *Obulus, la medagia, e possessione integra, seu medietas denarii.*

** **OBUMBRACULUM**, Obumbratio. Vide *Lobia.*

OBUNCARE, Papiæ, *Objugare.* S. Althelmus cap. 17 : *Quem nefandis ulnarum gremiis procax Obuncabat.* [Guibertus lib. 1. de Pigneribus SS. cap. 1 : *Hos plane, qui scrophas circa jugulum aut uspiam in corpore patiuntur, ad tactum illius* (Ludovici cognomento Crassi Fr. Regis) *superaddito Crucis signo catervatim, me ei cohærente et etiam prohibente, concurrere ; quos tamen ille, ingenita liberalitate, serena ad se manu Obuncans, humillime consignabat.* Hoc est, advocans obunca manu. *Obuncatis unguibus*, apud Cæl. Aurel. lib. 2. Chronicon cap. 18.]

¶ **OBURBARE**, Circumscribere. Papias : *Oburbat, circumscribit, dictum ab arbore, quæ est in curvatura, vel a sulco urbium, qui primus aratro circumductus, propter altitudinem murus appellatur.*

* **OBXURA** vel Obxurum, Opera, ut videtur, quam vassalli vel subditi domino debent et præstare tenentur. Charta ann. 1223. ex. Bibl. reg. cot. 19 : *Monachi reddent mihi et hæredibus meis singulis annis ad festum S. Remigii xiij. solidos Paris. pro omnibus relevamentis et pro tribus capitalibus auxiliis, et pro omnibus aliis Obxuris et servitiis.*

¶ 1. **OCA**, Modus agri. Vide in *Olca.*

** 2. **OCA**, Gr. Ὦκα, Ludus aleatorius quidam. Vide Glossar. med. Græcit. in Ὤκα.

¶ **OCACIO**, Occasus, mors. Chron. Mauriniac. apud Duchesnium tom. 4. Hist. Franc. pag. 381 : *Hic itaque cum a Deo provisa fatalis filii Ocacio propinquasset, et inevitabilem spiritus exhalationem sibi imminere consiceret, etc.*

* **OCAGIUM**, Fructus seu reditus, qui ex cultura *Ocæ* villano, sub annuo censu concessæ, proveniunt. Vide *Olca* 1. Charta Henr. II. reg. Angl. pro Libert. Norman. ex Reg. S. Justi in Cam. Comput. Paris. fol. 35. r°. col. 1 : *Villanus alterius quam noster eodem modo admircietur, salvo Ocagio suo, si inciderit in misericordiam nostram, et nulla misericordiarum prædictarum ponatur, nisi per sacramentum proborum et legalium hominum de visneto.* Ita quoque legitur in Cod. reg. 4651. Emendanda proinde hæc Charta apud *Brussel* tom. 2. de Usu feud. pag. 4. ubi corruptissime editum : *Admentietur, salvo Otagio suo si invaderit in ruinam; et nulla prædictarum misarum ponetur, nisi, etc.*

OCCA, [Anser, Gall. *Oye.*] Vide in *Auca.*

* Alias *Oë* et *Ouë*. Lit. ann. 1290. in Lib. rub. Cam. Comput. Paris. fol. 56. v°. col. 1 : *Quatrevinz et quatorze guelines, ouict cenz quatrevinz Oez, etc.* Charta ann. 1309. ibid. fol. 347. r°. col. 1 : *Derechef une Ouè à la S. Remy, xij. den. Paris.* Lit. remiss. ann. 1399. in Reg. 154. Chartoph. reg. ch. 450 : *Les supplians alerent veoir le jeu des Oës, que on a acoustumé de faire le lendemain de la feste S. Remi en Octobre, en la foire au ban des religieux de S. Remi de Reinz.* Hinc *Oyer*, qui *Occas* præparat et vendit. Lit. remiss. ann. 1357. in Reg. 89. ch. 23 : *Jehan Roussel Oyer tenoit en sa main un grant coutel tout nu à detrenchier ses Oyes et autres viandes. Des Oyers et cuisiniers de Paris.... Que nul ne cuise ou rotisse Oës, etc.* in Lib. 1. stat. antiq. Paris. ex Cam. Comput. fol. 219. et 220.

¶ **OCCAMEN**, *Contisio*, in Glossis Isid. Restituunt viri docti *Contusio*, scilicet glebarum per occasionem. Quid si *Concisio*, ut in excerptis Pithœanis? Non minus recte concidi dicuntur glebæ per occam, quam contundi. Vide mox *Occare.*

* **OCCANUS**, pro Occasus, Gall. *Couchant.* Charta ann. 1088. in maj. Chartul. S. Vict. Massil. : *Alia pecia ab ortu rivus siccus, a meridie via publica, ab Occano Rocaleti, ab aquilone rivum, etc.*

1. **OCCARE**. Passio S. Victoris Massiliensis MSS. ex Codice Vaticano :

> Surge, deosque voca, sumensque per occiput Occa
> De grege quidquid ames, et si faciendo reclames.

Infra :

> Quæ lex jure docet vitulos ut quilibet Occet
> Numinibus mutis, etc.

Ubi *Occáre* est sacrificare, quod qui immolant animalia, ea *occent*, i. secent, scindant, truncent. Est enim proprie *Occare*, *quando rustici aratione et satione facta dimissis bobus grandes glebas cedunt, et ligonibus frangunt*, apud Joannem de Janua, [ex Isidoro lib. 17. Orig. cap. 2.] in Gloss. Græc. Lat. βωλοστροφεῖν, [in aliis βωλοκοπεῖν. *Occare spinas*, eas præcidere, in Vita S. Jacobi Erem. sæc. 4. Benedict. part. 2. pag. 151.]

* 2. **OCCARE**, Secare, scindere, Gall. *Couper.* Vita S. Walth. tom. 1. Aug. pag. 275. col. 2 : *Hic ita erat hac attritus et attenuatus infirmitate, ut omnes illum intuentes magis Occandum crederent in eo, quam protrahendum filum temporalis vitæ.* Hinc *Hoscher* vel *Ocher*, pro Crenis seu incisuris notare, in Ordinat. hospit. reg. sub Phil. V. apud Marten. tom. 1. Anecd. col. 1363 : *Avant que le saulcier mouille les ecuelles, il les doit Hoscher et les compter en la présence de l'un des queux,.... et celles qui auront esté Ochées, ne doivent pas estre comptées le lendemain.* A veteri Gallico *Osche*, Incisura, vulgo *Coche*, *entaille.* Instr. ann. 1406. ex Bibl. reg. : *Disoient aucuns que l'en avait avalé les lampes à un baston où il avoit uns Osche ou cran.* Infra : *Un baston encrenez. Oque*, eodem sensu, in Lit. remiss. ann. 1416. ex Reg. 169. Chartoph. reg. ch. 256 : *Le suppliant désirant ferir le loup et tirer à lui d'une saiete, qui pour ce avoit mise en Oque, et son arc tendu, etc.* Vide infra *Ochiatus.*

¶ 1. **OCCASIO**, Damnatio, vel *Occasus*, mors animæ. Capitulare Attonis Episcopi Vercellensis cap. 59. de Oratione Dominica, tom. 8. Spicil. Acher. pag. 22 : *Consideret tamen unusquisque conscientiam suam, quia si ex puro corde omnibus a quibus læsus fuerit non dimiserit, hæc oratio magis ad Occasionem, quam ad veniam illi esse videtur.*

2. **OCCASIO**, Tributum aut præstatio quæ propter *occasiones* bellorum vel aliarum necessitatum a dominis subditis imponebatur, Concilium Turonense VIII. can. 4 : *Propter diversas Occasiones res pauperum multis in locis attenuatæ sunt.* Hincmarus in Concilio Duziacensi I. part. 5 : *Cœpit Clericos et Laicos qui eum elegerant*

per varias Occasiones affligere, etc. Rodericus Tolet. in Hist. Arabum cap. 15 : *Fiscum diversis Occasionibus augmentavit.* Charta Alarici Regis Goth. ex Tabulario Pennensi : *Remota omni Occasione regali et episcopali.* Lex Longobard. lib. 3. tit. 1. § 33. [** Ludov. P. 37.] Capitul. Caroli M. lib. 4. cap. 47. et Capitul. 5. ann. 819. cap. 4 : *De injustis Occasionibus et consuetudinibus noviter institutis, sicut tributa sunt et telonea, etc.* Charta Caroli Simplicis in Tabulario Ecclesiæ Augustodun. : *Nec ullas redditiones, aut illicitas Occasiones requirendas, etc.* Quæ quidem formula occurrit passim in Chartis veteribus, in Spicilegio Acheriano tom. 8. pag. 353. in Monastico Anglic. tom. 1. pag. 503. tom. 2. pag. 812. apud Vassorium in Annalibus Noviomensibus pag. 681. 682. in Probat. Hist. Guinensis pag. 20. apud Bivarium in Notis ad Pseudochronicon Maximi pag. 570. etc.

* Charta ann. 1218. in Chartul. Cluniac. : *Conquestus est prior et conventus, quod Simon dominus Sinemuri et servientes ejus gravaverunt homini ecclesiæ Marciniacensis constitutos in castellania Sinemuri, levando ab eis singulis annis messiones, jornalia, fenum, paleam, gallinas et exactiones nummorum, nomine Occasionum.*

* 3. **OCCASIO**, Mulcta, quæ quavis ex occasione exigitur. Charta Richardi de Vernone ann. 1186. in Reg. 161 : Chartoph. reg. ch. 276 : *Canonici de Vernone habeant quartam partem omnium Occasionum et omnium redditunm, qui de foresta Vernonensi provenient.* Chartul. Monaster. in Argona fol. 9. r°. : *Quod si forte in pratis, quando in banno sunt, pecudes eorum aut porci... accurrerint et dampnum fecerint, judicio bonorum hominum.... fratres Monasterienses quantum dampni fecerint, tantum solummodo restituent, absque omni Occasione et ampliori exactione.* Infra fol. 11. r°. : *Sine Occasione et emendatione tantumdem restituant.* Rursum fol. 16. v°. : *Persolvent singulis annis,.... sine Occasione iiij. sextaria frumenti ad Cathalaunensem mensuram.*

* 4. **OCCASIO**, Lis injuste intentata. Charta ann. circ. 1130. ex Chartul. Stirpensi : *Et veni inde ad placitum, et laudaverunt michi, quod antequam sustinerem guerram, non propter feudum, sed causa amicitiæ suæ adquirendæ, licet in justitia* (leg. injuste) *quæreret, quod darem sibi manducare quatuor festis; quod et feci. Iterum movit michi Occasiones, etc.* Vide mox *Occasionare* 1.

* 5. **OCCASIO**, Periculum, discrimen, Gall. *Danger. Occasiones heymales,* aeris inclementia, qualis esse solent in hieme, ut notant docti Editores ad Mirac. S. Taurini tom. 2. Aug. pag. 644. col. 2 : *Et illud vas, ubi moribundas apes collegerat, hyemales Occasiones sufficienter evasit.*

* Occasio Calva. Vide supra *Calvus.*

* Occasionabilis Circada, Quæ propter *Occasiones* sæpius ad libitum inductas exigitur, in Epist. Hincmari ad Ludov. II. Locus est in *Circada.*

* Occasionalis Exactio, Eadem acceptione, in Charta Caroli Simpl. ann. 920. tom. 9. Collect. Histor. Franc. pag. 548 : *De telontis quoque, cunctis etiam Occasionalibus exactionibus.... præcipiendo decernimus, ne quis exigere præsumat ab eorum ministris et missis.*

1. Occasionare, Occasionibus seu præstationibus gravare. Statutum Eduardi II. ann. 21 : *Non propter hoc Occasionentur coram Domino Rege et justiciariis quibuscumque, etc.* Fleta lib. 1. cap. 24. § 7 : *Ita quod ipsi vigilatores non Occasionentur, seu in aliquo graventur.* Adde lib. 2. cap. 66. § 18. 19. et Statutum Marlebridgense sub Henrico III. Rege Angl. cap. 11. Monasticum Angl. tom. 2. pag. 916 : *Fossatum ita claudi faciant, quod averia mea non possint transire : et si transierint, inde non Occasionabo.* Libertates MSS. villæ *de Vitré* concessæ a Theobaldo Comite Campaniæ anno 1230 : *Je promet à bone foi que je ne les semondrai en ost ne en chevauchie par aus Oquisener, mais que par mon besoin.* Vide *Acheso.*

* Vel potius, In jus vocare, litem injustam movere, vexare, ut ex supra allatis facile est colligere, et præsertim ex sequentibus. Vide supra *Acheso* et *Occasio* 4. Libert. Autiss. ann. 1223. in Reg. J. Chartoph. reg. ch. 10 : *Quod dicti duodecim electi, vel major pars eorum, fecerint super negotiis suæ communitatis, non poterunt a me vel a mandato meo Occasionari, vel res eorum capi.* Arest. ann. 1277. in Reg. 2. *Olim* parlam. Paris. fol. 35. r° : *Cum ballivus Silvanectensis Occasionaret majorem et juratos Silvanectenses super eo quod ipsi retenuerant, tanquam sibi commissa, bona cujusdam jurati sui, etc.* Scacarium Rotomag. ann. 1288. in Reg. S. Justi ex cam. Comput. Paris. fol. 41. r°. col. 1 : *Cum episcopi Normanniæ Occasionarentur super eo quod ex parte domini regis proponebatur contra eos, quod ad scacaria sua ex debito venire tenebantur, etc.* Charta Henr. VI. reg. Angl. ann. 1441. in Chron. Joan. Whethamst. edit. Hearn. pag. 313 : *Nolentes quod.... inde Occasionentur, molestentur in aliquo seu graventur. Oquisonner,* eodem sensu, in Charta ann. 1268. ex Chartul. S. Petri Insul. sign. *Decanus* fol. 173. r°. : *Ne doit li une partie les hostes, ne les gens de l'autre Oquisonner à tort, ne mener, ne faire mener hors loi, ne hors raison. Ochoisonner* vero et *Enchoisonner,* pro Arguere, vituperare, vulgo *Reprendre, blâmer.* Joinvil. in S. Ludov. edit. reg. pag. 86 : *Je alai veoir le roy, et m'Enchoisonna et me dit que je n'avoie pas bien fet.* Bestiar. Ms. :

> Et se chou laissons par pereche,
> Moult en serons Ocboisonnés,
> Et de nostre signor blasmés.

* *Oquision,* pro *Occasion, sujet,* Causa, in Lit. ann. 1292. apud Marten. tom. 1. Anecd. col. 1248 : *Ne à autrui en sen Oquision. Occhoison* aliud sonat, Consilium nempe, vulgo *Intention,* in Lit. ann. 1359. tom. 3. Ordinat. reg. Franc. pag. 347 : *A mauvaise Occhoison nous requeroient la privacion des dessuz nommez.* At vero *Occasionaument,* idem quod Suggerendo, insinuando, vulgo *par suggestion, indirectement,* in Charta ann. 1306 : *Il jureront que les choses dessus dites, ne en aucune d'icelles, ne ajouteront, ne ajouter feront, ne soufferront à ajouter, ne feire, ne en repost, ne en appert, malice ne fraude, principaument ne Occasionaument.*

* 2. Occasionare, Occupare, ad manum ponere, Gall. *Saisir.* Charta Ludov. VIII. reg. Franc. ann. 1225. ex Cod. reg. 8448. 2. 2. fol. 6. r°. : *Neque sustineatis eos* (burgenses nostros de Monteferrando) *vel res suas Occasionari vel arrestari, seu etiam impediri pro aliquibus debitis.*

¶ Occasionaliter, Data occasione, in Tractatu ann. 1493. apud Gotofredum ad Historiam Caroli VIII. Franc. Regis pag. 669.

* **OCCASIONARIUS**, Occasionum captator, Galli dicimus, *Qui met à profit les occasions;* vel qui *Occasiones* seu tributa exigit. Vide supra *Occasio* 2. Charta ann. 920. apud Murator. tom. 5. Antiq. Ital. med. ævi col. 313 : *Super quibus idem præsul deprecatus est nostram mansuetudinem, ut.... ipsius res, quarum munimina interierunt, taliter nostro corroborassemus edicto, ne a pravis aut Occasionariis personis ipsa ecclesia vel canonica, necnon et plebes sibi subjectæ, in suis rebus dampnum paterentur.*

* **OCCASIONATUS**, Imperfectus, Gall. *Manqué.* Gabr. Bareleta serm. in fer. 6. hebd. 4. Quadrag. : *Mulieres sunt imperfectiores viris et quoad sexum, quia est mas Occasionatus; et quoad intellectum, quia deficiunt in discretione.* Et serm. in fer. 5. hebd. Passion. : *Femina est mas Occasionatus, id est, imperfectus. Occasionné* vero, pro Assuetus, vulgo *Sujet, accoutumé,* in Lit. remiss. ann. 1451. ex Reg. 184. Chartoph. reg. ch. 117 : *Laquelle Jehanne est Occasionnée de vomir sang par la bouche, quand elle est esmeue et eschauffée.*

¶ **OCCASIVUS**, Spectans occasum, Saxoni Grammatico. Gloss. Græc. Lat. : Δυτικός, *Occasivus.*

* **OCCEDERE**, *Obviare,* in Glossar. ex Cod. reg. 7613. Leg. f. Accedere.

* **OCCELSIT**, *Occiderit,* in alio ex Cod. 7641.

¶ **OCCENTARE**, *Male ominari,* in Glossis Isid. Festus habet : *Occentare dicebant pro Convicium facere, cum id clare et cum quodam canore fieret, ut procul exaudiri potuisset, etc. Occentare ostium,* Plauto, Ante ostium convicium dicere.

* **OCCHIA**, Terræ portio arabilis, fossis vel sepibus undique clausa, idem quod *Olca.* Vide in hac voce. Tabul. S. Sergii Andegav. : *Dedit.... alium hortum infra septa plaxitii sui cum viridario quod in eo est, et Occhiam de fonte, etc.*

* **OCCHIAVELLA.** Tract. MS. de Piscibus cap. 47. ex Cod. reg. 6838. C. : *Torpedo, Romanis hodie Occhiavella vel oculatella nominatur.* Ab Italico *Occhio,* Oculus.

¶ **OCCIARE.** Chartularium S. Vandregesili tom. 2. pag. 2102 : *Hanc conventionem ipsi Milites Rodulfus et Rogerius cum duobus suis hominibus cum sacramento confirmaverunt, et advocato Alberico et duas sorores et fratre juniore, qui absens erat, Sanctus nomine, ut benigno corde Occiarent, fecerunt.* Legerem lubens *Otriarent,* id est, concederent. Vide *Otriare.*

¶ **OCCIDENTANÆ**, Toni musici. Vide *Frigdoræ.*

¶ **OCCIDIUM**, Occasus, Prudentio Apoth. v. 27 :

> Hæret et Occidium sentit jamjamque futurum.

¶ **OCCIDUALIS**, Occidentalis, apud eumdem Prudentium lib. 2. adv. Symmachum v. 597. [** et Psychom. vers. 832. Occurrit etiam Ecbas. vers. 1076.]

¶ **OCCILIARE**, Occiliator. Vide *Occlata.*

OCCILLARE. Willelmus Brito lib. 5. Philipp. de quibusdam ad furcam suspensis :

Quos in se Occillare sinit vix pendulus aer.

☞ Melius *Oscillare*, quod proprie est Jactari per funes ex arbore suspensos, seu ut habet Festus in *Oscillum*, *Inclinare præcipitemque in os ferri.* De hujusce lusus origine consulendi Servius ad librum 2. Georg. Virgilii, et Festus loco citato. Vide infra *Occlata.*

* **OCCINIUM**, *Lo basilico*, in Glossar. Lat. Ital. MS.

¶ **OCCIPITALE** Capitis, Occiput, in Miraculis B. Raymundi, tom. 5. SS. Junii pag. 689.

* 1. **OCCISIO**, Finis, decisio. Charta ann. 1215. in Chartul. S. Corn. Compend. fol. 200. r°. col. 1 : *Ab eisdem arbitris præstito juramento, quod ad Occisionem causarum, vel amicabiliter componendo, vel sententiam proferendo, bona fide procedent.*

* 2. **OCCISIO**, f. Consumptio, Gall. *Consommation;* vel Laniarium, macellum, vulgo *Tuerie.* Charta Will. reg. Scot. in Chartul. Glasguens. eccl. fol. 80. v°. ex Cod. reg. 5540 : *Dedit.... totam decimam sepi Occisionis meæ, quæ fiet in Tenietesdale.*

* **OCCISOR**, Interfector, homicida, Gall. *Meurtrier; Ochisseres*, in Consil. Petri de Font. cap. 13. art. 28. pag. 92. a voce *Ochission* et *Ocission*, Homicidium, ibid. Stat. crim. Saonæ cap. 63 : *De exulibus impune lædendis et occidendis. Qui autem occiderit, si propterea quod occidit in judicium tractus erit; ubi de decreto vel edicto adversus exulem lato magistratui constiterit, liberet magistratus Occisorem et dimittat.*

¶ **OCCISTRIO**, *Tabernarius*, in Glossis Isidori. Legendum *Cocistrio* a *Cocio*, de quo supra. Ugutio habet, *Ocistrio*, ut infra.

OCCITABULUM, *Quoddam pondus habens dragmas 17. scrupulos.* Sic Ugutio MS. Vide *Acitabulum.*

* **OCCITAMEN**, *Prov. badalh. Occitare, badalhar, iisdem.* Glossar. Provinc. Lat. ex Cod. reg. 7657. Pro *Oscitamen* et *Oscitare.*

OCCLATA, ex *Occiliata*, [vel *Occilata*,] Terra *Occata*, seu quivis agri modus. Gloss. Gr. Lat. : Βωλοκόπος, *Occiliator*. Βωλοςροφῶ, *Occo, Occilio, pastinor, pastino.* [Mallem *Occillare* et *Occillator.* Gloss. Lat. Græc. : *Occillare*, συγκόπτειν. Plautus : *Advententi os Occilles probe*, id est, contunde, ab *Occare*, Glebas contundere vel comminuere, scindere.] Charta Lerinensis ann. 1032. in Chronico Lerinensi part. 1. pag. 364 : *In vineis, campis, hortis, Occlatis, terris cultis et incultis, etc. Agglatis*, eadem notione scribitur pro *Ogglatis*, in Charta Caroli Crassi apud Joan. Columbum lib. 2. de Gestis Episcoporum Vasionensium num. 3. Vide *Olca*, *Pastina* [et *Oglata.*]

¶ 1. **OCCLERUS**, f. pro *Nauclerus*, Clericus; Clericos enim *Naucleros* vel *Nautas* aliquando metaphorice dictos fuisse, videre est in *Epibata* et *Nautologi.* Charta vetus apud Stephanotium tom. 3. Antiquit. Pictav. MSS. pag. 543 : *Considerandum est igitur omnibus mortalibus, ut si aliqui male erga Dei Occleros perpetraverint, vel terras Sanctorum invaserint, quantocius timore penarum anime peniteant.* Alius forte non minus probabiliter dixerit, *Dei Occleros* hic appellari *dotatores* Ecclesiæ, qui Clericis in ea servientibus necessaria suppeditabant ab *Ocleare*, de quo infra.

* 2. **OCCLERUS.** Ita lego in Pontif. MS. eccl. Elnens. ubi de Benedict. virg. : *Tunc episcopus imponat velum super caput cujuslibet, quod descendat super scapulas et super pectus usque ad Occleros.* Sic cum abbreviationis nota scriptum, *Occlós.*

¶ **OCCULUS.** Lambertus Ardensis apud Ludewig. tom. 8. pag. 426 : *Altis mortem comminantur, nonnullis etiam ablatis rebus, rumpheis et Occulis, spatulis vel canipulis, sicut siccarii, imo vere siccarii, mortem ingerunt.* Armorum genus est, nisi sublata virgula legendum sit, *occultis spatulis vel canipulis :* quæ lectio probabilitate non caret.

¶ 1. **OCCUPATIO.** Capitulare Francoford. ann. 794. cap. 45 : *De Virginibus quo tempore velandæ sint, vel quibus Occupationibus, ante annos viginti quinque, etc.* Sic alias legebatur, pro quo Baluzius recte emendavit *Occasionibus*, ut et in Capitul. Caroli C. tit. 25. cap. 2. ut monet ipse tom. 2. Capitul. col. 1045. et 1046.

* 2. **OCCUPATIO**, pro Aucupatio, ut opinor. Charta Frider. I. imper. ann. 1177. tom. 4. Cod. Ital. diplom. col. 11 : *Confirmamus.... tam aquas fluentes quam stagna, et tam silvas quam valles,.... et tam piscationes, et Occupationes, etc.*

* 3. **OCCUPATIO** Canonica, Qua quis legitime ab officio distrahitur. Stat. S. Flori MSS. fol. 5. v°. : *Nullus.... absque licentia nostra ministret.... ecclesiastica sacramenta,.... vel nisi de licentia rectoris seu vicarii ecclesiæ parochialis, habentis canonicam Occupationem, seu voluntariam ad breve tempus.*

* Nostri *Occuper* et *Occupper* dixerunt, pro Accusare, inculpare, aliquem reum postulare, vulgo *Accuser, charger quelqu'un d'un crime.* Lit. remiss. ann. 1395. in Reg. 148. Chartoph. reg. ch. 32 : *Nostre sergent ordinaire avec un tabellion royal demanderent à Mont-merel s'il Occupoit ou chargoit aucun de son mal, ou de sa mort, etc.* Aliæ ann. 1414. in Reg. 168. ch. 107 : *Avant que icellui Didier trépassast, il fu interrogué pour savoir qui il Occupoit dudit fait. Occuppé*, pro Captus, apprehensus, in Privil. arbalest. Paris. ann. 1410. ex Reg. 165. ch. 80 : *Pour la raençon de nous ou de nos successeurs, se Occupez estions de nos ennemis, que Dieu ne vueille.*

¶ **OCCUPATOR**, Qui occupat, invadit, in Literis ann. 1349. apud Ludewig. tom. 5. pag. 460.

* *Occupeur*, eodem sensu, in Charta ann. 1401. ex Chartul. 23. Corb. : *Les dessus nommez Occupeurs desdites pieces de terre, etc.*

¶ **OCCURRENTIA**, Occasio, casus, Gall. *Occurrence. In diversis occasionibus sive Occurentiis*, in Actis B. Mariæ uxoris S. Isidori Agricolæ, tom. 3. Maii, pag. 551.

OCCURRERE, Ire, pergere, vel convenire, nostris, *Se rencontrer en quelque lieu. Occurrere in tempore*, in leg. 1. Cod. de Aquæduct. (11, 43.) Capitularia Caroli M. lib. 7. cap. 20. [** 34. ex Cod. Eccles. Afric. can. 76.] : *Placuit ut quotiescumque Concilium congregandum est, Episcopi et Presbyteri, qui neque ætate neque ægritudine, aut alia graviore necessitate impediuntur, competenter Occurrant. Quod si Occurrere non potuerint, excusationes suas in tractoria subscribant.* Vide Glossar. med. Græcit. in Ἀπαντᾷν, col. 95. [** et Forcellin.]

* *Occurre*, eadem notione, in Instr. ann. 1297. apud Marten. tom. 1. Ampl. Collect. col. 1401 : *En l'aide de nous et de nostre roiaume, si besoing est, et il en soit requis, doit Occurre au gaing et restours accoustumés.*

1. **OCCURSUS**, Exactio. Charta Ludovici Pii Imp. in Tabul. Fossatensi fol. 8. v° : *Aut ullum censum, vel ullum Occursum, aut ullam redhibitionem ab ipsis accipere aut exactare præsumat.* Habetur eadem ferme formula in Charta Pipini Regis Aquitaniæ, et Lotharii Imperatoris ann. 840. apud Chiffletium in Historia Trenorchiensi, et aliis apud Beslium in Episcopis Pictavens. Baluzium in Append. ad Capitul. n. 47. 67. etc.

Occursus Mali, Apud Apuleium lib. de Herbar. proprietat. cap. 71. 109. phantasmata, terriculamenta, et occursabula dæmonum terrorem incutientium. Sextus Platonicus de Medicina animal. lib. 1. cap. 4. num. 16 : *Efficit ut nec caducus fiat, nec phantasma incurrat.* Vide *Incursus* 1.

¶ Occursus, adj. Obveniens. *Ex quodam accidenti sibi Occurso*, in Miraculis S. Bernardini tom. 5. Maii pag. 286.

* 2. **OCCURSUS**, Officium ecclesiasticum, seu series orationum, psalmorum, hymnorum et cæterarum precationum, quæ occurrente quolibet die recitari debet. Acta S. Junian. tom. 3. Aug. pag. 41. col. 2 : *Nec minus laudes Christo studiosissime decantans lachrymando promebat, per diem septies genuflectens officium sui Occursus explebat.* Vide *Cursus* 2.

* **OCELLARE**, Aucupari, Gall. *Oiseler.* Stat. Mantuæ lib. 1. cap. 115. ex Cod. reg. 4620 : *Sed aliqua persona non debeat Ocellare ad columbos alicujus conditionis domesticos.*

* **OCELLUS**, Urceolus, nostris *Ourcel.* Inventar. S. Capel. Paris. ann. 1376. ex Bibl. reg. : *Item quidam Ocellus argenti deauratus,.... cum ysopo suo vel aspersorio argenti deaurato.* Male paulo ante : *Onsellus*; ubi leg. *Orsellus.* Aliud Gallicum : *Item un Ourcel d'argent doré.... avecques son aspersoir doré.* Neque aliud sonat vox *Ocel*, in Lit. remiss. ann. 1394. ex Reg. 146. Chartoph. reg. 185 : *Ouquel chastel trouverent certains soufflez, et pouldre, canaulx ou Oceaulx, martel, sizeaulx, etc.* Vide infra *Orcellus.*

* **OCHIATA**, Piscis genus. Locus est in *Iblada.* Vide supra *Occhiavella.*

* **OCHIATUS**, Incisus, nostris *Taillé*, alias *Oché.* Vide supra *Occare* 2. Charta

ann. 1369. ex Cod. reg. 5187. fol. 81. v°. : *Et a nemore Marietæ.... usque ad quandam ezochiam quercus Ochiatam in pede, etc.*

* **OCIA**, Tibiale, crurale, idem quod *Osa*. Vide in hac voce. Stat. univers. Aurel. ann. 1307. ex Cod. reg. 4223. A. fol. 18 : *Scolares,.... loco tabardi vel Ociæ, capam cum manicis deferre teneantur.*

* **OCINA**, Mansio cum certa agri portione. Gloss. Cæsar. Heisterbac. in Reg. Prum. tom. 1. Hist. Trevir. Joan. Nic. ab Hontheim pag. 677. col. 2 : *Habemus de vico, qui est in Salninse, Ocinas duas, id est, casas duas, in qua sunt inæ tres, quæ vulgo nuncupantur patellæ.*

* **OCINARIUS**, *Qui tenet sturam in manu.* Glossar. Provinc. Lat. ex Cod. reg. 7657.

¶ 1. **OCHA**, Anser, Gall. *Oye*. Angelus Rumplerus lib. 3. Hist. Monasterii Formbac. apud Pezium tom. 1. Anecd. part. 3. col. 468 : *Mentior si non mihi ortygometram dederit... quæ major fuerit Ocha. Ochæ et anates privatæ*, in Statutis Vercell. fol. 70. recto. Rursum occurrit in Statutis Montisregalis pag. 227. Vide *Auca*.

2. **OCHA**, Ochia, Modus agri. Vide *Olca*.

OCISTRIO, *Tabernarius*. Ugutio. Sed legendum *Cocistrio*.[Vide *Occistrio*.]

¶ **OCITER**, ταχέως in Glossis Lat. Gr. Sangerm. *Cito*, *ocius*, in Supplem. Antiquarii.

¶ **OCLEARE**, dicitur sponsus, qui propter nuptias sponsæ suæ concedit usum fructum partis bonorum, si prius ipse moriatur. Charta Petri de Varena Cancellarii Ducatus Borbonii ann. 1329. apud Baluzium tom. 2. Hist. Arvern. pag. 426 : *Quibus sic actis dominus Robertus Ocleavit seu dotavit dictam Ysabellam sponsam suam futuram, et ipsam esse dotatam voluit et concessit, matrimonio copulato inter ipsos de rebus quæ sequuntur, videlicet de castro Jaligniaci, etc.*

¶ Ocleum, Ususfructus partis bonorum mariti uxori superstiti concessus. Charta mox laudata : *Quod autem castrum de Jaligniaco... dictus Robertus voluit et concessit, quod dicta domicella Ysabellis habeat.... et possideat in dotalicium seu Ocleum per cursum vitæ suæ, in casu quo contingeret dictum Robertum præmori.* Vide *Dos* 2. et *Occlerus*.

* Oclea vel Ocleum, Donatio propter nuptias, quam solet sponsus, interveniente osculo, dare sponsæ. Charta ann. 1385. in Reg. Cam. Comput. Paris. sub Joan. duce Bitur. fol. 122. r°. : *Liberæ ab omnibus actionibus, debitis, cessionibus, alienationibus, coustumis, redebentiis, serviciis, servitutibus, dotibus, Ocleis seu dotalitiis, etc.* Vide *Osculum* 3.

¶ **OCO**, pro Ocius, cito, ut videtur. Diploma Caroli Simplicis ann. 912. apud Marten. tom. 1. Ampliss. Collect. col. 269 : *S. Maximini Monachos quasdam res juste olim possidere, quæ ob negligentiam prædecesorum Abbatum, cupiditatemque malorum omnium matrem, habebantur subtractæ, quasque ipse, cum præfatum locum ad regendum largiremur, Oco illi reddiderat, flagitans, ut de istis præfatis rebus... nostræ corroborationis insigniremur edicto.* [** Leg. *Loco*.]

OCONONISTÆ. Nizo Abb. in Vita S. Basini Archiep. Trevir num. 2 : *Brabantiam, Austrasiam... nuncupatam tradunt Geographi : et Ocononistæ Austrasiæ vocabulum derivatum adstruunt ab Austrasiæ Principe magnificentissimo nepote Caroli Pulchri ex Landone filio.* Quid hæc vox sibi velit, fatentur se ignorare viri doctissimi, et an reponendum *Chronistæ* subdubitant. Quid si *Othonistæ*? nam ὀθόνη et ὀθόνιον, est sindon ex lino, seu mappa; in mappis autem fiebant Provinciarum descriptiones, unde *Mappæmundi*.

¶ 1. **OCREA**, Uter, seu vas deferendis liquoribus ex hircina pelle, Gall. *Outre*. In Charta Roberti II. Ducis Normanniæ pro Monasterio Pratellensi, quam laudat Mabillonius tom. 4. Annal. Benedict. pag. memoratur *Richardus de Lillabona, qui Ocream vini Comitis ferebat*, in itinere scilicet Jerosolymitano.

* Hinc metaphorice pro Scrotum, interprete Echardo, ad Acta S. Domin. tom. 1. Aug. pag. 610. col. 1 : *Quidam puer, nomine Petriolus, rupturam passus in inguine, annis duobus defluentia in Ocream intestina gestabat, etc.*

* 2. **OCREA**, *House de fer*, vel *cauche de fer*, in Glossar. Lat. Gall. ex Cod. reg. 7679.

* **OCRIPIDES**, *Certo calztamento, e stivali.* Glossar. Lat. Ital. MS. Vide supra *Obstringilli*.

¶ **OCRUDATUS**. Landulfus apud Puricellum pag. 417. et in Actis SS. Junii tom. 5. pag. 314 : *Et mane facto Ocrudatas quasdam suas vestes induit et cibum sumbsit, et quasi sanus factus super mulam sedit.*

¶ **OCTABA**, pro *Octava*, passim. *Octabæ post festum S. Joannis Baptistæ*, in Statutis Massil. lib. 1. cap. 9. *Octabæ S. Martini*, in Charta ann. 1213. apud Marten. tom. 1. Ampliss. Collect. col. 1113. *S. Hilarii*, apud Rymer. tom. 2. pag. 3. *Conceptionis B. Mariæ*, tom. 2. Hist. Dalphin. pag. 15. *S. Michaelis*, apud *Madox* Formul. Anglic. pag. 26. etc. Vide *Octava*, 2.

OCTACHORUM, ex Gr. ὀκτώχωρον, Salmasio dicitur templum, quod absidem octo sinuatam recessibus, Rosweido, quod octo recessus, seu diversa loca habet. S. Ambrosius in inscript. ad Fontem S. Teclæ Mediolani :

> Octachorum sanctos templum surrexit in usus,
> Octogonus fons est munere dignus eo.
> Hoc numero decuit sacri Baptismatis aulam
> Surgere, quo populis vera salus rediit, etc.

¶ **OCTAFORUM**, Papiæ edito, *Quo pluviæ sternuntur fossoris*; Bituric. MS. : *Quo plumæ sternuntur sessoris*. Sanior hæc lectio, quæ proximius accedit ad *Octaphorum*, quod species erat lecticæ delicatioris ab octo bajulis ferri solitum. Vide *Octophorum*.

¶ **OCTAHEDRUM**, vel Octahedrus, Græc. ὀκτάεδρος, apud Geometras, Corpus solidum octo constans lateribus vel sitibus planis; at Papiæ, nescio qua de causa, *Octaedrum* dicitur, *Aer, spiritus*.

¶ **OCTALIUM**, Mensura frumentaria. Literæ ann. 1266. apud Ludewig tom. 2. pag. 234 : *Resignavimus.... quinque Octalia siliginum et quintum dimidium solidum levium nummorum in Ketzelstadt, duo Octalia siliginum in Nidehornes, tredecim maldra caseorum et octo solidos levium in Buchen, etc.* Charta ann. 1266. apud Johann. Schannatum in Clientela Fuldensi pag. 290 : *In Ramfoldeshusen v. Octalia siliginis et quintum dimidium solidum levium numorum.* Necrologium Lucidæ-vallis inter Vindemias Schannati pag. 165 : *Clara de Berstein dabat Conventui unam amam vini et duo Octalia siliginis.* Charta ann. 1334. tom. 2. Rerum Mogunt. pag. 1001 : *Quatuor Octalia siliginis... quitamus, et emptores prefate curie absolvimus a solucione dictorum IV. Octalium mediantibus XIIII. marcis denariorum levium, habitis et receptis ab eisdem.*

* Rectius, *Octale*, Dimidia pars quartalis, ut colligitur ex Lib. sal. eccl. S. Th. Argent. fol. 116. ubi *dimidium quartale* appellatur, quod fol. 117. dicitur *Octale siliginis*. Vide *Octava* 4. *Octuale* et infra *Witellus*.

¶ Octolia, Octolium, Eadem notione. Chronicon Bonæ-spei pag. 7 : *Donavit etiam... Oda soror ejusdem Gualteri terram ad quatuor Octolias sementis.* Et pag. 70 : *Alardus autem cum decem Octalias terræ prius ab avia sua donatas usurpasset, etc.* Rursum pag. 180 : *Anno 1248. cessimus Ludovico Vadial pro centum libris et undecim Octolis et dimidio terræ in Morteri, domum, etc.* Quibus in posterioribus locis *Octalia* vel *Octolium terræ*, ager est capiens seminis *Octolium*.

¶ Octolata Terræ, ibidem pag. 225 : *Emitque eodem anno... XXVI. Octolatas et XXIII. virgas terræ.* Pluries recurrit.

¶ Octoliata. Charta ann. 1269. apud Miræum tom. 2. pag. 1238. col. 2 : *Item ad LXX. solidos Turon. quos habemus annuatim super XV. Octoliatis terræ sitis in territorio de Aubri.*

¶ Octarium, ut *Octalium*. Charta ann. 1154. tom. 2. Rer. Mogunt. pag. 751 : *Quatuor mansos LXIIII. frumenti Octaria singulis annis solventes, LXIII. marcis in Undenheim comparaverim.*

¶ Octilis, Eodem significatu. Chartularium 1. Monasterii Aquincinct. fol. 48 : *Dedimus XIV. solidos pro terra sementis trium Octilium.*

¶ Uteleia, Eadem notione. Idem Chartul. fol. 31 : *Terram ergo, quam de Herberto Scholastico S. Gaugerici ad terragium et ad redemptionem unius denarii ad unamquamque Uteleiam tenuerat, ei reddidit... tres scilicet obolos ad unamquamque Uteleiam.* Fol. 38 : *Donaverunt nostræ Ecclesiæ terras suas de Cortiz jure perpetuo possidendas ad censum VII. modiorum frumenti... frumentum vero tale debet esse, ut unaquaque Uteleia ejus IV. tantum denariis vilior sit, quam Uteleia frumenti optimi.* Fol. 62 : *Item 1. Uteleiam terræ XX. sol. VI. Uteleias terræ L. sol.*

¶ Utele, vel Utelis. Idem Chartul. fol. 46 : *Emit jus agricolationis terræ IX. Utelium... Dederunt nobis terram IX. Utelium ad decimam et terragium... Gerardus Blancus vendidit nobis jus agricolationis terræ unius Uteil et dimidii XVI. sol.* Fol. 62 : *Emit idem Walterus... ex una parte terram XVIII. Uteils.*

* **OCTAPODION**, Lingulis octo sectum vexillum, ex Codino cap. 6. inter Acta SS.

tom. 2. Febr. pag. 26. col. 2 : *Alterum* (flammulum) *Octapodion, habens multas divinasque sacrorum pontificum imagines, lingulis, octo.*

OCTAPULUM. Anastasius in Gregorio IV. PP. : *Velum de Octapulo unum.* [In Notis Muratorii habetur *Optapulum.*] Vide *Quadrapolo.*

¶ **OCTARIUM.** Vide in *Octalium.*

1. **OCTAVA**, Æterna requies, dies requiei cælestis, qui ideo *Octava* dicitur, quod septem hi nostri dies mundani ad laborem pertinent : Dominusque noster in *octava* die ad æternam resurrexit requiem. Hepidanus in Annal. ann. 778 :

Quis dederis partem voluisti quam dare septem,
Nec non octavam, o Dee sancte, tuam.

Et ann. 1017 :

Harther in melius mutatur, ut opto, Reclusus,
Dexter in Octava sit, bone Christe, tua,

2. **OCTAVA**, Dies octavus a festo dominico, aut Sancti alicujus, quo tota solemnitas clauditur; unde ἀπόλυσιν Græci appellarunt, ut ex Basilio Seleuciensi lib. 2. de S. Thecla cap. 18. observatum a viris doctis : qua quidem voce etiam utuntur pro fine cujuscumque officii Ecclesiastici, ut pluribus probat Leo Allatius de Dominicis et Hebdomadibus Græcorum cap. 7. [** Vide Glossar. med. Græcit. in Ἀποδίδοσθαι, col. 101.] *Solemnitas octavæ diei*, apud Joannem Monachum in Vita S. Odonis Abbatis Cluniac. lib. 2. initio. Alcuinus de divin. offic. : *Octavæ quas hodie colimus, ideo reverenter celebrantur, quia primis diebus concurrunt sicuti unus dies dominicus ad alterum, qui eodem ritu celebratur.* Adde Amalarium lib. 4. de Eccl. offic. cap. 32. et 36. Rupertum lib. 8. cap. 5. Durandum lib. 7. cap. 1. n. 42. et Baronium ad Martyrologium. Corippus lib. 4. vers. 90. de Octava Natalitii Christi :

Lux Octava novo nascentis lumine Christi.

Frodoardus in Leone IV. PP. :

Octavam stabilit festi celebrarier almæ
Reginæ superi Regis sine more parentis.

* Quod et in solemnioribus anniversariis locum habebat, ut discimus ex Lib. pitent. S. Germ. Prat. : III. *Id. Maii. Anniversarium Odonis abbatis, etc.* XIII. *Kal. Jun. Octavæ Odonis abbatis.* Infra : II. *Kal. Jun. Anniversarium domni Symonis abbatis, etc.* VIII. *Id. Jun. Octavæ Symonis abbatis, etc.* Quam vocem nostrates varie dixerunt : *Les Huitieves de la Chandeleur,* in Charta ann. 1271. ex mag. Pastor. Paris. Lib. rub. Cam. Comput. Paris. fol. 173. r°. col. 2 : *L'an de grace mil trois cenz et un, le Lundi après les Huitieves de la Chandeleur. Huittieve*, in Lit. ann. 1364. tom. 4. Ordinat. reg. Franc. pag. 491. art. 4. Reg. A. ejusd. Cam. fol. 128. r°. : *L'an de grace 1322. le Mercredi après les Huytieme de feste S. Martin d'esté.* Chartul. S. Petri de Monte : *Ce fut fait l'an que li miliaires corroit par* M. *et* CC. *et* LX. *et* XIII. *uns, lou Lundi après les Eutaules de Pentecoste. Witave*, in Testam. Helvis. uxoris Joan. dom. de Insula ann. 1274. ex Tabul. Vallis N. D. : *Et vel que les devant dites dix livres soient prises et paiées au devant dit chapelain as Witaves de cheste Chandeleur prochaine à venir.* Adde Chartam ann. 1265. apud Marten. tom. 1. Ampl. Collect. col. 1122. *Witive*, in Ch. ann. 1330. ex Tabul. S. Martin. Pontisar.

OCTAVA INFANTIUM, Dominica in Octavis Paschæ. S. Augustinus serm. de Tempore 160. cap. 1 : *Hodie Octavæ dicuntur infantium, revelanda sunt capita eorum, quod est indicium libertatis.* Idem serm. 11. de Diversis, qui inscribitur *De monitis baptizatorum : Vos qui baptizati estis, et hodie completis sacramentum Octavarum vestrarum, infantes appellamini, quoniam regenerati estis, et ad vitam æternam renati estis ... reddendi estis populis, miscendi estis plebi fidelium.*

3. **OCTAVA**, in jure Hungarico, est Conventus jurisdicundi 40. dierum extra ferias ante SS. Georgii et Michaelis festum 8. diebus. Sambucus et Molnarus.

4. **OCTAVA.** Charta Ludovici VII. Reg. Franc. ann. 1158. in Tabular. Maurigniacensi num. 81 : *In territorio Stamparum quædam terræ existunt, quæ Octavæ dicuntur, et ex antiqua consuetudine earum possessores regii servi solent esse, etc.* Forte quia octavam gerbam exsolvebant domino earum possessores et cultores.

☞ Apud Pictones modus agri est, continens, ut videtur, mediam *quartam.* Hist. MS. S. Cypriani Pictav. pag. 183 : *Tradimus alodum nostrum, qui situs est in Pictavo.... et est plus minus Octava una, quæ his laterationibus circumfertur, etc.*

¶ 5. **OCTAVA**, ut mox *Octavarium. Octavas more solito dependere,* in Lege 7. Cod. de Vectigal. (4,61.) *Octava vini dabatur duobus nummis integro anno, in Framontana vero Octava uno nummo,* in Chronico Mellic. pag. 545. col. 1. Vide *Octavagium.*

* 6. **OCTAVA**, Jus percipiendi octavam *gerbam.* Charta ann. 1290. ex Chartul. S. Petri Carnot. : *Cum nos haberemus in decimaria de Viaco prope Montem fortem tres Octavas, videlicet unam ex antiquo tempore,.... cujus Octavæ dominium prædicti hæredes defuncti Philippi nobis donaverunt, cum alia prædicta Octava.... Nos excambium fecimus.... et damus tres dictas Octavas, et dederunt nobis decem sextaria grani.* Alia ann. 1288. ex eodem Chartul. : *Mestre Gace de Launay chanoine de Chartres disant soi avoir une Oictieve en disme en la dismerie de Vi, ou diocese de Chartres, etc. Tractus decimæ* nuncupatur in alia Charta ann. 1237. ibid. *Otteume*, pro Octava pars, in Ch. Margar. regin. Navar. ann. 1255. ex Chartul. Campan. Cam. Comput. Paris.

* 7. **OCTAVA**, Mensuræ species, alterius pars octava. Chrrta ann. 1430. ex Tabul. S. Vict. Massil. : *Octava sive civaderium civatæ pro animalibus cum feno et palea.*

¶ **OCTAVAGIUM**, Vectigal, ut videtur, situm in octava parte percipienda. Charta ann. 1283. apud Lobinell. tom. 2. Hist. Britan. col. 432 : *Assignavimus duas partes havagii villæ de Lannuyon, Octavagium seu octavam de tallia dictæ villæ, nundinas in festo S. J. B. jus quod percipiebat dictus Morvanus de sale, etc.* Hinc emendanda, ut opinor, alia vetus Charta ejusd. tom. col. 144. ubi pro *Octomagium decimarum* legendum videtur *Octavagium.*

¶ **OCTAVALIS** CUPA. Vide in *Cupa* 3.

OCTAVARIUM, Vectigal, quod ex rebus venalibus fisco præstabatur; de quo est lex 7. et 8. Cod. de Vectigal. (4,61.) et lex 7. Cod. de Locato. (4, 65.) Anon. de Miraculis SS. Cyri et Joannis : Ὁ δὲ τὴν τῆς ὀκτάβης ἀρχὴν, τέλον τοῦτο, κατ' Ὀγδοάδα καθέστηκεν, ἀδίκως μὲν συναγόμενον, εὐσεβῶς δὲ συνοικούμενον, ὃ ὁ υἱὸς Πρατέλους διήνυσεν. Vide Sueton. in Caligula cap. 40.

¶ **OCTAVIANI** in Ecclesia Misnensi, ubi, ante quam Lutheri erroribus infecta esset, laus perpetua Deo canebatur, dicebantur Clerici, qui *ab Octava noctis hora inchoantes, reliquum tempus ad intempestam usque noctem psallendo continuabant,* ut refert Hieronymus Esmer. in Vita S. Bennonis Episc. tom. 3. Junii pag. 154.

¶ **OCTAVUS**, Octava pars fructuum agrorum, vel vinearum, quam tenentes dominis suis exsolvebant. Pactum inter Jacobum Aragoniæ Regem et Berengarium Magalonæ Episc. ann. 1272 : *Est etiam sciendum quod de supradictis ab utraque parte excipiuntur usatica, laudimia, consilia, quarti, sexeni, septeni, Octavi, feudafenalia, etc.* Vide *Quarto* 6. et *Quartus.*

¶ **OCTENA**, Spatium octo dierum, Gall. *Huitaine.* Charta Communiæ Rotomag. apud *de Lauriere* tom. 1. Ordinat. Reg. pag. 309 : *Si quis requisierit curiam suam de debito, concedetur ei, et faciet rectum domino in duabus Octenis, et nisi fecerit, Communia faciet, qui tenet curiam habeat exonium justum.* [* ubi *Octonis* editum tom. 5. earumd. Ordinat. pag. 675. art. 24.]

** *Octenis* pro *Octonis* occurrit etiam apud Vilgil. Grammat. pag. 5 : *Existimavi igitur has ogduales orationis partes Octenis me recto expositurum.*

* **OCTENUS**, Octava pars fructuum agrorum vel vinearum. Charta ann. 1212. ex Bibl. reg. cot. 19 : *In terra quam a me tenet ad Octenum ad vinum et ad segetem.* Vide *Octavus.*

OCTIMBER, pro *Otober*, Flodoardo lib. 3. cap. 3.

* Ita et nostratibus *Octembre*, pro *Octobre*. Charta ann. 1265. in Chartul. S. Joan. Laudun. : *Au jour de feste saint Remi ou chief d'Octembre, etc. Octoivre*, in altera ejusd. ann. ex Tabul. S. Dion. *Oictouvre*, in Ch. ann. 1275. ex Chartul. Buxer. part. 12. ch. 15. *Witembre*, eodem sensu, in Charta Joan. dom. *de Cison : Ce fu fait en l'an de l'incarnation* 1226. *à mois de Witembre.* Nam *Witt*, pro *Huit*, Octo, dixerunt. *A Wit jours de indusse*, in Lit. Guil. Fland. comit. Namurc. ann. 1409. tom. 9. Ordinat. reg. Franc. pag. 480.

* **OCTOBRIA.** Laudes seu acclamationes Romæ fieri solitæ ex Cod. MS. eccl. Camerac. : *Octo Octobrias. Octobria dominus noster papa Innocentius sanctissimus cum gloria, magister victoria.* Rursum infra : *Octo Octobria dominus noster papa Alexander, etc.* Explicet, cui barbara placent.

¶ **OCTIMENSIS** MORA, Spatium octo mensium, in Gestis Tancredi tom. 3. Anecd. Marten. col. 147.

¶ **OCTODIALE** PANTHEON, Octava omnium Sanctorum, in Actis SS. Aprilis tom. 1. pag. 65.

OCTODIUM. Will. Heda in Episcopis

Traject. pag. 274. 1. edit. : *Nota autem, quod ista tria castra quæ data sunt Comitissæ ab Imperatore pro morte Comitis mariti ejus, et tribus induciis quas fecerat Imperatori, sita sunt in Lucensi Episcopatu, quorum unum vocatur Decendium, propter decem dierum inducias; alterum autem dicitur Octodium, propter octo dierum inducias, quas Rex tribuit Comitissæ, etc.*

OCTOGILD, dictum ut *Novigildum*, de qua voce supra, id est, mulcta irrogata reo, qua is rei furatæ vel alia quavis ratione sublatæ capitale octies restituere tenetur, in Capitulis ad Legem Alamannor. editis a Baluzio cap. 43. in Lege Longob. lib. 1. tit. 18. § 1. tit. 19. § 6. 13. tit. 23. § 7. tit. 25. § 12. tit. 34. § 1. tit. 36. § 3. tit. 25. § 44. etc. lib. 2. tit. 21. § 25. [** Liutpr. 35. (5, 6.) Roth. 293. 320. 321. Liutpr. 151. (6, 98.) Roth. 268. Liutpr. 59. (6, 6.) Roth. 375. 347. ....]

¶ **OCTOLATA**, Octolium. [Vide *Octalium*.

¶ **OCTOMAGIUM**. Vide *Octavagium*.

¶ **OCTOMINUTALIS**, Valens octo minutos argenteos. Lampridius in Alex. Severo cap. 22 : *Cum fuisset Octominutalis ad duos unaquæque utriusque carnis libra redigeretur, etc.*

* 1. **OCTONA**, Modus agri continens mediam *quartam*, idem quod *Octava* 4. Charta Joan. episc. Camerac. ann. 1192. ex Tabul. ejusd. eccl. : *Duas partes decimarum in agris et in omnibus beneficiis altaris utriusque et de xxxvj. Octonis terræ, quæ ad dotalitium similer de parvo Warini spectare dicuntur.* Vide supra *Octalium*.

* 2. **OCTONA**, Spatium octo dierum. Vide supra *Octena*.

¶ **OCTONÆ**. Donatio Theobaldi Comitis, tom. 1. Anecd. Marten. col. 90 : *Quando novem lectiones vel Octonæ non fuerint, communiter in choro unus psalmus diceretur pro eo.* Puto legendum *Octavæ*; saltem eadem est notio. Vide *Octava* 2.

¶ **OCTONEUS**, Ex orichalco, seu metallo illo factio, quod nostris vulgo dicitur *Leton* vel *Laiton*. Liber Visitationum Bossii Novariensis Episc. ann. 1575. tom. 3. SS. Martii pag. 51 : *Aderant duo candelabra Octonea et pallium ex serico albo damasco.* Vide *Ottune*.

* **OCTOPATON**. Charta ann. 1026. ex Tabul. S. Vict. Massil. : *Scripta carta hujus donationis in mense Octopaton.*

OCTOPHORUM. Vetus interpres Juvenalis sat. 1 : *Lecticarum usum primi dicuntur invenisse Bithyni. Cicero : Nam una haud mos est Bithyniæ Regibus vehi lectica, id est, Octophoro.* [Vide *Octaphorum*.]

¶ **OCTORNARII**, Octurnarii, Presbyteri Canonicis et Capellanis inferiores in Ecclesia S. Stephani Viennensis in Austria. Statuta ejusdem Ecclesiæ edita per Concilium Basiliense, apud Raimundum Duellium lib. 2. Miscell. pag. 74 : *Mandantes omnibus et singulis præsentibus et futuris, Præposito, Decano, Custodi, Cantori, Canonicis, Capellanis, Octurnariis, Vicariis et Levitis et aliis præfatæ Ecclesiæ membris, quatenus, etc.* Ibid. pag. 86 : *Mandantes Præposito præsenti pariter et futuro, sub debito obedientiæ, ut... ultra ordinarios Confessores, videlicet Octornarios, Vicarios et Grationarios, in principio Quadragesimæ Confessores viros doctos et probatos.... assumat, eorumque nomina in ambone publicari faciat.*

* **OCTOVIRI**, Magistratus, qui rem bellicam curabant. Annal. Laur. Bonincont. ad ann. 1379. apud Murator. tom. 21. Script. Ital. col. 37 : *Abiit plebs, et quum nihil eorum postea fieri videret, creati erant Octoviri, qui belli administrandi curam haberent.* Occurrit rursus col. 31. et 36.

OCTUALE, Mensuræ liquidorum genus, in Miraculis B. Stanislai Canonici Regul. [Siccorum etiam in Consuetudinibus villæ Hasprensi a Balduino Comite Hannon. confirmatis ann. 1176. tom. 1. Ampliss. Collect. Marten. col. 893. ubi memoratur *unum Octuale avenæ* debitum quolibet anno. Vide *Octalium*.]

¶ **OCTUOCENTI**, pro *Octingenti*, in Addit. ad Chr. Casaur. tom. 2. Muratorii part. 2. col. 931.

¶ **OCTURNARII**. Vide *Octornarii*.

1. **OCULARE**, Oculos indere, aperire, videre. Gloss. Arabico-Lat. *Oculo, video, prospicio.* Cyprianus de Idolor. vanitate : *Ut homines ab errore tenebrarum ad viam lucis adducerent, cæcos et ignaros ad agnitionem veritatis Ocularent.* S. Pacianus in Parænesi ad Pœnitentiam : *Excæcatos hirundo pullos novit Oculare de sua chelidonia.* Vide Tertullian. de Pœnit. cap. 12.

2. **OCULARE**, Pellis, quæ oculis subest. Guibertus lib. 3. de Vita sua cap. 8 : *Qui cum laberetur inter tenentium manus, antequam decideret, ab altero sub Ocularibus per medium nasi ex transverso percussus occubuit.*

¶ **OCULARIA**, Conspicilla, Gall. *Lunettes.* Addit. ad Vitam S. Antonini, tom. 1. Maii pag. 341 : *Quandoque linteamina et alia utensilia familiæ suæ, quandoque sua Ocularia præstabat.* Acta S. Francisci de Paula, tom. 1. Aprilis pag. 174 : *Cum D. Angelus visu oculorum privatus esset, habuit par Ocularium, quæ fuerant missa e Gallia manu B. Francisci; quam primum autem illa sibi apposuit, illico pristinam recuperavit sanitatem.*

* Antiquius est quod legitur apud Tortell. in Tract. de Ortograf. Nicolao V. PP. nuncupato : *Illud autem in artem nullam cadit, fecisse duos orbes e tenui vitro, crystallove aut beryllo, per quos infirmior visus, si credibile est, viderit, quos Ocularia nominant.*

¶ **OCULARITER**, Suisce oculis. * Localariter intueri*, apud Sidonium lib. 7. Epist. 14. *Oculariter videre*, in Transactione ann. 1490. ex Schedis Præsidis de *Mazaugues.* [** *Oculariter demonstratus*, in chart. ann. 1349. apud Grupen. in Histor. Hanov. pag. 26.]

OCULARIUM, Rima galeæ per qnam quis videt, Gall. *Oeillere.* Rigordus ann. 1215 : *Occiditur.... cultello recepto in capite per Ocularium galeæ.* Willel. Brito lib. 11. Philipid. pag. 235 :

> . . . . fenestras
> Per galeæ medias, quibus est Ocularia nomen,
> Per quas admittit ocularis pupula lumen.

Idem supra :

> Scrutatur thorace vias, galeæque fenestris
> Qua ferro queat immisso terebrare cerebrum.

Matth. Paris ann. 1217 : *Irruit quidam de Regalibus, et per Ocularium galeæ caput ejus perforando, cerebrum effudit.* Ammianus lib. 25. initio : *Erant autem omnes catervæ ferratæ, ita per singula membra densis laminis tectæ, ut juncturæ rigentes compagibus artuum convenirent : humanorumque vultuum simulachra ita capitibus diligenter aptata, ut in bracteatis corporibus solidis ibi tantum incidentia tela possint hærere, qua per cavernas minutas, et orbibus oculorum affixas parcius visitur, vel per supremitates narium angusti spiritus emittuntur.*

* **OCULARIUS** Testis, Oculatus, Gall. *Témoin oculaire.* Vita S. Georg. tom. 3. Apr. pag. 217. col. 1 : *Oculario etiam narratur nostro tempore teste, etc.*

* **OCULATELLA**. Vide supra *Occhiavella.*

OCULATIM, De visu, propriis oculis. Cosmas Pragensis part. 2. Chron. Aulæ Reg. cap. 1 : *Regina ne tanta mala Oculatim cerneret, etc.* [*Oculatim demonstrare*, in Edicto Philippi VI. Franc. Regis ann. 1347. tom. 2. Ordinat. Reg. pag. 567.] Ὀφθαλμαφανερῶς, eadem notione, usurpavit Constantinus Porphyrog. lib. de Adm. Imp. cap. 49.

OCULATUS. Necrologium Ecclesiæ Parisiensis 19. Kal. Jan. : *Præterea dedit idem Episcopus capam rubeam brodatam, et capam viridem, et capam albam Oculatam, et unam albam sericam, et aliam ad imagines, cum stola et manipulo ad imagines, et infulam, et dalmaticam, et tunicam, albas, et succinctorium sericum*, i. in qua delineatæ sunt figuræ instar occulorum. Sic *vestes purpura oculare* dixit Tertullianus lib. de Pudicitia, quod idem est ac *purpura clavare.* Vide Salmasium ad Vopiscum pag. 512.

* **OCULUS**. Oculo ad Oculum perlegere, Intentis oculis. Transcript. ann. 1213. Chartæ ann. 1162. ex Bibl. reg. cot. 17 : *Hoc exemplum et exemplar viderunt et tenuerunt et Oculo ad Oculum perlegerunt, et invenerunt ac probaverunt simul per omnia bene convenire.*

OCULUS Araneæ, Tela araneæ rotunda. Occurrit in Antidotario.

* **OCULUS** Copiosæ, Titulus libri, cujus meminit Testam. Guil. de Chanaco card. ann. circ. 1370. ex Tabul. S. Florent. Salmur. : *Item quidam parvus liber, vocatus Oculus Copiosæ, qui incipit in tertia columna primi folii, ad pias causas.*

¶ 1. **ODA**, Anglis *Hod*, Ferculum, quo in humeris gestant mortarium, Gall. : *Oiseau. Oda calcis pro sustentatione maneriorum*, in Mandato ann. 1334. apud Rymer. tom. 4. pag. 629.

¶ 2. **ODA**, Gr. ᾠδή, Canticum. Miracula S. Trudonis lib. 2. n. 4 : *Dignarum Deo Odarum nobiscum persolvit modulamina.* Et num. 63 : *Cum autem debita Odarum modulamina persolvissemus, etc.* Vide *Pisticus.*

* Comœdia sine nomine act. 1. sc. 2 : *Oddam* (sic) *numini persolvam meo, quam mortis a metu liberati agunt.* Et sc. 5 : *Præite, Pontifices, imponite thura pruinis, sacris aspergite rogum limphis, fortius lassate fibras, altius extollite Odas.*

¶ Odare, Canere. Ethilwfus de Abbatibus Lindisfarnensibus cap. 28 :

Noctibus in furvis, Fratrum pausante caterva,
Hymnos ac Psalmos crebris concentibus Odat.

¶ ODARIARIUS, Cantilenarum magister, in veteri Inscriptione, pro quo Reinesius Class. 11. num. 81. male legit *Odorarium*, ut monetur in Thesauro Fabri.

ODARIUM, ᾠδάριον, Cantilena. *Odaria saltare*, in Fragmento Petronii.

* **ODARTUS**, Idem quod supra *Impossessionatus*, qui non habet bona solo. Stat. confirm. ann. 1505. inter Leg. Polon. tom. 1. pag. 329 : *Si impossessionatus seu Odartus, alias Holota, cuipiam reus esset in aliquo, respondebit cuilibet in judicio castrensi pro re qualibet.*

* **ODASIA**, *La pecora vechia.* Glossar. Lat. Ital. MS.

¶ **ODATUS.** Charta ann. 45. Caroli M. apud Mabill. tom. 2. Annal. pag. 719 : *Et in villa Teliano, quidquid infra terminum ipsius visi sumus habere, excepto Odatos, exaga et regressa eorum, quod reddidi similiter.* Idem omnino videtur cum *Oglatus*, quod ibidem legitur non semel. Forte scriptum erat *Oclatus*, pro quo exscriptum fuerit *Odatus* proclivi mendo. Vid *Oglata.*

* **ODDA.** Vide supra in *Oda* 2.

** **ODECOLON**, Odæ sectio vel stropha, forte distincte scribendum *odæ colon*, nisi sit pro *Odeculum*, Parva oda. Ecbas. vers. 976 :

Protinus intrantes has ponunt ordine laudes :
Salve festa dies, quam credens magnificat plebs!
Hoc post Odecolon græcissant kirie eleison.

* **ODEPORICUS**, *Viatore*, in Glossar. Lat. Ital. MS. pro *Hodoeporicus.*

¶ **ODERE**, Olere. Gloss. Lat. Græc Sangerman. : *Odo*, *Oleo*, πνέω ἐπὶ ὀσμῆς καλῆς.

* **ODEUM**, Ædificii genus, apud Sueton. in Domit. ubi in prima editione Mediolani ann. 1475. legitur, *Exmethodium*, ut notat D. de Montefalc. in Diar. Ital. pag. 230. De vocis intellectu et etymo ibi ipsum consule.

ODEWINI. Arnoldus Lubec. lib. 7. cap. 10 : *Transitus terræ ejus difficillimus et incognitus est, quia flantibus ventis strata sabulo ita infundit, ut vix a quoquam sciatur, nisi ab Odewinis, qui sæpius illuc transeunt.* Ubi Editor vocem corruptam putat ex ὁδηγοί. Sed legendum *Bedewinis*, populis scilicet ita appellatis, de quibus multa ad Joinvillam adnotavimus.

* **ODEX**, f. pro *Odegus* vel *Hodegus*, Dux, in gratiam ὁμοιοτελεύτου, ut monet D. *Falconet* in suis Animadv. in disticho ad calcem codicis MS. inter MSS. reg. Angl. Lond. ann. 1734. pag. 88 :

Scribitur hic codex : sit scriptor jugiter Odex
Frater Ranulfus, quem nobis misit Osulphus.

* **ODHO**, Sandalium, genus calceamenti, in v. Ordine Rom. apud Mabill. tom. 2. Musei Ital. pag. 64 : *Sestace in manu portat* (pontifex) *item calceamenta, insuper Odhones, dein campagos.*

* **ODIATIO**, Odium. Gabr. Barel. serm. in fer. 4. hebd. 3. Quadrag. : *Magis homo debet sustinere omnia mala, quam peccatum committere, ratione infatuationis, Odiationis et assimilationis. Pono hanc conclusionem, quod peccator est maximus fatuus. Peccator odit Deum et ab ipso odio habetur.* Idem serm. de Paucitate electorum : *Proximi nostri Odiatio, etc.*

¶ **ODICHILARE** NEMUS, f. Silvam exstirpare, in terram cultam convertere. Charta Guillelmi de Belloramo Castellani S. Audomari pro confirmatione bonorum monasterii S. Andreæ de Nemore diœcesis Ambian. ann. 1185 : *Ego postmodum Fratribus dictæ Ecclesiæ tot carrucatas extrincare non permisi, quot eis concesserat pater meus, pro eo quod castellum meum a nemore nudare et nemus meum Odichilare nolebam.* Unde verbum hoc prorsus inauditum?

* Perperam pro *Adnichilare* vel *Annichilare*, ut legitur in eadem Charta edita inter Instr. tom. 10. Gall. Christ. col. 324.

¶ **ODIENDUS**, Odio habendus. Epistola S. Leodegarii inter Instrum. tom. 4. Gall. Christ. col. 42 : *Non sunt Odiendi, sed potius propter præcepta Dei diligendi.*

* **ODIFER**, *Odifero*, in Glossar. Lat. Ital. MS.

¶ **ODILIS**, Odiosus. *Deo execrabiles, orbi detestabiles, hominibus Odiles*, in Vita S. Canuti tom. 3. Julii pag. 140.

¶ **ODINUS**, Saxon. Woden, Deus Germanorum quem sibi bellantibus adesse somniabant. Vide Hickesium in Grammatica Saxon. et in Dissert. Epistolari pag. 4.

* **ODIOSUS**, Qui odit, invidiosus, inimicus, nostris *Hayneux*, eodem sensu. Stat. MSS. eccl. S. Laurent. Rom. : *Nulli prædictorum canonicorum liceat ministrare auxilium, consilium vel favorem alicui Odioso, inimico vel malivolo aliquorum canonicorum.* Lit. remiss. ann. 1377. in Reg. 111. Chartoph. reg. ch. 370 : *Stephanus... ad quosdam prædicti curati Odiosos, quos intellexerat proposuisse verberare dictum curatum, se traxit, etc.* Aliæ ann. 1389. ex Reg. 137. ch. 95 : *Depuis au pourchas d'aucuns ses Hayneux, etc.* Pro *Odieux*, Ingratus, Odiosus, in Charta ann. 1369. ex Reg. 136. ch. 240 : *Veans aussi que tous cas de main morte est Haineux, etc. Ahayer*, pro *Hair*, odio habere, in Cod. reg. 9822. 2. fol. 56. r°. : *Jehan le Maire fut soupçonné d'un efforcement ; il fut prisonnier sur l'official ; et pour ce que ses amis se doubterent que l'official ne l'Ahayast, sa propre mere fist proposer qu'estoit bastard.*

ODIUM VETUS, Ὑποκρύφιον ἔχθος, Menandro Protectori lib. 6. cap. 165. Crimen quod quis sciens, et ex inveterato odio contra aliquem peragit. Charta Communiæ Suessionensis ann. 1181. art. 2 : *Omnia forisfacta, exceptis infractione urbis, et veteri Odio, quinque solidis emendabuntur.* Charta Communiæ Hamensis : *Nullus aliquem de Communia propter vetus Odium extra villam sequatur, nec ante eum exeat, ut illi insidietur, aut quidquam mali faciat ; quod qui fecerit, ultio capietur de illo et de ejus pecunia sine aliquo judicio. Viés haine*, in eadem Charta Gallica. Charta Communiæ Royensis : *Si qua vilis aut inhonesta persona aliquem probum virum aut mulierem turpibus conviciis inhonestaverit, liceat alicui probo viro de pace si supervenerit illum objurgare, et uno aut duobus colaphis eum sine forisfacto ab importunitate sua compescere. Sed si pro veteri Odio eum percussisse terminatus fuerit, si percussus inde clamorem fecerit, percussor super sanctas Reliquias jurabit, quod non veteri Odio eum percusserit, sed tantum pro eo ab importunitate sua compescendo.* Adde Chartam Communiæ Valliaci ann. 1187. tom. 13. Spicilegii Acheriani pag. 323.

* **ODIUM** DEI, pro Imprecatio, maledictio. Charta Rich. reg. Angl. apud Rymer. tom. 1. pag. 65. : *Si quis autem socio opprobrium, aut convitia, aut Odium Dei injecerit, quot vicibus ei convitiatus fuerit, tot uncias argenti ei det.*

ODIVUM, Ὀδεῖον in veteribus Glossis, ut *Divum*, pro *Dium*, *Musium*, pro *Musivum.*

* **ODOLLANTES**, *Testimonium in aqua.* Glossar. vetus ex Cod. reg. 7613.

ODONARIUM. Edgarus Rex Angl. in Legibus Monasterii Hydensis cap. 5. de Adamo et Eva : *Utrique tandem præfatis privati Odonariis, paradisi eliminati metis, in præsentis vitæ crimina miserrimi dejiciuntur.* Ubi forte legendum *donariis*, donis, muneribus. Quid vero significet ὀδονάριον, apud Græcos recentiores, vide in Glossis Basilicωn [et in Glossario med. Græcit. voce Ὀδώνιον.]

* **ODONUM.** Glossar. Provinc. Lat. ex ex Cod. reg. 7657 : *Codon, Prov. coctanum, Odonum.*

¶ **ODOR**, Anhelitus. Vita S. Gutberti, tom. 3. Martii pag. 119 : *Duo pusilla animalia maritima, humiliter proni in terram, lambentes pedes, volutantes tergebant pellibus suis pedes et calefacientes Odoribus suis.*

ODORANTIA, *Odor*, apud Ugutionem.

¶ **ODORARE**, Olfacere. Epistola Licinii Episc. tom. 2. Concil. Hispan. pag. 431 : *Tota itaque (anima) videt, tota audit, tota Odorat, tota tangit, tota gustat.* Vita B. Osannæ, tom. 3. Junii pag. 696 : *Cujus sanctitudinem de Ostio Odoraverat.* Alias *Odorare* est Odore replere.

ODORENCECI, qui odore feras sequitur. Virgil. *Et Odora canum vis.* Liber Anglicus inscriptus *Justice of peace* pag. 66 : *Quod nullus homo, qui Laicus extitit, leporarios, lyciscas, seu Odorencecos teneat vel exerceat, etc.* Occurrit ibi pluries. De *Lyciscis*, multa dixit Ulitus ad Gratium.

* **ODORISEQUUS**, Canis venaticus, qui odore feras sequitur. Bened. abb. Petroburg. in Henr. II. reg. Angl. edit. Hearn. tom. 2. pag. 664. ad ann. 1191 : *Eodem die rex Angliæ misit Saladino leporarios et braschetos, id est, Odorisequos, et accipitres.* Vide *Odorenceci.*

* **ŒCONOMIA**, Prædium, villa rustica, ubi pecudes nutriuntur, Gall. *Ménagerie.* Charta Joan. ducis Silesiæ ann. 1302. apud Pez. tom. 6. Anecd. part. 2. pag. 200. col. 1 : *Pariter OEconomiam in suburbio Gorensi, cum omnibus horreis, ædificiis, hortis, ac deinceps ipsum prædium, dictum Tschelazen, cum omnibus fundis, etc. Prædictorum agrorum et OEconomiæ, sicut et prædii, etc.*

ŒCONOMICÆ EPISTOLÆ. Vita S. Sabæ : Γράμμασι κολακευτικοῖς καὶ οἰκονομικοῖς πρὸς Βασιλέα χρησάμενος. Infra : Συναποστείλας αὐτῷ τὴν ἀπὸ Σιῶνος γραφεῖσαν ἐπιστολήν. Vetus VII. Synodi interpres Act. 1. vertit *dispensatoriam Epistolam.*

1. **ŒCONOMUS.** Olim et in primis Christianismi incunabulis, Ecclesia nullos alios habebat reditus præter oblationes fidelium : at crescente postmodum eorumdem reli-

gione, locupletata etiam legitur latifundiis, et agris, quod quarto potissimum invaluit sæculo, quod pluribus docent Nic. *le Maistre*, de Eccles. possess. et Petrus Marca lib. 8. de Concord. Sacerd. et Imp. cap. 18. At quod eorum cura Episcopos, Presbyteros et Clericos, a divinorum Officiorum executione quodammodo avocaret, unde et Augustinus, ut auctor est Possidius in illius Vita cap. 22. plebem eorum curam in se recipere enixius rogaverat, ea propter statutum est Concilio Calchedonensi can. 26. et Nicæno II. can. 11. ut in unaquaque Ecclesia Cathedrali *Oeconomus* institueretur, e Clero Ecclesiæ illius eligendus: quod deinde legibus Imperatorum variis definitum legitur, ut Episcopi nempe ministros hujusmodi constituant. Sed et idem aliis in Conciliis et a Summis Pontificibus et Patriarchis præterea statutum legimus, in Concilio Hispal. II. can. 9. Toletano IV. can. 47. a Theophilo Alexandrino Patr. in Commonitorio cap. 7. a Gregorio Mag. lib. 2. Epist. 22. lib. 9. Epist. 66. etc. Hi porro *Oeconomi* dicuntur, *qui Ecclesiasticas consueverunt tractare rationes*, de quibus copiose egit Jacobus Gotofredus ad tit. Cod. Th. de Bonis Clericorum (5,3.)

Nec tantum Ecclesiarum bona susperstite Episcopo administrabat Oeconomus, sed etiam illo excedente e vivis, eorum gerebat curam, de iis Episcopo successuro rationem redditurus. Id enim præcipitur in Concil. Calchedonensi can. 25. et in Concil. Valentino can. 2. Synodus Hispalensis II. can. 9. et Toletan. IV. can. 47: *Eos quos Oeconomos Græci vocant, hoc est, qui vice Espiscoporum res Ecclesiasticas tractant.* Hincmarus Remensis ad Clerum Laudun. *Oeconomus, i. e. Ecclesiæ facultatum dispensator.* Id autem muneris olim fuit Archidiaconorum, uti suo loco docuimus, res scilicet Ecclesiæ dispensare. Postmodum qui *Oeconomi* Græcis, Latinis *Vicedomini* dicti sunt. Sed hæc infra.

Oeconomos suos habuere etiam Monasteria, ut ex B. Dorothæo Doctr. 11. Columbano in Pœnitentiali, et ex Concordia Regular. pag. 1097. colligitur. [*Oeconomus pauperum*, in Miraculis, S. Bertini lib. 2. cap. 4.] De Oeconomis alia vide apud Morinum de sacris ordinat. part. 3. exercit. 16. cap. 5. [** in Glossar. med. Græcit. col. 1032. voce Οἰκονόμος, supra in *Dispensator Ecclesiæ*.]

2. **ŒCONOMUS**, Defensor, Advocatus. Matth. Paris ann. 1245. de Imperatore: *Summus secularium Oeconomus et protector Ecclesiæ, hostis factus familiaris, Ecclesiæ Christi efficax et validus factus est inimicus.* Eodem ann.: *Rex Francorum Ecclesiæ S. Dionysii specialis Oeconomus et Patronus.* Idem: *Archiepiscopus.... in Regno Angliæ vices summi agebat Oeconomi.*

¶ 3. **ŒCONOMUS**, Aulæ Magister, ut interpretatur Joh. Knippenbergh. lib. 3. Hist. Eccl. Ducatus Geldriæ cap. 1. Diploma ann. 1339. ibid. pag. 92. et apud Miræum tom. 1. pag. 450. quo Ludovicus Bavarus Imp. Reinoldo Duci Geldriæ recens creato, *ad majorem Ducatus et principatus splendorem*, assignat, *juxta morem imperii quatuor Officiarios, Jacobum van Myrlaer, Oeconomum, Everardum van Wylp, Marescalcum, Theodoricum van Lienden, Pocillatorem, et Guillelmum van Brouchuysen, Camerarium.* [** Dapifer; vide *Officia Feudalia*.]

ŒCUMENICUS, Oecumenici, seu universalis epitheton sibi adscripsisse Patriarchas Constantinopolitanos palam est. Sed an id obtinuerit sub Chrysostomo, cui id tribuitur in Actis Synodi Constantinopolitanæ sub Hormisda, jure in dubium vocat Baronius, ann. 518. num. 14. qui a Græculis recentioribus in hoc falsata existimat, cum ea, inquit, neutiquam recepisset Ecclesia Romana: præterea ex Pelagio PP. Epist. 1. constet Joannem Constantinopolitanum hujusmodi titulum sibi tum primum arrogasse, quo eum nomine pluribus redarguit, ut et Gregorius M. Pelagii successor lib. 4. Epist. 38. Vide Glabrum Rodulphum lib. 4. Hist. cap. 1. Hugonem Flavin. pag. 174. et Fr. Turrianum lib. 3. pro Epist. Pontific. cap. 1.

* **OENDUIT**, vox Belgica, Mulctæ species. Lit. remiss. ann. 1420. in Reg. 171. Chartoph. reg. ch. 242: *L'entier amendement ou amendise, que on appelle ighehecle et Oenduit, monte la somme qui s'ensuit.*

¶ **ŒNOMELUM**, *Mulsum melle admixtum vehementer agitatum atque commotum*, Isidoro lib. 20. cap. 3. Aliis *Oenomeli*: a Græco: Οἰνόμελι; *Inomelum*, Papiæ; *Inomellum*, Joanni de Janua et Glossatori Lat. Gall. Sangerman. Vide Dioscoridem lib. 5. cap. 16. Palladium in mense Octobri, Apicium lib. 7. cap. 6. *Oenomeli, dulcissimum vinum*, in lege 9. Dig. de trit. vino et ol. (33,6.)

¶ **ŒNOPOLIUM**, οἰνοπώλιον, Taberna vinaria, ubi vinum venditur, in Synodo Valentina ann. 1594. tom. 4. Concil. Hispan. pag. 710. col. 1.

* Conc. provinc. Camerac. ann. 1565. tit. 15. cap. 6: *Non in Oenopoliis aut tabernis potoriis, etc.*

¶ **OES**, *Insania*, in Glossis Isidori. Lege *Oestrum*, ex Festo, *Furor Græco vocabulo*, οἶστρος, vox nota; unde in vett. Glossis: *Asilus, furor*, οἰστρομανία. De furore poetico Statius:

> Tempus erit, cum Pierio tua fortior Oestro
> Facta canam, etc.

OESTLEED, et **WESTLEED**, Decimarum species in Flandria, de qua agunt Chartæ ann. 1371. et 1372. in Tabul. S. Quintini in Insula f. 45. 46.

* **OFEGATUS**, Qui fidem suam domino obstrinxit, idem qui *Fidelis*. Libert. MSS. concessæ Barcinon. ann. 1283: *Item est consuetudo Barchinone, quod in causis ubi petitur sacramentum calumniæ præstari, si causa est inter dominum et vassallum, sive inter dominum et rusticum, quod vassallus sive rusticus, qui sit solidus et Ofegatus ipsius domini, debent jurare de calumnia, et non dominus.*

OFELLA, pro *Offela*, vel *Offula*. Gloss. Græc. Lat.: Ὀφέλλιον, *Ofella*. Kempo Thessaliensis:

> Ferculum splendens, et Ofella dulcis
> Grata fuerunt Domini.

Mox:

> Dicito tandem mea quo locorum
> Permanes, fullax quæ et Ofella nobis
> Detinet.

Ælfricus in Gloss.: *Offella, vel particula*, spicæs snæd, i. frustum porci, offula porcina. Offulam dixit Capitolinus in Pertinace. Jo. de Janua: *Sic velle videtur Ugutio, quod Offella debeat scribi per geminum ff, licet unum aliqui subtrahant causa metri.*

¶ **OFERHYNESSA**. Vide *Overhernessa*.

¶ **OFERTIO**. Vide infra *Offertio*.

** **OFFÆ JUDICIUM**. Vide *Corsned*.

* **OFFARIUM**, Offa, jusculum. Inventar. ann. 1476. ex Tabul. Flamar.: *Item plus duo alia metalla tentia quodlibet decem parapsides Offarii sive potatgii.*

OFFARIUS, *Coquus. Offatim, particulatim*, apud Jo. de Janua. Glossæ MSS. apud Vossium: *Offatim*, λεπτομερῶς. Ælfricus: *Offarius, vel particularius*, tvicere.

¶ **OFFATUS**. Chronicon Novalic. apud Murator. tom. 2. part. 2. col. 744: *Apparuit ei dæmon in speciem scurræ, tenens duos lituos in manibus; vestimentum ejus undique scissum, marginibus Offatis.* An quasi offa aspersis et conspurcatis?

¶ **OFFECTOR**, Qui officit vel inficit. Priori notione Fronto de nom. verborumque differ. *Offector officio obest.* Posteriori Festus in *Infectores* habet: *Offectores, Qui proprio colori*, (seu e *proprio colore*,) *novum efficiunt*; et alibi: *Offectores, Colorum infectores.*

¶ **OFFENDERE**, Oppugnare, attentare. Charta ann. 1203. apud Murator. delle Antic. Estensi pag. 181: *Quod si dicti domini Episcopus et Marchiones voluerint Offendere portum Venerii, quod ipsi soli domini de Vezano cum eorum propriis personis possint intrare in portu Venerii ad defendendum.*

* Nostris *Offendre*, pro *Offenser*. a Lat. Offendere, in Lit. remiss. ann. 1416. ex Reg. 169. Chartoph. reg. ch. 407: *Sans entention d'aucune personne vouloir Offendre par voye de fait ou autrement.* Pro *Contrevenir*, Contra statuta venire, in Stat. pannif. ann. 1362. tom. 3. Ordinat. reg. Franc. pag. 586. art. 35: *Pour ce qu'aucune personnes, marchans ou autres, pourroient Offendre ou mesprendre contre la nature et la condition des articles dessusdiz, etc.*

* **OFFENDIBILIS**, Offensivus, Gall. *Offensif*. Charta ann. 1351. inter not. ad Hodœpor. Charit. part. 3. apud Lam. in Delic. erudit. pag. 764: *Prædicti accusati et quilibet eorum armati armis Offendibilibus, etc.* Stat. crimin. Saonæ pag. 112: *Non audeat neque præsumat ferre arma Offendibilia cujusvis speciei et formæ.* Vide *Offensilia arma*.

OFFENDIX, *Quod restringitur, et remittitur, vel quo liber ligatur.* Jo. de Janua. [Hinc emendo Glossas Isid. ubi: *Offendices, Nodi, quibus libri signantur.* Restituo *ligantur*. Vide Festum in *Offendices*, et Scaligerum in Conjectaneis Varronianis, ubi docet *Offendices* proprie esse amenta infra mentum pertinentia, quæ pileum retinebant; et dici *Offendices*, quod se mutuo offenderent et convenirent.]

¶ **OFFENSA**, *Jus commissionis et Offensæ*, Confiscatio et multatio bonorum, uti dictum est in *Commisso* 2.

* Charta ann. circ. 1040. in Hist. Sabol. pag. 252 : *Concedo... quandam de jure meo terram, cum omnibus ad eam pertinentibus consuetudinibus, in omni reditu et in omni Offensa, aut aliqua quacumque redhibitione.*

OFFENSACULUM, *Scandalum, vel ira, vel impedimentum.* Jo. de Janua. [Apuleio lib. 9. Lactantio de Opificio Dei cap. 1. et Prudentio Psych. v. 485. *Offensaculum* dicitur id omne, in quod aliquis offendit et impingit.]

¶ **OFFENSIBILIS**, Lapsabundus, titubans. *Offensibilibus et caducis gressibus incedere*, apud Lactantium lib. 4. Instit. Divin. cap. 26. *Offensibilis damnatio*, in quam quis merito offendit seu incidit, in Concilio Tolet. XIII. inter Hispan. tom. 2. pag 695.

¶ **OFFENSILIA** Arma, Gall. *Armes offensives*, Arma ad nocendum, in Constitutionibus Friderici Regis Siciliæ cap. 99.

¶ **OFFERARE**, Offerre, *Offeravit Conan Britannorum Princeps Deo tres villas*, in Charta ann. 990. apud Lobinell. tom. 2. Hist. Britan. col. 94.

* Charta ann. 758. apud Meichelbec. tom. 1. Hist. Frising. pag. 59 : *Pari consensu Offeravimus filium nostrum in altarem S. Mariæ,... ut in ipsa offersione, cum omni integritate hæreditatis nostræ, persisteret ad domum S. Mariæ.* Vide *Oblati* 1.

OFFERENCIUM, Oblatio, offerenda, pars Missæ, vel potius prædium ad oblationum redditus. Tabularium Brivatense Ch. 243 : *Ipsum 1. quem Rigaldus visus est excolere, et vineam 1. quæ remaneat in Offerencio in opus S. Juliani.* Et ch. 259 : *In tali ratione quod omni tempore firma permaneat in Ecclesiam S. Juliani in Offerencio ad Missas cantare, sine ullo contradicente.*

OFFERENDA, uti definitur a Balbo, Ugutione, et Jo. de Janua, est *Antiphona, quæ canitur, quum Oblatio debet celebrari.* Rupertus lib. 2. de Divin. offic. cap. 2 : *Offerenda cantus est Ecclesiæ, nomen hoc habens ab offerendo tractum, eo quod tunc canitur, quando omnipotenti Creatori nostro incorruptum laudis offerimus, vel præparamus sacrificium.* Alcuinus lib. de Divin. Offic. et ex eo Remigius Autissiodor. lib. de Celebr. Missæ : et Hugo a S. Victore lib. 2. Theolog. erudit. cap. 22 : *Sequitur Offerenda, quæ inde nomen accepit, quod tunc populus sua munera offerat. Dicto Symbolo cantatur Offertorium, sive Offerenda, ut aliqui dicunt.* Ekkeardus Junior de Casibus S. Galli cap. 3 : *Quos quidem tropos Karolo ad Offerendam, quam ipse Rex fecerat, obtulit canendos.* Adde Uldaricum lib. 1. Consuetud. Cluniacensium cap. 6. [Bernardum in Ordine Cluniac. part. 2. cap. 15. Henricum Episc. Sistaric. in Manuali, apud Marten. tom. 4. Anecd. col. 1081. Joan. Abrinc. pag. 63.] Statuta Petri Cluniac. cap. 65. Anonymum in Miraculis S. Berlendis num. 11. Usus antiquos Cistercienses cap. 14. 59. 84. etc. Vide *Offertorium.*

☞ Alias non una dumtaxat antiphona canebatur oblationis tempore, sed addebantur versus aliquot, ut discimus ex quodam Ordine Romano, quem laudat Martenius tom. 1. de antiq. Eccl. Ritibus pag. 379 : *Interim cantores cantant Offertorium cum Versibus, et populus dat oblationes suas.* Vetus Pontificale Eccl. Pictav. apud eumdem Marten. Tract. de antiq. Eccl. Disciplina in divinis celebrandis Officiis pag. 495. de die Paschatis : *Offertorium*, Terra tremuit. *Versus* 1. Natus in Judæa. *Versus* 2. Et factus est in pace. *Versus* 3. Ibi confregit cornu. Hi vero versus a dignioribus Chori cantari consueverant, ut patet ex Guidone lib. 2. Disciplinæ Farfensis cap. 25 : *de Versibus Offerendarum* : cujus locus infra refertur in *Officionarius.*

¶ Offerenda, Oblatio panis et vini ad sacrificium. Guidonis Disciplina Farfensis cap. 8 : *Offerendam cuncti faciant, pacem unus accipiat.* Ibid. infra : *Offerendam atque pacem unus faciat.* Vide *Offertorium.*

* Notus est ecclesiæ usus, quo fideles inter Missarum solemnia accedunt ad altare *patenam* osculaturi et munuscula presbytero oblaturi ; verum loco *patenæ* manum vel digitum suum deosculandum olim præbuisse sacerdotem, docent Lit. remiss. ann. 1419. in Reg. 171. Chartoph. reg. ch. 48 : *Comme icelle damoiselle et ses filles aloient à l'Offrande, ainsois qu'elles peussent baisier le doit du prestre, etc. Offrir*, eodem sensu, apud Eustach. *Deschamps* laudat. a D. *de Ste. Palaye* in Comment. de Ant. Milit. pag. 205 :

> Un maleureux, une chetive
> Par son oultrecuidance estrive,
> Et veult Offrir devant un saige,
> Ou ung homme de hault parage.

Vide supra *Baisemain.*

Offerenda, Oblatio quævis, Gallis *Offrande.* Occurrit in Charta pro Ecclesia S. Andreæ Viennensis in Probat. Historiæ Sabaudicæ pag. 7. et in alia apud Perardum pag. 29. Tabularium Longi-pontis in diœcesi Paris. : *Feodumque Hugonis Bassati apud Bretigny et omnem decimam, sepulturam, atque Offerendam totius terræ quam habebat apud Bonduflum.* Tabularium Prioratus de Domina in Delphinatu Ch. 213 : *Medietas Offerendarum debitalium est nostra, quam comparaverunt filii Odonis, etc.* [Tabularium Dunense Ch. 35 : *Dedit medietatem... decimæ, sepulturæ quoque et Offerendæ.* Charta ann. 1. Philippi Franc. Regis e Chartulario S. Sulpicii Bituricens. : *Offerendam, sepulturam, baptisterium, relevationes feminarum, etc.* Alia Raynaldi Episc. Meldens. ann. 1160. ex Archivo Radoliensi : *Nonam partem magnæ et minutæ decimæ et Offerendarum, etc.*]

* **OFFERENDARIUS** Calix, Nominis rationem profert Ordo eccl. Ambros. Mediol. ann. circ. 1130. apud Murator. tom. 4. Antiq. Ital. med. ævi col. 882 : *Et duo observatores octo minorum custodum portant calicem Offerendarium, in quem colligitur vinum quod offertur.* Vide in *Offertorium.*

OFFERENTES, Qui tributa inferunt, collatores, in leg. 3. et 8. Cod. Th. de Tyronib. (7,13.) apud Ammian. lib. 19. et Senatorem lib. 11. Epist. 7.

* Quo sensu intelligenda videtur vox Gallica *Offreur*, in Lit. remiss. ann. 1461. ex Reg. 198. Chartoph. reg. ch. 31 : *Il avoit esté crié et publié ès sieges de nostre bailliage de Caux, que nul ne portast habillement de guerre, s'il n'estoit noble, Offreur, ou homme de guerre.*

OFFERENTIA, Idem quod *Offerenda.* Bernardus Mon. in Consuetud. Cluniac. MSS. cap. 5 : *Post Offerentiam majoris Missæ, etc.*

Offerentia, Oblatio, seu proventus oblationum. Charta Willelmi Comitis Pictavensis apud Beslium pag. 425 : *Per vim invaserat, scilicet medietatem Offerentiæ, et decimas de sua terra propria, etc.* Tabularium Monasterii Conchensis in Ruthenis : *Dono Ecclesiam de Boins cum sepultura et decima, et Offerentiam S. Salvatori, et sanctæ Fidi, etc.*

1. **OFFERRE**, Sacrosanctum Missæ sacrificium celebrare. Ita usurpat S. Cyprianus Epist. 12. 63. et 77. qui interdum *Sacrificium offerre* dixit lib. de Lapsis, Epist. 54. 68. *Sacrificium celebrare*, Epist. 66. et 77. Vide S. Augustinum Epist. 118. cap. 3. et 4. Concilium Arelatense I. can. 15. Martinum Bracarensem cap. 56. etc. Eodem sensu Græci προσφέρειν dixerunt. Vide Concilium Ancyranum cap. 1.

Offerre Susceptione, dicitur Episcopus aut Sacerdos, qui in aliena parochia est : non enim ei licet Missam celebrare ; sed divinam Eucharistiam a proprio Sacerdote *suscipere* debet, seu cum cæteris fidelibus communicare. Populus enim cum Sacerdote sacra faciente offert, sed *susceptione*, non autem confectione Eucharistiæ. Canones S. Patricii cap. 30 : *Episcopus quislibet qui de sua in alteram progreditur parochiam, nec ordinare præsumat, nisi permissionem acceperit ab eo qui in suo principatu est : die dominica Offerat tantum susceptione, et obsequi hic contentus sit.*

Offerre dicebantur præterea Christiani Laici, qui panem et vinum in Ecclesiam deferebant, et ibidem offerebant. Quippe Sacerdos ex pane particulam, ex vino sorbitionem desumebat, quibus sacrificabat : unde oblatio ista fidelium *Sacrificium* dicitur Cypriano in libro de Opere et eleemosyna cap. 15 : *Locuples et dives es, et Dominicum celebrare te credis, quæ corbanon omnino non respicis, quæ in dominicum sine sacrificio venis, quæ partem de sacrificio, quod pauper obtulit, sumis.* Augustinus sermone 215. de tempore : *Oblationes quæ in altario consecrentur offert. Erubescere debet homo idoneus, si de aliena oblatione communicaverit.* Hanc autem oblationem Græci canones προσφορὰν vocant, cujus soli fideles jus habebant, qui neque abstenti, neque pœnitentes erant, sed integram dignitatem habebant, ut est in Concilio Nicæno I. can. 11. Ancyrano can. 16. etc. Vide in voce *Communio.* Atque hac notione *Oblatio* sumitur in Ilerdensi can. 9. Vasensi I. can. 2. Arelat. II. can. 12. Eliberit. can. 28. etc. Fabianus PP. 1 : *Decernimus ut in omnibus Dominicis diebus altaris oblatio ab omnibus viris et mulieribus fiat tam panis quam vini, ut per has immolationes a peccatorum suorum fascibus liberentur.* In Capitulis Caroli M. lib. 5. cap. 219. [** 371.] jubentur omnes *per dies Dominicos oblationem Deo offerre*, ipsaque oblatio *foris septa altaris* recipi. Adde lib. 6. cap. 167. 192. [** 170. 195.]

Quo pacto autem reciperentur Oblationes a Sacerdote Liturgiam sacram celebrante, et in qua Liturgiæ parte, scite describit Ordo Romanus, his verbis : *Expleto Symbolo, salutat Episcopus populum, dicens, Dominus vobiscum. Postea dicit, Oremus, tunc canitur Offertorium cum Versibus. Tunc venit Subdiaconus, ferens in brachio dextro patenam, et in sinistro calicem, in quo recipiuntur amulæ populorum, et super corporale, id est sindonem, quod accipiens Diaconus ponit super altare a dextris, projecto capite altero ad Diaconum ut expandant. Deinde transit Sacerdos ad suscipiendas oblationes. Interim cantant Cantores Offertorium cum Versibus, et populus, dat oblationes suas, id est, Panem et Vinum, et offerunt cum fanonibus candidis, primo masculi, deinde feminæ : novissime vero Sacerdotes et Diaconi offerunt, sed solum panem, et hoc ante altare. Subdiaconus vero cum calice vacuo sequitur Archidiaconum : et Pontifice oblationes populorum suscipiente, Archidiaconus suscipit post eum amulas, et refundit in calicem majorem, tenente eum Subdiacono, quem sequitur cum scypho super planetam Acolytus, in quem calix impletus refunditur. Oblationes autem a Pontifice suscipit Subdiaconus, et ponit in sindonem, quæ eum sequitur, quam tenent duo Acolyti.* Adde Honorium Augustodun. lib. 1. cap. 43. et Amalarium in Eclogis.

De Oblationibus vero Principum, sic idem Ordo Romanus alio loco : *Oblationes vero Principum Subdiaconus regionarius a Pontifice suscipit, ac sequenti Subdiacono porrigit, et ipse in sindonem, quam tenent duo Acolyti, eas ponit.*

Denique aquam tantum offerebant Cantores. Amalarius lib. 1. de Eccl. Offic. cap. 19 : *Cantores qui sunt de genere Levitarum, propter instantem necessitatem cantandi, non habent licentiam huc illucque discurrendi, ut singuli offerant cum cæteris. Statutum est eis, ut penitus non sint extorres a Sacrificio, custodire aquam, et hanc unam offerre pro cæteris, etc.* Ibidem : *Oblationes quæ veniunt in altare, Panes propositionis appellantur. De ipsis oblationibus tantum debet in altari poni, quantum populo possit sufficere, ne aliquid putridum in Sacrario remaneat.*

Feminæ etiam offerebant, sed non ad altare : at in locis suis manebant, et ibi Sacerdos earum oblationes accipiebat, ut habet Theodulfus in Capitulis cap. 6. Ex quibus forte intelligenda Capitula Theodori Cantuar. cap. 28. in quibus dicitur, *mulieres posse oblationes facere secundum Græcos, non secundum Romanos.* Id est, secundum Latinos non licuisse mulieribus ad altare offerre. De feminarum oblationibus agunt Fabianus PP. Concilium Matisconense I. can. 4. Joan. Diaconus in Vita S. Gregorii PP. cap. 41. Gregorius Turon. de Gloria Confess. cap. 65. Ordo Romanus, etc.

☞ Decretum Concilii Matiscon. Fabiano perperam adscribitur, ut docet D. Coustant tom. 1. Epist. Pontif. Rom. col. 124.

Offerebant et Monachi, ut docent S. Columbanus in Pœnitentiali, et Udalricus lib. 1. Consuet. Cluniac. cap. 7.

Offerre Aurum, *Thus, et Mirrham* ad altare die Epiphaniæ sacro solitos Reges nostros scribit Continuator vernaculus Guill. Nangii ann. 1378 : *Si fut l'offrande du Roy telle qu'il ensuit : Trois Chevaliers ses Chambellans tenoient hautement trois couppes dorées et esmaillées : en l'une estoit l'or, en l'autre l'encens, et en l'autre du mirrhe, et allerent tous trois par l'ordre comme l'offrande devoit estre baillée devant le Roy, et le Roy aprés, lesquels s'agenoüillerent, et il s'agenouilla devant l'Archevesque. Et la premiere offrande qui de l'or fut, bailla celui qui la portoit, et baisa la main : La seconde qui estoit de l'encens, bailla le second Chevalier qui la tenoit au premier, et il la bailla au Roy, et il l'offrit, en baisant la main de l'Archevesque : Et la troisiesme, qui est de mirrhe, bailla le troisiesme Chevalier qui la tenoit au second, et le second au premier, et le premier la bailla au Roy, lequel en baisant la main dudit Archevesque tiercement offrit : ainsi parfit son offrande devotement et honorablement.*

Offerri Nomina Fidelium dicuntur apud veteres, cum eorum memoria et nomen e sacris Diptychis recitabantur in Missæ sacrificio. S. Cyprianus Epist. 10 : *Ad Communionem recipiuntur, et Offertur nomen eorum.* Epit. 11 : *Et possunt nobis viceni et triceni Offerri.* Ep. 66 : *Neque enim apud altare Dei meretur Nominari in Sacerdotum prece, qui ab altari Sacerdotes et ministros voluit avocare.* Adde Innocentium I. Ep. 29. ad Decentium. Vide *Diptychum.*

Offerre ad Baptismum dicuntur *Patrini*, seu *gestantes*, aut *susceptores*, apud S. August. Ep. 23. et Homil. 50. cap. 2. Ferrandus Diac. Carthag. : *Nonne solos parvulos rite credimus Offerentium fide salvari etc.*

Offerre, Indicare. *Thesaurum offerre*, dicitur qui invenit, et ultro fisco indicat, in leg. 1. Cod. Th. de Thesaur. (10, 18.) et apud Senator. lib. 6. var. cap. 9.

Offerre proximis suis *burgagia vel libera tenementa sua* tenentur, qui ea *propter sui paupertatem vendere vel invadiare, aut ad feudifirmam dimittere* volunt : nec extranei ea emere aut ad feudifirmam accipere possunt, si proximi adsint, qui ea emere aut ad feudifirmam accipere velint, ex legibus Burgorum Scoticorum cap. 115. quo spectant quæ habent Usatica Ambianensis civitatis MSS. : *S'il avient cose cuns hom ou une feme sunt ensamble par mariage, et il vendent un hyretage que ils ont, et il aient enfans qui soient en leur baillie, sans che kil se soient parti deus, il n'i ont nule offre, car on offre mie hyretage d'aqueste à nullui s'on ne veut, ains le convient offrir au plus prochain aprés les enfans devant dis, et à cest enffans devant dis le convarroit otroier s'on voloit que le vente fust estables, et s'il avenoit c'aucuns qui fust seurès du pere ou de la mere par mariage, ou par autre maniere, chil avoit l'offre, et si manoit aveuc lui, et eust de son cotei à par lui, ausi aroit-il l'offre, etc.* Vetus Consuetudo localis ejusdem urbis MSS. : *S'aucuns puet baillier son yretage à cens, et ny a point d'offre, se il ni a entrée d'argent, mais s'il i a entrée d'argent combien que che soit il i a offre.* Alibi : *Nus n'offre sen acat qui ne veut, et qui an et jour le tenroit, puis qu'il aroit acaté, nus n'aroit l'acat par le bourse tant fust proisme. Item s'aucuns veut offrir le vente de sen yretage, il le convient offrir au plus proisme, et convient que cil qui l'yretage vent, soit hom soit feme, et de quel costé il est, soit present ; se chest feme, et ele a baron il convient qu'il soit presens aveuc sa feme come avouez de sa feme; et se c'est femme sans baron qui soit aagée, il ne convient qu'elle ait nullui d'avoué part, et se elle est desaagiée, il fau qu'ele ait son cureur, avoec li,... et convient que li acateres soit presens, et convient qu'il i ait Majeur ou un Esquevin en lieu du Majeur et 2. Esquevins au mains : et convient qui li venderres ou le venderesse offre à sen proisme la vente qui est faite de sen yretage, et nomera le vendeur, et dira toutes les conditions de le vente, et se li proismes veut li ara sairement du vendeur,... et se luec ne le veut prendre, il puet demander quinzaine de li conseiller et au chief de le quinzaine s'il veut li ara les sairemens et retenra sa vente par le bourse, et donra le prochainnuté de le bourse à cui il li plaira,... et emprendra argent s'il veut, ne ja ses proismes le prochainnité n'ara, ains demorra à chelui à cui ele sera donnée privés soit estranges, ne nus qui soit parens au vendeur puis qu'il est offert au plus proisme puis ne l'ara, etc.* Charta Beatricis Abbatissæ B. Mariæ Suession. ann. 1231 : *Omnes hæreditates ad propinquiorem hæredem per escheanciam devolventur : et poterit quilibet tenere terram suam et uxoris suæ, et sint omnes pares et hæredes ad terram tenendam illi, qui per linagium et jus debent venire ad eam. Venditores autem et emptores venient ad Majorem et Scabinos nostros, et se devestiet venditor in manu Majoris, et Major investiet emptorem per duos sestarios vini Majori et Scabinis. Venditor autem, si voluerit, potest offerre terram suam propinquo, et de qualibet oblatione quam faciet, erit quitus per 20. sestarios vini Majori et Scabinis, quod debent testificari, si factum est coram eis : et hæres cui erit oblata, debet eam capere infra quindenam, alioquin eam amittit. Hæres vero, cui non esset oblata, qui non esset extrapatriatus, possit revenire infra annum et diem ad eam per sumptus rationabiles ad dictum Scabinorum. Quam si non caperet infra annum et diem, nihil haberet ulterius in ea. Et si aliquis esset expatriatus, et reveniret, si ei offeratur, et non capiat eam infra quindenam, eam amittit. Quod si ei non offeratur infra annum et diem, ad eam potest revenire. Et si annus et dies præterierint, quin eam capiat, debet eam habere per sumptus rationabiles ad dictum Scabinorum. Et si contigerit, quod terra devolvatur jure hæreditario ad aliquem, eam intromansabit : et si plures fuerint hæredes, quilibet eorum tenetur intromansare, et tenetur quilibet solvere Majori, Scabinis et Decano 16. denar. Paris. videlicet cuilibet Scabino 3. denar. Majori 3. den. et Decano 4. et Ecclesiæ nostræ de qualibet, intramasatione tenetur solvere 2. sestarios vini.* Huc etiam pertinent quæ habentur in Legibus Henrici I. Regis Angliæ cap. 88 : *Nulli liceat forismittere hæreditatem suam de parentela sua, datione vel venditione, sicut diximus, maxime si contradicat, et pecuniam suam velit in ea mittere.* Burchardus Wormaciensis in Lege familiæ : *Lex erit familiæ : si quis prædium vel mancipia in hæreditatem receperit, et in paupertatem inciderit, et ex hac necessitate vendere voluerit, prius proximis hæredibus suis cum testimonio proponat ad emendum. Si autem emere noluerint, vendat socio suo cui voluerit.* Adde Consuetud. Montis in Hannonia cap. 49.

* 2. **OFFERRE**, pro Auferre. Charta Renati regis ann. 1476. ex sched. Pr. a S. Vincent. : *Non liceat quavis ratione, occasione, vel causa dictum pedagium in solidum, vel in parte ab ipso conventu, ullo unquam tempore Offerre vel dismembrare.*

OFFERSIO, Oblatio, passim in Chartis Longobardicis. Vide Chron. Farfense pag. 667. Ughellum tom. 2. pag. 123. etc. [*Offersionis cartula*, in Charta Henrici Imp. ann. 1055. apud Murat. delle Antic. Estensi pag. 7. Vide *Offertio*.]

OFFERSIRE, pro *offerre*, in Charta Sikelgaitæ uxoris Roberti Guiscardi apud Ughell. tom. 7. pag. 396.

* Charta ann. 1033. apud Murator. tom. 1. Antiq. Ital. med. ævi col. 16 : *Quæ vos, qui supra jugales parti ipsius episcopio Offersistis.* Forte *Offersi* in præterito dixerunt pro *Obtuli.*

OFFERSOR, Offertor, qui offert, in veteri Charta apud Ughellum tom. 7. pag. 1443.

¶ 1. **OFFERTA**, Oblatio. Privilegium Ferdinandi *Gonzalez* Principis Castellæ pro Monasterio S. Æmiliani, tom. 3. Concil. Hispan. pag. 178. col. 1 : *De vino in oblatione et singulos panes in Offerta.* Ceremoniale MS. B. M. Deauratæ : *De Offertis altaris et de vino cane vel lagene, etc.*

* Testam. ann. 1257. ex Tabul. S. Vict. Massil. : *Item lego pro Offerta Missæ xxx. sol.*

* 2. **OFFERTA**, Vas sacri ministerii, quod *Patena* dicitur. Tabular. monast. Cassinensis : *Una Offerta de argentum, etc.*

OFFERTI. Vide *Oblati*.

¶ **OFFERTIO**, Oblatio, in Charta Caroli Mag. ann. 775. sæc. 3. Benedict. part. 2. pag. 265. in Charta Froylani Legionis Episc. æra 1038. tom. 4. Annal. Benedict. part. 145. in Donatione ann. 782. tom. 3. Concil. Hisp. pag. 91. in Privilegio ann. 934. ibid. pag. 178. in Libello supplici ann. 1106. apud Murat. tom. 2. part. 2. col. 662. in Vita S. Severi Episc. Neapol. n. 6. tom. 3. Aprilis pag. 769. *Offertionis chartula*, in Donatione Mathildis Ducissæ ann. 1102. apud Miræum tom. 1. pag. 370. col. 1. et 2. *Ofertio*, in Præcepto Borelli Comitis ann. 986. apud Marten. tom. 1. Ampliss. Collect. col. 337.

* **OFFERTORIA**, Pannus oblongus, quo *Offerta* seu patena involvitur inter Missarum solemnia. Arest. ann. 1321. 9. Maii in Reg. *Olim.* parlam. Paris. : *Item unam Offertoriam, in qua tenetur patena, pretii decem solidorum.* Vide in *Offertorium.*

¶ **OFFERTORIALE** Servitium, Quo quis totum se tradebat in obsequium Ecclesiæ. Miracula S. Huberti Tungr. Episc. sæc. 4. Benedict. pag. 298 : *Reversus ad Ecclesiam, ejus se deinceps Offertoriali servitio mancipavit.* Vide *Oblati* 2.

OFFERTORIUM, Papiæ, *Oblatio quæ altari offertur et sacrificatur a Pontificibus.* Seu, ut est apud Joannem de Janua, *Locus ubi reponuntur, vel ubi fiunt oblationes.* [Isid. lib. 6. cap. 19 : *Offertorium tali ex causa sumpsit vocabulum; Fertum enim dicitur oblatio, quæ altari offertur et sacrificatur a Pontificibus, a quo Offertorium nominatur, quasi propter fertum.*]

Offertorium, inter Ministeria sacra reponitur : sed quid revera sit, non omnino inter scriptores constat. Onufrius et ex eo Ludovicus de Lacerda, aiunt esse sindonem sericeam, seu linteamen in quo fidelium oblationes reponebantur. Sane oblationes fidelium in sindone repositas testatur Ordo Romanus. Locum dedimus in voce *Offerre*. In Institutis Monasterii Cisterciensis, apud Georgium Cassandrum, in Liturgicis, *Offertorium sericum* occurrit, sed ad alios usus : *Aqua etiam cum argento colatorio ab uno Diaconorum nihilominus cappa induto cum Offertorio serico offertur.* Sic Offertorium fuerit pannus oblongus, quo involvitur calix, cum a Diacono offertur Sacerdoti. Ordo Romanus : *Levat calicem Archidiaconus de manu Subdiaconi : et ponit eum super altare juxta oblatam Pontificis, involutis ansis cum Offertorio suo, quod etiam ponit in dextro cornu altaris.* Ibidem : *Et ponit Pontifex oblationem in loco suo, et Archidiaconus calicem juxta eas, dimisso in ansis ejus Offertorio.* Usus antiqui Ord. Cisterciensis cap. 53 : *Calicem desuper cum corporali et Offertorio, etc.* Infra : *Diaconus autem post Evangelium displicet corporale habens tres plicatus in latum, et quatuor in longum,... et statim post Oremus, opertis manibus de Offertorio tenens sinistra manu pedem calicis, dextra autem patenam, offerat Sacerdoti simul utrumque.* Rursum : *Subdiaconus eadem hora accipiat patenam Offertorio coopertam, etc.* Ibidem : *Reddens Offertorium Subdiacono, Subdiaconus autem recondat illud plicatum.* Adde cap. 100. [Bernardus Monachus in Ordine Cluniac. part. 1. cap. 55. de Ostiario Ecclesiæ : *Tersoria quoque et Offertoria consignet custodienda, qui quoties oportuerit dirigat lavanda.* Et cap. 72 : *Offertorium et calicem porrigit ad offerendum, et recipit facta offerenda honeste plicatum.* Vide cap. 52. S. Wilhelmus lib. 1. Constitut. Hirsaug. cap. 50 : *Si corporale vel Offertorium vel linteum ad portandos calices, vel ad patenam involvendam aptatum, de ejus negligentia ad terram ceciderit, etc.*] Ita sane etiamnum in compluribus Ecclesiis observatur quoad ejusmodi sindonem qua calix involutus offertur Sacerdoti, qui ad dextrum cornu altaris reponi solet. Visitatio Thesaurariæ S. Pauli Londinensis ann. 1295 : *Offertorium stragulatum de rubeo et viridi. Item quatuor Offertoria minora de rubeo serico listata aurifilo, facta de quodam veteri panno, quorum duo habent extremitates de opere Saraceno contextas.... Item 2. Offertoria de panno albo, cum extremitatibus contextis de serico, bestiis, arboribus, turilis, et avibus.* De ejusmodi etiam Offertoriis pannis videtur locutus Greg. Turon. lib. 7. cap. 22 : *Cumque jam altarium cum oblationibus pallio serico opertum esset, subito ingredientem Gunthrannum Regem conspicio, etc.* Mox : *At ego cum hæc audirem, ad te conversus dixi : Adprehende pallium altaris, infelix, quo sacra munera conteguntur, ne hinc abjiciaris, etc.* Adde Vitam S. Willelmi Ducis apud Mabillonium num. 21. [sæc. 4. Benedict. part. 1. pag. 82. Inventarium vetus apud Marten. tom. 2. Itin. Liter. pag. 241. Guidonem in Disciplina Farfensi cap. 17. etc. *Offertoria opere plumario*, in Chartulario V. S. Vedasti Atrebat. pag. 200.]

Verum etsi sindonem istam *Offertorium* appellatam concedatur : aliud tamen fuisse apud alios scriptores, quibus quidpiam solidum, et calicis, perinde, ac patenam, appendicem fuisse colligitur. Annales Anianenses : *Calices aureos sive argenteos, vel Offertoria cum patenulis et Offertoriis cum auro et gemmis ornatos.* Ardo Monachus in Vita sancti Benedicti Abbatis Anianensis num. 25 : *Calices argenteos prægrandes, Offertoria argentea, et quidquid operi Dei necessarium esse conspexit... acquisivit.* Idem scriptor infra num. 33 : *Vestes sacras præbuit, calicem argenteum, Offertoria, etc.* Nec est quod *argentea* expungat Menardus, cum hanc vocem adjungant perinde alii. Hariulfus lib. 2. cap. 10 : *Calices argentei cum suis patenis 12. Offertoria argentea 10. etc.* Lib. 3. cap. 3 : *Calices... patenæ aureæ 2...* [*Offertoria aurea 4. argentea 60.* Occurrit infra rursum. Chronicon Fontanellense cap. 16 : *Offertorium aureum cum patena sua aurea opere mirabili.* Infra : *Offertorium argenteum ejusdem calicis habens effigiem mirifici operis, Alia Offertoria argentea cum patenis argenteis eorumdem.* Vita MS. Caroli M. jussu Friderici Imp. exarata lib. 2 : *Calices aureos sive argenteos cum patenulis et Offertoriis.* Vetus Scheda apud Browerum lib. 8. Annal. Trevir. n. 114 : *Calicem aureum cum patena aurea in crucis modum compositum : alium item gemmatum cum cochleari aureo, gemmatoque, et fistula nihilominus aurea cum gemmis; Offertorium aureum gemmatum cum patena, etc.* Arestum Paris. 9. Maii 1320 : *Item unum Offertorium, in quo tenetur patena pretii 10. solid.*

Offertoriolum, in ministeriis sacris, habetur, etiam in Actis Murensis Monasterii pag. 29.

Offertorium, Idem quod *Offerenda*, Cantus *qui inter offerendum cantatur*, ut est apud Walafridum Strab. lib. de Rebus Eccles. cap. 22. Bernonem Augiensem lib. de Missa cap. 1. Innocentium III. PP. lib. 2. Myster. Missæ cap. 53. etc. scilicet inter Evangelium et sacrificium : nostri *Offertoire* dicunt. Ordo Romanus : *Tunc canitur Offertorium cum versibus, etc.* Hildebertus Cenomanensis de Concordia veteris ac novi sacrificii :

Affectum spondet Chorus Offertoria cantans.

Vide Adamum Bremensem cap. 197. *Offertorium autem Gregorium M. instituisse, et ad Missam cantari præcepisse*, tradunt Hugo a S. Victore lib. 2. de Offic. Eccles. cap. 11. Honorius Aug. lib. 1. cap. 88. Chron. Reichersp. ann. 424. etc. At Durandus lib. 4. Ration. cap. 27. ait ignorari quis *Offertorium* instituerit. *Offertorius cantus*, apud Theodericum de Translat. S. Celsi Episc. Trevir. n. 22. *Cantus Offertorii*, apud Honor. Augustod. lib. 1, cap. 77.

OFFERTORIUM, Oblatio quæ Ecclesiis a fidelibus fit. Charta Godefridi Episcopi Ambianensis ann. 1108. ex Tabulario S. Arnulphi Crispiacensis : *Et exceptis Offertoriis totius anni, præter Nativitatis et Purificationis sanctæ Mariæ, etc.* [Necrolog. Lauresham. in Vindemiis liter. Fred. Schannatti pag. 26 : *Qui nobis benevole..... oblationes suas et Offertoria sua personaliter obtulit et præsentavit.* Index MS. beneficiorum Eccl. Constant. fol. 21 : *Rector percipit omnia Offertoria. Sunt alie due capelle, in quibus Rector percipit omnes oblationes.*]

* **OFFERTORIUM** PANIS ET VINI, Oblatio, quæ in exequiis fieri solet, in Testam. ann. 1480. inter Probat. tom. 3. Hist. Nem. pag. 305. col. 2. Vide infra *Offra* 2.

¶ **OFFERTORIUS**, Idem quod *Offertorium* prima notione. Usus Culturæ Cenoman. *Quando Diaconus dicet :* Partiti sunt vestimenta mea, *retrahuntur Offertorii a duobus Fratribus indutis.* Videntur intelligendæ mappæ altaris, quæ etiamnum auferuntur, cum post sacra Missarum solemnia, feria 5. in Cœna Domini, recitantur hæc verba : *Diviserunt sibi vestimenta mea, etc.*

* **OFFERTUM**, Offertorium, cum scilicet fideles accedunt ad secerdotem *patenam* osculandi causa. Ordinar. MS. S. Petri Aureæ-vallis : *Et tunc omnes habent offerre Deo in prædicta missa : quamdiu vero fit Offertum, capellanus altaris facit præcepta et recommendationes.* Vide supra *Offerenda.*

¶ 1. **OFFERTURA**, Donum a fidelibus collatum inter sacra, Gall. *Offrande.* Chartularium S. Vincentii Cenoman. fol. 54 : *Quidquid habebant in Ecclesia S. Germani de Cels in Offerturis et sepultura.* Alio in loco : *Gauterius presbyter de Nulliaco concessit monachis S. Vincentii.... duas partes Offerturæ in quinque festivitatibus annalibus, scilicet in Nativitate Domini, in festivitate S. M. candelarum, in Pascha, in Assumptione S. M. in festo OO. SS. etc.*

* 2. **OFFERTURA**, Oblatio quævis. Chartul. eccl. S. Ursin. Bitur. ch. 14 : *Ego Umbaudus presbiter ecclesiæ Iblíniaci do Deo et sancto primo Biturigensium archipræsuli Ursino ecclesiam Iblígni, scilicet totum feodum presbiterale et omnem Offerturam, quæ in ea omni tempore fit.* Vide in *Offerenda.*

¶ **OFFERTURIA**, Cymbium, ut videtur, in quo asservantur micæ thureæ, Gall. *Navette.* Donatio S. Rudesindi Episc. tom. 3. Concil. Hispan. pag. 180. col. 2 : *Lucerna, id est, thuribolorum ex auro cum sua Offerturia, capsas argenteas, etc.* Si non sit Navicula, idem est quod *Offertorium* secunda notione.

¶ **OFFERTUS**, Oblatus, Gall. *Offert.* Anonymus super Canonem Missæ, ad calcem libri Johannis Abrinc. de Offic. Eccl. pag. 377. edit. 1679 : *Hic deprecamur ut Pater sanctus super dona a nobis Offerta pio et blando vultu et claro dignetur respicere.* Pag. 378 : *Postulamus, ut munera nostra super altare hoc... Offerta, etc.* Pag. 379 : *Sacrificia ideo sunt Offerta, etc.* De *Offertis* monasteriorum, vide supra in *Oblati* 2.

* Occurrit etiam in Form. Marculfi lib. 1. art. 1.

¶ **OFFERUMENTUM**, ut *Offertura*, Oblatio inter sacra. Compendiosa beneficiorum expositio fol. 39 : *Oblationes sive Offerumenta, quæ in sacra liturgia altari fiunt, etc.* Festus : *Offerumenta dicebant, quæ Offerebant :* quod Turnebus lib. 16. Adversar. cap. 22. de iis accipiendum putat, quæ in sacris diis offerebantur.

OFFESA. Charta ann. 1274. regnante Carolo Rege Siciliæ, apud Joannem Lucium lib. 4. de Regno Dalmatico cap. 9 : *Commodabit dictæ Universitati Spalati duas galeas cum Offesis et corredis suis, sive hominibus, usque ad finem dictæ guerræ.* Occurrit ibi pluries.

¶ **OFFESSA**, pro *Offensa*, in Charta ann. 1358. apud D. *Secousse* tom. 3. Ordinat. Reg. pag. 317 : *Qui.... injuriam fecerint vel Offessam, etc.*

OFFEX, Qui alicui *officit*, qui impedit, [*Impeditor*, in Glossis Isid.] Fridegodus in S. Wilfrido Episcopo cap. 53 :

Ut frater congrex scelerum, sicut patet, Offex.

* **OFFIBULARE**, *Concludere, circumdare.* Glossar. vetus ex Cod. reg. 7641.

* **OFFICIALE**, Liber continens *officium* ecclesiasticum. Inventar. ann. 1218. inter Probat. tom. 1. Hist. Nem. pag. 67. col. 1 : *Item inveni in armario... textum et epistolare, et Officiale in uno volumine concatenatum.* Vide in *Officialis* et *Officiarium.*

OFFICIALIS. Gloss. Lat. MS. Reg. : *Minister, servus, Officialis.* Gloss. Gr. Lat. : Ταξιωτής, *Apparitor, Officialis.* Lex 1. Cod. Th. de Habitu quo uti oportet intra urbem (14, 10.) : *Officiales, per quos statuta complentur, ac necessaria peraguntur.* Spartianus in Caracalla : *Non ignorantibus Martio Agrippa, qui classi præerat, et præterea plerisque Officialium, impulsu Martialis.* Apuleius 1. Metam. : *Jubet Officialem suum pisces pedibus obterere. Officiales Provinciæ Aquitaniæ*, in veteri inscriptione 422. 7. Occurrit passim.

¶ OFFICIALIS, Procurator, administrator. Statuta Ardacensia cap. 10. apud R. Duellium lib. 1. Miscell. pag. 113 : *Item decrevimus, quod ipse Præpositus pro sui beneplacito liberam habet... potestatem ordinandi et ponendi unum Officialem ad bona ipsius Præpositura spectantia.... ordinanda.*

¶ OFFICIALATUS, ibid. Ejusdem *Officialis* munus : *Nullusque Vicariorum ipsius Ecclesiæ ipsi Officialatui laico præponi debet vel præesse, nec alicui officio, cujuscunque dignitatis existat... ne tanquam pluribus intenti, choralibus officiis præpediti : et ipsorum Ecclesiis propriis et negotiis, utraque in simul commode nequeant adimplere.*

¶ OFFICIALIS, Adjutor. Vita S. Alpini Catalaun. Episc. ubi de SS. Germano et Lupo missis in Britanniam : *Alpinum ad supplementum hujus negotii consortem pariter eligent et Officialem.*

Proprie autem *Officiales* apud nostros appellantur judices Episcopales, seu Episcoporum, in quos acrius invehitur Petrus Blesensis Epist. 25.

¶ OFFICIALATUS, Officialis, seu judicis episcopalis, munus, Gall. *Officialité*, in Charta ann. 1293. apud Sponium in Hist. Genev. pag. 78. in alia ann. 1300. tom. 2. Hist. Dalphin. pag. 133. in alia ann. 1313. ibid. pag. 147. alia ann. 1332. apud Ludewig. tom. 5. pag. 14. et alibi passim.

OFFICIALES ARCHIDIACONORUM, (nam et jurisdictionem habent, uti observatum supra in *Archidiaconus*,) de quibus Provinciale Cantuar. Ecclesiæ lib. 3. tit. 1. et ibi Lindwodus.

OFFICIALES, Clerici ac Sacerdotes qui Ecclesiam deserviunt, in Charta ann. 1072. in Hist. Pergamensi tom. 3. pag. 274. et in alia ann. 1174. ibid. pag. 324. [*Officialis, Sacrorum minister*, in Glossis Isidori. *Officiales et chori ministri*, in Concilio Mexicano ann. 1585.]

OFFICIALIS DE BANDO. Prima Curia Generalis Catalaniæ sub Jacobo Rege Aragon. ann. 1291 : *Quod nos vel successores nostri non imponamus Vicarium vel alium Officialem de bando in illo loco quo fuerit de bando.* Eadem habentur in alia ann. 1333. sub Alphonso Rege.

¶ OFFICIALES CLAUSTRI, Judices a Monachis instituti. Charta Friderici Ducis Austriæ ann. 1312. pro Monasterio Gyriensi apud Ludewig. tom. 4. pag. 188 : *Si vero aliquis liber vel servus claustri de furto vel de quocumque alio maleficio fuerit accusatus, causa coram Officialibus claustri ventiletur, et si convictus legitime fuerit, res convicti omnino claustro permaneant, sed ipse si mortem promeruerit corporalem vel membri mutilationem, ut cingulum comprehendit, judicio nostro in Tiver relinquatur.*

¶ OFFICIALIS FORANEUS, Ruralis, cujus districtus est extra urbem. Diploma Alberti Magdeburg. Archiep. ann. 1397. apud Ludewig. tom. 5. pag. 18 : *Sane cum pridem honorabilem virum Prepositum Monasterii S. Mauricii... Officialem foraneum et judicem jurisdictione ad nos spectante, ex causis tunc nos moventibus, commisissemus auctoritate nostra exercendam.* Vide *Officium foraneum.*

* OFFICIALES CURIÆ REGIÆ, vulgo *Les gens du Roy.* Pactum inter reg. Carol. II. comit. Prov. et capit. S. Salvator. Aquens. ann. 1292. ex sched. Pr. *de Mazaugues : Officiales prædicti, nomine dicti domini regis, dicebant quod dictus dominus rex habebat et habere debebat de jure in dicto burgo et in hominibus burgi focagium et focagia in omnibus casibus, in quibus in Provincia per curiam regiam foragia exiguntur.* Ibidem : *Officiales curiæ regiæ.*

* OFFICIALES CURRENTES, Judices ecclesiastici ab episcopo in ejus diœcesim delegati. Arest. parlam. Paris. ann. 1283. in Reg. 2. *Olim* fol. 68. r°. : *Item Officiales currentes, quos archiepiscopus de novo instituit in Bituricis, amovebuntur; et habebit suos archipresbyteros, prout extitit consuetum.*

* OFFICIALES SANITATIS, Qui iis, quæ ad sanitatem spectant, præpositi sunt, Gall. *Officiers de la santé*, in Convent. Saonæ pag. 33.

* Officialis ad Excessus, Qui de criminibus a clericis commissis judicat. Sent. ann. 1346. in Reg. 76. Chartoph. reg. ch. 323 : *Universis præsentes litteras inspecturis, Officialis Lingonensis ad excessus, salutem in Domino etc.* Vide in *Officialis*.

* *Officialis* Parisiensis clericos, etiam alterius diœcesis, ad se ob crimen alibi commissum delatos, judicandi jus habere ex eo probat, *quod civitas Parisius est communis patria, velut altera Roma; et est super hoc privilegiis, tam regiis quam apostolicis, juri consonis, insignita*, in Lit. remiss. ann. 1354. ex Reg. 84. Chartoph. reg. ch. 151. Ejusdem officialis extat sententia ann. 1366. in Reg. 97. ch. 182. qua litigantes, qui se se invicem vulneraverant, damnantur *en un flacon de vin d'amende*.

Officialis Liber, Qui nostris *Manuale Sacramentorum* dicitur, in Concilio Toletano IV. can. 26. in Concilio Moguntino can. 12. etc. *Officialis liber*, apud Agobardum de Correct. Antiphonarii cap. 19 qui partem aliquam officii Ecclesiastici continet. Ita vero in MSS. Codd. liber Amalharii inscribitur, *Liber Officialis Amelarii Corepiscopi, id est, de Ecclesiastico ordine, cæterisque officiis.* Illius meminit Concilium Rotomagense ann. 1072. cap. 22. apud Ordericum Vitalem lib. 4. pag. 529. Vide eumdem Amalarii librum cap. 57. *Libri officiales*, [in Addit. 3. Capitular. cap. 110.] apud Joannem Episcop. Abrincensem de Offic. Ecclesiasticis pag. 22. *Officiarium*, in Hist. Abbatiæ Condomensis pag. 504. *Liber officiorum*, in Vita Aldrici Episc. Cenoman. n. 26. [*Officialis libellus*, in Indice vett. Canon. tom. 3. Conc. Hisp. pag. 10.]

* Officialis, nude, Liber continens partem officii ecclesiastici. Charta ann. 831. apud Meichelbec. tom. 2. Hist. Frising. pag. 288 : *In ipsa traditione codices quatuor, missalem, comitem, Officialem, antiphonarium, etc.* Vide supra *Officiale*.

¶ **OFFICIALISTA**, Idem quod *Officialis*, qui munus aliquod exsequitur. Miracula B. Simonis de Lipnica, tom. 4. Julii pag. 575 : *Generosus Dominus Joannes Wolenski Bochensis Officialista ad salis fodinas.*

¶ **OFFICIALITAS**, Officium, munus. Synodus Pergam. ann. 1311. apud Murator. tom. 9. col. 547 : *Sancimus quod aliquis Clericus sive ecclesiastica persona absque diœcesani sui licentia officium publicum vel Officialitatem alicujus secularis rectoris seu communitatis seu universitatis.... exercere vel suscipere de cætero non præsumat, scilicet consulatus, tabellionatus, etc.*

¶ 1. **OFFICIALITER**, Officiose, amice, benevole, honorifice, Gall. *Officieusement.* Vita B. Coletæ, tom. 1. Martii pag. 540 : *Cordialis humilitatis condescentiam Officialiter oblatam.* Vita S. Johannis Episc. Neapol. tom. 1. April. pag. 33 : *Insignes ejus exequias uterque sexus et ætas usque ad Basilicam S. Januarii deducentes Officialiter collocarunt.*

* 2. **OFFICIALITER**, Jure officii. Scacar. S. Mich. ann. 1229. ex Cod. reg. 4653. A. : *Adjudicatum est quod crucesignatus de morte hominis secutus Officialiter, redditus non debet forbaniri, quamdiu sit in peregrinatione sua, et post reditum suum faciet jus.*

¶ **OFFICIANS**, Juvans, valens, potens. Miracula S. Isidori Agricolæ, tom. 3. Maii pag. 622 : *Et postulans B. viri virtutem quam Officiantem audierat ad effugiendas aereas potestates.*

1. **OFFICIARE**. Ugutio : *Funerare, sepelire, Officiare, ut, Iste funerat corpus, i. Officiat corpus, scilicet facit exequias funeris, et funerosa officia agit.* Itinerarium Gregorii XI. PP. : *Non licuit nos Officiare pro mortuis.*

Officiare, Ecclesiam deservire, in ea officium Ecclesiasticum peragere. Charta Landolphi et Pandolphi Ducum Beneventan. in Chronico S. Sophiæ pag. 654 : *Jam dictam Ecclesiam cum omni ornatu, vel rebus pertinentibus ad eandem Ecclesiam potestatem habeatis tenere, donare, et eandem Ecclesiam Officiare, et dare ad tenendum ac dominandum cuicumque vobis pro vestro libero arbitrio placuerit, qui in eadem Ecclesia Officiare debeat, sicut consuetudo est.* Vide Ughellum tom. 6. pag. 279. tom. 8. pag. 654. Will. Thorn. pag. 2089. Concilium Lambethense ann. 1281. cap. 2. Stephanum Tornacensem Ep. 231. [Ludewig. tom. 1. pag. 105. et 136. Hist. Eccl. Meld. tom. 2. pag. 178. Continuationem M. Bullarii Rom. pag. 287. col. 1. Histor. Dalphin. tom. 2. pag. 174. Mirac. S. Zenobii Episc. tom. 6. Maii pag. 57. Lobinell. in Gloss. tom. 3. Hist. Paris.] etc.

Officiari, dicuntur dies festi, cum in iis proprium diei et festi officium Ecclesiasticum peragitur, apud Honorium Augustod. lib. 3. cap. 71. et Durandum lib. 6. Ration. cap. 36. n. 3. *Officiata dies*, in Summula Raymundi, id est, *festa dies*, ut est in Glossa superlineari.

Inofficiari, apud eumdem Honorium lib. 4. cap. 14. et 96. in Micrologo cap. 29. 41. apud Radulphum Tungr. lib. de Canonum observantia cap. 15. 17. Metropolis Salisburgensis tom. 3. pag. 38 : *Quod nobis liceat nostras Ecclesias Parochiales Inofficiare*, id est, in iis sacra officia peragere. [*Beneficium curatum sive non curatum Inofficiare*, apud Rudolfum de Haringen, lib. 2. Miscell. Raim. Duellii pag. 100.]

¶ Innoficiata Capellania, In qua non fit officium divinum, in Charta Hugonis Abb. Corbeiensis ann. 1278. ex Archivo ejusdem Cœnobii.

Offisiositas, Officii Ecclesiastici peractio, apud Durandum lib. 6. cap. 36. n. 4.

* Heric. in Mirac. S. Germ. Autiss. lib. 2. cap. 11. apud Labb. pag. 561 : *Cumque circa gallicinium nocturnæ functionis Officiositas a fratribus ageretur.* Vide suo loco.

* 2. **OFFICIARE**, Munere fungi, officium suum exercere, nostris *Officier*. Charta ann. 1314. tom. 3. Cod. Ital. diplom. col. 973 : *Nec Officiare poterit* (advocatus) *quoquo modo, quousque in capitulo præstiterit hujusmodi sacramentum.* Charta Caroli V. ann. 1367. in Memor. D. Cam. Comput. Paris. fol. 92. r°. : *Tous autres officiers servans et Officians continuelement en nos dittes receptes, etc.* Proprie vero dicitur de apparitore *servientis* officium exercente; unde et nostratibus *Officier*, eodem sensu, vulgo *Exploiter.* Recogn. feud. ann. 1322. in Reg. 65. Chartoph. reg. ch. 127 : *Item fuit actum quod nullus serviens dicti domini possit citare vel aliter Officiare in prædictis recognitis.* Charta Joan. de Cabilone episc. Lingon. ann. 1331. in Chartul. ejusd. eccl. fol. 273. r°. ex Cod. reg. 5188 : *Nullus serviens domini episcopi Lingonensis, vel officialium suorum possit Officiare seu servientis officium exercere in dicta villa de Cuseyo.* Lit. remiss. ann. 1471. in Reg. 197. ch. 136 : *Icellui suppliant respondit audit sergent qu'il n'estoit pas heure de Officier, pour ce qu'il estoit nuyt.*

* 3. **OFFICIARE**, Ministrare, suppeditari. Charta Ludov. Batavi imper. apud Oefelium tom. 1. Script. rer. Boicar. pag. 762. col. 1 : *Ligna pro domorum structura de præfata sylva per nostram consignationem Officiari* (jubemus)

¶ Inofficialitas, Absentia ab officio divino. Vita S. Apollinaris Episc. Valentiæ ad Rodanum, tom. 6. Ampliss. Collect. Marten. col. 784 : *Qui cum ad matutinas laudes reddendas nobis consurgentibus defuisset, et Claudius diaconus causam ab eo hujus Inofficialitatis exquireret, etc.* Forte melius legeretur *Inofficiositatis*.

¶ **OFFICIARIUM**, Liber continens divina officia in choro peragenda. Necrologium Parthenonis S. Petri de Casis : *23 Junii. Obitus Dom. Ysabellis de Langiaco... que dedit Conventui 1. Officiarium... 12. Aug. Obiit D. Margareta de Alegrio Abbatissa, que... dedit Conventui 2. Psalterios et 1. librum qui vocatur Officier, et 1. qui vocatur Collecta... 29. Septembris. Obiit Agnes de Talliaco Priorissa Claustreya, que dedit Officiarium, quod fecerut fieri ad opus chori in communi.*

¶ **OFFICIARIUS**, Gerens aliquod munus, Gall. *Officier*. Occurrit passim. Vide *Officialis*.

* **OFFICIARIUS** Communitatis, in Reg. capitul. eccl. Carnot. appellatur Canonicus, cui accepti et expensi ratio committitur : ad quem olim potissimum spectabat annuum beneficii reditum unicuique canonico persolvere. Reg. laudata ann. 1499 : *Et in Augusto præcedente habuerit* (canonicus) *suum grossum in manu sua per Officiarium communitatis.*

* Officiarius, Monachus, cui aliquod officium in monasterio demandatum est. Ordinar. MS. S. Petri Aureæ-vallis : *Si vero fuerit festum duplex, tunc duo religiosi antiqui et Officiarii, si sint, descendunt ad invitatorium.* Vide *Officiatus*.

* 1. **OFFICIATIO**, Servitium, quod alicui ecclesiæ impenditur. Charta Gebhardi episc. Constant. ann. 1309. inter Probat. tom. 2. Annal. Præmonst. col. 91 : *Quod ecclesias... in divinis per vestros confratres officiare licite valeatis; et quod ratione Officiationis hujusmodi ecclesiarum, etc.* Vide *Officiare* 1.

* 2. **OFFICIATIO**, Officium ecclesiasticum, dies festus. Charta Mariæ de Brabant. ann. 1298. in Suppl. ad Miræum pag. 438. col. 2 : *Quando Officiatio duas* (Missas) *requirit, unam cantabit* (plebanus). Vide *Officiari* in *Officiare* 1.

¶ 1. **OFFICIATOR**, Gall. *Officiant*, Celebrans, qui primas obit partes in officiis divinis. Appendix ad Acta S. Henrici Imp. tom. 3. Julii pag. 788 : *Post quod hora sexta vespertina eadem R. D. Decano Offi-*

ciatore, Matutinum cum Laudibus anticipatur.

** Officiator, Qui ecclesiam deservit. Charta ann. 1304. apud Guden. in Cod. diplom. tom. 3. pag. 885 : *Ut quocienscunque eandem ecclesiam vacare contigerit, vos sibi possitis et debeatis de Officiatore ydoneo providere.* Vide *Officiare.*

* 2. **OFFICIATOR**, Cantor. Breviar. MS. ad usum eccl. Auxit. Dominica in octavis Paschæ ad Verperas : *Hic sint duo Officiatores cum capis sericis.*

* **OFFICIATUM**, Officium, ministerium. Charta Henr. VII. reg. Rom. ann. 1231. tom. 1. Hist. Trevir. Joan. Nic. ab *Hontheim* pag. 709. col. 2 : *Item homines proprii, advocatitii, feudales, qui ad dominos suos transire voluerint, ad manendum in nostris Officiatis non arctentur.* Vide *Officiatus.*

OFFICIATUS, Qui officio aliquo fungitur, vel ministerio, in Monasteriis et alibi. Chronicon Trudonense lib. 8. pag. 449 : *Satagebat multa anxietate,..... multoque labore apud Officiatos, maxime apud Folrardum fratrem nostrum, etc.* Et lib. 12. pag. 501 : *Cumque ad hanc* (structuram) *Abbas sollicitaret Officiatos, et sollicitarentur a fratribus, etc.* [Vetus Ceremoniale MS. B. M. Deauratæ : *Portantes autem turribulia et intorticia debent esse monachi.....* (sive) *sint presbiteri vel non, Officiati vel cujuscumque status.* Statuta Eccles. Argentin. ann. 1435. tom. 4. Anecd. Marten. col. 549. ubi de Monachis et Monialibus : *Si qui vero Officiati vel Officiatæ... opus habuerint contrahendi, non faciant nisi de Prælatorum suorum consensu.*] Carmen de Curia Romana v. 214 :

> Sic equidem Gauffredus ait, sed Curia sacra est,
> Officiatorum plena juvante manu.

Utitur etiam Albertus Argentin. pag. 142 : *Cum autem antiquitus Romani haberent Patricios, Senatores, Præfectos, Tribunos, et multos Officiatos, etc.* Adde pag. 173. Vitam Baldrici Lutzemb. Arch. Trevir. lib. 1. cap. 6. [Chartam ann. 1218. apud Ludewig. tom. 2. pag. 214. aliam ann. 1386. apud Tolnerum in Probat. Hist. Palat. pag. 125. etc.]

OFFICINÆ, in Monasteriis, dictæ ædiculæ, in quibus asservantur quæ ad victum aut alios usus Monachorum spectant. Joan. de Janua : *Officina, locus ubi sunt officia.* Ratpertus Monachus de Casibus S. Galli cap. 6 : *Denique Cellario cunctisque similibus Monasterii Officinis laicales præfecit personas, etc.* Cap. 8 : *Harmoto injunxit ut... exteriora Officinarum necessaria construeret... cum prius Monachi colerent Officinas suæ utilitati incommodas.* Adde cap. 16. *Officinæ regulares*, apud Petrum Cluniac. lib. 1. Epist. 27 : *Ubicunque enim sibi obviant fratres, junior a Priore benedictionem petit, Benedicite, dicendo, si extra regularia loca fuerit, et humiliter inclinando, sed nihil ore proferendo, si intra Officinas regulares sibi occurrerit.* [Rursum occurrit in Ordinario Canonicorum Regul. S. Laudi Rotomag. post Librum Johannis Abrinc. de Offic. Eccl. pag. 272. edit. 1679. in Vita S. Hiltrudis Virg. non semel. Vide mox *Officinatus.*] [** Statut. antiq. S. Petri Corbeiens. lib. 1. cap. 1 : *Isti vero 150. uno semper tenore in nostris diebus liberandi sunt, sicut hodie per singulas Officinas liberantur.* Ubi Guerardo *Officina* est Cella promptuaria peculiaris, ubi res cibariæ unius et ejusdem generis separatim ab aliis conservantur vel præparantur.]

* Charta ann. 1030. ex magno Chartul. S. Vict. Massil. pag. 62. v°. : *Archimbertus, uxor Maiamburga, filius Rainoardus donant locellum aptum Officinis monasterialibus, ad construendam cellam propter abundantiam aquæ, juxta ecclesiam S. Mariæ in loco Subtuscheta.*

Officinale, Eadem notione, in Vita S. Hugonis Abbatis S. Martini Eduensis num. 14 : *Construxit... Officinalia regularia usibus Monachorum omnimodis apta, etc.*

Officinalis Domus, in Chronico Mosomensi apud Acher. tom. 7. Spicil. pag. 650 : *Claustra monasterii et Officinales vobis domos metabimur, et procedente tempore opportunata quæque procurabimus.* [** Quæ sint *Officinales domus* patet ex Lucii III. PP. Bulla ann. 1185. in Alsat. Diplom. num. 335. tom. 1. pag. 282 : *Monasterium in memoriam B. Nicolai, cum claustralibus Officinis, videlicet eum hospitali pauperum et hospicio advenientium hospitum, ceterisque edificiis ecclesiæ necessariis, etc.*]

¶ Officinæ Ecclesiæ, Sacella, Gall. *Chapelles.* Chronicon Fiscamnense MS. part. 2. pag. 126 : *Hæ sunt festivitates annuales, in quibus fit processio post Completorium per Officinas Ecclesiæ.*

OFFICINATOR, Præcipuus inter opifices, opifex, faber, qui cæteris fabris præest. Glossæ veteres : *Officinatores*, ἐργαστηριάρχαι. [Aliæ Gr. Lat. apud Martinium : Ἐργαστηριάρχης, *Tabernarius.*] Vide Dissertat. 23. ad Joinvillam pag. 286.

¶ **OFFICINATUS**, Instructus officinis. Vita S. Hiltrudis Virg. sæc. 3. Benedict. part. 2. pag. 421 : *Locus huic operi providetur aptus et monasticis Officinis competens... Oratorio tandem expleto... claustroque bene Officinato, etc.*

¶ **OFFICINULA**, Cellula. Joannes a Bayono de Abbatibus Medianis in Hist. ejusd. Monast. pag. 289 : *In cujus* (montis) *vertice Ecclesia in honore Magdalenæ constructa cum suis Officinulis solitariis apta extitit.*

OFFICINUM, pro *Officina.* Eadmerus in Vita S. Wilfridi cap. 17 : *Officina regularia decenter constructa lapidibus, et tegulis ligneis tecta.* [Miracula ejusdem S. Wilfridi sæc. 3. Benedict. part. 1. pag. 216.* : *Officina religioni convenientia, lignea tamen, propriis construxit manibus.*] Occurrit non semel in Vita Aldrici Episcopi Cenoman. n. 17. 26.

OFFICIOLATUS, Dignitates, munia publica. Occurrit sæpe in leg. Hungaricis, et apud Thwroczium in Ladislao cap. 58.

¶ **OFFICIOLUM**, Liber complectens preces seu officium ecclesiasticum, Ital. *Officiulo.* Annal. Mediol. apud Murator. tom. 16. col. 808 : *Assides duæ Officioli argenti deauratæ cum Crucifixo et aliis imaginibus Sanctorum... Majestas una ad modum unius Officioli cum balassis* VI. *saphiris* VI. *et perlis* LXXXVIII. *et figuris duabus intus. Officiolum unum B. Mariæ parvi voluminis, habens assides aureatas cum perlis et certis lapidibus.*

OFFICIONARIUS, Officiarius, minister Judicis, Præsidis, in Historia Translationis S. Sebastiani n. 29. in Actis S. Thyrsi Martyr. num. 31. et alibi passim in Actis Martyrum. [Vide *Marschalcus* in *Mariscalcus.*]

¶ Officionarius Frater, Monachus, de cujus officio hoc unum novimus, quod habet Guido in Disciplina Farfensi lib. 2. cap. 25 : *Officionarius frater mox, ut dicta fuerit offerenda, procedere ante Abbatem atque annuere debet de versuum inchoatione. Abbate incipiente debent omnes inclinare. Si ipse non imponit, debet annuere aliis, quibus visum ei fuerit, et illico ut initiatum habet, facere inclinationem cum reverentia, pueri hic et inde omnes inclinantes. Si Abbas præsens non fuerit, faciat Prior; et si Prior minime adest, annuat Decano; quando ipse defuerit, imponat Armarius, et si prænominati cuncti deerunt, adimpleat ipse* (Officionarius.) *Cum jam prope ipsi versiculi finiendi sunt, veniat Conversus cum thuribulo ad Cantorem et tunc ipse deferat Abbati; si non est, faciat ipse.* Non video quis sit ille *Officionarius*, nisi forte Sacerdos ipse qui sacra faciebat. Nomen belle convenit, cætera, ut videretur, non ita bene. Vide *Offerenda.*

1. **OFFICIOSITAS**, Officium, munus. Eulogius Cordubensis lib. 1. Memor. Sanctor. : *Quia vobis incumbit Officiositas prædicandi, ita vobis subest necessitas audiendi.*

¶ 2. **OFFICIOSITAS**, Benignitas, comitas, proclivitas ad præstanda officia sive beneficia. Martinus Episc. sæc. 6. in Libello seu Formula vitæ honestæ, apud Stephanotium tom. 8. Fragm. MSS. pag. 225 : *In reddenda Officiositate neque negligas, neque exactor appareas.* Utuntur Sidonius in Carmine 23. v. 478. Johannes Sarisber. Epist. 178. et alii. Vide alia notione in *Officiare.*

OFFICIPERDI, *Qui laboris non habent remunerationem, Catoni quoque* (in Distichis) *dicuntur Officiperdi.* Ita Gloss. Isid. Domnizo lib. 2. de Vita Mathild. cap. 7 :

> Perditio signi defectum signat, abhinc quin
> Nomen ei crescat, quod dicitur Officiperdi.

Apud Petrum Blesensem Epist. 25 :

> Nam genus hoc hominum, quod dicitur Officiperdi.

☞ *Officiperdi* vel *Officiperdæ* proprie sunt ingrati, qui perdunt officia seu beneficia, cum non reddunt gratiam, ut patet ex Catonis Disticho, ubi :

> Gratior officiis, quo sis mage charior, esto,
> Ne nomen subeas, quod dicitur Officiperda.

OFFICIUM, Officialis, Minister Judicis, Magistratus apparitura, Palatina militia. Gloss. Græc. Lat. : Τάξις ἄρχοντος, *Officium, Apparitio.* Glossæ aliæ : *Officium*, τάξις. Ita τάξιν usurpant Acta S. Philemonis et Apollonii, ubi de Ariano Judice n. 2 : Ἀρειανὸς εἶπεν τῇ τάξει, etc. Acta Proconsularia sub Munatio Felice, apud Augustinum lib. 3. contra Cresconium cap. 29 : *Non eos novimus. Paulus Episcopus dixit : Novit Officium publicum, id est, Edesius et Junius Exceptores.* Acta S. Asclæ Martyris n. 1 : *Quem cum vidisset Judex, dixit ad Officium,*

Quis est hic? Apollonides unus ex Officialibus dixit, Puto, Christianus est. Acta S. Agathæ Virginis num. 14 : *Quintianus arripuit iter cum Officio suo ad investigandas facultates ejus.* Vita S. Severi Militis et Martyris n. 2 : *Misit itaque milites ex Officio suo, ut ubicumque eum reperissent, absque honore eum suis præsentarent aspectibus.* Acta Passionis S. Felicis Episcopi Tubzocensis : *Statim eum sibi per Officium præsentari constituit.* Senator lib. 11. Epist. 8 : *Non solum nostras, sed et Officii innoxias custodimus manus.* Et Epist. 9 : *Scitote, Judices, Officia vobis quasi actuum vestrorum testes assistere.* Adde Epist. 7. et 34. Vita S. Aviti Viennensis Episc. n. 2 : *Accidit ut quidam ex Officio Regis Sigismundi, nomine Stephanus, qui super omnem dominationem fisci principatum gerebat, etc.* Eadem habentur in Vita S. Apollinaris Episcopi Valentini in Chronologia Lerinensi pag. 377. Corippus lib. 3. vers. 210 :

Postquam dispositis ornata palatia turmis,
Officia explerunt, etc.

Vide Fragmenta S. Hilarii pag. 5. et præterea Passionem S. Caloceri Martyris num. 5. 6.

Officia, Loca ubi consistunt Officia, seu Ministri Augustales in Palatiis. Vita S. Domitiani : *Quæsitus per omnia Officia Palatii, et minime repertus, putatus est mortuus esse grandine, etc.* Vel inter *ministros* Imperatorios.

Officium, interdum sumitur pro *Obsequio*, seu comitatu domesticorum ac famulorum. Bundemundus in Vita S. Amandi num. 5 : *Rursum cum Officio Clericorum Romam perrexit.* Vide Regulam Magistri cap. 93.

¶ Officium, Munus, vel curia Officialis Episcopi, Gall. *Officialité*. Charta Officialis Rotomag. ann. 1468. ex Archivo B. M. de Bono-nuntio Rotomag. : *Officium nostrum super hoc humiliter implorando, etc.*

* *Office*, eodem intellectu, in Lit. remiss. ann. 1423. ex Reg. 172. Chartoph. reg. ch. 425 : *Lequel Nicolas dist à icellui Henry, que se il ne chastioit sa femme, il le mettroit à l'Office, qui est à entendre, à la court de l'esglise.*

Officium Ecclesiasticum, a S. Hieronymo, Damaso PP. rogante, primitus ordinatum fuisse aiunt : ordinavit enim ille, inquit Durandus lib. 5. Ration. cap. 2. num. 3. quantum de Psalmis in Dominica, quantum in secunda feria, et quantum in tertia feria, et sic deinceps legeretur. Evangelia quoque et Epistolas, etc. quæ de novo et veteri Testamento in Ecclesia leguntur, præter cantum magna ex parte ordinavit, cujus operis exemplum idem Hieronymus Romam misit, et a Damaso PP. canonizatum est, et præceptum a cunctis Ecclesiis observari. Postmodum Gregorius et Gelasius orationes et cantus addiderunt, et lectionibus et Evangeliis Responsoria coaptaverunt. Gradualia vero, Tractus et Alleluia Ambrosius, Gelasius et Gregorius ad Missam cantari instituerunt. Exhinc duplex in Ecclesia officium obtinuit, Gregorianum et Ambrosianum; sed Gregorianum tandem prælatum Ambrosiano, Carolo M. imperante, quod Ambrosius multa instituisse diceretur juxta ritum Græcorum, illudque in sola Mediolanensi Ecclesia deinceps receptum est. Hæc fere idem Durandus; cui adjungendi alii qui de Officiis Ecclesiasticis ex professo scripsere, atque in primis Cardinalis Bona lib. 2. Rerum Liturgicar.

*Officium Proprium. Rituale MS. eccl. Senon. in Cœna Dom. fol. 70 : *Non enim habet* (benedictio olei) *proprium Officium, id est, non in capite verba salutationis, hoc est,* Dominus vobiscum, *nec* Oremus, *nec in fine concluditur, ut cæteræ orationes,* Per Dom. N. J. C.

Officium B. Mariæ, instituit Urbanus II. PP. et ut quotidie diceretur, et in die Sabbati solemnitas fieret statuit. Vide eumdem Durandum lib. 6. cap. 2. num. 6.

* Officium Exequiale, Quod in exequiis peragi solet. Charta G. comit. Nivern. ann. 1227. ex Tabul. S. Thomæ in Foresio : *In obitu vero ipsius militis, conventus dictæ domus tenetur celebrare suum Officium Exequiale honorifice, sicuti aliis confratribus domus antiquitus facere consuevit.*

¶ Officium Gradale. Vide in *Gradale*.

Officium Plenarium, Solemne. Conventus Aquisgranensis ann. 817. cap. 46 : *Ut in præcipuis solemnitatibus... plenarium Officium agatur, et bis reficiatur.*

* Officium Generale, Solemniori, quo potest, ritu pro defunctis celebratum. Necrol. MS. Casal. : *Abbas Radulphus concessit Hugoni Officium generale pro patre suo Hugone, pro Joanne fratre suo, pro matre sua; et hoc anniversarium scriptum est apud Casale benedictum.*

, Officium Universale, Eadem notione. Acta MSS. notar. Senens. ad ann. 1284. ex Cod. reg. 4725. fol. 28. r°. : *Pro annuali meo in perpetuo, pro canendo Officium universale, etc.* Et quidem sæpius ejusmodi officium sub una *collecta* et Missa absolvebatur, ut legitur in Gest. abbat. Valcell. MSS. : *Statuit ut dum quilibet eorum de hoc seculo migrasset, unum Officium in conventu fieret, id est, ut collecta ad officium defunctorum pro illo diceretur, et Missa in conventu.*

¶ Officium, Introitus Missæ, vel Missa ipsa officii divini pars præcipua. Ordinarium S. Germani Paris. in festo Dedicationis Eccl. inter Probat. Hist. ejusd. Monast. pag. 159. col. 1 : *Postea incipiet D. Abbas,* Pax æterna. *Officium,* Terribilis est, etc.

* Charta ann. 1180. ex Tabul. S. Albini Andegav.: *Cantor canonicorum incipiet Officium et versum; et cantor monachorum,* Gloria *cum Officio.* Charta ann. 1342. in Reg. 75. Chartoph. reg. ch. 33 : *Die Sabbati ante Dominicam, qua cantatum fuit Officium,* Judica me. Passim occurrit in Ordinar. MS. Rotomag.

* Officia, dicuntur etiam sacra, quæ a paganis sacerdotibus agebantur, in Lib. de Mirab. Romæ apud Montemfalc. in Diar. Ital. pag. 200 : *Vocatur Vaticanum, quia vates, id est, sacerdotes, canebant ibi sua Officia ante templum Apollinis.*

Officia, seu *Offices*, vulgo etiam appellamus quæ alii *officinas* vocant, seu ædificia Monachorum usibus et officiis addicta. Radulfus de Diceto ann. 1071 : *Ecclesiam Christi Cantuariensem cum omnibus Officiis quæ infra murum ipsius curiæ sunt, cum ipso muro ædificavit.*

* Officium, Oblatio quævis, emolumentum, quilibet reditus. Charta ann. 1030. ex Tabul. S. Vict. Massil. : *Dono S. Victori ecclesiam S. Genesii de Dromo ab integro, cum ecclesiis,... primitiis atque offertoriis, cum omnibus Officiis, tam vivorum sive mortuorum.* Alia Gerardi II. episc. Camerac. ann. 1090 : *Juxta forum vero altera* (capella) *in honore S. Crucis, dicta capella S. Vedasti, decimis circummanentium, cum reliquis ecclesiasticis Officiis utens, etc.* Vide supra *Offertura* 2.

Officium, pro Ministerio, seu feudo, ratione cujus vassallus obsequium certum domino debebat, in Probat. Hist. Guin. pag. 515. 626.

¶ Officia Feudalia *familiæ Abbatis S. Bernardi; de Romanis,* recensentur in Charta ann. 1240. tom. 2. Hist. Dalphin. pag. 142 : *Primus Bajulus procurator et custos domus suæ et totius terræ suæ. Secundus Marescallus. Tertius Camerarius. Quartus Cellerarius. Quintus vini Minister. Sextus Panetarius.* Tum additur : *Isti sex Officiales eadem fruuntur libertate, qua familia Ecclesiæ, et ad Abbatem pertinent nullo mediante, et faciunt hominium ligium et absolutum. Præterea erant alia duo Officia ejusdem conditionis, Officium scilicet Coquinæ et Ferratoris, quorum libertas cassata fuit in compositione facta inter Burgenses et D. Archiepiscopum et Ecclesiam, tempore juramenti.* Subduntur jura et onera *de feudo bayliæ*, quæ longius esset hic exscribere. [** Constitut Frider. II. Imperat. ann. 1219. apud Pertz. Leg. tom. 2. pag. 234 : *Diffinitum est, quod mortuo uno episcopo et altero substituto omnia Officia vacant, exceptis quatuor principalibus, dapiferi videlicet et pincernæ, mareschalci et camerarii.* Vide Constit. ann. 1223. ibid. pag. 250. alteram Henric. Reg. ejusd. anni ibid. pag. 252. et alia, quæ exhibet index.]

* Charta Otton. episc. Babenberg. ann. 1188. inter Probat. tom. 2. Annal. Præmonst. col. 287 : *Proinde mansum illum, quem Ulricus... in Officium habuit, qui, eodem Ulrico mortuo, invacabat, domino Waltero præposito in Osterhoven..... jure perpetuo tradimus.* Hinc *Officier fiesvé* nuncupatur ejusmodi feudi possessor, in Ordinat. Caroli VI. ann. 1382. ex Memor. E. Cam. Comput. Paris. fol. 73. v°. : *Toutesvoies nostre entention n'est pas que en noz dites ordonnances noz Officiers fiesvez, qui ont aucune juridiction ou cognoissance de cause en nostre dite ville de Paris, comme le Connestabele, Chamberier, le Pannetier et le Bouteiller de France, et autres Officiers fiesvez, etc.*

Officium, Ministerium. Thwroczius in Attila cap. 17 : *Navigii Officio, Rheni fluminis alta secantes, etc.*

Officium. Acta Murensia : *Cum XII. hominum pecora adunantur in unum, vocatur Officium, propterea quod non magistro committitur.*

¶ Officium Foraneum, Munus judicis ruralis. Diploma Alberti Magdeburg. Archiep. ann. 1397. apud Ludewig. tom. 5. pag. 19 : *Officii foranei et jurisdictionis commissionem dicto domino preposito S. Mauri-*

tii per nos factam ac omnia et singula, quæ ex ipsis concessione et commissione dependent... revocanda duximus. Vide *Officialis foraneus.*

* OFFICIUM DIVINUM, Expeditio Hierosolymitana. Charta Guill. S. Columbæ Senon. abb. ex Chartul. Campan. fol. 302. col. 2 : *Gilo de Servola miles a vobis petit et requirit quod gruariam, dominium et omne jus quod habetis in nemoribus nostris de Servola, eidem militi conferatis in auxilium, ut vobiscum valeat transfretare et Divinum Officium facere.*

* OFFICIUM FORMATUM, Munus stabile, a quo, qui eo donatus est, ad nutum revocari non potest. Instr. ann. 1451. inter Probat. tom. 3. Hist. Nem. pag. 279. col. 1 : *Quando dicit quod de jure et consuetudine non est, nec fuit usitatum, quod locumtenens domini senescalli, nec aliquis officiarius regius principalis, aut locumtenens ejus, sit consul Nemausi, contrarium est veritas de jure, cum locumtenentia non sit Officium Formatum, sed ad libitum constituentis.*

* OFFICIUM MAJESTATIS, Jus regium seu supremum. Lit. remiss. ann. 1358. in Reg. 86. Chartoph. reg. ch. 142 : *Les supplians et plusieurs autres nobles,... ont usé de Office de magesté et bouté les feux ès maisons et ès villes d'icelles communes et plat pays.*

* OFFICIUM, Districtus, territorium, jurisdictio, pagus. Charta Frider. imper. ann. 1189. apud Meichelbeck. tom. 1. Hist. Frising. pag. 380 : *Cum dux Austriæ Leopoldus ejusque filius Fridericus omnem majestati nostræ resignassent justitiam, quam per dominicalia Frisingensis episcopi quondam ab imperio possederant in Austria, ... tam in Officio Ezinsdorf et Alarn, quam etc.* Charta Ferr. et Joan. comit. Fland. ann. 1234. in Suppl. ad Miræum pag. 96. col. 1 : *Omnes illi de octo viscarniis manentes infra Officium Brugense, etc.* Ubi editor in lemmate hujus Chartæ *Officium*, per vocem *Franconatus* reddit, vulgo *le Franc de Bruges.* Alia Margar. itidem comit. ann. 1269. ibid. pag. 602 : *Cum Johanna Flandriæ quondam et Hanoniæ comitissa contulisset ecclesiæ B. Mariæ de Camberone Cisterciensis ordinis totam terram de indico et utdico in Officio de Hulst, etc.* Charta Guid. comit. Flandr. ann. 1285. ex Chartul. Namurc. in Cam. Comput. Insul. fol. 2. r°. : *Concessimus terras seu rejectus maris,... quas habemus jacentes infra quatuor Officia,... unum rejectum maris,... qui jacet inter Adendich de Strepe, ex una parte in Officio de Axele et pro alia parte in Officio de Hulst.* Ubi *Mestier* habet alia ejusd. comit. Charta eod. an. ibid. fol. v°. Vide *Ministerium.*

* OFFICIUM, Artificium, Gall. *Métier.* Pactum inter comit. Campan. et episc. Meld. ann. 1218. in Chartul. Campan. fol. 148. r°. : *Si autem homines unius Officii vel duorum tantum, puta pelliparioram vel pistorum, vel hujusmodi submoniti fuerint ad custodiam villæ, omnes dicti homines episcopi, mercatores illius Officii vel Officiorum.... tenebantur ire.* Cum addito legitur in Charta Petri III. reg. Aragon. ann. 1337 : *Possint* (consiliarii civitatis) *eligere et statuere consules in Officiis mecanicis ipsius civitatis* (Barchinonæ).

* OFFICIUM PENNÆ, Notarii seu scribæ munus, Gall. *Charge de greffier.* Charta ann. 1308. in Reg. 41. Chartoph. reg. ch. 107 : *Donamus* (*Johanni de Pruvino clerico et notario nostro*) *ad vitam suam Officium pennæ vicecomitatus de Bernayo.*

* OFFICIUM, Idem quod *Officina*, Locus, ubi merces venum exponuntur. Stat. Montispess. MSS. ann. 1204 : *Omnia Officia et officinæ, quæ per diversa loca hactenus usitata et frequentata sunt in Montepessulano, in suis locis semper permaneant, et nulla occasione in aliis locis debent mutari, nisi solummodo peyssonaria, quæ semel debet mutari; sed in locis vicinis omnia Officia augmentari et ampliari possunt.*

¶ OFFICIUNCULA, Idem quod *Officinæ.* Vita S. Hugonis Monachi Æduensis sæc. 5. Benedict. pag. 98 : *Construxit enim ibidem secundum posse vel loci mediocritatem Officiuncula regularia, usibus monachorum omnimodis apta.*

* **OFFIDUCIARE,** Pignori aliquid dare. Charta ann. 540. apud Murator. tom. 2. Antiq. Ital. med. ævi col. 1002 : *Nullique antea portiones juris sui, sive competentes in integro a se donatas, cessas, neque distractas, nec alicui Offiduciatas.* Vide in *Fiducia.*

¶ **OFFIMENTUM,** πηλός, in Gloss. Lat. Græc. Sangerman. et aliis. *Cœnum, fimentum*, in Amalthea, ab *ob* et *fimus*, ut Martinius habet in Lexico.

* **OFFISSARE,** Celebrare, officio ecclesiastico præesse. Stat. ant. eccl. S. Petri Redon. cap. 24. ex Cod. reg. 9612. L. : *In latere Offissantis remaneat* (succentor.) Vide *Officiator* 1.

OFFOCARE, Suffocare. Sextus Placitus seu Platonicus de Medicina animalium lib. 1. cap. 1 : *Mulier si Offocatur a vulva, quod nequissimum vitium ὑστερικὴ πνὶξ dicitur, etc.*

* Adde ex Castigat. in utrumque Glossar. : *Offoco, suffoco, etc.* MSS. *Eneco.*

¶ OFFOCATÆ LITERÆ. Testam. ann. 1035. tom. 6. Spicil. Acher. pag. 436 : *Bonifilius sacer qui istum testamentum scripsit cum literis Offocatis in secundo versu et superpositis in* XIX. *et subscripsit die et anno præfixo.* Ubi *Offocatas* puto dici literas nimio atramento conspurcatas; quod monendum erat, ne suspicio esset fraudis vel immutationis : qua de cautione dictum fuit in *Litura.*

* 1. **OFFRA,** Præstatio, quæ a subditis regi vel domino offertur, oblatio, a Gallico *Offre.* Lit. Ludov. comit. Andegav. ann. 1369. inter Probat. tom. 4. Hist. Occit. col. 302 : *Nobis nomine regio facta fuit Offra seu oblatio de certa summa pecuniæ, etc.* Charta ann. 1387. in Reg. 132. Chartoph. reg. ch. 54 : *Stephanus Alberti obtulit centum libras Turonenses; quæ Offra fuit per dictum commissarium acceptata.* Lit. ann. 1405. tom. 9. Ordinat. reg. 103 : *Promittimus quod si quod a talibus notariis habitum seu levatum extiterit a medio anno citra, eisdem reddatur, seu de quota pro præsenti Offra eis contingente, deducatur aut defalquetur.*

* 2. **OFFRA,** Oblatio, quæ in exequiis inter Missæ solemnia fieri solet. Comput. ann. 1393. inter Probat. tom. 3. Hist. Nem. pag. 125. col. 1 : *Item dicti domini consules ordinaverunt dari in Offra dicti cantaris,... cuilibet offerenti et venienti in ecclesia pro ofrendo, j. candelam cum una alba,... in qua Offra fuerunt positi vij. franci, xij. grossi, etc.* Vide supra *Offertorium.*

¶ **OFFRANDA,** Antiphona quæ canitur, cum panis et vinum in sacris offeruntur Deo, Gall. *Offertoire.* Fragm. Hist. Monasterii-novi Pictav. apud Marten. tom. 3. Anecd. col. 1218 : *Responsorium cantant duo, Tractum quatuor, post Evangelium versum illum Offrandæ,* Redemptor animarum omnium Christianorum, *duo.* Forte melius legeretur *Offerenda.* Vide in hac voce.

* Ordinar. MS. S. Petri Aureæ-vallis ubi de Rogat. : *Evangelio lecto et Offranda dicta, prædictus sacerdos se vertat ad populum cum patena in manu.*

* **OFFRATOR,** *Apercularius*, in vet. Glossar. ex Cod. reg. 7641. pro *Effractor*, qui fores effringit et per vim aperit. Vide *Apertularius.*

* *Ofrorie* vero, ædificii seu domus pars, nescio quæ, in Lit. remiss. ann. 1474. ex Reg. 195. Chartoph. reg. ch. 1079 : *Le suppliant monta par une fenestre ou sellier sur l'Ofrorie dudit hostel, et par icelle trouva moyen et de fait entra par une fenestre en une chambre.*

¶ **OFFRETUM,** pro *Orfretum* vel *Orfresum*, a Gall. *Orfroy*, Vestis sacræ ornamentum acu pictum, auro vel argento sæpe distinctum. Inventar. Eccl. Noviom. ann. 1419 : *Item una casula de samito albo remforsato ad unum magnum Offretum aureum.* Vide *Aurifrigia.*

* *Offroy*, ornamentum muliebre, in Contract. matrim. ann. 1383. ex Reg. 126. Chartoph. reg. ch. 109 : *Item doit ledit Regnault livrer à ladicte Marguerite pour ledit mariage une bonne robe longue d'escallate bien fourée, un bon chaperon selon la robe, une pelisse de gris ensuiant une bonne sainture, une bourse, un coustel, un espinglier, un chappel, un Offroy, etc.*

¶ **OFFULA,** *Pœna vel percussio*, apud Papiam.

OFFUS, [pro *Noffus*, Sarcophagus.] Vide *Noffus.*

¶ **OFFUSCARE,** Caliginem offundere, Gall. *Offusquer*, Ital. *Offuscare. Sol Offuscabatur et facies ejus erat cooperta*, in Chronico Petri Azarii apud Murator. tom. 16. col. 416. *Offuscare justitiam*, Tertulliano lib. 2. adv. Marcion. cap. 22. *Offuscatus caligine*, apud Orosium.

¶ OFFUSCATIO, Obscuratio, caligatio, apud Tertullianum lib. 1. ad Nation. cap. 10. *Obfuscatio dati et accepti*, Eccli. 41. 24. hoc est, fraus in dando et accipiendo.

¶ OFFUSCATUS, Sordidus. Concilium incerti loci apud Marten. tom. 4. Anecd. col. 163 : *Tersoria calicum, si fuerint inveterata et Offuscata, crementur in piscina, et apponantur nova et munda.*

* **OFFUSIO,** Occupatio, irruptio. Epist. Rob. reg. ann. 1328 : *Cum Veneti ipsi de præsenti arment galeas triginta, propterea licet asserant eos armare non ad Offusionem,*

sed ab eis potius repellendam. Sed leg. forte, *Offensionem.*

OFGANGFORDELL. Leges Canuti Regis de forestis cap. II : *Eantque ad triplex judicium, quod Angli Ofgangfordell dicunt. Ita autem acquiratur illud triplex judicium : accipiat secum quinque, et sit ipse sextus, et sic jurando acquirat triplex judicium, aut triplex juramentum. Sed purgatio ignis nullatenus admittatur, nisi nuda veritas nequit aliter investigari.* Anglosaxonibus o f g a n g vel o f g a n, est procedere, progredi, o r d e l l, seu *ordalium*, purgatio, examen.

OFPATINUS. Exstat apud Joan. Lucium de Regno Dalmatico lib. 5. cap. 2. Diploma Mariæ Reginæ Hungariæ, quod sic clauditur: *Datum... 1387. sub sigillo Butcho Comitis Corbaniæ, curiæ nostræ Magistri Ofpatini. His præterea studuimus facere sigillari sigilli prædicti Ofpatini curiæ nostræ, quia ad præsens sigillo caremus.*

* **OFRERE**, pro Offerre, a Gallico, *Offrir*. Locus est supra in *Offra* 2.

OGA, [Anser, Gall. *Oye*.] Vide *Auca*.

¶ **OGARA**, Species navis, ut videtur. Informationes civitatis Massil. de passagio transmarino e MS. Sangerman. ubi de formis et mensuris galearum. : *Item Ogara* cxx. *remos* (habere debet.)

* Vel potius Transtra seu scamnum ubi sedent remiges, a Provinc. *Oguor, remigare*; unde *Ogurar, remex, remum agens*, in Glossar. Provinc. Lat. ex Cod. reg. 7657.

** **OGDUALIS**, apud Virgil. Gramm. pag. 5. Locus est in *Octenus*.

OGETHARIUS, in Regiam Majestatem lib. 4. cap. 31. § 3. Hybernicum nomen dignitatis, vulgo *Ochiern*, quo loco æquiparatur Thano.

* **OGGLATUM**, Olivetum. Charta ann. 936. inter Probat. tom. 1. Hist. Nem. pag. 20. col. 2 : *Dono ad jam dicta ecclesia pro anima mea et filio meo Autberto, quantumcumque ibi visi fuimus habere,.... casis, casalicis, curtis, ortis, Ogglatis, exavis, pratis, etc.* Quo sensu intelligenda vox *Oglata* infra.

¶ **OGIRE**, pro Obire. Gloss. Isid. : *Ogit*, *Moritur*.

OGIS. Nicolaus de Braja in Ludovico VIII. Reg. Franc. pag. 290 :

> Rex regum mundi venerabilis ille Philippus,
> Catholicæ fidei calidus defensor et Ogis.

* **OGLEARIUS**, Fax, tæda, ut videtur. Mirac. S. Raym. tom. 6. Jul. pag. 659. col. 1 : *Vovit se Deo et beato Raymondo; ut, si meritis ejus liberaretur, quod apportaret sepulturæ ejus duos Oglear eos ceræ.*

OGLATA, Oglatta. Charta Avæ Comitissæ Ruscinonensis ann. 971. edita a Baluzio in Append. ad Capitul. num. 144 : *Silvis, garricis, aquis, aquarumve ductibus vel reductibus earum, Oglatis tam rusticum, quam et urbanum, etc.* Charta ann. 1032. apud Columbum in Sanrufensibus Canonicis : *Curtis, hortis, Oglattis, pascuis, vineis, campis, etc.* An *Olcatis*? [* Vide *Ogglatum*.]

☞ Non putem; sæpius enim occurrit hæc vox, ut mendosa credatur, licet eadem videatur notio, quæ vocis *Olca*, vel *Oclata* : de quibus suis locis. Charta ann. 45. Caroli M. Imp. tom. 2. Annal. Benedict. pag. 719. col. 1 : *In ædificiis, curtis, Oglatis, arboribus pomiferis, aquis aquarumque eductibus, etc.* Et mox: *Cum reliquis mensis ad ipsum mansum aspicientibus, cum curtis et hortis, Oglatis et aga* (*exaga*) *et regressa, terris, et vineis, etc.* Ibid. col. 2 : *Terras et vineas cultas, ortos, Oglatis, arboribus pomiferis et inpomiferis,... et in villa Calvaniacus similiter domos, curtes, Oglatos, ortos, exaga et regressa eorum, etc.* Infra : *Tam in domibus quam in ædificiis, in curtis, in ortis, Ogladis, exega et regressa, etc.* Charta ann. 888. Marcæ Hisp. col. 820 : *In curtis, in domibus, in Oglatis, in vineis, in campis, in terris cultis et incultis, etc.* Alia ann. circiter 970. ex magno Chartul. S. Victoris Massil. pag. 135 : *Vineis terris cultis et incultis, ortis, Oglatis, etc.* Similia leguntur in Charta ann. circiter 1039. et in alia ann. 1069. ex Archivo ejusd. Monasterii, ut et in Charta ann. 984. apud Marten. tom. 1. Collect. Ampliss. col. 333. alia ann. 911. in Probat. tom. 2. novæ Hist. Occitanæ col. 54. Vide *Olca*.

¶ Uglata, Eadem significatione. Charta ann. 1057. ex eod. S. Victoris Archivo, armar. Forojul. num. 30 : *Garricis, montibus, Uglatis, etc.*

¶ **OIANCIA**, Species tributi, Gall. *Oyance*. Literæ Officialis Paris. ann. 1248. e Chartulario AB. Sangerman. fol. 10 : *Domum domini Bartholomæi Militis... oneratam* IV. *denar. capitalis census, una mina avenæ,* II. *caponibus,* I. *gallina,* II. *denariis de Oiancia, relevamento et tallia... Abbas et Conventus absolverant... ab hujusmodi onere census, redditus, consuetudinis, coustumæ, relevamenti et talliæ.* Ex quibus *Oiancia* videtur idem quod *consuetudo* seu *coustuma*, cum hæ voces illi substituantur. Quæ vero tributi species *Oiancia* fuerit, saltem apud Aurelianenses, clarius discimus ex Regesto Cameræ Comput. Blesensis initio sæculi XIV. ut videtur, exarato, cui titulus : *Ce sont les rentes d'Orliens et des apartenances.* Ibi legitur art. 19 : *Oiances est une rente qui vaut* VIII. *liv. ou* X. *liv. et peut croistre et descroistre. Et est issi que chascun de ceus qui est des Oiances doit* x. d. *le jor des Oiances et a une piece de char cuite de requeneissance, qui vaut* II. d. *ou* III. d. *et a tant il est quite des coustumes et des toules, que il ne doive riens de riens, que il achatent ou vendent. Si aucun veut entrer és Oiances il covient que il en chevisse aus rentiers le Roi ou aus toulaiers l'Evesque.* Vide *Audientia*. 7.

* **OIGNONNUS**, Cepa, Gall. *Oignon*. Charta Guill. episc. Laudun. ann. 1266. in Reg. B. Chartoph. reg. ch. 16 : *Cum discordia esset inter nos ex una parte, et majorem et juratos Laudunenses ex altera, super poigneïs,.... quas nos diebus Sabbatis Lauduni in foro et extra per servientem nostrum capere volebamus de porris et caulibus et Oignonnis, etc. Oignonnette*, semen ceparium, in Lit. remiss. ann. 1400. ex Reg. 155. ch. 454 : *Gerard Couet print un sac garni de livre et demie de semence d'Oignonnette.*

* **OISELLARE**, a Gallico *Oiseler*, Aucupari. Charta Phil. V. ann. 1320. in Reg. 59. Chartoph. reg. ch. 500 : *Ipsi possunt ubique, ut voluerint, aviculare seu Oisellare, cum quibuscumque, de quibus maluerint, ingeniis et filetis.* Eadem occurrunt infra in ch. 613. Lit. remiss. ann. 1478. in Reg. 206. ch. 370 : *Le suppliant benda une arbaleste qu'il avoit portée pour Oyseler. Oiseler de joie*, pro *Tressaillir de joie*, Exsultare, lætitia gestire, in Mirac. MSS. B. M. V. lib. 1 :

> Deables qui de joie Oisele,
> Quant voit les bones gens mesfaire,
> Moult grant joie ot de cest affaire.

1\. **OLA**, *Summi humeri pars posterior*, in Glossis antiquis MSS.

¶ 2. **OLA**. Charta ann. 1220. tom. 2. Maceriarum Insulæ Barbaræ pag. 532 : *Chanavaria de Rimillieu, duo curtilia ad Olas, curtilia della Tiriveri.* Legend. omnino videtur, *Curtilia ad Olus*, Horti olitorii.

¶ **OLACITAS**, Fetor. Vide mox in *Olax*.

¶ **OLALOGIA**. Vita S. Ethildritæ sæc. 2. Benedict. pag. 769 : *Rex Ederodus ex hac vita discessit, cui successit frater ipsius Elwredus : qui acer ingenii per Balduin et Johannem doctissimos monachos tantum instructus est, ut in brevi notitiam omnium librorum haberet, totumque novum et vetus Testamentum in Olalogiam Anglicæ gentis transmutaret*, hoc est, ut videtur, in linguam Aglicam redderet. Vox ducta ab *Olographus* seu *Holographus*, propria manu exaratus, Gr. ὁλόγραφος. Unde Jurisconsulti ὁλόγραφον vocant testamentum, quod testatoris manu perscriptum est, non autem sola subscriptione firmatum. Vide *Holographus*.

¶ **OLAMEN**, f. Idem quod *Oleamen*, quo posteriori vocabulo utitur Scribonius Largus Composit. 269. Factum ex oleo. [* Alia est omnino vocis significatio, quæ repetenda est a Provinciali *Oulame*, Messoria falx, Gall. *Faucille pour moissonner le bled.*] Transactio Guillelmi Comitis Forcalquerii cum Monachis Montis majoris ann. 1212 : *Testes probaverunt monasterium habuisse pacifice ab omnibus ibi piscantibus singulis septimanis levatam piscium, exceptis die Lunæ, et singulis noctibus singulos obolos pro singulis nancis, aut tres denarios pro una septimana, et a sannaderiis singulos colligentibus singulis pabelum cum bispio aut Olamine singulis annis tres denarios, et de avibus cruncis trezenum pro pulmento et de venatione capita aprorum et quarterios aliarum ferarum.* Locum non satis accurate, ut videtur, excerptum, non licuit ex autographo emendare.

* **OLANDUS**. *Compromissum inter P. abbatem S. Victoris cum conventu, prætextu et occasione differentiarum pannorum alborum Olandorum anno quolibet, in festo S. Michaelis monachis conventualibus dicti monasterii pro vestiariis eorumdem*, in Stat. S. Vict. Massil. ann. 1406. Ubi restituendum puto, *dandorum*.

OLAX, Olidus, et *Olacitas*, *fætulentia*, *olor*, in Gloss. Isidori. [Joh. de Janua : *Olax ab Olere, i. Olitus, Qui assidue olet, Puant*, in Glossis Lat. Gall. Sangerman. unde *Olaciter*, adverb. eidem de Janua.] Utitur Martianus Capella lib. 1 : *Hujus gressus incerti, atque Olacis temeti madoribus implicati.*

OLBA. Versus MSS. citati in Glossa ad Disticha Magistri Cornuti :

Urceus, urceolus, est olla, vel amphora, testa,
Olla, vel idria sit vas, vini dico lagenam,
Oba, vel oenophorus, sed et orca, fidelia, vas est,
Olbaque jungatur Monachis appropriatum.

1. **OLCA**, Gall. *Ousche*, vel *Osche*, in Consuetudine Nivern. cap. 6. art. 1. et in Regesto censuum et feodor. Carnotens. pag. 21. Terræ portio arabilis, fossis vel sæpibus undique clausa. Ita passim in veterib. Chartis S. Sulpitii Bituric. S. Sergii Andegav. in Tabulario S. Dionysii de Capella diœces. Bituric. etc. Gregorius Turon. de Gloria Confess. cap. 79 : *Erat autem haud procul a basilica, campus tellure fæcundus, tales enim incolæ* (Campani) *Olcas vocant.* Formulæ Pithœi cap. 36 : *Concedimus tibi Olca in villa nostra illa quam illa fœmina quondam tenuit.* Tabular. S. Cyrici Nivern. Ch. 25 : *Paginulam terræ, quæ vulgo Olca vocatur.* Occurrit pluries in eod. Tabular. [Tabularium S. Vincentii Cenoman. fol. 43. v°. : *Olcam terræ, ubi seminantur quinque minæ frumenti.* Ibid. fol. 54 : *Olca de Viridario in qua seminari possunt quatuor sextercia hibernæ annonæ.*] Adde Perardum in Chartis Burgundicis pag. 159. 161. 162. 445. Historiam fundat. Monasterii S. Nicolai Andeg. pag. 17. 81. Chiffletium in Trenorchio pag. 310. Sammarthanos in Abbat. pag. 766. etc. Vide Auctor. Etymol. in Ὄλκα.

¶ Olqua. Martyrologium Eccl. Autissiod. apud Marten. tom. 6. Ampliss. Collect. col. 700 : *Josbertus nemus quoddam et Olquam unam non longe ab Acolaco villa Canonicis S. Stepani dedit ad sui memoriam faciendam.*

Ochia. Regestum Feodorum Campaniæ fol. 53 : *Guido de Mellegniaco tenet de Domino Campaniæ Porchiacum... præter cœmeterium et unam Ochiam vel duas.* [Fundatio Marciliaci prope Avalonem ann. 1239. in Instrum. tom. 4. Gall. Chr. col. 100 : *Videlicet mansionem suam, in qua dictus Buretus et ejus uxor manent, et Ochiis suis dictæ mansioni adjacentibus.* Charta Guillelmi Comitis Nivern. ann. 1165. pro Abbate S. Germani Autissiod. et Buchardo Domino de Segnelay : *Salvamentum habet D. Bucardus in Ochiis illis in quibus focus est : quæ si hospite et foco vacuatæ fuerint, medietatem salvamenti in eo anno tantummodo habebit, quo seminibus jactis cultæ fuerint. Omnes Ochias hospite et foco vacuas carruca S. Germani libere excolit, et tunc de illis salvamentum non habebit. Si iterum hospes ibi missus fuerit, salvamentum similiter habebit. Salvamentum est mina avenæ in Ochia et duo denarii et unus panis lvernagii.* Recognitiones Burgi S. Andeoli MSS. : *Medietatem Ochiæ, ad olivetum confrontatur cum vinea et rivo.*]

Olcha, apud Mabillon. in Vita B. Bernonis Abb. sæc. 5. Benedict. pag. 76. Tabularium Vindocinense Ch. 240 : *Dedit de terra sua quantum duo boves consuetis sationibus arare possunt, et duas alias portiones terræ, quas rustice Olchas appellare consueverunt, unum vivarium, et 12. combros in flumine Ledi, atque 20. fissinas in eodem flumine, quæ ponuntur ad anguillas capiendas.* Et num. 295 : *In vineis cultis et incultis, in terris et Olchis.* Ita etiam in Tabul. Prioratus de Domina in Delphinatu pag. 5. et alibi.

Olchia et Oschia, promiscue in Tabulario Prioratus Neronis villæ. [*Olchia quæ est inter clausum et flumen*, in Charta ann. 1111. ex Archivo B. M. de Charitate ad Ligerim. Charta ann. 1095. apud Lobinell. tom. 2. Hist. Britan. col. 227 : *Sex hospites in clausis Olchiarum, ex quibus unum retinuit filio suo. Olchia cum omnibus consuetudinibus et redditibus suis*, in Diplomate Bartholomæi Decani Paris. apud Marten. tom. 6. Ampliss. Collect. col. 223.]

Oschia, in Tabulario Autissiodorensi et Neronisvillæ, passim.

¶ Oscha, in Tabulario Monasterii S. Vincentii Cenomanensis fol. 68. verso.

Osca, in Charta ann. 1082. apud Sammarthanos in Abbat. pag. 5. 397. Charta Hugonis Archiep. Senonensis ann. 1154. in Tabul. Abb. Ferrariensis : *Scilicet apud Mansum Oscam unam, quam tenet Giraudus... ad Longam quercum Oscam aliam, quæ de feodo Martini, etc.* [Chartul. S. Vincentii Cenoman. fol. 42 : *Dedit etiam Richardus ecclesiæ de Arableio similiter duo jugera... in Osca viridarii, retinens sibi tria prima jugera.* Et fol. 69 : *Et circa eandem ecclesiam tres Oscas terræ, ubi seminantur duo modii frumenti.*]

¶ Oska. Enumeratio feodi Girardi *de Ham* Militis ann. 1293. ex Tabul. Corbeiensi : *Hericus Courssaux de Oska sua in Natali Domini unum caponem et unum denarium solvit... Joh. Raimbaux et Martinus Roussiaux debent in Natali Domini pro una Oska extra villam unum caponem et tres den.... Petrus filius Cailleu de una Oska in Natali duos capones et duos denarios.*

¶ Oca. Tabularium S. Vincentii Cenoman. fol. 5 : *Dedit Deo monachisque ibi degentibus duas Ocas terræ juxta villam S. Lenogisili.*

Ocha, in Testamento Herberti Comitis Viromand. ann. 1059. apud Joan. Carpentarium in Hist. Cameracensi pag. 7. in Charta Herberti Vicecomitis Thoarcensis ann. 1099. apud Sammarthanos, et in alia apud Gallandum lib. de Franco alodio pag. 296. Tabular. Absiense : *Postea vero alias complures Ochas emerunt fratres Absiæ a rupturariis, etc.*

Hochia. Charta ann. 1246. in Chartul. Campan. Bibliothec. Reg. fol. 529 : *Tantummodo tenebunt avenam, quam Huguelinus d'Otricort armiger habebat in Hochiis Barri super Secanam.*

* Hortus quoque vel pomarium ita pariter clausum, nostris alias *Oche* vel *Osche*. Lit. ann. 1375. in Reg. 108. Chartoph. reg. ch. 135 : *Item une Osche, assise en la ville de Marcolles.* Lit. remiss. ann. 1383. in Reg. 123. ch. 102 : *Un mantel, qui avoit esté mis dessus une perche joignant des fenestres de la chambre, fust cheu à terre en un ort, autrement dit Oche, audessoubz desdites fenestres.* Vide supra *Occhia* et infra *Orta*.

Olchia. Census vel præstationis species. Charta libertatum oppidi *des Ais*, in Biturigib. : *Census autem meos, et venditiones, et Olchiam meam mihi retineo, sicut solitus sum.*

Videntur efficta ea vocabula ex Latino *Occare*, βωλοστροφεῖν, in Gloss. Gr. Lat. glebas confringere; ita ut *Olca*, *Occhia*, *Oschia*, fuerit ager *Occatus*, seu ruptus, proscissus, *terre à labeur*, ex quo pro modulo agri [forte tanto, quantus per unum diem *occari* poterat] usurpata vox deinceps fuerit. Vide *Oglata*, et *Pastina*.

2. **OLCA**, in Glossis antiquis MSS. : *Gemma barbarici nominis, ex fulvo et nigro viridique et candido est.* Vide *Olea* 2.

¶ **OLCARIUS.** Statuta Vercell. fol. 212 : *Qui etiam promittat de non exercendo unquam per seipsum manualiter officia barberiorum, pelliparioru, fornariorum, molinariorum, crivellorum, Olcariorum, becharioru, piscatorum, etc.* An figulus, quasi *Orcarius*, r in *l* mutato, ut alibi sæpe, ab Italico *Orca*, Vas testaceum?

1. **OLDA**, *Distinctio, diverticulum*, Joan. de Janua. Glossæ antiquæ MSS. habent, *Districtio sive deverticulum.*

¶ 2. **OLDA.** Literæ Angeli Pechinolii ad Innocentium VIII. PP. ann. 1489. apud Fontaninum ad calcem Antiq. Hortæ pag. 486 : *Dominus Rex longe mitius se habuit et mitiores, ut dicunt, Oldas, id est pecuniarum tributa, imposuit oppidis Austriæ, quæ restant bello occupanda, quam alias cum Catholica Majestate egerit.*

OLDERMANNI, olim dicti in urbe Groningana, qui negotiantium disciplinæ, et juri nautico tuendo, et dirimendis inde natis controversiis præfecti erant. Vide Ubbonem Emmium in Groninga pag. 165.

OLDUNGEBONDER. Andreas Suenonis lib. 4. legum Scanicarum cap. 8 : *Eligendi sunt duodecim de prudentioribus totius provinciæ, quos Oldungebonder natale nominat idioma, ut ipsi terminos demonstrent.*

¶ 1. **OLEA**, *Pondus est, retinet tres scrupulos.* Papias.

2. **OLEA.** Papias : *Olea, gemma, barbarum est : ex fulvo et nigro, viridique et candido constat.* Nescio an de hac *Olea* intelligendus sit Anastasius in Leone IV. PP. pag. 188 : *Et super illud Ciborum fecit Oleas, quæ pendent in circuitu altaris habentes tabulas quatuor exauratas, necnon et gammadias numero quatuor.* Ibidem pag. 196 : *Obtulit tres Oleas masoricas, admirabilis pulchritudinis, serico textas, coloreque depictas, quæ videlicet festis diebus in circuitu altaris majoris dependerent.* Certe cum solidum quid fuerint *Oleæ*, quæ in circuitu Ciborii dependerent, haud absonum videtur existimare fuisse grandiores gemmas, aut quid simile in gemmæ grandioris orbiculatæ figuram, atque adeo ex *murrhina* materia : quod non modo suadent vox *masorica*, quæ idem valet ac *murrhina*, sed et colores Oleæ, quibus murrham constitisse scribit Plinius lib. 37. cap. 2. nam quod *serico textæ oleæ* dicuntur Anastasio, error est forte librarii, ita ut legendum sit *serico tectæ*.

* 3. **OLEA**, perperam pro *Olca*. Chartul. S. Hugon. Gratianop. episc. ad ann. 1108. in Reg. 3. Armor. gener. part. 2 : *Gaufredus habet.... vernetum juxta herbaciam, et super villam unam Oleam, quæ est conjuncta terræ Girberti Beltonis.*

¶ **OLEAGO**, γλοιός, in Glossis Cyrilli, sordes olei, quæ in balneis atque palæstra ab hominum oleo unctorum cute deradebantur, Strigmenta.

¶ **OLEAMENTUM**, Res odorifera. Canonizatio B. Aloyzii, tom. 4. Junii pag. 1139 : *Odores, Oleamenta et flores abhorrebat.* Pro eo quod ex oleo factum est, utitur Scribonius Largus Composit. 222.

¶ **OLEARE.** Vide infra *Olerare.*

OLEARIUM, Ἐλαιοπωλεῖον, in Gloss. Græc. Lat. est etiam ibidem ἐλαιοφόρον.

* **OLEASTRUM**, σμυρνίον λάχανον. Germ. σμυρνίον εἶδος λαχάνου. Vulc. et Meursius legunt, *Olus atrum.* Castigat. in utrumque Glossar.

* **OLEATOR**, Qui oleum vendit et qui molendinum olearium curat, nostris alias *Olieur.* Charta ann. 1386. apud Pez. tom. 6. Anecd. part. 3. pag. 75. col. 2 : *Item Andreæ Oleatori unam.* Alia ann. 1322. in Reg. 74. Chartoph. reg. ch. 443 : *Avons vendu... à Jehan l'Olieur... un cours d'iaue... pour faire et édiffier... un moelin à mourre oliette.* Ubi titulus chartæ : *Adcensatio facta Johanni Oleatori... certi cursus aquæ in villa Peronnæ, pro certo molendino ibidem construendo.* Lit. remiss. ann. 1389. in Reg. 136. ch. 224 : *Sept sextiers de navette, trois mencaulx d'Oliette, etc.* Vide mox *Olerius.*

¶ **OLEATRIX**, Quæ vendit oleum. Miracula B. Stanislai Canonici Regul. tom. 1. Maii pag. 790 : *Veronica Oleatrix de Casimiria... peroptime sanata est.*

¶ **OLEATUM**, Cibus oleo conditus. Regula Mellicensis in Chronico ejusdem Monasterii pag. 412. col. 2 : *In Quadragesima in omnibus jejuniis Ecclesiæ necnon in Adventu Domini et feriis sextis per anni circuitum utimur Oleatis jejunantes.*

¶ **OLEATUS**, Sacra seu Extrema unctione munitus. Miracula MSS. Urbani V. PP. : *Oleatus et signatus pro mortuo... Fuit communicatus et Oleatus.* Translatio S. Augustini Cantuar. tom. 6. Maii pag. 428 : *Christiana fide confessus, Oleatus et communicatus, jam loquelam posuerat, jam transire parabat.* Alias *Oleatus* idem est quod oleo imbutus, ut Num. 11. 8 : *Faciens ex eo* (man seu manna) *tortulas saporis quasi panis Oleati. Pultes non Oleatæ*, apud Cælium Aurel. lib. 2. Acut. cap. 37. [* Vide supra *Inoleare.*]

¶ **OLEMOTITANI DENARII**, f. pro *Oletani* vel *Olitani*, Antiqui. Charta Ecclesiæ Nemaus. ann. 1023. inter Instrum. tom. 2. Gall. Christ. col. 227 : *Donent per unoquoque manso ad Canonicos S. Mariæ in illorum alimonia solidos* x. *denarios obtimos Otomineos Olemotitanos.*

OLEPORA, *Fromage*, in veteri Glossar. Lat. Gall. MS. ex Biblioth. Thuan. num. 525.

OLERARE, *Plantare olera, vel oleribus uti. Deolerare, exolerare, valde deolerare, vel olera auferre.* Jo. de Janua. [Papias : *Holerare, olera culturare... olus oleris, unde Olerare.* Perperam in Gloss. MS. S. Andreæ Andaon. : *Oleare, Plantare.* Acta SS. Julii tom. 4. pag. 149. de S. Helerio : *Hortulum construxerat, atque propriis manibus Oleraverat.*]

¶ **OLERATOR**, vel **HOLERATOR** ab *holus*, ut non semel scribitur apud Antiquos, Qui vendit olera. Gloss. Lat. Grac. : *Holerator*, λαχανοπώλης.

* **OLERIUS**, **OLIERIUS**, ut supra *Oleator.* Charta ann. 1407. in Reg. 161. Chartoph. reg. ch. 337 : *Johannes del Lonc Olierius,... Jacobus de Podio baxiator,.... Helias Chic Olerius* (habitatores de Montesquivo.)

¶ **OLERONIANA LEX.** Vide in *Lex.*

OLESCERE. Gloss. Gr. Lat. MS. : Αὐξάνομαι, *Olesco, glisco, cresco.* Αὔξομαι, *Cresco, Olesco. Virgil. Modis Inolescere miris.* [Agnellus in Sergio Episc. Ravenn. apud Murator. tom. 2. pag. 172 : *Non possumus per tanta discurrere, quia Olescit;* (i. e. in immensum crescit, nimis longum est,) *tamen compendii proferimus causa.* Lucretius lib. 2. vers. 1128 :

Donicum Olescendi summum tetigere cacumen.]

¶ **OLETANUS**, Antiquus. Acta SS. Aprilis tom. 3. pag. 6. de S. Sotere PP : *Quæque per Oletana tempora defecta vetustate marcuerat.* Melius infra *Olitanus.*

¶ **OLETARE**, Oleto inquinare. Lex apud Frontinum de Aquæduct. lib. 2 : *Ne quis aquam Oletato dolo malo, ubi publice salit. Si quis Oletarit, sestertiorum* x. M. *mulcta esto.* Eadem leguntur in vet. Inscript. apud Reinesium Class. 7. n. 2.

* **OLETUM**, *La puça, e logo da spandere aqua.* Glossar. Lat. Ital. MS.

OLEUM. Triplex consecratur et benedicitur separatim et divisim feria quinta Majoris Hebdomadæ, scilicet *Oleum pro infirmis, Oleum ad chrisma*, et *Oleum ad Catechumenos ungendos*, ut est in Ordine Romano, et apud Honorium Augustod. lib. 3. cap. 80. 81. 82. [** Vide Glossar. med. Græcit. col. 369. sqq.]

OLEI INFIRMORUM, seu pro infirmis et energumenis, Exorcismus et Benedictio habetur in Ordine Romano. Vide præterea Durandum lib. 6. cap. 74. num. 3. et seqq.

OLEI CATECHUMENORUM, seu quo ungebantur Catechumeni, Exorcismus describitur pariter in Ordine Romano. Dicitur etiam *Oleum* istud *Sanctum.* Vide Honorium Augustod. lib. 3. cap. 81. Gesta Innocentii III. PP. pag. 60. et Durandum lib. 6. cap. 74. n. 21. et seqq.

OLEUM EXORCIZATUM, vel Chrisma, seu *Chrismale oleum.* Hujus Exorcismus perinde exstat in Ordine Romano. Vide præterea Canones Romanor. ad Gallos cap. 8. Capitula Theodori Episc. Cantuar. cap. 20. edit. Acherianæ, et ejusdem Pœnitentiale cap. 3.

OLEUM BENEDICTUM, Quod a Pontificibus aut viris sanctitate conspicuis benedicebatur, et quo fideles ad depellendos morbos, aut dæmonas ab energumenis fugandos utebantur. S. Hieron. in Vita S. Hilarionis : *Concurrebant Episcopi, Presbyteri, Clericorum et Monachorum greges... sed et potentes viri, ut benedictum ab eo panem, vel Oleum acciperent.* Infra : *Benedicto itaque Oleo universi agricolæ atque pastores tangentes vulnera, certam salutem resumebant.* Et paulo post : *Cujus generum et filiam de morte liberavit unctione Olei.* Tertullianus ad Scapulam : *Proculum Christianum, qui eum aliquando per Oleum curaverat, requisivit, etc.* Sulpitius Severus Dial. 3. cap. 3 : *Non prætermittendum videtur Avitiani Comitis uxorem misisse Martino Oleum quod ad diversas morborum causas necessarium, sicut est consuetudo, benediceret.* Paulinus lib. 5. de Vita S. Martini :

Nec sane alterius minor admiratio facti est,
Cujus me memorem medicati infusio succi,
Et decantati benedictio fecit Olivi.
Et quoties pietatis opem medicina poposcit,
Disparibus causis par gratia sanctificavit.
Namque ut sæpe solent præcauto corde fideles,
Vas Oleo oppletum servando ea ducta salutis,
Vel justis offerre viris, vel condere sanctis
Religione locis, quibus aut operatio præsens,
Martyrii emeritos prodit virtute patronos, etc.

* OLEUM S. ANDREÆ, S. KATHARINÆ. Inventar. S. Capel. Paris. ann. 1363. ex Bibl. reg. : *Item unum sanctuarium de Oleo S. Andreæ... Una reliquia de Oleo S. Katharinæ. Oelle d'olive*, in Lit. remiss. ann. 1448. ex Reg. 179. Chartoph. reg. ch. 300. *Oille d'olive*, in Pedag. Peron. ex Chartul. 21. Corb. fol. 341.

* OLEUM PETROLEUM. Vide infra *Petroleus.*

Porro sæpe legimus varios morbos curatos fuisse a sanctis viris adhibito oleo benedicto, aut facta desuper oratione, apud eumdem Severum lib. de Vita S. Martini cap. 15. Dial. 3. cap. 2. Rufinum lib. 2. Histor. Eccl. cap. 4. Cyprianum et Messianum in Vita S. Cæsarii Arelat. pag. edit. Baralli 239. 253. Jonam in Vita S. Eustasii Abbatis Luxoviensis num. 5. Jonam Fontanellensem Monachum in Vita S. Vulfranni Archiep. Senonensis n. 7. Gregorium Turon. de Vitis Patrum cap. 9. 14. 15. et lib. 6. Histor. cap. 6. Fortunatum in Vita S. Paterni cap. 8. 11. Thiotfridum Epternacensem Abbat. lib. 3. cap. 5. in Vitis Sanctorum Tillonis Monachi n. 19. Theodori Syceotæ n. 57. Lucæ Junioris n. 62. Paterni Episcopi Abrincensis n. 11. 14. Nicetii Episc. Lugdun. n. 4. Parduli Confess. Licinii Episcopi Andegav. Samsonis Confess. cap. 7. Baormiri Confess. MS. Romani Presbyteri MS. Magnobodi Episcopi Andegav. cap. 14. 16. 22. 32. 33. 40. 42. 44. 46. Sulpitii Episcopi Bituric. S. Melonii Episc. Ursmari cap. 6. Thuribii Episc. Cenoman. num. 12. Sifredi, etc. Præterea apud Græcos aliquot scriptores, Sozomenum lib. 6. cap. 29. Palladium in Hist. Lausiaca cap. 13. 20. 43. 53. Eustathium in Vita Eutychii P. CP. n. 47. 53. 58. 60. in Martyrio S. Bacchi Junioris pag. 67. 68. in Græcorum Menæis 8. Decemb. in S. Palapio, in Vita S. Nili Junioris pag. 100. 101. etc. Vide Allatium de Opinat. Græcor. n. 4. 5. 6.

OLEUM S. CATHARINÆ, de quo Boethius in descriptione Scotiæ pag. 6.

OLEUM SANCTÆ CRUCIS, quod a Leontio Exconsule Gregorio M. missum, ut ipsemet Gregorius testatur lib. 7. ind. 1. Epist. 35. Scribit Beda de Locis SS. cap. 20 : *De nodis ligni sancti liquorem odoriferum Oleo similem profluxisse, cujus si etiam modica particula contingeret, omnem ægritudinem sanabat.* Hausit ab Adamnano lib. 3. de Terra sancta cap. 3. [Vide Cyrillum Scythopolit. in Vita S. Sabbæ.] [** et Glossar. med. Græcit. col. 372.]

OLEUM LARDINUM, in fragmento Historico de Concilio Aquisgranensi, pro pinguedine, seu *Garo* : *Et quia oleum oliva-*

rum non habent Franci, voluerunt Episcopi ut (Canonici) Oleo lardino utantur. Perperam editum *lardivo.*

OLFACITAS. Gloss. Longobard. S. Germani Paris. : *Gastrimargia, gula, vel Olfacitas.*

OLFACTORIUM, *Vas unguentarium muliebre, in quo odoramenta gestantur.* Jo. de Janua, ex Glossis antiquis MSS. [Isidorus lib. 19. Orig. cap. 31. habet *Olfactoriolum*, ut et vet. Interpres Isaiæ 3. 20.]

¶ **OLFANS,** Olfaciens. Jacobus Cardinalis in Vita S. Petri Cælestini Papæ :

Insiliunt cervum et latratu surgere cogunt
Olfantes catuli, etc.

OLIBANUM, Thus, Ital. *Olibano.* Charta Benedicti PP. ann. 1033. apud Ughellum tom. 1. part. 1. pag. 124 : *Et duo congiaria de oleo, et duas libras de Olibano.* Bulla Nicolai IV. PP. de Censib. Eccles. Rom. in Regno Siciliæ, Campania et Maritima : *Monasterium S. Marci de Fora 4. libras Olibani.* [Bern. *de Breydenbach* Itiner. Hier. pag. 98 : *Libanus igitur est mons redolentie et summe aromaticitatis; nam ibi herbe odorifere crescunt, ibi etiam arbores thurifere, quarum gummi electum Olibanum a medicis nuncupatur.* Adde Diarium Ital. D. *De Montfaucon* pag. 157.]

¶ **OLIBARIUS,** pro *Olivarius*, Gall. *Olivier*, Olea. Bulla Benedicti VIII. PP. ann. 1017. Marcæ Hisp. col. 1003 : *Cum ipso bosco et cum ipsos Olibarios, cum terminis et adjacentiis eorum.*

* **OLIBETUM,** pro Olivetum, Charta VI. aut VII. sæc. apud Crescemb. in Hist. S. Mariæ in Cosmed. lib. 2. cap. 7.

* **OLICIUM,** Horreum, locus in quo grana reconduntur. Charta Belæ reg. Hungar. ann. 1255. inter Probat. tom. 1. Annal. Præmonst. col. 659 : *Decimas, tam in magnis quam in minutis, quæ nos contingebant, et ad nostra Olicia portabantur, eidem ecclesiæ in perpetuum conferimus.*

OLICIUS. Testamentum Riculfi Episcopi Helenensis ann. 915 : *Capas duas,... toalias Olicias duas, una cum argento, etc.*

* **OLIERIUS.** Vide supra *Olerius.*

OLIFERALE, seu OLEIFERALE, quemadmodum *ceroferale*, Vas in quo continetur oleum ad lucernas. Vita S. Drausii Episc. Suess. n. 16 : *Ut accepit Oliferale, quod alio nomine vocatur Cicendelum.*

¶ **OLIGARCHIA,** ὀλιγαρχία, Paucorum dominatus. Engelbusius in Chronico apud Leibnitium tom. 2. Scriptor. Brunsvic. pag. 1131 : *Consules ibidem parum ante fuerunt a vulgo decollati, Oligarchia in democratiam variata.*

¶ **OLIMENTUM,** Odor. Acta SS. Maii tom. 7. pag. 832. de S. Humilitate : *Olimentum pretiosorum florum qui veniunt de paradiso.*

* **OLIOSUS,** Olearius. Charta ann. 1320. ex Tabul. S. Vict. Massil. : *Item de oleo sex libras cum duobus barratis Oliosis.*

* **OLIPERILO.** Arest. parlam. Paris. ann. 1319. in Reg. 62. Chartoph. reg. ch. 1 : *Item septem solidos Caturcenses censuales, quinta pars fructuum et aliæ dominationes in vineis, modiis, quintalibus, quæ sunt Oliperilones, etc.* Præstationis species videtur, voce fortean corrupta enuntiatæ.

OLITANUS, Antiquus, vetus, ex voce *olim.* Gloss. Gr. Lat. : Ἀρχαῖος, *Antiquus, Olitanus, pristinus, vetustus.* Anastasius in Vitis PP. pag. 113. 116. 117. 119. 122. *Per Olitana tempora.* Pag. 116 : *Exemplo Olitano... Olitanas ejus quæ marcuerant trabes*, et alibi non semel. Hadrianus PP. Epist. 1 : *Sicut Olitana constat traditio.* Codex Carolin. Epist. 95 : *Olitanus, vetus, Olitana regula.* Adde Epist. 80. 85. Capit. Caroli Cal. tit. 30. cap. 1. et Epistolas Francicas ad Josephum Scaligerum num. 79.

OLITARIUS, in eodem Codice Carolino Epistola 71. *Olitaria traditione.* Nisi legendum sit, proclivi mendo, *Olitana.*

¶ OLIVÆ DIES, Dominica olivarum seu palmarum. Acta SS. Julii tom. 3. pag. 285 : *Infensissimus Imperator ipso solenni die Olivæ non imitando Servatorem nostrum, qui Hierosolymis, dum cantaretur*, Benedictus qui venit in nomine Domini, *gloriose receptus fuit, eversam a se civitatem inter infinitas execrationes deseruit.* Vide *Dominica in Palmis.*

¶ **OLIVARIUM,** ἐλαιών, in Glossis Lat. Græc. Sangermanensibus MSS. Olivetum.

* **OLIVARIUS,** Oliva, Gall. *Olivier.* Charta ann. 1168. inter Probat. tom. 2. Hist. Occit. col. 608 : *Concedo Deo et B. Mariæ et tibi et Mathfredo abbati de Bonnacumba.... xx. cartallos olei singulis annis in meos Olivarios, quos habeo in pertinemento Poscheriarum.* Alia ann. 1210. ex Bibl. reg. cot. 17 : *Accipimus ad nostram partem... omnes Olivarios, qui sunt in terminio de Villari.*

¶ **OLIVASTELLUM,** Olivetum, ut opinor. Vide locum in *Bilamna.*

OLIVATIO, ἐλαιοποιία, in Gloss. Græc. Lat.

* **OLIVATUS,** Olivis consitus. Charta ann. 1383. apud Lam. in Delic. erudit. inter not. ad Hodoepor. Charit. pag. 763 : *Omne terrenum, tam laboratam quam vineatum, Olivatum et boscatum, etc.*

¶ **OLIVAYRETUM,** Olivetum, in Charta Massiliensi anni 1529.

* **OLIVEDA,** OLIVETA, Olivetum. Charta ann. 1320. in Reg. 59. Chartoph. reg. ch. 490 : *Item tres Olivetæ in loco vocato Creusche, quaram una confrontatur cum.... Oliveda Armandi Amandi; alia confrontatur cum Oliveda magistri Stephani Fabri et cum Oliveta Johannæ Guirardæ.* Alia ann. 1362. in Reg. 93. ch. 241 : *Item super quadam Oliveta.... unam megeriam olei.* Inventar. ann. 1387. in Reg. 132. ch. 54 : *Item unam Olivetam, sitam in territorio dicti loci* (Giniaci.)

* **OLIVEYRETUM,** Eadem notione, in Chartar. notarii *Daubagne.* Vide *Olivayretum.*

OLIVITOR, Qui olivas curat, ut *vinitor*, vineas, apud Sidon. lib. 2. Epist. 9. [Apuleius lib. 2. Floridorum : *Ager.... fœcundior oliveto, nec vinitori, nec Olivatori scalpitur.*]

1. **OLLA,** Imbrex, tegula. Galbertus in Vita Caroli Comitis Flandr. n. 62 : *Stabat autem Ecclesia B. Donatiani ædificata in rotundum et altum, contecta fictitio opere, Ollis et lateribus cacuminata.* Rursum : *Et tale opus confinxerant ex Ollis et lateribus, quod elementum igneum exurere non potuisset.*

¶ 2. **OLLA,** Genus vasis vel mensuræ, distinctum ab olla vulgari. Charta Archidiaconi Suession. ann. 1216 : *Recognoverunt se vendidisse ecclesiæ B. Medardi Suession. decem et septem sextarios vinagii; scilicet undecim Ollas et dimidium vini supra vineam... et quatuor Ollas supra vineam, etc.* Privilegium Leduini Abb. S. Vedasti Atrebat. ann. 1036. e Chartulario V. ejusdem Monasterii pag. 243 : *Et semel in anno 1. mancoldus salis, unde debemus Comiti duos modios salis per annum. Triginta mancoldos de manu nostra accipit, et pro duobus habet redditum Ollarum. Ollæ lagenæ, Ollæ potellers argenteæ*, in Testamento ann. 1386. apud *Madox* Formul. Anglic. pag. 427. *Ollæ argenteæ deauratæ, Ollæ argenteæ albæ, seu non deauratæ*, in Charta ann. 1440. ibid. pag. 432. *Olla poteller argenti*, ibid. pag. 433.

* Occit. *Oulo* est Vas duabus ansis instructum. Leudæ min. Carcass. Mss. : *Item de saumata Ollarum, j. den. Ole*, eodem intellectu, in Lit. remiss. ann. 1441. ex Reg. 176. Chartoph. reg. ch. 42 : *Le suppliant s'efforça de prandre une grant Ole ou pot pour frapper, etc. Oule*, eadem notione, in Vit. SS. Mss. ex Cod. 28. S. Vict. Paris. fol. 47. r°. col. 1 : *Une femme avoit trois plaines Oules d'or, et por ce que li or n'aparust, ele à la bouche des Oules mist des cendres.* Ibid. fol. 198. col. 1 : *Une Oule d'or de grant charge... Le calice il apeloit Oule. Olle*, pro *Marmite*, in Instr. ann. 1543. ex meis schedis. Pellitii genus, *Oulle* appellatur in Coustum. Paris. ex Reg. sign. *Noster* Cam. Comput. fol. 36. r° : *Item fourreures à Oulles et d'escureus de saison, deux deniers la piece.*

¶ OLLATA VINI. Charta ann. 1317. ex Archivo Castri Blein. : *Dominus Herveus de Leonia de Monasterio B. M. de Daoulas quatuor Ollatas vini Vasconici ad mensuram de Landeguennec, ad usum octo Canonicorum, singulis diebus festis Natalis domini, Paschæ, Ascensionis, Pentecostes, Assumptionis B. M. et Omnium Sanctorum.*

* Perperam pro *Oblata vini.* Vide supra in *Oblata.*

¶ **OLLEGUS.** Statuta Placentiæ fol. 53. v°. : *Quicumque posuerit et mescuerit Ollegos in vino, condemnetur in* xxv. *lib. Plac. pro qualibet vice : et qui collegerit ipsos Ollegos, condemnetur pro qualibet vice in centum soldis : et qui habuerit ipsos Ollegos in domo condemnetur in* x *lib.*

¶ **OLLITUS,** Olitus, fœdus. S. Wilhelmi Constit. Hirsaug. lib. 1. cap. 97 : *Scutellas colligunt eas solas, in quibus fabæ oleraque administrata sunt, propter quas etiam unus jugiter remanet in coquina, qui ita recens Ollitas abluat.... ne si comestorum reliquiæ induruerint, major fiat abluendi difficultas.*

¶ **OLLUS,** f. Taurus, Belg. *Olle.* Chronic. Florentii Episcopi apud Eccardum de Orig. Domus Saxon. col. 59 : *Centum et octoginta pullos et* 30. *schock ovorum, et unumquodque schock* 60. *ova, et* 36. *Ollos, et* 16. *talenta argenti.*

¶ **OLOAGIOGRAPHA,** Sacra Scriptura, ab ὅλος, totus, ἅγιος, sanctus, et γραφή, scriptura. Epistola Ermenrici Levitæ ad

Rudolfum magistrum in Actis SS. Benedict. sæc. 3. part. 2. pag. 430 : *Quatenus... firmior ex doctrina tua fiam, et quandoque gubernante in campum Oloagiographiæ volare ac quiescere queam.*

* **OLOATA.** Libert. Figiaci ann. 1318. tom. 7. Ordinat. reg. Franc. pag. 663. art. 16 : *Ipsis autem consulibus solis et in solis dum pertinet, et volumus pertinere provisionem et custodiam ordinandi provisores et custodes.... in quæstionibus seu controvesiis ædifficiorum antiquorum et novorum, carreriarum, tabularum, Oloatarum, etc.* Sed legendum prorsus, *Cloacarum.*

¶ **OLOBERUS**, *Vestis totaliter deaurata*, in vet. Vocabulario utriusque Juris. Vide *Holoverus* et mox *Oloforus.*

OLOCRYSTALLINUS, Totus ex crystallo. Helgaudus in Roberto Rege Franc. : *Fecerat unum phylacterium Olocrystallinum in gyro auro puro adornatum.*

OLOFLAMMA. Vide *Auriflamma.*

OLOFORUS. Glossæ MSS. : *Olofora, vestis purpurea.* Papias : *Olofora, vestis tota ex purpura.* Ex Isidoro lib. 19. cap. 22. quippe, ut auctor est Salmasius in Observat. ad Jus Atticum, pro *Holoporphyra, tota ex purpura*, in MS. legitur *Olofora.* Anastasius in Vitis PP. pag. 34 : *Pallia Olobera blattea.* Ubi editor monet in aliquot Codd. legi, *Olofora blatea.* Vide *Holoverus*, et eumdem Salmasium ad Pollionem pag. 342.

* **OLOGIA**, *Lo rete*, in Glossar. Lat. Ital. MS.

OLOGRAFUS. Vide *Holografus.*

OLORA, Papiæ, *Oloserica vestis.* Legendum *Olovera*, vel *Olofera*, ut supra.

☞ In MS. Bituric. sic habetur : *Olor, cingnum, i. cignus, in cujus specie cum Leda Jovis concubuit. Olores Latinum est; nam Græce cigni dicuntur cicones. Olora dicitur etiam.* Tum subjungitur, sed a linea, ut novus sit articulus : *Oloserica, Vestis tota ex serico, etc.* In edito, quod vidi, deest *Olora;* sed satis hinc patet *Olora* corrupte dictum pro Olore femina, ut ex terminatine licet conjicere.

¶ **OLOSERICUS**, Totus sericus, non semel *Olosyricus*, apud Anastasium in Benedicto II. PP. tom. 3. Muratorii pag. 146. col. 1. in Notis. Vide *Holosericus.*

OLOVERUS, Purpureus. Vide *Holoverus.*

OLOVITREUS, Totus vitreus. Vide *Holovitreus.*

* **OLPHATUS**, Olfactus, Ital. *Olfato.* Gabr. Barel. serm. in fer. 3. post Pascha : *Tertio manifestavit* (suam resurrectionem) *per Olphatum, per hoc quod dicit Johannes : Insufflavit, etc.*

¶ **OLQUA**, Modus agri. Vide in *Olca* 1.

* **OLRERA**, *Prov. Emicaduira, olearium*, in Glossar. Provinc. Lat. ex Cod. reg. 7657.

¶ **OLTHING**, pro *Nithing.* Vide in *Nidering.*

¶ **OLTREGIA.** Compositio ann. 1253. e Tabulario S. Richarii : *Fundus vero territorii..... cum censibus, relegiis, vendis, Oltregiis, furnis eorum, cum exitu et introitu, cum placitis et duellis, et aliis, et tota fundi justitia integraliter dictis Abbati et Conventui remanebit.* Ex similibus Chartis, ubi *vendis* fere adjunguntur *laudes* vel *laudemia*, conjicere est, *Oltregia* nihil aliud esse quam *laudes*, quas vassallus vel tenens domino exsolvit pro licentia feudum alienandi vel tenementum, hancque vocem *Oltregia* fictam esse a Gallico *Octroy*, Concessio. Vide *Laudes* in *Laudare* 4. et infra *Otorgare.*

* Vel *Oltregium.* Vide infra *Ottroium* et *Outresium.*

OLYMPIAS, pro *Indictione.* Exstat in Tabular. Celsinianensi Charta cujusdam Adalardi, *data in mense Febr.* II. *die ipsius mensis, anno Dominicæ Incarnationis* 960. *anno autem Lotharii Regis Francigenæ quarto, secundo Olympiadis.* Quæ tamen adscripta anni nota cohæret cum anno 4. Lotharii et 2. indict. quæ cadit in ann. 959. qui erat 5. regni Lotharii : siquidem Ludovicus pater obiit 15. Oct. ann. 954. proinde in apographo istius Tabul. pro DCCCCLX. scribendum DCCCCLIX.

☞ An *olympias* hic significet indictionem, addubitare me cogit Charta Ethelredi Regis Angliæ, in qua per *olympiades*, seu quadriennia, more Græcorum numerat annos regni sui : *Consentiens*, inquit, *signo sanctæ Crucis subscripsi in Olympiade* 4. *regni mei.* Hic fuit annus 16. regni ejus ut conjicit Spelmannus, Christi 994. Eadem ratione lubens interpretater *olympiadem* Chartæ Adelardi, ubi recte cohærent omnia, si legeretur, *anno Lotharii tertio secundæ Olympiadis.* Tertius enim annus secundæ olympiadis regi Lotharii respondet septimo ejusdem, seu anno 960. annum incipiendo a Kalendis Martii vel Paschate, more antiquo. Eo probabilior videtur hæc emendatio, quo facilius fuit IIII. vel IV. pro III. legere. *Secundæ olympiadis* pro *secundo* vel II. *olympiadis* nihil est.

* Consule novum Tract. de re diplom. tom. 4. pag. 703.

* **OMA**, pro *Ama*, Dolium vinarium majus. Gloss. Cæs. Heisterbac. in Reg. Prum. tom. 1. Hist. Trevir. Joan. Nic. ab *Hontheim* pag. 671. col. 1 : *Quinque emer seu modii faciunt Omam.* Vide supra *Ama* 3.

* **OMAGIALIS**, pro *Homagialis*, in Charta ann. 1395. ex Cod. diplomat. Polon. tom. 1. pag. 7. col. 1. Vide in *Hominium.*

¶ **OMAGIARE**, Homagia exigere, qualia dominis præstant vassalli. Joannes Longinus in Vita B. Kingæ Virg. tom. 5. Julii pag. 713 : *Cum autem milites montis præfati agentes præsidia, variis spoliis, exactionibus, datiis, collectis ac tributis villas monasterii afficerent; non secus in colonos earum quam hostes, Omagiando illos et gravando talliis, gaassarentur.* Vide *Hominium.*

* **OMAGIUM**, *La intrada del monasterio zoe infruti.* Glossar. Lat. Ital. Ms.

¶ **OMAGO**, Homagium. *Juravit et Omaginem fecit*, supra in *Menagium* post *Hominium*

OMASUS. Ordericus Vitalis lib. 12. pag. 852 : *Radulfus autem Rufus pacifici tenoris fuit Omasus, qui præfati Militis erat sororius.* Joannes Janua : *Omasus, i. tripa, vel ventriculus qui continet alia viscera, quia in ipso rerum eventus inspiciebant. Horatius in Epist. patinas cenabant Omasi. Item alius : Noscitur per nasum mulier quæ vendit Omasum.* [** Occurrit etiam in Reinard. Vulp. lib. 3. vers. 839. Vide Forcellin.] Videat lector, an ex his aliquid ex piscari possit ad mentem Orderici.

¶ **OMECEDIUM**, pro *Homicidium*, in Diplomate Adelphonsi Regis Hispan. ann. 1094. apud Marten. tom. 1. Collect. Ampliss. col. 548.

¶ **OMELIÆ**, pro *Homiliæ*, de quibus suo loco, Gall. *Homelies. Omeliæ S. Gregorii PP. super Ezechielem*, in Actis fundationis Monasterii Murensis, apud Eccardum de Orig. familiæ Habsburgo Austriacæ col. 217.

¶ **OMELIARIUS**, ut *Homiliarius*, Liber continens *homilias.* Chartular. Virzionense fol. VII : *Isidorus Presbiter ad ecclesiæ Virzionensis ministerium... missalem unum, lectionarium unum, librum Genesim unum, Omeliarium unum, etc.* Occurrit rursus in Inventario librorum S. Martini Pontisar. ann. 1241. et infra in *Vitaspatrum.*

* **OMELIARIS**, pro *Homiliaris*, Liber continens *homilias. Passionales, Omeliares, missales, etc.* inter Instr. tom. 11. Gall. Christ. col. 219. Vide *Omeliæ.*

* **OMELLUS**, f. pro *Ormellus*, Ulmus novellus, Gall. *Ormeau.* Comput. fabr. S. Petri Insul. Ms. ann. 1367 : *Datum pro* 44. *Omellis plantatis in pratello processionis et in atrio, xlix. sol. iv. den.* Vide infra *Ormaria.*

* **OMEN**, an ab *Omellus*, Locus ulmis consitus, ulmarium? Charta ann. 1218. ex Chartul. B. M. de Josaphat : *Hernaudus de Bosco miles Guarino fratri suo et hæredibus suis vendidit.... valles et omnes laricios ex utraque parte, et Omen ex veteri calciata.*

* **OMENENSTRUM**, *Mappa*, in vet. Glossar. ex Cod. reg. 7641.

* **OMICIDIA**, pro Homicida. Gualt. Hemingford. de Gestis Eduard. I. reg. Angl. ad ann. 1282. pag. 13 : *In parliamento de Solopesbire, quod tenuit rex post festum S. Michaelis, tanquam seductor et proditor, furque et Omicidia, tractatus est* (Leulini frater) *et suspensus.*

* **OMINADA**, Tumor, tuber, nostris alias *Ominade.* Lit. remiss. ann. 1467. in Reg. 200. Chartoph. reg. ch. 183 : *Icellui garson se plaigny d'une jarie, et dit on que par eschievissement, mauvaistié et malice dudit garson ou autrement, lui vint une Ominade ou bosse en l'ayne, grosse comme le poing.*

* **OMINISCHUM**, Obsequium, servitium, quo quis homo alterius est. Testam. Guill. monet. ann. 1213. ex Cod. reg. 5255 : *Denique affranquischo et penitus liberum ab omni servitute facio ad quinque annos post finem meum, videlicet Petrum de Molino baptizatum meum; ita quod completis prædictis quinque annis a die mortis meæ ex tunc semper in perpetuum sit omnino liber ab omni servitute et Ominischo infantum meorum.* Vide supra *Homenesco.*

¶ **OMMUTISCERE**, Obmutescere. *Ommutiscet susurro*, apud Radulphum in Præfat. Gestorum Tancredi, tom. 3. Anecd. col. 112. Sed videtur legendum *Ommutescet.*

¶ **OMNEDICIBILIS**, Quantus dici potest. *Omnedicibili Spiritus sancti gratia inflammatus*, in Diplomate ann. 1094. inter Instrum tom. 3. Gall. Christ. col. 59.

¶ **OMNES** interdum positum pro *Homines*, probat Baluzius in Notis ad Capitularia tom. 2. col. 1076.

¶ **OMNICOLENDUS**, Omnino seu valde colendus. Versus in honorem Paschalis II. Papæ, apud Marten. tom. 2. Itin. pag. 244 :

Magnificandus et Omnicolendus ubique timendus,
Justitiæ fidem qui Petri continet ædem.

¶ **OMNICREANS**, Qui creat omnia, in Actis SS. Julii tom. 1. pag. 334. et apud Mabillon. tom. 4. Analect. pag. 631.

¶ **OMNICREATOR**, Creator omnium, in Vita S. Raynerii. tom. 3. Junii pag. 449.

¶ **OMNIFARIUS**, παντοῖος, in Glossis Lat. Græc. Omnigenus. *Omnifaria laude digni Confessoris S. Martini*, in Epistola Richardi Abb. S. Medardi Suession. ann. circiter 1010. tom. 1. Anecd. Marten. col. 125.

¶ **OMNIMEDENS**, Qui omnibus medetur morbis. *Omnimedens Dominus*, apud S. Paulinum in Fragmentis Natalis XI. de S. Felice pag. 169.

OMNIMODIS, pro Omnino, omnibus modis vel *modis omnibus*, ut est in leg. 14. Cod. de Offic. Rect. Provinc. (1,40.) Glossæ Isonis : *Usquequaque, Omnimodis*. Anastasius in Hist. Eccles. ὁλοκλήρως, apud Theophanem, *Omnimodis* reddit. Utuntur Lex 7. Cod. Th. de Honorariis codicill. (6, 22.) [Apuleius, Lucretius,] Cassianus, Gregorius Tur. Hincmarus, et alii passim. Sic *hujusmodis* Gloss. Græco Lat. : Τοιουτοτρόπως, *hujusmodis*.

¶ Omnimoditer, Eadem notione, in Epistola B. Archiep. Tolet. tom. 3. Concil. Hispan. pag. 338.

** Omnimodatim. Virgil. Gramm. pag. 97 : *Hoc ergo nobis Omnimodatim cantizandum est.*

¶ **OMNIMORBIA**. Isidorus lib. 17. cap. 9 : *Polypodion, Herba... a Latinis dicitur Omnimorbia, quod multis morbis subveniat.*

¶ **OMNIPAVUS**, Qui pavet omnia. *Pantophobus, i. e. Omnipavus*, Cælio Aurel. lib. 3. Acut. cap. 12.

¶ **OMNIPLENUS**, Refertus, Gall. *Tout plein*, Ad summum usque repletus. Epistola R. Comitis Legercestriæ ad Alexandrum III. PP. ann. 1169. in Probat. Hist. Comitatus Ebroic. pag. 4 : *Sanctitatis vestræ litteras Omniplenas paternæ suavitatis affectione recipere meruit.*

¶ **OMNIPOLLENS**, Omnipotens. *Omnipollens Deus*, apud Prudentium in Apotheosis præfatione.

OMNIPOTENTATUS. Adrianus PP. in Codice Carolino, in Epist. ad Irenem et Constantium filium : *Barbaras nationes sub suis prosternens conculcavit pedibus, Omnipotentatum illarum domans, et suo subjiciens regno adunavit.*

¶ **OMNIPOTENTER**, Omnimoda ac summa potestate. Charta Cuthredi Regis Cantuar. apud *Madox* Formul. Anglic. pag. 174 : *In nomine Altithroni, qui solus regat ac gubernat omnia Omnipotenter in ævum.*

¶ **OMNIPRÆSENS**, Omnipræsentia, Omni loco præsens vel præsentia, Theologis Scholast.

¶ **OMNISATOR**, Sator seu auctor omnium bonorum vel malorum. In pravam partem accipit Uffingus apud Leibnitium tom. 3. Scriptor. Brunsvic. pag. 605.

¶ **OMNISCIUS**, Omniscientia, apud Theologos Scholasticos.

¶ **OMO**, pro *Homo*, ut *Oc* pro *Hoc*, in Judicio ann. 821. col. 56. Probat. tom. 1. novæ Hist. Occitanæ.

¶ **OMOFAGIA**. Vide *Omophagia*.

¶ **OMOLOGARE**, Publice confirmare, ratum habere. Charta ann. 1196. apud Murator. delle Antic. Estensi pag. 369 : *Debent Abbati restituere libere, hoc addito a partibus dixerunt, Omologo.* Capitulum generale MS. S. Victoris Massil. : *Acta, publicata et Omologata fuerunt hec in Capitulo dicti Monasterii die quinta Madii.* Vide *Homologare*.

¶ **OMOPHAGIA**, ὠμοφαγία, Crudorum voratio, esus crudarum carnium. Arnobius lib. 5 : *Bacchanalia etiam prætermittimus, quibus nomen Omophagiis Græcum est, in quibus furore mentito, sequestrata corporis sanitate circumplicatis vos anguibus, atque ut vos plenos Dei nomine ac majestate doceatis, caprorum reclamantium viscera cruentatibus oribus dissipatis.* Hinc emendandus Joh. de Janua, qui habet *Omafagia*, *Una vel similis comestio*; perperam ducta voce ab ὁμὸς, similis, par, quæ derivatur ab ὠμός, Crudus. Eumdem de Janua incaute secutus Glossator Lat. Gall. Sangerman. *Omofagia* reddit, *Une ou semblant commestion.*

¶ **OMOPHORIUM**, Omophorum, ὠμοφόριον, ὠμόφορον, Ornamentum non Archiepiscopis modo, sed et omnibus Episcopis Græcis peculiare : longa scilicet fascia collum primo involvens, deinde a collo per medium dorsum et pectus longe infra genua descendens, crucibus intexta, ut in Glossario mediæ Græcit. definit Cangius, ibi omnino consulendus, ut et infra in voce *Pallium*.

ONA, Doli vinarii species, apud Trevirenses. Magnum Chron. Belgic. ann. 1015. ex Chron. Trevir. : *Captato deinde consilio opportuno 30. Onas comparat, in quibus singulis singulos milites electos, loricatos et galeatos, ensibusque præcinctos collocat, et insuper linteis opertos funes, quibus vectes ad portandum eos inseruntur, componit : deinde 60. viros nihilominus electos, et plebeia veste amictos, ensibusque eorum in Onis reconditis gestatores constituit, etc.* Mox : *Dic, ait, Domino tuo me vinum magnæ dilectionis gratia olim promissum deferre, ... Adelbertus, jussit viros intromitti : quibus ingressis, et Onas coram Adelberto in terram simul ponentibus, ... portitores vero, sicut erant edocti, uno momento pariter omnia Onarum velamina dejiciunt, gladios diripiunt, insidiæ de Onis exiliunt, gladios stringunt, etc.*

¶ **ONAGER**, Machina bellica jaciendis lapidibus. Radulphus de gestis Friderici I. Imp. apud Murator. tom. 6. col. 1183 : *Et in quodam ligno sedebant, ut lapidibus, qui jaciebantur ab Onagris, qui erant in Crema, obruerentur, aut eorum timore vel amore castellum redderetur.* Rursus occurrit col. 1181. Sed et apud Vegetium lib. 4. cap. 2 : *Onager autem dirigit lapides, sed pro nervorum crassitudine ec magnitudine saxorum pondera jaculatur.* Onagros a scorpionibus ibidem distinguit Vegetius, sed Ammianus ambos confundit fuseque describit lib. 23. Ad quod observat Carolus de Aquino, nihil facilius potuisse contingere, quam ut Ammiani tempore eamdem habuerint appellationem scorpio et onager, quæ ævo Vegetiano, aut certe antiquiore, distinguebantur machinæ. Idem in aliis usuvenisse organis oppugnatoriis, observat alias non semel.

ONATIZARE. Hymnus MS. in S. Ildevertum Episcopum Meldensem :

Ildvertum collaudemus, orgiis
Onatizemus, miracula enarremus,
Hæc Clerici jubilemus, etc.

¶ **ONCIA**, vox Italica, *Once*, Gall. Uncia, in Annal. Mediol. apud Murator. tom. 16. col. 807.

* Vocis Gallicæ *Once* notio, incognita mihi licet ejus origine, haud obscura est ex Lit. remiss. ann. 1415. in Reg. 169. Chartoph. reg. ch. 38 : *Comme le suppliant, Estienne Clement et autres amenoient contramont la riviere du Rosne un batel, ... ledit Estienne se mist au lieu nommé au pays Once, où le suppliant avoit tousjours tiré en ce voyage, lequel pour oster ledit Estienne de ladite Once et place, coppa la corde à laquelle ledit Estienne estoit acouplé et tiroit, dont il chei à terre sur un tronc d'arbre, etc.* An, habita ratione divisionis unciæ, locus ordine duodecimus? *Oncenotte*, Vasis genus videtur, in Lit. remiss. ann. 1408. ex Reg. 163. ch. 151 : *Le suppliant a prins et emblé de certaines personnes un cheval avec unes bouges neuves chargées d'armeures, d'une arbaleste et d'une Oncenotte.* *

ONCUNNE, ex Saxon. Oncunnen, Notatus, accusatus. Leges Alvredi Regis MSS. cap. 29 : *Si quis alium Godhorges Oncunna, et compellare velit, quod ei aliquod ipsorum non complevit, perjuret, hoc in 4. Evangelus fiat.*

¶ **ONDERE**, Verbum, ut videtur, fictum ab Anglico *Under*, seu Belgico *Onder*, Sub, subter, at non satis certa mihi notione. Charta Henrici Regis Angliæ pro Normannis ann. 1155. apud D. *Brussel* tom. 2. de Feudorum usu pag. IV : *Si aliquis tenens de nobis feodum laicum moriatur, et Vicecomes vel alius Baillivus noster Ondat literas nostras patentes de submonitione notra de debito quod defunctus debuit nobis, liceat Vicecomiti et baillivo nostro achachiare et abreviare catalla defuncti inventa in laico feodo ad valentiam illius debiti per visum legalium hominum.*

* Verbum fictum a laudato *Brussel*; et, quod mirum est, sine ulla abbreviationis nota scriptum erat *Ostendat*, in Reg. S. Justi fol. 35. r°. unde Chartam excripsisse testatur ipsemet D. *Brussel*.

* **ONERAGIUM**, Vectigal, quod pro facultate onerandi vina alio exportanda pensitatur. Arest. parlam. Paris. ann. 1372. ex Tabul. S. Joan. Laudun. : *Emolumentum barragii et Oneragii hujusmodi in qualibet villarum prædictarum singulis annis vendiderant et vendebant... Barragia et Oneragia vinorum anno quolibet vendita vel ad firmam tradita, etc.*

* **ONERARE** Mercaturas, Tributa iis imponere. Arest. parlam. Paris. ann. 1361. tom. 6. Ordinat. reg. Franc. pag. 411 : *Cum liceat unicuique pro sua defensione, sine*

alicujus læsione bona sua et mercaturas juxta suum libitum Onerare.

* **ONERARIUS**, Onerosus, Gall. *Onéreux.* Vita S. Audom. tom. 3. Sept. pag. 415. col. 1 : *Quarum omnium cumulus si volumini inderetur, lectori Onerarius* (magis) *quam necessarius censeretur.* Vide *Onustus* in *Onus* 2.

* **ONERATA**, Onus, Gall. *Charge.* Charta ann. 1317. in Reg. 54. Chartoph. reg. fol. 39. v° : *Quingentas Oneratas agnellorum, qualibet Onerata ponderante ad pondus Trecense viginti quinque petras, etc.*

¶ **ONERATIO**, Gall. *Charge, commission, ordre*, Mandatum, provincia. Charta Edwardi III. Regis Angl. apud Rymer. tom. 5. pag. 607 : *Ipsos cum Johanna filia nostra carissima ad partes Vasconiæ, juxta Onerationem sibi per nos datam, ordinavimus proficisci.*

¶ **ONERATOR**, Qui onerat, onus imponit, apud Lambertum Ardensem tom. 8. Ludewigi pag. 600.

* **ONERATORIUS**, Onerosus, quo quis prægravatur. Homil. de S. Remaclo tom. 1. Sept. pag. 726. col. 2 : *Cum fuisset tectus armis Saülis, cognovit oneratum quempiam non posse vincere, atque rejecta Oneratoria tela expeditus processit et vicit.*

¶ **ONERIFER**, Qui fert onus, bajulus, Gall. *Crocheteur, porte-faix.* Non semel occurrit vox *Oneriffer*, in Charta ann. 1499. pro *Confratria Onerifferorum*, seu Bajulorum Massil. e Regesto 73. Peiresciano vol. 2. *Asinus animal simplex atque Oneriferum*, apud Gerohum in Expositione in Psalmum 64. tom. 5. Miscell. Baluz. pag. 85. *Onerifera navis*, in Vita S. Genovefæ, tom. 1. Jan. pag. 141.

ONEUS, Supercilium montis. Vita S. Wunebaldi cap. 3 : *Et protinus passivantes super Alpium Oneos, usque dum Condonei amplos militum intraverunt terminos.* Ita editiones omnes. Ejusdem Itinerar. [et Vita S. Willibaldi Episc.] num. 18 : *Ibi erumpebat fons qui erat sterilis in Oneo montis.*

¶ **ONHUS**, Cæpe, Gall. *Oignon.* Transactio inter Abbatem et Monachos Crassenses ann. 1351. ex libro viridi fol. 53 : *Caules, spinargia, porri, cæpe seu Onhos, cucurbitas, lactucas, etc.*

¶ **ONICA**, pro *Onycha.* Vide in hac voce.

* **ONICHINUM**, *Genus natali*, in vet. Glossar. ex Cod. reg. 7641. *Onicinum, uno metallo*, in alio Lat. Ital. MS.

¶ **ONICLEUS**, pro *Onycheus*, Onychinus lapis. Vide in *Camaeus.*

¶ **ONIO**, a Gallico *Oignon*, Cæpe. Chartularium Gemmeticense : *Monachi habebant tollonium omnium olerum, porrorum, alliorum ut Onionum, omniumque herbarum.* Perperam *unionum* in Neustria Pia pag. 320. [* Reg. feud. Aquit. in Cam. Comput. Paris. sign. JJ. rub. fol. 35. v° : *Debent.... unam comestionem.... de pane, vino, carnibus bovinis et porcinis, cum caulibus et cinapi, cum gallinis assatis, cum Onionibus seu cepe.*]

* Aliud sonat vox Gallica *Oniot*, Lintei nimirum, ut videtur, genus, in Lit. remiss. ann. 1460. ex Reg. 190. Chartoph. reg. ch. 97 : *Les supplians prindrent deux sextiers seigle, quatre linceolz et deux Oniotz.* An a Gallico *Onni*, quod pro *Uni* simplex, inornatus, dixerunt; ut in Stat. ann. 1378. tom. 6. Ordinat. reg. Franc. pag. 365.

ONOMA, nomen, ex Græco ὄνομα. Baldricus lib. 1. Chronici Camerac. cap. 88 :

> Onoma dactylicis actoris quæritur ipsis
> Si numeris.

Utitur Dudo in præfat. ad Acta Norman. Ingulphus pag. 885. Matthæus Westmonast. ann. 1212. et alii.

* **ONREDELEIKER**, vox Belgica, Irrationabilis, ferinus, illicitus, inhonestus. Chartul. Fland. 2. ex Cam. Comput. Insul. : *Item rappel de Anne Wontslants bannie par le loy de Bruges à trois ans, pour cause de Onredeleiker wandelinghe.*

* **ONSELLUS**. Vide supra *Ocellus.*

¶ 1. **ONUS**, Species mensuræ vinariæ : *Decem vel quindecim Onera in potationibus*, apud Marten. in Onomastico ad calcem tomi 5. Anecd.

¶ 2. **ONUS**, Tributum, præstatio. Charta ann. 1077. apud Stephanotium tom. 1. Antiq. MSS. Vascon. pag. 735 : *Dono etiam præfatæ B. Martini basilicæ et monachis Malleacensibus... Onus annonæ et vini, carnis quoque et universorum meorum apud Burdigalam, secundum jus reddituum ex integro decimam et Palatii-capellam et sylvam totam, etc.*

Onus Sententiæ, in Jure Hungario, est gravamen et liberatio mulctæ. Sambucus et Molnarus.

¶ Onera Solidorum, Usuræ. Leges Luitprandi apud Murator. tom. 1. part. 2. pag. 55. col. 2 : *Ut ei major indemnitas propter Onera solidorum non accrescat.*

¶ Onusculum, *Parvum onus*, Johanni de Janua; *Petite charge*, in Glossis Lat. Gall. Sangerm. MSS.

Onustare, pro *Onerare.* [Joh. de Janua : *Onustare, Sarcinare; Charger*, in Glossis Lat. Gall. Sangerman.] Junilius Episcopus Afer in Genesim : *In vere enim solent herbæ virentes apparere in terra, et ligna pomis Onustari.* [Occurrit rursus in Actis SS. Aprilis tom. 2. pag. 29.] Ita *Onustatus*, pro *Onustus*, usurpavit Petrus Cluniacensis lib. 1. Epist. 24. [et vetus Interpres Judith 15. 7.]

Onustus, Qui oneri est, onerosus. Saxo Grammaticus lib. 7. extremo : *Quum enim ob senectam severitatemque civibus etiam Onustus existeret, etc.* Vide Stephanium ad hunc locum, ubi hac notione vocem *Onustus* usurpari apud Valerium Maximum lib. 9. cap. 2. in scriptis codd. observat.

* **ONUSTARIA** Loca, Ubi scilicet currus aut naves onerantur sale, vino, etc. Charta ann. 1025. apud Meichelbec. tom. 1. Hist. Frising. pag. 219 : *Cum terris cultis et incultis, sartaginibus ac locis sartaginum, ac locis Onustariis Witevendin, censalibus, etc.*

¶ **ONYCHA**, vel potius *Onyx*, a Græco ὄνυξ. Dioscoridi, Unguis odoratus, Exod. 30. 34 : *Sume tibi aromata, stacten et Onycha, galbanum boni odoris, etc.* Quidam legunt *Onycham*, alii *Onychen*; sed melius *Onycha*, ab ὄνυξ. Joh. de Janua : *Onica, Herba aromatica secundum Papiam; vel sicut dicitur in historiis : Onica, Ostreola parva suave redolens magnitudine humani unguis.* Hinc Gloss. Lat. Gall. Sangerman. : *Onica, Herbes aromatiques, vel ostreola parvula suave redolens.*

OPEDERE, *Contraire, quasi pedem contra ponere*, apud Papiam.

¶ **OPELANDA**, Oppellanda, Pallii vel tunicæ species, Gall. *Houpelande.* Annal. Mediol. apud Murator. tom. 16. col. 809 : *Opelanda una pavonacii granæ, laborata ad capellum unum rosatum circa collum, cum certis foliis, rosis et botonis super manica sinistra.* Capitulum generale MS. S. Victoris Massil. ann. 1378 : *Statuimus quod nullus portet vestes inhonestas, scilicet Oppellandas vel cocardias froncicas, aut cum colari, cum manicis largis ultra modum, vel cordulatione in capstina nec in manicis.* Vide *Hopelanda* et *Opulenda.*

¶ **OPELLA**, Propola. Vide in *Selda.*

OPENTHEFT, Apertum furtum, vox Saxonica ab open, pro ofen, apertum, vel manifestum, et ðeft, furtum. Occurrit in Legib. Kanuti Reg. cap. 90. apud Bromptonum, et cap. 61. apud Lambardum, et in Legibus Henrici I. cap. 12.

¶ 1. **OPERA**, Opus, Gall. *Oeuvre.* Epistola Algeri Monachi Cluniac. apud Acher. tom. 2. Spicil. pag. 409 : *Propterea obsecro te, carissime Frater, ut ad culpas abluendas, Operas quas inique egi diversis temporibus, tuis sacris orationibus adjuves.*

¶ 2. **OPERA**, Reditus ad Ecclesiæ sarta tecta, Gal. *Oeuvre, fabrique.* Leges Caroli M. apud Murator. tom. 2. pag. 101. col. 1 : *Præcipimus Comitibus et omnibus fidelibus nostris, ut quicumque de rebus ecclesiasticis habent, pleniter secundum morem regionis, nonas et decimas ad ipsas Ecclesias donent, absque ulla diminutione aut dilatione, in quantum melius possunt... et quando necessitas exegerit, detur Opera ad ipsas Ecclesias restaurandas.* Privilegium Ermengaudi Comitis Urgell. ann. 1162. tom. 3. Concil. Hispan. pag. 374. col. 2 : *Dono etiam ad Operam B. Mariæ centum morapetinos.* Charta ann. 1163. ex Archivo Episcopatus Massil. : *Domos autem Operæ, quas R. de Soleriis Episcopus abstulerat, retento servitio medelam de melle, et campum de Carello aut cumcambium valens, Operæ Ecclesiæ reddi mandavimus.* Vide *Fabrica* 4. *Operarius* et *Opus* 2.

* Charta ann. 1231. apud Lam. in Delic. erudit. inter not. ad Hist. Sicul. Boninconi. part. 3. pag. 152 : *Juraverunt omni anno in festivitate S. Mariæ de medio Augusto reducere et offerre unum cereum de decem libris ceræ ad Operam dictæ ecclesiæ.* Ubi forsitan nihil sonat, ut et in similibus locis, nisi ad Opus et usum ecclesiæ.

OPERÆ, Idem quod *Manuoperæ*, *Corvatæ*, operæ quas patronis exhibent liberti : in Gloss. Græc. Lat. : Τῶν ὑπηρεσίων ὧν παρέχουσιν οἱ ἀπελεύθεροι τοῖς πάτρωσιν. Chartæ Alemannicæ Goldasti cap. 59 : *Panes 40. frisginga trimissem valente, unius hominis anno vertente Operas tres.* Charta anni 1195. apud Ughellum tom. 7. pag. 1321 : *Debet... 6. manuas lini, et missatica, et Operas quinque, tres ex his in persona, et duas in alia cum bobus.* Adde tom. 1. pag. 823. [Chronicon Farfense apud Murator. tom. 2. part. 2. col. 539 : *Et pro solidis xx. concessit sub castello Postmontem, et alias res sub ipso* *monte ad quartam reddendam, et de vino mundo medietatem et Operas atque xenia, sicut alii homines hujus monasterii.* Ibid. col. 542 : *Et pro solidis* XII. *concessit in Bacciano res ad quintam reddendum, et ibidem modios* II. *et aliam petiam ibi ad quartam, et Operam unam et xeniam unam.*] Leo Ost. lib. I. cap. 11 : *Servos... libertate donavit... ea scilicet lege, ut singuli eorum* 4. *per mensem Operas, ubi necesse fuerit, Monasterio impendant.* Adde cap. 21. Cod. Th. tit. Ne operæ a conl. exigantur (11,10.) : Legem Bajwar. tit. 1. cap. 14. § 6. Longob. lib. 1. tit. 25. § 53. lib. 3. tit. 12. § 1. [** Liutpr. 68. (6,15.) Carol. M. 121.] Capitul. Caroli M. lib. 5. cap. 151. [** 303.] lib. 7. c. 254. [** 335.] Theophanem p. 371. etc.

* Stat. Mutin. rubr. 118. pag. 22 : *Statutum est quod habentes boves in terra de Panzano, teneantur conferre ad laborerium pontis S. Ambrosii, scilicet unam Operam cum bobus quolibet anno. Ovre*, eadem significatione, in Libert. villæ de Borbonna ann. 1204. ex Reg. 61. Chartoph. reg. ch. 306 : *De ceus qui tiennent les terres, dont il doivent l'Ovre au chastel et costumes, etc.*

☞ *Operam* inter et *Manoperam* distinguendum videtur ex Inquis. *de Moras* ann. 1262. in Regesto *Probus* fol. 42. Interrog. : *Si debent domino Operam, manoperam, corvatam et somey?* Resp. : *Quod non nisi somey, videlicet illi de burgo et de castro, qui habent bestias portantes... attamen illi de foris debebant prædictas Operam, manoperam corvatamque antequam domificarent in castro. Opera* forte spectat rusticos opifices, qui aliquam exercent artem, ut lignariam, lapidariam, etc. *Manopera* vero hujusmodi operarios, quos Galli *Manœuvres* appellamus, a quibus minus industriæ quam virium exigitur.

Obræ, pro *Operæ*, in Tabulario Prioratus Dominæ in Delphinatu. Vide *Manopera.*

Operatio, Eadem notione. Monasticum Anglic. tom. 1. pag. 822 : *Recepit in escambium* 1. *bovatam... per servitium* 2. *solid. per annum, et Operationem unius diei in hebdomada.* Mox : *Et operationem* 8. *dierum in Augusto.*

* Bulla Joannis VIII. PP. ex Tabul. S. Gauger. Camerac. : *Denique censemus ut nullus regum deinceps, abbatum vel aliorum utriusque ordinis vir potestative.... annuas in messibus vel pratis dominicis Operationes exquirat.*

¶ Operam Reddere. Leges Rotharis apud Murator. tom. 1. part. 2. pag. 39. col. 2. [** 281.] : *Si quis mancipium alienum sciens fugax nesciente domino susceperit, aut annonam dederit, aut ostenderit viam, aut transposuerit, et mancipium ipsum fuga lapsum in antea fugerit, ipse id perquirat qui eam annonam dederit, aut viam ostendere præsumpserit, et si id non invenerit, reddat pretium mancipii, similiter et res, quas secum portavit. Et si inventum fuerit, reddat ipsum simul et Operas ejus.* Hoc est, tantum pecuniæ solvat domino, quantum labore suo comparasset mancipium.

¶ Opera Terræ, Modus agri jugero minor apud Pictones. Charta Frotfadi Abb. S. Severiani in Hist. MS. S. Cypriani Pictav. pag. 105 : *Deprecati sunt nos, ut unam aream farinarii... una cum una Opera de terra vacante, etc.* Charta Lamberti ibid. pag. 136 : *Vendidi quemdam alodem meum... et est plus minus Operas quinque.* Pag. 137 : *Sunt autem plus minus inter duo loca jugera* VI. *et Operas* III. Et pag. 171 : *Jugera* XII. *et Operas* III. *de terra arabile, etc.*

* Quantum scilicet quis per diem operari potest, nostris etiam *Euvre*, eodem intellectu. Charta Agnet. comit. Montispenc. ann. 1207. ex Tabul. S. Illid. Clarom. : *Dedi et concessi eidem monasterio.... in vineis, quas colit Aimo Garandels, quarum duæ sunt in via S. Medulfi et sunt sex Operæ, aliæ duæ in Cambilla, et sunt similiter sex Operæ, etc.* Lit. remiss. ann. 1376. in Reg. 116. Chartoph. reg. ch. 168 : *Il coperent les ceps auprez de terre, bien l'Euvre d'un homme ou environ.* Lib. cens. terræ *d'Estilly* ann. circ. 1430. ex Cod. reg. 9493. fol. 2. r° : *Six deniers assis sur une Euvre de pré.* Et fol. 5. v° : *Huit deniers assis sur une piece de terre contenant une Euvre environ.* Denique fol. 16. v° : *Trois sous quatre deniers assis sur un lopin d'aunay contenant le quart d'une Euvre.* Vide infra *Operata*. Pro instrumento, quo quis operatur, vulgo *Outil*, *Euvre* legitur in Lit. remiss. ann. 1416. ex Reg. 169. ch. 391.

1. Operagium, ex Gall. *Ouvrage*. Statutum Ludovici Regis Franciæ datum Parisiis ann. 1225. regni 3. in Regesto *Noster* Cameræ Comput. Paris. fol. 99 : *Talis est usus monetæ Paris. quod plumbum debet ponderare* 16. *marcas et dimidium, et de hoc plumbo debent habere operarii* 7. *sol. pro Operagio inter carbones, etc.* [Literæ Caroli V. Fr. Regis ann. 1367. pro Monspeliensibus, de forma vestium : *Item quod nulla dictarum mulierum audeat portare... brodaduras, vel ramatgia, vel alia Operagia quæcumque.* Occurrit in Annalibus Mediol. apud Murator. tom. 16. col. 811. 812. etc.]

* Duplici sensu accipienda hæc vox primo loco pro Operarii mercede : altero vero generatim significatur Opus quodvis, quo vestes ornari solent. *Ouvrée*, quidquid arte effectum est, in Pedag. *de Cappi* ex Chartul. 21. Corb. : *Uns lantreniers portans Ouvrée nœufve, doit ung denier.*

* 2. Operagium, Officina, apotheca, idem quod *Operatorium*. Charta ann. 1319. in Reg. 59. Chartoph. reg. ch. 316 : *Item focagium et Operagia valent annuatim sexaginta solidos Turonenses.*

* Operalis. Vide supra *Jus Operale*.

* Operamanus, Manuum opera, ad quam tenentur coloni et inquilini domino villæ. Libert. Villæ-novæ *de Coynau* ann. 1312. tom. 8. Ordinat. reg. Franc. pag. 107. art. 1 : *Concedimus quod ipsi sint franchi, liberi et immunes ab omni collecta, taillia, complanta, vinteno, Operamanu, opera, corvata, etc.* Vide *Manopera*.

¶ Operare, pro Operari, facere, agere. Concil. Tolet. XVI. inter Hispan. tom. 2. pag. 741 : *Quique... contra naturam masculi in masculos hanc turpitudinem Operaverint.* Acta S. Franciscæ Rom. tom. 2. Martii pag. 97 * : *Quod B. Francisca ad inanem gloriam vitandam Operabat.*

* *Euvrer*, in Stat. ann. 1367. tom. 5. Ordinat. reg. Franc. pag. 105 : *En la ville de Caen où l'on Euvre d'ensienneté grant foison du mestier de drapperie, etc. Oevrer*, in Bestiar. MS. :

> Dou cherf qui estrangement Oevre,
> Car il manguc la culeuvre, etc.

¶ Operari, Eleemosynam conferre. Tertull. lib. 4. adv. Marcion. cap. 16 : *Major est bonitas, quæ Operatur in extraneos.* S. Cyprianus de Opere et eleemosynis cap. 9 : *Si vereris et metuis, ne, si Operari plurimum cœperis, patrimonio tuo larga Operatione finito, ad penuriam forte redigaris.* Rursum utitur cap. 11. S. Ambros. lib. 2. Offic. cap. 16 : *Quo plus Operari viderit populus, plus diligas.* Adde S. Paulinum Epist. 13. num. 11. et vide *Opus* 1.

¶ 1. Operaria, Opera domino præstanda, *Corvata*. Tabularium Solemniac. : *Debet ipsum mansum* 1. *modium de sigila... Operariam et asinum et tallata et troiam.* Vide *Operæ*.

* 2. Operaria, Dignitas *Operarii* in collegiis canonicorum et monasteriis. Occurrit non semel in Bulla secularisat. eccl. Magal. ann. 1536. inter Instr. tom. 6. Gall. Christ. col. 391. et 393. Vide mox *Operarius* 1.

¶ Operariæ, Mulieres quarum erat templa condecorare et alia ad pompam necessaria ministrare. Synodus Valentina ann. 1594. tom. 4. Concil. Hispan. pag. 711. col. 1 : *Accepit hæc Synodus a multis fide dignis, quam magnis sumptibus atque impensis fœminæ in templis Operariæ dictæ, quæ ad festum Assumptionis B. M. eliguntur, munus illud suum tum in musicis et suffimentis, tum aliis in rebus peragant... Statuit neotericum hoc mulierum munus exterminare ab urbe Valentiæ templis.*

1. Operarius, Dignitas in Collegiis Canonicorum, et Monasteriis, cui operibus publicis vacare incumbit : vulgo, *Maistre de l'œuvre. Opera Ecclesiæ*, in Charta Isarni Episcopi Tolosani apud Catellum. S. Bonifacius Archiepiscopus Moguntin. Epist. 17 : *Stirme in coquina sit : Bernhardus Operarius sit, et ædificet domunculas vestras, ubi opus sit.* Statutum pro Ecclesia Cadurcensi, in Hist. Episc. Cadurcens. num. 118 : *Ordinamus ut sit Operarius de cætero in Ecclesia Cadurcensi, qui bona operis procuret fideliter, et requirat unde faciat quod hactenus fieri consuevit.* Et mox : *Statuimus ut... præbendæ Archidiaconi.. Sacristæ, Cantoris, Operarii, ac Magistri Scholarum sint Sacerdotales.* [Adde Bullam Innocentii VIII. PP. in Continuatione M. Bullarii Rom. pag. 288. col. 1. Chartam ann. 1307. tom. 2. Hist. Dalphin. pag. 133. col. 1. Miracula B. Raymundi Lulli tom. 5. Junii pag. 679. *Rector seu Operarius fabricæ*, in Charta ann. 1406. in Continuatione Bullarii Rom. pag. 230. col. 1.] *Operarum magister*, Browero lib. 2. Antiq. Fuld. cap. 10. dicitur. *Magister Operis*, in vett. Consuetud. Floriacensis Monasterii pag. 392. Testamentum Guillelmi filii Sibyllæ D. Montispessulani apud Gariellum pag. 151 : *Dimitto Operi Ecclesiæ Vallis-magnæ 58. solidos Melgorienses, etc.* Nostris *l'Oeuvre.* Vide tom. 7. Spicilegii Acheriani pag. 268. 274. tom. 9. pag. 141. et tom. 13 pag. 509. 510. Rocchum Pirrum in Archiep. Messan. pag. 387. Molanum lib. 2. de Ca-

non. cap. 24. et Haeftenum lib. 9. Monast. tract. 3. disq. 1. 2. Vide *Decanus operis*.

* Latius interdum patebant *Operarii* munia; si quidem ad ipsum spectabat librorum et ornamentorum provincia, ut colligitur ex Testam. P. archiep. Narbon. ann. 1238. inter Instr. tom. 6. Gall. Christ. col. 62 : *De qua ecclesia primo attendentes, quod propter defectum operis et Operarii, multa dispendia et gravamina opprobriosa sustinet, volumus et ordinamus, quod unus de clericis beneficiatis ejusdem ecclesiæ, non tamen canonicis, pro tempore in eadem ecclesia constituatur tractu communi et consensu archiepiscopi et capituli ejusdem ecclesiæ. Et nos in hac ultima voluntate dimittimus operi ejusdem ecclesiæ quindecim millia solidorum Melgorensium, ex quibus emantur honores, et fructus inde percipiendi vertantur et mittantur in opere et libris et ornamentis ipsius ecclesiæ, prout magis videbitur necessarium, et in aliis quæ Operarius debet facere.* Idem quoque innuunt Statuta MSS. eccl. S. Laur. Rom. ex quibus insuper id muneris clericis simul et laicis commissum fuisse discimus : *Unus clericus et duo laici anno quolibet eligantur, qui Operarii dictæ ecclesiæ S. Laurentii nuncupentur, et curam totius fabricæ ipsius ecclesiæ habeant... Officium vero dictorum Operariorum tale erit, quod ipsi recipiant omnes pecunias ad fabricam dictæ ecclesiæ pertinentes et expensas reparationi dictæ ecclesiæ, tam fabricæ quam ornamentis necessarias facient.* Charta Jacobi Adriens. episc. ad calcem eorumd. Stat. : *Qui tres, scilicet canonicus et duo laici eligendi, vocentur magistri Operarii seu magistri fabricatores ecclesiæ S. Laurentii in Damaso.* Qui *Operarii* nihil differre videntur ab his, qui ecclesiarum parochialium facultates administrant, nostris *Marguilliers*, de quibus in iisd. Stat. : *Ordinarunt dicti visitatores, quod anno quolibet in qualicumque parochiali ecclesia duo boni viri per alios parrochianos eligantur, qui Operarii ecclesiæ nuncupentur, et una cum rectore curam habeant ecclesiæ, ita quod si aliqua imminerent necessaria in paramentis, luminariis et aliis reparationibus ecclesiæ, quæ commode per rectorem non possint adimpleri, per dictos parrochianos perficiantur.* Vide Histor. Occit. inter Probat. tom. 2. col. 471. et *Bouche* in Hist. Provinc. tom. 2. pag. 250.

Habebant etiam Regis nostri suos *Operarios*. Einhardus lib. 4. de Translatione SS. Martyr. Marcellini et Petri cap. 8 : *Gerwardus Palatii Bibliothecarius, cui tunc temporis etiam Palatinorum Operum ac structurarum a Rege cura commissa erat.* Sed et Persarum Reges. Sozomenus lib. 2. cap. 11 : Πουσίκης, ὃς πάντων ἦρξε τῶν τοῦ βασιλέως τεχνιτῶν.

* Et certe *Euvres*, ædificia appellabant. Lit. ann. 1374. tom. 6. Ordinat. reg. Franc. pag. 25 : *Nous avons ordonné estre converti en nos Euvres du bois de Vinciennes... Amyot payeur de noz dictes Euvres, etc.*

* 2. **OPERARIUS**, Qui *operas* domino debet, *corvatis* præstandis obnoxius. Charta Bald. march. Fland. in Chartul. S. Petri Gand. ch. 3 : *Operarii, id est, homines de eadem* (Villa Harnes) *operentur tribus vicibus, id est, tribus ebdomadibus per annum, ad castrum Lensis.*

OPERATA, Quantum quis per diem operari potest in vinea. Tabularium Albæripæ in diœcesi Lingon. ann. 1462. : *Quamdam peciam vineæ continentem unam bonam Operatam vineæ vel circa, etc.* Tabular. Celsinianense : *Hæ sunt res quas colimus, vinea una, quæ habet tres Operatas, et est ipsa vinea sita, etc.* Passim in hoc Tabular. Charta Joannis de Vergeio Senescalli Burgundiæ ann. 1399. apud Duchesnium : *Mansum, domum, et circuitum ipsius... una cum viginti Operatis vineæ, Gallice Ouvrées, retro dictum mansum existentibus, etc.* [Charta ann. 1350. inter Instrum. tom. 4. Gall. Chr. col. 109 : *Item 24. Operatas vinearum existentium in peciis inferius declaratis.*] Chartam aliam vide in *Panalata*.

* *Euvre*, *Ovrer*, et *Ouvrée*, nostratibus. Charta Odon. ducis Burg. ann. 1332. inter Probat. tom. 2. novæ Hist. Burg. pag. 197. col. 1 : *Donnons.... une piéce de vigne, contenant six vingt Ouvrées.* Inquisit. ann. 1361. in Reg. 93. Chartoph. reg. ch. 69 : *Item une vigne contenant cinquante Ovrers.* Charta ann. 1368. in Reg. 99. ch. 286 : *Item environ l'Euvre à trente ouvriers de vignes ou finage de Massingen.* Alia ann. 1412. in Reg. 167. ch. 4 : *Une piece de vigne, contenant l'Euvre de dix ouvriers de vigne.* Vide supra *Opera* 3. et infra *Ovrata*.

* **OPERATIM**, Dando operam, agendo. Stat. Cadubr. lib. 3. cap. 37 : *Ea quæ dicuntur de eo, qui commiserit vel committi fecerit homicidium, vel aliquod aliud delictum, intelligantur de eo, qui opem vel auxilium Operatim dederit ad homicidium vel aliquod aliud delictum committendum.* Hinc *Operatrix*, eadem ratione, occurrit in Stat. crimin. Saonæ cap. 9. pag. 10.

OPERATIO. Vide *Operæ* et *Opus*.

¶ OPERATIONES TERRENÆ, vulgo *Oeuvres servales*, Opera servilia. Synodus Andegav. ann. 1282. tom. 11. Spicil. Acher. pag. 231 : *Præcipimus in virtute obedientiæ... omnibus ecclesiasticis personis... ne in diebus Dominicis et aliis solemnibus et festivis... Operationibus terrenis insistant, sed divinis officiis insudantes, etc.*

* **OPERATOR**, Opifex, Gall. *Ouvrier*. Lit. ann. 1370. tom. 5. Ordinat. reg. Franc. pag. 638 : *In qua* (moneta) *essent magistri, gardiæ, et alii officiarii et Operatores, etc.*

* **OPERATORIA**, Domus, ædificium. Charta ann. 1498. ex Tabul. Casæ-Dei : *Pontius Combralhe, mercator villæ Casæ-Dei, confessus est se habere in ephiteosim et perpetuum tenementum..... furnum banderium, cum sua Operatoria.* Vide supra in *Operarius* 1.

OPERATORIUM, Officina, apotheca, Nostris *Ouvroir*. Gloss. Saxon, Ælfrici : *Ergasterium, vel Operatorium*, weorc-hus, i. e. Operum domus. Iso Magister in Glossis : *Ergastron, Operatorium.* Tabularium Ecclesiæ Cadurcensis : *In Operatoriis quæ circa turrim sunt et in furno dedit simili modo 3. solid. de acaptamento et 7. den. de censu.* Adde Consuetudin. Tolosæ, part. 2. rubr. de Locato, Catellum in Comitib. Tolosan. pag. 31. Concilium Monspeliense ann. 1258. cap. 3. etc. [Statuta Massil. lib. 1. cap. 39. § 1. Libertates Bellævillæ ann. 1233. tom. 9. Spicil. Acher. pag. 184. Consuetudines Auscicorum ann. 1301. MSS. art. 73. Chartam ann. 1309. tom. 1. Hist. Dalphin. pag. 97. col. 1. etc. *Operatoria drapperiorum*, in Statutis Arelat. MSS. art. 54. *Operatoria mercatorum*, in Enumeratione jurium Comitis Biterr. in Civitate Albiensi ann. 1252.]

* Lit. remiss. ann. 1355. in Reg. 84. Chartoph. reg. ch. 38 : *Cum ipsi Jacobus et Johannes.... essent in villa d'Aissiet... in Operatorio suo, vulgariter Astellier vocato, opus suum facientes, etc.* *Ouvrouoir*, in Charta Car. V. ann. 1359. ex Bibl. reg. *Obrador*, in Stat. ann. 1457. ex Reg. 187. ch. 49.

* OPERATORIUM, Notarii tabularium, Gall. *Etude de notaire*. Charta ann. 1444. in Reg. 3. Armor. gener. part. 2. pag. xxxvj : *Acta fuerunt hæc apud Stellam in Operatorio, in quo scribo ego subscriptus notarius. Tablier ou Ouvrouer d'escripture*, pro Tabulario forensi, vulgo *Greffe*, in Lit. remiss. ann. 1454. ex Reg. 187. Chartoph. reg. ch. 222.

* **OPERATRIX**. Locus est supra in *Operatim*. Vide ibi.

¶ **OPERATURA**, Idem quod *Operata*. Venditio ann. 1282. ex Chartulario minori San-Benigniano : *Item quamdam peciam vineæ continentem circa tres Operaturas, sitam in loco, ubi dicitur Espoitures... Item quamdam peciam vineæ continentem tres Operaturas in finagio de Sampaigne.*

* Charta ann. 1209. in Chartul. Buxer. part. 16 : *Johannes de Boccio dedit..... cujusdam vineæ medietatem..... in qua Operaturæ vineæ quinque continentur.*

1. **OPERATUS**, Elaboratus, *Obrado* Hispanis, Gallis *Ouvré*. Helgaudus in Roberto Rege : *Fecit nihilominus sancto Pontifici Martino casulam auro Operatam optimo, inter scapulas majestatem veri Pontificis continentem, Cherubim quoque ac Seraphim colla Dominatori omnium submittentia.* [*Operata mappa*, Gall. *Nappe ouvrée*, in Statutis Collegii Sagiensis ann. 1427. apud Lobinell. tom. 5. Hist. Paris. pag. 692.]

¶ 2. **OPERATUS**, pro *Apparatus*. Quod vide.

¶ **OPERIUS**, pro *Operarius*, Gall. *Ouvrier, manœuvre*. Sententia arbitralis ann. 1292. inter Abbatem et Consules de Gimonte : *Operii dictæ Ecclesiæ... possint accipere arenam, etc.*

¶ **OPEROS**, pro *Oberos*, Curtis ruptura, in Codice Ambros. legi monet Muratorius. Vide *Oberos*.

¶ **OPEROSITAS**, Opus. Vopiscus in Tacito : *Vitreorum diversitate atque Operositate vehementer est delectatus. Sandalia mira arte et Operositate confecta*, in Actis SS. Junii tom. 1. pag. 105. ubi de S. Symeone Recluso. Pro difficultate seu arduo labore usurpat Quintilianus lib. 8. cap. 3. qua notione Tertullianus Rigaltii de Cultu fœm. lib. 2. cap. 7 : *Ordinandi crinis Operositas.* Alii legunt *Onerositas*.

OPEROSUS, Operarius. Sugerius in Ludovico VI. pag. 308 : *Rex Angliæ castelli apparatum multa instantia præparat, Operosos sollicitat, etc.*

¶ **OPERSOLATIO**, *Elusis a persolis dictum*, in Glossis Isid. Excerpta : *Operculatis a clusis operculis dictum*. Emendat Grævius : *Operculatis, clusis, ab operculis dictum*. Gebhardus vero et la Cerda corrigunt : *Oppessulatio, clusio, a pessulis dictum*. Quam correctionem improbat laudatus Grævius.

OPERTANEUS, *Latens*. Papias. [*Opertanea sacra*, Plinio lib. 10. cap. 56. Quæ in operto fiebant, non sub dio. *Opertanei Dii*, apud Martianum Capellam lib. 1.]

1. **OPERTORIUM**, Tumulus, Tumba, apud Sidon. lib. 3. Epist. 12. et Gregor. Turon. locis indicatis a Savarone. Mox idem Sidonius quid per *Opertorium* intelligat, hisce verbis aperit : *Resurgat in modum sparsa congeries, quam lævigata pagina tegat. Ego vero venerabili Gaudentio reliqui pretium lapidis, operisque mercedem*. Deinde in marmore seu lapide inscriptum Epitaphium innuit.

¶ 2. **OPERTORIUM**, Officina, apotheca. Charta ann. 1166. e Tabulario B. M. de Charitate ad Ligerim : *Guillelmus Comes Nivern. dedit... duas domos suas, quæ in mercato Nivernensi inter tabulas numulariorum et cordubanasiorum Opertoria sita sunt ad agenda commercia*. Sed forte legendum *Operatorium* : quod vide.

* **OPERTORIUS**, f. Certo operculo tectus. Vita S. Guthlaci tom. 2. Apr. pag. 49. col. 2 : *Illa ergo partem glutinam salis, a sancto Guthlaco ante consecratum arripiens, in aquam Opertoriam levi rasura mittebat, etc.* Sed legendum fortassis *Apertoriam*, quod oculos aperuerit, vel *Adspersoriam*, aut *Offertorium* ut suspicatur Mabillonius. Vide ibi notam doct. Editorum.

¶ **OPERTUM**, Operimentum. S. Paulinus de S. Felice Natal. 7. v. 90 :

Corporis omne sacrum casto velatur Operto.

* **OPERTURA**, Fossa ramalibus operta, nostris in re militari *Puits*. Chron. Alber. tom. 9. Collect. Histor. Franc. pag. 59 : *Cum in hostes prior irruisset, et equo ruisset rumpente fragilem Operturam, super terra defossam ab hostibus, etc.*

¶ **OPHIOMACHUS**, Qui serpentes oppugnat, ὀφιομάχος, Hesychio, ἰχνεύμων, vel ἀκρίδων γένος μὴ ἔχον πτερά. Suidas habet, ὀφιομάχης, εἶδος ἀκρίδος μὴ ἔχον πτερά. *Ophiomachus, Similis Migali, Hauvigrimmila*, apud Pezium in Miscell. Theodisc. tom. 1. Anecd. part. 1. col. 412. Hujus animantis fit mentio Levit. 11. 22.

OPHISTICUS, ὀφιστικός, Serpentinus, prudens, constat enim serpentem esse prudentiæ symbolum. Anastasius Bibl. in Nicolao I. pag. 208 : *Tertio consecrationis ejus die Augusto convescens, Ophistico famine resplendebat*.

¶ **OPHTHALMIA**, ὀφθαλμία, Morbus oculorum. Vita S. Columbæ Abb. tom. 2. Junii pag. 215 : *Ophthalmiæ laborabat valde gravi languore*.

* **OPIATUS**, Soporifer, ab *Opio*, cui hæc virtus tribuitur, Ital *Oppiato*. Tract. Ms. de Re milit. et mach. bellic. cap. 9 : *Fingat (dux exercitus) aliquem casum habere, propter quem est sibi necesse accipere fugam, et dimittat in illo loco caldarias et ollas cum brodo et carnibus coctis, lexis et axis, et panem, vinum, et omnia et alia, quæ tota ista sunt somniferata aut Opiata*.

¶ **OPICARE**. Vide *Opizare*.

OPICIZUM. Fridegodus in S. Wilfrido cap. 15 :

Incumbunt fessi vasto sudore latomi,
Nec minus approperant, Opicizi emblemata proni
Arcus incultos hyalino claudere velo.

Legendum forte *obryzi*, auri.

¶ **OPICUS**. Vide *Opizare* et *Carenum*.

¶ **OPIDUM**. Vide *Oppidum*.

¶ **OPIFERÆ** Funes, Isidoro lib. 19. cap. 4 : *Quæ cornibus antennæ dextra sinistraque tenduntur retroverso*. Legendum : *Opiferi funes, qui... retroversum*.

¶ **OPIFEX**, Qui fert opem, chirurgus. Vita B. Bernardi Pœnit. tom. 2. Aprilis pag. 695 : *Vovitque nulli medicorum se deinceps committere, nullum habere Opificem, præter Sanctum illum, quem jam prælegerat*.

¶ **OPIFICIUM**, Opificina, Gall. *Ouvroir*. Synodus Limæ ann. 1582. tom. 4. Concil. Hispan. pag. 275 : *Nullus clericus... habeat Opificia, sub pœna amissionis laboris et instrumentorum, pannique et lanæ quæ in dicto Opificio reperiuntur*.

¶ **OPILARE**, τίλλειν, in Glossis Latino-Græcis Sangermanensibus MSS.

¶ **OPILASCERE**, Pilos producere. Gloss. Lat. Gr. Sangerman. et Suppl. Antiq. : *Opilasco*, τριχοφύω.

¶ **OPILIO**, Episcopus, pastor vel custos gregis Christi. *Sunarius Helnensis Opilio, Vivens Barchinonensis eximius pastor*, inter alios recensentur Antistites, qui adfuerunt dedicationi Ecclesiæ monast. Rivipull. ann. 977. Marcæ Hisp. col. 918.

OPINABILIS, Opinatus, celebris, famosus. Alvarus in Vita S. Eulogii Presb. et Mart. n. 3 : *Opinabilem et celebritate doctrinæ præconabilem virum*. Utitur Senator lib. 3. Epist. 3. 48. [S. Ildephonsus in Addit. ad libellum S. Isidori de viris illustribus.] [** et Ekkehard. IV. in Casibus S. Galli apud Pertz. Script. tom. 2. pag. 88. lin. 20. et pag. 123. lin. 24. ubi interpretantur Jucundus.]

* **OPINABILITER**, Celebriter et cum fama. Charta Lothar. reg. ann. 984. tom. 9. Collect. Histor. Franc. pag. 655 : *Non minimo grege ibi Opinabiliter redolente monachorum, etc.* Vide *Opinabilis*.

¶ **OPINAMEN**, *Opinamentum* Apuleio de Deo Socratis, Opinio, opinatio. *Ut firmiter Opinamen fuit*, in Chron. Siciliæ tom. 3. Anecd. Marten. col. 22.

OPINANTER, Inopinate. Concil. Lateranense sub Martino I. PP. Act. 2 : *Suggerimus... novitatis commentum ad nos usque Opinanter fuisse delatum*.

OPINANTIA. Gloss. Græc. Lat. MS. : Οἴησις, *Putatio, Opinantia, Opinio*. Editum habet *Opinatio*.

OPINATORES, Exactores annonæ militaris. Gloss. Gr. Lat : Ὁ τῆς στρατιωτικῆς ἀννώνης ἀπαιτητής, *Opinator*. Gloss. Lat. MS. Regium : *Opinatores, æstimatores, arbitratores*. [Gloss. Isid. et aliæ apud Turnebum lib. 28. cap. 6. pro *Arbitratores* habent *arte militares*, perperam ut puto.] Occurrunt in Codice Th. lege 26. 34. de Erogat. Milit. annon. (7,4.) l. 1. de Exactione, (7,10.) l. 186. de Decur. (12,1.) leg. 16. de Exact. (11,7.) Vide Jacobum Gotofr. ad leges 26. et 34. de Erogat. milit. ann.

OPINATUS, Probus, bonæ famæ, celebris. Jo. de Janua : *Opinatus, opinione præceptus*. Gloss. Gr. Lat. : Προσδόκιμος, *Opinatus, expectatus*. Προσδοκίμως, *Opinato*, Δεδοκιμασμένως, *Opinate*. Gloss. MS. Regium : *Nominatissimus, Opinatissimus*. Papias : *Opinatissimus, nominatissimus, frequentissimus. Philosophi Opinati*, apud Julium Firmicum lib. 3. cap. 3. Vetus Gloss. : *Militaris Opinatus, id est, vetus miles*. Vita S. Boniti Episc. Claromont. n. 10 : *Pergit ad quendam Opinatissimum Dei famulum*. Vita S. Deicoli cap. 1 : *Opinatissima munitio*. Cap. 8 : *Præstigiatrix Opinatissima*. Vita S. Eusebiæ Virg. : *Et quia erat Opinatissimus divitiis a prosapia*. Gregorius, seu ejus interpres Rufinus in Actis S. Phileæ M. : *Sicut fuit Opinatissimus ille Dorotheus, etc.* Adde eumdem Ruffinum lib. 8. Hist. cap. 1. etc. et lib. 1. Invect. in Hieron. Jornandem, Senator. lib. 3. Epist. 21. lib. 8. Ep. 33. Ottonem de S. Blasio cap. 32. Wolphardum Presb. lib. 3. de Mirac. S. Walburgis num. 12. Lupum Servatum in Vita S. Maximini Episcopi Trevir. in Præfat. et cap. 6. Vitam S. Pirminii cap. 2. Annales Franc. Metenses ann. 692. Vitam S. Bernardi lib. 1. cap. 7. Monach. Elnonens. in Vita S. Eusebiæ virg. Helmodum lib. 1. cap. 15. Joan Sarisber. in Metalogico lib. 2. cap. 10. etc. Διαβόητοι λαύραι, apud Theophanem, *lauræ eremi Opinatissimæ*, in Miscella.

OPINAX, in Gloss. Isid. *Manifestus*. Ugutioni, *Opinax, ab opinione dicitur, i. frequenter opinatus vel manifestus : sic dicimus leccatorem opinacem esse, i. manifestum omnibus*.

OPINIO, Fama, existimatio : δόξα, in Gloss. Græc. Lat. Anianus ad leg. un. Cod. Th. de His qui veniam ætatis, etc. (12,7.) : *Quos morum et honestatis commendat Opinio*. Adso Abbas Dervensis in Vita S. Basoli cap. 19 : *Cum autem ejus Opinio cœpisset ire per populos, etc.* Id pluribus probant Salmasius ad Solinum pag. 143. et Altaserra ad lib. 1. Gregorii Mag. Epist. 35. Hinc vassallus dicitur *quærere Opinionem facere domino suo*, qui in exercitum cum eo pergit, et in præliis præclare se gerit, in Lege Bajwar. tit. 2. cap. 7. § 1. [Literæ ann. 1275. tom. 3. Ordinat. Reg. Franc. pag. 61 : *Possint alii (Consules) eligi, qui essent bone Opinionis et vite*.]

Opinio, Rumor, fama, nuntius. Capitulare Caroli Mag. ann. 802. cap. 17 : *Pervenit ad aures nostras Opinio perniciosissima, etc*

¶ **OPINIONISTÆ**, Hæretici a perversa mentis *opinione* sic appellati, quod dicerent nullum verum Christi Vicarium esse eorum, qui post Petrum fuere, nisi qui paupertatem Christi imitati essent, apud Spondanum ad annum 1467. n. 12.

OPINOSUS, Gloss. Ælfrici : *Famosus vel Opinosus*, Hlisful.

* Glossar. vet. ex Cod. reg. 7641 : *Opinosa, ingentia certamina*.

¶ **OPIONÆ**, *Tessenarii, qui nuntiorum ac speculatorum funguntur munere*, in Vocabulario Sussannæi. An vox ficta vel corrupta ab *Italico Spione*, Gall. *Espion*, Explorator?

OPIPARE, Joan. de Janua, *est nobilitare, vel renovare, vel recomponere, aut post planctum in convivio gaudere.*

OPIRUS. Matth. Paris ann. 1248: *Tritico deficiente, panis eorum Opirus et mucidus.* Ita præferre MSS. codices monet Watsius, qui vim vocis ignorare se fatetur. Sed legendum videtur *autopyrus*, (vide *Panis*) vel *Opicus*, id est, vetustus.

☞ *Opicus panis* memoratur apud Bernardum Bonæ-vallensem Abb. de Vita S. Bernardi cap. 1. *Opirus* vero *panis*, in Vita S. Raynerii, tom. 3. Junii pag. 436: *Panem Opirum et aquam in cibo tuo tantum habe.* Glossæ ad Alexandrum Iatrosoph: *Opirus panis, i. panis medic maucius*, f. pro *marcidus* vel *mucidus*; adeo ut *Opirus panis* idem sit qui marcidus vel mucidus.

OPISO. Speculum Saxonic. lib. 1. art. 61. § 6 [** 3.]: *Opiso, id est, titubans, si in dictis suis ceciderit, sine damno relevare et meliorare sua dicta valebit.* [** In Germ. *Stamere*, Balbutiens. Vide *Opizare*.]

¶ **OPITOGIUM**, pro *Epitogium*, de quo suo loco, Vestis superior, toga. Statuta Eccl. Tutel. apud Marten. tom. 4. Anecd. col. 794: *Sed et tales et ceteri quicumque clerici utentes Opitogio seu tabardo folerato usque zonam, et ita brevi, quod vestis inferior notabiliter videatur, etc.*

OPITULARIUM, *Auxilium*. Papias. [Johan. de Janua: *Opitulamen, Opitulantia, Opitulatus, Opitulatio, auxilium, sustentatio; Ayde*, in Glossis Lat. Gall. Sangerman. *Opitulatio* dixerunt Ulpianus leg. 1. Dig. de Minor. vigintiq. ann. (4,4.) et Arnobius lib. 4. *Opitulatus* vero Fulgentius lib. 3. Mythol.: *Ejus Opitulatu cuncta germinum adolescit nativitas.*]

¶ Opitulatim, Opitulanter, *Auxilianter*, eidem Johanni de Janua.

OPIZARE, Opicus. Ugutio: *Ab ops, pis, quod est terra, opizo, as, i. corrodere, diminuere, quia omnia terra corrodit et diminuit: unde opicus, corrodens et diminuens. Inde Juv. Et divina opici rodebant carmina mures. Hinc et opici dicuntur balbutientes, et verbo quodammodo diminuentes. Inde Juv. Nec curanda viris opicæ castigat amicæ, Verba solœcismum liceat fecisse marito. Opicus etiam dicitur quicumque alterius linguæ genus corrumpit.* [Jo. de Janua et ex eo Glossator Lat. Gall. Sangerman. præferunt *Opicare*.]

OPLUS, pro *Populus*, arbor. Charta Desiderii Regis Longobard. in Bullario Casinensi tom. 2. pag. 14: *Clausura curtis prædicti Monasterii de Brixia, quæ dicitur Miliarina, de Oplo teclato, inter terra de Leonis,... inde per runcoras usque in cornale signato, et exinde in carpeno grosso, vel Oplo, per rouere habentes literas Omega usque in fossa, etc.* Infra: *Usque Oplo, qui est teclato, etc. Arbor Hoplæ*, dicitur in Charta Mathildis Com. ann. 1096. ibid. pag. 117. [* Murator. tom. 2. Antiq. Ital. med. ævi col. 352. *Oplus* est Italis *Oppio*, quæ arbor ad vites alendas, æque ac ulmus, aptissima est, uti jamdiu monuere Mattiolus, Menagius et alii: neque *Populus* sed *Oplus* Latinorum dicenda est, de qua, præter Columellam et Plinium, Varro lib. 1. cap. 8. scribit: *ut Mediolanenses faciunt in arboribus, quas vocant Opulos.* Consule præterea Ind. Matth. Gesner. in Script. rei rust. Vide mox *Oppius*.]

¶ **OPORTUNIA**, *Græce, Latine Spasmus, id est, contractio nervorum.* Papias.

OPPA, in Legibus Adelstani de Hundredis cap. 8. Vide *Blanhornum*.

* **OPPALPARE**, Palpare, tangere. Vita S. Idæ tom. 2. Sept. pag. 261. col 2.: *Ut per se ipsam aliquoties illi obsequendo.... ejus Oppalparet ulcera, et congrua doloribus adhiberet fomenta.*

¶ **OPPANSUM**, *Velum in scena, quod undique panditur*, apud Turnebum lib. 28. cap. 6. ex vet. Glossario. Tertull. de Anima cap. 53: *Anima de Oppanso corporis erumpit in apertum et suam lucem. Oppassum velum*, eidem Tertulliano Apolog. cap. 16. *Cornibus Oppansis*, Prudentio Psych. v. 242.

¶ **OPPELLANDA.** Vide *Opelanda*.

OPPERATUS, [Vox mendosa.] Vide *Apparatus*.

* **OPPERIRE**, pro Opperiri, exspectare. Annal. Bertin. ad ann. 875. tom. 7. Collect. Histor. Franc. pag. 118: *Lingonas pervenit* (Carolus) *et eos, quos secum in Italia ducere prædestinavit, Opperuit.*

¶ **OPPIATA**, Gall. *Opiat* vel *Opiate*, Medicis *Opiatum*, in Præcepto Johannis Regis Franc. ann. 1352. pro Medicis, tom. 2. Ordinat. pag. 609. et in Statutis Avenion. lib. 1. rub. 21. art. 11.

¶ **OPPIDUM** atque *Urbem* unam rem esse probat Valesius in Præfat. ad Notitiam Galliarum pag. XIII. et seq. tametsi quidam *urbem* magis aliquid *oppido* esse arbitrantur. Probationibus ibi prolatis unam addo ex Translatione S. Rigomeri Confess. ann. 1014. descripta a Petro Monacho Malleacensi, subæquali, relata sæc. 6. Benedict. pag. 133. et seqq. Ibi pag. 135. *Andegavense Opidum* memoratur, quod inter celebres Galliarum *Urbes* seu *civitates* alii numerarunt. Vide *Castrum* et *Civitas*.

** Oppidum, Suburbium, Ædificia extra urbis murum vel extra arcem sita. Widukind. lib. 1. cap. 9: *Obpugnant Oppidum incenduntque. Capto Oppido et incenso, aciem ordinant ex adverso portæ orientalis. Clausi muris dum acies vident ordinatas... audacter erumpunt portis, etc.* Idem lib. 3. cap. 45: *Oppido potito et incenso, et omnibus quæ forias murum erant captis vel interfectis.*

* Vocis vim apud veteres Britannos explicat Cæsar de Bello Gall. lib. 5. cap. 17: *Oppidum autem Britanni vocant, cum sylvas impeditas vallo atque fossa munierunt, quo, incursionis hostium vitandæ causa, convenire consueverunt.*

¶ **OPPILAGO**, *Curcilla*, in Glossis Isidori. Vide suo loco *Curcilla*.

¶ 1. **OPPILARE**, Celare. Vita S. Wlmari Abb. sæc. 3. Benedict. part. 1. pag. 234: *Sed postquam nequivit Oppilare talem obedientiam, compulsus nimium patefecit humiliter dicens, etc. Oppilare*, Latinis est Occludere, obstruere.

* 2. **OPPILARE**, Alio sensu, apud Greg. Turon. Hist. lib. 10. cap. 8: *Concubinæ ejus, instigante, ut quidam asserunt, invidia, maleficiis sensum ejus Oppilaverunt.* Quod de veneficiis, quibus matrimonii usus impeditur, intelligit Ferret. tract. de Abus. lib. 5. cap. 4. num. 6.

¶ **OPPITO**, *Sospito, valde saluto*, in Glossis Isid. ubi forte legendum juxta Grævium: *Opitulor, sospito, salvo. Oppido, valde.*

* **OPPIUS**, ut supra *Oplus*. Charta ann. 1297. apud Lam. in Delic. erudit. inter not. ad Hodoepor. Charit. part. 1. pag. 116: *Usque in viam sitam in dicto podio prope quamdam arborem seu Oppium Guiduccii cujusdam Arrighi per xxv. brachia vel quasi.*

* **OPPONENS**, Gall. *Opposant*, vox forensis, Intercessor, adversarius. Stat. Guill. *Duprat* episc. Clarom. ann. 1537: *Si aliquis appareat Opponens bannorum proclamationi, curatus aut vicarius Opponenti diem assignet ad comparendum peremptorie, etc.*

* **OPRAWCA**, Polonica vox. Statuta Casimiri ann. 1346. inter Leg. Polon. tom. 1. pag. 5: *Maleficiorum judex, qui Oprawca dicitur, etc.*

1. **OPPONERE**, In pignus dare. Gregorius Mag. lib. 1. Epist. 42: *Suppositorium aliquod argenteum pro uno solido dicitur esse Oppositum, et calix pro sex solidis dicitur esse Oppositus.* Ubi Jamesius monet in aliis codd. MSS. legi *appositum*, et *appositus*. Sed *Oppositus* est quasi *contra positus*, vice pignoris datus. Vide *Apponere*.

¶ 2. **OPPONERE**, In philosophicis vel theologicis disputationibus contra argumentari. Statuta Collegii Thesaur. apud Lobinell. tom. 3. Hist. Paris. pag. 288. col. 1: *Quod in disputationibus faciendis tempore vestro respondebitis et Opponetis in ordine vestro.*

OPPORTUNUS, Idoneus. Liberatus Diaconus cap. 17: *Detrahebant apud Zenonem, et accusabant eum, quasi Opportunus Episcopatui non esset Joannes.*

¶ **OPPRESSARE**, Oprimere. Vita B. Torelli, tom. 2. Martii pag. 504: *Oppidum Oppressabatur magnis febribus.*

¶ **OPPRESSIO** Sigilli, Impressio, in Diplomate ann. 1478. apud Ludewig. tom. 6. pag. 96.

¶ **OPPRESSIVUS**, Opprimens. Excidium urbis Acconis apud Marten. Ampliss. Collect. tom. 5. col. 771: *Se ipsos diversis vulnerum generibus et concussionibus Oppressivis dirimebant.*

¶ **OPPRIMERE**, Reprimere. Literæ Geraldi Tornac. Episc. pro Monasterio Elnoniensi ann. 1152. apud Marten. tom. 1. Anecd. col. 432: *Si tumultus vel seditio in villa exarserit, tumultuantes vel seditiosos, si opus est, cum baculo Opprimere poterit.*

¶ **OPPROBRIARE**, Opprobrare, seu exprobrare. Acta SS. Martyrum Dalmat. tom. 2. Aprilis pag. 8: *Insultant Maurelio, frementes præ dolore, et Opprobriantes quod inique actum esset.*

¶ **OPPROBRIOSUS**, Plenus opprobrii. *Absurdum clericis est, immo etiam Opprobriosum*, in Lege 40. § 1. Cod. de Episc. et Cler. (1, 3.)

* **OPSTAGIUM**, pro *Obstagium*, Obsidium, Gall. *Otage*. Comput. ann. 1362. inter Probat. tom. 2. Hist. Nem. pag. 247. col. 2: *Alii ronsini necessarii dictis domi-*

nis consulibus fuerant manulevati de Opstagiis.

OPSTICARE. Charta Henrici III. Imp. pro privilegiis Pisanorum ann. 1081. apud Ughellum : *Nec casas apprehendere, nec dissipare, nec sigillare infra civitatem Pisæ, neque in burgis, si foras civitatis habuerint tenimentum, nec muros istæ civitatis destruere, neque Opsticare, neque istam civitatem igne cremare, nec foderare jubebimus.* Legendum puto *Ostaticare*, vel *Hostaticare*, id est, fidejussores tollere. Vide *Hostaticus* in *Hostagium* 3.

* *Optatecare* ibi edidit Muratorius tom. 4. Antiq. Ital. med. ævi col. 19. Vide supra *Opstagium*.

¶ **OPTAPULUM**, pro *Octapulum* : quod vide.

OPTARI Canonicus dicebatur, maxime in Ecclesia Upsaliensi apud Suecos, in qua vacante Canonia per decessum alicujus licebat alteri Canonico omissa sua in pinguiorem vacantem succedere. Neque tamen omnes optari poterant Canonicæ : quæ enim optari poterant, *liberæ* dicebantur : quæ vero optari non poterant, *ligatæ*. Ita Joannes Schefferus ad Chronic. Archiepiscoporum Upsaliensium pag. 215. Vetus Scheda apud eumdem : *Notandum quod ab istis præbendis videlicet... nunquam est admissum Optari, et hoc propter colonos, ne coloniæ desertarentur, et quia habuerunt patronos, etc.* Pag. 177 : *Postea Optavit eam* (canoniam) *D. Joannes, etc. deinde D. Siguastus, etc. quo facto Decano, Optavit eam D. Jacobus, etc.* Pag. 162 : *Ipso resignante præbendam prædictam, per Optationem alterius Canoniæ, sibi successit D. Nicolaus Marci in Præbenda seu Canonicatu.* Pag. 180 : *Quo iterum Optante præbendam Tierp, obtinuit eam D. Benedictus Joannis per Optationem.* Passim ibi. Ita *feudum optare* dixit Ericus Upsaliensis lib. 5. Hist. Suecicæ pag. 189 : *Feudi vero possessio tamdiu duravit in manibus et potestate cujuslibet sic ementis, donec veniret alius qui idem feudum vellet Optare.* Edictum Chlotarii II. Regis in Concilio Parisiensi ann. 615. cap. 3 : *Ut nullus vivente Episcopo Adoptare locum ejus præsumat.* Cæterum de vocis *Optare* notionibus apud Latinos, consulendus præ cæteris Petr. Faber lib. 2. Semestr. cap. 22. pag. 338. et lib. 3. cap. 23. pag. 367. et 368.

* **OPTATIO**, Optio, Gall. *Option*. Polet. Matiscon. ann. 1513. fol. 4. r° : *Archidiaconi.... post decanum et cantorem.... in Optationibus particionum et cæteris actibus ad honorem præferuntur.*

* Vox autem Gallica *Optacion*, idem quod Inductio, impulsio, in Lit. remiss. ann. 1456. ex Reg. 189. Chartoph. reg. ch. 43 : *La suppliante par l'induction et Optacion de Jehan de Saint Veronin s'est accointée de lui.* *Optat* vero, pro *Souhait, desir*, a Lat. Optatum, aliis Lit. ann. 1454. ex Reg. 184. ch. 471 : *Lequel Jehan Raymon pour parvenir à son Optat, assembla trois ou quatre compaignons.*

¶ **OPTATUM**, *Defensio, auxilium*, Papiæ.

¶ **OPTICA**, Visitatio, seu collectio monasteriorum uni Visitatori subditorum. Acta SS. Aprilis tom. 1. pag. 802. de B. Johanne de Organia : *Vocatur Pulchripodium, estque cœnobium divæ Virgini matri sacrum ; quod licet in catalogo cœnobiorum, qui Opticæ Servatii de Lairvelz subjunctus est, in circaria Wasconiæ numeretur.*

** **OPTIMALE**, Idem quod *Catallum melius* vel *Caput melius*. Charta ann. 1327. apud Guden. in Cod. Dipl. tom. 3. pag. 258 : *Et unum Optimale, quod vulgariter dicitur ein Besteheubt.* Vide chart. ann. 1313. ejusd. tom. pag. 88. ann. 1277. tom. 2. pag. 200. ann. 1314. in ejusd. Guden. Syllog. pag. 330.

OPTIMATES, Præcipui e Palatinis proceribus, maxime apud Gothos, Burgundos, Francos, etc. *Optimates Gothicæ*, in Epistola Aureliani Imp. apud Vopiscum in Bonoso. Gundebaldus Rex Burgund. in Præfatione ad leges Burgund. : *Coram positis Optimatibus nostris universa pensavimus.* Ii autem *Comites* sunt in indice qui subsequitur. *Optimates nobiles*, in ead. lege tit. 2. § 2. et in Addit. 1. tit. 14. § 1 : *Optimates, Majores domus, Domestici, Grafiones, etc.* in lege Ripuar. tit. 88. *Optimates palatii*, in lege Wisigoth. lib. 12. tit. 1. § 3. Placitum Chlodovei III. Reg. Franc. apud Mabillonium tom. 4. SS. Ord. S. Bened. pag. 617 : *Cum nus in Dei nomine Lusarca in palatio nostro una cum Apostolicis viris in Christo patribus nostris Sigofrido, Constantino,... Episcopis, nec non et inlustribus viris Ragnoaldo, Nordeberchto, Ermenfrido, Optimates ; Madelulfo, Turnoaldo, Gaviónebus, nec non et Benedicto et Chardoino Seniscalcis, seu Marsone Comite Palatii nostro, ad universorum causas audiendum, vel recto judicio terminandum resederimus, etc.* Similia pene habentur in alia ibidem pag. 619... *seu et inlustribus viris, Godino, ... Sigoleno, Optematis, Angliberctho, Comitibus, etc.* Epistola Childeberti Regis ad Mauricium Imperatorem : *Illustri viro Sennodio Optimate, etc.* tom. 1. Hist. Franc. pag. 866. Ita ut *Optimates* habiti sint, qui *Inlustres*. *Optimates et Principes*, in Epistola 1. Desiderii Episcopi Cadurcensis. Idem præterea Desiderius in Epistola Veri 81. inter Francicas tom. 1. Hist. Franc. *Optimas* inscribitur. Prostant Eginhardi Epistolæ 45. et 49. inscriptæ *N. glorioso Comiti atque Optimati.* In Monastico Anglicano tom. 3. pag. 121. quidam Goda (sub Edw. Confess.) *Optimatem et Ministrum Regalem* sese inscribit. In alia Charta Regis Anglo-Saxonici ann. 605. subscribit *Tangisilus Regis Optimas*, apud Spelmannum in *Referendarius*. Vide S. Audoenum lib. 2. Vitæ S. Eligii cap. 20. Capitul. 2. ann. 813. cap. 10. Capitul. Caroli M. lib. 1. cap. 132. [** 126.] lib. 5. cap. 5. Marculfum lib. 1. form. 24. Formulas 18. et 21. ex Baluzianis, Aimoini Continuatorem lib. 5. cap. 50. Annales Franc. Metenses ann. 692. Casaubonum et Salmasium ad Capitolinum, etc.

Optimates, Vassalli, Barones qui a domino ratione hominii nude pendent. Charta Fulconis Comitis Andegav. ann. 1033. in Hist. S. Nicolai Andegav. : *Et ille eam* (terram) *tenebat de Alberico de Monte Johannis quondam Optimate nostro.* Charta Willelmi Talemondensis domini apud Beslium pag. 422 : *Convocans omnes Barones meos, quos de diversis regionibus adduxeram, quosque in honore meo placitaveram, etc... quibus succlamantibus, omnes postmodum filios Optimatum meorum, infantes, pueros, adolescentes parvos et adultos congregari feci in præsentia patrum, etc.* Ubi *Barones* et *Optimates* iidem sunt, et pro Vassallis majoribus accipiuntur.

Optimates, apud Anastasium et Paulum Diaconum in Hist. Miscella, qui Byzantinis Scriptoribus Ὀπτιμάτοι, quorum nomine in Asia Provincia erat ita appellata, quod *Optimatum thema*, seu legio in ea præsidio esset. Dicti autem *Optimates*, apud Gothos, præcipui e militaribus viris, quos cum Rodogaiso eorum duce devictos in Augustalem militiam adscivit Stilicho, ut auctor est Olympiodorus apud Photium pag. 179. ex quo deinceps nomen mansit eidem militiæ, quæ postmodum vilioribus militaribus officiis addicta est, ut auctor est Constantinus lib. 1. de Them. cap. 5. Istius Thematis meminit Pachymeres lib. 1. cap. 9. Vide Gloss. Rigaltii, Notas Fabroti ad Hist. Eccl. Anastasii pag. 233. [** et Glossar. med. Græcit. col. 1049.]

¶ **OPTIMATUS**, Melior factus. Informatio de gestis inter Carolum de Malatestis et Johannem XXIII. PP. apud Marten. tom. 7. Ampliss. Collect. col. 1190 : *Adjecitque* (Bonajutus Papæ Missus) *quod nihilominus dixerat, per alium immediate ipsum secuturum certiorem Carolum de sua* (Papæ) *Optimata facere voluntate.*

¶ **OPTIMI** Viri, Iidem qui *Optimates*, Gregorio Turon. lib. 8. Hist. cap. 9.

¶ **OPTIMITAS**, Summa bonitas. Martianus Capella lib. 4 : *Ut bonum dictmus a bonitate, non ita optimum ab Optimitate.*

1. **OPTIO**, quid apud Latinos significet, notum ex Grammaticis, maxime ex Stewechio ad Vegetii lib. 2. cap. 7. apud quos proprie dicuntur electi milites, *honesti gradus, quasi adoptati in cohortes*, ut ex Varrone docet Nonius. Gloss. Ælfrici : *Optiones*, gecorenne cempan, i. delecti milites. Ordericus Vitalis lib. 8. pag. 687 : *Famosus Optio sic inter verba deficiens hominem exuit.* Ita sub finem ejusdem libri Tancredo *Optionis* nomen tribuit, et lib. 9. *Famosi Optiones*, pag. 720. Adde lib. 11. pag. 817. lib. 12. pag. 870. lib. 13. pag. 922.

Optiones, Militaris annonæ erogatores, qui annonas militibus distribuebant, in Cod. Th. leg. 1. 24. de Erogat. milit. annonæ, (7,4.) leg. ult. de Jure fisci, (10,1.) leg. 22. de Divers. offic. (8,7.) in Nov. 2. Majoriani, et Novella Justiniani 130. etc. Ita etiam Procopius lib. 2. Vandal. cap. 20. et lib. 1. cap. 17. non militaris duntaxat annonæ erogatores, sed et qui domesticorum sumptuum curam gerebant, Optiones dictos innuit : ὃς οἱ ἐπεμελεῖτο τῆς περὶ τὴν οἰκίαν δαπάνης, Ὀπτίωνα τοῦτον καλοῦσιν Ρωμαῖοι. *Optio legionis*, in Vita MS. S. Theagenis. Vide Cujacium ad leg. 7. Cod. de Exact. tribut. (10,19.) Alemannum ad Procopii Hist. Arcanam, Salmasium ad Spartianum, Jacobum Gotofred. ad d. leg. 1. [** et Glossar. med. Græcit. voce Ὀπτίων, col. 1050.]

* *Optio, dispensator vel Præpositus militum*, in vett. Gloss. inter schedas docti viri Schœpflini.

Optiones præterea dicuntur Carcerum custodes. Acta SS. Perpetuæ et Felicitatis : *Pudens miles Optio præpositus carceris. Optio carceris*, apud S. Ambrosium in Epistolam ad Ephesios cap. 4. S. Eulogius in Epist. ad Alvarum : *Cum me furibundo Optio præsidialis carceribus applicaret.*

* 2. **OPTIO**, Jus regium in dolia vinaria, quæ Rotomagum advehuntur, cujus appellationis ratio aperta est ex Aresto ann. 1414. 12. Maii in vol. 11. arestor. parlam. Paris. : *Super acquitamento vinorum ibi affluentium duo modi seu duæ maneries, quorum seu quarum una consuetudo, et alia modiatio seu moisonna nuncupabantur.... Modiatio duo membra continebat, quia in ea modus quidam acquitandi vina per argentum seu pecuniam, bassa modiatio appellatus, et alius Optio nuncupatus, observabantur. Optio quoque hujuscemodi locum habebat,.... quando in uno batello seu una navi xix. dolia seu peciæ vino plenæ ejusdem formæ seu essentiæ aut qualitatis existebant et ad unum solum mercatorem pertinebant,.... in dicto casu.... nos ad causam dictæ Optionis, unam de dictis xix. peciis, quam nos vel officiarii nostri malebamus, optatis prius per mercatorem navis, duabus de dictis xix. peciis, habere debebamus.* Hinc *Recevoir à Ops* est Recipere ad nutum et voluntatem, in Charta ann. 1320. ex Reg. 60. Chartoph. reg. ch. 30 : *Recevant en nom et à Ops de nostre sire le roy, etc.* [** Ad opus regis. Vide *Opus*, 5.]

OPTIVUS, pro *Optatus* vel *Optandus*. Utitur Gerardus Presbyter in Vita S. Udalrici Episc. Augustensis cap. 15. [imo et Horatius lib. 2. Epist. 2 :

Fit Mimnermus, et Optivo cognomine crescit.]

OPTUMESCERE. Capitulare Caroli M. ann. 808. cap. 4 : *De his qui se fraudulenter ingenuare volunt, et aliqui Optumescunt.* Forte pro *Optinescunt*, i. obtinent, nempe ut pro ingenuis habeantur.

¶ **OPUCHLA**. Miracula B. Simonis de Lipnica, tom. 4. Julii pag. 562 : *Incidit in gravem infirmitatem oculorum, sic quod facies sua fuerit tumefacta, alias Opuchla, una cum oculis; et sic lacrymæ sanguineæ de oculis illius infirmis profluebant.* Editores doctissimi reddunt *Tumor in facie.*

¶ **OPULENDA**, Vestis species, Gall. *Houppelande*. Statuta Eccl. Æduensis ann. 1468. tom. 4. Anecd. Marten. col. 508 : *Districte præcipitur omnibus et singulis clericis... ut deinceps utantur vestibus decentibus et honestis; ita videlicet, quod vestis eorum superior sit* (f. sive) *opulegium vel Opulenda, longa vestis usque ad talones, vel circa, prout volunt canonicæ sanctiones.* Mallem *Opelanda* : quod vide.

¶ 1. **OPULUS**, Κισσόφυλλον, in Glossis Lat. Græc. Sangerman. MSS. Hederæ folium.

2. **OPULUS**, pro *Opulentus*. Henricus Rosla in Herlingsberga : *Qui poterit facere quos vult Opulos vel egenos.*

1. **OPUS**, Operatio, Eleemosyna, quæ præcipua est inter opera bona; virtus nempe quæ avaritiæ opponitur. Epitaphium Berthæ uxoris Adalberti Marchionis in Italia apud Ughellum tom. 1. pag. 856 :

Exulibus miseris mater charissima mansit,
Atque peregrinis Opus semper tribuit.

Exstat D. Cypriani liber qui inscribitur, *de Opere et Eleemosyna*. Ibidem : *Et quia semel in baptismo remissio peccatorum datur, assidua et jugis Operatio baptismi instar imitata, Dei rursus indulgentiam largitur.* Occurrit ibi pluries. Epist. 3 : *Pro cætera sollicitudine et cura sua, quam fratribus in omni obsequio Operationis impertit.* Prudentius in Psychomachia avaritiæ et operationis :

Cum subito in medium frendens Operatio campum
Prosilit.

Gualdo Monachus Corbeiensis in Vita S. Anscharii Archiep. Hamaburg. num. 82 :

. . . . Operatio virtus
Virtutum radix, et earum sedula nutrix.

[Concil. Tolet. ann. 1582. inter Hispana tom. 4. pag. 220 : *Et est contra pias defunctorum voluntates, qui reliquerunt multa Opera pia certo tempore annuatim distribuenda.* Vide *Operari*.]

¶ 2. **OPUS**, Redditus ecclesiæ, Gall. *Oeuvre, fabrique*. Testamentum Abbonis Canonici Altissiod. ann. 1191 : *Operi ecclesiæ S. Mariani* (lego) *scifum argenteum... Operi ecclesiæ S. Eusebii xx. solidos... Operi S. Amatoris xx. sol. Operi S. Gervasii v. etc.* Testamentum ann. 1239. in Maceriis insulæ Barbaræ tom. 1. pag. 155 : *Lego Operi Ecclesiæ Lugdun. xx. libras fortium Lundun.* Testamentum Hengeromi *de Budlecs* apud *Madox* Formul. Anglic. pag. 424 : *Item Operi ecclesiæ de Mungomery xii. denarios.* Charta Roberti de Osburvilla ann. 1401. ex Archivo S. M. de Bono-nuntio Rotomag. : *Donavi Ecclesiæ S. M. Becci... pratum... ita quod prædictum pratum defendere et manutenere ad Opus ecclesiæ promisi. Campana Operis ecclesiæ*, hoc est, ad *opus* seu *fabricam* ecclesiæ pertinens, in vett. Statutis MSS. Eccl. Senon. Vide *Opera* 2. *Operarius* et *Fabrica* 4.

¶ 3. **OPUS**, Charta, instrumentum. In Charta ann. 958. apud Mabillon. Diplom. pag. 571. post subscriptiones additur : *Petrus monachus scripsit hoc Opus in honore Domini nostri Jesu Christi.*

¶ 4. **OPUS**, Matrimonium, conjugium. Chronicon Trivetti, tom. 8. Spicil. Acher. pag. 453 : *Venerunt Nuntii Imperatoris ad Regem, petentes unam filiarum Regis, filii sui ad Opus, et aliam ad Opus Henrici Ducis Saxoniæ.*

Opus Nuptiarum, non semel apud S. Hieronymum in libris adversus Jovinianum, et in Apologia ad Pammachium.

5. **OPUS**. Lex Longob. lib. 1. tit. 2. § 11 : *De debito quod ad nostrum Opus fuerit wadiatum, etc.* § 10. *Ille tertiam partem ad ejus recipiat Opus, duas vero ad palatium.* [** Ludov. P. 42. Pipin. 30.] Galli dicunt *à son profit*. Adde Capitul. 2. ann. 813. cap. 6. [Annal Benedict. tom. 3. pag. 202. Formulare Anglicanum Thomæ *Madox* pag. 218. etc.]

¶ 6. **OPUS**, pro *Corvata*. Vide in *Seso* post *Satio*.

* 7. **OPUS**, Monetæ cujusvis pars aversa, in qua efficta principis effigies; unde vocis origo. Stat. ann. 1313. inter Probat. tom. 2. Hist. Nem. pag. 13. col. 2 : *Item quod nulli prælati et barones non faciant fieri monetas, similes monetis domini regis, quia sit ibi differentia patens a parte crucis et a parte pilæ sive Operis.*

* Opus Balistarum. Vide supra in *Balista*.

* Opus Cimiterii. Vide in *Cimiterium*.

Opus Dei, Officium divinum, sacra liturgia, *Opus* quod *Deo* impenditur. S. Bernard. serm. 40. super Cantica Canticorum : *Ex regula nostra nihil Operi Dei præponere licet : quo quidem nomine laudum solennia, quæ Deo in Oratorio persolvuntur quotidie, pater ideo Benedictus voluit appellare, ut ex hoc clarius aperiret, quia nos operi illi vellet esse intentos.* Ita utuntur Regula S. Benedicti cap. 19. 22. 43. 44. 47. 50. 52. 58. etc. Gregorius M. lib. 3. Epist. 18. lib. 8. Epist. 39. in Pastorali, etc. Gregor. Turon. in Vita S. Aridii pag. 200. Egbertus in Pœnitent. pag. 13. Chrodegangus Metensis in Reg. Canonic. Metens. cap. 6. Vita S. Austrebertæ n. 16. Rupertus Abb. in Vita S. Heriberti Archiep. Colon. num. 35. Vita S. Willelmi Gellonensis num. 30. edit. Mabillonii, Eckehardus Minimus de Vita Notkeri Balbuli cap. 16. Vita S. Zozimi Episc. Syracusani num. 15. Regula Magistri cap. 55. Usus antiqui Cistercienses cap. 68. 71. 74. 75. 92. etc. Adde Haeftenum lib. 7. Disq. Monastic. tract. 2. disq. 2. 3. Le Roman *de Girard de Vienne* MS. :

Dedans Vianne fu li Quens Olivier,
A sans Morise est allez au moster,
Si ot oi le Dame deu mester.

Ubi vox postrema *mester*, pro *mestier* scribitur, quod Gallis *opus* est. *Opus Dominicum*, eadem notione in Miraculis S. Ludgeri num. 10. *Opus divinum*, apud Chrodegangum in Regula Canonicor. Metensium cap. 7. *Opus sacrum*, apud Gregor. M. lib. 1. Epist. 41.

Opus Christi, apud Gregorium Turon. in Vita S. Aridii pag. 200 : *Nunquam otio indulsit, quo non aut lectioni, aut Opus Christi perficeret, etc.*

Sacrificii Opus, Missa, in Fragmentis S. Hilarii Pictav. pag. 21.

* Opus Duplex, Dicitur de vase encausto et sculptura, ni fallor, distincto et ornato. Inventar. Ms. thes. Sedis Apost. ann. 1295 : *Item alium urceum de Opere duplici, cum.... scacherio in summitate coperculi.*

* Opus Fili. Vide supra *Filum* 2.

* Opus de Limogia. Vide *Limogia*.

¶ Opus Manuum, Lotio manuum. Chronicon S. Trudonis tom. 7. Spicil Acher. pag. 403 : *Columbam etiam cupream, auro tamen superius argentoque variatam continentem aquam ad Opus manuum.*

* Opus Matutinarum, Vigiliæ nocturnæ. Necrolog. Paris. eccl. Ms. iv. Id. Jul. : *Dedit etiam nobis* (Stephanus de Blesis) *decem libras Parisiensium ad Opus Matutinarum.* Vide *Matutini*.

¶ Opus Operatum, Artificum opera venalis. Vide locum in *Innunge*.

* Opus Quatuor. Charta Caroli VI. reg. Franc. ann. 1400. in Reg. 155. Chartoph. reg. ch. 18 : *Item quandam domum ex confectione seu constructione Operis quatuor, Gallice Trez, tegula seu latere et cum aisellis coopertam.*

* Opus Racamatum, Idem quod Phrygium. Vide infra *Racamatus.*

¶ Opus Scoticum. S. Bernardus in Vita S. Malachiæ cap. 6 : *Oratorium intra paucos dies consummatum est de lignis quidem lævigatis, sed apte firmiterque contextum, Opus Scoticum, pulchrum satis.* Modus operis a Scotis, ut videtur, inductus vel usitatus.

Opera Tricare, [impedire.] Vide *Tricare.*

* Opus Turpe, Crimen infame. Lib. rub. fol. parvo domus publ. Abbavil. fol. 18. v° : *Anno Domini 1254. in vigilia omnium Sanctorum, Johanna Dei gratia Castellæ et Legionis regina, Pontivi et Monsteroli comitissa, venit apud nos in villa Abbatis-villæ, et ob ejus reverentiam quitata fuerunt eidem Johannæ omnia commissa infra banleucam, excepto turpi Opere.*

* Opus Veneticum, Opificium, quod Venetiis fit. Inventar. Ms. thes. Sedis Apost. ann. 1295 : *Item unum urceum de Opere Venetico ad filum,.... cum diversis lapidibus, etc.*

* **OPUSCULUM**, Charta, instrumentum, apud Mabill. Diplom. pag. 89. Vide *Opus* 3.

¶ **OPUSTORIUM**, πλακουντάριον, *Placentula*, in Supplemento Antiquarii et in Glossis Lat. Gr. Sangerman. Est pro *Opus pistorium.* [* Quomodo legendum ex Vulcanio et Meursio notatur in Castigat. ad utrumque Glossar.]

¶ **OPUTEGIUM**, pro *Epitogium*, Vestis superior, toga. Vide locum in *Opulenda* et *Opitogium.*

ORA, inquit Skenæus, generaliter significat quodvis metallum, veluti cum dicimus, ait idem, *Leed ore*, id est, plumbi metallum, etc. Ex Sax. o r e, *metallum.*

Ora præterea, significat vel monetam, vel certe partem libræ monetariæ. Nam Skenæo est monetæ species, ex auro, vel ære, valoris, ut videtur, 2. solidorum : quippe in Regiam Majestatem lib. 4. cap. 36. § 1. *tres oræ* pro *vaccæ* pretio computantur : et cap. 27. supra, sex solidi conficiunt pretium et ætimationem unius vaccæ. Janus Dolmerus ad Jus Aulicum Norvegicum pag. 504 : *Ora, vernacule Aura, Danis Ore, fuit olim genus monetæ valens 15. minuta. Ita 2. Ora faciebant 2. solidos Danicos cum dimidio. 2. scilicet Ora argenti erant. 2. ½ monetæ, quæ nunc valent 7. ½ solidi Danici.* 3. *Ora autem erant 7. ½ marcæ, nunc vero duplicem faciunt valorem, 25. marcas.* At Spelmannus et Somnerus *Oram*, non monetam, sed *unciam* esse volunt, quæ fuit 20. denariorum : unde in Domesdei passim hæc verba occurrunt, *Tale manerium reddit 10. 20. vel 30. libras denariorum de 20. in Ora.* Quia interdum *ora* fuit 16. denariorum. Vetus Placitum apud eumdem Spelmannum : *Solebant habere talem consuetudinem, quod quando maritare volebant filias suas, solebant dare pro filiabus suis maritandis duas Horas, quæ valent 32. denarios.* In Legibus Canuti cap. 31. de ponderibus apud eumdem : 15. *Oræ libram faciunt.* In Regesto Monasterii Burtoniensis, apud Camdenum in Wiltonia, 20. *Oræ* dicuntur valere 2. argenti marcis. Charta Willelmi Nothi Regis Anglor. apud Hariulfum lib. 4. cap. 24 : *Molendina* 3. *quæ solvunt* 35. *Oras denariorum.* Charta Jacobi Archiepisc. Upsaliensis ann. 1280. edita a Jo. Scheffero ad Chronic Upsal. : *Volentes ut die quo anniversarium celebratur, cuilibet Canonico residenti Ora denariorum, cuilibet Sacerdoti vicario dimidia Ora, cuilibet parvulo Præbendario quatuor denarii, Campanariis 12. denarii de bonis Episcopalibus computentur.* Vide eumdem Schefferum pag. 108. 109. 152. Occurrit etiam apud Ericum Olaum in Hist. Suecica lib. 5. pag. 159. et alibi non semel. *Orarum* mentio est præterea in legibus Edw. Confess. cap. 12. in legib. Scaniæ apud Andr. Suenonem passim, in legibus Presbyterorum Northumbrensium in Conciliis Anglicanis, et sub ann. 977. etc.

Ora Terræ, seu reditus *oræ* in terra. Charta Ripensis Episcopi, apud Pontanum lib. 7. Rerum Danicar. pag. 383 : *Omnes terræ nostræ in Randrup; decem Oræ terrarum in Gertrupmarck.* Charta Birgeri Regis Suecorum ann. 1310. apud Schefferum, in Chron. Upsaliensi : *Videlicet in Valumiroe tredecim Oræ terræ cum dimidia et 2. denariis et dimidio : in Aleby 12. Oræ terræ, etc.* Vide eumdem pag. 76. 77. 86. 87. 88. 119. 138. 140. 227. et Joan. Stiernhookum lib. 1. de Jure Sueonum vetusto, cap. 11. pag. 134. lib. 2. cap. 6. pag. 261 et pag. 351.

* **ORABILIS**, Exorabilis. Vita S. Conwoion. tom. 6. Collect. Histor. Franc. pag. 317 : *Tandem imperator cordis sui insolitam redarguens duritiem,... Orabilis efficitur.*

ORABECELA. Vide *Lito.*

* **ORACULA**, *dim. ab Oratio, Oracion, Prov.* Glossar. Provinc. Lat. ex Cod. reg. 7657.

ORACULARIUS, pro *Auricularius.* Fragmentum Petronii : *Habuit Oracularios servos, quis illum pessumdederunt. Nunquam autem recte faciet, qui cito credit.* Vide *Auricularius.*

1. **ORACULUM**, Ædes sacra, in qua oratur. Will. Brito in Vocabulario MS : *Oraculum, dicitur Propitiatorium, unde Exodi 38. Deus fecit Propitiatorium, i. Oraculum. Et in eodem sensu accipitur fere per totam Bibliam.... tamen pro templo potest accipi, etc.* Plinius lib. 12. cap. 23 : *Ab Hammonis Oraculo, juxta quod gignitur arbor.* Vita S. Desiderii Episcopi Cadurcensis cap. 8 : *Ædificavit etiam aliquanto procul a majore Ecclesia sub intervallo trium domiciliorum elegans Oraculum vivo opere, miraque volutione constratum.* Theodorus Campedon. in Vita S. Magni cap. 26 : *Repererunt ibi Episcopum in Oraculo suo, sedentem et orantem.* Vita S. Jacobi Episcopi Tarantasiensis cap. 1 : *Oraculum constituunt, cellamque ædificant.* Fortunatus in Vita S. Medardi cap. 3 : *Cum ad templorum Oracula.... discurreret.* Utuntur Gregor. M. in Dial. Anastasius in Vitis PP. pag. 60. 90. 181. Vita S. Domitiani, Paulus Warnefr. lib. 4. cap. 48. 59. Lex Long. lib. 3. tit. 1. § 17. [** Pipin. 1.] Capitul. Caroli M. etc.

* *Oracle*, eadem acceptione, in Pœnit. Adami cap. 16 : *Ils se mirent et assemblerent en trois parties devant l'Oracle, ou Adam souloit aourer nostre Seigneur. Oratoire* infra cap. 22. Ital. *Oracolo.* Idem fortasse sonat vox Gallica *Oro*, in Lit. remiss. ann. 1384. ex Reg. 126. Chartoph. reg. ch. 36 : *Icellui sergent passast parmi la ville de Nully par devant le Oro.* Vide infra *Oratio* 2. et *Oratorium* 1.

2. **ORACULUM**, Rescriptum Principis. Arcadius et Honorius in Appendice Cod. Theod. cap. 2 : *Comitatum sacrum petere, mereri mendaciis Oracula, et furtiva rescripta.* Ita passim in Codice, in Legib. Wisigoth. lib. 2. tit 1. § 30. lib. 12. tit. 3. § 1. etc.

* Occurrit præterea eodem sensu in Chartis regum Francorum primæ stirpis, ut videre est in Chartul. S. Dion. Bibl. reg. ex Chartis Dagoberti et aliorum.

* **ORACULUS**, adject. Ore prolatus. Ordinat. Phil. VI. reg. Franc. in Reg. Chartoph. reg. sign. EE. fol. 12 v° : *Si de hoc collectores financiarum dubitare contingat, super hoc curiam consulant, quæ per declarationem Oraculum dubium amovebit.* Charta ann. 1357. inter Probat. tom. 2. Hist. Nem. pag. 186. col. 2 : *Quæ omnia sunt falsa, et mentitur per gulam falsissime quicumque dicat, quod ego dederim literas sive mandatum Oraculum de prædictis.*

ORAGO, Pluvia vehementior, tempestas, Gall. *Orage*, vox formata ab *aura*, quam vide. Regestum Ecclesiæ Parisiensis inscriptum, *Officium vini*, fol. 20 : *Conventum siquidem fuit inter ipsas partes, quod si contingeret infra dictum terminum prædictas granchias.... per communem tempestatem, per Oraginem, vel guerram in toto vel in parte destrui, etc.*

* Alias *Orés* vel *Orez.* Paraphr. psalmi *Miserere* Ms. :

En une goue se mucha,
Illueque se tint tout serés,
Tant que li Orés fu passés.

Fabul. tom. 3. pag. 207 :

La nuit leva un graut Oréz, etc.

* Ventus secundus, *Orage bel* dicitur Froissarti vol. 3. cap. 108 : *Et puis entrerent dedans les galees,.... si eurent Orage bel, moult agréable, et vindrent en bien briefs jours férir au havre de Baionne.*

1. **ORALE**, Vestis Episcopalis, in formam sindonis, quam Pontifex Romanus capiti quasi in modum veli imponit, et replicat super humeros et ante pectus. Ita Innocentius III. lib. 1. Myster. Missæ cap. 53. et ex eo Durandus lib. 3. Ration. cap. 9. Testamentum Leodebodi Abbatis apud Helgaudum in Roberto Rege : *Sandalia 2. ad Missas, et Oralia ad mensam una cum cappis et omni apparatu, etc.* Wolphardus Presb. lib. 2. de Vita S. Walburgis num. 2 : *Risile, quo super aurem Orale confixerat, casu perdidit accidente.* Charta Sisnandi Episcopi Iriensis æræ 952. apud Anton. de Yepez in Chronico Ord. S. Benedicti tom. 4 : *Id est, ministeria Ecclesiæ, calicem argenteum cum sua paropside, crucem argenteam, capsa argentea, signum cum * aquisibus suis, frontales duos, palces, pallas desuper altare, duas pallas, vellos duos, casullas duas, Orales tres, etc.* Alias Rudesindi Episcopi Dumiensis æræ 930. apud eumdem tom. 5 : *Orales 11. ex quibus unum auro et argento compositum.*

Oralia feminis etiam adscribit Concilium Arelatense ann. 1234. cap. 16 : *Mulieres autem Judeæ a 12. annis et supra, Oralia deferant extra domos.* Id est vela quibus caput et os tegant. [Statuta Massil. lib. 5. cap. 14 : *Judææ maritatæ undecunque sint, portent Orales.*]

¶ Oralis, Sudarium, quo os abstergitur. Acta SS. Maii tom. 6. pag. 661. et Junii tom. 2. pag. 1049. de S. Hesychio Martyre : *Et accipiens Oralem, ligavit oculos suos et tetendit cervicem; miles autem adducens gladium, finem imposuit martyrio.* Vide *Orarium.*

* 2. **ORALE**, Oralis, Mensuræ salinariæ species. Charta Henr. II. imper. ann. 1055. apud Murator. tom. 5. Antiq. Ital. med. ævi col. 753 : *Cremone autem si forte quisquam negotiatorum moratus fuerit, et alibi aliquod negotium de sale fecerit, duo Oralia persolvat.* Placit. ann. 998. apud eumd. tom. 2. col. 29 : *Et sicut actenus fuit per unusquisque molendinum granum modias quinque, et per unamquamque navem salis Orales quatuor, etc.* Charta eadem de re confirmatoria ann. 1031. tom. 1. earumd. Antiq. col. 417 : *Cum uniuscujusque navis solito censu; per unamquamque navim, videlicet salis Orales quatuor.*

* 3. **ORALE**, *quo cribantur subtiliter pulveres, est pannus de serico subtilis.* Glossar. medic. Ms. Simon. Januens. ex Cod. reg. 5959.

¶ **ORAMA**, Visio, apparitio. Vide *Horama.* Bernerus Abbas in Translatione S. Hunegundis sæc. 5. Benedict. pag. 217 : *Mox ut audivit signis concrepantibus tanti somatis Orama*, id est, corporis S. Virginis detectionem.

ORAMEN, Invocatio, preces. Vita S. Severi Episc. Raven. n. 6 : *Finitoque Oramine, etc.* Concilium Engilenheimense ann. 948. in Præfat. : *Recitato primitus Evangelio, Oramineque finito, etc.* Occurrit apud Theodoricum de Translat. S. Celsi n. 19. in Epist. Bonifacii Moguntini Archiep. 3. 5. 7. 11. in Histor. Translat. S. Landoaldi n. 18. apud Ditmarum pag. 108. [apud D. *Constant* in Præfat. tomi 1. Epist. Rom. Pontif. pag. cxxxvi. in Vita Leonis IX. PP. tom. 2. April. pag. 658. in Vita S. Vincentii Madelgarii tom. 3. Julii pag. 676. in Translatione S. Audoeni apud Marten. tom. 3. Anecd. col. 1673.] etc.

¶ Oramen, Sententia. Acta SS. Junii tom. 1. pag. 127. de S. Conrado : *Unde et nequam servus illo divino Oramine dominica gratia privatur; qui talentum sibi commissum maluit terra occultare.*

Pro *Omine* videtur usurpasse Nizo Abbas in Vita S. Basini Archiepiscopi Trevir. num. 8 : *Quem in Baptismatis unda quodam Oramine præsago Luitwinum appellavere.*

¶ **ORANGIA**, Malum aureum, Gall. *Orange*, in Actis S. Francisci de Paula, tom. 1. April. pag. 121.

* 1. **ORARE**, Sermonem habere, facere, interprete D. *Bouquet* ad Eginhard. in vita Caroli M. tom. 5. Collect. Histor. Franc. pag. 99 : *Nec patrio tantum sermone contentus, etiam peregrinis linguis ediscendis operam impendit : in quibus Latinam ita didicit, ut æque illa ac patria lingua Orare esset solitus.* Aliis *Orare* hic, idem quod preces fundere.

* 2. **ORARE**, pro Adorare, nostris alias *Aorer* vel *Aourer.* Missale Burdeg. Mss. ex Cod. reg. 3659. 2. ubi de adoratione S. Crucis : *Hiis spatiose et devote peractis, sicut decet; si populus nondum cessaverit Orare, sedeant ministri et clerici expectando orantes et taceant.*

1. **ORARIUM**. Joannes de Janua : *Orarium ab ora, pro extremitate vestium, derivatur : limbus qui apponitur oræ, i. margini et extremitati alicujus vestimenti, causa ornatus. Item Orarium potest dici ab os, oris; et tunc Orarium, i. peplum, scilicet infula illa quæ involvit et operit ora, i. vultus.* Catholicon parvum : *Orarium, un ourlet de robe ou touret à mettre sur le visage.* [* Glossar. Lat. Gall. ex Cod. reg. 7692 : *Orarium, guimple.*] Vide Salmasium ad Vopiscum pag. 409. Proprie vero

Orarium dicitur Sudarium quo os abstergitur. S. Hieronymus in Epistola ad Nepotianum : *Plenum dedecoris est referta marsupiis : quod sudarium Orariumque non habeas gloriari.* S. Ambrosius de Resurrect. : *Et facies ejus* (Lazari) *Orario colligata erat.* Acta S. Cypriani : *Linteamina et Oraria ante eam ponebat, ne sanctus cruor defluens absorberetur a terra.* Quo loco Acta alia habent *mantilia.* Acta S. Dorotheæ cap. 2 : *Apparuit ferens in Orario tria mala optima, et tres rosas.* Acta SS. Nicandri et Marciani Martyrum apud Cacciolum : *Post hæc percussor Orariis oculis Martyrum circumdatis, injecto gladio, finem dedit eis martyrii.* Prudentius lib. περὶ Στεφάνων : *Hic sui dat pignus oris, ut ferunt, Orarium.* Ubi Iso Magister : *ab ore, id est, sudarium.* Anastasius Biblioth. in Hypomnestico pag. 259 : *Donata etiam particula sancti Orarii, id est facialis, quæ sibi fuerat ab eo dimissa.* Adde Passionem S. Lupercii apud Bosquetum pag. 169. [Gregorium Turon. lib. 1. de Gloria Mart. cap. 93. et lib. 6. Hist. Franc. cap. 17. Vitam Vener. Bedæ sæc. 3. Bened. part. 1. pag. 554.] Regulam S. Isidori cap. 13. Gregorium M. lib. 6. Epist. 27. et Casaubon. ad Vopiscum in Aureliano.

Orarium B. Mariæ Virginis, apud Marlotum in Metropoli Remensi lib. 3. cap. 15. quam vocem non percepit vir doctus, idem quod ὠμοφόρον τῆς Θεοτόκου, de quo multa diximus ad Alexiadem Annæam est enim Papiæ, *Orarium, stola, operculum capitis :* et Ugutioni, *peplum, infula illa, in qua, vel qua involvit et operit ora.* Quod vero ὠμοφόρον alii, ἐπώμιον dicunt. Synaxaria in S. Demetrio 26. Octob. : Καί τι τοῦ ἐπωμίου λαβών, ὃ σύνηθες ὠράριον ὀνομάζειν, etc.

Orarium, vel Orarius, Papiæ, *Stola Sacerdotis.* Alcuinus lib. de Div. offic. : *Orarium, id est, stola, dicitur eo quod oratoribus, id est prædicatoribus concedatur. Orarium seu stola*, in Statutis Riculfi Episcopi Suessionensis cap. 7. in Concilio Sarisberiensi ann. 1217. cap. 39. et in Statutis Provincialibus S. Edmundi Archiepiscopi Cantuariensis ann. 1233. cap. 25. [*Orarium, quod vulgo Stola dicitur*, in Vita Leonis PP. IX. apud Eccardum de Orig. familiæ Habsburgo-Austriacæ col. 174.] Ordo Romanus : *Si Diaconi ordinandi sunt, dat eis Orarios et dalmaticas : si vero Presbyteri, Orarios et planetas.* Alio loco : *Accedens autem Archidiaconus tollat Orarios de Confessione, qui hesterna die repositi sunt.* Concilium Moguntinum ann. 813. cap. 28. et Cap. Caroli M. lib. 5. cap. 81. [** 146.] : *Presbyteri sine intermissione utantur Orariis propter differentiam Sacerdotii dignitatis.* Vita S. Fulgentii Episcopi Ruspensis cap. 18 : *Orario quidem sicut omnes Episcopi, nullatenus utebatur.* Synodus VIII. Act. 2 : *Et accipiens Patriarcha Oraria ipsorum* (Presbyterorum), *reddidit eis.* Anastasius in Agathone PP. : *Ea hora sancta Synodus una cum principe ejus Orarium auferri jusserunt a collo ejus : et exiliens Basilius Episcopus Cretensis Ecclesiæ, ejus Orarium abstulit, et anathematizantes projecerunt eum foris Synodum, etc.* Bruno Signiensis de Vestimentis Episc. : *Orarium, jugum simul et onus est : jugum Sacerdotibus, onus Diaconibus : unde fit ut Sacerdotibus circa collum, et Diaconibus super humeros ponatur : ut enim collo portatur jugum, sic et humeris onera feruntur.... Vocatur autem Orarium, quia quamvis sine aliis indumentis sacerdotalibus, baptizare et consignare, et alia multa orando facere; sine Orario tamen, nisi magna necessitate cogente, nihil horum agere licet.* Nicetas Paphlago in Vita Ignatii Patr. CP. : Ὠμοφόρια καὶ ὠράρια ὠνούμενος, καὶ ὅσα τῆς ἱερατικῆς σύμβολα χρηματίζει τελειώσεως. Tradit. Fuldenses lib. 1. trad. 39 : *Oraria purpurea 4. fanones auro argentoque parati septem.* [Adde Translationem S. Athanasii Episc. Neapol. apud Murator. tom. 2. part. 2. col. 1070. et Vitam S. Donati Episc. apud Marten. tom. 6. Ampliss. Collect. col. 776.] [** Vide Glossar. med. Græcit. col. 1792.]

Orarium Levita gestat in sinistro humero, propter quod orat, id est, prædicat, dextram autem partem oportet habere liberam : ut expeditus ad ministerium sacerdotale discurrat. Concil. Tolet. IV. cap. 40. Vide Germanum CP. Patr. in Theoria mystica, et Concil. Bracarense ann. 563. can. 9.

Orarium ferre prohibentur Lectores et Subdiaconi, in Concilio Laodic. can. 22. 23. Monachi in Concilio Aurelian. I. can. 20. Vide Concil. Bracar. I. can. 9. Bracar. III. can. 1. 4. Ferrandum Diac. cap. 124. Cresconium cap. 172. 173. etc.

De *Orario*, consulendi Rabanus lib. de Ordine Antiphonarii cap. 19. Honorius Augustodun. lib. 1. cap. 114. et Hugo a S. Victore lib. 1. de Sacramentis cap. 48. ubi observat, *quod apud antiquos non Orarium dicebatur stola, sed Alba. Orarium* porro a *stola* videtur distinxisse auctor Vitæ S. Livini Episcopi cap. 14 : *Eique casulam purpuream,.. et stolam cum Orario... contradidit.* Vide *Stola.* Sed et *Orier* olim dixere nostri. Le Roman *de Charité* MS. :

> Bien ses que par un autre nom
> Apelle on l'estole Orier,
> Car d'ovrer te fait labourier.

* 2. **ORARIUM**, Libellus precum. Vita B. Brocardi tom. 1. Sept. pag. 580. col. 1 : *Sicut enim mercator quæstus causa proficiscens, libros et calculos secum defert, sic S. Brocardus, quacumque pergebat, Ora-*

rium, breviarium et pater-noster secum portavit.

* **ORARIUS**, pro *Horarius*. Vide supra in hac voce num. 3.

* **ORATA**, Piscis marinus, vulgo *Dorade*. Vide supra *Aurata*.

1. **ORATIO**, Licentia exeundi, apud Monachos, quia licentia dabatur oratione seu benedictione Prioris. Pœnitentiale S. Columbani cap. 3 : *Qui egrediens domum, ad Orationem poscendam non se humiliaverit, et post acceptam benedictionem non se signaverit, etc.* Infra : *Et qui regrediens domum Orationem petens non se curvaret intra domum, etc.* Concordia regularum ex Regula Pauli et Stephani cap. 4 : *Quem causa manifesta compulerit, Oratione a Priore sperata et concessa discedat.* Cap. 5 : *Nec bini, nec terni, sed singillatim exeuntes Orationem sperent.* Beda in Vita S. Cuthberti cap. 36 : *Dixerat hæc, et data Oratione et benedictione, suam mansionem introierunt.* Petrus Diac. lib. 4. Chronici Casin. cap. 4 : *Psalmos decantantes ad cœmeterium pergant, ibique dantes Orationem, postea de more Capitulum solvant.* Cap. 37 : *Lavicanus Episcopus Orationem dedit.* Regula S. Fructuosi cap. 8 : *Neque uspiam sine benedictione sui senioris progrediatur.* Εὐλογία Græcis hac notione. Liber Ἐπιτιμίων : Εἴ τις ἐξέλθοι τοῦ μοναστηρίου μὴ λαβὼν τὴν εὐλογίαν, ἢ ἀπολυθεὶς ὑπὸ ἀρχιμανδρίτου μετὰ εὐχῆς, ἔσω ἀκοινώνητος. Εὐχὴν vertit Zacharias Papa apud Gregor. M. lib. 2. Dialog. cap. 13. Vide Glossar. med. Græcit. in hac voce, et Menardum ad Concordiam Regularum.

ORATIO DOMINICA, seu quam *Dominus* Jesus Christus suis discipulis præscripsit. Hanc in Missa post Canonem recitari statuit Gregorius PP. ut auctor est Rupertus lib. 2. de Divinis offic. cap. 21. Papias in voce *Missa : Orationem Dominicam idcirco mox post precem dicimus, quia mos Apostolorum fuit, ut ad ipsam solummodo orationem oblationis hostiam consecrarent; et valde mihi inconveniens visum est, ut precem quam Scholasticus composuerat, super oblationem diceremus, et ipsam orationem quam Redemptor noster composuit, super ejus corpus et sanguinem non diceremus : sed et Dominica Oratio apud Græcos ab omni populo dicitur, apud nos vero a solo Sacerdote.* Vide Menardum ad libr. Sacram. Gregorii M. pag. 21. 22.

ORATIO DOMINICA PERICULOSA. Vide *Crucis Examen* in *Crux*.

ORATIO PATERNA, alias *Dominica*, *Pater noster, etc.* Ita vocatur in Ordine celebrandi Concilii. *Oratio Herilis*, in Vita S. Sifredi Episcopi Carpentoratensis.

ORATIO QUOTIDIANA, Eadem a SS. Patribus appellata, ut habetur in Concilio Toletano IV. can. 10. ex SS. Cypriano, Hilario et Augustino, quod quotidie recitari debeat a Christianis, qui per eam *panem quotidianum* sibi dari postulant. Cæsarius Arelat. serm. 12 : *Ante omnia, fratres, Orationem dominicam in oratione dicamus, quia libenter sine dubio orationem exaudit, quam ipse pro sua ineffabili benignitate constituit.*

ORATIO SUPER POPULUM, seu *ad populum*, uti appellatur in libris Sacrament. Eccles. Romanæ, vocatur *ultima benedictio*, quæ fit in Officio Missæ, inquit Hugo a S. Victore lib. 3. Speculi Eccles. cap. 3. Micrologus cap. 51 : *Oratio post Communionem, pro solis communicantibus solet orare : populus autem, et si quotidie in Quadragesima conveniat, non tamen quotidie, ut deberet, communicat. Ne ergo populus ita oratione ut Communione careret, adjecta est Oratio super populum, in qua non de Communicatione, sed pro populi protectione specialiter oratur.* Honorius Augustod. lib. 1. cap. 67 : *Statutum est ut panis post Missam benediceretur, et populo pro benedictione Communionis partiretur, hoc et Eulogia dicebatur. Sed quia hoc in Quadragesima fieri non licuit, Orationem super populum dici instituit, ut per hanc particeps Communionis sit.* Vide eumdem lib. 3. cap. 156. et Durandum lib. 4. Ration. cap. 59.

ORATIO PLEBIS, Quæ post Evangelia legitur, in Concilio Lugdun. I. can. 6.

* ORATIO TRINA. Mirac. S. Remacli tom. 1. Sept. pag. 719. col. 1 : *In die celebritatis præscriptorum Apostolorum post gratiam requiescendi in mane, dum trina Oratio ex debito persolvebatur, etc.* Partes quasdam officii ecclesiastici diurni intelligunt docti Editores; f. *Laudes*. Vide *Laus* 2.

ORATIONES vocant Rituales libri eas preces quas in sacris Liturgiis peragunt, quæque a verbo *Oremus* initium habent, et semper ad Deum Patrem diriguntur, de quibus in Concilio Carthag. apud Ferrandum Diacon. in Breviario cap. 19. in Capitul. Caroli M. lib. 6. cap. 66. in Excerpt. Egberti Archiep. Eborac. cap. 53. S. Fulgentius lib. 9. contra Fabianum. Frag. 31. apud Chiffletium, etc. Has et *Collectas* appellant. Vide Durandum lib. 4. cap. 15. qui num. 17. observat in Ecclesia Lateranensi nunquam dici orationem, sed in Missa et in omnibus Horis alta voce pronuntiari *Orationem Dominicam*, quæ in novo Testamento prima oratio fuit : sicque fieri consuevisse in primitiva Ecclesia. Has porro orationes formula ista, *Per Jesum Filium Dominum nostrum, qui tecum vivit et regnat in unitate Spiritus Sancti*, quæ in Romana etiamnum observatur, finiendi usum profluxisse ab Ecclesiis Africanis, docet S. Fulgentius in Epistola ad Ferrandum Diacon. Carthagin. de Quinque Quæstionibus.

ORATIONEM DARE, Recitare, dicere. Diurnus Romanus cap. 7. tit. 8 : *Deinde Episcopus Portuensis dat Orationem secundam.*

¶ ORATIO JACULATA, S. Bernardo in Vita S. Malachiæ, aliis *Jaculatoria*, Gall. *Oraison jaculatoire*, Brevis et ardens precatio, fervidus piæ mentis affectus, *Preces jaculatoriæ*, apud S. Augustinum Epist. 120.

¶ ORATIONES, Libelli precum, Gall. *Heures*. Computum ann. 1336. tom. 2. Hist. Dalphin. pag. 307. col. 1 : *Item pro duabus paribus Orationum emptis per Dominum apud Avenionem*, XIV. *s.*

ORATIONALE, Liber in quo continentur Orationes, quæ in Ecclesia recitantur, quæ a voce *Oremus* initium habent, in Charta ann. 1176. apud Ughell. tom 7. pag. 1275. Idem

ORATIONARIUS, in Testamento Riculfi Episcopi Helenensis ann. 915. dicitur.

* 2. **ORATIO**, Ædes sacra, in qua oratur, vel pia peregrinatio. Chartul. S. Joan. Angeriac. fol. 68. v°. : *Dedit ille Hugo monachus duodecim denarios, et præstavit suum caballum eunti ad Orationes S. Mariæ Magdalenæ.* Vide supra *Oraculum* 1. et *Oratoreo* in *Orator* 1.

1. **ORATOR**, Qui Deum orat, precatur. Johannes de Garlandia in Æquivocis :

Orator Christum rogat, et verbum bene profert.

Salvianus Epist. 8 : *Deus tribuat, ut qui fuerunt discipuli quondam mei, sint nunc quotidie Oratores mei.* Liber Epistol. S. Bonifacii Archiep. Mogunt. Ep. 113 : *Notum sit pietati vestræ, quia in quantum Deus nos exaudire dignatur, Oratores vestri incessanter sumus, et attentius esse cupimus.* Epist. 114 : *Vernaculus vester et fidelis Orator.* Baldricus lib. 3. Chron. Camerac. cap. 52 : *Genus humanum ab initio trifariam divisum esse monstravit, in Oratoribus, agricultoribus, pugnatoribus,... Oratorum a sæculi vacans negotiis, dum ad Deum vadit intentio, etc.* Ordericus Vitalis lib. 3 : *Talis homo non debet Abbas esse, qui exteriores curas nescit, negligitque. Unde vivent Oratores, si defecerint aratores?* Occurrit in Diurno Romano cap. 2. tit. 5. 6. Concilio Aquisgran. II. can. 15. in Charta Caroli M. quæ exstat in Vita S. Autberti Beneventani num. 9. apud Ermanricum in Vita S. Soli cap. 7. et alibi passim.

ORATORES, Peregrini, qui ad Sanctorum limina *orationis* et pietatis ergo pergunt. Concilium Narbonense ann. 1054. cap. 24 : *Negotiatores et Oratores qui ferunt sportas, nemo substantiam eorum apprehendat.* Nicolaus II. PP. in Decreto ann. 1059 : *Illi etiam qui peregrinos, vel Oratores cujuscumque Sancti, sive Clericos sive Monachos, vel feminas seu in omnes pauperes deprædati fuerint, etc.* Concilium Romanum ann. 1078 : *Quicunque autem aut Orator sive peregrinus, aut viator in terram excommunicatorum devenerit, etc.*

¶ ORATORES, Qui aliquid *orant* ab aliquo, supplices, Gall. *Supplians*, alias *Orateurs*. Literæ supplices ann. 1407. apud Madox Formul. Anglic. pag. 16 : *Excellentissimo in Christo Domino, Domino Ricardo Beauchamp Dei gratia Comiti Warwychiæ, vestri humiles, devoti et perpetui Oratores... Monachi regulares Prioratus B. Mariæ... de Cranewel, etc.* Charta Henrici IV. Franc. Regis ann. 1596. ex Chartulario Gemetic. tom. 1. pag. 8 : *Henri par la grace de Dieu Roy de France et de Navarre, à tous presens et advenir salut. Sçavoir faisons, nous avoir reçeu l'humble supplication de nos bien amez, et devots Orateurs les Religieux, Abbé et Convent de l'Abbaye de S. Pierre de Jumieges, contenant que etc.*

* 2. **ORATOR**, Qui *oratorium* deservit, idem qui *Capellanus*, nostris etiam *Orateur*, eodem sensu. Charta Joan. episc. Brioc. ann. 1129. in Tabul. Major. monast. : *Sacrorum canonum auctoritas hoc ordinando disposuit, ut unusquisque episcopus ecclesiastica beneficia sui episcopatus, secundum statuta Apostolorum, servitoribus cœterisque Oratoribus sanctæ ecclesiæ fideliter, prout unicuique opus erit, dividat.* Lit. Caroli VI. ann. 1405. tom. 9. Ordinat reg. Franc. pag. 70 : *Ipsos religiosos ad quos et eorum*

religionem ac prædicta monasteria in Domino gerimus maximam et specialissimam devotionem et affectum, tamquam ad proprios et speciales capellanos et Oratores nostros, etc. Aliæ ejusd. reg. ann. 1396. in Reg. 154. Chartoph. reg. ch. 655 : *Tenons (les religieux, prieur et couvent de la Fontaine Nostre Dame en Valoys de l'ordre Chartreuse) par devant tous autres dudit ordre nos principaux et especiaulx chappellains et Orateurs.* Vide *Oratorium* 1.

¶ **ORATORIOLUM**, ORATORIOLUS, Parvum *Oratorium* seu ædicula sacra. Vita S. Deodati, in Hist. Mediani Monasterii pag. 21 : *Nam quoad vixit cellam priorem apud S. Martini Oratoriolum non deseruit.* Testamentum Bertichramni Episc. Cenoman. apud Mabillon. tom. 3. Analect. pag. 123 : *Ubi Oratoriolus in honore S. Michaelis Archangeli constructus est.*

1. **ORATORIUM**, Εὐκτήριον, εὐκτήριος οἶκος. Gloss. Græc. Lat. : Εὐκτήριον, *Oratorium.* Οἶκος προσευχῆς, S. Basilio Epist. 70. et Homil. in S. Gordium, Gregorio Presb. in Vita S. Gregorii Nazianzeni, et aliis; *Locus, ubi orationes celebrare consueverunt Christiani*, in Gestis purgat. Felicis Episcopi Aptungitani. Ædes ubi oratur, locus orationi dicatus, juxta illud Christi Matth. 21. et Lucæ 19 : *Domus mea, Domus orationis vocabitur.* Ugutio : *Oratorium, locus orandi, tantum orationi consecratus.* S. Augustinus Epist. 121 : *In Oratorio præter orandi et psallendi cultum penitus nihil agatur, ut nomini huic et opera jugiter impensa concordant.* Et in Ep. 109 : *In Oratorio nemo aliquid agat, nisi id ad quod est factum, unde et nomen accepit.* Ex quo S. Benedictus in Regula cap. 52 : *Oratorium hoc sit quod dicitur, nec quicquam ibi aliud geratur, aut condatur.* Victor Tunnensis in Chron. : *Monasteria atque Oratoria apud urbem regiam, etc.* [Concil. Calchedon. can. 4 : *Visum est, nullum usquam ædificare nec construere posse monasterium, vel Oratoriam domum* (εὐκτήριον οἶκον) *præter sententiam ipsius civitatis Episcopi.*] Vide Honorium Augustod. lib. 1. cap. 127. [Glossar. mediæ Græcit. et Thesaurum Suiceri in Εὐκτήριον.]

* Pro Ecclesia usurpatur a Gualt. Hemingford. in gestis Eduard. I. reg. Angl. ad ann. 1297. pag. 133 : *Tres canonici ejusdem domus, qui paulo ante redierant, mortem non timentes, cum vidissent venientem exercitum, fugerunt in Oratorium suum, quod de novo construxerant; .... moxque ingressi sunt ad eos viri lancearii vibrantes eis lanceas, et dicentes, ostendite nobis thesauros ecclesiæ vestræ, vel confestim moriemini.* A capella interdum distingui *Oratorium* observavimus supra in *Capella* 6.

* ORATORIUS, Eadem notione, apud Meichelbec. tom. 2. Hist. Frising. pag. 60.

Quærunt viri docti, quid sit εὐκτήριον τοῦ ἁγιωτάτου μαρτυρίου *S. Euphemiæ Calchedonense*, in quod secessisse Episcopos tractatum de fide habituros, dum ageretur Concilium Calchedonense, tradunt Acta ejusdem Concilii, quod habitum ἐν τῷ μαρτυρίῳ ejusdem sanctæ Euphemiæ, constat ex act. 3. et Scriptoribus. Vir doctissimus ad lib. 2. Evagrii cap. ult. *Oratorium Martyrii* S. Euphemiæ contendit idem esse quod *altare, quod nos*, inquit, *Chorum vocamus.* Sed aliud fuit βῆμα, seu altare apud Græcos, aliud ναός vel chorus, uti docuimus in Descriptione ædis Sophianæ. Deinde in Constitutione Impp. Theodosii et Valentiniani de his qui ad Ecclesiam confugiunt, *altare* ab *oratorio* distinguitur : *Pateant summi Dei templa timentibus, nec sola altaria, et Oratorium templi circumjectum : qui Ecclesias quadripertito intrinsecus parietum septu concludit, ad tuitionem confugientium sancimus esse proposita, sed usque ad extremas fores Ecclesiæ, quas oratum gestiens populus primas ingreditur, confugientientibus aram salutis esse præcipimus.* Græca habent : Ἀνεῴχθησαν τοῖς αἰδέουσιν οἱ ναοὶ τοῦ μεγάλου Θεοῦ· οὐ γὰρ μονὰ τὰ θυσιαστήρια καὶ τὸν εὐκτήριον ναὸν τῶν τεττάρων τῶν τειχῶν περιβολῇ τειχιζόμενον εἰς ἀσφάλειαν συντελεῖν τῶν προσφευγόντων θεσπίζομεν, etc. Ubi Jacobus Gotofredus *Oratorii* nomine intelligi vult eam Martyrii partem, a bemate et altari seclusam, in quam populus orationis causa secedebat.

¶ ORATORIUM, Chorus Ecclesiæ. Gesta Hoelli Episc. Cenoman. apud Mabill. tom. 3. Analect. pag. 299 : *Summo cœpit studio... superiores partes ejusdem basilicæ.... laborare, Oratorium scilicet quod Chorum vocitant, sedemque pontificalem, altaria congrua, etc.*

ORATORIA deinde dicta sunt, Sacella, Monasteriis adjuncta, quæ non erant omnibus pervia uti Ecclesiæ, quas ideo καθολικάς vocabant, quod utriusque sexus populo paterent, et in quibus Collectas celebrare non licebat, sed erant tantum ad Monachorum preces et assiduos cantus accommodata. Sic Evagrius in Vitis S. Patr. cap. 5. Ecclesias et Oratoria distinguit : *Sunt*, inquit, *in ipsa urbe... 12. Ecclesiæ, in quibus publicus agitur populi conventus, exceptis Monasteriis in quibus per singula loca orationum domus sunt, quæ certis temporibus ad orationem frequentantur.* Beletus de Divinis offic. cap. 2 : *Ignorandum non est, quin Oratorium pro ipsa Ecclesia interdum accipiatur, atque etiam quivis locus alius ad orandum constitutus vocetur Oratorium : cujusmodi in suis cœnobiis sibi statuerunt Monachi.* [Capitulare 2. ann. 789. cap. 7 : *Ut ubi corpora Sanctorum requiescunt, aliud Oratorium habeatur, ubi fratres secrete possint orare.* Capitul. Francoford. ann. 794. cap. 13 : *De Monasteriis ubi corpora Sanctorum sunt, ut habeat Oratorium intra claustra, ubi peculiare officium et diuturnum fiat.*] *Oratoria*, ejusmodi Monasteriis ædes sacras adjunctas vocant S. Benedictus in Regula cap. 38. 52. 58. Gregorius M. lib. 1. Epist. 54. lib. 9. Epist. 38. Regula Cæsarii cap. 34. 36. 42. Regula Ternatensis cap. 15. Ardo in Vita S. Benedicti Anianensis num. 39. etc. Olim vero Monachi ad Ecclesias Sabbato tantum et die Dominico confluebant, ut est apud Palladium in Historia Lausiaca cap. 17.

ORATORIA tandem dicta Sacella quædam domestica, aut privatæ ædes sacræ in agris et villis exstructæ, quæ parochiarum jus non habebant, et a magnatibus ex fundis suis dotabantur, et ab Episcopis consecrabantur. [Charta Ludovici Franc. Regis ann. 1154. apud Lobinell. tom. 4. Hist. Paris. pag. 119 : *Sciant universi præsentes et futuri, quod in honore B. M. Matris Domini, Parisius in domo nostra Oratorium quoddam construximus, in cujus dedicatione pro victualibus Sacerdotis in capella eadem servientis, dotem assignavimus et annualem redditum.*] Agit de ejusmodi Oratoriis Gregorius M. PP. qui perpetuo annotat, ea absque Missis publicis ab Episcopis consecranda, et idoneis reditibus locupletanda, lib. 2. Ep. 9. Agunt etiam de iis Concilium Agathense can. 21. Epaonense can. 25. Aurelianense IV. can. 7. 33. Cabilonense can. 14. Ticinense ann. 855. can. 3. [Capitularia Caroli M. lib. 5. cap. 383.] etc. ex quibus docemur in iis Missas teneri propter fatigationem familiæ permitti, præterquam in maximis festivitatibus, quas et Presbyteri qui in iis sacra peragunt, et Laici, in civitatibus cum Episcopis tenere jubentur. At in iis baptismum peragi vetat Synodus Trullana can. 58. Vide Diurnum Rom. cap. 5. tit. 2. 3. 4. 5. 6. 7. 8. et 10. quo extremo titulo agit de Oratoriis in ædibus Episcopalibus exstrui solitis. Notum præterea Romanos habuisse privata sua sacella, quæ *lararia* vocabant, Persas sua πυρατεῖα. Ad sacella ista domestica forte spectant quæ habet Odo Cluniac. de Translatione S. Mauri : *Ubi dum quadam die isdem venerabilis Comes in Oratoriolo compendiose ibidem extructo, ut nobilioribus mos est, post matutinos residens hymnos, divinis intenderet theoriis, etc.* Vide Justinianum Nov. 131.

¶ ORATORIA VILLARIA, f. Ædiculæ sacræ in *villaribus* seu viculis exstructæ. Capitular. 6. ann. 807. cap. 15 : *De ordine ecclesiastico et officio Missæ, de reliquiis Sanctorum et Oratoriis villaribus.* Eadem habentur in App. 1. lib. 4. Capitul. cap. 19. et 20.

ORATORIUM, vulgo nostris, *un Prie-Dieu.* Ordo Romanus : *Quartus vero Scholæ præcepit ad Pontificem, ut ponat Oratorium ante altare, si tempus fuerit : et accedens Pontifex orat super ipsum.*

¶ 2. **ORATORIUM**, Palatium, domus regia. Annales Bertiniani ad ann. 877 : *Kal. Maii Episcopos Remensis provinciæ, sed et aliarum provinciarum, Compendio convocavit* (Carolus Calvus,) *et Ecclesiam, quam in eodem Oratorio construxerat, cum multo apparatu in sua et Nunciorum Apostolicæ Sedis præsentia ab eisdem Episcopis consecrari fecit. Oratorii* autem vocabulo Palatium esse intelligendum, etsi patet ex ipso contextu; id tamen confirmari juvat ex Literis ejusdem Caroli hac de re, a Mabillonio relatis tom. 3. Annal. Benedict. pag. 681 : *In palatio Compendio, in honore gloriosæ Dei genitricis ac perpetuæ semper virginis Mariæ monasterium, cui Regium vocabulum dedimus, fundo-tenus exstruximus.*

ORATRIX, Βρέβιον, in Gloss. Græc. Lat. quo loco, inquit Meursius, intelligi debet Enchiridion precum, quod in Orientali Ecclesia habebant pariter, ut in Occidentali, et *Breviarium* vulgo indigitatur. Sed legendum *matrix*, id est, *matricula*, ex MS. Cod. alibi observamus.

ORBARE, Membris privare, mutilare. Capitula Caroli M. ad Monachos ann. 789.

cap. 16 : *Ut disciplina Monachis regularis imponatur, non secularis : id est non Orbentur, non mungationes alias habeant, nisi ex auctoritate regulæ.* Gloss. S. Benedicti cap. de Medicina : *Orbatio*, τύφλωσις. Vide *Ictus orbus.*

☞ Mabillonio tom. 2. Annal. Benedict. pag. 292. *Orbari* non aliud videtur, quam oculis privari : quæ sæcularis pœna tum usitata erat, fiebatque objectu laminæ aut vasculi ardentis, quo nervi oculorum adurebantur. Hanc sententiam firmant Glossæ laudatæ, τύφλωσις enim excæcatio est, non cujusvis membri mutilatio. Vide *Abacinare.*

¶ **ORBATOR**, Spoliator. Epistola Balduini Flandrensis et sociorum Cruce-signatorum Othoni IV. Romanorum Regi apud Leibnitium tom. 2. Scriptor. Brunsvic. pag. 721 : *Imperii siquidem crudelissimus incubator* (Alexius Tyrannus) *domini et fratris sui* (Isaaci Imp.) *proditor et Orbator; quique eumdem carcere perpetuo sine crimine condemnasset, etc.* Pro eo, qui alium filiis orbat seu privat, utitur Ovidius lib. 13. Metamorph. v. 500.

* Nostris vero *Orbateur*, pro *Batteur d'or*, Bracteator, cujus ars vel opificium *Orbaterie* et *Orbateure* appellatur. Stat. ann. 1332. tom. 2. Ordinat. reg. Franc. pag. 86. art. 6 : *Que nuls Orbateurs ne soient si hardiz d'ouvrer, ne faire ouvrer d'Orbaterie, ne mettre en euvre en iceluy mestier, ne en autre, or ne argent, etc.* Adde tom. 3. earumd. Ordinat. pag. 91. art. 5. et tom. 6. pag. 460. art. 6. Æstimat. rerum necessar. pro exercitu Scotiæ in Reg. Cam. Comput. Paris. sign. *Croix* fol. 186. v°. : *Cinq baucens batuz à or pour les trois grans nefs le roy et pour deux galées... Pour l'Orbateure autant montem. ixe. iiij^{xx}. xij. l. et coustera plus, tant comme l'or vaudra.*

¶ **ORBEFACERE**, Orbare. Gloss. Lat. Græc. : *Orbefacio*, ὀρφανόω. Accius apud Nonium cap. 2. num. 852. hac notione dicit *Orbificare.*

¶ **ORBIA**, Ignota vox. Vide *Hiffarunda.*

¶ 1. **ORBICULARE**. Liber Anniversariorum Basilicæ Vaticanæ, apud Joannem Rubeum in Vita Bonifacii VIII. PP. pag. 345 : *Item tria superpellicia de vinipa et cortina. Item duo Orbicularia de opere ad acum.* Legendum puto *auricularia.*

¶ 2. **ORBICULARE**, In orbem vertere. Gloss. Lat. Græc. : *Orbiculatur*, κυκλεύει. Participium *Orbiculatus* usurpant Latini.

¶ **ORBICULUS**, Ludi species. Vide in *Senio.*

* Nostris *Jeu du palet.* Locus est in *Senio.* Alia notione, vide mox in *Orbicus.*

* **ORBICUS**, Orbiculus, A forma rotunda sic dicitur saxum, quod machina bellica emittit. Germ. episc. Cabilon. in vita Phil. Boni apud Ludewig. tom. 11. Reliq. Mss. pag. 33 : *Orbici, quos Pierre de bombardes nominant, igne et fumo artati decutiuntur partemque murorum objectam horribili actu quatiunt quassatumque prosternunt.* Et pag. 65 : *Nam si Orbiculos, quos bombardarum petras appellant, conjeceris, etc.*

¶ **ORBINA**. Ignota vox. Vide *Hiffarunda.*

* **ORBIOLÆ**. Naud. de Stud. militar. pag. 612 : *Massæ caseorum Parmensium, Hollandorum, Alvernorum, quas nonnulli Orbiolas, alii vero communiter formas appellant.*

1. **ORBIS**, Imperium, regnum, dominatio. *Orbis Romanus*, pro Imperio Romano, in leg. 17. D. de Statu hom. (1,5.) apud Plinium lib. 17. cap. 12. Firmicum lib. 1. Mathes. Senatorem lib. 10. Ep. 8. Guill. Neubrig. lib. 5. cap. 11. Gruter. Inscr. 281. 10. in Constitut. 4. Appendicis Cod. Theod. etc. Ῥωμαϊκὸς κόσμος, apud Gelas. Cysic. in Actis Concilii Nicæni; *Latinus Orbis*, apud Vincentium Lirin. Common. 1. *Orbis Africanus*, apud Salvianum lib. 7. *Orbis vastus Galliæ*, in Vita S. Sulpitii Episc. Bituric. Veterem Chartam ita subscribit Knuto Rex Angliæ in Conciliis Anglicanis : *Ego Knuto gubernator Angliæ Orbis propria manu confirmo.*

Orbis, interdum pro pago, seu provincia. *Orbis Lemovicinus, Orbis Caturcinus*, crebro in Tabulario Abbat. Belliloci in Lemovicibus. Vide Probat. Hist. Turenensis non uno loco, et tom. 6. Vitar. SS. Ord. Bened. pag. 161.

☞ Simili modo apud Helvetios *Canton*, a veteri Gallico *Cant*, Circulus, et in Germania, *Cercle*, ut et apud Hebræos *Galil*, Orbis, confinium, regio. Vide Valesii Præfat. Notitiæ Gall. pag. xi.

Orbis Terrarum. Helgaudus in Roberto Rege Franciæ pag. 68 : *Beato videlicet Dionysio casulam miro itidem opere factam contulit, cui et aliud, ut tantam decebat feminam, ornamentum contexuit, quod vocatur Orbis terrarum, illi Caroli Calvi dissimillimum.*

2. **ORBIS**, Ictus latens. Vide in *Ictus.*

* **ORBITA**, Via publica. Gregor. Turon. lib. 3. Hist. cap. 7 : *Aliis vero super Orbitas viarum extensis, sudibusque in terram confixis, plaustra desuper onerata transire fecerunt.* Glossar. Lat. Gall. ex Cod. reg. 521 : *Orbita, roiere Gallice.*

ORBITARE, Recurrere, redire. Liber Miraculorum S. Genulfi n. 13 : *Orbitatur interim gratus temporis recursus.*

* *Aorbir*, pro Contrahere, vulgo *Retirer, rétrécir.* Stat. sutor. in Lib. rub fol. magno domus publ. Abbavil. art. 14 : *Le sieu fait desceschier le cuir, adurceir et Aorbir.*

1. **ORBITATIO**, in veteri Gloss. Saxon. Cottoniano s t e p n e s s e, i. tritæ viæ seu *orbitæ* calcatio.

¶ 2. **ORBITATIO**, Inflictio ictus *orbi* seu latentis. Vide in *Ictus.*

ORBITUDO, *Orbitas*, στέρησις, in Gloss. Gr. Lat.

* Laur. in Amalth. : *Orbitudo, orbatio, orbitas. Item oculorum cæcitas.* Nostris alias *Orbeté.* Glossar. Prov. Lat. ex Cod. reg. 7657 : *Orbesa, Prov. Orbitas.*

ORBITUS, *Annualis*, in Gloss. Arabico Lat. Lege *Obitus*, nostris, *Obit.* Vide in *Obitus.* [Eadem vox *Orbitus*, pro Obitus, mors, bis legitur in Diplomate ann. 1181. cujus locus exstat in *Coremede* post *Curmedia.*]

* **ORBOTEMAAL**. Leg. Danicæ apud Ludewig. tom. 12. Reliq. Mss. pag. 93 : *Si quis in ipsam pœnam Orbotemaal inciderit, per dominum nostrum regem et advocatos et officiales suos, secundum leges terræ, debite punietur, et ad hoc cooperabimur toto nisu.* Ibid. pag. 204 : *Item si aliquis in domo propria vel ecclesia occiderit, hoc est Orbotemaal sic intelligitur, quod occisor ad emendam venire non poterit, nisi prius pro eo intercesserint consanguinei interfecti.* [** Vide Rosenvingii Histor. Jur. Dan. § 68.]

* **ORBUS**, Obscurus, tenebrosus. *Orba taberna*, vulgo *Cabaret borgne.* Judic. ann. 1273. in Reg. *Olim* parlam. Paris. : *Ipsi tabernarii plura dolia vendant sine proclamatione seu banno, ... ipsi occasione hujusmodi Orburum tabernarum, etc.* Hinc *Orbément*, obscure, apud Bellom. Ms. cap. 24.

ORBUS Ictus, [Non apparens] Vide *Ictus.*

¶ **ORBUS** Vicus, Platea non recta, seu Angiportum non pervium, nostris *Cul de sac.* Index MS. redituum Monasterii Corbeiensis : *In rectis vicis qui de porta ad portam transeunt, si fiat fenestra vel avantsoloiers de novo, partem suam habet; in aliis vicis, qui Orbi dicuntur, nichil habet.*

* *Carreria orba*, eodem intellectu, in Charta ann. 1319. ex Reg. 59. Chartoph. reg. ch. 318.

¶ 1. **ORCA**, *Umbrosa*, apud Papiam et in Glossario Sangerman. MS. n. 501. Videtur omnino legendum *Opaca.*

2. **ORCA**, Vas Hispanicum, Varroni : Isidoro lib. 20. cap. 6. *amphoræ species*, cujus ratio, ait Budæus, non mensura, sed sua forma constitit. Papias : *Serea, singul. vasis genus; Orca; inde seriola.* Joh. de Janua : *Orca, vas olei, vel species amphoræ magnæ.* [* Glossar. Gall. Lat. ex Cod. reg. 7684 : *Buée, Orca, i. amphora, quoddam vas vel urceus.*] Certe *Orca*, vas esse fictile, præsertim oleatorium, Persius auctor est :

. . . . angusto collo non fallier Orcæ.

Orcæ bene picatæ, apud Columellam lib. 12. cap. 15. Gregorius Tur. lib. 4. Hist. cap. 38 : *Vigilu Archidiaconi homines 70. vasa, quæ vulgo Orcas vocant, olei liquaminis furati sunt.* Senator lib. 3. Epist. 7 : *Sexaginta Orcas olei ad implenda luminaria.* Acta S. Sabiniani Mart. n. 7 : *Et præcepit exhibere 40. Orcas olei, et mitti super flammam ignis.* Hanc præterea vocem usurpant Festus, Plinius lib. 15. Dolabella et alii Agrimensores pag. 253. 258. 260. 274. 304. Acta Proconsularia sub Munatio Felice, Vopiscus in Aureliano, Collatio Carthag. Severus Episc. Minoricensis de Mirac. S. Steph. Gregorius Mag. lib. 1. Epist. 53. Acta Martyrii SS. Maximiani et Isaacii, etc. [Græcis ὄρκη etiam est vas olearium aut vinarium, arca, capsa pigmentorum muliebrium.]

Orcula, diminut. ab *orca*, apud Gromaticos, unde *Orculares termini*, quibus *Orculæ* erant vice finium.

* **ORCARE** asellus dicitur in Carm. de Philomela ad calcem. Cod. reg 6816 :

Quirritat et verres, setosus et orcat asellus.

* **ORCELLUS**, Urceus, urceolus, Gall. *Orcel* et *Orceau.* Charta ann. 1328 : *Item unum Orcellum et baculum ad aspergendum aquam benedictam de argento.* Chron. S. Dion. tom. 3. Collect. Histor. pag. 166 : *Un Orcel d'argent, qui moult estoit grans et pesanz. Urceus*, apud Aimoin. lib. 1. cap. 12. *Un Orcel d'argent à eue benoiste doré par dehors*, in Reg. Cam. Comput. Paris. sign. *Noster* fol. 196. r°. Aliud ejud. Cam.

sign. *Pater*, ubi de inauguratione regis et reginæ, fol. 164. v°. : *Quant l'en chante l'offrende, l'en doit solempnellement mener le roy et la royne de leurs eschaufauz à faire leur offrende, et offre l'un et l'autre à la main l'arcevesque un pain et vin en un Orceau d'argent et onze deniers d'or.* Vide *Orcium*.

ORCEOLUS. Vide *Urceolus*.

¶ **ORCES**, *Quæ ligantur ad velum velæ i. e. ad latus anterioris velæ*, in Glossis Francisci Barberini ad *Documenti d'Amore* apud Ubaldinum pag. 258. vers. 21 :

> Scandagli, et Orce, e funi,
> E canapi communi.

¶ ORCIA, Eadem notione : *Orcerius*, *Qui attendit ad Orciam funem*, ibidem.

¶ ORCIPOGGIA, *Funes quibus poggia velæ trahitur, cum nimium venti essent*, ibid. v. 19 :

> Manti, prodani, o poggia,
> Poppesi et Orcipoggia.

¶ **ORCHADIA.** Charta Adami Meld. Episc. ann. 1289. ex Chartulario ejusdem Eccl. : *Decanus et Capitulum libere percipiant synodos et Orchadias in ecclesia de Malleo.* Legendum *Circadias* vel *Circhadias*. Vide *Circada*.

* **ORCHETA**, Piscis species. Tract. Ms. de Pisc. cap. 134. ex Cod. reg. 6838. C. : *Squilla lata, Liguribus Orcheta nominatur.*

¶ **ORCHICA**, f. Aurifolium, Gall. *Orseille*, *Orchel* vel *Ursolle*, voces infectoribus seu tinctoribus notæ. Vide locum in *Mostayla*.

ORCHISTOPOLUS. Vide *Orciscopalarius*.

¶ **ORCIA.** Vide supra in *Orces*.

¶ **ORCIARIUS**, Orciolus. Vide *Orcium*.

* **ORCILLUM**, apud Thaumasser. in Consuet. Bitur. pag. 116. perperam, ni fallor, pro *Torallum*. Vide in hac voce.

* **ORCINUS**, *Morte manumissus*. Glossar. vet. ex Cod. reg. 7641.

¶ **ORCIPOGGIA.** Vide mox in *Orces*.

ORCISCOPALARIUS. Jul. Firmicus lib. 8. Math. cap. 15 : *Petaminarius, Ephelmator, Orciscopalarius, etc.* Quo loco, vocem hanc sic effert Manilius lib. 5. a quo hausit Firmicus quidquid de sphæra Barbarica scripsit :

> Corporaque immergunt undis, ipsumque sub antris
> Nerea, et æquoreas conatur visere Nymphas.

Unde conjectat Scaliger *Orciscopalarios* esse *urinatores*, sicque dictos, quod ᾅδου σκοπέλους, cæcos et latentes explorent : ut *Orci galea*, latens, aut quæ latere facit, dicta est. At Salmasius ad Solinum legendum censet *Orchestopolarius*, aitque ita appellari qui Græcis ὀρχηστόπολοι, qui scilicet vertiginosa et concita saltatione in orbem moventur. Nam πολεῖσθαι est in circulum moveri et circumagi apud Hesychium. In veteri libro Notarum *Orchistopolis* legitur.

ORCISTRA, Pulpitum Ecclesiæ, ex Gr. ὀρχήστρα, locus in quo mimi actiones suas exhibebant. Ordericus Vitalis lib. 11. pag. 817 : *Ibique ante aram Virginis et Matris in Orcistram conscendit, et ingenti catervæ, quæ convenerat, casus suos et res gestas enarravit.* Ita *Orcistram* pro suggestu dixit Joannes Thwroczius [in Bela Rege cap. 46.]

ORCIUM, Orciolus, Orciarius, Urceus. Gloss. Gr. Lat. : Κεράμιον, *Orcium*, *amphora*. *Orcium* vero idem videtur quod *Orca*, de qua voce supra. *Orcio*, pro vase oleario usurpant Joannes Villaneus lib. 12. cap. 72. et Matth. Villan. lib. 3. cap. 56. hinc

Orciolus, Amphora in speciem *orcæ*, urceolus : *Orcivolo*, Boccacio. Colloquia Gr. Lat. apud H. Steph. in Gloss. : Προσηνέχθη ὕδωρ πρὸς τὴν ὄψιν εἰς ὀρνόλην. *Allata est aqua ad faciem in Orciolum*. Leg. Ὀρσιόλην. Cap. de Laneis : *Orciolum*, Στάμνος. Gloss. Gr. Lat. : Σταμνίσκος, *Orciolus*, Σταμνίον, *matella*. Στάμνος, *matella*, *urceus*, *urna*. Gloss. Lat. Gr. : *Orceolus*, ξέστης, τὸ ἄγγος. [Missale Francorum apud Mabillon. Liturg. Gallic. pag. 301. ubi de ordinatione Acolythi : *Accipiat et Orciolum vacuum ad suggerendum vinum Eucharistiæ Corporis Christi.* Vide *Urceolus*.]

Orciarius, Urceus. Tradit. Fuld. lib. 1. trad. 39 : *Cortinæ 12. Orciarii 4. manile 1. conchæ 4. etc.*

¶ Orciola, Eadem notione. Vide in *Capricium*.

¶ **ORCULA**, Orcularis. Vide in *Orca*.

¶ **ORCULUS**, *Præsagium*, apud Papiam. Forte legendum est *Oraculum*.

1. **ORDA**, Tartaris, Tentorium, statio, curia Imperatoris. Occurrit apud Vincentium Belvacensem lib. 32. cap. 21. 22. 24. 25. 31. et apud Abulfaragium in Hist. Dynastiarum pag. 305. 526. 356. etc. Gloss. Theotiscum Lipsii : *Ordon*, *Habitabat*. [Alii scribunt *Horda*, hodieque *Hordas* vocant tribus, in quas dividuntur Tartari. Vide Georg. Hornium Orb. Imper. pag. 288. et 295.]

2. **ORDA.** Warnerius MS. in Caprum Scottum Poetam :

> Si super hanc orcam mihi tu juraveris Ordam,
> Oscula dans illi, crimine liber abi.

Forte idem quod *Ordalium*.

* 3. **ORDA**, Convocatio hominum ad hostes vel latrones insequendos vel propulsandos, idem quod *Ordea*. Instr. ann. 1372. ex Tabul. Auxit. : *Cum ipse loquens araret in suo campo, infra pertinentias de Durbano, circa horam tertiæ vel circa meridiem, audivit pulsantes ad Ordam campanas dicti loci..... Petiit nonnullis dicti loci ad quid pulsaverant ad Ordam, et dixerunt quod gentes de inde transiebant et ducebant captum dominum operarium Auxitanum.* Lit. remiss. ann. 1461. in Reg. 192. Chartoph. reg. ch. 19 : *Nos duo vadamus ad locum, qui prope erat unum hominem, pro faciendo Ordam seu tractum ampanarum* (l. campanarum) *ut congregaret gentes etc.*

ORDALIUM. Vide in *Ordela*.

ORDEA. Hujus vocis vis sic exponitur in Tabulario S. Petri Generensis : *Absolvit idem Gasto in Bearnio... omnes homines ad dominium S. Petri Generensis pertinentes, ab exercitu, et ab omni expeditionis genere, et a repentina hostium insecutione, quam vulgus consuevit Ordeam appellare.* Quo loco Marca lib. 6. Historiæ Beneharnensis cap. 11. n. 6. censet *Ordeam* idem esse, ac *Wardea*, in Legibus Wisigoth. et in Capitularibus Caroli Magni, certum scilicet militum numerum, qui in castris et oppidis constituuntur ad arcendas repentinas hostium invasiones et irruptiones. At Dominicus lib. de Prærogat. allod. cap. 22. § 5. scribit vocem hanc significare tumultuariam illam et repentinam militum convocationem, quæ æris campani sonitu hosti jam finibus imminenti opponitur : in veteri quippe Codice forensium actorum ditionis Mixiæ in regno Navarræ, conventus generalis, denuntiatio *ab orde sonade*, idem est ac interposito æris sonitu, ut interpretatur Oyhenartus in Notitia Vasconiæ pag. 127. Ita *ordeam pulsare*, idem est quod nostris *battre le beffroy*, [*sonner le tocsin*,] Anglis *levare huesium*.

ORDEACUM, Præstatio ex ordeo. Vide in *Mestivarius* post *Mestiva*.

¶ **ORDEFF.** Vide infra *Oredelfe*.

¶ **ORDEICEUS**, Ordeacius, *Quod fit ex ordeo*, apud Johannem de Janua.

ORDELA, Ordalium, Quodvis judicium divinum, purgatio vulgaris, modus criminis purgandi, ex Saxon. o r d e l a, in Canonib. Saxonicis sub Edgaro datis cap. 24. 62. in Senatus-consulto de Monticolis Walliæ cap. 2. in Fœdere Edwardi et Guthruni Regum cap. 9. in Legibus Athelstani cap. 7. 14. 21. 23. Ethelredi cap. 1. et Canuti cap. 17. part. 2. cap. 20. 27. 29. 32. 54. in Concilio Æuhamensi ann. 1009. cap. 18. 26. et in Charta Edmundi Regis apud Will. Malmesb. lib. 2. de Gest. Regum Angl. cap. 7. Vox confecta ex Saxon. o r, i. magnum, et d a e l, vel d e l e, judicium, [aut, ut placet Hickesio, a veteri Francico seu Teutonico *Urdela*, Judicare, unde *Urdel*, Saxon. o r d a l, Judicium. Quod usu obtinente, specialius ad divinum istud judicium translatum est.] Alias originationes affert et expendit Petrus Resenius ad Jus aulicum Canuti II. Regis Daniæ pag. 618. Vide Kilianum in *Waeter-or-deel*, et Olaum Wormium in Monumentis Danicis lib. 1. cap. 11. et in voce *Lada*, ubi de simplici, duplici et triplici Ordalio, et in voce *Urtella*. Præterea Joannem Stiernhookum lib. 1. de Jure Sueonum vetusto cap. 8. ubi de Ordelio fuse agit, [et Spelmannum in Glossario, ubi integram et bene longam exhibet formam judicii per Ordalium seu per aquam frigidam. De hujusmodi judiciis plura etiam dicta sunt in vocibus *Aquæ frigidæ Judicium*, *Campiones*, *Duellum*, *Ferrum candens* : quæ totidem erant Ordaliorum genera.] [** Vide Grimm. Antiq. Jur. Germ. pag. 908.]

* **ORDENERATA.** Chartul. Celsinian. ch. 75 : *Per singulos annos quatuor Ordeneratas in festivitate S. Petri in vestitura persolvam.* Leg. *deneratas* ; ex repetitis enim literis *or*, factum est oscitantia scribæ *ordeneratas*.

¶ **ORDEOLUS**, Isidoro lib. 4. cap. 8. et ex eo Papiæ, *est parvissima et purulenta collectio in capillis palpebrarum constituta, in medio lata et ex utroque conducta, hordei granum similans, unde et nomen accepit.* Rocho *le Baillif Ordeolum*, *est apostema parvum ordeo simile*, Gallis *Grain d'orge*. Supra melius scribitur *Hordeolus*.

* Glossar. medic. Ms. Simon. Januens. ex Cod. reg. 5959 : *Ordeolum est pustula*

in palpebris proprie nascens, ab ordeo ob similitudinem nominata.

¶ **ORDEUS**, *Pondus, retinet lentes duas*, Papiæ.

ORDIBARII, Hæretici, Valdensium sectarii, de quibus Raynerus contra Valdenses cap. 6.

* **ORDIDULUS**, Ordidus, pro Horridulus et Horridus, in Glossar. Provinc. Lat. ex Cod. reg. 7657 : *Orre, Prov. Ordidus et Ordidulus, deffformis.*

¶ **ORDIFICIUM.** Charta ann. 1178. apud Murator. delle Antic. Estensi pag. 348 : *Nec ipse Fulcuinus eam turrem de cetero surgat, nec armet; nec novum Ordificium, nec forticiam faciat.* Omnino videtur legendum *ædificium.* [* Nisi idem est quod Italicum *Ordigno*, machina, vox generica; vel quod *Hurdicium.*]

¶ **ORDINABILIS**, Ordinandus, dirigendus. Candidus Presbyter de Passione Christi cap. 1. apud Pezium tom. 1. Anecd. part. 1. col. 243 : *Textus Passionis Domini Ordinabilis per quatuor Evangelistas.* Vide mox *Ordinabiliter.*

* **ORDINABILITAS**, Ordinatio, administratio. Epist. Nicolai I. PP. ad Carolum C. ann. 867. tom. 7. Collect. Histor. Franc. pag. 428 : *Nemo itaque justius operari debet, quam cui commissa videtur legum Ordinabilitas.*

ORDINABILITER, per ordinem, composite. Zeno Veronensis serm. 6. ad Neophytos : *Tribulos in læta frumenta mutavit, quam diligenti cultu purgata, molarisque lapidis pio pondere feliciter fracta, Ordinabiliter creta, omni furfure abjecto, mirifico splendore in farinam candidam micuerunt.* Ordo Romanus : *Ordinabiliter compositis vestimentis suis.* Alibi : *Diaconus salutato Pontifice egrediuntur de Secretario cum ordinabili disciplina.* Vide Capitul. Caroli M. lib. 1. cap. 80. [** 74.] lib. 7. cap. 143. [** 202.] Vitam Aldrici Episc. Cenoman. p. 73. etc. [Chartam ann. 1126. inter Instrument. tom. 4. Gall. Christ. col. 159. etc.]

* *Ordeneement*, ordinatim, vulgo *En bon ordre*, in Stat. ann. 1351. tom. 4. Ordinat. reg. Franc. pag. 68. art. 2. *A ordon*, in Ch. ann. 1307. ex Chartul. Pontiniac. pag. 172.

ORDINALE, vel Ordinalis, *Liber in quo ordinatur modus dicendi et solemnizandi divinum officium*, inquit Lindwodus ad Provinciale Cantuar. Eccl. lib. 3. tit. 27. Ranulfus in Polychron. lib. 7. cap. 3. sub ann. 1077. de Osmundo Sarisberiensi Episcopo : *Hic quoque composuit librum Ordinalem Ecclesiastici officii, quem Consuetudinarium vocant, quo fere nunc tota Anglia, Wallia utitur, et Hibernia.* [Portifolium seu Breviarium Benedictinarum Anglic. Pontisar. edit. Londini ann. 1555 : *Ordinale quod usitato dicitur Pica sive Directorium sacerdotum.*] Adde Vitas Abbatum S. Albani pag. 32. Synodum Wigorniensem ann. 1240. cap. 1. Monasticum Anglic. tom. 3. pag. 241. etc.

Ordinarium, vel Ordinarius, in Testam. Philippi Belvacensis Episcopi ann. 1217. in Hist. Drocensi pag. 244 : *Missale et Ordinarium texta* (tecta) *argento.* Statuta synodalia Nicolai Episcopi Andegav. ann. 1261. [tom. 11. Spicil. Achèr. pag. 202.] : *Statuimus quod in singulis Ecclesiis liber, qui dicitur Ordinarius, habeatur, quo Sacerdotes respiciant singulis diebus ante Vesperarum incœptionem, ut ipsas Vesperas, Matutinas, et officium diei sequentis faciant et exequantur, juxta Ordinarii instructionem.* Charta ann. 1208. pro Ecclesia S. Vulfranni Abbavillensi, in Tabular. Episcop. Ambian. fol. 144 : *In Ecclesia etiam sit liber Ordinarius ad modum Ecclesiæ Ambian. in quo continetur, quid et quando et quomodo cantandum sit vel legendum, Chorus regendus, campanæ pulsandæ, luminare accendendum, etc.* Necrologium Ecclesiæ Parisiensis 3. Id. Jul. : *Dedit... balsamum cum cristallo, pallum paratum cum aurifrisio, librum Ordinarium, sandalia, et caligas, et tapetum Episcopale.* 13. Kal. Nov. : *Obiit Bartholomeus Episc. Parisiensis, qui dedit nobis Missale in 3. voluminibus, et unum Ordinarium Episcopale, etc.* Constitutiones Odonis Legati Apostolici in insula Cypro ann. 1248. cap. 12 : *Et quia Nicosiensis Ecclesiæ Ordinarium, prout intelleximus, in multis deficit, propter quod in eadem Ecclesia frequenter contingit servitium fieri perturbate, præcipimus ut ad alicujus magnæ et sæcularis Ecclesiæ Regni Hierosolymitani dictum, Ordinarium reformetur, etc.* Si ita dispungas, nihil deerit, quod vult vir doctus : est enim *dictum*, sententia, arbitrium. [Adde Statuta synodalia Diœcesis Valentinæ, tom. 3. Concil. Hispan. pag. 509. col. 1. Acta S. Maii pag. 577. Fundationem Ecclesiæ collegiatæ in Middelburgo ann. 1480. apud Miræum tom. 2. pag. 1342. col. 1. etc.]

Liber Ordinis, in Charta Sisnandi Episcopi Iriensis æræ 952. apud Ant. *de Yepez* in Chronico Ord. S. Benedicti tom. 4 : *Item calices duos, Libros ordinum Sacerdotalium, primo Jeroncion, tertium cum suo officio, etc.*

* **ORDINALITER**, ut *Ordinabiliter* in Vita S. Emmer. tom. 6. Sept. pag. 481. col. 1 : *Si de his locis et eorum miraculis Ordinaliter disponere debemus, etc.*

¶ **ORDINAMENTUM**, Mandatum, constitutio, statutum. Annal. Genuens. ad ann. 1230. apud Murator. tom. 6. col. 465 : *Et dum excusare vellent Commune Januæ dominus Imperator nihil permisit eis dicere, quousque dictum Ordinamentum, quod fecerat, exposuit.* Infra : *In quibus literis inter cetera continebatur præceptum et Ordinamentum, quod ipse fecerat apud Ravennam super facto potestatum et officialium non habendorum ex parte Lombardorum.* Et col. 600 : *Elegerunt duos viros prudentes... qui capitula et Ordinamenta componerent, sicut melius hoc fieri posset, ad salvamentum populi Januensis.* Adde Rolandinum Patav. de factis in Marchia Tarvisina, apud eumdem Murator. tom. 8. col. 267. Andream Dandulum apud eumdem tom. 12. col. 490. Literas ann. 1371. apud Rymer. tom. 6. pag. 693. col. 1. Acta SS. Martii tom. 3. pag. 243. Aprilis tom. 3. pag. 225. etc. Appendix ad Agnelli Pontificale apud laudatum Murator. tom. 2. pag. 189. col. 1 : *Marcellinus XI. justus et timoratus, cujus tanta corporis Ordinamenta flagrarunt, ut pretiosissimæ myrrhæ incensum sepelientium nares sentirent.* Procul dubio legendum *Odoramenta.*

* Hinc *Ordenement*, pro *Ordonnance*, in Stat. S. Ludov. ann. 1265. tom. 1. Ordinat. reg. Franc. pag. 95. art. 3. *Ordine*, apud Guiart. ad ann. 1304 :

> Les escus sur les chiés getez,
> Seufrent les contrarietez
> Que Flamens leur font sans Ordine.

¶ 1. **ORDINANTIA**, Idem quod *Ordinamentum*, Gall. *Ordonnance.* Leges Palatinæ Jacobi II. Regis Majoric. tom. 3. SS. Junii pag. VI : *Si quæ autem observationes vel Ordinantiæ extent inde, dummodo non obvient hujusmodi nostris Ordinationibus, illas ex his non intendimus revocare.* Occurrit apud Buschium tom. 2. Scriptor. Brunsvic. pag. 502. *Ordinantia*, apud Rymer. tom. 12. pag. 402. col. 2.

* *Ordenance* dicitur, quod ordinatione statuitur, in Stat. ann. 1372. tom. 5. Ordinat. reg. Franc. pag. 548. art. 13 : *Que se aucun venoit de dehors du pays, qui vousist ouvrer dudit mestier, qu'il n'y peust entrer sans apeler les maistres, savoir se il est souffisant à ce,.... et pour paier les ordenances.* Voluntas, arbitrium eadem voce significatur, in Lit. ann. 1368. ibid. pag. 106. art. 23 : *Est accordé que Pierre Borez, Jacine de Perusse.... auront mil et cinq cens frans, pour faire leur Ordenance et leur volunté.* *Ordrenance*, eodem sensu, in Testam. Mariæ Craon. ann. 1317. inter Probat. Hist. Sabol. pag. 380.

* 2. **ORDINANTIA**, Centuria, turma; quo sensu *Ordonnance* dicimus. Acta dissolut. matrim. Ludov. XII. fol. 147. r°. ex Bibl. reg. : *Misit litteras eidem domino nostro regi moderno, medio unius suorum parentum, qui erat in societate seu Ordinantia domini de Champeroux.* Vide infra *Ordo* 8. Minus digne *Ordonnance* appellatur meretricum grex, in Consuet. Camerac. Mss. : *Ce sont les droits du roy des Ribaux en Cambray. 1°. ledit roy doit avoir.... sur chascune femme, qui s'accompagne de homme carnelement en wagnant son argent, ... cinq solz Parisis pour une fois. Item sur toutes femmes, qui viennent en le cité, qui sont de l'Ordonnance, pour la premiere fois, 11. solz Tour. Item sur chascune femme de ledite Ordonnance, etc.*

1. **ORDINARE**, Statuere, disponere, Gallis, *Ordonner, disposer.* Præceptum Caroli M. pro Hispanis edit. a Steph. Baluzio : *Et mandavimus illi ut... Ordinari faciat quomodo aut qualiter ipsi Hispani vivere debeant.* [Capitularia ejusd. Caroli M. lib. 6. cap. 367 : *Ea quæ circa catholicam legem vel olim Ordinavit antiquitas, vel parentum nostrorum auctoritas religiosa constituit, vel nostra serenitas roboravit, novella superstitione submota, integra et inviolata custodiri præcipimus.* Eadem occurrunt lib. 7. cap. 287. Adde Capitul. Caroli C. tit. 53. cap. 9.] Consuetudin. Tolosæ 4. part. tit. de Homagiis : *De immobilibus... nihil potest homo de corpore sine assensu domini Ordinare vel facere inter vivos, etc.* [*Ordinare res suas arbitrio suo*, apud Senecam Epist. 9. *Ordinare res suas in ægritudine*, De iis testamento disponere, statuere, in Legibus Aistulphi cap. 3. apud Murator. tom. 1.

part. 2. pag. 90. col. 1. *Ordinare testamenta*, in Lege 5. Dig. de Inofficioso testam. (5,2.) et apud Jurisconsultos. Vide *Ordinatus*.]

* Pro Disponere testamento dicitur *Ordeingner* et *Ordrenner*, nostratibus. Testam. ann. 1295. ex Chartul. Vallis N. D. : *Je Jehan seigneur de Lile en boen propos, e en volenté, e pour le sauvement de m'ame, fas e Ordeing mon testament en ceste maniere*. Aliud ann. 1317. inter Probat. Hist. Sabol. pag. 379 : *Nous Marie de Craon, dame de Poencé, saine de cors et Ordreneresse de nostre pensée.... faisons et Ordrennons nostre testament*. Vide infra *Ordinium* 2.

¶ 2. **ORDINARE**, Præcipere, jubere, præscribere, statuere, ut etiam nostris *Ordonner*. Capitulare de Villis Caroli Mag. cap. 16 : *Volumus ut quicquid nos aut Regina unicuique judici Ordinaverimus, aut ministeriales nostri Sinescalcus et Buticularius de verbo nostro aut Reginæ ipsis judicibus Ordinaverint, ad eorundem placitum, sicut eis institutum fuerit, impletum habeant*. Charta Officialis Rotomag. ann. 1474. ex Archivo B. M. de Bono nuncio : *Ea die dictis partibus in judicio coram nobis personaliter comparentibus, statim dictus citatus* (Prior ejusd. B. M.) *suam coram nobis declaravit voluntatem et ordinationem, per quam dixit et declaravit, quod licet ipse citans in mistis et expensis exposuisset* 9. *aut* 10. *lib. Turon. tamen volebat et Ordinabat, prout voluit et Ordinavit, quod idem citatus solum solvet eidem citanti sex libras Turon.* Literæ Johannis Franc. Regis ann. 1350. tom. 4. Ordinat. Reg. pag. 26 : *Ad faciendum, quotiens casus exigunt, loca resaisiri contensiosa, ac etiam ad Ordinandum partes ad certos et competentes dies, coram judicibus earum ordinariis, tam super principali quam super recredentia, processuras, ut fuerit racionis*. Cl. Editor reddit *Ordinare* per hæc verba, *faire assigner*, Judicium subscribere; sed hæc videntur esse sensus et constructio hujus loci, *ad ordinandum partes processuras, etc.* Hoc est, ad præscribendum seu imperandum partibus, ut *procedant*, etc.

¶ 3. **ORDINARE**, Ordines sacros et ecclesiasticos conferre. Vide mox in *Ordo* 3.

¶ 4. **ORDINARE**, Pœnitentiæ, Eucharistiæ et Extremæ-unctionis Sacramenta moribundo administrare. Acta SS. Junii tom. 1. pag. 793. de S. Bertrando : *Dixit mihi, quod irem cito Ordinare unum hominem, qui est in periculo mortis*. Vide infra *Ordines sacri* post *Ordo* 5.

* Nostris, *Ordener* et *Ordonner*, eadem notione. Lit. remiss. ann. 1389. in Reg. 138. Chartoph. reg. ch. 3 : *La femme après avoir esté confessée, communiée et Ordenée, elle mourut environ une heure après son acouchement*. Aliæ ann. 1400. in Reg. 155. ch. 308 : *Lequel fut confessé et Ordonné par son curé*. Hinc *Ordonnances*, dicuntur eadem hæc sacramenta, in Lit. remiss. ann. 1407. ex Reg. 161. ch. 278 : *Depuis que icellui Porcher fu feru, ... il vesqui l'espace de neuf jours, et après mort s'en ensuy et eust toutes ses Ordonnances*. Vide supra in *Adresciare*.

* 5. **ORDINARE**, Curare, medicamenta adhibere, nostris *Ordener*. Lit. remiss. ann. 1400. in Reg. 155. Chartoph. reg. ch. 116 : *Duquel cop ladite Phillippe ot une plaie à la teste et tomba à terre, ... et après fut Ordenée*. Aliæ ibid. ch. 146 : *Pour eulx faire Ordener et appareiller de leurs plaies*.

* 6. **ORDINARE**, Sensu opposito, quomodo *Accommoder* dicimus, Male habere, imo interficere. Lit remiss. ann. 1409. in Reg. 163. Chartoph. reg. ch. 436 : *Prælibati homicidæ dixerunt ipsi Johanni, ... quod juvaret ipsos ad sepeliendum corpus dicti deffuncti, comminando eidem, quod nisi hoc faceret, ipsum pariter Ordinarent*.

¶ ORDINARE GALEAS, Naves armare, adornare, Gall. *Equiper des vaisseaux*. Breviarium Hist. Pisanæ ad ann. 1163. apud Murator. tom. 6. col. 174 : *Ex quo Pisani irati* x. *galeas et* xi. *saettias velociter Ordinaverunt, et caput Corsi vastaverunt, et duas naves Januensium ditissimas ceperunt prope Populonium*.

¶ **ORDINARIA**, Tegula latericia. Dionysius Exiguus in Inventione capitis S. Johannis Bapt. tom. 4. Junii pag. 726 : *Et perveni ad locum, qui erat ædificatus ex calce et Ordinariis*. Marcellus Archimandrita Græce legit : Καὶ εὗρον τὸν τόπον ᾠκοδομημένον ἀπὸ ὄαρτῆς ἀσβέσου καὶ πενταπαλαίσου.

¶ **ORDINARIOLI**. Vide mox in *Ordinarius*.

¶ 1. **ORDINARIUM**, ORDINARIUS, liber continens ordinem divini officii. Vide *Ordinale*.

* 2. **ORDINARIUM**, Consueta et quotidiana portio, Gall. *Ordinaire*. Statuta colleg. Fuxens. Tolos. ann. 1457. ex Cod. reg. 4223. fol. 217. v°. : *Ordinamus ut quicumque scholares..... singulis diebus pro Ordinario sive companagio, tres habeant Tolosanos monetæ currentis in dicta civitate, ex quibus tribus Tolosanis fructus et caseum, si comedere velint, detrahant, et in illo Ordinario computent*.

1. **ORDINARIUS**, *Manipularis, qui in ordine est*, apud Festum. Glossæ Isidori : *Ordinarius miles, qui in integro ordine est, vel numero*. Glossæ Gr. Lat. : Τακτικός, *Ordinarius*. Ita usurpant Vopiscus in Bonoso, et Capitolinus in Clodio Albino. Sed et

ORDINARII interdum appellantur, qui *ordines* ducunt. Glossæ eædem : Ταξίαρχος, *Ordinarius, Manipularius*. Atque ita occurrunt *Ordinarii* apud Vegetium lib. 2. cap. 7. 8. 15. prætera

ORDINARII, dicuntur judicum Ordinariorum officiales, vel Apparitores, qui inter Cornicularios, Commentarienses, Numerarios, Apparitores, vel Speculatores recensentur in Notitia Imperii, in leg. 16. Cod. Th. de Cohortalib. (8,4.) et leg. 3. de His qui administr. (8,15.)

ORDINARIUS, Judex ordinarius. Charta Henrici Imp. ann. 1312. pro *Janoto Spinola* Henrici filio : *Te in vicarium nostrum Castri Cassani ac Fortalitiæ Brunoti, territoriorum et districtuum eorundem usque ad beneplacitum Imperialis Majestatis constituisse recolimus, ac ea quæ sunt meri et mixti Imperii ac simplicis jurisdictionis in locis ipsis tibi plenarie commisisse, ac te fecisse Ordinarium in prædictis, nec non pro te tuisque posteris concessisse, ut nomine pedagii tibi liceret colligere pro qualibet sauma, etc.* Charta Rogerii Regis Siciliæ ann. 1137. apud Ughellum tom. 7. pag. 564 : *Similiter jubemus ut nullus noster Ordinarius animalia hominum Salerni, et consilium eorum angariare præsumat*. [Charta Ludovici Hutini Regis Franc. ann. 1315. apud *la Faille* in Probat. Annal. Tolos. tom. 1. pag. 62 : *Cum peterent quod garnisiones servientium, seu comestores, non ponerentur pro debitis nostris vel aliis exsequendis, sed exquirerentur in bonis et personis debitorum per Bajulos et Ordinarios locorum suorum, concessimus quod pro debitis inter privatas personas contractis sub sigillis nostris, serviens noster requiret Ordinarium loci, quod ea exsequatur; nec ea exsequetur serviens noster, nisi dictus Ordinarius negligens, vel plus debito differens fuerit super hoc requisitus*. Literæ ann. 1358. tom. 4. Ordinat. Reg. pag. 189 : *Item, quod multi nitantur impetrare commissiones.... qui nullum fructum faciunt... de cætero nullus mittatur... sed Ordinarii cum requisiti fuerint, requirentibus providebunt*.] *Ordinarii Judices*, in Cod. Th. leg. 5. de Proximis, (6, 26.) leg. 2. Ne quis in palatio, etc. (7, 10.) [** Vide Glossar. med. Græcit. voce Ὀρδινάριοι, col. 1052.]

2. ORDINARIUS, Loci Episcopus, qui habet ordinariam jurisdictionem in causis Ecclesiasticis, nostris vulgo, *l'Ordinaire*; *Ordinary*, apud Littletonem sect. 136. 648. Vide Statuta Willelmi Regis Scotiæ cap. 22. § 2.

ORDINARII etiam dicuntur ex ordine Ecclesiastico, dignitates Ecclesiarum, quibus competit aliqua jurisdictio. Lindwodus ad Provinciale Cantuar. Eccles. lib. 1. tit. 3 : *Ordinarius principaliter habet locum de Episcopo et aliis superioribus, qui soli sunt universales in suis jurisdictionibus, ... sed sunt sub eo Ordinarii, hi videlicet quibus competit jurisdictio ordinaria de jure, privilegio vel consuetudine, etc.* De his videtur intelligendus Ratherius Veronensis in Itinerario : *Recolitis... me præcipisse ut duobus diebus Archipresbyter et Archidiaconus me absente adventantes cum Ordinariis omnibus pariter residentibus discuterent, die tertia emendanda mihi omnia recitarent*.

* Eo nomine se se inscribit Adamus decanus christianitatis de Burellis, in Charta ann. 1226. ex Chartul. Theol. Cod. reg. 5649. fol. 24. v°. : *In cujus rei testimonium ad petitionem partium præsentes litteras, sicut Ordinarius, coram quo eleemosina facta fuit, emisimus sigilli nostri munime roboratas*.

ORDINARIUS ORDINARIORUM dicitur summus Pontifex, ex quo collationem beneficiorum sibi arrogavit, in Concilio Lateranensi can. 5. cap. Antiqua de Privileg. Exinde Pontifex concurrit cum omnibus Ordinariis, et jure præventionis confert omnia beneficia vacantia.

ORDINARIUS, Dignitas in ordine Canonicorum regularium, cujus munus recitat Innocentius III. lib. 1. Epist. pag. 30. edit. Venetæ : *Prædictorum autem octo* (Canonicorum Regularium in Ecclesia Perusina) *major Archipresbyter erit, alius Ordinarius, sequens Camerarius, ... Ordinarius vero claustrum debet ex officio custodire, signare diligenter, et auscultare a singulis lectiones, etc.*

3. ORDINARII dicuntur Canonici Ecclesia-

[illegible]arum Collegialium, in Charta ann. 1040. apud Ughellum tom. 4. pag. 147. 961. et Paricellum in Ambros. Basil. pag. 452. 517. [Landulphus Junior in Hist. Mediol. cap. 22. apud Murator. tom. 5. pag. 492 : *Anno* 1105. 7. *Id. Maii inventæ sunt reliquiæ pretiosæ in ecclesia S. Mariæ ad Portam; unde Ordinarii cum universo Clero statuerunt Festum solemne illa die in ecclesia prædicta, in cujus rei testimonium talis extat Epistola : Ordinarii Cardinales sanctæ Mediolanensis ecclesiæ, necnon et Primicerius cum universo Sacerdotio et Clero Mediolanensi, etc.* ubi patet ipsos Canonicos Ecclesiæ Cathedralis appellari *Ordinarios*, adjecto *Cardinalium* titulo, qui saltem ad annum 1557. retentus est in Ecclesia, ut probat laudatus, et nunquam satis laudandus, Muratorius loco citato : ubi et illud observat, abrogata fuisse a S. Pio V. hujusmodi Ecclesiarum privilegia ann. 1568. Gualvaneus Flammeus per *Ordinarios*, Ecclesiæ Mediolanensis Canonicos etiam intelligit apud eumdem Murator. tom. 12. col. 1048. Sic etiam Continuator Reginonis, quem laudat Mabillonius tom. 3. Annal. Bened. pag. 386. *Ordinarios* vocat Canonicos *Strazburgenses*, ubi docet Bennonem ex iis *Ordinariis* factum fuisse Metensem Episcopum.]

¶ Ordinarioli, f. minores *Ordinarii* seu Canonici. Gualvaneus Flammeus loco mox laudato : *Dominica prima post Ascensionem Domini, Ordinarioli vicissim portant anulum et albam rubeam, quæ sunt Archiepiscopi.*

* Ii etiam intelligi possunt, qui minoribus ordinibus sunt donati, ex eo maxime quod post subdiaconos appellantur in Ordine eccl. Ambros. Mediol. ann. circ. 1130. apud Murator. tom. 4. Antiq. Ital. med. ævi col. 901 : *Et similiter omnes subdiocani vicissim portant Evangelium et baculum sancti Ambrosii per omnes ecclesias, et Ordinarioli etiam vicissim portant album rubeam et baculum.* Vide in *Ordinarius* 1.

* 4. **ORDINARIUS**, Hæres legitimus et ex ordine consueto. Reg. feud. Aquit in Cam. Comput. Paris. sign. JJ. rub. fol. 33. r° : *Guillelmus Arnaldus de Gontaldo juratus pro Petro de Gontaldo fratre suo, domino de Byron, cujus dixit se esse Ordinarium in testamento, dixit se nescire pro certo si dictus frater suus tenet aliquid in feodum a domino rege Angliæ, vel aliter.* Nihil tamen est, cur de Executore testamenti prorsus non intelligatur.

¶ 1. **ORDINATIO** Cartusiensis, Ordo Cartusiensis. Literæ Johannis Franc. Regis ann. 1350. tom. 4. Ordinat. Reg. pag. 12 : *Tam propter devocionem, quam ipse habebat* (Primogenitor noster) *tempore quo videbat, ad Ordinationem Cartusiensem prædictum, quam nos etiam habemus ad eundem Ordinationem, etc.*

* 2. **ORDINATIO**, Conventum, statutum, sententia judicis vel arbitri, in Hist. Paris. tom. 3. pag. 37. 99. et 112. ut monent Auctores novi Tract. diplom. tom. 1. pag. 340. et 341.

* 3. **ORDINATIO**, Charta, in qua per ordinem causæ dijudicandæ describuntur, Gall. *Rôle des causes*. Stat. ann. 1409. tom. 9. Ordinat. reg. Franc. pag. 448. art. 11 : *Diebus juridicis, de mane ante audienciam, domini facient Ordinationes fiendas in causis; .... et si tot sint Ordinationes fiendæ, quod tempore illo expedire non possint verisimiliter, discretioni præsidentis relinquitur captare horam ante aliam diem juridicam, pro expeditione dictarum Ordinationum.*

* 4. **ORDINATIO**, Inauguratio, qua quis in regem aliamve dignitatem *ordinatur* seu sublimatur. Tabul. Major. monast. : *Anno ab incarnatione Domini* 1093.... *regnante Philippo rege, anno Ordinationis suæ xxxvj.* [** Charta ann. 1048. in Guden. Syllog. pag. 563 : *Anno autem Dom. Henrici* III. *regis, imperatoris* II. *Ordinationis ejus* XIX. *regnantis quidem* IX. *imperantis autem* II. Alia ann. 1042. in Hœfer. Diario Diplomat. tom. 2. pag. 523 : *Anno autem Domni Heinrici* III. *ordinationis ejus* XV. *regni vero* IV. *feliciter Amen.* Vide ibidem pag. 525. 526. Henricum III. pater, cui successit ann. 1039. regem coronari fecerat ann. 1028].

¶ 1. **ORDINATOR**, Qui *ordinat*, dirigit, gubernat, abbas, superior. *Advocatus et Ordinator litis*, apud Senecam Epist. 19. S. Aug. lib. 19. de Civ. Dei cap. 12 : *Leges summi illius creatoris Ordinatorisque.* S. Bern. Epist. 66 : *Domno Gaufrido Abbati S. Medardi, frater Bernardus ecclesiæ Clarevallensis Ordinator incompositus salutem, etc.* Occurrit alia notione mox in *Ordo*.

* 2. **ORDINATOR**, Administrator, procurator. Greg. Turon. lib. 4. Hist. Franc. cap. 5 : *Omnem rem ecclesiæ, tamquam si jam esset episcopus, in suam redegit potestatem : Ordinatores removet, ministros respuit, cuncta per se ordinat.* Cui notioni illustrandæ D. *Bouquet* subjicit in nota Privil. Corb. Bertefr. episc. Ambian. his verbis : *Ne quis episcopus ex suis successoribus, aut archidiaconus, seu quilibet Ordinator ecclesiæ Ambianensis ad præfatum monasterium accedere.... præsumat, nisi ab abbate rogatus fuerit.* Vide *Ordinatus* 3. *Ordeneur*, pro *Ordonnateur*, qui rei alicui præpositus est, in Lit. remiss. ann. 1391. ex Reg. 142. Chartoph. reg. ch. 54 : *Michel Pollet ainsi que Ordeneur ou souverain de la besongne, donna ledit pris à Philippe de Recourt.*

¶ 1. **ORDINATUS**, Ordine sacro donatus. Vide *Ordo* 3.

* *Ordené*, eadem notione, in Vita J. C. MS. :

Les faus rendus, les faus abés,
Les faus provoires Ordenés.

2. **ORDINATUS** mori dicitur, qui testamentum confecit, apud Willelmum Tyrium lib 12. cap. 25. Vide *Inordinatus*.

* Hinc *Mourir Ordinéement*, pro Sacramentis munitus et testamento confecto obire, in Lit. ann. 1358. tom. 3. Ordinat. reg. Franc. pag. 664. art. 2. Vide supra *Ordinare* 4.

¶ 3. **ORDINATUS**, Idem, ut videtur, qui *Advocatus*, defensor, Gall. *Avoué*. Chronicon Farfense apud Murator. tom. 2. part. 2. col. 660 : *Molestiam non facient, nec facere permittent; sed adjuvabunt nos nostrosque Ordinatos ad retinendam eamdem ecclesiam S. Salvatoris cum rebus sibi pertinentibus, et omnia alia bona S. Mariæ, et suum honorem contra omnes homines.* Et col. 667 : *Quidam Benedictus prior ecclesiæ S. Martini super vallem Transaquam, suscepit a domno Beraldo abbate ecclesiam S. Rufini de Vocabulo Ratino, cum omnibus ejus pertinentiis, ad meliorandum, ab anno Domini* MCXII. *usque ad* XXX. *annorum expletionem; et ibi sit semper Ordinatus noster, quem nos proponimus, et ad jus nostrum liberrime consistat in ipsa ecclesia S. Rufini, et annualiter perfectorum piscium duas salmas in festivitate S. Benedicti vel Ascensione afferant hic nobis.* [* Vide supra *Ordinator* 2.]

¶ 4. **ORDINATUS**, Institutus, stabilitus. Chronicon Farsense apud Murator. tom. 2. part. 2. col. 665 : *Ecclesiam, quæ est in plaja subtus ripam, offerent Deo et Salvatori Domino et perpetualiter liberam reddeient. Insuper servis servorum Dei monachis ibidem Ordinatis, in persona domni Beraldi abbatis ecclesiæ S. Mariæ Pharphensis, in suisque posteris disponendam concederent.*

¶ **ORDINATUS**. *Ordinati*, Posteri, postgeniti, successores, qui *ordine* descendunt ab alio, Gall. *Descendans*, et, ut Practici nostri loquuntur, *Aians cause.* Charta Guillelmi de Rupibus Senescalli Andegav. ann. 1209. pro fundatione Abbatiæ Perrodii novi, apud Menagium Histor. Sabolii pag. 365 : *Religiosi non solvent* (rachatum) *dictis Guillelmo et Margaretæ* (uxori,) *vel heredibus suis, vel ab ipsis Causam habentibus vel habituris, in mutatione cujusque Abbatis, etc.* Charta Unfredi Comitis ann. 1085. pro Monasterio S. Michaelis de Monte-Caveoso, tom. 5. Annal. Benedict. pag. 666. col. 2 : *Ut nec ego, vel mei heredes, aut Ordinati audeamus ab eis quærere datum, aut servitium vel angariam seu plazzam erga nos exigere... Præterea et nec monachum quemlibet præfati cœnobii S. Michaelis, aut clericum vel laicum et de ejus pertinentiis, ut nec ego vel mei heredes, seu quilibet noster Ordinatus, aut comprehendere vel tenere eum audeamus... et ut generaliter dicamus, nec in vobis vel vestris monachis, clericis vel laicis, aut omnibus hominibus, prædicto sacro pertinentibus monasterio, potestatem aliquam judicandi, distringendi, aut comprehendendi servamus nobis aut nostris heredibus seu Ordinatis.... Si vero instigatione diabolica hoc, quod modo nos pro salute animæ concessimus, sive ego, sive quilibet noster heres, vel successor aut Ordinatus, nec non quispiam hominum disrumpere tentaverimus, aut irritum facere, etc.* Charta Constantiæ uxoris Boamundi Principis Antiocheni pro eodem Monasterio ann. 1124. ibidem pag. 668. col. 1 : *Hæc itaque omnia superius declarata concessimus Deo et monasterio S. Archangeli.... atque confirmavimus habere, tenere et possidere ac dominari in perpetuum, absque omni nostra nostrorumque heredum et successorum et Ordinatorum nostrorum contrarietate et molestia.* Vide mox *Ordinium*.

¶ 1. **ORDINIUM**, Posteritas, idem quod *Ordinatus* 5. Charta ann. 1192. in MS. Codice B. Mariæ Convenarum : *Sciendum est tam præsentibus quam futuris, quod ego Ramundus Arnaldus Davert per me et per omne Ordinium meum, et ego W. Arnaldus de Cavejan et fratres mei, scilicet Bernardus et Roggerius et Ato, per nos et per omne Ordinium nostrum, et ego Sulmus de Cavejan per me et per omne Ordinium meum, et ego Baro et ego Petrus Sirat per nos* *et per omne Ordinium nostrum, solvimus et garpimus et francum damus hospitale, quod dicitur de Toran, Deo, S. Mariæ, quæ est sedes Convenarum.* Hic *per*, ut alibi non semel, idem est quod *pro*. Charta Hugonis Comitis Ruthenæ ann. 1270. apud Baluzium tom. 2. Hist. Arvern. pag. 548 : *Concessit idem dominus Comes Ruthenæ, quod si contingeret dictum Henricum primo decedere antequam dicta Mascarosa et ejus Ordinium teneant et possideant prædictum castrum... quousque ei sit de dicta dote et lucro plenarie satisfactum.... et dictos fructus, quos interim perciperet, et proventus qualescumque essent, dedit dictus dominus Comes Ruthenæ pro se et successoribus suis eidem Mascurosæ et suo Ordinio, tanquam bene meritæ, donatione inter vivos irrevocabili.* Charta ann. 1204. apud *la Faille* in Probat. Annal. Tolos. tom. 1. pag. 55 : *Solverunt et reliquerunt ac dimiserunt Viziano, Leomanie Vicecomiti, et Odoni suo filio, et omnibus militibus et et hominibus et feminis Altivilaris et Leomanie et eorum Ordinio, totum quod eis petebant.* Similia mox recurrunt ibidem. Licentia marcandi Bernardo mercatori Baion. ab Edwardo I. Angl. Rege concessa ann. 1295. apud Rymer. tom. 2. pag. 692 : *Dedimus ipsi Bernardo.... suisque hæredibus, successoribus et Ordinio, licentiam quod... possit marcare retinere... quousque Bernardus et hæredes sui, vel successores aut ejus Ordinium, de bonis suis prædictis.... fuerit integre restitutus.... quare mandamus, quatenus aliquis vestrum dictum Bernardum, hæredes, vel successores suos aut Ordinium impedire non audeat.* Concordia inter Comitem Fuxensem et Matrem suam ann. 1313. apud eumdem Rymer. tom. 3. pag. 421. col. 2 : *Memoratus tamen Comes promisit dare sufficientes cautiones... qui se obligabunt principaliter de solvendis sexcentis libris Turonensium annuatim, quamdiu dicta Domina viverit, sine diminutione dotis : et post ejus vitam, donec mille marchæ dotales fuerint ejus Ordinio, modo prædicto, integre persolutæ.* Conventiones Edwardi III. Regis Angl. cum Gastone de Insula ann. 1339. apud eumdem Rymer. tom. 5. pag. 132. col. 2 : *Concessit etiam dictus dominus Senescallus, nomine dicti domini nostri Regis et Ducis, dicto Falquero, nomine dicti Gastoni et hæredibus ejusdem Gastoni, et ejus successoribus universis ac Ordinio, totum jus, quod idem dominus noster Rex et Dux habet, et habere debet, in bastidis, locis et parochiis de Viana, etc.*

* 2. **ORDINIUM**, Testamentum, quo quis de rebus suis *ordinat* et disponit. Testam. Petronæ comit. Bigor. ann. 1251. ex Tabul. Auxit. : *Si forte de prædictis non possit Ordinium perfici, quod successum est satisfaciat de redditibus terræ Bigorræ ad arbitrium spondaliorum, quo usque dictæ comitissæ Ordinium et debita sint integre persoluta.* Vide supra *Ordinare* 1.

***ORDIOLUM**, dim. ab *Ordeum*, pro Hordeum. Glossar. Provinc. Lat. ex Cod. reg. 7657 : *Migma, ordeum, Ordiolum, ordi, Prov.*

¶ **ORDITORIUM**, Staminis vel telæ sucula, Ital. *Orditoio*, Gall. *Ourdissoir*. Acta S. Franciscæ Rom. tom. 2. Martii pag. 146. * : *Voluit quod ille secundus Angelus mutaret suum lavoritium, quod primo faciebat de matassis et globis, et aptabat unum Orditorium ad ordiendum telam solenniter.*

¶ **ORDITORIUS**, Textorius. *Orditoria teisa*, Orgyia, qua textores utuntur, in Statutis Montis-regalis pag. 275.

¶ **ORDITURA**, in iisd. Statutis pag. 276. Textura.

* *Orture*, eadem notione, in Stat. ann. 1380. tom. 6. Ordinat. reg. Franc. pag. 473 : *Pour ce que lors appert mieulx la male tixure et Orture des draps.* Aliud in Lib. rub. fol. magn. domus publ. Abbavil. art. 1 : *Que li drap aient xxxij. aunes d'Orture et d'escru, et xxvij. aunes de paré.* Italis, *Orsoio*. Haud scio an inde, vel ab Ora, *Ourdier*, pro Circumeundo observare, speculari, in Lit. remiss. ann. 1415. ex Reg. 168. Chartoph. reg. ch. 399 : *Lesquelx deux compaignons ne faisoient que Ourdier et espier autour dudit hostel. Ourdiere*, pro *Orniere*, rotæ vestigium, in aliis Lit. ann. 1417. ex Reg. 170. ch. 29 : *Lequel Vigneron estoit sur un condot d'une Ourdiere de charrette sur le chemin.*

¶ 1. **ORDITUS**, pro *Orsus*, passiva notione. Gesta Hugonis Cenoman. Episc. apud Mabillon. tom. 3. Analect. pag. 352 : *Filis, quos longo tractu Orditos Amica uxor præpositi ad telum paraverat, etc.*

* 2. **ORDITUS**. *Dominica de lignis Orditis*. Vide supra *Bohordicum*.

1. **ORDO**, Modus, ratio. *Malo Ordine*, in Lege Ripuar. tit. 59. § 8. tit. 67. § 5. etc. apud Luciferum Calarit. De non parcendo hæretic. pag. 248. S. Audoenum in Vita S. Eligii lib. 3. cap. 55. in vett. Chartis apud Doubletum pag. 692. 694. in Legibus Luitprandi Regis Longobard. tit. 65. [** 89. (6, 36.) etc. [** Vide Grimm. Antiq. Jur. German. pag. 4.]

Malo Ordine *et contra leges*, in vet. Charta apud Ughellum tom. 7. pag. 1418. *Malo Ordine et iniquo ingenio*, in alia apud Sammarthanos in Episcop. Massil. num. 14. *Ordine violento*, in Legibus Luitprandi Regis Longob. tit. 110. § 1. [** 141. (6, 88.)]

Quieto Ordine, apud Doubletum pag. 859. Ughellum tom. 2. pag. 143.

Ordine Legitimo, in Charta Caroli M. apud Doubletum pag. 717.

Æquitatis Ordo, in formulis Lindenbrog. cap. 105.

Canonico Ordine *vivere, distringere*, in Lege Longob. lib. 3. tit. 1. § 18. [** Pipin. 2.]

* Ad Ordinem. Reg. 34. bis Chartoph. reg. 1. fol. 95. v°. col. 2 : *Murus sub circa burgum inspissabitur tres pedes, et levabitur ad Ordinem novi muri.*

* Absque Ordine, *Contumeliose vel incondite, sine justitia, sine veritate*, in vet. Glossar. ex Cod. reg. 7646.

Usu et Ordine *fructuario possidere*, in Pancharta nigra S. Martini Turon. fol. 103. col. 2. est jure usus fructus. *Usufructuario Ordine beneficiare*, in Formul. vet. cap. 28.

Vivo Ordine. Testamentum Ephibii Abbatis de Geniciaco ann. 696. ex tom. 12. Spicilegii Acheriani : *Facio testamentum de rebus meis et hæreditate mea quæ ex parentibus meis Leobio et Theodigna legitima auctoritate ad me pervenit, et ex sorore mea, quæ sine liberis defuncta hæreditatem suam mihi vivo Ordine dereliquit.* Id est, dum viveret.

2. **ORDO**, Curia, Senatus. Gloss. Gr. Lat. : Βουλευτήριον, *hæc Curia, Ordo.* S. August. in Breviar. Collat. 3. cap. 13 : *Scripsit etiam Secundus et ad seipsum missos a Curatore et Ordine Centurionem, et Beneficiarium.* Occurrit ibidem cap. 15. 17. et in Cod. Theod. non semel.

Ordo Reipublicæ *superior et inferior*, i. Magistratus majores et minores. Charta Carlomanni Regis, ex Archivis Monasterii Pictav. S. Crucis : *Nec a quibusquam superioris aut inferioris Ordinis Reipublicæ procuratoribus, aut quibuslibet missis discurrentibus exigatur, aut fieri præcipiatur.*

3. **ORDO**, Ordinis Sacramentum, quod ei confertur qui in aliquem ordinem Ecclesiasticum cooptatur. Zozimus PP. Epist. ad Hesychium cap. 1 : *Hinc passim numerosa popularitas... dum parochias extendi cupiunt, aut quibus aliud præstare non possunt, divinos Ordines largiuntur.* Vide Baronium ann. 44. num. 85. et seqq.

* Eadem nomenclatura appellatur matrimonii sacramentum, in Lit. remiss. ann. 1441. ex Reg. 176. Chartoph. ch. 98 : *Perrotin de Solier.... estant plevy en fiance à une jeune fille,.... et cuidant icelle espouser et recevoir l'Ordre de mariage, etc.*

Ordines Majores ac sacri, sunt *Subdiaconatus, Diaconatus, Presbyteratus, Episcopalis* : minores vero, seu non sacri, *Cantoratus, Psalmistatus, Ostiaratus, Lectoratus, Exorcistatus, Acolytatus.* Omnes tamen ordines *sacros* promiscue appellatos annotat Menardus ad lib. Sacrament. pag. 270. Synodus Beneventana ann. 1091. cap. 1 : *Sacros Ordines dicimus Diaconatum ac Presbyteratum.*

Cur Ordines in 4. temporibus fiant, vide Honorium August. lib. 3. cap. 155. et Durandum lib. 2. Ration. cap. 1. præterea Menardum pag. 272. Cur vero Episcopi diebus dominicis, Presbyteri et cæteri ministri Ecclesiæ in Sabbato ordinentur, vide Hugon. a S. Victore lib. 1. de Sacram. cap. 44.

¶ Ordo Secundus, Sacerdotium, quo prior est Episcopatus. Fridegodus in Vita S. Wilfridi Episcopi cap. 8. sæc. 4. SS. Benedict. part. 2. pag. 176 :

Tandem colla jugo subdens delecta petito,
Ordinis aptatur cælebs in honore secundi.

Lupus Abb. Ferrar. in Vita S. Wigberti cap. 5. eod. tom. pag. 675 : *Wigberchtum sacerdotem secundi Ordinis cœnobio suo... magistrum præfecit.*

Ordinare, Ordines sacros et Ecclesiasticos conferre, quod faciunt Episcopi. S. Hieronymus in Esaiam : Χειροτονίαν, *id est, Ordinationem Clericorum, quæ non solum ad imprecationem vocis, sed ad impositionem impletur manus.* S. Augustin. Epist. 137 : *Cum promoveri in Clericatu... conaretur, ego autem nullo modo adducerer ei homini, de quo tantum mali existimarem, manus ordinationis imponere.* Gillebertus Lunicensis Episcopus de Usu Ecclesiastico : *Ordinat Episcopus Abbatem, Abbatissam, Sacerdotem et cæteros sex gradus.* Apud Anastasium in Vitis PP. passim habentur hæc verba : *Hic fecit Ordinationes per mensem, etc.*

ORDINATI, Qui ordinibus Ecclesiasticis donati sunt. Leges Henrici I. Regis Angl. cap. 11 : *Qui Ordinatum occiderit, vel malignaverit, etc.* Adde cap. 68. Matth. Paris in Henrico III : *Juravit quod honorem, pacem, et reverentiam portabit Deo et sanctæ Ecclesiæ, et Ordinatis, omnibus diebus vitæ suæ.* [Le Roman *de Rou* MS. :

Li Evesque de France et li bon Ordené,
Li Baron et li Conte, li viel et li puisné.]

¶ ORDINATOR, Qui confert ordines ecclesiasticos. Innocentius II. Papa in Epistola ad Synodum Tolet. tom. 2. Concil. Hispan. pag. 151 : *Si quis adversus formas canonum, vel ad ecclesiasticum ordinem, vel ad ipsum sacerdotium venire tentaverit; una cum Ordinatoribus suis ipso in quo inventi fuerint ordine et honore priventur.* Non semel occurrit apud Scriptores ecclesiasticos.

EXORDINARE, Sacerdotali gradu spoliare, degradare. Leges Alvredi Regis West-Sax. art. 24. apud Bromptonum : *Si Presbyter hominem occidat... Exordinet eum Episcopus.* Leges Henrici 1. cap. 7 : *Si Diaconus hominem occidat, Exordinetur.* Eadmerus in Vita S. Wilfridi cap. 23 : *Si me adseris contra scita Canonum ordinatum, libenti animo Exordinari concedo.* Adde Chronicon Mauriniacense, pag. 384.

REORDINATIONES vetant Canones Conciliorum. Fulbertus Carnot. Epist. 25 : *Rebaptizationes et Reordinationes fieri Canones vetant. Propterea depositum non reordinabitis, sed reddetis et suos gradus per instrumenta et per vestimenta, quæ ad ipsos gradus pertinent, ita dicendo, Reddo tibi gradum Ostiarii, etc. In nomine Patris et Filii et Spiritus sancti. Novissime autem benedictione lætificabitis eum, sic concludendo, Benedictio Dei Patris et Filii et Spiritus sancti super te descendat, ut sis confirmatus in ordine sacerdotali, et offeras placabiles hostias pro peccatis atque offensionibus populi omnipotenti Deo, cui est honor et gloria in sæcula sæculorum. Amen.*

4. **ORDO**, Liber Ecclesiasticus, sic dictus, qui vulgo *Ordo Romanus*, editus cum scriptoribus de Ritibus Ecclesiasticis, cujus mentio est in lib. 7. Cap. Caroli M. cap. 143.[** 202.]Petrus Diac. lib. 4. Chron. Casin. cap. 57 : *Moxque super eum orationem primam, sicut in Ordine continetur, Lavicanus Episcopus dedit.*

¶ ORDO ECCLESIASTICUS, Eadem notione. Vita S. Rodingi Abb. sæc. 4. Benedict. part. 2. pag. 536 : *Celebratis quas Ordo ecclesiasticus docet funeralibus exsequiis, etc.*

* *Ordo episcopalis*, qui ad episcopi usum erat, in Charta Regimb. episc. Brixin. ann. 1140. inter Probat. tom. 2. Annal. Præmonst. col. 688.

¶ 5. **ORDO**, Canon, regula, sanctio. Liber 1. Capitul. cap. 82 : *Juxta sacros Ordines, vilis persona manens, sacerdotii dignitate fungi non potest.* Ibid. cap. 91. habetur *juxta sacros Canones*, ut et apud Reginonem, Burchardum, Ivonem et Gratianum. Vide notam Baluzii tom. 2. Capitul. col. 1146.

6. **ORDO**, nude, pro Ordine religioso, Arnoldus Lubecens. lib. 4. cap. 13 : *Quid ergo damno, reprehendo? Ordinem? non Ordinem, sed Ordinis superfluitates, quæ ex illo tempore cæperunt, ex quo facta est mutatio Ordinis.* Curia Generalis Catalaniæ ann. 1289 : *Neque aliam Ecclesiam, neque domum Ordinis, vel Religionis, vel Monasterii, etc.* [Testam. ann. 1340. apud Baluz. tom. 2. Hist. Arvern. pag. 317 : *Et in casu in quo faceremus eundem Blanquetum Ordinem ingredi, nolumus quod habeat dictas 20. libras Turon. sibi legatas.* Hinc intelligi posset, Ordinibus ecclesiasticis initiari.] *Homo Ordinis*, Religiosus. Curia General. Catalan. ann. 1291 : *Aliquem Richum hominem, Militem, Clericum, hominem Ordinis, vel civem, etc.* Synodus Suessionensis ann. 744. cap. 5 : *Ut Ordo Monachorum vel ancillarum Dei secundum regulam sanctam stabilis permaneat, etc. Ordo Ecclesiasticus* lib. 1. Capitular. cap. 78. etc. Adde Gerbertum Epist. 45. et quæ de voce *Ordo* annotavit Seldenus in Eutychii Origines pag. 27. et seqq. 1. edit.

* Testam. Guill. de Pratocomit. ann. 1360. in Reg. 3. Armor. gener. part. 2. pag. 14 : *Item lego jure institutionis Amalrico filio meo quadraginta florenos auri,.... cum quibus in Ordine collocetur; et si plus constarent expensæ ingressus religionis ejusdem, etc.* Eodem sensu nostri quoque *Ordre* dixerunt. Charta ann. 1280. in Chartul. S. Petri de Monte : *Tous li muebles ke je i auerai.... revenront et demourront soles et quites après mon décet, à l'abbé et covans devant dis, et ce je antroie an Ordre ausi.* Hinc

* VENIRE AD ORDINEM MONACHI, Monachismum solemniter profiteri. Chartul. S. Petri Neronis-villæ fol. 15. v°. : *Hurricus Motet, quando venit ad Ordinem monachi, donavit, etc.*

¶ Ordo, Monasterium, seu Monachorum ejusdem loci congregatio. Johan. Monachus lib. 3. Vitæ S. Odonis Abb. Cluniac. cap. 8 : *Alii* (e Floriacensibus monachis) *clypeis accinctis ensibus monasterii observabant aditum, prius se mori fatentes, quam eos introire sinerent, aut Abbatem alterius Ordinis susciperent.* Et mox : *Miserunt ei quædam Præcepta regalia, in quibus continebatur, ut nulli ex alia Congregatione ullo umquam tempore liceret ejusdem loci prioratum subire.*

ORDO, Regula ipsa, vel observatio monachica. Eadmerus lib. de Similitudinib. S. Anselmi cap. 77 : *Hac et his similia novitius dicit, dum Ordo imprimis illi videtur gravis.* Cap. 79 : *Ipsi jam probati sunt in omni humilitate et obedientia, et patientia, et observatione omnium quæ Ordo exposcit.* Charta Stephani Episcopi Noviomensis ann. 1215 : *Et anno elapso in conspectu universitatis fratrum et sororum Ordo domus ei exponatur, etc.* Vita S. Stephani Abbat. Obasin. lib. 1. cap. 17 : *Ad capitulum fratres quotidie post Primam vel Missam conveniebant, in quo residente priore finita lectione, vel quæcumque ex more ibi dicuntur, mox de institutis, de disciplina, de Ordine tractabatur.* Hinc Regula primaria Canonicorum Regularium S. Victoris Parisiensis inscribitur *Liber Ordinis S. Victoris. Ordo sanctus*, in Capitulari ann. 779. cap. 3. [*Ordo ecclesiasticæ regulæ*, lib. 1. Capitul. cap. 116.] *Ordo regularis et Canonicus*, in Synodo Vernensi ann. 755. cap. 11. Ita etiam *Liber Ordinis* in Statut. Antiq. Cartusiens. 1. part. cap. 46. vers. 1. *Ne ibi sanctus Ordo tepescat*, in Form. 37. ex Baluzianis. [Vide Annales Benedict. tom. 4. pag. 633. et tom. 5. pag. 281.]

* Stat. ordin. Cartus. ann. 1261. in Append. ad tom. 6. Annal. Bened. pag. 688. col. 1. art. 39 : *Declaramus quod Ordinem tenere, est feria ij. et iv. esse contentum pane et vino et coquina, feria iij. et Sabbato pane, vino, et coquina sine pittantia, feria vj. pane et aqua, festis capituli et feria v. sicut et alii ex debito.*

* ORDO, Religiosi ordinis generalis vel particularis conventus, vulgo *Chapitre*. Charta ann. 1161. in Chartul. Thenol. fol. 8. r°. : *Ego Philippus Dei gratia Præmonstratæ ecclesiæ dictus abbas. Notum facio.... qualiter controversiæ, quæ erant inter Præmonstratensem et Thenoliensem ecclesiam terminatæ sint auctoritate Ordinis et judicio. Diffinierunt enim abbates, etc.* Martyrol. S. Fidis ex Cod. reg. 5198 : *Anno Domini 1406. fuit concessum per fratrem Johannem Bernardi pro tunc tenentem Ordinem et a toto conventu, etc.* Charta ann. 1393 : *Nos fratres Guillelmus Rambaudi subprior, Radulphus Burgensis tertius, Johannes de valle quartus in ordine, et actu tenentes Ordinem in monasterio de Longavilla, etc.*

ORDO NIGER, *Nigri Monachi*, Benedictini in Occidente passim dicti, apud Matth. Paris pag. 321. 514. *Nigri Monachi sub norma S. Benedicti famulantes*, apud Ingulfum pag. 851. Tidericus Langenius in Saxonia :

Nigris amicti velut Ordinis hi Benedicti
Gradu sublimi subsistunt Ordine primi.

Poeta infimi ævi MS. :

Sunt tria nigrorum quæ vastant res Monachorum,
Renes, et venter, et pocula sumpta frequenter.

Veteres porro Monachos μέλαιναν ἐσθῆτα induisse auctor est Eunapius in Ædesio pag. 78. Vide Haeftenum lib. 5. Disq. mon. tract. 6. disq. 3.

ORDO ALBUS, Canonicorum Regularium Ordinis S. Augustini. Jacobus a Vitriaco in Hist. Occident. cap. 13 : *Cum a priscis temporibus in partibus Occidentis duæ tantum fuissent regularium diversitates, Monachi scilicet nigri, sancti Benedicti regulam profitentes, et Canonici albi secundum regulam B. Augustini viventes; postquam peccatis exigentibus primo modica negligentes paululum cadere cæperunt, tandem ad tantam dissolutionem plures regularium Conventus devenerunt, quod viri timorati et prudentes, sub alio habitu et aliis institutis Domino militaturi ab ipsis recesserunt.* Ordericus Vitalis lib. 8. pag. 711 : *In saltibus et campestribus passim construuntur Cœnobia, novisque ritibus variisque schematibus trabeata peragrant orbem cucullatorum examina. Albedine præcipue in habitu suo utuntur, qua singulares ab aliis notabilesque videantur. Nigredo in plerisque locis sanctæ Scripturæ humilitatem designat, quem idcirco colorem religiosorum fervor hactenus gestat. Nunc autem nigredinem, qua prisci patres tam regulares Clerici in cappis, quam Monachi in cucullis, ob humilitatis specimen usi sunt, moderni tanquam ob majoris justitiæ ostentationem abjiciunt : inusitata quoque pannorum sectione suorum ab aliis discrepare appetunt, etc.* Archithrenius lib. 2. cap. 14 : *de sobrietate alborum Monachorum :*

O sancta, o felix Albis galeata cucullis
Libera paupertas, etc.

Willelmus Brito. lib 8. Philippidos :

Non parcit Monachis, aut quos Cistercius Ordo
Candidat, aut habitus denigrat Cluniacensis.

Carmen de Curia Romana v. 490 :

Non mihi suspectus Cistercius Ordo vel albus,
Non nigri, aut illi qui crucis arma gerunt.

[Confirmatio privilegiorum Domus Calesii Ordinis Carthusiensis, alias S. Benedicti, ann. 1339. tom. 2. Hist. Dalphin. pag. 375 : *Monasterium de Calesio fundatum... constitutis ibidem devotis Deo famulis Monachis albis, sub Abbate secundum Regulam B. Benedicti degentibus.* Cistercienses intelligo qui S. Benedicti Regulam profitentur.] Vide Matth. Paris pag. 241.

Ordo Griseus, Monachorum scilicet qui coloris cinericii, seu *Pseudolactini*, vestibus induebantur : quo nomine Cistercienses Monachi intelliguntur, qui *nigrum habitum primi in griseum commutarunt*, ut autor est Jacobus de Vitriaco in Hist. Occident. cap. 14. Ita de his intelligendi Marianus Scotus ann. 1099. Cæsarius lib. 10. Mirac. cap. 46. Brocardus in Itiner. Terræ sanctæ, Albertus Stadensis ann. 1195. Cromerus in Metropoli lib. 7. cap. 14. et alii. Sed et Tironenses Monachos in Carnutibus, *a consortio nigrorum Monachorum, mutato habitu in griseum*, recessisse scribit idem Jacobus de Vitriaco cap. 20. Vide Michaelem Scotum lib. 4. Mensæ Philosophicæ cap. 39.

Ordo Asinorum. Vide *Asinus*.

* Ordo Alborum Mantellorum, Idem qui *Teutonicus*, cujus vestis est pallium album cruce nigra distinctum. Guill. *de Lannoy* dom. *de Villerval* in Itiner. MS. : *Item appartient ledit pays de Prusse aus seigneurs des Blancs manteaulx de l'Ordre Nostre Dame ; et ont un haut maistre, qui est leur seigneur.* Vide *Teutonicus*. Eodem nomine eamdem ob causam appellati Parisiis Guillelmitæ, quibus successerunt Benedictini.

* Ordo Conchyliatus, vulgo S. Michaelis, memoratur in Instr. ann. 1562. tom. 3. Comment. Cond. pag. 494. ult. edit.

* Ordo de Corona. Charta ann. 1325. in Reg. 62. Chartoph. reg. ch. 393 : *Monasterium B. Mariæ de Carmelis Ordinis de Corona, baillivie Montanarum Alverniæ, etc.* Ejusdem mentio fit in Ch. ann. 1299. ex Lib. rub. Cam. Comput. Paris. fol. 77. v°. et in Testam. Guid. de Lizigniaco ann. 1309. ex Reg. 13. ch. 123.

* Ordo Dealbatus. Chron. Lirense Ms. : *Anno 1098. cœnobium Cisterciense incipitur, principium et origo Ordinis dealbati.* Vide *Ordo Griseus*.

Ordo Fidei, seu *Militia Ordinis Fidei Jesu Christi*, Ordo militaris institutus contra Albigenses, cujus quidam Savaricus *pauperem* se *Magistrum* inscribit in literis ann. 1220. in Regesto Curiæ Franciæ de negotiis Senescalliarum Carcassonæ, etc. ch. 48. Exstat ibidem fol. 23. v. Charta alia de terris collatis Ordini Fidei Jesu Christi in partibus Narbonensibus a Comite Montis-fortis ejusdem ann. 1220.

* Ordo Fidei et Pacis, qui et *Militiæ S. Jacobi* atque *Ordo spatæ* appellatur, Ordo militaris, cujus institutorem rationemque institutionis declarat Bulla Gregor. PP. IX. ann. 1231. inter Instr. tom. 1. Gall. Christ. pag. 165. col. 2. qua confirmatur hic ordo institutus ann. 1227 : *Sane gaudemus in Domino, quod eo misericorditer inspirante, abnegantes salubriter vosmetipsos, salutaribus exhortationibus venerabilis fratris nostri Amanei Auxitani archiepiscopi et suffraganeorum ejus moniti et inducti ad defensionem fidei et pacis custodiam vos Christi constituistis athletas.* Cujus bullæ inscriptio talis est : *Magistro militiæ ordinis S. Jacobi ejusque fratribus, tam præsentibus quam futuris, ad defensionem fidei et pacis in Guasconia constitutis regularem vitam professis in perpetuum.* Bulla Clem. IV. PP. ex Tabul. Auxit. : *De consilio et assensu prælatorum, baronum ac nobilium illarum partium de novo inibi creaverunt, providentes quod fratres, qui per tempora in eodem Ordine haberentur, pacis ac fidei essent in eisdem partibus protectores.* Charta ann. 1290. ex eodem Tabul. : *Frater Guillelmus de Monteclaro presbiter Ordinis fidei et pacis.... Magister Johannes de Bazo syndicus seu yconomus et procurator Ordinis fidei et pacis, vulgariter appellati Ordo spatæ.*

* Ordo Girmondi. Lit. remiss. ann. 1383. in Reg. 124. Chartoph. reg. ch. 23 : *Pour ce que le suppliant avoit esté avec plusieurs bonnes personnes de ladite ville de S. Aignen de Crasmenil devant le viconte de Faloise.... affermer que Ricart le Liegart, né de ladite ville, estoit homme convenable à porter l'enseigne de l'Ordre de Girmont, etc.*

¶ 1. Ordo S. Jacobi, Sacramentum Extremæ-unctionis, sic procul dubio dictum, quia illud a D. N. J. Christo acceptum nobis tradidit S. Jacobus Epist. 5. 14. his verbis : *Infirmatur quis in vobis? Inducat presbyteros Ecclesiæ et orent super eum, ungentes eum oleo in nomine Domini, etc.* Limborch. Sentent. Inquisit. Tolos. pag. 5 : *Omnia septem Sacramenta vituperabiliter diffiteris, abnegas et condempnas,... Ordinem S. Jacobi, seu Extremæ-unctionis pro infirmis in oleo materiali facto, nihil valere dicis, eidem præferendo execrabilem impositionem manuum, quam ipsi vocant Baptismum spiritualem seu Consolamentum et bonum finem.*

* 2. Ordo S. Jacobi. Vide supra *Ordo fidei.*

* Ordo Mantellatorum. Acta Mss. notar. Senens. ad ann. 1284. ex Cod. reg. 4725. fol. 28. r°. : *Relinquo meos fideicommissarios dominum Misericordiæ, qui erit tunc temporis, et ministros tertii Ordinis Mantellatorum de ordine Humiliatorum.* Vide *Humiliati.*

* Ordo B. Mariæ de Alto Braco, vulgo *d'Aubrac.* Charta Caroli IV. ann. 1326. in Reg. 64. Chartoph. reg. ch. 479 : *Nobilis et religiosus vir dominus Bernardus Chati miles Ordinis B. Mariæ de Alto Braco Ruthenensis diocesis, ut procurator, yconomus sive syndicus dictæ domus de Alto Braco, etc.*

* Ordo Paupertatis, Qui paupertatem speciali ratione profitetur. Testam. Guill. Arnaldi de Bellovidere civis Tolos. ann. 1472 : *Item legavit dictus testator aliis tribus conventibus Ordinis paupertatis Tholosæ, videlicet conventui fratrum Prædicatorum, et conventui fratrum Carmelitarum, et conventui fratrum Augustinorum.... quinquaginta francos monetæ currentis.*

* Ordo Servorum B. Mariæ, Qui et *Servitæ* appellantur. De eorum origine et instituto consule Dialogum Fr. Pauli Florentini apud Lamium tom. 12. Delic. erudit. et ibid. pag. 111. Vide *Servi B. Mariæ* in *Servus.*

* Ordo Spatæ. Vide supra *Ordo Fidei* et *Spatharii* voce *Spatharius.*

* Ordo Trecentorum, Gall. *Quinzevings.* Lit. remiss. ann. 1455. in Reg. 189. Chartoph. reg. ch. 58 : *Jehan Giles clerc des questeurs de l'Ordre des Quinzevings demourant à Riom, etc.* Vide infra *Trecentis.*

¶ Ordines Sacri, *sive Sacramenta Pœnitentiæ et Extremæ-unctionis*, quæ moribundis conferri solent, in Miraculis MSS. Urbani V. Papæ. Vide *Ordinare* 4.

¶ Ordo de Poenitentia. *S. Mariæ Magdalenæ.* Vide in *Pœnitentes.*

Dare Ordinem, Phrasis Gallica, *donner ordre de faire quelque chose*, Curare ut aliquid fiat. Occurrit non semel in Vitis PP. ab Ill. Episcopo Monspeliensi editis pag. 108. 134. 190.

* 7. **ORDO**, Advocatus, judex, idem atque *Ordinatus* 3. Charta ann. 845. apud Murator. tom. 5. Antiq. Ital. med. ævi col. 974 : *Reliquæ vero causæ* (non criminales) *in ipsis locis per ministros et Ordines ipsius monasterii deliberatæ et definitæ fiant, absque impedimento vel solatii occasione cujuslibet comitis aut reipublicæ missi.* Vide supra *Ordinator* 2.

* 8. **ORDO**, Militaris turma, copiæ. Bonincont. Hist. Sicul. part. 1. apud Lamium in Delic. erudit. pag. 132 : *Commisso prælio Rogerius a Pontifice superatus Gallutium confugit ad Gottofredum ejus loci dominum, virum tum nobilem, tum sibi amicissimum, et qui cum eo Ordines duxerat.* Vide supra *Ordinantia* 2.

¶ Ordo Vineæ, Vineæ modus. Charta ann. 1105. apud D. Calmetum in Probat. Hist. Lotharingiæ tom. 1. col. 517 : *In Barro-monte vineas duas, in Carni-valle quatuor Ordines vinearum, in Hattonis valle sex Ordines, in summo Barro vineam unam, in Calvo-monte Ordines octo, in prato Amantii undecim, etc.*

* Vel potius Fundus vineis consitus, vinea, Gall. *Vigne*, sic dicta quod ordinatim conseratur. Charta ann. 1114. apud Murator. tom. 5. Antiq. Ital. med. ævi col. 629 : *Ordines tres vinearum cum terra sua, et quantuncunque mihi pertinet in capite prædicti Ordines in integrum, qui sunt positi in eodem Foco Mortuo, etc.*

¶ **ORDURA**, Gall. *Ordure*, Lutum, cœnum. *Auferre femoraria, sucos et alias Orduras*, in Edicto Johannis Franc. Regis ann. 1356. tom. 3. Ordinat. Reg. pag. 158.

* Immundities quævis, sordes. Charta ann. 1334 : *Item quod nulla persona faciat laicivam aliquam in fonte dicti castri, nec ibi lavet lanam, ventres ac aliquam Orduram.* Occurrit præterea in Instr. ann. 1350. inter Probat. tom. 2. Hist. Nem. pag. 138. col. 2. *Ordure*, pro Meretrice, in Lit. remiss. ann. 1408. ex Reg. 163. Chartoph. reg. ch. 79 : *Icellui Dollebel lui dist qu'il avoit espousé une Ordure, et qu'il estoit coux racouppi.* Hinc *Ordoier*, Conspurcare, polluere, violare. Chron. S. Dion. tom. 5. Collect. Histor. Franc. pag. 269 : *Comment li felon Sarrazin avoient,... le saint sépulcre Ordoié et violé.* Codex Ms. S. Vict. Paris. serm. 35 : *Quiconques Ordoiera lou temple Deu, Dex lou destruira.* Consolat. Boetii MS. lib. 1 :

Car li mondes est perillous,
Et Ordoie plus qu'il ne monde.

* **ORDUS**, Gall. *Ord*, Ital. *Ordo*, Deformis, sordidus. Charta official. Autiss. ann. 1338. in Reg. 72. Chartoph. reg. ch. 40 : *Invenit Isabellim,.... quæ juvenis et pulchra mulier erat,.... cui tunc parturienti,.... loco salutationis dixerunt talia vel similia verba : Or sus Orda vetula de merda, vos vos fingitis, foris, foris, Gallice or fors, or fors.*

* **ORECTARE.** Vide supra *Baulare*.

OREDELFE, Rastallo, *est l'ou une clayme de aver le ore qui est trové en son soile, ou terre.* Id est, cum quis clamat, seu sibi vindicat metallum, quod in suo solo vel suo solo vel agro inventum est. Ex ore Saxon. Metallum, nummus, (hoc autem loco thesaurum sonat) et Delfan, fodere, Thesaurus defossus. [Thomas *Blount* in Nomolexico Anglic. legit *Ordeff.*]

* **OREDENCIUS** Cadere, In os seu dentes prolabi. Lit. remiss. ann. 1412. in Reg. 167. Chartoph. reg. ch. 32 : *Ex quo ictu dictus Martinus cecidit Oredencius in aqua.* Vide supra *Indentare* 2.

* **OREFICIA**, Vectigalis species, f. quod pro fimbriis aureis exigitur. Vide *Aurifrigia*. Privil. Pisan concessa a Conrado II. reg. Sicil. ann. 1269. apud Lam. in Delic. erudit. inter not. ad Chron. imperat. Leon. Urbevet. pag. 274 : *Nullus alius directus, aut pedagium, vel teloneum, aut exactio,.... sive pro ripa, fundacatu, dohana, sive mensuris, aut exitura, sive Oreficia, aut palliaria.,. exigi possit ullo modo.*

¶ **OREFREUM**, ut *Aurifrigium*, de quo pluribus suo loco, Gall, *Orfroi*, vel, ut scribit Menagius, *Orfroye*. *Dalmatium velatum de Orefreis*, apud Thomam *Blount* in Nomolexico v. *Orfraies.* Vide mox *Orfra.*

¶ **OREGIELA.** Annales Mediol. ad ann. 1389. apud Murator. tom. 16. col. 808 : *Tres aliæ collanæ, quarum una facta est ad Oregielas auri et flores albos, alia facta est ad botonzellos albos et rubeos, et alia facta est ad modum unius rosani cum botonzellis albis et rubeis.* Videtur esse Fibula, nostris *Agraffe.*

* Vel *Oregialis*, ut editum est in Cod. Ital. diplom. tom. 3. col. 361. ubi flos significari videtur, quem Auriculam ursi, Gall. *Oreille d'ours*, nuncupamus, Italis forte Auricula seu *Orecchia auri* dictus.

* **OREGINON** *dicimus nos sonum spiritualium, qui fit anhelando, et maxime in periplemonia, et asmate, et morientibus.* Glossar. medic. Ms. Simon. Januens. ex Cod. reg. 5659.

¶ **OREILLUM**, perperam pro *Torallum*, in Charta Guidonis Archiep. Bituric. pro villa S. Palladii ann. 1279 : *Si quis accusatus fuerit et convictus pastorale, vel Oreillum, vel viam, vel plateam, vel metam arasse vel fodisse... tenebitur in VII. sol. Paris. proemenda.* Vide *Torallum* et *Pastorale.*

* **ORELLUS.** Reg. episcopat. Nivern. ann. 1287 : *Quilibet mercerius qui vendit Orellos, debet obolum de tribus sabbatis in tribus sabbatis; et alius mercerius, qui non vendit Orellos, debet pinctam de tribus in tribus sabbatis.*

* **ORERIA**, Ora, limbus, Gall. *Bord, lisiere*, alias *Orée, Oriere* et *Ouraille.* Charta ann. 1316. in Reg. 53. Chartoph. reg. ch. 334 : *De dictis pannis sic viciosis Oreriæ amoveantur ex toto et de signo communi plumbeo nullo modo signentur; ... amotis ex eis Oreriis, et sine signo communi plumbeo reddantur.* Alia ann. 1319. in Reg. 59. ch. 315 : *Et deinde eundo per Oreriam forestæ de Grezinha, etc.* Lit. remiss. ann. 1374. in Reg. 105. ch. 372 : *Jehan Denoiers son haigneux, et malveillans accompaignié d'un appellé Rogier Quesnot, garnis d'espée et d'autres diverses armes estoient de lez son chemin à l'Ouraille d'un boys, etc.* Aliæ ann. 1397. in Reg. 152. ch. 57 : *Icellui Douceurre fut veu et apperceu par l'un d'eulx, et qu'il estoit au devant d'eulx à l'Oriere du dit bois.* Aliæ ejusd. ann. ibid. ch. 177 : *Lesquelz se arresterent hors du chemin lez l'Orée d'un petit buisson. Le suppliant apperceut sur l'Oriere ou rive d'un champ, etc.* in aliis Lit. remiss. ann. 1444. ex Reg. 176. ch. 332. Guill. Guiart. ad ann. 1249 :

Le milieu d'eus, et les Orées,
Garnies de targes entieres,
De penonciaus et de banieres.

Vide supra *Aureria.*

ORESTE. Monasticum Anglic. tom. 2. pag. 16. 17. 827 : *Habeant etiam... Curiam suam et justitiam cum soka et saka... flemenefrith, et ordel, et Oreste infra tempus et extra, et cum omnibus aliis consuetudinibus et immunitatibus, etc.*

¶ **ORETENUS**, Ore, verbo, voce, Gall. *de bouche, verbalement. Nisi nobis vel nostro speciali mandato Oretenus facto*, in Literis Humberti II. ann. 1345. tom. 2. Hist. Dalphin. pag. 513. col. 2. *Orethenus vel litteris ordinare*, in Litteris ann. 1348. ibid. pag. 573. col. 1. Exstant ibid. pag. 362. col. 2. Literæ ejusd. Humberti Gallico idiomate, quæ sic concluduntur : *Données à Moirent le second jour de Jullet l'an de grace 1338. Per Dominum Orethenus H. P.* Sic Dalphini *ore* dictatas Literas claudit Amanuensis.

¶ **OREUM**, pro Horreum. *In quadam domo, Oreo, stabulo, gardino*, in Charta ann. 1518. apud Rymer. tom. 13. pag. 619.

* Haud scio an pro Horreum est; præterquam enim quod *Orreum* scribendum fuisset, *Oré* nostris dictus est Hortus rusticus, nisi legendum, quod puto, *Ortz*, pro *Orez*, in Lit. remiss. ann. 1459. ex Reg. 188. Chartoph. reg. ch. 113 : *Certains Orez ou jardins vacquans et infertilz, etc.* Vide infra *Orta.*

* **OREXIA**, *fem. gen. i. Polifagia*, *i. multa comestio.* Glossar. Lat. Gall. ann. 1352. ex Cod. reg. 4120. Vide *Orexis.*

OREXIS, Cibi appetentia, aviditas, ex Græc. ὄρεξις. Lampridius in Heliogabalo : *Amabat sibi pretia majora dici earum rerum quæ mensæ parabantur, Orexin in convivio hanc esse asserens.* Paulinus Epist. 3. ad Severum : *Ac ne in hoc ipso delicatius nobiscum agere videretur, qui nos ad Orexim Monachorum parabat imbuere, fabam intrivit panicio, quo citius Senatorium ponerenus fastidium.* Joan. Sarisber. lib. 8. Policrat. cap. 6 : *Et quos magis onerare voluerint majoribus oneratos minoribus poculis ingurgitant, et distendunt : et donec rapidam Orexin excutiant, aliquid amicitiæ aut festivitati credunt esse subtractum.* [Acta SS. Julii tom. 3. pag. 340. de S. Johanne Gualberto : *Prece supplicantis Angelus panes tulit, atque cunctis trusit Orexim.* Rocho *le Baillif* in Dictionariolo Spagyr. : *Orexis est ardor a Tartaro in stomacho excitatus.*] Henricus Rosla in Herlingsberga, de quodam prælio :

Sanguinis hic aliquis miserandam fundit Orexin.

Id est, amittit desiderium fundendi sanguinis.

* Glossar. Lat. Gall. ex Cod. reg. 4120 : *Orexis dicitur Vomissement, quia exit ab ore.*

¶ **ORFGILD**, Pecoris solutio, redditio, a Sax. Orf, Pecus, et gild, solutio, redditio. Vide Thomam *Blount* in Nomolexico.

¶ **ORFRA**, Orprea, Limbus acu pictus, Gall. *Orfroi.* Testamentum Rotherami Eborac. Episc. ann. 1498. in Libro nigro Scaccarii pag. 674 : *Cum una capa, cujus Orfra est viridis.* Mox : *Cum Orfreis bene et sumptuose operatis.* Vide *Aurifrigium.*

¶ Orfretum, Eadem notione. Inventarium Eccl. Noviom. ann. 1419 : *Item una cappa panni aurei cum Orfretis de broderie et ymaginaturis Apostolorum operata auro et serico.* Et alibi : *Item una stola cum fanonno ad modum Orfreti.*

* Orfredum, Eodem sensu, Gall. *Orfroy.* Necrolog. Ms. eccl. Paris. : XVII. *Kal. Aug. Obiit Petrus de Ordeomonte Paris. episcopus, qui.... nobis et ecclesiæ nostræ legavit capellam suam integram de veluoto, seminatam de stellis aureis, habentem Orfreda ad arma sua, pro uno anniversario sollemni anno quolibet celebrando.*

* **ORFRESIUM**, Eadem notione, in eod. Necrol. : *Item dedit nobis Orfresia cendala pro casula, dalmatica et tunica, pretio xj. lib. Orfraiz à ymaiges d'or de Chipre*, ibid. ad ann. 1382. *Orfalise*, in Comput. Rob. de Seris ab ann. 1332. ad ann. 1344. ex Reg. 5. Chartoph. reg. fol. 7. r°. : *Pour garnir six tissus d'Orfalise,... lxx. solz.* Vide *Orfra.*

¶ **ORGANALIS** Musica. Vide in *Organum.*

¶ **ORGANALIS** Vena, Aspera arteria, spiritus et vocis iter, Gall. *Trachée artere.* Auditio testium pro canonizatione Caroli

Blesensis, apud Lobinell. tom. 2. Hist. Britan. col. 565 : *Carellus vocatus* Enguegue *Gallice*, *intravit guttur ipsius quasi per longitudinem dimidii pedis et perforavit venam Organalem colli ejusdem.*

* Non unius venæ nomen est, sed cujusvis ad vitam præsertim necessariæ, ut colligitur ex Lit. remiss. ann. 1390. in Reg. 140. Chartoph. reg. ch. 144 : *La pointe du coustel en estrillent cheut sur le col dudit fauconnier, et lui persa ou coupa une des vaines Organaux, dont icellui fauconnier moru assez tost après. Original* vel *Originel* itidem appellatur, quasi vitæ fons et origo. Lit. remiss. ann. 1456. in Reg. 183. ch. 160 : *Lesquelz cirurgiens fendirent ladite cuisse en autre lieu; et disoit-on que à ceste cause avoit esté coppée une veine Originalle, qu'ilz ne sceurent estancher.* Aliæ ann. 1473. in Reg. 195. ch. 924 : *Icellui Thibault getta de sa javeline,.... tellement qu'il atteignit ledit de Cleres en la jambe et lui couppa la veine Originelle tout oultre.* Ubi vena cava indicari videtur.

¶ **ORGANARE**, Organarius, Organista, Organistrum. Vide post *Organum*.

¶ **ORGANIZARE**, Effingere, conformare, Gall. *Organizer*. Engelbertus de longævitate ante diluvium cap. 8 : *Calidum quidem est quod format et Organizat active; humidum autem est quod formatur et Organizatur passive.* Vide alia notione in *Organum*.

* **ORGANO**, Piscis genus. Vide supra *Circulus*, 2.

1. **ORGANUM**, quod vario calamorum ordine constat, follibusque inflatur : nam ὄργανον, *fistula*, exponitur, ut ὀργανάριος, *fistularius*, in Gloss. Græc. Lat. Non omnino nuperam esse inventum, satis declarat S. Augustinus in Psalm. 56 : *Organa dicuntur omnia instrumenta musicorum. Non solum illud Organum dicitur, quod grande est, et inflatur follibus, sed quicquid aptatur ad cantilenam, et corporeum est, quo instrumento utitur qui cantat, Organum dicitur.* Ut et Isidorus lib. 2. Orig. cap. 20 : *Organum, vocabulum est generale vasorum omnium musicorum. Hoc autem cui folles adhibentur, alio Græci nomine appellant. Ut autem Organum dicatur, magis ea vulgaris est consuetudo Græcorum.* Eadem pene habent Amalarius lib. 3. de Eccl. Offic. cap. 3. Papias, et Ugutio. Sed et ejusmodi organa respexit, opinor, Senator lib. 1. Epist. 45 : *Facit aquas ex imo surgentes præcipites cadere : ignem ponderibus currere, Organa extraneis vocibus insonare, et peregrinis flatibus calamos complet, ut musica possint arte cantare.* Quin etiam describitur ab eodem in Psalmum 150 : *Organum itaque est quasi turris diversis fistulis fabricata, quibus flatu follium vox copiosissima destinatur, et ut eam modulatio decora componat, linguis quibusdam ligneis ab interiore parte construitur, quas disciplinabiliter Magistrorum digiti reprimentes grandisonam efficiunt et suavissimam cantilenam.* A Juliano etiam, quem Parabatam plerique putant, hocce Epigrammate describitur in Anthol. lib. 1. cap. 64 (9,365.) :

Ἀλλοίην ὁρόω δονάκων φύσιν· ἦπου ἀπ' ἄλλης
Χαλκείης τάχα μᾶλλον ἀνεβλάστησαν ἀρούρης,
Ἄγριοι, οὐδ' ἀνέμοισιν ὑφ' ἡμετέροις δονέονται,
Ἀλλ' ἀπὸ ταυρείης προθορὼν σπήλυγγος ἀήτης,
Νέρθεν ἐϋτρήτων καλάμων ὑπὸ ῥίζαν ὁδεύει,
Καί τις ἀνὴρ ἀγέρωχος ἔχων θοὰ δάκτυλα χειρὸς,
Ἵσταται ἀμφαφόων κανόνας συμφράδμονας αὐλῶν.
Οἱ δ' ἁπαλὸν σκιρτῶντες, ἀποθλίβουσιν ἀοιδήν.

Quam cerno alterius naturæ est fistula : nempe
Altera produxit fortasse hanc ænea tellus ·
Horrendum stridet, nec nostris illa movetur
Flatibus, at missus taurino e carcere ventus
Subtus agit læves calamos, perque ima vagatur.
Mox aliquis velox digitis, insignis et arte
Adstat, concordes calamis pulsatque tabellas.
Ast illæ subito exiliunt, et carmina miscent.

In allatis Organi descriptionibus nulla hydraulicorum, quomodo describuntur a Vossio ex Vitruvio et Herone, in libro de Poematum cantu et virib. rithmi pag. 100. et seqq. nulla fit mentio, immo follibus spiritum accepisse dicuntur, adeo ut ab hodiernis non omnino discrepasse fatendum sit, etsi Latinis vix cognita fuisse evincant quæ habent Francorum Annales, qui in Franciam tum primum allatum organum ann. 757. ac Pipino Compendii tum agenti, cum aliis muneribus missum a Constantino Imp. narrant. Exhinc simile Organum Carolo M. oblatum per Legatos ab Imperatore Constant. Michaele forte cognomento Rhangabe subdit Monachus Sangallensis lib. 1. de Carolo M. cap. 10. a quo ita describitur : *Adduxerunt etiam iidem Missi omne genus Organorum, sed et variarum rerum secum... et præcipue illud musicorum Organum præstantissimum, quod doliis ex ære conflatis, follibusque taurinis, per fistulas æreas mire perflantibus, rugitu quidem, tonitrui boatum, garrulitatem vero lyræ vel cymbali, dulcedine coæquabat.* Organa vero habuisse Veronensem Ecclesiam Carolo M. imperante docent aliquot Chartæ descriptæ ab Ughello tom. 5. pag. 604. 610. Ad Ludovicum Pium deinde adductus est *Presbyter quidam de Venetia, nomine Georgius, qui se Organum posse facere asserebat : quem Imperator Aquasgrani cum Thancolfo Sacellario misit, ut ei omnia ad id instrumentum necessaria præberentur imperavit,* ut est apud Eginhardum in Annal. ann. 826. Autor Vitæ ejusdem Ludovici : *Qui diceret Organum more Græcorum posse componere.* Idem Eginhardus de Translat. SS. Martyrum Marcellini et Petri cap. 16. de Georgio : *Hic est Georgius Veneticus, qui de patria sua ad Imperatorem venit, et in Aquensi Palatio Organum, quod Græce hydraulica vocatur, mirifica arte composuit.* Quod quidem Organum Aquisgranense illud idemque esse videtur, quod describitur a Walafrido Strabo, qui primum ejus inventum Græcis attribuit, et ab ipso Ludovico confectum innuit :

En queis præcipue jactabat Græcia sese
Organa Rex magnus nos inter maxima ponit.

[** Vide Ermoldum Nigellum lib. 4. vers. 639. et Ademar. Histor. lib. 2. cap. 8.]

Sed scrupulum injicit, quod loco proxime laudato Eginhardus, organum istud Ludovici jussu a Georgio Veneto Aquisgrani confectum, *Hydraulicum* appellat, quasi aquarum vi, ut sunt hydraulica organa apud Vitruvium lib. 10. cap. 13. sonum ediderit : cum ejusmodi hydraulica quantum ad formam haud multum differrent ab hodiernis organis : quod abunde docet ea pars Porphyriani Panegyrici Constantino M. dicti, quæ organi speciem refert, quod hydraulicum fuisse testatur hic versus :

Sub quibus unda latens properantibus incita ventis, etc.

Sed et hydraulicorum organorum usum obtinuisse in Ecclesiis nostratibus testatur Willelmus Malmesbur. : *Extant etiam apud illam Ecclesiam doctrinæ ipsius monumenta, horologium arte mechanica compositum, Organa hydraulica, ubi mirum in modum aquæ calefactæ violentia ventus emergens implet concavitatem barbiti, et per multiforatiles transitus æneæ fistulæ modulatos clamores emittunt.* Quæ vero de organis musicis narrant Constantinus Manasses et Michael Glycas a Theophilo Michaelis F. Imperatore Constantinopol. adinventis, non organa nostratia spectant, sed musicam quandam avium fictitiarum arbori perinde fictitiæ insidentium organicam intelligunt, quod ex Leone Grammatico licet colligere.

Organorum nostratium ac ingentium, præclaram descriptionem habet Volstanus in Prologo ad Vitam S. Swithuni :

Talia et auxistis hic Organa, qualia nusquam
Cernuntur gemino constabilita solo,
Bisseni supra sociantur in ordine folles,
Inferiusque jacent quatuor atque decem.
Flatibus alterius spiracula maxima reddunt,
Quos agitant validi septuaginta viri,
Brachia versantes, multo et sudore madentes :
Certatimque suos quisque movet socios,
Viribus ut totis impellant flamina sursum,
Et rugiat plena Kapsa referta sinu.
Sola quadringentas quæ sustinet ordine musas,
Quas manus organici temperat ingenii.

Sed de Organorum usu in Ecclesiis consulendus Steph. Durandus lib. 1. de Ritibus Ecclesiæ cap. 13. [* Consule Dissert. D. *Le Beuf* de Cantu ecclesiastico. Nostris alias *Ogre*. Vide supra *Discantus*.] Porro an in Ecclesia Græcanica, prioribus saltem sæculis ejusmodi organa in usu fuerint, addubitari potest, cum eorum, ni fallor, haud meminerint Scriptores Byzantini, præter forte Codinum de offic. cap. 11. num. 1.

* *Organa* officii ecclesiastici pars adeo præcipua censebantur, ut *Organi* nomine significaretur Missa, aliaque, quæ ad cultum divinum spectant, officia. Charta Radulphi abb. S. Apri ann. 1294. ex Tabul. ejusd. monast. : *Si vero contigerit quod dictus capellanus negligentia vel defectu cessaret a celebratione dictæ missæ,.... et per abbatem nostrum seu priorem dicti nostri prioratus monitus Organa non resumeret et delictum non emendaret, etc.* Bulla Bonif. PP. VIII. ann. 1299 : *Volumus ut prædicti decanus et capitulum statim post denuntiationem prædictam, a prædicta divinorum suspensione cessent et prorsus abstineant,.... et continuent Organa divinorum.*

In interdictis porro *suspenduntur Ecclesiæ organa*, ut est apud Will. Neubrigensem lib. 1. cap. 17. extremo. Acta capitularia Eccles. Lugdun. ann. 1347. fol. 133 : *Deliberaverunt, quod malefactores, qui claustrum violaverunt, hospitia Canonicorum fregerunt, et ipsos injuriaverunt, requirantur ut dictam injuriam emendent : quod nisi fecerint, quod contra ipsos cessus apponatur, Organa suspendantur, etc.* [Literæ A. Meld. Episc. ad Capitulum suum ann. 1221. tom. 2. Hist. ejusd. Eccl. pag. 112.

Vos rogamus ut injuriam et dedecus de hominibus nostris incarceratis... vindicare nobiscum curetis, Organa vestra in majori Ecclesia nostra, quod in aliis Ecclesiis fieri præcepimus, suspendentes.]

☞ Hanc loquendi formulam transtulit Pius II. PP. ad scholarum cessationem in Academia Parisiensi, cum scilicet Rectoreas haberi vetat ob injuriam Academiæ illatam, donec ei satisfactum fuerit : sic in Bulla ann. 1462. apud Lobinell. tom. 5. Hist. Paris. pag. 707 : *Quamquam non deceat illos*, (Rectorem, Magistros et Doctores) *nisi pro gravi ac enormi offensa... a lectionibus suis cessare; frequenter pro suæ libito voluntatis, nullaque... sufficienti subsistente causa, nedum Organa sua suspendendo ab eisdem lectionibus cessare præsumunt, etc.* Similia recurrunt infra.

ORGANUM TRIPLUM *seu Quadruplum*. Necrologium Ecclesiæ Parisiensis 7. Id. Jan. : *Et quilibet Clericorum qui ad Missam Responsorium vel in Alleluia Organo triplo vel quadruplo decantabunt, 7. den. habebit.* Adde 3. Id. Jul.

¶ ORGANALIS MUSICA. Adelmannus in Rythmis alphabeticis quemdam Signonem laudans ait :

Karitate Sigo noster plenus atque gratia,
Multa præbens ore, manu, advenis solatia,
Singlaris Organali regnabat in musica.

¶ ORGANNEA INSTRUMENTA, in Vita S. Bernardini Senensis, tom. 5. Maii pag. 279.

ORGANIZARE, Canere in modum organi. Necrologium Ecclesiæ Paris. Non. Jul. : *Et 4. Clericis qui Organizabunt Alleluya, cuilibet 6. den.* [Joh. de Janua : *Organizare, Organo cantare; Joer ou chanter en orgres, organiser*, in Glossis Lat. Gall. Sangerman.]

¶ ORGANARE, Eadem notione. De felici obitu Angeluciæ Virg. tom. 3. Anecd. Marten. col. 1708 : *Post modicam quietem gaudere cœpit et psallere :* Tibi laus et gloria in excelsis Deo, Domine Rex Deus, Rex cælestis, *ter repetendo*, Jesu Christe *septies supra vocem et ultra vocem Organando.* [** *Organa divertere* in Ecbasi vers. 842. de passere dicitur, *Organa miscere*, vers. 818. de merula.]

* Certa modulatione cantare, nostris *Organer*. Mirac. MSS. B. M. V. lib. 2 :

Tex chante bas et rudement,
Que Dex escoute doucement,
Plus que celui qui se cointoie,
Qui haut Organe et haut pointoie.

* *Orguener*, Organo canere, in Poem. MS. Alex. part. 2 :

Et à les lever fist à la feste reforcier,
Tromper et Orguener et après vieler.

* ORGANISARE, ut *Organare*. Cærem. vet. MS. eccl. Carnot. : *Duo cantent et duo Organisent in suppelliciis versum*, Dicite nationibus. Ibidem : *Versus*, Judicabunt sancti; *vel propter organum*, Justi epulentur. *Responsorium Organisetur ab uno.* Non in concentu vocum igitur posita est hæc canendi ratio. Ubi idem mihi videtur quod *Discantare* supra in *Discantus*. Unde *Organisare*, Organa pulsare interpretor, in Stat. S. Capel. Bitur. ann. 1407. ex Bibl. reg. : *Jubemus quod in omni missa, cujuscumque solemnitatis sit, ut puta trium lectionum, dierum ferialium et novem lectionum, duplicium et annualium, semper officium, responsorium, alleluia, offertorium et post-communio discantabuntur, et similiter Kyrie eleison, Gloria in excelsis, prosa, Sanctus, Agnus, nisi Organisentur.*

* ORGANATOR, Qui organa musica pulsat, [vel conficit. Charta ann. 1276. in Reg. A. Chartoph. reg. ch. 20 : *Item ad funerium sancti Landerici ad festum sancti Andreæ apostoli a Jacobo Organatore duos denarios et obolum.* Vide *Organarius* in *Organum* 1.

ORGANARIUS, Qui Organa musica pulsat, vel qui conficit, ὑδραύλης, in Glossis. Glossæ aliæ : Ὀργανάριος, *Organarius, fistularius.* Jul. Firmicus lib. 3. Mathes. cap. 14 : *Musicos, vel Organarios faciet.* Sic lib. 4. cap. 7. et 15. Vide [Ammianum lib. 28. initio et] Cujac. ad leg. 4. Cod. de Excusat. muner. lib. 10. Messianus in Vita S. Hilarii Arelatensis : *Tanquam spiritalis et sanctus Organarius corda tangebat singulorum.* In Statutis MSS. pro *Joculatoribus* et *Minstellis, Organeurs* appellantur, qui organa pulsant.

¶ ORGANISTA, Eodem intellectu, Gall. *Organiste*, in Literis ann. 1537. apud Rymer. tom. 14. pag. 584.

* ORGANIFEX, Organorum artifex. Comput. fabr. S. Petri Insul. ann. 1472. ex Tabul. ejusd. eccl. : *Magistro Adriano Pietre Organifici, commoranti Tornaci,... pro visitatione organorum et advisamento super reparatione organorum, xxiv. sol.*

¶ ORGANUM DIABOLI, Recens tormenti pulverarii genus, pluribus constans æneis tubis intra arcam clausis, et in idem centrum constipatis. Nimirum fatali machinæ prope fistularum spiracula applicito igne, fistulæ omnes pilas ferreas in modum grandinis continuo effundunt et obvia quæque ineluctabili ruina diffringunt atque prosternunt. Ita Carolus de Aquino in Lexico Militari.

ORGANISTRUM, Locus in Ecclesia ubi sunt organa. Galbertus in Vita Caroli Comit. Flandriæ cap. 4 : *Se in Organistro, scilicet in domicilio quodam organorum Ecclesiæ... occultaverat. Domus Organorum*, dicitur in Catalogo Episcoporum Frisingensium, in Metropoli Salisburgensi : *Ruit ciborium deauratum, et domus Organorum, etc.*

ORGANA, seu *Orgues* nostri appellant cataractas lapsiles ferreas ad urbium et castrorum portas. Vide Tactica Ducis Clivensis pag. 81.

* 2. **ORGANUM**, Qui alterius nomine agit aut loquitur, sequester, Gall. *Organe.* Charta homag. ducis Brit. ann. 1366. in Memor. D. Cam. Comput. Paris. fol. 109. r°. : *Dominus Johannes de Monteforte dux Britanniæ.... domino regi supplicavit, dixit et exposuit per Organum reverendi in Christo patris et dom. dom. Hugonis de Montalais Briozcensis episcopi, etc.* Adde Instr. ann. 1483. inter Probat. tom. 4. Hist. Nem. pag. 25. col. 2.

¶ ORGANUM. Altercatio de primis gradibus in consessu Concilii Basileensis, tom. 2. Hist. Britan. col. 1025 : *Per Organum dicti domini Arelatensis ordinaverunt præfatos Electorum Oratores collocandos prope sedem Majestatis imperialis.* Lobinellus vocem seu *organum vocis* interpretatur, malim *operam*, ita ut hujusce dispositionis sequester fuerit Archiepiscopus Arelatensis. Utraque tamen ratione potest intelligi vox *Organum*, ut apud nos *Organe*; quod modo ei, qui aliorum nomine loquitur, modo ei qui sequestri vices agit, tribuitur. Sed hæc fere eodem redeunt.

¶ ORGANA PROPHETARUM, Oracula, vaticinia. Vetus Auctor. apud Mabillon. de Liturgia Gall. pag. 100 : *Dignum namque est, ut ab eadem die* (8. Kal. Octobris) *usque ad Nativitatem Christi, Prophetarum Organa tympanizando resultet Ecclesia.*

* 3. **ORGANUM**, Logica. Jo. Alb. Fabricius Bibl. Græc. lib. 3. pag. 117. asserit in academiis quibusdam, ut in patria sua Lipsiensi, professores *Logicæ*, professores *Organi* appellari solitos, sumpta denominatione ab eo quod scripta logica Aristotelis excudi solent sub titulo *Organi*, quia notum est Dialecticam a Philosopho appellatam esse ὄργανον ὀργανῶν. Baconus cancellarius Angliæ opus quoddam inscripsit, *Novum Organum scientiarium.*

¶ **ORGE**, *Occide*, in Glossis Isid. Optime Grævius post Reinesium, *Urge, Occide.* Voces in prælio clamantium, ut nostris, *Tue, Tue.*

* **ORCERIA**, Gall. *Orgerie*, Forum, ubi frumenta venduntur. Charta ann. 1466. in Reg. 194. Chartoph. reg. ch. 152 : *Fut par feu nostre très chier seigneur et pere, cui Dieu pardonne,.... octroyé povoir et faculté de faire et tenir en la ville de Montpeslier une Orgerie en lieu propice, pour vendre et distribuer les blez.* A Gallico *Orge*, quasi frumenta quævis significet : hinc etiam *Orgeus*, Superbus, arrogans, quod abundet, ut sibi visum est, bonis omnibus. Sermo Rob. *de Sainceriaux* in mort. S. Ludov. pag. 162 :

Que pou dure cist siecles, n'i a fors que trespas;
Bien le monstre la mort, qui ne séjorne pas,
Ains prent poures et riches, et tous Orgeus abas.

* Ejusdem originis est vox *Orgueilleux*, qua morbus designatur, quo corpus pustulis, hordeaceis granis similibus, operitur. Vita S. Isabel. soror. S. Ludov. pag. 175 : *Soeur Sare de Houpelines eut une maladie moult périlleuse, que l'on appelle l'Orgueilleux : son corps estoit tout entrepris de boces et de taches, et cuidoit l'on que elle en deust mourir.*

ORGERAFRUS. Bernardus Monachus, postmodum Archiep. Toletanus, in Consuetudinibus Cluniac. MSS. ex Bibl. Sangermanensi Paris. cap. 9 : *In Quadragesima omni die Dominica, et omni die Jovis facit per consuetudinem caritatem de Orgerafro facto de betonica, et aliis bonis herbis, admixto melle.* [Ex edito supra legimus *Borgeralfrum* : quod vide.]

¶ **ORGIA**, Mysteria Christianæ religionis, accersita voce a profanis Gentilium *Orgiis* seu Bacchanalibus aliisve sacris, de quibus inter alios Servius ad Virgilium lib. 4. Æneid. v. 302. Fridegodus in Vita S. Wilfridi Episcopi cap. 7 :

Fœdere consorti servabant scitaque vulgi,
Ardentes animis subdi cælestibus Orgiis.

Et cap. 12 :

. . . . Dum tensis alta pererrant
Marmora Psalmigraphi recolentes Orgia velis.

Preces, ut planum omnino videtur, significat apud Anastasium Bibl. in Epitome Chron. Casin. tom. 2. Muratorii pag. 362. col. 2 : *Sedem apostolicam protege, Romanum imperium, et hos gloriosos Patricios, corpore tibi simul et mente prostratos ab hostibus visibilibus et invisibilibus defende, et Christo pro omnibus Orgias funde, quatenus heic et in æternum omnes tuo munere lætemur.*

ORGILDE, vox Saxon. quæ *sine compensatione* significat, de eo usurpata cujus vita nullo pretio redimenda est, ut qui jure fuerit occisus : ex o r, quæ negativam sonat, et g y l d, *compensatio*. Leges Alvredi et Godrini cap. 9. apud Bromptonum, et cap. 6. apud Lambardum : *Si hoc inveritet jacet Orgilde.*

* **ORGIOPHANTÆ** Sacerdotes, Qui præsidebant *Orgiis*, iisque alios initiabant, in Inscript. Puteolis reperta apud Gruter. et Vandal. in Dissert. 6. cap. 5. pag. 488.

ORIA, pro *Orgia*, [vel, ut alii scribunt, *Orgyia*, a Græco ὀργυιά, Mensura quæ inter manus expensas continetur.] Adamnanus lib. 2. de Locis SS. cap. 21 : *Ille quem aspexi puteus altitudinis habet vicenas Orias, hoc est* 40. *cubitos. Oria ergo, sive cubitus, est utriusque manus a latere extensio utroque.*

¶ **ORIBATÆ**, Ὀρειβάται, Qui mira celeritate et stupenda dexteritate montes scandunt. Firmicus lib. 7 : *Erunt funambuli, Oribatæ, neurobatæ et qui talia pertractent.* Κρημνοβάτας vocat Hesychius, Ambulantes per præcipitia et loca prærupta. Vide Salmasium ad Vopiscum in Carino cap. 19.

* **ORICULARIUS**, pro *Auricularius.* Vide supra in hac voce.

¶ **ORICUS**, *Loquax*, Johanni de Janua. Additur in Glossis Isid. *Qui magnum os habet.*

* Glossar. Provinc. Lat. ex Cod. reg. 7657 : *Buco, Oricus, loquax, loquaculus, contentiosus, Parlier, Prov.* Hinc, ni fallor, *Orierie*, qua voce mihi significari videtur inepta oratio, insulsa loquacitas. Lit. remiss. ann. 1481. in Reg. 207. Chartoph. reg. ch. 369 : *Que ce n'estoit pas le lieu pour demander ledit paiement et faire telles Orieries.* Vide supra *Orare* 1.

* **ORIDIA**, *Oryza*, Gall. *Ris.* Dipl. Chilper. II. ann. 716. tom. 4. Collect. Histor. Franc. pag. 694 : *Oridia libras xx.*

¶ **ORIDURIUS**, σκληρόστομος, in Glossis Lat. Græc. Qui ore duro est. Perperam in Sangerman. *Oridorius.* Joh. de Janua : *Oridurus, Aspere loquens, vel qui non vult os aperire.*

¶ 1. **ORIFICIUM**, pro *Aurificium* vel *Aurifrigium*, de quibus supra, Gall. *Orfroy.* Obituarium vetus apud Baluzium tom. 2. Hist. Arvern. pag. 727 : *Dedit indumenta rubea de damasco completa, scilicet casulam, dalmaticas diaconi et subdiaconi, cum cappa processionali de eodem panno cyrico cum fatura et Orificiis.*

¶ 2. **ORIFICIUM**, *Foramen inferius, quod et pro quolibet foramine dicitur, et ut dicit Ambrosius, Ventris sunt duo Orificia.* Joh. de Janua. *Pertuis ou ouverture*, in Glossis Lat. Gall. Sangerman. Gall. *Orifice.* Vox nota Macrobio lib. 7. Saturn. cap. 4. et aliis quibusdam recentioribus.

¶ **ORIFLAMBA**, pro *Oriflamma*, Gall. *Oriflamme*, Vexillum nostris notissimum, de quo pluribus in *Auriflamma.* Charta ann. 1372. tom. 3. Hist. Harcur. pag. 920 : *Dominus Petrus de Vilaribus Miles, summus Magister hospitii domini Regis, cui Rex commisit et ordinavit vexillum dictum Oriflamba coram Domino Rege ipso in prælio equitante contra inimicos deferre.*

¶ 1. **ORIGINALE**, Archetypum scriptum, exemplar, Gall. *Original.* Vox nota et frequens apud recentiores. Interdum idem est quod *Regestum.* Vide Albericum Gentilem de Jure Canon. cap. 30. pag. 30. et seqq. *Originales Literæ*, in Diplomate ann. 1354. apud Ludewig. tom. 5. pag. 521.

* 2. **ORIGINALE**, Opus integrum sancti alicujus patris, ut ab ejusdem excerptis distinguatur. Necrolog. MS. Sorbonæ ad XII. Sept. : *Obitus primi domini cardinalis Autissiodorensis, provisoris hujus domus. Dedit duo volumina Originalium.* Qui cardinalis, nomine Petrus *de Cros*, obiit ann. 1352. In Vita S. Ludov. apud Duchesn. tom. 5. dicitur quod S. Rex legeret in *Originalibus S. Augustini.*

* **ORIGINALIS**, Idem atque Hæreditarius, ab origine paterna vel materna proveniens, nostris alias *Orinal.* Comment. in Psalter. ex Glossar. ad calcem Joinvil. edit. reg. : *Le péchié Orinal qui me vint d'Adan.* Charta Juliofredi abb. Gellon. sub Ludov. imper. ex Tabul. ejusd. monast. : *Hunc alodem superius resonatum acquisivit domnus Guillelmus, Carolo et Ludovico imperatoribus, et est Originale ex parte, et ex parte imperiale. Original*, pro Origo, ortus, vulgo *Origine*, *race*, in Prol. ad Chron. Franc. S. Dion. tom. 3. Collect. Histor. Franc. pag. 152 : *Por ce que plusours genz doutoient de la généalogie des roys de France, de quel Original et de quel lignié ilz sont descendu, etc.*

* **ORIGINALITER**, Originitus, ab origine, Gall. *Originairement.* Charta Clement. IV. PP. ex Chartul. Campan. fol. 64. v°. : *Sicut Originaliter universæ processerunt ex nichilo creaturæ, sic et in nichilum, nedum vergerent, sed redirent.* Vita B. Petri episc. tom. 1. Aug. pag. 237. col. 1 : *Frustra, Petrus inquit, in obscœnitate criminalis propositi salvationem hic expetis contra vinculum conjugale : quod Deus conjunxit, homo non separet, Originaliter Domino statuente.* Instr. ann. 1391. inter Probat. tom. 3. Hist. Nem. pag. 113. col. 2 : *In primis, quod magister Petrus Juliani, condam judex major, fuit Originaliter de Murato in Alvernia.* Utitur S. Aug. lib. 1. Retract. cap. 15.

ORIGINARII, *Originales, vernaculi*, Isidoro in Glossis et Papiæ, Servi glebæ addicti, adscriptitii, a prima *origine* colonariæ conditionis adstricti. *Coloni Originales*, in leg. 14. Cod. Th. de Annona et tribut. (11,1.) *Originali inquilinatu obnoxii*, et *tributarii*, apud Sidonium lib. 5. Epist. 19. Edictum Theodorici Regis cap. 142 : *Liceat unicuique domino ex prædiis, quæ corporaliter et legitimo jure possidet, rustica utriusque sexus mancipia, etiamsi Originarii sint, ad juris sui loca transferre, vel urbanis ministeriis applicare, ita ut illis prædiis acquirantur, ad quæ voluntate domini migrata fuisse constiterit ;... alienare etiam supradictæ conditionis homines liceat dominis absque terræ aliqua portione, etc.* Adde cap. 21. 48. 56. 63. 64. 65. 66. 67. 68. Testamentum S. Remigii apud Flodoardum lib. 1. cap. 18 : *Innocentium servum, quem accepi a Profuturo Originario meo, etc.* [*Mansi Originariorum*, in Charta Willelmi Episc. Traject. ann. 1063. in Hist. Episc. Daventriensis pag. 209.] Sic in leg. 1. Cod. Th. de Inquilin. (5,60.) *Qui aliquid per Originem debent*, apud Avitum Viennensem Epist. 32. *Originariæ conditioni obnoxii*, apud Gelas. I. PP. Epist. 9. *Qui conditionem loci debent*, apud Gregor. M. lib. 3. Epist. 21. *Qui Originali aut alicui conditioni obligati detinentur*, in Capit. Caroli M. lib. 7. cap. 34. [** 51.] et apud Hincmarum Remensem Epist. ad Clerum Belvac. *Qui cavagia debent ratione Originis*, in Charta ann. 1220. apud Hemeræum. Ita in Novella Theodos. et Valentin. de 30. annor præscript. in Nov. Valentin. de Episcopali judicio, in Concilio Tolet. V. can. 9. in Lege Burgund. tit. 7. tit. 17. § 5. tit. 21. § 1. in Wichbild Magdeb. art. 50. apud Cæsarium Heisterbach. lib. 4. cap. 88. lib. 6. cap. 7. lib. 7. cap. 39. Joan. de Deo in Pœnitentiario lib. 5. cap. 6. etc.

* Bulla Greg. IX. PP. ex Tabul. Fossat. : *Originarii ecclesiarum, quos homines de corpore patria censuit nuncupandos, etc.* Charta ann. 1255. in Tabul. S. Joan. Laudun. : *S'on trouvoit par enqueste d'Orine, que il fust hom ou femme de l'église, etc.*

Originales Servi, apud Theganum de Gestis Lud. Pii cap. 44. [in Ordine Rom. cap. 7. tit. 9.] in Formulis veterib. apud Bignonium form. 16. etc. Charta Gallica manumissionis ann. 1315. tom. 11. Spicilegii Acheriani pag. 386 : *Teles servitudes soient ramenées à franchise, et à tous ceux qui de Ourine et ancienneté ou de nouvel par mariage, ou par residence de lieus de serve condition sont encheus, ou porroient encheoir ou lieu de servitude, etc. Francorine*, id est origine francus, liber, in Consuet. Hannoniensi cap. 83. Chron. Bertrandi Guesclini MS. :

Pictres li Rois d'Espaigne en hay la Royne,
Qui donnée li fu de la Royal Orine.

Infra :

Li Baron du pays, qui sunt de bonne Orine.

[Le Roman *d'Athis* MS. :

Et moult est nez de haulte Orine,
Amer en devroit un Roine.]

* **ORIGINARIUS**, Gall. *Originaire*, Oriundus. Arest. ann. 1340. in vol. 3. arestor. parlam. Paris. : *Dictus Stephanus erat civis et Originarius prædictæ civitatis Lugdunensis.* Lit. ann. 1369. tom. 5. Ordinat. reg. Franc. pag. 266 : *Omnibus et singulis de dicta villa Figiaci, omnimodis incolis, municipibus, Originariis, etc.* Occurrit rursum ibid. pag. 389. art. 8.

* **ORIGINATRIX**, Quæ fons et origo est. Annal. Estens. apud Murator. tom. 20. Script. Ital. col. 469 : *Alius sceptrum, quo eam, quam ab ineunte ætate amaverat, coluerat justitiam, regnorum omnium Origina-*

tricem, gubernatricem auctricemque veneraretur, serenissima fronte dedit.

¶ **ORIGINEUS**, *Originalis*, Johanni de Janua. Hac posteriori voce utuntur Apuleius, et alii.

¶ **ORIGINITUS**, Gall. *Originairement*, Origine. Ammianus lib. 31. cap. 6 : *Persæ, qui sunt Originitus omnes Scythæ.*

* **ORIGLIERE**, Origlierium, Pulvinar, Ital. *Origliere*, Gall. *Oreiller*. Invent. ann. 1349. apud Cl. V. Garamp. in Dissert. 2. ad Hist. B. Chiaræ inter not. pag. 143 : *Unum Origliere scacchatum de sirico. Item unum Origlierum vergatum panni rubei.*

ORINALE, Idem quod *Orarium*. Acta S. Basilisci Mart. n. 20 : *Abiit ergo ipse Agrippa ad flumen ubi decollatus fuerat S. Basiliscus, et cum invenisset modicam guttam sanguinis ejus, colligens manibus suis simul cum pulvere, missum in Orinale præcinxit corpus suum, et statim mundatus est a dæmone.* Vide *Orale*.

* **ORINAMENTA**, *Regalia stemmata*. Glossar. vetus ex Cod. reg. 7641. Vide supra in *Originalis*.

ORINDA, Panis genus, et ex quo conficitur, semen, Æthiopiæ peculiare, et sesamo persimile, quod coquentes vescuntur, ut est apud Hesychium in Ὀρίνδην. Ita porro hanc vocem restituit Gabriel Humelbergius apud Apicium lib. 2. cap. 2. pro *Oridia*.

ORIOLUM, Porticus, atrium. Matth. Paris ann. 1251 : *Nisi in refectorio vel Oriolo pranderet.* Idem in Vitis Abbat. S. Albani : *Ut non in infirmaria, sed seorsim in Oriolo Monachi infirmi carnem comederent.* Alibi : *Adjacet atrium nobilissimum in introitu, quod porticus vel Oriolum appellatur.* Vocis etymon non agnosco.

* *Oriol*, eadem acceptione, in Charta baillivi Calet. ann. 1338. ex Reg. 71. Chartoph. reg. ch. 146 : *Nous avons donné congié et licence à Massieu Jehan Bourgus de la ville de Harefleu de faire un Oriol en ladite ville, entre le manoir dudit Massieu ouquel il demeure à présent,.... et le manoir qui est audit Massieu, qui est à l'opposite d'ycellui manoir.*

ORIPALATUM, in Glossario Saxonico Cottoniano, Cyle-wyrd. Ubi Somnerus, *reponendum forte, Oxylapathum*.

¶ **ORIPUTIDUS**, Cui os fœtet. Glossæ Græco-Latinæ : Ὀξόστομος, *Oriputidus*.

* **ORIRE**, pro Haurire. *Unum ferratam fusti pro Oriendo aquas de puteo*, in Invent. ann. 1476. ex Tabul. Flamar.

* **ORISALE**, Agger terreus seu tumulus ut videtur, cui inædificatur molendinum. Charta ann. 1318. in Reg. 59. Chartoph. reg. ch. 255 : *Cum in terminalibus Carcassonæ de novo fieri quoddam molendinum bladerium venti incœpissent, et jam quasi Orisale unum pro dicto molendino ædificassent, etc.*

¶ **ORISPEX**. *Orarum inspector*, in Glossis Isidori. Recte Grævius monet esse pro *Horispex, Horarum inspector*, observato veteribus fuisse servos, qui horas indicarent.

ORITORIUM. Histor. Translat. SS. Wandregisili et aliorum num. 14. apud Mabillon. ubi de variis reliquiis : *De terra Oritorii S. Michaelis*. Leg. *oratorii*, scilicet in Gargano.

¶ **ORIZA**, *Potio, genus subtilissimæ pollinis, id est, farinæ*, apud Papiam. Nihil aliud videtur quam *Oryza*, Gall. *Ris*. Potionem esse ait Papias, quod ex oryza potionis genus fiat, vulgo *eau de ris*, imo apud Sinas vinum optimæ notæ, quod Hispanico comparatur. Aliter tamen Johanni de Janua : *Oriza, Maneries pulmenti, ut dicunt, de ordeo.*

* Frumenti genus, hordeum nempe, ex Glossis ad Alex. Iatrosoph. MS. lib. 2. Passion. cap. 67 : *De frumenti Oriza stalticotera est pultis.* Ibid. cap. 75 : *Oriza vero minus nutrit quam alicha ; sed plus constringit ventrem.*

* **ORLA**, a Gallico *Orle*, Ora, fimbria, limbus. Comput. MS. ann. 1244 : *Pro capa dominæ comitissæ de escallata violeta fouranda et Orla de geneta, ix. lib.* Vide *Orlum*.

* **ORLARE**, vox architectonica, Murum fastigio suo coronare. Charta ann. 1328. ex Tabul. Massil. : *Item quod turris Inquisitorum et omnia mœnia Orlentur.*

¶ **ORLATUS**, Ornatus *orlo* seu ora. Statuta Placentiæ lib. 6. fol. 73. v°. : *In qua gabella salis Communis Placentiæ sit et esse debeat unus dischus magnus Orlatus, in quo quolibet die ponatur sal ex sale gabellæ.* Vide mox *Orlum*.

¶ **ORLUM**, Orlis, Ital. *Orlo*, Ora, margo, limbus, Gall. *Orle, Orlet*, vulgatius *Ourlet, Bord*. Statuta Massil. lib. 2. cap. 38. de Sartoribus : *Qui eorum consilio, vel juvamine, pannos vel vestes seu pelles, vel pennas, vel Orles vestium quoscumque ement, etc.* Eadem fere mox recurrunt eodem cap. Et lib. 5. cap. 22 : *Nemini liceat... vendere (pennam) veterem pro nova, Orlumve vetus pro novo... si quis contra hoc fecerit, pennam dictam amittat et Orlum similiter.* Vide *Ornatura*. Sed non solum de pannorum vestiumve oris seu limbis intelligenda vox *Orlum*, verum etiam de plerisque aliarum rerum marginibus orisve, ut satis patet ex Informationibus civitatis Massil. pro passagio transmarino, e MS. Sangerman. ubi de mensuris navium : *Item aperiet de Orle in Orle XXXVIII. palmos.* Annal. Mediolan. ad ann. 1389. apud Murator. tom. 16. col. 811 : *Urceoli II. ab altari argenti deaurati intaliati; baciletta una ab altari argenti deaurati cum rosa et Orlo intaliata ad animalia et litteras cum aliis operagiis.* Rursum occurrit col. 812.

* **ORLUS**, Ligula lignea ad oram asseris posita. Guido de Vigev. MS. de modo expugn. T. S. : *In medio* (assidum) *ponantur Orli stricti uno digito, ut assides non possint una cum altera conquassari.* Vide *Orlum*.

* **ORMARIA**, Ulmetum, Gall. *Ormaye*. Charta Phil. Pulc. ann. 1305. in Lib. rub. Cam. Comput. Paris. fol. 186. v°. col. 2 : *Item vendam magni bosci et grossæ Ormariæ. Ourmetel*, pro *Ormeau*, in Lit. remiss. ann. 1373. ex Reg. 105. Chartoph. reg. ch. 129 : *Au quarrefour de ladite ville, là où il a un Ourmetel, il issy deux compaignons de dessous ledit Ourmetel.* Diminutivum ab *Ourme*, ulmus, quod pro *Orme*, occurrit in aliis Lit. ann. 1385. ex Reg. 128. ch. 175.

¶ **ORMEIATUS**, Appulsus, in portu collocatus, a Græco ὁρμεῖν, Stationem subire. Statuta Massil. lib. 4. cap. 17. § 3 : *Marinarii non exeant de navibus, quæ venerint de viagus in Massiliam, quousque ipsæ naves bene fuerint Ormeiatæ, alioquin quilibet eorum mxx. sol. puniatur.* V. *Ormizatus*.

ORMESTA. Ordericus Vitalis lib. 5. pag. 558 : *Orosius Presbyter, qui librum de Ormesta mundi scripsit, etc.* Ita etiam inscribitur Pauli Orosii Historia in MS. Regio. Atque ita laudatur in Vita S. Baboleni num. 18. ex edit. Petri Chiffletii. Codices vero MSS. Collegii Navarræ Parisiensis, Monasterii Dunensis in Flandria, Vallis S. Martini Lovanii, et alii *Hormestam* præferunt. Hanc in linguam Anglicam transtulisse Alvredum Regem Anglorum scribit Balæus. Sed de vocis significatione plane non constat : quidam legendum censent de *Orchestra*, i. scena, *mundi* : sed cum constans fere sit hæc lectio, non temere mutandum. Varias de ea conjecturas proferunt Vossius lib. 2. de Histor. Lat. cap. 14. et Bivarius ad Pseudodextrum pag. 431. qui locum Orderici non viderant. Sed vix quidpiam verosimilis, nedum certi tradunt. Vocem hanc usurpavit Stephanus Tornac. in Epist. ad Willelmum Archiep. Remensem descripta in lib. 1. Miscellan. Baluz. pag. 420 : *Ormesta est, non parabola, quam propono.* Ubi *Ormesta* videtur sumi pro veraci historia, cujus generis est illa Orosii. Sed et in Vita S. Euphraxiæ Virgin. num. 18. vox Græca incertæ perinde notionis, quæ ad hanc accedit, occurrit.

¶ **ORMILLA**, *Fibula*, Papiæ Leg. *Armilla*.

ORMISCUS. Fridegodus in S. Wilfrido cap. 11. ubi describit Episcopi consecrationem :

> Gemmata vehitur Archontum more curuli,
> Induit Ormiscum, subiit hoc schemate templum.

An ex Græco ὅρμος, ὁρμίσκος, monile, pro veste aut ornamento Episcopali? Lexicon MS. Reg. cod. 930 : Ὁρμίσκος, περιτραχήλιον κόσμιον, μανιάκιν. [Vide *Armellina*.]

¶ **ORMIZATUS**, [*Ferro alligatus*, apud Papiam : quod forte de navi intelligendum est, adeo ut *Ormizatus* idem sit quod *Ormeiatus*, Appulsus, etc.] Vide *Armizatus*.

¶ **ORMISINUS**, Pannus sericus e filis tenuissimis contextus, Ital. *Ormesino* vel *Armesino*, Gall. *Armoisin, Taffetas*. Occurrit in Translatione SS. Prosperi et Venerii, tom. 5. Julii pag. 71.

ORNA, pro Urna. Glossæ veteres : *Orna*, ἡμικεραμιον. Ubi frustra *Orca* reponit Vulcanius. Auctor Queroli : *Euclio aurum in Ornam congessit olim, quasi busta patris, odoribus insuper infusis, tituloque extra addito. Navem ascendens Ornam domi fodit, rem nulli aperuit.* [Papias : *Orna, sepulchra, palea unius anni.* Vide *Horna* et *Horno*.] Aliud sonat ὄρνις apud Cedrenum pag. 393. ubi hæc vox pro [ora et] in bo sumitur, quomodo *orle* dicimus : idemque quod *orna*, et *ornatura*, de qua mox. Vide Salmasium ad Hist. Aug.

¶ **ORNAMEN**, Ornamentum, ornatus. Martianus Capella lib. 6 : *Cyllenum excludit Ornamen.* Hartmannus in Vita S. Wiboradæ num. 33. sæc. 5. Benedict. pag. 57 : *Sepulcrum hoc sepsit Ornamine.*

ORNAMENTARIUS, *Ornator*, Κοσμήτης, in Gloss. Gr. Lat. Ibid. : Κοσμητικός, *Ornamentarius.*

ORNATOR. Gloss. Gr. Lat. : Κοσμήτης, *Ornamentarius*, *Ornator*. Jul. Firmicus lib. 5. Math. : *Sculptores, aut Ornatores efficiet, aut mechanicos.*

ORNATRIX, Κοσμήτρια, in Gloss. Gr. Lat. Alibi : Σιρώτρια, *Ornatrix*, Σιρῶ, ἐπὶ ἱματίου, *Orno.* Lexic. Gr. MS. Reg. cod. 930 : Κοσμήτρια ἐμπλέκτουσα, ἡ κοσμοῦσα τὰς γυναῖκας. Hesychius : Κοσμήτρια, ἡ κοσμοῦσα τὰς τρίχας καὶ ψιλοῦσα κουρίσασα. Occurrit in leg. 65. D. de Legat. 3. et in aliquot inscriptionibus.

ORNATURA. Papias : *Limbus est quam nos Ornaturam dicimus, quæ ambit extremitatem vestium, aut ex filo aureo contexta assutaque extrema parte vestimenti.* S. Cæsarius in Regula ad Virgines cap. 42 : *Plumaria et acupictura, et omne polymitum, vel stragula, vel Ornaturæ, nunquam in Monasterio fiant.* Adde Recapitulationem ejusdem Regulæ cap. 11. Epistola Basilii Imp. ad Hadrianum II. PP. post octavam Synodum : *Unum cazzulin dirodinum habens Ornaturam auream, etc.*

** **ORNONGUS**, *Naturales filios dicunt, id est, de concubina, qui nos Ornongus diximus*, in Leg. Roman. Uticens. lib. 4. cap. 6. Vide Grimm. Antiq. Jur. Germ. pag. 476.

¶ **ORNUS**, Hujus anni. Vide in *Horno.*

OROBIOTÆ, Græci qui montes incolebant : ex Græco, ὀρεβιωταί. Annales Francorum ann. 809 : *Populonium civitas maritima a Græcis qui Orobiotæ vocantur, deprædata est.* Perperam *Oroboitæ* scribitur in Annal. Franc. Bertin.

* **OROBUM**, Vicia. Chron. Jean. Whethamst. edit. Hearn. pag. 357 : *Quia populi illi* (Boreales Angli) *plus sunt penuriosi quam pecuniosi, majorem habentes habundantiam Orobi et ordei, siliginis et frumenti, quam aut ostri, aut hebeni, aut eboris, muricis, auri vel argenti.*

¶ **OROCOPUS**, vel ut habetur supra *Horocopus* f. Pulsator *Horarum* seu campanarum ad *horas* officii divini, composita voce a Latino *hora* et Græco κόπτειν, Pulsare, vel σκοπεῖν, Prospicere; interdum enim scribitur *Horoscopus*. Index MS. Beneficiorum Eccl. et Diœc. Constantiensis fol. 52 : *Rector tenet quatuordecim virgatas terre elemosine et triginta perticas pro faciendo officium Orocopi.* Vide *Campanarius* et *Receptor Horarum* in *Horæ.*

¶ Orocopatus, Officium *Orocopi*, in eodem Indice fol. 49 : *In quodam clauso sunt quinque virgate terre, que spectant ad officium Orocopatus.* Ibid fol. 50. v°. : *Parrochiani debent dicte Ecclesie Orocopatum facere et omnia dicte Ecclesie necessaria ministrare.*

¶ Orocoporaria, vel potius *Orocoparia*, Eadem notione, ibidem fol. 59. v°. : *Rector habet tres acras terre pro Orocoporaria Ecclesie pertinentes.*

ORODONA. Testamentum Riculfi Episcopi Helenensis ann. 915 : *Casulas Episcopales optimas tres, unam dioprasiam* (l. *diapr.*) *et alias duas de Orodonas.* Mendum indubie in hac postrema voce.

ORODUM, *Bladum conculcatum*, in Glossario Saxon. exarato sub Edwardo III.

* **OROLEGIUM**, pro *Horologium*, in Invent. S. Capel. Paris. ann. 1335. ex Reg. J. Chartoph. reg. ch. 7 : *Quædam Orolegia pro dicta capella.*

OROMA, [ὅραμα, Visio.] Vide in *Horama.*

¶ **ORPELLUM**, Ital. *Orpello*, Gall. *Oripeau*, Orichalcum. Statuta Civit. Astæ de intratis portarum : *Orpellum ponatur et solvat pro qualibet dozena, et si plus vel minus pro rata, lib. 6. Orpellum parvum nasitum in fogliis solvat pro qualibet dozepo lib. 1. sol. 10.*

ORPHANARI, Viduari. Fundatio Monasterii Pamburgensis, in Metropoli Salisburgensi tom. 3. pag. 82. *Parentum solatio Orphanari.*

¶ **ORPHANITAS**, Orbitas, in Vita 2. S. Heriberti Archiep. n. 31. tom. 2. Martii pag. 488. [* *Orfanté* et *Orfenté*, nostratibus. Lit. remiss. ann. 1363. in Reg. 92. Chartoph. reg. ch. 230 : *Sa femme et ses enfanz demourez en Orfenté et poureté.* Aliæ ann. 1389. in Reg. 135. ch. 237 : *Comme Pierre Danois eust un filz bastart,... lequel après le trespas de sa mere demoura en Orfanté, senz ce que aucun le gouvernast, etc.*]

¶ **ORPHANOTROPHITA**, Orphanotrophus, Græc. Ὀρφανότροφος, Nutritor *orphanorum* seu pupillorum, *Nourrisseur ou garde d'Orphelins*, in Glossis Lat. Gall. Sangerman. *Qui vel quæ est custos Orphanotrophii, sive dominus vel domina talis loci*, apud Johannem de Janua.

¶ **ORPHANOTROPHIUM**, eidem de Janua, *Hospitale vel alius locus venerabilis, in quo orphani conversantur et pascuntur. Hôpital ou lieu où l'en nourrist les orphelins*, in Glossis Lat. Gall. Sangerm. Capitul. lib. 2. cap. 29 : *Orphanotrophium, id est, locus venerabilis in quo parentibus orbati pueri pascuntur.* Græcis ὀρφανοτροφεῖον. Occurrit in Lege 22. Cod. de SS. Eccles. et alibi. [** Vide Glossar. med. Græcit. col. 1059.] [* *In Orphanotrophia templum Apolinis*, ex Cod. reg. 4188.]

¶ 1. **ORPHANUS**, Ὀρφανός, Orbus parente vel parentibus, pupillus. Passim occurrit in Bibliis sacris et apud Scriptores Ecclesiasticos.

* *Orfene*, in Charta ann. 1267. ex Chartul. S. Petri Insul. sign. *Decanus : Li doiens et li capitles devant dit n'obligent mie à taille paier clers, ne veves, ne croisiés, ne Orfenes ki mainent sour le terre S. Pierre. Orphenin*, in Lit. ann. 1370. tom. 5. Ordinat. reg. Franc. pag. 374. Vide supra *Orphanitas.*

2. **ORPHANUS**, *Lapis pretiosus*, inquit Albertus Magn., *qui in corona Imperatoris, non unquam alibi visus est, propter quod Orphanus vocatur. Est autem in colore quasi vinosus, subtilem habens vinositatem, et hic est sicut si candidum nimis micans penetraret in rubeum clarum vinosum, et sit superatus ab ipso, et traditur quod aliquando in nocte fulsit; sed nunc tempore nostro non micat in tenebris.* Meminit Nicephorus Bryennius lib. 1. cap. 17 : Πολυτρυλλήτου μαργάρου, ὃν Ὀρφανὸν κατωνόμαζον, *Margariti illius decantati*, quod in clade Romani Diogenis in Turcorum potestatem venit : cujus pretium 90. millium aureorum fuisse ait El Macinus in Hist. Saracenica. [** Germanis inde *Wise*, Orphanus, pro Corona Imperiali. Vide Walther. *von der Vogelweide* carmina ed. Lachmann. pag. 9. vers. 15. Grimm. Antiq. Jur. German. pag. 923. et Glossar. med. Græcitat. col. 1059. voce Ὀρφανός.]

¶ **ORPHEDE**, f. Quod judici solvendum est pro juramento, ex Saxonico *Orfe*, Pecunia, bona, res, et Teutonico *Eed*, Juramentum. Privilegium Civit. Hamelensis ann. 1335. apud Leibnitium tom. 2. Scriptorum Brunsvic. pag. 515 : *Consules cum nuntio suo possunt impignorare, et judicare habent pro turpibus et contumeliosis verbis, et emendas et juramenta et Orphede super talia delicta possunt admittere, et accipere sine delicto judicii.* [** Vide Haltaus. Glossar. German. voce *Urfehde*, col. 2001.]

¶ **ORPHREUM**, Gall. *Orfroy*, idem quod *Aurifrigium*, de quo supra. Testamentum ann. 1415. apud Rymer. tom. 9. pag. 273. col. 1 : *Capa totaliter de auro, cum rosis rubeis et nigris florata, cum Orphreis enbroudata nobiliter cum imaginibus... cum Orfrays inbroudatis cum imaginibus.*

ORRATA. Testamentum Guillelmi D. Montispessulani ann. 1146. tom. 9. Spicileg. Acher. pag. 142 : *Quæcumque ibi habeo.... Orratas, caminos, boscos, et pascua, aqua et vilarias, et paretras, et eremos, quæ teneo ad feudum de Comite Melgoriensi.* Forte *ortatos*, pro *hortos.*

¶ **ORREOLUM**, Horreum. Charta ann. 1496 : *Totum* (bladum) *apportatum et redditum per dictos feudatarios aut suos in Orreolo sivi granario dicti loci Montis-Astruci.* [* Invent. ann. 1476. ex Tabul. Flamar. : *Et in quodam alio Orreolo sive granario se tenente cum prædicto Orreolo, etc. Et in magno Orreo sive granerio, etc.*]

¶ **ORREUM**, pro *Horreum*, Massiliensibus *Urri*, in Inventario ann. 1342. ex Archivo S. Victoris Massil. armar. Din. num. 38. apud Thomam *Madox* Formul. Anglic. pag. 301. et alibi non semel.

¶ Orrium, Eadem notione, apud eumdem *Madox* pag. 410. et Rymer. tom. 8. pag. 339.

* **ORRUPTUS.** Ex Orrupto, Abrupte. Instr. ann. 1394. inter Probat. tom. 3. Hist. Nem. pag. 127. col. 2 : *Ad quæ processistis, cum debita reverentia, inciviliter et de facto, voluntarie et ex Orrupto, indebite et injuste.*

ORSA, pro *Ursa*, ἄρκτος, Septentrio, apud Sanutum lib. 2. part. 4. cap. 6. vox Italica.

* Nostris *Ors*, pro *Ours*, Ursus. Invent. bonor. ducis Bitur. ann. 1416 : *Item un doussellet... bourdé tout entour de veloux cramoisy, où sont Ors et cynes, etc.*

ORSCARDI. Lex Aleman. tit. 6. § 1 : *Si autem medietatem auris absciderit, quod Alamanni Orscardi dicunt, cum 6. sol componat.* Vox composita ex Germ. *or*, auris, et *scard*, fragmen, seu fissura.

¶ 1. **ORSUM**, δίασμα, *Licium, filum.* Suppl. Antiq. ex eo, ut arbitror, Virgilii versu :

Atque ut araneoli tenuem formavimus Orsum.

¶ 2. **ORSUM**, *adverbium loci, In hanc partem; inde, deorsum*, Johanni de Janua, et ex eo in Glossis Lat. Gall. Sangerman. *Orsum*, *celle part.*

ORSUS, Juramentum, ex Græco ὁρκός. Hroswita de gestis Odonum pag. 168. vers. 221 :

...et firmis hoc confirmaverat Orsis.

Infra vers. 268 :

Lacrymans mox utitur Orsis.

¶ **ORT**, Impedimentum. Vide in *Obstare.*

* **ORTA**, Hortus rusticus, viridarium, locus arboribus fructiferis consitus, fossis vel sepibus clausus, Gall. *Jardin*, *verger*, alias *Ort*, *ortel* et *Ortial*. Charta ann. 1328. in Reg. 65. Chartoph. reg. ch. 166 : *Tota condamina sive Orta prædicta ad ampliationem burgi Carcassonensis per gentes regias posita fuisset et retenta, et pro tota ipsa condamina vel Orta, etc. Un Ort, autrement dit oche*, in Lit. remiss. ann. 1383. ex Reg. 123. ch. 102. Aliæ ann. 1404. in Reg. 159. ch. 244 : *Lesquelx se assemblerent en un Ort ou jardin pour jouer aux dez.* Charta admort. ann. 1412. in Reg. 166. ch. 272 : *Item tient plus icellui Jehan une maison et un Ort contigu touchant l'Ort de Jehanne;... un Ort ou courtil, etc. Un Ort ou vergier*, in Lit. remiss. ann. 1449. ex Reg. 179. ch. 311. Aliæ ann. 1480. in Reg. 208. ch. 128 : *Le suppliant print les quilles et les getta en ung Ortial.* Vita J. C. MS. ubi de Abrahamo :

Un homme que Diex ot moult chier,
Si le planta en son vergier.
Quant il l'ot mis en son Ortel, etc.

Vide supra *Olca* 1.

¶ **ORTAL**, Hortus. Charta ann. 1225. ex Archivo S. Victoris Massil. armar. Aq. n. 87 : *Unum Ortal a Villa-viella.* Vide *Hortale* in *Hortus.*

¶ 1. Ortalagium, Ortalegium, Quidquid nascitur in hortis. Statuta Eccl. Nemaus. apud Marten. tom. 4. Anecd. col. 1050 : *Ne aliqui clerici bladum, Ortalagia, vel quælibet alia decimare præsumant, nisi præsentibus et advocatis dominis rerum illarum, de quibus decima debet dari ecclesiis.* Eadem habentur in Statutis Eccl. Cadurc. ibid. col. 739. nisi quod pro *Ortalagia* scribitur *Ortolegia.* Vide in *Hortus.*

¶ Ortalicium, Eadem notione, in Charta ann. 1454. ex Archivo S. Victoris Massil. armar. diœc. Reg. n. 3 : *Bladorum, vinorum, leguminum, nadavorum, canapum, Ortaliciorum et quorumcumque aliorum fructuum pro decimaria parte, etc.*

¶ Ortalis, ab Horto distinctus, in Charta exsecutoria testamenti Acfredi Comitis, tom. 3. Annal. Benedict. pag. 696. col. 1 : *Domos coopertas, casales, curtes, ortos, Ortales, veredegarios, etc.* Sic etiam in Charta ann. 2. *Leutarii* Regis, apud Stephanotium tom. 1. Antiq. Occitan. MSS. pag. 427 : *Kasas, kasales, ortos, Ortales, verdegarios, arbores pomiferos et inpomiferos, etc.* Vide *Hortalis* in *Hortus.*

* 2. Ortalagium, Præstatio, quæ ex *Ortis* seu leguminibus quæ in iis nascuntur, percipitur. Charta ann. 1257. in Reg. S. Ludov. ex Chartoph. reg. fol. 29. v°. : *Item assigamus et abbati et conventui Crassensi... totum bladum, vinum et Ortalagium, quod dominus rex habet in terminio de Vicco.* Vide *Hortolagium* in *Hortus.*

* **ORTALIATA**, Modus agri. Charta ann. 1269. ex tabul. S. Gauger. Camerac. : *Item ad sexaginta et decem solidos Turonenses, quos habemus annuatim supra quindecim Ortaliatas terræ, sitas in territorio de Aubry.*

* **ORTALICIA**, ut supra *Ortalagium*, 2. Charta ann. 1270. in Reg. S. Ludov. jam laudato fol. 75. v°. : *Item de tascha Ortaliciæ, xij. den.*

* **ORTALIGIUM**, Eadem notione atque supra *Orta*. Charta ann. 1318. in Reg. 56. Chartoph. reg. ch. 267 : *Item omnia Ortaligia arborum, quæ tenebantur a nobis pro quadraginta solidis Turon. Ortaus* appellantur olera quælibet in hortis nascentia, in Chartul. Thenol. fol. 83. v°. : *In minuta decima, ... c'est assavoir... des fruis, des Ortaus, des pois, etc.*

ORTARE. Vide supra in *Obstare.*

¶ **ORTELLUS**, Digitus pedis, Gall. *Orteil.* Occurrit supra in *Impediare* post *Expeditare*, et infra in *Pelota.* Vide *Ortilli.*

¶ **ORTHODEMIA**, Recta constructio, ab ὀρθός, rectus, et δέμειν, construere. Felix Mon. in Prologo ad Vitam S. Guthlaci n. 2 : *Prout a dictantibus idoneis testibus, quos scitis, audivi, addendi minuendique modum vitans, eadem Orthodemia depinxi.*

¶ **ORTHODOXIA**, Ὀρθοδοξία, Sana doctrina, seu recta de fide sententia, cui opponitur *Cacodoxia*, Κακοδοξία, Prava sententia. Eutropius lib. 22. Rer. Rom. : *Cosmas a Monotheletarum Cacodoxia rediit ad Orthodoxiam.* Ita generatim Ecclesiastici Scriptores; peculiarius vero Græcis Ὀρθοδοξία dicitur Prima Dominica Quadragesimæ, qua die celebratur festum restitutionis sacrarum Imaginum, sub Michaele et Theodora Impp. ann. 842. Vide Glossar. mediæ Græcitatis.

¶ Orthodoxietas, Idem quod *Orthodoxia*, Recta opinio. Vita S. Aldhelmi, tom. 6. Maii pag. 87 : *Quidam... Præsules hæretizabant de Paschali termino et de aliis, pluribus ecclesiasticæ Orthodoxietatis institutionibus.*

¶ Orthodoxus, Ὀρθόδοξος, Qui recte sentit, de fide scilicet aut religione, apud Scriptores Ecclesiasticos passim.

* Orthodoxus, Titulus, quo Lotharius rex Francorum donatur, in Charta Widonis Villelup. abb. ann. 965. ex Chartul. ejusd. monast.

¶ **ORTHOGONIUM**, Isidoro lib. 3. cap. 12 : *Rectangulum, figura plana in plano pede; est enim triangulum et habet angulum rectum.* Gr. Ὀρθογώνιος.

¶ **ORTHOGRAPHIA.** Quam varia fuerit apud antiquos et quomodo vitiosa in veteribus Instrumentis, videapud Mabillonium lib. 2. Diplom. cap. 1. num. et seqq. et in Supplemento cap. 3. num. 3. et seqq.

¶ Orthographiam præstare, Dictare, ut videtur. Mabillonius tom. 4. Analect. pag. 59. laudat Codicem ann. 823. exaratum, qui dicitur *Scriptus per Ellenhardum et Dignum, Hildoino Orthographiam præstante.*

¶ Orthographium, Charta, scriptum, diploma. Donatio Sevini Archiep. Senonens. ann. 980. facta Monasterio S. Petri Vivi, tom. 2. Spicil. Acher. pag. 732 : *Postulo ergo serenitatem successorum meorum Archiepiscoporum, ut sicut cupiunt scripta voluntatum suarum cuncto tempore fieri rata, ita Orthographium desiderii mei fideliumque meorum perenniter servent stabile.*

* **ORTHOLCI**, Hæretici Valdensium sectarii, in Constit. Freder. contra hæret. ex Cod. reg. 10197. 2. 2. fol. 19. r°. Vide *Ortilibienses.*

¶ **ORTHONOISMUS**, Recta mentis cogitatio, ficta voce ab Ὀρθόνοος, Qui est rectæ mentis, qui recta et proba cogitat. Vide locum in *Gignadius.*

¶ **ORTHONOMIA**, Recta norma, regula, ab ὀρθός, rectus, et νόμος, lex, regula. Felix Mon. in Prologo ad Vitam S. Guthlaci num. 2 : *Ergo quantacumque de vitæ ipsius Orthonomia stilo perstrinxero, etc.* Infra num. 16 : *Vitæ scilicet illius hæc immota Orthonomia fuit, etc.*

ORTHOPLUMUS, seu Orthoplumeus, Pannus *rectis plumis* variegatus, opere scilicet plumario, ex hibrida voce Græc. ὀρθόπλουμος. Charta donationis factæ Ecclesiæ Cornutianæ edita a Suaresio : *Vela holoserica alba auroclava Orthopluma duo, etc.* Infra : *Vela blattea auroclava Orthopluma duo, vela tramoserica aquilata coccoprasina duo etc.* Rursum : *Vela linea blattoserica Orthopluma* 2. *etc.*

¶ **ORTICA.** Papias : *Hillitor, Ortica*, seu *Hortica*, ut in MS. Forte pro *Olitor*, *Orticola.*

* *Ortoier*, pro Scopis urticinis mundare, in Charta ann. 1398. inter probat. Autiss. pag. 132. col. 2 : *Tenetur etiam dictus tenens officium dictæ sacristiæ facere mundari et Ortoier altas et bassas votas, quando indigent.*

ORTICLINEUM. Bulla Benedicti VIII. PP. apud Ughellum in Episcop. Portuens. : *Confirmamus vobis curtem in integrum quæ dicitur Galerea, cum caminatis, seu Orticlineis, atque diversis cubiculis, et omnibus ædificiis quæ infra se et circa se habere dinoscitur.*

¶ **ORTICOLA**, pro *Horticola*, Qui colit hortum. Joh. de Janua : *Orticola, Ortolanus, Ortum colens.* Hinc in Glossis Lat. Gall. Sangerman. : *Orticola, Courtiller.* Vide *Curtilarius* in *Cortis* 1.

* **ORTICULUM**, dim. ab Ostium, f. pro *Ostiolum.* Form. Mss. fol. 63 : *Ita tamen quod dictus dominus A. teneatur claudere hostium et aperire Orticula, quæ habet juxta dictum casalinum venditum et viam ipsius casalini, taliter quod ipsa coacla* (cloaca) *non videantur et non possit videri a domo dicti domini.*

* **ORTIFER**, Ad hortum pertinens. Charta ann. 1054. ex magn. Chartul. S. Vict. Massil. fol. 17. v° : *Cum arboribus pomiferis et impomiferis, Ortiferis, etc.* Vide mox *Ortivus.*

¶ **ORTIGIA.** Charta ann. 1077. pro dotatione Monasterii-novi Pictav. inter Instrum. tom. 2. Gall. Christ. col. 352 : *Et in burgo S. Johannis de Angeriaco x. modios vini censuales quoque anno, et dono Ortigiam extremam.* Forte *Cortigiam* vel *Cortigium*, quod idem sit ac *Cortis*, Villa scilicet rebus necessariis instructa. Vide *Cortis* 1. et ibi *Cortigium.*

* Ubi *Ortigium extremum* habet Charta Alienoris ducissæ Aquit. ann. 1199. in Reg.

A. Chartoph. reg. ch. 33. Unde idem videtur quod supra *Orta* et *Ortaligium*.

¶ **ORTILE**, ut *Ortilis*, Hortus, in Charta ann. 25. Caroli Regis apud Stephanot. tom. 3. Antiq. Pictav. MSS. pag. 342.

¶ **ORTILIO**, *Ortulanus*, Johanni de Janua; *Ortelain*, *Courteller*, in Gloss. Lat. Gall. Sangerman. Vide *Hortilio* in *Hortus*.

¶ **ORTILIS**, Hortus. Vide in hac voce.

ORTILLI, Pedis ungulæ, *Orteils* Gallice. Charta Joannis Regis Angliæ de libertatib. forestar. apud Matth. Paris ann. 1215 : *Talis autem expeditatio fit per assisam communiter, quod tres Ortilli abscindantur de pede anteriori, sive poleta.*

* **ORTILUM**, ut supra *Orta*. Chartul. S. Sulpit. Bitur. fol. 31. r°. : *Dono ad stipendia monachorum mansum meum indominicatum, ... cum casis, casualis, Ortilis, curtilis, etc.* Vide *Ortile*.

* **ORTIVUS**, Hortensis, nostris *Ortive*, eadem acceptione. Stat. Vallis-Ser. rubr. 188. ex Cod. reg. 4619 : *Si vero iverit in aliquam petiam terræ non seminatam, prativam, vineatam, brolivam nec Ortivam, etc.* Charta admort. ann. 1412. in Reg. 166. Chartoph. reg. ch. 272 : *Item Blanche tient une terre contenant sept meyterées de terre, desquelles les cinq sont Ortives sans nulle decime.* Vide supra *Hortivus*.

ORTLIBIENSES, Valdenses hæretici, qui *Ortolevi*, in Constit. Friderici II. contra hæreticos. De iis et eorum pravis opinionibus agit Raynerus contra Valdenses cap. 6.

* **ORTOCRESIUM**, Ortocreum, pro *Artocresium* et *Artocreum*, Panificium carne, piscibus aut alio edulio fartum. Comput. ann. 1399. inter Probat. tom. 3. Hist. Nem. pag. 153. col. 1 : *Pro Ortocreo, j. gross. medium... Pastisserio pro coquendo Ortocresia et alia, vj. gross.* Lit. remiss. ann. 1396. in Reg. 150. Chartoph. reg. ch. 231 : *Dictus supplicans reperiit in domo sua unum cabacetum, in quo erant certi racemi muscati et medium Ortocreum piscium.* Vide *Artocreas*.

¶ **ORTOLAGIUM**, Legumen quodvis, quidquid in hortis nascitur. Codex MS. reddituum Episcopatus Autissiod. : *Qui afferunt ad collum vel ad bestiam, debent obulum de Ortolagio suo in quolibet die sabbati.* Bulla Johannis XXIII. PP. e Chartul. Latiniac. : *Decimæ ex quibuscumque fructibus, Ortolagiis et aliis excrescentibus, etc.* Vide *Hortolagium* in *Hortus*.

* Stat. Perus. pag. 55 : *Si quis cœperit Ortologia in alienis ortis, etc.* Vide supra *Hortalia*.

* **ORTOLAGLIA**, Eodem intellectu. Stat. Avellæ cap. 48. ex Cod. reg. 4624 : *Qui intraverit alienum ortum et fructus aliquos orti seu Ortolaglias aliquas, cujuscumque generis sint, ... cœperit, etc.* Vide supra *Hortoragliæ*.

¶ **ORTOLAILLA**, Idem quod *Ortolagium*. Statuta Massil. lib. 5. cap. 19. § 12 : *Item, quicumque furabitur caules, porros vel alium Ortolaillam in alio honore, solvat nomine banni... VI. den. etc.*

* **ORTOLALHA**, Pari significatione, Provincialibus vulgo *Ourtoulailho*. Reg. notar. *Daubagne* ex schedis Pr. a S. Vinc. : *Omnis Ortolalhæ salinata denarios quatuor coronatorum, etc.* Vide *Ortolailla*.

¶ **ORTOLANUS**, Hortulanus, olitor. Statuta Arelat. MSS. art. 34 : *Quicunque inventus fuerit in ortis ... colligere ficus ... sine licentia vel Ortolani vel bannerii, etc.* Pro officio monastico sumitur in Transactione inter Abbatem et Monachos Crassenses ann. 1351 : *Tenetur dare dictus D. Abbas illi Monacho, qui est Ortolanus dicti monasterii duas libras panis frumenti, etc.* Interdum pro ipso horto accipitur. Vide *Hortolanus* et *Hortulanus* in *Hortus*, et mox *Ortulanus*.

* Italis *Ortolano*, nostris *Ortholan*. Lit. remiss. ann. 1464. in Reg. 199. Chartoph. reg. ch. 532 : *Berthomier sabbatier, Ortholan de Perpeignen, etc. Survindrent deux pasteurs et un Ortholan, etc.* Occurrit præterea inter Probat. tom. 3. Hist Nem pag. 3. col 2. et *Ortollan* pag. 325. col. 2. [** Vide Haltaus. Glossar. German. col. 586. voce *Garten-recht*, Guerard. Prolegom. in Chartul. S. Petri Carnot. pag. 64. et Irminon. Polypt. Br. 9. sect. 244. pag. 108.]

ORTOLEVI. Vide *Ortlivienses*.

* **ORTOLINSE**, Legumen quodvis, quidquid in hortis nascitur. Notit. ann. 851. ex Chartul. Lemovic. : *Totum quæsivit jam dictus advocatus Guntramno ad opus matricularium S. Stephani altaris pertinentium, excepto victurias et Ortolinse.* Vide supra *Ortolagium*.

¶ **ORTONALIS**, Hortensis. Memoriale Potestatum Regiens. ad ann. 1282. tom. 8. Muratorii col. 1150 : *Nec fuerunt istæ erucæ Ortolanes*, (quales in hortis videri solent) *sed aliud genus erucarum fuit.*

ORTUGA, apud Danos, moneta quæ valet 2. obolis Danicis. Vide Janum Delmerum ad Jus Aulicum Norvegicum vetus, cap. 47. et Joan. Stiernhookum de Jure Sueonum vetusto pag. 261. 262. 263. [Le Roman *de Rou* MS. Danis annumerat alios, quos vocat *Ortenoiz*, a quibus forte moneta hæc *Ortuga* :

> Jadis soloient Ortenoiz,
> Cil de Norvege et li Danoiz,
> Et autres gens de Nort aler
> Autres terres prendre et rober.]

¶ **ORTULANUS**, Species horti, f. pomarium, Gall. *Verger*. Charta ann. 1360. apud Ludewig. tom. 6. pag. 403 : *Agris cultis et incultis, ortis et Ortulanis, silvis, lignis, rubetis, etc.* Vide *Ortolanus*.

¶ 1. **ORTUM**, Olus, legumen. Capitula Monachorum Sangallensium, apud Herrgottum in vett. Disciplina Monast. pag. 35 : *Ut reficiendi Fratres unum pulmentum cum potu et Orto seu pomis, si sunt, ante se inveniant.* Quod hic *Ortum* dicitur, *Nascentia* vocat S. Benedictus in Regula cap. 39. Vide *Nascentia terræ*.

* 2. **ORTUM**, pro *Ortus*, Hortus. Terrear. S. Maurit. in Foresio ann. 1474 : *In terra sua, in qua solebat esse mura et Ortum.*

* 3. **ORTUM**, Repagulum, impedimentum. Charta ann. 1252 : *Faciamus Ortum in rat nos circumquaque, ita quod non possint ad dictum locum venire.* Vide *Ort* in *Obstare*.

¶ **ORTUS**, pro *Hortus*, passim. Vide in hac voce.

¶ **ORVALIUM**, Infortunium, quidquid adverso casu destruitur in ædificiis. Statuta Monasterii S. Claudii pag. 78 : *Item debet facere et manutenere coopertuum tecti dormitorii dicti monasterii, atque logiarum dicti monasterii, nec non coopertuum refectorii et coquinæ, et omnium domorum domini Abbatis dicti monasterii in præfato monasterio existentis ; exceptis tamen Orvaliis, si casu fortuito per incendium, vel alias præfata tecta destruerentur seu concremarentur ; quo casu dominus Abbas ad ædificationem novam, et inde præfatus Eleemosinarius ad manutentionem teneretur.*

* **ORVEYDE**, f. Compositio inter partes super injuriis aut vi illata. Charta Ernesti ducis Brunsvic. ann. 1335. apud Ludewig. tom. 10. Reliq. Mss. pag. 54 : *Consules cum nuncio suo possunt impignorare, et judicare habent pro turpibus et contumeliosis verbis, et emendas et juramenta, et Orveyde super talia delicta possunt admittere et accipere sine delicto judicii.* Eadem rursum leguntur in Charta ann. 1407. ibid. pag. 64. *Ourveidhe* habet itidem Charta ann. 1277. ibid. pag. 23. *Orvede*, pro Injuria, damnum, in Lit. Margar. Burgund. ann. 1428. ex Cam. Comput. Insul. : *Item seront semblablement quites toutes Orvedez faiz d'un costé et d'autre.... Toutesvoies en ce ne sera point comprins l'Orvede, que messire Gerart de Stryen, n'agueres seigneur de Zevenberghe, a fait à nous duc.* [** Vide Haltaus. Glossar. German. voce *Urfehde*, col. 2000.]

¶ **ORYZUM**, pro *Oryza*, Gall. *Ris*, in Concilio Tarrac. ann. 1591. inter Hispanica tom. 4. pag. 541.

* **ORZARIUS**, Viminetum, ni fallor, Gall. *Oseraie*. Vide infra *Oseretum* et *Oserius*. Charta ann. 1313. in Reg. 52. Chartoph. reg. ch. 207 : *De rivo frigido usque ad avedalt, et de avedalto usque ad Orzarios, et de Orzariis usque ad honorem illorum de valle.*

¶ **ORZIUM**, Vas testaceum, Ital. *Orcio*, in Regiminibus Paduæ ann. 1274. tom. 8. Muratorii col. 461.

¶ **ORZOLI**, Corruptum vocabulum ex *urceolis*, apud Bernardinum Corium in Histor. Mediolan. ad annum 1333. juxta Macros fratres in Hierolexico.

* **ORZOLIUM**, Urceolus, Ital. *Orciuola*. Tabul. Cassin. : *Unum Orzolium de argentum ad quinque libras.* Vide *Orzium*.

OS, Oris. *In Ore gladii.* Vetus versio Lucæ cap. 21. voce 24 : Πεσοῦνται στόματι μαχαίρας, *Cadent in Ore gladii.* Theophanes : Στόματι μαχαίρας ἀπέκτεινε. Hist. Misc. : *Ore machæræ occidit.* Ita etiam Theophylactus Simocatta lib. 7. cap. 8. Gregorius Turon. lib. 2. Hist. : *Ne universa multitudo in Ore gladii rueret.* [Annal. Genuens. ad ann. 1188. tom. 6. Muratorii col. 359 : *In Ore gladii castellum illud cepit et funditus destruxit.* Phrasis est Hebraica, quæ occurrit Exodi 17. 13. Num. 21. 24. Deuter. 13. 15. et 20. 13. 17. Josue 6. 21. et alibi in Bibliis sacris.]

* Mirac. S. Domin. tom. 1. Aug. pag. 652. col. 1 : *Juvenis quidam.... os quoddam grossæ persicæ usque ad Os stomachi transglutivit ; sed ultra nullatenus transire valens, ibidem infixum remansit.* Ubi primum *Os*, genit. *Ossis*, nucleum mali persici significat ; alterum *Os*, genit. *Oris*, gulam stomachi seu œsophagum indicat.

Os Claudere *et aperire novis Cardinalibus.* Vide Ceremoniale Rom. lib. 1. sect. 8. pag. 78. 79.

Os Aureum, dictus S. Joannes Patriarcha CP. qui Græcis Χρυσόςομος. Facundus Hermianensis lib. 4. cap. 2 : *Agedum veniamus et ad illud Os aureum Constantinopolitani Joannis*, etc. Nicolaus I. PP. Epist. 8. et vetus Scheda post Pœnitentiale Theodori pag. 361 : *Sanctus Joannes Os aureum.* Interdum unica voce : Synodicum Raphaëlis Archiepiscopi Nicosiensis pro Græcis cap. 6 : *Et ut qualibet die maxime in Quadragesima quilibet Parochialis Sacerdos Missam cantet integram secundum morem S. Basilii et S. Joannis Osaurei, nisi fuerit impeditus.*

Os Aureum, præterea dictus Hibernis S. Gregorius M. Cummianus Hibernus de Controv. Paschali : *Ad Gregorii Papæ urbis Romæ Episcopi, a nobis in commune suscepti, et Oris aurei appellatione donati, verba me converti*, etc. S. Leo IX. PP. in Epist. ad Leonem Achridanum, de S. Augustino : *Beatus et Catholicus doctor Augustinus, in Latinaque lingua clarissimus, atque noster Chrysostomus.* Galfridus de Vinosalvo ad Innocent. III. PP. :

Esto quod in verbis aut hic aut ille sit Ore
Aureus, et totus resplendeat; os tamen ejus
Impar est, orisque tui præjudicat aurum.

Isidorus Pacensis de S. Ildefonso : *Mellifluæ Os aureum in libris diversis eloquentiæ.*

* Esse ad Os suum, Sumptibus suis ali. Reg. S. Justi in Cam. Comput. Paris. ubi de Feud. Norman. fol. 160. v°. col. 1 : *Philippus de Blarru tenet unum feodum loricæ de rege, unde debet unum annum et dimidium diem de custodia apud Vernonem ad custum suum et ad submonitionem domini regis; et in anno, quo facit custodium, ... debet exercitum et equitatum ad suum custum; excepto quod ipse in propria persona debet esse ad custum domini regis, ad Os suum et hernesium suum debet esse ad suum custum proprium.*

¶ **OS**, Ossis, Tibia. Miracula B. Catharinæ Suecicæ n. 3. tom. 3. Martii pag. 521. col. 2 : *Quo facto, extendebat filius mortuus unum Os : quo viso pater et omnes alii præsentes, qui hoc inspiciebant, fortius clamabant pro auxilio dictæ Dominæ Catharinæ : et sic extendit secundum : deinde brachia et caput, et sic totum corpus; ita quod in brevi convaluit.* Ibidem recurrit pag. 523. col. 1. et pag. 526. col. 2.

Ossa Animalium, *quasi pro vitanda animalium peste, alicubi suspendere*, vetitum in Concilio Londoniensi ann. 1075. et in Decretis Lanfranci Cantuariensis Archiep. in Monastico Anglic. tom. 3. pag 307. Vide Lindenbrogium ad Ammianum lib. 19. pag. 86.

Os Sonans. Lex Aleman. tit. 59. § 4 : *Si autem de capite Os fractum tulerit de plaga, ita ut super publica via lata 24. pedes in scuto Sonaverit, illud Os cum 6. sol. componat.* Lex. Ripuar. tit. 68. § 1 : *Si quis in capite, vel in quocumque liber membro plagatus fuerit, et Os exinde exierit, quod super viam 12. pedum in scuto jactum Sonaverit*, etc. Lex Frision. tom. 22. § 70 : *Si de vulnere Os exierit tantæ magnitudinis, ut jactum in scutum trans publicam viam sonitus ejus audiri possit*, etc. Ita fere in Addit. 3. § 54. et in Lege Longob. lib. 1. tit. 7. § 3. [** Rothar. 47.] Ex quibus liquet *Os sonare super scutum* dici, cum ejus est magnitudinis, ut jactum trans viam publicam 12. aut 24. pedum, in scutum, æreum forte aut ferreum, sonum ita edat, ut audiri possit. [** Vide Grimm. Antiq. Jur. German. pag. 77. num. 7.]

OSA, Hossa, Hosa, Ossa, Houcia, etc. Tibiale, crurale, caliga, Germanis *Hose*, Cambrobritannis *Hosen*, Gallis *Heuse*, *houseaux*, Italis *Uosa*, [Saxonibus Hosa, Anglis *Hose*.]

Osa, cum unico *s*, Ugutio, et ex eo Joannes de Janua : *Osa quoddam genus calceamenti, et dicitur ab os, ossis, quod primo de coriis boum Osæ factæ sunt, et quamvis nunc ex alio genere fiant, pristinum tamen nomen retinent : unde Osatus, Osas habens : Osare, calciare.* Glossar. Lat. Gall : *Osatus, heusez, chaussez de houses. Osare, chausser heuses. Ossula, la petite heuse.* Ita etiam Catholicum Armoricum voce *Heus.* Ex his emendandus forte, a quo accepere, Isidorus lib. 19. cap. 34. de Calceamentis : *Ossas, puto ab Oso primum factas, et quamvis ex alio genere, tamen nomen pristinum retinent.* Ubi legendum *ab Osse* censerem, si *Osas* ex ossibus factas liceret conjicere. Paulus Warnefrid. lib. 4. cap. 23 : *Postea cœperunt Osis uti, super quas equitantes tybrugos byrreos mittebant.* [** Vide Murator. Antiq. Ital. med. ævi tom. 2. col. 433.] Chronicon Besuense pag. 558 : *Omnia reddidit per caligulam suam, quæ vulgo Ose dicitur, quam implevit de ipsa terra*, etc. Udalricus lib. 3. Consuetud. Cluniac. cap. 22 : *Cavet autem omnimodo ne quis aliquando intret, vel calcaria portans, vel Osis de corio factis indutus.* Le Roman *de Girard de Vienne* MS. :

Au matinet quant soleux deust raier,
Li Rois se leve por soi appareiller,
D'une graut Hose se fist le jor chaucer.

Ossa, cum duplici *ss*, apud Isidorum loco citato. Adalbero Laudunensis in Carm. ad Robertum Regem :

Ossa superficiem stringit diffusa deorsum.

¶ Hosa. Charta ann. 1164. e Chartul. S. Vandreg. tom. 2. pag. 1841 : *Hujus autem terræ donatione factus est Hugo Pantouf Frater Abbatiæ S. Wandregisili, et de caritate ejusdem Ecclesiæ habuit* VII. *lib. Andegav. et præfatus Ernaldus quasdam Hosas.*

Hossa. Monachus Sangallensis lib. 2. de Carolo M. : *Cumque ad obsequium domini cuncti Hossas suas vellent extrahere*, etc. Supra *Galliculam*, mox *ocream* dixit.

Heuse. Matth. Paris ann. 1247 : *Calceamentis militaribus, quæ vulgariter Heuses dicuntur, seculariter, imo potius prodigaliter calceati et calcarati.* Wilharduinus n. 116 : *Et Marcuflex chaussa les Hueses vermeilles, par l'ate et le conseils des autres Grecs.* Fecialis qui vixit sub Henrico VI. Rege Angl. in tract. MS. de Officio Heraldorum : *Heuses sont faites pour soy garder de la boe et de froidure, quand l'en chemine par pays, et pour soy garder de l'eauë.* Philippus *Mouskes* MS. in Henrico I. Rege Franc. :

Et de ses Hueses emboées,
Qui grandes estoient et lées.

Le Roman *de Garin* MS. :

Cil chamberlanc vont à li por servir,
Vest le bliau et peliçon hermin,
Hueses tirées, esperons à or fin.

Gloss. Lat. Gall. : *Ocrea, Heuse, ou Estivaux, ou Esquembaux, pour chaucier les gembes. Ocreare, Heuser.*

Houcia. In Statutis Synodalibus Guillelmi Majoris Episcopi Andegavensis ann. 1298 : *Houcias et clochas deferre præsumerent.* Joinvilla in Histor. S. Ludovici : *Et le cuir nous devenoit tanné de noir et de terre, à ressemblance d'une vieille Houze qui a esté long temps mucée derriere les coffres.*

Hosella, ex Gall. *Houseaux.* Concil Parisiense ann. 1212. part. 2. cap. 9 : *Ne calceamentis secularibus, puta Hosellis, vel calceis nimis strictis et peracutis... utantur.* Le Roman *d'Auberi* MS. :

Et vest les dras qui furent au paumier,
Et les Houziaus qui ni volt atargier.

Robertus *Bourron* in fabulosa Hist. Merlini MS. : *Et vint en la ville comme un boskillons, une cuignie à son col, uns grans Housiaus cauchiés.* [Le Roman *de la Rose* MS. :

Heusiax fronchis et larges botes,
Qui resemblent borse a cailler.

Et alibi :

N'est pas de Heusiax estreneé
Car elle n'est pas de Paris née.

Quasi *Hossellæ* fuissent Parisiensium propriæ.]

* *Oseaulx*, in Lit. remiss. ann. 1474. ex Reg. 195. Chartoph. reg. ch. 1199 : *Le ribault m'a robé ung cheval, mon espée, ungs Oseaulx*, etc. Hinc *Oser*, Caligas induere, in aliis Lit. ejusd. ann. ibid. ch. 1312 : *Le suppliant fist seller son cheval et se Osa, en disant à sa chambriere par fiction : Je m'en vois à Amiens.* Vide infra *Osilla.*

Uosa, Itali dicunt voce trisyllaba. Matthæus Villaneus lib. 8. cap. 74 : *Dove gli Unghieri, in Uosa e gravi di lor armi gobboni, non potean salire.*

Hosobindæ, Fasciæ crurales, hose-bendas Saxonibus; *Hose-banden*, Theutonibus; *Hose-gartiers*, Anglis; *Bendes de Houseaux, Jarretieres* : ex *Hose*, et *Binden*, ligare, nectere, vincire. Epistola Synodalis Concilii Duziacensis I. : *Inde umgas ad spatas et balteos, et calcaria, atque ligaturas hosarum, quas Hosobindas dicunt, fieri jussit.*

¶ Hosarius, Præfectus *hosis* regiis, qui eas comparabat apparabatque, vulgo *Hosier.* Liber niger Scaccarii pag. 350 : *Hosarii in domo comedent, et hominibus suis unusquisque tres denarios.*

OSANNA, *Genus ligonis*, apud Papiam. Vide *Dominica Osanna.*

¶ Osannaria Crux, f. Crux erecta ad quam ecclesiastico more supplicantes procedebant *die Osannæ* seu Dominica Palmarum. *Vinea ad crucem Osannariam et hortos, qui foris vicum sunt*, in veteri Charta apud Stephanotium tom. 3. Antiquit. Pictav. MSS. pag. 835.

¶ **OSARE**, Osatus. Vide in *Osa.*

OSBERGUM, [Lorica, *Haubert.*] Vide *Halsberga.*

1. **OSCA**, Oscha, Modus agri. Vide in *Olca.*

¶ 2. **OSCA.** In eos, qui ad rem divinam tarde accedunt, aut ab ea absunt omnino, sic fere animadvertunt Lexoviensis Ecclesiæ Statuta : *Qui ad Osca non venerit*, vel *Qui non venerit ad Osca, mulctetur*, Vox monstro similis, de qua multa conjectant, tum Guill. Fillatre in sua de hocce vocabula ad Mabillonium Epistola, cum Mabillonius ipse in sua Responsione : quas ambas Epistolas consulere potes inter hujus Opera posthuma tom. 1. pag. 445. et seqq. Nihil ibi probabilius mihi visum est, quam quod suspicatur Mabillonius, *Osca*, scriptum fuisse pro *Os. Ca.* hisque vocibus abbreviatis *Oras* seu *Horas Canonicas* indicari.

¶ **OSCEUM**, Scrotum. Miracula B. Edmundi Archiep. inter Anecd. Marten. tom. 3. col. 1886 : *Mulier Agnes nomine de Chabliaco, habens puerum Robertum nomine, a puero sibi collidente collisum et percussum in inguine, ita ut intestina in Osceum descendissent, etc.*

¶ **OSCHEUM**, Idem quod *Osceum.* Acta S. Petri Mart. tom. 3. Aprilis pag. 700 : *Præ dolore se juxta quandam viam projecit, tibias sursum et caput deorsum deponendo, ut sic intestina, quæ in Oscheum ceciderant, reduceret in ventrem.*

¶ **OSCHIA**, Modus agri. Vide in *Olca.*

* **OSCHIA** Colli, Ima colli vertebra, Gall. *Nuque du cou.* Hist. translat. Reliq. S. Mamant. tom. Aug. pag. 441. col. 2 : *Per Dei gratiam obtinere meruit partem ossis ejus, qui vulgo Oschia colli dicitur, quæ caput humeris continuare solet.* Et pag. 455. col. 2 : *Primo missa est Oschia colli, juxta quod, mediantibus arteriis, etc.* Vide ibi notam dicti Editoris.

OSCILLI. Vita S. Hugonis Abbatis S. Martini Eduensis num. 22 : *Ut incredibilis numerus scabellorum atque Oscillorum post perceptam incolumitatem e redeuntibus ibidem remaneret.* Ubi Godefridus Henschenius *Oscillos*, fulcra subalaria interpretatur.

☞ Ita etiam Mabillonius sæc. 5. Benedict. pag. 102. nisi quod pro *Oscilli* legit *Oscilla*, hancque vocem a ludicra actione ad necessariam movendi corporis librationem translatam animadvertit. Haud scio an eadem notione Glaber Rodulphus apud Duchesnium tom. 4. Histor. Franc. pag. 42. ubi : *Multimode quippe membrorum reformationes ibidem visæ sunt extitisse, ac insignia pendere Oscillorum multiformia.* Ut fulcra subalaria, sic imagunculas infirma membra repræsentantes intelligere potuit. Utriusque enim generis signa passim cernere est in sacris locis, ubi divinæ sanationes perpetrantur. Jam vero hujuscemodi imagunculas *Oscilla* dici potuisse, palam est ex Macrobio lib. 1. Saturn. cap. 7. ubi *Oscilla* vocat imagunculas ad humanam effigiem factas, quæ Diti et Saturno dicabantur; et ex Servio ad illud Virgilii lib. 2. Georg. v. 389 :

> Oscilla ex alta suspendunt mollia pinu,
> Oraque corticibus sumunt horrenda cavatis.

Ad ferarum in venatione occisarum capita ex arboribus suspensa transtulit Stephanus Africanus in Vita S. Amatoris Episc. num. 24. tom. 1. Maii pag. 57. De *Oscillis* fuse disputat Scaliger lib. 2. Auson. Lect. cap. 25. Adde Vossium in Etymologico. [** Grimm. Mythol. German. pag. 49. not.]

* Pro capitibus ferarum in venatione occisarum ex arboribus suspensis, rursum occurrit in Vita S. Germ. Autiss. tom. 7. Jul. pag. 200 : *Oscilla vero, quæ tamquam trophæi cujusdam certaminis umbram dependentia ostentabant, longius a civitatis terminis projici præcepit.* Quod sic suspensa a vento agitentur et quasi oscillentur, ita appellari videntur. Vide *Oscillum.*

¶ **OSCILLUM**, στομάτιον, *Osculum, parvum os*, in Supplemento Antiquarii. Acta SS. Junii tom. 5. pag. 211. de S. Pelagio Martyre :

> Sed nec (*decet*) Christicolam, sacrato chrismate tinctum,
> Dæmonis Oscillum spurci captare famelli.

[** Vide Walthar. vers. 1127. et 1141.]

* *Oscillum, Branlouere, vel popine à enfant, vel petite bouche*, in Glossar. Lat. Gall. ex Cod. reg. 7692.] Aliud Provinc. Lat. ex Cod. 7657 : *Pupada, Prov. pupa, popina, papula, Oscillum.* In Actis vero S. Pelag. hic laudatis, *Oscillum*, persona est, non parvum os. Vide Salmas. in not. ad Tertull. de Pallio pag. 77.

¶ **OSCLARE**, Osclearb, Oscleium, Osclium. Vide in *Osculum* sub finem.

* **OSCLARIUS**, Qui *osclam* vel *oschiam*, id est, Terram arabilem fossis aut sepibus clausam, seu hortum, viridariumve possidet. Charta Ric. reg. Angl. ann. 1. regni ejus in Reg. 165. Chartoph. reg. ch. 130 : *Exceptis molendinis et anguillis, quæ captæ sunt ad essennum et ad molendina, et duos Osclarios et servitia et homagia eorum.* Vide supra *Olca* 1.

* **OSCLEARE.** Vide supra *Obscleare.*

* **OSCLUM**, Pactum, conventum, quod interveniente osculo firmaretur, sic dictum. Chartul. S. Joan. Angeriac. fol. 108. v°. : *Quod si ego ipse aut ullus homo, qui contra Osclum istud aliquid agere aut inquietare præsumpserit, componat tibi una cum fisco auri libras centum, et præsens Osclum istud firmum et stabile permaneat cum stipulatione subnixa.* Vide mox in *Osculum* 2.

¶ **OSCORS.** Tabularium Prioratus de Paredo fol. 16 : *Natali Domini* IV. *panes*, II. *spatulas, duas Oscors, pastionem de porcos in silvis, etc.*

¶ **OSCRIPTORTUM.** Inter beneficia, quæ Willelmus *La Concha* monachus contulit S. Martiali Lemovic. numeratur *Domus cum duobus Oscriptortis et apparamentis* XLVI. *lib.* [* f. pro *Scriptorium.* Vide in hac voce.]

¶ **OSCULAMENTUM**, Osculum. Literæ ann. 1282. apud Rymer. tom. 2. pag. 201 : *Regi Angliæ Ferrandus filius Regis Arragonum humile manuum Osculamentum.*

¶ **OSCULARE**, pro *Osculari*, in Usibus Culturæ Cenoman. *Osculet manum ejus.* Sed et apud Nonium : *Laudor, quod Osculavi privignæ caput.* Vide *Osculatorium.*

* **OSCULARI** ex Traverso, id est, Ex utroque latere. Acta Inquisit. Tolos. ad ann. 1238. inter Probat. tom. 3. Hist. Occit. col. 387 : *Postmodum osculatus fuit librum dictorum hæreticorum; et his completis..., fecerunt pacem, ibi Osculantes se se invicem ex traverso.* Alia Inquisit. Carcass. ad ann. 1244. ubi etiam de receptione hæreticorum ibid. col. 437 : *Dederunt eis pacem, primo cum libro, consequenter cum humero.*

* **OSCULARI** Scampnum. Vide infra in *Scamnum* 4.

OSCULATIO. Vox Medicorum, Græc. ἀναςόμωσις, *osculi* venæ aut arteriæ apertio, ex qua sequitur sanguinis profluvium. Cælius Aurelianus Siccensis lib. 2. Chron. cap. 10 : *Demetrius Erophili sectator duas inquit esse principales differentias fluoris sanguinis, unam incisuræ, aliam sine ulla incisura... Eam vero quæ sine ulla divisura est, in 4. dividit partes, quarum unam varietate fieri dixit, aliam expressione sive sudatione, tertiam defectione vel debilitate, quam Græci atoniam vocant : quartam Osculatione : vult enim eam differre a supradictu, id est expressionis, quam tertiam nominavit : osculari enim inquit, corpora nimia plenitudine, sive virtute medicaminum osculantium, quæ Græci anastomatica vocant, etc.* Adde cap. 13. pag. 65. et Gorræum in Ἀναςόμωσις.

OSCULATORIUM, Tabula quæ fidelibus inter Missæ solemnia osculanda defertur, vulgo nostris, *la Paix* : in Statutis Walteri Archiep. Eboracensis ann. 1250. in Provinciali Cantuar. Lindwodi lib. 3. tit. 27. et in Concilio Mertonensi ann. 1300. ubi etiam *Osculare* nuncupatur, in Statuto Joannis Archiep. Cantuariensis ann. 1281. etc. Vide Monasticum Anglic. tom. 3. pag. 327. 331. Baron. ann. 44. num. 26. et infra in verbo *Osculum.*

1. **OSCULUM**, Eulogia, Benedictio, vice osculi, in signum caritatis ac mutuæ benevolentiæ. Liber Epistolar. S. Bonifacii Archiep. Mogunt. Epist. 85 : *Celsitudini vestræ, vice Osculi, duas vini cupellas transmisimus.* Ita ἀποςολιμαῖον φίλημα dixere Achilles Tatius lib. 2. et Eustathius lib. 9. de Ismen. Epigrammata vetera lib. 4 :

> Ut si dissimulas, multum mihi cara, venire,
> Oscula cum pomis mitte, vorabo libens.

Osculum mortuis tradi vetat Concilium Autisiod. can. 12 : *Non licet mortuis, nec Eucharistiam, nec Osculum tradi, nec velo vel pallis corpora eorum involvi.* Eadem habentur in Capitulis Bonifacii Mogunt. cap. 20. [* Eadem fusius leguntur in vet. Pœnitent. Ms. in Bibl. reg. fol. 85. ex Conc. Urbico : *Non licet mortuis Eucharistiam nec Osculum tradere, nec de velis nec de pallis, quæ in sacrificio super altare ponuntur, corpora eorum, cum ad sepeliendum vadunt super feretrum ponere.*] Quæ quidem verba accipienda quidam censent de eo ritu qui invaluerat apud priscos Christianos, ut priusquam sacram Eucharistiam sumerent, sese mutuo oscularentur, de quo Dionys. de Sacra hierarch. Tertullianus lib. de Oratione, Acta S. Mariæ Ægyptiacæ, S. Gregor. lib. 3. Dialog. cap. 37. et Regula S. Ferreoli cap. 25. quod nempe qui Eucharistiam dabant mortuis, id facerent osculo præmisso.

Osculum in Ore, *Fronte et oculis*, impertitur Henrico Imperatori Paschalis PP.

apud Petrum Diac. lib. 4. Chr. Casin. cap. 37.

Osculum Manuum, in signum honoris et venerationis, apud Hieronymum in Vita S. Hilarionis, in Vita S. Pauli Eremitæ, in Epistola ad Asellam, in Regula Magistri cap. 93. apud Cantacuzen. lib. 1. Hist. cap. 34. 41. Codinum de Offic. cap. 14. num. 22. cap. 17. num. 45. etc. Præter Plin. lib. 11. cap. 46. Plutarchum in Catone, Xiphilinum pag. 132. 153. Quintilian. decl. 298. Phædrum, Mamertin. et alios passim.

Osculum Genuum, quod scilicet ex reverentia et submissione olim subditi superioribus impertiebantur, in Regula Magistri cap. 93. Adde Gregorium Turon. in Vitis Patrum cap. 8. Capitolinus in Maximino juniore : *In salutationibus superbissimus erat, et manum porrigebat, genua sibi osculari patiebatur, et nonnunquam etiam pedes.*

Osculum Pedum summi Pontificis. Anastasius in Constantino PP. de Tiberio Imp. : *Cum Regno in capite sese postravit, pedes Osculans Pontificis.* Idem in Leone IV. pag. 176 : *Coactum, invitumque exinde abstrahentes, cum hymnis laudibusque præcipuis ad Lateranense Patriarchium perduxerunt; qui morem conservantes antiquum omnes Osculati sunt pedes.* Vide pag. 159. 172. 185. 203. Guillelmus Apul. lib. 4. de Gestis Norm. :

...., Veniam Robertus ut bujus
Impetret offensæ, Papæ properavit ad urbem,
Supplicat, et pedibus (sancti) dans Oscula Patris,
Suscipitur, etc.

Et lib. 2 :

...., Curvao Papa benigne
Suscipit, Oscula dant pedibus communiter omnes.

Unde porro ortum dicatur osculum pedum summorum Pontificum, tradidit Matthæus Westmonast. ann. 798. Vide Opera Hincmari tom. 2. pag. 610. Generatim vero de osculo pedum legendus Nicol. Alemannus in Notis ad Procopii Histor. arcan. pag. 115. 1. Edit.

* Cencius ubi de ingressu Henrici imperatoris in Urbem : *Ad cujus* (Paschalis PP. II.) *vestigia cum rex corruisset*, (*Nota quia imperator osculatur pedes domini papæ*) *post pedum Oscula, ad oris oscula elevatus est.*

Osculum datum Presbytero post communionem. Vide Henric. Valesium ad Eusebii Histor. Eccl. lib. 6. cap. 43.

Osculum Pacis. Olim in Ecclesia is mos obtinuit, ut in Missæ celebratione, dum Sacerdos post hostiæ consecrationem hæc verba proferret, *Pax Domini sit semper vobiscum*, statim Clerus, ipseque populus *per basia blanda* sese invicem oscularetur, ut ait Amalarius lib. 3. de Eccles. offic. cap. 31. quæ quidem *basia*, *Pacis oscula* appellantur cap. seq. Ordo Romanus : *Cum dixerit, Pax Domini sit semper vobiscum, mittit in calicem de sancta.... Interim Archidiaconus pacem dat Episcopo priori, qui et ultra dabit juxta se stanti, ac deinde per ordinem cæteri, atque populus osculantur se invicem, in Osculo Christi*. Ὁ πᾶσι προσφωνούμενος πνευματικὸς ἀσπασμὸς, apud S. Maximum in Mystagog. cap. 17. Ejusmodi oscula ab Innocentio I. PP. instituta tradunt Stephanus Eduensis lib. de Sacramentis cap. 20. et Rupertus lib. 2. de Divinis offic. cap. 21. Meminit etiam istius moris ipse Innocentius Epist. ad Decentium Eugubinum Episc. cap. 2. Tertullianus lib. de Orat. sub finem, S. Ambros. serm. de Quadragesima, S. Joan. Chrysost. lib. de Compunct. cordis, cap. 3. S. Cyrillus homil. 5. ad Neophyt. S. Augustinus serm. 83. de Diversis, et lib. 2. adversus literas Petiliani cap. 23. etc. Vide præterea Isidorum lib. 1. de Eccles. offic. cap. 15. Rabanum lib. 1. de Instit. Cleric. cap. 33. Honorium Augustod. lib. 1. cap. 62. Walafrid. Strab. cap. 22. Micrologum cap. 18. Hugon. a S. Victore lib. 2. Observat. Ecclesiast. cap. 40. Capitula Theodori Cantuar. cap. 32. Capitula Aquisgran. ann. 789. cap. 52. Capitula Caroli M. lib. 1. cap. 52. lib. 5. cap. 94. [** 160.] Concil. Francoford. ann. 794. cap. 50. al. 48. Moguntiacense ann. 813. cap. 44. Vitam S. Aigulfi Abb. Lerin. cap. 20. Adhelelmum Sagiensem Episcopum in Miraculis S. Opportunæ cap. 13. Historiam quadripartitam S. Thomæ Cantuar. lib. 3. cap. 3. et quæ annotant Card. Bona lib. 2. Rerum Liturg. cap. 16. num. 6. 7. [Goarus ad Euchologium pag. 134.] et alii qui de rebus liturgicis scripserunt. [** Glossar. med. Græcit. voce. Ἀσπασμός, col. 147.]

☞ Observandum porro tertio ante Paschatem die, quæ *Cœnæ Christi Domini* dicimus, ab ejusmodi osculis abtinuisse, ob mœstitiam Christi passionis, unde in Ordine Romano : *Dicat Agnus Dei absque osculo* : quod etiam notatum a Procopio in Hist. arcana pag. 45. 1. edit. Habetur in Missali Gothico *Collectio*, seu Collecta, *ad pacem* pag. 263.

Osculum Pacis, *et panem benedictum in Ecclesia interdicere*, in Constitutionibus Provincialibus S. Edmundi Archiepiscopi Cantuariensis sub ann. 1236. cap. 4. et in Synodo Wigorniensi ann. 1240. cap. 34. *Pacem facere* dicebantur, qui inter Missæ solemnia sese invicem osculabantur. Gregorius Turon. lib. 6. cap. 40 : *Exinde procedens nobiscum ad Ecclesiam, Missarum solemnia tenuit, sed neque Pacem cum nostris fecit, neque de sacrificiis communicavit, cognitumque mendacium esse quod dixerat, se esse Catholicum.* Dicebantur etiam *Pacem dare*. Anastasius in Martino PP. : *Et non est permissus videre Pontificem, quando Exarcho communionem porrexit, vel Pacem dedit.* Amalarius in Eclogis de Officio Missæ : *Deinde dicit Pax Domini nostri Jesu Christi sit semper vobiscum : Respondent, Et cum spiritu tuo. Deinde dat pacem altari vel patenæ : et sic populus dat sibi Pacem.* Eodem sensu *Pacificare* usurpat vetus Missa ab Illyrico edita : *Et ipsi invicem se Pacificando dicunt, Pax Christi et Ecclesiæ abundet in cordibus nostris.*

Ad Pacem accessisse Subdiaconos in sacrario, non vero intra cancellos altaris, observare est ex Epistola Lupi Tricassini et Euphronii Augustod. Episcoporum tom. 1. Concil. Gall. : *Subdiaconos autem ad Pacem inter se in sacrario oportet accedere : in altario autem, non nisi dum porrigunt pallas Diacono, aut suscipiunt quod refertur : ad Pacem autem nequaquam eis permissum est.*

At in Ecclesia Græca osculum pacis dabatur statim post lavationem manus, et ante confecta mysteria, quod improbat Innocentius I. PP. loco laudato. Hunc porro Græcorum morem astruunt Cyrillus Hierosol. Catech. 5. S. Dionys. lib. de Cælesti hierarch. cap. 3. Joannes Chrysost. hom. 18. in 2. Epist. Pauli ad Corinthios, Clemens lib. 8. Constit. cap. 15. Vide Baron. ann. 45. num. 24. et seqq. Menardum in lib. Sacrament. Gregorii et Goarum ad Euchologium Græc.

De Sacro Osculo, quo Christiani, atque adeo ipsi Sacerdotes invicem se donabant in die Paschatis, vide Pachymerem lib. 7. cap. 15. extremo. Ex his satis patet, cur excommunicati ab ejusmodi fidelium osculis arcerentur. Charta Ludovici VI. Reg. Franc. anno 1110. ex Tabular. S. Martini de Campis : *Regalis igitur decreti transgressor causam de qua agit in perpetuum amittat, excommunicationi subjaceat, et ejus calumnia irrita fiat. Interim etiam neque in testimonium recipiatur, nec pacis Osculo a fidelibus osculetur.*

* Hujus moris vestigium reperitur in Ordinario Rotomag. Ms. ubi ad diem Paschæ legitur : *Ad finem Laudum tres pueri* (dicant) *Benedicamus Domino. Hoc finito benedicatur a domino archiepiscopo, si præsens fuerit, et Osculetur omnes fratres, dicens ad singulos : Resurrexit Dominus.*

Abrogatus deinde *osculorum pacis* in Ecclesia usus, inductusque alius, ut dum Sacerdos verba hæc profert, *Pax Domini sit semper vobiscum*, Diaconi vel Subdiaconi imaginem quandam adstantibus Clericis, et plebi osculandam porrigant, quam vulgari vocabulo *Pacem* appellamus. Joannes Abrincensis de Offic. eccles. : *Sacerdos partito Corpore Domini, Pax Domini, alto voce proferat, a quo unus Canonicorum Pacem accipiat, quam in utroque choro majoribus distribuat, etc.* Synodus Oxoniensis ann. 1287. cap. 12 : *Asser ad pacem, pyxis ad oblatas, etc. Tabula pacis*, in Concilio Mertonensi ann. 1300. cap. 4. *Osculatorium*, ibidem : *Marmor*, in Synodo Bajocensi ann. 1300. cap. 10. *Lapis Pacis*, etc. Vide in his vocibus. Matthæus Paris ann. 1100 : *Regem duxerunt ad offerendum et iterum reduxerunt ad pacem.* Vide Jacobum Cardinalem Papiensem Epist. 295.

Osculum Pacis sibi invicem donabant monachi et alii, præsertim discessuri. Eckehardus Junior de Casib. S. Galli cap. 1. pag. 41 : *Missione tandem data, cum eos Præsul Osculo peteret, Vestra, inquit, erant, etc.* Mox : *Amore, ut moris est, osculato, et epoto, lætabundi discedunt.* Ardo Monachus in Vita S. Benedicti Anianensis num. 31 : *Discessurus pacis Osculum fratribus præbet, quidam autem osculaturus accessit, quo perspecto, vir Dei protinus substitit, pacisque Osculum paululum negavit,... quod is in crastino fugam meditatus esset.* Quippe ab ejusmodi osculis interdicebantur monachi, qui pœnitentiæ subjacebant.

Osculum vero in salutationibus commune fuisse apud omnes, satis innuit

Optatus lib. 4 : *Nec vos negare potestis, qui contra nos scandala ponitis, dum aliqui vestrum et non intellectas proferunt lectiones : ut auferant etiam illud, quod inter omnes homines solet esse commune, salutationis videlicet officium. Nam et vos ipsi aliqui in perfunctoria salutatione Oscula solita denegatis.* Vide *Pax.*

Osculi Jus, seu osculandi Magistratus, cum salutarentur, non omnibus, sed Domesticis, Protectoribus, et Curialibus omnibus muneribus in patria defunctis, indultum, docent lex 4. Cod. Th. de Domest. (6,24.) et lex 109. de Decurion. (12,1.)

* Osculum, Oblatio seu munus, quod offertur inter sacra cum *patena* porrigitur populo osculanda. Comput. Ms. S. Petri Insul. ann. 1430 : *Pro Osculo et oblatione in die S. Petri ad vincula, dominus dux dedit duos clicquardos, pro quolibet xxxvij. sol. valent lxxiv. sol.*

¶ 2. **OSCULUM**, nude, *Homagium*, præstitum cum osculo. Charta Guillelmi de Rupibus Senescalli Andegav. ann. 1209. pro fundatione Abbatiæ Perrodii-novi, apud Menagium Hist. Sabolii pag. 365 : *Religiosi non solvent dictis Guillelmo et Margaretæ* (uxori) *vel heredibus suis, vel ab ipsis causas habentibus, vel habituris, in mutatione cujusque Abbatis, infra annum quo fuerit confirmatus, nisi unum Osculum cum quatuor libris monetæ pro omnibus ferragiis,* (*fraragiis*) *rachatis; una vice solvendo illo, etc.* [* Vide supra in *Hominium.*] [** Haltaus. Glossar. Germ. voce *Lehnkuss*, col. 1227.]

Osculum Pacis in Hominiis. Tabular. Ecclesiæ Uzetiensis ann. 1272. fol. 12 : *De jure, quod habeo in prædictis juramentum fidelitatis interpono, Osculum pacis bona fide et sine iganno facio vobis dicto Domino B. Episcopo Uticensi, etc.* Charta conventionis ann. 1190. apud Ughellum tom. 4. pag 670 : *Ibique etiam et ipsi Dominus Archidiaconus, et..., reliqui utriusque Ecclesiæ ibi præsentes fratres, suo nomine et absentium in Osculis vicissim se ibi in fratres... receperunt.* Vide *Homagium.*

¶ Osculum Pedum in hominiis quandoque adhibitum fuisse testatur le Roman *de Rou* MS. :

Rou devint homs li Roiz et ses mains li livra,
Quant Beisier dut le Pié, baissier ne se daigna,
La ma'n tendi aval, le pié au Roi leva,
A sa bouche le traist, et le Roiz enversa;
Assez s'en ristrent tuit, et li Roiz se drescha.

* Osculum Pedum, Formula usitata in Chartis, quæ sacramenta fidelitatis regi a civitatibus jurata exhibent. Charta ann. circ. 1226. in Reg. feud. senescal. Occit. fol. 359 : *Ludovico illustrissimo Francorum regi domino suo, ... consules Castrensis villæ, tam milites quam burgenses universi, et populus universus fideles ejus et devoti in omnibus et per omnia, salutem et pedum suorum Oscula cum subjectione peroptata.* Alia ejusd. ann. inter Probat. tom. 3. Hist. Occit. col. 314 : *Serenissimo et excellentissimo domino suo Ludovico Dei providentia regi Franciæ illustrissimo, Sicardus Podii Laurentii, majestatis ac magnificentiæ illius servus humillimus, totaque universitas ejusdem castri, tam militum quam burgensium et totius populi, salutem ac seipsos ad plantas suæ gloriosæ præcellentiæ deosculandas humoteñus provolutos, ipsiusque cum suis omnibus subjectos, et omni exposito voluntati.*

Osculo *pactum ac conventionem* Firmare, *promittere.* Tabularium Vindocinense Thuani ch. 11 : *Et de his adfiduciavit nos per fidem, Osculans inde ob signum fidei Priorem nostrum.* Charta Gaufredi Episc. Carnotensis ex Tabular. N. D. *de Josaphat : Hoc concesserunt... qui etiam pro recognitione Osculati sunt annulum nostrum.* Tabular. S. Cypriani Pictav. : *Et hoc promisi osculando crucifixum in Ecclesia B Justi in manu Rainaldi Abbatis, firmans cum Osculo me ita servaturum.* Infra : *Et ita promisi offerendo hanc cartulam super altare... Osculando crucifixum et Abbatem.* Tabular. Muntismorilionis in Pictonib. fol. 53 : *Per tenorem et affirmationem hujus rei perpetuo duraturam Osculati sunt ore ad os Priorem Salgaciensem, etc.* Fol. 68 : *Ad hoc confirmandum Osculatus est Petrus de Domnione Petrum Imberti Sacerdotem.* Vetus Charta apud Beslium in Episcopis Pictavens. : *Firmans cum Osculo me ita servaturum.* Infra : *Et hoc promisi cum Osculo in manu supradicti Abbatis Monmorlioni, cum irem Romam, etc.* Alia ann. 1110. in Hist. S. Nicolai Andegav. : *Ut autem hæc concordia ab utriusque partibus firmiter observaretur, Osculati sunt se invicem per fidem Monachi atque Canonici in Capitulis suis.* Vetus Notitia ibidem : *Quod petierat, est adeptus, unde ab Abbate Lamberto et suis Monachis, charitatis pacisque veræ gratia, ipse cum suis Monachis, qui ibi aderant, est Osculatus.* [Alia ann. 1202 : *Unusquisque Militum propria manu, lato Osculo Comiti* (Forcalquerii) *juraverunt, quod etc.*] Alia ann. 1219. in Hist. Bethuniensi : *Et super hoc bona fide et firmiter observando, Abbas mihi, et ego Abbati Osculo dato, et juramento præstito, bonam et rectam societatem promisimus observare.* Tabularium Ecclesiæ Gratianopolitanæ fol. 79 : *Et hæc promitto me servaturum pro juramento in sacrata manu prænominati Episcopi Hugonis, et inde do ei Osculum cum bonæ fidei sponsione.* Conventio Isarni Episcopi Tolosani cum Abbate Moissacensi, apud Catellum lib. 5. Rer Occitan. : *Et ut nunquam irrumpere possim, sed semper firma stabilitate teneam et fideliter observem, in nomine sanctæ fidei Osculatus sum prædictum Episcopum Isarnum, et Canonicos ejus sedis.* Stephanus Tornac. Epist. 103. ex 2. edit. : *Acquievit interposito coram nobis fraterno Osculo, quod intelligimus fidelissimum signum pacis.* Vide Hist. Arvern. Justelli pag. 40. Turenensem pag. 30. etc.

* At cum res erat inter monachum et mulierem, virum alterum, jubente monacho, deosculabatur mulier. Charta inter Probat. Hist. Brit. tom. 1. col. 430 : *Qui utrique, scilicet pater et filius pro hujus doni confirmatione Walterium monachum in fidei nomine osculati sunt, uxor autem illius, eo quod a femina monachum osculari inusitatum habemus, Lambertum quemdam præfectum S. Albini, jubente Walterio monacho, eadem femina deosculata est.*

¶ Osculata Pax, Osculo firmata. *Facta fuit et Osculata pax inter Mutinenses et Bononienses,* in Annalibus Mutinensium, tom. 11. Muratorii col. 63.

Osculum Pacis, Fidei, et *Securitatis* dictum ejusmodi osculum. Lex Longob. lib. 1. tit. 9. § 38. [** Henr. I. 3.] : *Qui vero infra treugam post datum Osculum pacis aliquem interfecerit, etc.* Charta ann. 1238. apud Sammarthan. in Præpositis Massiliensib. : *Et pro his omnibus observandis dederunt sibi ad invicem Osculum pacis et fidelitatis.* Alia apud Marcam in Hist. Benearn. lib. 6. cap. 1. num. 2 : *Ego Bernardus D. G. Olorensis Episcopus... promitto hoc et convenio vobis in Dei fide, et legalitate mea, et ordine, et Osculo pacis et veritatis, etc.* Tabular. S. Dionysii de Capella ann. 1113 : *Hoc vero pactum Osculo pacis et fidei firmaverunt.* Adde Jofredum in Nicæa pag. 176. 178. Relatio S. Thomæ Cantuariensis Archiep. de congressu Viviani Legati Apost. cum Rege Angliæ : *In uno tamen consentiunt universi, quod nos in Osculo pacis respicere non acquievit. Subintendit ergo Christianissimus Princeps, quod pro tanta quantitate auri, quantus ipse est, non consuleret, ut terram ipsius, nisi accepto prius pacis Osculo, ingrederemur. Et Comes Theobaldus adjecit, quod stultissima esset præsumptio; multis circumstantium sibi invicem dicentibus, et reducentibus ad animum, quod Roberto de Silliaco acciderit, quia nec ipsum Osculum ad pacis et securitatis custodiam satis firma cautio videretur.* Leges Opstalbomicæ cap. 17 : *Si quis homicidium post compositionem et Osculum pacis perpetravit, a patria sua per annum proscriptus maneat.* Vide Will. Tyrium lib. 12. cap. 25.

* Osculum Fidelitatis *et pacis* datum ab eo, qui alium in possessionem rei alicujus mittebat. Charta ann. 1181. ex Tabul. Major. monast. qua Gaufredus dux Britanniæ abbatem Majoris monasterii investit de monasterio Lehonensi : *Testes fuerunt Herveus abbas Majoris monasterii, Bernardus magister prior, quibus duobus hanc saisinam Lehonensis cœnobii feci supra pontem de Sei, dato etiam utrique, abbati et priori, Osculo fidelitatis et pacis.*

* Osculum appellari videtur munus quod magistra meretricum, certis anni temporibus consulibus civitatis Nemausensis offerebat, vel quod illi ab iis dabatur. Comput. ann. 1480. inter Probat. tom. 3. Hist. Nem. pag. 342. col. 2 : *Item solvit magistræ meretricum pro sua fogassia et Osculo dominorum consulum, ut est consuetum, v. solidos.* Et quidem ne de osculo oris intelligam, inducunt Constitut. Catalaniæ Mss. quibus prohibetur meretricibus ne militem aut dominam osculentur : *Statuimus, quod nullus joculator vel joculatrix, nec soldataria* (id est, meretrix) *sedeat ad mensam militis, nec dominæ alicujus, ... nec Osculentur aliquem eorumdem.*

Osculum, Donatio propter nuptias, quam solet sponsus *interveniente osculo* dare sponsæ, in lege 5. Cod. Th. de Sponsal. (3,5.) nam ut est in Novella Alexii Comneni eodem titulo, et apud Matthæum Monach. lib. 8. juris Græco-Rom. pag. 510. Sponsalia peraguntur μετὰ τοῦ ἀῤῥαβῶνος, καὶ τοῦ φιλίου τοῖς μνηστῆρσι φιλήματος. [Adde pag. 132. et Turcogræciam Crusii lib. 4. Epist. 45.] Gregorius Turon. de Vitis Patrum cap. 20 : *Denique dato sponsæ annulo, porrigit Osculum, præbet calciamentum, celebrat sponsalium diem festum.* Tabularium Abb. Belliloci in Lemovicib. ch. 26 : *Similiter uxori meæ dimitto, et post mortem ejus S. Petro alia, quæ est in Stranquillo, mansum, ubi Stephanus manet, uxori meæ in Osculum post mortem ejus S. Petro remaneat, excepto illo manso, ubi Ademarus visus est manere, quem dimitto S. Mariæ Soliaci, omnia, quantum ego ipse uxori meæ tradidi ad habendum sive per osculum, sive per cartam traditionis, post mortem ejus S. Petro remaneat.* Tabularium Ecclesiæ Cadurcensis : *Hoc tamen tenore, ut uxor mea teneat totum omnino honorem meum... et illa omnia, quæ sibi dedi in Osculo.* Charta Philippæ Comitissæ Pictavensis uxoris Guillelmi VIII. ex Tabulario Monasterii-novi Pictav. : *Quod ego audiens, graviter tuli pro eo, quod eadem maresia dicebantur esse de Osculo meo.* Charta Philippi Regis Franc. ann. 1320. in Histor. Castilionensi : *Quittavit filio suo Duci prædicto suum dotalitium, donationem propter nuptias, sive Osculum, eidem Ducissæ in terra de Pratella, etc.* Alia ann. 1325. ex Computorum Camera Parisiensi : *Renuntiantes omni beneficio crucis... omni juri dotis, dotalitii, sive Osculi et donationis propter nuptias.*

Oscleia, Oscleum, Idem quod *Osculum, Ousclage*, in Consuetud. Rupellensi art. 46. Tabularium Castri Meliandi : *Liberas et immunes ab omni obligatione, alienatione, actione, exactione, dono, legato, dote, dotalitio, Oscleio, eleemosyna, censa, censiva,... et omni onere et genere servitutum.* Idem ann. 1319 : *Promiserunt nobili Domnæ Emptrici dictum bladum redditualem... libere et pacifice garentire in perpetuum, et deffendere ab omnibus et singulis actionibus, debitis, obligationibus, donis, cessionibus, coustumis, reddibentiis, serviciis, servitutibus, dotibus, Oscleiis, seu dotalitiis, etc.* Rursum : *Confitensque... se nihil juris, actionis, possessionis, Osclei, dotis seu dotalitii in prædictis rebus habere.* Charta ann. 1240 : *Dicens per juramentum præstitum nobis, se in dictis hominibus vel eorum rebus nullum Oscleum vel dotem habere.* [Adde Chartam fundationis sacræ Capellæ Bituric. ann. 1405. inter Instrum. tom. 2. Gall. Christ. col. 34. Charta Gallica ann. 1294. apud Stephanotium tom. 3. Antiq. Pictav. MSS. pag. 973 : *Renoncians... à tous privileges et benefices de croiz, donné et à donner, et octroyés à fames et à octroyer, soit par Oscle, par doaire, par mariage, ou par donacion pour noces ou entre-vis, etc.*]

Osclium. Charta libertatum villæ de Bengiaco in Biturigib. ann. 1257 : *Immobilia sibi data in matrimonium, in dotem, vel in Osclium seu donationem propter nuptias, etc.* Charta libertatum Castelli novi in Biturigib. ann. 1258 : *Si aliquis vir vel uxor aliqua bona nomine dotis sive Osclii de bonis uxoris vel mariti præmortuorum tenent, etc.* Tabular. Nantoliense in Pictonibus ann. 1298 : *Renuntio privilegio crucis assumendæ, cuilibet hypothecæ dotis, Oscli, seu dotalitii, quæ omnia consistunt in honore Castelli de Campania.* [Charta Guillelmi de Hala ann. 1298. apud Baluzium tom. 2. Hist. Arvern. pag. 542 : *Salvis tamen et retentis nobili D. D. Dalphinæ... uxori ipsius D. Guigonis hiis, que idem D. Guigo dedit ei ad vitam suam nomine dotalicii, Osclii seu donationis propter nuptias.*]

* *Oclage* et *Ocle*, Consuet. Engolism. art. 47. et 81. *Ocle*, Lemovicibus etiamnum dicitur quod uxori, marito defuncto, pro veste lugubri, Gall. *Deuil*, assignatur.

* Interdum tamen *Osculi* voce illud tantum significatur, futuros scilicet conjuges, scripto matrimoniali instrumento, sibi invicem osculum præbuisse; qui usus apud Salernum obtinuit, ut discimus ex Charta ann. 1358. ibidem exarata : *Eamdem domicellam annulo fidei et matrimonialis fœderis subarravit* (futurus sponsus) *sibique ad invicem maritalis conjugii Osculum præbuerunt.*

Osclare, Oscleare, Dotare, *Douer une femme de certains biens.* Libertates concessæ Villæfranchæ ab Odone Dom Borbonensi m. Jan. 1256 : *Si quis ducit uxorem apud Villamfrancham, de medietate rerum suarum Oscleat eam, et de medietate rerum, quas adquiret, hereditat eam.* Thomasserius pag. 230. habet *Osclet.*

* **OSELATOR**, Auceps, Gall. *Oiseleur.* Stat. Taurin. ann. 1360. cap. 137. ex Cod. reg. 4622. A. : *Si quis alienam vineam intraverit... vel venator, vel Oselator, etc* Vide *Oisellare* et *Osellator.*

¶ **OSELLA**, vel Osellus, Gall. *Osier*, Vimen. Statuta Placentiæ fol. 69. v°. : *Omnia vasa magna et parva, et vascella et opera ramifiant de ramo cum Osellis et aliis necessariis, excepto manicho, qui possit esse de ferro ponderis convenientis vasello.*

¶ **OSELLATOR**, Auceps, Gall. *Oiseleur*, Ital. *Uccellatore.* Statuta Palavicinia lib. 2. cap. 54 : *Et possit quilibet destruere et rumpere ludos et retia ipsorum aucupantium seu Osellatorum.* Vide *Oselator.*

* **OSENKOP**, Papyri species. Diar. Fratr. Minor. in Wisby Gothl. apud Ludewig. tom. 9. Reliq. Mss. pag. 200 : *Anno Domini 1409. obiit frater Hermannus Sosse, quondam curatus ad S. Laurentium, de Brandenborg ortus, qui reliquit tria volumina sermonum in papyro, vocato Osenkop.* Occurrit rursum ibid pag. 206. [** Scilicet qui *capite bovino* insignitus erat.]

¶ **OSERARIA**, Viminetum, Gall. *Oseraie.* Charta ann. 1280. e Chartulario Domus Dei Pontisarensis : *Quitamus Johanni Rectori, Heluysi Priorissæ, fratribus et sororibus Domus Dei Pontisaræ quamdam saliceiam et quamdam Oserariam, quas habebamus sitas apud Pontisaram intra fossata D. Regis et prata dictæ Domus Dei... cum omni jure, possessione et proprietate, quod et quas habebamus in dictis salceia et Oseraria.*

¶ Osereia, Oseria, Eadem notione. Charta Roberti de Osburvilla ann. circiter 1280. ex Archivo B. M. de Bono-nuntio Rotomag. : *Confirmaveram... omnes Osereias juxta cursum Secane et terre meæ.* In alia ejusdem Roberti Charta ann. 1283. habetur : *Et de Oseriis juxta cursum Sequane, etc.* Vide *Ozeria.*

* **OSERETUM**, Viminetum, Gall. *Oseraie.* Charta pro eccl. Trec. ann. 1374. in Reg. 105. Chartoph. reg. ch. 553 : *Item pro quodam Osereto in costa S. Egidii prope Trecas, etc.* Vide *Oseraria* et infra *Ozillarium.*

* **OSERIA**, Vimen, Gall. *Osier; Ouzil*, in Lit. remiss. ann. 1480. ex Reg. 207. Chartoph. reg. ch. 209 : *Le suppliant alloit pour lever certains bourignons ou engins d'Ouzilz à prandre poissons.* Charta Bald. dom. *de Valleincort* ann. 1233. ex Chartul. Mont. S. Mart. part. 1. ch. 83 : *Sibi retinuit omnes insulas, quæ sunt in dicta aqua, ad plantandas Oserias vel alia sibi necessaria, prout sibi viderit expedire.* Pro vimineto, vide in *Oseraria.*

* **OSERIUS**, Eadem notione. Charta ann. 1306. in Chartul. episc. Paris. fol. 237 : *Petrus Chapelain recognovit se accepisse a receptore episcopi Paris. unum arpentum insulæ apud S. Clodoaldum, pro plantando et colligendo Oserios. Ouriel*, mutato *s* in *r*, pari intellectu, in Lit. remiss. ann. 1450. ex Reg. 186. Chartoph. reg. ch. 36 : *Le suppliant batit et frappa sadite femme de verges ou Ouriel.*

¶ **OSEROSUS**. Pallia XXI. *pallam* I. *facterdia de serico Oserosa* XXIV. in Hist. Mediani Monast pag. 242. An *Ostreosa*, Purpurea, ab Ostrum?

¶ **OSFRAGIO**, ὀσχκόπος, *Ossium dolor ex lassitudine*, in Supplemento Antiq. Proprie ὀσχοκόπος ut ὀστεοκόπος, Ossa tundens, *Osfragio* vero, Frangens ossa.

* **OSIA**, Isara, fluvius, nostratibus *Oise.* Memor. H. Cam. Comput. Paris. ad ann. 1422. fol. 156. v° : *Dom. Aubertus de Sorel miles, dominus de Plesseio, et iterum de novo ordinatus et stabilitus capitaneus et custos villæ et castri de Chauniaco super Osiam.* Ibid. ad ann. 1423. fol. 163. v° : *Guillelmus Ocques, armiger Anglicus, de novo ordinatus custos et capitaneus pontis et fortalicii Bellimontis super Osiam,.... sub provisionibus,.... videlicet quod ipse et gentes suæ obedient justitiæ loci, custodiant populum et subjectos obedientes regi ab omni violentia et via facti, sine capiendo nec capi permittendo ab ipsis subditis aliqua victualia nec alia bona, nisi solvendo prompte et ad taxationem justitiæ.*

* **OSILLA**, Tibiale, crurale, caliga. Charta ann. 1266. in Reg. 73. Chartoph. reg. ch. 216 : *De aliis vero rebus inedibilibus, ut pote cuculis, Osillis, furcis, rastris, etc.* Vide supra *Osa.*

OSITIUM, [Farcimen.] Vide *Isicium.*

¶ **OSKA**, Modus agri. Vide in *Olca.*

* **OSMERILLUS**, Æsalon, Gall. *Emérillon*, accipitris species, minima omnium, sed velocissima. Dialog creatur. dialog. 57 : *Osmerillus et accipiter sociati sunt; et prædam simul dividebant, cum venabantur.* Vide *Simrlius* et *Smerliones.*

* **OSOSSUM**, *Rustrum*, in vet. Glossar. ex Cod. reg. 7641.

¶ **OSPICIUM**, pro *Hospicium*, de quo supra, domus, ubi sunt *hospites*, in Codice MS. Irminonis Abb. Sangerman. passim, ut fol. 32 v°. col. 1 : *Et ad ipsum mansum pertinent* XXIII. *Ospicia cum ecclesia indominicata.*

¶ **OSPITALE**, pro *Hospitale.* Vide in hac voce.

¶ **OSPITES**, pro *Hospites*, Pagorum incolæ, in Charta ann. 1231. ex Archivo B.

M. de Bononuncio Rotomag. et alibi. Vide *Hospes.*

* **OSPRATURA.** Vide supra *Aspratura.*

¶ **OSSA**, Tibiale, caliga. Vide in *Osa.*

OSSAMENTA, Ossa, ex Gallico *Ossements.* Matth. Paris ann. 1257 : *Inventa sunt Ossamenta Regis, etc.* [Instrum. ann. 1404. ex Archivo S. Victoris Massil. : *Reperierunt pretiosas reliquias et Ossamenta corporum beatorum sancti Victoris et sociorum suorum et alia Ossamenta et reliquias, etc.* Occurrit in Hist. MS. Beccensis monasterii pag. 352. in Vita B. Giraldi de Salis apud Marten. tom. 6. Ampliss. Collect. col. 1006. etc.]

* Alias *Osselementes* et *Oissemente.* Inventar. S. Capel. Paris. ex Reg. Cam. Comput. sign. *Noster* fol. 197. v° : *Item un vesselet ou il a des Osselementes à la Magdelene.* Le Roman *de Robert le Diable*, Ms. :

De saint Robiert enquist la vie,
Si en a la tombe ravie,
L'Oissemente qu'il y trouva
Plus d'avoir rouver n'en porta.

OSSARIUM, Ossuarium, Tumulus. Vetus inscriptio : *Sex. Turranius Sex. F. Causenus et Turrania Pacata Ossar. fecerunt, etc.* Alia inscriptio : *Julio Fuscinia Ossuarium viva sibi fecit.* Occurrit in leg. 2. D. de Sepulchr. viol. (9, 17.) [Gloss. Lat. Græc. : *Ossuaria*, ὀςεοδοχεῖα, *Ossuariæ ollæ*, in antiquis Inscript. Vossio teste in Etymologico : ubi et observat *Ossuarius* et *Ossuarium* dici ab eo veterum more, quo *Ossua* dicebant pro *Ossa.* Adde D. *de Montfaucon* Antiq. Expl. tom. 9. pag. 47.]

¶ **OSSENIUM**, pro *Essonium*, Impedimentum. Charta Odonis Vicecomitis S. Florentini sæc. XII. pro Gervasio Abb. S. Germani Autissiod. : *Nisi legitimum Ossenium ad castellaniam S. Florentini pertinens habuero, quod rationabiliter monstrari possit, et tunc de me et hominibus meis justitiam suam quærant, sicut melius poterunt.* Vide *Sunnis.*

* **OSSERRE**, pro Offerre, in Correct. statut. Cadubr. cap. 92.

¶ **OSSIFRAGOR**, ὀςοκλάςης, in Glossis Lat. Græc. Sangerman. Qui frangit ossa, *Ossifragus* apud Senecam.

¶ **OSSILAGO**, Dea solidatrix ossium, *quæ durat et solidat infantibus parvis ossa*, ut habet Arnobius lib. 4. Eidem lib. 3. dici videtur *Ossipagina*, sive, ut emendat Stewechius *Ossipaga* vel *Ossipanga*, quia *pangat*, sive, ut antiqui loquebantur, *paget* infantium ossa.

¶ **OSSILEGIUM**, ab ossibus legendis et condendis, post crematum cadaver, dictum. Glossæ Philoxeni : Ὀςολόγιον, *Ossilegium.* Aliæ Græc. Lat. Ὀςολογία, *Ossilegium.* Ὀςολόγος, *Ossilegus*, Qui legit et condit ossa post bustum.

¶ **OSSILLUM**, Ossiculum, vox contemtus. Hariulphus lib. 3. Chronici Centul. cap. 29. de Translatione S. Madelgisili : *Cœperunt quidam ex monachis... dicere, quod indignum esset ejus hominis venerari Ossilla, cujus ignorarent actus et vitam.*

¶ **OSSIPAGA**, Ossipagina. Vide *Ossilago.*

¶ **OSSORIUM**, Ossium conditorium, Gall. *Charnier. Waltherus Sculteti de Itstein, Pastor in Marxheim et Vicarius ecclesie S. Petri*, qui tom. 1. Rerum Mogunt. pag. 1004. obiisse dicitur ann. 1503 : *Constituit unam perpetuam vicariam in ecclesia S. Petri predicta, ad altare S. Catharine in Ossorio parochialis ecclesie in Undenmunster.* Vide *Ossarium.*

* **OSSOSUS**, *Plain d'os*, in Glossar. Gall. Lat. ex Cod. reg. 7684. pro *Ossuosus*, Ital. *Ossoso.*

* *Os court*, appellari videtur Perna, unde pars carnea abscissa est, in Lit. remiss. ann. 1411. ex Reg. 166. Chartoph. reg. ch. 162 : *Les supplians prindrent la moitié d'un lart salé, un jambons, un Os court, une piece d'eschinée, etc.*

¶ **OSSU.** Vide mox in *Ossum.*

¶ **OSSUARIUM**, Ossuarius. Vide *Ossarium.*

¶ **OSSULA**, Parvum tibiale. Vide *Osa.*

OSSUM, pro *Os, ossis*, seu ὀςέον, usurpat Arnobius junior in Comment. in Psal. 138 : *Tibi occultum non est nec Os meum, id est, Ossum meum, quod fecisti in occulto.* Ita etiam sua ætate usurpatam hanc vocem testatur S. Augustinus. Carisius lib. 1. Instit. Grammat. : *Tonitru, Cornu, Ossu*, Oςέον, *et os, ossis.*

* **OSSUS**, Lapidis species, f. quæ durior est, quasi nucleus. Charta ann. 1370. ex Tabul. Massil. : *Pro naulo centum Ossorum per patronum cum barca sua de corona* (lapicidinæ nomen) *apportatorum.*

¶ **OST**, Exercitus, expeditio militaris, ad quam pergere debent vassalli seu tenentes cum dominis suis; quod servitium aliquando pecunia redimebatur. *Absoluti ab illa consuetudine, quæ dicitur Ost, etc.* in Charta ann. 1191. laudata in voce *Chavaniada.* Alium locum vide in *Popada.* Statuta MSS. Johannis Domini Commerciaci ann. 1336 : *Item retenons sur lesdits habitans l'Ost et la chevauchie et la priere des nouvelz seigneurs et de leur chevallerie, et de leurs mariaiges, et du voyage d'Oultremer.* Plura vide in *Hostis* 2.

* **OSTA**, Junci Hispanici species, vulgo *Oste.* Inventar. ann. 1363. ex Tabul. Massil. : *Item unum libanum de Osta trium cannarum, vel circa.* Vide *Hosta.*

* **OSTADA**, Panni species ex lana subtiliore contexti, non unius usus, idem quod nostris *Estame;* unde Anglis *Woosted stockings*, tibialia sic contexta, Gall. *Bas d'estame.* Haud infrequens nostratibus vox *Ostade.* Comput. Ms. fabr. S. Petri Insul. ann. 1522 : *Pro religatis duobus libris Evangeliorum et libro Epistolarum chori, et emit Ostadam et alia dicto operi necessaria,.... vij. lib. xij. sol.* Lit. remiss. ann. 1395. in Reg. 149. Chartoph. reg. ch. 107 : *Trouverent icelle male et plusieurs choses au dehors d'icelle; c'est assavoir une Ostade, une petite penne de rays, etc.* Aliæ ann. 1425. in Reg. 173. ch. 246 : *Icellui Raoul donna au suppliant l'Ostade d'un pourpoint pour ses despens. Ung pourpoint d'Ostade*, in aliis ann. 1457. ex Reg. 183. ch. 242. Denique Lit. ann. 1469. in Reg. 197. ch. 72 : *Unes heures à femmes couvertes d'Ostade.* Borellus ex Villon. :

Robe fourrée, pourpoint d'Ostade.

* **OSTAERIA**, Lignum *hostagio* seu hospitio construendo vel reficiendo neces arium. Chartar. Norman. ex Cod. reg. 4653. A. fol. 85 : *Dicti autem Almaricus, Ricardus, Hugo et Radulphus habent suam Ostaeriam per liberationem vicecomitis, et furcos fagi ad suas domos faciendas.* Vide *Hostagium* 2.

* **OSTAGERIA**, Jus divertendi in domum alterius hospitandi causa; vel Præstatio pecuniaria ob id pensitanda; nisi intelligas Censum annuum ratione domicilii debitum; quo ultimo sensu *Ostaige* legitur in Charta ann. 1340. ex Reg. 71. Chartoph. reg. ch. 399 : *Cent soulz Parisis de rente ou d'Ostaiges sur les achaintes de la ville de saint Quentin, etc.* Reg. feud. Aquit. in Cam. Comput. Paris. sign. JJ. rub. fol. 32. v° : *Item habet* (dom. rex) *ibi* (in Lingonio) *et utitur, Ostageriam; tamen non de jure.* Vide supra *Hospitatio* 2. et *Hostagium* 1.

¶ **OSTAGERIUS**, Obses, fidejussor, Gall. *Otage. In hoc negotio productis Ostageriis;* in Regesto Guillelmi Ferandi Notarii Massil. Vide *Hostagiarius.*

¶ **OSTAGIAMENTUM**, Obsidium, securitas, Gall. *Otage.* Literæ Edwardi II. Regis Angl. ann. 1313. apud Rymer. tom. 3. pag. 400 : *Vestram amicitiam effectuose requirimus et rogamus, quatenus... obsides prædictos jubere velitis ab Ostagiamento hujusmodi liberari, dictamque securitatem relaxari penitus et dissolvi.* Vide *Hostagiamentum.*

* **OSTAGIARE**, Securitatem, vadimonium dare, liberare sub conditione dandi obsides. Vide supra in *Hostagiare.*

¶ **OSTAGIO**, Fidejussio, cautio, sponsio. Literæ Matthæi Ducis Lotharingiæ ann. 1220. apud Marten. tom. 1. Anecd. col. 881 : *Quod si carissima domina mea Blancha illustris Comitissa Trecensis, et Theobaldus Comes Campaniæ natus ejus, dominus meus, damnum aliquod incurrerent pro Ostagione, quam ad preces et instantiam meam fecerunt pro me erga dilectum et fidelem meum Henricum Comitem Barri-ducis, videlicet de tribus millibus libris Metensibus, de quibus tenentur facere creantum ipsius Comitis Barri-ducis, si ego infra instans Natale Domini non darem ei Ostagios, quos teneor ei dare de tenenda pace, quæ facta est inter me et ipsum Comitem Barri-ducis; ego tam catalla quam damna, quæ propter hoc ipsi Comitissa et Comes filius ejus haberent, tenerer ipsis restaurare ad plenum.* Vide *Obstagium.*

* Leg. *Ostagiatio*, ut habet eadem Charta in Chartul. Campan. ex Cam. Comput. Paris.

¶ 1. **OSTAGIUM**, Præstatio quam tenentes ac vassalli domino suo exsolvunt in belli sumtus. Gall. *Droit d'ost.* Charta ann. 1069. apud Lobinellum tom. 2. Histor. Britan. col. 120 : *Comes Hoel hanc tribum concessit S. Amando liberam ab omni Ostagio tali pacto, ut quod homines in exercitu expenderent, ad opus ecclesiæ reddere non differant.* Alia ann. 1153 : *Rogaverunt me supradicti monachi, ut eis quasdam consuetudines... confirmarem, scil. censum, Ostagium, comitis esum, maritationem, terre emptionem, corporis sui redemptionem.* Vide *Hostis* 2.

¶ 2. **OSTAGIUM**, Fidejussor, præs, sponsor, qui pro alio respondet interposito sacramento, obses, obsidium ipsum et fidejussio, Gall. *Otage*. Hinc *Ostagium tenere* vel *in Ostagium venire*, aut *in ostagio esse*, dicuntur fidejussores qui in certo loco consistunt, donec promissa et conventa fuerint perfecta, ut et debitores, donec satisfecerint creditoribus. Charta Henrici I. Ducis Lotharing. pro Fratribus Templi ann. 1209. apud Miræum tom. 2. pag. 1209 : *Ego vero pro remedio animæ meæ et antecessorum meorum, eisdem Fratribus hæc omnia contuli tanquam francum allodium perpetuo jure possidenda, ut fidejussor et Ostagium de his omnibus fideliter conservandis constitutus*. Statuta Arelat. MSS. art. 120 : *Nec teneatur esse in Ostagio a vigilia S. Thome Apostoli, usque in crastinum Apparitionis Domini*. Statuta Montis Regalis pag. 110 : *Si aliquis de dicta civitate... se obligaverit ad tenendum Ostagium, vel quod possit incarcerari ad voluntatem et requisitionem creditoris, dicta obligatio non valeat, nec teneat quantum ad tenendum Ostagium vel posse incarcerari*. Charta Johannis apostolicæ Sedis Legati ann. 1186. tom. 1. Maceriarum Insulæ Barbaræ pag. 124 : *Si forte Stephanus prædictus in aliquo deviaret, ipse Uldericus (juravit) ad commonitionem Abbatis vel Fratrum Insulanorum ad Insulanum monasterium in Ostagium venire cum aliis Militibus*. Charta ann. 1247. tom. 9. Spicil. Acher. pag. 191 : *Nos vero dictus Humbertus dominus Bellijoci de dicto matrimonio consummando et perficiendo, et de dictis cc. libris Vienn. dotalibus affidendis et perficiendis... damus dicto Raynaudo fidejussores et obsides... Milites, qui ad defectum nostrum promiserunt per sacramentum super sancta Dei Evangelia præstitum, et quilibet in solidum, tamdiu tenere Ostagia apud Clepiacum in Foresio, infra octo dies postquam fuerint requisiti, donec de prædicto defectu præfato Raynaudo et supradictæ Elizabeth plene fuerit satisfactum*. Adde Chartam ann. 1268. apud Baluzium tom. 2. Hist. Arvern. pag. 287. Aliam ann. 1273. tom. 2. Histor. Dalphin. pag. 11. col. 2. Statuta Cisterc. ann. 1275. tom. 4. Anecd. Marten. col. 1447. Annales Genuenses lib. 1. apud Murator. tom. 6. col. 262. etc. Vide *Obses* 1. et *Hostagium*, 3.

¶ Ostagius, Obses, fidejussor, sponsor. *Obsides et Ostagii*, in Literis Matthæi Ducis Lotharingiæ tom. 1. Ampliss. Collect. Marten. col. 1032. *Ostagii pacis*, in Charta ann. 1208. tom. 2. Hist. Lotharingiæ col. ccLxxvi. *Nos autem et Ostagii prænominati juravimus hæc omnia fideliter observanda*, in Charta ann. 1200. apud Duchesnium Hist. Norman. pag. 1058. Vide *Hostagius*.

¶ **OSTALARIA**, Diversorium, Gall. *Hôtellerie*. Miracula MS. Urbani V. PP. : *Existens Avenione in Ostalaria de Rosa, etc*. Vide *Hostellaria*.

¶ **OSTALERIUS**, Caupo, stabularius, Gall. *Hôtelier*, in Catalogo MS. Sodalium Confraternitatis B. Mariæ Deauratæ Tolos. Vide *Hostallerius*.

* *Ostagier*, idem qui *Burgensis* seu hospitium habens in civitate, in Lit. ann. 1364. tom. 4. Ordinat. reg. Franc. pag. 491. art. 5.

* **OSTALIENA**, Præstatio in belli expensas; vel Obligatio eundi in exercitum. Libert. Montisfer. ann. 1291. in Reg. 181. Chartoph. reg. ch. 154 : *Item dominus, bajulus et cæteri præfati non debent.... introducere infra villam Montisferrandi Ostalienam, nec rotas, nec gentes extraneas*. Vide *Hostelina* et supra *Hostena*.

¶ **OSTALIUS**, pro *Ostagius*, Obses. Chronic. Parmense ann. 1285. tom. 9. Muratorii col. 807 : *D. Guido et D. Matthæus de Corrigia fratres iverunt Mutinam pro pace eorum facienda; et facto inter eos compromisso per utramque partem, et datis Ostaliis, tulerunt sententiam pacis inter ipsas partes*.

** **OSTANDICIA**, in Constit. Conrad. II. Imper. ann. 1037. apud Pertz. Leg. tom. 2. pag. 38 **. not. 2. Vide *Hostenditium* in *Hostis*, pag. 719. col. 2.

¶ **OSTANSIO**, pro *Ostensio*, de qua mox. Charta ann. 1279. pro incolis S. Palladii apud Thomasserium in Consuetudinibus Bituric. pag. 113 : *Quis inventus fuerit scindendo, vel nemus in dicta foresta scissum in quadriga portando... solvet xxx. sol. Paris. tantummodo pro emenda... salva Ostansione facienda accusato, si petat*. Hoc est, ut interpretor, si ita postulet reus, eundum est in silvam, eique *ostendendum* seu probandum delictum, de quo accusatur.

¶ **OSTARE**, Italis, Obstare, resistere. Chronicon Siciliæ apud Marten. tom. 3. Anecd. col. 76. et Murator. tom. 11. col. 879 : *Faciebat congregari gentes, et alia multa præparari necessario facienda contra hostes eosdem, ad Ostandum et persequendum dictos hostes, et custodiendas dictas fronterias dictæ terræ Trapani*. Vide *Obstare*. In Charta Gallica Stephani Comitis Burgundiæ ann. 1229. apud D. *Secousse* tom. 4. Ordinat. Reg. pag. 396. *Oster* sumitur pro Habitare : *Cil qui s'en yront d'Auxone Oster autre part, etc*. Alii legunt *Ester*. Vide *Hostagium* 2.

¶ **OSTATICUM**, Obsidium, Gall. *Otage*. Charta ann. 1070. Marcæ Hispan. col. 1157 : *Raymundus Stephani de Cirniano et Arnallus Guillelmi de Salviano miserunt se in Ostaticum de jam dictis Comite et Comitissa (Barcinon.) et illorum filiorum apud Gerundam*. Rursum occurrit col. seq. ut et in voce *Hostaticum* post *Hostagium* 3. ubi semel accipitur pro obligatione, qua vassalli tenentur in exercitum pergere cum domino suo. Vide *Ostagium* 1. et 2.

* **OSTATGIUM** Tenere dicitur fidejussor, qui in præfinito loco consistit, donec promissa et conventa fuerint perfecta. Charta ann. 1156. inter Probat. tom. 2. Hist. Occit. col. 557 : *Ut si quandoque inde tibi imminutum vel detractum.... tibi fuerit,.... apud Montempessulanum, donec damnum tibi restitueretur, Ostatgium teneret*. Vide *Ostagium* 2.

¶ **OSTATICUS**, Obses. Conventio Raimundi Comitis Barcinon. cum Ermengaudo Comite Urgell. ann. 1064. Marcæ Hisp. col. 1128 : *Homines, quos nunc ego mitto in pignora ad prædictum Raimundum, incurrant in potestatem Raimundi Comitis unusquisque per suprascriptos decem millia solidos sine engan... et si isti prædicti quinque Ostatici mortui fuerint, aut unus ex eis, ego Ermengaudus... mittam alios homines vel alium, unusquisque per ipsos suprascriptos decem millia solidos in locis vel in loco prædictorum Ostaticorum in potestatem prædicti Raimundi Comitis sine suo engan*. Pluries occurrit ibi, ut et in alia Charta ann. 1070. ibid. col. 1158. Vide *Obstaticus* suo loco, *Hostaticus* in *Hostagium* 3.

¶ **OSTELLAGIUM**, Pretium pro apothecis a mercatoribus exsolutum. Vide in *Hostilagium*.

* *Ostelage*, eadem significatione, in Lit. ann. 1397. tom. 8. Ordinat. reg. Franc. pag. 187.

* **OSTENDERE** Signum Dilectionis, Phrasis Gallica, *Donner des marques d'amitié*, Amorem suum demonstrare. Acta Mss. Inquisit. Carcass. ann. 1308. fol. 36. r° : *Prædicti hæretici faciebant ipsi testi pulcram faciem, et Ostendebant ei signum dilectionis*.

¶ **OSTENSIBILIS**, Qui facile ostendi possit et videri. Vide locum in *Hamfare*.

1. **OSTENSIO**, Probatio. Capitulare Arechis Principis Benevent. editum a Camillo Peregrino, § 3 : *Si quis filium post mortem patris ejus pulsaverit, dicendo, quod ei aliquid præmii nomine pro qualibet causa dedisset, aut forsitan, dum pater ejus adviveret, per vim aliquid attulisset, de his propositis causis Ostensio duntaxat fieri non potest*. Ita *Ostendere*, pro *probare*, dixisse interpretem S. Irenæi lib. 2. cap. 30. observat Billius lib. 2. obser. cap. 33.

¶ Ostensio, Charta, ut opinor, ostensa seu præ oculis posita. *Isti viderunt traditionem et Ostensionem Lantaldus, Pontius de S. Juliano, etc*. in Charta traditionis ann. 1164. tom. 8. Spicil. Acher. pag. 197.

2. Ostensio, præterea dicitur de prædio, de quo lis est : cum priusquam judex de eo pronuntiet, actor et reus ad illud videndum proficiscuntur, ut inter utrumque de re, de qua lis est intentata, conveniat : *monstrée* vel *monstre d'heritage*, in Consuetudinibus Turonensi art. 1. 2. 4. Juliodunensi cap. 1. art. 112. Andegavensi art. 6. Marchensi art. 178. Rupellensi art. 13. Britan. tit. 6. et art. 767. 768. Arestum ann. 1260. in Histor. Guinensi : *Quem quidem boscum Do. Ingerrannus de Couciaco pater suus injuste abstulerat eidem Ecclesiæ, et super hoc traxerat ipsum dominum Ingerrannum in hac curia in causam Abbas S. Vincentii, et habuerat super hoc diem consilii, et diem Ostensionis idem Do. Ingerrannus, ut Abbas dicebat, etc*. Charta Alamannica Goldasti 99 : *Tunc prædictus Comes jussit, ut ipsa testimonia supra irent, et ipsos terminos Ostenderent, quod dicebant*. Assisiæ Hierosol. MSS. cap. 27 : *Se la clameur est de terre, ou de léve moti requerre le suiant jour, si come est devisé en cest livre, Com doit jour demander, qui veult plait longuement suir, et aprés le jour requerre Mostre de ce que celui le requiert, et le requerant li doit faire la Mostre, mais non mie de toute chose : car dou cazal nomé et conneu, ne d'un leu, qui ait nom et appartenance ne doit lom point avoir de Mostre, etc*. Cap. 222 : *Et doivent voir Mostres de terres, ou d'autres choses, etc*. Modus vero *Ostensionis* habetur in Regesto Parlamenti *Olim* fol. 29. Vide *Monstræ* et *Visus*.

* Lit. procurat. ann. 1348. ex Chartul. 21. Corb. fol. 193. v° : *Dantes dictis pro-*

curatoribus nostris.... potestatem.... limitandi, Ostensionem et bonsnagia faciendi, etc. Hestencion, in aliis ibid. fol. 192. v°.

3. Ostensio, Tributum a mercatoribus exigi solitum pro facultate *ostendendi* et exponendi merces in nundinis. Leges Ethelredi Regis apud Venetyngum editæ cap. 23 : *Homines de Rotomago, qui veniebant cum vino vel craspisce, Flandrenses et Ponteienses, et Normania, et Francia monstrabant res suas, et extolneabant. Hogge et Leodium et Nivella, qui per terras ibant, Ostensionem dabant, et teloneum.* Vide *Proponenda, Scavagium.*

¶ 4. Ostensio, Lustratio solemnis exercitus. Vetus Inscriptio apud Salmasium ad Lampridii Alexandrum cap. 33 : *Temporibus Tiberii Claudii facta hominum armigerorum Ostensione.* [* Militum recensio. *Ostensio armorum* dicitur, in Reg. S. Justi ex arest. Scac. S. Mich. ann. 1282. fol. 41. v°. col. 2 : *De nobilibus et aliis justitiam temporalem habentibus in Normannia, petentibus et dicentibus, quod citatio et Ostensio armorum ad ipsos in terra sua spectabat, gentibus domini regis in contrarium asserentibus et dicentibus dictas citationem et Ostensionem domino regi pertinere. Habito consilio super hoc, concordatum fuit, quod dictæ citatio et Ostensio ad dominum regem tantummodo, et non ad alios plenarie pertinebant.* Vide supra *Monstrantia.*] Hinc dictos volunt

¶ Ostensionales Milites, apud eumdem Lampridium cap. laudato : *Milites quos Ostensionales vocant, non pretiosis, sed speciosis clarisque vestibus ornabat, nec multum insignibus, aut ad apparatum regium auri et serici deputabat, dicens, Imperium in virtute esse, non in decore.* Ubi milites pompaticos intelligunt et ad ostentationem productos in solemnitatibus. Vide Casaubonum in hunc Lampridii locum, Carolum de Aquino in suo Lexico Militari, et *Monstrum* 1.

* 5. **OSTENSIO**, Certa mensura nemoris, quæ *ostenditur*, id est, designatur cædenda. Charta Phil. Pulc. ann. 1300. in Lib. rub. Cam. Comput. Paris. fol. 120. v°. col. 1 : *Concedimus quod ipse et sui hæredes et causam ab eo habituri in prædicta foresta* (de Buro habeat)..... *usagium ad ardendum et ædifficandum sufficienter ad opus domus ipsius militis de Juez, per Ostensionem a viridario dictæ forestæ faciendam.* Vide supra *Monstrata.*

* 6. **OSTENSIO**, Recensio, recognitio, idem quod *Inventarium*, quod rerum, quæ recensentur *ostensione* seu exhibitione fit. Inventar. S. Capel. Paris. ann. 1376. ex Bibl. reg. : *Petentibus fieri inventarium et Ostensionem sacrarum Reliquiarum, jocaliumque et vasorum auri, etc.*

¶ **OSTENSOLIA** pro Utensilia, Gall. *Ustensiles* vel *Utensiles*, in Appendice Marculfi form. 37.

¶ **OSTENTABILIS**, Aptus ad ostentationem. Gloss. Lat. Græc. : *Ostentabile*, ἐπιδεικτικόν.

¶ **OSTENTAMEN**, Ostentatio, pompa, significatio, indicium. *Mens instructa nullo Ostentamine*, apud Prudentium Psychom. v. 204. *Sustinetis Ostentamen justi judicii*, apud Tertullianum adv. Gnosticos cap. 13. Miracula S. Eadmundi Regis Angl. apud Marten. tom. 6. Ampliss. Collect. col. 832 : *Sanctum invocans orat medullitus, ne eum hac vice suæ voluntatis frustretur Ostentamine.*

¶ **OSTENTAMENTUM**, Ostentatio, pompa. Gesta Manfredi et Conradi Regum, apud Murator. tom. 8. col. 597 : *Nec est sane memoria, quod alicui domino Romani usque ad illa tempora majora Ostentamenta gesserint.*

¶ **OSTENTARIUS**, Inspector et interpres ostentorum, Macrobio lib. 3. Saturn. cap. 7.

¶ **OSTENTATIO**, Simulatio. Chronicon Andreæ Danduli apud Murator. tom. 12. col. 456 : *Cum quibus* (*galeis*) *singulis diebus faciebant Ostentationem* (id est, simulabant) *aggrediendi galeas nostras, quæ cum proris ad os portus Clugiæ ipsas taliter expectabant cum tali ordine et vigore, quod etc.*

¶ **OSTENTIFER**, τερατώδης, in Glossis Lat. Græc. portentosus, prodigiosus.

* **OSTENTUDO**, χάσμησις. Germ. *Oscetudo.* Castigat. in utrumque Glossar.

OSTENTUM, Pars horæ minima. Vetus Agrimensor, de Ponderibus : *Hora constat* 115. *punctis*, 10. *minutis*, 15. *partibus*, 40. *momentis*, 60. *Ostentis.* Hrabano in Computo cap. 12. est *sexagesima pars unius horæ, atomos in se continens* 376. [Vide *Athomus.*] [* Alcuin. epist. 5. col. 1478 : *Ostenta autem calculatores ponunt, aliter etiam mathematici solent dividere.*]

¶ **OSTENTUS**, pro *Ostentum*, Prodigium. Glaber Rodulfus lib. 5. Hist. cap. 1 : *Quas* (*acies equitum*) *cum diu multumque intuitus fuisset, æstuans vocare quempiam e suis ad testimonium tanti Ostentus.*

¶ **OSTIA**, pro *Hostia*, Panis ad Eucharistiam. *Donum factum ad Ostias faciendas ad Corpus Domini*, apud Stephanotium in Antiquit. Lemovic. MSS. tom. 2. pag. 367. Vide *Hostia.*

OSTIALIS, Ostiarium, Pallium, παραπέτασμα, quod ad ostium ædis sacræ appenditur. Leo Ost. lib. 1. cap. 58. al. 55 : *Pannum admasurum pro Byzanteis* 8. *Hostiales pro Byzanteis* 8. Idem lib. 2. cap. ult. : *Pallia quoque et Ostiaria aliquot.* Lib. 3. cap. ult. : *Dossales minores* 30. *Ostiaria* 7.

¶ **OSTIARI**. Suppl. Antiquarii : *Ostior*, ἀσχολοῦμαι, *Occupor.* Legerem *Otior*, nisi contraria esset notio verbi ἀσχολοῦμαι; sed forte legendum σχολοῦμαι, sublato alpha privativo; tumque procul dubio legendum esset *Otior*, sum otiosus.

OSTIARIUS, Cui ostii, seu portæ cura incumbebat : qui ad *velum* stabat, Cancellarius; nam Ostiariorum id fuit potissimum munus. Monachus Sangall. de Carolo M. lib. 1. cap. 20 : *Tunc dixit nominatus, non revera Episcopus, ad Ostiarium vel Scarionem suum, cujus dignitatis aut ministerii viri apud antiquos Romanos Ædilitiorum nomine censebantur.*

Ostiarius autem Palatii, primus inter *Ministeriales* Palatinus, qui majoribus ministris suberant, statuitur ab Hincmaro de ordine Palatii cap. 17. Ex iis aliquot recensentur, scilicet *Goterannus magnificus Ostiarius*, in Epist. Hadriani PP. 92. Codicis Carolini. *Albertus Comes et Ostiarius, et Consiliarius Imperatoris*, (Ludovici Pii) in Vita Aldrici Episc. Cenoman. num. 71. *Francolinus Ostiarius Regis*, apud Odorannum in Chron. ann. 1031. *Gerungus summus sacri Palatii Ostiarius*, apud Frotharium Tullensem Epist. 2. 4. *Ostiariorum Magister*, apud Eginhardum ann. 822. *Atho Ostiarius Caroli Imperatoris*, apud Hincmarum de villa Novilliaco in Appendice ad Flodoardum. Cujusmodi vero officium fuerit in Regum Palatiis describit Fleta lib. 2. cap. 16. et vetus Poëma MS. de Vulpe coronato :

> Estoit Huissiers et Chambrelens
> Li Oliphans qui estoit lens,
> Fu à la porte pour ouvrir,
> Les grans festes à cour tenir.
> Li Bugles qui mult estoit fors,
> Refu Huissiers por çou que hors
> Demourassent cil qui à court
> N'apporte chose qui a tour.

Βασιλικὸς Ὀστιάριος καὶ λογοθέτης τοῦ στρατιωτικοῦ λογοθεσίου, in VII. Synodo Act. 1. Vide *Magister Ostiariorum.* [** et Glossar. med. Græcit. col. 1062.]

Ostiarius, Primus gradus Ordinis Ecclesiastici. Νεωκόρων τάξις, apud Theosterictum in Vita S. Nicetæ Hegumeni num. 5. Hujus officium sic recitat Isidorus Junior in Epist. ad Luitfredum : *Ad Ostiarium pertinent claves Ecclesiæ, ut claudat et aperiat templum Dei, et omnia, quæ sunt intus extraque, custodiat, fideles recipiat, infideles et excommunicatos rejiciat.* His consona habent Isidorus Senior lib. 2. de Eccl. offic. cap. 14. Alcuinus lib. de Divin. offic. cap. de Eccl. ordine, et cap. de Tonsura Clericorum; Amalarius lib. 2. de Eccl. offic. cap. 7. Rabanus lib. 1. de Instit. Cleric. cap. 12. Honorius Augustod. lib. 1. cap. 175. Stephanus Eduensis Episc. lib. de Sacram. altaris cap. 1. Hugo Rotomagensis Archiep. lib. 2. de Hæretic. cap. 8. Ivo Canot. serm. de Excellentia sacror. ordin. Gillebertus Episcopus Lunicensis de Usu Ecclesiastico, Canones Ælfrici Saxonici ad Vulsinum Episc. cap. 11. Vita S. Theolonii n. 4. Anastasius in Vita PP. pag. 9. 10.

De eorum ordinatione, hæc profert Ordo Romanus, et Liber Sacramentorum S. Gregorii : *Ostiarius cum ordinatur, postquam ab Archidiacono instructus fuerit, qualiter in domo Dei debeat conversari, ad suggestionem Archidiaconi tradat ei Episcopus claves Ecclesiæ, dicens : Sic age, quasi redditurus Deo rationem pro his rebus, quæ istis clavibus recluduntur, et tradat ei Diaconus ostium Ecclesiæ.* Agit etiam de ordinatione Ostiariorum Concilium Carthaginense IV. can. 9. Ostiariorum porro mentio occurrit in Epist. S. Ignatii ad Antiochenos, in Epist. S. Cornelii PP. ad Fabium Episc. Antiochenum, apud Euseb. lib. 6. Hist. cap. 35. in quibus πυλωροὶ appellantur; in Concilio Laodic. cap. 24. et apud S. Epiphanium in Expositione fidei Catholicæ ubi θυρωροὶ dicuntur. Meminit etiam Ostiariorum S. Cyprianus Epist. 34. Vide *Janitor* [et *Mansionarius.*] [** Glossar. med. Græcit. voce Θυρωρός, col. 503. voce Ὀστιάριος, col. 1062. et voce Πυλωροί, col. 1274.]

Ostiariatus, Ostiarii ordo. Exstat in Tabulario S. Bertini Bulla Alexandri IV.

PP. qua facultatem concedit Abbati ejusdem Monasterii, *dandi duos minores ordines, Ostiariatum videlicet et Lectoratum.*

* **OSTICARE**, sive *Hiare, Baillier, aperire os.* Glossar. Lat. Gall. ann. 1352. ex Cod. reg. 4120. pro Oscitare.

OSTILARIUM. Joannes Thwroczius in Carolo Rege Hungariæ cap. 99 : *Tandem antedicti dextrarii solemnes cum armis et operimentis omnibus ipsorum gloriosissimis seu attinentiis, cum sartanea curru seu mobili aut Ostilario regnali signo regio desuper forma avis struthionis deaurato, et gemmis adornato,... dicto Monasterio dati et concessi extiterunt.*

* Supellex, ornamentum, *Ostiblement*, in Charta ann. 1315. ex Reg. Cam. Comput. Paris. sign. *Noster* fol. 455. v° : *Touz les meubles,.... c'est assavoir tant de aournemenz de chapelle, comme de Ostiblement et de garnisons de ostieux.* Melius *Ostillement*, in Lit. ann. 1380. pro habitatoribus *de Mailly la ville* ex Reg. 118. Chartoph. reg. ch. 332 : *Leur convient tenir en leurs hostielx chevaux et autres biens et Ostillemens. Oustillemens d'ostel*, in Lit. ann. 1360. tom. 5. Ordinat. reg. Franc. pag. 495. art. 21. *Ostil*, Instrumentum, in Lit. ann. 1371. ibid. pag. 441.

* **OSTILIA**, pro *Ostisia*, Mansio, domus. Lit. ann. 1375. tom. 6. Ordinat. reg. Franc. pag. 319 : *Unusquisque homo in prædicta villa manens, pro Ostilia sua reddet annuatim duodecim denarios.* Vide *Ostisia* 2.

* **OSTILLUM**, *ostilli, Bidoassa, Prov.* Glossar. Provinc. Lat. ex Cod. reg. 7657. Instrumentum rusticum, bidens; a voce generica *Ostil*, pro vulgari *Outil.* Vide supra *Ostilarium.*

¶ **OSTIOLUM.** Vide mox in *Ostium.*

¶ **OSTIRE**, *Æquare.* Sic legendum in Glossis Sangerman. MSS. n. 501. pro *Equare*, et in Bituric. itidem MSS. ubi perperam *Aquare.* Est autem *Ostire* pro *Hostire*, de quo supra.

¶ **OSTIS**, pro *Hostis*, Exercitus, seu servitutis species, qua vassalli et tenentes coguntur pergere in exercitum cum domino suo. Charta Petri Regis Aragon. : *Facias inde mihi et meis Ostes, cavalcatas, curtes, placita et sequimenta, et cætera servitia.* Occurrit alibi non semel. Vide *Hostis* 2.

¶ 1. **OSTISIA**, Idem quod *Ostis.* Charta Raimundi Comitis Burgundiæ apud Perardum pag. 198 : *Perdonavi omnibus in terra, quam Sancto dedi, manentibus, arbergarias, corvatas, expeditiones, Ostisias, et justitias sine ullo retinaculo.*

¶ 2. **OSTISIA**, pro *Hostisia*, de qua in *Hospes.* Servitus pro domicilio, vel ipsum domicilium ei servituti obnoxium. Chartular. S. Martini de Pontisara : *Prior S. Petri de Pontisara quitavit Abbati et Conventui S. Martini juxta Pontisaram Ostisiam, quæ fuit Johannis Rafi.*

¶ **OSTISIUM**, Eadem notione. Charta ann. 1221. ex Archivis B. M. de Argentolio : *Quodlibet vero Ostisium unum quarterium terræ tantummodo debet continere, etc.*

OSTIUM, et **OSTIOLUM**, inter donaria vel ministeria sacra recenset Hariulfus lib. 3. Chronic. Centul. cap. 10 : *Imagines æneæ 6. eburnea 1. candelabra auro parata 2. Ostia auro parata 7. etc.* Idem lib. 3. cap. 3 : *Turibula argentea 8. ex cupro 1. flabellum argenteum 1. paries ad caput S. Richarii, et duo Ostiola parva ex argento et auro, gemmisque fabricata : ad pedes ipsius Ostiola 6. ex argento auroque parata. Sunt et alia 4. similiter parata.*

* Vela seu aulæa, quibus altaria vel sepulcra claudebantur, intelligit D. *Le Beuf* in epistola quæ exstat in Mercur. Franc. ann. 1737. tom. 2. Dec. pag. 2848. quocum sentire vix possum; nam *ostia* ejusmodi ex metallo fabricata fuisse ex Hariulfo mihi apertum est.

OSTMANNI, Anglis dicti Norwagienses, et insularum Septentrionalium incolæ, qui in Hiberniam appulsi, hic consedere : *dicti sunt autem Ostmanni lingua ipsorum, corrupto quodam Saxonico, quasi Orientales homines. Respectu namque terræ istius ab Orientalibus partibus huc undecumque advecti sunt.* Verba sunt Silvestri Giraldi in Topogr. Hiberniæ dist. 3. cap. 43. Adde Richardum Staniburstum lib. 3. de Reb. Hibern. pag. 111. et Camdenum in Britannia, ubi de Hibernia ; sed maxime Jacobum Waræum in Antiquitatibus Hibernicis cap. 24. ubi totum Ostmannorum Hibernicorum historiam complexus est.

¶ **OSTOCOPUS**, Ὀστοκόπος, Dolorem sentiens in ossibus. Serenus Sammonicus versu 922 :

Ostocopon lento conducit melle perungi.

OSTORIUS, [Accipiter major.] Vide *Asturcus* et *Astur.*

¶ **OSTRACARIUS.** Vide mox in *Ostracus.*

** **OSTRACUS**, *est pavimentum testarium, eo quod fractis testis calce admixto feriatur; testa enim græce ostraca dicuntur,* in Chronic. Salernit. cap. 99. ex Isidor. Orig. lib. 19. cap. 10. sect. 26. Hinc

OSTRACARII, apud Theophanem pag. 371. alii prorsus sunt ab Ostreariis, [significantque eos, qui tessat ex figulina terra conficiunt, tegendis tectis idoneas, ut exponitur in Glossario mediæ Græcit. voce Ὀστρακάριοι, col. 1062.]

OSTREA, inter Ministeria sacra reponitur in veteri Charta Cornutianensi edita a Suaresio : *Cicindelas argenteas 5. cum catenulis suis, stantarea argentea, et in confessione Ostrea argentea 2. cum clavi sua.* Sed legendum videtur *Ostia.*

OSTREARIUS. Ugutio : *Ostrea, costa cujusdam piscis, qui in ostrea latitat, ... unde Ostrearius, qui piscem istum vendit vel capit. Et ostrum, purpura, quia Ostrearum sanguine tingitur, unde Ostreus, purpureus, Ostratus, purpuratus, et Ostrearius, qui facit purpuram, vel qui eam operatur, vel qui eam tingit.*

* **OSTREBANNUS PAGUS**, Comitatus titulo insignis, quo sese inscribit abbatissa Dononiensis, inter Hainam et Scaldim positus, vulgo *Ostrevant*, Austerbantum. Vide Miræum Diplom. Belgic. fol. 138. et 272.

¶ **OSTRI**, *Odiosi, odio semper habentes.* MS. Bituric.

* **OSTRIA**, pro Ostrea, Gall. *Huitre.* Arest. parlam. Paris. ann. 1379. inter Ordinat. reg. Franc. tom. 6. pag. 407 : *Pro quolibet equo salmones, Ostrias, et molas ad villam prædictam portante, etc.*

¶ **OSTUGERUM**, Theca, Gall. *Etuy.* Inventarium ann. 1377. ex Archivo S. Victoris Massil. : *Item quasdam canetas argenti cum Ostugero corii bolliti.* Mallem *Estugerum*, ut supra.

* **OSULA**, diminut. ab *Osa*, tibiale, caliga. Glossar. Provinc. Lat. ex Cod. reg. 7657 : *Stival, Prov. ocrea, osa, Osula.*

* **OSULUS**, f. Nomen proprium, in Charta ann. 1130. inter Instr. tom. 11. Gall. Christ col. 129.

¶ **OTACUSTA**, Apuleio, Auscultator, auribus captans sermones aliorum. Glossæ Græco-Lat. : Ὠτακούστης, *Auricularius.* [* Vide supra *Atacousta.*]

¶ **OTAGIA**, *Dolor auricularum*, Johanni de Janua; *Douleur des oreilles*, in Glossis Lat. Gall. Sangerm. Sed legendum *Otalgia*, a Gr. ὠταλγία. [* Ut legitur in Glossar. Lat. Ital. Ms. : *Otalgia, lo dolore dele orechie.*]

¶ **OTAGIUM**, Mansio cum certa agri portione sub annuo censu *hospiti, villano* seu rustico ad excolendum concessa. Charta Henrici Regis Angl. ann. 1155. pro Normannis apud D. *Brussel* tom. 2. de Feudorum usu ad calcem pag. IV : *Liber homo non admentietur pro proprio delicto, nisi secundum modum ipsius delicti .... salvo tamen tenemento suo ; et mercator eodem modo, salva marchandisia sua ; et villanus alterius quam noster, eodem modo admentietur, salvo Otagio suo, si invaderit in ruinam.* Vide *Hostagium* 2.

* Perperam pro *Ocagium*, ut dictum est supra in hac voce.

OTHAN, Saxonum nondum conversorum Deus. Historia S. Cuthberti : *Juro per Deos meos potentes Thor et Othan, quod ab hac hora inimicissimus ero omnibus vobis.* Quidam autem *Othan* eumdem esse, qui aliis *Wodan* dicitur, existimant. Deam etiam *Eostre* nomine coluisse Germanos auctor est Beda de Temporum ratione cap. 13. quam eandem cum *Astarte* fuisse plerique censent; sed alia fuit, ut opinor, ab *Othan*, etiamsi *Ostar* quibusdam nuncupetur.

¶ **OTHO**, in Ecclesia Aniciensi dicebatur distributio vini et anisi saccharo conditi, quæ fieri solebat Canonicis ante Natale Domini, quando concinuntur antiphonæ majores O. Notitia de dignitate Præpositi Anic. ejusque juribus ann. 1179. inter Instrum. tom. 2. Gall. Christ. col. 246 : *Sacrista.... faciebat suum Otho, et providebat ipsis Canonicis in victu et vestitu.* Vide *Oto.*

¶ **OTHONIA.** Pactus Legis Salicæ tit. 11. § 8 : *In alio pacto dicit, de ipsis Malb. thenca texaca, ismala texaca, amba texaca, amba Othonia, etc.* Videtur Eccardo una voce efferendum *Ambaothonia*, sive correctius *Ambacthonia*, vel potius *Ambacthunne*, ut *Ancilla ministerialis* indicetur.

¶ **OTIO**, pro *Optio.* Charta Mathildis Comitissæ Nivern. ann. 1244. in Instrum. tom. 4. Gall. Christ. col. 104 : *Nos tamen in Otione nostra retinuimus, eandem Otionem posteris nostris denegantes, quod etc.*

OTLINGUA SAXONICA, in Capitul. Caroli Cal. pag. 113. 1. edit. [** Ordinatio Missorum ann. 853. Pertz. pag. 426.] Sic dictus pagus in Neustria, ubi consedere

Saxones cognominati *Otlingi*. Saxones ad oras Sequanæ maritimas consedisse probat littus Saxonicum in Gallia, cujus mentio est in Notitia Imperii. *Saxones Bajocassinos* memorat Gregorius Turon. lib. 5. Hist. cap. 27. Vetus Charta laudata a Baluzio, de mansionibus et novalibus S. Salvatoris Cenomanensis : *In Autlingua Saxonica unum*. Laudatur ab eodem Præceptum Caroli Calvi quo Attoni dat villam *Heidram, situm in Comitatu Bajocense, in pagello, qui dicitur Otlingua Saxonia*.

OTO. In Charta Arelatensi, *Centum solidi de Otone*, occurrunt. An Imperatoris Otonis, incertum. [Vide *Massiliensis moneta* in *Moneta Baronum*.] [* Vide infra *Ottelini*.]

☞ Certum est, eos solidos sic dictos fuisse ab Otone M. qui ratione Adelaidis uxoris suæ, sororis Conradi cognomento Pacifici, Regis Burgundiæ et Arelatis, supremus erat dominus Provinciæ : ad quam semel eo venit animo, ut Sarracenos ejiceret ex arce Fraxineti. Rursus occurrunt *Solidi de Othone*, in Testamento Franconis patris Pontii Archiep. Arelat. circa ann. 1000. apud Domnum *Chanteloup* in Hist. MS. Montis-majoris, et in Charta anni circiter 1070. apud Jofredum in Nicæa illustrata, *Solidi monetæ Othonis*, ann. 1040. apud Ruffium tom. 2. Hist. Massil. pag. 325. *Denarii Ottonenchi*, ann. 1077. apud eumdem Ruffium ibidem. Hujuscemodi denarios, cusionis vilioris, penes se habet Thomassinus *de Mazaugues* Præses clarissimus.

¶ Otomineı Denarii, ab eodem Otone; sed f. leg. *Ottonenchi*. Vide locum in *Olemotitani*.

OTORGARE, Concedere, Hispanis *Otorgar*, nostris *Ottroier*. Charta Hispanica æræ 1011. apud Anton. *de Yepez* in Chronico Ordin. S. Benedicti tom. 6. pag. 451 : *Et germano meo, quando venit ad obitum suum, Otorgavit mihi ille benefacto, etc.*

¶ **OTPOPA**, et Oʀʙᴏᴘᴀ, ὄρυξ, *Fossorium; item animal unicorne, bisulcum*. Supplem. Antiquarii.

* **OTRADIOSUS**, nostris alias *Outrageux*, pro *Excessif*, Immoderatus; a veteri Gallico *Outrage*, pro Excessus quilibet in re aliqua. Joinvil. in S. Ludov. edit. reg. pag. 92 : *Vraiement, fist-il, je ne voi ci point d'Outrage; et je vous retiens, fist-il, à moi*. Hinc *Dons Outrageux*, in Ordinat. hospit. reg. ann. 1318. tom. 1. Ordinat. reg. Franc. pag. 670. art. 6. Unde etiam *Vulnus otradiosum*, pro Gravissimum, in Libert. Montisfalc. ann. 1369. tom. 8. earumd. Ordinat. pag. 54. art. 19 : *Quod si aliquis vir vel mulier vulneret alium seu aliam;... et si vulnus non sit Otradiosum aut mortale, quod ille vel illa, qui dictum vulnus fecerit, sit quietus solvendo triginta solidos Tholosanos*. Vide infra *Ottragium* et *Ultragium* 1.

* **OTRAGULUM**, pro *Stragulum*, in Glossar. Provinc. Lat. ex Cod. reg. 7657 : *Desgurat, Prov. Otragulum : hinc strangulatus*.

¶ **OTRECIARE**, Idem quod mox *Otriare*. Concedere. Chartularium S. Vincentii Cenoman. fol. 3 : *Abstulerat Presbyterium videlicet atque decimam molendini, pro quibus placitaturi convenimus apud S. Medardum, ubi convictus Otreciavit, et .... cætera, ut super inbreviatum est concessit*.

¶ **OTREUS**, Alius, a Gallico *Autre*, seu *Otre*, uti pronunciamus. Occurrit tom. 3. Ordinat. Reg. pag. 277.

* **OTRIA**, *La nave del piscatore*. Glossar. Lat. Ital. Ms.

OTRIARE, Concedere, permittere, vel obtinere et impetrare, ex Gallico *Otroier*, seu ut olim efferebatur, *Otrier*. Notitia in Tabulario Vindocinensi Thuani n. 5 : *Eo tenore et ea fide, ut convenientiam istam Otriare, et testari faciat suos fratres, etc.* Eadem notione *Otriare* dixit Joannes Villaneus lib. 7. cap. 129. et Matth. Villaneus lib. 1. cap. 26.

¶ **OTRISIÆ**, Idem quod *Laudes*, ut conjecto, seu Pecunia domino persolvenda pro obtinenda alienandi facultate : vox ejusdem originis, cujus mox *Otriare*, Gallicum videlicet *Octroy*, Concessio. Charta venditionis cujusdam vineæ in Chartulario S. Melanii : *Vendæ et Otrisiæ persolutæ; Ventes et Octrises*, in quadam Charta vernacula, id est, *Ventes et los*, seu, ut vulgo loquuntur, *Los et ventes*. Vide *Laudare* 4.

* **OTTELINI**, Oᴛᴛᴏɴɪᴇɴsᴇs, Moneta Ottonis Magni imperatoris nomine insignita, in pluribus provinciis usu recepta. Annalista Saxo ab Eccardo editus ad ann. 950 : *Mediolanenses subjugans* (Otto) *monetam iis innovavit, qui nummi usque hodie Ottelini dicuntur*. Fundat. eccl. de Masalgis ann. 1023. ex schedis Pr. *de Mazaugues : Dono et concedo dictis ecclesiis.... decem solidos Ottoniensium*. Eorumdem nummorum ectypa profert Muratorius tom. 2. Antiq. Ital. med. ævi pag. 587. quem consule.

¶ **OTTINA**, vel Oᴛᴛɪɴᴜs, in quibusdam Galliæ provinciis *Hautain*, Species vineæ altioris, quæ arboribus et perticis suffulta palmites suos latius diffundit, et quasi cameras, unde racemi pendent, efformat. Statuta Montis regalis pag. 222 : *In vineis, Ottinis, planteriis, bladis vel leguminibus*.

¶ **OTTONENCHI** Dᴇɴᴀʀɪɪ. Vide *Oto*.

* **OTTRAGIUM**, Atrocitas, animus immoderate infensus. Lit. remiss. ann. 1389. in Reg. 137. Chartoph. reg. ch. 72 : *Dictus Vitalis erexit se ad eum, et de quadam magna securi.... unum magnum ictum ad eumdem Gassien ejessit, de quo per caput ipsum percutere putavit, et de facto percussisset, nisi fuisset dictus frater suus Raymundus, qui videns hoc et magnum Ottragium dicti Vitalis, cui nichil forefecerat, pro dubio dicti fratris sui, percussit prius, etc.* Vide supra *Otradiosus*.

* Quod accersendum est a veteri Gallico *Outrer*, cujus varia est significatio. Et quidem Delere, profligare, vulgo *Défaire, ruiner*, sonat in Chron. S. Dion. tom. 3. Collect. Histor. Franc. pag. 259 : *En ce tans Theodebert et Theodoric firent bataille contre les Gascons; si les desconfirent et Outrerent par armes*. Ubi Aimoinus lib. 3. cap. 88. habet : *Wascones domuerunt*. Rursum idem est quod Consummare, perficere : unde *Outrer un marché*, pro Contractum emptionis vel venditionis concludere, in Lib. rub. fol. parvo domus publ. Abbavil. ad ann. 1295. fol. 21. r°. : *Uns bouchiers markeanda un pourchel à un homme.... Apres che il se départirent d'iluec sans Outrer le markié.... Li markiés fu Outrés et li deniers Dieu donnés*. Hinc pro Obire, decedere, apud Joinvil. in S. Ludov. edit. Cang. pag. 22 : *Une des dames, qui le gardoit en sa maladie, cuidant qu'il fust Oultré, lui voulut couvrir le visaige d'un linceul, disant qu'il estoit mort*. A vulgari notione, qua Præter modum agere significat, unica voce *Oultrebeu*, pro Perpotatus dixerunt. Lit. remiss. ann. 1410. in Reg. 164. Chartoph. reg. ch. 350 : *Le suppliant qui estoit tout yvre,.... par temptation de l'ennemi, comme homme Oultrebeu, etc.* Vide in *Ultragium* 1.

* **OTTROIUM**, Licentia vassallo data a domino feudali pro alienatione fundi, et quod domino ea de causa a vassallo exsolvitur. Charta ann. 1375. in Reg. 106. Chartoph. reg. ch. 394 : *Cum jure directi dominii, videlicet habendi et percipiendi vendas et Ottroia et alia jura*. A verbo *Otrier*, Licentiam ejusmodi dare. Charta ann. 1283. ex Chartul. 21. Corb. fol. 91 : *Je ay prié et requis à relligieux home et discret monseigneur l'abbé de Corbie... qu'il ceste vente vausist, greast et Otriast comme seigneurs, et mesist son seel à ces présentes lettres*. Unde *Octroyement*, Concessio quævis, in Libert. villæ *d'Aigueperse* ann. 1374. ex Reg. 198. ch. 360 : *Et les Octroyemens qu'il* (nostre chastellain) *a fait ou fera pour nous,... auront telle valeur et telle fermeté, comme se nous l'avions fait et octroyé*. Vide *Otrisiæ* et infra *Outresium*.

¶ **OTTUNE**, Aurichalcum seu metallum factitium, Gallice *Laiton* vel *Leton*; Ital. *Ottone*. Vita S. Augustini Novelli, tom. 4. Maii pag. 623 : *Vidi duos libros in quarto folio, alterum in charta pecudina, cum coopertis ligneis et suis fimbriis de Ottune*.

¶ **OTUS**, pro *Ortus*, Hortus, in Chart. ann. 1449. apud Rymer. tom. 11. pag. 235 : *Concessimus... decimas terrarum, pratorum, Otorum, pascuarum, etc.*

¶ **OVA**, Ovis, *Brebis*. Formulæ vett. Alsaticæ art. 22. ad calcem Pactus Legis Salicæ edit. Eccardi pag. 244 : *Tolle de xii. censariis singulas Ovas, et da illis quotidie sal et ventilamina et commixtum migma*.

* Alias *Oueille*. Charta ann. 1304. in Reg. 59. Chartoph. reg. ch. 346 : *Item se uns fronx ou uns pars d'Oueilles trespasse par eschapée, et est pris en autrui meffait, il sera en amende de deux soulz,.... et ensit est-il à entendre des moutons*.

OVAGIUM, Pensitatio ex ovis. Compotus Baillivorum Franciæ ann. 1306 : *Compotus terræ Balgiacensis ... de Ovagio ibi, 12. den.* Termini Messegariæ Tolosanæ : *Nec solvunt albergam, nec lignagium, nec fornagium, nec Ovagium, etc.* [Rectius in MS. Cod. fol. 19. e Bibl. D. Abb. *de Crozat : Nec solvunt albergam, nec linguagium, nec fromagium, nec Ovagium.*] Vide Legem Bajwar. tit. 1. cap. 14. § 3. et infra in voce *Ovum*.

* **OVALE**, Munus, donum. Stat. Avenion. MSS. ex museo meo fol. 53. r°. : *Quicumque medicus vel medici, vel speciator vel speciatores, vel ejus vel eorum scolares fecerint conventionem vel pactum inter se, quod medicus vel medici faciant eis vendere in operatorio suo, et propter hoc speciator vel speciatores, vel eorum scolares aliquid dederint medico vel medicis, vel

promiserint; uterque; dator scilicet et acceptor seu promissor in centum solidis..... puniatur, et medicus qui Ovale acceperit, restituat communi. Vide mox *Ovatio.*

¶ **OVAMEN**, Ovatio, gloriatio. Acta SS. Maii tom. 6. pag. 749. de S. Carauno : *Si gentilium poetarum inflata opinio, schematum decore sua studuit figmenta pompare, ac nonnulla suis codicibus sophismata frivoli Ovaminis ludo tradere, etc.*

¶ **OVANTER**, Læte, ovantium modo. Tertull. adv. Valent. cap. 28 : *Propere et Ovanter accurrit.* Statuta antiqua Canonicorum Regul. apud Raim. Duellium tom. 1. Miscell. pag. 87 :

..... Servite Deo sapienter,
Atque timoroseque, decenter ad hæc et Ovanter.

OVARIA, Venter seu pars corporis, ubi formantur ova in avibus, apud Fridericum II. Imp. lib. de Venat. cap. 32. 48.

¶ **OVARIOLUM**, f. Vasculum mensale ministrandis ovis accomodum. Annal. Mediol. apud Murator. tom. 16. col. 813 : *Salinus unus deauratus cum soaxe straforato. Ovariolum unum deauratum cum tribus pedibus leonum. Plumazolum unum deauratum cum pedibus quatuor leonum. Duæ forzelettæ deauratæ. Coclearia duo argenti.*

OVATARE, Charta ann. 1160. apud Ughellum in Archiepiscopis Salernitanis : *Et attacaturas per dictam terram ipsius Monasterii S. Clementis construere, per quas ab ipso alveo, et usque ipsum molinum, vel molendini aqua ducatur omni tempore prædictum molinum, vel molendini et Ovatare cum aquis et aquarum usibus, etc.*

* **OVATIO**, Idem quod *Ovale*, ut videtur. Arest. parlam. Tolos. ann. 1280. inter Probat. tom. 4. Histor. Occit. col. 73 : *De petitione Aymerici de Narbona, super eo quod petebat revocare Ovationem factam per consules Narbonæ domino regi de consulatu ejusdem villæ, etc.* Vide mox *Oventio.*

¶ **OVATIZARE**, Ovare, lætari, triumphare. Missale Lingon. xv. sæc. in Prosa S. Mauricii et sociorum :

Ave nunc legio alma,
Ovatizans per cuncta.

¶ **OUBLEIA**, Oubleya. Vide in *Oblata.*

¶ **OUCKA**, Anser, Gall. *Oye.* Descriptio bonorum Domini de Eska : *Terra Ardulpht debet 3. Ouckas, 3. gallinas, etc.* Vide *Auca.*

* **OVELE**, Oblationis seu præstationis species, forte ex ovis, unde sic dicta. Vide *Ovagium* et *Ovilegium.* Glossæ Cæsar. Heisterbac. in Reg. Prum. tom. 1. Hist. Trevir. Joan. Nic. ab *Hontheim* pag. 682. col. 1 : *Ob parochiam ejusdem villæ tenentur adhuc annuatim Prumiam cum oblationibus, quas Ovele appellamus, venire vel oblationes mittere.* [** Idem quod *Ovelâte*, alias *Ovelet*, Oblatio.]

* Aliud vero sonat vox *Owelée*, mensuram scilicet frumentariam, quæ est tertia pars *havoti*, in Comput. ann. 1365. ex Tabul. S. Petri Insul. : *Item pro septem Owelées apud Leskin, de quibus tres faciunt havotum, etc.*

* **OVENTIO**, Commodum, emolumentum, f. pro *Obventio.* Vide in hac voce. Necrol. eccl. Paris. MS. xv. Kal. Maii : *Debent autem distribui prædicti centum sex solidi et omnes Oventiones et ventæ, quæ inde provenerint, in anniversario prædicti Johannis de Roseto.* Vide supra *Ovatio.*

OVERCOUPUNGA. Charta Ottonis Imper. ann. 968. apud Meibomium ad Witikindum pag. 129. [tom. 1. pag. 753.] : *Omnes, qui infra terminum istum habitant, in omni felicitate terræ, frugum, et pecudum, in argento et vestimento, nec non quod Teutonici Overcoupunga dicunt et talurega familiarum, insuper tota utilitate et omnibus rebus, quibus mortales utuntur diversis modis, decimationes... persolvant.*

OVERCYTHED, Vox Saxonica, Convictum significans a cyðan, Ostendere, notum facere, probare, et ofer, Super, quasi super re aliqua convictus vel reus factus. Occurrit in Legibus Edwardi Senioris apud Bromptonum cap. 4. [** 3.] pag. 836.

OVERDRAGHE, vox Theutonica. Charta Philippi, Comitis Flandriæ, ann. 1187. in Tabulario Monast. S. Bertini : *Sane, ubi naves ad prædictam villam transeuntes, ad mea vel meorum hominum Overdrage venerint, communi navigantium more vectigal persolvent. Ubi vero Ecclesia et homines sui in terra, quam emerunt, nova Overdraghe construxerint, more Yprensium vectigal ibidem persolvendum erit.*

* **OVERHARE**, Eodem sensu atque *Overhernessa*, Contumacia, despectus, proprie de eo, qui juri stare aut parere renuit : præterea forisfactura seu mulcta ex ejusmodi despectu debita. Charta Ernesti ducis Brunsvic. ann. 1335. apud Ludewig. tom. 10. Reliq. MSS. pag. 28 : *Item si aliquis pro aliquo delicto a judice tribus vicibus allocutus fuerit, et ille judici non respondet, vel non vadiabit, quotienscunque illum judex Overhare post terciam vicem alloquitur, totiens sex denariorum pœnam subibit.* [** Vide Haltaus. Glossar. German. voce *Uberhore*, col. 1817.]

OVERHERNESSA, Contumacia, despectus, proprie de eo, qui juri stare aut parere renuit : præterea forisfactura seu mulcta ex ejusmodi despectu debita : vox Saxon. ofer-herniss. Ex ofer, *super*, et hyran, *audire, auscultare*, unde Overhyrnessam Bromptono exponitur *superauditio*, quomodo recte emendat Somnerus, pro *subauditio*, [** forte *Obauditio.* Vide in hoc voce.] in Legibus Adelstani Regis cap. 25 : *Si quis Gemotum, id est, publicum comitatum, adire supersedeat ter, emendet Overhirnessam, id est subauditionem Regis, si placitum ipsum 7. diebus prænuntiatum sit.* Leges Alvredi et Godruni cap. 6 : *Si quis illud hoc modo non complebit, emendet Overhernessam meam. Overhirnessa*, in Legibus Edw. Senior. Saxon. cap. 1. 2. *Oversewenesse*, in Concilio Wintoniensi ann. 1076 : *Si autem (tertio vocati) post excommunicationem ad satisfactionem venerint, forisfacturam suam, quæ Anglice vocatur Oversewenesse, seu lashlit, pro unaquaque vocatione Episcopo suo reddant. Overseunesse*, in Legibus Henrici I. cap. 34. 36. 48. 53. 60. 61. 65. 87. *Plena Overseunessa*, id est, plena forisfactura, ibidem cap. 41.

OVERMECKE. Charta Henrici II. Imp. ann. 1003. apud Will. Hedam : *Ut res Presbyterorum advenarum, quas Theutisca lingua Overmecke nominamus, post obitum eorum nostræ ditioni relictas supranominatæ Ecclesiæ concederemus.*

¶ **OVERSAMESSA**, Liber rub. cap. 36 : *Si quis furi obviaverit, et sine vociferatione gratis eum dimiserit, emendet secundum weram ipsius furis, vel plena lada se adlegiet, quod cum eo falsum nescivit : si quis audito clamore supersedit, reddat Oversamessa Regis, aut plene se laidiet.* Non male Thomæ *Blount* in Nomolexico videtur mulcta pecuniaria imposita, qui audito clamore malefactorem non persequuntur, quod genus mulctæ alibi dicitur, *Oversegenesse* aut *Oversenesse.* Vide *Gyltwite* et *Ladare* in *Lada* 1. [** *Overseunessa.* Vide Henrici I. Leg. cap. 1. et 2.]

¶ **OVERSEUNESSA**. Vide in *Overhernessa.*

* **OVEUM**, Pensitatio ex ovis. Charta ann. 1266. ex Chartoph. Tolos. : *Noverint quod cum religiosus vir dom. Hitbertus, prior domus sive monasterii de Casciano Biterrensis diœcesis, conquerendo assereret... tempore dom. Raymundi comitis Tholosani bonæ memoriæ ultimo defuncti, servicia infrascripta fuisse hominibus dictæ villæ imposita indebite et injuste, videlicet guidagium, gallinagium, palhea, Ovea, fromatgea, etc.* Vide *Ovagium* et *Ovilegium.*

OVIALE, apud Matth. Paris. ann. 1254. pro *Ovile* occurrit, nisi mendum sit. Certe Oviaricus, pro *Ovillus*, occurrit in veteri Inscriptione 513. 1 : *Conductores gregum Oviaricorum.*

OVIFER, Ovis silvatica, seu silvestris. Gloss. Gr. Lat. MS. : Πρόβατον|* ανον. *Ovifer.* In edito absunt Græcæ voces. Rectius aliud Glossar. MS. e Bibl. Sangermanensi : *Ovifer*, πρόβατον ἄγριον. Occurrit hæc vox apud Apicium lib. 8. de re culinar. cap. 4. ubi perperam Humelbergius *ovi fero* pro *ovifero* legit : tametsi occurrunt *oves feræ*, apud Vopiscum in Probo, disjunctis vocibus. Hector Boëthius in descript. Scotiæ, de quadam adjacenti insula : *In ea animalia quædam sunt ovibus forma haud dissimilia, cæterum fera, et quæ nisi indagine capi nequeant, pilos medio modo inter oves et capras ferentia, neque molles ut ovium lanam, neque ut caprarum duros.*

¶ **OVILEGIUM**, Ovorum census. Charta Alberti Landgravii Turingiæ ann. 1303. inter Vindemias Liter. Schannati pag. 131 : *Receptis nihilominus proinde 30. marcis puri argenti.... necnon 4. talentis denariorum census annui in villa Sibelebin, una cum Ovilegio in pullis et aucis.* Vide *Ovagium* et *Ovele.*

¶ **OVILIO**, Opilio, ovium custos, in leg. in fundi fine Dig. de fund. inter legat. (33,7,26.) [* Occurrit prætera in Glossar. Provinc. Lat. ex Cod. reg. 7657.]

* **OVILIS**, Ovis. Reg. episcopat. Nivern. ann. 1287 : *Pascua Ovilium valent circa sexaginta solidos.* Vide *Ovilla.*

¶ **OVILLA**, Parva ovis. Vita S. Romani Archiep. Rotomag. tom. 3. Anecd. Marten. col. 1663 :

Ni modo subvenias, morior tua, Pastor, Ovilla.

* **OVINUM**, ut supra *Oveum.* Libert. novæ bastidæ *de Avoy* ann. 1308. in Reg. 40. Chartoph. reg. ch. 62 : *A fromagiis Ovinis et aliis servitutibus perpetuo sint*

immunes. Charta ann. 1314. in Reg. 52. ch. 34 : *Item pro corrogio boum et saumeriorum, palhino, Ovino, fromagino, etc.* Alia ann. 1318. in Reg. 56. ch. 511 : *Item pro fromagino et Ovino debitis antea domino regi, xlij. sol. vj. den.* Denique alia ann. 1340. in Reg. 72. ch. 178 : *Item octavam partem pro indiviso Ovini et fromagini dictæ villæ, quæ extimatur valere quatuor solidos, quatuor denarios Turon. annui redditus.*

¶ **OVISPEX**, *Ovium inspector*, in Glossis Isid. *Qui vel quæ viscera ovium inspicit*, Johan. de Janua.

¶ **OVITARIUS**. Codex MS. reddituum Episcopatus Autissiod. : *De Ovitariis qui vendunt in nundinis : Omnes qui vendunt in nundinis debent denariatam... et illi qui vendunt allia, quilibet denariatam alliorum.* Cum hic agatur de alliis similibusve, ut videtur, oleribus, pro *Ovitariis* puto legendum *Olitariis*, qui vendunt olera; si retinendum *Ovitariis*, ii sunt intelligendi qui vendunt ova.

* **OVITULUM**, Ovullum, *dimin. ab ovum*, *Ou*, *Prov.* Glossar. Provinc. Lat. ex Cod. reg. 7657.

* **OULIARE**, Effodere, Gall. *Creuser*, alias *Oullier*, Vasconibus *Houilla*. Arest. ann. 1354. in vol. 4. arestor. parlam. Paris. : *Per judicium curiæ nostræ dictum fuit, quod dictis matriculariis fiet et fit recredentia picandi, Ouliandi et faciendi fossas infra dictas ecclesias per se vel per alios de eorum licentia.* Stat. ann. 1407. in Reg. 162. Chartoph. reg. ch. 188 : *Item que aucun... ne puisse de nul point d'icellui mestier* (de chauderonnier) *ouvrer par nuit,... excepté de fondre et Oullier.*

* *Oullas* vero appellari videtur postis vel limen. Chartul. Corb. sign. *Ezechiel* ad ann. 1415. fol. 8. r°. : *Marcanda maistre Jehan Marechal à Jacot Drouart carpentier de faire deux embauchures d'un estable, qui estoient fondues emprès le porte de le cense de Wallay, et de renqueioner un des Oullas de le porte.*

¶ **OUNCIA**, ab Anglico *Ounce*, Uncia, in Charta ann. 1341. apud Rymer. tom. 5. pag. 159.

¶ 1. **OVRAGIUM**, Opus, Gall. *Ouvrage*. Charta ann. 1320. apud P. Anselmum in sua Hist. Geneal. tom. 2. pag. 1231. edit. 1712 : *Frangendo domos et archas dictorum ministeriorum, præcipue Cordubanariorum et Basunariorum.... eorum Ovragia capiendo indebite.*

* 2. **OVRAGIUM**, Operæ, quas dominis exhibere ex pacto tenentur vassalli. Lit. pro habitat. Montisreg. ann. 1315. in Reg. 165. Chartoph. reg. ch. 207 : *Item concessimus quod de feodis,..... per ecclesiasticas personas... translatis in personas innobiles, nulla financia debeatur, nisi fuerint castra, villæ seu loca alia, cum justitia alta, quæ a nobis in feodum, seu Ovragium, seu ad servitium aliud teneatur.*

* **OVRATA**, Ovrea, a Gallico *Ouvrée*, Quantum quis per diem operari potest in vinea. Vide supra *Operata*. Charta ann. 1219. in Chartul. Buxer. part. 6. ch. 26 : *Petrus li Bergiers.... dedit in excangio Deo et B. Mariæ de la Boissete et fratribus ibidem Deo servientibus unam peciam vineæ... pro tribus Ovratis vineæ, quæ sunt sitæ in territorio dou Chacheor.* Alia ann. 1227. ibid. part. 7. ch. 8 : *Tradiderunt fratribus S. Mariæ de Buxeria unam Ovream vineæ, situm in clauso de Sarbues. Ovre*, Opus, negotium, apud Villehard. paragr. 90 : *Ce tesmoigne Joffrois de Ville-Harduin li mareschaus de Champaigne, qui ceste Ovre tracta.* Italis *Ovra*.

* **OURELA**, Limbus, fimbria. Testam. Constant. Sancii 1269. tom. 1. Probat. Hist. geneal. domus reg. Portug. pag. 23 : *Mando donnæ Sanciæ filiæ suæ minori unam vittam et unum orale cum sua Ourela de aljoufar.*

* **OURILLIERA**, Pulvinus, Gall. *Oreiller, carreau.* Comput. ann. 1237. ex Bibl. reg. : *Pro capellis de pavonis et Ourillieris ad sedendum super saubuas, xj. lib. xiij. sol.* Pulvinar offerre, urbanitatis erat olim apud nostros, cum quis lectum suum cum altero participaret; quod uxore in eo decumbente etiam factum fuisse, docent Lit. remiss. ann. 1390. ex Reg. 140. Chartoph. reg. ch. 120. Aliæ ann. 1394. in Reg. 146. ch. 433 : *Mace Berthelot dist qu'il aloit coucher avec le suppliant ; lequel dist qu'il en avoit grant joye, puisqu'il lui plaisoit, et quant il furent en sa chambre, le suppliant se despouilla tout nu et se assist sur son lit pour soy coucher, il prist son Oreiller et son cuevrechief, et les présenta audit Mace pour ce que il estoit le plus ainsné.*

* *Le droit des Orilliers* nostratibus dicta, Præstatio quædam, quæ a novis nuptis exigebatur. Lit. remiss. ann. 1386. in Reg. 129. ch. 280 : *Ainsi comme le curé vouloit benistre le lit desditz mariez, lesdiz varlez... dirent que le lit ne seroit ja beneist, se ilz n'avoient desdiz mariez deux franz d'or pour les Orilliers... Les varlez dudit hammel, à qui le droit des Orilliers appartenoit, etc.* Vide supra *Cochetus* 3. et *Nuptiaticum*.

* **OURVEIDHE**. Vide supra *Orveyde*.

OUT-FANG-THIEF, Libertas capiendi fures, homines proprios, in sua vel aliena terra, aut alterius feodo, cum re furtiva, sive furto manifesto, eosque reducendi ad curiam suam, seu ad locum, ubi furtum commissum fuit, ut ibi judicentur. Ita Rastallus, Skenæus, Cowellus, et alii practiti Anglici. In Regiam Majestatem lib. 1. cap. 4. § 2. ejusmodi placitum dicitur pertinere ad eos, *qui habent et tenent curias suas cum socco et sacca, furca et fossa, Toill et Theme, Infang-thiefe et Outfang-thiefe.* Vide Monast. Angl. tom. 2. pag. 1035. [Thomam *Blount* in Nomolexico. Gloss. MS. apud H. Wanleium de Liter. Septentr. pag. 284 : *Outfangenotef, id est, Latro captus in terra aliena.* Etymon Saxon. u t, extra, f a n g, captura, captus, et t h e o f, fur, latro.]

OUTHEST, Outhorn, Fœdus Alvredi et Godruni Regum, apud Spelmannum : *Nullus supersedeat Outhorn, nec Outhest vel buiblotam, vel firdfare, nec herebode, ore aut cornu, juxta præceptum Heretemiorum regni, cum semper expedit, et opus adfuerit expeditionem pro communi utilitate coronæ regi Britanniæ super weram et witam, et Drincehen prima vice et, si secundo id supersedeat, perdat omne, quod suum est, et componat erga Regem pro membris.*

¶ **OUTLAW**, Sax. Utlaghe, Extra legem, *Bannitus, proscriptus.* Vide Nomolexicon. Th. *Blount* et infra vocem *Utlagus.*

¶ **OUTOURGARE**, Idem quod *Otorgare*, concedere. Hisp. *Otorgar.* Vide locum in *Sacudire.*

¶ **OUTPENY**, a Saxonico u t, extra et p e n y, denarius. Vide *Inpeny.*

* **OUTRESIUM**, ut supra *Ottroium.* Charta ann. 1269. tom. 1. Probat. Hist. Brit. col. 1020 : *Vendiderunt.... omne jus, omne dominium et omnem saisinam, quæ habebant et habere debebant... in villa Sanic, in villa en Guezo in parrochia de Pedernec dictæ diocesis, in feodo nostro sitis : bannis et Outrestis rationabiliter factis, vendis solutis, et omnibus et singulis, quæ ad venditionem pertinent, secundum usum et consuetudinem Britanniæ, rite et rationabiliter peractis, etc.* Vide *Otrisiæ.*

* **OVULLUM**. Vide supra *Ovitulum.*

1. **OVUM**, *Ova*, pro testiculis apud Pseudo Ovidium lib. 2. de vetula, initio de semiviris :

> ...... vel tantus ad Ova veniret
> Fluxus aquæ putris stomacho mandante, quod ultra
> Herniam patiens, non posset onus tolerare :
> Aut aliis causis ita computresceret Ovum,
> Ne fieri posset quin crudeli medicina
> Ova recidisset medici reprobabilis usus.

Ovi Lacryma, *Albumen.* Ita Glossæ MSS. ad Alexandrum Iatrosophistam.

Ova Ignita, ad martyrum cruciatus interdum adhibita, scribit Erchinfridus in Vita S. Colomanni : *Acria tortorum flagra, lapides, Ovaque fortiter ignita, candentemque forcipem, etc.* Vide Glossarium mediæ Græcit. in ὠόν.

Ova de Crucibus. Tabularium Fossatense : *Habet et percipit dicta Abbatia ibidem a quolibet foco dictæ villæ tria Ova quæ vocatur Ova de Crucibus, vel obliam, quolibet anno, etc.*

¶ Ova, f. Ovorum præstatio. Charta fundationis Cartusiæ Monialium Saletarum inter Instrum. tom. 4. novæ Gall. Christ. col. 34 : *Inter quas allegit princeps alias duas moniales, quibus dedit* 30. *solidos grossos super talliis communialibus, seu generalibus Ulciensibus Ovis.* Vereor ne mendum sit. Desideratur hic locus tom. 2. Hist. Dalphin. pag. 91. ubi hæc fundationis Charta ann. 1299. cum lectionibus variantibus propemodum innumeris exhibetur.

Ova, in præstationibus, quæ Missis Dominicis fiebant, in Capitulari 5. ann. 819. cap. 29. et lib. 4. Capitul. cap. 73. Vide *Ovagium.*

* *Ova* diversis anni tempestatibus offerebantur a fidelibus in ecclesia. Charta ann. 1270. in Chartul. Cluniac. ch. 231 : *Decanus dictæ domus de Perrona... percipiebat... omnia Ova, quæ in Ramis palmarum, die Veneris sancta et die Paschæ inibi offerantur, et insuper ducenta Ova de ovis, quæ aliis temporibus sunt oblata.*

* Haud ita recens usus ova etiam scholaribus, junioribusve pueris erogandi, ut discimus ex veteri Codice MS. eccl. Camerac. : *Qualiter laudes puerorum fiunt in Quadragesima. In media Quadragesima scolares accipiunt lanceas cum vexillis et tintinnabulis ; prius faciunt laudes ante ecclesiam, deinde eunt per domos cantando, et accipiunt Ova, pro beneficio illius laudis. Sic antiquitus*

faciebant. Alio nonnunquam edulio, retenta tamen nomenclatura ovorum, idem munus præstabatur. Lit. remiss. ann. 1399. in Reg. 154. Chartoph. reg. ch. 458 : *Lesquelz alerent demander leur potage, que en appelle Eufs de Pasques. Oes*, pro *Oeufs*, in Charta ann. 1267. ex Chartul. Campan. fol. 273. col. 2 : *Les jors que an ne mangera char, un jor un quartier de fromage, et l'autre jor quatre Oes.*

* Ludus ad Ovum memoratur in Lit. remiss. ann. 1413. ex Reg. 167. Chartoph. reg. ch. 236 : *Lesquels compaignons disans qu'ilz vouloient jouer à l'Oeuf;.... l'un d'eulx eust pris un Oeuf et l'eust mis emmy la sale où ilz estoient pour y jouer, etc.*

* 2. **OVUM**, Monetæ Gothicæ species, ab ovali forma forsitan ita nuncupatæ, ut notant docti viri ad Vit. S. Severi tom. 3. Apr. pag. 768. col. 1 : *Quadam die, juxta morem consuetudinis, homo quidam balneo lavandus, ingressus est; post ablutus aqua cum recederet, custos balnei Ovum ab eo pro balneatico petiit; quod unusquisque balneaticum pro pretio dare consueverat.*

* **OUVRAGIUM**, a Gallico *Ouvrage*, Opus, opificium. Lit. remiss. ann. 1362. in Reg. 93. Chartoph. reg. ch. 110 : *Amedeus comes Sabaudiæ Jacobum de Vareyo.... familiarem suum Parisius destinans, eidem procurando aut fieri ibidem faciendo certas zonas et alia jocalia et Ouvragia auri et argenti. Ouvraingne* et *Ouvreingne*, eadem notione, nostris. Arest. ann. 1279. in 2. Reg. *Olim* parlam. Paris. fol. 48. v°. : *L'Ouvraingne que l'en fait de ces oustius apartient au mestier des tisserands.* Testam. Petri comit. Alenc. ann. 1282. pag. 184 : *Aus freres Precheurs de Prouvins dis livres pour leur Ouvreingnes, et quarante sous pour pitance.* Vide *Ovragium* 1.

* **OUVRERIA**, a Gallico *Ouvriere*. Inter domicellas, quæ reginæ a servitio erant, una *Ouvriere* appellabatur, illa nempe quæ operibus muliebribus vacabat. Ordinat. hospit. Joan. reginæ ann. 1316. in Reg. Cam. Comput. Paris. sign. *Croix* fol. 82. r°. : *Madame aura pour son corps trois damoiselles, une Ouvriere, une femme de chambre et une lavendiere.* Testam. Joan. comit. Tolos. ann. 1270. inter Probat. tom. 3. Hist. Occit. col. 592 : *Item* (legamus) *Thomassæ Ouvreriæ nostræ xx. lib.*

OXA. Vide *Dolo*. [Desideratur.]

* **OXEA**, *Lo morbo*, in Glossar. Lat. Ital. MS.

OXELLUM, Axilla. Miracula S. Joannis Beverlac. num. 8 : *Apposita deinde manu ad Oxellum, sudore, qui illis in partibus evaporare solet, ... oculos ejus permixit, etc.*

¶ **OXGAR**, Scomber piscis marinus et notus, Gall. *Maquereau*. Usus antiqui Fontanell. MSS. fol. 91. col. 2 : *Item ipso die ordinavi et concessi, quod quilibet habebit unum Oxgarem, Gallice Maquerel, sive salsatus fuerit, sive recens.* Hoc statuit Guillelmus Abbas ann. 1320.

* **OXIA**, *Una figura*, in Glossar. Lat. Ital. MSS.

* **OXIMENTUM**, *Lo aceto.* Ibid.

* **OXIREUM**, *Lo forte aceto.* Ibid.

* **OXISALUS**, *Una mesura.* Ibid. *Mensura xv. drachmarum*, in Amalth.

* **OXONIUM**, Præstationis seu servitii species. Chartul. 21. Corb. fol. 329 : *Ego Fulco abbas Corbeyæ et conventus cum Roberto de Manso et ejus participbisu de tribus Oxoniis, quæ nobis annuatim debebant, talem fecimus compositionem, etc.*

* **OXUS**, *Uno dardo.* Glossar. Lat. Ital. MS.

OXYBLATTA, Purpura intensioris et vividioris luminis, ὀξεῖα φοινικίς, Aristophani, πορφύραι βιάφορι καὶ ὀξυτάται, apud Suidam in Βάμμα. [Vide *Blatta*.]

OXYCOMINUM, Ὀξυκύμινον, in Fragmento Petronii pag. 56.

OXYDEAURATUS, vox hybrida, auro splendente inauratus, ὀξυχρύσεος. Petrus Diac. lib. 4. Chronici cap. 17 : *Alexius Imp.... transmisit B. Benedicto vestem de dorso suo Oxydeauratam.* Regestum ejusdem Petri n. 146 : *Misitunum Epiloricum de dorso suo Oxydeauratum.*

* **OXYDORCICA**. Alex. Iatrosoph. MS. lib. 1. Passion. cap. 94 : *Memoranda sunt et deinceps similiter Oxydorcica, i. quæ ad caliginem oculorum expediunt.* Laur. in Amalth. *Oxydercica, visum acutum facientia. Item facultas visiva. Lex. med. Oxydorcia, oculorum claritas.*

* **OXYGALA**, Oxygalum, *Acetosum lac*, in Amalth. *Caseus oxygalacticus* ex Galeno laudat Beroald. Vide Ind. script. Rei rust. a Math. Gesnero.

OXYPÆDEROTINUS Color, apud Vopiscum, dictus ab acantho herba, quam Græci et Latini *pæderotem* nominant : vel a gemma opalio, quæ propter eximiam gratiam *pæderos* a plerisque appellata est, ut Plinius. *Oxy* vero intensum et dilutum colorem significat. Casaubon. et Salmas.

* **OXYPYCNUS**, Cantus species. Vide supra *Mesopycnus*.

* **OYA**, Auditus, idem quod *Audientia* 3. nostris alias *Oye* et *Ouye*. Charta ann. 1328. in Reg. 65. Chartoph. reg. ch. 239 : *Cum propter hoc ad Oyam sive audientiam ecclesiæ parrochialis dictæ villæ se de ipsis devestiisset, etc.* Stat. ann. 1306. in Reg. Cam. Comput. Paris. sign. *Pater* fol. 166. r°. : *Il baudront* (les baillis) *à Oie de paroche et par enchierement les gardes qui escharront.* Charta ann. 1311. in Lib. rub. ejusd. Cam. fol. 394. v°. col. 2 : *Et sus ce nous eusson fait crier deuement et publier solennement à l'Oye de toutes les paroisses, etc.* Alia ann. 1389. in Reg. 138. Chartoph. reg. ch. 11 : *Les criées faites par Guillot le Tourneur soubsergent des cinq paroisses par trois Dimanches continuez à l'Oye de la paroisse S. Marthe.* Stat. Scacar. ann. 1460. ex Cod. reg. 9849. 4. fol. 19. v°. : *Le sergent fera trois criées par trois Dimenches tous continus à l'Ouye de la paroisse, où les héritages sont asseys. Ohue*, eodem intellectu, in Lit. remiss. ann. 1383. ex Reg. 124. ch. 143 : *Il convenoit avoir pour un fait prouver trois bons tesmoins non reprochables, ou au mains deux déposans de certaine science d'icelli fait de vehue, scehue et de Ohue.*

* **OYATUS**. Charta Phil. Pulc. ann. 1304. inter Probat. tom. 2. Hist. Burgund. pag. 120. col. 1 : *Cum baillivus Matisconensis ad manum suam posuisset quasdam pecias auri Oyati, in terra... ducis Burgundiæ... inventas, etc.* Forte ex *Opati* ita contracte cum nota abbreviationis scripto, factum est *Oyati*, pro *Operati*, Gall. *Monnoyé*.

* **OYDE**, Canalis, aquæductus, Provincialibus vulgo *Ouide* vel *Ouire*. Form. MSS. ex Cod. reg. 7657. fol. 41. r°. : *Non verens ... in usus suos proprios convertere quamdam viam subterraneam, dictam vulgariter Oyde seu aquæductus, transeuntem subtus terram per quædam casalia... De quo quidem Oyde, tam de cota ipsius quam de gorga, per quam dicta aqua erat transire solita, etc.* V. *Ozedum*.

* **OYENCIA**, Tributi species, ad cujus solutionem voce *servientis* seu apparitoris monebantur debitores. *Oyseuce*, in Chartul. Latiniac. fol. 246. v°. Charta ann. 1336. ex eod. Chartul. fol. 186 : *In possessione pacifica vel quasi.... habendi tres denarios Oyenciarum annui redditus. Audientia* ibid. non semel legitur. Vide *Oiancia*.

* **OZADA**, vox Bohemica. Charta Wencesl. reg. Bohem. ann. 1249. inter Probat. tom. 1. Annal. Præmonst. col. 521 : *Sane nullus camerarius aliquem pauperem ducat in testimonium ad citandos alios homines, quod vocatur Ozada, nisi ad proximam villam ecclesiæ seu ad castrum pertinentem.*

¶ **OZEDUM**, Aquæductus. Transactio ann. 1219. inter cives utriusque urbis Massil. Superioris et Vicecomitalis, ex Schedis D. *le Fourier* : *Item quod cives dictæ civitatis Vicecomitalis propriis expensis faciant curari et debeant l'Ozede sive conductum dictæ aquæ in duas partes plusquam curatum extitit.... ratione expensarum per eos factarum in operibus archuum et Ozedorum et aliorum ædificiorum, etc.* [*Vide supra *Oyde*.]

¶ **OZERIA**, Locus viminibus consitus, Gall. *Oseraye*. Charta ann. 1295. ex Archivo S. Melanii : *Radulphus dictus Brchaye tradidit prioratui S. Nicolai de Montfort medietatem cujusdam peciæ prati siti inter pratum Petri... ex una parte et vineam et Ozeriam Johannis Pichon.* Pluries occurrit in alia ejusdem Archivi Charta ann. 1300. Vide *Oseraria*.

* **OZILIUM**, Vimen, Gall. *Osier*, alias *Ouzil*, ut videre est supra in *Oseria*. Chartul. S. Joan. Angeriac. fol. 183. r°. : *Feci autem hoc donum prius in manu Letardi præpositi monachi et Gilberti cellerarii per unum Ozilium subtus unum ulnum veterem, qui est in cimiterio.* Hinc

* **OZILLARIUM**, Viminetum, Gall. *Oseraie*, ut supra *Oseretum*. Charta ann. 1329. in Reg. 66. Chartoph. reg. ch 299 : *Super unum quarterium vineæ, sitæ in podio Davignon, et super unum Ozillarium, situm in parrochia de Chedigne. Ozery*, in Charta ann. 1357. ex Reg. 89. ch. 331 : *Item le courtil ensemble l'Ozery de laditte maison, contenant environ un arpent. Ozeron*, eadem notione, in alia ann. 1383. apud *Brussel* de Usu feud. tom. 2. pag. 759. col. 2. Vide *Ozeria*.

* **OZIMA**. Alex. Iatrosoph. Ms. lib. 1. Passion. cap. 129 : *Ulcera in naribus nata, Ozimæ appellantur.... In primis ergo de Ozimis dicendum est, quod est desuper fluens humor acer cum putredine.* Græc. ὄζαινα, Lat. *Ozæna*.

* **OZINA**, Supellex quævis, quidquid in usu est. Charta ann. 1318. in Reg. 56. Chartoph. reg. ch. 261 : *Vendidit.... unum herbergamentum cum fundo terræ, trolium,*

tonnas, cuppas, ancherias et alias Ozinsa intra dictum herbergamentum existentes.... Dictum herbergamentum cum suis pertinentiis, viridario, vineis albis et rubeis, trolio, cuppis, tonnis, ancheriis, Ozinis et aliis quibuscumque.

* **OZUDIRE**, Exscindere, Gall. *Couper*. Instr. ann. 1217. inter Probat. tom. 1. Hist. Nem. pag. 55. col. 2 : *Ponit iterum P. Bonitus quod Petrus Altrannus talavit quendam clausum suum : .... ad quod P. Altranz respondet, quod bene Ozudit quandam brancham olivarii in prædicto clauso, sed dicit quod suus est.*

* **OZZEP**. Charta Wencesl. reg. Bohem. ann. 1249. inter Probat. tom. 1. Annal. Præmonst. col. 521 : *Ecclesiæ sanctæ Mariæ in Doxan.... talem concessimus libertatem, videlicet quod homines jam dictæ ecclesiæ.... sint liberi exempti ab omni jugo servitutis seu exactionis et gravaminis,.... ab eo etiam quod dicitur Ozzep*. Vox Bohemica, qua servitus quædam aut certa exactio significatur.

INDEX MONETARUM.

TABULA I.

1 *Victuria Augs.* — *Victuria Augg.*

2 *Teudorici.* — Monogramma ejusdem regis.

3 *Eldeberti regis.* — Monogramma Christi. (Childeberti).

4 *Clotharius rex.* — *Victoria Gottica. Massilia.*

5 *Hildeber..tus.* — *Chramnus. Conob.*

6 Dominus *Noster Mauricius Perpetuus Augustus.* — *Victoria Auggu.* (Augustorum) *Massilia.* XXI. *Conob* . . . . . . (Solid. aur.).

7 Dominus *Noster Mauricius PP. AV.* — *Victoriai Augustorum Arelati.* VII. *Conob.* . . . . (Triens).

8 *D. N. Mauricius PP. AV.* — *Vienna de officina Laurenti.* Monogramma Christi A Ω.

9 *D. N. Theodebertus Victor* — *Victoria Auggg. Bona.* (ad Rhenum) *Conob.*

10 *D. N. Theodebertus Victor.* — *Victoria Auggg. Conob.*

11 *Rex Theudubertus.* — Monogramma.

12 *Gunthachram rex.* — *Senoni civita.*

13 *Massilia.* — *Hildebertus rexi. Massilia.*

14 *Childbertus rex.* — *Arelato civit.* Mongramma Christi *Arelato.*

15 *Clotarius rex.* — *Victuria Clotari. Massilia* XXI . . . . . (Sol. aur.).

16 *Clotha(lo)rius.* — *Victuria Chlotari. Massilia.*

17 *Chlotarius rex.* — *Chlotarius rex. Massilia.*

18 *Theodorics.* — *Mettis.*

19 *Dagobertus rex.* — *Elegius. Massilia.* XXI . . . . (Sol. aur.).

20 *Dagobertus.* — *Masilia civit.*

21 *Chlothovechus rex.* — *Moneta Pal ati. Eligius.*

22 *Masilia* — *Cherebertus rex. Massilia.*

23 *Charibertus rex.* — *Banniaciaco fiit.*

24 *Leucosus Monetarius.* — *Charibertus rex.*

25 *Masilia.* — *Sigibertus rix. Massilia.*

26 *Masilia.* — *Sigibertus rex. Massilia.*

27 *Sigiber.* — .... VII. . . . . (Triens).

28 *Childericus rex.* — *Masilia civitatis. Massilia.*

29 *Massilia.* — *Hildericus rex. Massilia.*

30 *Childericus rex.* — *Masilie civitatis. Massilia.*

31 *Dagobertus.* — *Rex Deus. Ucecia.*

32 *Childricus rex.* — *Chlotarius rex. Massilia. Conob.*

33 *Teudirici.* — *Arastes.*

34 *Meroveus.* — *Mudulenus Monetarius. Cabilonno.*

35 *Choae fit.* — *Landigisilus Monetarius.*

36 *Ratio Lemovix.* — *Mariniano Monetarius Eglisiae.*

TABULA II.

1 *Rex Pipinus.* — *Lugdunum.*

2 *Rex Pipinus.* — .....

3 *Karolus*..... — *Ucecia.* . . . . (Caroli Magni).

4 *Carolus.* — Rex Francorum. . . . . (ejusdem).

5 *Carlus rex* Francorum Monogramma Caroli. — *Mogontia* (ejusdem).

6 Monogramma Caroli. — *Metullo.* . . . . (ejusdem).

7 Carlomanni. — *Arelatum.* . . . . (Carlomanni).

8 *D. N. Hludovvicus Imp. Aug.* — *Munus divinum.* . (Ludovici Pii).

9 *Hludovvicus Imp. Aug.* — *Arelatum.* . . . . (ejusdem).

10 *Hludovvicus Imp. Aug.* — *Quentovicus.* . . . . (ejusdem).

11 *Hludovvicus Imp.* — *Parisii.* . . . . (ejusdem).

12 *Ludovvic.* — *Metallum.* . . . . (ejusdem).

13 *Hludovvicus Imp.* — *XPistiana religio.* . . . . (ejusdem).

14 *Hludovvicus Imp.* — *XPistiana religio* . . . . (ejusdem).

15 *Hludovvicus Imp.* — *XPistiana religio.* . . . . (ejusdem).

16 *Hludovvicus Imp.* — *XPistiana religio.* . . . . (ejusdem).

17 *Hludovvicus Imp. Aug.* — *Metallum.* . . . . (ejusdem).

18 *Hludovvicus Imp.* — *Metallum.* . . . . (ejusdem).

19 *Carlus rex.* — *Bituriges* . . . . (Caroli Calvi).

20 *Carlus rex Francorum.* — *XPistiana religio.* . . . . (ejusdem).

21 Monogramma Caroli. *Imperator Agustus.* — *In Porto Triiecto.* (ej.).

22 Monogramma Caroli. *Gratia dei rex.* — *Cinomanis civitas.* (ejusd.).

23 Monogramma Caroli. *Gratia dei rex.* — *Aurelianis civits.* (ejusdem).

24 Monogramma Caroli. *Belgevacus civi.* — *Carolus rex Fran.* (ejusd.).

TABULA III.

1 Monogramma Ludovici. *Misericordia dei rex.* — *Turones civitas.* . . . . (Ludovici II Balbi).

2 Monogramma Caroli. *Arila civis.* — *Carlemanus rex.* (Carlomanni).

3 *Hcarlemanus rex.* — *XPistiana religio.* . . . . (ejusdem).

4 Monogramma Caroli. *Arela civis.* — *Carlus Imperator.* (Caroli Grossi).

5 *Karolus Imp.* — *Xristiana religio.* . . . . (ejusdem).

6 Monogramma *Karoli. Gratia di rex Odo.* — *Aurelianis civitas.*

7 Monogramma *Odo rex. Misericordia dei.* — *Blesianis castro.* . . . . (Odonis).

8 *Odo. Gratia dei rex.* — *Limovicas civis.* . . . . (ejusdem).

9 *Odo. Gratia dei rex.* — *Remis civitas.* . . . . (ejusdem).

10 Monogramma Caroli. *Metullo.* — *Carlus rex* Franciæ (Caroli Simplicis.)

11 Monogr. Caroli. Gratia di rex. — Qωentovvic. . . . (ejusdem).
12 Monogr. Caroli. Gratia di rex. — Parisi civita. . . . (ejusdem).
13 Monogr. Roberti. Gratia dei rex. — Parisi cuita. . . . (Roberti).
14 Monogramma Rodolphi. Gratia di rex. — Parisi civita. (Rodolphi).
15 Monogramma Rodolphi. Gratia di rex. — Aurelianis ciuta. (ejusd.).
16 Ludovic. Gratia di rex. — Parisi civita. . (Ludovici ultramarini).
17 Lothairiux. — Parisi civita. . . . . (Lotharii).
18 Loterius rex. — Monogr. Lotharii Bituricex civit. . . . (ejusdem).
19 Loterius rex. — Monogr. Lotharii Bituricex civit. . . (ejusdem).
20 Lotarius rex Burgundiæ. — Cavilon ciut.. . . . . . (ejusdem).
21 Ludovicus rex. — Senonis urbs . . . . (Ludovici II).
22 Ludovvcus rex. — Lingonis civis. . . . . (Ludocivi IV. aut V).
23 Hlovvicus. — Ligonis cuis. . . . . (ejusdem).
24 Hludovicus Imperator. — Cavilonis civ. . . . . (ejusdem).

TABULA IV.

1 Pippinus rex. — Aquitaniorum. . . . (Pippini regis Aquitaniae).
2 Pipinus. Metullo. — Pipinus rex Eqitaniorum. . . . . (ejusdem).
3 Pippinus rex. — Aquitania. . . . . (ejusdem).
4 Rodulpo pius rx. — XPistiana religio. Papia civitas (Rodulphi II reg. Burg. Transjur.)
5 Monogramma. Lugdunus. — Conradus. (Conradi pacif. reg. Burg.).
6 Rodulfus. — Lugudunus. S. . .(Rodolphi Nihilfecit reg. Burg.).
7 Rodulfus. — Lugudnus. . . . . (ejusdem).
8 Boso gracia dei rex. — Vienna civis. . . . . (Bosonis).
9 Ludovicus Imp. — XPiana religio. . . . . . . (Ludovici cœci).
10 Heinricus. — Lugdunus. S. . . . . (Henrici aucupis).
11 Hloharius Imp. Au. — XPistiana Religio.. (Lotharii imperatoris).
12 Lutharius Imp. — XPistiana Relgio.. . . . . (ejusdem)
13 Hlutharius Imp. — Mediomatricorum. . . . . (ejusdem).
14 Hlotharius Imp. A. — Dorestatus. . . . . (ejusdem).
15 Hlotharius rex. — XPistiana religio. (Lotharii regis Lotharing).
16 Hlotharus rx. — Viridunum civis. . . . . (ejusdem).
17 Karolus Gra. D. rex. — Argentina civita.. . . . (Caroli Calvi).
18 Carlus rex. — Aquitania. . . . (Vide. num. 3.) (Caroli Aquitan).
19 Hludovicus Pius. — Argentina cuita. . . . . (Ludov. Germ.).
20 Arnuldus rex. — Mogoncie civitatis. . . . . (Arnulfi).
21 Suindebad rex. — Camaracus civis. . . . . . . Zwentebaldi).
22 Ludovvicus rx. — Tullo. . . . . (Ludov. German.).
23 Ludowicus. Gratia di rex. — Mettis civitas. (Ludov. ultramarini).
24 Karolus D. G. rex. — Tullo. . . . . (Caroli simplicis).

TABULA V.

1 Monogramma Caroli. Gratia di rex. — Mettis civitas. (Caroli simplicis).
2 Monogramma Caroli. Gratia di rex. — Mettis civita. . (ejusdem).
3 Heinricus rex. — Argentina civits R. S. . . . (Henrici aucupis).
4 Heinricus rex. — Viriduni. . . . . (ejusdem).
5 Otto rex pacificus. — Argentina civitas.. . . . (Ottonis Magni).
6 Monogramma Caroli. Gratia di rx. — Otto rex (Ottonis I. et Caroli ducis Lothar).
7 Henricus.... — Argentina. . . . . . . (Henrici II. Imperat).
8 Monogramma Hugonis. Gratia di dux. — Parisi civita. (Hugonis Capet.).
9 Hugo dux. Gratia di rex. — Silvanectis. . . . . . . (ejusdem).
10 Rotbertus. Rex. — Parisius civitas. . . . . (Roberti).
11 Hainricus rex A Ω. — Paisius civitas. . . . . . . (Henrici I).
12 Hainricus rex A Ω. — Parisius civitas. . . . . . . (ejusdem).
13 Hinricus rex. — Cavilon ciutas Burgundia. . . . . . (ejusdem).
14 Philippus. Rex. — Parisius civitas. . . . . (Philippi I).
15 Philippus rex A Ω. — Paisius civitas. . . . . (ejusdem).
16 Philippus rex. — Parisius civitas. . . . . (ejusdem).
17 Philippus. rex. — Parisius civitas. . . . . (ejusdem).
18 Philippus rex A Ω. — Pontis civis . . . . (ejusdem).
+ 19 Philipus rex dei dextra. — Stampis castellum. . . . (ejusdem).
20 Philippus rex dei dextra. — Stampis castellum. . . . (ejusdem).
21 Philipus rex. — Calvion civitas Burgundia. . . . . (ejusdem).
22 Ludovicus. rex. — Parisi civis. . . . . (Ludovici VI).
23 Ludovicus rex A Ω. — Pontisi civis. . . . (Ludovici VI aut VII).
24 Ludovicus rex. — Aurelianis civitas. . . . . (ejusdem).

TABULA VI.

1 Ludovicus rex. — Castrum Mat. . . . . (Ludovici VI aut VII).
2 Ludovicus rex. — Sinelectis civ. . . . . (eorumdem).
3 Lodovicus rex. — Castellum Stanpis. . . . . . (eorumdem).
4 Ludovicus rex. — Urbs Biturica. . . . . (eorumdem).
5 Ludovicus rex. — Urbs Biturica. . . . . (eorumdem).
6 Philipus rex. — Urbs Biturica. . . . . (Philippi II).
3 bis. Philipus rex. Francorum. — Parisii civis. . . . (ejusdem).
4 bis. Philipus rex. Francorum. — Arras civitas. . . . (ejusdem).
5 bis. Philipus rex. Francorum. — Seinthomer. . . . . (ejusdem).
8 Philipus re. — Civitas Redonis. . . . . (ejusdem).
9 Rex Filipus. — De Dolis. . . . . (ejusdem).
10 Philipus rex. — Scs Martinus. . . . . (ejusdem).
11 Ludovicus rex. Francorum. — Parisii civis. . . (Ludovici VIII).
12 Ludovicus rex. Francorum. — Parisii civis. . . . . (ejusdem).
13 Florin d'or. Ludovicus dei gracia Francor. rex. — XPC. vincit XPC. regnat XPC. imperat. . . . . (Ludovici IX).
14 Gros tournois. Ludovicus rex. Bndictu sit nomen dni dei jhu XPi. — Turonus civis. . . . . (ejusdem).
15 Denier tournois. Ludovicus rex. — Turonus civis. . . . (ejusdem).
16 Obole tournois. Ludovicus rex. — Turonus civis. . . . (ejusdem).
17 Petit royal. Philippus dei gratia Francorum rex. — XPC vincit. etc. . . . . (Philippi III).
18 Gros tournois. Philipus rex. Bndictum sit nomen dni nri dei jhu XPi. — Turonus civis. . . . . (ejusdem).
19 Denier parisis. Philipus rex. Francorum. — Parisii civis. (ejusdem).

TABULA VII.

1 Masse. Philippus Dei gratia Franchorum rex. — XPC vincit XPC regnat XPC imperat. . . . . (Philippi IV).
2 Demi-masse Philippus dei gratia. — Francorum rex. . (ejusdem).
3 Florin d'or à la chaire. Philippus dei gra Franchorum rex. — XPC vincit etc. . . . . (ejusdem).
4 Gros tournois. Philippus rex. Bndictum sit etc. — Turonus civis. . . . . (ejusdem).
5 Petit tournois, moitié du gros tournois — Philippus rex. — Bndictum sit etc. — Turonuscivis . . . . (ejusdem).
6 Maille tierce ou obole blanche. Philippus rex. Bndictum sit etc. — Turonus civis. . . . . (ejusdem).
7 Fort bourgeois. Philippus rex. — Burgensis. fortis. . . (ejusdem).
8 Double bourgeois neuf. Philippus. rex. — Burgensis. novus. (ej.).
9 Obole bourgeois neuf. Philippus. rex. — Burgensis. novus. (ejusd.).
10 Double parisis. Philippus. rex. — Moneta duplex. regalis. (ej.).
11 Double parisis. Ph. r. — Mon. duplex regal.. . . . (ejusdem).
12 Denier tournois. Philippus. rex. — Turonus civis. . . . . (ejusdem).
13 Parisis. Regalis. — Crux liliis ornata. . . . . . . (ejusdem).
14 Parisis. Philippus — Turris cruce instructa. . . . . (ejusdem).
15 Obole tournois. Philippus rex. — Turonus civis. . . . (ejusdem).
16 Obole tournois. Ludovicus rex. — Turonus civis.. . (Ludovici X).
17 Aignel. Ludovicus. rex. Agnus. dei. qui tollis. peccata. mundi miserere nobis. — XPC vincit etc.. . . . . (ejusdem).
18 Aignel. Philippus rex. Agn. di etc. — XPC vincit . (Philippi V).
19 Aignel. Karolus. rex. Agn. dei etc. — Christus vincit etc. (Caroli IV).
20 Royal double d'or. Kol rex Francor. — Christus vincit. . (ejusdem).
21 Petit royal d'or. Kol rex Francor. — Christus vincit. . (ejusdem).
22 Gros tournois. Kharolus rex. Bndict. etc. — Turonus civis. (ejusdem).
23 Petit tournois. Karolus rex. Bndict. etc. — Franchorum. (ejusdem).
24 Parisis. Karolus rex. Franco. — Parisius civis.. . . . (ejusdem).
25 Tournois. Karolus rex. — Francorum. . . . . (ejusdem).
26 Denier à la couronne. Francorum rex. K. — Moneta nova. (ejusd.).

TABULA VIII.

1 Royal d'or. Philippus rex Francorum. — XPC vincit XPC regnat XPC imperat. . . . . (Philippi VI).
2 Parisis. Philippus dei gratia Francorum rex. — XPC vincit XPC regnat XPC imperat. . . . . (ejusdem).
3 Escu. Philippus dei gratia Francorum rex. — XPC vincit XPC regnat XPC imperat. . . . . (ejusdem).
4 Livre. Philippus dei gratia Francorum rex. — XPC vincit XPC regnat XPC imperat. . . . . (ejusdem).
5 Pavillon. Philippus dei gratia Franchorum rex. — XPC vincit XPC regnat XPC imperat. . . . . (ejusdem).
6 Couronne. Philippus dei gratia rex Francorum. — XPC vincit XPC regnat XPC imperat. . . . . (ejusdem).
7 Double royal. Philippus dei gratia Francorum rex. — XPC vincit XPC regnat XPC imperat. . . . . (ejusdem).
8 Ange ou Angle. Philippus dei gratia Francorum rex. — XPC vincit XPC regnat XPC imperat. . . . . (ejusdem).
9 Ghaise. Philippus dei gratia Francorum rex. — XPC vincit XPC regnat XPC imperat. . . . . (ejusdem).
10 Florin George. Philippus dei gratia Francorum rex. — XPC vincit XPC regnat XPC imperat. . . . . (ejusdem).

TABULA IX.

1 Gros à la queue. *Benedictum sit nomen domini nostri dei Jhesu XPisti. Philippus rex. — Turonus civis.* . . . . . (ejusdem).
2 Gros blanc. *Benedictum sit nomen domini nostri dei Jhesu XPisti, Philippus rex Francorum. — Parisius civis argenti. Franco Phi.* . . . . (ejusdem).
3 Gros tournois. *Bnd. etc. Philippus rex. — Turonus civis.* (ejusd.).
4 Gros à la fleur de lys. *Benedictum sit nome domini nostri dei. Philippus rex.— Francorum.* . . . . (ejusdem).
5 Blanc denier à la couronne. *Benedictum sit nome domini nostri dei. Philippus rex. — Francorum.* . . . . (ejusdem).
6 Double parisis. *Philippus rex Francorum.—Moneta duplex.* . (ej.).
7 Double à la fleur de lys. *Philippus rex. — Moneta duplex.* (ejus.).
8 Parisis. *Philippus rex Francorum.— Parisius civis.* . . (ejusdem).
9 Petit parisis. *Philippus rex Francorum.—Parisius civis.* (ejusdem).
10 Tournois. *Philippus rex. — Turonus civis* . . . . . (ejusdem).
11 Petit tournois. *Philippus rex. — Turonus civis.* . . . (ejusdem).
12 Escu. *Johannes dei gratia Francorum rex. — XPC vincit XPC regnat XPC imperat.* . . . . (Johannis).
13 Aignel. *Agnus dei qui tollis peccata mundi miserere nobis. Johannes rex. — XPC vincit XPC regnat XPC imperat.* . (ejusdem).
14 Royal. *Johannes dei gratia Francorum rex. — XPC vincit XPC regnat XPC imperat.* . . . . (ejusdem).
15 Franc à cheval. *Johannes dei gracia Francorum rex. — XPC vincit XPC regnat XPC imperat.* . . . . (ejusdem).
16 Gros tournois. *Benedictum sit nomen domini nostri dei Jhesu Christi. Johannes rex. — Turonus civis.* . . . . (ejusdem).
17 Blanc à l'Estoile. *Benedictum sit nomen domini nostri dei Jhesu Christi. Johannes rex. — Francorum.* . . . . . (ejusdem).
18 Blanc à trois fleurs de lys. — *Benedictum sit nomen domini nostri dei Jhesu Christi. Johannes dei gratia. — Francorum rex.* . . . . (ejusdem).
19 Gros blanc à la queue. *Benedictum sit nomen domini nostri dei Jhesu Christi. Johannes rex. — Turonus civis.* . . (ejusdem).

TABULA X.

1 Gros blanc à la couronne. *Benedictum sit nomen domini nostri dei Jhesu Christi. Johannes dei gratia. — Francorum rex.* . . . . (ejusdem).
2 Blanc aux fleurs de lys. *Benedictum sit nomen domini nostri dei Jhesu Christi. Johannes dei gratia. — Francorum rex.* . (ejusd.).
3 Blanc de 1361. *Benedictum sit nomen domini nostri dei Jhesu Christi. Johannes rex. — Turonus civis.* . . . . (ejusdem).
4 Blanc à la couronne. *Johannes dei gratia. rex Francorum. — Benedictum sit nomen domini nostri Jhesu Christi.* . (ejusdem).
5 Blanc à la couronne. *Benedictum sit nomen domini nostri dei Jhesu Christi. Johannes dei gratia. — Francorum rex.* . . (ejusdem).
6 Gros blanc à la fleur de lys. *Johannes dei gratia Francorum rex. —Benedictum sit nomen domini nostri dei Jhesu Christi.* (ejusd.).
7 Double blanc à l'Estoile. *Benedictum sit nomen domini nostri dei Jhesu Christi. Johannes dei gratia. — Moneta duplex alba. Johannes Francorum rex.* . . . . (ejusdem).
8 Double parisis noir. *Johannes Francorum. rex.* . — *Moneta duplex.* . . . . (ejusdem).
9 Double tournois. *Johannes — rex. — Moneta duplex.* (ejusdem).
10 Parisis. *Johannes rex. Francorum.* — *Parisius civis.* . (ejusdem).
11 Tournois. *Johannes rex. — Turonus civis.* . . . . . (ejusdem).
12 Royal. *Karolus dei gracia Francorum rex. — XPC vincit XPC regnat XPC imperat.* . . . . (Caroli V).
13 Franc à cheval. *Karolus dei gracia Francorum rex. — XPC vincit XPC regnat XPC imperat.* . . . . (ejusdem).
14 Florin du Dauphiné. *Karolus Dalphinus V — S. Johannes* Baptista. . . . . (ejusdem).
15 Gros tournois. *Benedictum sit nomen domini nostri dei Jhesu Christi. Karolus rex. — Turonus civis.* . . . . (ejusdem).
16 Blanc. *Karolus. dei gracia. Francorum rex. — Benedictum sit nomen domini nostri dei Jhesu Christi.* . . . . . (ejusdem).
17 Double parisis. *Karolus rex. Francorum.* — *Parisius civis.* . . . . (ejusdem).
18 Double parisis. *Karolus rex. — Moneta duplex.* . . . (ejusdem).
19 Parisis. *Karolus rex. Francorum. — Parisius civis* . . (ejusdem).

TABULA XI.

1 Escu heaume. *Karolus dei gracia Francorum rex. — XPC vincit XPC regnat XPC imperat.* . . . . (Caroli VI).
2 Demi escu heaume. *Karolus dei gracia Francorum rex. — XPC vincit XPC regnat XPC imperat.* . . . . (ejusdem).
3 Escu à la couronne. *Karolus dei gracia Francorum rex. — XPC vincit XPC regnat XPC imperat.* . . . . (ejusdem).
4 Aignel. *Agnus dei qui tollis peccata mundi miserere nobis. — XPC vincit XPC regnat XPC imperat.* . . . . (ejusdem).
5 Parisis. *Karolus dei gracia Francorum rex. — XPC vincit XPC regnat XPC imperat.* . . . . (ejusdem).
6 Salut. *Karolus dei gracia Francorum rex. — XPC vincit XPC regnat XPC imperat.* . . . . (ejusdem).
7 Gros tournois de 1413. *Benedictum sit nomen domini. Karolus dei gratia Francorum rex. — Grosus Turonus.* . . (ejusdem).
8 Blanc appelé gros de 1417. *Karolus Francorum rex.—Benedictum sit nomen domini.* . . . . (ejusdem).
9 Demi gros. *Karolus Francorum rex. — Benedictum sit nomen domini.* . . . . (ejusdem).
10 Blanc à l'escu ou.. .. *Karolus Francorum rex. — Benedictum sit nomen domini.* . . . . (ejusdem).
11 Demi blanc à l'escu. *Karolus Francorum rex. — Benedictum sit nomen domini.* . . . . (ejusdem).
12 Double tournois. *Karolus Francorum rex. — Duplex turonus Franciæ.* . . . . (ejusdem).
13 Tournois. *Karolus rex Francorum.— Benedictum sit nomen domini.* . . . . (ejusdem).
14 Double tournois. *Karolus Francorum rex. — Moneta duplex.* . . . . (ejusdem).
15 Denier tournois. *Karolus rex. — Turonus civis.* . . . . (ejusdem).
16 Obole tournois. *Karolus rex. — Obolus civis.* . . . . (ejusdem).

TABULA XII.

1 Salut. *Henricus dei gratia rex Anglie heres Francie. — XPC vincit XPC regnat XPC imperat.* . (Henrici V. regis Angliae).
2 Florette (?) *Henricus rex Anglie heres Francie. — Benedictum sit nomen domini.* . . . . (ejusdem).
3 Salut. *Henricus dei gratia Francorum et Anglie rex. — XPC vincit XPC regnat XPC imperat.* . . . (Henrici VI. regis Angliae).
4 Angelot. *Henricus Francorum et Anglie rex. — XPC vincit XPC regnat XPC imperat.* . . . . (ejusdem).
5 Franc a cheval. *Henricus dei gratia Francorum et Anglie rex.— XPC vincit XPC regnat XPC imperat.* . . . . . (ejusdem).
6 Blanc. *Henricus. Francorum et Anglie rex. — Benedictum sit nomen domini. Henricus.* . . . . (ejusdem).
7 Demi blanc. *Henricus rex. — Benedictum sit nomen domini. Henricus rex* . . . . (ejusdem).
8 Blanc. *Henricus Francorum rex. — Benedictum sit nomen domini.* . . . . (ejusdem).
9 Tournois. *Henricus rex. — Turonus Francie.* . . . . (ejusdem).
10 Obole tournois. *Henricus rex. — Obolus civis.* . . . . (ejusdem).
11 Parisis. } Niquets { *Henricus. Francorum et Anglie rex. — Parisis civis.* . . . . (ejusdem)
12 Parisis. } Niquets { *Henricus. Francorum et Anglie rex. — Parisius civis.* . . . . (ejusdem).
13 Royal. *Karolus dei gratia Francorum rex. — XPC vincit XPC regnat XPC imperat.* . . . . (Caroli VII).
14 Escu. *Karolus dei gracia Francorum rex. — XPC vincit XPC regnat XPC imperat.* . . . . (ejusdem).
15 Demi-escu. *Karolus dei gratia Francorum rex. — XPC vincit XPC regnat XPC imperat.* . . . . (ejusdem).
16 Gros d'argent. *Karolus dei gratia Francorum rex. — Benedictum sit nomen domini. Francia.* . . . . (ejusdem).
17 Gros tournois (Jacques cœur). *Karolus Francorum rex. — Benedictum sit nomen domini.* . . . . (ejusdem).
18 Grand blanc à l'escu. *Karolus Francorum rex. — Benedictum sit nomen domini.* . . . . (ejusdem).
19 Petit blanc à l'escu. *Karolus Francorum rex. — Benedictum sit nomen domini.* . . . . (ejusdem).
20 Double tournois. *Karolus Francorum rex. — Duplex Turonus Francie.* . . . . (ejusdem).

TABULA XIII.

1 Escu. *Ludovicus dei gratia Francorum rex. — XPC vincit XPC regnat XPC imperat.* . . . . (Ludovici XI).
2 Escu au soleil. *Ludovicus dei gratia Francorum rex.— XPC vincit XPC regnat XPC imperat.* . . . . (ejusdem).
3 Angelot. *Ludovicus dei gratia Francorum rex. — XPC vincit regnat et imperat.* . . . . (ejusdem).
4 Gros d'argent. *Ludovicus dei gratia Francorum rex.— Benedictum sit nomen domini.* . . . . (ejusdem).
5 Grand blanc. *Ludovicus Francorum rex. — Benedictum sit nomen domini.* . . . . (ejusdem).

TABULA XIV.

TABULA XV.

TABULA XVI.

TABULA XVII.

TABULA XVIII.

TABULA XIX.

23 Liard. . . . . (ejusdem).
24 Liard de Lyon. . . . . (ejusdem).

TABULA XX.

1 Louis d'or. . . . . (Ludovici XV).
2 Double louis d'or. . . . . (ejusdem).
3 Louis d'or. . . . . (ejusdem).
4 Louis d'or . . . . (ejusdem).
5 Demi-louis d'or. . . . . (ejusdem).
6 Quart d'écu. . . . . (ejusdem).
7 Ecu. . . . . (ejusdem).
8 Ecu de six livres. . . . . (ejusdem).
9 Petit écu de trois livres. . . . . (ejusdem).
10 Ecu. . . . . (ejusdem).
11 Petit écu. . . . . (ejusdem).
12 Six liards. . . . . (ejusdem).
13 Deux liards. . . . . (ejusdem).
14 Liard. . . . . (ejusdem).

TABULA XXI.

1 Louis d'or. . . . . (Ludovici XVI).
2 Louis d'or. . . . . (ejusdem).
3 Louis d'or de 1793. . . . . (ejusdem).
4 Ecu de six livres. . . . . (ejusdem).
5 Ecu de trois livres de 1793. . . . . (ejusdem).
6 Pièce de dix sous. . . . . (ejusdem).
7 Pièce de trente sous. . . . . (ejusdem).
8 Pièce de quinze sous. . . . . (ejusdem).
9 Sol. . . . . (ejusdem).
10 Deux sous. . . . . (ejusdem).
11 Deux liards. . . . . (ejusdem).
12 Liard. . . . . (ejusdem).
13 Pièce de vingt-quatre livres. . . . . (ejusdem).
14 Ecu de six livres. . . . . (ejusdem).
15 Deux sous . . . . (ejusdem).

TABULA XXII.

1 *Ariensis.*
2 *Raimund. — Albie civis.*
3 *Albiensis.* — Raimund *Bonafos.*
4 *Altisiodor.*
5 *Moneta. — Civium. Ambianensium.*
6 *Ambianis. — Civibus tuis. Pax.*
7 *Gratia dei comes. Fulco. — Andegavis civitas.*
8 *Gosfridus comis. — Urbs Aidecavis. Fulco.*
9 *Karolus comes. — Andegavensis.*
10 *Henricus rex. — Aquitanie.*
11 *Edwardus primo genitus regis* Angliae. — *Princeps Aquitanie.*
12 *Karolus dux Aquitanie. — XPC vincit XPC regnat imperat.*
13 *Aurasici. — Princeps.*
14 *Ramundus dei gratia princeps Aurasicensis. — XPIC vincit XPIC regnat XPC imperat.*
15 *Arelatensis. — Archi-episcopus.*
16 *S. Iohannes* Baptista. — Stephanus *Arelati Archiepiscopus.*
17 *Aras. — Philipus.*
18 *Peronia. — Philipus.*
19 *Hedua XPI civitas. — Moneta Sancti Nazarii.*
20 *Comes Auxone.* — Benedictum *sit nomen domini nostri. — Auxona obolus.*
21 *Philippus dux et comes. — Media anserna* (Auxonensis).
22 *Barri ducis. — Henricus comes.*
23 *S. Iohannes* Baptista. — *Robertus dux* (Barensis).
24 *Henricus episcopus. — Belvacensis.* Karolus.
25 *Centullo comes. — Onor Forcas. Pax* (Beneharnensis).
26 *Gasto dei gratia dominus Bearni. — Pax et honor Forquie Morlanis.*
27 *Moneta. — Bergensis.*
28 *Betune.*
29 *De Salve. — De Andusia.* Bernadus.
30 Raimundus *Rogerius Vicecomes. — Biterri civis.*

TABULA XXIII.

31 *Vuillelmo comes. — Brtvi-ges.* (*Bituriges*).
32 *Blesis castro.*
33 *Guido comes. — Blesis castro.*
34 *Renaldus comes. Bolonu. — Bolungne.*
35 *Conanus. — Redonis.*
36 *Iohannes dux. — Britannie.*
37 *Franciscus dei gracia Britonum dux — Deus in adjutorium meum intande.*
38 *Petrus Brucie. — dominus* Hurecensis. . . . .
39 *Burdeghila. — Guililmo.*
40 *Robertus dux Burgundie. — Divionensis.*
41 *S. Iohannes* Baptista. — *Eudes dux Burgundie.*
42 *Prima sedes. — Divionensis.*
43 *Moneta Hugonis. — Cabulo civitas.*
44 *Caturcis. — Civitas.*
45 *Guillelmus episcopus. — Cameracensis.*
46 *Petrus dei providencia* episcopus *et comes.* — XPC *Ihesu filius dei vivi miserere nobis* (Cameracensis).
47 *Henricus comes. — Pruvins castri.*
48 *Rogerius comes. — Carcassone ci* vitas.
49 *Stephanus de Sancere. — De Curenton. Moneta.*
50 *Cartis civitas* (Carnotensis).
51 *Karolus comes Cartis civitas.*
52 *Margareta domina. — Castri Mella.*
53 *Radulfus. — De Dolis.* Deols.
54 *Guillellmus dominus. — Castri Radulfi.*
55 *Gaufridus episcopus. Pax. — Catalani civitas.*
56 *Erbertus. comes Cenomannis. — Signum dei vivi*
57 *Moneta Cenomanensis. — Signum dei vivi.*
58 *Sancta Maria. — Urbs Arverna* (Claromontensis).
59 *Cluniaco cenobio. — Petrus et Paulus.*

TABULA XXIV.

60 *Gosso abbas. — Corbeie.*
61 *Madeus comes. — Crispetum. Crespi.*
62 *Iohannes dalphinus Viennensis. — Comes Albonis.*
64 *S. Iohannes* Baptista. — *Hugo dalphinus Viennensis*
63 *Guigo dalphinus Viennensis. — Et comes Albonis.*
65 *S. Deodericus. — S. Deoda.*
66 *Simon - Saindiei.*
67 *Ave gratia plena. — Civitas Dien sis.*
68 *Me Robertus. Comes. — Drucas casta.*
69 (Duacensis).
70 M. S. — *Dunis castrum.*
71 *Radulfus vicecomes. — Castriduni.*
72 *Pastor Archiepiscopus. — Ebredunensis.*
73 *Onor S. Egidii. — Anfos.*
74 *Odo dominus. — Exolduni.*
75 *Ricardus rex. — Exolduni.* moneta.
76 *Elienor comitissa de. — Fauquenberge.*
77 (Flandrensis).
78 *Lile.*
79 *Rogerius Comes. — Fuxii.*
80 *Vapiensis. — Beate Marie.*
81 *Gosedus comes. — Giemis.*
82 *Wilelmus. comes. — Proencie.*
83 *Guingampi. — Stephanus comes.*
84 *Lodoicus. — Egolissime.*
85 *Lodoicus. — Egolissime.*
86 *Rogerus episcopus. — Philipus rex* (Laudunensis).
87 *Rainaldus comes. — Ledonis Villaris. comes.*
88 *Lemovicensis. — Arturiviceccomitis.*
89 *S. Marcialis. — Lemovicensis.*
90 *Guillelmus Episcopus. — Lingonensis*
91 *Lodovensis Episcopus. — Fulcrannus.*

TABULA XXV.

92 *Mericort.*
93 *Thebaldus dux Lotoregie. — Moneta de Nancei.*
94 *Prima sedes — Galliarum* (Lugdunensis).
95 *Roberti Atrebates. — Domini de Magduno.*
96 *Ihesus. — Malisleo comes.*
97 *Ugo comes — Marchie.*
98 *Karolus filius regis francie. — Comes Marchie.*
99 *Sanctus Martinus. — Turonus civis.*
100 *Comes provincie. — Civitas Massilia.*
101 *Philipus rex. — Matiscon.*
102 *Sanctus Sebastianus. — Sanctus Medardus.*
103 *Burcardus episcopus — Civitas Meldis.*
104 *Stephanus episcopus. — Civitas Meldis.*
105 *Theoricus Episcopus Metensis. — Benedictum sit nomen domini nostri Jhesu XPi. Grosus Metes.*
106 *Narbona. — Ramund.* (Melgoriensis).
107 *Mimas civitas. — S. Privatus.*

108 *Ermengard.* — *Narbone civitas.*
109 *Comes Erveus.* — *Nivernis civitas.*
110 *Robertus comes.* — *Nivernensis.*
111 *Novi castri.*
112 *Renoldus* episcopus. — *Noviomus.*
113 *Guido comes.* — *Moneta santi. Pauli.*
114 *Perticensis.*
115 *Alfonsus comes.* — *Pictavie et Tholose.*
116 *Widoni comes. Pontivi.* — *Abbatisville.*
117 Karolus comes primogenitus *filius regis* Francie. — *Provincialis.*
118 Robertus *Iherusalem et Sicilie rex.* — *Comes Provincie.*
119 Raimundus *comes palacii.* — *Dux marchio* Provincie.
120 *Ludovicus comes.* — *Regitestensis.*
121 *Remensis nummus.* — *Gervasii. Archipraesulis.*
122 *Henricus. Archiepiscopus.* — *Remis civitas.*

TABULA XXVI.

123 *Aufours comes.* — *Riomensis.*
124 *Wilelmus.* — *Rotomagensis.*
125 *Richardus.* — *Rotomagus.*
126 *Ugo comes.* — *Rodes civi.*
127 *Iulus Cesar.* — *Sacrumcesari.*
128 *Iulius Cisar.* — Stephanus comes.
129 *Lodoicus.* — *Sticnas* (Sanctonensis).
130 *Sanctus Maiolus.* — *Silviniaco.*
131 *Iohannes de Claromonte.* — *Moneta Suessionis.*
132 *Gilelmo.* — *Tolosa civitas.*
133 *Ramon comes.* — *Tolosa civitas.*
134 Margarita Derelicta *Regis Sicilie.* — *Comes Tornodori.*
135 *Henricus comes.* — *Trecas civitas.*
136 Sanctus *Valerianus.* — *Tornucio castrum.*
137 *Ihens dux Borboni* Trivoltii Dominus. — *Date et dabitur vobis.*
138 *Petrus comes Clarimontis* Trivoltii Dominus. — *Dispersit dedit pauperibus.*
139 *Moneta Dragon.* — Episcopus *Tricastrinensis.*
140 *S. Iohannes* Baptista. — Iohannes *Episcopus Tricastrinensis.*
141 *Ramundus.* — *Turene Viece-omes.*
142 *Urbs Valentia.* — *S. Apollinaris.*
143 *Aimarus de Pictavio comes.* — *Valentiae et Diensis.*
144 *Sit laus deo et gloria.* — Nicolaus Duchastelet. *Sup. Vallis-Villaris.*
145 *Valencin.*
146 Prothomartir. — *Bisuntium.*
147 *S. Mauricius Vienna.* — *Maxima Galliarum.*
148 *Vindinis castro.*
149 *Iohannes comes* — *Vindocinensis.*
150 *Alienor* comitissa *Viromendi.* — *S. Quintinus.*
151 *Virsione.*
152 *Godefridus de Brabantia.* — Dominus *Virsionis.*
153 *Episcopus.* — *Vivarii.*

INDEX MONOGRAMMATUM.

Ubi post numerum littera posita est monogramma in hac editione additum significatur. Cetera ad libros quos Cangius in voce *Monogramma* laudavit expressimus.

MONOGRAMMATA PAPARUM.

1 Adriani I.
2 Paschalis I.
3 Nicolai I.
4 Xisti III.
5 Leonis III.
6 Ejusdem.

MONOGRAMMATA IMPERATORUM ET REGUM GERMANIÆ.

7 Karoli Magni.
8 Ejusdem.
9 Ludovici Pii.
10 Ejusdem.
11 Ejusdem.
12 Ejusdem.
13 Lotharii I.
13 a. Ejusdem, ex Alsatia Diplomatica tab. 10. Forte spurium.
14 Ejusdem.
15 Ejusdem.
16 Ludovici II.
16 a. Ejusdem, ex Murator. Antiq. Ital. tom. 6. col. 29. Forte spurium.
17 Ejusdem, in charta Beneventana.
18 Karoli II.
19 Karoli III.
20 Ejusdem.
21 Arnulfi.
21 a. Ejusdem, ex Brower. Annal. Trevir. tom. 1. pag. 436.
22 Ludovici III.
22 b. Chuonradi I. e Chronico Gottwicensi pag. 106.
23 Pro Henrici I. monogrammate Cangius dedit, non attendens chartarum, in quibus habetur, notas chronologicas, quarum prima apud Ughell. tom. 2. p. 205. est anni 1003. altera ibidem p. 207. anni 1015. tertia tom. 4. pag. 1007. anni 1014. Quae exstant in Metropol. Salisburg. tom. 2. pag. 591. et tom. 3. pag. 406. æque sunt monogrammata Henrici II.
23 a. b. Henrici I monogrammata genuina e Chronico Gottwicensi pag. 140 et 141.
24 Ottonis I e chronico Gottwic. pag. 162.
24 a. Ejusdem ex eodem chron. Gottw. pag. 149.
24 b. Ejusdem e chronico Mindensi pag. 734.
25 Ottonis II. Loco monogrammatis in priore editione delineati, Ottonis I monagrammati 24, a, omnino similis, damus aliud ex chronico Gottwicensi pag. 139.
26 Ejusdem.
27 Ottonis III. e chron. Mindensi pag. 736.
28 Ejusdem.
29 Ejusdem.
30 Henrici II. e Murator. Antiq. Ital. tom. 2. col. 37. Vide num 23.
31 Ejusdem.
32 Conradi II.
32 a. Ejusdem ex Maderi Antiq. Brunsvic. pag. 218.
33 Ejusdem.
34 Ejusdem.
35 Henrici III. ex Cosma Pragens. pag. 12. edit. ann. 1607. in chron Mind. pag. 739.
36 Ejusdem.
27 Ejusdem.
38 Henrici IV.
39 Ejusdem.
40 Henrici V.
40 a. Ejusdem, e chron. Gottwic. pag. 307.
41 Lotharii II.
42 Conradi III.
43 Friderici I.
44 Ejusdem.
45 Ejusdem.
46 Henrici VI.
47 Philippi.
47 a. Ejusdem e Metropoli Salisburg. tom. 3. pag. 361.
48 Ottonis IV.
49 Friderici II.
50 Guillelmi.
51 Rudolphi.
52 Adolphi.
53 Alberti.
53 a. Ludovici Bavari, e Baudisii Tabula.
53 b. Ejusdem ex eodem Baudisio.
54 Caroli IV.
54 a. Friderici III ex Baudisio.

MONOGRAMMATA SPURIA ALIQUOT REGUM FRANCIÆ.

MONOGRAMMATA REGUM FRANCIÆ.

MONOGRAMMATA ALIORUM REGUM.

Tab

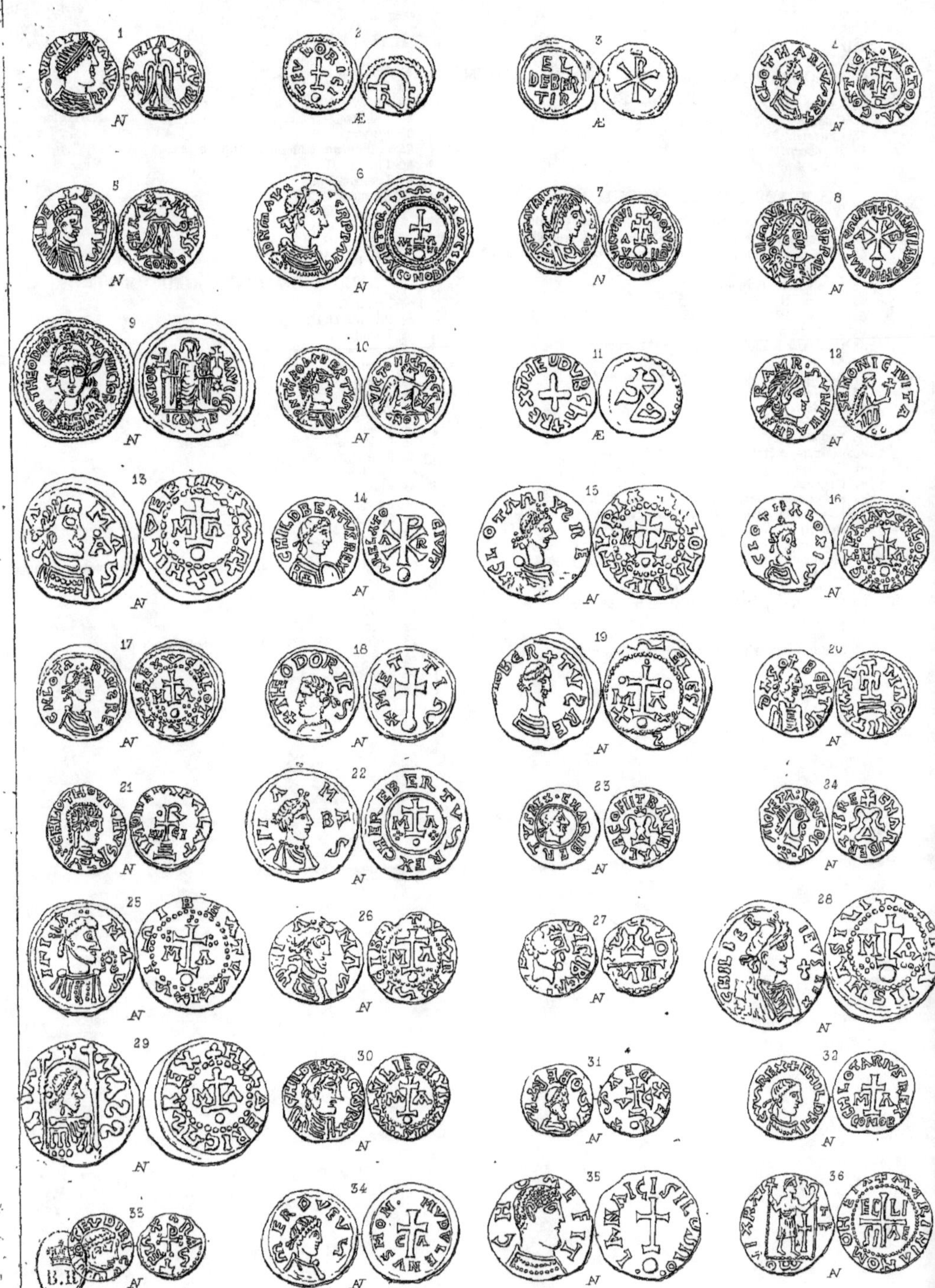

Tab. II.

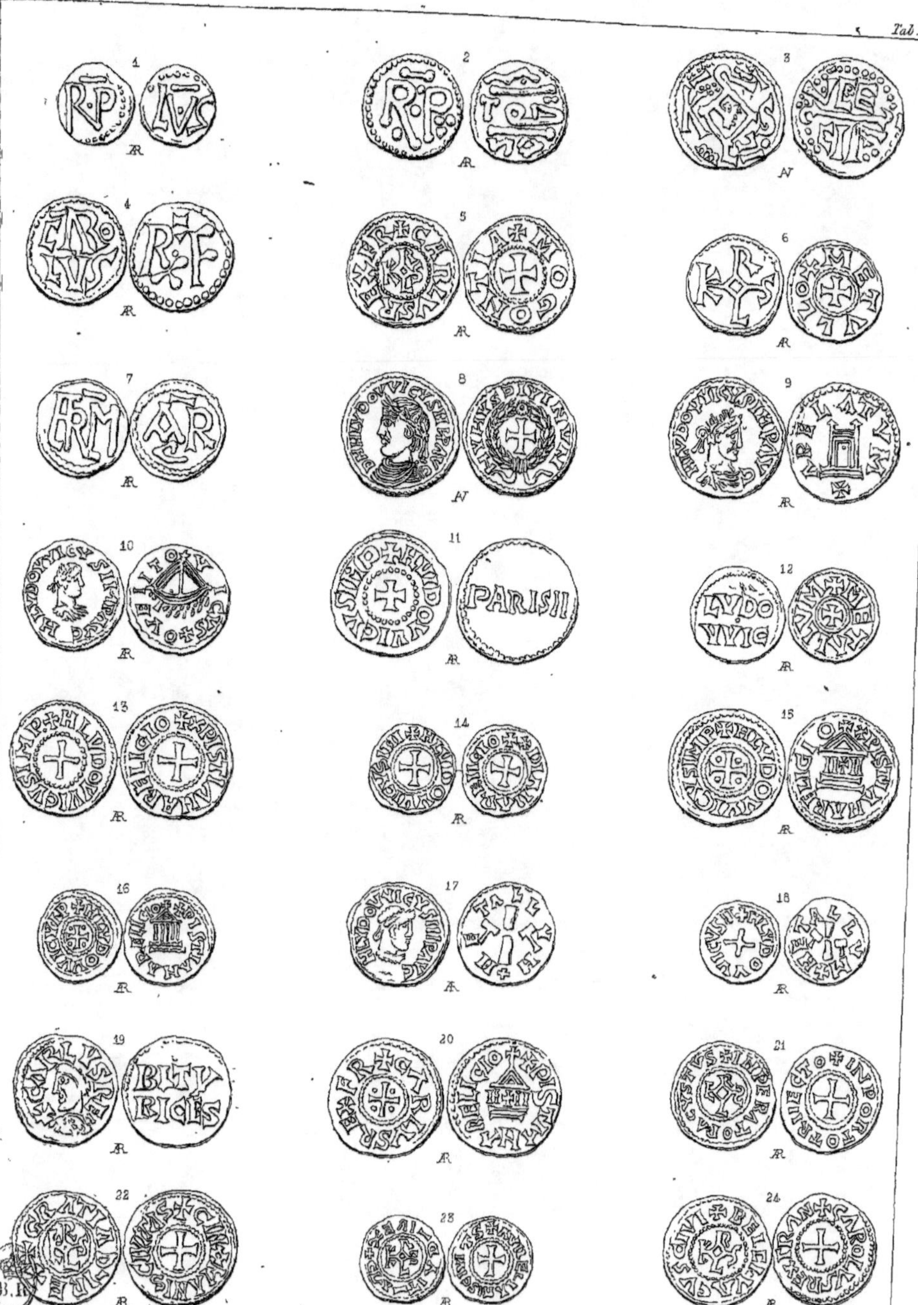

Tab. III.

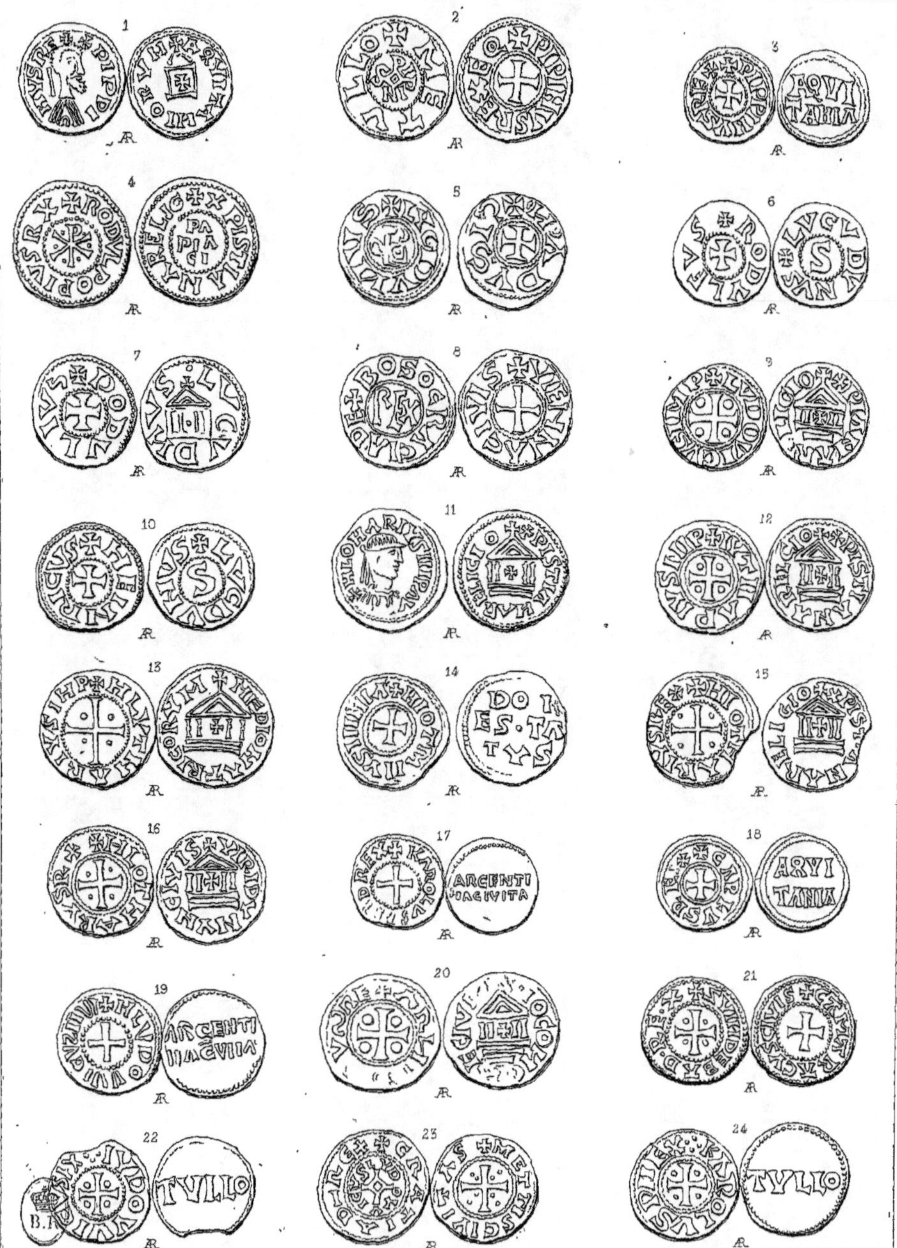

Tab. V

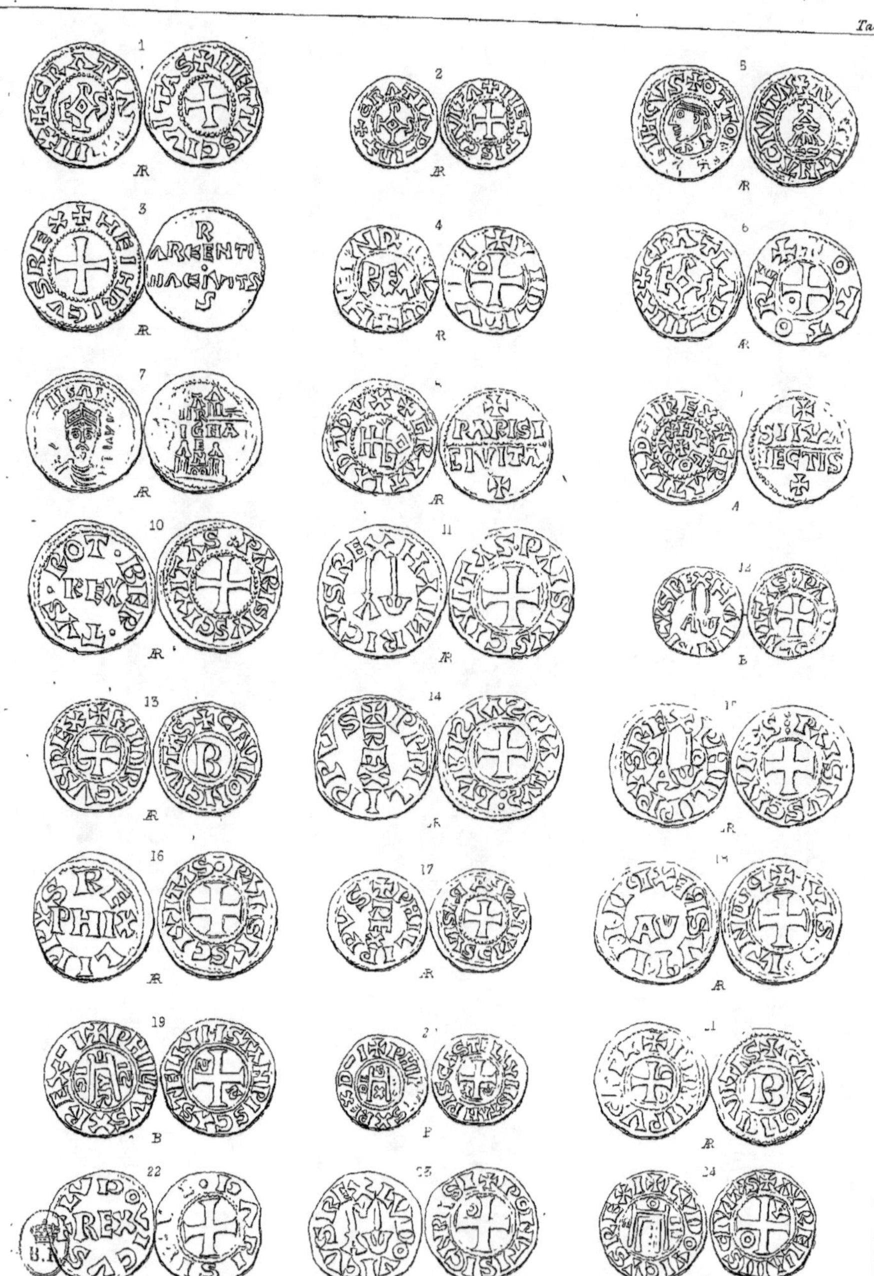

Tab. VI.

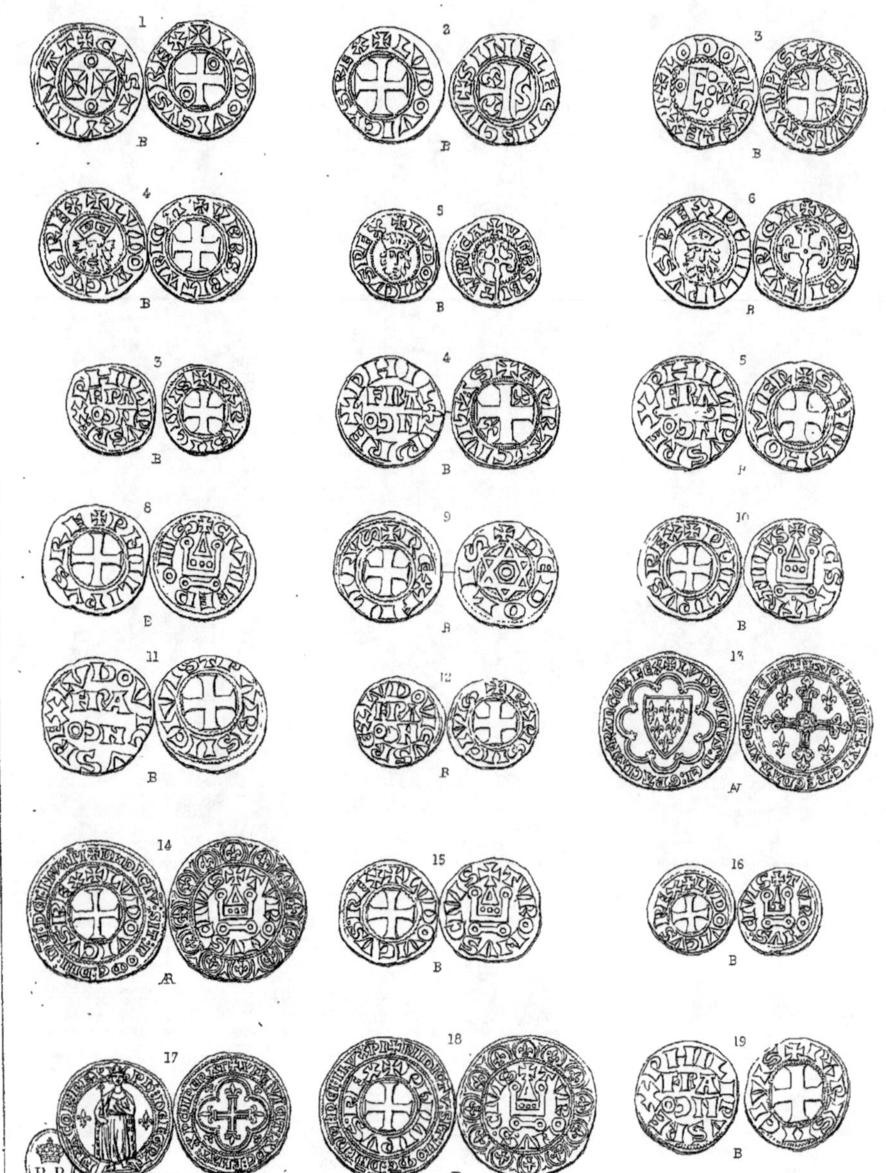

Tab. VII.

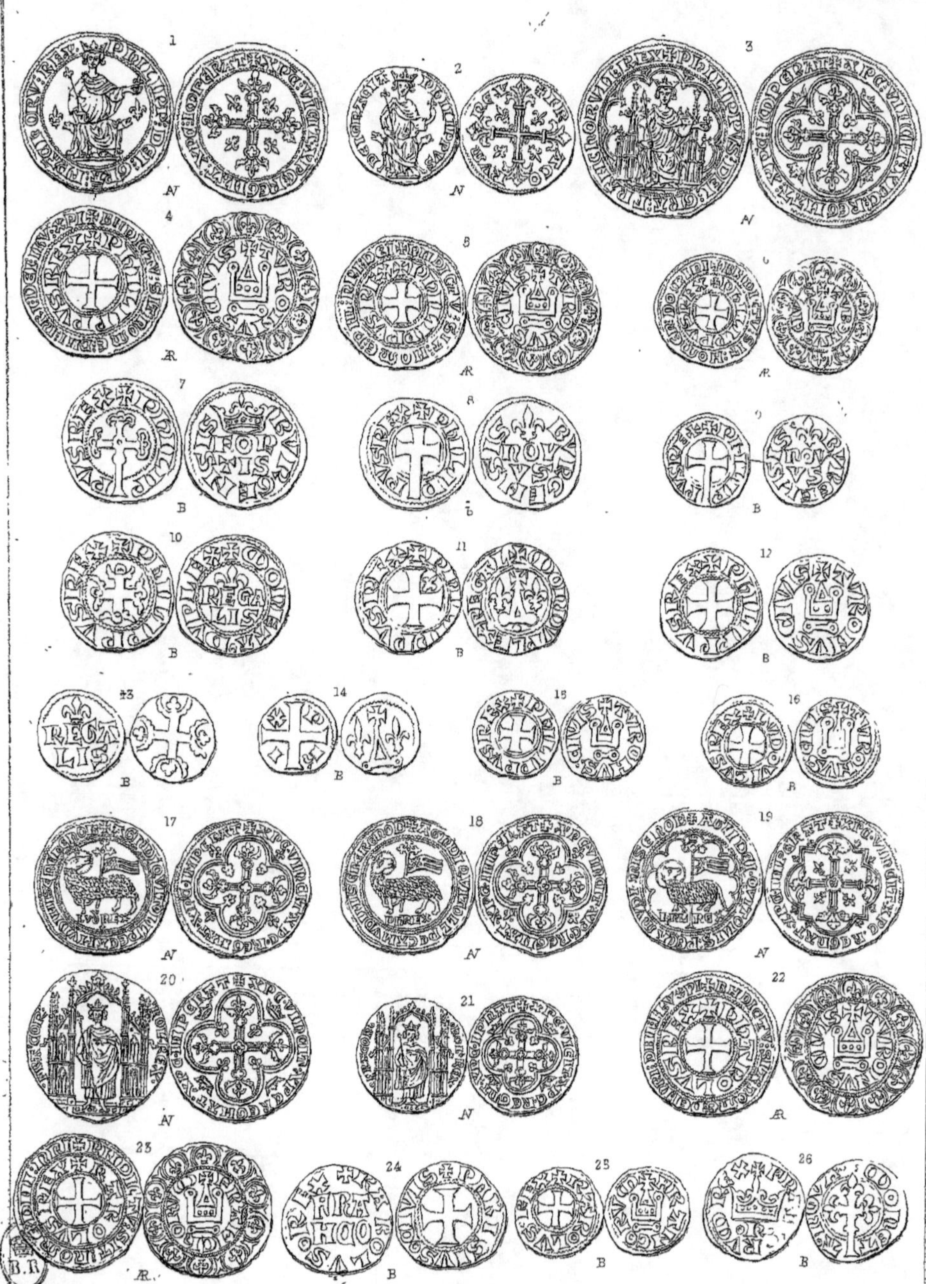

Tab. IX.

Tab. X.

Tab. XII

Tab. XIII.

Tab. XIV.

Tab. XV.

OPTIMO PRINCIPI
GALLIA
HENRICVS·II·DEI·G·FRANCO·REX
1552 DVM TOTVM COMPLEAT ORBEM

Tab. XVI.

Tab. XVII.

Tab. XIX.

Tab XX.

Tab. XXI.

LUD·XVI·D·G·FR·ET NAV·REX·
CHRS·REGN·VINC·IMPER·1774
LUD·XVI·D·G·FR·ET NAV·REX·
CHRS·REGN·VINC·IMPER·1788
LOUIS XVI ROI DES FRANÇOIS 1793
REGNE DE LA LOI
L'AN 5 DE LA LIBERTÉ
LUD·XVI·D·G·FR·ET NAV·REX·
1786 SIT NOMEN DOMINI BENEDICTUM
LOUIS XVI ROI DES FRANÇOIS 1793
REGNE DE LA LOI· A
L'AN 5 DE LA LIBERTÉ·
LOUIS XVI ROI DES FRANÇOIS 1791
REGNE DE LA LOI·
30 SOLS
L'AN 3 DE LA LIBERTÉ
LOUIS XVI ROI DES FRANÇOIS 1791
REGNE DE LA LOI·
15 SOLS
LUDOV·XVI D·GRATIA
1781 FRANCIAE ET NAVARRAE REX· A·
LOUIS XVI ROI DES FRANÇOIS 1791
LOUIS XVI ROI DES FRANÇOIS 1793
LA NATION LA LOI LE ROI
6 D
L'AN 5 DE LA LIBERTÉ
LOUIS XVI ROI DES FRANÇOIS
LA NATION LA LOI LE ROI
3 D
LA NATION LA LOI LE ROI
2 S.
L'AN 3 DE LA LIBERTÉ
REGNE DE LA LOI 1793.
REPUBLIQUE FRANCOISE
24 LIVRES A
L'AN II.
REGNE DE LA LOI
1793.
REPUBLIQUE FRANCOISE
SIX LIVRES. A
L'AN II
REPUBLIQUE FRANCOISE
LES HOMMES SONT EGAUX DEVANT LA LOI.
L'AN II.
LIBERTE EGALITE
2 S.
·1793·

Tab. XXIII.

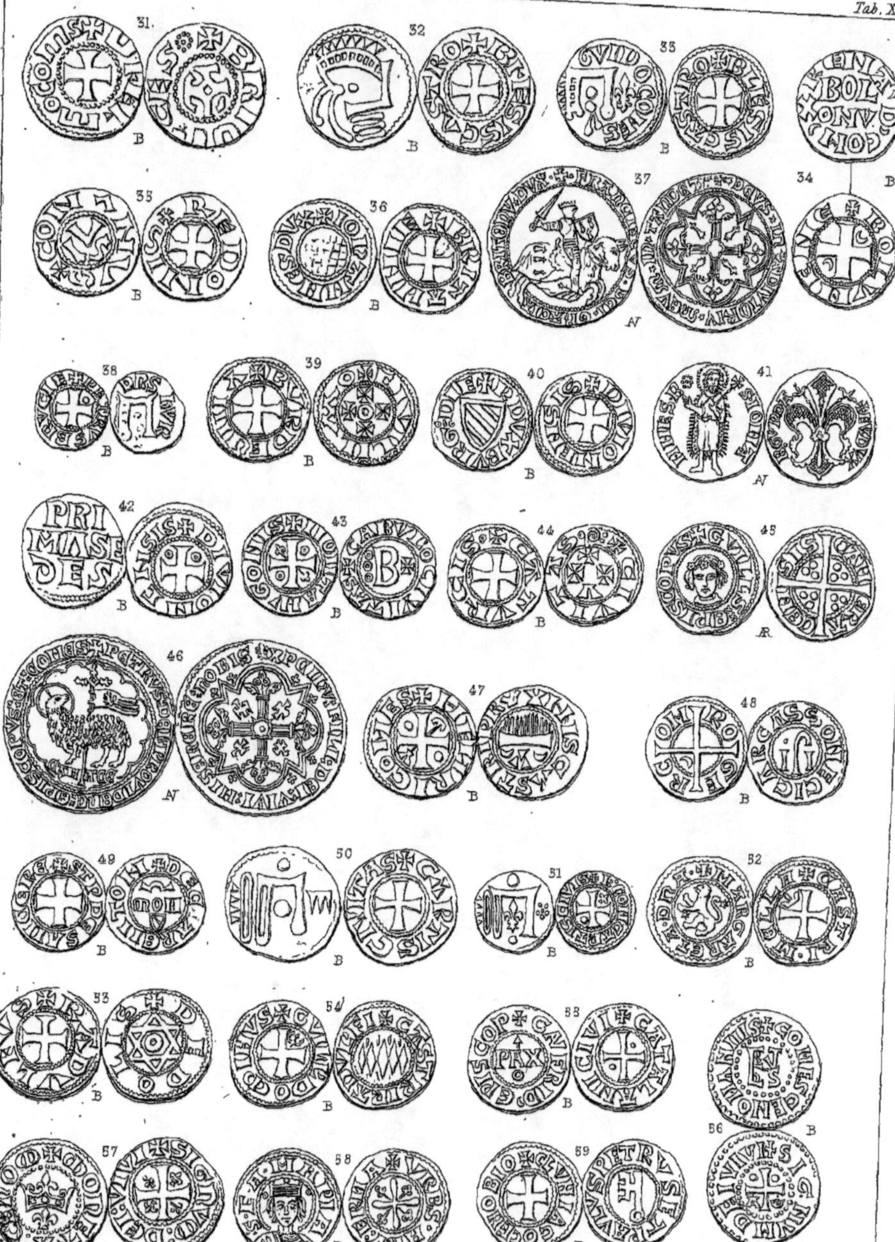

Tab XXV

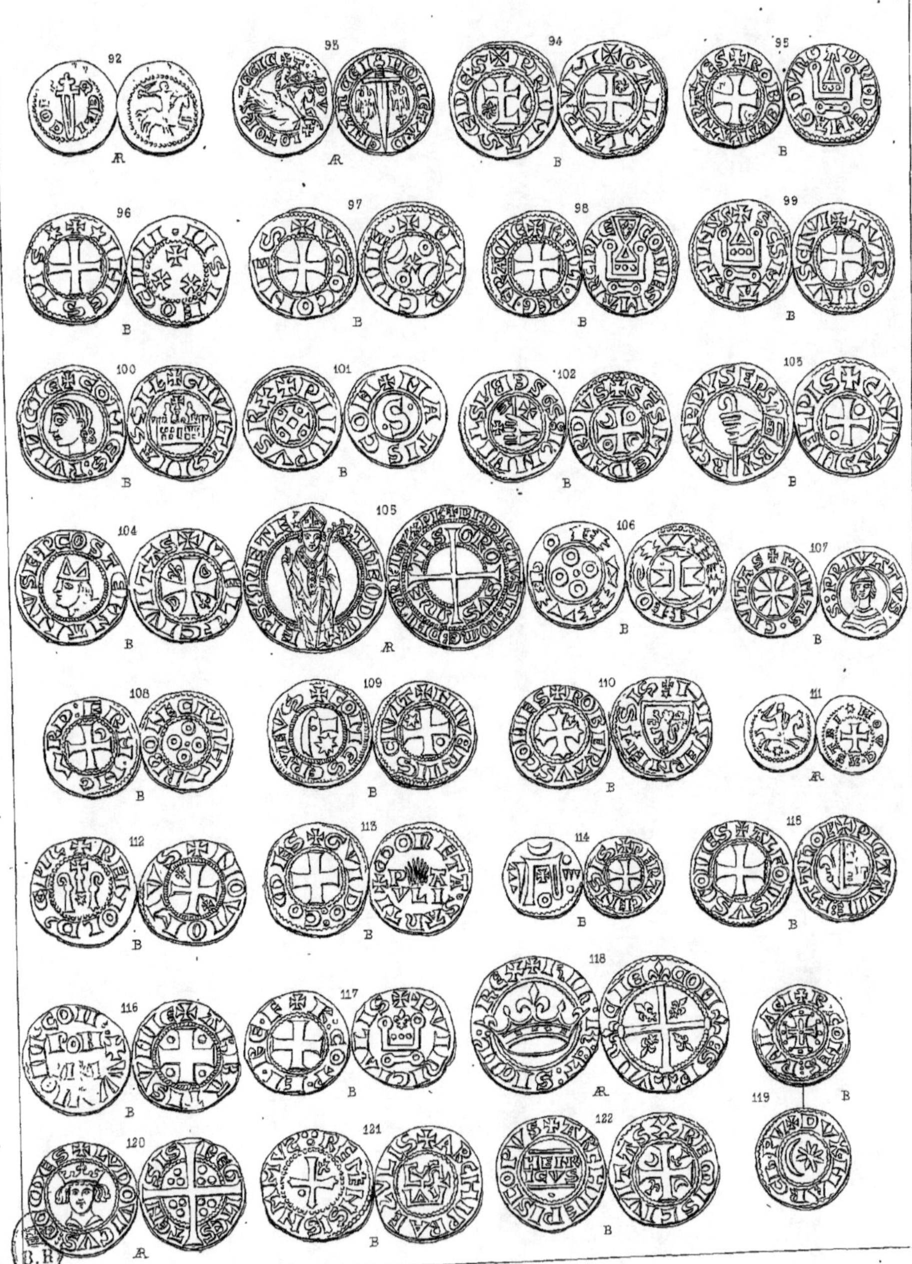

Tab. XXVI.

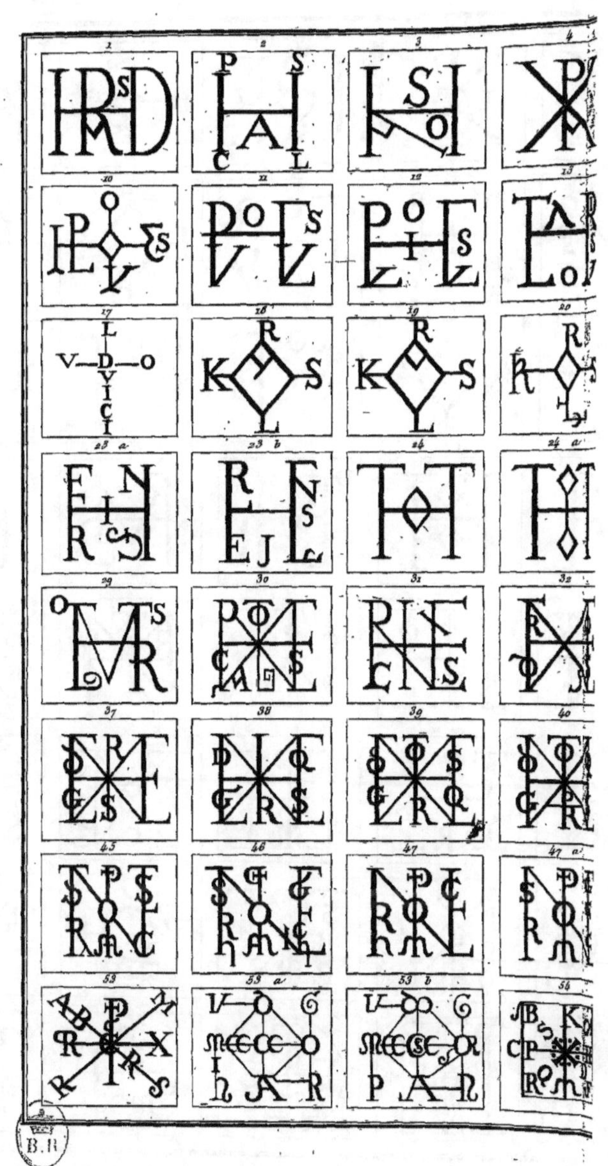
1
2
3
4
10
11
12
13
17
18
19
20
23 a
23 b
24
24 a
29
30
31
32
37
38
39
40
45
46
47
47 a
53
53 a
53 b
54

Pl. 1re

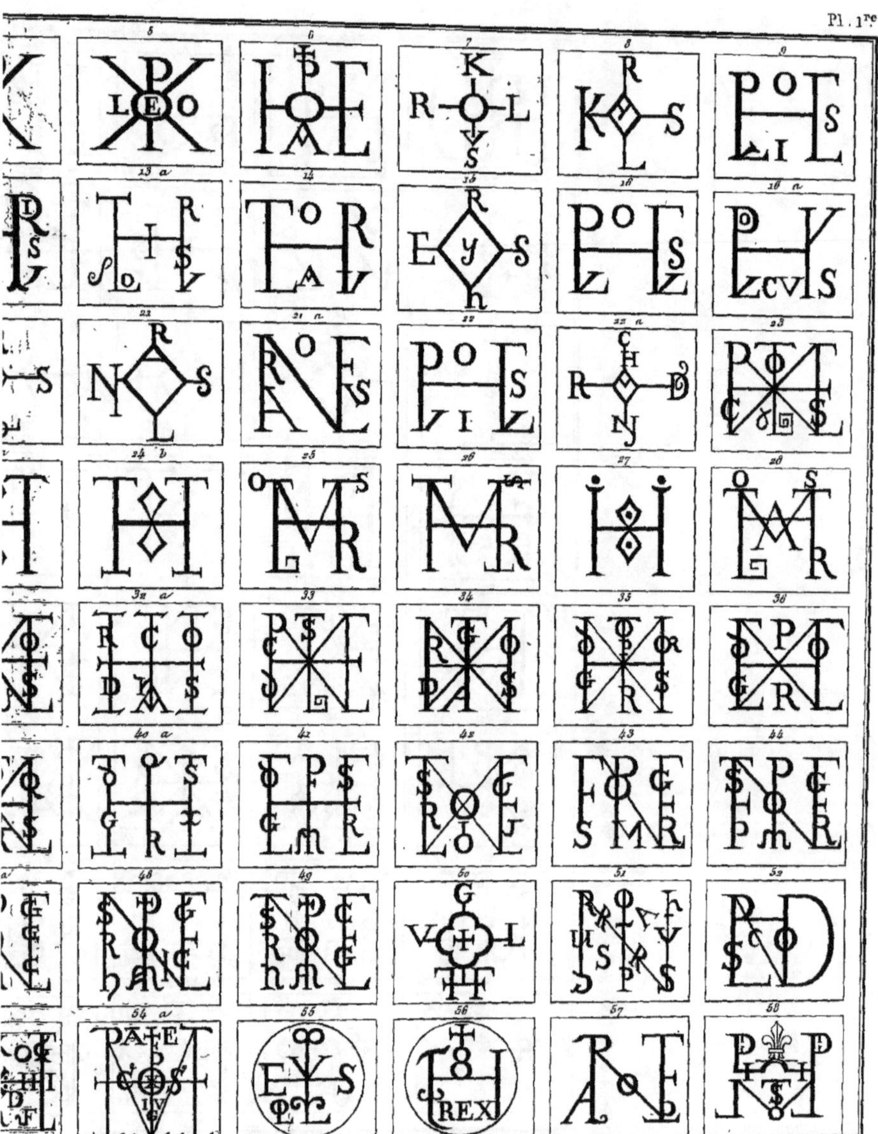

H. Roux aîné, Sc.

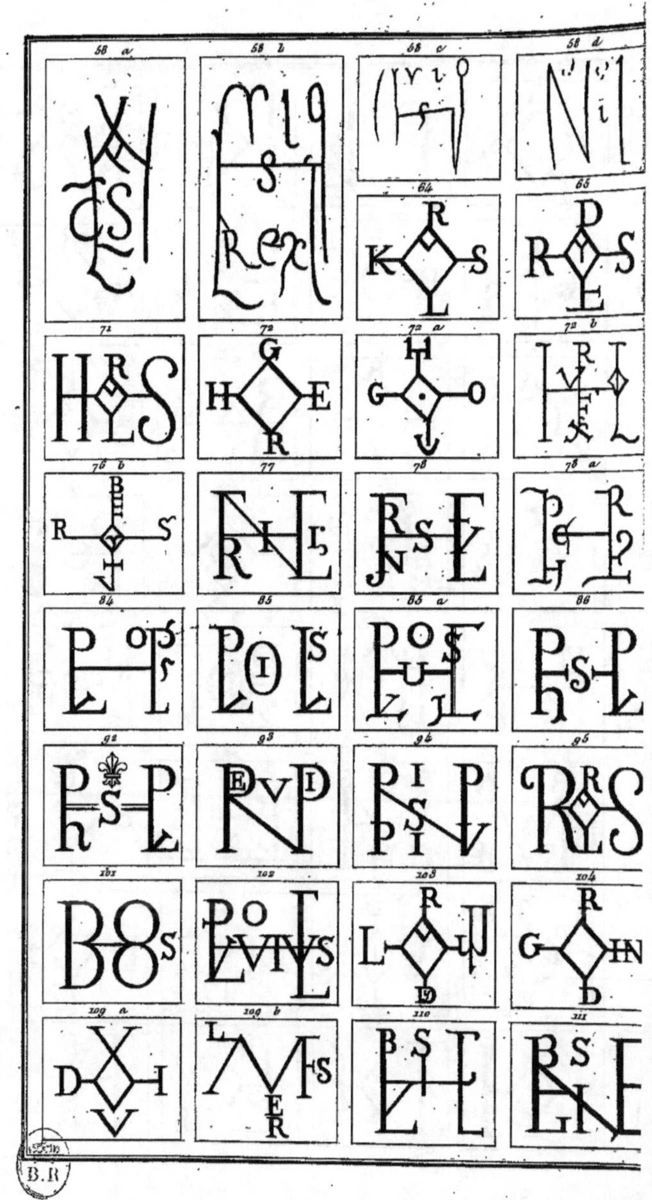
58 a
58 b
58 c
58 d
64
65
71
72
72 a
72 b
76 b
77
78
78 a
84
85
85 a
86
92
93
94
95
101
102
103
104
109 a
109 b
110
111

Pl. 2.

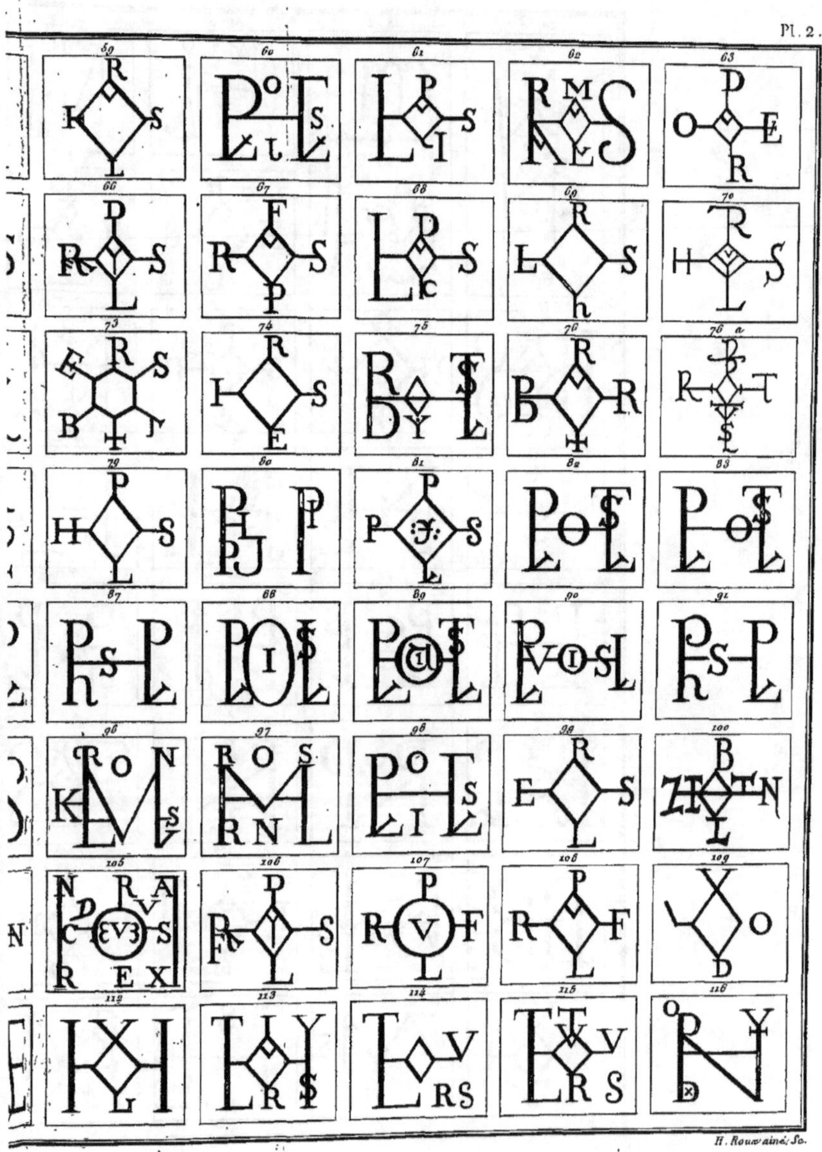

H. Roux aîné, Sc.